西方汉学书目正续编

皮纳克斯·Pinakes

上海社会科学院出版社
SHANGHAI ACADEMY OF SOCIAL SCIENCES PRESS

图书在版编目(CIP)数据

西方汉学书目正续编 / (法) 亨利·考狄, 袁同礼编
-上海 : 上海社会科学院出版社, 2016
ISBN 978-7-5520-1511-9

Ⅰ. ①西… Ⅱ. ①亨… ②袁… Ⅲ. ①汉学 - 图书目录 - 西方国家 Ⅳ. ①Z838

中国版本图书馆CIP数据核字(2016)第166495号

西方汉学书目正续编

著　　者：亨利·考狄　袁同礼
责任编辑：缪宏才
特约策划：黄曙辉
封面设计：梁业礼
出版发行：上海社会科学院出版社
上海顺昌路622号　邮编200025
电话总机 021-63315900　销售热线021-53063735
http://www.sassp.org.cn　E-mail:sassp.org.cn
照　　排：上海归藏文化传播有限公司
印　　刷：虎彩印艺股份有限公司
开　　本：787 × 1092毫米　1/16开
印　　张：194.25
字　　数：5000千字
版　　次：2016年8月第1版　2016年8月第1次印刷

ISBN 978-7-5520-1511-9/ Z · 053　定价：2980元（精装全三册）

皮纳克斯丛书总序

如果把“学术”(scholarship) 看作是一种保存、理解、恢复与阐释文献传统的学问，那么，西方学术就是作为“古典”学术(“classical” scholarship) 兴起的。也正是在这个意义上，德国古典学家普法伊费尔坚持认为，西方古典学术史的开端只能始于公元前 3 世纪的亚历山大里亚。

公元前 4 世纪，原本统一的希腊世界在最后数十年间迅速瓦解。借助早期托勒密王室的扶持，希腊学术转而在埃及城市亚历山大里亚兴盛起来。首先是托勒密一世接受逍遥学派法勒戎的德米特里乌斯 (Demetrius of Phaleron) 进言，建造了大、小两座图书馆；到公元前 1 世纪中叶，大馆藏书最多时据说达到 70 万卷，小馆也有 4 万 2 千 8 百卷。其次是托勒密二世也参与其事的被称作 Museum 的“缪斯学宫”的落成；学宫名字或许会引起对柏拉图的阿卡德米学院或者亚里士多德逍遥学派吕克昂学院的回忆。但事实上缪斯学宫并非其希腊本土机构的分支，而是一个变体；最明显的一点是，这一团体基本上不包括哲学家，而是由文学之士和科学家所组成，大数学家欧几里德 (Euclid)、阿基米德 (Archimedes) 都赫然在列。这一时期的学术风气崇尚博学与考辨，诗人大都同时也是学者。西方学术史上最早的一部图书目录《皮纳克斯 (Pinakes)》就诞生于这时。

Pinakes，意为“书表”或“书目”，全名是《各科著名学者及其著作目录》，共 120 卷，如今仅存残片。作者是亚历山大图书馆的诗人、学者昔勒尼的卡利马库斯 (Callimachus of Cyrene)。有传说认为卡利马库斯曾担任过亚历山大图书馆馆长职务，不过后来的学者通过系年考证证明此说乃误传。尽管《皮纳克斯》没能流传下来，但是根据公元十世纪前后拜占庭辞书《苏伊达斯》中的记载，可以推断出该书的大致结构：首先，《皮纳克斯》不是一部单纯的书目，它还包括了重要作家的小传。其次，它并非文献目录的简单汇集，而是提供了一个包含次级学科的书目分类，通常认为有 8 个类别：(1) 戏剧家，(2) 史诗与抒情诗诗人，(3) 法学家，(4) 哲学家，(5) 历史家，(6) 演说家，(7) 修辞学家，(8) 杂著作家。大类别下再细分为史诗体，琴歌体；悲剧诗人，喜剧诗人；公共演说词，私人演说词……等等。对来源有争议的作品，列述各家观点；对列举大题可能会有歧义的作品，则引入“incipit”［开篇为］的体例使之容易分辨，并纪录作品的总行数。最后，全部书目按作者姓氏的希腊字母顺序排列。

卡利马库斯的这项宏业没有先例可循，但他完成得非常出色。《皮纳克斯》被广泛认同为图书目录的“范例”；亚历山大图书馆第三任馆长，拜占庭的阿里斯托芬 (Aristophanes of Byzantium) 还曾为之增补、修订，发表过《卡利马库斯〈书目〉补》。

根据某些古代传说，亚历山大图书馆最初的收藏包括亚里士多德的私人藏书及其讲义手稿和著作的自藏本。不过，在亚里士多德和卡利马库斯的《皮纳克斯》之间看不出有直接的联系；两人在诗学方面的观点毋宁说是针锋相对的，而来自雅典的逍遥学派与亚历山大里亚学术合流是卡利马库斯以后的事了。不如说，亚里士多德在此的重要性主要表现在：通过亚里士多德和逍遥学派，希腊世界由口头演示过渡到了阅读的习惯，而此前苏格拉底和柏拉图对书写文本尚表现出一定程度的不信任；同时，柏拉图、亚里士多德的哲学将思想的基本行为描述成区分行为，区分的标准因此被看作思维的标准，这一派哲学基于“知识”的学科分类，通过“自由七艺”(artes liberales) 一直延续到欧洲中世纪晚期。因此，《皮纳克斯》的书目分类不是直接延续雅典的“知识”系统，而是另行开创了一个“学术”系统；今天仍在使用的 Philologus［语文学者］一称，就出自亚历山大图书馆第二任馆长埃拉托色尼 (Eratosthenes)。雅典和亚历山大里亚学术上的深层联系可以归诸一种广义的理性传统，包括对“文献”的审慎的批判态度；这一传统内在于希腊至希腊化时期某种共同的文明类型学特征里。

中国是历史悠久的文明古国，图法典册，历来受到重视。《周礼》所谓的外史掌三皇五帝之书，固然不免掺入传说；而周人以《诗》、《书》、《礼》、《乐》施教，三五先典藏在柱下，凡此悉为官府所守，则大致属实。到了汉成帝时，刘向、刘歆父子奉帝命校理祕书，分别撰有《别录》、《七略》，后来班固在此基础上成《艺文志》，按照六艺、诸子、诗赋、兵书、数术、方技六略共三十八种门类，综录先秦到西汉的著述，共收五百九十六家，计一万三千二百六十九篇。从此，刘向、刘歆父子被尊为校雠、目录之祖，而本《别录》、《七略》编纂的《艺文志》也成为后人研究中国古典学术的纲领性著作。

无论《皮纳克斯》还是《别录》、《七略》乃至《艺文志》，最终能够成书，都离不开帝王的扶助，这恐怕也是中、外古代学术、尤其是像目录学一类学术共同需要的客观条件；同时，通过学术来掌控乃至主导一种主流文化，也是中、外明智的帝王共同具有的政治意图。但是，中、西方的政教、思想以及学术传统不同，由此特别是在关乎学科分类原则上表现出许多差异。深入的专门研究俟诸来者，这里姑且提一个细小但并非无足轻重的区别：亚历山大里亚学术的中心是缪斯学宫，其首脑是由国王任命的祭司，而作为成员的学者理论上服务于缪斯诸神；刘向、刘歆父子及班固本身任职于官府，他们效忠的对象主要是人主。这样看来，通过“皮纳克斯丛书”综理西方目录学，在今天就不仅仅具有学科本身的意义，而且还开拓了一条在西方原初“学术”概念下理解乃至会通西方古典文明的途径。他山攻错，古有名训；取精用弘，操之在我。是所望焉。

高　峰
2016年6月23日

总 目

BIBLIOTHECA SINICA

PAR

HENRI CORDIER.

重印考狄中国书目序

考狄的五卷本《中国书目》，是从十六世纪开始一直到1923年的西文关于中国文献的总目，对于早期西方的中国研究起过不可替代的指南作用。将近百年后的今天，已进入学术史的《中国书目》又在中国大陆重印出版。

考狄（Henri Cordier，1849 ~ 1925），法国人，出生于美国新奥尔良。在法国念完中学并在英国生活了两年之后，于1869年来到上海，在一家美国公司工作。1876年离开中国。在中国的这段生活令考狄对中国文化产生了浓厚的兴趣。回国后考狄担任巴黎东方语言学院教授，是亚洲学会会员、皇家学会荣誉会员和法兰西学院会员，并创办了著名的汉学研究刊物《远东杂志》、《通报》。考狄“对宇宙万物都有一种强烈的好奇心，而且拥有超强的记忆力，这都使他有足够的时间和精力从事种类繁多的研究”（伯希和），他一生著述甚丰，著有《中国书目》、《中国通史》、《日本书目》、《印度支那书目》等，晚年还补订了亨利·裕尔的《马可波罗游记译注》和《东域纪程录丛》。法国汉学家伯希和（Paul Pelliot）在《纪念亨利·考狄》中说：“作为一个博学者，关于远东的研究书目以及对中世纪旅行者的研究似乎足以概括考狄的一生了，但是，除此之外，他还做了很多其他领域的研究，出版过很多其他的书。”

《中国书目》是考狄庞大著述中最重要的著作，可以说是毕生心血之结晶。是书收录十六世纪到1923年西方关于中国的书目，包括用多种欧洲语言写成有关中国的专著和文章，广及小启事和书评。《中国书目》第一版二卷本在1878年至1895年出版，1893年至1895年出了增补说明。1878年出版之际，考狄回忆：“差不多10年前，当我抵达中国时，当我对这一庞大的帝国进行历史、科学、道德与风俗方面的研究时，我发现自己面对所有最初进入一个无限深广的研究领域的人所面临的困境。置身于这数量极为巨大、以各种语言完成、处理主题极为繁复的有关中国的出版物之间，谁能给我指点迷津？……我产生了这个想法，一部精心编排的与这个中央帝国有关的著作目录的出版，将能够对那些研究远东方面的学者和对远东问题感兴趣的人有所裨益。”《中国书目》第二版四卷本 1904 年至 1908 年出版，1922 年至 1924 年补编一卷，共五卷。原则上书目只收录已经出版的文献，未刊抄本不予收录。第五卷是 1909 至 1923 年间出版的关于中国的西文书籍目录，对前四卷中遗漏的 1909 年以前的论著，也尽量补齐；对曾经著录的书籍中一些记述不完整的地方，则重新著录，以求其完整。整个五卷，Bibliotheca sinica，副题为 Dictionnaire bibliographique des ouvrages relatifs a l`Empire chinois。

《中国书目》全书分为五个部分：第一部分，有关狭义的中国；第二部分，在中国的外国人；第三部分，外国人与中国的关系；第四部分，在外国的中国人；第五部分，中国的附属国。五个部分之下进一步细分。第一部分以十八省地区的汉民族、汉文化著作为主，收录了包括附属国在内的中华帝国和中华民国全部疆域的书籍，下分 14 个纲，即：1、概要，2、地理，3、名称（中国之名称），4、民族，5、气候、气象，6、动物、植物、矿物、地质，7、人口，8、政治，9、法制，10、历史（含传记和考古学），11、宗教，12、学问、美术及诸技术，13、语言、文学，14、风俗习惯。第二部分，1、外国人关于中国的知识，收集了自古以来传播到欧洲及阿拉伯、波斯、亚美尼亚等西亚诸国关于中国的见闻，以及中西交通史上的欧洲和西亚资料；另外，还有一部分西方人在中国的旅行记。2、商业，3、开埠与外国贸易，并从各个港口城市再细分。第三部，中国的对外关系，以国别细分，主要记录了与欧美各国的政治、外交关系的资料，以及与之相关的论著。第四部分：1、中国人关于外国的知识，2、旅行记、出使记，3、移民，下设三个纲，其中第二纲收录了法显、玄奘、义净等取经僧人的纪行和中国使者到附属国以至中亚、西亚、印度、南洋的见闻以及与之有关的研究，一直到郭嵩焘出使英国。第五部分是关于附属国，即蒙古、满洲、新疆、西藏、朝鲜、琉球的文献。这部卷帙浩繁的巨著可惜没有索引，俄文部分文献也比较少。此后袁同礼继续收集 1924 年以后的西文中国研究书目，1958 年出版了《西方文献中的中国，1921-1958：续考狄中国书目》。此次重印，将这两种书目合璧，仍依通行习惯总其名为《西方汉学书目正续编》。

西方对中国的关心记录，最早是一些商人、旅行者的日记、游记、书信、札记。公元 170 年，罗马帝国的特使马克·奥尔雷（Mark Aurle）来中国，可能是最早的东西方交往记录。十六世纪中叶，地理大发现的葡萄牙人和西班牙人来到中国，巴洛斯（Barros）、克鲁兹（Cruz）、拉达（Rada）、门多萨（Mendoza）等人的著作，都可视为欧洲汉学的滥觞。此后是耶稣会教士对中国文化的大规模、深层次、有系统的记录和介绍，并从翻译儒家经典到向西方传播中国思想。德国数学家莱布尼茨就读过耶稣会士基尔旭的《中国图志》和柏应理的《中国哲学家孔子》等著作，并和在华耶稣会士白晋（M. Bouvet）通信讨论过《易经》。1913 年，考狄还编了一本《白晋日记选》。

但是，汉学（Sinology）真正成为学科，是因为十八世纪末十九世纪初的法国汉学。法兰西学院于 1814 年创立了“汉族和鞑靼－满语与文学讲座”，首任教授是雷慕萨（Abel Rēmusat）。1875 年荷兰莱顿大学也建立了汉学讲座，首任教授施古德（G. Schlege），他和考狄一起创办了《通报》。二十世纪初，法国汉学研究给中国学人深刻的影响。其影响之深刻，意义之深远，直接促使了现代的历史学、考古学、语言学在中国的形成。北大《国学季刊》发刊时刊登了伯希和 1911 年就任法兰西中亚语史学讲座时的讲演辞《近日东方古语言学及史学上之发明与其结论》，伯希和指出，由于古物学和古语学的复兴，改变了原来中亚史研究仅仅根据文献典籍的状况，因此取得了长足的进展。值得注意的是，这篇演讲辞是王国维在 1919 年翻译的，王国维称此文“实举近年东方语学文学史学研究之成绩，而以一篇括之”。此后傅斯年创立中央研究院史语所（Institute of History and Philology，Academia Sinica），也是“甚欲步法国汉学之后尘，且与之角胜”（顾颉刚），而立意要建立“东方学”以取代“国学”和“汉学”，要使中国成为“科学的东方学之正统”。伯希和被史语所聘为通讯研究员，殷墟发掘开始后，伯希和在傅斯年陪同下实地考察；巴黎学派代表人物、瑞典的高本汉（Bernhard Karlgren），也是最早被史语所聘请的三位通讯研究员之一。另一位受聘的是德国学者缪勒（F.W.K.Müller）。美国学者劳佛尔（Berthold Laufer）也在史语所考虑之列，终未聘。

美国汉学研究起步略晚，1886 年，耶鲁大学首先设立了汉学讲座，考狄在中国时的好朋友卫三畏（Samuel Wells Williams）受聘担任语言与文学教授。二十世纪初，美国出现一位百科全书式的伟大汉学家劳佛尔。劳佛尔之后，美国的汉学研究才真正兴起。现在，欧洲汉学已雄风不再，美国汉学则人才济济、成果辉煌。写这篇文字之际，我正在读美国汉学家夏含夷（Edward L.Shaughnessy）的又一部汉学研究指南《西方汉学家的中国出土文字研究一百多年》的手稿，这部巨著今年年底将在上海出版。夏含夷的书分四个部分，第一部分《西方汉学家的古文字学概略》，是按年编排的从1881年到2015年的相关研究书籍、论文的目录。其他三部分分别是甲骨学、青铜器学、简帛学的研究综述。对比夏含夷的这本书和考狄的《中国书目》，我们就可以发现这个一百年的汉学发展是何等之快，科学专业化程度是何等之高，西方汉学与中国学界的互动联系又是何等之紧密。

朱渊清

2016年7月15日

BIBLIOTHECA SINICA

DICTIONNAIRE BIBLIOGRAPHIQUE

DES OUVRAGES

RELATIFS A L'EMPIRE CHINOIS

PAR

HENRI CORDIER

PROFESSEUR A L'ÉCOLE SPÉCIALE DES LANGUES ORIENTALES VIVANTES,
MEMBRE DU COMITÉ DES TRAVAUX HISTORIQUES ET SCIENTIFIQUES, MEMBRE DU CONSEIL DE LA SOCIÉTÉ ASIATIQUE,
PRÉSIDENT DE LA COMMISSION CENTRALE DE LA SOCIÉTÉ DE GÉOGRAPHIE,
HONORARY MEMBER OF THE ROYAL ASIATIC SOCIETY OF GREAT BRITAIN AND IRELAND,
HONORARY CORRESPONDING MEMBER OF THE ROYAL GEOGRAPHICAL SOCIETY,
HONORARY MEMBER OF THE CHINA BRANCH OF THE ROYAL ASIATIC SOCIETY,
SOCIO DELLA R. DEPUTAZIONE VENETA DI STORIA PATRIA.

Cet ouvrage a obtenu à l'Institut le prix Stanislas Julien en 1880.

DEUXIÈME ÉDITION, REVUE, CORRIGÉE ET CONSIDÉRABLEMENT AUGMENTÉE.

VOLUME I

ORIGINAL EDITION PUBLISHED

PARIS

LIBRAIRIE ORIENTALE & AMÉRICAINE

E. GUILMOTO, Editeur

Successeur de J. MAISONNEUVE

6, Rue de Mézières et 26, Rue Madame.

1904.

PRÉFACE.

Je ne crois pas utile de mettre une longue préface en tête de cette nouvelle édition de la *Bibliotheca Sinica*; la première édition fut publiée en huit livraisons parues en 1878, 1879, 1881, 1883, 1884 et 1885; elle comprenait 1408 colonnes; elle est complètement épuisée et son prix a considérablement augmenté. Un Supplément en trois livraisons fut publié en 1893 et 1895 et comprend les colonnes 1413—2243.

Les études chinoises ont pris ces dernières années un développement remarquable; quelques portions de la première édition trahissent l'inexpérience d'un homme qui n'avait que 20 ans quand il commença à réunir les éléments de cet ouvrage; il était nécessaire de refondre tous les matériaux, de corriger les erreurs et d'ajouter les résultats nouveaux acquis par la science.

C'est ce que nous avons tenté de faire.

HENRI CORDIER.

Paris-Passy, 54, Rue Nicolo. 27 Mai 1904.

PRÉFACE

DE LA PREMIÈRE ÉDITION

Lorsque j'arrivai en Chine — il y a près de dix ans — et que je commençai à étudier l'histoire, les sciences, les mœurs et les coutumes de ce vaste empire, je me trouvai en présence de la difficulté qui s'offre à tout nouveau venu quand il aborde un champ illimité de recherches. Au milieu de cette quantité énorme de publications relatives à la Chine, publications faites dans toutes les langues, sur les sujets les plus variés, qui me guiderait? Ma première pensée fut d'avoir recours à une bibliographie raisonnée : il n'en existait pas; force me fut donc de faire moi-même une sorte de triage, de classification des ouvrages qui me passaient entre les mains. Espérant d'épargner à d'autres un travail inutile et ennuyeux que j'avais dû faire, l'idée me vint que la publication d'un Catalogue des ouvrages relatifs à l'Empire du Milieu, rédigé consciencieusement, pourrait rendre quelques services aux savants et aux curieux qui s'occupent de l'Extrême-Orient.

* * *

Peu de temps après mon arrivée à Chang-hai, ayant été nommé Bibliothécaire honoraire de la North-China Branch of the Royal Asiatic Society, j'entrepris la rédaction du catalogue des livres de cette Société savante.

La Bibliothèque de la Société Asiatique comprenait environ mille trois cents volumes (plus mille vingt-trois volumes chinois), dont la majeure partie traitant de l'Orient en général et de la Chine en particulier avait été cédée par Mr. Alex. Wylie; elle contenait également un nombre considérable de publications périodiques et de recueils édités sous les auspices d'établissements scientifiques. Le Catalogue de cette Bibliothèque parut à la fin de 1871[1] : quoique mes études antérieures, en France et en Angleterre, m'eussent déjà préparé à des travaux de bibliologie, la rédaction de ce catalogue me servit d'introduction à de nouvelles études et me donna le flair spécial, le flair bibliographique, si je puis m'exprimer ainsi, qui m'était nécessaire pour entreprendre un Manuel de bibliographie chinoise. Les notes que j'avais accumulées et les recherches que j'avais commencées pour compléter le catalogue, me décidèrent à mettre enfin à exécution l'idée que j'avais eue en arrivant à Chang-Hai de faire, pour les ouvrages écrits sur la Chine par les peuples de l'Occident, ce que d'autres, sans aucun doute plus compétents, avaient entrepris pour les différents pays de l'Europe. Je comptais beaucoup aussi sur l'indulgence qu'auraient les critiques pour un premier essai; je dis un premier essai, car lorsque je me mis à réunir les matériaux de cet ouvrage, la bibliographie chinoise avait été singulièrement négligée par nos devanciers, et les éléments qui devaient le constituer étaient dispersés un peu partout, *disjecta membra.* Nous allons donc examiner quels étaient ces éléments de travail, qui nous indiqueront en même temps les

SOURCES DE CET OUVRAGE.

La seule bibliographie spéciale de quelque importance qui eût été publiée jusqu'alors était la *Bibliotheca Sinologica*[2] du Dr. Andreae et de M. Geiger. Elle forme un volume in-8, imprimé à Francfort en 1864, de pp. x-108, suivi d'une liste d'ouvrages chinois occupant 31-16 pages. Nomenclature sèche de livres classés dans quelques divisions, travail sans prétention basé sur Meusel, Ternaux-Compans, etc., dans lequel il s'est glissé, à côté de titres exacts, des fautes graves et parfois des indications d'ouvrages dont le certificat de vie n'était pas suffisamment authentique. Naturellement il était impossible de renfermer, en une centaine de pages, une liste complète des ouvrages relatifs à la Chine, aussi la *Bibliotheca Sinologica* ne peut être considérée que comme un choix de titres, un aide-mémoire. **BIBLIOGRAPHIES SPÉCIALES DE LA CHINE.**

En août 1849, le Dr. S. Wells Williams avait imprimé dans le *Chinese Repository*[3] une liste d'ouvrages principalement en anglais et en français comprenant trois cent soixante-treize numéros qui fut suivie dans le même recueil, en décembre 1849, d'un supplément (Nos. 374-402). — Les titres donnés dans cette liste sont, en grande partie, ceux d'ouvrages critiqués dans les dix-sept premiers volumes du *Repository.*

1. A Catalogue of the Library of the North-China Branch of the Royal Asiatic Society (including the Library of Alex. Wylie, Esq.). Systematically classed by Henri Cordier, Hon. Librarian. Shanghai : Printed at the « Ching-foong » General Printing Office. 1872, gr. in-8, pp. VIII-86.

2. *Han-tsé-wên-fà-chŏu-kouang-tsòng-mŏu.* Bibliotheca Sinologica. Uebersichtliche Zusammenstellungen als Wegweiser durch das Gebiet der sinologischen Literatur von Dr. med. V. Andreae und John Geiger. Als Anhang ist beigefügt : Verzeichniss einer grossen Anzahl ächt chinesischer Bücher nebst Mittheilung der Titel in chinesischen Schriftzeichen. Frankfurt a. M., Verlag von K. Theodor Völcker. MDCCCLXIV. in-8, pp. x-108-31-16.

3. List of Works upon China, principally in the English and French languages : I. Philological Works; II. Translations; III. General Accounts, Travels, etc. (*Chinese Repository*, Aug. 1849, XVIII, pp. 402-414.) — Additions. (*Ibid.*, Dec. 1849, XVIII, pp. 657-661.)

Le Chinese and Japanese Repository[1] entreprit plus tard la publication d'une nouvelle bibliographie : le numéro du mois de novembre 1864 contient cet essai qui ne fut pas continué.

En remontant à une époque plus éloignée, nous trouverons des listes d'ouvrages relatifs à la Chine dans Reimann[2]; dans l'avertissement de l'édition de La Haye du P. Du Halde[3]; dans la traduction hollandaise de *The Chinese*, par Sir John Francis Davis[4]. Plus récemment, dans la deuxième partie de la *Chine moderne*[5] (par Bazin); enfin, en 1867, Mr. N. B. Dennys ajouta en appendice à ses *Treaty Ports of China and Japan*[6], un assez maigre catalogue d'ouvrages d'histoire, de géographie et de voyages.

BIBLIOGRAPHES ORIENTAUX

Certains ouvrages de bibliographie orientale consacrent des chapitres à la Chine. Pinelo, dans son *Epitome de la Bibliotheca oriental*[7] donne de précieux renseignements. La *Bibliothèque*[8] de Ternaux-Compans doit être consultée avec précaution. A côté d'excellentes indications, faute de revoir ses épreuves, Ternaux a fait les erreurs les plus graves et marqué quelquefois des ouvrages qui n'existent pas. Dans le deuxième volume de la *Bibliotheca orientalis*, le Dr. Zenker consacre onze chapitres à la Chine et à ses dépendances[9]. Enfin les Hollandais nous montrent la part qu'ils ont prise dans les recherches relatives à ce pays lointain dans un catalogue publié[10] en 1875.

1. The Names of Works on Chinese and China. With short critical Notes by the Editor. (*Chinese & Japanese Repository*, Nov. 1864, contient trente numéros.)

2. Jacobi Friderici Reimanni Historia literaria Babyloniorum et Sinensium... Brunsvigae et Hildesiae, 1741, pet. in-8.

3. C'est une liste d'une centaine d'ouvrages arrangés par ordre chronologique, de 1531 à 1729; cette liste est insérée à la fin de l'avertissement, pp. lxxiv-lxxx.

4. China en de Chinezen. Door J. F. Davis,... Amsterdam, 1841, 3 vol. in-8. — La liste qui comprend environ 80 ouvrages est insérée dans l'introduction.

5. Chine moderne... Paris, Didot, 1837-1853, 2 vol. in-8. — Ce travail arrangé par ordre chronologique (1477-1852) est extrêmement défectueux, les titres (316) des ouvrages publiés avant 1700 sont presque tous pris dans Ternaux-Compans; on cherche vainement des indications aussi importantes que celles de l'édition de Du Halde de Paris, et du Traité de la chronologie chinoise composée par le P. Gaubil (Paris, 1814).

6. Catalogue of Books on China (other than philological) published on China and Japan in the English language compiled by N. B. Dennys; br. in-8.

7. Epitome de la Bibliotheca oriental, y occidental... en que se contienen los escritores de las Indias orientales, y occidentales, y reinos, convecinos China, Tartaria, Japon, Persia, Armenia, Etiopia, y otras partes. Madrid, Francisco Martinez Abad, 1737-1738, 3 vol. in-fol.

8. Bibliothèque Asiatique et Africaine ou Catalogue des ouvrages relatifs à l'Asie et à l'Afrique qui ont paru depuis la découverte de l'imprimerie jusqu'en 1700, par H. Ternaux-Compans. Paris, Arthus Bertrand, MDCCCXLI, in-8.

9. *Bibliotheca Orientalis*. Manuel de Bibliographie orientale... par J. Th. Zenker, Dr. — Leipzig, 1846-1861, 2 vol. in-8 : — Littérature de la Chine, Nos. 6637-6867; littérature mantchoue, mongole et tibétaine, Nos. 6919-6972; — les titres sont généralement exacts.

10. Pp. 34/36 de : De beoefening der oostersche talen in Nederland en zijne overzeesche bezittingen 1800-1874: — Bibliographisch overzicht door P. A. Boele van Hensbroek. Leiden, Bull. 1875. — *Dans* Feestgave ter gelegenheid van het Driedhonderd-jang Bestaan der Leidsche Hoogeschool. Leiden, Brill, 8 Februari, MDCCCLXXV, in-4.

Nous avons dû consulter les auteurs qui ont restreint le champ de leurs études à un seul sujet, à une seule science, par exemple : Meusel[1], pour l'histoire; Stuck[2] et Boucher de la Richarderie[3] pour les voyages; Barbier[4] pour les anonymes; Engelmann[5] et la *Bibliotheca hist.-geographica*[6] pour la géographie; de Backer[7] et Carayon[8] pour les religieux de la Compagnie de Jésus; les *Memorials of Protestant Missionaries*[9] pour les missions protestantes; Pauly pour la médecine[10]; le Catalogue publié par la Société royale de Londres pour les sciences[11]; etc. BIBLIOGRAPHES PROFESSIONNELS.

Les monographies consacrées aux différents pays nous ont été du plus grand secours : Allibone[12] et Lowndes[13] pour l'Angleterre et les Etats-Unis; Figaniere[14] et Silva[15] pour le Portugal; le *Journal de la Librairie* pour la France; ont été consultés BIBLIOGRAPHES NATIONAUX.

1. *Bibliotheca historica.* Instructa a B. Burcardo Gotthelf Struvio aucta a B. Christi. Gottlieb Budero nunc vero a Ioanne Georgio Meuselio ita descripta, amplificata et emendata, ut paene novum opus videri possit. Voluminis II, Pars II. Lipsiae, apud Heredes Weidmanni et Reichium MDCCLXXXVI, in-8 : Caput XVII : Scriptores de rebus Sinicis, pp. 106 seq.; — Cap. XVI : Scriptores de rebus Tibetanis et Coreanis pp. 101 et seq.; etc.

2. Gottlieb Heinrich Stuck's K. P. Kommissionsraths und Kaemmerers der Stadt Halle Verzeichnis von aeltern und neuern Land- und Reisebeschreibungen. Ein Versuch eines Hauptstücks der geographischen Litteratur mit einem vollstaendigen Realregister; und eine Vorrede von M. Iohann Ernst Fabri. Halle, 1784, in-8, pp. XVI-504.

3. Bibliothèque universelle des Voyages... par G. Boucher de la Richarderie. A Paris, 6 vol. in-8, 1808.

4. Dictionnaire des Ouvrages anonymes par Ant.-Alex. Barbier. Troisième Édition, revue et augmentée par MM. Olivier Barbier, René et Paul Billard de la Bibliothèque nationale. Paris, Paul Daffis, 1875 et seq.

5. *Bibliotheca Geographica.* — Verzeichniss der seit der Mitte des vorigen Jahrhunderts bis zu Ende des Jahres 1856 in Deutschland erschienenen Werke über Geographie und Reisen mit Einschluss der Landkarten, Pläne und Ansichten. Herausgegeben von Wilhelm Engelmann. Leipzig, W. Engelmann, 1857-1858, 2 vol. in-8.

6. *Bibliotheca historico-geographica* oder systematisch geordnete Uebersicht der in Deutschland und dem Auslande auf dem Gebiete der gesammten Geschichte und Geographie neu erschienenen Bücher herausgegeben von Ernst A. Zuchold. Erster Jahrgang. I. Heft. 1853, Göttingen.

7. Bibliothèque des écrivains de la Compagnie de Jésus... par Augustin de Backer de la Compagnie de Jésus avec la collaboration d'Alois de Backer et de Charles Sommervogel de la même Compagnie. Nouvelle édition, refondue et considérablement augmentée. Liége, 3 vol. in-fol., 1869-1877.

8. Bibliographie historique de la Compagnie de Jésus, par le P. Auguste Carayon. Paris, 1864.

9. Memorials of Protestant Missionaries to the Chinese : giving a list of their publications and obituary notices of the Deceased. With copious indexes. Shanghae, 1867, in-8.

10. Bibliographie des Sciences médicales. Bibliographie, — Biographie, — Histoire, — Epidémies, — Topographies, — Endémies, par Alphonse Pauly, de la Bib. nat.... Paris, Tross, 1874, in-8.

11. Catalogue of Scientific Papers (1800-1863). Compiled and published by the Royal Society of London 1867-72, 6 vol. in-4.

12. A Critical Dictionary of English Literature and British and American Authors living and deceased from the earliest accounts to the latter half of the nineteenth century. Containing over forty-six thousand articles (authors), with Forty Indexes of Subjects. By S. Austin Allibone. Philadelphia, J. B. Lippincott & Co., 1872-1871, second issue. 3 vol. gr. in-8 à 2 col.

13. The Bibliographer's Manual of English Literature... by William Thomas Lowndes. New edition, revised, corrected and enlarged by Henry G. Bohn. London, 1857-1864, 4 vol. pet. in-8.

14. Bibliographia historica portugueza ou Catalogo methodico dos auctores portuguezes, e de alguns estrangeiros domiciliarios em Portugal, que tractaram da historia civil, politica e ecclesiastica d'estes reinos e seus dominios, e das nacoês ultramarinas, e cujas obras correm impressas em vulgar; onde tamben se apontam muitos documentos e escriptos anonymos que lhe dizem respeito por Jorge Cesar de Figaniere, Official da Secretaria de Estado dos Negocios Estrangeiros... Lisboa, 1850, in-8, pp. VIII-349.

15. Diccionario Bibliographico Portuguez Estudos de Innocencio Francisco da Silva applicaveis a Portugal e ao Brasil. Lisboa na imprensa nacional, I, 1858 et seq.

ainsi que les bibliographes généraux comme le Dr. Watt[1], Brunet[2], la *Biographie universelle* et la *Biographie générale*. La *Bibliotheca Britannica* du Dr. Watt est divisée en deux parties, comprenant chacune deux volumes in-4. Dans la première, l'ordre alphabétique des auteurs est adopté; dans la deuxième, les livres sont groupés par ordre des matières : un long article y est consacré à la Chine. Le Dictionnaire plus récent d'Allibone ne peut faire oublier la *Bibliotheca* de Watt qui prend place, malgré ses très grandes imperfections, parmi les ouvrages les plus utiles de bibliographie. Le *Manuel du Libraire*, qui était d'une médiocrité déplorable pour la partie orientale dans les premières éditions, a été beaucoup amélioré dans la cinquième édition. Il laisse cependant encore à désirer au point de vue de la Chine.

CATALOGUES. SOCIÉTÉS SAVANTES, ETC.

A ces ouvrages de bibliographie, il était nécessaire d'ajouter les catalogues de Sociétés savantes : Société de Géographie de Londres[3], Société asiatique de Chang-Hai; etc., — de libraires : Dondey-Dupré, Duprat, Maisonneuve, Leroux, à Paris; M. Nijhoff, à la Haye; Trübner, Quaritch, à Londres, etc.; — de bibliothèques particulières : Langlès (Paris, 1825), Abel-Rémusat (Paris, 1833), Klaproth (Paris, 1839), Landresse (Paris, 1862), Pauthier (Paris, 1873), Callery (Paris, 1877), Rochet (Paris, 1878), etc.; — de bibliothèques publiques : grâce à l'obligeance de M. Léopold Delisle, administrateur général, j'ai pu me servir du Catalogue manuscrit de la Bibliothèque nationale : les livres relatifs à la Chine sont décrits dans le Catalogue de l'Histoire de l'Asie. — Matières III O^2k, 402. — O^2S, in-folio[4]. C'est une mine précieuse de renseignements à laquelle il faut joindre l'admirable catalogue du British Museum, à Londres, que tout lecteur admis au Reading Room peut consulter. J'ai également passé en revue les collections des départements, Lyon[5], Tours, etc. Le Catalogue des manuscrits publié par le Ministère de l'Instruction publique[6] et celui de Haenel[7] m'ont été fort utiles.

MM. DE MOELLENDORFF.

Tels étaient les principaux documents placés à ma disposition lorsque j'entrepris mon travail. J'avais toutefois des concurrents. Le 21 novembre 1875, peu de temps après mon second voyage à Pe-king, Mr. P. G. von Mœllendorff m'écrivit : « Je viens d'apprendre de l'archimandrite Palladius, à Pe-King, que vous êtes en voie de préparer une bibliographie chinoise.

« Quoique je n'aie aucune information précise concernant le plan et l'étendue de votre ouvrage, je crois cependant qu'il est de mon devoir de vous faire savoir qu'un travail

1. Bibliotheca Britannica; or a General Index to British and Foreign Literature. By Robert Watt. In two Parts : Authors and Subjects. Edinburgh, 1824, 4 vol. gr. in-4.

2. Manuel du Libraire et de l'Amateur de Livres... par Jacques-Charles Brunet... 5e édition. Paris, Didot, 1860-1865. — 6 vol. in-8 à 2 col., dont un vol. pour la *Table Méthodique*.

3. Classified Catalogue of the Library of the Royal Geographical Society to December 1870. London : John Murray, 1871, in-8.

4. Chapitre xv. Chine O^2n : ce chapitre comprend 35 pages; chaque page, la première exceptée, contient 16 cartes; il y a en tout 545 cartes ou numéros.

5. Manuscrits de la Bibliothèque de Lyon... par Ant.-Fr. Delandine. Paris et à Lyon, 1812, 3 vol. in-8.

6. Catalogue général des Manuscrits des Bibliothèques publiques des départements publié sous les auspices du Ministre de l'Instruction publique. Paris, Imprimerie nationale, 4 vol. in-4, 1849-1872.

7. Catalogi Librorum Manuscriptorum qui in Bibliothecis Galliæ, Helvetiæ, Belgii, Britanniæ M., Hispaniæ, Lusitaniæ asservantur, nunc primum editi a D. Gustavo Hænel. Lipsiæ, Sumtibus I. C. Hinrichs. MDCCCXXX, in-4.

semblable, composé par moi et écrit en anglais, se trouve dans ce moment sous presse en Europe.

«Mon travail contient, sans mentionner comme il va sans dire, les ouvrages anciens et modernes qui se rapportent à la Chine, une liste complète de tous les articles qui ont paru dans les revues et journaux scientifiques en Europe et en Chine, et le nombre des titres énumérés, abstraction faite des «reviews» disséminées dans les revues, se monte à quatre mille cinq cents numéros.»

Je remerciai M. de M. de sa lettre et je répondis que deux ouvrages ne me paraissaient pas de trop pour une question encore mal étudiée, que d'ailleurs le mien était rédigé en français, etc., etc.

L'ouvrage de MM. de Mœllendorff parut l'année dernière[1] et je crois que, lorsqu'on aura comparé mon travail au leur, on ne m'accusera pas d'avoir profité des recherches de mes rivaux. A leur volume in-8 de 378 pages, j'ai à opposer deux tomes grand in-8, d'environ 800 pages à deux colonnes imprimées en petit texte. Je n'ai pas ici à faire la critique du *Manual of Chinese Bibliography;* mais il est regrettable que cet ouvrage, composé loin des bibliothèques de l'Europe, soit défectueux et reproduise les erreurs de Ternaux-Compans et de la *Bibliotheca Sinologica.* Décrivant les livres de seconde main, MM. de M. ont malheureusement commis des méprises, et nous verrons, par exemple, un drame comme celui de Settle (No. 908) placé parmi les ouvrages d'histoire, un roman (No. 1757) à la botanique, une brochure politique de la Restauration (No. 224) parmi les traductions du chinois[2].

RENSEIGNEMENTS PARTICULIERS.

Je désirais que les ouvrages mentionnés dans mon ouvrage fussent, autant que possible, décrits *de visu* et j'ai dû entreprendre de longues recherches pour arriver à ce but; on comprendra facilement qu'il m'eût été impossible de tout voir moi-même, aussi ai-je marqué d'un astérisque les titres que je transcris d'après d'autres auteurs, afin de donner à ceux que j'ai pris dans les ouvrages eux-mêmes un caractère de plus grande exactitude.

A Chang-Hai, j'ai consulté la Bibliothèque de la Société asiatique, celle des RR. PP. de la Compagnie de Jésus installée dans leur bel établissement de Siu ca-wei, celle de Mr. Alex. Wylie; j'ai également mis à contribution quelques autres collections particulières, appartenant à MM. F. B. Forbes, T. W. Kingsmill, au Dr. R. Alex. Jamieson, etc. Je dois mentionner ma propre bibliothèque, l'une des plus belles de la Chine : elle a péri avec le «Mekong», à la pointe de Raz-afoun, dans la nuit du 17 au 18 juin 1877 et cette perte, en me dépouillant d'une collection que j'avais formée avec amour depuis mon enfance, m'a privé en même temps d'un de mes plus utiles instruments de travail.

Je n'ai pas négligé non plus de consulter les bibliothèques que j'ai pu rencontrer

1. Manual of Chinese Bibliography, being a list of works and essays relating to China. By P. G. & O. F. von Möllendorff, Interpreters to H. I. G. M.'s Consulate at Shanghai and Tientsin. Shang-hai : Printed at the «Celestial Empire» office. 1876, in-8, pp. VIII-378.

2. Cf. *Revue critique,* No. 16, 20 avril 1878.

dans mes voyages à Ning-po, à Tche-fou, à T'ien-tsin, et dans les ports du Yang-tseu kiang. J'ai passé deux ou trois jours dans la City Library de Hong-kong où j'ai noté quelques manuscrits importants et une série intéressante de journaux. Mon dernier voyage à Pe-King, en 1875, a été consacré à l'examen de la Bibliothèque des missionnaires lazaristes au Pe-t'ang. Qu'il me soit ici permis de remercier Mgr. L. G. Delaplace, évêque d'Andrinople et vicaire apostolique de Pe-King, pour la bonté paternelle avec laquelle il a bien voulu me donner carte blanche pour explorer sa collection dont la plus grande partie est formée des livres des anciens Pères de la Compagnie de Jésus. Je dois dire que j'ai été singulièrement désappointé dans mes recherches. A part quelques manuscrits, entre autres celui d'un dictionnaire du P. de la Charme, je n'ai rien découvert, dans la Bibliothèque du Pe-t'ang, d'intéressant à mon point de vue : j'ai acquis la certitude que, des livres des Jésuites, une partie enterrée dans le cimetière français par les Chrétiens y avait pourri, une autre avait été envoyée en Mongolie (plusieurs des volumes que j'ai examinés avaient été reliés à Siuen houa fou), le reste avait trouvé place dans des collections étrangères.

A mon retour en Europe, j'ai continué mes recherches dans les bibliothèques de Paris et de Londres. Dans cette dernière ville, le British Museum et l'East-India Office Library me fournirent des matériaux précieux. Je ne puis m'empêcher de signaler à nos travailleurs français, et de citer, comme exemple, à nos conservateurs de bibliothèques, la bienveillance, la courtoisie, les facilités, que l'on rencontre dans le magnifique établissement de Great Russell Street. Mes sincères remerciements à M. Richard Henry Major, auteur de «Life of Prince Henry the Navigator», du département des Cartes au British Museum, et au savant Dr. Reinhold Rost, de l'East-India Office pour la bonté qu'ils ont bien voulu me témoigner pendant mes recherches.

A Paris, j'ai consacré une année à explorer les trésors de l'immense dépôt de la rue de Richelieu; à la Mazarine, je n'ai trouvé que peu de choses; à l'Arsenal, où je remercie en passant M. Paul Lacroix (Bibliophile Jacob) de ses encouragements bienveillants, qu'un ou deux volumes uniques et le même nombre de manuscrits : la Bibliothèque nationale a absorbé la plus grande partie des documents intéressants des autres collections de la capitale; à Sainte-Geneviève, j'ai obtenu des facilités de travail auxquelles je n'ai pas toujours été accoutumé en France, grâce au zèle pour la science de l'administrateur, M. Ferdinand Denis, le doyen de nos bibliographes. Je le remercie tout particulièrement des précieuses indications et des excellents conseils qu'il m'a donnés; à son obligeance, je dois d'avoir comblé bien des lacunes dans mon ouvrage; — au dépôt des Cartes et Plans de la Marine, dont l'appui de M. Delamarche, ingénieur-hydrographe en chef, m'avait ouvert les portes, j'ai rencontré une grande urbanité et une complaisance sans bornes chez le conservateur, M. Charmois, dont la bibliothèque, entre parenthèses, est la mieux cataloguée de Paris; — au département des Affaires étrangères, M. Faugère, auquel on est redevable du premier texte exact des *Pensées*, de Pascal, m'avait permis de dresser la liste des documents relatifs à la Chine; le même relevé a été fait aux Archives nationales; à la Bibliothèque de l'Institut, où M. Ernest Renan eut l'obligeance de me présenter, j'ai mis la main, en cherchant les papiers du P. Bouvet qui ne s'y trouvent point sur une série fort importante de lettres du P. Amiot; à l'Ecole des Langues

Orientales, au sujet de laquelle je reviendrai plus loin, M. Carrière, secrétaire et bibliothécaire, m'a fait les honneurs de la collection qui, pour être de récente origine, n'en est pas moins aujourd'hui fort nombreuse et rend déjà les plus grands services aux travailleurs; — enfin la recommandation du R. P. Tailhan, procureur des Missions de la Compagnie de Jésus, m'a permis de rédiger le catalogue des manuscrits relatifs à la Chine appartenant à la Bibliothèque de la Compagnie, rue Lhomond. Au R. P. Tailhan et au R. P. de Guilhermy, je dois aussi de grands remerciements pour leurs bons conseils.

En dehors des bibliothèques, mes obligations sont aussi fort nombreuses :

L'Archimandrite Palladius, chef de la mission ecclésiastique russe de Pe-King, et le Dr. E. Bretschneider, auteur de savants mémoires sur l'Asie centrale à l'époque du moyen âge, m'ont obligeamment fait un petit catalogue de publications russes. Au moment de mettre sous presse, M. August Strindberg, de la Bibliothèque royale de Suède, m'a remis un mémoire étendu comprenant la description d'environ cent cinquante ouvrages suédois, dont le plus grand nombre m'étaient inconnus et qui forment une sorte de *Bibliotheca Sina-Svecana.*

M. Antonio Pennino, de la Biblioteca nazionale, de Palerme, m'a fourni des renseignements sur quelques ouvrages rares de cette collection. Plusieurs personnes qui avaient recueilli des titres d'ouvrages, soit pour en dresser une liste, soit comme aide-mémoire, me les ont communiqués avec beaucoup de courtoisie; je dois citer le Dr. N. B. Dennys, de Hong-kong, ancien éditeur de la *China Mail* et de la *China Review,* le R. P. Pfister, de la Compagnie de Jésus, le Dr. W. Lockhart, ancien médecin-missionnaire à la Chine, et Mr. Frank B. Forbes, un des chefs de la maison américaine Russell et Cie, et Président de la North-China Branch of the Royal Asiatic Society. Les notes de ce dernier étaient nombreuses et classées par ordre alphabétique : elles comprenaient un grand nombre de titres pris dans les Manuels de Brunet et de Lowndes, dans la Bibliothèque de Ternaux-Compans, et dans des catalogues de libraires. A Mr. F. B. Forbes, je dois également mes bien sincères remerciements pour d'excellents avis et des marques d'encouragement pendant un travail que, plus d'une fois, j'ai failli abandonner.

Tout le monde en Chine connaît Mr. Alex. Wylie; le savant et modeste agent de la « British and Foreign Bible Society » donnait de son cabinet de travail situé à la « London Mission », Shantung Road, Chang-Hai, les renseignements les plus utiles à ceux qui venaient frapper à sa porte. Une portion de sa bibliothèque avait été cédée à la Société asiatique, mais la plus précieuse partie à laquelle étaient venus s'adjoindre de nouveaux volumes était restée chez lui. Avec une rare bienveillance, Mr. Wylie m'avait permis de travailler dans sa bibliothèque, et j'ai à m'accuser d'avoir souvent dérangé cet excellent homme dans ses propres travaux, en venant — avec une indiscrétion qui n'a d'excuse que mon désir de produire un ouvrage sérieux — m'installer au milieu de ses livres et de ses manuscrits. C'est là que j'ai pu examiner la copie faite par Stanislas Julien de la *Notitia* du P. de Prémare, une traduction du Tchoung Young du P. de Ventavon, et mille et une plaquettes uniques ou rarissimes. D'ailleurs Mr. Wylie est un confrère, si un élève comme moi peut traiter de confrère un maître comme lui : n'a-t-il pas écrit ces *Notes on Chinese Literature*[1] qui sont aujourd'hui le *vade-*

1. Notes on Chinese Literature: with introductory remarks on the progressive advancement of the Art; and a list of translations from the Chinese, into various European languages. By A. Wylie. Shanghae, 1867, in-4.

mecum de celui qui cherche à s'orienter dans le labyrinthe de la littérature de la Chine.

C'est avec une profonde reconnaissance mêlée à des sentiments de respect et de sincère amitié que je parle du Rév. Père A. Pfister, de la Compagnie de Jésus. Peu de résidents étrangers connaissent ce religieux modeste auquel les continuateurs de St-François-Xavier et de Matteo Ricci doivent la réorganisation de leur bibliothèque à Siu ca-wei. Combien de fois, en été malgré une chaleur dont l'intensité ne peut être appréciée que de ceux qui ont visité Chang-Hai au mois d'août, en hiver malgré la perspective d'un travail de plusieurs heures dans une vaste salle sans feu, exposée au nord, combien de fois n'ai-je pas suivi la route conduisant des concessions étrangères qui bordent le Houang p'ou au village de Siu ca-wei, pour m'entretenir avec le pieux missionnaire de nos recherches. Quand un fait intéressant pour nos études m'était connu, je le lui communiquais immédiatement; dès qu'une édition rare, que des volumes dignes d'être signalés lui passaient entre les mains — et il en passait beaucoup, vite il m'en faisait part; je dois ajouter que, malgré tous mes efforts, lui retiré dans un pays éloigné, moi revenu à Paris, lui dans un village chinois, moi dans cette ville immense où tout se sait, je suis encore son débiteur; fort souvent des documents partis de Paris ne me sont parvenus qu'après avoir passé par la cellule du P. Pfister. Un instant j'avais désiré de lui dédier cet ouvrage dont il a suivi tous les développements : la modestie du missionnaire, la crainte aussi de n'avoir pas écrit un livre digne de lui, ne m'ont pas permis de réaliser ce vœu.

Autant qu'il m'a été possible de le faire, j'ai toujours essayé de me renseigner à la source même. Ainsi je dois des listes de leurs publications à des savants aussi éminents que le Dr. S. Wells Williams, ancien secrétaire de la légation des Etats-Unis à Pe-King, le Dr. H. F. Hance, de Wham-poa, Sir John Francis Davis, le doyen des sinologues. Rarement mes appels sont restés sans réponse, et j'oublie volontiers les deux ou trois, comment dirai-je, les deux ou trois «indifférences» que j'ai rencontrées pour ne me souvenir que de la sympathie qui m'a été témoignée.

A tous ces noms que j'ai cités ne dois-je pas joindre celui de mon père à qui, pendant le cours de ce long travail et pendant mon séjour en Chine, je n'ai pas épargné les courses et les démarches qui pouvaient faciliter le succès de mon entreprise. A tous ceux dont le visage m'est familier, mais dont le nom échappe à ma mémoire rebelle, à tous ceux enfin qui ont bien voulu m'aider de leurs conseils et de leurs encouragements, mille fois merci.

* * *

Le travail terminé, il fallait lui trouver un éditeur : je me rappelle ma première visite à un éditeur spécialiste qui passe pour un homme animé d'un grand zèle pour la science; je me rappelle l'accueil froid, l'air dédaigneux avec lequel, malgré une lettre pressante de recommandation, il me répondit que les auteurs, avant d'entreprendre des travaux de longue haleine, devraient bien s'assurer du concours d'un imprimeur; que lui n'avait ni l'argent ni le loisir pour entreprendre la publication de mon ouvrage; je me rappelle aussi avec quel découragement je glissai dans une serviette les feuilles du manuscrit que l'éditeur n'avait seulement pas regardées! C'est l'histoire de tous ceux qui se présentent chez un libraire sans l'aplomb que donnent dix éditions d'un roman graveleux. La recommandation de M. le comte de Rochechouart, chargé d'affaires à Pe-King, de M. Ernest Godeaux, Consul général à Chang-hai, de M. le Vicomte d'Arlot, de M. Guéroult, me procurèrent, aux Départements des Affaires étrangères et de l'Instruction publique, un appui qui m'a permis de trouver un éditeur consciencieux. A ces noms je dois ajouter ceux de M. Prosper Giquel et de M. Charles Schefer.

M. Prosper Giquel est le lieutenant de vaisseau distingué auquel la Chine doit d'avoir fondé et dirigé, pendant de longues années, l'arsenal de Fou-tcheou; M. Giquel est aujourd'hui le chef d'une mission que le gouvernement chinois a envoyée en Europe pour former comme officiers et comme ingénieurs des jeunes gens déjà préparés dans les écoles de l'Arsenal à suivre les cours les plus élevés des établissements scientifiques de la France. Mes relations personnelles avec M. Giquel ne me permettent pas d'en dire tout le bien que je devrais, mais l'éloge de ce brillant officier n'est plus à faire.

A M. Charles Schefer, je dois l'honneur de pouvoir inscrire en tête de cet ouvrage: «Publication de l'Ecole des langues orientales vivantes», et d'avoir pu surmonter les derniers obstacles qui arrêtaient l'impression de l'ouvrage; je dois aussi au directeur de l'Ecole des Langues orientales ces mille conseils pratiques que je ne pouvais espérer d'obtenir que d'un savant orientaliste doublé d'un bibliophile. On sait que c'est grâce à l'énergie de M. Schefer que l'Ecole des langues orientales a été reconstituée sur des bases qui en font une pépinière de jeunes interprètes pour nos établissements de l'Orient, jeunes interprètes appelés, dans un avenir rapproché, à soutenir la vieille réputation française dans le monde des orientalistes.

PLAN DE L'OUVRAGE.

Le classement des ouvrages dans un manuel de bibliographie peut s'opérer de trois manières différentes : 1° par ordre alphabétique des auteurs, comme dans le Manuel de Brunet; — 2° par ordre chronologique, comme dans la Bibliothèque de Ternaux-Compans; 3° par ordre des matières, comme dans la plupart des catalogues de ventes à Paris; ce dernier arrangement est certainement le plus scientifique et rend les plus grands services surtout lorsqu'il a comme complément un index alphabétique des auteurs. Nous avons essayé de combiner les trois méthodes en répartissant les ouvrages par chapitres où ils sont arrangés suivant l'ordre chronologique; un index alphabétique termine cette bibliographie raisonnée.

L'ouvrage comprend cinq grandes divisions dans lesquelles il sera traité successivement : 1° de la Chine proprement dite; — 2° des étrangers en Chine; — 3° des relations des étrangers avec les Chinois; — 4° des Chinois dans les pays étrangers; — et 5° des pays tributaires de la Chine.

I. La Chine proprement dite comprendra les ouvrages traitant de l'Empire en général, de sa géographie, de son histoire naturelle, de son histoire, de ses religions, de ses sciences, de ses arts, de sa langue, de sa littérature, de ses mœurs et de ses coutumes.

II. Dans la deuxième partie, nous étudierons successivement les ports ouverts aux étrangers, les connaissances des peuples de l'Occident sur la Chine d'après les historiens romains, les Arabes, etc., et les voyageurs depuis le moyen âge jusqu'à nos jours.

III. L'histoire diplomatique de la Chine prendra place dans cette partie où nous trouverons les documents relatifs aux différentes ambassades et aux traités conclus par le Céleste Empire avec les puissances étrangères.

IV. Les Chinois à l'étranger nous donneront l'occasion d'indiquer les pérégrinations faites hors de leur pays par les habitants de l'Empire du Milieu, depuis les pèlerins bouddhistes jusqu'à l'ambassade de Kouo Ta-jen à Londres, et d'étudier la question de l'émigration et de la traite des coulis.

V. Enfin nous parcourrons les colonies et les pays tributaires de la Chine : la Mandchourie, la Mongolie, l'Ili, le Tibet, auxquels nous ajouterons les îles Lieou-K'ieou et la Corée.

* * *

Et maintenant que nous avons indiqué l'origine de cet ouvrage, comment il a été écrit, quelles en sont les sources, quel en est le plan, nous le livrons, après un grand nombre d'années de travail, au critique dont nous réclamons l'indulgence. Il est de la nature des traités de bibliographie d'être incomplets et fautifs, quelque peine que l'on se soit donnée pour les rendre parfaits : il faut les juger, moins d'après ce qu'ils devraient être que d'après ce qu'ils sont. Je crois n'avoir rien omis d'important, et souvent j'ai préféré de ne pas donner une indication que de la donner inexacte. Comme je l'ai dit plus haut, j'ai marqué d'un astérisque les ouvrages qui ne m'étaient pas passés entre les mains et j'ai toujours mentionné la source où je puisais mes renseignements.

HENRI CORDIER.

Paris, 15, rue de Suresnes. Juin 1878.

DIVISIONS DE L'OUVRAGE

PREMIÈRE PARTIE. — La Chine proprement dite.

DEUXIÈME RTIE. — Les étrangers en Chine.

TROISIÈME PARTIE. — Relations des étrangers avec les Chinois.

QUATRIÈME PARTIE. — Les Chinois chez les peuples étrangers.

CINQUIÈME PARTIE. — Les pays tributaires de la Chine.

PREMIÈRE PARTIE

LA CHINE PROPREMENT DITE

I. — OUVRAGES GÉNÉRAUX.

— La ‖ Cosmogra- ‖ phie vniverselle ‖ d'André Thevet Cosmo- ‖ graphe dv Roy. ‖ Illvstree de diverses figvres des ‖ choses plvs remarqvables vevës par ‖ l'Auteur, & incogneuës de noz Anciens & Modernes. ‖ A Paris, ‖ Chez Pierre l'Huilier, rue sainct Iaques, à l'Oliuier. ‖ — 1575. ‖ Auec Priuilege du Roy. 2 vol. in-folio, 4 cartes.

Grav. dans le texte. (I, ff. 1/467, s. l. préf. & les tab. etc. — II; ff. 469/1205, s. l. tab. etc.)

Liure XI : Chap. XXIIII. De l'isle de Cingaporla, pres de Malaca, & de quelques isles tirans à la Chine. pp. 413 a/415. Chap. XXV. Continuation des singularitez du mesme païs de Chine, & des effects de la Racine chinoise. pp. 415 b/417 b.

— L'vniversale Fabrica del Mondo, overo Cosmografia Dell' Ecc. Gio. Lorenzo d'Anania, Diuisa in quattro Trattati : Ne' quali distintamente si misura il Cielo, e la Terra, & si descriuono particolarmente le Prouincie, Città, Castella, Monti, Mari, Laghi, Fiumi, & Fonti. Et si tratta delle Leggi, & Costumi di molti Popoli : de gli Alberi, & dell' Herbe, & d' altre cose pretiose, & Medicinali, & de gl' Inuentori di tutte le cose. Di nuouo ornata con le figure delle quattro parti del Mondo in Rame : Et dal medesimo Auttore con infinite aggiuntioni per ogni parte dell' opera, ampliata. Con privilegio.

In Venetia, Presso il Muschio. MDLXXXII. Ad instanza di Aniello San Vito di Napoli, in-4, pp. 402 + 28 ff. prél. pour le titre, la dédicace, la préf. au lecteur, la table, etc.

Bibliothèque de M. Ch. Schefer.

B. DE ESCALANTE.

— Discvrso de la Navegacion qve los Portugueses hazen à los Reinos y Prouincias del Oriente, y de la noticia q̃ se tiene de las grandezas del Reino de la China. Avtor Bernardino de Escalante Clerigo, Comissario del Santo oficio en la Inquisicion del Reino de Galizia, y Beneficiado en la villa de Laredo. Dirigido al ilvstrissimo señor Don Christoual de Rojas y Sandoual Arçobispo de Seuilla. Con Licencia. pet. in-8, 100 double pages.

On lit au recto du feuillet 100 : *Fve Impresso en Seuilla, con Licencia, en casa de la biuda de Alonso Escriuano, que sancta gloria aya. Año de 1577.*

— ¶ A discourse of the na- ‖ uigation which the Por- ‖ tugales doe make to the Realmes ‖ and Prouinces of the East partes of ‖ the worlde, and of the know- ‖ ledge that growes by them of the ‖ great thinges, which are ‖ in the Dominions of ‖ China. ‖ Written by

Barnardine of Escalanta, of ‖ the Realme of Galisia Priest. ‖ Translated out of Spanish into English, ‖ by *Iohn Frampton.* ‖ ¶ Imprinted in London at ‖ the three Cranes in the Vine- ‖ tree, by Thomas Dawson. ‖ 1579, pet. in-4, de 48 ff. en tout, chiffrés de la façon la plus irrégulière : 1—13, 16 (D_2), 15 (D_3), 14 (D_4), 17 (C)—24, 1 f. (G) sans chif., 26 (G_2), 25, 28, 29 (H)—36, 33 (K), 38 (K_2), 35, 40—41 (L_1), 45 (L_2), 43 (L_3), 47, 45 (P)—46 (P_2), 46 (recto, *short discourse*; verso, tab.), 1 f. n. c. (recto, fin de la table et colophon; verso, blanc) = 48 ff. — Le titre orné forme le f. 1; lettres ornées; très rare; l'ex. du British Museum, C. 32. f., m. r., plats ornés.

— An account of the Empire of China : Wherein is Describ'd The Country of China, with the Provinces and States subject to that Extensive Empire. Also an Account of its Climate, Product, Navigation, Cities.... Apparel and Conditions of the People. To which is prefix'd, A Discourse of the Navigation which the *Portugueze* do make to the Realms and Provinces of the East Parts of the World. Written by Barnardine of Escalanta, of the Realm of *Galicia*, Priest. Translated out of Spanish into English, by John Frampton.. With several Appendixes. (Dans la «*Harleian Collection of Travels*». Vol. II, pp. 25 et seq.)

∴

— The strange and marueilous News lately come from the great Kingdome of Chyna, which adioyneth to the East Indya. Translated out of the Castyln tongue, by T. N. Imprinted at London, nigh vnto the Three Cranes in the Vintree, by Thomas Gardyner and Thomas Dawson. Pet. in-8, 6 ff.

T. N. = Thomas Nicholas.

Réimp. dans *Censura Literaria*... by Sir Egerton Brydges, 2d ed. London, 1815, Vol. VI, Art. CCCCXCVIII, pp. 55/62.

Je n'ai pas vu l'original de cette petite brochure dont Lowndes cite un exemplaire vendu £ 7. 7/-. (Bohn's ed., I, 438.)

1577 ?; Ternaux-Compans : 1578.

— Relation de la Chine, par J.-B. Roman, facteur des Philippines, a Macao. 1584.

Cette relation a été imprimée pour la première fois par H. Ternaux-Compans dans ses *Archives de Voyages* (Paris, Arthus Bertrand, s. d., 2 vols in-8 en 4 livraisons), Vol. I, pp. 77/95. T. C., ne sait rien sur ce Jérome Roman, dont la relation est datée «de Macao, le 28 septembre 1584». Roman donne la copie d'une lettre sur la Chine que lui avait écrite le P. Mathieu Resi, italien, «De Juaquin, le 13 septembre 1584» [pp. 77/89].

Les *Archives de Voyages* sont devenues rares : Ternaux-Compans en ayant détruit lui-même un grand nombre d'exemplaires.

— *Georg (Ludw.) Descriptio nova Chinae. Francof. 1584. In-fol.

Stuck, 561.

— Libro y relacion ‖ de las grandezas del ‖ Reyno de la China. Hecho por vn Frayle des- ‖ calço de la orden de sant Francisco, de seys ‖ que fueron pressos en el dicho Reyno, ‖ en la isla de Haynam. en el ‖ año de. 1585. in-4, de ff. 28 c., sans titre.

British Museum, 1312, b. 1

Suivant M. Cl. Madrolle, *Hai-nan*, pp. III—IV, il y aurait une autre éd. semblable et de la même date avec l'addition du mot *Franciscano* dans le titre :

— Libro y relacion de las grandezas del Reyno de la China... por un Frayle *Franciscano*.....

M. Madrolle ajoute : «C'est en vain qu'on chercherait dans ce recueil des renseignements sur Hai-nan; quelques lignes seules se rapportent à l'île, tout le sujet roule sur l'Empire et la ville de Canton; les titres des neuf chapitres sont : *L'Etendue de la Chine; La fameuse Muraille qui sépare les deux Royaumes, la Chine et la Tartarie; Les Provinces et les Villes; La Fertilité de la Terre; La Population de la Chine: Les Richesses du Roi; Le Gouvernement de la Chine; Les Idoles et les Prêtres; La Puissance de la Chine.*»

— *Relacion de la Grandeça de la China.

M.S. estaba en la *Libreria de Villaumbrosa.* (Pinelo, I, p. 112.)

JUAN GONZALEZ DE MENDOÇA.

— Historia ‖ de las cosas ‖ mas notables, ‖ ritos y costvmbres, ‖ Del gran Reyno dela China, sabidas assi por los libros ‖ delos mesmos Chinas, como por relacion de Religio ‖ sos y otras personas que an estado en el dicho Reyno. ‖ Hecha y ordenada por el mvy R. P. Maestro ‖ Fr. Ioan Gonzalez de Mendoça de la Orden de S. Agustin, y peniten ‖ ciario Appostolico a quien la Magestad Catholica embio con su real ‖ carta y otras cosas para el Rey de aquel Reyno el año .1580. ‖ Al illvstrissimo S. Fernando ‖ de Vega y Fonseca del Consejo de su Magestad y su ‖ presidente en el Real de las Indias. ‖ Con vn Itinerario del nueuo Mundo ‖ [por Fr. Mart. Ignatio]. *Con priuilegio y Licencia de su Sanctitad.* ‖ En Roma, a costa de Bartholome Grassi .1585. ‖ en la Stampa de Vincentio Accolti. ‖ Pet. in-8, 15 ff. n. ch. p. l. tit., l. déd. à Sixte V, l. préf., tab. etc. + pp. 440.

C'est la première édition de l'ouvrage. Vend. Rémusat (1242) Fr. 11. 10. — Maisonneuve, 1878, Fr. 100 et Fr. 30.

— Historia de las Cosas mas notables, ritos, y costvmbres del gran reyno de la China, sabidas assi por los libros de los mesmos Chinas, como por relacion de Religiosos, y otras personas que han estado en el dicho Reyno. Hecha, y ordenada por el muy R. P. Maestro fray Ioà Gonçalez de Mendoca, de la Orden de S. Augustin, y Penitenciario Apostolico, a quien la Magestad Catholica embio con su real carta, y otras cosas para el Rey de aquel Reyno, el año 1580. Al illvstrissimo S. Fernando de Vega, y Fonseca, del Consejo de su Mag. y su Presidente en el Real de las Indias. Con vn Itinerario del nueuo mundo. Impressa en Valencia, con licencia de su Excellencia, a costa de la compañia. Pet. in-8, pp. 526 + 16 ff. n. ch. prél. pour le titre; tab. etc. A la fin : *Impressa en Valencia con licencia, en casa de la viuda dē Pedro de Huete, en la plaça de la yerua. Año 1585.*

Très rare; British Museum, 9056, aa. 8.

— Historia de las cosas mas notables, ritos y costumbres del gran Reyno de la China... Con vn Itinerario del Nueuo Mundo. Impressa en Madrid, En casa de Querino Gerardo Flamenco. 1586. A costa de Blas de Robles librero. pet. in-8, 11 f. n. c. pour le titre, les licences, dédicace, etc., 368 ff. de texte et 8 f. n. c. pour la table.

Bibliotheca Americana, Supp. No. 1, Nov. 1881. Paris, Maisonneuve, 1881, No. 2780.

— Historia de las cosas mas notables, ritos y costūbres del gran Reyno de la China : sabidas assi por los libros de los mismos Chinas, como por relacion de religiosos, y otras personas que han estado en el dicho Reyno. Hecha y ordenada por el muy R. P. M. F. Iuan Gonçalez de Mēdoça, de la orden de S. Augustin, predicador apostolico, y penitēciario de su Santidad : A quien la Magestad Catolica embio con su real carta, y otras cosas. para el Rey de aquel Reyno, el año de M.D.LXXX. Y agora nueuamente añadida por el mismo Autor. Al Illust. señor Fernādo de Vega y Fonseca, del consejo de su Magestad, y su Presidente en el Real de las Indias. Cō vn Itinerario del nueuo Mūdo. Con privilegio. En Madrid, En casa de Pedro Madrigal M.D.LXXXVI. A costa de Blas de Robles, librero. Pet. in-8, pp. 117—245 s. l. t., l'ép. etc.

Brunet et Ternaux-Compans (565) citent : Barcelone, chez Juan Pablo Mareschal, in-8, 1586.

— Historia ‖ de las co‖sas mas nota‖bles, ritos, y costvm‖bres del grā Reyno de la China. Con vn ‖ Itinerario del nueuo Mundo, sabidas ‖ por los libros de los mesmos Chi‖nas, como por relacion de Reli‖giosos, y otras personas q̃ ‖ hā estado en dicho ‖ Reyno. ‖ Hecha por el M. R. P. Maestro Fray ‖ Iuan Gonçalez de Mendoça, dela Orden de S. Agustin, y Pe‖nitenciario Apostolico, a quien la Magestad Catolica ‖ imbio con su real carta, y otras cosas para el ‖ Rey de aquel Reyno el año 1580. ‖ Al Ilustrissimo Señor Fernando de Vega ‖ y Fonseca, del Consejo de su Mag. y su ‖ Presidēte en el real de las Indias. ‖ Aora de nueuo añadida algunas cosas y en muchas ‖ partes corregida de ciertos hierros. ‖ En Çaragoça, ‖ Con licencia impressa. En casa de Loren‖ço, y Diego de Robles ermanos. ‖ Año M.D.LXXXVII. ‖ A costa de Pedro de Yuarra mercader de libros, y ‖ vendense en su casa, en la Cuchilleria, ‖ pet. in-8, 8 ff. prél. n. ch. p. l. t., déd., etc. + pp. 556 + 6 ff. n. ch. p. l. tab.

A la fin de la table, la date est marquée : 1588.

Dr. Court (153), *m. r.*, fr. 21. — Bib. de la Ville d'Avignon.

— Historia de las cosas mas notables... Con Privilegio En Medina del Campo, por Sātiago del Canto, M.D.XCV. Por los herederos de Benito Boyer. Pet. in-8, 348 doubles pages, s. l. t. etc.

Pinelo, I, col. 139, cite : *Medina del Campo*, 1596, in-8. — 1655, in-4.

— Historia ‖ de la cosas ‖ mas notables, ‖ ritos y costvmbres, ‖ Del gran Reyno de la China, sabidas assi por los li- ‖ bros de los mesmos Chinas, como por relacion de ‖ Religiosos y otras personas que an estado en el di- ‖ cho Reyno. ‖ Hecha y ordenada por el mvy R. P. ‖ maestro Fr. Ioan Gonçalez de Mendoça de la Orden de S. Au- ‖ gustin, y penitenciario Apostolico a quien la Magestad Ca- ‖ tholica embio con su real carta y otras cosas para el Rey de a- ‖ quel Reyno el año 1580. ‖ Con vn Itinerario del nueuo Mundo. ‖ En Anvers. ‖ En casa de Pedro Bellero, ‖ 1596, ‖ Con Priuilegio., pet. in-8, 12 ff. prél. n. ch. p. l. tit., déd., tab., etc. + pp. 380 + 1 f. n. ch. p. l'app. etc.

Klaproth (1621) Fr. 10. — Quaritch, sept 1872, No 285, £ 2. 2/—. Chossonnery, 1877, Fr. 60. — Maisonneuve, 1878, Fr. 40.

Zenker, *Bib. Orientalis* (6768) et Ternaux-Compans (735) citent Anvers, 1598, in-8.

∴

— Dell' Historia ‖ della China ‖ descritta dal P.M. Gio. Gonzalez di ‖ Mendozza dell' Ord. di S. Agost. nella lingua Spagnuola. ‖ Et tradotta nell' Italiana dal Magn. M. Francesco ‖ Auanzo, cittadino originario di Venetia. ‖ Parti dve, ‖ Diuise in tre libri, & in tre viaggi fatti da i Padri Agostiniani, ‖ & Franciscani in quei paesi. ‖ Dove si descrive il sito, et lo stato ‖ di quel gran Regno & si tratta della religione, de i costumi, ‖ & della disposition de i suoi popoli, & d'altri luochi più ‖ conosciuti del mondo nuouo. ‖ Con vna copiosissima Tauola delle cose notabili, che ci sono. ‖ Alla Santita di N. S. Papa Sisto V. ‖ Con licenza de' Svperiori. ‖ In Roma. ‖ Appresso Bartolomeo Grassi. M.D.LXXXVI. in-4., 23 ff. n. ch. + pp. 379.

Rémusat (1243) Fr. 4. 05. — Klaproth (1622). Fr. 6. 75. — Brockhaus, 1872, Thr. 1. — Maisonneuve, 1878, Fr. 20.

Ternaux (549) cite : Venezia, 1585, in-8.

— Dell' Historia ‖ della China ‖ descritta dal P. M. Gio. Gonzalez di ‖ Mendozza ..... ‖ Alla Santita di N. S. Papa Sisto V. ‖ Con privilegio et licenza de' Svperiori. ‖ In Roma. ‖ Appresso Vincentio Pelagallo. M.D.LXXXVI, ‖ in-4, 23 ff. n. ch. + pp. 379.

— Dell' Historia ‖ della China ‖ descritta dal P. M. Gio. Gonzalez di ‖ Mendozza... ‖ Alla Santita di N. S. Papa Sisto V. ‖ Con privilegio et licenza de' Svperiori. ‖ In Roma. ‖ Appresso Giouanni Martinelli. M.D.LXXXVI, in-4, 23 ff. n. ch. + pp. 379.

Ces éd., ainsi que celle de B. Grassi, ne sont que des ex. du même tirage avec des noms différents de libraires; ce qui le prouve, c'est que la p. 378 est dans tous chif. par erreur 578.

— Dell' Historia ‖ della China, ‖ Descritta nella lingua Spagnuola, dal P. Maestro ‖ Giouanni Gonzalez di Mendozza, ‖ dell' Ord. di S. Agostino: ‖ Et tradotta nell' Italiana, dal Magn. M. Francesco ‖ Auanzo, cittadino originario di Venetia: ‖ Parti dve, ‖ Diuise in tre libri, & in tre viaggi, fatti in quei paesi, ‖ da i Padri Agostiniani, & Franciscani. ‖ Doue si descriue il sito, & lo stato di quel gran Regno, ‖ & si tratta della religione, de i costumi, & della ‖ disposition de' suoi popoli, & d'altri luochi ‖ più conosciùti del mondo nuouo. ‖ Con due Tauole, l' vna de' Capitoli, & l'altra delle cose notabili. ‖ In Venetia, MDLXXXVI. ‖ Appresso Andrea Muschio, in-8, 16 ff. prél. n. ch. + pp. 462 + 20 ff. n. ch. p. l. tab.

Brunet ne cite pas cette éd.

Maisonneuve, 1878, Fr. 20.

— L'Historia ‖ del gran Regno ‖ della China, ‖ Composta primieramente in ispagnuolo da ‖ maestro Giouanni Gonzalez di Men- ‖ dozza, monaco dell' ordine di ‖ S. Agostino: ‖ Et poi fatta vulgare da Francesco Auanzi ‖ cittadino Vinetiano. ‖ Stampata la terza volta, & molto più dell' al- ‖ tre emendata. ‖ Con due tauole l'una de' Capitoli, & l'altra delle ‖ cose più notabili. ‖ In Vinegia, 1587. ‖ Per Andrea Muschio, in-12, pp. 508 + 40 ff. n. c. à la fin pour les tab.

— Dell' Historia della China, Descritta nella lingua Spagnuola, dal P. Maestro Giouanni Gonzalez di Mendozza, dell' Ord. di S. Agostino. Et tradotta nell' Italiana, dal Magn. M. Francesco Auanzo, cittadino originario di Venetia. Parti dve, Diuise in tre libri, & in tre viaggi, fatti in quei paesi, da i Padri Agostiniani, & Franciscani. Doue si descriue il sito, & lo stato di quel gran Regno, & si tratta della religione, de i costumi, & della disposition de' suoi popoli, & d'altri luochi più conosciuti del mondo nuouo. Con due Tauole, l' una de' Capitoli, & l'altra delle cose notabili. In Venetia, MDLXXXVIII. Appresso Andrea Muschio, pet. in-8, pp. 462 s. l. tab., etc.

— Dell' Historia ‖ della China, ‖ Descritta nella lingua Spagnuola, dal P. Maestro ‖ Giouanni Gonzalez di Mendozza, . . . ‖ In Venetia, Appresso Andrea Muschio. ‖ M. D. XC, pet. in-8, 15 ff. prél. + pp. 462 + ff. 20 pour l. tab., etc.

— Dell' Historia della China descritta dal P. M. Gio. Gonzalez di Mendozza dell' Ord. di S. Agost. nella lingua Spagnuola. Et tradotta nell' Italiana dal Mag. M. Francesco Auanzo, cittadino originario di Venetia. Parti dve, Diuise in tre libri, & in tre viaggi fatti da i Padri Agostiniani, & Franciscani in quei paesi. dove si descrive il sito, et lo stato di quel gran Regno, & si tratta della religione, de i costumi, & della disposition de i suoi popoli, & d'altri luochi più conosciuti del mondo nuouo. Con vna copiosissima Tauola delle cose notabili, che ci sono. Si sono aggionti alcuni auisi pur della China non piu stampati in questo libro. All' Ill.mo Sig. il Sig. D. Garzia Mendozza. In Genova, con licenza de' Super. Appresso Gieronimo Bartoli, 1586. in-4, pp. 280 s. l. t. etc.

Editions citées : 1576 (sic), in-8 (Pinelo) = 1588, in-12 (Pinelo) = 1588, in-8, *Venet.* (Meusel, Ternaux (n° 602), Zenker (n° 6777), Major : Int. to *Mendoza*) = 1590, *Venet*, in-8. (Pinelo, Meusel, Brockhaus, 1872, Th. 1. 5, Major.)

— Svccinta Notizia del vasto Impero della China; e sua ricchezza, estratta dalla Istoria della China, Descritta dal P. M. Gio. Gonzalez di Mendozza . . . (Anzi, *Il Genio Vagante*, Parma, 1692, III, pp. 313/330.)

Voir sur Mendoça, le «P. Martino Egnatio (da Loyola) dell' Ordine di S. Francisco», et le «P. Pietro Alfaro dell' Ordine di San Francesco della Provincia di San Gioseffo», *Saggio di Bibliografia* . . . per Fr. M. da Civezza, Nos. 18 et 363.

— Il gran regno ‖ della China, ‖ novamente dalli Reverendi Padri ‖ di S. Agostino, S. Francesco, & Giesù, discoperto, doue si ha piena relatione ‖ del sito, costumi, numero di Città, e Terre, che in detto Regno si ‖ ritrouano, si come nel disegno appare. ‖ Et si intende come qvei popoli sono ‖ disposti di voler accettare la Santa Fede Christiana, con alcuni miracoli ‖ occorsi nouamente à esaltation di Santa Chiesa. ‖ Si narra dell' isole del Giapon, con il sito loro, e tutto quello ‖ s' appartiene à quei Regni. ‖ Con l'arriuo d' essi Signori Giaponesi à Goa. ‖ Cavati dall' originale dedicato ‖ alla Santità di Nostro Signor Sisto Quinto. ‖ Stampata in Bologna, & Ristampata in Fiorenza, Per Francesco Tosi, ‖ alle Scalce di Badia Con Licenza de Superiori. 1589, ‖ brochure in-4 de 8 ff. n. ch. à 2 col.

P. 1 : titre — pp. 6—7 : Carte de la Chine.

Extrait de l'ouvrage de Mendoza par Gioseppe Rosatio. (Bib. nat., O 2/2 n.)

Brunet et Ternaux-Compans ne citent pas cet ouvrage.

— Il gran Regno ‖ . . . . In Venetia, Et poi in Brescia, Per Vincenzo Sabbio. 1589. ‖ Con Licenza de' Superiori. Br. in-4, de 8 ff. n. ch. à 2 col.

∴

— Histoire dv grand Royavme de la Chine... A Paris, chez Ieremie Perier. 1588, in-8.

Vendu Fr. 35. 50. *m. b.* Vente Veinant (Brunet).

— Histoire dv grand Royavme de la Chine, situé avx Indes orientales, diuisée en deux parties. Contenant en la Première, la situation, antiquité, fertilité, religion, ceremonies, sacrifices, rois, magistrats, mœurs, vs, loix, & autres choses memorables dudit royaume. Et en la Seconde, trois voyages faits vers iceluy en l'an 1577. 1579 & 1581. auec les singularitez plus remarquables y veües & entenduës : ensemble vn Itineraire du nouueau monde, & le descouurement du nouueau Mexique en l'an 1583. Faite en espagnol par R. P. Ivan Gonçalés de Mendoce, de l'ordre de S. Augustin : & mise en François auec des additions en marge, & deux Indices. Par Lvc de la Porte, Parisien, docteur ès Droits. A Monseignevr le Chancelier. A Paris, chez Ieremie Perier, ruë S. Iean de Beauuais, au franc Meurier. 1589. Avec Privilege dv Roy, in-8, pp. 324, s. l. t. & les ind. etc.

Rémusat (1245) Fr. 7.

— Histoire dv grand royavme de la Chine . . . . . . A Paris, chez Adrian Perier, rue sainct Iaques au Compas d'Or. 1600, pet. in-8, ff. ch. 308, s. l. t., etc.

— Histoire dv grand Royavme de la Chine... A Paris, chez Nicolas du Fossé, ruë S. Iean de Beauuais, au vase d'or. 1589. Auec Priv. dv Roy, in-8.

Ternaux-Compans ne cite pas les éd. franç. de 1589.

— Histoire dv grand Royavme de la Chine, sitvé avx Indes orientales, diuisée en deux parties. Contenant en la première, la situation, antiquité, fertilité, religion, ceremonies, sacrifices, Rois, magistrats, mœurs, vs, loix, & autres choses memorables dudit Royaume. Et en la Secōde, trois voyages faits vers iceluy en l'an 1577. 1579. & 1581 auec les singularitez plus remarquables y veües & entenduës : ensemble vn itineraire du nouueau monde, & le descouurement du nouueau Mexique en l'an 1583. Faite en espagnol par R. P. Ivan Gonçalès de Mendoce, de l'ordre de S. Augustin : & mise en François auec des additions en marge, & deux Indices. Par Lvc de la Porte, Parisien, docteur ès Droits A Monseignevr le Chancelier. A Paris, chez Abel l'Angelier, au Premier Pillier de la Grande Salle du Palais. 1600. in-8, pp. 309, s. les t. etc.

— Histoire ‖ dv Grand ‖ Royavme de ‖ la Chine, ‖ Situé aux Indes Orientales : ‖ Contenant la Situation, Antiquité, Fertilité, Reli- ‖ gion, Ceremonies, Sacrifices, Rois, Magistrats, ‖ Mœurs, Vs, Loix, & autres choses me- ‖ morables dudit royaume : ‖ Plvs, trois voyages faits vers iceluy en l'an 1577. 1579 & 1581. ‖ auec les singularitez plus remarquables y veuës & enten- ‖ dues : ensemble vn Itineraire du nouueau Monde, & le descou- ‖ urement du nouueau Mexique en l'an 1583. ‖ En cette nouuelle Edition a esté adioustée vne ample, ‖ exacte, & belle Description du Royaume ‖ de la Chine, & de toutes ses singularitez ; ‖ Nouuellement traduite de Latin en François. ‖ Povr Iean Arnavd .- ‖ M.DC.VI., s. l., petit in-8, pp. 419, 12 ff. prél. n. ch. p. l. tit., tab., etc. + 24 ff. n. ch. p. l'ind. + pp. 26. La «Description dv Grand et renommé royavme de la Chine Nouuellement mise en François» qui occupe les 26 dernières pages, a une pagination spéciale.

Major cite une éd. de *Genève*, 1606.

— Histoire ‖ dv grand ‖ Royavme de ‖ la Chine, ‖ Situé aux Indes Orientales : ‖ Contenant la Situation, Antiquité, Fertilité, Reli- ‖ gion, Ceremonies, Sacrifices, Rois, Magistrats, ‖ Mœurs, Vs, Loix, & autres choses me- ‖ morables dudit Royaume : ‖ Plvs, trois voyages faits vers iceluy en l'an 1577. 1579. & ‖ 1581. auec les singularitez plus remarquables y veuës & enten- ‖ dues : ensemble vn Itineraire du nouueau monde, & le descouure- ‖ ment du nouueau Mexique en l'an 1583. ‖ En ceste nouuelle Edition a esté adioustée vne am- ‖ ple, exacte, & belle Description du Royaume ‖ de la Chine, & de toutes ses singularitez; Nouuel- ‖ lement traduite de Latin en François. ‖ A Lyon. ‖ Par François Arnovllet. ‖ M.D.VIIII (lisez 1609), ‖ in-8, 8 ff. prél. n. ch. p. l'ar., etc. + pp. 388, + pp. 14 ff. n. ch. p. l'ind. + la Description de la Chine (25 pages).

L'exemplaire de la Bib. nat. a appartenu à Huet, évêque d'Avranches.

— Histoire ‖ dv grand ‖ Royavme de ‖ la Chine, ‖ Situé aux Indes Orientales. ‖ Contenant la Situation, Antiquité, Fertilité, Reli- ‖ gion, Ceremonies, Sacrifices, Rois, Magistrats, ‖ Mœurs, Vs, Loix, & autres choses me- ‖ morables dudit Royaume. ‖ Plus trois voyages faits vers iceluy en l'an 1577. 1579. & 1581. ‖ auec les singularitez plus remarquables y veuës & entenduës : ‖ ensemble vn Itineraire du nouueau Monde, & le descouure- ‖ ment du nouueau Mexique, en l'an 1583. ‖ En ceste nouuelle Edition a esté adioustée vne am- ‖ ple, exacte, & belle Description du Royau- ‖ me de la Chine, & de toutes ses singularitez; nou- ‖ uellement traduite de Latin en François. ‖ A Roven, ‖ chez Nicolas Angot, Libraire ‖ demeurant à la ruë du Bec - ‖ M.D.C.XIIII, in-8, 8 ff. prél. n. ch. p. l'ar., etc. + pp. 388 + 14 ff. p. l'ind.

Rémusat (1246) Fr. 5.

Major cite une éd. de *Rouen*, 1604?

∴

— The Historie of the ‖ great and mightie kingdome ‖ of *China*, and the situation ‖ thereof : ‖ Togither with the great riches, huge ‖ Citties, politike gouernement, and ‖ *rare inuentions in the same.* ‖ Translated out of Spanish by *R. Parke.* ‖ London. Printed by *I. Wolfe* for *Edward White*, and are to be sold at the little North *doore of Paules, at the signe* ‖ *of the Gun.* 1588. petit in-4.

Ce volume, qui est imprimé en black letter comprend 410 pages sans la dédicace de Robert Parke à «M. Thomas Candish Esquire» et l'adresse de «The Printer, to the Christian Reader». 3 ff. p. l. déd. etc. + pp. 410.

Lowndes donne les prix suivants (Bohn's edition: I—438) : Marquis of Townshend, 772. 1 l. — Inglis, 352. 2 l. 15/- Bindley. pt. III, 1172. 14/6-. North, pt. III, 578, morocco 5 l. — Roxburghe, 8885, 16/-. White Knights, 3320, morocco, 2 l. 14/-.

Quaritch, sept. 1872, 285—7594, £ 4. 4/-.

Il y a une notice de cette traduction (par E. C. Bridgman) dans *The Chinese Repository*, X, pp. 241/251.

The Canton Register a publié des extraits de la traduction anglaise (R. Parke) de l'ouvrage de Mendoza : No 5, 1837 (Chap. XX). No 7 (Chap. VI), etc.

— The History of the Great and Mighty Kingdom of China and the Situation thereof. Compiled by the Padre Juan Gonzalez de Mendoza. And now reprinted from the early translation of R. Parke. Edited by Sir George T. Staunton, Bart. With an Introduction by R. H. Major, Esq., of the British Museum, Honorary Secretary of the Hakluyt Society. London : Printed for the Hakluyt Society. MDCCCLIII — MDCCCLIV, 2 vol. in-8., pp. lxxxiii — 172 et 350.

Cet ouvrage forme les volumes 14—15 de la collection de la *Hakluyt Society*.

The North China Herald, No 304, May 24, 1856 et seq., a donné des extraits de la Préface de Major.

— Historie of the greate kingdome of China. In the East Indies. Containeing the Scituation. Antiquities. Ffertilitie. Religion. Ceremonies. Sacrifices. Kings. Magistrats. Manners. Customes Lawes and other memorable things of that kingdome. Together with Three Voyages made made thither. in the yeares. 1577. 1579 and 1581 with the most remarkable singularities there seene and taken notice of. Allsoe an Itinerarie of the New World, and the Discovery of New Mexico. in the yeare 1583. Translated. By Jos. Baildon. of the Society of that most magnificent hospitall founded by Tho. Sutton Esqr. in Charterhouse. M. D. C. LXIII.

Ce Ms., format in-4°, fait partie de la Collection Harléienne, British Museum, et porte le No 56. a. Il est décrit dans le Cat. de cette Collection sous le No 5069 : *Cat. Lib. Mss. Bib. Harleianae*, III, pp. 243/4.

Collation : 79 feuillets : 1er, blanc; 2e, titre; 3e et 4e, Préface.

On lit p. 142 : The end of the third Booke and the first part of the History.

Ni le Cat. de la Bibl. Harl., ni Baildon, n'indiquent l'ouvrage dont ce ms. est la traduction; mais ayant comparé ce manuscrit avec l'histoire de Mendoza, nous avons trouvé qu'il en était simplement une version. Le travail de Baildon est différent de celui de Parke, qui n'avait pas non plus donné le nom de l'auteur qu'il traduisait. Une partie de l'histoire de Baildon est évidemment perdue, car le ms. que je viens de décrire ne contient que ce qui se trouve dans le vol. I de la réimpression de Parke par l'*Hakluyt Society*.

∴

— Nova ‖ et succin- ‖ cta, vera tamen ‖ historia ‖ de amplissimo, potentissimo- ‖ que, nostro quidem orbi hactenus incognito, sed perpaucis ‖ abhinc annis explorato Regno *China;* quindecim flo- ‖ rentissimis eius Prouincijs; plurimis admiranda magnitudi- ‖ ne insignibus vrbibus; summa fertilitate; incredibili vnio- ‖ num, gemmarum, auri, argenti, caeterorumq'; varij generis ‖ metallorum opulētia & copia, populorum ijs in regionibus ‖ inaudito in bellis terrestri naualiq'; adparatu; praeclara item, ‖ prudentique optimè constitutae Reipublicae moderationes ‖ &, in vniversum, de gentium illarum ea morum dexteritate, ‖ ea ingeniorum acrimonia, cuiusmodi vix in vllis (clarissi- ‖ marum etiam nationum; Medorum, Persarum, Assyriorum, ‖ Indorum, Graecorum, Romanorum, aut quorumcun- ‖ que denique aliorum) historiarum monu- ‖ mentis, toto terrarum orbe ‖ reperiatur. ‖ Ex Hispanica primùm in Italicam, inde in Germanicam ‖ ex hac demùm in Latinam linguam conuersa : ‖ Operâ Marci Henningi Au- ‖ gustani. ‖ Reliquorum, quae in hisce libris describuntur, ‖ summam, praefatio Autoris, & singulo- ‖ rum capitum elenchi docebunt. ‖ ..... Francofvrdi ad Moenum. s. a., in-8, pp. 283.

La préface de Henning porte la date de : Augustae Vindelicorum M. D. XIC [1589].

Pinelo cite 1579? 1580?? 1589, 1599 et 1600. Ternaux indique les trois dernières éditions : Nos 682, 784 (*Francofurti*), 811 (*Moguntiae*, Albinus, 1600).

— Rervm Morvmqve ‖ in ‖ Regno Chinensi ‖ maxime notabilivm ‖ Historia ‖ Ex ipsis Chinensium libris & Religiosorum, qui in illo primi fuerunt ‖ literis ac relatione concinnata. ‖ Item PP. Augustinianorum & Franciscanorum in illud ingressus. ‖ Per ‖ R. P. M. Ioannem Gonzalez de Mendosa ‖ Ordinis Eremitarum S. P. Augustini ‖ Opus Regibus, Principibus, Praelatis, Indicibus, Magistratibus, ‖ Historicis, Concionatoribus utile juxtà & jucundum. ‖ E Hispanica lingua in Latinam transtulit ‖ F. Ioachimvs Brvlivs ‖ eivsdem ordinis religiosvs. ‖ Antverpiae, ‖ Apud Viduam & Haeredes Francisci Fickaert, sub Turri D. Virginis, ad in- ‖ signe Angeli Aurei. 1655. in-4. 1 f. prél. n. ch. p. l'ar. de Brulius + pp. 176—222 + 7 ff. n. ch. p. l'ind. et l'app.

Rémusat (1244) Fr. 4. 60. — Quaritch, sept. 1872, 285—7593, veau, 4/—

Pinelo cite : 1655, 1665 et 1674, in-4.

∴

— Eine Neuwe / Kurtze / doch warhafftige Beschreibung dess gar Grossmächtigen weitbegriffenen / bisshero vnbekandten Königreichs China ...... Gedruckt zu Franckfurt am Mayn / In Verlegung Sigmund Feyrabends / Im Ihar 1589, in-4, 7 ff. prél. + pp. 181. Au verso du dernier f. marque de l'imprimeur.

Juan Reylero, tradujo los tres primeros libros en Aleman. (Pinelo, I, col. 139).

— Historien und Bericht / Von dem Newlicher zeit erfundenen königreich China / wie es nach vmbsienden / so zu einer rechtmessigen Beschreibung gehören / darumb beschaffen. Item / von dem auch new erfundenen Lande Virginia.... durch Matthaevm Dresservm D. der Sprachen vnd Historien Professorn. Gedruckt zu Leipzig / durch Frantz Echnelboltz. Typis Haeredvm Beyeri. Anno M. D. XCVII, in-4., pp. 297 s. l. p.

« China » pp. 1/176.

Ce qui est relatif à la Chine dans cet ouvrage de Dresser est traduit de la première partie de Mendoza.

Pinelo, I, col. 149, Meusel, et La Farina, *China*. I. p. 16, citent une autre éd. : Halle, 1598, in-8.

∴

— D'Historie ofte Be- ‖ schrijvinghe van het groote ‖ Rijck van China. ‖ Eerst in Spaensch beschreven | door ‖ M. Ian Gonzales van Mendoza, Monick van ‖ d'oorden van S. Augustijn : ende nu uyt het ‖ Italiaensch nieus in Nederlandtsche tale ghe- ‖ bracht. ‖ [marque]. Ghedruckt by Iacob de Meester, Boeckdrucker der Stadt ‖ Alckmaer, ‖ Voor Cornelis Claesz, Boeckvercooper | woo- ‖ nende op't Noordt | in den vergulden Bybel | ‖ tot Hoorn. M. D. XCV. in-8, pp. 197 et les errata au verso dern. f. [p. 198].

— Historie, Ofte Beschryvinge van 'tgroote Ryck van China, Welcke vertoont, diens gelehentheyt ende groote, Ryckdommen, Regeerders, wetten, Kloeckheyt der Inwoond'ren, Vrugtbaarheydt ende Zeden, des Wijdt-streckende Rijckx China. Eerst, in 't Spaans beschreven Door M. Ian Gonzalez van Mendoza, Monnick van d'Orden van St. Augustijn : ende nu nieuws in 't Nederauyts vertaalt, door. C. T. Tot Delf, by Aernold Bon, woonende op't Marctvelt. Anno 1656. in-12, pp. 316 s. l. t.

Frontispice gravé.

Pinelo, Meusel, Brunet, Ternaux-Compans, etc., ne citent pas cette traduction qui existe à la Bib. nat.

Consulter sur *Mendoça* : *Biographie universelle*, XXVII, pp. 628/9, art. Weiss. — *Nouv. Biog. générale*, col. 955/6.

— An excellent treatise of the kingdome of China, and of the estate and gouernement thereof : Printed in Latine at Macao a citie of the Portugals in China, An. Dom. 1590. and written Dialogue-wise. The speakers are *Linus*, *Leo*, and *Michael*. (Hakluyt, II. 1599, pp. 88/98.)

GIOVANNI BOTERO.

Né à Bène, Piémont, en 1540; † à Turin en 1617.

— Relationi ‖ Vniversali ‖ di Giovanni Botero ‖ Benese ‖ Diuise in quattro Parti. ‖

Novamente reviste ‖ Corrette, & ampliate dall' Istesso ‖ Auttore ‖ Et aggiontoui in questa vltima Impres- ‖ sione la figurata Descrittione inta- ‖ gliata in Rome, di tutti i ‖ Paesi del Mondo. ‖ In Brescia, cIɔ DXCIX ‖ Appresso la Compagnia Bresciana. ‖ Con Licenza de' Superiori. ‖ 4 parties in-8.

La première éd. en 3 parties a paru à Rome, 1592, in-4; en 4 parties, Rome, 1595, in-4; la 5e partie, encore inédite, parmi les mss. de la Bibliothèque de Turin.

— * G. Botero, Relationi universali. Con gli osservationi de G. Brusoni. Ven. 1659. Avec cartes. 4 vol. in-4.

Les pp. 92–97 traitent de la Tartarie, du Cathay et de la Chine; pp. 470—473 de l'introduction du catholicisme en Chine.

Dans les observations de Bruson, les pp. 1–15, 30, 86—130 et 177—182 se rapportent à la Chine, l'île de Formose et le Cathay.

CENTENO.

— Historia ‖ de cosas del Oriente ‖ primera y segunda parte. ‖ Contiene vna descripcion general de los Reynos de Assia ‖ con las cosas mas notables dellos. La Historia de los Tarta- ‖ ros y su Origen y principio. Las cosas del Reyno de Egipto. ‖ La Historia y sucesos del Reyno de Hierusalem ‖ Traduzido y recopilado de diuersos y graues Historiadores, por ‖ Amaro Centeno natural de la Puebla de Senabria en la ‖ Montaña de Leon. ‖ Dirigido al Licenciado Alonso Nuñez de Bohorques Oydor ‖ del supremo Consejo del Rey nuestro Señor, y de ‖ la Sancta y general Inquisicion. ‖ Con Privilegio real. ‖ Impresso en Cordoua en casa de Diego Galuan ‖ Impressor de Libros, Año 1595. ‖ A costa de Miguel Rodriguez mercader de Libros y ‖ se venden en su casa. in-4., 8 ff. prél. n. ch. + 138 ff. ch. + 4 ff. n. ch. à la fin p. l. tab.

P. 1. Comienca la descripcion de los Reynos de Asia dende el Catayo, y los demas sucesiuamente. Capitvlo Primero. El Reyno del Catay es el mayor de los que en el mundo se saben llenissimo de gente, y de infinitas riquezas esta puesto en la ribera der Mar Oceano....

On voit que ce premier chapitre (consacré à la Chine) qui occupe 2 pages et demie n'est que la traduction du commencement de l'Histoire d'HÉTOUM. (*Q. v.* dans la IIe Partie de notre ouvrage.)

Brunet, qui ne donne pas exactement le titre, cite les prix suivants : 12 fr. 50, La Serna. — £ 9. 6/6, White Knights. — 7/- seulement, Heber. — 23 fr. *mar. v.*, Burnouf. — 20 fr., quoique mouillé, 2e vente Quatremère.

La *Biog. un.* a consacré à Centeno un article insignifiant par Villenave.

LODOVICO ARRIVABENE.

— Il magno vitei ‖ di ‖ Lodovico Arrivabene ‖ Mantoano. ‖ In qvesto libro, oltre al piacere, ‖ che porge la narratione delle alte caualleric del glorioso ‖ Vitei primo Rè della China, & del valoroso Iolao, si ‖ hà nella persona di Ezonlom, vno ritratto di ottimo Prenci- ‖ pe, & di Capitano perfetto. ‖ Appresso si acquista notitia di molti paesi, di varij costumi di popo- ‖ li, di animali, sì da terra, & sì da acqua, di alberi, di frutti, & ‖ di simiglianti cose moltissime. ‖ . . . . . In Verona, ‖ Appresso Girolamo Discepolo. 1597. in-4, 12 ff. prél. n. ch. p. l. tit., déd., etc. + pp. 576 (imp. 526 par erreur dans le livre) + 10 ff. n. ch. p. l. tab.

— Istoria della China di Lodovico Arrivabene gentil' hvomo Mantovano, nella quale si tratta di molte cose marauigliose di quell' amplissimo Regno : Onde s'acquista notitia di molti paesi, di varij costumi di popoli, di animali, si da terra, e si da acqua, D' alberi, di frutti, e di simiglianti cose moltissime, tutte non meno vtili da sapere, che dilettenoli da intendere. In Verona, Appresso Angelo Tamo .1599. Ad instanza di Andrea de' Rossi. in-4. pp. 576, s. l. t. etc.

— Arrivabene était vicaire de l'évêque de Mantoue et poète; son ouvrage n'est qu'un roman.

MARCELLO DE RIBADENEYRA.

— Historia ‖ de las Islas ‖ del Archipiclago, ‖ y Reynos de la Gran China, Tar ‖ taria, Cvchinchina, Malaca, ‖ Sian, Camboxa y Iappon, ‖ Y de lo sucedido en ellos a los Religiosos Descalços, de la Orden del ‖ Seraphico Padre San Francisco, de la Prouincia de San ‖ Gregorio de las Philippinas. ‖ Compvesta por Fray Marcello de Ribade ‖ neyra, compañero de los seys frayles hijos de la misma Prouincia Martyres glorio ‖ sissimos de Iappon, y testigo de uista de su admirable Martyrio. ‖ Dirigida a nvestro reverendissimo Padre ‖ Fray Francisco de Sosa, Generalissimo de toda la ordē de N. P. S. Francisco. ‖ Con Licencia, y Privilegio. ‖ En Barcelona. En la Emprenta de Gabriel Graells y Giraldo Dotil, Año M. DCI. ‖ In-4., 5 ff. n. ch. p. l. tit., déd., etc. + 725 ff. + 1 f. n. ch. p. l. tab.

Pp. 713 et seq. : Adicion de Francisco Peña Avditor de Rota. De tres capitulos, a la relacion del Padre Fra Iuan de Sancta Maria, en que se muestra que la muerte de los seys padres Descalços, y otros sus allegados, en el Iappon a cinco de Hebrero Año de 1597. fue verdadero Martyrio. [En Roma, Impressa por Nicolas Mucio. 1599. F : 725.]

« Extremae raritatis liber, cuius auctor, Franciscanus e Hispania oriundus, ipse terras in titulo memoratas obivit. Multis in rebus aliter sentit ac scribit, quam Iesuitae » (Meusel).

Klaproth (1603), Fr. 29. — Pinelo, I, p. 120, cite : 1601, in-4. — 1613, in-4. — 1654, in-folio.

∴

— An exact Discovrse of the Subtilties, Fashions, Pollicies, Religion, and Ceremonies of the *East Indians*, as well *Chyneses* as *Iauans*, there abyding and dweling. Together with the manner of trading with those people, aswell by vs *English*, as by the *Hollanders* : as also what hath happened to the *English* Nation at *Bantan* in the *East Indies*, since the 2. of February 1602. vntill the 6. of October 1605. Whereunto is added a briefe Description of *Iaua Maior*. Written by *Edmund Scott*, resident there, and in other places neere adioyng, the space of three yeeres and a halfe. At London, Printed by W. W. for Walter Burre. 1606, in-4. — A à N par 4 = 52 ff.

Ex. du British Museum, $\frac{582 . e . 3}{4}$.

ft. N. 2. «*The Chyneses* are very craftie people in trading, vsing all kind of cosoning & deceit, etc.»

A la fin [ft. N. 4]. «And if once they cut their Haire, they may neuer returne to their Countrie againe : but their Children may, alwayes prouided, that they neuer cut their Haire.»

On voit que le *Canton Register* n'est guère exact dans sa phrase bizarre :

Description of the Chinese in 1602 from *a Discourse of Iava and the first English Factory there &c. Written by Master Edmund Scott*. (dans *The Canton Register*, Vol. 9, 1836, No 22, p. 88) : «The Chinese are very crafty in trading provided they do not cut their hair.»!

∴

— Consulter sur la Chine la IIIe Partie de l'ouvrage du P. Du Jarric, 1614, Chap. XLIII et seq.

PEDRO ORDOÑEZ DE CEVALLOS.

— Viage ‖ del mvndo. ‖ Hecho y compvesto por el ‖ Licenciado Pedro Ordoñez de Ceuallos, natural de ‖ la insigne ciudad de Iaen. ‖ Contiene tres libros. ‖ Dirigido a don Antonio Davila ‖ y Toledo, sucessor y mayorazgo en la casa de Velada. ‖ Con Privilegio. ‖ En Madrid, Por Luis Sanchez impressor del Rey N. S. ‖ Año M.DC.XIIII. in-4., 10 ff. prél. n. ch. + 290 ff. ch. + 4 ff. n. ch. p. l. tab.

Quaritch, 285 — Sept. 1872, m. r. £ 5. 5/-.

Tratado de la Relaciones verdaderas de los Reynos de la China, Cochinchina, y Champaa, y otras cosas notables, y varios sucessos, sacadas de sus originales. Por el Licenciado Don Pedro Ordoñez de Ceuallos Presbitero, que dio buelta al mundo, Prouisor, Iuez, y Vicario general de aquellos Reynos, Chantre de la santa Iglesia de la ciudad de Guamanga en el Piru, y Canonigo de la de Astorga, natural de la muy noble, muy famosa, y muy leal ciudad de Iaen. Dirigido al eloqventissimo Maestro Bartolome Ximenez Paton. Con licencia, En Iaen, por Pedro de la Cuesta, Año de 1628. in-4, pp. 52 s. l. t. etc.; front. gravé sur bois.

Se trouve à la Bib. nat. (O $\frac{2}{7}$ n), relié à la suite d'un autre ouvrage.

— Historia, y Viage del Mundo del Clerigo agradecido don Pedro Ordoñez de Zevallos, natural de la insigne civdad de Jaen, a las cinco partes de lo Europa, Africa, Asia, America, y Magalanica, con èl Itinerario de todo èl. Contiene tres libros. Con licencia. En Madrid : Por Jvan Garcia Infanzon, Año de 1691. Acosta de Ioseph Vascones,... in-4. à 2 col., pp. 432 s. l. t., l'ép. etc.

FRANCISCO DE HERRERA MALDONADO.

— Epitome historial del reyno de la China. Muerte de su Reyna, madre deste Rey que oy viue, que sucedio a treinta de Março, del Año de mil y seiscientos y diez y siete. Sacrificios y Cerimonias de su Entierro. Con la Descripcion de aquel Imperio. Y la Introduccion en el de nuestra Santa Fè Catolica. Por el licenciado don Francisco de Herrera Maldonado, Canonigo de la Santa Iglesia Real de Arbas de Leon, y natural de la Villa de Oropesa. Al excelentissimo señor Don Fernando Aluarez de Toledo, Monroy, y Ayala, Conde de Oropesa, Marques de Xarandilla, Conde de Beluis, Conde de Deleytosa, Señor de Cebolla, y de Villalua, &c. En Madrid, Por Andres de Parra, Año 1620. A costa de Andres de Carrasquilla. Vendese en la Calle Mayor, y en Palacio, pet. in-8, ff. 136 + 7 ff. n. c. pour les auteurs cités et la Table.

— Epitome ‖ historial ‖ del Reyno de la China. Muerte de su Reyna, madre de ‖ este Rey que oy viue, que sucedio a treinta de ‖ Março, del Año de mil y seiscientos y diez y ‖ siete. Sacrificios y Cerimonias de su Entierro. ‖ Con la Descripcion de aquel Imperio. ‖ Y la Introduccion en el de nuestra Santa Fè Catolica. ‖ Por el Licenciado Don ‖ Francisco de Herrera Maldonado, Canonigo ‖ de la Santa Iglesia Real de Arbas de Leon, ‖ y natural de la Villa de Oropesa. ‖ Al Excelentissimo Senor ‖ Don Fernando Aluarez de Toledo, Monroy, y ‖ Ayala, Conde de Oropesa, Marques de Xarandi- ‖ lla, Conde de Beluis, Conde de Deleytosa, ‖ Señor de Cebolla, y de Villalua, &c. ‖ En Madrid, Por Andres de Parra. Año 1621. ‖ A costa de Andres de Carrasquilla. ‖ Vendese en la Calle Mayor, y en Palacio. pet. in-8., 8 ff. prél. p. l. tit., etc. + ff. 136 + 7 ff. n. ch. p. le *Cat. de los autores* et l. tab.

— Novvelle ‖ Histoire ‖ de la Chine, ‖ ov ‖ la mort de la Reyne ‖ Mere dv Roy qvi regne ‖ auiourd'huy en la Chine, les Cere- ‖ monies & les Sacrifices qui se firent ‖ à ses Funérailles sont fidellement ‖ racontez. ‖ Avec ‖ le commencement ‖ & le progrez que les PP. de la Compa- ‖ gnie de Iesvs ont fait faire à la Religion ‖ Chrestienne en ce Royaume là. ‖ Traduite d'Espagnol en François Par ‖ I. I. Belleflevr Percheron. ‖ A Paris, ‖ chez la Vefue. Charles Chastellain. ‖ .. M.DC.XXII. in-8., 3 ff. prél. n. ch. p. l'ép. + pp. 459 + 4 ff. n. ch. p. l. tab.

Traduit de l'espagnol de Francisco de Herrera Maldonado.

∴

Boucher de la Richarderie, V, p. 273, et à sa suite, Ternaux-Compans, No 1314 et la *Bibl. Sinol.*, p. 77, ont cité l'ouvrage suivant que j'ai vainement cherché à Paris et à Londres :

— Nouveaux Mémoires de l'état de la Chine, par Louis Legrand. Cologne, 1623, in-8.

Stuck, p. 127, et Meusel citent le même ouvrage : Amsterdam, 1698.

Il est probable que ces différents auteurs se sont trompés et que l'ouvrage qu'ils ont voulu indiquer est celui du P. Louis Le Comte : Nouveaux Mémoires..., Amsterdam, 1698; vide col. 39 :

MICHEL BAUDIER.

— Histoire ‖ de la Covr ‖ dv Roy de ‖ la Chine. ‖ Par le Sieur Michel Bavdier ‖ de Languedoc. ‖ A Paris, ‖ en la bovtique de l'Angelier. ‖ Chez Clavde Cramoisy, au premier Pillier ‖ de la grand' Salle du Palais. ‖ M. DC. XXIV. ‖ Avec Privilege dv Roy. in-4., pp. 56 + 1 f. n. ch. p. l. priv.

«Libris mediocribus iure accensetur» (Meusel).

— Histoire ‖ de la Covr ‖ dv Roy de ‖ la Chine. ‖ Par le Sieur Michel Bavdier ‖ de Languedoc. ‖ [Fig.]. A Paris, ‖ en la Bovtiqve de L'Angelier. ‖ Chez Clavde Cramoisy, au premier Pillier ‖ de la grand' Salle du Palais. ‖ — M. DC. XXVI. ‖ Avec privilege dv Roy. in-4, pp. 56 + 1 f. n. ch. p. l. priv.

A puisé beaucoup dans Mendoça.

— Histoire de la Covr dv Roy de la Chine. Par le Sieur Michel Bavdier de Languedoc. A Paris. En la Boutique de l'Angelier. Chez Clavde Cramoisy... M. DC. XXXI. Avec Privilege dv Roy, in-4., pp. 56 s. l. priv.

A la suite de l'*Histoire generalle dv Serrail et de la Covr Du Grand Seigneur Empereur des Turcs*, du même auteur.

Chossonnery, n° 20, 1877, 8 fr.

— Histoire Generale dv Serrail, et de la Covr dv grand Seigneur, Empereur des Turcs. Où se voit l'Image de la Grandeur Otthomane, le Tableau des passions Humaines, & les exemples des inconstantes Prosperitez de la Cour. Ensemble l'Histoire de la Cour du Roy de la Chine. Par le Sieur Michel Bavdier, de Languedoc. A Roven, Chez Iean Berthelin, tenant sa boutique dans la court du Palais. — M. DC. XLII, pet. in-8, pp. 368 + 7 ff., prél. n. c. p. le tit., la préf., etc. + 8 ff. n. c. à la fin pour la table; la Chine suit avec une pagination à part et un titre : Histoire de la Covr dv Roy de la Chine. Par le Sieur Michel Bavdier de Languedoc. A Roven, Chez Iean Berthelin, tenant sa boutique dans la Court du Palais. M. DC. XLII.

Il y a deux éditions de 1638 : Rouen, J. Berthelin, 2 tomes en 1 vol. in-8. (Bib. Nat., J. 11943), et Rouen, J. Osmont le jeune, 2 tomes en 1 vol. in-8. (Bib. Nat., J. 11943 *bis*.)

— Histoire Generale dv Serrail, et de la Cour dv grand Seigneur Empereur des Turcs. *Où se void l'image de la grandeur Otthomane, le tableau des passions humaines, & les exemples des inconstantes prosperitez de la Cour.* Ensemble l'Histoire de la Cour du Roy de la Chine, par le Sieur Michel Bavdier, de Languedoc. A Lyon, Chez Clavde La Riviere, en ruë Merciere. à la Science. M. DC. LII, in-12, pp. 335 + 10 ff. n. ch. en tête pour le front. grav., le tit., la préf., et le sommaire + 6 ff. n. ch. en queue pour la table.

La Chine occupe les pp. 257/335 et a un titre spécial : Histoire de la Covr dv Roy de la Chine. Par le Sieur Michel Bavdier de Languedoc. A Lyon. Chez Clavde La Riviere, en ruë Merciere, à la Science. M. DC. LII.

— Histoire de la Cour du Roy de la Chine. Par le sieur Michel Baudier, de Languedoc. A Paris, chez Estienne Limoysin. 1668, in-12, pp. 111.

Chossonnery, n° 20, 1877, 8 fr.

Editions citées : Bruxelles, 1608 (1668?) (Meusel) = 1642, Paris, in-8 (Ternaux, n° 1628) = 1662, Paris, in-12 (Ternaux, n° 1928 — *Bib. Sinol.*, p. 53) = 1668, Bruxelles (Pinelo).

— * Relation de la Cour du Roy de la Chine, par le Sieur Baudier. Jouxte la copie impr. à Paris, 1669, in-12 (Ternaux, n° 2100).

— L'histoire de la Cour dv Roy de la Chine, des princes, des ministres et des dames qvi la composent. Avec les Secrets de Medecine d'où les Chinois se guerissent. Par un nouveau Voyageur François. A Grenoble, Chez François Champ, Marchand Libraire à la Place S. André. Avec Permission 1699, in-12, pp. 127—135 + 3 ff. n. c. pour la table des mat.

Les 127 premières pages comprennent l'ouvrage de Baudier; les 135 dernières pages renferment les *Secrets de la Médecine* qui avaient paru en 1671. Ceci n'est pas une nouvelle édition, mais bien la même, sans son titre spécial, l'avis, etc. Il est probable que l'éd. de 1671 ne s'étant pas vendue, on l'aura reliée à la suite de la nouv. édit. de Baudier. Voir notre chapitre *Sciences médicales*.

C'est donc par erreur que l'*Hist. de la Cour* a été attribuée à L. F. Allemand ou Alemand.

Bibliothèque de Grenoble, O. 3820.

— The History of the Court of the King of China. Written in *French* by Seigneur Michael Baudier, of Languedoc. Translated by E. G. (*Oxford Collection of Travels*, Vol. II, pp. 1 et seq.).

* History of the Court of the King of China. From the French of M. Baudier. London, 1634, in-4.

— The History of the Imperiall Estate of the *Grand Seigneurs : Their Habitations, Liues, Titles, Qualities, Exercises, Workes, Reuenewes, Habit, Discent, Ceremonies, Magnificence, Judgements*, Officers, Fauourites, Religion, Power, Gouernment *and Tyranny*. — Translated out of *French* by E. G. S. A. — London, Printed by *William Stansby*, for *Richard Meighen*, next to the middle Temple in Fleetstreet, 1635, pet. in-4, pp. 248 + 4 ff. prél. n. ch. pour le tit., préf., etc.

La Chine occupe les pp. 195/248 et elle a un titre spécial : The History of the Covrt of the King of Chjna. Written in French by the Seigneur Michael Baudier of Languedoc. Translated by E. G. London, Printed by William Stansby.

E. G. = Edward Grimeston.

— Istoria della Corte del Rè della China scritta nella lingua Francese dal Signor Michel Bavdier di Lingvadoca. (Anzi, *Il Genio Vagante*, Parma, 1693, IV, pp. 483/494.)

∴

— Denckwürdige Beschreibung ‖ des Königreichs ‖ China, ‖ in welcher enthalten ‖ ein Bericht von ihren Sitten ‖ und Gewohnheiten | ihrer Religion ‖ und Abgötterey | desgleichen von den Ord- ‖ nungẽ | sowol am königl. Hof | als auch ‖ bey andern Gerichten. Daraus zu ‖ sehen | was die Sineser für klu- ‖ ge Leute sind. ‖ Aus dem Frantzösischen ins ‖ Teutsche versetzet ‖ Durch ‖ Sebastian. Schram. ‖ Eisenach ‖ Johann Philipp Zhilo, Anno 1679, in-12. pp. 157 + 1 f. p. l. t.

∴

— Le Monde ou la Description Générale de ses quatre Parties... Composé par Pierre d'Avity, seigneur de Montmartin... seconde Édition.

Le Vol. II de la Collection a pour titre : Description générale de l'Asie. Premiere Partie dv Monde avec tovs ses empires, royavmes, estats, et Repvbliques... Faicte par Pierre d'Avity... A Paris, chez Claude Sonnivs, & Denys Bechet. MDC. XLIII, in-fol.

— Regni Chinensis descriptio. Ex Varijs Authoribus. Lvgd. Batav. Ex Offic. Elzeviriana. cIɔ. Iɔc. xxxix, in-24., pp. 365, s. l'index, etc.

Cette description est faite surtout d'après l'ouvrage du Père N. Trigault : *De Christiana Exp. apud Sinas.* (q. v.)

Brockhaus, 1872, Ngr 15.

— * Ibid. 1663, in-24 [Meusel].

ALVAREZ SEMEDO.

— Imperio de la China. I Cultura evangelica en él, por los Religiosos de la Compañia de Iesus. Compuesto por el Padre Alvaro Semmedo, Procurador General de la propia Compañia de la China, embiado desde allà a Roma el Año de 1640. Publicado por Manuel de Faria i Sousa, Cavallero de la Orden de Christo i de la Casa Real. Segunda Impression. Impresso por Iuan Sanchez en Madrid. Año de 1642. pet. in-4.

Primera Parte, que contiene lo General del Reyno, i de sus Provincias, en sitio, i calidades.

Segunda Parte, que contiene lo tocante a la Gente de la China, i de sus Costumbres i Govierno.

Tercera Parte, que contiene lo tocante a la Cultura Evangelica.

Tabla.

La première éd. porte également la date de 1642.

Pinelo écrit, I, p. 103 : « *Relacion* de la propagacion de la Fé Catolica en el Reino de la China, i de las cosas de aquel Tiempo, imp. 1641. en Castellano; i en 22 Años, que estuvo en la China, juntò materiales del sitio, i calidades de la Tierra, i del aumento de la Religion Christiana en ella, los quales, i las *Annuas* referidas diò à Manuel de Faria y Sousa; el qual, à su instancia los redujo à estilo, i orden Historial, i con el titulo : *Imperio de la China, i Cultura Evangelica en èl, por los Religiosos de la Compañia de Iesus*, le imprimiò 1643. 4. en Castellano. »

De Backer, III col. 754, cite : Relaçao da propagaçao da fé no Reyno da China e outros adjacentes, Madrid, 4°. — Voir col. 53 :

On remarquera que Pinelo dit que l'ouvrage de 1641 était écrit en langue espagnole, *Castellano*. (Cf. *infra*, note de l'éd. ital., et titre de l'éd. anglaise.)

— Imperio de la China y Cultura evangelica en el, por los Religiosos de la Compañia de Jesus, sacado de las Noticias del Padre Alvaro Semmedo de la propia Compañia. por Manuel de Faria y Sousa, Cavallero de la orden de Christo, y de la Casa Real. Dedicado a la Magestad augusta del Rey D. Juan V. Nuestro Señor. Lisboa occidental, en la officina Herreriana, 1731, in-fol., pp. XVIII-252.

« La guerre des Tartares » du P. Martini n'est pas imprimée dans cette édition.

B. Quaritch : 1872. 12/—

— Relatione ‖ della Grande ‖ Monarchia ‖ della Cina ‖ del ‖ P. Alvaro ‖ Semedo Portvghese ‖ della Compagnia ‖ di Giesv'. ‖ Con Privilegio. ‖ Romae, ‖ Sumptibus Hermanni Scheus, ‖ MDCXXXXIII, ‖ in-4, 3 ff. n. ch. + pp. 309 + 7 ff. n. ch. p. l. tab., port. du P. Semedo; front. gravé. — Au bas de la dernière page : « In Roma, Nella Stamparia di Lodouico Grignani. 1643. »

Le P. Giattini, S. J., traduisit en italien et mit en ordre les mémoires portugais du P. Semedo (de Backer, 1re série, pp. 553/554).

— Historica ‖ Relatione ‖ del Gran Regno ‖ della Cina ‖ divisa in dve Parti. ‖ Nella prima si tratta ‖ Del Regno in comune. ‖ Delle Prouincie in particolare. ‖ Delle persone Cinesi...... ‖ Della Christianità antichissima nella Cina. ‖ Nella seconda, dell' origine della predicatione Euangelica, con tutti li successi ‖ sino alli tempi nostri. ‖ Del P. Alvaro Semedo Portoghese ‖ della Compagnia di Giesv. ‖ In Roma, Per Vitale Mascardi. MDCLIII. ‖ Con licenza de' Svperiori. ‖ A spese di Biagio Diuersino, e Zanobio Masotti. ‖ In-4., 2 ff. prél. n. ch. + pp. 309 + 7 ff. n. ch. p. l. tab. — Port. de Semedo.

— Relatione ‖ della grande ‖ Monarchia ‖ della Cina ‖ del ‖ P. Alvaro ‖ Semedo Portvghese ‖ della Compagnia ‖ di Giesv' ‖ .... In Roma, Et In Bologna : 1678. ‖ Per Gio : Recaldini. ‖ Con licenza de' Superiori. 2 parties in-12, pp. 506 + 6 ff. prél. n. ch. pour le faux tit., tit., tab. et préf. — 260 (ch. 160 par erreur).

Ce vol. rarissime renferme le texte de l'éd. italienne, Rome, 1643, mais n'a pas le portrait et la table des principales matières contenus dans cette première édition.

— Histoire vniverselle dv grand royavme de la Chine. Composée en Italien par le P. Alvarez Semedo Portugais, de la Compagnie de Iesvs. Et traduite en nostre Langue par Lovis Covlon P. Divisee en devx parties. A Paris, chez Sebastien Cramoisy, et Gabriel Cramoisy. M.DC.XLV. Auec Priuilege de sa Majesté. in-4., pp. 367 s. la déd., la tab., et l'av. disc.

Duprat, 1861, No 27, Fcs. 6.—

— Histoire ‖ Vniverselle ‖ de la Chine, ‖ Par le P. Alvarez Semedo, Portugais. ‖ Auec l'Histoire de la Guerre des Tartares, contenant les reuo- ‖ lutions arriuées en ce grand Royaume, depuis quarante ans : ‖ Par le P. Martin Martini. ‖ Traduites nouuellement en François. ‖ A Lyon, ‖ Chez Hierosme Prost, ‖ M.DC.LXVII, in-4., 4 ff. n. ch. + pp. 458 + 1 f. n. ch.

Première Partie, contenant l'Estat Temporel de la Chine. — *Seconde Partie*, contenant l'Estat Spirituel de la Chine. — *Troisième Partie*, Histoire de la guerre des Tartares, contre la Chine, contenant les révolutions estranges, qui sont arrivées dans ce grand royaume, depuis quarante ans. Traduite du latin du P. Martin Martini.

La première partie de cet ouvrage est une description générale de la Chine; la seconde est relative à l'histoire du Christianisme dans ce vaste pays. — Consulter : sur les Mores et les Juifs, la première partie, pp. 220—224; — sur la découverte de la Pierre de Si-ngan-fou, pp. 227 et seq.

Le P. Sommervogel, III, attribue cette traduction au P. Gilbert Girault.

— The History of that Great and Renowned Monarchy of China. Wherein all the Particular Provinces are accurately described: as also the Dispositions, Manners.... of the People. Together with the Traffick and Commodities of that Countrey. Lately written in Italian by F. Alvarez Semedo, a Portughess, after he had resided twenty two yeares at the Court, and other famous Cities of that Kingdom. Now put into English by a Person of Quality.... To which is added the History of the late Invasion, and Conquest of that flourishing kingdom by the Tartars. With an exact account of the other affairs of China, till these present Times. London, Printed by E. Tyler for Iohn Crook, 1655. in-fol., pp. VIII-308.

Notice dans *The Chinese Repository*, I, pp. 473—488 [by E. C. Bridgman]; réimp. dans *The Cycle* (23 Juillet 1870).

Ternaux-Compans (2001) cite : London, 1665, in-folio; et Boucher, V, p. 274 : London, 1670, in-folio.

— Le Tableav de l'Asie, ov sont representez les Royaumes, Republiques, Principautez, Isles, Presqu'isles, Forts, & autres places considérables de cette Première Partie du Monde.... Par le Sieur Chavlmer. A Paris, chez Iean Henavlt, M.DC.LIV, in-12.

Chap. V. du Royaume de la Chine, pp. 323 et seq.

— Martini (Martin). Novus Atlas Sinensis.

[Voir le Chap. consacré à la GÉOGRAPHIE.]

— De Regno Catayo Additamentum [par Jacob Golius]. XII pages à la suite de l'*Atlas* de Martini.

— * P. Antonio de Govea, *Historia de la China.*

M.S. que no parece diversa, de la *Monarquia de la China*, dividida en seis Edades, i diez i seis Partes, sacada de los Libros Chinos, i Portugueses, con el continuo estudio, i observaciones de 20 Años, en la Metropoli de Fò, à 20. de Enero de 1654. con vn *Apendice* de la *Monarquia Tartarica*, M. S. fol. en Portuguès, en la *Libreria del Rei* (*Pinelo*, I, p. 113).

— * Luis Jorge, Lusitano, *Descripcion de la China*, segun D. Nicolàs Antonio en las Adiciones M. Ss. (Ibid.)

— Abentheur ‖ Von ‖ Allerhand Mineralien ‖ Wurtzeln | Kräutern | Stauden | Blumen ‖ Rohren vnd Bäumen : ‖ Von Thieren | Würmen | Vögeln vnd Fischen : ‖ Von Bergen | Höhlen | Brunnen vnd Flüssen : ‖ Von Gebäwen | Sitten vnd Geschichten | welche in dem ‖ vhralten Königreich Sina | auch in Europa gefunden wer-‖den : Von dem Einfall der Orientalischen Tartarn in Si-‖ na | grosser Verrätherey vnd Veränderung | wie das folgen- ‖ de Blatt Summarischer weisz andeutet : ‖ Sampt einem völligen Register ‖ Vnd ‖ Schlüssel ‖ Die angezogene Geschichten | Namen vnd Wörter ‖ zu erklären. ‖ Durch ‖ A. P. F. B. ‖ Franckfurt am Mayn ‖ In Verlegung Wilhelm Serlin vnd Georg Fickwirth. ‖ Im Jahr MDCLVI, in-4, 7 ff. + pp. 1054 + 15 ff. (tab.) + pp. 174.

Front grav. signé And. Frölich.

C'est une olla-podrida qui parle un peu de tout, même du Temple de Jérusalem, mais qui est surtout consacrée à une comparaison entre la Chine et l'Europe; le dernier chap. comprend la guerre des Tartares contre les Chinois.

ATHANASE KIRCHER. S. J.

Né le 2 mai 1602, à Ghysen, près Fulda; † à Rome, le 27 nov. 1680.

— Athanasii Kircheri ‖ E Soc. Jesu ‖ CHINA ‖ Monumentis ‖ qua ‖ Sacris quà Profanis, ‖ Nec non variis ‖ Naturae & Artis ‖ Spectaculis, ‖ Aliarumque rerum memorabilium ‖ Argumentis ‖ illustrata, ‖ auspiciis ‖ Leopoldi Primi ‖ Roman. Imper. Semper Augusti ‖ Munificentissimi Mecœnatis. ‖ Amstelodami, ‖ Apud Joannem Janssonium à Waesberge & Elizeum Weyerstraet, ‖ Anno cIɔ Iɔ c LXVII. Cum Privilegio. ‖ In-fol., 7 ff. n. ch. p. l. tab., déd., ind. + pp. 237 + 5 ff. n. ch. p. l'ind., front. grav., pl.

On lit au bas de la dernière page : «Juxta Exemplar Romae, Typis Varesii. Superiorum Permissu.»

Edition plus belle que la suivante :

— Athanasii Kircheri ‖ E Soc. Jesu ‖ CHINA ‖ Monumentis, ‖ qua ‖ Sacris quà Profanis, ‖ Nec non variis ‖ Naturae et Artis ‖ spectaculis, ‖ Aliarumque rerum memorabilium ‖ Argumentis ‖ illustrata, ‖ auspiciis ‖ Leopoldi Primi ‖ Roman. Imper. semper Augusti, ‖ Munificentissimi Mecœnatis, ‖ Amstelodami, ‖ Apud Jacobum à Meurs, in fossâ vulgo de Keysersgracht, ‖ Anno M.DC.LXVII. In-fol., 7 ff. n. ch. p. l. tab., déd., ind. + pp. 237 + 5 ff. n. ch. p. l'index, pl.

Le format de cette édition est un plus petit que celui de la traduction française de Dalquié. Elle contient les six parties qui ont été traduites en français, mais n'a ni les Réponses du P. Grüber, ni le Dictionnaire. On trouve à la fin du volume une liste des ouvrages du P. Kircher. L'impression des gravures de l'éd. latine est supérieure à celle de l'éd. française.

Le R. P. Sommervogel cite : «Antwerpiae, apud Jacobum a Meurs.» Mon ex. porte *Amstelodami*. Le P. S. ajoute : «Cette édition est d'Amsterdam et non d'Anvers. C'est une véritable contrefaçon de celle de Waesberg; les gravures y ont été tout simplement reproduites à l'envers : ainsi les personnages y mangent de la main gauche. Elle ne contient pas les Réponses du P. Grüber, ni le Dictionnaire.»

Duprat 1861. Fr. 12. — Quaritch, 1872, 10/—.

— Toonneel van China, Door veel, Zo Geestelijke als Werreltlijke, Geheugteekenen, Verscheide Vertoningen van de Natuur en Kunst, en Blijken van veel andere Gedenkwaerdige dingen, geopent en verheerlykt. Nieuwelijks door d'E. Vader Athanasius Kircherus, Priester der Sociëteit Jesu, in 't Latyn beschreven, en van J. H. Glazemaker vertaalt. t' Amsterdam, By Iohannes Janssonius van Waesberge, en de Wed[e]. Wijlen Elizeus Weyerstraet. In 't Jaar cIɔ. Iɔc LX VIII. in-fol., pp. 286, s. l. t., etc.

— La ‖ Chine ‖ d'Athanase Kirchere ‖ De la Compagnie de Jesus, ‖ illustrée ‖ De plusieurs ‖ Monuments ‖ Tant Sacrés que Profanes, ‖ Et de quantité de Recherchés ‖ de la ‖ Nature & de l'Art. ‖ A ‖ Quoy on à adjousté de nouveau les questions curieuses que le Serenissime ‖ Grand Duc de Toscane a fait depuis peu au P. Jean Grubere touchant ce ‖ grand Empire. ‖ Avec un Dictionnaire Chinois & François, lequel est tres-rare, & qui n'a pas encore ‖ paru au jour. ‖ Traduit par F. S. Dalquié. ‖ [fleuron] ‖ A Amsterdam, ‖ Ches Jean Jansson à Waesberge, & les Heritiers d'Elizée Weyerstraet, ‖ l'an CIↃ IↃ CLXX. Avec Privilege. in-fol., 7 ff. n. ch. p. l. déd., préf., tab. + pp. 367 + 6 ff. n. ch. p. l'index, front. gravé.

A Monseigneur le Marquis de Louvois et de Courtanvan. — Préface au Lecteur. — Table des Chapitres. — Table des Figures. — Première Partie : L'interprétation du Monument syro-chinois (p. 62). — Seconde Partie : Des divers chemins qu'on a tenu pour aller à la Chine (63—172). — Troisiesme Partie : De l'Idolatrie venue d'Occident (173—222). — IVe Partie : La Chine illustrée des Miracles de la Nature et de l'Art (223—284). — Ve Partie : De l'Architecture et des autres Arts Méchaniques des Chinois (285—301). — VIe Partie : De l'escriture des Chinois (302—315). — La Briefve et exacte Response du Père Jean Grubere de la Société de Jésus, à toutes les questions que le Serenissime Grand Duc de Toscane luy a faites (316—323). — Dictionnairo Chinois et François (324—367). — Table.

Entre la table des Figures et la Première Partie est placé un portrait du Père Athanase Kirchere à l'âge de 62 ans (1664).

Klaproth (1605), Fr. 6. — Duprat, 1861, Fr. 15.

∴

— Machiavellus sine Machiavello ex historia Sinensium productus, quem amplissimo Philosophorum Senatu adnuente, praeside M. Christiano Hoffmanno, Wratislaviensi, Publicae Literatorum Ventilationi submittit Johann-Henricus Neumannus Ligio-Silesius, auctor *d. Junii, anno reparatae Salutis* M. DC. LXVIII. *Horis Locóq. consuetis.* Jenae, typis Bauhoferianis. Br. in-4., sans pagination.

— L'Estat présent de la Chine et des autres royaumes voisins. Paris, 1670, in-12.

Cité par Ternaux-Compans. Plusieurs ouvrages, que nous avons indiqués aux chapitres auxquels ils appartiennent, portent ce titre. Nous n'en connaissons pas à la date indiquée par Ternaux.

Voir la note au chap. des MISSIONS CATHOL., et *infra*, col. 42.

O. DAPPER.

— Beschryving des Keizzerryks van Taising of Sina, Vertoont in de Benaming, Grenspalen, Steden, Stroomen, Bergen, Gewassen, Dieren, Gods-dienst, Tale, Letteren, &c. Verciert met verscheide Koopere Plaeten. Beschreven Door Dr. O. Dapper. t'Amsterdam, By Jacob van Meurs, op de Keisers-gracht, in de Stadt Meurs. Anno 1670. in-fol. à 2 col., pp. 264.

A la suite de l'ouvrage de Dapper sur l'ambassade de Kampen et de Nobel.

Rémusat (1247), fr. 6. — Klaproth (1606), fr. 11.

— Beschreybung des Keyserthums Sina oder Taising. Fürgestelt in den Nahmen | Grentzen | Städten | Flüssen | Bergen | Gewächsen | Thieren | Gottesdienst | Sprache | Freyen künsten &c. Mit verschiedenen kunstreichen Figuren. Beschrieben durch D[r]. O. Dapper. Und ins hochteutsche übersetzet durch J. D. Amsterdam. Jacob von Meurs | Anno 1676. In-fol. à 2 col., pp. 164.

A la suite de l'ouvrage de Dapper sur l'ambassade de Kampen et de Nobel.

Stuck, p. 87, et Ternaux-Compans, n° 2248, citent une éd. allemande de 1673 que nous ne connaissons pas.

∴

— Erasmi Francisci ‖ Ost= und West=Indischer wie auch ‖ Sinesischer ‖ Lust= und Stats= Garten | ‖ Mit einem ‖ Vorgespräch ‖ Von mancherley lustigen Discursen; ‖ In Drey Haupt=Theile unterschieden. ‖ Der Erste Theil ‖ Begreifft in sich die edelsten Blumen | Kräuter | ‖ Bäume | Meel= Wasser= Wein= Artzney= und Gifft=gebende ‖ Wurtzeln | Früchte | Gewürtze | und Specereyen | in Ost=Indien | ‖ Sina und America : ‖ Der Ander Theil ‖ Das Temperament der Lufft und Landschafften daselbst; die Beschaf= ‖ fenheit der Felder | Wälder | Wüsteneyen; die berühmten natür= und künstliche Berge | ‖ Thäler | Hölen; imgleichen die innerlichen Schätze der Erden und Gewässer; als Mineralien | ‖ Bergwercke | Metallen | Edelgesteine | Perlen und Perl=Fischereyen; folgends unterschiedliche wun ‖ dersame Brunnen | Flüsse | Bäche | lust=reiche Seen | schau=würdige Brücken; allerley ‖ Meer=Wasser | abentheurliche Meer=Wunder; Lust= Spatzier= ‖ Zier= Kauff= und Krieg=Schiffe : ‖ Der Dritte Theil ‖ Das Stats=Wesen | Policey=Ordnungen | Hofstäte | Paläste | denckwürdige ‖ Kriege | Belägerungen | Feldschlachten | fröliche und klägliche Fälle | Geist= und Weltliche ‖ Ceremonien | merckwürdige Thaten und Reden der Könige und Republicken daselbst. ‖ Wobey auch sonst viel leswürdige Geschichte | sinnreiche Erfindungen | verwun ‖ derliche Thiere | Vögel und Fische | hin und wieder mit eingeführet werden. ‖ Aus den fürnemsten | alten und neuen | Indianischen Geschicht= Land= und Reisbeschrei ‖ bungen | mit Fleisz zusammengezogen | und auf annehmliche Unterredungs= Art ‖ eingerichtet. ‖ Nürnberg | ‖ Jn Verlegung Johann Andreae Endters | und Wolfgang | desz Jüngern Sel. Erben. || Anno M.DC.LXVIII. in-fol., 18 ff. prél. n. ch. + pp. 1762 à 2 col. + 18 ff. n. ch. p. la tab. de la fin; front. gravé, nombreuses pl.

— Neu=polirter | Geschicht= Kunst= || und || Sitten=Spiegel | ausländischer Völcker | | fürnemlich | Der Sineser | Japaner | Indostaner | Javaner | Malabaren | | Peguaner | Siammer | Peruaner | Mexicaner | Brasilianer | Abyssiner | | Guineer | Congianer | Asiatischer Tartern | Perser | Armenier | | Türcken | Russen | und theils anderer Nationen mehr : | welcher | | in sechs Büchern | | sechserley Gestalten weiset; | als | I. Mancher seltsamer Geschichte | anmercklicher Fälle | wie auch etlicher wundersamer | Berge | Hölen | und Flüsse : | II. Der Policey= und Kriegs=Ordnungen | Gebräuchen | Sitten | und Gewonheiten | | Tugenden und Laster : | III. Der Geistlichen Ceremonien und Kirchen=Gebräuchen | aberglaubischer Gottes= | diensten | Götzen=Bilder | prächtigen Tempel; standhaffter Bekenntnis | sen und feindlicher Verfolgungen Christliches Glaubens | wie auch wah= | rer und falscher Märtyrer : | IV. Der heidnischen Wissenschafften | Künsten | und Handwercken | wie auch Lust= und | Freuden=Spiele | so heutiges Tages | unter oberzehlten Völckern getrie= | ben werden : | V. Der Asiatischen und Americanischen Jagten | imgleichen mancher wilden Thiere | | nebenst andren dahin zielenden Discursen : | VI. Der letzten Ehren=Dienste | Leich=Begängnissen | Grab=Besuchungen | etlicher | alter Monumenten | fürnemer und gemeiner Gräber : | Dem Schau=begierigem Leser dargestellt | von | Erasmo Francisci. | Nürnberg | | Jn Verlegung Johann Andreae Endters | und Wolfgang desz Jüngern Seel. Erben. | Anno M.DC.LXX. in-fol., 14 ff. prél. n. ch. + pp. 912 à 2 col.; front. gravé, pl.

ANDRÉ MÜLLER, GREIFFENH.

— Disquisitio geographica & historica, de Chataja, in quâ 1 Praecipuè Geographorum nobilis illa Controversia : Quaenam Chataja sit, et an sit idem ille terrarum tractus, quem Sinas, et vulgò Chinam vocant, aut pars ejus aliqua? latissimè tractatur; 2 Eâdem verô operâ pleraque rerum, quae unquam de Chataja, déque Sinis memorabilia fuerunt, atque etiam nunc sunt,

(AND. MÜLLER.)

compendiosè narrantur. Berolini, Typis Rungianis, Anno M. DC. LXXI, in-4.

A la suite du *Marco Polo* de Müller. La plupart des notions contenues dans cet ouvrage sont extraites de la dissertation de Golius (voir col. 25).

— Hebdomas || Observationum || De || Rebus Sinicis || I. Epitome Historiae Sinicae, antiquis-simae ju- | xtà ac recentissimae. || II. De Notitia Evangelii in Sinis per secula N. T. || III. Elenchus Regum Sinicorum. || IV. Iconismus Plantae laudatissimae, *Ginseng* dictae. || V. Memorabilis Planetarum Synodus. || VI. Specimen Commentarii geographici. || VII. Hebdomadicam dierum Distributionem eorum- || que Denominationem à Planetis desumtam, etiam || Sinis ab olim usitatam fuisse. || Quibus adjunguntur || tria Capita || Examinis || monumenti sinici. || Autor || Andreas Müllerus, Greiffenhagius. || Coloniae Brandenburgicae, || Ex officinâ Georgl Schultzl, Elect. typogr., 1674, in-4, 6 ff. n. ch. p. l. tit., etc. + pp. 47 + pp. 20.

— Andreae Mülleri Greiffenhagii de Sinensium rebus aliaque nonnulla Opuscula. Eorum seriem aversa ostendet pagina.

Series Opusculorum :

1 *Abdallae*, Persae, Historia Sinensis, *Persicè*
2 Eadem *Latinè*, cum Notis marginalibus *Editoris & Interpretis*
3 Anhang Zwver Reisen [Backhoff-Wagener]
4 Commentatio Alphabetica, de Sinarum Magnaeque Tatariae rebus.
5 Basilicon Sinense, seu Regum & Imperatorum Sinensium *Series, Nomina, Res quaedam gestae*, &c, ab exordio ad nostra usque tempora.
6 Imperii *Sinarum* Mappa Geographica, é Mappâ amplissimâ, quam *ipsi Sinae* ediderunt, in *angustiorem formam* traducta & *Latinis literis* exposita.
7 Imperii Sinarum Nomenclator Geographicus;
Prior, *Classicus*
Posterior, *Alphabeticus*
Tertius, *Index Addendorum*
8 Praefationes,
In *Historiam Sinensem, Basilicon, Comm : Alphabeticam.*
In *Nomenclatorem*
His accedunt antehac edita
9 Propositionis inventi sinici edizio quarta.
Cum Notis
10 Epistolae de iuvento sinico
Cum Notis
11 Oratio Dominica, Sinicè, cumque *Versione & Notis,*
Itemque
Oeconomia Bibliothecae Sinicae
12 Observationes Sinicae
13 Monumenti Sinici
14 Historiola de Sinis ex *Armenicô* Latinè versa.
15 Excerpta de Sinis, è *Gregorio Malatiensi*
16 Besser Unterricht von der Sineser Schrifft und Druck / als etwa in herrn D. Eliae Grebnitzen Unterricht von der Lutherischen und Reformirten Kirchen enthalten ist.
17 Specimen Analyticae literariae.
18 Symbolae Syriacae
19 Comm. de perantiqvo Pentateuchi Hebr. Msto. quod anno Christi 334. in Insulâ *Rhodo* scriptum est, jamque in *Bibliothecâ Electoriali* asservatur.

(AND. MÜLLER.)

20 Actio Plagii literarii Sinens. &c. circa *primaevam Mundi Historiam*
21 Specimen Chronologicum
22 Specimen Lexici mandarinici
23 Index Generalis *autorum, rerumq'. & verborum* quae in omnibus istis opusculis occurrunt.
Adduntur :
24 *Catalogus Opusculorum* Auctoris
1. hactenus editorum
2. ineditorum
25 *Elenchus librorum rariorum*, tam Mstorum quàm typis editorum, pro *Emptoribus*, qui illorum desiderio tenentur.

Ce recueil des dissertations de Müller a été publié s. l. n. d. (in-4). On trouve fort rarement complète la collection des opuscules.

— Andreae Mülleri, ‖ Greiffenhagii, ‖ Opuscula ‖ Nonnulla ‖ Orientalia, ‖ Uno Volumine ‖ comprehensa, ‖ Quorum ‖ Seqventi paginâ prolixius monstrabit. ‖ Francofurti ad Oderam, ‖ Apud Johannem Völcker, ‖ M.DC.XCV. in-4 :

I. Historia Sinensis ABDALLAE BEIDAVAEI, Persicè.
II. Versio Ejusdem Latina, cum notis Autoris.
III. Monumentum Sinicum, cùm Commentario novensili.
IV. Hebdomas observationum de Rebus Sinicis.
V. Commentatio Alphabetica de Sinarum Magnaoï ; Tartariae Rebus, ex Auctoris Commentarii, & MSS. aliis excerpta.
VI. Nomenclator Imperii Sinensis Geographicus, cum Praefatione in eundem Isagogica.
VII. Basilicon Sinense, primos homines, Reges, & Imperatores Sinensium exhibens.

— Thesavri ‖ rervmpvblicarvm ‖ Pars Prima. ‖ Continens Regna Hispaniae, Lvsitaniae; Regna ‖ Asiae; Regnum Iaponicvm; Tartaricvm; Chinen- ‖ se; Magni Mogoris; Persiae, Tvrciae; Tarta- ‖ riae; Regnum Fessanvm ꝛ Maroccanvm, denique ‖ Regnum Abyssinorvm. ‖ In hoc pernecessario, utilissimo, pariter ac jucundissimo Opere ‖ Historico-Politico, ad hodiernum Seculi geniun directo, quid Rerum ‖ Civilium studiosissimis & curiosissimis Rimatoribus exhibeatur, ac ‖ repraesentetur, indicabit Praefatio ad perbenevolos Lectores. ‖ Cura ꝛ Studio ‖ Philippi Andreae Oldenbvrgeri, ‖ ICti, & Iurisprudentiae tam Publicae, quàm Privatae ‖ in Inclyta Genevensi Republica Professoris. ‖ Cum Gratia ꝛ Privilegio Serenissimi ac Potentissimi Electoris Saxoniae. ‖ Genevae. ‖ Apud Samvelem De Tovrnes. ‖ — M.DC.LXXV, in-8, 15 ff. n. c. prél. + pp. 827 + 42 ff. n. c. p. l'index.

. . . . De regno Iaponico, pp. 393/406. — De regno Tartarico, pp. 407/446. — De regno Chinensi, pp. 447/501.

Le titre général de l'ouvrage est : *Thesavrvs rervmpvblicarvm totivs orbis qvadripertitvs.* Il comprend 4 vol. in-8, tous de 1575.

DOMINGO FERNANDEZ NAVARRETE.

— Tratados ‖ historicos, ‖ politicos, ethicos, ‖ y religiosos de la Monarchia ‖ de China. ‖ Descripcion Breve ‖ de aqvel imperio, y exemplos raros ‖ de Emperadores, y Magistrados del. ‖ Con Narracion difvsa de varios svcessos, ‖ y cosas singvlares de otros reynos, ‖ y diferentes Navegaciones. ‖ Añadense los Decretos Pontificios, ‖ y proposiciones calificadas en Roma para la Mission ‖ Chinica; y vna Bula de N. M. S. P. Clemente X. en fauor de los ‖ Missionarios. ‖ Por el P. Maestro Fr. Domingo Fernandez Navarrete, ‖ Cathedratico de Prima del Colegio, y Vniuersidad de S. Thomàs de Manila, ‖ Missionario Apostolico de la gran China, Prelado de los de su Mission, ‖ y Procurador General en la Corte de Madrid de la Prouincia del Santo ‖ Rosario de Filipinas, Orden de Predicadores. ‖ Dedica sv Obra ‖ al Serenissimo Señor Don Ivan de Avstria. ‖ Año 1676. ‖ Con Privilegio : ‖ En Madrid : En la Imprenta Real. Por Iuan Garcia Infançon. ‖ A costa de Florian Anisson, Mercarder de Libros.

In-fol. de 518 pages, sans 10 ff. prél. n. ch. p. l. tit. la Dédicace, la Préface, etc., au commencement; et 13 ff. n. ch. p. le « Memorial de las cosas mas notables de estos tratados » à la fin du volume.

Brunet (IV, col. 24—25) donne les prix suivants : 12 fr. la Serna ; 17 fr. Heber ; 15 fr. 50 Quatremère. — Nous ajouterons : Klaproth (1607), 22 fr. 50; Thonnelier, *m. b.*, fr. 65.

Cet ouvrage donna lieu à la vive réponse suivante :

— Memorial ‖ apologetico. ‖ al Exc.^{mo} Señor ‖ Conde de ‖ Villa-Hvmbrosa, ‖ Presidente del Consejo Supremo ‖ de Castilla, &c. ‖ De parte ‖ de los missioneros apostolicos de ‖ el Imperio de la China. ‖ Representando ‖ los Reparos qve se hazen en vn ‖ libro, que se ha publicado en Madrid este año de ‖ 1676. en grave perjuizio de aquella ‖ Mission. ‖ Contiene las noticias mas pvntva ‖ les, y hasta aora no publicadas de la vltima persecucion contra ‖ la Fè, con vna breue Chronologia de aquel Imperio, ‖ y otras curiosidades historicas. ‖ In-4., 152 ff. ch., s. l. n. d.

Le *Memorial Apologetico* est du P. Jean Cortes Ossorio, S. J. (Sommervogel, *Anon.*, p. 577), né à Puebla de Sanabria (Gallice), le 8 février 1623; † à Madrid, 23 juillet 1688.

L'ex. du Collège Romain porte cette note MS. : « Auctor Joannes Cortes, Osorio, Provinciae Toletanae S. J. »

Une nouvelle édition de ce Memorial a été publiée sous le titre de :

— Reparos ‖ historiales ‖ apologeticos ‖ dirigidos ‖ al excellentissimo Señor ‖ Conde de Villavmbrosa, Presidente del Consejo Supremo de Castilla, &c. ‖ Propvestos ‖ de parte de los missioneros ‖ Apostolicos del Imperio de la China. ‖ Representando ‖ los descvidos, qve se cometen ‖ en vn libro, que se ha publicado en Madrid, en gra- ‖ ve perjuizio de aquella Mission. ‖ Contiene las noticias mas ‖ puntuales, y hasta aora no publicadas de la vltima persecucion ‖ contra la Fè, con vna breue Chronologia de aquel Imperio, y ‖ otras curiosidades Historicas, hasta el ‖ año de 1677. ‖ En Pamplona por Tomás Baztan, ‖ In-4., 172 ff. ch.

Cette éd. contient 325 paragraphes au lieu de 304 comme la précédente, et la Chronologie est continuée de 1675 à 1677.

Le P. J. de Palazol collabora à cet ouvrage. (Sommervogel.)

On verra, dans la description du second volume des *Tratados*, que Navarrete a répondu à ce *Memorial*.

L'ouvrage de Navarrete devait avoir trois volumes. Le second a été imprimé en grande partie; peut-être même a-t-il paru en entier à Madrid en 1679 (*Biog. univ.*, vol. XXX, pp. 249—250, art. *Navarette*, par Weiss). Il nous a été impossible de le trouver dans les bibliothèques de Paris, mais un exemplaire des pp. 1/668, sans frontispice, est décrit dans la *Bibliotheca Grenvilliana*, p. 484, et nous l'avons examiné au British Museum. Ce vol., superbement relié en maroquin rouge, aux armes de Grenville, n'a pas de titre; il contient :

P. 1. Controversias antigvas, y modernas de la mission de la gran China. *Tratado primero*. Prelvdios de estas controversias.

P. 109. *Tratado segvndo*. De varios casos qve los Padres de la Compañia propusieron, y resoluieron en vna junta tenida año de 1628. en el lugar llamado Kia Ting en la Prouincia de Nan King de la Gran China, con algunas advertencias del Autor.

P. 138. *Tratado Tercero*. De otros casos, y dudas pertenecientes à la mesma Mission.

P. 190. *Tratado Qvarto*. De las dispvtas qve tvvimos en la Metropoli de la Provincia de Kuang tung los de las tres Religiones; començaronse à los 18. de Diziembre do 1667. anos.

P. 258. *Tratado Qvinto*. De Algvnas otras controuersias, y casos pertenecientes à la Mission.

P. 295. *Tratado Sexto*. De el cvlto qve el Chino dá á su Filosofo Confucio, y á sus Difuntos.

P. 356. *Tratado Septimo*. Respvesta a la tercera qve se me entregó de mi Informe, y Tratado.

P. 417. *Tratado Octavo*. Respvesta a los tratados del Padre Morales.

P. 484. *Tratado Vltimo*, contiene lo qve immediatamente que da escrito. Respvesta a algvnas cosas, qve contra los Padres de la Compañia de Iesus de la Mission de China dizen los Reuerendos Religiosos de Santo Domingo, y de San Francisco de Philipinas.

A la page 591 de ce dernier traité, on trouve «Satisfacion a vn Memorial apologetico, sin nombre de avthor..... Al Excelentissimo Señor Inqvisidor General de las Españas.»

Le vol., qui est un in-folio à 2 col. semblable aux *Tratados* de 1676, finit à la page 668; la *Satisfacion* n'est pas terminée.

Un second ex. du vol. II des *Tratados* de Navarrete : *Controversias antiguas* a figuré en 1882 à la vente Sunderland à Londres; il a été acheté par Quaritch, qui l'a remis en vente dans un de ses catalogues (No. 24 de sa Rough list, No. 61) au prix de liv. 12 (avec le 1er vol.). — L'ex. est en tous points pareil à celui de Grenville et fait maintenant partie de notre collection particulière.

Il existe des extraits de ce tome II dans le Ms. in-4, d'environ 130 pages, qui porte le n° 9766, Fonds français (anc. supp. 352) à la Bib. nationale. Les 62 premières pages contiennent des extraits en français du tome I. Les «*Extraits du 2e tome du P. Navarrette intitulé Controverses anciennes & modernes de la Mission de la Chine*» commencent à la page 63.

Une note au commencement de ce manuscrit dit : «Il y auroit eu un 3e vol. de Navarrette, si Dom Juan son Protecteur n'étoit pas mort, tandis que l'on imprimoit le second. — On m'a assuré que le manuscrit en etoit à Rome, au couvent de la Minerve.»

D'ailleurs le P. Navarrete fait allusion à ce 3e vol., p. 77 du Ms. cité : «Le P. Martin Martinius dit dans un memorial imprimé à Rome, que j'ai lu, qu'il n'y a eu que des Jesuites qui soient entrés au dedans de la Chine : il est certain que quelques religieux de S. François & des nostres y sont entrés : il est vrai qu'ils n'y sont pas demeurés : on en sçait la raison à la Chine, & je la pourrai bien dire dans mon *3e tome*.»

Le Ms. qui nous occupe comprend également le certificat (en espagnol et en français) du R. P. F. Domingo Fernandez Navarette (Rome, 26 février 1674) sur le P. Domingo de Salpetro, des Frères prêcheurs, qui avait écrit en faveur des Jésuites un mémoire rapporté par le P. Gilles Estrix, S. J., dans son livre intitulé : *Diatriba Theologica*. [1672, in-4.]

On trouvera également une copie manuscrite du vol. II des *Tratados* à l'école Sainte-Geneviève de la Compagnie de Jésus, à Paris; elle forme le vol. 23 de la collection de Ms. relatifs à la Chine.

Les PP. Quétif et Echard (*Scriptores Ordinis Praedicatorum*, II, pp. 720/723) donnent une description détaillée des *deux* premiers volumes des *Tratados*. Ils écrivent au sujet du 3e vol. : «*Tomo Tercero tenia para la imprenta preparado y demas* : Sic legitur in monito ad Lectorem t. II. meminitque auctor variis locis, & in illo relaturum se promittebat *Todas las industrias espirituales y divinas de que se han ayundado los religiosos de la Compañia en la conversion de China*. Quid de auctoris Mss. actum sit, me hactenus latet.»

— Viages y Navegaciones del P. M°. Fr. Domingo Fernandez Navarrete Cathedratico de Prima del Colegio y Universidad de S. Thomas de Manila Missionario Apostolico de la gran China Relado de los de su Mission, y Procurador General en la Corte de Madrid de la Provincia del S. Rosario de Filipinas Orden de Predicadores. Madrid en la Imprenta Real por Juan Garcia Infançon. 1676. in-fol.

Manuscrit du XVIIe siècle, petit in-8., conservé à la Bibliothèque de l'Arsenal (n° 21, espagnol) : 270 pages numérotées, suivies de plusieurs feuillets blancs, et précédées d'une page qui sert de frontispice.

Dans son «Catalogo Razonado de los Manuscritos españoles existentes en la Biblioteca Real de Paris seguido de un suplemento que contiene los de las otras tres bibliotecas publicas (del Arsenal, de Santa Genoveva y Mazarina), Paris, 1844, in-4.» Eugenio de Ochoa écrit, p. 673 : «Este manuscrito carece de todo interés por su una mera copia de la edicion de esta conocidísima obra, hecha en Madrid en la Imprenta Real por Juan Garcia Infanzon en 1676, in-fol.»

— An account of the Empire of China, Historical, Political, Moral and Religious. A short Description of that Empire, and Notable Examples of its Emperors and Ministers. Also an ample Relation of many remarkable Passages, and things worth observing in other Kingdoms, and several Voyages. There are added the Decrees of Popes, and Propositions defined at *Rome* for the Mission of *China*; and a Bull of our most Holy Father *Clement X.* in favour of the Missioners. Written in Spanish by the R. F. F. *Dominick Fernandez Navarette*... pp. 1/311 du vol. I de la *Collection de Voyages de Churchill*, 3e éd., Lond. 1744.

Avait paru dans l'éd. de Churchill de 1732, vol. I.

Le portrait de Confucius et les quatre gravures qui accompagnent cette relation sont des diminutions de gravures semblables qui se trouvent dans le tome II de la *Description* de Du Halde. Le portrait et les gravures ne se trouvent pas dans les éd. précédentes de Churchill.

Au commencement de cette relation il y a : «A Map of China, Chinese Tartary, and Tibet; with the adjacent Countries westward to the Caspian Sea.»

Cette traduction anglaise comprend les cinq premiers livres complets et les 30 premiers chapitres du 6e livre de la relation espagnole de Navarreto; dans le VIe tome de Churchill publié en 1746, pp. 751/824 on donne «*The Supplement to Navarette's Account of China*» qui comprend les chap. XXXI—XXXIII du 6e livre; et le 7e livre complet. Ce supp. a été réimp. dans le vol. VI de l'éd. de Churchill de 1752; il n'avait pas été publié dans l'éd. de 1732.

— The Travels of Navarette through China, in 1658. Translated from the Spanish. (*Astley*, Col. of Travels, III, pp. 498/512.)

Ce n'est qu'un résumé de la version de Churchill.

Trattato Istorico, Politico, e Religioso della Monarchia della China Dal P. M. Fra' Domenico Fernandez Navarette Dell' Ordine de Predicatori scritto il lingua spagnnola. Madrid, 1676, in-fol. (Anzi, *Il Genio Vagante*, Parma, 1693, IV, pp. 495/511.)

— Reisen des Navarette durch China, im Jahre 1658. Aus dem Spanischen übersetzt (J. J. Schwabe, *Allg. Hist. der Reisen*, Bd. V, 1749, pp. 403/427).

— Voyage de Navarette au travers de la Chine, en 1658 : Introduction. — I. Voyage de l'auteur depuis Canton jusqu'à Fou-gan-hyen. — II. Voyage de l'auteur à Kin-wha-fu dans la Province de Chekyang, & de là jusqu'à Peking. — III. Passage de l'auteur à Macao. Ambassade Portugaise à la Cour Impériale. (Pp. 393/418, Chap. VII, vol. V., *Hist. gén. des Voyages*, Paris, 1748.)

Le Journal de ce Voyage est tiré du 6e livre des *Tratados*.

∴

— A & Ω! China inhospitalis, seu de mutua peregrinandi et commercandi Libertate inter Gentes, Dissertatio Historico-Politica. Quam auxiliante numine, sub rectoratu magnificentissimo, Serenissimi ac Celsissimi Principis & Domini, Domini Ludovici, Ducis Wirtembergiae & Tecciae, Comitis Montisbelgardi, Dynastae in Heidenheim, &c. Publicae ventilationi exponit, Praeside Dn. Benedicto Hopffero, Philos. Pract. Prof. P. Celeberrimo, Domino affine suo omnibus honorum titulis aeternum devenerando, respondens Burckhardus Bardili, Tubing. *Ad Diem Martij*, Tubingae, Typis Johann-Henrici Reisl, Anno M.DC.LXXVIII. in-4. pp. 52.

— Curieuse Aenmerckingen Der bysonderste Oost en West-Indische Verwonderens-waerdige Dingen; . . . Door S. de Vries. Utrecht, Johannes Rebius, M.DC.LXXXII, 4 vol. in-4.

Ternaux-Compans, n° 2431. — Pinelo, p. 149.

— Isaaci Vossii Variarum Observationum Liber. Londini, apud Robertum Scott, M DC LXXXV, in-4.

De Antiquae Romae et aliarum quarumdam Urbium magnitudine :

Cap. XIII. De magnis Sinarum urbibus, pp. 56/68

Cap. XIV. De artibus & scientiis Sinarum, pp. 69/85.

— Thesaurus Exoticorum, oder eine mit Ausländischer Raritäten und Berichten wolversehene Schatz-Kammer furstellend die Asiatische, Africanische und Americanische Nationes. der Perser | Indianer | Sineser | Tartarer | ... von Everhardo Gvernero Happelio. Hamburg, Thomas von Wiering, 1688, in-fol.

Pp. 15 et seq. sur les Chinois.

(NAVARRETE, 1676—1688.)

GABRIEL DE MAGALHAENS.

— Nouvelle ‖ relation ‖ de la ‖ Chine, ‖ Contenant la description des particularitez les ‖ plus considerables de ce grand Empire. ‖ Composée en l'année 1668. par le R. P. Gabriel de ‖ Magaillans, de la Compagnie de Jesus, ‖ Missionnaire Apostolique ‖ Et traduite du Portugais en François par le Sr B.[ernou]. ‖ A Paris, ‖ Chez Claude Barbin... ‖ M. DC. LXXXVIII. in-4, 12 ff. prél. + pp. 385 + 5 ff. n. ch. p. les tab. — Plan de Pekim.

Dédicace. — Préface. — Table des Chapitres. — Fautes à corriger. — Nouvelle Relation de la Chine (21 Chapitres). — Abrégé de la Vie et de la mort du R. Père Gabriel de Magaillans, de la Cie de Jésus, Miss. de la Chine : Fait par le R. Père Louis Buglio, son compagnon inséparable durant trente-six ans; & envoyé de Pe kim l'an 1677. — Table des Matières.

Le manuscrit portugais du P. de Magaillans intitulé «Doze Excellencias da China» et divisé en douze chapitres avait été rapporté en France par le Père Couplet qui le présenta au Cardinal d'Estrées, à Rome. Celui-ci le fit traduire en français par Bernou. Une partie du Ms. au net avait été brûlée et elle a dû être éditée d'après le brouillon composé en grande partie de feuilles volantes. «L'autheur, dit le traducteur dans la Préface, avait intitulé son ouvrage, les Douze Excellences de la Chine, et l'avait par conséquent divisé en douze parties.... Je jugeay à propos de diviser cette Relation en 21 chapitres.... ce que je viens de dire fera connaître que cette Relation n'a jamais paru en aucune Langue, et n'a jamais été imprimée....»

Le P. Louis Buglio fut le compagnon de Magalhães de 1640 à 1677.

Klaproth (1604), Fr. 2. — Duprat, 1861, Fr. 10. — Quaritch, 1872, 7 s. 6 d.

Nouvelle ‖ Relation ‖ de la Chine, ‖ Contenant la description des particularitez les ‖ plus considérables de ce grand Empire. ‖ Composée en l'année 1668. par le R. P. Gabriël de Magaillans, ‖ de la Compagnie de Jesus, Missionnaire Apostolique. ‖ Et traduite du Portugais en François, par le Sr B. ‖ A Paris, ‖ au Palais, ‖ chez Etienne Ducastin, dans la Gallerie des ‖ Prisonniers, au Bon-Pasteur. ‖ M.DC.LXXXIX. ‖ Avec Privilege du Roi. in-4. 12 ff. prél. n. ch. p. l. tit., ép., préf., etc. + pp. 385 + 5 ff. n. ch. p. l. tab.

Duprat, 1861, Fr. 4.

Ternaux-Compans est le seul bibliographe qui indique cette éd. (N° 2571), mais il ne donne pas le nom du libraire. Elle est la plus rare des trois éd. françaises de Magaillans; on la trouve dans la réserve de la Bib. nat. (O_{27}^{2}n.)

Silva (*Bib. Port.*, III, p. 105), de Backer (n. éd., II, col. 957), Barbier (n. éd., III, col. 560), ne connaissent point cette éd., mais ils en indiquent une de 1690 publiée par *Etienne Castin* qui n'existe pas. La seule éd. de 1690 a été pub. par Louis Lucas.

Brunet (*Man. du Lib.*, Table méth., 6e éd., N° 28272) n'a probablement vu aucune éd. de Magaillans, car il n'a pas connaissance de celle de 1689, et il en invente une pub. par *Lucas* (au lieu de *Barbin*) en 1688.

Nouvelle ‖ Relation ‖ de la ‖ Chine, ‖ Contenant la description des particularitez les ‖ plus considerables de ce grand Empire. ‖ Composée en l'année 1668. par le R. P. Gabriël de Magaillans, ‖ de la Compagnie de Jesus, Missionnaire Apostolique. ‖ Et traduite du Portugais en François, par le Sr B. ‖ A Paris, ‖ chez Louis Lucas, ruë Bâville.... ‖ M.DC.LXXXX. ‖ in-4., 12 ff. prél. p. la déd., l. préf., l. tab. + pp. 385 + 5 ff. n. ch. p. l. tab.

— * Cet ouvrage a été traduit en latin? (Avert. de l'éd. holl. de Du Halde).

— A New ‖ History ‖ of ‖ China, ‖ Containing a ‖ Description ‖ of the ‖ Most Considerable Particulars ‖ of that ‖ Vast Empire. ‖ Written by Gabriel Magaillans of the Society of ‖ Jesus, Missionary Apostolick. ‖ — Done out of French [By John Ogilby]. ‖ London. ‖ — Printed for Thomas Newborough, ... ‖

(MAGALHAENS.)

1688, in-8, 12 ff. prél. n. ch. p. l. tit., préf., tab. + pp. 352.

On a traduit dans cette édition la préface du traducteur français, les 21 Chapitres de la Relation et l'abrégé de la Vie de Magaillans.

Notice par E. C. Bridgman (*Chin. Rep.*, X, pp. 641 et seq.).

∴

— Das mâchtige Kayser=Reich Sina | und die Asiatische Tartarey vor Augen gestellet. | In auszführlicher Beschreibung der Kônigreiche | Provinzien | Land=schafften | Städte | Flûsse | Berge | Gewâchse | Bâume | Früchte | Thiere | Gevôgel | Fische | ꝛc. so in diesen weit=entlegenen Welt-Gegenden sich finden. Wie auch solcher Vôlcker Landes=Regierung | Ehren=Stellen | Gôtzen=Dienst | ungeheure Gôtzen=Bilder | prâchtige Tempel | Wissenschafften | Kûnste und Handwercker | Sitten | Gebräuche | letzte Ehren=Dienste | und Leich=Begângnûssen; neben vielen andern wunderseltsamen Merckwûrdigkeiten; von Johann Christoph Wagnern | Norib. Aus den berûhmtesten alten und neuen Reisz= und Land=Beschreibern | unterschiedlichen Sprachen | mit Fleisz zusammen gezogen | und gezieret mit accuraten Land=Charten | und wahrhafften Kupffer=Abbildungen der vo[illegible]msten Stâdte | Gebäüe | Gôtzen=Tempel | Kleidungen | Thiere | Gewâchse | ꝛc. Samt zweyen nutzlichen Registern. Deme als dem vierdten Theil dieser Orientalischen Lânder=Beschreibung | zu Fortsetzung der in vorigen Theilen angefangenen Historie desz annoch wâhrenden Tûrcken=Kriegs angehânget Eine umstândliche Beschreibung der ungemeinen herrlichen Victorien | welche Kayserliche Majestât und dero hohe Alliirte Anno 1686. und 1687. in Ungarn | Pohln | Moscau | Morea und Dalmatien | wider den Erbfeind siegreich erhalten. Augspurg | Gedruckt und verlegt durch Jacob Koppmayer. Anno M.DC.LXXXVIII, in-fol., pp. 168 à 2 col. s. l. ff. prél. + 2 ff. n. ch. pour la tab. à la fin + pp. 84 à 2 col. [pour la Hongrie], front. gravé; nomb. pl.

Meusel, Ternaux-Compans (2583) et la *Bib. Sinol.*, p. 101 ne citent qu'une édition de 1689 que nous n'avons pas rencontrée.

— * Vergel de plantas e flores da Provincia da Madre de Deos, dos Capuchos Reformados, composto pello M. R. P. M. Fr. Jacinto de Deos, Lente de Theologia, primeiro Padre da mesma Provincia, Ex-Comissario Geral e Deputado do Santo Officio da Inquisição de Goa na India Oriental. Offerecido e dedicado ao Exmo Senhor D. Fr. Diogo Hernandez dé Angulo y Sandoval, Comissario Geral, que foi de toda a familia de N. P. S. Francisco, Arcebispo de Sardenha, Governador e Viz-Rey no espiritual e temporal na quelle Reyno, e hoje do Concelho da Magestade Catholica, Bispo de Avila, Embayxador Extraordinario nestes Reynos de Portugal : pello P. Fr. Amazo de Santo Antonio, Ministro Provincial, e primeiro Padre da Provincia da Madre de Deos de Goa. Lisboa : na officina de Miguel Deslandes, impressor de su Magestade. Com todas as licenças necessarias. Anno 1690.

«Un volume in foglio, di 479 pagine. Ove è specialmente da notare un *Trattato storico descrittivo della Cina*, intromesso fra la pagina 149 e 264. Tutto il libro poi è ricco di notizie e documenti interessantissimi delle nostre Missioni nell' Indie Portoghesi, in Cina, in Concincina e nel Tonchino : libro molto raro e ricercatissimo, di cui incontrai un esemplare nella Biblioteca Nazionale di Lisbona, e un altro ne rinvenni dopo molte ricerche al prezzo di 40 franchi ; mancante però del frontispizio e delle prime 11 pagine, che vi furono aggiunte a mano. Del TRATTATO della Cina sono questi i capitoli :

1. *Discriçam do imperio da China.* — 2. *Da grandeza do reyno da China.* — 3. *Da antiguidade do reyno da China.* — 4. *Das letras e lingua da China.* — 5. *Do engenho e habilitade desta nação.* — 6. *Da grande policia deste imperio.* — 7. *Dos edificios e obras publicas deste imperio.* — 8. *Da grande industria desta nação.* — 9. *Da navegução.* — 10. *Da grande abundancia deste imperio.* — 11. *Da nobreza deste imperio.* — 12. *Do admiravel governo desta nação.* — 13. *Do grande imperio da China.*» (*Saggio di Bibliografia Sanfrancescana*, per Fr. M. da Civezza. In Prato, 1879, No. 185, pp. 139/140.)

— Notizie diverse della China ricavatesi da alcuni Scrittori moderni (Anzi, *Il Genio Vagante*, Parma, 1693, IV, pp. 145/155).

— Der Orientalisch=Indianische ‖ Kunst= ‖ und ‖ Lust=Gârtner | ‖ Das ist : ‖ Eine aufrichtige Beschreibung ‖ Derer meisten Indianischen | als auf Java Major, Malacca und ‖ Jappon, wachsenden Gewûrtz=Frucht- und Blumen-Bâume | wie auch ‖ anderer raren Blumen | Kräuter und Stauden-Gewächse | sampt ihren ‖ Saamen | nebst umbständigen Bericht deroselben Indianischen Nahmen | so ‖ wol ihrer in der Medicin als Oeconomie und gemeinem Leben mit sich ‖ führendem Gebrauch und Nutzen; ‖ Wie auch ‖ Noch andere denckwûrdige Anmerckungen | was ‖ bey des Autoris zweymahliger Reise nach Jappan, von Java ‖ Major, oder Batavia, längst derer Cüsten Sina, Siam, und rück- ‖ werts über Malacca, daselbsten gesehen und fleissig observiret worden; ‖ Auch ‖ Vermittelst unterschiedlicher schôner ins Kupffer gebrachter | Indianischer Figuren | von Bäumen | Gewâchsen | Kräutern | ‖ Blumen und Nationen entworffen und ‖ fûrgestellet durch ‖ George Meistern | ‖ Dieser Zeit Churft. Sâchs. bestallten Indianischen ‖ Kunst= und Lust=Gârtner ‖. Mit Churft. Sâchs. Durchl. gnâdigstem Privilegio ‖ DRESDEN | In Verlegung des Autoris,

‖ druckts Johann Riedel | Anno 1692, in-4, Port., front. grav., 9 ff. n. c. pour le tit., et la préf. + pp. 310 à 2 col. + 5 ff. n. c. pour la table.

MM. de Möllendorff citent des éd. de Leipzig, 1713 et 1730, in-4. Baillieu, Paris, 1887. Fr. 10.

LOUIS LE COMTE.

— Nouveaux ‖ Memoires ‖ sur ‖ l'Etat present ‖ de ‖ la Chine. ‖ Par le P. Louis le Comte de la Com- ‖ pagnie de Jesus, Mathématicien du Roy. ‖ A Paris, ‖ Chez Jean Anisson Directeur de l'Imprime- ‖ rie Royale, ruë de la Harpe, au-dessus de ‖ S. Cosme, à la Fleur-de-Lis de Florence. ‖ M.DC.XCVI. ‖ Avec Privilege du Roy. 2 vol. in-12, 14 ff. prél. n. ch. p. l. tit., ép., etc., pp. 508 et 2 ff. prél. n. ch + pp. 536.

Gravures sur cuivre qui sont reproduites dans les éditions suivantes; elles sont de F. Ertinger et de G. F. Edelinck.

L'exemplaire de la Bib. du Dépôt des Cartes et Plans de la Marine (N° 6989) est celui de Nicolas Charmot qui a marqué un grand nombre de passages au crayon rouge.

Voir «Hist. de l'édit de l'Empereur de la Chine.... par le P. Charles le Gobien» qui forme le 3e vol. de ces *Mémoires* au chapitre consacré dans cet ouvrage au *Catholicisme*.

Chossonnery, N° 20, 1877, 8 fr.

— Nouveaux ‖ Memoires ‖ sur ‖ l'Etat présent ‖ de ‖ la Chine. ‖ Par le P. Louis le Comte de la Compa- ‖ gnie de Jesus, Mathématicien du Roy. ‖ Seconde Edition. ‖ A Paris, ‖ chez Jean Anisson Directeur de l'Impri- ‖ merie Royale, ruë de la Harpe, au-dessus de ‖ S. Cosme, à la Fleur-de-Lis de Florence. ‖ M.DC.XCVII. ‖ Avec Privilege du Roy. 2 vol. in-12.

— Nouveaux ‖ Memoires ‖ sur ‖ l'Etat present ‖ de ‖ la Chine. ‖ Par le R. P. Louis Le Comte de la Compa- ‖ gnie de Jesus, Mathématicien du Roy. ‖ Enrichi de Figures. Suivant la Copie de Paris. A Amsterdam, chez J. L. de Lorme, & Est. Roger, Marchands Libraires sur le Rockin, près de la Bourse. M.D.C.LXXXXVII, 2 vol. in-12.

L'exemplaire du British Museum porte la signature de Hans Sloane.

Ternaux (2516) cite : *Amsterdam*, 1687; c'est évidemment une erreur.

— Nouveaux Memoires sur l'Etat présent de la Chine. Par le P. Louis le Comte de la Compagnie de Jesus, Mathématicien du Roy. Troisieme Edition. A Paris, chez Jean Anisson Directeur de l'Imprimerie Royale, ruë de la Harpe, au-dessus de S. Cosme, à la Fleur-de-Lis de Florence. M.DC.XCVII. Avec Privilege du Roy. 2 vol. in-12.

Cet ouvrage comprend :

Vol. I. Epistre [au Roy]. — Avertissement. — Table. — Lettres : I. A Monseigneur de Pontchartrain, Ministre et Secretaire d'Etat. *Voyage de Siam jusqu'à Pekin*. pp. 1/57. — II. A Madame la Duchesse de Nemours. *La manière dont l'Empereur nous receût, & ce que nous vismes dans la Ville de Pekin*. pp. 58/92. — III. A Monseigneur Le Card. de Furstemberg. *Des villes, des bastimens & des ouvrages les plus considérables de la Chine*. pp. 93/158. — IV. A Monsieur le Comte de Creci. *Du climat, des terres, des canaux, des rivières & des fruits de la Chine*. pp. 159/202. — V. A Monseigneur Le Marquis de Torsi, Secretaire d'Estat pour les Affaires Estrangeres. *Du caractere particulier de la nation Chinoise; son antiquité, sa noblesse, ses modes, ses bonnes & ses mauvaises qualitez*. pp. 203/249. — VI. A Madame la Duchesse de Boüillon. *De la propreté & de la magnificence des Chinois*. pp. 250/294. — VII. A Monseigneur l'Archev. Duc de Rheims, premier Pair de France. *De la langue, des caractères, des livres, de la Morale des Chinois*. pp. 295/353. — VIII. A Monseigneur de Phelipeaux, Secretaire d'Etat. *Du Caractère particulier de l'esprit des Chinois*. pp. 354/410.

Vol. II. Table. — IX. A Monseigneur le Cardinal d'Estrées. *De la Politique et du Gouvernement des Chinois*. pp. 1/105. — X. A Monseigneur Le Cardinal de Boüillon. *De la Religion ancienne & moderne des Chinois*. pp. 106/155. — XI. A Monsieur Rouillié Conseiller d'Etat ordinaire. *De l'établissement & du progrès de la Religion Chrétienne à la Chine*. pp. 156/213. — XII. Au Très R. Père de la Chaize. Confesseur du Roy. *De la manière dont chaque Missionnaire annonce l'Evangile dans la Chine, & de la ferveur des nouveaux Chrétiens*. pp. 214/300. — XIII. A Monseigneur le Cardinal de Janson. *La Religion Chrétienne nouvellement approuvée par un Edit public, dans tout l'Empire de la Chine*. pp. 301/363. — XIV. A Monsieur l'abbé Bignon. *Idée generale des observations que nous avons faites dans les Indes & à la Chine*. pp. 364/435. — Table des principales matières contenües dans ces Memoires. — Extrait du Privilege du Roy. — Permission du R. P. Provincial.

— Nouveaux ‖ Memoires ‖ sur ‖ l'Etat présent ‖ de ‖ la Chine. ‖ Par le P. Louis le Comte de la Com- ‖ pagnie de Jesus, Mathématicien du Roy. ‖ Troisième Edition reveüe & corrigée sur la ‖ dernière de Paris. ‖ A Amsterdam, ‖ chez ‖ Henri Desbordes ‖ & ‖ Antoine Schelte, ‖ M.DC.XCVIII. 2 vol. in-12. 8 ff. prél. p. l. tit., ép. etc. + pp. 342 et 2 ff. prél. + 355.

Chossonnery, No. 20, 1877, 4 fr. — Claudin, Janv. 1887, 6 fr.

— Nouveaux Memoires sur l'etat present de la Chine. Par le P. Loüis le Comte de la Compagnie de Jesus, Mathématicien du Roy. Troisième Edition. A Paris, chez Jean Anisson Directeur de l'Imprimerie Royale, rüe de la Harpe. M.DCCI. Avec Privilege du Roy. 2 vol. in-12.

Cette édition ne varie de celle de 1697 que par de légères différences typographiques qui prouvent que les tirages ont été différents : Dans le titre : *Loüis* au lieu de *Louis*. — *Troisiéme* au lieu de *Troisieme*. — Vignette et Colophon différents. — Vol. II, à la fin de la table, Vignette différente, etc.

— Nouveaux ‖ Memoires ‖ sur ‖ l'état present ‖ de ‖ la Chine. ‖ Par le P. Louis le Comte de la Compa- ‖ gnie de Jesus, Mathématicien du Roy. ‖ Quatrième Edition. ‖ A Paris, ‖ chez Anisson Directeur de l'Imprimerie ‖ Royale, ruë de la Harpe. ‖ M.DCCI. ‖ Avec Privilege du Roy. ‖ 2 vol. in-12., 16 ff. prél. n. ch. + pp. 410 et 2 ff. prél. n. ch. + pp. 435 + 4 ff. n. ch. p. l. tab.

Le P. de Backer, I, 1349, ne cite pas ces deux dernières éditions.

On lit p. 1 de «l Eclaircissement de la dénonciation faite à N. S. P. le Pape... MDCC» : «Il y a quatre ans que je donnay au public les nouveaux Mémoires de la Chine. J'eus l'honneur de les présenter au Roy, aux Evêques, à toute la France; et ce livre fut si bien reçu qu'on en a fait sept éditions, et qu'il a été traduit en plusieurs langues de l'Europe....»

— Compte-rendu dans : *Journal des Savants*, 1697, p. 28—44. — *Acta Eruditorum Lipsiensium*, 1698, p. 375—389. — *Bibliotheca librorum novorum collecta* à L. Neocoro. (Trajecti ad Rhenum, 1697, in-8, p. 58—76.)

— Voir Hist. de l'Édit de l'Empereur de la Chine . . . par le P. C. le Gobien, au chap. des MISSIONS CATHOLIQUES.

.·.

— Memoirs and Observations topographical, physical, mathematical, mechanical, natural, civil, and ecclesiastical made in a late Journey through the Empire of China, and published in several letters particularly upon the Chinese Pottery.... By Louis Le Compte Jesuit, Confessor to the Dutchess of Burgundy, one of the Royal Mathematicians, and lately Missionary into the Eastern Countries. Translated from the Paris Edition, and illustrated with Figures. London : Printed for *Benj. Tooke* at the Middle Temple Gate, and *Sam. Buckley* at the *Dolphin* over against *St. Dunstans* Church in *Fleet Street*. 1697. in-8. pp. 527 sans l'introduction et la préface.

— Memoirs and Observations Topographical, Physical, Mathematical, Mechanical, Natural, Civil and Ecclesiastical. Made in a late Journey Through the Empire of China, and Published in several Letters. Particularly upon the Chinese Pottery and Varnishing; the Silk and other Manufactures; the Pearl Fishing; the History of Plants and Animals; with a Description of their Cities and Public Works; Number of People, their Language, Manners and Commerce; their Habits, Oeconomy, and Government. The Philosophy of Confucius. The State of

Christianity, and many other Curious and Useful Remarks. By Louis Le Comte Jesuit, Confessor to the Dutchess of Burgundy, one of the Royal Mathematicians, and lately Missionary into the Eastern Countries. Translated from the Paris Edition, and illustrated with Figures. The Second Edition very much corrected, with the Addition of a Map of China, and a Table. London : Printed for Benjamin Tooke... 1698, in-8. pp. 517 sans l'introduction, la préface et l'index.

— Memoirs and Observations Topographical, Physical, Mathematical, Mechanical, Natural, Civil and Ecclesiastical. Made in a late Journey through the Empire of China, and published in several Letters. Particularly upon the *Chinese* Pottery and Varnishing;........ The State of Christianity, and many other Curious and Useful Remarks. By Louis Le Comte Jesuit, Confessor to the Dutchess of *Burgundy*, one of the Royal Mathematicians, and lately Missionary in the Eastern Countries. Translated from the Paris Edition, and illustrated with Figures. The Third Edition. Corrected. London : Printed for *Benjamin Tooke*, at the Middle Temple-Gate in *Fleetstreet*. 1699. in-8., pp. 517, sans l'index, etc.

Ternaux-Compans cite cette éd. sous le No 2751, mais il n'indique pas les deux premières éd. angl. — Le P. de Backer (n. éd., I, col. 1349) n'indique que les éd. de 1697, de 1737 et de 1739.

— Memoirs and Remarks Geographical.... Ecclesiastical, made in above Ten Years Travels through the Empire of China :...... Written by the Learned Lewis Le Comte, Jesuit; Confessor to the Dutchess of Burgundy, and one of the French King's Mathematicians. A New translation from the best *Paris* Edition, and adorn'd with Copper-Plates : London : Printed by J. Hughs... M D CC XXX VII, petit in-8., pp. 536, s. l. p.

— Ibid., London : Printed by John Hughs... M D CC XXX VIII. pet. in-8., pp. 536, s. l. p.

Notice par E. C. Bridgman (*Chinese Repository*, I, pp. 249/268. — réimp. dans *The Cycle*, 25 juin 1870).

— * Ibid., London : 1739, pet. in-8. [Quaritch, 1876, n° 11185, 5/. — De Backer, III, 2096.]

— The Memoirs and Observations, Topographical, Natural, Civil and Ecclesiastical : made by *Lewis Le Comte*, Jesuit, and Confessor to the Dutchess of Burgundy, in his Journey through the Empire of China; and Publish'd in several Letters, to Persons of the best Quality in France : Abridged, Together with what is farther observable in Father Gabriel Magaillans' History of China. (Harris's Collection, vol. II, pp. 486-524.)

— * A Collection of Voyages and Travels containing the Voyage of P. Kolben to the Cape of Good Hope, a Voyage to China by Lewis Le Compte, Anecdotes of the Elephant from Wolfe's travels. Philadelphia, 1787, in-12 (De Backer, III, col. 2096).

— * Traduit en italien, Firenze, in-8., 1696, (La Farina, *China*, I, p. 18); 1697, (Meusel).

∴

— Das heutige ‖ Sina, ‖ Von dem berůhmten ‖ Kōnigl. Frantzōischen Mathematico, ‖ R. P. Louis le Comte, ‖ der Societät Jesu | ‖ Durch Curieuse ‖ An verschiedene | hohe Geist= ‖ und weltliche Standes=Personen | ‖ Staats= Ministren | und andere vorneh- ‖ me gelährte Leute gefertigte ‖ Send=Schreiben | ‖ Den Liebhabern seltener Sachen zu ‖ sonderbarer Vergnůgung vor- ‖ gestellet. ‖ Aus dem Frantzōischen ůbersetzet. ‖ Mit schōnen Kupffern. ‖ Franckfurt und Leipzig | ‖ Bey Christoph Riegeln | Buchh. ‖ in Nůrnberg zu finden. ‖ Druckts Christoph Fleischer | 1699, 2 vol. in-12, 15 ff. prél. n. ch. + pp. 357, 1 f. n. ch. + pp. 384.

— * Das heutige Sina aus dem französischen von P. Louis Le Comte. Francfurt und Leipzig .1700. in-12 [de Backer, l. c.].

— * Ibid.. 1696, in-8 [Meusel].

— Beschryvinge ‖ Van het machtige ‖ Keyserryk ‖ China, ‖ Behelsende d' overgroote Provintien, en menigvul- ‖ dige *Steden*, *Paleysen*, *Rivieren*, *Kanalen*, *Schepen*, *Wegen*, en ‖ *Passagien*, in het selvė; beneffens desselfs ongemeene *Volkrijkheyt*, ‖ en *Vruchtbaarheyt*, in alle kostelijke *Handwerken* en *Koopman*- ‖ *schappen* : Mitsgaders de groote *Schatten* en *Rijkdommen* die ‖ den Keyser van China besit. ‖ Wyders ‖ Der selver Outheyt, goede Staatkunde, Regeringe, ‖ Gerechts-hoven, Godsdienst, Spraak, Konsten, en Wetenschap- ‖ pen, die in het selve in swang gaan. ‖ *En eyndelijk* ‖ de voortgangen van de bekeringe der Jnwoonders tot ‖ het Christen Geloof. ‖ Alles nauwkeuriglijk in verscheyde Brieven beschreven ‖ door den Vader ‖ Louis le Comte, ‖ Jesuit, Wiskonstenaar van den Koning van Vrankrijk. ‖ Met schoone Figuren. ‖ In 's Gravenhage, ‖ By Engelbregt Boucquet, Boekver- ‖ koper in de Halstraat, 1698, 2 vol. pet. in-4.

Erste Deel : pp. 1-185, 8 ff. prél. n. ch. p. l'épître et la Préface. — Tweede Deel : pp. 189-398 4 ff. n. ch. p. l'index. Il n'y a réellement que 391 pages : la page 391 étant marquée par erreur p. 398.

On trouvera, pp. 384/91, une lettre du P. Verbiest datée de Péking, le 4 octobre 1683, traduite du français en hollandais. Elle ne se rencontre pas dans les éditions françaises des *Mémoires* du Père le Comte (Voir *Tartarie*, dans la dernière partie de cet ouvrage).

— Historische Beschryvinge van het magtige Keyserryk China, Behelsende 't Leven en bedrijf van den tegenwoordigen Keyser van China, sijn Regeering en Gedrag, mitsgaders de voornaamste Bysonderheden van *China* : het onderscheyde Geloove deser Natie; Als mede, Een net en noyt voor desen beschreven Verhaal, van de tegenwoordige, soo seer Berugte eere, welke de *Chineesen*, aan den vermaarden *Confusius*, en haare dooden bewijsen, By een gesteld, door J. Bouvet en C. Gobien Jesuiten, Dienende ook als een Vervolg van *P. le Comtes* Reysbeschrijvinge door *China*. Tot Utrecht, By Gerardus Kribber... 1710, in-4., contient s. les tables, etc. :

Geschiedenis van den Keiser van China, pp. 1/52.

Historie van 't Keyzer-ryk China, Benevens een Verklaaringe over de eer-bewijsingen van de Chineesen, aan Confucius en de Dooden. Door Charles le Gobien, Jesuit. pp. 1/111.

— L'Estat present ‖ de ‖ la Chine, ‖ en figures ‖ dedié à Monseigneur le Duc ‖ & à Madame la Duchesse ‖ de Bourgogne. ‖ A Paris, ‖ Chez Pierre Giffart, Graveur du Roy, & Marchand Libraire, ‖ ruë Saint Jacques, à l'Image Sainte Therese. ‖ M. DC. XCVII. ‖ Avec Permission. in-fol., 1 f. n. ch. p. l. déd. du Père Bouvet + pp. 4 p. l'av^{t}. et :

Idée du Gouvernement de la Chine. Port. du Duc de Bourgogne et 19 pl. + Port. de la Duchesse de Bourgogne + pp. 2 pp. la déd. + 23 pl.

— Q. F. F. Q. S. ‖ De ‖ Magno ‖ Sinarum ‖ Imperio ‖ Dissertatio; ‖ quam ‖ Permissu Amplissimae Facult. Phi- ‖ losoph. in Regia Academia Upsaliensi, ‖ Praeside ‖ viro clarissimo ‖ Dn. Petro Lagerlööf | ‖ Eloquentiae Prof. Ord. & Histo- ‖ riograph. Regio, ‖ Placido bonorum submittit examini ‖ Ericus Roland, Holm. ‖ In Audit. Gustav. Maj. a. d. [21] Junii ‖ Anni M. DC. XCVII. ‖ Holmiae, ‖ Ex Officina Olai Enaei, pet. in-8, pp. 59 + 6 ff. prél.

Un ex. se trouve à l'École des Langues Orientales vivantes, Paris, et dans notre collection particulière; nous en avons même deux ex. qui varient par les trois premiers ff. qui contiennent des dédicaces différentes. Chose curieuse, 1 f. est consacré à une lettre écrite en français et adressée à Erique Roland par Laurent Flemingh.

C'est l'ouvrage mal décrit dans Meusel, Boucher de la Richarderie, V, p. 280, l'éditeur du Du Halde hollandais (*Avert.*), Ternaux, Nos. 2713 et 2714.

— * Regni Chinensis Descriptio (intercalato Bened. Goësii itinerario ex India in Sinarum regnum). Lugduni, 1700, in-4. [Boucher, V, p. 282; T.-C., n° 2794].

— Korte beschryving van 't magtig Keizerryk China. door Dionyzius Kao, Geboren Chineesch. Met verscheide Aantekeningen tot ophelderinge der zaaken verrykt. (E. Ysbrants Ides, *Driejaarige Reize,* Amsterdam, 1704, in-4., pp. 139/243/.)

THOMAS SALMON.

— Modern History; or Present State of all Nations, 1725-39, 32 vol. in-8.; 2d. ed., 1739. 3 vol. in-4.

— Modern History : or, the present state of all nations. Describing their respective Situations, Persons, Habits, and Buildings; Manners, Laws and Customs, Religion, and Policy; Arts and Sciences, Trades, Manufactures and Husbandry; Plants, Animals, and Minerals. By Mr. Salmon. Illustrated with Cuts and Maps, accurately drawn according to the Geographical Part of this Work, By Herman Moll. The third edition. With considerable Additions and Improvements, interspersed in the Body of the Work : Also the History and Revolutions of each Country brought down to the present Time. In Three Volumes. London : Printed for T. Longman, etc. MDCCXLIV to MDCCXLVI. 3 vol. in-folio.

Voir dans le Vol. I : The Present State of the Empire of China. — The Present State of Japan. — The Present State of Tonquin. — The Present State of Cochinchina. — The Present State of Siam.

— The Universal Traveller : or, a compleat Description Of the several Nations of the World. Shewing, I. The Situation Boundaries, and Face of the respective Countries. II. Number of Provinces and Chief Towns in each. III. The Genius, Temper, and Habits of the several People. IV. Their Religion, Government, and Forces by Sea and Land. V. Their Trafick, Produce of their Soil, Animals, and Minerals. VI. An Abstract of the History of each Nation. Brought down to the present Time. And Illustrated with a great Variety of Maps and Cuts. By Mr. Salmon. London : Printed for Richard Baldwin, at the Rose in Pater-Noster-Row. M.DCC.LII—LIII. 2 vol. in-folio.

Autre édition de l'ouvrage précédent avec de grandes modifications.

— Lo stato presente ‖ di tutti i paesi, ‖ e popoli del mondo ‖ naturale, politico, e morale, ‖ con nuove osservazioni, ‖ e correzioni degli antichi, ‖ e moderni viaggiatori. ‖ Volume I. ‖ Della China. ‖ Scritto in Inglese ‖ dal signor ‖ Salmon, ‖ Tradotto in Ollandese, e Francese, ‖ Tedesco ed ora in Italiano. ‖ Seconda edizione riveduta, corretta, e ‖ accresciuta. ‖ In Venezia, ‖ Presso Giambatista Albrizzi Q. Gir. MDCCXL. ‖ Con licenza de' superiori, e privilegio, pet. in-4, 7 ff. prél. n. ch. p. l. tit., déd., etc. + pp. 268.

— Histoire moderne ou l'etat present de tous les peuples du monde .... Traduit de l'Anglois de Mr. Salmon .... Tome Premier, Premiere Partie, Contenant une Description de l'Etat présent de l'Empire de la Chine .... A Amsterdam, Chez Isaac Tirion ... MDCCXXX. in-8., pp. 276 s. l. p. et l. t.

La trad. franç. n'a pas été terminée.

— Hedendaegsche Historie, of Tegenwoordige staet alle volkeren .... eerst in 't Engelsch beschreven door Th. Salmon; Nu vertaelt en merkelyk vermeedert door M. van Goch. M.D. Amsterdam, 1729—1793, 40 deel, in-8.

— * Salmon's Heutige Historie, oder der gegenwärtige Staat von allen Nationen, aus dem englischen Original übersetzt, und mit den Zugaben des Herrn (M. von) Goch, aus der Höllandischen Edition vermehret. Iter Theil 6 Stück. m. Karten. a) Von China, Toquin und Kochinchina, Altona, 1732, in-4. [Stuck, 1261].

Il y en a 6 éd., la plupart publiées à Altona (Boucher, I, 92).

E. DE SILHOUETTE.

— Idée générale du gouvernement et de la morale des Chinois, Tirée particulièrement des Ouvrages de Confucius, Par M. D. S**** M.DCC.XXIX, s. l., in-4., pp. 38, s. l'approb.

— Idée générale du gouvernement et de la morale des Chinois, et Réponse à trois critiques, Par M. D. S**** M.DCC.XXXI, s. l., in-4., pp. 53, s. l. préf. et l'app.

Quérard (*France litt.*, vol. 9, p. 138), la *Biog. un.*, vol. 39, pp. 340/2, la *Biog. gén.*, vol. 43, col. 992/4, et *Barbier*, II, 880, ne citent pas cette édition dont un exemplaire est relié à la suite de l'éd. de 1729 dans le vol. qui porte le N° 0.1337. B, à la Bib. nat.

Les trois critiques étaient : *Nouvelles Ecclésiastiques* (21 avril 1731), *Nouvelliste du Parnasse, Journaliste de Trévoux.*

— Idée générale du gouvernement et de la morale des Chinois, et Réponse à trois critiques. A Paris, chez Quillau..... M.DCC.XXXI. Avec Approbation & Priv. du Roy, in-12., pp. 132 s. l. préf.

Cet ouvrage est d'Etienne de Silhouette, né à Limoges, le 5 juillet 1709, contrôleur général le 4 mars 1759, mort à Brie-sur-Marne le 20 janvier 1767. Il a pour base le *Confucius Sinarum Philosophus*, Paris, 1687.

— Idée ‖ de la Chine, ‖ ou ‖ Etrennes chinoises, ‖ Et coup d'œil-curieux sur la ‖ Religion, les Sciences, les ‖ Arts, les Usages & les Mœurs ‖ des Peuples de la Chine. ‖ A Pekin. ‖ Et se trouve a Paris, ‖ Chez Valleyre l'ainé, rue de la ‖ vieille Bouclerie, à l'Arbre ‖ de Jessé. in-24, pp. 96. [1775?]

Ce petit vol. du XVIIIe s. est extrêmement rare; je ne connais que mon exemplaire. Ne pas confondre cet ouvrage avec celui de Silhouette.

∴

— Nouveau ‖ Voyage ‖ autour ‖ du Monde. ‖ Par M[r]. Le Gentil. ‖ Avec ‖ Une Description de l'Empire de la Chine ‖ beaucoup plus ample & plus circon- ‖ stanciée que celle qui ont paru jus- ‖ qu'à présent, où il est traité des Mœurs, ‖ Religion, Politique, éducation & com- ‖ merce des Peuples de cet Empire. ‖ A Amsterdam. ‖ Chez Pierre Mortier. ‖ M DCC XXXI. 3 vol. pet. in-8.

JEAN-BAPTISTE DU HALDE.

— Description geographique.... de l'Empire de la Chine.

Le P. du Halde fit paraître un Prospectus de son ouvrage en 4 page in-4 (2 feuillets) imprimées sur deux colonnes. Au bas de la quatrième page, on lit : «De l'Imprimerie de P. G. Le Mercier fils, 1733.» On pourra voir un exemplaire de ce Prospectus au British Museum : N° 1852. d. 1. / 20. Du Halde avait d'ailleurs annoncé ce grand ouvrage dans l'Epître insérée en tête du XXe *Recueil des Lettres édifiantes*, 1731.

— Le Prospectus du P. Du Halde parut dans les *Mémoires de Trévoux*, 1733, pp. 496/524, et dans la *Clef du Cabinet*, Juin, 1733, pp. 379/395.

— Description geographique, historique, chronologique, politique de l'Empire de la Chine et de la Tartarie chinoise, enrichie des cartes generales et particulières de ces Pays, de la Carte générale & des Cartes particulieres du Thibet, & de la Corée, & ornée d'un grand nombre de Figures & de Vignettes gravées en Taille-douce. Par le P. J. B. du Halde, de la Compagnie de Jesus. A Paris, chez P. G. Lemercier, Imprimeur-Libraire, rue Saint-Jacques, au Livre d'Or, M.DCC.XXXV. Avec Approbation et Privilege du Roy. 4 vol. in-folio.

Rémusat (1248). Fr. 20. — Klaproth (1608). Fr. 31. — Duprat, 1861, Fr. 60. — Quaritch, 1876, £ 4. — Trübner, 1876, £ 3. 3/-. Chossonnery, 1877. Fr. 60.

Tome I, pp. lii-iv-592 : — Epître au Roy. — Préface. — Noms des Missionnaires dont les Mémoires manuscrits & imprimez ont servi à la composition de cet ouvrage. [Il y a 27 missionnaires; ce sont les Pères Martin Martini — Ferdinand Verbiest — Philippe Couplet — Gabriel Magalhaens — Jean de Fontaney — Joachim Bouvet — Jean-François Gerbillon — François Noel — Louis Le Comte — Claude Visdelou — Jean-Baptiste Regis — Joseph Henry de Premare — François-Xavier Dentrecolles — Julien-Placide Hervieu — Cyr Contancin — Pierre de Goville — Jean-Armand Nyel — Dominique Parrenin — Pierre Jartoux — Vincent de Tartre — Joseph-Anne-Marie de Mailla — Jean-Alexis Gollet — Claude Jacquemin — Louis Porquet — Emeric de Chavagnac — Antoine Gaubil — Jean-Baptiste Jacques.] — Table des articles contenus dans ce premier volume. — Approbation [par l'abbé Raguet, 30 Juillet 1734]. — Approbation [P. Frogerais, 1er Avril 1733]. — Privilege du Roy. — Idée générale de l'Empire de la Chine (1-38). — De la Grande Muraille qui sépare la Chine de la Tartarie (38-41). — Des peuples nommez Si-fan ou Tou-fan (41-53). — Des Tartares de Coconor [ils sont Elenths de nation] (53-54). — De la nation des Lo los [dans le Yunnan] (54-55). — De la nation des Miao-sse (55-61). — Route que tinrent les Pères Bouvet, Fontaney, Gerbillon, le Comte, & Visdelou depuis le Port de Ning po jusqu'à Peking, avec une Description très-exacte & circonstanciée de tous les lieux par où ils passèrent dans les Provinces de Tche kiang, de Kiang nan, de Chan tong & de Petcheli (61-81). [Ils quittèrent Ningpo le 26 Nov. 1687]. — Route que tint le Père de Fontaney depuis Peking jusqu'à Kiang tcheou dans la Province de Chan si, & depuis Kiang tcheou jusqu'à Nanking, dans la Province de Kiang nan (81-95). [Il partit de Peking le 30 mars 1688]. — Route que tint le Père Bouvet depuis Peking jusqu'à Canton, lorsqu'il fut envoyé par l'Empereur Canghi en Europe l'année 1693 (95-104). [Il partit le 8 Juillet 1693]. — Route par terre depuis Siam jusqu'à la Chine, tirée des Mémoires de quelques Chinois qui en ont fait le chemin (105-108). — Avertissement (109-110). — Description géographique des provinces (15) de la Chine (111-260). — Fastes de la Monarchie chinoise ou Histoire abrégée et selon l'ordre chronologique de ce qui s'est passé de plus remarquable sous chaque empereur (261-556). — Table des Matières (557-592).

On remarquera que dans la *Table des Articles* on a oublié de marquer les articles de la page 105 à la page 110 (*Route par terre* .... et *Avertissement*).

Ce volume contient 18 cartes et 7 planches de Villes.

Tome Second. M DCC XXX V, pp. IV-725 et errata :

Table des articles contenus dans ce second volume (I-IV). — De l'ancienneté & de l'étendue de la Monarchie chinoise (1-9). — De l'autorité de l'Empereur, des Sceaux de l'Empire, de ses dépenses ordinaires, de son Palais, de ses équipages, & de sa marche lorsqu'il sort du palais (9-22). — De la forme du gouvernement de la Chine, des différens Tribunaux, des Mandarins, des honneurs qu'on leur rend, de leur pouvoir & de leurs fonctions (22-43). — Du Gouvernement militaire, des forces de l'Empire, des Forteresses, des Gens de guerre, de leurs Armes, & de leur Artillerie (43-49). — De la Police de la Chine, soit dans les Villes pour y maintenir le bon ordre, soit dans les grands chemins, pour la sûreté & la commodité des voyageurs, des Douanes, des Postes, &c. (50-58). — De la Noblesse (58-63). — De la fertilité des terres, de l'Agriculture, & de l'estime qu'on fait de ceux qui s'y appliquent (64-71). — De l'adresse des Artisans, & de l'industrie du menu peuple (72-74). — Du génie et du caractère de la Nation chinoise (75-79). — De l'air & de la physionomie des Chinois, de leurs modes, de leurs maisons, des meubles dont elles sont ornées (80-87). — De la magnificence des Chinois dans leurs voyages, dans les ouvrages publics, tels que sont les Ponts, les Arcs de triomphe, les Portes, les Tours, & les Murs des Villes; dans leurs Fêtes, &c. (88-97). — Des Cérémonies qu'ils observent dans leurs devoirs de civilitez, dans leurs visites, & les présens qu'ils se font les uns aux autres, dans les Lettres qu'ils s'écrivent, dans leurs festins, leurs mariages, & leurs funérailles (98-131). — Des Prisons où l'on enferme les Criminels, & des châtimens dont on les punit (131-137). — De l'Abondance qui règne à la Chine (138-154). — Des Lacs, des Canaux, & des Rivières dont l'Empire de la Chine est arrosée, des Barques, des Vaisseaux, ou Sommes chinoises (155-163). — De la Monnaye qui en differens tems a eu cours à la Chine (163-169). — Du Commerce des Chinois (169-173). — Du Vernis de la Chine (173-177). — De la Porcelaine (177-204). — De Soyeries (205-208). — Extrait d'un ancien Livre chinois, qui enseigne la manière d'élever & de nourrir les Vers à Soye, pour l'avoir & meilleure, & plus abondante (208-223). — De la Langue chinoise (224-238). — Du papier, de l'encre, des pinceaux, de l'imprimerie et de la reliure des livres de la Chine (239-251). — De quelle manière on fait étudier les jeunes Chinois; des divers dégrez par où ils passent, & combien ils ont d'examens à subir pour parvenir au Doctorat (251-259). — Extrait d'un livre Chinois intitulé : l'Art de rendre le Peuple heureux, en établissant des Ecoles publiques (259-266). — Extrait d'un Traité sur le même sujet fait par *Tchu hi*, l'un des plus célèbres Docteurs de la Chine, qui florissait sous la dix-neuvième Dynastie nommée *Song* (266-268). — Extrait d'un Livre, contenant un recueil d'histoires, qu'on a soin de lire aux Enfans (269-275). — Ext. du Chapitre des Examens particuliers des jeunes Etudians, qui sont *Sieou tsai*, ou qui prétendent à ce Grade (275-277). — Traduction du Chapitre *Kiang hio*, ou modele que donne l'Auteur d'un discours tel qu'il se peut faire dans le *Hio*, ou Salle des Assemblées des Lettrez (277-279). — Traduction du Chapitre où est proposé le Projet, & les Règlemens d'une Académie, ou Société de Sçavans (279-283). — De la Litterature chinoise (284-286). — Des *King* Chinois, ou des Livres canoniques du premier ordre (286-319). — Des Livres classiques ou canoniques du second ordre nommez *Sse-chu* (319-363). — Hiao-king ou du Respect filial (363-365). — Siao Hio ou l'Ecole des enfans (365-384). — Recueil impérial, contenant les edits, les declarations, les ordonnances & les Instructions des Empereurs des differentes Dynasties, les Remontrances & les Discours des plus habiles Ministres sur le bon ou le mauvais Gouvernement, &c. & diverses autres Pieces recueillies par l'Empereur *Canghi*, & terminées par de courtes Réflexions écrites du pinceau rouge; c'est-à-dire, de sa propre main (385-612). — Extraits d'une compilation faite sous la dynastie *Ming* Par un Lettré célèbre de cette Dynastie nommé Tang king tchuen (613-667) [Voir le Ms. fr. 17240, Bib. nat.] — *Liéniu* ou Femmes illustres [du Halde imprime Lié-nin dans le texte et Lié-niu dans la table; cette dernière orthographe est la bonne] (668-693). — Table des matières (694-725). — Fautes à corriger.

Ce volume contient dix planches.

Tome Troisième. M DCC XXXV, pp. IV-565, sans les Approbations et le Privilége :

Table des articles contenus dans ce troisieme volume (I-IV). — De la Religion des Chinois (1-2). — Du Culte des anciens Chinois (2-16). — De la Secte des Tao-ssée (16-18). — De la Secte de Fo ou Foë (19-29). — De la Secte de quelques Lettrez de ces derniers tems (29-42). — Dialogue, Où un Philosophe Chinois moderne nommé *Tchin* expose son sentiment sur l'origine & l'état du monde (42-64). — De l'établissement et du progres de la Religion chrétienne dans l'Empire de la Chine (65-127). — De la philosophie morale des Chinois (128-185). — Recueil de maximes, de reflexions et d'exemples en matière de mœurs (186-263). — De la connoissance des Chinois dans les autres sciences (264-289). — Du goût des Chinois pour la póesie, pour l'histoire, et pour les pièces de théâtre, etc. (290-338). — Tchao chi cou ell ou l'Orphelin de la maison de Tchao. Tragédie chinoise (339-378). — De la Medecine des Chinois (379-525). — Table des Matières (526-556). — Explication des mots chinois qui se trouvent dans les trois premiers volumes (557-565). — Approbations et Privilége.

Ce volume contient 4 planches.

Tome Quatrième. MDCCXXXV, pp. II-520 :

— Observations géographiques sur la Tartarie, tirées des Mémoires envoyez par les Missionnaires qui en ont dressé la Carte (1-32). — Observations historiques sur la Grande Tartarie, tirées des Mémoires du P. Gerbillon (33-60). — Mémoire géographique sur les terres occupées par les princes Mongous, rangez sous quarante-neuf *Ki* ou Etendarts (60-64). — Remarques sur la langue des Tartares *Mantcheoux* (65-73). — Voyages du Père Verbiest à la suite de l'empereur de la Chine dans la Tartarie orientale (74-86). — Voyages en Tartarie du Père Gerbillon, Missionnaire François de la Compagnie de Jesus, à la Chine (87-422). — Observations géographiques sur le royaume de Corée, tirées des Mémoires du Père Regis (423-430). — Histoire abrégée de la Corée (431-451). — Relation succinte du voyage du capitaine Beerings dans la Sibérie (452-458). — Observations géographiques et historiques sur la Carte du Thibet, contenant les Terres du Grand Lama, & des pays voisins qui en dépendent, jusqu'à la Source du Gange. Tirées des Mémoires du Père Regis (459-472). — Catalogue d'une partie des latitudes observées et des longitudes (473-488). — Table des Matières (489-520).

Ce volume contient 25 cartes.

Du Halde dit dans la Préface, p. IX, que l'ouvrage a été revu avec grand soin par le P. Contancin lors de son séjour à Paris.

Notices : du tome Ier (*Journal des Savans*, Nov. 1735, pp. 616/622); — du tome II (*Ibid.*, Déc. 1735, pp. 665/672); — du tome III (*Ibid.*, Janvier 1736, pp. 21/27); — du tome IV (*Ibid.*, pp. 70/76).

— *Observations sur les écrits modernes* : III, pp. 3/24, 169/192, 337/354; — V. pp. 145/165; — VI. pp. 269/297; VII. pp. 13/24. — XI, pp. 41/47. *Acta Eruditorum Lipsiensium*. 1736, pp. 145/156. *Mémoires de Trévoux* : 1736, pp. 521/554, 896/933, 1299/1338, 1362/1400, 1859/1894. Ces comptes-rendus sont faits par le P. Castel; un de ces articles ayant été critiqué dans le *Mercure*, le P. Castel y répondit : Réponse à la lettre écrite dans le *Mercure* (Juin, 2e vol., 1736, p. 1374) à l'Auteur de l'Article XXXIII des *Mémoires de Trévoux* du mois de Mars 1736 : dans les *Mém. de Trévoux*, 1736, pp. 2208—2217. — Lettre au P. Castel (sur l'ouv. de Du Halde) (Anonyme), *Mém. de Trévoux*, Oct. 1737, pp. 1880 et seq.

— Description géographique, historique, chronologique, politique, et physique de l'Empire de la Chine et de la Tartarie chinoise, enrichie des Cartes générales et particulières de ces pays, de la Carte générale & des Cartes particulières du Thibet, & de la Corée; & ornée d'un grand nombre de Figures & de Vignettes gravées en taille douce. Par le P. J. B. Du Halde, de la Compagnie de Jesus. Avec un Avertissement préliminaire, où l'on rend compte des principales améliorations qui ont été faites dans cette nouvelle Edition. A la Haye, chez Henri Scheurleer, M.DCC.XXXVI, 4 vol. in-4.

Rémusat (1249), Fr. 8.50. — Klaproth (1609), Fr. 16. — Duprat, 1861, Fr. 40; l'Atlas, Fr. 15. — Aubry, *Bull. du Bouquiniste*, 1873, Fr. 14.

Tome I : Ce volume contient tout ce qui se trouve dans le premier vol. de l'édition in-folio, moins le Privilége du Roy, plus un « Avertissement sur cette édition », p. LXV—LXXX.

Tome II : correspond au deuxième vol. de l'édition in-folio.

Tome III ne contient pas l'explication des mots chinois et tartares qui se trouve dans le 4e volume.

Différences avec l'éd. in-folio : Certaines pages de l'éd. in-fol. sont imprimées sur deux colonnes; cette édition est imprimée sur toute la largeur de la page. — On a ajouté aussi des *Rubriques marginales*. — Les Tables des Matières qui se trouvent à la fin de chaque vol. de l'éd. in-folio sont fondues en une seule qui se trouve à la fin du 4e vol. — Les Tables des mots chinois et tartares sont également réduites en une seule. — Les planches et les cartes forment un atlas distinct de l'ouvrage.

Notices : *Observations sur les écrits modernes*, XIII, p. 262. — Réponse (à des questions qui ont été faites au sujet de l'éd. hollandaise de l'Hist. de la Chine) par d'Anville. (*Mém. de Trévoux*, Avril 1738, pp. 738/778; *Mercure de France*, juin 1738, pp. 1089/1093).

Les cartes de d'Anville qui doivent accompagner cette édition — il y en a 42 — ont été réunies en un Atlas in-folio avec le titre suivant :

— Nouvel Atlas de la Chine, de la Tartarie chinoise, et du Thibet : contenant les Cartes générales & particulieres de ces Pays, ainsi que la Carte du Royaume de Corée; La plupart levées sur les lieux par ordre de l'Empereur Cang-Hi avec toute l'exac-

titude imaginable, soit par les PP. Jésuites Missionnaires à la Chine, soit par les Tartares du Tribunal des Mathematiques, & toutes revûës par les mêmes Pères : Redigées par Mr d'Anville, Geographe ordinaire de sa Majesté très-chrétienne. Précédé d'une Description de la Boucharie Par un Officier suédois qui a fait quelque séjour dans ce pays. A la Haye, chez Henri Scheurleer, MDCCXXXVII.

Avertissement (2 pages). — Relation de la Boucharie, pp. 1/11 — 42 cartes.

Rémusat (902). Fr. 12. — M. Nijhoff, 1876, F. 10. 60. — Quaritch, 1876, 12/ et 7/6 d.

L'atlas suivant est bien préférable au précédent; le tirage des planches en est plus beau; le papier est grand et il contient les 50 cartes et les 14 planches du du Halde de Paris. Les 14 planches et les 8 cartes suivantes manquent dans l'atlas de Hollande :

Nos 4 Villes de la Province de Pe-tche-li.
6 Villes de la Province de Kiang-nan.
10 Villes de la Province de Tche-kiang.
12 Villes de la Province de Hu-quang.
17 Villes de la Province de Chen-si.
20 Carte marine de l'Entrée et du Port de Canton et de Macao.
23 Villes de la Province d'Yunnan.
25 Villes de la Province de Koei-tcheou.

- Atlas général de la Chine, de la Tartarie chinoise, et du Thibet. Pour servir aux différentes Descriptions et Histoires de cet Empire. Par M. Danville, Premier Géographe du Roi. A Paris, chez Dezauche, Géographe, successeur des Srs Delisle et Philippe Buache, premiers Géographes du Roi, et de l'Académie Royale des Sciences. Rue des Noyers. Avec Privilége du Roi. In-fol.

Cet atlas contient 64 planches dont : — 50 cartes, à savoir :

Nos 1 Carte générale de la Chine, de la Tartarie chinoise et du Tibet.
2 Carte générale de la Chine.
3/25 Subdivision de la Chine.
26 Carte générale de la Tartarie chinoise, de la Corée et du Japon.
27/38 Subdivision détaillée de la Tartarie chinoise.
39 Carte des Pays traversés par le Capitaine Béering.
40 Royaume de Corée.
41 Carte générale du Tibet.
42/50 Subdivision du Tibet.

— Et 14 planches (51/64) relatives à la Description et à l'Histoire de la Chine.

Voir Grosier, *infra*, col. 61, Atlas.

— Recueil d'historiettes et de Maximes morales Chinoises, tirees de la description de l'empire de la Chine, du P. Du Halde par Chapuset. A Nuremberg, chez Stein et Raspe, 1746, pet. in-8, pp. 90 + 3 ff. n. c. pour le tit., et la préf.

∴

- The General History of China. Containing a Geographical, Historical, Chronological, Political and Physical Description of the Empire of China, Chinese-Tartary, Corea and Thibet. Including an Exact and Particular Account of their Customs, Manners, Ceremonies, Religion, Arts and Sciences. The Whole adorn'd with Curious Maps, and Variety of Copper-Plates. Done from the French of P. Du Halde. London : Printed by and for John Watts, MDCCXXXVI, 4 vol. in-8.

Vol. I : Au commencement de ce vol., il y a une dédicace au Prince de Galles par le traducteur : R. Brookes. La longue préface du Père du Halde qui donne des détails fort intéressants sur la carte des Jésuites, est omise.

Vol. II : Dédicace à «Arthur Onslow, Esq. Speaker of the House of Commons».

Vol. III : Dédicace au Dr. Mead.

Vol. IV : Dédicace «to the Directors of the United Company of Merchants of England trading to the East Indies».

Il n'y a pas de Table générale des matières.

On trouve, au commencement du premier vol., le portrait de Confucius; du deuxième vol., celui de Ricci; du troisième, celui de Schaal; du quatrième, celui de Verbiest.

A la fin du quatrième volume, il y a une liste des «Books Printed for J. Walthoe over-against the Royal Exchange in Cornhill».

Somme toute, c'est une édition fort mal soignée.

Trübner, 1876, £. 1.

— A Description of the Empire of China and Chinese-Tartary, Together with the kingdoms of Korea, and Tibet : containing the Geography and History (Natural as well as Civil) of those Countries. Enrich'd with general and particular Maps, and adorned with a great number of Cuts. From the French of P. J. B. Du Halde, Jesuit : with Notes Geographical, Historical, and Critical; and Other Improvements, particulary in the Maps, By the Translator. In two volumes [folio].

Vol. I. London : Printed by T. Gardner in Bartholomew Close, for Edward Cave, at St. John's Gate, MDCCXXXVIII.

To His Royal Highness Frederick, Prince of Wales. — The Contents of the First Volume. — The Translator's Preface. — A Dissertation concerning Mr. d'Anville's General Map; wherein the Situation given by him to Astrakhan, and his Method of graduating the said Map, are examin'd, and shewn to be erroneous. — Directions for placing Maps, Plans, and Cuts, belonging to Volume I. — P. Du Halde's Preface. — A Description of China.

Ce vol. comprend les deux premiers vol. et les 64 premières pages du troisième vol. de l'éd. française in-fol.

Volume II : Printed by Edward Cave, at St. John's Gate MDCCXLI.

Advertisement. — The Contents of the second volume. — A Description of China. — Index. — Directions for placing the Cuts and Maps belonging to Volume II.

Ce vol. comprend le troisième vol. (depuis la p. 65) et le quatrième vol. (jusqu'à la p. 472) de l'éd. franç. in-fol. Il ne contient pas le Catalogue des Tables des Latitudes et des Longitudes. Ces Tables sont gravées sur les Cartes qui sont insérées dans l'ouvrage.

— The General History of China. Containing a Geographical, Historical, Chronological, Political and Physical Description of the Empire of China, Chinese-Tartary, Corea and Thibet. Including an Exact and Particular Account of their Customs, Manners, Ceremonies, Religion, Arts and Sciences. The whole adorn'd with curious maps, and Variety of Copper Plates. Done from the

French of P. Duhalde. The Third Edition corrected. London. Printed for J. Watts, MDCCXLI, 4 vol. in-8.

C'est la traduction de R. Brookes.

Quaritch, 1876, 15/-, 25/-.

La publication de l'ouvrage de du Halde en anglais par Cave a donné lieu à de nombreux articles dans *The Gentleman's Magazine* :

Extract of a Letter from a Gentleman at Paris to his Friend in London : Paris, Nov. 14, 1735. — V, 1735, p. 668. [Remarques sur du Halde et ses prédécesseurs.]

Letter to the Editor of the Gentleman's Magazine, VI, 1736, p. 470.

The Publisher's Avertisement [éd. in-folio], VI, 1736, p. 624. « This Book will be delivered by E. Cave at St. John's Gate, according to the orders already received, or to be received, either in Monthly numbers, 20 sheets each at Half a crown, or 8 sheets every Fortnight at one shilling, or may be had at the Booksellers in Town and Country. »

Blunders in Cave's Edition of du Halde, VII, 1737, p. 366.

Essay on the Description of China in two Volumes folio. From the French of Pere du Halde, XII, 1742, pp. 320, 353, 484.

— * A Letter to the Public, containing Remarks on the Blunders and Inaccuracies of Mr Cave's Translation of the History of China (par M. Watts). London, Watts, 1737, (*Bibl. Britannique*, t. X, pp. 20—26), citée par de Backer, II, col. 13.

∴

— Johann Baptista du Halde, ‖ Ausführliche Beschreibung ‖ des ‖ Chinesischen Reichs ‖ und ‖ der grossen Tartarey. ‖ 4 vol. in-4.

— Erster Theil. ‖ Aus dem Französischen mit Fleiss übersetzet, ‖ nebst vielen Kupfern. ‖ Mit einer Vorrede ‖ Sr. Hochwürden | herrn Abt Mosheims, ‖ darin ‖ die neuesten Chinesischen Kirchengeschichte ‖ erzählet werden. ‖ Rostock, verlegts Johann Christian Koppe. 1747. in-4, pp. 472 + pp. 56 pour: *Erzählung der neuesten Chinesischen Kirchengeschichte*, de Mosheim, 1748.

— Zweiter Theil ‖ . . . Mit einer Vorrede ‖ Sr. Hochwohlgebohrnen und Hochwürden, ‖ Herrn Johann Lorenz von Mosheim, ‖ . . . Ibid., 1748. in-4, pp. 748.

— Dritter Theil ‖ . . . Mit einer Vorrede ‖ von ‖ der Chronologie und Litteratur der Chineser. ‖ Ibid., 1749. in-4, pp. 28 + 2 ff. n. ch. pp. 548.

— Vierter und letzter Theil. ‖ Nebst ‖ Engelbrecht Kämpfers ‖ Beschreibung des Japonischen Reichs ‖ und ‖ einem Register über alle vier Theile. ‖ Ibid., 1.49, in-4. pp. 56 + 264 + 552 + pp. 16 p. l. tab.

— Zusätze zu des Johann Baptista du Halde ausführlichen Beschreibung des Chinesischen Reichs und der grossen Tartarey. Aus dem Französischen übersetzet. Rostock, verlegts Johann Christian Koppe, 1756, in-4.

Rémusat (1251), Fr. 5. 80. — Klaproth (1610), Fr. 16. 50.

— * La description de la Chine et de la grande Tartarie, par le P. du Halde, se trouve dans le 7e vol. de la collection abrégée des meilleurs voyages traduits en diverses langues, à Berlin, chez Mylius (*Journal encyclopédique*, 1770, IV, p. 149) [de Backer, II, col. 13].

∴

— Географическое, историческое, хронологическое, политическое и физическое описанıе Китайскıя Имперıи и Татарıи китайскıя, снабденное разными чертежами и рѣзными, фигурами, сочиненное Н. Б. Дюгальдомъ а съ французскаго переведенное Игнатьемъ де Теильсомъ. Часть 1. Imprimerie impériale du Corps des Cadets. 1774. In-4., pp. xvi-366.

(Description géographique, chronologique, politique et physique de l'Empire chinois et de la Tartarie chinoise. Avec différents plans et gravures. Par J.-B. Du Halde. Traduit du français par Ignace de Teils. Première Partie.)

C'est le seul vol. de cette trad. que possède la Bibliothèque nationale; nous l'avons vu également avec le vol. II (1777) à la Mission Russe de Pe-king, mais nous ignorons si une version russe complète a été publiée.

— La Bib. imp. de St.-Pétersbourg possède également ces 2 vol. de la trad. russe de Du Halde 1774—1777.

— MONTESQUIEU, cet illustre penseur, n'avait garde d'omettre, dans son grand ouvrage, des exemples puisés dans les coutumes de la Chine, et il a consacré à ce pays les chapitres suivants de l'*Esprit des Lois*:

Du luxe à la Chine, chap. VI, liv. VII.

De l'empire de la Chine, chap. XXI, liv. VIII;

Du crime de lèse-majesté, chap. VII, liv. XII;

Bonne coutume de la Chine, chap. VIII, liv. XIV;

Des pays formés par l'industrie des hommes, chap. VI, liv. XVIII;

Propriété particulière au gouvernement de la Chine, chap. XVII, liv. XIX;

Conséquence du chapitre précédent, chap. XVIII (Ibid.).

Comment s'est faite cette union de la religion, des lois, des mœurs et des manières chez les Chinois, chap. XIX (Ibid.).

Explication d'un paradoxe sur les Chinois, chap. XX (Ibid.).

∴

— A Description of China : containing The Geography, with the civil and natural History : Introduction. I. A Geographical Description of China. II. The Qualities, Manners, and Customs of the Chinese. III. An account of the several Classes, into which the People of China are divided. IV. Chinese Learning, &c. V. The Religions of China. VI. The Constitution and Government of China. VII. The Natural History.

Cette description qui a été écrite d'après les ouvrages de Semedo, Martini, Magaillans, et surtout de Du Halde, forme le Livre I (pp. 1—319) du Vol. IV de la *Collection d'Astley*.

— Description de la Chine, contenant la Géographie, et l'Histoire civile et naturelle du Pays. (*Hist. générale des Voyages*, VI, 1748, pp. 1/499.)

— * Histoire moderne des Chinois, des Japonois, des Indiens, des Persans, des Turcs, des Russes, etc.; pour servir de suite à l'Histoire ancienne de Rollin. Paris, Saillant (Ve Desray), 1754-1778, 30 vol. in-12.

Les douze premiers volumes sont de l'abbé François-Marie de Marsy, et les dix-huit derniers de Richer [*France littéraire*].

— * Nya Historien om Chineserne, Japoneserne, Indianerne, Persianerne, Turkarne, Ryssarne. o. s. w. Traduit du français par J. Röding. Stockholm, 1758—65, 6 vol. in-8.

Trad. d'une partie de l'ouvrage de Marsy.

— Introduction à l'histoire moderne, générale et politique de l'Univers... par le Baron de Pufendorff. . . . . VII, Paris, M.DCC.LIX, in-fol. : Chap. XXV (Liv. VII), pp. 619/699 : Empire de la Chine.

— Miscellaneous Pieces relating to the Chinese. London : Printed for R. and J. Dodsley in Pall-mall. M DCC LXII. 2 vol. pet. in-8.

I. Preface — Contents — I. A Dissertation on the Language and Characters of the Chinese. II. Rules of Conduct by a Chinese Author, from the French of P. Parrennim, jesuit. III. The little Orphan of the House of Chao; a Chinese tragedy. From the French translation of P. de Premare, jesuit. IV. On the Chinese Drama; from Mr. Hurd's Discourse on Poetical Imitation.

II. Contents. — I. Authentic Memoirs of the Christian Church in China : from the German of J. L. de Mosheim. II. Of the Art of laying out Gardens among the Chinese, by Mr. Chambers, architect. III. A Description of the Emperor's Gardens and Pleasure-Houses near Peking, from the French of Frere Attiret, jesuit. IV. A Description of the Solemnities observed at Pe-king on the Emperor's Mother entering on the sixtieth year of her age, from the French of P. Amyot, Jesuit.

Collected by Tho. Percy, Bishop of Dromore.

Rémusat (789), Fr. 5. 95.

— * Relação curiosa das grandezas do reino da China, noticia da sua situação, fortalezas, rios, e logares notaveis, com toda a individuação das particularidades do seu regimen, costumes, a religião, &c. Lisboa, na Officina de Pedro Ferreira. 1762. in-4. pp. 8 (Figaniere, n° 985).

— The History of China. Upon the Plan of Mr. Rollins's Antient History. Containing, I. A General Idea of their History. II. A Description of their Country. III. An Account of their Government. IV. Of their Commerce, Arts and Sciences. V. Of their Religion, Manners, and particular Customs. VI. A Succinct Description of some Kingdoms that are tributary to China. — Also the Natural History of China. To which is prefixed, An Accurate Map of China, drawn from Surveys made by the Jesuit Missionaries by Order of the Emperor. Translated from the French. London : Printed for J. Knox... M.DCC.LXIII, in-8, pp. XXIV-382.

— Le Voyageur Français, ou la Connaissance de l'ancien et du nouveau monde, mis au jour par M. l'abbé Delaporte. Tome Cinquième : *la Chine*. Paris, Vincent, 1767, in-12.

— The Chinese Traveller. Containing a Geographical, Commercial, and Political History of China. With a particular Account of their Customs, Manners, Religion, Agriculture, Government... to which is prefixed, the Life of Confucius, The celebrated Chinese Philosopher. Collected from Du Halde, Le Compte, and other modern travellers. The Second Edition, With large Additions and Amendments. London, E. and C. Dilly, MDCCLXXV, 2 vol. in-12.

« The Life of Confucius » occupe les pages 1—13 du premier volume.

A. R. Smith, n° 42, 1875, 8/6d.

— Le même, London, 1772.

— Anecdotes ‖ chinoises, ‖ japonoises, siamoises, ‖ tonquinoises, &c.; ‖ Dans lesquelles on s'est attaché prin- ‖ cipalement aux Mœurs, Usages, ‖ Coutumes & Religions de ces différens ‖ Peuples de l'Asie. ‖ A Paris, ‖ Chez Vincent, Imprimeur-Libraire, rue ‖ des Mathurins, hôtel de Clugny. ‖ MDCCLXXIV. ‖ Avec Approbation, & Privilége du Roi. ‖ in-8, pp. 422-234-52-32.

Par J. Castillon.

MÉMOIRES DES JÉSUITES.

— Mémoires concernant l'Histoire, les Sciences, les Arts, les Mœurs, les Usages, &c. des Chinois : Par les Missionnaires de Pékin. A Paris, 1776-1814, 16 vol. in-4.

Tome Premier. — A Paris, chez Nyon,... 1776, pp. XVI-486. — Un portrait [celui de Kienlong] et 9 planches.

Préface. — Essai sur l'Antiquité des Chinois — Lettres sur les Caractères chinois, par le Révérend Père ***** — Notes — Explication du Monument gravé sur la pierre en vers chinois, composés par l'Empereur, pour constater à la postérité la conquête du Royaume des Eleuths faite par les Tartares Mantchoux, sous le règne de Kienlong, vers l'an 1757 — Monument de la Transmigration des Tourgouths des bords de la Mer Caspienne, dans l'Empire de la Chine — Extrait d'une lettre du P. Amiot — Remarques sur un article de l'abbé Chappe — Ta-hio, ou la Grande Science — Tchong-Yong, ou Juste Milieu — Table.

Tome Second. — A Paris, chez Nyon,... 1777, pp. VIII-650.

Avant-Propos — L'Antiquité des Chinois prouvée par les monumens — Remarques sur un écrit de M. P***, intitulé : Recherches sur les Égyptiens et les Chinois — Sur les Vers à soie sauvages — Notice du frêne de Chine nommé *Hiang-Tchun* — Sur les Cotonniers — Sur le Bambou — Le Jardin de Sée-makouang, Poëme.

Tome Troisième. — A Paris, chez Nyon,... 1778, pp. IV-504.

Avant-Propos — Portraits des Chinois célèbres — Lettre du P. Amiot, sur la Réduction des Miao-tsée, en 1775 — Serres Chinoises — Notices de quelques Plantes, Arbrisseaux, &c., de la Chine — Requête à l'Empereur pour la cérémonie du Labourage.

Tome Quatrième. — A Paris, chez Nyon,... 1779, pp. IV-510.

Avertissement — Doctrine ancienne et nouvelle des Chinois sur la piété filiale — Mémoire sur l'intérêt de l'argent en Chine — De la petite vérole — Notice du livre chinois *Siyuen*. — Notice du *Cong-fou* des Bonzes Tao-Sée — Observations de physique et d'histoire naturelle de l'empereur Kang-hi — Quelques compositions et recettes pratiquées chez les Chinois — Notice du Che-hiang — Notice du Mo-kou-sin et du Lin-tchi — Notice du Pe-tsai.

Tome Cinquième. — A Paris, chez Nyon,... 1780, pp. II-518.

Avertissement — Idée générale de la Chine et de ses premières relations avec l'Europe — Suite des vies ou portraits des célèbres Chinois — Notices sur différens objets.

Tome Sixième. — A Paris, chez Nyon,... 1780, pp. II-380.

Avertissement — De la Musique des Chinois, tant anciens que modernes, par M. Amiot, Miss. à Pékin — Essai sur les Pierres sonores de Chine — Observations sur le Livre de M. P**, intitulé : Recherches philosophiques sur les Egyptiens & les Chinois — Mort et Funérailles de l'impératrice-mère — Dénombrement des Habitans de la Chine.

Tome Septième. — A Paris, chez Nyon,... 1782, pp. XII-X-396.

Avertissement — Remarques critiques — Avis de l'Editeur — Table des Chapitres — Art Militaire des Chinois — Table des Matières.

Tome huitième. — A Paris, chez Nyon,... 1782, pp. VIII-376.

Avertissement — Table Générale — Suite des vies ou portraits des célèbres Chinois — Essai sur l'Ecriture des Chinois — Essai sur la langue et les Caractères des Chinois — Notes — Notice sur les objets de commerce à importer en Chine — Notice sur la poterie de Chine — Du Kong-Pou, ou du Tribunal des Ouvrages publics — Honneurs rendus par l'empereur de Chine aux Européens — Extrait d'une lettre d'un Missionnaire — Lettre d'un Missionnaire à M. l'abbé G*** contenant une relation de son voyage de Canton à Péking — Essai sur les Jardins de Plaisance des Chinois — Supplément à l'Art militaire des Chinois — Explication des Planches.

Tome Neuvième. — A Paris, chez Nyon,... 1783, pp. XXIV-470.

Avertissement — Observations de M. Law de Lauriston, sur l'Ouvrage intitulé : Voyage de M. Sonnerat aux Indes orientales & à la Chine — Table Générale des Lettres &c. contenues dans ce volume — Extraits de diverses Lettres écrites par M. Amiot — Instructions sublimes de Cheng-Tzu-Quogen-Hoang-ti [Kang-hi] — Essai sur la langue et les caractères des Chinois II — Notes — Ext. d'une lettre écrite par M. Bourgeois, Miss., sur l'étendue de la ville de Nanquin & la population de Chine — Ext. d'une lettre écrite par M. Amiot, contenant 1° les services rendus par Akoui, 2° une lettre de l'Empereur au Talai-lama — Description de l'inondation de la ville de Yen-tcheou-fou et de son territoire en 1742.

Tome Dixième. — A Paris, chez Nyon,... 1784, pp. XII-510.

Avertissement — Table des Matières de ce volume — Suite des vies ou portraits des Chinois célèbres — Extrait d'une lettre de M. Amiot — Pensées, Maximes et Proverbes extraits et traduits de divers livres chinois, par M. Cibot — Table générale des matières contenues dans les dix précédens volumes.

Tome Onzième. — A Paris, chez Nyon,... 1786, pp. XXIV-610.

Avertissement — Poésies chinoises par Madame du Bocage — Table de ce volume — Chroniques météorologiques — Des Bêtes à laine en Chine — Préparation du petit indigo — Mémoire sur l'usage de la viande — Observations sur les plantes, les fleurs et les arbres de Chine, qu'il est possible et utile de se procurer en France — Notices sur différens objets d'Astronomie, de Botanique, de Chymie, &c. — Observations astronomiques — Le pêcher — Notices sur le Mou-chou-kuo-tsée, le Chou-keou, & le Tsée-tsao — Extrait d'une lettre de feu M. Collas... sur la quintessence minérale de M. le comte de la Garaye — Notice sur le Cinabre, le Vif-Argent & le Ling-Cha — Ext. d'une lettre de feu M. Collas, sur un sel appelé par les Chinois *Kien* — Ext. d'une lettre de M. Collas 1° sur la Chaux noire de Chine; 2° sur une matière appelée *Lieou-li*, qui approche du verre; 3° sur une espèce de mottes à brûler — Ext. d'une lettre de M. Collas sur le Hoang-san, le Nao-chaou Sel ammoniac, et le Hoang-Pe-Mou — Not. sur le charbon de terre, par M. Collas — Notice sur le Borax, par feu M. Cibot — Not. sur le cuivre blanc de Chine, sur le Minium et l'Amadou, par M. Collas — Not. sur un papier doré sans or, par M. Collas — Not. sur le Bambou, par le même — Not. sur les Plumails chinois, par M. Cibot — Diverses Remarques de feu M. Cibot sur les Arts pratiques en Chine — Sur la valeur du Tael d'argent en monnoie de France par M. Collas — Sur les Chevaux, par M. Cibot — Sur la Pivoine par M. Cibot — Sur le Tsao-kia, ou Fébier chinois par M. Cibot — Ext. d'une lettre de M. Amiot — Ext. d'une autre lettre de M. Amiot — Ext. d'une lettre de M. Bourgeois — Ext. d'une lettre de M. Amiot.

Tome Douzième. — A Paris, chez Nyon,... 1786, pp. VIII-532.

Avertissement — Table de ce volume — Vie de Koung-tsée, appelé vulgairement Confucius (pp. 1/403) — Table chronologique des évènemens rapportés dans la Vie de Koung-tsée (pp. 404/430) — Explication des planches qui représentent les principaux traits de la Vie de Confucius — Arbre généalogique de la Maison de Koung-tsée — Explication de cet arbre — Extrait d'une lettre du Père Amiot — Ext. d'une lettre de M. Raux.

Tome Treizième. — A Paris, chez Nyon,... 1788, pp. XVI-543.

(JÉSUITES.)

Avertissement — Ext. d'une lettre de M. Bourgeois — Table de ce volume — Abrégé de la Vie des principaux disciples de Koung-tsée — Grammaire Tartare-Mantchou — Abrégé chronologique de l'Histoire universelle de l'Empire chinois — Essai sur la longue vie des Hommes dans l'Antiquité, spécialement à la Chine — Notice sur les Abeilles et la Cire — Deux Notices sur les Pierres de Yu — Notice sur le *Lieou-Li*, ou Tuiles chinoises vernissées — Notices sur l'Hirondelle, le Cerf, la Cigale — Extraits de 4 lettres de M. Amiot, d'une lettre de M. de Grammont, Missionnaire, écrite de Canton — Traduction de quelques pièces de Poésie chinoise — Ext. d'une lettre de M. Amiot — Ext. d'une lettre de M. Bourgeois.

Tome Quatorzième. — A Paris, chez Nyon,... 1789, pp. XVI-562.

Avertissement — Introduction à la Connaissance des peuples chinois — Suppliques et Lettres de créance — Parallèle des mœurs et usages des Chinois avec les mœurs et usages décrits dans le Livre d'Esther — Ext. de 3 lettres du Père Amiot.

Tome Quinzième. — A Paris, chez Nyon,... 1791, pp. XX-516.

Avertissement — Ext. d'une lettre de M. Amiot — Table de ce Volume — Suite du Parallèle des mœurs et usages des Chinois — Extraits de diverses lettres de M. Amiot, de M. Raux, etc. — IV. Abrégé de l'Histoire de la Grande Dynastie Tang.

Un portrait du P. Amyot se trouve au commencement du XVe volume.

Tome Seizième. — A Paris, chez Treuttel et Würtz,... 1814, pp. VI-396.

Avertissement par A. I. Silvestre de Sacy — Suite de l'Abrégé de l'Histoire chinoise de la Grande Dynastie Tang.

Not. de ce vol. dans le *Mag. Encycl.*, V. 1815, pp. 211/7.

On ajoute généralement à cette collection le «Traité de la Chronologie chinoise»... par le P. Gaubil, Paris, 1814, 1 vol. in-4. — Cet ouvrage est décrit au chapitre CHRONOLOGIE.

On lit à la page 316 de la Table générale publiée dans le dixième Tome, que les auteurs de ces Mémoires sont MM. Amiot, Cibot, Ko et Poirot. La liste des articles du P. Amiot occupe 14 colonnes, du P. Cibot 7 colonnes de cette Table.

Klaproth (1614) 16 vol. Fr. 47. — Quaritch, 1872, 17 vol. £ 6. 10/- et £ 7. 15/-.—1876, 15 vol. £ 5.—17 vol. £ 7. 10/-. — Chossonnery, n° 20, 1877, 14 vol. 65 Fr.

Notices : *Journal Encyclopédique*, 1776, VIII, pp. 246/258, 435/452; — 1778, II, pp. 434/447; — VI, pp. 270/285, 433/448; — 1779, III, pp. 47/57; — 1780, III, pp. 240/9, 400/6; — 1782, IV, pp. 398/407.

Esprit des Journaux, 1777, avril, pp. 1/36.

Journal de Feller 1777, janvier, pp. 87/93; — 1778, juin, pp. 243/249; sept., pp. 94/6; — 1780, jan., pp. 89/95; avril, pp. 515/525; — 1782, oct., pp. 243/7; — 1784, déc., pp. 490/4; — 1785, août, pp. 501/4; — 1787, juillet, pp. 317/324.

Journal des Savans, 1777, pp. 159/164; — 1786, pp. 650/6, 785/90; — 1788, pp. 395/401.

— **Записки, надлежащія до исторіи, наукъ, художествъ, нравовъ, обычаевъ и прочь Китайцевъ, сочиненныя проповѣдниками вѣры христіанской въ Пекинѣ. Москва, 1786—1788, 6 vol. in-4.**

Cet ex. est celui de M. le Baron d'Osten-Sacken. — Comprend la matière des trois premiers vol. des *Mémoires concernant les Chinois.*

— **Abhandlungen Sinesischer Jesuiten, über die Geschichte, Wissenschaften, Künste, Sitten und Gebräuche der Sinesen. Erster Band. Aus dem Französischen; mit Kupfern. Mit Anmerkungen und Zusätzen versehen von Christoph Meiners, Professor der Weltweisheit in Göttingen. Leipzig, 1778, in der Weygand'schen Buchhandlung, in-8, pp. 806 + 2 ff. n. c. pour la tab. et l'errata.**

Seul vol. paru.

Meiners dit que la traduction est d'un jeune savant, M. Bergmann, qui la fit à Paris, et qu'elle a été revue par M. Hitzmann, professeur à Göttingue.

(JÉSUITES.)

MAIRAN et PARRENIN.

— Lettres de M. de Mairan, au R. P. Parrenin, Missionnaire de la Compagnie de Jesus, à Pekin. Contenant diverses Questions sur la Chine. A Paris, chez Desaint & Saillant. — M.DCC.LIX. Avec App. & Priv. du Roi, pet. in-8, pp. IX-224, s. l'er., le priv., &c.

Cette édition ne contient ni les articles sur l'architecture chinoise et l'attachement des Chinois à leurs lois, ni les opuscules qui se trouvent dans les éditions suivantes.

«M. de Mairan, de l'Académie Royale des Sciences, fut un des premiers de ce siècle, qui manifesta ses doutes sur l'origine des Chinois, dans sa lettre au P. Parennin, Jésuite Missionnaire à Pekin, en 1734. Il avoue que la première idée, que les Chinois pourraient être une colonie des Egyptiens, lui étoit venue de l'Histoire du commerce & de la navigation des anciens, par le savant M. Huet, Évêque d'Avranches, qui jette en passant cette proposition comme un doute. Le P. Kirker avoit été beaucoup plus loin.» *Mémoires concernant les Chinois*, I-VI.

— Lettres au R. P. Parrenin, Jésuite, Missionnaire à Pekin; contenant diverses questions sur la Chine. Nouvelle Edition, Revue, corrigée & augmentée de divers Opuscules sur différentes matières. Par M. Dortous de Mairan, l'un des quarante de l'Académie Françoise.., A Paris, de l'Imprimerie royale. M DCC LXX, in-8, pp. XI-368, s. les er.

Klaproth (1600), Fr. 3.

— Lettres d'un Missionnaire a Pekin, contenant diverses questions sur la Chine, Pour servir de supplément aux Mémoires concernant l'Histoire, les Sciences, les Arts, les Mœurs, les Usages des Chinois; Par les Missionnaires de Pekin. A Paris, Chez Nyon l'aîné... M.DCC.LXXXII, in-8, pp. XI-368.

Avertissement de la première Edition, pp. III-V, — Av. sur la Seconde Edition, p. vj — Table des Lettres, etc., pp. vij-IX — Table des Opuscules, pp. X-xj. — Première lettre au R. P. Parrenin, Miss. de la Cie de Jesus, — à Pekin. Du Château de Breuillepont, le 14 octobre 1728, pp. 1/19. — Remarque, pp. 19/26. — Seconde Lettre au même. De Breuillepont, le 29 septembre 1732, pp. 27/42. — Remarques, pp. 42/56. — Troisième Lettre au même. De Nointel, le 22 octobre 1736, pp. 57/117. — Remarques, p. 118. — Sur la question, s'il y a des Crocodiles à la Chine, pp. 119/120. — Sur le Phénix, & sur le Siècle d'or des Chinois, pp. 120/4. — Dissertation sur la Période Astronomique Lunisolaire de 600 ans, en confirmation de ce qui en a été dit ci-dessus, pages 83 et 84, pp. 125/146. — Suite des remarques sur l'ancien système Egyptien, pp. 147/153. — Sur les 1903 années d'Observations des Chaldéens, p. 153. — Sur les Pierres tranchantes, vulgairement appelées *Pierres de Tonnerre*; & en général, sur l'invention du *Fer* page 96, pp. 163/166. — Sur la Figure de la Terre, pp. 166/168. — Sur les beaux Arts de la Chine, & principalement sur l'Architecture chinoise. pp. 168/173. — Sur le rapport de l'Architecture chinoise avec la Grecque, & relativement à l'Architecture Egyptienne, pp. 173/176. — Sur l'époque de l'attachement inviolable des Chinois à leurs lois & à leurs usages, pp. 176/178.

Les opuscules ne traitant pas de la Chine, nous n'en donnons pas la liste.

Nous donnons la date des lettres de Parrenin et de Mairan pour faciliter l'intelligence du Recueil que nous venons d'indiquer:

CORRESPONDANCE DE PARRENIN ET DE MAIRAN. — Lettre du P. Parrenin, Miss. de la Cie de Jesus, à Messieurs de l'Académie des Sciences. A Peking, le 1er mai 1723. (*Let. éd.*, A. E., XVII, p. 344. — *Mérigot*, XIX, pp. 257-299.)

Seconde Lettre du même aux mêmes. (*Let. éd.*, A. E., XVII, p. 409. — *Mérigot*, XIX, pp. 300—323.)

Mairan accuse réception de ces Lettres dans la Première de sa collection. «Du Château de Breuillepont, le 14 octobre 1728.»

Le P. Parrenin a répondu à Mairan par une lettre datée de Pekin, le 11 août 1730. (*Let. éd.*, A. E., XXI, p. 76. — *Mérigot*, XXI, pp. 457—523.)

«Cette ample réponse, qui... contient cent huit grandes pages in-folio dans le manuscrit de l'illustre Missionnaire, avoit été non seulement précédée de deux autres Lettres moins étendues, mais encore accourcie de plus de la moitié ou d'environ les soixante premières pages, par le P. Duhalde, alors Editeur de ces Recueils» (*Lettres* de Mairan, p. 19).

Ces deux lettres étaient datées : 12 Octobre 1729 et 24 Septembre 1730.

Mairan répond aux 3 lettres de Parrenin (12 Oct. 1729. — 24 Sept. 1730. — 11 Août 1730) dans sa seconde lettre «De Breuillepont, le 29 Septembre 1732», pp. 27 et seq. de sa collection.

Le P. Parrenin écrit trois lettres : 21 Mai 1735. — 3 Septembre 1735 (Mairan donne des extraits de ces lettres dans sa collection, pp. 42 et seq.) et 28 Septembre 1735. (*Let. éd.*, A. E., XXIV, p. 1. — *Mérigot*, XXII, pp. 132—192.)

Mairan accuse réception de ces 3 lettres dans la troisième Lettre de sa collection, pp. 57 et seq. «De Nointel, le 22 Octobre 1736.»

Réponse du P. Parrenin, Pekin, 20 Septembre 1740. (*Let. éd.*, A. E., XXVI, p. 1. — *Mérigot*, XXII, pp. 289/344.)

Le Père Parrenin mourut en 1741. — Jean-Jacques d'Ortous, sieur de Mairan, né à Béziers en 1678, est mort le 9 Janvier 1771. Voir son Eloge dans le Rec. de l'*Ac. des Sc.*, *Hist.* (Année 1771), 1774, pp. 89 et seq.

— Second Supplément aux Mémoires concernant l'histoire, les sciences, les arts, les mœurs, les usages, &c. des Chinois, Par les Missionnaires de Pe-Kin; contenant des Recherches Historiques & Géographiques sur le Nouveau Monde, comparé avec l'Ancien, & principalement avec les Chinois. Ouvrage enrichi de figures gravées en taille-douce. A Paris, chez Nyon, l'aîné, ... M.DCC.LXXXVI. Avec Approbation, & Privilege du Roi. in-8, pp. 352.

— Chap. IV. Conformité entre les Coutumes Péruviennes & celles des Chinois, pp. 106/126.

— Chap. VI. Quels sont les peuples connus qui ont les premiers exercé le commerce maritime; étendue de leur navigation, pp. 134/155.

— Chap. X. Réfutation de M. de P., Auteur des Recherches philosophiques sur les Américains, les Egyptiens & les Chinois, pp. 218/265.

— Table polyglotte du langage des Latins, des Scythes, des Tatares, des Tangutains, des Chinois, des Kalmaks, des Mongoles, des Mandzhures, des Lamutes, pp. 266/277.

Ces «Recherches historiques et géographiques sur le Nouveau Monde» sont de Jean-Benoit Shérer, et elles avaient paru à Paris, 1777, in-8, fig.

L'ex. de la Bib. nat. est aux armes de Louis XVI et de Marie-Antoinette.

— Troisième Supplément aux Mémoires concernant l'histoire, les sciences, les arts, les mœurs, les usages, &c. des Chinois, Par les Missionnaires de Pe-kin; contenant Etat civil, Politique & Commerçant du Bengale, avec une carte. A Paris, Chez Nyon l'aîné & fils... M.DCC.LXXXVIII. Avec App. & Priv. du Roi. in-8, pp. xliij-222-240.

L'*Etat civil, politique & commerçant du Bengale* avait paru à *La Haye, Gosse fils (Paris)*, 1775, 2 v. in-8, et à *Maëstricht, Dufour*, 1778, 2 v. in-8. C'est la traduction par Démeunier de l'ouvrage de William Bolts [né en Hollande, vers 1740, mort à Paris, vers 1809 — *Vide* Quérard, *France littéraire*, I, p. 391], négociant et juge de la cour du Maire à Calcutta, intitulé «Considerations on India Affairs, particularly respecting the present state of Bengal, and its Dependencies, with a Map of those Countries, chiefly from actual Survey. Part. I. Lond. 1772; Part. II. Lond. 1775, 2 v. in-4 [*Watt*, *Bib. Brit.*, I, 130k].

L'ex. de la Bib. nat. est aux armes de Louis XVI et de Marie-Antoinette.

— Essais sur l'Architecture des Chinois, sur leurs jardins, leurs principes de médecine, et leurs mœurs et usages; avec des notes. Deux Parties. Première Partie. De l'Architecture et des Jardins des Chinois. A Paris, de l'imprimerie de Clousier. An XI. M.DCCC.III. — Essais sur la Médecine, les mœurs et usages des Chinois, avec notes. Seconde Partie. A Paris, de l'imprimerie de Clousier. M.DCCC.III, in-8, pp. XI-568.

La première partie occupe les pp. 1/244; la seconde, les pp. 245/568; les pages i-xi sont consacrées à l'Avert. et aux Tables des matières.

C'est une réimpression, avec des Notes, d'articles qui avaient paru dans les *Mémoires concernant les Chinois*.

A la suite des *Mœurs et Usages*, on trouve :

— Pp. 553/560 : Description d'un Recueil de cinquante peintures des cris de Pékin, de mon cabinet de Paris.

— Pp. 560/562 : Autre Recueil de trente-neuf peintures; Habillements, Métiers, Mendiants, Jeux et Bateleurs de Chine.

— Pp. 563/568 : Etat de la collection des Recueils de Chine, en Peintures, ou gravés avec Figures sur bois, venus de Pékin, et faisant partie de mon Cabinet à Paris.

Edité par L. Fr. Delatour. Tiré à trente-six exemplaires. (Barbier, II, col. 278.)

Sur la feuille de garde d'un ex. de ce livre mis en vente à 50 fr. par la librairie Lehec (Cat. No. 33, 1886, Paris) on trouvait cette note : «M. de la Tour, auteur de cet ouvrage, n'en tira que douze exemplaires. Il en garda un pour lui et donna les onze autres à ses amis. Il me fit l'honneur de me mettre du nombre. M. Messire, astronome de la marine et M. Racine, employé à la Préfecture, furent aussi de ce nombre; je ne connais pas les autres.»

— Кратчайшее описанiе городамъ, доходамъ и протчему китайскаго государства, а при томъ и всѣмъ государствамъ, королевствамъ и княжествамъ, кои китайцамъ свѣдомы. В ы бранное.

(Description très-succincte des villes, des revenus et des autres particularités de l'empire de la Chine extraite de la géographie impériale chinoise. St Pétersbourg, 1778,) in-8, pp. 332.

Par A. Léontiev. — Klaproth (1611) Fr. 10.

— Kurze Beschreibung der Städte, Einwohner u. s. w. des Chinesischen Reichs, wie auch aller Reiche, Königreiche und Fürstenthümer, welche den Chinesern bekannt sind; aus der unter der Regierung des jetzigen Chans Kjan' Lun zu Pekin in Chinesischer Sprache gedruckten Chinesischen Reichs-Geographie ausgezogen von dem Herrn Secretair Leontiew. Aus dem Ruszischen des Herrn Secretairs Leontiew ins Deutsche übersetzt von M. Christian Heinrich Hase, Herzogl. Sachs. Weimarischen Consistorialrath und Pastor zu Stadt-Sulza. (*Magazin für die neue Historie und Geographie, angelegt von* D. Anton Friedrich Büsching, Th. XIV, Halle, 1780, pp. 409/556.)

— Description abregée de l'Empire de la Chine, en forme d'une Lettre, écrite à S. A. S. le Prince Eugene de Savoye, sur l'Antiquité, l'étendue & le Gouvernement de l'Empire de la Chine (Herbelot, *Bib. Orientale*, La Haye, 1779, IV, pp. 431/452).

Cette lettre est signée P. D. B. — Elle a été également imprimée dans le *Nouveau choix des pièces tirées des Anciens Mercures*, XLV, pp. 5/62.

L'avertissement annonce que «Un Capitaine de Vaisseaux, Flamand de Nation, qui a été trois fois à la Chine, ayant fait connaissance avec une personne, qui y avoit fixé son séjour depuis plusieurs années, en a tiré des Mémoires qui font la matière de cette Lettre, écrite en 1728». Jean Neaulme, le libraire, obtint possession du Ms. à Paris, entre 1740 et 1750.

— Karakter, Sitten und Meinungen der Chineser und Cochin-Chineser, historisch und philosophisch, mit Rücksicht auf ihre Staats- und Religionsverfassung u. d. gl. nach den Berichten der ältern und neuern Reisenden geschildert, von Adam Friedrich Geisler, dem Jüngern. Halle 1782, bey Johann Christian Hendel, in-8, pp. 186 + 3 ff. prél. n. ch. pour le tit. &c.

— Beschreibung der Chinesen. Aus den beszten Reisebeschreibungen gesammelt. Leipzig, bey Weidmanns Erben und Reich, 1784—1785, 4 parties in-8.

Par Valentin August Heinze.

Cet ouvrage forme les 4 dernières parties (V—VIII) de la *Bibliothek der Geschichte der Menschheit* (Leipzig, Bd. I, 1780) publiée d'abord par C. C. L. Hirschfeld, puis par V. A. Heinze.

GROSIER.

Né à Saint Omer, le 17 mars 1743; † à Paris, le 7 déc. 1823.

— Description générale de la Chine, ou Tableau de l'Etat actuel de cet empire; contenant 1° la Description topographique des quinze provinces qui le composent, celle de la Tartarie, des Isles, & des autres pays tributaires qui en dépendent; le nombre & la situation de ses Villes, l'état de sa Population, les productions variées de son sol, & les principaux détails de son Histoire naturelle; 2° un précis des connoissances le plus recemment parvenues en Europe sur le Gouvernement, la Religion, les Mœurs et les Usages, les Arts & les Sciences des Chinois. Rédigé par M. l'Abbé Grosier, Chanoine de S. Louis du Louvre. A Paris, chez Moutard... 1785, in-4, pp. 798.

C'est la première édition de cet ouvrage estimé. Elle forme le tome treizième et dernier (Volume de Supplément) de l'Histoire du Père de Mailla. q. v.

Notices : *Année littéraire*, 1775, VII, p. 289 ; — 1786, II, pp. 241/270 ; — III, pp. 193/228. — *Esprit des Journaux*, 1786, sept., pp. 117/138 ; oct., pp. 150/175.

— Atlas général de la Chine ; pour servir à la Description générale de cet Empire, Treize Vol. in-4°. Rédigée par M. l'Abbé Grosier, Chanoine de Saint Louis du Louvre. A Paris, Chez Moutard... M.DCC.LXXXV. Avec Approbation, & Privilége du Roi. In-folio, 65 Cartes et Planches.

« Cet Atlas, dit l'avertissement du libraire, est composé des mêmes Cartes & Planches qui ont servi à l'édition de l'Ouvrage du P. du Halde ». — Voir col. 48.

— Description générale de la Chine, Contenant, 1°. la Description topographique des quinze Provinces..... les Arts & les Sciences des Chinois. Par M. l'Abbé Grosier, Chanoine de Saint-Louis du Louvre. Nouvelle Edition, avec Carte & Figures. A Paris, Chez Moutard... M.DCC.LXXXVII, Avec Approbation, & Priv. du Roi. 2 vol. in-8.

Quaritch, Sept. 1872, n° 285-7595, 5/-. — Chossonnery, n° 20, 1877, 6 fr.

— De la Chine, ou description générale de cet empire, rédigée d'après les Mémoires de la Mission de Pékin. Ouvrage qui contient la description topographique des quinze provinces de la Chine, celle de la Tartarie, des îles et des divers Etats tributaires qui en dépendent ; le nombre de ses villes, le tableau de sa population ; les trois règnes de son histoire naturelle, rassemblés et donnés pour la première fois avec quelque étendue ; et l'exposé de toutes les connoissances acquises et parvenues jusqu'ici en Europe sur le gouvernement, la religion, les lois, les mœurs, les usages, les sciences et les arts des Chinois. Troisième édition, revue et considérablement augmentée avec deux cartes. Par M. l'abbé Grosier, bibliothécaire de son Altesse royale, Monsieur, et administrateur de sa bibliothèque à l'arsenal. A Paris, chez Pillet et chez Arthus Bertrand, 7 vol. in-8, 1818-1820.

Tome I. 1818, pp. lxxx-402. — Dédicace au Comte d'Artois — Discours préliminaire (I-lxxx).

Une partie de ce Discours préliminaire, pp. xv-lxxx, renferme des « Réflexions critiques sur le voyage à Pékin, de M. de Guignes fils ». Une lettre de Klaproth datée de Paris, ce 22 mars 1818, adressée à l'abbé Grosier au sujet de ses discussions avec De Guignes, est imprimée pp. lxxiii-lxxx. Livre I : Nom propre de la Chine — Son étendue. Ses bornes — Nombre de ses provinces — Liv. II : De la Tartarie chinoise — Liv. III : Autres peuples, sujets de l'empire chinois — Liv. IV : Etats tributaires de la Chine — Carte de la Chine rédigée d'après la Carte originale du P. de Mailla.

Tome II : 1818, pp. 552. — Liv. IV : Suite — Liv. V : Histoire naturelle de la Chine — Liv. VI : Minéraux de la Chine — Liv. VII : Arbres, Arbrisseaux, plantes, fleurs, herbes potagères et simples de la Chine.

(GROSIER.)

Tome III : 1819, pp. 464, — Liv VII : Suite — Liv. VIII : Continuation de l'histoire naturelle de la Chine.

Tome IV : 1819, pp. 512. — Liv. VIII : Suite — Liv. IX : Religion des Chinois.

Tome V : 1819, pp. 468. — Liv. X : Gouvernement Chinois — Liv. XI : Vie privée des Chinois.

Tome VI : 1819, pp. 475. — Liv. XII : Littérature chinoise — Liv. XIII : Sciences de la Chine — Liv. XIV : Etat des Beaux-Arts à la Chine — Liv. XV : Arts et Métiers des Chinois.

Tome VII : 1820, pp. 472. — Liv. XV : (Suite) Arts et Métiers des Chinois — Livre XVI : Extraits et Mélanges.

Notice par J. P. Abel Rémusat (*Journal des Savans*, Sept. 1820, pp. 553/568, et *Nouv. Mél. As.*, I, pp. 283/308).

Klaproth (1612) Fr. 39. — Duprat, 1861, Fr. 14. — Quaritch, 1872, 10/-. — Chossonnery, n° 20, 1877, Fr. 15.

— A General Description of China : containing the Topography of the Fifteen Provinces which compose this vast Empire ; that of Tartary, the Isles, and other Tributary Countries ; the number and situation of its cities, the state of its population, the natural history of its animals, vegetables and minerals. Together with the latest Accounts that have reached Europe, of the Government, Religion, Manners, Customs, Arts and Sciences of the Chinese. Illustrated by a new and correct Map of China and other Copper plates. Translated from the French of the Abbé Grosier. London — Printed for G. G. J. and J. Robinson, Paternoster Row, 1788, 2 vol. in-8.

B. Quaritch, 1872, 7/6.

— A General Description of China : containing the Topography of the Fifteen Provinces which compose this vast Empire ; that of Tartary, the Isles, and other tributary countries ; the number and situation of its cities, the state of its population, the natural history of its animals, vegetables and minerals. Together with the latest Accounts that have reached Europe, of the Government, Religion, Manners, Customs, Arts and Sciences of the Chinese. Illustrated by a new and correct map of China, and other copper-plates. The Second edition. Translated from the French of the Abbe Grosier. London : Printed for G. G. and J. Robinson, M DCC XCV. 2 vol. in-8.

— Allgemeine Beschreibung des Chinesischen Reichs nach seinem gegenwärtigen Zustande. — Aus dem Französischen des Abbé Grosier übersetzt von G. L. S. Mit Kurfürstlich Sächsischer Freiheit. Frankfurt und Leipzig, 1789, bei Johann Georg Fleischer, 2 vol. in-8.

G. L. S. = Schneitler.

D'après le disc. prél. de l'éd. franç. de 1818 (Vol. I, p. III), cet ouvrage a été traduit en italien.

— Bedenkingen over den tegenwoordigen staat van China. (*Verhand. v. h. Batav. Gen.*, IV, 1786, pp. 348/372.)

VOLTAIRE.

Voltaire consacre un article à la *Chine* imprimé dans le *Dictionnaire philosophique* (Œuvres, comp., 1785, Vol. 49, pp. 268/286). C'est le panégyrique d'un pays que le philosophe de Ferney admirait surtout parce qu'il lui fournissait des armes contre ses adversaires.

(GROSIER. — VOLTAIRE.)

Voltaire a également traité de la Chine dans l'ouvrage «Essai sur les Mœurs et l'Esprit des nations, et sur les principaux faits de l'histoire, depuis Charlemagne jusqu'à Louis XIII», 6 vol. in-12. (Œuvres complètes, 1785, Vol. 16-21.)

— Introduction :

De la Chine, pp. 103/112.

— Chap. I : De la Chine, de son antiquité, de ses forces, de ses lois, de ses usages et de ses sciences, pp. 313/333.

— Chap. II : De la religion de la Chine. Que le gouvernement n'est point athée; que le christianisme n'y a point été prêché au septième siècle. De quelques sectes établies dans le pays, pp. 334/343.

∴

— Beschreibung von China. In einzelnen Schilderungen der vorzüglichsten Merkwürdigkeiten des Staats, der Sitten, Gelehrsamkeit und Kunst. Strassburg und Leipzig. 1789, pet. in-8, pp. 328.

— Историческое и географическое описаніе Китайской Имперіи. Переводъ съ нѣмецкаго. Москва. (Description historique et géographique de l'empire Chinois, traduit de l'allemand. Moscou, typ. de l'Université, aux frais de A. Svietouchkim. 1789.) In-8, pp. 123.

— * Beschreibung des Chinesischen Reichs, seiner Einwohner und deren Sitten, Gebraüche und Religion. Weisenfels, 1790, Vol. I, in-8 (Boucher, V, p. 285).

— D. D. Dissertatio Historica de Regno Chataja ejusque re sacra et litteraria, — Cujus Particulam Tertiam Nutu Incliti Ordinis Philos. Lundens. Praeside Matth. Norberg, ... pro Laurea, exhibet Johan Myrman, Scanus. In Lyceo Carolino die xvi. Junii, mdccxciv. Lundae, Typis Berlingianis, Pièce in-4, pp. 11.

Bib. nat. $O\frac{2}{5}$m.

Voici l'ouvrage complet :

— * Matthias Norberg. Dissertatio Historica de Regno Chataja ejusque Metropoli Kambalu. Fasc. 1. Lund, 1790, in-4, pp. 18.

— De Regno Ch. ejusque Magnificentia Imperiali. Fasc. 2. Lund, 1790, in-4, pp. 15.

— De Regno Ch. ejusque Re Sacra et Litteraria. Fasc. 3. Lund, 1794, in-4, pp. 11.

— De Regno Ch. ejusque Re Judiciaria. Fasc. 4. Lund, 1794, in-4, pp. 11.

— De Regno Ch. ejusque Re militari. Fasc. 5. Lund, 1795, in-4, pp. 10.

∴

— W. Winterbotham, 1795, in-8. [*Voir* le chap. consacré à l'*Ambassade de Macartney*.]

— Betrachtungen über die Fruchtbarkeit | oder Unfruchtbarkeit | über den vormahligen und gegenwärtigen Zustand der vornehmsten Länder in Asien | von C. Meiners. Lübeck und Leipzig, 1795—1796, 2 vol. in-8.

— La Chine mieux connue, ou les Chinois, tels qu'il faut les voir : Contenant un coup d'œil général sur la Chine, et des observations intéressantes sur le caractère, les mœurs, les usages, la politique et le gouvernement de ce vaste empire, précédés d'un Voyage à la Chine, etc. Avec des notes curieuses et instructives.... A Paris, Chez Ponthieu..... An V, (1796 et 1797), 2 vol. in-18, pp. 8—203 et 195.

Le premier vol. contient le voyage de Ghirardini (voir Voyages) avec des notes suivies de remarques sur les *Ambassades européennes à la Chine;* le second vol. est consacré à un *Coup d'œil général sur la Chine,* à un *Précis historique sur Confucius* et à des *Notes.*

— J. G. Grohmann, voir Chap. Moeurs et Coutumes.

— Tableau topographique et politique de la Sibérie, de la Chine, de la zone moyenne d'Asie et du Nord de l'Amérique. Par M. Cordier de Launay, Intendant de justice, police et finances de sa Majesté très-chrétienne en la province de Normandie, à présent conseiller d'état de Sa Majesté impériale, empereur et autocrateur de toutes les Russies. A Berlin, 1806. in-4, pp. 129.

Au verso de la dernière page : «Imprimé chez Louis Quien à Berlin, aux frais de l'auteur et tiré au nombre de quatre-cents exemplaires.» Ces ex. sont numérotés et signés de l'auteur.

— Voir dans l'ouvrage intitulé : «Tableau historique, topographique et moral, des peuples des quatre parties du monde; Comprenant les Lois, les Coutumes et les Usages de ces Peuples. Par A. M. Sané. Paris, an IX-1801» le chapitre consacré aux Chinois, Tome II, pp. 23/64.

— «Observations sur les Chinois» dans le Vol. III des *Voyages* de M. de Guignes, 1808.

— La Chine en miniature, ou Choix de Costumes, Arts et Métiers de cet empire, Représentés par 74 Gravures, la plupart d'après les originaux inédits du Cabinet de feu M. Bertin, Ministre; accompagnés de Notices explicatives, historiques et littéraires. Par M. Breton, Auteur de la Bibliothèque Géographique, etc. Paris, Nepveu, 1811. 4 vol. in-18.

Prix des 4 vol. brochés, 18 fr.; — sur papier vélin collé, gravures coloriées cartonnés (tiré à 60 ex.), 30 fr.; — un ex. sur peau de vélin.

Continué par :

— La Chine en miniature, ou Choix de Costumes, Arts et Métiers de cet Empire, Représentés par 28 Gravures, la plupart d'après les originaux inédits du Cabinet de feu M. Bertin, Ministre; accompagnés de Notices explicatives, historiques et littéraires, tirées en partie de la Correspondance non imprimée des Missionnaires avec le Ministre; par M. Breton, Auteur de la Bibliothèque Géographique, etc. Paris, Nepveu, 1812, 2 vol. in-18.

Prix des deux vol. br., 12 fr.; — sur p. vél. col., fig. col., cart., 20 fr.

Cette continuation forme un ouvrage indépendant et un grand nombre des exemplaires ont été tirés avec le titre de *Coup d'œil sur la Chine*, etc., 1812. 2 vol. in-18. «L'auteur, dit Brunet, I, p. 1226, l'a porté à 10 volumes sous le titre de : *La Chine et la Tartarie*, avec 187 planches, et y a ajouté diverses petites spécialités, savoir : le *Vernis*, le *Bambou*, le *Thé*, la *Porcelaine*, le *Riz*, la *Soie*, *Vers à soie sauvages*.»

— China : its Costume, Arts, Manufactures, &c. edited principally from the Originals in the Cabinet of the late M. Bertin; with Observations..... by M. Breton. 4 vol. 2nd. ed. London, J. J. Stockdale, 1812-1813.

∴

— G. Wilkinson, 1814. — Voir le chap. des Voyages.

A superficial performance taken up chiefly with the writer's complaints of his treatment on board ship. (*Chinese Repository*, XVIII, p. 423.)

Allibone, III, col. 2726, cite : Voyage to China and the Ladrones, London, 1814, in-4.

∴

— Le costume ancien et moderne ou Histoire du gouvernement, de la milice, de la religion, des arts, sciences et usages de tous les peuples anciens et modernes, d'après les monumens de l'antiquité et accompagné de dessins analogues au sujet par le docteur Jules Ferrario. Milan de l'imprimerie de l'éditeur, MDCCCXVI.

Le titre des deux premiers vol. consacrés à l'Amérique est imprimé en français; à partir du vol. 3 qui commence l'Asie le titre court ainsi :

— Il costume antico e moderno o storia del governo, della milizia, della religione, delle arti, scienze ed usanze di tutti i popoli' antichi e moderni provata coi monumenti dell' antichita e rappresentata cogli analoghi disegni dal Dottore Giulio Ferrario. Milano dalla tipografia dell' editore, MDCCCXVI.

Dans ce premier vol. de l'Asie (Vol. III de l'ouvrage), il est traité de la Chine, par le Dr. Giulio Ferrario: de la Corée, du Japon et des îles Lieou kieou, par le prof. Ambrogio Levati; on trouvera les pays de l'Indo-Chine par le Dr. Giulio Ferrario dans le vol. II de l'Asie. — L'Asie comprend en tout 4 voi.; l'ouvrage complet forme 18 vol. in-4, Milano, 1816—1834. Il y a des ex. sur grand papier. — Une autre éd. a été imprimée, Firenze, 1826—28, 26 vol. in-8, avec un supplément, Firenze, 1833—1837, 3 vol. in-8.

∴

— A View of China, for philological purposes; containing a Sketch of Chinese Chronology, Geography, Government, Religion & Customs designed for the use of persons who study the Chinese Language. By the Rev. R. Morrison. Macao : Printed at the Honorable the East India Company's Press, by P. P. Thoms. Published and sold by Black, Parbury and Allen ... London, 1817, in-4, pp. VI-141.

«The Materials contained in this small volume, were at first intended to be attached to the Chinese Dictionary...» (Préface).

Klaproth (1615) F. 29. 50.

Notice par J. P. Abel Rémusat (*Journ. des Savans*, Nov. 1818, pp. 657/662, et *Nouv. Mél. As.*, I. pp. 325/333).

— The Traveller in Asia; or a Visit to the most celebrated parts of the East Indies and China ... for the instruction and entertainment of young persons by Priscilla Wakefield. London, 1817, in-12.

— Beautés de l'Histoire de la Chine, du Japon et des Tartares, ou Tableau des principaux événemens de l'Histoire de ces peuples, belles Actions et Maximes de leurs Grands Hommes et de leurs Sages; Traits singuliers de vertu et de piété filiale; Notions sur le Gouvernement, la Religion, les Mœurs, les Usages, les Sciences, les Arts et le Commerce de ces pays. Ouvrage consacré à l'instruction de la jeunesse, orné de douze planches en taille douce; par F.-M. de Beaumont. Deuxième édition, revue et corrigée. Paris, Alexis Eymery, 1825, 2 vol. in-12.

La première édition est de 1818, 2 vol. in-12.

— Curiosités naturelles, historiques et morales de l'empire de la Chine, ou Choix des traits les plus intéressans de l'histoire de ce pays, et des relations des voyageurs qui l'ont visité; a l'usage de la Jeunesse; ornées de 12 figures en taille douce. Par A. Caillot. Seconde édition. A Paris, chez Ledentu, 1833, 2 vol. in-12.

La première édition est de Paris, 1818, 2 vol. in-12.

— Chine : Tableau géographique de la Chine — Tableau politique de la Chine — Tableau religieux de la Chine — Tableau littéraire de la Chine — Tableau historique du Christianisme à la Chine.

Let. édifiantes, Ed. de Grimbert, I, pp. 1 et seq.

— Новѣишее и подробнѣйшее историческо-географическое описаніе Китайской Имперіи. Сочиненное коллежскиић Совѣтникоић и кавалероић Ивановъ Орловымъ. Москва. (Description historique & géographique de l'empire de la Chine composée par Ivan Orlov. Moscou, 1820.) 2 vol. in-8.

Klaproth (1613) Fr. 12.

Klaproth a donné une revue de cet ouvrage dans le *J. As.*, V, 1824, pp. 311/316 sous le titre de «Imposture littéraire».

— Scenes in China, exhibiting the manners, customs, diversions, and singular peculiarities of the Chinese, Together with the Mode of Travelling, Navigation, &c. in that vast empire. Taken from the latest Authorities, and including the most interesting particulars in Lord Amherst's recent embassy. London : Printed for E. Wallis, 42, Skinner-street, and J. Wallis, Marine Library, Sidmouth, in-12. S. d. [1820].

Par J. F. Davis.

— Memoir concerning the Chinese. By John Francis Davis, Esq., F. R. S., M. R. A. S. Read May 17, 1823. (*Trans. Royal Asiatic Society*, pp. 1 à 18.)

— Précis de l'Histoire universelle... par Anquetil. Paris, 1821, VII : Chine, pp. 94/140 — Corée, pp. 140/144.

— Miscellaneous Notices relating to China, and our commercial intercourse with that country, including a few translations from the Chinese language. By Sir George Thomas Staunton, Bart. L L D. & F. R. S. Second Edition, enlarged. London : John Murray, 1822, in-8, pp. x-432.

Literary Notices n°s 1/16. — Commercial Notices n°s 17/24. — Appendix n°s 1/4.

— Part the Second; for private circulation only ; 1828, in-8.

Klaproth (1616). Fr. 41. 50. — Quaritch, 1876, £ 1. 1/-.

— Miscellaneous Notices relating to China and our Commercial intercourse with that Country including a few translations from the Chinese Language by Sir George Thomas Staunton. 2nd ed.; enlarged in 1822, and accompanied in 1850, by introductory observations on the Events which have affected our Chinese Commerce during that interval. London, Murray, 1822-50, in-8.

Notices : par Abel Rémusat, *Journal des Savans*, Nov. 1822, pp. 656/664. — *Lond. Lit. Gaz.*, 1822, 479; 1850, 79.

— « Das Chinesische Reich » von Dr. G. Hassel dans « Vollständiges Handbuch der neuesten Erdbeschreibung von Ad. Chr. Gaspari, G. Hassel... » Vierte Abth. Vierter Band, des ganzen Werkes fünfzehnter Bd. Weimar, 1822, in-8.

— La Chine avec ses Beautés et ses Singularités, ou Lettres d'un jeune voyageur à sa famille, Sur les Mœurs, les Usages, l'Education des Chinois, La G^de Muraille, les Pagodes, la Tour de Porcelaine, les Montagnes en Terrasse, les Iles flottantes, &c.; Ouvrage orné de seize gravures. A Paris, Chez Delaunay.... MDCCCXXIII, 2 vol. in-18. Titre grav. (Voir col. 75.)

KLAPROTH.

— Parmi les nombreux ouvrages de Klaproth longtemps annoncés et vainement attendus, il faut compter une *Description géographique, statistique et historique de l'Empire de la Chine et de ses dépendances* qui devait être rédigée en anglais et former 2 vol. in-4, accompagnés d'une carte. On verra l'annonce de cet ouvrage dans le *Journal Asiatique*, III, cahier d'août 1823, p. 122.

Le prospectus publié à Londres a pour titre :

A geographical, statistical, and historical Description of China and its dependancies : by Julius Klaproth. In-8, pp. 4.

Un exemplaire se trouve au British Museum au n° 817. b./21. 13.

— Mémoires relatifs à l'Asie, contenant des Recherches historiques, géographiques et philologiques sur les Peuples de l'Orient; Par M. J. Klaproth, Membre du Conseil de la Société Asiatique de Paris. — Ouvrage orné d'une carte de l'Archipel Potocki, et de trois autres planches. Paris, Dondey-Dupré, MDCCCXXIV, in-8, pp. 478.

Le premier vol. de la collection suivante est de la même éd. avec un titre et une date différents.

— Mémoires relatifs à l'Asie, contenant des Recherches historiques, géographiques et philologiques sur les Peuples de l'Orient; Par M. J. Klaproth, Membre du Conseil de la Société Asiatique de Paris. Paris, Dondey-Dupré, M DCCC XXVI—M DCCC XXVIII, 3 vol. in-8, pp. 478 + 1 f. n. ch., 432 + 2 ff. n. ch., 520 + 5 pl. de chinois.

∴

— Voir l'Appendice publié par P. P. Thoms à la suite de sa traduction du 8e Ts'ai-tseu. (London, 1824, pp. 283-339.)

— * China : Dialogues between a father and his two children concerning the history and present state of that Country. By an Anglo-Chinese [Robert Morrison]. London, 1824, in-24, pp. 120.

— * J. K. Wietz. Streifzüge im Gebiete der Länder u. Völkerkunde... Prag, 1826-33 :

6 Bdchn : Beschreibung des Chinesischen Reiches. Mit 8 Kpfrn. 1826, in-12.

ABEL REMUSAT.

— Mélanges Asiatiques, ou Choix de morceaux critiques et de Mémoires relatifs aux Religions, aux Sciences, aux Coutumes, à l'Histoire et à la Géographie des Nations orientales; par M. Abel-Rémusat. Paris, Dondey-Dupré, 1825-26, 2 vol. in-8, pp. VIII-456, 428.

— Nouveaux Mélanges Asiatiques, ou Recueil de morceaux de critique et de mémoires relatifs aux Religions, aux Sciences, aux Coutumes, à l'Histoire et à la Géographie des Nations orientales par M. Abel-Rémusat. Paris, Schubart et Heideloff, 1829, 2 vol. in-8, pp. IV-446, 428.

Voir I, pp. 1/70 : Coup d'œil sur la Chine et sur ses habitans.

— Mélanges posthumes d'Histoire et de Littérature orientales par M. Abel-Rémusat publiés sous les auspices du Ministère de l'instruction publique. Paris, Imp. Roy., 1843, in-8, pp. IV-469 + 1 f. n. ch.

— On trouvera une *Notice sur la Chine* dans les *Annales de la Propagation*, Vol. II, pp. 238/247.

— La Chine. Mœurs, Usages, Costumes, Arts et Métiers, Peines Civiles et Militaires, Cérémonies Religieuses, Monuments et Paysages, d'après les dessins originaux du Père Castiglione, du peintre chinois Pu-qua, de W. Alexandre, Chambers, Dadley, etc. Par MM. Corbel, Deveria, Régnier, Schaal, Schmit, Vidal, et autres artistes connus. Avec des Notices explicatives et une Introduction, présentant l'état actuel de l'empire chinois, sa statistique, son gouvernement, ses institutions, les cultes qu'il admet ou tolère, et les grands changements politiques qu'il a subis jusqu'à ce jour. Par D. B*** De Malpière. Paris, chez Firmin Didot... L'Éditeur..: MDCCCXXV—MDCCCXXVII, 2 vol. in-fol.

Cet ouvrage a été publié par livraisons mensuelles à Fr. 15 et par souscription Fr. 12.

Notice par Abel-Rémusat (*Journal des Savans*, Nov. 1827, pp. 690/5 et *Journal Asiatique*, XI, 1827, pp. 303—311).

— La Chine et les Chinois. Mœurs, Usages, Peines et Chatiments, Fêtes, Cérémonies religieuses. — Costumes civils et militaires. — Arts et Métiers. — Architecture, Monuments, Maisons, Intérieurs, Vues et Paysages, Voitures et Vaisseaux. D'après les dessins originaux du Père Castiglione, du peintre chinois Pu-qua, de W. Alexandre, Chambers, Dadley, etc., lithographiés par MM. Aubry-le-Comte, Deveria, Grévédon, Régnier, Shall, Schmit, Thénot, Vidal, Avec des Notices explicatives par D. B... de Malpière, précédées d'une introduction présentant l'état actuel de l'empire chinois, sa statistique, son gouvernement, ses institutions, les cultes qu'il admet ou tolère, et les grands changements politiques qu'il a subis jusqu'à ce jour. Par M. Bazin. Deuxième Edition, mise en meilleur ordre. Paris, J. Caboche, Demerville et Cie, 1848.

Cette deuxième édition qui devait former 4 vol. in-fol. n'a pas été imprimée; elle n'est citée ni par le *Journal de la Librairie*, ni par Otto Lorenz dans son *Catalogue*, mais j'ai vu les titres et les tables imprimés pour les 4 vol. à la Bib. nationale.

— Notizie riguardanti l'impero Chinese gli Ebrei ed i Birmani con qualche descrizione dell' Antica Italia. Il tutto estratto da classici autori e Professori. Firenze, 1826. Nella Stamperia del Giglio. Con Approvazione. in-16, pp. 80.

— Notizie interessanti della China ed Indie Inglesi con carta geografica e due Stampe di monumenti chinesi estratte da celebri Viaggiatori e Professori, il Dilettante David Luzzati. Firenze, Presso Attilio Tofani, 1827, in-16, pp. 130.

— Notizie topografiche della China e di altre antiche nazioni con una pagode in litografia dei Birmani. D. L. [David Luzzati]. Firenze, Presso Attilio Tofani, 1827, in-16, pp. 73.

— The World in Miniature; edited by Frederic Shoberl. — CHINA, containing illustrations of the Manners, Customs, Character, and Costumes of the People of that Empire. Accompanied by Thirty Coloured Engravings. In two volumes........London : Printed for R. Ackermann, Repository of Arts, Strand, 2 vol. in-12, pp. XIV-208, et 257. [1827.]

— Der gegenwärtige Zustand des chinesischen Reichs. [*Jour. des Voy.*, Juin 1828]. (*Das Ausland*, 1828. Nos. 207, 208, 209/210, 211.)

— * Les jeunes voyageurs en Asie, ou Description raisonnée des divers pays compris dans cette partie du monde par P. C. Briand, Auteur des *Jeunes Voyageurs en Europe*. Paris, Hivert, 1829. 8 vol. in-18, 6 cartes et 13 grav. (*Journal de la Lib.*, 1829, nº 4427).

Vend. Van der Helle (1868).. Fr. 3.

— « Description of China by a Native. Letter from a Chinese Monk to the Archbishop of Tarento. »

C'est une lettre latine dont le Ms. se trouve dans la bibliothèque de l'Archevêque de Naples, imprimée dans *The Asiatic Journal*, N. S., Vol. III (1830) pp. 14/16.

Elle est en latin dans le *Bul. des Sciences historiques, antiquité, philologie*, rédigé par MM. Champollion, XVIII, pp. 296/300 (Paris, 1831) et empruntée à l'*Asiatic Journal*.

— Du génie des peuples anciens, ou tableau historique et littéraire du développement de l'esprit humain chez les peuples anciens, depuis les premiers temps connus jusqu'au commencement de l'ère chrétienne. Par Mme V. de C*******. A Paris, Chez Maradan, M.DCCCVIII, 4 vol. in-8.

Mme V**** de Ch*** = Mademoiselle Victorine de Chastenay.

Vol. I : Livre IV, Chap. IV : De la Chine, des Livres chinois, de Confucius et des Livres qu'il a écrits, pp. 314/339.

Vol. III : Livre XIV, Chap. III : De la Chine, depuis le troisième siècle jusqu'au deuxième avant l'ère chrétienne, pp. 480/484.

— * De l'Asie, ou Considérations religieuses, philosophiques et littéraires sur l'Asie; ouvrage composé et dédié à M. le baron Silvestre de Sacy, par Mme V**** de Ch***. Paris, 1832, 4 vol. in-8.

Notice par Silvestre de Sacy, *Journal des Savans*, Oct. 1835, pp. 577/588.

— Die Erdkunde von Asien... von Carl Ritter. Bd I, Berlin, 1832. — Bd III, ib., 1834.

— China. An outline of its government, laws, and policy : and of the British and Foreign Embassies to, and intercourse with, that Empire. By Peter Auber, Secretary to the Honourable the Court of Directors of the East-India Company.

London : Parbury, Allen & Co, 1834, in-8, pp. VIII-419.

Notices dans : *The Canton Register*, 1834, pp. 119/120. — *Metropolitan Magazine*, mars 1834; art. réimp. dans *The Canton Register*, 1834, p. 132.

— Abbott (Rev. Jacob). China . . . (Voir *Bib. Sinica*, IIIe partie. RELATIONS DES ÉTRANGERS . . . I. Ouvrages divers).

Le Rév. J. Abbott est né en 1803, à Hallowell, Maine, U. S.

— Beschreibung des chinesischen Reichs und Volkes nebst Uebersicht der Geschichte Chinas. Mit Rücksicht auf die Ausbreitung des Christenthums in diesem Länder-Gebiet. — Für Leser aus allen Ständen bearbeitet von M. F. Zeller, Pfarrer zu Nellingen und Berkheim. Mit einer Karte des chinesischen Reichs. Stuttgart, in der Chr. Belser'schen Buchhandlung, 1836, in-8, pp. 333.

— An Historical and Descriptive Account of China; its ancient and modern History, Language, Literature, Religion, Government, Industry, Manners, and Social State; Intercourse with Europe from the earliest ages; Missions and Embassies to the Imperial Court; British and Foreign Commerce; Directions to Navigators; State of Mathematics and Astronomy; Survey of its Geography, Geology, Botany, and Zoology. By Hugh Murray, F. R. S. E.; John Crawfurd, Esq.; Peter Gordon, Esq.; Captain Thomas Lynn,; William Wallace, F. R. S. E., Professor of Mathematics in the University of Edinburgh; and Gilbert Burnet, Esq.; Late Professor of Botany, King's College, London. — With a Map, and Thirty-Six Engravings by Jackson. In three volumes. [in-16] Edinburgh : Oliver & Boyd, M DCCC XXXVI.

— ..... Second Edition. Edinburgh : Oliver & Boyd, M DCCC XXXVI, 3 vol. in-16.

— ..... Third Edition, revised and enlarged. Edinburgh : Oliver & Boyd, M DCCC XLIII, 3 vol. in-16.

Cet ouvrage formait les volumes 18, 19 et 20 de l'« *Edinburgh Cabinet Library* ». Aucun de ses six auteurs n'a vécu en Chine.

Notices : *Chinese Repository* [by E. C. Bridgman], V, Sept. 1836, pp. 193 et seq. & VI, June 1837, pp. 59 et seq. — *Asiatic Journal*, XX, pp. 233/5. — *Quarterly Review*, Vol. 56, 1836, p. 489.

Duprat, 1861, Fr. 9. — Husk, (L.), 1867, 6/-.

JOHN FRANCIS DAVIS.

— The Library of entertaining Knowledge. The Chinese : A General Description of the Empire of China and its Inhabitants. By John Francis Davis, Esq., F. R. S., &c., late His Majesty's chief superintendent in China. In two volumes [in-12]. London, Charles Knight & Co, M DCCC XXXVI.

Publié à 4/6 le volume. — B. Quaritch, 1872, 2/6.

— A new edition : London, Charles Knight & Co, 1840, 2 vol. in-12.

B. Quaritch, 1872, 4/-.

— The Chinese : A General Description of China and its Inhabitants. — By John Francis Davis, Esq., F. R. S., &c. Late His Majesty's Chief Commissioner in China. — A new edition, enlarged and revised, in which the History of English Intercourse is brought up to the Present Time. — London : Charles Knight, M DCCC XL, pet. in-8, pp. XII-383 à 2 col.

Fait partie de *Knight's Miscellanies.*

— The Chinese : a General Description of China and its inhabitants. By John Francis Davis, Esq., F. R. S., &c. Governor of Hong-Kong. A new edition, enlarged and revised. In three volumes. London : Charles Knight & Co., Ludgate Street, 1844, 3 vol. in-12.

Plus un *Supplementary volume*, London : Charles Knight, 1845, in-12, qui contient les *Sketches of China.*

* — London, 1845.

Brockhaus, 1872 Thr 1. 10.

* — London, 1849, 2 vol. in-12.

Duprat, n° 36, 1861, Fr. 6.

— China : A General Description of that Empire and its Inhabitants; with the History of Foreign Intercourse down to the Events which produced the dissolution of 1857. By Sir John Francis Davis... A new edition, revised and enlarged. London : John Murray, 1857, 2 vol. in-12, pp. XX-480, VIII-428.

Notices : *Quarterly Review*, Vol. 56, 1836, p. 489, et Vol. 102, 1857, p. 126.

— The Chinese : A General Description of the Empire of China and its inhabitants. By John Francis Davis, Esq., F. R. S., &c. In two volumes. New-York : Harper & Brothers, 1836, 2 vol. in-18.

— The Chinese : a General Description of the Empire of China and its inhabitants. By John Francis Davis, Esq., F. R. S., &c. In two volumes. Illustrated with woodcuts. New-York : Harper & Brothers, Cliff-Street. 1845-1844, 2 vol. in-12.

— La Chine, ou Description Générale des mœurs et des coutumes, du gouvernement, des lois, des religions, des sciences.... de l'empire chinois, par J. F. Davis, Ancien président de la Compagnie des Indes en Chine; ouvrage traduit de l'anglais par A. Pichard, revu et augmenté d'un appendice par Bazin aîné, de la Société Asiatique de Paris. Paris, Paulin, 1837, 2 vol. in-8, pp. XIV + 1 f. n. ch. + pp. 397, IX + 1 f. n. ch. + pp. 418 + 1 f. d'er.

L'appendice de Bazin se trouve à la fin du second volume; il se compose de : Progrès de la Philologie chinoise. — Analectes : Entretiens du Philosophe Mencius (trad. par M. Edme d'Halberg). — La Visite du Dieu du Foyer à Yukong, légende de la secte des Tao-ssé [la traduction de cette légende a été également insérée par S. Julien dans le *Livre des Récompenses et des Peines*]. — Un héritier dans la vieillesse, comédie chinoise. — L'avare, comédie chinoise, analyse du 4ᵉ acte. — La soubrette accomplie, comédie. — La Vengeance de Teou-ngo, drame chinois.

Duprat, 1861, Fr. 10.

— China, oder allgemeine Beschreibung der Sitten und Gebräuche, der Regierungsverfassung, der Gesetze, Religion, etc., von J. F. Davis... Deutsch von F. Wesenfeld. Zwei Theile. Illustrirt mit 55 Holzschnitten. Magdeburg, Greutz, 1839, in-8, pp. VII + 1 f. n. ch. + pp. 438, VI + 1 f. n. ch. + pp. 392.

— * China u. die Chinesen. Eine allgemeine Beschreibung von China u. dessen Bewohnern. Aus dem Engl. übers. von W. Drugulin. Stuttgart, Rieger, 1852, 4 Bde. In-8. [Engelmann.]

— China en de Chinezen. door J. F. Davis, opper-commissaris van wijlen zijne Gr. Britt. Majesteit in China. naar de laatste uitgave, waarin de geschiedenis van het handelsverkeer met de engelschen tot op dit oogenblik toe behandeld wordt. Uit het engelsch vertaald door Mr. C. J. Zweerts. Te Amsterdam, Bij G. J. A. Beijerinck, 1841, 3 vol. in-8.

Il y a dans l'introduction une liste d'environ 80 ouvrages relatifs à la Chine.

«Più tardi pubblicò [J. F. Davis] la sua Descrizione Generale della China, già tradotta in francese e della quale con qualche mutilazione è comparsa una traduzione italiana in Milano, e un' altra illustrata se ne pubblica in Venezia.» (La Farina, *La China*, I, p. 21.) :

— * La China illustrata dipinta ossia descrizione generale, degli usi, dei costumi, del governo, delle leggi, delle religioni, delle scienze, della litteratura, dei prodotti naturali, delle arti, delle manifatture e del commercio dell'impero Chinese. Venezia, 1842, 2 vol. gr. in-8; grav. col.

— China, during the War and since the Peace. By Sir John Francis Davis, Bart., F. R. S., late Her Majesty's Plenipotentiary in China; Governor and Commander-in-chief of the Colony of Hongkong. London, Longman, 1852. 2 vol. in-12, pp. XVI-327, VIII-342.

Des extraits de cet ouvrage ont été publiés dans *The N. C. Herald*, n° 108, Aug. 21, 1852 et seq.

Sir John Francis Davis, né le 16 juillet 1795, fut attaché, en 1816, à l'ambassade de lord Amherst. Outre les positions énumérées dans le titre de l'ouvrage précédent, il a été Gouverneur et Commandant-en-chef de Hong-kong. Il fut fait baronet le 9 juillet 1845; il est mort le 13 nov. 1890, à Hollywood Tower, Westbury-on-Trim. (Cf. Henri Cordier, *T'oung-Pao*, I, p. 418, et III, pp. 535—537.)

— The Fan-qui in China, in 1836-37. By C. Toogood Downing, Esq., Mem. Roy. Coll. Surgeons. In three volumes [in-12]. London, Henry Colburn, 1838.

* Réimp. à Philadelphie, 1839, 2 vol.

Notice : *Chinese Repository* (by J. R. Morrison), VII, pp. 328 et seq.

— * Fan-Kuei, oder der Fremdling in China. Uebersicht der Sitten, Gebräuche, Meinungen, Gesetze, der Religion, des Handels und der Politik des Chinesischen Volkes. Nach der zweiten Auflage des Originales, mit Bezugnahme auf die neuesten Ereignisse umgearb. u. mit Anmerkungen versehen von C. Richard. Aachen, Mayer, 1841, 2 Bde. gr. in-8 [Engelmann].

WALTER HENRY MEDHURST.

— China : its State and Prospects, With especial reference to the spread of the Gospel : containing allusions to the antiquity, extent, population, civilization, literature, and religion of the Chinese. By W. H. Medhurst, of the London Missionary Society. Illustrated with Engravings on wood by G. Baxter. London : John Snow, 1838. In-8, pp. XVI-582.

Il y a un compte-rendu et des extraits de cet ouvrage dans le *Chinese Repository*, IX, Juin 1840, pp. 74 et seq. — Notices : *Quarterly Review*, Vol. 63, 1839, p. 369. — *Canton Press*, Vol. 4, n° 11 et seq., d'après le *Spectator*.

— Third Thousand. London, 1838.

— Fifth Thousand. London : John Snow, 1840, pp. XVI-592.

— Fifth Thousand. London : John Snow, 1857, pp. XVI-592.

La première page de cette édition est consacrée à une notice nécrologique sur le Dr. Medhurst qui est mort à Londres le 24 janvier 1857. Le frontispice de cette édition n'est pas colorié comme celui des éditions précédentes.

Allibone indique une 3ᵉ édition de 1840, mais ne marque pas celle de Boston, 1839, donnée dans le Cat. du *Chinese Rep.*, Vol. XVIII.

Un passage (p. 217) de cet ouvrage dans lequel l'auteur compare les cérémonies du bouddhisme avec celles du catholicisme est reproduit dans *«Letters to the Protestants of Scotland»* (*Blackwood's Magazine*, Vol. 46, Aug. 1839, p. 184).

— China, seine Zustände und Aussichten in besonderer Rücksicht auf die Verbreitung des Evangeliums, mit kurzen Umrissen seines Alters, seiner Geschichte, Chronologie, Bevölkerung, Sprache, Literatur und Religion. Frei bearbeitet nach dem Werke des englischen Missionärs W. H. Medhurst. — Stuttgart. Weise und Stoppani. 1840, in-8, pp. VIII-286, 1 tab. chron., 2 ff.

— W. H. Medhurst, China, seine Zustände u. Aussichten in besonderer Rücksicht auf die Verbreitung des Evangeliums, mit kurzen Umrissen seines Alters, seiner Geschichte, Chronologie, Bevölkerung, Sprache, Literatur u. Religion. Frei bearb. (nach dem Engl.) 8. Schwäb. Hall (1840) 1848. Haspel. [Engelmann.]

— * W. H. Medhurst. China. Toestand en vooruitzigten van dat Rijk; inzonderh. ten aanzien der Bijbel-verspreid. met berigten omtrent de oudheid, uitgestrekth., bevolking. letterk., godsdienst, enz. d. Chinezen. Rott. 1839. 2 vol. gr. in-8.

F. Muller, Amst., Cat. Oct. 1854, No. 661.

KARL FRIEDRICH GÜTZLAFF.

— China opened; or, a Display of the Topography, History, Customs, Manners, Arts, Manufactures, Commerce, Literature, Religion, Jurisprudence, etc., of the Chinese Empire. — By the Rev. Charles Gutzlaff,

Revised by the Rev. Andrew Reed, D. D. In two volumes [in-8]. London : Smith Elder & Co, 1838.

Vol. I, pp. xvi-510 : I. Introductory Remarks. II. General Observations on the Geography of the Chinese Empire. III. General View of China Proper. IV. Natural Productions. V. Topography of China proper. VI. Topography of Mantchouria. VII. Topography of Mongolia. VIII. Government of Ele. IX. Tibet. X. General View of the Chinese. XI. Chinese History. XII. Language and Literature. XIII. Manners, Customs and Institutions.

Vol. II, pp. vi-570 : XIV. Chinese Industry, Arts and Sciences. XV. Religion. XVI. General Remarks on the Chinese Government. XVII. The Emperor and his Court. XVIII. Nobility. XIX. The Tribunals and Courts of the Capital. XX. Board of Offices. XXI. Board of Revenue. XXII. Board of Rites. XXIII. Military Board. XXIV. Board of Punishments. XXV. Board of Public Works. XXVI. Provincial Government. XXVII. Colonial-Government. — Office of Foreign Affairs.

Au commencement du premier volume il y a une carte de la Chine et du Japon.

Notices : *Chinese Repository* [S. Wells Williams], VIII, pp. 84 et seq. — *Quarterly Review*, Vol. 63, 1839, p. 369. — *Canton Press*, Vol. 4, n° 24.

Pub. à 24/.

— La Chine avec ses Beautés et ses Singularités, ou Lettres écrites de Canton sur les mœurs, les usages des Chinois, la Grande Muraille, la Tour de Porcelaine, les îles flottantes, etc. Ouvrage orné de seize gravures. Paris, Raymond-Bocquet..... 1838, 2 vol. in-24. (Voir col. 67.)

— China. (*Asiatic Journal*, XXVII, 1838, pp. 40/47.)

— Mœurs, Coutumes, Usages et Religion de la Chine, par A. S. Extrait de l'Histoire générale des Voyages. Paris, Librairie de la Société de l'Enseignement catholique, 1839, 2 vol. in-12.

— A Lyon et à Paris, chez Périsse, 1846, in-12. Prix : 1. 20. Voir col. 52, *supra*.

NATHAN DUNN.

— A Peep at China, in Mr. Dunn's Chinese Collection; with Miscellaneous Notices relating to the Institutions and Customs of the Chinese, and our commercial intercourse with them. By E. C. Wines. Philadelphia : Printed for Nathan Dunn. 1839, pet. in-4, pp. 103.

Notice par D. Abeel, *Chin. Rep.*, VIII, p. 581.

— Ten Thousand Chinese Things . . . Philadelphia, s. d.

Voir Langdon, W. B., col. 79.

— Ten Thousand Chinese Things. — A Descriptive Catalogue.... Philadelphia : Printed for the Proprietor. 1839, in-8, pp. 120.

Les 107 premières pages de ce cat. sont la reproduction du même s. d. [aussi de 1839]; on a développé à la suite le chap. *Foreign intercourse with China*.

— Ten Thousand Chinese Things. A Descriptive Catalogue of the Chinese Collection in Philadelphia. With Miscellaneous Remarks upon the Manners, Customs, Trade, and Government of the Celestial Empire. Philadelphia : Printed for the Proprietor [Nathan Dunn]. In-8, pp. 108 [1839].

Suivi de :

— Mr. Dunn's Chinese Collection, in Philadelphia. (Extract from Professor Silliman's Journal). New Haven, January, 1839, br. in-8, pp. 27.

On lit au bas de la p. 27 : Philadelphia, Brown, Bicking & Guilbert,... 1841

FORTIA D'URBAN.

— Description de la Chine par M. le Marquis de Fortia d'Urban, de l'Académie des Inscriptions et Belles-Lettres, et de plusieurs autres Académies en France et dans les pays étrangers. Pièce in-12 de 16 pages, s. l. n. d [Paris, Imprimerie de Bruneau, rue Montmartre, 39]. — [Déc. 1839.]

Contient l'Introduction au Vol. III de la Desc. de la Chine.

— Description de la Chine et des États tributaires de l'Empereur. Par M. le Marquis de Fortia d'Urban, de l'Académie des Inscriptions et Belles-Lettres... accompagnée d'une carte rédigée par M. A. Dufour. Paris, chez l'auteur, rue de la Rochefoucauld, 12. 3 vol. in-12, 1839-40.

Tome I, contenant la partie septentrionale, 1839.

Tome II, contenant les deux parties moyennes ou centrales, 1840.

Tome III, contenant la partie méridionale, l'empire d'Annam et l'empire birman, 1840.

On trouvera pp 2 et seq. de ce 3e Vol. l'article publié sur le 1er Vol. par Emmanuel Miller dans le *Moniteur* du lundi 18 novembre 1839.

L'ouvrage a été publié à 15 fr. le vol. — Duprat, 1861, Fr. 4.

— Ancient and Modern China; comprising an account of its government and laws, religion, population, &c.; character and manners of its inhabitants; an historical description of the intercourse of China with other Nations, from the earliest period down to the present; and a Statement of Facts relative to the Opium trade. London, Edward Gower, 1840, in-8, pp. 93, avec une carte.

IAKINF BITCHOURIN.

— Китай, его жители, нравы, обычаи, просвѣщеніе. — Изданіе г-жи Мициковой. — Санктпетербургъ... 1840, in-8, pp. viii-442 + 1 f. n. c.

Cet ouvrage contient, entre autres sujets, une description détaillée des différentes cérémonies qui ont lieu à la cour.

— Ueber Pater Hyacinth's Kitai (China). Von W. Schott. (Erman, *Archiv für wiss. Kunde von Russland*, I Bd. 1841, pp. 402/422, 461/469.)

— Статистическое Описаніе Китайской Имперіи. Съ приложеніемъ географической карты на пяти листахъ. — Въ двухъ частяхъ. — Санктпетербургъ, 1842, 2 vol. gr. in-8, pp. xxxii-278 + 1 tableau, 348 + 1 f. n. c. et 1 tab. avec une grande carte de la Chine en 5 feuilles.

Par le Père Iakinf.

L'auteur a puisé les renseignements qu'il donne dans le grand recueil des institutions chinoises connu sous le nom de *Ta Ts'ing houei tien* : C'est un des meilleurs ouvrages du P. Hyacinthe, tant sous le rapport de l'importance du sujet que sous celui de l'exactitude et de la richesse des renseignements.

— Китай въ гражданскомъ и нравственномъ состояніи. Сочиненіе монаха Іакинѳа.... Санктпетербургъ . . 1848, 4 parties in-8, pp. vii-137 + 8, vii-128 + 10 + 1 f. n. ch. er., 152 + 2 + 1 f. n. ch. er., 177 + 2 + 1 pl. représentant divers objets chinois.

La première partie de cet ouvrage traite de l'administration générale en Chine. Elle est disposée sous forme de questions et de réponses. — La seconde partie comprend le code pénal des Chinois. — La troisième, l'instruction publique et les écoles. — La quatrième, traite des mœurs et des coutumes.

— A brief account of the Chinese Empire, and Chinese Tartary. Calcutta : Printed for the Publisher. 1840, in-12, pp. 181 + 2 ff. prél. pour le tit. et la table.

Compilation faite à l'aide de Macartney, Barrow, Du Halde, Ljungstedt, Gützlaff, etc.

— China and its Resources, and Peculiarities, physical, political, social, and commercial; with a view of the Opium Question, and a Notice of Assam. By Robert Mudie. London : Grattan and Gilbert, 1840, in-16, pp. viii-198 + 1 f. n. ch. er.

Duprat, 1861, Fr. 4.

— China, or, Illustrations of the Symbols, Philosophy, Antiquities, Customs, Superstitions, Laws, Government, Education, and Literature of the Chinese Derived from original sources and accompanied with Drawings from native works. By Samuel Kidd..... London : Taylor & Walton, 1841, in-8, pp. xii-403.

G. T. LAY.

— The Chinese as they are : their moral, social, and literary character; a new Analysis of the language ; with succinct views of their principal Arts and Sciences. By G. Tradescant Lay, Esq. Naturalist in Beechey's Expedition; late Resident at Canton ; Author of « The Voyage of the Himmaleh », &c. London : William Ball, 1841 ; in-8, pp. xii-342.

— The Chinese as they are ; their moral and social character, manners, customs, language : with Remarks on their Arts and Sciences, Medical Skill, the extent of Missionary enterprise, etc. By G. Tradescant Lay, Esq., Naturalist in Beechy's expedition... Containing also, illustrative and corroborative notes, additional chapters on the ancient and modern history, ancient and modern intercourse, population — government — civilisation — education — literature — etc., of the Chinese. Compiled from authentic sources by E. G. Squier. Albany : Published by Georges Jones, Museum Building... 1843, in-8.

— Die Chinesen wie sie sind. Neue Uebersetzung und Bearbeitung des Werkes von T. Lay : *The Chinese as they are*. Nebst einer Skizze der geographischen Verhältnisse China's und der Geschichte des englisch-chinesischen Krieges von J. Wilfert. Mit vielen Bildern. Herausgegeben von Johann Cramer. Crefeld, 1844, in-18, pp. xi-336.

Forme le premier vol. de la série : Das himmlische Reich. Oder China's Leben, Denken, Dichten und Geschichte. In vier Bänden. Erster Band : Die Chinesen wie sie sind. Crefeld, 1844. Verlag der J. H. Funcke'schen Buchhandlung.

— China und die Chinesen von Tradescant Lay. Aus dem Englischen von Heinrich Schirges. Hamburg, Hoffmann und Campe, 1843, 2 vol. pet. in-8, pp. 259, 267.

— Les petits Voyageurs en Chine et au Japon, ou tableau géographique, industriel, monumental et historique de ces belles contrées ; par M. D. Prieur de Sombreuil, Auteur de : Le Voyageur Européen, Asiatique, Américain, etc. Paris, Librairie enfantine et juvénile de Pierre Maumus, 1841, in-12, pp. 232.

Otto Lorenz fait erreur dans le t. IV de son Catalogue, 1871, p. 138, lorsqu'il écrit que la 1re éd. de cet ouvrage est de 1842.

— Le même, 1841 (1844), P. Maumus, in-12, autre tirage.

— Les Nouveaux Voyageurs en Chine et au Japon. Beautés et merveilles de ces délicieuses contrées; par le Chanoine de Sabine. Ouvrage revu, corrigé et augmenté, par V^r Doublet... Nouvelle Edition. Paris [et] Dijon, 1847, in-8, pp. 295, s. l. t.

Par D. Prieur de Sombreuil.

— Les jeunes Voyageurs dans la Chine et le Japon, ou Détails intéressants sur les productions naturelles et industrielles, les monuments, les curiosités, les mœurs et usages des habitants de ces contrées, Par Prieur de Sombreuil. Librairie des Bons Livres. Limoges [et] Paris, Martial Ardant Frères, 1852, in-12, pp. 232, s. l. t.

— 1851, Paris, in-18. — 1854 et 1858, Limoges, Martial Ardant frères, in-18.

— Voyages en Chine et au Japon ou Détails intéressants sur les productions naturelles et industrielles, les monuments, les curiosités, les mœurs et usages des habitants de ces contrées. Par Prieur de Sombreuil. Limoges [et] Paris, F. F. Ardant frères, 1860, in-12, pp. 234.

— 1861, *Ibid.*, in-12. — 1863, *Ibid.*, in-8.

— La Chine et ses merveilles ou Détails intéressants sur les productions naturelles et industrielles, les monuments, les curiosités, les mœurs et usages des habitants de ces contrées. Par Prieur de Sombreuil. Limoges [et] Paris, F. F. Ardant frères [1866], in-12, pp. 142, s. l. t., 1 gr.

Fait partie de la «Bibliothèque chrétienne de l'adolescence et du jeune âge».

Les cinq ouvrages précédents sont semblables; dans le dernier on a supprimé les chapitres relatifs au Japon.

WILLIAM B. LANGDON.

— Ten Thousand Things relating to China and the Chinese; an Epitome of the Genius, Government, History, Literature, &c., of the people of the Celestial Empire together with a Synopsis of the Chinese Collection by William B. Langdon, Esq. London, 1842, in-8.

— «Ten Thousand Chinese Things.» — A Descriptive Catalogue of the Chinese Collection, now exhibiting at St. George's Place, Hyde Park Corner, London, with condensed accounts of the Genius, Government, History, Literature, Agriculture, Arts, Trade, Manners, Customs and social life of the people of the Celestial Empire. By William B. Langdon, Esq., curator of the collection. Eighteenth English Edition. Printed for the proprietor, and to be obtained only at the Chinese collection. 1843, in-8, pp. x-163.

C'est la collection Dunn, voir col. 75.

— * Langdon, W. B.; Wang-tang-jin-we. Descriptive Catalogue of the Chinese Collection at St. George's Place, Hyde Park Corner; with condensed accounts of the Genius, Government, History, Literature, Agriculture, Arts, Trade, Manners, Customs, and social life of the people of the celestial empire. London, 1844, in-8 (*Bib. Sinol.*, p. 76).

— * Ten thousand things on China and the Chinese; being a Picture of the Genius, Government, etc., of the Celestial Empire, as illustrated by the Chinese Collection, 539 Broadway. New-York, 1850, in-8 (*Bib. Sinol.*, p. 98).

— Season 1851. Descriptive Catalogue of the Chinese collection, (formerly of Hyde Park Corner,) now exhibiting at The Celestial Palace, Albert Gate, Hyde Park, Knightsbridge. An exposition of the Genius, History, Literature, Agriculture, Arts, Manufactures, Industrial habits, Social Life, and Amusements of the People of the Chinese Empire. By William B. Langdon, Curator and Co-Proprietor of the Chinese Collection. Two hundred and fortyfifth thousand. London: Printed for the Proprietors, and to be obtained only at the Chinese collection, Albert Gate, Hyde Park. Price sixpence, in-8, pp. 94.

— Il y a une édition de London [1855].

— China. — Mit besonderer Rücksicht auf die Verhältnisse der Europäer zu diesem Reiche und auf den jetzigen Krieg mit England nach den neuesten Werken darüber dargestellt von Th. Vockerode. Leipzig, 1842. Carl Friedrich Dörffling, pet. in-8, pp. VIII-330.

— * La Chine et les Chinois, dessins exécutés d'après nature par Auguste Borget, et lithog. à deux teintes par Eugène Ciceri. In folio de 6 feuilles 1/2, titre, dédicace, et fac-simile, plus 32 pl. — Imp. de Schneider à Paris. — A Paris, Chez Goupil et Vibert. (*Jour. de la Librairie*, 1842, n° 5477) Fr. 100.

— Sketches of China and the Chinese by Auguste Borget. London, Tilt & Bogue, 1842, in-fol.

— China, oder Uebersicht der vorzüglichsten geographischen Punkte und Bestandtheile des chinesischen Reichs; nebst einer kurzen Beschreibung der Naturerzeugnisse, der vorzüglichsten Städte und ihrer Merkwürdigkeiten, des Charakters, Gewerbfleisses und Handels, der Künste, Sprache, Wissenschaften, Religion und Gebräuche des Volkes, auch einer kurzen Schilderung der Gesetze, der Regierungsverfassung und der Regenten. Mit Rücksicht auf die neuesten Ereignisse bearbeitet von Dr. F. Bischoff-Widderstein, grossh. sächs. Justizrathe, Ritter erster Classe des grossh. hessischen Ludwigs-Ordens und Mitglied mehrerer gelehrten Gesellschaften. Mit einer Karte von China. Wien, 1843. Verlag von Kaulfuss Witwe, Prandel & Comp., Kohlmarkt. in-8, pp. IV-203 + 6 ff. n. c. pour une petite bibliog. chronologique. Carte.

— * China, oder Uebersicht der vorzüglichsten geographischen Punkte und Bestandtheile des chinesischen Reiches; nebst einer kurzen Beschreibg. der Naturerzeugnisse, der vorzüglichsten Städte u. ihrer Merkwürdigkeiten, des Charakters, Gewerbfleisses u. Handels etc. des Volkes, etc. (Von Justizrath Dr. F. Bischoff-Widderstein.) 2. Ausg. Mit 1 lith. Karte v. China in-4. Wien, Prandel & Meyer, in-8, 1859, pp. IV-215 (*Bib. hist.-geog.*, 1859).

— * Peter Parley's Tales about China & the Chinese. London, 1843 (1844), Darton & Co, in-16.

Duprat, 1861, Fr. 3.

Cet ouvrage n'est pas de Peter Parley; voir Allibone, I, col. 703.

— Histoire de la Chine et des Chinois par Peter Parley. Traduit de l'anglais par Mme A. B.... Avec Gravures. Paris, Lehuby, s. d. [1850] in-12, pp. VIII-280.

Peter Parley = Samuel Griswold Goodrich.

— De l'état actuel de l'Empire Chinois. (*Lettres édifiantes*, éd. du *Panthéon littéraire*, Vol. IV, 1843, pp. 2/26.):

Remarques générales.

Première section : La Chine proprement dite.

Deuxième Section : Etats tributaires : Turkestan Chinois. — Kalmoukie. — Mongolie. — Mandchourie. — Corée. — Lieou-kieou. — Thibet.

Troisième Section : Les Colonies.

Notes particulières : De la culture et du commerce de la Soie transportés en Europe par suite des guerres de la Perse et de la Turquie. — Rapport des Arabes avec les Chinois.

THOMAS ALLOM.

— China, in a Series of Views, displaying the Scenery, Architecture, and Social Habits, of that ancient Empire. Drawn, from original and authentic Sketches, by Thomas Allom, Esq. With historical and descriptive Notices by the Rev. G. N. Wright, M. A. Fisher, Son & Co. London; & Paris, 4 vol. in-4.

La Préface du Rev. G. N. Wright porte la date de «London, July, 1843».

Voir à la fin du Vol. I un Mémoire de 26 pages : «Life of Kang-He, Emperor of China» par Gützlaff.

— * New Ed., 1857 (Allibone).

Notice par E. C. Bridgman, *Chinese Rep.*, XIV, pp. 118 et seq.

— L'empire Chinois illustré d'après des dessins pris sur les lieux, par Thomas Allom. Avec les descriptions des mœurs, des coutumes, de l'architecture, de l'industrie, &c. du Peuple Chinois depuis les temps les plus reculés jusqu'à nos jours, par Clément Pelle, auteur de «Constantinople ancien et moderne». Fisher, fils et Cie. 4 vol. in-4, s. l. n. d. [1843—45].

Frontispice et gravures de l'édition anglaise.

— China, historisch, romantisch, malerisch. Carlsruhe im Kunst-Verlag. in-8, pp. XLVIII-351. Tit. grav.

Nach Berichten u. Zeichnungen von Mitgliedern der letzten Engl. Expedition. Aus dem Engl. 12 Hefte. (Mit 36 Stahlst. nach Th. Allom.) Lex. 8. Karlsruhe, 1843—44. Kunstverlag. (Engelmann.)

— La China considerata nella sua storia, ne' suoi Riti, ne' suoi Costumi, nella sua industria, nelle sue arti e ne più memorevoli avvenimenti della guerra attuale opera originale italiana di Giuseppe La Farina illustrata da una serie di finissime incisioni in acciaio. Firenze, Luigi Bardi editore, 1843-1847. 4 vol. in-4.

Volume I. 1843. — Prefazione. — Libro Primo : Relazioni degli Europei co' Chinesi. — Libro Secondo : Geografia della China. — Libro Terzo : Religione. — Indice.

Vol. II. 1844. — Libro Quarto : Istoria. — Libro Quinto : Governo e Legislazione. — Libro Sesto : Costumi ed Usi.

Vol. III. 1846. — Libro Settimo : Scienze. — Libro Ottavo Letteratura. — Libro Nono : Arti Belle ed Industriali.

Vol. IV. 1847. — Libro Decimo : Agricoltura. — Libro Decimoprimo : Commercio. — Libro Decimosecondo : Guerra cogl' Inglesi. — Continuazione del Libro decimosecondo. — Conclusione. — Indice. — Spiegazione delle Incisioni.

On lit à la fin du 4e volume : «12 dicembre 1850».

— The Celestial Empire; or Points and Pickings of information about China and the Chinese by the Author of «*Soldiers and Sailors*», «*Paul Preston*», etc. London, Grant & Griffith, in-8, s. d. [1844.]

La *Bib. Sinologica*, p. 57, donné 1853 comme date de cette publication.

L'auteur de cet ouvrage est George Mogridge.

— * The Chinese. By Uncle Adam. [George Mogridge.] London, [1845,] in-8.

Halkett & Laing.

— The Chinese; or, some short accounts of the Country and People of China. By Uncle Adam. London : The Religious Tract Society; s. d. [1863], in-32, pp. 127

— La Chine ancienne et moderne. Question anglo-chinoise; par A. Jardot, du corps royal d'Etat Major, membre de plusieurs sociétés savantes. Paris, Schneider et Langrand, 1844, br., in-8, pp. 42.

Extrait de la *Revue indépendante*.

— Rivoluzioni dei popoli della media Asia, Persia, Tartaria, Tibet, China ec. e Cenni intorno la Siberia, ossia Asia settentrionale di A. Jardot prima traduzione italiana di C. Sabattini. Volume unico. Firenze Società editrice fiorentina 1845, in-8, 2 ff. n. c. p. l. tit. et l'int. + pp. 496, carte.

— De la Chine au point de vue commercial, social et moral. Etendue, Population, Production, Alimentation, Vêtements, Ameublements, Mœurs, Usages, Institutions, Lois, etc., etc., etc. Considérations d'Intérêt national. Par L. Dagneau, Auteur de plusieurs écrits d'économie politique et sociale, membre de l'Institut historique de France. Paris, s. d., in-8, pp. 88.

Ce volume porte le n° 2763 dans le *Journal de la Librairie* pour 1844 : Imprimerie de Prévot, à Saint-Denis.

MISS CORNER.

— The History of China & India, pictorial & descriptive; by Miss Corner . . . London : Dean & C°. Threadneedle Str^t., s. d. [1843], in-8.

— The History of China and India, pictorial and descriptive by Miss Corner..... London, Dean & Co., 1846, in-8.

— China pictorial, descriptive, and historical. With some account of Ava and the Burmese, Siam, and Anam. With nearly one hundred illustrations. London : Henry G. Bohn, York Street, Covent Garden. MDCCCLIII, pet. in-8, pp. xx-521.

Ce vol. fait partie de *Bohn's Illustrated Library* : «The earlier portion of this Work (to page 265), which relates exclusively to China, was written by Miss Corner. In the present Edition this has been carefully revised, and the remainder of the volume furnished by a gentleman who has devoted much time to the study of China and the Indo-Chinese nations.» [Advt.]

— * Miss Corner. China. Schilderachtige en geschiedkundige beschrijving van dat land. Naar het Eng. door J. Liese. Utrecht, Andriessen, 1855, in-8, pp. 324 (*Bibl. hist. geog.*, 1855).

— * Anecdotes of the Chinese, illustrative of their Character and of their conduct towards foreigners. London, 1845, in-18. (*Bib. Sinol.*, p. 51.)

— La Chine ouverte. Aventures d'un Fan-kouei dans le pays de Tsin. Par Old Nick. Ouvrage illustré par Auguste Borget Auteur de *La Chine et les Chinois*. Paris, H. Fournier, M DCCC XLV [lisez 1844], gr. in-8, pp. VI-396.

Le prospectus de cet ouvrage se compose de 4 pages in-8 : «Ce volume sera publié en cinquante livraisons. Il en paraîtra une ou deux le mercredi de chaque semaine. La première sera mise en vente dans le courant du mois de Novembre 1843. Prix de la livraison : 30 cent.»

Old Nick = Paul-Emile Daurand Forgues.

— The People of China; their History, Court, Religion, Government, Legislation, Institutions, Tribunals, Agriculture, Language, Literature, Manufactures, Arts, Sciences, Manners and Customs : To which is added, a Sketch of Protestant Missions. London : The Religious Tract Society; s. d. [sous le règne Taou Kwang.] in-12, pp. VI-340.

— * Réimp. à Philadelphie, 1845.

— Lettres sur la Chine. Paris, Imprimerie de J. B. Gros, 1845, 2 vol. in-12.

Extraites des lettres des Missionnaires de la Compagnie de Jésus.

— Les Chinois pendant une période de 4458 années. Histoire, Gouvernement, Sciences, Arts, Commerce, Industrie, Navigation, Mœurs et Usages. par H. de Chavannes de la Giraudière. 2e édition. Tours, Ad Mame et Cie, M DCCC LIV. in-8, pp. 380.

La première édition est de 1845. Tours, Mame, in-8, pp. 398. — 3e éd., Mame, 1863. — 4e éd., Mame, 1870.

— * Peters, S. R. Jr.; Miscellaneous Remarks upon the Government, History and Customs of the Chinese, as suggested by an Examination of the Articles composing the Chinese Museum in the Marlboro' Chapel, Boston. Boston, 1846, in-8 (*Bibliotheca Sinol.*, p. 89).

— Description of a collection of Chinese articles carried to America in 1845. (*Chinese Rep.*, XVIII, p. 419.)

THOMAS TAYLOR MEADOWS.

— Desultory Notes on the Government and People of China, and on the Chinese Language; illustrated with a Sketch of the Province of Kwang-Tûng, shewing its division into Departments and Districts. By Thomas Taylor Meadows, Interpreter to Her Britannic Majesty's Consulate at Canton. London : Wm. H. Allen and Co., 1847, in-8, pp. XVI-250. — Gravures coloriées.

L'ouvrage contient dix-neuf notes relatives à la langue chinoise, au mandarinat, au caractère et aux manières des Chinois. La septième note est un «Sketch of Kwang tûng».

Meadows commença à étudier la langue chinoise sous Neumann à l'université de Munich en Novembre 1841. Il arriva en Chine au commencement de 1843 [Préface]. On a fait de son ouvrage un second tirage dont les figures sont imparfaitement coloriées.

Notices : dans *The Chinese Repository*, XVII, pp. 90/96. — *The Cycle*, Janv. 1 et 21, 1871. — *Gelehrte Anzeigen, herausg. v. Mitgl. d. k. Bay. Ak. d. Wis.*, München, Nro. 221, 5. Nov. 1847, pp. 738/760, par Neumann.

— * GUST. KLEMM. China das Reich der Mitte. Mit 8 Tafeln Abbildungen. Leipzig, Teubner, 1847, gr. in-8 (Engelmann).

— * Zustände, Chinesische. Leben u. Treiben in China, mit humoristisch-satyrischen Rückblicken auf deutsche Verhältnisse von A. P. in-8. Grimma, 1847 (Wurzen) Verlags-Comptoir. [Engelmann.]

— La Chine et les Chinois par le Cte Alexandre Bonacossi dédié à l'Empereur de la Chine. Paris, au Comptoir des Imprimeurs-unis, 1847, in-8, pp. XVI-376, avec une carte.

Duprat, 1861, Fr. 4.

— China und seine Bewohner, mit Rücksicht auf ältere und neuere Missionsversuche unter diesem Volke, zur Anregung neuer Bestrebungen der Art. Für das deutsche Volk bearbeitet von Dr. Adolf Dammann, In der Buchhandlung der Rettungs-Anstalt zu Düsselthal in Commission. Preis 5 Sgr. Düsselthal, 1847, pet. in-8, pp. 115.

— China; political, commercial, and social; in an official Report to Her Majesty's Government. By R. Montgomery Martin, Esq., Late Her Majesty's Treasurer for the Colonial, Consular and Diplomatic Services in China; and a Member of Her Majesty's Legislative Council at Hong-kong. London : James Madden, M DCCC XLVII, 2 vol. in-8, 4 ff. n. ch. + 1 tab. + pp. IV-432, 502 + 2 ff. n. ch. + pp. XVIII.

Tiré à 2,000 exemplaires. — Pub. à £ 1. 4/-.

— * An Account, Geographical, Historical and Statistical, of the Chinese Empire, comprehending a full description of Mongolia and Manchuria, Tibet, Formosa, Lew-chew Islands, Cochinchina, Corea, &c. In the Urdu Language. By Corcoran. Calcutta, 1848, in-4 [*Chinese Repository*, XVIII, p. 420].

— China, das Land und seine Bewohner. Aus dem Englischen von Friedrich Gerstäcker. — Illustrirt von Allanson. — Leipzig, Otto Wigand, 1848, pet. in-8, pp. 202.

S. WELLS WILLIAMS.

— The Middle Kingdom; a Survey of the Geography, Government, Education, Social Life, Arts, Religion, &c., of the Chinese Empire and its inhabitants. With a New Map of the Empire, and illustrations, principally engraved by J. W. Orr. By S. Wells Williams, Author of « Easy Lessons in Chinese », « English and Chinese Vocabulary », &c. In two volumes. New York & London : Wyley and Putnam, 1848. 2 vol. in-12.

Quaritch, 1872, n° 285-7635, 24/-.

— Fourth edition : New York : John Wiley, 1861.

Vol. I. Preface. — I. General Divisions and Features of the Empire. II. Geographical Description of the Eastern Provinces. III. Geographical Description of the Western Provinces. IV. Geographical Description of Colonies. V. Population and Statistics. VI. Natural History of China. VII. Laws of China and Plan of Government. VIII. Administration of the Laws. IX. Education and Literary Examinations. X. Structure of the Chinese Language. XI. Classical literature of the Chinese. XII. Polite Literature of the Chinese.

Vol. II. Chap. XIII. Architecture, Dress, and Diet of the Chinese. XIV. Social Life among the Chinese. XV. Industrial Arts of the Chinese. XVI. Science of the Chinese. XVII. History and Chronology of China. XVIII. Religion of the Chinese. XIX. Christian Missions among the Chinese. XX. Commerce of the Chinese. XXI. Foreign Intercourse with China. XXII. Origin of the War with England. XXIII. Progress of the War and Opening of China.

On a publié six éditions du *Middle Kingdom* dont trois portent 4° éd. sur le titre, celle que je viens de décrire et : Fourth Edition. New-York, Wyley & Halsted, 1857. — Fourth Ed., New-York : John Wiley & Son, 1871.

Ces six éditions sont semblables car les planches stéréotypées n'ont jamais été refaites.

Notices d'après Allibone : *Athenaeum*, 1848, 503 — *N. Am. Review*, Oct. 1848, 269 — April, 1862, 480 — *Westminster Review*, xlix. 130 — *Chris. Rev.*, XIII. 270 (by S. F. Smith) — *N. Englander*, vii. 215 (by W. T. Eustis) — *Democrat. Rev.* xxii. 319.

— 中國總論 The Middle Kingdom. A Survey of the Geography, Government, Literature, Social Life, Arts and History of the Chinese Empire and its Inhabitants by S. Wells Williams. L L. D. Professor of the Chinese language and literature at Yale College; Author of Tonic and Syllabic Dictionaries of the Chinese Language. Revised edition, with illustrations and a new map of the empire. New York, Charles Scribner's Sons, 1883, 2 vol. in-8, pp. xxv-836, XII-775.

— The Middle Kingdom. A Survey of the Geography, Government, Literature, Social Life, Arts and History of the Chinese Empire and its Inhabitants by S. Wells Williams. L L. D. . . . . Revised edition, with illustrations and a new map of the Empire. London : W. H. Allen & Co. . . . 1883, 2 vol. in-8, pp. XXV-836, XII-775.

Bib. nat. O $\frac{2}{135}$ n. A

Même éd. que celle de New-York.

— Revised edition. London : W. H. Allen, 1899, 2 vol. in-8.

Notices : *Westminster Review*, XLIX, 241. — (A. P. Peabody), *North Am. Rev.*, LXVII, 265. — (S. F. Smith), *Christian Review*, XIII, 270. — (W. T. Eustis), *New Englander*, VII, 215. — *Democratic Review*, XX, 319. — *N. C. Herald*, Jan. 16, 1884.

(WILLIAMS.)

— Geographie, Statistik und Naturgeschichte des Chinesischen Reichs. Von S. Wells Williams. Aus dem Englischen übersetzt von C. L. Collmann. Mit Illustrationen und einer neuen Karte des Chinesischen Reichs. Cassel, 1854. Verlag von G. E. Vollmann, in-8, pp. XVI-1/292 — (Chap. I-VI).

— Gesetzgebung und Regierung, Erziehung, Sprache und Literatur des Chinesischen Reichs....... Mit dem Bildniss des Confucius und Illustrationen. Cassel, 1854. Verlag von G. E. Vollmann, in-8, pp. 293/612. — (Chap. VII-XII.)

Ces deux Abth. forment un volume.

— The Perpetuity of Chinese Institutions By S. Wells Williams. (*North American Review*, Sept. 1880, pp. 205/222.)

— China : The Country and People. By S. Wells Williams. (*J. Am. Geog. Soc.*, New-York, VIII, 1876, pp. 269/284.)

— Chinas Handel, Industri och Statsförfattning, jemte underrättelser om Chinesernes folkbildning, seder och bruk, samt Notiser om Japan, Siam M. Fl. Orter, af C. F. Liljevalch. Stockholm, Beckman, 1848, in-8, pp. VIII-407.

Port. col. de Tsi-yeng, Vice-Roi de Canton.

— China and the Chinese : their Religion, Character, Customs, and Manufactures : the evils arising from the Opium trade : with a glance at our religious, moral, political, and commercial intercourse with the Country. By Henry Charles Sirr, M. A., of Lincoln's Inn, Barrister-at-law. London : Wm. S. Orr & Co, M DCCC XLIX, 2 vol. in-8, pp. XVI-447, VIII-443.

Environ 56 pages ont paru sous forme d'articles dans le *Dublin University Magazine*, depuis 1846.

Vend. : Staunton (188), 3/6.

— * J. H. Möller, Ethnographische Uebersicht des Chinesischen Reichs. Als Wegweiser durch das Chinesische Cabinet auf dem Friedenstein zu Gotha. Gotha, Müller, 1850, gr. in-12 [Engelmann].

— China : its past History and future Hopes. By W. G. Rhind. — London, 1850, in-8, pp. 198.

— Scenes in China : or, Sketches of the Country, Religion, and Customs, of the Chinese. By the late Mrs. Henrietta Shuck, missionary in China. Philadelphia : American Bap-

(WILLIAMS. — 1848—1852.)

tist Publication Society, 118 Arch Street. 1852, in-12, pp. 252.

— Chine moderne ou Description historique, géographique et littéraire de ce vaste empire, d'après des documents chinois. Paris, Firmin-Didot frères, 1837-1853, 2 vol. in-8.

Duprat, 1861, n° 45, Fr. 12.

Vol. I, pp. 495 et 72 grav.

Première Partie : Résumé étendu de l'histoire et de la civilisation chinoises depuis les temps les plus anciens jusqu'à nos jours par M. G. Pauthier. — Appendix : Histoire des relations des nations étrangères avec la Chine tirée d'un essai topographique sur Canton, publié par le vice-roi de cette province, en 1819. (Ext. de l'Indo-Chinese Gleaner, n° 10.) — Table chronologique de tous les souverains qui ont régné en Chine, rangée par ordre de cycles, depuis la 61e année du règne de Hoang-ti jusqu'au règne présent. — Table des matières. — Avis pour servir au classement et à l'explication des gravures.

Vol. II, pp. 675 et 17 gravures.

Première Partie par M. G. Pauthier : Avant-Propos. — Description de Peking. — Division administrative de la Chine en 18 Provinces. — Organisation politique et administrative de la Chine. — Langue chinoise. — Philosophie chinoise — Table des matières. pp. 1/390.

Seconde Partie par M. Bazin : Arts, Littérature et Mœurs : Théâtre. — Littérature moderne. — Histoire naturelle — Agriculture. — Horticulture. — Industrie. — Fêtes. — Jeux — Bibliographie. (pp. 391/672.) — Table des Matières. (pp. 672/675.)

Ces Volumes font partie de la collection *l'Univers pittoresque* publiée par F. Didot.

— Il y a des ex. de la première partie (Vol. I) de la Chine de Pauthier (*Univers pittoresque*) qui ne portent pas de date. — Ce vol. forme le tome I de l'Asie dans la Coll. de l'*Univers pittoresque*; le deuxième vol. forme le tome X de cette série.

M. Gust. Dugat a consacré une longue notice à cet ouvrage dans son «Histoire des Orientalistes de l'Europe» II, 1870, pp. 219/227.

— Geschichte und Beschreibung von China von M. G. Pauthier . . . Aus dem Französischen. — Mit 72 Kupfern und 1 Karte. — Stuttgart. E. Schweizerbart, 1839, in-8, pp. XII-529.

Trad. par le Dr. C. A. Mebold. — Fait partie de la *Welt-Gemälde-Gallerie*.

— C. Macfarlane. — The Chinese Revolution. [Voir le Chap. consacré aux T'AI P'ING.]

— Beiträge zur Kunde China's und Ostasiens. Herausgegeben von K. L. Biernatzki. Mit vier Holzschnitten. Kassel, Verlag von G. E. Vollmann, s. d. [1853], in-8, pp. 144.

Vorwort. — Die Chinesen in der Zerstreuung. — Die Batta-er auf Sumatra. — Kleidung und Speisen der Chinesen. — Nachrichten aus Ostasien. — Literatur. — Chinesische Legende. — Aktenstücke und Mittheilungen über die neuesten Vorgänge in China. — Die Mandschu und ihre Heimath. — Ein chinesischer Gerichtshof. — Die Schriftstücke des Gegenkaisers in China.

— China, pictorial, descriptive . . . London, 1853, in-8.

Par Miss Corner; voir col. *supra* col. 82.

— The Land of Sinim . . . By William Gillespie . . 1854. — Voir chap. CHRISTIANISME.

— The Hand Book of China, being a concise Manual of the ancient History — scientific Discoveries — present Condition — and future Prospects of that Country, with a succinct Account of the Rise & Progress of the pending Revolution in China; and Notices of the past and present efforts made for the spread of the Gospel in that vast Empire. By Richard Ball, One of the Secretaries of the Chinese Evangelisation Society . . . London : J. Nisbet, 1854, pet. in-8, pp. 98.

— Men and Manners in China. By Sir John Bowring. (*The Athenaeum*, 1855, No 1464, pp. 1338/9.)

— Die Chinesen, ihre Sitten und Gebräuche. Von Sir John Bowring, königl. grossbritannischem General-Consul in China. (*Petermann's Mittheilungen*, I, 1855, pp. 318/322.)

— Geographie Universelle de Malte-Brun revue.... par E. Cortambert, III, Paris, 1856 [1857].

Turkestan Chinois et la Dzoungarie, Liv. XV. — Mongolie, Liv. XVI. — Mandchourie, Liv. XVII. — Royaumes de Corée et de Lou-tchou, Liv. XVIII. — Tibet et Boutan, Liv. XIX. — Chine proprement dite, Liv. XX—XXII.

— China and the Chinese. (*Westminster Review*, April 1857.)

— China and Siam. (*Monthly Review*, April 1857.)

— H. B. Oppenheim. La Chine contemporaine. (*Revue de Paris*, 1er juillet 1857.)

WILLIAM CHARLES MILNE.

— Life in China. By Rev. William C. Milne, M. A. for many years missionary among the Chinese. With four original Maps. London : Routledge, 1857. In-8, pp. x-517.

Part first : Western Notions of Life in China.
Part second : Real Chinese Life at Ningpo.
Part third : A glance at Life in the Interior of China.
Part fourth : Shanghai.

— Life in China . . . by W. C. Milne . . . 1857.

2d ed. continued to the Fall of Canton, March, 1858; 3d ed. May, 1858.
— Voir NINGPO au chap. des PORTS OUVERTS.

— La Vie réelle en Chine, par le Révérend William C. Milne; traduite par André Tasset; avec une introduction et des notes par M. G. Pauthier. Ouvrage contenant trois cartes originales. Paris, Hachette, 1858. In-12, pp. XXVIII-548.

— Le même, 2e édit. Paris, Hachette, 1860, in-12. — Pub. à 3 fr. 50.
Extrait de Milne dans la *Correspondance littéraire*, pp. 241/4, 5 sept. 1858.

— Reseña histórica del gran imperio de China. Obra interesante, curiosa y entretenida por las muchas noticias y minuciosos detalles que contiene sobre este antiguo imperio, y útil para cuantos gusten saber algo de el con alguna verdad y precision. Escrita y publicada por D. Luis Prudencio Alvarez y Tejero. Dàse en ella una idea bastante clara y exacta de la antiguedad y poblacion de China; carácter, leyes, usos y costumbres de sus naturales; de su lengua y religion, agricultura, è industria; y describense las cosas mas notables de poblaciones, edificios y ricas producciones de las mas de las provincias del imperio, etc. etc. Madrid, Imprenta de T. Fortanet, Libertad, 29. 1857, in-8, pp. 384.

— L'Impero celeste. Lettere di un Cinese ad un Europeo pubblicate dal Dottor Antonio Caccia. Milano. Dalla Società tipografica de' Classici Italiani, 1858, in-8, pp. 172 s. la tab., 1 carte.

— * China. Land und Volk. Geschildert nach den besten neuen Arbeiten. 2. umgearb. Aufl. mit Stahlst. In-12 Lfgn. Stuttgart, Gebr. Scheitlin, 1858, gr. in-8 (*Bib. hist.-geog.*, 1858).

— * Kina. Land och Folk, Skildradt efter de bista Röllor. Fri öfversättning of Kjellman-Göranson. Cahier 1—12. Stockholm, 1859-60, gr. in-8, pp. 236. Avec 35 gravures.

[D'après Huc et d'autres.]

— La Chine contemporaine d'après les travaux les plus récents; traduction de l'allemand par A. J. du Bosch. Paris et Bruxelles, 1860, 2 vol. in-12.

Duprat, 1861, Fr. 7.

— Un Français en Chine pendant les années 1850 à 1856, par J.-J.-E. Roy. Tours, A. Mame et Cie, 1858, in-8.

L'ouvrage est précédé d'une «Notice géographique et historique sur la Chine». — Il fait partie de la «Bibliothèque de la Jeunesse chrétienne approuvée par Mgr l'Archevêque de Tours».

2e éd.	Tours, A. Mame et Cie, 1860,	in-8.
1862	Ibid.	in-8.
1863	Ibid.	in-8.
1866	Tours, A. Mame et fils,	in-8.
1867	Ibid.	in-8.
1870	Ibid.	in-8.
1872	Ibid.	in-8.

— Twelve years in China. The People, the Rebels, and the Mandarins by a British Resident [John Scarth]. Edinburgh, Thomas Constable & Co, 1860, in-8.

— Histoire complète de l'empire de la Chine depuis son origine jusqu'à nos jours. — Son étendue. — Sa chronologie. — L'histoire de ses diverses dynasties ... — Son gouvernement. — Son commerce. — Ses Arts et Métiers, etc. — Son caractère. — Son génie. — Ses mœurs. — Ses coutumes. — Sa langue. — Sa littérature. — Sa musique, etc. Par MM. A. S. et D., professeurs d'histoire de l'Université, et continuée jusqu'à nos jours par M. P. D., ancien professeur de l'inst. du Ch. de Saint-Louis. Nouvelle édition.... Paris, Parent-Desbarres, 1860, 2 vol. in-12.

M. P. D. — Pseudonyme de Pierre-François Parent-Desbarres. (Barbier, nouv. éd., II, 646.)

— The Englishman in China. London : Saunders Otley & Co, 1860, in-12, pp. x-272.

— Pictures of the Chinese, drawn by themselves described by Rev. R. H. Cobbold, M. A. Rector of Broseley, Salop, late Archdeacon of Ningpo. London : John Murray, 1860, in-8, pp. vi-219.

Frontispice gravé avec le titre de «The Chinese at Home».

C'est une série de dessins représentant les métiers des Chinois : chiffonnier, etc.; avec des notes explicatives.

Le Rév. Robert Henry Cobbold fut envoyé en Chine par the Church of England Missionary Society; il arriva à Chang-Hai le 17 avril 1848. Il quitta définitivement la Chine en mars 1857.

— La Chine contemporaine, par Ch. Lavollée. Paris, 1860. In-18.

— * Les Chinois; par F***. Limoges, Impr. et libr. F. F. Ardant frères; Paris, même maison, in-32, pp. 63 et vign.

Bibliothèque chrétienne de l'adolescence et du jeune âge.

[*Bib. de la France*, 1861, N° 7806.]

— Acht Vorträge über China gehalten an verschiedenen Orten Deutschlands und der Schweiz von R. Lechler, Missionar..... Basel, 1861, in-8.

Brockhaus, 1872. — Ngr. 10.

— * De Haerne. De la Chine considérée en elle-même et dans ses rapports avec l'Europe. Bruxelles, Goemaere, 1861, in-8, pp. 78. (Bib. hist.-geog., 1861.)

— * La Chine et les Chinois. Histoire, description du pays, études de mœurs, religion, littérature, agriculture, commerce, etc. Traduit de l'allemand. Paris, Cherbuliez, 1861, 2 vol. in-12. Fr. 7. [O. Lorenz, I, p. 526.]

— * Mrs. William H. Collins. China and its People. A Book for young readers, by a Missionary's Wife. London, 1862, in-16, pp. v-137. [*Mem. of Prot. Miss.*, p. 248.]

— La Chine et la Cochinchine. Aperçu sur la Chine, sa géographie physique et politique, son climat, ses productions et sa population, suivi de l'histoire de la guerre des Français et des Anglais contre les Chinois depuis 1844 jusqu'au traité signé à Pékin en octobre 1860 et de l'histoire des expéditions françaises en Cochinchine depuis leur origine jusqu'à la prise de Mitho (12 avril 1861), avec notice géographique et historique de l'empire annamite par J. J. E. Roy. Lille, L. Lefort, M.DCCCLXII, in-8, pp. 256.

— W. Reinhold : China und die Chinesen. (*Westermann's Illustr. Deutsche Monatshefte*, 1862, Nr. 68.)

— Observations on China and the Chinese. By W. L. G. Smith, late U. S. Consul at Shanghai. New York : Carleton. MDCCCLXIII, in-12, pp. 216.

— Das Interessanteste und Neueste aus China, in religiöser, politischer und socialer Hinsicht...... Wien, 1863. Mechitharisten-Congregations-Buchhandlung, in-8, pp. VI-188.

La préface est signée : Dr. Josef Seitl, k. k. Schlosscaplan.

— Mémoires sur la Chine par le Comte d'Escayrac de Lauture. *Introduction* : Préface; campagne de Pékin; souvenirs personnels; question chinoise. *Histoire* : Eléments historiques; chronologie; temps anciens; temps moyens; temps modernes; monnaies anciennes; Histoire du sol; additions relatives au commerce. *Religion* : Mouvement religieux; Religion des Chinois; Olympe; Bouddhisme; Enfers; Culte populaire; Cultes étrangers; vocabulaire religieux. *Gouvernement* : Gouvernement central; fonctionnaires civils; administration; finances; état militaire; vocabulaire administratif; *Coutumes* : Vie sociale; Théâtre; Cérémonies; Vie privée; instruction publique; Agriculture; transports; calcul et mesures; monts-de-piété; commerce en 1863. Paris, Librairie du Magasin pittoresque, 1865, gr. in-4.

Cet ouvrage a été publié en cahiers ou livraisons ayant une pagination et une Table des matières spéciales. Chaque cahier comprend une des grandes divisions :

Introduction (Février 1864). — Histoire (Juin 1864). — Religion (Août 1864). — Gouvernement (Oct. 1864). — Coutumes (Nov. 1864).

On peut retourner contre cet ouvrage le reproche qu'il adresse injustement aux travaux des Jésuites sur la Chine, p. 2 : « Souvent superficiel. »

Il faut ajouter à ce volume la sixième livraison des Mémoires qui a paru en Mars 1865 et qui traite du *Langage, son histoire, ses lois*, in-4, pp. 83.

Le comte Pierre-Henri Stanislas d'Escayrac de Lauture, né à Paris le 19 mars 1826 d'une ancienne famille du Quercy; † 18 déc. 1868.

M. Durand-Lapie, prof. au Lycée de Montauban, a écrit sa biographie (1899, Congrès des Soc. savantes de Toulouse) :

— Le comte d'Escayrac de Lauture, voyageur et explorateur français (1826—1868) Sa vie et ses ouvrages, par M. Paul Durand-Lapie, Avocat, Agrégé de l'Université, Professeur au Lycée Ingres, à Montauban. (*Bull. Géog. hist. et descrip.*, 1899, No. 2, pp. 323/372.)

Une bibliographie se trouve à la fin de l'article.

— Le Comte d'Escayrac de Lauture Voyageur et explorateur français Commandeur de la Légion d'honneur Sa Vie et ses Ouvrages par Paul Durand-Lapie, Avocat, Agrégé de l'Université. Paris, Honoré Champion, 1899, in-8, pp. 180 + 1 f. n. ch.

JUSTUS DOOLITTLE.

— Social Life of the Chinese : with some account of their religious, governmental, educational, and business Customs and Opinions. With special but not exclusive reference to Fuhchau. By Rev. Justus Doolittle, fourteen years member of the Fuhchau Mission of the American Board. With over One Hundred and Fifty Illustrations. New-York : Harper & Brothers, 1865. 2 vol. in-12.

La plus grande partie des articles qui composent cet ouvrage parurent d'abord dans « *The China Mail* » sous le titre de « *Jottings on the Chinese* ».

Notices : *The Athenaeum*, 3 March 1866. — *N. C. Herald*, 832, July 7, 1866. — *Miss. Rec.* (pp. VII-IX, by C. C. Baldwin). — Thoughts on « Social Life of the Chinese » by Geo. Phillips. (*Ibid.*, pp. 6/7.) — *Atlantic Monthly*, Vol. 17, p. 779 (1866). — *The Cycle*, 17 déc. 1870.

— Social Life of the Chinese : with some account of their religious, governmental, educational, and business Customs and Opinions. With special but not exclusive reference to Fuhchau. By Rev. Justus Doolittle, fourteen years member of the Fuhchau mission of the American board. With over One Hundred and Fifty Illustrations. In two volumes. New York : Harper & Brothers, publishers, Franklin square. 1867, 2 vol. in-12, pp. 459, 490.

— The Same. Two volumes in one. New-York. Harper & Brothers, 1876, 2 vol. pet. in-8, pp. XXXIV-459, 490.

— * The Social Life of the Chinese; a Daguerreotype of daily life in China. Condensed from the work of the Rev. J. Doolittle. By the Rev. Paxton Hood. With Illustrations London 1868, petit in-8.

Notice : *Pall Mall Gazette*, Aug. 31, 1868.

∴

— Chinese Miscellanies : A Collection of Essays and Notes. By Sir John Francis Davis, Bart., K. C. B. London : Murray, 1865, petit in-8, pp. VIII-191.

I. Calculating Machine. Common Tartar Characteristics of Russians and Chinese, p. 1. — II. Huc's Travels in Tartary, Thibet, and China (from the Edinburgh Review), p. 7. — III. The Rise and Progress of Chinese Literature in England, during the first half of the present century, p. 50. — IV. The Roots of the Language, with their threefold uses (From the Proceedings of the Philological Society), p. 76. — V. The Drama, Novels, and Romances. (From the Quarterly Review), p. 91. — VI. Address to the China Branch of the Royal Asiatic Society on its inauguration at Hong-kong. — VII. Chusan in British occupation (From the Proceedings of the Royal Geographical Society), p. 127. — VIII. Analysis of a work on Husbandry and Botany (Presented to the Horticultural Society with the original work), p. 163. — IX. Valley of the Keang to the Port of Hankow (From the Journal of the Royal United Service Institution), p. 175.

Notice dans *The N. C. Herald*, 812, Feb. 17, 1866.

— Etudes sur la Chine contemporaine par Maurice d'Irisson. Paris, Chamerot et Lauwereyns. 1866. in-8, pp. VIII-214 s. l. t.

Coup d'œil général. — Ire Etude. La Race. — II. La Langue. — III. La Famille. — IV. La Société. — V. L'Agriculture. — VI. L'Industrie. — VII. Le Commerce. — VIII. Les Arts. — IX. Les Sciences. — X. La Politique.

— Deuxième édition. Paris, 1869, in-8.

— M. d'Irisson. L'esprit chinois et l'esprit européen. (*Moniteur*, sept. 1868.)

Maurice d'Irisson, plus tard Comte d'Hérisson.

— Histoire universelle par César Cantu; 3e éd., revue par M. Lacombe. Paris, Didot : III, 1866 : *La Chine*, pp. 273/399.

Le Pays et ses habitants. — Temps antiques. — Considérations sur les Antiquités chinoises. — Première, seconde et troisième dynastie. — Philosophie chinoise. Lao-tseu. — Confucius, Mencius. — Constitution de la Chine. — Langue et écriture chinoises. — Arts et sciences. — Littérature. — Mœurs. — Epilogue.

Notes additionnelles, pp. 408/453.

— China. A brief account of the country, its inhabitants, and their institutions. By Samuel Mossman, late editor of the « North China Herald ». With map and illustrations ..... London : Society for promoting Christian Knowledge, s. d. [1867], pet. in-8, pp. v + 1 f. n. c. + pp. 356.

Notice : *N. C. Herald*, Sep. 21, 1867.

— La Chine et l'Europe. Leur histoire et leurs traditions comparées par Joseph Ferrari. Membre du Parlement italien. Deuxième édition. Paris, Didier, 1869, in-12, pp. vi-607.

Préface. — I. L'Art de comparer les dates. — II. La Chine dans le Monde ancien. — III. La Chine dans le Monde moderne. — Table.

— Première éd., Paris, Didier, 1867, in-8.

Notices : *Journ. des Savants*, 1868, fév. p. 126. — *Saturday Rev.*, 7 Mar. 1868. — Joseph Ferrari est mort à Rome le 2 Juillet 1876.

— L'Empire du Milieu. Description géographique. Précis historique. Institutions Sociales, Religieuses, Politiques. Notions sur les Sciences, les Arts, l'Industrie et le Commerce par le Marquis de Courcy, ancien Chargé d'Affaires de France en Chine. Paris, Didier, 1867, in-8, pp. xi-692.

Préface — I. Géographie. — II. Mœurs et Religion. — III. Gouvernement, Législation et Administration de l'Empire. — IV. Des Sciences et des Arts. — V. De l'Agriculture, de l'Industrie et du Commerce. — VI. Histoire. — Annexes. — Table des Matières. — Table Alphabétique.

J. des Sav., 1867, pp. 324/5. — Duchesne de Bellecourt : *L'Empire du Milieu*, par M. le marquis de Courcy (*Revue des Deux-Mondes*, 15 avril 1867).

— P. Duchesne de Bellecourt. La Chine et le Japon à l'Exposition universelle. (*Revue des Deux-Mondes*, 1er août 1867, pp. 710/742.)

— China : the Country, History, and people. London : the Religious Tract Society, s. d. [1867], pet. in-8, pp. viii-306.

Par W. H. Tregellas.

— China and the Chinese : A General Description of the country and its inhabitants; its civilization and form of government; its religious and social institutions; its intercourse with other nations; and its present condition and prospects. By the Rev. John L. Nevius, ten years a missionary in China. With a Map and illustrations. New-York : Harper & Brothers, 1869. pet. in-8, pp. 456.

Pub. Dol. 1. 75.

— * Revised Edition. Philadelphia, Presb. Board of Pub., 1883, in-12, pp. 452, carte et ill.

— France et Chine. — Vie publique et privée des Chinois anciens et modernes. Passé et Avenir de la France dans l'Extrême-Orient... par M. O. Girard, ancien curé et témoin synodal de Saint-Paul aux Iles Mascareignes. Paris, Hachette, 1869, 2 vol. in-8. Prix : Fr. 15.

— 2e édition. Paris, Hachette, 1870, 2 vol. in-12. Prix Fr. 7.

Notice par Ch. Chambon dans les *Études religieuses*, pp. 971/3, XIVe année, 4e série, 1869.

— 3e édition. 1876. 2 vol.

Notice par H. Gaultier de Claubry dans les *Missions catholiques*, III, pp. 126/8.

— Inde, Chine et Japon ou Nouveau Tableau anecdotique de la religion, des mœurs, usages et coutumes de ces contrées lointaines. Paris, in-12, s. d.

— The Chinese : A Book for the Day by the Rev. Thomas Phillipps : London, Samuel Bagster, s. d., pp. vi-120, pet. in-8.

— Four Hundred Millions. Chapters on China and the Chinese. By the Rev. A. E. Moule, Missionary at Ningpo. With maps and illustrations. London : Seeley, Jackson & Halliday, 1870, in-8, pp. 230.

Notice dans *The Phoenix*, I, pp. 64/5.

— * The Oldest and the Newest Empire : China and the United States; by William Speer. D. D., Hartford, 1870, in-8.

The author, a Philadelphian, formerly Missionary in China, and to the Chinese in California, is now Corresponding Secretary to the Presbyterian Board of Education (Allibone, III, 2719).

— The Chinese Empire.

Chap. XIII, pp. 517/575 du Vol. II de « The World as it is. A new and comprehensive system of Modern Geography physical, political and commercial. By William Cooke Taylor, LL. D. of Trinity College, Dublin; and Charles Mackay, LL. D. — London, 3 vol. in-4, s. d. »

— The Foreigner in Far Cathay. By W. H. Medhurst, H. B. M. Consul, Shanghai. With Map. London : Edward Stanford, 1872, pet. in-8, pp. 192.

Pub. à 6/

— * New York : Scribner, 1873, in-12.

Notices : *N.-C. Daily News*, 4 Dec. 1872. — *New York Tribune*, March 18, 1873. — *Shanghai Budget*, Jan. 16, 1873. — *The Phoenix*, II, p. 129. — *The China Review*, I, p. 201.

— Notice de Medhurst's *Foreigner in Far Cathay* par le P. M. Desjacques, S. J., sous le titre de « La Chine et ses habitants » dans les *Études religieuses*, pp. 284/295, XVIIIe année, 5e série, 1879.

— Illustrations of China and its People. A Series of two hundred photographs, with Letterpress descriptive of the places and people represented. By J. Thomson. F. R.

G. S. London, Sampson Low, 1873-4, 4 vol. grand in-4.

Pub. à £ 10. 10/- ou £ 3. 3/- par volume.

— The Land and the People of China : a Short Account of the Geography, History, Religion, Social Life, Arts, Industries, and Government of China and its People. By J. Thomson, Esq., F. R. G. S., Author of « Illustrations of China and its People », &c. With Map, and 12 full page Illustrations on toned paper. London, Society for promoting Christian knowledge, 1876. In-8, cloth boards, 5 s.

Notice : *Athenaeum*, n° 2569, Jan. 20, 1877.

— La Chine — son histoire — ses ressources par Louis Strauss, consul honoraire de Belgique. Bruxelles. — Paris. 1874, in-8, pp. 452.

Notice : *Lond. & China Express*, July 17, 1874.

— Очерки современнаго Китая. М. Венюкова. St Pétersbourg, 1874, in-8, pp. 152.

Fondé en partie sur les impressions du voyageur pendant un séjour de quelques mois dans le nord de la Chine, en partie sur les renseignements fournis par les journaux européens publiés dans l'Extrême-Orient.

— Octave Sachot. Pays d'Extrême-Orient. Siam. — Indo-Chine centrale. — Chine. — Corée. Voyages. — Histoire. — Géographie. — Mœurs. — Ressources naturelles. Paris, Victor Sarlit, 1874, in-8, pp. 216 s. l. t.

— « China ». *The Oriental*, June, 1874.

— * Очерки Китая. Aperçu sur la Chine, 1875, par M. C. Skatchkoff.

— * F. Chaulnes. Notes sur la Chine. (*Journal officiel*, Juillet 9, 1876.)

— Stories from China by the Author of « the Story of a Summer Day », « Travellers' Tales », etc. With twenty-five illustrations. Seeley, Jackson, and Halliday, 54, Fleet Street, London, MDCCCLXXVI, pet. in-8, pp. IV-219.

HERBERT ALLEN GILES.

Né 8 déc. 1845.

— Chinese Sketches. By Herbert A. Giles, of H. B. M.'s China Consular Service. London : Trübner & Co, Ludgate Hill, 1876, in-8, pp. 204.

Quelques-uns de ces articles avaient paru à Chang-Hai dans *The Celestial Empire*.

Notice dans *Literarisches Centralblatt*, Juillet 1876.

— Chinesische Skizzen von Herbert A. Giles, englischer Consularbeamter in China. In's Deutsche übertragen von W. Schlösser. Berlin, 1878, in-8, pp. 266, s. la préf. et la table.

— * Chinesische Skizzen. (*Augsb. Allgem. Ztg., Beil.* 254—260.)

— A Glossary of Reference, on Subjects connected with the Far East. By Herbert A. Giles, of H. M.'s China Consular Service. — Hongkong : — Lane, Crawford & Co. Shanghai & Yokohama : Kelly & Walsh. London : Trübner & Co. — 1878, in-8, pp. III + 1 f. n. c. + pp. 182 + 1 f. er.

— A Glossary of Reference on Subjects connected with the Far East, by Herbert A. Giles H. B. M. Vice-Consul, Shanghai. — [Second Edition.] Hongkong : Lane, Crawford & Co. Shanghai & Yokohama : Kelly & Walsh. London : Bernard Quaritch. — 1886, in-8, pp. IV-283.

∴

— Waifs and Strays from the Far East, being a series of disconnected Essays on Matters, relating to China by Fred. Henry Balfour. Shanghai, 1877, gr. in-8, pp. 224.

Notice dans *The China Review*, V, pp. 323/4.

— * The Chinese : their Mental and Moral Characteristics. By E. M.

Lond. & China Express, 24 Aug. 1877.

— * China. A geographical, statistical and political Sketch. By A. E. Hippisley. Shanghai, 1877, in-4, pp. 27.

FERD. VON RICHTHOFEN.

— CHINA. — Ergebnisse eigener Reisen und darauf gegründeter Studien von Ferdinand Freiherrn von Richthofen. Erster Band. *Einleitender Theil.* Mit XXIX Holzschnitten und XI Karten. Berlin, Verlag von Dietrich Reimer, 1877, gr. in-8, pp. XLIV-758.

Inhalt. — China : I. Abschnitt : China und Central-Asien, chap. I—7. — II. Ab. : Entwickelung der Kenntniss von China, chap. 8-10.

Notices dans *The Geographical Magazine*, IV, oct. 1877, pp. 270-2, et dans le *Bull. de la Soc. de Géog.*, Janvier 1878, par le Col. Chanoine.

— CHINA . . . von Richthofen. Zweiter Band. *Das Nördliche China.* Mit 126 Holzschnitten, einer farbigen Ansicht, 2 Karten und 5 geologischen Profiltafeln. Berlin, D. Reimer, 1882, gr. in-8, pp. XXIV-792.

— Begriff, Ziel und Methode der Geographie und v. Richthofen's China. Bd. I. Von Dr. F. Marthe. (*Zeit. d. Gesch. f. Erdk.*, XII, 1877, pp. 422/478.)

— China . . . von Richthofen. II. Bd. Das nördliche China . . . Besprochen von G. vom Rath. (*Zeit. d. G. f. Erdk.*, XVIII, 1883, pp. 161/193.)

Voir sur les deux premiers vol., *Bol. Soc. geog. ital.*, 1882, pp. 733/769, 842/873, 91/914, par le Prof. Porena.

— CHINA . . . von Richthofen. Vierter Band. *Palaeontologischer Theil.* Enthaltend Abhandlungen von Dr. Wilhelm Dames, Dr. Emanuel Kayser, Dr. G. Lindström, Dr. A. Schenck und Dr. Conrad Schwager. Mit 15 Holzschnitten und 54 Tafeln in Steindruck. Berlin, D. Reimer, 1883, in-4, pp. XVI-288 et les pl.

— L'opera del barone di Richthofen sulla Cina (IV vol.). Relazione del Prof. F. Porena (*Bol. della Soc. geogr. ital.*, Serie II, Vol. VIII, Giugno 1883, pp. 444—447).

Notices : par Alfred von Gutschmid (*Zeit. D. M. G.*, pp. 188/213). — *Celestial Empire*, Vol. X, Nos. 3—5, 7, 9.

— Atlas von China. — Orographische und geologische Karten von Ferdinand Freiherr von Richthofen zu des Verfassers Werk : CHINA, Ergebnisse eigener Reisen und darauf gegründeter Studien. — Erste Abtheilung : *Das Nördliche China* (zum zweiten Textband gehörig). Erste Hälfte : Uebersichtsblatt, Vorerläuterungen und Tafeln 1—12. Berlin, Dietrich Reimer, 1885, in-fol. oblong.

— Zweite Hälfte : Tafel 13—26. *Ibid.*, 1885, in-fol. oblong.

— L'Atlante della Cina del Richthofen. Note di F. Porena. (*Bol. Soc. geog. Ital.*, 1886, pp. 237/241.)

∴

— China Historical and Descriptive by Charles H. Eden, Author of « India, Historical and Descriptive », &c. With an Appendix on Corea Frontispiece by a Native Artist, numerous Illustrations, and Map. London : Marcus Ward & Co., 67 & 68, Chandos Street and Royal Ulster Works, Belfast, 1877, pet. in-8, pp. 334.

Notice dans *The Athenaeum*, No 2629, 16 mars 1878.

— China : A History of the Laws, Manners, and Customs of the People. By the Ven. John Henry Gray, LL. D., Archdeacon of Hong Kong. Edited by W. Gow Gregor. London. Macmillan & Co, 1878, 2 vol. in-8, pp. XV/397, XII/374.

Notice dans *The Athenaeum*, No 2630, 23 Mars 1878. — Pub. à 32/. — 140 fig.

– Bilder aus dem chinesischen Leben. Mit besondrer Rücksicht auf Sitten und Gebræuche. Von Leopold Katscher. (Mit autorisirter Zugrundelegung eines Theiles des in John Henry Gray's « China : a history of the laws, manners, and customs of the people » niedergelegten Materiales.) Leipzig und Heidelberg, C. F. Winter'sche Verlagshandlung, 1881, in-8, p. XVI-367.

— Aus China. — Skizzen und Bilder von Leopold Katscher. (Nach den neuesten Quellen.) Leipzig, Verlag von Philipp Reclam jun., in-16, pp. 118, s. d. [1887.]

Forme le No. 2256 de *Universal-Bibliothek.*

WILLIAM A. P. MARTIN.

— * Hanlin Papers. Essays on the intellectual Life of the Chinese. By W. A. P. Martin, D. D., LL. D., President of the T'ungwen College, Peking. London, Trübner Co.; Shanghai, Kelly & Walsh, 1880.

Notice : *China Review*, IX, pp. 108/111.

— The Chinese. Their Education, Philosophy, and Letters by W. A. P. Martin, D. D., L L. D. President of the Tungwen College, Peking. New York, Harper & Brothers, 1881, in-12, pp. 319 + 3 ff. prél.

New cheaper edition. New York and Chicago, Revell Co., 1898, in-8, pp. 319.

— A Cycle of Cathay or China, South and North with Personal Reminiscences by W. A. P. Martin, D. D., LL. D. . . . With Illustrations and Map. Edinburgh and London Oliphant Anderson and Ferrier 1896, pet. in-8, pp. 464.

— The Lore of Cathay or The Intellect of China. By W. A. P. Martin, D. D., LL. D. President of the Chinese Imperial University . . . . . Illustrated — Edinburgh and London Oliphant, Anderson & Ferrier 1901, in-8, pp. 472.

— Chine et Japon. Notes politiques, commerciales, maritimes et militaires par M. Alfred Houette, enseigne de vaisseau. Paris, Berger-Levrault, 1881, in-8, pp. 130.

Bib. nat. $\frac{O^2n}{703}$.

— Chine et Japon. Notes politiques, commerciales, maritimes et militaires. Par Houette, enseigne de vaisseau. (*Rev. mar. et col.*, Vol. 66, 1880, pp. 348/402, 445/489; Vol. 67, 1880, pp. 207/237.)

— Étude sur la Chine. Abrégé de son histoire, son état présent et son avenir par l'abbé Gainet chanoine honoraire de Reims, ancien curé de Cormontreuil, curé de Traves. Besançon, imp. et lith. de J. Jacquin . . . 1881, in-8, pp. XII-500 + 1 f. n. c.

— Deuxième édition. — Besançon, imp. et lith. de P. Jacquin . . . 1883, in-8, pp. XII-500 + 1 f. n. c.

— Nouvelle Géographie Universelle. La Terre et les Hommes par Elisée Reclus. VII. L'Asie Orientale contenant 7 cartes en couleur tirées à part, 162 cartes dans le texte et 90 vues et types gravés sur bois. — Paris, Hachette, 1882, gr. in-8, pp. 885.

— Bibliothèque de vulgarisation. Ad. F. de Fontpertuis — Chine, Japon, Siam & Cambodge. Paris, A. Degorce-Cadot, éditeur, 1882, in-18, pp. IV-312.

Notice : *Ann. de l'Ext. Orient*, 1882—1883, V, pp. 3/5. (Par Léon Feer.)

— La Chine contemporaine par Ad. F. de Fontpertuis. Paris, Degorce-Cadot, 1883, in-16, pp. 153, grav.

ROBERT KENNAWAY DOUGLAS.

— China. By Robert K. Douglas, of the British Museum, and Professor of Chinese at King's College London. With Map. Published under the direction of the Committee of General Literature and Education appointed by the Society for Promoting Christian Knowledge. London, 1882, in-8, pp. 400 + 2 ff. prél.

— Le même. Boston, D. Lothrop [1885], in-8.

— China. By Robert K. Douglas, of the British Museum, and Professor of Chinese at King's College, London. With Map. Second Edition, revised. — Published under the direction of the Committee of General Literature and Education appointed by the Society for Promoting Christian Knowledge. — London : Society for Promoting Christian Knowledge, 1887, in-8, pp. VIII-433.

— Society in China. By Robert K. Douglas, Keeper of the Oriental Books and Manuscripts in the British Museum, Professor of Chinese at King's College. With twenty-two illustrations. London : A. D. Innes & Co., 1894, in-8, pp. XIV-415.

— Second ed., 1894, in-8.

Notices by J. L[egge], *Journ. Roy. As. Soc.*, Oct. 1894, pp. 851/865. — By C. J. Ball, *The Academy*, Oct. 6, 1894, No. 1170, p. 250. — *The Athenaeum*, Aug. 4, 1894, No. 3384, pp. 149/150.) — *Edinburgh Rev.*, 182, Jan. 1895, pp. 132/155. — *Scottish Geog. Mag.*, X, 1894, pp. 474/9. By W. P. Mears.

— Popular Edition. London, Innes, 1895, in-8.

— Popular Edition. London, Ward, 1900, in-8.

— China and its People. Address by Prof. Douglas to the Tyneside Geographical Society, Friday, October 19th, 1894. (*Jour. Manchester Geog. Soc.*, X, 1894, pp. 290/294.)

Le Prof. Robert Kennaway Douglas est né dans le Devonshire le 23 août 1838 ; ce sinologue distingué outre ses travaux spéciaux a publié l'article anonyme : The Whirligig of Time Reprinted from 'Blackwood's Magazine' for november 1885. — William Blackwood, Edinburgh and London, M DCCC LXXXV, in-8, pp. 32.

— * L'Impero Chinese. Roma, tip. Claudiana, 1882, in-16.

— Stanford's Compendium of Geography and Travel based on Hellwald's « Die Erde und ihre Völker ». — ASIA with ethnological Appendix by Augustus H. Keane Vice-President of the Anthropological Institute Edited by Sir Richard Temple, Bart., M. P. . . — Maps and Illustrations — Second Edition. London, Edward Stanford, 1886, in-8, pp. XXXI-723.

New edition, 1896.

— China, in some of its physical and social aspects. By E. Colborne Baber, Chinese Secretary to H. M. Legation, Peking. (*Proc. of the R. Geogr. Soc.*, London, Vol. V, No. 8, August 1883, pp. 441—458.)

— Allou. — En Chine illustré par de Bar, Scott, Toussaint, etc. Paris, Ch. Delagrave, 1884, in-8, pp. 296.

— Deuxième édition. Paris, Ch. Delagrave, 1886, in-8, pp. 296. Bib. nat. $\frac{O^2n}{761}$ et $\frac{O^2n}{761\,A}$.

— The Children of China. Written for the Children of England. By their old friend the author of « the Children of India ». With map and illustrations. London, Hodder and Stoughton, 27. Paternoster row. MDCCCLXXXIV, gr. in-8 carré, pp. VIII-312.

— Bits of old China, being a few chapters upon the Customs, Language, & Condition of the Chinese. Green & Son, Beverley. Kent & Co., London, 1884, in-8, pp. 50 + 3 ff. prél. n. ch. pour le tit., la préf. &c.

— Chine et Extrême-Orient par le Baron G. de Contenson, ancien attaché militaire en Chine. Paris, Librairie Plon, E. Plon, Nourrit et Cie. 1884, in-18, pp. 294.

Notice : *Ann. de l'Ext. Orient*, 1883—1884, VI, p. 381.

TCH'EN KI-T'ONG 陳季同

— Les Chinois peints par eux-mêmes par le Colonel Tcheng-ki-tong, attaché militaire de Chine à Paris. Paris, Calmann Lévy, 1884, gr. in-18, pp. x-291 + 1 f. n. c. pour la tab.

L'ouvrage a eu de nombreuses éditions dans le même format.

Notice : *Études religieuses*, XLIII, 1888, pp. 432/54 [par A. Colombel].

— Les Chinois peints par eux-mêmes. Par le Colonel Tcheng-Ki-Tong. (*Ann. de l'Ext. Orient*, 1884—1885, VII, pp. 43/53.) *Extraits.*

— The Chinese painted by themselves. By Colonel Tcheng-Ki-Tong, military attaché of China at Paris. Translated from the French by James Millington. London : Field & Tuer, The Leadenhall Press . . . . net. in-8, pp. 203.

— China und die Chinesen. Von Tscheng-Ki-Tong, Oberst und Militär-Attaché bei der Kaiserlich Chinesischen Gesandtschaft in Paris. — Einzige autorisirte Uebersetzung von Adolph Schulze. Leipzig, Verlag von Carl Reiszner. 1885, pet. in-8, pp. IV-307.

— 2. Aufl., Dresden, 1896, pp. IV-215.

Cet ouvrage a été aussi traduit en danois.

— China : A Sketch of its Social Organization and State Economy. By Tsheng-ki-tong. (*As. Quart. Review*, X, July-Oct. 1890, pp. 258/272.)

— Chinese Culture, as compared with european Standards. I. Chinese : Literary and Commercial. By Tcheng-ki-tong. (*Imp. & Asiat. Quart. Review*, 2nd Series, I, Jan.-April, 1891, pp. 380/397.)

— * G. Renholm. — Kinas folk och civilisation. Bearbetning efter Tcheng-Ki-Tong och andra källor. Stockholm, Wahlström & Widstrand. 1900, in-8, pp. 178.

— Les Français dans l'Extrême Orient. Chine, Japon, Indo-Chine, Annam, etc. Par A. S. de Doncourt accompagné de 2 cartes et de 41 gravures. J. Lefort, Lille [et] Paris, s. d. [1885], gr. in-8, pp. 318.

— Home-Life in China. By Mrs. M. I. Bryson, of the London Mission, Wuchang, China. American Tract Society, New York, in-8, pp. 314.

— Bibliothèque instructive. — La Chine d'après les voyageurs les plus récents par Victor Tissot. Ouvrage illustré de 65 gravures sur bois. — Paris, Jouvet, MDCCCLXXXV, in-16, pp. 336.

Bib. nat. $\frac{O^2n}{774}$

— La Vie partout. Le Monde chinois par Philippe Daryl. (La nation chinoise et son gouvernement. — L'art. — Les lettres. — Le théâtre. — L'industrie. — Les finances. — Le commerce extérieur. — Tribunaux, procédures et peines. — L'armée de terre et de mer.) Paris, J. Hetzel, 1885, in-18, pp. IV-326.

Philippe Daryl = Paschal Grousset.

EUGÈNE SIMON.

— La Cité chinoise, par G.-Eug. Simon, ancien consul de France en Chine, ancien élève de l'institut national agronomique de Versailles. Paris, Nouvelle Revue, 1885, in-12, pp. 389 + 1 f. n. c.

— La cité chinoise. Par Eugène Simon. (*Ann. de l'Ext. Orient*, 1882—1883, V, pp. 97/110.)

— China : its Social, Political, and Religious Life. From the French of G. Eug. Simon. London : Sampson Low, Marston, Searle, & Rivington, 1887, in-8, pp. 342.

Notice : *Lond. & China Teleg.*, Jan. 16, 1888. — *China Review*, XVI, pp. 251/2, par E. J. E[itel].

— G. Eugène Simon. Nécrologie. Par Henri Cordier. (*T'oung Pao*, VII, n° 5, Déc. 1896, pp. 592/593.)

— English Life in China, by Major Henry Knollys Royal Artillery . . . . . London, Smith, Elder & Co., 1885, in-8, pp. IX-333.

— Paul Antonini. — Les Chinois peints par un Français. Paris, Paul Ollendorff, 1886, gr. in-18, pp. VII-335 + 1 f. n. c. p. l. tab.

— Paul Antonini. — Les Chinois . . . . Seconde édition. Paris, 1886, gr. in-8.

— Au Pays de Chine par Paul Antonini. — Le Pays de Chine. Ses habitants. Mœurs, usages, institutions. L'œuvre du Catholicisme. Persécuteurs et Martyrs. — Paris, Librairie Bloud et Barral, in-8, pp. 300 + 1 f. n. c.

Notice : *Études religieuses*, 30 nov. 1890, pp. 838/842, par A. A. Fauvel.

— El Progreso Editorial. — La Vida en el Celeste Imperio por Eduardo Toda. — Ilustraciones de José Riudavets. Madrid, Imprenta de el Progreso Editorial. — 1887, in-8, pp. 339 + 1 f. n. c.

— Quelques mots sur la Chine, par J.-H. E. Frandin. (*Bul. Soc. Géog. Com.*, Paris, XI, 1888/9, pp. 582/5.)

— Notice sur la Chine par Henri Cordier, Professeur à l'École des Langues orientales. — (Extrait de la *Grande Encyclopédie.*) Paris, H. Lamirault, 1890, in-8, pp. 112.

Quelques ex. sur papier du Japon.

— Важность изученія Китая. — Сергѣй Георгіевскій. — С.-Петербургъ . . . 1890, in-8, 2 ff. n. c. + pp. 286 + 1 f. n. c.

— The Chinese, their Present and Future : Medical, Political and Social. By Robert Coltman, Jr., M. D. Illustrated with Fifteen Fine Photo-Engravings Philadelphia and London, F. A. Davis, 1891, in-8, pp. 212.

— China. — Von einem früheren Instructeur in der chinesischen Armee. — Leipzig, Verlag von Otto Wigand. 1892, in-8, pp. 80.

— * L'Asie, décrite et illustrée par les missionnaires. Lille, 1894, 2 vol. in-4.

— Chats about China. By M. von Brandt. Late German Minister in China. (*London and China Express*) :

I. — About nothing in particular. — Hongkong and the Voyage there. — Pidgin English. — The Chinaman and Squeezing. — Concerning Justice. (24 Aug. 1894.) — II. The Korean Question. — Characteristic Differences in the two Nations. — Chinese Suzerainty over Korea. — Japanese Intervention. — The War. (7 Sept. 1894.) — III. How China eats and drinks. — The Method of Serving. — Civilisation by Champagne and Electric Light. — Ducks, Pigs, and Chinoiseries. — Vegetables, Fruits and Tea. (21 Sept. 1894.) — IV. Social Questions and others. — Detestable Principles. — The Tables Turned. — Officials and Expectant Officials. — The Examinations. — The Gentry. — Religions. — Fêng-shui. (2 Nov. 1894.) — V. Peking. — To Reach the Capital. — The Journey by Water. — The Tribute Rice. (14 Dec. 1894.)

J. DYER BALL.

— Things Chinese being Notes on various Subjects connected with China by J. Dyer Ball, M. R. A. S. H. M. Civil Service, Hongkong. Author of "Cantonese Made Easy", ... — London : Sampson Low, Marston, and Company — 1892, in-8, pp. 2 + 1 f. n. c + pp. 419 + pp. XIII.

— Things Chinese being Notes on various Subjects connected with China by J. Dyer Ball, M. R. A. S. H. M. Civil Service, Hongkong. Author of "Cantonese Made Easy", ... — Second Edition Revised and Enlarged. — London : Sampson Low, Marston and Company. — 1893, in-8, pp. 4 + 1 f. n. c. + pp. 497 + pp. XIV.

— Third revised enlarged edition. New-York, Scribner, 1900, pp. XXV-666.

D. V. PUTIATA.

— Китай. Очерки географіи, экономическаго состоянія, административнаго и военнаго устройства Серединной Имперіи и военнаго значенія пограничной съ Россіей полосы. (*Съ XVI Чертежами.*) — Генеральнаго Штаба Полковникъ Д. В. Путята. — С.-Петер., 1895, in-8, pp. IV-265-83.

Notices : Immanuel, *Pet. Mitt.*, Lit., XLI, p. 105. — D. M. Pozdniev, *Zurnal Min. Narod. Prosv.*, CCXCIX, pp. 448/466.

— Chinas Wehrmacht. Von D. W. Putjata, Kaiserlich Russischer Oberst des Generalstabes. — Aus dem Russischen übersetzt von St. Ritter von Ursyn-Pruszyński, k. u. k. Rittmeister im Dragoner-Regimente Herzog von Lothringen Nr. 7. — Mit 9 Figuren im Texte und 4 Beilagen. — Wien und Leipzig, Wilhelm Braumüller, 1895, in-8, pp. 82 + 1 f. n. c.

— The real Chinaman by Chester Holcombe. For many years Interpreter, Secretary of Legation, and Acting Minister of the United States at Peking. — With seventy-seven Illustrations. — New York, Dodd, Mead & Co. 1895, in-8, pp. XX-350.

Notices : *Edinburgh Review*, 182, July 1895, pp. 132/155. — *Nation*, New-York LX, p. 351.

— John Chinaman. His Ways and Notions by Rev. G. Cockburn, M. A. Formerly of Ichang. Edinburgh, J. Gardner Hitt, 1896, in-8, pp. 223.

— * И. Коростовецъ. — Китайскій и ихъ цивилизація. С.-Петербур. 1896.

Seconde édition, 1898, pp. 625, bonne carte. — Korostovets, qui a été pendant plusieurs années secrétaire à la Légation de Russie à Peking, était bien placé pour se procurer des renseignements authentiques.

— The Mystic Flowery Land. A Personal Narrative by Charles J. H. Halcombe. Late of Imperial maritime Customs, China . . . . With Notes by the Author and Numerous Illustrations. London : Luzac, 1896, in-8, 4 ff. n. ch. + pp. 225.

Revised edition, 1899.

MESNY.

— Mesny's Chinese Miscellany. A Text Book of Notes on China and the Chinese, In two Volumes. By William Mesny, F. R. G. S., F. R. Hist. S., Brevet Lieutenant-General Chinese Army. Shanghai. Printed at The "China Gazette Office", No. 2, The Bund. 1896. in-4, pp. 524-XVI.

— Vol. II. 1897, in-4, pp. 520-XVII.

— Mesny's Chinese Miscellany. A Text Book of Notes on China and the Chinese, being the Third Book of Mesny. By William Mesny, F. R. G. S., F. R. Hist. S., Brevet Lieutenant-General Chinese Army, Knight Ying of the Pa-tu-lu. Vol. III. Shanghai. Printed at the "Shanghai Mercury" Office, 1899, in-4, 12 p. de chinois + pp. 524 + pp. XXVI.

Publication commenced 26th September [1895, Vol. I, No. 1]. — A Weekly Compendium of most useful and interesting information ever published about China and the Chinese in this handy form. — Price to subscribers. Yearly $ 20. — Half Yearly $ 11.

The last number of Vol. III is No. 26, Saturday, October 7th, 1899. The publication had ceased to appear for two and a half years and reappeared with Vol. III, No. 1, Saturday, March 25th 1899.

The Chinese title was 華英會通 *Hua-Ying Hui T'ung.*

∴

— Chinese Researches by Alexander Wylie. Author of *Notes on Chinese Literature*, &c., &c. — Shanghai : 1897, in-8.

The Value of Mr Wylie's Chinese Researches, by J. Edkins. — Biographical Sketch by Rev. James Thomas. — Life and Labours of M. Wylie, by M. Henri Cordier. — I. *Literary*. — Lecture on Prester John. — Buddhist Relics. — The Bible in China. — Secret Societies in China. — Competitive Examinations. — II. *Historical*. — Israelites in China. — Nestorian Tablet in Si-ngan Fu. — Note on the Advance of a Chinese General to the Caspian. — Subjugation of Corea. — Knowledge of a Weekly Sabbath in China. — The character *Mih*, "Secret", in a Fuhkien almanac, remarked on by Dr. Carstairs Douglas. — III. *Scientific*. — The Mongol Astronomical Instruments in Peking. — Eclipses recorded in Chinese Works. — List of Fixed Stars. — Asbestos in China. — Magnetic Compass in China. — Jottings on the Science of Chinese Arithmetic. — IV. *Philological*. — Essay on Chinese Language and Literature. — Origin of the Manchu Character.

— Quarto Centenario do Descobrimento da India. — Contribuições da Sociedade de Geographia de Lisboa. — Cousas da China. — Costumes e Crenças por Joaquim Heliodoro Callado Crespo Tenente de infanteria, Consul geral de primeira classe..... Lisboa, Imprensa nacional, 1898, in-8, pp. 283.

3 ex. em papel de linho branco nacional; 1:000 em papel de algodão de 1a qualidade.

— China By Harold E. Gorst. With a Map and Twenty-eight Illustrations. London, Sands & Co., 1899, in-8, pp. xx-300.

Fait partie de la collection : *The Imperial Interest Library* Edited by Hamish Hendry.

— E. Bard. — Les Chinois chez eux. — Avec 12 planches hors texte. Paris, Armand Colin et Cie. 1899, in-18, pp. 360.

Notices : Par Henri Cordier, *T'oung Pao*, Mars 1900, p. 70. — Frank Mahutte, *Chine et Sibérie*, Fév. 1900, pp. 55/60. — M v. Brandt, *Pet. Mitt.*, XLV, Lit., p. 171.

— Les Chinois chez eux. Par E. Giret. (*Rev. Indo-Chinoise*, No. 100, 17 sept. 1900, pp. 897/901.)

M. Bard est mort à Chang-Haï, en février 1900. — *N. C. Herald*, 7 fév. 1900, p. 225.

— In the Valley of the Yangtse. By Mrs. Arnold Foster, London Missionary Society, Hankow Compiler of "An English and Chinese Pocket Dictionary" With sixty-four illustrations. London, London Missionary Society ..... John Snow & Co.... 1899, in-8, pp. xii-216.

— Intimate China The Chinese as I have seen them. By Mrs. Archibald Little, Author of A Marriage in China. — With 120 Illustrations. — Hutchinson & Co.... London 1899, in-8, pp. xv-615.

— China and its Future In the Light of the Antecedents of the Empire, its People, and their Institutions. By James Johnston.... With Illustrations. London : Elliot Stock ..... 1899, pet. in-8, pp. ix + 1 f. n. ch. + 180.

Notice : *Literature*, IV, p. 361.

— Aus dem Lande der Mitte. — Schilderungen der Sitten und Gebräuche der Chinesen. Von Ernst Ruhstrat, Beamter im kaiserlich-chinesischen Seezolldienst. — Mit 20 einseitigen und 2 doppelseitigen Vollbildern. Berlin, Alfred Schall, pet. in-8, 2 ff. prél. n. ch. + pp. 331.

— Die Religion und Kultur Chinas. I. Teil. Die Reichsreligion von China. II. Teil. Die Kultur Chinas in 5 Anhängen, enthaltend : 1. einen Ueberblick über die Anfänge der Chinesen und ihre Dynastien, 2. einen Ueberblick über Verwaltung und Verfassung des chinesischen Reiches, 3. einen Ueberblick über chinesische Sprache und Litteratur, 4. Züge aus der chinesischen Geschichte, 5. Weisheit auf der Gasse in China (auserlesene Sprüchwörter der Chinesen). Von Ferdinand Heigl. — Zweites Tausend. — Berlin, Hugo Bermühler, 1900, pet. in-8, pp. vii-678 + 1 f. n. ch

Il a été fait des tirages à part des différents chapitres.

Notice : *T'oung Pao*, Oct. 1901, pp. 295/6, par Henri Cordier. — L'auteur est devenu aveugle.

— * J. W. Robertson-Scott. — The People of China : their Country, History, Life, Ideas, and Relations with the Foreigner. Map. London, Methuen, 1900, in-8, pp. 193.

— * F. Seifarth. — China. Schilderung von Land und Leuten, Kultur, Religion (Missionswesen), Sitten und Geschichte, m. kurzer Berücks. der jüngsten Ereignisse u. Deutschlands Handelsinteressen. Leipzig, F. Luckhardt, 1900, in-8, pp. vii-ii-182.

— Chinese Pictures Notes on Photographs Made in China By Mrs. J. F. Bishop, F. R. G. S., etc. Cassell and Company, ... London, Paris, New York & Melbourne, 1900 ... pet. in-4, pp. 127.

— Paul Ch. Rameau, Ancien Ministre plénipotentiaire. — La Chine. — Souvenir de Conférences faites à Paris, au Cercle Artistique et Littéraire; A Versailles, à la Société des Sciences Morales et à la Bibliothèque Populaire; A Saint-Quentin, à la Société de Géographie. — Versailles, Soc. an. des Imprimeries Gérardin. — 1901, in-12, pp. 54.

— * Albert de Pouvourville. — La Chine des Mandarins. Paris, Schleicher, 1901, in-8, pp. 167.

Bibliothèque d'Histoire et de Géographie universelles, No. 5.

— En Chine Mœurs et Institutions Hommes et Faits par Maurice Courant .... Paris, Félix Alcan, 1901, in-18, pp. ii-275.

Recueil d'articles parus dans diverses revues; contient : Avertissement. — De l'utilité des études chinoises. — Les Commerçants et les Corporations. — Les Associations. — La femme dans la famille et dans la société. — Le Théâtre. — Un coup d'Etat. — La situation dans le Nord en 1900. — Étrangers et Chinois. — Les cours de Chinois à Lyon. — L'éducation de la Chine et le rôle que la France y doit jouer.

Notices : *T'oung Pao*, Oct. 1901, pp. 286/288, par G. S.[chlegel]. — *Bul. Com. Asie franç.*, Sept. 1901, pp. 264/6. — *Bul. Ec. fr. Ext. Or.*, I, Oct. 1901, pp. 374/5, par A. F.

— Description of the Empire of China. Translated from the Portuguese written in the 17th Century. With the original notes, and others added. By M. F. A. Fraser. (*China Review*, XXIV, N° 6, pp. 280/288; *ibid.*, XXV, N° 6, pp. 294/296.)

E. H. PARKER.

— China Her History, Diplomacy and Commerce from the earliest Times to the present Day by E. H. Parker Reader in Chinese, University College, Liverpool, Formerly H. M. Consul at Kiungchow and in 1892—3 Adviser on Chinese Affairs to the Burma Government. With Maps. London, John Murray, 1901, in-8, pp. xx-332.

I. Geography. — II. History. — III. Early Trade Notions. — IV. Trade Routes. — V. Arrival of Europeans. — VI. Siberia, etc. — VII. Modern Trade. — VIII. The Government. — IX. Population. — X. Revenue. — XI. The Salt Gabelle. — XII. Likin. — XIII. The Army. — XIV. Personal Characteristics. — XV. Religion and Rebellion. — Appendix. The Calendar, — Glossary. — Index.

— Second Impression. London, John Murray, 1902, in-8.

Notices : *China Review*, XXV, No. 4, pp. 199/207, par T. K. Dealy. — *Jour. China Br. R. As. Soc.*, XXXIII, No. 3, pp. 49/59. — *Lond. & China Express*, Feb. 8, 1901. — *T'oung Pao*, Mars 1903, pp. 79/81, par Henri Cordier. — *East of Asia*, I, No. 3, pp. 270/2, by B. L. M. — *Bul. Com. Asie franç.*, Sept. 1901, pp. 266/8. — *Belgique colon.*, 31 mars 1901, p. 150, par A. Winandy.

— John Chinaman and a few others By E. H. Parker formerly one of H. M. Consuls in the Far East, author of "China, her history, diplomacy and commerce", etc. etc. . . . . London, John Murray 1901, in-8, pp. xx-380.

Une nouvelle édition meilleur marché a paru à la fin de 1902.

Notice : *East of Asia*, I, No. 3, pp. 270/2, by B. L. M.

∴

— As The Chinese See Us By Thomas G. Selby. London, T. Fisher Unwin, 1901, pet. in-8, pp. 253.

— * China und die Chinesen. Auf Grund eines 20jährigen Aufenthaltes im Lande der Mitte, geschildert von B. Navarra. Bremen, Nössler, 1901, in-8, pp. xxiv-1184, ill. et carte. (In 20 Lfgn.)

Notices : *China Review*, XXV, No. 6. p. 299, par Th. Kriele. — *Deut. Kol. Zeitg.*, 23 mai 1901, p. 207, von Fried. Hirth.

— The China People. By Archibald R. Colquhoun. (*Madras Review*, Aug. 1901, pp. 228—233.)

— Mis de la Mazelière — Quelques notes sur l'histoire de Chine — Avec huit gravures et une carte. Paris, Plon, 1901, in-18, pp. 96 + 2 f. n. ch. p. l'er. et l. tab.

Quelques ex. sur papier vergé.

Notices : par Henri Cordier (*T'oung Pao*, série II, Vol. II, 1901, p. 295). — Ed. Chavannes (*Revue Critique*, 27 janvier 1902).

— * The Letters of John Chinaman [anonyme].

By G. L. Dickinson, M. A., de King's College, Cambridge.

— China das Reich der achtzehn Provinzen von Dr. Ernst Tiessen. — Erster Theil : Die allgemeine Geographie des Landes. Berlin, Alfred Schall, 1902, gr. in-8, pp. xi-426, 2 cartes.

Forme les vols. 10 et 11 de « Bibliothek der Länderkunde. Herausgegeben von Prof. Dr. Alfred Kirchhoff und Privatdoc. Dr. Rudolf Fitzner ».

Notice : *Deutsche Kolon. Zeitg.*, Sept. 1902, p. 368, par E. Jacobi.

— Élisée et Onésime Reclus. — L'Empire du Milieu Le Climat, le Sol, les Races, la Richesse de la Chine. Ouvrage contenant vingt-cinq cartes en noir dans le texte et trois cartes en couleurs spécialement dressées pour cette publication. Librairie Hachette, Paris, 1902, in-8, 2 ff. n. ch. + pp. 667.

Bibliographie, pp. 638—663, par Henri Froidevaux.

Notice : *La Géographie*, 15 juin 1902, p. 490, par J. Deniker.

— China and the Chinese by Herbert Allen Giles, LL. D. Professor of Chinese in the University of Cambridge Lecturer (1902) on the Dean Lung Foundation in Columbia University. New York, the Columbia University Press, 1902, pet. in-8, pp. ix-229.

Comprend les six conférences suivantes faites en mars 1902, à Columbia University, pour inaugurer la création par le Général Horace W. Carpentier de la chaire de Chinois du Doyen Lung : I. The Chinese Language. — II. A Chinese Library. — III. Democratic China. — IV. China and Ancient Greece. — V. Taoism. — VI. Some Chinese Manners and Customs.

Notice : *T'oung Pao*, Mai 1903, p. 164, par H. Cordier.

— J. Pène-Siefert, Membre de la Mission Paul Bert en Indo-Chine, Délégué près la Cour de Hué — Jaunes et Blancs en Chine — *Les Jaunes*. — Berger-Levrault, Paris [et] Nancy, 1902, pet. in-8, pp. xv-498.

Un second vol. sera consacré aux *Blancs*.

— * F. Brinkley. — China. Its History, Arts, and Literature. Library Edition. Vol. III. With plates (partly coloured). Boston, 1902, in-8.

∴

On devra consulter les articles qui ont été publiés sur la Chine, dans les diverses Encyclopédies, par exemple :

— *Le Grand Dictionnaire historique*, de Moréri, III, Nlle éd., Paris, 1759 : *Chine (la)*, pp. 623/636.

— Dans l'*Encyclopédie moderne* : *Chine*, par M. Eyriès (Vol. VI, p. 514). — On en a fait un tirage à part, br. in-8, pp. 50.

— Encyclop. de Ersch u. Gruber, Art. de W. Schott, XXI, 1830.
— *English Cyclopaedia* .... by Charles Knight, *Geography*, Vol. II, 1854, col. 464/484.
— Dans le *Dictionnaire de la Conversation et de la Lecture.* 2e éd. 1859. Vol. V, pp. 474-488.
— Dans le *Conversations-Lexikon*, Leipzig, F.-A. Brockhaus, 1865, Vol. 4, pp. 400-426 et pp. 430-438. — Brockhaus' *Konversations-Lexikon*, 14te Aufl., Bd. IV, Leipzig, 1892, pp. 190/215.
— Morache, *Dict. des Sciences Médicales*, Art. *Chine.*
— Meyers' *Konversations-Lexikon*, Vte Aufl., Bd. IV, Leipzig, 1894, pp. 44/64.

(DIVERS.)

— *Encyclopédie du* XIXe *siècle*, 3e éd., Paris, 1872, V, Chine, pp. 452/472. — Chinoises (Langue et Littérature) par Ed. Biot, pp. 472/480.
— *Grand Dict. universel du* XIXe *siècle*, IV, Art. *Chine*, pp. 126/138.
— *Encyclopaedia Britannica*, 9th ed., 1876, V, pp. 626/672. Art. *China*, par Prof. R. K. Douglas.
— *Chambers' Cyclop.*, Art. de J. Legge.
— *Grande Encyclopédie*, Art. de Henri Cordier.

Voir également les chapitres consacrés à l'HISTOIRE, aux MOEURS ET COUTUMES, aux VOYAGES.

(DIVERS.)

II. — GÉOGRAPHIE.

A. — Géographie ancienne.

— Sur la Géographie ancienne de la Chine voir le chap. I, (*Yu-koung*, 禹貢) de la IIe Partie (*Hia-chou*, 夏書) du *Chou-king*, 書經 (éd. de 1770, pp. 43/57; éd. Couvreur, pp. 61 seq.)

La Chine était alors divisée en neuf parties nommées *Tcheou* : I. Ki-tcheou 冀州; II. Yen-tcheou 兗州; III. Ts'ing-tcheou 青州; IV. Siu-Tcheou 徐州; V. Yang-tcheou 楊州; VI. King-tcheou 荆州; VII. Yu-tcheou 豫州; VIII. Leang-tcheou 梁州; IX. Young-tcheou 雍州.

— Mémoire sur le chapitre *Yu-Koung* du Chou-king, et sur la géographie de la Chine ancienne, par M. Ed. Biot. (Lu à la Soc. Asiat., 10 déc. 1841). (*J. As.*, 3e S., Vol. 14, 1842, pp. 152/224). Avec une carte.

∴

山海經

— Notice du *Chan-haï-king*, cosmographie fabuleuse attribuée au grand Yu, par M. Bazin aîné. Paris, Imprimerie Royale, 1840. br. in-8, pp. 48 [*J. A.* Ext. n° 17, (1839).]

Journal Asiatique, Novembre 1839, pp. 337-382.
— Voir Wylie's *Notes*, p. 35.

— 山海經 — Le Chan-Haï-king. Livre des Montagnes et des Mers. — Livre II, Montagnes de l'Ouest. — Traduit pour la première fois sur le texte chinois par Emile Burnouf.... Paris, Vve Bouchard-Huzard, 1875, br. in-8, 8 ff.

On lit au verso du titre : Extrait N° 3 du Compte-rendu des travaux de la Session inaugurale du *Congrès provincial des Orientalistes.* — Bib. nat. $\frac{O^2n}{576}$.

— 山海經 — Chan-Haï-king — le Livre des Montagnes et des Eaux — antique géographie chinoise — traduite pour la première fois sur le texte original par Léon de Rosny. (*Mém. de la Soc. des étud. jap.*, etc., IV, 15 Avril 1885, pp. 81/114, V, Janv. 1886, pp. 23/47, Nov. 1886, pp. 232/259, VI, Déc. 1887, pp. 238/249.)

Cf. *Rev. Or. et Amér.*, N. S., V, p. 1.

— 山海經 — Chan-Haï-King. — Le Livre des Montagnes et des Eaux, antique géographie chinoise, traduite pour la première fois sur le texte original par Léon de Rosny. (*Le Lotus*, Avril 1889, pp. 65/93; *ibid.*, Juillet 1889, pp. 167/191, Déc. 1889, pp. 210/247; Avril 1890, pp. 65/91; Dec. 1890, pp. 213/246; 1891, 109, 176, 193; XVII, 1892, 54/64.)

— Prolegomena to the Shan Hai King, translated from original Sources by E. J. Eitel, Ph. D. (Tubing), Inspector of Schools, Hongkong. (*China Review*, XVII, No. 6, pp. 330/348.)

— Voir la trad. de deux préfaces du *Chan-haï-king*, dans *Mythical Monsters*, by Charles Gould, Lond. 1886, pp. 384/391. Cet ouv. donne également des grav. d'après le livre chinois. — Voir au chap. FOLK-LORE.

— Le Tcheou-li et le Shan-hai-king. Leur Origine et valeur historique par C. de Harlez. (*T'oung Pao*, V, mars 1894, pp. 11/42; mai 1894, pp. 107/122.)

— J. H. Plath. Die beiden ältesten Geographien China's vor 4000 und 3000 Jahren (*Zeit. der Gesell. für Erdk. zu Berlin*, 1871 (N° 32), pp. 162/174).

∴

— 春秋地理致實圖 [*Tch'ouen-Ts'ieou Ti-li Kao chi Tou*]. Carte en chinois de la Chine à l'époque du *Tch'ouen-Ts'ieou* (Annales de Lou, 722-481 av. J. C.)

(TEMPS ANCIENS.)

(TEMPS ANCIENS.)

par les PP. Ignace Lorando, S. J. 焦賓華 et J. Bapt. P'é, S. J. 潘谷聲.

Carte de 1 m. de large sur 0m 83 de haut. — Les auteurs se sont servis principalement des indications de 江永 Kiang Yong, en les complétant au besoin; les noms anciens sont imprimés en rouge, les noms modernes en noir.

∴

— List of early Feudal States. (Williams' *Syl. Dict.*, p. 491.)

— Mémoire dans lequel on examine quelle fut l'étendue de l'Empire de la Chine, depuis sa fondation jusqu'à l'an 249 avant Jésus-Christ; & en quoi consistoit la Nation Chinoise dans cet intervalle. Par M. de Guignes. Lû le 16 janvier 1778. (*Rec. de l'Ac. des Insc., Mém.*, XLII, 1786, pp. 93/148.)

— Die Urbevölkerung einiger Provinzen des chinesischen Reiches. (De la population primitive de quelques provinces de l'Empire chinois) [*Asiatische Studien*, von C. F. Neumann, 1837, pp. 35/120].

— Chinese Ancient Geographical Names by E. Bretschneider. (*Notes and Queries on China and Japan.* Vol. IV, Art. 69, pp. 49/61. — Art. 107, pp. 104/113.)

— Voir SE-MA TS'IEN.

— Names of Western Countries in the *Shiki*. By J. Edkins. (*China Review*, XIII, pp. 251/255.)

— Halah. (*China Review*, XIII, p. 361.)

— Ta-yih. (*China Review*, XIII, p. 431.)

∴

— Recherches sur la ville de Kara-Koroum, Avec des Éclaircissemens sur plusieurs points obscurs de la Géographie de la Tartarie dans le Moyen Âge. Par M. Abel-Rémusat. (*Mém. de l'Ac. des Ins. et B. L.*, VII, pp. 234 et seq.)

Lu le 31 octobre 1817.

— Mémoires sur plusieurs questions relatives à la géographie de l'Asie centrale, Par M. Abel-Rémusat. A Paris, de l'Imprimerie royale. — 1825, in-4, pp. 129.

Recherches sur la ville de Kara-Korum. — Remarques sur l'extension de l'empire chinois du côté de l'Occident.

— Situation de Ho-lin en Tartarie. Manuscrit inédit du Père A. Gaubil, S. J., publié avec une introduction et des notes par Henri Cordier, Professeur à l'École des Langues Orientales vivantes, Paris. — «Extrait du *T'oung-pao*», Vol. IV, No. 1. — Leide, E. J. Brill, 1893, in-8, pp. 50.

150 ex. sur papier Van Gelder. — Avait paru dans le *T'oung Pao*, IV, No. 1, mars 1893, pp. 33/80.

— L'Extrême-Orient dans l'Atlas Catalan... par M. Henri Cordier. (Voir IIe Partie, LES ÉTRANGERS EN CHINE, *Conn. des Peuples étrangers sur la Chine.*)

— Recherches sur les ports de Gampou et de Zaithoum, décrits par Marco-Polo, par M. J. Klaproth; suivies de l'annonce d'une nouvelle édition du Voyage de Marco-Polo, par le même Auteur. Paris, Dondey-Dupré, MDCCCXXIV, pet. in-8, pp. 14.

Extrait du *Journal Asiatique* (V, 1824, pp. 35/44).

Réimp. dans *Mém. rel. à l'Asie*, II, 1826, pp. 200 sq.

— Voir *Marco Polo*, éd. de Pauthier et de Yule, aux VOYAGES.

Voir TARTARIE, dans la Ve Partie de la *Bib. Sinica*.

∴

— Notices, from Chinese Sources, on the ancient Kingdom of Lau-lan, or Shen-shen. By George Macartney. (*Geog. Journal*, March 1903, pp. 260/265.)

∴

— Sur les anciennes Capitales de la Chine, voir dans *Notes and Queries on C. & J.*, Vol. I, p. 60, une table signée W. F. Mayers] dans laquelle les changements sont indiqués depuis les *Tsin* (Si-ngan fou, alors Hien-Yang, 349 av. J.-C.) jusqu'à l'époque des Ming (Kiang-ning ou Nan-king (1368) et Pe-King. — Réimp. dans *Odoric de Pordenone*, p. 394.

— Capitals of China under different dynasties. (Williams' *Syl. Dict.*, p. 404.)

B. — Chine moderne.

L'EMPIRE CHINOIS comprend aujourd'hui :

1° La CHINE PROPREMENT dite, composée de 18 provinces : *Che-pa Chêng*, 十八省

2° La MANDCHOURIE : *Toung-san Chêng*, 東三省

3° La MONGOLIE : *Mong kou*, 蒙古

4° L'ILI 伊犁 : *Sin kiang*, 新疆, Nouvelle Frontière.

5° Le TIBET : *Si Tsang*, 西藏

Nous ajouterons à notre travail la Corée, jadis tributaire de la Chine, les îles Lieou-K'ieou, tributaires du Japon, ainsi que Formose devenue possession japonaise depuis le traité de Shimonoseki. Nous nous occuperons d'abord de la Chine proprement dite, la cinquième partie de cet ouvrage étant consacrée aux colonies et aux pays tributaires.

MONTAGNES.

— Tableau des plus hautes montagnes de la Chine, d'après les ouvrages géographiques des Chinois. (*Mag. As.*,[1] par Klaproth, II, 1826, pp. 133/160.)

1. Magasin Asiatique, ou Revue géographique et historique de l'Asie centrale et septentrionale; publiée par M. J. Klaproth, Membre des Soc. As. de Paris et de Londres. Paris, Dondey-Dupré, 1825-6, 2 vol. in-8.

Liste des montagnes couvertes de neiges perpétuelles, en Chine, pp. 137 sq.

— Recherches sur la hauteur de quelques points remarquables du territoire chinois, par M. Ed. Biot. (*J. As.*, 3ᵉ Série, IX, 1840, pp. 81 et seq.)

— Études sur les Montagnes et les Cavernes de la Chine, d'après les géographies chinoises, par M. Ed. Biot. (*J. As.*, 3ᵉ S., X, 1840, pp. 273 sq.)

— Fragmens de Géologie et de Climatologie asiatiques, par A. de Humboldt, Paris, 1831, 2 vol. in-8.

Vol. I. pp. 187/194 : Description du Mont Altaï, extraite de la *Grande Géographie de la Chine* (Pays des Kalka). — Pp. 195/235 : Phénomènes volcaniques en Chine, au Japon, et dans d'autres parties de l'Asie orientale.

Ces deux mémoires sont de Klaproth.

— Celebrated Mountains of China. (*Jour. N. C. B. R. A. S.*, N. S., XVI, Pt. I, 1882, pp. 223/228.)

Ce travail forme l'app. du mémoire du Dr. Bretschneider intitulé *Botanicon sinicum*.

— The Yeang-tai Mountains and Spirit-writing in China. (*Blackwood's Mag.* — April 1863.)

— Lettre de Richthofen à la Chambre de Commerce sur les Nan-shan, réimp. dans *The Shanghai News Letter*, Sept. 11, 1871. — Vide : KIANG SOU, *infra*.

— *Lo-fau Chan* :

Voir KOUANG TOUNG, *infra*.

— Voir la Let. de Richthofen sur le Ho nan et le Chan si (voir CHAN SI, *infra*), sur le Fou-niu-chan. Pp. 4/5.

— Williams, *Middle Kingdom*, I, pp. 8 et seq.

Omei Chan.

Voir Province de SE-TCH'OUAN, *infra*.

T'ien Chan 天山. — *Ch. Repos.*, I, Note, p. 172.

— Geological Observations made on a Visit to the Chaderkul, Thian-Shan range. By Dr. F. Stoliczka, F. G. S., Naturalist attached to the Yarkund Embassy. (Read June 24, 1874. (*The Quarterly Journal of the Geological Society*, No 120*, Vol. XXX, Part V, Dec. 31, 1874, pp. 574/580.)

— First Ascent of the Tian-shan, or Celestial Mountains, and Visit to the Upper Course of the Jaxartes or Syr-Daria, in 1857. By P. P. Semenoff... (Transl. from the Russian, by John Mitchell). (*Journ. R. G. Soc.* Vol. XXXI, 1861, pp. 356/366) (d'après le Jour. de la Soc. de Géog. de St-Pétersbourg, 1865.)

— A Journey to the Western Portion of the Celestial Range (Thian-shan), or «Tsun-lin» of the Ancient Chinese, from the Western Limits of the Trans-Ili Region to Tashkend. By N. Severtsof. Translated from the Journal of the Russian Imperial Geog. Soc., 1867, by Robt. Mitchell (*J. R. G. Soc.*, XL [1870], pp. 343/419).

— Der Tiën-schan. Von Immanuel. (*Geog. Zeitschrift*, VI, 1900, pp. 512/8.)

— Sur l'Altaï (*Kin chan*), *Ch. Rep.* I, p. 120.

∴

— *Kouen loun.* (*Chin. Rep.* I, p. 121. — VI, p. 274. — VII, p. 520. — XX, p. 73.)

— Die Pässe über die Kammlinien des Karakorúm und des Künlün in Bálti, in Ladák und im östlichen Turkistán. Nach unseren Beobachtungen von 1856 und 1857 und den neueren Expeditionen. Von Hermann von Schlagintweit — Sakünlünski.... Aus dem *Abh. der k. bayer. Ak. d. W.* II. Cl. XII. Bd., I. Abt. — München 1874, in-4, pp. 116.

— Einige Bemerkungen über das System des Kwenlun. Von K. Bogdanowitch. (*Mitt. k. u. k. geog. Ges. Wien*, 1895, pp. 497/526.)

— Versuch einer Orographie des Kwen-lun von Georg Wegener, Berlin. — Inaugural-Dissertation zur Erwerbung der philosophischen Doktorwürde an der Universität Marburg. Mit zwei Karten. — Marburg 1891, Druck von W. Pormetter in Berlin, in-8, pp. 110.

Zugleich veröffentlicht in der *Zeitschr. d. Gesellsch. f. Erdk. zu Berlin.* Bd. XXVI [1891, pp. 191/296].

— Voir également le chapitre consacré à l'ETHNOGRAPHIE. — (Voir le chap. consacré au T'IEN CHAN NAN LOU et PE LOU, dans la Vᵉ Partie de la *Bib. Sinica.*)

FLEUVES.

— Les principaux fleuves de la Chine proprement dite sont, en allant du sud au nord :

1° Le *Tchou Kiang* et les fleuves qui le forment;
2° Le *Min Kiang*;
3° Le *Ts'ien Tang Kiang*;
4° Le *Ta Kiang* (Yang-tseu) et son affluent, le *Han Kiang*;
5° Le *Houang Ho*;
6° Le *Pei Ho*;
7° Nous ajouterons à cette liste le Grand Canal : *Yun ho*.

DIVERS.

— On Chinese Notices of their own great Rivers. By Joseph Edkins Esq. Communicated by Sir Roderick I. Murchison. (*Proc. R. G. S.*, III, 1859, pp. 375/6.)

— De l'hydrotimétrie appliquée à l'analyse de l'eau de quelques rivières de la Chine; par M. Strohl, pharmacien aide-major, attaché à l'armée expéditionnaire. (*Rec. de Mém. de médecine, ... milit.*, 3e Sér., VI, 1861, pp. 156/161.)

— D'Escayrac de Lauture. Notice sur les déplacements des deux principaux fleuves de la Chine. (*Bulletin de la Société de Géographie,* mai 1862, pp. 274/287, avec deux cartes.)

Tirage à part : Paris, Imp. de L. Martinet, 1862, br. in-8, pp 16 et 2 Pl.

— Notes on the Hydrology of the Yang-tse, the Yellow River, and the Pei-ho by H. B. Guppy, M. B., Surgeon H. M. S. «Hornet». (*Journ. N. C. B. R. A. S.*, N. S., XVI, 1881, Part I, Art. I, pp. 1/12.)

— * Rivers of China (H. B. Guppy) (*Nature*, XXII, 486, et *Eclectic Engineering Mag*,, XXIV, 63).

— The Rivers of China (by F. Porter Smith, Hankow 14th Sept. 1869). (*N. C. Herald*, Oct. 12, 1869.)

— The Great Rivers of China, by F. Porter Smith (*Ocean Highways*, April 1873, p. 5).

— The Rivers of China, by the Rev. M. J. Knowlton. (*N. C. Herald*, Nov. 9, 1869.)

Conférence faite au Ningpo Book Club, le 27 octobre 1869.

— Bretschneider, *Archaeological Researches on Peking*, pp. 39 et seq.

— Léon Metchnikoff. — La Civilisation et les grands fleuves historiques. Paris, Hachette, 1889, in-12, pp. 369, cartes.

Chap. XI (pp. 320/363) : Hoang Ho et Yangtsé Kiang.

— Note sur les sources du Fleuve Rouge par M. Charles Eudes Bonin. (*Bul. Soc. Géog.*, Paris, 1897, pp. 202/206.)

— Der Yung-Fluss. (*Ann. der Hyd.*, XXVIII, 1900, pp. 465/470.)

— De l'influence qu'ont eue les fleuves de la Chine sur son développement social et économique. Par J. Tragant. (*Rev. Indo-chinoise*, 120, 4 fév. 1901, pp. 97/99; 121, 11 fév. 1901, pp. 121/3.)

— Six mois sur les rivières du Pé-Tchéli par M. Ch. Ballande. (*Bul. Soc. Géog. Rochefort*, XXIV, 1902, pp. 302/323.)

1° LE *TCHOU KIANG, SI KIANG* 珠江, 西江, etc.

— A Survey of the Tigris from Canton, to the Island of Lankeet .... By J. Huddart. [London,] 1786.

— Steel's new Chart of the Coast of China from St. John's Island to Pedra Branca, shewing the entrances to, and course of the River Tigris to Canton. 1810.

— Chart of Choo-Keang or Canton River and the different passages leading to Macao Roads. (City and Suburbs of Canton. Map of the Town and Harbour of Macao.) Drawn from Horsburgh's Chart of the Canton River, combined with Lieuts. D. Ross and P. Maughan's Chart of the different Passages leading to Macao Roads. [By] J. B. Tassin. Calcutta, 1840, 2 feuilles.

— Carta esférica del Rio Chou-kiang ó Canton desde ou Embocadura con los Canales del S. y SO. é Isla de Hong Kong hasta la Ciudad de Canton, etc. Construida .... segun los trabajos egecutados en 1840 por el Capitan ... E. Belcher, etc. .... por ... D. M. Roca de Togores. Madrid, 1849.

— Course of the Chu Kiang, or Pearl River, by S. Wells Williams. (*Chin. Rep.* XX, pp. 105/110, pp. 112/122).

— Des Tschu-Kiang, Canton oder Perl-Strom, von Canton bis Macao und Hongkong. Nach neueren Untersuchungen, Mit Karte (*Petermann's Mitt.*, pp. 9/16, 1858).

— Aufnahme des Si-kiang oder West Stromes (*Peterman's Mitt.*, 1861, pp. 107/111).

— Eine Fahrt auf dem Ostfluss in der Provinz Canton. (*Petermann's Geogr. Mittheilungen*, 1862, Hft. V, pp. 161/4.)

— * Canton Boat Life. Traits of the Chinese River-Dwellers (*The Sunday Chronicle*, San Francisco, Jan. 20, 1884.)

— * W. P. Jones, U. S. Consul of Macao. Voyage up the Pearl or Canton river. (*Proceedings of the American Geographical and Statistical Society*, 1863—64, Vol. II, N. 4, pp. 93/109.)

— Three weeks on the West River of Canton. Compiled from the Journals of Rev. Dr. Legge, Dr. Palmer, and Mr. Tsang Kweihwan. Any profits arising from this publication will be given to charitable objects. Hongkong : Printed by de Souza & Co. 1866, in-8, pp. 69.

— Voir le rapport de Mr. Moss sur le Si Kiang : (*Report of the Hongkong Chamber of Commerce*, half year end. 15 Nov. 1870, pp. 17/58) avec une carte.

— F. Hirth. The West River or Si-Kiang (*China Review*, III, pp. 46/9).

Réponse à une note de Mr. Michæl Moss dans la même Revue, II, p. 387.

— The Canton River. By N. B. (*China Review*, VII, pp. 423/424.)

— Sketch Map of the Chu-Kiang, or Pearl

River Its branches and adjacent Country; showing localities of the various Towns and Villages, whose positions although only approximate, yet are accurate enough for many purposes. By Thomas Marsh Brown, Imperial Customs, Canton Station. (*Decen. Reports*, 1882—1891, p. 569.)

— A Map of the Hsi-Chiang or West River from Canton to Lung-chow. English Miles: 69 1/2 to a degree. (*Ret. of Trade* for 1889, II, p. 528.)

— De Canton à Long-tchéou par le Si-Kiang. Par M. Bons d'Anty . . . (*Bul. Soc. Géog. Est*, XIII, 1891, pp. 78/104.)

— * F. Švambera. — Jang-tse-kiang. (*Otlův Slovník Naučný*, XIII, pp. 5/7.)

— * H. Schröter. — Den West-Fluss hinauf. (*Ostasiatischer Lloyd*, 1897, XI, pp. 657/660, 690/3, 719/722, 752/754, 781/783, 813/816, 843/845.)

— Samshui Reach. By A. Morrison, 2nd Class Tidewaiter. (*Ret. of Trade* for 1897, II, p. 507.)

— Le Si-Kiang ou Fleuve de l'Ouest. Etude géographique et économique. Par C. Imbault-Huart. (*Bul. Soc. Géog. com.* Paris, XIX, 1897, pp. 34/61, 177/199.)

— Le Si-Kiang ou Fleuve de l'Ouest Étude géographique et économique par M. C. Imbault-Huart Consul de France à Canton . . . Extrait du *Bulletin de la Société de Géographie commerciale*. Année 1897. — Paris, 1897, br. in-8, pp. 54.

— Le Sykiang. Par Alritter. (*Rev. française*, XXIII, 1898, pp. 154/9.)

— Dr. Hermann Schumacher : Der Westfluss (Hsi-kiang) und seine wirtschaftliche Bedeutung. (*Verhand. Ges. Erdk. Berlin*, XXV, 1898, pp. 410/430.)

— La grande Rivière de Chine. Par P. O. (*Belgique coloniale*, 1898, 3 juillet, pp. 313/315; 17 juillet, pp. 338/340.)

— De Canton à Long-tcheou par M. François, Consul de France. (*Bul. Soc. Géog.*, Paris, 1899, pp. 433/449.)

— Le bassin du Si-kiang. (*Le Mouvem. géog.*, 1900, col. 313—5.)

— A Night's Adventure on the Pearl River. (*Blackwood's Mag.*, CLXIX, June 1901, pp. 806/811.)

HYDROGRAPHIE FRANÇAISE.

— 1814. Passe Sud de la Typa (rivière de Canton). — E. Ploix, ing. hyd., 1857 . . . . 1/2 m = 168.

— 1708. Embouchure du Tigre. — Souzy et Mouchez, lieut. de vaisseau. — Corr. fév. 1884 . . . . 1 m = 15.

— 1177. Bouches du Tigre (rivière de Canton). — J. de la Roche-Poncié, ing. hyd., 1844 . . . . 1/2 m = 93.

— 2329. Rivière de Canton ou Chu-Kiang (1re feuille): de l'île Lankeet à Pottinger. — Levés anglais. — Corr. en déc. 1881 1 m = 48.

— 2330. Rivière de Canton ou Chu-Kiang (2e feuille): de l'île Pottinger à Canton. — Levés anglais. — Corr. en août 1887 1 m = 48.

∴

— Voir Cartes de l'AMIRAUTÉ, plus loin.

2° LE *MIN KIANG*. 閩江

— Navigation of the Min. By Capt. Richard Collinson. (*Ch. Rep.* 1846, xv, pp. 230/233.)

— Sailing Directions for the River Min by John Richards. (*N. C. Herald*, No 240, 3 March 1855.) Réimp. *Shae. Miscellany*, 1856 (2 pages).

— 4156. Île Matsu (entrée de la Rivière Min). — Ravel, lieut. de vaisseau, Renaud et Rollet de l'Isle, ing. hyd., 1884 . . . 1/2 m = 103.

— Journal of an attempted Ascent of the river Min, to visit the Tea Plantations of the Fuh-Kin Province of China. By G. J. Gordon, Esq. Secretary Tea Committee. (*Journ. As. Soc. Bengal*, IV, Oct. 1835, pp. 553/564.)

— A trip up the River Min. By Maclay (*Ch. Rep.*, XVIII, 1849, pp. 445/7).

— The Min (*Shanghai Budget*, Aug. 31, 1872).

Cet article est le premier d'une série qui devait comprendre toutes les rivières de la Chine : le Min et le Han sont les seuls fleuves dont la description ait paru.

— Futschau-fu am Minflusse. Von der Reise S. M. Corvette «Aurora» nach Ostasien. Geschildert von Dr. Svoboda, k. k. Fregattenarzt. (*Mitt. k. u. k. geog. Ges. Wien*, 1888, pp. 472/488.)

— Der Min-Fluss. (*Ann. der Hyd.*, XXVIII, 1900, pp. 471/480.)

— Bataille du 23 août 1884; voir FRANCE, dans la troisième Partie.

3° LE *TS'IEN-TANG KIANG*. 錢塘江

— On the Eagre of the Tsien-Tang; By D. J. Macgowan, M. D. Read to the Society, 12th January 1853 (*Transactions China Branch R. As. Soc.*, Part IV, Art. II).

Réimp. dans *The N. C. Herald*, N° 252, May 26, 1855 et dans le *Shanghae Miscellany*, N° 4, 1856.

— The Tsien-Tang River. By Elas B. Inslee, July 4th 1869 (*North-China Herald*, Aug. 12, 1869).

— A journey up the Ts'ien-T'áng river (錢塘江) from Hangchow to its source. By Dr. A. W. Douthwaite, C. I. Mission. (*Chinese Recorder*, XI, 1880, N° 1, pp. 32/40.)

— The Bore of the Tsien-tang Kiang (Hangchau bay). By Commander Moore, R. N., H. M. S. "Rambler." (*Journ. C. B. R. A. S.*, XXIII, N. S., 1888, No 3, pp. 185/247.)

— A Visit to the Hangchow Bore. By Rev. G. F. Fitch. (*Chin. Rec.*, Nov. 1894, pp. 521/524.)

— Die Sprungwelle in der Mündung des Tsien-tang kiang (Hang-tschau-Bucht). (Mit zwei Abbildungen. [von] Schott. (*Ann. der Hyd.*, XXIV, 1896, pp. 466/475.)

— The Great Bore of Hangchow. (E. R. Scidmore, *China*, ch. XXI, pp. 294/318.)

En dehors des indications que nous donnons ci-dessus, Miss Scidmore marque les sources suivantes:

— Report on the Bore of the Tsien Tang Kiang (1889). — Further Report on the Bore of the Tsien Tang Kiang (1893). By W. O. Moore, R. N.-Admiralty Office.

— *Journal of the Institute of Civil Engineers*, 1893. By Commodore W. O. Moore, R. N.

— Bores. By G. H. Darwin. (*Century Mag.*, Oct. 1898.)

— Moule's *New China and Old*, pp. 44, 45, 279. — Fortune's *Residence among the Chinese*, pp. 309, 316. — W. H. Wheeler's *Tidal Rivers*, pp. 106—109. — G. H. Darwin's *The Tides*, pp. 59—75. — Lord C. Beresford's *Break-up of China*, p. 344.

4° LE *TA KIANG*, 大江, ou *YANG-TSEU KIANG*, 楊子江; *Fleuve Bleu* des Européens.

— Ce grand fleuve appelé par les Chinois le *Ta kiang*, grande rivière, ou simplement le *Kiang*, rivière, est nommé par Marco Polo *Quian* (éd. Pauthier, p. 477). *Yang-tseu kiang* paraît être le nom donné au fleuve dans son cours inférieur. Ce nom ne veut pas dire *Fils de l'Océan*: *Yang* est le nom d'une ancienne province qui comprenait le Kiang-Sou, le Tche Kiang et le Ngan Houei. Une tradition plus ou moins apocryphe raconte également qu'un certain lettré, *tseu*, 子 nommé *Yang*, 楊 avait découvert au milieu du grand fleuve une source d'eau particulièrement bonne pour faire le thé et que, d'après lui, cette partie de la rivière qui s'étend de Kin-chan à Tchen kiang avait reçu le nom de Yang-tseu kiang. Ce nom est surtout usité dans le style élevé; ordinairement le Yang-tseu est appelé *Ta Kiang*, grand fleuve, ou simplement le *kiang*, 江 le fleuve.

Ce grand cours d'eau porte d'ailleurs des noms différents : Ta kiang k'eou (*embouchure du grand fleuve*) en face de l'île de Tsoung ming; Yang-tseu kiang ou Ta Kiang jusqu'aux environs de Tchen kiang; Houei kiang 徽江 le long de la province de Ngan houei; la portion du Houei kiang qui est en face de T'ai p'ing fou reçoit le nom de Ou kiang 烏江 fleuve noir; Tsang [Tch'ang] kiang 長江 le long de la province de Kiang Si; Tch'ou kiang 楚江 Tch'ou, nom de la province de Hou kouang; Min kiang 岷江 dans le Se tch'ouan; et enfin Kin-cha kiang 金沙江.

Voir *Marco Polo*, éd. de Pauthier, note, p. 477; Yule 3e éd. II, p. 67, note [Brius]. — Bretschneider, *Arch. Research on Peking*, note, p. 39.

— Etymology of the Name of the «Yang-tze kiang» by W. F. M.[ayers] (*Notes and Queries on C. & J.*, Vol. I. pp. 35/6). — By F. Porter Smith (*ibid.* Vol. IV, p. 76).

— Das Wassersystem des Kiang, pp. 648 et seq. (Die Erdkunde von Asien ... von Carl Ritter. Bd. III, Berlin, 1834.)

(Yang tseu.)

— On the ancient mouths of the Yangtsï Kiang. By the Rev. J. Edkins. Read before the Society, March 18th, 1860. (Art. IV, *Journal N. C. B. R. A. S.*, Vol. II, N° 1, pp. 77/84.)

«At the conference of the Asiatic Society the other evening, he [Mr Edkins] read a paper on the «Yang-tse kiang» which was greatly praised. Mr Meadows, the consul spoke in the highest terms of it, and requested him to have it published. The rest, too, all urged him so strongly to put it in print, that he consented. He rather wished to send it in manuscript to Sir Roderick Murchison, of the Royal Geographical Society, London, but they were so insisting that he yielded.» (*Chinese Scenes and People*, by Jane R. Edkins, p. 103.)

— Ports on the Yantsz', and trade in the interior. (Williams' *Chinese Commercial Guide*, 1863, p. 204 et seq.)

— The Yang-Tsz 'Kiang, by E. C. Bridgman. (*N. C. Herald*, No 211, Aug. 12, 1854.) Réimp. *Shanghae Almanac for* 1855 *and Miscel.*, 7 pages.

A la fin de cet article, il y a une table des latitudes et des longitudes des villes mentionnées; les caractères chinois représentant les noms de ces villes, ainsi que ceux des rivières et des lacs cités, sont également donnés.

— Navigation of the Yangtsze Keang by C. Gützlaff. (*Chin. Rep.*, II, pp. 316/8.)

— Yangtsze keäng : sailing directions for it derived from nautical surveys made by H. B. M. Ship *Conway* in 1840 by Capt. Bethune. (*Ibid.*, X, pp. 383 et seq.)

— On the Yang-tsze kiang. By the Right Hon. Lord Colchester and Capt. Collinson, R. N. (*Journ. R. Geog. Soc.*, XVII, 1847, pp. 130/144.)

— «Remarks on the Navigation of the Yang-tze-kiang» signé «A young salt» (*N. China Herald*, No 3, Aug. 17, 1850).

On en a fait un tirage à part en 1851 (Février). Prix : 10 cents, puis 25 cents. — Réimp. dans *The Shanghae Almanac* for 1852 (5 pages).

— Sailing Directions for the Navigation of the Yang-tsze-kiang to Wusung and Shang-haï, prepared by Lieutenant Preble, U. S. A., by order of Commodore Joel Abbot, Commander-in-Chief U. S. Naval Forces in India and China Seas &c. &c. (*N. C. Herald*, No 280, Dec. 8, 1855.)

— K. L. Biernatzki. Der Yantsz 'Kiang (Gumprecht, *Zeitschr. Allg. Erdk.*, *V.*, 1855, pp. 337/349).

— Sailing Directions for the Yang-tsze kiang, from Woosung to Hankow. By Captain John Ward, R. N., H. M. S. «*Actaeon*» (*Journal N. C. B. R. A. S.*, Art. IX, No II, May 1859, pp. 231/246).

— 4105. — Entrée du Yang-tse-Kiang. — Levés anglais. — Édit. de nov. 1898 . . . . 1 *m* = 12.

(Yang tseu.)

— The Yangtsekiang and the Hwang-Ho or Yellow River. By William Lockhart Esq. (*Journ. R. G. Soc.*, XXVIII, p. 288.)

— Notes of a Voyage up the Yangtsekiang or Takiang, from Wusung to Hankow. By Laurence Oliphant, Esq., F. R. G. S., with Chart of the River by Capt. Sherard Osborn, R. N. (*Journ. R. G. S.*, XXX, p. 75 & *Proc. R. G. S.*, III, No 4, 1859.)

— Ascent of the Yangtsekeang. By William Blackney, R. N. (*Journ. R. G. S.*, XXX, p. 93.)

— Lord Elgin's Expedition up the Yang-tsze-kiang to Hankow. (*Mercantile Marine Mag.*, April & May 1859.)

— Expedition to Hankow. (*Nautical Magazine*, April 1859.)

— Davis, J. F. View of the Great Valley of the Yang-tse-kiang before and since its occupation by the Rebels. (*Proc. R. Geog. Soc.*, Vol. III, No 4.)

— Five months on the Yang-tsze; With a Narrative of the Exploration of its upper waters, and Notices of the Present Rebellions in China. By Thomas W. Blakiston, Late Captain Royal Artillery. Illustrated from sketches by Alfred Barton, M. R. C. S., F. R. G. S., With Maps by Arrowsmith. London, John Murray, 1862, in-8, pp. xv-380.

Nineteen Chapters and Appendices.

App. V : Geological Specimens from the Yang-tsze-Kiang, pp. 359/360.

App. VI : Sir William Hooker's List of Ferns, Collected on the Yang-tsze-Kiang, in the Province of Sz'chuan, by Lieut.-Col. Sarel, 17th. Lancers, pp. 361/367.

Pub. à 18 s.

On trouvera une notice de cet ouvrage dans *The North China Herald*, 655, Feb. 14, 1863.

— Une partie de cet ouvrage avait paru dans « *The North China Herald* » : Five Months on the Yang-tsze, with a Narrative of the Exploration of its Upper Waters.

By B. [lakiston] :

No 1. Up to Nanking (587, Oct. 26, 1861) forme le Chap. I, pp. 1/16 de l'ouvrage complet.

No 2. A Naval Squadron Inland (589, Nov. 9, 1861) Chap. IV & V, pp. 56/83.

No 3. Junk travelling in Hu-peh, (590, Nov. 16, 1861) Chap. VI, pp. 84/101.

No 4. Shi-Show to I-chang (592, Nov. 30, 1861) Chap. VII, pp. 102/118.

No 5. Gorges and Rapids (593, Dec. 7, 1861) Chap. VIII, pp. 119/137.

— Vide also a letter addressed to the Editor of the *North China Herald*, (580, Sept. 7, 1861) by Capt. Thos. Blakiston, Chung-king, Yang-tsze River, May 1861.

— « The Upper Yang-tsze Expedition » Letter to the *North China Herald* (579, Aug. 31, 1861) by H. A. Sarel, Shanghai, July 29th 1861.

— Notes on the River Yang-tse-kiang from Hankow to Ping-shan. By Lieut.-Col. Sarel, B. A., F. R. G. S. Hong-kong IIth. August 1861. (*Journal Asiatic Soc. of Bengal*, XXX, No 3, 1861, pp. 222/250.)

Même relation que la précédente.

— Notes on the Yang-tsze Kiang, from Han-Kow to Ping-shan. By the Same. (*Journ. R. Geog. Soc.*, Vol. XXXII, 1862, pp. 1/26, Read Nov. 11, 1861.)

— Der Jang-tse-kiang von Hankau bis Ping-schan, nach den Beobachtungen der Englischen Expedition, März bis Juli 1861. Von Oberst-Lieutenant Sarel. (*Petermann's Mittheilungen*, 1861, pp. 411/426.)

— Notes on the Yang-tsze-kiang, &c. By Dr. Alfred Barton, F. R. G. S. (*Jour. R. G. S.*, Vol. 32, 1862, pp. 26/41, Read March 24, 1862.)

Voir aussi : *Proc. R. G. S.*, Vol. VI, No III, pp. 85/95.

— Charles Lavollée. Une expédition européenne sur le Grand Fleuve de la Chine (*Five months on the Yang-tze*, par Thomas W. Blakiston) (*Revue des Deux Mondes*, 15 juillet 1863).

— Aufnahme des Jangtze kiang bis Hankau. Englische Aufnahmen im Inneren von China. (*Petermann's Mitth.*, 1861, pp. 106/107.)

— « Up the Yang-tsze » by « C'est Moi ». No I (*N. C. Herald*, 1862, No 631, Aug. 30), II *Ibid.*, 634, Sept. 20), III. (*Ibid.*, 636, Oct. 4.)

— The Yang-tze-Kiang and the New Treaty Ports. By Alex. Bowers, R. N. R., Master of ship « White Adder », belonging to Messrs John Willis & Son.

Réimp. du « *Times* » dans *The Chinese & Jap. Rep.*, Dec. 1863, pp. 268/270.

— Note sur la Navigation du Yang-tse-Kiang (fleuve Bleu), pp. 20/21, *Ann. du Com. extérieur, Chine, Faits commerciaux*, No 35.

— Navigation et Commerce du Yang-tse-Kiang. Rapport de M. l'Enseigne de vaisseau Laurens [1863]. *Ibid.*, No 36, pp. 24/32. — Voir aussi *La Revue maritime et coloniale*, IX, Oct. 1863, pp. 197/214.

Mr. C. Laurens commandait le *Kien-chan*.

— Observations sur la Navigation du Yang-tse-Kiang, de Woosung à Han kau. Par M. Trèves, lieutenant de vaisseau, commandant le *Kien-chan*. (*Annales hydrographiques*, 1865, 3e trimestre, pp. 138/158.)

— J. M. Hockly. Notes on the Yang-tse-Kiang, together with corrections of the existing charts. (*Proc. R. Geog. Soc.*, Vol. XI, No VI, pp. 261/9.)

— Report of the Delegates of the Shanghai General Chamber of Commerce on the trade of the Upper Yangtsze and Report of the Naval Surveyors on the River above Hankow. Shanghai: Printed at the « Shanghai Recorder » Office. MDCCCLXIX, in-fol., pp. 51.

Les délégués étaient Messrs. A. Michie et R. Francis.

La partie de ce Rapport qui traite du voyage de Han-k'eou

à I-tchang a été réimp. dans *The N. C. Herald*, No 489, Sep. 23, 1876.

Ce rapport a été réimprimé à Londres et forme le «Blue Book» suivant :

— *China. No 8* (1870). Report of the Delegates of the Shanghae General Chamber of Commerce on the trade of the Upper Yangtsze River. (Presented to Parliament by Her Majesty's Command.) Price 1s. 8d. in-fol., pp. 67 [175].

— *China. No 2* (1870). Reports by Consul Swinhoe of his special mission up the river Yang-tsze-Kiang, &c. Presented to both Houses of Parliament by Command of Her Majesty. 1870. London : Printed by Harrison and sons. [C. — 28. Price 10d.], in-fol., pp. 27.

— Special Mission up the Yang-tsze-Kiang. By R. Swinhoe, H. M. Consul. Read May 9th, 1870. (*Journ. R. Geog. Soc.*, XL (1870), pp. 268/285. — *Proc. R. Geog. Soc.*, XIV, 1870, pp. 235/243 ; réimp. dans *The Cycle*, 5 Nov. 1870.)

— «Extracts from Notes taken by a traveller in Szechuen and on the Upper Yangtze during the past year» communicated by the Hankow Chamber of Commerce to the Shanghai Chamber and printed in the *N. C. Herald*, March 16th, 1869.

«From an interesting paper of notes by a recent traveller in Szechuen, communicated by the Hankow Chamber of Commerce to the Shanghai Chamber, the following particulars of the city of Chunking and the Yangtsze above Ichang are extracted.»

Par le Rev. Griffith John, compagnon de A. Wylie, voir chap. VOYAGES.

— The Upper Yangtsze. (*Shat. Ev. Courier*, 9 Mars 1869.)

— The Towns of the Upper Yangtsze-Extracts from Notes taken by a traveller in Szechuen and on the Upper Yang-tsze during the past year (*Supreme Court, Cons. Gazette*, Vol. V, March 13, 1869, pp. 112/3).

Yoh-chew — Sha-si — Ichang — Chung-king-fu — Su-chew-fu.

— Navigation du Yang-tse-Kiang. Lettre de Francis Garnier, de Shanghai, 12 Déc. 1872. (*Bull. Soc. Géog.*, 6ᵉ Sér., V, 1873, pp. 187 et sq.)

— Voyage dans la Chine Centrale (Vallée du Yang-tzu) fait de Mai à Août 1873 par Francis Garnier, Saigon, le 8 Oct. 1873.

(*Ibid.*, 6ᵉ Sér., VII, 1874, pp. 5/43, avec une carte.)

— Voyage dans la Chine centrale vallée du Yang-tzu fait de Mai à Août 1873 par Francis Garnier, Lieutenant de vaisseau. — Extrait du *Bulletin de la Société de Géographie* (Janvier 1874). — Paris, Ch. Delagrave, 1874, br. in-8, pp. 39, carte.

— On the Inundations of the Yang-tse-kiang. By E. L. Oxenham. (*Journ. Roy. Geog. Soc.*, XLV, 1875.)

— Les inondations du Fleuve Bleu. (*Année Géographique*, 1876, pp. 484/6.)

— Delta of the Yangtsze River in China. By Samuel Mossman. (*The Geog. Mag.*, *Oct.*, 1877, pp. 256/260).

— Aus den Reiseberichten S. M. S. «Luise», Corv.-Capt. Ditmar. Reise von Shanghai bis Wuhu am Yangtze-Kiang. (*Ann. d. Hydrog.*, V, 1877, pp. 402/407.)

— The blue river. By M. S. (*China Review*, IX, p. 60.)

— The Yang-tse Gorges and Rapids in Hu-pei. By E. H. Parker. (*China Review*, IX, pp. 173/184.)

— The Rapids of the upper Yangtsze. By E. H. Parker. (*China Review*, XI, pp. 347/364.)

— Rapids. By E. H. Parker. (*China Review*, XV, p. 187.)

— Up the Yangtse. — By E. H. Parker. 1891, in-8. Voir VOYAGES.

— The Estuary of the Yang-tsze. By E. H. Parker. (*China Review*, XVII, No. 6, pp. 356/357.)

— Mouths of the Yangtsze. By E. H. Parker. (*China Review*, XVIII, No. 4, p. 263.)

— The word Yangtz-Kiang. By E. H. Parker (*China Review*, XVIII, No. 6, p. 378.)

— The Etymology of the Term «Yang-tsz Kiang». (*China Review*, XI, p. 132.)

— The Kinsha River. (*China Review*, XIII, p. 431.)

— Fleuve bleu et fleuve jaune. Souvenirs de l'Empire du Milieu. Par M. Jametel. (*Rev. de Géog.*, XIV, 1884, pp. 81/98.)

— Quelques jours au nord du Kiang. Relation du R. P. Havret, de la Comp. de Jésus, miss. au Kiang-nan. (*Miss. Cath.*, XVIII, 1886, pp. 514/5, 520/523, 537/539, 545/548, 561/563.)

— Notes sur le Bas Yang-tsé-kiang. Par le P. H. Havret. (*Ann. de Géog.*, III, 1893/4, pp. 102/4.)

— Le cours supérieur du Yang-tzé-kiang. Par le Cte. de Pourtalès. (*Bul. Soc. Géog. com.*, IX, 1886/7, pp. 415/419.)

— Notes on Szechuen and the Yangtse Valley. By Archibald J. Little, Esq. Read 3rd December 1883. (*Journ. N. C. B. R. A. S.*, N. S., XVIII, 1883, Art. VIII, pp. 165/182.)

— Through the Yang-Tse Gorges, or Trade and Travel in Western China. By Archibald John Little, F. R. G. S. London : Sampson Low, 1888, in-8, pp. xv-368, carte.

Third and revised Edition, 1899.

Notices : *Lond. & China Teleg.*, Jan. 30, 1888 et *Lond. & China Express*, Jan. 27, 1888. — *Athenaeum*, 24 mars, 1888. — *Academy*, 17 mars, 1888. — *Proc. R. G. S.*, april 1888, p. 252. — *Saturday Rev.*, april 7, p. 414. — *Quart. Rev.*, 191, n. 1900, pp. 1/29.

— The Crux of the Upper Yangtse. By Archibald Little. (*Geog. Journ.*, XVIII, Nov. 1901, pp. 498—508.)

— Le Fleuve Bleu . . . par Gaston de Bezaure. Voir chap. VOYAGES.

— W. Gill. The River of Golden Sand . . . . Voir YUNNAN province.

— Les bouches du Kiang (fleuve bleu) par le R. P. Augustin Colombel, de la Compagnie de Jésus, missionnaire au Kiang-nan (Chine). (*Miss. Cath.*, XX, 1888, pp. 436/8, 450/1.)

— Through the Yang-tsz Gorges and Christian Mission. By ****. (*Chin. Rec.*, XIX, No. 9, Sept. 1888, pp. 435/437.)

— The Land of the Dragon My boating and shooting Excursions to the Gorges of the Upper Yangtze. By William Spencer Percival, H. B. M.'s Civil Service, China. With Map of the Author's Route. London: Hurst and Blackett, 1889, in-8, pp. VII-338.

∴

— Diagram showing the Rise and Fall of the River Yangtze at Ichang for the years 1879 and 1880. (*Rep. on Trade* for 1880, p. 46.) — At Hankow for 1881. (*Ibid.*, p. 72.) — At Kiukiang for 1879 and 1880. (*Ibid.*, p. 78.) — At Kiukiang for 1870—1880. (*Ibid.*, p. 79.)

— Diagram .... at Ichang for 1881. (*Ret. of Trade* for 1881, p. 10.) — At Kiukiang for 1880 and 1881. (*Ibid.*, p. 14.) — At Wuhu for 1881. (*Ibid.*, p. 8.)

— Diagram . . . at Ichang for 1882. (*Ibid.*, 1882, p. 60.) — At Kiukiang for 1881—1882. (*Ibid.*, p. 108.) — At Wuhu for 1881—2. (*Ibid.*, p. 124.)

— Diagram . . . at Ichang for 1883. (*Ret. of Trade* for 1883, p. 60.) — At Kiukiang for 1882 and 1883, and 1873—1883. (*Ibid.*, p. 112.) — At Wuhu, 1882—1883. (*Ibid.*, p. 128.)

— Diagram . . . at Ichang for 1884. (*Ibid.*, 1884, p. 58.) — At Hankow for 1882-83-4. (*Ibid.*, p. 76.) — At Kiukiang for 1883—4. (*Ibid.*, p. 110.) — At Wuhu for 1883—4. (*Ibid.*, p. 126.)

— Diagram . . . at Ichang for 1885. (*Ibid.*, 1885, p. 56.) — At Hankow for 1884—5. (*Ibid.*, p. 76.) — At Kiukiang for 1884—5. (*Ibid.*, p. 110.) — At Wuhu for 1884—5. (*Ibid.*, p. 126.)

Les diagrammes sont donnés dans les vol. suivants des *Reports of Trade*. — Les diagrammes de Tchoung-King commencent à l'année 1891.

— Diagram showing the Rise and Fall of the River Yangtze at Chungking, for the years 1900 and 1901. (*Ret. of Trade* for 1901, II, p. 87.) — At Wuhu. (*Ibid.*, p. 220.)

— Rise and Fall of the River Yangtze at Ichang, 1882—91. (*Decen. Reports*, 1882—91, p. 144.) — At Kiukiang, 1882—91. (*Ibid.*, p. 218.)

— Sketch of Yangtze River from Hankow to Cock's Head, compiled from Admiralty Charts, and various Sources, with corrections, by J. W. Patersson, Harbour Master, Hankow, August 1892. (*Decen. Reports*, 1882—91, p. 192.)

— Rough Sketch of a Section of the Yangtze River, Hankow, between the Custom House and Wuchang showing winter water level at zero. (*Ret. of Trade* for 1900, II, p. 152.)

— Rise and Fall of the Yangtze at Hankow, during the years 1865—1900. (*Ibid.*)

— Sketch of Principal Trade Route by Canal between Sha-si and Hankow. (*Ret. of Trade* for 1896. p. 112.)
Photolithographed and Printed by Yih Tze Yun.

∴

— Eine Fahrt auf dem Yang-tse-Kiang und die Beschreibung dreier Taifune. Aus dem Reiseberichte des Kapt. Fr. Segelken, Führer des Dampfers « Africa ». (*Ann. der Hyd.*, XXIII, 1895, pp. 166/169.)

· Note sur la détermination des positions géographiques de Hankau et de Kiukiang dans le Yang-tse-Kiang, par M. l'enseigne de vaisseau Mouchez, à bord du *Lutin*. (*Annales hydrog.*, 1895, pp. 91/2.)

- Note sur la détermination, par transport du temps, des longitudes de Kiukiang, Hankau et de Itschang, par M. l'enseigne de vaisseau Moret, à bord de la *Comète*. (*Ibid.*, pp. 93/4.)

(YANG TSEU.)

— Que signifie le nom de Yangtze? par feu Léon Metchnikoff. (*Bul. Soc. Neuchateloise de Géog.*, Neuchatel, 1894—5, VIII, pp. 75/79.)

— Fünfte Flugschrift des Allgemeinen evang.-prot. Missionsvereins. — Eine Missionsreise auf dem Yang tze kiang in China im Jahre 1894. Von Pfarrer und Missionär Paul Kranz in Shanghai. Mit einer Abbildung und einer Kartenskizze. — Zweite Auflage. — Berlin 1894, A. Haack, br. in-8, pp. 19.

— W. Coucheron-Aamot : 2500 Kilometer opover Yangtse Kiang. (*Norske Geog. Selskabs Aarbog*, VI, 1894—1895, pp. 95/124.)

— Die Reise S. M. Schiffes « Zrinyi » nach Ost-Asien (Yang-tse-kiang und Gelbes Meer) 1890—1891. — Verfasst im Auftrage des k. und k. Reichs-Kriegsministeriums, Marine-Section, unter Zugrundelegung der Berichte des k. und k. Schiffscommandos, und ergänzt nach Consularberichten und anderen authentischen Quellen von Jerolim Freiherrn von Benko k. und k. Fregatten-Capitän d. R. — Mit einer Reiseskizze und acht lithographirten Tafeln. — Wien. Carl Gerold's Sohn. 1894, in-8, pp. XI-439.

— * Map of the Yangtse-Kiang in 13 sheets, from its mouth to Chungking, and general chart from mouth to source, with plans of Shanghai, Chinkiang, Nanking, Wuhu, Kiukiang, Hankow, Ichang, and Chungking, Lights, etc. Scale 1 : 185,000 or 2'5 stat. miles to an inch. By R. A. de Villard, Shanghai, 1895.

— With Boat and Gun in the Yangtze Valley. Edited by H. T. Wade. Shanghai, 1895. « Shanghai Mercury » Office, in-4, pp. III-187-V.

— * Ein Ausflug den Yangtsze hinauf. (*Ostasiat. Lloyd.* VIII, pp. 844/846, 885/887.)

— Friedrich Hirth : « Zwei Jahre am Yangtze-kiang. » (*Verhand. Ges. Erdk. Berlin*, XXII, 1895, pp. 672/5.)

— Von Shanghai nach Hankau. Aus dem Reisebericht S. M. S. *Iltis*, Kommandant Korv.-Kapt. Graf von Baudissin. (*A. d. Hydrog. u. Maritim. Meteorol.*, Berlin, XXII, pp. 343/346.)

— The Yangtse chiang. By W. R. Carles, H. B. M. Consul at Swatau. (*Geog. Journ.*, XII, Sept. 1898, pp. 225/240.)

— La Voie du Yang-tsé (Extrait du voyage de M. Henri Berger en Chine). (*Bul. Soc. normande Géog.*, XX, 1898, pp. 281/298.)

— The Yang-tsze Valley and British Commerce. By Alfred Barton, M. D. (*Imp. & As. Quart. Rev.*, 3rd Ser., VI, 1898, pp. 62/68.)

— The name of the Yang-tsze River. By Alfred Barton. (*Ibid.*, VII, 1899, p. 184.)

(YANG TSEU.)

— * M. Goebel. — Compte-rendu d'un voyage sur le Yang-Tzé-Kiang (Chine). (Extrait du *Recueil Consulaire.*) Bruxelles, P. Weissenbruch, in-8, pp. 102.

— * A Voyage on the Yang-tze-kiang. (*The Chamber of Commerce Journal*, X, pp. 151/2, 176/7.)

— Extrait d'un Rapport de M. le lieutenant de vaisseau Coustolle, commandant la canonnière la *Vipère*, sur son voyage dans le Yang-tse-kiang, entre Hankeou et I-chang. (*Ann. hydrographiques*, 2e Sér., XIII, 1891, pp. 161/163.)

∴

— Observatoire de Zi-ka-wei. — La Navigation à vapeur sur le Haut Yang-tse par le R. P. S. Chevalier, S. J. — Chang-Hai, Imprimerie de la Mission catholique à l'Orphelinat de T'ou-sè-wè. — 1899, in-4, pp. 13, 4 cartes.

Notice : *China Review*, XXIV, No. 1, pp. 41/2, par E. H. Parker.

— Le Haut Yang-tse de I-tchang-fou à Ping-chan hien en 1897—1898 Voyage et Description — Complément de l'Atlas du Haut Yang-tse par le R. P. S. Chevalier, S. J. — 1er Fascicule *De I'tchang à Tchong-King.* — 1899. Imprimerie de la Presse Orientale, Rue du Consulat, Shanghai. in-4, pp. 1 à 58.

— 2e Fascicule *De Tchong-King à P'ing-chan-hien* — 1899, *Ibid.*, in-4, pp. 59 à 90 + 1 p. p. l. tab.

Notice : *China Review*, XXIV, No. 5, pp. 246/7, par E. H. Parker.

— Observatoire de Zi-ka-wei. — Atlas du haut Yang-tse De I-Tchang Fou à P'ing-Chan Hien par le R. P. S. Chevalier S. J. — Shanghai Lithographie de la Presse Orientale, 69, Rue du Consulat. In-fol. oblong, 64 planches.

— L'Atlas du Haut Yang-tse du Père Chevalier. Par A.-A. Fauvel. (*Ann. de Géog.*, IX, 1900, pp. 259/262.)

Notice : *N. C. Herald*, Jan. 3, 1900, p. 11.

Cet ouvrage a obtenu le prix Logerot, en 1901, à la Soc de Géog. Paris, sur le rapport de M. Henri Cordier, *La Géog.*, I, 1901, p. 544.

∴

— Carte dressée par le Vicomte de Vaulserre en 1899. — Relevé topographique du grand coude que le Fleuve Bleu pousse dans le Yun-Nan au sud du Sé-Tchouan. — Dessins et Impressions L. Braun, Paris. Echelle au 1/278.550.

— Carte dressée .... en 1899. — Relevé topographique du Fleuve Bleu depuis Sui-Fou jusqu'à la hauteur de Ta-Li-Fou. — Dessins et Impressions L. Braun, Paris. Echelle au 1/1.000.000.

— Carte dressée ..... en 1899. — Voyage dans le Yun-Nan le Kouei-Tch'eou et le Kouang-Si. — Dessins et Impressions L. Braun, Paris. Echelle au 1/1.000.000.

— Le Fleuve Bleu de Sui fou à la hauteur de Ta li fou. Par le Vicomte de Vaulserre. (*La Géographie — Bull. de la Soc. de Géog.*, 15 Juin 1900, pp. 449-460, avec cinq fig. dans le texte et une carte hors texte.)

— Chine. Le Fleuve Bleu et son bassin, par M. le Vicomte de Vaulserre. (*Rev. Coloniale*, 1900, pp. 741/765, 822/842.)

Le Mouv. géog., 1900, col. 231/4, 246/9, 257/9.

∴

— Cesare Nerazzini. — Sull' Yang-tse Kiang. Ricordi da un viaggio in China. (*Nuova Antologia*, Ser. IV, Vol. 81, pp. 272/300.)

— Ein Ausflug nach den Yangtze Grotten. Von Dr. H. Betz, Hankau. (*Globus*, LXXVIII, 1900, pp. 37/44. — *Ostasiat. Rundschau*, I, pp. 145/161.)

— Die Mündung des Yangtse-Kiang. (*Ann. der Hyd.*, XXVIII, 1900, pp. 405/428.)

— Der Yangtsekiang, die deutschen Interessen und die Bedeutung des Stromes für die Erschliessung Chinas. Mit 6 Abbildungen nach Photographien. (*Globus*, LXXX, 1901, pp, 55/60.)

— La navigabilité du Fleuve Bleu. Par Charles Eudes Bonin. (*Revue de Géographie*, Mars 1901, pp. 170/180.)

Le Mouv. géog. col. 161—5.

— * Giov. Gaggino. — La vallata del Yang-tse-kiang : appunti e ricordi di viaggio ordinati e pubb. da Edoardo Del Mayno. Con proemio di Angelo de Gubernatis. Roma, Bocca, 1901, in-8, pp. 293.

— La Vallée du Yang-tse-kiang. Par Charles Sauerwein, Enseigne de vaisseau. (*Revue maritime*, Janvier 1902, pp. 115/140.)

Rev. Indo-Chinoise, 204, 15 sept. 1902, pp. 853/860.

— Etat actuel de la navigation à vapeur sur le haut Yang-tseu-Kiang. Par Pierre Bons d'Anty. (*La Géographie*, 15 fév. 1902, pp. 89/94.)

— La navigation à vapeur sur le haut Yang-tseu. Par P. B. A. (*La Géog.*, 15 Mars 1902, pp. 212/3.)

— La Vallée du Yang-tseu et les intérêts français par M. Bons d'Anty. (*Bul. Soc. Géog. com.*, XXIV, 1902, pp. 44/55.)

— L'œuvre géographique de la mission Hourst sur le haut Yang-tseu. Par Pierre Bons d'Anty. (*La Géographie*, 15 mai 1903, pp. 361/364.)

— La navigation du Yang tsé. Par J. Servigny. (*Rev. française*, 1902, pp. 83/88;

Revue Indo-Chinoise, 179, 24 mars 1902, pp. 258/260; *Belgique col.*, 16 fév. 1902, pp. 77/98.)

— From the Yang-tse Kiang to the China Sea. By W. Barclay Parsons, C. E. (*Geographical Journal*, XIX, N° 6, June 1902, pp. 711/735.)

— Du Yang-tseu-Kiang à la mer de Chine. Voyage de M. W. M. Barclay Parsons. Par D. Aïtoff. (*La Géographie*, 15 Juillet 1902, pp. 46/50.)

— The Lung-Kiang, Taiping and Kinsha Rivers. By R. Logan Jack. (*Geographical Journal*, XX, N° 1, July 1902, pp. 111/113.)

— Haut Yang-tseu-kiang. Yi-tch'ang fou. — Tch'ong-k'ing-fou. — Siu-tcheou-fou. Par A. Chazalon. (*Bul. Soc. Géog. com.*, XXIV, 1902, pp. 377/382.)

— The Yangtze Valley ... By Mrs. J. F. Bishop, 1899, voir SE-TCH'OUAN.

— In the Valley of the Yangtse. By Mrs. A. Foster, voir OUVRAGES GÉNÉRAUX, col. 105.

— Voir *Livre jaune*, CHINE, 1898—1899.

Rivière de Wou-soung 吳淞

— China-Wusung River or Hwang Pu Surveyed by A. M. Bisbee, Coast Inspector, I. M. Customs Service assisted by R. Braun, 1887. (*Decen. Reports*, 1882—91, p. 334.)

— Der Wusung-Fluss. (*Ann. der Hyd.*, XXVIII, 1900, pp. 415/422, [von A. M. Bisbee].)

— Voir CHANG-HAI, Port ouvert.

Le Han Kiang 漢江

Ce fleuve se jette dans le Yang-tseu Kiang à Han K'eou 漢口 (Bouche du Han).

— Notes of a Voyage on the River Han by Mr. A. Wylie (*Missionary Recorder*, 1 July 1867, pp. 51/4, 65/67). — (Sent to the *Revue Orientale* of Paris, réimp. dans *the London and China Express*, et dans *the Shanghaï Evening Courier*, 4 June 1870.)

— Letter from Baron von Richtofen on the Han River, near Fanching, Province of Hupe.

Printed in « *The Shanghaï Evening Courier* », June 23, 24 et 28, 1870. (Voir : Hou pe, *infra*.)

— The Han. (*Shanghai Budget*, Sept. 28, 1872).

— A. David : Journal de mon troisième Voyage (au chap. de l'*Histoire naturelle*).

— Voir Sosnovsky et Piassetsky, au chap. VOYAGES.

— Trade, &c. of the Han River District (China). Hankow to Anlu. (*Board of Trade Journal*, Aug. 28, 1902, pp. 402-3.)

D'après un rapport du Ministre d'Angleterre à Pe-king.

5° LE *HOUANG HO*. Fleuve Jaune. 黃河

— Voir une lettre du Père Amiot : *Mém. conc. les Chinois*, IX, pp. 25 et seq.

— Das Wassersystem des Hoang ho, pp. 491 et seq., de « Die Erdkunde von Asien ... von Carl Ritter, Bd. III. Berlin 1834. »

— Mémoire sur les Changements du Cours inférieur du fleuve Jaune par Edouard Biot. (*Journal Asiatique*, IVe Série, T. I (1843), pp. 452-471, — T. II, pp. 84-99).

Un extrait de ce mémoire a été lu, le 26 mai 1843, devant l'Académie des Inscriptions et Belles-Lettres.

— Note sur deux cartes chinoises représentant les travaux du fleuve jaune et du grand Canal, et appartenant au dépôt des cartes de la Bibliothèque royale; par M. Ed. Biot. (Extrait du *Journal Asiatique*. — Juin 1845.) Pièce in-8, pp. 4.

— Course and topography of the Hwang ho or Yellow River. By S. W. Williams. (*Ch. Repos.*, XIX, 1850, pp. 499/599).

— Notes and Queries on the Drying up of the Yellow River by D. J. Macgowan, M. D. (*N. China Herald*, No 336, January 3, 1857.)

Réimp. dans le *Shanghae Miscellany*.

— Letter signed W. dated Shanghae, June 2, 1857, addressed to the Editor (*N. C. Herald*, No 359, June 13, 1857).

— Grain Supply of Peking (*Ibid.*, No 418, July 31, 1858).

— Lettre du Dr. Macgowan reproduite dans *The N. C. Herald*, July 5, 1867.

— A Journey towards the Yellow River. By Cwmnant. (*N. C. Herald*, No 466, July 2, 1859. — 467, July 9, 1859.)

— Notes on a Portion of the Old Bed of the Yellow River and the Water Supply of the Grand Canal. By Ney Elias, F. R. G. S. (*Journal N. China B. R. As. Soc.*, N. S., No IV, Dec. 1867, Art. VI, p. 80.)

— Report of an exploration of the new course of the Yellow River. By Ney Elias, Jr., F. R. G. S. (*Ibid.*, No V, Dec. 1868, Art. IX, p. 259.)

Cette exploration importante du fleuve Jaune a été faite aux frais de la Société asiatique de Chang-Hai par MM. Ney Elias et H. G. Hollingworth. Mr. Ney Elias est bien connu par les voyages qu'il a faits depuis cette époque en Mongolie et avec l'expédition du Col. H. Browne. On a dressé deux cartes du cours du fleuve Jaune pour accompagner ce rapport. (London, 1872.)

— « The Old Bed of the Yellow River. »

Pièce in-folio de 4 pages, tirée à 6 exemplaires par Ney Elias.

— Notes of a Journey to the New course of the Yellow River, in 1868. By Ney Elias, Esq., (Read Nov. 22, 1869). (*Journ. R. G. S.*, XL, 1870, pp. 1/33, & *Extracts* dans *Proc. R. G. S.*, XIV, 1870, pp. 20/37.)

— «The Yellow River» [from a Correspondent; voyage du 15 mai 1868] (*N. C. Herald*, June 19, 1868).

— The Fabulous Source of the Hoang-ho, by E. J. Eitel. (*Journal N. C. B. R. A. S.*, N. S., No VI, 1869/70, pp. 45 sq.)

— Lettre de Richthofen sur le Honan et le Chansi, Chang-Hai, 1870 (vide Chan si *infra*), pp. 7/8.

— Les Inondations dans la Plaine du [*sic*] Tien-tsin. Recherches sur leurs causes et les moyens d'y remédier par Guy de Contenson, Capitaine d'état-major. (*Bul. Soc. de Géog.*, 6e Sér., VIII, 1874, pp. 5/11 avec une carte.)

Voir d'Escayrac de Lauture, *supra*, col. 115, ainsi que les trad. de la *Gazette de Peking*, pub. par le *N. C. Herald*.

— Double Delta of the Whang ho, or Yellow River in China. By Samuel Mossman. (*Geog. Mag.*, 1878, April, pp. 92/97; June, pp. 152/154.)

— Voyage au bassin supérieur du Fleuve Jaune et dans la région du Loess. Par Léon Rousset. (*Bul. Soc. Géog.*, Oct. 1878, cartes, pp. 289/315.)

— Le Hoang ho et le Grand Canal de la Chine. (Notice de M. James Jackson.) (*Bul. Soc. Géog. com.*, II, 1879/80, pp. 394/397.)

Tirage à part, pièce in-8, pp. 4.

— How to send the Yellow River back to its Old Channel. (*China Review*, XI, p. 132.)

— Forced Labour on the Yellow River. (*China Review*, XIII, p. 121.)

— Inundations. By E. H. Parker. (*China Review*, XIV, p. 359.)

— The Yellow River. By Thomas Paton of B. and F. Bible Society. (*Chin. Rec.*, March 1888, pp. 135/140.)

— Emil Deckert. Der Hoang-ho und seine Stromlauf-Aenderung. (*Globus*, LIII, pp. 129/133.)

— Les variations du lit du Hoang-Ho. Par M. Romanet du Caillaud. (*Soc. de Géog.*, Paris, Compte-rendu, Nos. 7 et 8, 1888, pp. 216/7.)

— Les inondations en Chine. Lettre du R. P. Boucher, de la Cie. de Jésus, miss. au Kiang-nan. (*Miss. Cath.*, 1888, pp. 49/50, 61/62.) — Lettre du R. P. Anselme de Saint-Sauveur, des Mineurs obs., miss. au Chan-toung sept. (*Ibid.*, pp. 109/110.)

— * The Great Yellow River Inundation. By C. F. Gordon-Cumming. With Chinese Map. (*Leisure Hour*, March, 1888.)

— Les inondations. (*Soc. Roy. Belge Géog.*, *Bul.*, 1888, pp. 229/231.)

— * Memorandum relative to the Improvement of the Hwang-ho or Yellow River in North-China by J. G. W. Fijnje van Salverda, and Report of Captain P. G. van Schermbeek and A. Visser on their inspection of the Yellow River and its flooded districts in 1889. Translated from the Dutch by W. G. Dickinson. Haag, 1891, in-4, pp. 104.

Pas dans le commerce.

Notice par Georg Wegener, *Petermann's Mitt.*, III, 1893, pp. 40/1.

— Projet pour remédier aux inondations dans le Nord de la Chine par le Baron G. de Contenson. (*Bul. Soc. Géog.*, Paris, 1893, pp. 366/375.)

Sur le rapport hollandais.

— The Yellow River. (*Goldthwaite's Geog. Mag.*, New-York, IV, Aug. 1892, pp. 586/592).

— * Horn. — Strombauten am Gelben Fluss (Hwang-ho) in China. (*Centralbl. d. Bauverw.*, XII, 486).

— Map of the River Hoang Ho (Yellow River) from Lan-chau-fu to Bautu Constructed from Observations taken by Mr St. George R. Littledale — 1893. (*Geographical Journal*, III, 1894, p. 540.)

Scale: 1 inch = 32 Miles.

— Maps of the Districts flooded in Shantung from 1882 to 1891. (*Decen. Reports*, 1882-91, p. 56.)

— Map of Northern Shantung showing Areas flooded by the Yellow River, 1898. — Scale: — 60 Miles = One Degree. (*Ret. of Trade* for 1898, II, p. 58.)

— * The Yellow River Report presented to the Throne on the part of the Yellow River situated below Chinanfu, by Armand Rouffart, Civil Engineer. — Price 50 cents. — Published by the «North-China Herald» Office. [1900?]

— Note sur la navigabilité du Fleuve Jaune. Par Ch.-E. Bonin. (*Rev. coloniale*, 1900, pp. 1161/7.)

— La navigabilité du Fleuve Jaune (Hoang-ho). (*Le Mouv. géog.*, 1901, col. 112—114.)

6° LE *PEI HO*, 白河

— Notices of the Pei ho, from Tientsin to the vicinity of Peking, of the avenue to the Capital, and of the road to Je ho, or the Hot stream. By E. C. Bridgman (*Ch. Rep.*, XI, 1842, pp. 92 et seq.).

Réimp. dans le *N. C. Herald*, Nos. 402 & 403, Av. 10 & 17, 1858.

— The Pei ho. (*Naut. Mag.*, April 1857.)

-- Peking und der Pei-ho oder Weisse Fluss. (*Petermann's Mitth.*, 1858, pp. 117/119.)

— Notice sur la baie du Peï-Ho dans le golfe de Pe-Tche-li. Description de la Côte de Chine depuis la rivière de Lau-mu-ho jusqu'à l'embouchure du Ta-Tsing-Ho, d'après les reconnaissances effectuées par les officiers de la station française de Ta-kou sous le commandement supérieur de S. Bourgois, Capitaine de vaisseau. Accompagnée de deux grandes cartes et quatre plans. Paris, Arthus Bertrand, s. d., in-8, pp. 64.

Extrait de la *Revue coloniale et maritime* [mai 1864, etc.]

— Ch. Grad. La Province de Pétchili et le Peï-ho. (*Nouv. Annales des Voyages*, Fév. 1865, pp. 193/212.)

— Let. de Richthofen sur le Ho-nan et le Chan-si (*vide* Chan-si infra). Shanghai, 1870.

— Le Pei-ho et Tientsin. Par Paul Delaroche-Vernet. Membre du Groupe d'histoire et de diplomatie. (*Annales de l'École des Sciences Politiques*. 15 Oct. 1889, pp. 687/693.)

— 2106. — Rivière d', Pei-ho. — E. Ploix, ing. hyd., 1858. — Édit. de sept. 1890 . . . . 1 *m* = 58.

— River Peiho. — Diagram showing Rise and Fall of Water and Rise and Fall of River Bed in the Centre of the Channel opposite Harbour Master's Office [Tientsin] during the year 1897. (*Ret. of Trade* for 1897, II, p. 24.)

— 1896 (*Ret.* 1896, p. 25).

— during the Year 1898. (*Ret. of Trade* for 1898, II, p. 32.)

— during the Year 1899. (*Ret. of Trade* for 1899, II, p. 30.)

On a commencé à donner ces diagrammes en 1894.

— Course of the Peiho River below Tientsin City, showing the 2 Cuts under construction, to improve and shorten the River. (*Ret. of Trade* for 1901, p. 777.)

— River Peiho. Diagram showing Rise and Fall of Water and Rise and Fall of River Bed in the Centre of the Channel opposite Harbour Master's Office during the Year 1901. (*Ibid.*, p. 778.)

LIAO HO 遼河 (Mandchourie).

— Liao River. — From Yingtzŭ to T'ien-chuang-t'ai, including Lao-Pei-ho and the Hsin-K'ai-ho. Sketched in 1891 by A. F. Schepens. (*Decen. Reports*, 1882—91, p. 16.)

7° LE *YUN HO* 運河 (Le Grand Canal).

— Bretschneider, *Archaeological Researches on Peking*, p. 39. — Williams, *Middle Kingdom*, I, pp. 27 et seq.

— Description du Grand Canal de la Chine, extraite d'ouvrages chinois. (Klaproth, *Mém. rel. à l'Asie*, III, 1828, pp. 312/331.)

— Verfall des Kaisercanals in China. (*Globus*, XXV, 1874, No 4.)

— The Imperial Canal. By A. S. Jones, United States Consul. (*Goldthwaite's Geog. Mag.*, New-York, Oct. 1892, IV, pp. 759/762.)

— Variétés sinologiques No. 4. — Le Canal Impérial. Étude historique et descriptive par le P. Domin. Gandar, S. J. — Chang-hai. Imprimerie de la Mission Catholique à l'orphelinat de T'ou-sè-wè. 1894, in-8, pp. II-78; 19 cartes ou plans.

Notice : *China Review*, XXI, No. 3, pp. 209/213. Par E. H. P.[arker].

— The Grand Canal of China. By W. R. Carles. (*Jour. China Br. R. As. Soc.*, N. S., XXXI, No. 1, 1896—97, pp. 102/115.)

Sommaire d'un article dont le MS. a été perdu.

— Sur le Canal Impérial et d'autres Canaux au Sud du Kiang. (*Hist. du Roy. de Ou*, ... par le P. A. Tschepe, pp. 163/168.)

MERS DE CHINE. — PUBLICATIONS POUR EN FACILITER LA NAVIGATION, ETC.

ALEXANDER DALRYMPLE.

— A Collection of Charts and Memoirs published by Alexander Dalrymple Esq. in-fol. s. l. n. d., contient, avec titres spéciaux et pagin. diff. :

General Introduction to the Charts and Memoirs pub. by Al. Dalrymple Esq. London : Printed in the Year 1772. — Essay on the most commodious Methods of Marine Surveying. Lond., 1771. — Memoir of a Chart of the China Sea. Lond., 1771. — Memoir of the Chart of Part of the Coast of China, and the adjacent islands near the entrance of Canton River. Containing Observations in the Schooner *Cuddalore* in 1759 and 1760. And in the ship. London, 1764. With several Views of the Lands. Lond. 1771. — Journal of the Schooner *Cuddalore*, Oct. 1759. on the Coast of China. Lond. 1771. — Journal of the Schooner *Cuddalore* on the Coast of Hainan 1760. London, 1771. — Memoir of the Chart of the West Coast of Palawan, or Paragua, containing the Journal of the Schooner *Cuddalore*, in Dec. 1761. Lond. 1771. — Memoir of a Chart of the Southern Ocean.

— General Introduction, to the Charts and Memoirs, published by Dalrymple. Originally printed in 1772. Second Edition. London : Printed by George Bigg, 1786, in-fol.

Une 2e éd. des autres mémoires a été également donnée en 1786 par G. Bigg.

Vide infra : Mannevillette.

MANNEVILLETTE.

— Cartes des costes et des mers des Indes orientales & de la Chine, avec des Mémoires sur ces Côtes & sur ces Mers, & des Instructions concernant les voyages qu'on y peut faire. (*Rec. de l'Ac. des Sc., Hist.*, [année 1743], 1746, pp. 154/163.)

D'après les voyages et les observations de M. d'Après de Mannevillette, Lieutenant des Vaisseaux de la Compagnie des Indes.

— Le Neptune Oriental, dédié au Roi, par M. d'Après de Mannevillette, Chevalier de l'Ordre du Roi, Capitaine des Vaisseaux de la Compagnie des Indes, Correspondant de l'Académie Royale des Sciences, & Associé de l'Académie Royale de Marine. A Paris, chez Demonville... et a Brest, chez Malassis, M.DCC.LXXV. gr. in-fol. à 2 col.

Sur la Chine, voir pp. 160 seq. de ce superbe ouvrage. — Pp. 191 seq. « Mémoire sur la Carte des Mers de la Chine par M. Alexandre Dalrymple, Ecuyer. »

La première édition du *Neptune Oriental* est de 1745, gr. in-folio. La Bibl. du Dépôt de la Marine en possède un ex. provenant du cabinet particulier de Louis XVI; les cartes, au nombre de 24, sont coloriées. Un supplément à cette éd., publié à Paris, en 1781, gr. in-folio, renferme 18 cartes; il a été publié par D'Après de Blangy. On y trouve une vie de l'auteur, un mémoire de Mengaud de la Hage, et un autre de Fontaine.

— Under the Patronage of the Hon. East India Company. — The British Mariner's Directory and Guide to the trade and navigation of the Indian and China Seas. Containing instructions for navigating from Europe to India and China, and from port to port in those regions, and parts adjacent: with an account of the trade, mercantile habits, manners, and customs of the natives. By H. M. Elmore, many years a Commander in the Country service in India, and late Commander of the Varuna extra East Indiaman. London: Printed by T. Bensley... and sold by Blacks and Parry, 1802, in-4, pp. xl-342 + 1 f. n. c.

Bib. royale de Munich.

DANIEL ROSS.

— This Survey of part of the South Coast of China is dedicated to the Honorable the Court of Directors for the affairs of the United East India Company at whose desire it was executed by their most obedient humble servants Daniel Ross and Philip Maughan Lieutenants of the Bombay Marine 1807... *Atlas* in-folio.

HENRY PIDDINGTON.

— Handbook of storms for the Indian and China Seas. Calcutta, 1807, in-8.

— The Horn-Book of Storms for the Indian and China Seas. By Henry Piddington, Sub-Secretary to the Asiatic Society, and Curator Museum Economic Geology of India. Calcutta: Bishop's College Press, 1844, in-8, pp. 26 + 4 pl. dont 2 sur de la corne.

— A Thirteenth Memoir on the Law of Storms in the Indian and China seas; being the *Charles Heddle*'s Hurricane in the Southern Indian Ocean, 22d to 27th February, 1845. By Henry Piddington. With two plates. (*Jour. As. Soc. Bengal*, XIV, Pt. II, 1845, pp. 703/735.)

— A Seventeenth Memoir on the Law of Storms in India, being Storms of the China Seas from 1842 to 1847, and some of the Northern Pacific Ocean, from 1797. By Henry Piddington, President of Marine Courts of Enquiry, Calcutta. (*Jour. As. Soc. Bengal*, XVIII, pt. I, 1849, pp. 1/45; *ibid.*, XVIII, pt. I, 1849, pp. 252/282.)

— An Eighteenth Memoir on the Law of Storms in India, being the Cyclone of 12th to 14th October 1848 in the Bay of Bengal. By Henry Piddington, President of Marine Courts. (*Jour. As. Soc. Bengal*, XVIII, Pt. II, 1849, pp. 826/857; *ibid.*, XVIII, pt. II, 1849, pp. 869/918.)

— A Nineteenth Memoir on the Law of Storms in the Indian and China Seas, being the Cyclones of the *Sir Howard Douglas* and of H. M. Brig *Jumna* in the Southern Indian Ocean. January to April, 1848. By Henry Piddington, President of Marine Courts. (*Jour. As. Soc. Bengal*, XIX, 1850, pp. 349/389.)

— A Twentieth Memoir on the Law of Storms in the Indian and China Seas, being the April Cyclone of the Bay of Bengal, 23rd to 28th April, 1850. — By Henry Piddington, President of Marine Courts. (*Jour. As. Soc. Bengal*, XX, 1851, pp. 13/61; *ibid.*, XX, 1851, pp. 195/207.)

— A Twenty-first Memoir on the Law of Storms in the Indian and China Seas; being the Cyclone of H. M. S. *Fox*, in the Bay of Bengal, 30th April to 5th May 1851. By Henry Piddington, President of Marine Courts. (*Jour. As. Soc. Bengal*, XXI, 1852, pp. 283/328.)

— A Twenty-second Memoir on the Storms of the Indian and China Seas; Cyclones and Tornadoes of the Bay of Bengal from 1848 to 1852. By Henry Piddington, President of Marine Courts. (*Jour. As. Soc. Bengal*, XXIII, 1854, pp. 1/48.)

— A Twenty-third Memoir on the Law of Storms in the Indian and China Seas; being the Peninsular and Oriental Steam Navigation Company's Ship *Precursor*'s Cyclone, of October, 1851. — By Henry Piddington, President of Marine Courts. (*Jour. As. Soc. Bengal*, XXIII, 1854, pp. 505/549.)

JAMES HORSBURGH.

— Memoirs: comprising the navigation to and from China, by the China Sea, and through the various Straits and Channels in the Indian Archipelago; also, the navigation of Bombay Harbour. London: Printed for the author, by C. Mercier and Co. Northumberland-court, Strand. Sold by Messrs. Blacks and Parry, ... 1805, in-4, pp. VI-30, 77, 19.

Ce vol. comprend trois parties, chacune avec une pagination spéciale. Par J. Horsburgh.

— Directions for Sailing to and from the East Indies, China, New Holland, Cape of Good Hope, and the interjacent ports; compiled chiefly from original journals at the East India House, and from Journals and Observations, made during twenty-one years experience navigating in those seas. By James Horsburgh, F. R. S. London, 1809-1811, 2 vol. in-4.

— The Same, second ed. — Supplement to the India Sailing Directory. London, 1817-1818. 2 vol. in-4.

Le supplément qui porte la date de 1818 a 61 pages. L'Atlas a 25 feuilles.

— The Same, third ed. London, 1826-27. 2 vol. in-4. L'Atlas a 32 feuilles.

— The Same, 4th. ed. London, 1836, 2 vol. in-4. — 5th. ed., Lond., 1841-3, 2 vol. in-4. — 6th. ed., Lond., 1852, 2 vol. in-4. — 7th. ed., Lond., 1855, 2 vol. in-4.

Traduit en français par le Prévour. Paris, Imprimerie royale, 1824, in-8.

— Le même, 1836-9, 5 vol. in-8.

— Le même, révisé sur la 5e éd. anglaise de 1843 par B. Darondeau, Ing. hyd., et G. Reille, lieut. de vaisseau. Paris, P. Dupont, 1851, in-4.

— Le même, 2e éd. rev. sur les 5e et 6e éd. anglaises et augmentée par Darondeau, Ing. hyd., Reille, lieut. de vais., et X. Estignard. Paris, P. Dupont, 1851-1860, 3 vol. in-4.

— Le même, 3e éd. revue par J. Lafont, capitaine de frégate, et Ch. Pigeard, Cap. de vaisseau. Paris, Paul Dupont, 1861-2, 2 vol. in-4.

— The India Directory, or, Directions for sailing to and from the East Indies, China, Japan, Australia, and the interjacent Ports of Africa and South America. By James Horsburgh, F. R. S., R. A. S., R. G. S. Corresponding member of the Imperial Academy of Sciences, St. Petersburg; and of the Royal Society of Northern Antiquaries, Copenhagen; Hydrographer to the late Honourable East-India Company. — Corrected and revised according to the most recent surveys by Edward Dunsterville,

Commander R. N. Naval assistant to the Hydrographer of the Admiralty. Eighth edition. London : Wm. H. Allen & Co., 1864, 2 vol. in-4.

— Zeemans-Gids naar, in en uit Oost-Indië, China, Japan, Australië, de Kaap de Goede Hoop, Brazilië en tusschenliggende Havens, volgens de laatste engelsche uitgave van Horsburgh's Directory, in het nederlandsch overgebragt, en met aanteekeningen en opnemingen vermeerderd door G. Kuijper Hz., luitenant-ingenieur bij de Koninklijke Akademie voor de Zee- en Landmagt, en D. Boes Lutjens, oud Koopvaardij-Kapitem. Te Amsterdam, Bij C. F. Stemler, 1853, in-4, pp. xxxi-1494 + 6 ff. prél. p. l. f. t., tit., préf. et tab. + 1 f. n. c. fin p. errata.

∴

— Mémoire sur l'extension progressive des côtes orientales de la Chine, depuis les anciens temps; par M. Edouard Biot. (*Journ. As.*, IVe S., t. IV, pp. 408-445.)

R. COLLINSON.

— Typhoon in the China Seas. (*Nautic. Mag.*, 1841, pp. 859/860.)

— Survey of the harbor of Amoy. By Commander R. Collinson. From the Nautical Magazine. (*Ch. Rep.*, XII, 1843, pp. 121 et seq.).

— Sailing Directions to accompany seven charts of the coast of China, between Amoy bay, and the Yangtz' kiang. (*Ibid.*, pp. 401 et seq.)

— Errata and additions to the Sailing Directions for Coast of China, by Captains Kellet and Collinson, on pages 401/435. (*Ibid.*, pp. 476 et seq.)

— Addenda to the Sailing Directions for the Coast of China. From the Hongkong Gazette. (*Ibid.*, XIII, 1844, pp. 123 et seq.)

— Sailing Directions for the Pang hú, or Pescadore Archipelago, with notices of the islands. By Captain Richard Collinson, C. B. (*Ibid.*, XIV, pp. 249 et seq.)

From *the Hongkong Register.*

— Sailing Directions for the Coast of China; from the Cape of Good Hope to Amoy. By Capt. Richard Collinson, C. B. From the Hongkong Register, and revised Capt. Collinson (*Ibid.*, XIV, 1845, pp. 258 et seq.)

∴

— Austen. The Hasting and Sphinx Hurricane of Sep. 30 and Oct. 1 in the China Sea. (*Naut. Mag.*, 1852, p. 34.)

— * Navigation of the Indian Ocean, China and Australian Seas, containing a brief Account of the Winds, Weather and Currents prevailing therein, etc. Lond., 1859, 2e édit.

— * Beecher (A. B.) Directions for navigating the Atlantic and Indian Oceans, China and Australian Seas, with a brief Account of the Winds and Currents prevailing therein throughout the year. London, 1864 (?).

— Bay of Foo-ming foo (Fokien). (*Canton Press*, N° 27, Vol. 4.)

— Gulf of Liau-tung. (*N. C. Herald*, N° 545, January 5, 1861.)

— Coast of China, division, etc. (By J. R. Morrison, *Chinese Repository*, V, pp. 337 et seq; VI, pp. 8 et seq.)

— Coast of China, etc. : « Sailing directions derived from nautical observations made by H. B. M. 's Squadron in 1840. » (*Chinese Rep.*, X, pp. 371 et seq.)

— Морское сообщеніе между Тянь-цзинемъ и Шань-хаемъ. La Navigation entre Tien-Tsin et Chang Hai, par l'Archimandrite Palladius. (*Trav. de la Mission Russe*, III, No 10.)

— « Sailing Directions for the Coast of China, the Japanese Islands, and the Gulf of Siam ». (Williams' *Commercial Guide*, Appendix.)

— Notice sur la baie du Peï-ho dans le golfe de Pe-tche-li. — Description de la côte de Chine depuis la rivière de Lau-mu-ho jusqu'à l'embouchure du Ta-tsing-ho, d'après les reconnaissances effectuées par les officiers de la station française de Takou sous le commandement supérieur de S. Bourgois, Capitaine de vaisseau. — Accompagnée de deux grandes cartes et quatre plans. — Paris, Arthus Bertrand. br. in-8, pp. 64.

Extrait de la *Revue coloniale et maritime.*

— Renseignements nautiques recueillis à bord du *Duperré* et de la *Forte* pendant un voyage en Chine 1860-1862. Par M. S. Bourgois, capitaine de vaisseau. (Extrait de la *Revue maritime et coloniale*, mars 1863.) Paris, librairie Challamel aîné, 1863, in-8, pp. 76, 1 Carte.

Ce même ouvrage a été publié avec des corrections dans les

Annales hydrographiques. T. XXIII, 1er trimestre 1863, pp. 81/165.

— Mer de Chine. Observations sur la route de l'Est. (*Ann. hyd.*, T. XXIII, 1863, pp. 372/375.)

Lettre du Capt. P. A. Polack, de la barque *Esmeralda*, publiée dans le *Nautical Magazine*.

— Laurie's Chart of the Coast of China from Canton to Nanking . . . . By Isaac Purdy. 1865.

∴

— Carta esférica de una parte del Mar de China que comprende el Rio y Ciudad de Canton, con las costas al E. y O. del mismo desde la Isla Namoa, hasta el Puerto de Tienpak. — Construida . . . por . . . D. M. Roca de Togores. Madrid, 1848—62.

— Carta esférica de la Costa y Mar de China comprendida entre el Cabo Batangan y el Canal de Formosa con parte de la Isla de Luzon. 1862.

Nouv. édition, 1869.

— Carta esférica de la Costa y Mar de China que comprende todo el Canal de Formosa, Islas de Meiaco-Sima y parte de la Isla de Luzon. 1863.

— Carta del Mar de China desde el Golfo de Siam hasta Cabo Batangan y Estrecho de Balabac. Madrid, 1864—67.

— Carta del Mar de China, comprendido entra la Isla de Borneo y la Peninsula de Malaca. Madrid, 1864—67.

Nouv. éd., Madrid, 1869.

— Carte General del Mar de China y gran parte del Archipielago Asiatico. Madrid, 1869.

∴

— Strömungsverhältnisse im Ochotskischen und Japanischen Meere und in den zunächst angränzenden Gewässern. — Nach Temperaturbeobachtungen auf Russischen Kriegsschiffen. Von Dr. Leop. v. Schrenck. (Mit 2 Karten und 10 Diagramm-Tafeln.) (*Mém. Ac. Sc. St. Pét.*, VIIe Sér., XXI, No. 3, St. Pét., 1873, pp. 70.)

— The China Coast Signal Book being an Addenda to Marryat's [the universal] Code : for the use of vessels trading on the coast of China and Japan, with flags arranged both for the commercial & universal signals. Shanghai : Printed at the «North China Herald» Office, 1873. in-8, pp. XVIII-64.

By Capt. H. V. Russell, of the Str «Appin».

(1863—1873.)

— China. — Imperial Maritime Customs. — III. — Miscellaneous Series : No. 10. — Names of Places on the China Coast and the Yangtze River. — First Issue. — Published by order of the Inspector General of Customs. — Shanghai : Statistical Department . . . . . MDCCCLXXXII, in-4, pp. 20.

— China. — Imperial Maritime Customs. — III. — Miscellaneous Series : No. 20. — TYPHOON ANCHORAGES. — Published by order of The Inspector General of Customs. — Shanghai : . . . 1893, in-4, pp. 17.

— Pour les Phares, voir DOUANES IMPÉRIALES, dans la IIe Part. de la *Bib. Sinica*.

— Discussions et tables de positions géographiques dans les mers des Indes et de la Chine par M. Caspari, Ingénieur hydrographe. (Extrait des *Annales hydrographiques*, 1er semestre 1886.) Paris. Imprimerie nationale. MDCCCLXXXVI, in-8, pp. 132.

∴

— Coast about Amoy Harbour, Currents, &c. By G. B. Eldridge. (*China Review*, XXII, No 4, pp. 672/674.)

— * H. S. Blackburne. — Routes against the Monsoons in the China Seas. 1896, in-8, pp. 24.

London. *Shipmasters' Society*. Papers. No. 43.

∴

— Von Tshifu nach Wusung. Aus dem Reisebericht S. M. S. «Alexandrine», Kommandant Kapt. z. S. Schmidt. (*Ann. der Hyd.*, XXIII, 1895, p. 281.)

— Von Amoy über die Pescadores, Amping und Takau nach Hongkong. Aus dem Reisebericht S. M. S. «Irene», Kommandant Korv.-Kapt. von Dresky. (*Ann. der Hyd.*, XXIII, 1895, pp. 425/6.)

— Strömungen und Winde in der Sunda-See und dem südlichen Theile der China-See im Monat August 1892. Nach dem meteorologischen Journal des Schiffes «Auguste», Kapt. H. Bothe. (*Ann. der Hyd.*, XXIV, 1896, pp. 392/4.)

— Hydrographische Bemerkungen über den Tshusan-Archipel, Wusung, die Mündung des Yang-tse-Kiang, Formosa-Kanal. Nach Berichten S. M. S. «Kaiser», Kommandant Kapt. z. S. Zeye, 1896. (*Ann. der Hyd.*, XXV, 1897, pp. 97/9.)

— Tshi-fu-Taku-Pei-tai-ho (Ho-tung-shai) —

(1882—1897.)

Ninghai-Nu-tshwang. Aus dem Reisebericht S. M. S. «Cormoran», Kommandant Korv.-Kapt. Brussatis. Juli-August 1897. (*Ann. der Hyd.*, XXV, 1897, pp. 514/516.)

— Neues Signalsystem für Sturmwarnungen an der chinesischen Küste. (*Ann. der Hyd.*, XXV, 1897, pp. 547/549.)

— Durch die Sunda- und die Karimata-Strasse in das Südchinesische Meer und von der Nordspitze von Luzon an der Ostküste von Formosa nach Norden. Aus dem Bericht des Kap. P. Albrand über die Reise des Vollschiffes «Osorno» von New York nach Shanghai. März bis Mai 1899. (*Ann. der Hyd.*, XXVIII, 1900, pp. 55/60.)

— Meteorologische Beobachtungen in Ostasien an Bord S. M. S. «Deutschland» während des Sommers 1899. (*Ann. der Hyd.*, XXVIII, 1900, pp. 193/4.)

— Zur Küstenkunde von China. Aus dem Reiseberichte S. M. S. «Iltis», Kommandant Korv.-Kapt. Lans. Feb. und März 1900. (*Ann. der Hyd.*, XXVIII. 1900, pp. 289/292.)

— Die Strömungen zwischen Singapore und Taku. Von Dr. G. Schott, Seewarte Hamburg. (*Ann. der Hyd.*, XXVIII, 1900, pp. 428/434.)

— Der Golf von Petschili. (*Ann. der Hyd.*, XXVIII, 1900, pp. 337/354.) — Der Zugang zum Golf von Petschili. (*Ibid.*, pp. 354/363.)

— * Gelbes Meer von Tsingtau bis Schanghai. 1 : 1.000.000. Seek. a. D. Admiralität Nr. 181. Berlin, D. Reimer.

— On the Coasts of Cathay and Cipango Forty years ago A Record of surveying service in the China Yellow and Japan Seas and on the Seabord of Korea and Manchuria. By William Blakeney, R. N. With Illustrations by F. Le Breton Bedwell, R. N. Also numerous sketches, maps and plans. London, Elliot Stock, 1902, in-8, pp. xx-353.

Notice : *Geog. Journ.*, April 1903, p. 442.

TYPHONS.

— H. Piddington, *supra*, col. 135.
— R. Collinson, *supra*, col. 137.
— Austen, *supra*, col. 138.
— *Typhoon Anchorages*, 1893, *supra*, col. 140.
— CLIMAT ET MÉTÉOROLOGIE, *Observatoire de Zi-ka-wei*.

— Quelques Observations sur les typhons ressentis dans la mer de Chine pendant les mois d'Août, Septembre et Octobre 1867. (*Mém. de la Soc. des Sc. nat, de Cherbourg*, XIII, 1868, p. 29; reproduit en partie dans les *Annales hydrographiques*.)

— The great Taifun of August 1880 (19 to 27th) with a Chart and Diagrams. By E. Knipping, Tokio. (*Mitt. Deutsch. Ges. f. Nat. u. Völk. Ostasiens*, Hft. 23, März 1881, pp. 90/102; Hft. 24, Juli 1881, pp. 166/176.)

— Die Bahnen der Teifune im Chinesischen und Japanischen Meere von J. Spindler. (Mit 1 Tafel.) (*Rep. f. Meteor.*, Bd. VII, No. 9, St. Pét., 1881, pp. 40.)

— Notice sur les typhons des mers de Chine et du Japon. Par Baudens, lieut. de vaisseau. (*Rev. mar. et col.*, Vol. 82, 1884, pp. 330/353.)

— Note sur le typhon des 23 et 24 juillet 1896 essuyé par la canonnière la *Comète*, entre Newchwang et Port-Arthur, et par le cuirassé le *Bayard*, en rade de Tchefor. (*Annales hydrog.*, 1896, pp. 19/21.)

— Les Cyclones aux Philippines et dans les mers de Chine. — Étude théorique et pratique par le Père José Algué, Directeur de l'Observatoire de Manille. (*Annales hyd.*, XXI, 1899, pp. 61/198; XXII, 1900, pp. 47/161.)

— H. Himly. — Ursprung des Wortes *Typhon* und der Aussprache *Taifun*. (*Mitt. Deutsch. Ges. Nat. u. Völk. Ostasiens*, Bd. I, Hft. 8, Sept. 1875, pp. 14/20.)

— The word «Typhoon». Its History and Origin. By Frederick Hirth, Ph. D. (*J. R. Geogr. Soc.*, L, 1880, pp. 260/7.)

— Typhoon. (*China Review*, XIII, p. 123.)

— Marc Dechevrens. Typhoons of the Chinese Seas in 1881. Voir *Observatoire de Zi-ka-wei*, au chap. CLIMAT.

— Etymology of the word Taifun by G. Schlegel. (*T'oung Pao*, VII, No. 5, Déc. 1896. pp. 581/585.)

— Die Winter-Typhone im südlichen chinesischen Meere. Von W. Doberck. (*Meteorolog. Zeitschft.*, 1897, pp. 297/9.)

— Course of typhoons in the Chinese and Japanese Seas, with a Chart by Mr. Redfield; statistics and philosophy of storms; Atlantic hurricanes; and Observations at the Madras Observatory. By E. C. Bridgman. (*Chin. Rep.*, VIII, pp. 225 seq.)

— Particulars of the Typhoon, in the Chinese Seas, encountered by the steam-ship *Pluto*, the bark *Nemesis*, and the brig *Siewa*, June 1846. (*Ib.*, XV, 1846, pp. 445/453.)

ILES DIVERSES.

— Tchousan, Chousan. Voir TCHE KIANG.
— Formosa. Voir FOU KIEN.
— Pescadores. Voir FOU KIEN.
— Hainan. Voir KOUANG TOUNG.

— Notice sur l'archipel de Jean Potocki, situé dans la Partie septentrionale de la Mer Jaune. Par Jules Klaproth. Avec une carte. Paris, J.-M. Eberhart, 1820, in-4, pp. 8.

Réimp. dans les *Mém. rel. à l'Asie*, I, pp. 310/321.

— Chinese Islands (Hai-nan, Tai-wan, etc.) (*The Canton Register*, Vol. 10, 1837, Nos 1, 2 et 3.)

— * A. Petermann : Die südlichen Inselgruppen des Chinesischen Reiches. (*Ausland.* No 25, 1858.)

— Léon de Rosny. Notices sur les îles de l'Asie orientale. (Voir le chap. consacré aux îles LIEOU K'IEOU dans la 5e Partie de cet ouvrage.)

— Report on the appearance of the Rugged Islands. By Edwards Wilds Esq. Master Commanding H. M.'s Survey in Ship *Swallow.* (*Journ. N. C. B. R. A. S.*, N.S., No I, pp. 139/143.)

— A Visit to the Island of Hai-tan. By Rev. N. J. Plumb. (*Chinese Recorder*, VII, 1876, pp. 204/207).

— Aus den Reiseberichten S. M. S. « Freya », Kapt. z. See Kupfer. 1) Reise von Hongkong durch die Hainan-Strasse und den Golf von Tongking nach den Paracel-Inseln und Bemerkungen über den Hafen von Hoihow und die Woody-I. (Paracel-In.). — 2) Vorläufige Aufnahmen innerhalb der Paracel-Gruppe. (*Ann. d. Hydrog.*, IX, 1881, pp. 410/5.)

— Aus den Reiseberichten S. M. S. « Freya », Korv.-Kapt. v. Lepel-Gnitz. Vermessungen und Beschreibung der Paracel-Inseln. (*Ann. d. Hydrog.*, IX, 1881, pp. 478/485.)

— Une colonie chrétienne aux îles des Pirates (Chine). Par E. C. Lesserteur. (*Miss. Cath.*, XI, 1879, pp. 190/193.)

(ILES DIVERSES.) (ILES DIVERSES.)

CARTES PUBLIÉES PAR L'AMIRAUTÉ ANGLAISE.

No	Size	Scale	Title of the Chart	Price s.	d.
1263	DE	$d = 0·9$	China sea. *Latest. Gov. Surveys*, 1886; *Ju.* '97, XII. '02 . . .	2	6
2660 *a, b*	DE	$m = 0·05$	China sea, southern portion, 2 sheets; *corrections, a,* Aug. 1896, 'X, '01; *b,* Dec. '01, VIII. '02. each	2	6
2661 *a, b*	DE	$m = 0·05$	. . . . . . northern portion, 2 sheets; *corr. a,* Dec. '97, V. '00; *b,* Aug. 1892; XII. 1902. each .	2	6
875	DE/2	*Var.*	Ports and anchorages in China sea : — Nau Chau passage. Pakhoi anchorage. Lacht Kuen or Mahn-son river. Guie Chau. *Various authorities to* 1881; XI. 1884, *Dec.* 1898	1	6
876	DE	$m = 0·5$ $m = 1·0$	Tong-king Gulf. Hainan strait. (Plan. Inner Passage.) *Capt. Napier & Lieut. Carpenter*, 1880—2; *corr.* July 1885, VIII. 1898	3	6
37	DE/2	$m = 2·0$	. . . . . . Hoi-hau bay (Hainan island). *Capt. Napier*, 1879; *corr.* 1882; VIII. 1894	1	0
1019	DE/2	*Var.*	. . . . . . Yu-lin-kan bay. Gaalong bay. Nam-Hoi chun and Chue Tau anchorages. Tai chau or Tinhosa anchorages. Chun lan Harbour-Sama Port. *Various Authorities*, 1817—90; *corr.* 1882 . . ., IX. 1891, Oct. 1894	1	6

(CARTES DE L'AMIRAUTÉ ANGLAISE.)

No	Size	Scale	Title of the Chart	Price s.	d.
1201	A	0·65	Reefs in the China sea : — North Danger Thi-tu island and reefs, and Sub. reef. Loai ta island and reefs. Tizard bank and reefs. *Staff. Com. Reed,* 1867-8; *pub. Oct.* 1888	2	
94	DE/2	*m* = 0·21	Paracel islands. (Plan, Woody island.) *German Gov. Survey,* 1883; pub. Ju. 1885	1	6
270	DE/4	*m* = 0·18	Macclesfield bank. *Lieut. Carpenter,* 1881. — *Coms. Moore and Field,* 1892—3; X. 1891, Jan. 1894	0	6
362	DE/2	1·0	Pratas reef and island. *J. Richards* 1858; *Jan.* 1868, II. 1882	1	
2212	A	*m* = 0·23	Sheet 1. Hui-Ling-San harbour to Hong Kong. (Plans, Hui-Ling-San harbour. Namo harbour. Macao harbour. Shitoe bay.) *Admiralty Surveys* to 1881; *corr.* Sept. 1883, VIII, 1900	2	0
1262	DE	*d* = 2·0	Hong Kong to gulf of Liau-tung. *Latest authorities* 1876; *corr.* 1885. Feb. 1897, X. 1902 ...	2	6
96	A	*m* = 2·5	...... Tihen-pien or Tien-pak harbour. *Lieut. Ross,* I. N. Sept. 1866; *corr.* 1868	1	6
1023	DE/4	*m* = 12·0	...... Boddam cove. *Staff Com. Reed,* 1868; pub. Ju. 1868	0	6
1253	DE/2	*m* = 3·0	...... Kum-sing-mun harbour. *J. Rees & F. Jauncey,* I. N., 1840	1	0
2562	DE & DE/2	*m* = 0·5	Canton river (Chu-kiang) with its western branches to Samshui, &c. *British Surveys,* 1861; *corr.* 1883; VIII. 1900, Aug. 1901	3	6
*1782	DE	*m* = 1·5	Canton river, Sheet 1 : Lantao to Lankeet islands. *Capt. Sir. E. Belcher,* 1840; *corr.* 1881	2	6
1741	DE	*m* = 3·0	...... Sheet 2 : Lintin bar to Tiger island, with Chuenpi and Boca channels. *Capt. Sir E. Belcher,* 1840; *corr.* July 1865	2	6
1740	DE	*m* = 3·0	...... Sheet 3 : Tiger island to Second Bar pagoda. *Capt. Bate,* 1857; *corr.* 1881, XII. 1893 ..	2	6
1742	DE	*m* = 3·0	...... Sheet 4 : Second Bar pagoda to Whampoa and Chang-shan island. *Capt. Bate,* 1857; *corr.* 1881. Jan. 1894, III. 1902 .... (Plan : Whampoa anchorage.)	2	6
1739	DE	*m* = 3·0	...... Sheet 5 : Whampoa channel and Chang-shan island to Canton. Index sheet of Canton River. *Capt. Bate,* 1857; *corr.* 1883. X. 1893, Sept. 1899	2	6
2734	DE	*m* = 0·7	...... Si-Kiang or West river, Sam chau to Chau-sun. Sketch by *Lieut. Bullock,* 1859; Oct. 1901	2	6
2735	DE	*m* = 0·7	...... Chau-sun to Wu-chau-fu. Sketch by *Lieut. Bullock,* 1859. Jan. 1898	2	6

(Cartes de l'amirauté anglaise.)

Nº	Size	Scale	Title of the Chart	Price s.	d.
1519	DE/2	{8·0 / 22·0}	...... Plans in the Sï kiang or West river: — Sam shui reach. Tak hing. Wu chau fu. Sheung Lung Rock. *Various authorities*, 1897—1900; *July* 1900	1	6
3026	DE	0·38	Macao to Pedro Blanco, including Hongkong. Latest Surveys, 1898; *Aug.* 1901, VI. 1902	2	6
1180	DE	0·67	Approaches to Hongkong. *Admiralty Surveys* to 1888; *Aug.* 1901, IV. 1902	2	6
1962	DE & DE/2	$m=0·24$	Sheet 2: Hong-Kong to The Brothers. (Plans: Tai-sami. Goat island anchorage. Owick bay.) *Capt. Collinson and Admiralty Surveys*, 1845-1887; *corr.* 1883. XI. 1902	3	0
1466	DE	$m=2·4$	...... Hon-Kong. (Plans: Fotau mun pass. Kowloon docks.) *Capt. Sir E. Belcher*, 1841; *Admiralty Surveys* to 1893; *corr.* 1885, *Dec.* 1894, V. 1902	2	6
1459	DE	$m=12·0$	...... Hong-kong harbour. *Admiralty Surveys* to 1883; *corr.* 1885. *Com. Moore*, 1886 –7; *Mar.* 1900, V. 1902	2	6
380	DE/2	5·96	...... Taitam bay. *Capt. Moore*, 1993; XI, 1900	1	6
1964	DE/2	$m=0·8$	...... Mirs bay. *Capt. Collinson*, 1845; *corr.* 1883. *Jan.* 1895, VI. 1902 .... (Plan: Samun Road.)	1	6
*1963	DE/2	$m=0·24$	Sheet 3: Chelang point to Chauan bay. (Plans: Chino bay. Owick bay.) *Capt. Collinson*, 1845; *corr.* 1881	1	6
3002	DE/2	0·85	...... Bias Bay. *Capt. Collinson*, 1845; *T. J. Eldridge*, 1897; III. 1902	1	6
958	DE/2	1·1	...... Hie che chin bay. *Com. Moore*, 1886; *pub. Feb.* 1887	1	6
811	DE/2	{$m=2·0$ / $m=1·0$ / $m=0·8$}	...... Anchorages between Black-head and Crab point, including Blakeney pass. Kupchi point anchorage. Breaker point anchorage, and Tungao Road. *H. M. S. Nassau*, 1877; *corr.* 1881, XI. 1890	1	6
*2789	DE/2	$m=0·7$	...... Entrance of the river Han, including the port of Swatow. *Capt. Collinson*, 1844; *corr.* 1882	1	6
854	DE	$m=3·1$	...... Port of Swatau. *G. Stanley*, 1865; *corr.* 1882. *July* 1898, XI. 1902	2	6
1957	DE/2	$m=0·7$	...... Namoa island. *Capt. Collinsen*, 1844, *corr.* 1885, VIII. 1900	1	6
1760	DE & DE/2	$m=0·24$	The Brothers to Ockseu Islands, including the west coast of Formosa from Wankan bank to Nansa sha river. (Plans, Red bay. Tingtai-anchorage.) *Capts. Kellett & Collinson*, 1844; *Admiralty Sur-*		

(Cartes de l'amirauté anglaise.)

N°	Size	Scale	Title of the Chart	Price s.	d.
			veys, 1843 to 1847; *corr.* 1885. Feb. 1901, XII. 1902	3	0
1958	DE/2	$m = 1{\cdot}0$	. . . . . . Tongsang harbour and Hutau bay. *Capt. Collinson*, 1844; *corr.* 1884, II. 1891	1	6
1767	DE/2	$m = 1{\cdot}0$	. . . . . . Amoy harbour and approaches. *Capts. Kellett & Collinson*, 1843; *corr.* 1885; *Jan.* 1898, XI. 1902	1	6
1764	DE/2	$m = 6{\cdot}0$	. . . . . . Inner harbour. *E. Wilds*, 1863; *corr.* 1882; *Feb.* 1896, XI. 1902	1	6
1959	DE/2	$m = 1{\cdot}0$	. . . . . . Hu-i-tau and Chimmo bays. *Capt. Collinson*, 1843; *corr.* 1883	1	6
1769	DE/2	$m = 1{\cdot}5$	. . . . . . Chinchu harbour. *Capt. Collinson*, 1844; *corr.* 1882	1	6
1961	DE	$m = 0{\cdot}8$	. . . . . . Pescadores islands. *Capt. Collinson*, 1844; *corr.* 1885; Nov. 1900, X. 1902	2	6
1968	DE	$m = 0{\cdot}1$	Formosa island and strait. *Capts. Kellett, Collinson & E. Wilds*, 1867; *corr.* 1885. *July* 1886, XII. 1902	2	6
2376	Imp.	$m =$ *Various*	. . . . . . Tamsui harbour, Sau-o bay, Koksikon, and Ta-kau-kon ports, 1855—99; *corr.* 1885. *Mar.* 1901, VII. 1902	1	6
2618	DE/2	$m = 4{\cdot}9$	. . . . . . Ke-lung harbour. *W. Blakeney*, 1858; *corr.* 1883. — *Japanese Gov. Plan*, 1897; V. 1900	1	6
2409	DE	$m = 0{\cdot}5$	. . . . . . West coast of Formosa, and Pescadores channel. *Admiralty Surveys*, 1844—1867; *corr.* 1885. Feb. 1901, XII. 1902	2	0
1338	DE	$3{\cdot}0$	. . . . . . Pescadores islands, inner anchorages. *French. Gov. Survey*, 1886; *pub. Oct.* 1895	2	6
1641	DE/2	$3{\cdot}9$	. . . . . . Harbours and anchorages on the coast of Formosa. — Toko Hakuchi. *Japanese Gov. Plan*; *pub. July 1898*	1	6
1926	DE/2	$4{\cdot}0$	. . . . . . Anpei (Amping) anchorage. *Japanese Survey*, 1896; *pub. July* 1897	1	6
*2105	DE/2	$m = 0{\cdot}5$	Meiaco-sima islands. (Plan, port Broughton.) *Capt. Sir Edward Belcher*, 1845; *corr.* 1879 . . .	1	6
1761	DE	$m = 0{\cdot}24$	Ockseu Islands to Tung yung, including the north part of Formosa from Nan sa sha river to Kelung harbour. *Capts. Kellett & Collinson*, 1843; *Admiralty Surveys*, 1843 to 1887; *corr.* 1885; IV. 1902	2	6
1985	DE	$m = 1{\cdot}0$	. . . . . . Hai-tan strait. *Capts. Kellett & Collinson*, 1843; *Admiralty Surveys* to 1886; *corr.* 1885; *Jan.* 1887, IV. 1902	2	6

(Cartes de l'amirauté anglaise.)

Nº	Size	Scale	Title of the Chart	Price s.	d.
818	DE/2	*m* = 3·0	. . . . . . Channels between Red Yit and Rugged island, leading to the south entrance of Hai tan strait. (Plan, Dwarf anchorage.) *Com. Napier*, 1877; *corr.* 1883.	1	6
817	DE	*m* = 3·0	. . . . . . The narrows of Hai-tan strait. *Com. Napier*, 1877; IX. 1899	2	6
2400	DE	*m* = {1·1, 2·2}	. . . . . . The bar and approaches to the River Min. Kinpai pass. *Com. Moore*, 1886; *Com. Slade*, 1899; *Oct.* 1900, XII. 1900	2	6
166	DE/2	5·0	. . . . . . Pagoda anchorage and approaches. *Com. Moore*, 1886; X. 1895, *Feb.* 1900	1	6
1754	A	*m* = 0·24	Tung yung to Wên-chau bay. *Capts. Kellett & Collinson*, 1843; *corr.* 1884; *Admiralty Surveys*, 1843—87; *Nov.* 1898, XII. 1902	2	6
1988	DE/2	*m* = 0·75	. . . . . . Approach to Sam-sa inlet. *Capt. Collinson*, 1846; *corr.* 1876. *Admiralty Surveys*, 1846-99; pub. Dec. 1901	2	6
2292	DE	2·0	. . . . . . Sam sa inlet, southern portion. *Com. Pudsey-Dawson*, 1899; *pub. April* 1901	2	6
1980	DE/2	*m* = 1·7	. . . . . . Namkwan harbour. *Capt. Collinson*, 1846; *corr.* 1882, III. 1902	1	6
1759	A	*m* = 0·24	Wên-chau bay to Kue-shan islands. *Capts. Kellett & Collinson*, 1843; *corr.* 1884; XII. 1902 . . .	2	6
1763	DL	*m* = 1·0	. . . . . . Wên-chau port and approaches (Ou Kiang). *Capt. Napier*, 1878; *corr.* 1880; *Aug.* 1898, XII. 1902	2	6
1199	DE & DE/4	*m* = 0·25	Kueshan islands to the Yang-tse Kiang, including the Chusan archipelago. *Various Authorities*, 1840-97; *corr.* 1885; *April* 1900, XII. 1902	3	0
1811	DE/2	*m* = 0·82	. . . . Kue shan islands to Nimrod sound. *Capt. Moore*, 1892; *pub. Feb.* 1894	1	6
1994	DE/2	*m* = 0·7	. . . . . . San-Mun bay and Shipu harbour. *Capt. Collinson*, 1843; *corr.* 1881; *July* 1893 . . .	1	6
1583	DE/2	*m* = 0·7	. . . . . . Nimrod sound. *Com. Hastings*, 1843; *corr.* 1879; *Com. Moore*, 1892; Dec. 1893, V. 1901	1	6
*1429	DE/2	*m* = 0·8	. . . . . . Chusan archipelago — south sheet. *Capt. Collinson*, 1844; *corr.* 1867	1	6
1429	DE	*m* = 0·83	. . . . . . Nimrod sound to Yung river, including the southern portion of the Chusan archipelago. *Coms. Moore and Dawson*, 1888-92; IV. 1898	2	6
*1395	DE/2	*m* = 4·0	. . . . . . Ting-hae harbour. *Lieut. Collinson*, 1840; *corr.* 1867	1	6
1395	DE/2	*m* = 3·9	. . . . . . Tinghai and approaches. *Com. Pudsey-Dawson*, 1899; *pub. April* 1901	1	6

Nº	Size	Scale	Title of the Chart	Price s.	d.
*1969	$\frac{DE}{2}$	$m = 0·8$	. . . . . . Chusan archipelago — north sheet. *Capt. Collinson*, 1844; *corr.* 1881	1	6
*1770	$\frac{DE}{2}$	$m = 1·2$	. . . . . . Kintang channel. *Capt. Collinson,* 1849; *corr.* 1884	1	6
*1592	DE	$m = 3·0$	. . . . . . Yung river, from the mouth to Ning-po. *Com. Collinson & Lieut. Bate,* 1841; *corr.* 1885	2	6
1592	DE	$m = \begin{Bmatrix} 6·0 \\ 2·5 \\ 0·48 \end{Bmatrix}$	. . . . . . Yung river and approaches. Chin hai to Ning po. Yu yao and Tsiekie branch and Funghwa branch. *Capt. Moore,* 1893; *Com. Collinson,* 1841; VIII. 1901	2	6
1124	DE	$m = 0·5$	. . . . . . Southern approach to the Yang tse kiang: Video to cape Yang tse (Plan: — Bonham Strait.) *Com. Moore,* 1887—8; April 1900, VIII. 1900 . .	2	6
2974	$\frac{DE}{2}$	$m = 1·0$	. . . . . . Chang tau harbour and approaches. *Com. Moore,* 1888; *pub. Mar.* 1898	1	6
1453	$\frac{DE}{4}$	$m = 2·0$	. . . . . . Chapu road. *Coms. Kellett & Collinson,* 1842; *pub.* 1843	0	6
*1418	$\frac{DE}{4}$	$m = 2·2$	. . . . . . Saddle group, South and East islands of. *Lieut. Nolloth,* 1842; *corr.* 1865	0	6
1602	DE	$m = 0·5$	. . . . . . Approaches to the Yang-tse-Kiang. *Capt. Napier,* 1879—80; *corr.* 1885; 1897, *Jan.* 1902, XII. 1902	2	6
*1480	A	$m = 0·2$	SHEET 9: Yang-tse-Kiang from the sea to Nanking. *Admiralty surveys to* 1880; *corr.* 1885 . . .	2	0
2809	DE	$m = 0·5$	Yang tse Kiang: SHEET I: Shanghaï to Nanking. *Various authorities to* 1898; X, 1900, Mars 1902	2	6
3181	$\frac{DE}{2}$	$m = \begin{Bmatrix} 6·0 \\ 4·5 \end{Bmatrix}$	. . . . . . Plans of anchorages in the Yang tse Kiang: — Silver island. Wuhu anchorage. *Lieut.-Com. Leake and I. M. Customs Officers,* 1901; *pub. Mar.* 1902	1	6
1601	DE & $\frac{DE}{3}$	$m = \begin{Bmatrix} 3·7 \\ 6·0 \end{Bmatrix}$	. . . . . . Wusung river or Hwangpu. *Com. Ward,* 1858; *Capt. Napier,* 1880; *corr.* 1885. — *A. M. Bisbee,* 1887-97; V, 1896, Feb. 1902, 3	2	6
389	D. Imp.	$m = 10·0$	. . . . . . Shanghai harbour. *A. M. Bisbee,* 1875; *corr.* 1881. — *I. M. Customs Officers,* 1894—1900; *pub. Nov.* 1900	2	6
2678	DE	$m = 0·5$	SHEET II, Nanking to Tung-liu. *Com. Ward & Osborne,* 1858; (Plan: Anchorage off Nanking.) *corr.* 1885; XI. 1898, July 1900	2	6
2695	DE	$m = 0·5$	SHEET III, Tung-liu to Hankau. *Com. Ward & Osborne,* 1858; *corr.* 1885; May 1898, XI, 1898	2	6
2849	DE	$m = 0·5$	SHEET IV, Hankau to Yo-chau-fu; Po-yang and Kan river to Nien yu tang. *Com. Ward,* 1861; *corr.* 1881; *Com. Pitman,* 1873; XI. 1898. April 1902	1	6

Nº	Size	Scale	Title of the Chart	Price s.	d.
3182	DE/2	m = 5·9	. . . . . . Plans in the Yang tse Kiang : — Havoc and Ella rocks. Lee rocks. King kau rocks. *I. M. Customs Officers*, 1893—1901; *pub. Mar.* 1902	1	6
3294	DE/2	m = 6·0	. . . . . . Hankau. *W. C. Howard*, 1896; *pub. July* 1902	1	6
3183	DE/2	m = 5·9	. . . . . . Plans in the Yang tse Kiang-Mopanshih. Chenglin reach. *I. M. Customs Officers*, 1900—01; *pub. Mar.* 1902	1	6
1115	D. Imp.	m = 0·5	Upper Yang-tse Kiang; Sheet V. — Yoh-chau-fu to Kwei-cha-fu. *Sub-Lieut. Dawson*, 1869; *corr.* 1877, April 1901, V. 1901	2	6
3274	DE	m = 0·2	. . . . . . Tung ting lake and Siang river. *Various authorities*, 1900—1901; *pub. July* 1902 . .	2	6
115	DE/2	m = 1·9	. . . . . . Ichang. Sha-sze anchorage. *Sub-Lieuts. Dawson & Palmer*, 1869; *pub. July* 1870 . .	1	6
*1116 a, b, c, d, e	DE	m = 1·0	. . . . . . Upper Waters of Yang-tse Kiang, Yoh-chau-fu to Kweichau-fu. *Sub-Lieut. Dawson*, 1871. each	2	0
3184	DE/2	m = 5·9	. . . . . . Plans in the Yang tse Kiang : — Itu reach. *Lieut. & Com. Blunt*, 1901; *pub. Dec.* 1901	1	6
3032	DE	m = 0·5	Sheet VI. Kwei chau fu to Chung King fu. — *Rev. S. Chevalier*, 1897—8; *pub. July* 1900 . . .	2	6
1255	A	m = 0·18	Shantung promontory; Kyau-chau bay to Miau-tau strait. *Com. Ward & E. Wilds*, 1857—66; *corr.* 1884, XII. 1901	2	0
857	DE	m = 1·3	. . . . . . Kyau-chau bay. *E. Wilds*, 1863; *corr.* 1866; VIII. 1901, Jan. 1902	2	6
1156	DE/2	m = {3·9, 4·8}	. . . . . . Plans on the north-east coast of China : — Cochran landing. *Lieuts. Forbes and Asser*, 1889; Feb. 1901	1	
3299	DE/2	m = 3·0	. . . . . . Shitau bay and approaches. *Lt. Com. Lyne*, 1901; *pub. Sep.* 1902	1	6
1256	DE	m = 0·1	Pe-chili and Liau-tung gulfs. (Plans : Hope sound, Chifu islands anchorage, Thornton haven, Li-tsin-Ho, and Ta-san-Ho.) *Com. Ward. and Lieut. Bullock*, 1860; *corr.* 1885; March 1901, XI. 1902	3	0
*2823	DE/2	m = 2·0	. . . . . . Wei-hai-wei harbour. *Com. Ward*, 1860; *corr.* 1868	1	6
2823	A	m = 2·0	. . . . . . Wei hai wei harbour and approaches. *Lieut. Pudsey-Dawson*, 1898; XII. 1900	2	
3025	DE	m = 5·9	. . . . . Wei hai wei anchorage. *Lieut. Pudsey-Dawson*, 1898; VIII. 1902	2	6
1260	DE/2	m = {1·0, 9·0}	. . . . . . Chifu or Yen-tai harbour. Chifu or Yen-tai Landing. *Com. Ward*, 1860; *corr.* 1881; March 1899, XII. 1902	1	6

Nº	Size	Scale	Title of the Chart	Price s. d.
2846	DE/2	m = 9·0	. . . . . . Lung-mun harbour. *Com. Ward*, 1860; *corr.* 1876; X. 1868, *Jan.* 1876	1 0
1392	DE/2	m = 0·4	. . . . . . Pe-chili strait, shewing the various channels into the gulf of Pe-chili, and the anchorage of Hope sound. (Plan : Charybdis harbour.) *Com. Ward*, 1860; *corr.* 1883; Aug. 1881, IX. 1900	1 6
598	DE	m = 0·19	. . . . . . Li-tsin-ho to Ning-hai, shewing the Pei-ho to Peking. (Plans : Lau-mu-ho entrance. Ching-ho entrance. Pe-tang-ho entrance. Chi-ho entrance. Tai-cho-ho and Yang-ho entrances.) *Admiralty Surveys*, 1859—60; XI. 1901 .	2 6
2653	DE	m = 2·4	. . . . . . Pei-ho or Peking river, Sheet 1, from the entrance to Ko-ku. *A. E. Ploix, French Navy*, 1858; *corr.* 1880; Nov. 1897; VIII. 1898 . .	2 6
2654	DE	m = 2·4	. . . . . . Pei-ho or Peking river, Sheet 2, Ko-ku to Tien-tsin 1858; *corr.* 1863	2 0
257	DE	m = 2·2	. . . . . . Sheet 3, Tien-tsin to Tung-chow. *Lieut.-Col. Wolseley*, R. E. 1860; *corr.* 1876	2 0
258	DE	m = 2·2	. . . . . . Sheet 4, Tung-chow to Peking. *Lieut.-Col. Wolseley*, R. E. 1860; *pub. July* 1863	2 6
2357	DE/2	m = 6·0	. . . . . . Ching Wang Tao road. *A. J. Barry*, C. E., 1900; I. 1901, Nov. 1901	1 6
2894	DE	m = 1·0	. . . . . . Liau river, entrance to Tien-Chwang Tai, including New-chwang. *Com. Ward*, 1860; *corr.* 1882; Nov. 1889, X. 1899, ...	2 0
2833	DE	m = 1·0	. . . . . . Port Adams. Hulu-shan bay, *Com. Ward*, 1860; *corr.* 1874, X. 1902	2 6
*2827	DE/2	m = 1·0	. . . . . . Ta-lien-whan bay. Odin cove. *Com. Ward*, 1860; *corr.* 1877	1 6
*2847	DE/2	m = 3·0	. . . . . . Hai-yun island, including Thornton haven. *Lieut. Bullock*, 1860; *corr.* 1880	1 0
2847	DE/2	3·0	. . . . . . Hai yung tau, including Thornton haven. *Com. Ward*, 1860; *April* 1865, VIII. 1880 .	1 —
1236	DE/2	{4·0, 9·0}	. . . . . . Approaches to port Arthur or Lu Shun Kau. Port Arthur. *French Surveys*, 1881—2; *Dec.* 1899, XII. 1902	1 6
1798	DE	0·75	. . . . . . Kwang tung peninsula, including Ta lien hwan and the approaches to Port Arthur. (Plan : — Odin Cove.) *Com. Ward*, 1860; *Mr. J. Calder*, 1890; X, 1902 .	2 6
*1257	Imp.	m = 0·6	. . . . . . Ping Yang inlet. Tatong river approach. *Coms. Febiger & Shufeldt.* U. S. 1867—68; *corr.* 1882	1 6
1257	DE	0·32	. . . . . . Approaches to Ping Yang inlet, Peng yong do to Ya lü kiang. *Japanese Surveys to* 1890; VII. 1902	2 6

(Cartes de l'amirauté anglaise.)

N°	Size	Scale	Title of the Chart	Price s.	d.
1656	Ant.	1·1	. . . . . . Ping Yang inlet. *Japanese Surveys to* 1890; V. 1902	3	0
1655	DE	1·1	. . . . . . Southern Approach to Ping Yang inlet, Sho niu dok kak to Cho da. *Japanese Surveys to* 1890: IV. 1902	2	6
1258	DE	m = 0·3	. . . . . . Approaches to Séoul, with Sir James Hall group and Tatong river. *Lieut. Hoskyn,* 1882-3; VII. 1902, Aug. 1902	3	0
1270	DE	{1·0 / 2·8}	. . . . . . Approaches to Chemulpho Anchorage. Chemulpho Anchorage. *Lieut. Hoskyn,* 1882—3; I. 1901, Sept. 1902	2	6
913	DE	0·3	Western Coast of the Korea, Mackau group to Clifford Islands. (Plan: — Palos harbour.) *Lieut. Hoskyn and Capt. Maclear,* 1882—4; XII, 1894, *May* 1900	2	6
104	DE	m = 0·16	Korean archipelago, southern portion 1845 and 1863; *corr.* 1883; *Admiralty and Japanese Gov. Surveys,* 1845—99; *Sept.* 1901, VI, 1902 .	2	6
1558	DE/2	2·5	. . . . . . Shoan harbour. *Japanese Gov. Survey,* 1896; *pub. Oct.* 1900	1	6
1560	A	2·5	. . . . . . Mado inlet and Long reach. *Admiral Lang,* 1889; V. 1901	2	—
1280	DE/2	m = 3·0	. . . . . . Port Hamilton. *Capt. Sir E. Belcher,* 1845; *corr.* 1880; Dec. 1885, IV. 1886	1	0
2972	DE	1·5	. . . . . . Shadwell and Cargodo gulfs. *French Gov. Survey,* 1896; V. 1902	1	6
1065	DE	1·5	Masanpho harbour and approaches. (Plan: — Centre harbour.) *Lieut. Carpenter,* 1882; VI, 1897, *Sept.* 1902 . .	2	6
2710	DE	m = 3·0	. . . . . . Tsu-sima sound. *Com. Ward*; *corr.* Jan. 1901	2	6
*874	DE/2	m = 3·0	. . . . . Ajiro bay. Itsuhara and Asu harbours. *Japanese Survey,* 1875; *corr.* 1879	1	0
1259	DE	m = 2·0	. . . . . . Fusan harbour with the adjacent coast of Tchao-sian. Commemoration bay. *Com. Ward,* 1859; *corr.* 1885. *March,* 1895, X. 1900 . .	2	6
54	DE/3	{m = 0·58 / m = 1·50}	Port Lazaref. Shin Po anchorage. Chagu Chien Dogu anchorage. Chiku Piyon bay. *Russian, French, and Japanese Surveys to* 1878—1886; *corr.* 1882; VIII. 1893, Dec. 1899	0	6
1316	DE	0·18	Cape Duroch to Linden Point. (Plans: Unkofsky bay. Vitias bay.) *Russian and Japanese Surveys to* 1887; XI. 1897, Feb. 1899	2	6
1271	A	*Var.*	Bays and Anchorages on the east coast of the Korea: — Fontina Point to Linden Point, including Kornilof Gulf and Egerman and Anna bays. Sivutch, Tizenko, and Stepanof bays. Pallada		

N°	Size	Scale	Title of the Chart	Price s.	d.
			roadstead. Ostolopof bay. Sin Shian bay. *Russian Sketch Surveys*, 1886—7; VIII. 1899, Sep. 1899	2	0
3037	$\frac{\text{DE}}{2}$	1·0	. . . . . . Port Lazaref and Yung hing bay. *Various authorities*, 1854—97; *pub. May* 1899	1	6
2412	DE	$m = 2·8$	Amoy to Nagasaki, including the Yang tse kiang and the islands between Formosa and Japan. 1868; *corr.* 1884; *British and Foreign Surveys to* 1891; *Oct.* 1897, X. 1901	2	6
2416	$\frac{\text{DE}}{2}$	$m = 0·35$	Liu Kiu islands. (Plans : Kerama channel and anchorages.) *Various authorities to* 1855 and 1893; *corr.* 1883; VI. 1900	2	6
990	DE	$m = 3·9$	. . . . . . Napha-Kiang roads. *Japanese Survey*, 1875—1893; *corr.* 1880; VI. 1900	2	6
2796	$\frac{\text{DE}}{2}$	6·0	. . . . . . Sesoko Byôchi, formerly Tubutch and Suko harbours. *Japanese Gov. Survey*, 1894; *pub. April* 1897	1	6
2436	$\frac{\text{DE}}{2}$	$m = 3·5$	. . . . . . Port Unteng. *French Survey*, 1846; *corr.* 1880; Aug. 1892; IV. 1895	1	6
873	$\frac{\text{DE}}{2}$	$m = 0·18$	Amami O-sima group. (Plans : Nazo harbour. O-sima strait.) *Latest authorities to* 1873; *corr.* 1882; *Jap. Gov. Chart*, 1888; XII. 1896	1	6
771	$\frac{\text{DE}}{2}$	$m = 3·5$	Yakuichi bay. Hancock bay. *Messrs. Stuart & Ogel*, 1872-3; *corr.* 1882; *Staff. Com. Walker*, 1882; *Nov.* 1891, VII. 1894	1	0

ABBREVIATIONS SHOWING THE SIZE, AND THE SCALE.

		Inches.
Ant.	Antiquarian	53×31
D. Imp.	Double Imperial	44×30
Imp.	Imperial	30×22
A	Atlas	34×27
DE	Double Elephant	40×27
$\frac{\text{DE}}{2}$	Half of ditto	20×27
$\frac{\text{DE}}{3}$	Third of ditto	$27 \times 13^1/_3$
$\frac{\text{DE}}{4}$	Quarter of ditto	$20 \times 13^1/_2$
$\frac{\text{DE}}{8}$	Eighth of ditto	$10 \times 13^1/_2$
d	Degree of latitude.	
m	Geographic or Nautical mile.	

The Figures signify inches and tenths of an inch.

Thus, $\frac{\text{DE}}{4}$ *m* 1·5 implies that the Chart is printed on a quarter of a sheet of double elephant paper, and that its scale is one and a half inches to a minute of Mid-Latitude.

(Cartes de l'amirauté anglaise.)

6

From Sect. XIII, pp. 226/240, of «Catalogue of Admiralty Charts, Plans, and Sailing Directions. 1903. Corrected to 31st December 1902. London, J. D. Polter», gr. in-8, pp. 367.

Les cartes marquées * ne sont plus en usage et figuraient dans les anciens Catalogues.

LIVRES PUBLIES PAR L'AMIRAUTÉ ANGLAISE.

— The China Pilot .... compiled .... by Staff Commander John W. King, R. N. 4th ed. London, 1864, in-8.

— China Sea Directory, Vol. 1, Approaches to the China Sea and Singapore, by the Straits of Sunda, Banka, Gaspar, Carimata, Rhio, Varella, Durian, and Singapore. — *Staff Commanders J. W. King* and *J. W. Reed*, R. N. 1867. 4. 6.

— China Sea Directory, Vol. 1, Containing, Approaches to the China Sea, by Malacca, Singapore, Sunda, Banka, Gaspar, Carimata, Rhio, Varella, and Durian Straits. — *Staff Com. King* and *Reed*, 1867, 2nd edition, 1878. 4. 6.

— Supplement, 1884. 1. 0.

— China Sea Directory, Vol. 1. Containing Directions for the Approaches to the China Sea, by Malacca, Singapore, Sunda, ... and Durian Straits. — Fourth Edition. London : J. D. Potter, 1896, pp. xxiv-614. 4 —

— Supplement, 1899. 0. 8

— Vol. 2, Between Singapore and Hongkong. — *Staff Commanders J. W. King* and *J. W. Reed*, R. N. 1868. 7. 6.

— Vol. 2, Directions for the China sea between Singapore and Hong-Kong. — *Staff Com. King* and *Reed*, 1868; 2nd edition, 1879. 3. 6.

— Supplement, 1884. 1. 0.

— 4th edition, 1899. 4. 0.

— Supplement, 1901. 0. 4.

— Vol. 3, Coast of China from Hong kong to the Korea, and the Babuyan, Bashee, and Meiaco Sima Groups. — Edited by *Capt. C. J. Bullock*, R. N. 10. 6.

— Vol. 3, Comprising the coasts of China from Hong-Kong to the Korea; north coast of Luzon, Formosa island and strait; the Babuyan, Bashee, and Meiaco Sima groups. Yellow sea, gulfs of Pe-chili and Liau-tung. Also the rivers Canton, West, Min, Yung, Yang-tse, Yellow, Pei Ho, and Liau Ho; and Pratas island. — *Capt. Bullock*, 2nd edition, 1884. 6. 0.

— 3rd edition, 1894. 4. 6.

— Supplement, 1898. 0. 4.

— Vol. 4, Coasts of Korea, Russian Tartary, Japan Islands, Gulfs of Tartary and Amur, and the Sea of Okhotsk, &c. — *Nav. Lieut.* F. W. Jarrard, R. N. 1873. 6. 0.

— Vol. 4, Comprising the coasts of Korea, Russian Tartary, Japan islands, gulfs of Tartary and Amur, and the sea of Okhotsk; also the Meiaco, Liu-Kiu, Linschoten, Mariana, Bonin, Saghalin, and Kuril islands. — *Staff Com. Jarrard*, 2nd edition, 1884. 7. 6.

— 3rd edition, 1894. 3. 6.

— Supplement, 1898. 0. 6.

— Survey of the Macclesfield Bank, South China Seas. (*Geogr. Journal*, V, Jan. 1895, pp. 73/75.)

D'après le «Report on the Results of Dredgings on the Macclesfield Bank» par P. W. Bassett-Smith, Surgeon R. N., publié par le Hydrographic Department of the Admiralty. «The Macclesfield Bank lies in the centre of the South China Sea, halfway between the northern part of the island of Luzon and the coast of Annam, and due south of Hongkong.»

CARTES PUBLIÉES PAR LE DEPÔT DES CARTES ET PLANS DE LA MARINE ARRANGÉES PAR ORDRE CHRONOLOGIQUE.

N°		FORMAT.	ECH. EN MILL.
439	Partie de la côte Sud de l'île d'Haïnan. — A. de Kergariou, capitaine de vaisseau. — 1817	1/2	$m=5$
440	Baie de Lyeoung-Soy (côte Sud). — A. de Kergariou, capitaine de vaisseau. — 1817. Pub. 1819	1/2	$m=45$
*441	Baie de Gaalong (côte Sud). — A. de Kergariou, capitaine de vaisseau. — 1817. Pub. 1819	1/2	$m=45$
442	Baie d'Yu-lin-Kan et mouillage de Sanghia (côte Sud). — A. de Kergariou, capitaine de vaisseau. — 1817. Pub. 1819	1/2	$m=47$

N°		FORMAT.	ECH. EN MILL.
*563	Côte de la Tartarie russe, improprement nommée baie de Ternaï. — La Pérouse. — 1787. Corr. 1880	$^1/_2$	$m = 55$
*564	Baie de Langle (côte Ouest de l'île Saghalien). — La Pérouse. — 1787. Pub. 1797	$^1/_2$	$m = 45$
*565	Baie d'Estaing (côte Ouest de l'île Saghalien). — La Pérouse. — 1787. Pub. 1797	$^1/_2$	$m = 35$
957	Côtes orientales de Chine. — Pub. 1842. Corr. 1880. Corr. Sept. 1886	1	$d = 39$
1030	Baie d'Avatscha, au Kamtschatka. — De Tessan, ing. hyd. (*Vénus*). — 1837. Corr. 1870. Corr. Avril 1887	$^1/_2$	$m = 25$
*1035	Rivière de Canton. — Ville de Canton. — Passe de Bocca-Tigris. — Macao. — Mouillage de Hong-Kong. — Pub. 1844. Corr. 1879	1	$m = 10$
*1149	Carte des îles Mariannes et des terres environnantes (îles Philippines, Formose, Madjico-Sima, Lou-Chou, Bonin-Sima). — L'*Astrolabe* et la *Zélée*. — Vincendon-Dumoulin. — Pub. 1847. Corr. 1878	1	$d = 32$
1173	Presqu'île de Corée. — De la Roche-Poncié, ing. hyd. — Pub. 1848. Corr. 1883. Corr. 1887	1	$d = 140$
1174	Archipel Lou-Tchou et partie Sud du Japon. — De la Roche-Poncié, ing. hyd. — 1846. Corr. 1877. Corr. 1887	1	$d = 135$
1175	Rade et port de Nafa. — De la Roche-Poncié, 1846. — Corr. Sept. 1894. [Lieou-K'ieou]	1	$m = 107$
1176	Port de Unting. — De la Roche-Poncié, 1846. [Lieou-K'ieou]	1	$m = 108$
1177	Embouchure du Tigre. — Souzy et Mouchez, lieutenants de vaisseau. — Corr. en Fév. 1884	$^1/_2$	$m = 93$
1434	Mer de Chine : 3ᵉ feuille, de Haïnan à Namoa. — J. de la Roche-Poncié, d'après les cartes anglaises. — Corr. 1884	1	$d = 125$
*1435	Mer de Chine : 4ᵉ feuille, détroit de Formose. — J. de la Roche-Poncié, d'après les cartes anglaises. — Corr. 1878	1	$d = 128$
*1436	Côtes orientales de la Chine : de Formose au Yang-Tse-Kiang. — J. de la Roche-Poncié, d'après les cartes anglaises. — Corr. 1883	1	$d = 135$
*1693	Canal Nord de Lantao (rivière de Canton). — Mouchez, lieutenant de vaisseau. — Pub. 1856. Corr. 1873	1	$m = 60$
1708	Embouchure du Tigre. — Souzy et Mouchez, lieutenants de vaisseau. — Corr. Fév. 1884		$m = 15$
1810	Plan de la baie de Barracouta (Manche de Tartarie). — Montaru, enseigne de vaisseau. — Corr. 1878	$^1/_2$	$m = 68$
1844	Carte d'une partie des côtes de Chine et de Cochinchine (golfe du Tonkin et détroit de Haïnan). — Cartes anglaises et françaises. — Corr. 1884. Corr. Mars 1895	1	$d = 124$
2041	Havre de Thornton (île Haï-Youn-Tao). — Entrée du Ta-San-Ho ou Ta-Ko-Ho. — Entrée et barre du Li-tsin-Ho. — Canal de Hope (îles Mia-Tao). — Port de Wei-Hai-Wei. — Plans anglais. — 1860. Corr. Nov. 1875	$^1/_4$	*diverses.*
2048	Golfes de Pé-Tché-Li et de Liao-Tong, partie de la mer Jaune (Chine). — Cartes anglaises. — 1860. Corr. 1883. Corr. Sept. 1895	1	$d = 128$

N°		FORMAT.	ECH. EN MILL.
2061	Baie de Tche-Fou ou Yen-Taï. — Manen, ing. hyd. 1860. — Corr. 1873	1/2	$m = 30$
2106	Carte de la rivière du Peï-Ho (golfe de Pé-Tché-Li). — E. Ploix, ingénieur-hydrographe. — 1858. Corr. 1885. Corr. Sept. 1890	1	$m = 58$
2174	Mer d'Okhotsk. — Pub. 1865. Corr. 1882. Corr. Janvier 1899	1	$d = 35$
2183	Iles Tambelan (mer de Chine). — Crique Tambelan. — Cartes anglaises	1/2	$m = 17$
2196	Port Nimrod. — Levé anglais. 1843	1/2	$m = 19$
2197	Baie San-Moon et port Sheipoo (côte orientale de la Chine). — Plan anglais. 1863. Corr. 1875. Corr. Avril 1896	1/2	$m = 18$
2198	Port Namquam. — Levé anglais. 1846	1/2	$m = 45$
2199	Baie et anse Samsah. — Levés anglais. 1846	1/2	$m = 19$
2200	Port Tong-Sang et baie Hutaû. — Plan anglais. — 1844. Corr. 1879. Corr. Sept. 1890	1/2	$m = 25$
2221	Port de Ting-Hai (Chusan). — Levé anglais 1840. — Corr. Mai 1900	1/2	$m = 96$
2231	Iles Pescadores (Canal de Formose). — Levé anglais 1844. — Corr. Déc. 1901	1	$m = 18$
2232	Port Chinchew et baie Chimmo. — Plan anglais. — 1843, 1844. Corr. 1873	1/2	$m = 20$
2234	Baie Mirs. — Plan anglais. — 1845. Corr. 1878	1/2	$m = 21$
*2235	Rivière Min : de l'embouchure à Fu-Chau-Fu. — Passe de Goa. — Plan anglais. — 1843—1862. Corr. 1884	1/2	$m = 29$
2236	Baie d'Amoy et baie de Hoo-E-Tow, île Quemoy (côte orientale de la Chine). — Plans anglais. — 1863. Corr. 1885. Corr. Mai 1887	1/2	$m = 20$
2237	Ile Namoa, entrée de la rivière Han et port de Swatow, baie Hope et baie Hai-Mun (côte orientale de la Chine). — Cartes anglaises. — 1844, 1865. Corr. Janvier 1874	1	$m = 16$
2238	Port d'Amoy. — Plan anglais. — 1863. Corr. 1880. Corr. Oct. 1896	1/2	$m = 152$
*2239	Atterrages et entrée de la rivière Min (rivière de Fu-Chau-Fu). — Plan anglais. — 1843—1862. Corr. 1884	1	$m = 29$
2244	Chenal Kintang (archipel des Chusan). — Plan anglais. 1840. — 1865. Corr. 1876. Corr. Avril 1889	1/2	$m = 30$
*2245	Archipel des Chusan (partie Sud). — Cartes anglaises. — 1844. Corr. 1877	1/2	$m = 21$
*2246	Archipel des Chusan (partie Nord). — Cartes anglaises. — 1844. Corr. 1877	1/2	$m = 21$
*2257	Rivière Yung ou de Ning-Po. — Entrée de la rivière Yung. — Plan anglais. — 1862. Corr. 1873	1/2	*diverses*
2260	Les Anambas, les Natunas et îles environnantes (mer de Chine). — Divers. — Corr. 1883. Corr. Août 1888	1	$m = 3$
2319	Port de Swatow (entrée de la rivière Han). — Plan anglais. — 1865. Pub. 1866. Corr. 1879. Corr. Mars 1899	1	$m = 74$
2329	Rivière de Canton ou Chou-Kiang (1e feuille) : de l'île Lankeet à Pottinger. — Plan anglais. — Pub. 1868. Corr. Déc. 1881	1	$m = 48$

N°		FORMAT.	ECH. EN MILL.
2330	Rivière de Canton ou Chou-Kiang (2e feuille) : de l'île Pottinger à Canton. — Plan anglais. — Pub. 1866. Corr. 1881. Corr. Août 1887	1	$m = 48$
*2335	Côtes orientales de la Chine : des îles Taichow à l'île Tung-Ying. — Cartes anglaises. — 1848. Corr. 1884	1	$m = 6$
*2336	Côtes orientales de la Chine : de l'île Tung-Ying aux îles Ockseu. — Cartes anglaises. — 1843. Corr. 1884	1	$m = 5$
*2361	Côtes orientales de la Chine : des îles Ockseu aux îles Lamock; îles Pescadores. — Cartes anglaises. — 1844—1845. Corr. 1884	1	$m = 5$
*2362	Côtes orientales de la Chine : des îles Saddle aux îles Taichow. — Cartes anglaises. — 1843. Corr. 1884	1	$m = 6$
*2365	Côtes méridionales de la Chine : des îles Lamock à Hong-Kong. — Cartes anglaises. — 1843. Corr. 1881	1	$m = 5$
2555	Mouillage de l'île Fernande [Corée]. — Bochet, capitaine de frégate. 1866. — Corr. 1868	$^1/_2$	$m = 55$
2556	Ville de Kang Hôa. — Humann et Suenson, lieutenants de vaisseau. 1866	$^1/_4$	$m = 260$
*2557	Mouillage de Kang-Hôa (côte occidentale de Corée). — Humann et Suenson, lieutenants de vaisseau. — 1866. Pub. 1867. Corr. 1868	$^1/_2$	$m = 369$
2562	Baie Kyau-Chau (province de Chantung). — Levé anglais. 1863	1	$m = 30$
*2604	Port de Ty-Sami; baie Chino; entrée de Hai-Mun; passe Rees; baie Rouge. — Plans anglais. — Pub. 1867. Corr. 1880 . . .	$^1/_4$	$m = 25$
2618	Rivière Salée : de l'île Louise au fort Suenson (1re feuille). — Humann et Suenson, lieutenants de vaisseau. 1867. — Corr. 1868	1	$m = 163$
2619	Rivière Salée : du fort Suenson à la rivière Séoul (2e feuille). — Humann et Suenson, lieutenants de vaisseau. 1867	1	$m = 163$
*2646	Rivière de Wousong, entre le Yang-Tze-Kiang et Shang-Haï. — Mouillage de Wousong. — Manen, ing.-hyd., et plan anglais. — 1860—1865. Corr. 1880	1	*diverses.*
2745	Rivière de Kanghoa ou Rivière Salée. — Rivière Han-Kang ou de Séoul. — Bochet, capitaine de frégate. — 1866. Corr. Sept. 1880	1	$m = 30$
2747	Mouillage de l'île Boisée et bassin de Siéru. — Bochet, capitaine de frégate. 1866	1	$m = 68$
2776	Baie de Saint-Wladimir. — Plan anglais. — 1859. Pub. 1869 . .	1	$m = 75$
2777	Baie de Talien-Hoan. — Anse Odin. — Levé anglais. 1860. — Corr. Oct. 1887	$^1/_2$	$m = 25$
2782	Baie Tsau-Liang-Haï (hâvre Chosan ou port Fusan) et côte adjacente de Tchao-Sian (Corée). — Plan anglais. — 1859. Corr. 1883. Corr. Déc. 1892	1	$m = 55$
2839	Baie Siau-Wu-Hu. — Plan anglais. — 1869. Pub. 1870	$^1/_4$	$m = 69$
2842	Baie Olga (port Michael Seymour). — Plan anglais. — Pub. 1870. Corr. Janvier 1887	$^1/_8$	$m = 37$
2855	Tsu-Sima Sound (détroit de Corée). — Plan anglais. — 1861. — 1863. Pub. 1870. Corr. 1872. Corr. Oct. 1901	1	$m = 74$

N°		FORMAT.	ECH. EN MILL.
*2856	Détroit Hamelin (Eastern-Bosphorus) dans la baie de Pierre-le-Grand (côte de Mantchourie). — Plan russe. — 1862. Pub. 1870. Corr. 1881	$^1/_2$	$m = 64$
2857	Détroit de Tartarie et embouchure du fleuve Amour. — Cartes russes. — Pub. 1870. Corr. Avril 1879	1	$m = 6$
2860	Baie Saint-Valentin et baie Tchenia. — Plans anglais. — Pub. 1870	$^1/_8$	$m = 74$
2861	Mouillages à la côte Ouest de Kasakavitch. — Plan anglais. — Pub. 1870	$^1/_8$	$m = 57$
2876	Baie Nokhodka (baie América). — Baie Wrangle (baie América). — Baie Rasboïnik (baie Strelok). — Port de Gaidamac (baie Vostok). — Plans anglais et russes. — 1861. Pub. 1878. Corr. Oct. 1888	$^1/_4$	*diverses.*
2883	Côte de la Tartarie russe, entre la baie Saint Wladimir et la baie Strelok. — Cartes anglaises et russes. — 1859—1863. Corr. Sept. 1879	1	$m = 6$
2896	Port Kok-si-Kon (côte Ouest de Formose). — Levé anglais. 1855	$^1/_8$	$m = 138$
*2897	Port de Ta-Kau-Kon (côte Ouest de Formose). — Plan anglais. 1865. — Pub. 1870	$^1/_8$	$m = 187$
*2898	Baie Sau-o (côte Est de Formose). — Plan anglais. 1867. — Pub. 1870	$^1/_8$	$m = 91$
*2899	Croquis de l'anse Ping-Yang (côte occidentale de Corée). — Plan américain. — 1868. Corr. 1872	$^1/_4$	$m = 14{,}5$
*2900	Entrée de la rivière Ta-Tong. — Plan américain. — 1867. Corr. 1872	$^1/_4$	$m = 13$
*2929	Port Aian. — Petit détroit de Kuril. — Plan russe. 1852. — Plan anglais. — Pub. 1870. Corr. 1880	$^1/_8$	*diverses.*
2930	Entrée et approches de la rivière Liau. — Plan anglais. — 1860. Corr. Août 1880	$^1/_2$	$m = 15$
2980	Port Hamilton. — Levé anglais. 1845. — Corr. Fév. 1895	$^1/_2$	$m = 74$
*2981	Partie de la côte de Chine : de Ning-Hau à Chi-Kau. — Cartes anglaises et françaises. — 1858—1860. — Corr. 1879	$^1/_2$	$m = 5$
2982	Baie Hulu-Shan, Port Adams et Baie Société. — Levé anglais. 1860	1	$m = 18$
*3002	Carte de la mer de Chine. Pub. 1872. Corr. 1884	1	$d = 30$
3004	Détroit de Pe-Tche-li et ses divers chenaux. — Carte anglaise. — 1860. Corr. Août 1882	$^1/_2$	$m = 9$
3158	Rade de Chapu. — Levé anglais. 1842	$^1/_8$	$m = 50$
3160	Anse Boddam (îles Ladrones) (côtes méridionales de la Chine, rivière de Canton). — Plan anglais. — 1868. Corr. Sept. 1883	$^1/_4$	$m = 304$
*3162	Port Cung-Sin-Mun (rivière de Canton). — Plan anglais. — Pub. 1873	$^1/_8$	$m = 35$
3163	Côte O. de Formose et canal des Pescadores (Chine). — Carte anglaise. — 1844—1867. Pub. 1872. Corr. Juillet 1885	$^1/_2$	$m = 8$
*3164	Iles Lou-Tchou et îles environnantes. — Chenal et mouillage du groupe Kerama. — Baie Shah (grande Lou-Tchou). — Plans américains. — 1855. Corr. 1880	$^1/_2$	$m = 265$
3175	Ile et récif Pratas. — Plan anglais. — 1858. Pub. 1873	$^1/_4$	$m = 20$
*3183	Plan du port de Namo. — Plan anglais. — 1807. Pub. 1873	$^1/_8$	$m = 40$

N°		FORMAT.	ECH. EN MILL.
3185	Port de Tihen-Pien ou Tien-Pack. — Plan anglais. — 1807. Pub. 1873	1/4	m = 40
*3186	Plan du port de Hui-Ling-San. — Plan anglais. — 1807. Pub. 1873	1/4	m = 40
3260	Archipel de Corée (partie Sud). — Cartes anglaises. — 1871. Corr. 1884. Corr. 1886	1	d = 4
3614	Baie de Hancock, dans l'île Oö-Sima, entre le Japon et les Lou-Chou (mer de Chine). — Dussaud, Revertégat et Simon, officiers du *Laclocheterie*. — Levés anglais 1872—1873.	1/4	m = 60
3626	Chenal Brown (baie Olga) (côte de Mantchourie). — Bain de la Coquerie, lieutenant de vaisseau. — 1877. Pub. 1878	1/8	m = 363
*3671	Mouillage de la pointe Dwarf à l'extrémité S. E. de l'île Haïtan. — Plan anglais. — 1877. Pub. 1878	1/8	m = 98
3705	Cap Chantung, entre les îles Miau-Tau et la baie Kyau-Chau. — Cartes anglaises. — 1857—1866. Corr. Août 1882	1	m = 4
3710	Chenaux entre l'île Yit-rouge et l'île Rugged (entrée Sud du détroit de Haïtan). — Plan anglais. — 1877. Corr. Oct. 1883	1/2	m = 75
*3725	De Black-Head à la pointe Crab, comprenant la passe Blakeney. — Plan anglais. — 1877. Pub. 1879	1/2	m = 48
3732	Chenaux intérieurs du détroit de Haïtan. — Plan anglais. — 1877. Pub. 1879	1	m = 70
3733	Mouillage de la pointe Cupchi. — Mouillage de la pointe Breaker. — Plans anglais. — 1877. Corr. Juillet 1881	1/4	m = 24
3746	Port de Shanghaï dans la rivière de Wousong. — Plan anglais. — 1875. Pub. 1880	1/2	m = 238
3772	Baie Shallow. — Route conduisant à Pékin. — Fournier, lieutenant de vaisseau. — 1879. Pub. 1880. Corr. Juillet 1900	1/4	m = 44
3804	Baie de Castries. — Plan russe. — 1868. Pub. 1880	1/4	m = 49
*3809	Groupe Oö-Sima. — Port Naze. — Détroit Oö-Sima. — Plans américains et japonais. — 1855 – 1873. Pub. 1880	1/8	*diverses.*
3815	Du golfe América au cap Kolokolzev. — Golfe de Pierre-le-Grand. — Cartes russes. — Pub. 1881. Corr. 1885 Corr. Mai 1892	1	d = 5
3820	Golfe de Tartarie. — Ile Saghalien. — Cartes anglaises. — Pub. 1880. Corr. Janvier 1884	1	d = 118
*3839	Détroit de Haïtan. — Plan anglais. — 1848—1877. Pub. 1881. Corr. 1884	1	m = 26
*3840	Atterrages de la rivière de Séoul et de la rivière Salée. — Cartes françaises et anglaises. — 1866—1876. Pub. 1881. Corr. 1883	1	m = 10
3843	Port d'Hoïta. — Garceau, capitaine au long cours. 1879	1/2	m = 50
3857	Mouillage de Nankin. — Mouillage de Tinhosa (côte S. E.) — Schmitz et Costet, enseignes de vaisseau. — 1881. Pub. 1881.	1/4	m = 119
3884	Baie Hoi-Hao (côte Nord). — Plan anglais. — 1879. Pub. 1882	1/2	m = 50
3917	Détroit d'Haïnan (partie orientale). — Passage intérieur. — Cartes anglaises. — 1880. Pub. 1882	1	m = 12
3959	Havre Marjoribanks. — Entrée du Shoal Gulf. — Baie Caroline. Baie Joachim. — Baie Deception (côte Ouest de Corée). — Montaru, enseigne de vaisseau. 1857. — 1883	1/2	*diverses.*

N°		FORMAT.	ÉCH. EN MILL.
4034	Mouillage de Hiong-Po (île de Haïnan. — Mer de Chine). — Favé, sous-ingénieur hydrographe. 1881. — 1884	1/4	m = 93
*4038	Ile de Hong-Kong (Chine). — Plan anglais. — 1884.	1	
4050	Du Cap Pingmar au cap Lamkô (baie de Hao-Sui). — Favé, ing.-hyd., 1881	1	m = 37
4055	Lu-Chun-Ko ou port Arthur (côte Nord de Chine). — Rouvier, lieutenant de vaisseau. 1881—2. — 1885. Corr. Fév. 1901 . .	1/2	m = 101
4057	Partie occidentale du détroit de Haïnan (mers de Chine). — Travaux français (Favé, 1882) et anglais 1880. — 1885	1	m = 12
4101	Les Paracels (mer de Chine). — Carte allemande 1881—2. — 1885	1/2	m = 5
4105	Entrée du Yang-Tse-Kiang (côte Est de Chine). — Carte anglaise. — 1885. Corr. Nov. 1898	1	m = 12
4135	Ile et détroit de Formose. — Levés anglais	1	d = 156
4147	Baie de Ke-Lung (côte Nord de Formose). — Renaud et Rollet de l'Isle, ing.-hyd., 1884	1	m = 142
4156	Ile Matsu (entrée de la Rivière Min). — Ravel, lieutenant de vaisseau, Renaud et Rollet de l'Isle, ing.-hyd., 1884	1/2	m = 103
4163	Iles Pescadores (Mouillages intérieurs). — Rollet de l'Isle, ing.-hyd., 1884	1	m = 78
4197	Mouillages sur les côtes Est et Sud de Corée : Baie de l'Ilot. — Baie Unkofski. — Baie Choku Piyon. — Mouillage de Chagu Chien Dogu. — Port Lazarev et baie Vensan. — Mouillage de Shin-Po (baie Chestakof). — Rade Sinz Tshzian. — Baie Ostolopov. — Rade Pallada. — Levés français, russes et japonais. — Juin 1901	1/2	*diverses.*
4299	De Formose au Japon et îles adjacentes. — Levés anglais . . .	1	d = 68
4364	Mouillage de Kang-Hôa. — Humann et Suenson, lieutenants de vaisseau. 1866	1/4	m = 260
4376	Détroit de Haïtan. — Levé anglais	1	m = 26
4502	Du cap Duroch au cap Kolokolzew. — Levés russes et japonais. — Édit. de Fév. 1896	1	m = 4
4577	Baie Hie-Che-Chin. — Levé anglais. 1886	1/2	m = 26
4601	Atterrages de Hong-Kong. — Levés anglais et français	1	m = 16
4742	Passage Douglas et Sound Sir Harry Parkes. — Levé anglais. 1882	1/2	m = 25
4746	Ports et mouillages à la côte Sud de Corée : Port de Shoan (Crichton). — Détroit de Beaufort. — Ile Vue. — Port du Centre. — Différents levés. — Édit. de Nov. 1901	1/2	*diverses.*
4752	Passage de Mado et Long Reach. — Levés chinois, anglais et allemands	1/2	m = 46
4763	Baies Stepanov, Tizenko et Sivutsh. — Du cap Lindew à la rivière Tumen-Ula. — Levés russes et anglais	1/2	m = 25
4831	Ports et mouillages à la côte Sud d'Haïnan : Mouillage de la pointe Pyramide. — Banc de la Comète. — Baie de Sama. — Mouillage de l'île du Ponent. — Port de Sama. — Baie de Gaalong. — Arago, lieutenant de vaisseau, 1889, et levé russe, 1885	1/2	*diverses.*

(CARTES DU DÉPÔT DES CARTES ET PLANS.)

N°		Format.	Éch. en mill.
4839	Hong-Kong. — Passe de Fotaumun. — Levés anglais. 1841-1893	1	$m = 60$
4918	Des îles Kue-Shan à la baie Nimrod. — Levé anglais. 1892 . . .	$^1/_2$	$m = 20$
4919	De la baie Nimrod à la rivière Yung, partie Sud des îles Tshusan. — Levés anglais. 1887—1888	1	$m = 10$
4920	De l'île Video au cap Yang-Tsè, atterrages Sud du Yang-Tse-Kiang. - Détroit de Bonham. — Levés anglais. 1887—1888	1	$m = 12$
4923	Des îles Ockseu aux îles Pi-Seang. — Levés anglais. 1843—1887	1	$m = 5$
4928	Des îles Pi-Seang aux îles Hie-Shan. — Levés anglais. 1843-1887	1	$m = 6$
4940	De Hong-Kong à l'île Namoa. — Tai Sami. — Mouillage de l'île Goat. — Levés anglais. 1845—1887	1	$m = 5$
4941	De l'île Namoa aux îles Ockseu; îles Pescadores. — Levés anglais. 1843—1887	1	$m = 5$
4946	Mers de Chine et Grand Archipel d'Asie	1	$d = 20$
4958	Baie Nord de Cargodo et partie Nord du golfe de Shadwell. — Le Boulleur de Courlon, lieutenant de vaisseau. 1895	1	$m = 93$
4959	Rade de Cargodo et partie Sud du golfe de Shadwell. — Le Boulleur de Courlon, lieutenant de vaisseau, 1895	1	$m = 93$
4971	Des îles Hie-Shan au Yang-Tse-Kiang, îles Tshusan. — Levés anglais. 1843—1887	1	$m = 6$
5025	Iles Liu-Kiu (Okinava Gunto). — Canal de Kerama. — Levés japonais. 1874—1894	1	$m = 9$
5045	Sesoko Bïotshi, Port de Togutshi. — Levé japonais, 1894	$^1/_2$	$m = 148$
5048	Ports et mouillages côte Ouest de Formose. Mouillage d'Anping. — Port de Tansui. — Levés japonais. 1895—1896. — Edit. d'Août 1901	$^1/_2$	*diverses.*
5053	Baie de So-ö (côte Est de Formose). — Levé japonais. 1896 . . .	$^1/_2$	$m = 93$
5055	Mouillages côte Ouest de Formose. Tōkō Hakutski-Takō-Kō. — Levés japonais. 1896—1897	$^1/_2$	*diverses.*
5101	Baie Bias. — Levés anglais. 1845—1897	$^1/_2$	$m = 21$
5124	Wei Hai Wei. — Levés anglais. 1860—1898	$^1/_2$	$m = 49$

Avis. — Le chiffre des échelles donne, en millimètres, soit la longueur du degré moyen de latitude, soit la longueur du mille marin. L'initiale *d* ou *m*, qui précède le chiffre, fera connaître à laquelle des deux mesures s'applique la longueur exprimée.

Le millésime qui accompagne le nom de l'auteur ou la nationalité d'une carte indique l'année du levé, à son défaut l'année de la publication. On a mentionné aussi la date de la dernière correction.

Le format des cartes est indiqué dans la troisième colonne par les chiffres 1, $^1/_2$, $^1/_4$, $^1/_8$, suivant qu'il est grand-aigle, demi-grand-aigle, etc.

Prix des cartes :

Feuille dite grand-aigle	2f	»
Demi-feuille	1	»
Quart de feuille	»	75
Huitième de feuille	»	50
Feuille dite colombier	1	50
Demi-colombier	»	75

D'après le « Catalogue par ordre géographique des cartes, plans, vues de côtes, instructions nautiques, mémoires, etc. qui composent l'hydrographie française au 1er janvier 1902. Paris, Imprimerie nationale. MDCCCCI », in-8, N° 824. Les cartes marquées * ne sont plus citées dans ce catalogue.

OUVRAGES PUBLIÉS PAR LE DÉPÔT DES CARTES ET PLANS.[1]

661 Instructions nautiques sur les mers de Chine. — Introduction. — Navigation générale. 1883, in-8, 2 fr. 50.

395 LEGRAS (A.) : Mer de Chine ... 1re partie. Instructions nautiques sur la Côte Est de la Malaisie, le golfe de Siam, les côtes de la Cochinchine, le golfe de Tonquin et la côte sud de la Chine.

1. *Amirauté allemande.* — Outre ces publications, on consultera les recueils édités par l'Amirauté allemande que nous avons cités plusieurs fois dans cet ouvrage : *Hydrographische Mittheilungen.* Herausgegeben von dem Hydrographischen Bureau der Kaiserlichen Admiralität. I. Jahrgang. 1873. Berlin, gr. in-8, et : *Annalen der Hydrographie und Maritimen Meteorologie.* Organ des

(Fig.) Paris, P. Dupont, 1865, in-8. — 3. 0.

373 Mer de Chine... 2e partie.

Instructions nautiques sur les Côtes Est de la Chine, la Mer Jaune, les golfes de Pé-ché-li et de Liau-tung, et la Côte Ouest de la Corée. Traduit de la dernière édition du *China Pilot* par de Vaissé, et annoté par Legras. Paris, P. Dupont, 1863, gr. in-8. — 3. 0.

404 Supplément aux instructions sur la mer de Chine; contenant des instructions sur les côtes Est de la Chine, la mer Jaune, les golfes de Pé-ché-li et de Liau-tung, et la Côte Ouest de la Corée. Traduit de la dernière édition du *China Pilot* par Costa. Paris, P. Dupont, 1865, in-8. — 2. 0.

434 Deuxième Supplément aux instructions sur la mer de Chine.

Contenant des renseignements nautiques sur la Côte Ouest de la Corée et la rivière de Seoul, recueillis pendant l'exploration faite en Septembre et Octobre 1866, par la division navale aux ordres de C. A. Roze. Paris, Lainé & Havard, 1867, in-8 (Cartes). — 2. 0.

426 Mer de Chine... 3e partie.

Instructions sur les Iles et les Passages entre les Philippines et le Japon, et les îles du Japon,... etc. Compilées par Legras. Paris, Didot, 1867, in-8. — 8. 0.

489 Supplément à la 3e partie. Iles du Japon. Paris, Lainé, 1871, in-8. — 1. 0.

447 Mer de Chine... 4e partie.

Instructions nautiques pour naviguer sur les Côtes Ouest et N. O. de Bornéo, les détroits de Balabac, les Côtes O. et E. de Palawan, les Iles Calamianes, le Détroit de Mindoro et les Côtes S. O. et Ouest de l'île Luçon; suivies d'une description des bancs de la Mer de Chine... rédigées par Legras. Paris, Lainé & Havard, 1868, in-8 (Cartes et fig.). — 9. 0.

488 Supplément à la 4e partie. Paris, Lainé, 1871, in-8. — 1. 0.

432 Mer de Chine... 5e partie.

Instructions nautiques sur la mer du Japon... Côte Ouest de Nippon... Côte est de Corée et Côte de Tartarie... Manche de Tartarie... Détroit de Tsugar... îles Kouriles... Détroit de La Pérouse... Mer d'Okhotsk et Kamschatka, rédigées par Legras. Paris, Lainé & Havard, 1867, in-8. — 5. 0.

---

807 Mers de Chine, tome 1er. — Entrées occidentales de la mer de Chine. — Sumatra et canaux avoisinants. 1900, in-8. — 11 fr.

747 Mers de Chine, tome II. — Du détroit de Singapour aux approches Sud de Canton et de Hongkong. 1894, in-8. — 10 fr.

670 Instructions nautiques sur les mers de Chine, tome III. — Des atterrages de Canton et de Hong-Kong à l'île Quelpaert, comprenant la côte orientale de

---

Hydrographischen Bureaus und der Deutschen Seewarte. Herausgegeben von der Kaiserlichen Admiralität, qui a atteint sa vingt-huitième année en 1900.

Le recueil suivant contient de courtes notices numérotées dont nous donnons la liste depuis 1872 :

Nachrichten für Seefahrer (Beiblatt zum Marine-Verordnungs-Blatt) Mittheilungen des Hydrographischen Bureaus der Kaiserlichen Admiralität : Berlin :

— 1872. Dritter Jahrgang : *Küste von China* : Nos 70, 71, 477, 494, 627. — *Corea*, Nos 359, 419.

— 1873. Vierter Jhrgg. : *Küste von China* : Nos 29, 124, 149, 288, 328, 329, 330, 360, 361, 362, 363, 364, 365, 408, 409, 418, 458, 471, 472, 551, 566, 567, 568, 590, 591, 594.

— 1874 : Nos 25, 48, 159, 228, 240, 286, 322, 355, 378, 421, 422, 447, 573, 736.

— 1875 : Nos 73, 86, 133, 202, 214, 215, 216, 277, 389, 412, 441, 442, 443, 463, 477, 503, 526, 577, 591, 628, 629, 677, 698, 731, 732, 769, 770, 799, 800, 801, 802, 817, 818.

— 1876 : Nos 107, 125, 143, 144, 146, 184, 206, 259, 260, 357, 383, 403, 441, 488, 518, 559, 581, 643, 644, 682, 694, 757, 758, 840.

— 1877 : Nos 668, 647, 706, 64. 648, 238, 602, 579, 580, 581, 355, 565, 456, 750, 239, 796, 37, 797. 886, 457. 582, 496, 566, 567, 954.

— 1878 : Nos 661, 795, 796, 647, 954, 533, 915, 694, 695, 311, 770, 884. 885, 886, 696, 697, 887, 916, 28, 699, 682, 1066, 535, 536, 364, 534. 1067, 1068, 662, 102. 929, 102. 626. 931, 625, 930, 131, 365, 203. 561, 491, 562, 553, 663, 688, 1069, 917, 402, 54, 820, 771, 49, 616, 204.

— 1879 : Nos 1226, 953, 954, 1252, 15, 447, 768, 16, 1081, 878, 1892, 1462, 879, 317, 853, 854, 880, 881, 992, 993, 994, 995, 882, 183, 767, 384, 128, 129, 47, 502, 955, 1305, 1253, 1463, 1023, 1024, 1464, 1306, 1465, 1466.

— 1880 : Nos 824. 175, 176, 589. 590. 591. 752. 592. 892. 1198, 108, 593, 594, 595, 1267, 1084, 788, 789, 1201, 239, 518, 705, 975, 208, 207, 261, 58, 92. 1062, 623, 690, 896. 976, 78. 421, 109, 689, 209, 1085, 1086, 210, 626, 1063, 933, 26, 860, 706. 1036, 897.

— 1881 : Nos 531, 380, 532, 448, 533, 534, 733, 77. 208. 1436, 734, 155. 607, 735, 101, 818, 147, 959, 148, 41. 331, 606. 819, 1226, 1159, 958, 220. 646, 149, 1010, 647, 155, 607, 1160. 1186. 1318, 129, 702, 81, 1264, 253. 981, 1126, 1127, 1187, 254. 1128, 648, 150, 649.

— 1882 : Nos 911, 320, 548, 1185, 20, 90. 1050, 715. 1051, 1226, 163. 242, 493, 116, 356, 1227, 747, 203, 716. 1164. 1228, 511. 1542, 202. 1477. 1521, 21. 267. 549, 814, 830 (826). 912, 1229, 1421, 1073, 117, 118, 119, 1230, 204, 205, 22. 1522, 1307. 1523, 1231, 748, 783, 815, 1017, 522, 120. 1232, 138. 1233. 1422, 1234, 1309. 324, 550, 225, 551, 1266, 717.

(Ouvrages du dépôt des cartes et plans.)

Chine et la côte occidentale de la Corée. 1884, in-8. — 10 fr.

789 Instructions nautiques sur la Basse-Cochinchine (navigation intérieure). 1897, in-8. — 4 fr.

767 Instructions sur la mer et les îles du Japon comprenant : la Corée, la Tartarie russe et la mer d'Okhotsk. 1895, in-8. 15 fr.

806 Instructions nautiques sur le Grand Archipel d'Asie (partie méridionale). 1901, in-8. — 12 fr.

---

277 Renseignements hydrographiques sur les îles Formose et Leou-chou, la Corée, la mer du Japon, les îles du Japon et la mer d'Okhotsk. Paris, P. Dupont, 1859, gr. in-8. — *Suppr.*

298 Renseignements hydrographiques sur les îles Bashees, les îles Formose et Leou-chou, la Corée, la mer du Japon, les îles du Japon et la mer d'Okhotsk. 2e édition. Paris, P. Dupont, 1860, gr. in-8. — *Suppr.*

238 Description des îles et des passages compris entre la partie nord de l'île de Luçon et les îles du Japon. Paris, P. Dupont, 1857, gr. in-8 (Extrait des Annales hydrographiques). — *Suppr.*

143 Rapport sur la campagne de *la Bayonnaise* dans les mers de Chine. — E. Jurien de la Gravière, in-8, 1851. — 0. 75.

Voir : Voyages.

— Phares des mers des Indes et de Chine, de l'Australie, terre de Van-Diemen et Nouvelle-Zélande, corrigés en Novembre 1872; par M. A. Legras. Paris, P. Dupont, in-8, pp. 77.

609 Notice météorologique sur les mers comprises entre la Chine et le Japon. — 3. 60.

J. Revertégat, lieutenant de vaisseau. In-4, 1879.

— N° 820. Service hydrographique de la Marine. — Table des Marées des Colonies françaises des Mers de Chine calculées pour l'an 1902. — Paris, Imprimerie nationale. — MDCCCCI, in-18, pp. 83.

On lit dans l'*Avertissement*, signé de l'Ingénieur hydrographe P. Hatt : « L'*Annuaire des marées de la Cochinchine et du Tonkin* a été publié, pour la première fois, en 1873, par M. l'ingénieur hydrographe Héraud, qui en a dirigé les calculs et surveillé la publication jusqu'à l'année 1897. Dans le volume actuel, les prédictions pour Can-Giou, Saïgon et Do-Son ont été, comme précédemment, obtenues par application des formules données par M. Héraud (voir *Annales hydrographiques* de 1872), mais les calculs ont été simplifiés au moyen des procédés graphiques dus à M. l'ingénieur Rollet de l'Isle. Les marées de Quin-Hone ont été relevées sur la courbe tracée mécaniquement par l'appareil harmonique de M. Roberts, de l'India-Office de Londres. C'est d'après trois mois d'observations faites en 1878 que les constantes harmoniques du port ont été déterminées. Les marées de Nau-Chau ont été relevées également sur la courbe tracée par M. Roberts. Les constantes de ce port ont été déterminées d'après les observations de M. l'enseigne de vaisseau Frochot. Les indications relatives aux marées de divers lieux de l'Annam et du golfe du Tonkin, insérées à la fin de l'Annuaire, sont dues à MM. le capitaine de frégate Arago et le lieutenant de vaisseau Prat (*Annales hydrographiques* de 1893).

OUVRAGES DE GÉOGRAPHIE GÉNÉRALE, ATLAS, CARTES.

MARTINI.

— Novus Atlas Sinensis a Martino Martinio Soc. Iesv Descriptvs et Serenmo Archidvci Leopoldo Gvilielmo Avstriaco dedicatvs.

Ce titre est gravé, sans lieu ni date, mais le privilège est daté de Vienne le 7 Janvier 1655. Cet atlas forme la dixième partie de l'Atlas édité par Jean Blaeu à Amsterdam; il comprend : Dedicace et Privilegium Caesareum (8 pages). — Atlas (17 cartes et 171 pages). — Catalogus Longitudinum ac Latitudinum (19 pages). — Index (6 pages). — De Regno Catayo Additamentum [par Jacob Golius, XII pages]. — De Bello Tartarico Historia (36 pages).

Il y a deux éditions latines : celle que nous venons de décrire est la plus belle; — le format en est plus grand, et l'ouvrage est orné de culs de lampe que l'on ne retrouve pas dans l'éd. suivante qui comprend :

Dedicace (6 pages). — Atlas (134 pages). — Catalogus (18 pages). — Index (4 pages). — Golius (X pages). — De Bello Tartarico Historia (26 pages). — Indices (2 pages).

Dans cette édition, le privilège n'est pas reproduit en entier comme dans la précédente.

Nous n'avons pas à insister sur la valeur de l'ouvrage de Martini qui a conservé une grande réputation, même après la publication des cartes de d'Anville. Il se compose, comme nous l'avons vu, de 171 ou de 134 pages de texte suivant l'édition, et de 17 cartes : les 15 provinces de la Chine, la Chine générale, le Japon.

L'Atlas de Martini a été publié en plusieurs langues :

En français : même frontispice gravé, in-folio, de pp. 232 (Atlas, pp. 1/212. — Catalogue, pp. 213/232). — 44 (Ces 44 dernières pages sont consacrées à la guerre des Tartares).

Vend. Rémusat, 901, Fr. 27.50.

Thévenot a donné le texte français, sans les cartes, dans son *Recueil*, II, 1696, pp. 1/214.

— Nieuwe Atlas van het groote Ryck Sina, in latyn beschreven door P. M. Martinium Soc. J. en uytgegeven by Joh. Blaeu, 1656, gr. in-fol.

— Atlas nuevo de la Extrema Asia, o Descripcion geographica del Imperio de los Chinas; por el R. P. Martino Martinio, de la Compañia de Iesu. A Amsterdam En costa y en casa de Jvan Blaev. M. DC. LVIIII. in-folio.

Voir sur cet ouvrage de Martini : Camus, *Mém. sur la coll. des Voyages de Thévenot*, 1802, pp. 317/324.

— « The Atlas Sinensis and other Sinensiana » by H. Yule. (*The Geographical Magazine*, July 1, 1874, pp. 147/148.)

.·.

— Descriptio chorographica regni Chinae.

Carte du XVIIe s. On voit à gauche dans un cartouche : Matthaeus Ricius, et en bas à gauche et à droite également dans des cartouches un Chinois et une Chinoise.

— Paradigma XV Provinciarum et CLV Urbium Capitalium Sinensis Imperij cum Templis quae Cruce † Signantur et Domiciliis S. I. Carte pet. in-folio, signée :

P. Philippus Couplet S. J. Sinensis Missionis Procurator. — A la suite de la *Tab. chronologica* de Couplet.

— Andreae Mülleri Greiffenhagii de Sinarum Magnaeque Tatariae Rebus Commentatio Alphabetica, ex *Auctoris* Commentariis super *Marci Poli Veneti* Historia Orientali aliisque magno numero Manuscriptis excerpta ac saltim delibata [72 pages — à la suite d'Abdallae Beidavaei *Historia Sinensis*].

— Imperii Sinensis Nomenclator geographicus, ut & ejusdem Imperii Mappa geographica plane nova, eaque è multò ampliore Tabula, quam scil. ipsi Sinae ediderunt, in arctiorem formam redacta, plurimisque Locorum partim *Nominibus*, partim *Numeris* nomina indicantibus, in Romano literarum *habitu* vestita, unà cum Praefatione de Re Geographicâ Sinensium déq.; Mappâ Witseniana. Auct. Andreâ Müllerô Greiffenhagio. in-4 (à la suite d'A. Beidavaei *Historia Sinensis*).

On trouve quelquefois une partie de cet opuscule avec le titre : «Imperii Sinensis Nomenclator Geographicus, Prior, Alphabeticus, ad Aetatem Tai-Mingarum.» in-4, s. l. n. d. ni nom d'auteur.

— Positions de quelques Villes de la Chine. (*Rec. de l'Ac. des Sc., Hist.* [1699], 1702, pp. 83/5.)

— Sur la Chine ancienne et moderne. (*Ibid.* [1718], 1719, pp. 71/3.)

Rapport sur une carte chinoise de la Chine envoyée par le Duc d'Escalone, associé étranger de l'Académie.

Cartes des Pères de la Compagnie de Jésus.

Le travail immense de la carte de la Chine, entrepris par ordre de l'empereur K'ang Hi par les missionnaires de la Compagnie de Jésus, est encore aujourd'hui la base des cartes de l'Empire du Milieu, publiées par les Européens. On a trouvé des erreurs dans ces cartes, mais, eu égard à la difficulté d'exécuter ce travail, au temps relativement court pendant lequel il a été mené à bonne fin, aux fatigues et aux périls de voyages dans les provinces éloignées, on doit s'étonner que les imperfections ne soient pas plus grandes et plus nombreuses.

Dans la Préface de sa Description de la Chine, Du Halde donne des détails très intéressants sur la Carte de la Chine par les Jésuites. Je crois qu'il sera utile de les résumer en un tableau, voir ci-contre, col. 185-6.

«Après leur retour à Péking [des Pères Fridelli et Régis], qui fut le premier de janvier de l'année 1717, il ne resta plus qu'à réunir les Cartes des Provinces dans une Carte générale : ce travail étoit déjà fort avancé sous la direction du Père Jartoux, qui, étant retenu à Peking par ses infirmitez, presidoit à tout l'ouvrage, qu'on offrit enfin à l'Empereur en l'année 1718». (Du Halde, I, p. XXXV.)

«Vous souhaitez savoir en détail (écrit le Père Gaubil à M. de l'Isle, Pekin, ce 13 août 1752 — Let. éd. *Pant. litt.* IV, p. 60) ce qui s'est fait pour la carte de Chine et Tartarie; le père Patouillet doit avoir tous ces mémoires dans les écrits du feu père du Halde. Quand on fit cette carte, j'étois jeune régent de classes en France; étant arrivé ici, nos Pères me dirent que tous leurs mémoires, opérations, observations avoient été envoyés en France. J'ai quelques mémoires, tous mutilés et épars, du feu père Jartoux sur cette carte; c'est lui qui l'a rédigée et envoyée. Ces manuscrits mutilés du père Jartoux en supposent d'autres que je n'ai pu trouver.»

Les *Mémoires de Trévoux*, 1704, p. 155, disent que le P. Bouvet travailla avec le P. Thomas à la carte d'un canton de la Chine.

Les Cartes originales des Pères de la Compagnie de Jésus sont déposées aujourd'hui aux Archives des Affaires Etrangères. Elles furent achetées de d'Anville, par M. de Vergennes, moyennant une rente viagère de 3000 francs.

Ces cartes forment un grand Atlas (No 1648[a]); elles sont sur papier de Chine, montées sur du papier fort et entourées d'une bordure de soie bleue chinoise. Les noms des villes sont marqués en caractères chinois, mais on a ajouté à l'encre rouge la prononciation *russe* du plus grand nombre.

Il y a 31 de ces cartes arrangées dans l'ordre suivant :

1. Pe Tche-li. — 2. Ching king. — 3. Chan toung. — 4. Ho nan. — 5. Kiang nan. — 6. Tche kiang. — 7. Kiang si. — 8. Fo kien. — 10. Kouang toung. — 11. Kouang si. — 12. Kouei tcheou. — 13. Se tchouan. — 14. Yun nan. — 15. Chen si. — 16. Chan si. — 17. Partie supérieure du Hoang Ho. — 18. Rivière jaune d'Izloutchina. — 19. Lieux de la Féxioskia. — 20. Terre de Tchaousianskaia ou Golskaia (Corée). — 21. Rivière d'Ouzoulidzian (Yu pi). — 22. Embouchure de la Rivière d'Amour ou Holoungdzian. — 23. Milieu de la Rivière d'Amour. — 24. Partie supérieure de la Rivière d'Amour. — 25. Rivière de Salenga. — 26. Terres des Tartares Hamiski. — 27. Terres des Tartares Hamigaski. — 28. Partie de la Terre de Tselan Araptan. — 29. Partie sup. de la Rivière de Dzincha, Lanztsan et d'autres rivières. — 30. Terre de Ladzanski. — 31. Les Rivières de Jaloudzan et Boudzianski. — 32. Montagnes de Gandisisk.

Cette orthographe russe est celle de l'index ms. placé en tête de l'Atlas. — On remarquera que la Carte No 9 manque : c'est celle du Hou kouang.

Pour les cartes levées par ordre de K'ien Loung, voir *Bib. Sin.*, Ve Partie, T'IEN CHAN.

Les cartes des quinze provinces de la Chine, de la Mandchourie, etc., dressées par les Jésuites, ont été gravées sur de minces lames de jade blanc, larges de deux pieds et demi environ. Les contours et les noms de villes étaient marqués par des traits dorés. On conservait ces planches au palais du Youen ming youen; elles existaient encore à l'époque du pillage, mais on ignore ce qu'elles sont devenues depuis.

— Communication sur l'exécution des cartes de la Chine par les missionnaires du XVIIe siècle d'après des documents inédits, par M. l'abbé Brucker. (*IVe Cong. int. Sc. géog.*, Paris, 1889, I, pp. 378/396.)

— Nouvelle Géographie de la Chine et de la Tartarie Orientale.

Ms. du XVIIIe S., papier de Chine, Bib. nat. Fr. 17242; 40 feuillets de 4 pages in-folio; le f. 30 manque; l'auteur de ce Ms., un jésuite, donne de grands détails sur la Carte dressée par les missionnaires sur l'ordre de K'ang Hi.

Le P. Du Halde a puisé une grande partie des renseignements contenus dans sa *Description de la Chine*, dans ce manuscrit intéressant.

— Catalogue d'une partie des latitudes observées et des longitudes qui résultent des mesures géométriques dont on s'est servi pour dresser la carte de l'Empire de la Chine faite par les PP. Missionnaires de la Compagnie de Jésus, suivant les ordres de l'Empereur Cang hi (Du Halde, *Description*, IV, pp. 473—488).

Cartes de d'Anville.

— Nous avons vu (Du Halde, col. 48) que les cartes de d'Anville, qui ont pour base celles des Jésuites, ont été publiées dans le Du Halde de Paris, et sous forme d'Atlas par Scheurleer à la Haye, et Dezauche à Paris.

Les cartes originales de ce célèbre géographe, achetées de M. Demanne, sont aujourd'hui déposées à la Bib. nationale à Paris; celles qui sont relatives à la Chine sont conservées dans le portefeuille marqué : «5. *d'Anville. E. Manusc. g. mod. 2e part. 8.*» Plusieurs de ces cartes sont endommagées : la Carte générale de la Chine (Mars 1730), dont la partie supé-

Nº D'ORDRE	AUTEURS	CARTES	COMMENCÉES	FINIES
1º	. . . .	*Environs de Pékin*	. . . .	. . . .
2º	Bouvet, Régis et Jartoux : Le père Bouvet tomba malade après deux mois de travail	Grande Muraille	4 juillet 1708	10 janv. 1709
3º	Régis, Jartoux et Fridelli (*Autrichien*) .	Mandchourie	8 mai 1709	. . . .
4º	Régis, Jartoux et Fridelli	Pe Tche-li	10 déc. 1709	29 juin 1710
5º	Régis, Jartoux et Fridelli	Saghalien Oula	22 juillet 1710	14 déc. 1710
6º	Régis et Cardoso (*Portugais*)	Chan Toung	1711	. . . .
7º	Jartoux, Fridelli et Bonjour (*Augustin*)	Pays d'*Hami*	1711	janvier 1712
8º	Cardoso et de Tartre.	Chan Si et Chen Si	. . . .	. . . .
9º	Mailla, Hinderer et Régis	Ho Nan, Kiang Nan, Tche Kiang et Fo Kien	. . . .	. . . .
10º	De Tartre et Cardoso	Kiang Si, Kouang Toung Kouang Si	. . . .	. . . .
11º	Fridelli et Bonjour . .	Se Tch'ouan	. . . .	. . . .
12º	Fridelli, Bonjour et Régis	Yun Nan	1715	. . . .
13º	Fridelli et Régis . . .	Kouei Tcheou, Hou Kouang.	. . . .	. . . .

(CARTES DES PÈRES DE LA COMPAGNIE DE JÉSUS.)

rieure est enlevée; celle du Chen si, avec une brûlure au milieu; et celle du Hou kouang avec de grosses taches; les autres cartes sont en très bon état.

Voici la Liste des cartes de la Chine dressées par d'Anville, qui se trouvent à la Bib. nationale, avec le No. du Cat. de M. Demanne et leur date d'après la «Liste générale des Cartes de d'Anville» (insérée au commencement de la collection de ses cartes publiées) :

138 Carte générale de la Chine, de la Tartarie et du Tibet. 1734
139 Carte générale de la Chine . . . . Mars, 1730
140 Pe Tche-li 1729
141 Kiang nan 1729
142 Kiang si 1729
143 Fo kien 1729
144 Tche kiang 1729
145 Hou kouang 1729
146 Ho nan 1729
147 Chan toung 1729
148 Chan si 1729
149 Chen si 1729
150 Se tchouan 1729
151 Kouang toung 1729
152 Kouang si 1729
153 Yun nan 1729
154 Kouei tcheou 1729
155 Carte générale de la Tartarie chinoise 1732
156 Cartes particulières de la Tartarie chinoise (12 feuillets) 1731
157 Corée 1730
158 Pays traversés par Beering 1732
159 Tibet ou Boutan . . . . Avril, 1733
160 Cartes particulières du Tibet (9 feuillets) 1732
42 Cartes en tout.

Jean-Baptiste Bourguignon d'Anville, né à Paris le 11 juillet 1697, est mort le 28 janvier 1782. On consultera sur ce savant géographe :

— Notice des Ouvrages de M. d'Anville, Premier géographe du roi, Membre de l'Académie des Inscriptions et Belles-Lettres, et de l'Académie des Sciences de Paris, de celle des Sciences de Saint-Pétersbourg, de la Société des Antiquaires de Londres,

(CARTES DE D'ANVILLE.)

et Secrétaire ordinaire de M. le Duc d'Orléans; précédée de son Eloge. A Paris. Chez Fuchs..... Demanne... de l'Imprimerie de Delance. An x (1802) in-8, pp. 120.

L'éloge est celui de Dacier. Il avait paru dans le *Recueil de l'Ac. des Inscr., Hist.*, XLV, 1793, pp. 160/174.

— Mémoire de M. d'Anville, Premier géographe du Roi, des Académies Royales des Belles-Lettres, et des Sciences, sur la Chine. A Pe-kin, et se trouve à Paris chez l'auteur, aux galeries du Louvre, rue de l'Ortie. M. DCC. LXXVI, petit in-8, pp. 47.

L'ouvrage a comme second titre à la première page : «Mémoire de M. d'Anville, sur les Cartes géographiques, insérées dans l'Ouvrage composé par le P. Du Halde sur la Chine.»

— JACOB VON STAEHLIN, Russ. kaiserl. Staatsraths und Secretärs der Akademie der Wissenschaften zu St. Petersburg, Atlas von China, nebst einer geographischen Erläuterung desselben: abgefasset von einem gebohrnen Chinesen zu Pekin 1746, und aus der Chinesischen sprache zu St. Petersburg 1756 von *Rossochin* in die russische, aus dieser aber in die teutsche übersetzt, im Buschingii *Magazin für die Neue Historie und Geographie* (1769). T. III, pp. 575-604. Cum tab. geog. (Meusel.)

— Atlas von China nach der Aufnahme der Jesuiten Missionare herausgegeben von Stephan Endlicher. Wien, 1843, in-folio (Fr. Beck's Universitäts-Buchhandlung), frontispice gravé.

Cet Atlas est accompagné d'un index in-4, qui comprend les indices particuliers de chaque carte; ces indices ont une pagination et un titre spécials, ainsi :

— VIII. Index zur Karte der Provinz Ho nan. Nach der Aufnahme der PP. Regis, de Mailla und Henderer herausgegeben von Stephan Endlicher. Wien, 1843. Gedruckt bei den PP. Mechitaristen, in-4, pp. 24.

— Bemerkungen über die Chinesisch-Russische Gränze gesammelt auf einer Reise an derselben, im Jahre 1806. (Klaproth, *Archiv für Asiat. Lit.*,[1] St. Petersburg, 1810, pp. 159/224.)

— De la frontière russe et chinoise. Notes recueillies pendant un voyage en Sibérie en 1806. (*Mém. rel. à l'Asie*, I, pp. 1/80.

— Remarques sur l'extension de l'Empire chinois du côté de l'Occident. Par M. Abel Rémusat. (*Mém. de l'Ac. des Inscr. et B. L.*, VIII, pp. 60/130.)

Lu le 8 mai 1818.

I. Possessions chinoises dans la Tartarie occidentale, sous la dynastie actuelle. — II. Sous les Ming. — III. Sous les Mongols. — IV. Sous la dynastie des Soung. — V. Sous la dynastie des Thang. — VI. Sous la dynastie des Wei. — VII. Sous les Tsin. — VIII. San Koue, ou les trois Royaumes. — IX. Dynastie des Han.

Il a paru un abrégé en anglais de ce mémoire dans *The As. Journ. & Month. Reg.*, XVIII, 1835, pp. 49/60.

— * Map of Asia, by Arrowsmith, London, 1818, 4 feuilles gr. aigle. — Observations sur la Carte de l'Asie publiée en 1822, par M. Arrowsmith, par M. Klaproth, Paris, Dondey-Dupré, 1826, in-8.

— Atlas historique de la Chine, en 21 cartes, par Klaproth. (En allemand), 1821, in-fol.

Texte explicatif en quatorze feuillets, manuscrit original et inédit. (Vend. Klaproth, 2e Partie, No. 117, Fr. 90.)

— «Ta Tsing Wan-neën Yih-tung King-wei Yu-too.» A general geographical map, with degrees of latitude and longitude, of the Empire of the Ta-Tsing Dynasty-May it last for ever. By Le Ming che Tsing lae.

Notice par J. R. Morrison dans *The Chinese Repository*, I, pp. 33, 113 et 170. — Cette carte a été publiée vers 1825 ou 1826.

— Topography of China proper : names of the eighteen provinces and their principal subdivisions; notice of a new native map of the whole empire. By E. C. Bridgman (*Chinese Rep.*, XI, 1842, pp. 44/46).

— On the Geographical and Statistical Atlas of China, entitled «Kwang yu thoo», and on Chinese Maps in general. (*The Asiat. Jour.*, Vol. IX, 1832, pp. 161/166, 321/325.)

— Catalogue des latitudes et des longitudes de plusieurs places de l'Empire chinois, par M. le professeur Ch. F. Neumann, de Munich. (*N. J. As.*, XIII, 1834, pp. 87/94.)

(Extrait du Liv. 62 du *Ta Tsing hoei tien*, 1818.

— Dictionnaire des Noms anciens et modernes des Villes et arrondissements de premier, deuxième et troisième ordre compris dans l'Empire chinois indiquant les latitudes et les longitudes de tous les chefs-lieux de cet Empire et les époques auxquelles leurs noms ont été changés par Edouard Biot, Membre du Conseil de la Société Asiatique. Ouvrage accompagné d'une carte de la Chine dressée par M. Klaproth. Paris, imprimé par autorisation du roi à l'Imprimerie royale. M.DCCC.XLII. In-8, pp. XVI-314.

Avertissement. — Tableau comparatif de l'orthographe des Sons chinois dans les trois langues française, portugaise et anglaise. — Epoques principales de la Chronologie chinoise, date du commencement et durée de chaque dynastie. — Dictionnaire. — Appendice pour les noms des principaux districts de Tartarie et de quelques autres pays voisins de la Chine. — Note sur la Carte de la Chine jointe à cet ouvrage.

Consulter la géographie *Kouang yu ki* qui a servi pour la compilation de ce Dictionnaire. 廣輿記

Voir Playfair, infra, col. 192.

— On Chinese and European Maps of China by Mr. William Huttmann. (*Journ. R. G. S.*, XIV, 1844, pp. 117/127.)

— Alphabetical list of the provinces, departments, and districts in China, with their latitudes and longitudes, by S. Wells Williams. (*Chinese Repository*, XIII, pp. 320, 357, 418, 478, 513).

---

1. Archiv für Asiatische Litteratur, Geschichte und Sprachkunde, verfasst von Julius von Klaproth. Erster Band. Herausgegeben auf Befehl der Kaiserlichen Academie der Wissenschaften. St. Petersburg. Im Academischen Verlage, 1810, in-4, pp. 224 s. les prél., 5 Pl.

Le seul vol. paru.

— Appendix to the alphabetical list of provinces, departments, &c., in China, containing the names of the divisions, towns, tribes, &c. in the empire beyond the eighteen provinces by S. Wells Williams. (*Ibid.*, p. 561.)

— Chinese Topography, being an alphabetical list of the Provinces, Departments and Districts in the Chinese Empire, with their latitudes and longitudes. Reprinted from the *Chinese Repository*, 1844, br. in-8, pp. 102, s. l. p.

Réimpression de l'article précédent.

— Topography of the Chinese Empire beyond the provinces; the names and boundaries of the principal divisions, survey of the country, and character of the mountain Ranges, by S. Wells Williams. (*Ch. Repos.*, XX, pp. 57/77.)

— The *Ying Hwan Chi-lioh* 瀛環志畧 or General Survey of the Maritime Circuit, a Universal Geography by His Excellency Sü ki yü of Wutai in Shansi, the present Lieutenant-governor of Fuh kien. In 10 Books. Fuhchau, 1848. — Described by S. W. Williams. (*Ch. Rep.*, XX, pp. 169/194.)

— Über eine chinesisch verfasste und in unserem Jahrhundert ans Licht getretene Erdbeschreibung unter dem Titel 瀛環志略 *Jing huan tschí ljŏ*, d. h. Erdkunde in kurzer Darstellung. Von W. Schott. (*Sitz. k. preuss. Ak. Wiss. Berlin*, 1883, pp. 617/622.)

— Missionary Manual, a Key to the missionary Maps, designed to assist pastors and superintendents in the monthly concert and Sabbath school. By O. B. Bidwell, New-York: Published by W. H. Bidwell, No 120, Nassau Street. 1847, in-12, pp. 96.

— * Missionary Map of China, embracing chiefly the eighteen provinces from the latest and best authorities, by O. B. Bidwell, New-York, 1850.

— The Church Missionary Atlas . . . . Voir MISSIONS PROTESTANTES.

— Nouvelle Carte de l'Empire Chinois dressée d'après les documents les plus récents, par H. Dufour, avec les plans de Pékin et de Canton, accompagnée d'une notice historique et géographique, par A. Leroy. s. l. n. d. pièce [1858].

Cette carte ne paraît pas avoir été gravée; la notice historique et géographique a été seule imprimée sur une grande feuille au milieu de laquelle devait être publiée la carte. Bib. nat. O²n. 158

— Catalogus omnium civitatum in singulis imperii Sinarum provinciis existentium, cum orthographia, qua ipsarum nomina exprimere solent ex diversis nationibus missionarii ibidem commorantes, in commodum S. C. de Propaganda Fide digestus a Fr. Josepho Novella ordinis Minor. S. Francisci reformator. Episcopo Patarensi, ac in eodem Imperio jam Missionario Apostolico. Romae. Lithog. Danesi. 1854. Superiorium venia. Petit in-fol., pp. IV-153.

Le *J. As.*, 6ᵉ S., Juin 1866, pp. 556/7, contient une note de M. de Rosny sur cet ouvrage, qui est lithog.

— Road Map from Pekin to Kiachta, by the Great Canal Route, based on an English Map, chiefly taken from a Russian sketch, made in 1858. Pekin, 1864.

Une feuille se pliant en huit. Par le Rév. J. Edkins.

L'original de cette carte relevée par un topographe russe qui accompagnait en 1858 le général Ignatiev à travers la Mongolie, se trouvait à la Légation de Russie à Peking.

— Etat actuel des Provinces du Yang-tze-Kiang. (*Rev. Mar. et Col.*, XI. 1864, pp. 759/767.)

— Topography of China and Neighbouring States; with degrees of Longitude and Latitude. Hongkong. Printed at Noronha's office. 1864. br. in-8. pp. 102.

— Notes on the North of China, — its Productions and Communications, by the Rev. A. Williamson. Read, March 13th. and April 18th, 1867. (*Journ. N. C. B. R. As. Soc.*, New Series, No IV, Art. III, pp. 33 et seq.)

— Mnemonic Geography by Thomas Jenner. Part I. The Provinces of China. London, Brace, Brace & Co, MDCCCLXIX. pet. in-8, pp. IV-10. 1 carte.

— A Vocabulary of Proper Names, in Chinese and English, of Places, Persons, Tribes, and Sects, in China, Japan, Corea, Annam, Siam, Burmah, the Straits and adjacent Countries compiled by F. Porter Smith, M. B. Lond. Medic. Miss. in China. Shanghai, 1870, in-8.

Pub. à Dol. 1. 50.

Notices: *Shanghai Evening Courier*, 10 Jan. 1871; une lettre signée «A Constant Reader» réclamant pour le Dict. de Biot la priorité dans ce genre de travail a également paru dans ce journal, 28 feb. 1871 (réimp. dans *The Shanghai Budget*, 1 Mars 1871.) — *Ch. Recorder*, III, p. 228.

Dʳ Frederick Porter Smith, s'est empoisonné avec de l'acide prussique à Shepton Mallet, le jeudi 29 mars 1888.

— Positions géographiques de douze points de l'empire chinois situés dans le Tcheu-li, la terre des Herbes et le Chan-si, par E. Lépissier. (*Bull. de la Soc. de Géog.*, XX, 5e Sér., 1870, pp. 53/60.)

— Cours complémentaire de Géographie, d'Histoire et de Législation des États de l'Extrême Orient à l'école spéciale des langues orientales vivantes. — Discours d'ouverture prononcé le 16 janvier 1873 par M. G. Pauthier. Paris, Ernest Leroux, 1873, br. in-8, pp. 48.

— Geographical Terms. By Rev. C. A. Stanley (Doolittle's *Vocabulary*, II, No. XV).

— Sketch Map of China showing the Districts supplied with Foreign Goods conveyed under Transit Pass, during the Year 1874. (*Rep. on Trade* for 1876, p. 126.)

— Sketch Map .... during the Year 1875. (*Ibid.*)

— Sketch Map .... during the Year 1876. (*Ibid.*)

— * Carte de la Chine septentrionale, de la Mongolie, de la Mantchourie, du pays de l'Amour et de l'Oussouri, compilée d'après des observations astronomiques faites dans les années 1869-73 pendant 13 différents voyages, par le Dr. H. Fritsche, directeur de l'Observatoire météorologique russe à Pékin. (St-Pétersbourg, 1874.)

— H. Fritsche. Geographische, magn., etc. Bestimmungen etc. Voir MÉTÉOROLOGIE.

— Stanford's Map of the Empires of China and Japan with the adjacent parts of the Russian Empire, India, Burma, &c. London, Edward Stanford, Oct. 1st., 1875. 10s. 6d.

— Stanford's Map of Eastern China, Japan, and Korea. 1900, 1 sheet.

Scale of Map 110 Miles = 1 inch. British Museum, 60885 (24).

— Lothungen im Chinesischen Meere. (*Annal. der Hyd.*, Berlin, 1875, No 23-24.)

— Einige Winke für die praktische Navigirung der China-See nebst einer kurzen Abhandlung über die physicalischen Verhältnisse dieses Meeres. Von W. Wagner. (*Ann. der Hydrogr.*, Berlin, 1876, pp. 286/298.)

— 華法地理志 *Hôa-Fa-Ti-li-tchi.* Géographie chinoise et française par Isidore Hedde, Délégué du Ministère de l'Agriculture et du Commerce, de 1843 à 1846, pour l'étude de la soie, en Chine. Paris, Paul Dupont, 1876, gr. in-8, pp. lxxxvii-365.

Voir l'*Explorateur*, III, 1876, pp. 447/449; art. sig. A. R. — *Bull. de la Soc. de Géog. de Lyon*, t. I, p. 491.

(1870—1876.)

— Approximate Determination of Positions in South-Western China. By G. [*sic*] Colborne Baber. (*J. R. Geog. Soc.*, XLIX, 1879, pp. 421/433.)

— The Cities and Towns of China. A Geographical Dictionary by G. M. H. Playfair of Her Majesty's Consular Service in China. Hongkong. Printed by Noronha & Co. 1879, gr. in-8, pp. xii + 417 à 2 col. + pp. 31 à 2 col. + pp. lviii à 2 col. + 3 ff. n. c. p. les corrigenda.

Les dernières pages contiennent l'*appendix* : I. Synoptical Table of the Administrative Cities of China arranged alphabetically under their provinces, pp. 31. — II. Radical Index, pp. lii. — Corrigenda, pp. liii/lviii.

«The following work is in the main a Revisal of Biot's «Dictionnaire des Villes Chinoises» supplemented by a catalogue of the more important minor towns of the Empire, inserted in their proper alphabetical places.» (Preface.) [Voir col. 188.]

— The Cities and Towns of China. A Geographical Dictionary by G. M. H. Playfair of Her Majesty's Consular Service in China. — Reprinted by The Kyoyeki Sshosha, Tokyo. s. d. [1900], pet. in-8.

Réimp. photographique réduite page par page, de l'édition de Hong-kong, 1879; on a simplement changé le nom de l'imprimeur sur le titre et ajouté à la fin un f. sup. pour le colophon en Chinois.

— Das chinesisch-tibetanische Grenzgebiet, besonders seine Gebirgs- und Flusssysteme. — Inaugural-Dissertation zur Erlangung der Doctorwürde der philosophischen Facultät der Albertus-Universität zu Königsberg i. Pr. Vorgelegt und mit den beigefügten Thesen vertheidigt den 28. Juli 1880, Mittags 12 Uhr, von Hans Lullies . . . . Königsberg i. Pr. br. in-8, pp. 62.

— Ueber zwei chinesische Kartenwerke. Von K. Himly. (*Zeitschr. d. G. f. Erdk.*, XIV, 1879, pp. 181/196.)

1. Einiges über das Kuang Yü Thu. — 2. Han-kiang-i-pei-ss'-shöng-pien-yü-thu. — Karte der Gränzen der vier nördlich vom Han-Strome belegenen Provinzen.

— Einiges über türkische, mongolische und chinesische Ortsnamen und andere in Büchern über Erdkunde vorkommende Ausdrücke. Von K. Himly. (*Zeitschr. d. G. f. Erdk.*, XVI, 1881, pp. 40/47.)

— Ueber die Schreibung chinesischer geographischer Namen. Von Dr. O. F. v. Möllendorff. (*Ibid.*, XV, 1880, pp. 249/262.)

— Name of a Prefecture in Yuan Dynasty. (*China Review*, XI, p. 62.)

— Names of Cities in Chinese. (*Ibid.*, XI, p. 263.)

— «Ch'ing Yuan», where is the port so named. (*Ibid.*, XII, p. 513.)

— Chinese Names of foreign countries. By F. R. G. S. (*Ibid.*, XII, p. 513.)

— Territorial divisions. By E. H. Parker. (*Ibid.*, XV, p. 54.)

— Changing Territorial Names. By E. H. Parker. (*Ibid.*, XV, p. 250.)

— Topographical Terminology. By E. H. Parker. (*Ibid.*, XVI, p. 186.)

(1879—1880.)

— Карта Собственнаго Кітая, составлена по современнымъ свѣдѣніямъ. [St. Pétersbourg], 1885.

Échelle : 100 verstes = 1 pouce anglais.

— The Geography and Trade of Western China. By Mr. Archibald J. Little. (*Jour. Manchester Geog. Soc.*, III, 1887, pp. 1/12.)

— La frontière sino-annamite. Description géographique et ethnographique. D'après des documents officiels chinois traduits pour la première fois par G. Devéria, membre correspondant de l'École spéciale des langues orientales vivantes. Paris, Ernest Leroux, 1886, gr. in-8, pp. XVII-182.

Forme le 1er vol. de la 3e série des *Publications de l'École des langues orientales vivantes*.

L'ouvrage se compose de deux parties : I. Notes géographiques. — II. Notes ethnographiques.

Notice : *Revue d'Ethnographie*, VII, No. 4, 1888, pp. 373/377, par E. T. Hamy.

— Étude sur la frontière sino-annamite par le Dr. A. Pethellaz. (*Bul. Soc. Géog. com.* Paris, XV, 1894/5, pp. 437/453.)

— Карта Южной Пограничной Полосы Азіятской Россіи. St. Pétersbourg, Bureau topographique militaire, 1887, etc.

Carte des frontières du Sud-Russie d'Asie. — Echelle 1 : 1.680.000. — Grand in-folio, en feuilles $0^m 59 \times 0^m 52$; en cours de publication.

— Historical Atlas of the Chinese Empire.... By E. L. Oxenham, 1888. — Voir HISTOIRE.

— Географическое Обозрѣніе Китайской Имперіи съ картою на четырехъ листахъ и пятью приложеніями въ текстѣ. З. Матусовскаго. — С.-Петербургъ, 1888, gr. in-8, pp. XX + pp. 358 + pp. 387. — 6 руб.

La partie relative à la Mandchourie a été traduite en anglais par le Lt Col. W. E. Gowan dans l'*Imp. & As. Quart. Rev.*, 1895.

— Een nieuw werk over China door F. G. Kramp. — Leiden. — E. J. Brill. 1889, br. in-8, pp. 28.

Overgedr. uit het *Tijdschr. v. h. Kon. Nederl. Aardr. Genootsch. Verslagen en Aardrijkskundige Mededeelingen* jaarg. 1889.
Sur l'ouvrage de Matousovsky.

— Карта Китайской Имперіи составленная по современнымъ свѣдѣніямъ Матусовскимъ и Никитинымъ. — Масштабъ 125 вер. въ Дюймѣ. — 1889, 4 feuilles.

— A Chinese Map of China. (*Goldthwaite's Geog. Mag.*, I, Jan. 1891, pp. 15/16.)

— Chine — Noms géographiques. (*Soc. roy. belge Géog., Bull.*, 1892, pp. 440/2.)

D'après la *Deutsche Rund. f. Geog. u. Stat.*

— Løtnant W. Coucheron-Aamot : Lidt af Kinas politiske Geografi. (*Norske Geog. Selsk. Aarbog*, V, 1893—1894, pp. 68/90.)

(1885—1894.)

— Notes on the Geography of the Chinese Empire. — Hongkong : Printed by Noronha & Co. — 1896, in-8, pp. 38.

— Map of North China, Corea and Part of Japan. Showing the principal Cities, Routes and Rivers from Shanghaï to Moukden and Fusan. 1 feuille, $0^m 70 \times 0^m 63$.

Scales : 192.30 Chinese Li = 1 Degree
69.21 Engl. Miles = 1 Degree
120 Geogr. Miles = 1 Degree.

Dans un cartouche : *Environs of Peking*.

Ajouté au timbre humide : R. A. de Villard fecit Shanghai 1894.

— The Chinese Empire with the adjacent parts of Russia, India, Burma, etc. English Miles 69.15 = One Degree. Compiled and drawn by R. A. de Villard, Shanghai, Sept. 1893. (*Decen. Reports*, 1882—1891, p. VI.)

皇朝直省地輿全圖 Carte générale de la Chine, par le P. Stanislas Chevalier, S. J. T'ou-sè-wè, 1894. Larg. $0^m 67$; haut. $0^m 73$.

— Chine. Les Provinces voisines du Tonkin. Par Paul Barré. (*Revue française*, avril 1901, pp. 197—205.)

∴

— A general list of the Foo, Ting, Choo and Heen (Gützlaff, *China opened*, II, p. 505, et seq.).

— List of Cities and Places, of which the Latitude and Longitude have been determined by the Jesuits — Peking Meridian (*Ibid.*, pp. 556 et seq.).

— «Villes de l'Empire Chinois» *App.* No XVIII de l'App. au *Dict.* du Père Perny, pp. 224/270.

«Nous avons rédigé notre tableau des villes durant notre séjour en Chine. Nous ne connaissions point alors le travail de M. E. Biot, ni celui de Mgr. Novella, imprimé à Rome en 1854? Ce dernier ouvrage est peu commode, à cause de la méthode de classer les villes par province et par département», p. 224.

— The Cities of China. (*Notes & Queries for C. & J.*, April 1869; réimp. dans «*The S'hai News Letter*», May 18, 1869.)

— Changes in Chinese Topographical Nomenclature. (*The Cycle*, 9th July 1870.)

— Der Busen von Petcheli. (*Hyd. Mitth.*, Berlin. II, 1874, pp. 42/5.)

— Zur Karte von Ostasien. — Von Dr. Hans Fischer Leipzig. (Hierzu die Karte von Ostasien.) (*Festschrift Ferdinand Freiherrn von Richthofen zum sechzigsten Geburtstag am 5. Mai 1893 dargebracht von seinen Schülern.* Berlin, 1893, Dietrich Reimer, gr. in-8, pages 363 à 370).

— Description d'un Atlas sino-coréen Manuscrit du British Museum par Henri Cordier .... Paris, Ernest Leroux, 1896, in-fol., pp. 14, 6 cartes.

Forme le No. II de la *Série cartographique* du *Rec. de Voy. et de Documents* publié par Ch. Schefer et Henri Cordier.

Cinq ex. sur papier Van Gelder.

Notices : *T'oung Pao*, VII, 1896, pp. 282/3, par G. Schlegel. — *Jour. R. As. Soc.*, July 1896, pp. 639/640, par T. W.[atters].

(1893—1896.)

7

E. BRETSCHNEIDER.

— Map of China by E. Bretschneider. — Engraved and printed by A. Jliin. St. Petersburg. [Map of China and the surrounding regions. Compiled from the latest information by E. Bretschneider. To illustrate the Author's « History of Botanical Discoveries in China » 1896.]

4 feuilles, Engl. Statute Miles 69, 16 — 1 degree.
Notice: *T'oung Pao*, VII, 1896, par G. Schlegel, pp. 281/2.

— Map of China by A. (sic) Bretschneider. — Supplementary maps: I. Part of Northern Chili. — II. The Mountains West of Peking. — III. Mid China and the Yangtze River. In two sheets, A and B. — IV. The Great Rivers of the Canton Province. — V. Parts of Yunnan Province. — Engraved and printed by A. Iliin. St. Petersburg. 1898.

6 feuilles.

— Map of China by E. Bretschneider. — Second thoroughly revised and enlarged edition. — Engraved and printed by A. Iliin. St. Petersburg. 1900.

4 feuilles.
Notice: *La Géographie*, 15 mars 1900, pp. 253/4, par Henri Cordier.
— Report on Dr. Bretschneider's Map of China. By E. H. Parker. (*Imp. & As. Quart. Rev.*, 3rd. Ser., II, 1896, pp. 194/196.)

— * Map of China. (Published by the China Inland Mission, London, Shanghai, Toronto, and Melbourne.) 1899.

Reproduction agrandie et augmentée de la carte de Bretschneider, de 1896.
Notice: *Journ. R. A. S.*, January 1900, pp. 147/148, par T. W.[atters].

∴

— Map of Portions of Western China and Tibet explored by Capt. H. H. P. Deasy, in 1897-98-99. Trigon. Branch, Survey of India. No. 33—5.00.

Scale 1 inch = 8 miles.
Sheet 1, March 1900.
Sheet 2, do.
Sheet 3, do.
Sheet 4, do.
Sheet 5, do.

— * T. K. Dealy. Notes on the Geography of the Chinese Empire. Hongkong, 1898, in-8, pp. 38. [Voir col. 194.]

— The Geography of China. By Consul T. L. Bullock, of Chefoo. (*Jour. Manchester Geog. Soc.*, XIV, 1898, pp. 113/129).

— Les travaux géographiques des Jésuites en Chine. Par H. Havret. (*Ann. de Géog.*, VIII, 1899, pp. 172/175.)

— L'œuvre géographique de la Mission de Zi-ka-wei. Par A.-A. Fauvel. (*La Géographie*, 15 août 1900, pp. 101/4.)

— Nouvelle cartographie chinoise par M. A.-A. Fauvel. (*Cong. Soc. franç. Géog.*, Paris, 1900, pp. 64/83.)

— Cartes nouvelles d'Indo-Chine et de Chine. Par L. Gallois. (*Ann. de Géog.*, VIII, 1899, pp. 267/271.)

— Western Biographical and Geographical Names in Chinese. — Report of Committee on Terminology of the Educational Association of China. — Shanghai: American Presbyterian Mission Press. — 1900. in-8, pp. 104.

∴

— Bacon's New Large-Print Map of China With large-scale Inset Maps of Peking—Taku Forts to Peking—Gulf of Pechili—Shanghai—Hong-kong and Canton, also a Key-Map showing Routes to China. London, G. W. Bacon, 1900, 1 feuille.

— Bacon's Excelsior Map of the Chinese Empire and adjacent Countries by G. W. Bacon [1900], 1 sheet.

— Bacon's Large-Print Map of China Japan & Corea. London, G. W. Bacon, 1900, 1 feuille.

— «The Strand» War Map of China. London, George Newnes, 1900, 1 feuille [Bartholomew].

— The «Daily Mail» Commercial Map of China. [G. Philip & Son, London], 1 feuille, s. d. [1900].

— «Daily Mail» Map of the War in China. [G. Philip, London], 1 feuille, s. d. [1900].

— The «Daily Mail» Map of the War with China with large-scale inset maps of important Areas & a Plan of Pekin.... George Philip & Son, 1 feuille [1900].

— A Map of China, prepared for the China Inland Mission. London [1900].

Scale 1 inch = about 115 miles.

— Parts of the Shan States and China. — Burma-China Boundary Commission, Southern sheet. — Reconnaissance Map. No. 502—5.00. 1 feuille, July 1900.

Scale 1 inch = 4 miles.

— Map of Southern China. Compiled and reproduced in the Intelligence Branch, Qr. Mr. Genl.'s Dept. in India, August 1900. No. 1, 743 — I., 1900, 1 sheet.

Scale 1 inch = 36 miles.

— W. & A. K. Johnston's Map to illustrate the Chinese Question — Second Edition — W. & A. K. Johnston. 1900, 1 feuille.

— Politisch-militärische Karte von Ost-Asien zur Veranschaulichung der Kämpfe in China, Korea und Japan bis zur Gegenwart. Mit statistischen Begleitworten: Ost-Asien vom politisch-militärischen Standpunkte. Bearbeitet von Paul Langhans. Gotha : Justus Perthes. 1900, 1 Mark. 1 feuille (18 cartes ou cartouches).

— Der Kriegsschauplatz der deutschen Truppen in China. Mit Benützung von Hassensteins « Karte der Provinz Schantung » und anderen Quellen bearbeitet von Paul Langhans. 1 : 1.000.000. Mit Nebenkarten sowie Begleitworten : Deutsche Interessen und deutsche Streitkräfte in China. Gotha : Justus Perthes. 1900.

— Politische Karte von China herausgegeben von A. Scobel. Bearbeitet in der Geographischen Anstalt von Velhagen & Klasing in Leipzig. Preis 80 Pf. — Bielefeld und Leipzig, 1900, 1 feuille (9 cartes ou cartouches).

— Kriegskarte III. Preis 1 Mark. *Nordöstliches China* von Ferd. Frhr. von Richthofen. Massstab 1 : 3.000.000. Entnommen aus v. Richthofen, *China, Ergebnisse eigener Reisen*, Band II, Tafel VIII. (Berlin, Dietrich Reimer, 1882.) Mit den bestehenden, im Bau begriffenen und projektierten Eisenbahnen. Berlin 1900. Dietrich Reimer (Ernst Vohsen), 1 feuille.

— Karte von Ost-China mit Spezialdarstellungen der Provinzen Tschili und Schantung des Unteren Pei-ho Laufes, sowie Plänen von Peking, Tientsin, Taku, Tsingtau, Schanghai, Kanton und Hongkong. Bearbeitet von P. Krauss. Leipzig und Wien, Bibliog. Institut, 1900, 1 feuille.

Massstab 1 : 5.000.000.

— G. Freytag's China. Massstab 1 : 10.000.000 mit einem erläuternden Text und vier Abbildungen. 1900. G. Freytag & Berndt, Wien und Leipzig, in-8, pp. 9 + la carte.

— Karte des Aufstandgebietes in China nebst den angrenzenden Ländern. Aug. Kürth, Leipzig, 1 feuille, s. d. [1900].

— Carte industrielle de la Chine, contenant les lignes ferrées et lignes télégraphiques construites, concédées et probables, les mines et usines connues .... Par L. Sculfort .... et F. Laur. Paris [1898].

— Les grandes divisions régionales de la Chine. (*Belgique coloniale*, 7 oct. 1900, p. 473.)

D'après Sculfort et Laur.

— Grande Carte de la Chine physique, politique et administrative, Publiée d'après les documents les plus récents — 1900 — A. Taride, Paris, 1 feuille.

— Carte de la Chine physique et politique indiquant les lignes de chemin de fer en exploitation, en construction et concédées, les mines, câbles sous-marins, itinéraires de navigation, les missions catholiques et protestantes et enfin : les sphères d'influence politique et économique de la France, de la Russie, de l'Allemagne et du Japon en Chine. Par F. Bianconi. Armand Colin, Paris, 1 feuille, s. d. [1900].

— Atlas de l'Empire Chinois. Par Cl. Madrolle et A. Baille. Paris, 1900—1901.

Echelle 1 : 3.000.000. — Feuilles : Ta-tsien-lou, Iun-nan fou, Canton, Peking.

— *Wan-Goa-Yü-Pu*, ein moderner chinesischer Schulatlas. Von Wilhelm Krebs. Barr. (*Globus*, LXXX, 1901, pp. 230/1.)

— Carte générale de la sphère d'activité de la Russie en Extrême-Orient. Tokyo, 10 Mai 1902. Echelle 1/1.650.000.

— La Chine Géographie générale à l'usage des Ecoles françaises par le P. Stanislas Le Gall, S. J. Zi-ka-wei, Imprimerie de la Mission catholique Orphelinat de T'ou-sè-wè. — 1903, in-8, pp. 161, cartes.

— Map of South-Western China, to accompany Captain Ryder's Paper. (*Geog. Journ.*, Aug. 1903, p. 195.)

SERVICE GÉOGRAPHIQUE DE L'ARMÉE.

— Théâtre des Opérations en Chine. Pei-tche-li. — Echelle de 1.000.000. — Extrait de la Carte de l'Asie au 1.000.000e. Prix 1 fr. 50. [1900].

— Théâtre des Opérations en Chine. Environs de Pékin. Echelle 1/300.000e [avec Plan de Pékin au 1/50.000e]. Prix 2 fr.

— Plan de Pékin. — Echelle de 1/15.000. Prix 1 fr. 50.

— Bassin inférieur du Yang-tse Kiang. Echelle de 1.000.000e. Prix 1 fr. 50.

— Carte de l'Asie au 1/1.000.000e.

Voici les feuilles parues au moment où nous mettons sous presse :

Pékin. — Nankin. — Moukden. — Quelpaërt. — Tcheng-te Fou. — Séoul. — Nagasaki. — Iles Riou Kiou. — Kagoshima. — Vladivostock. — Kang-Neung. — Iles Hokoubou. — Hanoi. — Canton. — Hué.

Notice : *La Géographie*, 15 juillet 1900, pp. 65/6, par A.-A. Fauvel.

PLANKAMMER d. KÖNIGL. PREUSS. LANDES-AUFNAHME.

— Karte von Ost-China. — Massstab 1 : 1.000.000.

Voici les feuilles imprimées que nous avons reçues au moment de l'impression :

Peking. — Mukden. — Tsingtau. — Tsi nan fu. — Futschau. — Hankau. — Nanking. — Yi tschang fu. — Yu lin fu. — Nan tschang fu. — Hsi ngan fu.

∴

Grande Muraille.

— D. D. ‖ Murvm ‖ Sinensem ‖ Brevi dissertatione adumbratum ; ‖ Consentiente Amplissima Facultate ‖ Philosophica Academiae Upsa- ‖ lensis, ‖ Sub Praesidio ‖ Viri Celeberrimi ‖ M. Haraldi Vallerii, ‖ Geometr. Profess. Ordin. & h. t. ‖ Decani Spectabilis, ‖ Pro honoribus in Philosophia, ‖ Publico committit Examini ‖ In Auditorio Gustaviano Majori ‖ ad diem 21 Nov. 1694. ‖ Jonas Locnaeus ‖ Angerman. ‖ Upsaliae ‖ Excudit Henricus Keyser, S : ae ‖ R : ae M : tis & Academ. Typographus. Pièce in-12, pp. 24+2 ff. prél.

— Visit to the Great Wall of China. (*Illustrated London News*, Oct. 5, 1850. — Réimp. *N. C. Herald*, No. 26, Jan. 25, 1851.)

— La Grande Muraille de Chine. (*Miss. Cath.*, IV, 1872, pp. 460/2.)

— La grande muraille de la Chine. (*Ann. de l'Ext. Orient*, 1880—1881, III, p. 185.)

Note à propos de M. Vudauk.

— Die Grosse Mauer von China. Von Dr. O. F. von Möllendorff. (*Zeitschr. D. M. G.*, XXXV, 1881, pp. 75|131.)

— Observations du Dr. von Möllendorff sur la Grande Muraille de la Chine. (*Bul. Soc. Géog. de l'Est*, IV, 1882, pp. 143/145.)

— The Great Wall. (*China Review*, XIII, p. 431.)

— * Great Wall of China. (*Once a Week*, VI, 668.)

— Notes on some Dikes at the mouth of the Nankow pass. By H. B. Guppy, M. B. Surgeon, R. N. (*Journ. N. C. B. R. A. S.*, 1883, N. S., Vol. XVIII. pp. 159/161.)

— Analysis of Brick, from the Great Wall of China. By J. S. Brazier. (*Journ. C. B. R. A. S.*, XXI, N. S., 1886, p. 232.)

— La grande muraille de Chine ou il est prouvé que cette muraille telle qu'elle est communément décrite non seulement n'existe pas, mais même n'a jamais existé. Suivi d'un article sur la barrière de pieux du Léao-tong. Par M. l'abbé Larrieu Curé de Lamothe-Pouyloubrin (Gers), ancien missionnaire apostolique en Chine. Ancien directeur de la mission à Suen-hoa-fou (Province de Pékin . . .) Paris, Ernest Leroux, 1887, br. in-8, pp. 23.

Ce travail avait d'abord paru dans la *Rev. de l'Ext. Orient*, III, pp. 347/361.

— * The Chinese Wall a Fact. By Rev. J. H. Roberts. (*Missionary Herald*, March 1888, p. 239.)

— The Great Wall not a Myth. (*Chin. Rec.*, XIX, 1888, p. 239.) By Mr. C. F. Hogg.

— Une excursion à la Grande Muraille de Chine, par C. Imbault Huart. (*Magasin pittoresque*, 30 juin 1888, dessins de A. de Bar, Lancelot, Vuillier.)

— La vérité sur la Grande Muraille de la Chine par le Dr. E. Martin, Ex-médecin de la légation de France à Pékin. (*L'Anthropologie*, Juillet-Août 1891, II, No. 4, pp. 438/444.)

— E. Martin. La grande Muraille de la Chine. (*Rev. Scient.*, XLVIII, pp. 499/502.)

— The Great Wall of China. By Romyn Hitchcock. (*The Century Ill. Monthly Mag.*, Jan. 1893, pp. 327/332.)

— A Winter Ride to the Great Wall of China. By N. B. Dennys. (*The Century Ill. Monthly Mag.*, Jan. 1893, pp. 332/337.)

— * I. H. Barnes. Behind the Great Wall (1896). Marshall Bros.

— C. Bertacchi. La gran muraglia cinese. (*Geog. per Tutti*, Milano, 1894, pp. 157/8.)

— * Georg Wegener. Der grosse Wall von China. (*Vom Fels zum Meer*, Stuttgart, XIII, pp. 201/209.)

— The Great Wall of China. (*Jour. of School Geog.*, Lancaster, Pa., IV, 1900, pp. 393/5 ; d'après le *Bull. Bureau Amer. Republ.*, May. 1900.)

— Der Bau der Grossen Mauer. Aus «Blüthen chinesischer Dichtung». Von A. Forke. (*Der Ferne Osten*, Bd. I, Hft. 2, p. 157.)

— The Great Wall of China. By C. E. D. Black. (*Calcutta Review*, Jan. 1903.)

— Yule and Cordier. — *Marco Polo*, I, pp. 292/5.

DIVISIONS DE LA CHINE.

La Chine *proprement dite* se divise, depuis la période K'ien-loung, en dix-huit provinces, *chêng*, 省, à savoir :

Provinces :	*Capitales :*
	Nord.
1 Tche li.	Pao Ting 保定.
2 Chan Toung.	Ts'i Nan 齊南.
3 Chan Si.	T'ai Youen 太原.
4 Ho Nan.	K'ai Foung 開封.
	Est.
5 Kiang Sou.	Kiang Ning 江寧 } Ces deux provinces formaient autrefois la province de : Kiang Nan 江南.
6 Ngan Houei.	Ngan King 安慶 }
7 Kiang Si.	Nan Tch'ang 南昌.
8 Tche Kiang.	Hang Tcheou 杭州.
9 Fou Kien.	Fou Tcheou 福州.
	Centre.
10 Hou Pé.	Wou Tch'ang 武昌 } Ces deux provinces formaient autrefois la province de : Hou Kouang 湖廣.
11 Hou Nan.	Tch'ang Cha 長沙 }
	Sud.
12 Kouang Toung.	Kouang Tcheou 廣州.
13 Kouang Si.	Kouei Lin 桂林.
14 Yun Nan.	Yun Nan 雲南.
15 Kouei Tcheou.	Kouei Yang 貴陽.
	Ouest.
16 Chen Si.	Si Ngan 西安.
17 Kan Sou.	Lan Tcheou 蘭州.
18 Se Tch'ouan.	Tch'eng Tou 成都.

— On consultera la table insérée (p. 54 du *Middle Kingdom*) de Williams, Vol. Ier, & «Political divisions of China», art. de J. R. Morrison, dans le *Chin. Rep.*, IV, pp. 49 et seq.

— Grosier, dans sa *Description de la Chine*, donne, après la description de chaque province, les «Latitudes et Longitudes des principaux lieux de cette province».

— Verzeichniss der Kiun..... Catalogue des Kiun (provinces chinoises), en chinois et en allemand. Pet. in-8.

Ms. autog. de Klaproth; Cat. de sa vente, No 1642, Fr. 16. 50.

∴

Après avoir indiqué le mode de gouvernement des provinces à la Chine, nous donnerons la liste des ouvrages relatifs à chaque province. Nous ne citerons ni les ouvrages généraux comme ceux de Martini, de Du Halde, de Grosier, de Davis, de Williams, déjà décrits, ni les voyages en plusieurs parties de ce vaste empire que l'on trouvera marqués dans la seconde partie de cette *Bibliographie*.

Gouvernement des provinces.
十八省 *Che-pa-Chêng.*

A la Chine, le gouvernement des provinces est confié à des *Tsong tou* 總督 (Vice-roi, gouverneur-général) et à des *Fou t'ai* (gouverneur) 撫台.

Les *Tsong tou*, au nombre de huit, sont à la tête des provinces suivantes :

1° Le *Tsong tou* . . . . . . de	1 Tche li.
2° Le *Liang* (deux) *Kiang* 兩江 *Tsong tou* . . .	2 Kiang Sou. 3 Ngan Houei 4 Kiang Si.
3° Le *Min Tche* 閩浙 *Tsong tou*	5 Fou Kien. 6 Tche Kiang.
4° Le *Liang Hou* 兩湖 *Tsong tou*	7 Hou Pé. 8 Hou Nan.
5° Le *Liang Kouang* 兩廣 *Tsong tou*	9 Kouang Toung. 10 Kouang Si.
6° Le *Yun Kouei* 雲貴 *Tsong tou*	11 Yun Nan. 12 Kouei Tcheou.
7° Le *Chen Kan* 陝甘 *Tsong tou*	13 Chen Si. 14 Kan Sou.
8° Le *Tsong tou* . . . . . de	15 Se Tch'ouan.

Il y a un *Fou t'ai* dans chaque province (le Tche li, le Kan Sou et le Se tch'ouan n'en ayant pas, il y a donc 15 *Fou t'ai* dans la Chine proprement dite). Les *Fou t'ai*, à l'exception de ceux du Chan Toung, du Chan Si et du Ho Nan qui sont à peu près indépendants, sont sous les ordres des *Tsong tou*.

Au-dessous des *Fou tai* viennent les *Tao t'ai* 道台 (intendants), dont le nombre varie suivant les provinces.

Les provinces étant divisées en *Fou* 府, *t'ing* 廳, *tcheou* 州 et *hien* 縣, chacune de ces divisions territoriales est administrée par un *Tche fou*, un *T'oung tche*, un *Tche tcheou* ou un *Tche hien* (du mot *tche* 知 *savoir*, celui qui connaît); le *Tche fou* reçoit les rapports des autres officiers pour les faire parvenir au gouvernement provincial ou plutôt au *Tao t'ai*.

Cependant les administrateurs de quelques *ting* et *tcheou* sont indépendants, c'est-à-dire qu'ils ne dépendent pas d'un *tche fou*, mais qu'ils relèvent directement d'un *Tao t'ai* ou du gouvernement provincial. On fait précéder les noms de leurs titres par les mots *Tche-li* 直隸 (qui indiquent qu'ils ne sont pas subordonnés à un *tche fou*); ces officiers indépendants sont par conséquent appelés *Tche-li T'oung-tche* et *Tche-li Tche-tcheou*.

Puis viennent, au-dessous du *T'oung tche* : le *T'oung p'an*: du *Tche tcheou* : le *Tcheou t'oung* et le *Tcheou p'an*; du *Tche hien* : le *Hien tch'eng* 縣丞, etc.

De même qu'il y a des *Tche-li T'oung tche* et des *Tche-li Tche-tcheou*, il y a des *Tche-li T'oung-p'an*, des *Tche-li Tcheou-T'oung* et des *Tche-li Tcheou-p'an*, officiers indépendants des *T'oung-tche* et des *Tche-tcheou*.

Nous indiquons le nombre de ces fonctionnaires dans chaque province de la CHINE *proprement dite*, dans la table ci-jointe dont nous devons la revision actuelle à l'obligeance de M. Liou She-hiun, second secrétaire de la Légation de Chine, à Paris.

DESCRIPTION PARTICULIÈRE DES PROVINCES.

1° *TCHE LI* 直隸

— Topography of Chili : boundaries and situation of the province; its area and population; its subdivisions, rivers, lakes,

TABLEAU des principaux Fonctionnaires des Provinces de l'EMPIRE (Annuaire de l'Empire),

PROVINCES	總督 TSONG TOU } TCHE T'AI 制台	巡撫 SIÜN FOU } FOU T'AI 撫台	學院 HIO YOUEN } HIO T'AI 學台	布政 POU TCHENG } FAN T'AI 藩台	按察 NGAN TCH'A } NIE T'AI 臬台	道台 TAO T'AI	知府 TCHE FOU
1° Tche Li	1	»	1	1	1	8	10
2° Chan Toung	»	1	1	1	1	5	10
3° Chan Si	»	1	1	1	1	4	9
4° Ho Nan	»	1	1	1	1	5	9
5° Kiang Sou	1	1	1	2	1	} 10 {	8
6° Ngan Houei	»	1	1	1	1		8
7° Kiang Si	»	1	1	1	1	4	13
8° Tche Kiang	»	1	1	1	1	6	11
9° Fou Kien	1	»	1	1	1	5	9
10° Hou Pé	1	1	1	1	1	5	10
11° Hou Nan	»	1	1	1	1	5	9
12° Kouang Toung	1	1	1	1	1	6	9
13° Kouang Si	»	1	1	1	1	4	11
14° Yun Nan	1	1	1	1	1	6	14
15° Kouei Tcheou	»	1	1	1	1	3	12
16° Chen Si	»	1	1	1	1	5	7
17° Kan Sou	1	»	1	1	1	7	8
18° Se Tch'ouan	1	»	1	1	1	6	12
19° Sin-Kiang	»	1	»	1	»	4	2
TOTAL	8	15	18	20	18	98	181

(FONCTIONNAIRES DE LA CHINE.)

CHINOIS, d'après le *Ta Ts'ing tsin chēn ts'iouen chou* 大清搢紳全書 première édition de 1903.

直隸同知 TCHE-LI T'OUNG TCHE	直隸知州 TCHE-LI TCHE TCHEOU	同知 T'OUNG TCHE	知州 TCHE TCHEOU	直隸通判 TCHE-LI T'OUNG P'AN	通判 T'OUNG P'AN	直隸州同 TCHE-LI TCHEOU T'OUNG	州同 TCHEOU T'OUNG	直隸州判 TCHE-LI TCHEOU P'AN	州判 TCHEOU P'AN	知縣 TCHE HIEN
»	6	6	17	»	4	3	1	5	8	123
»	2	12	9	»	9	2	7	2	4	96
»	10	10	6	»	10	»	»	4	»	85
»	4	8	6	»	12	1	2	3	5	96
»	3	22	3	»	18	»	»	»	»	62
»	5	7	4	»	8	6	6	3	3	50
»	1	11	1	»	8	»	1	1	1	75
1	»	16	1	»	7	»	»	»	1	75
»	2	7	»	»	4	2	»	»	»	58
»	1	10	7	»	10?	2	»	»	5	60
3	4	5	3	1	6	1	1	2	1	64
2	5	8	6	»	7	1	1	2	2	79
»	2	10	15	»	5	1	12	1	5	49
5	4	10	26	»	6	»	1	»	5	39
3	1	5	13	»	6	»	1	»	3	34
»	5	8	5	»	2	1	2	2	1	73
»	6	8	6	»	6	2	2	3	2	49
1	8	7	12	»	10	3	1	7	2	112
9	4	»	»	»	3	»	»	»	»	11
24	73	170	140	1	141	25	38	35	48	1,290

(FONCTIONNAIRES DE LA CHINE.)

mountains, plains, productions, &c. by E. C. Bridgman (*Chinese Repository*, XI, pp. 438 et seq.).

— Sur le climat de cette province, voir les *Mém. conc. les Chinois*, VI, pp. 339 et seq.

— Narrative of a Journey beyond Peking, to the Coal Mines. Letter to the Editor of the *N. C. Herald* (No 594, Dec. 14, 1861) signed «Viator».

— Notes on Dust-Storms occuring at Tien tsin communicated by Dr Lamprey, Surgeon, 67th. Regiment (*Ibid.*, No 613, April 26, 1862.)

— On the Road. Tientsin to Peking. By «C'est Moi». (*N. C. Herald*, Nos 644 et 645, Nov. 29 et Dec. 6, 1862.)

— Карта Чжилiйской Губернiи. No. 1. Южная Часть. Составлена К. Вебером . . . . Масштабъ въ 1 : 1.022.000 долю. [Avec] Пояснительная Записка картѣ Чжилiйской Губернiи. С. Пет., 1871—72.

— Ch. Waeber. Map of North-Eastern China. — 1893. St Petersburg, Geographical Establishment of A. Ilyin.

— К. Веберъ. Карта Сѣверо-восточнаго Китая. — С. Петербургъ, Картографическое заведенiе А. Ильина.

4 feuilles : échelle : 1 : 1,355,000 = 1 inch = 18,5 miles.

— Алфавитный Указателъ географическихъ Именъ помѣщенныхъ на Картѣ Сѣверо-восточнаго Китая К. Вебера. — Вѣна. И. и К. придворная и универ. Тип. А. Гольцгаусена. 1894, gr. in-4, pp. xxi-112.

L'index anglais paraîtra plus tard.

— Voir Ch. Grad, «Peiho» *supra* (col. 132).

— From Peking to Lama Miao.

Voyage fait en Septembre et en Octobre 1869 dans la partie septentrionale de la province de Tche li. Imprimé dans «*The Cycle*» Nos. du 21 et du 28 Mai et du 4 Juin 1870.

— A recent visit to the Yün-shui tung 雲水洞 By Rev. S. E. Meech. (*Chin. Rec.*, V, 1874, pp. 339/47.)

Visite à une cave située dans la montagne Chang fang, 上房山 dans le district Fang chan, à 140 li environ au sud-ouest de Peking.

— Eine Wanderung durch die Chinesische Provinz Tschili im März 1874. (*Globus*, xxx, 15-17.)

— A Tour through the Province of Chihli. By Rev. C. A. Stanley. (*N.-C. Herald*, 13 Dec. 1877, pp. 557—8.)

MÖLLENDORFF.

— Ein Ausflug in Nordchina. (*Mitt. D. G. Nat. u. Völk. Ost.*, Juni 1875, pp. 17/20.)

— Eine Excursion in Nordchina. (*Mitt. d. k. u. k. geog. Ges. Wien*, 1875, pp. 385/390; d'après les *Mitth. Deutsch. Ges. f. Nat. u. Völk. Ostasiens*, Juni 1875.)

— Reisen und topographische Aufnahmen in der nord-chinesischen Provinz Dshy-li. Von Dr. O. F. von Möllendorff. (*Zeitschr. d. G. f. Erdk.*, XVI, 1881, pp. 91/141.)

Avec deux cartes.

— Von Möllendorff's Travels in North-East China. (*Proc. R. Geog. Soc.*, N. S., vol. III, 1881, pp. 101/102.)

— Einige Bemerkungen zu den in der *Zeitschrift der Gesellschaft für Erdkunde* (Bd. XV, S. 241 ff. XVI-9) erschienenen Aufsätzen des Herrn O. von Möllendorff über seine Arbeiten in China. Von Dr. H. Fritsche in Peking. (*Zeitschr. d. G. f. Erdk.*, XVI, 1881, pp. 425/7.)

— Entgegnung gegen Dr. H. Fritsche's Kritik meiner Aufsätze über Nord-China. Von Dr. O. F. von Möllendorff. (*Zeitschr. d. G. f. Erdk.*, XVII, 1882, pp. 253/256.)

— * Routes in the Chinese Province Dshy-li, and Environs of Tientsin, from surveys of Dr. O. F. von Möllendorff, drawn by Dr. Richard Kiepert : Scale 1 : 1,000.000. Berlin : Dietrich Reimer. Hong-Kong and Shanghai : Kelly & Walsh. 1881. — Original Map of the Hill Country North and West of Peking, from surveys of Dr. O. F. von Möllendorff, drawn by Dr. Kiepert. Scale 1 : 333.333. Same Publishers.

Notice : *China Review*, IX, p. 393.

— * Karte der Prov. Tschi-li, Tientsin u. Peking m. Umgebung, nach seinen Aufnahmen 1884—1879. 1 : 333.000. Übersichts-Karte v. Ost-Asien. 1 : 750.000. Berlin, D. Reimer, 1900.

∴

— Explorations in Southern Chihli. By Rev. D. Z. Sheffield. (*Chin. Rec.*, XVII, March 1886. p. 122.)

— Voir sur cette province la vie de Monseigneur Dubar, chap. MISSIONS CATHOLIQUES.

— Carte de la Mission de la Compagnie de Jésus au Tcheu ly Sud-Est Chine. Publiée par le Père Carrez, de la Compagnie de Jésus, d'après les documents Chinois fournis par les Pères de la Mission. 1890, 2 feuilles.

Echelle : $\frac{1}{400.000}$.

Ces deux feuilles renferment comme cartes accessoires : 1. Environs de la Mission-Province entière du Pe Tcheu ly, Parties du Chan toung au S-E; du Ho nan au S-O; du Chan si, à l'O; de la Mongolie, au N; de la Mandchourie, au N-E. — 2. Plan de T'ien tsin. — 3. Résidence et village de Tchang kia tchouang.

— Alfred Bertrand. Tientsin, Péking, la grande Muraille de Chine, Résidence impériale de Djehol (Mongolie intérieure), les Tombeaux des Mings, la Passe de Nan-Koou. — Souvenirs de voyage. (*Le Globe, Jour. Géog.* Genève, XXXII, Bulletin, 1893, pp. 79/108.)

— A Journey to the Sacred Mountain of Siao-outai-shan, in China. By A. Henry Savage-Landor. (*Fortnightly Review*, sept. 1894, pp. 393/409.)

— Strangle People in the Mountains of Chihli. By Rev. William S. Ament. (*Chin. Rec.*, XXX, July 1899, pp. 317/328.)

Descendants de Li Tseu-tch'eng 季自成, chef de la révolte contre les Ming.

— Takou [大沽] et ses forts. (*Rev. française*, XXV. 1900, pp. 392/3.)

— De Takou à Pékin. (*Soc. Roy. Belge Géog., Bul.*, 1900, pp. 572/577; d'après la *Revue Indo-chinoise*, 1900, n° 97.)

— Ministère de la Guerre. — Service géographique de l'Armée. — Notice descriptive et statistique du Tché-li (Takou-Pékin-Chan-Hai-Kouan) 1900. Paris, Imprimerie du Service géographique de l'Armée, br. in-8, pp. 46.

— Climatologie, hygiène, productions et ressources de la Chine septentrionale, et particulièrement de la région de Tien-tsin à Pékin. (*Revue scientifique*, 1900, II, pp. 88/9.)

Note du Ministère de la Marine.

— Reisen in nördlichen und mittleren China. Von Dr. Karl Vogelsang. (*Petermanns Mitt.*, XLVII, 1901, pp. 241/250, carte; 278/284.)

Allgemeine Übersicht. — I. Teil. Reise durch den nördlichen Teil der Provinz Chi-li.

— Au Petchili et sur les frontières de Mandchourie, par M. G. de Veulersse. (*Tour du Monde*, 1901, pp. 97/132.)

— Drei Monate an der Westgrenze von Petschili. Von Oberleutnant Kübel. (*Jahresb. Geog. Ges. München*, 1901-1902, XXXVI-XLI.)

— Kurzer Bericht über eine Reise nach Schehol in Nord-China auf dem Lan-ho. Von K. Nishiwada in Tokio. (*Deutsche Rundschau f. Geog. u. Stat.*, XXIV, Jan. 1902. pp. 145/151.)

— Beschreibung des Jehol-Gebietes in der Provinz Chihli. Detail-Studien in Chinesischer Landes- und Volkskunde. Mit einer Karte und sechzehn Illustrationen von Dr. O. Franke. Leipzig, Dieterich's Verlagsbuchhandlung Theodor Weicher, 1902, in-8, pp. xv-103.

A la fin :

Appendix I. Die Flora des Jehol-Gebietes (nach dem *Ch'êng-tê fu chih*), pp. 71/81. — App. II. Die Fauna des Jehol-Gebietes (nach dem *Ch'êng-tê fu chih*), pp. 82/90. — App. III. Beschreibung der Sommer-Residenz von Jehol, pp. 91/103.

— O. Franke. Eine Reise in den Jehol-Distrikt. (*Ausland*, LXIV, pp. 735/740, 753/758, 771/776.)

— Le Petchili (avec une carte hors texte). (*Le Mouvement géographique*, Bruxelles, 10 fév. 1901, No. 6, col. 61.)

La carte signée : Léon Manduau, est au 2.000.000.

— Rivières du Pe Tche.li. (*Bul. Soc. Géog.*, Rochefort, voir col. 115.)

— Stone Figures in China. By Dr. Sewell S. McFarlane. (*Geog. Jour.*, Aug. 1903, pp. 210/211.)

Tombeaux des Ming. 大明(十三陵 *Che san ling*, près de Tch'ang p'ing tcheou 昌平州).

— Notes on Peking... by W. Lockhart, voir *infra*, col. 213.

— Peking. By the Rev. Joseph Edkins. (Williamson's *Journeys*, II, pp. 386/389.) — Voir col. 214 *infra*.

— The Architecture of China. By William Simpson. 1873—4. Voir Beaux-Arts, *Architecture*.

— Les tombeaux des Ming près de Peking par Camille Imbault-Huart. (Avec trois photogrammes.) (*T'oung Pao*, IV, Déc. 1893, pp. 391/401.)

— The Imperial Cemeteries of the Ming Dynasty. (J. J. M. de Groot, *Religious System of China*, III, pp. 1177/1282.)

— Les mausolées des Mings. (*Le Mouv. géog.*, 1893, p. 92.)

D'après M. Gœbel, Consul général de Belgique, dans le *Recueil consulaire*.

Tombes impériales. 皇陵 des Ts'ing 大清 (*Toung ling* 東陵 *Si ling* 西陵).

— Voir Bakhmetiev, *infra*, col. 216.

— Notes of a Journey to the Imperial Mausolea, east of Peking. By Frederick S. A. Bourne, of H. M. Consular Service in China. (*Proc. R. Geog. Soc.*, N. S., Vol. V, 1883, pp. 23/31.)

— Sépultures impériales de la Dynastie Ta Ts'ing par Gabriel Devéria. (*T'oung Pao*, III, Oct. 1892, pp. 418/421.)

— The Burial-Grounds of the Present Reigning Dynasty. (J. J. M. de Groot, *Religious System of China*, III, pp. 1282/1373.)

— Henri Cordier. (*Le Temps*, 11 août 1900. — *Hist. des Rel. de la Chine*, II, pp. 17/19.)

— The Imperial Tombs West of Peking. By A. von Borch. (*East of Asia*, Vol. I, Part III, Sept. 1902, pp. 181/191, grav.)

Pe King 北京 (Chouen-t'ien fou) 順天府

— *Marco Polo*. Ed. de Pauthier : Chap. LXXXIII : *Ci devise du palais du grant kaan* (à Cambalu, Khan-baligh); pp. 265/270. — LXXXIV : *Ci dist du palais du filz au grant kaan*, pp. 271/276, etc. — Aussi Yule's edition, 1903. — Magalhaens (col. 86). Chap. XVIII—XXI, avec un plan. — Gemelli Careri. *Giro del Mondo*. (Voir : Voyages.) — Du Halde (col. 46). Vol. I. — Grosier (col. 61). I, pp. 40/57. — Pauthier (col. 87). *Chine moderne*, II, pp. 8/31. — Williams (col. 85). *Middle Kingdom*, I, pp. 53 et seq.

— Description de la Ville de Peking, pour servir à l'intelligence du Plan de cette Ville, gravé par les soins de M. de l'Isle. Par M. de l'Isle, Doyen de l'Académie des

Sciences.... & M. Pingré, Chanoine régulier, & Bibliothécaire de Sainte Geneviève. A Paris, 1765, in-4, pp. ii-44, 6 planches.

— «... le P. Gaubil envoya, en 1752, au célèbre géographe *Delisle*, une description de la partie de *Peking*, que l'on nomme ordinairement la *Ville mandchoue* ou *tartare*. Il avait adressé une pareille description à la Société royale de Londres, qui la fit traduire en anglais et l'inséra dans le cinquantième volume des *Philosophical Transactions*. Cette description renferme l'explication d'un grand plan chinois de *Peking*, que Delisle a réduit et publié dans son ouvrage intitulé : *Description de la ville de Peking* (Paris, 1765, in-4).»

«Il y a également reproduit le travail du P. Gaubil, qu'il a augmenté et corrigé d'après un grand nombre d'observations astronomiques.»

«Il paraît que le P. Gaubil avait aussi envoyé en Russie une copie de sa description de la capitale chinoise; car, en 1781, il en parut, dans l'*Almanach historique et géographique de l'Académie de Saint-Pétersbourg*, une traduction en russe par Stritter et une en allemand dans le recueil de Pallas intitulé : *Nordische Beitraege* (vol. II, pag. 208 et suiv.); mais le plan, auquel cette description s'applique, manque dans les deux traductions, et il y est remplacé par une esquisse de si petite dimension qu'elle est presque inutile. Celle-ci a été réduite d'après un dessin fait à *Peking* par un prêtre russe. M. *Malte-Brun* (*Précis de géographie*, vol. III, pag. 519) a mal à propos attribué cette description à *Laurent Lange*, parce que dans le recueil de Pallas elle suit la relation de ce voyageur. (Klaproth, *Nouv. J. As.*, IV, 1829, pp. 358/359.)»

Le P. Sommervogel écrit (*Bib.*, III, 1261) que l'original de cette description et le plan qui l'accompagne, avaient été envoyés par le P. Gaubil à l'Académie de St. Pétersbourg, et c'est-là que Delisle s'en était procuré une copie.

— Voir dans les *Observations* publiées par le P. Souciet, Vol. 1, pp. 134/7, le Plan de Peking et les explications du P. Gaubil.

Se trouve presque en entier dans le Vol. II. pp. 124/207, du *Voy. à Péking*, par Timkovski, Paris, 1827, 2 vol. in-8.

— Geographisch-historische Beschreibung der sinesischen Residenzstadt Peking. (*Neue Nordische Beyträge*, II. Bd., 1781, pp. 208/232.)

«Elle est tirée du manuscrit d'un jésuite et diffère en quelques points de celle qu'a publiée Delisle.» (*Biog. univ.*) — Voir ci-dessus.

— Plan de la ville tartare et chinoise de Pékin, par Buache, 1764.

Ms. colorié et collé, très grand format. — Vend. Klaproth (983). Fr. 66.

— Планъ Пекина. Plan de la Ville de Peking, levé en 1817. [St. Pétersbourg? 1818?]

— Описаніе Пекина, съ приложеніемъ Плана сей столицы, снятато въ 1817 году. Переведенось Китайскаго Монахомъ Іакинѳомъ. — St-Pétersbourg, 1829, pet. in-8, pp. xvi-130, sans les errata.

— Description de Pékin avec un plan de cette capitale. Ouvrage traduit du chinois en russe par le Rév. P. Hyacinthe, traduit du russe par Ferry de Pigny. St-Pétersbourg, de l'Imprimerie de Charles Kray, 1829, in-8, pp. xvi-175.

C'est la traduction d'une grande partie de l'ouvrage Chinois : 宸垣識畧 *Tchen yuen tchi lio*, publié pendant le xviiie siècle.

— Rapport sur le plan de Peking, publié à Saint-Pétersbourg en 1829 [par le P. Hyacinthe], par Klaproth. (*Nouv. Journ. As.*, IV, 1829, pp. 356/374.

— * Trad. all. *Krit. Wegweiser der Landkartenkunde*, II, 1830.

— Plan of Peking in 1817. Printed at the Lithographic Establishment, Quarter Master General's Office, 1842. Copied by the Anastatic Process in 1860 at the Ordnance Survey Office. Southampton, 1860.

— The Court and Tribunals of Peking. (*As. Jour.*, Vol. XII, 1833, pp. 37/39.)

— Fac Simile of a Chinese Plan of the Tatar, or Inner City, Nuyching and the Imperial Palace Kingtoo of Peking or Chun Thien Foo. Lithographed and Printed under the direction of Major T. B. Jervis. London, 1843.

— Планъ столичнаго города Пекина съ окрестностію. Литографированный со сьемки Полковника Ладыженскаго, при Военно-Топографическомъ Депо, etc. [St. Pétersbourg], 1848.

— Pekin and its environs. Copied from the Survey of Colonel Ladyjenski of the Russian Army. Topl. Dépôt, War Office : [London] 1860.

Michel Vasilievitch Ladyjensky avait passé huit mois à Peking en 1830, chargé de conduire la mission ecclésiastique.

— Description of the City of Peking. By Ira Tracy (*Chinese Repository*, II, pp. 433 et seq., 481 et seq. — Réimp. dans *The Cycle*, 12 & 19 Nov. 1870).

— Observations météorologiques de Peking, communiquées par M. Kupffer. (*Bul. Cl. Phys.-math. Ac. I. Sc. St. Pét.*, I, 1843, col. 173/8.)

— Note sur l'inclinaison magnétique de Peking, communiquée par M. l'académicien Kupffer. (*Ibid.*, col. 277/8.)

— Description of Peking. By Q. (*North-China Herald*, 1858, No 404, April 24.-405, May 1.-407, May 15.-408, May 22.-411, June 12.)

— Local Government of Peking. Offices at Peking of a local nature : the City government; the Taechang sze, a sacrificial court; the Taepuh sze, for rearing horses; the Kwangluh sze, for the direction of imperial banquets; the Hungloo sze, a ceremonial office; the Kwŏ-tsze Keēn, a national college; the Kin Teēn Keēn, or astronomical college; the Tae E yuen, or medical hall; the Tsung-jin foo, for governing the imperial kindred; the Nuy-woo foo, for controling the imperial household; the guards; the military court of the eight banners; with other subdivisions of the Tartar forces. (By J. R. Morrison, *Chin. Repos.*, IV, pp. 181 et seq.)

— Notice historique sur le collége médical de Péking d'après le *Taï-Thsing-Hoeï-tien*, par M. Bazin. (*J. As.*, 5e sér., viii, nov.-déc. 1856, pp. 393/427.) — Recherches sur l'histoire, l'organisation et les travaux de l'académie impériale de Péking, par M. Bazin. (*Ibid.*, XI, janv. 1858, pp. 5/105.)

— The Great Medical College at Peking, by J. Dudgeon, M. D. (*Chin. Rec.*, II, pp. 237/240.) — The *Kwo-Tsze-Tien*. (*Chin. Rec.*, IV, pp. 85/90.)

— Map of the Country round Pekin. Copied from the Chinese Map of Asia, 1760. Names of places translated by the Rev. W. Milne. Topogl. Dépôt, War Office. [London] 1859.

— Grundplan und Beschreibung der Stadt Peking nebst Bemerkungen über die Anlage der chinesischen Gärten. — Abdruck aus der Allgemeinen Bauzeitung. Wien, 1860. L. Förster's artist. Anstalt, br. in-4, pp. 28 à deux col. et plan en deux feuilles.

— * Excursion to Pekin in 1861. (*St. James's Mag.*, XV, 474.)

— Воспоминанія о Пекинѣ. Par le Prof. Vasiliev. St. Pétersbourg, 1861, br. in-8, pp. 43.

Extrait de l'*Abeille du Nord*.

— Pé-king et la Chine. Mesures, monnaies et banques chinoises, par M. Natalis Rondot, ancien délégué du Commerce attaché à la Mission de France en Chine. (Extrait du *Dictionnaire du commerce et de la navigation*.) Paris, Guillaumin, 1861, gr. in-8, pp. 19 à 2 col.

— * Peking en China, door Natalis Rondot, te Parijs. Rotterdam, 1861, br. gr. in-8, pp. 42. Trad. holl. par S. Bleekrode.

— Péking et ses habitants. Mœurs, coutumes, religion et arts des Chinois, d'après des documents authentiques recueillis pendant l'expédition de Chine. Mis en ordre par Alexandre M....., Paris, Ledoyen, 1861, in-12, pp. 142.

Alexandre M....., = Alexandre Michaux.

— Météorologie de Pékin. — Observations de M. Morache, médecin aide-major de 1re classe, attaché à la légation de France. (*Rec. de Mém. de Méd.... mil.*, IIIe sér., XII, 1864, pp. 78/80, et 4 tab.) — Tableau général de l'année 1864. (*Ibid.*, XIII, 1865, pp. 430/1.)

— Pékin et ses habitants. — Etude d'Hygiène par le Dr. G. Morache, Médecin-major de l'armée.... Paris, J.-B. Baillière et Fils. 1869, in-8, pp. 164.

— Pékin et ses habitants. — Étude d'hygiène par le Docteur G. Morache.... Analyse critique par le Dr. Brassac. (*Arch. Médecine navale*, XIII, 1870, pp. 435/458.)

— Pékin et ses habitants par M. le docteur Morache. (*Bul. Soc. Géog. Rochefort*, VI, 1884—5, pp. 224/5.)

— La Chine et Pékin. Par le Dr. Morache. (*Bul. Soc. Géog. com.*, Bordeaux, 1885, pp. 214/217.)

D'après L'*Avenir de la Dordogne*.

— Notes on a Cave and Coal pit near Peking, by S. Wells Williams. (*Am. Jour. Sc.*, XXXVIII, 1864, pp. 119/121.)

— Huit jours à Pékin en 1865 par Olivier de Beaumont. Paris, Typographie Walder, 1866, in-8, pp. 66.

— Notes on Peking and its Neighbourhood by W. Lockhart Esq. (Read April 23, 1866) (*Jour. R. Geog. Soc.*, XXXVI, 1866, pp. 128/156) — 1 plan.

Tirage à part : London, Printed by W. Clowes, br. in-8, pp. 29.

— Descriptive Notes on Peking. Shanghai, 1866, pet. in-4, pp. 19. By Henry Kopsch & E. C. Taintor. (Chinese Customs' service.)

Tiré à 25 exemplaires qui n'ont pas été mis dans le commerce. — Cette notice a été écrite pour accompagner un plan de Péking envoyé à la Société Royale de Géographie de Londres; on trouvera une mention de ce plan dans *The Journal of the R. G. Soc.*, Vol. XXXVII, 1867, p. C.

— Notes of a Journey in the North-West neighbourhood of Pekin. By Jones Lamprey Esq. M. B. Read June 24, 1867. (*J. R. G. S.*, XXXVII, pp. 239 seq.)

Jones Lamprey. Nécrologie par Henri Cordier. (*T'oung Pao*, 2e Sér., I, No. 5, Déc. 1900, p. 494.)

† 29 oct. 1900, âgé de 77 ans, à Southsea.

— Aus Peking. Von Ferdinand Baron von Richthofen. (Briefliche Mittheilung an Prof. Dr. F. v. Hochstetter. Peking. 12. October 1868.) (*Mitt. d. k. u. k. geog. Ges. Wien*, 1869, pp. 175/7.)

— «Peking», by the Rev. Joseph Edkins, B. A., London University. (*Journeys in North China*, by Williamson, Vol. II, chap. xvi, pp. 312/392).

H. FRITSCHE.

— Ueber die geographischen Constanten Pekings. Von H. Fritsche. (*Bull. de l'Ac. Imp. Sc. de St. Pétersbourg*, 1871, XVI, in-4, No. 6, col. 465/486, plan.)

— Extrait d'une lettre de M. Fritsche, directeur de l'Observatoire de Pékin, à M. Wild, directeur de l'Observatoire physique central à St.-Petersbourg, datée de Pékin le 10 (22) novembre 1868. (*Bul. Ac. I. Sc. St. Pét.*, XIV, 1870, col. 23/5.)

— Die Temperatur-Verhältnisse des Russischen Reiches. — Anhang. (*Rep. f. Meteor.*, Bd. I, Supp., II. Hft., 1881.)

381. Peking, pp. 350/3.

— Dr. H. Fritsche. Déterminations de quelques positions géographiques dans les montagnes à l'ouest de Pékin (*Siao wou t'aï chan* et autres points). (En russe, dans le Bulletin [*Izvestia*] de la Soc. de Géographie de St. Pétersbourg, 1882, p. 58.)

— Déterminations de quelques positions géographiques entre Pékin et Kaï fong fou et en Mandchourie entre Pékin et Blagovechtchensk (sur l'Amour). (En russe, *Bulletin de la Soc. de Géogr. de St. Pétersb.*, 1883, p. 345.)

— The amount of precipitation (rain and snow) of Peking. By H. Fritsche. (*China Review*, X, pp. 120/123.)

— On the Climate of Peking. By Dr. Fritsche, Director of the Russian Meteorological Observatory and Professor of Astronomy in the T'ung-wen Kwan. (*Chin. Rec.*, X, 1879, No 4, pp. 297/302.)

.·.

— Pékin, sa Météorologie, son édilité, sa population par le Docteur Martin, Médecin de la légation de France. (*Bull. Soc. Géog.*, 6e Sér., VI, 1873, pp. 290/317.)

— Pékin ou Chun-tien-fou, levé en 1875, par Mr. Lapied, Enseigne de Vaisseau sous la direction de Mr. Fleuriais, Lieutenant de Vaisseau, chef de la Mission Française envoyée à Pékin pour l'observation du passage de Vénus sur le Soleil. 1 feuille.

— L'Observation du passage de Vénus à Pékin par M. Fleuriais, lieut. de Vaisseau. (*Comptes rendus de l'Ac. des Sc.*, t. LXXX. Séance du 10 mai 1875, 10 pages; réimp. *Rev. mar. et col.*, juillet 1875, pp. 57/56. — Voir aussi cette *Revue*, sept. 1875, pp. 673/681.)

— Institut de France Académie des sciences. — Recueil de Mémoires, Rapports et Documents relatifs à l'observation du passage de Vénus sur le Soleil. Tome II. 1re Partie. Paris, Gauthier-Villars, M DCCC LXXVIII, in-4.

Mission de Pékin, pp. 1—257. Avec six planches.

La mission était composée de MM. Fleuriais, lieutenant de vaisseau, chef de mission; Blarez, lieutenant de vaisseau, chargé des opérations photographiques; Lapied, enseigne de vaisseau, chargé des observations à l'équatorial de six pouces, Huet, quartier-maître de timonerie.

— G. C. Stent : The «Legend of the Bell Tower of Peking». (*Jour. N. C. B. R. As. Soc.*, VII, 1873, pp. 185/189.) — La légende de Mr. S. a été mise en vers anglais dans *The China Review*, V, pp. 241/3, par Mr. G. M. H. Playfair. — Elle est également racontée par Mr. Dabry de Thiersant dans son livre sur la *Piété filiale*, Paris, 1877, pp. 217/220.

— G. C. Stent : Legend of the Building of Peking or the Pursuit of the Water. (*China Review*, IV, pp. 168/173.)

— Shop-signs and Street-names at Peking. Collected by J. Dudgeon, Esq. M. D. — 1. Translated by Mr. Ho Achun, Linguist; 2. and 3. transl. by Dr. Dudgeon. (Doolittle's *Voc.*, II, No 59.)

E. BRETSCHNEIDER.

— Archaeological and Historical Researches on Peking and its environs. By E. Bretschneider, M. D. Physician to the Russian Legation at Peking. Shanghai : American Presbyterian Mission Press. 1876, in-8, pp. 63, avec 5 cartes, dont une dans le texte.

Preliminary Remarks — History of Peking and its names at different times — The position and the remains of ancient Peking — On the Water conveyances connecting Peking in ancient times with the great river system of China — The bridge *Lu-kou k'iao* and the *Hun Ho* or *Sang-kan* river, with the road to Shang-tu.

On trouvera dans les remarques préliminaires la description des ouvrages chinois qui traitent de Peking.

Cet ouvrage intéressant a d'abord paru dans *The Chinese Recorder*, 1875, Vol. VI, No 3, 5 & 6.

— Ancient Peking. By O. F. von Möllendorff. (*China Review*, V, pp. 383/6.)

Addenda et corrigenda à l'ouvrage du Dr. E. Bretschneider.

— Publications de l'école des langues orientales vivantes. — Recherches archéologiques et historiques sur Pékin et ses environs par M. le Docteur E. Bretschneider. — Ouvrage couronné par l'Académie des inscriptions et belles-lettres. — Traduction française par V. Collin de Plancy, Interprète de la Légation de France à Pékin. — Paris, Ernest Leroux, 1879, in-8, pp. 133, plus 1 f. n. c. pour la tab.

(PE KING.)

Forme le vol. XII des *Publications de l'École des langues orientales vivantes.*

— Die Pekinger Ebene und das benachbarte Gebirgsland. Von Dr. E. Bretschneider, Arzt der kaiserl. Russischen Gesandtschaft in Peking. Mit einer Originalkarte. (Ergänzungsheft No. 46 zu *Petermann's «Geographischen Mittheilungen».*) Gotha : Justus Perthes, 1876, br. in-4, pp. 42.

Notice dans *The Chinese Recorder*, VII, pp. 309/310.

∴

— Pékin et le Nord de la Chine, par M. T. Choutzé. 1873. — Texte et dessins inédits.

Tour du Monde, XXXI, pp. 305/368, XXXII, pp. 193/256. (1876.)

T. Choutzé. = G. Devéria, premier interprète de la légation de France à Peking.

— * Дневникъ поѣздки въ Пань шань. St. Pétersbourg, 1874, pp. 23.

Par M. Bakhmetiev, qui, en 1872, visita les Toung ling et le Pan chan, au N. E. de Peking avec le général Vlangaly et l'Archimandrite Palladius.

— Guide for Tourists to Peking and its Environs. — With a Plan of the City of Peking and a Sketch Map of the Neighbourhood. — Hongkong : Printed at the «China Mail» Office. 1876, in-8, pp. 50.

Notice : *China Review*, V, p. 137.

— * Guide for Tourists to Peking and its Environs. With 2 plans. Peking, 1888.

— Rules of the Peking Club. 1878, br. in-8, pp. 13.

- Rochechouart. Pékin, voir VOYAGES.

— A Visit to Peking, with some notice of the imperial worship at the altars of Heaven, Earth, Sun, Moon and the Gods of the Grain and the Land. By Rev. A. P. Happer, D. D. Shanghai : American Presbyterian Mission Press, 1879, br. in-8, pp. 27.

— A visit to Peking. (*With some particular notice of the worship of Heaven, Earth, Sun and Moon &c.*) By Rev. A. P. Happer, D. D. (*Chin. Rec.*, X, 1879. N° 1, pp. 23/47.)

— * In and about Pekin (N. B. Dennys) (*Galaxy*, X, 461).

— * Supper Party at Pekin. (*London Society*, XXXV, 452.)

— Visit to two celebrated Peking Temples. (*Chin. Rec.*, XII, 1881, pp. 363/372.)

— A Ride to Peking. By H. S. Ashbee. Printed by W. Lindsey & Co. 1881, in-8, pp. 10.

— * Ride to Pekin (H. S. Ashbee) (*St. James's Mag.*, XLIX, 458).

— The Metropolis of the Manchus. br. in-8, pp. 39. (By H. S. Ashbee, London, 1882.)

— * Pilgrimage to Pekin. (E. W. Syle) (*Putnam's Monthly Mag.*, XVI, 545.)

— * Pekin and its People. (*Dublin University Mag.*, LXXXI, 384.)

— * Peking und seine Umgebung. (*Globus*, XXX, 8—14.)

— Établissements chrétiens de Péking. (*Miss. Cath.*, XVI, 1884, pp. 619/620.)

— Report of the opium refuge at Peking for 1878-79. (*Chin. Rec.*, XI, 1880, N° 3, pp. 196/207.)

(PE KING.)

— The rainfall of Peking in connection with the Sunspot Theory. By Alex. Hosie. (*China Review*, VII, pp. 345/347.)

— The Status of the Governor of Peking. (*China Review*, XII, p. 137.)

— «Where Chinese drive.» English Student-Life at Peking. By a Student Interpreter. — With examples of Chinese Block-printing, and other illustrations. — London : W. H. Allen & Co., 1885, in-8, pp. 275.

Par W. H. Wilkinson.

— Peking. By R. K. D.[ouglas]. (*Encycl. Britannica*, 9th ed., XVIII, 1885, pp. 469/470.)

— La vie à Pékin. (*Ann. de l'Ext. Orient*, 1884—1885, VII, pp. 349/350.)

D'après le *Times*.

— Le premier chemin de fer chinois. (*Ann. de l'Ext. Orient*, 1885—1886, VIII, pp. 350/351.)

Petit chemin de fer à Peking dans le palais.

— Le nouveau palais d'été à Péking. Par M. Castonnet des Fosses. (*Soc. de Géog.*, Compte-rendu, N° 6, 1887, pp. 180/185.)

— Le nouveau palais d'été à Pékin. (*Ann. de l'Ext. Orient*, 1886—1887, IX, pp. 379/380.)

— * Peking and the People. (*Leisure Hour*, XV, 45.) — Visit to Peking. (*Ibid.*, X, 117/133.)

— * C. F. Gordon Cumming. Glimpses of Peking. (*Lippinc. Mag.*, XXXV, 341.) — Lama Temple at Peking. (*Gent. Mag.*, N. S., XXXV, 481; *Overland Monthly*, N. S., VI, 383; *Littell's Liv. Age*, CLXVII, 630.) — Summer Palace. (*Belgravia*, LV, 294; *Littell's Liv. Age*, CLXIV, 434; *Ecl. Mag.*, CIV, 373.) — Temple of Heaven. (*London Quart.*, LXIV, 87; *Littell's Liv. Age*, CLXVI, 233.)

— * C. Wood. Temple of Heaven. (*Lippinc. Mag.*, XXX, 279.)

— Pékin. — Souvenirs de l'Empire du Milieu par Maurice Jametel chargé du cours de langue chinoise à l'école des Langues orientales. Paris, Plon, 1887, in-18, pp. 305 + 1 f. n. c.

Voir *Revue de Genève*, fév. 1886.

— L'argot pékinois et le King-ping-mei par Maurice Jametel, Chargé du cours de chinois moderne à l'École spéciale des langues orientales vivantes. (*Le Lotus, Mém. Soc. Sinico-Japonaise*, VII, Avril 1888, pp. 65/82.)

Tirage à part sur papier de Chine, br. in-8, pp. 18 : Paris, Maisonneuve, 1888.

— The Sights of Peking. (*N. C. Herald*, Oct. 19, 1887, pp. 435/6; Oct. 27, p. 462.)

— Peking and the Pekingese. By the Rev. George Owen. (*Jour. Manchester Geog. Soc.*, V, 1889, pp. 1/19, carte chinoise.)

— Peking und die Westlichen Berge. Stadt- und Landschaftsbilder aus dem Nördl. China. Von Prof. C. Arendt. Mit einem Plan von Peking. (*Mitth. der Geog. Gesellschaft in Hamburg*, 1889—90, Hft. I, pp. 57—96.)

— Léon Caubert. — Souvenirs Chinois avec dix-sept planches hors texte. Paris, librairie des Bibliophiles, M DCCC XCI, in-8 carré, pp. 180.

Contient un plan de la légation de France à Peking (1886—1887), etc.

— La Cour de Péking . . . . par M. Courant . . . 1891. — Voir GOUVERNEMENT.

— Pékin. Par Maurice Paléologue. (*Les Capitales du Monde*, No. 10, Hachette, [Paris, 1892], pp. 245 à 268.)

— * M. Paléologue. — Pekino. Milano, Sonzogno, 1900. pp. 32. *Bibl. ill. dei viaggi intorno al mondo.*

— Über den Strassenhandel und das Strassengewerbe in Peking. Von Dr. jur. Forke. (*Mitt. Deutsch. Ges. Nat. u. Völk. Ostasiens*, Hft. 47, März 1892, pp. 295/308.)

— Peking. (*Le Mouv. géog.*, 1893, p. 92.)

D'après le rapport de M. Goebel, Consul général de Belgique, dans le *Recueil consulaire*.

— Autour du Monde. — La Société de Péking. Par J. d'A. (*Le Figaro*, Feuilleton, Supp. littéraire, samedi 24 mars 1894.)

Cet article intéressant est attribué à M. Gachet, secrétaire d'ambassade.

— A Threatened City — Pekin. By M. Rees Davies. (*Fortnightly Review*, December 1894, pp. 793/802.)

∴

— * M. von Brandt. — Von Peking nach Tientsin. [Aus *The London and China Telegraph.*] (*Z. f. Schul-G.*, Wien, 1895, XVI, pp. 335/8.)

— Peking von M. v. Brandt. [Aus *The London and China Telegraph.*] (*Öst. Monatsschrift f. d. Orient*, Wien, 1895, XXI, pp. 17/20.)

— * Thomas Child. Peking. (*Journ. Soc. Arts*, 1895, XLIII, pp. 207/221, plan.)

— E. Gain. Péking et ses habitants. (*Rev. scientif.*, Paris, 1895, 4e Sér., IV, pp. 16/18.)

D'après T. Child.

— * *En route.*

Journal publié par deux globe-trotters français, Leroy et Papilland, dont le IIe numéro a paru à Pe-king, en une feuille de 4 pages. Voir *N. C. Herald*, Oct. 23, 1896.

∴

— Péking — Histoire et Description par Alph. Favier, Prêtre de la Congrégation de la Mission, dite de Saint-Lazare, Missionnaire Apostolique, Vicaire Général de Péking, etc., etc., etc. 660 gravures anciennes et nouvelles reproduites ou exécutées par des artistes indigènes d'après les plus précieux documents; 124 phototypies, 24 collographies hors texte. Péking, Imprimerie des Lazaristes au Pé-t'ang — 1897, gr. in-4, pp. XII-562.

On lit recto p. 563 n. ch. : «Commencé le XXVe jour de janvier de l'an M DCCC XCVI; achevé d'imprimer à la résidence Saint-Sauveur au Pé-t'ang, Péking, en la fête du Bienheureux Jean-Gabriel Perboyre, le VIIème jour de novembre de l'an M DCCC XCVI.»

Il y a des ex. de luxe avec 10 gravures coloriées.

Notices : *Revue Critique*, No. 15, 11 avril 1898, pp. 281—3 (par Henri Cordier). — *China Review*, XXIII, No. 2, pp. 85/89, par M. F. A. Fraser.

— Péking — Histoire et Description par Mgr Alphonse Favier, Vicaire apostolique de Péking — 524 gravures anciennes et nouvelles reproduites ou exécutées par des Artistes chinois d'après les plus précieux documents. — Société de Saint-Augustin,

Desclée, De Brouwer et Cie, MCM. gr. in-8, pp. 416.

Ne donne pas les grav. hors texte.

— * Die Kaiserstadt Peking. (*Kath. Missionen*, XXIX, pp. 117/122.) D'après Favier.

.·.

— Pekinger Todtengebräuche von Dr. Wilhelm Grube. (*Jour. Peking Or. Soc.*, IV, 1898, pp. 79/142.)

— * Zur Pekinger Volkskunde von Dr. Wilhelm Grube. (*Veröffentlichungen aus dem kgl. Museum für Völkerkunde*, Band VII, Hft. 1—4. Berlin, W. Spemann, 1901, in-fol., pp. III-160, 10 pl.)

Notices : *Zeit. f. Ethn.*, XXXIII, pp. 172 (M. Bartels); *Globus*, LXXX, pp. 273/7 (G. M. Stenz); *Stimmen aus Maria-Laach*, LX, pp. 539/563 (J. Dahlmann).

— Strassenleben in Peking. Von E. R. S. Zeichnungen nach Photographien von H. Fenn. (*Globus*, LXXVIII, pp. 25/30.)

— Pekinger Familienleben. [Von] W. C.-A. (*Globus*, LXXVIII, 1900, p. 263.)

— * C. Hannan. — Adventures in Pekin; or a Swallow's Wing. New-York, Mershon Co., 1900, in-8, pp. III-238.

— * Peking einst und jetzt. (*Ev. Miss. Mag.*, XLIII, pp. 378/83; d'après le *Miss. Herald.*)

— Sur l'âge moyen de la nubilité chez la Pekinoise. Par M. J. J. Matignon. (*Bul. Soc. Anth.*, Paris, 1. , pp. 120/1.)

— Pékin, le Palais et la Cour par A. Vissière, Consul de France, Professeur à l'École spéciale des Langues Orientales. Caen, Henri Delesques, 1900, br. in-8, pp. 32.

Ext. des *Mémoires de l'Académie nationale des Sciences, Arts et Belles-Lettres de Caen* (1900).

— * Han. — Pékin. Quelques notes sur la capitale de l'Empire du Milieu. (*Messager de Bruxelles*, 1900, No. 162.)

— Les pigeons éoliens de Peking (avec gravures). Par le Dr. Ernest Martin. (*La Nature*, 1893, I, pp. 29/30.)

Bul. Soc. Accl., 1866, pp. 343/4.

— * Pigeons of Peking. By A. D. Sheffield. (Ill.) (*St. Nicholas*, XXVII, Feb. 1900, p. 316.) — Educational Reconstruction in Peking. By Rev. D. Z. Sheffield, D. D. (*Chin. Rec.*, XXXII, Dec. 1901, pp. 619/622.)

— Pe-kin. Par E. Giret. (*Rev. Indo-Chinoise*, 27 août 1900, pp. 823/830.)

— An autumn day's sport near Peking. (*Blackwood's Mag.*, CLXVIII, Nov. 1900, pp. 656—659.)

— * Die verbotene Stadt [Kaiserpalast in Peking] (*Ostas. Lloyd*, XIV, p. 860 f.).

— Pekin . . . General Plan of the Chinese Capital, showing the positions of the Foreign Legations, etc. (Ground Plan of the British Legation.) [London] 1900.

From the *Daily Graphic*, July 9, 1900.

— Plan of the City of Pekin : position of the Legations. From a map drawn by A. Edmonds. [London, 1900.]

— Pékin. — (*Soc. Roy. Belge Géog. Bul.*, 1900, pp. 344/8; d'après le *Recueil consulaire belge*, t. 108.)

— Pékin. Par Jules Duckerts. (*Belgique Coloniale*, 8 juillet 1900, pp. 314/315; ext. de *Chine et Sibérie.*)

— C. Wuttke. Über Peking und das nördliche China. (*Jahresb. Geog. Ges. München*, 1900/1, pp. li-liii.)

(Pe king.)

— Pékin au lendemain de la délivrance des légations, par M. Villetard de Laguérie. (*Tour du Monde*, 1901, pp. 469/480.)

— The New Peking. By Arthur H. Smith. (*The East of Asia*, Vol. I, Part I, Jan. 1902, pp. 3/11.)

— Das neue Peking. Von Arthur H. Smith. (*Der Ferne Osten*, Bd. I, Hft. 1, pp. 3/12.)

— Lama Temples in Peking. By Ernst Ludwig. I. Yung-Hô-Kung. [雍和宮.] (*The East of Asia*, Vol. I, Part II, 1902, pp. 81/103.)

— Lamaserails in Peking. Von Ernst Ludwig. I. Yung-Hô-Kung. (*Der Ferne Osten*, Bd. I, Hft. 2, pp. 105/125.)

— Audience Hall in the Imperial Palace, Peking. [By Dr. Edkins.] (*Chin. Rec.*, Feb. 1902, pp. 100—1, phot.)

乾清宮 *K'ien Ts'ing Kong.*

— La Chine à terre et en ballon. — Reproduction de 272 photographies, Exécutées par des Officiers du Génie du Corps expéditionnaire et groupées sur 42 planches en phototypie avec légendes explicatives. Paris, Berger-Levrault, 1902, gr. in-4, pp. 16 + les Planches.

25 ex. sur papier de luxe, numérotés à la presse, dont : 5 ex. sur papier du Japon (nos 1 à 5), 20 ex. sur papier Whatman (nos 6 à 25). D'après les photographies des capitaines Calmel, Plaisant et Tissier.

.·.

— Voir Rennie's *Peking and the Pekingese*, 2 vol. in-8, London, Murray, 1865. — Swinhoe's *Narrative of the North China Campaign*, London, 1861, in-8, pp. 353 et seq. (décrits dans la 3e partie de cet ouvrage).

— Grain Supply of Peking (*N. C. Herald*, No 418, July 31, 1858).

— Queer sights and ways in Pekin (by Spencer C. Browne, *The Overland Monthly*, San Francisco, Vol. VII, No 3, sept. 1871, pp. 242/9).

— * Peking und seine Umgebung (*Ausland*, 1873, No 27).

— «Pekin» rep. from *Chambers' Journal* in *Every Saturday*, 1873, p. 666.

— Peking. Par Maurice Courant. (*Grande Encyclopédie*, XXVI, pp. 257—260.)

— * *Macmillan's Mag.*, III, 248. — *Littell's Living Age*, LXVII, 628. — *Chambers' Jour.*, L, 308, et *Eclectic Mag.*, LXXXI, 381, et *Every Saturday*, XIV, 666.

— Université de Peking, voir IVe Partie de la *Bib. Sinica*.

MOSQUÉE DE PE-KING.

— Musulmans et Manichéens chinois par M. G. Devéria. — Extrait du *Journal Asiatique*. — Paris, Imprimerie nationale, MDCCCXCVIII, in-8, pp. 46.

Contient pp. 8 *seqq.* la traduction de l'inscription chinoise par l'Empereur K'ien-loung dans la mosquée dont la construction fut terminée en 1764 à Pe-king. L'inscription chinoise a été traduite en mandchou, turk et mongol. Les textes mandchou et turk ont été traduits :

— Le texte turc-oriental de la stèle de la mosquée de Péking. Par M. Cl. Huart. (*Zeit. D. M. G.*, Bd. LVI, pp. 210—222.)

— Über die Mandschu Version der viersprachigen Inschrift in der Moschee zu Peking. Von W. Bang. (*Keleti Szemle*, Budapest, 1902, pp. 94—103.)

(Mosquée de Pe-king.)

OBSERVATOIRE DE PE-KING.

— The Mongol Astronomical Instruments in Peking by A. Wylie. (*Trav. de la Trois. Ses. Cong. Int. Orient.*, St. Pétersbourg, 1876, II, pp. 431/456, 7 p. de chinois + 2 pl.)

— Tirage à part : Leide, E. J. Brill, 1878, br. in-8.

— Réimp. dans *Chinese Researches*, by Alexander Wylie, 1897, Part. III. — Scientific, pp. 1/27.

— Dr. G. — [Die alten astronomischen Instrumente der Sternwarte in Peking.] (*Globus*, LXXX, 1901, p. 312.)

— L'Astronomie en Chine. L'Observatoire de Pékin. Par W. de Fonvielle. (*La Nature*, No. 808, 24 nov. 1888, pp. 406/410, grav.)

— Yule and Cordier's *Marco Polo*, I, pp. 449/456.

— Die Pekinger Astronomischen Instrumente. (*Der Ferne Osten*, Bd. I, Hft. 1, pp. 102/3.)

PEKING ORIENTAL SOCIETY.

— Journal of the Peking Oriental Society. — Peking, Pei-t'ang Press. 1885.

Volume I. Number 1. — Allusions to China in Pliny's Natural History by J. Edkins, D. D., in-8, pp. 1/16, 1885.

N. 2. — I. Ancient Roman Coins from Shansi, by S. W. Bushell, M. D. — II. Parallels in Greek and Chinese Literature, by C. Arendt, in-8, pp. 17/63. 1886.

N. 3. — I. Chinese Porcelain before the present dynasty, by S. W. Bushell, M. D. — II. Discourse on the study of Chinese History, by Dr. W. A. P. Martin. — III. Some additional Remarks on the History and Historians of China. By C. Arendt. 1886, pp. 65/151.

N. 4. — I. Local Value in Chinese arithmetical notation, by J. Edkins, D. D. — II. Modern Theatricals in Turkey. — III. Notes taken on a Journey to Si-yu-sz', by J. Rhein. — IV. The Past and Future of the Peking Oriental Society, 1886, pp. 153/193.

N. 5. — I. Abstract of a communication (I. Eyeless fishes — II. Blood-sweating Horses in ancient Turkestan. — III. A monoceros horse) by D. J. Macgowan. — II. Supplement to Mr. Arendt's Paper on Parallels in Greek and Chinese Literature. — III. The ancient Cult of the Chinese as found in the *Shu-Ching* by the Rev. G. Owen. — IV. Rules of the Peking Oriental Society as adopted in the public meeting of the 3d of March 1885. — V. List of Members. — VI. Members of the Council. 1887, pp. 195/233.

Volume II. N. 1. — The Evolution of the Chinese Language as exemplifying the Origin and Growth of Human Speech, by Joseph Edkins, D. D. 1887, pp. 1/91, une table.

N. 2. — I. On Martin Martini. By Dr. Schrameier (an abstract). — II. The Cartesian Philosophy before Descartes, by Dr. W. A. P. Martin. — III. A Sketch of the growth of science and art in China to the Ming Dynasty, by Dr. J. Edkins. 1888, pp. 99/154.

N. 3. — I. Address of Mr. Shioda, on taking his seat as president of the society. — II. Movement of the Population in China, by Mr. P. S. Popoff. — III. Remarks on the same subject, by Mr. T. L. Bullock, Dr. J. Edkins, Dr. Dudgeon, and Mr. Jordan. — IV. Discussion of astronomical Records in ancient Chinese Books, by Prof. S. M. Russell. 1888, pp. 155/200.

N. 4. 1889. — I. On the Poets of China, during the period of the contending States and of the Han Dynasty, by J. Edkins, D. D. — II. Diplomacy in Ancient China, by Dr W. A. P. Martin. — III. The Origin of the Paper Currency (鈔 ch'ao) of China, by Shioda Saburo. — IV. Specimens of Ancient Chinese Paper Money, by S. W. Bushell, M. D., pp. 201/316.

N. 5. 1890. — I. On Li T'ai-po, with examples of his poetry, by J. Edkins, D. D. — II. Programme d'histoire de Chine, par L. Verhaeghe de Naeyer, pp. 317/398.

Volume III. N. 1. 1890. — Traité sur les Sacrifices Fong et Chan de Se ma T'sien par Edouard Chavannes, pp. XXXI-95.

N. 2. 1892. — I. Marco Polo in Cambaluc : a Comparison of foreign and native accounts by W. S. Ament. — II. Ancestral Worship in the Shu king by Rev. H. Blodget. D. D. — III. The Chinese Conquest of Songaria by Ch. Denby Jr., pp. 97/181.

N. 3. 1893. — I. On the Population of China by Dr. Dudgeon — II. Yang-chu, the Epicurean in his relation to Lieh-tse the Pantheist by Dr. A. Forke. — III. On two Inscriptions obtained in Japan by Dr. Martin, pp. 182/263.

N. 4. Tientsin. The Tientsin Press. 1895. — I. Extract from an Address by Dr. Macgowan. — II. The Beverages of the Chinese by John Dudgeon. — III. Kung-fu, or Medical Gymnastics by John Dudgeon. — IV. Chinese Soda by Dr. C. C. Stuhlmann, pp. 265/571.

Volume IV. — Peking. Pei-t'ang Press. 1898, in-8, pp. 156.

The Burning of the Books. By A. von Rosthorn, p. 1. Chinese Discoveries in the Arts and Sciences. By W. A. P. Martin, p. 19. — Der Lautwandel im Mandschu und Mongolischen. Von P. Schmidt, p, 29. — Pekinger Todtengebräuche. Von W. Grube, p. 79. — Proceedings, etc., p. 143.

JARDINS DE L'EMPEREUR PRÈS DE PE-KING.

— Lettre du frère Attiret, de la Compagnie de Jésus, peintre au service de l'Empereur de la Chine, à M. d'Assaut. A Peking, le 1er novembre 1743. (Dans les *Lettres édifiantes*, anc. éd., Rec. XXVII, p. 1. — Ed. de Mérigot, XXII, pp. 490-528. — Ed. du *Pant. litt.*, III, p. 786.)

Voir Ms., Bib. nat. Fr. 17240 décrit infra à l'art. *Attiret* (Vies des Missionnaires).

— A Particular Account of the Emperor of China's gardens near Pekin : In a letter from F. Attiret, a *French* Missionary, now employ'd by that Emperor to Paint the Apartments in those gardens, to his Friend at *Paris*. Translated from the French, By Sir Harry Beaumont. London : Printed for R. Dodsley, in Pall Mall; and sold by M. Cooper, in Pater-noster-Row, M.DCC.LII. pet. in-8, pp. VI-50.

Sir Harry Beaumont = Rev. Joseph Spence.

— A Description of the Emperor's Gardens and Pleasure-Houses near Peking, from the French of frere Attiret, Jesuit. (*Miscel. Pieces*, Lond., 1762, II, supra col. 53.)

— A particular Account of the Emperor of China's gardens, near Pekin : in a Letter from F. Attiret, a French Missionary, now employed by that Emperor to paint the Apartments in those gardens, to his Friend at *Paris*. Translated from the french; By Sir Harry Beaumont, pp. 61/38 of « *Fugitive Pieces, on Various Subjects*. By several authors. Vol. I. London, Printed for J. Dodsley, in Pallmall : MDCCLXV, in-8. »

Retraduite dans *The Canton Register*, Vol. XI, 1838, No 10 seq.; et dans *The North-China Herald*, No 536, 3 Nov. 1860.

Trad. en allemand dans le *Welt-bott* de Stocklein, XXXIV, 679.

— Une visite à *Youen-Ming-youen*, Palais d'été de l'empereur Khien-loung, par M. G. Pauthier, 1862. Texte et dessins inédits. (*Le Tour du monde*, 1864, 2e sem., pp. 97/112.)

— Favier, Péking, col. 218.

ANCIEN CIMETIÈRE CATHOLIQUE.

— Lettre du Père de Fontaney, Miss. de la Compagnie de Jésus à la Chine, au Rév. P. de la Chaise. (Voir *Let. édif.*, n° 10, au chap. des *Missions catholiques*.) — Lettre de Mgr. Mouly. (Voir *Ann. de la Prop. de la Foi*, ibid.) — The old Roman catholic cemetery at Peking. By Rev. J. Edkins. (*Chin. Rec.*, II, pp. 73/75.)

— How the Catholics got possession of a Cemetery near Peking. By Rev. Ch. Piton. (*Chin. Rec.*, X, 1879, N° 5, pp. 369/372.)

Voir les plans des cimetières catholiques de Pe king au chap. des MISSIONS CATHOLIQUES.

— Voir Favier, *supra*, col. 218.

T'IEN TSIN 天津

— Tien-tsin. (*Arch. Méd. navale*, VI, 1866, pp. 7/15.)

— Tientsin par Pierre Bure, Consul de Belgique. (*Soc. Roy. Belge Géog., Bul.*, 1900, pp. 312/339; d'après le *Recueil Consulaire*, Vol. XCIX, 1898; le rapport est daté d'Oct. 1898.)

Voir *Bulletin*, 1899, p. 233.

— Map and a Short Description of Tientsin by Noah Fields Drake. — 1900, in-8, pp. 10, plan.

Notice : *Chin. Rec.*, XXXII, Sept. 1901, p. 472.

— Tientsin après la défaite des Boxeurs, par M. Villetard de Laguérie. (*Tour du Monde*, 1901, pp. 481/492.)

— Voir chap. des PORTS OUVERTS.

∴

— Un nouveau port chinois. Tching-ouan-tao et Pei-tai-ho. Par A.-A. Fauvel. (*Rev. française*, 1901, pp. 35/47.)

— Service de santé de la direction du port de Ching-wan-tao, par le Dr. Creignon. (*Arch. Médecine navale*, LXXVIII, 1902, pp. 5/33.)

2° CHAN TOUNG 山東

— Topography of Shantung : boundaries and situation of the province ; its area and population : with its subdivisions, rivers, lakes, mountains, plains, productions, &c. By E. C. Bridgman. (*Chinese Rep.*, XI, 1842, pp. 557 et seq.)

— « A Trip through the Shantung Province : Confucius' Tomb. » Extrait d'une lettre d'un médecin de Tchéfou inséré dans *The North China Herald*, April 9, 1864.

— Notes on the Productions, chiefly mineral of Shan-tung. By the Rev. A. Williamson. (*Journal of the North-China Branch of the Roy. As. Soc.*, IV, Déc. 1867, Art. IV, pp. 64/73.)

Read 26th June 1867.

Reprinted in the *N. C. Herald* : what is relating to Cotton, Hemp, China Grass, Dyes, excepted., June 29, 1867.

— Voir dans le *N. C. Herald*, 14 août 1868, le récit d'une excursion au district aurifère de Mo Chan 磨山

— Notes on the Shantung Province, being a Journey from Chefoo to Tsiuhsien, the City of Mencius. By John Markham, Esquire, H. B. M.'s Consul, Chefoo. (*Journal N.-C. B. R. Asiatic Society*, for 1869 & 1870, No. VI, Art. I, pp. 1/29.)

— Notes of a Journey through Shantung. By J. Markham. Read Feb. 28, 1870. (*Journ. R. G. S.*, XL, 1870, pp. 207/228 ; Extraits dans *Proc. R. G. S.*, XIV, 1870, pp. 137/144.)

Réimp. dans *The Cycle*, 3rd sept. 1870.

(Notice dans *The Shanghai Budget*, 22 sept. 1871.)

Voir *Blue Book* P. [4187], 1869.

— Translation of the Inscription upon a Stone Tablet commemorating the repairs upon the Ch'eng Hwang Miau or Temple of the Tutelary Deity of the City (in the handwriting of Chên Pan-kiau, Magistrate of the City and district at Wei hien [District of Wei] in the department of Lai-chôu, in the Province of Shantung. A. D. 1752) by D. B. Mc. Cartee, A. M., M. D. Read before the Society on 11th April, 1871. (*Jour. N. C. B. R. A. S.*, 1869/70, N. S. N° VI, Art. XI, pp. 173 et seq.)

— A Visit to the City of Confucius. By the Rev. J. Edkins, B. A. — Read 2nd June 1873. (*Journal N.-C. B. R. Asiatic Society*, No. VIII, Art. VI, pp. 79/92.)

Le Dr. Legge accompagnait Mr. Edkins.

— Tour in Shantung by C. W. M.[ateer] : — Tour in Shantung — The T'ai Mountain. (*Shanghai Budget*, Aug. 9, 1873.) — Tsi-nan-foo — Ch'ing-chew-foo. (*Ibid.*, Aug. 16, 1873).

— Dr. J. H. Plath : Die Chinesische Provinz Schantung. Bruchstück einer noch ungedruckten Geographie China's. (*Das Ausland*, 1873, No. 4, pp. 66/70; No 6, pp. 109/112 ; No. 8, pp. 148/151.)

— The Emeute at Chimi. (Voir les nombreux articles du *N. C. Herald*, et surtout du « *Shanghai Budget* » pour 1874.)

— The late Emeute at Chi-mi. Compiled from the « Supreme Court and Consular Gazette « and Shanghai Budget ». By A. G.[ordon]. (*Chin. Rec.* 1874, pp. 270/3.)

∴

— Maps of the Districts flooded in Shantung from 1882 to 1891 (*Decen. Reports*, 1882-91, p. 56.)

— Map of Northern Shantung showing Areas flooded by the Yellow River, 1898. — Scale : — 60 Miles = One Degree. (*Ret. of Trade* for 1898, II, p. 58.)

— Province of Shantung. Scale : 60 Miles. One Degree. (*Decen. Reports*, 1882-91, p. 62.)

∴

— The Province of Shantung : its Geography, natural History, &c. By A. Fauvel, of the Chinese Imperial maritime Customs (reprinted from the *China Review*). Hongkong : « *China Mail* » Office. 1875. Pièce in-8, pp. 13.

Ce Mémoire avait paru dans *The China Review*, Vol. III, No. 6 (May & June 1875), pp. 364/377.

- 山東省地理全圖 — Province du Shantung, Chine. Par A. A. Fauvel D'après la Carte du P. Duhalde 1711. Les Cartes des Amirautés Française, Anglaise et Américaine. La Carte du Fleuve Jaune par Ney Elias 1868. Les annales Chinoises du Shantung et plusieurs cartes Chinoises. La Carte manuscrite du Rd Dr Williamson pour les routes et les minéraux. — Lanée, éditeur géographe, 8 Rue de la Paix. — Paris. — Gravé et imprimé par Erhard, Paris. — 1 feuille.

Dédié à Robert Hart, 1er Mars 1876.

— La province chinoise du Chan-toung. Géographie et histoire naturelle par A.-A. Fauvel, ancien fonctionnaire des Douanes impériales maritimes chinoises. — Extrait de la *Revue des questions scientifiques*, 1890-91-92. — Bruxelles, Imprimerie Polleunis et Ceuterick, 1892, in-8, pp. 313.

Tirage à part à 100 ex.

— La province du Chan-toung. Par A.-A. Fauvel. (*Rev. française*, XXIII, 1898, pp. 263/276.)

Famine. Dr. Nevius' Report to the Contributors of the Relief Fund [Shantung famine]. Chefoo, 23rd June, 1877. (*N. C. Herald*, 7 July, 1877.) — Lettre de Mgr. Cosi [trad. en partie en anglais]. (*Ibid.*, 23 Juin 1877.)

— La Famine en Chine. Chien-Chien, 30 juin 1876, par X. Edel, S. J. (*Études religieuses*, 20e année, 5e Sér., X, 1876, pp. 604/7.) Lettres de Mgr. Cosi [Chan-toung] et Mgr. Pagnucci, etc. [Chen si] (*Miss. Cath.*, X, 1868, pp. 374/7). — La famine aux Indes et en Chine et la S. Congrégation de la Propagande. (*Osservatore romano*, juin 1878; trad. dans la *Liberté*, de Fribourg, et dans les *Miss. Cath.*, X, 1878, pp. 378/9.)

— Report of the Shantung Famine Relief Committee. (*N. C. Herald*, 28 July 1877.)

— *China*, n° 2 (1878.). — Report on the Famine in the Northern Provinces of China. — With a Map. — Presented . . ., 1878. Lond., in-fol. [C. — 1957.]

Renferme un rapport intéressant de W. F. Mayers, Peking, Oct. 30, 1877.

— *China*, n° 6 (1878). — Further Papers respecting the Famine in China. Presented . . ., 1878. Lond., in-fol. [C. — 2107.]

— The Famine in China, 1889. — Mansion House Relief Fund. — Report of the Mansion House Committee, with Extracts from the Report of the Shanghai Committee, and from other Sources of information as to the causes and extent of the Famine, and the Distribution of Relief, etc. — Printed for Circulation among the Subscribers of the Fund. in-4, pp. 44, Carte [London].

— H. Cordier. — *Hist. des Rel. de la Chine*, II, pp. 119/120.

— A Journal of Travel into the Region around the T'ai-shan. — (The most famous sacred mountain in China.) By J. F. Crossette. (*N. C. Herald*, 8 Nov. 1877, pp. 426/7.)

— T'ai san — its temples and worship. By Rev. C. W. Mateer. (*Chin. Rec.*, X, 1879, N° 5, pp. 361/369.)

— Excursion au Tai-chann et au tombeau de Confucius. Par le Dr. Cauvin. (*Rev. Géog. intern.*, 1884, août-sept., nov.; 1885, janv., avril, mai, août-sept., nov.; 1886, janvier, pp. 19/21, *fin*.)

.·.

— Notes from Shantung. By C. R. M. (*Chin. Rec.*, XI, 1880, N° 1, pp. 53/56.)

— Mission work in Central Shantung. By John L. Nevius. (*Ibid.*, XI, 1880, N° 5, pp. 357/364.)

(Chan toung.)

— * U-tai, ego proschloe i nastoyachee; Par D. Pokotilov. St. Pétersbourg, 1893, in-8, pp. 152.

Wou-t'ai 五臺

Notice par D. Pozdneyeff, *Journ. Roy. As. Soc.*, Jan. 1894, pp. 181/2.

— Secret sects in Shantung. By Rev. D. H. Porter, M. D. (*Chin. Recorder*, Vol. XVII, Jan. 1886, pp. 1/10, Feb. 1886, pp. 64/73.)

— Notes on the mineral resources of Eastern Shantung. By H. M. Becher, Assoc. M. Inst. C. E., F. G. S. (*Journ. C. B. R. A. S.*, 1887, pp. 22/38.)

— The Poverty of Shantung. — Its Causes and Treatment. By Rev. A. G. Jones. (English Baptist Mission, Chou-p'ing. (*Chin. Rec.*, 1894, April, pp. 181/7, May, pp. 214/220.)

— Le Tombeau de Confucius. Par Edmond Plauchut. (*Le Temps*, lundi, 13 déc. 1897.)

— 山東 Shantung (China) : A General Outline of the Geography and History of the Province; a Sketch of its Missions; and Notes of a Journey to the Tomb of Confucius. By Alex. Armstrong, F. E. I. S., Principal of The Collegiate School, Chefoo. — With a New Map, specially compiled. Shanghai : Printed at the *Shanghai Mercury Office*, 1891, in-4, pp. viii-198, 1 pl.

Notice : *N. C. Herald*, Mar. 11, 1901, p. 301.

— In der Heimat des Konfuzius. Skizzen, Bilder und Erlebnisse aus Schantung. Mit 2 Farbenbildern, 31 Voll- und 96 Textbildern. Herausgegeben von P. Georg Maria Stenz, S. V. D. 1902. Missionsdruckerei. 1902. Steyl, postl. Kaldenkirchen (Rhld.), in-8, pp. 288.

— Account of a Recent Trip into the Laoling District. By Rev. John Hedley. (*Chin. Rec.*, XXXII, August 1901, pp. 375/380.)

— Eine chinesische Hochschule in Tsinanfu. (*Mitth. Seminars f. Orient. Sprachen*, Jahrg. V, I Abt., 1902, pp. 163—173.)

— * S. B. J. Skertchly. — On the Loess and other Superficial Deposits of Shantung (Northern China). (*The London, Edinburgh, and Dublin Philos. Mag. and Jour. of Sc.*, London, 1895, [5] XL, 150.)

— * S. B. J. Skertchly and T. W. Kingsmill. — On the Loess and other Superficial Deposits of Shantung. (Northern China.) (*Quarterly J. Geol. Soc. of London*, 1895, LI, 238.)

— H. Cordier, *Grande Encyclopédie*.

— Ancient sculptures in China. By Robert K. Douglas. Voir HISTOIRE. Antiquités. Ouv. divers.

A. GAEDERTZ.

— Ober-Ingenieur Gaedertz : Reisen in Schantung. (*Verhand. Ges. Erdk. Berlin*, XXV, 1898, pp. 379/410.)

(Gaedertz.)

8

— Herr Oberingenieur Gäderetz [*sic*]. — Einiges über Shan-Tung. (*Jahresb. Württemb. Ver. Handelsgeog.*, XVII/XIX, 1898/1900, pp. 269/271.)

— Eine Rekognoszierungsreise in der Provinz Schan-Tung. Von Oberingenieur A. Gaedertz. (*Petermanns Mitt.*, Vol. 45, 1899, pp. 49/56, 82/91, 106/113, carte.)

— Schantungs wirtschaftliche Bedeutung. Von A. Gaedertz, Kgl. Baurat. (*Asien*, Okt. 1902, pp. 7/9; Nov. 1902, pp. 21/24; Dez. 1902, pp. 40/42.)

— Abteilung Berlin-Charlottenburg der Deutschen Kolonial-Gesellschaft. — Verhandlungen 1901/02. — Band VI. Heft 6. — A. Gaedertz. Kgl. Baurat. Schantung. — Mit einer Karte u. 21 Lichtdrucken. — Vortrag, gehalten in der Abteilung Berlin-Charlottenburg der Deutschen Kolonial-Gesellschaft. Berlin 1902, Dietrich Reimer, in-8, pp. 136 à 162.

A. Gaedertz, Direktor der Schantung-Eisenbahn-Gesellschaft.

— Les chemins de fer du Shantung. (*Le Mouv. géog.*, 1902, col. 361—362.)

∴

— Quelques mots sur la province du Chantoung (Chine). — Son commerce. — Sa population. — Son avenir. Traduit de l'Anglais avec notes. Par le Dr A. Hagen, Médecin de 1re classe de la Marine. (*Bul. Soc. Géog. Est*, 1902, pp. 53/83.)

— Eisenbahnbau in Shantung. (*Oest. Monats. f. d. Orient*, Wien, 1899, pp. 22/3.)

— Schantung-Bergbau-Gesellschaft. Von S. (*Deutsche Kolonialzeitung*, 26 Oktober 1899, pp. 413/414.)

— Der Bau der deutschen Eisenbahn in Schantung. (*Deutsche Kolonialzeitung*, 16 August 1900, pp. 376/377.)

— Die deutschen Eisenbahnen in Schantung. Von V. O=Bi. (*Deutsche Kolonialzeitung*, 5 September 1901, p. 352.)

L'inauguration officielle de la ligne Kiao-tcheou-Kaumi (100 kil. de Tsing-tao) a eu lieu le 8 sept. 1901.

— * Reise-Eindrücke aus Schantung. Vortrag, gehalten in der *Abteilung Berlin-Charlottenburg der Deutschen Kolonial-Gesellschaft* vom Wirkl. Geh. Rat. Dr. Fisher, Präsident der Schantung-Eisenbahn- und der Schantung-Bergbau-Gesellschaft. Berlin, 1902, Dietrich Reimer (Ernst Vohsen), in-8, pp. 24, M. 0,60.

Notice : *Deutsche Kolonialzeitung*, 2 April 1903, p. 136, par Hauptmann Hoppe.

— Reiseeindrücke aus Schantung. (*Oest. Monats. f. d. Orient*, Wien, 1903, pp. 3/5.)

— * Von Mungyin nach Tsining. Eine Reise im Innern Schantungs. (*Ostasiat. Lloyd*, XIV, pp. 196/9.)

TCHE-FOU 芝罘 (Yen-t'ai 煙臺)

— Extrait d'un rapport adressé au médecin en chef du corps expéditionnaire en Chine, par M. Gerrier, médecin-major de 1re classe. (*Rec. de Mém. de médecine...., milit.*, 3e Sér., IV, 1860, pp. 310/314.)

— Note sur la composition des eaux de quelques puits de Tche-fou, par M. Berquier, pharmacien aide-major de 1re classe. (*Rec. de Mém. de médecine...., milit.*, 3e Sér., VII, 1862, pp. 52/57.)

— Topographie médicale de Tché-foo. Par M. le Dr. Lagarde. (*Arch. Méd. nav.*, I, 1864, pp. 188/198.)

— Tché-fou. (*Ibid.*, VI, 1866, pp. 13/16.)

— «The Chefoo Hot Springs.» (Reprinted from the *Shanghai Recorder* in *the Supreme Court & Cons. Gazette*, Vol. VI, sept. 25, 1869, pp. 210/13.)

— Renseignements sur la baie de Tchefou et sur Tientsin. (*Annales hydrographiques*, 1873, p. 214.)

— Bericht des Lieutenant z. See von Prittwitz und Gaffron über die Rhede von Tschifu und die Kung-kung-tau Inseln. (*Ann. der Hydrog.*, 1876, pp. 497/8.)

— Plan of the Port of Chefoo. — Yentai. (*Decen. Reports*, 1882—91, p. 41.)

— Chart showing Places where Junks trade to and from Chefoo. (*Ret. of Trade* for 1898, II, p. 58.)

— Tschifu und Umgebung. Briefliche Mitteilung von Walter Anz. (*Petermanns Mitt.*, XLVI, 1900, pp. 191/2, 2 cartes.)

Voir : PORTS OUVERTS.

WEI-HAI-WEI 衞海威

Cédé à bail par la Chine à l'Angleterre, 2 avril 1898; Convention, Pe-king, 1er Juillet 1898, ratifiée à Londres, 5 Oct. 1898.

— H. Cordier, *Hist. des Relat. de la Chine*, III, pp. 366 et seq.

— Le port chinois de Wei-haï-wei. (*Shanghaï Mercury*; trad. *Rev. mar. et col.*, CIX, 1891, pp. 337/8.)

— * *Wei-hai-weï.* Map of the Territory leased by China to Great Britain under the Convention signed at Peking July 1st 1898 and ratified at London October 5th 1898. Surveyed and drawn by a party of Royal Engineers under the superintendence of C. Penrose 1898—1899. Intelligence Division. War Office No. 1430. Ordnance Survey office Southampton, 1894, 1:31.680, 4 feuilles.

— Nouvelle carte du territoire concédé à l'Angleterre à Ouéi-haï-ouéi. Par A.-A. Fauvel (*La Géographie*, 15 Janvier 1901, pp. 65/66).

— * Wei-Hai-Wei as it is now. By A. N. O. (Map). (*United Service Magazine*, Jan. 1899, pp. 378.)

— Wei-hai-wei. Its value as a naval station. (*Blackwood's Mag.*, CLXV, 1899, June, pp. 1069/1077.)

— * Wei-Hai-Wei. By Poultney Bigelow. (*Harper's Mag.*, XL, Oct. 1900, p. 645.)

— La ville de Weihaiwei et sa région. — Excursion sur le territoire anglais. (*Chine et Sibérie*, Avril 1901, pp. 150/155; Mai 1901, pp. 200/205.)

— * The Territory of Wei-hai-wei. By Mr. C. E. Bruce-Mitford — Shanghai and Hongkong, Kelly & Walsh.

— Wei-Hai-Wei. Some physical Characteristics of our New Dependency in the Far East. By C. E. Bruce-Mitford. (*Geog. Teacher*, 1903, pp. 66/70.)

— Weihaiwei. By an Englishman. (*East of Asia*, Vol. I, No. 1, pp. 73/9.)

Trad. en allemand dans *Der Ferne Osten*, Bd. I, pp. 76/85.

— L'établissement britannique de Wei-hai-wei. (*Bull. Com. Asie franç.*, Sept. 1902, pp. 411/2. — *Le Mouv. géog.*, 1902, col. 495—6.)

— Das Britische Pachtgebiet Weihaiwei. (*Oest. Monats. f. d. Orient*, Wien, 1903, pp. 5/6.)

Voir : 3e Partie, Rel. des Et. : *Angleterre*.

Kiao tcheou 膠州

Occupé par les Allemands le 14 nov. 1897. — Convention du 6 mars 1898 par laquelle la Chine cède à bail Kiao-tcheou à l'Allemagne.

— H. Cordier, *Hist. des Rel. de la Chine*, III, pp. 352 et seq.

— Die Deutschen in Kiao-Tschau. Von *. (*Deutsche Kolonialzeitung*, 27. November 1897, pp. 489/490.)

— Die Bucht von Kiaú-tschaú und ihr Hinterland. Vortrag des Professors Dr. Friedrich Hirth, gehalten am 6. Dezember 1897 in der Abtheilung München der Deutschen Kolonialgesellschaft. — Sonder-Abdruck aus den «Münchner Neuesten Nachrichten». München, Knorr & Hirth, s. d., br. in-12, pp. 21, 1 carte.

— Die Bucht von Kiau-Tschau und ihr Hinterland. (*Deutsche Kolonialzeitung*, 25. Dezember 1897, pp. 538/541.)

— Die Bucht von Kiau-tschau und ihr Hinterland. Vortrag des Professors Dr. Friedrich Hirth, gehalten am 6. December 1897 in der Abtheilung München der Deutschen Colonial-Gesellschaft. (*Oest. Monats. f. d. Orient*, 1897, pp. 133/139.)

— Schantung und Kiaū-tschóu. Von Friedrich Hirth. — Sonderabdruck aus der Beilage zur «Allgemeinen Zeitung», Nr. 218 und 219 vom 27. und 28. September 1898. München. «Allgemeine Zeitung». 1898, br. in-8, pp. 32.

Notice : *China Review*, XXIV, No 2, pp. 84/5, par E. H. Parker.

— * v. Richthofen. — Karte der Kiau-Tshau Bucht, Ost-Shantung. Situationszeichnung nach den Originalen des Verfassers und anderen Quellen von Rich. Kiepert, Schrift und Gebirge vom Verfasser. (Aus : «Richthofen, *China*».) 1 : 750.000. Berlin, D. Reimer, 1897.

— * Karte v. West-Shantung. Ansatzblatt zu Ost-Shantung. (Kiau-Tshau Bucht.) 1 : 750.000. Situationszeichnung nach den Originalen des Verf. u. anderen Quellen v. Rich. Kiepert, 1876. Schrift und Gebirge vom Verf. — Berlin, D. Reimer, 1898.

— * Deutschland in Ostasien. Provinz Shantung mit der Kiau-Tchou-Bucht und den Kohlenfeldern von Po-Shan-Hsiën, sowie d. projekt. Deutschen Eisenbahnlinien. Situationszeichng. nach den Orig. d. Vfs. u. and. Quellen v. Richard Kiepert, 1876. Schrift und Gebirge v. Vfs. 1 : 750.000. Berlin: Dietrich Reimer (E. Vohsen), 2. Aufl. 1898.

— Eine deutsche Beschreibung Kiao-tschaus. (*Deutsche Rundschau f. Geog. u. Stat.*, XX, Mars 1898, pp. 266/8.)

— La baie et la ville de Kiao-Tschou. (*Soc. Roy. Belge Géog., Bul.*, 1898, pp. 165/7; d'après la *Deutsche Rund.*)

— * Der geologische Bau von Schantung (Kiau-tschou) mit besonderer Berücksichtigung der nutzbaren Lagerstätten. Nach der Mittheilung des Geheimrath Prof. Dr. Ferdinand Frhr. v. Richthofen in der *Zeitschrift für praktische Geologie* (Berlin). Avec cartes. (*Naturw. Wochenschrift* 13 [1898] : 141—145.)

— Kiaotschau. (*Deutsche Kolonialzeitung*, 17. März 1898, p. 97.)

Ext. d'un discours de Richthofen. (*Zeit. f. praktische Geologie*, 1898, Hft. 3, pp. 73/84.)

— Karte der Provinz Schan Tung mit dem deutschen Pachtgebiet von Kiau-Tschou, hauptsächlich nach japanischen und chinesischen Quellen entworfen und gezeichnet von Dr. Bruno Hassenstein. [Nebst «Vorbemerkungen».] J. Perthes : Gotha, 1898. — Echelle 1 : 650.000.

— Kiautschou. (*Deutsche Kolonialzeitung*, 12. Mai 1898, p. 171.)

— * G. Franzius. — Kiautschou. 3. Aufl. — Berlin, Schall & Grund, 1898, gr. in-8, pp. VIII-142, pl. et cartes.

— Franzius Geheimer Ober-Baurat. Ein Ausflug nach Kiau-Tschou. (Mit einer Karte von Ostasien und der Kiau-Tschou-Bucht.) — Vortrag gehalten in der *Abteilung Berlin-Charlottenburg der Deutschen Kolonial-Gesellschaft.* — Zweite, unveränderte Auflage. — Berlin 1898. Dietrich Reimer, in-8, pp. 70 à 100.

— Schantung und seine Eingangspforte Kiautschou von Ferdinand Freiherrn von Richthofen. — Mit 3 grossen Karten ausser Text (1 topographische und 1 geologische Karte der Provinz Schantung —

1 Karte des Nordöstlichen China), 3 kleinen Karten im Text und 9 Lichtdrucktafeln. — Berlin, 1898, Dietrich Reimer, in-8, pp. XXVII-324.

Notices : Par F. Hirth, *Beilage zur Allgemeinen Zeitung*, Munich, 27 et 28 sept. 1898 [voir col. 229]; et *T'oung Pao*, IX, Oct. 1898, pp. 359/360. — Par Fesca, *Deutsche Kolonialzeitung*, 11 Aug. 1898, pp. 290/4. — *Nature*, LIX, 1898/9, pp. 291/2.

— * F. v. Richthofen. — Kiautschou, seine Weltstellung und voraussichtl. Bedeutung. (*Preuss. Jahrbuch*, XCI, pp. 167/191.)

— Die Rechtschreibung des Namens *Kiautschou*. v. Richthofen. (*Verhand. Ges. Erdk. Berlin*, XXV, 1898, pp. 71/74.)

— Kiautschou, seine Weltstellung und voraussichtliche Bedeutung. Nach Ferdinand Freiherrn von Richthofen. (*Geog. Zeitschft.*, IV, 1898, pp. 103/107.)

— * — Kiautschou, Deutschlands Erwerbung in Ostasien. Bilderschmuck unter Leitg. v. W. Röse. 3. Aufl. Berlin, Schall & Grund, 1898.

— Aus den Reiseberichten Seiner Majestät Schiffe. Die klimatischen und hydrographischen Verhältnisse der Kiautschou-Bucht während des Winters 1897—98. S. M. S. « Kaiser », Kommandant Kapt. z. S. Stubenrauch. (*Ann. d. Hyd.*, XXVI, 1898, pp. 337/340.)

— Von Kiautschou-Rhede an der Ostküste von Formosa entlang nach Manila. S. M. S. « Cormoran », Korv.-Kapt. Brussatis. Mai 1898. (*Ann. der Hyd.*, XXVI, 1898, pp. 386/8.)

— Deutsch-China. Von Dr. E. L. (*Oest. Monats. f. d. Orient*, Wien, 1898, pp. 106/108.)

— The Germans at Kiao-chou. By E. H. Parker. (*Imp. & As. Quart. Rev.*, 3rd. Ser., V, 1898, pp. 173/174.)

— Kiao-tchéou. Par A.-A. Fauvel. (*Rev. franç. de l'Etranger*, XXIII, Avril 1898, pp. 213/220, carte.)

— Les Allemands en Chine — Leurs Missions — La prise de Kiao-tchéou par A.-A. Fauvel Ancien Officier des Douanes chinoises — Extrait du *Correspondant* — Paris, De Soye, 1898, br. in-8, pp. 43.

— La baie de Kiao-Tchéou. Par Guy Tomel. (*Le Monde illustré*, 15 janvier 1898, p. 46.) — D'après *The Lond. & China Teleg.*, Jan. 4, 1898.

— Die Kiautschou Bucht. (*Petermann's Mitt.*, XLIV, 1898, pp. 43/4.)

— Kiaotschau. (*Deutsche Kolonialzeitung*, 6. Januar 1898, p. 3.)

— Kiaotschau. (*Ibid.*, 20. Jan. 1898, p. 18.)

— Kiaotschau. (*Ibid.*, 17. Feb. 1898, p. 63.)

— Kiaotschau. (*Ibid.*, 24. Feb. 1898, pp. 65/66.)

— Kiaotschau. (*Ibid.*, 10. März 1898, p. 91.)

— Die Stadt Kiaotschou. (*Ibid.*, 7. April 1898, pp. 124/6.)

— Verordnung, betreffend den Landerwerb in dem deutschen Kiautschou-Gebiete. (*Ibid.*, 24. Nov. 1898, p. 424.)

(Kiao tcheou.)

Sig. : Rosendahl, Kap. z. S. und Gouverneur des Kiautschou-Gebiets.

— * D. Michaelis. — Was ist Kiautschou wert? Berlin, Dietrich Reimer, 1898, in-8, pp. 27.

— * Die Namen der Orte in Deutsch-Shantung, festgestellt und erläutert von Heinrich Mootz. — Shanghai, *Ostasiat. Lloyd*, 1898, in-8, pp. 47.

— * Heinr. Mootz. — Deutsch-Shantung im Alterthum. (*Ostasiat. Lloyd.*, XIII, pp. 659/661.)

— Schantung und Deutsch-China. Von Kiautschou ins Heilige Land von China und vom Jangtsekiang nach Peking im Jahre 1898 von Ernst von Hesse-Wartegg. Mit 145 in den Text gedruckten und 27 Tafeln-Abbildungen, 6 Beilagen und 3 Karten. J. J. Weber in Leipzig, 1898, gr. in-8, pp. VI + 1 f. n. ch. + 294.

Notice : *Nature*, LIX, 1898/9, pp. 291/2.

— Ernst von Hesse-Wartegg. — Die Anfänge einer deutschen Handelsstadt in China. (Velhagen & Klasing's *Monatsch.*, 1897—98, II, pp. 497/507.)

— Von Kiautschou zum heiligen Grabe von China. (*Ibid.*, 1898—99, I, pp. 297/311.)

— Bei den Missionären der deutschen Mission von Süd-Schantung. Von E. v. Hesse-Wartegg. (*Deutsche Kolonialzeitung*, 1. Dezember 1898, pp. 435/438.)

— Kiautschou und die Ostasiatische Frage. — Erlebnisse aus China und der japanischen Gefechtsfront von R. Schumacher. Berlin, Fussinger, 1898, in-8, pp. 144.

— Map of Kiachow. Scale 1 : 200,000. (*Ret. of Trade* for 1899, II, p. 83.)

— Durch die Halbinsel Schantung von Tschifu nach Tsingtau, 1. bis 6. März 1899. Von Walter Anz. (*Petermann's Mitt.*, XLVI, 1900, pp. 273/277, carte.)

— A travers la presqu'île de Chan-Toung. (*Le Mouv. géog.*, 1901, col. 105.)

— Die Verhandlungen des Reichstags über Kiautschou. (*Deutsche Kolonialzeitung*, 9. Februar 1899, pp. 45/46.)

Discours du comte Arnim-Muskau dans la séance du 31 Janvier 1899.

— Die deutsche Kiautschou-Bibliothek. (*Deutsche Kolonialzeitung*, 20. April 1899, p. 138.)

— Verkehrspolitische Aufgaben in Deutsch-China. Von H. Seidel. (*Deutsche Kolonialzeitung*, 18. Mai 1899, pp. 174/175.)

— Ueber den Fortgang der Vermessungsarbeiten in Kiautschou. Von *. (*Deutsche Kolonialzeitung*, 3. August 1899, p. 279.)

— Kiautschou. Von Erich Prager. (*Deutsche Kolonialzeitung*, 10. August 1899, pp. 287/288.)

— Kiautschou. Von Erich Prager. (*Deutsche Kolonialzeitung*, 24. August 1899, pp. 306/307.)

— Aus dem Schutzgebiet Kiautschou. Von Erich Prager. (*Deutsche Kolonialzeitung*, 12. Oktober 1899, pp. 385/386.)

— Aus dem Schutzgebiet Kiautschou. Von Erich Prager. (*Deutsche Kolonialzeitung*, 2. November 1899, pp. 419/420.)

— Der Gesundheitszustand in Kiautschou. (*Deutsche Kolonialzeitung*, 17. August 1899, pp. 298/299.)

— Der Gesundheitszustand in Kiautschou. Von *. (*Deutsche Kolonialzeitung*, 24. August 1899, p. 305.)

— Seidenkultur in Kiautschou. (*Deutsche Kolonialzeitung*, 21. September 1899, p. 354.)

— Witterungsverhältnisse in Kiautschou. Von K. Dove. (*Deutsche Kolonialzeitung*, 28. September 1899, p. 359.)

(Kiao tcheou.)

— Kiautschou und sein Wert in englischer Beleuchtung. Von S. (*Deutsche Kolonialzeitung*, 16. November 1899, p. 457.)

Joseph Walton.

— Die wirthschaftlichen Verhältnisse des deutschen Gebietes von Kiautschou. Von P. Andresen in Rabenholz, Schleswig. (*Deutsche Rundschau f. Géog. u. Stat.*, XXI, 1898—1899, pp. 464/7.)

— Les montagnes du territoire allemand de Kiao-Tchéou. (*Le Mouv. géog.*, 1900, col. 597—8.)

D'après les *Mitth. des Deutschen u. Österr. Alpenvereins.*

— * Fritz von Bülow. — Kiautschou. (*Beitr. z. Kolonialpol.*, 1, pp. 365/8, 395/402.)

— Le Shantung. Par Armand Winandy. (*Belgique coloniale*, 27 mai 1900, pp. 246/7.)

∴

— Denkschrift betreffend die Entwickelung des Kiautschou-Gebiets in der Zeit von Oktober 1898 bis Oktober 1899. — Ausgearbeitet im Reichs-Marine-Amte. — Berlin 1899. Gedruckt in der Reichsdruckerei. — Dietrich Reimer, gr. in-8, pp. 40. Pl. et cartes.

Cte. rendu détaillé par J. Deniker, *La Géographie*, 15 mai 1900, pp. 399/402.

— Denkschrift über Kiau-tschou. (*Oest. Monats. f. d. Orient*, Wien, 1899, pp. 8/9.)

— Aus der Denkschrift betreffend die Entwickelung des Kiautschou-Gebiets in der Zeit vom Oktober 1898 bis Oktober 1899. Von Professor Dr. A. Kirchhoff. (*Deutsche Kolonialzeitung*, 25. Januar 1900, pp. 30/32.)

— Denkschrift .... vom Oktober 1899 bis Oktober 1900. — Berlin 1901. gr. in-8, pp. 53 avec tab., 3 cartes et 6 pl. phot.

— La colonie de Kiao-tcheou en 1900. Par J. Deniker. (*La Géographie*, 15 avril 1901, pp. 328/329.)

— Denkschrift betreffend die Entwickelung des Kiautschous-Gebiets in der Zeit von Oktober 1899 bis Oktober 1900. Besprochen von Dr. Paul Neubaur. (*Deutsche Kolonialzeitung*, 28. Februar 1901, p. 83; *ibid.*, 7. März 1901, pp. 90/91.)

∴

— Die Kiautschou-Bucht nach der neuesten amtlichen Karte. Von Professor Dr. W. Sievers (Giessen). (*Deutsche Kolonialzeitung*, 8. Februar 1900, pp. 58/59.)

— Einige Bemerkungen zum Etat des Kiautschou-Gebietes für 1900, Von Johannes Wilda. (*Deutsche Kolonialzeitung*, 1. März 1900, pp. 87/89.)

— Neues aus und über Kiautschou. Von Erich Prager. (*Deutsche Kolonialzeitung*, 1. März 1900, pp. 89/90; *ibid.*, 8. März 1900, pp. 100/101.)

— Die neue Chinesenansiedelung Tai-tung-tschen bei Jang-tschiatsun. Von S. (*Deutsche Kolonialzeitung*, 8. März 1900, p. 95.)

— Aus Deutsch-China. Von Erich Prager. (*Deutsche Kolonialzeitung*, 22. März 1900, pp. 121/122.)

— Die Kiautschou-Bucht nach der neuesten amtlichen Karte. Von S. (*Deutsche Kolonialzeitung*, 22. März 1900, p. 122.)

— Die Gebirge des deutschen Kiautschou-Gebiets. Von H. Gerstenberg. (*Deutsche Kolonialzeitung*, 22. März 1900, pp. 122/123.)

— Die Postdampfschiffverbindung Schanghai—Tsingtau—Tientsin. Von H. Petzold. (*Deutsche Kolonialzeitung*, 29. März 1900, pp. 132/133.)

— Die Eisenbahn von Tsingtau nach Tsinan. Von Postrat a. D. E. Ewerlien. (*Deutsche Kolonialzeitung*, 26. April 1900, pp. 175/176.)

— Handelsaussichten für Tsingtau. (Aus dem ersten Bericht des Kaiserl. chinesischen Zolldirektors Ohlmer.) (*Deutsche Kolonialzeitung*, 30. August 1900, pp. 405/406; *ibid.*, 6. September 1900, pp. 414/415.)

— Neues aus Deutsch-China. (*Deutsche Kolonialzeitung*, 4. Oktober 1900, p. 465.)

— Von Kiautschou nach Tsinanfu. Von H. H. (*Deutsche Kolonialzeitung*, 18. Oktober 1900, pp. 479/480.)

— Der Handel Kiautschous vom 1. Juli 1899 bis 30. Juni 1900. (*Deutsche Kolonialzeitung*, 1. November 1900, p. 508.)

(Kiao tcheou.)

— * Kapitänleutnant Deimling. — Die Kolonie Kiautschou in den ersten beiden Jahren ihrer Entwickelung. (*Verh. der D. Kolonial-Gesellschaft, Abt. Berlin-Charlottenburg*, 1900/1901, pp. 43/66.)

Tirage à part : Berlin, D. Reimer, 1900.

Notice : *Deutsche Kolonialzeitung*, 21. Juni 1901, p. 278, von Maercker, Hauptmann.

— * Kiao-Chau; Germany's First Colony in China. By Poultney Bigelow. (*Harper's Mag.*, XXXIX, March 1900, p. 577.)

— * Kiaochou; a German Colonial Experiment. By Chas. Denby Jr. (*Forum*, XXIX, July 1900, p. 572.)

— Die wirthschaftliche Entwicklung Kiautschous. (*Oest. Monats. f. d. Orient*, Wien, 1900, p. 90.)

— Die Witterung zu Tsingtau im Juli, August und September 1899. Nach den Aufzeichnungen der Kaiserlichen Vermessung im Kiautschou-Gebiet. (*Ann. der Hyd.*, XXVIII, 1900, pp. 63/65.)

— Die Witterung zu Tsingtau im September, Oktober und November 1902, nebst einer Zusammenstellung für die vier Jahreszeiten und das Jahr Dezember 1901 bis einschliesslich November 1902. Bericht der Kaiserlichen meteorologisch-astronomischen Station zu Tsingtau. (*Ann. d. Hydr.*, XXXI. Jahrg. 1903, Heft II, pp. 48/52.)

— Kiautschou. (*Ann. d. Hyd.*, XXVIII. 1900. pp. 401/405.)

— * Provisorische Zusatzbestimmung zu den provis. zollamtl. Bestimmungen für das D. Kiautschougebiet. Vom 20. April 1901. Amtsblatt f. d. Kiaut.-Geb. II. 1901. Beil. 2, Nr. 16.

— Kiao-tchéou. La naissance d'une colonie allemande en Extrême-Orient. Par André Brisse. (*Revue Géog.*, Déc. 1901, pp. 515/537.)

— Das deutsche Kiautschou-Gebiet. Von Rochus Tutein. (*Der Ferne Osten*, Bd. 1, pp. 86/101.) — The German Kiaochou Territory. By von Rochus Tutein. (*East of Asia*, Vol. I, No. 1, pp. 51/63.)

— * Die Vermessung des Deutschen Kiautschou-Gebiets. Darstellung d. Methoden u. Ergebnisse mit 11 Kartenanlagen. Bearb. im Reichs-Marine-Amt auf Grund d. Aufnahmen im Schutzgebiet in d. Jahren 1898—1900. Berlin, 1901, in-4, pp. 90.

(Kiao tcheou.)

— * Ostasien. Schantung. Deutsches Schutzgebiet Kiautschou. (Topographische Karte.) Aufgenommen 1898/99 von der Vermessung Kiautschou. Leiter : Kapitänleutnant Deimling, Hauptleute Hoppe, Maercker, v. Falkenhayn, Wilckens, Oberleutnant Timme, Oberleutnant z. S. Windmüller, Katasterkontroleure Boedeker, Pack, Vermessungs-Obersteuermann Leppert. Maszstab 1 : 50,000. Höhen und Tiefen in Metern.

Notice : *Deutsche Kolonialzeitung*, 31. Juli 1902, pp. 308/309. Par M. Moisel.

— Die Entwicklung des Kiautschou-Gebiets. Von Maercker, Hauptmann im Grossen Generalstabe. (*Deutsche Kolonialzeitung*, 1901, 21. Nov., pp. 464/465; 28. Nov., pp. 470/472; 5. Dez., p. 485; 12. Dez., p. 490; 19. Dez., pp. 503/504; *ibid.*, 1902, 2. Jan., pp. 1/3; 9. Jan., pp. 10/11; 16. Jan., pp. 22/23; 23. Jan., pp. 33/36; 6. Feb., pp. 53/54; 20. Feb., pp. 70/72; 27. Feb., pp. 82/83; 6. März, pp. 97/98; 20. März, p. 112; 27. März, pp. 121/123; 13. Nov., pp. 469/470; 27. Nov., pp. 487/488; 4. Dez., pp. 498/499; *ibid.* 1903, 8. Jan., pp. 10/11; 12. Feb., pp. 65/66; 5. März, pp. 94/95; 16. April, pp. 151/152; 23. April, pp. 162/164; 30. April, pp. 173/174, etc.)

— Der Etat für das Kiautschougebiet für 1902. Von Hauptmann Maercker. (*Deutsche Kolonialzeitung*, 13. Februar 1902, pp. 63/64.)

— Die Denkschrift über die Entwicklung des Kiautschougebietes im Jahre 1901. Von Hauptmann Maercker. (*Deutsche Kolonialzeitung*, 13. Februar 1902, p. 64.)

— Le Territoire allemand de Kiao-Tchéou. Développement de la Colonie. Par J. Franconie. (*Soc. Géog. com. Havre, Bul.*, 1902, pp. 54/59.)

Trad. du cap. Maercker dans la *Deutsche Kolonialzeitung*, fév. 1902.

— * Hauptmann Maercker. — Tsingtau, eine deutsche Städtegründung in Ostasien. Vortg. Export 1902, p. 61.

— Kiautschou im Jahre 1899/1900. [Von] S. (*Globus*, LXXIX, 1901, pp. 141/3.)

— Die Handelsaussichten Tsingtaus. Von P. Georg M. Stenz. S. V. D. (*Globus*, LXXIX, 1901, pp. 341/2.)

— Der neue Gouverneur für Kiautschou. (*Deutsche Kolonialzeitung*, 7. März 1901, p. 93.)

Kapt. z. S. Truppel.

— Das Kiautschou-Gebiet im Februar 1901. (*Deutsche Kolonialzeitung*, 16. Mai 1901, pp. 198/199.)

— Das Forstrevier von Tsingtau. Von E. Ewerlien. (*Deutsche Kolonialzeitung*, 11. Juli 1901, pp. 276/277.)

— Zur Entwicklung Tsingtaus. (Mit 2 Abbildungen.) Von Johannes Wilda. (*Deutsche Kolonialzeitung*, 8. August 1901, pp. 314/316.)

— Aus dem Bereich der Missionen. Von Pastor C. Hoefer, Neuguinea, Samoa, Kiautschou. (*Deutsche Kolonialzeitung*, 28. November 1901, pp. 475/476.)

— Aus dem Bereich der Missionen. Von Pastor C. Hoefer. Kiautschou. (*Deutsche Kolonialzeitung*, 11. September 1902, p. 369.)

— Le territoire de Kiao-Tchéou. Son présent. — Son avenir. Par René Moreux. (*Bul. Com. Asie franç.*, Mars 1902, pp. 110/112; réimp. dans la *Rev. Indo-chinoise*, 187, 19 mai 1902, pp. 442/4.)

— Le développement de Kiao-tchéou. Par J. Servigny. (*Rev. française*, 1902, pp. 646/654.)

— * Adm. Rat. Dr. Schrameier — Wie die Landordnung von Kiautschou entstand? Soz. Streitfragen, Heft XIV. L. Harrwitz Nachf. Berlin 1902.

— * Ansteuerung zur Kiautschou-Bucht. 1 : 100,000. (Seek. d. D. Adm. Nr. 156.) R.-Mar.-Amt 1902. In Komm. b. D. Reimer, Berlin.

— Der Etat für das Schutzgebiet Kiautschou für 1903. Von Baurat Gaedertz. (*Deutsche Kolonialzeitung*, 19. Februar 1903, pp. 74/76.)

— Die Bedeutung der Kolonie Kiautschou. Von Dr. Georg Wegener. (*Geog. Zeitschft.*, 1903, pp. 185/192.)

— Voir 3e Partie, RELAT. DES ÉTRANGERS : *Allemagne*.

3° *CHAN SI* 山西

— Topography of Shan si; situation and boundaries of the province; its area and population; its subdivisions, mountains, rivers, lakes, plains, productions, &c. By E. C. Bridgman. (*Ch. Rep.*, XI, pp. 617 et seq.)

— No III. Report by Baron von Richthofen on the provinces of Honan and Shansi. Shanghai : Printed at the « North-China Herald » office, 1870, br. in-fol., pp. 25.

Datée Peking, June 1870.

Reprinted at the « Lee Nam » office. 1875, in-fol.

— Notes of a Bible Tour in Shansi. By J. Dudgeon. (*Chin. Rec.*, II, p. 134.) — Notes of a Bible Tour in South-Eastern Shan-si. By J. Dudgeon. M. D. (*Ibid.*, III, pp. 212/215, 239/241.)

— The colonised tract of South-Eastern Mongolia which is officially annexed to Shansi.

Imprimé dans « *The Cycle* ». (Nos du 24 sept. et du 1er octobre 1870.)

— A record of the famine relief work in Lin-Fen Hien. Translated by David Hill. (*Chin. Rec.*, XI, 1880, N° 4, pp. 260/269.)

— The famine in North China. By J. Dudgeon, M. D. (*Ibid.*, XI, 1880, N° 5, pp. 349/357.)

— A record of Famine Relief Work in Lin-fen Hien, Ping-yang Fu, Shansi Province, China. (*Ibid.*, XI, 1880, N° 6, p. 464.)

Voir col. : 225, 237.

— The Nomad Pastures of Shan Si. (*China Review*, XIII, p. 121.)

— The salt Lake of Shan Si. (*Ibid.*, XIII, p. 123.)

— Shansi. (*N. C. Herald*, May 19, 1882, pp. 536/7.)

— Lettre du R. P. Hugolin de Doullens, des Mineurs Observantins, à MM. les Directeurs de l'Œuvre de la Prop. de la Foi. Ké-léao-kéou, 19 oct. 1886. (*Miss. Cath.*, XIX, 1887, pp. 73/75.)

Destruction partielle de la capitale par une inondation.

— Kwei hwa ch'en. Mongolia. By Rev. G. W. Clark. (*Chin. Rec.*, July, 1887, pp. 275/7.)

— Days of Blessing in Inland China, being an account of meetings held in the Province of Shan-si, &c. With an introduction by J. Hudson Taylor.... London, Morgan & Scott. MDCCCLXXXVII, pet. in-8, pp. 199.

— A wonderful City : T'ai yuan fu. By the Rev. C. B. Farthing. (*N. C. Herald*, 1894, sept. 7, pp. 408—411; oct. 26, p. 700.)

— S. W. Bushell. Roman Coins. Voir col. 221.

— H. Cordier. *Grande Encyclopédie*.

— Les mines de charbon du Shan-si (*Le Mouv. géog.*, 1900, col. 511—512.)

— Les Gisements de Charbon du Shan-si (*Chine et Sibérie*, Janv. 1901, pp. 11/12.)

D'après un rapport du Prof. Drake, de Tien-tsin.

— * Fire and Sword in Shansi. By E. H. Edwards, M. B., C. M. Edinburgh and London : Oliphant, 1903.

— Les charbonnages du Shansi. (*Le Mouv. géog.*, 1901, col. 60.) D'après l'ingénieur W.-H. Stockley.

— L'avenir industriel du Shan-si. Par A. Du Moulin. (*Le Mouv. géog.*, 1901, col. 100—103.)

— Pour le *læss*, voir le chap. : GÉOLOGIE.

— Pour les massacres de 1900, voir : RELIGION, *Missions catholiques et protestantes*.

4° *HO NAN* 河南

— Chronique météorologique de Kai-fong-fou, aujourd'hui capitale de la province de Ho-nan, autrefois capitale de l'empire sous plusieurs dynasties. Traduite du chinois. (*Mémoires conc. les Chinois*, XI, pp. 22/34.)

Cette chronique s'étend de 180 av. J.-C., à 1695 après lui.

— Topography of the Province of Honan : its boundaries, rivers, cities, productions, etc. [By S. W. Williams.] — (*Chinese Rep.*, XX, pp. 546/563.)

Réimp. dans le *N. C. Herald*, No 96. (May 29, 1852.)

— Ho-nan. La Famine [Lettres de Mgr. Volonteri]. (*Miss. Cath.*, X, 1878, pp. 255/6, XI, 1879, pp. 86/88.)

— The Famine in China. Illustrations by a Native Artist with a translation of the Chinese text. Issued by the Committee of the China famine relief fund. London, C. Kegan Paul & Co., 1878, br. in-8, pp. 38.

Cet ouvrage se compose d'une préface du comité et d'un petit ouvrage chinois traduit en anglais : «Pictures illustrating the terrible famine in Honan that might draw tears from iron.» Translation by the Rev. Jas. Legge, D. D., L. L. D . . . . La trad. anglaise est donnée au verso des pages et une image chinoise au recto.

— Famine in China and Results [E. R. Barrett] (*Congregationalist*, VIII, 721).

Voir col. 225, 236.

— Travelling in Honan. By A. S. Annaud. (*Lond. & China Telegraph*, *Supp.*, Oct. 31, 1893, p. 2.)

— K'ai-fong-fou. Par Ed. Chavannes. (*Grande Encyclopédie.*)

— Le défilé de Long-men dans la province de Ho-nan par Edouard Chavannes. — Extrait du *Journal Asiatique*. Paris, Imprimerie nationale. — MDCCCCII, in-8, pp. 27, 6 fig.

龍門, Porte du Dragon, ou 伊闕 «Piliers du *I*».

— *Jour. Asiat.*, Juillet-Août 1902, pp. 133/158.

— * Kai-fêng-fu. (*Ostasiat. Lloyd*, XV, p. 917.)

— Voir : Lot. de Richthofen, Chan si, *supra*, col. 236.

— Sur les Juifs à Kai-foung fou, voir le chapitre consacré au *Judaïsme* en Chine.

(HO NAN.)

— Ho-nan-fu. (*Ostasiat. Lloyd*, XV, pp. 968/970.)

D'après Forke.

— Voir VOYAGES, A. Forke, *Reise*.

5° *KIANG SOU* 江蘇

— Topography of Kiangsu; boundaries and situation of the province; its area and population; departments and districts; rivers, lakes, &c. By E. C. Bridgman. (*Chinese Rep.*, XI, pp. 210 et seq.)

(Réimp. dans *The Chin. & Jap. Rep.*, Dec. 1864, pp. 175/185.)

— *Su sang yü ti ying wú Ts'iuen Tu*. A Complete Map of the military stations of Kiangsu. By Chin and Li. By E. C. Bridgman. (*Chinese Rep.*, XVII, pp. 526/7.)

— Letters on the Interior of China to the Editor of the North China Herald by O. P. Q. [B. Jenkins.] *N. C. Herald*, No. 87, March 27, 1852 et seq. — Réimp. dans le *Shanghae Almanac for 1853 and Miscellany*.

— Remarkable cave, situated in the Western Tung-ting-san. By W. H. Medhurst. (*N. C. Herald*. — Réimp. dans *The Shanghai Alm. and Miscel. for 1856*.)

— Le Kiangnan en 1869. (Voir le chap. des *Missions catholiques* à la Chine.)

— Kiang nan (avec une carte). (*Miss. cath.* IV, 1872, pp. 449/451.)

— Mœurs chinoises au Kiangsou, par le P. Desjacques, S. J. (*Ibid.*, III, pp. 160, 173, 210, 222, 232, 245, 268, 280, 304, 328, 365.)

— The Woosung Forts. (*N. C. Herald*, 7 July, 1877.)

(Ces forts, commencés en juillet 1874, furent terminés en 1877.)

— Kiang-nan. (*Miss. Cath.*, IV, 1872, pp. 449/451.)

Avec une carte.

— Non-Chinese Races. By E. H. Parker. (*China Review*, XIV, p. 224.)

— Quelques jours au Nord du Kiang. Relation du R. P. Havret . . . voir col. 124.

— Le pays des canaux. Essai sur la province du Kiang-sou. Par le Capitaine F. Gadoffre. (*Rev. Géog.*, L, 1902, pp. 218/237.)

T'AI HOU 太湖

— Notes of an excursion to the T'ai Hu and its neighbourhood by J. E. (*N. C. Herald*, 1855, No. 256, June 25. — Réimp. No. 17, *Shanghai Miscellany*, 1856.)

— Biernatzki : Der Tai hu oder Grosser See. (*Zeit. für allg. Erdk.*, 1858, Nov. u. Dec.)

— A propos du grand lac Tai-hou 太湖 et des 3 Kiang 三江 (*Hist. du Roy. de Ou*, . . par le P. A. Tschepe, pp. 171/2.)

— T'ai Hu. By Rev. C. E. Darwent, M. A. (*East of Asia*, I, No. 4, pp. 333/349.)

∴

— 江南省全圖 Kiangnan. (*Rep. on Trade* for 1880, p. 114.)

Carte en couleur.

(KIANG SOU. — T'AI HOU.)

— Carte du Kiang-nan. Provinces du Kiang-sou et du Ngan-houei. 1 feuille [Zi-ka-wei].

Cette carte a été tracée d'après les cartes des anciens jésuites, celle du Yang-tse-kiang publiée par l'amirauté anglaise, corrigées en quelques points par les observations du P. S. Chevalier (Haut Yangtseu), la carte du Ngan-houei par le P. H. Havret, des documents chinois et des travaux de missionnaires.

ALOYS PFISTER, S. J.

Le R. P. L. Pfister a autographié les cartes chinoises suivantes de la province :

— Song-Kiang Fou. — Nan-Hoei Hien. 1878.

— Song-Kiang Fou. – Kin-Chan Hien. 1878.

— Song-Kiang Fou. — Hoa-ting Hien. 1878.

— Song-Kiang Fou. — Fong-Hien Hien. 1878.

— Song-Kiang Fou. — Leou-Hien. 1879.

— Song-Kiang Fou. — Tsing-Pou Hien. 1879.

— Song-Kiang Fou. — Chang-Haï-Hien. 1883.

— Tchang-tcheou Fou. — Vou-Si Hien. — Kin-Koué Hien. 1879.

— Tchang-tcheou Fou. — King-Ki Hien. — 1879.

— Tchang-tcheou Fou. — Tsing-Kiang Hien. — 1879.

— Tchang-tcheou Fou. — Iang-Hou Hien. — 1879.

— Tchang-tcheou Fou. — Kiang-In Hien. — 1879.

— Tchang-tcheou Fou. — Ou-Tsin Hien. — 1879.

— Tchang-tcheou Fou. — I-Hing Hien. — 1879.

— Sou-tcheou Fou. — Iuen-Ho Hien. — 1879.

— Sou-tcheou Fou. — Tchao-Wen Hien. — 1879.

— Sou-tcheou Fou. — Tchang-Chou Hien. — 1879.

— Sou-tcheou Fou. — Ou-Kiang Hien. — 1879.

— Sou-tcheou Fou. — Ou-Hien. — 1879.

— Sou-tcheou Fou. — Tchang-tcheou Hien. — 1879.

— Sou-tcheou Fou. — Kouen-Chan Hien. — Sin-Iang Hien. — 1879.

— Sou-tcheou Fou. — Tchen-Tse Hien. — 1879. — Iuen-Ho Hien. — 1879.

— Tai-Tsang Tcheou. — Tai-Tsang Hien. — Tcheng-Iang Hien. — 1879.

— Tai-Tsang Tcheou. — Tsong-Ming Hien. — 1879.

— Tai-Tchang Tcheou. — Pao-Chan Hien. — 1879.

— Tai-Tchang Tcheou. — Kia-Ting Hien. — 1879.

— Tchuen-Cha Ting. — 1879.

— Tchen-Kiang Fou. — Tan-Iang Hien. — 1879.

— Tchen-Kiang Fou. — Kin-Tan Hien. — 1879.

— Tchen-Kiang Fou. — Li-Iang Hien. — 1880.

— Tchen-Kiang Fou. — Tan-Tou Hien. — 1879.

(PFISTER.)

KIANG NING 江寧 ou 南京 NAN KING :

— Extrait d'une lettre écrite par M. Bourgeois, missionnaire, sur l'étendue de la ville de Nanquin, et la population de la Chine. Peking, 1er Nov. 1777. (*Mém. conc. les Chinois*, IX, pp. 431/440.)

— Chroniques météorologiques de Kiang-ning-fou, aujourd'hui capitale de la province de Kiang-nan, autrefois capitale de l'empire sous plusieurs dynasties, traduites du chinois. (*Mém. conc. les Chinois*, XI, pp. 2/22.)

Elles s'étendent de l'année 190 av. J.-C. à l'année 1667 après.

— A picture of the Precious Porcelain Pagoda in the Recompensing Favor monastery of Kiangnan (commonly known as the Porcelain Tower). By E. C. Bridgman, avec 1 dessin. (*Chin. Rep.*, XIII, pp. 261/265.)

— A trip to Nanking [from Shanghai] [by the Rev. C. Taylor]. (*N. C. Herald*, No. 97, 5 June 1852 et seq. — Réimp. dans *The Shanghae Almanac for 1853 & Miscel.*)

— Nanking and the inhabitants thereof. (*Ibid.*, No. 570, June 29, 1861.)

— The Ming Tombs near Nanking. (*N. C. Herald*, No. 571, July 6, 1861.)

Ces deux art. sont de R. J. Forrest, et ils sont reproduits (Chap. II et III) de l'ouvrage de Blakiston sur le Yang-tseu, q. v. col. 121.

— Nankin and its rulers. (*Church Miss. Intel.* Aug. 1861, pp. 188/193.)

— Notes of a Journey from Nanking via Wuhu and the Hu and T'ui Lakes to Shanghae in June, 1865, by Thomas W. Kingsmill Esq. (*Shanghae Evening Courier*, February 3, 5, 7, 1870.)

— Sulphur Springs at Nanking. [by T. W. Kingsmill]. (*N. C. Herald*, n. s., VIII, 364.)

— No. V. Letter by Baron von Richthofen on the Regions of Nanking and Chinkiang. Shanghai : Printed at the « Evening Courier » office. 1871. br. in-fol., pp. 19.

(Imp. aussi dans *The Shanghai Budget*, 22 Sept. 1871.)

— A Week in Nanking, the old Metropolis of China. By the Rev. Thomas Bryson, Missionary in Wuchang. (*The Phœnix*, No. 28, Oct.— 29, Nov.— & 30, Déc. 1872.) — (*Shanghai Budget*, 1873, July 26, Aug. 2 & 16.)

(KIANG NING.)

The Same, London, 1872; in-32, pp. 53. — 1s. 6d.

— Nanking. By E. H. Parker. (*China Review*, XIV, p. 225.)

— Nanking in the sixth Century. By Joseph Edkins. (*Ibid.*, XV, pp. 366/369.)

— Voir Gundry, col. 255.

— L'ancien observatoire de Nanking. Notice du R. P. Auguste Colombel, de la Cie. de Jésus, miss. au Kiang-nan. (*Miss. Cath.*, XX, pp. 102/105.)

— The Porcelain Pagoda of Nanking. Translation of the Historical portion of a Pictorial sheet engraved and published by the Buddhist High Priest in charge of the Pao-ẽn Temple. By H. E. Hobson. — Translation of the Devotional Portion. By W. A. P. Martin. (*Jour. China Br. R. As. Soc.*, Vol. XXIII, N. S., N° 1, 1888, pp. 31/38.)

— Nanking. — Ses origines — son histoire — sa destruction — sa renaissance — (Gravures). Par le Dr. Ern. Martin. (Journal *La Nature*, 8 nov. 1890.)

LOUIS GAILLARD.

— *Variétés sinologiques* N° 16. — Nankin d'alors et d'aujourd'hui. 江甯府城圖 — *Plan de Nankin.* (Décembre 1898.) Par le P. Louis Gaillard, S. J. Chang-hai. Imprimerie de la Mission catholique, à l'orphelinat de T'ou-sé-wé. 1899, in-8, pp. 4 + Plan en couleurs.

— Nanking City. Prepared from the Plan made by Père Louis Gaillard, S. J. (*Ret. of Trade* for 1899, II, p. 241.)

— *Variétés sinologiques* N° 18. — Nankin d'alors et d'aujourd'hui — *Nankin Port Ouvert* par le P. Louis Gaillard S. J. Avec un Portrait de l'Auteur, deux vues de Nankin en photogravure et plusieurs cartes. — Chang-hai. Imprimerie de la Mission catholique, Orphelinat de T'ou-sè-wè. — 1901, in-8, pp. XII + pp. 483.

Ouvrage posthume, édité par le P. Henri Havret.

— A Jesuit upon China. By E. H. Parker. (*Imp. & As. Quart. Rev.*, 3rd Ser., XII, 1901, pp. 362/381.)

— *Variétés sinologiques* N° 23. — *Nankin d'alors et d'aujourd'hui.* — Aperçu historique et géographique par le P. Louis Gaillard, S. J. Avec 17 cartes hors texte, 29 photogravures, 7 photolithographies et plusieurs gravures sur bois. Chang-hai. Imprimerie de la Mission catholique Orphelinat de T'ou-sè-wè. — 1903, in-8, pp. VI—350.

Le «fidèle collaborateur [du P. Gaillard], le P. Mathias Tchang a vérifié les textes chinois qu'il avait du reste fournis et commentés. Le même Père Tchang avait préparé une *Carte des Sépultures Impériales à Nankin* et une série des *Monnaies anciennes*, auxquelles il est souvent fait allusion dans le cours de ce livre. Ces deux études feront l'objet de publications ultérieures et distinctes». (Préf.)

∴

(GAILLARD.)

— Port of Nanking. Reduced from Survey made by Captain and Officers of the R. S. «Chuentiao». (*Ret. of Trade* for 1899, II, p. 244.)

∴

— The Ming Tombs near Nanking. By R. J. Forrest. (*N. C. Herald*, No. 571, July 6, 1861.) — Voir supra, col. 240.

— K. — Das Ming-Grab bei Nanking. (*Ostasiat. Lloyd*, XIII, p. 536.)

— Ming Graves. By G. Schlegel. (*T'oung Pao*, Vol. II, 1901, p. 162.)

A propos d'un article de C. F. Caspari, dans le *Globus*, N° 17.

— Les tombeaux des Ming. Par B.-H. Gausseron. (*Monde moderne*, 74, fév. 1901, pp. 225/8, fig.)

— The Imperial Cemeteries of the Ming. By J. J. M. de Groot. Voir col. 210.

SOU-TCHEOU 蘇州

— An Excursion to the city of Suchau, made in the autumn of 1845 by Isidore Hedde, commercial delegate, attached to the French Legation. Communicated for the *Repository*. (*Chin. Rep.*, XIV, pp. 584 et seq.)

— A Day at Su chau. (*N. C. Herald*, No. 17, 23 Nov. 1850.)

— Years of Famine, Floods and other remarkable events connected with the history of Soochow Foo. (*Ibid.*, No. 31, 1 March 1851.)

— J. L. M. — Notes of a trip to Soochow. (*Chinese Rec.*, VI, pp. 362/368.)

— The Lake Country to the South East of Soochow. (*Ibid.*, Dec. 20, 1877.)

— Fragmens d'un voyage dans l'intérieur de la Chine. Par C. Imbault-Huart, Interprète du Gouvernement Français. (*Journ. N. C. B. R. A. S.*, N. S., XVIII, 1883, Art. IV, pp. 55/139.)

I. — Excursion à la ville de Sou-tchéou, capitale de la province du Kiang-sou, pp. 55/99.

II. — Les environs de Sou-tchéou, pp. 100/139.

— Extracts from an Account of an Excursion to Soochow. By C. Imbault-Huart. (*N. C. Herald*, Nov. 15, 1882, pp. 525/8.)

— Soochow: The Capital of Kiangsu. «*Heaven above; below, Soochow.*» By Rev. Hampden C. Du Bose. (*Chin. Rec.*, XIX, May, 1888, pp. 197/207; June, 1888, pp. 269/278, etc.)

— 志景蘇姑 «Beautiful Soo» The Capital of Kiangsu. By Rev. Hampden C. Du Bose, D. D. . . . . . . Shanghai: Kelly & Walsh, 1899, in-8, pp. II-45, 1 plan.

— Sketch Plan of Soochow. (*Ret. of Trade* for 1896, p. 292.)

Photolithographed and Printed by Yih Tze Yun.

— La Città di Succiu e la sua industria serica. Per L. Nocentini. (*L'Esplorazione Com.*, XIII, 898, pp. 144—155.)

— Population of Soo-chow. By J. Edkins. (*China Review*, XXII, No. 5, p. 739.)

— * Map of the Country round Suchau. Surveyed by Thomas Ferguson, 1900—1901.

(SOU-TCHEOU.)

Shanghai, Kelly & Walsh, 1902. — Scale 1 : 63.360 or 1 stat. mile to an inch.

— The Hills about Soochow. Reprinted from the *N.-C. Daily News*. Shanghai, Printed at the N. C. Herald Office. 1903, pp. 12.

YANG-TCHEOU 揚州

— A Visit to Yangchow. (*N. C. Herald*, Jan. 5, 1894, pp. 16/17.)

— The sack of Yangchow in 1644. (A Chinese narrative.) By Robert K. Douglas. (*Nineteenth Century*, XLV, March 1899, pp. 486/501.)

— Voir Yule and Cordier's *Marco Polo*, II, pp. 154—157.

TCHEN KIANG 鎮江

— C. F. R. Allen. The Chung-ling-ch'üan. [Source près de Tchen-Kiang.] (*China Review*, II, pp. 351/3.)

— La Ville de Tchen-kiang-fou, par le P. Pfister. (*Miss. Cath.*, III, pp. 146/8, 1870.)

— Plan of the Port of Chinkiang. (*Decen. Reports*, 1882—91, p. 293.)

— Characteristics of Chinese Cities. (*Goldthwaite's Geog. Mag.*, IV, July 1892, pp. 517/9.) — From the Report of Ernest Norfleet, U. S. N., Ass. Surgeon.

— Yule and Cordier's *Marco Polo*, II, pp. 176—8.

— Voir : PORTS OUVERTS.[1]

CHANG HAI (ville chinoise). 上海

— 上海縣志 *Chang-hai hien tche*. Description topographique du district de Chang-hai en 16 pen.

Voir :

— Historical sketch of Shanghai; extracted from the Kia king Shang-hai hien chi or Statistics of Shanghai. Translated by ***. [C. Shaw] (*Chinese Repository*, XVIII, pp. 18 et seq.)

Et surtout :

— General Description of Shanghae and its environs, extracted from Native Authorities. Shanghae : Printed at the Mission Press, 1850, in-8, pp. 168.

[By W. H. Medhurst, DD.] Cet ouvrage est le n° 4 de « *The Chinese Miscellany* ». — Pub. à 1 dollar.

Il y a des extraits de cette traduction du Dr. Medhurst dans *The North-China Herald*, No. 5, Aug. 31, 1850 et No. 7, Sept. 14, 1850.

— Extracts from the History of Shanghai by the Rev. C. Schmidt. (*Journal of the N. C. B. R. A. S.*, No. VIII, art. III, pp. 31-43.) Read before the Society on the 26th March, 1873.

— Aus der Geschichte von Schanghai. Von C. Schmidt. (*Mitth. d. deutsch. Gesellsch. f. Nat.- u. Völkerk. Ostas.*, 4tes Heft. Januar, 1874, pp. 20/23. *Ibid.*, 5tes Heft. Juli 1874, pp. 13/16.)

— The «Wen Miaou», commonly styled «The Confucian Temple» in Shanghai. By Chas. Schmidt. (*Ibid.*, Janv. 1877, pp. 11/12, avec une phot.)

— The District of Shanghai as described by native authors, and more especially in the *Tai-tsing-yĭ-t'ung-chi* 大清一統志 *i. e.*, 'Complete Account of (the Chinese Empire under) the Ta-tsing. (Manchow) dynasty.' (*Chinese and Jap. Rep.*, Dec. 12, 1864, — July 1, 1865.)

— Remarks concerning Amoy and Shanghay-hyen. By Frederick Pigou, Esq. (Dalrymple, *Oriental Repertory*, II, pp. 323/4.)

— Report of the Foundling Hospital at Sháng-hái, translated from the original for the *Chinese Repository*. (By W. Lockhart.) (*Chin. Rep.*, XIV, pp. 177/195.)

(Cet Hôpital a été d'abord ouvert la 49e année de K'ang-hi.)

— The Foundling Hospital at Shanghai. Translated from the Original Reports in the Chinese Language. (*Ch. & Jap. Rep.*, Jan. 1865. — March 1865.)

In the second year of Yung-ching.

— E. C. Bridgman : Notices of Shang-hai : its position and extent; its houses, public buildings, gardens, population, commerce, &c. (*Chin. Rep.*, XV, 1846, pp. 466 et seq.) — Description of Shanghai; its position; early history; walls; gates . . . . . .; population; and Christian Missions. (*Ibid.*, XVI, 1847, pp. 529 et seq.) — What I have seen in Shanghai . . . (*Ibid.*, XVIII, 1849, pp. 384 et seq.)

— Walks about Shanghai, with notices of the city and its inhabitants. From a Private Journal, by Viator. (*Chin. Rep.*, XVII, pp. 468/477, 530/6.)

— Men and Things in Shanghai. From a Correspondent. (*Chin. Rep.*, XIX, pp. 105/110, 227/231, 390/4.)

— Notice of the years of famine and distress which have occurred at Shanghai, recorded in the Statistics of Shanghai. (*Chin. Rep.*, XIX, pp. 113/117.)

— Records of Famines in the District of Shanghai. Translated from Chinese authors. (By C. Shaw : *Chin. Rep.*, XIX, pp. 113 seq. et *Chinese & Jap. Rep.*, Janv. 2, 1865.)

— Sur l'évacuation de Chang Hai par les Triades, voir le *N. C. Herald*, 239, 24 février 1855.

— Sur l'occupation de Chang Hai par les rebelles, voir le chapitre consacré à la *Rébellion des T'ai P'ing*.

— Dans le *N. C. Herald*, 439, Dec. 25, 1858, on trouvera une lettre signée «*City Correspondent*» qui donne les noms chinois des principaux endroits de la ville indigène de Chang Hai.

— Esquisse topographique de la ville de Shanghai et de ses environs, par M. Castano, médecin principal de 2e classe, chef du service médical du corps expédition-

1. Il est bien entendu que nous ne traitons ici de cette ville, ainsi que plus loin de Canton, etc., qu'au point de vue chinois exclusivement; les *ports ouverts* aux étrangers sont l'objet d'une étude spéciale dans la IIe partie de cet ouvrage.

naire en Chine. (*Rec. de Mém. de médecine.., milit.*, 3e sér., IV, 1860, pp. 289/303.)

— Notice sur la ville de Shanghai et son hôpital militaire, par M. France, médecin-major de 2e classe. (*Rec. de Mém. de médecine... milit.*, 3e sér., IV, 1860, pp. 304/310.)

— Military Plan of the Country around Shanghai, from surveys made in 1862, 63, 64 and 65, by Lieut. Col. Gordon, C. B.; Major Edwardes; Lieuts. Sanford, Lyster and Maude, Royal Engineers; Lieuts. Danyell and Bateman, H. M. 31st Regt. Assist. Engineers. Topog. Dep., War Office, Southampton, 1865, en feuilles.

On a publié des réductions de cette carte.

— Shang-hai. (*Arch. Médecine navale*, VI, 1866, pp. 17/22.)

— Rapport sur la longitude de Shanghai, déduite des observations méridiennes de la Lune, faites par M. G. Fleuriais, lieutenant de vaisseau. (Dans les *Additions* de la *Connaissance des Temps* pour l'an 1874.)

— Nooks and corners about Shanghai. (By an Occasional and Peripatetic Correspondent.)

Ces lettres sont signées «Mina». = W. B. Pryer, — et imprimées dans le *Shanghai Budget*. Elles avaient d'abord paru dans le *Shanghai Evening Courier*:

No. 1. The Baby Tower, Feb. 8. 1872. — No. 2. The Cockpit, Feb. 22, 1872. — No. 3. Antiquities of Shanghai, and a Walk through the Chinese Miscellany, March 7, 1872. — No. 4. ? Ne paraît pas avoir été imprimé. — No. 5. A Flower show in the City, May 18, 1872. — No. 6. The Tea gardens and prisons in the City, May 25, 1872. — No. 7. The Thermotroph, Aug. 17, 1872. — No. 8. Laou-ke-chong, Aug. 24, 1872.

— Der Welthafen Shanghai in China. (*Globus*, XXI, 1872, No. 17, pp. 268/70.)

— Shanghai City. By J. R. B[lack]. (*The Far East*, I, No. 1, 1876, pp. 8/12.)

— Chinese Tea House, Shanghai City. (*Ibid.*, July 1876, pp. 12/13, avec une phot.)

— Garden near Ch'en Hwang Temple. (*Ibid.*, p. 13, avec une phot.)

— Le Chang-hai chrétien . . . . par le R. P. Ravary . . . Voir : PORTS OUVERTS.

— Une ville chinoise [Chang-hai, par Henri Cordier]. (*Jour. des Débats*, 1 Oct. 1879.)

— H. Cordier, *Grande Encyclopédie*.

— The Climate of Shanghai. Its meteorological condition. — By The Rev. Father M. Dechevrens, S. J., Director of the Zi-ka-wei Observatory. (*Journ. N. C. B. R. A. S.*, N. S., XVI, 1881, Part I, Art. IV, pp. 231/246.)

— Plan of the Port of Shanghai. (*Decen. Reports*, 1882—91, p. 317.)

— The Native Press in Shanghai : Our Relation to it and how we can utilize it. By Rev. A. P. Parker, D. D. (*Chin. Rec.*, XXXII, Déc. 1901, pp. 577/589.)

Shen-Pao. — *Universal Gazette*. — *Sin Wan Pao*. — *T'ung Wen Hu Pao*. — *Soo Pao*, journaux quotidiens; sans compter les publications spéciales et les périodiques chrétiens.

— Shanghai Folk-lore. By Ernest Box. (*Jour. China B. R. A. S.*, XXXIV, 1901—1902, No. 2, pp. 101/135.)

Chang hai (environs). — Memoranda and Observations made while on a trip to the Hills during four and twenty hours' absence from Shanghaï, December 12th, 1848. By ****. (E. C. Bridgman.) Communicated for *the Chinese Repository*. (*Ch. Rep.*, XVIII, pp. 181—186.)

— Notice of a visit to the cities of Kiating and Nantsiang, with a description of the former, accompanied by a facsimile plan taken from a Chinese Map of that city. By E. C. Bridgman. (*Ch. Rep.*, XVII, pp. 462 et seq.)

— Notes on the neighbourhood of Shanghaï, with a Map, containing most of the country-roads, and the names of Places, both in English and Chinese.

In the *Shanghai Miscellany*, I, 4 pages. Reprinted from the *North China Herald*, No. 70, Nov. 29, 1851.

— «The Lazar-House at the Bubbling Well.» In the *Daily Ship. & Com. News*, 5th, 6th & 7th Aug. — Rep. in the *N. C. Herald*, 628, Aug. 9, 1862.

— Reminiscence of an Evening Ride in the Vicinity of Shanghai by 李. (*N. C. Herald*, No. 630, Aug. 23, 1862).

— Le Pou tong. Par le P. Desjacques. (*Miss. Cath.*, VI, voir *Miss. Cath., Desjacques*.)

— La Sibérie poutonnaise. Un coin de la mission du Kiang-nan (Chine). Let. du R. P. Deffond, de la Cie. de Jésus, miss. au Kiang-nan, au R. P. Gilbert, S. J. (*Miss. Cath.*, N° 995, 29 juin 1888, pp. 308/311; 996, 6 juillet 1888, pp. 322/324, etc.)

— A Trip in Pootung. (*N. C. Herald*, 6 June 1900.)

— * A Map of the Shooting Districts lying between Shanghai and Wuhu, by H. T. Wade, and R. A de Villard. Shanghai, October, 1893. — 1 : 446.192 or 7,2 stat. miles to an inch.

— 往佘山最近之路 The shortest Road to the Hills 上海縣.城徐家匯.佘山 Shang-hai Zi-ka-wei Zo-sè Route des Collines.

Carte par le P. de Beaurepaire, S. J.

— Plan of the Country around Shanghai Compiled from the best authorities with numerous additions from actual survey by T. J. Waters C. E., F. R. G. S. s. d., autog.

— * A. Seitz. Eine zoologische Excursion in die Umgebung von Shanghai. (*Jb. d. Nassauischen Ver. Naturk.*, XLV, pp. 39/48.)

— Stèle de Song-kiang en mongol et en chinois. (Gaillard, *Nankin, Var. Sin.* No. 23, pp. 299/302.)

Cette stèle se trouve près de la porte intérieure du temple de Confucius.

Arsenal de Kiang-nan 江南製造總局 *Kao-tchang miao.*

Voir ART MILITAIRE.

— Sur l'Arsenal de Kaou-Chang-Miao, voir des articles dans «*The Shanghai News-Letter*, Feb. 24th, 1868 [by John Thorne]» — et June 18th, 1869 : «Description of Shanghai Imperial Arsenal, in 1869.»

— Kaou-Chang-Meaou Arsenal. (*Shanghai Budget*, Oct. 17, 1872.)

— Catalogue of Educational Books, Works of General Knowledge, Scientific and Technical Treatises, &c., &c., &c., in the Chinese Language. — Translated or written By John Fryer, LL. D., Of the Chinese Imperial Government Service, Kiangnan Arsenal, Shanghai. — Sold at the Chinese Scientific Book Depot, 407 Hankow Road, opposite the Cathedral, Shanghai. (Established in 1884.) — Shanghai : Printed at the Presbyterian Mission Press. — 1894, br. in-8, pp. 11.

Tsoung Ming 崇明

— *Tsong ming.* Lettre du P. Jacquemin, S. J., 1er Sept. 1712. (*Let. éd.*, anc. éd. XI, p. 234; éd. Mérigot, XVIII, p. 179; éd. Pant. litt., III, p. 196.) — *Annal. de la Prop.*, sept. 1867, et seq. — Lettres du P. Croullière. S. J. (*Miss. Cath.*, I, p. 62, II, pp. 162/4, III, pp. 2/3, pp. 315/6.)

— L'île de Tsong-ming. Lettre du R. P. Gouraud, de la Cie. de Jésus. (*Miss. Cath.*, XX, 1888, pp. 423/4; carte, p. 426.)

— *Variétés sinologiques* No. 1. — L'île de Tsong-ming à l'embouchure du Yang-tse-Kiang. Par le P. Henri Havret, S. J. — Chang-hai. Imprimerie de la Mission catholique à l'orphelinat de T'ou-sè-wè. 1892, in-8, pp. 59 + 1 f. n. c. p. l'index [11 cartes et 7 grav. hors texte].

Notices : *Revue Critique*, No. 29—30, 17—24 juillet 1893. Par Henri Cordier. — *China Review*, XXI, No. 1, pp. 59/60. Par E. J. E.[itel]. — *China Review*, XXI, No. 2, pp. 121/3. Par E. H. Parker.

Cte. rendu Soc. Géog., Paris, 1893, par Henri Cordier, pp. 95/6.

— Nouvelle éd., 1901.

6° *NGAN HOUEI* 安徽

— Topography of Anhwui; situation and boundaries of the province; its area and population; departments and districts, rivers, lakes, &c. By E. C. Bridgman. (*Chinese Rep.*, XI, pp. 307 et seq.)

— No. IV. Letter by Baron von Richthofen on the Provinces of Chekiang and Nganhwei. — Shanghai : Printed at the «North-China Herald» Office, 1871, br. in-fol., pp. 19.

— Ueber den Theegenuss in China, von F. Frhr. v. Richthofen. (*Petermann's Mitt.*, 1872, XVIII, pp. 228/9.)

— Le Pays de Ning-ko (Kiang-nan) par le R. P. Ravary, S. J. (*Miss. Cath.*, VIII, 1876) : I. Les deux préfectures de Ning-ko-fou et de Kouang-tée-tcheou, pp. 2/5, 14/17, 26/28. — II. Mœurs, pp. 38/42, 50/53, 62/64, — III. Religion, pp. 74/77, 86/89, 98/100, 110/114. — IV. Les Rebelles, pp. 122/125, 134/138. — V. L'immigration, pp. 146/148, 158/161.

— Itineration in the province of Nganhuei. By Edward Pearse. (*Chin. Rec.*, X, 1879, N° 5, pp. 379/388. — *Ibid.*, XI, 1880, N° 3, pp. 208/213.)

— The Re-Population of An Huei. (*China Review*, XII, p. 136.)

— The Cultivable Land in An Hwei. (*Ibid.*, XIII, p. 118.)

— *Variétés sinologiques* No. 2. — La Province de Ngan-hoei (avec 2 cartes hors texte) par le P. Henri Havret, S. J. — Chang-hai. Imprimerie de la Mission catholique à l'orphelinat de T'ou-sè-wè. 1893, in-8, 4 ff. prél. n. c. + pp. 130 + 1 f. n. c. p. l. corrigenda.

Notices : *Études religieuses*, partie bibliographique, 31 Octobre 1893, pp. 767/768. Par A.-A. Fauvel. — *China Review*, XXI, No. 1, pp. 59/60. Par E. J. E.[itel].

— Nouvelle éd., sous presse, 1903.

— Insurrection de Kou-Yang dans le Ngan-houei. (*N. C. Herald*, Dec. 4, 1899, p. 1127.)

— [Plan of the Port of] Wuhu. (*Decen. Reports*, 1882—91, p. 285.) — Voir PORTS OUVERTS.

— A Chinese Monument at Wuhu. By M. F. A. Fraser. (*China Review*, XXIII, No. 1, pp. 53/54.)

To record the tomb of Siao Yün-ts'ung.

7° *KIANG SI* 江西

— Topography of Kiang si : situation, extent, and boundaries of the province, &c.; by E. C. Bridgman. (*Chinese Rep.*, XI, pp. 375 et seq.)

— A Visit to the White Deer Grotto, *Pih-lu-tung.* (Lettre signée *, datée de Kiukiang, Aug. 13, 1861. *N. C. Herald*, 578, Aug. 24 1861.)

— Account of a Trip to the Potteries of King-Teh Chun. (*The Hankow Times*, Feb. 10, 1866, pp. 23/24.)

Une partie est réimprimée dans *The N. C. Herald*, June 29, 1867.

Voir le chapitre consacré à la PORCELAINE.

— From Kiukiang to the Yellow Mountains Hoang-Shan. (*The Hankow Times*, May 25th, June 22 & 29, 1867. — Le dernier article est signé H. G. H. W. S.)

— Notes drawn up to assist the Tourist when visiting the Poyang lake «by H. G. H.». (Hollingworth.) — (*The Hankow Times*, July 6 & 13th, 1867.)

— Notes of a Visit to the Coal Mines in the neighbourhood of Lohping. (*Supreme Court & Cons. Gaz.*, V, May 29, 1869, pp. 241/2.)

— A Trip to the Poyang lake and its Neighbourhood. (Imprimé dans «*The Cycle*» Nos. du 13 et du 20 août 1870.)

— The Fêng-chin Shan, or Interdicted Mountains [in Kiang-si]. Imprimé dans «*The Cycle*» No. du 3 sept. 1870.

— Kiukiang and its Vicinity. (*London & China Telegraph.* — Réimp. dans *The Phœnix*, No. 9, March 1871.)

— Excursion to T'een-ch'e or the Heavenly Pool in the Loo Shan. (Imprimé dans «*The Cycle*» No. du 3 juin 1871.)

— Notes of a three days' Excursion in the neighbourhood of the Po-yang lake, the Great Orphan, and the College of the Valley of the White Deer.

Lu devant la N. C. Branch R. As. Society par le Dr. Shearer le 4 avril 1874. (Imp. dans le *Shanghai Budget*, May 2, 1874.)

— Rev. Cardwell : The Boat-Mission on the Po-yang Lake of Central China. (*Illustrated Missionary News*, 1 Nov. 1872, p. 124.)

— Notes of a visit to Nan-chang foo. By Rev. J. Ing. (*Chinese Rec.*, V, pp. 266/270.)

— Itinerary from Shanghai to the Teen-Muh-Shan, the Moyune and Teen-kai Districts and the Poyang lake. (*Shanghai Budget*, 1874 : July 18, Sept. 12, 19, 26, — Oct. 3, 15, — 1875 : Feb. 18.)

— Around Lû San. By Rev. A. Strittmatter. (*Chin. Rec.*, VI, pp. 263/270.)

— Sketch Map of the Province of Kiangsi showing [in Roman numerals] the Places to which Foreign Goods were conveyed under Transit Pass during the Year 1874. (*Decen. Reports*, 1882—91, p. 233.)

— Plan of the Port of Kiukiang. (*Decen. Reports*, 1882—91, p. 193.)

— Geographical Notes on the Province of Kiangsi. By H. Kopsch. (*China Review*, VI, pp. 115/120, 191/195, 259/264, 316/322; VII, pp. 47/51, 98/103, 149/156.)

— Kiangsi. (*Miss. Cath.*, VII, pp. 71/72.)

Avec une carte.

— The Rice Tax of Kiang Si. (*China Review*, XII, p. 137.)

— From Kiukiang to Shaowu. By Rev. J. E. Walker. (*Chin. Rec.*, X, 1879, No. 2, pp. 129/136.)

— A Trip from Kiukiang to the Lushan hills. By J. Neumann. (*China Review*, XVII, No. 4, 1889, pp. 212/216.)

— * H. Stowell Phillips. A Journey into Central Kiang-Si. (*Church Mission Intelligencer*, Nov. 1892, pp. 824/827.)

— A Trip up the Poyang. By E. S. L. (*N. C. Herald*, 1892, Dec. 2, p. 838; Dec. 9, pp. 877/8; Dec. 16, pp. 912/3; Dec. 23, pp. 951/2; 1893, Jan. 6, p. 16.)

— J. Hann. — Resultate der meteorologischen Beobachtungen 1892 und 1893 zu Kiukiang in China. (*Meteorologische Zeitschrift*, Jan. 1894, pp. 382/3.)

— H. A. Bach. — De Kan-Chou-Fu au District de Nan-an. (*Chine et Sibérie*, 1900, Mars, pp. 135/137; Avril, pp. 176/179.)

— The Mineral Resources of the Kiangsi Province (China). (*Board of Trade Journal*, July 31, 1902, pp. 206—7.)

D'après le rapport du consul anglais *p. i.* de Kieou-Kiang.

— *China*. No. 1 (1903). — Despatch from His Majesty's Minister at Peking, forwarding a Report by Mr. W. J. Clennell, His Majesty's Consul at Kiukiang, respecting the Province of Kiangsi. — Presented to both Houses of Parliament by Command of His Majesty. February 1903. — London.... [Cd. 1402] Price $5^1/_2$ *d.* in-fol., pp. 37.

Notice : *Lond. & China Express*, Supp. March 6, 1903.

8° *TCHE KIANG* 浙江

— Topography of Che kiang; extent of the province, its population, subdivisions, rivers, lakes, mountains, productions, &c. By E. C. Bridgman. (*Chinese Repository*, XI, 1842, pp. 101/110—162/173.)

— Description de la ville de Yen-tcheou fou et de son territoire, en 1742. (*Mém. conc. les Chinois*, IX, pp. 454/479, avec 12 pl.)

— Excursion from Shanghae to T'heen Tung going by Chapoo and Ningpo by «Viator». (*N. C. Herald*, No. 6, Sep. 7, 1850.)

— Excursions from T'heen Tung to Pootoo by Ningpo, Lookong, and Tinghae. By «Viator». (*N. C. Herald* No. 8, Sep. 21, 1850.)

— Notes of an excursion to Kea-Hing-Foo, &c. By «Viator». (*N. C. Herald*, No. 11, Oct. 12; No. 13, Oct. 26, 1850.)

— Piracies, Riots, and Lynch Law at Ningpo (from Dr. Macgowan's Note Book) pp. 25. (*N. C. Herald*, No. 82, 21 Feb. 1852 et seq. — Réimp. dans the *Shanghae Almanac for 1853 and Miscel.*)

— Notes of an excursion to Hu Cheu and Hang Cheu by J. E. (*N. C. Herald*, 1854, No. 226, 25 Nov. — No. 228, 9 Dec. — *Shae. Almanac for 1855 & Mis.*)

— Ausflug nach Hutscheu und Hangtscheu. Nach einem Bericht von Jos. Edkins, mitgetheilt von Dr. Biernatzki. (*Zeit. f. Allg. Erdk.*, III, 1857, pp. 205/217.)

— Sketch of a Missionary Journey to Tien-Muh-San, in Chekiang Province. By W. H. M. [edhurst]. (*N. C. Herald*, 230, 23 Dec. 1854 — 232, 6 Janvier 1855. — Réimp. *Shang. Alm.* for 1855 *& Miscel.*)

— K. L. Biernatzki. W. H. Medhurst's Reise von Shanghai nach dem Tien-muh Gebirge. (*Zeit. f. Allg Erdk.*, II, 1857, pp. 202/216.)

— Trip to Ningpo and T'heen T'hae. By W. H. Medhurst. (*N. C. Herald*, 1855, No. 249 et seq. — Réimp. *Shanghae Miscel.* 1856.)

— Letter of the Rev. R. H. Cobbold on a voyage in Tche kiang addressed to the Editor of the *North China Herald*. Ningpo, November 14th 1855. (*Réimp.* dans le *Shang. Alm. & Miscel.*)

— Account of a Tour taken in the months of October and November last year, by Rev. R. H. Cobbold, dated Ningpo, February 26th 1856 and addressed to the Editor of the *North China Herald*. (*Ibid.*)

Suite de la lettre précédente.

— Ueber den Berg Hoei-ki. Von dem w. M. Hrn. Dr. Pfizmaier. (*Sitzungsber. d. Phil.-Hist Cl. d. Akad. d. Wiss. zu Wien*, XXIX, 1858, pp. 10/16.)

— Extracts from a Report upon the present condition of the Sea Wall at the head of Hang-chow bay, by Major Edwards, R. E. — Read, Aug. 5th, 1864. (*Journ. N. C. B. R. A. S.*, New Series, No. 1, Dec. 1864, pp. 136/139.)

— M. J. Knowlton. Letter, Ningpo, 4 May, 1864. (*N. C. Herald*, 720, 14 May, 1864.)

— Trip into the interior of Che-kiang. (*Chinese Recorder*, I, 1867, pp. 61/63; cet article avait déjà paru dans *The Friend of China*.)

— The Mountain Tribes of the Che kiang Province, a Lecture delivered before the Ningpo Book Club, in the evening of the 27th January, 1869. (*Chin. Rec.*, I, pp. 241/248. — *N. C. Herald*, Feb. 2, 1869.)

— Notes of a Tour from Ningpo to King hwa, (*Chin. Rec.*, V, 1874, pp. 204/207.)

— Richthofen : Voir *Ngan-houei*, supra, col. 247.

— Notes of a Tour in South Chekiang. By Rev. D. N. Lyon. (*Chin. Rec.*, VI, pp. 256/63.)

— Tché-Kiang. Description géographique avec une carte dressée sous la direction de Mgr. Guierry, de la congrégation de St. Lazare, Vic. ap. du Tché-Kiang. (*Missions Catholiques*, VI, 1874, pp. 171/2.)

— Chê Kiang Customs Junks. (*China Review*, XI, p. 403.)

— The Loes of China. (*Ibid.*, XIII, pp. 224/225.)

— Province of Chehkiang. Carte qui accompagne le récit du voyage de Mr. L. P. Warren dans cette province; récit daté de Ningpo, 20 Janv. 1877, et publié pp. 97/102 du «Blue Book» : *China, No. 3. (1877.)*

— A Journey in Chêkiang. By E. H. Parker, Esq., of H. B. M.'s Consular Service. (*Jour. China Br. R. As. Soc.*, N. S., XIX, Pt. I, 1884, Art. II, pp. 27/53.)

Voir *ibid.*, XX, N° 2, 1885, pp. 55/7, des critiques par A. E. M.

— The Flag-Stones and Conglomerates of Ning-Kong Jow in Northern Chehkiang. By Thos. W. Kingsmill. (*Chin. Rec.*, XVII, March, 1886, pp. 85/90.)

— Protestant Missions in the Cheh-Kiang Province. By Rev. John Butler. (*Ibid.*, XI, 1880, N° 4, pp. 284/291.)

— Cheh-Kiang Mission. By A. E. Moule. Voir MISS. PROT.

— A. David. Sur le Tche-kiang, voir HIST. NATURELLE.

— Ningpo. By T. L. B. (*China Review*, XIII, p. 123.)

— Chêh-kiang 江浙. (*Ret. of Trade* for 1882, p. 202; for 1883, p. 204.) — *Decen. Reports*, 1882-91, p. 362.

Carte en couleurs.

— Ta Lan Shan [or] Ssŭ Ming Shan 四明山 (*N. C. Herald*, Aug. 7, 1885, p. 149).

— The Names of Ningpo and Tinghai. By E. H. Parker. (*China Review*, XVIII, No. 5, p. 320.)

∴

— J. M. J. V. — Une autre Chine par Mgr. P. M. Reynaud C. M. Évêque titulaire de Fussulan Vicaire apostolique du Tché-Kiang (Chine) — Abbeville, C. Paillart, 1897, in-8, pp. 159.

— Another China Notes on the Celestial Empire as viewed by a Catholic Bishop by the Right Reverend Monseigneur Reynaud, C. M. Vicar Apostolic of the District of Tché-Kiang. With Illustrations edited by M. T. Kelly. London: Burns & Oates, 1897, pet. in-8, 1 f. n. ch. + pp. 106.

— Série d'Orient, No. 5 — La France au Tche-Kiang, par un Français. Ouvrage illustré de huit photogravures inédites. Shang-hai, Imprimerie de la Presse Orientale, 1901, in-4, pp. 47.

Par Mgr. Reynaud.

∴

— Dott. Mario Carli — Il Ce-Kiang Studio geografico - economico con una Introduzione storica e una carta. Roma, Forzani, 1899, in-8, pp. XIX-278.

Notices: *Globus*, LXXVI, p. 243, par v. K. — *Geog. Journal*, XIV, p. 655, par C. G. Chisholm. — *Petermann's Mitt.*, XLV, *Lit. ber.*, p. 171, par M. v. Brandt. — *T'oung-Pao*, X, p. 412, par G. Schlegel. — *L'Esplor. com.*, XIV, pp. 267/92, par E. Pini. — *Riv. geog. ital.*, 1899, pp. 514/5, par P. Gribaudi. — *Revue critique*, 14 mai 1900, par Henri Cordier.

— La province du Tché-kiang. (*Le Mouv. géog.*, 1900, col. 127—9.) D'après *le Tour du Monde*.

— Lodovico Nocentini — Attraverso il Ce-kiang. (*Nuova Antologia*, 1° Ottobre 1899, pp. 517/537).

— Among Chinese monasteries. By Alicia Bewicke Little. (*Macmillan's Mag.*, LXXXI, Jan. 1900, pp. 201/208.

Près de Ningpo.

— L. Vannutelli. — Una escurzione nel Ce-kiang. (*Bol. Soc. geog. ital.*, IIIe Sér., XII, 1899, pp. 408/418.)

— La baie de San-men. Par A.-A. Fauvel. (*Rev. Française*, XXIV, 1899, pp. 385/392.)

— Le port de Santuao. (*Le Mouv. géog.*, 1900, col. 261—2.) D'après A.-A. Fauvel, dans *La Géographie*.

— A.-A. Fauvel. — La Province du Tché-Kiang (Chine). (*Questions diplom. et col.*, VIII, 1899, pp. 22/28.)

— Buddhist Monastery Life in China. By Lic. H. Hackmann. (*East of Asia*, I, No. 3, pp. 239/261.)

Voir RELATIONS ÉTRANGÈRES, *Italie*.

HANG-TCHEOU 杭州.

— Relatione della gran città del Quinsai, e del Re della China e suo governo et altre particolarità.

Ms. Bib. nat. 418 F. It. (ancien supp. 1884.) On en trouvera la description p. 663 de «I Manoscritti italiani della Regia Biblioteca Parigina descritti ed illustrati del Dottore Antonio Marsand... Parigi, M DCCC XXXV, in-4.»

— Description de la ville de Quinsay (Hang-tcheou fou) capitale de l'empire des Soung comprenant les 151e et 152e chapitres du Livre de Marc Pol Citoyen de Venise..... (Extrait de l'édition actuellement sous presse du même Livre....) par M. G. Pauthier. Paris, Firmin Didot, Octobre 1863, pièce gr. in-8.

Tiré à part des pp. 491/518 de l'éd. de *Marco Polo* par Pauthier.

— Yule and Cordier's *Marco Polo*, Vol. II, pp. 185 seqq.

— Notes on Col. Yule's Edition of Marco Polo's Quinsay, by the Rev. G. E. Moule. (*Journal N. C. B. R. A. S.*, No. IX, 1874, p. 1.)

— Hangchow: Letter signed *** addressed to the Editor of the *North China Herald*. (No. 446, Feb. 12, 1859.)

— Translation of Inscription on Tablet at Hang-chow, recording the changing the T'ien Chu Tang (Roman Catholic Church, into the T'ien Hao kung). (Art. II, *Journal N. C. B. R. A. S.*, No. IV, Dec. 1867, — N. S. — pp. 21 seq.) By C. T. Gardner.

— Hangchow City (as it was). By «Interior». (*N. C. Herald*, Ap. 11, 1868.)

— Hang-chau City (its building and rebuilding). By «Interior». (*Ibid.*, May 22, 1868.)

— Sketches of Hangchow. By «Interior». (*Ibid.*, June 27, 1868.)

— A Trip from Hangchow inland. (*Ibid.*, Aug. 14, 1868.)

— Early History of Hang-chou and its surroundings. Read before the Ningpo Book Club, April 14th, 1869. By Rev. D. D. Green. (*Chin. Recorder*, II, pp. 156/162, 177/182.)

— * Notes of a Visit to Hangchow and its neighbourhood. Shanghai, Loureiro & Co. pp. 38.

Notices: *Shanghai Budget*, 3 Oct. 1874; *Chin. Rec.*, V. p. 302.

— The Hangchow Sea Wall. Extracts from a Report by Major Edwards, R. E. (Read before the Asiatic Society, 5th August, 1864.) (*N. C. Herald*, No. 22, 1877, p. 484.)

— Formation of Hangchow Bay. By M.[oule]. (*Jour. China Br. R. As. Soc.*, Vol. XXIII, N. S., No. 1, 1888, pp. 39/40.)

— Notes on Hangchow past and present. S. d., br. in-8, pp. 27.

By G. E. Moule, Hangchow, June 1889. — Kelly & Walsh, Printers, Shanghai. — Read at the Meeting of the Hangchow Missionary Association and printed for private circulation.

— A Roman Catholic Cemetery near Hangchow. By Rt. Rev. G. E. Moule. (*Chin. Rec.*, Nov. 1890, pp. 509/512.)

— [Hou Tao-taï, banquier de Hang-tcheou, † en déc. 1885, âgé d'un peu plus de 60 ans; voir *N. C. Herald*, Dec. 16, 1885, p. 675.]

— Marco Polo.

— Odoric.

— * Ein Ausflug nach Hangtschau. Von B. R. A. Navarra. Shanghai, 1894, in-8.

— Une visite à l'ancienne capitale du Manzi (*Chine méridionale*). Par M. Vissière, Consul de France. (*Bul. Soc. géog. commerciale*, XXIII, 1901, Nos. 3, 4 et 5, pp. 92/118.)

— J. Fowler. — Hangchow, the New Treaty Port of China. (*Consular Reports*, LII, No. 192, 1896, pp. 23/80.)

— Hangchow Colloquial Paper. By J. C. G. (*Chin. Rec.*, XXXII, Sept. 1901, pp. 459/460.)

杭州白話報

— Distilling Water in Hangchow. By J. H. J. (*Chin. Rec.*, XXXII, Sept. 1901, pp. 460/461.)

— Sur le mascaret (*bore*) de la rivière de Hang-tcheou, voir *supra*, TS'IEN-TANG KIANG, col. 118/9.

NING PO 寧波

— Meteorological Register at Ningpo for 1847 & 1848. (*Chinese Rep.*, XVIII, p. 514.)

— Les monuments de Ningpo par C. Lavollée. (*Rev. de l'Or. et de l'Alg.*, VII, 1850, pp. 315/8.)

— Le port chinois de Ningpo. (*Ibid.*, XIII, 1853, pp, 27/34.)

(Ext. du *Voyage en Chine* de C. Lavollée.)

— Plan of the Port of Ningpo. (*Decen. Reports*, 1882—91, p. 343.)

— Baby Towers at Ningpo. By «Indignation». (*N. C. Herald*, Dec. 18, 1891, p. 846.)

Voir : PORTS OUVERTS.

CHAO-HING 紹興

— The ancient City of Shaohing (Province of Cheh-kiang). By The Rev. W. Gilbert Walshe. (*Jour. China Br. R. As. Soc.*, XXXIII, No. 3, 1899—1900, pp. 26/48.)

WEN-TCHEOU 温州

— Wan chow. (*N. C. Herald*, 12 Aug. 1869.)

— Voir *N. C. Herald*, 1876 et 1877, *passim*.

— Plan of the Port of Wenchow. (*Decen. Reports*, 1882—1891, p. 387.)

— Segelanweisung für das Einlaufen nach Wen-chau-fu. Aus dem Reisebericht S. M. S. «Iltis», Komm. Kapt.-Lieut. Braun. (*Ann. der Hyd.*, XXIV, 1896, p. 385.)

Voir : PORTS OUVERTS.

ILES CHOUSAN (*Tcheou chan* 舟山) [*Ting-Haï* 定海]

— (James Cunningham, F. R. S. Physician at Chusan in China. Account of his voyage thither : the island Chusan, the several sorts of Tea, the Fishing and Agriculture of the Chinese, &c. (*Phil. Trans.*, 1702, IV, p. 693. — Harris' *Voyages*, I, p. 852.)

— Bretschneider, *Early European Researches*, pp. 37 seqq.

— Voir sur les Iles Chou san dans *The Chinese Repository* :

Vol. I, pp. 37, 124. — Vol. II, pp. 531, 548. — Vol. IV, p. 333. — Vol. V, p. 339. — Vol. VI, p. 13. — Vol. IX, The Chusan Archipelago; its situation, magnitude, productions, and advantages for foreign commerce. (June 1840, pp. 101/106 by E. C. Bridgman.)

Cet article est composé surtout d'extraits de Staunton.

Vol. IX. Notices of Chusan by Dr. James Cunningham, F. R. S. Extracted from Harris' *Complete Collection of Voyages*. (July 1840, pp. 133/134.)

Vol. X. Chusan Archipelago : sailing directions, derived from nautical surveys, made by H. B. M.'s squadron in 1840—41. [Collinson], pp. 251/278.

X. Topographical Account of Chusan; its territorial divisions, population, productions, climate, &c. &c. by J. R. Morrison, pp. 328/340.

X. Meteorological Observations made at the island of Chusan from the month of September 1840, to February 1841, by Capt. Collinson, pp. 352/371.

X. Notices of Chusan : its geological formation; climate; productions; agriculture; commerce and capabilities; people, &c. by W. Lockhart, pp. 425 et seq.

Ce qui, dans cet article, est relatif à la géologie, est extrait d'un mémoire du lieutenant Ouchterlony, Madras Engineers, publié dans le *Calcutta Journal of Natural History*.

X. Report of the Medical Missionary Society's Operations at Chusan in 1840—41. By W. Lockhart, pp. 453/465.

X. Reminiscences of Chusan, during its occupation by the British in 1840—41. From a Correspondent [C. Gützlaff], pp. 481 et seq.

— * Aperçu géologique sur l'île Tschou-san (Tché-Kiang). Par Natalis Rondot. Reims, 1846. Broch. in-8, pp. 8.

— * Aperçu géologique sur l'île Tschou-san (Tché-Kiang). Par Natalis Rondot. (*Séances Acad.*, Reims, 1846. pp. 412/416.)

— China; a Visit to Silver Island, near Ningpo by R. F. (*The Athenaeum*, Oct. 12, 1850. — Réimp. *N. C. Herald*, No. 26, 25 Jan. 1851.) — Silver Island = Kin-tang, l'une des îles Chousan.

— Chusan, with a Survey Map of the Island. By Sir J. F. Davis, Bart. (*Journ. R. G. S.*, XXIII, p. 242.)

— Flora and Fauna of Chusan, by T. E. Cantor, dans les *Annals and Magazine of Natural History*, Vol. IX, et *Journ. As. Soc. of Bengal*, XXIV, 1855.

— Chusan Shells.... by W. H. Benson, 1855.

Voir ZOOLOGIE et BOTANIQUE.

— Notes on ancient Inscriptions from the Chusan Archipelago and the Hazara Country. — By Bábu Rájendralál Mittra, Librarian, Asiatic Society. (*Jour. As. Soc. Bengal*, XXIV, 1855, pp. 324/329.)

— * A. W. Loomis. Scenes in Chusan, or Missionary Labours by the Way. Philadelphia, 1857, in-12, pp. 246.

Mem. of Prot. Miss.

— Foreign Cemetery at Chusan. (*Shanghai Budget*, Oct. 10, 1872.)

— Beschreibung der Insel Chusan an der Ost-küste von China. (*Hydrograph. Mitth.*, 1873, pp. 249/250.)

— Promenades d'un naturaliste dans l'archipel des Chusan et sur les côtes du Chekiang (Chine), par Mr. Albert-Auguste Fauvel . . . Ext. des Mém. de la Soc. nat. des Sc. nat. et math. de Cherbourg, T. XXII et XXIII. Cherbourg, Imp. Ch. Syffert, 1880, in-8, pp. 259.

Sur la couv. ext. on lit : Tome 1er, et la date 1881.

— L'archipel de Chusan. Par A.-A. Fauvel, br. in-8, pp. 32.

Forme le No. 91 de la *Biblioth. ill. des Voyages autour du Monde* . . . directeur C. Simond.

Ext. de *Promenades d'un naturaliste dans l'archipel de Chusan.*

— The first english settlement in Chusan. By Demetrius Boulger. (Demetrius Boulger, *The Asiatic Quarterly Review*. April, 1887. Vol. III, No. 6, pp. 292/330.)

— Les fêtes de Noël dans l'île de Tçu-kia-tsien. Let. de Mgr. Reynaud, vic. ap. du Tche-kiang. (*Miss. Cath.*, n° 1058, 26 avril 1889, pp. 194/197.)

— Grosier, *Descrip. de la Chine*, II, Note, p. 430. — Voir le chap. consacré à la Guerre de 1842.

— H. Cordier, *Grande Encyclopédie*.

Iles Chousan, P'ou-tou 普陀山

— The Monasteries at Pu-to. By J. E. (*N. China Herald*, No. 345. 7 March, 1856.)

— Lettre signée H, datée Shanghai, 8th August 1864. (*N. C. Herald*, 734, Aug. 20, 1864.)

— Gleanings about Poo-too. By F[ryer, John]. (*Ibid.*, Aug. 8, 1868.)

— Excursion à l'île sacrée de Pou tou, par Jules Arène. (*L'Explorateur*, No. 20, Vol. I, 1875.)

Les Européens, en résidence à Chang-Hai et à Ningpo, ont fait, depuis plusieurs années, pendant la saison d'été, de nombreuses excursions en bateau à vapeur, dont on trouvera le récit dans le *N. C. Herald*, et les autres journaux de Changhai.

— Ein Ausflug nach der heiligen Insel Putu. (*Das Ausland*, No. 31, 1876.)

— Sketches of Excursions to Chusan, Pootoo, Nanking and Kioto. By R. S. Gundry. Shanghai : *The North-China Herald* Office, 1876, in-8, pp. IX-116.

Ces articles avaient paru soit à Chang-Haï, dans le *N. C. Herald*, soit à Londres, dans le *Times*.

Notice : *Shanghai Evening Courier*; — réimp. dans *The N. C. Herald*, Janv. 11, 1877.

— C. Gützlaff. Remarks on Buddhism; together with brief notices of the Island of Poo-to. Voir : Fo Kiao.

— * Excursion à l'île de Pou-tou (province de Tché-kiang). 7 et 8 octobre, 1845, par M. Natalis Rondot. 2 lithographies. Reims, 1846. Broch. in-8, pp. 40.

— Pootoo ancient and modern. *A Lecture delivered before the Ningpo Book Club*, January, 29, 1879. By Rev. John Butler. (*Chin. Rec.*, X, 1879, No. 1, pp. 108/124.)

(Iles Chousan.)

— * Die heilige Insel Pu-to von Dr. O. Franke. (*Globus*, LXIII, No. 8, pp. 117/122.)

— L'île sacrée de Pouto (archipel de Tchou-san ou Chusan, Chine). Par Carl Bock. (*Cte. rendu Soc. Géog.*, Paris, 1891, pp. 483/5.)

— D. C. Boulger, voir Rel. étrang., *Angleterre*.

9° *FOU KIEN* 福建

— Topography of Fu kien; situation and boundaries of the province; &c. by E. C. Bridgman. (*Chinese Rep.*, XI, pp. 651 et seq.)

— Fuhkeen. (*Ibid.*, I, p. 151.) — C'est une note.

— La province de Foh-kien en Chine. (*Journal des Missions Evangéliques*, 1876, Nov., pp. 424/6.)

— Memorandum of an excursion to the Tea Hills, which produce the description of Tea known in commerce under the designation of Ankoy (Ngan ke) Tea by G. J. Gordon Esq. (*Jour. of the As. Soc. of Bengal*, Feb. 1835. — *Chin. Rep.*, IV, June 1835, pp. 72 et seq.)

— Expedition to the Bohea (Wooe) hills : arrival in the River Min; passage of the capital, Fuhchow foo; communication with a military officer; approach to Mintsing heën; assailed from an ambush; return; distribution of books. By the Rev. Edwin Stevens, Seamen's Chaplain at the Port of Canton. (*Chin. Rep.*, IV, June 1835, pp. 82 et seq.)

— A short historical and statistical account of the Province of Hok-keen (compiled from European and Chinese Authors). (*Canton Register*, X, 1837, Nos. 27 & 28.)

— Remarks on the Population of Hok-keen. (*Ibid.*, X, 1837, No. 28, p. 118—No. 29, p. 122.)

— On the Division and subdivisions of Hok-keen. (*Ibid.*, X, 1837, No. 29, p. 122. — No. 31, p. 130. — No. 32, pp. 133/4. — No. 33, p. 138. — No. 34, p. 142, et No. 36, pp. 149/150.)

— A General Discourse of the Province of Fuhkeen. (*Ibid.*, No. 38, page 158, etc.)

Ces articles ont été réimp. d'après le *Canton Register*, dans le *Hok-keen Dictionary*, de Medhurst, pp. XIII et seq.

— Voir Gully and Denham, Guerre d'Opium.

— Zur Topog. d. Prov. Fukiän. (*Zeit. f. Allg. Erd.*, Juni 1857.) Par K. L. Biernatzki.

— Incidents of a Country Trip. By Rev. N. Sites, Foochow. (*Miss. Recorder*, Jan. & Feb. 1867.)

— A Trip to Kien-ning. By U. S. M. (*Chin. Rec.*, II, pp. 225/228, 246/9, 279/282, 298/301.)

— A Visit to Yuan-foo Monastery. By J. Thomson. (*Ibid.*, III, pp. 296/299.)

— Three Weeks in the interior. By the Rev. A.-B. Hutchinson, M. A. (*China Review*, II, pp. 242/248, 293/308, III, pp. 21/26.)

— A Journey in Fukien. By E. H. Parker, Esq., of H. B. M.'s Consular Service. (*Jour. Chin. Br. R. As. Soc.*, *N. S.*, XIX, Pt. I, 1884, Art. III, pp. 54/74.)

Avec une carte.

— A Journey from Foochow to Wĕnchow, through Central Fukien. By E. H. Parker Esq. (*Ibid.*, Art. IV, pp. 75/93.)

(Fou kien.)

— A visit to the «Dogheaded Barbarians» or Hill People. 山宅, near Foochow. By Rev. F. Ohlinger. (*Chin. Rec.*, XVII, July 1886, pp. 265/8.)

— The Doghead Barbarians of Fukien. (*N. C. Herald*, 9 July 1886, pp. 38/9.)

— A Glimpse of Fuh-Kien Mountains and Mountaineers. By Rev. J. E. Walker. (*Chin. Rec.*, XIX, April 1888, pp. 149/158.)

Dated from Foochow, July 1887.

— Fuh-kien Mission. By Eug. Stock. Voir MISSIONS PROTESTANTES.

— Every day Life in China or Scenes along River and Road in Fuh-Kien. By Edwin Joshua Dukes. With a map and illustrations from Sketches by the Author. The Religious Tract Society, 1885. [London], in-8, pp. XIII + pp. 240.

— Social Life among the Laboring Classes in the Province of Fo-kien. By Edward Bedloe, United States Consul. (*Goldthwaite's Geogr. Mag.*, New-York, IV, Oct. 1892, pp. 731/740.)

— [C. — 6814.] *China*. No. 2 (1892). — Report by Mr. Clennell of an overland Journey from Amoy to Foochow and back . . 9*d.*

— Some Fuh-Kien Bridges by George Phillips. (With two illustrations.) (*T'oung Pao*, V, Mars 1894, pp. 1/10.)

— Land und Leute in der Provinz Fukien. (*Ostasiatischer Lloyd*, IX, 178.)

— * A Sketch of Kuliang Mountain and Environments, with a Map. By the Rev. P. W. Pitcher. Methodist Mission Press, Foochow, 1896.

— A trip on Fuhkien waterways. By Cecil A. V. Bowra. (*China Review*, XXI, No. 5, pp. 335/347).

— La province du Foo-kien. (*Le Mouv. géog.*, 1900, col. 415—417.)

D'après le rapport d'Emile Francqui, consul belge à Chang-haï, dans la *Revue consulaire*.

— La province chinoise de Fokien. (*Le Mouv. géog.*, 1902, col. 130—1.)

Voir HIST. NAT., *Zoologie*, De la Touche, Styan, Rickett, Slater, etc.

FOU TCHEOU 福州

— Notices of Fuh chau fù, being an extract from the Journal of the Rev. George Smith, M. A. Oxon., during an exploratory visit and residence at the five Consular ports of China, on behalf of the Church (of England) Missionary Society. (*Ch. Rep.*, XV, 1846, pp. 185 et seq.)

— An Account of the Paper Currency and Banking System of Fuhchowfoo. By H. Parkes. (*Jour. R. As. Soc.*, XIII, 1852, pp. 179/189.)

— Notices of Fuh chau fù, by S. Johnson, missionary of the A. B. C. F. M. Communicated for the *Chinese Repository*. (*Ch. Rep.*, XVI, 1847, pp. 483 et seq., — 513 et seq.)

(FOU TCHEOU.)

— Early Reminiscences of Foochow. By Stephen Johnson. *Chin. Rec.*, XI, 1880, No. 2, pp. 94/103.)

— Notices of the City of Fuhchau fù, from the *News of the World*, with remarks on the navigation of the River Min, by Captain Richard Collinson, R. N. (From the *China Mail.*) (*Ch. Rep.*, XV, pp. 225 et seq.)

— Dr. Murray : Trip to Foochow together with instructions for navigating the River Min. *N. C. Herald* Office, 1855, Price 50 cents.

— A Visit to Foo-choo-Foo and the Surrounding Country. (*N. C. Herald*, et *Shae. Miscel.* 1856.)

— Koo-san, or Drum Hill. By W. H. Medhurst. (*N. C. Herald*, No. 266, 1 sept. 1855 ; réimp. dans *The Shanghae Miscel.* 1856.)

— Kushan. By W. T. Lay. (*Ibid.*, pp. 120/122, 134/137.)

— La bonzerie de Kou-chan, près de Fou-tcheou-fou (Fokien) (Chine). [Par un dominicain, du couvent de Lyon, ancien miss. en Chine, 3 janvier 1870.] (*Miss. Cath.*, X, 1878, pp. 81/83.)

— Description of Fuh-chau and its vicinity. (*Church Missionary Intelligencer*, July 1857.)

— Scrolls and Tablets in one or two Sentences. Collected at Foochow. Translated by Rev. Wm. Muirhead. (Doolittle's *Vocabulary*, II, No. V.)

— Tablet-Mottoes from Temples. Collected at Foochow. Translated by Rev. John Preston. (*Ibid.*, No. XII.)

— Twenty eight Temple Oracles or Stanzes. From a Temple at Foochow. — Fifty-six Temple Oracles or Stanzes. From a Tauist Temple at Foochow. Translated by C. F. R. Allen. (*Ibid.*, Nos. 57 et 58.)

— * A Map of the City and Suburbs of Foochow, China, including the Foreign Settlement. By Rev. E. Wentworth, DD. Foochow. Grande feuille.

Citée : *Chin. Rec.*, VII, 1876, 259.

— List of Ferns found in the Valley of the Min River, Foochow. By G. C. Anderson. (*Journ. N. C. B. R. A. S.*, N. S., XVI, 1881, Part I., p. 247)

— The Chao Chung Temple at Pagoda Anchorage. By R. W. Hurst. (*China Review*, XVI, pp. 177/179.)

— Reminiscences of Foochow. (*Cornhill Mag.*, LI, 52.)

— Street Scene in Foochow. (*All the Year Round*, XLVIII, 129.)

— Futschau-fu am Minflusse. Von der Reise S. M. Corvette «Aurora» nach Ostasien. Geschildert von Dr. Svoboda, k. k. Fregattenarzt. (*Mitt. k. u. k. geog. Ges. Wien*, 1888, pp. 472/488.)

Plan of the Port of Foochow. (*Decen. Reports*, 1882—1891, p. 407.)

— Notes from Foochow. By Rev. J. E. Walker. (*Chin. Rec.*, XXXII, Jan. 1901, pp. 14/19.)

Pour l'Arsenal, voir le chap. consacré à l'*Art militaire*.

Voir HIST. NAT., *Zool.*, ut supra. — PORTS OUVERTS.

TCHANG TCHEOU 漳州

— Narrative of a recent visit to the chief city of the department of Changchau, in the province of Fukien. By W. M. Lowrie. (*Chin. Rep.*, XII, 1843, pp. 523 et seq.)

— Notices of an excursion to Changchau, chief city of one of the principal departments of Fuhkien. By M. Isidore Hedde, an attaché of the late French mission to China. (*Ch. Rep.*, XVI, 1847, pp. 75 et seq.)

(TCHANG TCHEOU.)

9

— Changchau and the Neighbourhood of Amoy. (*Ch. & Jap. Rep.*, June 1865, pp. 289/295.)

— A Visit to the City of Chiang chau. By the Rev. A. Stronach.

Article daté : Amoy, 8th February, 1850, publié dans « *The Journal of the Indian Archipelago* », IV, April. 1850, pp. 169/171. Voir *Marco Polo*, au chap. VOYAGES.

AMOY 厦門 Emoui, Hia-men (Kou-lang-sou, 古浪嶼).

— A Peep at Amoy. By « Carolus ». (*N. C. Herald*, No. 40, 3 May, 1851.)

— Geology of Kulangsu, Amoy. By Cantoniensis. (*Notes & Q. on C. & J.*, Vol. I, pp. 22/3.)

— A Manual of the Amoy Colloquial By Rev. J. Macgowan, of the London Missionary Society. Amoy, 1871, in-8, pp. xvii-200.

Notice dans *The Chin. Rec.*, II, pp. 54/5. — Voir : *Langue chinoise*.

— Amoy and the Surrounding Districts. Compiled from Chinese and other Records by George Hughes, Commissioner of Imp. Maritime Customs, at Amoy. — Hongkong : Printed by de Souza & Co., 1872, pet. in-4, pp. 136-ii.

Part. I. Historical, pp. 1/44. — II. Geographical, pp. 45/94. — III. Trade, pp. 95/136. — Errata.

Sur la Faune des environs d'Amoy, voir les pp. 90/94.

— * Missionary Map of Amoy and the neighbouring Country; by Rev. Carstairs Douglas, Edinburgh, 1873. Lithographié.

Citée dans le *Chin. Rec.*, VII, 1876, p. 115.

— Sketch Map of Southern Fukien showing Amoy's Principal Trade Routes. (*Rep. on Trade* for 1880, p. 230.)

— Plan of the Port of Amoy. (*Decen. Rep.*, 1882—1891, p. 495.)

— Some Episodes in the History of Amoy. (*China Review*, XXI, No. 2, pp. 80/100.)

Traduit du chap. 舊事 du 厦門志 *Hia-men-tchi.*

— Amoy. — Physical features, monuments, temples, &c. By J. S. (*China Review*, XXII, No. 5, pp. 690/3.)

— Natural History of Amoy. By St. Julien Hugh Edwards. (*Ibid.*, pp. 712/7.)

— The Flora of Amoy. By Miss Ellen Brown. (*Ibid.*, pp. 734/5.)

— The Poppy Growth about Amoy. By J. S. (*Ibid.*, p. 735.)

— Chinese Customs, and Superstitions; or; what they do at Amoy. By J. Sadler. (*Ibid.*, No. 6, pp. 755/758.)

— * Rambles with a Camera. By George Uvedale Price. Hongkong, Shanghai, Kelly & Walsh, in-fol.

A Series of Photographs with descriptive Text illustrating the Physical Features, Scenery, Temples, Types of Native Life, etc., etc., of the Island of Amoy and its immediate Neighbourhood.

— De lijbezorking der Emoy-Chineezen. Door Dr. J. J. M. de Groot. (*Bijd. Taal-, L. Volk. Ned. Ind.*, XLI, 1892, pp. 1/114.)

(AMOY.)

— Social life among the laboring classes in the province of Fo-Kien. By Edward Bedloe, United States Consul. (*Goldthwaite's Geog. Mag.*, IV, Oct. 1892, pp. 731/740.)

— * Chart of Amoy Harbour. Survey by W. C. Howard. Imp. Maritime Customs. Shanghai, 1893.

— Segelanweisung für den Hafen von Quemoy. Auf Grund von Vermessungen, ausgeführt im Auftrage des Chefs der Kreuzer-Division, Kontre-Admirals Hoffmann. (*Ann. der Hyd.*, XXIV, 1896, pp. 481/2.)

— Amoy, (*Ann. der Hyd.*, XXVIII, 1900, pp. 480/6.)

— Voir PORTS OUVERTS.

PESCADORES, 澎湖 (*P'âng Hou, P'eng Hou.*)

— Quelques détails sur les îles Pescadores. Par G. T. Novi. (*Bul. Soc. Géog. Est*, 1885, pp. 761/6.)

— Les îles Pescadores. (*Soc. Roy. Belge Géog., Bull.*, 1885, p. 210.)

— A few notes from The Pescadores. By Rev. W. Campbell, F. R. G. S. Formosa. Printed by A. A. Marcal, Amoy. 1886. Br. in-8, pp. 18.

Notice : *China Review*, XV, pp. 259/260. Par E. J. E[itel].

— A few notes from the Pescadores. By Rev. W. Campbell, F. R. G. S. (*Chin. Rec.*, XVIII, No. 2, February 1887, pp. 62/70.)

— Pescadores. By E. H. Parker. (*China Review*, XV, p. 249.)

— L'Archipel des Pescadores. Par F. Romanet du Caillaud. (*Bul. Soc. géog. com.*, VII, 1884/5, pp. 435/6.)

— * Die Pescadores. (*Ostasiat. Lloyd*, IX, f. 500.)

— P. Fouque. — L'archipel Courbet (îles Pescadores). (*Revue française du Japon*, sept. 1895, pp. 379—398, carte.)

— * Einiges über die Pescadores und Formosa. (*Archiv f. Post u. Telegraphie*, Berlin, 1895, XXIII, pp. 462/5.)

— Taifun im Pescadores-Kanal am 26. Mai 1899. (*Ann. der Hyd.*, XXVII, 1899, pp. 457/8.)

∴

2231 Iles Pescadores (canal de Formose). — Levé anglais. 1844. — Édit. de déc. 1901 . . . . 1 *m* = 18.

4163 Iles Pescadores (Mouillages intérieurs). — *Rollet de l'Isle*, ing. hyd., 1884 . . . . 1 *m* = 78.

∴

1961 Pescadores islands. *Capt. Collinson*, 1844; Nov. 1900, X, 1902.

1338 Pescadores islands, inner anchorages. *French Gov. Survey*, 1886; pub. 1895.

TAI WAN 臺灣 (*Formose*).

— L'île Formose. Histoire et description, par C. Imbault-Huart, ouvrage accompagné de

(PESCADORES. — TAI WAN.)

dessins, cartes et plan, précédé d'une introduction bibliographique, par Henri Cordier. Paris, Leroux, 1893, in-4, pp. lxxxiv-323.

Notices : *Études religieuses*, partie bibliographique, 23 déc. 1893, pp. 912/913. Par A. A. Fauvel. — *Revue critique*, No. 29—30, 17—24 juillet 1893, pp. 47/48. Par Henri Cordier. — *Petermann's Mitt.*, 1894, Hft. 7, p. 103. Par Kirchhoff.

A obtenu le Prix Jomard à la Soc. de Géographie. — Rapport par Henri Cordier. (*Bul. Soc. Géog.*, VIIe sér., XV, 2e trim. 1894, pp. 192/196.)

— Bibliographie des ouvrages relatifs à l'île Formose par Henri Cordier, Professeur à l'Ecole spéciale des Langues Orientales Vivantes. Chartres, Imprimerie Durand. — 1893, in-4, pp. 59.

Tiré à part de l'ouvrage précédent à 150 ex., dont 50 sur papier vergé de Hollande.

— Geschichte der Insel Formosa. Von Ludwig Riess. (*Mitt. der Deutschen Ges. f. Natur- und Völkerkunde Ostasiens in Tokio*, 59. Hft. April 1897, pp. 405/447.)

Contient :

1. Die ältesten Bewohner Formosas und der Name Liukiu. — 2. Wann und wie Formosa von den Malaien occupiert wurde. Periode der Isolierung. (611—1500.) — 3. Wie die Hakkas zuerst nach Formosa kamen. (1368—1600.) — 4. Wie Formosa zuerst den Europäern bekannt wurde. (1542—1620.) — 5. Die erste Formosanische Niederlassung der Japaner und ihr missglückter Colonisationsversuch. (1609—1625.) — 6. Die Begründung der Holländischen und Spanischen Niederlassungen auf Formosa. (1624—1626.) — 7. Der Conflict des Holländischen Gouverneurs Peter Nuyts mit dem Japanischen Kapitän Hamada Yahei. (1628.) — 8. Formosa unter Holländischer Herrschaft. (1624—1661.) — 9. Die Eroberung Formosas durch Koxinga. (1661.) — 10. Formosa als selbständiger Staat (1662—1683.) — 11. Formosa unter Chinesischer Herrschaft. (1683— 1895.) — 12. Schluss.

Carte : Formosa nach der Karte der «Decennial Reports» mit einigen Zusätzen als Beilage zu «Geschichte der Insel Formosa» von Ludwig Riess.

— Aus der Geschichte der Insel Formosa. (*Oest. Monats. f. d. Orient*, 1897, pp. 94/6.) D'après Riess.

— The Island of Formosa past and present. History, People, Resources, and Commercial Prospects. Tea, Camphor, Sugar, Gold, Coal, Sulphur, Economical Plants, and other Productions. By James W. Davidson, F. R. G. S. Consul of the United States for Formosa. With two new Maps, Frontispiece in colour, one hundred and sixty eight Illustrations from Photographs, and coloured Reproductions of two Chinese Posters. Macmillan & Co., London and New York. — 1903, gr. in-8, pp. III + pp. 5 + 1 f. n. ch. + pp. 646 + XXVIII + 46 p. l'ind.

Notices : *Lond. & China Telegraph*, June 29, 1903. — *Geog. Jour.*, Oct. 1903, pp. 452/4, by F. H. H. G. — *T'oung Pao*, 1903, No. 4, par Henri Cordier. — *Nature*, 1903, pp. 243/4.

1° *Ouvrages divers.*

— Lettre du P. de Mailla, S. J., au P. de Colonia, de Kieou Kian fou, août 1715. (*Let. éd.*, anc. éd., XIV, p. 1; éd. Mérigot, XVIII, pp. 413/467; *Pant. litt.*, III, p. 253.)

Trad. en all. dans Stöcklein, VI, 138. — Elle a été traduite en anglais dans *The Celestial Empire* au moment de l'expéd. japonaise à Formose et a été également tirée à part sous le titre de : The early History of Formosa; translated from the French of Father de Mailla, S. J., in the «Lettres édifiantes et curieuses», 1715. Reprinted from «The Celestial Empire». Loureiro and Co. Printers, Shanghai. Br. in-8, pp. 21.

— Description de l'île de Formose, extraite de livres chinois, par Klaproth. (*Mém. rel. à l'Asie*, I, 1826, pp. 321/374, et *Nouv. Ann. des Voy.*, 5e Sér., XX, pp. 195/224.)

— Grosier, *Descript. de la Chine*, I, pp. 321 et seq.

— *Formosa.* Its situation and extent; discovery by the Chinese; occupation by the Dutch; their government there, and expulsion by the pirate Koxinga; its cession to the Chinese; present government and divisions; the late rebellion; its aboriginal inhabitants; productions and population. By E. Stevens. (*Ch. Repos.*, II, pp. 409 et seq.)

— Formosa. The Meiacoshima Islands. By Sir E. Belcher. (*Nautical Magazine*, Oct. 1844. — Réimp. *China Mail*, No. 14, May 22, 1845.)

— Coup d'œil sur l'île de Formose par M. Jomard, Membre de l'Institut, à l'occasion d'une carte chinoise de cette île, apportée par M. de Montigny, Consul général de France à Shang-haï, Membre de la Société de géographie. Extrait du *Bulletin de la Société de géographie* (décembre 1858). Paris, L. Martinet, 1859, in-8, pp. 43.

— K. L. Biernatzki: Zur Kunde der Insel Formosa. (*Zeit. für Allg. Erdk.*, III, 1857, pp. 411/27. — Die Insel Formosa. (*Ibid.*, VII, 1859, pp. 376/395.)

— [G. Stanley.] Formosa, South and West Coasts, and Japan South Coasts. China Pilot, Notice I. (*Nautical Magazine*, 1867, pp. 153/160.)

— Renseignements sur les côtes ouest et sud de Formose, et sur les bancs de Formose. (*Ann. hydrog.*, 1867, p. 51.)

— * Die Hydrographie der Formosa-Strasse in ihrer Bedeutung für Die praktische Schiffahrt. Von Kontre-Admiral S. Makaroff in St. Petersburg. Nebst Bemerkungen von Dr. G. Schott in Hamburg.

— *The Treaty Ports of China and Japan*. Hong-kong, 1867, pp. 291/325.

— The Medical Mission Work in Formosa. Report 1867—1868. By J. L. Maxwell, M. D., Edin.-Birmingham, pp. 12.

Notice : *Chinese Recorder*, II, p. 112/3.

— Notes on the Island of Formosa. By Robert Swinhoe. (*Journ. R. Geog. Soc.*, Vol. XXXIV, 1864, pp. 6/18. — *Proc. R. Geog. Soc.*, VIII, 1864, pp. 23/8.)

— Additional Notes on Formosa. By R. Swinhoe. (*Proc. R. Geog. Soc.*, X, 1866, pp. 122/8.)

— General Description of the Island of Formosa. (*Chin. and Jap. Rep.*, 1864, Nov., pp. 159/166, Dec., pp. 191/8. — 1865, April, pp. 161/176, May, pp. 217/223.)

D'après les Notes de Swinhoe.

— R. Swinhoe. Ein Besuch der Insel Formosa. (*Zeit. f. Allg. Erdk.*, VIII, März, 1860, pp. 207/223.)

— * Ein Besuch auf der Insel Formosa. (*Weser-Zeitung*, 25. & 26. Juin 1870.)

— Commd[r] E. W. Brooker. Formosa and Islands east of it. (*Nautical Magazine*, Sept. 1868, pp. 504/510.)

Voir page LXI.

— * R. Oberländer: Formosa. (*Der Welthandel*, Stuttgart, 1869, No. 10, pp. 537/44.)

— Zur Colonisation Formosas. (*Globus*, Vol. XVII, 1870, No. 14, pp. 217/220.)

— Notes on the Rivers in Northern Formosa. By Henry Kopsch, F. R. G. S. (*Proc. Roy. Geog. Soc.*, XIV, 1870, pp. 79/83; Réimp. dans *The Cycle*, 14 May 1870.)

— E. Greey. Taiwanfu auf Formosa. (*Globus*, XX, 1871, No. 15, pp. 231/2.)

— Die Häfen auf der Westküste Formosa's. (*Zeit. der Ges. Erdk.*, VI, 1871, No. 4, pp. 384/8.)

— Violent Persecution in Formosa. (*Chinese Recorder*, I, p. 65/68.): Memorial to Sir Rutherford Alcock by J. L. Maxwell and Hugh Ritchie.

— J. L. Maxwell. The Present state of affairs in Formosa. (*Ibid.*, I, p. 258/9.)

— Die Insel Formosa im Chinesischen Meere. (*Das Ausland*, 1872, No. 17, pp. 402/5; No. 18, pp. 427/9; No. 20, pp. 463/8.)

— Die Insel Formosa. (*Das Ausland*, XXXVIII, 1884, No. 12.)

— Formosa. By E. G. Ravenstein. With a Map. (*The Geographical Magazine*, Oct. I, 1874, pp. 292/7.)

— Die Insel Formosa. (Nach E. G. Ravenstein's Schilderung in «The Geographical Magazine» Oct. 1874. (*Mitth. Geog. Ges. Wien*, 1874, pp. 487/496.)

— Thomson's Straits of Malacca, etc., chap. XI et App.; «The Aboriginal Dialects of Formosa.»

— Sur Formose et sur les îles appelées en chinois Lieou-Kieou, par M. le Marquis d'Hervey de Saint-Denys. (*J. Asiat.*, 7e S., Vol. IV, 1874, pp. 107/121.)

— Note complémentaire sur Formose et sur les îles Lieou-Kieou, par le même. (*Ibid.*, Vol. V, 1875, pp. 435/441.)

— Einige Notizen über Formosa (Nebst einer Karte) von F. Knoblauch. (*Mitth. der Deut. Ges. — Yokohama*, Bd. I, 8tes Hft., Sept. 1875, pp. 35/37.)

— A Gossip About Formosa. By a former Resident. [P.M.] *China Rev.*, II, pp. 40/47.)

La pub. de cet article n'a pas été continuée.

— Seubert. Aus Formosa. (*Die Natur*, 12, 13, 14, 1876.)

— Zur Strömungsgrenze im Norden von Formosa. Von E. Knipping. (*Mitth. d. Deutsch. Gesellsch. f. Nat. u. Völkerk. Ostas.*, Bd. I, 5tes Heft, Juli 1874, pp. 27/28.)

— Ein Besuch auf Formosa. Von F. R. (Beilage, *Wiener Abendpost*, 1876, No. 275.)

— A Description of the Island of Formosa. With some Remarks on its Past History, its Present Condition, and its Future Prospects. By G. James Morrison. (*Geog. Mag.*, 1877, Oct., pp. 260/266; Nov., pp. 293/296; Dec., pp. 319/322.)

— * Die Insel Formosa. (*Aus allen Welttheilen*, 10tes Hft., 1878.)

— Bax. *The Eastern Seas.* Lond., 1875.

— Correspondence between the Rev. K. F. Junor and T. Watters Esq. H. B. M.'s Consul, Tamsui, Formosa, s. l. n. d., (1881), br. in-8, pp. 24.

— Annales de Formose. Par James Darmesteter. (*Journal des Débats*, 1884, Oct. 10, 20 et 21.)

— A Sketch of Formosa. By A. R. Colquhoun and J. H. Stewart-Lockhart. (*China Review*, XIII, pp. 161/207.)

— Kelung. (*Ann. de l'Ext. Orient*, 1884—1885, VII, p. 127.)

— L'île Formose. (*Ibid.*, 1884—1885, VII, pp. 157/158.)

— Le commerce de Formose. (*Ibid.*, 1884—1885, VII, p. 191.)

— Une description inédite de Formose. (*Rev. de Géog.*, XVI, 1885, pp. 290/301.)

Renferme un Mémoire de Ph. Vieillard, consul de France à Canton, publié par Girard de Rialle; c'est le document signalé par moi, *Bib. Sinica*, première éd., col. 141, comme se trouvant aux Arch. du Dép. des Affaires étrangères.

— M.-C.-Malte-Brun à Napoléon. Mémoire sur la colonisation de l'île Formosa (1809). (*Rev. de Géogr.*, XVIII, 1886, pp. 1/7.)

Publ. d'après une copie faite par M. Louis Barbier, ancien conservateur-administrateur de la Bib. du Louvre d'un ms. de cette bib. aujourd'hui brûlée. Ce ms. porte le n° 306 du vol. de Louis Paris: *Les manuscrits de la bibliothèque du Louvre brûlés dans la nuit du 23 au 24 mai* 1871.

— L'île Formose. Par R. Allain. (*Rev. de Géogr.*, XVI, 1885, pp. 44/50.)

Tirage à part, br. in-8, pp. 8.

— *China.* No. 3 (1885). — Report by Mr. L. C. Hopkins on the Island of Formosa, dated October 12, 1884. Presented to both Houses of Parliament by Command of Her Majesty. 1885. London, Printed by Harrison and Sons, br. in-8, pp. 9. Carte.

— L'île de Formose. Par le capitaine P. Fouque, Professeur de mathématiques à Tokio. (*Bul. Soc. Géog. Toulouse*, 1885, pp. 129/135.)

— L'île de Formose (Taiwan) par Mr Prosper Fouque. (*Rev. franç. du Japon*, Avril 1895, pp. 187/198, carte.)

— The Physical Geography and Trade of Formosa. By A. R. Colquhoun. (*Jour. Manchester Geog. Soc.*, III, 1887, pp. 226/238.)

Notice : Petermann's *Mitt.*, 1888, pp. 70/1 [par Supan].

— Romanet du Caillaud. De l'origine du nom de l'île de Formose. (*Cte. rendu Soc. Géog.*, Paris, 1892, pp. 267/9.)

— Romanet du Caillaud. La colonisation dans le nord de l'île de Formose. (*Cte. R. Assoc. Franç.*, XIX, I, pp. 288/9; II, pp. 875/883.)

— Formosa; an island with a romantic history. By Colonel Alexander Man, F. R. G. S. (*Imp. & As. Quart. Rev.*, N. S., IV, 1892, pp. 56/73.)

— A Pasquinade from Formosa. By G. M. H. Playfair. (*China Review*, XVII, No. 3, pp. 131/135.)

— [C. — 7104.] *Commercial*. No. 11 (1893). — Report by Mr. Hosie on the Island of Formosa with special reference to its Resources and Trade. [With a Map.] 9*d*.

— Formosa. (*Oest. Monats. f. d. Orient*, 1893, pp. 89/90.)

— Zum Klima von Formosa. (*Meteorolog. Zeitschft.*, XI, 1894, pp. 108/109.) D'après Hosie.

— Formosa. (*Geog. Journal*, II, 1893, Nov., pp. 441/443.)

— Die Wirthschaftverhältnisse der Insel Formosa. Von Alfred Kirchhoff. (*Oest. Monatsschrft. f. d. Orient*, Wien, XX, 1894, pp. 102/107.)

— Die Insel Formosa. Von Alfred Kirchhoff. Mit Karte. (*Petermann's Mitt.*, Vol. 41, 1895, pp. 25/38.)

— Die Insel Formosa. (Aus einem Berichte des k. und k. Consulates in Yokohama.) (*Öst. Monatsschrift f. d. Orient*, Wien, 1895, XXI, pp. 115/120.)

— Formosa. By John Dodd. (*Scottish Geog. Journal*, XI, 1895, pp. 553/570.)

Ext. d'un mémoire lu à la British Association, 1895.

— L'Isola Formosa. Nota del Socio Prof. L. Nocentini. (*Mem. Soc. geog. Ital.*, V, 1895, pp. 226/234.)

— * Die Wirthschaftsverhältnisse der Insel Formosa. (*Export*, Berlin, 1895, XVII, 583, 610/611.)

— * Formosa. (*Kath. Missionen*, 1895, pp. 172—178, 198—202.)

— Die Insel Formosa. (*D. Rundschau f. G. u. Statistik*, Wien, 1895, XVII, pp. 515/518, mit einer Karte.)

— * Die Insel Formosa. (*Arch. f. Post u. Telegraphie*, Berlin, XXII, pp. 468/471.) Voir col. 260.)

— * Karl Müller. Ueber die Insel Formosa. (*Die Natur, Halle a. S.*, XLIII, pp. 49/51.)

(Formose.)

— P. Asmussen. — *Formosa*. (*D. Geog. Bl.*, XV, pp. 54/60.)

— Beschreibung der Nordküste von Formosa. Von Steuermann G. Eismann, Oldenburg. (*Ann. der Hydrog.*, XX, 1892, pp. 410/416.)

— * Alwin Oppel. Formosas wirtschaftliche Verhältnisse. (*Ausland*, LXVI, pp. 327/8.)

— J. Thomson. Rainfall in Formosa and some of the Effects on the Island and Mainland of China. (*Brit. Ass. Advancement Sc.*, LXII, Edinburgh, 1892. pp. 811/812.)

— * R. S. Gundry. — Formosa. (*Saturday Rev.*, LXXIX, f. 574.)

— Formose. Par Edmond Plauchut. Formose. (*Bul. Soc. Géog. Lyon*, 1895, XIII, pp. 133/146; d'après *le Temps*.)

— Formose. Par Edmond Plauchut. (*T'oung Pao*, VII, No. 2, Mai 1896, pp. 162/168; d'après *le Temps*.)

— * Mart. Beck. Formosa und seine Geschichte. (*Wiss. Beilage d. Leipziger Ztg.*, 1895, No. 62.)

— * Ernst v. Hesse-Wartegg. — Formosa und seine Bedeutung für Europa und Japan. (*Beilage Allgem. Ztg.*, München, 1895, No. 103, pp. 3/6.)

— From Far Formosa The Island, its People and Missions by George Leslie Mac Kay, D. D. Twenty-three years a Missionary in Formosa Edited by the Rev. J. A. Macdonald With Portraits, Illustrations and Maps. Edinburgh and London Oliphant Anderson & Ferrier 1896, in-8, pp. 346.

G. L. Mac Kay, né à Zorra, Canada, 21 mars 1844.

Notice : *N. C. Herald*, May 8, 1896, p. 715.

— Formosa. Compiled by J. D. Clark, M.J.I., Editor of the «Shanghai Mercury». Shanghai. Printed and Published at the «Shanghai Mercury» Office. — 1896, pet. in-8, pp. xi-213, 3 cartes.

Réimp. du *Celestial Empire* et du *Shanghai Mercury*.

Tiré en grande partie des *Decennial Reports* des Douanes.

— Sir T. Wade and Formosa. By Sinicus. (*Imp. & As. Quart. Rev.*, 3rd Ser., I, 1896, pp. 421/22.)

— Formosa. — Apuntes para un estudio por D. Juan Mencarini. (*Bol. Soc. Geogr. Madrid*, XXXVIII, 1896, pp. 210/277.)

— * De Toekomst van Formosa. (*De Indische Gids*, Amsterdam, 1896, XVIII, pp. 1441—1442.)

— Formosa. (*Z. f. Schulgeog.*, Wien, 1896, XVII, pp. 170/9.)

— * Le Climat de l'île Formose. (*Ciel et Terre*, Bruxelles, 1896, XVI, p. 566.)

— The Island of Formosa: its Past and Future. By Rev. W. Campbell, of Tainanfu. With a Map. (*Scottish Geog. Mag.*, XII, 1896, pp. 385/399.)

Tirage à part : Past and Future of Formosa with a new Map of the Island by Rev. W. Campbell, F. R. G. S. English Presbyterian Mission Tainanfu — Kelly and Walsh, limited. Hongkong, Shanghai, and Yokohama, br. in-8, pp. 15.

— Eine Besteigung des Mount Morrison auf der Insel Formosa. Von Dr. Seiroku Honda. A. O. Professor der Forstwissenschaft in Tokio. (*Mitt. d. Deutsch. Ges. f. Nat. u.*

Völk. in Tokio, Hft. 60, Juli 1897, pp. 469/473.)

— Eine Besteigung des Mount Morrison auf der Insel Formosa. (*Oest. Monats. f. d. Orient*, 1897, pp. 143/6.)

— Ascent of Mount Morrison, Formosa. (*Geog. Journal*, Jan. 1898, p. 68.)

Ascension (la première qui ait été faite) vers la fin de 1896 sous la conduite du Dr. Seiroku Honda, Prof. d'art forestier à Tokio. — C'est un mont qui n'est pas volcanique; la hauteur donnée par le baromètre est de 14.350 pieds; les aborigènes sont agriculteurs, pas chasseurs.

— * A. Wirth. Geschichte Formosas bis Anfang 1898. Bonn, C. Georgi, 1898, in-8, pp. 188.

— Geschichte Formosas. (*Oest. Monats. f. d. Orient*, 1899, pp. 18/21.)

— Formosan Proper Names. By G. S.[chlegel]. (*T'oung Pao*, IX, 1898, p. 58.)

— * Pioneering in Formosa. Recollections of Adventures among Mandarins, Wreckers, and Head-Hunting Savages. By W. A. Pickering, C. M. G. With an Appendix on British Policy and Interests in China and the Far East and Twenty-five Illustrations from Photographs and Sketches by the Author. London : Hurst & Blackett, 1898.

— China and Formosa. The Story of the Mission of The Presbyterian Church of England with many illustrations prepared for this work and four maps by the Rev. Jas. Johnston, A Former Missionary... Fleming H. Revell Company New York, Chicago, Toronto, s. d. [1898], in-8, pp. xvi-400.

Formosa, Amoy, Swatow, Singapore.

— China and Formosa. The Story of a successful Mission with many Illustrations prepared for this work and four maps by the Rev. Jas. Johnston, A Former Missionary. Third Thousand. London, Hazell, Watson & Viney, 1898, in-8, pp. xvi-400.

— * A. Fischer. — Streifzüge Formosas. Mit einer Karte und über hundert Abbildungen nach Naturaufnahmen des Verfassers. Berlin, Bahr, 1900, in-8, pp. 382.

— Die Papierindustrie auf Formosa. (*Oest. Monats. f. d. Orient*, Wien, 1902, pp. 54/5.)

— A Review of the History of Formosa, and a Sketch of the Life of Koxinga, the first King of Formosa. — By Jas. W. Davidson. (*Trans. As. Soc. Japan*, XXIV, 1896, pp. 112/136.)

2° *Histoire Naturelle.*

— Géographie physique. — Volcans de l'île de Formose. — Lettre à M. Arago, par M. Stanislas Julien. (*Ctes. rend. de l'Ac. des Sc.*, X, 1840, pp. 832/835.)

ROBERT SWINHOE.

— On the Japanese and Formosan Deer. (*Ann. Nat. Hist.*, VIII, 1861, p. 192.)

— A list of the Formosan Reptiles, with notes on a few of the species, and some remarks on a Fish (*Orthagoriscus*). (*Ibid.*, XII, 1863, pp. 219/226.)

— A list of the Formosan Reptiles; with notes on a few of the species, and some remarks on a Fish (*Orthagoriscus*, sp.). By R. Swinhoe, F. Z. S., F. G. S. etc., H. M. Vice-Consul at Formosa. [From the *Annals and Magazine of Natural History* for sept. 1863], in-8, pp. 8.

— Natural History Notes principally from Formosa. (*Zoologist*, XXII, 1864, pp. 9224 to 9229.)

— Birds and Beast of Formosa. (*Journal N. C. B. R. A. S.*, II, 1865, pp. 39/52; Wien, *Zool. Bot. Verhandl.*, XVI, 1866, *Abh.*, pp. 438 to 447.)

— *Neau-show*. Birds and Beasts (of Formosa), from the 18th chapter of the revised edition of the *Tai-wan-foo-che*, Statistics of Taiwan, translated by Robert Swinhoe, Esq. A. B. M. Consul at Taiwan, with critical notes and observations. (N. S., No. II, December 1865, Art. III, p. 39, du *Journ. N. C. B. R. As. Soc.*)

Les *Notes and Q. or C., and J.*, pp. 149/150, ont donné des extraits par K. de cet article.

— On a new species of Beech-Marten (*Martes chrysospila*) from Formosa. (*Ann. Mag. Nat. Hist.*, XVIII, 1866, p. 286.)

— List of Plants from the Island of Formosa, or Taiwan. By Robert Swinhoe. Pièce in-8, s. d., pp. 4 [1863].

— G. A. C. Brooker. Journal of H. M. S. « Inflexible » on a visit to Formosa in search of Shipwrecked seamen. (*Nautical Mag.*, January 1859.)

Voir page LXX.

— Narrative of a Visit to the Island of Formosa; By Robert Swinhoe, Esq., of H. B. M. Consulate, Amoy. Read before the Society, July 20th, 1858. (Art. I, *Journ. of the N. C. B. R. A. S.*, No. II, May 1859, pp. 1/164.)

Mr. Swinhoe avait accompagné comme interprète le bâtiment de guerre, l'*Inflexible*, envoyé à la recherche de MM. Smith et Nye que l'on disait détenus par les sauvages de Formose.

— Notes on some new species of Birds found in the Island of Formosa, by R. Swinhoe,

Esq. (Supplementary to Art. I, p. 145.) (Art. VIII, *Ibid.*, p. 225.)

— Notice of a New «Wild Goat» (*Capricornus Swinhoei*) from the Island of Formosa. By Dr. J. E. Gray. (*Annals Nat. History*, 3d. S., X, 1862, p. 320.)

— Short Account of Part of a Skeleton of a Finner Whale, sent by Mr. Swinhoe from the Coast of Formosa. By Dr. J. E. Gray. (*Proc. Zool. Soc.*, 1865, pp. 725/8.)

— Notice of a new Finner Whale from Formosa. By Dr. J. E. Gray. (*Annals Nat. Hist.*, 3d. S., XVI, 1865, p. 148.)

∴

— On some new and little-known Species of Birds from Formosa. By Henry Seebohm. (*Ibid.*, I, 1895, pp. 211/3.)

— Notes on South Formosa and its Birds. By John D. de La Touche. (*Ibid.*, pp. 305/338.)

— Notes on the Birds of Northern Formosa. By J. D. D. La Touche. (*Ibis*, 7 Ser., IV, 1898, pp. 356/373.)

— On a Collection of Batrachians and Reptiles from Formosa and Adjacent Islands. By Leonhard Stejneger.... (*Jour. Col. Sc. Univ. Tokyo*, Vol. XII, Pt. III, 1898, pp. 215/225.)

∴

— Ferns collected in North Formosa by Mr. William Hancock. By J. G. Baker. (*Jour. Bot.*, 1885, XXIII, pp. 102/7.)

— Botany of Formosa. (*Kew Bulletin*, 1896, pp. 65/76.)

Notes d'Aug. Henry dans N. Perkins' Foreign Office Report, Commercial No. 1, 1896, App. B.

— Description of a new Species of Cetonia [*C.* (*Protoetia*) *culta*] from the Island of Formosa. By Charles O. Waterhouse. (*Annals Nat. History*, 5 S., IV, 1879, pp. 247/8.)

— On a Third Collection of Lepidoptera made by Mr. H. E. Hobson in Formosa. By Arthur G. Butler. (*Ibid.*, XII, 1883, pp. 50/2.)

— On a new Chalcosiid [*Erasmia Hobsoni*, n. sp.] obtained in Formosa by Mr. H. E. Hobson. By Arthur G. Butler. (*Ibid.*, 6 S., III, 1889, p. 53.)

— Descriptions of a new Lizard [*Tachydromus formosanus*] and a new Fish [*Homaloptera formosana*] obtained in Formosa by Mr. Holst. By G. A. Boulenger. (*Annals Nat. History*, 6 S., XIV, 1894, pp. 462/3.)

— Description of a new Genus and Species of Longicorn Coleoptera from Central Formosa. By C. J. Gahan. (*Ibid.*, 7 S., V, 1900, pp. 308/9.)

— An Enumeration of all the Plants known from China Proper, Formosa, Hainan, Corea, the Luchu Archipelago, and the Island of Hongkong, together with their Distribution and Synonymy. By Francis Blackwell Forbes, F. L. S., ... and William Botting Hemsley, A. L. S..... Assistant for India in the Herbarium of the Royal Gardens, Kew (Map and Plates I—XIV) (*Journal Linnean Society*, Vol. XXIII, 1886, pp. 1—52.)

Ranunculaceae — *Compositae*. [Voir chap. BOTANIQUE.]

— John Edward Gray. — Note on *Theonella*, a new genus of Coralloid Sponges from Formosa. (*Proc. Zool. Soc.*, 1868, pp. 566/7.)

— Report of Recent earthquakes in Northern Formosa. (*Geol. Soc. Quart. Journ.*, XXIV, 1868, p. 510; *Phil. Mag.*, XXXVII, 1869, p. 154.) By Henry F. Holt.

— Some notes on the Geology of Takow, Formosa. By H. B. Guppy, M. B., H. M. S. «Hornet». (*Journ. N. C. B. R. A. S.*, N. S., XVI, 1881, Part. I, Art. II, pp. 13/17.)

— Researches into the Geology of Formosa. By George Kleinwächter. Esq., of the Chinese Imperial Maritime Customs Service. (*Journ. N. C. B. R. A. S.*, N. S., XVIII, 1883, Art. III, pp. 37/53.)

— Le Dr. Hance, dans le *Journal of Botany*, sept. 1874 : «On a small collection of Plants from Kiukiang», écrit : «I should except a valuable list of Formosa plants supplied by Sir W. J. Hooker to Mr. Swinhoe, to whom I am obliged for a printed copy : but whether it be published or not I am unable to say. The late Prof. Miquel's «Prolusio Florae Japonicae» also contains a considerable number of Formosa plants collected by Oldham.

— Notes on the Vegetable Kingdom of Formosa. (*Notes & Queries on China & Japan*, Vol. II, pp. 134/6, art. signé K.)

— Vte Brenier de Montmorand. Sources thermales dans l'île de Formose. (*Bull. de la Soc. de Géog. de Paris*, juillet et août 1865, pp. 135/46.)

— F. v. Richthofen : Ueber den Gebirgsbau an der Nordküste von Formosa. (*Zeitschrift der Deutschen Geolog. Ges.*, Bd. XII, 1860, pp. 532/545.)

— Geomorphologische Studien aus Ost-Asien. III. Die morphologische Stellung von Formosa und den Riukiu-Inseln. Von Ferdinand von Richthofen. Berlin, 1902, in-8, pp. 32.

Tirage à part, *Sitzb. k. preuss. Ak. Wiss. Berlin*, 1902, pp. 944/975.

— Geologic Structure of the Riukiu (Loochoo) Curve, and its Relation to the Northern Part of Formosa. By S. Yoshiwara. (*Jour. College of Science*, Imp. Univ. Tokyo, Japan, XVI, Part 1, pp. 67, 10 fig. cartes-croquis et profils; 5 pl. cartes et profils.)

— Observations on Coal in the North-East Part of the Island Formosa. By Lieut. Gordon, R. N. (*Journ. R. Geog. Soc.*, XIX, p. 22.)

— Le Nord de Formose et ses mines de charbons d'après MM. David Tyzack et G.-A. Lebour. (*Ann. de l'Ext.-Orient*, 1884-1885, VII, pp. 225/232.)

— * David Tyzack. — Notes on the Coal-fields and Coal-mining Operations in North Formosa (China). (*Trans. North England Instit. Min. Engineers*, Newcastle, 1885, XXXIV, p. 67.

— * G. A. Lebour. — Note on some Fossils from North Formosa, collected by Mr. David Tyzack. (*Trans. North England Instit. Min. Engineers*, Newcastle, 1885, XXXIV, p. 81.)

— Gîtes de charbon de Formose. (*Rev. mar. et col.*, Vol. 88, 1886, pp. 355/357, d'après les *Annales des mines.*)

D'après les renseignements de David Tyzack. [Voir GÉOLOGIE, *Charbon.*]

— Notes on the Geology of the Dependent Isles of Taiwan. By B. Koto. (*Jour. College of Science*, Imp. Univ. Tokyo, Japan, XIII, Part 1, 1900, pp. 1—57, 2 fig. et 2 coupes, 5 pl.)

— On Some Fossils from the Islands of Formosa and Riu-Kiu (= Loo Choo). By R. Bullen Newton . . . and Richard Holland. (*Jour. Col. Sc., Univ. Tokyo*, XVII, Art. 6, pp. 23, 4 pl.)

— R. B. Newton and R. Holland. — Notes on Microscopic Sections of Limestones from Formosa collected by Dr. Kotō of Japan. (*Jour. Geol. Soc. Tokyo*, 1900, VII, No. 81, p. 1.)

— Les minéraux de Formose. (*Belgique Coloniale*, 2 Déc. 1900, pp. 568/9.)

D'après Yamasaki, voir infra, *Chinois et Japonais.*

3° *Ethnographie.*

— Notes on the island of Formosa by Robert Swinhoe, F. G. S., F. Z. S., etc. H. M. Consul at Taiwan. (Read before the British Association at Newcastle, Aug. 1863, and before the Geographical Society.) In-8, pp. 32. (Voir col. 262.)

— Additional Notes on Formosa. By R. Swinhoe, Esq. (*Proc. R. Geog. Soc.*, X, 1866, pp. 122/8.)

— Notes on the Ethnology of Formosa. By Robert Swinhoe. Extracted from a Paper read before the Ethnological Society, with Additional Remarks. Read before the British Association, August, 1863, in-8, pp. 16.

— Notes on the Aborigines of Formosa. By R. Swinhoe. (*British Ass. for the Advancement of Science*, 1865, *Trans.*, pp. 129/130.)

— The Religion of the Dayaks. Collected and translated into English by the Rev. W. Lobscheid, and the political, social and religious constitution of the Natives on the West Coast of Formosa, before and during the occupation of the Island by the Dutch; or a contribution to the knowledge of the East. Translated from an old Dutch work by the Rev. W. Lobscheid. Third edition. Hongkong : Printed by J. de Souza, 1866, br. in-8, pp. 12—14.

Mr. Lobscheid a négligé d'indiquer l'ouvrage hollandais dont il a donné la traduction; ne serait-ce pas, comme le suggère le Catalogue général du British Museum, l'ouvrage suivant : *Begin ende Voortgangh vande Vereenighde Nederlandtsche geoctroyeerde Ost-Indische Compagnie.*

— A Visit to the Aborigines of Formosa. By J. L. Maxwell, M. D., Takao. (*Miss. Rec.*, Jan. 1867.)

— On the Natives of Formosa. By Dr. Schetelig. (*Trans. Ethn. Soc.*, N. S., VII, 1869, pp. 215/229.)

— On the Natives of Formosa by Dr. Schetelig. [Read June 23rd 1868.] From the *Transactions of the Ethnological Society*, Vol. VII, 15 pages.

— A brief account of the Wild Aborigines of Formosa. By F. White. (*Trans. Ethn. Soc.*, N. S., VII, 1869, pp. 165/6.)

— C. Caroll. Rambles among the Formosan Savages. (*The Phoenix*, I, p. 133.)

— Les Négritos à Formose et dans l'archipel Japonais; par M. le Dr E.-T. Hamy. (*Bul. Soc. Anthrop.*, 1872, pp. 843/858.)

— Les Négritos à Formose et dans l'archipel Japonais par M. le Docteur E.-T. Hamy. Extrait des Bulletins de la Société d'Anthropologie de Paris. Séance du 21 novembre 1872. Paris, Typographie A. Hennuyer, 1873, br. in-8, pp. 16.

— Formosa and its Southern Aborigines, by T. F. Hughes. (*Ocean Highways*, N. Series, 1, April 1873, p. 44.)

— Aboriginal Savages of Formosa. By W. Campbell. (*Ibid.*, p. 410.)

— Formosa as represented at the Vienna Exhibition. (Translated from the German of Friedrich von Helival [*sic*] Hellwald.) (*Shanghai Budget*, Aug. 30, 1873.)

— Formosa. By Prof. J. B. Steere. (*Jour. Amer. Geog. Soc.*, N. York, VI, 1874, pp. 302/334, fig. et 1 p. musique.)

— J. B. Steere. — The Aborigines of Formosa. (*China Review*, III, pp. 181/184.)

— The Aborigines of Northern Formosa : a Paper read before the North China Branch of the Royal Asiatic Society, Shanghai,

18th June, 1874, By Edward C. Taintor. A. M., F. R. G. S., Commissioner in the Chinese Customs' Service. Shanghai, 1874, in-8, pp. 54.

On lit p. 2 : Shanghai : [Privately printed at the Customs Press, in advance of publication in the Journal of the Society.]

Tiré à 80 exemplaires.

Réimp. dans le *Journ. of the N. C. B. R. Asiatic Soc.*, New Series: No. IX, 1874, pp. 53 et seq. — et dans *the Shanghai Budget* (sans le vocabulaire). July 4. 1874.

Notice par Dr M. d'E. [Meyners d'Estrey.] (*L'Anthropologie*, V, 1894, No. 3, pp. 348/352.)

— Auf Formosa. Ethnographische Wanderungen von Paul Ibis. (*Globus*, XXXI, 1877, pp. 149, 167, 181, 196, 214, 230.)

— Les indigènes de Formose. Par le Dr. Ern. Martin, Ex-médecin de la Légation de France à Pékin. (*Rev. d'ethnographie*, I, N° 5, 1882, pp. 429/434.)

— Formosan Savages. By E. H. Parker. (*China Review*, XV, p. 187.)

— Wilhelm Joest. Beiträge zur Kenntniss der Eingebornen der Inseln Formosa und Ceram. (*Verhand. der Berlin. Anthrop. Ges.*, 1882, pp. 53/93.)

— A few Ideas on the probable Origin of the Hill Tribes of Formosa. By John Dodd, Formosa. (*Journ. Straits Br. R. A. S.*, No. 9, June 1882, pp. 69/84; *ibid.*, No. 10, Dec. 1882, pp. 195/211.)

— A glimpse at the manner and customs of the Hill Tribes of North Formosa. By J. Dodd. (*Ibid.*, No. 15, 1885, pp. 69/78.)

— Formose et ses habitants. Par M. Girard de Rialle. (*Revue d'Anthropologie*, 1885, VIII, pp. 58/78, 247/281.)

— Formosan Ethnology. (*Nature*, XXXII, 1885, pp. 346/7.)

— Notes on the Aborigines of South Formosa. (*China — Imp. Mar. Customs. — Medical Reports for the half Year ended 30th Sept.* 1884, pp. 39 et seq.)

Ces notes qui font partie du rapport du Dr. W. W. Myers, médecin des douanes à Takao, sont dues à la collaboration de ce savant avec Mr. Geo. Taylor, «chief Lightkeeper at South Cape».

— Formosa : Characteristic Traits of the Island and its Aboriginal Inhabitants. By George Taylor, Imperial Chinese Customs Service. (*Proc. R. Geog. Soc.*, XI, 1889, April, pp. 224/239.)

— Savage priestesses in Formosa. By G. Taylor. (*China Review*, XIV, pp. 14/16.)

— Aborigines of Formosa. By G. Taylor. (*Ibid.*, XIV, pp. 121/126, 194/198, 285/290.)

— How Formosa is rising. By G. Taylor. (*Ibid.*, XV, p. 128.)

— Tortoise Hill, Formosa. By G. Taylor. (*Ibid.*, XV, pp, 305/306.)

∴

— Spiritualism in Formosa. By Mo Sih Chiu. (*Ibid.*, XV, pp. 304/305.)

(Formose.)

— Ethnology of Formosa. (*Nature*, XXXII, 346.)

— Savages of Formosa [A. Hancock]. (*Good Words*, XXVI, 373.)

— Dr. M. Haberlandt. — Ueber die Malaien von Formosa. (*Mitt. Anthrop. Ges. Wien*, N. F. XII, 1892, p. [106].)

— Die Eingeborenen der Kapsulan-Ebene von Formosa. Von Dr. M. Haberlandt. (*M. Anthrop. Ges. Wien*, N. Folge XIV, pp. 184/193.)

— Dr. Friedrich Hirth. Aufzeichnungen über die Wilden Formosa's. Aus den chinesischen Annalen (*Tai-wan-fu-tchi*) des XVII. Jahrhunderts. (*V. Berliner Ges. Anthrop., Ethn. u. Urgesch.*, 1893, pp. 333/5. — *Mitt. Anth. G. Wien*, N. F. XII, 1892, pp. [91-2].)

— Alfred Kirchhoff. Die Bewohner der Insel Formosa. (*Globus*, Braunschweig, LXVI, pp. 173/6.)

— The Chin-huan of Formosa. (*Scottish Geog. Mag.*, XII, 1896, pp. 475/6.)

D'après le *Globus*, Bd. lxx, No. 6.

— * W. Stoss. — Die Bewohner der Insel Formosa. (*Ueber Land und Meer*, Stuttgart, LXXIV, No. 37.)

— * Formóza sziget lakói. (*Vasárnapi Ujság*, XLII, 459.)

— * R. Torii. — Aboriginal Tribes of Eastern Formosa and their geographical names. (*The Hansei Zasshi*, Tokyo, 1897, XII, No. 10, pp. 33/47.)

— The Natives of Eastern Formosa. (*Scottish Geog. Mag.*, March 1898, pp. 150/1.)

D'après le *Hansei Zasshi*.

— Mariage chez les sauvages de Formose. Par N. Ota. (*Rev. française du Japon*, 5e année, Nov. 1897, Tokyo, pp. 161–3.)

Tribu des Botansha 牡丹社

— Unter den Aboriginalstämmen Formosas. Von Missionar Dr. th. G. L. Mackay in Tamsui. (*Mitt. Geog. Ges.* (für Thüringen) Jena, XV, 1897, pp. 1/21.)

— * Unter den Aboriginalstämmen Formosas. (*Ostasiatischer Lloyd*, 1897, XI, 1259/1261, 1293/1295, 1321/1325.)

— Die eingebornen Stämme auf Formosa und den Liu-kiu. Von Dr. Albrecht Wirth. (*Petermanns Mitt.*, XLIV, 1898, pp. 33/36.)

— Formosa und seine Gebirgsbewohner. Von Rob. Schuhmacher. (*Petermanns Mitt.*, XLIV, 1898, pp. 222/226.)

— Formosa und seine Gebirgsbewohner. Vortrag von Rob. Schumacher. (*Jahresb. Geog. Ges. München*, 1896/7, p. lix.)

— The Inhabitants of Formosa. (Davidson's *Formosa*, Chap. XXX, pp. 561/594.)

D'après des notes de Y. Ino.

— Die wilden Stämme von Formosa, ihre Einteilung und ihr Kulturzustand. Von Ino Kakyo. Übersetzung eines in japanischer Sprache geschriebenen Berichts.

(Formose.)

(*Zeit. Ges. Erd. Berlin*, XXXIV, 1899, pp. 63/74.)

— Herr Schriftsteller Adolf Fischer von Berlin : Die Ureinwohner Formosas. (*Jahresb. Württemb. Ver. Handelsgeog.*, XVII/XIX, 1898/1900, p. 328.)

4° *Langue.*

— *Vide infra* : LES HOLLANDAIS.

— Sur la langue des indigènes de l'île de Formose, par M. Klaproth. (*J. As.*, oct. 1822, I, pp. 193/202.)

— Vocabulaire Formosan par le même. (*Mém. rel. à l'Asie*, I, 1826, pp. 354/368.)

— Phrases en Formosan. (*Ibid.*, pp. 369/374.)

— Formosan Vocabularies. (*Notes and Queries on China and Japan*, Vol. I, pp. 70/71.)

— Favorlangsche leerredenen enz. (*Tijdschft. v. Ind. Taal* . . ., VI, 1857, pp. 103/106.)

— Vocabulaire du dialecte Tayal ou aborigène de l'île Formose par M. Guérin. Br. in-8, pp. 42.

Extrait du *Bull. de la Société de Géographie*. (Nov.-déc. 1868, pp. 466/507.)

— Visit to the Kibalan Village of Sano [*sic*] Bay. North-east Coast of Formosa. Including a Vocabulary of the Dialect. By Dr. Collingwood. (*Trans. Ethn. Soc.*, N. S., VI, 1868, pp. 135/143.) — Vocabulary of inhabitants of Sau-o Bay. (*Ibid.*, pp. 362/3.)

— Mittheilungen über die Sprache der Ureinwohner Formosa's von Dr. A. Schetelig. (Abdruck aus der *Zeitschrift für Völkerpsychologie und Sprachwissenschaft*), s. d., in-8, pp. 32.

— T. L. Bullock. Formosan dialects and their connection with the Malay. (*China Review*, III, pp. 38/46.)

— Notes on the language of the Formosan Savages. By G. M. H. Playfair. (*China Review*, VII, pp. 342/345.)

— Comparative tables of Formosan Languages. By G. Taylor. (*China Review*, XVII, No. 2, pp. 109/111.)

— Formosa Notes on Mss., Languages and Races. (Including a note on nine Formosan Mss. By E. Colborne Baber, H.B.M. Chinese Secretary, Peking.) With three plates. By Terrien Lacouperie... Hertford : Stephen Austin, 1887, br. in-8, pp. 82.

Rep. from the *Jour. R. As. Soc. Gt. Brit.*, N. S., Vol. XIX, 1887.

— A Native Writing in Formosa. By Terrien de Lacouperie. (*The Academy*, 9th April 1887.)

— Formosanische Volkslieder, nach Chinesischen Quellen, von Dr. Karl Florenz, Professor a. d. Kaiserl. Universität zu Tokyo,

etc. (Separatabdruck aus den «Mittheilungen der Deutschen Gesell. f. Natur- und Völkerkunde Ostasiens», Bd. VII, Theil 1.) Tokyo, 1898.

— *Mitt. D. G. Nat. V. Ost.*, VII, Dec. 1898, pp. 110/158.

Notice par G. Schlegel, *T'oung Pao*, Mai 1899, pp. 233/239.

5° *Voyages.*

BENIOWSKI.

Maurice Louis Auguste, † 23 mai 1786.

— The Memoirs and Travels of Mauritius Augustus Count de Benyowsky; Magnate of the Kingdoms of Hungary and Poland one of the Chiefs of the Confederation of Poland, &c., &c. Written by himself. Translated from the Original Manuscript. In two volumes. London : Printed for G. G. J. and J. Robinson, Pater-Noster-Row. M,DCC,LXXXIX, 2 vol. in-4.

Même éd. avec titre différent que celle de 1790.

— Memoirs and Travels of Mauritius Augustus, Count de Benyowsky; Magnate of the Kingdoms of Hungary and Poland, one of the chiefs of the confederation of Poland, etc., etc. Consisting of his military operations in Poland, his exile into Kamchatka, his escape and voyage from that Peninsula through the Northern Pacific Ocean, touching at Japan and Formosa, to Canton in China, with an Account of the French Settlement he was appointed to form upon the island of Madagascar written by himself translated from the original manuscripts. London, 1790, 2 vol. in-4. Port. et grav.

Lowndes cite les prix : Roxburghe, 7170, £ 1. 1/3; Fonthill, 3076, £ 5. 7/6.

— The Memoirs and Travels of Mauritius Augustus Count de Benyowsky in Siberia, Kamchatka, Japan, the Liukiu Islands and Formosa from the Translation of his original Manuscript (1741—1771), by William Nicholson, F. R. S., 1790. Edited by Captain Pasfield Oliver. Illustrated. London : T. Fisher Unwin. New York : Macmillan & Co. MDCCCXCIII, in-8, pp. 399.

Forme le Vol. 17 de *The Adventure Series*.

— Le *Canton Register* a publié des extraits des voyages de Benyowsky : 1834, 30 Dec.; 1835, 6 Jan., 17 Feb. et une notice : 1839, July 30.

— E. Stevens a consacré à ce voyageur dans le *Chin. Rep.*, III, pp. 496 et seq., un long article reproduit en partie dans *The N. C. Herald*, 1851, Nos. 45 et 52.

— Voyages et Mémoires de Maurice-Auguste, Comte de Benyowsky, Magnat des Royaumes d'Hongrie et de Pologne, etc., etc.

Contenant ses Opérations militaires en Pologne, son exil au Kamchatka, son Evasion et son Voyage à travers l'Océan pacifique, au Japon, à Formose, à Canton en Chine, et les détails de l'Etablissement qu'il fut chargé par le Ministère François de former à Madagascar. En deux volumes. A Paris, chez F. Buisson, Imprimeur-Libraire, rue Hautefeuille, n° 20 (1791.), 2 vol. in-8, pp. VIII-466, 486.

— Vie et Aventures du comte Maurice-Auguste Beniowski, résumées d'après ses mémoires (années 1767—1786) par N. A. K. Nouvelle édition. Tours, A[d]. Mame et Cie. MDCCCLXIII, in-12, pp. 187.

Fait partie de la *Bibliothèque de la Jeunesse chrétienne approuvée par Mgr. l'évêque de Nevers.* 4[e] série, in-12.

— Des Grafen Moritz August v. Beniowski. Reisen durch Sibirien und Kamtschatka über Japan und China nach Europa. Nebst einem Auszuge seiner übrigen Lebensgeschichte. — Aus dem Englischen übersetzt. Mit Anmerkungen von Johann Reinhold Forster... Mit Kupfern. Berlin, 1790. Bei Christian Friedrich Voss und Sohn, in-8, pp. XXII-447.

— Des Grafen Moritz August von Benyowsky, Ungarischen und Pohlnischen Magnaten, und Eines von den Häuptern der Pohlnischen Conföderation, Schicksale und Reisen; Von ihm selbst beschrieben. Uebersetzt von Georg Forster, Churfürstl. Mainzischen Hofrath. Leipzig, im Verlage der Dykischen Buchhandlung, 1791, 2 vol. in-8.

Erster Band. Dessen Kriegsoperationen in Pohlen und Gefangenschaft in Kamtschatka.

Zweyter Band. Fahrt durch das stille Meer über Japan und Formosa nach China; und Errichtung einer französischen Colonie zu Madagascar.

— Il y a une autre édit. allemande de Benyowsky, Berlin, 1793, in-8.

— Flucht des Grafen Benyowsky aus Kamtschatka nach Franckreich. (Bruchstück aus der Geschichte der geographischen Entdeckungen der Russen von Herrn v. Berg.) (*St. Petersburgische Zeitschrift,* herausg. von Aug. Oldekop, I, 1822, pp. 56, 108, 163, 193, 256.)

— * Historya podróży i osobliwszych zdarzeń stawnego Maurycego Augusta Hr. Beniowskiego szlachcica polskiego i wegierskiego, zawierająca w sobie jego czyny wojenne w czasie konfederacyi barskiéj; wygnanie jego najprzód do Kazanu, potém do Kamczatki; waleczne jego z téj niewoli oswobodzienie się; jego podróż do Kalifornii, potém przez Ocean Spokojny do Japonii, Formozy, Kantonu w Chinach; założenie przez niego osady na wyspie Madagaskarze z złecenia francuzkiego rządu; jego na téj wyspie wojenne wyprawy, uznanie nareszcie jego najwyższym jég rządcą. Z francuzkiego wydania J. H. Magellana tłumaczona. Warszawa, Lebrun, 1802, 4 vol. in-8.

— * Toż. Edycya nowa. Warszawa, w drukarni Gazety Warszawskiéj i sukc. Tomasza Le Brun, 1806, 4 vol. in-8.

— * Maur. Augusta hrab. Beňowského památné příhody, na wětšším díle od něho samého sepsané, we wytah pak uwedené a přeložené od Sam. Cerňanského. W Prešpurku, 1808, in-8.

Estreicher.

— Gróf Benyovszky Móricz életrajza [par M. Jókai], saját emlékiratai és útleírásai. Képekkel, Térképekkel, Autographokkal stb. Budapest, 1887 [et seq.] Kiadja Ráth Mór. in-8.

Trad. de l'anglais; a paru en livraisons in-8.

Voir A JAL, *Dict. critique.*

∴

— -n. — Ein Blick auf die Küsten von Formosa. (*Zeitschft. f. Allg. Erdk.,* III, 1857, pp. 155/7.)

— A Boat Journey across the Northern End of Formosa, from Tam-suy, on the West, to Kee-lung, on the East; with Notices of Hoo-wei, Mangka, and Kelung. By Dr. Collingwood, F. L. S. (*Proc. Roy. Geog. Soc.,* XI, 1867, pp. 167/173.)

— Bericht über Arn. Schetelig's Reise in Formosa. (*Zeit. d. Ges. f. Erdk. zu Berlin,* nouv. Série, Vol. III, 1868, n° 17, pp. 385/97.)

— Notes of an Overland Journey from Takao to Tamsui in the early part of 1867 by Z. (*Notes and Queries upon C. et J.,* Vol. I, pp. 71/72.)

— Extrait d'un voyage du «Bourayne» commandé par M. le capitaine de vaisseau Senez, sur la côte ouest de Formose. (*Ann. Hydrog.* 1873, p. 226.)

— Visit to Tok-e-Tok, Chief of the Eighteen Tribes, Southern Formosa. By T. F. Hughes, of the Chinese Imperial Customs, Shanghai. (*Proc. R. Geog. Soc.,* XVI, 1872, pp. 265/271.)

— Notes of a Journey through Formosa from Tamsui to Taiwanfu. By Herbert J. Allen. (*Proc. Geog. Soc.,* XXI, 1876/7, pp. 258/266.)

— On a Journey through Formosa from Tamsui to Taiwanfu. By H. J. Allen. (*Geogr. Mag.,* May 1, 1877, pp. 135/136.)

— Visit to Tok-e-Tok, Chief of the Eighteen Tribes. [Southern Formosa.] — Printed in «*The Cycle*», Nos. du 7 et du 20 mai 1870. — A Visit to the Interior of South Formosa [en 1868]. — Printed in «*The Cycle*» No. du 27 août 1870. — Notice of a Journey in Southern Formosa. By J.

Thomson, F. R. G. S. (*Proc. Roy. Geog. Soc.*, Vol. XVII, 1873, pp. 144/148.)

— Notes of a Journey in Southern Formosa. By J. Thomson, F. R. G. S. [Read, March 10th, 1873.] (*Journal of the Roy. Geog. Soc.*, Vol. XLIII, 1873, pp. 97/107.) Avec une carte.

— Thomson's Reise auf Formosa. (*Globus*, XXIX, 1876.)

— H. Ritchie. Notes of a Journey in East Formosa. (*Chin. Rec.*, VI, pp. 206/211.)

— A Trip into the interior of Formosa. By T. L. Bullock. [Abridgment.] (*Proc. R. Geog. Soc.*, XXI, 1876/7, pp. 266/272.)

∴

— Journey in the Interior of Formosa. By Arthur Corner, Amoy. (*Proc. R. Geog. Soc.*, XIX, 1874—75, pp. 515/517.)

— A Tour through Formosa, from South to North. By Arthur Corner. (*Proc. Roy. Geogr. Soc.*, XXII, 1877/8, pp. 53/63.)

— A Journey in Formosa. By Arthur Corner. (*Chin. Rec.*, VII, pp. 117/128.)

∴

— C. Bridge. — An Excursion in Formosa. (*Fortnightly Review*, Aug. 1877.)

— A Ramble through Southern Formosa. By G. Taylor. (*China Review*, XVI, pp. 137/161.)

— Une Excursion dans le Sud de Formose. Par M. G. Taylor. (*R. Française de l'Ét.*, XVI, pp. 257/272.)

Trad. par L. Radiguet.

— Notes of an Overland Journey through the Southern Part of Formosa, from Takow to the South Cape, in 1875, with an Introductory Sketch of the Island. By M. Beazeley, M. Inst. C. E. (*Proc. R. Geog. Soc.*, VII, 1885, Jan., pp. 1/23; carte, p. 64.)

— Visit to Formosa. (*United Service Mag.*, 1884, II, 646.)

— Kelung. (*Soc. Bretonne Géog.*, IV, 1885, pp. 411/2, 459/462, 487/491.)

— Formose. — Iles Chusan. — Pescadores. (Ext. d'une Correspondance.) (*Ibid.*, V, 1886, pp. 30/6.)

— * G. Edge [Edes?]. A Tour through Eastern Formosa. (*Presbyterian Messenger*, Oct. 1890 — Feb. 1891.)

— Missionar G. Edes Reise durch das östliche Formosa. Von G. Kurze. (*Mitt. Geog. Ges. zu Jena*, X, 1891, pp. 22/32; XI, 1892, pp. 13/21.)

— Über eine Reise durch Formosa im Jahr 1900. Von W. Frhr. v. Richthofen — Potsdam, Oberleutnant im 3. Garde-Ulanen-Regiment. (*Zeit. Ges. Erdk. Berlin*, 1902, pp. 293/304.)

CARTES.

1968, DE $m = 0{\cdot}1$. Formosa island and Strait. *Capts. Kellett, Collinson and E. Wilds*, 1867; *corr.* 1885, 2 6.

2376, Imp. m = *Various*. Tamsui harbour, Sau-o bay, Koksikon, and Ta-kau-kon ports, 1855—67; *corr.* 1885. 1 6.

2618, A $m = 5{\cdot}0$. Ke-lung harbour. *W. Blakeney*, 1858; *corr.* 1883, 2 0.

2409, DE $m = 0{\cdot}5$. West coast of Formosa, and Pescadores channel, 1867; *corr.* 1885. 2 0.

— Voir *Cartes de l'Amirauté anglaise*, 1961, 1338, 1641, 2409, 1926, 1761, etc., *supra*, col. 143—162.

1435. Mer de Chine : 4e feuille, détroit de Formose. — J. de la Roche-Poncié, d'après les cartes anglaises. — Corr. 1878. 1 d = 128.

1436. Côtes orientales de la Chine : de Formose au Yang-Tse-Kiang. — J. de la Roche-Poncié, d'après les cartes anglaises. Corr. 1883. 1 d = 135.

3163. Côte O. de Formose et canal des Pescadores (Chine). — Carte anglaise. — 1844—1867. Pub. 1872. Corr. 1885. 1/2 m = 8.

4135. Ile et détroit de Formose. — Levés anglais . . . . 1 D = 156.

5055. Mouillages côte Ouest de Formose. Tōkō Hakutski. — Takōkō. — Levés japonais. 1896—1897 . . . 1/2 *diverses*.

5048. Ports et mouillages côte ouest de Formose. Mouillage d'Anping. — Port de Tansui. — Levés japonais. 1895—1896 — Édit. d'août 1901 . . . 1/2 *diverses*.

2896. Port Kok-si-kon (côte ouest de Formose). — Levé anglais. 1855 . . . . 1/8 m = 138.

4147. Baie de Ke-Lung (côte Nord de Formose). — Renaud et Rollet de l'Isle, 1884 . . . . 1 m = 142.

5053. Baie de So-ō (côte Est de Formose). — Levé japonais. 1896 . . . 1/2 m = 93.

4299. De Formose au Japon et îles adjacentes. — Levés anglais . . . . 1 d = 68.

— * Map of Formosa. Scale 1 : 700.000 or 11 stat. miles to an inch. Drawn for the Imperial Chinese Government. R. A. de Villard, Inspectorate General of Customs. Shanghai, 1894.

— North Formosa. By J. W. Patersson, Customs Service : 1882. (*Ret. of Trade for 1881*, p. 10.)

Trigonometrical Survey.

— Notes on the Physical Geography, Flora, Fauna, etc., of Northern Formosa, with Comparisons between that district and Hainan and other Parts of China. By William Hancock. (*Ibid.*, pp. 11/38.)

— Sketch Map of Northern End of Formosa, Showing relative positions of, and lines of communication between Taipei (capital), Twatutia [Hobé] (Treaty Port). Kelung (sub-port). (*Decen. Reports*, 1882—1891, p. 450.)

— Sketch Map of the Province of Formosa (Taiwan). 1891. (*Decen. Reports*, 1882—1891, p. 458.)

— Formosa. (*Decen. Reports*, 1882—1891, p. 468.)

Carte générale.

— Formosa. Map showing the Districts in which Sugar is produced. (*Rep. on Trade* for 1880, p. 210.)

— Takow. Scale, 3/4 Inch = 100 Feet. (*Rep. on Trade* for 1880, p. 210.)

— Takow. Scale, 3/4 Inch = 100 Feet. (*Ret. of Trade* for 1881, p. 6.)

— Plan of the Port of Tainan (Takow). (*Decen. Reports*, 1882—1891, p. 463.)

— Anping. Scale 1 inch = 500 feet. (*Decen. Reports*, 1882—1891, p. 464.)

— Plan of the Port of Tamsui. (*Decen. Reports*, 1882—1891, p. 433.)

— Plan of the Port of Kelung. (*Decen. Reports*, 1882—1891, p. 449.)

GEORGE PSALMANAZAR.

PSALMANAZAR (George) = N. F. D. de Rodes. Il est nécessaire, en traitant de l'île de Formose, de parler de cet imposteur pour mettre en garde ceux qui pourraient considérer comme un ouvrage sérieux sa description de ce pays lointain. Boucher de la Richarderie, dans sa *Bibliothèque universelle des voyages*, V, pp. 289/291, dont la valeur a été autrefois grandement surfaite, n'a cité qu'un seul ouvrage sur Formose : celui de Psalmanazar qui fournit au naïf bibliographe le sujet d'un long article sur Formose. Le repentir de Psalmanazar est aussi célèbre que son imposture; «il avait composé, pour un traité de géographie qui fut publié en 1747 (*Complete System of Geography*, 1747, ii, p. 251), l'article *Formose* uniquement afin d'avoir occasion de rétablir la vérité sur ce qui concernait cette île.»

La *Description de l'île de Formose* parut d'abord en anglais :

— An Historical and Geographical Description of Formosa, an Island subject to the Emperor of Japan. Giving an account of the Religion, Customs, Manners etc. of the Inhabitants. Together with a Relation of what happen'd to the Author in his Travels; particulary his Conferences with the Jesuits, and others, in several Parts of Europe. Also the History and Reasons of his Conversion to Christianity, with his Objections against it (in defence of Paganism) and their Answers. To which is prefix'd, a Preface in Vindication of himself from the Reflections of a Jesuit lately come from China, with an Account of what passed between them. By George Psalmanaazaar, a Native of the said Island, now in London. Illustrated with several Cuts. London : Printed for Dan. Brown, at the Black Swan without Temple-Bar; G. Strahan, and W. Davis, in Cornhill; and Fran. Coggan, in the Inner-Temple-Lane. 1704, in-8, pp. XIV-331 (ch. par erreur 131) + 4 ff. prél. p. l. tit. et la préf. + 2 ff. n. c. à la fin pour la tab.

— Deuxième édition, London, 1705 in-8.

— Description de l'ile Formosa en Asie. Du Gouvernement, des Loix, des Mœurs & de la Religion des habitans : Dressée sur les Mémoires du Sieur George Psalmanaazaar, Natif de cette Ile : Avec une ample & exacte Relation de ses Voiages dans plusieurs endroits de l'Europe, de la persécution qu'il y a soufferte, de la part des Jesuites d'Avignon, & des raisons qui l'ont porté à abjurer le Paganisme, & à embrasser la Religion Chrêtienne Reformée. Par le Sieur N. F. D. B. R. Enrichie de Cartes & de Figures. A Amsterdam, Aux Dépens d'Estienne Roger, ... MDCCV, in-12, pp. XLIV-406 + 2 ff. p. l. tab.

Trübner, Sept. 1874, ex. aux armes du Comte de Hoym 10 s. 6 d.

— Description de l'isle Formosa en Asie. Du Gouvernement, des Loix, des Mœurs & de la Religion des habitans : Dressée sur les Mémoires du Sieur George Psalmanaazaar, Natif de cette Isle : avec une ample & exacte Relation de ses voyages .... Par le sieur N. F. D. B. R. Enrichie de Cartes et de Figures. A Amsterdam. Chez Pierre Mortier, & Compagnie. MDCCVIII, in-12, pp. XLIV-406, s. l. t.

— Description dressée sur les Mémoires du Sieur George Psalmanaazaar, contenant une ample Relation de l'Isle Formosa en Asie, du Gouvernement, des Loix, des Mœurs, de la Religion de ses habitans & de ses Voyages dans plusieurs Endroits de l'Europe. Enrichie de Cartes & de Figures. A Paris, aux dépens de la compagnie, MDCCXXXIX, in-12, pp. XLIV-406, s: l. t.

Quérard, *France littéraire*, VII, 1836, p. 367, et *Supercheries littéraires dévoilées*, 2e éd., III, 1870, col. 269, cite des éditions in-12 de 1712, Amsterdam; et 1737, Paris.

«This fictitious narration, dit Allibone, written by Psalmanazar in Latin, and translated for him into English as it went through the press, was partially compiled from the genuine account of Candidius (see Churchill's Voyages, i, 503, 1704) and Dr. Varenius's Latin *Descriptio Japoniae et Siam*, &c., Amst., 1649, in-24; Canb., 1673, in-8.»

— Herrn Georg Psalmanaazaars eines gebohrnen Formosaners Historische und Geographische Beschreibung der Insul Formosa, nebst beygefügten Ursachen | Warum sich derselbe zur Christl. Religion bekannt. Mit verschiedenen Kupffern. Aus dem englischen übersetzt von Philipp Georg Hübnern. Franckfurt und Leipzig | Verlegts Daniel Walder | Buchhändl. in Augsburg ..... 1716, in-8.

— Cf. Nachrichten von einer unter dem Namen Georg Psalmanaazar bekannten Person, aus dem *Gentleman's Magazine*; dans *Neuen Bremischen Magazin* (1766), Vol. I, P. I, (Meusel).

— Beschrijving van het eijland Formosa in Asia; en der regering, wetten, zeden, godsdienst, enz. Uit de gedenkschriften van G. Psalmanaazaar. Uit het Fransch. Rotterdam, 1705, in-8.

Voir : col. 282, *supra*.

— Memoirs of ****. Commonly known by the Name of George Psalmanazar; a Reputed Native of Formosa. Written by himself in order to be published after his Death. Containing An Account of his Education, Travels, Adventures, Connections, Literary Productions, and pretended Conversion from Heathenism to Christianity; which last proved the occasion of his being brought over into this kingdom, and passing for a Proselyte, and a Member of the

Church of England. London : Printed for the Executrix. MDCCLXIV. in-8, pp. ii-364.

— Memoirs of ****. Commonly known by the Name of George Psalmanazar; a Reputed Native of Formosa. Written by himself In order to be published after his Death. Containing an Account of his Education, Travels, Adventures, Connections, Literary Productions, and pretended Conversion from Heathenism to Christianity; which last proved the Occasion of his being brought over into this kingdom, and passing for a Proselyte, and a Member of the Church of England. Dublin; Printed for P. Wilson, J. Exshaw, E. Watts, S. Cotter, J. Potts, and J. Williams. M,DCC,LXV, in-12, pp. ii-234.

— An Enquiry into the Objections against George Psalmanaazaar of Formosa. In which the Accounts of the People, and Language of Formosa by Candidius, and the other European Authors, and the Letters from Geneva, and from Suffolk, about Psalmanaazaar, are proved not to contradict his Accounts. With Accurate and authentick Maps of Formosa and the Isles adjacent, as far as Leuconia, China, and Japan. With two other very particular Descriptions of Formosa. To which is added, Ggorge [*sic*] Psalmanaazaar's Answer to Mons. D'Amalvy of Sluice, London : Printed for Bernard Lintott at the Cross-Keys between the two Temple Gates in Fleetstreet, in-8, pp. 78 + 5 ff. prél. p. le tit., l'ép., et les addenda.

Walckenaer, dans la Biog. universelle et dans «*Vies de plusieurs personnages célèbres*», Laon, 1830, II, pp. 80/99. — *Biog. générale*. — Quérard, *locis citatis*. — *Bib. Britannica*. — Brunet. — Allibone, II, col. 1701/2. — Lowndes, col. 1989. — Disraeli, *Curiosities of Literature*, 1851, 487/8. — Boswell's *Johnson*, by Croker, 1848, 2 vol. in-8, 213, 602, 720, 754. — *Handbook of Fictitious Names* by Olphar Hamst Esq. (Ralph Thomas), 1868, in-8, 104. — Philarète Chasles : *Revue des Deux-Mondes*, 1er juin 1844, article sur les pseudonymes anglais; et les *Etudes sur l'Angleterre*.

On ajoutera à la *Description de Formose* :

— * Éclaircissemens nécessaires pour bien entendre ce que le Sr. N. F. D. B. R. dit être à l'Ecluse en Flandres, par rapport à la conversion de Mr. George Psalmanaazaar, par Isaac d'Amalvi. La Haye, 1706, in-8.

— * Dialogue between a Japanese and a Formosan. London, 1707, in-8.

— J. Vinson. — Psalmanaazaar et la langue formosane. (*Revue de linguistique*, XXI, 2, pp. 191/7.)

6° *Les Étrangers à Formose.*

A. — ESPAGNOLS ET PORTUGAIS.

Voir ADUARTE, Juan de la CONCEPCION, *Estado* (1864), *El Correo Sino-Annamita*, au Chap. des MISSIONS CATHOLIQUES.

— L'île de Formose (Chine). — (*Missions cathol.*, 1877, n° 426, pp. 373/4. — 427, pp. 386/8. — 429, pp. 411/12. — Cartes et vues; — par les Dominicains de Formose.)

— Extrait d'une lettre de Mgr. Alphonse Aguilar, évêque de Thébaste et coadj. du vic. ap. du Fo-kien, à MM. les Directeurs de l'Œuvre de la Prop. de la Foi. (Trad. de l'espagnol.) Focheou-fou, 8 avril 1861. (*Ann. Prop. Foi*, XXXIV, 1862, pp. 112/117.)

RICCIO (Victor).

«Fr. Victorio Ricci, Dominico, Historia de la Mision de su Orden en la China, su Progreso, i Misioneros Ilustres, i Christianos, i Christianas Chinos de raro exemplo, i virtud heroica, que florecieron en ella, M. S. Carta de los actos, i preciosa muerte de Fr. Timoteo, que Fontana incluiò en sus *Monumentos Dominicos* el Año de 1662, en Latin : trabajò tambien en la Historia de la Provincia del Rosario, que saoò à luz Fr. Baltasar de la Cruz, 1682, fol.» (Pinelo, I, col. 111.)

— Relatio, ex Epistola quadam decerpta, quam P. Fr. Victorius Riccio, Vicarius Prouincialis Sinarum, P. Fri De Los Angeles, Prouinciali Philippinarum Ordinis Praedicatorum, transmisit : in qua referuntur ea, quae in Sinis acciderunt, et in Japonia usque ad Januarium anni 1666. (Von Murr, *Journ. zur Kunst und Litt.*, VII, 1779, pp. 252—261.)

Binondoc 15 Maii. 1666.

— Copye van eenen Brief, gheschreven van P. F. Victorivs Rixio predickheer ende Vicaris provinciael van Sina, aen P. F. de los Angelos Procureur vande Philippinen uyt de Orden vanden H. Dominicus Inden welcken verhaelt wordt het ghene dat in Sina, en Iaponien omghegaen is, aengaende de Catholijcke Religie, ende vervolginghen vanden 20. November 1661. tot de maent Ianuarius des jaers 1666. t'Antwerpen, By Michiel Cnobbaert. 1667, pièce in-12 de 11 pages.

Lettre datée : Binimda, 15 May 1666.

— Isla Formosa. — Carta de D. Fernando de Silva, Gobernador de las islas Filipinas escrita al Rey con fecha 30 de Julio de 1626, dando cuenta de la jornada que por su mandado hizo Antonio Carreño de Valdés á la isla Formosa, y del puerto que descubrió y fortificó, tomando posesión en nombre de S. M. Par Cesáreo Fernández Duro. (*Bol. Soc. geogr. de Madrid*, XII, prim. sem. 1882, pp. 142/147.)

A la suite de cette lettre, M. Duro a signalé d'autres documents.

B. — HOLLANDAIS.

Voir Cornelis MATELIEF, W. I. BONTEKOE, Seyger van RECHTEREN, O. DAPPER, au chap. des RELATIONS ÉTRANGÈRES DE LA CHINE (Hollande).

— Kort Verhael || Van d'Avontuerlicke Voyagien || en Reysen van || Paulus Olofsz. || Rotman, || Zeylende van *Batavia* na het Eylant *Tywan*, op het Fluyt-||Schip *De Koe* : waer in verhaelt wordt hoe zy door een schricke-||lijcke *Orkaen* het Schip verlooren | en met acht Mannen || daer af quamen | en veel vreemde toe-vallen in't *Ko* ‖ *ninckrijck van China* hadden | en eyndelijck be-‖houden tot Batavia weder aenquamen. ‖ [Vig.] ‖ t'Amsterdam, ‖ By Gerrit van Goedesbergh, Boeck-verkooper | op't Wa‖ter | aen de Nieuwebrugh | in de Delfsche Bybel. 1657. in-4, pp. 34 en tout.

British Museum, 1295, c, 22.

— 't Verwaerloosde ‖ Formosa, ‖ of ‖ waerachtig verhael, ‖ Hoedanigh door verwaerloosinge der Nederlanders in Oost-‖Indien, het Eylant Formosa, van den Chinesen Mando-‖rijn, ende Zeeroover Coxinja, overrompelt, ver-‖meestert, ende ontweldight is geworden. ‖ Begrepen in twee Deelen : ‖ I. Verhandelende den Aert en Eygenschap deses Eylants | en Discipline des ‖ selfs Inwoonders. Der Chinesen toelegh en Oorlogs-preparatien | om ‖ het Eylant Formosa t'overvallen; ende der Nederlanders onachtsame | ‖ geringe en zwacke voorsorge tot hun tegenweer. ‖ II. Van der Chinesen vyantlijcke overkomste op het Eylant Formosa; Hare ‖ belegeringh des Casteels Zeelandia, ende vordere Oorlogs-exploiten en-‖ de actien | geduyrende deselve belegeringh ten wederzijden voorgevallen. ‖ Hier zijn by-gevoeght ‖ eenige aenmerckelyke saken, ‖ Rakende d'oprechte gront der Sinese Wreetheyt en Tyranny, gepleeght ‖ aen de Predicanten, Schoolmeesters ende Nederlanders aldaer. ‖ Met by-gevoeghde Authentijcke Bewijsen. ‖ Alles getrouwelijck uyt deselve by een vergadert, door C. E. S. ‖ En met schoone Figuren verciert. ‖ t'Amsterdam, By Jan Claesz ten Hoorn, over 't Oude Heere Logement | en ‖ Michiel Pieters, in de Lombaert-steegh | Boeckverkoopers. 1675, in-4, 4 ff. prél. n. c. p. le front. gravé, le tit., et l'introd. + pp. 45 + 72 + 38.

Les 38 dernières pages renferment : *Authentijcke Bewijsen, Dienende tot verklaringe Van 't verwaarloosde Formosa, Behoorende tot het Eerste Deel.*

— Die von den hollandern verwarlosete und verlohrne Insul Formosa, oder Wahrhafftige Erzehlung/wie durch Nachlassigkeit der Niederlander in Ost-Indien/das Enland Formosa von dem Sinesischen-Mandarin und See-Rauber Coxinga überrumpelt/bemeistert und uberwaltiget worden.

Dans la collection d'Olearius, *Reise Beschreibung*, Hamburg, 1696, in-fol.

— Markus Paulus Venetus Reisen...... Als ook een *Verhaal van de verovering van't Eilant Formosa, door de Sinezen;* door J.V. K. B. vertaalt. Met Kopere Platen verciert. t'Amsterdam, Voor Abraham Wolfgang ... 1664, in-4, 6 ff. n. ch. + pp. 99 + 4 ff. n. ch.

— Verhaal ‖ Van de verövering van ‖ 't Eylant ‖ Formosa, ‖ Door de ‖ Sinesen, ‖ Op den 5 Julii, 1661. ‖ Uyt het Frans vertaalt, door I.V. K. B. Pièce in-4 de pp. 12.

P. 1, titre ut supra et commencement du texte.

— Relation de la Prise de l'isle Formosa par les Chinois, le cinquiesme Iuillet 1661. traduite de l'Hollandois. (*Coll. de Thévenot*, 1re partie, 1663, pp. 28/40.)

La description de l'île jointe à la relation, est de M. de La Morinière qui y avait demeuré cinq ans.

— Formose négligée ou la prise de cette Isle par les Chinois sur les Hollandois. (*Recueil des Voyages qui ont servi à l'établis. et aux progrez de la Cie des Indes Or.*, Nlle Éd., X, Rouen, 1725, pp. 202/381, in-12.)

— Formose négligée ou la prise de cette Isle par les Chinois sur les Hollandois. (*Rec. des Voiages* ..., V, Partie II, Seconde Éd., Amsterdam, Isaac Rey, 1754, pp. 528-663, in-12.)

— The Conquest of the Island Tai-wan (Formosa) by the Chinese Kosenya or Coshinga, A. D. 1662. [From the «Nippon» of Von Siebold. Translated by J. S.] [ummers.] (*Ch. & Jap. Rep.*, April 1864, pp. 424/8.)

— Formosa and Liu-Kiu. (*The Far East*, Vol. II, No. 3, pp. 51/54.)

— Fort Zelandia, Formosa. (*Ibid.*, Vol. III, p. 114, avec 1 phot.)

— Conquest of Formosa. By the Rev. John Ross. (*Ibid.*, Vol. IV, No. 7.)

— Fort Zelandia, and the Dutch Occupation of Formosa. By H. E. Hobson. (*Journ. N.C.B.R.As.Soc.*, No. XI, 1877, pp. 37/40.)

— Notes on the Dutch Occupation of Formosa. By Geo. Phillips. (*China Review*, X, pp. 123/128.)

— Dutch Trade in Formosa in 1629. Printed at the «Celestial Empire» Office, Shanghaï, br. in-8, pp. 26, avec 1 phot. Par le même.

— The Life of Koxinga. By G. P. (*China Review*, XIII, pp. 67/74, 207/213.)

— Oost-Indisch-praetjen, ‖ Voorgevallen in ‖ Batavia, ‖ Tusschen vier ‖ Nederlanders ‖ Den eenen een Koopman, d'ander ‖ een Krijghs-Officier, den derden | een Stuyrman, en den vierden ‖ of den laetsten een Kranke- ‖ besoecker. ‖ — Gedruckt in 't Jaer onses Heeren, Anno 1663. Pièce in-4, de 12 ff. n. c.

Voir *Formosaense Regeeringh, onder Nicolaes Verburgh, Gewesen Gouverneur in Tayoan, en over Formosa.*

— Borts ‖ Voyagie, ‖ Naer de Kuste van ‖ China ‖ en ‖ Formosa. ‖ By een gestelt, en Berijmt ‖ door ‖ Matthijs Cramer. ‖ t'Amsterdam, ‖ Gedruckt by Pieter Dircksx. ‖ Boeteman, op de Negelantiers ‖ graft, voorden Autheur. 1670, in-8, pp. 132, port. et 13 pl. gr.

VALENTIJN.

— Oud en Nieuw ‖ Oost-Indiën, ‖ vervattende ‖ Een Naaukeurige en Uitvoerige Verhandelinge van ‖ Nederlands Mogentheyd ‖ In die ‖ Gewesten, ‖ Benevens ‖ Eene wydluftige Beschryvinge der Moluccos, Amboina, Banda, Timor, ‖ en Solor, Java, en alle de Eylanden onder dezelve Landbestieringen ‖ behoorende; het Nederlands Comptoir op Suratte, en de ‖ Levens der Groote Mogols; ‖ als ook ‖ Een Keurlyke Verhandeling van 't wezentlykste, dat men behoort te weten van ‖ Choromandel, Pegu, Arracan, Bengale, Mocha, Persien, Malacca, ‖ Sumatra, Ceylon, Malabar, Celebes of Macassar, China, ‖ Japan, Tayouan of Formosa, Tonkin, Cambodia, Siam, ‖ Borneo, Bali, Kaap der Goede Hoop en van Mauritius. ‖ Te zamen dus behelzende niet alleen eene zeer nette Beschryving van alles, wat Nederlands Oost- ‖ Indiën betreft, maar ook 't voornaamste dat eenigzins tot eenige andere Europeërs, in die Ge- ‖ westen, betrekking heeft. ‖ Met meer dan thien honderd en vyftig Prentverbeeldingen, verrykt. ‖ Alles zeer naaukeurig, in opzigt van de Landen, Steden, Sterkten, Zeden der Volken, ‖ Boomen, Gewasschen, Land-en Zeèdieren, met alle het Wereldlyke en Kerkelyke, van ‖ d'Oudste tyden af tot nu toe aldaar voorgevallen, beschreven, en met veele zeer nette ‖ daar toe vereyschte Kaarten opgeheldert ‖ door ‖ François Valentyn, ‖ Onlangs Bedienaar des Goddelyken Woords in Amboina, Banda, enz. ‖ in vyf deelen. ‖ Te { Dordrecht / Amsterdam } by { Joannes van Braam, / Gerard onder de Linden } Boekverkoopers. ‖ MDCCXXIV. ‖ Met Privilegie.

Cinq parties en huit vol. in-folio.

Voir le vol. de cet ouvrage, IV D. 2 St., intitulé :

— Zaaken van den Godsdienst ‖ op het ‖ Eyland Java, ‖ Als ook een Beschryvingn van het Nederlandsch Comptoir in ‖ Suratte, ‖ En van de levens der ‖ Groote Mogols, ‖ Mitsgaders een Verhaal der Zaaken van China. ‖ Nevens een Beschryving van 't Eyland ‖ Formosa ofte Tayouan, ‖ en de zaaken daar toe behoorende; ‖ Waar achter gevoegt zyn des Schryvers ‖ uyt en t'huys-reyzen. ‖ Met verscheyde Teekeningen en Landkaarten, daar toe dienende, ‖ door ‖ François Valentyn, ‖ Onlangs Bedienaar des Goddelyken Woords in Amboina, Banda, enz. ‖ Vierde deels tweede Stuk. ‖ Te { Dordrecht / Amsterdam } By { Joannes van Braam, / Gerard onder de Linden, } Boekverkoopers. ‖ MDCCXXVI. ‖ Met Privilegie.

Voir p. 33 : *Beschryvinge van Tayouan, of Formosa, en onzen Handel aldaar.* Page 83 :

Liste des Gouverneurs de Tai-wan.

Dr. Maarten Sonk	1624 à	1625.
Garard Fredrikszoon de With	1625	1626.
Pieter Nuyts	1627	1629.
Hans Putmans	1629	1636.
Johan van der Burg	1636	1640.
Paulus Traudenius	1641	1643.
Maximiliaan le Maire	1643	1644.
François Caron	1644	1646.
Pieter Antoniszoon Over't Water	1646	1650.
Nicolaas Verburg	1650	1653.
Cornelis Caesar	1653	1656.
Frederik Coyett	1656	1662.

Voir, pp. 92/93 :

Liste des Missionnaires protestants à Tai-wan.

Georgius Candidius	1627 à	1631.
Robertus Junius	1629	1641.
Georgius Candidius	1633	1637.
Assuerus Hoogesteyn	1636	1637.
Joannes Lindeborn	1637	1639.
Gerardus Leeuwius	1637	1639.
Joannes Schotanus	1638	1639.
Joannes Bavius	1640	1647.
Robertus Junius	1641	1643.
N. Mirkinius	1641	
Simon van Breen	1643	1647.
Joannes Happartius	1644	1646.
Daniel Gravius	1647	1651.
Jacobus Vertrecht	1647	1651.
Antonius Hambroek	1648	1661, décapité.
Gilbertus Happartius	1649	1652.
Joannes Cruyf	1649	1662.
Rutger Tesschemaker	1651	
Joannes Ludgens	1651	
Gulielmus Brakel	1652	
Gilbertus Happartius	1653	
Joannes Bakker	1653	
Abrahamus Dapper	1654	
Robbertus Sassenius	1654	
Marcus Masius	1655	1661.
Petrus Mus	1655	1662.
Joannes Campius	1655	1662.
Hermannus Buschhof	1655	1657.
Arnoldus a Winsem	1655	1662.
Joannes de Leonardis	1656	1662.
Jacobus Ampzingius	1656	1662.
Gulielmus Vinderus	1657	1659.

On a donné à la Haye en 1856-58 une reproduction abrégée des trois premiers volumes du grand ouvrage de Valentijn : Oud en Nieuw Oost-Indiën. Met aanteek., in houdregisters, chronolog. lijsten, enz. Uitgeg. d. S. Keijzer. 's Gravenh., 1856-58, 3 vol. gr. in-8.

— Lijst der Nederl. Landvoogden van Taijouan (Formosa) door J. P. C. Van der Mark. (*Tijdschft. v. Ind. Taal...*, XVI, 1867, p. 259.)

— Notices of Formosa, gleaned from the works of François Valentyn. Published at Amsterdam, 1726. From a Correspondent. (C. G. Gützlaff.) (*Ch. Rep.*, VI, april 1838, pp. 583/589.)

— Voyages and Travels into Asia. — Book I. Voyages and Travels in the Empire of

China. (Astley's *Col. of Voyages*, Vol. III, London, 1746):

Chap. I. The Embassy of Peter de Goyer and Jacob de Keyzer... by John Nieuhoff, pp. 399/431.

Chap. II. The Embassy of John Van Campen and Constantine Noble to Sing la mong... By Arnoldus Montanus, pp. 431/440.

Chap. III. The Expedition of the Dutch for recovering Formosa, in conjunction with the Tartars, pp. 441/455.

Chap. IV. The Embassy of the Lord Van Hoorn to Kanghi, Emperor of China and Eastern Tartary, pp. 455/483.

Chap. V. A narrative of the Dutch Embassy en 1655; With the Arts used by the Jesuits to defeat it, pp. 483/491. [Pris d'Ogilby, 1673, I, p. 299.]

Chap. VI. The first Attempts of the Dutch to trade in China, and Settlement at Tay wan. Now first translated from the French, pp. 492/498. [Rechteren, d'après le vol. V du *Recueil de Voy. aux I. O.*]

— Vies des Gouverneurs généraux, avec l'Abrégé de l'histoire des Établissemens hollandois aux Indes Orientales; Ouvrage où l'on trouve l'origine de la Compagnie des Provinces Unies, ses premiers Traités de Commerce, la Fondation de Batavia, les deux Siéges mémorables de cette Ville, les Conquêtes des Hollandois aux Moluques, à Amboine, Banda, Macassar, Ceylan, Malabar, &c., leurs Guerres, leurs Alliances, leurs Progrès, leurs Désastres, la Perte de Formose, les Rebellions des Insulaires d'Amboine, de Macassar et de Java, les Différends de la Compagnie avec d'autres Nations Européenes, le Soulevement & le Massacre des Chinois à Batavia, & en général tous les Événemens, publics ou particuliers, dignes de remarque, relatifs aux Affaires des Indes, arrivés depuis un Siècle & demi, jusqu'à nos jours, & rapportés, année par année, sous l'Administration de chacun des Chefs de la Nation Hollandoise en Asie; Orné de leurs Portraits en Vignettes au naturel, Enrichi de plusieurs Cartes, Plans & Figures nécessaires, & suivi des Considérations sur l'État présent de la Compagnie par Monsieur le Baron d'Imhoff, ci-devant son Gouverneur Général aux Indes Orientales. Par J. P. I. Du Bois, Secrétaire Privé d'Ambassade de S. M. le Roi de Pologne, Électeur de Saxe, en Hollande. A la Haye, Chez Pierre de Hondt, MDCC.LXIII, in-4.

Il y a des ex. en grand papier.

— Leven der Gouverneurs generaal van Nederlands-India; uit het Fransch. Amsterdam, 1765, in-4.

— Analyse de quelques mémoires hollandais sur l'île de Formosa; par le Rédacteur. (*Annales des Voyages*, publiées par Malte-Brun, VIII, 1810, pp. 344/375.)

Avec une carte par P. Lapie, géographe, 1809.

— Het Eiland Formosa in de Chineesche Zee door Dr. Jos. Bechtinger, doctor in de genees-en heelkunde, verlos-en oogheelkundige, lid van de geneeskundige faculteit te Weenen en Mexico, van verschillende andere geneeskundige vereenigingen ..... Batavia, Handelsdrukkerij, Bruining et Wijt, 1871, in-4, à 2 col., pp. 20 + 2 ff. prél. p. le titre et la préf.

— Der Seezug der Holländer, das Eyland Formosa in Vereinigung mit den Tartarn wieder zu erobern. (J. J. Schwabe, *Allg. Hist. d. Reisen*, Bd. V, 1749, pp. 300/324.)

— Erste Versuche der Holländer, nach China zu handeln, und ihr Handelssitz zu Taywan. Jetzo zuerst aus dem Französischen übersetzt. (J. J. Schwabe, *Allg. Hist. d. Reisen*, Bd. V, 1749, pp. 393/403.)

— Eine vergessene holländische Colonie. Von Dr. Frantz Ritter von Le Monnier. (*Revue Coloniale Internationale*, I, Nov. 1885, Amsterdam.)

— De Betrekkingen tusschen Nederland en China volgens Chineesche Bronnen. Door Prof. G. Schlegel. — Overgedrukt uit de *Bijdragen tot de Taal-, Land- en Volkenkunde van Ned.-Indië*, 5e volgr., VIIIe deel., br. in-8, pp. 32.

— De Nederlanders in China door W. P. Groeneveldt. — Eerste Deel. — De eerste bemoeiingen om den handel in China en de vestiging in de Pescadores (1601—1624). — Overgedrukt uit de *Bijdragen tot de Taal-, Land- en Volkenkunde van Ned.-Indië*, 6e Volgr., deel IV. — S. Gravenhage. Martinus Nijhoff. 1898, in-8, pp. VI + 1 f. n. ch. + 598.

Forme le Vol. 48 des *Bijd. Taal-, Land en Volk. Ned. Indië*, 1898.

Notice par G. Schlegel, *T'oung Pao*, VIII, 1897, pp. 518/531.

MISSIONS.

— Archief voor de Geschiedenis der Oude Hollandsche Zending. — Utrecht, C. van Bentum, 1884-1891, 6 vol. in-8.

I. Aanteekeningen uit de Acta der Provinciale Synoden van Noord-Holland. 1884. — II. Aanteekeningen uit verschillende Synodale en classicale Acta. 1885. — III. Formosa. 1628-1643. 1886. — IV. Formosa. 1643-1661. Met Register op de vier deelen. 1887. — V. de Molukken. 1603-1624. — VI. de Molukken. 1625-1638.

— Biographisch Woordenboek van Oost-Indische Predikanten, door C. A. L. van Troostenburg de Bruijn, Predikant te Heeze (nabij Eindhoven). Nijmegen, P. J. Milborn, 1893, in-8, pp. VII-521.

— Of the ‖ Conversion ‖ of ‖ Five Thousand and Nine Hundred ‖ East-Indians, ‖ In the

Isle Formosa, ‖ neere China, ‖ To the Profession of the true God, in ‖ Jesus Christ; ‖ By meanes of M. Ro : Junius, a Minister ‖ lately in Delph in Holland. ‖ Related by his good Friend, M. C. Sibellius, Pastor ‖ in Daventrie there, in a Latine Letter. ‖ Translated to further the Faith and Joy of many ‖ here, by H. Jessei, a Servant of ‖ Jesus Christ. ‖ With a Post-script of the Gospels good ‖ Successe also amongst the ‖ West-Indians, ‖ in New-England. ‖ Isai. 49. 12..... ‖ Imprimatur, Joseph Caryl. ‖ London, ‖ Printed by Iohn Hammond, and are to be sold at his house ‖ voer-against S. Andrewes Church in Holborne; and ‖ in Popes-Head-Alley, by H. Allen, 1650, in-4, pp. 38 + 4 ff. n. c. au com. pour le titre, et la préf. de H. Jessei; + 1 f. n. c. à la fin pour les errata.

British Museum, E, 614.

— * Leerstukken en Preeken in de Favorlangsche Taal (Eiland Formosa) vervaardigd door Jac. Vertrecht. — Afgedrukt naar een Handschrift uit de reventiende eeuw, toebehoorende aan het *Bataviaasch Genootschap van Kunsten en Wetenschappen.* Batavia, Landsdrukkerij, 1888, gr. in-8, pp. 124.

— An Account of Missionary Success in the Island of Formosa published in London in 1650 and now reprinted with copious appendices by Rev. Wm. Campbell, F. R. G. S. English Presbyterian Mission Taiwanfoo. In two volumes. London, Trübner & Co.. 1889. 2 vol. pet. in-8, pp. 1 à 330*, 331 à 670.

Notice : *China Review*, XVII, No. 6, pp. 301/2, by C. R. H.

— Het Heylige ‖ Euangelium ‖ Matthei ‖ en ‖ Johannis ‖ Ofte ‖ Hagnau ‖ Ka d'llig Matiktik, ‖ Ka na sasoulat ti ‖ Mattheus, ‖ ti Johannes appa. ‖ Overgeset inde Formosaansche tale, voor de Inwoonders van Soulang, ‖ Mattau, Sinckan, Bacloan, Tavokan, en Tevorang. ‖ t'Amsterdam, ‖ By Michiel Hartogh, Boeck-verkoper, inde Oude Hooghstraat, ‖ inde Boeck- en Papier-winckel, 1661, in-4, pp. XVI—ff. 87.

— The Gospel of St. Matthew in Formosan (Sinkang Dialect) with corresponding versions in Dutch and English edited from Gravius's edition of 1661 by Rev. Wm. Campbell, M. R. A. S. English Presbyterian Mission Taiwanfoo. London, Trübner, MDCCCLXXXVIII, in-4, pp. XVI + ff. 87.

Réimp. de l'ouvrage précédent d'après l'ex. unique conservé à l'Université de Leyde.

(Formose.)

Notice : *China Review*, XVII, No. 6. p. 362, by E. J. E. [itel].

— *Formosan Version* [of the Holy Scriptures], «The island of Formosa fell into the hands of the Dutch, who expelled the Portuguese thence, in 1651. During their eleven years' possession of it, Robert Junius, a native of Delft, preached the Gospel to the inhabitants, and it is said with great success. For their use, the Gospels of Matthew and John were translated into the Formosan language, and printed at Amsterdam, with the Dutch translation, in 1661, in quarto. But the Dutch being expelled from that island by the Chinese in 1662, the Formosan version was discontinued : and in all probability the Formosans never received any benefit from the work just noticed.» (T. H. Horne, *Introd. to the Critical study and knowledge of the Holy Scriptures*, 9th ed., Vol. V, 1846, p. 135.)

— Relation de l'état de l'île Formose, écrite en 1628 par Geo. Candidius, ministre du S. Evangile, envoyé dans cette île pour la propagation de la foi chrétienne. (*Rec. des voyages de la Cie. des Indes,* IX, p. 209.)

— A short Account of the Island of Formosa in the Indies, situate near the Coast of China; and of the Manners, Customs, and Religions of the Inhabitants. By George Candidius, Minister of the Word of God in that Island. [From the High Dutch], pp. 404/411, Vol. I, *Churchill's Collection of Voyages,* 3rd ed., 1744.

— A Description of the Isle of Formosa, situate on the coast of *China* in the East-Indies; first written by Mr. George Candidius, a Dutch Minister, who resided at the Factory of that Nation, in the Aforesaid Island, a considerable time; now Abridg'd. (*Harris' Coll.*, II, App., p. 40.)

— * Soulat i A. B. u. s. f. Katechismus in Formosanischer Sprache d Robert Junius. Delft, 1645, in-12, pp. 24.

Cité par Adelung, *Mithridates*, I, p. 578, et d'après lui par Terrien de Lacouperie, *Formosa Notes*, p. 26.

— * Daniel Gravius. Patar ki Tna'-'msing an ki Christang. Formos. et Belg. Amst. 1662, in-4.

Bib. Brit., 1, 435*x*.

— Dictionary of the Favorlang Dialect of the Formosan Language, by Gilbertus Happart : Written in 1650. Translated from the Transactions of the Batavian literary Society : By W. H. Medhurst. Batavia : Printed at Parapattan. 1840, in-12, pp. 383.

On lit dans l'introduction : «The following dictionary was found by the Rev. W. R. van Hoëvel amongst the archives of the Church Council at Batavia..... It bore the title of «Favorlang woord boek, by Gilbertus Happart, 1650».

On lit à la p. 383 : «Appended to the above Dictionary, in the Volume of Transactions of the Batavian Literary Society from which the translation now given is made, is a tract from the pen of the late Dr. Van der Vlis, exhibiting a list of words, professing to be of Sideish-Formosan origin, extracted from the Asiatic Journal of Paris, of October 1822, by Klaproth, and copied from an original work published by Dan. Gravius, who is said to have laboured as Dutch preacher in Formosa between the years 1647 and 1651. Klaproth has since published a description of the island of Formosa, in which he gives 390 words more. The above-named Dr. Van der Vlis has also cited a manuscript found in the University of Utrecht, containing 1072 Formosan words, which agree in many respects with those extracted from the work of Gravius.»

Pub. : à Dol. 2.

— «The original work of Gilbertus Happart occupies nearly the whole of the 18th volume of the «Verhandelingen van het Bataviaasch Genootschap van Kunsten en Wetenschappen; «but

(Formose.)

Medhurst's translation appeared before the completion of the above-named volume, which is dated 1842.» (*Mem. of Prot. Miss.*, p. 37.)

Gilbert Happart a été miss^e à Formose de 1649 à 1652 et de 1653 à 1656. (Valentyn, *l. c.*, p. 93.)

— * The Articles of Christian Instruction in Favorlang-Formosan, Dutch and English from Vertrecht's Manuscript of 1650, with Psalmanazar's Dialogue between a Japanese and a Formosan, and Happart's Favorlang Vocabulary. Edited by Rev. Wm. Campbell. M. R. A. S., English Presbyterian Mission, Tainanfu. London : Kegan Paul & Co., 1896, pp. xx-200.

Notice : *Journal R. A. S.*, Jan. 1897, pp. 140/2, par T. W.[atters].

— * J. J. van Toorenenbergen. De Nederlandsche Zending op Formosa, 1624-1661. (*De Gids*, LVI, III, pp. 31/68.)

C. — LES FRANÇAIS.

— L'Amiral Courbet d'après les papiers de la Marine et de la famille, par Emile Ganneron, Secrétaire-rédacteur au Sénat. Paris, Lib. Léopold Cerf, in-18, pp. VI-372.

— Les gages nécessaires (Yun-nan, estuaire du Yang-tse, Hainan, Formose), par E. Raoul, Secrétaire Général-Adjoint de la Société Française de Colonisation. Première partie, *Formose*. Brest, imprimerie Gadreau; Paris, Challamel aîné, 1885, in-8, pp. 101.

Sur la couverture, on lit : Les gages nécessaires, Formosa «la belle» par E. Raoul, Pharmacien de 1re classe de la Marine au Corps expéditionnaire de Formose.

— L'Artillerie de la Marine à Formose, par H. de Poyen-Bellisle, colonel d'artillerie de la Marine. Paris, L. Baudoin, 1888, in-8, pp. 112, 4 planches, 3 f. 50.

— Histoire chirurgicale de la guerre au Tonkin et à Formose (1883-1884-1885) par le Dr H. Nimier, Médecin-major, professeur agrégé au Val-de-Grâce. Paris, G. Masson, 1889, in-8, pp. 178.

— Jean Dargène. — L'Amiral Courbet et l'escadre d'Extrême-Orient. (*Bul. Soc. Géog. com. Bordeaux*, 1890, pp. 258/261.)

— L'expédition française de Formose 1884—1885 par Le Capitaine Garnot du 31e d'infanterie. — L'Ile de Formose. — Premières opérations contre Formose. Occupation de Kelung. — L'échec de Tamsui. — L'installation à Kelung. La fièvre algide. — Reprise des opérations actives devant Kelung. Arrivée du colonel Duchesne. — L'arrivée des renforts. — L'affaire du 10 janvier. Les combats du 25 au 30 janvier. — Les Postes avancés. Les combats de mars. — La prise des Pescadores. — L'armistice. La mort de l'amiral Courbet. — Le traité de paix. — L'évacuation. — Avec 30 gravures et un atlas de 10 cartes en couleurs. Paris, Ch. Delagrave. — 1894, in-8, pp. 10 + 234 + 3 f. n. c.

On lit sur la couverture extérieure : L'expédition française de Formose 1884—1885 par Le Capitaine Garnot du 31e d'infanterie. — Avec 30 gravures hors texte et un atlas de 10 cartes en couleurs. Paris, Ch. Delagrave.

— Capitaine Garnot. — L'expédition française de Formose 1884—1885. — Atlas (10 cartes, dont 9 en couleurs et une Vue panoramique en noir) : 1. Ile et Détroit de Formose. (D'après les Cartes du dépôt de la Marine.) — 2. Le Nord de Formose, échelle du $\frac{1}{463,000}$. — 3. Environs de Kelung, échelle du $\frac{1}{40,000}$. (Région qui fut occupée par le corps expéditionnaire, en 1884—1885.) — 4. Kelung, échelle du $\frac{1}{10,000}$. — 5. Panorama de Kelung. — 6. Entrée du port de Tamsui (Combat du 8 octobre 1884), échelle du $\frac{1}{20,000}$. — 7. Les lignes de l'Ouest, échelle du $\frac{1}{10,000}$. — 8. Le secteur Sud, le fort Tamsui, échelle du $\frac{1}{15,000}$. — 9. Les Positions Sud et Sud-Est de Kelung, échelle du $\frac{1}{15,000}$. — 10. Les Pescadores (Mouillages intérieurs et île Ponghou), échelle du $\frac{1}{60,000}$. — Paris, Ch. Delagrave, in-4.

— Une expédition française à Formose. Par Georges Demanche. (*Rev. Franç. de l'Étranger et des Colonies*, Paris, 1895, XX, pp. 220/8.)

— Commandant Thirion. — L'expédition de Formose. (Souvenirs d'un soldat.) Paris, Charles-Lavauzelle, s. d. [1897], in-8, pp. 102.

Voir : RELATIONS *de la France et de la Chine*.

D. — CHINOIS ET JAPONAIS.

— The History of Formosa under the Chinese Government. By Georg Kleinwächter. (*China Review*, XII, pp. 345/352.)

— The Maritime Wars of the Manchus. By E. H. Parker. (*China Review*, XVI, N° 5, March-April 1888, pp. 276/285.)

Conquête de Formose, d'après le *Cheng Wou ki* 聖武記, de Wei-youen 魏源.

— Histoire de la conquête de Formose par les Chinois en 1683. Traduite du chinois et annotée, par M. Imbault-Huart. Paris, Ernest Leroux, 1890, br. in-8, pp. 60, carte.

Tirage à part du *Bulletin de Géographie historique et descriptive*, du Ministère de l'Instruct. publique. — D'après Wei-youen.

— Remarks on Formosa, respecting the rebellion of Choo Yihkwei, with suggestions for quelling insurrections, and for the improvement of the island. From the works of Luhchow. By E. C. Bridgman. (*Ch. Rep.*, VI, Jan. 1838, pp. 418 et seq.)

— Native description of Formosa (traduction du chinois par 錫) (*N. and Q. on C. and J.*, vol. II, p. 23/24.)

— Plan de la ville de Tae-Wan-Fou et de la plaine de An-Ping (Formose) levé et dressé sous la direction de Messieurs P. Giquel et L. Dunoyer de Segonzac officiers de marine par Messieurs Oue-Han, Tcheng-Tchenn, Tcheng-Tshing-Lien, Tchenn-Tchiao-Gnao, Ling-King-Sing, Ling-Je-Tchang, élèves de l'Arsenal de Fou-tcheou et publié avec l'autorisation de S. E. le Commissaire Impérial Shen-Pao-Tchen. 1874-75.

Cette carte à l'échelle de 1/10000 était déposée au bureau de la Direction de la Mission chinoise à Paris. On a fait d'après cette carte originale deux cartes publiées dans le volume d'Imbault-Huart.

— 事紀台征 The Japanese Expedition to Formosa by Edward H. House. Tokio. 1875, gr. in-8, pp. XIII-231.

L'ouvrage se compose de 37 chapitres suivis d'un Appendice. Il est en faveur des Japonais. On le trouve difficilement, l'édition, nous a-t-on dit, ayant été achetée par le gouvernement japonais, peu de temps après la publication.

Les premiers chapitres ont paru sous forme de lettres dans le *New York Herald* (1874).

Il a paru dans «*The Spectator*» (Londres, août 28, 1875, pp. 1088-1089), un article sur l'expédition japonaise intitulé «The Island of Formosa», qui est basé principalement sur l'ouvrage de Mr. House.

Le texte anglais et chinois de la Convention sino-japonaise du 31 Octobre 1874 a été imprimé dans le *N. C. Herald*, 26 Nov. et 10 Déc. 1874.

— Is Aboriginal Formosa a part of the Chinese Empire? an unbiassed Statement of the Question, with eight maps of Formosa. Shanghai, Lane, Crawford & C°, 1874, pet. in-fol., pp. IV-20.

Ce Mémoire du Général Chas. W. Legendre avait paru sans les cartes dans *The Celestial Empire*, vol. I, p. 213.

— General C. W. Le Gendre. (*The Far East*, vol. III, pp. 87/94, 1 phot., 96/101.)

— Reports on Amoy and the Island of Formosa, by C. W. Legendre, U. S. Consul at Amoy. Washington : Government Printing Office, 1871, br. in-8, pp. 50.

— General Remarks on the Products and Natives of Northern and Central Formosa. Extracted from the official Report of Chs. W. Legendre Esq., U. S. Consul at Amoy, dated March 7th 1870. (*Shanghai News-Letter*, April 11, 1870.)

Revue Mar. et Col., oct. 1874.

— Général Legendre : on trouvera le récit de sa première visite dans l'intérieur de Formose dans la *U. S. Diplomatic Correspondence* for 1868.

— L'expédition japonaise à Formose en 1874. Par A. de Saint-Quentin, ministre plénipotentiaire. (*Rev. Brit.*, avril 1884, pp. 265/290.)

— Proposed administrative changes in Formosa. By G. M. H. Playfair. (*Journ. C. B. R. A. S.*, XXI, N. S., 1886, pp. 105/106.)

— Der Aussenhandel Formosas im Jahre 1897. (Bericht des k. u. k. Consulates in Yokohama.) (*Oesterr. Monats. f. d. Orient*, Wien, 1898, pp. 130/2.)

— Unsre geographischen Kenntnisse von der Insel Taiwan (Formosa). Von Dr. N. Yamasaki aus Japan. (*Petermanns Mitt.*, XLVI, 1900, pp. 221/234, carte.)

— Formose. Par M. V. K. (*Le Mouv. géog.*, 1900, col. 577-581.) D'après N. Yamasaki.

— Formose. Par J. Deniker. (*La Géographie*, 15 mars 1901, pp. 214/217.) D'après N. Yamasaki.

— Eine wissenschaftliche Gesellschaft in Taiwan (Formosa). Von R. Lange. (*Mitth. d. Seminars f. Orient. Sprachen*, Jahrg. 5, 1 Abt., 1902, pp. 152—154.)

Banjō kenkyū k(w)ai 蕃情研究會, à Tam choui 淡水.

Notice : *Bul. Ecole franç. Ext. Orient*, III, 1903, p. 351.

— Formose sous l'administration japonaise en 1901. (*Bul. Comité Asie française*, Déc. 1902, pp. 528/534, carte; réimp. *Revue Indo-Chinoise*, 2 mars 1903, pp. 195/9.)

— Formosa under the Japanese : Being Notes of a Visit to the Taichu Prefecture. By Rev. W. Campbell, F. R. G. S. English Presbyterian Mission, Tainan. — Read at a Meeting of The Royal Scottish Geographical Society. On 29th May, 1902. — Helensburgh : Printed by J. Lamont, s. d. [1902], in-8, pp. 30.

— Formosa under the Japanese : Being Notes of a Visit to the Taichu Prefecture. By Rev. W Campbell. (*Scottish Geog. Mag.*, XVIII, 1902, pp. 561/576.)

— Trade of South-Formosa for the years 1900 and 1901. Foreign Office, Annual Series No. 2796, Japan, May 1902, in-8, pp. 27.

— L'œuvre du Japon à Formose. Par Aurélien Valade. (*Revue Politique et Parlem.*, 10 février 1903, pp. 247/262.)

— La population de Formose. (*Mouv. géog.*, 1903, col. 34.)
En 1899, 33120 japonais, 2.725.041 indigènes.

10° *HOU PÉ* 湖北.

— Topography of the province of Hupeh; list of its departments and districts; description of its principal towns, notice of its rivers, lakes, productions, &c. By S. Wells Williams. (*Chinese Rep.*, XIX, pp. 97 et seq.)

— Wu-chang. By Rev. E. Bryant. (*Miss. Rec.*, 1867, pp. 83/4.)

— Letter from Baron von Richthofen on the Province of Hupeh. Printed at the «Shanghai Evening Courier» Office, 1870, br. in-fol., pp. 5.

— The Same. Printed by F. & C. Walsh.... 1874, in-fol. — Let. datée de «March 27th, 1870, on the Han River, near Fan-ching, province of Hupeh».

Voir : *Han*, Rivière, *supra*, col. 129.

— E. L. Oxenham. History of Han yang and Hankow. (*China Review*, I, pp. 366/370; II, pp. 98/103, 282/6.)

— Voir dans le *Shanghai Budget*, mars 20, 1873, un long art. signé Kung-Mao-Tsze sur le 歸元 situé sur le versant occidental «Kuei - yuen Temple» de la colline de Han-yang, entre la ville de ce nom et le fleuve Han.

— The Hankow Dialect. By E. H. Parker. (*China Rev.*, II, pp. 308/312.)

— Animal, Fossil, Mineral & Vegetable Products. Consular District of Ichang in the Province of Hupeh, China. By Christopher Thomas Gardner, Esq. H. B. M.'s Consul. (*Jour. China Br. R. As. Soc.*, N. S., XIX, Pt. I, 1884, Art. I, pp. 1/26.)

— The Yang-tse Gorges and rapids in Hu-pei. By E. H. Parker. (*China Review*, IX, pp. 173/184.)

— Plan of the Port of Hankow by J. W. Patersson. (*Decen. Reports*, 1882—91, p. 167.)

— A Mountain District of Central China. By E. G. Hillier. (*Jour. Manchester Geog. Soc.*, VI, 1890, pp. 370/8.)

— Les trois Villes de l'Embouchure du Han. — Infanterie Coloniale française. — Bataillon de Chang-Haï... Capitaine Gadoffre. Lithographié par le soldat Lorinet. — Tiré par le soldat Bérard. 15 Août 1902. Echelle : 1/50.000. Une feuille.

— Quelques notes sur le port de Han-kéou. Par E. G. Amaury. (*Bul. Comité Asie franç.*, Juin 1902, pp. 246/253; réimp. *Rev. Indo-chinoise*, 201, 25 août 1902, pp. 777/783.)

— Morning Walks around Hanyang. By Rev. W. Arthur Cornaby. (*East of Asia*, I, No. 3, pp. 262/268.)

— La grande industrie en Chine. Han-yang. (*Le Mouv. géog.*, 1901, col. 39-40.)

— Plan of the Port of Ichang to accompany the Ichang Decennial Trade Report, 1882—91. Surveyed by Thos. Ferguson, 4th Ass. *A*, 31st August 1892. Scale : 15 inches = 1 statute mile. (*Decen. Reports*, 1882—91, p. 129.)

11° *HOU NAN* 湖南.

— Topography of the province of Húnán; its area, population, &c. By S. Wells Williams. (*Chinese Rep.*, XIX, pp. 156 et seq.)

— Letter from Baron Richthofen on the Province of Hunan. Printed at the «Shanghai Evening Courier» office 1870, in folio, pp. 12.

— The Same-Shanghai : Re-printed at the «Ching-Foong» Printing Office, 1872, in-folio, pp. 12.

Cette lettre avait paru dans le «*Shanghai Evening Courier*», April 1, 2, 4, 1870.

— Schreiben des Freiherrn Ferdinand von Richthofen über seine Reisen zur Grenze von Korea und in der Provinz Hu-nan. (*Zeit. d. G. f. Erdk.*, V, 1870, pp. 317/331.) — Bericht des Herrn v. Richthofen über die Provinz Hunan. Von W. Koner. (*Ibid.*, pp. 331/339.)

— Chas. H. Judd, 1877. Voir VOYAGES.

— Hunan : a Record of a Six Weeks' Trip. (*N. C. Herald*, 1891, June 12, pp. 728/9, 19, pp. 773/5; July 3, pp. 22/3, 10, pp. 57/59, 17, pp. 88/91.)

— Hunan : A Record of a Six Weeks' Trip. (*Anti-Foreign Riots in China in 1891*, Shanghai : 1892, App., pp. 269/304.)

Avait paru dans le *N. C. D. News* et dans le *N. C. Herald*, June and July, 1891, supra.

— Another Visit to Hunan. By Griffith John. (*N. C. Herald*, 6 June 1900.)

— Province of Hunan. Reproduced from the Chinese Atlas 皇朝直省地輿全圖. (*Ret. of Trade* for 1899, II, p. 152.)

— Visite du lac Toung-ting, par le *Lutin*, voir RELATION ÉTRANGÈRE, *France*.

— H. A. Bach. — De Kan-Chou-Fu au District de Nan-an. (*Chine et Sibérie*, 1900, Mars, pp. 135/7; Avril, pp. 176/179.)

— Voir Capt. A. M. S. Wingate, *infra*, YUN-NAN.

— Ouverture du port de Yao-tchéou et ressources du Hunan. (*Le Mouv. géog.*, 1900, col. 35.)

— * An American Engineer in China. By W. Barclay - Parsons. New - York, McClure, Phillips & Co., Map and Illustrations.

— Les voies de communication intérieures en Chine. (*Le Mouv. géog.*, 1901, col. 16—18.)

D'après Barclay-Parsons.

— Hunan — the closed Province of China. By William Barclay Parsons. (*National Geog. Mag.*, XI, 1900, pp. 393/400.)

— Le Commerce du Hou-nan. (*Bul. Comité Asie franç.*, Juillet 1902, p. 321.)

12° *KOUANG TOUNG* 廣東.

— Analysis of the Che-Choo (Geography), of the Province of Canton. Translated from a French Ms. (*Canton Miscellany*, No. 3, pp. 142/7. — No. 4, pp. 240/5.)

— Topography of Kwang tung; situation, &c., by E. C. Bridgman. (*Chinese Rep.*, XII, pp. 89 et seq.)

— *Kwangtung Tung-chi*, or a General Historical and Statistical Account of the province of Canton — *Kwangtung Tung sang shuitáu Tú*, or Map of the entire Province of Canton. By E. C. Bridgman. (*Ibid.*, XII, pp. 309 et seq.)

— Topography of the Province of Canton: notices of the islands from the borders of Fukien to the frontiers of Cochinchina, by E. C. Bridgman. (*Ibid.*, XII, pp. 477 et seq.)

— List of persons holding office in the province of Kwang tung, over the general government, over the civil and military divisions, over the Tartars, and over the commercial department. Compiled from the Court Calendar of October 1835. By J. R. Morrison. (*Ch. Rep.*, IV, Mars 1836, pp. 529 et seq.)

— Memorial on the condition of Kwangtung by J. R. Morrison. (*Ibid.*, VI, April 1838, pp. 592/605.)

— *Yue tung Tung kwan Lu*, or a Catalogue of the Officers in the province of Kwángtung or Canton. Noticed by a Chinese Student. [Liang Tsin-teh.] (*Chin. Rep.*, XII, pp. 505/513.)

Ce catalogue est publié annuellement en un volume in-8.

— Souvenirs de Chine. Une excursion de Canton à Whampoa. Par C. A. de Challaye. (*Rev. de l'Orient*, V, 1844, pp. 302/4.)

— A Short account of a visit to the hot springs of Yong-Mak [雍陌], by J. C. Bowring. (*Trans. China Branch Roy. As. Soc.*, 1847, Art. II, pp. 15/19.)

— A short account of a visit to the Hot Springs of Yungmak by J. C. Bowring. — Extracted from the *Transactions of the China Branch of the R. A. Soc.*, for 1847. (*Ch. Rep.*, XVIII, pp. 86/90.)

— A Trip to the hot springs of Yung-Mak. By A. N. B. (*Chin. Rev.*, IV, pp. 130/4.)

— A Sketch of the Province of Kwang-Tung, showing its division into Departments, and the subdivision of those latter into Districts by Thos. Taylor Meadows. (*Desultory Notes*, London, 1847, col. 83.)

— Notice of a trip to Fuhshan, in a Chinese fast-boat, on the 12th of March 1847. Written for the Repository by one of the Visitors. [J. G. Bridgman.] (*Chinese Rep.*, XVI, pp. 142 et seq.)

— A passage along the Broadway River from Canton to Macao. — Description of the Silk territory of Shunte. By M. Isidore Hedde. (*Ibid.*, 1848, XVII, pp. 423 et seq.)

— A Notice of the Sanon district by the Rev. M. Krone. Read before the Society, Febr. 24th 1858. (*Trans. China Br. R. As. Soc.*, Part. VI, 1859, Art. V, pp. 71/105.)

— Trip from Canton to the Coal Hills of Fayune. (*N. C. Herald*, No. 596, déc. 28, 1861.)

— Eine Fahrt auf dem Ostfluss in der Provinz Canton. (*Petermann's Mitt.*, 1862, pp. 161/4.)

— A Sketch of the Geology of a Portion of Quang-tung Province, by Thos. W. Kingsmill. (*Journ. N. C. B. R. A. S.*, New Series, II, Déc. 1865, pp. 21/38.)

— The Geology of Kwangtung. Being notes on a paper read by Thos. W. Kingsmill before the North China Branch of the Royal Asiatic Society, and published in the Journal thereof. *New Series*, No. 2, December 1865 «par Cantoniensis» (*Notes and Queries on C. & J.* —, Vol. 1. No 1, pp. 4/6.) Mr. Kingsmill a répondu à cet article dans une note insérée pp. 12-13 de la même publication.

— Missionary Visit to Ch'ao Choo Foo. By G. S. (*Miss. Rec.*, 1867, pp. 34/36, 67/70.)

— A Visit to the City of Sun-Oey. By Rev. I. J. Roberts. (*Ibid.*, pp. 2/3.)

— Ancient Pearl Fisheries in the Province of Kwang-Tung (by W. F. Mayers, No. I, pp. 1—2, *Notes & Q. on C. & J.*)

— Expédition de M. Moss : article dans le *Daily Press*, de Hongkong; réimp. dans *The Cycle*, 30 juillet 1870.

Voir col. 116.

— Yau Tribe. (*Siam Repository*, II, oct. 1870, art. 179, pp. 507/512; art. 182, pp. 521/8; art. 194, pp. 561/7.)

N. O. de la Province de Canton.

— The entrance to the Yiu territory. By Rev. A. Krolczyk (*Chin. Rec.*, III, pp. 62/4, 93/5, 126/8). Compte rendu d'une visite aux aborigènes du N. O. de la province.

— «L'Ile de Sancian» et le tombeau de St. François Xavier, par H. Gaultier de Claubry. (*Miss. Cath.*, IV, 1872, pp. 438/9.)

— * History of Kwang-tung. By E. C. Bowra.

A été tiré à un petit nombre d'exemplaires.

— The National Monuments at Yai-shan. By E. C. Bowra. (*China Review*, I, pp. 127/133, 1 carte.)

Monuments élevés à la suite de la défaite des défenseurs de la Dynastie des Soung par les Mongols.

FRIED. HIRTH.

— Sketch Map of the Chinese Province of Kwang Tung, with explanatory Appendices; compiled from Chinese and Foreign Authorities. — Canton, 1872.

Notice : *China Rev.*, I, pp. 200/1.

— Die Chinesische Provinz Kuang Tung. Begleitworte zur «Map of the Province of Kuang Tung». (*Petermann's Mitth.*, 1873, pp. 258/270, carte.)

— The Peninsula of Lei-chou. A study in Chinese Geography. (*China Review*, II, pp. 149/160, 276/282, 341/351.)

— The Geographical Distribution of commercial Products in Kwangtung. (With a Sketch Map.) (*Ibid.*, II, pp. 306/309, 376/382.)

— Two articles on Chinese Geography by F. Hirth, Ph. D., F. R. G. S. (From Vol. II of the «China Review», 1873—74.) — Contents: 1) — The Peninsula of Leichou. — 2) — The Geographical Distribution of commercial Products in Kwang-tung. Br. in-8.

Bib. Soc. Géog. Paris, $\frac{D\ 5}{III}$.

— Die Handelsprodukte von Kuang-tung. (*Chinesische Studien*, von Fried. Hirth, I Bd., 1890, pp. 76/101.)

— Ueber chinesische Quellen zur Geographie

von Kuang-tung, mit besonderer Berücksichtigung der Halbinsel Leichou. Von Dr. Fr. Hirth. (Mit einer Karte.) (*Mitt. d. Vereins f. Erdk. z. Leipzig*, 1881, pp. 1/56.)

— Ueber chinesische Quellen zur Geographie von Kuang-tung, mit besonderer Berücksichtigung der Halbinsel Lei-chou. (*Chinesische Studien*, von Fried. Hirth, I. Bd., 1890, pp. 118/169.)

— Aus China. Mittheilungen von Dr. Friedrich Hirth. — I. Die Mauern der Städte von Kuang-tung. Nach dem *Kuang-tung-t'u-shuo*. (*Deutsche Geogr. Blätter*, 1882, Bd. V, Heft 3, pp. 264/268.) — II. Beschreibung der chinesischen Küste des Continents von der Grenze von Annam bis Tien-pai. Nach chinesischen Quellen. (*Ibid.*, pp. 268/273.)

∴

— Tiger Island. By A. L. W. (*China Review*, I, p. 337.)

— Trip to the City of Leen Chau. By C. F. Preston. (*Ibid.*, IV, pp. 160/8.)

— Lieut. Oliver : Excursions in the South of China. 1) A Visit to Shao-king-fu and the marble rocks. (Murray's *Journal of Travel and Natural History*, Vol. I, No. 6, pp. 346,59.) Voir col. 305.

— From Swatow to Canton : [overland]. By Herbert A. Giles of H. M. Consular Service. Shanghai : 1874, br. in-8, pp. 74.

— Die Provinz Kwang-tung und ihre Bevölkerung. Von J. Nacken. (*Petermann's Geogr. Mitt.*, XXIV, 1878, pp. 419/423, Carte.)

— Map of the Province of Canton according to the Map of the Kwong-tung-t'u-shot, with coast-line taken from Navy charts and details supplied by several Protestant Missionaries. By Rev. J. G. Loercher. Sold at the Basle Mission, Westpoint, Hongkong, and at the Mission house, Basle, Switzerland, 1879. Engraved, Printed and Coloured by Wurster Randegger & Co., Winterthur.

Echelle 1/586.000.

Notice : *China Review*, VII, pp. 338/9.

— Sketch-Map of the Kwangtung Province. Reduced from J. G. Lörcher's Map. (*Decen. Reports*, 1882—1891, p. 595.)

— The Army of Kwang-tung. By Z. B. (*China Review*, VII, p. 208.)

— Transit Passes in the Province of Kwang-tung. By Hongkong. (*Ibid.*, IX, pp. 212/219.)

— Les léproseries du Kouang-tong. Let. de M. Ferrand. (*Miss. Cath.*, XII, 1880, pp. 232/4.)

— The Llin-nen 亲寗 variation of Cantonese. By A. Don. (*China Review*, XI, pp. 236/247, XII, pp. 474/481.)

— A Chinese Sennacherib. By G. M. H. Playfair. (*Ibid.*, XIV, pp. 294/296.)

— The site of Ma-King. By E. H. Parker. (*Ibid.*, XV, p. 187.)

— Ma-King. By E. H. Parker. (*Ibid.*, XVI, p. 128.)

(Kouang Toung.)

— A Sketch of the Lien-chow River in Canton Province. By Rev. B. C. Henry, M. A. (*Chin. Rec.*, XII, 1881, pp. 344/363.)

— A Rare Canton Coinage. By S. W. Bushell. (*China Review*, XX, No. 1, pp. 58/9.)

— Un district chinois. — Le Pou-neng. Par Léandre-Félix Serdet. (*Les Missions catholiques*, 1887, 23 déc., pp. 609/612 ; 30 déc., pp. 616/7.)

1° Situation géographique. — 2° Rivières. — 3° Climat. — 4° Culture. — 5° Mœurs et usages. — 6° Superstitions. — 7° Divinités. — 8° Travaux de la femme. Son éducation. Sa vie. Son influence dans la famille.

— * Kuang-Tung. [Par] E. Kaufmann. (Ersch u. Gruber. *Allgem. Encycl.*, Sect. II, Bd. 40, pp. 158/163.)

— From Hai-phong in Tong-King to Canton, overland. By A. R. Agassiz. (*Proc. R. Geog. Soc.*, XIII, 1891, pp. 249/264.)

— Essai sur les gisements minéraux et l'industrie minière de la province du Kouang-toung. Par C. Imbault Huart. (*Bul. Soc. Géog. com.* Paris, XIX, 1897, pp. 459/476.)

— * Het Loeh-foeng Dialect door S. H. Schaank. Leiden, E. J. Brill, 1897.

Lou-foung 陸豐, province de Canton. Notice par G. Schlegel, *T'oung Pao*, VIII, 1897, pp. 437/8.

— La Péninsule de Loui-tcheou (Louei-tsiou). Par Claudius Madrolle. (*Ann. de Géog.*, VII, 1898, pp. 177/180, 270/272.)

— L'armée chinoise du Kouang-Toung. (*Rev. Indo-chinoise*, No. 94, 6 août 1900, pp. 753/5.)

— Notice sur le Kouang-Toung rédigée par l'Etat-major des Troupes de l'Indo-Chine (août 1900). Hanoi, F.-H. Schneider, 1900, in-8, pp. 76 + 1 f. n. ch., cartes.

Pub. de la *Revue Indo-chinoise*, dont la première feuille a été distribuée avec le No. 100, 17 sept. 1900.

— * John A. Turner. Kwang Tung ; or, Five Years in South China. London, Partridge, pp. VIII-194.

— De Hongkong à Canton. Par L. Jacqmin, Membre Correspondant. (*Bull. Soc. roy. Géogr. Anvers*, XXV, 1901, pp. 551/562.)

— La province du Kwang-Tung. (*Le Mouv. géog.*, 1902, col. 207—8.)

— Flèches dont se servent pour chasser les Chinois Laï de la presqu'île de Lei-chau. (Province du Quang-tong.) Par le Dr. Charles Broquet. (*Bul. et Mém. Soc. Anth.*, Paris, 1902, p. 181.)

∴

— Ch. Piton. Une visite au Pays des Hakka dans la province de Canton. (*Bul. Soc. Neuchâteloise Géog.*, VII, 1892—3, pp. 31/51.)

— A Ride in Hakkaland. By E. A. Irving. (*Blackwood's Mag.*, CLVI, Nov. 1894, pp. 600/609.)

(Kouang Toung.)

— A Hakka Maiden's love-ditty. By E. A. Irving. (*Blackwood's Mag.*, CLVII, Febr. 1895, p. 281.)

Voir ETHNOGRAPHIE, *Hak-ka.*

∴

Lo-Fau Chan 羅浮山

— Lo-Fau shan. By Cantoniensis. (*Notes & Q. on C. & J.*, Vol. I, pp. 148—9.)

— Besteigung des heiligen Lofau-Berges in China durch die Missionäre Krone und Graves. (*Petermann's Mitt.*, 1860, pp. 277/8.)

— Der Lofau-Berg in China. Vom Missionär R. Krone. (*Petermann's Mitt.*, 1864, pp. 283—292.)

— * The Lo-fou Mountains: an Excursion. By F. S. A. Bourne. Hongkong: Printed by Kelly & Walsh, 1895, in-8, pp. 48.

Notice : *China Review*, XXII, No. 1, pp. 495/6. By E. J. E.[itel].

— A Visit to the Buddhist and Tao-ist Monasteries on the Lo Fau san. By E. A. Irving. (*Blackwood's Mag.*, CLVII, 1895, March, pp. 453/467.)

CANTON, 廣州 *Kouang tcheou.*

— Plan de Canton, sa longitude et sa latitude, sa description par le P. Gaubil. A Canton, 28 Oct. 1723. (*Observations du P. Souciet*, I, pp. 123/5.)

— Art. «Canton» : *Encyclopædia Americana*, Philad., Carey & Lea, 1830, reprod. et analysé dans le *Chin. Rep.*, I, pp. 161, et seq. — L'art. du *Repos.* est réimp. dans *The Cycle*, 4th. June 1870.

— Climate of Canton and Macao. By E. C. Bridgman. (*Ch. Rep.*, I, pp. 488/491.)

— Walks about Canton and notices of things in it. By E. C. Bridgman. (*Ib.*, IV, pp. 42 et seq.)

— Description of the city of Canton: with an Appendix, containing an account of the Population of the Chinese Empire, Chinese Weights and Measures, and the Imports and Exports of Canton. First published in the Chinese Repository. Canton, 1834, in-8, pp. v-188.

— Description of the City of Canton: with an Appendix, containing an account of the Population of the Chinese Empire, Chinese Weights and Measures, and the Imports and Exports of Canton. Second edition. Canton. 1839. In-8, pp. v.-188.

Le Rev. E. C. Bridgman qui est l'auteur de cet ouvrage l'avait d'abord publié dans «The Chinese Repository», II, pp. 145, 193, 241, 289. Les chapitres sur les «Imports and Exports» et les «Chinese Weights and Measures» sont du Dr. S. Wells Williams; ils avaient été insérés dans «The Chinese Repository», II, pp. 444 et seq.; 447 et seq.

La description complète avait déjà été réimprimée dans l'ouvrage de Ljungstedt sur les «Portuguese Settlements» (Boston, 1836, pp. 221—323).

On a réimprimé dans «The Cycle», 8 et 15 Octobre 1870, ce qui est relatif aux «Literary Institutions», pp. 48 et seq., et aux «Religious and Charitable Institutions», pp. 65 et seq.

(KOUANG TOUNG.)

— A Plan of the City of Canton and its suburbs, shewing the principal streets and some of the conspicuous buildings, from a Chinese Survey; on an enlarged scale with additions and references. By W. Bramston. London, 1840.

— Une promenade dans Canton, par M. Natalis Rondot. (Extrait du *Journal asiatique.*) Paris, Imprimerie nationale. MDCCCXLVIII. Broch. in-8, pp. 32.

— Pagodas in and near Canton; their names and time of their erection. By S. W. Williams. (*Chin. Rep.*, XIX, pp. 535/543.)

— Canton. (*Rev. de l'Or. et de l'Alg.*, XII, 1852, pp. 23/5.)

Ext. du *Voyage en Chine* de C. Lavollée.

— Public Executions at Canton. Description of Proceedings in the Criminal Court at Canton: By Harry S. Parkes. With an Account of an execution at Canton: By Frank Parish. Read to the Society, 12th October, 1852. (*Trans. China Branch R. As. Soc.*, Part. III, Art. VI, pp. 43/56.)

— Description of an Execution at Canton, by T. T. Meadows, Esq., Translator and Interpreter to Her Majesty's Consulate. (*Journ. Roy. As. Soc.*, XVI, M.DCCC.LVI, Art. V, pp. 54/58.)

— Translation of an Inscription on a Tablet in the Polo Temple near Canton, erected by Commissioner Seu and Governor Yé: Translated by Harry S. Parkes. Read to the Society, 9th Nov. 1852. (*Trans. China B. R. As. S.*, Art. IX, pp. 105/9.)

— Memoir on the Neighbourhood of Canton and Hongkong, and the East Coast of China. By Sir John F. Davis. (*Proc. R. G. Soc.*, I, 1857, pp. 330/341.)

— The Hiáng Fan, or Echoing Tomb, a Mohammedan Mosque and burying ground near Canton. (*Chin. Rep.*, XX, pp. 77/84.)

— * Canton. Un coin du Céleste Empire, par le Dr. M. Yvan. Paris, 1857. in-32, pp. 232.

— * M. Yvan. Canton. Un coin du Céleste-Empire. Bruxelles, Schnée & Co, in-32, pp. 231.

— Inside Canton by Dr. Yvan. London, Henry Vizetelly, 1858, in-12, pp. 228.

— Plan of the City and Suburbs of Canton, compiled by the Quarter Master General's Department, Chinese Expeditionary Force, 31st Oct. 1857. Lithographed & printed at the Topogl. Depot, War Dept., under the direction of Capt. Elphinstone. [London,] 1858.

— * Rev. Dan. Vrooman. Map of the City and entire Suburbs of Canton. Canton, 1860, 1 gr. feuille.

Mem. of Prot. Miss., p. 216.

— Canton. (*Chinese Commercial Guide*, 1863, pp. 152 et seq.)

— Notes on the Country to the West of Canton. By Lieutenant Oliver, R. A. (*Proc. Roy. Geog. Soc.*, VI, 1862, p. 85.)

(KOUANG TOUNG.)

— Excursion to the West of Canton. By Lieut. Oliver. (*Proc. R. G. Soc.*, Vol. VI, 1862, No. V, pp. 227/231.) — Voir col. 301.

— Gustave Gauthier. — Deux années de pratique médicale à Canton (Chine). Paris, A. Parent, 1863, thèse in-4, pp. 54.

— J. G. Kerr, A. M., M. D. Description of the Great Examination Hall at Canton. (*Jour. N. C. B. R. As. Soc.*, Dec. 1866, pp. 63/70, avec 1 Pl.)

Lu le 13 Nov. 1866.

— A Reminiscence of Canton, June 1859. London : Printed by Harrison and Sons, St Martin's lane. 1866, br. in-8, pp. 58.

La préface est signée P. G. L.

— Canton. (*Arch. Médecine navale*, VI, 1866, pp. 167/172, Par C. Friedel.)

— The Native Benevolent Institutions of Canton. (*China Review*, II, pp. 88/95; III, pp. 108/114.)

— The Prisons of Canton. (*Ib.*, IV, pp. 115/122.)

— «Fire Brigades in Canton.» (*Notes and Queries on C. & J.*, Vol. II, pp. 1 et seq.)

— Pawnshops in Canton, by Theos. Sampson. (*Ibid.*, Vol. II, pp. 108/109.)

— Quail Fighting in Canton. — The Great Bell of Canton. (*Ibid.*, III, pp. 22/3.)

Ces deux art. sont réimp. dans *The Shanghai News-Letter*, March 20, 1869.

— Shop Tablets and Shop Signs at Canton.

Collected and translated by F. H. Ewer. (Doolittle's *Voc.*, II, No. 50.)

— Some account of Festivals in Canton. By F. H. Ewer. (*Chin. Rec.*, III, pp. 184/188.)

— The Prison Life in China. By O. W. (*Overland Monthly*, San Francisco, Oct. 1873, pp. 314/324.)

— Walks about the City of Canton. By the Very Rev. Archdeacon Gray. Hong-kong, 1874, in-8.

— Canton. (Art. du Prof. R. K. Douglas dans la 9e éd. de l'*Encyclopædia Britannica*, V.)

— Canton and the Bogue. By W. W. Mundy. Voir MOEURS ET COUTUMES, *Pirates*.

— Statue de Marco Polo. Par Henri Cordier. (*Rev. Ext. Orient*, I, pp. 156/157.) — Yule and Cordier's *Marco Polo*, Vol. I, *Int.*, pp. *76 n.* — H. Cordier, *Cent. M. Polo*, p. 32.

— Canton. (*Miss. Cath.*, XI, 1879, pp. 106/7.) Avec fig.

— Fourteen months in Canton. By Mrs. Gray. With illustrations. London : Macmillan and Co., 1880, in-8, pp. XIII-444.

— Journal d'un séjour à Canton. (*Rev. Brit.*, 1880, N. S., V, pp. 139/165, 331/352.)

D'après Mrs. Gray.

— The Missions of Canton City and of the central parts of the Canton Province. By Rev. H. V. Noyes. (*Chin. Rec.*, XI, 1880, No 4, pp. 297/303.)

— * Curiosities of Canton. (*Chambers' Journal*, XLVII, 441.)

— * Street Scenes in Canton. (*Goods Words*, II, 281.)

— * Burial inscriptions on French Island in Canton River, China. (*New England hist. & genealog. Reg.*, XI, 255.)

— * New Year's Day at Canton. By C. F. G. Cumming. (*Leisure Hour*, XXIX, 9.) — Rambles in Canton. By the Same. (*Belgravia*, LVIII, 54; réimp. dans *Littell's Living Age*, CLXVII, 683, et dans l'*Eclectic Mag.*, CVI, 38.)

— Run around Canton. (*Leisure Hour*, V, 600.)

— Early frost in Canton, in 1877—8. By Theos. Sampson. (*Chin. Review*, VII, pp. 75/76.)

(KOUANG TOUNG.)

— Taxes on industries in Canton. By Judas. (*Ibid.*, VII, pp 201/202.)

— Worship of the Emperor's Tablet. — By Schnupftabacksdose. (*Ibid.*, VIII, p. 61.)

— Sanskrit Characters. By X. Y. Z. (*Ibid.*, VII, pp. 352.)

A Canton dans le temple 光孝寺 «Sleeping Buddha Temple».

— Aborigines at Canton and Foochow. (*China Review*, X, p. 74.)

— The Canton prisons. (*Ibid.*, XI, pp. 343/347.)

— Legends respecting Canton. By B. C. H. (*Ibid.*, XII, pp. 134/135.)

— The military Contribution of Canton. (*Ibid.*, XII, p. 136.)

— The eight «lions» of Canton. By B. C. Henry. (*Ibid.*, XII, pp. 143/153.)

— Kwang tung *v.* Canton. (*Ibid.*, XIII, p. 225.)

— The Name Canton. By E. H. Parker. (*Ibid.*, XIV, pp. 223/224.)

— Canton Treasury. By E. H. Parker. (*Ibid.*, XIV, p. 225.)

— Sanitation in Canton. By E. H. Parker. (*Ibid.*, XVI, p. 124.)

— H. Cordier, *Grande Encyclopédie*.

— Hongkong, Canton und Macao. Von der Reise S. M. Corvette «Aurora» nach Ost-Asien. Geschildert von Dr. Svoboda. (*Mitt. k. u. k. geog. Ges. Wien*, 1889, pp. 444/480.)

— Excursion à Canton. Par le Commandant A. Bouinais. (*Bul. Soc. Normande Géog.*, Rouen, XIII, 1891, pp. 289/311.)

— * The City of Canton. By Miss Florence O' Driscoll. (*Century*, Nov. 1894.)

— Une journée à Canton. Par Emile Vedel. (*Revue de Paris*, 1er janvier 1898, pp. 208-224.)

— Plan of Whampoa Harbour. (*Decen. Rep.*, 1882—1891, p. 544.)

— Plan of Canton Harbour. (*Decen. Rep.*, 1882-1891, p. 543.)

— * Marcellus Emants. Canton. (*De Gids*, Amsterdam, LVIII, I, pp. 530/540.)

— La population de Canton en juin 1895. Par C. Imbault Huart. (*Bul. Soc. Géog. com.* Paris, XVII, 1895, pp. 717/8; réimp. *ibid.*, XVIII, 1896, pp. 603/4.)

— De Hong-Kong à Canton et Macao. Par le Capitaine Chibourg. (*Bul. Soc. Géog. com. Hâvre*, 1894, pp. 172/189.)

— A Canton Flower-Boat by G. Schlegel. (*Int. Archiv f. Ethn.*, VII, 1894, pp. 1/9, 1 pl.)

— Ernesto Ferretti. — Un' Escursione a Canton. (*Nuova Antologia*, XCV, pp. 83/113.)

— The Kwangnga University, Canton. By Rev. C. Bone. (*East of Asia*, I, No. 3, pp. 326/332.)

SWATOW, 汕頭 *Chan-t'eou.*

— Map showing the Trade Routes connecting Swatow with the Provinces of Fukien, Kiangsi, and Hunan. (*Rep. on Trade* for 1880, p. 250.)

— Plan of the Port of Swatow. (*Decen. Rep.*, 1882—1891, p. 525.)

— Plan of Double Island, Swatow. (*Ibid.*, p. 532.)

(KOUANG TOUNG.)

— * W. Riddel. — Map of the neighbourhood of Swatow, from Pheng-Hai in the South-West to Chau-An in the East, and Yung-Ting in the North. 1:63.360. London, McCorquodale, 1899, 12 f.

— Swatau. (*Ann. der Hyd.*, XXVIII, 1900, pp. 486/491.)

Voir PORTS OUVERTS.

PAK-HOI, 北海 *Pe-hai.*

— Plan of the Port of Pakhoi. (*Decen. Reports*, 1882—1891, p. 637.)

Voir PORTS OUVERTS.

LAPPA OU KUNG PA, 拱北 *Kong Pe.*

— Sketch Map of immediate neighbourhood of Lappa Stations. (*Decen. Reports*, 1882—1891, p. 581.)

— Map of Lappa, Canton and Kowloon District. (*Ret. of Trade for* 1901, II, p. 560.)

Voir PORTS OUVERTS.

KOUANG-TCHEOU WAN 廣州灣

— Voir FRANCE.

— Kouang-tchéou-ouâne. Par A.-A. Fauvel. (*Ctes. rendus Soc. Géog.*, Mai 1898, pp. 227/9, carte.)

— La baie de Kouang-Tchéou. (*Tour du Monde*, 30 juillet 1898. — *Union géog. Nord. France*, XIX, 1898, pp. 276/8.)

— * Vallière. — A Kouang-Tchéou-Ouan. (*Nouvelle Revue*, I, 1899, pp. 589/604.)

— Carte du Territoire de Quang-tcheou levée sous la direction du Capitaine Bonnin de l'Infanterie de Marine. 1900; 12 feuilles; échelle 1/25.000.

— Notes sur Kouang-tchéou-wan. Par le Dr Buffon. (*Arch. Médecine navale*, LXXIII, 1900, pp. 280/292.)

— Notes sur Kouang-Tchéou-wan. Par le Dr. Buffon. (*Bul. Soc. Et. Col. & Mar.*, XXV, 1900, pp. 185/9.)

Ext. des *Arch. de Médecine navale*.

— Note sur l'occupation de Kouang-tchéou-wan, par le Dr. Recoules. (*Arch. Médecine navale*, LXXIV, 1900, pp. 444/468.)

— Kouang-Tchéou Ouan. Par L. Maury. (*Revue Encyclop. Larousse*, 21 juillet 1900, p. 577.)

— Note d'ethnographie sur Quang-tchéou-wan, par le Dr. Vialet. (*Arch. Médecine navale*, LXXV, 1901, pp. 295/312.)

— Note d'ethnographie sur Quang-tchéou-wan. Par le Dr Vialet, Médecin de 2e classe de la Marine. (*Bul. Soc. Géog. Est*, 1902, pp. 393/408.)

D'après les *Archives de Médecine navale*.

— Quang-tchéou-wan. (*Rev. Indo-chinoise*, No. 99, 10 sept. 1900, pp. 873/9.)

— Notice sur le territoire de Quang-Tchéou. (*Rev. coloniale*, 1901, pp. 12/22.)

— Le Territoire de Quang-tchéou. (*Le Mouv. géog.*, 1901, col. 336—338.)

D'après la *Revue coloniale*.

— Le Kouang-tchéou ouan, sa zone d'action. Par Cl. Madrolle. (*Bull. Com. Asie française*, Mai 1901, pp. 59/65.)

— L'organisation administrative du territoire de Kouang-tchéou-ouan. Par C. M. (*Bull. Com. Asie française*, Juillet 1901, pp. 160/163.)

— Territoire de Quang-chéou. (*Situat. de l'Indo-Chine* [1897—1901] — *Rapport par* M. Paul Doumer, Hanoi, 1902, pp. 116/120.)

— La situation économique de Kouang tchéou-wan. Par D. C. (*Bull. Com. Asie française*, Juillet 1903, p. 308.)

— Le tramway de Quang-tchéou à Moui-lok. (*Bull. Com. Asie française*, Sept. 1903, pp. 389/390.)

Extrait d'une notice insérée dans la *Quinzaine Coloniale*.

(KOUANG TOUNG.)

HAI NAN 海南. 瓊州 *Kioung tcheou fou.*

— Libro y relacion . . . en el año de 1585 . . . Voir col. 7—8.

— La Mission de l'Isle de Hainan, pp. 115/155 de :

Relation de la Province du Iapon écrite en Portugais par le Pere François Cardim de la Compagnie de Iesus . . . Tournay, 1645, in-12.

— Journal of the Schooner *Cuddalore* on the Coast of Hainan 1760. By Alexander Dalrymple, Esq. London : Printed in the Year MDCCLXXI, in-4, pp. 38.

Bib. nat. $\frac{O^2 n}{680}$. — Voir col. 134.

— Grosier, *Description de la Chine*, 3e éd., I, pp. 197 et seq.

— * Journal of a trip overland from Hainan to Canton in 1819, by J. R., the Supercargo of the English Ship « Friendship », Captain Ross. London, 1822, pp. 116.

Printed for private circulation. — Des extraits de cet ouvrage sont donnés avec des remarques par S. W. Williams dans le *Chin. Rep.*, XVIII, pp. 225/253.

Ce journal avait d'abord paru dans *The Asiatic Journal and Monthly Register*, XX, 1825, pp. 521/8, 621/8, sous le titre de : *Diary of a Journey from Manchao, on the South coast of Hainan to Canton in the years 1804 and 1805, by Capt. Purefoy.*

— * Tagebuch einer Landreise durch die Küstenprovinzen China's, von Manchao an der Seeküste von Hainan nach Canton. In den J. 1819 u. 1820. Aus dem Engl. von C. F. Leidenfrost, 1822. (XXXI. Bd., 2. Abth., *Neue Bibliothek der wichtigsten Reisebeschreibungen*, Weimar, 1815—35.)

— * Tagebuch einer in den Jahren 1819—1820 gemachten Fussreise von Manchao auf der Insel Hainan nach Canton. Aus dem Engl. (Aus dem *Ethnogr. Archiv*) gr. in-8, Jena, 1823. Bran. [Engelmann.]

— Dagbok öfver en Resa till fots åren 1819 och 1820, från Manchao, på ön Hainan, Canton. Ofversattning. Stockholm, 1828, in-8, pp. 203.

Traduction de l'Anglais. Préface signée J. R. Supercargôr.

— Notice sur l'île de Hai-nan, sur les religieux de la mission de la Chine et sur les Chinois. Par M. de la Roquette. (*Bul. Soc. Géog.*, 1827.)

— Description de l'isle de Hainan, extraite des auteurs chinois; par M. Klaproth. (*Nouv. Ann. des Voy.*, VI, 1827, pp. 145/186, 1 carte.)

— Hainan. (*Chinese Rep.*, I, p. 151/52.)

— The Island of Hainan. (*Singapore Chronicle*, 3 Mars, 1825; réimp. dans *The Asiatic Journal*, XXI, 1826, p. 15; voir *A. J.*, l. c., p. 156.)

— *Chinese Commercial Guide*, 1863 : Kiung-chau, pp. 181/2.

(HAI NAN.)

— The Aborigines of Hainan. — Articles dans *Notes & Queries on C. & J.*, Vol. I, pp. 83/84, par E. C. Bowra, et Vol. II, pp. 17/19, by E. C. Taintor.

— Geographical Sketch of the Island of Haïnan [by E. C. Taintor, Canton, February 1868], br. in-4, pp. 14, avec une carte.

Voir *Shanghai Budget*, Feb. 1, 1872.

— Hainan, by E. C. Taintor. (*Notes & Q. on China & Japan.* — Réimp. *N. C. Herald*, March 28, 1868.)

— On the Chinese Dialect spoken in Hainan by R. Swinhoe. (*The Phoenix*, No. 6, Dec. 1870. — No. 7, Jan. 1871. — No. 8, Feb. 1871.)

— A Historical and Statistical Sketch of the Island of Hainan, by Wm. Frederick Mayers, Esq., F. R. G. S., &c. H. B. M.'s Acting Consul at Chefoo. Read, October 13th, 1871. (*Journ. N. C. B. Roy. As. Soc.*, New Series, No. VII, 1871 & 1872, art. I, p. 1.)

Voir : ZOOLOGIE.

— Die Insel Hainan. (*Mitt. d. k. u. k. geog. Ges. Wien*, 1873, pp. 498/504.)

— The Aborigines of Hainan, by Robert Swinhoe, F. R. G. S., &c. H. B. M.'s Consul at Ningpo-Read March 25th, 1872. (*Jour. N. C. B. Roy. As. Soc.*, New Series, No. VII, 1871 & 1872, art. II, pp. 25 à 40.)

— Narrative of an exploring visit to Hainan, by Robert Swinhoe, Esq. F. R. G. S., F. Z. S., H. B. M. Consul at Ningpo-Read May 13th, 1872. (*Ibid.*, art. III, pp. 41 à 91.)

Voir *Shanghai Budget*, June 1, 1872.

— R. Swinhoe. Natural History of Hainan, voir HISTOIRE NATURELLE.

— Ueber die Insel Hainan an der Süd-Küste von China. (*Hydrograph. Mitth.*, 1873, p. 242.)

— Stuhlmann (C.-W.). Von der Insel Haïnan. Eröffnung eines Hafens. — Christlicher Begräbnissplatz. (*Globus*, XXX, 1876, pp. 15, 78, 223.)

— Hakkas in Hainan. (*N. C. Herald*, XXII, 1879, pp. 204, 255, 422.)

— Notes on Hainan and its Aborigines. By J. Calder. (*China Review*, XI, pp. 42/50.)

— Rapport de M. le Commandant du *Ducouëdic*. (*Excursions et Reconnaissances*, 1880, n° 3, pp. 309—314.)

Sur Hai-Nan et la presqu'île de Leichow.

— L'île de Hainan. (*Rev. mar. et col.*, Vol. 80, 1884, pp. 234/242.)

D'après le *Recueil consulaire belge*.

— Hainan. (France and Tongking . . . by J. G. Scott . . . Lond., 1885, pp. 329 et seq.)

— * Land und Leute auf Hainan. Eine Schilderung der Insel und ihre Erzeugnisse von J. G. Scott, deutsch von W. Rudow. Ilfeld am Harz, Ch. Fulda, 1886.

— The close of a journey through Hainan. By B. C. Henry. (*China Review*, XII, pp. 109/124.)

— Voir sur Hai-nan . . . *Ling-nam* . . . by B. C. Henry . . . Lond., 1886, au chap. des *Voyages modernes*.

— Die Insel Hainan. Nach B. C. Henry. (*Deutsche Geographische Blätter*, 1886, pp. 125/142.)

(HAI NAN.)

— The Island of Hainan. (*Chin. Rec.*, XVII, July 1886, p. 275.)

— Hainan. By E. H. Parker. (*China Review*, XVIII, No. 5, p. 320.)

— Hainan. — Fauna. — Zoology. By E. H. Parker. (*China Review*, XIX, No. 6, pp. 369/376.)

— The Flora of Hainan. List of Plants collected by Mr. E. H. Parker and identified by Mr. C. Ford. (*China Review*, XX, No. 3, pp. 167/8.)

— The Reptiles of Hainan. By E. H. Parker. (*China Review*, XX, No. 3, pp. 168/172.)

— The *Li* Aborigines of *K'iung-shan*. By E. H. Parker. (*China Review*, XIX, No. 6, pp. 383/387.)

— Notes on the Hainanese Dialect. By Frank P. Gilman. (*China Review*, XIX, 1890, No. 3, p. 194.)

— The Languages and Dialects of Northern and Western Hainan. By Frank P. Gilman. (*China Review*, XX, No. 2, p. 128.)

— The Aborigines of Hainan. By Frank P. Gilman. (*China Review*, XXV, No. 5, pp. 247/251.)

— The Capture of a Lee Stockade. By Sandal-Wood. (*China Review*, XIX, No. 6, pp. 387/394.)

— Loi Aborigines of Hainan and their Speech. By Carl C. Jeremiassen. (*China Review*, XX, No. 5, pp. 296/305.)

— Haïnan, l'île de l'Exil. Par Carl C. Jeremiassen. (*Le Globe, Soc. Géog. Genève*, Fév. 1899, pp. 40/51.)

FRIEDRICH HIRTH.

— The Port of Hai-kou. (*China Review*, I, pp. 124/7.)

— Topography of the Department of Ch'iung Chou fu, or the Island of Hainan. (*Ibid.*, I, pp. 266/9.)

D'après le *Jour. N. C. B. R. As. Soc. for 1871 and 1872*, VII, p. 23.

— Die Insel Hainan nach Chao Ju-kua. Von Professor Dr. Friedrich Hirth. (*Bastian Festschrift*, 1896, pp. 483—512.)

Sonder-Abdruck. Berlin, 1896, Dietrich Reimer, br. in-8, pp. 30.

.·.

— E. C. Bowra, Hainan. (*China Rev.*, II, pp. 332/5.)

— * Report on the newly-opened ports of K'iung-chow (Hoi-how) in Hainan and of Hai-phong in Tonquin. Visited in April, 1876. By N. B. Dennys, Ph. D., Secretary of the Hongkong General Chamber of Commerce. Hongkong, Noronha & Sons. 1878.

Notice : *China Review*, IV, pp. 397/398.

— Beschreibung der neueröffneten Häfen Hoi-how (K'iung-chow) auf der Insel Hainan und Hai-phong (Hanoi) in Tong-king.

(HAI NAN.)

(Nach einer Denkschrift des Dr. N. B. Dennys zu Hongkong.) (*Annal. der Hydrog. u. Mar. Meteor.*, 1876, pp. 504/515.)

— Sketch Map of the Treaty Port of Kiungchow (Hoihow). (*Ret. of Trade* for 1881, p. 8; et *Decen. Reports*, 1882—1891, p. 617.)

— Die Insel Hainan. Von Dr. Franz Ritter v. Le Monnier. (Mit einer Karte.) (*Deutsche Rund. f. Geog. u. Stat.*, VII, 1885, pp. 438/447.)

— Ile de Hainan. (*Soc. roy. belge Géogr.*, *Bull.*, 1885, pp. 500/501.)

Article de M. Le Monnier dans la *Deutsche Rundschau für Geographie*.

— Hainan. (*Nature*, XLV, Jan. 21, 1892, p. 286.)

— *Gazette de Pe-King*, 12 oct. 1886. (*N. C. Herald*, Nov. 24, 1886, pp. 561/2.)

CLAUDIUS MADROLLE.

— L'île d'Hai-nan. Aperçu de voyage (1896) par M. C. Madrolle. (*Bul. Soc. Géog. com.* Paris, XIX, 1897, pp. 347/367.)

— L'île d'Hai-nan par M. Cl. Madrolle. (*Bul. Soc. Géog. com.*, XX, 1898, pp. 361/370.)

— Étude sur l'île d'Hai-nan par Cl. Madrolle. (*Bul. Soc. Géog.*, 2e trim. 1898, pp. 187/228, carte 1/450.000e.)

— L'île Hai-Nan : Ses Populations. Par Claudius Madrolle. (*Soc. Géog.*, *Ctes. rendus*, 1898, pp. 203/5.)

— C. Madrolle. — Les Peuples et Les Langues de la Chine Méridionale. — Parlers de l'Ile d'Hai-Nan et de la presqu'île du Louitcheou (Louei-Tsiou) Suivis de quelques expressions des Peuples originaires des Régions voisines du Tibet. — Carte de la Chine méridionale. — Paris, Augustin Challamel, 1898, br. in-8, pp. 15, Carte, 1/2.000.000.

— Claudius Madrolle. — Haïnan : la Colonisation chinoise. L'île au point de vue économique et diplomatique. (*Questions diplomatiques et coloniales*, 1897, 1, pp. 516/522.)

— L'Empire de Chine. — Hai-nan et la Côte continentale voisine par Cl. Madrolle. — Ouvrage contenant plusieurs planches et une préface par le Cte R. de Marguerye. — Paris, Augustin Challamel, 1900, in-8, 6 ff. n. ch. p. l. tit., tab., etc. + pp. XIV + pp. XVIII + pp. 126, 6 pl. hors texte.

Il y a une bibliographie, pp. 1-XVIII. — 25 ex. de luxe; 300 ordinaires.

Notices : *China Review*, XXV, No. 4, p. 211, par Frank P. Gilman. — *Bul. Ec. Ext. Orient*, Avril 1901, pp. 146/7, par P. Pelliot.

∴

— Tales of Hainan. By Whiting. (*China Review*, XXIV, No. 2, pp. 75/6.)

— Tongue Piercing Custom in Hainan. By T. W. Kingsmill. (*China Review*, XXIV, No. 5, p. 245.)

— Von Hongkong nach Hoi-How und der Yu-Lin kan-Bai auf Hainan. Aus dem Reisebericht S. M. S. « Irène », Kommandant Kapt. z. S. von Dresky. (*Ann. der Hyd.*, XXIV, 1896, pp. 338/341.)

(Hai nan.)

— Renseignements sur Haï-nan. Par ***. (*Annales de Géog.*, VIII, 1899, pp. 271/277.)

— * A. H. Bach. — Eine Reise durch Hainan. (*Ostasiat. Lloyd*, XIV, pp. 619/622, 642/5.)

— A Christandade de Hai-nan e o antigo cemiterio portuguez de Kium-cheu. — Padre Jose Vicente Costa. (*Ta-ssi-yang-kuo*, Ser. I, Vol. II, 1900—1, pp. 733/745.)

Pierres tombales de Stanislas Torrens, † 10 nov. 1681, à 67 ans. — Forget, † 8 oct. 1661, à 51 ans. — Joachim Calmes, † 9 oct. 1686, à 34 ans.

— Padre J. V. Costa. A Christandade de Hainan — (Lapides e reminiscencias). (*Ta-ssi-yang-kuo*, Ser. II, Vol. III, 1902, pp. 298/307.)

∴

— Descriptions of seven new Species of Birds from the Interior of Hainan. By W. R. Ogilvie Grant. (*Ibis*, 7 Ser., V, 1899, pp. 584/7.)

— Descriptions of new Coleoptera from Hainan Island, China. By Chas. O. Waterhouse. (*Annals Nat. History*, 7 Ser. V, 1900, pp. 310/2.)

— On some Longicorn Coleoptera from the Island of Hainan. By C. J. Gahan. (*Ibid.*, 7 Ser., V, 1900, pp. 347/354.)

— On a small Collection of Odonata (Dragonflies) from Hainan, collected by the late John Whitehead. By W. F. Kirby. (*Ibid.*, 7 Ser., V, 1906, pp. 530/9.)

∴

— L'île d'Hainan. Par C. R. (*Rev. française*, 1902, pp. 207/211.)

— L'île d'Hainan. Par C. R. (*Rev. Indo-chinoise*, 188, 26 mai 1902, pp. 466/468; d'après la *Revue française*.)

— Notice sur Haïnan.

Commencée en fascicules dans la *Revue Indo-Chinoise*, No. 153, 23 sept. 1901.

Voir Sou Toung-p'o, au chap. Biographies.

Hydrographie française.

— 1844. Partie des côtes de Chine et de Cochinchine; golfe du Tonkin, détroit d'Haïnan. — Ile Bakh-Long-Vi. — Levés français et anglais. Édit. de mars 1895 . . . . 1 m = 124.

— 4057. Détroit d'Haïnan (partie Ouest) et côte Nord-Ouest d'Haïnan. — Favé, ing. hyd., 1882, et levés anglais, 1880 1 m = 12.

— 4034. Mouillage de Hiong-Po. — Favé, 1881. 1/4 m = 93.

— 3917. Détroit d'Haïnan (partie Est). — Passage intérieur. — Levé anglais, 1880. . . . . 1 m = 12.

— 3884. Baie Hoi-Hao (côte Nord). — Levé anglais, 1879 1/2 m = 50.

— 4050. Du cap Pingmar au cap Lamkô (Baie de Hao-Sui). — Favé, 1881 . . . . 1 m = 37.

— 3843. Port d'Hoïta. — Garceau, cap. au long cours, 1879 1/4 m = 115.

— 4831. Ports et mouillages à la côte Sud d'Haïnan : Mouillage de la pointe Pyramide. — Banc de la Comète. — Baie de Sama.

(Hai nan.)

— Mouillage de l'île du Ponent. — Port de Sama. — Baie de Gaalong. — Arago, lieutenant de vaisseau, 1889, et levé russe, 1885 . . . . $^1/_2$ diverses.

— 439. Partie de la côte Sud de l'île d'Haïnan. — A. de Kergariou, cap. de vaisseau, 1817 . . . . $^1/_2$ m = 5.

— 442. Baie de Yu-lin-Kan et mouillage de Sanghia. — A. de Kergariou, 1817 . . . . $^1/_2$ m = 47.

— 1842. Port de Yu-lin-Kan. — E. Ploix, ing. hyd., 1858 $^1/_2$ m = 185.

— 440 Baie de Lyeung-Soy. — A. de Kergariou, 1817 $^1/_2$ m = 45.

— 3857. Mouillage de Nankin. — Mouillage de Tinhosa. — Schmitz et Costet, enseignes de vaisseau, 1881 . . . . $^1/_4$ m = 119.

1434. De Haï-nan à Namoa. — Levés anglais. — Corr. 1884 1 d = 125.

Cartes de l'Amirauté anglaise.

— 876	DE	{0·5 / 1·0}	Hainan strait. (Plan : Inner passage.) *Capt. Napier and Lieut. Carpenter*, 1880-2; Jul. 1885, VIII, 1898	3/—
— 37	DE/2	2·0	Hoi hau bay (Hainan island). *Capt. Napier*, 1879; VIII, 1894	1/—
— 1019	DE/2	*Var.*	Yu lin kan bay. Gaalong bay. Nam hoi chun and Chue tau anchorages. Tai chau or Tinhosa anchorages. Chun lan harbour. Sama port. *Various authorities*, 1817-90; IX, 1891, Oct. 1894	1/6.

— Voir CHANG TCH'OUAN CHAN, 上川山, île Sancian, ou St. John, aux MISSIONS CATHOLIQUES, St. *Francois-Xavier*.

13° *KOUANG SI* 廣西

— Topography of Kwangsi; situation and extent of the province; its area and population; its subdivisions, &c. By E. C. Bridgman. (*Ch. Rep.*, XIV, pp. 171 et seq.)

— A few notes of a journey to «Kwang-si». (*Chin. Rec.*, IX, 1878, N° 3, pp. 169/181.)

— Note sur la carte et les voyages du P. Creuse dans la Chine méridionale par J. L. Dutreuil de Rhins. (*Bull. Soc. Géog.*, VIIe Série, III, 1882, pp. 539/547.)

— Le Quang-si par F. Romanet du Cailland. (*Ibid.*, VIIe Sér., V, 1884, pp. 453/467.)

— 400 lieues à travers le Kouang-si et le Kouy-tcheou. — Journal de M. Chouzy. (*Miss. Cath.*, XVII, 1885, pp. 9, 21, 33, 44, 56, 77, 92, 104, 112, 130, 142, 147, 164.)

— Bericht über eine Reise nach Kwang-si. Von H. Schroeter, Im Herbst 1886 unternommen. Nebst einer Karte. Hongkong, Kelly & Walsh, 1887, in-8, pp. 97.

Notice : *China Review*, XVI, p. 132. Par E. J. E[itel].

— * The Trade of the Province of Kwangsi and of the city of Woo-chow-foo, a Treaty port of the future. Being an Appendix to «Bericht über eine Reise nach Kwangsi». By H. Schroeter. Translated from the German. With a chart. Canton, 1887.

— Sketch Map of Kwang-si (reduced from Map accompanying Pakhoi Trade Report for 1877.) (*Ret. of Trade* for 1889, II, p. 513.)

— A Map of the Kuang-hsi — Tung-King Frontier showing the Country round Lungchow and the Eastern Part of Tung-King. (*Ret. of Trade* for 1889, II, p. 528.)

— Voyage de That-Khé à Cao-Bang à travers la Chine (Long-Tchéou) par voie fluviale (mars 1890) avec carte. Par Georges Saillard. (*Bul. Soc. Etudes Indo-Chinoises*, 1891, pp. 35/54.)

— Vocabulary of Chong Tsze Words. By R. H. Graves. (*China Review*, XXII, No. 3, pp. 613/614.)

— Étude sur l'organisation civile et militaire de la Chine et sur la province du Kwang Si. Par Famin, chef de bataillon d'infanterie de Marine. (*Rev. mar. et col.*, Vol. 118, 1893, pp. 113/150; 510/546.)

— Au Tonkin et sur la frontière du Kwang-Si par Le Commandant P. Famin, Vice-Président de la Commission d'abornement des frontières sino-annamites en 1894. — Ouvrage orné de 17 cartes et de 42 gravures hors texte. Paris, Augustin Challamel, 1895, in-8, 1 f. n. ch. + pp. 373.

— Map of Kwangsi by H. B. Morse. (To accompany Lungchow Trade Report for 1897.) Compiled from Ms. Map of Rev. Père Renault, Map by T. Piry. (Pakhoi Trade Report for 1877), French Topographic Maps of Tonkin, and Chinese Sources. (*Ret. of Trade* for 1897, II, p. 632.)

— Notes sur les Chinois du Quang-si (Préfecture de Lang-tchéou) par le Dr. Henry Girard, Médecin de la Marine, Prof. à l'École de médecine de Toulon. (*L'Anthropologie*, IX, 1898, pp. 144/170.)

— Publication de la *Revue Indo-chinoise*. — Notice sur le Kouang-Si rédigée à l'État-Major des troupes de l'Indo-Chine (Mars 1900). Hanoi, F.-H. Schneider, 1900, in-8.

— L'Armée chinoise du Kouang-Si. (*Rev. Indo-chinoise*, No. 89, 2 juillet 1900, pp. 635/639.)

— Mémoire au Trône de Tchang Tche-tong, vice-roi des deux Kouangs et de Li Pinghing, gouverneur du Kouang-Si au sujet de la réorganisation de l'armée de cette province. (*Rev. Indo-chinoise*, No. 108, 12 Nov. 1900, p. 1090; No. 109, 19 nov. 1900, pp. 1110/1113.)

— KOUANG-SI. Traduction de Documents historiques, géographiques et administratifs sur la province du Kouang-Si. Tirés du «*Kouang-Si T'ong tcheu tsi-yao*» 廣西通志輯要 (Compendium des renseignements les plus utiles sur la Province du Kouang-Si). Par J. Beauvais, Interprète du Consulat de France à Long-Tcheou. (*T'oung Pao*, 2e Sér., III, N° 1, Mars 1902, pp. 12/29; *ibid.*, 2e sér., III, N° 2, Mai 1902, pp. 59/105;

ibid., 2e sér., III, N° 3, Juillet 1902, pp. 145/166.)

Tirage à part : E. J. Brill, Leide, 1902, in-8, pp. 86.

— Notice sur le Kouang-si. Par F. François, lieut. d'infanterie hors cadre, détaché au gouvernement général de l'Indo-Chine. (*Rev. coloniale*, N. S., I, 1901-2, pp. 627/632.) — Itinéraire sur la région du Kouang-si. Par le même. (*Ibid.*, pp. 633/646.)

— L'insurrection du Kouang-si. (*Bul. Com. Asie française*, Juin 1902, pp. 280/281.)

— La situation du Quang-si. Par A. Raquez. (*Rev. Indo-Chinoise*, 248, 20 juillet 1903, pp. 642/5.)

— Un emprunt allemand au Kouang-Si. [Lettre de Chang-hai.] (*Bul. Com. Asie franç.*, Sept. 1903, p. 392.)

— Voir le chap. sur les T'AI P'ING.

WOU TCHEOU 梧州

— Diagram showing the Rise and Fall of the West River at Wuchow, for June-December 1897. (*Ret. of Trade* for 1897, II, p. 492.)

— Map showing the anchorage of Wuchow, the position of the City and Places of Importance. (*Ret. of Trade* for 1897, II, p. 493.)

— No. 2248 Annual Series. Diplomatic and Consular Reports. — *China.* — Report for the year 1898 of the Trade of Wuchow, Presented.... May 1899. London, 1899 [C. 9044—74], br. in-8, pp. 22.

By Alexander Hosie. — With «Sketch Map of the Province of Kwangsi compiled from various sources».

Voir PORTS OUVERTS.

LOUNG TCHEOU 龍州

— Plan of the Port of Lungchow. (*Decen. Reports*, 1882—1891, p. 653.)

— Notes d'histoire naturelle et médicale recueillies à Long-tchéou (Chine) pendant les années 1892, 1893 et 1894 par le Dr. Simond. (*Arch. Méd. navale*, LXIV, 1895, pp. 24/48, 104/120.)

— Voir PORTS OUVERTS.

14° *YUN NAN* 雲南

— Map of the Countries lying between the 21½ and 29½ N. Lat. and 90° and 98° E. Long. . . . comprising the Chinese Provinces of Yun-nan and Thibet. 1830.

— Topography of the Province of Yun nan; its divisions, area, rivers, mountains, towns, productions, &c. By S. Wells Williams. (*Chinese Rep.*, XVIII, pp. 588 et seq.)

— Le *N. C. Herald*, No. 62, 4 Oct. 1851, et seq.; No. 101, 3 Juillet 1852, contient de nombreux détails sur cette province, traduits du *Ta-Ts'ing tsin-chên ts'iouen chou* pour 1850, livre rouge publié à l'automne.

— A. Fytche. Memorandum on the Panthays of Yunan. (*Proceed. of the Asiatic Soc. of Bengal*, 4 Dec. 1867.)

— W. F. Mayers. Panthays of Yunnan. (*Fraser's Magazine*, Nov. 1872.) Voir *Islamisme.*

(KOUANG SI.)

— Das neue Reich der Muhammedaner in Yün-nan. (*Ausland*, 1873, No. 13.)

— H. Yule. The great rivers of Yunan and the sources of the Irawadi. (*Ocean Highways*, Nov. 1872, p. 249.)

— A Visit to the Valley of the Shueli, in Western Yunnan. (Feb. 1875.) By Ney Elias. (*Jour. R. Geog. Soc.*, XLVI, 1876, pp. 198/227, carte. — *Proc. R. Geog. Soc.*, XX, 1875/6, pp. 234/241.)

— Introductory Sketch of the History of the Shans in Upper Burma and Western Yunnan. By N. Elias, Attaché, Foreign Department, ... Calcutta : Printed at the Foreign Department Press. 1876. in-8, pp. 63.

— Sur Pu-erh 普洱, et son climat, voir le *N. C. Herald*, Aug. 4, 1877; *Gazette de Pe-king*, 18 juillet 1877.

EMILE ROCHER.

— Itinéraire de Ch'ung-Ch'ing à Yunnan-fu. Par M. Rocher. (*Bul. Soc. Géog.*, Déc. 1877, pp. 602/623; 1878, 247/267.)

— La province chinoise du Yün-nan par Emile Rocher, de l'administration des Douanes impériales de Chine. Paris, Leroux, 1879, 2 vol. gr. in-8, pp. xv-286, 291. Cartes.

Notices : *Athenæum*, N° 2759, 11 Sept. 1880. — L'Islamisme en Chine. Par Henri Cordier. (*Jour. des Débats*, 2 Oct. 1880.)

Cet ouvrage a obtenu le prix Stanislas Julien à l'Acad. des Insc. et Belles-Lettres en 1881.

— Note sur un voyage au Yun-nan. (*Bul. Soc. Géog. com., Hâvre*, 1890, pp. 39/46.)

D'après E. Rocher.

— Carte du Yün-Nan par E. Rocher 1871—1873. — Copied by Mr. C. de Berigny. With some omissions and a few alterations 1890. (*Ret. of Trade* for 1889, II, p. 534.)

— Carte du Yün-Nan par E. Rocher 1871—1873. — Copied by Mr. C. de Berigny. With some omissions and a few alterations 1891. The Sh'ai Chromo and Photo Litho. Co. (*Ret. of Trade* for 1890, II, p. 556.)

— Le Yunnan Son Importance commerciale par rapport à nos possessions du Tonkin. Par M. E. Rocher. (*Bul. Soc. Géog. Com. Paris*, XVI, 1894/5, pp. 253/265.)

∴

— Le Yu-nan. Let. de M. Bourgeois, miss. étr. (*Miss. Cath.*, XI, 1879, pp. 293/6, 308/310.)

— The Province of Yünnan. By H. K. (*China Review*, IX, pp. 350/362.)

— Mon District et huit ans de séjour au Yunnan. Récit d'un missionnaire. (*Miss. Cath.*, XIII, 1881, pp. 365/368, 377/380, 390/1, 404/6, 416/7, 427/9, 437/40, 452/4, 463/5, 472/4, 486/9, 501/3, 512/4, 521/4, 534/7, 546/8, 571/3, 585/7, 593/7, 610/12, 617/19; XIV, 1882, pp. 17/20, 29/32, 44/46, 58/60, 66/69, 82/84, 92/93.)

(YUN NAN.)

— La Chine. — Huit ans au Yun-Nan. — Récit d'un missionnaire, par M. Pourias, de la Soc. des Missions Etrangères de Paris. Lille, Soc. de St Augustin, in-8. 2 fr.

Notice : *Miss. Cath.*, XX, 1888, p. 252.

— Likin Collection for Yunnan. (*China Review*, XI, p. 263.)

— The opening up of the Yun-Nan Copper Mines. (*Ibid.*, XII, p. 135.)

— Zinc Mines in Yunnan. (*Ibid.*, XIII, p. 224.)

— On the Aboriginal and other Tribes of Yünnan and the Shan Country. By A. R. Colquhoun. (*Jour. Anth. Inst.*, XIII, 1884, pp. 3/4.)

— The Province of Yün-nan, past, present and future. — The aboriginal Tribes of Western Yün-nan. — Biography of the Mahometan Prince Hsien yang. — From Ta-li-fu to Shanghai. — Shanghai. Printed at the «Shanghai Mercury» Office, in-12, pp. 88.

Cette brochure est signée à la fin G. W. C.[larke] et datée July 2nd 1885.

— Les épidémies au Yun-nan. Par un missionnaire de la Société des Missions Etr. de Paris. (*Miss.Cath.*, XVIII, 1886, pp. 555/7, 573/6.)

— Mes premières impressions dans le Yunnan, par M. Boutmy, de la Société des Missions Etrangères, missionnaire au Yun-nan. (*Missions Catholiques*, XXI, 1889, pp. 406/408, &c., 561/564.)

— Mêngtzŭ Trade Report for the year 1889. By A. P. Happer, Jr. (*Returns of Trade.... for 1889*, pp. 533/540.)

Carte du Yun-nan de E. Rocher, 1871—1873; Copied by Mr. C. de Berigny With some omissions and a few alterations, 1890.

— Yunnan : its Treasures and Trade Routes. By General Mesny. (*Jour. China Br. R. As. Soc.*, XXV, N. S., No. 2, 1890—1, pp. 482/496.)

— Le Yunnan. (*Bul. Soc. Géog. Com.* Paris, XIV, 1891/2, pp. 326/9.)

Trad. par L. Delavaud d'une conférence du général W. Mesny, publiée dans le *N. C. Herald*, du 24 avril 1891.

— Yunnan et Tonkin. Par Paul Boell. (*Bul. Soc. Géog. com., Hâvre*, 1893, pp. 119/125.)

— Digest of the Yung-ch'ang Annals on Burma. By E. H. Parker, Esq., Late Adviser on Chinese Affairs in Burma. Simla : Printed at the Government Central Printing Office. 1894, in-fol., pp. 7 + 2 ff. de chinois.

— Section of Country along Main Roads in the Yunnan Province. By Chr. Jensen, Imperial Chinese Telegraphs. (*Decen. Reports*, 1882—1891, p. 673.)

— La province chinoise du Yunnan et les routes qui y mènent. Par Gaston Rouvier. (*Rev. de Géog.*, XXXIX, 1896, pp. 19/30, 110/116, 192/197, 267/274, 409/414; XL, 1897, pp. 23/29, 81/86, 433/440; XLI, 1897, 26/30.)

— Jottings in Yunnan. By Rev. W. M. Upcraft. [American Baptist Missionary Union, Ya-chow, Sz-chuan.] (*Chin. Rec.*, Nov. 1896, pp. 531/4.)

— A Budget from Yunnan. [By Dr. Henry.] (*Kew Bull.*, 1897, pp. 407—414; 1898, 289/297; 1899, 46/50.)

— [Henry.] — Botanical Exploration in Yunnan. (*The Gardeners Chronicle*, 1897, XXII, pp. 281/2; d'après le *Kew Bull.*, 1897, pp. 99/101.)

— Rapport sur le Yun-nan. Par Henri Brenier. (*Mission lyonnaise*, pp. 129/156, carte au 1 : 2.600.000.)

— No. 473 Miscellaneous Series. Diplomatic and Consular Reports. — *China.* — Report on a Journey from Hong-kong to Ssŭmao. Presented.... August, 1898. London .. 1898 [C. 9015—1.] br. in-8, pp. 10.

By Acting-Consul J. W. Jamieson.

— *China.* No. 3 (1898). — Despatch from Her Majesty's Minister at Peking, forwarding a Report by the Acting British Consul at Ssŭmao on the Trade of Yünnan. Presented.... Nov. 1898. [C. — 9083.]

Par J. W. Jamieson.

F. W. CAREY.

— Map of the Chinese Shan States. By Fred. W. Carey, 4th Assistant A. (*Ret. of Trade* for 1898, II, p. 678.)

— A Trip to the Chinese Shan States. By Fred. W. Carey. (*Geog. Journ.*, XIV, Oct. 1899, pp. 378/394.)

— Journeys in the Chinese Shan States. By Fred. W. Carey. (*Geog. Journ.*, XV, May 1900, pp. 486/517.)

— Voir A.-A. Fauvel, *La Géographie*, 15 juillet 1900, pp. 46/7.

— L'exploration des États Shans du Yun-nan. Par M. F.-W. Carey. (*Le Mouv. géog.*, 1900, col. 221—3.) — D'après le *Geog. Journal.*

— L'exploration des États Shans du Yun-nan. (*Rev. Indo-chinoise*, No. 91, 16 juillet 1900, pp. 696/7.)

F. W. Carey. — D'après l'*Echo de Chine* et *Le Mouvement géographique*, d'après le *Geog. Journal.*

+ * Tonkin, Yunnan, and Burma. By F.-W. Carey. (*J. Soc. Arts*, LI, 1903, pp. 65/6.)

.·.

— Notice géographique, ethnographique et commerciale sur le Haut-Fleuve Rouge. (De Yuan-kiang à Man-hao.) Par U. M. (*Bul. Soc. Géog. com.*, XXI, 1899, pp. 80/97.)

— La pénétration commerciale française au Yunnan. Par Augoulvant, Vice-Consul de France à Ho-Khéou. (*Bul. Soc. Ét. Col. & Mar.*, XXIII, 1898, pp. 215/221.)

— Les voies d'accès au Yunnan et le commerce avec ce pays par M. Gabriel Angoulvant. (*Bul. Soc. Géog. com.*, XXI, 1899, pp. 315/324.)

— Publication de la *Revue Indo-chinoise*. — Notice sur le Yunnan rédigée par l'État-Major des troupes de l'Indo-Chine (15 décembre 1899). Hanoi, F.-H. Schneider, 1900, in-8, pp. 86 + 1 f. n. ch. p. l. tab., cartes.

La première feuille a été distribuée avec le No. 95, 18 août 1900, de la *Revue Indo-Chinoise*, et la dernière avec le No. 117, 21 janvier 1901.

— L'armée chinoise du Yunnan. (*Rev. Indo-Chinoise*, No. 88, 25 juin 1900, pp. 609/613.)

— Le Yunnan. (*Rev. mar. et col.*, Vol. 147, 1900, pp. 241/272; 449/490.)

Par l'État-major des troupes de l'Indo-Chine, 15 déc. 1899.

— Capt. W. A. Watts-Jones, R. E.

Mrs. W. A. Watts Jones has presented to the R. Geographical Society 238 Photographs of Yunnan, «with the permission of the Yunnan Company, as a memorial of her husband, by whom they were taken during his surveying expedition for the railway route from Kunlong Ferry to the Yangtse kiang in 1898—99.» (*Geog. Journ.*, May 1903, p. 587.)

— Yunnan, Showing relative Positions of Frontier Marts and Distances of Principal Towns from Trade Centres. (*Ret. of Trade* for 1899, II, p. 732.)

— Série d'Orient No. 3. — P. Bons d'Anty Consul de France. — Excursions dans le Pays Chan chinois et dans les Montagnes de Thé. — Avec carte en couleur des régions parcourues par l'auteur dessinée par J. Em. Lemière d'après l'original de E. Giffault. Shanghai, Imprimerie de la Presse orientale, 1900, in-8, pp. 63 + 1 f. n. ch.

— Relation d'un voyage dans la région située au sud de Semao. Par Pierre Bons d'Anty. (*Ann. de Géog.*, VIII, 1899, pp. 49/61.)

— Le chemin de fer du Yunnan. Par E. Nissang. (*Rev. française*, XXV, 1900, pp. 331/5.)

— De Canton à Yun-nan Sen. Par A. François. (*Revue de Paris*, 1900, IV, 15 juillet, pp. 226—260; 1er août, pp. 535—558.)

— Au Yun-nan. Par A. François. (*Revue de Paris*, V, pp. 449—78; VI, pp. 82—108.)

A. LECLÈRE.

— Voir GÉOLOGIE.

— Mission dans la Chine méridionale. Conférence de M. A. Leclère, ingénieur en chef des mines. (*Congrès des Soc. franç. de Géog.*, Paris, 1900, pp. 178/184.)

— Le charbon au Yunnan. (*Rev. française*, XXV, 1900, pp. 636/641.) Conférence au Congrès de Géographie de Paris.

(YUN NAN.)

— Géographie générale des provinces chinoises voisines du Tonkin. Par A. Leclère, Ingénieur en Chef des Mines. (*La Géographie*, 15 Avril 1900, pp. 267/288.)

— Étude géologique et minière des Provinces chinoises voisines du Tonkin par M. A. Leclère, Ingénieur en chef des Mines. — (Extrait des *Annales des Mines*, livraisons d'Octobre et de Novembre 1901 et de Septembre 1900.) Paris, Vve Ch. Dunod, 1902, in-8, pp. 219, 12 Pl.

Sur la couv. int. «Septembre 1900» est omis.

— Ressources minières du Yun-nan par M. A. Leclère, Ingénieur en chef des Mines. (*Bul. Soc. Géog. com.*, XXIII, 1901, pp. 142/154.)

∴

— Note sur l'expansion anglaise au Yun-nan. Par ***. Paris, Lib. militaire R. Chapelot, 1901, br. in-8, pp. 32, 1 carte.

Rédigée à l'Etat-Major des troupes de l'Indo-Chine.

— Les provinces voisines du Tonkin. Par Paul Barré. (*Rev. française*, 1901, pp. 197/205.)

∴

— Sketch Map of Teng yueh (Momein) 5.300 feet above sea. W. B. Andrews, 3rd Class Tidewaiter. Scale: 1 Mile = 3 Inches. (*Ret. of Trade* for 1901, p. 767.)

— Sketch Map of Tengyueh Trade Routes and Frontier Line. Reduced from Sketch Map by Mr. G. Litton. Scale: 1 Inch = 24 Miles. (*Ibid.*, p. 768.)

— Map showing Position of Szemao vis-à-vis the Frontiers, and Trade Routes to and from. (*Ret. of Trade* for 1897, II, p. 656.)

— Plan of the Port of Mengtsz. By E. K. Bull, 4th Assistant, B. (*Decen. Reports*, 1882—1891, pp. 665.)

— Sketch Map of the Plain of Mengtsz. By C. E. Tanant. (*Decen. Reports*, 1882—1891, p. 674.)

∴

— Le Chemin de fer de Haï-phong à Yunnan-sen. (*Bull. Com. Asie française*, Juin 1901, p. 106.)

— Le Chemin de fer du Yunnan. Par R. C. (*Ibid.*, Juillet 1901, pp. 141/158.)

— Lord Curzon et le Chemin de fer anglais du Yunnan. (*Ibid.*, Déc. 1901, pp. 376/8.)

— Le Chemin de fer du Yunnan. (*Ibid.*, Janv. 1902, p. 27.)

— Chemin de fer du Yunnan. (*Ibid.*, Juillet 1903, p. 310.) A propos de la loi promulguée le 10 juillet dans le *Journal officiel*.

— Le chemin de fer du Yunnan. Par R. C. (*Ibid.*, août 1903, pp. 318/323.) Carte.

∴

— Le commerce de l'opium et du sel au Yunnan. (*Bull. Com. Asie française*, Juillet 1901, pp. 163/165.)

— Le commerce entre le Yunnan et Hong Kong par le Tonkin. (*Ibid.*, Oct. 1901, pp. 291/292.)

— Le commerce de la Birmanie avec le Yunnan. (*Ibid.*, Janv. 1902, p. 27.)

— Le commerce du sel entre le Tonkin et le Yunnan. (*Ibid.*, Juin 1902, pp. 281/2.)

∴

— The Lung-kiang, Taiping and Kinsha Rivers. By R. Logan Jack. (*Geog. Journ.*, July 1902, pp. 111/113.)

(YUN NAN.)

— The Shwe-li and Tai-ping. By H. Hayter Duff. (*Geog. Journ.*, Oct. 1902, pp. 462/3).

— Le Yün-nan Province chinoise, voisine du Tonkin. Par Léon Paquier. (*Annales coloniales*, 15 fév. 1903, pp. 53/59.)

— Exploration in Western China. By Captain C. H. D. Ryder, R. E. (*Geog. Journ.*, XXI, Feb. 1903, pp. 109/126.)

— Map of South-West China, to accompany Captain Ryder's Paper. (*Geog. Journ.*, XXII, Aug. 1903, p. 195.)

— Exploration du capitaine C. H. D. Ryder dans la Chine orientale. Par D. Aïtoff. (*La Géographie*, 15 sept. 1903, pp. 154/157.)

— Yule and Cordier's *Marco Polo*, II.

— A. Hosie, voir *SE TCH'OUAN*, col. 353.

— Voir le P. Creuse, col. 313.

— Desgodins : voir *TIBET*.

— Dr. L. Pichon, voir VOYAGES.

— G. W. Clark, voir KOUEI-TCHEOU.

— Voir le Chap. consacré à l'ISLAMISME.

Nan Tchao 南詔

— The Early Laos and China. By E. H. Parker. (*China Review*, XIX, pp. 67—106.)

— The Old Thai or Shan Empire of Western Yünnan. By E. H Parker. (*China Review*, XX, pp. 337—346.)

Voir, *ibid.*, p. 394, *Ai-lao*.

— Histoire des Princes du Yun-nan et leurs relations avec la Chine d'après des documents historiques chinois traduits pour la première fois par Emile Rocher Consul de France.... 1899. — Extrait du Volume X du «*T'oung-pao*». E. J. Brill. Leide — 1899, in-8, pp. 126, 2 cartes.

— Histoire des Princes du Yun-nan et leurs relations avec la Chine d'après des documents historiques chinois traduits pour la première fois par Emile Rocher. (*T'oung Pao*, X, N° 1, Mars 1899, pp. 1/32; *ibid.*, X, N° 2, Mai 1899, pp. 115/154; *ibid.*, X, N° 4, Oct. 1899, pp. 337/368; *ibid.*, X, N° 5, Déc. 1899, pp. 437/458.)

— Une inscription du Royaume de Nantchao, par Edouard Chavannes. (*Jour. Asiatique*, Nov.-Déc. 1900, pp. 381—450.)

Inscription gravée en 766 de notre ère sous le règne du roi Ko-lo-fong 閣羅鳳, érigée dans sa capitale T'ai-ho tchéng, 太和城.

— Table des souverains de 南詔 Nan-tchao. Par le R. P. Mathias Tchang, S. J. (*Bul. Ecole Extrême Orient*, I, n° 4, pp. 312-321.)

APPENDICE. — *Les routes de la Chine par les Indes et l'Indo-Chine.*

— Abstract Journal of an Expedition to Kiang Hung on the Chinese Frontier, starting from Moulmein on the 13th December 1836. By Lieut. T. E. Mac Leod, Assistant to the Commissioner of the Tenasserim Provinces, with a route map. [Extracted from a Report to E. A. Blundell, Esq. Commissioner, and communicated by the Right Hon. the Governor of Bengal.] (*Jour. As. Soc. of Bengal*, VI, No. 72, Dec. 1837, pp. 989 seq.)

Voir *infra*, col. 327. — H. Cordier, *Hist. des Relat.*, Vol. I et II.

— Short Survey of the Countries between Bengal and China, showing the great commercial and political importance of the Burmese town of Bhanmo, on the Upper Irawady, and the practicability of a direct Trade overland between Calcutta and China. By Baron Otto des Granges. (*Jour. As. Soc. Bengal*, XVII, pt. I, 1848, pp. 132/137).

1° Capt. RICHARD SPRYE.

— The British and China Railway, from Rangoon .... to the Yunnan Province of China: with Loop-lines to Siam and Cambogia, Tonquin and Cochin-China ... In a series of letters to the Earl of Malmesbury. London, 1858, in-8.

Privately Printed.

— Communication with the South-West Provinces of China from Rangoon in British Pegu. By Capt. R. Sprye, and R. H. Sprye Esq. (*Proc. R. G. S.*, V, 1861, pp. 45/7.)

— *China*. No. 2 (1865). — Correspondence respecting direct Commerce with the West of China from Rangoon. — Presented to the House of Lords by Command of Her Majesty. 1865. — London, Harrison, in-fol., pp. 101.

— Correspondence between Captain Richard Sprye, and the Rt. Hon. William-Ewart Gladstone, M. P. for South Lancashire, Chancellor of H. M.'s Exchequer, &c., on the Commercial opening of the Shan States, and Western Inland China, by Railway, direct from Rangoon. With a map. London: 1865. Printed for Private Circulation only, gr. in-8, pp. 63.

La couverture porte la date : London : 1866.

— Memorandum on the question of British Trade with Western China via Burmah. By Dr. C. Williams. — 1 carte. (*Jour. As. Soc. of Bengal*, 1864, No. IV, pp. 407/433.)

— Trade and Telegraph Routes to China, via Burmah. By Dr. Clement Williams, Late H. M. 68th Lt. Inf'y and Agent to the Chief Commissioner, British Burmah, at Mandalay. A Reprint, by permission. [From the *Journal of the Bengal Asiatic Society.*] in-8, s. l. n. d., pp. 37 [1864], 1 carte.

— Through Burmah to Western China being Notes of a Journey in 1863 to establish the practicability of a trade-route between the Irawaddi and the Yang-tse-Kiang by Clement Williams formerly Assistant-Surgeon in the 68th light infantry, and first political agent at Mandalay to the Chief Commissioner of British Burmah. William Blackwood and Sons, Edinburgh and London, MDCCCLXVIII, in-8, pp. XIV + 1 f. n. c. + pp. 213.

2 cartes et gravures.

— Memorandum on Railway Communication with Western China and the intermediate Shan States from the Port of Rangoon in British Burma, with Map, by Captain J. M. Williams, H. M. Indian Army, Assoc. Inst. C. E., and Executive Engineer, Rangoon Division, British Burma. — London, 21 January 1865, in-fol., pp. 21.

373. — Ordered, by The House of Commons, to be Printed, 15 June 1865.

— East India (Shan States, &c.) — Return to an Address of the Honourable The House of Commons, dated 11 June 1866; — for, « Copy of a Letter from Captain Richard Sprye to the Secretary of State for India, dated the 15th day of January 1866, and of the Maps attached thereto, referring to Commerce with the Shan States and West of China from Rangoon, and Extension of the Indo-European Telegraph by Land from Pegu to Hongkong and the Chinese Open Ports ». India Office, 13 June 1866 .... — Ordered, by the House of Commons, to be Printed, 14 June 1866. [350], in-fol., pp. 40.

∴

— Rangoon and Western China. — Return to an Address of the Honourable The House of Commons, dated 28 March 1867; for, « Copy of further Papers or Correspondence between the Government of India and the Secretary of State, on the proposed Communication between Rangoon and Western China; with the Dissents, if any, recorded by Members of the Council of India, and that of Sir Charles Trevelyan (in continuation of Parliamentary Paper, No. 373, of Session 1865). » India Office, 11 April 1867. — Ordered, by the House of Commons, to be Printed, 12 April 1867 [233]. In-fol., pp. 22.

— Rangoon. — Return to an Address of the Honourable The House of Commons, dated 27 June 1857; — for, « Copies of Letter from Captain Williams, Public Works Department, Rangoon, to the Commissioner of British Burmah, dated the 8th day of December 1866, with Map, if any, to be attached thereto » : « And, of any Correspondence thereon between the Commissioner, the Government of India, and the Secretary of State for India (in continuation of Parliamentary Paper, No. 233, of the present Session. » India Office, 28 June 1867. — Ordered, by The House of Commons, to be Printed, 5 July 1867. [421], in-fol., pp. 7.

— Rangoon and Western China. — Return to an Address of the Honourable The House of Commons, dated 12 August 1867; — for, « Copy of all Memorials, and of Letters transmitting them, to the First Lord of the Treasury or other Minister, subsequent to the 7th day of December 1863, on the subject of opening up a direct Commerce with the Shan States and West of China, from the Port of Rangoon; and of the Replies thereto (in continuation of Parliamentary Paper, No. 5, of Session 1864). » India Office, 2 December 1867. [28], in-fol., pp. 32.

— Rangoon and Western China. — Return to an Address of the Honourable The House of Commons, dated 28 November 1867; — for, « Copies of the Survey Report of Captains Williams and Luard, dated the 15th day of June 1867, and of the Journals, Maps, Sections, &c. attached thereto, respecting Rangoon and Western China » : « Of the, Letter forwarding the Report to the Chief Commissioner, of his Letter forwarding it to the Governor General of India, and of the Governor General's Despatch transmitting it to the Secretary of State for India » : « And, of all Correspondence on the Subject, by Telegram or Letter, between the Governor General and Chief Commissioner subsequent to the 30th day of June 1867; and between the Governor General and the Secretary of State for India subsequent to the 15th day of August 1867 (in continuation of Parliamentary Paper, No. 421, of Session 1867, and not hitherto laid before Parliament). » India

Office, 2 December 1867. Ordered, by the House of Commons, to be Printed, 3 December 1867. [28—I], in-fol., pp. 56.

— Return to an Address of the Honourable The House of Commons, dated 23 March 1868; — for, « Copies of the Replies to the several Memorials contained in the Return to the Address of the House, dated the 12th day of August 1867, on the subject of Direct Commerce with the Shan States and West China from the Port of Rangoon » : « And, of all further Memorials thereon subsequent to those contained in that Return, and of the Replies thereto (in continuation of Parliamentary Paper, No. 28—I., of Session 1867—8). » India Office, 31 March 1868 [192], in-fol., pp. 8.

— East India (Rangoon and Western China). — Return to an Address of the Honourable The House of Commons, dated 23rd June 1868; — for, « Copy of the Despatch of the late Governor General of India, Lord Elgin, relative to the proposed construction of a Commercial Way from Rangoon to Kianghung, referred to in the Letter addressed by the Secretary of State for India to the Huddersfield Chamber of Commerce on the 28th day of January 1864; with any Enclosures or Documents referred to in the said Despatch. » India Office, 26 June 1868. Ordered, by The House of Commons, to be Printed, 30 June 1868 [367], in-fol., pp. 8.

— Rangoon and West of China. — Return to an Order of the Honourable The House of Commons, dated 24 April 1873; — for, « Copy of Memorial of the Association of the Chambers of Commerce of the United Kingdom to the Right Honourable William Ewart Gladstone, M. P., First Lord of Her Majesty's Treasury, dated the 17th day of February 1873; and of the Appendix and Maps attached to the same, the Maps to be in outline only (in continuation of Parliamentary Paper, 'Rangoon and Western China', No. 28—I, of Session 1867—8, and No. 192, of Session 1868. » [258], in-fol., pp. 23.

— East India (British Burmah). — Return to an Address of the Honourable The House of Commons, dated 26 April 1869; — for, « Copies of all Correspondence by Telegram or Letter, relating to the late Treaty with the Court of Ava, concluded by the Chief Commissioner, British Burmah, on the 26th day of October 1867, between the Governor General of India and Chief Commissioner, and the Governor General and Secretary of State for India, subsequent to the 15th day of January 1867 (in continuation of Parliamentary Paper, No. 193, of Session 1867, and not hitherto laid before Parliament) » : « Of all Correspondence by Telegram or Letter between the Governor General of India and Chief Commissioner, British Burmah, and the Governor General and Secretary of State for India, relative to the Route to Western China via Bhamo, commencing with Letter No. 127 P. — 54 P. S., dated the 21st day of June 1867, from the Chief Commissioner, British Burmah, to the Governor General of India, including the Correspondence regarding the establishment of an Assistant Political Agent at Bhamo, and Captain Sladen's Final Report, with Minute thereon by the Chief Commissioner, British Burmah » + « Of all Papers and Correspondence regarding the further Exploration of the proposed Railway Route from Rangoon to Kyan Hung or Western China (in continuation of Parliamentary Paper, No. 28—I., of Session 1867), and including Letter No. 410—4 R. of the 18th day of July 1868, from Chief Commissioner, British Burmah, to Government of India, and Reply; » « And, Copies of all Papers and of the Correspondence between the Chief Commissioner, British Burmah, and of the Governor General of India, and the Governor General and Secretary of State for India, relative to the Project for a Railway between Rangoon and Prome, in British Burmah. » + [Note. — Captain Sladen's Report has not yet been received, but will, with other Papers, be included in a Supplementary Return.] — India Office, 13 May 1869. — Ordered, by The House of Commons, to be Printed, 8 June 1869. In-fol., pp. 98 [251].

— East India (British Burmah). — Further Return to an Address of the Honourable The House of Commons, dated 26 April 1869; — for, Copy of Major Sladen's Report on the Bhamo Route. (In continuation of Parliamentary Paper, No. 251, of Session 1868—9.) India Office, May 1871 . . . Ordered, by The House of Commons, to be Printed, 17 April 1871. [165]. in-fol., pp. 161.

— East India (British Burmah). — Return to an Address of the Honourable The House of Commons, dated 20 June 1871; — for, « Copies of Captain Richard Sprye's Letters to the Secretary of State for India in Council, dated the 30th day of March and the 31st day of August 1870, and the 21st day of February 1871 » : « And, of the several Replies thereto (in continuation of Parliamentary Paper, East India (British Burmah), No. 165, of the present Session »). India Office, 27 June 1871, in-fol., pp. 22, [341].

— East India (Mc Leod and Richardson's Journeys). — Return to an Address of the Honourable The House of Commons, dated 6 August 1869; — for, « Copy of Papers relating to the Route of Captain W. C. Mc Leod from Moulmein to the Frontiers of China, and to the Route of Dr. Richardson on his Fourth Mission to the Shan Provinces of Burmah, or Extracts from the Same. » India Office, 9 August 1869 .... Ordered, by The House of Commons, to be Printed, 10 August 1869. [420]., in-fol., pp. 147.

2° Edward B. Sladen.

† 4 janvier 1890. — Voir *supra*, col. 326.

— Bhamo Expedition. — Report on the practicability of re-opening the Trade Route, between Burma and Western China. By Captain A. Bowers, R. N. R. Commercial Agent attached to the Expedition under Captain E. B. Sladen, British political Agent at the Court of Mandalay. With an appendix. — Rangoon : American Mission Press. C. Bennett. — 1869, in-8, 3 ff. prél. p. l. tit., déd., etc. + pp. 165. Pl. et cartes.

L'app. contient « the Preface to the Administration Report of British Burmah for 1867—68, by Major General A. Fytche, C. S. I. Chief Commissioner, and Agent to the Governor General. »

— Bhamo-Expedition. — Bericht über die Möglichkeit einer Wiedereröffnung der Handelsstrasse zwischen Birma und West-China erstattet vom Capitain A. Bowers, Handelsagenten der unter Capitain Sladen, britischen Bevollmächtigten am Hofe zu Mandalay, ausgerüsteten Expedition. Ins Deutsche übersetzt von Dr. Merzdorf, grossherzogl. Oldenburg. Oberbibliothekar, Berlin. Carl Heymann's Verlag. 1871. in-8. pp. 180.

— Selections from the Records of the Government of India, Foreign Department. — No. LXXIX. — Official Narrative of the Expedition to explore the Trade Routes to China *viâ* Bhamo, under the guidance of Major E. B. Sladen, Political Agent, Mandalay, with connected Papers. — Published by Authority. — Calcutta : Office of Superintendent of Government Printing. 1870, in-8, pp. vi-187-xcv.

— Expedition from Burma, viâ the Irrawaddy and Bhamo, to South-Western China. By Major E. B. Sladen, H. M. Political Resident, Burma. (1 Map.) Read June 26th, 1871. (*Journal Roy. Geog. Soc.*, 1871, pp. 257/281.)

Le Major Sladen quitta la capitale royale de Mandalay le 13 janvier 1868; arriva à Bhamo (900 milles de Rangoon, 300 milles de Mandalay) le 21 Janvier; quitta Bhamo le 26 Fév. 1868; séjourna 7 semaines à Momein; était de retour à Mandalay le 20 Septembre.

— Burma : Exploration viâ the Irrawaddy and Bhamo to South-Western China. By Major E. B. Sladen. (*Proc. Roy. Geog. Soc.*, XV, 1871, pp. 343/364.)

— Journal of a voyage up the Irrawaddy to Mandalay and Bhamo, by J. Talboys Wheeler, Secretary to the Chief Commissioner of British Burma. Rangoon : Printed by J. W. Baynes. London; Trübner and Co. — Calcutta : Newman and Co. Madras : J. Higginbotham and Co, 1871, in-8, pp. 102-ii.

— A Report on the Expedition to Western Yunan viâ Bhamô. By John Anderson, M. D., Medical Officer and Naturalist to the Expedition. Calcutta : Office of the Superintendent of Government Printing, 1871, gr. in-8, pp. 3-xii-458, 5 pl. et 1 carte.

— The Irawaddy and its Sources. By Dr. J. Anderson. Read 13 June 1870. (*Jour. R. G. S.*, XL, 1870, pp. 286/303.) — Extraits, *Proc. R. G. S.*, XIV, 1870, pp. 346/356.)

— Mandalay to Momien : A Narrative of the Two Expeditions to Western China of 1868 and 1875, under Colonel Edward B. Sladen and Colonel Horace Browne. By John Anderson, M. D. — With Maps and Illustrations. London, Macmillan, 1876, in-8, pp. xvi-479.

Notice : *Nature*, XIII, 1875/6, pp. 422/4.

— Anatomical and Zoological Researches : comprising an Account of the Zoological Results of the two Expeditions to Western Yunnan in 1868 and 1875; and a Monograph of the two Cetacean Genera, *Platanista* and *Orcella*. By John Anderson, M. D.,

Edin., Superintendent Indian Museum, and Professor of Comparative Anatomy, Medical College, Calcutta; Medical Officer to the Expeditions. First Volume — TEXT. London : Bernard Quaritch, 1878, gr. in-4, pp. xxv-984 + 1 f. n. c. — Second Volume — PLATES (84 Plates). London : Bernard Quaritch, 1878, gr. in-4, Pl. et pp. xi-29.

«The First Expedition was despatched in the end of 1867 from Calcutta, and returned in November 1868; and the Second Expedition left Mandalay on the 3rd January 1875, and returned thither on the 10th March of the same year.» (Introduction.)

— John Anderson, M. D., F. R. S., etc. Nécrologie par H. C.[ordier.] (*T'oung Pao*, 2e Sér., I, No 4, Oct. 1900, p. 346.)

Né à Edimbourg en 1833; † à Buxton, Août 1900.

3° DOUDART DE LAGRÉE & FRANCIS GARNIER.

— Voyage d'exploration en Indo-Chine effectué pendant les années 1866, 1867 et 1868 par une Commission française présidée par M. le Capitaine de frégate Doudart de Lagrée, et publié par les ordres du Ministre de la marine sous la direction de M. le lieutenant de vaisseau Francis Garnier avec le concours de M. Delaporte, lieutenant de vaisseau, et de MM. Joubert et Thorel, médecins de la Marine, membres de la Commission. Ouvrage illustré de 250 gravures sur bois, d'après les croquis de M. Delaporte et accompagné d'un Atlas. Paris, librairie Hachette et Cie, 1873. — 2 vol. in-4.

Tiré à 800 exemplaires.

— Vol. I, pp. v-580 : Préface. — I. Aperçu historique sur les découvertes géographiques en Indo-Chine. — II—XXII. Voyage — Appendice — Index alphabétique — Table des gravures, inscriptions, cartes et plans.

Ce premier volume qui contient la «Partie descriptive, historique et politique» du voyage est de M. Francis Garnier.

— Vol. II, pp. 523 : Observations astronomiques et météorologiques, par M. Francis Garnier — Géologie et Minéralogie, par M. le Docteur E. Joubert. — *Tien Nan Kouang Tchang Tou lio* ou Traité détaillé des Minerais et des Mines du Royaume de Tien, aujourd'hui Province de Yunnan, traduit par M. Thomas Ko, lettré chinois, annoté par M. Francis Garnier. — Notes anthropologiques sur l'Indo-Chine, par M. le Docteur Thorel. — Agriculture et Horticulture, par M. le Docteur C. Thorel. — Vocabulaires Indo-Chinois, par MM. Doudart de Lagrée et Francis Garnier. — Table des Matières.

ATLAS : L'Atlas est composé de deux parties:

— *Première partie* : Cartes et Plans dressés par MM. Doudart de Lagrée, Francis Garnier et M. le lieutenant de vaisseau Delaporte.

— *Deuxième partie* : Album pittoresque, exécuté d'après les dessins de M. le lieutenant de vaisseau L. Delaporte.

Ernest-Marc-Louis-de-Gonzague Doudart de Lagrée est né le 31 mars 1823, à Saint-Vincent-de-Mercuze, canton de Touvet (Isère). — Il sortit de l'Ecole polytechnique le 1er octobre 1845 — Enseigne, 1847 — Lieutenant de vaisseau, 8 mars 1854 — Capitaine de frégate, 2 décembre 1864 — Mort le 12 mars 1868.

— Sur les obsèques de Doudart de Lagrée, voir le *Courrier de Saïgon*, 5 juillet 1868; le *Courrier de l'Isère*, 18 juillet 1868 (oraison funèbre prononcée par le Dr. Dumont.)

M. Pelliot me communique l'intéressant renseignement suivant: «Il y a une traduction chinoise du Voyage de Doudart de Lagrée et Francis Garnier; elle est intitulée 柬埔治以北探路記 *Kièn p'ou tche yi pe t'an lou ki*, Voyage d'exploration au Nord du Cambodge; j'en connais une édition en caractères mobiles faite vers 1883; elle est en 15 kiuen, 15 pen, 1 t'ao; l'auteur de la préface y explique que ce ne peut être que par erreur que l'ouvrage porte le nom de Lagrée lorsque son auteur est Francis Garnier.»

∴

— Notice sur le voyage d'exploration effectué en Indo-Chine par une Commission française pendant les années 1866-67-68. Par M. Francis Garnier, Lieutenant de vaisseau, Chef de la mission. — Extrait de la *Revue maritime et coloniale* (Avril, Juin, Juillet et Août 1869). Paris, Challamel, 1869, gr. in-8, pp. 80. Carte.

— Voyage d'exploration en Indo-Chine. Texte inédit par M. Francis Garnier, lieutenant de vaisseau, illustrations inédites d'après les dessins de M. Delaporte, lieutenant de vaisseau. 1866—1867—1868. (*Le Tour du Monde*, 1870—1871, 2e sem., pp. 1/97, 305/416; 1872, pp. 353/416, 288/336, etc.)

— F. Garnier's Schilderungen aus Yunnan. (*Globus*, 28 Bd., 1875, pp. 33, 49, 276, 293, 337, 353, 369.

— Francis Garnier. — Voyage d'exploration en Indo-Chine effectué par une Commission française présidée par le capitaine de frégate Doudart de Lagrée. Relation empruntée au journal «Le Tour du Monde» revue et annotée par Léon Garnier. Contenant 211 gravures sur bois d'après les croquis de M. Delaporte et accompagnée de 2 cartes. Paris. Librairie Hachette et Cie, 1885, gr. in-8, pp. xv-662.

— Thorel. Notes médicales du Voyage d'exploration du Mékong et de Cochinchine. Paris, 1870, in-8.

— Notice sur le Ct. de Lagrée dans la *Revue maritime et coloniale*, p. 761, juillet 1868. — L'expédition française de Me-kong, Mort de son Commandant, M. Doudart de Lagrée, par V. A. Maltebrun. — *Annales des Voyages*, Août 1868, pp. 129/136.

— Die Französische Expedition auf dem Mekhong, 1866 und 1867. (*Petermann's Mitt.*, 1868, pp. 10/13.)

— E. Doudart de la Grée (Capitaine de frégate, chef de l'exploration du Mé-kong et de l'Indo-Chine en 1866—67—68) et la question du Tong-king, par B. de Villemereuil. (*L'Explorateur*, II, 1875, pp. 31, 57, 82, 107.)

— Doudart de la Grée, Capitaine de frégate, Chef de l'exploration du Mé-kong et de l'Indo-Chine exécutée en 1866—67—68 par ordre et aux frais du gouvernement français et la question du Tong-king par M. A. — B. de Villemereuil, Capitaine de frégate, Membre du Congrès international des Sciences géographiques, de la Société de Géographie de Paris et de plusieurs Sociétés des départements. Deuxième édition (avec une carte). Paris, aux bureaux de l'*Explorateur*, 24 et 26 passage Colbert. — Challamel aîné, librairie maritime et coloniale. 1875, br. in-8, pp. 62.

— Lettre du commandant de La Grée. (*Ann. de l'Extr. Orient*, II, pp. 152/153.)

Lettre datée : Arras, le 10 août 1877, du frère de l'explorateur.

— La découverte de la voie commerciale, vers les provinces du S. O. de la Chine. Par MM. J. Doudart de La Grée, conseiller à la cour d'appel d'Alger, G. Eugène Simon, ancien consul de France en Chine, et J. Dupuis, explorateur du Fleuve Rouge. Communications faites à la Société Académique Indo-Chinoise, dans ses séances des 29 octobre et 29 novembre 1879. (*Ann. de l'Ext. Orient*, II, pp. 236/242, 273/278.)

— Lettre de M. de Villemereuil. (*Ann. de l'Extr. Orient*, II, pp. 316/317.)

Fontainebleau, 20 avril 1880. A propos du Comt. de La Grée.

— Les voyages des Européens des côtes de l'Annam à la vallée du Mé-kong par M. de Villemereuil, capitaine de vaisseau. Rochefort-sur-mer, imprimerie Triaud et Guy, 72, rue des Fonderies, 1881, br. in-8, pp. 15.

— Explorations et missions de Doudart de Lagrée, capitaine de frégate, premier représentant du protectorat français au Cambodge, chef de la mission d'exploration du Mé-kong et du haut Song-koi. — Extraits de ses manuscrits mis en ordre par M. A. B. de Villemereuil, capitaine de vaisseau et publiés avec le concours d'une commission spéciale sous les auspices de la Société d'Ethnographie. Paris, imprimerie et librairie de Madame Veuve Bouchard-Huzard, Jules Tremblay, gendre et successeur, 1883, in-4, pp. cxiv-684. Portrait, carte et planches.

— Explorations et missions de Doudart de la Grée. Par Léon Feer. (*Ann. de l'Ext. Orient*, 1884—1885, pp. 166/170.)

— Lettres d'un Précurseur. — Doudart de Lagrée au Cambodge et en Indo-Chine, par Félix Julien. Deuxième édition. Challamel aîné, éditeur. Paris. 1886, in-12, pp. 221 + 1 f. n. c.

— Le Commandant de Lagrée au Cambodge et son voyage en Indo-Chine d'après sa correspondance. (*Rev. mar. et col.*, Vol. 85, 1885, pp. 260/279.)

A propos des *Lettres d'un Précurseur* . . . par Félix Julien.

— Nécrologie. — Félix Julien. — Extrait de la Revue française de l'étranger et des colonies. — Paris, Chaix, 1891, br. in-8, pp. 15.

Brochure signée A. V. — Julien né en 1824; † 1er juillet 1890.

— Ernest Doudart de Lagrée. — Conférence Faite à Grenoble le 15 Août 1896 par Paulin Vial A l'occasion de l'Inauguration du Monument élevé au célèbre explorateur en présence de M. Lebon, Ministre des Colonies. Voiron-A. Mollaret, Imprimeur-Éditeur — 1896, br. in-8, pp. 16.

— Manuscrit de Doudart de Lagrée offert à la Ville de Grenoble le 16 Août 1896 par Mr Bonamy de Villemereuil, Capitaine de Vaisseau en retraite. Troyes, Imp. Gustave Frémont, 1896, br. in-12, pp. 16.

— L.-M. de Carné. — Le royaume de Cambodge et l'établissement du protectorat français. (*Revue des Deux Mondes*, 15 fév. 1869.)

— L.-M. de Carné (*Revue des Deux Mondes*) : *Exploration du Mekong* : I. Les Ruines d'Angcor et les Rapides de Khon, 1er mars 1869. — II. Les forêts d'Attopée, les sauvages et les éléphans, 1er mai 1869. — III. Vien-Chan et la conquête siamoise, 15 juillet 1869. — IV. Le Royaume de Luang-Praban, 15 novembre 1869. — V. La saison des pluies dans le Laos birman, 15 décembre 1869. — VI. La Chine occidentale, 15 janvier 1870. — VII. La Famine et la guerre civile dans le Yunan, 15 février 1870. — VIII. L'Insurrection musulmane en Chine et le Royaume de Tali, 1er avril 1870. — IX. Le Fleuve-Bleu et les Européens à Shang-haï, 1er juin 1870.

— Voyage en Indo-Chine et dans l'Empire Chinois par Louis de Carné, Membre de la Commission d'exploration du Mékong, précédé d'une notice sur l'auteur, par le comte de Carné, de l'Académie française. Ouvrage orné de gravures et d'une carte. Paris, E. Dentu, 1872, pp. xix-522, in-12.

Notices : *Journal des Débats*, 8 mars 1872, par Cuvillier Fleury. — *Jour. des Débats*, 14 août 1872, par Jules Janin.

— Travels in Indo-China and the Chinese Empire by Louis de Carné Member of the Commission of exploration of the Mekong with a Notice of the Author by the Count de Carné. Translated from the French. London, Chapman & Hall, 1872, in-8, pp. xxi-365.

Pub. 16s.

— Notice : *Edinburgh Review*, April 1873.

Louis-Marie de Carné, fils de Louis-Joseph-Marie de Carné, comte de Carné-Marcein, né en 1843, licencié en droit, 1863; † au Perennou, 1871.

— Brief Account of the French Expedition of 1866 into Indo-China by S. A. Viguier. Read before the Society on the 2nd June 1873. (*Journ. N. C. B. R. As. Soc.*, 1873, art. V, pp. 67 et seq.)

Tirage à part, br. in-4, à 2 col.

— M. le Docteur Joubert par M. H. Cordier. (*Bull. Géogr. hist. et descrip.*, 1893, No. 4, pp. 391/92.)

Lucien-Eugène Joubert, né le 26 janvier 1832 à Primacette (Isère); † en 1893 à Bagnoles de l'Orne.

— Progress of the French Survey Party in exploring the Sources of the Cambodia River. Extracts from Reports by Colonel Albert Fytche Chief Commissioner of British Burmah, to the Secretary to the Government of India. [Rangoon, 9th August, 1867.] (*Proc. Roy. Geog. Soc.*, XII, 1868, p. 136.)

— Note relating to the French Expedition from Cambodia to Yunan. By W. H. Medhurst, Esq., H. B. M. Consul, Hankow. (Communicated by the India Office.) (*Proc. Roy. Geog. Soc.*, XIII, 1869, p. 56.)

4° T. T. Cooper.

— Lettre de Ta tsian loo, 26 April 1868. (*N. C. Daily News*, June 15, 1868. — Réimp. *Proc. R. Geog. Soc.* XII, 1868, pp. 336/9.)

— Lettre de Mgr. Chauveau sur ce voyageur, Ta tsien lou, 21 Sep. 1868; trad. en ang. dans le *N. C. Herald*, 14 Nov. 1868; ce journal, dans le courant de 1868, a publié un grand nombre d'articles sur T. T. C.

— Notes on Western China. (*Proc. As. Soc. of Bengal*, 1869, pp. 143/157.)

— On the course of the Tsan-po and Irrawaddy and on Tibet. (*Proc. R. G. S.*, XIII, 1869, No. 5, pp. 392/5.)

Letter, Calcutta, 8th May 1869.

— Travels in Western China and Eastern Thibet. (*Ibid.*, XIV, 1870, pp. 335/346.)

— Travels in Western China and Eastern Thibet (*Proc. R. G. S.*, XIV, 1870, pp. 335/356. — Réimp. dans *The Cycle*, 18 fév. 1871.)

— On the Chinese Province of Yunnan and its Borders. (*Ibid.*, XV, 1871, pp. 163/174.)

— Notice : Lettre de l'abbé Desgodins à Francis Garnier, Yerkalo, 15 mars 1872. (*Bull. Soc. Géog.*, Nov. 1872.)

— Journal of an overland journey from China towards India. The plains of Hoopeh. By T. J. Cooper, Esq. Calcutta : Office of Superintendent of Government printing. 1869, in-8, pp. vi-193, 2 cartes.

La préf. est signée *Charles Girdlestone*, *Officiating Under Secretary* [Foreign Office].

Ce T. J. Cooper est le même que T. T. Cooper.

— T. T. Cooper. — Reise zur Auffindung eines Ueberlandweges von China nach Indien. Aus dem Englischen. Mit einem Anhange, die beiden englischen Expeditionen von 1868 und 1875 unter Sladen und Browne, und Margary's Reise betreffend, von H. L. v. Klenze. Illustr. m. Karte. Jena, Costenoble, 1877, gr. in-8, pp. xiii-507.

Notice : *Mitt. k. u. k. geog. Ges. Wien*, 1878, pp. 337/345, par le Dr. Franz Toula.

— T. T. Cooper. (Leslie Stephen's *National Biography*, Vol. XII.) Art. de R. K. Douglas.

— Travels of a Pioneer of Commerce in Pigtail and Petticoats; or an Overland Journey from China towards India... With map and illustrations. London, John Murray, 1871, in-8.

— *The Phoenix*, No. 11, May 1871. — *Shai. Budget*, July 28 and Aug. 4, 1871.

— The Mishmee Hills. An Account of a Journey made in an attempt to penetrate Thibet from Assam to open new routes for Commerce. By T. T. Cooper, ... Henry S. King, London, 1873, pet. in-8, pp. VIII-270.

— *Ocean Highways*, I, Feb. 1874, pp. 470/1.

— *L'Explorateur*, III, 1876; art. de F. Romanet du Caillaud, pp. 496, 519 et 556.

5° Dupuis et le Tong-king.

— Le *North-China Herald* du 16 oct. 1873 donne d'après le *Daily Press*, de Hongkong, la traduction anglaise de l'adresse de M. Dierx, Président de la Chambre de Commerce de Saigon sur l'ouverture du Tong-king.

— Une expédition française au Tong-king. (*Missions Catholiques*, V, pp. 434/438.)

— Le Cours du Hong-kiang ou Fleuve rouge au Tong-kin, d'après les notes et renseignements de J. Dupuis, négociant français, par C. Ducos de La Haille. (*Bull. Soc. de Géog.*, 6e sér., VIII, 1874, pp. 449/468, avec une carte.)

— Le Cours du Hong-kiang ou Fleuve rouge au Tong-kin d'après les notes et renseignements recueillis par J. Dupuis, négociant français par J. Ducos de la Haille. Extrait du Bulletin de la Société de Géographie (Novembre 1874). Paris, Imprimerie E. Martinet, 1874, br. in-8. pp. 24, avec une carte.

Bib. Soc. Géog. Paris $\frac{D\ 5}{258}$.

— La France au Tong-kin. Par Ducos de la Haille. (*L'Exploration*, II, 1877, pp. 49/60.)

— F. Romanet du Caillaud. La France au Tong-king. Réponse à l'article *Les Affaires du Tong-king et le Traité français*, publié dans *le Correspondant*, No. du 10 Juillet 1874. Paris, 1874, in-8, pp. 31.

Extrait du journal *le Monde*, Nos. des 20, 30 Juillet, 1, 2, 4, 5, 6, 8 août 1874.

— Edmond Plauchut. Les quatre campagnes militaires de 1874. Les Japonais à Formose, — les Français au Tonkin, — les Anglais à la Côte-d'or, — les Hollandais à Sumatra, — la traite des coulies chinois à Macao. Paris, Michel Lévy, in-18, pp. 348.

(Réimp. de la *Revue des Deux-Mondes*.)

(Dupuis.)

— A Narrative of the Recent Events in Tongking by Henri Cordier, Honorary Librarian of the North-China Branch of the Royal Asiatic Society. *Sic in Asia versatus est*... For sale at Messrs. Kelly & Co. Shanghai: American Presbyterian Mission Press. January 1875, gr. in-8, pp. 74.

Tiré à 200 exemplaires sur pap. ord., et 1 sur gr. papier. — Réimp. dans *The Journal of the N. C. B. Roy. As. Soc.*, New Series, No. IX, 1874, art. V, pp. 115/172. — Ce récit avait été lu devant la Soc. le 14 Déc. 1874.

— Notices : *Shanghai Evening Courier*, Feb. 9, 1875; réimp. dans *The Shanghai Budget and Weekly News Letter*, No. 215, vol. V, Thursday, Feb. 11, 1875. — *The Evening Gazette*, Wednesday, Feb. 17, 1875; réimp. dans *The Celestial Empire*, vol. III, No. 7, Thursday, 18 Feb. 1875. — *Hongkong Daily Press*, Thursday, Feb. 11, 1875. — *Shanghai Courier & China Gazette* du 6 Juillet 1875.

Ce Mémoire, dont un résumé très-fautif a été publié contre le gré de l'auteur dans le *Shanghai Evening Courier* (Vol. VIII, Déc. 1874), copié par le *Shanghai Budget and Weekly News Letter* (24 Déc. 1874, pp. 843/5), a été l'occasion des articles suivants dont quelques-uns sont erronés :

«The French and Tonquin.» *N. C. Daily News* (23 Déc. 1874) et *N. C. Herald* (24 Déc. 1874, pp. 613/4). — *Hongkong Daily Press*, Wednesday, 30 Déc. 74, combattu par *The China Mail*, vol. XXXI, No. 3599, 3600, Janv. 5 et 6, 1875. — *N. C. D. News*, 19 Jan. 1875. — «The French in Tonquin», *China Mail*, 3rd March 1875. — «Coup d'œil rétrospectif sur le Tonquin et sur les derniers événements qui s'y sont passés.» *Indépendant de Saïgon*, No. 108, 15 Mars 1875. — Les Voies commerciales du Tong-king. (*L'Explorateur*, IV, 1876, p. 59, d'après le *Cosmos* de Guido Cora. XIX, pp. 281/291.)

— Francis Garnier. (In Memoriam.) By H. Yule. (*Ocean Highways*. No. 12, vol. I, pp. 487/491.)

— Lieutenant Francis Garnier (French Navy). [By Henri Cordier.]

Imprimé dans *The Shanghai Evening Courier*, No. 310, vol. VII, Feb. 14, 1874. — *N. C. D. News*, No. 2983, vol. XIII, Feb. 16, 1874. — *N. C. Herald*, pp. 158/9, vol. XII, No. 355, Feb. 19, 1874. — *S. Budget & Weekly News Letter*, No. 163, vol. IV, 19 Feb. 1874. — *Journal N. C. B. Roy. As. Soc.*, New Series, No. VIII, 1874, pp. 185/7. Cette dernière version est la plus correcte.

Ce Mémoire nécrologique avait été lu devant la Soc. As. de Changhai, le vendredi 13 Fév. 1874.

— Lettre de A. Rastoul, Saïgon, 28 Mars, adressée à l'*Univers*, relative au déplorable état des affaires au Tong-king après la mort de F. Garnier; réimp. dans l'*Indépendant de Saïgon*, No. 91, 1er Juillet 1874.

— Article sur l'ouverture du Tong-king au commerce européen (par Henri Cordier) dans *The Celestial Empire*, vol. V, No. 14, 2d October 1875.

— La France au Tongking. (*L'Explorateur*, Nos. 8 et 9, vol. I, 1875.)

— Projet français d'exploration de la Chine Centrale par F. Romanet du Caillaud. (*L'Explorateur*, II, 1875, pp. 489 sq.)

— Lettre de M. Romanet du Caillaud. (*Ibid.*, II, 1875, p. 568.)

— Lettre de M. B. de Villemereuil. (*Ib.*, p. 617.)

— Lettre de M. Romanet du Caillaud. (*Ib.*, III, 1876, p. 17.)

— *China*. No. 2 (1876). Report by Sir B. Robertson respecting his visit to Haiphong and Hanoi, in Tonquin. Presented to both Houses of Parliament by Command of Her Majesty. 1876. London, Printed by Harrison & Sons. Price 2d. In-fol., pp. 10.

Dans ce rapport, daté de Canton, le 9 mai 1877, Sir B. R. a fait usage de notre travail sur le Tongking qui avait été lu à la Soc. As. de Chang-hai en Déc. 1874, et imprimé et publié en Janvier 1875. Des passages entiers ont été copiés mot à mot; inutile de dire que les paragraphes empruntés [sic] ne sont pas

(Dupuis.)

renfermés entre guillemets et que la source des renseignements n'est nullement indiquée! H. C.

— Notice : *Saturday Review*, vol. XLII, Aug. 26, 1876.

— Une partie du Rapport de Sir B. Robertson [*China* N° 2 (1876)] a été reproduite dans le *London & China Telegraph*, Monday, Aug. 21, 1876.

— Pétition adressée à MM. les Députés. Mémoire et Documents à l'appui de la pétition présentée à l'Assemblée Nationale. Par M. J. Dupuis. Paris, Juin, 1876. Br. in-4, pp. 40, avec 1 carte.

— Ch. Meyniard. L'expédition française du Fleuve rouge au Tongkin. (*Revue Scient.*, 1876, pp. 348/356.)

— A. F. de Fontpertuis. L'ouverture du Tong-kin au commerce. L'exploration du Songkoï. (*Economiste français*, 1876, pp. 728/730.) — Les ressources naturelles du Tongkin, d'après une source anglaise. (*Ibid.*, pp. 793/799.)

— J. Dupuis. La route commerciale française du golfe de Tongking à la Chine par le Fleuve rouge. (*L'Explorateur*, IV, 1876, p. 59.)

— Voyage au Yun-nan par J. Dupuis. (*Bull. de la Soc. de Géog.*, Juillet & Août 1877, 3 cartes en 1 Pl.)

— Voyage au Yun-nan par J. Dupuis. — Extrait du *Bulletin de la Société de Géographie.* — Paris, Société de Géographie, 1877, br. in-8, pp. 88, carte.

— M. Dupuis' Exploration in Tong-kin and Yunnan. (*The Geog. Mag.*, 1 Oct. 1877, pp. 250/5.)

Résumé en anglais de l'art. précédent.

— Voyage au Yun-nan. Par J. Dupuis. (*Bul. Soc. Géog.*, Paris, 1877, 6e Sér., XIV, pp. 5/57, 161/185.)

— Rapport sur la reconnaissance du Fleuve du Tonkin par M. de Kergaradec, lieutenant de vaisseau, consul de France à Hanoï. Paris, Berger-Levrault, 1877, br. in-8, pp. 58.

Ext. de la *Rev. Mar. et Coloniale.*

— Les Français et les Anglais dans l'Extrême-Orient. [par Henri Plessis, *pseud.*] — *Journal du Commerce maritime et des colonies*, 1877, Août 5, 12, 19 & 26; etc., etc.)

— J. Dupuis' Forschungen im südlichen China. Von E. Tessier. (Petermann's *Mitth.*, 23 Bd., 1877, pp. 17/19.)

— Die Expedition Jean Dupuis' und die Erschliessung Tonkins. Von Fried. v. Hellwald. (*Monatschrift f. d. Orient*, 1877, pp. 5/7.)

— Deux observations au sujet du Tong-king. Par Mr. E. C. Lesserteur. (*Missions Catholiques*, IX, 1877, pp. 207/8.)

Observations sur les communications de M Dupuis à la Soc. de Géog., etc.

— Réponse à quelques assertions de M. Dupuis. Par le même. (*Ibid.*, pp. 632/4.)

— La Cochinchine française et les Français dans l'Indo-Chine. Par O. S. [*Edinb. Review.*] (*Rev. Brit.*, 1878, N. S., II, pp. 280/318.)

O. S. = Octave Sachot.

(Dupuis.)

— Les routes commerciales du S.-O. de la Chine. Le Tong-kinn. Par Georges Renaud. (*Rev. géog. int.*, oct. 1878, pp. 305/8; janv. 1879, pp. 12/16, fév., pp. 36/39, avril, 88/90, mai, 111/114.)

— * The French in Indo-China. (*Edinburgh Rev.*, 1878, N° 301.)

— Mémoires de la Société académique Indo-chinoise de Paris. Tome deuxième. — L'ouverture du Fleuve Rouge au commerce et les Evénements du Tong-kin 1872—1873. Journal de Voyage et d'Expédition de J. Dupuis, Membre de la Société académique indo-chinoise de Paris. Ouvrage orné d'une carte du Tong-kin d'après des documents inédits et précédé d'une préface par M. le Mis de Croizier, Président de la Société académique indo-chinoise de Paris. Paris, Challamel aîné, 1879. in-4, pp. XIII-324.

— Voyage au Yun-nan et ouverture du Fleuve rouge au commerce par M. J. Dupuis. (*Annales du Musée Guimet*, I, Paris, Ernest Leroux, 1880, pp. 139/201, carte.)

— La question du Tong-kin. Par J. Dupuis. (*Rev. de Géog.*, V, 1879, pp. 423/432.)

— Tong-kinn et Yunn-nan. Par Dupuis. (*Rev. géog. int.*, fév. 1880, pp. 43/45, juin et juillet 188, 157/159.)

— L'intervention du Contre-amiral Dupré au Tong-kin. Par Jean Dupuis. (*Rev. de Géog.*, XVII, 1885, pp. 215/227, 299/314.)

— La conquête du Delta du Tong-king. Texte inédit par M. Romanet du Caillaud. 1873. — Dessins inédits. (*Tour du Monde*, 1877, II, pp. 289/304, 305/320.)

— Histoire de l'intervention française au Tong-king de 1872 à 1874. Par F. Romanet du Caillaud. (Avec une carte et quatre plans.) Paris, Challamel aîné. In-8, 1880, pp. 470.

Notice : *Ann. de l'Ext. Orient*, 1880—1881, III, pp. 122/124. (Par le Vicomte H. de Bizemont.)

— Die französische Eroberung von Tong-kin. Nach M. Romanet de Caillaud. (*Globus*, XXXIII, 1878, pp. 113/119, 129/136.)

— No. 1519. — Chambre des Députés, deuxième législature, session de 1879. — Annexe au procès-verbal de la séance du 14 juin 1879. Rapport fait au nom de la 2e commission des pétitions sur la pétition du sieur Jean Dupuis, citoyen français, demeurant à Hankow (Chine). Par M. Emile Bouchet, député. Versailles, Cerf, 1879, gr. in-4, pp. 149.

— Rapport fait au nom de la 2e commission des Pétitions, sur la pétition du sieur Jean Dupuis, citoyen français, demeurant à Han-kou (Chine). Par M. Emile Bouchet, député . . . . (Communication faite à la Société académique Indo-Chinoise, dans sa séance du 31 Juillet 1880, par M. Evariste Pimpeterre.) (*Ann. de l'Ext. Orient*, 1880—1881, III, pp. 129/149.)

— Rapport sur le prix Delalande-Guérineau accordé à Jean Dupuis. (*Comptes-rendus Ac. Sciences*, T. XCII, 14 mars 1881.)

— Jean Dupuis. — La conquête du Tong-kin par vingt-sept Français commandés par Jean Dupuis, récit accompagné de son portrait, d'un autographe de lui et d'une carte dressée par lui. Extrait du Journal de Jean Dupuis. Par Jules Gros, Secrétaire de la Société de Géog. com. de Paris. Paris, Dreyfous, 1880, in-12, pp. 316.

(Dupuis.)

— L'expédition Dupuis du Fleuve Rouge. (Souvenirs de mon commandement.) Par Ernest Millot, Second de l'expédition, ... Conférence faite à la Société académique Indo-Chinoise le 31 Mai 1880. (*Ann. de l'Ext. Orient*, 1880—1881, III, pp. 193/223.) Gravures.

— Le Tong-kin et la voie commerciale du Fleuve rouge par Ernest Millot, Second de l'expédition Jean Dupuis, Chevalier de la Légion d'honneur, ancien Président du Conseil d'administration municipale de la concession française de Shang-Haï, membre de la Société académique Indo-Chinoise, etc.

Pages 17—58 (2 cartes) du N° 4 (Déc. 1882) du *Bul. de la Chambre syndicale des Négociants-commissionnaires*.

— La question du Tong-kin... Par M. Millot. (*Soc. Géog. Lille, Bull.*, II, 1883, pp. 83/91.) — Le Tong-kin et la voie commerciale du Fleuve rouge ... par M. Ernest Millot. (*Ibid.*, pp. 196/224.)

— Ernest Millot. — Question du Tong-kin. (*Bulletin de la Société de protection mutuelle des voyageurs de commerce*, N° 6, Juin 1887, pp. 3/10.)

Réimp. dans l'*Union nationale du Commerce et de l'Industrie*, 9 juillet 1887.

— Bibliothèque coloniale. — Le Tonkin, son commerce et sa mise en exploitation, par Ernest Millot..... Paris, Challamel, 1888, in-12, pp. x-280 + 1 f. n. c., 23 grav. et 1 carte géol. et minéral., par E. Sarran.

— J. Dupuis et Francis Garnier au Tong-kin par L. Génin, prof. au Lycée de Nancy. (*Bul. Soc. Géog. de l'Est*, IV, 1882, pp. 444/461.)

— Les Français au Tonkin 1787—1883, par Hippolyte Gautier, avec quatre cartes. Et un Portrait de Francis Garnier. Challamel, Paris. 1884, in-12, pp. VII-416.

La couverture *ut supra*. Le titre est : Hippolyte Gautier. Les Français au Tonkin 1787—1883. — Dayot — Dupuis — Senez — Francis Garnier — Amiral Dupré — Rheinart — de Kergaradec — Henri Rivière — J. Harmand — General Bouet — Amiral Courbet. — Paris, Challamel, 1884.

Cet ouvrage a eu depuis lors cinq éditions.

Not. : *Polybiblion*, mars 1884, (par H. de Bizemont), p. 207 ; *Rev. pol. et litt.*, 29 mars (par L. Quesnel) ; *Jour. des Sc. milit.*, Avril, 9e Sér., XIV, pp. 157/160).

— Francis Garnier. Par G. Derepas. (*Bul. Soc. Géog. com.*, Bordeaux, 1884, pp. 193/198.)

— Les Origines de la Question du Tong-kin Documents inédits. Par J. Dupuis. (*Rev. de Géog.*, XXXIX, 1896, pp. 175/191.)

— Les Origines de la Question du Tong-kin par Jean Dupuis, Explorateur du Fleuve Rouge. Paris, Augustin Challamel, 1896, in-12, pp. XXXVI-240.

— Le Tong-kin et l'intervention française (Francis Garnier et Philastre) par Jean Dupuis, Explorateur du Fleuve Rouge. Paris, Augustin Challamel, 1898, in-12, pp. VII-350.

(DUPUIS.)

6° Le Colonel HORACE BROWNE. Assassinat de A. R. MARGARY.

— The new Western China Expedition. (*Nature*, XI, 1874—75, p. 209.)

— Papers connected with the development of trade between British Burmah and Western China and with the Mission to Yunnan of 1874—5. 1876, in-folio, pp. 78. — [C. — 1456.]

— *China*. No. 1 (1876). Correspondence respecting the attack on the Indian Expedition to Western China, and the Murder of Mr. Margary. In-folio, pp. 108. — [C. — 1422.]

— *China*. No. 4 (1876). Further Correspondence respecting the attack on the Indian Expedition to Western China, and the Murder of Mr. Margary. In-folio, pp. 50. — [C. — 1605.]

— *China*. No. 2 (1877). Report by Mr. Davenport upon the trading capabilities of the country traversed by the Yunnan Mission. In-8, pp. 35. — [P. 1712.]

Réimp. dans *The North China Herald*, 30 juin 1877.

— *China*. No. 3 (1877). Further Correspondence respecting the attack on the Indian Expedition to Western China, and the Murder of Mr. Margary. (In continuation of Correspondence presented to Parliament August 1876 : C. 1605.) In-fol., pp. 148. — [P. 1832.]

— The Journey of Augustus Raymond Margary, from Shanghae to Bhamo, and back to Manwyne. From his Journals and Letters, with a brief biographical preface : to which is added a concluding chapter. By Sir Rutherford Alcock, K. C. B. With a Portrait engraved by Jeens, and a Route Map. London : Macmillan & Co. 1875. In-8, pp. XXIV-382.

— Notices : *Saturday Review*, Vol. 42, Aug. 26, 1876. — *Nature*, XIV, 1876, pp. 229/230.)

— Notes of a Journey from Hankow to Ta-li-fu, by the late Augustus Raymond Margary, China Consular Service. Shanghai : Printed by F. & C. Walsh....... 1875, in-8, pp. VIII-51.

— Notes of a Journey from Han-Kow to Ta-li-Fu. By the late A. R. Margary. Being Extracts from the Author's Diary. Carte. (*Journ. R. G. Soc.*, Vol. XLVI, 1876, pp. 172/198.)

— La Chine Méridionale. Journal de M. Margary. (*L'Explorateur*, III, 1876, p. 57 ; IV, 1876, p. 10.)

— Margary's Tagebuch auf seiner Reise durch China. Aus der «Bombay Gazette» vom 18. December 1875 in's Deutsche übersetzt von Frl. Josephine v. Hauer. (*Mitt. der K. u. K. Geog. Ges. Wien*, 1876, pp. 253/265.)

— Extracts of Letters from Mr. Margary. (*Proc. R. Geog. Soc.*, XIX, 1874—75, pp. 288/291.)

(BROWNE.)

— Extracts from the Diary of the late Mr. Margary, from Hankow to Tali-fu. (*Proc. R. G. Soc.*, XX, 1875—6, pp. 184/215.)

— Notice sur le Voyage de Margary de Hankow à Ta-li-fu. Par E. Milsom. (*Bul. Soc. Géog.*, Lyon, 1876.)

— Mr. Margary's Journey from Shanghae to Bhamo. (Chambers' *Journal*, Feb. 1876.)

— Die Englische Mission nach Junnan. (*Ausland*, No. 39, 1876.)

— Augustus R. Margary. (*Leisure Hour*, XXVI, 166.)

— Het Journaal van Margary, door N. W. Posthumus, s. l. n. d., br. in-8, pp. 7.

— P. [1994.] *China* (No. 3) 1878. — Report on the Route followed by Mr. Grosvenor's Mission between Tali-fu and Momein (*with Maps*) 4 *s.* 6 *d.*

— P. [2393.] *China* (No. 2) 1878—1879. — Report by Mr. Baber of his Journey to Ta-Chien-Lu. 1 *d.*

— Journey to Ta-chien-lu, in 1878. — Notes on the Route followed by Mr. Grosvenor's Mission through Western Yünnan, from Tali-fu to T'êng-yueh. (Baber, *Travels and Researches in Western China.*)

— Compte-rendu du rapport de M. C. E. Baber sur la route entre Tali-fou et Momein suivie par la mission de M. Grosvenor. Lu à la séance du 16 septembre 1878 par M. le Dr. Louis Delgeur, vice-président de la Société. (*Bull. Soc. roy. Géogr. Anvers*, III, 1878, pp. 75/98.)

— Monument en l'honneur de Margary, à Chang-hai. (*Miss. Cath.*, XII, 1880, pp. 584/5.)

7° Ouvrages divers.

— On the Frontiers of China towards Birmah. By Dr. Gützlaff. (*J. R. G. S.*, XIX, 1849, pp. 42/8.)

— О торговыхъ путяхъ по Китаю и подвластнымъ ему владѣніямъ. Іеромонахо *Палладія Кафорова.* (*Записки Импер. Русск. Географическаго Общества* Кн. IV, 1850, pp. 224—259.)

— Memorandum on the Countries between Thibet, Yunân, and Burmah. By the Very Rev. Thomine D'Mazure [sic], Vicar Apostolic of Thibet; communicated by Lieut.-Col. A. P. Phayre, Commissioner of Pegu; (with notes and a comment by Lt.-Col. H. Yule, Bengal Engineers.) With a Map of the N. E. Frontier prepared in the office of the Surveyor Gen. of India, Calcutta, Aug. 1861. (*Jour. As. Soc. of Bengal*, 1862, Vol. XXX, pp. 367/383.)

— On the various lines of Overland Communication between India and China. By Dr. M' Cosh, late of the Bengal Medical Staff. (*Proc. R. G. S.*, Vol. V, 1861, pp. 47/54.)

— On a Communication between India and China by the line of the Burhampooter and Yang-tsze. By General Sir Arthur Cotton, R. E. Read June 24, 1867. (*J. Roy. G. S.*, XXXVII, pp. 231/9. — *Proc. R. G. Soc.*, XI, 1867, pp. 255/9.)

— Letter to Major-General Sir Andrew Scott Waugh, on Routes between Upper-Assam and Western China. By F. A. Goodenough, Esq. (Communicated by Sir A. S. Waugh.) (*Proc. Roy. Geog. Soc.*, XII, 1868, pp. 334/336.)

— Letter to the Liverpool Chamber of Commerce on the prospects of a direct Trade Route to China through Moulmein, by John Coryton, esq. Recorder of Moulmein. With an Appendix containing Suggestions for amendments in the Law relating to foreign-grown Salween-borne timber, and a scheme for the prevention of frauds in the Timber trade of Moulmein and the adjustment of disputes between foresters and forest chiefs. — Moulmein : Printed by T. Whittam, at the Advertiser Press. — 1870, in-8, pp. 102-xlvii.

— Trade Routes between British Burmah and Western China. By J. Coryton. (*Proc. R. Geog. Soc.*, XIX, 1874—75, pp. 264/288.)

— * Trade Routes to Western China, by R. G. — Webb, Hunt & Riding, Liverpool, 1872.

« A little brochure of eight pages, accompanied by a sketch map. It advocates a route running N. E. from Rangoon to the Lan San River, and will be found of much interest to all who care for the subject it discusses. » (*China Review*, I, p. 60.)

— Des nouvelles Routes de commerce avec la Chine par Francis Garnier. (*Bull. Soc. Géog.*, 6e Sér., III, 1872, pp. 147/160.)

— Trade Routes to Western China. (*Edinburgh Review*, No. 280, April 1873.)

— Léo Quesnel. Les routes du commerce vers la Chine occidentale. (*Revue politique et littéraire*, 12 Juillet 1873.)

— Le vie commerciali alla Cina occidentale. Studi, esplorazioni e progetti inglesi. (*Bol. Soc. Geog. ital.*, X, 1873, Part. III, pp. 23/35.)

— Des communications avec la Chine occidentale par l'Indo-Chine. Par H. Blerzy. (*Rev. des Deux Mondes*, 15 mai 1874.)

— Recent Attempts to find a direct Trade-Road to South-Western China. By F. v. Richthofen. (*Ocean Highways*, Jan. 1874, pp. 404/410; — réimp. *Shanghai Budget*, March 26, 1874.)

— Récentes tentatives pour trouver une route de commerce directe pour le sud-ouest de la Chine. (*Indépendant de Saïgon*, 1874; trad. de l'art. précédent.)

— On our Prospects of opening a Route to South-Western China, and Explorations of the French in Tonquin and Cambodia. By Lieut. Colonel A. P. Mc. Mahon. (*Proc. Roy. Geog. Soc.*, XVIII, 1874, pp. 463/7.)

— Trade Routes to Western China. By Colonel H. Yule, C. B. (*The Geographical Magazine*, April 1875, pp. 97/101.)

Cet article accompagne une carte de E. G. Ravenstein.

— A Map shewing the various routes proposed for connecting China with India and Europe through Burmah and developing the Trade of Eastern Bengal, Burmah & China prepared under the direction of John Ogilby Hay, F. R. G. S. 1875. London: Pub. by Edward Stanford, 55 Charing Cross, Aug. 3, 1875.

— Girard de Rialle. Voies de communication entre le sud de la Chine et la mer. (*Réforme écon.*, 1 et 15 Sept. 1876.)

Les *Miss. Cath.* ont répondu à cet article : VII, 1876, avril 9, 16 et 23, pp. 175/7, 189/92, 204/5.

— Overland Route to China viâ Assam, Tenga Pani River, Khamti, and Singphoo Country, across the Irawaddi river into Yunnan. By Henry Cottam. (*Proc. R. Geog. Soc.*, XXI, 1876/7, pp. 590/595.)

— China viâ Tibet. By S. C. Boulger. (*Journ. R. As. Soc.*, *N. S.*, Vol. X, Part I. Art. V. Dec. 1877, pp. 113/130.)

— * Der Handelsweg nach Yunnan. (*Ausland*, 15, 16, 1877.)

— * F. Toula. Von China nach Indien. (*Wien. Abendpost*, 110/121, 1878.)

— Across China from Chin-kiang to Bhamo, 1877. By J. Mc. Carthy. (*Proc. R. Geog. Soc.*, N. S., Vol. I, 1879, pp. 489/509.)

Avec carte, p. 544.

— Note on the old Burmese route over Patkai viâ Nongyang (viewed as the most feasible and direct route, from India to China). By S. E. Peal. (*J. Asiatic Soc. Bengal.*, Vol. 48. Pt. II. 1879, pp. 69/82.)

— Routes to China, *viâ* Assam. By S. E. Peal. (*Nature*, XX, 1879, pp. 583/5.)

— Die Ueberlandroute nach China über Assam. (*Ausland*, 1876, 42.)

— Le Commerce du Yunnan par la voie du Fleuve Rouge. Par C. de Kergaradec. (*Excursions et Reconnaissances*, N° 3, 1880, pp. 349/360.)

— Le Commerce du Yunnan par le Fleuve Rouge. [Daté de Hanoi, 15 Janvier 1880.] In-8, pp. 12.

— Journey of the Expedition under Colonel Woodthorpe, R. E., from Upper Assam to the Irawadi, and return over the Patkoi Range. By Major C. R. Macgregor, 44th Reg. (Ghurka Light Infantry). (*Proc. R. Geog. Soc.*, N. S., vol. IX, 1887, pp. 19/42.)

Avec carte, p. 68.

— Account of the Pundit's Journey in Great Tibet from Leh in Ladákh to Lhása, and of his Return to India viâ Assam. By Captain H. Trotter, R. E. (*Proc. R. G. S.*, XXI, 1876/7, pp. 325/350.)

— The Question of an Overland Route to China from India viâ Assam, with some remarks on the source of the Irawadi River. By Charles H. Lepper. (*Proc. R. Geog. Soc.*, N. S., Vol. IV, 1882, pp. 623/4.)

— La route de terre de l'Inde à la Chine par l'Assam, par Char. H. Lepper. (*Ann. de l'Ext. Orient*, 1883—1884, VI, pp. 301/308, 330/340.)

Traduction de l'anglais de C. H. Desgodins, Inspecteur des forêts en retraite. — Notice : *Miss. Cath.*, XVIII, 1886, p. 324.)

— Les voies de pénétration dans la Chine occidentale par M. le Vicomte de Bizemont. (*Bul. Soc. Géog. Rochefort*, V, 1883—1884, pp. 249/256)

— La voie du Fleuve rouge. — Le Yunnan & le Tong-kin. Par Ch. Lamette. (*Bul. Soc. normande Géog.*, VI, 1884, pp. 1/18, 253/260; VII, 1885, 1/23, 240/256; IX, 1887, 1/33; XIII, 1891, 13/34.)

William J. Gill.

— Szechuen to Burmah. (*N. C. Herald*, Dec. 20, 1877, d'après *the Rangoon Daily Review*.)

Lieut. Gill, R. E.; et Mesny, au service de la Chine.

— The River of Golden Sand — the Narrative of a Journey through China and Eastern Tibet to Burmah; with illustrations and ten maps from original surveys. By Capt. William Gill, R. E. With an Introductory Essay. By Col. Henry Yule... London, John Murray, 1880, 2 vol. in-8, pp. 95—420, 11—453.

Notice : *Nature*, XXII, 1880, pp. 26/28.

Il a été fait un tirage à part du Mémoire et de l'Int. de Yule.

— The River of Golden Sand being the narrative of a journey through China and Eastern Tibet to Burmah. By the late Captain William Gill, R. E. Condensed by Edward Colborne Baber, Chinese Secretary to H. M.'s Legation at Peking. Edited with a Memoir and introductory Essay. By Colonel Henry Yule, C. B., R. E. With portrait, Map and Woodcuts. London : John Murray, 1883, in-8, pp. 332.

— Travels in Western China and on the Eastern Borders of Tibet. By Capt. W. J. Gill. (*J. R. Geog. S.*, XLVIII, 1878, pp. 57/172.) (Carte.) (*Proc. R. Geog. Soc.*, XXII, 1877/8, pp. 255/271 [abrégé].)

— Itinéraire de W. Gill en Chine et au Thibet 1877. (*Bull. Soc. Géog.*, Mai 1881, pp. 448/465.)

Par Dutreuil de Rhins. — Carte.

— Correspondence respecting the murder of Professor E. H. Palmer, Captain Wm. Gill, R. E. and Lieutenant Harold Charrington, R. N. — *Presented to both Houses of Parliament by Command of Her Majesty.* — London : Printed by Eyre & Wm. Spottiswoode. — 1883. [C. — 3494.] *Price 1s. 1d.* In-fol., pp. 99.

— Supplementary Correspondence respecting the murder of Professor E. H. Palmer, Captain Wm. Gill, R. E. and Lieutenant Harold Charrington, R. N. — *Presented to both Houses of Parliament by Command of Her Majesty.* — London : Printed by Eyre and Spottiswoode. — 1883. [C. — 3761.] *Price* $2^1/_2$ *d.* In-fol., pp. 20.

E. Colborne Baber.

— Travels and Researches in the Interior of China. By E. Colborne Baber, Chinese Secretary of Legation, Peking.

Forme le Vol. I. Part I des *Supplementary Papers* de la Royal Geog. Society. London, Murray, 1882, in-8, pp. VIII-201.

Ce vol. contient : I. A Journey of Exploration in Western Ssŭ-chuan. — II. Journey to Ta-chien-lu, in 1878. — III. Notes on the Route followed by Mr. Grosvenor's Mission through Western Yŭnnan, from Tali-fu to T'êng-yueh. — IV. On the Chinese Tea-Trade with China.

Voir *supra* col. 339.

Archibald Ross Colquhoun.

— Exploration through the South China Borderlands, from the Mouth of the Si-kiang to the Banks of the Irawadi. By A. R. Colquhoun. (*Proc. R. Geog. Soc.*, N. S., Vol. IV, 1882, pp. 713/730.)

Avec carte, p. 776.

— Special Supplement to the Chamber of Commerce Journal, containing an Original Paper on the Prospects of Trade Extension between Burmah and South-West China (with Explanatory Maps), by Archibald R. Colquhoun. Nov. 15, 1882. Br. in-4 à 2 vol.

Bib. Soc. Géog. Paris, $\frac{E\ 5}{374}$.

— The Colquhoun and Wahab Expedition through Southern China into Burmah. — Opinions of the Press on the value of the Expedition. London : Printed by Daniel Greenaway, 1882, br. in-8, pp. 36. Avec une carte.

Bib. Soc. Géog. Paris, $\frac{E\ 5}{365}$.

— Across Chrysê, being the narrative of a Journey of exploration through the South China border lands from Canton to Mandalay. By Archibald R. Colquhoun, executive Engineer, Indian Public Works, F. R. G. S., A. M. Inst. C. E. With 3 specially prepared maps, 30 facsimiles of a native drawings and 300 illustrations, Chiefly from Original Photographs and Sketches. In two vol. — London : Sampson Low, Marston, Searle, and Rivington, 1883, 2 vol. in-8, pp. XIV-408, XXX-420.

Notices : *Athenaeum*, 1883, I, 663. — *Saturday Review*, LV, 601. — *Spectator*, LVI, 872. — *Literary World*, Boston, XIV, 206.

— * Quer durch Chryse. Forschungsreise d. d. süd-chinesischen Grenzländer u. Birma von Canton nach Mandalay. Autoris. deutsche Ausgabe von H. Wobeser. M. über 300 Abbildungen u. Karten. 1884, 2 vol. in-8.

— Archibald Colquhoun — Autour du Tonkin — La Chine méridionale de Canton à Mandalay. Traduit de l'anglais avec l'autorisation de l'auteur. Par Charles Simond. H. Oudin, lib. éd. Paris — Poitiers. 1884, 2 vol. in-12.

— Les Pionniers de l'Europe et le Yunnan. [Par R. Colquhoun.] Par G. d'Orcet. (*Rev. Brit.*, 1883, IV, pp. 461/502; V, 83/124, 369/404; VI, 115/155, 279/318.)

— Le Tonkin aux points de vue géographique, agricole, administratif, commercial, ethnographique d'après A.-R. Colquhoun. (*Soc. Bretonne Géog.*, IV, 1885, pp. 511/547.)

— Chine méridionale. Par A. Colquhoun. (*Soc. Bretonne Géog.*, IV, 1885, pp. 492/508, 548/554.)

— Amongst the Shans, by Archibald Ross Colquhoun, A.M.I.C.E., F.R.G.S. Author of « Across Chrysê », etc. With upwards of Fifty whole-page Illustrations and an historical sketch of the Shans, by Holt S. Hallett, M. T. C. E., F. R. G. S. Preceded by an introduction on the Cradle of the Shan Race, by Terrien de Lacouperie, Professor of Indo-Chinese Philology, University Coll. Lond., ... London : Field & Tuer . . . 1885, in-8, pp. IV-392.

Notices : *Spectator*, LVIII, 551. — *Athenaeum*, 1885, I, 273. — *Literary World*, Boston, XVI, 95. — *Saturday Review*, LIX, 797.

— Exploration in Southern and South-Western China. By Archibald R. Colquhoun, C. E. — 1. Wuchau to Pe-sê. — 2. Pe-sê to Ssŭ-mao. — 3. Ssŭ-mao to Tali. (Royal Geog. Society — *Supp. Papers*. Vol. II. Part 1, London, 1887), in-8, pp. 40.

— Report on the Railway Connexion of Burmah and China, by Archibald R. Colquhoun, ... and Holt S. Hallett, . . . with Account of Exploration-Survey, by Holt S. Hallett accompanied by Surveys, Vocabularies and Appendices. — Submitted to Her Majesty's Government and the British Chambers of Commerce. London : Allen, Scott & Co., 30 Bouverie Street, E. C., s. d. [1887], in-fol., pp. 269, avec onze cartes.

— The Railway Connection of Burmah and China. By A. R. Colquhoun. (*Jour. Manchester Geog. Soc.*, III, 1887, pp. 141/153.)

— Exploration Survey for a Railway Connection between India, Siam, and China. By Holt S. Hallett, C. E. (*Proc. R. Geog. Soc.*, VIII, 1886, Jan., pp. 1/20; carte, p. 64.)

— Address of Mr. Holt S. Hallett, C. E., F. R. G. S., M. R. A. S., upon Burmah : our Gate to the Markets of Western and Central China; treating with the proposed connection of Burmah with China by railway. Delivered before the Birmingham Chamber of Commerce on the 26th May, 1887, Mr. Henry W. Elliott, President of the Chamber, in the Chair. London: P. S. King & Son, Parliamentary Agency. — 1887, in-8, pp. 20.

— The Burmah-Siam-China Railway. By Holt S. Hallett. (*Blackwood's Mag.*, CXLVI, Nov. 1889, pp. 647/659.)

— The Remedy for Lancashire. A Burma-China Railway. By Holt S. Hallett. (*Blackwood's Mag.*, CLII, Sept. 1892, pp. 348/363.)

∴

— The River Irawadi and its Sources. By Major J. E. Sandeman, Bengal Staff Corps. (*Proc. R. Geog. Soc.*, Vol. IV, 1882, pp. 257/273.)

Avec carte, p. 328.

— Les routes commerciales de l'Inde au Thibet et à la Chine. (*Bul. Soc. Géog. de l'Est*, IV, 1882, pp. 505/510.)

Par A. Desgodins, ext. du No. du 13 juin 1882, de l'*Englishman*, de Calcutta, et trad. de l'anglais par Mlle. M. Bourgnignon.

— La région limitrophe du Thibet, de la Birmanie, de l'Assam et de la Chine. Par A. Desgodins, Provicaire du Thibet. (*Bull. Soc. Géog.*, Paris, VIIe Sér., V, 1884, pp. 278/288.)

— Voies de pénétration dans la Chine occidentale. Par le Dr. H. Bourrut. (*Science et Nature*, II, 1884, pp. 277/9.)

A. Hosie.

Voir col. 353.

— Trade Routes to Western China. By Alex. Hosie Esq., of H B. M.'s Consular Service. (*Jour. China Br. R. As. Soc.*, N. S., XIX, Pt. I, 1884, Art. VI, pp. 103/114.)

∴

— The Golden Road to South-Western China. By Prof. R. K. Douglas. (*Lond. & China Express*, May 22, 1885.)

Conférence faite le 15 mai 1885 à la section indienne de la Society of Arts.

— Notes sur les routes commerciales des Russes, des Anglais et des Français vers les frontières chinoises. Capitaine R***. Paris, librairie militaire de L. Baudoin et Cie. 1885, br. in-8, pp. 32.

Extrait du *Journal des Sciences militaires* (Nov. 1884).

— The Lu River of Tibet; is it the source of the Irawadi or the Salwin? By General J. T. Walker. (*Proc. R. Geog. Soc.*, N. S., Vol. IX, 1887, pp. 352/377.)

Avec carte, p. 398.

— Across China. From Bhamô to Shanghai. By Henry Soltau. (*Scottish Geog. Mag.*, IV, 1888, pp. 88/98.)

— France in the Shan States. (*Saturday Review*, LXI, 602.)

F. S. A. Bourne.

— *China.* No. 1 (1888). — Report by Mr. F. S. A. Bourne of a Journey in South-Western China. Presented to both Houses of Parliament by Command of Her Majesty. June 1888. London, Printed for H. M.'s Stat. office. [C.—5371.] 4 *s.* 6 *d.*, in-fol., pp. 92.

Notice by J. Chalmers. (*China Review*, XVII, 1888, pp. 161/170.)

∴

— Notizie geografiche e commerciali del Tonkino e dei nuovi mercati cinesi di L. Nocentini. (*Bol. Soc. geog. Ital.*, 1890, pp. 978/996.)

— Note sur les moyens et les voies de communication des provinces de la Chine avoisinant le Tong-king. (*T'oung Pao*, III, Mai 1892, pp. 169/180.)

Rapport [corrigé] publié dans le *Journal officiel de la République française*, 16 fév. 1892.

— Routes commerciales de la province du Yun-nan. Par M. Georges Lallemant-Dumoutier. (*T'oung Pao*, IV, Mars 1893, pp. 83/85.)

— Lallemant-Dumoutier. Nécrologie. Par H. C.[ordier]. (*T'oung Pao*, N° 3, Juillet 1897, p. 344.)

Né le 22 janvier 1866; † à Chang-Haï, le 12 avril 1897.

∴

— Les Anglais au Yunnan. Par X. (*Rev. Franç. de l'Etranger et des Col.*, Paris, 1895, XX, pp. 233/5.)

— H. Méhier de Mathuisieulx. — Les Anglais au Yun-nan. (*Nouvelles Géographiques*, Paris, IV, 1894, pp. 84/7.)

Henri d'Orléans.

— Autour du Tonkin par Henri Ph. d'Orléans. Paris, Calmann Lévy, 1894, in-8, pp. IV-654.

Notice : *Edinburgh Review*, 183, Jan. 1896, pp. 237/266.

— Prince Henri d'Orléans — Du Tonkin aux Indes Janvier 1895—Janvier 1896. Illustrations de G. Vuillier d'après les photographies de l'auteur. Gravure de J. Huyot. Cartes et Appendice géographique par Émile Roux, Enseigne de vaisseau. Paris, Calmann Lévy, 1898, gr. in-8, pp. 442.

— Du Tonkin au Yunnan par le Prince Henri d'Orléans. (*Bul. Soc. Géog.*, Paris, 1895, pp. 389/404.)

— Du Tonkin aux Indes par le Yunnan — Exploration du prince Henri d'Orléans. (*Rev. française*, XXI, 1896, pp. 129/135, 193/201.)

— Journey of Prince Henry of Orleans. (*Dublin Review*, CXIX, July 1896, pp. 168/169.)

— A Journey from Tonkin by Tali-fu to Assam. By Prince Henri d'Orléans. (*Geogr. Journ.*, VIII, Dec. 1896, pp. 566/585.)

— Aux sources de l'Irraouaddi, d'Hanoï à Calcutta par terre, par M. E. Roux, enseigne de vaisseau. (*Tour du Monde*, 1897, pp. 193/276.)

— Émile Roux, Enseigne de Vaisseau. — Aux Sources de l'Irraouaddi Voyage de

Hanoï à Calcutta par terre, illustré de cent dessins ou gravures directes d'après les photographies rapportées par l'auteur. Hachette & Cie. 1897, gr. in-8, pp. 84 + 1 f. n. ch. p. l. tab.

Tiré du *Tour du Monde*.

— Renseignements géographiques inédits recueillis, en dehors de l'itinéraire suivi, au cours de l'expédition du Prince Henri d'Orléans, de MM. E. Roux et Briffaut du Tonkin aux Indes (Janvier 1895—Janvier 1896) par Émile Roux, Enseigne de vaisseau. (*Bul. Soc. Géog.*, Paris, 1897, pp. 81/95.)

— Exploration du Tonkin aux Indes. Conférence faite le 12 Mai 1896, par le Prince Henri d'Orléans. (*Soc. Géog. Lille*, Bull., XXV, 1896, 1er sem., pp. 285/309.)

— Société de géographie de Lille. — Conférence par le Prince Henri d'Orléans 12 mai 1896. Lille, Imprimerie L. Danel, in-16, pp. 63.

Il y a des ex. sur papier du Japon.

— * From Tonkin to India, by the Sources of the Irawadi, 1895—96. By Prince Henri d'Orleans. Translated by Hamley Bent, M. A. Illustrated by G. Vuillier. London, Methuen, 1898, gr. in-8, pp. xII-467.

Notice : *Nature*, LVII, 1897/8, pp. 557/8.

— Le Prince Henri d'Orléans. (*Bull. Com. Asie française*, Août 1901, pp. 182/184.)

— Le Prince Henri d'Orléans. Nécrologie par Alfred Grandidier. (*La Géographie*, 15 sept. 1901, pp. 213/215.)

— Le Prince Henri d'Orléans. Nécrologie par Henri Cordier. (*T'oung Pao*, 2e Sér., II, No 4, Oct. 1901, pp. 277/78.)

† à Saïgon, 9 août 1901; le prince était né à Ham (Angleterre), le 15 oct. 1867.

— Henri-Ph. d'Orléans. — L'âme du Voyageur. Avant-propos par Eugène Dufeuille. Paris, Calmann Lévy, s. d. [1902], in-12, pp. xxiv-458.

300 ex. sur papier de Hollande numérotés.

Réimp. d'articles, en particulier sur le Yun-nan.

Notice : *La Géographie*, 15 sept. 1902, p. 191, par Charles Rabot.

∴

— Mission d'exploration au Yunnan et au Thibet. Par Ch.-E. Bonin. (*Rev. coloniale*, II, 1896, pp. 550/558.)

— L'exploration Bonin au Tibet oriental. (*Rev. française*, XXI, 1896, pp. 704/711.)

— * The Trade Routes of South China and their Relation to the Development of Hong Kong. By W. F. Wenyon. (*J. R. Colonial*, I, 29, 1898, pp. 487/491.) — Abstract.

— Through Upper Burma and Western China. By John Foster Fraser. (*Trans. As. Soc. Japan*, XXVI, 1898, pp. v—xxvII.)

(Henri d'Orléans.)

— Recent journey from Shanghai to Bhamo through Hunan. By Captain A. M. S. Wingate. (*Geog. Journ.*, XIV, Dec. 1899, pp. 639/646.)

— * A. M. S. Wingate. — « Things Chinese ». With a short account of a journey through the heart of China. (*Jour. United Service Inst. of India*, XXIX, pp. 1/28, carte.)

— Voyage du capitaine A. Wingate, de Chang-Haï à Bhamo, à travers le Hou-nan. Par J. D. [eniker.] (*La Géographie*, 15 janvier 1900, pp. 61/2.)

— L'exploration des provinces centrales de la Chine. Par le capitaine Wingate. (*Le Mouv. géog.*, 1900, col. 69, 78.)

— De Hanoï à Mongtze. Par M. Bons d'Anty. (*Bul. Soc. Géog.*, Paris, 1899, pp. 414/432.)

— Frontière du Yunnan et du Tonkin. — Voies de pénétration. (*Bul. Soc. Et. Col. & Mar.*, 1901, pp. 55/62.)

Par l'Etat-Major des troupes de l'Indo-Chine.

— * Gouvernement général de l'Indo-Chine. Projet de chemin de fer de Haïphong à Yunnan-sen; Ressources minières du Yunnan, par Mr A. Leclère. Paris, Imp. Nat., 1901, in-8, pp. 19.

— A travers le Yun-nan et du Yun-nan au Tonkin, par le Kouei-Tchéou et le Kouang-Si par M. le Vicomte de Vaulserre. (*Tour du Monde*, 1901, pp. 1/72.)

— Le Yun-nan. Le chemin de fer de Laokay à Yun-nan-sen. Par le Commandant L. Schmidt. (*Revue Géographie*, Nov. 1901, pp. 422/437.)

— * De l'importance du Fleuve Rouge comme voie de pénétration en Chine (capitaine E. Franquet). (*Revue Milit. Univ.*, nos. 60 à 67, 8e année.)

— Au Pays Jaune. La pénétration française au Yun-nan. Par E. Cochelin. (*Rev. Indo-Chinoise*, 177, 10 mars 1902, pp. 211/215; d'après la *Revue d'Europe*, Janv. 1902, pp. 59/69.)

— From Shanghai to Bhamo. By R. Logan Jack, LL. D., F. G. S. (*Geog. Journ.*, XIX, March 1902, pp. 249/277.) (Voir col. 320.)

— Note sur l'exploitation de la ligne de chemin de fer de Hanoi à la frontière du Quang-si. Par l'Ingénieur en chef des chemins de fer Fontaneilles. (*Bul. écon. Indo-Chine*, Oct. 1902, pp. 716/723.)

— Du Tonkin en Birmanie. Par M. Jacques Faure. (*Bul. Soc. Géog. com.*, XXIV, 1902, pp. 32/43.)

— Un voyage du Tonkin en Birmanie. (*Bul. Com. Asie franç.*, Déc. 1901, pp. 378/9.)

— Un voyage du Tonkin en Birmanie. (*Le Mouv. géog.*, 1902, col. 51—52.)

D'après le *Bul. du Com. de l'Asie française*; Voyage de M. Jacques Faure.

(Divers.)

15° *KOUEI TCHEOU* 貴州

— Topography of Kwei chau; its extent, subdivisions, surface, inhabitants, productions, rivers and mountains. By S. Wells Williams. (*Chin. Rep.*, XVIII, pp. 525/532.)

— Province de Kouy-Tcheou. Son aspect physique, son climat, sa population, son industrie, ses richesses, ses curiosités naturelles, par le P. Perny. (*Rev. de l'Or. et de l'Alg.*, Nlle Série, IX, 1859, pp. 330/7.)

— Kouy-tcheou. Par P. Perny. L'art. de la *Rev. de l'Orient* est reproduit d'après les *Annales de la Prop. de la Foi*, Vol. 31, 1859, pp. 130/141.

— Letters from «W. M.» [W. Mesny] published on Kwei chow in the *Shanghai Budget* : Kwei-yang foo, 28 Feb. 1872; gives an account of Mesny's departure from Hankow on 21st June 1868. (Shai. Budget, April 27, 1872.) — 8 March' 72 (Ibid.) — 3 Ap. 1872 (S. B., May 11, 1872). — 21 April, 16 May, 18 May, 1872 (S. B., June 22, 1872). — 23 May, 2 June, 1872 (S. B., July 13, 1872). — 13 June (S. B., July, 27). — Sin-chen-hsien, 7 & 9 July (S. B., Aug. 31); 22 July (Sept. 7). — Kwei-yang-fou, 27 Dec. 1862 (S. B., Feb. 6, 1873). — 12 March 1873 (S. B., April 26). — 10 May (S. B., June 21). — 28 June (S. B., July 5). — 15 June (S. B., July 26). 1, 10 & 13 Aug. (S. B., 27 sept.) — 21 Aug. (S. B., 9 oct.) — 29 Sept. (S. B., 18 Déc.). — Wei-yang foo, 3rd Jan. 1874 (S. B., 13 Feb. 1874). — Kwei-yang fou, 29 Jan. 1874, etc.

— Le Kouy-tchéou. (*Miss. Cath.*, IV, pp. 352/4.)

Avec une carte commencée par Mgr. Albrand, et dressée sous la direction de Mgr. Faurie, par M. Bodinier, Miss. au Kouy-tchéou.

— A bord d'une jonque chinoise. — Lettre de M. Chaffanjon, des missions étrangères de Paris, missionnaire au Kouytcheou. (*Missions Cath.*, XII, 1880, pp. 458/462, 470/74, 482/88, 494/97, 500/502, 506/10, 518/22, 530/33.)

Voyage du Kiang à Kouei-yang-fou.

— Correspondance du Père J.-B. Aubry, des Missions Etrangères, Missionnaire au Kouy-Tchéou, Docteur en théologie, ancien Directeur au grand séminaire de Beauvais. Trézel, lib.-Beauvais. Imp. par la Soc. de Saint-Augustin... Lille, in-8, pp. VIII-389.)

— Kwiechow and Yün-nan Provinces. By G. W. Clark. 1894. Printed at the «Shanghai Mercury» Office. Pet. in-8, 2 ff. n. ch. p. l'index et la préf. + pp. 296.

— Rapport sur le Koui-tcheou. Par Henri Brenier. (*Mission lyonnaise*, pp. 207/230, carte au 1 : 2.500.000.)

— Le Kouytchéou. Par Aloys Schotter. (*Rev. française*, XXIV, 1899, pp. 651/8.)

— 400 lieues à travers le Kouang-si et le Kouy-tcheou. — Journal de M. Chouzy, voir col. 313.

— Voir le P. Creuse, col. 313.

— A. Hosie, voir *SE TCH'OUAN*, col. 353.

— Chas. H. Judd. Voir VOYAGES.

16° *CHEN SI* 陝西

— Topography of Shensi; its boundaries, area, rivers, &c. By S. W. Williams. (*Ch. Rep.*, XIX, pp. 220/227.)

— No. VI. Letter by Baron von Richthofen, from Si-ngan-fu, on the Rebellion in Kansu and Shensi. Shanghai : Printed at the Office of the «North China Herald.» 1872. In-fol., pp. 6.

Imp. également dans *The Shanghai Budget*, March 7th, 1872.

— F. von Richthofen : Reisen im Nördlichen China. Ueber den Chinesischen Löss. Aus einem Schreiben an Herrn Sektionsrath v. Hauer de dato Si-ngan-fu, Provinz Shen si, 10 Januar, 1872. (*Verhandlungen der K. K. Geolog. Reichs-Anstalt*, 1872, No. 8, pp. 153/160.)

— Die geographische Lage von Si-ngan-fu und seine Weltstellung. Von Ferd. Frhr. v. Richthofen. (*Petermann's Mitth.*, 1873, XIX, pp. 38/9.)

Aus einem Briefe dieses Reisenden an Herrn Sektionsrath v. Hauer in «*Verhandlungen der K. K. Geologischen Reichs-Anstalt.*» 1872, No. 8.

— Let. du R. P. Amédée Pierre de Mérona, mineur obs., miss. au Chen-si, au R. P. Marie de Brest. Xe-vom-kou (Chen-si), 8 nov. 1886. (*Miss. Cath.*, XIX, 1887, pp. 241/244.)

— Lettre du P. Gabriel Maurice au P. Havret, Si-ngan, 15 fév. 1894. (*Stèle chrét.*, *Var. Sin.*, No. 12, pp. 110 et seq.)

— Voir A. Forke, *Reise*, au Chap. VOYAGES.

— Hsi-an-fu, die neue Residenz der Manchus. (*Ostasiat. Lloyd*, XIV, p. 859 f.) D'après Forke.

— Verlegung der Residenz Chinas. (*Oest. Monats. f. d. Orient*, Wien, 1898, pp. 109/110.)

— Si-ngan-fu. (*The Times Weekly Edition*, Supp., Dec. 7, 1900, p. ii.)

— Through Hidden Shensi by Francis H. Nichols. Illustrated from Photographs taken by and for the Author. George Newnes, London, 1902, in-8, pp. XXXI-333.

Notices : *Lond. & China Express*, 9 Jan. 1903. — *Geog. Journal*, XXI, Feb. 1903, pp. 173/4. — *T'oung Pao*, 1903, No. 2, pp. 166/7, par Henri Cordier.

— Новая столица Китая и пути къ ней съ береговъ Желтаго моря. — В. А. Обручевъ. (*Zemlĕv.*, VII, fasc. IV, pp. 49/62, 1 carte.)

Ext. du *Bull. de la Soc. des Naturalistes de Moscou*, 1901, in-8, pp. 14.

— La nouvelle capitale de la Chine et ses voies d'accès. Par le Dr L. Laloy. (*La Géographie*, 15 juillet 1901, pp. 53/5.) D'après Obroutchev.

— Si-an-fu. Von Dr. Friedrich Hirth. (*Münchner Neueste Nachrichten*, 27 août 1900.)

— En Chine. Ascension de la montagne sainte le T'aè-Houa-Chan. Par M. F. Leprince-Ringuet. (*Annuaire Club Alpin Français*, XXVII, 1900, pp. 356/382, ill.)

— La nouvelle capitale de la Chine. (*Revue Indo-Chinoise*, 120, 4 fév. 1901, pp. 118/119; trad. de la *Japan Gazette*.)

— Hsian — The Capital of Shensi. — Past and Present. — By C. F. Hogg. *North*

China Herald Office, Shanghai, [1902,] br. in-8, pp. 22 à 2 col., 50 cents.

Écrit pour le *N. C. D. News*.

— Voir le Chap. consacré à la *Pierre nestorienne*, CHRISTIANISME.

17° *KAN SOU* 甘肅

— Topography of the Province of Kánsuh; its boundaries, mountains, lakes, &c. By S. Wells Williams. (*Chinese Rep.*, XIX, pp. 554/565.)

— De Tschang-tjia-kheou (Mongolie) à Lan-tcheou-fou (Kansou). (*Miss. Cath.*, XI, 1879, pp. 442/44, 452/55, 468/471.)

Voyage de Mgr. Hamer.

— Visite à la lamaserie des 10.000 images. Let. de M. Gueluy, miss. belge. Soung-chou-tchouang, 13 déc. 1883. (*Miss. Cath.*, XVI, 1884, pp. 313/317.)

— Promenade à travers l'Asie centrale de Liang-tschou (Kan-sou) à Kouldja, par le R. P. Constant de Deken. (*Miss. Cath.*, XVI, 1884, pp. 376/78, 389/92, 399/401.)

Voir un résumé de ce voyage, *ibid.*, p. 65, par le P. André Janssen.

— Gustav Ritter von Kreitner. — Die Chinesische Provinz Kansu. (*Mitth. Deutsch. Ges. Nat. und Völkerk. Ostasiens*, IV, Hft. 39, April 1888, pp. 339/409, 1 carte.)

— Le Pays de Hami ou Khamil. Description, histoire, d'après les auteurs chinois par M. C. Imbault-Huart. (*Bull. géogr. hist. et descr.*, 1892, No. 2, pp. 121/195.)

Documents extraits principalement de 回疆通志 *Houëi-kiang t'oung-tche*, 新疆識略 *Sin-kiang tche-lió*, 西域圖志 *Si-yu t'ou tche*, 西域同文志 *Si-yu t'oung-wen-tche*. Ces quatre ouvrages sont décrits avec soin.

— Note sur les Musulmans Salar du Kan-Sou. Par F. Grenard. (*J. As.*, I, 1898, pp. 546/551.)

— Yule and Cordier's *Marco Polo*, II, p. 29.

— Note sur le commerce de la Mongolie chinoise par Ning-hsia-fou (Kansou). Par Ch.-E. Bonin. (*Rev. coloniale*, 1900, pp. 1168/1172.)

— Note sur les gisements miniers du Kan-sou occidental. Par Ch.-E. Bonin. (*Rev. coloniale*, 1900, pp. 1388/1392.)

— Les mines d'or du Kansu occidental. Par Charles-Eudes Bonin. (*Le Mouv. géog.*, 1901, col. 149—151.)

Ext. de la *Revue coloniale*.

— Geographische Skizze der Wüste Gobi zwischen Hami und Su-tschôu. Von Prof. Dr. K. Futterer. — Mit einer Karte. — (Ergänzungsheft No. 139 zu «Petermann's Mitteilungen».) Gotha : Justus Perthes, 1902, in-4, pp. 35.

— The Desert of Gobi between Hami and Suchau. (*Geog. Jour.*, April 1903, pp. 452/3.) D'après Futterer.

— Le département géographique du Ministère de la Guerre prépare une carte de cette province d'après une grande carte manuscrite envoyée à la Soc. de Géographie par Mgr. Otto, vicaire apostolique.

18° *SE TCH'OUAN* 四川

— Voir sur les puits de sel et sur les puits de feu du Se tch'ouan les lettres : du P. Imbert. (*Annales Prop.*, III, pp. 369/376, 377/381); du P. Voisin (*Ibid.*, IV, pp. 409/411); du P. Imbert. (*Ibid.*, IV, pp. 414/415.)

— Topography of Sz'chuen; its area, rivers, &c. By S. Wells Williams. (*Chinese Rep.*, XIX, pp. 317/327; pp. 394/403.)

— Description de la province chinoise de Sse-tchouen, traduite et résumée du Tay-Tsing Y-tong-tchy, ou Géographie officielle de la dynastie impériale actuellement régnante, par Louis Lamiot, Missionnaire lazariste. Pet. in-8, pp. 51.

Extrait du *Bulletin de la Société de Géographie*.

— Routes de Tchhing tou fou à Lassa.

Ms. Vend. Klaproth (985). Fr. 10. 50.

— Notice sur la province de Moû-Ping (Thibet), Par le Père Arnal, missionnaire. (Lettre adressée à M. Dabry, consul de France à Han-Keou, Chine.) (*Bull. Soc. Zool. Acclim.*, IIe Sér., V, 1868, pp. 473/475.)

Voir : HIST. NAT., A. David.

— F. v. Richthofen. Reisen in China. Aus einem Schreiben an Herrn Sektionsrath v. Hauer, de dato Tshing-tu fu, Provinz Sz'-tschwan, 29 Februar 1872. (*Verhandlungen der K. K. Geolog. Reichs-Anstalt*, 1872, No. 10, pp. 206/8.)

— F. von Richthofen. La province de Sz'tschwan. (*Revue scientifique*, IX, 1875, pp. 388/394.)

— «Su-tchuen». Description géographique avec une carte dressée sous la direction de Mgr. Desflèches. (*Missions Catholiques*, V, 1873, pp. 297/9.)

— A missionary tour through the province of Sz'-chu'en. By Rev. C. Leaman. (*Chin. Rec.*, IX, 1878, No. 2, pp. 85/100.)

— Le Pays de Kien-tchang (Su-tchuen méridional). Par Gourdin, miss. (*Miss. Cath.*, XI, 1879, pp. 215/218.)

— Lettre de Mgr. Marc Chatagnon, des Missions Etr. de Paris, évêque titulaire de Cherson et vic. ap. du Su-tchuen méridional. (*Miss. Cath.*, XX, 1888, pp. 97/101.)

— Deux ans au Se-tchouan (Chine centrale), par l'abbé Lucien Vigneron, ancien missionnaire en Chine, membre de la Société de géographie. Ouvrage orné de gravures et d'une carte. Paris, Bray et Retaux, libraires-éditeurs, 1881, in-18, pp. x-299.

— A Journey of Exploration in Western Ssŭ-chu'an. (Baber, *Travels and Researches in Western China*, 1882.) Voir col. 343.

— Notes on Szechuen and the Yangtse Valley. By Archibald J. Little, Esq. Read 3rd December 1883. (*Journ. N. C. B. R. A. S.*, N. S., XVIII, 1883, Art. VIII, pp. 165/182.)

A. HOSIE.

— *China.* No. 1 (1883). — Despatch from Her Majesty's Chargé d'Affaires at Peking, forwarding a Report by Mr. A. Hosie, Student Interpreter in the China Consular Service, of a Journey through the provinces of Kueichow and Yünnan. — *Presented to both Houses of Parliament by Command of Her Majesty.* 1883. — London: Printed by Harrison & Sons. [C. — 3457.] *Price* 5*d.* In-fol., pp. 37.

— *China.* No. 2 (1884). — Report by Mr. Hosie of a Journey through the provinces of Ssu-ch'uan, Yünnan, and Kuei chou: February 11 to June 14, 1883. — *Presented to both Houses of Parliament by Command of Her Majesty.* 1884. — London: Printed by Harrison & Sons. [C. — 3833.] *Price* 1*s.* 1*d.* In-fol., pp. 95.

— *China.* No. 2 (1885). — Report by Mr. Hosie of a Journey through Central Ssu-ch'uan in June and July, 1884. — *Presented to both Houses of Parliament by Command of Her Majesty.* 1885. — London: Printed by Harrison & Sons. [C. — 4247.] *Price* 5*d.* In-fol., pp. 37.

— Trade routes to Western China. By Alex. Hosie, Esq., of H. B. M.'s Consular Service. (*Journ. C. B. R. A. S.*, N. S., XIX, Part I, 1884, Art. VI, pp. 103/114.)

— Voyages des Anglais dans le Sud-Ouest de la Chine. (*Science et Nature*, I, 1884, p. 431.)

— A Journey in South-Western China, from Ssŭ-ch'uan to Western Yünnan. By Alex. Hosie, H. B. M. Consular Service, China. (*Proc. R. Geog. Soc.*, VIII, 1886, June, pp. 371/384; carte, p. 416.)

— Three years in Western China; A Narrative of three Journeys in Ssŭ-ch'uan, Kuei-chow, and Yün-nan. By Alexander Hosie, M.A., F.R.G.S., H.B.M. Consular Service, China. With an introduction by Archibald Little, F.R.G.S. London: George Philip & Son, 1890, in-8, pp. xxxiv-302.

« The following pages are intended to present a picture of Western China as the writer saw it in 1882, 1883, and 1884. Chapter VII., in a somewhat modified form, was read at a meeting of the Royal Geographical Society on the 22nd of February, and published in the Proceedings for June, 1886; Chapter XI. was read at the Aberdeen meeting of the British Association in September, 1885; and Chapter XII. was addressed to a special meeting of the Manchester Chamber of Commerce on the 12th of May, 1886. The remaining Chapters are now published for the first time, and, if they meet with half the favour bestowed upon the Parliamentary Papers in which the journeys were first, and somewhat roughly, described, the writer will consider himself amply rewarded for the work which want of leisure has compelled him to neglect so long. » (Preface.)

Notices : *China Review*, XIX, pp. 129/132, by G. M. H. Playfair. — *Chinese Recorder*, Feb. 1891, pp. 91/93, by D. J. M.

— Hosies Forschungen in Süd-China. Von Prof. Dr. A. Kirchoff. (*Petermann's Mitt.*, 37. Bd., 1891, pp. 23/7.)

∴

— The Key of Western China. By William B. Dunlop. (*As. Quart. Review*, VII, Jan.-April 1889, pp. 290/320.)

— Map of Szechwan to accompany Chungking Trade Report for 1891, illustrating the trade of the Province. Compiled by A. E. Von Rosthorn, 3rd Assistant A. — Copied by Shê Yuk Sang, 3rd Clerk. (*Ret. of Trade* for 1891, II, p. 69.)

— * Louis Coldre. Le pays des Puits de feu dans la province de Setchoan (Chine). (*C. R. Congrès Sc. Internat. des Catholiques*, 1891, 5e sect., pp. 257/268.)

— Louis Coldre. Les salines et les puits de feu de la province de Se-Tchoan. (*Ann. des Mines*, 8e Sér., XIX, 1891, pp. 441/528.)

— The Wild Men of Szchuan. By Rev. W. M. Upcraft, A. U., Suifu. (*Chin. Rec.*, XXIII, Oct. 1892, pp. 475/8.)

— Voyage d'un Missionnaire de Paris au Su-tchuen oriental (Chine) par L'abbé J. M. Serre des Missions étrangères; avec introduction, sommaires, notes et épilogue, par l'abbé Lesmarie, chanoine honoraire de Saint-Flour. Deuxième édition. Tours, Alfred Cattier, 1893. Gr. in-8, pp. 352.

Notice : *Études religieuses*, partie bibliographique, 23 déc. 1893, pp. 913/14. Par F. Biesse, S. J.

— A short journey in Sz ch'uan. By E. H. Parker. (*China Review*, IX, pp. 259/276, 325/343, X, pp. 19/40, 99/119, 159/185, 289/307, 365/384, XI, pp. 15/32.)

— Sz ch'uan plants. By E. H. Parker. (*China Review*, XI, pp. 339/342.)

— Cave-dwellers. By E. H. Parker. (*China Review*, XV, p. 53.)

— Chas. H. Judd. Voir VOYAGES.

— Tatsienlou [打箭爐] Capitale de la principauté thibétaine de Guiala, Par Mgr. Félix Biet, Evêque de Diana, vicaire apostolique du Thibet. (*Miss. Cath.*, XXV, 14 juillet 1893, pp. 329/330.)

— A History of the Szechuen Riots (May-June, 1895). By Alfred Cunningham .... — Shanghai : « Shanghai Mercury » Office, North China, in-8, 2 ff. n. ch. p. l'introduction et la table + pp. 38 + pp. xxx. Price $ 0·50.

Chinese Map of Cheng-tu.

— Eine Reise im westlichen China. Von Arthur von Rosthorn. (*Mitt. k. u. k. geog. Ges. Wien*, 1895, pp. 285/320.)

— ROSTHORN, A. von. — Voir chap. THÉ. — COMMERCE *Imp Mar. Customs*, II. — Special Series : No. 17

— Alicia Bewicke Little. — In the wild West of China. (*Nineteenth Century*, London, 1896, XXIX, pp. 58/64.)

— Fried. Hirth. Aufenthalt in der chinesischen Provinz Ssï-tsch'üan. (*J.-ber. Geog. Ges. München*, 1896, XVI, pp. CIV-CXV.)

— A Journey in Western Sze-chuan. By Mrs. Isabella Bishop. (*Geographical Journal*, July 1897, Vol. X, No. 1, pp. 19—53, carte.)

— The Yangtze Valley and Beyond. An Account of Journeys in China, chiefly in the Province of Sze chuan and among the Mantze of the Somo territory. By Mrs. J. F. Bishop (Isabella L. Bird), F. R. G. S...... With map and 116 illustrations. Dedicated by permission to the Marquess of Salisbury, K. G. London, John Murray, 1899, in-8, pp. xv-557.

Notices : *Quarterly Review*, 191, Jan. 1900, pp. 1—29. — *Nature*, lxi, 1899/1900, pp. 252/4.

— De Ta-Tsien-loû à Tse-kou (rive droite du Mekong) 11 octobre—7 décembre 1894. Nouvelle route à travers le pays de Lythang et de Bathang, passage du Yalongkiang, du fleuve Bleu et du Mékong par le R. P. J. Soulié. (*Bul. Soc. Géog.*, Paris, 1897, pp. 36/80.)

— Report of a Journey to North Ssu-ch'uan. Foreign Office. No. 457, *Miscellaneous Series*. May, 1898. [By Mr. G. J. L. Litton.], in-8, pp. 48, 4 cartes.

Notice : *Geog. Jour.*, XII, August 1898, pp. 187—8.

— Notes of a Journey [from Yachon (*sic*)] to Tachienlu. Foreign Office. No. 475, *Miscellaneous Series*. Sept., 1898. [By Mr. G. J. Litton.], in-8, pp. 15, 1 carte.

— Г. Н. Потанинъ. — Очеркъ путешествія въ Сы-Чуань и на восточочную окраину Тибета въ 1892—1893 Г. — С.-Петер. 1899, in-8, pp. 74, phot. et 2 cartes.

Tirage à part des *Извѣстій*, T. XXXV, No. 4, 1899.

— Au Su-tchuen. Par M. de Guébriant, des Missions étrangères de Paris, pro-vicaire apostolique du Su-tchuen méridional. (*Miss. Cath.*, XXXI, 1899, pp. 60, 78, 106, 117, 129, 136, 152.)

— A Journey through South-west Sechuan. By Edward Amundsen. (*Geog. Journ.*, XV, 1900, June, pp. 62-05; XVI, Nov., pp. 531-537.)

— Le voyage de M. Edward Amundsen chez les Lamas du Se-Tchouan. (*Mouvement géog.*, 17 juin 1900, col. 292/4.)

— Notes de Voyage au Se-tch'oan. Par le Dr. G. Bouffard, Médecin des Colonies. (*Ann. de Géog.*, X, 1901, pp. 177/181.)

— La Chine Méridionale et Centrale. Par Pierre Bons d'Anty. (*Rev. Indo-Chinoise*, 190, 9 juin 1902, pp. 517/521; d'après le *Bul. du Comité de l'Asie française*, Mars 1902, pp. 102/106.)

— Dégagement désastreux d'eau chaude au Sseu-tch'ouan. Lettre de M. Bons d'Anty. (*La Géographie*, 15 Oct. 1902, pp. 254/5.)

— Dégagements désastreux d'eau chaude au Sseu-tch'ouan. Par Pierre Bons d'Anty. (*La Géographie*, 15 janvier 1903, pp. 52/55.)

— Dégagement désastreux d'eau chaude au Sseu-tch'ouan. (*Bul. Soc. Belge Géologie*, XVII, 1903, pp. 64/5.)

Lettre de Bons d'Anty. — *La Géographie*, VII, 15 janv. 1903, pp. 52/5.

— Exploration in Western China. By Captain C. H. D. Ryder, R. E. (*Geographical Journal*, XXI, N° 2, February 1903, pp. 109/126.)

— Map of South-West China, to accompany Captain Ryder's Paper. (*Geog. Jour.*, Aug. 1903, p. 195, carte.)

— L'insurrection au Seu-tchouan. Par *** (*Bull. Com. Asie française*, Déc. 1902, pp. 524/527.)

Avec plan de Tch'eng-tou-fou.

— Two trips to the North of Cheng-tu. By R. Lockhart Jack. (*Geographical Journal*, XXI, N° 3, March 1903, pp. 282/288.)

— Cliff Coffins. By Rev. S. Pollard. (*East of Asia*, I, No. 3, pp. 221/224.)

— Rapport sur le Se-tchouan. Par Henri Brenier. (*Mission lyonnaise*, pp. 231/270, carte au 1 : 2.500.000.)

Voir *Mission lyonnaise*, au chap. VOYAGES.

— La Situation Economique du Seu-tchouan à la fin de 1901. Par René Moreux. (*Bull. Com. Asie française*, Janvier 1903, pp. 22/26.)

D'après Bons d'Anty.

— Aperçu sur les routes du Se-tchouen. Par un Explorateur. (*Questions diplom. et Col.*, 15 juillet 1903, pp. 123/138.)

— Au Seu-tchouan. (*Bull. Com. Asie française*, Sept. 1903, pp. 391/392.)

A propos de l'enseignement médical français au Seu-tchouan.

Tch'eng tou 成都

— Chen-tu, or the Forest City of the West. By Geo. E. Hartwell. (*Chin. Rec.*, XXIV, Jan. 1893, pp. 24/5.)

— Tschöng-tu-fu in West-Sz'schwan. Von H. H. (*Globus*, lxv, 1894, No. 12, pp. 199/200.)

— La plus belle ville de Chine. (*Mission lyonnaise*, pp. 204/216.)

— Irrigation of the Ch'eng tu Plain. By Joshua Vale, China Inland Mission. (*Jour. China Br. R. As. Soc.*, XXXIII, No. 2, 1899—1900, pp. 22/36.)

— VARIÉTÉS SINOLOGIQUES. No. 19. — 天主 T'ien-tchou «Seigneur du Ciel». A propos d'une stèle bouddhique de Tch'eng-tou. Par le P. Henri Havret, S. J. — Chang-hai. Imprimerie de la Mission Catholique. Orphelinat de T'ou-sè-wè. — 1901, in-8, pp. II—30.

— L. Diels. — Die Flora von Central-China. Nach der vorhandenen Litteratur und neu mitgeteiltem Original. (*Englers Bot. Jahrb.*, XXIX, 1901, pp. 169/659, 5 fig., 4 pl., carte.) Leipzig, W. Engelmann, 1901.

— Yule and Cordier's *Marco Polo*, II, p. 38.

Tch'oung K'ing 重慶

— Ouverture du port de Tchoung-King sur le Yang-tze-kiang. (*Bul. Soc. Géog. com. Havre*, 1890, pp. 101/2.)

— Tchoung-King, le nouveau port ouvert en Chine. Par G. Depping. (*Cte. rendu Soc. Géog.*, Paris, 1891, pp. 12/14.)

D'après la *Quarterly Review*.

— Plan of the Port of Chung king. (*Decen. Reports*, 1882—91, p. 81.)

— Sketch Map of the Chungking Department showing Principal Cities, Water Courses, and Boundaries. Copied by Shê Yuk Sang, Third Class Clerk. (*Decen. Reports*, 1882—91, p. 106.)

— Rough Sketch of the City of Chungking. Traced by L. L. Stockwell, 3rd Cl. Tidewaiter. Copied by Shê Yuk Sang. (*Ibid.*, p. 109.)

— Il nuovo porto cinese aperto agli Europei. Prof. L. Nocentini. (*Geografia per tutti*, I, 1891, pp. 107/8.)

— L. Nocentini. Ciungking nuovo porto cinese aperto agli Europei. (*B. S. Geog. Ital.*, Ser. III, IV, 1891, pp. 502/5.)

— Une promenade à Tchoung-King. Par Henri Brenier. (*Bul. Soc. Géog. com.* Paris, XVIII, 1896, pp. 610/613.)

— Zum Klima von Chungking. (*Meteorolog. Zeitschft.*, 1898, pp. 239/240.) — D'après Wm. Doberck.

— Voir Ports ouverts.

(Tch'oung K'ing.)

Mont Omei 峨眉山

— Voir : E. C. Baber, A. Hosie, Marcel Monnier, *Mission lyonnaise*, pp. 154—170, au Chap. Voyages.

— Western China. A Journey to the great Buddhist Centre of Mount Omei by Rev. Virgil C. Hart, B. D. Fellow of the Royal Asiatic Society — Illustrated — Boston, Ticknor, 1888, in-8, pp. 306.

— A Lady's Visit to Mount O-mi. (*N. C. Herald*, Aug. 26, 1892, pp. 313/4.)

— Mount Omi and beyond. A Record of a Journey on the Tibetan Border. By Archd. J. Little. (*N. C. Herald*, 1893, May 26, pp. 76—78 et pp. 809, 881, 926, 964, & Jan. 5, 1894, pp. 19/20 fin.)

— Mount Omi and beyond. A Record of Travel on the Thibetan Border by Archibald John Little, F. R. G. S. . . . . With a Map and Illustrations. London, William Heinemann, 1901. in-8, pp. xiv + 1 f. n. ch. + pp. 272.

— Little's Expedition to Omi and the Tibetan Border. (*Nature*, lxiii, 1900—1901, pp. 543/544.)

— Le Mont Omei, par M. Eudes Bonin. (*Bul. Géog. hist. et desc.*, 1899, No. 1, pp. 64—75.)

(Mont Omei.)

III. — NOMS.

— Voir : Du Halde, *Desc. de la Chine*, I, c. I; — Grosier, *Desc. de la Chine*, Vol. I, pp. 1/2, Note p. 2; — Spizelius, *de Re literaria Sin.*, Sectio I; — Yule, *Cathay and the Way thither*, I, pp. xxxiii et seq. — St. Martin, *Mém. sur l'Arménie*, pp. 15/55.

— Sur les noms de la Chine, par Klaproth. (*J. As.*, X, 1827, pp. 53/61, et *Mém. rel. à l'Asie*, III, 1828, pp. 257/270.)

— Sur les noms de la Chine, par E. Jacquet (*J. As.*, X, 1832, pp. 438 sq.; XI, 1833, pp. 188/9).

— *Notes and Q. on C. & J.*, Vol. I, pp. 17/18; 123/5, by E. C. T[aintor].

— F. von Richthofen. Ueber den Ursprung des Namens China. (*Verhandl. der Gesellsch. für Erdkunde zu Berlin*, III, 1876.)

(Noms.)

— * J. Flad. Woher stammt der Name China? (*Ev. Miss. Mag.*, XLV, pp. 589/593.)

— China o Cina? Por C. Bertacchi. (*Geog. per Tutti*, II, 1892, p. 220.)

— Denominações dadas pelos chinezes ao seu paiz, ao Japão e aos principaes paizes europeus, etc. (*Ta-Ssi-Yang-Kuo*, Ser. I, Vol. I, 1899, pp. 43/52.)

— De l'origine du mot « Chine » par le Dr. Thiessen. (*Rev. Indo-Chinoise*, 193, 30 juin 1902, pp. 599/601; d'après l'*Ostasiatischer Lloyd*.)

— Consulter surtout les auteurs latins aux passages indiqués dans la 2e partie de cet ouvrage.

(Noms.)

IV. — ETHNOGRAPHIE ET ANTHROPOLOGIE.

Ouvrages divers. — Études comparées.

— Mémoire sur l'identité des Thou khiu et des Hioung nou avec les Turcs, par Klaproth. (*Journ. As.*, VII, 1825, pp. 267-268.)

— Mountaineers of China. (*Canton Register*. — *Asiatic Journ.*, II, p. 233.)

— Notice sur les nègres de Kuen lun par Klaproth. (*N. J. As.*, XII, 1833, pp. 232/43.)

— M.-W. F. Mayers consacre un article dans son *Manual*, No. 330, au Kouen loun et aux légendes qui s'y rapportent.

— Where is the Kwan-lun Shan. By E. Faber. (*The China Review*, II, pp. 194/5.) — Voir *ibid.*, p. 68.)

— The Ethnology of Eastern Asia. By J. R. Logan. (*Jour. Ind. Arch.*, IV, 1850, pp. 441/482, 552/580.)

— Sur quelques individus chinois et sur les proportions de leur corps, par M. Quetelet. (*Bul. Ac. Roy. . . de Belgique*, XIX, 1°, 1852, p. 742.)

— Contribution to the Ethnology of Eastern Asia. By D. J. Macgowan, M. D. Corresponding member of the American Oriental Society; of the Asiatic Society of Bengal, &c., &c. Read November 17th, 1857. (Art. IV, *Journ. of the Shai. Lit. & Scient. Soc.*, No. I, June 1858, pp. 103/106.)

— Dr. Karl Scherzer. Einige Beiträge zur Ethnographie China's, während des Aufenthaltes der ersten österreichischen Erdumseglungs-Expedition, unter den Befehlen des Herrn Commodore B. v. Wüllerstorf-Urbair, in chinesischen Häfen. (*Sitzungsber. d. phil.-hist. C. d. k. Akad. d. Wiss. z. Wien*, XXX, 1859, pp. 274/287.)

— Reise der Osterreichischen Fregatte «Novara» um die Erde, in den Jahren 1857—58—59, unter den Befehlen des Commodore B. von Wüllerstorf-Urbair. *Anthropologischer Theil.* Bearbeitet von Dr. Fried. Müller. Vienna, 1868.

Notice : *Nature*, I, 1869—70, pp. 602/603.

— Zur Ethnographie China's. Von H. (*Zeit. f. Allg. Erdk.*, X, 1861, pp. 394/5.)

— Notes et renseignements du docteur Fuzier, médecin-major, sur trois têtes mongoles rapportées par lui de la Chine. (*Bul. Soc. Anthrop.*, 1861, pp. 585/588.)

— Notice sur les crânes chinois; par M. Mutel, médecin-major de 2e classe. (*Rec. de Mém. de méd .... milit.*, 3e Sér., VIII, 1862, pp. 28/31.)

— Sur les origines de la nation chinoise par Léon de Rosny. (*Actes Soc. d'Ethnogr.*, III, 1862, pp. 139/155.)

— A Contribution to the Ethnology of the Chinese. By J. Lamprey, M. B., Surgeon, 67th Regiment. (*Trans. Ethn. Soc.*, N. S., VI, 1868, pp. 101/108.) — Further Remarks. (*Ibid.*, pp. 183/7.)

— On Chinese Charms. By W. H. Black. (*Jour. Ethn. Soc.*, New Series, Vol. I, Session 1868—69, pp. 38/9.)

— On the Chinese Race; their Religion, Government, and Social Institutions. By C. T. Gardner. (*Jour. Ethn. Soc.*, New Series, Vol. II, Session 1869—70, pp. 5/31.)

— Description of and Remarks upon an Ancient Calvaria from China, which has been supposed to be that of Confucius. By George Busk. (*Jour. Ethn. Soc.*, New Series, Vol. II, Session 1869—70, pp. 73/83.) 1 Pl. — Supplementary Remarks. (*Ibid.*, pp. 156/7.)

— Yau Tribe. (*Siam Repository*, II, oct. 1870, art. 179, pp. 507/512; art. 182, pp. 521/8; art. 194, pp. 561/7.)

N. O. de la Province de Canton.

— A. Bacmeister. Zur Völkerkunde der alten Chinesen. (*Das Ausland*, 1872, No. 25, pp. 577/580.)

— Mots principaux des langues de certaines tribus qui habitent les bords du Lan-Tsan-kiang, du Lou-tze-kiang et Irrawady, par l'abbé Desgodins, missionnaire au Thibet. (Yerkalo, 26 mai 1872.) (*Bul. Soc. Géog.*, V, 1873, pp. 144/150.)

— Freiherr v. Richthofen. — Ueber die Ursachen der Gleichförmigkeit des chinesischen Racentypus und seiner örtlichen Schwankungen. (*Verh. Berliner Ges. f. Anthrop.*, 1873, pp. 37/48.)

— Extérieur comparé des Chinois et des Japonais par Ed. Madier de Montjau, secrétaire général de la Société d'Ethnogra-

(Ouvrages divers. — Études comparées.)

phie.....Paris, Antonin Chossonnery, 1874, br. in-8, pp. 16.

Extrait des *Actes de la Société d'Ethnographie*, tome VII, 1873.

— Société d'Ethnographie de Paris. M. Ed. Madier de Montjau. Les Chinois et les Japonais. Comparaison de leur type physique. (*Revue Scientifique*.... pp. 654/8.)

— Ethnological Data from the Annals of the Elder Han. transl. by A. Wylie; Introd. by H. H. Howorth. (*Anthropological Soc. of Lond.*, 1874.)

— Dr. J. H. Plath. — Die fremden barbarischen Stämme im alten China. (*Sitz. philos.-phil. u. hist. Kl. d. K. B. Ak. Wiss., München*, 1874, I, pp. 450/522.)

— Ueber die Beschaffenheit der Augenlider bei den Mongolen und Kaukasiern. Eine vergleichend-anthropologische Studie von Elias Metschnikoff, Professor der Zoologie an der Universität zu Odessa. (*Zeit. für Ethn.*, Berlin, 1874, Bd. VI, pp. 153/160.)

— Introductory Sketch of the History of the Shans in Upper Burma and Western Yunnan. By N. Elias, Attaché, Foreign Department .... Calcutta : Printed at the Foreign Department Press. 1876, in-8, pp. 63.

— Beschrijving van Chineesche Schedels. Academisch Proefschrift, ter verkrijging van den graad van Doctor in de Geneeskunde, aan de Hoogeschool te Leiden, op gezag van den Rector Magnificus Dr. P. van Geer, Hoogleeraar in de Faculteit der Wis- en Natuurkunde, voor de Faculteit te verdedigen Op Vrijdag den 29sten Juni 1877, des namiddags te 1 uur, door Pieter de Koning, geboren te Zaandam. Leiden, Gebroeders van der Hoek, 1877, gr. in-8, pp. 93, 1 pl. et 1 tab.

— De quelques tribus sauvages de la Chine et de l'Indo-Chine, par M. Lesserteur, directeur au Séminaire des Missions Étrangères, à Paris. (*Missions Catholiques*, IX, 1877, pp. 114/5, 125/7, 149/150, 162/3, 173/4, 186/7.) — Les Pan-y (Kouang-si). (*Ibid.*, X, 1878, pp. 297/9.) — Les Tou-jen Kouang-si. (*Ibid.*, X, 1878, pp. 309/311.)

— * Etudes ethnographiques sur la Chine et l'Indo-Chine, par l'abbé Souchières. (*Ann. du Monde religieux*, 2e année, 1878, [Bar-le-Duc], p. 712.)

— The Northern Barbarians in Ancient China. By W. A. P. Martin, President of Tungwen College, Peking, North China. (*Chin. Recorder*, XVII, April 1886, pp. 125/137.)

Réimp. du *Jour. of Americ. Oriental Society*, Vol. XI, No. 2.

— Sur les mensurations de 15 femmes et de 53 hommes tonquinois provenant de Hanoï et de Haïphong. Par M. Breton. (*Bul. Soc. Anthrop.*, 1879, pp. 592/4.)

Suivi des Mensurations de 32 Annamites de Saïgon et de 15 Chinois Cantonnais, pp. 595/7.

— The Aboriginal Tribes of Western China. By Mr. Nicholl, of the China Inland Mission. (*Proc. R. Geog. Soc.*, N. S., Vol. II, 1880, p. 702.)

— Monograph on the Relations of the Indo-Chinese and Inter-Oceanic Races and languages. By A. H. Keane, M. A. I. Read before the British Association, Sheffield, August 1879, and reprinted from the Journal of the Anthropological Institute for February, 1880. London : Trübner & Co. 1880, in-8, pp. 36.

— Rapports ethnologiques et linguistiques des races indo-chinoises et indo-pacifiques. Par A.-H. Keane. Traduit de l'anglais, par C. G. (*Ann. de l'Ext. Orient*, 1882—1883, V, pp. 238/250, 264/278.)

C. G. = Ch. Grémiaux.

— * Man, Past and Present. By A. H. Keane. « Cambridge Geographical Series ». Illustrated. Cambridge University Press, 1899, pp. xii-548.

Notice : *Nature*, LX, 1899, pp. 121/2, par R. L.

— G. Mendoza. Idolo Azteca de tipo Chino. — Idolo Azteca de tipo Japones. (*Anales del Museo Nacional de México*, t. I, pp. 37 à 42 et p. 91.)

Notice : *Revue d'Ethnographie*, II, No. 6, 1883, pp. 538/539. Par E. H[amy].

— Cursory Anthropological Notes from the Chinese. By Dr. Macgowan. (*N. C. Herald*, Dec. 26, 1883, pp. 729—732.)

— Les déformations crâniennes en Chine. Par M. le Dr. Ernest Martin, Ex-Médecin de la Légation de France à Pékin. (*Revue d'Ethnographie*, Tome II, no. 6, 1883, pp. 504/506.)

— Notes on the Crania of the Botans of Formosa. By Stuart Eldridge, M. D. (*Trans. As. Soc. Japan*, Vol. V, Pt. I, pp. 158/169.)

— * B. Hagen. — Ueber Körpergrösse u. Wachsthumsverhältnisse der Süd-Chinesen. Amsterdam, 1884.

— Esquisses de l'Ethnographie des Chinois. Conférence faite dans la Société hongroise de géographie le 14 Février 1884. Par Louis de Lóczy. Extrait du Supplément français du Bulletin de la Société hongroise de Géographie (xii Année, 4. numéro) adapté et rédigé par Paul Király, Secrétaire de la Société. Budapest, 1884. Imprimerie de Joseph Fanda, Váczi-utcza, 20. br. in-8, pp. 15.

— A. B. Meyer. — Chinesische und amerikanische Klangplatten. (*Verh. Berliner Anthrop. Ges.*, 1885, pp. 312/313.)

Voir Géologie, *Jade, Judéite, Néphrite*.

— Compression of the Skull. By E. H. Parker. (*China Review*, XIV, p. 220.)

— Pariahs of China. By E. H. Parker. (*China Review*, XIV, p. 359.)

— Ancient Earth-Works in China. By Mark Williams, of Kalgan, China. (*Ann. Rep. Smithson. Inst.*, 1885, Pt. I, p. 907.)

«From Kalgan to Yücho are ancient mounds in cluster on the plain or singly on eminences. These latter would indicate signal towers, while the former would suggest tombs. They are about 30 feet high, circular and oval in shape, and no arrangement can be observed in the clusters. At the base of a signal mound by the great wall of Kalgan I found a stone ax. The Chinese give no rational explanation of these mounds.»

— La frontière sino-annamite. Description géographique et ethnographique. D'après des documents officiels chinois, traduits pour la première fois par G. Devéria, membre correspondant de l'Ecole spéciale des langues orientales vivantes. Paris, Ernest Leroux, 1886, gr. in-8, pp. XVII-182.

Voir la 2e partie de cet ouvrage : *Notes ethnographiques*, extraites du recueil intitulé *Houang Ts'ing tche-kong t'ou* 皇淸職貢圖, fait par ordre de l'empereur K'ien loung. Nombreuses planches de *Yao*, de *Tchouang*, de *Pa-y*, de *Lolo*, etc.

— Матерьялы для Исторіи инородцевъ юго-западнаго Китая (Губерній юннань, Гуй чжоу, Сы чуань и Отчасти ху Гуанъ). Томъ I. — Часть вторая. — Выпускъ второй. (Свѣдѣнія этнографическія.) А. Ивановскаго. — С.-Петербургъ, 1887, in-8, pp. 123 + 1 f. n. c. + pp. 7 de texte chinois. — Часть первая. — Первый Періодъ. (Отъ древнихъ временъ до конца династіи Сунъ.) А. Ивановскаго . . . . . 1887, in-8, pp. XVII-214 + pp. II.

— The Cradle of the Shan Race. — By Terrien de Lacouperie, br. in-8, s. d., pp. 35.

Voir col. 344.

— Etude sur la longueur comparée des deux premiers orteils dans les races mongoles. Par M. le Dr. E. Maurel, Médecin principal de la Marine. (*Bul. Soc. Anth.*, 1888, pp. 437/445.)

— Ueber ethnographische Museen. Mit besonderer Berücksichtigung der Sammlungen in Deutschland, Oesterreich und Italien. Von Kristian Bahnson in Kopenhagen. (*Mitt. Anthrop. Ges. Wien*, N. F. VIII, 1888, pp. 109 *seqq.*)

China, pp. 156—164.

— Notes on the Ethnology and ancient Chronology of China. By Surgeon-General C. A. Gordon. br. in-8, pp. 29.

Victoria Institute, or, Philosophical Society of Great Britain, 1888.

— The non-Chinese Races of China. (*Nature*, XXXVIII, 1888, pp. 345/346.)

A propos du Rapport du Voyage de M. Bourne. — Col. 345.

— Petty independent Tribes of China. By E. H. Parker. (*China Review*, XVI, 1888, pp. 340/8.)

— Finnish Races. By E. H. Parker. (*China Review*, XVII, No. 1, p. 53.)

— De l'influence des milieux dans la lutte pour l'existence chez les Chinois, par Georges Raynaud. (*Le Lotus*, Juillet 1889, pp. 151/162.)

— La perception des couleurs chez les peuples de l'Extrême Orient et l'histoire du sens visuel par C. de Harlez. Louvain, Istas, 1890, br. in-8, pp. 8.

Particulièrement les Mandchous.

— Color-Blindness in China. By G. Schlegel. (*T'oung Pao*, I, Déc. 1890, pp. 335/6.)

A propos d'un article sur le Daltonisme de Miss A. Fielde. (*China Medical Miss. Journal*, June 1890.)

— Daltonisme chez les Chinois. (*L'Anthropologie*, I, 1890, p. 768.) D'après *Science* de New-York.

— Early Chinese Observations on Colour Adaptations. By Kumagusu Minakata. (*Nature*, XLVIII, 1893, p. 567.)

— The Black River of Upper Tonquin and Mount Ba Vi. By G. Dumoutier. (*China Review*, XIX, 1890, No. 3, pp. 139/168.)

— The Muong Language. By E. H. Parker. (*China Review*, XIX, No. 5, 1891, pp. 267/280.) D'après G. Dumoutier.

— Dealings with Foreign Tribes at Frontier Stations. By J. W. Jamieson. (*China Review*, XIX, 1890, No. 1, pp. 58/59.)

∴

— Ueber Hinterindische Bronze-Trommeln. Von Friedrich Hirth. (*T'oung Pao*, I, 1890, pp. 137/142.)

— Franz Heger. — Alte Bronzepauken aus Ostasien. (*Mitt. Anth. Ges. Wien*, N. F. XI, 1891, p. [53].)

— Franz Heger. — Zwei neue Bronzepauken aus China. (*Ibid.*, N. F. XII, 1892, p. [7].)

— A. B. Meyer. — Alterthümer aus dem Ostindischen Archipel und angrenzenden Gebieten. (*Publicationen a. d. Kön. Ethn. Mus. z. Dresden*, IV, Leipzig, 1884, f. 15-21; XI, Dresden, 1897.)

— De antieke Keteltrommen in den Oost-Indischen Archipel en op het Vasteland van Zuidoost-Azië. Bijdrage van J. J. M. de Groot. — Overgedrukt uit de Verslagen en Mededeelingen der Koninklijke Akademie van Wetenschappen, Afdeeling *Letterkunde*, 4^e Reeks, Deel II. — Amsterdam, Johannes Müller. 1898, br. in-8, pp. 63.

— J. J. M. de Groot. — *Versl. en Meded. Kon. Ak.*, Afd. *Letterkunde*, 4, II, 1898, pp. 330/392.

— Een paar aanwullingen over bronzen Keteltrommen in Nederlandsch-Indië. Door G. P. Rouffaer. (*Bijd. Taal-, L. Volk. Ned. Ind.*, 1900, pp. 284/307.)

— Die antiken Bronzepauken im Ostindischen Archipel und auf dem Festlande von Südostasien. Von J. J. M. de Groot. (*Mitth. des Seminars für Orient. Sprachen*, Berlin, Jahrg. IV, Erste Abth., 1901, pp. 76/113.)

— * Franz Heger. — Alte Metalltrommeln aus Südostasien. Leipzig, Hiersemann, 1902, 2 vol. gr. in-4, pp. 245 et 45 pl.

Notice : *Bul. Ecole française Extrême-Orient*, III, 2, Avril-Juin 1903, pp. 356/7, par P. P.[elliot]. — Cf. *Ibid.*, p. 364.

∴

— On some Border Tribes of Eastern Tibet by Arthur de Rosthorn. (*Actes Xe Cong. Int. Orient.*, Genève — 1894, 4e Part., pp. 47/61.)

— Considérations générales sur les Races jaunes par M. le Dr E.-T. Hamy. (*L'Anthropologie*, 1895, pp. 241/256.)

Leçon d'Ouverture du Cours d'Anthropologie du Muséum, faite le 23 mars 1895.

— The Yellow Races. (*Smithson. Rep.*, 1895, pp. 505/517.)

— Note sur les silex taillés d'*Eul-Ché-San-Hao* [recueillis par l'abbé David] (Mongolie) par M. E.-T. Hamy. (*Bul. Mus. Hist. Nat.*, IV, 1898, pp. 46/8.)

— Note sur un cas de bec-de-lièvre compliqué, avec disparition d'une des pièces incisives internes, observé chez un Chinois, par M. E.-T. Hamy. (*Bul. Mus. Hist. Nat.*, VII, 1901, pp. 247/8.)

— C. de Harlez. L'ethnographie du midi de la Chine. Les populations préchinoises. (*Muséon*, 1896, XV, pp. 136/152.)

— C. de Harlez. — Les populations du Sud de la Chine. (*Rev. des Questions scientifiques*, Janvier 1896.)

Cf. Gaillard, *Nankin*, *Var. sin.* No. 23, p. 19.

— Ethnographie de la Chine septentrionale et son influence sur l'Europe par F. de Villenoisy. (*Mélanges Charles de Harlez*,[1] Leyde, 1896, pp. 349/359.)

∴

— Stigmates congénitaux et transitoires chez les Chinois. Par M. le Dr. J. J. Matignon. (*Bul. Soc. Anth.*, Paris, 1896, pp. 524/528.)

— Note sur les taches congénitales de la région sacro-lombaire chez les Annamites. Par M. le Dr A. Chemin, Médecin de la Marine. (*Bul. Soc. Anth.*, Paris, 1899, pp. 130/2.)

1. — Mélanges Charles de Harlez. — Recueil de travaux d'érudition offert à Mgr. Charles de Harlez à l'occasion du vingt-cinquième anniversaire de son professorat à l'Université de Louvain 1871—1896. — Librairie et imprimerie ci-devant E. J. Brill, Leyde — 1896, in-4, pp. XIV + 1 f. n. ch. + pp. 403. Port.

Le Dr. Bälz a étudié ces taches sur les Japonais, *Mitt. Deutsch. Ges. f. Nat. u. Völk. Ostasiens*, IV, fasc. 32, 1873.

— Les taches congénitales dans la région sacro-lombaire considérées comme caractère de race. Par J. Deniker. (*Bul. et Mém. Soc. Anth.*, Paris, 1901, pp. 274/281.)

∴

— Les « lèvres de minium » et les « lèvres de plomb ». Contribution à l'ethnologie des Mongols par Paul d'Enjoy. (*L'Anthropologie*, VIII, 1897, pp. 439/444.)

— Ueber einige Beziehungen der Alterthümer China's zu denen des skythisch-sibirischen Völkerkreises. Von P. Reinecke, Mainz. (*Zeitschft. f. Ethn.*, 1897, pp. 141/163.)

— L'Età della Pietra nella Cina colla descrizione di alcuni esemplari nella mia collezione. Appunti di Enrico H. Giglioli. (*Arch. per l'Antropol. e la Etnol.*, Firenze, 1898, XXVIII, pp. 361—379.)

— De l'origine des Chinois et des Indo-Chinois par le Dr. E. Verrier... — Extrait du *Bulletin de la Société d'Ethnographie*, 25 nov. 1898. — Clermont (Oise), Imprimerie Daix frères, 1898, br. in-8, pp. 19.

— Sur l'âge moyen de la nubilité chez la Pékinoise. Par M. J. J. Matignon. (*Bul. Soc. Anth.*, Paris, 1899, pp. 120/1. — *Crime, Superstition et Misère*... par le Dr. J. J. Matignon, pp. 301/3.)

— Ethnographie de la Chine. Par Léon de Rosny. (*Revue scientifique*, 1900, II, pp. 155/6.)

Communication à la Soc. d'Ethnographie.

— The oblique eyes of the Mongols. By G. S.[chlegel]. (*T'oung Pao*, Juillet 1900, pp. 293/4.)

Cf. *Ostasiatischer Lloyd*, April 13, 1900.

— Artificial Deformations of Heads, and some Customs connected with Polyandry. By Kumagusu Minakata. (*Nature*, LXII, 1900, p. 437.)

— Les Premiers Habitants du Sud-Ouest de la Chine. (*Chine et Sibérie*, Mars 1901, pp. 100—103.)

D'après G.-E. Betts. — Voir col. 369.

— Conférence annuelle Broca. La Chine et les Chinois par M. Zaborowski. (*Bul. et Mém. Soc. Anth.*, Paris, 1900, pp. 544/560.)

— La Chine et les Chinois. Par Zaborowski. (*Revue scientifique*, 9 février 1901, pp. 161/170.)

Conférence faite à la « Conférence Broca », 13 déc. 1900. Voir un travail du même auteur dans « l'Association française » de 1878.

— Dog-headed Barbarians. Voir Fou-kien, col. 257.

— Relics from Chinese Tombs. Communicated by C. H. Read, F. S. A. President of the Anthropological Institute. (*Journ. Anthrop. Inst. of Gt. Brit. and Ireland*, Vol. XXXI, 1901, *Man*, pp. 17/18.)

— Relics from Chinese Tombs. By Dr. S. W. Bushell, C. M. G. (*Journ. Anthrop. Inst. of Gt. Brit. and Ireland*, Vol. XXXI, 1901; *Man*, pp. 67/68.)

— * Koganeï. Kurze Mittheilung über Messungen an männlichen Chinesen-Schädeln. (*Internationales Centralblatt für Anthropologie*, t. VII, 1901, p. 129.)

Notice par le Dr. L. Laloy, *L'Anthropologie*, XIII, 1902, pp. 654/5.

— Zur Pekinger Volkskunde von Dr. W. Grube, col. 219.

— Der Nordasiatische Pfeil. Ein Beitrag zur Kenntnis der Antropogeographie des asiatischen Nordens von Bruno Adler. — Mit acht Tafeln und einer Karte. — Supplement zu Band XIV von «Internationales Archiv für Ethnographie». E. J. Brill, Leiden, 1901, gr. in-4, pp. 40.

— Ueber Chinesische Pfeile. Par J. D. E. Schmeltz & G. Schlegel. (*Int. Archiv f. Ethnogr.*, XV, Heft 1, 1902, pp. 31/32.)

— Flèches dont se servent pour chasser les Chinois Lai de la presqu'île de Lei-chau. (Province du Quang-tong.) Par le Dr. Charles Broquet. (*Bul. et Mém. Soc. Anth.*, Paris, 1902, p. 181.)

— The Ancient Distribution of Peoples on the Western and Northern Frontiers of China, prior to the Seejukian [*sic*] Irruption. By Thos. W. Kingsmill. (*China Review*, XXV, No. 5, pp. 215/227.)

— Han Wu Ti, and the Aboriginal Tribes on the South-Western Frontier of China. By Tho. W. Kingsmill. (*China Review*, XXV, No. 3, pp. 103/109.)

D'après le chap. CXVI du *Chi-ki*.

— * K. A. Haberer. — Schädel und Skeletteile aus Peking. Ein Beitrag zur somatischen Ethnologie der Mongolen. Jena, G. Fischer, 1902, gr. in-8, pp. 165, illust.

— * People of «The Land of Chin». By George Uvedale Price, Kelly & Walsh.

A series of Photographs depicting types of the Chinese Race.

— * Victims of the Camera. By George Uvedale Price. Kelly & Walsh.

A series of Photographs illustrating Racial Characteristics.

— E. Baelz. — Menschenrassen Ost-Asiens ... (*Zeitschf. f. Ethnologie* (*Verh.*), t. XXXIII, p. 166.)

Notice par le Dr. L. Laloy, l'*Anthropologie*, XIII, 1902, pp. 652/4.

— Voir *Svastika*, BOUDDHISME.

Miao Tseu 苗子

— Lettre du P. Amiot, Miss. de la Chine, sur la réduction des Miao-tsée, en 1775. (*Mém. conc. les Chinois*, III, pp. 387/412.)

Il y a une autre relation de cette conquête, pp. 412/422.

— Grosier, *Desc. de la Chine*, I, pp. 306 sq.

— Voir au chap. consacré à la *Poésie*, le Poëme de K'ien Loung sur la Réduction des Miao tseu.

— Observations on the Meaou-tsze mountaineers. (*Canton Misc.*, 1831, No. 3, pp. 198/206.)

— Carl Ritter, *Erdkunde*, Vol. IV.

— Notices of the Miau Tsz', or Aboriginal Tribes, inhabiting various highlands in the southern and western provinces of China Proper. [By S. W. Williams.] (*Chin. Rep.*, XIV, pp. 105/115.)

(MIAO TSEU.)

— The Miau-tsz, or Aboriginal Tribes, inhabiting various Highlands in the Southern and Western Provinces of China Proper. (Rep., with alterations, from the «*Chinese Repository*».) (*Ch. & Jap. Rep.*, No. IV, Oct. 1863, pp. 139 sq.)

— Sketches of the Miau-tsze. Translated for the Society, by Rev. E. C. Bridgman, D. D. Notes by the translator. (Art. I, *Journal N. C. B. R. A. S.*, No. III, Dec., 1859, pp. 257/286.)

«Some of these sketches [il y en a 82], in an altered and abridged form, were translated some years back and published in the *Chinese Repository*,» p. 258.

— William Lockhart : On the Miautsze, or Aborigines of China. (*Transactions of the Ethnological Soc. of London*, vol. I, N. S., pp. 177—185. Lond., 1861, in-8.)

— *Miaotse.* (*Année géog.*, 1re an., pp. 297/306.)

— *Penang Gazette*, 22 Aug. 1868.

— Note on the Chihkiang Miautsz' by D. J. Macgowan, M. D. (Art. VII, *Journal N. C. B. R. A. S.*, No. VI, N. S., 1869/70, pp. 123 sq.)

— Spoken Language of the Miau tsze and other Aborigines, by Deka. (*Notes and Q. on C. & J.*, Vol. I, pp. 131/132.)

— Dialects of the Miau-tzu and Chong-tze — their affinity to that of the Siamese. (*Ibid.*, vol. III, pp. 61/2.)

— The Miau Tsze. By Rev. R. H. Graves. (*The Chin. Rec.*, II, pp. 265/7.)

— The Miau tsi Tribes : their History. By Rev. J. Edkins. (*Ibid.*, III, pp. 33/36, 74/6.)

— A Vocabulary of the Miau Dialects. By Rev. J. Edkins. (*Ibid.*, III, pp. 96/9, 134/7, 147/149.)

— Remarks on the preceding Vocabulary. (*Ibid.*, pp. 149/150.)

— The Miau tsi tribes. By the Rev. J. Edkins. With a Vocabulary of the Miau Dialects. Foochow, 1870, in-8, pp. VII-10.

— «Translation of the *Peking Gazette* for 1872» : Shanghai, 1873; donne, p. 96 sq., des détails intéressants sur l'hist. et la destruction de la rébellion des Miao tseu dans le Kouei tcheou.

— Chinois et Miaotze; par le docteur Ch.-E. Martin ... (*Bul. Soc. Anthrop.*, 1873, pp. 301/313.)

Tirage à part : Paris, s. d., br. in-8, pp. 11.

— Ethnographie des Miao-tse. Par M. le Marquis d'Hervey de St. Denys. (*Cte. rendu de la 1ère Sess. Cong. Orient.*, 1873, I, pp. 354/363.)

— The Miaotzu of Kweichou and Yunnan from Chinese Descriptions. By G. M. H. Playfair. (*The China Review*, V, pp. 92/108.)

— The Miao-tsz, or Aborigines of China. By T. P. Crawford. (*Chin. Rec.*, X, 1879, No. 5, pp. 385/387.)

Lettre datée de Teng-Chow-foo, 6th October, 1879.

— Sur un crâne de Miao-Tzé et deux crânes d'Orangs-Sakaï; par M. Mugnier. (*Bul. Soc. Anthrop.*, Paris, 1880, pp. 624/630.)

— A Visit to the Miao-tsze Tribes of South China. By Mr. Broumton, of the China Inland Mission. (*Proc. R. Geog. Soc.*, N. S., Vol. III, 1881, pp. 225/6.)

— The Miao-tsi, or Aborigines of China. By Geo. W. Clarke. (*N. C. Herald*, Oct. 31, 1879, pp. 434/5.)

(MIAO TSEU.)

— Translation of a manuscript account of the Kweichau Miao-tzŭ. Written after the subjugation of the Miao--tzŭ, about 1730. Translated by Mr. George W. Clarke, of the China Inland Mission. (A. R. Colquhoun, *Across Chrysê*, II, App., pp. 363/394.)

— Révolte des Miao-tsé. Let. de M. Barrier, miss. ap. Kou-tsin, 29 Mai 1884. (*Miss. Cath.*, XVI, 1884, pp. 421/423.)

— Miao-tsz. By E. H. Parker. (*China Review*, XIV, pp. 215/216.)

— The Miao-tze in Hainan by Frank P. Gilman. (*China Review*, XIX, 1890, pp. 59/60.)

— Social Life of the Miao-tsï. By Geo. Edgar Betts. (*Jour. China Br. R. As. Soc.*, XXXIII, No. 2, 1899—1900, pp. 1/21.)

— Das Bergvolk der Miaotse in Jünnan (China). (Nach P. Vial.) (*Kath. Missionen*, XXIX, pp. 170/3, 194/6.)

Hak-ka 客家

— The Hakka war. (*China Mail.* — Réimp. *N. C. Herald*, 29 June 1867.)

— « Resurrection and Reunion, or the Breaking up of the Sugar Mill », Hakka ballad translated by E. J. E.[itel]. (*Notes and Queries on C. & J.*, Vol. I, pp. 37/40.)

— Ethnographical Sketches of the Hak-ka Chinese. By the Rev. E. J. Eitel. (*Notes and Queries on China and Japan*) :

I. The different Races inhabiting the Canton Province. (Vol. I, p. 49.)

II. The Hakka Dialect compared with the dialects of the other races inhabiting the Canton Province. (Vol. I, pp. 65/67.)

III—IV. Character, Customs, and Manners of the Hakkas, compared with those of the other races inhabiting the Canton Province. (Vol. I, pp. 81/83—97/99.)

V. Popular Songs of the Hakkas. (Vol. I, pp. 113/114—128/130—145/146.)

VI. The Religion of the Hakkas. (Vol. I, pp. 161/163. — Vol. II, pp. 145/147, 167/169. — Vol. III, pp. 1/3.)

— An Outline History of the Hakkas. By E. J. Eitel. (*China Review*, II, pp. 160/4.)

— Ethnographical Sketches of the Hakka Chinese. — [Republished, with emendations by the Author, from *Notes and Queries*, Vol. I. 1867.] By E. J. Eitel. (*China Review*, XX, No. 4, pp. 263/7.)

— Les Hak-ka par le docteur Eitel. Traduction annotée de M. G. Dumoutier. (*L'Anthropologie*, 1893, IV, No. 2, pp. 129/181.)

— Hubrig. Die Hakka Chinesen. (*Verh. Berliner Ges. f. Anth.*, 1879, pp. 99/105.)

— Auszug aus einem Schreiben des Novara-Reisenden Herrn Dr. Scherzer, vorgelegt und mit Anmerkungen begleitet von dem w. M. Dr. Pfizmaier. Shanghai, Juli 1858. (*Sitzungsber. d. Phil.-Hist. Cl. d. Akad. d. Wiss. z. Wien*, XXVIII, 1858, pp. 357/360.)

Contient pp. 359/360 : Bemerkungen des Herrn Dr. Ph. Winnes in Hongkong zu dem von ihm übersandten Vocabularium des Hakka-Dialekts.

— The Hia-k'ah in the Chekiang Province, and the Hakka in the Canton Province. By Rev. Charles Piton. (*Chin. Rec.*, II, pp. 218/220.)

— On the Origin and History of the Hakkas. By Ch. Piton. (*China Review*, II, pp. 222/6.)

— Une visite au pays des Hakka dans la province de Canton. Conférence donnée à la Société Neuchâteloise de Géographie le 16 avril 1891. Par M. Ch. Piton, ancien missionnaire en Chine. (*Bul. Soc. neuchâteloise de Géographie*, VII, 1892—3, pp. 31/51.)

— Le Rév. T. Hamberg a laissé en manuscrit un dictionnaire du dialecte des Hak-ka. (*Mem. of Prot. Mis.*, p. 160.)

— Das Evangelium des Matthæus im Volksdialekte der Hakka-Chinesen. — Ma, thai` tšhon, fuk, yim, šu, Hak, ka, syuk, wa`. — Herausgegeben von R. Lechler, Missionar der Baseler Gesellschaft. — Berlin, 1860. Druck der Gebr. Unger'schen Hofbuchdruckerei, in-8, pp. 91.

— Šin` kin, tši, szó tshot, wun,. Ha,-ka, syuk,-wa`. Biblical Histories in the Hakka colloquial. Price Twenty five Cents. Basel 1868, printed for the Evangelical Missionary Society C. Schultze, printer, in-8, pp. 88.

— Ka, tšhu, šin` fun, tsho, hok,. šoň, pun. — The four first Rules of arithmetic. First part. Price Seven Cents. Basel 1868, printed for the Evangelical Missionary Society C. Schultze, printer, in-8, pp. 43. — Second Part . . . ., pp. 11.

— Hak, Ka, Syuk, wa` Pho` Hok,. First Lessons in Reading and Writing the Hakka Colloquial. — Price 12 cents. — Basel 1869, printed for the Evangelical Missionary Society, C. Schultze, printer, in-12, pp. 60.

— The Hakka Chinese. By Rev. R. Lechler. (*Chin. Rec.*, IX, 1878, No. 5, pp. 352/359.)

— Sur cinq crânes d'Hakkas et les origines chinoises par M. Zaborowski. (*Bul. Soc. Anthrop.*, 1879, pp. 557/578.)

— Kouang-tong. Les Akkas. Let. de M. Delavay. (*Miss. Cath.*, XI, 1879, pp. 605/606.)

— Hakkas in Hainan. (*N. C. Herald*, XXII, 1879, pp. 204, 255, 422.)

— Syllabary of the Hakka language or dialect. By Edward Harper Parker. (*China Review*, VIII, pp. 205/217.)

— Remarks on the Syllabary of the Hakka dialect by Mr. E. H. Parker. By Ch. Piton. (*China Review*, VIII, pp. 316/318.)

— Hakka Marriage Customs. (*China Review*, VIII, pp. 318/320.)

— Hakka Proverbs. (*Ibid.*, IX, p. 255.)

— Easy sentences in the Hakka Dialect. With

a Vocabulary. Translated by J. Dyer Ball. Price : One Dollar. Hongkong : Printed at the «China Mail» Office. 1881, in-8, pp. v-57. Pub. à Dol. 1.

«While engaged in my studies in the Hakka dialect I put the sentences in Giles' *Handbook of the Swatow Dialect* into Hakka. Though I had not the pleasure of his acquaintance, Mr. Giles, with the greatest courtesy and kindness, accorded to me the liberty of publishing this translation of his book. I call it a translation of his book as the phrases are for the most part the same, but I have altered some of them and omitted a few, putting others in their stead. It will also be found that some words have been left out in the Vocabulary, while at the same time more Chinese equivalents are given to certain English words than appear in the Handbook.» (Intr.)

— «Easy Sentences in the Hakka Dialect.» By J. Dyer Ball. (*China Review*, X, pp. 218/220.)

A propos d'une notice parue dans ce recueil, X, p. 139.

— Hakka Songs. (*China Review*, XI, pp. 32/33.)

— Hakka songs. By E. H. Parker. (*China Review*, XII, pp. 507/510, XIII, pp. 20/23.)

— Hakka folk-lore. (*China Review*, XII, pp. 182/188.)

— Some Hakka-songs. By R. Eichler. (*China Review*, XII, pp. 193/195.)

— Proverbs in daily use among the Hakkas of the Canton province. Collected by M. Schaub, Lilong. (*China Review*, XXI, No. 2, pp. 73/79; XXII, N° 3, pp. 588/591; *ibid.*, N° 4, pp. 670/672; *ibid.*, N° 5, pp. 710/712; *ibid.*, N° 6, pp. 771/774.)

— Voir E. A. Irving, col. 302—303.

— Voir *Gazette de Pe-king*, 12 oct. 1886. (*N. C. Herald*, Nov. 24, 1886, pp. 561/2.)

Lolos, 狸狸 ou 玀玀 et Si Fan.

— Sur les Si fan. (*Mém. conc. les Chinois*, XIV, pp. 127 sq.)

— Grosier, *Desc. de la Chine*, I, pp. 299 sq.

— *Penang Gazette*, 22 août 1868, sur les Si fan.

— Tibet and Sefan. — By Dr. Ch. Gutzlaff, Corresp. M. R. G. S. Communicated by Sir George Staunton, Bart., M. P. [Read Feb. 12 and 26, 1849.] (*Journ. Roy. Geog. Soc.*, XX, 1850, pp. 191/227.)

— Sifán and Hórsók Vocabularies, with another special exposition in the wide range of Mongolidan affinities and remarks on the lingual and physical characteristics of the family. — By B. H. Hodgson, Esq. (*Jour. As. Soc. Bengal*, XXII, 1853, pp. 121/151.)

— Les Lolos [du Se tch'ouan], par le P. Crabouillet. (*Miss. Catholiques*, V, 1873, pp. 71/2, 94/5, 105/7.)

Nous avons fait, en 1876, devant la Société Asiatique de Changhai une conférence sous le titre de «Notes on the Lolos of Szechuen», à l'aide de notes du R. P. Crabouillet; nous ne l'avons pas fait imprimer parce que tout ce qu'elle contenait d'intéressant avait déjà paru dans les *Missions Catholiques*. — H. C.

— E. C. Baber. Travels and Researches in the Interior of China. Voir col. 343.

— On a Lolo MS. written on Satin. By M. Terrien de La Couperie. (*Journ. R. As. Soc.*, N. S., Vol. XIV, Art. X, January, 1882, pp. 119/123, avec 1 Pl.)

— T. de Lacouperie. The Lolo and Mosso Writings. (*Proc. R. G. S.*, 1882, Sup. Pap. I.) — Lolo not connected with Vei Characters. (*Athenaeum*, 23 Sept. 1882.)

— La mission des Lolos. Lettre de M. Henri Maire, miss. ap. au Yun-nan. Pé tchai koù, 8 août 1882. (*Miss. Cath.*, XIV, 1882, pp. 505/7.)

— Lettre de W. Mesny [à H. Cordier, sur le Ms. Lolo, de Chang-haï], datée Kuei-Hsien, Préfecture de Tchin-tai Fou, Province du Kuang-si, 16 juillet 1883. (*Revue de l'Extr. Orient*, II, No. 4, 1884, pp. 582/4.)

PAUL VIAL.

— Un tournoi chez les sauvages Lolos. Lettre de M. Paul Vial, des miss. étrangères de Paris, missionnaire au Yun-nan. (*Miss. Cath.*, XX, 1888, pp. 445/8.)

— Etude sur l'écriture des Lolos du Yûn-nân par Paul Vial. (*Le Lotus*, IX, Janv. 1890, pp. 30/49.)

— De la langue et de l'écriture indigènes au Yûn-nân par M. Paul Vial, missionnaire apostolique du Yûn-nân. Paris, Ernest Leroux, 1890, br. in-8, pp. 23.

— Les Lolos et les Miao-tze, à propos d'une brochure de M. P. Vial, missionnaire apostolique au Yun-nan, par M. G. Devéria. (*Jour. Asiatique*, Sept.-Oct. 1891, pp. 356 à 369.)

— Les Gni ou Gni-pa Tribu lolote du Yun-Nan. Par M. Paul Vial, missionnaire apostolique. (*Miss. Cath.*, XXV, 7 Avril 1893, pp. 160/161; *ibid.*, 14 Avril 1893, pp. 178/180; *ibid.*, 21 Avril 1893, pp. 189/190; *ibid.*, 28 Avril 1893, pp. 200/202; *ibid.*, 5 Mai 1893, pp. 208/209; *ibid.*, 12 Mai 1893, pp. 222/225; *ibid.*, 19 Mai 1893, pp. 236/238; *ibid.*, 26 Mai 1893, pp. 244/246; *ibid.*, 2 Juin 1893, pp. 258/260; *ibid.*, 9 Juin 1893, pp. 268/270; *ibid.*, 16 Juin 1893, pp. 281/283; *ibid.*, 23 Juin 1893, pp. 293/294; *ibid.*, 30 Juin 1893, pp. 308/310.)

— *Etudes sino-orientales*, Fascicule A. — Les Lolos Histoire, Religion, Mœurs, Langue, Ecriture. Par Paul Vial, Missionnaire au Yunnan. — Chang-hai. Imprimerie de la Mission catholique, Orphelinat de T'ou-sè-wè. — 1898, in-8, pp. II-71.

Notices : *China Review*, XXIII, No. 3, pp. 182/3, par E. H. P.[arker]. — *T'oung Pao*, IX, Déc. 1898, pp. 413/416.

∴

— *China*. No. (1888.) — Report by Mr. F. S. A. Bourne of a Journey in South-Western China. Presented to both Houses of Parliament by Command of Her Majesty. June

1888. London, Printed for H. M.'s Stat. office. [C. — 5371.] 4*s*. 6*d*. in-fol., pp. 92.

— A. Hosie, Three Years in Western China, 1890, chap. VI, voir col. 353.

— Si-Fan or Siamese. By E. H. Parker. (*China Review*, XVIII. No. 1, p. 56.)

— Lolos. By E. H. Parker. (*China Review*, XIV, p. 360.)

— Contribution à l'étude de la langue Lolo par Paul Boell.... Paris, Ernest Leroux, 1899, in-8, pp. 21.

— Photographies de femmes Lolo, Miao-tsé et de natives de la ville de Yunnam. Collection de chaussures du sud de la Chine. Par M. Zaborowski. (*Bul. et Mém. Soc. Anth.*, Paris, 1901, pp. 140/3.)

Envoyées par J. Beauvais.

— A. Henry. — The Lolos and other Tribes of Western China. (*Jour. Anthrop. Institute*, XXXIII, Jan. to June 1903, pp. 96/107, 2 pl. hors texte.)

Notice par Ed. Chavannes, *T'oung Pao*, 1903, No. 5.

Man-tseu 蠻子

— (*Se tch'ouan.*) — Sur les peuples *Mantseu*, voir la lettre de l'abbé David adressée au Secrétaire général de la Soc. de Géog. (*Bull.* de Déc. 1871.)

(Man-tseu.)

— The Man [蠻] tribes. By E. H. Parker. (*China Review*, XVIII, No. 1, p. 55.)

— The Wild Men of Szchuan. By Rev. W. M. Upcraft, A. B. M. U., Sui-fu. (*Chin. Rec.*, XXIII, Oct. 1892, pp. 475/478.)

A Liang Chan 梁山.

MOSSO 麽些

— Note sur un manuscrit Mosso par M. Charles-Eudes Bonin, vice-résident de France en Indo-Chine. (*Actes Onz. Cong. Int. Orient.*, Paris, 1897, 2e Sect., pp. 1/10.)

— Voir Devéria, *Frontière Sino-Annamite*, col. 193.

— Terrien de Lacouperie, *Beginnings of Writing*, pp. 40 *seqq.*

— Yule and Cordier's *Marco Polo*, II, pp. 60*n*, 63*n*.

IU TSEU.

(*Kouang toung*). — « The Manners and Customs of the Iu Tsz », by A. Krolczyk. (*Notes and Queries on C. & J.*, Art. 78, Vol. IV, pp. 65/69.)

— A Legend of the Ius 猺. Translated from the Chinese. By E. W. Thwing. (*China Review*, XXII, No 6, pp. 781/782.)

TCHONG TSEU.

— Vocabulary of Chong Tsze Words. By R. H. Graves. (*China Review*, XXII, No. 3, pp. 613/614.)

(Man-tseu.)

V. — CLIMAT ET MÉTÉOROLOGIE.

(VOIR AUSSI ASTRONOMIE.)

— Observationer på Magnet-Nålens Inclination, Gjorda under Resan til och från Canton, Åren 1766 och 1767, af Carl Gustaf Ekeberg, Capit. Lieut. vid K. Admiralitet samt Capitaine vid Ost-Indiska Compagniet. (*Kongl. Vetenskaps Academiens Handlingar*, För Månaderne Julius, Augustus, September 1768, Vol. XXIX, pp. 225/228.)

— Observationer, gjorde med Inclinations Compassen, på en Sjöresa ifrån Götheborg til Canton i China och dårifrån tilbaka, åren 1770 och 1771, af Carl Gustaf Ekeberg, Capitaine vid K. Admiralitet samt vid Ostindiska Compagniet. (*Kongl. Vetenskaps Academiens Handlingar*, För Månaderne Julius, Augustus, September 1772, Vol. XXXIII, pp. 262/275.)

— Observationer, Gjorde med Inclinations-Compassen, under en Sjö-resa til och från Canton i China, af Carl Gustaf Ekeberg. (*Kongl. Vetenskaps Academiens Handlingar*, För Månaderne October, November, December, 1775, vol. XXXVI, pp. 306/313.)

(Divers.)

— Meyen (F. J. F.). Bemerkungen über die klimatischen Verhältnisse des südlichen China's. (Bei der Akademie eingegangen den 11. Mai 1835.) (*Acad. Caes. Leop. Nova Acta*, XVII, 1835, pp. 855/908.)

Ed. Biot.

— Note sur la Température de la Chine, par Edouard Biot. (*Culture des Muriers*, de S. Julien, 1837, pp. xix et sq.)

— Recherches sur la température ancienne de la Chine, par M. Ed. Biot. (*Journ. As.*, 3e S., X, 1840, pp. 530 sq.)

(Biot.)

— Note sur un phénomène de mirage indiqué par quelques textes chinois, par Edouard Biot. (*J. As.*, 4e S., XII, 1848, pp. 518/20.)

— Examen de diverses séries de faits relatifs au Climat de la Chine, contenues dans les *kiven* 303, 304, 305, 306 du *Wen-hian-thong-khao*, et dans les *kiven* 221, 222, 223, 224, de la continuation de ce même recueil, par M. Edouard Biot. (*J. As.*, 4e S., XIII, 1849, pp. 212/246.)

∴

— Geographische, Magnetische und Hypsometrische Bestimmungen, abgeleitet aus Beobachtungen auf einer Reise, die in den Jahren 1830, 1831 und 1832 nach Sibirien und dem Chinesischen Reiche, auf Kosten der Kaiserl. Akademie der Wissenschaften, von G. von Fuss. (*Mém. Ac. Imp. Sc. St. Pét.*, VIe Sér., III, 1e Part., 1838, pp. 59/128.)

— Observations météorologiques de Peking, par M. Kupffer, voir col. 212.

— Examination of some Atmospheric Dust from Shanghae, forwarded to the Asiatic Society of Bengal by D. J. Macgowan, Esq. M. D. Ningpo Hospital, by Henry Piddington, Curator Museum of Economic Geology of India. Shower of Ashes or Dust. (*Jour. As. Soc. Bengal*, XVI, 1847, pp. 193/199.)

— Shower of dust or ashes at Shanghai; examination and report upon it by H. Piddington, curator of the Museum of Economic Geology of India. (*Chin. Rep.*, XVII, pp. 521/525.)

— Remarks on Showers of Sand in the Chinese Plain. By D. J. Macgowan, M. D. Ningpo, April 26th 1850. (*Chinese Rep.*, XIX, pp. 328/330; réimp. *N. C. Herald*, No. 131, Jan. 29, 1853; — *Shae. Miscel.* for 1854. — *Jour. As. Soc. Bengal*, XX, 1851, pp. 192/4.)

— Bemerkungen über Sandregen in den Ebenen China's von Dr. I. Macgowan. (*Sitz. k. preuss. Ak. Wiss. Berlin*, 1851, pp. 27/33.)

— Ehrenberg. — Über das Erdeessen der Chinesen und die mikroskopische Analyse von zwei essbaren Erden. (*Sitz. k. preuss. Ak. Wiss. Berlin*, 1851, pp. 735/739.)

— Ehrenberg & Macgowan on the Dust Showers of China. (From the *Proceedings of the Berlin Academy of Sciences.*) (*N. C. Herald*, No. 144, April 30, 1853. — *Shae. Miscel.*, for 1854.)

— Dr. J. F. Weisse. — Über dessen mikroskopische Analyse eines am 30. October 1834 an der russisch-chinesischen Grenze am Argun-Flusse gefallenen Meteorstaubes und seine eigene bestätigende Vergleichung vieler Einzelheiten dieser Analyse. (*Sitz. k. preuss. Ak. Wiss. Berlin*, 1851, pp. 309/323.)

— Note on Recent Physical Phenomena in Japan and China : By D. J. Macgowan, M. D. — Read before the Society, May 8, 1855. (*Trans. China Br. Roy. As. Soc.*, Part. V, 1855, Art. VIII, pp. 143/150.)

— Memorandum on the Present State of some of the Magnetic Elements in China and places adjacent by Capt. C. F. A. Shadwell, C. B. — H. M. S. «Highflyer». Read before the Soc., Jan. 18th, 1859. (*Journ. N. C. B. R. A. S.*, Art. VII, No. II, May 1859, pp. 222/224.)

— Thermometrical Observations taken during a passage from Nagasaki to Shanghai by Capt. J. Fedorovitch of the Russian Steam-ship «Strelok». (*Ibid.*, Art. X, p. 247.)

— On the Cosmical Phenomena observed in the neighborhood of Shanghai, during the past thirteen Centuries. By D. J. Macgowan, Esq., M. D. Read before the Soc., Dec. 23, 1858. (*Journ. N. C. B. R. A. S.*, Vol. II, No. I, Sept. 1860, Art. III, pp. 45/76.)

— Supplemental Memorandum on the present state of the Magnetic Elements in China and places adjacent, (vide *Journ. N. C. B. R.A.S.*, Vol. I, No. 2, p. 222), being observations made during the year 1859. By Capt. Shadwell, R. N., C. B. late of H. M. S. *Highflyer*. (*Ibid.*, art. VII, p. 95.)

— Winds and Weather at Chefoo, during seven months of the year 1859. (*Ibid.*, Art. IX, pp. 97/104.)

— Notes on some of the physical causes which modify climate. By James Henderson, M. D. Read before the Soc., 21 May, 1861. (*Ibid.*, No. I, Dec. 1864, Art. II, pp. 142/158.)

Des ext. de ce mémoire ont été donnés dans le *N. C. Herald*, No. 672, June 13, 1863.

— Barometric and thermometric observations taken during the month of sept. 1864, with a view to determining the height of the Lew-shan. By Messrs. Hollingworth and Piry, of H. I. M's Customs, Kiukiang. (*Ibid.*, p. 143.)

— C. Friedel. Beiträge zur Kenntniss des Klimas und der Krankheiten Ost-Asiens, gesammelt auf der Preuss. Expedition in den Jahren 1860, 1861 und 1862. Berlin, 1863, in-8.

— Météorologie du nord de la Chine. Par M. le Dr. Lagarde. (*Arch. Médecine navale*, I, 1864, pp. 192/8.)

— Sur la neige en Chine, voir une lettre signée F. (Shanghai, 8th August) dans *The N. C. Herald*, Aug. 16, 1867.

— Meteorological Observations for 1872. (*Journ. N. C. B. R. A. S.*, No. VII, 1871/1872, p. 251.)

— The Floods in North China of 1871; their causes and phenomena. By T. W. Kingsmill. (*N. C. Herald*, VIII, 517; IX, 189.)

— Dr. J. Hann. Das Klima des südlichen China.

I. Victoria auf Hongkong. — (*Zeitschft. der österr. Ges. für Meteorologie*, VIII, 1873, No. 5, pp. 71/3.)

— J. Hann. — Resultate der meteorologischen Beobachtungen 1892 und 1893 zu Kiu-Kiang in China. (*Meteorolog. Zeitschft.*, Jan. 1894, pp. 382/3.)

H. Fritsche.

— Resultate aus Astronomischen und Magnetischen Beobachtungen, auf einer fünfmonatlichen Reise von St. Petersburg über Sibirien und die Mongolei nach Peking in den Jahren 1867 und 1868, angestellt von H. Fritsche. (*Repert. f. Meteor.*, I, St. Pétersb., 1870, pp. 149/174.)

— Geographische, Magnetische und Hypsometrische Bestimmungen an zweiundzwanzig in der Mongolei und dem Nördlichen China gelegenen Orten, ausgeführt in den Jahren 1868 und 1869 von H. Fritsche. (*Ibid.*, II, 1872, pp. 1/40.)

— Über die Temperatur des Erdbodens in Peking nach einjährigen Beobachtungen von H. Fritsche. (*Ibid.*, pp. 41/63.)

— Über die Magnetische Declination Pekings von H. Fritsche. (*Ibid.*, pp. 149/185.)

— Über die Magnetische Intensität Pekings von H. Fritsche. (*Ibid.*, III, No. 5, 1873, pp. 49.)

— Geographische ...... Bestimmungen an 27 im Nordöstlichen China gelegenen Orten, ausgeführt in den Monaten Juli, August, September und October 1871 von H. Fritsche. (*Ibid.*, No. 8, 1873, pp. 36.)

— Geographische, Magnetische und Hypsometrische Beobachtungen an 59 Orten, angestellt auf einer Reise von Peking durch die Östliche Mongolei, über Bergwerk Nertschinsk, die Städte Irkutzk, Barnaul, Jekaterinburg und Perm nach St. Petersburg in den Monaten Mai, Juni, Juli, August und September 1873 von H. Fritsche. — (Mit einer Karte.) (*Ibid.*, IV, No. 3, St. Pét., 1874, pp. 44.)

— Geographische und Magnetische Bestimmungen an 26 Orten, erhalten auf einer Reise von St. Petersburg nach Peking über Jekaterinburg, Barnaul, Irkutzk, Kiachta und Urga von H. Fritsche. (*Ibid.*, No. 8, St. Pét., 1875, pp. 12.)

— Über die Magnetische Inclination Pekings. Von H. Fritsche. (*Ibid.*, V, No. 5, St. Pét., 1876, pp. 27.)

— Beobachtungen auf einer Seereise von Peking über Ostindien nach St. Petersburg. Von H. Fritsche. (*Ibid.*, V, No. 7, St. Pét., 1876, pp. 14.)

— Über das Klima Pekings. Von H. Fritsche. (*Ibid.*, V, No. 8, St. Pét., 1876, pp. 52.)

— Geographische, Magnetische und Hypsometrische Bestimmungen an 14 Orten, ausgeführt auf einer Reise von St. Petersburg über Katharinenburg, Barnaul, Hüttenwerk Nertschinsk und Kjachta nach Peking in den Jahren 1876 und 1877 von H. Fritsche. (*Ibid.*, VI, No. 3, St. Pét., 1877, pp. 5.)

— Ueber das Klima Ostasien's, insbesondere des Amur-Landes, China's und Japan's. — Von Dr. H. Fritsche. (*Reisen und Forschungen im Amur-Lande* von Dr. Leopold v. Schrenck. Band IV, 2, St. Petersburg 1877) in-4.

— The Climate of Eastern Asia. — By Dr. H. Fritsche, Director of the Imperial Russian Observatory at Peking. — Printed at the « Celestial Empire » Office, Shanghai, in-8.

Notice : *Nature*, XXI, 1879—80, p. 175.

Article suivant avec titre spécial :

— The Climate of Eastern Asia. — By Dr. H. Fritsche, Director of the I. Russian Observatory at Peking. (*Journ. N. C. B. R. A. S.*, N. S., XII, 1878, Art. VI, pp. 127/335.)

— On the Climate of Peking. By Dr. Fritsche, Director of the Russian Meteorological Observatory and Professor of Astronomy in the T'ung-wen Kwan. (*Chin. Rec.*, X, 1879, No. 4, pp. 297 to 302.)

— Die Temperatur-Verhältnisse des Russischen Reiches. — Anhang. (*Rep. f. Meteor.*, Bd. I, Supp., II. Hft., 1881.)

381. Peking, pp. 350/3.

ALEX. HOSIE.

— Droughts in China, A. D. 620 to 1643. — By Alex. Hosie, M. A., H. B. M.'s China

Consular Service. (*Journ. N. C. B. R. A. S.*, N. S., XII, 1878, Art. III, pp. 51/89.)

D'après le 欽定圖書集成.

— Sunspots and Sun Shadows observed in China, B. C. 28 — A. D. 1617. — By Alex. Hosie, M. A., H. B. M.'s China Consular Service. (*Journ. N. C. B. R. A. S.*, N. S., XII, 1878, Art. IV, pp. 91/95.)

D'après le *Kin Ting Tou Chou.*

— Floods in China, A. D., 630—1630. By Alex. Hosie. (*China Review*, VII, pp. 371—372.)

— Zum Klima von Formosa. (*Meteorolog. Zeitschrift*, XI, Mars 1894, pp. 108/9.)

D'après Hosie, Blue Book, *Commercial* (No. 11) 1893.

— Etude climatologique sur la station navale des mers de Chine et du Japon. Par le Dr. Talairach. (*Arch. Médecine navale*, XXXIX, 1883, pp. 401/425.)

— Étude sur le climat des côtes de la Chine et les conditions sanitaires des concessions européennes. Lue à l'Académie de Médecine Dans la séance du 4 Février 1879 par le Docteur Max. Durand-Fardel. Paris, Germer-Baillière, 1879, br. in-8, pp. 12.

Ext. de *l'Union médicale* (Troisième série) Année 1879.

— The September Taifuns 1878 with 12 charts and 1 diagramm by E. Knipping, Tokio, Japan. Part I. The Great September Taifun in the China and Japan Seas 1878. (*Mitth. d. deutsch. Gesells. f. Nat. u. Völkerk. Ostas.* 18tes Heft. Sept. 1879, pp. 333 et seq.)

— Periodical Change of Terrestrial Magnetism. By F. W. Schulze. (*Jour. N. C. B. R. A. S.*, N. S., XIII, 1879, Art. II, pp. 37/98 + 1 f. n. c.)

— Dust Winds at Hankow. By H. B. Guppy. (*Nature*, XXIV, 1881, pp. 126/7.)

— Osservazioni meteorologiche di U-cian-fu (Settembre 1880 — Giugno 1881) del Missionario P. Epifanio Carlassare. (*Bol. Soc. Geog. ital.*, 1881, pp. 664/668.)

∴

— China. — Imperial Maritime Customs. — II. — Special Series : No. 7. — Instructions for making Meteorological Observations, prepared for use in China; and the Law of Storms in the Eastern Seas. By W. Doberck. — Published by order of The Inspector General of Customs. Shanghai... 1887, in-4, pp. 38.

— W. Doberck. The Law of Storms in the Eastern Seas. Hongkong, Sept. 1886, in-12, pp. 24, 1 carte.

Tirage à part du *Hongkong Telegraph*.

Nature, XXXV, 1886—7, pp. 135/141. — XXXIX, 1888—9, pp. 301/2.

— — Observations and Researches made at the Hongkong Observatory in the year 1885. Hongkong 1886, in-fol., env. pp. 192.

(Hosie.)

Nature, XXXIV, 1886, pp. 148/9.

— The Hong Kong Observatory. (*Nature*, XXXIV, 1886, pp. 572/73.)

— — Crepuscular Rays in China.

Nature, XXXVII, 1887—8, p. 464.

— — On the Rainfall and Temperature at Victoria Peak, Hongkong.

Nature, XXXVIII, 1888, p. 78.

— * W. Doberck. — Some Observations of Magnetic Inclination in China. (*Terrestrial Magnetism*, Chicago, 1896, I, pp. 40/1.)

∴

— Beiträge zur Kenntniss des Klimas von China. Von Dr. Gustav Thirring in Budapest. (*Meteorologische Zeitschrift*, Berlin, 1887, pp. 279/288, 324/333; 1888, 132/134.)

— Schnee und Eis in Südchina im Januar 1893. Von Prof. Dr. Fr. Ratzel. (*Petermann's Mitt.*, 1894, 40. Bd., pp. 17/19.)

— Regenfall in China, 1886—1892. (*Meteorologische Zeitschrift*, Wien, 1895, XII, pp. 456/7.)

Ext. de l'art. du Prof. Viktor Raulin, dans *Symons' Month. Meteor. Mag.*, June 1895.

— Regentafeln von China und Korea. Von A. Supan. (*Petermann's Mitt.*, Vol. 42, 1896, pp. 205/209.)

— Dürren in China. — Bemerkungen von W. Krebs. — Entgegnung von Prof. Dr. E. Brückner. (*Petermann's Mitt.*, II, 1893, pp. 44/5.)

— Dürren in China seit dem Jahre 1871 und bis 1892. Von Wilhelm Krebs. (*Deutsche Rund. f. Geog. u. Stat.*, XIV, 1891—2, pp. 202/210.)

— Dürren, Nothstände, Unruhen in China. Ein Beitrag zur Frage der politischen Competenzen der Klimatologie. Von Wilhelm Krebs. (*Deutsche Rund. f. Geog. u. Stat.*, XV, 1892—1893, pp. 106/113.)

— Das Klima Ost-Asiens in weltwirthschaftlicher und sanitärer Beziehung. Vortrag, gehalten am 19. September 1895 vor den geographischen Abtheilungen der 67. Versammlung deutscher Naturforscher und Aerzte in Lübeck, von Wilhelm Krebs. (*Deutsche Rund. f. Geog. u. Stat.*, XVIII, 1895—1896, pp. 97/107.)

Avec une carte ayant pour titre :

Vertheilung der Niederschläge in China, in den einzelnen Jahren 1885—1894, zur Darstellung der Wetterverlegung.

Compilée par H. W. Krebs pour montrer le mouvement de la sécheresse vers le nord.

— Severe Frost at Hongkong. (*Nature*, XLVII, 1892—93, pp. 535/536.)

Par Charles Ford, W. T. Thiselton-Dyer, et W. Doberck.

— The Cold Wave at Hongkong, January 1893. — Its After Effects. By Sydney B. J. Skertchly. (*Nature*, XLVIII, 1893, pp. 3/5.)

— An Atmospheric Phenomenon in the North China Sea. By Chas. J. Norcock. (*Nature*, XLVIII, 1893, pp. 76/77.)

H. M. S. *Caroline*.

(Divers.)

— Geological Climates. By A. Woeikoff. (*Nature*, XXIII, 1880-81, p. 362.)

[Mean temperature of January in Eastern Asia.]

— A System of Meteorological Observations in the China Seas. (*Nature*, XXV, 1881—2, p. 368.)

— A System of Meteorological Observations in the China Seas. By A. Woeikof. (*Nature*, XXV, 1881—2, p. 410.)

— Das Klima Centralasiens nach den Beobachtungen von Prschewalsky. Von A. Woeikof. (*Meteorologische Zeitschft.*, 1896, pp. 49/61, 90/100.)

— A. Woeikof. — Das Klima Centralasiens nach den Beobachtungen von Peschewalski. (*Ann. Soc. Mét.*, 1899, pp. 98/100.)

D'après la *Meteorologische Zeitschrift.*

— Zum Klima von Chungking. (*Meteorolog. Zeitschft.*, 1898, pp. 239/240.) — D'après W. Doberck.

— Climatologie, hygiène, productions et ressources de la Chine septentrionale, et particulièrement de la région de Tien-tsin à Pékin. (*Revue scientifique*, 1900, II, pp. 88/9.)

Note du Ministère de la Marine.

Revue française de l'Et. et des Col., Août 1900, XXV, pp. 471/4.

— Climatologie, hygiène, productions et ressources de la Chine septentrionale, et particulièrement de la région de Tien-tsin à Pékin. (*Cosmos*, 4 août 1900, pp. 128/9.)

Note du Ministère de la Marine.

— Meteorologische Beobachtungen im Innern von China. (*Meteorolog. Zeitschft.*, 1900, p. 189.)

— Meteorologische Beobachtungen von China. Von J. H.[ann]. (*Meteorolog. Zeitschft.*, 1901, p. 314.)

— * The Hurricanes of the Far East. By Prof. Dr. Paul Bergholz. English Translation, revised by Dr. Robert H. Scott, F. R. S. Bremen, Max Nössler; London: Norie, pp. xvi-271.

Notice : *Nature*, LXVI, 1902, pp. 51/52.

OBSERVATOIRE MÉTÉOROLOGIQUE ET MAGNÉTIQUE DE LA COMPAGNIE DE JÉSUS A ZI-KA-WEI.

« *Zi-ka-wei*, en mandarin *Siu-kia-hoei*, est un petit village situé dans une vaste plaine à 6 kilomètres au S.-O. de Chang-hai. L'observatoire est bâti à 1 kilomètre du village, dans un jardin complètement isolé; il domine les habitations voisines à une distance de plus de 200 m. La Latitude de l'Observatoire est de 31° 12' 30" N.; sa longitude de 7 h. 56 m. 24 s. E. de Paris; l'Altitude de la cuvette du baromètre est de 7 m. environ. »

Cet observatoire a eu pour directeurs les PP. Augustin Colombel (1873—1874), Henri Le Lec (1875—1876), Marc Dechevrens (1877—1887), Bernard Ooms (1888, 1891), Stanislas Chevalier (1889—1890, 1892—1897), Louis Froc (1898).

BULLETINS.

— Observations météorologiques faites en 1873 par les PP. Colombel et Le Lec. Shang-hai, 1874, br. in-4.

— Bulletin météorologique de Septembre 1874 à Décembre 1874. [Par le P. H. Le Lec.] pp. 51.

Le Bull. de Sept. est précédé d'une note préliminaire sur la position géographique de l'observatoire, les instruments utilisés, les notations employées, etc.

— Observations magnétiques faites à partir du mois d'avril 1874 jusqu'au mois d'avril 1875. [Par le Frère Marc Dechevrens.] pp. 24.

— Bulletin météorologique de 1875. [Par le P. H. Le Lec.] pp. 147, jusqu'au mois d'août 1875 incl.

— Observations magnétiques faites à l'Observatoire de Zi-ka-wei (Chine), en 1875. [Par le F. M. Dechevrens.] pp. 22.

Ces bulletins, sauf le premier (1873), ont été publiés comme App. No. II au *Jour. N. C. B. R. As. Soc.*, No. X, 1876.

Le reste du Bull. mét. de 1875 a été pub. à Tou sai wai.

— Observatoire magnétique et météorologique des PP. de la Compagnie de Jésus à Zi-ka-wei. [Sous-titre :] Bulletin des Observations de 1876, publié par le P. Marc Dechevrens. Zi-ka-wei, Imprimerie de la Mission Catholique, à l'orphelinat de Tou-sai-wai, 1877. In-8, pp. II-27-209.

Ce Bulletin renferme quatre parties : I. Observations magnétiques, pp. 1/24. Observations horaires faites aux solstices et aux équinoxes, p. 26. Perturbation magnétique du 20 février 1876, p. 27. — II. Observations météorologiques, pp. 1/191. — III. Appendice. Explication des planches, p. 195. Comparaison de 1876 avec les trois années précédentes, pp. 196/201. Principaux orages et tempêtes en 1876, pp. 202/4. Actinométrie à Zi-ka-wei, pp. 204/206. Variations périodiques de la température à Zi-ka-wei, pp. 206/209. Lumière zodiacale observée à Zi-ka-wei, p. 209. — IV. Planches sur le magnétisme, p. 26, et la météorologie, pp. 202/6.

Depuis le mois de Janvier 1877. (No. 29. — 4e année), le P. Marc Dechevrens publiait un *Bulletin mensuel*, in-4, de l'Observatoire magnétique et météorologique; chaque cahier mensuel de 15 pages est accompagné de pl. autogr. à l'orphelinat de Tou-sai-wai. L'exécution typographique de ce Bull. est très remarquable.

— Bulletin mensuel de l'observatoire magnétique et météorologique de Zi-ka-wei, près Changhai (*Chine*). Tome III — Année 1877. Zi-ka-wei, Typographie de la Mission catholique, à l'orphelinat de Tou-sè-wè. 1877, in-4, pp. 201.

— Bulletin mensuel de l'observatoire magnétique et météorologique de Zi-ka-wei, près Chang-hai (Chine), fondé et dirigé par les missionnaires de la Compagnie de Jésus. Tome IV — Année 1878. Zi-ka-wei, Typographie de la Mission catholique, à l'orphelinat de Tou-sè-wè. 1878, in-4, pp. 189.

Ce Bulletin est continué régulièrement. L'année 1897, publiée en 1900, forme le Tome XXVII.

MÉMOIRES.

Par le P. Marc DECHEVRENS.

— Observatoire de Zi-ka-wei près Chang-hai (Chine). Recherches sur les Variations des

Vents à Zi-ka-wei, d'après les observations faites de 1873 à 1877, par le P. M. Dechevrens, de la Compagnie de Jésus. Zi-ka-wei, Typographie de la Mission Catholique à l'Orphelinat de Tou-sè-wè, 1877, gr. in-4, pp. 25, tit. lith.

— Recherches sur les principaux phénomènes de Météorologie et de physique terrestre à l'observatoire météorologique et magnétique de Zi-ka-wei, près Chang-hai (Chine) par le R. P. Marc Dechevrens de la Compagnie de Jésus. Versailles, E. Aubert, 1877, in-8, pp. 89.

Extrait de l'*Annuaire de la Société météorologique de France*, Tome XXIV.

— La lumière zodiacale étudiée d'après les observations faites de 1875 à 1879 à l'observatoire de Zi-ka-wei, Chine, par le P. Marc Dechevrens, de la Compagnie de Jésus. Zi-ka-wei, Imp. et lith. de la Mission cath. à l'orphelinat de Tou-sè-wè. 1879, gr. in-4, pp. 28 et pl.

— Observatoire de Zi-ka-wei . . . . . Le Typhon du 31 juillet 1879 par le P. Marc Dechevrens S. J. Zi-ka-wei, 1879, in-4, pp. 33 + xvii + 1 f. n. c. + les pl.

— * The Typhoon of July 1879, in-4, pp. 23 + 4 plates.

— Zi-ka-wei Observatory . . . . The Typhoons of the Chinese Seas in the year 1880 by M. Dechevrens S. J. . . . Zi-ka-wei . . . 1881, in-4, pp. 34 + 1 f. n. c.

— Zi-ka-wei Observatory near Shanghai, China. — The Typhoons of the Chinese Seas in the year 1881 by Marc Dechevrens S. J. Director of the Observatory. Zi-ka-wei, Printed at the Catholic Mission's Press, Tou-sai-wai. 1882. — Kelly & Walsh. Shanghai, in-4, pp. 171 + 8 Pl.

— Zi-ka-wei Observatory . . . On the Storms of the Chinese Seas and on the Storm of the 19th and 20th March 1880 by R. F. M. Dechevrens, S. J. . . . Zi-ka-wei. 1880, in-4, pp. 16 + les pl.

— Observatoire météorologique et magnétique de Zi-ka-wei . . . Les Typhons de 1882. Première partie. Les Typhons des mois de juillet et août par Marc Dechevrens . . . . Zi-ka-wei, 1884, in-4, pp. 54 + 1 f. n. c.

— Part II. Typhoons in September and October by R. F. Marc Dechevrens . . . Zi-ka-wei, 1884, in-4, pp. 32.

(Observatoire de Zi-ka-wei.)

— Zi-ka-wei Observatory . . . The Typhoons of the Chinese Seas in the year 1885. Essay on the Atmospheric Variations in the Far East during January 1885. — By the R. F. Marc Dechevrens . . . . Zi-ka-wei, 1885, in-4, pp. 42 + 1 f. n. c. + 16 pl.

— Marc Dechevrens über die Neigung des Windes gegen den Horizont zu Zi-ka-wei. (*Meteorologische Zeitschrift*, 1888, pp. 397 und 399.)

— The Climate of Shanghai. Its meteorological condition. — By The Rev. Father M. Dechevrens, S. J. Director of the Zi-ka-wei Observatory. (*Journ. N. C. B. R. A. S.*, N. S., XVI, 1881, Part I, Art. IV, pp. 231/246.)

— * Instructions in the use of meteorological instruments for Observers in China. in-12, pp. 67, 8 pl.

— Observatoire de Zi-ka-wei près Chang-hai, Chine. — Le Magnétisme terrestre à Zi-ka-wei, Chine par Marc Dechevrens S. J. Directeur de l'Observatoire. Zi-ka-wei, 1881, in-4, pp. 53 + 15 pl.

— * Instructions for keeping the meteorological log. in-4.

— Observatoire de Zi-ka-wei près Chang-hai, Chine. — Variations de l'aiguille aimantée pendant les éclipses de lune — Régime des vents à Zi-ka-wei 1877—1882. Par le P. Marc Dechevrens de la Compagnie de Jésus, Directeur de l'Observatoire de Zi-ka-wei. Zi-ka-wei, Typographie de la Mission catholique, à l'orphelinat de Tou sè-wè. 1883, in-4, pp. 31 + 1 f. n. c. pour la t.

— * Sur l'Inclinaison des vents. Nouvelle girouette pour observer cette inclinaison. Cette inclinaison prouvée par les observations de la direction et de la force du vent à différentes altitudes. — 1ère note, 1881, in-4, pp. 31, 9 pl.

— L'Inclinaison des Vents. Un anémomètre pour mesurer cette inclinaison avec un appendice sur les courants verticaux dans les Cyclones, 2e Note par le R. P. Marc Dechevrens, S. J. Zi-ka-wei, 1886, in-4.

— * L'Inclinaison des Vents sur l'horizon. — 3e note, Première année d'observations. 1886, in-4, pp. 35, 7 pl.

— * Mouvements des couches élevées de l'atmosphère à Zi-ka-wei, déterminés par la direction des Cirri. 1885, in-4, pp. 15 + 2 pl.

— * The Meteorological Elements of the Climate of Shang-hai : twelve years of Observations made at Zi-ka-wei. 1885, in-8, pp. 37.

— Observatoire de Zi-ka-wei . . . Sur les Variations de température observées dans

(Observatoire de Zi-ka-wei.)

les Cyclones, 2e Note par le R. P. Marc Dechevrens, S. J. Zi-ka-wei, 1887, in-4, pp. 17.

— Observatoire de Zi-ka-wei. Etude sur les orages dans le Kiang-nan en 1889, d'après les observations des missionnaires catholiques. Zi-ka-wei, 1890, gr. in-4, pp. 17.

Avec une Carte du Kiang-nan d'après une carte inédite dressée par le R. P. Pierre. S. J. Echelle de 100 kil.

— M. Dechevrens. — L'Observatoire de Zi-ka-wei fondé et dirigé par les Missionnaires de la Compagnie de Jésus, Mission du Kiang-nan (Chine). (*Etudes relig., philos.*, etc., xlIII, 1888, pp. 262/279.)

— A Curious Halo. By Marc Dechevrens. (*Nature*, XXVII, 1882-3, pp. 30/31.)

Zi-Ka-Wei Observatory, near Shanghai (China), August 28.

— « A Curious Halo ». By W. Clement Ley. (*Nature*, XXVII, 1882-3, p. 53.)

— « A Curious Halo ». By Gorard Hopkins. (*Nature*, XXVII, 1882-3, p. 53.)

MÉMOIRES.

Par le P. Stanislas Chevalier.

— * Etude sur les orages dans le Kiang-nan en 1889. in-4, pp. 17, 2 pl., 1 carte.

— Zi-ka-wei Observatory. — The "Bokhara" Typhoon October 1892 read before the Shanghai Meteorological Society by the Rev. S. Chevalier, S. J., Director of the Zi-ka-wei Observatory, President of the Shanghai Meteorological Society. — Shanghai : Printed at the "North China Herald" Office, 1893, in-8, pp. 43.

Notice : *China Review*, XXI, No. 3, pp. 208/9, par E. H. P.[arker].

— Observatoire magnétique et météorologique de Zi-ka-wei (Chine) fondé et dirigé par les Missionnaires de la Compagnie de Jésus. — Supplément aux Bulletins mensuels de 1873 à 1892. — Observations de Température, Hygrométrie et Actinométrie. Discussion et Correction. Par le P. S. Chevalier, S. J. Chang-Hai, Imprimerie de la Mission Catholique, à l'orphelinat de Tou-sè-wè. 1897, gr. in-4, pp. 35, 4 pl.

— Shanghai Meteorological Society. First Annual Report for the year 1892 by The Rev.d F. S. Chevalier S. J. Director of the Zi-ka-wei Observatory President of the S. M. S. — Zi-ka-wei Printed at the Catholic Mission Press. Tou-sè-wè Orphan's Asylum. — 1893, in-8, pp. 50.

— Shanghai Meteorological Society. Second Annual Report for the year 1893 on the Typhoons of the Year 1893 by the Revd. F. S. Chevalier S. J. Director of the Zi-ka-wei Observatory President of the S. M. S. — Zi-ka-wei Printed at the Catholic Mission Press Tou-sè-wè Orphan's Asylum. — 1894, in-8, pp. II-1. f. n. c., pp. 97.

— * Shanghai Meteorological Society. Third Annual Report for the year 1894. Essay on the Winter Storms on the Coast of China. Shang-hai, « The China Gazette » Office, in-8, pp. 48, 4 pl.

— * Shanghai Meteorological Society. Fourth Annual Report for the year 1895. Essay on the Variations of the Atmospheric Pressure over Siberia and Eastern Asia during the months of January and February 1890, in-8, pp. 28, 60 cartes.

— Observatoire de Zi-ka-wei. — Typhons de 1892 juillet, août, septembre par Le R. P. S. Chevalier S. J. Directeur de l'Observatoire Président de la Société météorologique de Chang-hai. — Shanghai : Printed at the « North-China Herald » Office. 1894, in-8, pp. 83, 11 pl.

Notice : *China Review*, XXI, No. 3, p. 209, par E. H. P.[arker].

MÉMOIRES.

Par le P. Louis Froc.

— * Typhoon Highways in the Far East. — No. 1. Across the South End of Formosa Strait, par le P. L. Froc, S. J. — 1896, in-4, pp. 40, 5 pl. et 5 fig.

— Taifun-Zugstrassen im fernen Osten. No. 1. Am Südende der Formosa-Strasse vorbei. [Von] E. K.[nipping]. (*Ann. der Hyd.*, XXIV, 1896, p. 427.)

— * The « Iltis » Typhoon, July 22—25, 1896, par le P. L. Froc, S. J., 1896, — in-4, pp. 27 et XVII, 3 pl., 1 grav.

— * A Northerly Gale on the Seas of the Far East. December 19—24. 1896.

— Shanghai Meteorological Society. Fifth and Sixth Annual Reports for the Years 1896 and 1897. — The Typhoons of September 9th and 29th 1897. — By Rev. Aloys Froc S. J. Director of the Zi-ka-wei Observatory. Zi-ka-wei, Printed at the Catholic Mission Press Tou-sè-wè Orphan's Asylum, 1898, in-8, pp. VIII-38, 3 pl.

— * Shanghai Meteorological Society. Seventh Annual Report for the Year 1898 ..... Zi-ka-wei, ... 1900, in-8, pp. 90 + atlas de 7 cartes.

— Observatoire de Zi-ka-wei — Calendrier — Annuaire pour 1903 — Prix : 1 dollar. — Chang-Hai, Imprimerie de la Mission catholique à l'Orphelinat de T'ou-sè-wè. 1902, in-16, pp. 104.

— L'atmosphère de l'Extrême-Orient. Par L. Barré. (*La Géographie*, 15 Oct. 1901, pp. 258/260.)

— The Sicawei Observatory. By C. Fink. (*East of Asia*, I, No. 3, pp. 350/377.)

— Les Observatoires Zi-ka-wei — Zô-cè. (*Mission du Kiang-nan* 1899—1901, pp. 95/108.)

Voir GÉOGRAPHIE, Fleuves : *Ta-Kiang*. — Col. 127.

OBSERVATOIRE MÉTÉOROLOGIQUE DES PÈRES DE LA COMPAGNIE DE JÉSUS A TCHANG-KIA-TCHOUANG. — «Tchang-kia-tchouang est un petit village chinois situé à 38° 17' de latitude N. sur le 114° 50' de longitude E., dans la province du Pe Tché-ly. Ce village, où les missionnaires ont une résidence, avec séminaire, collège, etc., se trouve à 160 kilom. environ au sud de Pe-king, tout près de Shien hien, sous-préfecture de quelques milliers d'habitants, et à 25 kil. environ de la préfecture de Ho-kien fou. Ces deux villes sont traversées par la route impériale allant de Péking vers le Sud».... «Les résultats n'ont pas été publiés avant le 1er Déc. 1876». Le Bull. des Observations de Déc. 1876 est accompagné d'une notice qui est publiée toute entière dans les *Missions Catholiques*, No. 427, 1877, pp. 390/2.

Les PP. de la Compagnie de Jésus, en s'occupant de ces observations météorologiques, suivaient l'exemple de leurs devanciers, comme on pourra s'en assurer au chap. consacré à l'*Astronomie*.

«A la mort du P. Édel, en 1878, son successeur réduisit à quatre les pages d'impression .... En 1883, ... le P. Gonnet supprima ... l'impression et la publication mensuelle des observations, et se borna à faire désormais noter, à l'usage des Pères de Chang-Hai et de leur observatoire, les variations de pression, de température, de vent, etc., qui pourraient leur servir. Les observations imprimées de 1877 à 1883 furent réunies ensemble, et forment un recueil fort présentable et suffisant pour déterminer les conditions météorologiques de Hien-hien.» (*Le Rév. Père Joseph Gonnet* ... par le P. Emile Becker, 1900, pp. 316/317.)

OBSERVATOIRE ASTRONOMIQUE DE ZÔ-SÈ.

Colline, haute de 100 mètres environ, à 8 lieues O. S. O. de Zi-ka-wei.

— *Mission du Kiang-nan*, 1899—1901, pp. 104/108.

— *Relations de Chine*, I, 1903, pp. 62/3, photog.

VI. — HISTOIRE NATURELLE.

Ouvrages divers.

— Artificia ‖ Hominum ‖ miranda ‖ Naturae ‖ in ‖ Sina & Europa, ‖ ubi ‖ eximia, ‖ Quae à mortalium profecta sunt industria, sive arc‖hitectura spectetur, sive politia, ‖ & singvlaria, ‖ Quae Sol uterq; in visceribus terrae, aqua-‖rum varietate, radicum virtute, florum amoenita‖te, montium portentis unquam produxit ‖ compendiosè proponuntur, ‖ confervntvr. ad ‖ Creatoris. ‖ Laudem amplissimam. ‖ Francofurti ad Mœnum, ‖ Sumptibus Wilhelmi Serlini & Georgii ‖ Fickwirth ‖ ‖ Anno 1655, in-12, 8 ff. n. ch. + pp. 1505 + 2 ff. n. ch.

«Qvorum auctor ignoratur adhuc, et in occulto latet. Qvod enim de Preyelio qvodam affert Vincentius Placcius in Theatro Anonymorum, (p. 261. a.), id ita comparatum est ut ipse fluctuet l. c. & ancipiti cogitatione distrahatur.» (Reimannus, *Hist. phil. sinensis*, 1741, pp. 41/2.)

— Observations de Physique et d'histoire naturelle de l'empereur Kang Hi, par le P. Cibot. (*Mém. conc. les Chinois*, IV, pp. 452 et seq.)

— Grosier, *Desc. de la Chine* : Hist. naturelle; Vol. II, Liv. 5, 6, 7. — III, 7, 8. — IV, 8.

— Observations sur l'état des Sciences naturelles chez les peuples de l'Asie orientale. Par M. Abel-Rémusat. (*Mém. de l'Ac. des Insc. et B.-L.*, X, pp. 116/167.)

— Natural History of China; Attention paid to it by the Jesuits, subsequently by Osbeck and others, and by the British Embassies; Want of Information at the Present Time; Notices of the Geology of the Vicinity of Lintin and Canton. By S. Wells Williams. (*Chin. Rep.*, III, June 1834, pp. 83/89. — Réimp. dans *The Cycle*, 3 Dec. 1870.)

— La Farina, *China*, I, Liv. II, Ch. II—XV. (Voir col. 81.)

— W. Schott. — Über die naturgeschichtlichen Leistungen der Chinesen, als Einleitung zu seiner Topographie der Producte des chinesischen Reiches. (*Sitz. k. preuss. Ak. Wiss. Berlin*, 1842, pp. 167/9.)

— Pauthier et Bazin, *Chine Moderne*, II, pp. 554/587.

— Rambles of a Naturalist on the Shores and Waters of the China Sea; being Observations in Natural History during a Voyage to China, Formosa, Borneo, Singapore, etc., made in Her Majesty's Vessels in 1866 and 1867. By Cuthbert Collingwood, M. A., ... London, John Murray, 1868, in-8, pp. XIII-445.

Notices : *N. C. Herald*, Aug. 8, 1868. — *Sat. Review*, May 23, 1868. — Voir Formosa, col. 278. — Voir col. 395, 402.

— F. P. Smith's Contrib. towards Mat. Med. and Nat. Hist., 1871, voir : *Médecine*.

— Voir aux *Voyages* : Osbeck, Sonnerat, Fortune.

— Reisen und Forschungen im Amur-Lande in den Jahren 1854—1856 im Auftrage der kaiserl. Akademie der Wissenschaften zu St. Petersburg ausgeführt und in Verbindung mit mehreren Gelehrten herausgegeben von Dr. Leopold v. Schrenck. St. Petersburg 1858. — BAND I. *Erste Lieferung.* Einleitung, Säugethiere des Amur-Landes. Mit 9 Tafeln und 1 Karte. St. Petersburg, 1858. — *Zweite Lieferung.* Vögel des Amur-Landes. Mit 7 colorirten Tafeln. St. Petersburg, 1860. — BAND II. *Erste Lieferung.* Lepidopteren. Mit 5 colorirten Tafeln. St. Petersburg, 1859. — *Zweite Lieferung.* Coleopteren. Mit 6 colorirten Tafeln und 1 Karte. St. Petersburg, 1860. — *Dritte Lieferung.* Mollusken des Amur-Landes und des Nordjapanischen Meeres. Mit 17 colorirten Tafeln und zwei Karten. St. Petersburg, 1867. — BAND III. *Erste Lieferung.* Die Völker des Amur-Landes. Geographisch-historischer und anthropologisch-ethnologischer Theil. Mit 1 Karte, 3 lithogr. und 5 phototypischen Tafeln. St. Petersburg, 1881. — BAND IV. *Erste Lieferung.* Meteorologische Beobachtungen im Amur-Lande und Resultate aus denselben. St. Petersburg, 1876. — *Zweite Lieferung.* Ueber das Klima Ostasien's, insbesondere des Amur-Landes, China's und Japan's von Dr. H. Fritsche. Mit 13 Isothermenkarten. St. Petersburg. 1877.

Voir supra, col. 378.

— Atkinson's Regions of the Upper and Lower Amoor, 1860. [Voir *Mongolie.*]

Voir dans l'App., Liste des Mammifères, oiseaux, arbres, plantes et fleurs de la vallée de l'Amour, de la Sibérie, de la Mongolie, etc.

— Animal, etc. Products. By C. T. Gardner. Voir col. 297.

— Promenades d'un naturaliste dans l'archipel des Chusan . . . Par A. A. Fauvel, voir col. 255.

— HISTOIRE NATURELLE. — Dans l'*App.* au *Dict.* de Perny; ce chap., qui a une pagination spéciale, est composé de 178 p. comprenant : Observation. — 1re partie : Synonymie des Noms des Plantes. — 2e part. : Hist. nat. — Zoologie. — Mammifères. — 3e part. : Ornithologie. — 4e part. : Reptiles. — 5e part. : Ichthyologie. — 6e part. : Crustacés & Mollusques. — 7e part. : Entomologie. — 8e part. : Minéralogie. — Table des Matières.

— Natural History of Amoy. By St. Julien Hugh Edwards. (*China Review*, XXII, No. 5, pp. 712/717.)

— Notes d'histoire naturelle et médicale recueillies à Long-tchéou (Chine) pendant les années 1892, 1893 et 1894 par le Dr. Simond. (*Arch. Médecine navale*, LXIV, 1895, pp. 24/48, 104/120.)

Zoologie.

— *Lettres édif.*, XIX, pp. 73/76 : sur le Musc et le Chevreuil musqué.

— Doctor Carl Linnaei Bescrifning om Guld-Fjsken och Sjlfwer-Fjsken. Cyprinus pinna ani duplici, cauda trifurca. (*Swenska Wetenskaps Academiens Hadlingar*, För Månaderne Julius, Augustus och Septemb. 1740. Vol. I, pp. 403/410, avec grav.)

— *Lyckte-Matken* från China. Ingifven af Geheimerådet Herr Raben. Beskrefven af Carl Linnaeus. (*Kongl. Swenska Wetenskaps Academiens Handlingar*, För Månaderne Januar, Februar. och Mart. 1746, Vol. VII, pp. 60/65, avec add. de Carl de Geer.)

— Beskrifning om en Chinesisk och en inlåndsk Fjäril; ingifne af H. Geheime-Rådet *Raben*, jämte några Anmärkningar öfver Fjärillarne i gemen. Af Carl De Geer. (*Kongl. Svenska Vetenskaps Academiens Handlingar*, För Månaderne Julius, Augustus, September, 1748, Vol. IX, pp. 208 à 230.)

— Manis, Et Ostindiskt Djur, beskrifvit af Joh. Fredr. Dalman. (*Kongl. Svenska Vetenskaps-Academiens Handlingar*, För Månaderne October, November, December, 1749, Vol. X, pp. 265/269.)

— Beskrifning öfver den *Chinesiska Vigten.* Gjord af And. Berch. (*Kongl. Svenska Vetenskaps-Academiens Handlingar*, För Månaderne Julius, Augustus och September. 1750, Vol. XI, pp. 210/214.)

— Chinensia Lagerströmiana, praeside D. D. Car. Linnaeo, Proposita a Johann Laur. Odhelio, W. Gotho. Upsaliae 1754. Decembr. 23. (Caroli Linnaei *Amoenitates Academicae, Holmiae*, 1759, Vol. IV, Art. LXI, pp. 230/260.)

Avait paru Stockholm, 1754, in-4, pp. 36.

— Anthropomorpha, Quae, praeside D. D. Car. Linnaeo, Proposuit Christianus Emmanuel Hoppius, Petropolitanus. Vpsaliae 1760. Septemb. 6. (Caroli à Linné, *Amoenitates Academicae*, Holmiae, 1763, Vol. VI, Art. CV, pp. 63/76.)

Avait paru, Upsala, 1760, in-4, pp. 16.

— Den Mongoliska Lårkan (*Alauda mongolica*), en rar Fogel från Ostra Siberien, funnen och beskrifven af Peter Simon Pallas. (*Kongl. Vetenskaps-Academiens Handlingar*, För Månaderne Julius, Augustus, September 1778, XXXIX, pp. 201/203.)

— Beskrifning på 3 : ne Fiskar, af Bengt and Euphrasén. (*Kongl. Vetenskaps Academiens Nya Handlingar*, För Månaderne Januarius, Februarius, Martius, 1788, Vol. IX, pp. 51/55.)

— Iter in Chinam quod praeside D. D. Carl von Linné proposuit Andreas Sparrman, Uplandus. Upsaliae 1768. Novembr. 30. (Car. a Linné *Amoenitates Academicae*, Vol. VII, Erlangae, 1789, pp. 497/506.)

— Beschreibung des tangutischen Büffels mit dem Pferdeschweif, nebst allgemeinen Bemerkungen über die wilden Gattungen des Rindviehes. Aus dem Französischen im zweiten Theil des ersten Jahrgangs der neuen *Acta Acad. Petropolitanae.* (*Nordische Beyträge*, I. Bd., I. St., pp. 1/28.)

PÈRE CIBOT, S. J.

— *Mémoires concernant les Chinois* : sur les Vers à Soie sauvages. (II, p. 574 et seq.) — Notice du *Che-Hiang*. (IV, pp. 493 et seq.) — «Les Chinois ont donné le nom de Che-hiang à l'animal célèbre duquel on tire le musc», p. 493. — Des bêtes à laine en Chine. (XI, pp. 35/72.) — Mémoire sur les chevaux. (XI, pp. 388/469.) — Notice sur les Abeilles et la Cire. (XIII, pp. 376/388.) — Notice sur le Cerf. (XIII, pp. 402/8.) — Notice sur la Cigale. (XIII, pp. 409/416.) — Notice sur l'hirondelle. (XIII, pp. 598/401.)

— Mémoire sur les bêtes à laine en Chine, Extrait des *Mémoires concernant les Chinois* par les Anciens Missionnaires de Peking, et annoté Par M. G. Eugène Simon. (*Bull. Soc. zool. Acclim.*, IIe Sér., I, 1864, pp. 567/579; *ibid.*, pp. 683/694; *ibid.*, pp. 726/734.)

— Remarques sur le chameau à deux bosses. — Traduction de l'histoire du chameau qui est dans le cinquantième chapitre de l'histoire naturelle ou herbier de la Chine et qui est le premier chapitre des quadrupèdes. — De l'Éléphant. — De la cire blanche faite par des Insectes et nommée *Tchoung pe La*. — De *Lou kieou mou* ou Arbre au suif. — 16 pages. (Bib. nat., Ms. fr. 17240, Mélanges sur la Chine.)

— GROSIER, *Descript. de la Chine*; une partie des articles d'hist. nat. (cigale, abeilles, papillons, etc.) de cet ouvrage sont reproduits dans le Vol. II de la *Chine moderne* de Pauthier et Bazin.

— Lettre du P. Imbert sur le Chevreuil musqué. (*Annales de la Prop. de la Foi*, VII, p. 672.)

— Sur le Tapir de la Chine. (Abel Rémusat, *Mél. As.*, I, pp. 253/256 et *J. As.*, IV, 1824, pp. 161/165.)

— Fauna Chinensis. Præs. C. P. Thunberg. Resp. P. M. Acksell Dissertat. Upsala, 1823, in-4, pp. 8.

JOHN EDWARD GRAY.

— Characters of three New Genera (*Helictis*, *Paguma*, and *Rhizomys*), including two New Species of *Mammalia* from China. (*Zool. Soc. Proc.*, I, 1830, pp. 94/8.)

— Description of twelve undescribed species of Birds, discovered by Mr. John Reeves in China. (*Zool. Miscell.*, 1831, pp. 1/2.)

— Description of three new species of Fish, including two undescribed genera, discovered by John Reeves, Esq., in China. (*Zool. Miscell.*, 1831, pp. 4/5.)

— Description of two new genera of Frogs (*Houlema obscura* and *Kaoula pulchra*), discovered by John Reeves, Esq., in China. (*Zool. Miscell.*, 1831, p. 38.)

— Characters of a new genus (*Platysternon*) of Freshwater Tortoise from China. (*Zool. Soc. Proc.*, I, 1831, pp. 106/7.)

— Characters of Several New Species of *Freshwater* Tortoises (*Emys nigricans*, *E. sinensis*, and *E. tentoria*) from India and China. (*Ibid.*, II, 1834, pp. 53/4.)

— Description of the Animal of *Cyclina Sinensis*. (*Ibid.*, XXI, 1853, pp. 25/6; *Ann. Nat. Hist.*, XV, 1855, p. 77.)

— Description of *Aphroceras*, a New Genus of Calcareous *Spongiadae* brought from Hongkong by Dr. Harland. (*Zool. Soc. Proc.*, XXVI, 1858, pp. 113/4; *Ann. Nat. Hist.*, 3d Ser., II, 1858, pp. 83/4.)

— Descriptions of New Species of Salamanders from China and Siam. (*Zool. Soc. Proc.*, XXVII, 1859, pp. 229/230; *Ann. Nat. Hist.*, V, 1860, pp. 151/2.)

— Notice of a New «Wild Goat» (*Capricornus Swinhoei*) from the Island of Formosa. By Dr. J. E. Gray. (*Annals Nat. History*, 3d Ser., X, 1862, p. 320.)

— Notice of the Chanco or Golden Wolf (*Canis chanco*) from Chinese Tartary. (*Zool. Soc. Proc.*, 1863, p. 94.)

— Short Account of Part of a Skeleton of a Finner Whale, sent by Mr. Swinhoe from the Coast of Formosa. By Dr. J. E. Gray. (*Proc. Zool. Soc.*, 1865, pp. 725/8.)

— Notice of a new Finner Whale from Formosa. By Dr. J. E. Gray. (*Annals Nat. Hist.*, 3d S., XVI, 1865, p. 148.)

— On the Skull of the Chinese Pug-nosed Spaniel or Lapdog. (*Zool. Soc. Proc.*, 1867, pp. 40/43.)

— Note on the «Hwang-yang», or Yellow Sheep of Mongolia. (*Ibid.*, 1867, pp. 244/6.)

— On the *Leopardus Chinensis*. (*Ibid.*, p. 264, with an engraving of the Skull.)

— Notice of the *Macacus lasiotus*, a New Species of Ape from China, in the Collection of the Society. (*Ibid.*, 1868, pp. 60/1.)

(Voir Swinhoe, *infra*.)

— Note on *Ursus lasiotus*, a hairy-eared Bear from North China. (*Ann. Mag. Nat. Hist.*, XX, 1867, p. 301.)

— Notice of a Badger from China (*Meles chinensis*), sent by Mr. Swinhoe. (*Proc. Zool. Soc.*, 1868, pp. 206/9.)

— Note on *Theonella*, a New Genus of Coralloid Sponges from Formosa. (*Proc. Zool. Soc.*, 1868, pp. 565/6.)

— The Chinese long-tailed Goat Antelope : *Urotragus caudatus*. (*Ann. Mag. Nat. Hist.*, VIII, 1871, pp. 371/2.)

— *Damonia unicolor*, a new Species of Water-Tortoise from China, sent by Mr. Swinhoe. (*Ibid.*, XII, 1873, pp. 77/8.)

— Notes on Chinese Mud-Tortoises (*Trionychidae*), with the Descriptions of a new Species sent to the British Museum by Mr. Swinhoe (*Oscaria Swinhoei*) and Observations on the Male Organ of this Family. (*Ibid.*, pp. 156 to 161.)

— R. Owen. — On the Anatomy of the Thibet Bear. (*Ursus Thibetanus*, F. Cuvier.) (*Zool. Soc. Proc.*, I, 1830—1, pp. 76/7.)

— Notice of a living Specimen of the *Phasianus Reevesii*, Hardw. & Gray (*Phasianus veneratus*, Temm.) presented by John Reeves. (*Zool. Soc. Proc.*, I, 1830—1, pp. 77/8.)

— W. Ogilby. — On a New Species of Muntjac Deer from China. (*Zool. Soc. Proc.*, VI, 1838, p. 105.)

— G. R. Waterhouse. — Description of a New Species of Lark from China. (*Alauda Sinensis.*) (*Zool. Soc. Proc.*, VII, 1839, pp. 60/1.)

— H. E. Strickland. — Account of the Birds in the Chinese Collection exhibited at Hyde Park Corner. (*Zool. Soc. Proc.*, X, 1842, pp. 166/8.)

Voir col. 79.

JOHN GOULD.

— John Gould. — On three new Species of Birds from China [*Corvus pastinator, Mergus Orientalis, Pica Serica*, from Amoy.]; and on a small Mammal and new Grallatorial Bird from Western Australia. (*Proc. Zool. Soc.*, XIII, 1845, pp. 1/3.)

— Description of a New Species of Gull from Tibet. [*Chroicocephalus Tibetanus.*] By J. Gould. (*Proc. Zool. Soc.*, 1864, pp. 54/5.)

— Descriptions of Four New Species of Birds from Eastern Asia. By John Gould. (*Ibid.*, 1865, pp. 662/5.)

Voir Swinhoe, col. 403.

— The Birds of Asia. By John Gould, F. R. S. — Dedicated to the Honourable East India Company. — In Seven Volumes — Volume I: Printed by Taylor and Francis,... published by the Author..., 1850—1883. 7 vol. gr. in-fol., pl. col.

Notice : *Nature*, II, 1870, p. 23.

— Description of the *Yak* of Tartary, called *Soora-Goy*, or the Bushy-tailed Bull of Tibet. By Lieutenant Samuel Turner. (With a plate, *As. Res.*, IV, No. XXIII, pp. 351/3.)

— Coleopterorum ab illustrissimo Bungio in China Boreali, Mongolia, et Montibus Altaicis collectorum, nec non ab ill. Turczaninoffio et Stchukino e provincia Irkutzk missorum illustrationes. Auctore Fr. Faldermann. (*Mém. prés. à l'Ac. Imp. Sc. St. Pét.*, II, 1835, pp. 337/464.)

— Illustrations of Exotic Entomology, containing upwards of Six Hundred and Fifty Figures and Descriptions of Foreign Insects, interspersed with Remarks and Reflexions on their Nature and Properties by Dru Drury. — A New Edition brought down to the present State of the Science, with the Systematic Characters of each Species, Synonyms, Indexes, and other additional matter. By J. O. Westwood, F. L. S. London, Henry G. Bohn, MDCCCXXXVII, 3 vol. in-4.

Ouvrage à consulter sur l'entomologie de la Chine. — 1re éd. : Vol. I, 1770; II, 1782.

— Natural History of the Insects of China, containing upwards of two hundred and twenty Figures and Descriptions, by E. Donovan, F. L. S. & W. S. — A New Edition, brought down to the present state of the Science, with systematic characters of each Species, Synonyms, Indexes, and other additional matter, by J. O. Westwood..., London, Henry G. Bohn, MDCCCXLII. In-4. pp. 96, s. l. préf.

Ibid., 1798, in-4, pl. col.

« A German edition of this work was commenced at Leipzig in 1801, edited by J. G. Grubner, but I am not certain whether the entire work was republished or only one of the parts... » (Pref. of J. O. W., 1842.)

— Notices in Natural History selected from Chinese Authors by S. Wells Williams : The *Mih* or Tapir; and 2, the *Ling-le* or Scaly Ant-Eater. (*Chin. Rep.*, VII, pp. 44/49.) — The *Peën-fuh*, or *Flying rat*, and 2, the *Luy shoo*, or *Flying squirrel*. (VII, pp. 90/92.) — 1 The Rhinoceros, 2 the Camel; and 3 the Elephant. (VII, pp. 136/141.) — The *Kelin*, or Unicorn of Chinese. (VII, pp. 212/217.) — 1 The *Fung hwang* or Phoenix; 2 the *Lung* or Dragon and 3 the *Kwei* or Tortoise. (VII, pp. 250/255.) — 1 The *Ma* or horse; 2 the *Loo*, or Ass; 3 the *Lo* or mule; and 4 the *Lŏ* or Kumiss. (VII, pp. 393/399.) — 1 The *Fung* or Bee, comprising also the various kinds of Wasps, and the Products of the Hive; and 2 the *Yĕ ung* or Solitary Wasp. (VII, pp. 485 et seq.) — The *Loo-sze* or Fishing Cormorant. [*Phalacrocorax sinensis.*] (VII, pp. 541 et seq.) — The Lion, the Cat., etc. (VII, pp. 595 sq.)

Theodore Cantor.

— Conspectus of Collections made by Dr. Cantor, Assistant-Surgeon, during his employment with H. M. 26th Regiment on the expedition to China. (*Calcutta Journal of Natural History*, No. 5. — Réimp. avec qq. corrections dans *The Chinese Repository*, X, Aug. 1841, pp. 434/8.)

— General Features of Chusan, with remarks on the Flora and Fauna of that Island. By Theodore Cantor. Bengal Civil Service. (*Annal. Nat. Hist.*, IX, 1842, pp. 265—278, 361—370, 481—493; Froriep, *Notizien*, XXIII, 1842, col. 1—10. — *Jour. As. Soc. of Bengal*, XXIV, 1855.)

— Letter from Dr. Cantor [Calcutta, Feb. 12, 1842] containing a list of a Collection of Shells from Chusan, presented to the Society. (*Zool. Soc. Proc.*, X, 1842, p. 124.)

— Chusan Shells. Described by W. H. Benson, Esq., Bengal Civil Service, Collected by Dr. T. Cantor. (*Jour. As. Soc. Bengal*, XXIV, 1855, pp. 119/140.)

Voir : Chou san, col. 254. — Col. 396.

— Observations on the Distribution of some species of Nudibranchiate Mollusca in the China Sea. By Dr. C. Collingwood. (*Annals Nat. History*, 4th S., I, 1868, pp. 90/4.)

— Notes on some *Arachnida* collected by Cuthbert Collingwood, Esq., M. D., during rambles in the China Sea, &c. By the Rev. O. P. Cambridge, M. A. (*Proc. Zool. Soc.*, 1871, pp. 617/622.)

Voir Swinhoe, col. 402.

— Die Ueberreste vorweltlicher Riesenthiere in Beziehung zu Ostasiatischen Sagen und Chinesischen Schriften. Von J. Fr. M. v. Olfers. Gelesen in der Akademie der Wissenschaften am 13. Juni und in der öffentlichen Sitzung am 4. Juli 1839. Mit 5 Holzschnitten. Berlin, 1840, in-4, pp. 31.

— Note on the « *Flata Limbata* », and the White Wax of China. By Capt. Thomas Hutton, B. N. I. (*Journ. As. Soc. of Bengal*, XII, 1843, pp. 898/903.)

— Notice of the Kiang. — (With Plate.) By H. Walker. (*Jour. As. Soc. Bengal*, XVII, July 1848, pp. 1/2.)

— Notice on the Coleoptera of Hong Kong, by Capt. Champion, 25th Regt. (Communicated by Dr. J. Mc.Lelland.) (*Jour. As. Soc. Bengal*, XVII, Aug. 1848, pp. 206/209.)

— Notices of the Whale Fishery in the Chinese Seas, as conducted by the Inhabitants of the Coasts. (*Chin. Rep.*, XII, 1843, pp. 608/10.)

— Descriptions of some new species of Coleoptera and Homoptera from China. By Adam White. (*Annals Nat. Hist.*, XIV, 1844, pp. 422/6.)

— Note on the Pupa-case of a Coleopterous Insect from Northern China. By Adam White. (*Annals Nat. History*, 3d Ser., III, 1859, pp. 284/291.)

Sir John Richardson.

— Description of a Genus of Chinese Fish (*Hapalogenys*). (*Ann. Nat. Hist.*, XIII, 1844, pp. 462—464.)

— Report on the Ichthyology of the Seas of China and Japan. (*Brit. Assoc. Rep.*, 1845, pp. 187/320; Froriep, *Notizen*, XXXV, 1845, col. 117/118; *Nuovi Ann. Sci. Nat.*, IX, 1848, pp. 465/471.)

— Chevalier de Paravey. Sur les diverses espèces de Rhinocéros mentionnées dans les livres chinois. (Paris, *Comptes-rendus Ac. Sciences*, XXVI, 1848, p. 425.)

— Note sur le nom chinois de l'Hippopotame. Par le Ch. de Paravay. (Bordeaux, *Actes Soc. Linn.*, XVIII, 1852, pp. 187/189.)

— Characters of nine new or imperfectly described species of *Planorbis* inhabiting India and China. By W. H. Benson. (*Annals Nat. History*, 2d Ser., V, 1850, pp. 348/352.)

— On the Entomology of China, with Descriptions of the new Species sent to England by Dr. Cantor from Chusan and Canton. By the Rev. F. W. Hope. (*Trans. Entom. Soc. London*, IV, 1845—1847, pp. 4/17.)

— Chinese Entomology. (*N. C. Herald*, No. 65, Oct. 25, 1851.)

Cet article reproduit les suivants :

Rev. F. W. Hope, dans les *Transactions of the Entomological Society*, vol. IV. (Voir *supra*.)

A. White Esq., dans les *Annals and Magazine of Natural History*, vol. XIV. (Voir *supra*.)

— Ichthyographia Chinae borealis, scripta a Doctore Medicinae Stephano Basilewsky, Pekinensis Missionis Membro; additis imaginibus, in tabulis lithochromice impressis IX, a Chinensi Pictore ad naturam pictis. Pekin. 1852 ann. Ianuario mense. (*Nouv. Mém. Soc. Imp. Nat. Moscou*, X, 1855, pp. 215/263, 9 pl. col.)

B. H. Hodgson, *Bengal Civil Service.*

— On a new species of Pheasant from Tibet. (*Jour. As. Soc. Bengal*, VII, Oct. 1838, pp. 863/5.)

— Notice of the Marmot of the Himalaya and of Tibet. (*Ibid.*, X, Pt. II, 1841, pp. 777/8.)

— Notice of the Mammals of Tibet, with Descriptions and Plates of some new Species. (*Ibid.*, XI, Pt. I, 1842, pp. 275/290.)

— Notices of two Marmots inhabiting respectively the plains of Tibet and the Himalayan Slopes near to the Snows, and also of a Rhinolophus of the Central Region of Nepal. (*Ibid.*, XII, Pt. I, 1843, pp. 409/414.)

— Description of a new species of Tibetan Antelope, with plates. (*Ibid.*, XV, 1846, pp. 334/343.)

— On the Tibetan Badger, *Taxidia Leucurus*, N. S., with Plates. (*Ibid.*, XVI, 1847, pp. 763/771.)

— On the tame Sheep and Goats of the sub-Himálayas and of Tibet. (*Ibid.*, XVI, Pt. II, 1847, pp. 1003/1026.)

— On the Shou or Tibetan Stag. 1 Pl. (*Ibid.*, XIX, 1850, pp. 466/464.)

— On the Tákin of the Eastern Himalaya: *Budorcas Taxicolor* mihi. N. G. (With 3 Plates.) (*Ibid.*, XIX, 1850, pp. 65/75.)

— Additional Notice of the Shou or Tibetan Stag. (*Ibid.*, XIX, 1850, pp. 518/520.)

— On the Shou or Tibetan Stag, *Cervus Affinis*, mihi. (*Ibid.*, XX, 1851, pp. 388/394.)

— On a new Perdicine bird from Tibet. (*Ibid.*, XXV, 1856, pp. 165/166.)

— On a new Lagomys and a new Mustela inhabiting the north region of Sikim and the proximate parts of Tibet. (*Ibid.*, XXVI, No. 3, 1857.)

— Catalogue of a Collection of Mammalia from Nepal, Sikim, and Tibet, presented to the Hon. East India Company by B. H. Hodgson Esq., in 1853. By Thomas Horsfield, M. D. (*Proc. Zool. Soc.*, XXIV, 1856, pp. 393/406.)

— On a new Species of *Suthora* [*S. Webbiana*] from China. By G. R. Gray. (*Proc. Zool. Soc.*, XX, 1852, p. 70.)

— Charakteristik der vom Hn. Dr. Schrenk im Jahre 1841 in den Steppen und Gebirgen der Songarei gefundenen neuen Coleopteren-Arten; von Dr. Gebler. (*Bul. Cl. Phys.-math. Ac. Imp. Sc. St. Pét.*, I, 1843, col. 36/9.)

— Charakteristik der von Hn. Dr. Schrenk in den Jahren 1842 und 1843 in den Steppen der Dsungarei gefundenen neuen Coleopteren-Arten; von Dr. Gebler. (*Bul. Cl. Phys.-math. Ac. I. Sc. St. Pét.*, III, 1845, col. 97/106.)

— Bemerkungen über das Vorkommen eines zweifachen Haarkleides beim Songarischen Hamster (*Cricetus songarus* Pall.) von Brandt. (*Bul. Cl. Phys.-math. Ac. I. Sc. St. Pét.*, V, 1847, col. 125/7.)

— Beschreibung einiger neuer Mollusken-Arten, nebst einem Blicke auf den geographischen Charakter der Land- und Süsswasser-Mollusken Nord-Asiens; von Dr. A. Th. von Middendorff. (*Bul. Cl. Phys.-math. Ac. I. Sc. St. Pét.*, IX, 1851, col. 107/112.)

∴

— Coléoptères rapportés de la Songarie par M. Séménof et décrits par V. de Motchoulski. (*Bul. Ac. I. Sc. St. Pét.*, I, 1860, col. 301/314.)

— Beiträge zur Schmetterlings-Fauna des nördlichen China's von Otto Bremer und William Grey. St. Petersburg, 1853, br. in-8, pp. 23.

— Neue Lepidopteren aus Ost-Sibirien und dem Amur-Lande, gesammelt von Radde und Maack, beschrieben von Otto Bremer. (*Bul. Ac. des Sc. St. Pét.*, III, 1861, col. 461/496.)

— Lepidopteren Ost-Sibiriens, insbesondere des Amur-Landes, gesammelt von den Herren G. Radde, R. Maack und P. Wulffius, bearbeitet von Otto Bremer. (Mit 8 colorirten Tafeln.) St. Petersburg, 1864. (*Mém. de l'Ac. des Sc. de St. Pétersb.*, VIIe Sér., Tome VIII, No. 1, pp. 103.)

— Neue Säugethier-Arten aus Ost-Sibirien von Gustav Radde. (*Bull. Ac. des Sc. de St. Pétersb.*, IV, 1862, col. 48/55.)

— Beschreibungen neuer, von den Herren L. v. Schrenck, Maack, C. v. Ditmar u. a. im Amurlande und in Ostsibirien gesammelter Araneïden von Professor Dr. Ed. Grube. (*Bull. Ac. des Sc. de St. Pétersb.*, IV, 1862, col. 161/180.)

— Vorläufige Diagnosen einiger neuer Molluskenarten aus der Meerenge der Tartarei und dem Nordjapanischen Meere, von Dr. Leop. v. Schrenck. (*Bull. Ac. des Sc. de St. Pét.*. IV, 1862, col. 408/413.)

— Bemerkungen über die Säugethierfauna Süd-Sachalin's und der südlichen Kurilen; auf Veranlassung brieflicher Mittheilungen des Hrn. Fr. Schmidt, von Dr. Leop. v. Schrenck. (*Ibid.*, 1862, IV, col. 413/433.)

— Zoologische Nachrichten vom Ussuri und von der Südküste der Mandschurei, nach Sammlungen und brieflichen Mittheilungen des Hrn. Maximowicz zusammengestellt von Dr. Leop. v. Schrenck. (*Bul. Ac. I. Sc. St. Pét.*, IV, 1862, col. 180—194.)

— Vorläufige Diagnosen einiger neuer Gastropoden-Arten aus dem Nordjapanischen Meere : von Dr. L. v. Schrenck. (*Bul. Ac. I. Sc. St. Pét.*, V, 1863, col. 510/4.)

— Vorläufige Diagnosen neuer Coleopteren aus Südost-Sibirien, von Cand. August Morawitz. (*Bul. Ac. I. Sc. St. Pét.*, V, 1863, col. 231/265.)

Voir *supra* Reisen . . . von L. v. Schrenck, col. 389.

— Über Land- und Süsswasser-Mollusken Sibiriens und des Amur-Gebietes. Von G. Gerstfeldt, Mag. — Mit einer Tafel. (*Mém. prés. à l'Ac. Imp. Sc. St. Pét.*, IX, 1859, pp. 505/589.)

— G. Radde. Ornithologische Skizzen aus Nord-Asien. (Petermann, *Mitth.*, 1864, pp. 342/6.)

— Zur Fauna von Amoy. [Von] B.[iernatzki.] (*Zeit. f. Allg. Erdk.*, 1858, N. F. IV, pp. 335/7.)

D'après l'*Overland China Mail*, No. 154, 30 déc. 1857.

— Note sur la chèvre d'Angora Par M. Sacc, professeur à la Faculté des Sciences de Neuchâtel (Suisse). (*Bull. Soc. Zool. Acclim.*, I, 1854, pp. 21/22.)

— Note sur les cailles. Par M. Emile Tastet. (*Bull. Soc. Zool. Acclim.*, I, 1854, pp. 144/145.)

— Description of Chinese Sheep sent to H. R. H. Prince Albert by Rutherford Alcock, Esq., H. M. Vice-Consul at Shanghai. Presented by H. R. H. to the Zoological Society in April 1855. By A. D. Bartlett. (*Proc. Zool. Soc.*, XXV, 1857, pp. 104/7.)

— Notes on the Kiang of Thibet (*Equus Kiang*). By Major W. E. Hay. (*Proc. Zool. Soc.*, XXVII, 1859, pp. 353/7.)

— Sur des essais d'acclimatation de la chèvre thibétaine à duvet faits en France Par M. Petit. Lettre adressée à M. le Président . . . Par M. Girard . . . . (*Bull. Soc. Zool. Acclim.*, VI, 1859, pp. 585/586.)

— Descriptions of two Coleopterous Insects from the North of China. By T. Vernon Wollaston, M. A. (*Annals Nat. History*, 3d. Ser., IV, 1859, pp. 430/1.)

ROBERT SWINHOE.

Né à Calcutta, 1er sept. 1836; † dimanche, 28 octobre 1877, Carlyle Square, Londres.

— Robert Swinhoe, F. R. S. (*Nature*, (XVII, 1877—8, p. 35.)

Proceedings of the Scientific Meetings of the Zoological Society of London :

— Extract of a Letter written to the Secretary of the Zool. Soc., dated Amoy, Jan. 1st, 1861. (1861, II, pp. 134/5.)

— Notice of a Stag from Northern China sent by Mr. Sw. to the Zool. Soc. By Dr. John Edward Gray, F. R. S., V. P. Z. S., etc. (1861, II, pp. 236/8), & (*Ann. Nat. Hist.*, VIII, 1861, pp. 338/41).

— Ext. of a Letter written to the Sec., Amoy, June 29th, 1861. (1861, III, p. 390.)

— Descriptions of Sixteen New Species of Birds from the Island of Formosa collected by Robert Swinhoe, Esq., H. M.'s Vice-Consul at Formosa. By John Gould Esq., F. R. S., etc. (1862, III, pp. 280.)

— On a Bird supposed to be the female of *Crossoptilon auritum*, Pallas, from Northern China. By Robert Sw., F. R. S. (1862, III, p. 286.)

— On some Tientsin Birds, collected by Mr. Fleming, R. A., in the possession of Mr. Whiteley. (1862, III, p. 315.)

— On the Mammals of the Island of Formosa (China). (1862, III, p. 347.)

— On New and little-known Birds from China. (1863, I, pp. 87/94.)

— On the Species of *Zosterops* inhabiting China and Japan, with the Description of a New Species. (1863, II, pp. 203/4.)

— Catalogue of the Birds of China, with Remarks principally on their Geographical Distribution. (1863, II, pp. 259/336. — III, pp. 337/339. — 1864, II, p. 271.)

— Letter, Formosa, Feb. 9, 1864. (1864, II, p. 168.)

— On a New Rat from Formosa. (1864, II, pp. 185/187.) [*Mus coninga*].

— Amendments to his « Catalogue of Birds ». (1864, pp. 271/2.)

— Extracts from letters to Dr. J. E. Gray on the Zoology of Formosa. (1864, III, pp. 378/383.)

— Ext. from a Letter to Dr. Gray, Amoy

6 Oct. 1864, on a Mantchurian Deer from Newchwang. (1865, I, pp. 1/2.)

— List of species of Mollusks collected in Formosa. (1865, I, pp. 196/7 — 1866, p. 146.)

— Descriptions of Thirteen New Species of Land-Shells from Formosa, in the Collection of the late Hugh Cuming, collected by Mr. Robert Swinhoe. By Dr. Louis Pfeiffer. (1865, pp. 828/831.)

— Descriptions of Fifteen New Species of Land and Fresh water shells from Formosa, collected by Robert Swinhoe Esq. By Henry Adams, F. L. S. (1866, pp. 316/9.)

— On a Collection of Coleoptera from Formosa, sent home by R. Sw. — By H. W. Bates, F. Z. S. (1866, pp. 339/355.)

— List of Lepidopterous Insects collected at Takow, Formosa, by R. Sw. — By Alfred R. Wallace, F. Z. S. and Frederic Moore. (1866, pp. 355/365.)

— Notice of a Badger from China (*Meles chinensis*), sent by Mr. Sw., and Dr. Harland from Hongkong. By Dr. J. E. Gray. (1868, I, pp. 206/209.)

— On the Cervine Animals of the Island of Hainan (China). (1869, III, pp. 652/660.)

— On a new Deer from China. (1870, I, pp. 89/92.)

Hydropotes inermis.

— On the Pied Wagtails of China. (1870, I, pp. 120/4, — 129/130.)

— On a new Species of *Accentor*, from North-China. (1870, I, pp. 124/5.)

— Description of Seven New Species of Birds procured during a cruise up the River Yangtsze. (1870, I, pp. 131/6.)

— On the Plovers of the Genus *Ægialites* found in China. (1870, I, pp. 136/142.)

— On the Mammals of Hainan. (1870, II, pp. 224/39.)

— List of Reptiles and Batrachians collected in the Island of Hainan (China) with Notes. (1870, II, pp. 239/241.)

— Descriptions of Ten new Species of Land and Fresh-Water Shells collected by R. Sw. — By Henry Adams. (1870, II, pp. 377/9.)

— Notes on Reptiles and Batrachians collected in various parts of China. (1870, II, pp. 409/413.)

— Zoological Notes of a Journey from Canton to Peking and Kalgan. (1870, II, pp. 427/451.)

— List of Birds collected by Mr. Cuthbert Collingwood during a Cruise in the China and Japan seas with Notes. (1870, II, pp. 600/4.)

Voir col. 388 et 395.

— Catalogue of the Mammals of China (South of the River Yangtsze) and of the Island of Formosa. (1870, III, pp. 615/653.)

— On a New Chinese Gull. [*Chroicocephalus saundersi.*] (1871, III, pp. 273/5.)

— A Revised Catalogue of the Birds of China and its Islands, with Descriptions of New Species, References to former Notes, and occasional Remarks. (1871, II, pp. 337/423.)

— Descriptions of two new Pheasants and a new *Garrulax* from Ningpo, China. (1872, II, pp. 550/4.) [*P. ellioti, Pucrasia Darwini, G. picticollis.*]

— Notes on Chinese Mammalia observed near Ningpo. (1872, III, pp. 813/8.)

— On a Scaup Duck found in China. (1873, pp. 411/3.)

— On the White Stork of Japan [*Ciconia Boyciana*]. (1873, pp. 512/4; 1874, p. 306, et Pl. I.)

— On Chinese Deer, with the Description of an apparently new Species. [*Cervus Kopschi.*] (1873, pp. 572/6.)

— On the Long-tailed Jay of Northern China, with further Notes on Chinese Ornithology. (1873, pp. 687/690.)

— On a Black Albatross of the China Seas [*Diomedea derogata*, n. sp.]. (*Proc. Zool. Soc.*, 1873, pp. 784/6.)

— On a small, tufted, hornless Deer from the Mountains near Ningpo. [*Lophotragus michianus*, n. g. et sp.] (1874, pp. 452/4.)

— On the Chinese Deer named *Lophotragus michianus* by Mr. Swinhoe. By A. H. Garrod, M. A. (*Proc. Zool. Soc.*, 1876, pp. 757/765.)

— List of Lepidopterous Insects collected by the late R. Swinhoe in the Island of Hainan. By F. Moore, Assistant Curator, India Museum, London. (*Proc. Zool. Soc.*, 1878, pp. 695/708.)

On trouvera également dans les *Proceedings* qq. lettres que je n'ai pas toutes indiquées; consulter l'*Index of the Proceedings*, 1861—1870, pp. 96/7, où sont marquées 37 des publications de M. R. Swinhoe.

The Ibis, a Magazine of general Ornithology:

— R. Swinhoe. The Ornithology of Amoy (China). (*Bengal Jour. As. Soc.*, XXIX, 1860, pp. 240/265; *Ibis*, II, 1860, pp. 45 to 68, 130/3.)

— Further Corrections and Additions to the above with some Remarks on the Birds of Formosa. (*Ibis*, pp. 357/361.)

— Letter dated «At sea, June, 16th, 1860». (*Ibid.*, pp. 428/9.)

— Notes on the Ornithology of Hongkong, Macao, and Canton, made during the latter end of February, March, April, and the beginning of May, 1860. (III, 1861, pp. 23/57.)

— Notes on the Birds observed about Talien Bay (North China), from June 21 to July 25, 1860. (*Ibid.*, pp. 251/262.)

— L. from Mr. S. on the Ornithology of Amoy and Foochow. (*Ibid.*, pp. 262/268.)

— Notes on Ornithology taken between Takoo and Peking, in the neighbourhood of the Peiho River, Province of Chelee, North China, from August to December, 1860. (*Ibid.*, pp. 323/345.)

— Various Letters. (*Ibid.*, pp. 408/414.)

— Ornithological Ramble in Foochow, in December 1861. (IV, 1862, pp. 253/265.)

— Letter (with 1 Plate). (*Ibid.*, pp. 363/5.)

— Additions and Corrections to the Ornithology of Northern China. (V, 1863, pp. 87/97.)

— The Ornithology of Formosa, or Taiwan. Part. I. (*Ibid.*, pp. 198/219.) — Pt. II. (*Ibid.*, pp. 250/311.) — Pt. III. (*Ibid.*, pp. 377/435.)

— Notes on the Ornithology of Northern Japan. (*Ibid.*, pp. 442/5.)

— Descriptions of four new Species of Formosan Birds with further Notes on the Ornithology of the Island. (VI, 1864, pp. 361/370.)

— Various Letters. (*Ibid.*, pp. 413/429.)

— Various Letters. (New Series, I, 1865, pp. 107/112, 230/4, 346/359, 538/546.)

— Letter. (II, 1866, pp. 121/123.)

— Note on *Kittacincla auricularis*, Swinhoe. By P. L. Sclater. (II, 1866, pp. 109/110.)

— A Voice on Ornithology from Formosa. (*Ibid.*, pp. 130/138.)

(Swinhoe.)

— Ornithological Notes from Formosa. (*Ibid.*, pp. 292/316—392/406.)

— Jottings on Birds from my Amoy Journal. (III, 1867, pp. 226/237, 385/413; IV, 1868, pp. 52/65.)

— Letter. (*Ibid.*, pp. 353/4.)

— Note on *Lanius melanthes*, and on *Lanius cephalomelas*, Bp. By Viscount Walden. (IV, 1868, pp. 68/71.)

— Letters. (V, 1869, pp. 347/8, p. 463.)

— On the Ornithology of Hainan. (VI, 1870, pp. 77/97, 230/256, 342/367.)

— On a new Species of Little Bittern from China. [*Ardetta eurhytma.*] (Third Series, III, 1873, pp. 73/4.)

— Letter. (*Ibid.*, pp. 95/6.)

— On a new Chinese Owl of the genus *Ketupa*. [*K. magnifica.*] (*Ibid.*, pp. 127/9.)

— Letter. (*Ibid.*, pp. 227/31.)

— On the Rosy Ibis of China and Japan. [*Ibis nippon.*] (*Ibid.*, pp. 249/253.)

— Notes on Chinese Ornithology. (*Ibid.*, pp. 361/372.)

— Letter. (*Ibid.*, pp. 423/7.)

— On some Birds from Hakodadi, in Northern Japan. (IV, 1874, pp. 150/166.)

— Letter. (*Ibid.*, pp. 182/3.)

— Notes on Chinese Ornithology. (*Ibid.*, pp. 266/70.)

Voir le *Shanghai Budget*, Jan. 29, 1874. — Frankfurt, *Zool. Garten*, XVII, 1876, pp. 24—27, 61—63.

— Ornithological Notes made at Chefoo, Province of Shantung, North China. (*Ibid.*, pp. 422/447; V, 1875, pp. 114/140.)

— Letter. (*Ibid.*, pp. 143/146.)

— On the Contents of a second box of birds from Hakodadi. (*Ibid.*, pp. 447/458.)

— On the Contents of a third box of birds from Hakodadi. (VI, 1876, pp. 330/5.)

— Letter. (*Ibid.*, pp. 507/8.)

— On the Contents of a fourth box of birds from Hakodadi. (Fourth Series, I, 1877, pp. 144/7.)

— On a new form of Reed-bird from Eastern Asia. [*Urosphena* (n. g.) *squamiceps.*] (*Ibid.*, pp. 203/5.)

— On a new bird from Formosa. [*Liocichla steerii*, n. g. et sp.] (*Ibid.*, pp. 473/4.)

(Swinhoe.)

∴

— R. Swinhoe. A few remarks on the Fauna of Amoy. (Newman, *Zoologist*, XVI, 1858, pp. 6222/6231.)

Read before the Literary and Scientific Soc. of Amoy, Nov. 17, 1857. — Rep. *Treaty Ports of China* by Mayers and Dennys, 1867, pp. 262/271.

— Description of the small Chinese Lark (*Alauda coelivox*). (*Ibid.*, XVII, 1859, pp. 6723/6727.)

Voir col. 406.

— Wild Swans on the coast of China. (*Ibid.*, XVIII. 1860, pp. 6923/5.)

— Birds of Amoy. (*Ibid.*, pp. 7102/3.)

— On the Japanese and Formosan Deer. (*Ann. Nat. Hist.*, VIII, 1861, p. 192.)

— A list of the Formosan Reptiles; with Notes on a few of the Species, and some Remarks on a Fish (*Orthagoriscus*). (*Ibid.*, XII, 1863, pp. 219/226.)

— A list of the Formosan reptiles; with notes on a few of the species, and some remarks on a fish (*orthagoriscus*, sp.). By R. Swinhoe, F. Z. S., F. G. S. &c., H. M. Vice-Consul at Formosa. [From the *Annals and Magazine of Natural History* for sept. 1863], in-8, pp. 8.

— Natural History Notes principally from Formosa. (*Zoologist*, XXII, 1864, pp. 9224 to 9229.)

— Birds and Beast of Formosa. (*Jour. N. C. B. R. A. S.*, II, 1865, pp. 39/52; Wien, *Zool. Bot. Verhandl.*, XVI, 1866, *Abh.*, pp. 438 to 447.)

— On a new Species of Beech-Marten (*Martes chrysospila*) from Formosa. (*Ann. Mag. Nat. Hist.*, XVIII, 1866, p. 286.)

— Descriptions of two new Species of Sun-birds from the island of Hainan, South China. (*Ibid.*, IV, 1869, p. 436.)

— Descriptions of New Species of birds from China. (*Ibid.*, V, 1870, pp. 173/5; VI, 1870, pp. 152/4.)

— On four new Species of Asiatic Birds [*Pellorneum subochraceum, Poecile baicalensis, Mirafra borneënsis, M. parva*]. (*Ibid.*, VII, 1871, p. 257.)

— On a new Species of *Nettapus* (Cotton-Teal) from the River Yang-tsze, China [*N. Kopschii*]. (*Ibid.*, XI, 1873, pp. 15/17.)

— On three new Species of Birds from Che-foo (North China). [*Turdus Campbelli, Hemipodius chrysostomus, Porzana exquisata.*] (*Ibid.*, XII, 1873, pp. 373/7.)

— On the Water Birds of the Fookien Province. By R. Swinhoe. (*Miss. Recorder*, 1867, Jan.)

Journal North China B. R. As. Society.

— Notes on some new Species of Birds found on the Island of Formosa. By R. Swinhoe, Esq. (Art. VIII, *Journal N. C. B. R. A. S.*, No. II, May 1859, pp. 225/230.)

Supp. à l'art. publié par Mr. S. sur son voyage à Formose. (*Ibid.*, Art. I, p. 145.) — Voir *Formose*, col. 268.

— The Small Chinese Lark. By Robert Swinhoe, Esq., H. B. M. Consulate, Amoy. Read before the Society, July 19th, 1859. (Art. II, *Journ. N. C. B. R. A. S.*, No. III, Dec. 1859, pp. 287/292.)

Alauda coelivox (Swinhoe) 半天飛 Voir col. 405.

— *Neau-Show.* Birds and Beasts (of Formosa), by Robert Swinhoe, Esq. Voir *Formose*, col. 268.

— The Natural History of Hainan by R. Swinhoe, F. Z. S., F. R. G. S., H. M. Consul in Formosa. — *Read before the British Association.* — Republished from the « *Field* » of 1870. London, Horace Cox, br. in-8, pp. 20.

— Sur le Chameau du désert de Gobi. Par M. G. Eug. Simon. (*Bull. Soc. Zool. Acclim.*, IX, 1862, pp. 362/365.)

— Sur les Oiseaux de Paradis et les Pies de la Chine, au Jardin Zoologique de Londres. (*Bull. Soc. Zool. Acclim.*, IX, 1862, pp. 442/443.)

Extrait de l'*Illustrated London News*, du 5 Avril 1862.

— Note sur quelques tentatives d'acclimatation du Gourami (*Osphromenus Olfax*) dans divers pays. Par M. le docteur Rufz de Lavison, Directeur du Jardin zoologique d'acclimatation du bois de Boulogne. (*Bull. Soc. Zool. Acclim.*, VIII, 1861, pp. 392/403.)

— De l'acclimatation du Gourami à l'ile de la Réunion, et des moyens d'acclimater ce poisson en Algérie et dans le Midi de la France, Par M. le docteur Auguste Vinson .... (*Bull. Soc. Zool. Acclim.*, VIII, 1861, pp. 509/514; *ibid.*, pp. 541/546.)

— Le Gourami et son nid. Par M. Carbonnier. (*Bull. Soc. Zool. Acclim.*, 1876, pp. 835/846.)

— Envoi d'animaux vivants de Chine, par M. Dabry. Lettre adressée par M. Dabry, consul de France à Han-Keou (Chine), à M. le Président ..... (*Bull. Soc. Zool. Acclim.*, X, 1863, pp. 519/520.)

— On *Accipiter stevensoni*, a New Species of Hawks from China. By J. H. Gurney. (*Ibis*, V, 1863, pp. 447/450.)

— Sur le prétendu Polype à vinaigre, de Chine. Copie d'une lettre adressée par M. Berthemy, ministre de France en Chine, à M. le Président . . . (*Bull. Soc. Zool. Acclim.*. X. 1863, pp. 520/521.)

Tson-no-tze. — Mentionné dans l'ouvrage de l'abbé Huc.

— Note sur trois espèces de poissons chinois et sur leur emploi dans l'industrie et l'alimentation. Par M. P. Champion. (*Bull. Soc. Zool. Acclim.*, IIe Sér., II, 1865, pp. 474/477.)

— Note additionnelle par M. Aug. Duméril. (*Ibid.*, pp. 477/478.)

Arthur Adams.

— On a new Genus and some new Species of *Pyramidellidae* from the North of China. (*Ann. Nat. Hist.*, VII, 1861, pp. 295/99.)

— On some new Species of Mollusca from the North of China and Japan. (*Ibid.*,VIII, 1861, pp. 135/142, 239/246, 299/309.)

— On a supposed new Genus and on some new Species of Pelagic Mollusca. (*Ibid.*, VIII, 1861, pp. 401/4.)

— On the habits of a Chinese Myriapod. (Newman, *Zoologist*, XIX, 1861, pp. 7660-7662.)

— On some new Species of *Cylichnidae*, *Bullidae*, and *Philinidae*, from the Seas of China and Japan. (*Ann. Nat. Hist.*, IX, 1862, pp. 150/161.)

— On some new Species of *Scissurellidae* from the Seas of China and Japan. (*Ann. Nat. Hist.*, X, 1862, pp. 346/8.)

— Notes on some Molluscous Animals from the Seas of China and Japan. (*Ann. Mag. Nat. Hist.*, XIII, 1864, pp. 140/4.)

— On some new Genera and Species of Mollusca from the Seas of China and Japan. (*Ibid.*, pp. 307/310.)

— Ed. von Martens. Ueber einen neuen Polyodon (*P. Gladius*) aus dem Yantsekiang und über die sogenannten Glaspolypen. (Berlin, *Monatsber.*, 1861, pp. 476/479.)

— Notes on the Breeding and Rearing of the Chinese Crane (*Grus Montignesia*) in the Society's Gardens. By A. D. Bartlett. (*Proc. Zool. Soc.*, 1861, pp. 369/370.)

— Note on the Deer of Formosa. By P. L. Sclater, M. A., Ph. D., F. R. S. — Sec. to the Soc. (*Ibid.*, 1862, II, p. 150.)

— C. J. Maximowicz. Zoologische Nachrichten vom Ussuri und von der Südküste der Mandschurei. [1861.] St. Pétersb., *Acad. Sc., Bull.*, IV, 1862, col. 180-194.

Peter Bleeker.

— Description de quelques espèces de poissons nouvelles ou peu connues de la Chine. (*Nederland. Tijdschr. Dierkunde*, I, 1863, pp. 135/150.)

B. a écrit un grand nombre de mémoires sur la zool. des Indes Néerlandaises que l'on devra également consulter. On trouvera une liste de ces mémoires dans le *Cat. of Scientific Papers*, of the Royal Society, I, pp. 422/428.

— Description et figure d'une espèce inédite de Rhynchobdella de Chine : *R. sinensis.* Amsterdam, Verslag. Acad., IV, 1870 (*Natuurk.*, pp. 249/250.)

— Mededeeling omtrent eenige nieuwe vischsoorten von China. (*Ibid.*, pp. 251/3.)

— Description d'une espèce inédite de Botia de Chine (*B. elongata*), et figures du *B. elongata* et *B. modesta* [1869]. (*Ibid.*, pp. 254/6.)

— Description et figure d'une espèce inédite de Hemibagrus de Chine : *H. macropterus* [1869]. (*Ibid.*, pp. 257/8.)

— Mémoire sur les Cyprinoïdes de Chine [1869]. (Amsterdam, *Verhand. Acad.*, XII, 1871.)

— Descriptions of new Genera and Species of Diatoms from Hongkong. By R. K. Greville. (*Annals Nat. Hist.*, 3 S., XVI, 1865, pp. 1/7.)

— Notice sur les peintures chinoises de Cyprinoïdes, déposées au Muséum de l'Université de Groningue par M. J. Senn van Basel. (Amst., Verslag. Akad., VI, 1872, pp. 117/121.)

— О китайскомъ шелководствѣ. Составилъ, по китайскимъ источникамъ, Іеромонахъ Антоній. St. Pétersbourg, 1865, in-8, pp. 50.

Ext. des Travaux de la Soc. entomologique de Russie.

— Истребленіе саранчи въ Китаѣ. Переводъ съ китайскаго К. Скачкова. St. Pétersbourg, 1865, in-8, pp. 10.

Ext. des Travaux de la Soc. entomologique de Russie.

Crosse et Debeaux.

— Description d'espèces marines recueillies par M. G. Cuming dans le nord de la Chine, par H. Crosse. (*Jour. de Conchytiologie*, X, 1862, pp. 51/7.)

— Description d'une espèce nouvelle [*Ostrea*

Talienwhanensis] du nord de la Chine, par H. Crosse. (*Ibid.*, pp. 149/150.)

— Diagnoses d'espèces nouvelles du nord de la Chine, par H. Crosse et O. Debeaux. (*Journal de Conchyliologie*, XI, 1863, pp. 77/79.)

Cancellaria Bocageana. — Fragilia Yantaiensis.

— Notice sur l'animal du *Fragilia Yantaiensis*, par P. Fischer. (*Ibid.*, pp. 79/81.)

— Diagnose d'un Glauconome nouveau [*G. Primeana*], du nord de la Chine, par H. Crosse et O. Debeaux. (*Ibid.*, p. 177.)

— Note sur la Malacologie de quelques points du littoral de l'empire chinois, par Odon Debeaux, pharmacien aide-major. (*Ibid.*, pp. 239/252.)

— Note sur quelques espèces nouvelles ou peu connues du littoral de l'empire chinois, par H. Crosse et O. Debeaux. (*Ibid.*, pp. 253/265.)

— Description d'une *Helicine* nouvelle par H. Crosse et O. Debeaux. (*Ibid.*, pp. 266/7.)

— Diagnoses d'espèces nouvelles par H. Crosse et O. Debeaux. (*Ibid.*, pp. 386/7.)

— Description d'espèces nouvelles de Shanghai et du nord de la Chine, par H. Crosse et O. Debeaux. (*Ibid.*, XII, 1864, pp. 316/320.)

— Description d'une espèce nouvelle par H. Crosse. (*Ibid.*, pp. 321/323.)

Cyclophorus Debeauxi.

— Description d'espèces nouvelles, par H. Crosse. (*Ibid.*, XVII, 1869, pp. 391/7.)

— Notice sur les mollusques vivants observés dans le Nord de la Chine; par M. Debeaux, pharmacien aide-major, attaché à l'armée expéditionnaire. (*Rec. de Mém. de médecine... milit.*, 3e Sér., VI, 1861, pp. 481/7.)

———

— On a New Species of *Pucrasia* [*P. xanthospila*] from China. By George Robert Gray, F. L. S., etc. (*Proc. Zool. Soc.*, 1864, II, pp. 258/260.)

— Notes upon some Interesting Chinese Shells, with a Description of two or three new species of *Unionidae*, collected at Shanghai by Jones Lamprey, M. D., 67th Regiment, C. M. Z. S. By W. Baird, M. D., and H. Adams, F. L. S. (*Ibid.*, II, 1867, pp. 489/492.)

(Crosse et Debeaux.)

— Notice on the Pheasants found in the neighbourhood of Pekin by Dudley E. Saurin. (*Ibid.*, 1866, pp. 436/8.)

H. JOUAN. Description de quelques poissons et de quelques oiseaux du Nord de la Chine. (*Mém. de la Soc. des Sc. nat. de Cherbourg*, XII, 1866, 14 pages.)

— Notes sur quelques poissons de mer observés à Hongkong. (*Ibid.*, XIII, 1868, 42 pages.)

Voir Corée.

— Chinese Notions about Pigeons and Doves by T. Watters Esq. (*Journal N. C. B. R. A. S.*, No. IV, Dec. 1867, Art. XI, pp. 225/242.)

Albert Günther.

— The Reptiles of British India by Albert C. L. G. Günther, M. A., M. D., Ph. D., F. Z. S., etc., etc.; London, Published for the Ray Society by Robert Hardwicke. MDCCCLXIV; in-folio, pp. XXVII-452.

Avec un Atlas; issued to the Subscribers for the year 1863. Contient non-seulement les reptiles de l'Inde, mais aussi ceux du Tibet, de la Chine, etc.

— Albert Günther. Report on a collection of Fishes from China. (*Ann. Mag. Nat. Hist.*, XII, 1873, pp. 239/50.)

— A. Günther. On a Collection of Fishes from Chefoo, North China. (*Ibid.*, pp. 377/380.)

— Third Notice of a Collection of Fishes made by Mr. Swinhoe in China. By Dr. Albert Günther. (*Annals Nat. History*, 4 S., XIII, 1874, pp. 154/9.)

— Descriptions of some Leporine Mammals from Central Asia. By Albert Günther. (*Ibid.*, 4 S., XVI, 1875, pp. 228/231.)

— On a Collection of Reptiles from China. By Dr. A. Günther. (*Ibid.*, 6 S., I, 1888, pp. 165/172.)

Recueillie par A. E. Pratt dans les montagnes N. de Kieou-kiang.

— Contribution to our Knowledge of the Fishes of the Yangtsze-Kiang. By Dr. A. Günther. (*Ibid.*, 6 S., I, 1888, pp. 429/435.)

Recueilli par A. E. Pratt.

— Third Contribution to our Knowledge of Reptiles and Fishes from the Upper Yangtsze-Kiang. By Dr. A. Günther. (*Ibid.*, 6 S., IV, 1889, pp. 218/229.)

Recueilli par A. E. Pratt, à I-tchang.

— Report on a Collection of Fishes from Newchwang, North China. By Dr. A. Günther. (*Ibid.*, 7 S., I, 1898, pp. 257/263.)

Collection W. Morrison.

(Divers. — Günther.)

— Notes on the Physical Aspects and on the Food-Fishes of the Liao Basin, North China. By W. Morrison. (*Ibid.*, 7 S., I, 1898, pp. 263/6.)

— Note sur l'*Euplocomus prelatus* et sur quelques envois de la Cochinchine et du Mexique. Par M. Rufz de Lavison, Directeur du Jardin. (*Bull. Soc. Zool. Acclim.*, IIe Série, I, 1864, pp. 175/179.)

— Copie d'une lettre de M. Dabry, consul de France à Han-Kéou. (*Bull. Soc. Zool. Acclim.*, IIe Sér., I, 1864, pp. 621/622.)

Tche-ky, faisan flèche.

— On a Collection of Birds from China and Japan. By R. B. Sharpe. With Notes by the Collector, Robert H. Bergman. (*Annals Nat. History*, 4 S., VI, 1870, pp. 157/161.)

W. B. Pryer.

— William Burges Pryer. Nécrologie. Par H. C.[ordier.] (*T'oung Pao*, 2e Sér., I, Oct. 1900, p. 345.)

† 8 janvier 1899, à Sandakan, Borneo.

— Entomology of Shanghaï by W. B. Pryer Esq. (*J. N. C. B. R. A. Soc.*, No. IV, Dec. 1867, Art. V, pp. 74/79.)

Mr. Pryer qui a été le premier directeur (curator) du Musée de Chang-hai a publié, en une br. in-8, 1876, un catalogue des oiseaux de cet établissement:

— Catalogue of Animals and Birds in the Shanghai Museum on the 31st December, 1875. Shanghai. Printed at the «North-China Herald» Office, 1876, gr. in-8, pp. 15 [by W. B. Pryer].

— New Species of Heterocerous Lepidoptera of the Tribe *Bombyces*, collected by Mr. W. B. Pryer chiefly in the District of Shanghai. By Frederic Moore. (*Annals Nat. History*, 4 S., XX, 1877, pp. 83/94.)

— W. B. Pryer. — List of Rhopalocera of the Chekiang and Kiang soo Provinces, China. [1877.] (*Entom. Month. Mag.*, XIV, 1877-78, pp. 52-55.)

— Notes on Chinese Entomology.

Articles signés H. dans le *N. C. Herald*, April 22, 1867, p. 28. — June 6, 1867, p. 95. — Oct. 9, 1867, p. 285.

— Description du Lophophore Drouyn de Lhuys (*Lophophorus Lhuysii*) et de l'Ithagine Geoffroy (*Ithaginis Geoffroyi*). Par M. Jules Verreaux. (*Bull. Soc. Zool. Acclim.*, IIe Sér., IV, 1867, pp. 705/711.)

— Sur les principaux oiseaux du Thibet. Réponse de Monseigneur Chauveau à plusieurs questions adressées à Sa Grandeur, par M. Dabry, Consul de France à Han-Kéou. (*Bull. Soc. Zool. Acclim.*, IIe Sér., IV, 1867, pp. 712/714.)

— Description d'une espèce nouvelle [*Mathilda sinensis*] des îles Chusan par P. Fischer. (*Jour. de Conchyliologie,* XV, 1867, pp. 304/305.)

— Note on the «*Spiroptera sanguinolenta*» of Rudolphi, a Parasite found in the Heart of Dogs in China. By W. Baird, M. D. With an Account of the Occurrence of these Worms at Shanghai, by J. Lamprey, M. D., 67th Regiment. (*Jour. Linn. Soc., Zool.*, IX, 1868, pp. 296/7.)

Abbé ARMAND DAVID, de la Congrégation de la Mission.

— Quelques observations sur les productions naturelles, le climat, la constitution géologique du nord de la Chine. Ecrites sur la demande de M. Berthemy, ministre de France à Pékin. Par l'abbé David, missionnaire lazariste résidant dans le Tché-li. (Déc. 1864.) — (*Bull. Soc. Accl.*, Avril 1865, pp. 231/251.)

Voir *infra* art. dans le *Bull. de la Soc. d'Ac.*, 1872.

— Journal d'un Voyage en Mongolie fait en 1866 sous les auspices de S. E. M. Duruy, Ministre de l'Instruction publique par M. l'abbé Armand David, missionnaire de la Congrégation des Lazaristes, Correspondant du Muséum. (*Nouv. Arch. du Museum, Bull.*, III, 1867, pp. 18/96, avec 4 Pl.; IV, 1868, pp. 3/83, avec 2 Pl.; V, 1869, pp. 3/13.)

— Notice sur quelques poissons inédits de Madagascar et de la Chine par M. Guichenot, Aide-naturaliste au Muséum. (*Nouv. Arch. du Mus.*, V, 1869, pp. 193/206.)

— Notes sur quelques oiseaux considérés comme nouveaux provenant du voyage de M. l'abbé Armand David dans le Thibet oriental par M. J. Verreaux, Aide-naturaliste au Museum. (*Nouv. Arch. du Mus., Bull.*, V, 1869, pp. 33/6.)

— Diagnoses d'espèces nouvelles de Mollusques terrestres et fluviatiles de la principauté de Moupin, Thibet oriental, envoyées au Museum d'histoire naturelle de Paris par M. l'abbé A. David par G.-P. Deshayes. (*Ibid.*, VI, 1870, pp. 19/27.)

— Note sur les espèces nouvelles d'oiseaux recueillis par M. l'abbé Armand David dans les montagnes du Thibet chinois par M. J. Verreaux. (*Ibid.*, pp. 33/40.)

— Catalogue des oiseaux de Chine observés dans la partie septentrionale de l'Empire (au nord du Fleuve Bleu) de 1862 à 1870, par M. Armand David. (*Ibid.*, VII, 1871, pp. 3/14.)

— Description des oiseaux nouveaux ou incomplètement connus, collectés par M. l'abbé Armand David pendant son voyage dans le Thibet oriental et la partie adjacente de la Chine, par M. J. Verreaux, aide-naturaliste. (*Ibid.*, pp. 25/66.)

— Rapport adressé à MM. les Professeurs-administrateurs du Museum d'histoire naturelle par M. l'abbé Armand David, le 15 déc. 1871. (*Ibid.*, pp. 75/100.)

— Notice of Père David's Travels in China. By P. L. Sclater. (*Ibis*, 3d Ser., IV, 1874, pp. 167/172.)

— Journal d'un Voyage dans le centre de la Chine et dans le Thibet oriental par M. l'abbé Armand David. (*Nouv. Arch. du Mus., Bull.*, VIII, 1872, pp. 3/128; IX, 1873, pp. 15/48; X, 1874, pp. 3/82.)

— Remarques sur l'*Ibis Sinensis* de M. l'abbé A. David par M. E. Oustalet, attaché au laboratoire d'ornithologie. (*Ibid.*, *Bull.*, VIII, 1872, pp. 129/137 & 1 Pl.)

— Additions au Journal du Voyage de M. l'abbé Armand David par M. J. Verreaux. (*Ibid.*, *Bull.*, VIII, 1872, pp. 137/8.)

— Description de quelques espèces de mollusques nouveaux ou peu connus envoyés de la Chine par M. l'abbé A. David par G. P. Deshayes. (*Ibid.*, IX, 1873, pp. 3/14; X, 1874, pp. 83/100.)

— Notice sur quelques poissons d'espèces nouvelles ou peu connues provenant des mers de l'Inde et de la Chine par M. H.-E. Sauvage. (*Ibid.*, IX, 1873, pp. 49/62.)

— Quelques remarques sur les Lépidoptères du genre *Argynnis* qui habitent les environs de Pékin et description d'une espèce nouvelle appartenant à cette coupe générique, par M. H. Lucas. (*Annales de la Soc. Entom. de France*, 4e Sér., VI, 1866, pp. 219/222.)

Ces espèces avaient été recueillies par le R. P. A. David.

— [Notes sur les habitats de quelques Faisans de la Chine.] (*Proc. Zool. Soc.*, 1868, pp. 210/211.)

— Description of *Parus Pekinensis*. (*Ibis*, VI, 1870, pp. 154/6.)

— Nouvelle espèce de Crossoptilon : *C. cærulescens*. (*Ctes. rendus Ac. Sciences*, LXX, 1870, p. 538.)

— On two new Species of Birds from Moupin, Western Szechuen [*Accentor multistriatus*, *Cinclosoma Artemisiae*]. (***Ann.*** *Mag. Nat. Hist.*, VII, 1871, p. 256.)

— Sur une espèce nouvelle de Paradoxornis : *P. Heudei*. (*Ctes. rendus Ac. Sciences*, LXXIV, 1872, pp. 1449/1450; *Ann. Mag. Nat. Hist.*, X, pp. 71/72.)

— Observations zoologiques faites dans la province de Tché-Kiang. (*Ctes. rendus Ac. Sciences*, LXXV, 1872, pp. 64/65.)

EMILE BLANCHARD; dans la *Revue des Deux-Mondes* :

I. Les récentes explorations des naturalistes en Chine (15 février 1871). — II. Un Voyage de Pékin à l'Ourato en Mongolie (15 mars 1871). — III. Voyage dans les provinces centrales et occidentales du Céleste-Empire (15 mai 1871). — IV. Voyage dans les provinces centrales et dans le Thibet oriental. (15 juin 1871).

Le *Nouvelliste de Shanghai* (No. 149, 31 août 1872 au No. 172, 21 Nov. 1872) a donné une série d'articles d'après le travail de Mr. Blanchard. Le *Nouvelliste*, traduit en anglais par le Dr. Shearer de Kieou kiang, a paru dans le *Shanghai Evening Courier*, puis dans le *Shanghai Budget* (1873, Feb. 20, 27; March 6, 20; April 17, 26) sous le titre de : «Natural History of North China. The Reverend Père David's Investigations into the Natural History of Pe-che-li and the North of China.»

Les articles du *Budget* ont été réunis en une brochure in-4, Shanghai, 1873 :

— Natural History of North China, with notices of that of the South, West and North-East, and of Mongolia & Thibet, compiled chiefly from the travels of Père Armand David. Reprinted from the «Shanghai Evening Courier» and «Shanghai Budget», and translated from the «Shanghai Nouvelliste». Shanghai : Printed by Da Costa & Co., at the «Ching-Foong» general Printing Office, 1873, in-4, pp. 45 à 2 col.

— A day in the Leu San with the Veteran Naturalist of China [A. David]. (By Dr. Shearer.) (*Shanghai Budget*, June 21 & 28, 1873.)

— Voyage de l'abbé David, en Chine; lettre au Secrétaire général. (*Bull. Soc. Géog.*, 6e Sér., 1871, II, pp. 465/478.)

— Voyage en Chine de l'abbé Armand David. Ext. d'une lettre à M. Daubrée. (*Ibid.*, 1873, VI, pp. 537/8.)

— Voyage dans la Chine occidentale, par l'abbé David. Lettre à M. Daubrée. Paris, 15 juin 1874. (*Ibid.*, 1874, VIII, pp. 186/199.)

— Second voyage d'exploration dans l'ouest de la Chine, 1868 à 1870. (*Ibid.*, 1876, pp. 24/52.)

Ext. par M. Jules Gros des *Archives du Museum*.

— Lettre du P. David. (*Proc. Zool. Soc.*, I, 1868, p. 210.)

— Abbé Moigno, *les Mondes*, 2 Juin 1870.

— Quelques renseignements sur l'histoire naturelle de la Chine septentrionale et occidentale par le Père Armand David, Missionnaire Lazariste. Lettre à M. — [F. B. Forbes] à Shanghai. Pékin, 12 août 1872. (*Journal N. C. B. R. A. S.*, No. VII, 1871 & 1872, Art. X, pp. 205/234.)

— Extraits d'une lettre du P. David à Mr. R. Swinhoe, Shen si, Feb. 13, 1873. (*Proc. Zool. Soc.*, 1873, pp. 555/6.)

— Notice of Père David's Travels in China by P. L. Sclater. (*The Ibis*, 3rd Series, IV, 1874, pp. 167/172.)

— Note sur quelques oiseaux de la province de Chen-si par M. l'abbé David. (*Ann. des Sc. nat.*, 5e S., Zool. & Pal., XVIII, 1873, Art. 5.)

— *Revue politique et littéraire*, No. 28, 9 Janvier 1875.

— Coup d'œil sur les mammifères de la Chine et du Tibet oriental. Par le Dr. Alph. Milne-Edwards. (*Bull. Soc. Zool. Acclim.*, IIe Sér., IX, 1872, pp. 239/252.)

— Recherches pour servir à l'histoire naturelle des mammifères comprenant des considérations sur la classification de ces animaux par M. H. Milne-Edwards, des observations sur l'hippopotame de Liberia et des études sur la faune de la Chine et du Tibet oriental, par M. Alphonse Milne-Edwards. Paris, G. Masson, 1868 à 1874; 2 vol. in-4. Tome I, texte, pp. 394. — T. II, atlas (105 planches).

Les Mammifères de la Chine décrits dans cet ouvrage font partie des collections du P. David. M. Milne-Edwards avait déjà publié sur le même sujet:

— Note sur le *Mi-lou*, ou *Sseu-pou-siang*, mammifère du Nord de la Chine, qui constitue une section nouvelle de la famille des Cerfs, par M. Alphonse Milne-Edwards. Présenté à l'Académie des Sciences, le 14 Mai 1866. (*Ann. des Sc. Nat.*, 5e S., Zool. & Pal., II, 1866, pp. 380/2.)

— On the *Mi-lou* or *Sseu-pou-siang*, a Mammal from the north of China, which forms a new Section in the Family *Cervidae*. By A. Milne-Edwards. (*Annals Nat. History*, 3 S., XVIII, 1866, pp. 71/72.)

— Observations sur quelques mammifères du Nord de la Chine par le même. (*Ann. des Sc. Nat.*, VII, 1866, pp. 375/7; VIII, 1867, pp. 374/6.)

— Note sur quelques mammifères du Thibet oriental par le même. (*Ibid.*, XIII, 1870, p. 18.)

— Alphonse Milne-Edwards. Nécrologie. Par Henri Cordier. (*T'oung-Pao*, Juillet 1900, p. 256.)

Né à Paris, 13 Oct. 1835; † 21 avril 1900, au Jardin des Plantes.

— Description de quelques oiseaux de la Chine, par M. l'abbé Armand David. (Extraite de lettres adressées à M. Milne-Edwards.) (*Ibid.*, XIX, 1874, pp. 1/5, Art. 9.)

— Espèces nouvelles de lépidoptères recueillis en Chine par M. l'Abbé A. David. (*Etudes d'entomologie*. Faunes entomologiques. Descriptions d'insectes nouveaux ou peu connus par Charles Oberthür. Rennes, Impr. Oberthür et fils.) Br. in-8, pp. XI-13/34, et 4 Pl.

(Armand David.)

— *Propomacrus Davidi*, par M. Henri Deyrolle. (*Ann. de la Soc. entom. de France*, 5e Série, 1874, pp. 448/9, 1 Pl.)

— Journal de mon troisième voyage d'exploration dans l'empire chinois; ouvrage contenant 3 cartes, par M. l'abbé Armand David. Paris, Hachette, 1875, 2 vol. in-18 jésus.

Notice : *The Athenaeum*. — Voyages en Chine de l'abbé David par J. Gros. (*L'Explorateur*, II, 1875, pp. 373/5, 392/4.) — *Ibis*, 4 Ser., I, 1877, pp. 117/8. — Voir : Géologie.

Notice : (par le R. P. T. Pepin) *Etudes religieuses*, Ve Sér., VIII, 1875, pp. 929/934.)

— The Abbé Armand David's Journey in Western China. (*Geographical Magazine*, June 1, 1876, pp. 146/149.)

D'après le *Bull. de la Soc. de Géog.*, Janv.–Mars, 1876.

— The abbé Armand David's travels in China. By Alfred E. Hippisley. (*Geog. Mag.*, Febr. 1877, pp. 28/34.)

— Die Forschungsreisen des französischen Missionärs und Naturforschers Armand David. — Von Carl Berthold. Würzburg, 1878, in-8, pp. 58.

Dans *Katholische Studien*, III. Jahrgang (1877), XII. Heft.

— Les Oiseaux de la Chine par M. l'abbé Armand David, M. C. ancien missionnaire en Chine, Correspondant du Museum d'histoire naturelle, etc. Et M. E. Oustalet, Docteur ès Sciences, Aide-naturaliste au Muséum, Membre correspondant de la Société zoologique de Londres. Avec un Atlas de 124 Planches, dessinées et lithographiées par M. Arnoul et coloriées au pinceau. Paris, G. Masson, MDCCCLXXVII, in-8, pp. VII-573, et Atlas, pp. VI-124 Pl.

807 espèces sont décrites dans cet ouvrage; dans l'appendice on donne une description des oiseaux observés par M. Prjevalski d'après l'*Ornithological Miscellany* (1877) de G. Dawson: «The Birds of Mongolia, the Tangut Country and the Solitudes of Northern Tibet.»

C. rendu : *China Review*, VII, pp. 62/64. (Par O. F. von Möllendorff.)

— Faune et Flore chinoises par M. Armand David, Lazariste, ... Les Singes. (*Missions Cath.*, 1889, janv. 11, pp. 21/23; janv. 18, pp. 34/35; janv. 25, pp. 46/48 ...)

— The Services of Catholic Missionaries in the East to Natural Science. (*Nature*, XXXVIII, 1888, pp. 434/437.)

A propos des articles de l'abbé Armand David dans les *Missions Catholiques*.

— «Note on the *Elaphurus Davidianus*» by S. W. Bushell, M. D. (*Notes and Queries on C. & J.*, Vol. IV, pp. 29/30.)

— Nouvelles espèces de *Phalaenidae* recueillies à Moupin par l'abbé A. David, par M. G.-A. Poujade. (*Bul. Mus. Hist. Nat.*, I, 1895, pp. 55/9.)

— Reise der österreichischen Fregatte «*Novara*» ... Zoologischer Theil:

(Armand David.)

I. Bd., Wien 1869 : *Säugethiere.* (Johann Zelebor.) — *Vögel.* (August von Pezeln.) — *Reptilien.* (Dr. Franz Steindachner.) — *Amphibien.* (Le même.) — *Fische.* (Dr. Rudolf Kner.)

II. Bd., I. Abtheilung. — A; Wien, 1868 : *Coleoptera.* (Dr. Ludwig Radtenbacher.) — *Hymenoptera.* (Henri de Saussure.) — *Formicidae.* (Dr. Gustav L. Mayr.) — *Neuroptera.* (Friedrich Brauer.)

II. Bd., I. Abt. — B; Wien, 1868 : *Diptera.* (Dr. J. R. Schiner.) — *Hemiptera.* (Dr. Gustav L. Mayr.)

II. Bd., III. Abt., Wien, 1868 : *Crustaceen.* (Dr. Camil Heller.) — *Anneliden.* (Prof. Ed. Grube.) — *Mollusken.* (Georg Ritter v. Frauenfeld.)

John Anderson.

— Descriptions of new Land and Freshwater Molluscan Species collected by Dr. John Anderson in Upper Burma and Yunan. By W. T. Blanford. (*Proc. Zool. Soc.*, 1869, pp. 444/450.)

— On eight new Species of Birds from Western Yunan, China. By John Anderson, M. D., Director of the Indian Museum Calcutta. (*Ibid.*, 1871, I, pp. 211/5.)

— Description of a new Genus of Newts from Western Yunan [*Tylotriton verrucosus*]. By Dr. John Anderson. (*Ibid.*, 1871, pp. 423/5.)

— Descriptions of three New Species of Diurnal Lepidoptera from Western Yunan collected by Dr. Anderson in 1868. By W. S. Atkinson. (*Ibid.*, pp. 215/216.)

— Descriptions of some new Insects collected by Dr. Anderson during the Expedition to Yunan. By Frederic Moore, Francis Walker, and Frederick Smith. (*Ibid.*, pp. 244/9.)

Voir col. 328—329.

— Notes on some Rodents from Yarkand. By John Anderson. (*Ibid.*, 1871, pp. 559/564.)

— Descriptions of new Species of Chiroptera from India and Yunan. By G. E. Dobson. (*Jour. As. Soc. Bengal*, Vol. 43, 1874, Pt. 2, pp. 237/8.)

— List of the *Mollusca* brought back by Dr. J. Anderson from Yunnan and Upper Burma, with Descriptions of new Species. By G. Nevill. (*Ibid.*, Vol. 46, 1877, Pt. 2, pp. 14/41.)

— Description of some new Asiatic Mammals and Chelonia. By John Anderson, M. D. (*Annals Nat. History*, 4 S., XVI, 1875, pp. 282/5.)

— Anatomical and Zoological Researches: comprising an Account of the Zoological Results of the two Expeditions to Western Yunnan in 1868 and 1875; and a Monograph of the two Cetacean Genera, *Platanista* and *Orcella.* By John Anderson, M. D. Edin. London, 1878, 2 vol. in-4. [Voir col. 328/9.]

Notice : *Ibis*, 4 Ser., IV, 1880, p. 132.

— Cochons de Chine. Par Paul Voelkel, Directeur de l'Institut allemand pour les langues vivantes à Paris. (*Bull. Soc. Zool. Acclim.*, IIe Sér., VII, 1870, p. 321.)

— Utilisation de la Loutre de Chine. Par J. L. S. (*Bull. Soc. Zool. Acclim.*, IIe Sér., VIII, 1871, p. 581.)

— Le macropode de Chine. Par M. Carbonnier. (*Bull. Soc. Zool. Acclim.*, IIe Sér., IX, 1872, pp. 7/14.)

— Du Macropode de la Chine; par M. Raoul Boulart. (*Jour. de Zoologie*, . . . par Paul Gervais, I, 1872, pp. 243/254.)

— Études sur les mœurs, le développement et les métamorphoses d'un petit poisson chinois du genre Macropode (Macropodus Paradisi, Nobis); par N. Joly, professeur à la Faculté des sciences de Toulouse. Montpellier, imp. Boehm et fils, in-8, pp. 31 et 1 pl.

Extrait de la *Revue des Sciences naturelles.* — Bib. de la France, 1874, 5492.

— Études sur les mœurs, le développement et les métamorphoses d'un petit poisson chinois du genre Macropode; par N. Joly. Toulouse, imp. Douladoure, in-8, pp. 31 et Pl.

Extrait des *Mémoires de l'Académie des sciences, inscriptions et belles-lettres de Toulouse*, 7e Série, t. V. — Bib. de la France, 1874, 10827.

— Le Macropode de Chine. (*L'Explorateur*, II, 1875, pp. 307/9.)

— Sur quelques Animaux du Thibet. Lettre du R. P. Carreau, missionnaire apostolique, à M. Andelle (d'Epinac), datée de Patang, 19 Juin 1872. (*Bull. Soc. Zool. Acclim.*, IIe Sér., X, 1873, pp. 79/81.)

— Notes sur la Zoologie du Thibet. Par l'abbé Desgodins, missionnaire apostolique. (*Ibid.*, IIe Sér., X, 1873, pp. 309/332.)

— Sur la reproduction et le développement du Poisson télescope, originaire de Chine. [Par M. Carbonnier.] (*Ibid.*, IIe Sér., IX, 1872, pp. 789/790.)

— * On Fishes from Peking. (*Nederl. Tijds. vor de Dierkunde*, 1869.)

— The Pangolin of the Loo-san. (*The Cycle*, 24th June 1871, pp. 712/3.)

— Pigeons voyageurs de Pe-king et leurs sifflets.

(Chevalier, *Chasse Illustrée*; Paul Champion, communication faite à la *Soc. d'Accl.* dans la séance du 1er juin 1866; reproduite dans le no 9, sept. 1872.) Voir col. 219.

— Coup d'œil sur les mammifères de la Chine et du Tibet oriental par le Dr. Alph. Milne-Edwards. (*Bull. de la Soc. d'Acclim.*, Mai 1872, pp. 239/252.)

Voir col. 415.

— On the Anatomy of a new Species of Polyodon, the *Polyodon gladius*, of Martens, taken from the River Yang-tsze kiang, 450 miles above Woosung. Part I, being its *External Characters and Structure* by P. D. Handyside, M. D. (*Proc. Roy. Soc. of*

Edinburgh, session 1872/3, pp. 50/1.) — Part II, being its *Nervous and Muscular Systems*. (*Ibid.*, pp. 136/7.)

The third part of Dr. Handyside's paper will consist of an anatomical description of the viscera of organic life; and the fourth part, of the articular system and the endo-skeleton of the *Polyodon gladius*, pp. 136/7.

— Note on the Cranial and Dental Characters of the Northern and Southern Tigers and Leopards of China as affording Marks of their specific Distinction. By George Busk. (*Proc. Zool. Soc.*, 1874, pp. 146/150.)

— Notes sur les poissons des eaux douces de Chine par MM. H. E. Sauvage et Dabry de Thiersant. (*Ann. des Sc. nat.*, 6e S., Zool. & Pal., Vol. I [1874], Art. 5.)

— Recherches sur la Faune ichthyologique de l'Asie et description d'espèces nouvelles de l'Indo-Chine par H.-E. Sauvage. (*Nouv. Archives Muséum*, 2e Sér., IV, 1881, pp. 123/194, 4 pl.)

— Spiders. By F. H. E. (*China Review*, III, 1874, pp. 188/9.)

— On the Black Wolf of Tibet. By P. L. Sclater. (*Proc. Zool. Soc.*, 1874, pp. 654/5.)

— Descriptions of new Species of Chiroptera from India and Yunan. By G. E. Dobson. (*Jour. As. Soc. Bengal*, Vol. 43, 1874, Pt. 2, pp. 237/8.)

O. F. von Möllendorff.

— Diagnosen neuer Arten aus dem Binnenlande von China. Von Dr. O. von Möllendorff. (*Jahrbücher der Deutschen Malakozoolog. Ges.*, I, 1874, pp. 78/107.)

— Chinesische Landschnecken von O. von Möllendorff. (*Ibid.*, II, 1875, pp. 118/126.)

— Landschnecken der nordchinesischen Provinz Chili. Von O. von Möllendorff. (*Ibid.*, pp. 214/220.)

— Contributions to the Natural History of North China. (*Mitth. der D. Ges. f. Nat. u. Völk. Ostas.*, Mars 1876, Hft. 9, pp. 7/19.)

— Ueber die nordchinesische « Gemse » (*Antilope caudata* A. M. Edw.). (*Ibid.*, Bd. I, Hft. 10, Juillet 1876, pp. 19/20.)

— The Vertebrata of the Province of Chihli with Notes on Chinese Zoological Nomenclature. By O. F. von Möllendorff, Ph. D. (*Jour. N. C. B. Roy. As. Soc.*, No. XI, 1877, pp. 41/111.)

— Trouts in China. By O. F. von Möllendorff. (*China Review*, VII, pp. 276/278.)

— Kangaroos in Central Asia. By O. F. von Möllendorff. (*Jour. China Br. R. A. Soc.*, XXII, N. S., 3 & 4, 1887, pp. 229.)

Pierre Heude, S. J.

— Description de deux oiseaux de Chine par

M. l'abbé Heude. (*Ann. des Sc. nat.*, 5e S., Zool. & Pal., XX, 1874, Art. 2, p. 168.)

— Diagnoses Molluscorum in fluminibus provinciae Nankingensis collectorum, Auctore R. P. Heude, S. J. (*Jour. de Conchyliologie*, XXII, 1874, pp. 112/118.)

— Conchyliologie fluviatile de la Province de Nanking, par le R. P. Heude, de la Compagnie de Jésus. Premier fascicule. Paris, Savy (1875), in-4.

L'ouvrage entier a paru en dix fascicules comprenant en tout 80 pages et 80 planches.

— Mémoires concernant l'Histoire naturelle de l'Empire chinois par des Pères de la Compagnie de Jésus. — Premier cahier avec 12 planches. — Chang-hai, Imprimerie de la Mission catholique à l'Orphelinat de Tou-sè-wè. 1880, gr. in-4, pp. VIII-56, 11 planches :

[Préface] par le P. P. M. Heude. — Mémoire sur les Trionyx, par le P. Heude, pp. 1—38. — Étude sur le *Coccus Pé-la*, par le P. C. Rathouis, pp. 39—55. — Explication des Planches.

— — Second cahier avec 10 planches. — *Ibid.*, 1882, gr. in-4, pp. II-87, Pl. XII—XXI.

Notes sur les Mollusques terrestres de la Vallée du Fleuve Bleu, par le P. Heude.

— — Troisième cahier avec 10 planches. — *Ibid.*, 1885, gr. in-4, pp. 88 à 132, 12.

Notes sur les Mollusques (*suite*), pp. 88 à 129. Appendice. Quelques remarques sur les mœurs et habitudes du *Rathouisia Leonina*, par C. Rathouis, Pl. XXIII—XXXII. — Catalogue des cerfs tachetés (*Sikas*) du Musée de Zi-ka-wei ou notes préparatoires à la monographie de ce groupe, par le P. Heude, pp. 12.

— — Tome I; quatrième et dernier cahier. (Planches XXXIII—XLIII.) — *Ibid.*, 1890, gr. in-4, pp. 125 à 188.

Notes sur les Mollusques (*suite*).

— — Tome II. Premier cahier avec 21 planches. — *Ibid.*, 1888, gr. in-4, pp. 64 + 1 f. p. l'exp. des Pl.

Études sur les Ruminants de l'Asie orientale. Cerfs des Philippines et de l'Indo-Chine. Par le P. Heude.

— — Tome II. Second cahier avec les planches XIX. A. XX. XX. A. XX. B. — XXVII. XXVIII. XXIX. XXIX. A. XXIX. B. XXIX. C. — *Ibid.*, gr. in-4, 1892, pp. 65 à 114.

Études odontologiques. Première Partie. Herbivores trizygodontes et dizygodontes. Par le P. Heude. — Étude sur les Suilliens. Par le P. Heude.

— — Tome II. Troisième cahier avec 15 planches. *Ibid.*, 1894, pp. 117 à 168.

Etudes odontologiques. Deuxième Partie. Par le P. Heude. — Catalogue revisé des cerfs tachetés (Sika) de la Chine centrale. Par le P. Heude.

— — Tome II. Quatrième cahier, avec 12 planches. — *Ibid.*, 1894, gr. in-4, pp. 169 à 247.

Études odontologiques. Première Partie. — Étude sur les Suilliens. — Notes sur le genre *Capricornis*. — Note sur le genre *Kemas*.

— — Tome III. Premier cahier, avec une planche autographique hors texte et 10 planches lithographiques. — *Ibid.*, 1896, gr. in-4, pp. 52.

Études odontologiques. — Essai sur l'armure frontale des Ruminants ou Examen des passages transformistes par ces organes. — Note sur un buffle de Mindanao, *Bubalus Mainitensis*. — Aperçu sommaire du genre *Hippelaphus*, groupe de la famille des Cervidées propre aux îles Malaises.

— — Tome III. Second cahier, avec 10 planches. — *Ibid.*, gr. in-4, 1897, pp. 53 à 100.

Armure frontale. — Études odontologiques. Seconde partie. — Genre *Hippelaphus*. — Cat. revisé des cerfs tachetés.

— — Tome III. Troisième cahier, avec planches. — *Ibid.*, gr. in-4, 1897, pp. 101 à 156.

Cat. des cerfs (*suite*). — Études odontologiques. Seconde partie. — Note sur le quatrième capricorne du Tonkin.

— — Tome III. Quatrième cahier, avec 11 planches. — *Ibid.*, gr. in-4, 1897, pp. 157 à 198.

Études odontologiques. Seconde partie. — Étude sur les Suilliens. — Capricornes du Se-tchouan.

— — Tome IV. Premier cahier, avec 11 planches. — *Ibid.*, 1898, gr. in-4, pp. 52.

Capricornes. — Note sur l'ours et ses parents. — Questions sur l'*Enhydris*, l'ours et l'otarie. — De l'*apophyse angulaire* chez les Carnivores Placentaires et Marsupiaux. — Talpidés. — *Thalassaetus niger*. — Études odontologiques. Troisième partie.

— — Tome IV. Second cahier, avec 11 planches. — *Ibid.*, 1898, gr. in-4, pp. 53 à 111.

Études odontologiques. — Cat. révisés des cerfs tachetés.

— — Tome IV. Troisième cahier, avec 13 planches. — *Ibid.*, 1899, gr. in-4, pp. 113 à 153.

Étude sur les Suilliens. — Première revision du genre *Ussa*. H. et rectification de nomenclature. — Ailuropus et Ursus.

— — Tome IV. Quatrième cahier, avec 10 planches. — *Ibid.*, 1899, gr. in-4, pp. 155/211.

Études odontologiques. — Cat. révisé des Sikas. — Capricornes. Tous ces mémoires, sauf celui du P. Rathouis, sont du P. Heude.

— Denkwürdigkeiten von den Insecten China's. Von Dr. August Pfizmaier .... Wien, 1874, in-8. — (Ext. de *Sitzungsberichte d. phil.-hist. Cl. d. k. Akad. d. W.*, 1874.)

— Notes on Severtzoff's « Fauna of Turkestan » (*Turkestanskie Jevotnie*). By H. E. Dresser. (*Ibis*, 3d Ser., V, 1875, pp. 96/112, 236/250, 332/342; VI, 1876, pp. 77/94, 171/191, 319/330, 410/422.)

— Expédition du *Challenger* Observations faites dans les mers de Chine. Par P. Fischer. (*Jour. de Zoologie* .... par Paul Gervais, IV, 1875, pp. 405/8.)

— Description d'un nouveau Genre de Coquille [*Hoplopteron*] des mers de la Chine, par P. Fischer. (*Jour. de Conchyl.*, XXIV, 1876, pp. 232/236.)

— The tufted deer of China. (*Nature*, XIII, 1875—6, p. 334.)

— Chinese Mosquitos, and how to repel them. By Dr. Macgowan. (*The Far East*, I, No. 2, 1876, pp. 44/6.)

— Acquired Immunity from Insect Stings. By Kumagusu Minakata. (*Nature*, LVI, 1897, p. 589.)

— A Pot of Basil. By Percy Groom. (*Nature*, LXVII, 1902—3, p. 271.)

Article traitant du papaw-tree (*Carica papaia*) de Chine, éloignant les moustiques en réponse à : *A Pot of Basil*. By A. E. Shipley. (*Nature*, LXVII, 1902—3, pp. 205/6.)

— W. Peters. — Neue merkwürdige Art von fliegenden Fischen, *Exocoetus cirriger*, aus China und einem neuen Muraeniden, *Ophichthys bitaeniatus*, aus Mombas. (*Monatsber. könig. preuss. Ak. Wiss. zu Berlin*, 1877, pp. 555/6, 1 pl.)

W. T. Blanford.

— On some Stags' Horns from the Thian-Shan Mountains in Central Asia. By W. T. Blanford. (*Proc. Zool. Soc.*, 1875, pp. 637/640.)

— Note on the « Africa-Indien » of A. von Pezeln, and on the Mammalian Fauna of Tibet. By W. T. Blanford. (*Ibid.*, 1876, pp. 631/4.)

— On a Stag, *Cervus thoroldi*, from Tibet, and on the Mammals of the Tibetan Plateau. By W. T. Blanford. (*Ibid.*, 1893, pp. 444/449.)

— On the Voles (*Arvicola*) of the Himalayas, Tibet, and Afghanistan. By W. T. Blanford. (*Jour. As. Soc. Bengal*, Vol. 50, Pt. 2, 1881, pp. 88/117.)

Voir col. 423.

Arthur G. Butler.

— On *Rhopalocera* from Japan and Shanghai, with Descriptions of new Species. By Arthur G. Butler.. (*Annals Nat. History*, 4 S., XIX, 1877, pp. 91/7.)

— On a Collection of Lepidoptera made in Northern Formosa by H. E. Hobson. By Arthur Gardiner Butler. (*Proc. Zool. Soc.*, 1877, pp. 810/6.)

— On a second Collection of Lepidoptera made in Formosa. By H. E. Hobson. By Arthur G. Butler. (*Proc. Zool. Soc.*, 1880, pp. 666/691.)

— On Lepidoptera collected in Japan and the Corea by Mr. W. Wykeham Perry. By Arthur G. Butler. (*Annals Nat. Hist.*, 5 S., IX, 1882, pp. 13/20.)

— On Lepidoptera from Manchuria and the Corea. By Arthur G. Butler. (*Ibid.*, 5 S., XI, 1883, pp. 109/117.)

— On a small Series of Lepidoptera from Corea. By Arthur G. Butler. (*Ibid.*, 5 S., XI, 1883, pp. 277/9.)

— On a Third Collection of Lepidoptera made by Mr. H. E. Hobson in Formosa. By Arthur G. Butler. (*Ibid.*, 5 S., XII, 1883, pp. 50/2.)

— On a new Chalcosiid [*Erasmia Hobsoni*, n. sp.] obtained in Formosa by Mr. H. E. Hobson. By Arthur G. Butler. (*Ibid.*, 6 S., IV, 1889, p. 53.)

H. W. Bates.

— Voir R. Swinhoe, col. 401.

— On new Species of Coleopterous Insects (*Geodephaga* and *Longicornia*) taken by Dr. Stoliczka during the Forsyth Expedition to Kashgar in 1873—74. By H. W. Bates. (*Proc. Zool. Soc.*, 1878, pp. 713/721.)

— On a Collection of Coleoptera from Korea (Tribes Geodephaga, Lamellicornia, and Longicornia), made by Mr. J. H. Leech. By H. W. Bates. (*Ibid.*, 1888, pp. 367/380.)

— On some new Species of Coleoptera from Kiu-Kiang, China. By H. W. Bates. (*Ibid.*, 1888, pp. 380/3.)

— On new Species of the Coleopterous Families *Cicindelidae* and *Carabidae*, taken by Mr. Pratt in Chang Yang, near Ichang on the Yang-tsze, China. By H. W. Bates. (*Ibid.*, 1889, pp. 216/9.)

F. Stoliczka.

— List of *Mammalia* collected by the late Dr. Stoliczka when attached to the embassy under Sir D. Forsyth in Kashmir, Ladák, Eastern Turkestan, and Wakhán, with descriptions of new Species. — By W. T. Blanford. (*Jour. Asiat. Soc. Bengal*, XLIV, 1875, pp. 105/112.)

— Dr. Stoliczka's Collection of Mammals. By H. H. Goodwin-Austen, Superintendent Topographical Survey of India. (*Nature*, XIII, 1875—6, pp. 106/107.)

— The Mammals of Yarkand. (*Nature*, XIII, 1875—6, p. 109.)

— On the Fishes of Yarkand. By Francis Day. (*Proc. Zool. Soc.*, 1876, pp. 781/807.)

— Descriptions of new Species of Lepidoptera collected by the late Dr. F. Stoliczka during the Indian-Government Mission to Yarkund in 1873. By F. Moore. (*Annals Nat. History*, 5 S., I, 1878, pp. 227/239.)

— Musk. By E. H. Parker. (*China Review*, XIV, p. 217.)

— Does for Peking. By E. H. Parker. (*Ibid.*, XIV, p. 224.)

— Elephants in China. By E. H. Parker. (*Ibid.*, XIV, p. 357.)

— The Kite. By E. H. Parker. (*Ibid.*, XV, p. 373.)

— The Ki-lin identified with the Giraffe. By H. K. (*Ibid.*, VI, p. 277.)

— The Giraffe and the Ki-lin. By D. G. (*Ibid.*, VII, pp. 72/73); T. W. K. (*Ibid.*, p. 137.)

— Bengal K'ilin. (*Ibid.*, X, p. 72.)

— Giraffes and Zebras sent as Tributo. (*Ibid.*, X, p. 72.)

— Les sauterelles à Nanking. Par le P. Ravary, S. J. (*Miss. Cath.*, X, 1878, pp. 350/3, 362/5.)

— Descriptions of two new Species of Shells from China and Japan. By Carl Bock. (*Proc. Zool. Soc.*, 1878, p. 727.)

— Descriptions of five new Shells from the Island of Formosa and the Persian Gulf, and Notes upon a few known Species. By Edgar A. Smith. (*Ibid.*, 1878, pp. 728/733.)

L. Taczanowski.

— Quelques mots sur les pies-grièches à queue rousse de l'Asie centrale par M. L. Taczanowski. (*Bul. Soc. Zool. France*, 1878, pp. 36/45.)

— Liste des oiseaux recueillis par M. Jankowski dans l'île Askold (Mantschourie) par M. Taczanowski. (*Ibid.*, 1878, pp. 133/140.)
— Supplément. (*Ibid.*, 1879, pp. 133/140.)

— Liste supplémentaire des Oiseaux recueillis en Corée par M. Jean Kalinowski. Par M. L. Taczkanowski. (*Proc. Zool. Soc.*, 1888, pp. 450/469; voir *Ibid.*, 1887, p. 596.)

— Description d'une nouvelle *Locustella* de la Corée. Par L. Taczanowski. (*Ibid.*, 1889, pp. 620/1.)

— Faune ornithologique de la Sibérie orientale par le Dr. L. Taczanowski. Oeuvre posthume. — Première Partie. St. Pétersbourg, 1891, gr. in-4, pp. 684. (*Mém. Ac. I. Sc. St. Pét.*, VIIe Sér., XXXIX.)

— Description of a new Species of *Cetonia* [*C.* (*Protoetia*) *culta*]. from the Island of Formosa. By Charles O. Waterhouse. (*Annals Nat. History*, 5 S., IV, 1879, pp. 247/8.)

— Notice of some Shells dredged by Capt. St. John, R. N., in Korea Strait. By J. Gwyn Jeffreys, LL. D. (*Jour. Linn. Soc., Zool.*, XIV, 1879, pp. 418/423.)

— On a Collection of Crustacea made by Capt. H. C. St. John, R. N., in the Corean and Japanese Seas. By Edward J. Miers. Part I. *Podophthalmia*. With an Appendix by Captain H. C. St. John. (*Proc. Zool. Soc.*, 1879, pp. 18/60.)

— On the Question of the Identity of Species of the Common Domestic and the Chinese Goose. (*Ibid.*, 1879, pp. 710/2.)

— Chinese Geese. By Lewis Wright. (*Nature*, XXI, 1879—80, p. 302.)

— On the Asteroidea and Echinoidea of the Korean Seas. By W. Percy Sladen. (*Jour. Linn. Soc., Zool.*, XIV, 1879, pp. 424/445.)

— On some Ophiuroidea from the Korean Seas. By Professor P. Martin Duncan, M. B. (Lond.), F. R. S. . . . (*Ibid.*, XIV, 1879, pp. 445/482.)

— Zoology. By X. Y. Z. (*China Review*, VI, p. 420.) By O. F. v. M. (VII, pp. 352/353.)

— A Remarkably Tame Bird. By Theos. Sampson. (*Ibid.*, VII, pp. 137/138); Jas. B. Coughtrie. (*Ibid.*, pp. 206/207.)

— The habitat of the Hedgehog. By J. J. J. (*Ibid.*, VIII, p. 190.)

— Avicula (Malleus) vulgaris. By J. Dyer Ball. (*Ibid.*, X, p. 145.)

— A Chinese Unicorn. By H. K. (*Ibid.*, XIII, p. 120.)

— Extrait du Journal *Le Naturaliste* (Nos 26—28, Avril-Mai 1880). Bureaux à Paris, 23, Rue de la Monnaie. — Batraciens et Reptiles recueillis en Chine par M. V. Collin de Plancy attaché à la légation de Pékin par Ferdinand Lataste. Pièce in-8, pp. 8.

Saint-Ouen (Seine). — Imp. Jules Boyer.

— Batraciens et Reptiles recueillis en Chine par M. V. Collin de Plancy, Attaché à la Légation de Pékin, par Fernand Lataste. (*Bul. Soc. Zool. France*, 1880, pp. 61/7.)

— Étude sur la perdrix Ouakiki ou perdrix percheuse de la Chine (Galloperdix sphenura) Par M. E. Leroy. (*Bull. Soc. Zool. Acclim.*, IIIe Sér., VII, 1880, pp. 693/715.)

— Ein Beitrag zur Bienen-Fauna Mittel-Asiens. Von Dr. F. Morawitz. (*Bul. Ac. I. Sc. St. Pét.*, XXVI, 1880, col. 337—389.)

R. Lydekker.

— On the Occurrence of the Musk-Deer in Tibet. By R. Lydekker. (*Jour. As. Soc. Bengal*, Vol. 49, Pt. 2, 1880, pp. 4/6.)

— On the Zoological Position of the Bharal, or Blue Sheep, of Tibet. — By R. Lydekker. (*Ibid.*, Vol. 49, Pt. 2, 1880, pp. 131/133.)

— On an apparently New Deer from North China, in the Menagerie of the Duke of Bedford at Woburn Abbey. By R. Lydekker. (*Proc. Zool. Soc.*, 1896, pp. 930/4.)

— The Blue Bear of Tibet, with Notes on the Members of the *Ursus arctus* Group. By R. Lydekker. (*Ibid.*, 1898, pp. 412/426.)

— Note sur une espèce nouvelle de vespertilionien de Chine par Z. Gerbe. (*Bul. Soc. Zool. France*, 1880, pp. 70/71.)

— Description d'un nouveau genre de Bryozoaire cheilostomien des eaux douces de la Chine et du Cambodge et de deux espèces nouvelles par le Dr. Jules Jullien. (*Ibid.*, 1880, pp. 77/9.)

— Illustrations of New or Rare Animals in the Zoological Society's living Collection. (*Nature*, XXIII, 1880—81, pp. 35/38; *Ibid.*, pp. 415/417; *Ibid.*, pp. 487/489; *Ibid.*, XXIV, 1881, pp. 534/536.)

— Über Centralasiatische Mollusken. Von Prof. E. v. Martens. — Mit 5 Tafeln. (*Mém. Ac. Sc. St. Pét.*, VIIe Sér., XXX, No. 11, St. Pét., 1882, pp. 66.)

— Notes on a Collection of Birds made on the River Yang-tse-kiang. By Rev. H. H. Slater. (*Ibis*, 4 Ser., VI, 1882, pp. 431/6.)

— Drei neue Clausilia-Arten aus China. Von P. Vinc. Gredler in Bozen. Pièce in-8, pp. 6.

A la fin : Bozen, an 10. Dezember 1883.

— * Zur Conchylien-Fauna von China. Von V. Gredler. Mit Illustrationen. Wien, 1887.

— Zoological Indications of Ancient Connection of the Japan Islands with the Continent. By T. W. Blakiston. (*Trans. As. Soc. Japan*, XI, 1883, pp. 126—140.)

— On the Birds of the Pamir Range. By N. A. Severtzow. (*Ibis*, 5 Ser., I, 1883, pp. 48/83.)

Henry J. Elwes.

— On the Geographical Distribution of Asiatic Birds. By H. J. Elwes. (*Proc. Zool. Soc.*, 1873, pp. 645/682.)

— On the Butterflies of Amurland, North China, and Japan. By H. J. Elwes. (*Ibid.*, 1881, pp. 856/916.)

— On a new Crossoptilon. By Henry J. Elwes. (*Ibis*, 4 Ser., V, 1881, pp. 399/401.)

— On the Zoology and Botany of the Altaï Mountains. By H. J. Elwes. (*Jour. Linn. Soc., Zool.*, XXVII, 1899—1900, pp. 23/46.)

Oldfield Thomas.

— Description of a new Species of Mole [*Talpa leptura*] from China. By Oldfield

Thomas. (*Annals Nat. History*, 5 S., VII, 1881, pp. 469/471.)

Envoyé de Peking par Swinhoe. — Cf. Gray, *Proc. Zool. Soc.*, 1861, p. 390. — Swinhoe, *Ibid.*, 1870, pp. 450 et 620.

— Description of a new Species of Rat from China. By Oldfield Thomas, British Museum. (*Proc. Zool. Soc.*, 1882, pp. 587/8.)

— Description of a new Vole [*Microtus chinensis,* n. sp.] from China. By Oldfield Thomas. (*Annals Nat. History*, 6 S., VIII, 1891, pp. 117/119.)

Recueilli par A. E. Pratt dans le Se-tch'ouan occidental.

— On Two new Chinese Rodents. By Oldfield Thomas. (*Ibid.*, 6 S., XIII, 1893, pp. 363/5.)

— Description of a new Species of *Vespertilio* [*V.* (*Leuconoë*) *Richetti*, n. sp.] from China. By Oldfield Thomas. (*Ibid.*, 6 S., XIV, 1894, pp. 300/1.)

— Description of a new Chinese Squirrel [*Sciurus pyrrhomerus*, n. sp.]. By Oldfield Thomas. (*Ibid.*, 6 S., XVI, 1895, p. 242.)

— Description of a new Rat [*Mus Latouchei*] from China. By Oldfield Thomas. (*Ibid.*, 6 S., XX, 1897, pp. 113/4.)

Fou-kien.

— On Two new Mammals from China. By Oldfield Thomas. (*Ibid.*, 7 S., X, 1902, pp. 163/6.)

Presented by Mr. F. W. Styan.

— A new Vole [*Microtus calamorum,* n. sp.] from the Lower Yang-tse-kiang. By Oldfield Thomas. (*Ibid.*, 7 S., X, 1902, pp. 166/9.)

— On the Panda of Sze-chuen [*Ailurus fulgens Styani*]. By Oldfield Thomas. (*Ibid.*, 7 S., X, 1902, pp. 251/2.)

Henry Seebohm.

— On certain obscure Species of Siberian, Indian, and Chinese Thrushes. By Henry Seebohm. (*Proc. Zool. Soc.*, 1879, pp. 803/6.)

— On a Collection of Birds from Central China. By Henry Seebohm. (*Ibis*, 5 Ser., II, 1884, pp. 259/270.)

— On the Cormorants of Japan and China. By Henry Seebohm. (*Ibis*, 5 Ser., III, 1885, pp. 270/1.)

Conclut qu'il y a trois cormorants en Chine et au Japon : *Phalacrocorax carbo*, *P. capillatus*, *P. pelagicus*.

— Notes on the Birds of the Loo-choo Islands. By Henry Seebohm. (*Ibis*, 5 Ser., V, 1887, pp. 173/182.)

(Seebohm.)

— Further Notes on the Birds of the Loo-choo Islands. By Henry Seebohm. (*Ibid.*, VI, 1888, pp. 232/6.)

— On a Collection of Birds from Western Szechuen. By Henry Seebohm. (*Ibis*, 6 Ser., III, 1891, pp. 370/381.)

— Notes on the Birds of the Loo-Choo Islands. By Henry Seebohm. (*Ibis*, 6 Ser., V, 1893, pp. 47/53.)

— On the Chinese Species of the Genus *Suthora*. By Henry Seebohm. (*Ibis*, 6 Ser., VI, 1894, pp. 338/9.)

— On some new and little-known Species of Birds from Formosa. By Henry Seebohm. (*Ibis*, 7 Ser., I, 1895, pp. 211/3.)

— Sur les oiseaux de sport de la Chine. Par M. Pierre Amédée Pichot. (*Bull. Soc. Zool. Acclim.*, IVe Sér., I, 1884, pp. 627/635.)

— On the Birds of Northern Tibet. By Col. N. Przewalski. (*Ibis*, 5 Ser., II, 1884, pp. 242/4.)

— On a small Collection of Birds from Korea. By H. B. Tristram, D. D., F. R. S. (*Ibis*, 5 Ser., III, 1885, pp. 194/5.)

— On the Birds of the Upper Tarim, Kashgaria. By M. Menzbier. (*Ibis*, 5 Ser., III, 1885, pp. 352/8.)

— Poisonous fish and fish-poisoning in China. By D. J. Macgowan, M. D. (*Chin. Recorder*, XVII, Feb. 1886, pp. 45/50, April 1886, pp. 139/140.)

— Abstract of a Communication by D. J. Macgowan M. D. Read before the Peking Oriental Society February 24th 1886. (*Jour. Peking Or. Soc.*, Vol. I, N. 5, pp. 196/8.)

I. Eyeless Fishes in China. — II. Blood-sweating Horses in Ancient Turkestan. — III. A Monoceros Horse.

— Supplementary note on the Cobra. By D. J. Macgowan. (*China Review*, XVIII, No. 2, p. 128.)

— Descriptions of two new Birds from Tibet. By Dr. Julius von Madarász. (*Ibis*, 5 Ser., IV, 1886, pp. 145/7.)

J. Huet.

— Liste des espèces connues et décrites dans la famille des antilopidés présentées par régions. Par M. Huet Aide-naturaliste au Muséum d'histoire naturelle. (*Bull. Soc. Zool. Acclim.*, IVe Sér., III, 1886, pp. 465/493.)

— Liste des espèces connues et décrites jusqu'à ce jour dans les familles des Cervidés, Cervulidés, Tragulides et des Moschidés Par M. Huet, Aide-naturaliste au Muséum d'Histoire naturelle. (*Ibid.*, IVe Sér., V, 1888, pp. 274/284, 497/508, 545/555, 721/737; *Ibid.*, VI, 1889, pp. 521/533, 665/670, 809/817, 873/883.)

— Les Bovidés. Par M. J. Huet, Aide-naturaliste honoraire au Muséum d'Histoire naturelle. (*Ibid.*, 1891, pp. 1/15, 334/350.)

— Liste des espèces connues et décrites jusqu'à ce jour dans les familles des ovidés et capridés. Par M. J. Huet, Aide-naturaliste honoraire au Muséum d'Histoire naturelle. (*Ibid.*, 1891, 2e sem., pp. 241/255, 369/380, 470/478, 561/570.)

(Divers. — Huet.)

F. W. Styan.

— Letter from Mr. F. W. Styan, Shanghai, 12th March 1886, relating to some Chinese Animals. (*Proc. Zool. Soc.*, 1886, pp. 267/8.)

— On a new Species of *Trochalopteron* [*T. cinereiceps*] from China. By F. W. Styan. (*Ibis*, 5 Ser., V, 1887, pp. 166/8.)

— On a Collection of Birds from Foochow. By F. W. Styan. (*Ibid.*, pp. 215/234.)

— Some Notes on, and Additions to, the Chinese Avifauna. By F. W. Styan. (*Ibis*, 6 Ser., I, 1889, pp. 443/6.)

— On the Birds of the Lower Yangtse Basin. By F. W. Styan. (*Ibis*, 6 Ser., III, 1891, pp. 316/359, 481/510.)

— On Five apparently new Species of Birds from Hainan. By F. W. Styan. (*Ibis*, 6 Ser., V, 1893, pp. 54/7.)

— On the Birds of Hainan. By F. W. Styan. (*Ibid.*, pp. 424/437.)

— Notes on the Ornithology of China. By F. W. Styan. (*Ibis*, 6 Ser., VI, 1894, pp. 329/337.)

— On some Chinese Species of the Genus *Alcippe*. By F. W. Styan. (*Ibis*, 7 Ser., II, 1896, pp. 309/312.)

— Additions to the List of Lower Yangtse Birds. By F. W. Styan. (*Ibis*, 7 Ser., V, 1899, pp. 286/9.)

— On Birds from West China. By F. W. Styan. (*Ibis*, 7 Ser., V, 1899, pp. 289/300.)

— On Chinese Mammals, principally from Western Sechuen. By W. E. de Winton. With Notes on Chinese Squirrels. By F. W. Styan. (*Proc. Zool. Soc.*, 1899, pp. 572/8.)

— On new Species of Central-Asian Birds. By General N. M. Prjevalsky. (Translated from the Russian by E. Delmar Morgan. (*Ibis*, 5 Ser., V, 1887, pp. 401/417.)

— Descriptions of two new Species of *Cicadidae* [*Cryptotympana sinensis*, n. sp. — *C. insularis*, n. sp.]. By W. L. Distant. (*Annals Nat. History*, 5 S., XX, 1887, pp. 415/7.)

— The Horse in China. (Balfour, *Chinese Scrapbook*, 1887, pp. 72/78.)

John Henry Leech.

Voir H. W. Bates, col. 423.

— On the Lepidoptera of Japan and Corea. By J. H. Leech. I. (*Proc. Zool. Soc.*, 1887, p. 398.) — II. Heterocera, Sect. I. (*Ibid.*, 1888, pp. 580/655.)

— On the Lepidoptera of Japan and Corea. — Part III. *Heterocera*, Sect. II. *Noctues* and *Deltoides*. By J. H. Leech. (*Ibid.*, 1889, pp. 474/571.)

— * Butterflies from China, Japan, and Corea. By John Henry Leech, B. A., F. L. S., F. Z. S., F. E. S., &c. With forty-three coloured plates. London : R. H. Porter, 1892—1894, 3 vol. in-4.

Publié en onze parties.

Notice : *Nature*, LI, 1894—95, pp. 6/7. Par W. F. K.

— On Lepidoptera Heterocera from China, Japan, and Corea. By John Henry Leech. (*Annals Nat. History*, 6 S., XIX, 1897, pp. 180/235, 297/349, 414/463, 543/573, 640/679; XX, 1897, 65/110, 228/248.)

— Descriptions of new Species of Phytophagous Coleoptera from Kiukiang (China). By Martin Jacoby. (*Proc. Zool. Soc.*, 1888, pp. 339/351.)

— Descriptions of fourteen new Species of Shells from China, Japan, and the Andaman Islands, chiefly collected by Deputy Surgeon-Gen. R. Hungerford. By G. B. Sowerby. (*Ibid.*, 1888, pp. 565/570.)

— On some Species of *Cetoniidae* from the Loo Choo Islands. By Oliver E. Janson. (*Annals Nat. Hist.*, 6 S., I, pp. 194/6.)

— On an apparently undescribed Species of Owl from the Liu Kiu (or Loo Choo) Islands, proposed to be called *Scops pryeri*. By John Henry Gurney. (*Ibis*, 6 Ser., I, 1889, pp. 302/5.)

— Jumping Hare. By E. H. Parker. (*China Review*, XVII, No. 1, p. 53.)

— Musk. By E. H. Parker. (*Ibid.*, XVIII, No. 4, p. 264.)

— Report on the Corals from the Tizard and Macclesfield Banks, China Sea. By P. W. Bassett-Smith, Surgeon R. N. (*Annals Nat. History*, 6 S., VI, 1890, pp. 353/374, 443/458.)

— Description du *Schmackeria Forbesi*, N. gen. et sp., Calanide nouveau recueilli par M. Schmacker dans les eaux douces de Shang-hai par S.-A. Poppe et Jules Richard. (*Mém. Soc. Zoologique France*, III, 1890, pp. 396/403.)

— Note sur divers Entomostracés du Japon et de la Chine (*Leptodora*) par S.-A. Poppe et J. Richard. (*Bul. Soc. Zool. France*, 1890, pp. 73/8.)

— Dr. Alexander Strauch. — Bemerkungen über die Schildkrötensammlung im zoologischen Museum der kaiserl. Akad. d.Wiss. St. Petersb. — St. Petersbourg, 1890, *Mém. Ac. Imp. Sc.*, 7e Sér., XXXVIII, No. 2, pp. 118/120, pl. IV, ff. 1—3.

— Notes on the Trionychian Genus *Pelochelys*. By G. Baur. (*Ann. Nat. Hist.*, 6 S., VII, 1891, pp. 445/6.)

— Le Cheval et le Porc en Chine. Par M. H. Brézol. (*Bull. Soc. Acclim.*, 1890, pp. 729/732.)

— Canard de Pékin aux Etats-Unis. (*Ibid.*, 1891, 2e sem., pp. 229/230.)

— Canards en Chine. Par H. B. (*Ibid.*, 1891, p. 798.)

— Птицы ганьсуйскаго путешествія Г. Н. Потанина 1884—1887. Матеріалы по орнитологіи Китая, главнымъ образомъ южной части провинціи Гань-су . . . Aves expeditionis Potanini per provinciam Gansu et confinia 1884—1887 Auctoribus M. Berezowski & V. Bianchi. Санкт Петербургъ, 1891, in-4, pp. xl-155 + 3 pl. col.

— Arachnides recueillis par Mr G. Potanine en Chine et en Mongolie (1876—1879). Par E. Simon. 1er Mémoire. (*Bul. Ac. I. Sc. St. Pét.*, Avril 1895, II, No. 4, pp. 331/345.)

Voir POTANIN, *Voyages*.

— Voir le chap. consacré à la *Pisciculture* et à la *Soie* (pour les *Vers à soie*.)

— G. Hartlaub. — Ein Beitrag zur Ornithologie Chinas. (*Abhandl. Naturwissenschaf. Verein Bremen*, XII, 1891, pp. 295/335.)

— On some Birds from South-eastern China, with Descriptions of two new Species. By Henry H. Slater. (*Ibis*, 6 Ser., III, 1891, pp. 41/5.)

Envoi de J. D. de La Touche.

— Singes chinois. Par de B. (*Bull. Soc. Accl.*, 1893, 2e sem., p. 378.)

D'après le *Daily News*.

— Les Pigeons en Chine. D'après les livres chinois. Par M. le Dr Meyners d'Estrey. (*Bull. Soc. Accl.*, 1893, 2e sem., pp. 399/403.)

— Probable Foreign Origin of the Ass, Sheep and Cat in China. By Dr. Macgowan. (*Jour. China Br. R. As. Soc.*, XXVI, No. 2, 1891/2, pp. 129/141.)

— The Origin of the Ass, the Cat, and the Sheep in China. (*Nature*, Jan. 21, 1892, pp. 285/6.)

D'après Macgowan, *China Br. R. As. Soc.*

— Description du *Diaptomus Schmackeri*, n. sp., recueilli par M. Schmacker dans le lac Tahoo (Chine), par S.-A. Poppe et J. Richard. (*Bul. Soc. Zool. France*, 1892, pp. 149/151.)

(DIVERS.)

— A List of Birds collected in Corea. By C. W. Campbell, of H. B. M. Consular Service. (*Ibis*, 6 Ser., IV, 1892, pp. 230/248.)

— * Fur-bearing Animals in Nature and Commerce. By Henry Poland, F. Z. S. London, Gurney and Jackson, 1892, in-8.

Notice : *Nature*, xlvi, 1892, pp. 605/606.

— Vergleichende Studien über die Faunen von China und Japan von Dr. Adarbert Seitz, Privatdocent an der Universität Giessen. (*Mitt. Deutsch. Ges. f. Nat. u. Völk. Ostasiens in Tokio*, Hft. 48, Mai 1892, pp. 361/368; Hft. 52, Oct. 1893, pp. 51/69.)

— Erwiderung . . . von P. Ehmann. (*Ibid.*, Hft. 52, pp. 67/9.)

— Descriptions of Four new Species of Butterflies from Omei-shan, North-west China, in the Collection of H. Grose Smith. By H. Grose Smith. (*Annals Nat. History*, 6 S., XI, 1893, pp. 216/8.)

— On a new Genus and Species of *Agrionidae* from Foochow. By W. F. Kirby. (*Ibid.*, 6 S., XIII, 1893, pp. 84/6.)

— On Two small Collections of Neuroptera from Ta-chien-lu, in the Province of Szechuen, Western China, on the frontier of Thibet. By Robert M'Lachlan. (*Ibid.*, 6 S., XIII, 1893, pp. 421/436.)

— On Odonata from the Province of Szechuen, in Western China, and from Moupin, in Eastern Tibet. By Robert M'Lachlan. (*Ibid.*, 6 S., XVII, 1896, pp. 364/374.)

E. OUSTALET.

— Sur quelques oiseaux de l'Inde, du Tibet et de la Chine, par E. Oustalet. (*Bul. Soc. Zool. France*, 1893, pp. 17/20.)

— Catalogue des oiseaux provenant du voyage de M. Bonvalot et du prince Henri d'Orléans à travers le Turkestan, le Tibet et la Chine occidentale, par M. E. Oustalet. (*Nouv. Archives Muséum*, 3e Sér., V, 1893, pp. 115/220.)

— Note sur la faune ornithologique du Setchuan, par M. E. Oustalet. (*Bul. Mus. Hist. Nat.*, I, 1895, pp. 268/270.)

— Note sur les Oiseaux recueillis dans le Yun-nan par le prince Henri d'Orléans, dans le cours de son dernier voyage du Tonkin aux Indes, par M. E. Oustalet. (*Ibid.*, II, 1896, pp. 183/7.)

(OUSTALET.)

— Description de cinq espèces nouvelles d'Oiseaux appartenant au Muséum d'histoire naturelle et provenant de la Chine et de l'Indo-Chine par M. E. Oustalet. (*Ibid.*, II, 1896, pp. 314/7.)

— Description de deux espèces nouvelles d'Oiseaux du Yun-nan, par M. E. Oustalet. [*Ianthocincla Bieti*, *Actinodura Souliei.*] (*Ibid.*, III, 1897, pp. 162/5.)

— Notice sur quelques Oiseaux de la Chine occidentale, par M. E. Oustalet. (*Ibid.*, III, 1897, pp. 208/211.)

— Observations sur quelques Oiseaux du Setchuan et description d'espèces nouvelles ou peu connues, par M. E. Oustalet. (*Ibid.*, IV, 1898, pp. 221/7.)

— Notes sur quelques Oiseaux de la Chine occidentale, par M. E. Oustalet. (*Ibid.*, IV, 1898, pp. 253/8.)

— Liste des Oiseaux recueillis par M. François, dans le Kouang-si, par M. E. Oustalet. (*Ibid.*, IV, 1898, pp. 321/2.)

— Note sur quelques Timéliidés du Yun-nan et du Setchuan, par M. E. Oustalet. (*Ibid.*, V, 1899, pp. 117/9.)

— Revision de quelques espèces d'oiseaux de la Chine occidentale et méridionale, par M. E. Oustalet. (*Nouv. Arch. Muséum*, 4e Sér., III, 1901, pp. 269/296.)

— Le Cheval de Prjevalski (*Equus Prjevalskii*) au Muséum, par E. Oustalet. (*Bul. Mus. Hist. Nat.*, VIII, 1902, pp. 244/250.)

— An Intelligence of the Frog. By Kumagusu Minakata. (*Nature*, L, 1894, p. 79.)

— Das Weisse Rhinoceros. Par F. H.[irth.] (*T'oung Pao*, V, N° 5, Déc. 1894, p. 392.)

G. A. Boulenger.

— Description of a new Tailed Batrachian [*Hynobius Leechii*, n. sp.] from Corea. By G. A. Boulenger. (*Annals Nat. History*, 5 S., XIX, 1887, p. 67.)

— On the Occurrence of *Pelochelys* in China. By G. A. Boulenger. (*Ibid.*, 6 S., VII, 1891, pp. 283/4.)

— Descriptions of new Reptiles and Batrachians from the Loo Choo Islands. By G. A. Boulenger. (*Ibid.*, 6 S., X, 1892, pp. 303/5.)

Collection de Mr. Holt, faite à Okinawa.

— Descriptions of a new Lizard [*Tachydromus formosanus*] and a new Fish [*Homaloptera formosana*] obtained in Formosa by Mr. Holt. By G. A. Boulenger. (*Ibid.*, 6 S., XIV, 1894, pp. 462/3.)

— On a Collection of Reptiles and Batrachians made by Mr. J. D. La Touche in N.W. Fokien, China. By G. A. Boulenger. (*Proc. Zool. Soc.*, 1899, pp. 159/172.)

— On the Reptiles, Batrachians, and Fishes collected by the late Mr. John Whitehead in the Interior of Hainan. By G. A. Boulenger. (*Ibid.*, 1899, pp. 956/962.)

— On some Birds collected in the Vicinity of Foochow. By C. B. Rickett. With Notes by Henry H. Slater. (*Ibis*, 6 Ser., VI, 1894, pp. 215/226.)

— On Birds collected or observed in the Vicinity of Foochow and Swatow in Southeastern China. By John D. de la Touche. (*Ibis*, 6 Ser., IV, 1892, pp. 400/430, 477/503.)

— Notes on South Formosa and its Birds. By John D. de La Touche. (*Ibis*, 7 Ser., I, 1895, pp. 305/338.)

— Additional Observations on the Birds of the Province of Fohkien. By C. B. Rickett and J. D. de La Touche. With Notes by W. R. Ogilvie Grant. (*Ibis*, 7 Ser., II, 1896, pp. 489/495.)

— On a Further Collection of Birds, made by Messrs. La Touche and Rickett, from N.W. Fohkien. By Henry H. Slater. (*Ibis*, 7 Ser., III, 1897, pp. 169/176.)

— Additional Observations on the Birds of the Province of Fohkien. By C. B. Rickett and J. D. de La Touche. With Notes by W. R. Ogilvie Grant. (*Ibis*, 7 Ser., III, 1897, pp. 600/610.)

— Further Observations on the Birds of the Province of Fohkien, China. By C. B. Rickett and J. D. D. La Touche. With Notes by W. R. Ogilvie Grant. (*Ibis*, 7 Ser., IV, 1898, pp. 328/333.)

— Notes on the Birds of Northern Formosa. By J. D. D. La Touche. (*Ibis*, 7 Ser., IV, 1898, pp. 356/373.)

— Notes on the Birds of North-west Fohkien. By J. D. D. La Touche. (*Ibis*, 7 Ser., V, 1899, pp. 169/210, 400/431; VI, 1900, pp. 34/52.) — Additional Notes on the Birds of Fohkien. By C. B. Rickett. (*Ibid.*, pp. 52/60.)

— Additional Field-Notes on the Birds of Fohkien. By C. B. Rickett. (*Ibis*, 8 Ser., April 1903, pp. 215/222.)

E. DE POUSARGUES.

— Note sur un exemplaire mâle adulte de *Macacus arctoides* (I. Geoff.), par E. de Pousargues. (*Bul. Mus. Hist. Nat.*, I, 1895, pp. 233/5.)

— Sur la Faune mammalogique du Setchuan et sur une espèce asiatique du genre *Zapus*, par M. E. de Pousargues. (*Ibid.*, II, 1896, pp. 11/16.)

— Sur la Collection de Mammifères rapportés du Yun-nan par le prince Henri d'Orléans, par E. de Pousargues. (*Ibid.*, II, 1896, pp. 179/182.)

— Note sur une nouvelle espèce du genre Rhinopithèque [*R. Bieti*] provenant de la Haute Vallée du Mékong, par M. A. Milne Edwards. (*Ibid.*, III, 1897, pp. 156/160.)

— Le Rhinopithèque de la vallée du Haut Mékong (*Rhinopitecus Bieti*, A. M.-E.), par MM. Milne-Edwards et de Pousargues. (*Nouv. Arch. du Muséum*, 3e Sér., X, 1898, pp. 121/142.)

— Note complémentaire de l'*Hylobates Henrici*, par M. E. de Pousargues. (*Bul. Mus. Hist. Nat.*, IV, 1898, pp. 9/11.)

— Note préliminaire sur un nouveau Semnopithèque [*S. Françoisi*] des frontières du Tonkin et de la Chine, par E. de Pousargues. (*Ibid.*, IV, 1898, pp. 319/321.)

— Sur l'identité spécifique du *Felis Bieti* (A. M.-Edw.) et du *Felis pallida* (Büchn.), par E. de Pousargues. (*Ibid.*, IV, 1898, pp. 357/9.)

— Note complémentaire sur le *Rusa Dejeani*, par M. E. de Pousargues. (*Ibid.*, V, 1899, pp. 18/9.)

— Sur les variations de pelage du *Putorius auriventer* (Hodgson) du Sud de la Chine, par M. E. Trouessart. (*Bul. Mus. Hist. Nat.*, I, 1895, pp. 235/6.)

— Description d'une nouvelle espèce de Gordien de la Chine, par Lorenzo Camerano, Prof. à l'Université de Turin. (*Bul. Soc. Zoologique France*, 1895, pp. 99/100.)

— Report upon the Chilopoda and Diplopoda obtained by P. W. Bassett-Smith, Esq., Surgeon R. N., and J. J. Walker, Esq., R. N., during the Cruise in the Chinese Seas of H. M. S. «Penguin», Commander W. U. Moore commanding. By R. I. Pocock, of the British Museum of Natural History. (*Annals Nat. History*, 6 S., XV, 1895, pp. 346/369.)

— Sur quelques Myriapodes de Chine, par Henry W. Brölemann. (*Mém. Soc. Zoologique France*, IX, 1896, pp. 349/362.)

— Descriptions of some new Species of Heterocera from Hunan, Central China. By Herbert Druce. (*Annals Nat. History*, 6 S., XVIII, 1896, pp. 235/6.)

CHAFFANJON.

— Hémiptères du Turkestan oriental recueillis par M. Chaffanjon, par M. Joanny Martin. (*Bul. Mus. Hist. Nat.*, II, 1896, pp. 29/30.)

— Sur deux Entomostracés d'eau douce recueillis par M. Chaffanjon en Mongolie, par M. Jules Richard. (*Ibid.*, III, 1897, pp. 131/5.)

— Note sur les Lepidoptères rapportés par M. Chaffanjon de l'Asie centrale et orientale, par M. Poujade. (*Ibid.*, III, 1897, pp. 223/4.)

— Observations sur les migrations des palmipèdes et échassiers. Par Chaffanjon. (*Bull. Soc. Accl.*, 1901, p. 30.)

E. M. KÖHLER.

— Wölfe in der Mongolei. Von E. M. Köhler in Gera. (*Der Zoologische Garten*, XXXVII, Mai 1896, pp. 129/133.)

— Hunderassen Chinas und der Mongolei. Von E. M. Köhler in Gera. (*Ibid.*, XXXVII, Sept. 1896, pp. 257/263.)

— Das Hausschwein in China. Von E. M. Köhler in Gera. (*Ibid.*, XXXVIII, Sept. 1897, pp. 272/5.)

— Die Haustiere der Chinesen. Von E. M. Köhler in Gera. (*Ibid.*, XXXIX, Jan. 1898, pp. 16/25; Feb. 1898, pp. 54/60.)

— Fish. (*Mesny's Chinese Miscellany*, Vol. I, No. 4, pp. 65 et seq.)

— Béla Széchenyi. — Voir VOYAGES.

— Sur deux Ophidiens du Yun-nan. (*Bul. Mus. Hist. Nat.*, III, 1897, pp. 215/7.)

— On a Collection of Batrachians and Reptiles from Formosa and Adjacent Islands. By Leonhard Stejneger . . . (*Jour. Col. of Sc., Univ. Tokyo*, Vol. XII, Pt. III, 1898, pp. 215/225.)

— On new Species of Birds obtained in Kansu by M. Berezovsky. By H. E. Dresser and E. Delmar Morgan. (*Ibis*, 7 Ser., V, 1899, pp. 270/6.)

— Sur deux mollusques établissant un lien nouveau entre la faune américaine et la faune chinoise. Par M. Bavay. (*Bul. Soc. Zoologique France*, 1899, pp. 212/3.)

— Descriptions of seven new Species of Birds from the Interior of Hainan. By W. R. Ogilvie Grant. (*Ibis*, 7 S., V, 1899, pp. 584/7.)

— Crab Ravages in China. By Kumagusu Minakata. (*Nature*, LXI, 1899—1900, p. 491.)

— Das Pferd in China. (*Oest. Monats. f. d. Orient*, Wien 1899, pp. 23/4.)

— On a new Genus of Butterflies from Western China, allied to *Vanessa*. By Lionel de Nicéville. (*Jour. As. Soc. Bengal*, Vol. 68, 1899, Pt. II, p. 234.)

— A List of the Butterflies of Hongkong in Southern China, and the food-plants of the larvae. By Lionel de Nicéville. (*Ibid.*, Vol. 71, 1902, Pt. II, pp. 1/36.)

— On a small Collection of Mammals obtained by Captain Deasy in South Chinese Turkestan and Western Tibet. By G. E. H. Barrett-Hamilton. (*Proc. Zool. Soc.*, 1900, pp. 196/7.)

— On the Birds of Hainan. By W. R. Ogilvie Grant. (*Ibid.*, 1900, pp. 457/504.)

— On the Butterflies collected by the late Mr. John Whitehead in the Interior of the Island of Hainan. By Philip Crowley. (*Ibid.*, 1900, pp. 505/511.)

— On the Birds collected by Capt. A. W. S. Wingate in South China. By W. R. Ogilvie Grant. (*Ibis*, 7 Ser., VI, 1900, pp. 573/606.)

— Description of a new Genus and Species of Longicorn Coleoptera from Central Formosa. By C. J. Gahan. (*Annals Nat. History*, 7 S., V, 1900, pp. 308/9.)

— On some Longicorn Coleoptera from the Island of Hainan. By C. J. Gahan. (*Ibid.*, 7 S., V, 1900, pp. 347/354.)

— Descriptions of new Coleoptera from Hainan Island, China. By Chas. O. Waterhouse. (*Ibid.*, 7 S., V, 1900, pp. 310/2.)

— On a small Collection of Odonata (Dragonflies) from Hainan, collected by the late John Whitehead. By W. F. Kirby. (*Ibid.*, 7 S., V, 1900, pp. 530/9.)

— Notes on some Insects from the Yang-tse-kiang. By W. F. Kirby. (*Ibid.*, 7 S., VI, 1900, pp. 380/2.)

(DIVERS.)

— Sur l'appareil respiratoire de la larve de la *Chrysis shanghaiensis* Smith, par L.-G. Seurat. (*Bul. Mus. Hist. Nat.*, VI, 1900, pp. 236/8.)

— Field-notes on some Birds observed in Western China. By Capt. H. R. Davies. (*Ibis*, 8 Ser., I, 1901, pp. 408/410.)

— Hémiptères hétéroptères nouveaux d'Asie, par M. Joanny Martin. (*Bul. Mus. Hist. Nat.*, VIII, 1902, pp. 333/7.)

— Notes on the Birds of Peking. By Capt. H. A. Walton, Indian Medical Service. (*Ibis*, 8 Ser., Jan. 1903, pp. 19/35.)

— On a new Species of Cat [*Felis Ricketti*, sp. n.] from China. By J. Lewis Bonhote, M. A. (*Annals Nat. History*, 7 S., XI, 1903, pp. 374/6.)

— On Two new Species of Cat from China [*Felis Ingrami*, *F. villosa*, n. sp.]. By J. Lewis Bonhote. (*Annals Nat. History*, Ibid., pp. 474/6.)

— A Prodromus of the Snakes hitherto recorded from China, Japan, and the Loo Choo Islands; with some Notes. By Captain F. Wall, Indian Medical Service. (*Proc. Zool. Soc.*, 1903, Vol. I, Pt. I, pp. 84/102.)

Equus Przewalskii.

— Supposed new Species of Horse from Central Asia. [*Equus Przewalskii*, n. sp.] By M. Poliakof. (*Annals Nat. History*, 5 S., VIII, 1881, pp. 16/26.)

Trad. du russe des *Isviestia* de la Soc. russe de Géog., Jan. 1881, pp. 1/20, par E. Delmar Morgan.

— * « Wissenschaftliche Resultate der Reise von N. M. Przewalski nach Central-Asien. » *Zool. Theil* : Band I, *Mammalia*; Abth. 2, *Ungulata*. (St. Petersburg, 1902.)

— * The Wild Horse (*Equus przewalskii*, Poliakoff). By Prof. J. C. Ewart, F. R. S. Read before the Royal Society of Edinburgh, June 15. [1903]

— Przevalsky's Wild Horse. (*Nature*, XXX, 1884, pp. 391/2.)

— The Wild Horse. (*Nature*, LXVIII, 1903, pp. 271/274.)

— Voir E. OUSTALET, col. 433.

Moschus moschiferus, L.

— Voir CIBOT, col. 391. — LYDEKKER, col. 425.

— On the Structure and Affinities of the Musk-Deer [*Moschus moschiferus*, Linn.]. By William Henry Flower. (*Proc. Zool. Soc.*, 1875, pp. 159/190.)

— Structure anatomique et affinités du chevrotain porte-musc; par M. W. H. Flower. (*Journal de Zoologie* . . . par Paul Gervais, IV, 1875, pp. 409/419.)

D'après les *Proc.* de la *Zool. Society*, 1875, p. 159.

(DIVERS.)

— Notes on the Myology of the Limbs of *Moschus moschiferus*. By F. Jeffrey Bell, Exhibitioner of Magdalen College, Oxford. (*Proc. Zool. Soc.*, 1876, pp. 182/8.)

— Notes on the Anatomy of the Musk-Deer [*Moschus moschiferus*]. By A. H. Garrod. (*Ibid.*, 1877, pp. 287/292.)

— The Musk Deer. By Herbert A. Giles. (*China Review*, XXII, No. 6, p. 792.)

— Notes de chasse dans l'Himalaya et les Montagnes de l'Asie centrale, par M. Dauvergne. (*Bul. Mus. Hist. Nat.*, IV, 1898, pp. 215/221.)

— Yule, *Hobson-Jobson*, s. v. Musk. — *Marco Polo*, pass.

— Rockhill, *Diary of a Journey*, pass.

Hydropotes inermis.

— R. Swinhoe. — On a new Deer from China. (*Proc. Zool. Soc. Lond.*, 1870, I, pp. 89/92.)

— Edward Hamilton, M. D. — Remarks on the prolific nature of *Hydropotes inermis*. (*Ibid.*, 1871, p. 258.) — Exhibition of, and Remarks upon, the Skull of a Chinese Deer. (*Ibid.*, p. 702.)

— On *Hydropotes inermis* and its Cranial Characters, as compared with those of *Moschus moschiferus*. By Sir Victor Brooke, Bart. (*Ibid.*, 1872, pp. 522/5.)

— Cervus (*Hydropotes*) inermis. By J. Cornely. (*Bul. Soc. Zool. Acclim.*, IIe Sér., IX, 1872, p. 791.)

— Le chevrotain prolifique de Chine [*Hydropotes inermis*, Sw.]. Par M. Joseph M. Cornély, Membre correspondant de la Société zoologique de Londres. (*Ibid.*, IIIe Sér., IV, 1877, pp. 417/427.)

— Notes on the Anatomy of the Chinese Water-Deer [*Hydropotes inermis*]. By A. H. Garrod. (*Proc. Zool. Soc.*, 1877, pp. 789/793.)

— Supplementary Notes on the Anatomy of the Chinese Water-Deer [*Hydropotes inermis*]. By W. A. Forbes. (*Ibid.*, 1882, pp. 636/8.)

Ovis Poli, etc.

— An Amended List of the Species of the Genus *Ovis*. By Edward Blyth. (*Annals Nat. History*, VII, 1841, pp. 195/201, 248/261.)

— Description of the *Ovis poli* of Blyth. By Dr. F. Stolicza, Naturalist to the Yarkund Mission. (*Proc. Zool. Soc.*, 1874, pp. 425/7.)

(DIVERS.)

— Communication by Capt. John Biddulph, Government House, Calcutta, Nov. 5, 1874. (*Ibid.*, 1875, pp. 157/8.)

— On the large Sheep of the Thian Shan, and the other Asiatic Argali. By Sir Victor Brooke, Bart., and Basil Brooke. (*Ibid.*, pp. 509/526.)

— Notes on the Figures of *Herpestes ferrugineus* and *Ovis polii*. By W. T. Blanford. (*Ibid.*, pp. 540/1.)

— Exhibition of and remarks upon the original drawing, by Colonel Gordon, from which the Plate of *Ovis polii* in the «Proceedings» (1874, plate LIII) was prepared. (*Ibid.*, 1876, pp. 414/5.)

— W. Peters. Ueber ein neues Argali-Schaf, *Ovis jubata*, von Nordchina. (*Monatsber. könig. preuss. Ak. Wiss. zu Berlin*, Mars 1876.)

— Die Verbreitung von *Ovis polii* in den Pamirs. Von Bernh. Langkavel in Hamburg. (*Der Zoolog. Garten*, XXXIX, Feb. 1898, pp. 67/9.)

— *Ovis polii* Blyth. Von Bernhard Langkavel in Hamburg. (*Ibid.*, Juni 1898, pp. 174/180.)

— Étude sur les Ruminants de l'Asie centrale par Eugène de Pousargues, Préparateur au Muséum d'histoire naturelle. (*Mém. Soc. Zoologique France*, XI, 1898, pp. 126/224.)

— The Wild Sheep of the Upper Ili and Yana Valleys. By R. Lydekker. (*Proc. Zool. Soc.*, 1902, Vol. II, Part I, pp. 80/5.)

— Note on the Wild Sheep of the Kopet Dagh. By R. Lydekker. (*Ibid.*, 1903, Vol. I, Pt. I, pp. 102/3.)

Yak.

— Quelques mots à propos de l'introduction en France des yaks de la Chine et analyse du lait de ces animaux. Par M. Joly, professeur à la Faculté des Sciences de Toulouse. (*Bull. Soc. Zool. Acclim.*, I, 1854, pp. 56/57.)

— Rapport sur les yacks transportés du Thibet à Chang-Hai et de ce port chinois à Paris, Par les soins de M. de Montigny, consul de France à Chang-Hai. — M. Duvernoy, rapporteur. (*Ibid.*, I, 1854, pp. 190/212.)

Voir *Ibid.*, p. 41.

— Instruction sur les moyens hygiéniques à suivre pour l'acclimatation des Yaks. — M. Richard (du Cantal), rapporteur. (*Ibid.*, I, 1854, pp. 361/365.)

— Sur des filés de poils d'yaks obtenus à Guebwiller. Par M. N. Schlumberger. Lettre adressée à M. le Président de la Société Zoologique d'Acclimatation. Par M. Emile Dollfus, président de la Société industrielle de Mulhouse. (*Ibid.*, I, 1854, pp. 422/424.)

— Sur les yaks placés par la Société dans les montagnes du Jura. Extrait d'une lettre à M. le Président de la Société zoologique d'acclimatation, et dessin du taureau Yak. Par M. Rouyer. (*Ibid.*, II, 1855, p. 10.)

— Rapport sur les yaks de Barcelonnette (Basses-Alpes), Fait à la Société zoologique d'acclimatation, Par M. Jacques-Valserres,

(DIVERS.)

membre du Conseil. (*Ibid.*, II, 1855, pp. 54/62.)

— Rapport fait au Conseil de la Société zoologique d'Acclimatation, Par M. Cuénot de la Malcote, sur les yaks qui lui ont été confiés par la Société. (*Ibid.*, II, 1855, pp. 120/126.)

— Notice sur les yaks et les chèvres d'Angora importés en France depuis la fondation de la Société. Par M. A. de Quatrefages. (*Ibid.*, IV, 1857, pp. LI/LX.)

— Sur l'yak sauvage et sur quelques animaux du Thibet et de l'Inde. Lettre adressée à M. Dareste, sécrétaire . . . . et note par M. Robert Schlagintweit. (*Ibid.*, V, 1858, pp. 32/36.)

— Sur le lait d'yak. Par M. Bouteille, ... (*Ibid.*, VI, 1859, pp. 356/358.)

— Note sur l'Yak et ses croisements, Par M. l'abbé Fage, De la Société des missions étrangères, missionnaire apostolique au Thibet. (*Ibid.*, VII, 1860, pp. 209/210.)

— Le Yak. (Par M. Desgodins, *Bull. Soc. Géog.*, nov. 1871, p. 355.) (*Bull. Soc. Zool. Acclim.*, IIe Sér., VIII, 1871, p. 656.)

Faisans.

— Les Faisans Ho-Ky ou Crossoptilon. Par Augustin Delondre. (*Bull. Soc. Zool. Acclim.*, IIe Sér., IV, 1867, p. 780.)

— Le Faisan d'Amherst. (*Thaumalea Amherstiae.*) Par A. A. D. (*Ibid.*, IIe Sér., VI, 1869, pp. 725/727.)

Extr. d'un art. de M. Tegetmeier dans le *Field*, numéro du 7 Août 1869, p. 118.

— Description of a new Species of Pheasant from the Province of Sechuen, China. By D. G. Elliot. (*Annals Nat. History*, 4 S., VI, 1870, pp. 312/4.) [*Phasianus elegans.*]

— Du faisan Swinhoe. Par M. Arthur Touchard. (*Bul. Soc. zool. Accl.*, 2e Sér., VII, 1870, pp. 417/423.)

— Faisan de Lady Amherst. Extrait d'une lettre adressée à M. G. Andelle, directeur des verreries d'Epinac. Par M. L. D. Carreau, Missionnaire apostolique au Thibet. (*Ibid.*, IIe Sér., VII, 1870, pp. 502/507.)

Thibet, Patang, 27 fév. 1870.

— Acclimatation de Faisans de Chine. (*Ibid.*, IIe Sér., VIII, 1871, p. 581.)

— Le faisan de Lady Amherst, Par M. John J. Stone. Lettre adressée à M. A. Geoffroy Saint-Hilaire. (*Ibid.*, IIe Sér., IX, 1872, pp. 1/3.)

— Note sur la reproduction du faisan de Soemmering ou faisan cuivré du Japon (*Yamatori*). Par M. Gustave Andelle. (*Ibid.*, IIIe Sér., III, 1876, pp. 825/827.)

Alligators.

— Crocodiles in China. (*Shanghai Ev. Courier*, 17 March 1869.)

— North China Branch of the Royal Asiatic Society. — Alligators in China : Their History, Description & Identification. By A. A. Fauvel . . . Shanghai : Printed at the «Celestial Empire» Office. 1879, in-8, pp. 36 f.

Printed in advance of the Society's Journal. — Read 13th dec. 1878.

— Alligators in China. By A. A. Fauvel, Imp. Chinese Mar. Customs. (*Jour. N. C. Br. R. As. Soc.*, N. S., XIII, 1879, pp. 1/36 f., planches.)

— Les Alligators de la Chine centrale. — Lettre du R. P. C. Rathouis, de la Comp. de Jésus. Extrait des *Études religieuses.* — Lyon, Imp. Pitrat, 1879, br. in-8, pp. 15.

Alligator sinensis.

— Crocodiles. By A. (*China Review*, VI, p. 351.)

Botanique.

— Walpers : *Annales botanices systematicae.* — Thunberg : *Flora Japonica.* — De Candolle, *Prodromus.* — Kunth, *Enumeratio.* — Meyen, *Observationes Botanicae.* — Wight and Arnott, *Prodromus Florae peninsulae Indiae Orientalis.* — Hooker and Thomson, *Flora Indica.* — Roxburgh, *Flora Indica.* — Miquel, *Flora Indiae Bataviae.* — Voir : HORTICULTURE et ÉCONOMIE RURALE. — COMMERCE.

— *Thesaurus Literaturae botanicae omnium gentium inde a rerum botanicarum initiis ad nostra usque tempora, quindecim millia opera recensens. Curavit* G. A. Pritzel. Lipsiae. F. A. Brockhaus, 1851, in-4, pp. VIII-548.

Une seconde éd. a paru depuis, en 1872.

— Guide to the Literature of Botany; being a Classified Selection of Botanical Works, including nearly 6000 Titles not given in Pritzel «Thesaurus». By Benjamin Daydon Jackson, Secretary of the Linnean Society. London : Published for the Index Society by Longmans, MDCCCLXXXI, in-8 carré, pp. XXXIX-626.

97. China and Japan, pp. 380/3. — Très insuffisant pour ces pays.

∴

— Flora Sinensis, Frvctvs Floresqve hvmillime porrigens serenissimo et potentissimo Principi, ac Domino, Domino Leopoldo Ignatio, Hungariae Regi florentissimo, &c. Fructus saeculo promittenti Augustissimos, emissa in publicum a R. P. Michaele Boym, Societatis Iesv Sacerdote. & a Domo professa ejusdem Societatis Viennae Majestati suae unà cum faelicissimi Anni apprecatione oblata Anno salutis M.DC.LVI. Viennae Austriae, Typis Matthaei Rictij. In-folio.

23 Fig. coloriées. — Vend. : Rémusat (296) ex. incomp. Fr. 30, — Jussieu, 71 fr. — Lib. Mathias, Paris, 1885, 40 fr. — Extrêmement rare.

— Flora Sinensis, ov Traité des Flevrs, des Frvits, des Plantes, et des animavx particuliers à la Chine. Par le R. P. Michel Boym, Jesuite. (Pp. 15 et suiv. de la *Briefve Relation* du même auteur, dans le Vol. II du *Recueil* de Thévenot, 5 Pl.)

— * Andreas Cleyer : Herbarium parvum Sinicis vocabulis indicis insertis constans. Francofurti, 1680, in-4. — (Pritzel, p. 49.)

— James Cunningham. — Voir Bretschneider, *Early European Researches*, pp. 31 et seqq. — CHOU-SAN, col. 253.

— Description de l'oeillet de la Chine. Par M. Tournefort. (*Caryophyllus Sinensis*, Supinus, Leucoii folio, flore vario.) (*Rec. de l'Ac. des Sc.* [1705], 1706, pp. 264/266, 1 gravure.) 29 Aoust 1705.

— Amœnitatum exoticarum politico-physico-medicarum Fasciculi V, Quibus continentur Variae Relationes, Observationes & Descriptiones Rerum Persicarum & Ulterioris Asiae, multâ attentione, in peregrinationibus per universum Orientem, collectae, ab Auctore Engelberto Kaempfero, D. Lemgoviae, Typis & Impensis Henrici Wilhelmi Meyeri, Aulae Lippiacae Typographi, 1712. in-4, front., 9 ff. prél. n. c. p. le tit., déd., préf. etc. + pp. 912 + 16 ff. n. c. pour l'index. Pl.

Voir à la fin :

Plantarum Japonicarum, quas Regnum peragranti solum natale conspiciendas objecit, nomina & characteres sinicos; intermixtis, pro specimine, quarundam plenis descriptionibus, unà cum Iconibus.

Contient :

Catalogus Plantarum Fasciculi V. in quinque Classes distributi, quarum exhibet

Classis 1. Plantas vulgò dictas Bacciferas & Pruniferas.
» 2. Pl. Pomiferas & Nuciferas.
» 3. Pl. Oleraceas & Frugiferas.
» 4. Pl. specioso flore conspicuas.
» 5. Pl. Miscellaneas.

— Beschreibung eines Chinesischen Schwammes Lingtschi genannt; aus Briefen eines Missionärs in Pekin. (*Neue Nordische Beyträge*, V. Bd., 1793, pp. 105/108.)

— Observations sur les Vessies qui viennent aux Ormes, & sur une sorte d'Excroissance à peu près pareille qui nous est apportée de la Chine. Par M. Geoffroy le Cadet. (*Rec. de l'Ac. des Sc.*, Mém., [Ann. 1724], 1726, pp. 320/6.)

— Lettre du P. d'Entrecolles. (*Let. édif.*, XXII, pp. 193—245, éd. de Mérigot.)

Pierre d'Incarville.

— * Catalogue alphabétique des Plantes et Drogues simples, que j'ai vues en Chine, avec quelques observations que j'ai faites depuis 15 ans que je suis dans le pays.

MS. Bib. Musée Asiatique (Ac. Imp. des Sciences, St. Pétersbourg). — Voir Bretschneider, *Bot. Disc.*, pp. 49/51 : «D'Incarville's alphabetical Catalogue of Chinese natural productions was published in 1812 and 1813, from the original MS., in the *Mémoires des Naturalistes de Moscou*, tome III and IV. In an introductory note it is suggested that this catalogue had probably been drawn up by Incarville at the request of Bernard de Jussieu. But, as we have seen, in the MS., Incarville states positively that he wrote it for the Academy of St. Petersburg. In the *Mém. des Natur.* the Chinese characters in the Catalogue are omitted. The Appendix was not published.»

— Les plantes du Père d'Incarville dans l'herbier du Muséum d'histoire naturelle de Paris, par M. Franchet, br. in-8, pp. 13.

Extrait du *Bulletin de la Société botanique de France*. Tome XXIX. Séance du 13 janvier 1882.

— Voir : Bretschneider, *Early European Researches*, pp. 120 et seqq.

(Pierre d'Incarville.)

Père Cibot, S.-J. : *Mémoires concernant les Chinois* : Notice du Frêne de Chine nommé *Hiang-Tchun*, II, pp. 598/601. — Sur le Bambou, II, pp. 623/642. — Notices de quelques Plantes, Arbrisseaux, &c., de la Chine, II, pp. 437/499 : 1, Nénuphar de la Chine; 2, le Yu-lan; 3, le Tsieou-hai-tang; 4, le Mo-li-hoa; 5, la Chataîgne d'eau; 6, le Lien-kien ou Ki-teou; 7, le Kiu-hoa, ou la Matricaire de Chine; 8, le Mou-tan, ou Pivoine, arbrisseau de Chine; 9, le Yê-hiang-hoa; 10, le Pé-gé-hong; 11, le Jujubier; 12, le Chêne; 13, le Chataigner; 14, les Oranges-coings (Usage de la greffe). — Notice du Mo-kou-sin et du Lin-Tchi, IV, pp. 500 et seq. — Notice du Pe-tsai, IV, pp. 503 et seq. — Abricotier, V, pp. 505/513. — Armoise [Y-tsao], V, pp. 514/518. — Le Pêcher, XI, pp. 280/293. — Notices sur le Mou-chou-kuo-tsée, le Chou-keou, et le Tsée-tsao, XI, pp. 294/7. — Notice sur la Pivoine, XI, pp. 470/492. — Notice sur le Tsao-kia, ou Fébier Chinois, XI, pp. 493/500.

— Fungus Sinensium Mo-ku-sin descriptus a Rev. P. Cibot apud Sinas Missionar. Academ. Socio. (*Novi Commentarii Academiae Scientiarum Imperialis Petropolitanae*, t. XIX, pro Anno M DCC LXXIV. Petropoli, M DCC LXXV, in-4, pp. 373/8.)

Le ms. de l'original français fait partie du vol. 28 des Mss. de Ste. Geneviève. — Cf. *Mém. conc. les Chinois*, IV, pp. 500 et seq.

Père Collas, S. J.

— Observations sur les plantes, les fleurs et les arbres de Chine, qu'il est possible et utile de se procurer en France. (*Mém. conc. les Chinois*, XI, pp. 183/268.)

Buc'hoz.

— Collection Précieuse et Enluminée Des Fleurs Les plus Belles et les plus Curieuses Qui se Cultivent tant dans les Jardins de la Chine que dans ceux de l'Europe, dirigée par les soins et sous la conduitte de Mr Buc'hoz, Auteur des Dictionnaires des 3 regnes de la France, de l'histoire universelle du règne végétal et de la Collect[on]. de Planches enluminées et non enluminées d'histoire nat[le]. Ouvrage également utile aux Naturalistes, aux Fleuristes, aux Peintres, aux Dessinateurs, aux Directeurs des Manufactures en Porcelaine, en Fayance et en Etoffes de Soye, de Laine,

(Père Collas. — Buc'hoz.)

de Coton et autres Artistes. Pour servir de Suite à l'Histoire Naturelle et Œconomique des 3 règnes de la Nature. Partie 1re. Plantes de la Chine peintes dans le Pays. A PARIS, chez Lacombe, Libraire, rue Christine, Et chez l'Auteur, rue Hautefeuille. A* P* D* R* — Mlle Niquet scrip. et sculp. — s. date [1776]; in-fol.

Titre à l'encre rouge et gravé. Planches I à C, coloriées à la main, avec des titres chinois.

— Partie II. Plantes les plus belles qui se cultivent dans les Jardins de l'Europe. A PARIS. Chez Debure l'aîné, Libraire, Quay des Augustins, Et chez l'Auteur, rue de la Harpe, vis-à-vis celle qui conduit à la Sorbonne. A* P* D* R*. s. date; in-fol.

Planches I à C, coloriées à la main. — A la fin de ce deuxième volume, il y a une «Liste des fleurs qui se cultivent tant dans les Jardins de la Chine que dans ceux de l'Europe» avec les noms en français.

— Herbier . . . des plantes médicinales, par Buc'hoz. 1781.

Voir : *Botanique médicale*, SCIENCES MÉDICALES.

— * Plants and Seeds wanted from China and Japan . . . . London, 1789, in-8.

Jackson.

JOÃO DE LOUREIRO, S. J.

Né à Lisbonne, 1710; † à Lisbonne, 18 octobre 1791.

— Flora Cochinchinensis : sistens Plantas in regno Cochinchina nascentes. Quibus accedunt aliae observatae in Sinensi Imperio, Africa Orientali, Indiaeque locis variis. Omnes dispositae secundum Systema sexuale Linnaeanum. Labore, ac Studio Joannis de Loureiro Regiae Scientiarum Academiae Ulyssiponensis Socii : olim in Cochinchinâ Catholicae Fidei Praeconis : ibique rebus Mathematicis, ac Physicis in Aulâ Praefecti. Jussu Acad. R. Scient. in lucem edita. Ulyssipone Typis, et expensis Academicis. Anno M.DCCXC. Permissu Regii Conçilii pro Examine, & Censurâ Librorum. 2 tomes en un vol. in-4, pp. xx-744 + 1 f. n. ch. errata.

Index Nominum Cochinchinensium, quae literâ Alphâ in corpore indicantur, pp. 723/744.

Vend. : Rémusat (297), Fr. 11. 50. — Klaproth (233), Fr. 11. — Voir : *Chin. Rep.*, V, p. 118, notice par S. W. Williams.

— Flora Cochinchinensis, sistens Plantas in regno Cochinchina nascentes; quibus accedunt aliae observatae in Sinensi Imperio, Africa orientali, Indiaeque locis variis; omnes dispositae secundum Systema sexuale Linnaeanum; labore ac studio Joannis de Loureiro, Regiae Scientiarum Academiae Ulyssiponensis Socii; olim in Cochinchina Catholicae Fidei Praeconis; ibique Rebus Mathematicis, ac Physicis in Aula Praefecti. — Jussu Acad. R. Scient. in lucem edita Ulyssipone MDCCXC. — Denuo in Germania edita cum notis Caroli Ludovici Willdenow, Med. D. Societ. Natur. Scrut. Turricens. Berol. Halens. Socii. — Berolini, Impensis Haude et Spener, prostatque Parisiis, apud I. I. Fuchs, Bibliopolam in Ripa Augustinorum, MDCCXCIII, 2 vol. in-8.

Tomus I, pp. I/XXIV — 1/432. — Tomus II, pp. 433/882 + 1 f. «addenda et corrigenda».

Vend. : Rémusat (298), Fr. 17.

— Note sur quelques genres de la Flore de Cochinchine de Loureiro, qui ont de l'affinité avec d'autres genres connus, publiée par A. L. de Jussieu. (*Ann. Mus. d'Hist. nat.*, XI, 1806, pp. 74/6, 150/2, 231/6, 327/8; XII, pp. 68/72, 337/40.)

— On the *Fagus Castanea* of Loureiro's «Flora Cochinchinensis»; with descriptions of two new Chinese *Corylaceae*. By H. F. Hance, Ph. D. (*Jour. Linn. Soc.*, Bot., X, 1869, pp. 199/203.)

— Bretschneider, *Early European Researches*, pp. 129 et seqq.

— GROSIER, *Description de la Chine*, Vol. II et III; voir surtout : un article sur le *Tchou-tsé*, ou le Bambou, II, pp. 362 et seq. — «Culture des Champignons», III, Chap. XVI; les détails sont puisés dans un mémoire non publié adressé par le P. Cibot en 1775, à l'Académie de St.-Pétersbourg.

— CLARKE ABEL, dans sa relation de l'ambassade de Lord Amherst, 1818, donne des Notes sur les plantes et les animaux de la Chine; l'appendice B, p. 374, contient : «Characters and Descriptions of three new species of Plants; [selected from the only part of Mr. Abel's Herbarium that escaped the wreck of the *Alceste*; consisting of a small collection presented by him to Sir George Staunton, at Canton» by Robert Brown, F. R. S.

L'*Alceste* fit naufrage le 17 fév. 1817, dans le Détroit de Gaspar, et, avec le navire, furent englouties les collections d'Abel.

JOHN LIVINGSTONE.

— Account of a Method of ripening Seeds in a wet season with Notices of the Cultivation of certain Vegetables and Plants in China. (*Trans. Hort. Soc.*, III, pp. 183/6.)

— On the Difficulties which have existed in the Transportation of Plants from China to England. (*Ibid.*, pp. 421/9.)

— On the Method of Dwarfing Trees and Shrubs, as practised by the Chinese, including their plan of Propagation from Branches. (*Ibid.*, IV, pp. 224/231.)

— On the State of Chinese Horticulture and Agriculture, with an Account of several Esculent Vegetables used in China. (*Ibid.*, V, pp. 49/56.)

Voir chap. HORTICULTURE.

— Grafting of Rosa Banksiae in China. (*Ibid.*, VII, 1827, p. 226.)

— Accounts of Chinese Botany. (Letters of John Livingstone.) (In the *Indo-Chinese Gleaner*, Vol. II, pp. 122 et seq.)

Voir également *The Chinese Repository*, II, pp. 225 et seq.

JOHN LINDLEY.

Né 5 fév. 1799, à Catton, près Norwich; † 1 Nov. 1865, à Turnham Green, Middlesex.

— Icones Plantarum sponte China nascentium e Bibliotheca Braamiana excerptae. London, J. H. Boothe, 1821, in-folio, 30 pl. col., £ 2-2/.

The «Preface is dated London, Febr. 10th 1821, not signed. — Pritzel, *Thesaurus Lit. Bot.*, 1872, n° 10779, states with respect to the *Icones Braamianae* : «In Catalogo bibliothecae Radcliffe Oxoniensis, liber H. B. Ker adscribitur.» — It seems very probable that J. Lindley arranged the plates for publication and wrote the preface. See Seamann's *Jour. Bot.*, III, 1865, p. 385. There is in the Kew Library an other copy of this volume which has a lithographed title page dated 1818 and an «Advertisement» signed W. CATTLEY.» (Bretschneider, *Bot. Disc.*, p. 187.)

— * Icones pictae Indo-Asiaticae Plantarum excerptae e codicibus. Dom. Cattley. — Scientiae et Artium fautori illustri Josepho Banks, Societatis Regiae Praesidi dignissimo summa reverentia dicantur. — Lithographice impressae a Moser. Londini, MDCCCXVIII.

Advertisement. «The thirty figures which this work comprizes were from a collection of Chinese and Indian drawings — twenty four were printed on stone and were drawn by Mr. H. B. Ker, the remainder were etched on copper : after several of the figures had been executed, the assistance of Sir Joseph Banks was fortunately obtained in directing the selection of such plants as it would be most desirable to publish : it is intended at a future period to publish a further part which will consist of thirty figures. W. Cattley.» (Bretschneider, p. 187.)

Alex. von Bunge.

Né à Kiev en 1803; † 6 juillet 1890.

— Icones Plantarum novarum vel imperfecte cognitarum, floram rossicam, imprimis Altaicam, illustrantes, edidit Carolus Fridericus a Ledebour... Rigae apud I. Deubner, 1829—1834, 5 parties in-folio.

British Museum, 563, g, 27.
Voir : *Reise durch das Altai-Gebirge*.

— Flora Altaica. Scripsit D. Carolus Fridericus a Ledebour .... adiutoribus D. Car. Ant. Meyer et D. Al. a Bunge .... Berolini, G. Reimer, MDCCCXXIX—MDCCCXXXIII, 4 vol. in-8.

— Enumeratio Plantarum quas in China Boreali collegit Dr. Al. Bunge. Anno 1831. In-4, pp. 73 [Lu le 7 Mars 1832], s. l. [Petropoli]. (*Mém. Ac. Sc.*, St. Pétersbourg, *Savants Étrangers*, II, 1835, pp. 75/147.)

— Verzeichniss der im Jahre 1832, im östlichen Theile des Altai-Gebirges gesammelten Pflanzen. Ein Supplement zur *Flora Altaica* von Al. v. Bunge. (*Ibid.*, II, 1835, pp. 523/608.)

— Plantarum Mongholico-Chinensium Decas prima. Auctore Al. Bunge. Casam. 1835. Описаніе новыхъ родовъ и видовъ Китайскихъ и монгольскихъ растеній. br. in-8, pp. 29, 3 pl.

Mém. de l'Univ. de Kazan, IV, pp. 154 seqq.

— Generis Astragali Species Gerontogeae. Pars Prior. Claves Diagnosticae. (*Mém. Ac. Sc.*, St. Pét., 7ᵉ Sér., XI, 1868, No. 16, pp. 140.) — Pars altera. Specierum Enumeratio. (*Ibid.*, XV, 1869, No. 1, pp. 254.)

— Astragali Turkestanici. (*Acta Hti. Petrop.*, III, 1874, pp. 101/7.)

— Species Generis Oxytropis. (*Mém. Ac. Sc.*, St. Pét., 7ᵉ Sér., XXII, 1874, No. 1, pp. 160.)

— Enumeratio Salsolacearum omnium in Mongolia hucusque collectarum. Auctore Al. Bunge. (*Bul. Ac. I. Sc. St. Pét.*, XXV, 1879, col. 349/371.)

— Astragaleae Turkestaniae. (Dans les Voy. de Fedchenko, fasc. 15, pp. 160/316. — Supp., *Acta Hti. Petrop.*, VII, 1880, pp. 363/380.)

— Salsolacearum novarum Turkestaniae Descriptiones. (*Ibid.*, V, 1878, pp. 642/6.)

— Enumeratio Salsolacearum Mongolicarum. (*Ibid.*, XIII, 1893, 21.)

— Plantagineae Centralasiaticae. (*Ibid.*, 1880, pp. 392/4.)

— Enumeratio Salsolacearum Centralasiaticarum. (*Ibid.*, pp. 403/459.)

— Salsolaceae Herbarii Petropolitani, in China, Japonia et Mandshuria collectae. (*Ibid.*, XIII, 1893, pp. 15/22.)

— Astragali novi Przewalskiani. (*Mél.*, X, 1877, pp. 50/4.)

— Leguminosae novae Asiae orientalis et centralis. (*Mél.*, X, 1880, pp. 637/642.)

Möllendorff, Potanin, Prjevalsky, Piasetsky, Hancock.

— Pflanzen-geographische Betrachtungen über die Familie der Chenopodiaceen. Von Al. Bunge. (*Mém. Ac. Sc. St. Pét.*, VIIᵉ Sér., XXVII, 1880, pp. 36.)

Nicolai Stepanovitch Turczaninov.

— Decades tres Plantarum Chinae boreali et Mongoliae chinensi incolarum. (*Bul. Soc. Nat.*, Moscou, V, 1832, pp. 180/206.)

Kuznetzov.

— Enumeratio Plantarum quas in China boreali collegit et mecum communicavit cl. Medicus Missionis Rossicae Porphyrius Kirilov. (*Bul. Soc. Nat.*, Moscou, X, 1837, II, pp. 148/158.)

— Decades quatuor Plantarum hucusque non descriptarum Sibiriae maxime orientalis et regionum confinium incolarum. (*Ibid.*, Moscou, XIII, 1840, pp. 60/80.)

— Index Specierum Plantarum, circa urbem Ircutiam, in Dauria et ad lacum Baikal in Sibiria lectarum, quas Societas Caesarea Naturae Scrutatorum Mosquensis pro mutua commutatione offert. (*Ibid.*, X, 1837, I, pp. 56/62.)

— Description de deux nouveaux genres de la famille des Gentianées. (*Bul. Soc. Nat. Moscou*, XIII, 1840, pp. 164/8.)

— Flora Baicalensi-Dahurica, seu Descriptio Plantarum in regionibus cis- et transbaicalensibus atque in Dahuria sponte nascentium. (*Ibid.*, Moscou, XV, 1842—56.)

— Gilbert Thomas Burnet. — Voir col. 71, *Hist. and Desc. Account of China*, 1836.

— Lettre de M. Verrolles [sur l'arbre à vernis de Chine]. (*Annales de la Prop. de la Foi*, IX, 1836, pp. 454/459.)

Tchong-King, 9 sept. 1835.

G. T. Lay.

— Remarks on some Euphorbiaceous Plants. (*Chin. Rep.*, V, p. 437.)

— Blanco's *Flora de Filippinas*. (*Ibid.*, VII, p. 422.)

— A Calendar, for Four Months, (July, August, September, October 1844) of the Weather, Natural History and Country Operations, at Foo-chow-foo. By G. T. Lay, H. M. Acting Consul at that place. (*Trans. Hort. Soc.*, London, 2d Series, III, 1843—8, pp. 237/245.)

« The continuation appeared in the *Jour. Hort. Soc.*, I, 1846, pp. 119/126, and comprises the months of Nov., Dec. 1844, Jan. 1845. Lay's Calendar gives Meteorological Observations, Observations on Husbandry, Fruits, Flowers and Vegetables in Season, Animal Kingdom, Events, General Remarks. » (Bretschneider, *Bot. Disc.*, p. 291.)

T. E. Cantor.

Voir *Chousan*, col. 254; et *Zoologie*, col. 395.

— Collections made by Dr. Cantor on the Expedition to China. (*Jour. of Nat. Hist.*, Calcutta, V, 1841. — *Chin. Rep.*, X, 1841, pp. 434/8.)

— General Features of Chusan with Remarks on the Flora and Fauna of that Island. (*Annals of Nat. Hist.*, 1842, pp. 265/278, 361/371, 481/494. — *Jour. Asiat. Soc. Bengal*, XXIV, 1855.)

— Some Account of the Botanical Collection, brought from the eastward, in 1841, by Dr. Cantor. By the late W. Griffith . . . (*Miscell. Papers relat. to Indo-China*, London, Trübner, 1886, II, pp. 257/278.)

From the *Jour. As. Soc. Bengal*, XXIII, pp. 623/650.)

— G. Karelin et J. Kirilow. Enumeratio Plantarum in desertis Songoriae orientalis et in summo jugo Alatau collectarum. (*Mosquae*, 1842.) In-8.

— Note sur la plante Ko d'après l'Encyclopédie *Cheou-chi-t'ong-k'ao*, liv. LXXVIII, fol. 16, par S. Julien. (*Ctes. rendus de l'Ac. des Sc.*, XVII, 1843, pp. 421/422.)

Trad. dans le *Chin. Rep.*, XIV, 1845, 216.

Cette plante *Ko* est le *Pachyrhizus Thunbergianus*. (Bretschneider.)

— S. WELLS WILLIAMS a publié un index botanique dans son *English and Chinese Vocabulary in the Court Dialect*, Macao, 1844; cet index a été reproduit par *Bazin*, *Chine moderne* (1853), II, pp. 565 et seq. (Col. 87.)

— On the Multicaulis or Mulberry tree at Manila. By M. Isidore Hedde. (*Chin. Rep.*, XV, 1846, pp. 527/534.)

— Species plantarum novae, a D. Al. Schrenk nuperrime in Songaria lectae. (*Bul. Cl. Phys.-mat. Ac. I. Sc. St. Pét.*, I, 1843, col. 79—80.)

— Chenopodiaceae Staticesque novae vel nondum descriptae, quas in itinere ad fluvium Tschu versus legit Alexander Schrenk. (*Ibid.*, I, 1843, col. 360/2.)

— Plantae novae, nondum descriptae, quas in itinere ad fluvium Tschu versus legit Al. Schrenk. (*Ibid.*, II, 1844, col. 113/116.)

— Diagnoses plantarum novarum, a cl. A. Schrenk in itinere ad fluvium Tschu versus lectarum. (*Ibid.*, II, 1844, col. 193/9.)

— Diagnoses Compositarum novarum, a cl. Al. Schrenk anno 1843 in Songaria lectarum. (*Ibid.*, III, 1845, col. 106/110.)

— Diagnoses plantarum novarum, in Songaria anno 1843, a cl. A. Schrenk lectarum. (*Ibid.*, III, 1845, col. 209/212.)

— Diagnoses plantarum novarum, a cl. Al. Schrenk, anno 1844, in Songaria lectarum. Manipulus ultimus. (*Ibid.*, col. 305/309.)

Robert Fortune.

Né 16 sept. 1812, dans le Berwickshire: Ecosse; † 13 avril 1880.

Voir Thé. — Voyages.

— Bretschneider, *Bot. Disc.*, pp. 403/518.

— Notes of a Traveller. (*Gardeners' Chronicle*, 16 letters, 1849—1851.)

— Plants and Gardens of the English at Shanghae in China. (Robert Fortune, *Gardeners' Chronicle*, June 15, 1850.) — Réimp. dans *The N. C. Herald*, No. 12, Oct. 19, 1850.)

— Leaves from my Chinese Note-Book. (*Gardeners' Chronicle*, 10 notes, 1853—5.)

— Noms indigènes d'un choix de Plantes du Japon et de la Chine déterminés d'après les échantillons de l'herbier des Pays-Bas, par MM. J. Hoffmann et H. Schultes.

(*Journ. Asiatique*, Oct.-Nov. 1852. Vol. XX, pp. 257/370.)

— Noms indigènes d'un choix de plantes du Japon et de la Chine, déterminés d'après les échantillons de l'herbier des Pays-Bas à Leyde. Par MM. J. Hoffmann et H. Schultes. Nouvelle édition augmentée. Leyde, E. J. Brill, 1864. In-8, pp. XIII-90.

La préface et le titre sont en hollandais et en français.

— The Rice-Paper Plant and its uses : By J. C. Bowring. Read to the Society, 12th October 1852. (*Transactions China Branch of the R. As. Soc.*, Pt. III. Art. IV, pp. 28/33.)

Tung-tsaou 通草 : Rice-paper Plant.

— Sur des graines de plantes et arbres de Chine recueillies et adressées à la Société. Par M. l'abbé Guierry, Procureur général des Lazaristes en Chine. Lettre adressée à M. Tastet, ... (*Bull. Soc. Zool. Acclim.*, III, 1856, pp. 183/185.)

— Compte rendu des essais de culture sur les plantes de la Chine rapportées par Monseigneur Perny. Par M. L. Vilmorin. (*Ibid.*, VI, 1859, pp. 520/528.)

— Floraison en plein air de l'*Euryale ferox* de la Chine dans le Jardin des Plantes de Montpellier, Par M. Ch. Martins, Prof. à la Fac. de Méd. de Montpellier, Directeur du Jardin Botanique. (*Ibid.*, VII, 1860, pp. 552/555.)

— Sur l'acclimatation de quelques plantes médicinales, et particulièrement du Pavot à opium, par M. Oscar Reveil. (*Ibid.*, VIII, 1861, pp. 166/8.)

— Sur les plantes médicinales de la Chine, par M. Dabry. (*Ibid.*, IX, 1862, pp. 494/501.)

— Graines des principales plantes alimentaires de la province de Qwang-tong, Offertes par Mgr. Guillemin. (*Ibid.*, IX, 1862, pp. 323/324.)

— Sur les productions végétales de la Chine. Lettre adressée à M. le Président . . . . . Par Mgr. Guillemin, Evêque missionnaire du Quang-tong et Quang-si. (*Ibid.*, IX, 1862, pp. 872/876.)

— Le Pin *Pei-Go-song* de Chine. Lettre adressée à M. le Secrétaire Général . . . . . Par M. Eugène Simon. (*Ibid.*, X, 1863, pp. 281/282.)

— Le *Chamaerops excelsa* (Thunb.). Par M. le docteur Cuigneau. (*Ibid.*, IIe Sér., VI, 1869, pp. 418/429.)

— Note sur des plantes de la Chine envoyées par M. E. Simon et sur des plantes de l'Anatolie envoyées par M. Dufour. Par M. P. Chappellier. (*Ibid.*, IIe Sér., VI, 1869, pp. 632/636.)

— Sur l'*eucalytus globulus* et l'*hovenia dulcis*. Par M. Philippe . . . . (*Ibid.*, IIe Sér, I, 1864, pp. 196/199.)

Henry Fletcher Hance.

Né 4 août 1827, Gloucester Terrace, Old Brompton, London; † à Amoy, 22 Juin 1886.

Notice : *Journ. China Br. Roy. As. Soc.*, XXI, N. S., Nos. 5 & 6, 1886, pp. 209/313. By E. H. P.[arker].

«When Hance died, his Herbarium amounted to 22.437 species. In accordance with his last will it was offered to the British Museum, and is of great service in connection with the Flora of China now published by Mr. Hemsley.» (Bretschneider, *Bot. Disc.*, p. 638.)

Journal of Botany :

— On *Quercus fissa*, Champion, in reference to the distinctive characters of *Quercus* and *Castanea*; with remarks on some of the genera of *Corylaceae*. With Annotations by M. Alphonse de Candolle. (I, 1863, 173/183.)

— On the occurence of *Cryptotaenia Canadensis*, DC. in Southern China. (III, 1865, 340/1.)

— On the genus *Brainea*, J. Sm. (III, 341/4.)

— Descriptions of four new Plants from Southern China. (III, 378/381.)

— A few critical, little known, or otherwise interesting Plants. (IV, 1866, 51/7.)

— Remarks on the modern tendency to combine species. (IV, 84/6.)

— Description of a new species of *Polygala* from Southern China. (IV, 117/120.)

— Stirpium novarum tetras. (IV, 171/3.)

— Some remarks on the classification of Ferns. (IV, 253/260.)

— On *Liquidambar Formosana*. (V, 1867, 110/114.)

— On *Erica carnea*, gathered in Devon. (V, 136/8.)

— On *Calamagrostis Langsdorffii*, Trin., and *C. Phragmitioides*, Hartm. (V, 233.)

— Note on *Eritrichium Guilielmi*, A. Gray. (V, 243/4.)

— On *Adiantum Capillus-Junonis*, Rupr., with Descriptions of two new Ferns from Northern China. (V, 260/2.)

— Note on *Penthorum Chinense*, Pursh. (V, 275/6.)

— *Lysidice*, Genus novum Lathyraceum, ex Caesalpiniearum Subordine. (V, 298/9.)

— Note on *Hypericum undulatum*, Schousb. (V, 299/301.)

— Note on *Calimeris*, Nees, and *Heteropappus*, Less., with Description of a new Species of the latter Genus. (V, 369/371.)

— De nova *Saginae* specie notula. (VI, 1868, 46/7.)

— A Pemptade of New Chinese *Monochlamydeae*. (VI, 47/50.)

— Diagnoses of two new Chinese *Cyperaceae*. (VI, 89/90.)

— Henna in China. (VI, 91/2; from *Notes & Q. on C. & J.*, I, p. 40.)

— On a new Chinese *Acanthacea*. (VI, 92/4.)

— Note on a critical Chinese grass. (VI, 109/111.)

— *Sertulum Chinense* : A Decade of interesting new Chinese Plants. (VI, 111/116.)

— Three new Chinese *Asteraceae*. (VI, 173/5.)

— On two new Chinese Ferns; with some remarks on the genus *Woodwardia*. (VI, 175/8.)

— Description of a new Chinese Larkspur. (VI, 207/8.)

— On the *Commelyna tuberosa* of Loureiro. (VI, 250/2.)

— Note on the genus *Henslowia*. (VI, 252/3.)

— *Sertulum Chinense Alterum* : A Second Decade of new Chinese Plants. (VI, 296/302.)

— *Sertulum Chinense Tertium* : A Third Decade of new Chinese Plants. (VI, 328/333.)

— On a new Chinese Orchid. (VI, 371/2.)

— Note on *Elaeagnus Gonyanthes*. (VI, 372/3.)

— On the *Phoenix* of the Hongkong Flora. (VII, 15/17.)

— Note on *Panicum Mandshuricum*, Maxim. (VII, 1869, 41.)

— Note on the *Capparis Magna*, of Loureiro. (VII, 41/2.)

— Note on *Thesium decurrens*, Bl. and *T. Chinense*, Turcz. (VII, 42/3.)

— Note on the Genus *Arthrostylis*, R. Br. (VII, 63/4.)

— De nova *Rhamni* specie. (VII, 114/5.)

— Note on *Delima*, Linn. (VII, 115.)

— Note on the Chinese name of *Eleusine Coracana*, Gaertn. (VII, 116.)

— On *Habenaria Miersiana*, Champ. (VII, 161/3.)

— *Sertulum Chinense Quartum* : A Fourth Decade of new Chinese Plants. (VII, 163/8.)

— Notes on the Fern-Flora of China. (VII, 234/9.)

— Note on *Sambucus Chinensis*, Lindl. (VII, 295.)

(Hance.)

— Note on *Melastoma Repens*, Desrouss. (VII, 296/7.)

— Note on *Abrus Cantoniensis*. (VII, 336/7.)

— On a Poisoning Solution for botanical Specimens. (VII, 343/4.)

— Note on *Quercus Wallichiana*, Lindl. (VIII, 1870, 4/5.)

— *Crassulaceae* quatuor novae Chinenses. (VIII, 5/7.)

— *Sertulum Chinense Quintum* : A Fifth Decade of new Chinese Plants. (VIII, 71/77.)

— De nova *Pygei* specie. (VIII, 242/3.)

— *Viburnum Tomentosum*, Thunb., in Southern China. (VIII, 273/7.)

— Exiguitates Carpologicae. (VIII, 312/14.)

— Ternio *Eugeniarum* novarum Sinensium. (IX, 1871, 5/6.)

— On the so-called « Olives » (*Canarii* spp.) of Southern China. (IX, 38/40.)

— *Sertulum Chinense Sextum* : A Sixth Decade of new Chinese Plants. (IX, 130/134.)

— Note on *Portulaca Psammotropha*. (IX, 201/2.)

— On the genus *Fallopia*, Lour. (IX, 239/240.)

— *Castanea vulgaris*, Lam., grown in Southern China. (X, 1872, 69/70.)

— On the source of the China Root of Commerce. (X, 102/3.)

— On a Chinese culinary Vegetable. (X, 146/149.)

— On a new species of *Iris*. (X, 229/231.)

— On a new Chinese Bignoniad. (X, 257/259.)

— On the *Ch'ing Muh Hsiang*, or « Green Putchuk » of the Chinese. With some remarks on the Antidotal Virtues ascribed to *Aristolochiae*.

Reprinted from the « *Journal of Botany* » for March, 1873, br. in-8, pp. 7. (XI, 1873, 72/9.)

— *Pinus Bungeana*, Zucc. (XI, 91.)

— *Lysimachia nova Chinensis*. (XI, 167/8.)

— On a Chinese Maple. (XI, 168/172.)

— On the fruit of Galangal. (XI, 175/6.)

— On the fruit of *Lysidice rhodostegia*. (XI, 207.)

— *Erythrostaphyle* : Genus novum, *Verbenaceis* affine. (XI, 266/7.)

(Hance.)

— Note on *Planera Davidii.* (XI, 273.)

— On *Pterocarya Stenoptera,* Cas. DC. — Dec. 1873. (XI, 376/379.)

— Nova *Plectranthi* species. (XII, 1874, 53.)

— De nova *Asplenii* Specie. — May 1874. (XII, 142/3.)

— Note on *Spathodea Cauda-felina.* (XII, 177.)

— A new Chinese *Hydrangea.* (XII, 177/8.)

— Native Country of *Serissa* [*foetida*]. (XII, 183.)

— *Erythrostaphyle vitiginea.* (XII, 184.)

— Distribution of *Cynomorium coccineum,* Linn. (XII, 184.)

— On some Asiatic *Corylaceae.* Aug. 1874. (XII, 240—243.)

— On a small collection of Plants from Kiukiang. Sept. 1874. (XII, 258—263.)
Recueillie par Dr. O. F. von Möllendorff.

— On three new Chinese *Calami.* Sept. 1874. (XII, 263—267.)

— *Scirpus Triqueter,* Linn., in Southern China, Nov. 1874. (XII, 329—330.)

— On a new *Symplocos.* (XII, 369.)

— De duabus *Ribis* speciebus e China septentrionaria. Feb. 1875. (XIII, 1875, 35—36.)

— On a Chinese Screwpine. March, 1875. (XIII, 67—70.)

— De *Iride Dichotoma,* Pall., breviter disceptat. April, 1875. (XIII, 104—105.)

— Uses of the common rush in China. April 1875. (XIII, 106—107.)

— On some mountain plants from Northern China. May 1875. (XIII, 129—139.)
Recueillies par le Dr. E. Bretschneider.

— Two Additions to the Hongkong Flora. (XIII, 196—197.)

— Diagnosis of two new Chinese Ferns. (XIII, 197—198.)

— A fourth new Hongkong *Calamus.* (XIII, 289—290.)

— *Analecta Dryographica* : Descriptions of a few new, and notes on some imperfectly known *East Asiatic Corylaceae.* (XIII, 361—372.)

— On an Asiatic *Centrolepis* (5, 1876, 13—15.)

(HANCE.)

— On the Huskless Walnuts of North China. (5, 1876, 15—16.)

— Two new Hongkong Orchids : [*Bolbophyllum* (*Cirrhopetalum*) *delitescens*; *Cleisostoma fordii*]. (5, 1876, 44—45.)

— On a Mongolian grass [*Stipa inebrians*] producing intoxication in cattle, [with supplementary note on intoxicating grasses]. (5, 1876, 210—212; 6, 1877, 267—268.)

— *Corolla pierreana*; sive stirpium cambodianarum a cl. L. PIERRE, Horti Bot. Saigonensis praeposito, lectarum eclogae. (5, 1876, 240—244, 257—262; 6, 1877, 327—338.)

— Two new Chinese grasses : [*Eirochrysis porphyrocoma*; *Phyllostachys nevinii*]. (5, 1876, 294—297.)

— A new Chinese *Symplocos* [*S.* (*Hopea*) *urceolaris*]. (5, 1876, 307.)

— On two *Dipterocarpaceae* : [*Dryobalanops schefferi*, n. sp.; *Hopea mengarawan*, Miq.] (5, 1876, 307—308.)

— A new Chinese *Arundinaria* [*A. flexuosa*]. (5, 1876, 339—340.)

— Plantae Quattuor novae hongkongenses : [*Cardamine lamontii*; *Ilex buxifolia*; *Meliosma squamulata*; *Cudrania rectispina*]. (5, 1876, 363—365.)

— A second Hongkong *Cleisostoma* [*C. virginale*]. (6, 1877, 38.)

— Note on the genus *Amphidonax,* N. ab E. (6, 1877, 38—40.)

— On *Sportelia,* a new genus of *Rosaceae.* (6, 1877, 207—208.)

— *Thorelia,* genus novum, [*T. deglupta*]. (6, 1877, 268—269.)

— On a new species of *Calorhabdos* [*C. cauloptera*]. (6, 1877, 298—299.)

— On *Pierrea,* a new genus of *Samydaceae.* (6, 1877, 339—340.)

— Two new species of *Lysimachia* : [*L.* (*Lubinia*) *foenum-graecum, L.* (*Cilicina*) *alfredi*]. (6, 1877, 355—357.)

— *Spicilegia Florae sinensis* : Diagnoses of new, and habitats of rare or hitherto unrecorded, Chinese plants. I—VIII. (7, 1878, 6—15, 103—114, 225—234; 8, 1879, 7—17; 9, 1880, 257—262, 299—303; 11, 1882, 2—6, 36—39, 257—261, 289—296; 21 [12], 1883, 295—299, 321—324, 355—359.)

(HANCE.)

— Note on the genus *Pygeum*, Gaertn. (7, 1878, 87—88.)

— On some new Malayan *Corylaceae*. (7, 1878, 198—201.)

— On *Lysimachia cuspidata*, Bl., and *Lysimachia cuspidata*, Klatt. (7, 1878, 234—236.)

— On *Aristolochia longifolia*, Champ. (7, 1878, 289—290.)

— Novae generis Shoreae species duae : [*S. pierrei*, *S. Schefferiana*]. (7, 1878, 302—303.)

— On a new Indian Oak; with remarks on two other species : [*Quercus* (*Cyclobalanus Encleistocarpus*) *kurzii*, n. sp., *Q. griffithii*, Hook. f. & Th., *Q. semiserrata*, Roxb.]. (7, 1878, 327—329.)

— On the fruit of *Tecoma grandiflora*, Delaun. (8, 1879, 69.)

— On the sources of the «China matting» of commerce. (8, 1879, 99—105.)

— A Chinese *Fontanesia* : [*F. chinensis*]. (8, 1879, 135—137.)

— On a new Chinese *Caryota* : [*C. ochlandra*]. (8, 1879, 174—176.)

— Nova *Aristolochiae* species, [*A.* (*Siphisia*) *mollissima*]. (8, 1879, 300.)

— A note on Borage. (8, 1879, 301—303.)

— Stirpium duarum novarum e Primulacearum familia characteres : [*P.* (*Primulastrum*) *obconica*; *Stimpsonia crispidens*]. (9, 1880, 234.)

— A new Hong-Kong Melastomacea, [*Otanthera fordii*]. (10, 1881, 46—47.)

— A new Hong-Kong Anonacea, [*Melodorum* (*Eumelodorum*) *glaucescens*]. (10, 1881, 112.)

— Generis Asari species nova, [*Asarum caudigerum*]. (10, 1881, 142.)

— On a new Chinese Senecio, [*S. phalacrocarpus*]. (10, 1881, 150—151.)

— Florae sinicae novitates tres : [*Polygala* (*Semeiocardium*) *wattersii*; *Sophora* (*Eusophora*) *viciifolia*; *Loranthus* (*Cichlanthus*) *nigrans*]. (10, 1881, 209—210.)

— Generis Corni species duae novae chinenses : [*Cornus* (*Thelycrania*) *crispula*, *C. paucinervis*]. (10, 1881, 216—217.)

— A new Chinese rhododendron, [*R.* (*Eurhododendron, subseries 3*) *henryi*]. (10, 1881, 243.)

— On a new Araliacea of uncertain origin, [*Plerandra* (*Diplasandra*) *jatrophifolia*]. (10, 1881, 274—275.)

— On the natural order Taccaceae; with description of a new genus, [*Schizocapsa plantaginea*]. (10, 1881, 289—293.)

— A new Chinese bignoniad, [*Stereospermum* (*Radermachera*) *sinicum*]. (11, 1882, 16—17.)

— A decade of new Hong-Kong Plants. (11, 1882, 77—80.)

— A Chinese Stephanandra, [*S. chinensis*]. (11, 1882, 210.)

— Another new Chinese Rhododendron, [*R. mariae*]. (11, 1882, 230—1.)

— A new Polygonum, of the section Pleuropterus, [*P. forbesii*]. (21 [12], 1883, 100.)

— A Chinese Clethra [*C. fabri*]. (21 [12], 1883, 130.)

— New Chinese Cyrtandreae. (21 [12], 1883, 165—170.)

— Podophyllum, a Formosan genus, [*P. pleianthum*, n. sp.]. (21 [12], 1883, 174—175.)

— Three new Chinese begonias : [*B.* (*Parvibegonia*) *leprosa*, *B.* (*Eubegonia*) *fimbristipula*, *B.* (*Platycentrum, Euplatycentrum*) *circumlobata*]. (21 [12], 1883, 202—203.)

— Orchidaceae quatuor novae sinenses : [*Liparis* (*Cestichis*) *chloroxantha*; *Bolbophyllum* (*Brachyantha*) *tigridum*; *Eria* (*Dendrolirium ambrosia*; *Cystorchis*? *nebularum*]. (21 [12], 1883, 231—233.)

— Heptas filicum novarum sinicarum (21 [12], 1883, 267—270.)

— *Disporopsis*, genus novum Liliacearum. (21 [12], 1883, 278.)

— A second new Chinese Podophyllum. [*P. versipelle*.] (21 [12], 1883, 361—363.)

— A third new Chinese Rhododendron. [*Rh. simiarum*.] (1884, 22.)

— Generis Rubi species nova. [*Rubus aralioides*.] (1884, 42.)

— A new Chinese Maple. [*Acer Fabri*.] (1884, 76.)

— Nova Echinocarpi species. [*E. sinensis*.] (1884, 108.)

— Ptilopteris, novum Polypodiacearum genus. [*Pt. Hancockii* et *Pt. Maximowiczii.*] (1884, 138.)

— Some Chinese Corylaceae. (1884, 227—31.)

— A new Chinese Gomphostemma. [*G. insuave.*] (1884, 231.)

— A new species of Ardisia. [*A. mamillata.*] (1884, 290.)

— Eomecon, genus novum Papaveracearum. [*E. chionantha.*] (1884, 346.)

— Orchidaceae Epiphyticae novae, discovered by Ford. [*Cleisostoma formosanum* et *Ornithochilus eublepharon.*] (1884, 364.)

— Four new Chinese Caesalpiniae. (1884, 365—369.)

— Eugeniae quatuor novae Chinenses. (1885, 7—8.)

— Loranthi species nova chinensis. [*L. Fordii.*] (1885, 38.)

— A new Hongkong Cyperacea. [*Cladium ensigerum.*] (1885, 80.)

— A new Chinese Pogonia. [*P. Fordii.*] (1885, 247.)

— A new Chinese Salvia. [*S. scapiformis.*] (1885, 368.)

— Spicilegia Florae Sinensis. IX. (1885, (321—330.)

— A new Hongkong Tephrosia [*T. oraria.*] (1886, 17.)

— A new Chinese Amomum. [*A. vittatum.*] (1886, 53.)

— Spicilegia Florae Sinensis. (1887, 12—14.)

∴

— On some New Chinese Plants. (Hooker's London *Journal of Botany*, VIII, 1848, pp. 471/3.)

— On some Chinese Plants. (Hooker's *Jour. of Botany and Kew Garden Miscellany*, I, 1849, pp. 141/3.)

— Notes on new and little-known Plants of China. (*Ibid.*, pp. 175/6.)

— On the Structure of the Fruit in Punica. (Henfrey, *Bot. Gazette*, II, 1850, pp. 280/283; *Linn. Soc. Proc.*, II, 1855, pp. 96-97.)

— Plantarum novarum minusve cognitarum, praesertim Austro-Chinensium Diagnoses. (Walpers, *Ann.*, II, 1851—2; III, 1852—3.)

— Sketch of the Island and Flora of Hongkong, China. (*Phytologist*, IV, 1853, pp. 881/891.)

Réimp. avec des corrections de Hance dans N. B. Dennys' *Treaty Ports*, 1867, pp. 37/44.

— Notes on Osmanthus fragrans. (*Bonplandia*, II, 1855, p. 121.)

Annales des Sciences Naturelles :

— Symbolae ad Floram sinicam adjectis paucissimarum stirpium japonicarum diagnosibus; auctore Henr. F. Hance, Ph. D., M. A.,... in-8, pp. 11.

Extrait des *Annales des Sciences Naturelles*, 4e Série, T. XIV, Cahier No. 4.

— Note sur deux espèces du genre Scolopia *Schreb.*, par M. H. F. Hance, Ph. D., etc., etc.

A la suite :

— Manipulus Plantarum novarum, potissime Chinensium, adjectis notulis nonnullis affinitates, caet., respicientibus : scripsit Henr. F. Hance... In-8, pp. 25.

Extrait des *Annales des Sciences Naturelles*, 4e Série, T. XVIII, Cahier No. 4.

— Adversaria in stirpes imprimis Asiae Orientalis criticas minusve notas interjectis novarum plurimarum diagnosibus scripsit Henr. F. Hance, Ph. Dr., Paris, Victor Masson, 1866, in-8, pp. 62.

Extrait des *Annales des Sciences Naturelles*, 5e Série, T. V, p. 202.

Journal of the Linnean Society of London; Botany :

— On the *Fagus Castanea* of Loureiro's *Flora Cochinchinensis*; with Descriptions of two new Chinese *Corylaceae*. (X, 1869, 199—203.)

— On the Silk-worm Oaks of Northern China. (X, 1869, 482—92.)

— Extract of a Letter from H. F. Hance, Ph. D., to Dr. Hooker, [on the Flora of the White Cloud Hills, near Canton.] (XI, 1871, 454—5.)

— On the Source of the *Radix Galangae minoris* [*Alpinia officinarum*] of Pharmacologists. (XIII, 1873, 1—7.)

— Supplementary Note on Chinese Silk-worm Oaks. (XIII, 1873, 7—15.)

— Note on a Chinese Artichoke Gall (mentioned and figured in Dr. Hance's Paper « On Silkworm-Oaks ») allied to the European Artichoke Gall of *Aphilothrix gemmae*, Linn. By Albert Müller, F. L. S. (*Jour. Linn. Soc., Zool.*, XI, 1873, pp. 428/431.)

— Notes on some Plants from Northern China. By Henry F. Hance, Ph. D., etc. [Extracted from the *Linnean Society's* Journal — Botany, vol. XIII, pp. 74—94.] Br. in-8.

— *Florae Hongkongensis* ΠΡΟΣΘΗΚΗ : A compendious Supplement to Mr. Bentham's description of the Plants of the Island of Hongkong. By Henry Fletcher Hance, Ph. D., etc. [Extracted from the *Linnean Society's* Journal — Botany, vol. XIII, pp. 95-144.] Br. in-8.

Ce supplément se vend aussi relié avec la *Flora Hongkongensis* de Bentham. Voir col. 462.

China Review :

— Ginseng. (II, 1873, p. 131.) — On *Sophora Japonica*. (II, p. 132.) — *Wellingtonia Gigantea*. (*Ibid.*, p. 133.) — Chinese Jessamine. (1875, p. 203.) — The Ko Plant [*Pueraria Thunbergiana*]. (IX, 1881, p. 248.) — Chinese Blue Dye [*Strobilanthes flaccidifolius*]. (*Ibid.*, p. 248.) — Star Anise [*Cassia*]. (*Ibid.*, p. 249.)

— Botanical notes. By H. F. Hance. (*China Review*, XX, pp. 248 to 249); E. Bretschneider (*Ibid.*, pp. 317/318); H. Kopsch (*Ibid.*, pp. 318/319).

Notes & Queries on China & Japan :

— Holly in China [*Ilex cornuta*, *Ilex aquifolium*]. (I, 1867, p. 29.) — Maize in Japan. (*Ibid.*, p. 42.) — Bush Tea. (I, No. 4, pp. 44/5.) — Maize. (I, p. 89.) — Brick Tea. (*Ibid.*, p. 91.) — Grass Cloth. (*Ibid.*, pp. 125/6.) — Henna. (II, pp. 29/30.) — Chinese Silk-worms Oaks. (II, pp. 28/29.) — The Kin-keo Plum. *Chih-k'ü* 枳棋. [*Hovenia dulcis*.] (II, p. 124.) — Chinese Bandoline. (*Ibid.*, p. 172.)

Voir sur la même plante, Siebold's *Flora Japonica*, pl. 73 & 74.

— Okgue. (II, p. 173.) [Fruit du *Ficus Stipulata*.]

— Patchouly. (*Ibid.*, p. 175.)

Feuilles desséchées du *Pogostemon Patchouly*.

— The 孩寶葉 Shrub, *Hái pò ip*. (*Ibid.*, p. 182.)

Fallopia nervosa, Lour.

— Introduction of the Custard Apple. (*Ibid.*, pp. 190/1; III, p. 30.)

— The *Fung* Tree. (III, pp. 31/2.)

Voir supra, col. 452 : *Liquidambar Formosana*; et *Ann. des Sc. nat.*, Mars 1866.

— Chinese Sago Palm. (III, p. 95.)

— The «Bo» Flower. (III, p. 183.)

Plumeria acutifolia.

(HANCE.)

— The Grease Tree. [*Excaecaria sebifera*.] (IV, p. 27.)

— *Rhodoleia Championi*. (IV, p. 28.)

— Introduction of Maize into China. (*Pharmaceut. Jour.*, 1870, pp. 522/5.)

Écrit avec W. F. Mayers.

La liste de notre première édition nous avait été obligeamment fournie par le Dr. Hance lui-même.

— H. F. Hance (in memoriam), with a Portrait. By F. B. Forbes. (*Jour. of Botany*, 1887, p. 15.)

SIR WILLIAM JACKSON HOOKER.

— On the Chinese Rice-paper. (Hooker, *Lond. Jour. Bot.*, IV, 1852, pp. 50/54.)

— Notice of two new Ferns from China. (*Ibid.*, V, 1853, pp. 236—8.)

Voir supra : *Blakiston*, col. 121.

— & GEORGE BENTHAM. *Florula Hongkongensis*; an Enumeration of the plants collected in the Island of Hong-Kong, by Major J. G. Champion, 95th Regiment. (*Ibid.*, III, 1851, pp. 255/264, 306/312, 326/334; IV, pp. 41/50, 73/81, 116/123, 164/172, 193/199, 232/7, 296/305, 327/335; V, pp. 52/58, 129/137, 193/200; VI, pp. 1/9, 72/78, 112/117; VII, pp. 33/9; IX, 1857, pp. 333/344, 353/363.)

— *Flora Hongkongensis* : a Description of the Flowering Plants and Ferns of the Island of Hongkong. By George Bentham, V. P. L. S. With a Map of the Island. Published under the authority of Her Majesty's Secretary of State for the Colonies. London : Lovell Reeve, 1861, in-8, pp. 20*, Ii, 482.

— «Flora of Hongkong», br. in-8, pp. 9, s. l. n. d.

«The following remarks relative to the Flora of Hongkong are summarised from the valuable» *Flora Hongkongensis*, «of Mr. George Bentham, President of the Linnean Society», p. 1.

Voir le supplément à la *Flora Hongkongensis*, *supra* : Dr. Hance, col. 461 : — et «Remarks on the physical Aspect, Climate and Vegetation of Hongkong» by Mr. R. B. Hinds. (Hooker's *Jour. of Botany*, 1842, I, p. 476.) — «Introduction to the Flora of Hongkong.» By Dr. B. Seamann. (Voyage of H. M. S. *Herald*, 1857.)

CARL JOH. MAXIMOWICZ.

Né à Toula, 11 Nov. 1827 ; † 4/16 fév. 1891.

— Die ersten botanischen Nachrichten über das Amurland. Erste Abtheilung : Beobachtungen von C. Maximowicz, redigirt von Alexander Ruprecht. (*Bul. Cl. Phys.-math. Ac. I. Sc. St. Pét.*, XV, 1857, col. 120/143, 209/11; Erman, *Archiv. Russ.*, XVII, 1858, pp. 104/144, 145/147.)

(HOOKER. — MAXIMOWICZ.)

— Die ersten botanischen Nachrichten über das Amurland. Zweite Abtheilung : Bäume und Sträucher, beobachtet von Richard Maack, bestimmt von F. J. Ruprecht. (*Bul. Cl. Phys.-math. Ac. I. Sc. St. Pét.*, XV, 1857, col. 257/267, 353/383.)

— Vegetations-Skizzen des Amurlandes, gesammelt von dem Reisenden des Kaiserl. Botanischen Gartens zu St. Petersburg, Hrn. Maximowicz; nebst Bemerkungen über die von demselben eingesendeten Bäume und Sträucher, vom Director E. Regel. (*Ibid.*, col. 211/238.)

— Primitiae Florae Amurensis. — Versuch einer Flora des Amurlandes von Carl Joh. Maximowicz, ... Mit 10 Tafeln und einer Karte. (*Mém. prés. à l'Ac. Imp. Sc. St. Pét.*, IX, 1859, pp. 1/504.)

— Primitiae Florae Amurensis. Versuch einer Flora des Amur-Landes von Carl Joh. Maximowicz, Reisenden des kaiserlichen botanischen Gartens zu St. Petersburg. Mit 10 Tafeln und einer Karte. (Aus den *Mémoires présentés à l'Académie Impériale de St.-Pétersbourg par divers savants*, T. IX, besonders abgedruckt.) St. Petersburg. Kaiserlichen Akademie der Wissenschaften... 1859, gr. in-4, pp. 504, 9 pl. et 1 carte.

Supplementum. I. Index Florae Pekinensis exclusis plantis cultis, pp. 468/479. — II. Index Florae Mongolicae, pp. 479/486.

— Rhamneae Orientali-Asiaticae. Scripsit C. J. Maximowicz, Socius Academiae. Cum Tabula. St. Petersburg, 1866. (*Mém. de l'Ac. des Sc. de St. Pét.*, 7e Sér., T. X, No. 11, pp. 20.)

— Revisio Hydrangeearum Asiae orientalis. Scripsit C. J. Maximowicz, Socius Academiae. Cum 3 Tabulis. St. Pétersbourg, 1867. (*Ibid.*, 7e Sér., T. X, No. 16, pp. 48.)

— Rhododendreae Asiae Orientalis. Scripsit tabulisque 4 lapidi incisis illustravit C. J. Maximowicz, Socius Academiae. St. Pétersb. 1870. (*Ibid.*, 7e Sér., T. XVI, No. 9, pp. 53.)

— Ein Nachtrag zu meiner Abhandlung « Rhododendreae Asiae orientalis ». Von C. J. Maximowicz. (*Bul. Ac. Sc. St. Pét.*, XVI, 1871, col. 401—413.)

— Golowninia, eine neue Gattung der Gentianeen, von C. Maximowicz. (*Bull. Ac. des Sc. de St. Pét.*, IV, 1862, col. 250/255.)

— C. J. Maximowicz. Aperçu de la flore de l'Amour. (*Belgique horticole*, XXII, 1872, pp. 152/163.)

(Maximowicz.)

— Diagnoses breves plantarum novarum Japoniae et Mandshuriae. Scripsit C. J. Maximowicz. Decas prima. 24/5 Juin. 1866. — Decas XIX 10/22 Decembre 1874. (*Mélanges biologiques* tirés du *Bulletin de l'Ac. imp. des Sciences* de St. Pétersbourg, VI et seq.). — I (*Bul. Ac. I. Sc. St. Pét.*, X, 1866, col. 485/490); II (XI, 1867, 429/432); III (XI, 1867, 433/9); IV, V et VI (XII, 1868, 60/73, 225/231); VII (XV, 1871, 225/232); VIII (XV, 373/381); IX, (XVI, 1871, 212/226); X (XVII, 1872, 142/180); XI (XVII, 417/456); XII (XVIII, 1873, 35/72); XIII (XVIII, 275/296); XIV (XVIII, 371/402); XV (XIX, 1874, 158/186); XVI (XIX, 247/287); XVII et XVIII (XIX, 475/540); XIX (XX, 1875, 430/472); XX (XXII, 1877, 209/264).

— Diagnoses plantarum novarum asiaticarum. Scripsit C. J. Maximowicz. I. (*Bul. Ac. I. Sc. St. Pét.*, XXIII, 1877, col. 305/391.) — II. (*Ibid.*, XXIV, 1878, 26/89.) — III. (XXVI, 1880, 420/542.) — IV. (XXVII, 1881, 425/460.) — V. (XXIX, 1884, 51/228.) — VI. (XXXI, 1887, 12/121.) — VII. (XXXII, 1888, 477/629.)

— Nachrichten vom Ussuri-Flusse; aus einer brieflichen Mittheilung des Hrn. Maximowicz an Hrn. Leop. v. Schrenck. (*Ibid.*, II, 1860, col. 545—567.)

— Nachrichten vom Ssungaru-Fluss; aus einer brieflichen Mittheilung des Hrn. Maximowicz an Hrn. Leopold v. Schrenck. (*Ibid.*, IV, 1862, col. 225/245.)

— C. J. Maximowicz. De Coriaria, Ilice et Monochasmate, hujusque generibus proxime affinibus Bungea et Cymbaria. — Cum tabulis 4 lapidi incisis. (*Mém. Ac. Sc. St. Pét.*, VIIe Sér., XXIX, No. 3, St. Pét., 1881, pp. 70.)

— Sur les collections botaniques de la Mongolie et du Tibet septentrional (Tangout) recueillies récemment par des voyageurs russes et conservées à St. Pétersbourg. (*Bul. Cong. int. bot. et d'hort.*, St. Petersbourg, 1884), pp. 196.

— Amaryllidaceae sinico-japonicae. (Engler's *Botan. Jahr.*, VI, 1884, pp. 75/81.)

— Plantae Chinenses Potaninianae nec non Piasezkianae. 1889. (*Acta Horti Petrop.*, XI, 1890, pp. 1/112.)

Ranunculaceae — Coriarieae.

Notice : *Nature*, XLII, 1890, p. 51. By W. B. Hemsley.

(Maximowicz.)

— [Prjevalsky, Plantes.] — Vol. I. Flora Tangutica. Fasciculus I. *Thalamiflorae* et *Disciflorae*. 1889.

Vol. II. Enumeratio Plantarum hucusque in Mongolia nec non adjacente parte Turkestaniae Sinarum lectarum. Fasc. I. *Thalamiflorae* et *Disciflorae*. 1889.

Texte russe et latin.

Notice : *Nature*, XLII, 1890, p. 51. By W. B. Hemsley.

E. Regel.

Né à Gotha, 13 Août 1815; † 15/27 Avril 1892.

—Vegetations-Skizzen des Amurlandes. (*Gartenflora*, V, 1857; Erman, *Archiv Russ.*, XVII, 1858, pp. 148/174, 175/190.)

— Tentamen Florae Ussuriensis oder Versuch einer Flora des Ussuri-Gebietes. Nach den von Herrn R. Maack gesammelten Pflanzen bearbeitet von E. Regel. Mit 12 Tafeln. St. Petersburg, 1861. (*Mém. de l'Ac. I. des Sc. de St. Pétersb.*, T. IV, No. 4, pp. XIII-228.)

— Aufzählung der von Radde in Baikalien, Dahurien und dem Amur, sowie der vom Herrn von Stubendorff auf seiner Reise durch Sibirien nach Kamtschatka, und der von Rieder Kussmisscheff und anderen in Kamtschatka gesammelten Pflanzen. I. Abtheilung: Dicotyledonae, Polypetalae. (Moscou, *Soc. Nat. Bull.*, XXXIV, 1861 [*pte.* 2], pp. 1/211, 458/578; XXXV, pp. 214/328.)

— Enumeratio Plantarum in regionibus Cis- et Transiliensibus a cl. Semenovio anno 1857 collectarum, auct. E. Regel et F. ab Herder. (*Bul. Soc. nat.*, Moscou, 1864—1870.)

— Conspectus specierum generis Vitis regiones Americae borealis, Chinae borealis et Japoniae habitantium. (*Acta Horti Petropolitani*, II, 1873, pp. 391/399.)

— Primulae species Imperium Russicum Mandshuriamque habitantes. (*Ibid.*, III, 1874, pp. 127/152.)

— Alliorum adhuc cognitorum Monographia. (*Ibid.*, III, 1875, pp. 1/266.)

— Allii Species Asiae Centralis, in Asia media a Turcomania desertisque aralensibus et caspicis usque ad Mongoliam crescentes. (*Ibid.*, X, 1887, pp. 279/362.)

— Dr. Gustav Radde. By P. Kropotkin. (*Geog. Journal*, May 1903, pp. 563/5.)

Né 27 nov. 1831, à Dantzig.

(Regel.)

Chev. de Paravey.

— Recherches relatives à une plante inconnue de la Chine. (Bordeaux, *Soc. Linn. Actes*, XV, 1847, pp. 255/258.)

— Extrait d'une lettre à M. Ch. Des Moulins. (Bordeaux, *Ibid.*, XVII, 1851, pp. 36/40.)

— Mémoire sur l'origine du Succin ou Ambre jaune, du Fou-ling et Truffes diverses, suivant l'antiquité et les livres assyriens conservés depuis Cyrus et en ce jour, seulement en Chine. (Bordeaux, *Ibid.*, XVII, 1851, pp. 40/53.)

— Lettre [sur les arbres qui donnent du Succin.] (Bordeaux, *Ibid.*, XVII, 1851, pp. 54/57.)

— Recherches sur le Népenthès des Grecs dans les livres botaniques chinois, par le Cher de Paravey. Extrait des *Annales de Philosophie chrétienne*, numéro de Mai 1860, Ve Série, t. I, p. 350. Versailles, Beau Jne, 1860, in-8, pp. 8.

— On some Tuberiform Vegetable Productions from China. By the Rev. M. J. Berkeley. (*Jour. Linn. Soc.*, *Bot.*, III, 1859, pp. 102/107.)

Odon Debeaux.

— Sur la végétation de quelques localités du littoral de la Chine; par M. Debeaux, pharmacien aide-major, attaché à l'armée expéditionnaire. (*Rec. de Mém. de médecine.... milit.*, 3e Sér., VI, 1861, pp. 334/351.)

— Lettre sur la végétation chinoise, par O. Debeaux. (*Bull. Soc. Bot.*, Paris, IX, 1862, pp. 159/162.)

— Algues marines récoltées en Chine pendant l'expédition française de 1860-1862. (*Actes de la Soc. Linnéenne de Bordeaux*, XXX, 1875, pp. 41/56.) — Contributions à la Flore de la Chine — Florule de Shanghai (Province de Kiang-sou). (*Ibid.*, pp. 57/130.) — Florule du Tché-foû (Province du Chantong). (*Ibid.*, XXXI, 1876, pp. 98/160, 205/239, 533/564; XXXII, 1878, pp. 19/78.) — Florule de Tien-tsin.

∴

— On some species of Oaks from Northern China, collected by W. F. Daniell, Esq., M. D., F. L. S. By William Carruthers, Esq. F. L. S. [Read June 20th, 1861.] (*Journal of the Proc. of the Linnean Society* — Botany. Vol. VI, 1862, pp. 31/3.)

(de Paravey. — Debeaux.)

— Mgr. Guillemin : Productions végétales de la Chine. (*Bull. de la Soc. d'Accl.*, Oct. 1862.)

— Les Phaséolées dans la Flore Chinoise. — Lettre du R. P. d'Argy de la Compagnie de Jésus au Directeur des *Études religieuses, historiques et littéraires.* Première Partie [seule publiée]. Paris, Charles Douniol, 1865, br. in-8.

— On some Species of *Musci* and *Hepaticae*, additional to the Floras of Japan and the coast of China. By William Mitten. (*Jour. Linn. Soc., Bot.*, VIII, 1865, pp. 148/158.)

— Notes upon a few of the Plants collected, chiefly near Nagasaki, Japan, and in the Islands of the Korean Archipelago, in the years 1862—63, by Mr. Richard Oldham, late Botanical Collector attached to the Royal Gardens, Kew. By Professor Oliver, Keeper of the Herbarium and Library, Kew. (*Ibid.*, IX, 1867, pp. 163/170.)

— Reisen im Amur-Lande und auf der Insel Sachalin, im Auftrage der Kaiserlich-Russischen Geographischen Gesellschaft ausgeführt von Mag. Fr. Schmidt. Botanischer Theil. Mit 2 Karten und 8 Tafeln Abbildungen. St. Pétersbourg, 1868. (*Mém. de l'Ac. des Sc. de St. Pétersb.*, T. XII, No. 2, pp. 227.)

— Sertum Tianschanicum. Botanische Ergebnisse einer Reise im Mittleren Tianschan von Baron Fr. v. d. Osten-Sacken und F. J. Ruprecht. (*Mém. Ac. Sc. St. Pét.*, VIIe Sér., XIV, No. 4, St. Pét., 1869, pp. 74.)

ROBERT SWINHOE.

Voir ZOOLOGIE.

— List of Plants from the Island of Formosa, or Taiwan. By Robert Swinhoe. Pièce in-8, s. d., pp. 4 [1863].

— Notice of the Rice Paper Plant. [*Aralia papyrifera*] at Tamsuy. (*Pharmaceut. Jour.*, 1864, p. 52.)

— Maize in Formosa. (*Notes & Queries on China & Japan*, 1867, p. 74.)

ARMAND DAVID.

— La végétation à Pékin [1866]. Par l'abbé Armand David. (*Belgique horticole*, XIX, 1869, pp. 142/147.)

— Trois genres nouveaux de plantes recueillies en Chine par le Père A. David, Ostryopsis, Camptotheca, Berneuxia. Par J. Decaisne. (*Bul. Soc. bot.*, XX, 1873, pp. 155/160.)

— Evansia vespertina. Par J. Decaisne. (*Ibid.*, p. 302.)

— Plantae Davidianae ex Sinarum Imperio par M. A. Franchet, Attaché à l'Herbier du Muséum. — Première Partie. — Plantes de la Mongolie chinoise et de la Chine septentrionale et centrale. (*Nouv. Archives Muséum*, 2e Sér., V, 1883, pp. 153/272, 10 pl.; VI, 1883, 1/126, 8 pl.; VII, 1884, 55/200, 9 pl.). — Deuxième Partie. — Plantes du Thibet oriental (Province de Moupine). (*Ibid.*, VIII, 1885, pp. 183/254, 7 pl.; X, 1887/8, 33/198, 8 pl.)

— Plantae Davidianae ex Sinarum Imperio M. A. Franchet, Attaché à l'Herbier du Muséum — Première Partie. Plantes de Mongolie du Nord et du Centre de la Chine. Avec 27 planches. — Paris, G. Masson, 1884, gr. in.4, pp. 390. — Seconde Partie. Plantes du Thibet oriental (province de Moupine). Paris, G. Masson, 1888, gr. in-4, pp. 234, 15 Pl.

Notice : *Jour. of Bot.*, 1885 p. 90, par F. B. Forbes.

— Des deux Vignes chinoises *Spinovitis Davidi* et Vitis *Romaneti*. Par T. Romanet du Caillaud. (*Bull. Soc. Zool. Acclim.*, IIIe Sér., IX, 1882, pp. 384/388.)

— List of Plants from Shan-tung, collected by the Rev. A. Williamson, 1869. (Williamson's *Journeys in North China*, 1870, II, App. D, pp. 439/440.) — List of Plants collected in North China and Manchuria by the Rev. A. Williamson, and presented by him to the Edinburgh University Herbarium, Feb. 1870. (*Ibid.*, pp. 440/2.)

Named and arranged by William Bell, Curator of the Herbarium at the Edinburgh Botanical Gardens.

EMIL VASILIEVITCH BRETSCHNEIDER.

— On the Study and Value of Chinese Botanical Works, with Notes on the History of Plants and Geographical Botany from Chinese sources. By E. Bretschneider, M. D. Physician of the Russian Legation at Peking. — Illustrated with 8 Chinese Wood Cuts. Printed by Rozario, Marcal & Co., Foochow, [1870,] in-8, pp. 51.

Ce Mémoire avait paru dans *The Chinese Recorder*, III, pp. 157, 172, 218, 241, 264, 281, 290, 298.

— Notes on some botanical questions connected with the export trade of China, by

E. Bretschneider, M. D. S. l. n. d., br. in-8, p. 14.

Peking, 7th December 1880. Ext. du *North-China Herald.*

— On Chinese Silkworm trees, by E. Bretschneider, M. D. S. l. n. d., br. in-8, pp. 9.

Peking, 26th May, 1881. Ext. du *North-China Herald.*

— Plantes de Pékin. Lettre adressée de Pékin, 20 Novembre 1881, à M. le Sec. Gén. par E. Bretschneider. (*Bul. Soc. Zool. Acclim.*, IIIe Sér., IX, 1882, pp. 579/581.)

— Early European Researches into the Flora of China. By E. Bretschneider, M. D., Physician of the Russian Legation at Peking. Shanghai : American Presbyterian Mission Press. 1881, in-8, pp. 194.

Lu devant la Soc. Asiat. de Chang-haï, le 19 nov. 1880. — Extrait du Journal of the *North China Branch of the Royal Asiatic Society*, N. S., XV, pp. 1/194.

— Botanicon Sinicum. *Notes on Chinese Botany from Native and Western Sources.* By E. Bretschneider. (*Jour. N. C. B. R. A. Soc.*, N. S., XVI, Pt. I, pp. 18/230.)

Tirage à part : London : Trübner, 1882, in-8, pp. 228.

Notice : *Rev. Extr. Orient*, I, p. 323, par H. Cordier.

— Botanicon Sinicum. *Notes on Chinese Botany, from Native and Western Sources.* By E. Bretschneider, M. D. (*Jour. N. C. B. R. A. S.*, XXV, N. S., 1890—91, No. 1, pp. 1/468.)

Notice : *China Review*, XX, No. 1, pp. 61/2; par E. H. P.[arker].

— Botanicon Sinicum. *Notes on Chinese Botany, from Native and Western Sources.* By E. Bretschneider. Part II. *The Botany of the Chinese Classics. With Annotations, Appendix and Index.* By Rev. Ernst Faber, ... Shanghai, Kelly & Walsh, 1892, in-8, pp. II-468.

Tirage à part du précédent.

Notice par H. Cordier, *Revue critique*, No. 29—30, 17—24 juillet 1893, pp. 43/4.

— Botanicon Sinicum. *Notes on Chinese Botany, from Native and Western Sources.* By E. Bretschneider. Part III. *Botanical Investigations into the Materia Medica of the Ancient Chinese.* Shanghai, Kelly & Walsh, 1895, in-8, pp. 623.

Forme le Vol. XXIX, No. 1, du *Jour. China Br. R. As. Soc.*, N. S. 1894—95.

Notice : Par G. Schlegel, *T'oung Pao*, VII, 1896, pp. 280/1.

— Index Plantarum. [Par E.Bretschneider.] (A. T. Piry, *Manuel de langue mandarine*, Shanghai, 1895, pp. 820/843.)

— On some old Collections of Chinese Plants. By E. Bretschneider. (*Jour. of Botany*, 1894, pp. 292/9.)

— History of European Botanical Discoveries in China by E. Bretschneider, M. D. Late Physician to the Russian Legation at Peking .... London. Sampson Low, 1898, 2 part. gr. in-8, pp. XV-1 à 624, 625 à 1167.

A la fin, pp. 1099—1167 : Index I. Names of Persons. — Index II. Names of Plants.

Printed at St. Petersburg : Press of the Imperial Russian Academy of Sciences.

Voir pp. 1048/1061 : Botanical Collections made by the Author in the Plain and the Mountains surrounding Peking, and his exertions to introduce Chinese Plants into the Gardens of Europe and North America.

Notices : *T'oung Pao*, Mars 1899, pp. 81/7, par G. Schlegel. — *China Review*, XXIII, No. 6, p. 363, par E. H. Parker. — *Journal of Botany*, by James Britten, 1899, pp. 86/8.

— Die wissenschaftliche Erforschung Chinas und seiner Nebenländer. (*Jour. de St. Pétersbourg*, Nos. 52—56, 21—25 fév. 1899.)

— Note on Chinese Plants. By James Britten. (*Jour. of Botany*, 1899, pp. 135/6.)

— Le Docteur Emile Vasilievitch Bretschneider. Nécrologie par Henri Cordier. (*T'oung Pao*, 2e Sér., II, N° 3, Juill. 1901, pp. 192/197.)

Tirage à part.

Avec portrait. — Né le 22 juin/4 juillet 1833; † 29 avril v. st. 1901, à St. Pétersbourg.

— Le Dr Emile Bretschneider. Nécrologie par Henri Cordier. (*La Géographie*, 15 juillet 1901, p. 85.)

— *Jour. China Br. R. As. Soc.*, XXXIII, No. 3, pp. 69/72, par T. W. K.[ingsmill]. En grande partie d'après le *T'oung Pao*.

— И. ПАЛИБИНЪ. — Э. В. Бретшнейдеръ. Некрологъ. С.-Пет., 1901, br. in-8, pp. 13.

Tirage à part No. 4 de la Société impériale de Botanique. — Portrait. — Bibliographie, pp. 10—13.

— Reise der Oesterreichischen Fregatte « *Novara* » ..... Botanischer Theil, I. Band, Wien, 1870.

Algae. (A. Grunow.) — *Fungi, Hepaticae et Musci Frondosi.* (Dr. H. W. Reichardt.) — *Cryptogamae vasculares.* (Dr. Georg Mettenius.) — *Ophioglosseae & equisetaceae.* (Dr. Julius Milde.)

— Etude générale sur la végétation dans le nord de la Chine et son importance au point de vue de la question de l'acclimatation, Par M. Martin, Médecin de la légation de France à Pékin. (*Bull. Soc. Zool. Acclim.*, IIe Sér., IX, 1872, pp. 184/202.)

— Le Docteur Ernest Martin. Nécrologie. Par H. C.[ordier]. (*T'oung Pao*, VIII, N° 3, juillet 1897, pp. 344/5.)

† à Epinay-sur-Seine, le 1er juin 1897, à 66 ans.

— Index Plantarum : Sinice et Latine. By E. C. Bowra, F. R. C. S. (Doolittle's *Vocabulary*, II, No. 46.)

Bowra, † 15 oct. 1874.

— Flowers and Fruits according to their time of Blossoming. Compiled and Arranged by the Editor under 12 monthly Parts. (*Ibid.*, No. 31.)

— Denkwürdigkeiten von den Früchten China's. Von Dr. August Pfizmaier...: Wien, 1874, in-8, pp. 90.

(Ext. de *Sitzungsberichte d. phil.-hist. Cl. d. k. Akad. d. W.*, LXXVIII. Bd.)

— Observations on the Rice-paper Tree. — *Tetrapanax papyriferum C. Koch* : its Introduction and Naturalization in Sydney N. S. W. — Geo. Bennett. (*Journal of Botany*, II, 309.)

— Note on the Fern Genus *Brainea* by John Smith. (*Ibid.*, IV, 15.)

— Description of some new Phanerogamia collected by Dr. Shearer, at Kiukiang,

China. By S. Le Marchant Moore, F. L. S. (*Journal of Botany*, 1875, pp. 225/231.)
Voir col. 471 *infra*.

JOHN GILBERT BAKER.

— Cultivated species of Selaginella. (*Gard. Chron.*, 1867, 782, 902, 950, 1120, 1190, 1241.)

— Revision of the Genera and Species of Herbaceous Capsular Gamophyllous Liliaceae. (*Jour. Linn. Soc. Bot.*, XI, 1870, 349/436.)

— A new Synopsis of all the known Lilies. (*Gard. Chron.*, 1871.)

— Revision of the Genera and Species of Scilleae and Chlorogaleae. (*Jour. Linn. Soc. Bot.*, XIII, 1873, pp. 209/92.)

— On the Alliums of India, China and Japan. (*Jour. Botany*, 1874, 289/295.)

— Revision of the Genera and Species of Tulipeae. (*Jour. Linn. Soc. Bot.*, XIV, 1875, 211/310.)

— Revision of the Genera and Species of Asparagaceae. (*Ibid.*, 508/632.)

— On a Collection of Ferns gathered in Central China by Dr. Shearer. (*Jour. Botany*, 1875, 199/202.)
Voir col. 471 *supra*.

— On a Collection of Chinese Ferns gathered by Mr. J. F. Quekett. (*Ibid.*, 291/2.)

— On a new Tulipa from China [*Tulipa* (*Orithyia*) *Erythronioides*]. (*Ibid.*, 292.)

— Synopsis of the Genus Iris. (*Gard. Chron.*, 1876, I and II.)

— Two New Ferns from Japan [*Nephrodium Bissetianum, Polypodium oyamense*]. (*Jour. Bot.*, 1877, 366.)

— Description of new and little known Liliaceae. (*Jour. Bot.*, 1878, 321/6.)

— Systema Iridacearum. (*Jour. Linn. Soc. Bot.*, XVI, 1878, 61/180.)

— J. G. Baker and S. Le M. Moore. — A Contribution to the Flora of Northern China. (*Ibid.*, XVII, 1880, 375/390.)
Plantes recueillies par le Rév. J. Ross en Mandchourie.

— A Synopsis of Colchicaceae and the aberrant tribes of Liliaceae. (*Ibid.*, 405/510.)

— Four New Ferns from South China [Ford]. (*Jour. Botany*, 1879, 304/5.)

— New Ferns of China and Japan [Maries]. (*Gard. Chron.*, 1880, II, 494.)

— Synopsis of the Genus Selaginella. (*Jour. Botany*, 1883—5.)

— Ferns collected in North Formosa by Mr. William Hancock [en 1881]. (*Ibid.*, 1885, XXIII, 102/7.)

— Ferns collected by Dr. A. Henry in Central China. (*Ibid.*, 1887, 170/1.)

— Handbook of the Fern Allies : *Equisetaceae, Lycopodiaceae, Selaginellacea* and *Rhizocarpeae*. 1887.

— Two recent Collections of Ferns from Western China [E. Faber, A. Henry]. (*Jour. Bot.*, 1888, 225/231.)

— Handbook of Amaryllideae, including Alstroemerieae and Agaveae. 1888.

— New Ferns from Western China [Dr. A. Henry, Mr. Ford]. (*Jour. Bot.*, 1889, 176/8.)

— A Summary of the New Ferns which have been discovered or described since 1874.
Rep. 1892 from the *Annals of Botany*, 1891.

— Handbook of the Irideae. 1892.

— Synopsis Cannacearum. (*Gard. Chron.*, 1893, I.)

— Synopsis Musacearum. (*Annals of Bot.*, 1893, 189/222.)

— New Ferns of 1892—93 received in Kew. (*Ibid.*, 1894, 121/132.)

— Ferns collected by Mr. Hancock near Mengtze in Yün nan. (*Kew Bull.*, 1895, 53/56.)

THEOS. SAMPSON.

† 29 déc. 1897.

— *Notes & Q. on C. & Japan.* — Henna in China. (II, p. 41, 78.)

— The China Pine. (II, pp. 52/3.)

— The *Fung* 楓 Tree. (III, pp. 4/7.)
« It was first described by Dr. Hance in the *Ann. des Sc. nat.*, March 1866, and called by him *Liquidambar Formosana* », p. 4. Voir supra : Hance, col. 461.

— Chinese Figs. (III, pp. 18/22.)

— Grapes in China. (III, pp. 50/4.)

— The Banyan or 榕 *Yung* Tree. (III, pp. 72/3.)

— The *P'u-ti* 菩提 Tree. (III, pp. 100/5.)

— Palm Trees. (III, pp. 115/7. — 129/34. — 147/50. — 170/2.)

Notes and Queries on China & Japan. Tobacco in China. (I, pp. 61/2, W. F. Mayers. — P. 93, G. Schlegel. — P. 93, A. F. — P. 141, G. Schlegel.)

— Maize in Japan [and China]. (I, p. 78, S. W. Williams. — P. 89, H. F. Hance. — P. 89, W. F. Mayers. — IV, pp. 87/88, S. W. Bushell.)

— Henna in China. (I, p. 40, by Cantoniensis. — II, pp. 11, 33, W. F. Mayers. — Pp. 29/30, H. F. Hance. — P. 41, Theo. Sampson. — Pp. 46/7, E. C. Taintor. — P. 78, C. D. — T. S.[ampson]. Pp. 180/1, E. C. Taintor. — III, p. 30, by G. Schlegel.

— The China Pine. (II, pp. 52/3, Theos. Sampson. — P. 95, D. B. Mac Cartee.)

— Okgue. (II, p. 172, K[opsch?]. — P. 173, H. F. Hance.

— The *Chun* 椿 Tree. (III, p. 46, E. C. T. [aintor]). — P. 73, B. (en français.)

— Chinese Names of Plants. (III, pp. 62/3.)

Voir *supra* ; Hance, col. 461 ; Sampson, col. 472 ; *infra* : Bambou.

— Abbé Desgodins. Végétation des Sommets au nord de Yerkalo (Chine). (*Bul. Soc. Géog.*, Paris, V, 1873, pp. 332/4.)

— Le *Hei teou.* (*Miss. Cath.*, XIII, 1881, p. 207.)

Plante légumineuse, employée par les Chinois comme succédané de l'avoine, importée en Europe par le P. Leboucq.

— Ula Grass — By Ula. (*China Review*, XI, p. 264; *Ibid.*, XII, p. 434.)

— The term Ula. (*Ibid.*, XIII, pp. 297, 362.)

— Ula Grass. By P. G. von Möllendorff. (*Ibid.*, XV, pp. 180/181.)

— Ula Grass. By J. M. (*Ibid.*, XV, pp. 247/248.)

— More about "ula". By J. M. (*Ibid.*, XV, pp. 300/304; XVI, pp. 54/58.)

— Ula. By G. M. H. Playfair. — P. G. von Möllendorff. (*Ibid.*, XV, pp. 377/378.)

— Ula. By E. H. Parker. (*Ibid.*, XVI, p. 188.)

— List of Ferns found in the Valley of the Min River, Foochow. By G. C. Anderson. (*Journ. N. C. B. R. A. S.*, N. S., XVI, 1881, Part I, p. 247.)

∴

— Sz ch'uan plants. By E. H. Parker. (*China Review*, XI, pp. 339/342.)

— Canton Plants. By E. H. Parker. (*Ibid.*, XV, pp. 104 to 119.)

Contient 300 plantes, dont 281 avaient déjà paru dans la *Hongkong China Mail*, entre le 11 juin et le 11 sept. 1878. (Bretschneider, *Bot. Disc.*, II, p. 751.)

— Mr. Parker's Canton Plants. By G. M. H. Playfair. (*China Review*, XV, pp. 178/179.)

— Canton and Peking Plants. By T. L. Bullock. (*Ibid.*, XV, pp. 307/208.)

— Cantonese Plants. By E. H. P.[arker]. (*Ibid.*, XV, p. 379.)

∴

— China Rhubarb. (*Ibid.*, XI, p. 60.)

— Hemp. (*Ibid.*, XI, p. 60.)

— The Water Chestnut. (*Ibid.*, XIII, p. 298.)

(Divers.)

— Pepper. By E. H. Parker. (*Ibid.*, p. 251.)

— A zoophytic plant. By E. H. Parker. (*Ibid.*, XVI, p. 182.)

— On a few New Plants, from Yun nan. By S. Kurz. (*Jour. Botan.*, 1873, pp. 193/6.)

Plantes du Dr. John Anderson.

∴

— Beiträge zur Jura-Flora Ostsibiriens und des Amurlandes. Von Prof. Dr. Oswald Heer. — Mit 31 Tafeln. (*Mém. Ac. Sc. St. Pét.*, VIIe Sér., XXII, No. 12, St. Pét., 1876, pp. 122.)

— Beiträge zur fossilen Flora Sibiriens und des Amurlandes. Von Prof. Dr. Oswald Heer. (Avec 15 planches.) (*Ibid.*, VIIe Sér., XXV, 1878, pp. 58.)

— Primitiae florae fossilis Sachalinensis. — Miocene Flora der Insel Sachalin. Von Prof. Dr. Oswald Heer. (Avec 15 planches.) (*Ibid.*, VIIe Sér., XXV, St. Pét., 1878, pp. 61.)

— Nachtrag zur Jura-Flora Sibiriens, gegründet auf die von Herrn Richard Maak in Ust-Balei gesammelten Pflanzen. Von Dr. Oswald Heer. (Avec 15 pl.). (*Ibid.*, VIIe Sér., XXVII, St. Pét., 1880, pp. 34.)

— L'*Eloecocca verniçia.* Extrait de diverses lettres adressées par M. Dabry de Thiersant, consul à Canton, à M. Drouyn de Lhuys, Prés. de la Soc. (*Bull. Soc. Zool. Acclim.*, IIIe Sér., III, 1876, pp. 391/394.)

— Le *Cedrela sinensis.* (*Ibid.*, IIIe Sér., III, 1876, p. 465.)

Adrien Franchet.

Voir : David, col. 468; Delavay, col. 479; Fauvel, col. 480; Incarville, col. 443.

— Sur une nouvelle espèce de *Sheareria* (*S. Polii*, Fr.). (*Jour. Bot.*, 1878, 258.)

— Sur les plantes du R. Père d'Incarville dans l'herbier du Muséum de Paris. (*Bul. Soc. botan. de France*, XXIX, Janvier 1882.)

Voir supra, col. 443.

— Sur quelques *Delphinium* de la Chine. (*Bul. Soc. Linn.*, Paris, 1882, pp. 329/330.)

— Plantes du Turkestan, Mission Capus. (*Ann. Sc. nat.*, 6e Sér., XV, 1883, pp. 214/268; XVI, 280/336; XVIII, 1884, 206.)

— Descriptions de quelques espèces de *Gentiana* du Yun nan (Delavay). (*Bul. Soc. botan. France*, XXXI, 1884, pp. 373/8.)

— Plantes nouvelles de la Chine (Perny). (*Bull. mens. Soc. Linn.* Paris, 1884, pp. 433/4.)

— Cyrtandracées nouvelles de la Chine (Simon, Perny). (*Ibid.*, 1885, pp. 449/450.)

(Franchet.)

— Les Primula du Yunnan (Delavay). (*Bul. Soc. bot.*, XXXII, 1885, pp. 264/272.)

— Plantes du Yunnan récoltées par M. l'Abbé Delavay. (*Bul. Soc. bot.*, XXXII, 1885, pp. 3/11, 26/30.)

— Sur l'origine spontanée du *Saxifraga Fortunei*. (*Bul. Soc. bot.*, XXXII, 1885, p. 153.)

— Observations sur les *Syringa* du nord de la Chine. (*Bul. Soc. Philomathique de Paris*, 7e Sér., IX, Juillet 1885.)

— Sur les espèces du genre *Epimedium* (Perny, David). (*Bul. Soc. bot.*, XXXIII, 1886, pp. 1/17.)

— Observations sur deux *Primula* monocarpiques de la Chine et descriptions d'espèces nouvelles de la Chine et du Thibet oriental. (David, Delavay.) (*Bul. Soc. bot.*, XXXIII, 1886, pp. 61/69.)

— Sur la présence du *Cypripedium arietinum* dans le Yunnan. (*Ibid.*, pp. 206/8.)

— *Rhododendron* du Thibet oriental et du Yunnan (David, Delavay). (*Ibid.*, pp. 233/6.)

— Sur deux Oléacées du Yunnan (*Syringa sempervirens* et *Osmanthus Delavayi*). (*Bul. Soc. Linn.*, Paris, 1886, p. 612.)

— Plantae Yunnanenses a cl. J. M. Delavay collectae. (*Bul. Soc. bot.*, XXXIII, 1886, pp. 358/467.)

— Two new Primulas sent and described by Mr. Franchet. (*P. vinciflora*, *P. battariformis*, Delavay.) (*Gardener's Chron.*, 1887, I, p. 574.)

— Descriptions de quelques espèces ou variétés nouvelles de *Rhododendron* du Yunnan (Delavay). (*Bul. Soc. bot.*, XXXIV, 1887, pp. 280/5.)

— Le genre *Cyananthus* (Inde, Chine, Delavay). (Morot, *Jour. de Botanique*, I, 1887, pp. 243/281.)

— Les Mutisiacées du Yunnan. (*Jour. de Botan.*, II, 1888, pp. 66/72.)

— Cyrtandracées nouvelles de la Chine (Delavay). (*Bul. Soc. Linn.*, Paris, 1888, p. 715.)

— Note sur les *Cypripedium* de la Chine occidentale (David, Delavay). (*Bul. Soc. Philom.*, Juillet 1888.)

— Nouveau *Koelreuteria* de la Chine occidentale (*K. bipinnata*, Fr., Delavay). (*Rev. hort.*, 1888, p. 393.)

(Franchet.)

— Note sur les *Saussurea* du Yunnan (Delavay). (*Jour. de Bot.*, II, 1888, pp. 309/359.)

— Monographie du genre Paris. (*Mém. Soc. Philom.*, Paris, 1888, pp. 267/291.)

— *Nomocharis*, nouveau genre de Liliacées-Tulipées. (*Jour. de Bot.*, III, 1889, p. 113.)

— Observations sur la plante produisant les Crosnes. (*Stachys tuberifera*). (*Le Jardin*, 20 mars 1889.)

— Observations sur deux *Primula* à graines anatropes. (*P. Delavayi*, Fr., et *P. vincaeflora*, Fr.). (*Jour. de Bot.*, III, 1889, p. 49.)

— Un nouveau type de *Musa*, *M. Lasiocarpa*, Fr. (Delavay, Yunnan). (*Jour. de Botan.*, III, 1889, p. 329.)

— Diagnoses d'espèces nouvelles du genre *Chrysosplenium* (David, Delavay, Dr. A. Henry). (*Bul. Soc. Philom.*, 8e Sér., II, 1890, pp. 102/6.)

— Monographie du genre *Chrysosplenium* Tourn. (*Nouv. Arch. Mus. Hist. Nat.*, 3e Sér., II, 1890, pp. 87/114; III, 1891, pp. 1/32.)

— Sur une Ombellifère à pétales laciniés [*Dactylaea schizopetalum*]. (*Bul. Soc. Philom.*, 8e Sér., II, 1890.)

— Sur quelques plantes rares ou nouvelles de la Flore du Nord de la Chine (Provost, Bodinier). (*Jour. de Botan.*, IV, 1890, pp. 301/7, 317/320.)

— Les *Lespedeza* de la Chine occidentale (Delavay). (*Rev. hort.*, 1890, pp. 225/7.)

— *Dipelta Yunnanensis*, Fr. (Delavay). (*Rev. hort.*, 1891, p. 246.)

— *Jasminum polyanthum*, Fr. (Delavay). (*Rev. hort.*, 1891, p. 270.)

— Les Lilas, leurs espèces, leur origine. (*Syringa yunnanensis*, Fr., Delavay.) (*Rev. hort.*, 1891, pp. 308/310, 330/333.)

— Sur une Boraginée à nucules déhiscentes (*Schistocaryum myosotideum*, Fr., Delavay). (*Bul. Soc. Linn.*, Paris, 1891, p. 910.)

— Plantes nouvelles du Thibet et de la Chine occidentale, recueillies pendant le voyage du prince Henri d'Orléans et M. Bonvalot dans le Thibet en 1890, déterminées par MM. Bureau et Franchet. (*Jour. de Botan.*, V, 1891, pp. 17/161.)

— On the Vegetation of Tibet. (*Nature*, XLIV, 1891, p. 260.)

A propos de l'article de MM. Bureau et Franchet dans le *Journal de Botanique* au sujet de plantes rapportées par G. Bonvalot et le Prince Henri d'Orléans.

(Franchet.)

— Diagnoses d'espèces nouvelles, provenant d'une collection de Plantes du Thibet chinois, envoyée au Muséum par l'Abbé Soulié. (*Bul. Soc. Philom.*, 8e Sér., 1891, pp. 140/150.)

— Note sur un *Kelloggia* de la Chine. (*K. chinensis*, Fr., Delavay.) (*Jour. de Botan.*, VI, 1892, pp. 10/12.)

— Un *Decaisneana* de la Chine occidentale. (*D. Fargesii*, Fr., Farges, Se-tch'ouan.) (*Jour. de Botan.*, VI, 1892, pp. 233/5.)

— Observation sur le groupe de *Leontopodium* (*Gnaphalium*). (*Bul. Soc. botan.*, France, XXXIX, 1892, pp. 126/136.)

— Les genres *Ligularia*, *Senecillis*, *Cremanthodium* (*Senecis*) et leurs espèces dans l'Asie centrale et orientale. (*Ibid.*, pp. 279/307.)

— Les Lis de la Chine et du Thibet dans l'Herbier du Muséum de Paris (Delavay, Farges). (*Jour. de Botan.*, VI, 1892, pp. 305/321.)

— Un *Gerbera* de la Chine occidentale. (*G. Tanantii.*) (*Jour. de Botan.*, VII, 1893, pp. 153/5.)

— *Fargesia*, nouveau genre de Bambusacées de la Chine. (*F. Spathacea*, Fr., Farges, Se-tch'ouan.) (*Bul. Soc. Linn.*, Paris, 1893, p. 1067.)

— Les *Delphinium* de la Flore de la Chine. (*Bul. Soc. Philom.*, 8e Sér., V, 1893. pp. 6/9, 157/187.)

— Les *Adonis* vivaces et leur répartition géographique. (*Ibid.*, VI, 1894, pp. 80/91.)

— Sur quelques Ombellifères du Yunnan. (Delavay.) (*Ibid.*, VI, 1894, pp. 106/146.)

— Plantes nouvelles de la Chine. (Delavay, Farges, Soulié.) (*Jour. de Botan.*, VIII, 1894, pp. 273/365; IX, 1895, pp. 255/464.)

— Les *Cypripedium* de l'Asie centrale et de l'Asie orientale. (*Jour. de Botan.*, IX, 1895, pp. 225/265.)

— Sur quelques plantes de la Chine occidentale [Delavay]. (*Bul. Mus. d'Hist. nat.*, I, 1895, pp. 62/66.)

— Observations sur les plantes rapportées du Thibet par la Mission Dutreuil de Rhins. (*Ibid.*, pp. 191/2.)

— Sur quelques *Rheum* nouveaux du Thibet oriental et du Yunnan [Delavay, Soulié]. (*Ibid.*, pp. 211/3.)

(Franchet.)

— Enumération et Diagnoses de *Carex* nouveaux pour la Flore de l'Asie orientale (Delavay, Soulié, Farges; Faurie in Yeso). (*Bul. Soc. Philom.*, 8e Sér., VII, 1895, pp. 27/53; 84/92.)

— Sur les *Aletris* asiatiques. (*Jour. de Botan.*, 1896, pp. 178/203.)

— Saxifragaceae, Crassulaceae et Combretaceae novae e Flora sinensi. (*Jour. de Botan.*, 1896, pp. 260/291.)

— Araliaceae, Cornaceae et Caprifoliaceae novae e Flora sinensi. (*Ibid.*, 1896, pp. 301/318.)

— Sur quelques Liliacées de la Chine occidentale (*Tupistra*, *Peliosanthes*, *Tovaria*. — Delavay, Farges, Soulié). (*Bul. Soc. bot. de France*, 1896, pp. 37/48.)

— Note sur une Collection de plantes rapportées du Pamir en 1894, par M. E. de Poncins. (*Ibid.*, pp. 342/7.)

— Compositae novae e Flora sinensi. (Delavay, Prince Henri d'Orléans, Soulié, Farges). (*Jour. de Bot.*, 1896, pp. 368/85, 409/23; 1897, pp. 21/24.)

— *Gentiana* nouveaux de la Chine occidentale. (*Bul. Soc. bot. de France*, 1896, pp. 483/495.)

— Notice sur les travaux du R. P. Delavay. (*Bul. Mus. Hist. nat.*, II, 1896, pp. 148/151.)

— Notes sur quelques collections de plantes de l'Asie orientale parvenues récemment au Muséum [Bodinier, Farges]. (*Ibid.*, pp. 277/280.)

— Les *Carex* de l'Asie orientale. (*Nouv. Archives du Mus. d'Hist. nat.*, 3e Sér., VIII, 1896, pp. 179/260; IX, 1897, pp. 113/200; X, 1900, pp. 39/120.)

— *Isopyrum* et *Coptis*. Leur distribution géographique. (*Jour. de Botan.*, 1897, pp. 155/166, 187/195, 218/33.)

— Les *Parnassia* de l'Asie orientale. (*Bul. Soc. bot. France*, 1897, pp. 244/262.)

— Les *Rodgersia*. (*Revue horticole*, 1897, pp. 174/7.)

— Les *Saussurea* du Japon. (*Bul. Herb. Boissier*, 1897, pp. 533/546.)

— Nouveau genre de Renonculacées-Helleborées. (*Souliea vaginata*). (*Jour. de Bot.*, 1898, p. 68.)

— Plantes de la Mission scientifique de MM. Dutreuil de Rhins et Grenard dans le Tibet (1891—1894). (*Mission scient. dans la Haute Asie*, III, pp. 299/318.)

Voir *Bulletin du Muséum d'Hist. naturelle*, 1897, pp. 320/25.

— Un nouveau genre de Primulacées-Hottoniées (*Omphalogramma*). (*Bul. Soc. bot. Fr.*, XLVI, 1899, p. 177.)

— Plantarum sinensium Ecloge secunda.

(Franchet.)

(*Jour. de Bot.*, 1898, pp. 190/6, 220/230, 253/264, 317/320.)

— Plantarum sinensium Ecloge tertia. (*Ibid.*, 1899, pp. 140/160; 193/208; 253/266.)

— Les *Swertia* et autres Gentianées de la Chine. (*Bul. Soc. bot. Fr.*, XLVI, 1899, p. 302.)

— Sur une collection de plantes réunies par M. et Mme de la Touche dans le Fokien. (*Ibid.*, p. 204.) — En collaboration avec M. Finet.

— Sur la distribution géographique des Chênes dans l'Asie orientale. (*Bul. Mus. Hist. nat.*, 1899, pp. 93/6.)

— Les Cyrtandracées nouvelles de l'Asie orientale de l'Herbier du Muséum de Paris. (*Ibid.*, pp. 249/252.)

— Sur le caractère de la distribution géographique des Cyrtandracées de la Chine, et description de quelques espèces nouvelles. (*Bul. Soc. Linn. Paris*, III, 1899, pp. 121/6.)

— Les Scrophularinées de la Chine. (*Bul. Soc. bot. Fr.*, XLVII, 1900, pp. 10/37.)

— Plantae Delavayanae. Plantes de Chine recueillies au Yunnan, par l'abbé Delavay et décrites par A. Franchet, Attaché à l'Herbier du Museum. Paris, Paul Klincksieck, 2 vol. gr. in-8.

— Adrien René Franchet. Nécrologie par Henri Cordier. (*T'oung Pao*, 2e Sér., N° 3, Juill. 1900, p. 257.)

Né à Pezou (Loir et Cher), 21 avril 1834; † à Paris, 15 février 1900.

— Notice sur la vie et les travaux de A. Franchet; par M. E. Drake del Castillo. (*Bul. Soc. bot. France*, XLVII, 1900, pp. 158/172.)

— On the Laws governing the Production of Seed in *Wistaria sinensis*. By Thomas Meehan, Germantown, Philadelphia. (*Jour. Linn. Soc., Bot.*, XVII, 1880, pp. 90/2.)

— Note on the Fruiting of *Wistaria sinensis* in Europe. By W. T. Thiselton Dyer. (*Ibid.*, pp. 329/332.)

— Fungorum in itinere Mongolico a clar. G. N. Potanin et in China boreali a cl. Dr. Bretschneider lectorum enumeratio et descriptio. Curis Caroli Kalchbrenner et Felicis de Thümen. (*Bul. Ac. I. Sc. St. Pét.*, XXVII, 1881, col. 135/142.)

— Supplementary Note on certain Chinese Plants acclimatisable in the United States. By Dr. Macgowan. (*N.-C. Herald*, Nov. 14, 1883, pp. 554/556.)

— Description of, and Notes on the Chinese Cassia Tree. By Charles Ford.

Report. — See also *Jour. Linn. Soc.*, XX, pp. 19/24.

— * Rambles of a Plant Collector, in the years 1877 to 1880. By C. Maries. (*Garden.*)

A. A. Fauvel.

— Chinese plants in Normandy. By A. A. Fauvel, Membre correspondant du Museum d'histoire naturelle de Paris. (*China Review*, XII, pp. 331/345.)

— E. Fournier. La Botanique des Chinois. (*Revue des Deux Mondes*, Oct. 15, 1883, pp. 907/930.)

— Catalogue de plantes recueillies aux environs de Tchefou par Mr A. A. Fauvel, déterminées par Mr A. Franchet, attaché à l'herbier du Museum de Paris. (*Mém. Soc. Nat. des Sciences naturelles* . . . de Cherbourg, T. xxiv, 1882.)

— A sweet smelling fungus. By A. A. Fauvel. (*China Review*, XII, p. 512.)

Francis Blackwell Forbes.

— On the Chinese Plants collected by d'Incarville (1740—1757). (*Journal of Botany*, XXI [12], 1883, pp. 9/15.)

— On Cudrania triloba, *Hance*, and its uses in China. (*Ibid.*, XXI [12], 1883, pp. 145/9.)

— Asplenium germanicum, *Weiss.*, in Hongkong. (*Ibid.*, XXI [12], 1883, pp. 209/210.)

— On some Chinese species of Oaks. (*Ibid.*, 1884, pp. 80—6.)

— Note on Eugenia microphylla, in Dr. Abel's Journey (1817), 365. (*Ibid.*, p. 124.)

— On some Critical Chinese Species of Clematis. (*Ibid.*, 1884, pp. 261/5.)

— The Flora of China. (*Nature*, xli, 1889-90, pp. 46/47.)

A propos de Third Report of the Committee, consisting of Mr. Thiselton-Dyer (Secretary), Mr. Carruthers, Mr. Ball, Prof. Oliver and Mr. Forbes, appointed for the purpose of continuing the preparation of a Report on our present knowledge of the Flora of China.

W. B. Hemsley.

— An Enumeration of all the Plants known from China Proper, Formosa, Hainan, Corea, the Luchu Archipelago, and the Island of Hongkong, together with their Distribution and Synonymy. By Francis Blackwell Forbes . . . and William Botting Hemsley . . . . (*Jour. Linn. Soc., Bot.*, XXIII, 1886—88, pp. 1/489.)

Ranunculaceae — Compositae.

— Corrections. (*Ibid.*, pp. 489, 490.) — Description of the Plates. (*Ibid.*, pp. 490/2.) — Index to Genera and Synonyms. (*Ibid.*, pp. 493/521.)

— An Enumeration of all Plants..... (Continued from Vol. XXIII.) (*Ibid.*, XXVI 1889—1902, pp. 1/592.)

Stylidieae — Cycadeae.

Comprend les Parties VII—XIII du travail et les nos. 173 (1889)—179/180 (1902) du *Journal.*

— An Enumeration of all Plants...... (*Jour. Linn. Soc., Bot.*, XXXVI, 1903.)

Au moment de mettre sous presse les Parties XIV—XVI ont paru.

Franchet a décrit sept nouvelles espèces de *Pedicularis* et 17 de *Gentiana*, recueillies dans le Yun-nan par Delavay dans Hemsley's *Index*, II, 209/220, 124/136. (Bretschneider, *Bot. Disc.*, p. 938.)

— Notes on some Chinese Plants, with Descriptions of a few new species. (*Journ. Botany*, V, 1876, pp. 205—210.)

Adenophora isabellae, *Hemsl.*; Ruellia seclusa, *S. Moore*; Mazus villosus, *Hemsl.*; Gymnadenia triphyaeformis, *Rchb. f. MS.*, 1867. — Plantes recueillies en Chine par F. B. Forbes.

— The Daphnes of China and Japan. (*The Garden*, XIV, 1878, p. 442.)

— The Chinese Fontanesia. (*Jour. Bot.*, 1879, 212.)

— The History of the Chrysanthemum. (*Gard. Chron.*, 1889, II, 521, 555, 585, 682.)

— Recent Botanical Discoveries in China. (*Gard. and Forest*, 1889, I, 122—124; II, 230—231; III, 266—267; IV, 291; V, 362—3.)

— Recent Botanical Discoveries in China and Eastern Burma. (*Garden and Forest*, 1891, I, 74—75; II, 88; III, 98—99; IV, 123—124; V, 135; VI, 219; VII, 267.)

— Observations on a Botanical Collection made by Mr. A. E. Pratt in Western China, with Descriptions of some new Chinese Plants from various Collections. (*Jour. Linn. Soc., Botany*, XXIX, 1893, 298—321. With Plates.)

— On two small Collections of Dried Plants from Tibet. With an Introductory Note by Lieut.-Gen. Strachey. (*Ibid.*, XXX, 1895, pp. 101—130.) — Mr. Woodville Rockhill's Central Tibet Plants. Collected in 1892. (*Ibid.*, pp. 131/140.)

« These collections were made by Dr. W. G. Thorold (Capt. Bower's Expedition, 1891) and Mr. Rockhill, 1891—92. Hemsley there mentions also a small collection, 25 species, gathered by Capt. H. P. Picot, of the Indian Staff Corps in the Kuen lun plains. » (Bretschneider, *Bot. Disc.*, II, p. 822.)

— Descriptions of some New Plants from Eastern Asia, chiefly from the Island of Formosa, presented by Dr. A. Henry to Kew. (*Annals of Botany*, IX, 1895, 143—59.)

— The Flora of Tibet. (*Kew Bull.*, 1896, 207—16.)

« The Plants brought home by Littledale from his second Journey, 1895. » (Bretschneider, *Bot. Disc.*, II, p. 823.)

(HEMSLEY.)

— Notes on an Exhibition of Plants from China recently collected by Dr. A. Henry and Mr. W. Hancock. By W. Botting Hemsley, F. R. S., F. L. S., Keeper of the Herbarium, Royal Gardens, Kew. (*Jour. Linn. Soc., Bot.*, XXXIV, 1898-1900, pp. 474/8.)

— The Flora of Tibet or High Asia; being a Consolidated Account of the various Tibetan Botanical Collections in the Herbarium of the Royal Gardens, Kew, together with an Exposition of what is known of the Flora of Tibet. By W. Botting Hemsley, assisted by H. H. W. Pearson. (*Ibid.*, XXXV, 1902, pp. 124/265.)

— The Flora of Tibet. (*Geog. Journal*, Aug. 1902, p. 228.)
D'après W. B. Hemsley dans le *Jour. Linnaean Society.*

— Remarks on the Botany of South Manchuria by Dr. W. B. Morrison, Acting Medical Officer, Her Majesty's Consulate, Newchwang. (CHINA. No. 6 [1885]. [*Trade Reports.*] Part II. Newchwang. Report By C. T. Gardner. App. III, pp. 193/207.)

Newchwang, March 30, 1885.

— Ginger in China. By G. M. H. Playfair. (*Jour. C. B. R. A. S.*, N. S., XX, 1885, p. 91.)

Kew Bull., 1891, p. 5; 1892, p. 16. — Ford's Reports Bot. Gard. Hong-kong, 1890, 1891.

— Chinese Ginger. (*Alpinia Galanga*, Willd.) (*Kew Bull.*, 1891, pp. 5/9.)

— Botany of the Riukiu (Loochoo) Islands. By Takutaro Ito. (*Nature*, XXXVI, 1887, pp. 538/9.)

AUGUSTINE HENRY.

— Chinese Names of Plants. By Augustine Henry, M. A. (*Jour. China B. R. As. Soc.*, N. S., XXII, No. 5, 1887, pp. 233 to 283.)

« Giving a list of 555 plants from Hu pei determined at Kew, with the Chinese names in colloquial use at Ichang. » (Bretschneider, *Bot. Disc.*, II, p. 778.)

— China. — Imperial Maritime Customs. — II. — Special Series, No. 16. — CHINESE JUTE. — Published by order of The Inspector General of Customs. — Shanghai: Statistical Department of The Inspectorate General. — 1891, in-4, pp. 8.

Réimp. en partie dans *Kew Bull.*, 1891, 249.

— Lichenes chinenses Henryani, a cl. D. Aug. Henry anno 1889, in China media lecti, quos in Herb. Kewensi determinavit Dr. J. Müller. (*Bul. de l'Herbier Boissier*, I, 1893, pp. 235/6.)

— Vegetable Productions, Central China. (*Kew Bull.*, 1889, pp. 227/7.) — Lettre de Ichang, 9 oct. 1888.

(HENRY.)

16

— Notes on Economic Botany of China. By Augustine Henry. Shanghai, 1893.

Avait paru d'abord dans le *Messenger*, journal mensuel publié à Chang-Haï.

Notice : *China Review*, XXI, No. 1, p. 59. Par E. J. E.[itel].

— Shu lang Root. (*Dioscorea rhipogonoides.*) (*Kew Bull.*, 1895, 230/1.)

— Ai Camphor. (*Blumea balsamifera.*) (*Ibid.*, 275.)

— Botany of Formosa. (*Ibid.*, 1896, 65-76.)

Notes d'A. Henry dans N. Perkins' *Foreign Office Commercial* No. 1, 1896, App. B.

— Chinese Soap Trees. (*American Druggist*, XXIX, 1896, N° 10.)

— The Production of Camphor in China. (*Pharmac. Journal*, 1897, 201.)

— Some Exports of South China and Indo-China. (*Ibid.*, 1898, 47.)

Laos Cinnamon, Annam Cassia, Cardamoms, Dye-Yam, Camphor, Star Anise.

— Botanical Exploration in Yunnan. (*Kew Bulletin*, 1897, pp. 99/101.)

— A Budget from Yunnan. (*Ibid.*, 1897, pp. 407/414; 1898, pp. 289/297; 1899, pp. 46/50.)

— Observations on the Genus *Ficus*, with special reference to the Indo-Malayan and Chinese Species. By G. King .... Superintendent Royal Botanic Garden, Calcutta. (*Journ. Linnean Society, Bot.*, Vol. XXIV, 1888, pp. 27/44.)

— * G. King. — The Species of *Ficus* of the Indian, Malayan and Chinese Countries. Calcutta, 1887—8, 2 vol. et app., gr. in-4, 243 pl. dans un portef.

Notice : *Nature*, XXXIX, 1888/9, p. 246, by W. H. B.

— Chrysanthèmes arborescents en Chine. Par J. L. (*Bull. Soc. Accl.*, 1891, 2e sem., p. 464.)

— De quelques plantes de Kashgar et du Pamir. Par MM. Aug. Paillieux et D. Bois. (*Ibid.*, 1892, pp. 425/427.)

— Notae de Plantis Asiaticis. I—XIII. Auctore A. Batalin. (*Acta Horti Petropolitani*, XI, No. 16, 1891, pp. 479/494.) — XIV—XXVII. (*Ibid.*, XII, No. 6, 1892, pp. 161/178.) — XXVIII—XLVIII. (*Ibid.*, XIII, No. 7, 1893, pp. 89/106.) — XLIX—LXXI. (*Ibid.*, No. 18, 1894, pp. 169/386.) — LXXII—LXXXIX. (*Ibid.*, XIV, No. 8, 1895, pp. 165/184.) — XC—XCV. (*Ibid.*, No. 11, 1897, pp. 317/324.)

Batalin † 1/13 Oct. 1896.

— Plantas Amurenses in itinere anni 1891 collectas enumerat novasque species describit S. Korshinsky. (*Acta Horti Petropolitani*, vol. XII, No. 8, 1892, pp. 287/431.)

— Diagnoses compositarum novarum Asiaticarum Decas I. Auctore C. Winkler. (*Acta Horti Petropolitani*, XIII, No. 1, 1893, pp. 1/12.) Decas II. (*Ibid.*, No. 13, 1894, pp. 233/245.) Decas III. (*Ibid.*, XIV, No. 6, 1895, pp. 147/157.)

— On Hemp from Central Asia to Ancient China, 1700 B. C. By Terrien de Lacouperie. (*Bab. & Or. Record*, Vol. VI, No. 11, May 1893, pp. 247/253.)

— On Quinces from Media to Ancient China (660 B. C.). By Terrien de Lacouperie. (*Ibid.*, Vol. VI, No. 12, June 1893, pp. 265/271.)

— The Indian Jack Fruit in China. By Terrien de Lacouperie. (*Bab. & Or. Record*, VII, No. 8, April 1894, pp. 169/172.)

— The Home of the Pomegranate. By E. H. Parker. (*China Review*, XVIII, No. 6, p. 378.)

— Flora from Tibet. Von Dr. O. Drude. (*Petermann's Mitt.*, 1894, 40. Bd., pp. 92/3.)

— The Flora of Hainan. List of Plants collected by Mr. E. H. Parker and identified by Mr. C. Ford. (*China Review*, XX, pp. 167/8.)

— The Earliest Mention of Dictyophora. By Kumagusu Minakata. (*Nature*, L, 1894, p. 54.)

— Diary of a Journal through Mongolia and Tibet in 1891 and 1892 by W. W. Rockhill. 1894, App. III :

Central Tibet Plants. By W Botting Hemsley ... [Extract from the *Journal of the Linnean Society, Botany*, Vol. XXX, pp. 131—140], pp. 380/385.) — Voir col. 481.

— Béla Széchenyi. — Voir VOYAGES.

— Chinesische Botanik. (*Oest. Monats. f. d. Orient*, Wien, 1898, pp. 9/10.)

GIUSEPPE GIRALDI.

— E. Baroni. — Gigli nuovi della Cina. (*Bul. Soc. Botan. Ital.*, 1895, proc. verbaux, pp. 107/8.)

— E. Baroni. — Considerazioni sul *Lilium chinense* Bar. *L. Biondii* Bar. (proc. verb.). (*Ibid.*, 1896, p. 33.)

— E. Baroni. — Osservazioni sulla fioritura del *Lilium chinense* Bar. e del *L. Biondii* Bar. (*Ibid.*, p. 183.)

— Sopra varii Funghi ed un' Alga raccolti dal P. Giraldi nella Cina. Nota di G. Arcangeli. (*Ibid.*, 1896, pp. 183/189.)

— E. Baroni. — Gigliacee nuove della Cina. (Proc. verb.). (*Ibid.*, 1896, p. 213.)

— E. Baroni. — Nuove stazioni cinesi di *Thladiantha nudiflora* Hemsl. (proc. verb.). (*Ibid.*, p. 78.)

— E. Baroni. — Presentazione di alcune felci cinesi riconosciute per nuove dal Dr H. Christ. di Basilea (proc. verb.). (*Ibid.*, p. 141.)

— E. Baroni. — Sopra una Composta cinese, spettante probabilmente ad un genere nuovo (proc. verb.). (*Ibid.*, p. 308.)

— Bryologia Provinciae Schen-si sinensis. Auctore Carolo Müller Hal. (*Nuovo Giorn.*

Bot. Ital., N. S., III, 1896, pp. 89/129; IV, 1897, pp. 245/276; V, 1898, pp. 158/209.)

Plantes recueillies par le P. Joseph Giraldi.

— Filices Plantaeque Filicibus affines in Shen-si Septentrionali, Prov. Imperii Sinensis, a Rev. Patre Josepho Giraldi collectae, quas recenserunt Doctores E. Baroni et H. Christ. (*Ibid.*, N. S., IV, 1897, pp. 86/102.)

— Filices Plantaeque Filicibus affines in Shen-si septentrionali, Provincia Imperii Sinensis, a Rev. Patre Josepho Giraldi collectae, manipulus alter. Auctoribus E. Baroni et H. Christ. (*Bul. Soc. Botan. Ital.*, 1898, pp. 27/32.)

— Filices . . . . manipulus tertius. (*Ibid.*, pp. 182/4.)

— Filices . . . . manipulus quartus. (*Ibid.*, 1900, pp. 260/3.)

— Conifères de Chine par L. Beissner. (*Nuovo Giorn. Bot. Ital.*, N. S., IV, 1897, pp. 183/7.)

Trad. de l'all. avec l'add. d'une table : *Neues und Interessantes auf dem Gebiete der Nadelholzkunde. (Mitt. der Deutschen Dendrologischen Gesellschaft*, 1896, No. 5, pp. 67/9.)

— Conifères de Chine. — Par L. Beissner à Poppelsdorf près Bonn. (*Bul. Soc. Botan. Ital.*, 1898, pp. 166/170; 1899, pp. 309/311.)

— Osservazioni sopra alcune Aracee cinesi fiorite nel R. Orto botanico fiorentino Nota del Dottore E. Baroni. (*Nuovo Giorn. Bot. Ital.*, N. S., IV, 1897, pp. 188/191.)

— Sopra due Forme nuove di «Hemerocallis» e sopra alcuni «Lilium» della Cina. Nota del Dott. E. Baroni. (*Nuovo Giorn. Bot. Ital.*, N. S., IV, 1897, pp 303/7.)

— Novum Genus Compositarum Plantarum [*Giraldia Stapfii*]. Auctore Eugenio Baroni. (*Ibid.*, N. S., IV, 1897, pp. 431/2.)

— Notice sur les roses recueillies dans la province chinoise du Shen-si par le Père Giuseppe Giraldi de 1890 à 1895, par François Crépin. (*Bull. Soc. Botan. Italiana*, 1897, pp. 230/5.)

— E. Baroni. — Notizie sulla fioritura di alcune piante della Cina. (*Ibid.*, 1898, p. 185.)

— Ricerche sullo sviluppo del frutto della *Thea chinensis* Sims, del Dott. F. Cavara. (*Ibid.*, 1898, pp. 238/241.)

— G. Giraldi. — Frammenti di una lettera inviata dalla Cina al Sig. Antonio Biondi. (*Ibid.*, 1899, pp. 257/9.)

Scian-gens, 26 giugno 1899.

— S. Sommier. — Notizie sul Missionario Padre Giraldi residente in Cina, da lettere del medesimo al Sig. Antonio Biondi. (*Ibid.*, 1900, pp. 311/4.)

— E. Levier. — Due Felci della Cina. (*Ibid.*, 1900, p. 137.)

(Giraldi.)

— Plantae sinico-mongolicae in itinere Chinganensi anno 1891 collectae. Elaboravit J. Palibin. (*Acta Horti Petropolitani*, XIV, No. 5, 1895, pp. 103—145.)

Plantes recueillies par le Col. Putiata.

— Conspectus Florae Koreae. Auctore J. Palibin. — Pars Prima (*Ranunculaceae-Campanulaceae*). Cum tabulis quattuor. Petropoli 1898. (*Acta Horti Petropolitani*, XVII, 1, 1899, pp. 1/128.) — Pars Secunda (*Ericaceae-Salicaceae*). (*Ibid.*, XVIII, No. 9, 1900, pp. 147/198.) — Pars Tertia (*Orchidaceae-Filices. Supplementum*). (*Ibid.*, XIX, No. 3. 1901, pp. 101/151.)

— Матеріалы для Флоры Гуань-дунскаго полуострова. — И. В. Палибинъ. 1903. (*Acta Horti Petropol.*, XXI, 2, 1903, pp. 199/231.)

— *Caryophyllaceae* of the Chinese Province of Sze-chuen. By Frederic N. Williams. (*Jour. Linn. Soc., Bot.*, XXXIV, 1898—1900, pp. 426/437.)

— On some Mosses from China and Japan. By Ernest Stanley Salmon. (*Ibid.*. XXXIV, 1898—1900, pp. 449/474.)

— The Flora of Amoy. By Miss Ellen Brown. (*China Review*, XXII, No. 5, pp. 734/5.)

— Nouvelles espèces d'arbres et d'arbrisseaux du Yunnan et du Su-tchuen (Chine Occidentale). Par M. D. Bois, Assistant au Muséum d'Histoire naturelle... Extrait du «Journal de la Société nationale d'Horticulture de France» (Cahier de Mars 1900). Paris, Librairie agricole de la Maison Rustique, 26 rue Jacob, 1900, br. in-8, pp. 52, 10 fig.

Avec une table alphabétique des genres et une table des figures. — Courte préface relatant les travaux de M. Franchet sur la Flore chinoise et les recherches des abbés Delavay, Farges, Soulié et Bodinier.

— Die Flora von Central-China. Nach der vorhandenen Litteratur und neu mitgeteiltem Original-Materiale, dargestellt von L. Diels. — Aus dem Kön. Botan. Museum zu Berlin. Mit 4 Tafeln, Karten-Skizze und 5 Figuren im Text. (*Botanische Jahrbücher* .... herausg. von A. Engler. XXIX, 1901, pp. 169/659.)

(Giraldi. — Divers.)

16*

— Tentamen Florae Lutchuensis. Sectio Prima. Plantae Dicotyledoneae polypetalae auctoribus Tokutaro Ito.... et Dr. J. Matsumura. (*Jour. Col. of Sc., Univ. Tokyo*, Vol. XII, Pt. IV, 1900, pp. 263/541.)

— Sur la nouvelle collection *Ducloux* du Yunnan, par M. F. Gagnepain. (*Bul. Mus. Hist. Nat.*, VII, 1901, pp. 80/3.)

— Species novae Florae Asiae Orientalis (Manshuriae et Koreae borealis). V. L. Komarov. — *Acta Horti Petropolitani*, vol. XVIII. No. 6. 1901. Petropoli 1901, in-8, pp. 417 à 449.

— Flora Manshuriae. V. L. Komarov. Vol. I. Petropoli, 1901, in-8, pp. 559.

Acta Horti Petropolitani, T. XX.

— New Chinese Plants. By A. B. Rendle, M. A. (*Jour. of Bot.*, 1902, pp. 310/11.)

— Chinese Conifers collected by E. H. Wilson. By Maxwell T. Masters, M. D. (*Ibid.*, 1903, pp. 267/270.)

Gin Seng 人參 ou 人葠

Racine de l'*Aralia quinquefolia*, Gray; *Panax Ginseng*, C. A. Meyer.

— La plus ancienne mention de cette plante par un auteur européen a été faite par A. Semedo.

— Iconismus Plantae laudatissimae, Gin-seng dictae. (And. Mulleri Greiffenhagii *Hebdomas Observationum de Rebus sinicis*, No. IV, avec une figure sur bois, col. 30.)

— Sur le Gin-seng. (*Rec. de l'Ac. des Sc., Hist.* [1718], 1719, pp. 41/45.)

«En 1697 feu M. Bourdelin lut à l'Académie un Mémoire qui lui avoit été communiqué sur le Gin-seng», p. 41.

— Lettre du Pere Jartoux, Miss. de la Cie de Jesus, au Pere Procureur Général des Missions des Indes et de la Chine. A Peking, le 12 d'Avril 1711. (*Lettres édifiantes*, XVIII, pp. 127/143, éd. de Mérigot; X, p. 159, anc. éd.; III, p. 183, *Panthéon littéraire.*)

Réimprimée dans le Vol. 4 du *Recueil de Voyages au Nord*, nouv. éd., 1732, Amsterdam.

— Mémoire presenté a son Altesse Royale Monseigneur le duc D'Orleans, Regent du Royaume de France : Concernant la Précieuse Plante du Gin seng de Tartarie, découverte en Canada par le P. Joseph François Lafitau, de la Compagnie de Jésus, Missionnaire des Iroquois du Sault Saint Louis. A Paris, Chez Joseph Mongé, ruë S. Jacques, vis-à-vis le Collége de Louis le Grand, à Saint Ignace. M.DCC.XVIII. Avec Approbation & Privilége du Roy, pet. in-8, pp. 88 + 4 ff. n. c. p. l'ap., le priv. et le cat. des livres de Mongé; 1 pl.

Notice : *Mém. de Trévoux*, 1717, pp. 121/124; 1718, pp. 485/509. — *Acta Erudit.*, 1718, pp. 284/6, 522/4. — *Journ. des Savans*, 1718, pp. 397/404. — Nouvelles Observations du R. P. Lafiteau, Jesuite, sur la transparence du Gin-Seng. (*Mém. de Trévoux*, 1718, pp. 509/513.)

— Mémoire présenté à Son Altesse Royale Mgr. le Duc d'Orléans Régent de France, concernant la précieuse plante du Gin-seng de Tartarie, découverte en Amérique par le Père Joseph-François Lafitau, de la Compagnie de Jesus, missionnaire des Iroquois du Sault St. Louis. Nouvelle édition, précédée d'une notice biographique, par M. Hospice Verreau, Principal de l'Ecole Normale Jacques-Cartier et accompagné d'un portrait du Père Lafitau, d'un fac-simile de son autographe et de la planche représentant le gin-seng. Montreal, Senecal, Daniel & Cie, 1858. In-8, pp. 41.

— Sur le ginseng. Extrait d'un mémoire du père Lafitau. Par M. A. Dupuis. (*Bul. Soc. zool. d'Accl.*, VII, 1860, pp. 493/4.)

Joseph François Lafitau, né à Bordeaux, le 1er janvier 1681; † dans cette ville, le 3 juillet 1746.

— D. O. M. Quaestio Medica, qvodlibetariis Dispvtationibvs manè discutienda, in Scholis Medicorum, die Jovis nono mensis Februarii anni M.DCC.XXXVI. M. Jacobo — Francisco Vandermonde, Doctore Medico, Praeside. *An infirmis à morbo viribus reparandis Gin Seng?* Pièce in-4, de 4 ff. c.

On lit à la fin :

Proponebat Parisiis, Lucas-Augustinus Folliot de Saint Vast, San-Laudaeus-Constantiensis, Baccal, Medicus, A. R. S. H. 1736. a sextâ ad meridiem. — Typis Quillau, Universitatis & Facultatis Medicinae Typographi, 1736.

L'intérêt de cette thèse sont les 9 caractères chinois imprimés en marge :

人	Gin	本	Pen	李	Li
生	seng	草	Sau	時	Tchi
		綱	Kan	珍	sin
		目	mou		

Le caractère 本 est imprimé sens dessus-dessous.

— Du Gin-seng. (Du Halde, *Desc. de la Chine*, III, pp. 460 et seq.)

— Buc'hoz, *Hist. naturelle du Thé*, 1806.

— Ueber den Ginschen, vorzüglich über die botanischen Charaktere desselben und der zunächst verwandten Arten der Gattung *Panax*. Von C. A. Meyer. (*Bul. Cl. Phys.-math. Ac. I. Sc. St. Pét.*, I, 1843, col. 337/341.)

Auszug aus einem, im Gauger's *Rep. f. Pharm. u. Praktische Chemie*, Jhrg. I, p. 516, abgedruckten Aufsatze, mit 2 lithogr. Tafeln.

«Meyer describes the true Manchurian Ginseng plant [*Panax Ginseng*], so highly valued by the Chinese, from a specimen, root leaves and fruits, kept in Fischer's herbarium (now in *Herb. Hti. Petrop.*). This had been procured by Dr. Kirilov, who received it from a Chinese Mandarin, his friend. This Chinese officer had been at the head of one of the expeditions sent every year by the Chinese Emperor to Manchuria to collect Ginseng root in the forests there. This is still the only herbarium specimen of this famous plant, in its wild state, found in European herbariums. See also Regel *Tent. Fl. Ussur.* (1861) p. 73, *Panax quinquefolium*, Lin., var. *Ginseng*, and Regel's *Gartenflora*, 1862, 314, tab. 375.» (Bretschneider, *Bot. Disc.*, p. 319.)

— Ginseng Root (*Panax Ginseng*-Meyer). (*J. of Botany*, II, 320.)

— Grosier, *Desc. de la Chine*, III, p. 295.

— H. F. H.[ance]. Ginseng. (*China Rev.*, II, pp. 131/132.)

— Nees von Esenbeck : Medicinal Plants, Pl. 112.

— Korean Export of Ginseng. (*Dublin Review*, CXVII, July 1895, pp. 164/5.)

— Ginseng. (*Kew Bull.*, 1892, p. 107.)

— Ginseng and its Cultivation in Corea. [Communicated by Mr. D. A. O'Gorman, of Boston, U. S. A., from *The New England Druggist*.] (*Jour. Manchester Geog. Soc.*, IX, 1893, pp. 262/3.)

— Culture du Ginseng. Par de S. (*Bul. Soc. Accl.*, 1894, pp. 380/1.)

— Walpers. — *Rep.*, V, 924. — Maxim, dans *Mél. biol.*, VI, 265. — Seem. *Journ. bot.*, 1864, 320; 1868, 54. — Harms, dans Engler's *Bot. Jahr.*, XXIII, 10. — Palibin, *Consp. florae Koreae*, Pars prima, p. 100.

Rhubarbe 大黃 *Ta-houang.*

Rheum officinale, Baill.

— Sur la Rhubarbe du Thibet, Lettre adressée par Mgr. Chauveau à M. le Président . . . . (*Bull. Soc. Zool. Acclim.*, X, 1863, pp. 230/231.)

Yannau, le 3 Septembre 1862.

— Note sur la rhubarbe du Thibet (*Rheum officinale*). Par M. F. Gallais. (*Bull. Soc. Zool. Acclim.*, IIIe Sér., VII, 1880, pp. 667/679.)

— Lettre de M. C. Hueder (*sic*, Lueder), Consul d'Allemagne, datée de Shanghaï, 17 Septembre 1873, communiquée au Secrétaire de la Société par M. von Behr-Schmoldow, Président de l'Association allemande de pisciculture. (*Ibid.*, IIIe Sér., IX, 1882, pp. 497/499.)

— Yule and Cordier's *Marco Polo*, I, 217, 218 *n*, 279 *n*; II, 181, 183 n.

Betel 檳榔 *pin lang* ou 梹榔 *ping lang.*

Areca catechu, L.

— The Betel Tree. (*Notes & Queries on C. & J.*, II, Sept. 1868, pp. 136/9.)

Avait paru en 1864 dans le *Bangkok Calendar*.

— F. P. J. Leconiat. — Note sur l'arec et le betel. (*Bul. du Comité agricole et industriel de la Cochinchine*, 1869, t. II, N° 8, p. 42.)

— Le Bétel par Camille Imbault-Huart. (*T'oung Pao*, V, Oct. 1894, pp. 311/7.) — La Noix d'Arec. (*Ibid.*, pp. 317/328.)

— Lettre de M. le docteur Ernest Martin à M. Cordier [sur le Betel et l'Arec]. (*T'oung Pao*, VII, 1896, pp. 609/610.)

Bambou 竹子 *Tchou tseu.*

— Notice sur le Bambou. Par le P. Collas, S. J. (*Mém. conc. les Chinois*, XI, pp. 353/4.)

Voir *supra* : Cibot, col. 414. — Grosier, col. 446.

— Comparison between the Bamboo and the Palm : Description of the Bamboo; varieties and cultivation; partiality of the Chinese for it; its uses; mode of manufacturing paper : Description of the cocoa nut palm; and the uses to which it is applied. (*Chinese Rep.*, III, pp. 261 et seq., Oct. 1834, by S. Wells Williams.)

— *Palm Trees*, by Theos. Sampson, *Notes & Q. on C. & J.* Vide supra, col. 472.

— Les Palmiers de la Chine par E. Bretschneider, Vol. III, pp. 139—142, 150—152.

— *Palm Growing Countries*, by Geo. Phillips. (*Ibid.*, Vol. III, pp. 169/170.)

— On a peculier sort of Bamboo, called the Square Bamboo. By D. J. Macgowan. (*N. C. Herald*, 1882, p. 306.)

— The Square Bamboo. (*Chin. Recorder*, XVII, April 1886, pp. 140/141.)

From *Nature*, XXXII, Aug. 27, 1885, pp. 391/2, by W. T. Thiselton Dyer, Director of Kew Gardens. — Cf. Macgowan, *Chin. Rec.*, April 1885. — *Oest. Monats. f. d. Orient*, 1886, p. 113. — *Nature*, XXXIII, 1885/6, p. 560.

— The Bamboo in North China. By J. Edkins. (*China Review*, XVIII, No. 1, pp. 59/60.)

— Bamboo in North China. By J. Edkins. (*Ibid.*, XVIII, No. 2 p. 128.)

— The Bamboo. By P. Hordern. (*Blackwood's Mag.*, cxlviii, Aug. 1890, pp. 228/232.)

— The Cultivation of Bamboos in Japan by Sir Ernest Satow. — The Asiatic Society of Japan. — Tokio, 1899, in-8, pp. ii-127.

— Sir Ernest Satow on the Bamboo in Japan. By J. Dyer Ball. (*China Review*, XXV, No. 1, pp. 39/47.)

— Note sur les bambous de la Chine sur les joncs et rotins de la Malaisie et des Philippines en usage dans le commerce, Par M. Ed. Renard, Ancien délégué de l'Industrie parisienne en Chine. (*Bull. Soc. Zool. Acclim.*, III, 1856, pp. 253/255.)

— Sur l'introduction et la culture des bambous de Chine en Algérie. Par M. Hardy, Directeur de la Pépinière centrale du gouvernement. (*Ibid.*, IV, 1857, pp. 487/491.)

— Sur le bambou du Nord de la Chine et sur la culture de cette plante à Marseille. Lettre adressée à M. le Président . . . . Par M. de Montigny, Consul-général de France et délégué de la Société à Canton. (*Ibid.*, VII, 1860, pp. 11/12.)

— Note sur le Bambou Montigny (*Bambusa mitis*), et sur le prétendu bambou sacré de la Chine, Par M. P. Joseph-Lafosse. (*Ibid.*, IIe Sér., III, 1866, pp. 36/38.)

— Fabrication des cordes de bambou à Han-Keou (Chine), Par M. Paul Champion. (*Ibid.*, IIe Sér., III, 1866, pp. 446/447.)

— Etudes sur les espèces de bambous à introduire, Par M. P. Joseph-Lafosse. (*Ibid.*, IIe Sér., IV, 1867, pp. 614/623; *ibid.*, pp. 669/689.)

— Sur les Bambous nigra et metake. (*Ibid.*, IIe Sér., VII, 1870, pp. 399/400.)

Extr. du *Bull. Soc. Imp. Agriculture*, 1870.

— Les Bambous et le Bambou comestible. Par Ed. André. (*Bull. Soc. Zool. Acclim.*, IIe Sér., VIII, 1871, pp. 662/663.)

Extr. de l'*Illustration horticole*, 1870, p. 220.

— Des produits végétaux de la Chine et en particulier du bambou, Par M. le docteur Edouard Mène. (*Bull. Soc. Zool. Acclim.*, IIe Sér., VI, 1869, pp. lx/lxxvi.)

— Des usages du bambou en Chine, Par M. le Dr. Edouard Mène. (*Ibid.*, IIe Sér., VI, 1869, pp. 31/43.)

— Note sur les usages du bambou, Par M. le Dr. J. Vidal. (*Ibid.*, IIIe Sér., I, 1874, pp. 743/757.)

— Note sur une nouvelle espèce de bambou et sur des objets fabriqués avec ce végétal.

Par M. Ed. Renard, Ancien délégué du commerce français dans l'extrême Orient. (*Ibid.*, IIIe Sér., II, 1875, pp. 153/161.)

— Les Bambous par Feu Auguste Rivière .... et Charles Rivière .... (*Ibid.*, IIIe Sér., V, 1878, pp. 221/253; *ibid.*, pp. 290/322; *ibid.*, pp. 392/421; *ibid.*, pp. 460/478; *ibid.*, pp. 501/526; *ibid.*, pp. 597/645; *ibid.*, pp. 666/721; *ibid.*, pp. 758/828.)

— Les Bambous dans l'alimentation de l'homme. Par J. L. (*Ibid.*, 1891, 2e Sem., pp. 462/463.)

— Les espèces de bambous du Japon leur culture et leur emploi. Par M. le Dr. Meyners d'Estrey. (*Ibid.*, 1894, 2 Sem., pp. 32/36.)

Tabachir.

竹黃, *Tchou-houang*; 竹膏, *Tchou-kao*; 天竹黃, *T'ien Tchou-houang*.

— Yule — *Hobson-Jobson*, s. v. *Tabasheer*.

— Tabasheer. By W. Thiselton Dyer. (*Nature*, XXXV, 1886—7, pp. 396/7.)

— Tabasheer. By Henry Cecil. (*Ibid.*, XXXV, 1886—7, p. 437.)

— Tabasheer. By Tokutaro Ito. (*Ibid.*, XXXV, 1886—7, pp. 462/3.)

— Tabasheer. By Thomas Rowney. (*Ibid.*, XXXV, 1886-7, pp. 512/513.)

— The relation of tabasheer to mineral substances. By John W. Judd. (*Ibid.*, XXXV, 1886—7, pp. 488/491.)

Thé 茶 *tch'a.*

— * Johannes Gothofredus Herrichen. De Thea, Doricum Melydrion. Lips., 1645, in-4.

Voir col. 494.

— * Morisset. Ergo thea Chinensium menti confert. Paris, 1648.

Philippe Sylvestre Dufour.

— De l'vsage du Caphé, dv Thé, et dv Chocolate. A Lyon, Chez Iean Girin, & Barthelemy Rivière, en ruë Mercière, à la Prudence. M.DC.LXXI. Avec permission des Superieurs, in-12, pp. 188 + 12 ff. n. c. en tête p. l. tit., ép., etc.

Par P. S. Dufour.

— Traitez Nouveaux & Curieux dv Café, du Thé et du Chocolate. Ouvrage également necessaire aux Medecins, & à tous ceux qui aiment leur santé. Par Philippe Sylvestre Dvfovr. — A Lyon. Chez Iean Girin, & B. Rivière, ruë Mercière, à la Prudence. M.DC.LXXXV. Avec Privilege dv Roy. In-12, pp. 445 + 10 ff. n. c. en tête p. l. tit., la déd. etc., + 2 ff. n. c. à la fin p. l. tab.; front. grav., et 1 pl.

— * Traitez Nouveau et curieux du Café, du Thé et du Chocolate: ouvrage également necessaire aux medecins et à tous ceux qui aiment leur santé, par Ph.-Sylv. Dufour. A la Haye, chez Adrian Moetjens, 1685, pet. in-12.

— Traitez Nouveaux & curieux du café, du thé et du chocolate. Ouvrage également necessaire aux Medecins, & à tous ceux qui aiment leur santé. Par Philippe Sylvestre Dufour. Seconde édition, A Lyon, Chez Jean Baptiste Deville, ruë Mercière à la Science. M.DC.LXXXVIII. Avec privilege du Roy, in-12, pp. 444 + 10 ff. n. c. en tête p. l. tit., la déd., etc., + 5 ff. à la fin p. l. tab. et le priv.

— Traitez Nouveaux & Curieux du café, du thé et du chocolate. Ouvrage également necessaire aux Medecins, & à tous ceux qui aiment leur santé. Par Philippe Sylvestre Dufour. A quoy on a adjouté dans cette Edition, la meilleure de toutes les methodes, qui manquoit à ce Livre, pour composer l'excellent chocolate. Par Mr. St. Disdier. Troisième Edition. A La Haye, Chez Adrian Moetjens, Marchand Libraire prez la Cour, à la Libraire Françoise. M.DC.XCIII, in-12, pp. 404 + 2 ff. à la fin p. l. tab., front. et 1 pl.

— The Manner of Making of Coffee, Tea, and Chocolate. At it is used In most parts of Europe, Asia, Africa, and America. With their Vertues. Newly done out of French and Spanish. London: Printed for William Crook at the Green Dragon without Temple Bar near Devereux Court, 1685, pet. in-8, pp. 116 + 5 ff. n. c. p. le tit. et la préf.

Le traducteur est John Chamberlain; l'ouvrage sur le thé est celui de P. S. Dufour.

— Tractatvs Novi De Potv Caphe; De Chinensivm Thé, et de Chocolata. Parisiis, Apud Petrum Muguet. M.DC.LXXXV, in-12, pp. 202 + 2 ff. n. c. pour la tab.; front. et 1 pl.

Trad. par Jacob Spon du français de P. S. Dufour.

— Novi Tractatus de Potu Caphe'; de Chinensium The'; èt de Chocolata. à D. M. Notis illustrati. Genevae. Apud Cramer & Perachon. M.DC.XCIX, in-12, 3 ff. n. c. + pp. 188; front. et pl. de l'éd. Parisiis, 1685, dont il est une nouv. éd. avec des notes nouvelles.

— * Coffee, Tea, Chocolate, Tobacco, their Natural History. London, 1682, in-4.

— Ambrosia asiatica sev De Virtute, & Vsu Herbae *The* sive *Cia*. Nec non de modo adhibendae, & praeparandae eius Potionis iuxta regulas bene Medendi Avctore Simone de Molinariis Genvensi. Genvae, M.DC.LXXII. Typis Antonij Georgij Franchelli. Superiorum permissu, in-12, pp. 227.

— Theae novissima, s. l. n. d. Pièce in-4, 4 ff. n. c.

— Der Thee. Begräbnüss | und Glückliche wieder Auffersthehung. Pièce in-4, s. l. n. d., 4 ff. n. c.

— Johannis Nicolai Pechlini, Med. D. P. Serenissimi Cimbriae Principis Reg. Archiatri, Theophilus Bibaculus Sive De Potu Theae Dialogus. — Francofurti, Impensis Johannis Sebastiani Riechelii, Bibliopolae Kiloniensis, Anno M DC LXXXIV, in-4, pp. 103 + 4 ff. prél. n. c. p. l. tit. &c.

— A Treatise On the inherent Qualities of the Tea-herb: Being an Account of the Natural Virtues of The Bohea, Green, and Imperial Teas. Collected from MSS. of Learned Physicians. Particularly From a Latin MS. entitul'd, *De Potu Theae*, wrote by the famous J. N. Pechlinus, Principal Physician to the late King of Denmark, celebrated amongst the Learned of his Faculty, for being as ingenious a Piece as this Age has produced. Wherein is clearly demonstrated That this delicious Nectar has all the good Effects of Wine without the ill; a Liquor that warms without Inflammation, and exhilirates without intoxicating; and if drank according to the Directions which will be given, is preferable to all Mineral Waters as being an unspeakable Benefit in most Chronical Diseases: A Discovery well worth the Knowledge of this Nation: It being particularly efficacious in that almost Epedemical Distemper the Scurvy, Which reigns so much in this Kingdom. Compiled by a Gentleman of Cambridge. The second edition. London: Printed for C. Corbett, 1750. in-8, pp. 20 [les 4 dern. pp. sont mal ch.].

— A Treatise On the inherent Qualities of the Tea-Herb ..... Compiled by a Gentleman of Cambridge. London : Printed for C. Corbett. M DCC L, in-8, pp. IV-12.

— Dissertatio de Thee, Qvam Gratiosae Facultatis Medicae Consensu, in illustri viadrina praeside Dn. Bernhardo Albino, Philosoph. et medicinae doctore, hujusq; professore publico ordinario, ac facultatis medicae p. t. decano, patrono, fautore ac praeceptore suo aetatem colendo. Ad diem XI. Julii anni M DC LXXXIV. Horis locoq'; solitis Publico Examini exhibebit A. & R. Johannes Melchior Genge | Francof. Marchicus. Francofurti ad Oderam, Typis Christophori Zeitleri, in-4, pp. 31.

— Dissertatio medica De Potu Theae, Quam Deo benigne adjuvante, sub praesidio Magnifici & Excellentissimi Dn. Joh. Jacobi Waldschmiedt | Serenissimi Hassiaci Principis Medici Cubicularis Famigeratissimi, Medicinae Doctoris, ejusdemque Professoris Primarii, Physices autem Ordinarii, longe Celeberrimi, p. t. Academiae Rectoris, Dn. Praeceptoris, atque Promotoris sui ad cineres usque venerandi, colendi, Publico Eruditorum examini proponendam conscripsit Christianus Kursnerus, Marpurgensis. In Auditorio Medico d. XX. Decembr. M DC LXXXV. h. C. Marbvrgi Cattorvm, Typis Johannis Jodoci Kürsneri, Acad. Typogr., in-4, pp. 24.

— Petri Petiti Philosophi & Doctoris Medici Parisiensis Thea siue de Sinensi herba Thee Carmen ad Petrvm Danielem Hvetivm. Cui adiectae Joannis Nicolai Pechlini Archiatri Holsati de eadem herba Epigraphae, & descriptiones aliae. Lipsiae, apud Mauritium Georgium Weidmannum M DC LXXXV. in-4.

— Petri Francii in laudem Thiae Sinensis Anacreontica duo. Amstelodami, M DC LXXXV. in-4.

— Johannis Gothofredi Herrichen de Thea herba Doricum Meylydrion. in-4. — Voir col. 491.

Ces trois pièces — chacune avec un titre — forment un volume in-4, de 32 pages. La dissertation de Pierre P. contient une pl.

— Petri Petiti Epos de vi & praestantia Thiae Sinensis, quae vulgo *The* dicitur. Accedunt ejusdem argumenti Anocroantica duo Petri Francii, pièce in-8, p. 25.

— * Petri Petit Thia sinensis. Paris, 1685, in-4.

« Poème de mille vers dédié à Huet, réimprimé la même année à Leipzig, avec quelques autres opuscules sur le thé, et dans les éditions du recueil intitulé : *Poemata didascalica.* » (Denis, *Nouv. Man. de Bib.*, Paris, 1857.)

— Le bon usage du The, du Caffe' et du Chocolat pour la preservation & pour la guerison des Maladies. Par Mr. De Blegny, Conseiller, Medecin Artiste ordinaire du Roy & de Monsieur, & préposé par ordre de Sa Majesté, à la Recherche & Vérification des nouvelles découvertes de Medecine. A Lyon. Chez Thomas Amaulry, ruë Merciere, au Mercure Galant. M.DC.LXXXVII. Avec Privilege du Roy, in-12, 11 ff. n. c. pour le tit., l'ép. etc. + pp. 357 + 2 ff. n. c. pour la tab. — Pl. en tête, gravée et quelquefois coloriée.

— Wett-Streit Der Chinesischen Thea, mit dem Warmen Wasser Calida, Worauff Das Hocherfahrne Podagra den Endspruch giebet. Berlin | Zu finden bey Rupert Vőlckern | Buchhändlern daselbst, 1686, pièce pet. in-8, 14 ff. n. c.

— Thee-Betrăncke Curiret, verursachet aber nicht Die Wassersucht | Dem Hoch-Edelgebohrnen Herrn | Hn. Eberhard Dauckelmann | Sr. Churfl. Durchl. zu Brandenburg geheimbten und Estats-Rath | In einem Send-Schreiben bey geführet von Jano Abrahamo à Gehema, Eq. Med. Doct. Berlin | Bey Rupert Vőlckern | Buchhăndlern. Anno 1688. Pièce in-8, 8 ff. n. c.

— Olai Borrichii de Usu Plantarum, Indigenarum in Medecina, et sub finem, de Clysso Plantarum, & Thee specifico, enchiridion. Hafniae, Literis & Impensis Joh. Phil. Bockenhoffer, Reg. Maj. & Acad. Typogr. Anno 1690. in-4, pp. 99.

— Dissertationes medicae tres De Receptis hodie etiam in Europa Potus Calidi generibus Thée Café Chocolata authore Marco Mappo, Med. D. & P. P. in Academia Argentorat. Argentorati, Literis Joh. Friderici Spoor. MDCXCV. in-4, pp. 52 (ch. par erreur 25).

— * Henry Munday, ou Mundy. (Médecin à Oxford.) Opera omnia Medico-Physica de Aëre Vitali, Esculentis, et Potulentis, cum Appendice de Parergis in Victu et Chocolatu, Thea, Coffea, Tobaco. Leyden, 1685, in-8.

— * Thele. Diss. theologia-medica, id est, de usu et abusu potus calidi cum herba theae. Vitenb., 1687.

— Exercitatio Physico-Medica, de Infusi Veronicae Efficacia praeferenda Herbae Thee, Quam Deo O. M. Adjuvante praeside Friderico Hoffmanno, D. Medicinae & Philosophiae Naturalis P. P. Ordinario, Publicae Eruditorum disquisitioni submittit in Auditorio majori d. xx. Januar. A. O. R. M.DC.XCIV. Christoph. Wilh. Sattler, Grena Gvelpherbyt. Aut. & Resp. Halae Magdebvrgicae, typis Christoph. Andreae Zeitleri, acad. typ., in-4, pp. 24.

— Theae Japonensis historia. (E. Kaempfer, *Am. exot.*, pp. 605—631.)

— An Essay upon the Nature and Qualities of Tea. Wherein are shown, I. The Soil and Climate where it grows. II. The various Kinds of it. III. The Rules for Chusing what is best. IV. The Means of Preserving it. V. The several Virtues for which it is fam'd. — By J. Ovington, M. A. Chaplain to His Majesty. London : Printed by and for R. Roberts, 1699, pet. in-8, pp. 39 + 3 ff. n. c. p. l. tit. et la déd., 1 pl.

— An Essay upon the Nature and Qualities of Tea. Wherein are shown, I. The Soil and Climate where it grows. II. The various Kinds of it. III. The Rules for Chusing what is best. IV. The Means of Preserving it. V. The several Vertues for which it is fam'd. By J. Ovington, D. D. Chaplain to Her Majesty. The Second Edition with Additions . . . . . . London : Printed for John Chantry, without Temple-Bar, and sold by Ben. Bragg, at the Blue Ball in Avemary-Lane. 1705. Price 6d, pet. in-8, pp. 40 + 3 ff. n. c. p. le tit. & la déd., 1 pl.

— Panacea : A Poem upon Tea : In Two Canto's. By N. Tate, Servant to His Majesty. London : Printed by and for J. Roberts. 1700, in-8, pp. 34 + 8 ff. prél. n. c. p. l. tit., déd., + 2 ff. n. c. à la fin p. l. postscript.

— * Luther. Dissert. an potus theae exsiccandi virtute potent. Kilon., 1702.

— * Consilium de usu herbae et potu thee, et de virtute et usu potionis granorum coffee. Berolini, Papen, 1708, in-4, pp. 12.

— Joannis Franci Veronica theezans *id est* Collatio Veronicae Europeae cum Thee Chinico, accedit Mantissae loco conjectura de Alysso Dioscorodis ad *Virum Magnificum,* D. D. Jo. Georgium Klosterbaur. Lipsiae, P. G. Pfotenhauerum, in-12.

(Thé.)

— Le Thé de l'Europe, ov les proprietez de la Veronique, tirées Des Observations des meilleurs Auteurs; & sur tout de celles de M^r. Francus Medecin Allemand. A Paris, Chez Jean Boudot, Imprimeur ordinaire du Roi & de l'Academie Roïale des Sciences, ruë S. Jacques, au Soleil d'or. M.DCC.IV. Avec Permission, pet. in-8, pp. 55.

Par Nicolas Andry de Boisregard.

— * Le même : Paris, 1712; Reims, 1746, 1747, in-12.

— Ad virvm illvstrem et excellentissimvm, Dn. Conradvm Bartoldvm Behrens, Magnae Brittanniae Regis archiatrvm, Hildesiensivm medicvm ac senatorem et pl. De Novis et Exoticis Thee et Cafe svccedaneis, Botry Mexicana Ambrosioide, Ambrosia Artemisiae foliis Malab. Capraria Peruviana Agerati foliis, sive Thee de Lima, Herba de Paraguay, Cafe a la Sultane et Oleo Siree aliisque, Dissertatio Epistolica Michaelis Friderici Lochneri, Archiatr. Caesar. in-4, pp. 16.

Norib. 1717. M. F. Lochner.

— Neo-Thea, of nieuwe Theetafel, Opgezocht voor alle Liefhebbers van een gezond, lang, en vrolyk leven : Ofte wel eene naaukeurige Beschryving van de Krachten der inen uitlantsche Kruiden, Bloemen, Wortelen en Planten : Om de zelve als Thee te doen trekken; waar door veelerhande ziektens en pynen, op eene verzekerde wyze kunnen geneezen of voorgekomen worden. Na lang zoekens, eigene ondervindinge, en volgens de vaststellingen, en goedkeuringen der vermaardste en voornaamste Geneesheeren onzes tydts by een gebracht Door den zeer geleerden en wydberoemden Heere, Den Heere Joan Henrik Cohausen. Ampts-Medicus van den Bisschop van Munster en Paderborn. En nu ten dienste zyner Lantsgenooten, uit het Hoog- in het Nederduitsch, vertaalt, en met aantekeningen opgeheldert en vermeerdert, Door den geleerden Heere Henr. Joseph Grasper. T. M. A. D. A. R. G. — t'Amsterdam, By Joannes Oosterwyk, Boekverkooper op den Dam. 1719, pet. in-8, pp. 508 + 12 ff. n. c. prél. p. l. tit., l'avis, etc., + 18 ff. n. c. à la fin p. l. tab. et le cat. de l'éditeur.

— Q. D. B. V. Medicae facvltatis decani Jo. Hadriani Slevogtii M. D. et P. P. Solennis ad Inauguralem Dissertationem de Polypodio invitatio cvm prolvsione de Thea Romana & Hungarica sive Silesiaca aliisqve eivs svccedaneis. Ienae, Literis Ritterianis.

(Thé.)

A la fin : Jenae, d. 4 Maij MDCCXXI, pièce in-4, pp. 8.

— * Lohmeier. Diss. de herbae exoticae theae infuso ejusque usu et abusu. Erford., 1722.

— Leonh. Ferdinand. Meisneri, Med. Doct. & Prof.Regii, de Caffe, Chocolatae, Herbae Thee ac Nicotianae Natura, Usu, et Abusu Anacrisis, Medico-Historico-Diaetetica. Norimbergae, Sumpt. Joh. Frider. Rudigeri, Anno MDCCXXI. pet. in-8, pp. 124, 4 pl.

— Dissertatio Botanico-Medica de Salvia in infvso adhibenda hvivsqve prae Thea Chinensi praestantia Qvam indvltv gratiosissimae facvltatis medicae Praeses Christian. Godofr. Stentzelivs Torgaviensis Philos. et Med. Doctor ac pract. Vitenberg. Die XXIII. Septembris A. MDCCXXIII. In Auditorio Medico horis consvetis respondente Melchior Theophilo Feyerabend Lvb. Sil. M. C. Pvblicae ervditorvm svbmittit disqvisitioni. Vitembergae, Literis Viduae Gerdesiae. in-4, pp. 40.

— Dissertatio inavgvralis medica — De Veris HERBAE THEE Proprietatibvs et viribvs medicis — Qvam Deo T. O. Dvce et Avspice, Rectore Vniversitatis magnifico, Dn. Tobia Jac. Reinharth, Jcto, Facvlt. jvrid. Decano et Assessore, Cod. P. P. Ordin. illvstrissimi S. R. I. Comitis de Gleichen et Hazfeld Consiliario, nec non ejvsdem cancellariae et consistorii Blanckenhain. Directore, civitatis Erford. sindico et consvle, Ex consensv et decreto inclytae facvltatis medicae in per — antiqva hierana, praeside Dn. D. Ivone Joanne Stahlio, eminentiss. et sereniss. elect. mog. consil. et archiatr. anatom. chirvrg. et botan. profess. pvbl. facvlt. med. assess. ord. n. n. civitat. Erford. consvl. Patrono ac promotore svo colendissimo, Pro Gradv Doctoris vna cvm privilegiis atqve immvnitatibvs annexis legitime adipiscendo, Pvblicae ervditorvm disqvisitioni svbmittet avtor et respondens Abraham Gottlieb Reichel, Bernstad. Lus. Sup. In avditorio majori collegii majoris, horis consvetis. Die XXX. Decembr. MDCCXXXIV. — Erfordiae, Typis Heringii, Acad. Typogr., in-4, pp. 24.

— A Dissertation upon Tea, explaining its Nature and Properties By many New Experiments; And demonstrating From Philosophical Principles, the various Effects it has on different Constitutions. To which is added the Natural History of Tea; and a Detection of the several Frauds used in preparing it. Also a Discourse on the Virtues of Sage and Water, and an Enquiry into the Reasons Why the same Food is not equally agreeable to all Constitutions. In a Letter to the Right Honourable Mary Lady Malton. By Thomas Short, M. D. . . . London : Printed by W. Bowyer, for Fletcher Gyles over-against Gray's-Inn in Holborn. MDCCXXX, in-4, pp. 120 + 2 ff. prél. p. le tit. et la déd.

— Discourses on Tea, sugar, milk, Made-wines, spirits, punch, tobacco, &c with Plain and Useful Rules for gouty People. By Thomas Short, M. D. London : Printed for T. Longman, in Pater-noster-row; and A. Millar, in the Strand. MDCCL, in-8, pp. VI + 2 ff. n. c. + pp. 424.

— * Quelmatz. De infuso foliorum theae. Lips., 1747.

— Vers sur le Thé. 1746.

Ces vers, composés par l'Empereur K'ien loung [1746], ont été trad. par le P. Amiot et imp., pp. 329 seq., de l'*Eloge de la Ville de Moukden*. (Paris, 1770, in-8.)

— Of Tea. Collected by Frederick Pigou, Esq. at Canton, in 1753. (Dalrymple, *Oriental Repertory*, II, pp. 285/300.)

— An Account of the Tea-Tree. — By Frederick Pigou Esq. (*Asiatic Annual Register*, 1802, *Miscel. Tracts*, pp. 1/7.)

— Cf. Chéreau, *J. de Chimie médicale*, X, 1834, 153.

— * Potus Theae, quem dissertatione praeside C. Linne publ. submittit exam. Petrus C. Tilloeus. Upsala, 1765, in-4, pp. 16, 1 grav.

— Dissertatio inauguralis medica, sistens Observationes ad vires Theae Pertinentes. Quam annuente summo numine Ex Auctoritate Magnifici Rectoris, Bavii Voorda, J. U. D. Juris civilis et hodierni professoris ordinarii, nec non Amplissimi Senatus Academici Consensu, & Nobilissimae Facultatis Medicae Decreto, Pro Gradu Doctoratus Summisque in Medicina Honoribus & Privilegiis, ritè ac legitimè consequendis Eruditorum Examini submittit Joannes Coakley Lettsom, Tortola-Americanus. Ad diem XX. Junii MDCCLXIX. H. L. Q. S. . . . . Lugduni Batavorum, Apud Theodorum Haak, 1769, in-4, pp. 27, 1 pl.

Dans quelques ex. la pl. est coloriée.

— The Natural History of the Tea-tree, with observations on the Medical Qualities of Tea, and Effects of Tea-drinking. By John Coakley Lettsom, M. D. F. S. A. London : Printed for Edward and Charles Dilly, in the Poultry. MDCCLXXII, in-4, pp. VIII-64.

— The natural history of the Tea-Tree; with observations on the Medical Qualities of Tea. And Effects of Tea-Drinking. By John Coakley Lettsom, M. D. F. S. A. Dublin : Printed by R. Marchbank, for J. Williams, T. Walker, and C. Jenkins. M.DCC.LXXII, in-8, pp. VIII-82.

— The natural history of the Tea-Tree, with observations on the Medical Qualities of Tea, and on the Effects of Tea-Drinking. A New Edition. By John Coakley Lettsom, M. D. London : Printed by J. Nichols For Charles Dilly. 1799, in-4, pp. IX-102.

On trouvera, pp. 10/18, une bibliog. du sujet sous le titre de *Authors upon Tea*.

— * Histoire pratique du thé, avec des observations sur les qualités et les effets qui résultent de son usage, trad. de l'anglais de J. Coakley Lettsom, par J. Arn. Trochereau de la Berlière, 1773, in-12.

— * Fougeroux de Bondaroy. Mémoire sur le thé. (*Ac. des Sciences*, 1773.)

— Advice to the Unwary : or, an abstract, of certain penal laws now in force against Smuggling in General, and the Adulteration of Tea; with some Remarks, Very necessary to be read by all Persons; that they may not run themselves into Difficulties, or incur Penalties therefrom. London : Printed by E. Cox, Queen-Street, Lincoln's-Inn-Fields; And sold by G. Robinson, Paternoster-Row; MDCCLXXX, in-8, pp. 24.

— Remarks on the Report of the East India Directors, respecting the Sale and Prices of Tea. By Richard Twining. London : Printed for T. Cadell, in the Strand, MDCCLXXXIV, in-8, pp. 76.

— Observations on the Tea and Window Act, and on The Tea Trade. By Richard Twining. London : Printed for T. Cadell, in the Strand. MDCCLXXXIV, in-8, pp. 66.

— Observations on the Tea and Window Act, and on The Tea Trade. By Richard Twining. The third edition . . . . London : Printed for T. Cadell, in the Strand. MDCCLXXXV, in-8, pp. 66.

— An Answer to the Second Report of the East India Directors respecting the sale and prices of Tea. By Richard Twining. To which is added, Mr. Twining's Letter to Robert Preston, Esq.; — London; — Printed for T. Cadell. MDCCLXXXV, in-8, pp. 102.

— The Tea Purchaser's Guide; or, the Lady and Gentleman's Tea Table and Useful Companion, in the knowledge and choice of Teas. Containing Observations on Tea-dealers Of the Judgment of Purchasers The natural History of Tea Method of gathering Tea Process of manufacturing Tea Of the Virtues of Tea Of the Origin of the Use of Tea. Description of Teas, viz. Bohea, Congou, Souchong, Pekoe, Singlo, Bloom, Speckled Leaf, Hyson, Gun-powder, &c. &c. Of damaged Tea, and how made to appear sound Of counterfeit Teas, viz. from Ash, Sloe Leaves, &c. How to detect counterfeit black and green Tea Best Method of making Tea Chinese Mode of ditto Directions in drinking Tea Comparative View of the Strength of each Quality of Tea To which is added, the Art of mixing one quality of tea with another, as practised by Tea-Dealers. By a Friend to the Public, who has been many Years in the East India Company's Service, particularly in the Tea Department. London, Printed for G. Kearsley, at No. 46. Fleet Street. MDCCLXXXV, in-8, pp. VI-48.

— An Essay on the virtues and properties of the Ginseng Tea, by Count Belchilgen, M. D. Formerly Physician to the Empress Queen of Hungary, Knight of St. John of Jerusalem. And J. A. Cope, M. D. and P. R. B. with observations on the pernicious effects of Tea Drinking in General. — London : Printed for the Author, and sold at Mrs. Randall's Royal Exchange. (Price One Shilling.) Published according to Act of Parliament, May 29, 1786. in-8, pp. 32.

— Dissertations sur l'utilité et les bons et mauvais effets du Tabac, du Café, du Cacao, et du Thé, ornées de Quatre Planches en taille-douce; Par M. Buc'hoz, Médecin de *Monsieur*, Frere du Roi, ancien Médecin de Monseigneur Comte d'Artois, & de feu Sa Majesté le Roi de Pologne, Duc de Lorraine & de Bar, Membre de plusieurs Académies, tant Etrangeres que Nationales. Seconde Edition. Prix trois livres dix sols. A Paris, Chez L'Auteur, rue de la Harpe, no. 109. De Bure, l'aîné, Libraire, rue Serpente, Et la Veuve Tilliard, & Fils, Libraires, rue de la Harpe. 1788. Avec approbation, et privilége du Roi. in-8, pp. 185 + 2 ff. n. c. p. l. tit. et l. préf.

Ces dissertations sont extraites de l'*Histoire Générale & Economique des Plantes* du même auteur.

— Histoire naturelle du thé de la Chine, de ses différentes espèces, de sa récolte, de ses préparations, de sa culture en Europe, de l'usage qu'on en fait, comme boisson, chez différens peuples, principalement en Angleterre, de ses bons et mauvais effets, et de ses propriétés en médecine, dans les cas d'indigestion et de transpiration supprimée; A laquelle on a joint un Mémoire sur le Thé du Paraguay, de Labrador, des Isles, du Cap, du Mexique, d'Oswego, de la Martinique, du Japon, et des Notices sur différentes plantes de l'Europe, propres à remplacer le vrai Thé; suivie d'une Notice sur le Cachou, le Ginseng et l'Huile de Cajeput. Par J. P. Buc'hoz, Médecin. A Paris, Chez la Dame Buc'hoz, épouse de l'Auteur, rue de l'Ecole de Médecine, no. 20. 1806, in-8, pp. 92 + 1 f. n. c. en tête et 2 f. n. c. à la fin pour la liste des ouvrages de Buc'hoz.

— J. Rehmann. Sur les briques de thé des Mongols. (Moscou, *Soc. Nat. Mém.*, II, 1809, pp. 281/6; Liebig, *Annal.*, XIX, 1836, pp. 229/232.)

— * Le Thé est-il plus nuisible qu'utile? ou histoire analytique de cette plante et moyens de la remplacer avec avantage, par C. L. Cadet. Paris, Colas, 1808, in-8, pp. 32.

— Remarques et observations sur Les Inconvéniens de l'abus du Thé; Présentées et soutenues à la Faculté de Médecine de Paris, le 25 août 1810, suivant les formes prescrites par l'article XI de la loi du 19 ventose an XI, conformément à la décision de Son Excellence le Grand-Maître de l'Université impériale du 31 juillet 1810, Par P. Bouin, né à Latillé (Département de la Vienne), Officier de santé de la Marine. A Paris, de l'imprimerie de Didot Jeune .... 1810, in-4, pp. VI-25.

— Tsiology; a discourse on tea. Being an account of that exotic; botanical, chymical, commercial & medical, with notices of its adulteration, the means of detection, Tea Making, with a brief History of the East India Company, &c. &c. By a Tea Dealer. In one Vol. London : Published by Wm. Walker, Leather-seller's buildings, London Wall; 1826, in-8, pp. VIII-147.

Tea Dealer = Smith, Imprimeur, connected with a Tea Dealer.

— * Virey. Histoire naturelle des diverses espèces de thé. (*Journ. de Pharmacie*, 1815, I, pp. 77 et seq.)

— Addition à l'histoire naturelle du thé. (V., *Idem*, p. 132.)

— * Cadet de Gassicourt. Note sur cet article. (V., *Idem*, p. 134.)

— Du Thé, ou nouveau traité sur sa culture, sa récolte, sa préparation et ses usages; par F. Marquis, négociant en thés..... Orné de gravures faites d'après nature et d'après les peintures originales de la Chine. Deuxième édition, revue et corrigée. A Paris, chez Nepveu... 1834, in-8, pp. 99.

C. IV : Des relations de la France avec la Chine sous le rapport du commerce du Thé.

La première éd. est de Paris, 1820, in-18.

— Thé. (Dictionnaire des Sciences Médicales, par une Société de Médecins et de Chirurgiens... Paris, C. L. F. Panckoucke, 1821, T. LV, pp. 41/62.)

— Grosier, *Desc. de la Chine*, II, pp. 383 seq.

— Liste des noms des thés les plus célèbres de la Chine (traduite d'un Manuscrit chinois appartenant à M. le Baron de Schilling) par Klaproth. (*J. As.*, IV, 1824, pp. 120/122.)

(Thé.)

— Addition à cette liste par Abel-Rémusat. (*Ibid.*, pp. 186/8.)

— Sur l'usage du thé en Chine, et Réglement concernant cette marchandise, par M. Klaproth. (*N. J. As.*, XII, 1833, pp. 82/90.)

— On the use of Tea in China by M. Klaproth. (*As. J. & Month. Reg.*, XIV, 1834, pp. 46/8.) — *J. de Pharm.*, 1827, XIII, 557.

— Discovery of the Genuine Tea Plant in Upper Assam. (*Jour. As. Soc. of Bengal*, IV, Jan. 1835, pp. 42/9.)

— Memorandum of an Excursion to the Tea Hills which produce the description of Tea Known in Commerce under the designation of Ankoy Tea. By G. J. Gordon, Esq. (*Jour. As. Soc. of Bengal*, IV, Feb. 1835, pp. 95/106.)

— « Canton Tea. »

Articles trad. du *Kouang-toung Sin yu* dans le *Canton Register*, Nos. 16 et 17 (1837).

— * Notice sur les essais de culture qu'on pourrait faire du thé en France, par le docteur Mérat. Paris, Madame Huzard, 1837, in-8, pp. 7.

Extrait des *Annales de l'Agriculture française*, février 1837.

— Mémoire sur la possibilité de cultiver le thé en pleine terre et en grand, en France, avec des Observations sur la préparation de ses feuilles, leur usage, etc., par M. le docteur Mérat. Paris, 1844, in-8, pp. 51.

— Economie rurale. — Sur les climats convenables à la culture du thé. Lettre de M. Stanislas Julien. (*Comptes rend. de l'Ac. des Sc.*, VI, 1838, pp. 510/512.)

Cette note comprend une lettre de l'abbé Voisin.

— An Account of the Manufacture of the Black Tea, as now practised at Suddeya in Upper Assam, by the Chinamen sent thither for that purpose. With some observations on the culture of the Plant in China, and its growth in Assam. By C. A. Bruce, Superintendent of Tea Culture. Calcutta : G. H. Huttmann, 1838, in-8, pp. 18 et 2 pl.

— Report on the Manufacture of Tea, and on the Extent and Produce of the Tea Plantations in Assam. By C. A. Bruce, Superintendent of Tea Culture. (*Jour. As. Soc. Bengal*, VIII, June 1839, pp. 497/526.)

— Tea; its effects, medicinal and moral. By G. G. Sigmond ...., London, Longman, 1839, pet. in-8.

— Description of the Tea Plant; its name; cultivation; mode of curing the leaves; transp. to Canton; sale and foreign con-

(Thé.)

sumption; endeavors to raise the shrub in other countries. [By S. W. Williams.] (*Chinese Rep.*, VIII, pp. 132/164.)

(Réimp. dans *The Canton Press*, Vol. IV, No. 49 seq.)

— *Chun yuen tsae cha sze. Shan sheih show.* A Ballad on Picking Tea in the Gardens in Spring Time. In thirty stanzas. [By S. W. Williams.] (*Ch. Rep.*, VIII, pp. 195/204.)

— Monographie du Thé — Description botanique, torréfaction, composition chimique, propriétés hygiéniques de cette feuille. Orné de 18 gravures par J.-G. Houssaye. Paris, chez l'auteur, 1843, in-8, pp. 157.

Les détails sur le thé donnés par Bazin dans sa *Chine Moderne* sont tirés de cet ouvrage.

— Nouvelle découverte. — De la culture du thé et de sa préparation en France, à l'instar des Chinois, Par L.-M. Lecoq, Inspecteur des plantations de la ville de Paris, Membre de la Société royale d'Horticulture et autres Sociétés horticoles, honoré de plusieurs médailles; Suivie d'un traité de la confiture d'oseille, autre découverte du même auteur. — Prix 1 fr. 25 c. — Paris, librairie E. Michaud, — 1845, br. in.8, pp. 35.

— An account of the Cultivation and Manufacture of Tea in China: derived from personal observation during an official residence in that country from 1804 to 1826; and illustrated by the best Authorities, Chinese as well as Europeans; with Remarks on the Experiments now making for the introduction of the culture of the Tea Tree in other parts of the world. By Samuel Ball Esq. Late Inspector of Teas to the Hon. United East-India Company in China. London: Printed for Longman, Brown, Green and Longmans. 1848, in-8, pp. XIX-383.

— Report on the Progress of the Culture of the China Tea Plant in the Himalayas, from 1835 to 1847. By J. Forbes Royle, M. D., F. R. S. (*Journ. Roy. As. Soc.*, XII, M.DCCC.L., Art. IV, pp. 125/152.)

— The Tea Plant: its History and uses. London: J. & I. Tirebuck, 1860, Price six pence, in-16, pp. 32; gravure en tête.

ROBERT FORTUNE.

— Report upon the Tea Plantations in the North Western Provinces, etc. [London, 1851.] in-8.

(THÉ.)

— Lettre de Robert Fortune: Shanghai, 2 Mai 1855, dans *The Athenaeum*, 21st July 1855.

Traduite en allemand dans *Petermann's Mittheilungen*, I, 1855, pp. 167/169: Die Parfümirung des Thee's in China.

Voir le chap. consacré aux *Voyages*. — *Botanique*, col. 450.

— Remarks on the Tea Plant. Translated from Chinese Authors by *** [C. Shaw]. (*Ch. Rep.*, XVIII, pp. 13 seq.; *Ch. & Jap. Rep.*, April 1, 1865.)

Analyses of the Ashes of certain Commercial Teas. (*Silliman's American Journal of Science and Arts*, No. 32, Mars 1851, p. 249. — Réimp. dans *The Chinese Rep.*, XX, pp. 466/8.)

— Brick Tea. (Article de C. M. Grant dans *The Friend of China*, 26th July 1866 — réimprimé dans *Notes and Queries on C. & J.*, Vol. II, pp. 30/31.)

— The Black Tea Districts of China. (*Church Missionary Intelligencer*, July 1857.)

— Le Thé et le Chocolat dans l'alimentation publique par Eugène et Auguste Pelletier .... Paris... chez les Auteurs, 1861, in-8, pp. 150.

— Russian Tea Manufacture. By F. Porter Smith: Oopack-Congou. (*The Cycle*, 28th May 1870.) — Brick. (*Ibid.*, 4th June 1870.)

— Proclamation relating to the Tea Business at Foochow. Translated by Herbert J. Allen. (Doolittle's *Vocabulary*, II, No. 49.)

— Names of Tea-Chops. Selected and arranged by the Editor. (*Ibid.*, No. 69.)

— Terms concerning Tea and the Tea business. Compiled by the Editor. (*Ibid.*, No. 77.)

— Dialogue concerning Tea. (*Ibid.*, No. 80.)

— List of the principal Tea Districts in China and Notes on the names applied to the various kinds of black and green Tea. [By H. G. Hollingworth.] 15 pages. (Inséré comme App. No. I dans le *Jour. N. C. B. R. A. S.*, No. X, 1876.)

— Tea, Coffee, and Cocoa: a Practical Treatise on the analysis of Tea, Coffee, Cocoa, Chocolate, Maté (Paraguay Tea) etc. By J. Alfred Wanklyn, M. R. C. S. . . . London: Trübner, 1874, in-4, pp. VIII-59.

— Notes on a Tibet Teapot and on the Tea used therein. By Charles Horne. (*Indian Antiquary*, V, 1876, pp. 299/301.)

— Tea in Assam. — A pamphlet on the origin, culture, and manufacture of Tea in Assam. With an appendix "Rural life amongst the Assamese"; by Samuel Baildon. Calcutta: W. Newman & Co., 1877, in-8, pp. 65.

— The Tea industry in India. A Review of finance and labour, and a guide for Capitalists and assistants. By Samuel Baildon, author of "Tea in Assam", etc. London: W. H. Allen & Co., Publishers to the India Office. 1882, in-8, pp. IV-248.

— The Cultivation & Manufacture of Tea by Lieut.-Col. Edward Money. An Essay for which the prize of the Grand Gold Medal and Rs. 300 was awarded by the Agricul-

(THÉ.)

tural and Horticultural Society of India in the year 1872. Third edition corrected and much enlarged. London : W. B. Whittingham, 1878, in-8, pp. XII-189.

— The Tea Cyclopaedia, a Volume of selections from leading and original articles, correspondence, and papers. Regarding Matters of Permanent Interest and Value concerning Tea and Tea Science, Tea Blights, Soils and Manures, Tea Cultivation, buildings and manufacture miscellaneous tea topics, tea statistics, &c., &c., &c. Collated from the last eight Volumes of the Indian Tea Gazette, and from several other valuable sources, and classified according to subjects : By the Editor of the "Indian Tea Gazette". Illustrated with colored plates on "blights", from drawings by S. E. Peal. 1881. Calcutta : Published for the Proprietor by E. C. Lazarus, at the office of the "Indian Tea Gazette", in-8, pp. VIII-355.

L'éd. de 1882 est la même avec un titre différent :

— The Tea Cyclopaedia, Articles on Tea, Tea Science, Blights, Soils and Manures, Cultivation, Buildings, Manufacture, &c. with Tea Statistics. Compiled by the Editor of the "Indian Tea Gazette". Illustrated with coloured plates on "blights". From drawings by S. E. Peal. Office of the "Indian Tea Gazette" . . . . Calcutta and London. London : W. B. Whittingham & Co., 1882, gr. in-8, pp. VIII-355.

On trouvera, p. 34 *h* une *Bibliography relative to Tea and Theine* comprenant surtout l'indication d'articles parus dans le *Jour. Chem. Soc.*, *Jour. Proc. Chem.*, *Ann. Chim. Pharm.*, *Chem. News*, *Jour. Pharm.*, *Analyst*, etc.

— Commerce des thés à Hankeou. (*Soc. Roy. belge Géog.*, *Bull.*, 1882, pp. 598/600.)

Ext. *Rapport Consul. français.*

— Beverages : Water — Tea — Coffee — Cocoa — &c. By W. J. Sinclair, M. A., M. D., Hon. Physician to the Manchester Southern Hospital for Women and Children. (Health Lectures for the people delivered in Manchester. Fourth and Fifth Series. — 1880-81-82. Published by the authority of the Manchester and Salford Sanitary Association. John Heywood. Manchester and London, 1883. Fourth Series, pp. 71/94, in-8.)

— Tea the Drink of pleasure and of health by W. Gordon Stables, C. M., M. D., R. N. . . . . . London : Field & Tuer, Simpkin, Marshall & Co., Hamilton, Adams & Co., in-12 carré, pp. 111 + 4 ff. n. c. en tête, p. l. f. tit., tit., 1 phot. et 1 tab. [1883.]

Pub. à 1 shilling.

— "A cup of Tea," containing a history of the tea plant from its discovery to the present time, including its botanical characteristics, geographical distribution, cultivation and preparation, chemical and medical properties, commercial classification, adulteration and detection, art of testing, blending, statistics, etc. and embracing Mr. William Saunders' Pamphlet on "Tea-Culture — a probable American industry". By Joseph M. Walsh. Philadelphia : Published by The Author, 1884, in-8, pp. 196.

— Tea and Tea drinking. By Arthur Reade, author of "Study and Stimulants". London : Sampson Low, Marston, Searle, & Rivington, 1884, in-8, 3 ff. prél. n. c. p. l. tit., etc. + pp. 154.

Gravure en tête.

— A Tea Planter's life in Assam. By George M. Barker. With seventy-five illustrations by the author. Calcutta : Thacker, Spink & Co., Bombay and London. 1884, in-8, pp. VIII-247.

— Tea and Tea Blending. London : Eden Fischer & Co. 1886, in-8, pp. VIII-117.

— On the Chinese Tea-Trade with Tibet. (Baber, *Travels and Researches in Western China*, 1882, pp. 192/201.)

Rep. from the Supp. to the *Gazette of India*, No. 45, Nov. 8, 1879, Calcutta.

— Teinture du Thé vert par les Chinois. (*Science et Nature*, III, 1885, p. 351.)

— Notice sur le Thé par M. G. Baux-Saigon, Imprimerie coloniale — 1885, br. in-8, pp. 12.

— Le thé. — Par G. Baux. (*Excursions et Reconnaissances*, IX, No. 22. — 1885, pp. 349/358.)

Lettre datée de Shanghaï, le 29 Mai 1885.

— Preparation of Tea. (*N. C. Herald*, March 10, 1886, p. 259.)

Trad. du Chinois.

— A Substitute for Tea. By Soapy Sam. (*China Review*, IX, pp. 59/60.)

— The Wood of the Tea Boxes. By A. A. Fauvel. (*Ibid.*, XII, p. 372.)

— On the Wood of Tea Boxes (*Liquidambar formosana*). By A. A. Fauvel. (*North China Daily News*, 5th march 1884.) *Liquidambar Formosana*, voir, *B. Sinica*, col. 452, 461 et 472 et *Botanicon Sinicum*, de Bretschneider, II, No. 261, p. 115.

— Tea. By E. H. Parker. (*China Review*, XV, p. 53.)

— * Martin. Culture du thé vert en Chine. (*Annales Agronomiques*, Mai 1887.)

— Chemistry of Tea and Coffee. (A. B. Prescott.) (*Pop. Sc. Month.*, XX, 359.)

— Chat about Tea. (*Leisure Hour*, I, 28.)

— Cultivation of Tea and Tea Customs in Japan. (F. A. Junker von Langegg.) (*Eng. Illust.*, III, 370.)

— Tea-Drinking. (*Saturday Review*, LVI, 497.)

— Tea Gardens of Shanghaï. (*Leisure Hour*, XIV, 711.)

— Tea in Tibet. By J. Edkins. (*China Review*, XXII, No. 4, p. 678.)

— Tea Trade. (*Leisure Hour*, XXIX, 213.)

— * The Tea Planter's Manual. By T. C. Owen. With Coloured Lithographed Plates of an Iron and a Wood and Stone Tea Factory drawn to scale. Colombo, Ceylon : A. M. and J. Ferguson, 1886. Pp. 162.

Notice : *Nature*, XXXV, 1886—7, pp. 268/9. By D. M.

— * Die Theekultur in Britisch-Ost-Indien, im fünfzigsten Jahre ihres Bestandes, Historisch, Naturwissenschaftlich, und Statistisch. Dr. Ottokar Feistmantel. Prague : O. Beyer, 1888.

Notice : *Nature*, XXXVII, 1887—88, pp. 409/410. By J. R. Royle.

— Pu-êrh Tea. [D'après Colquhoun.] (*Kew Bull.*, 1889, pp. 118/120.) — [D'après Bourne.] (*Ibid.*, pp. 139/142.)

— Die Theeausfuhr Chinas. (*Globus*, LVII, 1890, p. 382.)

— * Researches on the Manufacture of Various Kinds of Tea, Bulletin of the Imperial College of Agriculture and Dendrology. By Y. Kozai, Assistant in the Agricultural Chemical Laboratory. Tokio, 1890.

Notice : *Nature*, xlii, 1890, pp. 121/2.

— Les Thés de l'Inde, de Ceylan et de la Chine. Par Dr. H. Meyners d'Estrey. (*Bull. Soc. Zool. Accl.*, IVe Sér., VI, 1889, pp. 832/836.)

— Culture du Thé en Californie. Par H. B. (*Ibid.*, 1891, 2e sem., p. 315.)

— Décadence du Thé chinois. (*Ibid.*, 1891, 2e sem., p. 558.)

Extr. de *La Nature*.

— Le Commerce du thé entre la Chine et la Russie. Par M. Tchernigoff. (*Bul. Soc. Accl.*, 1893, pp. 74/79.)

— Le Thé. Par Leroy. (*Rev. Indo-chinoise ill.*, Juin 1894, pp. 114/125.)

Notice adressée au Gouverneur général de l'Indo-Chine.

— La culture du thé en Chine. Par D. Maillard, M. ap. (*Rev. Indo-chinoise ill.*, Juillet 1894, pp. 162/171.)

Notice adressée au même.

— Le Thé de Chine. (*Rev. Indo-chinoise*, No. 71, 26 fév. 1900, p. 224.)

— China Tea and Tea Trade. By Edward Bedloe, United States Consul, Amoy, China. (*Goldthwaite's Geog. Mag.*, IV, August 1892, pp. 618/623.)

— On the Tea Cultivation in Western Ssŭ-ch'uan and the Tea Trade with Tibet viâ Tâchienlu. By A. de Rosthorn. With Sketch Map. London : Luzac & Co., 1895, in-8, pp. 40.

— The Tea Trade of Tibet. (*The Geographical Journal*, Nov. 1895, p. 474.)

D'après A. de Rosthorn.

— * A Text-Book of Tea Planting and Manufacture. By David Crole. London : Crosby Lockwood and Son, 1897, pp. xii + 242.

Notice : *Nature*, lvii, 1897—98, pp. 97/98.

— * A. N. Krassnov. — Le Thé. St. Pétersbourg, 1897—1898, 2 vol. in-8, pp. xxii-244; 374. [En russe.]

Le premier vol. est consacré au Japon ; le second à la Chine, l'Inde et Ceylan.

— Chinas Theeproduction und Thee-Export. (Specialbericht des k. und k. General-Consulates in Shanghai.) (*Oest. Monats. f. d. Orient*, Wien, 1898, pp. 65/72.)

— The Geographical Distribution of the Tea Plant in growth, and of its product in consumption. By John McEwan. (Enfield, England.) With a Map. (*Verhand. VIIten Int. Geog.-Kong.*, Berlin, 1899, IIter Th., pp. 449/456.)

— First introduction of Tea into Holland by G. Schlegel. (*T'oung Pao*, 2e Sér., I, No. 5, Déc. 1900, pp. 468/472.)

— Das Theegeschäft Chinas im Jahre 1900. Von Ws. (*Deutsche Kolonialzeitung*, 27 Juni 1901, p. 256.)

— Der chinesische Theehandel. Wirtschaftsgeschichtliche Studie von Dr. phil. P. Kräusel. (*Asien*, 1902, pp. 24/26, 42/45; 1903, pp. 79/82.)

Géologie et Minéralogie.

P. Collas, S. J.

— Extrait d'une lettre de M. Collas, Miss. à Peking, sur un sel appelé par les Chinois *Kien*. (*Mém. conc. les Chinois*, XI, pp. 314/20.)

Le *Kien* est une matière saline que les Chinois emploient communément à laver le linge.

— Extraits d'une lettre du P. C. sur le *Hoang-fan* ou Vitriol, le *Nao-cha* ou Sel Ammoniac, et le *Hoang-pe-mou*. (*Ibid.*, XI, pp. 329/333.)

Cette dernière substance est une écorce d'arbre employée en médecine et dans la teinture.

— Notice sur le Charbon de terre. (*Ibid.*, XI, pp. 334/342.)

— Notice sur le Cuivre blanc de Chine (*Petong*), sur le Minium et l'Amadou. (*Ibid.*, XI, pp. 347/350.)

— P. Cibot, S. J. Notice sur le Borax (*Pong-cha*). — (*Ibid.*, XI, pp. 343/6.)

— Ueber den Borax in China. (*As. Mag.*, Klaproth, II, pp. 256/61.)

— Berättelse om *Kien*, ett Nativt Alkali Minerale, från China; ingifven af Johan Abraham Grill Abrahamssohn. (*Kongl. Vetenskaps Academiens Handlingar*, För Månaderne Aprilis, Majus, Junius, 1772, Vol. XXXIII, pp. 170/171.)

— Försök på Förut omtalte Salt eller *Kien*, af Gustav v. Engeström. (*Ibid.*, För Månaderne Aprilis, Majus, Junius, 1772, Vol. XXXIII, pp. 172/179.)

— Om *Poun-xa* eller Nativ Borax, af Joh. Abraham Grill, Abrahamsson. (*Ibid.*, För Månaderne October, November, December, 1772, Vol. XXXIII, pp. 321/322.)

— Försök På *Poun-xa* eller Nativ Borax; af Gustaf v. Engeström, Werdie vid Kongl. Myntet. (*Ibid.*, För Månaderne October, November, December, 1772, Vol. XXXIII, pp. 322/328.)

— Berättelse Om en sort Malm af Tutanego, som år en naturlig Flos Zinci, ifrån China; af Jean Abrah. Grill, Abrahamson. (*Ibid.*, För Månaderne Januarius, Februarius, Martius, 1775, Vol. XXXVI, pp. 77/78.)

— Försök På naturlig Flos Zinci ifrån China; af Gust. v. Engeström. (*Ibid.*, För Månaderne Januarius, Februarius, Martius, 1775, Vol. XXXVI, pp. 78/85.)

— *Pak Tong*, en Chinesisk hvit Metall; beskrefven af Gust. v. Engeström, Assessor i. K. Bergs-Collegio. (*Ibid.*, för 1776, XXXVII, pp. 35/8.)

— Johann Gadolin. Observationes de cupro albo Chinensium Pe-Tong vel Pack-Tong. (*Nova Acta Regiae Societatis Scientiarum Upsaliensis*, Vol. IX, pp. 137/159, 1827.)

— Sur les Aérolithes de la Chine, par J. P. Abel-Rémusat. (*Journal des Savans*, Avril 1819, pp. 245/251.)

— * Catalogue des bolides et des aérolithes observés à la Chine et dans les pays voisins, tiré des ouvrages chinois, par M. Abel-Rémusat. Paris, 1819, br. in-4.

— A. de Humboldt. Fragmens de géologie.... Paris, 1831, voir col. 113.

— Sur la cause probable des anciens déluges, rapportés dans les Annales historiques des Chinois; par M. Edouard Biot. — Sur les tremblements de terre, affaissements et soulèvements de montagnes, observés en Chine, depuis les temps anciens jusqu'à nos jours; par M. Edouard Biot. (*Ctes. rendus hebd. Ac. Sciences*, VIII, 1839, pp. 705/8.)

— Catalogue général des tremblements de terre, affaissements et soulèvements de montagnes, observés en Chine, depuis les temps anciens jusqu'à nos jours. (*Annal. de Chimie*, II, 1841, pp. 372/415; *Ctes. rendus*, VIII, 1839, pp. 705/708; X, pp. 787/794; *Edinb. New Phil. Journal*, XXIX, 1840, pp. 139/144.)

— Rapport sur un Mémoire de M. Edouard Biot, concernant les phénomènes géologiques observés en Chine. (*Ibid.*, X, 1840, pp. 787/794.)

— Mémoire sur divers minéraux chinois, appartenant à la collection du Jardin du Roi, par M. Edouard Biot. (*Jour. As.*, VIII, 1839, pp. 206/230.)

— Etat géologique des côtes méridionales de la Chine. A M. Constant-Prévost, professeur de Géologie à la Faculté des Sciences de Paris (par J. M. Callery). Macao, s. d. (1844). Broch. in-8, pp. 10.

— Notice sur deux espèces de Brachiopodes du terrain paléozoïque de la Chine, par L. de Koninck. (*Bul. Ac. Roy. Sc. Belgique*, XIII, 2e partie, 1846, pp. 415/426, 1 pl.)

— Geological Specimens from Yang-tsze-kiang. — Voir Blakiston, *supra*, col. 121.

— Ueber die Ausbringung des Goldes, Silbers und Kupfers in China. Nach dem Russischen von Herrn Chrapowskij, Mitglied der geistlichen Gesandtschaft in Peking.* (Erman, *Archiv f. wiss. Kunde v. Russl.*, XII, 1853, pp. 470/485.)

* *Gorny Jurnal*, 1853, No. 1.

— On the Mineral Products of the North of China by 李. (*N. C. Herald*, 1862): No. 1, Coal. (Sept. 13, 633.) — 2, Iron, Gold and Silver. (Sept. 20, 634.) — 3, Natron, Lime, Slate, Petunse. (Sept. 27, 635.)

Thos. W. Kingsmill.

— Notes on the Geology of the East Coast of China. (*Journal of the Geol. Soc. of Dublin*, X, 1863, p. 1; *Dublin Quarterly Journal of Science*, 1863, p. 76.)

Voir *infra* : Pierre de Yu. — Charbon.

— Notes on the Geology of China with more especial reference to the Provinces of the Lower Yangtsze. (*Quart. Jour. of the Geol. Soc. of London*, 1868, pp. 119/138.)

— Voir Géographie, *Kouang Toung*, col. 299/300.

— —

— Notes on the Geology of the Great Plain by Dr. Lamprey, Surgeon H. M.'s 67th Reg't. (*Journal N. C. B. R. A. S.*, N. S., No. II, Dec. 1865, pp. 1/20.)

A. S. Bickmore.

— Some Remarks on Recent Elevations in China and Japan by Albert S. Bickmore. Read before the Soc. 5th Nov. 1867. (*Jour. N. C. B. R. A. Soc.*, No. V, pp. 58/56.)

— Some Remarks on the recent geological changes in China and Japan. (*Silliman's American Journal*, March 1868, pp. 209/217.)

— A few notes on the distribution of Gold in China, and other parts of Asia, by Albert S. Bickmore. (*Notes and Queries on C. & J.*, Vol. I, p. 22, pp. 33/34.)

— Devonian Fossils in China (S.V.J.) (*Ibid.*, I, pp. 50/51.)

— Smithsonian Contributions to Knowledge, 202. — Geological Researches in China, Mongolia, and Japan, during the years 1862 to 1865 by Raphael Pumpelly. [Accepted for publication, January, 1866.] Vol. XV, pp. VIII-143, Washington, MDCCCLXVII, in-4.

Preface. — Contents. — Ten Chapters, pp. 1/118. — Appendix : No. 1, Description of Fossil Plants from the Chinese Coal-Bearing Rocks. By J. S. Newberry, M. D. p. 119. — No. 2, Analyses of Chinese and Japanese Coals. By James A. Macdonald, M. A. p. 123. — No. 3, Letter from Mr. Arthur Mead Edwards on the Results of an Examination under the Microscope of some Japanese Infusorial Earths, and other Deposits of China and Mongolia, p. 126. — Index. — 9 Plates.

Notice : *Supreme Court & Consular Gazette*, IV, pp. 74, 86 et 106.

— Note sur quelques-unes des recherches que l'on pourrait faire en Chine et au Japon au point de vue de la Géologie et de la Paléontologie par G. Eug. Simon, Consul de France à Ning-Po. (*Journal N.C.B.R.A.S.*, No. V, pp. 85/152.)

— W. A. P. Martin. Notes on China, geological and geographical. (*Am. Jour. Sc.*, XLVII, 1869, pp. 98/103.)

— Isid. Hedde. Aperçu sur la géologie de la Chine. (*Revue maritime & coloniale*, XXIX, juin et juillet 1870, pp. 247/302, 567/606.)

— Mineralogical and Geological Terms. By Rev. Wm. Muirhead. (*Doolittle's Vocabulary*, II, No. XI.)

Armand David.

— Sur des ossements d'animaux quaternaires que M. l'abbé David a recueillis en Chine, par M. Alb. Gaudry. (*Bul. Soc. Géologique France*, 2e Sér., XXIX, 1872, pp. 177/9.)

— [Sur la Géologie du Tché-kiang.] Lettre de l'abbé Armand David, Pékin, 21 juin 1872. (*Ibid.*, 3e Sér., I, 1873, p. 7.)

— Extrait d'une lettre sur la Géologie de la Chine adressée à M. Daubrée, par M. l'abbé Armand David. Han-tchong-fou. (Shensi méridional) 31 mars 1873. (*Ibid.*, 3e Sér., II, 1874, pp. 406/8.)

— Note sur les Plantes fossiles de Tinkiako (Shensi méridional) envoyées en 1873 par M. l'abbé A. David, par M. Ad. Brongniart. (*Ibid.*, 3e Sér., II, 1874, p. 408.)

— Sur les Roches fossilifères de Léan-Chan (Shensi méridional) envoyées par M. l'abbé A. David, par M. Paul Fischer. (*Ibid.*, 3e Sér., II, 1874, p. 409.)

— Sur quelques Fossiles paléozoïques de Chine, par M. Bayan. (*Ibid.*, 3e Sér., II, 1874, pp. 409/415.)

— Sur des ossements d'animaux quaternaires que M. l'abbé A. David a recueillis en Chine; par M. Alb. Gaudry. (*Jour. de Zoologie* . . . par Paul Gervais, I, 1872, pp. 300/3.) — Voir *supra*.

F. v. Richthofen.

Né à Karlsruhe, Silésie prussienne, 5 mai 1833.

— Ueber den Gebirgsbau an der Nordküste von Formosa. Von Ferdinand Freiherrn von Richthofen. (*Zeitschft. Deutschen geolog. Ges.*, XII, 1860, pp. 532/545.)

— First preliminary notice of geological explorations in China. By F. Baron v. Richthofen. [In a letter addressed to Professor J. D. Whitney, and communicated to the American Academy of Arts and Sciences, *Proceedings*, Vol. VIII, 1869.] Br. in-8, pp. 12.

Cette lettre est datée de Chang-hai, 1er mars 1869.

— Geological Explorations in China; by Baron von Richthofen. In a Letter to Prof. J. D. Whitney, dated Peking, Aug. 20th, 1869, and communicated by him for this Journal. (*American Journal of Science and Arts*, Newhaven, Second Series, Vol. L, 1870, Art. XLIX, pp. 410/413.)

— Geologische Untersuchungen in China. (Wien, *Verhandl. Geol.*, 1869, pp. 343/350; 1870, pp. 243/246; *Am. Jour. Sci.*, L., 1870, pp. 410—413 [Ueber die Kohlenlager in der südlichen Hälfte der Provinz Shansi in China.] *Berg- u. Hüttenmann-Zeitg.*, XXIX, 1870, pp. 443/444.)

— Neueste Reisen und Forschungen in China; geologische Untersuchungen seit September 1868, von Baron F. v. Richthofen. (*Petermann, Mitth.*, 1869, n° 9, Oct., pp. 321/3.)

— Das Alter der goldführenden Gänge und der von ihnen durchsetzten Gesteine. Halle, (*Zeitschr. d. gesammt. Naturwiss.*, XXXV, 1870, pp. 223/226.)

— On the Existence of the Nummulitic Formation in China; by Baron von Richthofen. (From a letter to Prof. J. D. Whitney, dated Su-Chan, China, Dec. 12th, 1868.) (*Am. Jour. Sc. and Arts*, Newhaven, Third Series, Vol. I, 1871, Art. XVIII, pp. 110/113.)

— On the Porcelain Rock of China; by Baron

von Richthofen. — From a letter to Prof. J. D. Whitney, dated Shanghai, Nov. 17, 1869. (*American Journal of Science and Arts*, Newhaven, Third Series, Vol. I, 1871, Art. XXVII, pp. 179/181.)

— Le *Bull. de la Soc. de Géog.*, sept. 1872, donne un extrait du *N. C. Herald*, du 15 sept. 1871, relatif aux explorations du Baron R.

— Geologische Reisenotizen aus China. (Wien, *Verhandl. Geol.*, 1872, pp. 206/208.)

— Account of the geological investigations in China up to 1st March, 1869. (*Amer. Acad. Proc.*, VIII, 1873, pp. 111/121.)

— [Ueber Geologie von China.] (*Deutsche Geol. Gesell., Zeitschr.*, XXV, 1873, pp. 760/763.)

Voir : Géographie, col. 236, 240, 247, etc. et Voyages.

— China. — Ergebnisse eigener Reisen und darauf gegründeter Studien. Von Ferdinand Freiherrn von Richthofen. — Vierter Band. *Paleontologischer Theil.* Enthaltend Abhandlungen von Dr. Wilhelm Dames, Dr. Emanuel Kayser, Dr. G. Lindström, Dr. A. Schenck und Dr. Conrad Schwager. Berlin, Dietrich Reimer, 1883, in-4, pp. XVI-288, 15 grav. et 54 Lithographies.

Notice : *Geolog. Mag.*, N. S., Decade III, Vol. I, Feb. 1884, pp. 138/141. Par G. J. H.

— Über Gestalt und Gliederung einer Grundlinie in der Morphologie Ost-Asiens. Von Ferdinand von Richthofen. (*Sitzungsb. k. preuss. Ak. Wiss. Berlin*, 1900, pp. 888/925.)

Tirage à part : Berlin, G. Reimer, in-4, pp. 38.

— Über Gestalt und Gliederung einer Grundlinie in der Morphologie Ostasiens. Nach F. v. Richthofen. (*Petermanns Mitt.*, XLVII, 1901, pp. 140/2.)

Par K. Futterer.

— Geomorphologische Studien aus Ostasien. II. Gestalt und Gliederung der ostasiatischen Küstenbogen. Von Ferdinand von Richthofen. (*Sitzungsb. k. preuss. Ak. Wiss. Berlin*, 1901, pp. 782/802.)

Notice : *La Géographie*, 15 nov. 1901, pp 363/7, par le Dr. L. Laloy.

— Geomorphologische Studien aus Ostasien. III. Die morphologische Stellung von Formosa und den Riukiu-Inseln. Von Ferdinand von Richthofen. (*Sitzungsb. k. preuss. Ak. Wiss. Berlin*, 1902, pp. 944/975.)

Tirage à part, in-4, pp. 32.

— Prof. F. v. Richthofens Geomorphologische Studien aus Ostasien. (*Petermanns Mitt.*, XLVIII, 1902, pp. 261/5.) Par K. Futterer. — Cf. Dr. W. Schjerning, *Geog. Anzeiger*, 1904, pp. 1/4.

— Ferd. Stoliczka. — Voir T'IEN CHAN NAN LOU.

— Les diamants chinois. Par A. A. Fauvel. (*Ctes. rendus Soc. Géog.*, Juin 1859, pp. 271/281.)

— Diamonds in China [Chan Toung]. By A. A. Fauvel. (*N. C. Herald*, July 20, 1878, p. 60.)

(RICHTHOFEN.)

— [Note sur la géologie de quelques provinces de la Chine]. Par Ch. Vélain. (*Bul. Soc. Géol. France*, 3e Sér., IX, 1881, pp. 474/5.)

Collection Fauvel.

— Les produits de la nature japonaise et chinoise comprenant la dénomination, l'histoire et les applications aux arts, à l'industrie, à l'économie, à la médecine, etc. des substances qui dérivent des trois règnes de la nature et qui sont employées par les Japonais et les Chinois par A. J. C. Geerts. — Partie inorganique et minéralogique contenant la description des minéraux et des substances qui dérivent du règne minéral. Yokohama, C. Lévy, imprimeur-éditeur — 1878, in-8, pp. XI-295 + 17 planches et 1 carte.

— Les produits de la nature japonaise . . . . par A. J. C. Geerts . . . . 2e Partie : Yokohama, L. Lévy & S. Salabelle, 1883, in-8.

Comprend les pages 297 à 662.

Notices : *Ann. Ext. Orient*, 1883—84, VI, pp. 242/9. Par Em. Lemière. — *China Review*, VIII, pp. 54/55.

L'ouvrage de Geerts contient, pp. 72/80, une « liste des ouvrages européens cités sur l'histoire naturelle et la matière médicale de la Chine et du Japon » et pp. 81/84, une « liste des principaux ouvrages japonais et chinois sur l'histoire naturelle et la matière médicale indigènes ».

— Le docteur A. J. C. Geerts. (*Ann. de l'Ext. Orient*, 1883—1884, VI, pp. 134/136.) — † 30 août 1883 à Yokohama.

— Geological Notes by C. L. Griesbach, F. G. S., Geological Survey of India. (*Records Geol. Survey of India*, Vol. XIII, Pt. 2, 1880, pp. 83/93.)

— Palaeontological Notes on the Lower Trias of the Himalayas, by C. L. Griesbach, F. G. S., Geological Survey of India. (*Records Geol. Survey of India*, Vol. XIII, Pt. 2, 1880, pp. 94/113.)

R. LYDEKKER.

— Observations on the Ossiferous Beds of Húndes in Tibet. — By R. Lydekker, B. A., F. Z. S., Geological Survey of India. (*Records Geol. Survey of India*, XIV, Pt. 2, 1881, pp. 178/184.)

— Note on the Probable Occurrence of Siwalik Strata in China and Japan. By R. Lydekker, B. A., F. G. S., F. Z. S. (*Records Geol. Survey of India*, XVI, Pt. 3, 1883, pp. 158/161.)

— Indian Tertiary and Post-Tertiary Vertebrata. Vol. II. By R. Lydekker. (*Palaeontologia Indica*, Ser. X, 1881—4.)

(DIVERS. — LYDEKKER.)

17

Voir *Hyaena Sinensis*, pp. 111—288/113—290.

Cf. *Quart. Jour. Geol. Soc.*, Vol. XXVI, p. 422, pl. XXVIII, fig. 5—7.

— On a Collection of Mammalian Bones from Mongolia, by R. Lydekker. (*Records Geolog. Survey India*, XXIV, 1891, p. 207.)

Cf. R. Owen, *Quart. Jour. Geol. Soc.*, XXVI, 1870, p. 417. — R. Lydekker, *Palaeontologia Indica*, ser. 10, vol. II, p. 289, 1884. — Ernst Koken, *Paläontologische Abhandlungen*, vol. III, pt. 2, 1885.

— On the Skull of a Chiru—like Antelope from the Ossiferous Deposits of Hundes (Tibet). By Richard Lydekker. (*Quart. Jour. Geolog. Soc. London*, LVII, 1901, pp. 289/292.)

— Notes on the Geology of Hong Kong. By F. Warrington Eastlake. (*Nature*, XXVII, 1882—3, p. 177.)

— On the Genus *Richthofenia*, Kays, (*Anomia Lawrenciana*, Koninck,) by William Waagen, Ph. D., F. G. S. (With 2 plates.) (*Records Geol. Survey of India*, XVI, Pt. 1, 1883, pp. 12/19.)

« In one of the later numbers of the « Zeitschrift der Deutschen Geologischen Gesellschaft », Mr E. Kayser publishes some notes on the fossils of the carboniferous limestone of Lo-ping in China, collected by Baron Richthofen, which fossils seem to be rather similar in type to those of the Productus-limestone of the Salt-range the description of which is now in progress. He mentions one fossil in particular, the *Anomia Lawrenciana* of de Koninck, for which he proposes the generic denomination of *Richthofenia*. »

— Notes on the Geology of the Pescadores. By H. B. Guppy. (*Nature*, XXXI, 1884—5, pp. 553/4.)

— Some notes on the Geology of Takow. Formosa. By H. B. Guppy, M. B., H. M. S. "Hornet". (*Journ. N. C. B. R. A. S.*, N. S., XVI, 1881, Part I, Art. II, pp. 13/17.)

— Researches into the Geology of Formosa. By George Kleinwächter, Esq. Of the Chinese Imperial Maritime Customs Service. (*Ibid.*, N. S., XVIII, 1883, Art. III, pp. 37/53.)

— Notes on some Fossil Plants from Northern China. By J. S. Newberry. (*Annals Nat. History*, 5 S., XII, 1883, pp. 172/7.)

— Ueber Porphyrgesteine des südöstlichen China. Von Herrn Friedrich Kollbeck in Leipzig. (*Zeitschft. Deutschen geologischen Ges.*, XXXV, 1883, pp. 461/488.)

— Fossile Insekten aus der Juraformation Ost-Sibiriens. Von Fried. Brauer, Jos. Redtenbacher und Ludw. Ganglbauer. — Mit 2 Tafeln. — St. Pétersbourg, 1884, gr. in-4, pp. 22. (*Mém. Ac. I. Sc. St. Pét.*, VIIe Sér., XXXVI, N° 15.)

— * G. A. Lebour. — Note on some Fossils from North Formosa, collected by Mr. David Tyzack. (*Trans. North England Instit. Min. Engineers*, Newcastle, 1885, XXXIV, p. 81.)

— Untersuchungen über Gesteine der chinesischen Provinzen Schantung und Liautung. Von Herrn Richard Schwerdt in Leipzig. (*Zeitschft. Deutschen geologischen Ges.*, XXXVIII, 1886, pp. 198/233.)

(Lydekker. — Divers.)

— The Geology of Malaysia, Southern China, &c. By J. E. Tenison-Woods. (*Nature*, XXXIII, 1885—6, pp. 231/233.)

Osaka, Japan, September 24, 1885.

— The Flag-Stones and Conglomerates of Ning-Kong Jow in Northern Cheh kiang. By Thos. W. Kingsmill. (*Chin. Rec.*, XVII, March 1886, pp. 85/90.)

— Notes on the Mineral Resources of Eastern Shantung. By H. M. Becher, Assoc. M. Inst. C. E., F. G. S. (*Journ. C. B. R. A. S.*, 1887, pp. 22/38.)

— La Métallurgie à la Chine. Par Maurice Jametel . . . (*Lotus — Mém. Soc. Sinico-Jap.*, VII, Déc. 1888, pp. 193/202.)

— The Elevation of the Highlands of Eastern Asia. By H. H. Howorth. (*The Geological Magazine*, April 1891.)

— Further Notes on the Geology of the Eastern Coast of China and the Adjacent Islands. (*Nature*, XXXIX, 1888—89, pp. 610/611.)

Extrait des rapports et notes de Surgeon P. W. Bassett-Smith, R. N., par le Dr. Hatch, of the Petrographical Department of the Survey.

— A Chinese Mediaeval Account of Western Precious Stones. (E. Bretschneider, *Mediaeval Researches from Eastern Asiatic Sources*, London, 1888, I, pp. 173/6.)

— On Yakut precious Stones from Oman to North China, 400 B. C. By Terrien de Lacouperie. (*Bab. & Or. Record*, Vol. VI, No. 12, June 1893, pp. 271/4.)

— Les salines et les puits de feu de la province de Se-tchoan. Par M. Louis Coldre, Missionnaire apostolique. (*Annales des Mines*, 8e Sér., Mém., XIX, 1891, pp. 441/528.)

— Краткій геологическій очеркъ караваннаго пути отъ Кяхты до Калгана. В. А. Обручева. Съ геологическимъ профилемъ. (*Извѣстія Имп. Русс. Геог. Общества*, XXIX, 1893, pp. 347/390.)

— — отъ Фынъ-ужоу-фу до Лань-ужоу. (*Ibid.*, pp. 391/407.)

— Note préliminaire sur les roches recueillies au cours de la Mission Dutreuil de Rhins dans le Turkestan chinois, par M. Stanislas Meunier. (*Bul. Mus. Hist. Nat.*, I, 1895, pp. 192/5.)

— Mittheilungen über Gesteine aus den chinesischen Kansu, Schensi, Hupe und Honan. Von Alexander Steuer in Göttingen. (*Neues Jahrbuch f. Mineral., Geol. u. Palaeont.*, X. Beilage-Band, Stuttgart, 1895—1896, pp. 477/494.)

— Les pierres de foudre chez les Chinois et les Japonais, par F. de Mély. Paris, Ernest Leroux, 1895, br. in-8, pp. 7.

Ext. de la *Revue Archéologique*.

— Histoire des Sciences — Les Lapidaires de l'Antiquité et du Moyen-Age, Ouvrage publié sous les auspices du Ministère de

(Divers.)

l'Instruction Publique et de l'Académie des Sciences, Par F. de Mély — Tome I. *Les Lapidaires chinois* — Introduction, texte et traduction avec la collaboration de M. H. Courel — Paris, Ernest Leroux — 1896, in-4, pp. LXVI-300 + pp. 144 de texte.

Tiré des chap. LIX, LX et LXI du *Wa-Kan San-tsai Dzou-ye.*

— Berthelot. Les Lapidaires chinois. (*Jour. des Savants*, Oct. 1896, pp. 573/592.)

Karl Futterer.

— Die allgemeinen geologischen Ergebnisse der neueren Forschungen in Zentral-Asien und China. Von Dr. Karl Futterer, Professor an der Technischen Hochschule in Karlsruhe. Mit einer Karte und einer Profiltafel, sowie zwei Karten und einem Profil im Text. (Ergänzungsheft No. 119 zu «Petermanns Mitteilungen».) Gotha : Justus Perthes. 1896, in-4, p. 60.

— Dr. Futterer [sprach über] die geologischen Bildungen Centralasiens und Chinas. (*Verh. Naturwissenschaftlichen Vereins in Karlsruhe,* XIII, 1895—1900, Sitz. 9. März 1900, pp. 205/8.)

— Beiträge zur Geschichte des östlichen Centralasien und Chinas während der letzten geologischen Perioden. Von Dr. K. Futterer. (*Ibid.*, Abhandl., pp. 591/618.)

— Leçons de Géographie physique par Albert de Lapparent, Membre de l'Institut... — Deuxième édition, revue et augmentée avec 163 figures dans le texte et une planche en couleurs — Paris, Masson, 1898, in-8, pp. XVI-718.

Les Terres asiatiques, pp. 540/571.

Ed. Suess.

— La Face de la Terre (*Das Antlitz der Erde*) par Ed. Suess, Ancien professeur de Géologie à l'Université de Vienne (Autriche), Associé étranger de l'Institut de France (Académie des Sciences). Traduit de l'allemand, avec l'autorisation de l'auteur par Emm. de Margerie – Tome III (1re partie) avec 3 cartes en couleur et 94 figures dont 67 exécutées spécialement pour l'Edition française. Paris, Armand Colin, 1902, in-8, pp. XI-530.

Quatrième partie. La Face de la Terre. — I. Introduction. — II. Le Nord de la Sibérie. — III. Le Faîte primitif. — IV. Formation périphérique à l'Est du Faîte. — V. L'Altaï et les Altaïdes. — VI. Les Altaïdes Orientales. — VII. L'arc de Yarkend, l'Iran et le Touran. — VIII. Les Taurides et les Dinarides. — IX. Le Nord de l'Europe.

— The Fundamental Lines of Anatolia and Central Asia. By Dr. Edmund Naumann.

(*Report Sixth Int. Geog. Cong.*, London, 1895, pp. 661/670.)

— La genèse du continent asiatique d'après M. Ed. Suess. Par A. de Lapparent. (*La Géographie*, 15 déc. 1902, pp. 357/362.)

— Asiens Gebirgsbau. Von Dr. Norbert Krebs in Triest. (*Deutsch. Rundschau f. Geog.*, XXV, Mai 1903, pp. 359/366.)

Analyse de l'ouvrage de Suess.

A. Leclère.

— Sur la continuité tectonique du Tonkin avec la Chine. Note de M. A. Leclère. (*Ctes. rendus Ac. Sc. Paris,* 131, 1900, pp. 966/9.)

— Sur quelques plantes fossiles de la Chine méridionale. Note de M. R. Zeiller. (*Ibid.*, 130, 1900, pp. 186/8. — *Rev. Indo-Chinoise*, No. 80, 30 avril 1900, p. 432.)

— Examen des fossiles rapportés de Chine par la mission Leclère. Note de M. H. Douvillé. (*Ctes. rendus Ac. Sc. Paris,* 130, 1900, pp. 592/5.)

— Note sur les roches cristallines et éruptives de la Chine méridionale; par MM. Michel-Lévy, A. Lacroix et Leclère. (*Ibid.*, 130, 1900, pp. 211/3).

— Sur la Géologie de la Chine méridionale. Note de M. Leclère. (*Ibid.*, 130, 1900, pp. 184/5. — *Rev. Indo-Chinoise*, No. 77, 9 avril 1900, pp. 361/2.)

— Etude géologique et minière des Provinces chinoises voisines du Tonkin par M. A. Leclère, Ingénieur en Chef des Mines. — (Extrait des *Annales des Mines*, livraisons d'Octobre et de Novembre 1901 et de Septembre 1900.) Paris, Vve Ch. Dunod, 1902, in-8, pp. 219, 12 pl.

Annales des Mines, 9e Sér., XX, 1901, pp. 287/402, 405/492.

Notices : *Zeit. f. praktische Geologie*, XI, 1903, pp. 155/163, par Kaunhowen. — *Bul. Com. Asie française*, Juin 1902, p. 287.

— Les ressources minérales des Provinces chinoises voisines du Tonkin. Par A. Leclère, ingénieur en chef des mines. (*Bul. Soc. Géog. Est*, 1900, pp. 543/550. — *Revue Indo-Chinoise*, 171, 27 janvier 1902, pp. 79/81.)

— Exploration géologique et minière des provinces de la Chine voisines du Tonkin. Par Charles Rabot. (*La Géographie*, 15 Novembre 1902, pp. 337/340.)

— Étude de quelques trilobites de Chine. Par M. J. Bergeron. (*Bul. Soc. Géol. France*, 3e Sér., XXVII, 1900, pp. 499/516, 1 pl.)

— Koerfer. — Zur Geologie von Shantung nebst Vorlage von Versteinerungen. (*Zeit.*

Deutschen geolog. Ges., LII. Bd. 1900, Verhand., pp. 109/112.)

— Étude géologique sur le Nord de la Chine. Par M. Leprince-Ringuet, Ingénieur des Mines. (*Annales des Mines*, 9e Sér., XIX, 1901, pp. 346/430, fig. et cartes.)

— Note sur la Flore houillère du Chansi. Par M. R. Zeiller, Ingénieur en Chef des Mines, Membre de l'Institut. (*Annales des Mines*, 9e Sér., XIX, 1901, pp. 431/453.)

— Contribution à l'étude géologique des provinces méridionales de la Chine. Par G.-H. Monod, Chef Adjoint du Service Géologique de l'Indo-Chine. (*Bulletin économique de l'Indo-Chine*, 1er Août 1901, pp. 619/637.)

Voir Charbon. — Voir col. 528.

— Fossili del Siluriano inferiore dello Schensi (Cina). Nota del dott. Alessandro Martelli. (*Boll. Soc. Geol. Ital.*, Roma, XX, 1901, pp. 295/310, 1 pl.)

Fossiles du P. Giuseppe Giraldi.

— Il Devoniano Superiore dello Schensi (Cina) — Nota del dott. Alessandro Martelli. (*Ibid.*, Roma, XXI, 1902, pp. 349/369, 1 pl.)

— Beiträge zur Geologie von Schantung. I. Obercambrische Trilobiten von Yen-tsy-yai. Von Herrn H. Monke in Berlin. (*Jahrbuch d. Königl. Preuss. Geol. Landesanstalt u. Bergakademie*, Berlin, 1902, Bd. XXIII, Hft. 1, pp. 103/151, pl. 3/9.)

— Notice géologique sur les richesses minérales de la Boukharie et du Turkestan par M. E.-D. Levat. (*Bul. Soc. Géol. France*, 4e Sér., II, 1902, pp. 439/455.)

— Dégagements désastreux d'eau chaude au Sseu-tch'ouan. Par Pierre Bons d'Anty. (*La Géographie*, 15 janvier 1903, pp. 52/55.)

Réimp. dans le *Bul. Soc. Belge Géologie*, XVII, 1903, pp. 64/5.

— Récentes études sur la structure et sur la morphologie de l'Asie Orientale. Par le Dr. Laloy. (*La Géographie*, 15 Déc. 1900, pp. 498/502.)

— Les richesses minérales de la Chine. (*Le Mouv. Géog.*, 1900, col. 343/4.)

D'après M. Van Bergen, licencié en sciences commerciales.

— Les Minéraux de Formose. (*Belgique Coloniale*, 2 Décembre 1900, pp. 568/569.)

D'après Yamasaki, col. 296.

∴

— * R. B. Newton and R. Holland. — Notes on Microscopic Sections of Limestones from Formosa collected by Dr. Koto of Japan. (*Jour. Geol. Soc. Tokyo*, 1900, VII, No. 81, p. 1.)

— Notes on the Geology of the Dependent Isles of Taiwan. By B. Kotô. (*Jour. Col. of Sc., Univ. Tokyo*, Vol. XIII, Pt. I, 1900, pp. 1/57, 5 pl.)

— Notes on the Raised Coral Reefs in the Islands of the Riukiu Curve. By S. Yoshiwara. (*Ibid.*, Vol. XVI, Pt. I, 1901, pp. 1/14, 2 pl.)

— Geologic Structure of the Riukiu (Loochoo) Curve, and its Relation to the Northern Part of Formosa. By S. Yoshiwara. (*Ibid.*, pp. 1/67, 5 pl.)

— On some Fossils from the Islands of Formosa and Riu-kiu (= Loo Choo). By R. Bullen Newton .... and Richard Holland. (*Ibid.*, XVII, Art. 6, pp. 23, 4 pl.)

∴

Tremblements de Terre.

— Report of Recent Earthquakes in Northern Formosa. (*Geol. Soc. Quart. Jour.*, XXIV, 1868, p. 510; *Phil. Mag.*, XXXVII, 1869, p. 154.) By Henry F. Holt.

— Earthquake in China. By A. H. (*Nature*, XXI, 1879—80, pp. 12/13.) Canton, Sept. 13.

— Earthquakes in China. Par Marc Dechevrens, S. J. (*Ibid.*, XXVI, 1882, pp. 175/176.)

Observatoire de Zi-ka-wei, près Shanghai, Chine, Avril 25. [En français.]

— Earthquakes in China. By D. J. Macgowan. (*China Review*, XIV, pp. 147/150.)

— Volcanic Phenomena in Kokonor and Manchuria and earthquakes in Chihli and Formosa. By D. J. Macgowan. (*Ibid.*, XIV, pp. 290/294.)

— Note on Earthquakes in China. [Communicated to the Seismological Society of Japan, by D. J. Macgowan, M. D.] (*Nature*, XXXIV, 1886, pp. 17/19.)

— Collection of Hairs after Earthquakes in China. By W. T. Thiselton Dyer. (*Nature*, XXXIV, 1886, pp. 56/57.)

Proviennent des fibres du *Chamaerops Fortunei*.

— Earthquakes and how to measure them. (*Nature*, XXXVIII, 1888, pp. 299/301.)

Abstract of a Lecture delivered at the Royal Institution, on Friday evening, June 1, by Prof. J. A. Ewing, F. R. S.

— A Note on old Chinese Earthquakes. By F. Omori (Rigakushi). (*Seismolog. Journal Japan*, 1893, XVII, pp. 119/125.)

Dans la table de certains ex. on lit *early* au lieu de «*old* earthquakes».

Jade (Pierre de Yu 玉石), Jadéite, Nephrite.

— Notices (2) sur les Pierres de *Yu*, par feu M. Cibot, Miss. à Peking. (*Mém. conc. les Chinois*, XIII, pp. 389/395.)

— Notice sur la substance minérale appelée par les Chinois pierre de *Iu*. Par J. P. Abel-Rémusat. (*Journ. des Savans*, Déc. 1818, pp. 748/757.)

— Recherches sur la substance minérale appelée par les Chinois *Pierre de Iu*, et sur le *Jaspe* des anciens.

Par Abel-Rémusat; imprimé à la suite de l'*Histoire de la ville de Khotan* (1820), pp. 117/239.

— Sur le Jade, voir dans *Notes and Queries on C. et J.* les articles suivants : Vol. II, p. 173/4, by Thomas W. Kingsmill; — p. 174, by H. F W. H. — p. 174, by J. S. — p. 187, by E. C. Taintor. — Vol. III, pp. 63/4, by G. Schlegel. — Vol. IV, pp. 13/14, by F. P. S.[mith]; — p. 33, by G. Schlegel.

— * The Jade Quarries of Kien-lung. (*Macmillan's Mag.*, Oct. 1871.)

— Note regarding the Occurrence of Jade in the Karakash Valley, on the Southern Borders of Turkistan, by Dr. Ferd. Stoliczka, Naturalist attached to the Yarkand Embassy. (*Records Geolog. Survey of India*, Vol. VII, Pt. 2, 1874, pp. 51/3.)

— Le Jade, étude historique, archéologique et littéraire sur la pierre appelée *Yu* par les Chinois, par S. Blondel. Paris, E. Leroux, 1875, br. in-8, pp. 30.

— Jade. A Historical, Archæological, and Literary Study of the Mineral called *Yu* by the Chinese. By S. Blondel of Paris. [Translated by Dr. E. Foreman.] (*Annual Rep. Smiths. Inst.*, 1876, pp. 402/418.)

— Nephrit und Jadeit nach ihren mineralogischen Eigenschaften, sowie nach ihrer urgeschichtlichen und ethnographischen Bedeutung. Von Heinrich Fischer. Mit 131 Holzschnitten und 2 chromolithographischen Tafeln. — Stuttgart. E. Schweizerbart'sche Verlagshandlung (E. Koch). 1875, in-8, pp. XXIV + pp. 412 + 2 ff. n. c.

— Nephrit und Jadeit nach ihren mineralogischen Eigenschaften sowie nach ihrer urgeschichtlichen und ethnographischen Bedeutung. — Einführung der Mineralogie in das Studium der Archaeologie. — Von Heinrich Fischer. — Mit 131 Holzschnitten und 2 chromolithograph. Tafeln. Zweite durch Zusätze und ein alphabetisches Sachregister vermehrte Ausgabe. — Stuttgart. E. Schweizerbart'sche Verlagshandlung (E. Koch). 1880, in-8. pp. xlv-411.

— Les différentes espèces de jades et leur classement au point de vue minéralogique par M. Théodose Morel. (*Cat. du Musée Guimet*, nouvelle édition, Lyon, 1883, pp. 309/315.)

A. B. Meyer.

— Königliches Ethnographisches Museum zu Dresden. II und III. Jadeit und Nephrit-Objecte. A. Amerika und Europa 1882, gr. in-fol., pp. 36 de texte et 2 pl. — B. Asien, Oceanien und Afrika 1883, gr. in-fol., pp. 33 de texte et 4 pl. Herausgegeben mit Unterstützung der Generaldirection der Königlichen Sammlungen für Kunst und Wissenschaft zu Dresden von Dr. A. B. Meyer, Director des K. Zoologischen und Anthropologisch - Ethnographischen Museums zu Dresden. Leipzig, A. Naumann u. Schröder.

— Die Nephritfrage kein ethnologisches Problem. — Vortrag gehalten zu Dresden im März 1883 von A. B. Meyer. Berlin, R. Friedländer, 1883, br. in-8, pp. 24.

— The Nephrit Question. By Dr. A. B. Meyer . . . (*The American Anthropologist*, July 1888, pp. 231/242.)

— Nephrit von Schahidulla-Chodja im Küen-Lün-Gebirge. Von Prof. Arzruni in Aachen. (*Zeitschft. f. Ethn.*, 1892, pp. 19/33.)

— The Jade Eastern traffic. By Terrien de Lacouperie. (*Babylonian & Oriental Record*, Vol. III, No. 5, April 1889, pp. 99 à 104.)

— On the Source of the Jade used for Ancient Implements in Europe and America. By F. W. Rudler, F. G. S., Hon. Sec., Anthr. Inst. (*Journ. Anthrop. Inst. of Gt. Brit. and Ireland*, vol. XX, 1890—91, pp. 332/342.)

— Jade. By S. E. Easter. (*Nat. Geog. Mag.*, Jan. 1903, pp. 9/17.)

— Jade. By Herbert A. Giles. (*Nineteenth Century and After*, Jan. 1904.)

Lœss 黃土 *Houang t'ou* (Terre jaune).

— The probable Origin of Deposits of «Lœss» in North China and Eastern Asia. By Thos. W. Kingsmill. (*Quart. Jour. of the Geol. Soc. of London*, 1868, pp. 119/138.)

— No. III. Report by Baron von Richthofen, on the Provinces of Honan and Shansi. — Shanghai : Reprinted at the «Lee nam» Office. 1875, in-fol., pp. 25.

— No. VII. Letter by Baron Richthofen on the Provinces of Chili, Shansi, Shensi, Sz'-chwan, with Notes on Mongolia, Kansu, Yünnan and Kwei-chau. — Shanghai : Printed at the «Ching-foong» Printing Office, and at the Office of the «North-China Herald». 1872, in-fol., pp. 86 + 2 ff. n. ch.

— Das gelbe Land in China. (Nach Baron von Richthofens «Letter on the Provinces of Chili, Shansi, Schensi and Sz-Chwan»). Von —c-z. (*Mitt. d. k. u. k. geog. Ges. Wien*, 1872, pp. 493/9.)

— F. v. Richthofen. — Ueber den Chinesischen Löss. (Wien, *Verhandl. Geol.*, 1872, pp. 153/160.)

— Baron v. Richthofen and the Lœss of China. By T. W. Kingsmill. (*N. C. Herald*, IX, 85, 86.)

— F. v. Richthofen. — The Lœss of Northern China, and its relation to the salt-basins of Central Asia. (*Brit. Ass. Rep.*, XLIII, 1873 (*Sect.*), pp. 86/7.)

— * Ueber die Bildung des Löss. (*Der Naturforscher*, hrsg. von W. Sklarek, 10. Jahrg., No. 45 u. 46.)

— Bemerkungen zur Lössbildung. (Wien, *Geol. Verhandl.*, 1878, pp. 289—296.)

— On the mode of origin of the Lœss. (*Geol. Mag.*, IX, 1882, pp. 293—305.)

— Les ensevelissements de personnes vivantes et le *lœss* dans le nord de la Chine par M. Ch. Piton, ancien missionnaire en Chine. (*Bul. Soc. neuchâteloise de Géographie*, VII, 1892—3, pp. 52/62.)

— Das Lebendigbegraben in China. (*Oest. Monats. f. d. Orient*, 1893, pp. 66/8.)

— The Geology of the Asiatic Lœss. By Thos. W. Kingsmill. (*Nature*, XLVII, 1892—93, p. 30.) Note by G. H. Darwin. (*Ibid.*)

— On the Lœss and other Superficial Deposits of Shantung (Northern China). By S. B. J. Skertchly and T. W. Kingsmill. (*Lond., Edinb. and Dublin Philos. Mag.*, XL, 1895, p. 150.)

— S. B. J. Skertchly and T. W. Kingsmill. — On the Lœss and other Superficial Deposits of Shantung. (North China.) (*Quarterly J. Geol. S. of London*, 1895, LI, pp. 238/254.)

— M. Paul Tutkowski on the Origin of Lœss. (*Scottish Geog. Mag.*, XVI, 1900, pp. 171/4.)

— Il Lœss del Shan-si Settentrionale — Nota dell' Ing. Alberto Viglino. (*Boll. Soc. Geol. Italiana*, Roma, XX, 1901, pp. 331/338.)

— G. Frederick Wright. Origin and Distribution of the lœss in Northern China and Central Asia. (*Bull. Geol. Soc. of America*, XIII, pp. 127/138, pl. XVI—XXI, Rochester, March 30, 1902.)

— Origine et distribution du lœss dans la Chine septentrionale et l'Asie centrale. Par J. Giraud. (*La Géographie*, 15 février 1903, pp. 126/127.) — D'après Wright.

Mines.

— On the Mines of the Chinese Empire : by the Rev. C. Gützlaff, Principal Chinese Secretary to the British Government in China. (Read before the Asiatic Society in China, July 6 and August 3, 1847.) (*Trans. of the China Br. R. A. Soc.*, 1847, Art. V, pp. 43/59.)

— Mining in China.

Art. réimp. du *Mining Journal* dans *The North-China Herald*, 714, April 2, 1864.

— *Tien Nan Kouang Tchang Tou lio*, Voir Francis Garnier, col. 329.

— Zinc mines in Yunnan. (*China Review*, XIII, p. 224.)

— Mines in China. By E. H. Parker. (*Ibid.*, XIV, p. 172.)

— Mines. By E. H. Parker. (*Ibid.*, XIV, p. 218.)

— Mines. By E. H. Parker. (*Ibid.*, XIV, pp. 357/358.)

— Mines. By E. H. Parker. (*Ibid.*, XV, p. 185.)

— Mining and Engineering. By E. H. Parker. (*Ibid.*, XVI, pp. 125/126.)

— Les richesses minières de la Chine et du Japon. (*Ann. de l'Ext. Orient*, 1882-1883, V, pp. 61/62.)

D'après le *Shanghai Mercury*.

— Découvertes de mines d'or en Chine. (*Ann. de l'Ext. Orient*, 1885-1886, VIII, p. 95.)

— Essai sur les gisements minéraux et l'industrie minière de la province du Kouang-toung. Par C. Imbault-Huart. (*Bul. Soc. Géog. com. Paris*, XIX, 1897, pp. 459/476.)

— Tirage à part ; Paris, au Siège de la Société, 1897, br. in-8, pp. 18.

— Suggestions to Chinese for Mining in Amoy. By C. T. Gardner. (*China Review*, XXIII, N° 5, pp. 295/296.)

— * Some Account of Mining in China. By Alfred Edmonds (*ill.*). (*Feilden's Mag.*, III, Nov. 1900, p. 505.)

— Voir A. Leclère, au chap. Yun-Nan et *supra*, col. 518.

— Note sur les gisements miniers du Kansou occidental. Par Ch.-E. Bonin. (*Rev. coloniale*, 1900, pp. 1388/1392.)

— Les mines d'Or du Kansu occidental. Par Charles-Eudes Bonin. (*Le Mouv. géog.*, 1901, col. 149—151.)

Ext. de la *Revue coloniale*, de Paris.

— Exposition Universelle de 1900 à Paris. Comité du Chemin de fer transsibérien. Gîtes aurifères dans la partie sud de Liao-toung. Recherches de l'ingénieur des Mines Ch. Bogdanovitch. — Publié par la Société Impériale minéralogique de St. Pétersbourg. — St. Pétersbourg, Imprimerie Trenké et Fusnot, Maximilianovsky péréoulok, No. 13. 1900. Pp. 14, 1 carte.

K. Bogdanovitch. — Description géologique de l'extrémité sud de la presqu'île de Liao-toung (région de Kouang-toung) et de ses gisements d'or. (*Materialien zur Geologie Russlands*, XX, 1900, pp. 237/248.)

Résumé du travail en russe, pp. 1/236 du même vol.

— Les gisements aurifères de la presqu'île de Liao-toung (Mandchourie méridionale). Par J. Giraud. (*La Géographie*, 15 Juin 1901, pp. 520/521.)

— Richesses minières du Chang-toung. (*Bull. Com. Asie française*, Sept. 1903, p. 393.)

∴

— Note sur la Législation des Mines en Chine, par M. Leclère, Ingénieur en Chef des Mines. — (Extrait des *Annales des Mines*, 9e livraison de 1900.) — Paris, Vve Ch. Dunod, 1900, br. in-8, pp. 16.

Extrait des *Annales des Mines*, 9e Sér., XVIII, 1900, pp. 249/260.

— Note sur la Législation des Mines en Chine, par M. Leclère, Ingénieur en Chef des Mines. (*Chine et Sibérie*, Déc. 1900, pp. 572/6.)

D'après les *Annales des Mines*.

— Règlement sur les Mines et les Chemins de fer Chinois. (*Le Mouv. géog.*, 1900, col. 150—152.)

6e jour, 10e lune, 24e année Kouang-Siu (19 nov. 1898).

— Die Regelung des Bergbauwesens in China. (*Oest. Monats. f. d. Orient*, Wien, 1902, pp. 131/2.)

— Le Bureau des Mines et des Chemins de fer. (*Bul. Comité Asie franç.*, Mars 1902, p. 134.)

Charbon.

— Yule and Cordier's *Marco Polo*, I, 442, 443 *n*; II, 216.

— Notice sur le Charbon de terre, par le P. Collas. (*Mém. conc. les Chinois* XI, pp 334/342.)

— Voir *supra*, col. 508. — *N. C. Herald*, 1862. — Pumpelly. — Macdonald dans Pumpelly; *supra*, Richthofen.

— Lettre de M. Verrolles sur l'exploitation des mines de charbon dans le Su-tchuen. (*Annales de la Prop. de la Foi*, IX, p. 457.)

— Notices of Coal in China. By D. J. Macgowan, M. D. (*Chin. Rep.*, XIX, pp. 385/389.)

— On the Anthracite and Bituminous Coal-Fields in China. By Richard Cowling Taylor. (*Philosophical Mag. and Jour. of Science*, XXVIII, Jan.-June 1846, pp. 204/210.)

From a pamphlet communicated by the Author.

Cf. *Archives des Sc. nat. Genève*, VII, p. 76. — 1848.

— Ueber den Steinkohlenbergbau in der Nähe von Peking und über die Goldgewinnung in China. Nach dem Russischen von Herrn Kowalewskij.* (Erman, *Arch. f. wiss. Kunde v. Russl.*, XII, 1853, pp. 398/405.)

* *Gorny Jurnal*, 1852, No. 4.

— K. L. Biernatzki. Der Kohlendistrict in Tsche-kiang. (*Z. f. A. Erdk.*, 1856, pp. 270/2.)

D'après R. H. Cobbold. — Cf. *Trans. China B. R. A. S.*, Hongkong, VI, p. 155.

— T. E. Gumprecht. Anthracitkohle in China. (*Ibid.*, 1855, p. 310.)

— Notes on a cave and coal pit near Peking by S. Wells Williams. (*Am. Jour. Sc.*, XXXVIII, 1864, pp. 119/121.)

— On the Age of the Coal Formation of China; by Dr. J. S. Newberry : addressed to Raphael Pumpelly Esq. (*American Jour. of Sc. and Arts* . . . by Prof. B. Silliman and James D. Dana; 2d. Ser., Vol. XLII (XCII), 1866, pp. 151/4.)

— Notes on some outlying Coal-Fields in the South-Eastern Provinces of China. By Thos. W. Kingsmill. — Read before the Society, 13th November 1866.

(*Journal of the N. C. B. of the R. Asiatic Soc.*, New Series, No. III, pp. 94/106.)

Un résumé de cet article imprimé dans le *Shanghai Recorder* a été reproduit dans le *Hankow Times*, Nov. 24, 1866, pp. 186/7.

— Coal in the Eastern Hemisphere. [Extract of a paper printed in the *Quarterly Journal Geological Society*, London, N° 94, May 1st, 1868, by Cuthbert Collingwood, M. B., on the Formosa, Labuan, Siberia and Japan Coal.] (*Records Geological Survey of India*, Vol. I, Pt. 2, 1868, pp. 37/39.)

— The Bituminous Coal-Mines west of Peking by Rev. Joseph Edkins. (*Journal N. C. B. R. A. S.*, No. IV, pp. 243 et seq.)

— Articles dans *Notes & Q. on C. & J.*, Vol. II, par Thos W. Kingsmill, pp. 74/75. — W. Lee Silbald, pp. 75/76.

— Coal in China. (*N. C. Herald*, 28 March, 1868.)

— Kiukiang Coal. (*Ibid.*, 17 June, 1869.)

— The Chai tang Coal Mines by a Tientsin Merchant. (Reprinted from the *Customs' Reports* in the *N. C. Herald*, Aug. 12, 1869.)

— Notes by Mr. Hollingworth of a Visit to the Coal-Mines in the Neighbourhood of Loh-Ping. (Blue Book, *China* No. 2, 1870, pp. 11/13.)

— Die reichen Steinkohlenlager Chinas und deren Ausbeutung durch die Chinesen. (*Das Ausland*, 1870, No. 15, pp. 348/351.)

— The Coal Mines of China. (*Siam Repository*, V, July 1873, pp. 296/7.)

— Die Kohlenfelder Chinas. Von Dr. Ferd. Freiherrn von Richthofen. (Gelesen in der geog. Section der «British-Association» in Bradford. (*Mitt. Geog. Ges. Wien*, 1874, pp. 66/71, 113/118, 175/181, 227/231.)

Veröffentlicht in «Ocean Highways», Vol. I, No. 8.

— The distribution of Coal in China. (*Ocean Highways*, Nov. 1873.)

— Coal Mines in China. (Van Nostrand's *Engineering Magazine*, New-York, April 1871.)

— Coal Mines worked in the Ming Dynasty. — The cangue. (*China Review*, XI, p. 60.)

— * David Tyzack. — Notes on the Coal-fields and Coal-mining Operations in North Formosa (China). (*Trans. North England Instit. Min. Engineers*, Newcastle, 1885, XXXIV, p. 67.)

— 山東煤礦論 *Chan-toung Mei koung loun.* — Les mines de charbon du Chan toung. Par A. A. Fauvel. Shanghaï, Statist. Dep. Chinese Imperial Maritime Customs, 1878, in-8, pp. 18 [en chinois].

— La Houille et le Chauffage chez les Chinois. Par le Dr. Ernest Martin. (*Journal d'Hygiène*, Jeudi 26 fév. 1891, pp. 97/102.)

— La houille en Asie et le feu grisou chez les Chinois. Avec gravure. Par le Dr. Ern. Martin. (*La Science moderne*, 6 Mai 1893.)

— Le Charbon en Extrême-Orient. Par G. Fontaine, Mécanicien principal de 1re classe. (*Rev. mar. et col.*, CXV, 1892, pp. 539/559.)

— * The Coal Fields around Tsèchou, Shan-si, China. By Prof. Noah Field Drake, of the Tientsin University. br. pp. 17, photog., cartes.

— Les Gisements de Charbon du Shan-si. (*Chine et Sibérie*, Janv. 1901, pp. 11/12.)

D'après un rapport du Prof. Drake, de Tien-tsin.

— Les mines de charbon du Shan-si. (*Le Mouv. géog.*, 1900, col. 511—512.)

D'après le rapport du Prof. Drake.

— Die Kohlenfelder im nordöstlichen China. Von W. Liebenam. Nach einem Vortrage von N. F. Drake, gehalten vor dem American Institute of Mining Engineers. (*Zeitschft. f. praktische Geologie*, X, 1902, pp. 43/53, 84/8.)

— Die Kohlenfelder Chinas. (*Oest. Monats. f. d. Orient*, Wien, 1901, p. 131.)

— Utilisation du gaz des houillères en Chine

et aux Etats-Unis. (*Bul. Soc. Géog. Rochefort*, XII, 1890—91, pp. 247/251.)

— Les Houillères et Railway de Pinghsiang-Rapport du vice-roi Chang-Chi-tung concernant l'accusation portée contre le Directeur-général Sheng. (*Chine et Sibérie*, Fév. 1900, pp. 60/3.)

Trad. du *N. C. Herald*.

— Die Verbreitung des marinen Obercarbon in Süd- und Ost-Asien. Von Herrn G. Fliegel in Bonn a. Rhein. (*Zeitschft. Deutschen geolog. Ges.*, L, 1898, pp. 385/408.)

— Les houillères des provinces chinoises voisines du Tonkin. Note sur les résultats techniques de la mission de M. A. Leclère. Par Ch. R. (*La Géographie*, 15 Oct. 1900, pp. 294/296.)

— Le Charbon en Chine. (*Le Mouv. géog.*, 1900, col. 148—150.)

D'après le rapport de J.-G. Glass, ingénieur du «Peking Syndicate».

— Le charbon en Chine. (*Revue scient.*, 37e année, 1900, 2e sem., p. 316.)

D'après *Engineering*.

— Les bassins houillers de la Chine. (*Le Mouv. géog.*, 1901, col. 300—302.)

— Étude géologique des provinces méridionales de la Chine. — Le Charbon. Extrait d'un Rapport préliminaire adressé à M. le Gouverneur général, par M. Monod, chef-adjoint du Service géologique de l'Indo-Chine — Conclusion. (*Bulletin économique de l'Indo-Chine*, 1er Mars 1901, pp. 227/234.)

(Charbon.)

— Le Charbon en Chine. Par Monod, chef adjoint du service géologique de l'Indo-Chine. (*Rev. Indo-Chinoise*, 143, 15 juillet 1901, pp. 621/2; d'après l'*Echo de Chine*.)

— G. H. Monod. — Contribution à l'étude géologique des provinces méridionales de la Chine. (*Bul. économ. Indo-Chine*, IV, 1901, pp. 619/637, carte, 2 pl.)

— Étude géologique des provinces méridionales de la Chine. Le Charbon. (*Ibid.*, pp. 227/234.) — Voir col. 519.

— Les charbonnages du Shansi. (*Le Mouv. géog.*, 1901, col. 60.)

D'après l'ingénieur W.-H. Stockley.

— Le bassin houiller de Kaiping, province de Chihli (Chine septentrionale). (*Bul. Soc. belge Géologie*, XVI, 1902, p. 540.)

— Les mines de charbon de Kaïping (Chine). (*Le Mouv. géog.*, 1901, col. 431—3.)

Rapport de *The Chinese engineering and mining Co.*

— The Chinese Engineering & Mining Company, Ld. (Charbonnages de Kaïping.) (*Le Mouv. géog.*, 1902, col. 461—2.)

— Les charbonnages de Kaïping. (*Ibid.*, col. 505/510.)

(Charbon.)

VII. — POPULATION.

— «Si la Chine a dans son sein un peuple si prodigieux, cela ne vient que d'une certaine manière de penser; car, comme les enfants regardent leurs pères comme des dieux, qu'ils les respectent comme tels dès cette vie, qu'ils les honorent après leur mort par des sacrifices dans lesquels ils croient que leurs âmes, anéanties dans le Tyen, reprennent une nouvelle vie, chacun est porté à augmenter une famille si soumise dans cette vie et si nécessaire dans l'autre.» — Montesquieu, *Lettres persanes*, CXX.

— Gemelli-Careri. *Tour du monde*, IV, 1719, pp. 222/3. — *Mémoires concernant les Chinois* : VI, le P. Amiot, pp. 277 et seq. — VI, Dénombrement des Habitans de la Chine, pp. 374/380. — VIII, pp. 203/5. — IX, pp. 431/440 : Extrait d'une lettre écrite par M. Bourgeois, missionnaire, sur l'étendue de la ville de Nanquin & la population de la Chine. Péking, 1er Novembre 1777.

— Macartney's Embassy by Staunton; Vol. II, Appendix, p. 615 : Table of the Population and Extent of China proper, within the Great Wall. Taken in round numbers from the Statements of Chow-ta-zhin.

Population évaluée à 333,000,000 d'habitants.

— Barrow's *Travels*, 2d ed., pp. 574 et seq.

— Grosier, *Description de la Chine* : Vol. II, Liv. V, chap. II.

— Note relative à la population de la Chine (1687), par A. Rémusat. (*J. As.*, VIII, 1826, p. 381.)

(Divers.)

— Une lettre signée Z, datée de Berlin, 3 Juillet 1830, publiée dans «*The Times*», 23rd July 1830.

— Statistics and Population of China. (*Chinese Courier & Canton Gazette*, Vol. I, No. 41.)

— Population of China during the Ming Dynasty from A. D. 1390 to 1619 inclusive, taken from a work published by the Emperor Kien-lung.

About the year 1390	
Families	16,052,860
Persons	60,545,812
A. D. 1500	
Families	9,113,446
Persons	53,281,158
A. D. 1619	
Families	10,621,436
Persons	60,692,856

— (*The Canton Register*, p. 10, Vol. 4. 1831.)

Voir la même publication p. 160, 1834.

(Divers.)

— Population of the Chinese Empire, By E. C. Bridgman. (*Chinese Repository*, I, pp. 345/363, 385/397.)

— Statement of the Population of China and its Colonies. (*Asiatic Journal*, II, 1833, p. 278.)

Recensement de 1813.

— Reasons for allowing the estimated population of China to be correct. [By C. Gützlaff.] (*Chin. Rep.*, II, p. 32.)

— Mémoire sur la population de la Chine et ses variations, depuis l'an 2400 avant J.-C., jusqu'au XIIIe siècle de notre ère, par M. Ed. Biot. (*J. Asiat.*, 3e Sér., I, 1836, pp. 369 seq.; 448 seq.)

— Addition au Mémoire précédent. (*Ibid.*, II, pp. 74/78.)

— Mémoire sur les recensements des terres consignés dans l'histoire chinoise et l'usage qu'on en peut faire pour évaluer la population totale de la Chine, par M. Ed. Biot. (*Ibid.*, V, 1838, pp. 305/331.)

— Recherches statistiques sur les recensemens officiels de la population de l'empire de la Chine, depuis 4000 ans, Etablies d'après les Mémoires des Sociétés asiatiques de Calcutta, Bombay, Londres, Madras, Paris, et de plusieurs autres corps savans, (Et insérées dans le journal de la Société de Statistique, mois d'Avril, n° 22), par M. le Comte A. Legrand, Membre de la Société de Statistique universelle. s. l. n. d. [1836], pièce gr. in-8, à 2 col., 4 feuillets. (Au bas de la page 7 : Paris, Imprimerie de A. Belin, rue Sainte Anne, 55.)

— Statistische Eintheilung und Bevölkerung des sinesischen Reiches und seiner auswärtigen Besitzungen, nach den neuesten in Europa bekannt gewordenen officiellen Nachrichten. Von C. F. Neumann. (*Zeit. f. d. Kunde des Morg.*, Vol. I, pp. 38/60, 173/184.)

— China : Its Population — Trade — and the Prospect of a Treaty. By W. W. G. (*Journal Am. Or. Soc.*, Vol. I, No. II, 1844, pp. 143 et seq.)

W. W. G. = William W. Greenough, the Corresponding Secretary.

— The Population of China. A Letter on the Population of China, addressed to the Registrar General, London : By Sir John Bowring. Read to the Society, 8th August, 1855. Dated : Government House, Hongkong, 13th July 1855. (*Transactions China Branch R. A. Soc.*, Part V, Art. I, pp. 1/16.)

(DIVERS.)

— Sir John Bowring : The Population of China. (*Journ. of the Statistical Soc. of London*, March 1857.)

— Историческое обозрѣніе народонаселенія Китая. Par T. Zakarov. (*Travaux des Membres de la Mission Russe*, I, 1852, Art. 3.)

Traduit en allemand, Berlin, 1858. (*Arbeiten der Kais. Russ. Gesandtschaft.*)

C'est sur cette version allemande que le Rév. W. Lobscheid a fait sa traduction anglaise.

— The Numerical Relations of the Population of China, during the 4000 years of its historical existence; or the Rise and Fall of the Chinese Population. By T. Sacharoff, Member of the Imperial Russian Embassy in Peking. Translated into English by the Rev. W. Lobscheid. Also, the Chronology of the Chinese, from the mythological times up to the present Ruler. Hongkong : Printed by A. Shortrede & Co. [1862], in-8, pp. v-57-39.

Second ed., Hongkong, 1864, [with a new Preface, dated Hongkong, November 25th, 1864.]

— The Population of China. Letter to the Editor by W. L.[obscheid], Hong Kong, Aug. 31, 1868. (*Chin. Rec.*, I, p. 89.)

— Dieterici. — Über die Bevölkerung der Erde. II. Asien. (*Sitz. k. preuss. Ak. Wiss. Berlin*, 1858, pp. 224/231.)

— * M. La Chesnais — Population Chinoise. (*Revue du Monde colon.*, Juillet 1862.)

— The Population of China. (*N.-C. Herald*, May 22, 1868.)

— Sur la Statistique relative au dénombrement de la population en Chine, par le Docteur Martin de la légation de France à Pékin. (*Bull. Soc. Géog.*, 6e Sér., IV, 1872, pp. 120/132.)

— *Trade Statistics* publiées par les Douanes chinoises pour l'Exposition de Vienne, 1873.

— Société de Géographie de Berlin. Séance du 2 Janvier 1875. Remarques de Mr. de Richthofen sur la population de la Chine.

Mr. de Richthofen, président de la Soc. de Géog. de Berlin, avait combattu les observations faites par l'abbé David dans sa lettre insérée dans le *Bull. de la Soc. de Géog. de Paris*, août 1874 (le passage de cette lettre relatif à la population de la Chine est reproduit dans l'*Explorateur*, 1875, II, p. 116); ce même journal donne, l. c., un extrait en français par L. Vallée des *Verhandlungen der Gesellschaft zu Berlin* relatif aux opinions de Richthofen.

— Voir à l'art. ZOOLOGIE : les lettres de l'abbé David et son troisième voy. d'exploration; col. 416.

— Population and Agriculture of China. [By T. W. Kingsmill.] (*N. C. Herald*, V (1870), 258, et VII (1871), 710.)

— The Population of the Chinese Empire.

Conférence faite le Vendredi, 9 Mai 1868, à Ningpo par le Rev. M. J. Knowlton, imprimée *in extenso* dans *Notes & Q. on C. & J.*, II, pp. 88/92, 103/106, 117/120.

— Article signé G. M. C. dans *Notes & Q. on C. & J.*, II, pp. 93/94.

— The Population of China. By A. P. Happer, D. D. (*Chin. Rec.*, XI, 1880, No. 5, pp. 375/380.)

(DIVERS.)

— The Re-Population of An Huei. (*China Review*, XII, p. 136.)

— Movements of the population. (*Ibid.*, XIII, pp. 359, 430.)

— Population of China. By H. K. (*Ibid.*, XV, p. 306.)

— Die Einwohnerzahl Chinas. (*Deutsche Rund. f. Geog. u. Stat.*, VII, 1884—5, pp. 132/3, 420/1.)

— Population Statistics of China. By Sir Richard Temple. (*Journ. Statistical Society*, March 1885, Part I, vol. 48, pp. 1/9, 10/20.)

— Cosmopolitan Essays by Sir Richard Temple, Bart. M. P., G. C. S. I., C. I. E., D. C. L., LLD. .... With Maps. London: Chapman and Hall, Limited. 1886, in-8, pp. xvi-508.

Voir Chap. XI. The Chinese Population, pp. 260/294. Paper read before the Statistical Society, London, February 1885.

— Movement of the population in China. By P. S. Popoff. (*Journ. Peking Oriental Society*, II, No. 3, 1888, pp. 159/168.)

On the conclusion of Mr. Popoff's paper, the following remarks were made by Mr. T. L. Bullock, (*ibid.*, pp. 168/175), Dr. Edkins, (*ibid.*, pp. 175/177), Dr. Dudgeon, (*ibid.*, pp. 177/183), and by M. Jordan, (*ibid.*, pp. 183/185).

— Движеніе населенія въ Китаѣ. П. С. Попова. (*Извѣстія Имп. Русскаго Геог. Общества*, XXXII, 1896, pp. 226/8.)

— A. Oppel. — Zur Geschichte und Kritik der Bevölkerungsstatistik in China und Japan. (*Globus*, LIII, 1888, 24, pp. 378/381.)

— La population de la Chine. (*Revue scientifique* [rose], 1888, 17, pp. 557/8.)

— Estimating the Population of China. By Rev. Arthur H. Smith, Shantung. (*Chin. Rec.*, XXIV, Jan. 1893, pp. 29/31.)

D'après *The Missionary Review.*

— On the Population of China. By Dr. Dudgeon. (*Journ. Peking Oriental Soc.*, III, No. 3, 1893, pp. 183/201.)

— * Khina népessége. (*Földrajzi közlemények*, XXVI, p. 46.)

— Recensement de la Chine. (*La Géographie*, 15 Nov. 1902, p. 340.)

D'après une note de M. Casenave, chargé d'affaires de France à Pe-King.

— Population en 1894. (*Soc. Roy. Belge Géog.*, *Bul.*, 1897, pp. 67/8; d'après le *Scott. Geog. Mag.*, Feb. 1897.)

(Divers.)

— Volkszählung in China. (*Oest. Monats. f. d. Orient*, Wien, 1898, pp. 35/6.)

— * Population and Revenue of China. By E. H. Parker. (*Otia Mersiana*, 1899.)

— A Note on some Statistics regarding China. By E. H. Parker. (*Jour. Royal Statistical Society*, Vol. LXII, Pt. I, 31st March 1899, pp. 150/6.)

Voir Chap. IX de : *China* . . . by E. H. Parker, col. 107.

— Kritische Studien zur Bevölkerungsfrage Chinas. Von E. M. Köhler in Leipzig. (*Deutsche Rundschau f. Geog. u. Stat.*, XXII, 1899—1900, pp. 337/347.)

— La Population de la Chine. (*Chine et Sibérie*, Août 1900, pp. 361/4; sept. 1900, pp. 390/3.)

Trad. de M. E.-M. Köhler in Leipzig.

— The Floating Population of China. By Rev. C. Bone. (*East of Asia*, I, No. 3, pp. 230/238.)

— Die Bevölkerung der Erde. — Periodische Übersicht über neue Arealberechnungen, Gebietsveränderungen, Zählungen und Schätzungen der Bevölkerung auf der gesamten Erdoberfläche, (begründet von Ernst Behm und Hermann Wagner). Herausgegeben von Alexander Supan. XI. Asien und Australien samt den Südsee-Inseln. (Ergänzungsheft No. 135 zu «Petermanns Mitteilungen».) Gotha : Justus Perthes. 1901. in-4, 1 f. n. ch. + pp. 107.

Japan, p. 36. — Korea, p. 39. — Chinesisches Reich, p. 41. — Französisch Indo-China, p. 52. — Siam, p. 55. — Straits Settlements und Dependenzen, p. 57. — British-Indien, p. 58.

— Démographie de l'Asie et de l'Australasie. Par Charles Rabot. (*La Géographie*, 15 oct. 1901, pp. 284/285.)

Compte pour l'Empire chinois une superficie de 11.138.880 k. c., une population de 330.130.000, et une population kilom. de 30.

Réimp. *Rev. Scientifique*, 1901, 2e sem., pp. 603/4.

— The Population of China in 1902. (*Bul. Am. Geog. Soc.*, XXXIV, Dec. 1902, pp. 440/1.)

— Chine. Recensement de la population. (*Belgique Coloniale*, 15 février 1903, p. 76.) D'après la *Revue française*.

— Chine. — Population et superficie. (Observatoire de Zi-ka-wei — *Calendrier Annuaire pour 1903*, p. 50.)

(Divers.)

VIII. — GOUVERNEMENT.

« A l'article Chine, on verra que l'empereur est le premier pontife, et combien le culte est auguste et simple. »

(Voltaire, *Œuv. Comp.*, 1785, XLVII, *Dict. Phil.* 1, *Adorer*, p. 110.)

— On trouvera de nombreux renseignements sur le gouvernement de la Chine dans les temps anciens dans le *Chou-king*, notamment dans le Chap. XX. (*Tcheou-kouan*) de la IVe Partie (*Tcheou-chou*).

— L'organisation administrative des Ts'in et des Han. (*Mém. hist...* de Se-ma Ts'ien,... trad. Ed. Chavannes, II, pp. 513/533.)

(Divers.)

— Lettre Ms. du P. de Prémare sur le gouvernement en Chine (Bib. nat. Fr. 17239) : Mon Révérend Père. PC. On ne doit pas s'attendre en lisant les lettres que nous écrivons de la Chine en Europe.... Kientchang, 7 Août 1701, 32 pages in-4.

— Recueil imperial, contenant les Edits, les Déclarations, les Ordonnances & les Instructions des Empereurs des différentes Dynasties, les Remontrances & les Discours des plus habiles Ministres sur le bon ou le

(Divers.)

mauvais Gouvernement, &c. & diverses autres pièces recuëillies par l'Empereur *Cang hi*, & terminées par de courtes réflexions écrites du pinceau rouge; c'est-à-dire, de sa propre main. (Du Halde, *Description*, II, pp. 385—612.)

— Du' Keng Pou, ou du Tribunal des Ouvrages publics. Par le P. Cibot. (*Mém. conc. les Chinois*, VIII, pp. 278/282.)

— Alexis Leontiev, interprète au bureau (Collegium) des Affaires Etrangères : *Taï-tsin'-gouroun'i oukheri koli, to iest*.... *Lois et réglements de la dynastie mandchoue. St. Petersbourg, 1781, 3 vol. in-8.

Traduction de l'original mandchou, publié en 1690. Dans cet ouvrage sont décrits les règlements de la dynastie mandchoue, relatifs aux différentes branches de l'administration, des rites, des finances, de l'armée, de la justice, des travaux publics.

Vend. Klaproth (168). Fr. 7. 25.

— Recueil des Usages (et cérémonies) établis pour les Offrandes et les Sacrifices des Mantchoux, par ordre de l'Empereur (ou Rituel des Mantchoux). [Six volumes renfermés dans une enveloppe de carton jaune qui forme le n°. 21 des ouvrages Tatârs-Mantchoux de la Bibliothèque nationale.] Par C[en] Langlès. (*Notices et Ext. des manuscrits de la Bib. du Roi*, VII, an XII, pp. 241/308.)

Voir la cinquième partie de cet ouvrage.

— Grosier, *Desc. de la Chine*, Vol. V.

— * Translation of a singular proclamation issued by the Foo-yuan of Canton by Robert Morrison. London, 1824, in-4.

— Уложенiе Китайской Палаты Внѣшнихъ сношенiй. Перевелъ съ Маньчжурскаго Степанъ Липовцовъ.... Санктпетербургъ .... тип... деп... народнаго просвѣщенiя. 1828, 2 vol. gr. in-4, pp. xxxii—362, 319.

Cette traduction contient particulièrement les règlements concernant la Mongolie et la frontière russe.

Vend. Klaproth, (169) Fr. 8.

Voir également la trad. russe de Leontiev : St. Pétersbourg, 1790, in-8.

— The Chinese Government and Constitution. By J. R. Morrison. (*Chin. Rep.*, IV, pp. 11 seq.).

— Structure of the Chinese Government: by J. R. Morrison. (*Ibid.*, IV.)

1° The Supreme Government, — imperial councils; the six boards; the office for colonial affairs; the censorate; the Tung ching Sze, a court of representation and appeal; the Tale Sze, a Court of criminal justice : the Han lin College, pp. 135 seq.

2° China proper; heads of the provincial government. 1 Civil Government.... 2 Military government, pp. 276 seq.

3° List of persons holding office in China, containing the names of the principal officers of the Chinese government, civil and military. Compiled from the Court Calendar of Oct. 1835, pp. 473 seq.

— List of the principal persons holding office at Peking in the imperial government. (*Ibid.*, XII, pp. 20 seq.)

(Divers.)

— List of officers belonging to the Chinese government, extracted from the Red Book [by W. Medhurst]. (*Ibid.*, XIV, pp. 77 seq., 234 seq.)

— Notices of Modern China. By R. I.[nglis]. (*Ibid.*, IV) :

Literary examinations considered as a proof of ability to serve in the magistracy; manner in which the examinations are conducted, pp. 118 seq.

Various means and modes of punishment; torture, imprisonment, flogging, branding, pillory, banishment and death, pp. 361 seq.

Rebellions among the Mohammedans in Turkestan, among the Meaoutsze and other mountaineers both in China Proper and on the frontiers of the Empire, pp. 489 seq.

— Gützlaff, *China Opened*, II, Chap. xvi—xxvii.

— Documents statistiques officiels sur l'empire de la Chine, traduits du chinois par G. Pauthier. Paris, Didot, 1841, br. in-8, pp. 48.

Traduit du *Ta T'sing houei tien*.

— *Statistiques de la Chine*, par Mgr. Louis de Besy, vicaire apostolique du Shan-toung, d'après l'un des *Livres rouges* de 1843. (*Ann. de la Propag.*, XVI, pp. 438/442.)

— Organisation et composition actuelle du gouvernement chinois par H. E. de Chonski. (*Rev. de l'Orient*, V, 1844, pp. 69/72.)

— Remarks on some of the characteristics and conduct of the Chinese Government. By a Correspondent [A. R. Johnston]. (*Chinese Rep.*, IX, pp. 9/21.)

— Notices of China, by Padre Serra, communicated by J. F. Davis, Esq., M. R. A. S., &c. Read before the Royal Asiatic Society, July 17th, 1830. (Réimp., *Chin. Rep.*, XIV, pp. 519/525.)

Le P. Serra était missionnaire du Collége de San Jose, Macao; il a demeuré à Pe-king de 1804 à 1827.

— Mémoire sur la Constitution politique de la Chine au xiie siècle avant notre ère, par M. Ed. Biot. — *Extrait du Tome II de la 1re Série des Mémoires présentés par divers savants à l'Académie des Inscriptions et Belles-Lettres.* Paris, Imp. Roy., 1844, in-4.

— * Quelques mots sur la Chine et son organisation administrative, par M. Ed. Dalloz fils. Paris, 1847. Broch. in-8, pp. 16.

— Note on the Condition and Government of the Chinese Empire in 1849 by Thomas Francis Wade, Assistant Chinese Secretary. Hongkong, China Mail Office, 1850, in-8.

Imp. aussi dans le *N. C. Herald*, 1850, Nos. 4 et 6, 24 Aug. et 7 Sept.

— Le *N. C. Herald* a publié en 1851 une traduction du *Ta-T'sing tsin chen* 大清搢紳 ou Livre rouge de l'automne de 1850. Cette trad. commencée dans le No. 42, Saturday, 17 May 1851, a été terminée dans le No. 68. 15 Nov.

— Pauthier, *Chine Moderne*, II, pp. 130/278.

— Tschinownik und Mandarin. (Erman, *Arch. f. wiss. Kunde v. Russl.*, VIII, 1850, pp. 231/232.)

— Recherches sur les institutions administratives et municipales de la Chine par Bazin.

(Divers.)

(*J. As.*, 1854, 5e Sér., III, pp. 5/66, 1er Mémoire; IV, pp. 249/348, 2e Mém.; pp. 445/481, 3e Mém.)

— *The Friend of China*, Saturday, Nov. 22d 1856, d'après le livre rouge de l'été de 1856.

— The Imperial Government. (*N. C. Herald*, No. 328, 8 Nov. 1856.) — Vide : article précédent.

— Cte. d'Escayrac de Lauture. L'Administration et les institutions municipales de l'empire chinois. (*Moniteur universel*, 26 mars 1861.)

— Tabular View of Chinese hereditary Ranks and Titles of distinction by Wm. Fred. Mayers. (*Notes and Queries on C. & J.*, Vol. II, pp. 113/115.)

— The Grain transport System of China. Notes and Statistics taken from the Ta ch'ing'hui tien. By G. M. H. Playfair. (*The China Review*, III, pp. 354/364.)

I. The Personnel of the Transport service. — II. Itinerary of the Grand Canal. — III. Tribute. — IV. White Rice Tribute. — V. The Building and repairing of Junks. — VI. Grain fleets.

— Grain Conveyance. By E. H. Parker. (*China Review*, XVII, 1888, p. 115.)

— Progrès du génie civil en Chine. (*Ann. de l'Ext. Orient*, 1882 à 1883, V, pp. 198/206.)

— Le gouvernement chinois, son rôle dans l'état. Par G.-Eug. Simon. (*Nouvelle Revue*, XXVII, 15 avril 1884, pp. 690/719.)

— Tcheng-Ki-tong. — Les Parlements du monde. — Le «Tou-Tcha-Yang», ou Censure de Chine. (*Rev. pol. et litt.* (bleue), xliii, 26, pp. 809/12.)

— * Eine Staatsprüfung im Reiche der Mitte. (*Grenzboten*, 1887, No. 41, pp. 86/92.)

— Household Expenses. (*China Rev.*, XIII, pp. 294/295.)

— Funds in Aid. (*Ibid.*, XIII, p. 296.)

— Articles of tribute. (*Ibid.*, XIII, p. 296.)

— Modern use of ancient territorial titles. (*Ibid.*, XIII, pp. 360/361.)

— Registration. (*Ibid.*, XIII, p. 430.)

— Ha-ta-Kuo-tan. By J. M. (*Ibid.*, XVI, pp. 58/59.)

E. H. PARKER :

— The Term Hoppo. By E. H. Parker. (*China Review*, XIV, p. 168.)

— Funds in Aid. By E. H. Parker. (*Ibid.*, XIV, p. 168.)

— Red Tape in China. By E. H. Parker. (*Ibid.*, XIV, p. 222.)

— Diplomatic Terminology. By E. H. Parker. (*Ibid.*, XIV, p. 224.)

— Official Presents. By E. H. Parker. (*Ibid.*, XIV, p. 225.)

— Official Correspondence. By E. H. Parker. (*Ibid.*, XIV, p. 226.)

— Confidential reports. By E. H. Parker. (*Ibid.*, XIV, p. 358.)

— Public Office in Peking. By E. H. Parker. (*Ibid.*, XV, pp. 53/54.)

— Famine Stores. By E. H. Parker. (*Ibid.*, XV, p. 54.)

— Tribute Articles. By E. H. Parker. (*Ibid.*, XV, p. 183.)

— Chair privileges. By E. H. Parker. (*Ibid.*, XV, p. 184.)

— Despatch style. By E. H. Parker. (*Ibid.*, XV, p. 250.)

— The term Sheng. By E. H. Parker. (*Ibid.*, XV, p. 252.)

— Mortgages. By E. H. Parker. (*Ibid.*, XV, p. 375.)

— Tribute. By E. H. Parker. (*Ibid.*, XVI, p. 125.)

— A Chinese Doyen. By E. H. Parker. (*Ibid.*, XVII, No. 1, p. 53.)

— The terms Kung-shi [公使] and Tien-shi [天使]. By E. H. Parker. (*Ibid.*, XVIII, No. 6, p. 379.)

— Sale of Office in China. By E. H. P.[arker]. (*Journ. C. B. R. A. S.*, XXII, N. S., 1887, p. 100.)

— Chinese Views on Civil Service Reform. By J. W. Jamieson. (*China Review*, XIX, 1890, No. 1, pp. 37/42.)

— Le Koteou en Russie. (*T'oung Pao*, IV, mars 1893, p. 114.)

— Inland Communications in China. (*Jour. China Br. R. As. Soc.*, N. S., XXVIII, No. 1, 1893—94, pp. 1/213.)

Réponses à une circulaire de février 1890 de la China Br. R. As. Soc. — Le résultat est fort intéressant.

— C. Puini. — Idee politiche ed economiche della Cina antica. (*Rivista Italiana di Sociologia*, 1897.)

— The resources and means of communication of China. By Geo. G. Chisholm, M. A., B. Sc. (*Geog. Journ.*, XII, Nov. 1898, pp. 500/519.)

— A Sample of Chinese Administration. By R. P. Cobbold (Late 60th Rifles). (*Nineteenth Century*, XLV, April 1899, pp. 590/597.)

— Le Gouvernement chinois. Par Henri Cordier. (*La Semaine Politique et Littéraire*, No. 30, Samedi 4 août 1900, pp. 753/763.)

— Henri Cordier, *Hist. des Relat. de la Chine*, I, pp. 107/111.

— Le Tsung-li-Yamen. (*Soc. Roy. Belge Géog., Bul.*, 1900, pp. 582/3; d'après le *National Geogr. Magazine*, juillet 1870.)

— Henri Cordier, *Hist. des Rel. de la Chine*, I, pp. 107/111.

— China als staatlicher Organismus. Von Dr. Josef Grunzel. (*Globus*, LXXVIII, 1900. pp. 92/3.)

— Die chinesische Regierung und ihre Organe. Nach einem Vortrag von F. Hirth. (*T'oung Pao*, 2e Sér., II, No 1, Mars 1901, pp. 54/67.) Voir *Münchner Neuesten Nachrichten*, 17 Oct. 1900.

— How China is governed. By Archibald R. Colquhoun. (*Madras Review*, Nov. 1901, pp. 339/344.)

— *Variétés Sinologiques* No 21. — Mélanges sur l'Administration par le P. Pierre Hoang du Clergé de Nankin. — Chang-Hai, Imprimerie de la Mission catholique, Orphelinat de T'ou-sè-wè — 1902, in-8, pp. ii-233.

— Tableaux des titres et des appellations de l'Empereur, des Membres de sa famille et des mandarins. — Extraits du No. 21 des *Variétés sinologiques* : Mélanges sur l'Administration par le P. Pierre Hoang du Clergé de Nankin. — Chang-Hai, Imprimerie de la Mission catholique, Orphelinat de T'ou-sè-wè — 1902, in-8, pp. 55.

Notice : *Bul. Ec. Franç. Ext. Orient*, II, No. 4, 1902, pp. 405/7, par P. Pelliot.

— Du sauvetage du Soleil et de la Lune dans une éclipse. (*Rel. de Chine*, I, 1903, pp. 76/7.)

Ext. des *Mélanges* du P. Hoang.

— Le Pays des Tsings. — Étude de l'organisation politique de la Chine. Par Paul d'Enjoy. (*Bul. et Mém. Soc. Anth.*, Paris, 1902, pp. 686/694.)

— Honneurs civils et militaires en France et en Chine. Par M. Paul d'Enjoy. (*Ibid.*, Paris, 1902, pp. 316/323.)

— L'administration chinoise. (*Bul. Com. Asie française*, Sept. 1903, pp. 392/3.)

— Un Ministère du Commerce. (*Ibid.*, p. 393.)

∴

— Choix de Documents Lettres officielles, Proclamations, Édits, Mémoriaux, Inscriptions, ... Texte chinois avec traduction en français et en latin par S. Couvreur S. J. Ho kien fou, Imprimerie de la Mission catholique, 1894, in-8, pp. IV-560.

1re Partie. Lettres officielles. — 2e Partie. Proclamations. — 3e Partie. Edits et Mémoriaux. — 4e Partie. Gazette de Pékin. — 5e Partie. Mélanges.

— * 公函譯要 *Kung-Han I Yao.* Translations of Important Official Letters, by William George Lay, Deputy Commissioner of Customs. Shanghai : Kelly and Walsh, 1903, gr. in-4.

Notice : *Chin. Rec.*, Sept. 1903, pp. 463/464, par S. I. W.[oodbridge].

COUR IMPÉRIALE.

— *Tsung jin Fu*, or Board charged with the control and government of the Imperial Family. By E. C. Bridgman. (*Chin. Rep.*, XIV, pp. 130/4.)

Tsung jin Fu 宗人府

— The Chinese Imperial Family. By W. F. Mayers. (*N. C. Herald*, January 1875.)

Réimp. en App. dans *Transl. Peking Gazette*, 1876, p. VII; dans le *T'oung Pao*, VI, 1895, pp. 333/341 et dans *List of the ... Authorities of China ... to April 1902*, infra, col. 541.

Voir Henri Cordier, *Hist. des Relations*, II, Chap. I, et tableau généalogique à la fin.

— Généalogie du Prince K'ing. Par A. Vissière. (*T'oung Pao*, Oct. 1900, pp. 342-4.)

— The Emperor styled «Brother of the Sun and Moon». By E. J. Eitel. (*China Review*, VII, p. 137.)

— «Respect this». 欽此 By Ossian. (*Ibid.*, VII, p. 207.)

— The Chinese Court. By Flunkey. (*Ibid.*, IX, p. 59.)

— The title of an Abdicated Emperor's Wife. (*Ibid.*, X, p. 222.)

— A point in Court Ceremonial. (*Ibid.*, XI, p. 62.)

— A point in Official Style. (*Ibid.*, XI, p. 132.)

— A Manchu Precedent how to address the Emperor of China. (*Ibid.*, XI, p. 132.)

— Serene or Imperial Highness. (*Ibid.*, XI, p. 261.)

— Imperial Sons-in-Law. (*Ibid.*, XI, p. 263.)

— The Chinese term for Attachés. (*Ibid.*, XI, p. 333.)

— Prince Tun's name and the Terms for Lieut.-Governor. (*Ibid.*, XI, p. 403.)

— Receptions at Court. (*Ibid.*, XIII, pp. 123/124.)

— Silk for the Imperial Household. (*Ibid.*, XIII, p. 224.)

— The Emperor's tutors. (*Ibid.*, XIII, p. 430.)

— Nobility titles. By J. M. (*Ibid.*, XV, pp. 245/247.)

— A curious dukedom. By Rona. (*Ibid.*, VIII, p. 256.)

— Imperial Seals. By E. H. Parker. (*Ibid.*, XIV, p. 218.)

— Seal of the Empire. By E. H. Parker. (*Ibid.*, XV, p. 53.)

(COUR IMPÉRIALE.)

— Taotais addressing the Throne. By E. H. Parker. (*Ibid.*, XV, p. 250.)

— Hereditary titles. By E. H. Parker. (*Ibid.*, XV, p. 253.)

— Diplomatic Etiquette. By E. H. Parker. (*Ibid.*, XVI, p. 243.)

— Dowager Empress. By E. H Parker (*China Review*, XVII, No. 2, p. 114.)

— La Cour de Péking. Notes sur la constitution, la vie et le fonctionnement de cette Cour par M. Maurice Courant. Extrait du *Bulletin de Géographie historique et descriptive*, 1891, n° 3. Paris, Ernest Leroux, 1891, br. in-8, pp. 112.

Notice : *China Review*, XX, No. 2, p. 131, par E. J. E.[itel].

— A Phase of Court Etiquette. (Balfour, *Chinese Scrapbook*, 1887, pp. 55/58.)

— Vom Chinesischen Kaiser und seiner Hauptstadt. (*Cosmopolis*, Août 1898, pp. 529—542.)

Par M. von Brandt.

GAZETTE DE PE-KING 京報 — Gazettes de l'Empire de la Chine. (*Journ. As.*, XI, 1827, pp. 239/252.)

(Extrait d'un Ms. de la Bib. Royale écrit par un Missionnaire.)

— Les *Lettres édifiantes* contiennent des traductions de la G. de Péking par le Père Contancin, XXI, pp. 95/182, 295/384.

— Translations from the Original Chinese, with Notes. Canton, China : Printed by order of the Select Committee; at the Hon. E. I. Co's Press, by P. P. Thoms, 1815, in-8, pp. 42.

Ces traductions sont, comme l'indique la note qui sert de préface, du Rev. Rob. Morrison, et sont la plupart des versions d'édits publiés dans la Gazette de Péking.

— Notice : *Quart. Rev.*, XIII, July 1815.

— Extracts from the Pekin Gazette. (App. IV, pp. 258/330, Staunton's *Narrative of the Chinese Embassy*, 1821, & *Trans. of the R. A. S.*, I.)

— Gazette chinoise. (*J. As.*, XII & XIII, 1833/4.)

— Peking Gazettes. (*Chin. Rec.*, III, pp. 10/12.)

— *Fraser's Magazine*, Feb. 1873, art. de Sir Rutherford Alcock.

Le *Lond. & China Express*, 28 Fév. 1873, a donné un compte-rendu de cet art. dans son supplément.

— The Peking Gazette. By W. F. Mayers. (*The China Review*, III, pp. 13/18.)

I. Status of the Peking Gazette. — II. Supply of Material to the Gazette. — III. Forms of Issue of the Gazette. — IV. Official Control over the Gazette. — V. Antiquity of the Gazette.

Cet article important a été réimp. en tête de *Translation of the Peking Gazette for 1874. N. C. Herald.* (Vide *infra*, col. 539.)

Les journaux publiés en Chine, tels que le *Canton Register*, le *Chinese Repository*, le *N. C. Herald*, ont donné de nombreuses traductions de cette Gazette. Les traductions de la Gazette qui ont paru de 1853 à 1856 dans le *N. C. Herald* ont été réimprimées dans le *Shanghae Almanac and Miscellany for 1854-1857*. Elles sont du Dr. W. H. Medhurst.

Le *Herald* a depuis eu la bonne idée de réunir ses traductions en volumes annuels dont le premier a paru sous le titre de:

— Translation of the Peking Gazette for 1872. Shanghai : Reprinted from «The North China Herald, and Supreme Court and Consular Gazette», 1873, pet. in-8, à 2 col., pp. 137.

— Translation of the Peking Gazette for

(GAZETTE DE PE-KING.)

1873. Shanghai : Rep. from the «N. C. H., and S. C. and C. G.», 1874, pet. in-8, à 2 col., pp. 124.

— Translation...... for 1874. Shanghai : pet. in-8, à 2 col.

Avec un index et l'art. de W. F. Mayers, supra, col. 538.

— Translation of the Peking Gazette for 1875. Shanghai : Rep. from the «N. C. H., and S. C. and C. G.», 1876, pet. in-8, à 2 col., pp. xv-165-vii.

Ce vol. est précédé d'un index fort utile et suivi d'un appendice sur la famille impériale de Chine avec un tableau généalogique. Cet ap. et ce tab. avaient paru dans le *N. C. D. News*, le 27 Janv. 1875 et dans le *N. C. Herald*, c'est-à-dire au moment où la succession de l'empereur T'oung Tchi était ouverte. — Voir supra, col. 537.

— Translation of the Peking Gazette ....

Continuée en vol. annuels.

— Slips in the Official Gazette. (*China Rev.*, XI, p. 262.)

∴

— Série d'Orient, No. 4. — Koang-Siu et T'se-Hi Empereur de Chine et Impératrice douairière — 諭上 Décrets Impériaux. 1898, Traduits du Chinois par Jerome Tobar S. J. Avec Préface, Tables et Notes explicatives par J. Em. Lemière, Rédacteur en chef de l'*Echo de Chine* — Shanghai, Imprimerie de la Presse Orientale, 1900, in-8, pp. iv-136.

Notice : *T'oung Pao*, Oct. 1900, pp. 361/2, par Henri Cordier.

— Bibliothèque des Merveilles. — Le Journalisme par Eugène Dubief... Paris, Hachette, 1892, in-18.

Voir p. 291.

— Voir : *Choix de Documents* . . . par S. Couvreur . . . IVe Partie.

— Official Polytheism in China. By A. C. Lyall. (*Nineteenth Century*, XXVIII, 1890, pp. 89/107.)

— La Gazette de Pékin, par M. A. Vissière. (*Chine et Sibérie*, Mai 1901, pp. 217/220.)

FONCTIONNAIRES.

— On the Rank, Duties, and Salaries of the Mandarins. (No. VIII, Meadows' *Desultory Notes*.)

Des gravures et une table accompagnent les explications de ce chapitre qui sont consacrées aux mandarins en général, et à ceux du Kouang toung en particulier.

— On the Yamun and their various inhabitants (No. IX, p. 101. (*Ibid.*)

— Voir comme complément à cet article le suivant : Chinese Official Ranks by Ho-wei-lin. (*Notes & Q. on C. & J.*, II, pp. 184/7.)

— The Censorate in China. (*Ibid.*, III, pp. 12/14.)

— Chinese Official Ranks. By S. G. W. (*Ibid.*, III, p. 29.)

— Titles of Literary Graduates by W. F. M[ayers]. (*Ibid.*, pp. 177/178.)

— Tableau des Mandarins de la Chine. (Perny, *App. au Dict.*, No. XII, pp. 125/139.)

(Gazette de Pe-King.)

— The Governors of the eighteen provinces of China. By W. T. Lay. Foochow, 28th August 1867. (*Missionary Recorder*, pp. 90/1.)

— The Governors General and Governors of the eighteen provinces. By W. T. Lay. Foochow, Nov. 25, 1869. (*The Chin. Recorder*, II, pp. 198/200.)

— Les Mandarins. (*Miss. Cath.*, V, pp. 598/9.)

— Chinese Official Ranks. By E. J. Eitel. (*China Rev.*, III, pp. 377/9. — IV, pp. 125-130.)

— The Chinese Government. A Manual of Chinese Titles, categorically arranged and explained, with an Appendix. By William Frederick Mayers, Chinese Secretary to H. B. M. Legation, Peking..... Shanghai, American Presbyterian Mission Press, 1878, gr. in-8, pp. vi-159.

Notices : *The China Review*, VI, 1878, pp. 242/253. (Sous le titre de *Chinese Official Titles*, by G. M. H. Playfair.) — *N.-C. Daily News*, 12 Janv. 1878.

Voir Jurisprudence.

— The Chinese Government. A Manual of Chinese titles, categorically arranged and explained, with an appendix. By William Frederick Mayers, Chinese Secretary to Her Britannic Majesty's Legation at Peking; author of «The Chinese Reader's Manual,» etc., etc. — Second edition. With additions by G. M. H. Playfair, H. B. M. Acting Vice-Consul, Shanghai. — Shanghai, Hongkong & Yokohama : Kelly & Walsh, limited. London : Trübner, 1886, in-8, pp. lxiv-158.

Notice : *China Review*, XV, p. 61. Par E. J. E[itel].

∴

— List of the higher Metropolitan and Provincial Authorities of China. Compiled by Walter C. Hillier, Chinese Secretary to H. B. M.'s Legation, Peking. — Corrected to December 31st, 1886. Shanghai : Kelly & Walsh, 1887, br. in-4, pp. 26.

Notice : *China Review*, XV, p. 314. Par E. J. E[itel].

— List of the Higher Metropolitan and Provincial Authorities of China. Compiled by J. N. Jordan, Chinese Secretary to H. B. M. Legation, Peking. — Corrected to December 31st 1892. — Shanghai : Kelly & Walsh, 1893, in-4, pp. 53.

— List of the Higher Metropolitan and Provincial Authorities of China. Compiled by the Chinese Secretaries, H. B. M. Legation, Peking. Corrected to March, 1899 by C. W. Campbell, Assistant Chinese Secretary. Shanghaï : Kelly & Walsh, 1900, in-4, pp. 78.

— List of the Higher Metropolitan and Provincial Authorities of China (with Genealo-

(Fonctionnaires.)

gical Table of the Imperial Family). Compiled by the Chinese Secretaries, H. B. M. Legation, Peking. Corrected to April 1902 by W. P. Ker, Lately Assistant Chinese Secretary. Shanghai : Kelly & Walsh, 1903, in-4, pp. 68.

∴

— Tabular view of the officials composing the Chinese provincial governments. By Fred. S. A. Bourne. (*China Review*, VI, pp. 351/362.)

— Historical table of the high officials composing the central and provincial governments of China. By F. S. A. Bourne. (*Ibid.*, VII, pp. 314/329.)

— The Share taken by Chinese and Bannermen respectively in the Government of China. By P. (*Ibid.*, VI, 1877, pp. 136/7.)

— Official Usurers. — By Avignon. (*Ibid.*, VIII, pp. 64/65.)

— Forms of Petitions in China. By Squeeze. (*Ibid.*, VIII, p. 185.)

— Concubinage amongst Chinese Officials. By P. S. (*Ibid.*, VIII, p. 185.)

— Record of services of Chinese Officials written by themselves. By J. N. Jordan. (*Ibid.*, IX, pp. 370/375.)

— The six boards at Peking and Nanking. (*Ibid.*, X, p. 74.)

— Prohibition to hold Civil Office in One's Native Province. (*Ibid.*, X, p. 220.)

— Officers selected by the 大挑 Selection. (*Ibid.*, X, p. 222.)

— The Rule of addressing Superiors. (*Ibid.*, X, p. 222.)

— Rotation of Departmental Duty at Peking. By J. N. T. (*Ibid.*, X, pp. 284/285.)

— How naval « tsung-pings » report to a Viceroy. (*Ibid.*, XI, p. 60.)

— The Manchu Element. (*Ibid.*, XI, p. 61.)

— The board of Punishments. (*Ibid.*, XI, p. 61.)

— The Precedency of the Six Peking Boards. (*Ibid.*, XI, p. 132.)

— 照會 — Its use. (*Ibid.*, XI, p. 133.)

— The Seals of the Board of War. (*Ibid.*, XI, p. 132.)

— Order of Precedence among the Officials of Boards and other Departments at Peking. By G. M. H. Playfair. (*Ibid.*, XI, pp. 198/199.)

— Points in Precedence and Dignity. (*Ibid.*, XI, p. 200.)

— Precedence. (*Ibid.*, XIII, p. 225.)

— T'at'an. (*Ibid.*, XI, p. 262.)

— A Knotty Point. (*Ibid.*, XI, p. 263.)

— Sitan. (*Ibid.*, XI, p. 334.)

— Office purchase and its result. (*Ibid.*, XII, p. 136.)

— The payment of « Poor Peking Officials » and Auditor's Charges. (*Ibid.*, XII, pp. 434/435.)

— The new Chin Shih. By J. M. (*Ibid.*, XII, p. 512.)

— The Yang chow Collectorate. (*Ibid.*, XIII, p. 119.)

— Official barbarities. (*Ibid.*, XIII, p. 224.)

— The Squeezor Squeezed. (*Ibid.*, XIII, p. 296.)

— Official disabilities. (*Ibid.*, XIII, p. 430.)

— Number of Military Nobles. (*Ibid.*, XIII, p. 431.)

— Pensions of military nobles. (*Ibid.*, XIII, p. 431.)

— Civil Officers. By E. H. Parker. (*Ibid.*, XV, pp. 250/251.)

— Officialdom. By E. H. Parker. (*Ibid.*, XV, pp. 375/376.)

— Chinese officialdom. By E. H. Parker. (*Ibid.*, XVI, p. 124.)

— * Officials in China. (*All the Year Round*, XLV, p. 54.)

— Das Beamtenwesen in China. — Vortrag gehalten am 7. Januar 1882 in der Gesellschaft für Erdkunde zu Berlin von Dr. Friedrich Hirth. — Separat-Abdruck aus den Verhandlungen der Gesellschaft. — Berlin, 1882. Druck von Kerskes & Hohmann, br. in-8, pp. 17.

Réimp. pp. 170/188 des *Chinesische Studien*, von Friedrich Hirth, I, München, 1890.

— Chinese Views on Civil Service Reform. By J. W. Jamieson. (*China Review*, XIX, 1890, pp. 37/42.)

— The Ts'ao t'ai of Ts'ingkiangp'u. (*N. C. Herald*, June 29, 1894, pp. 1024—5.)

— Ou Ts'ao Yün Tsoung-tou, Directeur Général du Transport des Grains. — Cf. Mayers' *Govern.*, No. 327.

— The Office of District Magistrate in China. By Byron Brenan, C. M. G. (*Jour. China Br. Roy. As. Soc.*, Vol. XXXII, No. 1, 1897—8, pp. 36/65.)

矢縣 *Tche H'ien.*

— The Making of a Mandarin. (*Goldthwaite's Geog. Mag.*, III, June 1892, pp. 459/460.)

— Chinese Censors. (*Blackwood's Mag.*, CLXII, 1897, October, pp. 525—530.)

(FONCTIONNAIRES.)

REVENU.

— Coppie des reuenus du Roy de la Chine que le R. P. Miguel Rogerio a prise des papiers de ses finances, & de sa chambre des Comptes. (Chap. xx de l'*Histoire* de Maldonado, 1622, pp. 449 et seq. — Voir col. 20.)

— Revenus de l'Empire de la Chine. (*Mém. conc. les Chinois*, VI, pp. 297 sq.)

— Chinese Currency and Revenue, being a Memorial from Chú-tsun to His Majesty, together with a report thereon from the Board of Revenue. Translated from the Peking Gazette, (No. 15. Táukwáng 26th y. 2d m., 18th d., and No. 38. 4th m. 5th d.) for the Repository by Hergensis. [T. F. Wade.] (*Chin. Rep.*, XVI, 1847, pp. 273/293.)

— Memorial regarding the Currency and Revenue by Ngóh-shun-ngan as the subject was brought under his notice by order from the Board of Revenue. By T. F. Wade. (*Ibid.*, pp. 293/7.)

— The Revenue of China. — A Series of Articles reprinted from the 'China Mail'. — With an appendix. — Hongkong : Printed at the 'China Mail' Office. — 1885, br. in-8, pp. 49.

— An organization for Taxing and Corvée purposes. (*China Review*, X, p. 221.)

— The Corvée System. (*Ibid.*, X, p. 222. — G. J. (*Ibid.*, X, pp. 353/354.)

— Corvee Services. (*Ibid.*, XIII, p. 430.)

— The land Tax. By Oasis. (*Ibid.*, VII, p. 352.)

— Land tax in China, and how collected by O. P. C. (*Ibid.*, VIII, p. 391.)

— The Rice Tax of Kiang Si. (*Ibid.*, XII, p. 137.)

— The Peking Contingent. (*Ibid.*, XI, p. 62.)

— Provincial revenues. (*Ibid.*, XII, pp. 311/314.)

— Customs Revenues. (*Ibid.*, XIII, p. 294.)

— River duties. By J. M. (*Ibid.*, XV, p. 247.)

— Taxation. By E. H. Parker. (*Ibid.*, XIV, pp. 108/109.)

(REVENU.)

— Revenues of China. By E. H. Parker. (*Ibid.*, XIV, p. 109.)
— Financial Pedantry. By E. H. Parker. (*Ibid.*, XIV, p. 168.)
— Opium Revenue. By E. H. Parker. (*Ibid.*, XIV, p. 168.)
— Financial. By E. H. Parker. (*Ibid.*, XV, pp. 184/185.)
— Financial. By E. H. Parker. (*Ibid.*, XIV, p. 218.)
— Financial. By E. H. Parker. (*Ibid.*, XV, pp. 251/252.)
— Financial. By E. H. Parker. (*Ibid.*, XV, pp. 373/375.)
— Financial. By E. H. Parker. (*Ibid.*, XVI, p. 123.)
— Financial. By E. H. Parker. (*Ibid.*, XVI, pp. 187/188.)
— Cattle taxes. (*Ibid.*, XIII, p. 296.)
— Tax on Rushes. (*Ibid.*, XIII, p. 296.)
— Extra Taxation. (*Ibid.*, XIII, p. 297.)

— The Financial Capacity of China. By E. H. Parker. (*Jour. China Br. R. As. Soc.*, N. S., XXX, No. 1, 1895—96, pp. 74/101.)

— Chinese Revenue. By E. H. Parker. (*Ibid.*, N. S., XXX, No. 2, 1895—6, pp. 102/141.)

— Les Revenus de la Chine. (*Chine et Sibérie*, Mars 1900, pp. 121/123.) D'après E. H. Parker.

— Land Reve‿ue System, China. (*Straits Branch R. As. Soc., Notes & Queries*, No. 4, 1887, pp. 130/1.)

— Chinese Finance. (*N. C. Herald*, 23 March 1887, pp. 326/9.)

— Taxation in China. By D. J. Macgowan. (*Nature*, XXXVIII, 1888, p. 364.)

— * Ch. Waternau. Le budget chinois. (*Revue Monde latin*, XIV, 1888, 3, pp. 363/72.)

— The Sources of Revenue and the Credit of China. A Lecture delivered, on 15th April, 1887, before the Central Association for Commercial Geography, etc., in Berlin, by A. H. Exner. (*China Review*, XVII, 1889, pp. 276/291.)

Traduit de :

* Die Einnahmequellen und der Credit Chinas, nebst Aphorismen über die Deutsch-Ostasiatischen Handelsbeziehungen, von A. H. Exner . . . Berlin, Asher, 1887.

— The Landtax [田賦] in China. A description of its origin and development together with the nature and incidences of the present levy. Collected from the most reliable Chinese sources. By I. M. Daae. (*Actes Huit. Cong. Int. Orient.*, Stockholm-Christiania, 1889, 4e Part., pp. 53/86.)

— Chinesische Finanzverhältnisse. (*Oest. Monats. f. d. Orient*, Wien 1899, pp. 98/100.)

— Currency and Grain Rices. By J. Edkins. (*China Review*, XXII, No. 6, pp. 789/790.)

— * Steuer- und Finanzwesen Chinas an Hand der Geschichte von Otto Messing.

Société coloniale allemande.

— Les Finances chinoises. Par M. Raphaël-Georges Lévy. (*Revue des Deux Mondes*, 1er mai 1901, pp. 102/135.)

— * China's Revenue Possibilities. By C. J. Dudgeon. (*Empire Review*, June 1901.)

(Revenu.)

— Das chinesische Finanz- und Steuerwesen. Von A. Forke. (*Mitth. des Seminars für Orient. Sprachen*, Berlin, Jahrg. III, Erste Abth., 1900, pp. 165/191; *ibid.*, Jahrg. IV, Erste Abth., 1901, pp. 1/75.)

— Les recettes et les dépenses de la Chine. Par G. T. (*Le Mouv. géog.*, 1901, col. 25—9.)

Li-Kin 釐金, 釐捐

— Voir le rapport de l'interprète de la municipalité anglaise Y. Yungking et les remarques des linguistes du Consulat d'Angleterre sur ce rapport — dans *The North China Herald*, 8.9, April 7, 1866.

— Memorandum on the Li-kin taxing system of the province of Kiangsi. (*The Cycle*, 1870, 30 Juillet et 6 Août.)

— Lekin Dues. Opinion of Council's Legal adviser of levying of Lekin Dues by Chinese within the Settlements, and Correspondence on the Subject with the Consular Body. Published by the Council for the information of the Ratepayers. br. in-8, pp. 9. [Shanghai : Printed at the « North China Herald » office, 1875.]

— Voir la lettre adressée au *Daily News* par Mr. F. S. Turner, Secretary to the Anglo-oriental Society for the Suppression of the opium trade, et imprimée dans le Supp. du *London & China Telegraph*, Oct. 15, 1877.

— Likin. (*China Review*, XIII, p. 294.)
— Likin. By E. H. Parker. (*Ibid.*, XVII, 1888, p. 51.)
— Voir Parker, China, col. 107 : Chap. XI, *Likin*, pp. 227/243.

— A Chinese View of « Lekin ». (*Lond. & China Teleg.*, Dec. 29, 1902, p. 1097.)

Opinion of Ku Hing-meng, of Wou-tch'ang.

POSTES.

— Posting and Post-Offices in China. By Sir Walter H. Medhurst. (*Cornhill Mag.*, July 1878.)

— Couriers. (*China Review*, X, p. 72.)

— Chinas Handels- und Postverkehr. (*Deutsche Rund. f. Geog. u. Stat.*, IV, 1881—1882, pp. 31/34.)

— Chinese Mail Carriers. (*Goldthwaite's Geog. Mag.*, IV, August 1892, pp. 633/635.)

— Chinese Postal Service. (*T'oung Pao*, V, Mars 1894, pp. 63/4; d'après le *North-China Herald*.)

— Ueberlandpost nach China. Von Emil Nikisch. (*Deutsche Kolonialzeitung*, 10. August 1899, pp. 286/287.)

GABELLE.

— Notes on the early history of the Salt Monopoly in China. By F. Hirth. (*Journ. China Br. R. As. Soc.*, N. S., XXII, 1887, pp. 52/66.) — The Salt Revenue of China. By E. H. Parker. (*Ibid.*, pp. 67/80.)

— The tax levied by Hupeh on Sz ch'uan salt. (*China Review*, XI, pp. 58/59.)
— Salt Revenue. (*Ibid.*, XI, p. 262.)
— « Unauthorised Salt. » (*Ibid.*, XII, p. 186.)
— Salt revenues. (*Ibid.*, XIII, pp. 295/296.)
— Consumption of Salt. (*Ibid.*, XIII, p. 224.)
— Voir sur le Sel un art. de E. H. Parker. (*Ibid.*, XII, pp. 57/9.)

(Li-Kin. — Postes. — Gabelle.)

— The Salt Gabelle. By E. H. Parker. (*Ibid.*, XIV, pp. 167/168.)
— Salt Gabelle. By E. H. Parker. (*Ibid.*, XIV, p. 357.)
— Salt. By E. H. Parker. (*Ibid.*, XV, p. 185.)
— The Salt Gabelle. (Parker, *China*, Chap. XI, col. 107.)

— Замѣчанія о соляномѣ производствнѣ въ Китаѣ. (Заимствованы изъ китайскихъ сочиненій : *Ху-бу-цзэ-ли*, *Янь-Хуай-янь-фа* и *Хуанъ-чао-цзинь-ши-вэнь-бянь*.) Покойнаго Іеромонаха П. Цеыткова. (Труды Членовъ Россійкой Духовной Миссіи въ Пекинъ. III. St. Pétersbourg, 1857, in-8, pp. 103/118.)

— Bemerkungen über die Salzproduction in China. (Mit Benutzung der chinesischen Werke : *Chu-bu-zse-li, Jan-chuai-jan-fa-tschi* und *Chuan-tschao-zsin-schi-wen-bjan*. Vom verstorbenen Hieromonach P. Zwehtkoff. (*Arbeiten d. k. Russ. Ges. z. Peking*, II, Berlin, 1858, pp. 495/504.)

— Remarks on the Production of Salt in China. By the late Archimandrite P. Zwehtkoff. Retranslated from the German by W. R. Carles. (*Journ. China Br. R. As. Soc.*, N. S., XXII, 1887, pp. 81/89.)

— Voir une traduction anglaise d'un rapport sur le monopole du sel, dans *The North China Herald*, 817, March 24, 1866.

— The Salt Administration of Ssŭch'uan. By Arthur von Rosthorn. (*Journ. C. B. R. A. S.*, XXVII, N. S., No. 1, 1892/93, pp. 1/32.)

— Prices of Salt fixed by Authority. By J. Edkins. (*China Review*, XXII, No. 6, p. 790.)

— *Variétés sinologiques* N° 15 — Exposé du Commerce public du Sel par le P. Pierre Hoang. — Chang-Hai, Imprimerie de la Mission catholique, Orphelinat de T'ou-sè-wè. 1898, in-8, pp. 15 + 13 cartes.

EXAMENS.

Voir SCIENCES ET ARTS, *Education*.

— On the competitive Examination-System in China. By Rev. Dr. Martin. (*American Or. Soc.*, May 1869, Journal, No. 2, p. LIV.)

— Notes on the Provincial Examination of Chekeang of 1870, with a version of one of the Essays. By Rev. G. E. Moule, of the Church Missionary Society — Read before the Society on 16th December 1870. (*Jour. N. C. B. R. A. S.*, 1869/70, N. S., No. VI, Art. VIII, pp. 129/137.)

— The Chinese triennial Examinations. [At Wuchang.] (*Shanghai Budget*, 4 Dec. 1873.)
Compte-rendu intéressant.

— The Triennial Examination. By F. H. Ewer Esq. (*Chin. Rec.*, III, pp. 330/2.)

(GABELLE.)

— The Kü Jăn 舉人 Examinations. By D. H. (*Chin. Rec.*, X, 1879, p. 303.)

— The Triennial Examinations for the Kü Jăn Degree. By D. H. (*Ibid.*, pp. 463/4.)

— The Kü Jăn Examination. By David Hill. (*Ibid.*, XI, 1880, pp. 143/6.)

— A Translation of Examination Papers given at Wu-ch'ang. By E. L. O. (*China Review*, II, pp. 309/314.)

— Literary and Military Examinations. By X. Y. Z. (*Ibid.*, VIII, pp. 185/186.)

— Essay of a Provincial Graduate with Translation. By F. S. A. Bourne. (*Ibid.*, VIII, pp. 352/356.)

— Secretaries and Assistant-Examiners. By O. P. C. (*Ibid.*, VIII, p. 391.)

— Assistant-Examiners at 鄉試. (*Ibid.*, XII, p. 137.)

— Ages of Candidates at Chinese Examinations; Tabular Statement. By E. L. Oxenham. (*Journ. China Br. R. As. Soc.*, N. S., XXIII, 1888, pp. 286/7.)

— Competitive Examinations in China. (*Blackwood's Mag.*, CXXXVIII, 479; réimp. *Littell's Living Age*, CLXVII, 490; *Eclectic Mag.*, CV, 777.) — (*Leisure Hour* [S. Mossmann], XXII, 436.)

— Chinese Examinations. (*Saturday Review*, LXII, 582.)

— Competitive Examinations in China. By T. L. Bullock. (*Nineteenth Century*, July 1894.)

— *Variétés sinologiques* No. 5. — Pratique des examens littéraires en Chine par le P. Etienne Zi (Siu), S. J. — Chang-hai. Imprimerie de la Mission Catholique à l'Orphelinat de T'ou-Sé-Wè. — 1894, in-8, pp. III-278. Pl.

Notice : *China Review*, XXI, No. 6, pp. 419/420, par E. H. P.[arker].

— *Variétés sinologiques* No. 9. — Pratique des Examens militaires en Chine par le P. Etienne Zi (Siu), S. J. — Chang-hai. Imprimerie de la Mission Catholique à l'Orphelinat de T'ou-Sé-Wè. — 1896, in-8, pp. II + 1 f. n. ch. + pp. 132.

Notice : *T'oung Pao*. VII, 1896, pp. 434/5, par G. Schlegel.

— Chinese Examinations. By E. H. P. (*China Review*, XXI, No. 5, pp. 347/9.)

— La réforme des examens littéraires en Chine. Par P. Pelliot. (*Bul. Com. Asie française*, Avril 1903, pp. 160/165.)

(EXAMENS.)

IX. — JURISPRUDENCE

La dynastie mandchoue qui règne aujourd'hui en Chine reconnaît trois ouvrages de jurisprudence :

1° Le *Ta Ts'ing Liu Li* 大清律例, ou Code Pénal ;

2° Le *Tse Li*, Règlements généraux 則例

3° Le *Ta Ts'ing Houei Tien* 大清會典, Recueil de lois passées sous la dynastie Ta Ts'ing.

(DIVERS.)

— *Ta Tsing Leu Lee*; being the Fundamental Laws, and a selection from the Supplementary Statutes, of the Penal Code of China; originally printed and published in Pekin, in various successive Editions, under the sanction, and by the authority,

(DIVERS.)

of the several Emperors of the *Ta Tsing*, or present Dynasty. Translated from the Chinese; and accompanied with an Appendix, consisting of authentic documents, and a few occasional notes, illustrative of the subject of the work; By Sir George Thomas Staunton, Bart. F. R. S. London: Printed for T. Cadell and W. Davies .... 1810, gr. in-4, pp. lxxvi-581.

— Les Sections XXXIV et CCXXIV de cette trad. sont réimp. dans *The Canton Register*, 1834, p. 87.

Vend. : Rémusat (156) Fr. 29; Klaproth (167) Fr. 30.

Notices : *Edinb. Rev.*, XVI, pp. 476/99 (by Lord Jeffrey); — *Lond. Quart. Rev.*, III, pp. 273/319; — *Chinese Repository*, II, pp. 10 sq.; cette note, par E. C. Bridgman, est réimp. dans *The Cycle*, 1870; *Edinb. Rev.* par Sir James Mackintosh.

— *Ta-Tsing-Leu-Lée,* ou les Lois fondamentales du Code Pénal de la Chine, avec le Choix des Statuts Supplémentaires, originairement imprimé et publié à *Pékin*, dans les différentes Editions successives, sous la sanction et par l'autorité de tous les Empereurs *Ta-Tsing*, composant la Dynastie actuelle : traduit du Chinois, et accompagné d'un Appendix contenant des documens authentiques et quelques notes qui éclaircissent le texte de cet ouvrage; par George Thomas Staunton, Baronet, Membre de la Société royale de Londres. Mis en français, avec des notes, par M. Félix Renouard de Sainte-Croix, ancien officier de Cavalerie au Service de France; de l'Académie de Besançon, de la Société Philotechnique de Paris; auteur du Voyage politique et commercial aux Indes Orientales, aux Philippines et à la Chine. A Paris, 1812, 2 vol. in-8.

Vend. : Rémusat (157) Fr. 6.

— *Ta-Tsing-Leu-Lee* ‖ o sia ‖ Leggi fondamentali ‖ del ‖ Codice penale della China, ‖ stampato e promulgato a Pekin ‖ coll' autorità di tutti gl' Imperatori Ta-Tsing, ‖ della presente dinastia. ‖ Tradotto dal Chinese ‖ da Giorgio Tommaso Staunton, ‖ Membro della Società reale di Londra. ‖ Versione italiana. ‖ Milano, 1812. ‖ Dalla Stamperia di Giovanni Silvestri, ‖ agli Scalini del Duomo No. 994. 3 vol. pet. in-8, pp. 372, 370, 422.

— *Ta Tsing Houei Tien* 大清會典

Abstract of the General Laws of China; as administered by the Great Tsing Dynasty now on the Throne of that Empire. — Cet extrait du *Ta Ts'ing Houei Tien* est imprimé comme appendice au *Report of the Anglo-Chinese College (6th Annual, 1828)*, pp. 40.

— *Ta Tsing Hwui Tien,* or the Statistics of the Tá Tsing dynasty, in 64 vol., gr. in-8. - Reviewed by a Correspondent. [C. Gützlaff.] (*Chin. Rep.*, XII, pp. 57/69. — *Chin. & Jap. Rep.*, Dec. 1865.)

—— Consulter sur l'ancienne Jurisprudence, le Chap. XXVII (Liu-hing) de la IVe Partie du *Chou-king*.

— *Mém. conc. les Chinois*, VIII, pp. 220/226.

— Encyclopédie méthodique. Jurisprudence. T. II. A Paris, 1783, in-4 :

Chine, pp. 603/617.

— Translation of an Extract from a Collection of Chinese Law Reports, being the Trial, Appeal, and Sentence upon an Indictment for Homicide by Gun-firing. (Barrow, *Travels*, Ch. VII, pp. 370 seq.)

— Essai sur la législation chinoise; par M. Dellac, avocat à la Cour royale de Paris, pp. 351/393 des *Lettres de M. de Saint-Martin*, Paris, 1822.

— Gerichte in China von Julius Klaproth. (*Mines de l'Orient*, VI, Vienne, 1818, pp. 421/3.)

— Gesetz und Recht im alten China nach Chinesischen Quellen. Von Dr. J. Heinrich Plath .... München, 1865, in-4, pp. 118.

Abhand. d. k. Bay. Akad. d. Wiss. I. Cl., X. Bd., III. Abth.

— Legislation and Law in ancient China, according to Chinese sources. By Dr. J. Heinr. Plath. (*China Review*, VII, pp. 187/193, 285/290.)

(Translated from the *Transactions of the Royal Bavarian Academy of Sciences*, Class I, Volume X, Section III. — Munich, 1865.)

— G. Schlegel. — De Chineesche Eed. (*Tijds.* «Het Regt in Nederlandsch-Indië», Batavia, Mai 1868.)

— G. Schlegel. — De Chineesche Eed. (*Indisch Weekblad van he Regt*, 7 Oct. 1867; *Bataviaasch Handelsblad*, 17 et 23 oct. 1867, 4 nov. 1867.)

Polémique avec M. M. von Faber.

— G. Schlegel. — Staaltjes van Chineesch-Regterlijke Scherpzinnigheid medegedeeld uit den Wijsheidsbuidel. (*Indisch Weekblad van het Regt*, 9 et 23 juillet, 3 sept., 1 et 29 oct., 24 déc. 1866, 15 janv. 1867.)

— Black fingerprints on Documents in China and Japan. By G. Schlegel. (*T'oung Pao*, VI, 1895, p. 148.)

— The Administration of Chinese Law. By Lex. (*China Review*, II, pp. 230/4.)

— Constitutional Law of the Chinese Empire. By C. F. Preston. (*China Review*, VI, 1877, pp. 13/29.)

'In a previous volume (II, p. 230) of the *Review*, may be found an article on the "Administration of Chinese Law", in which a short survey was made of the Criminal Code, or the Tai Ts'ing Lut Lai 大清律例. In continuation of the same general subject, it is now proposed to call attention to the Tai T'sing Ui Tien, 大清會典.

— Chinese Rights of Way, etc. By N. Negidius. (*China Review*, VIII, pp. 184/185.)

— The primitive Codification of Chinese Law. (*Ibid.*, X, p. 71.)

— The levirate in China. (*Ibid.*, X, p. 71.)

— A very nice distinction in law and equity. (*Ibid.*, XI, p. 60.)

— A Form of Chinese Oath. (*Ibid.*, XI, p. 133.)

— Endogamy. (*Ibid.*, XIII, p. 121.)

— Hereditary exterritoriality in China. (*Ibid.*, XIII, p. 356.)

— Chinese Laws and Customs. By Christopher Gardner, Esq. (*Journ. R. As. Soc.*, N. S., Vol. XV, Art. VIII, April 1883, pp. 221/236.)

— Hereditary Jurisdiction in the Southwest of China. By G. M. H. P.[layfair]. (*Journ. C. B. R. A. S.*, N. S., XX, 1885, pp. 182/184.)

— The sacredness of Human Life in China. By A. H. Smith. (*China Review*, XXIV, No. 5, pp. 235/238.)

— La Procédure et les Gens d'affaires en Chine. Par M. Paul d'Enjoy. (*Bul. Soc. Anth.*, Paris, 1898, pp. 484/7.)

— Créanciers et débiteurs en France, à Rome, en Chine. (*Revue scientifique*, 1900, II, pp. 560/2.)

— Le Droit en Chine. Par R. Dareste. (*Jour. des Savants*, sept. 1901, pp. 529/541.)

D'après Alabaster, Möllendorff et Hoang.

DROIT CRIMINEL.

— Alexis Leontiev. Китайское Уложение. Code pénal des Chinois. St. Pétersbourg, 1781, 1 vol. [en russe].

Traduction faite par ordre de l'impératrice Catherine II de l'original Mandchou publié en 1725. C'est un abrégé du Code pénal des Mandchous calqué sur le Code chinois.

— The Punishments of China, illustrated by twenty-two engravings : with Explanations in English and French. London : Printed for William Miller, Old Bond Street. 1801, gr. in-4.

Titre et explications en anglais et en français: grav. coloriées; pub. à £ 3. 13/6. — Vend. Roxburghe, 8895, £ 1. 17.

— * Strafen der Chinesen, auf 20 ausgemalten Kpfrn. dargestellt u. nach dem Englischen, mit Rücksicht auf die ältern u. neuern Werke über China, beschrieben von Friedrich Hempel. 4 Hefte. Mit 20 color. Kpfrn. gr. in-4, Leipzig. (Baumgärtner.) [Engelmann.]

— Sur la Cangue. (*Annales de la Prop.*, I, No. IV, Note, p. 31.)

— Remarks on the Penal Code of China. (*Asiat. Journ.*, N. S., III, IV, V, VI.)

— On the Banishment of Criminals in China. By D. J. Macgowan, M. D. Read before the Society, September 21st, 1858. (Art. III. *Journ. N. C. B. R. A. S.*, No. III, Dec. 1859, pp. 293/301.)

— Traces of the *Judicium Dei*, or Ordeal in Chinese Law. Contributed by W. G. Stronach. (*Ibid.*, N. S., No. II, Dec. 1865, p. 176.)

— Caged to Death. (*Chin. Rec.*, III, p. 77.)

— Chinese Terms for Murder and Manslaughter (Articles dans *N. & Queries on C. & J.*, Vol. II, p. 44, by E. C. Taintor: — pp. 44/45 by W. F. M[ayers].

— Terms relating to Crimes, Punishments and Law suits, etc. Selected and arranged by the Editor. (Doolittle's *Voc.*, II, No. 72.)

— On the execution of State Criminals. By [Miss] L. M. Fay. (*The China Review*, II, pp. 173/5.)

— Note sur les mœurs administratives et la législation pénale des Chinois, par M. Ferdinand Duval. Reims, 1848. Broch. in-8, 16 pages.

— Description of an Execution at Canton, by T. T. Meadows, Esq., Translator and Interpreter to Her Majesty's Consulate. (*Jour. Roy. As. Soc.*, XVI, 1856, pp. 54/58.)

— On the Punishment of Crucifixion in China. By James Jones Esq. (*Trans. Ethn. Soc.*, N. S., III, 1865, pp. 138/9.)

— Le Leggi penali degli Antichi Cinesi. Discorso proemiale sul diritto e sui limiti del punire e traduzioni originali dal Cinese dell' Avvocato Alfonso Andreozzi. Firenze, Giuseppe Civelli, 1878, in-8, pp. VIII-193.

— Краткій Историческій Очеркъ уголовнаго законодательства Китая съ древнѣйшихъ временъ до второй половины X вѣка по Р. X. — П. С. Попова. (*Travaux de la troisième session du Congrès des Orientalistes*, St Pétersbourg, 1876, I, pp. 513/571.)

— Rechtsvergleichende Studien über islamitisches Recht, das Recht der Berbern, das chinesische Recht, und das Recht auf Ceylon. Von J. Kohler. Berlin, 1889.

— Locus Operandi in Flogging. By E. J. Eitel. (*China Review*, VII, pp. 74/75.)

— Translations from the *Lü-li*, or General Code of Laws. By G. Jamieson. (*Ibid.*, VIII, pp. 1/18, 193/205, 259/276, 357/363; IX, pp. 129/136, 343/350; X, pp. 77/99.)

— Punishments under the Chinese penal code. By Breeks. (*Ibid.*, IX, p. 124.)

— The Cangue among the Romans. By Lempriere Junr. (*Ibid.*, IX, p. 397.)

— Limit of responsibility for Effects of wounds according to Chinese law. By J. N. T. (*Ibid.*, X, pp. 286/287.)

— Cases in Chinese Criminal Law. Marriage. By G. Jamieson. (*Ibid.*, X, pp. 358/365.)

Traduit de 刑案匯覽.

— Penitential use of the Cangue. (*Ibid.*, X, p. 428.)

— Torture in China. (*Ibid.*, XI, p. 260.)

— Chinese Punishments and superstitions. By Faith. (*Ibid.*, XI, pp. 333/334.)

— Punishment of Bannermen. (*Ibid.*, XII, p. 135.)

— The use of Torture. (*Ibid.*, XII, p. 136.)

— Death warrants. (*Ibid.*, XIII, p. 430.)

— Penal servitude. (*Ibid.*, XIII, p. 431.)

— Changes in the Penal Code. By E. H. Parker. (*Ibid.*, XIV, p. 51.)

— Post mortem Punishments. By E. H. Parker. (*Ibid.*, XIV, p. 171.)

— Compensation in case of Murder. By E. H. Parker. (*Ibid.*, XIV, p. 223.)

— Parricide. By E. H. Parker. (*Ibid.*, XIV, p. 226.)

— Criminals' ears. By E. H. Parker. (*Ibid.*, XIV, p. 357.)

— Decapitation *V.* Strangulation. By E. H. Parker. (*Ibid.*, XVI, p. 182.)

— * Crime and Criminals in China. (*Cornhill Mag.*, XII, 235.)

— Punishments. By E. H. Parker. (*China Review*, XVII, 1888, p. 52.)

— Chinese Law. Translations of leading Cases. By J. W. Jamieson. (*Ibid.*, XVIII, 1889, pp. 33/6.)

— Chinese Law. Extracts from the Ta-ching Lu-li. By J. W. Jamieson. (*Ibid.*, XVIII, 1889, pp. 118/124.)

— Ueber eine illustrirte Bekanntmachung der strafenden Gerechtigkeit in China. Von W. Schott. (*Sitzungsber. der kgl. preuss. Akad. d. Wissensch.*, Berlin, 1885, pp. 175/6.)

— Das chinesische Strafrecht. — Ein Beitrag zur Universalgeschichte des Strafrechts von Dr. Jos. Kohler, Professor in Würzburg, auswärtigem Mitglied des königlichen Instituts voor de Taal-, Land- en Volkenkunde van Nederlandisch-Indie in Haag. Würzburg. Druck und Verlag der Stahel'schen Univers. Buch- & Kunsthandlung, 1886, br. in-8, pp. 51.

— Les exécutions en Chine. (*Ann. de l'Ext. Orient*, 1886-1887, IX, pp. 350/351.)

— A Chapter of the Chinese Penal Code. — Proefschrift ter verkrijging van den graad van Doctor in de Rechtswetenschap aan de Rijks-Universiteit te Leiden, op gezag van den rector magnificus Dr. S. S. Rosenstein, Hoogleeraar in de Faculteit der Geneeskunde, voor de Faculteit te verdedigen op Woensdag 30 November des namiddags te 3 uren, door Abram Lind Jr., geboren te Amsterdam. — Leiden, E. J. Brill, 1887, in-8, pp. 79-xxv.

Les pp. I—XXV renferment le texte chinois.

— * Heinrich Erdmann. — Grausamkeit im chinesischen Gerichtsverfahren. (*V. Fels z. Meer*, 1887/8, H. 3.)

— * Frank G. Carpenter. — Chinese Crime and Fortune. (*New-York World*, March 31, 1889.)

— R. S. Gundry. — Judicial Torture. (*Fortnightly Review*, Mars 1890, pp. 404/420.)

— Photographing Criminals anticipated. By C. H. Brewitt-Taylor. (*China Review*, XVII, No. 6, p. 359.)

— Hu-man-ts'ao, a chinese Poison. By H. A. G[iles]. (*Jour. C. B. R. As. Soc.*, XX, No. 2, 1885, pp. 52/3.)

— Die Strafen der Chinesen. Nach dem Englischen von H. Dohrn. Mit 21 Abbildungen und 1 Titelbilde. Dresden 1898. Verlag von H. R. Dohrn, in-8.

— Notes and Commentaries on Chinese Criminal Law and Cognate Topics with special relation to ruling Cases. Together with a brief Excursus on the Law of Property chiefly founded on the writings of the late Sir Chaloner Alabaster, K. C. M. G., etc. Sometime H. B. M. Consul-General in China. By Ernest Alabaster, Of the Inner Temple, Barrister-at-Law; and Christ's College, Cambridge, Advanced Student; Chinese Customs Service. London: Luzac, 1899, in-8, pp. lxxii-677.

Notices : *Revue Critique*, 4 juin 1900, pp. 441/3, par Ed. Chavannes. — *Jour. R. A. S.*, Jan. 1900, pp. 148/150, par T. W. [atters].

— Illustrations of Chinese Criminal Practice. By Ernest Alabaster.

(Droit criminel.)

I. (*China Review*, XXV, N° 2, p. 93; II., *ibid.*, N° 4, pp. 174/175.)

— Supplices dégoûtants. Par G. Schlegel. (*T'oung Pao*, Sér. II, Vol. I, N° 5, Déc. 1900, pp. 515/518.)

— Les menteurs et les calomniateurs devant la loi chinoise. Par Paul d'Enjoy. (*Revue scientifique*, 38e année, 1901, 1er sem., pp. 240/242.)

— Le témoignage en Chine. Par Paul d'Enjoy. (*Revue scientifique*, 38e ann., 2e sem. 1901, pp. 10/11.)

— * A. T. — Une Exécution en Chine. (*La Nature*, No. 1601, 30 janvier 1904.)

— *Si Youen lou* 洗冤錄

«The *Se yuen luh* is a work on medical jurisprudence, written by Sung Tsze, about the year 1247. It was reprinted in the 15th century, since which time, it has come into general use in the courts of justice as a guide to the duties of coroner, and has been frequently republished. Within the last half century, it has passed through seven editions, with considerable additions. Apart from the imperfect state of medical science in the empire, this forms an interesting record of the theoretical condition of jurisprudence at that early period.» (Wylie, *Notes*, p. 75.)

— Notice du livre chinois *Si-yuen*, par le Père Cibot. (*Mém. conc. les Chinois*, IV, pp. 421 sq.)

— Chinese Medical Jurisprudence. Notice of a Chinese Work on Medical Jurisprudence, entitled *Se-yuen-luh*, or «Records of the Washing away of injuries», — with a collection of cases in illustration, a new edition, with additional notes and explanations: By W. A. Harland, M. D. Read to the Soc. 11th June 1853. (*Trans. China Br. R. As. Soc.*, Pt. IV, Art. V, pp. 87/91.)

— Geregtelijke Geneeskunde, par C. F. M. de Grijs. (*Verhand. van het Bataviaasch Genootschap van Kunsten en Wetenschapen*, Vol. XXX, Batavia, 1863.)

— Lettres de l'Expédition de Chine . . . par Adolphe Armand . . . 1864.

Du livre *Si-yuen* ou lavage de la fosse, pp. 158 et seq.

— The *Hsi yuan lu*, or Instructions to Coroners. [Translated from the Chinese.] By H. A. Giles. (*The China Review*, III, pp. 30/38, 92/9, 159/172.)

— R. K. Douglas. — Coroners' Science in China. (*Nature*, XXVII, April 26, 1883, pp. 612/614.)

— Interprétation des trois caractères composant le titre *Si-yuen-lu*, ouvrage qui traite de la médecine légale et de la jurisprudence médicale. Par le Dr. Martin. (*Revue Ext. Orient*, 1882, No. 2, pp. 316/317.)

— Exposé des principaux passages contenus dans le Si-yuen-lu. Par le Dr Ern. Martin. (*Rev. Ext. Orient*, 1882, No. 3, pp. 333/380; No. 4, pp. 596/625.)

Tirage à part : Paris, E. Leroux, 1884, br. in-8, pp. 78.

DROIT COMMERCIAL.

— Chinese Commercial Law. Article du *N. C. Herald*, June 29, 1867, d'après la brochure de M. Alabaster, sur le même sujet. — *N. C. Daily News*, 27 & 28 June 1867.

(Droit commercial.)

Nous n'avons pas vu la brochure dont il est fait mention ici; nous supposons qu'elle fait partie des *Commercial Reports* présentés au Parlement. (*Blue Books*.)

— Notes on Chinese Commercial Law. By A.C.D. (*The China Review*, II, pp. 144/148.)

— G. Schlegel. — Chineesche Faillissementen. (*Javabode*, 17 Juli 1867.)

— Bankruptcy in China. By Q. R. S. (*China Review*, VI, 1877, p. 136.)

— Laws of Sale amongst the Chinese. By W. X. Y. (*Ibid.*, VI, 1877, p. 137.)

— * The Commercial Law Affecting Chinese; with special reference to Partnership Registration and Bankruptcy Laws in Hongkong. «China Mail» Office, Hongkong, 1882.

Notice : *China Review*, XI, p. 52.

— Chinese Partnerships: Liability of the individual Members. (*Jour. China Br. R. As. Soc.*, N. S., XXII, 1887, pp. 39/52.)

Opinions de MM. C. T. Gardner, Byron Brenan, E. H. Parker, H. A. Giles, C. Alabaster, J. Macintyre, P. G. von Möllendorff, Sü Fu-shêng, Geo. Jamieson.

— Créanciers et débiteurs en France, à Rome, en Chine. Par Paul d'Enjoy. (*Revue scientifique*, 37e année, 1900, 2e sem., pp. 560/562.)

FAMILLE ET SUCCESSION.

Voir Moeurs et Coutumes.

— Chinese Divorces. (*Jour. Ind. Arch.*, VIII, 1854, p. 420.)

D'après l'*Indo-Chinese Gleaner*, de 1820.

— G. Schlegel. Chineesch Regt. — Iets over Chineesche Testamenten, Donatiën en Erfopvolging. (*Tidschrift* «Het Regt in Nederlandsch-Indie», No. 11 en 12, 1863.) Batavia, September 1862.

— G. Schlegel. Wettelijke Bepalingen omtrent de huwelijken in China en beschrijving der daartoe gebruikelijke plegtigheden. (*Ibid.*) Batavia, Nov. 1862.

— Chinese Law on Divorces. By C. Hartwell. (*Chin. Recorder*, I, pp. 187/8.)

— The Law of inheritance. By Chal. Alabaster. (*The China Review*, V, pp. 191/195, 248/251; VI, 1877, pp. 55/6.)

— Inheritance and «Patria Potestas». By X. Y. Z. (*Ibid.*, pp. 404/407.)

— La puissance paternelle en Chine. Etude de droit chinois par F. Scherzer, Interprète-Chancelier. Paris, Ernest Leroux, 1878, in-18, pp. VII-80. Prix 2 fr. 50.

Forme le Vol. XXIII de la *Bibliothèque orientale elzévirienne*.

Notices : *Gazette des Tribunaux*, 29 janvier 1879. (Par Charles Desmaze.) — *L'Indépendant* [de Douai], 13 février 1879. — *L'Europe diplomatique*, 21 février 1879. — *Mémorial de Lille*, 26 février 1879. [Par Gustave de Boursies.]

Paul Georg von Möllendorff.

Né à Görlitz, en 1848; † le 19 avril 1901, à Ning Po.

Notices : *T'oung Pao*, Juillet 1901, p. 198, par Henri Cordier. — *Jour. China Br. R. As. Soc.*, XXXIII, No. 3, pp. 65/67, par T. W. Kingsmill.

— The Family Law of the Chinese, and its comparative relations with that of other Nations. By P. G. von Möllendorff. (*Jour. N.C.Br.R.As.Soc.*, N. S., No. XIII, 1879, Art. III, pp. 99/121.)

Notice : *China Review*, VIII, p. 53.

— The Family Law of the Chinese. By P. G. von Möllendorff. (*Jour. China Br. R. As. Soc.*, N. S., XXVII, No. 2, 1892—93, pp. 131/190.)

— * Das Chinesische Familienrecht. Von P. G. von Möllendorff. Shanghai, 1895, in-8.

— 要集禮家 — P. G. von Möllendorff. — Le droit de famille chinois — Traduction Française de Rodolphe de Castella. — Paris, Ernest Leroux, 1896, pet. in-8, pp. 106 + 3 ff. n. ch. pour la table et le répertoire alphabétique.

Imprimerie A. Cunningham et Cie, Shanghai.

∴

— Das Familienrecht der Chinesen im Vergleiche zu dem der anderen Völker. Von Dr. Jos. L. Grunzel. (*Globus*, Bd. LVIII, 1890, pp. 209—211, 266—270.)

— Comparative Chinese family law. By E. H. Parker. (*China Review*, VIII, pp. 67—107.)

— Family law By E. H. Parker. (*Ibid.*, XIV, p. 223.)

— Grandsons in China. By E. H. P. (*China Review*, VIII, p. 256.)

— A father called uncle. By J. Dyer Ball. (*Ibid.*, XV, pp. 176/177.)

— A son-in-law only half son. By J. D. B. (*Ibid.*, XV, p. 177.)

— Inheritance. By X. Y. Z. (*Ibid.*, VII, pp. 280/281.)

— Rules of Inheritance. (*Ibid.*, XI, p. 261.)

— Law of succession. (*Ibid.*, XI, p. 263.)

— Succession in Ancient Times. (*Ibid.*, XIII, p. 119.)

— The Law of testamentary Succession as popularly understood and applied in China. By E. J. Eitel. (*Ibid.*, XV, pp. 150/155.)

— Adoption. By Q. E. D. (*Ibid.*, VII, pp. 281/282.)

— Adoption. — A Case in Point. By E. H. P. (*Ibid.*, IX, pp. 122—123.)

— Adopted sons in China. (*Ibid.*, XIII, pp. 119/120.)

— Adoption. By N. G. Mitchell-Innes. (*Ibid.*, XIV, pp. 199/205.)

— The History of Adoption and its relation to modern Wills. A Lecture delivered at the English Law School in Tokyo. By G. Jamieson. (*Ibid.*, XVIII, 1889, pp. 137—146.)

— Le Divorce en Chine. Par Henri Cordier. (*Jour. des Débats*, 13 avril 1880. — Réimp. dans le *Soleil*, 19 avril 1880; et dans la *Revue de l'Extrême-Orient*, I, No. 2, Avril-Mai-Juin, 1882, pp. 329/331.)

— * Mag een Chinees bij uitersten wil over zijn vermogen onbeperkt beschikken, door Mr. P. H. Fromberg. (Overgedrukt uit het

Tijdschrift «Het Regt in Nederlandsch-Indië», Dl. LXVI, Afl. 3.)

Notice : *T'oung Pao*, VII, 1896, pp. 597/8, par G. Schlegel.

— The Chinese System of Family Relationship and its Aryan Affinities. By Thos. W. Kingsmill. (*Jour. China Br. R. As. Soc.*, N. S., XXXI, No. 1, 1896-97, pp. 61/72.)

— Family Law of the Chinese. By J. C. Arlington. (*China Review*, XXV, No. 2, pp. 85/7.)

— Versterfrecht, adoptie en pleegkinderen bij de Chineezen. Behandeling der betrekklijke artikelen van het wetboek *Tai Tshing Loet Lé*, door J. W. Young. (*Tijdschft. v. Ind. Taal*..., XXXI, 1886, pp. 214/239.)

— Het Huwelijk en de Wetgeving dienaangaande in China door J. W. Young, Tolk voor de Chineesche taal de Semarang. (*Tijdschft. voor Ind. Taal*...., XXXVIII, 1895, pp. 1/190.)

— *Variétés sinologiques* N° 14 — Le Mariage Chinois au point de vue légal par le P. Pierre Hoang. — Chang-Hai. Imprimerie de la Mission catholique, Orphelinat de T'ousè-wè. — 1898, in-8, pp. LIV-259 + 46 + 9 tableaux.

Notices : *China Review*, XXIII, No. 6, pp. 363/4, par E. H. Parker. — *T'oung Pao*, X, Mars 1899, pp. 87/93, par G. Schlegel. — *Miss. Cath.*, 1899, p. 144.

— Une question de traduction. Quelques notes par le P. Hoang. (*T'oung Pao*, Oct. 1900, pp. 399/405.)

— * Atoeran Hak Poesaka orang tjina dan hal mengangkat anak. Tersalin dari kitab hoekoem Taij tjingh loet lie oleh Tjoa sien hie, Luitenant titulair en Mandarijn 5 klas. — Regeling der erfopvolging bij versterf onder Chineezen en der adoptie, vertaald in het Maleisch en Nederlandsch uit het Chineesche Wetboek Taij tjingh loet lie door Tjoa sien hie, Luitenant titulair, Chineesche Mandarijn 5e Klasse. Soerabaija, Gebr. Grimberg & Co. 1900, pp. 14.

Notice : *T'oung Pao*, Sér. II, Vol. 1, N° 5, Déc. 1900, pp. 501/502. Par G. Schlegel.

— Le Droit d'aînesse en France et en Chine. Par M. Paul d'Enjoy. (*Bul. Soc. Anth.*, Paris, 1896, pp. 295/303.)

— La Femme. Par M. Paul d'Enjoy. (*Ibid.*, Paris, 1897, pp. 59/63.)

PROPRIÉTÉ TERRITORIALE.

— Mémoire sur la condition de la propriété territoriale en Chine depuis les temps anciens, par M. Edouard Biot. (*Journ. As.*, VI, 1838, 3e S., pp. 255/336.)

(Famille et Succession.)

— Land Tenure in China. Remarks on the acquisition, common-tenure, and alienation of real Property in China, accompanied by a Facsimile and Translation of a Deed of Sale : By Thomas Taylor Meadows, Interpreter to H. M.'s Consulate at Canton. (*Trans. China Br. R. As. Soc.*, 1847, No. I, Art. I, pp. 1/15. — Repr. *China Mail*, No. 187, Sept. 14, 1848; and *Chinese Rep.*, XVIII, pp. 561 seq.)

— Поземельная собственность въ Китаѣ. — La propriété foncière en Chine, par Zakharoff. (*Trav. de la Mission Russe*, II, 1853, No. 1.)

— The Tenure and Transfer of Land. (*The Cycle*, 1870, 12 & 26 Nov., 31 Dec.)

— Transfers of Property in China. (*Ibid.*, 1871, 28 Janv.)

— On the succession to landed Property. (*Ibid.*, 1871, 15 Avril.)

— La Propriété territoriale en Chine, par J. Sacharoff. (*Revue Germanique*, 1e année, 1858.)

— Leasehold Usage. By Nicodemus. (*China Review*, VII, pp. 283.)

— Land Tenure in China. By Bumbaillif. (*Ibid.*, IX, p. 58.)

— Feudal Allotments of Land. (*Ibid.*, XI, p. 263.)

— The Land question in China. By E. H. Parker. (*Ibid.*, XV, pp. 248/249.)

— The Land Question in China. By E. H. Parker. (*Ibid.*, XVI, p. 243.)

— La propriété en Chine. Par Eugène Simon. (*Annales de l'Ext. Orient*, 1881—1882, IV, pp. 257/269.)

— A Land Purchase at Nankin. By Rev. G W. Woodall. (*Chin. Rec.*, 1885, oct., XVI.)

— Tenure of Land in China and the condition of the rural population. By George Jamieson. (*Jour. China Branch R. As. Soc.*, XXIII, N. S., No. 2, 1888, pp. 59/174.)

Contient outre l'introd. de M. Jamieson des rapports «on Land Tenure» en Mandchourie et dans les différentes provinces de la Chine par les Rév. John Ross, T. Richards, C. S. Medhurst, B. Bagnall, G. Andrew, W. E. Burnett, Mr. G. Jamieson, Mr. E. L. Oxenham, Rév. F. Boden, Bishop Moule, J. F. Johnson, Mr. Geo. Phillips, Miss A. M. Fielde, Rév. F. T. Foucar, plus une traduction par Mr. H. B. Morse du traité *De Legali Dominio Praticae Notiones* par le Père Peter Hoang, pub. à Zika-wei en 1882, pp. 163 et la réimp. d'articles parus jadis dans *The Cycle on the tenure and transfer of real property in China and the mode of succession to land.*

Ajouter à l'ouvrage du P. Hoang, un *Appendix*, publié en 1891, pp. 44.

— Chinese Law on the Ownership of Church Property in the Interior of China. By Rev. Gilbert Reid, M. A. (*Chinese Recorder*, Sept. 1889, pp. 420/426; oct. 1889, pp. 454—460.)

— *Variétés sinologiques* N° 11. — Notions techniques sur la Propriété en Chine avec un Choix d'Actes et de Documents officiels par le P. Pierre Hoang. — Chang-Hai. Imprimerie de la Mission Catholique. 1897, in-8, pp. II-200.

Le texte latin du P. Hoang [Vide Supra] a été traduit par le P. J. Bastard, et les textes chinois ont été traduits par le P. J. Tobar.

(Propriété territoriale.)

Notice : *China Review*, XXIII, No. 2, pp. 115/116. Par E. W. T[hwing.]

— Les Baux chinois. Par R. V. (*Belgique coloniale*, 24 avril 1898, pp. 193/195.)

— Esquisse d'une histoire de la condition de la terre et des travailleurs ruraux en Chine. Rapport par M. Maurice Courant. (Pp. 198/232, *Soc. d'Economie pol. et d'Ec. sociale de Lyon.* — Cte. rendu analytique des séances de l'année 1900—1901. Lyon, Imp. A. Bonnaviat, 1901, in-8; 5e séance, 11 janvier 1901.)

— La tenure des terres en Chine. Par J. Silvestre. (*Bul. Soc. Géog. Rochefort*, XXI, 1899, pp. 232/6.)

— La Propriété et l'Impôt foncier en Chine. (*Chine et Sibérie*, Mars 1900, pp. 97/9.)

D'après l'*Ostasiatischer Lloyd*.

— Bijdragen tot de kennis van het grondbezit in de Chineesche Districten. Door H. E. D. Engelhard. (*Bijd. Taal-, L. Volk. Ned. Ind.*, 1900, pp. 241/262.)

— Die Rechtsverhältnisse am Grundeigentum in China von Dr. O. Franke. Leipzig, Dieterich, 1903, in-8, pp. VIII-104.

DROIT INTERNATIONAL.

— Traces of International Law in Ancient China. Condensed Outline of a paper read before the Congress of Orientalists in Berlin, 13. September 1881. By Dr. W. A. P. Martin, President of the Tungwen College, Peking. (*Verhand. d. Vten Int. Orient.-Cong.*, II. Th., 2 Hfte., Berlin, 1882, IV. Ostasiat. Section, pp. 71/80.)

— La Chine et le droit international. Par W. A. P. Martin. (*Revue de droit international*, XVII, 1885, pp. 504/9.)

Sous forme de lettre à M. G. Moynier à Genève, datée Peking, 21 juillet 1885.

— Le droit international dans l'ancien empire Chinois. Par le Comte de Noidans.

(*Revue de Belgique*, XLVII, 15 juillet 1884, pp. 308/313.)

∴

— Diplomacy in Ancient China. By Dr W. A. P. Martin. (*Jour. Peking Oriental Society*, Vol. III, N. 4, pp. 241/262.)

∴

— Code annamite, lois et réglements du royaume d'Annam, trad. du chinois, par G. Aubaret. Paris, Imp. Imp., 1865, 2 vol. gr. in-8.

— Études sur le droit annamite et chinois. — Le Code Annamite. — Art. 86. Terres et rizières des sujets méritants. Saigon, le 5 décembre 1871, pièce in-4 autographiée, pp. 67.

Par Philastre.

— Art. 84. Vérification sur place des pertes de l'impôt en grain des Rizières causées par des calamités naturelles, pièce in-4 autogr., pp. 70.

Par Philastre. Saigon, le 28 nov. 1871.

— Études sur le droit annamite et chinois. — Le Code Annamite Nouvelle traduction complète comprenant les Commentaires officiels du Code, traduits pour la première fois; de nombreuses Annotations extraites des Commentaires du Code Chinois; des Renseignements relatifs à l'histoire du Droit, tirés de plusieurs Ouvrages chinois; des Explications et des Renvois. Par P.-L.-F. Philastre, lieutenant de vaisseau. Imprimé par ordre du Gouvernement de la Cochinchine française. Paris, Ernest Leroux, 1876, 2 vol. gr. in-8, pp. 791—755.

Voir Sciences morales & philosophiques.

— Judicial. By E. H. Parker. (*China Review*, XVII, pp. 51, 114.)

— Exposé du droit chinois-annamite. Par Laurent Crémazy. (*Rev. Indo-chinoise*, No. 105, 22 oct. 1900, pp. 1022/1024; No. 106, 29 oct. 1900, pp. 1046/1049.)

X — HISTOIRE.

Chronologie.

— Basilicon Sinense, Seu Primorum Hominum, Regum & Imperatorum Sinensium Series, Nomina, Cognomina, Aetas, Res quaedam Gestae, aliaque, Ab exordio ad nostra usque tempora. [Auct. And. Müller, pp. 35 — à la suite d'*A. Beidavaei Hist. Sinensis.*]

— Elenchus Regum Sinicorum; dans *Hebd. Obs.* de A. Müller, 1674, col. 30.

Ph. Couplet.

— Tabula ‖ chronologica ‖ Monarchiae Sinicae ‖ juxta cyclos annorum LX. ‖ Ab anno ante Christum 2952. ad annum ‖ post Christum 1683. ‖ Auctore R. P. Philippo Couplet Belgâ, Soc. Jesu, ‖ Sinensis Missionis in Urbem Procuratore. ‖ Nunc primùm in lucem prodit ‖ è Bibliotheca Regia. ‖ [Fleuron.] ‖ Parisiis, — ‖ M.DC.LXXXVI. ‖ Cum Privilegio Regis. in-fol., pp. XX + 8 + 108 + 1 carte + 1 p. n. ch. p. l. priv.

A la suite de *Confucius Sinarum Philosophus*. — Comprend :

Praefatio, pp. III—XIX.

Primi Sinarum Conditores, p. XX.

Tabula chronologica Monarchiae Sinicae ante Christum juxta Cyclos annorum 60. pp. 1/20.

Tabula genealogica trium Familiarum Imperialium Monarchiae Sinicae à Hoam ti primo gentis Imperatore per 86. successores, & annos 2457. ante Christum. E Sinico Latinè exhibita à R. P. Philippo Couplet Belgâ, Soc. Jesu, Sinicae Missionis in Urbem Procuratore, pp. 8.

Tabula chronologica Monarchiae Sinicae juxta Cyclos annorum LX. Ab anno post Christum primo, usque ad annum praesentis Saeculi 1683. Auctore R. P. Philippo Couplet Belgâ, Soc. Jesu, Sinensis Missionis in Urbem Procuratore. Nunc primùm in lucem prodit è Bibliotheca Regia. Parisiis, M.DC.LXXXVI. Cum Privilegio Regis, pp. 21/106.

Imperii Sinarum et rerum in eo notabilium Synopsis. pp. 105[sic]-108.

Paradigma XV Provinciarum et CLV Urbium Capitalium Sinensis Imperij Cum Templis quae Cruce + Signantur et Domiciliis S. I.

Au bas de la dernière p., au-dessous du privilège : « Parisiis, ‖ Ex Typographia Andreae Cramoisy Parisiensis Typographi. ‖ M.DC.LXXXVII.

— Tabula chronologica Monarchiae sinicae a R. P. Philippo Couplet Soc. Jesu concinnata, et Honoribus Illustrissimorum, ac Perillustrium Dominorum In Antiquissima ac Celeberrima Universitate Viennensi promotore R. P. Carolo Granelli Societatis Jesu, AA. LL. & Philosophiae Doctore, ejusdemque Professore Ordinario, primâ AA. LL. & Philosophiae laureâ Condecoratorum A Neo-Baccalaureis Condiscipulis Inscripta & dicata Anno M.DCCIII. Viennae, Typis Leopoldi Voigt. pet. in-12, pp. 234 + 3 ff. prél. n. chif., carte de la Chine à la fin.

— Léonard des Malpènes a fait quelques remarques sur la Chronologie chinoise du P. Couplet dans le Tome II de son *Essai sur les Hiéroglyphes des Egyptiens*, etc. Paris, 1745, in-12. La Chronologie de la Chine, donnée en allemand par Chrétien Mentzel, n'est qu'une traduction incomplète de celle du P. Couplet. (*Bibl. germanique*, V, p. 39.) (De Backer.)

— Prologomena ad Synopsim Chronologicam Monarchiae Sinicae. Auctore P. Philippo Couplet Soc. Jesu.

Ms. XVIIe Siècle; petit in-folio; 49 ff. chiffrés; Bib. nat., [Nouv. acq. lat. 1076], No. 17804, latin.

Ce traité composé de 9 chapitres est daté (f. 49) : « Ex *Quàm cheù fù* metropoli Provinciae *Quam tùm* in regno Sinarum die 24 Decembris Anno 1666. »

— Kurtze Chinesische ‖ Chronologia oder Zeit-Register ‖ ‖ Aller ‖ Chinesischen Kayser ‖ ‖ Von ihrem also vermeinten Anfang der ‖ Welt bis hieher zu unsern Zeiten ‖ des nach ‖ Christi unsers Seligmachers Gebuhrt ‖ 1696sten Jahres ‖ ‖ In einer richtigen Ordnung von Jahren zu Jah- ‖ ren ‖ mit ihren rechten Characteren ‖ Nahmen und Beschrei- ‖ bungen ‖ auch mit zween Chinesischen erklährten Tafeln der ‖ vornehmsten Geschichten von ihrem Anbeginn ‖ der Welt ‖ ‖ Hezogen aus der Chineser Kinder-Lehre *Siao ul* ‖ *Hio* oder *Lun* genande. ‖ Nebst einem kurtzen Anhang einer Moscowitischen Reise- ‖ Beschreibung zu Lande nach China, in den 1693/94 und 95sten Jahren ‖ ‖ von dem Moscowitischen Abgesandten Hn. Jsbrand gehalten. ‖ vorgestellet ‖ von ‖ Christiano Mentzelio, P. & Med. D. ‖ Churf. Brandenb. Raht und Leib-Medico Sen. ‖ Berlin ‖ ‖ Johann Michael Rüdiger... ‖ Anno 1696, in-4, 8 ff. n. ch. p. l. tit., préf., etc. + pp. 145 + pp. 6 n. ch. p. la tab.

J. F. Foucquet.

— Tabula chronologica historiae Sinicae connexa cum cyclo qui vulgo *kia tse* dicitur.

Cette table chronologique est une grande planche composée de 3 feuilles : Edebat Ioan. Franc.us Foucquet, S. I. Episcopus Eleutheropolitanus — Monita : . . . . . 1° Tabulae author vivebat adhuc in Sinis anno 1720. cum Pekino discessimus. Vir est primarius, e familia nobili inter Tartaros, cognomine Nëen.

On lit au bas du tableau, dans le coin, : « Joannes Petroschi sculp. Romae Sup. perm. Ann. 1729. »

On consultera sur cet ouvrage les lettres du P. Parrenin du 15 Octobre 1733 et du 21 Mai 1735. (*Lettres d'un Missionnaire à Pékin*, Paris, 1782, in-8, pp. 44 et seq., col. 57.)

— An Explanation of the new Chronological Table of the Chinese History, translated into Latin from the Original Chinese, by Father Johannes Franciscus Foucquet, Soc. Jes. Bishop of Eleutheropolis, and published at Rome in the Year 1730. Collected from two Accounts thereof, written in French, one sent from Rome by Sir Tho. Dereham, Bar^t. to the Royal Society, the other sent from Father Foucquet to Father Eustache Guillemeau, a Barnabite at Paris, and by him transmitted to Sir Hans Sloane, Bar^t. Pr. R. S. (*Philosophical Transactions*, XXXVI, 1729-1730, pp. 397/424.)

— Math. Seutter a donné, en 1746, à Augsbourg, une réimpression en deux feuilles in-folio de cette table chronologique. (Rémusat, dans la *Biog. univ.*, Art. *Fouquet*.)

« L'original chinois sur lequel sa traduction [du P. Foucquet] a été faite est dû à l'esprit d'un Tartare illustre par sa naissance et par son mérite, nommé *Nien hi yao* qui etoit Viceroy de Canton l'an 1724. » (Ext. de l'*Explication de la nouvelle table chronologique de l'histoire chinoise*, ff. 50/61. Ms. Fr. 12209 Bib. nat.)

« Le docte *Nien* qui nous l'a donnée, n'est pas l'*hauteur* [sic] du système chronologique qu'il y expose. Il avertit luy même qu'il l'a tirée de l'histoire aujourdhuy la plus célèbre, et la plus estimée dans son pays. Elle fut publiée vers la fin du XIIe Siècle de l'Eglise, par *Tchu-hi* le plus illustre philosophe qu'ait eu la Chine depuis Confucius, mais *Tchu-hi* en la composant suivit la chronologie de *Sema Wen kong* Philosophe du IIe Siècle qui n'a gueres moins de reputation que luy». (Ext. du *Mémoire instructif pour la nouvelle table chronologique des Chinois*, ff. 62/68, Ms. Fr. 12209, Bib. nat.)

— Explication d'une nouvelle table chronologique de l'histoire chinoise, traduite de l'original chinois en latin, et publiée à Rome l'an 1729, par le Père Jean-François Fouquet, de la Compagnie de Jésus. Manuscrit in-4. (Catal. de la Bibl. de Nismes, II, n° 9937.)

De Backer, I, 1927.

— Dissertation pour prouver la conformité de la Chronologie des Chinois avec celle des Chrétiens. 1728.

Cette pièce faisait partie de la collection de M. Ch. Schefer et elle occupe les ff. 177/203 dans un Ms. de ff. 393 du XVIIIe siècle; elle est suivie (ff. 205/253) de : «Conformité de la Cronologie des Tartares depuis la création du monde jusqu'à présent avec la nôtre.» In-folio.

— Réflexions sur la Chronologie chinoise par Monsieur Cassini. (*Rec. de l'Ac. des Sc.*, VIII, 1730, pp. 300/311.)

— Dissertation sur les Annales chinoises, où l'on examine leur époque, & la croyance qu'elles méritent. Par M. Fourmont l'Aîné. 18 Mai 1734. (*Rec. de l'Ac. des Insc., Mém.*, XIII, 1740, pp. 507/519.)

— Dissertazione sopra gli Annali Chinesi, In cui si esamina l'Epoca di essi, e la fede che meritano. Del Signor Fourmont, il Maggiore. N° XXII. In Venezia, Appresso Antonio Groppo. 1748. Pièce in-4, pp. 10 à 2 col.

Fréret.

— De l'Antiquité et de la certitude de la Chronologie chinoise. Par M. Fréret. (1er de X[bre] 1733. *Mém. de l'A. R. des Insc.*, X, 1736, pp. 377/402.)

— Eclaircissemens sur le Mémoire lû au mois de Novembre 1733, touchant l'antiquité & la certitude de la Chronologie chinoise. Par M. Fréret. (20 Février 1739. *Ibid.*, XV, 1743, pp. 495/564.)

— Suite du Traité touchant la certitude et l'antiquité de la Chronologie chinoise; servant d'éclaircissement au Mémoire lû sur la même matière au mois de Novembre 1733. Par M. Fréret. (*Ibid.*, XVIII, 1753, pp. 178/295.)

— Ant. Gaubil, S. J. Observations sur le Mémoire de M. Fréret, inséré dans le Recueil de l'Académie des Inscriptions, t. XVIII, sur l'antiquité et la certitude de la chronologie chinoise. — Dans le *Magasin encyclopédique*, t. XII (1797), pp. 171—192. — Ces observations ont été envoyées par le P. Gaubil à M. de Bougainville, successeur de Fréret dans la place de secrétaire perpétuel de l'Acad. des Insc., en 1753; Gaubil avait reçu les épreuves du mémoire de Fréret en 1753. Voir lettre du P. Gaubil, de Pékin, 25 octobre 1753, VIe des lettres publiées par Klaproth dans le *Journal Asiatique*, X (1832) et reproduites dans les *Lettres édifiantes*, éd. du *Panthéon littéraire*, t. IV.

Nicolas Fréret, né à Paris le 15 février 1688, est mort le 8 mars 1749. On consultera sur Fréret son Eloge dans le *Rec. de l'Ac. des Insc., Hist.*, XXIII, 1756, pp. 314/337.

— Catalogue méthodique et raisonné des ouvrages tant imprimés que manuscrits de Nicolas Fréret. (*Rec. de l'Ac. des Insc., Hist.*, XVI, 1850, pp. 256 et seq.) — Voir également ses *Œuvres complètes*, Paris, 20 vol. in-12, an IV.

— Essai sur les Hiéroglyphes des Egyptiens, Où l'on voit l'Origine & le Progrès du Langage & de l'Ecriture, l'Antiquité des Sciences en Egypte, & l'Origine du culte des Animaux. Traduit de l'Anglois de M. Warburthon. Avec des Observations sur l'Antiquité des Hieroglyphes Scientifiques, & des Remarques sur la Chronologie & sur la première Ecriture des Chinois. A Paris, Chez Hippolyte-Louis Guerin ..... M.DCC.XLIV, 2 vol. pet. in-8.

Voir II, pp. 355/532 : Remarques sur la Chronologie des Chinois.

— Remarques tirées de l'extrait Ms. fait par le P. Foureau [sur la Chronologie chinoise.]

Suivies d'une lettre du P. Foureau à M. Guerin : A Paris au College le 20 May 1744. — (17 pages dans le Ms. Fr. 12215, Bib. nat.)

J. B. Régis.

— Concordia Chronologiae Annalium Sinensis Imperii, cum epochis Historiae nostrae sacrae et prophanae, a creatione mundi usque ad initium aerae Christianae.

Ouvrage, non imprimé, dont le ms., in-fol. de pp. 438, se trouvait à la bibliothèque des Jésuites de Lyon, du P. J. B. Régis dont un abrégé français a été publié en 1754 à Lyon à la suite de l'*Hist. de la conquête de la Chine* de Vojeu de Brunem (voir plus loin).

Cet abrégé a été traduit en anglais sous le titre de : «*Agreement of the Chronology of the Chinese Annals, with the Epochs of Ancient History*...» et pub. dans *The N. C. Herald*, No. 64, 18 Oct. 1851, No. 66, etc.; puis dans le *Shanghai Miscellany for 1852* (14 p.) and *for 1853* (12 p.).

De Guignes.

— Examen critique des Annales chinoises, ou Mémoire sur l'incertitude des douze premiers siècles de ces Annales, et de la Chronologie chinoise. Par M. de Guignes. (*Rec. de l'Ac., Mém.*, XXXVI, 1774, pp. 164/189.)

— Examen critique des Annales chinoises ou Memoire sur l'incertitude des 12 Premiers siècles de ces Annales et de la Chronologie chinoise.

Ms. Bib. nationale, Fr. 14684 (ancien Suppl. Fr. 5543), in-4, pp. 55. — (Par de Guignes; imprimé dans les *Mém. de l'Ac.* Vide supra.)

— Réflexions sur quelques passages rapportés par les Missionnaires, concernant la Chronologie Chinoise; avec un tableau fidèle de l'état de l'ancienne Histoire de la Chine, & des sources dans lesquelles les

Historiens modernes ont puisé, *ou* Supplément au Mémoire sur l'incertitude des douze premiers siècles des Annales & de la Chronologie Chinoise. Par M. de Guignes. Lû le 15 Janvier 1779. (*Rec. de l'Ac. des Insc., Mém.*, XLIII, 1786, pp. 239/286.)

— Principes de la Chronologie chinoise, pp. 135/140. — Chronologie historique des Empereurs de la Chine depuis l'ère vulgaire, pp. 141/196. — Lexique topographique avec les latitudes et longitudes des principales places de l'empire chinois, pp. 197/215. (*L'Art de vérifier les dates*... 3e éd., II, Paris, 1784, in-folio.)

Table des Cycles Chinois, pour servir à la Chronologie historique des empereurs de la Chine, p. 373. — Chronologie historique des empereurs de la Chine, pp. 374/387. (*L'Art de vérifier les dates*... *avant l'ère chrétienne*... par un Religieux de la Cong. de Saint-Maur..., mis en ordre par Mr. de Saint-Allais. Paris, 1820, in-folio.)

— Краткое хронологическое росписанiе Китайскихъ Хановъ; ...... Petite table chronologique des khans chinois, tirée du livre Le Miroir universel, avec indication des dates chinoises et romaines, depuis le commencement de l'empire chinois jusqu'à l'année 1786. Traduit par ... Alexis Agathonov, à Irkoutsk, l'an 1786. Moscou, Imprimerie de la Société typographique, 1788, pet. in-8, pp. 56.

— Teidreekening (*sic*) der Chineesen na het Gevoele der Japanners, Oorspronk der Japanners, en Jaartelling van de Opvolging der Chineese en Japanse Vorsten tot 1784, in-folio.

Cet ouv. provenant de M. Titsingh a été acheté 23 fr. à la vente de Klaproth (2e part., No. 100) par Dondey-Dupré; il figure au No. 7667 du Cat. 285, Sept. 1872 de B. Quaritch auquel j'emprunte le titre ci-dessus et la note suivante : « The Japanese words in both native and Roman characters, autograph Ms. of Titsingh, sent to his brother in 1789, with some lines of continuation to 1795, 128 pp. with preface and Index, completely ready for the press, 1795, 20s. »

— Abriss der alten Chinesischen Geschichte, von Erschaffung des ersten Menschen bis auf die Gründung der Dynastie Hia. Vom Herrn Hofrathe Julius von Klaproth. (*Mines de l'Orient*, I, 1809, p. 428.)

— Chronologie. L'Antiquité de l'empire de la Chine, prouvée par les observations astronomiques; par M. Biot, membre de l'Institut. (*Magasin Encyclopédique*, III, 1809, pp. 309/335.)

Antoine Gaubil.

— Traité de la Chronologie chinoise, divisé en trois parties; composé par le Père Gaubil, Missionnaire à la Chine, et publié pour servir de suite aux Mémoires concernant les Chinois, par M. Silvestre de Sacy. — A Paris, chez Treuttel et Würtz, 1814, in-4, pp. x-291.

Avis de l'éditeur. — Avertissement de l'auteur. — Cat. des Princes de *Tsin*. — Première Partie : Chronique des Trois Hoang. — Dynastie de Tsin. — Seconde Partie : Chronologie chinoise selon les auteurs chinois. — Troisième Partie : Avertissement. — Examen des époques de l'Histoire chinoise pour fixer la Chronologie de cette histoire. — Lettre du P. Gaubil au P. Foureau.

« Le manuscrit de cet ouvrage, le plus important de tous ceux que Gaubil a composés, avait été expédié par lui de Pékin à Paris, le 23 septembre 1749... Il ne fut tiré de l'oubli qu'en 1814, par Laplace, qui en découvrit une copie dans la bibliothèque du bureau des longitudes, parmi les papiers ayant appartenu à Fréret; et sur ses vives instances, Sylvestre de Sacy en effectua immédiatement la publication, avec l'assistance d'Abel-Rémusat. » (Biot, *Etudes sur l'Astronomie*, 1862, p. 253.)

« Le MS. autographe de cet ouvrage, sauf les 4 ou 5 dernières pages revues et corrigées par le P. Gaubil, se trouve à la Bibliothèque nationale, Collection Bréquigny. Ce n'est pas celui qui a servi à Sacy et à Rémusat, mais une copie de J. de l'Isle, conservée à la bibliothèque de l'Observatoire et qu'ils ont prise à tort pour une copie faite en Chine. » (Note du P. Jos. Brucker.)

— Traité sur la Chronologie Chinoise...

MS. Bib. roy. de Munich, Cod. Gall. 675, No. 1304 du Cat. latin imprimé, t. VII, Munich, 1858. — In-folio du P. Gaubil, sur papier de Chine, comprenant les trois parties de l'ouvrage, ayant chacune une pagination différente : 1e partie, pp. 1/79; 2e partie, pp. 1/92; 3e partie, IV p. prél. et pp. 1/70. On lit à la fin de cette troisième partie : à Peking ce 27 7bre 1749 et non pas 23 7bre. C'est l'ouvrage publié en 1814 par Silvestre de Sacy. Ce MS. provient de la Bibliothèque d'Etienne Quatremère.

Notice : *Magasin Encyclopédique*,[1] V, 1815, pp. 218—228.

— Grosier, *Desc. de la Chine*, Vol. VI, Liv. XIII, chap. III, pp. 112 seq.

Anglo-Chinese Calendar.

Cette publication a été commencée en 1831. — John Robert Morrison a édité : « Companion to the Anglo-Chinese Calendar, 1832, in-12. »

— The Anglo-Chinese Kalendar and Register, for the year of the Christian Æra 1832. Corresponding with the twenty-ninth year of the Chinese Cycle of Sixty Years, which 29th year commences on the 2d of February, 1832. With a Companion. Macao, China: Printed at the East-India Company's Press, by G. J. Steyn and Brother. Pet. in-8, pp. 160 + 1 f. d'errata.

By J. R. Morrison.

« A comparative English, Chinese and Malayan Kalendar was contemplated by the late Dr. Milne of the Anglo-Chinese College, a short period previous to his death, but no individual of that institution has, since that much lamented event, fulfilled his intention. The work now published was commenced some months back with a view merely to private distribution; but Mr. Marjoribanks, the President of the Select Committee of the British Factory, having liberally offered the use of the Honorable Company's Press, it is now printed for more general circulation, in the hope that, imperfect as it is, it may prove useful to those who visit the Ports of the Eastern Archipelago and of China. »

— * The Anglo-Chinese Kalendar for the year of the Christian Era, 1834; corresponding to the year of the Chinese Cycle era 4471, or the 31st year of the 75th cycle of sixty; being the 14th year of the reign of Taoukwang. Printed at the Albion press, Canton, pp. 36.

« This work, the first of the kind ever printed in China, has appeared regularly for three successive years : the edition for 1832 was accompanied by a companion; but the number of Copies being small they were all soon disposed of, and none can now

1. Magasin Encyclopédique ou Journal des Sciences, des Lettres et des Arts, rédigé par A. L. Millin.

be obtained. To supply this deficiency the compiler has undertaken a «Commercial Guide», which will be published in the course of the summer and before the business of the ensuing season will commence.» (*Ch. Rep.*, III, p. 44, May 1834.)

— * The Anglo-Chinese Kalendar for the year of the Christian era 1835 : corresponding to the year of the Chinese cycle era 4472, or the 32d of the 75th cycle of sixty; being the 15th year of the reign of Taoukwang. Canton, China : printed at the Register Press.

Notice in the *Ch. Rep.*, III, 535/6. — Edited by the editor of the *Canton Register*, not as formerly by Mr. Morrison.

— An Anglo-Chinese Calendar for the year 1844, corresponding to the year of the Chinese Cycle aera 4481, or the 41st year of the 75th Cycle of Sixty; being the 24th year of the reign of Táukváng. Macao, China. Printed at the Office of the Chinese Repository, 1844. Br. in-8, pp. 32 et 1 table.

— ..... The Anglo-Chinese Calendar..... Canton, 1848, in-8. — *Idem*, 1849—51, 1853, 1855...

— An Anglo-Chinese Calendar for the year 1847, corresponding to the year for the Chinese Cycle Era 4484, or the 44th year of the 75th Cycle of Sixty; being the 27th year of the reign of Ta'ukwa'ng. Canton. Printed at the Office of the Chinese Repository. 1847, in-8, pp. 143.

Après le calendrier, &c. on trouve : The Tariff of Duties, Notices of Ningpo, Fuhchau, Amoy, Canton, &c. &c. Commercial Houses.

— An Anglo-Chinese Calendar for 1854. Contents .... — Canton : No. 2 Ming qua's Hong, 1854, in-8, pp. 128 + 1 f. à la fin.

— An Anglo-Chinese Calendar for 1855 ...., in-8, pp. 184 + 1 f. à la fin.

— Remarks on the History and Chronology of China, from the earliest ages to the present time by *Philosinensis*. [C. Gützlaff.] (*Ch. Rep.*, II, pp. 74 et seq.)

— On a Japanese and Chinese Chronology. By J. Klaproth. (*As. Jour.*, N. S., 1831, VI, p. 24.)

— Notice d'une chronologie chinoise et japonaise, par M. Klaproth. (*N. J. As.*, XII, 1833, pp. 402/427.)

Tirage à part : Paris, Imp. Roy., 1833, in-8, pp. 28. — Klaproth (1215), Fr. 2.10.

— On Chinese Almanachs. By M. Klaproth. (*Asiatic Journal*, VII, pp. 52/56.)

L. Ideler.

— Ueber die Zeitrechnung von Chata und Igur. Von Dr. L. Ideler. (*Abh. d. Berliner Akademie*, I, 1832, pp. 271—299.)

Notice de l'ouvrage d'Oulougbeg (XVIe siècle) sur la chronologie des Chinois et des Ouigours.

— Mémoire sur la Chronologie de Khata et d'Igour par M. Louis Ideler. Extrait du *Nouveau Journal Asiatique*. Br. in-8, pp. 48. [Imp. Roy., 1835.]

Consulter sur le même sujet l'introduction d'*Oulough begh* à ses tables astronomiques, que Joh. Gravius a fait imprimer sous ce titre : Epochæ celebriores, astronomis, historicis, chronologis, Chataiorum, Syro-Macedonum, Arabum, Persarum, Chorasmiorum, usitatæ, ex traditione Ulug Beigi, Indiæ citra extraque Gangem principis; persicè et latinè. Londini, 1651, in-4.

— Ueber die chinesische Zeitrechnung. Von L. Ideler. (*Sitz. k. preuss. Ak. Wiss. Berlin*, 1837, pp. 38/40.)

— Ueber die Zeitrechnung der Chinesen. Von Dr. L. Ideler. (*Abh. d. Berliner Ak.*, 1837, pp. 199—369.)

— Ueber die Zeitrechnung der Chinesen. Eine in der Königl. Preussischen Akademie der Wissenschaften am 16. Februar 1837 gelesene und nachmals weiter ausgeführte Abhandlung von Ludwig Ideler. Berlin, 1839, in-4, pp. 174 sans les errata.

Art. de Biot dans le *Journal des Savans* : 1839, Déc., pp. 721/730; 1840, Janv., pp. 27/41; Fév., pp. 73/93; Mars, pp. 142/152; Avril, pp. 227/254; Mai, pp. 264/279. — Voir, au chap. des *Mathématiques et de l'Astronomie*, les ouvrages de J. B. Biot, et en particulier :

— Recherches sur l'ancienne Astronomie chinoise, publiées à l'occasion d'un Mémoire de M. Ludwig Ideler sur la Chronologie des Chinois, lu à l'Académie des Sciences de Berlin, le 16 février 1837. — Extrait du *Journal des Savants*, in-4, pp. 98. [Par Biot.]

— Note sur la chronologie chinoise, écrite par Mgr. l'Evêque de Capse [Bruguière]. (*Ann. Prop. Foi*, IX, 1836, pp. 333/5.)

— A Brief Sketch of Chinese Chronology according to native documents. (Appendix No. I, pp. 567/575. — *China : its State and Prospects*, by Medhurst, col. 74.)

— Chronology of the Chinese; their era and mode of reckoning by cycles, with a complete series of their successive dynasties and sovereigns. By E. C. Bridgman. (*The Chinese Repository*, X, pp. 121/159.)

Cet article est reproduit sans le nom de l'auteur par le Rév. W. Lobscheid à la suite de sa traduction du travail de M. Sacharoff sur la population de la Chine, col. 530.

— Annals of Confucius; or a survey of the Chronology and Geography of the Chinese Empire during two hundred and forty-two years, the period embraced in the *Chun Ts'iú*, or Annals of Lú the native State of Confucius. (Notice par E. C. Bridgman, *Ch. Rep.*, XVIII, pp. 392 seq.)

Voir Sciences morales et philosophiques.

— On the Credibility of Chinese Early Chronology by J. E.[dkins]. (*N. C. Herald*, 170, Oct. 29, 1853; et *Shanghae Miscell.* for 1854.)

— Iets over de Tijdberekening bij de Chinezen, door J. Hageman. (*Tijdschft. v. Ind. Taal*..., IX, 1860, pp. 67/74.)

∴

— Niân-chao, oder Ehrennamen, welche die Chinesischen Kaiser ihren Regierungsjahren beigelegt haben. (Klaproth, *Verzeichniss der Chin. und Mand. Bücher*, Paris, 1822, in-fol., pp. 5/32; commence à l'an 163 av. J. C.)

— Table chronologique de tous les souverains qui ont régné en Chine, rangée par ordre de cycles, depuis la 61e année du règne de Hoang-ti jusqu'au règne présent. (Pauthier, *Chine Moderne*, I, pp. 475/488.) — (Voir : Amiot, plus loin.)

— Liste alphabétique des Nien hao 年號, c'est-à-dire des noms que les souverains de la Chine ont donnés aux années de leur règne, depuis la dynastie des Han jusqu'à la présente dynastie des Thsing ou Tartares mandchoux. Par Eugène de Méritens. (*J. As.*, 5e S., III, 1854, pp. 510/536.)

— Noms des Empereurs de la Chine. (App. au Dict. de Perny, No. VII, pp. 24/93.)

— Dans le Dictionnaire de Williams, 1874, il y a p. 33 une liste des dynasties chinoises compilée d'après le *Li-tai Ti-wang nien Piao*. 歷代帝王年表

— Alphabetical list of the dynastic and reign-titles of Chinese Emperors, (compiled from Mayers' *Chinese Readers' Manual*). Dates are after Christ, unless otherwise indicated. By G. M. H. Playfair. (*Journ. C. B. R. A. S.*, XXI, N. S., 1886, Art. V, p. 67/88.)

— An Alphabetical List of the Emperors of China and of their Year-titles or Nien-hao 年號 with the date of their reign and duration compiled by J. L. J. F. Ezerman and B. A. J. Van Wettum. (*T'oung Pao*, II, No. 5, Janv. 1892, pp. 357/389.)

Tirage à part.

— Chinese Researches. First part. Chinese Chronology & Cycles by Thomas Fergusson, member of the Royal Asiatic Society, North China Branch, Consul for the Kingdom of Belgium at Chefoo .... Shanghai, China, 1880, in-8, pp. 269 + 4 pp. p. l'App.

Thomas Tierney Fergusson, de Tchéfou, † 22 nov. 1890, 51 Clarendon Road, Southsea, à 72 ans.

— Synchronistische Regententabellen zur Geschichte der chinesischen Dynastien. Von C. Arendt. (*Mitth. des Seminars für Orient. Sprachen*, Berlin, Jahrg. II, Erste Abth., 1899, pp. 152/250; *ibid.*, Jahrg. III, Erste Abth., 1900, pp. 1/164; *ibid.*, Jahrg. IV, Erste Abth., 1901, pp. 114/170.)

— Chronological Tables of the Chinese Dynasties. (From the Chow Dynasty to the Ch'ing Dynasty.) By Theodore Wong, Graduate of University of Virginia. — Edited by Prof. E. R. Lyman, of Shansi University. — 1902. — Printed by the Shanghai Printing Co., in-8, pp. III-103.

— Chronologische Grundlage der alten Chinesischen Geschichte. Von Dr. Joh. Heinr. Plath. München, 1867, in-8, pp. 19 à 83.

Aus d. *Sitzb. Ak. Wiss.*, I. Cl. 1867. II. 1.

— Chinese Chronological tables, by Wm. Fredk. Mayers. (*Jour. N. C. B. R. A. S.*, Dec. 1867, p. 159.)

Ces tables sont réimp. avec des additions et des corrections dans *The Chinese Reader's Manual* du même auteur, 1874, pp. 361 et seq.

Voir également Doolittle's *Vocabulary*, II, No. VIII.

— English and Chinese Chronological Tables. By F. H. Ewer. (Doolittle's *Voc.*, II, No. 63.)

— Synoptical Tables of Chinese Dynasties. By L. (*Chin. Rec.*, III, 1870, pp. 78/9.)

— Chronologie universelle depuis la création jusqu'à l'ère vulgaire. — Concordance des époques avec les Livres Saints ..... Par Thomas Brunton, ingénieur. Aix-en-Provence, Remondet-Aubin, 1872, 2 vol. in-4.

Vol. I : Antiquité et certitude de la chronologie chinoise, pp. 207/224. — Chine. Les Cycles de 60 années, pp. 225/240.

Mr. G. Pauthier est appelé le Père Pauthier en trois passages différents ! Voir pp. 226/7.

Anglo-Chinese Calendar.

— 百年曆 — The 100 Years Anglo-Chinese Calendar, 1st Jan., 1776 to 25th Jan., 1876, corresponding with the 11th Day of the 11th Moon of the 40th Year of the Reign Kien-Lung, to the end of the 14th Year of the Reign Tung-Chi; together with an Appendix, containing several interesting Tables and Extracts. By P. Loureiro. Shanghai : Printed at the « North China Herald » Office, 1872, in-8, 2 ff. prél. n. ch. + pp. 262-17.

« The late Mr. John Morrison was the first compiler of the Anglo-Chinese Calendar [voir col. 564]; and it does not appear that previous to 1832 the comparative statement of the corresponding dence of Chinese and Christian dates, in this form, had ever been attempted. » (Note, Preface.) — Dans l'App. p. 15 : « Table of the First Day of the Chinese New Years for 1876 to 2000 A. D. » By Baron Johannes von Gumpach.

Dans l'incendie de « Chingfoong Printing Office » pendant la nuit du 2 au 3 Sept. 1873, 308 exemp. de cet ouvrage furent brûlés. L'ouv. avait été tiré à 500 ex., 92 étaient vendus à l'époque de l'incendie; il en restait donc encore une centaine dont le plus grand nombre se trouvait au « North-China Herald office. »

Notice : *Chin. Rec.*, V, p. 98.

— The Anglo-Chinese Calendar Manual. — A Handbook of Reference for the determination of Chinese dates, during the period from 1860 to 1879; with comparative tables of annual and mensual designations, &c., &c. compiled by William Frederick Mayers, Chinese Secretary, Her Britannic Majesty's Legation, Peking. Second Edition. Shanghai : Printed at the « North-China Herald » Office. s. d. [1875], in-8, sans pag. 29 ff.

La préf. est datée de Peking, Avril 1875; la 1re éd. avait paru environ 6 ans auparavant à Hong kong.

Notice : *Chin. Rec.*, V, p. 98.

— Playfair a donné en 1879, the Anglo-Chinese Calendar for the years 1880-1891, suite de Mayers.

— The Anglo-Chinese Calendar for the years 1892—1911. By G. M. H. Playfair, H. B. M. Consul at Ningpo. Shanghai .... Kelly and Walsh, 1896, in-8, pp. 53.

« The following tables, constituting a Comparative Anglo-Chinese Calendar for the years 1892 to 1911, have been constructed from those published by Father Peter Hoang at Sicawei in 1885, collated with the data furnished by Dr. Fritsche in Vol. X of the *China Review*, as far as they were carried.» (Pref.)

— Notes on an Ancient Chinese Calendar. By E. B. Knobel, Hon. Sec. Royal Astronomical Society. London : Alabaster, Passmore, and Sons... 1882, br. in-8, pp. 7.

PIERRE HOANG.

— 中西歷日合璧 De Calendario Sinico et europaeo. — De Calendario Sinico variae notiones. — Calendarii sinici et europaei concordantia. — De Calendario ecclesiastico. — Auctore P. Petro Hoang sacerdote ex clero Missionis Nankinensis. Zi-ka-wei, ex typ. Missionis Catholicae, in orphanotrophio Tou-sè-wè, 1885, in-8, pp. 2 + 1 f. n. c. + pp. xxvi + pp. 111.

Suivi de :

— A. M. D. G. — Appendix de Calendario ecclesiastico Methodus ad inveniendam litteram dominicalem, epactam, et diem paschalem auctore P. Petro Hoang Sacerdote ex clero Missionis Nankinensis. Zi-ka-wei .... 1885, in-8, 3 ff. n. c. + pp. 55 + 3 ff. n. c.

— 中西歷日合璧 A Notice of the Chinese Calendar and a Concordance with the European Calendar by Peter Hoang Priest of the Nan-king Mission. Zi-ka-wei Printing Office of the Catholic Mission Tou-sè-wè Orphan Asylum. — 1885, in-8, pp. 101.

Cette trad. est du P. Charles de Bussy.

— The Chinese Calendar : its Origin, History and Connections. By Thos. W. Kingsmill. (*Jour. China Br. R. As. S.*, Vol. XXXII, No. 1, 1897—98, pp. 1/35.)

— 覽便歷合洋華 On Chronology and the Construction of the Calendar with special regard to the Chinese computation of time compared with the European by Dr. H. Fritsche.... St. Petersburg, Lithog. by R. Laverentz, 1886, in-8, pp. 92, lith.

Notice : *China Review*, XV, pp. 191/192, par E. J. E[itel].

— On the Chinese Calendar. By H. Fritsche. (*Ibid.*, X, pp. 326/334. Addition. *Ibid.*, p. 432.)

— Das Kalenderwesen bei den Chinesen. Von Dr. Fr. Kühnert. (*Oester. Monat. f. d. Orient*, 15 Aug. 1888, Nr. 8, pp. 111/116.)

— Der Chinesische Kalender nach Yao's Grundlagen und die wahrscheinlichste allmähliche Entwicklung und Vervollkommnung desselben. Von Fr. Kühnert. (*T'oung Pao*, II, No. 1, Avril 1891, pp. 49/80.)

— Bibliothèque Sinico-Japonaise. VI. — Manuel du Sinologue ou Recueil de renseignements utiles à l'usage des personnes qui s'occupent de la Chine et de la littérature chinoise publié par la Société Sinico-Japonaise. Partie I. Paris, Maisonneuve, 1889, in-8, pp. 64.

Partie chronologique.

— The relationship of the Persian and Chinese Calendars. By Joseph Edkins. (*China Review*, XVI, pp. 95/98.)

— Designation of the year. By E. H. Parker. (*Ibid.*, XVI, p. 219.) A. D. 744.

— Chronology. By E. H. Parker. (*Ibid.*, XIV, p. 223.)

— Style of Reign. By E. H. Parker. (*Ibid.*, XIV, p. 223.)

— New Year. By E. H. Parker. (*Ibid.*, XIV, pp. 226/227.)

— Accepting the Sovereign's Calendar. By E. H. Parker. (*Ibid.*, XV, p. 249.)

— Commencement of the year. By E. H. Parker. (*Ibid.*, XV, p. 372.)

— The Chinese Almanac. By Rev. A. P. Parker. (*Chin. Rec.*, XIX, No. 2, Feb. 1888, pp. 61/74.)

— Der chinesische Kalender. (*Oest. Monats. f. d. Orient*, Wien, 1898, p. 48.)

— Le Calendrier Chinois. Par M. Paul d'Enjoy. (*Bul. Soc. Anth.*, Paris, 1896, pp. 562/577.)

— The Chronology of the Chinese. By J. Edkins. (*China Review*, XXIII, No. 6, pp. 361/362.)

— 世本 *Shi pen.* — The Book of Genealogies. By J. Edkins. (*Ibid.*, XXII, No. 6, pp. 745/748.)

— La Chronologie chinoise de l'an 238 à l'an 87 avant J.-C. Par E. Chavannes. (*T'oung Pao*, VII, No. 1, Mars 1896, pp. 1/38.)

— Note rectificative. (*Ibid.*, VII, No. 5, Déc. 1896, pp. 509/525.)

— Dates chinoises. Par Ed. Chavannes. (*Ibid.*, VII, 1896, pp. 108/109.)

— Conversion des dates cycliques (années et jours) en dates juliennes par le Père Henri Havret, Soc. J. (*Ibid.*, IX, No. 2, Mai 1898, pp. 142/150.)

Ext. du *Manuel de Chronologie*, sous presse.

— De l'an 238 à l'an 87 av. J. C. par le Père Henri Havret, Soc. J. (*Ibid.*, IX, No. 4, Oct. 1898, pp. 328/330.)

— Manuel du Sinologue. I. CHRONOLOGIE par les Pères Henri Havret et Gabriel Chambeau, S. J.

Contient :

Préface. Bibliographie. — Exercices.

1° *Partie* : GÉNÉRALITÉS. 1. Cycle chinois. 2. Année. 3. Mois. 4. Jour. 5. Heure. 6. Calendriers.

II° *Partie* : CALENDRIER. 1. Contenu et raison de ces Tables. 2. Leur appareil. 3. Sources principales. 4. Calendrier du *Tch'oen-*

ts'ieou. 5. Du *Tch'oen-ts'ieou* aux *Han*. 6. Le *Tch'ang-li*. 7. Sources secondaires. 8. Abréviations. 9. Lunaisons du *Tch'oen-ts'ieou* au XXe siècle. 10. Textes chinois. 11. Liste des notions chronologiques des deux premières Parties. 12. Liste des expressions chinoises *ibid.* la IIe Partie.

IIIe *Partie* : SYNCHRONISME. 1. Contenu et sources de ces Tableaux. 2. Tableaux des souverains de la Chine. 3. Tableau des usurpateurs chinois. 4. Tableau des souverains du Japon. 5. Tableau des souverains de l'Annam. 6. Tableau des souverains de la Corée. 7. Liste alphabétique des noms contenus dans les Tableaux de la IIIe Partie.

IVe *Partie* : CÉLÉBRITÉS. Dates de la naissance et du décès de plusieurs milliers de Chinois illustres.

Sous presse (Mars, 1904).

— Tableau chronologique de la dynastie mandchoue-chinoise *Ta-Ts'ing* 大清. Par le Père P. Hoang, mis en français par le P. Jérôme Tobar, S. J. (*Jour. China Br. R. As. Soc.*, XXXIII, No. 2, 1899—1900, pp. 102/152.)

Préparé pour le *Manuel chronologique* des PP. H. Havret et G. Chambeau.

— Chronological Handbook of the History of China. A Manuscript left by the late Rev. Ernst Faber, Dr. Theol. Edited by Pastor P. Kranz. (With four Appendixes.) — Shanghai : Published by the General Evangelical Protestant Missionary Society of Germany. Printed at the American Presbyterian Mission Press. — 1902, in-8, pp. xvi-250-xlv, Port. du Rev. E. Faber.

Appendix *A*. — The Illegitimate States. (A. D. 304—439), pp. i—xiii. — App. *B*. — The Illegitimate Dynasties (A. D. 907 et seq.). pp. xiv—xviii. — App. *C*. — The Six Great Chancellors of Ts'in (4th century B.-C.), pp. xix—xxv. — App. *D*. — Studies in H. A. Giles' *Chinese Biographical Dictionary*, pp. xxvi—xli. — The Chinese Dynasties, pp. xlii-xliii. — Other Publications of Dr. E. Faber, pp. xliv-xlv.

Notices : *Bul. Ec. franç. Ext. Or.*, III, 1903, p. 101, par Paul Pelliot. — *N. C. Herald*, July 16, 1902, p. 115.

— Voir : Astronomie. — Morrison's *View of China*, col. 65.

Origine et antiquité des Chinois.

— Essai sur l'Antiquité des Chinois. (*Mém. conc. les Chinois*, I, pp. 1/271.)

Par le P. Cibot. Voir Grosier, *Biog. universelle*. — La Préf. est signée Ko, *Jés.*, nom supposé.

— L'Antiquité des Chinois prouvée par les Monumens. (*Ibid.*, II, pp. 1/364.)

Par le P. Amiot.

«C'est, je pense, cet article qui, sous le titre : *Réponse du père Amiot aux objections tirées du P. de Prémare*, est inséré, pp. 118/136 du t. X des *Mémoires pour servir à l'histoire ancienne du globe, publiés par M. de Fortia d'Urban*, Paris, 1809.» (Sommervogel.)

De Guignes.

— Mémoire ‖ dans lequel on prouve, ‖ que les Chinois ‖ sont une colonie ‖ egyptienne, ‖ Lû dans l'Assemblée publique de l'Académie ‖ Royale des Inscriptions & Belles-Lettres, le ‖ 14 Novembre 1758. Avec un Précis du Mé- ‖ moire de M. l'Abbé Barthelemy, sur les ‖ Lettres Phéniciennes; lû dans l'Assemblée pu- ‖ blique de la même Académie le 12 Avril 1758. ‖ Par M. de Guignes... ‖ A Paris, ‖ chez Desaint & Saillant... ‖ M.DCC.LIX. ‖ pet. in-8, pp. 79.

Cette brochure est le précis du Mémoire que de Guignes a lu à l'Académie des Inscriptions & Belles-Lettres.

— Nouv. éd., Paris, chez Desaint & Saillant, 1760, pet. in-8.

— Doutes ‖ sur la ‖ Dissertation ‖ De M. de Guignes, qui a pour titre : ‖ Memoire, ‖ Dans lequel on prouve que les Chinois ‖ sont une Colonie Egyptienne. ‖ Proposés ‖ A Messieurs de l'Académie Royale ‖ des Belles-Lettres. ‖ Par M. Leroux Deshautesrayes ... ‖ A Paris. ‖ Chez ‖ Laurent Prault... ‖ & ‖ Duchesne. ‖ M. DCC. LIX, pet. in-8, pp. iv-89 + 1 f. n. ch. p. l'app. + 1 pl. s. l'ap., etc.

— Réponse de M. de Guignes, aux Doutes proposés par Monsieur Deshautesrayes, sur la Dissertation qui a pour titre : Mémoire dans lequel on prouve que les Chinois sont une Colonie Egyptienne. A Paris, Chez Michel Lambert..... M.DCC.LIX, in-8, pp. 40.

J. des Savans, Fév. 1760, pp. 55 seq.

— Q. F. F. Q. S. De Antiquitate Sinarum, suffragante ampliss. ordine philos. sub praesidio viri amplissimi, Mag. Eliae Trăgărd, Philos. Prof. Reg. celeberrimi, in regia academia Gryphiswaldensi die xxxi Jan. a. o. r. M DCC LXXII pro gradu Magisterii publice disputabit auctor alumnus Victorinianus Carolus Hwarfner Westro-Gothus, in auditorio majori horis a. m. solitis. Gryphiswaldiae Litteris A. F. Röse Reg. Acad. Typogr. in-4, pp. 22 plus 1 f. n. c. à la fin.

Cornelius de Pauw.

— Recherches ‖ philosophiques ‖ sur les Egyptiens ‖ et ‖ les Chinois. ‖ Par Mr. de P***. ‖ A Berlin, ‖ Chez G. J. Decker, Imprimeur du Roi. ‖ M DCC LXXIII, 2 vol. in-8, pp. xx-376, 373.

— Recherches ‖ philosophiques ‖ sur ‖ les Egyptiens ‖ et ‖ les Chinois. ‖ Pour servir de suite ‖ aux Recherches philosophiques ‖ sur les Américains. ‖ Par Mr. de P***. ‖ Nouvelle Edition exactement corrigée. ‖ A Genève, ‖ chez Jean Samuel Cailler. ‖ M DCC LXXIV, 2 vol. in-12, pp. xxiv-455, 440.

— Philosophische Untersuchungen über die Aegypter und Chineser. Nebst einer Carte von der berühmten grossen Mauer in dem alten Aegypten. Aus dem Französischen des Hrn. von P***. Uebersetzt von D. J

G. Krünitz. Berlin, bei George Jacob Decker, 1774, 2 vol. in-8, pp. XXVIII-451, 436.

— Philosophical Dissertations on the Egyptians and Chinese. Translated from the French of Mr. de Pauw, private Reader to Frederic II. King of Prussia, by Capt. J. Thomson. London : Printed by T. Chapman . . . For J. Edwards, Pall-Mall. 1795, 2 vol, in-8, pp. XXIII-339, 320.

— Remarques sur un Ecrit de M. P** (Paw), intitulé : Recherches sur les Egyptiens et les Chinois. (*Mém. conc. les Chinois*, II, pp. 365 seq. [par le P. Amiot].)

— Extrait d'une Lettre de M. Amiot, à M. ***, du 28 Septembre 1777. Observations sur le livre de M. P***, intitulé : Recherches philosophiques sur les Egyptiens et les Chinois. (*Ibid.*, VI, pp. 275 seq.)

— Réfutation de M. de P., Auteur des Recherches philosophiques sur les Americains, les Egyptiens & les Chinois. (*Second Supp. aux Mém. conc. les Chinois*, Paris, Nyon, 1786, Chap. X.)

— V. C. Larcher. Réponse. (*Jour. des Savans*, Mai 1774.)

William Jones.

— The Seventh Anniversary Discourse, delivered 25 February 1790. By the President (of the Asiatic Society of Bengal, Sir William Jones) — Sur les Chinois et leur origine. (*As. Res.*, II, No. XXV, pp. 365 et seq.)

Fortia d'Urban.

— Essai sur l'origine des anciens peuples, suivi d'une Théorie élémentaire des Comètes, appliquée à la Comète de 1807. Par M. de Fortia d'Urban, de l'Académie celtique, de l'Athénée de Vaucluse, de l'Académie de Marseille, etc. A Paris, chez Xhrouet, 1808, in-12.

Cet ouvrage forme le Vol. VI des «Mémoires pour servir à l'histoire du Globe terrestre avant le déluge d'Ogigès». L'objet principal de ce volume est de combattre Sir William Jones.

— Nouveau Sistème préadamite, ou Conciliation de la Genèse avec l'Antiquité de l'histoire, précédé de nouvelles observations sur l'antiquité de la Chine; par M. de Fortia d'Urban, de l'Académie celtique . . . . . A Paris, chez Xhrouet, 1809, in-12.

Cet ouvrage forme le Vol. X des «Mémoires pour servir à l'histoire ancienne du Globe terrestre».

«Hier 4 août 1843 vers 9 h. du matin est mort dans sa maison rue de la Rochefoucauld le digne Mr de Fortia, atteint d'un catarre aigu. Il a vu venir sa fin plein de sérénité, il avait 87 ans lorsqu'il s'est etteint.»

Note MS. de Mr. Ferd. Denis à la fin du Tome X des *Mémoires pour servir à l'histoire ancienne du Globe terrestre*. Son exemplaire lui avait été donné par le Mis de Fortia lui-même.

— Caractères primitifs des Chinois. (Klaproth, *Mém. rel. à l'Asie*, II, 1826, pp. 97 seq.)

— On Chinese History and Antiquity by M. Klaproth. (*Asiatic Journal*, N. S., VII, pp. 31/41.)

— On Chinese History and Antiquity. By M. Klaproth. (*Chin. Courier*, II, Nos. 23 & 24.)

Chevalier de Paravey.

— De l'état des sciences chez les anciens. Notes communiquées à l'Académie des Sciences par M. de Paravey, et relatives : 1° A l'action des pointes métalliques sur le tonnerre et la grêle, action connue des Indo-Perses et des Chinois; 2° A l'effet utile des plantes marines et des eaux contenant de l'Iode, sur les Goîtres et autres maladies analogues, effet indiqué dans les livres conservés en Chine. (In-8 de pp. 4, Ext. de l'*Echo du Monde savant*, n° 57.)

— Quelques idées sur les collections de fleurs peintes envoyées de la Chine, et sur les conséquences importantes que l'on peut déduire de ces recueils plus ou moins précieux. Par M. le Chev. de Paravey. (Pièce in-8, pp. 4, Ext. de l'*Echo du Monde savant*, 24 avril et 1er mai 1836.)

— Traditions chinoises mises en rapport avec les Traditions bibliques par M. Riambourg, avec notes de M. de Paravey. (*Ann. de Phil. Chrét.*, 1ère série, XII.)

— Réponse de M. de Paravey à l'article de M. Riambourg sur l'Antiquité chinoise, inséré dans les *Annales de Philosophie chrétienne*, No. 77, t. XIII, p. 332. (Pièce in-8, pp. 8, Epernay, 1836.)

— Documens hiéroglyphiques, emportés d'Assyrie, et conservés en Chine et en Amérique, sur le Déluge de Noé, les dix générations avant le déluge, l'existence d'un premier homme, et celle du péché originel : Dogmes qui sont la base du Christianisme, mais qui sont niés en ce jour. Par le Chev. de Paravey . . . A Paris, chez Treuttel & Wurtz, 1838, in-8, pp. 56, Pl.

— Traditions anciennes. Du pays primitif du ver à soie et de la première civilisation. Pièce in-8, pp. 6.

Ext. du No. de Nov. 1851 des *Annales de philosophie chrétienne*. — Lettre du Ch. de Paravey, au Sec. perpét. de l'Ac. des Sciences, Paris, 14 Nov. 1851.

— Note sur le nom chinois de l'Hippopotame. Par le Ch. de Paravey. (*Actes Soc. Linnéenne de Bordeaux*, XVIII, 1852, pp. 187/9.)

— Traditions primitives. De quelques faits bibliques retrouvés dans les hiéroglyphes chinois, et réfutation de quelques assertions de M. Renan, pièce in-8 (par le Ch. de Paravey).

Ext. des *Ann. de Phil. Chrétienne.*

Ce Mémoire a été reproduit dans *La France littéraire*, Revue de Lyon, dirigée par Adrien Peladan.

— Recherches sur les noms primitifs de Dieu par le Chevalier de Paravey, br. in-8, s. tit.; s. l. n. d. (Roanne, Imprimerie Ferlay.)

— L'Histoire du Monde antique rétablie et Véracité de la Bible démontrée par l'étude des caractères et des livres chinois, et de tous les anciens monuments. Par de Paravey. (*Ann. Philos. Chrétienne*, Mars 1872, pp. 165/183.)

— Les Civilisations primitives en Orient : Chinois, Indiens, Perses, Babyloniens, Syriens, Egyptiens. Par Louis-Auguste Martin, Membre de la Société asiatique. Paris, Didier, 1861, in-8, pp. IV-556.

J. H. Plath.

— Ueber die häuslichen Verhältnisse der alten Chinesen. Nach chinesischen Quellen, 1863, in-8, pp. 48.

— Ueber die Verfassung und Verwaltung China's unter den drei ersten Dynastien. München, 1865, in-4, pp. 142.

Aus den *Abh. bay. Ak. W.*, I. Cl. X. Bd. II. Abth.

— Gesetz und Recht im alten China nach chinesischen Quellen, 1865, in-4, pp. 118.

— Ueber die Glaubwürdigkeit der ältesten chinesischen Geschichte. München, 1866, in-8, pp. 52.

Aus den *Sitz.-Ber. d. k. Ak. W.*, 1866, I. 4.

— Ueber Schule, Unterricht und Erziehung bei den alten Chinesen nach Chinesischen Quellen. München, 1868, in-8, pp. 72.

Aus den *Sitz.-Ber. d. k. Ak. W.*, 1868, II. 2.

— Nahrung, Kleidung und Wohnung der alten Chinesen. München, 1868, in-4, pp. 96.

Aus den *Abh. bay. Ak. W.*, I. Cl. XI. Bd. III. Abth.

— China vor 4000 Jahren. — Nach chinesischen Quellen bearbeitet von Dr. Joh. Hein. Plath. — München, Akademische Buchdruckerei von F. Straub, 1869, pet. in-8, pp. 166.

— Die Beschäftigung der alten Chinesen. Ackerbau, Viehzucht, Jagd, Fischfang, Industrie und Handel. München, 1869, in-4, pp. 65.

Aus den *Abh. bay. Ak. W.*, I. Cl. XII. Bd. I. Abth.

— Die Quellen der alten chines. Geschichte mit Analyse des Sse-ki und J-sse. Von Dr. J. H. Plath. München. In Commission bei G. Franz, 1870, in-8, pp. 104.

Aus den *Sitz. d. k. bayr. Ak. d. Wiss.*, 1870, I, 1 u. 2.

— Das Kriegswesen der alten Chinesen nach chinesischen Quellen. München, 1873, in-8, pp. 74.

Aus den *Sitzb. Ak. W.*, 1873, 3.

— Die fremden barbarischen Stämme im alten China. München, 1874, in-8

Aus den *Sitzb. Ak. W.*, 1874, I, pp. 450/522.

Quoique tous ces mémoires ne traitent pas de l'*origine* des Chinois, nous les avons réunis ici, car ils forment un ensemble de travaux relatifs aux anciens habitants du Céleste Empire. Ils ont été publiés dans les recueils de l'Académie de Munich. — Voir également les autres travaux du Dr. Plath, col. 548, 567.

— The Origine of the Chinese : An Attempt to trace the Connection of the Chinese with Western Nations in their Religion, Superstitions, Arts, Language, and Traditions. By John Chalmers, A. M. Hongkong : Printed by de Souza & Co. 1866, pet. in-8, pp. 78, sans les Errata.

— Mémoires sur l'Antiquité de l'histoire et de la civilisation chinoises, d'après les écrivains et les monuments indigènes, par M. G. Pauthier. (*J. As.*, Sept.-Oct. 1867, pp. 197/337. — Avril-Mai 1868, pp. 293/430.)

Tirage à part : Paris, 1868, in-8. (Leroux, 1874, Fr. 15.)

— Evidence of the Affinity of the Polynesians and American Indians with the Chinese and other Nations of Asia, derived from the Language, Legends and History of those Races. By the Rev. W. Lobscheid, Hongkong, 1872, in-8, pp. IV-64.

— Piétrement — L'Origine des Chinois et l'introduction du cheval en Chine. (*Revue de Linguistique*, V, Avril, 1873, pp. 349/388.)

— Les chevaux dans les temps préhistoriques et historiques par C.-A. Piétrement. — Paris, Librairie Germer Baillière et Cie, 1883, in-8, pp. xx-776.

Chap. V. Histoire de la race chevaline mongolique chez les peuples mongoliques de l'Orient, pp. 319/382.

— Early Migrations. — Origin of the Chinese Race, Philosophy of their early Development, with an Inquiry into the Evidences of their American Origin; Suggesting the Great Antiquity of Races on the American Continent. By Charles Wolcott Brooks. San Francisco, California : Re-printed from the Proceedings of the California Academy of Sciences. 1876, br. in-8, pp. 30.

— Dr. Hepke : Die kulturgeschichtlichen

Beziehungen der alten Chinesen und der Hellenen. (*Verhand. d. Ges. f. Erdk. zu Berlin*, Bd. VI, No. 5, 1879, pp. 171/186.)

— The Ancient Dynasties of Berosus and China compared with those of Genesis. By Rev. T. P. Crawford, D. D. (*Chin. Rec.*, XI, 1880, pp. 411/429.)

— Ch. Guénot. — De l'Origine et de l'Avenir des peuples chinois, persan et égyptien. Limoges, Eugène Ardant, s. d. [1884], in-12, pp. 178 + 2 ff. n. c.

— Solid foundations. By J. Edkins. (*China Review*, XIV, p. 107.)

— Shem. By E. H. Parker. (*Ibid.*, XIV, p. 357.)

— Prehistoric China. By Ernst Faber, Dr. Theol. (*Jour. China Br. R. As. Soc.*, XXIV, N. S., 2, 1889—1890, pp. 141/220.)

— * The Origin of Chinese Culture and Civilization. By Prof. R. K. Douglas. (*Lippincott's Monthly Magazine*, June 1890.)

— R. Istituto di Studi Superiori pratici e di Perfezionamento in Firenze. — Carlo Puini. — Le Origini della Civiltà secondo la Tradizione e la Storia dell' Estremo Oriente. Contributo allo studio dei tempi primitivi del genere umano. — Firenze. Coi tipi dei successori Le Monnier. — 1891, gr. in-8, pp. XVII-258.

— On the 'enormous Antiquity' of the East. By F. Max Müller. (*Nineteenth Century*, XXIX, 1891, pp. 796/810.)

— China or Elam by G. Schlegel. (*T'oung Pao*, II, Sept. 1891, pp. 244/246.)

Terrien de Lacouperie.

— Terrien de Lacouperie. By R. K. D.[ouglas]. (*Jour. R. As. Soc.*, Jan. 1895, pp. 214/216.) -- Henri Cordier, dans le *T'oung Pao*, V, 1894, pp. 428/440.

† 11 oct. 1894, 136 Bishop's Road, Fulham.

— Early History of the Chinese Civilisation. A Lecture by Terrien de Lacouperie, M. R. A. S., de la Société Asiatique de Paris, &c. &c. — With plate. — London : E. Vaton, 1880, br. in-12, pp. 35.

« With the exception of the last few pages, the following paper appeared in the *Journal of the Society of Arts* for July 16th, 1880. » [sous le titre de *China and the Chinese, their early history*, &c.].

— Babylonian and Old Chinese Measures. By A. Terrien de Lacouperie. (*Academy*, 10th Oct., 1885.)

Babylonia and China. By Terrien de Lacouperie. (*The Academy*, Aug. 7, 1886. — No. 744, pp. 91/92.)

— The Shifting of the Cardinal Points, as an illustration of the Chaldaeo-Babylonian Culture, borrowed by the early Chinese. By A. Terrien de Lacouperie. (Abstr. *Academy*, 12th May 1883.)

— The shifted cardinal points. From Elam to early China. By Terrien de Lacouperie. (*Babylonian and Oriental Record*, II, No. 2, Jan. 1888, pp. 25/32.)

— Babylonia and China. I. Western origin of the early chinese civilization. By T. de Lacouperie. (*Ibid.*, I, No. 8, June, 1887, pp. 113/115.)

Tirage à part, pièce in-4, pp. 4, s. d.

— Origin from Babylonia and Elam of the early chinese civilisation. A summary of the proofs. By Terrien de Lacouperie. (*Babylonian and Oriental Record*, III, No. 3, Feb., 1889, pp. 62/69; III, No. 4, March, 1889, pp. 73/91; III, No. 5, April, 1889, pp. 97/110; III, No. 6, May, 1889, pp. 129/141; III, No. 7, June, 1889, pp. 150/164; III, No. 8, July, 1889, pp. 185/192; III, No. 10, Sept., 1889, pp. 217/223.)

Tirage à part, in-8, pp. 27.

— From ancient Chaldea and Elam to early China : an historical loan of culture. By Terrien de Lacouperie. (*Ibid.*, V, No. 2, Feb., 1891, pp. 32/44; *ibid.*, No. 3, March, 1891, pp. 63/70; *ibid.*, No. 4, April, 1891, pp. 79/86.)

— Traditions of Babylonia in early Chinese documents. By Terrien de Lacouperie. [From the *Academy*, Nov. 17, 1888.] Pièce in-12.

The Chinese Mythical king and the Babylonian canon. By Terrien de Lacouperie. [*The Academy*, 1888.] Pièce in-12.

— The Old Babylonian Characters and their Chinese Derivates, by Dr. Terrien de Lacouperie. Professor of Indo-Chinese Philology, University College, London. London : The Babylonian and Oriental Record. David Nutt; Trübner & Co. — Paris, Ernest Leroux. — March, 1888, br. in-8, pp. 27.

Ext. du *Bab. & Or. Rec.*, II, 4, pp. 73 et seq.

— The Old Babylonian Characters and their Chinese Derivates. By A. H. Sayce. (*Nature*, June 7, 1888. — *Bab. & Or. Record*, II, 9, pp. 218/220.)

— The Fabulous Fishmen of early Babylonia in Ancient Chinese Legends. By Prof. Dr. Terrien de Lacouperie. — September, 1888. London : *Babylonian & Oriental Record*; D. Nutt. — Paris : Ernest Leroux, br. in-8, pp. 0.

— Wheat Carried from Mesopotamia to Early China. By Prof. Dr. Terrien de Lacouperie. July, 1888. London : *Babylonian & Oriental Record*; D. Nutt. — Paris : Ernest Leroux, br. in-8, pp. 9.

— Lettre d'Alph. de Candolle, *Ibid.*, Oct. 1888, p. 266.

— Chips of Babylonian and Chinese Palæography. By Terrien de Lacouperie. (*Babylonian & Oriental Record*, II, No. 11, Oct., 1888, pp. 257/263.)

Tirage à part, br. in-8, pp. 7.

— The Deluge. — Tradition and its Remains in Ancient China. By Terrien de Lacouperie. (*Babylonian & Oriental Record*, IV, No. 1, Dec., 1889, pp. 15/24; IV, No. 3, Feb., 1890, pp. 49/56; IV, No. 4, Mar., 1890, pp. 79/88; IV, No. 5, April, 1890, pp. 102/111.)

— The Tree of Life and the Calendar Plant of Babylonia & China. — By Prof. Dr. Terrien de Lacouperie. — June, 1888. — London : « *Babylonian & Oriental Record* »; David Nutt. — Paris : Ernest Leroux, br. in-8, pp. 11.

— The Calendar Plant of China, the Cosmic

Tree and the Date-palm of Babylonia. By Terrien de Lacouperie. (*Babylonian & Oriental Record*, IV, No. 10, Sept. 1890, pp. 217/231, No. 11, Oct. 1890, pp. 246—251.)

Tirage à part, London, D. Nutt, 1890, br. in-8, pp. 22.

— The Zodiac and Cycles of Babylonia and their Chinese Derivatives. By Terrien de Lacouperie. (*The Academy*, Oct. 11, 1890, pp. 321/2.)

— Première introduction de la civilisation occidentale en Chine (vers 2282 av. n. è.) d'après les légendes et les traditions. Par Terrien de Lacouperie. [Londres, Octobre 1892], br. in-8, pp. 23.

Tiré du *Muséon*.

— The Black-Heads of Babylonia. By Prof. Terrien de Lacouperie . . . London; D. Nutt, 1892, br. in-8.

— Origin of the early Chinese Civilisation and its western Sources. By Terrien de Lacouperie. (*Bab. & Or. Record*, Vol. VII, No. 1, Sept. 1893, pp. 8/16.)

Continued from Vol. VI, p. 185.

— Elamite Origin of Chinese Civilisation. By W. St. Chad Boscawen. (*Ibid.*, Vol. VII, No. 1, Sept. 1893, p. 17.)

— Western Origin of the Early Chinese Civilisation from 2,300 B. C. to 200 A. D. or, Chapters on the Elements derived from the old civilisations of West Asia in the formation of the Ancient Chinese Culture. By Terrien de Lacouperie. London: Asher & Co., 1894, in-8, pp. XIII-418.

Réunion de travaux parus dans le *Bab. & Or. Record* avec l'addition de nouveaux chapitres s'étendant de la p. 259 à la p. 397, d'un index et d'un erratum, pp. 399/418, d'une table des matières et d'une introduction, pp. XIII.

Notice par C. de Harlez, *J. As.*, IXe Sér. IV, sept.-oct. 1894, pp. 375/8.

— Le nom des premiers Chinois et les prétendues tribus Bak par C. de Harlez. (*T'oung Pao*, VI, No. 4, Oct. 1895, pp. 369/380.)

— * Primitive Civilizations, or Outlines of the History of Ownership in Archaic Communities. By Edith J. Simcox . . . London: Swan Sonnenschein; New York, Macmillan.

Notice : *Jour. R. As. Soc.*, Oct. 1895, pp. 926/937, par E. H. Parker.

— Essai sur les Origines de l'Empire chinois par Fl. de Moor, Curé Doyen de Deynze (Belgique). — (Extrait de la *Science Catholique*, Octobre 1899.) Sueur-Charruey, Arras [et] Paris, in-8, pp. 62.

— Voir : Lettres de Mairan au P. Parrenin, col. 57. — Fréret, Fourmont et de Guignes à la Chronologie, col. 561, 562. — Le P. de Mailla, au commencement de son *Hist. gén.* — Grosier, I, 1818, pp. XXI, seq. — Klaproth, sur les Noms de la Chine, *J. As.*, X, 1827 (vide supra col. 357). — Rohrbacher, *Hist. de l'Eglise*, I, p. 175. — *Globus*, XXIII, 1/3. — ETHNOGRAPHIE, *supra*, col. 359—367

(TERRIEN DE LACOUPERIE.)

Histoire générale.

M. MARTINI.

— Martini Martinii Tridentini e Societate Jesu Sinicae Historiae Decas prima Res à gentis origine ad Christum natum in extremâ Asiâ, sive Magno Sinarum Imperio gestas complexa. Monachii Typis Lucae Straubii, Impensis Joannis Wagneri Civis . . . . Cum Privilegio Caesareo Anno clↃ.lↃ.CLVIII, in-4, pp. 362, sans la dédicace, l'approb. et l'av. au lecteur du commencement, et l'Index de la fin.

— Martini Martinii, ‖ Tridentini, ‖ e Societate Iesv, ‖ Sinicae ‖ Historiae ‖ Decas prima, ‖ Res à gentis origine ad Christum natum ‖ in extrema Asiâ, ‖ sive Magno Sinarum ‖ Imperio gestas complexa. ‖ Amstelaedami, ‖ Apud Joannem Blaev. ‖ M.DC.LIX. ‖ in-8, pp. 413 + 7 ff. n. ch. p. l'index.

Le P. Grueber, dans sa lettre du 14 Mars 1665 publiée dans le Recueil de Thévenot, pense que la seconde partie, *Decas secunda*, de l'Histoire de Martini a été publiée comme la première à Munich (1658). Cependant cette seconde partie ne paraît pas avoir été imprimée; elle semble même perdue. Thévenot (II, 1696) publia dans son Recueil un Mémoire sous le titre de : «Synopsis chronologica Monarchiae Sinicae ab anno post diluvium CC.LXXV usque ad annum Christi M.DC.LXVI.» 76 pages. Les dix-neuf premières pages de ce mémoire contiennent des extraits de la *Decas prima* de Martini; la p. 20 est blanche; les autres pages 21/76 comprennent une «Historiae Sinicae Decas secunda» qui continue jusqu'au XVe Siècle de notre ère le travail précédent. Ce nouvel ouvrage est de Thévenot qui l'a composé ainsi qu'il le dit lui-même dans la préf. de la 4e Partie, d'après un Ms. persan.

L'ouvrage de Thévenot a été réimprimé en un pet. vol. in-8 dont je ne connais qu'un exemplaire, qui est défectueux. C'est celui de la Bib. du Dépôt des Cartes et Plans de la Marine, No. 6930: le titre et les 112 premières pages manquent; il ne reste que les dernières pages : 113/334, cah. H—T, qui suffisent néanmoins à prouver que ce vol. n'est que la reproduction du mémoire donné par Thévenot; le cah. R, pp. 287/302, manque également.

— Histoire ‖ de la ‖ Chine, ‖ Traduite du Latin du Pere Martin ‖ Martini de la Compagnie ‖ de Jesus. ‖ Par l'Abbé Le Peletier. ‖ A Paris, ‖ Chez ‖ Claude Barbin . . ‖ et ‖ Arnoul Seneuze . . ‖ M.DC.XCII. ‖ Avec Privilege du Roy. 2 vol. in-12, 11 ff. n. ch. p. l'Ep. au Duc de Beauvillier et l'avert. + pp. 527 et 462. — Front. grav.

C'est la trad. de l'original latin publié à Amsterdam. Il n'y a pas dans l'éd. franç. un index semblable à celui de l'éd. latine. — Le P. du Halde s'est beaucoup servi de cet ouvrage pour la composition de la première partie de ses *Fastes*. (Vide infra), col. 582.

— Aeyquan, oder der Grosse Mogol, das ist Chinesische und Indische Stahts, Kriegs, und Liebens-geschichte. In unterschiedliche Teile verfasset, durch Christ. W. Hagdorn. In Amsterdam, Bey Jacob von Mors, 1670, in-8, front. & grav.

Ternaux, 2163.

(MARTINI.)

— Joh. Henrici ‖ Ursini ‖ Sacrorum & Philologicorum ‖ Miscella‖neorum ‖ Libri sex. ‖ I. Theologia Naturalis. ‖ II. Sol Mystagogus. ‖ III. Mundus, & ‖ IV. Animalia Biblica. ‖ V. Sacrificia. ‖ VI. Paegnion, Pediculus Philosophus. ‖ Accedit ‖ Georgii Henrici Ursini ‖ J. H. F. ‖ De ‖ Seribus, sive Sinensibus, ‖ Diatriba. ‖ Norimbergae, ‖ Apud Johannem Andream Endterum, & ‖ Wolfgangi Junioris Haeredes. ‖ Anno M.DC.LXVI, pet. in-8.

Voir à la fin, pp. 360/383, *Diatriba de Seribus* Georgii Henrici Ursini, J. H. Filii. Magnifico Senatui Ratisbon. pro studiorum specimine oblata.

— Abdallae Beidavaei Historia Sinensis, *Persicè* è geminô Manuscriptô edita, *Latinè* quoque reddita ab Andrea Mvllero Greiffenhagio accedvnt ejusdem Notae marginales.... Berolini, Typis Christophori Rungii, Anno clɔ lɔ c lxxvii, expressa, nunc verò una cum *additamentis* edita ab *Autoris filio,* quodvvltdeo Abraham Mvllero. Jenae, Prostat apud Johannem Bielkivm, A. C. clɔ lɔ c lxxxix, in-4.

A la page qui suit le titre, on lit : Accedunt Historiae Abdallianae : I. Itineraria duo, in Sinas confecta. — II. Commentatio... — III. Basilicon Sinense.. — IV. Nomenclator...

I. Ce sont les relations des voyages de Feodor Iskowitz Backhoff et de Zacharie Wagner. Elles sont imprimées en lettres de somme.

On en trouve une traduction anglaise dans le Vol. II de la Collection de Voyages de Churchill.

II. Andreae Mülleri Greiffenhagii de Sinarum Magnaeque Tatariae Rebus Commentatio Alphabetica, ex *Auctoris* Commentariis super *Marci Poli Veneti* Historia Orientali aliisque Magno Numero Manuscriptis Excerpta ac saltim delibata [72 p.]

III. Basilicon Sinense, seu Primorum Hominum, Regum & Imperatorum Sinensium Series, Nomina, Cognomina, Aetas, Res quaedam Gestae aliaque, Ab exordio ad nostra usque tempora. [Voir col. 30, 31.]

IV. Imperii Sinensis Nomenclator geographicus, ut & ejusdem Imperii Mappa geographica planè nova, eaque é Multò ampliore Tabulâ, quam scil. ipsi Sinae ediderunt, in arctiorem formam redacta, plurimisque Locorum Partim *Nominibus*, Partim *Numeris* nomina indicantibus, in Romano literarum *habitu* vestita, unà cum Praefatione de Re geographicâ Sinensium déq; Mappâ Witseniana. Auct. Andreâ Müllerô Greiffenhagio. [Voir col. 31.]

Dans son exemplaire des *Opuscula* de A. Müller (Francfort, 1695), Pauthier avait donné la note suivante : « NOTA. Le premier ouvrage publié dans ce *Recueil* d'André Müller [Historia Sinensis], a été par erreur attribué par lui à *Beidavi*, auteur du *Nizam at-Tawârîkh*. Il a été reconnu depuis que le véritable auteur était *Benaketi*, l'auteur du *Târîkh-Benâketi*,. dont la partie publiée par André Müller forme le VIIIe Livre en 2 chapitres. — Une première édition de cet opuscule avec traduction latine fut donnée par A. Müller, à Berlin, en 1677 ; une seconde le fut par son fils Abraham Müller, à Jena en 1689 ; celle-ci de 1695 est la troisième. »

— A Chinese Chronicle : By Abdalla of Beyza. Translated from the Persian, with Notes and Explanations. By S. Weston, B. D., F. R. S. S. A. London : Printed for William Clarke. MDCCCXX. In-8, pp. 38.

Tiré à 50 exemplaires. — Vend. Klaproth, No. 1619, acheté Fr. 19, par Ledoyen.

Cette chronique s'étend depuis Pan kou, le premier homme, jusqu'à la naissance de Gengis khan, l'an 549 de l'hégire, A. D. 1154.

(Divers.)

— Fastes de la Monarchie chinoise, ou Histoire abrégée et selon l'ordre chronologique de ce qui s'est passé de plus remarquable sous chaque Empereur (Du Halde, *Description,* I, pp. 261—556 ; col. 46).

Tiré de l'ouvrage du P. Martini, supra, col. 580.

— Éloge de la Chine ; comparée au reste de la terre. Par un prétendu Philosophe chinois. Tiré de l'Anglois. (*Journal Encyclopédique*, déc., 1762 ; *Nouv. Choix de Pièces tirées des anciens Mercures*, CIII, pp. 207—213.)

— Johann Christoph Gatterers ordentlichen Lehrers der Geschichte zu Göttingen, ... Handbuch der Universalhistorie nach ihrem gesamten Umfange von Erschaffung der Welt bis zum Ursprunge der meisten heutigen Reiche und Staaten. Nebst einer vorläufigen Einleitung von der Historie überhaubt, und der Universalhistorie insonderheit, wie auch von den hieher gehörigen Schriftstellern. Zwote vermehrte und verbesserte Ausgabe. Göttingen, im Verlag der Wittwe Vandenhoeck, 1765—1764, 2 Th. in-8.

La deuxième partie du Th. 2 qui a une pagination à part comprend :

Erstes Buch. Geschichte der Chineser. Vom Ursprunge des Chinesischen Reichs, das ist, ungefähr seit dem 2ten Jahrhundert nach der Sündflut bis auf unsere Zeiten. pp. 3/345. — Zweytes Buch. Geschichte der Coreaner und Tibetaner, pp. 346/412. — Drittes Buch. Geschichte der Japaner. Von dem Ursprunge der Nation an, bis auf die neuern Zeiten, pp. 413/522.

— Die Allgemeine Welthistorie die in England durch eine Gesellschaft von Gelehrten ausgefertiget worden. — In einem vollständigen und pragmatischen Auszuge. — Von D. Friedrich Eberhard Boysen Ihrer königl. Hoheit der Prinzessinn in Preussen &c. Oberhofprediger, Consistorialrath, ... Mit gnädigster Churfürstl. Sächsis. Freyheit. Halle, bey Johann Justinus Gebauer, 1767—1772, 10 vol. in-8.

Voir dans cet ouvrage : *Alte Historie*, IX. Band, 1771 : Drey und zwanzigstes Hauptstück. Geschichte der Chineser, vom Ursprunge ihres Reichs an, bis auf unsre Zeiten : pp. 1/533. — Vier und zwanzigstes Hauptstück. Geschichte der Koreaner, pp. 534/578. — Fünf und zwanzigstes Hauptstück. Geschichte der Tibetaner, pp. 579/609. — Sechs und zwanzigstes Hauptstück. Geschichte der Japaner, pp. 610/730.

Alte Historie, X. und letzter Band, 1772 : Beschreibung der grossen Tartarey, pp. 1/25. — Sieben und zwanzigstes Hauptstück. Geschichte der Hunnen, pp. 26/120. — Acht und zwanzigstes Hauptstück. Geschichte der Türken, pp. 121/274. — Neun und zwanzigstes Hauptstück. Geschichte der Mongoln, pp. 275—498. . . .

— Io. Eberhardi Fischeri Historiarum & Antiquitatum Prof. P. O. Academiaeque Scientiarum, quae Petropoli est, Socii, QVAESTIONES PETROPOLITANAE I. de origine *Ungrorum* II. de origine *Tatarorum* III. de

(Divers.)

19*

diversis *Shinarum* Imperatoris nominibus titulisque IV. de *Hyperboreis*. — Edidit Avg. Ludovicus Schloezer Academiae Scientiarum Petropol. Socius Historiarumque Prof. P. O. Gottingae & Gothae Impensis Dieterichianis 1770, in-8, pp. 119.

III. De variis nominibvs Imperii Shinarum titvlisqve Imperatorum exercitatio, pp. 77/96.

— Idée générale de la Chine et de ses premières relations avec l'Europe. (*Mém. conc. les Chinois*, V, pp. 1/68.)

Ce Tableau général de la Chine n'est pas l'œuvre des Missionnaires, mais de M.**

— Abrégé chronologique de l'histoire universelle de l'empire chinois, par M. Amiot.

Première Partie : Tems mythologiques ou fabuleux, et regardés comme tels par le corps des Lettrés, qui sont les Savans de la Nation.

Seconde Partie : Tems douteux ou incertains, depuis Fou-hy, fondateur de la monarchie, jusqu'à Hoang-ty, qui en est prononcé le Législateur.

Troisième Partie : Tems historiques ou certains, depuis la 62e année du règne de Hoang-ty, jusqu'à la 35e année de Kien-long; c'est-à-dire depuis l'an 2637 avant J. C. jusqu'à l'an 1770 de notre ère vulgaire. (*Mém. conc. les Chinois*, XIII, pp. 74/308, 3 dessins, expl. des dessins, &c.)

On n'a publié la 3e partie que jusqu'au commencement du règne de Yu le Grand.

MAILLA.

— Histoire générale de la Chine, ou Annales de cet Empire; traduites du Tong-Kien-Kang-Mou, par le feu Père Joseph-Anne-Marie de Moyriac de Mailla, Jésuite François, Missionnaire à Pékin : Publiées par M. l'Abbé Grosier, Et dirigées par M. le Roux des Hautesrayes, Conseiller-Lecteur du Roi, Professeur d'Arabe au Collége Royal de France, Interprète de Sa Majesté pour les Langues Orientales. Ouvrage enrichi de Figures & de nouvelles Cartes Géographiques de la Chine ancienne et moderne, levées par ordre du feu Empereur Kang-hi, & gravées pour la première fois. 13 vol. in-4, 1777—1785.

Tome Premier : A Paris. Chez Ph.-D. Pierres.... Clousier, MDCCLXXVII. Avec Approbation, et privilége du Roi. — Une carte de la Chine au commencement, etc.

Noms de Messieurs les souscripteurs par ordre alphabétique. — Approbation. — Privilége. — Discours préliminaire de M. l'Abbé Grosier (xxi—xlviii). — Observations de M. Deshautesrayes (xlix—lxxii). — Préface [du P. de Mailla] (i—lxxiv). — Lettres du P. de Mailla, à M. Freret, de l'Académie des Inscriptions et Belles-Lettres de Paris; en réponse à ses Dissertations, insérées dans les Mémoires de l'Académie des Inscriptions et Belles-Lettres, Tome X, page 377; Tome XV, page 495; & Tome XVIII, page 178, sur l'antiquité & la certitude de la chronologie chinoise, &c. [voir col. 562] Pour servir d'Introduction à l'histoire générale de la Chine (lxxv—clxvi) [4 lettres]. — Cinquième lettre du P. de Mailla concernant son histoire manuscrite de la Chine [datée de Péking, 27 Septembre 1730] (clxvi—clxxiii). — Sixième/Treizième lettre (clxxiv—cc). — Histoire générale de la Chine (Princes antérieurs à la première dynastie. — Mou-ouang, 967 av. J.-C.).

Tome II. 1777. (Mou-ouang, 966 av. J.-C.) (IIIe Dyn. Tcheou). — Hiao-king-ti, 141 av. J.-C. (Dyn. V.)

Tome III. 1777. Suite des noms des souscripteurs. — Histoire... (Han-ou-ti, 140 av. J.-C.) (Dyn. V Han.) — Han-hien-ti, 194 ap. J.-C. (Dyn. V.)

Tome IV. 1777. Histoire... (Hien-ti, 194). — Tçin-kong-ti, (420) (Dyn. VII).

Tome V. 1777. Suite des noms des souscripteurs. — Huitième Dynastie : les Song (Kao-tsou) (420). — Kong-ti (619) (Dyn. XII).

Tome VI. 1778. Treizième Dynastie : les Tang (Kai-tsou, 619) (Hi-tsong, 888) (Dyn. XIII).

Tome VII. 1778. Suite des souscripteurs. — Treizième Dynastie : les Tang (Tchao-tsong, 888). — (Kong-ti, 959) (Dyn. XVIII).

Tome VIII. 1778. Dix-neuvième Dynastie : les Song (Tai-tsou, 960). — (Ning-tsong, 1208) (Dyn. XIX).

Tome IX. 1779. Extrait d'une lettre du P. Amiot, à M. Bertin, Ministre, datée de Pé-king le 19 Novembre 1777. — (Ning-tsong, 1210) (Dyn. XIX). — (Chun-ti, 1368) (Mongous) (XX Dyn.).

Tome X. 1779. Vingt-unième Dynastie : les Ming (1368—1649).

Tome XI. 1780. Vingt-deuxième Dynastie : les Tsing (Chun-tchi, 1649. — Kien-long, 1780).

Tome Douzième, Contenant la Table Alphabétique de cet ouvrage, précédée des *Nien-hao*; ou noms que les Empereurs ont donnés aux années de leurs règnes; d'une Nomenclature Géographique et de trois Mémoires historiques sur la Cochinchine, sur le Tong-king, & sur les premières entreprises des Russes contre les Chinois par M. le Roux des Hautesrayes... 1783 :

— Aperçu des Mœurs, des Sciences & des Arts des Chinois considérés relativement à la constitution de leur Gouvernement & à leurs Etudes. — Des Nien-hao ou des noms que les Empereurs de la Chine ont donnés aux années de leurs règnes. — Nomenclature de tous les anciens & nouveaux Départemens de la Chine & des principales Villes qui en dépendent. — Latitudes et Longitudes prises de Péking [déterminées de 1710 à 1716]. — Notice historique sur la Cochinchine. — Mémoire historique sur le Tong-king. — Notice historique sur les premières entreprises des Russes contre les Chinois, jusqu'à l'établissement de Nertchinsk; avec des Notes, dont quelques-unes offrent des détails relatifs à la position actuelle & respective, & au commerce des deux nations. — Table générale des Matières.

Tome treizième et dernier. Contenant : 1° la Description topographique des quinze Provinces qui forment cet Empire, celle de la Tartarie, des Isles, & autres pays tributaires qui en dépendent; le nombre et la situation de ses villes, l'état de sa Population, les productions variées de son Sol, & les principaux détails de son Histoire naturelle; 2° un précis des connaissances le plus récemment parvenues en Europe sur le Gouvernement, la Religion, les Mœurs & les Usages, les Arts & les Sciences des Chinois. Volume de Supplément, Rédigé par M. l'Abbé Grosier, Chanoine de S. Louis du Louvre. A Paris, chez Moutard.... 1785. Voir col. 60. — Ajouter l'Atlas des 65 Cartes et Planches, voir également col. 61.

On remarquera que la *Notice historique sur la Cochinchine* et le *Mémoire historique sur le Tong-king* qui se trouvent dans le Vol. XII sont du Père Gaubil et avaient déjà été insérés dans le 31e recueil des *Lettres édifiantes*.

On ajoute généralement à la traduction du P. de Mailla, l'*Histoire de la Dynastie des Ming*, du Père Delamarre. Voir plus loin.

Le *T'oung kien kang mou* 通鑑綱目 ne comprend que l'histoire des vingt premières dynasties impériales, et pour terminer son histoire, le Père de Mailla s'est servi des continuations de cet ouvrage.

«En 1737, le père de Mailla fit passer son manuscrit en France... (*Discours préliminaire* de l'abbé Grosier, I, p. XXVII.) Après la destruction de la Société de Jésus le Ms. «qui avait été déposé dans la bibliothèque du grand collége de Lyon» tomba entre les mains du ministère public et fut cédé à l'abbé Grosier» en toute propriété par acte passé par devant Notaire, en date du 3 Août 1775.» (*Ibid.*, pp. XXIX.)

Ce manuscrit de la traduction de l'Histoire générale de la Chine, relié en 5 vol. in-folio, est maintenant déposé au département des Ms. de la Bibliothèque nationale; il porte les Nos. 12210—12214, Fonds Français (Anc. supp. fr. 4018—1/5).

Il est écrit au pinceau sur papier de soie plié en double à la manière chinoise :

No. 12210 { Tome Ier, pp. 527, jusqu'à la fin de la dynastie des Tsin. / T. 2, pp. 653, Dynastie des Han.

Ces deux Tomes sont reliés en un vol. qui porte au dos : jusqu'à l'an 262.

No. 12211 { T. 3, pp. 342, Dynastie des Tçin. / T. 4, pp. 399, jusqu'à la fin de la Dynastie des Soui.

Ces T. sont reliés ensemble (de 264 à 619).

Au commencement du T. 3 on a inséré l'approbation du P. Regis : «J'ai lû avec soin le manuscrit intitulé Histoire Générale de

Chine. Cet ouvrage, traduit du texte chinois des annales confronté avec les versions tartares faittes par ordre du dernier Empereur, contient non-seulement les revolutions qui sont arrivées au dedans de l'Empire et les guerres qu'il a eu avec les royaumes voisins qu'il nous fait connoistre, mais encore les maximes de politique qui ont toujours esté les principes du gouvernement d'une monarchie si ancienne. Il renferme de plus l'ancien Livre *Chou-king*, dont on souhettoit d'avoir la traduction parce qu'il nous apprend les sentiments des anciens Chinois sur la religion et la morale; et le *Tchun tsiou* écrit par Confucius pour l'instruction des Princes; de sorte qu'on a dans ce seul ouvrage presque tout ce qu'on peut souhaitter de sçavoir de ce vaste empire, ainsi je le jeuge digne de l'attention du public. Fait à Peking 1729, 2 juin. J. B. Regis. J.»

No. 12212 { T. 5, pp. 544. Dynastie des Tang.
T. 6, pp. 266. Jusqu'à la fin de la Dynastie des Tcheou postérieurs.

Ces deux T. sont reliés ensemble (de 619 à 959).

No. 12213 { T. 7, pp. 605. Dynastie des Song.
T. 8, pp. 372. Dynastie des Yuen.

Ces deux T. sont reliés ensemble (de 960 à 1369).

Les quatre derniers tomes sont également précédés de l'approbation du père Régis.

No. 12214 { T. 9, pp. 135, s. la préf., Dynastie des Ming.
T. 10, pp. 302, s. la préf., Dynastie des Tsing.

Cette histoire est suivie d'une table donnant le «Commencement des règnes des empereurs chinois des trois premières familles depuis l'empereur Tchong-Kang» (1 page) et d'une liste des «Noms tant anciens que nouveaux de tous les departemens et villes de Chine sous ses différentes dynasties.» (171 pages); ce dernier travail était indispensable.

Ces pièces et les T. 9 et 10 sont reliés ensemble (de 1344 à 1722. — Tables géogr.)

— Le Ms. de la Bib. nat. [Fr. 14687. — Anc. Supp. Fr. 5552. — in-4] contient outre la copie d'une lettre de l'évêque de Conon datée de Focheu le 25 oct. 1703 à Monseigneur de Lionne, évêque de Rosalie, sur l'ancienneté de la nation chinoise [12 pages] et deux autres traités : Antiquae traditionis Selecta vestigia : 1° la Préface de l'hist. de Mailla [50 pages]; 2° Remarques sur la chronologie et l'histoire chinoise [50 pages].

«La traduction françoise du *Tong-kien-kang-mou*, du père de Mailla, mériteroit d'être remaniée par un homme bien au fait sur la Chine et d'un grand travail, et zélé pour la Chine. Or, cela me paroit bien difficile; il y a dans cette version du père de Mailla bien des articles à retoucher, et plusieurs qui demandent de la critique. Cet ouvrage a été fait un peu trop vite, et il auroit dû être mieux examiné en Chine; on se pressa un peu trop de l'envoyer à Lyon. Il contient d'excellents matériaux pour l'histoire; mais, pour bien s'en servir, il faut être au fait sur les affaires de la Chine, et en état de voir ce qu'il y a à retrancher ou à y ajouter.» (Lettre du P. Gaubil à M. de l'Isle. Pékin, 28 août 1752.) — [*Pant. Lit.*, IV, p. 64.]

Voir Wylie, *Notes on Chin. Lit.*, p. 20.

«Grosier laissa en Ms. une nouvelle édition de cet ouvrage, refondu quant au style, au choix et à la disposition des faits, et dans laquelle l'éditeur s'était attaché à la présenter sous la forme que nous donnons à notre histoire moderne.» (De Backer, I, 2301.)

— Annales de la Chine reduites en abrégé par le P. Janin Augustin sur la Version françoise de J. M. Moyria de Mailla Missionnaire apostolique connu en Chine sous le nom de Fong Ping Tching. M. DCC. LXIX. 2 vol. in-4, pp. XXVIII-408, pp. 409/788.

Ms. de la Bib. de la Ville de Lyon, No. 1164 (ancien 819).

«Cet ouvrage important est l'abrégé de la grande histoire chinoise, par le jésuite J.-M. Moyria de Mailla, connu à la Chine sous le nom de *Fong-Ping-Tching*.

Celui-çi avoit travaillé pendant dix-huit ans aux cartes de l'empire chinois, et logeoit, en qualité de mathématicien de la cour, dans le palais même de l'empereur *Cam-hi*, qui lui témoigna toujours une amitié sincère. La connoissance qu'il avoit acquise des langues chinoise et tartare, lui fit entreprendre de traduire en français les grandes annales de l'historien *Sé-mat-sien*. Il employa plus de six ans, d'un travail assidu, à remplir son dessein ; et lorsque son ouvrage fut fini, il en fit don à la Bibliothèque de Lyon, où il parvint en 1737. Le savant Fréret, très-versé dans l'histoire de la Chine, avoit conçu une si haute

idée de cet écrit, qu'il désira en être l'éditeur et le faire imprimer aux frais du gouvernement. La mort l'empêcha d'exécuter son projet, et l'ouvrage, en 12 volumes in-4, fut donné, par l'ancien consulat de Lyon, à M. l'abbé Grosier qui l'a publié. Ce manuscrit étoit accompagné de plans et de cartes très curieuses, faits à la Chine, et qui avoient été collés sur toile, par les soins des magistrats municipaux de la ville de Lyon. Ces soins auroient au moins dû s'étendre jusqu'à faire restituer à leur Bibliothèque, après la publication de l'ouvrage, le manuscrit précieux que les voyageurs et les savans venoient souvent y consulter.

Les deux volumes, qui en renferment l'abrégé, peuvent dédommager de cette perte. Ils sont dûs au P. *Janin*, augustin de cette ville, savant antiquaire, écrivain correct, qui a péri avec courage, dans nos murs, sous la hache des bourreaux révolutionnaires. Il le finit en 1769, et l'offrit à l'archevêque et aux administrateurs des collèges, qui l'ont oublié dans la Bibliothèque publique. Il renferme les 22 dynasties chinoises, depuis la fondation de l'empire, 2941 ans avant l'ère chrétienne, jusqu'en 1722. Ce manuscrit offre une écriture nette, correcte et lisible. Si, à l'imitation du P. de Mailla, il n'a pu y réunir des cartes chinoises, il y a joint du moins des cartes et des estampes gravées en Europe. Celles-ci sont :

1. La carte de la Chine, par *Bellin*, insérée dans l'histoire générale des voyages.
2. La représentation des mandarins civils et militaires, tirée de Du Halde.
3. Une carte manuscrite de la Chine ancienne, telle qu'elle est décrite dans le chapitre *Yu kong*, du livre canonique appelé *Chou-king*.
4. Une autre carte de la Chine et de la Corée, gravée d'après le rapport des Jésuites-missionnaires.
5. Une autre du Cathay, tirée de l'histoire générale des voyages.
6. La mort du dernier empereur chinois, de la race des *Ming*, en 1644, gravure extraite de *Nieuhof*.
7. Carte de la Tartarie orientale, comprenant le pays des Mantcheoux.
8. Le Plan de la ville de Pékin.
9. Une vue de cette ville, prise dans *Nieuhof*.
10. Une autre de la ville de Nankin.
11. L'entrée de la rivière de Canton et de l'île de Macao.
12. Une vue de Canton.
13. La Carte de l'île Formose.
14. Le Plan de la ville et du port de Macao.
15. L'observatoire de Pékin, tiré du P. *Le Comte*.
16. La Carte de la Tartarie occidentale.
17. Les cérémonies de l'hommage rendu à l'empereur de la Chine, par les princes *Kalka*.
18. Les coins des monnoies chinoises sous diverses dynasties.»

(Delandine, *Ms. de la Ville de Lyon*, II, pp. 88/90.)

Une 19e pièce est intercalée p. 298; c'est une carte du Liau toung.

— *Reichsannalen von Sina*, dans le *Journal* de C. G. von Murr, I, 1775, pp. 81/94.

— Lettres aux Auteurs du *Journal Encyclopédique* sur ce qu'ils ont dit de l'*Histoire générale de la Chine* (signée Deshautesrayes); *Journal Encyclop.*, 1778, IV, pp. 128/133. Les Comptes-Rendus en question se trouvent : 1777, VI, pp 273/286, 448/461; VIII, pp. 390/402. — 1778, I, pp. 57/69; V, pp. 220/236, 397/409. — 1779, II, pp. 244/255, 385/397.

— Remarques adressées (par Deshautesrayes) aux auteurs de ce journal sur le Compte qu'ils ont rendu des tomes V et VI. — *Journ. Encyclop.*, 1779, I, pp. 121/5.

(De Backer, II, 993.)

Notices : *Journal de Feller*, 1778, pp. 237/242. — *Journal des Savans*, 1777, pp. 527/536, 588/598.

— Storia generale ‖ della Cina ‖ ovvero ‖ grandi annali cinesi ‖ tradotti dal Tong-kien-kang-mou ‖ dal padre ‖ Giuseppe-Anna-Maria de Moyriac ‖ de Mailla Gesuita Francese Missio- ‖ nario in Pekin. ‖ Pubblicati dall' Abate Grosier ‖ E diretti dal Signor Le Roux des Hautesrayes ‖ Consiglier-Lettore del Re Professore di Lingua ‖ Araba nel Collegio Reale di Francia ‖ Interprete

di Sua Maestà per le Lingue ‖ Orientali. ‖ Traduzione italiana ‖ dedicata a sua Altezza reale ‖ Pietro Leopoldo ‖ principe reale d'Ungheria e di ‖ Boemia arciduca d'Austria ‖ gran-duca di Toscana ec. ec. ec. ‖ — In Siena M DCC LXXVII. ‖ — Per Francesco Rossi Stamp. del Pubb. ‖ Con Licenza de' Sup. — ‖ M DCC LXXXI, 35 vol. in-8.

Le Col. Yule (*Cathay*, I, p. lxvi, note), écrit :

« The Italian translation of Demailla is a curiosity. The editor, finding that the Chinese names were distasteful to the readers of his earlier volumes, changes them all into a more pleasing form. Thus Kublai figures as *Vobalio*, Wang Khan as *Govannio*, Ilchiktai as *Chitalio*. »

綱鑑易知錄 « Another Compendium on the same plan is the *Kang këën é che lŭh* by Woô Shing-keuén, published in 1711; being an abbreviation of the *T'ung këën kang mŭh*, from the commencement of history to the close of the Ming Dynasty. » (Wylie, *Notes*, pp. 21/22.)

On trouvera une revue (par le Rev. E. C. Bridgman) de cet ouvrage dans *The Chinese Repository*, X, pp. 1/9. Il y a, dans cette revue, une traduction de l'Introduction et de la Préface de ce livre.

— The T'ung-kien-kang-muh Annals. By E. H. Parker. (*China Review*, XV, p. 188.)

— Tableau comparatif de la chronologie du *T'ong kien kang mou* et de celle du *Tchou chou ki nien*. (*Mém. hist.* . . . de Se-ma Ts'ien, trad. Chavannes, I, p. CCXLII.)

— KIA TSEU HOUEI KI [甲子會紀]. Trad. par le P. A. de la Charme.

Traduction françoise, avec des notes du *Kia tsee houei ki*, qui est un abbrégé des annales chinoises fait par authorité publique sous la dynastie précédente des *Ming* et le règne de *Kia tsing*. [嘉靖 × 世宗, 1522.]

Bib. Roy. Munich, Cod. gall. 659; No. 1302 du T. VII du Cat. imprimé, Munich, 1858. — MS. autog. du P. A. de la Charme, pp. 647 ch. — XVIIIe S. Il est complet. Au-dessous du titre *ut supra* on lit : Not. Cet abbrégé commence par la 8e année de l'Emp^r *Hoangti* qui est la 2697e avant Jésus-Christ . . . . . . 2 ff. n. c. sont consacrés à l'*avertissement du traducteur* qui débute ainsi : « L'autheur de cet abbrégé que j'ai traduit du chinois vivoit dans le 16e siècle. Il fut par son employ dans l'Empire l'éditeur des différentes histoires de Chine et estoit très versé dans cette matière. Comme il ne fait gueres qu'indiquer les faits, j'ai cru devoir les éclaircir par des notes que j'ai ajoutées et que j'ai tirées de la grande histoire et d'autres ouvrages authentiques et que je cite.

« Dans ma traduction, je ne m'en suis tenu à la lettre que pour ce qui regarde l'ancienne histoire; mais dans la suite, comme il y a plusieurs traits nullement intéressants pour l'Europe, par exemple ce qui regarde la promotion des mandarins, je les ai omis . . . . »

On a collé au verso de la couverture l'autog. suivant : « J'ay lu l'abrégé de l'histoire chinoise composé en françois par le R. P. Alexandre de la Charme. Dans cet abrégé l'auteur a mis, avec goût et netteté ce qui est d'essentiel dans les différentes histoires chinoises, et cet ouvrage me paroît très propre à faire connoittre et estimer la nation chinoise.

A Peking ce 11 7bre 1741.

Antoine GAUBIL Jes. Missionnaire. »

Provient de la Bibliothèque d'Etienne Quatremère.

— Faits Memorables des Empereurs de la Chine Tirés des Annales Chinoises, Dédiés à Madame, Orné de 24 Estampes in-4. Gravées par Helman, d'après les Dessins originaux de la Chine, tirés du Cabinet de Mr Bertin, M^tre et Ancien S^re d'Etat. A Paris, chez l'Auteur, Graveur de Madame.... s. d.

(DIVERS.)

On a tiré également des ex. sur papier vélin et sur papier de Hollande peints à l'aquarelle, et quelques ex. sur grand papier pour faire suite aux *Batailles de la Chine*. — Voir *K'ien-loung*.

L'ouvrage a été divisé en 4 livraisons qui ont paru tous les deux mois à partir du 15 Avril 1788.

60 fr., Greppe, Paris, 1887, veau.

— Mémoire lu dans la Séance publique de la Société philotechnique, le 2 Mai 1813, sur cette question : « Par quelle cause doit-on expliquer la longue durée de l'Empire Chinois? » Par M. Paganel, De la Société Philotechnique, de celle d'Agriculture, Sciences et Arts d'Agen, et de l'Académie Celtique. — Paris. De l'imprimerie de J. B. Sajou, 1813, in-8, pp. 27.

Extrait du *Magasin Encyclopédique*, No. de Juillet 1813.

— Résumé de l'histoire de la Chine, par M. de S***. Bruxelles, Auguste Wahlen, MDCCCXXV, in-48, pp. IX-298.

Réimpression des éditions suivantes :

Paris, Lecointe et Durey, 1824, in-12. — 2e éd., Paris, Lecointe et Durey, 1824, in-12. — Pub. à Fr. 2.50.

De S*** = Etienne Pivert de Sénancour, né à Paris, en Nov. 1770, mort à St.-Cloud, en janvier 1846.

— Examen des historiens asiatiques. (Klaproth, *Mém. rel. à l'Asie*, I, pp. 389/413.)

— Tableaux historiques de l'Asie, depuis la monarchie de Cyrus jusqu'à nos jours; accompagnés de Recherches historiques et ethnographiques sur cette partie du monde; ouvrage dédié à MM. Guillaume et Alexandre de Humboldt, par J. Klaproth. Avec un Atlas in-folio. Paris, Schubart, M.DCCC.XXVI. in-4 et Atlas.

— Un prospectus de cet ouvrage a été publié à Paris, pièce in-8 de pp. 4.

— Antwort auf eine im Hermes abgedruckte Recension meiner Tableaux historiques de l'Asie. Pièce s. titre, in-4, pp. 20 : Paris, den 1sten November 1868.

— On lit dans le *Journal des Savans*, Nov. 1829, pp. 701/2 :

中國史 *History of China*, carefully translated from the Chinese, by P. P. Thoms. *Histoire de la Chine* depuis le règne de Fŭh-he, 3000 ans avant J.-C., selon la chronologie chinoise, jusqu'au règne de Min-te, an 300 de l'ère vulgaire, traduite principalement de Choo-foo-tsze, 1 vol. in-4 qui sera mis sous presse aussitôt qu'il y aura un nombre suffisant de souscripteurs, à Londres, chez le traducteur, 20 King square, et chez les libraires Bagster, Kingsbury, &c. Le prix d'un exemplaire, accompagné d'une carte de la Chine, est de 2 liv. st. 5 sh.

Cet ouvrage ne paraît pas avoir été publié.

— Abrégé de l'Histoire de la Chine d'après les meilleurs documents, par Auguste Savagner, Ancien élève pensionnaire de l'École royale des Chartres (*sic*), Professeur d'histoire à l'Université. Paris, Parent-Desbarres, 1844, 2 vol. in-12, pp. 336, 311.

Fait partie de la « Collection d'Histoires abrégées des principaux États anciens et modernes d'Asie, d'Afrique, d'Amérique et de l'Océanie, Par MM. du Rozoir, Savagner, professeurs d'histoire, Vincent, etc. »

— Histoire complète de l'Empire de la Chine depuis son origine jusqu'à nos jours. — Son étendue. — Sa chronologie. — L'histoire de ses diverses Dynasties et des Empereurs qui ont régné sur ce vaste Empire depuis sa fondation jusques et y compris le règne de l'Empereur actuel Hien Foung, aujourd'hui sur le Trône. — Son gouvernement. — Son commerce. — Ses Arts et

(DIVERS.)

Métiers, etc. — Son caractère. — Son génie. — Ses mœurs. — Ses coutumes. — Sa langue. — Sa littérature. — Sa musique, etc. Par MM. A. S. et D. Professeurs d'histoire de l'Université et continuée jusqu'à nos jours. Par M. P. D. ancien Professeur de l'inst. du Ch. de Saint-Louis. — Nouvelle édition, revue avec soin, ornée d'un grand nombre de gravures sur bois insérées dans le texte, et représentant les hommes les plus célèbres de cet empire, ses empereurs les plus illustres, ses monnaies, etc., etc. Paris, Parent Desbarres, 1860, 2 vol. in-12, pp. 330, 310.

Même édition que la précédente avec un titre différent et l'addition sommaire de la fin du règne de Tao-Kouang et le commencement du règne de Hien-Foung. — Voir col. 89—90.

C. G. Gützlaff.

— Character of Chinese historical Works; Inducements to study them; their Mythological Accounts; Vagueness of their early Records; Accounts of the Middle and latter Ages; Summary of the principal Historians; by C. Gützlaff. (*Chin. Rep.*, III, 1834, pp. 53 seq. — Réimp. dans *The Cycle*, 3 Dec. 1870.)

— A Sketch of Chinese History, ancient and modern: comprising a Retrospect of the Foreign Intercourse and Trade with China. Illustrated by a new and corrected Map of the Empire by the Rev. Charles Gutzlaff, now, and for many years past, resident in that country. London, Smith Elder & Co., 1834, 2 vol. in-8.

Vol. I, pp. VI-436 : I. Geographical Remarks. — II. Government and Laws. — III. Character, Usages, &c., Religion. — IV. Chronology. — V—XVI. History. (Mythological Era-Ming Dynasty.)

Vol. II, pp. V-463 : XVII. Ta-tsing Dynasty. — XVIII. Conclusion. — XIX. Propagation of the Gospel in China. — XX. Foreign intercourse in China. — XXI—XXIV. Emporiums... Appendix. [11 tables de statistique commerciale.]

Réimp. à New-York. — Pub. à 28 sh. — Notice peu favorable dans *The As. Jour. & Month. Reg.*, XV, 1834, pp. 129/131.

— * Allem. — E. Bauer. Quedlinburg, 1836, 2 vol. in-8.

— Gützlaff's Geschichte des Chinesischen Reiches von den ältesten Zeiten bis auf den Frieden von Nanking. Herausgegeben von Karl Friedrich Neumann. Stuttgart und Tübingen, 1847, in-8, pp. VIII-912.

— Gützlaff's Geschiedenis van het Chinesche Rijk, van de oudste tijden tot op den Vrede van Nanking. Uitgegeven door K. F. Neumann, en vertaald door K. N. Meppen, Evangeliesch-Luthersch Predikant te's Gravenhage. Met een voorwoord en slot van Dr. Gützlaff voor deze nederduitsche uitgave. Met eene kaart van China en het Portret van den Auteur. Te's Gravenhage, bij K. Fuhri. 1850, 2 vol. in-8.

— Remarks on the *Yih-She*, a Historical Work of the Chinese, in Fifty Volumes, by the Reverend C. Gützlaff, of Canton, &c. &c. &c. (*Journ. Roy. As. Soc.*, III, M.DCCC.XXXVI, Art. XIII, pp. 272/286.)

繹史 Pub. la 9e année de K'ang-Hi (1670) en 50 volumes.

(Gützlaff.)

«By 馬肅 Má Süh of the present Dynasty, extending from the creation down to the end of the Tsin dynasty B. C. 206.» (Wylie, *Chin. Lit.*)

— Die Erdkunde im Verhältnisz zur Natur und zur Geschichte des Menschen, oder allgemeine vergleichende Geographie, als sichere Grundlage des Studiums und Unterrichts in physicalischen und historischen Wissenschaften von Carl Ritter, Dr. und Prof. p. Ord. an der Universität und allgem. Kriegsschule in Berlin und Mitglied der Königl. Academie der Wissenschaften &c. — Siebenter Theil. Drittes Buch. *West-Asien.* — Zweite stark vermehrte und umgearbeitete Ausgabe. — Berlin, 1837. Gedruckt und verlegt bei G. Reimer, in-8.

Avec le titre suivant :

— Die Erdkunde von Asien, von Carl Ritter. — Band V. Drittes Buch. *West-Asien.* Uebergang von Ost- nach West-Asien. — — Berlin, 1837. Gedruckt und verlegt bei G. Reimer.

— * Vse obshtchaya Itoria Kitaya.

Le Rev. Père Daniel, de la Mission russe, a commencé la publication d'une Histoire générale de la Chine, compilée d'après les ouvrages chinois. 1838. Quatre livraisons seulement ont paru.

— A History of China from the earliest Records to the Treaty with Great Britain in 1842 by Thomas Thornton Esq. (in two vol. 8°). Vol. I, London, Wm. H. Allen & Co., 1844, in-8.

Un seul vol. a paru.

— A History of China to the present Time including an Account of the Rise and Progress of the present religious insurrection in that Empire. London, R. Bentley, 1854, pet. in-8.

— China : a Popular History, with a Chronological Account of the most remarkable Events from the earliest Period to the present Day. By Sir Oscar Oliphant, Kt. London : J. F. Hope, ... James Blackwood, MDCCCLVII, in-8, pp. VIII-231.

Avec un plan de Canton.

— The Chinese Reader's Manual. A Handbook of Biographical, Historical, Mythological, and general Literary reference. By William Frederick Mayers..... Shanghai : American Presbyterian Mission Press, 1874, in-8, pp. XXIV-440.

Cet ouvrage fort bien fait comprend trois parties : I. Index of Proper Names. — II. Numerical Categories. — III. Chronological Tables of the Chinese Dynasties. — Il se termine par un «Index of Chinese Characters».

Notices : *The Chinese Rec.*, V, pp. 166,169. — *The Shanghai*

(Divers.)

Budget, 1874, Juil. 4, 25; Août 1. — *China Review*, III, pp. 176/181, [by E. J. Eitel]. — *The Athenaeum*, No. 2458, Dec. 5, 1874. — *Revue Critique*, 1878, No. 15, pp. 237/239 [par Henri Cordier].

— Stray Notes on subjects in connection with the late W. F. Mayers' *Chinese Reader's Manual*. By C. Arendt. (*China Review*, VII, pp. 104/107.)

— Историческій Обзоръ Военной организаціи въ Китаѣ съ древнихъ временъ до воцаренія Манджурской Династіи. — К. А. Скачкова. (*Travaux de la troisième session du Congrès des Orientalistes*, St Pétersbourg, 1876, I, pp. 257/290.)

— Chine. Bulletin historique par Henri Cordier. (*Revue historique*, janv.-fév., 1882, pp. 143/170.)

— Histoire générale : Chine. Les Origines. — La Chine avant l'ère chrétienne. — Les Religions étrangères. Par Ed. Chavannes. (*Revue de Synthèse historique*, Déc. 1900, pp. 273/299.)

D. C. Boulger.

— History of China. By Demetrius Charles Boulger. London, W. H. Allen & Co. I, 1881, pp. vi-604; II, 1882, pp. 557; III, 1884, pp. v-839; 3 vol. gr. in-8.

Notices : *Academy*, 14 Juin, 1885, p. 416. (By R. K. Douglas.) — *The Athenaeum*, 23 août, p. 231. — *Saturday Review*, 23 août, p. 251. — *Edinburgh Review*, Oct., CLX, pp. 525/44. — *Contemporary Review*, Dec., XLVI, p. 901. (By Creighton.)

— The History of China. By Demetrius Charles Boulger... New and revised Edition, with Portraits and Maps. In two Volumes. London : W. Thacker, 1898, 2 vol. in-8, pp. viii + 1 f. n. ch. + pp. 734, 1 f. n. ch. + pp. 627.

— A short History of China being an Account for the general Reader of an ancient Empire and People by Demetrius Charles Boulger.... London, W. H. Allen & Co., 1893, in-8, 4 ff. n. c. + pp. 436.

Notices : *N. C. Herald*, Aug. 25, 1893, pp. 296 7. — *Calcutta Review*, XCVII, Oct. 1893, pp. lvii-lxi.

— A short History of China. An Account for the general Reader of an ancient Empire and People by Demetrius Charles Boulger. A New Edition with an Additional Chapter continuing the History from 1890 to date. London, Gibbings & Co., 1900, in-8, 2 ff. n. ch. + pp. 436.

Le second f. porte la note suivante des Editeurs : «This Edition is printed from the stereotype plates of the book as issued by Messrs. W. H. Allen in 1893, and, the services of the Author not being available, a synopsis of the history of the past ten years has been written by a competent authority.»

— La Chine contemporaine. Par G. d'Orcet. [*Edinb. Rev.*] (*Rev. Brit.*, 1885, II, pp. 381/405.)

(Divers. — Boulger.)

— Historic China and other Sketches. By Herbert A. Giles of H. B. M.'s Consular Service..... London : Thos. de la Rue & Co. 110, Bunhill row. 1882, in-8, pp. viii-405.

Contient : *Dynastic Sketches*. — *Judicial Sketches*. — *Miscellaneous* : Education in China. The Book Language of China; A Cremation in China; On Chinese Fans; Mesmerism, Planchette and Spiritualism; Wei-ch'i, or the Chinese Game of War; On the Surnames of the Chinese; Freemasonry in China. — *Index*.

鳳洲綱鑑 A Compendium of History in thirty volumes. By Wong Shi-ching, an eminent Scholar of the Ming Dynasty, A. D. 1526—1590. By Rev. T. P. Crawford, D. D., of Tungchow. (*Chinese Recorder*, XII, 1881, pp. 77/86, 193/201, etc.)

— Abriss der Geschichte China's seit seiner Entstehung. Nach Chinesischen Quellen übersetzt und bearbeitet von Sigmund Ritter von Fries, kais. chines. Beamte der Seezollverwaltung. Wien, Wilhelm Frick, 1884, in-8, pp. xii-284 + 1 f. n. c. pour l'er. + 9 cartes.

Notice par Muller-Beeck, *Mitt. Deutsch. Ges. Nat. u. Völk. Ostasiens in Tokio*, Hft. 34, April 1886, pp. 196/7.

Von Fries s'est suicidé, à l'âge de 37 ans, le 5 oct. 1893, Jessfield Road, Chang-Haï.

— Historical Atlas of the Chinese Empire from the earliest times down to the close of the Ming Dynasty, giving in Chinese the names of the chief towns and the Metropolis of each of the chief Dynasties of China. A brief Description in English is also printed on each Map. Shanghai : Kelly & Walsh, 1888, in-fol. oblong, pp. iv-22 cartes.

La préface est signée E. L. Oxenham. C'est un ouvrage dans le genre du 歷代地理沿革圖 publié la onzième année de T'oung-tchi.

— Historical Atlas of the Chinese Empire from the earliest Times down to the Present or Great Ching Dynasty, giving the names of the Chief Towns and the Metropolis of each of the Chief Dynasties of China. By E. L. Oxenham, F. R. G. S. (Late H. B. M. Consul at Chinkiang.) — Second Edition. Giving the Original Chinese Maps with their English Counterparts. — London : The Royal Geographical Society ... John Murray. 1898, in-fol. oblong.

Publication posthume faite aux frais et sous les auspices de la R. Geog. Soc.; la nouvelle préface (l'ancienne est aussi réimprimée) est signée «Edith M. Oxenham,» sœur de l'auteur.

Edward Lavington Oxenham, né le 30 sept. 1843; † à Bognor, 26 sept. 1896.

Notice : *Geog. Journ.*, Jan. 1897, p. 99.

— * Die Ausbreitung der chinesischen Macht in südwestlicher Richtung bis zum vierten

(Divers.)

Jahrhundert nach Chr. Eine Historisch-geographische Studie. Von Arthur von Rosthorn. Leipzig, 1895.

Notice : *T'oung Pao*, VII, 1896, pp. 176/182, par G. Schlegel.

— Studies on the General History. By Dr. G. G. Zerffi, F. R. S. L., F. R. Hst. S., One of the Lectures of Her Majesty's Department of Science and Art . . . Part I. London : Hirschfeld . . . 1887.

Sauf le commencement, consacré à l'hist. et à la desc. gén. de la Chine; d'ailleurs fort mauvais.

— Sinologues and Chinese History. By Hypercritic. (*China Review*, IX, pp. 321/322.)

— Historical sketches. By G. C. Stent. (*Ibid.*, IX, pp. 376—380.)

— The History of Foreigners in China. By John Chalmers. (*Ibid.*, XIV, pp. 189/194.)

— Southern Chinese. By E. H. Parker. (*Ibid.*, XV, p. 187.)

— Historical fragments. By E. H. Parker. (*Ibid.*, XVI, p. 186.)

— Budget of historical tales. By R. W. Hurst. (*China Review*, XVII, No. 3, pp. 137/145; No. 4, pp. 205/212.)

— 聖訓 *Sheng hiün*. A New historical Work. [Notice by] J. Edkins. (*Jour. China Br. R. As. Soc.*, XXII, N. S., 3 & 4, 1887, pp. 230/1.)

— Die chinesischen Annalen als Quelle zur Geschichte asiatischer Völker. (*Chinesische Studien*, von Friedrich Hirth, I, pp. 68/75.)

— Programme d'histoire de Chine. Par L. Verhaege de Nayer. (*Journ. Peking Or. Soc.*, Vol. II, No. 5, Peking, 1890, pp. 365—398.)

— Chinese History. By Frederic H. Balfour. (*As. Quart. Review*, X, July-Oct. 1890, pp. 53/86.)

Voir L. Verhaege de Nayer.

— * E. Toda. — Historia de la China. Madrid, 1893, in-4.

— Providential Indications in Chinese History. By Rev. William S. Ament, Peking. (*Chin. Rec.*, XXV, Feb. 1894, pp. 51/7.)

∴

— A History of China, from the earliest days down to the present. By Rev. J. Macgowan, London Missionary Society. Hongkong and Shanghai : Brewer & Co., Kelly & Walsh; London, Kegan Paul, 1897, in-8, pp. IX-622, carte de la Chine.

Notice : *China Review*, XXIII, No. 1, pp. 22/27, par T. K. Dealy.

— * China in the Light of History. By the Rev. Ernst Faber, Dr. Theol. Translated from the German by E. M. H. With Appendix : A Missionary View of Confucianism. Shanghai : American Presbyterian Mission Press, 1897, in-8, pp. 67.

(Divers.)

Notice : *N. C. Herald*, 26 March 1897, pp. 533/4.

— China, seine Dynastien, Verwaltung und Verfassung von Ferd. Heigl. — Züge aus der chinesischen Geschichte von Ferd. Heigl.

Tirages à part de l'ouvrage du même auteur : *Die Religion und Kultur Chinas*, 1900, voir col. 106.

— * The Story of China, with a Description of the Events relating to the present Struggle. By Neville P. Edwards. With Illustrations and Maps. London, Hutchinson, 1900, 1/6 *d*.

— * Albrecht Wirth. — Ostasien in der Weltgeschichte. Bonn, Georgi, 1901, in-8, pp. 110.

— Mis de la Mazelière. — Quelques notes sur l'histoire de la Chine. Paris, 1901. [Voir Ouv. généraux, col. 107/8.]

Notice : *Bul. Comité Asie française*, Juin 1901, pp. 131/2.

— * Richard Van Bergen. — The Story of China. With Illustrations. New York, American Book Co., 1902, in-8, pp. 224.

Livre d'école.

— China einst und jetzt. Vortrag von C. Stolz. (*Mitt. Ostschweizer. Geog. com. Ges. St. Gallen*, 1900, 2, pp. 59/74.)

— Ostasien und die Südsee. Ein neuer Schauplatz der Weltgeschichte. Von Regierungsrat Dr. Jacobi. (*Deutsche Kolonialzeitung*, 11. Dezember 1902, pp. 514/516; *ibid.*, 18. Dezember 1902, pp. 518/519.)

— * A Sketch of Chinese History, by Rev. F. L. Hawks Pott, D. D., President of St. John's College, Shanghai. Shang-hai, Kelly & Walsh, 1903?, in-8, pp. 206/XIX, 6 cartes.

— Historique de la Chine par Cl. Madrolle. — Extrait des *Guides Madrolle* : Chine. Paris, Comité de l'Asie française, 1904, in-16, pp. 48.

∴

Fourmont avait conçu l'idée et avait réuni les matériaux d'un gigantesque dictionnaire de géographie et d'histoire qu'il décrit ainsi dans le Catalogue de ses ouvrages. (Amsterdam, 1731, pet. in-8), p. 62 :

« CXI. Dictionnaire Historique, Chronologique, & Géographique de l'Empire de la Chine, où l'on trouve les Noms, les Actions, l'Age, de tous les Empereurs des vingt-deux Familles, des fameux Colao, des grands Capitaines, des Philosophes, des Poëtes, des Historiens, des Auteurs de Sectes : les Noms des Royaumes, des Provinces, des Villes, du premier, du second, du troisième ordre : des Villes de guerre, des Royaumes voisins, des Tours, des Citadelles, des Hospices; des Montagnes, des Fleuves, des Collines, des Cavernes, des Rochers, des Cascades, des Rivières, des Ruisseaux, des Lacs, &c. Le tout suivant l'arrangement Alphabétique pour les Provinces & les Villages, & suivant l'arrangement des matières avec des Chiffres de renvoy pour les lieux de leur dépendance; on y voit partout les charactères chinois en marge. Ce Dictionnaire est en 4. *In-folio*, & il est si nécessaire, que si on ne le relit pas sans cesse, on sera arrêté à chaque instant dans la lecture des Livres Chinois. »

Consulter : Lenglet du Fresnoi, *Méthode pour étudier l'histoire*. — *Histoire universelle* traduite de l'Anglois par une Société de gens de lettres, Paris 1783, Vol. LIII. — *Annuaire des deux Mondes* : Les articles sur la Chine publiés dans cet annuaire qui a cessé de paraître, sont de Mr. C. Lavollée; Mr. L. n'a signé que les derniers articles.

(Divers.)

Histoire particulière.

TEMPS MYTHOLOGIQUES OU FABULEUX : COSMOGONIE, — PAN KOU, 盤古, LE PREMIER HOMME, — LES 13 ROIS DU CIEL, T'IEN HOUANG, 天皇. — LES 11 ROIS DE LA TERRE, TI HOUANG 地皇. — LES 9 ROIS DES HOMMES, JEN HOUANG 人皇 (PREMIER *k'i*). — LES DIX PÉRIODES (*k'i*), ETC. — TEMPS DEMI HISTORIQUES : ÉPOQUE DES CINQ SOUVERAINS : FOU HI — HOUANG TI — LE DÉLUGE DE YAO. — CHOUEN.

— Voir le *Chou king* et le *Tch'ouen ts'ieou*.

— Discours préliminaire, ou Recherches sur les tems antérieurs à ceux dont parle le Chouking, et sur la Mythologie chinoise, par le P. de Prémare.

Chapitre I. De la naissance de l'univers. — II. Les principales époques de l'histoire chinoise. — III. Idée générale de l'ancienne chronique. — IV. De Pouan-kou et des trois Hoang. — V. Abrégé des six premiers Ki. — VI. Le Septième Ki, appelé Sun-fei. — VII. Le Huitième Ki, nommé Yn-ti. — VIII. Neuvième Ki. — IX. Des empereurs suivants jusqu'à Tcho-Yong. — X. Des empereurs depuis Tcho-Yong jusqu'à Fo-hi. — XI. Fo-hi. — XII. Kong-kong. — XIII. Niu-oua ou Niu-va. — XIV. Chin-Nong. — XV. Des Descendants de Chin-nong. — XVI. Tchi-yeou [Fin des recherches de Prémare]. — Dixième Ki : Hoang-ti [par de Guignes].

Ces Recherches sont imprimées dans l'édition du *Chou-king* (1770), pp. xliv-cxxxviij. — Elles sont réimprimées dans «*Les Livres Sacrés de l'Orient*», 1841, pp. 13/45.

C'est d'après ces recherches du P. de Prémare que l'on a inséré dans un livre intitulé de l'*Origine des Loix, des Arts, & des Sciences*, par M. Gogué, tom. III, pag. 315 de l'édition in-4, un morceau qui a pour titre *Extraits des Historiens Chinois*. (Voir Note de Deguignes, éd. du *Chou king*, 1770, pp. cxxix.)

— Die Hyperboreer und die alten Schinesen. Eine historische Untersuchung von Aug. Gladisch, Director des Königl. Wilhelms-Gymnasium zu Krotoschin. Leipzig, J. C. Hinrich. 1866, pièce in-4, pp. 32.

— Einleitung in das Verständnisz der Weltgeschichte von Aug. Gladisch, Oberlehrer am Königl. Marien-Gymnasium in Posen. — Erste Abtheilung : *Die alten Schinesen und die Pythagoreer*. — Mit vier Steindruckblättern. — Posen, 1841. J. J. Heine, in-8, pp. xii + 1 f. n. ch. + pp. 212; les 4 dernières p. sont lithog., chinois.

— The Previous Dynasties of China. (Balfour, *Waifs and Strays*, 1876, pp. 11/22.)

— Early chinese history. By Herbert J. Allen. (*China Review*, XV, pp. 156/158.)

— Георгiевскiй, С. — Первый перiодъ китайской исторiи (до императора Цинъ-ши-хуанъ-ди). Спб. лит. по способу М. Алисова, печ. А. Григорьева, 1885, in-8, pp. 322.

— The Northern Barbarians in ancient China. By W. A. P. Martin, President of Tungwen College, Peking, North China. (*Chin. Rec.*, XVII, No. 4, April 1886, pp. 125/137.)

PAN KOU 盤古. — Portrait of Pwánkú, the first man. [By E. C. Bridgman.] (*Chin. Rep.*, XI, p. 47.)

— Mayers, *Manual*, No. 558.

— P'an Ku. By Herbert J. Allen. (*China Review*, XIV, pp. 21/28.)

— *San Hwang ke*, or Records of the Three August Sovereigns, subjects of the early mythological history of the Chinese [by E. C. Bridgman]. (*Chinese Rep.*, X, pp. 231/233.)

Toĕn hwang. — Te hwang. — Jin hwang.

— Portraits of the Three Sovereigns, the immediate successors of Pwánkú, among the Chinese the reputed progenitor of the human family [by E. C. Bridgman]. (*Ibid.*, XI, pp. 100/113, 3 pl.)

Ces souverains forment un trio représentant les trois grandes puissances : Ciel, Terre, Homme.

三才者天地人

— Annales principales des Trois Souverains par Se-ma Tcheng. (*Mém. hist.*... de Se-ma Ts'ien, trad. Ed. Chavannes, I, pp. 3/22.)

— The first three of the Five Autocrats (*Wu* Ti). By the Rev. C. J. Ball, M. A., Oxon. — Reprinted from the «Proceedings of the Society of Biblical Archæology». November, 1890, pièce in-8, pp. 3.

FOU HI 伏羲. — Portrait of Fuhi, the first of the Five Sovereigns, whose reign commenced two thousand eight hundred and fifty two years before Christ. [By E. C. Bridgman.] (*Chin. Rep.*, XI, pp. 173/176, 1 Pl.)

— *Mém. conc. les Chinois*, III, pp. 8/9, avec 1 port.

— Mayers, *Manual*, No. 146.

CHEN-NONG 神農.

— Portrait of Shinnung, or the Blazing emperor, the second of the Five Sovereigns, with brief notices of his life. [By E. C. Bridgman.] (*Chin. Rep.*, XI, pp. 322/4, avec 1 Port.)

— Mayers, *Manual*, No. 600.

— Shen-nung and Sargon. By W. St. C. Boscawen. (*Bab. & Or. Record*, II, No. 9, pp. 208/9.)

Cf. *Ibid.*, No. 8, p. 185. — *The Academy*, Nov. 17th, 1883, p. 334, by Terrien de Lacouperie.

— Chin-nong. Par Henri Cordier. (*Grande Encyclopédie*.)

HOUANG TI 黃帝.

— Portrait of Wang ti, the third of the Five Emperors, with notices of his life and character. [By E. C. Bridgman.] (*Chin. Rep.*, XI, pp. 386/388, avec 1 Port.)

— Mayers, *Manual*, No. 225.

— The Onomastic Similarity of Nai Hwang-ti of China and Nakhunte of Susiana, by Dr. A. Terrien de Lacouperie, ...

London : David Nutt; Luzac & Co., 1890, br. in-8, pp. 10.

Ext. du *Babyl. & Or. Record*, IV, No. 11, Oct. 1890, pp. 256/264.

有熊氏*黃帝

Réponse à un mémoire sur la *Chinese Chronology* lu par le Rév. J. Legge à la Victoria Institute, 3 Mars 1890.

— A Territorial Sub-Division of China traced to Hwang-Ti. (*China Review*, XI, p. 403.)

— Hoang-ti. Par Henri Cordier. (*Grande Encyclopédie*, XX, p. 157.)

CHAO HAO 少皡. — Portrait of Sháuháu, the fourth of the Five ancient Sovereigns, with remarks on Chinese historical writing. [By E. C. Bridgman.] (*Chin. Rep.*, XI, pp. 452/3, avec 1 Port.)

TCHOUEN HIU 顓頊. — Portrait of Chuen-hiu, one of the ancient Sovereigns of China. [By E. C. Bridgman.] (*Chin. Rep.*, XI, pp. 616/7, avec 1 Port.)

YAO 堯.

Chou king. — *Mém. conc. les Chinois*, III, pp. 16/18. — Mailla, *Hist. de la Chine*, I, pp. 44/85. — Art. de Weiss dans la *Biog. univ.* — Mayers, *Manual*, No. 900.

— Der Chinesische Kalender nach Yao's Grundlagen und die wahrscheinlichste allmähliche Entwicklung und Vervollkommnung desselben. Von Fr. Kühnert. (*T'oung-Pao*, II, 1901, pp. 49/80.)

CHOUEN 舜.

— Mayers, *Manual*, No. 617. — Mailla, I, pp. 85/118.

— Mémoire sur l'état politique et religieux de la Chine, 2300 ans avant notre ère, selon le *Chou king*, par H. Kurz, br. in-8, pp. 88.

Extrait du *Nouveau Journal Asiatique*.

— Dr. Chalmers view of the Early Shoo. By J. Edkins. (*China Review*, XVI, p. 129.)

— The Story of the emperor Shun. By Thos. W. Kingsmill. (*Jour. N. C. Br. R. As. Soc.*, N. S., XIII, 1879, Art. IV, pp. 123/132.)

— Yau-tien and Shun-tien. By Joseph Edkins. (*China Review*, XV, pp. 369/370.)

— Chun. Par Henri Cordier. (*Grande Encyclopédie*.)

FORTIA D'URBAN.

— Histoire de la Chine avant le déluge d'Ogigès, Première Partie, faisant suite aux trois premiers volumes de l'Introduction à l'histoire ancienne de l'Europe. Par M. de Fortia d'Urban, de l'Académie étrusque de Cortone, de l'Académie celtique, de l'Athénée de Vaucluse, etc. A Paris, Chez Xhrouet, 1807, in-12, pp. VIII-251.

— Histoire de la Chine avant le déluge d'Ogigès. Seconde Partie, ou cinquième volume de l'Introduction à l'histoire ancienne de l'Europe. Par M. de Fortia d'Urban, de l'Académie celtique, de l'Athénée de Vaucluse, de l'Académie de Marseille, etc. A Paris, chez Xhrouet, 1807, in-12, pp. 260.

Cet ouvrage fait partie de la collection en dix volumes publiés à diverses époques par M. de Fortia d'Urban sous le titre général de «*Histoire ancienne du Globe terrestre*».

— Essai sur quelques-uns des plus anciens monumens de la Géographie, terminé par les preuves de l'identité des déluges d'Yao, de Noé, d'Ogigès et de l'Atlantide; et l'explication phisique de ce déluge : Par M. de Fortia d'Urban, de l'Académie celtique.... A Paris, chez Xhrouet, 1809, in-12.

Cet ouvrage fait partie (Vol. VIII) des «*Mémoires pour servir à l'histoire ancienne du Globe terrestre*».

— Histoire et Théorie du déluge d'Ogigès ou de Noé, et de la submersion de l'Atlantide; par M. de Fortia d'Urban .... A Paris, chez Xhrouet, 1809, in-12.

Cet ouvrage forme le Vol. IX des «*Mémoires pour servir à l'histoire ancienne du Globe terrestre*».

L'Art. 461, pp. 284 et seq., est consacré à une «*Histoire abrégée du déluge d'Yao*».

— Histoire des tems antédiluviens, ou antérieurs au déluge d'Yao, arrivé l'an 2298 avant notre ère, suivie d'une chronologie de Jésus-Christ. Paris, H. Fournier, 1837. In-12.

— L'article de Mr. Adolphe Aubenas sur cette Histoire, inséré dans le *Journal de Paris*, est reproduit en tête de l'ouvrage suivant. On trouve aussi dans la *Description de la Chine* du Marquis de Fortia, Tome I, pp. 11—14 [voir col. 76], un article signé E. B. qui a paru dans le *Moniteur* du 2 mars 1839, p. 330 et Tome II, une lettre du Secrétaire de la Société des Antiquaires du Nord sur l'Histoire des tems antédiluviens.

— Histoire anté-diluvienne de la Chine ou Histoire de la Chine dans les tems antérieurs à l'an 2298 avant notre ère par M. le Marquis de Fortia d'Urban. Paris, H. Fournier, 1838, in-12, pp. XXIV-68.

n trouve dans le Tome I, pp. 2—10, de la *Description de la Chine* du Marquis de Fortia une réimpression de l'article de M. Adolphe Aubenas sur cette Histoire, inséré dans le *Journal de Paris* du 24 Juillet 1838.

— Ces deux ouvrages sont réunis en un vol. in-12 publié à 5 francs.

— Histoire anté-diluvienne de la Chine, ou Histoire de la Chine jusqu'au déluge d'Yao, L'an 2298 avant notre ère, par M. le Marquis de Fortia d'Urban, de l'Académie des Inscriptions et Belles-Lettres... Paris, chez l'auteur, rue de La Rochefoucauld, 2 vol. in-12, 1840, pp. 481, 524.

Premier Vol. contenant l'Histoire de la Chine depuis son origine jusqu'à l'avènement de l'empereur Yao, l'an 2358 avant notre ère.

Second Vol. contenant : L'Histoire de la Chine depuis l'avènement de l'empereur Yao, l'an 2358 avant notre ère jusqu'à sa mort.

— 竹書記年 *Tchou-chou-ki-nien*, ou Tablettes chronologiques du livre écrit sur Bambou, ouvrage traduit du Chinois par

M. Edouard Biot, br. in-8, pp. XII-83. (J. A. Extr. No. 17 [1841].)

— *Journal Asiatique*, 3e Sér. Vol. XII, Décembre 1841, pp. 537—578 et Vol. XIII, Mai 1842, pp. 381—431.

— Note supp. à la traduction du 1er livre. (*Ibid.*, XIII, pp. 203/7.)

Cette chronique a été trouvée, dit-on, l'an 284 ap. J.-C., dans un tombeau des princes de Wei (Ho nan); elle présente un abrégé de l'histoire chinoise depuis Houang ti jusqu'à l'an 299 av. J.-C.

Deguignes a intercalé des extraits de cet ouvrage entre les différents chapitres du *Chou king* dans son édition de la traduction du Père Gaubil.

— The Annals of the Bamboo Books : The Bamboo Books in general; — their discovery and subsequent history. The Annals. How far the Annals are to be relied on; conclusion from them as to the general character of the early records of the Shoo. (Dr. Legge's *Chinese Classics*, Vol. III. — Part I, *The Prolegomena*, chap. IV.) Hong-kong, 1865.

— Vide Wylie's *Notes*, p. 10.

— Bamboo Annals. By E. H. Parker. (*China Review*, XIV, p. 224.)

— Tableau comparatif de la chronologie du *T'ong kien kang mou* et de celle du *Tchou chou ki nien*. (*Mém. hist.* . . de Se-ma Ts'ien, trad. Chavannes, I, p. CCXLII.)

— Considérations sur les anciens temps de l'histoire chinoise par M. Ed. Biot.

Extrait No. 1 de l'année 1846 du *Journal Asiatique*, br. in-8, pp. 64.

I. Temps antérieurs à la dynastie des Hia. — II. Race souveraine de Hia. — Yu et ses successeurs. — III. Race souveraine de Chang. — Tching-Thang et ses successeurs.

Publié dans le *Journal Asiatique* sous le titre de «*Etudes sur les anciens temps*. . .» IVe Série, T. VII, pp. 161—188 (Février 1846). — Pp. 389—425 (Mai 1846).

TABLE DES DIVERSES DYNASTIES DE CHINE.

		de	à
1° Hia		? 2205	1766
2° Chang		? 1766	1122
3° Tcheou		? 1122	255
4° Ts'in		255	206
5° Han		206	ap. J. C. 25
6° Han postérieurs ou Han Orientaux		ap. J. C. 25	221
7° I. Han	Epoque des trois royaumes.	221	264
II. Wei		220	
III. Wou		229	280
8° Tsin		265	322
9° Tsin Orientaux		323	419
10° Soung	Nan Pe Tch'ao 南北朝	420	478
11° Ts'i		479	502
12° Liang		502	556
13° Tch'en		557	589
14° Soui		589	619
15° T'ang		620	907
16° I. Liang postérieurs.	Epoque des cinq dynasties. 五代 Wou Tai	907	923
17° II. T'ang id.		923	936
18° III. Tsin id.		936	946
19° IV. Han id.		947	951
20° V. Tcheou id.		951	960
21° Soung		960	1127
22° Soung méridionaux		1127	1279
23° Youen		1280	1368
24° Ming		1368	1644
25° Ts'ing		1644	—

TABLE DES VINGT-QUATRE HISTOIRES DYNASTIQUES.[1]

1. 史記 *Chi-ki*, par 司馬遷 *Se-ma Ts'ien* (Depuis l'antiquité jusqu'à 122 av. J. Chr.), Presses de 金陵 *Kin-Ling* (*Nanking*) 4e année de 光緒 *Kouang-siu* (A. D. 1878); 130 kiuen en 16 vol. gr. in-8. Wylie, *Notes*, p. 12.

2. 前漢書 *Ts'ien Han-chou*, «l'Histoire des *Han* antérieurs» (de 206 avant jusqu'à l'an 24 de notre ère), par 班固 *Pan-kou*. Presses de 金陵 *Kin-ling* (*Nan-king*) 8e année de 同治 *T'oung-tchi* (A. D. 1869); 120 kiuen en 16 vol. gr. in-8. Wylie, *Notes on Chinese Literature*, p. 14.

3. 後漢書 *Heou Han-chou*, «l'Histoire des *Han* postérieurs» (A. D. 25—220), par 范曄 *Fan-yeh*. Presses de *Kin-ling* (*Nanking*) 8e année de *T'oung-tchi* (A. D. 1869); 120 kiuen en 14 vol. gr. in-8. Wylie, *Notes*, p. 14.

4. 三國志 *San Kouo-tchi*, «Histoire des trois Royaumes» (A. D. 220—280), par 陳壽 *Tch'in chaou*. Presses de *Kin-ling* (*Nan-king*) 9e année de *T'oung-tchi* (A. D. 1870); 65 kiuen en 8 vol. gr. in-8. Wylie, *Notes on Chinese Literature*, p. 14.

5. 晉書 *Tsin chou*, «Histoire des *Tsin*» (A. D. 265—419), par 房喬 *Fang kiao* et autres. Presses de *Kin-ling* (*Nan-king*) 10e année de *T'oung-tchi* (A. D. 1871); 130 kiuen en 20 vol. gr. in-8. Wylie, *Notes*, p. 15.

6. 宋書 *Soung chou*, «Histoire des *Soung*» (A. D. 420—478) par 沈約 *Tchin-yoh*. Presses de *Kin-ling* (*Nan-king*) 12e année de *T'oung-tchi* (A. D. 1873); 100 kiuen en 16 vol. gr. in-8. Wylie, *Notes on Chinese Literature*, p. 15.

7. 南齊書 *Nan Tsi chou*, «Histoire des *Tsi*

1. Cette table des histoires dynastiques et de leurs dernières éditions est tirée de : Catalogue d'une petite collection importante de livres chinois en vente chez E. J. Brill. Leide, E. J. Brill, 1889, br. in-8, pp. 11, rédigé par le Dr. G. Schlegel.

méridionaux» (A. D. 479—501) par 蕭子顯 *Siao-Tseu-hien.* Presses de *Kin-ling* (*Nan-king*) 13e année de *T'oung-tchi* (A. D. 1874); 59 kiuen en 6 vol. gr. in-8. Wylie, *Notes on Chinese Literature*, p. 15.

8. 梁書 *Liang chou*, «Histoire des *Liang*» (A. D. 502—556) par 姚思廉 *Yaou-Se-lien.* Presses de *Kin-ling* (*Nan-king*) 13e année de *T'oung-tchi* (A. D. 1874); 56 kiuen en 6 vol. gr. in-8. Wylie, *Notes on Chinese Literature*, p. 15.

9. 陳書 *Tch'en chou*, «Histoire des *Tch'en*» (A. D. 556—580) par 姚思廉 *Yaou-Se-lien.* Presses de *Kin-ling* (*Nan-king*) 12e année de *T'oung-tchi* (A. D. 1873); 36 kiuen en 4 vol. gr. in-8. Wylie, *Notes on Chinese Literature*, p. 15.

10. 魏書 *Wei chou*, «Histoire des *Wei*» (A. D. 386—556) par 魏收 *Wei chaou.* Presses de *Kin-ling* (*Nan-king*) 11e année de *T'oung-tchi* (A. D. 1872); 114 kiuen en 20 volumes gr. in-8. Wylie, *Notes on Chinese Literature*, p. 16.

11. 北齊書 *Pe Tsi chou*, «Histoire des *Tsi* septent.» (A. D. 550—577) par 李百藥 *Li Pé-yo.* Presses de *Kin-ling* (*Nan-king*) 13e année de *T'oung-tchi* (A. D. 1874); 15 kiuen en 4 vol. gr. in-8. Wylie, *Notes on Chinese Literature*, p. 16.

12. 後周書 *Heou Tcheou chou*, «Histoire des *Tcheou* postérieurs» (A. D. 557—581) par 令狐德棻 *Ling-hou Te-fun*, et autres. Presses de *Kin-ling* (*Nan-king*) 13e année de *T'oung-tchi* (A. D. 1874); 50 kiuen en 4 vol. gr. in-8. Wylie, *Notes on Chinese Literature*, p. 16.

13. 隋書 *Soui chou*, «Histoire des *Soui*» (A. D. 581—617) par 魏徵 *Wei-tching* et autres. Presses de 淮南 *Hoai-nan*, 10e année de *T'oung-tchi* (A. D. 1871); 85 kiuen en 12 vol. gr. in-8. Wylie, *Notes on Chinese Literature*, p. 16.

14. 南史 *Nan chi*, «Historiens du Sud» (A. D. 420—589) par 李延壽 *Li Yen-chaou.* Presses de *Kin-ling* (*Nan-king*) 12e année de *T'oung-tchi* (A. D. 1873); 80 kiuen en 12 vol. gr. in-8. Wylie, *Notes on Chinese Literature*, p. 17.

15. 北史 *Pe chi*, «Historiens du Nord» (A. D. 386—581) par 李延壽 *Li Yen-chaou.* Presses de *Kin-ling* (*Nan-king*) 12e année de *T'oung-tchi* (A. D. 1873); 100 kiuen en 20 vol. gr. in-8. Wylie, *Notes on Chinese Literature*, p. 17.

16. 舊唐書 *Kieou T'ang chou*, «Les anciens livres de la dynastie des *T'ang*» (A. D. 618—906) par 劉昫 *Lieou-hü* et autres. Presses de 浙江 *Tche-kiang*, 11e année de *T'oung-tchi* (A. D. 1872); 214 kiuen en 40 vol. gr. in-8. Wylie, *Notes on Chinese Literature*, p. 17.

17. 新唐書 *Sin T'ang chou*, «Les nouveaux Livres de la dynastie des *T'ang*» (A. D. 618—906) par 歐陽修 *Ngao-Yang-siou* et 宋祁 *Soung-khi.* Presses de 浙江 *Tche-kiang*, 12e année de *T'oung-tchi* (A. D. 1873); 255 kiuen en 40 vol. gr. in-8. Wylie, *Notes on Chinese Literature*, p. 17.

18. 舊五代史 *Kieou Wou-tai-chi*, «Ancienne Histoire des Cinq Dynasties» (A. D. 907—959) par 薛居正 *Sie Kü-tching.* Imprimerie 湖北崇文 *Hou-Pé ts'oung-wen*, 11e année de *T'oung-tchi* (A. D. 1872); 150 kiuen en 16 vol. gr. in-8. Wylie, *Notes on Chinese Literature*, p. 18.

19. 新五代史 *Sin Wou-tai-chi*, «Nouvelle Histoire des Cinq Dynasties» (A. D. 907—959) par 歐陽修 *Ngao Yang-siou.* Imprimerie 湖北崇文 *Hou-Pé ts'oung-wen*, 11e année de *T'oung-tchi* (A. D. 1872); 74 kiuen en 8 vol. gr. in-8. Wylie, *Notes on Chinese Literature*, p. 18.

20. 宋史 *Soung chi* «Histoire des *Soung*», (A. D. 960—1279) par 脫脫 *T'o-t'o.* Presses de 浙江 *Tche-kiang*, 1e année de *Kouang-siu* (A. D. 1875); 496 kiuen en 100 vol. gr. in-8. Wylie, *Notes on Chinese Literature*, p. 18.

21. 遼史 *Liao chi* «Histoire des *Liao*», (A. D. 916—1125) par 脫脫 *T'o-t'o.* Presses

de 江蘇 *Kiang-sou*, 11e année de *T'oung-tchi* (A. D. 1872); 116 kiuen en 16 vol. gr. in-8. Wylie, *Notes on Chinese Literature*, p. 18.

22. 金史 *Kin chi* «Histoire des *Kin*», (A. D. 1115—1234) par 脫脫 *T'o-t'o*. Presses de 江蘇 *Kiang-sou*, 12e année de *T'oung-tchi* (A. D. 1873); 134 kiuen en 20 vol. gr. in-8. Wylie, *Notes on Chinese Literature*, p. 19.

23. 元史 *Youen chi* «Histoire des Mongoux», (A. D. 1206—1367) par 宋濂 *Soung-lien* et autres. Presses de 江蘇 *Kiang-sou*, 12e année de *T'oung-tchi* (A. D. 1873); 210 kiuen en 40 vol. gr. in-8. Wylie, *Notes on Chinese Literature*, p. 19.

24. 明史 *Ming chi* «Histoire de la dynastie *Ming*», (A. D. 1368—1643) par 張廷玉 *Tchang-T'ing-yu*. Imprimerie 湖北崇文 *Hou-Pé Ts'oung-wen*, 3e année de *Kouang-siu* (A. D. 1877); 332 kiuen en 80 vol. gr. in-8. Wylie, *Notes on Chinese Literature*, p. 19.

∴

— 史記 *Chi-ki*, par 司馬遷 SE-MA TS'IEN.

— Ssŭma Ch'ien's Historical Records. Introductory Chapter. By Herbert J. Allen, M. R. A. S. (*Jour. R. As. Soc.*, April 1894, pp. 269/295.) — Chap. II. — The Hsia Dynasty. (*Ibid.*, Jan. 1895, pp. 93/110.) — Chap. III. — The Yin Dynasty. (*Ibid.*, July 1895, pp. 601/615.)

Sans caractères chinois.

— Les Mémoires historiques de Se-ma Ts'ien traduits et annotés par Édouard Chavannes, Professeur au Collége de France. Publication encouragée par la Société asiatique. — Tome Premier. — Paris, Ernest Leroux, 1895, in-8, pp. CCXLIX-367.

Contient :

Introduction [Avant-Propos. — Chap. I. Les auteurs des *Mémoires Historiques*. — Chap. II. Le règne de l'Empereur Ou. — Chap. III. Les sources. — Chap. IV. La méthode et la critique. — Chap. V. Fortune des *Mémoires Historiques*. — Conclusion]. — Appendices : I. — Lettre de Se-ma Ts'ien à Jen Ngan. — II. — Jugement de Pan Piao sur Se-ma Ts'ien. — III. — Tableau comparatif de la chronologie du *T'ong kien kang mou* et de celle du *Tchou chou ki nien*. — IV. — Table des *Mémoires Historiques*. — Traduction. Annales principales des trois souverains, par Se-ma Tcheng. — *Mémoires Historiques* de Se-ma Ts'ien. Première section : Annales Principales (chap. I—IV). — Addenda et Corrigenda. — Index des mots chinois cités dans la traduction; dans l'introduction.

Notice : *Jour. R. As. Soc.*, Jan. 1896, pp. 221/3, par Herbert J. Allen.

— — Tome second. (Chapitres V—XII.) *Ibid.*, 1897, in-8, pp. 621.

Première Section : Annales Principales (chap. V—XII). — App. I. — L'organisation administrative des Ts'in et des Han. — II. — Liste alphabétique des commanderies et des royaumes à la fin du règne de l'empereur Ou. — III. — Note additionnelle sur les inscriptions des Ts'in. — Index du tome second. — Errata au tome I et au tome II.

Notices : *Imp. & Asiat. Quart. Rev.*, April 1897, pp. 435/7, par E. H. Parker. — *Jour. R. As. Soc.*, April 1897, pp. 388/390, par H. J. A.[llen].

— — Tome Troisième. Première Partie. (Chapitres XIII—XXII.) *Ibid.*, 1898, pp. 200.

— — Deuxième Partie. (Chapitres XXIII—XXX.) *Ibid.*, 1899, pp. 201 à 710.

Deuxième Section : Tableaux chronologiques. — Troisième Section : Les Huit Traités. — Appendices : I. — Les Chants du Bureau de la musique. — II. — Des rapports de la musique grecque avec la musique chinoise. — III. — Le calendrier des *Mémoires historiques*. — Index du tome III. — Index spécial des marquisats. — Errata du T. second et du T. troisième.

Notice : *China Review*, XXIV, No. 5, pp. 247/8, par E. H. Parker.

— — Tome Quatrième. (Chapitres XXXI—XLII.) *Ibid.*, 1901, in-8, pp. 559.

— Chavannes «Mémoires historiques de Se-ma Ts'ien». By the Right Rev. Monseigneur C. de Harlez, D. D. Professor in the University of Louvain. (*Imp. & As. Quart. Rev.*, 3rd Ser., I, 1896, pp. 361/362.)

1° DYNASTIE *HIA* 夏紀.

— Das Chinesische Volk vor Abraham's Zeiten, zu gutem Theile als Spiegel für die Völker des 19. Jahrhunderts dargestellt von Dr. Joh. Ernst Rud. Kaeuffer, Königl. Sächs. Consistorialrath, ev. Hofprediger. Dresden, Rudolf Kuntze, 1850, in-8, pp. 136.

— The Calendar of the Hia Dynasty (with eight plates) Text, translation & notes by Robert K. Douglas, Professor of Chinese (King's College) (*Orientalia Antiqua*,[1] London, Trübner, 1882, pp. 1—60).

YU LE GRAND 大禹, premier empereur de la dynastie.

— Yu le Grand et Confucius. Histoire chinoise par M. Clerc. A Soissons, Ponce Courtois, 1769, 4 part. en 1 vol. in-4.

Duprat, 1861, Fr. 10. — Quaritch, 1872, v. 7/6; mar. 20/—.

Art. de Weiss, dans la *Biog. univ.*; Legge, *Chinese Classics*, proleg.; Mayers, *Manual*, No. 931. — Mailla, I, pp. 119/123.

Monument de Yu : Voir *Antiquités*.

---

1. Orientalia Antiqua or Documents and Researches relating to the history of the Writings Languages and Arts of the East. Edited by Terrien de Lacouperie. M. R. A. S., &c. &c. Vol. I. Part First. London, Trübner, 1882, in-4, pp. 36 + 2 ff. prél. et 8 Pl.

Ce numéro, le seul paru de ce recueil lithographié — qui devait être bimensuel — contient :

I. Introductory Note by Terrien de Lacouperie, M. R. A. S.

II. Early Chinese Texts. — I. The Calendar of the Hia Dynasty (with eight plates) Text, translation & Notes by Robert K. Douglas, Professor of Chinese (King's College), pp. 1—60.

III. On the Origin of the Phoenician Alphabet, by G. Bertin, M. R. A. S., pp. 61/96.

2° DYNASTIE *CHANG*, 商紀.

— Mémoire sur la Constitution politique de la Chine au XIIe Siècle avant notre ère. Par M. Ed. Biot. (*Mém. présentés par divers savants à l'Ac. des Insc.*, 1re Série, II, pp. 1/45.)

Voir Gouvernement, *supra*, col. 534.

— The «Monster» Chow Sin. (*China Review*, XI, p. 403.)

— Le Calendrier des Yn, par M. E. Chavannes, attaché à la légation de France à Peking. — Extrait du *Journal Asiatique*. Paris. Imp. Nationale, MDCCCXC, br. in-8, pp. 52.

Mr. E. C. le retrouve dans le quatrième traité 曆書 des 史記 de Se-ma Ts'ien 司馬遷. Avait paru dans le *Jour. As.*, VIIIe Sér., XVI, Nov.-Déc. 1890, pp. 463/510.

Notice : *China Review*, XIX, 4, 1891, by E. H. P[arker].

— «Popular Account of the Canonization of the Gods, Illustrated.» By Rev. J. C. Garritt. (Presented before the Hangchow Tract Association.) (*Chin. Rec.*, XXX, April 1899, pp. 162/174.)

D'après le 繡像封神演義 «The Book is a sort of historical novel, based on the period of the fall of the Shang and the rise of the Chow Dynasty, 1150—1120 B. C.»... «The work is anonymous, but is popularly supposed to have been written by Liu Peh-wen, an able counsellor of T'ai-tsu, founder of the Ming Dynasty, A. D. 1368.»

3° DYNASTIE *TCHEOU*, 周紀.

— Lists of the Kings of Chow, and of the Princes of the principal fiefs, from the beginning to the close of the dynasty. (*Chinese classics*, Dr. Legge, Vol. V, Part. I, *Proleg.*, Section III, pp. 102/111.)

— Two Heroes of Chinese History. By Rev. Jas. Legge, LL. D. (*The China Review*, I, pp. 370/381.)

— The Mythical Origin of the Chow or Djow Dynasty, as set forth in the Shoo-king, by Thos. W. Kingsmill. Read, February 4th, 1872. (*Journ. N. C. B. Roy. As. Soc.*, New Ser., VII, 1871 & 1872, p. 137.)

— Ethnological sketches from the dawn of history. By T. W. Kingsmill. (*China Review*, VII, pp. 107/111, 156/161, 382/388.)

— The ancient language and cult of the Chows; Being Notes Critical and Exegetical on the Shi-King, or Classic of Poetry of the Chinese. By Thos. W. Kingsmill, President. (*Journ. N. C. B. R. A. S.*, N. S., No. XII, 1878, Art. V, pp. 97/125, 111.)

— La nationalité du peuple de Tcheou. Par C. de Harlez. (*Journ. Asiatique*, VIIIe Sér., XX, *Nov.-Déc.* 1892, pp. 335/6.)

— *Koue-yü* [國語] (Discours des Royaumes), par M. C. de Harlez. (*Jour. Asiat.*, IXe Sér., II, Nov.-Déc. 1893, pp. 373/419; III, Janv.-Fév. 1894, pp. 5/91.)

— *Koue-yü* (Discours des Royaumes) traduits pour la première fois par M. C. de Harlez. — Extrait du *Journal Asiatique*. Paris, Imprimerie nationale, MDCCCXCIV, in-8, pp. 133.

— *Koue-yu*. Discours des Royaumes. Annales oratoires des Etats Chinois du Xe au Ve siècle A. C. Traduites pour la première fois par C. de Harlez. — Partie II. — Louvain, J.-B. Istas, 1895, in-8, pp. 268.

— VARIÉTÉS SINOLOGIQUES N° 22. — Histoire du Royaume de Tch'ou (1122—223 av. J.-C.) par le P. Albert Tschepe, S. J. — Chang-hai. Imprimerie de la Mission catholique Orphelinat de T'ou-sè-wè — 1903, in-8, pp. II-402, 1 tab., 1 carte.

«Le *Royaume de Ts'in* a été publié en grande partie dans la *Revue d'Extrême-Orient*, 1900—1902. — La mort du P. Faipoux, le dévoué collaborateur du P. Tschepe, suspend pour un temps la publication des autres *Royaumes*.... La carte du «Royaume de Tch'ou» est due au P. P'an, qui nous a déjà donné celle du *Tch'oen-ts'ieou* en collaboration avec le P. Lorando.» (Préf.) Il y a en appendice, pp. 398/401, une «Histoire du Royaume de Yué 越».

Voir KOUAN I-WOU, au chap. BIOGRAPHIE.

AUGUST PFIZMAIER.

— Notizen aus der Geschichte der Chinesischen Reiche vom Jahre 590 bis 572 vor Christo. Von Dr. August Pfizmaier.... Wien. Aus der k. k. Hof- und Staatsdruckerei, MDCCCLV, in-8, pp. 65. (*Sitzb. phil.-hist. Cl. k. Ak. Wiss. Wien*, Bd. XVII, 1855, Oct.-Hft.)

— Notizen aus der Geschichte der Chinesischen Reiche vom Jahre 572 bis 546 vor Christo. Von Dr. August Pfizmaier.... Wien. Aus der k. k. Hof- und Staatsdruckerei, MDCCCLVI, in-8, pp. 73. (*Ibid.*, Bd. XXVIII, 1855, Nov.-Hft.)

— Notizen aus der Geschichte der Chinesischen Reiche von der Versammlung der Reichsfürsten in Schin bis zu der Versammlung von Ping-khieu. (Vom Jahre 537 bis 529 vor Christo.) Von dem w. M. Herrn Dr. Pfizmaier. (*Ibid.*, XXI, 1856, pp. 156/220.)

— Notizen aus der Geschichte der Chinesischen Reiche vom Jahre DXXVIII bis DX vor Christus. Von August Pfizmaier. Wien. Aus der k. k. Hof- und Staatsdruckerei, 1858, in-8, pp. 70. (*Ibid.*, Bd. XXV, Oct.-Hft. 1857.)

— Notizen aus der Geschichte der Chinesischen Reiche vom Jahre 509 bis 468 vor Christo. Von dem w. M. Dr. Pfizmaier.

(*Ibid.*, 1858, Bd. XXVII, Hft. II, pp. 113/163.)

— Wei-jen, Fürst von Jâng. (*Ibid.*, XXX, 1859, pp. 155/164.)

— Das Leben des Redners Fan-hoei. (*Ibid.*, pp. 227/273.)

— The Decree of B. C. 403. — A Historical Essay about the first entry in the «Chinese National Annals». By Rev. Ch. Piton. 資治通鑑綱目. (*Chin. Rec.*, XII, 1881, pp. 430/437.)

— Tales from Chinese History. By Historicus. (*China Review*, IX, pp. 254/255.)

— The Chinese confederated States of the 春秋. (*Ibid.*, X. p. 73.)

— Date of Investiture of Cheng. By J. Edkins. (*Ibid.*, XIV, pp. 105/106.)

— The life of Tsze-chʻan 子產 prime minister of Chêng 鄭 581—521 B. C. By E. R. Eichler. (*Ibid.*, XV, pp. 12/23, 65/78.)

— Earl Tsong (奠莊) of Zeng. A Story of Chinese Feudal Times. By Rev. D. L. Anderson. (*Chin. Rec.*, XXI, No. 12, Dec. 1890, pp. 562/568; *Ibid.*, XXII, No. 1, Jan. 1891, pp. 15/21.)

— The end of the Chow 周 dynasty. Sze-ma Tsʻien «versus» Sze-ma Kwang. A historical study on the last entry in the first part of the «Imperial Annals» 資治通鑑綱目 By Ch. Piton. (*China Review*, X, pp. 403/407.)

— Fürstin Kiang und ihre beiden Söhne. Eine Erzählung aus dem Tso-tschuen von Dr. Albrecht Graf von der Schulenburg. (*T'oung Pao*, VI, No. 5, Déc. 1895, pp. 464/498.)

— Albrecht Conon von der Schulenburg. Nécrologie par G. Schlegel. (*T'oung Pao*, Sér. II, Vol. IV, N° 1, Mars 1903, p. 72.)

Né à Nordsteimke en 1865: † 26 déc. 1902 à Königslutter (Brunswick.)

— Two Historic Grave Mounds. By Rev. W. Nelson Bitton. (*East of Asia*, I, No. 3, pp. 225/229.)

Wen wang 文王 (Si pé 西伯).

Fondateur de la dynastie des Tcheou.

— Art. de Klaproth dans la *Biog. universelle*.

— Mayers, *Manual*, No. 570.

— The Legend of Wên Wang, Founder of the Dynasty of the Chows in China, by Thos. W. Kingsmill. Read, March 26th, 1873. (*Jour. N. C. B. Roy. As. Soc.*, New Ser. VIII, 1873, p. 45.)

Wou wang 武王, fils de Wen wang.

Premier empereur de la dynastie des Tcheou.

— Art. de Klaproth dans la *Biog. universelle*.

— Mayers, *Manual*, No. 876.

— Wu Wang's Organization of the Empire after the overthrow of the Shang Dynasty. (*China Review*, XI, pp. 402/403.)

— Muh-t'ien-tsze chuen, or Narrative of the Son of Heaven [posthumously called] Muh. Translated by E. J. Eitel, Ph. D. (*Ibid.*, XVII, No. 4, pp. 223/240; No. 5, pp. 247/258.)

(Divers.)

Yi wang 夷 |.

— Mailla, II, pp. 15/18.

— Art. de Weiss dans la *Biog. universelle*.

Yeou wang 幽 |.

— Mailla, *Hist. de la Chine*, II, pp. 45/50.

— Art. de Weiss dans la *Biog. universelle*.

— The Downfall of the Emperor Yu-Wang. By R. W. Hurst. (*China Review*, XX, No. 6, pp. 371/381.)

Tiré du Roman historique 東周列國志 *Toung Tcheou lieh-kouo-tchi*.

Pao se 褒姒.

— Pao-sze: The Cleopatra of China. A Story of the seventh Century B. C. — By H. Kopsch. (*The China Review*, IV, pp. 104/114, 227/232.)

— Mayers, *Manual*, No. 541.

K'ao Wang 考 | (28e emp. 440 av. J.-C.).

— Art. de F. T. dans la *Biog. générale*.

Etat de *Lou* 魯.

— Voir *Tch'ouen-Ts'ieou*.

— Die Geschichte des Hauses Tscheu-kung von Dr. August Pfizmaier .... Wien. Aus der k. k. Hof- und Staatsdruckerei, 1863, in-8, pp. 51.

Sitzb. phil.-hist. Cl. k. Ak. Wiss. Wien, Bd. XLI, 1863, Jännerheft.

— Die Zeiten des Fürsten Yin [隱] von Lu. (*Sitzb. phil.-hist. Cl. k. Ak. Wiss. Wien*, XIII, 1854.)

— Die Zeiten der Fürsten Hoan, Tschuang und Min von Lu. Von dem w. M. Hrn. Dr. Pfizmaier. (*Ibid.*, 1854, Bd. XIII, Heft III, pp. 430/479.)

Hoan 桓; Tschuang 莊; Min 閔.

— Die Zeiten des Fürsten Hi von Lu. Von dem w. M. Hrn. Dr. Pfizmaier. (*Ibid.*, 1854, Bd. XIV, II. Heft, pp. 425/518.)

Le prince Hi 僖 se nommait 申 Chin; il était fils du prince Tchouang 莊 et frère du prince Min 閔

— Die Zeiten des Fürsten Wen [文] von Lu. (*Ibid.*, XV, 1855.)

— Die Zeiten des Fürsten Siuen [宣] von Lu. (*Ibid.*, XVII, 1855.)

Etat de *Tsin* 晉.

— Die Geschichte des Fürstenlandes Tsin [晉]. Von dem w. M. Dr. August Pfiz-

(Lou. — Tsin.)

maier. (*Ibid.*, 1863, Bd. XLIII, Heft I, pp. 74/152.)

En 403 av. J. C. les trois Etats de *Han* 韓, *Wei* 魏 et *Tchao* 趙, appelés 三晉 furent formés des débris de l'Etat de Tsin 晉

Etat de *Wei* 魏.

— Das Leben des Prinzen Wu-ki von Wei. Von August Pfizmaier. ... (Aus dem Julihefte des Jahrganges 1858 der *Sitzb. d. phil.-hist. Cl. d. k. Ak. Wiss.* [XXVIII. Bd. S. 171] besonders abgedruckt.) Wien. K. k. Hof- und Staatsdruckerei. 1858, in-8, pp. 24.

— Der Landesherr von Schâng 商. Von August Pfizmaier .... Wien. Aus der k. k. Hof- und Staatsdruckerei, 1859, in-8, pp. 19.

Sitzb. phil.-hist. Cl. k. Ak. Wiss. Wien, Bd. XXIX, 1858, Decemberheft.

— Der Redner Tschang-i und einige seiner Zeitgenossen. Von Dr. August Pfizmaier .... Wien. Aus der k. k. Hof- und Staatsdruckerei, 1860, in-8, pp. 61.

Ibid., Bd. XXXVIII, 1860, Februarheft.

Tschang-ï 張儀 né roy. de Wei.

— Die Nachkommen der Könige von Wei, Tsi und Han. Von Dr. August Pfizmaier .... Wien. Aus der k. k. Hof- und Staatsdruckerei, 1860, in-8, pp. 44.

Ibid., Bd. XXXII, 1859, Novemberheft.

König Wei-piao 魏豹; König Tien tan; Sin 信, König von Han 韓; Anhang. Der Abgesandte Li-seng, etc.

Etat de *Tchao* 趙.

— Geschichte des Hauses Tschao [趙]. Von Dr. August Pfizmaier .... (*Denkschrift d. phil.-hist. Cl. k. Ak. Wiss. Wien*, Bd. IX, 1857, pp. 45/98.)

— Die Feldherren des Reiches Tschao. Von dem w. M. Herrn Dr. Pfizmaier. (*Sitzb. phil.-hist. Cl. k. Ak. Wiss. Wien*, 1858, Bd. XXVIII, Heft I, pp. 55/87.)

— Berichtigung des Namens einer alten chinesischen Waffe. Von dem w. M. Herrn Dr. Pfizmaier. (*Ibid.*, pp. 88/90.)

— Geschichte des Hauses Tschao. (*Ibid.*, XXIII, 1857, pp. 577/9.)

— Zur Geschichte des Entsatzes von Hantan. (*Ibid.*, XXXI, 1859 pp. 65/132.)

Etat de *Wou* 吳.

— Die Geschichte des Reiches U [吳]. Von Dr. August Pfizmaier .... (*Denkschrift d. phil.-hist. Cl. k. Ak. Wiss. Wien*, Bd. VIII, 1857, pp. 123/153.)

— Die Geschichte des Reiches U. (*Sitzb. phil.-hist. Cl. k. Ak. Wiss. Wien*, XXIII, 1857, pp. 13/14.)

— Variétés sinologiques N° 10. — Histoire du Royaume de Ou (1122—473 av. J.-C.) par le P. Albert Tschepe, S. J. — Chang-hai. Librairie de la Mission catholique. — 1896, in-8, pp. II-XVII-175.

Sou-tcheou est l'ancienne capitale du royaume de Wou.

Notice : *T'oung Pao*, VIII, 1898, pp. 226/9, par G. Schlegel.

Etat de *Yen* 燕.

— Die Geschichte der Häuser Schaó-kung und Khang-scho von Dr. August Pfizmaier .... Wien. Aus der k. k. Hof- und Staatsdruckerei, 1863, in-8, pp. 45.

Sitzb. phil.-hist. Cl. k. Ak. Wiss. Wien, Bd. XLI, 1863, Februarheft.

Schao-kung 召公, Fürst von Schao; Khang-scho 康叔, Stammvater der Fürsten von Wei.

Etat de *Ts'i* 齊.

— Die Geschichte des Hauses Thai-kung. Von dem w. M. Dr. August Pfizmaier. (*Sitzb. phil.-hist. Cl. k. Ak. Wiss. Wien*, 1862, Bd. XL, Heft V, pp. 645/696.)

«Der erste Landesfürst von Tsi war 向呂 Liü-schang mit dem Beinamen 太公望 Thai-kung-wang.»

Cf. Chavannes *Se-ma Ts'ien*, I, p. 222 note.

Etat de *Tsou* 楚.

— Die Geschichte des Königslandes Tsu. Von dem w. M. Dr. August Pfizmaier. (*Sitzb. phil.-hist. Cl. k. Ak. Wiss. Wien*, 1863, Bd. XLIV, Heft I, pp. 68/139.)

Etat de *Yue* 越.

— Keu-tsien, König von Yue und dessen Haus. — Von Dr. August Pfizmaier .... Wien. Aus der k. k. Hof- und Staatsdruckerei, 1864, in-8, pp. 25.

Sitzb. phil.-hist. Cl. k. Ak. Wiss. Wien, Bd. XLIV, 1863, Novemberheft.

Keu-tsien 句踐.

4° DYNASTIE *TS'IN* 秦紀.

— The six great Chancellors of Ts'in, or the Conquest of China by the House of Ts'in. By Ch. Piton. (*China Review*, XIII, pp. 102/113, 127/137, 255/263; XIV, pp. 1/12.)

— Wei yen and Fan tsü. Two rival statesmen of Ts'in during the period of the «warring states». By Ch. Piton. (*Ibid.*, XIII, pp. 305/323.)

— «Sui» and «Tsu». By Ch. Piton. (*Ibid.*, X, p. 287.)

— L'organisation administrative des Ts'in et des Han. (*Mém. hist. ... de Se-ma Ts'ien*, ... trad. Ed. Chavannes, II, pp. 513/533.)

— Les Inscriptions des *Ts'in*, par M. Edouard Chavannes. (*Jour. As.*, IXe Sér., I, No. 3, 1893, pp. 473/521.)

Tirage à part : Paris. Imprimerie nationale. M DCCC XCIII, in-8, pp. 51.

— Note additionnelle sur les inscriptions des Ts'in. (*Mém.* . . . de Se-ma Ts'ien, ... trad. Ed. Chavannes, II, pp. 544/560.)

始皇帝 CHI HOUANG-TI ou WANG TCHENG 王政, premier empereur de la dynastie des Ts'in.

— Histoire de Tsin-Ché-Hoang-Ti, Empereur, Incendiaire des Livres. (*Mém. conc. les Chinois*, III, pp. 183—302, avec un port.)

— Mailla, II, pp. 369/405.

— Art. de Klaproth, *Biog. univ.*

— History of She-Hwang-te. (*As. Journ. & Month. Reg.*, XIX, 1836, pp. 262/270.)

— Mayers, *Manual*, No. 597.

— Die Anfänge des Aufstandes gegen das Herrscherhaus Thsin. Von Dr. August Pfizmaier . . . . Wien. Aus der k. k. Hof- und Staatsdruckerei, 1859, in-8, pp. 29.

Sitzb. phil.-hist. Cl. k. Ak. Wiss. Wien, Bd. XXXII, 1859, Octoberheft.

— Li-sse, der Minister des ersten Kaisers. Von dem w. M. Herrn Dr. Pfizmaier. (*Ibid.*, 1859, Bd. XXXI, Heft II, pp. 311/351.)

Li-sse 李斯.

— The emperor Cheng, founder of the Chinese empire. By Frederic H. Balfour. (*China Review*, X, pp. 186/204.)

— The First Emperor. (Balfour, *Chinese Scrapbook*,[1] 1887, pp. 1/43.)

— 秦始皇帝 Ch'in Shih Hwang-ti, premier souverain de la dynastie des Ch'in, fondateur de l'empire chinois. Episode de l'histoire de la Chine par le Dr. James Legge. (*Le Lotus, Mém. Soc. Sinico-Japonaise*, VI, Déc. 1887, pp. 193/215; VIII, Janv. 1889, pp. 39/62.)

Au sujet de ce travail, le Dr. Legge m'écrivait : « It was a lecture which I had given here [Oxford] some time before, and I sent it to Paris in its first manuscript. The gentleman engaged to translate it into French was taken ill, and the second part of it was delayed. More and worse than that, my English Manuscript was somehow lost, to my vexation. I am sorry this is all I can tell you about it. I intended it as part of a Collection of historical and other Essays on Chinese Subjects, which have been accumulating for years in my hands. »

— The Burning of the Books. By P. G. von Möllendorf. (*China Review*, XVII, No. 5, pp. 298/299.)

— The Burning of the Books. By Herbert A. Giles. (*Ibid.*, XVII, No. 6, pp. 353/354.)

— The Story of the Burning of the Books. By E. H. Parker. (*Ibid.*, XVII, No. 6, pp. 354/355.)

— Precursors of Tien Shi-Hwang. By E. H. Parker. (*Ibid.*, XVIII, No. 3, p. 196.)

— The Burning of the Books. Read before the Society on March 8th, 1898. By A. von Rosthorn. (*Journ. Peking Or. Soc.*, IV, 1898, pp. 1/17.)

— La Chronique de l'Empereur Chi-hoang-ti. Par Léon Charpentier. (*Nouv. Revue*, N. S., XVI, pp. 237/243.)

— Character Sketches from Chinese History. By Theodor Metzelthin. — I. Tsin-Shih-Huang-ti. (*East of Asia*, I, No. 2, pp. 129/141.)

— Charakterbilder aus der chinesischen Geschichte. Von Theodor Metzelthin. — I. Tsin-Shih-Huang-ti. (*Der Ferne Osten*, Bd. I, Heft 2, pp. 144/155.)

— Das Ende Mung-tien's. Von Dr. August Pfizmaier . . . . Wien. Aus der k. k. Hof- und Staatsdruckerei, 1859, in-8, pp. 13.

Sitzb. phil.-hist. Cl. k. Ak. Wiss. Wien, Bd. XXXII, 1859, Juliheft.

— Die Genossen des Königs Tschin-sching. Von Dr. August Pfizmaier . . . . Wien. Aus der k. k. Hof- und Staatsdruckerei, 1860, in-8, pp. 28.

(*Ibid.*, Bd. XXXII, 1859, Octoberheft.

∴

— Die Gewaltherrschaft Hiang-yü's. (*Ibid.*, XXXII, 1859, pp. 7/67.)

5° DYNASTIE *HAN* 漢紀.

KAO TI 高帝 (Chef de la Dynastie des Han.)

— *Kung* 公 used as a personal Pronoun by Han Kao-tsu 漢高祖. By C. I. H.[uart]. (*Journ. C. B. R. A. S.*, N. S., XX, 1885, p. 184.)

— Art. de F. X. Tessier dans la *Biog. générale*.

WEN TI 文帝.

— Mayers *Manual*, No. 853.

WOU TI 武帝.

— Han Wu Ti, and the Aboriginal Tribes on the South-Western frontier of China. By Tho. W. Kingsmill. (*China Review*, XXV, No. 3, pp. 103/109.)

Trad. des *Che-ki*, Chap. CXVI.

∴

— Sur les Annales de la dynastie chinoise des Han. Par M. Robert K. Douglas. (*Cte. rendu 1ère Sess. Cong. Orient.*, 1873, I, pp. 371/4.)

— The fall of the Ts'in dynasty and the rise of that of Han. By Ch. Piton. (*China Review*, XI, pp. 102/112, 179/187, 217/235.)

∴

— Une rivalité au palais au temps de la dynastie des Han. — Page d'histoire chinoise. — Par M. Camille Imbault-Huart. (*Revue Ext. Orient*, III, No. 3, Juillet/Sept., 1885, pp. 511/523.)

Trad. des *Che-ki*, de Sse-ma Ts'ien.

1. Leaves from my Chinese Scrapbook. By Frederic Henry Balfour . . . . London : Trübner, 1887, in-8, pp. 215.

Fait partie de Trübner's Oriental Series.

Notices : *The Academy*, July 9, 1887 (by James Legge). — *The Athenæum*, July 9, 1887.

— History of the Heung-noo in their Relations with China. Translated from the *Tseen-Han-shoo*-Book 94, &c. [By A. Wylie.] (*Shanghai Evening Courier*, May 21, 1873.)

— History of the Heung-noo in their Relations with China. Translated from the *Han shoo*. By A. Wylie. (*Jour. Anthrop. Inst.*, Jan. 1874, pp. 396/452; July 1875, pp. 41—80.)

— History of the South-Western Barbarians and Chaou-seën. Translated from the «Tseen Han Shoo», Book 95, by A. Wylie, Esq. With Introduction, by H. H. Howorth, Esq. F. S. A. (*Journ. Anthrop. Inst. of Great. Brit. and Ireland*, Vol. IX, 1880-1882, pp. 53/87; with an Appendix. Memoir of Yen Ts'oo. Translated from the «Tseen Han Shoo», Book LXIV, fol. 1—7; *ibid.*, pp. 87/96.)

Rep. from the *Jour. Anth. Inst.*, Aug. 1879, br. in-8, pp. 44.

— Notes on the Western Regions. Translated from the «Tsëën Han Shoo», Book 96, Part 1. By A. Wylie, Esq. Br. in-8, pp. 54.

Reprinted from the *Journal of the Anthropological Institute*, August 1880.

— Notes on the Western Regions. Translated from the «Tsëën Han Shoo», Book 96, Part 2. By A. Wylie, Esq. Br. in-8, pp. 33.

Reprinted from the *Journal of the Anthropological Institute*, november 1881.

— Ethnography of the After Han Dynasty. History of the Eastern Barbarians. Translated from the *How Han Shoo*, Book CXV. By A. Wylie . . . etc. Voir IVe Partie. *Connaissances des Chinois.*

— The late Mr. Wylie. By E. H. Parker. (*China Review*, XVIII, 4, 1890, pp. 264/5.)

— The History of Chinese Literature, illustrated by literal translations from Chinese texts. By E. J. Eitel. (*Ibid.*, XV, pp. 90/95.)

I. Translation of a chapter in section XXVI of the Former Han Books by Pan ku (died A. D. 92).

— The danger of piled up eggs. A chinese historical anecdote. By C. Arendt. (*Ibid.*, XIV, pp. 65/66.)

— Deposing an Emperor. — A Chinese Cromwell. By C. H. Brewitt-Taylor. (*Ibid.*, XVII, 6, 1889, pp. 359/360.)

L'empereur Pien 辨 189 ap. J. C., d'après le 三國志 entre 靈帝 Ling Ti et 獻帝 Hien-ti.

— The death of Sun tse (孫策). By C. H. Brewitt-Taylor. (*Ibid.*, XVIII, 3, 1889, pp. 147/151.)

— L'organisation administrative des Ts'in et des Han. (*Mém. hist.* . . . de Se-ma Ts'ien, ... trad. Ed. Chavannes, II, pp. 513/533.)

— La Chronologie des Han par le Père Henri Havret, Soc. J. (*T'oung Pao*, VIII, No. 4, Oct. 1897, pp. 378/411.)

(Han.)

August Pfizmaier.

— Die Feldherren Han-sin, Peng-yuĕ und King-pu. Von Dr. August Pfizmaier . . . . Wien. Aus der k. k. Hof- und Staatsdruckerei, 1860, in-8, pp. 67.

Sitzb. phil.-hist. Cl. k. Ak. Wiss. Wien, Bd. XXXIV, Maiheft.

韓信 Han-sin, prince de Hoai yin 淮陰; Peng-yuĕ, 彭越; King-pu 黥布.

— Worte des Tadels in dem Reiche der Han. Von dem w. M. Dr. August Pfizmaier. (*Ibid.*, Bd. XXXV, Heft III, 1860, pp. 207/266.)

— Der Abfall des Königs Pi von U. Von dem w. M. Dr. August Pfizmaier. (*Ibid.*, 1861, Bd. XXXVI, Hft. I, pp. 17/46.)

— Die Menschenabtheilung der wandernden Schirmgewaltigen. Von dem w. M. Dr. August Pfizmaier. (*Ibid.*, XXXVII. Bd., II. Heft, 1861, Mai, pp. 103/151.)

— Zwei Statthalter der Landschaft Kuei-ki. Von dem w. M. Dr. August Pfizmaier. (*Ibid.*, 1861, Bd. XXXVII, Heft IV, pp. 304/330.)

Yen-tsu 嚴助; Tschü-mai-tschin 朱買臣.

— Sse-ma-ki-tschü, der Wahrsager von Tschang-ngan. Von Dr. August Pfizmaier . . . . Wien. Aus der k. k. Hof- und Staatsdruckerei, 1861, in-8, pp. 14.

Ibid., Bd. XXXVII, 1861, Juliheft.

司馬季主 Sse-ma-ki-tschü.

— Die Bevorzugten des Allhalters Hiao-wu. (*Ibid.*, XXXVIII, 1861, pp. 213/250.)

— Die Antworten Tung-tschung-schü's [董仲舒] auf die Umfragen des Himmelssohnes von Dr. August Pfizmaier. Wien. Aus der k. k. Hof- und Staatsdruckerei, 1862, in-8, pp. 42

Ibid., Bd. XXXIX, 1862, Februarheft.

— Die Könige von Hoai-nan [Roi Li 厲] aus dem Hause Han. Von dem w. M. Dr. August Pfizmaier. (*Ibid.*, 1862, Bd. XXXIX Heft V, pp. 575/618.)

— Die Würdenträger Tsiuen-pü-I, Su-kuang, Yü-ting-kue und deren Gesinnungsgenossen. Von dem w. M. Dr. August Pfizmaier. (*Ibid.*, 1862, Bd. XL, Heft II, pp. 131/163.)

— **Tschin-thang** [陳湯], Fürst-Zertrümmerer von Hu. Von dem w. M. Dr. August Pfizmaier. (*Ibid.*, Bd. XL, Heft III, Oct. 1862, pp. 396/437.)

— Die Heerführer Li-khuang und Li-ling.

(Pfizmaier.)

Von dem w. M. Dr. August Pfizmaier. (*Ibid.*, 1863, Bd. XLIV, Heft II, pp. 511/544.)

Li-khuang 李廣; Li-ling 李陵.

— Die Geschichte einer Gesandtschaft bei den Hiung-nu's. Von dem w. M. Dr. August Pfizmaier. (*Ibid.*, 1863, Bd. XLIV, Heft III, pp. 581/600.)

— Die Unternehmungen der Früheren Han gegen die südwestlichen Fremdgebiete von Dr. August Pfizmaier .... Wien. Aus der k. k. Hof- und Staatsdruckerei, 1864, in-8, pp. 22.

Ibid., Bd. XLV, 1864, Februarheft.

— Die Heerführer Wei-tsing und Hŏ-khiü-ping. Von dem w. M. Dr. August Pfizmaier. (*Ibid.*, 1864, Bd. XLV, Heft III, pp. 139/180.)

Wei-tsing 衞青; Hŏ-khiü-ping 霍去病

— Die Eroberung der beiden Yue und des Landes Tschao-sien durch Han. Von dem w. M. Dr. August Pfizmaier. (*Ibid.*, 1864, Bd. XLVI, Heft III, pp. 481/526.)

— Zur Geschichte des Zwischenreiches von Han. Von Dr. A. Pfizmaier ... Wien. Aus der k. k. Hof- und Staatsdruckerei, 1869, in-8.

Ibid., Bd. LXI, Feb., 1869; pp. 275/340.

— Die Aufstände Wei-ngao's und Kung-sün-schŏ's. Von Dr. A. Pfizmaier .... Wien. Aus der k. k. Hof- und Staatsdruckerei, 1869, in-8.

Ibid., Bd. LXII, Juli 1869, pp. 159/208.

Wei-ngao 隗囂: Kung-sün-schŏ 公孫述.

LES TROIS ROYAUMES, 三國志.

— 三國志 Notice of the *San kwo che*, or History of the Three Kingdoms, during a Period of one hundred and forty seven years, from A. D. 170 to 317. From a Correspondent. [Rev. C. Gützlaff.] (*Chinese Repository*, VII, pp. 233 et seq.)

— The *San-kuo* (三國志). By C. H. Brewitt-Taylor. (*China Review*, XIX, 3, 1890, pp. 168/178.)

— The Rebellion of the Yellow Caps, compiled from the History of the Three States (by W. C. Milne). (*Ibid.*, X, pp. 98/103.)

— Vide Wylie, *Notes*, p. 14, on the San kwo Che.

— Über einige Wundermänner China's. Von Dr. A. Pfizmaier .... Wien, 1877, Karl Gerold's Sohn, in-8, pp. 79.

Sitzb. phil.-hist. Cl. k. Ak. Wiss. Wien, Bd. LXXXV, Jännerheft.

(Pfizmaier.)

DYNASTIE *TSIN*, 晉紀.

— Aus der Geschichte des Hofes von Tsin. — Von Dr. A. Pfizmaier, wirkl. Mitgliede der kais. Akademie der Wissenschaften. — Wien, 1876. In Commission bei Karl Gerold's Sohn, Buchhändler der kais. Akademie der Wissenschaften, br. in-8, pp. 76.

Aus dem Decemberhefte des Jahrganges 1875 der *Sitzungsberichte der phil.-hist. Classe der kais. Akademie der Wissenschaften* (LXXXI. Bd., S. 543) besonders abgedruckt.

— Die Machthaber Hoan-wen und Hoan-hiuen. — Von Dr. A. Pfizmaier .... Wien, 1877, Karl Gerold's Sohn, br. in-8, pp. 78.

桓溫, 312—373 ap. J. C.; cf. Giles, 845. — 桓玄, 369—404 ap. J. C. — Cf. Giles, 837.

Sitzb. phil.-hist. Cl. k. Ak. Wiss. Wien, Bd. LXXXV, März 1877.

— China during the Tsin 晉 Dynasty, A. D. 264/419. By Ch. Piton. (*China Review*, XI, pp. 297/313, 366/378; XII, pp. 18/25, 154/162, 353/362, 390/402.)

NORD ET SUD 南北朝

Kao ti 高帝 (fondateur de la Dynastie des Ts'i).

— Art. de F. X. Tessier dans la *Biog. gén.*

— Ungewöhnliche Erscheinungen und Zufälle in China um die Zeiten der südlichen Sung. Von Dr. A. Pfizmaier .... Wien, 1875. Karl Gerold's Sohn, in-8, pp. 82.

Sitzb. phil.-hist. Cl. k. Ak. Wiss. Wien, Bd. LXXIX, Februarheft.

— Nachrichten aus der Geschichte der Nördlichen Thsi. Von Dr. August Pfizmaier .... Wien, 1883. Carl Gerold's Sohn, in-4. pp. 96.

Denkschr. phil.-hist. Cl. k. Ak. Wiss. Wien, Bd. XXXIV.

— Die letzten Zeiten des Reiches der Tsch'in. — Von Dr. A. Pfizmaier .... Wien, 1881. Carl Gerold's Sohn, in-8, pp. 82.

Sitzb. phil.-hist. Cl. k. Ak. Wiss. Wien, Bd. XCVIII, Heft III, p. 701, 1881.

DYNASTIE *SOUI*, 隋紀.

— Zur Geschichte der Aufstände gegen das Haus Sui. Von Dr. A. Pfizmaier .... Wien, 1878. Karl Gerold's Sohn, in-8, pp. 80.

Sitzb. phil.-hist. Cl. k. Ak. Wiss. Wien, Bd. LXXXVIII, Dec. 1877.

— Fortsetzungen aus der Geschichte des Hauses Sui. Von Dr. August Pfizmaier .... Wien, 1882. Carl Gerold's Sohn, in-8, pp. 82.

Ibid., Bd. CI, Heft 1, 1882, p. 187.

— Darlegungen aus der Geschichte des Hauses Sui. Von Dr. A. Pfizmaier. Wien 1881. In Commission bei Carl Gerold's Sohn, in-8, pp. 82.

Aus dem Jahrgange 1880 der *Sitzungsberichte der phil.-hist. Classe der kais. Akademie der Wissenschaften* (XCVII. Bd., III. Heft, S. 627) besonders abgedruckt.

(Tsin. — Soui.)

— Lebensbeschreibungen von Heerführern und Würdenträgern des Hauses Sui. Von Dr. August Pfizmaier .... Wien, 1882. Carl Gerold's Sohn, in-4, pp. 99.

Denkschr. phil.-hist. Cl. k. Ak. Wiss. Wien, Bd. XXXII.

WEN TI 文帝 ou KAO TSOU 高祖

fondateur de la dynastie des Soui.

— Mayers, *Manual*, Art. Yang kien, No. 889.

YANG TI 煬帝

empereur, fils de Wen ti, fondateur de la dynastie des Soui.

— Mailla, *Hist. de la Chine*, V, pp. 502/553.

— Art. de Weiss, dans la *Biog. univ.*

— Mayers, *Manual*, No. 896.

DYNASTIE *T'ANG* 唐紀.

— Abrégé de l'histoire de la grande dynastie Tang [par le Père Gaubil]. (*Mém. concernant les Chinois*, Paris, XV, pp. 399/516 [1791] et XVI [1814].)

«Ce qui est dit dans cet abrégé est tiré d'un grand recueil des historiens des dynasties, appelé *Nyen-y-sse* ou *Nyen-y-che*, de l'histoire chinoise de Ssema-kouang, de l'histoire appelée *Tong-kien-kang-mou*, et de celle qui est intitulée *Li-tay-ki-che-nien-piao*. (Préface de l'Abrégé, XV, p. 399.)

Le Ms. autog. du P. Gaubil formant un vol. in-fol. porte le No. 1284 au Cat. de vente de Rémusat.

MS. Bib. roy. de Munich, Cod. gall. 658, No. 1301 du T. VII du Cat. latin imprimé, Munich, 1858. On lit en tête sur un f. de garde : «Cet ouvrage est du P. Gaubil. M. de Bougainville l'a remis à M. Deguignes longtemps après l'avoir reçu.» L'ouvrage a été publié dans les *Mém. conc. les Chinois*, voir *Bib. Sinica*, col. 56. Ce ms. in-fol. du P. Gaubil a 305 pp. ch.; il portait le No. 1284 dans le cat. de vente de Rémusat; il a passé depuis dans la collection d'Etienne Quatremère et il a été acquis avec une portion de cette dernière par la bibliothèque royale de Munich.

— A waggish emperor. (*China Review*, X, p. 223.)

— A pair of Viziers during the T'ang and Ming Dynasties. (*Ibid.*, X, p. 223.)

— Characteristics of the regime of the T'ang Dynasty. (*Ibid.*, XIII, pp. 399/401.)

— The Death of Yang Kuei Fei (楊貴妃). By H. A. G[iles]. (*Journ. C. B. R. A. S.*, XX, N. S., 1885, pp. 275/277.)

— Li Tan and his Consort. By Wm. Arthur Cornaby. (*N. C. Herald*, May 9, 1900, p. 842.) † 716.

KAO TSOU 高祖

empereur de la dynastie des T'ang (618—627).

Art. de Ch. Labarthe, dans la *Biog. générale*.

T'AI TSOUNG 太宗

empereur de la dynastie des T'ang (627—650).

Hist. gén. de la Chine, 5 & 6. — *Mém. conc. les Chinois*, XV, pp. 399/462. — Weiss, dans la *Biog. universelle*

KAO TSOUNG 高宗

empereur de la dynastie des T'ang (650—684).

H. Audiffret, dans la *Biog. univ.* — Ch. Labarthe, dans la *Biog. générale*.

WOU HEOU 武后, ou WOU HOUANG HEOU, ou WOU TSI-T'IEN 武則天, impératrice de la dynastie des T'ang. (VIIe S. ap. J.-C.)

— Memoir of the Empress Woo How. (*Canton Miscellany*, 1831, No. 4, pp. 246/251.)

— Art. de Klaproth, dans la *Biog. universelle*.

— Woo Tsih teen, Empress of China : her parentage; admission to the palace; kills her daughter with her own hands; causes the death of the Empress, and is elevated in her stead; takes the title of Queen of Heaven, and reigns absolute. By E. C. Bridgman. (*Chin. Rep.*, III, pp. 543 seq.)

— Mayers, *Manual*, No. 802.

— LI HAN, WEN-TSOUNG 文宗 (827—840).

North-China Herald, 11 April 1900, p. 637. — *T'oung Pao*, Oct. 1900, p. 406.

∴

— Die Philosophischen Werke China's in dem Zeitalter der Thang. Von Dr. A. Pfizmaier .... Wien, 1878. Karl Gerold's Sohn, br. in-8, pp. 82.

Sitzb. phil.-hist. Cl. k. Ak. Wiss. Wien, Bd. LXXXIX, Jän. 1878.

— Zur Geschichte der Gründung des Hauses Thang. Von Dr. A. Pfizmaier .... Wien, 1878, Karl Gerold's Sohn, br. in-8, pp. 82.

Ibid., Bd. XCI, Juni 1878.

— Seltsamkeiten aus den Zeiten der Thang. Von Dr. A. Pfizmaier. Wien, 1879, Karl Gerold's Sohn, br. in-8, pp. 82.

Ibid., Bd. XCIV, Mai 1879.

— — II. *Ibid.*, 1880, br. in-8, pp. 76.

Ibid., Bd. XCVI, April 1880.

CINQ DYNASTIES, 五代.

— A Page in the History of China, a Sketch of the period commonly called the «five dynasties». By Ch. Piton. (*China Review*, X, pp. 240/259.)

— Barbarities. By E. H. Parker. (*Ibid.*, XV, p. 182.)

— An Imperial Iconoclast. By E. H. Parker. (*Ibid.*, XV, p. 188.)

— Episoden aus der «Geschichte der Fürstenthümer zur Zeit der Oestlichen Chou». Aus dem Chinesischen übersetzt und theilweise bearbeitet von C. Arendt. (*Mitth. d. deutsch. Gesellsch. f. Nat. u. Völkerk. Ostas.*, 1878, passim.)

KAO TSOU 高祖 (Dyn. des Tsin Postérieurs).

Art. de L. de R.[osny], dans la *Biog. générale*.

KAO TSOU (Dyn. des Han Postérieurs).

Art. de F. X. Tessier, dans la *Biog. générale*.

— The Liu Family; or Canton during the period of the five dynasties. By E. C. Bowra. (*The China Review*, I, pp. 316/322.)

DYNASTIE *SOUNG*, 宋紀.

— *Ping Nan How Chuen*, or an Account of the Latter Pacification of the South, an historical work in six volumes. — From a

Correspondent [by C. Gützlaff]. (*Chinese Rep.*, VII, pp. 281 seq.)

«The *Ping Nan* embraces the Epoch between A. D. 1020 to 1050 when the Song dynasty firmly seated upon the throne was either engaged in wars with Tartars or endeavoring to extend the limits of the Empire», p. 281.

Classé parmi les romans. — Voir W. F. Mayers, *Notes & Q. on C. & J.*, I, p. 120.

— *Nan Sung Chi-chuen*, or History of the Southern Sung dynasty. 5 vol. in-8. Reviewed by a Correspondent. [C. Gützlaff]. (*Chin. Rep.*, XI, pp. 529/540.)

— History of the Southern Sung Dynasty. A Translation. (*Chin. Rec.*, I, pp. 46/8, 103/104, 137/139, 160/162, 207/208, 229/230.)

Ne paraît pas avoir été terminé.

— Il y a à la Bibliothèque nationale au dép. des Ms. (Fonds chinois. No. 2149) un petit vol. in-4 qui contient la prononciation en caractères romains d'un fragment de l'ouvrage chinois consacré aux Annales de la Dynastie des Soung.

— A. Pfizmaier. — Der Stand der Chinesischen Geschichtschreibung in dem Zeitalter der Sung. Wien, 1878, in-4 — Voir BIBLIOGRAPHIE.

— Chinese Palæontology. By Robert K. Douglas. (*Nature*, XXIX, 1883—84, pp. 551/2.)

— A Chip from Chinese History, or the last two Emperors of the great Sung dynasty, 1101—1126. By E. L. Oxenham. (*China Review*, VII, pp. 392/399; VIII, pp. 167—176; IX, pp. 100/107; XII, pp. 175/181, 481/498; XIII, pp. 90/101, 264/273; XIV, pp. 151/163; XV, pp. 144/150, 197/206.)

— Contemptible Character of Kwang Tsung of the Southern Sung Dynasty. (*Ibid.*, X, p. 221.)

— The Vicissitudes of the Southern Sung. (*Ibid.*, XI, p. 61.)

— Refined Cruelties of the Latter Sung. (*Ibid.*, XI, p. 200.)

— The Southern Sung under the Suzerainty of the Tartars. (*Ibid.*, XI, p. 201.)

— Wong Tak-Yung 王德用 [A. D. 979—1058]. By John Chalmers. (*Ibid.*, XIV, pp. 166/167.)

— The term Hing-li. By E. H. Parker. (*Ibid.*, XIV, pp. 359/360.)

— Examinations in A. D. 1071. By E. H. Parker. (*Ibid.*, XV, p. 52.)

— Fan Wen Chen Kung 范文正公. By Rev. A. P. Parker. (*Chin. Rec.*, XX, n° 7, July 1889, pp. 316/327.)

KAO TSOUNG 高宗 (1127).

— Art. de F. X. Tessier dans la *Biog. générale*.

HIAO TSOUNG 孝宗 (1163).

— H. Audiffret dans la *Biog. universelle*.

LI TSOUNG 理宗 (1225).

— Sur le crâne de Soung Li Tsoung (1225—1265). (*N.-C. Herald*, 22d June 1880, p. 549.)

∴

Voir Kouang toung : Yai shan, col. 299. — Biographie : Wang Ngan-chi.

DYNASTIE *YOUEN*, 元紀.

— Sur les Youen, voir MONGOLIE, Histoire de Gentchiscan . . . . par le R. P. Gaubil.

— Bitchourin, voir MONGOLIE.

— Description de la Chine sous le règne de la dynastie Mongole

traduite du persan de Rachid-eddin et accompagnée de notes par M. Jules Klaproth. Paris. Imprimerie Royale. — MDCCCXXXIII, pet. in-8, pp. 52.

Extrait du *Nouveau Journal Asiatique* [1833, XI, pp. 335/8, 447/470].

— The rise of the Mongol Dynasty in the Hia Country. (*China Review*, X, p. 220.)

— Kublai Khan and his Statesmanship. (*Ibid.*, XI, p. 200.)

— Anniversary of the downfall of the Yuen. By Ma. (*Ibid.*, VII, pp. 350/351.)

— Ancient bridal customs compared. By Savage. (*Ibid.*, IX, p. 59.)

Voir la cinquième partie de cet ouvrage consacrée à la MONGOLIE.

WOU TSOUNG 武宗 (emp. de 1308 à 1311).

A. Rémusat (*Nouv. Mél. As.*, II, pp. 1/3, art. Khaisang).

— Shun Ti's Vision, or a Presage of the approaching Dawn. Translated from the Chronicles of « Heroes and Heroines ». By C. Alabaster. (*China Review*, XX, No. 6, pp. 392/3.)

— Character Sketches from Chinese History. II. — Kublai Khan. By Theodor Metzelthin. (*East of Asia*, I, No. 3, pp. 315/325.)

— Die Geschichte der Mongolen-Angriffe auf Japan. Von Dr. August Pfizmaier . . . . Wien, 1874, Karl Gerold's Sohn, br. in-8, pp. 90.

Sitzb. phil.-hist. Cl. k. Ak. Wiss. Wien, Bd. LXXVI, Feb. 1874.

— Voir Yule and Cordier's *Marco Polo*, II, pp. 260/3.)

— Ueber eine mongolische Quadratinschrift aus der Regierungszeit der mongolischen Dynastie Juan in China. Von I. J. Schmidt. (Mit einer Steindrucktafel.) (*Bul. Cl. hist.-phil. Ac. Imp. Sc. St. Pét.*, IV, 1848, col. 129/142.)

— Erklärung einer Mongolischen Inschrift auf einer im Jekaterinoslaw'schen Gouvernement auf den Gütern des Herrn Barons A. von Stieglitz ausgegrabenen Silberplatte; von Dordshi Bansarow. (Mit 1 lith. Tafel.) (*Ibid.*, V, 1848, col. 129/139.)

— Nachtrag . . . von Otto Boehtlingk. (*Ibid.*, col. 177/180.)

Paise, persan پایزه.

— Yule and Cordier's *Marco Polo*, I, pp. 351/354.

DYNASTIE *MING*, 明紀.

— Histoire de la dynastie des Ming composée par l'empereur Khian-loung traduite du chinois par M. l'Abbé Delamarre des Missions étrangères pouvant servir de supplément à l'Histoire générale de la Chine du P. de Mailla. Première partie comprenant les dix premiers livres. Paris, Ve Benjamin Duprat, 1865. In-4, pp. IV-448.

Extrait de la *Revue de l'Orient* dans laquelle cet ouvrage a été publié sous le titre de *Annales chinoises de la dynastie Min.* (Voir Sér. IV, 1865.)[1]

Ce volume (le seul publié) s'étend de l'année 1368 (Houng-wou) à l'année 1505 (Hiao-tsoung). Il y a, à la fin du volume, un appendice sur l'organisation administrative chinoise.

«M. Delamarre (Louis-Charles), de la Société des Missions étrangères, était né à Rouen le 11 juillet 1810. Il partit pour les missions le 15 mars 1835. — Il travailla vingt-huit ans dans la province de Setchuen, en Chine .... En 1860, il quitta le Setchuen pour venir servir d'interprète à l'ambassadeur français, M. le baron Gros .... Depuis cette époque, M. Delamarre s'était retiré à Tchentou, ville principale du Setchuen .... Il partit pour Péking au mois de septembre 1863. Il allait réclamer justice contre le pillage des maisons des chrétiens de Tchongkin. Il mourut en route, à Hankheou, le 3 octobre». Pp. I—II.

— MING SHI [明史], or History of the Ming dynasty. In 68 vol. gr. in-8. Reviewed by a Correspondent. [C. Gützlaff.] (*Chin. Rep.*, XI, pp. 592/614.)

«The Imperial order for the compilation of the History of the Ming dynasty was first issued in 1679, when fifty eight scholars were appointed to engage in the work, and by continued accretions it was brought to a conclusion in 1724. The *Ming shè* as we now have it was ultimately laid before the emperor in 1742, by Chang Ting-yuh 張廷玉 and his colleagues. It conforms in plan to the former histories, but does not rank high as a literary production. It consists of 4 sections : — 1. *Pùn kè.* — 2. *Ché*, including Astronomy, Elemental influence, Chronology, Geography, Rites, Music, Body-guard, Sumptuary regulations, Examinations, Government offices, Political economy, Water-courses, Military, Jurisprudence and Literature. — 3. *Peaou.* — 4. *Lëe chuen* (Wylie, *Notes*, p. 19).

— History of the Ming Dynasty. (*Ch. & Jap. Rep.*, Sept. & Oct. 1865, pp. 417/424, 473/483.)

— Событія при паденіи Минской династіи. — Récit de la chute de la Dynastie Ming par M. Khrapovitsky. (*Trav. de la Mission russe*, III, 1857, No. 1.)

— * Der Fall der Ming Dynasty und die Begründung der Mandschuherrschaft. (*Ausland*, 1858, No. 11.)

— Memorabilia of 項忠 Heang-chung. (*Indo-Chinese Gleaner*, No. VIII, April 1819, pp. 69/72.)

— Last words. (*China Review*, XI, p. 57.)

— The Captor of the Ming Emperor. (*Ibid.*, XI, p. 62.)

— The horrors of the Downfall of the Ming Dynasty. (*Ibid.* XI, pp. 199/200.)

— The Fall of the Ming Dynasty. By T. L. Bulloch (Bullock?). (*Ibid.*, XVI, pp. 267/276.)

Read before the Oriental Society at Peking, on 3rd Feb. 1888.

— L'Agonie des Ming. — Episode de l'histoire de Chine. — Par Charles Saglio. (*Revue historique*, sept.-oct. 1900, pp. 39/54.)

— La Chine sous les Ming. Par H. Castonnet des Fosses. (*Ann. de l'Ext. Orient*, 1886—1887, IX, pp. 97/114, 129/134, 257/266.)

— A Sketch of the Growth of Science and Art in China to the Ming Dynasty. By Dr. J. Edkins. (*Journ. Peking Orient. Soc.*, II, No. 2, 1888, pp. 142/154.)

— A Chinese Narses. By E. H. Parker. (*China Review*, XXIII, No. 5, pp. 255/261.)

鄭和 Tcheng Ho, commencement du XVe S.

— Tombeaux des Ming, voir NAN-KING, col. 242, et TCHE-LI, col. 210.

— Die Minggräber bei Nanking. Von F. Kühnert. (*Wien. Zeit. f. d. Kunde d. Morg.*, VII, 1893, pp. 108/110.)

HOUNG WOU[1] 洪武.

— Tai tsou [Houng wou], fondateur de la dynastie des Ming. (Sa biographie par Abel-Rémusat se trouve dans les *Nouv. Mél. As.*, II, pp. 4/20.)

Cette biographie a été traduite en anglais par Mrs. Coolidge dans *The Chinese Repository*, IX, pp. 389/398. Consulter dans le même recueil : The eventful Life of Hungwoo, founder of the Ming dynasty; from the Hungwoo Tseuen-chuen, a Chinese Work in ten small volumes. *By a Correspondent.* [C. Gützlaff], VII, pp. 353/385.

— Hung-wu, the Founder of the Ming Dynasty. (*China Review*, X, p. 220.)

— The Founder of the Ming Dynasty, his Noble character. (*Ibid.*, XI, p. 59.)

— Hung Wu and his treatment of the Mongol Princes. (*Ibid.*, XI, p. 62.)

— Ed. Chavannes. Les Saintes Instructions de l'Empereur Hong-wou. (1368—1398.) (*Verh. XIII. Int. Orient. Kong. Hamburg*, 1902, pp. 167/8.)

Sommaire.

— Les Saintes Instructions de l'Empereur Hong-wou (1368—1398) publiées en 1587 et illustrées par Tchong Houa-min. Traduites par M. Ed. Chavannes, membre de l'Institut. (*Bul. Ecole franç. Ext. Orient*, III, Oct.-Déc. 1903, pp. 549/563.)

— The Tomb of K'ung Ming (孔明) by G. M. C., *Notes & Q. on C. & J.*, Vol. III, pp. 36/7. — Voir BIOGRAPHIE, Kong ming.

— Hung-wu and his Capital. By Rev. E. T. Williams. (*Jour. China Br. R. As. Soc.*, XXVI, No. 2, 1891/2, pp. 142/174. — *Shang-hai Mercury*, Juin 1891, 5 articles.)

YONG LO 永樂.

— Yung-loh of the Ming Dynasty; his cruelties. (*China Review*, XI, p. 58.)

WAN LI 萬歷.

13e Empereur de la dynastie Ming; régna de 1572 à 1619.

1. Revue de l'Orient. Bulletin de la Société orientale (Société scientifique et littéraire). Fondée à Paris en 1841, constituée et autorisée en 1842, conformément à la loi. Tome premier. Cahiers I à IV. Paris, chez Delavigne, 1843.

Elle devient :

Revue de l'Orient et de l'Algérie, recueil consacré à la discussion des intérêts de tous les Etats orientaux et des colonies françaises de l'Afrique, de l'Inde et de l'Océanie. Bulletin et Actes de la Société orientale, fondée à Paris en 1841. Rédacteur en chef, M. O. Mac Carthy, secrétaire général de la Société. Tome premier. Paris, chez Just Rouvier, 1847.

Puis, en 1848 :

Revue de l'Orient, de l'Algérie et des Colonies, etc.

Cette publication a été terminée en 1865 à sa 4e Série.

1. On sait que les empereurs de la Chine prennent, en montant sur le trône, un nom, un titre différent de leur titre dynastique, *Miao hao* 廟號; ce titre *Nien hao* 年號 s'applique à leur règne entier ou à une seule période de leur règne; certains souverains ont donné cinq ou six noms différents aux périodes de leur règne; c'est pour éviter une confusion facile que jusqu'à présent nous avons indiqué les empereurs par leur *Miao hao*; à partir des *Ming*, nous les désignerons par leur nom de période, *Nien hao* parce qu'ils sont mieux connus ainsi, que par leur *Miao hao*; leurs règnes n'ont eu d'ailleurs qu'un seul *Nien hao*, sauf T'oung-tchi qui en a eu deux.

— Klaproth, dans la *Biog. universelle.*

∴

— А. Позднѣевъ. — Новооткрытый памятникъ монгольской письменности временъ династіи Минъ. (*Восточныя Замѣтки*, Санкт-Пет., 1895, pp. 367/386.)

LIPOVTSOV. — «Le même interprète [Lipówzew] s'occupe d'une traduction russe de l'histoire des Ming, dont on assure qu'il y a déjà deux volumes imprimés.» Note d'Abel-Rémusat dans le *Jour. As.*, II, 1823, p. 251. — Je n'ai pas connaissance de cet ouvrage.

CONQUÊTE DE LA CHINE PAR LES MANDCHOUS.

MART. MARTINI.

— De Bello Tartarico historia; In quâ, quo pacto Tartari hac nostrâ aetate Sinicum Imperium inuaserint, ac ferè totum occuparint, narratur; eorumque mores breuiter describuntur. Auctore R. P. Martino Martinio, Tridentino, ex Prouinciâ Sinensi Societatis Iesv in Vrbem misso Procuratore. Antverpiae, ex officina Plantiniana Balthasaris Moreti. M. DC. LIV. pet. in-8, pp. 156 sans l'app. priv., &c. 1 carte.

— De Bello Tartarico Historia; In quâ, quo pacto Tartari hac nostrâ aetate Sinicum Imperium inuaserint, ac ferè totum occuparint, narratur; eorumque mores breuiter describuntur. Auctore R. P. Martino Martinio, Tridentino, ex Prouinciâ Sinensi Societatis Iesv in Vrbem misso Procuratore. Editio altera, recognita & aucta. Antverpiae, ex Officina Plantiniana Balthasaris Moreti, M.DC.LIV, in-16, pp. 166 s. l. perm., 1 carte.

Ne pas confondre cette édition qui est la seconde avec la première, également publiée par B. Moret, en 1654. Vide supra. Cette éd. se trouve à la Bib. Ste.-Geneviève sous le No. G 218; elle n'est pas à la Bib. nationale.

— De Bello ‖ Tartarico ‖ Historia; ‖ In quâ, quo pacto Tartari hac no- ‖ strâ aetate Sinicum Imperium ‖ invaserint, ac ferè totum occu- ‖ pârint, narratur; eorumq'; mo- ‖ res breviter describuntur. ‖ Auctore R. P. MARTINO MARTINIO, ‖ TRIDENTINO, ex Provinciâ Sinensi ‖ Societatis IESU in Urbem misso ‖ Procuratore. ‖ Primò Antverpiae in Officina Plantiniana; ‖ Deindè Viennae Austriae, apud Matthaeum ‖ Cosmerovium 1654. recussa. pet. in-12, pp. 200.

— De Bello ‖ Tartarico ‖ Historia; ‖ In quâ, quo pacto Tartari hac no‖strâ aetate Sinicum Imperium ‖ inuaserint, ac ferè totum occu‖parint, narratur; eorumque mo‖res breuiter describuntur. ‖ Auctore R. P. Martino Martinio, ‖ Tridentino, ex Prouinciâ Sinensi ‖ Societatis Iesv in Vrbem misso Pro‖curatore. ‖ Editio Tertia, recognita & aucta. ‖ Coloniae, ‖ Apud Iodocvm Kalcovivm ‖ M.DC.LIV. ‖ Cum consensu Authoris. ‖ in-12, 7 ff. prél. + pp. 131, 1 carte.

Le P. de Backer ne cite pas cette édition.

— De Bello Tartarico Historia; In qua, quo pacto Tartari hac nostra aetate Sinicum imperium inuaserint, ac ferè totum occuparint, narratur; eorumque mores breuiter describuntur. Auctore P. Martino Martinio, Tridentino, ex vice Prouincia Sinensi Societatis Iesv in Vrbem misso Procuratore. Romae, Typis Ignatij de Lazeris et Sumptibus. M.DC.LV. Superiorum Permissu, in-16, pp. 111, s. la déd., etc.

Ternaux-Compans ne cite pas cette édition.

— De Bello Tartarico Historia, In quâ....... describuntur. Cum Figuris Æneis. Auctore R. P. Martino Martinio S. I. etc. Amstelodami, Apud Iohannem Ianssonium Juniorem. 1655, in-12, pp. 215 s. la perm., etc., 1 carte, Frontispice gravé.

Cette édition n'est pas citée par Ternaux-Compans.

Cet ouvrage a également paru dans les deux éditions latines du *Novus Atlas Sinensis* publiées par Jean Blaeu à Amsterdam en 1655. Noter dans l'Appendice de l'*Atlas* les notes de Martini d'après une lettre du P. Francisco Brancati, datée de Chang-hai le 14 Nov. 1651.

— Regni Sinensis ‖ à ‖ Tartaris ‖ Tyrannicè evastati depopu‖latique concinna ‖ enarratio, ‖ Authore ‖ Martino Martinii. ‖ Vltima hac aeditione, Indice, tabulis‖que aeneis illustrata. ‖ Amstelaedami, ‖ Apud Ægidium Janssonium ‖ Valkenier. CIↃ. IↃCLXI ‖ pet. in-12, 10 ff. prél. n. ch., pp. 120. — Frontispice gravé, gravures.

— Histoire de la gverre des Tartares, contre la Chine. Contenant les reuolvtions estranges qui sont arriuées dans ce grand Royaume, depuis quarante ans. Traduite du Latin du P. Martini, de la Compagnie de Iesvs, enuoyé de la Chine à Rome, en qualité de Procureur de la Prouince de la Chine. A Paris, chez Iean Henavlt........ M. DC. LIV. Auec Privilege du Roy, in-8, pp. 182, s. l'ép. et l. p., 1 carte.

— Histoire ‖ de la gverre ‖ des Tartares, ‖ contre la Chine. ‖ Contenant les revolvtions ‖ estranges qui sont arriuées dans ce grand ‖ Royaume, depuis quarante ans. ‖ Traduite du Latin du P. Martini, de la Com-‖pagnie de Iesvs, enuoyé de la Chine à Rome ‖ en qualité de Procureur de la Prouince ‖ de la Chine. ‖ Seconde Edition augmentée. ‖ A Paris, ‖ Chez Iean Henavlt, Imprimeur & Libraire Iuré, ‖ ruë S. Iacques à l'Ange Gardien, & à l'Image ‖ sainct Raphaël. ‖ M.DC.LVI. ‖ Auec Priuilege du Roy. ‖ in-8, 7 ff. prél. + pp. 182.

— Histoire de la gverre des Tartares contre la Chine. Contenant les Revolvtions estranges qui sont arriuées dans ce grand Royaume, depuis quarante ans. Traduite du Latin du P. Martini, de la Compagnie de Iesvs, enuoyé de la Chine à Rome en qualité de Procureur de la Prouince de la Chine. Seconde Edition augmentée. A Paris, chez Iean Henavlt.... M.DC.LVII. Auec Priuilége du Roy, in-8, pp. 187, s. la déd., etc.

— Histoire ‖ de la gverre ‖ des Tartares, ‖ contre la Chine ‖...... A. Dovay. Chez la Vefue Iean Serrvrier, à la Salamandre, 1654, in-8, pp. 126, s. l'ép., etc., 1 carte.

— * Le Même, 1671. (De Backer, II, 1121.)

Cet ouvrage a également paru en français dans l'édition de *Semedo*, Lyon, 1667, voir col. 24 — et dans l'éd. franç. du *Novus Atlas Sinensis*, voir col. 182.

— Relation de la Tartarie Orientale. (*Recueil de Voy. au Nord*, IV, nouv. éd., 1732.)

— * Historie van den Tartarschen Oorloch, in dewelcke wert verhaelt, hoe de Tartaren in dese onse eeuw in't sineesche Ryck syn gevallen, ende het selve gelyck geheel hebben verovert, mitsgaders hare manieren in't kort werden beschreven. Door den Heer Martinus Martinii. Ende nu uyt het Latyn over-geset, in onse Nederduytsche Tael. Door G. L. S. Tot Delf. By Jacob Jacobsz Pool, Boeck-verkooper woonende op't Mart-velt, in't Musyck-Boeck, 1654, in-12, 4 ff., pp. 240, 1 carte. A la fin : Tot Delff, gedruckt by Aernold Bon, Boeck-verkooper op't Martvelt, 1654. — Utrecht, sans date. (De Backer, II, 1121.)

— * Martin Martinius. Beschryving van het verwoest Sina. Amsterdam, 1660, in-12. (*Ibid.*)

— Histori ‖ von dem ‖ Tartarischen Kriege ‖ in welcher erzehlt wird ‖ Wie die Tartaren zu Unserer ‖ zeit in das grosse Reich Sina ‖ eingefallen sind ‖ vnd dasselbe ‖ fast gantz vnter sich gebracht ‖ haben : samt deroselben Sitten ‖ vnd weise kůrtzlich beschriben : ‖ Durch den Ehrw. ‖ P. Martinvm Martinivm, ‖ ausz Trient ‖ der Societåt Jesu ‖ ausz Sina nacher Rom geschick- ‖ ten Procuratorem. ‖ Amsterdam. ‖ Bey Iohan Blaev. ‖ MDCLIV ‖ in-12, 9 ff. prél. + pp. 217.

Front. gravé et carte.

Cette éd. n'est pas citée par Ternaux-Compans.

— Der vor kurtzen Jahren zwischen denen Tartarn und Chinesern entstandene Krieg / Wodurch die Chineser überwunden / und unter das Tartarische Joch gebracht worden. 37 pages. — (Dans la collection d'Olearius, *Reise-Beschreibung*, Hamburg, 1696, in-folio.)

— La trad. allemande de Martini serait du P. Jean Paulinus. Voir de Backer, II, 1816, 5, qui donne une éd. de Munich, 1655.

— Bellum Tartaricum, or the Conquest of the great and most renowned Empire of China, By the Invasion of the Tartars, who in these last seven years, have wholy subdued that vast Empire. Together with a Map of the Provinces, and chief Cities of the Countries, for the better understanding of the Story. Written Originally in Latine by Martin Martinius, present in the Country at most of the passages herein related, and now faithfully translated into English. London, Printed for John Crook, and are to be sold at his Shop at the sign of the Ship in St. Paul's Church-yard. 1654, pet. in-8, pp. 240, s. l'ép.

— * The History of the late Invasion and Conquest of the flourishing Kingdom of the Tartars, with an exact Account of the other Affairs of China, till these present. Lond. 1655, in-fol., carte.[1]

Lowndes, qui indique à tort cet ouvrage au nom de *Semedo*, cite les prix : Bindley, pt. iii. 1442, 10/. — Fonthill, 348, 8/. — De Backer, II, 1121, indique aussi : 1660, in-8.

— A Narrative of the Manchu Conquest abridged from the latin of Martini by W. A. P. Martin. (*North-China Herald*, No. 347, March 21, 1857, et seq.)

— Breve Historia delle Gverre segvite in qvesti vltimianni tra Tartari, e Cinesi. Nella quale si racconta come i Tartari in sette anni hanno occupato quasi tutto il vastissimo Imperio della Cina. E si dà breue contezza de' costumi de' medesimi Tartari. Scritta in Latino dal R. P. Martino Martinio Trentino della Compagnia di Giesù, mandato da suoi Superiori da quelle parti à Roma Procuratore. Et tradotta in Italiano dal Sig. Climaco Latini. In Milano, M.DC.LIV. Per gli Heredi di Gio : Battista Bidelli. In-8, pp. 124, s. l. déd., &c.

— Gverra de Tartari nella China. (Anzi, *Il Genio Vagante*, Parma, 1692, III, pp. 417/465.)

D'après Martin Martini.

— Historia de la Gverra de los Tartaros; Contiene el modo con que en nuestra edad acometieron los desta nacion el imperio de la Sina, y se apoderaron casi de todo el ; descrivense brevemente sus costumbres, pp. 44.

A la suite de l'*Atlas nuevo* publié par Blaeu à Amsterdam en 1658, voir col. 182.

— Tartaros en China, Historia, qve escrivio en latin el R. P. Martin Martinio, de la Compañia de Iesvs. y en español El Doctor D. Esteuan de Aguilar y Zuñiga. Al Excelentissimo Señor D. Guillen de Moncada Aragon, Luna y Cardona, Principe de Paternò, Duque de Montalto, &c. Con Licencia. En Madrid, por Ioseph Fernandez de Buendia, año de 1665, A costa de Lorenço de Ibarra, in-16, 19 ff. n. ch. + pp. 188.

* Diogo Gomes Carneiro, chronista do Estado do Brasil, natural do Rio de Janeiro, traduziu na lingua materna :

— Historia da guerra dos Tartaros, em que se refere como n'estes nossos tempos invadiram o Imperio da China, e o tem quasi todo occupado, escripta em latin pelo Padre Martim Martines, da Companhia de Jesus. Lisboa, na Officina de Henrique Valente de Oliveira. 1657, in-16.

(Bibliotheca Nacional de Lisboa, *Papeis Varios* 1/6.) D'ella possuimos um exemplar. (Figaniere, No. 909.)

— Martini Martinij S. J. Historia om thet Tartariske krijget uthi konungarijket Sina, sampt ther'as seder. Korteligen beskrifwin pa Latijn / och tryckt uthi Amstelodam Anno MDCLV. Men forswenskat aff Ambrosio Nidelberg. Wijsingzborg, Iohan Kankel, MDCLXXIV. In-4, pp. 162, s. l'ép.

— * Mart. Martinius. Een liden og kort dog gruelig Historie om de sidste Kriger, som af den Tartariske Nation er fört imod Sinenserne; paa Latin sammensat, siden paa det Danske Sprog oversat af Sofren Ludvigsøn Lem. Kbh., 1706.

Chr. V. Bruun, *Bibliotheca Danica*.

1. Il ne faut pas placer la tragédie suivante parmi les ouvrages d'histoire : « Settle (Elkanah). Conquest of China by the Tartars; a Tragedy. London, 1676, in-4. »

Settle, poète ou plutôt poetaster comme Watt le nomme (*Bib. Britannica*, II, 846 s) né dans le Bedfordshire en 1648, est mort en 1724.

— Abentheur von Allerhand Mineralien .... 1656. Voir col. 25—26.

JUAN DE PALAFOX Y MENDOÇA.

— Historia ‖ de la Conqvista ‖ de la China ‖ por el Tartaro. ‖ Escrita ‖ Por el Illustrissimo Señor, Don Juan de Palafox ‖ y Mendoça, siendo Obispo de la Puebla de los ‖ Angeles, y Virrey de la Nueva-España ‖ y a su muerte Obispo de Osma. ‖ En Paris, ‖ Acosta de Antonio Bertier, ‖ M. DC. LXX. ‖ pet. in-8, 5 ff. n. ch. p. l'av. et la tab. + pp. 388. Front. grav.

— Historia de la Conquista de la China por el Tartaro. Madrid, 1670, in-fol.

Fait partie des œuvres de P. y M., pp. 409/528, avec titre et Index spéciaux.

— Histoire ‖ de la Conqueste ‖ de la Chine ‖ par les Tartares. ‖ Contenant ‖ plusieurs choses remarquables, ‖ touchant la Religion, les Mœurs, & les ‖ Coûtumes de ces deux Nations, & prin-‖cipalement de la dernière. ‖ Ecrite en Espagnol par M. de Palafox. ‖ Euesque d'Osma. ‖ Et traduite en François par le sieur Collet. ‖ Dedié à Monseigneur le Davphin. ‖ A Paris, ‖ Chez Antoine Bertier, .. ‖ M. DC. LXX. In-8, 8 ff. prél. n. ch. p. l. tit., tab., etc. + pp. 478.

Ternaux (2338) cite une éd. : Paris, Berthier, 1678, in-8?

— Histoire ‖ de la Conqueste ‖ de la Chine ‖ par les Tartares : ‖ contenant ‖ plusieurs choses remarquables : ‖ Touchant la Religion, les Mœurs, & les ‖ Coûtumes de ces deux Nations, ‖ Écrite en Espagnol par M. de Palafox, ‖ Evesque d'Osma. ‖ & ‖ Traduite en François par le Sieur Colle. ‖ A Amsterdam, ‖ Chez Jean Frederic Bernard, 1723. in-12, 6 ff. n. ch. p. l'av., l. tab. + pp. 477.

— La Chine et les Tartares au XVIIe Siècle. Mœurs et Usages de ces peuples. Ouvrage traduit de l'espagnol par Colle. Limoges, Barbou [1869], in-8, pp. 120.

— * Palafox. History of the Conquest of China by the Tartars. London, 1671, in-8.

— Un extrait de cette histoire trad. en anglais par Sloth [Thoms] a paru dans *The Canton Register*, X, 1837, pp. 121 et 126.

— The History of the Conquest of China by the Tartars. Together with an Account of Several remarkable things, concerning the Religion, Manners, and Customs of both Nations, but especially the latter. First Writ in Spanish, by Señor Palafox, Bishop of Osma, and Vice-Roy of Mexico. The Second Edition. And now rendred English. London, Printed by W. Godbid, and sold by M. Pitt, ... 1676, pet. in-8, pp. 588, sans l'av. et la table.

— The History of the Tartars : Being an Account of their Religion, Manners, and Customs ; and their Wars with, and Overthrow of the Chineses. London : Printed, and are to be sold by Thomas Mercer ... 1679, pet. in-8, pp. 588, sans l'av. et la table.

Même éd. que la précédente avec un nouveau titre; cette version anglaise est faite sur la trad. franç. de Colle.

ADRIEN GRESLON.

— Histoire de la Chine sous la domination des Tartares. Ou l'on verra les choses les plus remarquables qui sont arrivées dans ce grand Empire, depuis l'année 1651 qu'ils ont achevé de le conquérir, jusqu'en 1669. Par le Père Adrien Greslon, de la Compagnie de Iesus, Missionnaire François dans la Chine. A Paris, chez Iean Henault, Libraire Iuré, rue Saint Jacques. 1671, in-8, pp. XIV-352-63.

Ces 63 dernières pages qui sont imprimées avec de plus gros caractères que les précédentes, comprennent la «*Suite de l'Histoire de la Chine imprimée en 1671*».

Ternaux cite également (2219) : 1672 ??

Notice : *Journal des Savans*, 1672, pp. 41/4.

— Istoria della China sotto la Dominazione de Tartari del P. Greslon Giesvita. (Anzi, *Il Genio Vagante*, Parma, IV, 1693, pp. 139/144.)

FR. DE ROUGEMONT.

— Historia Tartaro-Sinica nova Authore P. Francisco de Rougemont Societatis Iesv Belga Evangelii apud Sinas praecone curiosè complectens ab anno 1660. Aulicam Bellicamque inter Sinas disciplinam, Sacrorum Jura, & Sacrificulorum; Christianae Religionis prospera adversaque, singulari fide, elegantia facili, idoneis testimoniis breviter & clarè describens. Lovanii, Typis Martini Hullegaerde, antè Hallas. Anno M. DC. LXXIII, pet. in-8, pp. 327 sans l'épître dédicat., etc.

Ex *Quam chéu fú* Metropoli Provinciae *Quàm túm* in Regno Sinarum 16. Decembris 1668 (p. 327).

L'épître dédicatoire au Général de la Compagnie, Jean Paul Oliva, est datée de Canton le 5 Oct. 1668.

— Relacam do Estado politico e espiritval do Imperio da China, pellos annos de 1659. atè o de 1666. escrita em latim Pello P. Francisco Rogemont da Cõpanhia de Iesus, Flamengo, Missionario no mesmo Imperio da China. Tradvzida Por hum Religioso da mesma Companhia de Iesus. Lisboa. Na Officina de Ioam da Costa. M.DC.LXXII. Com todas as licenças necessarias, in-4, pp. 229 + 3 ff. prél. n. chif.

On voit par la date que la traduction a été publiée avant l'original latin. Outre l'ouvrage du P. de Rougemont qui se termine p. 206, on a ajouté :

P. 207. Cathalogo de trinta Sacerdotes que no tempo da peraguiçaõ da China, se aprezentâram aos Iuizes na Corte de Pekim.

P. 207. Despois de tradvzida esta relaçam, chegou huma carta do Padre Gabriel de Magalhaens .... cuja materia por continuar cõ-o fio desta historia athé o principio do anno de 1669 nos pareceo ajuntar aqui, & o theor della por suas palauras formaes he o que se segue. [Pekin, 2 Janvier 1669.]

P. 226. Copia de ovtra carta que vltimamente chegou por terra a Roma escrita em Machao aos 9 de dezembro de 1670 pello Padre Bertholameu de Espinoza, de Cõpanhia de Iesu, na qual se refere o ultimo estado em que ficam as cousas da China, & outras Christandades, & traduzida de Latim em Portuguez diz assim.

Le traducteur de l'ouvrage de Rougemont est le P. Sebastiaõ de Magalhaẽs, né à Tanger.

Père Joseph d'Orléans.

— Histoire des deux Conquerans Tartares qui ont subjugué la Chine. Par le R. P. Pierre Joseph d'Orleans, de la Compagnie de Jesus. A Paris, chez Claude Barbin ... M.DC.LXXXVIII. Avec privilége du Roy. in-8.

— Histoire de deux Conquerans Tartares qui ont subjugué la Chine par le R. P. J. D*** (d'Orléans). Paris, Louis Lucas, 1690, in-8.

— La même, Paris, Louis Lucas, 1689, in-8.

Voir le *Recueil des Voy. au Nord*, Bernard, 1715, T. 7. — *Ibid.*, 1731, T. 7, in-12.

— History of the two Tartar Conquerors of China, including the two journeys into Tartary of Father Ferdinand Verbiest, in the suite of the Emperor Kang-Hi : from the French of Père Pierre Joseph d'Orléans, of the Company of Jesus. To which is added Father Pereira 's Journey into Tartary in the suite of the same Emperor, from the Dutch of Nicolaas Witsen. Translated and edited by the Earl of Ellesmere. With an Introduction by R. H. Major, Esq., of the British Museum, Honorary Secretary of the Hakluyt Society. London: Printed for the Hakluyt Society. M.DCCC.LIV, in-8.

Cet ouvrage forme le vol. 17 de la coll. pub. par la Hakluyt Society. — *The Athenæum*, 1855, No. 1432.

Vojeu de Brunem.

— Histoire ‖ de ‖ la Conquete ‖ de la Chine ‖ par ‖ les Tartares mancheoux; ‖ a laquelle on a joint ‖ un accord chronologique ‖ des Annales de la Monarchie Chinoise, avec ‖ les Epoques de l'ancienne Histoire sacrée & ‖ profane, depuis le Déluge jusqu'à Jésus-Christ, ‖ Par M. Vojeu de Brunem B. & P. D. M. ‖ A Lyon, ‖ chez les Freres Duplain, ‖ libraires, rue Mercière. ‖ M. DCC. LIV. ‖ Avec approbation & privilége du Roi. 2 vol. in-12, 8 ff. n. ch. p. l'av. + pp. 345, 318.

L'accord chronologique est un abrégé en français d'un manuscrit latin du P. Jean-Baptiste Régis : «Concordia chronologiae Annalium Sinensis Imperii, cum epochis Historiae nostrae sacrae & prophanae, a creatione mundi usque ad initium Aerae Christianae.» (Voir Chronologie, col. 562.)

L'auteur de cet ouvrage, qui est tiré du P. de Mailla, est le P. Jouve (Joseph), de la Compagnie de Jésus, né à Embrun le 1er novembre 1701, mort à Lyon, le 2 avril 1758. (*Vojeu de Brunem* est l'anagramme de *Jouve de Embrun.*)

— Le P. Sommervogel écrit (*Bib.*, IV, 859) que M. Maignien (*Anon. et Pseudon. du Dauphiné*, 1902, n. 2638) interprète ainsi les initiales *B. & P. D. M.* : «Bibliothécaire et Plené de Mailla, auquel le P. Jouve a emprunté cette histoire.» Je ne devine pas ce que signifie *Plené*; je crois qu'il faut lire : «Professeur de Morale.»

— La Conquête ‖ de ‖ la Chine ‖ par les Tartares Mancheoux : ‖ evenement ‖ des plus considérables ‖ de ‖ l'histoire moderne, ‖ Beaucoup mieux detaillé qu'il ne l'a ‖ été jusqu'à présent, ‖ Et enrichi de l'Accord des ‖ Annales de la Chine ‖ avec la Chronologie de ‖ l'Histoire Universelle ‖ Par Mr. ‖ V. de Brunem. A Francfort & la Haye, ‖ chez les Van Duuren. ‖ M DCC LVII, 2 vol. in-12, 9 ff. n. c. + pp. 345, 318 + 2 ff. p. l. priv.

— Observations du P. Laugier, Jésuite, sur la nouvelle histoire de la conquête de la Chine; dans le *Mercure de France*, janvier 1755, pp. 147—164. — Réponse du sieur Vojeu de Brunem aux observations du P. Laugier; *ibid.*, mars 1755, pp. 91—109.

— Une traduction anglaise par le Rev. John Hobson, chapelain anglais à Chang-Hai, a été commencée dans *The North China Herald*, No. 17, Nov. 23, 1850; cette traduction continuée dans les numéros 18, 21, 22, 23, 25, 27, 34, 37, 42, 44, 45, 51, 57, 58, 60, 62, 63, n'est pas complète. Dans le No. 64, Oct. 18, 1851, on trouve un résumé en anglais des matières de ce livre avec des renvois aux passages traduits. Dans ce même numéro il y a un abrégé en anglais de la table chronologique dont parle le P. de Backer. Cette traduction anglaise est continuée dans les Nos. 90—92, etc.; la suite de la table chronologique est donnée dans les Nos. 66, 68, 70, etc.

— Исторія о завоеваніи Китая Манжурскими Татарами.... Histoire de la conquête de la Chine par les Tatars manjours en cinq livres. Par M. Vogé de Brune B. et P. D. M. Traduit du français par A. R. Moscou, Imprimerie de la Compagnie typographique. 1788, in-12, pp. 601.

Cette traduction ne comprend pas la chronologie du P. Régis.

— Guerras del Tartaro y Conquista del grande Imperió de la China.

Ms. XVIIe siècle; in-folio, 175 ff. British Museum, No. 28495. Add.

— The Conquest of China by the Tartars. Ms. 2 pages. — (Cat. of the Ms. preserved in the Library of the University of Cambridge. 1867. Vol. V, p. 182 : Patrick Papers; No. 40, Miscellaneous Collection of Letters, 6.)

— * Kitaia douleuousa, itoi biblion periëkhon ton polemon opou oi tataroi tîs mpogdoas esîkôsan kata tôn sinôn, dîladî Kitaïtôn... Le Katai (la Chine) asservi, ou livre contenant la guerre que les Tartares du mont Bogdo ont faite contre les Chinois, c'est-à-dire les habitans du Katai, et dans laquelle ils se sont rendus maîtres de tout leur empire, quelles sont leurs coutumes dans les guerres, et quels sont leurs vêtemens; et en outre la description complète des lieux qu'habitent ces peuples, et en réalité tous les Tartares; et de leurs rites religieux, de leur Dalaï-lama et de Gog et Magog. Pet. in-4, mar. dor.

Joli Ms. sur papier, en grec moderne, et d'une belle écriture, de 68 feuillets; il est daté de 1695 et signé du nom d'Alexandre Demetrius, de Trikka en Thessalie. (Vend. Klaproth, No. 1632, Fr. 50.)

— ΧΡΥΣΑΝΘΟΥ ΝΟΤΑΡΑ ΚΙΤΑΙΑ ΔΟΥΛΕΥΟΥΣΑ. Conquête de la Chine par les Tartares. (*Bibliothèque grecque vulgaire* publiée par Emile Legrand, III, Paris, Maisonneuve, 1881, pp. 337/441.)

— «China supusă.» Manuscript Grecesc cu acest titlu descriere și extracte de C. Erbiceanu. pet. in-4, pp. 19.

Ext. din *Annal. Acad. Romane*, Ser. II. — Tom. XXIV., Bucuresci, 1902.
Manuscrit Κιτάϊα δουλεύουσα.

— Die Geschichte der letzten grossen Revoluzion von Schina im Jahr 1644 vom Graf von Wackerbarth. — Hamburg, gedruckt bei Georg Heinrich Mahncke. 1821. Portrait, in-folio, pp. 130 + 1 f. n. c.

— Ueber den Ursprung und Fortgang der im innern Asien gegen die chinesische Regierung ausgebrochenen Revolution. Von J. v. Klaproth. (*Das Ausland*, 1828, Nos. 6, 7, 8.)

— Eroberung von China durch die Mantscheu im Jahre 1644. (*As. Mag.*, I; pp. 200/220, 328/342, par Klaproth.)

— The Manchu Conquest of Canton. By E. C. Bowra. (*The China Review*, I, pp. 86/96, 228/237.)

— The Manchus in China. By E. H. Parker. (*China Review*, XV, pp. 263/270.)

— La Conquête de la Chine par les Tartares par le Baron A. d'Avril. (*Questions diplomatiques et coloniales*, 15 sept. 1900, X, pp. 351/8.)

D'après Palafox.

LA DYNASTIE TS'ING 大清朝

1° Période *Chouen Tchi* .... 順治 (1644—1662)

2° Période *K'ang Hi* .... 康熙 (1662—1722)

3° Période *Young Tchêng* ...... 雍正 (1723—1736)

4° Période *K'ien Loung* .... 乾隆 (1736—1796)

5° Période *Kia K'ing* .... 嘉慶 (1796—1820)

6° Période *Tao Kouang* .... 道光 (1820—1851)

7° Période *Hien Foung* .... 咸豐 (1851—1862)

8° Période *T'oung Tchi* .... 同治 (1862—1875)

9° Période *Kouang Siu* .... 光緒 (1875)

∴

聖武記 Cheng Wou ki.

Les Saintes Guerres de la dynastie actuelle. Par 魏源 Wei youen. — Cet ouvrage a d'abord paru en 1842 en 14 livres, et il a eu depuis cette époque plusieurs éditions revues et augmentées. Outre la Notice de E. C. Bridgman, signalée ci-dessous, voir M. Jametel, *Revue de l'Extrême Orient*, I, No. 4, Oct.-Nov.-Déc., 1882, pp. 572/574.

— The Holy Wars : *Tá-tsing Shing Wú Ki*, 大清聖武記 or Records of the military Achievements of the Monarchs of the Great Pure Dynasty. Compiled by Wei yuen of Sháuyáng of Húnan province. 20 vol. in-8, 3d ed., revised and enlarged, 1846 [by E. C. Bridgman]. (*Chin. Rep.*, XIX, pp. 241/4.)

— Notice sur la vie et les œuvres de Oueï yuan. Par Camille Imbault-Huart. (*Jour. Asiat.*, août-sept. 1881, pp. 263/267.)

— Wei Yüan on the Mongols. By E. H. P[arker]. (*Jour. China Br. R. As. Soc.*, XXII, N. S., 1 & 2, 1887, pp. 101/102.)

Le *Cheng Vou ki* renferme : Livre I. — *Histoire de la Conquête de la Chine par la dynastie actuelle*. 4 parties.

Voir John Ross, col. 633/4.

Livre II. — *De l'insurrection des trois princes feudataires sous le règne de l'empereur Kang-hi*. 2 parties.

Voir col. 638.

Livre III. — *De la pacification de la Mongolie par la dynastie actuelle*. 3 parties.

— *De la Conquête de la Dzoungarie sous le règne de Kang-hi*. 1 partie.

— *Des deux campagnes des armées de l'empereur Young-tcheng contre les Œleuths*.

Voir col. 637/8.

Livre IV. — *Des diverses expéditions contre les tribus musulmanes sous les règnes de Kien-long et de Tao-kouang*. 5 parties.

— Histoire de l'insurrection des Tounganes sous le règne de Tao-kouang (1820—1828). (*Recueil de Documents sur l'Asie centrale* . . . Par Camille Imbault-Huart.) . . . Paris, Leroux, 1881, gr. in-8. Voir 3° Partie de la *Bib. Sinica*.

Livre V.

— Histoire de la Pacification du Tibet sous le règne de l'Empereur Kien-long, traduite du chinois par M. Maurice Jametel. (*Revue de l'Extrême Orient*, I, No. 4, 1882, pp. 572/595.)

— De la Conquête du Tibet par les Chinois. Par I. Iwanoffsky. (*Koue tchao fou souy si tsangdsi*.) (Traduit du chinois.) (*Muséon*, Avril 1884, pp. 165/181 etc. .)

— Histoire de la Conquête du Népâl par les Chinois, sous le règne de Tç'ie long (1792), traduite du chinois par M. Camille Imbault-Huart. (*Jour. Asiatique*, sér. VII, XII, Oct.-Déc. 1878, pp. 348/377.)

Livre VI.

— History of the Treaty between China and Russia. — From the *S'hing-woo-ke*, or «Wars of the Manchus»; by Wei yuen of

Shau-yang. [By A. Wylie.] (*N. C. Herald*, 293, 8 March 1856 et seq.; et dans le *Shanghae Miscellany*.)

— Supplementary Remarks on Russian affairs from the *Shing-woo-kee*, or «Wars of the Manchus». (*Ibid.*, 302, 10 May 1856, et dans le *Shanghae Miscellany*.)

— History of Corea Ancient and Modern . . . By Rev. John Ross. . . Paisley, [1879], in-8. Voir Corée.

— Mémoire sur les guerres des Chinois contre les Coréens de 1618 à 1637. D'après les documents chinois par M. Camille Imbault-Huart. (*Jour. Asiat.*, Oct.-Déc. 1879, pp. 308/340.)

— 乾隆征緬甸記 — Histoire de la Conquête de la Birmanie par les Chinois, sous le règne de Tç'ienn Long (Khien long), traduite du chinois par M. Camille Imbault-Huart. (*Jour. As.*, sér. VII, XI, Fév.-Mars 1878, pp. 135/178.)

— Histoire des relations de la Chine avec l'Annam-Viêtnam . . . par G. Devéria . . . Paris, 1880, in-8. Voir 3e Partie de la *Bib. Sinica*.

Livre VII. — *Histoire de la répression de plusieurs insurrections sous les règnes des empereurs Kien-long, Yong-tcheng, Tao-kouang.* 7 parties.

— Deux insurrections des Mahométans du Kan-sou (1648—1783), récit traduit du chinois, par M. Camille Imbault-Huart, Consul honoraire. (*Jour. Asiatique*, VIIIe S., XIV, Nov.-Déc. 1889, pp 494/525.)

Livre VIII. — *Expédition dans le sud-est du Tsing-haï.* 1 partie.

— *Expéditions dans l'île de Formose, sous le règne de l'empereur Kang-hi.* 3 parties.

Voir Formose, col. 294.

Livres XI, XII, XIII et XIV. — *Considérations sur la stratégie et l'organisation militaire.*

— The Military Organization of China prior to 1842, as described by Wei yüan. Translated by E. H. Parker. (*Jour. China Br. R. As. Soc.*, XXII, N. S., 1 & 2, 1887, pp. 1/21.)

Livres XIII et XIV.

— Chinese Account of the Opium War. By E. H. Parker. Shanghai: Kelly & Walsh, 1888, in-8, pp. ii-82.

Forme le No. 1 de *The Pagoda Library*.

∴

— Geschichte des östlichen Asiens von Dr. Joh. Heinr. Plath. Erster Theil. Die Mandschurey. Göttingen, in der Dieterichschen Buchhandlung. 1830—1831, 2 vol. in-8.

Sur un autre f. un autre titre: *Die Völker der Mandschurey* von Dr. Jo. Heinr. Plath, . . . I & II Bd., 1830—1831, pp. xvi-1/498, 499/1036 + 18 ff. n. c. p. l. tab.

— Начало и первыя дѣла Манчжурскаго дома. Le Berceau et le premier début de la dynastie mantchou, par W. Gorsky. (*Travaux de la Mission russe à Peking*, I, 1852, No. 1.)

— О началѣ предковъ нынѣней династии и о названiяхъ Манчжурскаго народа. L'origine des ancêtres de la dynastie actuelle et les noms du peuple mantchou, par W. Gorsky. (*Ibid.*, No. 2.)

— Ostasiatische Geschichte vom ersten chinesischen Krieg bis zu den Verträgen in Peking. (1840—1860.) Von Karl Friedrich Neumann. Leipzig, Verlag von Wilhelm Engelmann. 1861, in-8, pp. xx-532.

— The Ta Tsing Dynasty. (Balfour, *Waifs and Strays*, 1876, pp. 5/10.)

— The Manchus, or the reigning Dynasty of China: their Rise and Progress. Maps and Illustrations. By Rev. John Ross. Author of «Corea». Paisley: J. and R. Parlane . . . 1880, in-8, pp. xxxij-751.

— The Same . . Cheaper Edition. London: Elliot Stock, 1891, in-8, pp. xxxij-751.

— Notices of eminent statesmen of the Present Dynasty. By R. W. Hurst. (*China Review*, IX, pp. 95/99, 167/172, 276/281.)

Pris dans le *Kouo tchao sien tcheng chi lio.* 國朝先正事略

— Sépultures Impériales de la Dynastie Ta Ts'ing par Gabriel Devéria. (*T'oung Pao*, III, Oct. 1892, pp. 418/421.)

Extrait du *Ta-Ts'ing Houei-tien Che-li.* — Voir col. 210.

CHOUEN TCHI (1644—1662).

— Voir les ouvrages consacrés à l'Histoire de la Conquête de la Chine par les Tartares, *supra*.

— Art. de Grosier dans la *Biog. universelle*.

K'ANG HI.

— Portrait historique de l'Empereur de la Chine, présenté au Roy. Par le P. J. Bouvet, de la Compagnie de Jesus, Missionnaire de la Chine. A Paris, chez Estienne Michallet..., m. dc. xcvii. Avec Privilege du Roy. in-12, pp. 264, s. l'av., etc.

— Portrait historique de l'Empereur de la Chine, présenté au Roy. Par le P. J. Bouvet, de la Compagnie de Jesus, Missionnaire de la Chine. A Paris, chez Robert Pepie..... et Nicolas Pepie.. m. dc. xcviii. Avec Privilege du Roy. in-12, pp. 264, s. l'av., etc.

Notice: *Journal des Savans*, 1698, pp. 246/8.

— Histoire ‖ de ‖ l'Empereur ‖ de ‖ la Chine, ‖ présentée ‖ au Roy, ‖ Par le P. J. Bouvet, de la Compa- ‖ gnie de Jesus, Missionnaire de ‖ la Chine. ‖ A la Haye, ‖ Chez Meyndert Uytwerf, ‖ Marchand Libraire, dans le Hofstraet, ‖ près la Cour. ‖ m. dc. xcix, in-12, pp. 171.

— Icon Regia Monarchae Sinarum nunc regnantis delineata à R. P. Joach. Bouveto Jesuita Gallo, ex Gallico versa. Anno mdcxcix.

Imprimé à la suite des *Novissima Sinica* de Leibnitz, 2e éd. (q. v.) avec une pagination différente.

— The Present Condition of the Muscovite Empire, Till the Year 1699. in two letters: The First from a Gentleman, who was conversant with the *Muscovite* Ambassadour in *Holland*: The Second from a Person of

Quality at Vienna, Concerning the late *Muscovite* Embassy, His present *Czarish Majesty*; the Russian Empire; and Great Tartary. With the Life of the Present Emperour of China. By Father J. Bouvet, Missionary. By the Author of the *Antient and Present State of Muscovy*. London, Printed for *F. Coggan*, in the *Inner-Temple-Lane*, MDCXCIX.

«The History of Cang-hy the Present Emperour of China Presented to the Most Christian King. By Father J. Bouvet, of the Society of Jesus, and Missionary into China. London, Printed for F. Coggan, in the *Inner-Temple-Lane*, MDCXCIX» a une pagination spéciale (111 pages sans l'épître, &c.)

— Istoria ‖ de ‖ l' imperador ‖ de la Cina ‖ presentata ‖ al re di Francia ‖ Dal Padre ‖ Giovanni Bovet ‖ Della Compagnia di Gesu', ‖ Missionario de la Cina. ‖ Trasportata dal Francese nell' Italiano ‖ da Franco Cisnocilio. ‖ In Padova, MDCCX. ‖ Per Giuseppe Corona. ‖ — Ad instanza di Alvise Pavino. ‖ Con Licenza de' Superiori, e Privilegio. pet. in-8, pp. 97 + 1 f. n. c.

Portrait de l'Empereur.

— 't Leven en bedrijf Van den tegenwoordigen Keiser van China, van 't begin sijner 36 jaarige Regeering, tot den Jaare 1698. Benevens een Historische beschrijvinge van 't selve rijk, Behelsende de Persoon des Keisers, sijn Regeering, en Gedrag; *Mitsgaders*, de voornaamste bysonderheden van China : het onderscheide Geloove deser Natie; Als mede Een net, en nooit voor desen beschreven verhaal, over de eere, welke de *Chineesen*. aan den vermaarden *Confucius*, en haare *Dooden* bewijsen, By een gesteld, Voor J. Bouvet en C. Gobien Jesuiten; Zijnde als een Vervolg van P. le Comtes Reisbeschrijvinge door China. Tot Utrecht, By Antony Schouten. 1699, in-4, ff. 3 ff. n. ch., pp. 52 et 2 ff. de t. — *Puis* : Historie van 't Keyzer-ryk China, Benevens een Verklaaringe over de eer-bewijsingen van de Chineesen, aan Confucius en de Dooden. Door Charles le Gobien, Jesuit. S. l. n. d., 6 ff. n. ch., pp. 111, 7 pp. n. ch. de t.

— Geschiedenis van den Keiser van China, pp. 1/52, de *Hist. Besch. van het magtige Keyserryk China* .... door J. Bouvet en C. Gobien. Utrecht, 1710. — Col. 42.

— Some «guesses at truth» of the Emperor Khang-hi. (*Nature*, XXV, 1881—82, pp. 82/4.)

— Some primitive ideas on Meteorology. (*Nature*, XXVI, 1882, pp. 15/16.)

— Wu San Kouei. (The Story of a bygone partition.) By G. M. H. Playfair. (*China Review*, XXIV, pp. 77/8.)

VOYAGES DU P. VERBIEST. — Lettre du P. Ferdinand Verbiest de la Compagnie de Jesus, Ecrite de la Cour de Pekin sur un voyage, que l'Empereur de la Chine a fait l'an 1683, dans la Tartarie Occidentale. A Paris, chez la Veuve P. Boüillerot,... M.DC.LXXXIV. In-4, pp. 22.

A Pékin le 4 d'octobre 1683.

— Voyages de l'Empereur de la Chine dans la Tartarie ausquels on a joint une nouvelle découverte au Mexique. A Paris, Chez Estienne Michallet, ruë S. Jacques, à l'Image S. Paul. M. DC. LXXXV. Avec Approbation. In-12, pp. 110, sans l'epistre au Roy.

Ces deux voyages sont traduits des lettres du P. Verbiest qui a été de l'un et de l'autre.

Voyage l'an 1682, pp. 1/40. — Voyage l'an 1683, pp. 41/74. — Éclaircissement nécessaire pour justifier la géographie qui est supposée dans ces lettres, pp. 75/78. — Nouvelle descouverte des Espagnols dans l'isle de la Californie l'an 1683, pp. 79/110.

— Voyages du Père Verbiest à la suite de l'Empereur de la Chine dans la Tartarie orientale (Du Halde, *Description*, vol. IV).

Premier voyage en l'année 1682 (p. 74—80), voir col. 47.

Second voyage l'an 1683 (p. 81—86), voir col. 47.

Cette seconde lettre, traduite en hollandais, avait paru dans l'éd. holl. des *Mémoires* du P. Le Comte (II, pp. 384—391) (col. 42) : Brief van Pater Ferdinand Verbiest Jesuit, geschreven uyt het Hof van Peking wegens een reyse, die de Keyser van China in 't jaar 1683, in het West-Tartarien gedaan heeft. (Peking, den 4 october 1683.)

— Brief, van Vader Ferdinandus Verbiest uit Peking, Hooftstad van Sina, na Europa afgezonden : behelzendé eene tweede Reize die hy met den Keizer van Sina, over de Groote Sineesche Muur, tot in Tartarye heeft gedaen. — Dans la collection de Witsen, pp. 202—207.

— Narrative of a Hunting Excursion performed by the present Emperor of China, beyond the Great Wall, in the adjacent district of West Tartary, written by Father Pereira from his personal observation : from which the condition of these desert Wastes may be in some measure apprehended, pp. 132/148. (Voir supra, P. d'Orléans, col. 629.)

— Estratto da una Lettera del Padre Ferdinando Verbiest Giesvita. Scritta dalla Corte di Pekin, sopra il viaggio intrapreso dall' Imperator della Cina l' anno 1683 nella Tartaria Occidentale. (Anzi, *Il Genio Vagante*, IV, 1693, Parma, pp. 29/38.)

— * Fernando de Soto. Relation of the Invasion and Conquest of Florida by the Spaniards under the Command of Fernando de Soto. Written by a Portuguese Gentleman. Now Englished. To which is subjoined, Two Journies of the Present Emperor of China into Tartary. With some Discoveries made by the Spaniards in California. London. 1686, in-8.

Lowndes.

— Voir Bernard, *Rec. de Voy. au Nord.*

— Voir Witsen, *Noord en Oost Tartaryen*, pp. 194 et seq.

.·.

— Le grand Combat et la Victoire remporté par l'armée de l'Empereur de la Chine sur Caldan Roy d'Elouth.

Pièce in-4, s. l. n. d. [1696], 1 feuillet (2 pages). On en trouvera un exemplaire à la Bib. nationale dans le Recueil Thoisy, matières historiques 17; cette pièce porte le No. $\frac{O^{2}n}{249}$.

— Увѣдомленiе о бывшей съ 1677 до 1689 года войнѣ у Китайцевъ св Зенгрцами. Выписалъ изъ Китайской Исторïи секретарь Леонтiевъ. Relation de la guerre qui eut lieu, de l'an 1677 à l'an 1689, entre les Chinois et les Zengariens. Ext. de l'histoire de la Chine, par le Secrétaire Léontiev. Saint-Pétersbourg, à l'Académie royale des sciences, 1777. In-8, pp. 103, s. l. p.

Vend. Klaproth, No. 1637, Fr. 12.

T'ou Li-chen 圖理琛.

— Relation chinoise contenant un itinéraire de Peking à Tobol, & de Tobol au pays des Tourgouts. Traduite par le P. Gaubil, & envoyée au P. E. Souciet de la Compagnie de Jésus en 1726. (*Observations.... publiées par le P. Souciet,... 1729*, pp. 148 et seq.)

— * J. Christ. Schnitscher, Berättelse om Ajuckinska Calmuckiet. Stockholm, 1744, in-8, pp. 68. — En allemand dans Müllers *Sammlung Russischer Geschichte*, IV, pp. 275—364.

[Cap. IV. Relation de l'ambassade de T'ou Li-chen; Schnitscher aurait suivi l'ambassade de T'ou Li-chen et composé ce livre à Saratov, 1715.]

Voir *Sammlung Russ. Geschichte*, II, p. 407.

Un Suédois, officier d'Artillerie, nommé Johan Renarth (Renat ou Reinhardt) aurait composé les notes du livre de Schnitscher.

Renarth. Voir : *Samml. Russ. Gesch.*, IV, au chap. Russie, dans la 3e Part. de la *Bib. Sinica*.

— Путешествіе китайскаго посланника къ калмыцкому Аюкѣ Хану съ описаніемъ земелъ и обычаевъ Россійскихъ. — Перевелъ съ Манжурскаго на Россійской языкъ коллегій Иностранныхъ дѣлъ Надворной Совѣтникъ Алексѣй Леонтїевъ .... St. Pétersbourg, 1788, in-8, pp. 174.

— Narrative of the Chinese Embassy to the Khan of the Tourgouth Tartars, in the years 1712, 13, 14 & 24; by the Chinese Ambassador, and published, by the Emperor's Authority, at Pekin. — Translated from the Chinese, and accompanied by an Appendix of Miscellaneous Translations. By Sir George Thomas Staunton, Bart. London : Murray, 1821, in-8, pp. xxxix-330, 1 carte.

Traduit du *I yu lou*, 異域錄 «Description des pays étrangers». Notices : par Abel-Rémusat : *J. des Savans*, mai 1821, pp. 257/269. — *Quarterly Rev.*, XXV, 1821, pp. 414 seq. — *Blackwood's Mag.*, IX, p. 210. — Vend. Klaproth, Fr. 20. 50. — Rémusat, Fr. 21. 05. — Rochet (825), Fr. 14.

«Ce vol., qui m'a été envoyé par l'auteur, n'a été tiré qu'à 150 ex. : on ne le trouve plus à Londres, avril 1822.» (Note de l'ex. de Rémusat, *Cat.* No. 937.)

— Sur une ambassade chinoise en Tartarie. (Abel Rémusat, *Mél. As.*, I, pp. 413/430.)

∴

— Campaigns of K'ang-hi, Yung-cheng, and K'ien-lung. By E. H. P[arker]. (*China Review*, XVI, pp. 105/118.)

— Manchu subjugation of the latter three princedoms. By E. H. Parker. (*China Review*, XVI, pp. 232/234.)

— Kang-hi's subjugation of the three satraps. By E. H. Parker. (*Ibid.*, XVI, pp. 235/237.)

— The revolt of the Wu-ch'ang-fu soldiery in K'ang-hi's reign. By E. H. Parker. (*Ibid.*, XVI, pp. 237/238.)

— Réflexions politiques sur les Européens, extraites d'un écrit de Khang-hi, Empereur de Chine. (*Mélanges — Extraits des Études de Théologie, de Philosophie et d'Histoire*. Paris, Julien, Lanier et Cie., 1857, II, p. 5 à 14.)

D'après un MS. du P. Gaubil.

— Litterae patentes Imperatoris Sinarvm Kang-hi. Sinice et latine. Cvm Interpretatione R. P. Ignatii Koegleri, S. I. Pekini Mathematvm Tribvnalis Praesidis, Mandarini secvndi ordinis, adsessoris svpremi Tribvnalis Ritvvm, et antistitis Missionvm Sinensivm et Iaponicarvm. Ex Archetypo Sinensi edidit additis notitiis sinicis Christophorvs Theophilvs de Mvrr. Cvm Tabvla aenea. Norimbergae et Altdorfii, in Bibliopolio Monathi et Kvssleri clolocccn, in-4, pp. 58 et 2 Pl. de caractères chinois.

On trouvera pp. 26/28 : Status Missionis Sinensis Iesuitarum ab a. 1766 ad a. 1800; — pp. 28/32 : de P. Ignatio Koeglero; — pp. 32/40 : Catalogus librorum mathematicorum, physicorum et philosophicorum, sinice scriptorum editorumque a Missionariis Societatis Iesu; — pp. 41 et seq. : Notitiae Sinicae.

— Life of Khang-He, Emperor of China. By the Rev. C. Gützlaff (26 pages à la fin du vol. I de «China, in a Series of Views, London, 1843». Voir col. 81).

— A Rémusat, Art. *Kang-Hi*, dans la *Biog. univ.*, et *Nouv. Mél. As.*, II, pp. 21/44.

— Léon de Rosny. Kang-hi, empereur mandchou : *Var. orientales*, 3e éd., pp. 262/276; et *Biog. gén.*, vol. XXVII.

— Sur la mort de ce prince célèbre (20 déc. 1722), voir l'Ep. du P. du Halde, Rec. XVII, Let. édifiantes.

— Correction of an error in the account of the last hours of Kang-Hi, by Sir A. Ljungstedt. (*Chin. Rep.*, I, p. 378.)

— «Testament de l'Empereur Kang-Hy, monarque du grand empire de la Chine et des deux Tartaries, orientale et septentrionale, mort le 20me décembre 1722, âgé de 69 ans, sept mois, vingt-cinq jours, et de son règne la 61me année, dix mois, treize jours. Son quatrième fils, agé de quarante et tant d'années a succédé à tous ses états; il est surnommé Yon-Tchin.» Texte chinois et traduction française.

— «Nouvelle promulgation faite à la première année du règne de l'empereur Yon-Tchin, par laquelle Sa Majesté a la bonté d'ordonner qu'on pardonne aux criminels.» Texte chinois et traduction française.

Ces deux pièces, qui ont l'une 24 feuillets et l'autre 38, sont écrites sur le papier dont on se sert en Chine. XVIIIe siècle. (No. 1472, p. 560 du *Catalogue descriptif et raisonné des Manuscrits de la Bib. de Tours* par A. Dorange, Tours, 1875, gr. in-4).

Une traduction de ce testament plus ou moins authentique a paru dans : le *Mercure de France*, juillet 1724; le *Choix des meilleurs morceaux des anciens Mercures*, XXV, pp. 67/79; *l'Hist. gén. de la Chine*, vol. XI, p. 350 et 481; le P. de Grammont en a fait également une trad. insérée dans le *Mag. Encycl.*, oct. 1799, 5e an., t. 6, pp. 7/29, dont il a été fait un tirage à part.

— Testament de Kang-Hy, Empereur de la Chine, Traduit en Français, et enrichi de notes Par J** De G** A Madrid, De l'Imprimerie de Sancha 1799 — Testamento de Kang-gy Emperador de la China, Traducido del Frances al Castellano Por D. G** De A** En Madrid En la Imprenta de Sancha Año de 1799, in-16, pp. xxxiii-93.

Texte français au verso, texte espagnol au recto des pages. — En tête, lettre du P. Jos. de Grammont, A Peking ce 20 septembre 1795 à Monsieur de Agote, Facteur principal de la Compagnie royale des Philippines à Canton, &c.

— Dernier discours de Kham Xhi, empereur de la Chine. (*Nouv. choix de pièces tirées des anciens Mercures*, t. LXXXIII, p. 44.)

— Le Saint Edit. — Voir SCIENCES MORALES ET PHILOSOPHIQUES.

YOUNG-TCHENG.

— *Mém. conc. les Chinois.* — Deshauterayes, dans l'*Hist. de la Chine*, du P. de Mailla, XI, pp. 369/509. — Weiss, dans la *Biog. universelle.*

— Китайскія Поученія, изданныя отъ Хана Юнджена для воиновъ и простаго народа, во 2 году царствованія его (въ 1724). Перевелъ съ Китайскаго на Россійской языкъ секретарь Леонтіевъ. St. Pétersbourg, 1778, in-8, pp. 62.

Voir : *Le Saint Edit.* au chap. des SC. MORALES ET PHIL.

— Une page de la littérature impériale de la Chine. Edits de l'Empereur Shi-tzong-hien (Yong-tcheng). Par C. de Harlez. (*Verhand. d. VII. Int. Orient. Cong.* . . . Wien . . . 1886. *Hochasiat. u. Malayo-polyn. Sect.*, pp. 49/62.)

— Dergi Hese Jakôn gôsa de Wasimbuhangge. Décrets impériaux de l'empereur *Yong-'cing* (entre 1723 et 1736), adressé aux huit Bannières et rapports des Mandarins. Extraits traduits par C. de Harlez. (*Actes du 6e Cong. Int. Orient. Leide*, 1883, 4e Part., *Ext. Orient*, pp. 143/9.)

— Dergi Hese Jakôn gôsa de Wasimbuhangge. Biyoo bithe-piao. Edit suprême descendu (du Trône) vers les 8 Bannières. Par C. de Harlez. (*Muséon*, Oct. 1884, pp. 619/626.)

— Les Voyages de Kang-hi ou Nouvelles Lettres chinoises, par M. de Lévis. A Paris, de l'imprimerie Didot l'aîné, 2 vol. in-12, M. DCCC. X, pp. xxviij-238, 289.

— Les Voyages de Kang-Hi ou Nouvelles Lettres chinoises par M. de Levis. Seconde édition. Revue et augmentée de plusieurs lettres. A Paris, de l'imp. de P. Didot l'aîné. M. DCCC. XI, 2 vol. pet. in-8, pp. xxviij-270, 298.

« L'ouvrage que je publie repose sur une double fiction. Un Chinois voyage en Europe avec sa femme. L'époque de son arrivée à Paris est fixée à l'année 1910. » (*Préf.*)

Recueil de décrets adressés par Young Tchéng en 1723—1734 aux Huit Bannières.

— Dergi hese Jakôn gôsa de Wasimbuhangge. (*Ching yu pa ki*) 聖諭八旗 Décret suprême adressé aux Huit Bannières. Traduit du mandchou par C. de Harlez, Professeur à Louvain, Belgique. (*Mém. Soc. Études jap., etc.*, IV, Juillet 1885, pp. 177/191.)

K'IEN LOUNG.

— Manifeste que l'Empereur de la Chine, à présent régnant, a fait publier par tous ses Etats au commencement de son règne, en l'année 1735. (*Mercure de France*, Février 1741 ; *Nouv. choix de Pièces des anciens Mercures*, LI, pp. 22/32.)

— * G. A. v. Breitenbauch, Geschichte des sinesischen Kaisers Kin Long, Leipzig, 1788, in-8.

Oettinger, *Arch. hist.*, 14970.

— Deshauterayes, dans l'*Hist. gén. de la Chine*, XI, pp. 509/610.

— An historical Sketch of the Reign of the Emperor Khëenlung from Chinese and other sources. (*As. Journ. & Monthly Reg.*, IX, 1832, pp. 50/58, 148/156, 213/219.

— Discours sur l'Empereur Kien-Long, suivi des Extraits de six volumes publiés sur l'Empire de la Chine par M. le marquis de Fortia d'Urban. Paris, 1841, in-12.

— Kao-Tsoung, empereur de la Chine, de la dynastie des Mandchous. (Biographie par Abel-Rémusat, *Nouv. Mél. As.*, II, pp. 45/60 — et *Biog. univ.* Art. *Khian-loung.*)

Cette Biographie a été traduite en anglais dans *The Canton Register*, 1834.

— Léon de Rosny : Kien-Loung, empereur mandchou (*Variétés Orientales*, 8e éd., pp. 277—284 ; et *Biog. gén.*, Vol. XXVII).

— K'ien Loung est l'auteur de poëmes sur la Réduction des Miao tseu et sur la ville de Moukden. (Voir *Littérature.*)

— Explication du Monument gravé sur la pierre en vers chinois, composés par l'Empereur pour constater à la postérité la conquête du Royaume des Eleuths faite par les Tartares Mant-choux, sous le règne de Kien-long, vers l'an 1757. Par le P. Amiot. (*Mém. conc. les Chinois*, I, pp. 325/328.)

— Monument de la conquête des Eleuths. (*Ibid.*, pp. 329/400.)

— Monument de la transmigration des Tourgouths des bords de la mer Caspienne, dans l'empire de la Chine [en 1770]. (*Ibid.*, pp. 401/427.)

— Revolt of the Tartars ; or, Flight of the Kalmuck Khan and his People from the Russian Territories to the Frontiers of China. (De Quincey's *Works*, IV, Edinb., A. and C. Black, 1863, pp. 111/175.)

— Lettre du P. Amiot, Missionnaire de la Chine, sur la Réduction des Miao-tsée, en 1775. (*Mém. conc. les Chinois*, III, pp. 387/422.)

— Extrait d'une lettre d'un Missionnaire.

écrite de Pekin le 16 Novembre 1778, sur le retour de l'empereur Kien-long, qu'on avoit cru mort. (*Ibid.*, VIII, pp. 289/90.)

— Le portrait de K'ien loung gravé par Martinet d'après le dessin fait d'après nature par Panzi, S. J., sert de frontispice au Vol. I, des *Mém. conc. les Chinois.*

Conquêtes de K'ien loung.

— Suite des Seize Estampes représentant les Conquêtes de l'Empereur de la Chine, avec leur Explication.

«L'année 30me de son Règne l'Empereur de la Chine Kien-Long, donna un Décret daté du 13 Juillet 1765, par lequel il ordonna qu'il seroit envoyé en France seize Dessins, des Victoires qu'il avoit remportées dans le Royaume de Chanagar et dans les Pays Mahométans voisins, pour être gravés par les plus Célèbres Artistes. Ce Décret fut accompagné d'une Lettre de recommandation du Frère Joseph Castilhoni datée aussi de Pékin le 13 Juillet 1765, et adressée au Directeur des Arts, avec les quatre premiers Dessins : le tout fut remis à Mr. le Mis. de Marigny alors Directeur de l'Académie Royale de Peinture par Mr. de Mery d'Arcy le 31. Xbre 1766. les autres Dessins arriverent l'Année suivante. La Direction générale de ces Gravures fut confiée à M. Cochin Secrétaire-Historiographe de l'Académie qui employa à leur exécution huit Graveurs des plus connus en ce genre. Cet Ouvrage ne fut entièrement terminé qu'en 1774. et les Planches avec cent Exemplaires qu'on en tira, furent envoyés à la Chine, il n'en fut réservé qu'un très-petit nombre pour la Famille Royale et la Bibliothèque du Roi, ce qui a rendu cette suitte de la plus grande rareté. Ces Estampes portent 2. Pieds 9. Pouces de longueur sur 1. Pied 7 Pouces de hauteur : elles furent imprimées pour l'Empereur de la Chine et pour le Roi, sur du Papier fabriqué exprès : nommé Grand Louvois ayant 3. Pieds 4. Pouces 1/2. de longueur sur 2. Pieds 6. Pouces 1/2 de hauteur.» (Extrait de la notice publiée par Helman avec la suite d'estampes gravées par lui; *vide infra.*)

Ces estampes gravées sous la direction de C. N. Cochin fils avaient pour dessinateurs les missionnaires suivants : 1. Jean Denis Attiret, S. J.; 2. Jean Damascene, Augustin déchaussé; 3. Joseph Castilhoni, S. J., 1765; 4. N. —; 5. J. Castilhoni, 1765; 6. J. Damascene; 7. Le même, 1765; 8. Ignace Sichelbarth, S. J., 1765; 9. N. —; 10. N. —; 11. J. Damascene; 12. Le même; 13. Le même; 14. J. D. Attiret, 1764; 15. Le même, 1763; 16. N. —.

Les graveurs étaient :

1. L. J. Masquelier; 2. J. Aliamet; 3. J. P. Le Bas 1771; 4. Augustin de St Aubin, 1773; 5. Le Bas, 1769; 6. Franç. Denis Née, 1772; 7. A. de St Aubin, 1770; 8. B. L. Prevost, 1769; 9. Le Bas, 1770; 10. Prevost 1774; 11. P. P. Choffard, 1772; 12. N. de Launay, 1772; 13. Choffard; 14. Le Bas, 1774; 15. Aliamet; 16. Le Bas, 1770.

On trouvera au Cabinet des Estampes de la Bib. nat. un ex. magnifique de cette suite $\left(\begin{smallmatrix}O\ e\\ 9\end{smallmatrix}\right)$; il est relié aux armes de France avec les *Batailles de Pierre le Grand*, en 4 pièces.

Dans l'œuvre de Cochin, j'ai vu une eau-forte de l'estampe 13 de Choffard.

Outre l'exemp. cité, on trouvera également à la Bib. nat., dans l'œuvre de Le Bas et des autres graveurs, les planches qui leur sont dues.

Brunet dit en parlant de cette suite (V. col. 1178) :

«Suite devenue rare, parce que les pl. ont été envoyées à la Chine, après que l'on en eut tiré quelques épreuves. Vend. bel exemp. *mar. r. tab.* avec un vol. in-4 d'explications ms. 476 fr. Hue de Miroménil; et en feuilles 176 fr. de Cotte; 145 fr. Tolosan.

La copie de ces gravures, exécutées dans un moins grand format par Helman, en 1785, a peu de valeur. Un exempl. relié (23 fr. Busche) avec une brochure intitulée :

Précis historique de la guerre dont les principaux événements sont représentés dans les 16 estampes gravées à Paris pour l'empereur de la Chine, sur les dessins que ce prince a fait faire à Pékin. Paris, 1791, in-4.»

La réduction de ces 16 estampes faites par Helman, graveur du Duc de Chartres, et élève de Le Bas, est d'une exécution bien inférieure; elle a été publiée en 4 livraisons de 4 Pl. chacune; Helman a fait graver au bas de ses Planches, les titres et les explications tels qu'ils étaient écrits en manuscrit au bas de chaque Estampe, dans les Appartements du Roi.

Les grandes Pl. de Cochin n'ont pas ces explications et on y supplée, en collant au bas, des titres qui ont été gravés en petits carrés par Helman pour former la table générale qui sert de frontispice à sa suite.

— * Batailles de la Chine, réduites d'après les grandes planches que l'Empereur Kien-Long a fait graver. A Paris, chez Hocquart, 1788, 24 grandes pl. ou fig., in-fol., oblong.

Rouquette, 1891, 20 fr.

— Parlant de la Bibliothèque de la famille *Fan* à Ningpo, le Dr. Macgowan écrit (*Journ. of the N. C. B. R. A. S.*, No. II, May 1859, p. 173) :

«The family was induced to open the building, by Sir J. Bowring, a few years ago. On that occasion they displayed with much pride some engravings about which there are various exaggerated rumours. Those prized sheets are said to be masterpieces of Chinese art, equalling anything which foreigners exhibit. The praise was not wholly unmerited; but a scarcely perceptible inscription, in one corner, showed the sheets to be a gift from Louis XVI, to Kienlung, for whom they were engraved to illustrate the campaign against the Kalmucks in 1756.»

Voyage du Panchen Erdeni Lama.

Né en 1737, à Taśi-tse, village du district de Shang dans Tsân; fils de Thân-Lha; part 15 juillet 1779; † à Pe-king de la petite vérole, 12 nov. 1780.

— Lettre du P. Amiot. Peking, 17 aout 1781. (*Mém. conc. les Chinois*, IX, 1783.)

— The Teshoo-Lama's Journey to Pekin. (Dalrymple's *Oriental Repertory*, II, pp. 145/164.)

Par Purungir Gosain.

— Narrative of the Particulars of the Journey of Teshoo-Lama, and his suite, from Tibet to China, from the verbal report of Porungheer Gosein. Extracted from Mr. Turner's Embassy to Tibet. (*Asiatic An. Reg.*, 1800, *Miscel. Tracts*, pp. 58/69.)

— Translation of a Letter from Kien long, Emperor of China, to Dalai Lama, the Grand Lama of Tibet. Extracted from M. Turner's Embassy to Tibet. (*Ibid.*, pp. 69/72.)

— Journey of the Teshu Lama to Peking, and his Death. Project of Mr. Bogle for meeting the Lama at Peking. (Markham's *Narratives of the Mission of George Bogle to Tibet*, chap. XIX, pp. 207/210.)

— Pan-chhen Lo-ssân Paldan-Ye-śe. (Sarat Chandra Dás, *Cont. on Tibet, J. As. Soc. Bengal*, Vol. 51, Pt. 2, 1882, pp. 29/43.) — Names of the important Stages of Taśi Paldan Yése Lama's Journey from Taśi-lhunpo to Pekin, 1779 A. D. (*Ibid.*, pp. 43/52.)

∴

— De la Conquête du Tibet par les Chinois. Par I. Iwanoffsky. (*Koue tchao fou souy śi tsangdsi.*) (Traduit du chinois.) (*Muséon*, Avril 1884, pp. 165/181....)

Trad. du 5e chap. du *Cheng wou ki*. — Voir col. 632.

— Histoire de la Conquête de la Birmanie par les Chinois, sous le règne de Tç'ienn long (Khien long), traduite du chinois par M. Camille Imbault-Huart. (*Jour. Asiatique*, 7e Sér., XI, 1878, pp. 135/178.)

Tirage à part : Paris, br. in-8, Fr. 2. — Voir col. 633.

— Minister Liu retiring from Office. By G. C. Stent. (*China Review*, XI, p. 399.)

— Minister Liu and the Grain Officials. By G. C. Stent. (*Ibid.*, XI, pp. 398/399.)

— K'ien Lung on certain objectionable violations of Orthography. By G. M. H. Playfair. (*Ibid.*, XV, pp. 50/51.)

— A Chinese Haroun al Raschid. By G. Taylor. (*Ibid.*, XV, pp. 328/338.)

D'après le *Wan Nien T'sing* 萬年清.

— A Chinese Jubilee. By Robert K. Douglas. (*As. Quart. Review*, IV, July-Oct. 1887, pp. 61/84.)

— Voir *Cheng Wou Ki*, col. 632/3; et T'IEN CHAN, dans la Ve Partie.

KIA K'ING.

— Dernières Volontés et Testament de l'Empereur de la Chine, publiés le 2 Septembre 1820, jour de la mort de ce prince; traduit de l'anglais [de Morrison, dans l'*Indo-Chinese Gleaner*, No. XV], et revu sur le texte original chinois, par C. Landresse. (*J. As.*, 1822, pp. 175/181.)

— Art. de H. Audiffret dans la *Biog. universelle.*

Voir : Ambassade de Lord Amherst, etc., au chap. des RELATIONS ÉTR.; *Angleterre.*

TAO KOUANG.

— The Emperor Taou kwang : his succession to the throne of his father, coronation, with notices of his character and government (by E. C. Bridgman). (*Chinese Rep.*, X, pp. 87—98.)

Décret dégradant Muhchangah et Kiying. (*China Mail*, No. 311, 30 Jan. 1851.)

— The Life of Taou-kwang, late Emperor of China : with Memoirs of the Court of Peking; including a sketch of the principal events in the history of the Chinese Empire during the last fifty years. By the late Rev. Charles Gützlaff. London, Smith Elder & Co. 1852, in-8, pp. XVI-279. Pub. à 10 sh.

Il y a des ext. de cet ouvrage dans le *N. C. Herald*, No. 124, 11 Déc. 1852 et seq.

— Leben des Kaisers Taokuang. Memoiren des Hofes zu Peking und Beiträge zu der Geschichte Chinas während der letzten fünfzig Jahre. Von Karl Gützlaff. Aus dem Englischen von Julius Seybt. Leipzig. Verlagsbuchhandlung von Carl B. Lorck, 1852, in-8, pp. 190.

— Karl Gützlaff, das Leben des Tao-kuang, verstorbenen Kaisers von China. Nebst Denkwürdigkeiten des Hofes von Peking und einer Skizze der hauptsächlichsten Ereignisse in der Geschichte des chinesischen Reiches während der letzten fünfzig Jahre. Aus dem Englischen. Leipzig. Verlag der Dyk'schen Buchhandlung, 1852, in-8, pp. x-102.

Traductions différentes du même texte anglais.

— China, during the War and since the Peace by Sir John Francis Davis.

Voir col. 73.

— Recollections of China prior to 1840, by S. Wells Williams, LL. D. Delivered, January 13th, 1873. (*Jour. N. C. B. Roy. As. Soc.*, VIII, 1873, art. I, p. 1.)

— Art. de Rumelin dans la *Biog. universelle.*

— Death of Tau-kwâng, and papers connected with the accession of Hienfung to the throne. By S. W. Williams. (*Chin. Rep.*, XIX, pp. 165, 231, 282.)

— Ceremonial on the Death of the Emperor Taukwong. (*Siam Repository*, April 1870, Vol. 2, Art. 91, pp. 177/180.)

Voir la IIIe part. de cet ouvrage pour la guerre d'opium et les Relat. pol. de Tao Kouang, avec les Puissances Européennes.

HIEN FOUNG.

— Société Orientale de France — Mémoire secret adressé à l'Empereur Hien-Foung actuellement régnant par un lettré chinois sur la conduite à suivre avec les puissances européennes. Traduit du chinois par M. G. Pauthier, Membre de la Société orientale de France. (Extrait de la Revue de l'Orient.) Paris, 1860, in-8, pp. 32.

— The fifth prince. (Balfour, *Chinese Scrapbook*, 1887, pp. 50/54.)

— The Empress regent. (Balfour, *Ibid.*, 1887, pp. 44—49.)

— Memorial of Yih yung by S. W. reprinted from the *Chinese Recorder*, June, 1869, in the *S'hai. News Letter*, June 18, 1869.

— Les funérailles d'une Impératrice de Chine. Par le docteur Ern. Martin. (*Revue d'Ethnographie*, I, n° 3, 1882, pp. 230/4.)

— Funérailles de l'impératrice orientale de la Chine. (*Miss. cath.*, XIV, 1882, pp. 52/54.)

Deuxième femme de Hien-foung, † à Peking, 8 avril 1881. — Détails d'après le *N. C. D. News.*

— *N. C. Herald* : 3 & 7 Sept. 1861 (annonce de la mort de Hien foung); 21 Sept. 1861 (trad. du décret annonçant la mort de Hien foung et l'avènement de Tsae Ch'un [T'oung Tchi]); 23 Nov. 1861. (Trad. des documents relatifs à la nomination de l'impératrice-douairière comme régente et du Prince de Koung, comme premier ministre après la mort de Hien foung); 6 déc. 1862 (funérailles de Hien-foung, d'après le *Shanghai Recorder* du 27 Nov. 1862).

T'ai-p'ing (vide *infra*). — Traités de Tien-tsin, &c. (Voir 3e partie, REL. POL.)

T'OUNG TCHI. († 12 Janvier 1875.)

— Décret dégradant le Prince Koung, 2 Avril 1865. (Trad. d'après la Gazette de Pe-king dans le *N. C. Herald*, et dans le *Chin. & Jap. Rep.*, July, 1865, p. 351.)

Il est nécessaire de reproduire ici les titres des ouvrages suivants pour mettre en garde ceux qui seraient tentés de les considérer comme des livres sérieux :

— Epitre au roi de la Chine. (Par Voltaire); 3e édition, purgée de toutes les fautes des premières et accompagnée de notes, s. l. n. d., in-8, pp. 14.

— L'Empereur de la Chine et le F. Rigolet. (Par Voltaire.) Reproduit dans le t. II des «Pièces détachées». (Voir Barbier.)

— L'espion chinois, ou l'envoyé secret de la cour de Pékin pour examiner l'état présent de l'Europe. Traduit du Chinois. (Par Ange Goudar.) Cologne, 1765, 1768, 1774, 6 vol. in-12.

— The Marriage of the Emperor of China at Peking on the 16th October, 1872. From the Chinese by L. M. F. Shanghai, « Ching-foong » Printing office, 1872, in-16, pp. 37.

L. M. F = Lydia Mary Fay.

— The Marriage of the Emperor of China at Peking on the 16th October 1872. (*The Far East*, III, No. 6, pp. 115/122.)

— Un mariage impérial chinois. Cérémonial traduit par G. Devéria, Secrétaire-interprète du Gouvernement .... Paris, Ernest Leroux, 1887, in-12, pp. 186.

Il a été tiré deux ex. de cet ouvrage sur papier de Chine. Ce livre forme le Vol. LI de la *Bibliothèque orientale elzévirienne*.

— Brautschau und Hochzeit des Kaisers von China. Von Herrn Karl Bismârk. (*Zeit. d. G. f. Erdk.*, IX, 1874, pp. 81/98.)

— Le Mariage de l'Empereur de la Chine. Par Justin Améro. (*Le Correspondant*, Janv. 10, 1876, pp. 90/114.)

A propos du voyage de W. Simpson.

— Mort de l'Empereur Tong tché; décrets, etc. (*Missions Catholiques*, VII, pp. 158/160.)

— Cf. H. Cordier, *Hist. des Rel. de la Chine.*

INSURRECTION DES *T'AI P'ING*
太平(長毛賊).

Callery et Yvan.

— L'Insurrection en Chine depuis son origine jusqu'à la prise de Nankin, par MM. Callery et Yvan. Avec une Carte topographique et le portrait du Prétendant. Paris, Librairie nouvelle, 1853, in-18, pp. 274. 3 fr. 50.

— A Insurreição na China des-de sua origem até á tomada de Nankin : obra composta em Francez por MM. Callery e Yvan, e traduzida em Portuguez por José da Fonseca com um mappa topographico e o retrato do pretendente. Paris, Vª. J. P. Aillaud, Monlon e Cª. 1853. In-12, pp. x-272.

— History of the Insurrection in China; with notices of the Christianity, Creed, and Proclamations of the Insurgents by MM. Callery and Yvan. Translated from the French, with a supplementary Chapter, narrating the most recent events by John Oxenford. With a facsimile of a Chinese Map of the course of the insurrection, and a portrait of Tien-té, its chief. 2nd edition. — London, Smith Elder & Co., 1853, in-8, pp. viii-328.

La trad. du « Trimetrical Classic » par le Dr. Medhurst, se trouve dans le chap. sup.; la carte et le port. sont ceux de l'éd. franç.

Il a paru une analyse de cet ouvrage dans *The N. C. Herald*, Nos. 183 et 184, 23 Jan., & 4 Feb. 1854, rep. dans le *Shanghae Miscellany*.

Notices : *China Mail*, 488/9, 22 & 29 Juin 1854. — *Quart. Rev.*, 1854, xciv, p. 171.

— Der Aufstand in China von seiner Entstehung bis zur Einnahme von Nanking. Aus dem Französischen des Callery und Yvan von Reinhard Otto. Mit einer topographischen Originalkarte und dem Bildnisse des Thronprätendenten. Braunschweig, Friedrich Vieweg, 1854, in-12, pp. viii-219.

Le Dr. Melchior Yvan est mort à Nice en Avril 1873.

∴

— L'Insurrection chinoise, par F. Daguin, des Lazaristes. (*Rev. de l'Or. et de l'Alg.*, XII, 1852, pp. 329—332.)

— The Chinese Revolution, with Details of the Habits, Manners, and Customs of China and the Chinese. By Charles Macfarlane. London, Routledge, 1853, pet. in-8, pp. vii-243.

— The Chinese Revolution : the causes which led to it — its rapid progress and anticipated result; with abstracts of all the known publications emanating from the insurgents. The whole derived from native proclamations and other documents, missionary narratives — official communications, and the letters of European residents. London : Henry Vizetelly, 1853, in-12, pp. 179.

— Die gegenwärtige politisch-religiöse Bewegung in China. — Dargestellt von Dr. K. L. Biernatzki. Berlin, 1854, Wiegandt & Grieben, in-8, pp. 112.

— The Chinese Revolution. Prospects, Mercantile and Political (*Lawson's Merchant's Magazine*. — Réimp. dans the *N. C. Herald*, 189, 11 Mars 1854.)

Théodore Hamberg.

— The Visions of Hung-siu-Tshuen, and Origin of the Kwang-si Insurrection. By the Rev. Theodore Hamberg, Missionary of the Basle Evangelical Society. Hongkong : Printed at the *China Mail* Office. 1854, in-8, pp. v-63.

— Réimprimé dans *The North China Herald*, No. 212, Aug. 26, 1854 et seq. [voir col. 656/7]; dans *The Shánghae Almanac for 1856 and Miscellany* (32 pages); dans *The Chinese and Japanese Repository*, No. 1, July 1863, pp. 22/29. — II. Aug. 1863, pp. [illegible]63. — III. Sept. 1863, pp. 99/111. — IV. Oct. 1863, pp. 1[illegible]163; et à Londres sous le titre de :

— The Chinese Rebel Chief, Hung-siu-tsuen; and The Origin of the Insurrection in China. By the Rev. Theodore Hamberg, Missionary of the Basle Evangelical Society. With an Introduction by George Pearse, Honorary Foreign Secretary to the Chinese Evangelization Society. London : Walton and Maberly, mdccclv, pet. in-8, pp. xiii-98. — Published at 3/6.

«In April, 1852, Hung jin, a relative of Hung sew tseuen, fled from the search of the mandarins to our British colony of Hongkong; was there introduced to Mr. Hamberg; and gave him some papers respecting Hung sew tseuen, and the origin of the rebellion in Kwang se, which two years later formed the basis of Mr. Hamberg's little book. These papers Mr. Hamberg showed in October, 1852, to Mr. Roberts, who sent a summary of their contents to a London periodical, « *The Chinese and General Missionary Gleaner* », which published it in February 1853 (*Meadows' Rebellions* », p. 191.)

Mr. Hamberg, Suédois d'origine, est mort à Hong kong le 13 Mai 1854. (Voir *Memorials of Prot. Miss.*, pp. 159/160.) — Son ouvrage est la base du Chap. IV du travail de L. Brine sur les T'ai p'ing [col. 649].

Notices : *The China Mail*, 492, 10 Juil. 1854 ; Ext. dans le même journal, Nos. 496/499, 17 Août/17 Sept. 1854. — *The Athenaeum*, 1855, No. 1422.

— La Gazette de France. Histoire du Chef de l'Insurrection chinoise Hung-siu-tsuen et origine de cette insurrection, par le Révérend Théodore Hamberg, Missionnaire de la Société évangélique de Bâle. Pièce in-4 à 2 col., pp. 13, s. d. Paris, imprimerie spéciale et en commun pour les journaux de Dubuisson et Cie, rue Coq-Héron, 5.

Traduction de M. Alphonse Viollet.

— Charles Lavollée. La Révolution et la Guerre civile en Chine. (*Revue des Deux-Mondes*, 1er février 1854.)

— Impressions of China, and the present Revolution : its Progress and Prospects. By Capt. Fishbourne, Commander of the Hermes, on her late visit to Nankin. Seeley... London : MDCCCLV, in-12, pp. XII-441.

Avec une carte de la Chine.

Vide « *The North China Herald* », Nos. 146 & 147, May 1853. — *The Athenaeum*, 1855, No. 1452.

— Gegenwärtiger Stand der Revolution in China. Von R. Krone in Hoau (China). (*Petermann's Mitth.*, 1856, pp. 462/465.)

— The Chinese and their Rebellions, by Thomas Taylor Meadows. London, Smith Elder & Co., 1856, in-8. (Voir *Sociétés secrètes*.)

The Athenaeum, 1856, No. 1495.

— A China Prophet after Fifty Years. (*N. C. Herald*, Oct. 16 & 28, 1903.) [Meadows.]

— The Chinese-their Rebellions and Civilisation. (*British Quarterly Review*, July 1857.)

— Die Revolution in China in ihrer Entstehung, ihrer politischen und religiösen Bedeutung und ihrem bisherigen Verlauf, nebst Darstellung des auf christlicher Grundlage beruhenden Religionssystems der Insurgenten. Nach Meadows' : *The Chinese and their Rebellions* etc., bearbeitet von J. Neumark. Mit einer Karte von China. Berlin, 1857. Verlag von Heinrich Schindler, in-8, pp. XVII-296.

— Life of Tai-ping Wang, Chief of the Chinese Insurrection by J. Milton Mackie. New-York, Dix, Edwards & Co., 1857, in-12, pp. XII-370 & Postscript.

(HAMBERG. — DIVERS.)

Compilation des journaux de Chine. de Hamberg, &c. Les trad. de l'app. sont celles de Medhurst.

— A. Haussmann, ancien chancelier de la légation de France en Chine, Auteur du Voyage en Chine, Cochinchine, Inde et Malaisie. — LA CHINE. Résumé historique de l'insurrection et des événements qui ont eu lieu dans ce pays depuis le commencement de la guerre de l'opium jusqu'en 1857 illustré par Charles Mettais accompagné d'une nouvelle carte de la Chine par A. H. Dufour. Prix : 1 franc 70 centimes. Paris, Gustave Barba, [1858], gr. in-4 à 2 col., pp. 112.

Cette pub. fait partie du *Panthéon populaire*.

— View of the Great Valley of the Yang-tse-Keang before and since its occupation by the Rebels. By Sir J. F. Davis, Bart., K. C. B., F. R. G. S. (*Proc. Roy. Geog. Soc.*, III, 1859, pp. 164/171.)

— Ein Gedicht des chinesischen Gegenkaisers. Von August Pfizmaier ... Wien. Aus der k. k. Hof- und Staatsdruckerei. 1859, in-8, pp. 13.

Sitzb. phil.-hist. Cl. k. Ak. Wiss. Wien, Bd. XXIX, 1858, Novemberheft.

— Bemerkungen zu einem Maueranschlage der Aufständischen in China. Von Dr. August Pfizmaier ... Wien. Aus der k. k. Hof- und Staatsdruckerei, 1860, in-8, pp. 16.

Sitzb. phil.-hist. Cl. k. Ak. Wiss. Wien, Bd. XXXIII, 1860, Jännerheft.

— Bericht über zwei Taiping-Münzen. Von dem w. M. Dr. August Pfizmaier. Pièce in-8, pp. 3.

Sitzb. phil.-hist. Cl. k. Ak. Wiss. Wien, Bd. LII, 1866.

— The Chinese Rebellion — The Rev'd. Griffith John's Experience of the Insurgents. Canton, 1861, in-8, pp. 15.

« This is the concluding portion of a lengthy account of Mr. John's visit to Nanking, which was published in several issues of the Friend of China newspaper. It is published as a separate pamphlet. » *Mem. of Prot. Mis.*, p. 238.)

— René de Courcy. L'insurrection chinoise, son origine et ses progrès : I. Les Sociétés secrètes, les premières campagnes des insurgés et les deux empereurs du Céleste Empire. (*Revue des Deux-Mondes*, 1er juillet 1861.) — II. Triomphe des insurgés, le nouveau roi céleste et sa doctrine religieuse. (*Ibid.*, 15 juillet 1861.)

— China. — Speech of Colonel W. H. Sykes, M. P. in the House of **Commons**, on Tuesday, March 12th **1861**. **Extracted** from Hansard's **Parliamentary** Debates, vol. CLXI, p. 1841. — **1861**, br. in-8, pp. 10.

— *The Quarterly Review*, 1862, CXII, p. 501.

— Voir, pp. 270/330, de Hansard's *Parliamentary Debates*, Vol. 172. 1863, sur la rébellion des T'ai-p'ing :

July 6, 1863 : Débat commencé par Lord Naas — Sir Harry Verney — Mr. Layard — Mr. Seymour Fitzgerald — Viscount Palmerston. — Col. Sykes — Mr. Gregson — Mr. Whiteside.

— * The Tae-ping Rebellion in China ; its origin, progress, and

(DIVERS.)

present condition, by Colonel W. H. Sykes, M. P. London, 1863, in-8, pp. 113.

— Considérations sur le passé et l'avenir de la Chine. Examen de la Rébellion actuelle par le Cte d'Escayrac de Lauture — Mémoire lu à l'Académie des Sciences morales et politiques dans la séance du 21 juin 1862. — Offert par l'Auteur, ne se vend pas. Paris, 1862, in-8.

— L'insurrection des Taë-pings en Chine. Avec 1 carte. (*Rev. mar. et col.*, Sept. 1862, pp. 37/51.)

— The Taiping Rebellion in China; a Narrative of its rise and progress, based upon original documents and information obtained in China. By Commander Lindesay Brine, R. N., F. R. G. S., lately employed in Chinese Waters. With Map and Plans. London, John Murray, 1862, in-8, pp. XVI-394.

L'appendice contient les documents suivants :

Precepts and Odes published by Hung siu Tsuen in the Second and Third Years of the Taeping Rebellion (A. D. 1852—1853). Transl. by Dr. Medhurst.

— Decalogue. The Ten Celestial Commands which are to be constantly observed. pp. 367 seq.

— The Trimetrical Classic. Each line in the Original containing three words, and each verse four lines. pp. 371/2. [*N. C. Herald*, No. 147, 1853.]

— Ode on the Origin of Virtue and the Saving of the World. pp. 378/385. [*Ibid.*, No. 150, 1853.]

— Ode for Youth. Each line in the Original containing, five words, and each Verse four lines. pp. 386/391. [*Ibid.*, No. 147, 1853.]

— Survey of China, pp. 392/4.

Notice : *N. C. Herald*, 669, 23 May 1853.

— L'insurrection chinoise, ses débuts et son état actuel, les Taï-Pings, par L. Renard. (*Le Correspondant*, 25 juin 1863.)

— La France en Chine. Le Commerce français dans le Céleste-Empire, les opérations du corps franco-chinois et les Missions en 1863. Par P. Giquel. (*Revue des Deux-Mondes*, 15 Juin 1864, pp. 962/993.)

— On consultera sur la rebellion T'ai p'ing «Retrospect of Events in the north of China during the years 1861 to 1864 by R. A. Jamieson». (*Journ. N. C. B. R. A. S.*, No. 1, N. S., Art. VII.)

— The Taepings as they are. By «One of them». With an introduction by the Rev. J.W.Worthington, D. D. — London : Arthur Hall, Smart & Allen, 1864, br. in-8, pp. VI-64.

— Notice sur les campagnes & opérations militaires faites en Chine par M. Tardif de Moidrey, capitaine d'artillerie dans l'armée française, officier de la Légion d'honneur, Général en chef des Armées chinoises et commandant le corps des Franco-chinois d'après des documents officiels par M. Legénissel, Commandant du Génie, Directeur général des établissements militaires de la Chine. — Metz, Typographie de Rousseau-Pallez, 1864, br. in-4, pp. 27. Photog.

(DIVERS.)

— The Autobiography of the Chung-Wang. Translated from the Chinese by W. T. Lay. Shanghaï-Presbyterian Mission Press, MDCCCLXV, in-8, pp. 104.

Voir *N. C. Herald*, No. 743, col. 661.

— Ti-Ping Tien-Kwoh; the History of the Ti-Ping Revolution, including a Narrative of the Author's Personal Adventures by Lin-le, Formerly honorary officer, Chung-Wang's Guards, &c., &c. London, Day & Son, 1866, 2 vol. gr. in-8.

Dans l'app. A, vol. II, pp. 823 seq. : Decalogue. — The Trimetrical Classic. — Ode for youth. (Trad. Medhurst.)

— The Christianity of Hung Tsiu Tsuen, a Review of Taeping Books, By Robert James Forrest, Esq., H. B. M.'s Act. Consul, Ningpo. (*Jour. N. C. B. R. A. S.*, Art. IX, No. IV, Dec. 1867, pp. 187 seq.)

CHARLES GEORGE GORDON.

Charles George Gordon, né à Woolwich, 28 janv. 1833; tué à Khartoum, 26 janv. 1885.

Notice : *Proc. R. Geog. Soc.*, VII, 1885, pp. 184/9.

— The «ever-victorious Army» a History of the Chinese Campaign under Lt.-Col. C. G. Gordon, C. B., R. E. and of the Suppression of the Tai-ping Rebellion by Andrew Wilson, Author of' England's Policy in China' and formerly Editor of the' China Mail'. With six Maps. Blackwood, Edinburgh & London, MDCCCLXVIII, in-8, pp. XXXII-395.

Notices : *Pall Mall Gazette*, 26 Août 1868 (Colonel Gordon and the Taepings). — *N. C. Herald*, 17 Oct. 1868. — *Sup. Court. & Cons. Gaz.*, Vol. IV, pp. 161, 170 et 207. — *Atlantic Monthly*, XXII, 1868, p. 636.

— Life of General Gordon. By the Author of «Our Queen», «New World Heroes», etc. London : Walter Scott, 1884, pet. in-8, pp. VIII-319.

— *Ibid.*, 1887, pet. in-8, pp. VIII-369.

Même tirage que le précédent avec l'addition de trois chapitres.

— Charles George Gordon. Par G. Valbert. (*Rev. des Deux Mondes*, 1er mai 1884, pp. 199/211.)

— General Gordon's Private Diary of his Exploits in China; amplified by Samuel Mossman, Editor of «The North China Herald» during Gordon's Suppression of the Tai-ping Rebellion. London : Sampson Low, 1885, pet. in-8, pp. XV-302.

Notice : *Journ. China Br. R. As. Soc.*, XX, N. S., No. 2, 1885, pp. 59/60. By H. A. G.[iles].

— Gordon Anecdotes. A sketch of the Career, with illustrations of the Character of Charles George Gordon R. E. By Dr. Macaulay . . . . The Religious Tract Society, s. d. [1885], pet. in-8, pp. 159.

(GORDON.)

Fourth ed., London, 1887, pet. in-8. — Autre éd. illustrée, London, Religious Tract Society, 1886, in-16.

— The Mandarin's Daughter : a Story of the great Taiping Rebellion, and Gordon's « Ever-victorious army ». By Samuel Mossman, ... With numerous illustrations. London : Griffith and Farran. — M.DCCC.lxxvi, pet. in-8, pp. x + 1 f. n. c. + pp. 340.

— Chinese Gordon. A succinct Record of his Life by Archibald Forbes. London, George Routledge and Sons, 1884, pet. in-8, 2 ff. n. c. + pp. 252, portrait phot.

12th ed., Lond., 1886.

— The Story of Chinese Gordon. By A. Egmont Hake, ... With two Portraits and two Maps. Seventh edition. London : Remington and Co., 1884, in-8, 3 ff. prél. + pp. 407.

First ed., London, 1883, in-8.

Notices : *Dial* (Chicago), V, 13. — *Spectator*, LVII, 18. — Littell's *Living Age*, CLX, 560, 567.

— The Story of Chinese Gordon. By A. Egmont Hake . . . . With Portraits and Maps. Second volume. London : Remington and Co. 1885, in-8, 3 ff. prél. + pp. 221-lxxvii.

— Events in the Taeping Rebellion being Reprints of MSS. copied by General Gordon, C. B. in his own handwriting with Monograph, Introduction, and Notes by A. Egmont Hake . . . With Portrait and Map. London, W. H. Allen & Co., 1891, in-8, pp. 531.

Notice : *The Athenaeum*, No. 3349, Jan. 2, 1892, pp. 9/10.

« The book is a reproduction of the original journal kept by the late General Gordon during his campaign in China. The manuscript was given to me by his eldest brother, the late Sir Henry Gordon, who was one of his executors, and who desired me to edit and publish it after the manner of the Khartoum Journals, with the editing of which he had previously entrusted me » . . . . (A. Egmont Hake, dans *The Athenaeum*, No. 3350, Jan. 9, 1892, p. 52.)

– R. H. V. [Col. Veitch], in *Dict. of National Biography*.

— Charles George Gordon. A Sketch. Reginald H. Barnes, Vicar of Heavitree. Charles E. Brown, Major R. A. With facsimile letter. London, Macmillan and Co. 1885, pet. in-8, pp. 106 s. l. ff. prél. n. c.

— Gordon : the Christian Hero. A Book for the Young, by Abraham Kingdon. — London : S. W. Partridge & Co., s. d. [1885], in-12, pp. 96.

— The Life and Work of General Gordon at Gravesend. By W. E. Lilley, (Clerk in the Royal Engineer Department during General Gordon's Command). With a preface by Miss Gordon. And an Introduction by the Rev. H. Carruthers Wilson, M. A. (Formerly one of the Chaplains to the Forces at Gravesend.) — Dedicated, by permission, to Miss Gordon. — London : Abraham Kingdon & Co., pet. in-8, pp. 111, s. d. [1885].

— The World's Workers. — General Gordon. — By the Rev. S. A. Swaine. — Cassell & Company, London, ... 1885, in-8, pp. 128.

— Events in the Life of Charles George Gordon from its Beginning to its End by Henry William Gordon . . London, Kegan Paul, Trench & Co., 1886, in-8, pp. xiv + 1 f. n. c. + pp. 463.

— Some Letters from General Gordon. (*As. Quart. Review*, VI, July-Oct. 1888, pp. 200/219.)

— Charles George Gordon by Colonel Sir William F. Butler. London, Macmillan and Co., 1889, in-8, pp. vi-255.

Forme le premier vol. de la série *English Men of Action*.

— With Gordon in China. Letters from Thomas Lyster, Lieutenant Royal Engineers. With Portrait. Edited by E. A. Lyster. London, T. Fisher Unwin, 1891, pet. in-8, pp. 296.

— Medical Report of the Campaign carried on by Gordon's Anglo-Chinese Contingent, against the Tae-pings, in the province of Keang-soo, in 1863 and 1864 by Assistant-Surgeon A. Moffitt, 67th Regt. Newcastle-upon Tyne, 1866, br. in-8, pp. 46.

— The Rebel Bible. By Rev. W. T. A. Barber, M. A. (*Chin. Rec.*, XXII, No. 7, July 1891, pp. 305/308.)

— * Gordon in China. London, 1896, in-8, pp. 367.

— Gordon's Campaign in China. By Himself. With an Introduction and Short Account of the Tai-Ping Rebellion. By Colonel R. H. Vetch, C. B. London, Chapman and Hall, 1900, in-8, pp. 79.

— Life of General Gordon. By the Authors of « Our Queen », etc. Edinburgh, W. P. Nimmo, 1900, in-8, pp. viii-369.

— Life of General Gordon. By Ellen M. Clerke. (*Dublin Review*, CXXI, Oct. 1897, pp. 294/313.)

— Les Taï-Pings par Armand The-Rule. 1869. Prix : 2 francs. Chez tous les libraires. Rouen, Cagniard, 1869, in-12, pp. 118 sans la table.

Poëme avec épigraphe : « La Politique, c'est l'amour du bien des autres. »

— Biographical Sketches and Incidents of the Taipin Rebellion. Extracted from the Chinese of Kuan-wen, late Viceroy of Hupeh and Hunan and subsequently First

Minister at Pekin. — Shanghai, 1871, in-8, pp. v-23.

— Suppression of the Taiping Rebellion in the Departments around Shanghai. Shanghai : Published by Kelly & Co. 1871, br. in-8, pp. xiv-94.

By-Conolly ; — Notice : *Shanghai Budget*, 15 Sept. 1871.

Voir col. 538 : « *Translation of the Peking Gazette for 1872*, Shanghai 1873, » pp. 106/7, sur deux ouvrages chinois relatifs à la rébellion des T'ai p'ing et à celle des Nien fei.

— Essays in Modern military Biography by Charles Cornwallis Chesney, Colonel in the Army, Lieutenant-Colonel in the Royal Engineers. Reprinted chiefly from the « Edinburgh Review ». London, Longman, 1874, in-8.

Ce volume contient dix essais dont le sixième est consacré à « Chinese Gordon and the Taiping Rebellion, » pp. 163—213.

— The T'ai-Ping Rebellion. — A Lecture delivered at the Temperance Hall for the benefit of the Shanghai Temperance Society. Revised and enlarged by the Rev. M. T. Yates, D. D. Shanghai, *Celestial Empire* office, 1876, br. in-8.

Notice : *China Review*, IV, pp. 395/6.

— Memoirs of Generals Ward, Burgevine, and of the Ever-Conquering Legion. In three parts. By D. J. Macgowan, MD. (*The Far East*, 1877, pp. 102/108 [May], 44/50 [Aug.], etc., terminé Vol. III, No. 5, 1877.)

— R. P. Mercier. — Campagne du « Cassini » dans les mers de Chine 1851—1854 d'après les rapports, lettres et notes du Commandant de Plas enrichie de plusieurs cartes pour l'intelligence du texte. Paris, Retaux-Bray, 1889, in-8, pp. xii-433.

François de Plas, † à Brest, 19 avril 1888.

— Marin & Jésuite Vie et Voyages de François de Plas Ancien Capitaine de vaisseau Prêtre de la Compagnie de Jésus par le R. P. Mercier, S. J. 1809—1888. Avec portraits. Paris, Retaux-Bray, 2 vol. in-8, pp. xiv-511, 500.

— Narrative of a captivity among the Taipings. (*Chin. & Jap. Rep.*, March 1865, pp. 144/5.)

Mark Conroy's statement.

— Livres Chinois à Angoulême. Par J. Beauvais. (*T'oung Pao*, Mai 1892, pp. 181/2).

— Personal Recollections of the T'ai-Ping Rebellion, 1861—63. By the Ven. Archdeacon Moule. Shanghai, 1898, in-8, pp. 28.

— Série d'Orient, No. 5 — La France au Tche-kiang par un Français. Ouvrage illustré de huit photogravures inédites. — Shanghai, Imprimerie de la Presse Orientale, 1901, in-4, pp. 47.

Par Mgr. Reynaud. — Voir col. 251.

— H. Cordier, *Hist. des Rel. de la Chine*, I, pp. 168 seq.

— Le Credo des Rebelles « aux longs Cheveux » par le Père Jérôme Tobar, Soc. J. (*T'oung Pao*, VIII, N° 4, Oct. 1897, pp. 431/136.)

— Le Credo des « Rebelles aux Longs Cheveux » par Ch. de Harlez. (*Ibid.*, VIII, N° 5, Déc. 1897, pp. 555/6.)

— La Religion des insurgés Tchang-mao par C. de Harlez. (*Ibid.*, IX, N° 5 Décembre 1898, pp. 397/401.)

— Le *Tien fu hia fan tchao shu* 天父下凡詔書 Livre religieux des Tai-ping, par C. de Harlez. (*Ibid.*, X, N° 3, Juill. 1899, pp. 307/318.)

— Die Taiping-Revolution in China (1850 bis 1864). Ein Kapitel der menschlichen Tragikomödie. Nebst einem Überblick über Geschichte und Entwickelung Chinas. Von Dr. C. Spielmann. Halle a. S., H. Gesenius, 1900, in-8, pp. iv-162 + 1 f. n. ch.

— Une stèle chinoise en l'honneur de deux Français. (*T'oung Pao*, 2e Sér., I, N° 4, Oct. 1900, pp. 334/341.)

Amiral Protet et Père Victor Vuillaume. Stèle dans la chrétienté de Ts'ien-kia, 錢家, sous-préfecture de Nan-houei, 南匯, Kiang-sou.

— Hung Hsiu-ch'üan 洪秀全 — One of the people. By Charles G. Roberts. (*East of Asia*, I, N° 3, pp. 192/198.)

— Souvenirs de la révolte des T'aï-Ping (1862—1863) par M. le Commandant de Marolles. (*T'oung Pao*, 2e Sér., III, N° 4, Oct. 1902, pp. 201/221; IV, N° 1, Mars 1903, pp. 1/18.)

Tirage à part. — Jules Auguste de Marolles, né à Batavia, 26 déc. 1809; cap. de vaisseau, 9 mai 1863; admis à la retraite 25 déc. 1869; † à Tours, 30 avril 1902.

Notice : *Bul. Ec. franç. Ext. Orient*, III, 1903, p. 343, par P. P.[elliot].

THE NORTH CHINA HERALD. — *The North China Herald* publié à Chang-hai contient un grand nombre d'articles intéressants relatifs à la révolte des T'ai-p'ing. On peut presque dire que, depuis le commencement de l'année 1853, la plus grande partie des colonnes de ce journal a été consacrée à cette question ; et une liste complète de tous les paragraphes relatifs au T'ien wang et à ses sujets serait, pour ainsi dire, un index du *North China Herald* : Je me contente d'indiquer les documents les plus importants :

Loss of Yo-chow and Degradation of Seu, No. 132, Feb. 5, 1853.

Proclamation of the Governor of Keang-soo, 136, March 5, 1853.

Translation of the *Peking Gazette* (Jan. 3rd 1853), 136.

Voir les Nos. 137—138 pour les proclamations des insurgés et du Tao-tai de Chang-Hai, traduites par le Dr. Medhurst.

Proclamation by the Insurgents posted up on

the walls of Nanking (poetry). Translated by Dr. Medhurst. 140, April 2, 1853.

Voir : Callery et Yvan, *L'insurrection en Chine*, p. 244, *supra*, col. 645.

Trip of the «*Hermès*» to Nanking, 146, May 14, 1853; 147, May 21, 1853.

The Book of Religious Precepts of the T'hae-ping dynasty, transl. by Dr. Medhurst. 146, May 14, 1853.

Pamphlets published by the Insurgents. 147, May 21, 1853.

The Book of Celestial Decrees and Declarations of the Imperial Will published in the second year of the T'hae-ping dynasty, denominated Jin-tsze, or 1852, transl. by Dr. M., 148, May 28, 1853.

Book of Declarations of the Divine Will, made during the Heavenly Father's descent upon earth, transl. by Dr. M., 149, June 4, 1853.

The Imperial Declaration of T'hae-ping. An Ode on the origin of virtue and the saving of the world. — An Ode on Correctness. — An Essay on the Origin of virtue for the awakening of the Age, transl. by Dr. M., 150 & 151, June 1853.

(Rep. *Shae. Miscellany.*)

Proclamations published by Imperial Appointment, at the request of Yang and Seaou, ministers of state and generals in chief of the T'haeping Celestial Dynasty, in the second year of our reign (1852), transl. by Dr. M., 152, June 25, 1853.

(Rep. in the *Shae. Alm. for 1854 and Miscell.*)

Arrangement of the Army of the T'hae-ping Dynasty published in the Yin-tsze, or 2d year of the Celestial dynasty of T'hae-ping (1852), transl. by Dr. M.. 153, July 2, 1853.

A New Calendar for the Kwei-haou, or Third Year of the Celestial dynasty of T'hae-ping (1853) ordered to be published throughout the Empire. 154, July 9, 1853.

Ceremonial Regulations of the T'hae-ping Dynasty published in the Jin-tsze, or Second year of the Celestial Dynasty of T'hae-ping. 155, July 16, 1853.

History of the Kwangse Rebellion gathered from the *Peking Gazette*. 156, July 23, 1853, &c.

General Statement respecting affairs at Nanking. 159, Aug. 13, 1853. (Translation of a placard by A. Wylie. — Réimp. *Shae. Miscellany.*)

Connection between foreign missionaries and the Kwangse Insurrection. 160, Aug. 20, 1853; 161, Aug. 27, 1853.

Critical Review of the Books of the Insurgents by Dr. Medhurst. 162, Sept. 3, 1853, &c.

Critique on «the Imperial Declaration of T'hae-ping» by Dr. Medhurst. 165, Sep. 24, 1853, &c.

Translation of a letter from Lew-le-chuen. 169, Oct. 22, 1853.

Progress of the Insurgents from Hwae-king-foo, in Ho-nan, to Ching-ting, in Pih-chih-le, as detailed in the Peking Gazettes. 172, Nov. 12, 1853, &c.

Trip of the «*Cassini*» (French man of war) to Nankin. 178, Dec. 24, 1853; 180, Jan. 7, 1854. (Le «*Cassini*» quitta Chang-hai le 30 Novembre avec Mr. de Bourboulon.)

(Réimp. *Shae. Miscellany*, 1855, et dans *The China Mail*, 464, 5 Jan. 1854.)

The Ode of the T'hae-ping Dynasty, on saving the World, transl. by Dr. Medhurst. 178, Dec. 24, 1853; 181, Jan. 14, 1854.

(Rep. *Shae. Misc.*, 1855.)

Threatened attack of the French on the City of Shanghai. 179, Dec. 31, 1853.

Contributions to the History of the Insurrection in China by D. J. Macgowan, M. D. 1854. (Rep. *Shae. Miscell.* 1856.)

Trip of the «*Susquehanna*» to Nanking and Wu-hu. 202, June 10, 1854; 204, June 24, 1854. (Reprinted *Shanghae Misc.*, 1855, et dans *The China Mail*, Nos. 490 & 494.)

Le «*Susquehanna*» (vapeur américain) partit de Wou-soung le 22 Mai.

The Insurgents at Nanking by E. C. Bridgman. 208, July 22, 1854. (Reprinted *Shanghae Miscellany*, 1855, 6 pages.)

Translation of a pamphlet recently brought from Nanking : — «Official Statement of the Heavenly Father's Descent upon Earth». — 209, July 29, — 210, 5 Aug., — 211, 12 Aug. 1854. (Rep. *Shae. Miscell.*, 1855; & *China Mail*, Supp. 500, 14 Sep. 1854.)

Translation of Proclamations brought from Nanking by the «Rattler». 212, Aug. 19, 1854 et seq. (Rep. *Shae. Miscell.* 1855.)

The Visions of Hung-siu-tshuen and Origin

of the Kwang-si Insurrection. By the Rev. Theodore Hamberg, Missionary of the Basle Evangelical Society.

This pamphlet has been reprinted in the *N. C. Herald*, 212, Aug. 26, 1854 et seq.; finished in No. 231, 30 Déc. 1854. (Rep. *Shae. Miscellany* 1856.) Voir supra col. 646.

Land Regulations and Political Economy of the Celestial dynasty. Published in the Kwei-haou, or 3rd year of the Celestial Dynasty of T'hae-ping (1853). 216, Sept. 16, 1854.

Brochure apportée de Nanking par le «Rattler». (Rep. *Shae. Miscell.* 1855.)

Denouncement of the Imps' Den, now called the criminally-attached Religion. Published in the 3rd year of the Celestial dynasty of T'hae-ping. 217, 23 Sept. 1854.

Brochure apportée de Nanking par le «Rattler». (Rep. *Shae. Miscell.* 1855.)

Important Observations regarding Celestial Principles. 269, 22 Sept. 1855 et seq.

Dernière brochure apportée de Nanking par le «Rattler». Trad. par W. H. Medhurst. (Rep. *Shae. Miscell.* 1856, with Remarks of the opium trade based on the preceeding View by W. H. Medhurst.)

Note of the Chinese Rebellion by T. F. Wade Esq., Acting Chinese Secretary (July 1855 — February 1856). 300, April 26, 1856 — Reprinted *Shae. Miscellany*.

The State and Prospects of the Belligerent Parties in the Chinese Empire, considered in two letters to the Hon. Caleb Cushing, Attorney General of the United States, by W. A. P. Martin. 301, May 3, 1856; 306, June 7, 1856. (Letter No. 2 is rep. in the *Friend of China*, Nos. 58, 60, 63 & 72, 1856; et dans le *Shae. Miscellany.*)

Affairs at Nanking Aug. 10th 1856 by E. C. Bridgman. 320, Sept. 13, 1856.

Dominion of the Taiping Dynasty in Nganhwui and Keangse. Letter written to the Editor of the *N. C. Herald* by the Rev. W. A. P. Martin, dated Ningpo, Sept. 12th, 1856; 323, Oct. 4th, 1856. (Réimp. dans le *Shae. Miscellany.*)

Miscellaneous Notices of the Rebels at Nanking in 1853—54. Collected by a native, and published in Shanghaï, June 1855. — Translated for the North China Herald, with Notes by the Translator. — 325, 18 Oct. 1856, et seq. (Réimp. dans le *Shae. Miscellany*, 21 pages.)

The Fate of the Manchus foreshadowed in the expulsion of the Mongols from China in the Revolution of 1388. By W. A. P. Martin. Ningpo, 26 Nov. 1856. — 335, 27 Dec. 1856. (Réimp. dans le *Shae. Miscellany.*)

Letter signed «Old Cathay» dated Shanghaï 28th January 1857; 340, January 31, 1857.

The Recognition of the Nanking government advocated in two letters to the Hon. Caleb Cushing, late Attorney General of the United States by W. A. Martin. 359, June 13, 1857 & 360, June 20, 1857.

Translation of a Manifesto or Decree addressed by the Head of the Tai-ping Insurgents to Foreigners. (The Manifesto was written by the rebel Lin, and was left at Wuhu.) 443, January 22, 1859.

Extract from a Journal of a Cruize up the Yang-tsze-keang (by A. W.) No. 447, Feb. 19, 1859; 448, Feb. 26, 1859.

Hangchow, 504, March 24, 1860.

Various Notes. 513, May 26, 1860; 519, July 7, 1860.

Letter signed G. J. 520, July 14, 1860.

Various Notes. 521, 21 July 1860.

Letter signed G. J. 522, July 28, 1860.

Proclamation. 525, Aug. 18, 1860.

The Advance of the Tai-ping Insurgents on Shanghai. 526, Aug. 25, 1860.

Letter on a recent trip to Nanking by J. L. Holmes. 527, Sept. 1, 1860.

Extracts from Tsi Cheng Sin Pien the new work by the Kan Wang, Cousin of the Insurgent Chief (begun in No. 524, Aug. 11, 1860, continued in other numbers) by J. E.

Letter from the Chung Wang to the Consuls at Shanghai. 527, Sept. 1, 1860.

Proclamation at Tsing Poo. 528, Sep. 8, 1860.

Letter of the Chung Wang to Lord Elgin. 535, Oct. 27, 1860.

Edict for the toleration of Christianity, given by the young prince, the eldest Son of Hung Siu tsiuen, on solicitation of the Rev. Griffith John, the Rev. H. Z. Kloekers, and others, at Nanking, Nov. 1860. 544, Dec. 29, 1860.

Letters signed H. Yang-tsze-kiang, February 21st, 1861. (553, March 2, 1861. — 554, March 9th 1861. — 556, March 23, 1861.)

The declared Will of Tien-Wang [found at Ningpo, during a visit of the « Encounter »]. 569, June 22, 1861.

Nanking and the inhabitants thereof. 570, June 29, 1861 [by R. J. Forrest].

Le chap. III de l'ouvrage de Blakiston sur le Yangtsze, pp. 31 et seq., est composé d'extraits de cet article et de « The Taipings at home », autre écrit du même auteur qui a paru également dans le *N. C. Herald*.

— Robert James Forrest. Nécrologie par H. C.[ordier.] (*T'oung Pao*, 2e Sér., III, No 4, Oct. 1902, p. 248.)

† à Londres, 17 juillet 1902, à 66 ans.

Letter to the *N. C. Herald* signed « Rusticus Expectans ». 586, Oct. 19, 1861.

Capture of Ningpo by the Rebels (from *The Daily Shipping & Commercial News* of December 13). 594, Dec. 14, 1861.

Vide a Proclamation. 598, January 11, 1862.

« Tae-Ping Dom » (From the « Universal History »; published A. D. 1962) signed « C'est moi ». 601, Feb. 1, 1862.

Vide in No. 602, Feb. 8, 1862 : « Nanking, January 22nd 1862 » from the Rev. I. J. Roberts. [From *The Daily Shipping and Commercial News* of Feb. 6.]

Le Rev. I. Roberts, qui avait été le professeur religieux de Houng Siu-ts'iuen en 1847 et qui résidait avec lui à Nanking depuis 15 mois, explique les raisons qui l'ont fait fuir de cette ville le Lundi, 20 Janvier 1862.

The Taiping Rebels at Nanking. 602, Feb. 8, 1862.

A Ramble among Rebels and Green Tea Districts by « A Rambler in the Flowery land ». 602, Feb. 8, 1862.

See some accounts in No. 604 (Feb. 22, 1862) et 605 (March 1, 1862).

Vide a letter to the Hon. Anson Burlingame dated Shanghai, China, 7th February 1862, by the Rev. Roberts, published in the *China Mail* of the 27th Feb. and reprinted in the *N. C. Herald*, 606, March 8, 1862.

One proclamation of Tien-Wang. 607, March 15, 1862.

Capture of Kah-Ding by the Allied Forces. 614, May 3, 1862.

Capture of Ningpo from the Taiping Rebels by the Allied Forces. 616, May 17, 1862.

Capture of Tsing-Poo. (*Ibid.*)

Sur le Contre-Amiral Protet tué à Nan-jao, le 17 Mai 1862, voir 617, May 24 — 618, May 31 — 623, July 5 — 628, Aug. 9, 1862.

Taiping Papers; No. I, 623, July 5, 1862; No. II, 632, Sept. 6, 1862.

Notes to Taiping Edition of the Bible, &c. by L. (*Ibid.*)

The Kahding Expedition. 640, Nov. 1, 1862.

« The Retrospect of Events in North China, during 1862 ». 649, Jan. 3, 1863.

Burgevine's Outrage on Takee. 650, Jan. 10, 1863; 651, Jan. 17, 1863.

Domestic Tyranny of the Tien-Wang. 654, Feb. 7, 1863.

Extract from a Taiping book picked up at Kahding and published in 1854 regarding the belief of Tien-wang in God. 654, Feb. 7, 1863.

Expedition of the Soon kioung Troops under General Holland against Taitsan, and their defeat by the Taiping Rebels. 656, Feb. 21, 1863.

The Siege of Shao-Shing. 661, March 28, 1863.

Soon-kiong. 662, April 4, 1863.

Defeat of the Rebels at Fooshan and Relief of Chiang-zu. 664, April 18, 1863.

Capture of Quinsan. 671, June 6, 1863.

A Voice from Nanking. 678, July 25, 1863.

Native Account of the Destruction of the Rebel Fortifications, by Imperial Troops at Nanking. (*Ibid.*)

Burgevine's Defection to the Insurgent Cause. 681, Aug. 15 — 682, Aug. 22 — 683, Aug. 29 — 684, Sept. 5, 1863.

Burgevine's Statement. 691, Supp. Oct. 24, 1863.

Gordon's Memo. relative to the execution of the Wangs at Soochow, in the No. of the 12th December.

Fall of Soochow (from the *Peking Gazette*). 706, February 6, 1864.

Letter from Major-General W. G. Brown to Sir F. Bruce (Shanghai, Dec. 17th, 1863) relative to Soochow. 722, May 28, 1864.

The Capture of Nanking [10 a. m., July 9th, 1864] : Report by Tseng Kuo-chan, Commander in chief of the forces before Nanking, to Li, Governor of Kiang-su. 734, Aug. 20, 1864.

Extraits de la *Gazette de Peking* des 2 et 3 août 1864 sur la prise de Nanking. 736, Sept. 3, 1864.

Article du *Times* sur le Colonel Gordon reproduit dans *The N. C. Herald*. 740, Oct. 1, 1864.

The Autographic Deposition of Chung-Wang, the Faithful King, at his trial after the Capture of Nanking. 743, Oct. 22 1864. — 744, Oct. 29, 1864. — 745, Nov. 5, 1864. — 746, Nov. 12, 1864. — 747, Nov. 19, 1864. — 748, Nov. 26, 1864. — 749, Dec. 3, 1864. — 753, Dec. 31, 1864, &c.

Voir col. 650.

Statements relative to the condition of Hoochow, before its capture : Statement of Mark Conroy, a British subject, on the subject of his detention with the Tae ping Rebels during a period of 15 months-taken at H. B. M's Consulate, Shanghai, on the 26th of October, 1864, by John Markham, Esquire, H. B. M's Vice Consul. — Account given by Patrick Nellis, of his detention with the Tae ping Rebels during a period of 8 months. 746, Nov. 12, 1864.

Address of the Mercantile Community of Shanghai to Lieut.-Col. C. E. Gordon, R. E. (Shanghai, 24th November 1864.) Reply of Col. Gordon. (Shanghai, 25th Nov. 1864.) — 752, Dec. 24, 1864.

The Kan wang's Sketch of the Rebellion. 781/86, 15 July/19 Aug. 1865.

Statement of Hung-Fu-Tien, Son of the Tien-wang. 781, 22 July, 1865.

Statement of Hung-jen-cheng. (*Ibid.*)

Statement of Huang-wen-ying. (*Ibid.*)

List of Engagements during the Tai ping Campaign 1860-64. 806, January 6, 1866.

Compte rendu du plan militaire des environs de Shanghai par Gordon et autres officiers anglais. 810, 815, 823 et 828, 1866 [by Samuel Mossman].

Voir col. 245.

Account of the Gordon Monument (W^m^. Winstanley). 839, Aug. 25, 1866.

Translation of a proclamation in which the Che hien of Shanghai asked for accounts, of people who fell in the imperial cause during the Rebellion to send them to the Han-lin College to compile a history. (May 16, 1868.)

The Rebel Occupation of Ningpo by E. C. Lord. Two Lectures delivered at Ningpo. (I, May 1; II, May 6 & 13, 1869.)

Mixed Court. — Hill *versus* Taikee. (1874, 31 Dec.; 1875, Jan. 14, 21, 28.)

— Pamphlets issued by the Chinese Insurgents at Nan-King; to which is added History of the Kwang-se Rebellion, gathered from public documents; and a Sketch of the Connection between foreign Missionaries and the Chinese Insurrection; concluding with a critical review of several of the above pamphlets; compiled by W. H. Medhurst, Senr. Shanghae; Printed at the office of the « N. C. Herald », 1853, br. in-8. Pub. à 2 dol.

Contient :

The Book of Religious Precepts of the T'hae-Ping Dynasty. (146, May 14, 1853.)

The Trimetrical Classic. (147, May 21, 1853.)

Ode for youth. (*Ibid.*)

The Book of Celestial Decrees and Declarations of the Imperial Will. (148, May 28, 1853.)

Book of Declarations of the Divine Will, made during the heavenly father's descent upon earth. (149, June 4, 1853.)

The Imperial Declaration of T'hae-ping. (150 & 151, June 1853.)

Proclamations published by the Imperial appointment, at the request of *Yang* and *Seaou*, Ministers of State and Generals-in-Chief of the T'hae-ping Celestial Dynasty, in the Second Year of our reign (1852). (152, June 25, 1853.)

Arrangement of the Army of the T'hae-ping Dynasty. Published in the Yin-tsze, or Second Year of the Celestial Dynasty of T'hae-ping (1852). (153, July 2, 1853.)

Ces traductions ont paru dans « *The North Herald* » et nous avons indiqué entre parenthèses les numéros de ce journal dans lesquels elles ont été publiées.

THE CHINA MAIL. — Nous indiquerons également quelques documents intéressants qui ont paru dans ce journal de Hongkong :

Sur les commencements de l'insurrection, voir *The China Mail*, 1850, pp. 138, 158, 166 & 174.

Divers articles dans les Nos. 307 (2 Jan. 1851) et 350 (30 Oct. 1851).

Translation of Tien-teh's Confession. (*Ov. China Mail,* 23 Aug. 1852.)

Synopses of the Books of the Rebels : I. « A Collection of the Decrees of Heaven and of the Edicts of the Emperor ». Shanghae, May 24, 1853 (July 7, 1853). — II. « A Record of Communications made by the heavenly father on his descent into this world », on the 29th of the 10th moon of the first year of Hienfung, i. e. 21st December 1851. Shanghae, May 27, 1853 (July 14, 1853). — III. « The Book of Heavenly Rules » for Human Conduct. Shanghae, May 30, 1853 (July 28, 1853). — IV. « The T'ai-ping imperial Declarations ». Shanghae, June 30, 1853 (Aug. 4, 1853). — V. « The New Calendar ». Shanghae, May 31, 1853 (Aug. 18, 1853). — VI. « An Ode for youth ». Shanghae, June 3, 1853 (Sept. 1, 1853). — VII. « The Three Character Classic ». Shanghae, June 6, 1853 (Nov. 10, 1853) by W. C. M.[ilne].

Letters on « The Rebellion in China » by

« Conservative » to the Editor of the *China Mail* : No. I. Claim of the Imperialists, in case of necessity, to foreign assistance. Canton, 11th April 1853. — (April 21, 1853.)

This Letter was replied to by « Progress » under date of China 27 April 1853. (April 28, 1853.)

II. Improbability of the ultimate success of the Rebels-Character of the Present Dynasty. Canton, 21 April 1853. (April 28, 1853.)

III. Character of the Insurgent Chiefs. Canton, 25 Aug. 1853. (May 5, 1853, with « Progress' » 2d Reply.)

IV. History and Progress of the Insurrection — Who or what is the new Emperor. Canton, 29 April 1853. (May 12, 1853.)

Ces 4 lettres sont réimp. dans la *China Overland Mail*, May 5, 1853.

V. The Religious Character of the Insurgents. Canton, 14 May 1853. (May 19, 1853; réimp. *Ch. Ov. Mail*, May 24, 1853.)

The Rebels. Their Religion and Organization. — Letter to the Editor of the « China Mail », 3d June 1853, by « Enquirer ». (30 Juin 1853; réimp. *Ov. Ch. Mail*, 73, Juillet 7, 1853.)

The Rebels and the Opium Trade. Letter to the Editor of the « China Mail », China, 6th June 1853, by « Progress ». (23 Juin 1853; réimpr. *Ov. Ch. Mail*, 7 Juil. 1853.)

Who and What are the Rebels? Letter to the Ed. of the « China Mail ». Canton, 30th June, 1853, by A. P. H. (7 Juil. 1853; réimp. *Ov. Ch. Mail*, 7 Juil. 1853.)

The Rebellion and the Triad Society. Let. to the Ed. of the « China Mail », 2d Aug. 1853, by « Enquirer ». (443, 11 Aug. 1853.)

Capture of Shanghai by the Rebels on the 7th of Sept. 1853. (450, 29 Sept. 1853.)

Journal of occurrences during the week following the capture of the City : By the Rev. W. C. Milne of the Lond. Miss. Soc. (451, 6 Oct. 1853.)

Papers respecting the Civil war in China. (Blue Books). 453, 4, 5, 6, Oct. 20, 27. — Nov. 3, 10, 1853.)

Letter of Mr. Edw. Cunningham to the Ed. of the *China Mail* (Shanghae, 22 Oct. 1853) and sundry correspondence. (455, 3 Nov. 1853.)

A brief Narrative of Nanking Affairs. (456, 10 Nov. 1853.)

A brief Account of my misfortunes upon the capture of the City of Nanking : By a Refugee in Shanghae. (460, 8 Dec. 1853.)

Tien-teh, a Man, and not a Myth. Let. to the Ed. of the *China Mail*, 7 Dec. 1853. By « Enquirer ». (461, Dec. 15, 1853.)

The Religious and Political Creed of the Rebels. Let. to the Ed. of the « China Mail ». China, 2d Feb. 1854, by « A Reader ». (468, Feb. 2, 1854.)

Historical Sketch of the Rebellion in China (from the *China Mail*) by T. F. Wade. (Réimp. *Shae. Miscellany*, No. I, 5 pages.)

.·.

Consulter également : *The Chinese Repository*, XX. — *Shanghai Evening Courier*, 16 Sept. 1870 (General Ward); 3 Mars 1871 (Lettre signée B sur l'endroit où furent enterrés Ward et les officiers de l'Ever Victorious Army). — Lettre de Richthofen sur le Chen si. (Voir : GÉOGRAPHIE supra col. 245 & 350 — et *Sociétés Secrètes*.)

— Some Personal Reminiscences of the Tai-pings. By Mr. James Grimmer. (*N. C. Herald*, Aug. 7, 1891, p. 188.)

KOUANG SIU, né le 14 août 1871.

— Perkin Warbeck in China. By G. M. Playfair. (*China Review*, VII, pp. 59/62.)

— L'empereur de Chine et sa cour. (*Ann. de l'Ext. Orient*, 1883-1884, VI, pp. 238/242.)

— Trois impératrices de Chine. (*Ibid.*, 1885-1886, VIII, pp. 287/288.)

— Majorité de l'empereur Kouang-Siu (Décrets Impériaux, 1886) par Henri Cordier, Professeur à l'École des Langues Orientales vivantes, Paris. (*T'oung Pao*, Série II, Vol. IV, N° 4, Oct. 1903, pp. 316/323.)

— The Marriage of the Chinese Emperor. By W. H. Wilkinson. (*As. Quart. Review*, VIII, July-Oct. 1889, pp. 82/93.)

— Une audience impériale à Pekin. Par le Dr. J. Matignon. (*Le Monde Moderne*, Août 1900, No. 68, pp. 183/192, 6 illust.)

Audience du 15 janvier 1895.

— L'empereur de Chine Kouang-Hsü, son conseiller Kang-yu-weï et l'impératrice douairière Tze-Hsi. Le Coup d'Etat à Pékin (21—22 septembre 1898), br. in-8, pp. 10.

Ext. de la *Revue de Géographie*, Janvier 1899.

— La maladie de Kouang Sou en 1898, par M. Auguste Moireau. (*Revue Bleue*, 28 juillet 1900, pp. 112/113.)

Consultation du médecin chinois Chen Lian-fang, de Sou-tcheou.

— L'Empereur Koang-Siu. Par Edouard Chavannes. (*La Semaine Pol. et Litt.*, Samedi 27 Oct. 1900, pp. 1137/1147.)

— Funeral of the late Empress Tsz An. (*N. C. Herald*, Nov. 15, 1881, pp. 525/6.) † 8 avril 1881.

Cf. Courant, *Cour de Peking*, pp. 100/102.

.·.

— Série d'Orient, No. 4. — Koang-Siu et T'se-Hi Empereur de Chine et Impératrice douairière — 諭上 Décrets impériaux 1898, Traduits du Chinois par Jérôme Tobar . . . . 1900. Voir col. 539.

The Emperor Kuang Hsü's Reform Decrees, 1898. — Reprinted from the « North-China Daily News ». 1900. Printed and Published at the « North-China Herald » Office, in-8, pp. 61 à 2 col.

∴

— L'Odyssée d'un Prince chinois. — 航海吟草 *Hang hai yin ts'ao*. Essais poétiques sur un voyage en mer, par le Septième Prince, père de l'Empereur Kouang-Siu, traduits et annotés par A. Vissière. (Avec texte chinois.) (*T'oung Pao*, 2e Sér., I, N° 1, Mars 1900, pp. 33/62; *ibid.*, N° 2, Mai 1900, pp. 125/148; *ibid.*, N° 3, Juill. 1900, pp. 189/218.)

Tirage à part : E. J. Brill. Leide — 1900, in-8, pp. 86.

— Le Prince Tch'oun. Par A. Vissière. (*Chine et Sibérie*,[1] Janv. 1901, pp. 50/1.)

— Généalogie du Prince K'ing 慶 par A. Vissière. (*T'oung Pao*, 2e Sér., I, N° 4, Oct. 1900, pp. 342/344.)

— Le Prince Sou. Par A. Vissière. (*Chine et Sibérie*, Fév. 1901, pp. 66/7.)

∴

— La Révolution en Chine. Les Origines, par Henri Cordier. (*T'oung Pao*, 2e Sér., I, N° 5, Déc. 1900, pp. 407/450.)

Paru en partie dans *Le Temps*, 12 juillet 1900.

— * Revoljucija v. Kitâ : *Izv. Vostočnago Instituta* 2, vyp. 1, melkija zamětki, pp. 1/17.

— Translation of a Secret Memorial to the Emperor of China on the Jubilee. By Rougemont. (*China Review*, XXIII, N° 4, pp. 207/215.)

Ts'eu hi 慈禧, Impératrice de l'Ouest.

— The Empress-Regent of China. (*Blackwood's Mag.*, CLXIV, 1898, November, pp. 698/707.)

— L'impératrice Tze-Hsi. Par A. W. (*Belgique Coloniale*, 4 Mars 1900, p. 99.)

D'après M. Perquer, dans le *Correspondant*.

— L'impératrice régente Sy-Tay-Heou. Par Louis Coldre. (*Revue de Paris*, 1er mai 1900, pp. 113/139.)

Impératrice de l'Ouest, Tse Hy, née le 10e jour de la 10e lune de la 14e année Tao Kouang (10 nov. 1834). — Dans la *Semaine politique et littéraire*, 27 oct. 1900, M. Ed. Chavannes donne comme dates de naissance pour Ts'eu-ngan, le 12 août 1837, pour Ts'eu-hi, le 29 nov. 1835.

— L'impératrice douairière [Tzé Hsi]. Par J. Servigny. (*Rev. franç. de l'Etr. et des Colonies*, Juillet 1900, pp. 385/391.)

1. — Chine et Sibérie Revue économique & politique d'Extrême-Orient paraissant deux fois par mois. Rédacteur en Chef-Directeur : Georges Brabant, Ingénieur. — Paris. — 17 rue de l'Échiquier. 1re Année. — 1re livraison. — 1re livraison de Janvier 1900, in-4 à 2 col., pp. 24.

Le dernier numéro est la 16e livraison, 2e année, août 1901.

— *A Manchu Ukase*. By M. F. A. Fraser. (*Jour. China Br. R. As. Soc.*, N. S., XXX, No. 2, pp. 161/176.)

Bilingual Jubilee Proclamation in honour of the Empress Regent of China, Secondary Consort of the Emperor Hien-Fung.

∴

— H. Cordier, *Hist. des Relat. de la Chine*, II et III.

— Voir QUESTIONS CONTEMPORAINES.

Biographie.[1]

— Portraits des Chinois célèbres [par le Père Amiot]. (*Mémoires concernant les Chinois*):

Tome III, pp. 1—386 (52 Biographies arrangées chronologiquement depuis *Tai-hao-fou-hi-che*, fondateur de la Monarchie chinoise). — Tome V, pp. 68—466 (10 Biographies). — VIII, pp. 1—111 (9 Biographies). — X, pp. 1—131 (4 Biographies).

— Abrégé de la Vie des principaux d'entre les disciples de Koung-tsée, qu'on a jugés dignes d'avoir part aux hommages qu'on rend aux Sages de la Nation. [Par le P. Amiot.] (*Mém. conc. les Chinois*, XIII, pp. 1/38) :

Yen-Tsée ou Yen-hoei (Tsée-yuen). — Tsheng-tsée (Tsée-yu), auteur du *Hiao-king*, maître de Tsée-sée. — Tsée-sée, petit-fils de Confucius . . « il a composé le *Tchoung-young* . . . . Cet ouvrage avait 49 chapitres quand il sortit de ses mains. Il y a, dans le *Ly ki*, 7 chapitres ou articles qui sont entièrement de lui », p. 23. — Mong-tsée. Ces 4 Sages « sont les seuls qui, dans le *Ouen-Miao*, ou dans la salle où l'on honore les Sages, ont le titre de *Cheng*, qu'on rend communément en français par le mot *Saint*. Ces quatre personnages sont aux deux côtés de *Koung-tsée*, dans le fond de la salle », p. 24. — Tchoung-tsée (Tchoung-yeou et Tsée-lou) . . . « le plus ignorant des disciples de Koung-tsée », p. 36.

— Nachrichten von Gelehrten China's. — Von Dr A. Pfizmaier . . . Wien, 1878. Karl Gerold's Sohn, in-8, pp. 82.

Sitzb. phil.-hist. Cl. k. Ak. Wiss. Wien, Bd. XCI, p. 693.

Sîü-kuang, 徐廣. — Lŏ-yuen-lang, 陸元朗. — Thsao-hien, 曹憲. — Yen-sse-ku, 顏師古. — Khung-ying-thă, 孔穎達. — Ngeu-yang-siün, etc.

— Die Classe der Wahrhaftigen in China. Von Dr A. Pfizmaier . . . Wien, 1881. Carl Gerold's Sohn, in-8, pp. 82.

Sitzb. phil.-hist. Cl. k. Ak. Wiss. Wien, Bd. XCVIII, Heft III, p. 982, 1881.

— Mayers' *Chinese Reader's Manual*. Voir col. 590.

— 古今姓氏族譜 A Chinese Biographical Dictionary. By Herbert A. Giles, LL. D., Professor of Chinese in the University of Cambridge and late H. B. M. Consul at Ningpo. London, Bernard Quaritch, Shanghai, Kelly and Walsh, 1898, in-8, pp. XII-1022.

Avait paru en deux fascicules, 1897 et 1898, dont le premier contenait les pages 1/96. — Ce Dict. comprend 2579 notices.

Notice : *T'oung Pao*, VIII, pp. 438/441, par G. Schlegel.

1. Voir le chap. consacré aux *Sciences morales et philosophiques* pour la biog. des philosophes comme Tchou Hi, Han Yu, etc. et le chap. du *Tao kiao*, pour *Lao tseu*.

— Studies in H. A. Giles' Chinese Biographical Dictionary. (E. Faber, *Chronolog. Handbook*, pp. xxvi-xli.)

Femmes illustres. — Ms. Bib. nat. Fr. 17241. XVIIIe siècle; Ouvrage traduit du chinois par un missionnaire de la Compagnie de Jésus; 151 feuillets in-folio doubles; papier de soie.

— Analecta Sinensia, No. III. Biographical Pencillings. The Wan Seaou Tang. (*As. Journ. & Month. Reg.*, XXXII, 1840, pp. 128/131.)

CONFUCIUS 孔夫子.

Né en 551 av. J.-C., la 21e année de l'empereur Lin-wang, de la dynastie de Tcheou, dans la sous-préfecture de K'iu-feou 曲阜縣, dépendant de Yen-tcheou-fou, 兗州府; † 479.

— Vie de Koung-tsée, appelé vulgairement Confucius, le plus célèbre d'entre les Philosophes chinois, et le Restaurateur de l'ancienne doctrine. [Par le P. Amiot.] (*Mém. conc. les Chinois*, XII, pp. 1/403.)

Cette vie est suivie d'une « Table chronologique des événemens rapportés dans la vie de Koung-tsée »; d'une « Explication des Planches » de 6 Tables généal. de la maison de Koung-tsée depuis 2637 av. J.-C. jusqu'à 1784 de l'ère chrétienne, et d'une explication de ces Tables généalogiques.

— Voir également : *Mém. conc. les Chinois*, III, pp. 41/3. Trad. en russe, 1790, 1 vol. par Verevkine.

— Abrégé historique des principaux traits de la vie de Confucius, Célèbre Philosophe Chinois, orné de 24 estampes in-4 gravées par Helman, d'après des dessins originaux de la Chine envoyés à Paris par M. Amiot, Missionnaire à Pékin et tirés du Cabinet de M. Bertin, M[tre] et ancien S[re] d'Etat. Paris, s. d., in-4.

La Vie de Confucius par le P. Amiot, dont 24 pl. ont été publiées, comprenait 105 pl. Je les ai vues, appartenant vers 1879 à M. Delance.

— La biog. de Confucius par le P. Amiot est la plus importante qui eût paru jusqu'alors, mais ce n'est pas la première :

— * Eenige voorname Eygenschappen, van de ware deugdt, voorsigtigkeydt, wysheydt en volmaecktheydt, getrocken uyt den Chineschen Confucius en op rijm gebracht door E : P. v. H. Batavia, 1675, in-4. (Par van Hoorn.)

— Di Confvcio Filosofo della China, e de' di lui Dogmi, ed Insegnamenti. (Anzi, *Il Genio Vagante*, Parma, 1692, III, pp. 401/415.)

— Confucii Vita. (*Notizie varie*.... Firenze, 1697, pp. 122/142, voir le chap. consacré au *Tchoung-young.*)

— Synopsis vitæ et doctrinæ Confucii triginta gnomis comprehensa. Viennæ, Typis Leopoldi Voigt, 1706, in-8. (Par le P. Albert Christian Purgstall, S. J.) (De Backer.)

— Confvcii Vita ex editione operum Confvcii Goana. (Bayer, *Museum Sinicum*, II, pp. 214 seq.)

— Du Halde, II, pp. 319/324.

— The Chinese Traveller [Voir Col. 54] : pp. 1/13.

— Des Sinesischen Weltweisen Confucius Lebensbeschreibung und hinterlaszene Lehren der Weisheit / nebst Anhang von den moralischen Grundsätzen der Stoiker. Nürnberg / bey Johann Eberhard Zeh. 1779. In-8, pp. 38.

— Yu le Grand et Confucius : Voir col. 604.

— Un précis historique sur Confucius. (Grosier, VII, pp. 408 seq.) Il y a un art. de Grosier sur Confucius dans la *Biog. universelle.*

— Leben und Schriften des Kung-fu-dsii (pp. 1/19) du *Lun-yu* du Dr. Schott, Halle, 1826.

— Sketch of the life of Confucius, the Chinese Moralist. By S. W. Williams. (*Chin. Rep.*, XI, pp. 411/425.)

— Notice of the *Chi-shing Pien Nien-shi Ki*, or Annals and Genealogy of the Most Holy Sage, with a translation of the Preface of the Editor K'ung Cháu-hwan, a member of the Confucian family. (*Ibid.*, XVIII, pp. 254/9.)

— Life and Times of Confucius : Notices of his Ancestors, and of the time, place and circumstances of his Birth. Selected from the Annals and Genealogy of the Sage, and other Chinese works [by E. C. Bridgman]. (*Ibid.*, pp. 337/342.)

— Voir également *The Ch. Rep.*, I, pp. 262, 438, 502; III, p. 99; VI, p. 445; X, pp. 614, 646; XI, p. 411.

— The Life, Times, and Doctrines of Confucius. (*The As. Jour. & Month. Miscel.*, Sér. 3e, I, May-Oct. 1843, pp. 17, 129, 251, 368.)

— Pauthier, art. *Koung-fou-tseu*, dans le *Dict. des Sc. Philosophiques.*

— Confucius and his immediate Disciples. Section I, Life of Confucius. — Section II, His influence and opinions. — Section III, His immediate Disciples.

Ces articles forment le chap. V, des *Prolégomènes*, pp. 56/128, du vol. I des *Chinese Classics*, du Dr. Legge.

— A Sketch of the Life of Confucius. By the Rev. Joseph Edkins. (*Journal N. C. B. R. A. S.*, Art. 1, vol. II, No. I, pp. 1/19.)

— Sir John Bowring, dans la *Fortnightly Review*, Mai 1868.

— Confucius and the Chinese, or the Prose of Asia. By James Freeman Clarke. (*Atlantic Monthly*, XXIV, 1869, pp. 336/351.)

— Joh. H. Plath. Confucius und seiner Schüler Leben und Lehren. I. Historische Einleitung. München, 1867, in-4, pp. 106. II. Leben des Confucius. *Ibid.*, 1871, pp. 84. III. Die Schüler d. Confucius. Nach Chines. Quellen. *Ibid.*, 1873, in-4, pp. 78.

Abhandlungen d. k. b. Akad. d. Wiss.

— Ueber die Quellen zum Leben des Confucius, namentlich seine sogen. Hausgespräche (Kia iü), 1863, in-8, pp. 40. (*Ibid.*)

— Mayers, *Manual*, No. 819.

— Confucius. Essai historique, par un Missionnaire. Rome, Imprimerie polyglotte de la Propagande; Paris, Challamel, 1874, in-12, pp. 125, Prix : 1 fr. 50.

Par F. Gennevoise.

Notices : par G. K. dans le *Polybiblion*, Mai 1875, pp. 400/1. — *Miss. Cath.*, VI, pp. 330/1.

— Confucius. (*Putnam's Mag.*, IV, 146. — [M. Dods] *Good Words*, XXII, 274, 315. — [C. H. Dall] *Christ. Examiner*, LXXXIV, 175. — [J. Pyne] *American Church Review*, XXIX, 236.)

— Confucius. [By C. H. Butcher.] (*Edinburgh Review*, April 1869, No. CCLXIV, pp. 303/332; réimp. *Littell's Living Age*, CI, 771; et dans *Every Saturday*, VII, 628.)

— Confucius and the Chinese Classics : or Readings in Chinese Literature. Edited and compiled by Rev. A. W. Loomis. San Francisco. A. Roman & Company, in-12, pp. 432.

Les traductions sont extraites de celles du Dr. J. Legge. Voir aussi SC. MOR. ET PHILOSOPHIQUES.

— Les descendants de Confucius. Par Emmanuel Glaser. (*Rev. géog. int.*, fév. 1877, p. 26.)

— Confucius, der Weise China's. Von Martin Haug, Berlin 1880. Verlag von Carl Habel, br. in-8, pp. 32.

Fait partie de *Sammlung gemeinverständlicher wissenschaftlicher Vorträge*, herausgegeben von Rud. Virchow und Fr. von Holtzendorff. XV. Serie. Heft 338.

— Bibliothèque Gilon-Louis Hymans-CONFUCIUS, Le Moraliste et le Législateur de la Chine. — Bureau : 23, Pont St Laurent, Verviers, pet. in-8, pp. 99, s. d. [1882].

— Is Confucius a myth? By Herbert J. Allen. (*Journ. C. B. R. A. S.*, XXI, N. S., 1886, Art. IX, pp. 193/198.)

— Confucianism and Christianity compared. (D. Z. Sheffield.) (*New Englander*, XLVI, 417.)

— Confucius and his Teachings. (G. T. Flanders.) (*Universalist Quarterly*, XLIII, 204.)

— Confucius and his Mission. By Dr. Edkins; Peking. (*Ind. Antiq.*, XVII, 1888, pp. 317/321, 2 pl.)

— The Birth-Place of Confucius. (*N. C. Herald*, April 13, 1888, pp. 423/4.)

— Confucius und seine Lehre. Von Georg von der Gabelentz, Prof. der ostasiatischen Sprachen an der Universität zu Leipzig. Leipzig, F. A. Brockhaus, 1888, br. in-8, pp. 52. Front.

Bib. Nat. $\frac{O^2n}{836}$.

— Confucius and his Teaching. By Georg von der Gabelentz, professor of Eastern Asiatic Languages at the University of Leipzig. (*China Review*, XVII, No. 2, pp. 61/82.)

— * The Famous Men of China. By Rev. Ernst Faber, Theolog. Dr. Allgemeine Evangelisch-Protestantische Missionsgesellschaft. Shanghai, 1889.

Notice : *China Review*, XVII, No. 4, pp. 242/243, par E. J. E[itel].

— Confucius the Great Teacher. A Study by Major-General G. G. Alexander, C. B. . . . London, Kegan Paul, Trench, Trübner & Co., 1890, pet. in-8, pp. XX-314.

— Fire at the House of Confucius. By E. H. Parker. (*China Review*, XV, p. 54.)

— Duke Confucius. By E. H. Parker. (*Ibid.*, XV, p. 376.)

— Rousseau and Confucius. By E. H. Parker. (*Ibid.*, XVII, p. 300.)

— A plain Account of the Life, Labours and Doctrines of Confucius. By E. H. Parker. (*Imp. and As. Quart. Review*, April 1897, pp. 387/412 + 8 pl. de fig. chinoises.)

— Le Tombeau de Confucius. Par Edmond Plauchut. (*Le Temps*, lundi 13 déc. 1897.)

— Zum Grabe des Confucius. (Hesse-Wartegg, *Schantung*, 1898, pp. 168/175.) — Die Vaterstadt des Confucius. (*Ibid.*, pp. 176/188.)

— Lodovico Nocentini — Confucio e la Decadenza Cinese — Prolusione al corso di lingue e letterature dell'estremo Oriente letta l'11 Gennaio 1899 nella R. Università di Roma — Roma, Casa Editrice Italiana, 1899, br. in-8, pp. 25.

— Confucius et la Chine actuelle — Conférence donnée à Tsingtau en Mars 1900 par M. E. Voskamp. (*Chine et Sibérie*, Juillet 1900, pp. 313/320.)

Trad. de l'allemand par Mlle. M. Baugniet.

— Edouard Chavannes. — Confucius. (*Revue de Paris*, 15 février 1903, pp. 827/844.)

Notice : *Bull. Ecole française Extrême-Orient*, III, N° 2, Avril-Juin 1903, p. 342. Par P. P.[elliot.]

— * Ch. Piton. — Konfuzius, der Heilige Chinas. Basel, 1903, in-8, pp. 45.

— Rohrbacher, *Hist. de l'Eglise*, III, pp. 152 seq.

— Voir : RELIGION : *Jou-kiao*. — SCIENCES MORALES ET PHILOSOPHIQUES.

« The family of Confucius is, in my opinion, the most illustrious in the world. After a painful ascent of eight or ten centuries, our barons and princes of Europe are lost in the darkness of the middle ages; but in the vast equality of the Empire of China, the posterity of Confucius have maintained, above two thousand two hundred years, their peaceful honours and perpetual succession. The chief of the family is still revered, by the sovereign and the people, as the lively image of the wisest of mankind. (Gibbon, *Memoirs of my life and writings*, p. 3, Vol. I, of the *Hist. of the Decline*, 1862.)

FAN-LI 范蠡.

— Sur le ministre Fan-li du Royaume de Yué. (*Hist. du Roy. de Ou*, par le P. A. Tscheppe, pp. 157/9.)

FO T'OU TCH'ING 佛圖澄.

— Fo-Thou-Tchhing, Samanéen Indien.

(A. Rémusat, *Biog. univ.*, et *Nouv. Mél. As.*, II, pp. 179/188.)

Tirage à part, br. in-8, pp. 15.

FOUNG TAO 馮道 (ministre, † vers 960).

Weiss, *Biog. univ.* — A. Rémusat, *J. des Savans*, Sept. 1820, pp. 556/7.

HO KOUAN.

— Sketch of the character of Hokwân, the prime minister of China during the last years of Keënlung; his impeachment and condemnation; confiscation of his vast treasures. By E. Stevens. (*Chin. Rep.*, III, pp. 241 seq.; réimp. dans *The Cycle*, 7 Janv. 1871.)

KAO YAO 皐陶 (Ministre de l'Empereur Chouen, † 2204 av. J.-C.).

Art. de F. X. Tessier dans la *Biog. gén.* — Legge, *The Chinese Classics*, III, pp. 45 et 69. — Mayers, *Manual*, 242.

KOUAN I-WOU 管夷吾 ou *KOUAN TCHOUNG* 丨仲.

— Un ministre chinois au VIIe siècle av. J. C. Kuan-tze de Tsi et le *Kuan-tze-shuh*. Par M. C. de Harlez. (*Jour. As.*, IXe Sér., VIII, No. 1, 1896, pp. 26/99.)

Cf. *Kouan Yü*, col. 605/6.

K'IU YOUEN 屈原 4e Siècle av. J.-C. Auteur du *Li-Sao*.

Voir : sa Vie extraite des Mémoires historiques de Sse-ma Tsien (dans le *Li-Sao* du Mis d'Hervey de Saint-Denys), pp. XLVII-LIII. — Wylie, *Notes*, p. 181. — Mayers, *Manual*, No. 326, p. 107.

— Memoir of Kiuh-yuen. By L. M. F.[ay.] (*Chin. and Jap. Rep.*, Nov. 1865, pp. 503/8.)

K'OUNG MING 孔明 (Epoque des Trois Royaumes, 181—234 ap. J.-C.; né au Hou Pé.)

— *Mém. conc. les Chinois*, III, pp. 98/104.

— Voir un article sur ce célèbre ministre dans *The Canton Register*, Vol. II, 1838, No. 10.

— The Tomb of K'ung Ming. By G. M. C. (*Notes & Queries on C. & J.*, III, 1869, pp. 36/7.)

— Notices of Kung Ming, one of the Heroes of the Sán Kwoh Chi. By W. C. Milne. (*Chin. Rep.*, XII, pp. 126/135.)

— Brief Sketches from the Life of K'ung-Ming. By G. C. Stent. (*The China Review*, V, pp. 311/319, 362/7; VI, 83/89, 173/180, 236/242.)

Voir Houng Wou, col. 622.

— Brief Sketches from the life of K'ung-ming, By G. C. S. (*China Review*, V, pp. 311/319, 362/367; VI, pp. 83/89, 173/180, 236/242, 374/380; VII, pp. 33/38, 79/84, 219/228, 377/381; VIII, pp. 47/51, 117/122.)

(Biographie : Divers.)

G. C. S. = G. Carter Stent.

— Mesny's *Chin. Miscel.*, I, p. 118.

— Gaillard, *Var. sin.* No. 23, *Nankin*, p. 36.

KOUO TSEU-I 郭子儀.

— Sketch of Kuo-Tze-Ne; Prime Minister under the Emperor Tien Pao, the 6th Sovereign of the Tang Dynasty. (*Shanghai Budget*, Feb. 13, 1873.)

— Mayers *Manual*, No. 306.

JONG-LOU 榮祿.

† 11 avril 1903.

— Yung Lu, The Manchu Autocrat. (*Lond. & China Teleg.*, April 14, 1903, p. 294.)

— The First Grand Secretary Yung Lu. (*N. C. Herald*, Nov. 12, 1902, pp. 985/6.)

— La mort et la succession de Young-Lou. (*Bul. Com. Asie franç.*, Mai 1903, pp. 220/1.)

— Notice par H. C.[ordier]. (*T'oung Pao*, Sér. II, Vol. IV, Mai 1903, p. 163.)

— H. Cordier, *Hist. des Rel. de la Chine.*

LI HAN-TCHANG 李瀚章.

— The Name of Li Hang Chang's Mother. By J. Dyer Ball. (*China Review*, XI, p. 401.)

LI HOUNG-TCHANG 李鴻章. Né 15 février 1823; † 7 nov. 1901.

— His Excellency Li Hung-chang. (*The Far East*, I, 1876, No. 3, pp. 73/5, avec une photog., No. 4, pp. 99/100.)

— Voir le *N. C. Herald* et la *Gazette de Peking* depuis 1862, ainsi que les publications relatives à la rébellion des T'ai-P'ing.

— Modern Biography in China. — The grand secretary Li. By F. B. (*China Review*, IX, pp. 33/36.)

— How Li refers to his Deceased Mother. (*Ibid.*, XI, p. 333.)

— Un homme d'état chinois — Li Hong-tchang. (*Le Gaulois*, 8 Juin 1883.) Par Kao [Henri Cordier]. (Réimp. dans le *T'oung Pao*, VII, 1896, pp. 257/261.)

— Li Hung-chang, a Chinese General. (*Saturday Review*, LVI, 176; réimp. *Eclectic Mag.*, CI, 680.)

— His Excellency Li Hung-chang, Viceroy of China. [Note communicated by the Rev. F. Galpin, of Hankow.] Port. (*Jour. Manchester Geog. Soc.*, VI, 1890, p. 35.)

— Li-hung-tchang. (*Rev. Indo-Chinoise*, No. 91, 16 juillet 1900, p. 684.)

— Li Hung Chang. By A. Michie. (*Nineteenth Century*, XL, Aug. 1896, pp. 226/239.)

— Li Hung-chang. By Alexander Michie. (*Blackwood's Mag.*, CLXX, Dec. 1901, pp. 836/851.)

— Li Hung chang's Visit. (*Ibid.*, CLX, 1896, October, pp. 526/532.)

— Li-Hung Chang : a Character Sketch. By Gilbert Reid. (*The Forum*, Feb. 1902, pp. 723-729.)

— Li-Hong-Tchang. (*Bull. Com. Asie française*, Nov. 1901, pp. 348/351.)

— La visite de Li Houng-tchang à Schéveningue par G. Schlegel. (*T'oung Pao*, VII, N° 4, Oct. 1896, pp. 407/413.)

— Li Houng-tchang 李鴻章. Nécrologie par Henri Cordier. (*Ibid.*, 2e Sér., II, N° 5, Déc. 1901, p. 387.)

(Biographie : Divers.)

— Francesco Cerone — Li-hon-ciàng e la Politica Cinese nella seconda metà del secolo XIX. Opera approvata dal R. Istituto Orientale. Napoli, Tocco, Salvietti & Garta, pet. in-8, pp. xv-196 + 1 f. n. ch. p. l. tab.

— Li Hung-chang. His Life and Times. By Mrs. Archibald Little. With Several Portraits, and a Map. London, Cassell & Co., MCMIII, in-8, pp. VIII-356.

Notices : *The Athenaeum*, Nov. 14, 1903, No. 3968. — *Lond. & China Express*, 4 Dec. 1903. — *Imp. & As. Quart. Rev.*, April 1904, pp. 421/3, by E. H. Parker.

— Li Hung-chang. By Prof. Robert K. Douglas. London, Bliss, Sands and Foster, 1895, in-8, pp. 251.

Fait partie de la collection « Public Men of To-day — An International Series. Edited by S. H. Jeyes. »

— H. Cordier, *Hist. des Relat. de la Chine*, passim.

LI PING-HÊNG 李秉衡.

— The Imperial Commissioner of the Yang-tze. (*N. C. Herald*, Dec. 4, 1899, p. 1133.)

LI TAI-PÉ 李太白. Poète du 8e siècle ap. J.-C.

— *Mém. conc. les Chinois*, V, pp. 396/404. — T. Pavie : *Contes et Nouvelles*, 1839, in-8.

— L. M. F.[ay.] «Distinguished Men of the Tang Dynasty.» (*Ch. & Jap. Rep.*, II, 1864, pp. 19/22.) — Hervey St.-Denys : «*Poésies de l'époque des Thang*», pp. CVI-CXII. — Wylie, *Notes*, p. 183. — Mayers, *Manual*, No. 361.

— On Li T'ai-po, with examples of his poetry, by J. Edkins, D. D. Paper read before the Society, on December 21st 1888. (*Jour. Peking Oriental Soc.*, Vol. II, No. 5, Peking, 1890, pp. 317/364.)

— Li Tai-Po as a poet. By Joseph Edkins. (*China Review*, XVII, No. 1, pp. 35/37.)

LIEOU K'OUEN-YI, Vice-roi des Deux Kiang.

— Lieou K'ouen-yi 劉坤一. Nécrologie par H. C.[ordier]. (*T'oung Pao*, 2e Sér., III, No 5, Déc. 1902, p. 339.)

Né le 21 janvier 1830, à Hêng-yang, dans le Hou-Nan ; † à Nan-King, le 6 oct. 1902.

— Liou-Koun-Yi. (*Bull. Com. Asie française*, Oct. 1902, pp. 459/460.)

LIN TSI-SIU 林則徐 (homme d'Etat, 1785—1850).

— Life and Writings of Commissioner Lin. On the Character and Writings of Commissioner Lin Tsih-seu : By Dr. Bowring. Read to the Society, 14 Dec. 1852. (*Trans. China B. R. As. Soc.*, Part III, Art. VII, pp. 57/91.)

— Mayers, *Manual*, No. 394.

Voir le chap. consacré aux Relations de la Chine avec l'Angleterre dans la 3e partie de cet ouvrage.

LIU POU-WEI 呂不韋 (Dyn. Tsin).

— Lü-Puh-wei, or from Merchant to Chancellor. By Ch. Piton. (*China Review*, XIII, pp. 365/374.)

(BIOGRAPHIE : DIVERS.)

LO FOUNG-LOU.

— Lo Foung-lou 羅豐祿. Nécrologie par Henri Cordier. (*T'oung Pao*, IIe Série, Vol. IV, No 3, Juill. 1903, p. 256.)

† 9 juin à Fou-tcheou.

LO PING-TCHANG 駱秉章 (1798-1867.)

— Notices of Lok Ping-Cheung late Governor General of Sze chuen. By Rev. C. F. Preston. (*Jour. N. C. B. R. As. Soc.*, Dec. 1868, Art. V, pp. 67/77.)

— Mayers, *Manual*, No. 425.

— H. Cordier, *Hist. des Relat. de la Chine.*

MA TOUAN-LIN 馬端臨 (XIIIe et XIVe Siècles). Savant Chinois.

Sa biographie par Abel-Rémusat se trouve dans les *Nouveaux Mél. Asiatiques*, II, pp. 166/173. — Cette biographie a été traduite en anglais, par Mrs. Coolidge pour le *Chinese Repository*, IX, pp. 143/147.

On consultera également sur l'Encyclopédie de ce savant, les *Notes* de A. Wylie, pp. 55/56. M. Mayers, dans son *Manual*, ne lui consacre que huit lignes. (Vide No. 476, p. 149.)

MENG KO 孟軻 ou *MENG TSEU* 孟子 plus connu sous le nom latin de *Mencius.*

— *Mém. conc. les Chinois*, III, pp. 45—51. — XIII, *Abrégé.*

— Sa biographie par Abel-Rémusat se trouve dans les *Nouv. Mél. As.*, II, pp. 115—129. — Elle avait d'abord paru dans la *Biog. universelle.*

— Cette biographie a été traduite en anglais dans *The Canton Register*, 1834, pp. 120, etc., et par Mrs. Coolidge pour le *Chinese Repository*, X, 1841, pp. 320—328 ; en latin par S. Julien dans son édition de *Mencius.* (1824, pp. VII—XVII.)

— Voir : Mayers, *Manual*, No. 494, pp. 153—154.

— Memcivs sive Mentivs Sinensivm post Confvcivm Philosophvs opt. Max. Ad clarissimos et Praenobilissimos viros Christian. Wilh. Kvstnervm Procos. Lips. G. W. Filivm. A. M et Ioannem Carolvm Steinel A. M Libellus singularis Ioannis Bened. Carpzov. Lipsiae A. D. XXI. Febr. A. I. S. CIƆIƆCCXXXXIII, in-8, pp 52.

— Pauthier, art. *Meng-tseu*, dans le *Dict. des Sc. Philosophiques.*

— Léon de Rosny. Meng-tsze, philosophe chinois du IVe siècle avant notre ère. (*Variétés Orientales*, 3e éd., pp. 238/254.) Il y a en note des listes de versions orientales.

— Mencius and his Disciples. — Section I, Life of Mencius. — Section II, His Influence and Opinions. — Section III, The Disciples of Mencius. — Appendix : I. That the Nature is Evil. By the Philosopher Seun. — II. An Examination of the nature of man. By Han Wân-kung.

Ces articles forment le Chap. II, des *Prolégomènes*, pp. 15—94, du Vol. II des *Chinese Classics*, du Dr. Legge.

— Very Rev. Dean C. H. Butcher, *Edinburgh Review*, No. 289, July 1875, Art. III, pp. 65—88.

— The mother of Mencius. By C. Arendt. (*China Review*, XII, pp. 314/319.)

— Tsiu-hien, die Vaterstadt des Mencius. (Hesse-Wartegg, *Schantung*, 1898, pp. 189/194.)

— Rohrbacher, III, p. 163. — Voir : SC. MOR. & PHILOSOPHIQUES.

(BIOGRAPHIE : DIVERS.)

22

PAN-KOU 班固. Historien du 1er S. ap. J.-C.

— *Mém. conc. les Chinois*, I, pp. 84/5. — Wylie, *Notes*, p. 14. — Mayers, *Manual*, No. 534.

Cet historien est l'auteur du *Ts'ien Han chou* 前漢書

PAN TCHAO 班昭 (Sœur de l'historien Pan Kou).

— *Mém. conc. les Chinois*, III, pp. 361/386, avec port. (L'ouvrage de cette femme célèbre «*Niu-kie-tsi-pien*, les sept articles sous lesquels sont compris les principaux devoirs des personnes du sexe» est traduit, l. c., pp. 368 seq.)

— Mayers, *Manual*, No. 535.

PAN TCH'AO 班超 (Dynastie des Han).

— Pan-Chau, of the Han-Dynasty, the Hero of Thibet by L. M. F.[ay.] (*Chin. & Jap. Rep.*, Oct. 1864, pp. 98/100.)

— Mayers, *Manual*, No. 536.

PE KIU-YI 白居易 ou *PE LO-T'IEN* 白樂天, poète de la dynastie des T'ang (772—846.)

— Der chinesische Dichter Pe-lŏ-thien. Von Dr. August Pfizmaier. Wien, 1886, Carl Gerold's Sohn, br. in-4, pp. 80.

Separatabdruck aus dem XXXVI. Bande d. *Denkschriften d. Phil.-Hist. Cl. d. Kaiserl. Ak. d. Wissenschaften.*

— Mayers, *Manual*, No. 546.

SIU KOUANG-K'I 徐光啓 (1562-1633).

«La famille de ces *Siu* 徐, fixée aujourd'hui à *Chang-hai* et aux environs, habitait le pays de *K'ai-fong fou* au début de la dynastie des *Song* (960—1280). La ville de *Chang-hai* montre un temple et un portique d'honneur, *p'ai-leou*, élevé à la mémoire de *Siu Kouang k'i*. Sa tombe mandarinale se voit près de la route qui mène à *Zi-ka-wei.*» (Gaillard, *Nankin*, *Var. Sin.* No. 23, p. 211.)

On consultera sur ce célèbre personnage, protecteur des Chrétiens, les ouvrages généraux de Semedo, de Du Halde et les lettres citées au chapitre du Catholicisme où il est également traité de Candide Hiu.

— Notice of Seu Kwang-ke (by A. Wylie). (*N. C. Herald*, No. 72, 13 Dec. 1851 seq.; réimp. dans *The Shanghai Miscellany* pour 1852, 10 pages; et pour 1853, 13 pages.)

— Mayers, *Manual*, No. 645.

— E. Moreau. — *Rel. de Chine*, I, 1903, pp. 79/80.

— 徐文定公墨蹟 [1903]. Souvenir du 300e Anniversaire du baptême de Siu Kouang-k'i, 1 *peun* en chinois, «Autographes de Siu Wen-ting», Chang-Hai, 1903, lithog. Hong pao tchai.

Notice par Ed. Chavannes, *T'oung Pao*, 1904, pp. 207/8.

SOU TOUNG P'O 蘇東坡 Homme d'Etat, poète, etc. (1036—1101 ap. J.-C.)

— Notices of the complete Works of Su Tung-po, comprised in twenty-six volumes 8vo. By a Correspondent. [C. Gützlaff.] (*Chin. Rep.*, XI, 1842, pp. 132-141.)

— Voir *The Chin. Rep.*, XX, pp. 207/8.

— Su Tung-p'o. (From an unpublished History of the Kwangtung Province.) By E. C. Bowra. (*The China Review*, I, pp. 32/37.)

— Wylie, *Notes*, pp. 29, 78, 119, 124, 131, 132, 133, 173, 183, 184 et 185.

— Su Tung-p'o in Hainan. By J. N. Jordan. (*China Review*, XII, pp. 31/41.)

— The Poet Su Tung-po. (Holcombe, *Mystic Flowery Land*, 1896, Ch. XXIII, pp. 168/176.)

— Mayers, *Manual*, No. 623.

SOU WOU 蘇武 (Dynastie des Han).

— *Mém. conc. les Chinois*, III, pp. 317/360, avec portrait.

— Su Wu — the faithful Ambassador to Tartary. By L. M. F.[ay.] (*Chin. & Jap. Rep.*, Nov. 1864, pp. 144/50.)

— Mayers, *Manual*, No. 628.

SE-MA KOUANG 司馬光 XIe Siècle ap. J.-C., ministre et historien chinois.

— Abel-Rémusat, *Nouv. Mél. As.*, II, pp. 149/165.

Cette biographie a été traduite en anglais par Mrs. Coolidge pour le *Chinese Repository*, IX, pp. 274/283.

On consultera également sur Se-ma Kouang les *Notes* de A. Wylie, pp. 8, 9, 20, 22, 64, 69, 152, 183 et la courte notice que lui a consacrée Mayers dans son *Manual* (No. 656, pp. 199/200); et sa biographie par le Père Amiot dans les *Mémoires concernant les Chinois*, X, pp. 1/70; voir ce même recueil, I, pp. 85 seq.

SE-MA T'AN 司馬談 historien chinois [2e Siècle av. J.-C.].

Sa biographie par Abel-Rémusat se trouve dans les *Nouv. Mél. As.*, II, pp. 130/131. — Cette biographie a été traduite en anglais par Mrs. Coolidge pour le *Chinese Repository*, IX, pp. 210/211.

— Voir Wylie, p. 14, et Mayers (No. 650, p. 201).

SE-MA TCHING 司馬貞 (historien du 6e et du 7e S. ap. J.-C.).

— *Mém. conc. les Chinois*, I, p. 85. — A. Rémusat. (*Nouv. Mél. As.*, II, pp. 147/148.) — Mayers, *Manual*, No. 653.

SE-MA TS'IEN 司馬遷 historien chinois [fils de Se-ma T'an, 2e et 1er Siècles av. J.-C.].

Sa biographie par Abel-Rémusat se trouve dans les *Nouv. Mél. As.*, II, pp. 132/146. — Cette biographie a été traduite en anglais par Mrs. Coolidge pour le *Chinese Repository*, IX, pp. 211/219.

On consultera également la biographie du *Père de l'Histoire chez les Chinois* par le P. Amiot dans les *Mémoires concernant les Chinois*, III, pp 77—89; — dans Mayers, No. 660, p. 201; — dans Wylie, voir sur ses ouvrages les pages 12, 13, 14, 24, 65.

— Sz-ma Tsien, the Historian. (*Chin. & Jap. Rep.*, Jan. 1865, pp. 14/16.)

— Voir Ed. Chavannes, col. 603/4.

TA KOU 大姑 (Dynastie des Han).

— Ta Koo, a Chinese Lady of the Second Century, by L. M. F.[ay.] (*Chin. & Jap. Rep.*, Sept. 1864, pp. 51/4.)

— Mayers, *Manual*, No. 535.

TAO MO.

— T'ao Mo 陶模. Nécrologie par H. C.[ordier.] (*T'oung Pao*, Sér. II, Vol. IV, No 1, Mars 1903, p. 72.)

TCHANG TCHI-TOUNG 張之洞 né en 1835, district de Nan p'i 南皮 dans le Tche-li.

— Memorial contre la Russie et Tch'oung heou, trad. anglaise et notes. (*N. C. Herald*, May 18, 1880, pp. 432/434.)

— Série d'Orient, No. 1 — Tchang Tche-t'ong, Vice-Roi du Hou-Koang — 篇學勸 *K'ien-Hio P'ien* [Exhortations à l'Etude], Ouvrage traduit du Chinois par Jérôme Tobar S. J. et précédé d'une notice biographique par J. Em. Lemière, Rédacteur en chef de l'*Echo de Chine*. Shanghaï, Imprimerie de la Presse orientale, 1898, pet. in-4, pp. vii-2-70.

Avec le portrait de 張之洞.

— China's Only Hope An Appeal By Her Greatest Viceroy, Chang Chih-tung, with the Sanction of the Present Emperor, Kwang Sü. Translated from the Chinese Edition by Samuel I. Woodbridge. Introduction by Griffith John, D. D. Edinburgh and London, Oliphant, Anderson & Ferrier, 1901, pet. in-8, pp. 151, 3*s* 6*d*.

Notices : *Lond. & China Express*, Feb. 8, 1901. — *T'oung Pao*, Oct. 1901, pp. 294/5, par Henri Cordier.

— Chang Chih-t'ung's Recipe for reforming the Empire. By Rev. Arthur H. Smith. (*Mission. Rev.*, XIII, Jan. 1900, p. 36.)

— H. E. Chang Chih Tung on Reform in China. By C. Bone. (*China Review*, XXIII, N° 6, pp. 301/310.)

— Tchang Tche-tong, Vice-Roi des Deux Hou. (*Chine et Sibérie*, Juin 1901, pp. 265/270, Portrait.)

— An Hour with Chang Chih-tung. By Griffith John. (*N. C. Herald*, Nov. 19, 1902, pp. 1077/8.)

— Un réformateur chinois Chang-Chih-Toung. Par René Moreux. (*Bul. Com. Asie française*, Fév. 1903, pp. 66/70.)

— Chang Chih-Tung and the Reform Movement in China. By L. Odontius. (Translated from the German by E. Zillig. (*East of Asia*, Vol. 1, N° 1, pp. 19/42.)

— Chang Chih-tung und die Reformbewegung in China. Von L. Odontius. (*Der Ferne Osten*, Bd. 1, Heft 1, pp. 41/66.)

— Ode In honour of H. M. Kuang Hsu on the occasion of His last birthday, composed by H. E. Chang Kung-pao (Chang Chih-tung), the Hukuang Viceroy. (Translated by K. Hemeling.) (*East of Asia*, I, No. 3, pp. 273/277.)

— Une Supplique de Tchang Tchi-toung (27 Décembre 1870). (*T'oung Pao*, Série II, Vol. IV, N° 4, Oct. 1903, pp. 344/350.)

Pub. par Henri Cordier.

(Biographie : Divers.)

TCHAO KIUN 昭君, femme célèbre. (Dynastie des Han.)

— Mayers, *Manual*, No. 45.

— Memoir of Chau-woo. By L. M. F.[ay.] (*Ch. & Jap. Rep.*, Dec. 1865, pp. 545/7.)

TCH'EN KI-T'OUNG 陳季同.

— Cf. *T'oung Pao*, III, No. 1, mars 1892, pp. 80/85; IV, No. 4, oct. 1893, pp. 379/380.

— Foucault de Mondion. — Quand j'étais mandarin. Paris, Savine, 1890 [1889], in-18, pp. 330.

— *Le Figaro*, 24 juin 1894, Art. de Flourens. — 11 juillet 1894, Art. de René de Pont-Jest.

— Le Général Tcheng-ki-tong. Par Henri Bryois. (*Revue illustrée*, Paris, 1 avril 1891, pp. 289/292, Portrait sur la couverture.)

Ce portrait n'a aucune ressemblance avec l'original.

— H. Cordier, *Hist. des Rel.*, III, pp. 68/71.

TCHEN TCHEOU-LI.

Personnage imaginaire. Ne pas considérer comme sérieux l'ouvrage suivant qui n'est qu'une brochure politique française :

— Histoire véritable de Tchen-Tcheou-Li, mandarin lettré, premier ministre et favori de l'empereur Tien-ki, Ecrite par lui-même, et traduite du Chinois; par Alexandre Barginet (de Grenoble). A Paris, Nadau, 1822, in-8, pp. iv-74.

On lit dans le *Catalogue des ouvrages .... poursuivis, supprimés ou condamnés*, de F. Drujon, Paris, Rouveyre, 1878, p. 198, au sujet de ce livre : «Cet opuscule qui offrait, sous des noms chinois, l'histoire d'un ministre récemment disgracié et celle des personnages qui avaient pris la plus de part à son administration, a été condamné à la destruction, par arrêt de la Cour royale de Paris, du 19 août 1822, confirmatif d'un jugement du Tribunal correctionnel de la Seine, en date du 4 juin précédent, prononçant la peine de 13 mois d'emprisonnement et 1,000 fr. d'amende contre le libraire Jean-Marie-André Nadau, déclaré coupable, à raison de la susdite publication, d'excitation à la haine et au mépris du gouvernement du roi, d'offenses envers les princes et une princesse de la famille royale, d'attaques aux droits que le roi tient de sa naissance et à ceux en vertu desquels il a donné la Charte, enfin, de provocation à la désobéissance aux lois.» (*Moniteur* du 26 mars 1825.)

TCHEOU KONG 周公. (Frère de Wou wang, premier emp. de la dynastie des Tcheou, † 1105, av. J.-C.)

— Weiss, dans la *Biog. univ.* — Legge, *Shoo King*, Pt. II, p. 545. — Mayers, *Manual*, No. 67. — Voir col. 607/8.

TCHENG TCH'ENG-KONG 鄭成功.

Connu des Européens sous le nom de Koxinga.

— Art. de Weiss dans la *Biog. univ.* — Mayers, *Manual*, No. 62 a.

Voir le chap. consacré à *Formose*, col. 285—286.

— *Magalhaens* (*G. de*). Relação das tyranias obradas por Canghien Chungo famoso ladrão da China em o anno de 1651.

«Da qual extrahio o P. Martino Hist. de bello Tartarico, p. 185, tudo quanto escreveo nesta materia, como elle ingenuosamente confessa.» (Barbosa.) — De Backer.

TCHEN TCHONG-MIN.

— A Memoir of Chin Chung-min (the Hero

(Biographie : Divers.)

22*

of Wúsung), who always followed a correct line of conduct. Translated for the Repository by [Rev. W. H. Medhurst]. — (*Chin. Rep.*, XIII, pp. 247/261.)

TCH'OUNG-HEOU.

— Tch'oung Heou gracié (Couvreur, *Documents*, pp. 205/7.)

— Tchong-Heou [宗顏崇厚]. Par Tching-tchang. (*T'oung Pao*, IV, No. 4, Oct. 1893, pp. 385/6.)

Né en 1824; † avril 1893.

TOU FOU 杜甫. Poète du 8e S. ap. J.-C.

— *Mém. conc. les Chinois*, V, pp. 386/396. — A. Rémusat, *Nouv. Mél. As.*, II, pp. 174/178. — Hervey St.-Denys, *Poésies des Thang*, pp. 73/81. — Wylie, *Notes*, pp. 198, 200, 201. — Mayers, *Manual*, No. 680.

— Life of Tu-fu (杜甫), the Poet. A. D. 712—770. By Mrs. Mary Elwin. (*Chin. Rec.*, XXX, Dec. 1899, pp. 584/590.)

TOUNG YEN.

— Sketch of Tung-yen. A celebrated Court Favourite of the Han Dynasty. (*Shanghai Budget*, 6 July 1872.)

— The Favourite of Gai-wang of the Han Dynasty. By L. M. F[ay]. (*Chin. & Jap. Rep.*, March 1865, pp. 102/5.)

TS'AO TS'AO 曹操. Ministre, 3e S. ap. J.-C.

— Art. de Klaproth, *Biog. univ.* — Mayers, *Manual*, No. 768.

TSAOU TSEU-KIEN. (3e S. ap. J.-C.)

— Biography by P. P. T.[homs.] (*Asiatic Journal*, New Series, III, pp. 72/5.)

TSEU TCH'AN 子產.

— Tsz Ch'an of Cheng. (*China Review*, X, p. 70.)

TSENG KI-TSE 曾紀澤.

— Extracts from the Diary of Tseng Hou-yeh, Chinese Minister to England and France. Translated by J. N. Jordan. (*China Review*, XI, pp. 135/146.)

— Le Journal d'un diplomate chinois en Europe. [Par Henri Cordier.] (*Journal des Débats*, mardi, 22 mai 1883.)

— J. N. Jordan. — Extracts from the Diary of the Marquis Tseng. (*Nineteenth Century*, Dec. 1883, XIV, pp. 989/1002.)

— The Diary of Marquis Tseng. By Rev. A. P. Parker, D. D. (*Chin. Rec.*, XXII, No. 7, July 1891, pp. 297/304; *Ibid.*, No. 8, Aug. 1891, pp. 345/351.)

Read before the Soochow Missionary Association.

— L'audience de congé du Marquis Tsêng à Pékin (1878). Par A. Vissière. (*Rev. d'Hist. dip.*, 1902, pp. 176/188.)

Trad. du Journal de Tseng.

— Le Navire à vapeur, poésie chinoise par le Marquis Tseng, trad. et commentée par A. Vissière. (*Chine et Sibérie*, Juillet 1901, pp. 289/290.)

TSENG KOUO-FAN 曾國藩 (homme d'état, † le 12 mars 1872).

— Tseng Kouo-fan. (*Le Nouvelliste de Shang-hai*, 25 mars 1872, d'après *l'Evening Courier*.)

— The last days of Tseng-kwo-fan, translated from the *Peking Gazette*, by Miss L. M. Fay, Shanghai. (*The Phoenix*, No. 29, Nov. 1872.) — Mayers, *Manual*, No. 738.

— Birth of Tsêng Kuo-fan. By C. I. H.[uart.] (*Journ. C. B. R. A. S.*, N. S., XX, 1885, p. 184.)

Né le 11e jour du 10e mois de la 16e année de Kia-K'ing = Mardi, 26 nov. 1811, à Siang Hiang, District de Tchang-cha (Hou-Nan).

求闕齋弟子記 *K'iéou-k'iué tchai ti tseu ki.* (Biographie [en Chinois] de Tseng Kouo-fan, par Wang Ting-ngan, 王定安.) — S. l. n. d., 16 *peun* en 4 *tao*, in-8.

— The published Letters of the Senior Marquess Tsêng. Translated by E. H. Parker. (*China Review*, XVIII, 6, 1890, pp. 347—365.)

TSENG SEN 曾參 (philosophe chinois, disciple de Confucius, 6e S. av. J.-C.).

— *Mém. conc. les Chinois*, XIII, *Abrégé de la Vie* . . . — A. Rémusat, *Nouv. Mél. As.*, II, pp. 106/109. — Mayers, *Manual*, No. 739.

Ce philosophe a écrit les dix derniers des onze chapitres du *Ta hio* (Le premier chap. est de Confucius.)

TSEU SE 子思 (philosophe chinois, du 5e S. av. J.-C.).

— *Mém. conc. les Chinois*, XIII, *Abrégé de la Vie* . . . — A. Rémusat, *Nouv. Mél. As.*, II, pp. 110/114. — Mayers, *Manual*, No. 321.

On attribue le *Tchoung Young* à ce philosophe, petit-fils de Confucius.

WANG NGAN-CHE 王安石 Ministre. (Dynastie des Soung, 1021—1086.)

« La tombe de Wang Ngan-che se trouve un peu au nord de Sié-kong touen 謝公墩 [Nan-king]; mais on n'y trouve rien qu'un petit bouquet de sapins. » (Gaillard, *Nankin*, *Var. Sin.*, No. 23, p. 137.)

— Wang An-shih, The « Innovator ». (From an unpublished Paper on the Province of Kiang-si.) By H. Kopsch. (*The China Review*, II, pp. 29/33, 74/80.)

— Mayers, *Manual*, No. 807.

— Un socialiste chinois au XIe siècle. (*Revue des Deux Mondes*, XXXVII, 15 fév. 1880, pp. 922/934, par C. de Varigny.)

— The Edward Bellamy of China : or The Political Condition of the Middle Sungs. By Rev. Isaac T. Headland. [Methodist Episcopal Mission.] (*Chin. Rec.*, XXV, May 1894, pp. 205/213; June 1894, pp. 259/264.)

WANG MANG 王莽, usurpateur Chinois, 1er S. ap. J.-C.

— Art. de Klaproth, dans la *Biog. univ.* — Mayers, *Manual*, No. 804.

WANG TCH'ONG 王充.

— The critical disquisitions of Wang Ch'ung. By A. B. Hutchinson. (*China Review*, VII, pp. 39/46, 85/91, 167/175, 237/242, 305/308, 373/377; VIII, pp. 39/47.)

— Wang-Chung and Plato on Death and Immortality. By A. Forke, Dr. Jur. (*Jour. China Br. R. As. Soc.*, N. S., XXXI, No. 1, 1896—97, pp. 40/60.)

«In his autobiography, forming the last book of the *Lun-hêng*, Wang-chung tells us that in the third year Chien-wu, *i. e.* 27 A. D., he was born in the city of Shan Yü, in Hui-chi district, the modern Shao-hsing-fu in Chekiang; and further on we are informed that, when he was 70—71 years of age he felt his death approaching. Thus we may safely assume that he died in 98 A. D., that is to say, his life fell just in the beginning of the later Han Dynasty.»

— Mayers, *Manual*, No. 795.

WEN TI'EN-SIANG 文天祥.

— The last of the Chinese. An Episode in Oriental History. By E. C. Bowra & Alfred Lister. (*The China Review*, III, pp. 257/269.)

— Sketch of Wen Tien hsiang. The Sung Dynasty. A. D. 1281. By L. M. F.[ay.] (*The Far East*, May 1877, pp. 100/2.)

— Mayers, *Manual*, No. 854.

WOU T'ING-FANG 伍廷芳.

— * His Excellency Wu Ting-fang, Chinese Minister at Washington. (*World's Work*, I, Dec. 1900, p. 177.)

Y HIANG, astronome Chinois, première moitié du VIIIe S. de l'ère chrétienne.

— Art. de Klaproth, *Biog. universelle*.

YOUEN CHE-K'AI 袁世凱.

— Der Gouverneur von Schantung. Von Dr. Georg Wegener. (Mit Bildnis.) (*Deutsche Kolonialzeitung*, 27 Juni 1901, pp. 249/250.)

Antiquités.

1° ÉPIGRAPHIE.

1° *INSCRIPTION DE YU* 禹碑 *Yu-Pei.*

Cette inscription a d'abord été gravée sur un rocher du Heng chan, dans la Province moderne de Hou Kouang; elle a été ensuite reproduite à Si-ngan fou, puis dans d'autres villes. Cette histoire est considérée comme apocryphe.

— Il y a une traduction ms. de l'Inscription de Yu, par le P. Amiot (1777) à la Bib. nationale, N. F. Chinois 2154; Courant, No. 1170; outre cette trad. le vol. renferme une copie ms. du texte original avec la lecture en caractères usuels et la prononciation en lettres latines.

— Monument de Yu, ou la plus ancienne inscription de la Chine; suivie de trente-deux formes d'anciens caractères chinois, avec quelques remarques sur cette inscription et sur ces caractères, par Joseph Hager. A Paris, chez Treuttel et Wurtz, libraires, de l'imprimerie de Pierre Didot l'aîné au Louvre. An X. MDCCCII. In-folio, pp. 12 et 29 pl.

Klaproth avait ajouté la note suivante à son exemplaire (Cat. No. 1356. Vend. 10 fr.) : «Les numéros mis aux 32 sortes d'écritures répondent à ceux des volumes de l'édition chinoise, et par conséquent aux explications qu'Amiot a extraites p. 126 et suiv. de l'*Eloge de Moukden*. J'ai mis les noms chinois et mandchoux dans mon exemplaire.»

— Ueber das Monument de Yu des Herrn Dr. Hager, Auszug eines Schreibens, des Herausgebers an Herrn M. (*As. Mag.*, Klaproth, II, pp. 473/6.)

Voir : Hager, *Elementary Characters of the Chinese*, London, 1801.

— 神禹碑正義 Inschrift des Yü, übersetzt und erklärt von Julius von Klaproth. Halle, im Verlage der Waisenhausbuchhandlung, 1811, in-4, pp. 49.

Vend. Klaproth (1357) Fr. 12, 50, pap. vél.; 1358, Fr. 13, avec notes ms. de K.

— Sur l'inscription attribuée à l'empereur Iu. (A. Rémusat, *Mél. As.*, II, pp. 272/276.)

— The Tablet of Yü, by W. H. Medhurst, Esq., H. B. M.'s Consul at Hankow. (*Jour. N. C. B. R. A. S.*, Déc. 1868, No. V, pp. 78/84, 2 Pl.)

— The Tablet of Yü, by Christopher T. Gardner. (*The China Review*, II, 1874, pp. 293/306.)

Une partie de cet article est reproduite dans *The Far East*, Sept. 1877, pp. 71/2. Une photographie d'une impression de l'inscription prise à Chao-hing, par le Dr. D. J. Macgowan, est insérée, l. c., p. 70.

— Williams' *Middle Kingdom*, II, pp. 204/205. — Voir *Yu*, col. 604.

— Yu's Tablet. By John Archibald. (*East of Asia*, I, No. 3, pp. 297/300.)

Wou-tch'ang Facsimile.

2° *LES TAMBOURS DE PIERRE DE LA DYNASTIE TCHEOU.*

— Sur les tambours de pierre de la dynastie Tcheou, voir un passage d'une lettre du Père de Mailla sur les caractères chinois dans le *Chou-king* de Gaubil (1770), p. 384.

— Hager écrit dans le *Panthéon Chinois*, Note, pp. XXIX-XXX :

«*Ché-kou*, ou tambours de pierre, sont dix cylindres qui se conservent dans le magnifique temple de Confucius à Pékin. Le P. Mailla en envoya une copie en 1725, et le P. Amiot une autre en 1769; mais toutes les deux sont égarées. Malgré les soins que nous nous sommes donnés soit à Versailles, au dépôt de la marine, soit à Paris, où M. Buache fit faire de nouvelles recherches, nous n'avons pu les découvrir. Ces inscriptions prétendues du huitième ou neuvième siècle avant J.-C., dont 325 caractères seulement sont encore lisibles, ne servent pas plus à constater aucun point historique que le monument de *Yu*. Nous regrettons donc moins la perte de cette antiquité, envoyée déjà à deux reprises de Pékin. Voyez là-dessus une note de M. Deshauterayes, dans l'*Hist. gén. de la Chine*, et la lettre du P. Mailla, dans le *Chou-king* français; ainsi que l'ouvrage qui a pour titre : *De l'imprimerie*, p. 653 et 654; et enfin Fréret, *Hist. crit. de l'écrit. chin.* dans le Vol. XV des *Mém. de l'Ac. des Inscriptions*.»

— The Stone Drums of the Chow Dynasty. By S. W. Bushell, B. Sc., M. D. Read before the Society on Nov. 18th. 1873. (*Journ. N. C. B. R. A. S.*, N. Ser.; VIII, 1873, Art. VIII, pp. 133 seq.)

Art. remarquable par le médecin de la légation anglaise à Peking; il y en a une notice dans *The Athenaeum*, No. 2443, 22 Aug. 1874.

3° *INSCRIPTION DE KIU-YOUNG KOUAN* 居庸關 (1345).

Kiu-young kouan, dépend de la préfecture secondaire de Tch'ang-p'ing 昌平, province de Tche-li, route de Pe-king à Kalgan. — Les six inscriptions sont en Sanscrit, Tibétain, Mongol en caractères 'Phags-pa lama, Turc ouïgour, Chinois, et Si-hia.

— Remarks on some impressions from a Lapidary Inscription at Keu-yung-kwan, on the Great Wall near Peking. By A. Wylie Esq. (*Journal N. C. B. R. A. S.*, No. I, N. S., pp. 133/136.)

— On an Ancient Buddhist Inscription at Keu-yung-kwan, in North China. By A. Wylie. (*J. R. As. Soc.*, N. S., Vol. V, Pt. I, 1870, pp. 14/44.)

— Facsimile réduit dans le *Marco Polo*, de Yule, 2d ed., I, p. 30. — Remplacé dans la 3e éd. de Yule par des fig. tirées du *Recueil* du Prince R. Bonaparte.

— The Buddhist Inscription at Keu-yung-kwan. By Rev. S. Beal. (*Ind. Antiq.*, IX, 1880, pp. 195/6.)

— Note sur l'inscription bouddhique et la passe de Kiu-young-kouan près de la grande muraille. Par Camille Imbault-Huart. (*Rev. de l'Ext. Orient*, II, No. 4, 1884, pp. 486/493.)

— Voir les chap. consacrés à l'Ecriture chinoise et à l'Inscription de Si-ngan fou.

∴

— Communication sur l'inscription de Kiu-yong koan. Par Édouard Chavannes. (*Actes Cong. Orient.*, Genève, Ve sect., pp. 89/93.)

— Note préliminaire sur l'inscription de Kiu-yong koan, par Éd. Chavannes et Sylvain Lévi. Première partie. Les inscriptions chinoises et mongoles, par Éd. Chavannes. — Deuxième partie. Les inscriptions tibétaines, par M. Sylvain Lévi. (*Jour. Asiatique*, IXe Sér. IV, Sept.-Oct. 1894, pp. 354/373.)

— Note préliminaire sur l'inscription de Kiu yong koan (suite). Troisième partie. Les Inscriptions Ouïgoures, par M. l'Académicien W. Radloff. (*Ibid.*, IXe Sér. IV, Nov.-Déc. 1894, pp. 546/550.) — Quatrième partie. Les Inscriptions mongoles, par M. le Docteur George Huth, Privatdocent à l'Université de Berlin. (*Ibid.*, V, Mars-Avril 1895, pp. 351/360.)

— Le Sūtra de la paroi occidentale de l'inscription de Kiu-yong-koan. Par E. Chavannes, Professeur au Collége de France. (*Mél. Ch. de Harlez*, Leyde, 1896, pp. 60/81.)

La paroi de l'insc. renferme une trad. abrégée de ce sūtra.

∴

— Prince Roland Bonaparte — Documents de l'époque mongole des XIIIe et XIVe siècles. Inscriptions en six langues de la porte de Kiu-yong koan, près Pékin; lettres, stèles et monnaies en écritures ouïgoure et 'Phags-pa dont les originaux ou les estampages existent en France. — Paris, gravé et imprimé pour l'auteur — 1895, gr. in-fol. pp. II-5 + 15 pl.

Notice par W. Bang, *Wiener Zeitschft. f. d. Kunde d. Morgenl.*, X. Bd., pp. 59/66.

— Notice sur les monnaies mongoles faisant partie du *Recueil des Documents de l'époque mongole*, publié par le prince Roland Bonaparte, par M. E. Drouin. (*J. Asiat.*, Mai-Juin 1896, pp. 486/544.)

4° *INSCRIPTIONS DE BODH-GAYÂ.*

Cinq inscriptions chinoises : l'une du milieu du Xe siècle de notre ère; trois datées de 1022; la dernière de 1033; découvertes à Bodh-Gayâ sur l'emplacement du célèbre temple Mahâbodhi; les quatre premières sont conservées dans l'Indian Museum à Calcutta; la cinquième est encore à Bodh-Gayâ, dans la résidence du Mahant ou supérieur des prêtres çivaïtes.

— Two Chinese-Buddhist Inscriptions found at Buddha Gayâ. By the Rev. S. Beal. (*Journ. R. As. Soc.*, N. S., Vol. XIII, Art. XXIII, Oct. 1881, pp. 552/572.)

— Discovery of two Chinese Inscriptions at Buddha Gayâ. By Rev. S. Beal. (*Ind. Antiq.*, X, 1881, pp. 193/4.)

— A Chinese Inscription from Buddha-Gayâ. (*Ibid.*, pp. 339/340.)

Cf. Schlegel, *T'oung Pao*, VI, 1895, pp. 522/4.

— Ed. Chavannes — Les Inscriptions chinoises de Bodh-Gayâ — Extrait de la *Revue de l'Histoire des Religions*. — T. XXXIV. — N° 1. — 1896. — Paris, Ernest Leroux, 1896, in-8, pp. 58.

Notice : *Jour. R. As. Soc.*, July 1897, pp. 659/661, par T.W.[atters.]

— Les Inscriptions chinoises de Bouddha-Gayâ par Gustave Schlegel . . . — Extrait du « T'oung-pao », Vol. VII, no. 5. — E. J. Brill, Leide — 1896, in-8, pp. 19.

— Édouard Chavannes — La première Inscription chinoise de Bodh-Gayâ (Réponse à M. Schlegel). (Extrait de la *Revue de l'Histoire des Religions*. — Tome XXXVI, n° 1, 1897.) — Paris, Ernest Leroux, 1897, in-8, pp. 26, 1 pl.

Notice : *Jour. R. As. Soc.*, July 1897, pp. 659/661, par T.W.[atters.]

— La première Inscription Chinoise de Bouddha-Gayâ (Réplique à la réponse de M. E. Chavannes) par Gustave Schlegel, . . . — Extrait du « T'oung-pao », Vol. VIII, no. 5. — E. J. Brill, Leide — 1897, in-8, pp. 27.

— Les Inscriptions chinoises de Bouddha-Gayâ par Gustave Schlegel . . . . — II. Première partie. — Extrait du « T'oung-pao », Vol. VIII, no. 1. — E. J. Brill, Leide — 1897, in-8, pp. 21 à 47.

— Les Inscriptions chinoises de Bouddha-Gayâ par Gustave Schlegel . . . II. Deuxième partie. — Extrait du « T'oung-pao », Vol. VIII, no. 2. — E. J. Brill, Leide — 1897, in-8, pp. 49 à 86.

— Les Inscriptions chinoises de Bouddha-Gayâ par Gustave Schlegel... III—V. — Extrait du « T'oung-pao », Vol. VIII, no. 3. — E. J. Brill, Leide — 1897, in-8, pp. 87 à 105.

Les cinq brochures de Schlegel ont paru dans les numéros suivants du *T'oung Pao* :

— Les inscriptions chinoises de Bouddha-Gayâ par G. Schlegel. (*T'oung Pao*, VII, N° 5, Déc. 1896, pp. 562/580; *ibid.*, VIII, N° 1, Mars 1897, pp. 79/105; *ibid.*, VIII, N° 2, Mai 1897, pp. 181/218; *ibid.*, VIII, N° 3, juillet 1897, pp. 322/340.)

— La première Inscription Chinoise de Bouddha-Gayâ (Réplique à la réponse de M. E. Chavannes) par G. Schlegel. (*T'oung Pao*, VIII, N° 5, Déc. 1897, pp. 487/513.)

— A. Barth. — *Journal des Savants*, Juillet 1898, pp. 436/7, note.

5° *OUVRAGES DIVERS.*

— Iscrizioni Cinesi di Quàng-cêu ossia della città chiamata volgarmente dagli Europei Canton copiate da un quadro della Collezione del Sig. Direttore Mainoni, e tradotte in lingua italiana con annotazioni dal Cavaliere Hager. Milano, per Giovanni Pirotta, MDCCCXVI, pet. in-fol., pp. VIII-21.

— Epigrafi Cinesi di Quàng-cêu ossia della città chiamata volgarmente dagli Europei Canton copiate da un quadro della Collezione del Sig. Direttore Mainoni; e tradotte in lingua italiana con annotazioni dal Cavaliere Hager. Edizione seconda. Milano, per Giovanni Pirotta, MDCCCXVIII, gr. in-4, pp. x-21.

— Explication d'une inscription en caractères Chinois et en caractères Mandchous, gravée sur une plaque de jade qui appartient au Cabinet des Antiques de la Bibliothèque de Grenoble par M. Abel de Rémusat. Pièce in-8 de pp. 4 dont $2^1/_2$ imprimées.

On lit à la suite de cette explication : *Extrait du Journal du département de l'Isère*, No. 6 de 1812; — et au bas de la p. 3 : A Grenoble, de l'imprimerie de J.-H. Peyronard.

— Inscriptions on Porcelain Bottles found in ancient Egyptian Tombs. Remarks upon Facsimiles, sent by Messieurs Julien and Rondot of Paris, of twelve inscriptions on Porcelain Bottles, alleged to have been found in ancient Egyptian Tombs : By W. H. Medhurst, Junior. Read to the Society, 9th November 1852. (*Transactions China Branch R. As. Soc.*, Part III, Art.V, pp. 34/41.)

— Réimp. sans les caractères chinois dans *The N. C. Herald*, N° 183, 28 Jan. 1854, et dans *The Shanghae Miscel.* for 1855.

— Chinese Porcelain Bottles found in the Egyptian Tombs — their Antiquity and uses : By Harry Parkes. Read to the Society, 9th May 1854. (*Trans. China Br. R. As. Soc.*, Pt. IV, Art.VI, pp. 93/102.)

— On an ancient inscription in Chinese and Mongol, from a Stone Tablet at Shanghae : By Mr. A. Wylie, printer to the *London Missionary Society*, Shanghae. Read before the Society, May 21st, 1855. (*Trans. China Br. R. A. S.*, Pt. V, Art. III, pp. 65/81.)

— On an Ancient Inscription in the Neuchih Language. By A. Wylie, Esq., of Shanghae. (*Journ. Roy. As. Soc.*, XVII, M.DCCC.LX, Art. XVI, pp. 331/345.)

— Rock inscriptions at the North side of Yentai hill. By J. Rhein, Esq. (*Jour. N. C. B. R. A. S.*, N. S., XIV, 1879, Art. II, pp. 31/34.)

— Examen de la stèle de Yen-t'aï, dissertation sur les caractères d'écriture employés par les tartares Jou-tchen. Extraite du *Houng-hue-in-yuan*, traduite et annotée par M. G. Devéria. (*Revue de l'Extrême Orient*, I, No. 2, Avr.-Mai-Juin 1882, pp. 173/186.)

Voir W. Grube.

— A terra-cotta Vase with supposed Chinese Inscription discovered by Dr. Schliemann at Hissarlik (with illustration). By S. W. Bushell. (*China Review*, VIII, pp. 62/63.)

— Chinese Inscriptions. By A. Terrien de Lacouperie. (*Academy*, 24th Sept. 1881.)

— Note by Dr. Martin on two Inscriptions obtained in Japan. Inscription I. The mysterious Water Vessel. Inscription II. A Hymn to the Chuzengi Waterfall. (*Journ. Peking Oriental Soc.*, III, No. 3, 1893, pp. 259/264.)

— Les inscriptions des *Ts'in*, par M. Edouard Chavannes. — Extrait du *Journal Asiatique*. — Paris, Imprimerie nationale. — M DCCC XCIII, br. in-8, pp. 51.

— Les Inscriptions des *Ts'in*, par M. Edouard Chavannes. (*Jour. As.*, IX° Sér., I, N° 3, 1893, pp. 473/521.)

— Note additionnelle sur les inscriptions des Ts'in. (*Mém. hist.* . . . de Se-ma Ts'ien, . . . trad. Ed. Chavannes, II, pp. 544/560.)

— On a slab of Chinese agglomerate lava bearing a Chinese inscription discovered in St. John's Churchyard, Calcutta. By T. H. Holland, ... Geolog. Survey of India. (*Jour. As. Soc. Bengal*, Vol. 62, 1893, Pt. 2, pp. 164/167.

— Note on a Chinese inscribed slab lately dug out of St. John's Churchyard, Calcutta. By the Rev. H. B. Hyde. (*Ibid.*, Vol. 63, 1894, Pt. 1, pp. 1/3.)

Trad. by F. E. Taylor; provient de l'île Chousan; daté 1652, Chouen Tchi.

— Записка о надписяхъ, открытыхъ на памятникахъ, стоящихъ на скалѣ Тыръ, близъ устья Амура. В. Васильева. (*Bul. Ac. I. Sc. St. Pét.*, IV, Avril 1896, No. 4, pp. 365/7.)

— Zur Entzifferung der Niüči-Inschrift von Yen-t'ai. Von Dr. Georg Huth. (*Ibid.*, V, Déc. 1896, No. 5, pp. 375/8.)

Notice par G. Schlegel, *T'oung Pao*, VIII, 1897, pp. 115/117.

Voir col. 686.

— Notes d'épigraphie mongolo-chinoise par M. G. Devéria avec une notice de M. W. Bang. — Extrait du *Journal Asiatique* (N^os de Septembre-Octobre et de Novembre-Décembre 1896). Paris, Imprimerie nationale — MDCCCXCVII, in-8, pp. 87.

Inscriptions de 1283, 1288, 1316, 1331.

J. As., Juillet-Août 1896, pp. 94/128; Nov.-Déc. 1896, pp. 395/443.

— Stèle Si-Hia de Leang-tcheou, par M. G. Devéria. (*J. As.*, I, 1898, pp. 53/74.)

— Stèle Si-hia de Leang-tcheou par M. G. Devéria avec une notice de M. S. W. Bushell. — Extrait du *Journal Asiatique*. Paris, Imprimerie nationale — MDCCCXCVIII, in-8, pp. 24, 2 pl.

Voir la Cinquième Partie de la *Bib. Sinica*, SI-HIA.

— Inscriptions in the Juchen and allied Scripts by S. W. Bushell. (*XIe Cong. des Orient.*, Paris, *Extrême-Orient*, pp. 11/35.)

— Stèle chinoise du royaume de Ko Kou rye, par M. Maurice Courant. (*J. As.*, I, 1898, pp. 210/238.)

Tirage à part : Paris, Imprimerie nationale, MDCCCXCVIII, in-8, pp. 31, carte, 1 pl.

«L'inscription, qui fait l'objet de ce mémoire, se trouve dans une localité dite Tong Keou 洞溝, sur le territoire de la sous-préfecture de Hoai jen, 懷仁, province de Cheng king 盛京.»

— Une inscription découverte sur une stèle dans les ruines de Chang-tou. Par C. de Harlez. (*T'oung Pao*, X, Mars 1899, p. 73.)

— Dix Inscriptions chinoises de l'Asie centrale d'après les estampages de M. Ch.-E. Bonin par M. Ed. Chavannes. — Extrait des Mémoires présentés par divers Savants à l'Académie des Inscriptions et Belles-Lettres, 1re Série, Tome XI. IIe Partie. Paris, Imprimerie nationale, MDCCCCII, in-4, pp. 103.

Premier groupe. Le lac Barkoul et Koutcha. — No. I. — Inscription de *P'ei Tch'en*, p. 17. [Déjà publiée et trad. par Devéria (Dutreuil de Rhins), *Mission scientifique dans la Haute Asie*, III, 1898, pp. 136/7.] 137 ap. J.-C. — No. II. — Inscription de *Kiang Hing-pen* (640 ap. J.-C.), p. 25. — No. III. — Inscription de *Lieou P'ing-kouo*, p. 37. — No. IV. — Inscription apocryphe de Yo Fei, p. 39.

Deuxième groupe. Le Temple du Grand Nuage à Leang tcheou. — No. V. — Inscription de 1563. Stèle commémorant la réfection du temple Ta-yun 大雲寺, p. 41. — No. VI. — Inscription de 1697. 結社題石 Stèle donnant la liste de ceux qui ont constitué une fondation religieuse, p. 49.

Troisième groupe. Les grottes de Mille Buddhas, près de Chatcheou. — No. VII. — Inscription de 776, p. 67. — No. VIII. — Inscription de l'année 894, p. 77. — No. IX. — Inscription de 1348, p. 96. — No. X. — Inscription de 1351, p. 99.

Notice : *Bull. École franç. d'Ext.-Orient*, III, No. 1, Janvier-Mars 1903, pp. 117/120. Par P. Pelliot.

— Le défilé de Long-men . . . par Ed. Chavannes, col. 237.

— Die Inschriftenziegel aus der Ch'in- und Han-Zeit. Von A. Forke. (*Mitth. des Seminars für Orient. Sprachen*, Berlin, Jahrg. II, Erste Abth., 1899, pp. 58/100.)

— Stèle des Han à Li choei. (Gaillard, *Nankin, Var. sin.* No. 23, pp. 276/283.) — Petite stèle dans le Temple de Tchou-ko liang à Nankin près de l'étang Siao-si-hou. (*Ibid.*, pp. 284/6.) — Stèle des Ou, brisée en trois morceaux. (*Ibid.*, pp. 287/290.) — Stèle de Pien K'oen devant son tombeau. (*Ibid.*, pp. 292/3.) — Stèle de Pao-tche Kong. (*Ibid.*, pp. 294/298.) — Stèle de Song-kiang en mongol et en chinois. (*Ibid.*, pp. 299/302.) — Stèle de Yong-lo. 1416. (*Ibid.*, pp. 303/6.)

— Voir CHRISTIANISME : Inscription de Si-ngan fou.

2° NUMISMATIQUE.

— De Re Nvmaria Sinorvm. P. S. Bayer Regiomontanus. (*Miscellanea Berolinensia*, V, 1737, pp. 175/184.) Avec 2 planches.

— Description des Médailles chinoises du Cabinet Impérial de France, précédée d'un Essai de Numismatique chinoise avec des Eclaircissemens sur le Commerce des Grecs avec la Chine, et sur les Vases précieux qu'on y trouve encore. Par J. Hager. Paris, Imp. Imp. An XIII, 1805, in-4.

— Notice signée S. de S.[acy] dans le *Magasin Encyclopédique*, III, 1805, pp. 271/324.

— Notice de la Numismatique chinoise de J. Hager. Par J. D. Lanjuinais, S. [Extrait du *Moniteur*.] Pièce in-8, pp. 15.

— Verzeichniss der Chinesischen und Japanischen Münzen des K. K. Münz- und Antiken-Cabinetes in Wien. Nebst einer Uebersicht der Chinesischen und Japanischen Bücher der K. K. Hofbibliothek, von Stephan Endlicher. Wien, 1837, in-8, pp. VI-140.

— Recueil de Monnaies de la Chine, du Japon, de la Corée, d'Annam et de Java, au nombre de plus de mille, précédé d'une introduction historique sur ces monnaies, par le Baron S. de Chaudoir... St. Pétersbourg, F. Bellizard & Co,... 1842, in-folio, pp. 80, s. l. table.

Suivi de :

Catalogue des Monnaies de cuivre chinoises, japonaises, coréennes, d'Annam, et incertaines, à trous carrés, ronds, &c.; des lingots d'or et d'argent et des papiers-monnaie, comme aussi des médailles des temples ou amulettes de la Chine et du Japon, des sectes de Fo et des Tao ssé. (Avec 61 Pl.)

Quaritch, 1872, £ 5 — J. Baur, 1874, Fr. 100.

— Chinese Copper Coinage. — Notes on the *Tsien*, or Copper Cash of the Chinese. Extracted from a native publication, the *Tatsing Hwuy-tien*, by Mr. C. B. Hillier, and communicated by the President. Read before the Asiatic Society, Nov. 4th, 1847. (*Trans. China Br. R. As. Soc.*, No. I, Art. IV, pp. 40/43.)

A la fin de l'article se trouvent : « Laws against Forgers. »

— Chinese Coinage. A Brief Notice of the Chinese work 錢志新編 (Chronicles of Tsien; a new arrangement) and a Key to its 329 Wood-cuts of the Coins of China and neighbouring nations. — By C. B. Hillier Esq. (*Ibid.*, No. II, 1848—50, Art. I, pp. 1/162.)

— An Epitome of Chinese Numismatics. [By J. W. Williams.] br. in-8, pp. 34.

On lit au bas de la p. 34 : The foregoing Epitome printed by W. M. Watts, Crown Court, Temple Bar.

— Notice of three Chinese silver Medals. By John Williams. (*Numismatic Chronicle*, new series, vol. 1, 1861, pp. 241/5.)

— * Munten der Chinezen in Sambas, door E. N. (*Tijdschft. v. Ind. Taal* ..., III, XXIV.)

— Munten met chinesche stempels uit Cheribon, door C. F. M. de Grijs. (*Ibid.*, V, 1856, pp. 487/8.)

— Coins of the 大清 Ta-Ts'ing, or present Dynasty of China. By Mr. A. Wylie. (Art. III, *Journ. of the Shai. Lit. and Sc. Soc.*, No. I, June 1858, pp. 44/102.)

Laid before the Society, November 17th 1857.

— Chinese Coinage. (1.) Names of Chinese Coins and the Time of their Coinage, taken from a Translation of « Chronicles of Cash. » By C. B. Hillier, Esq. (2.) Coins of the Present Dynasty, compiled from an article by Mr. A. Wylie in the *Journal of the Shanghai Literary and Scientific Society* Arranged by the Editor. (Doolittle's *Voc.*, II, No. 75.)

— Wylie, *Notes on Chinese Literature*, pp. 117/118.

— Coins of the « Ta-ts'ing » dynasty. By James Kirkwood .. as an Appendix to Wylie's *Coins of the Ta Ts'ing Dynasty*. (*China Review*, VII, pp. 162/167, 255/269, 28.) — Note by B. G. (*Ibid.*, p. 283.)

— Beschreibung der bekanntesten Kupfermünzen von Joseph Neumann. XIV. Heft. Enthält Münzen von China, Japan, Corea und Annam. Mit 18 Tafeln. Prag, 1861, Eigenthum und Verlag des Verfassers. pp. 32.

— Beschreibung der Scheide-Münzen von China, Japan, Nord- und Süd-Annam. — Abgedruckt aus dem 14. Hefte der Beschreibung der bekanntesten Kupfermünzen von Josef Neumann... Mit 18 Tafeln. Prag... 1862, br. in-8, pp. 32 et 18 pl.

— Bericht über einige von Herrn Dr. Karl Ritter v. Scherzer eingesandte chinesische und japanische Münzen. Von dem w. M. Dr. Pfizmaier. (*Sitzungsber. d. Phil.-Hist. Cl. d. k. Akad. d. Wiss. z. Wien*, XXXVII, 1861, pp. 45/55, avec 1 Pl.)

— Bericht über zwei Tai-ping Münzen. Von dem w. M. Dr. Pfizmaier. (*Ibid.*, 1866.) — Voir col. 648.

— Sur la numismatique chinoise voir divers articles dans *Notes and Queries on China and Japan*, Vol. I, p. 61, par K; — p. 75, by C. F. R. A.[llen] and by J. H. G.; — Vol. II, pp. 47/48, by N. (Extract from Leslie's Arithmetic); — Vol. II, p. 63 [from *The Friend of China*].

— On a Collection of Chinese Coins. By H. F. W. Holt. (*Numismatic Chronicle*, new series, vol. VI, 1866, pp. 68/90.)

— On a collection of Chinese Coins. Communicated to the Numismatic Society of London. By H. F. W. Holt, Esq. London: 1866, br. in-8, pp. 23, 2 pl.

Tirage à part.

— Note on the coinage of the Tai-ping or Great-Peace Dynasty. By R. Alex. Jamieson. (*Numismatic Chron.*,[1] VI, 1866, pp. 66/67.)

— Roman and Chinese Coinage. By S. W. Bushell; 3 fig. (*China Review*, I, pp. 117/8.)

— Chinese Cash. By S. W. Bushell. (*Ibid.*, I, pp. 397/8.)

— Rare Coins. By A. Wylie. (*Ibid.*, III, pp. 127/8.)

— La *China Review* contient également des questions et des réponses sur la numismatique disséminées dans les divers volumes.

— On Chinese Currency. Coin and Paper Money. By W. Vissering, LL. D. With facsimile of a Banknote. Leiden, E. J. Brill, 1877, in-8, pp. xv-219.

Notices : *The Athenaeum*, No. 2611, Nov. 10, 1877. — *Liter. Centralblatt*, No. 43, 20 Oct. 1877. (Par Georg von der Gabelentz.) — *N. C. Herald*, July 27, 1880.

— Chinese Authors on Numismatics. By S. W. Bushell, B. Sc., M. D. (*Chinese Recorder*, IV, pp. 62/64.)

1. On consultera avec fruit la collection de « *The Numismatic Chronicle* edited by John Yonge Ackerman ». Vol. I, June 1838 — April 1839. London : Taylor & Walton, 1839, in-8.

— Coins of the Present Dynasty of China. By S. W. Bushell, M. D. (*Jour. N. C. Br. R. As. Soc.*, 1880, N. S., No. XV, pp. 195-308.)

— Coins of the Ming. By S. W. B. (*China Review*, VIII, pp. 65/66.)

— The Chinese coinage of Tibet. By S. W. Bushell. (*Ibid.*, VIII, p. 392.)

— A Chinese coin. By S. W. Bushell. (*Ibid.*, VII, p. 76.)

— Ancient Roman Coins from Shansi. By S. W. Bushell, M. D. Physician to H. B. M. Legation, Peking. (Extract from the *Journal of the Peking Oriental Society.*) Peking, Pei-t'ang press, 1886, br. in-8, pp. 11.

— Monnaies romaines en Chine. (*Ann. de l'Ext. Orient*, 1885-1886, VIII, p. 190.)

— The Origin of the Paper Currency (鈔 Ch'ao) of China. By Shioda Saburo. Paper read before the Society on May 30th 1888. (*Journ. Peking Oriental Society*, Vol. III, No. 4, Peking, 1889, pp. 265/307.)

— Specimens of Ancient Chinese Paper Money by S.W. Bushell, M. D. (*Ibid.*, pp. 308/316.)

— Additional Coins of the Present Dynasty. By Dr. S. W. Bushell. (*Jour. China Br. R. As. Soc.*, XXXIII, No. 1, 1899, pp. 30/45.)

— Monograph on the History of Money in China, From the Earliest Times to the Present, By Alexander Del Mar, M. E., Late Director of the United States Bureau of Statistics, ... San Francisco. J. R. Brodie & Co., 1881, in-8, pp. 34.

Avec 2 Planches.

— Coins of the Ming. By 馬. (*China Review*, VII, p. 424.)

— A Porcelain « Coin ». By B. G. (*Ibid.*, VIII, p. 66, 1 pl.) M. E. Rogers. (*Ibid.*, X, pp. 352/353.)

— Chinese Coins. By Ch. Piton. (*Ibid.*, IX, pp. 57/58.)

— Paper-money of the ninth century and supposed leather coinage of China. By A. Terrien de Lacouperie, M. R. A. S. Reprinted from the *Numismatic Chronicle*, Vol. II, Third Series, Pages 334-341. London 1882, br. in-8, pp. 8.

— Coins and Medals Their Place in History and Art by the Authors of the British Museum Official Catalogues edited by Stanley Lane-Poole. With numerous Illustrations. London : Elliot Stock .. 1885, in-8, pp. x-286.

Chap. IX. China and Japan. By Prof. Terrien de Lacouperie. M. R. A. S., pp. 190/235.

— Coins and Medals. Their Place in History and Art by the Authors of the British Museum Official Catalogues edited by Stanley Lane-Poole. Second Edition. With numerous Illustrations. London : Elliot Stock, 1892, in-8, pp. x-286.

IX. Coins of China and Japan. By Terrien de Lacouperie, pp. 190/235.

Une troisième édition a paru.

— On the metallic cowries of ancient China (600 B. C.). By Prof. Terrien de Lacouperie, Ph. & Litt. D. [From the « Journal of the Royal Asiatic Society of Great Britain and Ireland », Vol. XX, Part 3], br. in-8.

— Une monnaie bactro-chinoise bilingue du premier siècle avant notre ère, par M. A. Terrien de Lacouperie, docteur ès-lettres et en philosophie, lauréat de l'Institut. — Extrait des comptes-rendus des séances de l'Académie des Inscriptions et Belles-Lettres. Paris, Imprim. Nationale, MDCCCXC, br. in 8, pp. 14.

— Catalogue of Chinese Coins from the VIIth Cent. B. C., to A. D. 621, including the series in the British Museum. By Terrien de Lacouperie, Ph. D., Litt. D. (Lovan.). Edited by Reginald Stuart Poole, LL. D., Keeper of Coins and Medals, Correspondent of the Institute of France. London : Printed by Order of the Trustees.... 1892, gr. in-8, pp. lxxi-443.

Notices : *T'oung Pao*, par G. Schlegel, réimp. *Bab. & Or. Record*, Vol. VI, No. 12, June 1893, pp. 287/288. — *Revue numismatique*, 3e trim. 1893, pp. 425/431, par E. Drouin. — *Revue critique*, No. 29—30, 17—24 juillet 1893, par Henri Cordier.

— On the Origin and Earlier History of the Chinese Coinage. By L. C. Hopkins. (*Jour. R. As. Soc.*, April 1895, pp. 317/378.)

Critique du Cat. de Lacouperie.

— Древнѣйшія монеты китайцевъ. — С. Георгіевскій. (*Записки .... Русскаго Археологическаго общества* ... В. Р. Розена .., I, IV, St. Pétersbourg, 1887, pp. 253/272, 10 pl. + pp. 309/310.)

— Monnaie des Taï-ping (太平), les rebelles en Chine. (Extrait de la *Revue de la numismatique belge*, t. I, 4e série.) Par P. O. Van der Chijs. Pièce in-8, pp. 2 et 1 pl.

Voir col. 648.

— Siamesische und chinesisch-siamesische Münzen von Prof. G. Schlegel, Leiden. Mit Taf. XVI.

[Separat-Abdruck aus : « Internationales Archiv für Ethnographie », Bd. II, 1889], br. in-4, pp. 14.

— The Coins of China. By C. T. Gardner. Illust. (*Jour. Manchester Geog. Soc.*, V, 1889, pp. 233/254.)

— Remarques sur les monnaies frappées dans les premiers siècles de notre ère par les princes Touraniens. Par E. Drouin. (*Jour. As.*, 8e Sér., XVII, Janv.-Fév. 1891, pp. 143/150.)

Réimp. avec des additions et des changements sous le titre de :

— Les Monnaies touraniennes. Remarques sur les monnaies frappées dans les premiers siècles de notre ère par les princes touraniens. Par E. Drouin. (Extrait de la *Revue numismatique*, 1891.) Paris, Rollin et Feuardent, 1891, br. in-8, pp. 11.

— Sur quelques monnaies turco-chinoises des VIe, VIIe et VIIIe siècles. Par E. Drouin. (*Revue Numismatique*, IVe Sér., IX, 1891, pp. 454/473.)

— La monnaie bilingue de Minoussinsk. Par E. Drouin. (*Bul. de Numismatique*, Mars 1892, pp. 133/5.)

— A Symbol on Turko-Chinese Coins. By E. Drouin. (*Bab. & Or. Record*, Nov. 1892, pièce in-8.)

Suite de l'article «Quelques monnaies turco-chinoises».

— * C. Kainz. — Die ältesten chinesischen Staatsmünzen. Ein Beitrag zur Münzkunde des chinesischen Alterthums. Berlin, 1893, in-8, pp. 36, grav.

Tirage à part.

— Die sogenannten Chinesischen Tempelmünzen. — Ein Beitrag zur chinesischen Medaillenkunde von C. Kainz. — Mit 101 Original-Abbildungen und einem alphabetischen Verzeichniss der chinesischen Schriftzeichen. Berlin 1895. Verlag von A. Weyl. In-8, pp. 72.

— A Strange Coin or Medal. By Numisma. (*China Review*, XXI, No. 3, pp. 204/205.)

— The Ancient Coinage of China. By Numisma. (*Ibid.*, XXI, No. 4, pp. 230/252; XXII, No. 4, 626/650; XXIII, No. 6, 324/357.)

— Coins of the Ta Ching Dynasty. By H. F. Schepens. (*Ibid.*, XXII, No. 2, pp. 556/7; No. 3, 598/605.)

— A Strange Chinese Coin. By E. W. Thwing. (*Ibid.*, XXIII, No. 1, p. 47.)

— Unknown Cash. By E. W. T. (*Ibid.*, XXIII, No. 1, p. 48.)

— Coins of China. In present Circulation. — (From B. C. 128 to A. D. 1898.) By E. W. Thwing. (*Ibid.*, XXIII, No. 2, pp. 105/114.)

— Mr. Geo. B. Glover, commissaire des Douanes à Changhai, dont on a pu admirer la collection d'environ 2000 médailles, &c., à l'Exposition universelle de 1878, en prépara un catalogue avec gravures qui a servi de guide à l'ouvrage de Stewart Lockhart :

— The Currency of the Far East from the earliest Times up to the present day. By J. H. Stewart Lockhart, F. R. G. S., M. R. A. S., Colonial Secretary and Registrar General, Chairman of the Board of Examiners in Chinese, and Chairman of the Governing Body of Queen's College, Hongkong. — Vol. I. A Description of the Glover Collection of Chinese, Annamese, Japanese, Corean Coins : of Coins used as Amulets : and Chinese Government and Private Notes. — Noronha & Co. Hongkong : . . . 1895, in-8, pp. VIII-223. — The Plates of the Chinese, Annamese, Japanese, Corean Coins; of the Coins Used as Amulets, and of the Chinese Government and Private Notes. Collected by the late Mr. G. B. Glover of the Chinese Imperial Maritime Customs, and now in the possession of Mrs. Glover. Noronha & Co. Hongkong : 1895, in-4 oblong, 4 ff. n. ch. + pp. 204.

— On the Chinese Coins and small Porcelain Bottles found in Egypt. By Natalis Rondot. (*Jour. China Br. R. As. Soc.*, Vol. XXXII, No. 1, 1897—98, pp. 66/78.)

— Trois monnaies à caractères inconnus par C. de Harlez. (*T'oung Pao*, X, No. 1, Mars 1899, pp. 68/73.)

— Cochinchine française. — J. Silvestre. — Notes pour servir à la recherche et au classement des Monnaies et Médailles de l'Annam et de la Cochinchine française. Saigon, Imprimerie Nationale, 1883, in-8, pp. 125.

Extrait des *Excursions et Reconnaissances*, 1882.

— Publications de l'École française d'Extrême-Orient — Numismatique Annamite par Désiré Lacroix, Capitaine d'Artillerie de Marine. — Saigon, Ménard & Legros, 1900, in-8, pp. 231 + pp. XXXI + 1 f. n. ch.

— — Planches. — Saigon, Ménard & Legros, 1900, in-4 oblong, 40 pl.

Notices : *Jour. As.*, Mars-Avril 1901, pp. 361/371, par Ed. Chavannes. — *Revue critique*, 25 fév. 1901, par Maurice Courant. — *Jour. R. As. Soc.*, Jan. 1901, pp. 142/146, par S. W. Bushell. — *T'oung Pao*, Juillet 1902, pp. 187/8, par Henri Cordier.

— Chinese Coins. By Rev. H. Hackmann. (*East of Asia*, I, No. 2, pp. 144/154.)

— Zur chinesischen Münzgeschichte. Von Lic. H. Hackmann. (*Der Ferne Osten*, Bd. 1, Heft 2, pp. 158/168.)

— Voir le chap. consacré aux MONNAIES, POIDS et MESURES.

3° OUVRAGES DIVERS.

— Mémoire sur quelques anciens monuments de l'Asie analogues aux Pierres druidiques par M. Ed. Biot, membre résidant — br. in-8, pp. 14.

Extrait du XIXe volume des *Mémoires de la Société Royale des Antiquaires de France.*

— Note supplémentaire à ce mémoire, pp. 3.
Extrait du même volume.

— A Dissertation on the Ancient Chinese Vases of the Shang Dynasty from 1743 to 1496, B. C., by P. P. Thoms. London, 1851, in-8, pp. 63.

Cet ouvrage a paru également dans le *Journal of the R. A. Society*, I, pp. 57/86, 213/222; II, pp. 166/171, 276/287; sous le titre de : «Description of Ancient Vases; with Inscriptions illustrative of the History of the Shang Dynasty of Chinese Sovereigns, who reigned from about 1756 to 1112 B. C. Translated from the original Work entitled Po-Koo-too [博古圖], by Peter Perring Thoms, Esq.»
Notice par S. W. Williams dans le *Chin. Rep.*, XX, p. 489.

— On Ancient Chinese Vases. By Thos. Joseph Pettigrew, Esq. F. R. S., F. S. A., Vice-President and Treasurer of the British Archeological Association (*The Journal of the Brit. Arch. Ass.*, 1853, Vol. VIII, pp. 18/27, pl.)

— On Chinese Cinerary Urns. By Henry F. H..., Esq. (*Ibid.*, 1871, Vol. XXVII, pp. 343/9, 1 pl.)

— Notices of Chinese Seals found in Ireland. By Edmund Getty. M. R. I. A. Read before the Belfast Literary Society, on the 6th May, 1850. London : Thomas Hodgson. — Dublin : Hodges & Smith. — Belfast; Marcus Ward & Co. 1850, in-4, pp. 40 & 19 plates.

— Voir aussi «a Chinese Scholar» in «*The Athenaeum*» No. 648, 20th March 1840.

— * Janer : Art. sur quelques antiquités chinoises dans le Musée archéologique de Madrid. (*Revista de España*, 1872.)

— Observations sur quelques objets antiques figurés dans les livres chinois et japonais présentées au 1er Congrès des Orientalistes à propos de l'exposition des collections rapportées de l'Extrême-Orient par M. Henri Cernuschi par Adrien de Longpérier. Paris, Veuve Bouchard-Huzard, 1874, br. in-8, pp. 16.

Ext. No. 4 du compte rendu du *Congrès international des Orientalistes*, session de 1873 à Paris.

— Inscriptions from the tombs of the Wu

(Antiquités : Divers.)

Family from the Tzu-yun-shan (Purple Cloud hills), 28 li south of the city Chia-hsiang-hsien in the Province of Shantung. By Dr. S. W. Bushell. (*Abh. des V. Int. Orient. Cong.*, II, *Ostasiat. sect.*, pp. 79/80.)

— Ancient Sculptures in China. By R. K. Douglas, M. R. A. S., Professor of Chinese at King's College, London. (*Journ. R. As. Soc.*, N. S. Vol. XVIII, Art. XIX, October 1886, pp. 469/476, avec 9 pl.)

Tirage à part, br. in-8, pp. 8, 9 pl.

«More than usual interest therefore attaches to a set of engravings collected in a Chinese Work entitled *Shih Soh* (1806), in which are represented a series of sculptures which stand on the walls of the sacrificial temple of the Wu family in the neighbourhood of the district city of Kia-seang in the province of Shan-tung. These works of art were executed in A. D. 147, at the cost of the two sons of Wu Liang, whose sacrificial temple they were intended permanently to adorn. By a change in the course of the Yellow River, however, the temple was reduced to ruins, and it was not until the reign of K'ien-lung (1736—1795) that the sculptured stones were dug up and recovered. Their discoverer, Hwang-Yi by name, carefully numbered the stones as they were found, and built the present temple for their reception.»

— Ancient Sculptures in Shantung. By Rev. J. Edkins. (*Chinese Times*. — *Chin. Rec.*, XVIII, pp. 116/118.)

Visite du lieutenant Dudley A. Mills.

— La Sculpture sur pierre en Chine au temps des deux dynasties Han, par Edouard Chavannes. Paris, Leroux, 1893, in-4, pp. xl-88 et pl.

Notice par Henri Cordier, *Revue Critique*, No. 29—30, 17—24, juillet 1893.

— Chaldean and Egyptian Trees on Chinese Sculptures of 147 A. D. By Terrien de Lacouperie. (*Bab. & Or. Record*, Vol. VI, No. 12, June 1893, pp. 283/287.)

— Heraldic and other designations. By Jejunum. (*China Review*, VIII, p. 65.)

— Comparative Archæology. By Dr. Edkins. (*Jour. China Br. R. As. Soc.*, Vol. XXVII, N. S., No. 2, 1892—3, pp. 247/263.)

— Китайская пайцза, найденная въ Минусинскомъ округѣ въ 1884 году . . . А. Позднѣевъ. (*Записки . . . . Русскаго Археологическаго общества* . . . . В. Р. Розена, I, II, St. Pétersbourg, 1886, pp. 1/8.)

(Antiquités : Divers.)

XI. — RELIGION.

Ouvrages généraux. — Mélanges.

— * Dissertatio Academica. De Idololatria Chinensium ex occasione Simulacrorum in Museo Stobæano. Carolino, quam præses Ebbo Bring, respondens Bernhardus Darin

(Ouvrages généraux. — Mélanges.)

publ. examinand. sistunt. Lund, 1765, in-4, pp. 26, gr.

— Essai historique sur l'étude de la philosophie chez les anciens Chinois, par M. de Guignes. Déc. 1770. (*Rec. de l'Ac. des Insc., Mém.*, XXXVIII, 1777, pp. 269/291.)

(Ouvrages généraux. — Mélanges.)

Premier Mémoire. Ecole des *Lettrés*, pp. 271/291. — Second Mémoire. Ecole du *Tao*. Avril 1771. (*Ibid.*, pp. 292/311.)

— Traité des Sectes Religieuses chez les Chinois et les Tonquinois; par le Frère Adrien de Saint-Thècle, Missionnaire au Tonquin.

Cet ouvrage inédit a été terminé en Sept. 1750. — Le *Journ. As.*, II, 1823, en contient, pp. 163/175, le plan et des extraits.

— Du Culte des Esprits chez les Tonquinois [extrait du Traité d'Adrien de Sainte-Thècle]. (*Ibid.*, VI, 1825, pp. 154/165.)

— Opusculum de sectis apud Sinenses et Tunkinenses. Gr. in-8, dem. mar. bleu. Ms. sur papier de Chine, de la main d'un missionnaire. 46 feuillets. Vend. Klaproth (158) Fr. 111.

— Panthéon chinois, ou Parallèle entre le Culte religieux des Grecs et celui des Chinois; avec de nouvelles preuves que la Chine a été connue des Grecs et que les Sérès des auteurs classiques ont été des Chinois. Par Joseph Hager, Docteur de l'Université de Pavie, et Professeur public des Langues orientales en la même université. A Paris, De l'imprimerie de P. Didot l'aîné, M.DCCCVI. in-4, pp. xxxviij-175.

Vend. Klaproth (159). Fr. 59. — L'ouvrage a considérablement diminué de valeur; se vend de Fr. 5 à 6.

— On Religious Opinions in China. By Amicus. (*Indo-Chinese Gleaner*, No. 18, Oct. 1821, pp. 186/9.)

— « Mythology of the Various Races and Religions of China, royal folio, 100 magnificent Drawings by Native Artists, painted on the finest cotton-paper, and mounted on thick drawing paper, all coloured in the most elaborate and artistic manner, representing the Deities, Demi-gods, Sages, and Heroes, of the various systems of Chinese Mythology, with an explanatory Index in MS. by Mr. John R. Morrison, son of the Lexicographer; bound in red morocco extra, gilt edges, £ 100. China, cir. 1830. »

« A superb volume. It forms such a Gallery of Chinese Mythological Paintings, as could scarcely be collected now in China. The work is done with admirable taste and skill, and could not have cost the original possessor less than £ 200. It would now be more expensive still, as the number of real artists is daily diminishing in China; and the distracting civil wars of late years have worked so much destruction amongst the public monuments and collections, all over the empire. Independently of the pictorial and ornamental attractiveness of this volume, it possesses a high value for the student of Races and Religions. There is a singular interest in examining the ideas embodied in the figures that represent the divinities of the Chinese mind; and in noting how frequently they differ from the ordinary type of Chinese humanity. The obliquity of eyesight peculiar to the Mongolian race is not visible in more than half of these drawings, and it would seem likely that much of the modern Chinese faith or superstition is derived from a source still more ancient than the earliest ages of that ancient people itself — that is, from the aboriginal inhabitants of the country who still hold an independent footing there, and harass the imperial government under the name of the Miao-tsze Mountaineers. This race is also found in Formosa and some others of the islands in the Chinese seas.

The demi-gods and deities, who appear in the above drawings, are not taken from the calendar of any one religion; but comprise alike Buddhistic figures, Confucian sages, and the idols of the Taou-sze, or Rationalists — the least numerous sect of the three that divide China amongst them. »

Nous avons cru devoir indiquer cette collection intéressante d'après la description qui en est donnée dans le Cat. de Quaritch, No. 285, Sept. 1872 (7787).

— On the Three principal Religions in China. (*The As. Jour. & Month. Reg.*, IX, 1832, pp. 302/316.)

— Die chinesische Reichsreligion und die Systeme der indischen Philosophie in ihrem Verhältnisz zu Offenbarungslehren mit Rücksicht auf die Ansichten von Windischmann, Schmitt und Ritter, betrachtet von P. F. Stuhr. Berlin, 1835, in-8, pp. vi-109.

— Abrisz einer vergleichenden Darstellung der Indisch-Persisch- und Chinesischen Religionssysteme, mit steter Rücksichtsnahme auf die späteren Religionsformen und den Ursprung religiöser Ideen. Für Studierende und Gebildete überhaupt, von Dr. I. C. Kröger . . Eisleben, 1842, in-12, pp. xvi-358, 1 f. n. c. p. l'er.

— Théodore Pavie. — Les trois Religions de la Chine, leur antagonisme, leur développement et leur influence. (*Revue des Deux Mondes*, 1er février 1845.)

— Some Account of Charms, and Felicitous Appendages worn about the person, or hung up in houses, &c., used by the Chinese. By John Robert Morrison, Esq. (*Trans. Roy. As. Soc.*, III. — *Chin. Rep.*, XIV, pp. 229/234.)

— The Religion of the Chinese, without altars, temples, priests, or any proper term to denote the true God. By T. Yeates. (*Chin. Rep.*, XV, pp. 203/207.)

— Sur la Religion et les Divinités de la Chine, par C. Lavollée. (*Illustration*, 16 Janvier 1847. — Réimp. dans la *Rev. de l'Or. et de l'Algérie*, III, 1848, pp. 397/408.)

— A General View of what are regarded by the Chinese as Objects of Worship by the Revd. Alexander Stronach. (*Journ. of the Ind. Arch.*, II, 1848, pp. 349/352.)

— Christ and other Masters: an historical inquiry into some of the chief parallelisms and contrasts between Christianity and the Religious Systems of the ancient World. With special reference to prevailing Difficulties and Objections. By Charles Hardwick, M. A. [Archdeacon of Ely.] — 4 Parts [in-8]. Cambridge: Macmillan, 1855-1859.

Part III, 1858: Religions of China, America and Oceanica.

— The Same . . . Second Edition (With a prefatory memoir by F. Procter). London & Cambridge [printed], 1863, 2 vol. in-8.

Joseph Edkins.

— The Religious Condition of the Chinese : with Observations on the prospects of Christian conversion among that People by Rev. Joseph Edkins, B. A. London, Routledge, 1859, in-16, pp. viii-288.

Republished from the *Beacon* newspaper. — «It was again published in 1861, as a volume for railway reading.» (*Mem. of Prot Miss.*, p. 190.)

— Religion in China : containing a Brief Account of the Three Religions of the Chinese : with Observations on the Prospects of Christian Conversion amongst that People. By Joseph Edkins, D. D. . . . Second Edition. London, Trübner, 1878, in-8, p. xvi-260.

Pub. à 7/6; notice dans *The Lond. & China Express*, Jan. 4, 1878 : cette éd. contient quatre chap. nouveaux : Chap. ii : Imperial Worship ; — xvii, xviii et xix ; Journey to Woo-tai shan.

— Religion in China . . . . By Joseph Edkins . . . Third edition. London, Trübner, 1884, in-8, pp. xvi-260.

Fait partie de Trübner's *Oriental Series*.

— La religion en Chine. Exposé des trois religions des Chinois suivi d'observations sur l'état actuel et l'avenir de la propagande chrétienne parmi ce peuple par le révérend Dr J. Edkins D. D. missionnaire protestant en Chine. Traduit de l'anglais avec autorisation de l'auteur. Par L. de Milloué, directeur du musée Guimet. (*Annales du Musée Guimet*, IV, Paris, Ernest Leroux, 1882, pp. 61/311.)

— Chinese early mythology. By J. Edkins. (*China Review*, XIII, pp. 406/419.)

— Religious sects in North China. By Rev. J. Edkins, D. D. (*Chin. Recorder*, XVII, July 1886, pp. 245/252.)

— Belief in a Future Life. By J. Edkins. (*China Review*, XVIII, No. 2, pp. 125/127.)

— The Books of the Modern Religious Sects in North China. By Rev. J. Edkins, D. D. Being a paper read at a meeting of the Peking Missionary Association, December 1887. (*Chin. Rec.*, XIX, No. 6, June 1888, pp. 261/268; *ibid.*, No. 7, July 1888, pp. 302—310.)

— By-Paths of Bible Knowledge. XIX. — The early Spread of Religious Ideas especially in the Far East by Joseph Edkins, B. A., D. D. Shanghai, China . . . . . . The Religious Tract Society, 1893, pet. in-8, pp. 144.

———

— Dr. J. H. Plath. — Die Religion und der Cultus der alten Chinesen. Abth. I. *Die Religion der alten Chinesen*, mit 23 lith. Tafeln. München, 1862, in-4, pp. iv-108.

(Edkins.)

— Abth. II. *Der Cultus der alten Chinesen*. München, 1863, in-4, pp. 136. — *Chinesische Texte* zu Dr. J. H. Plath's Abhandl. II. : *Der Cultus der alten Chinesen*, in-4 (46 lith. pl.), 1864.

— Godsdienst en Bijgeloof der Chinezen, door J. J. C. Francken. (*Tijdschrift voor Indische Taal-, Land- en Volken.*, *Batavia*, D. XIV, 1864, pp. 38/74.)

— Sur la religiosité comme caractéristique par M. Coudereau. (*Bul. Soc. Anthrop.*, 1866, pp. 329/340.)

— Réponse de Henri Martin. (*Ibid.*, pp. 643/4.)

— Sur l'idée de Dieu chez les Chinois et les Japonais. (*Ibid.*, pp. 667/671.)

— Creeds in China. By F. Porter Smith, M. B. (*The Chin. Rec.*, II, p. 108.)

C'est une liste des religions connues en Chine avec leurs noms en chinois.

— Serpent Worship in China. By R. S. M. — (*The Chin. Rec.*, IV, pp. 307/8.)

— On Serpent Worship, Vide a letter by the Rev. Jonathan Lees in the *Shanghai Budget*, p. 597, 1871, and article by *Sinensis*, *ibid.*, p. 604.

— Tree and serpent worship. (Balfour, *Chinese Scrapbook*, 1887, pp. 149/152.)

— Studî sulle Religioni dell' Estremo Oriente di Carlo Puini, alunno dell' Istituto di studî superiori pratici e di perfeziomento di Firenze. (Dottrine di *Buddha*, *Confucio* e *Lao-ze.*) — (*Archivio per l'Antropologia e la Etnologia* pubblicato per Dr. P. Mantegazza e Dr. F. Finzi, Vol. I, No. II, p. 214, Firenze, 1871.)

— Il Buddha, Confucio e Lao-tse : Notizie e Studii intorno alle Religioni dell' Asia Orientale, di Carlo Puini. In Firenze, G. C. Sansoni, 1878, gr. in-16, pp. lxv-549 + 1 f. n. ch. p. l'er.

— Религiи востока : Конфуцiанство, Буддизмъ и Даосизмъ. — Сочиненie В, Васильева. — St. Pétersbourg, 1873, in-8, pp. 183.

— Terms used in Cosmogony and Mythology. By Rev. Canon McClatchie, M. A. (*Doolittle's Vocab.*, Vol. II, Pt. III, No. 14.)

— The «Nameless Sect». — An Account of a singular religious Sect in Shantung. (*N.-C. Daily News*, 27 Juillet 1874 & *N.-C. Herald*, 25 Juillet 1874.)

C'est une secte qui semble avoir eu des rapports avec les Nestoriens.

— Oriental Religions and their Relation to Universal Religion. By Samuel Johnson. Boston : James Osgood & Co. 1877, 2 vol. in-8.

(Divers.)

Vol. I. India : *Introduction.* — I. *Religion and Life.* The Primitive Aryas, The Hindu Mind, The Rig Veda Hymns, Tradition, Laws of Manu, Woman, Social Forms and Forces. — II. *Religious Philosophy.* Vedânta, Sânkhya, The Bhagavadgitâ, Piety and Morality of Pantheism, Incarnation, Transmigration, Religious Universality. — III. *Buddhism.* Speculative Principles, Nirvana, Ethics and Humanities, The Hour and the Man, Afterlife in India, Buddhist Civilization, Ecclesiasticism.

Vol. II. China. : — I. *Elements.* The Chinese Mind, Labor Science, External Relations, Ethnic Type, Resources. — II. *Structures.* Education, Government, Language, Literature, History, Poetry. — III. *Sages.* Rationalism, Confucianism, Doctrine of Confucius, Influence of Confucius, Mencius. — IV. *Beliefs.* Foundations, Patriarchalism, The Ancestral Shrine, The Future Life, Fung-Shui, Divination, Theism, Buddhism, Coming of Buddhism, The Development of Buddhism, Chinese Buddhism, Missionary Failures and Fruits, Tao-ism, Lao-Tse, The Tao-sse. — V. *Philosophy.* The Y-king, Metaphysics, Anthropology.

Notices : *China Review*, VI, 1877, pp. 124/128. — *The Academy*, No. 334, 28 Sept. 1878. (Dr. Legge.)

— In Memoriam. By E. J. Eitel. (*China Review*, X, pp. 348/350.)

En mémoire de S. Johnson, *Oriental Religions.*

— An Analysis of religious Belief by Viscount Amberley. London, Trübner & Co., 1876, 2 vol. in-8, pp. xvi-496, vii-512.

Cf. Vol. I. Second Part : Means of Communication downwards. V. Holy Persons. Sect. 1. Confucius. — Sect. 2. Laò-tsè. — Sect. 3. Gautama Buddha.

— Introduction to the Science of Chinese Religion. A Critique of Max Müller and other authors. By Rev. Ernst Faber, Rhenish Missionary in Canton. Hongkong [&] Shanghai . . . s. d. [1879], pet. in-8, pp. xii-154.

— Notice : *China Review*, VIII, pp. 176/177, 237/244. — Lettre du Rev. E. Faber, *Ibid.*, pp. 250/254.

— The Religions of China. By F. Max Müller. I. Confucianism. (*Nineteenth Century*, XLVIII, Sept. 1900, pp. 373/384.) II. Taoism. (*Ibid.*, Oct. 1900, pp. 569/581.) III. Buddhism and Christianity. (*Ibid.*, Nov. 1900, pp. 730/742.)

— Friedrich Max Müller, M. A., etc. Nécrologie par G. Schlegel. (*T'oung Pao*, 2e Sér., I, N° 5, Déc. 1900, pp. 491/492.)

Né 6 déc. 1823, à Dessau ; † à Oxford, 28 oct. 1900.

— Essays zur Allgemeinen Religionswissenschaft von Victor von Strauss und Torney. Heidelberg. Carl Winter's Universitätsbuchhandlung. 1879, in-8, pp. 224.

Contient les essais suivants : Ueber einige Vorfragen zur allgemeinen Religionswissenschaft. — Ueber Laò-tsè und sein System. — Laò-tsè Tào-tĕ-kìng. Der Weg zur Tugend. Aus dem Chinesischen übersetzt und erklärt von Reinhold von Plänckner. — Zur chinesischen Literatur. — Thai-kih-thu, des Tscheu-tsi Tafel des Urprinzipes mit Tschū-hi's Commentare von G. v. d. Gabelentz. — Max Müller und seine Essays. — Buddhismus und Christenthum. — ΔΟΣ ΜΟΙ ΠΟΥ ΣΤΩ. Oratio pro domo.

— Der Altchinesische Monotheismus. Vortrag, gehalten im Evang. Verein zu Berlin am 2. Februar 1885, von D.V. von Strausz und Torney. Carl Winter's Universitätsbuchhandlung in Heidelberg, 1885, br. in-8.

Sammlung von Vorträgen. Herausgegeben von W. Frommel und Friedr. Pfaff. XIII. 9.

— Des croyances et des superstitions des Chinois avant Confucius. Par M. Ymaizoumi. Traduit en français par M. Tomii. (*Congrès provincial des Orientalistes*, Lyon — 1878. II, Lyon, 1880, pp. 56/61.)

— Bulletin critique des Religions de la Chine. Par Henri Cordier. (*Rev. Hist. des Religions*, 1e année, T. I, No. 3, Mai-Juin, 1880, pp. 346-356.)

Musée Guimet.

— Musée Guimet. — Catalogue des objets exposés précédé d'un aperçu des religions de l'Inde, de la Chine et du Japon. — Lyon, imprimerie Pitrat aîné, 1880, in-8, pp. 112, 1 pl. et 1 plan.

— Catalogue du Musée Guimet. Première Partie. Inde, Chine et Japon précédé d'un aperçu sur les religions de l'Extrême Orient et suivi d'un index alphabétique des noms des divinités et des principaux termes techniques par L. de Milloué, Directeur du Musée. Nouvelle édition. Lyon, Imprimerie Pitrat aîné, 1883, pet. in-8, pp. lxviii-323.

Notice : *Revue d'Ethnographie*, II, No. 4, 1883, pp. 367/369. (Par J. Montano.)

— Introduction au Catalogue du Musée Guimet. — Aperçu sommaire de l'histoire, des religions des anciens peuples civilisés par L. de Milloué, Conservateur du Musée Guimet. Paris, Ernest Leroux, 1891, in-12, pp. 159 + 1 f. n. c.

— Petit Guide illustré du Musée Guimet, par L. de Milloué, Conservateur — Quatrième recension mise à jour au 31 décembre 1899. Paris, Ernest Leroux, 1900, in-12, pp. 331.

— The Religions of China. Confucianism and Tâoism described and compared with Christianity. By James Legge, Professor of the Chinese Language and Literature in the University of Oxford. London : Hodder and Stoughton, MDCCCLXXX, in-8, pp. 310.

Ce vol. se compose de quatre conférences : I. & II. Confucianism. — III. Tâoism. — IV. The Religions of China compared with Christianity.

— Die altchinesische Reichsreligion vom Standpunkte der vergleichenden Religionsgeschichte von Julius Happel, Prediger der reformirten Gemeinde zu Bützow. Leipzig, Otto Schulze, II, Querstrasse 11, 1882, br. in-8, pp. 46.

— La Religion de l'ancien empire chinois étudiée au point de vue de l'histoire comparée des Religions. Par Julius Happel (de Bützow, Allemagne). (*Rev. de l'Hist. des Religions*, IV, No. 6, 1881, pp. 257/298.)

Sir Alfred Comyn Lyall.

— Asiatic Studies religious and social. By Sir Alfred C. Lyall, K. C. B., C. I. E. London, John Murray, 1882, in-8, pp. xviii-306.

— Asiatic Studies religious and social. By Sir Alfred C. Lyall, K. C. B., C. I. E. Second edition. London, John Murray, 1884, in-8, pp. xviii-306.

Chap. VI. Relations between the State and Religion in China, pp. 122/149.

Notice : *Jour. R. As. Soc.*, April 1900, pp. 358/361, par J. B. Andrews.

— New Edition. London : John Murray, 2 vol. in-8, pp. xx-330, xvi-387.

Notice : *Rev. Hist. Religions*, Juillet-Août 1903, pp. 74/6, par M. Mauss.

— Bibliothèque de l'histoire du droit et des institutions. — Etudes sur les mœurs religieuses et sociales de l'Extrême-Orient par Sir Alfred C. Lyall, Lieutenant-gouverneur des provinces du Nord-ouest (Inde). — Traduit de l'anglais avec l'autorisation de l'auteur. Paris, Ernest Thorin, 1885, in-8, pp. lxiv-534 + 1 f. n. c. p. l. tab., etc.

J. J. M. de Groot.

— Jaarlijksche Feesten en Gebruiken van de Emoy-Chineezen. — Een vergelijkende bijdrage tot de kennis van onze Chineesche medeburgers op Java. Met uitgebreide monographieën van godheden, die te Emoy worden vereerd door J. J. M. de Groot, Tolk voor de Chineesche Taal te Pontianak. Eerste Deel. gr. in-8, pp. xiii-242.

Verhand. v. h. Bataviaasch Genootschap van Kunsten en Wet., Deel XLII. 1e Stuk. 1881.

— — Tweede Deel, gr. in-8, pp. 243 à 644

Ibid., Deel XLII. 2e Stuk. 1881.

— Les Fêtes annuellement celébrees à Emoui (Amoy). Etude concernant la religion populaire des Chinois par J. J. M. de Groot, docteur en philosophie, interprète pour les langues chinoises au service du gouvernement des Indes orientales néerlandaises, traduite du hollandais, avec le concours de l'auteur, par C. G. Chavannes. Illustrations par Félix Régamey. (*Annales du Musée Guimet*, XI et XII, Paris, Ernest Leroux, 1886.)

— The Religious System of China, Its Ancient Forms, Evolution, History and Present Aspect. Manners, Customs and Social Institutions connected therewith. By J. J. M. de Groot, Ph. D. — Published with a subvention from the Dutch Colonial Government. — Volume I. — Book I. Disposal of the Dead, Part I. *Funeral Rites.* — Part II. *The Ideas of Resurrection.* Leyden, E. J. Brill, 1892. gr. in-8, pp. xxiv-360.

Notices : *T'oung Pao*, No. 2, Mai 1892, pp. 201/207 [par G. Schlegel]. — *Rev. Hist. Religions*, 1895, XXXI, pp. 343/6, par E. Amélineau.

« To be published in a dozen stout Volumes. — This Work will consist of seven Books, each Book dealing with a separate part of the *Religious System of China*. The Books to be sold separately. The price will be 12—15 Shillings a Volume, according to the number of sheets and plates. »

— The Religious System of China .... By J. J. M. de Groot, Ph. D. ..... — Volume II. — Book I. Disposal of the Dead, Part III. *The Grave* (First Half). Leyden, E. J. Brill, 1894, gr. in-8, pp. viii-361 à 827.

Notice : *T'oung Pao*, IX, 1898, pp. 65/78, par G. Schlegel.

— The Religious System of China .... — Volume III. — Book I. Disposal of the Dead, Part III. *The Grave* (Second Half). E. J. Brill, Leide, 1897, gr. in-8, pp. vi-829 à 1468.

— The Religious System of China ... — Volume IV. — Book II. On the Soul and Ancestral Worship, Part I. *The Soul in Philosophy and Folk-Conception.* E. J. Brill, Leide, 1901, gr. in-8, pp. x-464 + 2 ff. n. ch. p. l'ind. des livres chinois.

Notice : *T'oung Pao*, Mars 1902, pp. 41/8, par G. Schlegel.

∴

— Heerscht er in China Godsdienstvrijheid? Door Prof. J. J. M. De Groot. (*Onze Eeuw*, 1 Jaarg., 1901, pp. 268/296, 550/588.)

Notice : *T'oung Pao*, Oct. 1901, pp. 284/286. Par G. S.[chlegel.]

— Is there Religious Liberty in China? By J. J. M. de Groot. (*Mitth. des Seminars für Orient. Sprachen*, Berlin, Jahrg. V, Erste Abth., 1902, pp. 103/151.)

Tirage à part : Berlin, 1902, in-8.

Notice : *Bull. Ecole franç. d'Ext.-Orient*, III, N° 1, Janvier-Mars 1903, pp. 102/108. Par P. Pelliot.

— Sectarianism and Religious Persecution in China A Page in the History of Religions by J. J. M. de Groot. In two volumes, Vol. I. (With three Plates.) *Verhandelingen der Koninklijke Akademie van Wetenschappen te Amsterdam* Afdeeling Letterkunde Nieuwe Reeks Deel IV. No. 1. — Amsterdam, Johannes Müller 1903, gr. in-8, pp. viii-259 + 1 f. n. ch. p. l. cor. et add.

— — Vol. II. *Verhandelingen d. K. Ak. van Weten. Amst.* Afd. Letter. N. R. Deel IV, N° 2. — Amsterdam, Johannes Müller 1904, gr. in-8, pp. vi + pages 263 à 595.

— Kouan-ti. (*Miss. Cath.*, XIV, 1882, p. 147.)

— Kouan ti, le dieu de la guerre chez les Chinois. Par C. Imbault-

Huart. (*Revue de l'histoire des Religions*, t. XIII, No. 2, mars-avril 1886.)

Voir col. 715.

— Les religions de l'Extrême-Orient, leçon d'ouverture faite à l'école pratique des hautes-études par Léon de Rosny, Directeur d'Etudes adjoint, Professeur à l'Ecole des Langues Orientales. Paris, Maisonneuve frères et Ch. Leclerc, éditeurs, 1886, br. in-8, pp. 36.

— Chrestomathie religieuse de l'Extrême-Orient publiée par la Société des Etudes japonaises, chinoises, tartares et indo-chinoises. Paris, Maisonneuve, 1887, in-8, pp. 52.

— Chrestomathie religieuse de l'Extrême-Orient publiée sous les auspices de la Société des Études japonaises. (*Le Lotus*, V, 1886, pp. 153/202.)

— 儒釋道三教 The Dragon, Image, and Demon, or the three Religions of China Confucianism, Buddhism and Taoism, giving an account of the mythology, idolatry and demonolatry of the Chinese. By Rev Hampden C. Du Bose, Fourteen Years a Missionary at Soochow. London, S. W. Partridge, 1886, pet. in-8, pp. 468.

— * 儒釋道三教 The Dragon, Image and Demon, or three religions of China, Confucianism, Buddhism and Taoism, giving an account of the mythology, idolatry and demonolatry of the Chinese. By Rev. H. C. Du Bose, Fourteen years a Missionary at Soochow. New-York : A. C. Armstrong & Son, 1887.

Notice : *China Review*, XV, p. 382. Par E. J. E.[itel.]

— Lehrbuch der Religionsgeschichte von P. D. Chantepie de la Saussaye, Dr. und ord. Prof. der Theologie in Amsterdam. Freiburg i. B. 1887—1889, J. C. B. Mohr, 2 vol. in-8, pp. x-465, xvi-406.

Die Chinesen, I, pp. 232/261. — Forme les deux premiers vol. du *Sammlung Theologischer Lehrbücher — Religionsgeschichte bearbeitet von* P. D. Chantepie de la Saussaye. — Trad. en franç. sous la direction de Henri Hubert et Isidore Lévy. Paris, A. Colin, s. d. [1904], in-8.

Notice : *Revue Critique* (par Maurice Vernes), No. 9, 27 fév. 1888, p. 163.

— Manual of the Science of Religion by P. D. Chantepie de la Saussaye . . . . Translated from the German by Beatrice S. Colyer-Fergusson (née Max Müller). London, Longmans, 1891, in-8, pp. xiii-672.

— The Religious Ceremonies of the Chinese in the Eastern Cities of the United States by Stewart Culin. An Essay, read before the Numismatic and Antiquarian Society of Philadelphia, at its Hall, April 1st, 1886. — Privately printed. — Philadelphia, 1887, br. in-4, pp. 23, 2 pl.

Tiré à 100 exemplaires.

— Animal worship among the Chinese. By Rev. G. Owen. (*Chin. Rec.*, XVIII, No. 7, July 1887, pp. 249/255; *ibid.*, No. 9, Sept. 1887, pp. 334/346.)

— The Religions of China. By Rev. George Owen. (*Ibid.*, XXI, No. 2, Febr. 1890, pp. 84/87.)

Abridged from the *London Missionary Chronicle*.

— On the ancient Cult of the Chinese as found in the *Shu Ching* by Rev. G. Owenn [sic]. (*Journ. Peking Or. Soc.*, Vol. I, No. 5, pp. 203/224.)

— Scraps from Chinese Mythology. By J. Dyer Ball. (*China Review*, IX, pp. 195/212.)

A propos de : A Chinese Notion of Cosmogony and the Genesis of Man. Translated by the late Rev. Dyer Ball, M. A., M. D.; annotated by J. Dyer Ball.

— Scraps from Chinese Mythology. The origin of Yuh Wang Shang-ti. Translated by the late Rev. Dyer Ball, M. A., M. D.; annotated by J. Dyer Ball. (*China Review*, XI, pp. 69/86, 203/217, 282/297, 382/390; XII, pp. 188/193, 324/331, 402/407; XIII, pp. 75/85.)

— The Religious Festivals of the Cantonese. A brief sketch of the origin, development, and influence on the people of the most popular of the religious festivals of the Cantonese. By Rev. C. Bone. (*Chin. Rec.*, XX, No. 8, August 1889, pp. 367/371; *ibid.*, No. 9, Sept. 1889, pp. 391/403.)

Read before the Canton Missionary Conference, June 5th, 1889.

— Histoire des religions de l'Extrême-Orient par M. l'abbé J. Peisson. Amiens, Imp. Rousseau-Leroy, 1888, in-8.

1er fasc. 1888, pp. viii-1 à 53. — 2e fasc. 1889 [par l'abbé Z. (*sic*) Peisson], pp. 53 à 127. Ces deux fasc. comprennent la première partie de l'ouvrage.

— O Animismo em jeral e sua representação entre os Chineses por G. de Vasconcellos-Abreu. Lisbôa, Imprensa de Lucas Evangelista Torres, 1889, br. pet. in-8, pp. 56.

— Histoire des Religions — III — La Religion Chinoise par A. Réville, Professeur au Collége de France. — 1re Section : jusqu'à la page 400. — IIe Section : Pages 401 à 710. Paris, Librairie Fischbacher, 1889, 2 parties in-8, pp. vii-710.

— La Religion en Chine. — A propos du dernier livre de M. A. Reville par M. C. de Harlez. — (Extrait du « Magasin Littéraire et Scientifique ».) Gand, Typ. S. Leliaert, 1889, br. in-8, pp. 33.

Charles de Harlez.

— Les croyances religieuses des premiers Chinois, par Ch. de Harlez, membre de l'Académie. — (Présenté à la Classe des lettres dans sa séance du 4 juin 1888.) br. in-8, pp. 60.

(Extrait du tome XLI des *Mémoires couronnés et autres Mémoires* publiés par l'Académie royale de Belgique. 1888.)

— Les Religions de la Chine. Aperçu historique et critique par C. de Harlez. Leipzig, W. Gerhard, 1891, gr. in-8, pp. 270 + 1 f. n. c.

Voir *Le Muséon*, X, No. 2, Avril 1891, pp. 145/176, etc.

Notice par G. Devéria. (*Jour. Asiatique*, 8e sér., XIX, No. 2, mars-avril 1892, pp. 349/357.) Voir du même, *ibid.*, pp. 357/361, notice sur : *Le Chang-ti et le T'ien dans l'antiquité*, par P. Antonini. Mémoire présenté au Congrès scientifique international des catholiques (avril 1891).

— La religion chinoise à propos d'un ouvrage de M. de Harlez. Par Albert Réville. (*Revue Hist. des Religions*, XXVII, No. 2, mars-avril 1893, p. 226.)

— 神仙書 *Shēn-Siēn-Shū*. Le Livre des Esprits et des Immortels. Essai de Mythologie chinoise d'après les textes originaux par Ch. de Harlez, Membre de l'Académie royale de Belgique. Bruxelles, F. Hayez, 1893, in-4, pp. 492.

On lit au verso du faux titre : Extrait du tome LI des *Mémoires de l'Académie royale des sciences, des lettres et des beaux-arts de Belgique*. — 1893.

f. 集說詮眞 *Tsi chouo tsiuen tchen*, Veritatis collectis textibus demonstrata, auctore P. Petro Hoang Sacerdote ex Clero Missionis Nankinensis. Edit. anno 1880, No. 18 dans *Cat. lib. venalium in Orphan. Tou-sai-wai* . . . 1889. — C. Imbault-Huart, *Jour. Asiat.*, 1884, nov.-déc., p. 393.

— Lettre du Rév. P. H. Havret. (*T'oung Pao*, X, Mars 1899, pp. 108/113.) — Réponse de C. de Harlez. (*Ibid.*, p. 113.)

Édouard Chavannes.

— Le Traité sur les sacrifices Fong et Chan de Se ma T'sien traduit en français par Edouard Chavannes. Extrait du *Journal of the Peking Oriental Society*. Péking, Typographie du Pei-t'ang. 1890, in-8, pp. xxxi-95.

« Le traité sur les sacrifices *fong* et *chan* 封禪書 forme le vingt-huitième chapitre des *Mémoires historiques* (史記) de Se ma T'sien (司馬遷); il est le sixième des huit « traités » (書) qui sont consacrés aux sujets trop généraux pour pouvoir être bien exposés dans le récit chronologique des événements particuliers. » (Introd.)

Notice : *China Review*, XIX, No. 1, 1890, pp. 61/2. By E. J. E[itel].

— Ed. Chavannes — Le Dieu du Sol dans l'ancienne religion chinoise. Paris, Ernest Leroux, 1901, in-8, pp. 22.

Lu au Congrès Int. d'Hist. des Religions, le 5 sept. 1900. — Ext. de la *Revue de l'Histoire des Religions*. [XLIII, Mars-avril 1901. — Dieu du Sol 社.]

— Le Dieu du Sol dans l'ancienne religion chinoise. Par Ed. Chavannes. (*Actes Premier Cong. Int. Hist. des Religions*, Paris, 1900, Deuxième Partie, Séance des Sections, Fasc. I, pp. 27/48.)

(Chavannes.)

— The K'uen shi wan 勸世文; or, the Practical Theology of the Chinese. By E. Eichler. (*The China Review*, X, pp. XI, pp. 146/161.)

— The Worship of Landmarks in China. By Ajax. (*Ibid.*, XI, p. 332.)

— Krypto-Monotheismus in den Religionen der Alten Chinesen und anderen Völker, von Ferd. Adalbert Junker von Langegg. — Leipzig, Wilhelm Engelmann, 1892, in-8, pp. iii-77.

— The Night of the Gods. An Inquiry into Cosmic and Cosmogonic Mythology and Symbolism. By John O'Neill. Volume I. — London, Printed by Harrison & Sons, Saint-Martin's Lane and Published by Bernard Quaritch, 15 Piccadilly, 1893, in-8, pp. 581.

Notice par G. Schlegel, *T'oung Pao*, IV, No. 5, déc. 1893, pp. 444/452.)

— Volume II. London, Printed by Harrison & Sons and Published by David Nutt, 1897, in-8, pp. xi-583 à 1077.

En tête de ce vol. : Preface by Henriette O'Neill. — Memoir of the Author by Grattan Geary.

Notice par G. Schlegel, *Ibid.*, VIII, 1897, pp. 231/2.

— John O'Neill. Nécrologie par G. S.[chlegel.] (*Ibid.*, VI, N° 1, Mars 1895, pp. 77/78.)

Né en 1837, près de Limerick; † à Selling, près de Faversham, Kent, 12 Janvier 1895.

— Die Religion der Chinesen. Von Hermann Feigl. (*Oest. Monats. f. d. Orient*, 1895, pp. 41/51, 74/84, 101/112; 1896, pp. 1/12.)

— Darstellungen aus dem Gebiete der nichtchristlichen Religionsgeschichte (XII. Bd.), Chinas Religionen. — Erster Teil : Confucius und seine Lehre von Dr. Rudolf Dvořák, Professor der orientalischen Philologie. Münster i. W. 1895. Aschendorff'sche Buchhandlung, in-8, pp. vii-244.

Notice : *T'oung Pao*, VII, 1896, pp. 86/91, par G. Schlegel.

— Zweiter Teil : Lao-tsï und seine Lehre. — *Ibid.*, 1903, in-8, pp. viii-216.

Notice : *Rev. Hist. Religions*, Juillet-août 1903, pp. 71/4, par Éd. Chavannes.

— * Menzel. — Die Religion der Chinesen und die bisherigen Missions-Versuche in China. Vortrag. Breslau, 1898, in-8.

— Some popular Religious Literature of the Chinese. By Mrs. E. T. Williams. (*Jour. China Br. R. As. Soc.*, XXXIII, No. 1, 1899, pp. 11/29.)

— Sur le prétendu Monothéisme des anciens Chinois. Par Maurice Courant. (*Rev. Hist. des Religions*, XLI, Janv.-Fév. 1900, pp. 1/21.)

Tirage à part, br. in-8, pp. 21. — Conférence faite au Musée Guimet, le 5 mars 1899.

(Divers.)

— Philosophie de la religion chinoise. Par le Contre-Amiral Réveillère. (*Revue d'Europe*, Mars 1902, pp. 194/7. — *Rev. Indo-chinoise*, 187, 19 Mai 1902, pp. 448/9.)

— Short Studies in the Science of Comparative Religions embracing all the Religions of Asia. By Major-General J. G. R. Forlong .... With Maps and Illustrations. London, Bernard Quaritch, 1897, gr. in-8, pp. XXVIII-662 + 1 f. n. ch. p. l'er.

Contents : Preface. — Introductory Chapter. — I. Jainism and Buddhism. — II. Trans-Indian Religions. — III. Zoroastrianism. — IV. Hinduism, Vedas and Vedantism. — V. Laotsze and Tao-ism. — VI. Confucius and his Faith. — VII. The Elohim of the Hebrews. — VIII. The Jehovah of the Hebrews. — IX. The Sacred Books of the West. — X. Mahamad, Islam, and Ancient Maka. — XI. Short Texts of All Faiths. — Index.

— Voir la 3e partie de la *Chine illustrée* de Kircher (col. 26). — Grosier, *Desc. de la Chine*, IV, Livre IX, pp. 342 et seq. (col. 61). — Bernard Picart, *Cérémonies et Coutumes religieuses*, Amst., 1723—43, 8 tom. en 9 vol. in-fol. ; — Amst., 1739—43 ; — Paris, 1741, 7 vol. ; — Paris, 1783, 4 vol. in-fol. ; — Paris, 1810, 13 vol. in-fol. — En anglais, London, 1733—1739, 7 vol. in-fol.

Jou kiao 儒教.[1]

« Demandez à toute la Chine ce que signifie la lettre 儒 *ju*, on vous répondra qu'on appelle ainsi ceux qui font profession de suivre la doctrine contenuë dans les livres canoniques : mais demandez pourquoy une partie de cette lettre c'est 亻 *gin*, qui signifie le grand homme — l'homme par excellence, et l'autre moitié c'est 需 *siu*, qui veut dire attendre avec espérance, cela passe la connoissance des Chinois, et ils ne peuvent vous rien dire sur cela de certain au lieu qu'un missionnaire, qui est instruit, en voit d'abord la véritable raison, qui est que les anciens sages, qui ont inventé ces lettres mystérieuses, se donnoient à eux mêmes le beau nom de gens attendans le Messie *ju-sperantes* ; et pour exprimer ceux qui viendroient après le Messie, ils employoient la lettre 信 *sin*, qui est composée de ce même 亻 *gin*, et de 言 *yen*, qui signifie parler. 信 *Sin credentes*, ils croyoient parce que cet homme Dieu a parlé. »

(Extrait d'une lettre du P. de Prémare, datée de Kien tchang, le 25 octobre 1707. Bib. nat., Ms. lat. Nouv. acq. 156, feuillet 13.)

— De Secta Litteratorum, seu Philosophorum propriâ, quod illius fundamentum aut principium veteres, quod moderni Interpretes constituerint. (*Confucius Sinarum Philosophus*, Proemialis Declaratio, Paragraphus Quintus.)

— Horae biblicae. — Printed in the year 1797, in-8, pp. 148.

Par Charles Butler. — Cette éd. n'a pas été mise dans le commerce.

— Horae biblicae. Being a connected Series of Miscellaneous Notes on the original text, early versions, and printed editions of the Old and New Testament. Oxford. J. White, M DCC XCIX, in-8. — Horae biblicae ; being a connected series of notes on the text and literary history of the Bibles, or Sacred Books of the Jews and Christians ; and on the Bibles, or Books accounted sacred by the Mahometans, Hindus, Parsees, Chinese, and Scandinavians. Part the second, containing a connected series of notes on the Koran, Zend-Avesta, Vedas, Kings and Edda. — The second edition. London : J. White, 1807, in-8.

On trouvera dans cette 2e partie, pp. 178/188 : *The* KINGS, *or Books accounted sacred by the Chinese.*

Vend. Langlès, No. 149, Fr. 25.

— Horae biblicae ou Recherches littéraires sur la Bible, Son Texte original, ses Editions & ses Traductions les plus anciennes & les plus curieuses. Ouvrage traduit de l'anglois de Charles Butler. Paris, Garnery, Libraire, rue de Seine, n° 6 ; Leblanc, Imprimeur-Libraire, Abbaye Saint-Germain-des-Prés, n° 1. 1810, in-8, pp. ii-310.

Trad. par A. M. H. Boulard.

— R. Morrison, *View of China*, col. 65 : Joo-keaou, p. 110.

— The State Religion of China ; Objects of the Governmental Worship ; the Ministers or Priests, and the Preparation required for their Service ; Sacrifices, Offerings and Ceremonies ; and Penalties for Informality. By Robert Morrison. (*Chin. Rep.*, III, p. 49 ; — réimp. dans *The Cycle*, 3rd Dec. 1870.)

— A Confucian Tract, exhorting mankind always to preserve their Celestial Principles and their Good Hearts. (Trad. par W. J. Pohlman, *Chin. Rep.*, XV, pp. 377/385.)

Le texte accompagne la traduction.

— The Chinese on the Plain of Shinar, or a Connection established between the Chinese and all other Nations through their Theology. By Rev. M. T. M'Clatchie. (*Jour. R. As. Soc.*, XVI, 1856, pp. 368/435.)

— Prières chinoises par C. Lavollée. (*Rev. de l'Or. et de l'Algérie*, VI, 1849, pp. 100/104.)

— A Proclamation against certain Idolatrous Practices, translated by Rev. S. F. Woodin. (*The Missionary Recorder*, I, 1867, pp. 22/3.)

Texte chinois et trad. d'une proclamation de Tso, Vice-Roi de Fou-kien, 5 Mars 1865 (8e jour, 2e lune de la 4e année de T'oung-tchi).

1. On sait que le *Jou kiao* est moins une religion qu'un système de morale ; il faudra compléter les quelques renseignements que nous donnons ici aux chapitres consacrés à : La Question des Rites. — Controverses des Missionnaires protestants. — Sciences morales et philosophiques (Livres canoniques). — Culte des Ancêtres. — Foung choui, etc. — Ce terme de *Jou kiao* a d'abord été inventé (vers 1150 ap. J.-C.) pour désigner l'école du Philosophe Tchou Hi.

— Another Proclamation against Idolatrous Processions, translated by W. T. Lay, Esq. (*Ibid.*, pp. 55/56.)

Texte chinois et trad. d'une proclamation de Wou, Vice-Roi de Fou-kien, 21 Avril 1867 (17e jour, 3e lune de la 6e année de T'oung-tchi).

— On a Chinese Tablet illustrating the Religious Opinions of the Literary Class, by Dr. D. B. Mc Cartee, Missionary of the Presbyterian Board at Ningpo, China. (*Am. Or. Soc. Jour.*, IX, No. 2, p. lxi.)

— A moral Problem solved by Confucianism. By Rev. William Ashmore. (*The Chin. Rec.*, II, pp. 282/285.)

— Chinese Mythology. By Sinensis. (*Ibid.*, III, pp. 197/200, 234/238, 299/303, 310/315, 347/353. — IV, pp. 19/23, 46/48, 93/96, 130/132, 192/195, 217/222.)

— Notes concerning the Chinese belief of Evil and Evil Spirits. By Rev. F. Galpin. (*Ibid.*, V, pp. 42/50.)

— Proclamation against Idol Processions. Translated by C. F. R. Allen, Esq. (*Doolittle's Voc.*, Vol. II, Pt. III, No. 61, pp. 516/8.)

— Confucianism. By the Rev. G. E. Moule. (*Church Missionary Intelligencer*, Jan. 1878.)

— Lettre inédite du P. Prémare sur le Monothéisme des Chinois Voir le chapitre consacré à la *Question des Rites*.

— Chinese Natural Theology by John Chalmers, M. A., of the London Missionary Society, Canton. (*Travaux de la troisième session du Congrès des Orientalistes*, St. Pétersbourg, 1876, II, pp. 15/40 + 15 pp. de chinois.)

— Chinese Natural Theology by John Chalmers, M. A., of the London Missionary Society, Canton. Tiré du Vol. II des Travaux de la 3e session du Congrès international des Orientalistes. Leide, E. J. Brill, 1878, br. in-8, pp. 26-XV.

— Chinese Natural Theology. By John Chalmers. (*The China Review*, V, pp. 271/281.)

Ce mémoire a été écrit pour le Congrès international des Orientalistes, de St.-Pétersbourg.

— Chinese mythology. By J. Chalmers. (*China Review*, XIV, pp. 33/36.)

— Confucianism in Relation to Christianity. A Paper read before the Missionary Conference in Shanghai, on May 11th, 1877. By Rev. James Legge, D. D., L. L. D. Professor of the Chinese Language and Literature in Oxford University, England, Formerly Missionary of the London Missionary Society, Hongkong, China. Shanghai: — Kelly & Walsh. London: — Trübner & Co. 1877, br. in-8, pp. 12.

— Christianity and Confucianism compared in their Teaching of the Whole Duty of Man. By James Legge, LL. D., Professor of the Chinese Language and Literature in the University of Oxford, and formerly of the London Missionary Society, author of « The Religions of China » etc. The Religious Tract Society, in-8, pp. 36.

Forme le No. 18 de la collection *Present Day Tracts* compris dans le Vol. III de la série [1884].

— T'ai san — its temples and worship. By Rev. C. W. Mateer (*Chin. Rec.*, X, 1879, No. 5, pp. 361/369.)

— A Guide to the Tablets in a Temple of Confucius, by T. Watters, H. M.'s Consul for Wuhu. Shanghai, China: — Printed at the American Presbyterian Mission press. M DCCC LXXIX, in-8, pp. xx-259.

— A Visit to Peking. (*With some particular notice of the worship of Heaven, Earth, Sun and Moon &c.*) By Rev. A. P. Happer, DD. (*Chin. Rec.*, X, 1879, No. 1, pp. 23/47.)

— The State Religion of China. By Inquirer. [A. P. Happer.] (*Chin. Rec.*, XII, 1881, pp. 149/192.)

— The State Religion of China. By Inquirer. Shanghai: American Presbyterian Mission Press. 1881, br. in-8, pp. 44.

Inquirer = A. P. Happer.

— Letter by Wm. Muirhead. (*Chin. Rec.*, XII, 1881, pp 302/306.)

— St. Giles' Lectures. — Second Series. The Faiths of the World. Lecture III. Religion of China: Confucianism by the Rev. George Matheson, DD. minister of the parish of Inellan. William Blackwood and Sons, Edinburgh and London, br. in-8 [1882].

— Confucianism. By Rev. S. L. Baldwin, D. D., late Superintendent of Foochow mission of the Methodist episcopal Church. (Doomed Religions: A series of essays on great religions of the world; edited by Rev. J. M. Reid, D. D., LL. D., New York: Phillips & Hunt. Cincinnati: Walden & Stowe, 1884. In-8, pp. 378/419.)

— Mémoire sur les doctrines religieuses de Confucius et de l'Ecole des Lettrés, par le marquis d'Hervey-Saint-Denys. — Extrait des mémoires de l'Académie des inscriptions et belles-lettres. Tome XXXII, 2e Partie, Paris, Imprimerie nationale. — M DCCC LXXXVII, br. in-4, pp. 23.

Avait paru dans le *Journal Officiel de la République française*, 30 Oct. 1886, pp. 4986/4989.

— Les doctrines religieuses de Confucius. (*Ann. de l'Ext. Orient*, 1885—1886, VIII, pp. 378/379.)

D'après Hervey-St. Denys.

— Le Confucianisme. Par Z. Peisson. (*Revue des Religions*, Paris, 1890.)

— 大清祭禮 *Tà Ts'ing tsí lì.* — La Religion et les Cérémonies impériales de la Chine moderne d'après le Cérémonial et les décrets officiels par Ch. de Harlez, Membre de l'Académie. (Présenté à la Classe des lettres dans la séance du 7 août 1893), in-4, pp. 556, s. l. n. d. [Bruxelles, Académie de Belgique.)

— * Confucianism. By Rev. Ernst Faber, Dr. Theol. Allg. Ev. Prot. Miss. V. Shanghai, Printed at the American Presbyterian Mission Press, 1895, br. in-8, pp. 12.

— * China in the Light of History, with Appendix : A Missionary View of Confucianism. By Rev. Ernst Faber, Dr. Theol., Allg. protestant. Missions-Societät. Translated from the German by E. M. H. Shanghai, American Presbyterian Mission Press, 1897.

— Confucianism. By Rev. Ernst Faber. (*China Mission Hand-book*, 1896, pp. 1/11.)

— Chinas Religionen. — Erster Teil : Confucius und seine Lehre von Dr. Rudolf Dvořák . . . Münster i. W. 1895, Aschendorff, in-8, pp. VII-244. — Voir col. 708.

— The Message of the World's Religions. Reprinted from the *Outlook*. New York, Longmans, 1898, in-16, pp. 125.

Contient, six chapitres par différents auteurs. Voir : III. Confucianism. By the Rev. Arthur H. Smith, pp. 41—64.

— Confucian Criticisms. By J. Edkins. (*China Review*, XXII, N° 6, p. 789.)

— * M. v. Brandt. D. Chines. Philosophie u. d. Staats-Confucianismus. Stuttgart, 1898, in-8.

— Notes on the Ting-chi, or Half-yearly Sacrifice to Confucius. By The Right Rev. G. E. Moule, D. D., Bishop in Mid-China. (*Jour. China Br. R. As. Soc.*, XXXIII, No. 2, 1899—1900, pp. 37/73.)

— Great Religions of the World By Herbert A. Giles, LL. D.; T. W. Rhys Davids, LL. D., Ph. D.; Oskar Mann; Sir A. C. Lyall, K. C. B., G. C. I. E.; D. Menant; Sir Lepel Griffin, K. C. S. I.; Frederic Harrison; E. Denison Ross; the Rev. M. Gaster, Ph. D.; The Rev. Washington Gladden, D. D., LL. D.; Cardinal Gibbons. New York and London, Harper & Brothers, publishers, 1901, in-8, pp. 301.

Confucianism in the Nineteenth Century. By Herbert A. Giles, LL. D., Professor of Chinese in Cambridge University, pp. 3—30.

— Le Confucianisme au XIXe siècle par Herbert Allen Giles. (*Chine et Sibérie*, Déc. 1900, pp. 536/540, 555/559.)

Trad. de la *North-American Review*.

(Jou kiao.)

Tao kiao 道教

— * Bibliographie du Taoisme. Par Marceron. Paris, Ernest Leroux, in-8.

— Brevis Notitia sectae *Li lao Kiun* Philosophi, ejusque sectariorum, quos in Sinis *Tao su* vocant. (*Confucius Sinarum Philosophus*, Proemialis Declaratio, Paragraphus Tertius.)

— Lao-Tsée. (*Mém. conc. les Chinois*, III, pp. 38/41.)

— Notice du *Cong-fou* des Bonzes Tao-sée; par le P. Cibot. (*Ibid.*, IV, pp. 441 seq.)

Voir : *The Chinese Rec.*, III, pp. 188/9, note by J. Dudgeon.

— *Cong-fou*, Cf. *Ibid.*, IV, pp. 281/4, by J. Dudgeon.

— Kung-fu or Medical Gymnastics. By John Dudgeon, M. D. (*Jour. Peking Oriental Soc.*, III, No. 4, 1895, pp. 341/565.)

— Lettre du P. Amiot, Peking, 16 Oct. 1787. (*Mém. conc. les Chinois*, XV, pp. 208 seq.)

— Account of the Sect Tao-Szu. From « the Rise and Progress of the Three Sects » by Morrison, dans les *Horae Sinicae* : New ed., pp. 166/170.

— R. Morrison, *View of China*, col. 65 : Taou keaou, pp. 111/2.

— Abel-Rémusat. — Mémoire sur la Vie et les Opinions de Lao-Tseu, Philosophe chinois du VIe Siècle avant notre ère. Par M. Abel-Rémusat. (*Mém. de l'Ac. des Insc. et B.-L.*, VII, pp. 1/54.)

— Extrait d'un Mémoire sur Lao-tseu, Philosophe chinois du sixième siècle avant notre ère, qui a professé les opinions attribuées à Platon et à Pythagore Par M. Abel-Rémusat. (*J. As.*, III, 1823, pp. 1/15.)

Lu à l'Ac. des Insc., le 28 Juillet 1820.

— * Mémoire sur la Vie et les Opinions de Lao-Tseu, Philosophe chinois du VIe siècle avant notre ère, qui a professé les opinions communément attribuées à Pythagore, à Platon et à leurs disciples; par M. Abel-Rémusat. Paris, 1823, in-4. Très-Rare.

— Sur la Vie et les Opinions de Lao Tseu, philosophe chinois du sixième siècle avant notre ère. (A.-Rémusat, *Mél. As.*, I, pp. 88/99.)

— De la Religion des Tao-szu en Chine. (Klaproth, dans les *Nouv. An. des Voyages*, II, 1833, p. 129.)

— The Taou Sect of China. (*Asiatic Journal*, N. S., V, pp. 97/104.)

— J.-J. Ampère. La troisième religion de la Chine, Lao-tseu. (*Revue des Deux-Mondes*, 15 août 1842.)

— * De la Métaphysique de Lao-tseu, par Nic. Möller, Prof. honor. à l'université cathol. de Louvain. Tirlemont, 1850, in-8.

Ext. de la *Revue catholique*, IV, 1849—1850.

— Review of the *Shin Seën Tung Keën*. — 神仙通鑑 A General Account of the Gods and Genii; in 22 vol. From a Corres-

(Tao kiao.)

pondent. [C. Gützlaff.] (*Chin. Rep.*, VII, pp. 505 et seq.)

Voir Wylie, *Notes*, p. 178.

— *Liáu Chái I Chí*, or Extraordinary Legends from Liáu Chái. Reviewed by a Correspondent. [C. Gützlaff.] (*Chin. Rep.*, XI, pp. 202/210.)

Voir au chap. consacré aux *Contes et Nouvelles*, les trad. de C. F. R. Allen, etc.

— 搜神記 *Seou Chen Ki.*

Cet ouvrage qui traite des Dieux chinois (181 idoles décrites) a été composé sous les Ming. On en trouvera une courte description par le Rev. J. L. Shuck dans le *Chinese Repository*, X, page 87, Note. Ce missionnaire a donné les trois traductions suivantes de descriptions de dieux dans le même vol. du *Ch. Repository* :

— Sketch of Teën Fe, or Matsoo Po, the Goddess of Chinese Seamen. Translated from the *Sow Shin Ke* [搜神記]. By J. L. S[huck]. (*Ibid.*, X, pp. 84/87.)

— Sketch of Kwanyin, the Chinese Goddess of Mercy. Translated from the *Sow Shin Ke*. By J. L. S[huck]. (*Ibid.*, X, pp. 185/191.)

— Sketch of Yuhwang Shangte, one of the highest Deities of the Chinese Mythology. Translated from the *Sow Shin Ke*. By J. L. S[huck]. (*Ibid.*, X, pp. 305/309.)

— Mythological Account of Hiuen-tien Shang-ti, the High Ruler of the Sombre Heavens, with Notices of the Worship of Shangti among the Chinese. [By S. Wells Williams.] (*Ibid.*, XVIII, pp. 102 et seq.)

— Mythological Account of some Chinese Deities, chiefly those connected with the Elements. Translated from the *Siú Shin-ki*. By J. G. Bridgman. (*Ibid.*, XIX, pp. 312/317.)

J. Edkins.

— Tauism. — Phases in the development of Tauism : By the Rev. Joseph Edkins, Shanghae. Read before the Society, 11th July, 1855. (*Trans. China Branch R. As. Soc.*, Part V, Art. IV, pp. 83/99.)

— On early Tauist Alchemy. [By J. Edkins.] (*N. C. Herald*; and *Shanghae Miscellany for* 1857.)

— Chinese Worship of the Stars. [By J. Edkins.] (*N. C. Her.*, No. 324, 11 oct. 1856; & *S. Miscell. for* 1857.)

— Account of Kwan-ti, the God of War. By J. E[dkins]. (*N. C. Herald*, Nos. 313 & 314, 26 Juillet & 2 Août 1856; réimp. dans le *Shae. Miscellany for* 1857.)

Voir col. 704/5.

— Worship of Kwan-ti among the Lamas. (*Notes & Q. on C. & J.*, I, p. 35.)

— Voir également sur cette divinité : Mayers, *Manual*, No. 297.

— A Sketch of the Tauist Mythology in its modern form. By the Rev. Joseph Edkins. Read before the Society, May 17th, 1859. (Art. V, *Journal N. C. B. R. A. S.*, No. III, Dec. 1859, pp. 309/314.)

— Tauism in Japan. By Rev. J. Edkins. (*The Chin. Rec.*, II, pp. 33/46.)

— Worship of the God of Fire. By J. Edkins. (*China Rev.*, XVIII, No. 2, pp. 124/125.)

— Place of Hwang ti in early Tauism. By Joseph Edkins. (*Ibid.*, XV, pp. 233/239.)

— Foreign Origin of Taoism. By J. Edkins. (*China Review*, XIX, No. 6, pp. 397/399.)

— The Use of the Term 玉皇, *Yu-hwang*, addressed to Mathetes. By J. Edkins. (*Chin. Rec.*, XXV, Feb. 1894, pp. 91/92.)

Voir col. 715 ; Mayers, *Manual*, No. 391.

— Titles of Tauist Gods. By J. Edkins. (*China Review*, XXIV, N° 4, p. 199.)

— The Eight Genii. By Dr. Joseph Edkins. (*East of Asia*, Vol. 2, No. 3, Oct. 1903, pp. 284/7.)

— Explication du texte de Lao-tseu sur la Trinité, par M. de Paravey. (*Ann. de Phil. chrétienne*, 4e Sér., VIII.)

— О Сектѣ Лаосовъ — La Secte des Taouists, par Tsvetkov. (*Trav. de la Mission Russe*, Vol. III, 1857, Art. 13.)

— Certain Gods of the Chinese Pantheon. (*N. C. Herald*, 24 Nov. 1868.)

Conférence faite à Ningpo le 10 Nov. 1868 par D. B. MacCartee.

— On Wên-Chang, the God of Literature, his History and Worship. By Wm. Frederick Mayers, Esq. (*Jour. N. C. B. R. A. Soc.*, 1869 & 1870, No. VI, Art. II, pp. 31/44.)

— Ueber die Schriften des Kaisers des Wen-tschang. — Von Dr. A. Pfizmaier, Wirkl. Mitglied der kais. Akademie der Wissenschaften. — Wien, 1873. In Commission bei Karl Gerold's Sohn, Buchhändler der kais. Akademie der Wissenschaften, br. in-8, pp. 58.

Aus dem Februarhefte des Jahrganges 1873 der *Sitzungsberichte der phil.-hist. Classe der kais. Akademie der Wissenschaften* (LXXIII. Bd., S. 329) besonders abgedruckt.

— Life and Writings of the God of Literature. 文帝全書 By Rev. D. N. Lyon. (*Chin. Rec.*, XX, No. 9, Sept. 1889, pp. 411-420; *ibid.*, No. 10, Oct. 1889, pp. 439/449.)

— Two Gods of Literature and a God of Barbers. By J. J. M. de Groot. (*China Review*, IX, pp. 188/190.)

— Saints of Literature. By E. H. Parker. (*Ibid.*, XV, pp. 183/184.)

— Léon de Rosny. Le Tao-sseisme. (*Variétés orientales*, 3e éd., pp. 171/176.)

— Lao-Tzu. (*Shanghai Evening Courier*, 15 Janv. 1869.)

— Lao-Tzû 老子. A Study in Chinese Philosophy, by T. Watters, M. A., ...

Hongkong : Printed at the « China Mail » Office, 1870, in-8, pp. 114 sans la préface.

Une grande partie de cet ouvrage avait paru dans « *The Chinese Recorder and Missionary Journal* », Vol. I, pp. 31, 57, 82, 106, 128, 154, 209. Dans sa brochure, M. Watters a ajouté deux chapitres (VIII. *Lao Tzŭ, and Confucius* ; IX. *Conclusion*).

— Buddha and Laou-tsze, by « Sinensis ». (*Shanghai Budget*, 7 July 1871.)

— Rohrbacher, *Hist. de l'Eglise*, III, pp. 146/152.

— Tablet Mottoes from Temples. Collected at Foochow. Translated by Rev. John Preston. (*Doolittle's Vocab.*, Vol. II, Pt. III, No. 12, pp. 258/262.)

— Twenty eight Temple Oracles or Stanzes. From a Temple at Foochow. Translated by C. F. R. Allen, Esq. (*Ibid.*, No. 57, pp. 504/507.)

— Fifty-Six Temple Oracles or Stanzes. From a Tauist Temple at Foochow. Translated by C. F. R. Allen, Esq. (*Ibid.*, No. 58, pp. 507/512.)

— Medical Divinities. By J. Dudgeon. (*Ibid.*, Vol. II, Pt. III, No. 26, pp. 318/9.)

— Tauist Words and Phrases. By Rev. John Chalmers, M. A. (*Ibid.*, Vol. II, Pt. III, No. 7, pp. 229/237.)

— Tauism. By Rev. J. Chalmers, M. A. (*China Review*, I, pp. 209/220.)

— The Master of Heaven. By H. Kopsch. (*Ibid.*, II, pp. 226/229.)

— Notes of a Visit to the famous Wu-tang shan (武當山). By Rev. W. Scarborough. (*The Chin. Rec.*, V, pp. 77/82.)

— Die Lösung der Leichname und Schwerter. Ein Beitrag zur Kenntniss des Taoglaubens von Dr. A. Pfizmaier .... Wien, aus der k. k. Hof- und Staatsdruckerei, 1870, in-8, pp. 70.

Sitzb. phil.-hist. Cl. k. Ak. Wiss. Wien, Bd. LXIV, Jännerheft. *Schi-kiai* 尸解 « die Lösung der Leichname ». — 劍解 *Kien-kiai*, « die Lösung der Schwerter ».

— Die Taolehre von den wahren Menschen und den unsterblichen von Dr. A. Pfizmaier .... Wien, k. k. Hof- und Staatsdruckerei, 1870, br. in-8.

Ibid., Bd. LXIII, Nov. 1869, pp. 217/280.

— Ueber einige Gegenstände des Taoglaubens. — Von Dr A. Pfizmaier .... Wien, 1875. Karl Gerold's Sohn, in-8, pp. 82.

Ibid., Bd. LXXIX.

道言內外秘訣全書 *Tao-yen-nei-wai-pi-kiuĕ-thsiuen-schu.*

— Chinesische Begründungen der Taolehre. — Von Dr. A. Pfizmaier .... Wien, 1886, in-8, pp. 69.

Aus dem Jahrgange 1885 der *Sitzb. phil.-hist. Cl. k. Ak. Wiss. Wien* (CXI. Bd., II. Heft, S. 801) besonders abgedruckt.

道言內外秘訣全書 *Tao-yen nei-wai pi-kue t'siuen-chou.* — 傳道集 *T'souen-tao-tsi* par 呂巖 *Liu yen*, des T'ang.

— Taoism. By Rev. Virgil C. Hart, B. D. Superintendent of the Central China Mission of the Methodist Episcopal Church. (Doomed Religions : A series of essays on great religions of the world; edited by Rev. J. M. Reid, D. D., LL. D., New-York : Phillips & Hunt. Cincinnati : Walden & Stowe, 1884. In-8, pp. 285/339.)

(Tao Kiao.)

Charles de Harlez.

— Lao-tze, le premier philosophe chinois ou un prédécesseur de Schelling au VIe siècle avant notre ère par Ch. de Harlez, Correspondant de l'Académie. — (Présenté à la Classe des Lettres le 13 Octobre 1884.) Bruxelles, imprimerie de l'Académie royale — 1885, br. in-8, pp. 32.

Ext. du t. XXXVII des *Mém. couronnés et autres Mém.* publiés par l'Acad. royale de Belgique. — 1884.

— Le livre du principe lumineux et du principe passif *Shang thsing tsing king* par Ch. de Harlez, Correspondant de l'Académie. — (Présenté à la Classe des Lettres, dans la séance du 10 octobre 1885.) [Bruxelles. F. Hayez, imprimeur, rue de Louvain, 108], br. in-8, pp. 12.

Extrait du tome XXXVII des *Mémoires couronnés et autres Mémoires* publiés par l'Académie royale de Belgique. — 1885.

— Ministère de l'Instruction publique et des Beaux-Arts — Annales du Musée Guimet — Tome vingtième — Textes tâoïstes traduits des originaux chinois et commentés par C. de Harlez. Paris, Ernest Leroux, 1891, in-4, pp. VII-391.

Préface. — I. Lao-tze et le Tao-Te-king. — II. Ko-hiuen. — III. Wen-tze. — IV. Han-Fei-tze. — V. Hoei-nan-tze. — VI. Tchuang-tze. — VII. Lie-tze. — VIII. Hoang-ti Nei-king. — IX. Tchang-tze.

— La Lampe de la Salle obscure (*Gan-shih-tang*). Traité de morale taoïste. La piété filiale, l'infanticide, le respect du ciel, les biens de la fortune. Par C. de Harlez. (*Rev. de l'hist. des Religions*, XXVII, No. 3. — Mai-juin 1893, pp. 294/314.)

— Le *Gan-shih-tang* 暗室燈 ou Lampe de la Salle obscure, par M. C. de Harlez. (*Actes Onz. Cong. Int. Orient.*, Paris, 1897, IIe Sect., pp. 37/48.)

(de Harlez.)

— Equine Deities. By F. Warrington Eastlake. (*Trans. As. Soc. Japan*, XI, 1883, pp. 260/285.)

— The doubled-up ears of Lao Tsze. (*China Review*, XIII, p. 429.)

— Taoist infatuation. (*Ibid.*, XIII, p. 429.)

— The Taoist Patriarch. (*Ibid.*, XIII, p. 429.)

— Religion in China. By E. H. Parker. (*Ibid.*, XIV, pp. 170/171.)

— Tauism. By E. H. Parker. (*Ibid.*, XV, p. 53.)

— Similarity between Buddhism and early Taoism. By Herbert J. Allen. (*Ibid.*, XV, pp. 96/99.)

— The first commentator on Lau tsze. By Joseph Edkins. (*Ibid.*, XV, pp. 242/243.)

— La légende du premier pape des taoistes et l'histoire de la famille pontificale de Tchang. Par M. Camille Imbault-Huart. (*Journ. Asiat.*, VIIIe sér., IV, Nov.-Déc. 1884, pp. 389/461.)

Notice : *China Review*, XIV, p. 210, par E. J. E[itel].

∴

— The Remains of Lao tzŭ. By Herbert A. Giles. (*China Review*, XIV, pp. 231/280, 355/356.)

Notice : *Journ. C. B. R. A. S.*, XXI, N.-S., 1886, pp. 116/120. Par T. W. Kingsmill.

— The Remains of Lao tzŭ. By Herbert A. Giles. — Hongkong : Printed at the « China Mail » Office. 1886, in-8, pp. 50 à 2 col. + 1 f. n. c. pour les er.

Tirage à part de la *China Review*.

— Giles' Remains of Lao Tzŭ. By Herbert A. Giles. (*Ibid.*, XV, p. 243.)

— Giles' Remains of Lao Tsz. By Frederic H. Balfour. (*Ibid.*, XV, p. 132.)

— A critical Notice of the « Remains of Lao Tsze, retranslated ». By Mr. Herbert A. Giles. (*Ibid.*, XVI, pp. 195/214.)

— Dr. Legge's Critical Notice of the Remains of Lao Tzu. By Herbert A. Giles. (*Ibid.*, XVI, pp. 238/241.)

— The remains of Lao-tsu. By Herbert A. Giles. (*Ibid.*, XVII, No. 5, pp. 299/300.)

∴

— Darstellungen aus dem Gebiete der nichtchristlichen Religionsgeschichte (XV. Band.) — Chinas Religionen. — Zweiter Teil : Lao-tsï und seine Lehre. Von Dr. Rudolf Dvořák, ... Münster i. W., 1902, Aschendorff, in-8, pp. VIII-216. — Voir col. 708.

— Konfucius a Lao-tsï. Srovnávací studie z filosofie činské Prof. Dr. Rudolfa Dvořáka. (*Česká Mysl.* [Pensées tchèques] *R. I.*, 1900, pp. 161/174.)

Communiqué au XIIe Congrès Int. des Orient., à Rome.

— Le Tsai-chen ou Dieu des Richesses. Par le P. A. Vasseur, S. J. (*Missions Cath.*, V, pp. 489/490.)

Forme le No. XVII de la *Mosaïque chinoise*, 4 dessins.

— The idol Kwoh shing wang. By J. J. M. de Groot. (*China Review*, VII, pp. 91/98.)

— The God of the Hearth. By Idolater. (*Ibid.*, VII, p. 253.)

— The Kitchen-God. — By D. G. (*Ibid.*, VII, pp. 418/422; VIII, pp. 388/390.)

(Giles. — Dvořák.)

— Medical Deities. By E. H. Parker. (*Ibid.*, XVII, No. 2, p. 115.)

— Ta'i Shan, the legendary Centre of Tauist belief in a future state. By J. Edkins. (*Ibid.*, XVIII, No. 1, pp. 61/62.)

— The Life and Teachings of Lao-tse. By Georg von der Gabelentz, professor of Eastern Asiatic languages at the University of Leipzig. (*Ibid.*, XVII, No. 4, pp. 189—198.)

Trad. de l'*Allgemeine Real-Encyclopädie der Wissenschaft und Kunst*, II. Sect., XLII, 1889.

— Ueber das taoistische Werk Wên-tsì [文子]. Von G. v. d. Gabelentz. (*Berichte der K. sächs. Ges. d. Wiss. phil.-hist. Cl.*, pp. 434 à 442.)

Séance du 10 Déc. 1887.

— Le précurseur du Bouddha en Chine. Par Pierre Bons d'Anty. (*Ann. de l'Ext. Orient*, 1882—1883, V, pp. 370/373.)

— Laò-tsè, en profet bland hedningarne, met ett försök till Kortfattad biblisk Grundläggning för Hans system. — Akademisk Afhandling, som med tillstånd af Vidtberömda teologiska fakulteten i Upsala till offentlig granskning framställes af Adolf Kolmodin, V. D. M. F. och T. K. af Gotlands landskap, å lärosalen No. IV. Tisdagen den 11 September 1888, Kl. 10 f. m. — Stockholm, A. L. Normans, 1888, in-8, pp. 150.

Frederic Henry Balfour.

— Taoist Texts, ethical, political and speculative, by Frederic Henry Balfour, Editor of the *North-China Herald*; Author of *Waifs & Strays from the Far East, The Divine Classic of Nanhua, Idiomatic Dialogues in the Peking Colloquial*, etc. — London : Trübner & Co. — Shanghai : Kelly & Walsh, gr. in-8, pp. VI-118.

Contains : Introduction

道德經 Tao Tê Ching

陰符經 Yin Fu Ching

胎息經 T'ai Hsi Ching

心印經 Hsin Yin Ching

大通經 Ta T'ung Ching

赤文洞 Ch'ih Wên Tung

清靜經 Ch'ing Ching Ching

鴻烈傳第一段 a chapter from the Hung lieh chuan

素書 Su shu

感應編 Kan ying pien

— The Historical Characteristics of Taoism.

(Balfour.)

By Ernst Faber. (*China Review*, XIII, pp. 231/247.)

A propos de « A Review of Taoist Texts, Ethical, Political and Speculative », by Frederic Henry Balfour.

— The Book of Purity and Rest. By Frederic Henry Balfour. (*China Review*, IX, pp. 83-85.) 清靜經

— The « T'ai-hsi » King; or the Respiration of the Embryo. By Frederic Henry Balfour. (*Ibid.*, IX, pp. 224/226.)

— Three brief Essays. By F. H. Balfour. (*Ibid.*, IX, pp. 380/382.)

The Imprint of the Heart. — The Classic of Universal Understanding. — Classic of Red-Streaked Cave.

— The Principle of Nature; a chapter from the « History of Great Light ». By Huai-nan-tsze, prince of Kiang-ling. By Frederic H. Balfour. (*Ibid.*, IX, pp. 281/297.)

— The « Yin-fu » Classic; or, Clue to the Unseen. By Frederic Henry Balfour. (*Ibid.*, X, pp. 44/54.)

— Taoist Hermits. (Balfour, *Chinese Scrapbook*, 1887, pp. 135/139.)

— A Taoist Patriarch. (Balfour, *Ibid.*, 1887, pp. 140/144.)

— Exégèse chinoise par M. P.-L.-F. Philastre. (*Annales du Musée Guimet*, I, Paris, Ernest Leroux, 1880, pp. 255/318.)

Comprend la trad. du *Yin fou king* 陰符經. Cf. Wylie, *Notes*, p. 173; Balfour, supra, col. 720.

— Imperial Inscription about Taoism. (*N. C. Herald*, May 11, 1884, p. 737.)

Trad. d'un estampage du Kiang-si, par le Rév. Timothy Richard.

— The Philosophy, Ethics, and Religion of Taoism. Chiefly as developed by Chwang-tsze. (A comparative Sketch.) By W. P. Mears, M. A., M. D. (*China Review*, XIX, No. 4, 1891, pp. 225/242.)

— The Sacred Books of China. The Texts of Tâoism. Translated by James Legge. Part I. The Tâo Téh *K*ing. — The Writings of *K*wangz-ze. Books I to XVII. — Part II. The Writings of *K*wang-sze. Books XVIII-XXXIII. — The Thâi-Shang Tractate of Actions and their Retributions. Appendixes I-VIII. Oxford, at the Clarendon Press, 1891, 2 vol. in-8, pp. XXII-396, VIII-340.

Forment les vols. XXXIX et XL de la collection des *Sacred Books of the East*.

— * James Legge. The Tao Teh King. (*British Quarterly Review*, No. CLV, July 1, 1883, pp. 74—107.)

— Taoistischer Schöpfungsmythus nach dem 神仙鑑 *Sên-siēn-kién*, l. I. Aus dem Chinesischen übersetzt von W. Grube. (*Bastian Festschrift*, Berlin, 1896, pp. 445/458.)

Sonderabdruck aus der Bastian Festschrift, Berlin, 1896. Verlag von Dietrich Reimer (Ernst Vohsen), gr. in-8, pp. 13.

— Taoism. By Revs. Dr. Faber, Dr. Martin, etc. (*China Mission Hand-Book*, 1896, pp. 23/31.)

— The Taoist Religion by E. H. Parker (Professor of Chinese at the Owens College). Reprinted from the « Dublin Review ». Price 1s. 6d. London : Luzac & Co., br. in-8, pp. 35. [1904.]

Il y a une bibliographie sommaire à la fin, pp. 32/5.

— The Taoist Religion. By E. H. Parker. (*Dublin Review*, CXXXIII, July-October, 1903, pp. 128/162.)

TAO TE KING 道德經

— *Tao Te king.*

MS. de la Bib. de Kazan, No. 15322.

Brouillon d'une traduction russe du *Lao-tseu Tao-Te-king* ou brièvement du *Tao-Te-king*, sur la Loi et la Vertu, écrit par Lao-tseu, contemporain de Confucius, et antagoniste des doctrines de ce philosophe.

Le traducteur a distribué l'original en 4 divisions, ayant en tout 70 chapitres, tandis que l'auteur l'avait fait en deux parties et 81 chapitres. Il apparaît du manuscrit, que d'abord le P. Daniel avait traduit littéralement en laissant subsister la partition de l'original; mais en repassant la traduction et ajoutant différentes remarques, il s'avisa de changer l'ordre.

Cahier de 36 feuillets; en bas on trouve cette date : « Cette traduction a été finie le 19 décembre 1828 par le moine Daniel. » Conséquemment treize ans avant la publication de la traduction française par Stan. Julien.

Cf. *Revue de l'Extrême-Orient*, II, No. 3, 1884, p. 412.

— Mémoire sur l'Origine et la Propagation de la Doctrine du Tao, fondée par Lao-tseu; traduit du chinois, et accompagné d'un commentaire tiré des livres sanskrits et du Tao-te-king de Lao-tseu, établissant la conformité de certaines opinions philosophiques de la Chine et de l'Inde; orné d'un dessin chinois; suivi de deux Oupanichads des Védas, avec le texte sanskrit et persan. Par M. G. Pauthier, de la Société asiatique de Paris. Paris, Dondey-Dupré, M DCCC XXXI, in-8, pp. VIII-79 sans la page de variantes et d'errata.

— Critique de Klaproth du Mémoire de Pauthier sur la Doctrine du Tao. Paris, 1831. (*Nouv. J. As.*, VII, 1831, pp. 465/493.)

Lettre adressée par M. Pauthier au Rédacteur du *Journal Asiatique*, relativement à un article sur son Mémoire sur la Doctrine du Tao. (*Nouv. J. As.*, VIII, 1831.)

— Observation de la Commission du *Journal Asiatique*, pp. 129/130.

— Lettre de M. Klaproth à la Commission, pp. 130/131.

— Lettre de M. Pauthier au Rédacteur du *Journal Asiatique*. Ville-Evrart, le 16 juillet 1831, pp. 131/158.

— Lettre de M. Klaproth au Rédacteur du *J. As.* (*Ibid.*, pp. 220/238.)

— Seconde lettre de M. Klaproth. (*Ibid.*, pp. 414/439.)

— Premier livre du *Tao-te-king*, de Lao-tseu. In-8, s. l. n. d., pp. 80. — Traduction de G. Pauthier. — Janvier 1838.

C'est la seule livraison de cette traduction qui ait paru. Voir dans les *Vindiciae Sinicae* de Pauthier, pp. 91 et seq. : « Parallèle de la nouvelle traduction de Lao-tseu, par M. Julien, et de la mienne ». — Voir également le *Supplément aux Vindiciae Sinicae*, 1843.

Pauthier a publié un article sur Lao-tseu dans le *Dict. des Sciences philosophiques*.

— Lao Tseu Tao Te-king. Le Livre de la Voie et de la Vertu composé dans le VIe siècle avant l'ère chrétienne par le philosophe Lao-Tseu traduit en français, et publié avec le texte chinois et un commentaire perpétuel par Stanislas Julien. Paris, Imp. Roy., 1842, in-8.

Notice par le Baron d'Eckstein dans le *J. As.*, XIV, 1842, pp. 283 seq., 399 seq.

— The Speculations on Metaphysics, Polity, and Morality, of « the Old Philosopher », Lau-tsze, translated from the Chinese, with an Introduction, by John Chalmers, A. M. London : Trübner, 1868, pet. in-8, pp. xx-62. — Pub. à 2 dol. 50.

C'est une traduction anglaise du *Tao Te-king;* elle est dédiée au Rev. James Legge, D. D.

Notices : *N. C. Herald*, Nov. 28, 1868. — *N. & Q. on C. & J.*, II, pp. 143/4.

— Lao-Tse Táo-Tĕ-king. Der Weg zur Tugend. Aus dem Chinesischen übersetzt und erklärt von Reinhold von Plaenckner. Leipzig, F.-A. Brockhaus, 1870, in-8, pp. xx-xv-423 sans l'errata.

— Das vierzehnte Kapitel des Taò-tĕ-kīng von Laò-tsè. Vo Victor von Strauss. (*Zeit. D. M. G.*, XXIII, 1869, pp. 473/483.)

— Laò-Tsè's Taò Tĕ king. Aus dem Chinesischen ins Deutsche übersetzt, eingeleitet und commentirt von Victor von Strauss. Leipzig, Friedrich Fleischer, 1870, gr. in-8, pp. lxxx-357.

Notice ; *China Review*, I, p. 50.

— Voir aux Vies des Miss. Cath., le P. Foucquet, à propos d'une trad. du *Tao Te King*.

— Etude de M. Ymaizoumi, sur le Livre de la Vertu et de la Voie. (*Congrès provincial des Orientalistes*, Lyon, 1878. — II, Lyon, 1880, pp. 82/88.)

— La philosophie du 道德經 *Tao-teh king*, leçon faite à l'Ecole pratique des Hautes-Etudes par Léon de Rosny. (*Mém. Soc. Et. jap.*, etc., VI, Janv. 1887, pp. 5/24.)

— Le texte du *Tao-Teh-king* et son histoire par M. Léon de Rosny. (Biblioth. Ecole Hautes Etudes, *Sciences religieuses*, I, 1889, pp. 323/340.)

— Le Taoïsme par Léon de Rosny, avec une Introduction par Ad. Franck, Membre de l'Institut. Paris, Ernest Leroux, 1892, in-8, pp. xxxvi-179.

Forme le Vol. I de la *Bibliothèque du Bouddhisme et des religions de l'Extrême-Orient*.

— The Tau te ching. By J. Edkins. (*China Review*, XIII, pp. 10/19.)

— The Tau têh king remains. By E. H. Parker. (*China Review*, XIV, pp. 323/333.)

— The Tao Têh King. By E. H. Parker. (*Ibid.*, XV, pp. 52/53.)

— The Tao-te-king. By E. H. Parker. (*Ibid.*, XVIII, No. 1, p. 56.)

— The Tao-Têh King. A Translation of the Chinese Classic by E. H. Parker (Professor of Chinese at the Owens College). Reprinted from the « Dublin Review ». Price 1s. 6d. London : Luzac & Co., br. in-8, pp. 40.

— The *Tao-Têh King*, or « Providential Grace » Classic. (In Two Divisions.) By E. H. Parker. (*Dublin Review*, CXXXIII, July-Oct, 1903, pp. 360/376.)

— The *Tao-Têh King*, or « Providential Grace » Classic. (In Two Divisions. — Second Division.) By E. H. Parker. (*Ibid.*, Jan. 1904, pp. 155/177.)

— Tao Te king. Voir Balfour, *Taoists Texts*, col. 720.

— On the three words « I hi wei », 夷希微, in the *Tau te King*. By Rev. J. Edkins, D. D. (*Chin. Rec.*, XVII, No. 8, August 1886, pp. 306/309.)

— Taòtekking von Laòtsee. — Aus dem Chinesischen von Fried. Wilh. Noak. Berlin, Carl Duncker, 1888, in-12, pp. 61.

Bib. Nat. O2n 843.

— L'esprit des races jaunes. — Le Tao de Laotseu traduit du Chinois par Matgioi (Albert de Pouvourville). Paris, librairie de l'*Art indépendant*, 1894, in-8, pp. 46.

On lit au verso du titre : « A collaboré à la traduction du Tao, pour la paraphrase du terme des caractères, le xuâtdoi *Nguyen van cang, hi*, fils puîné du thay-thuoc *Nguyen the duc, luat*, Tongsang du Rite de Laotseu. — Tirage restreint à 300 exemplaires. »

— Le taoisme contemporain, par Albert de Pouvourville. (*Bul. Soc. d'Ethn.*, Juin 1894, No. 82, pp. 229/231.)

— Tâo-ism. — What Lâo-tze meant by Tâo. — By Major-General G. G. Alexander, C. B., M. R. A. S. (*Imp. & As. Quart. Rev.*, 3rd Ser., IV, 1897, pp. 387/396.)

— Tâo. By G. G. Alexander. (*Jour. R. As. Soc.*, April 1897, pp. 427/9.)

— The Meaning of Tao. By Herbert Baynes. (*Ibid.*, Jan. 1897, pp. 118/119.)

— Die Partikel 是 *ší* in Lao-tsï's *Taò-tek-king*. Von Franz Kühnert. (*Wiener Zeit. f. d. K. d. Morg.*, V, 1891, pp. 327/342.)

— De Chineesche Filosofie toegelicht voor niet-sinologen. — I. Kh'oeng Foe tsz' (Confucius) door Henri Borel. Amsterdam, P. N. Van Kampen, in-8, pp. 279, s. d. [1897?].

Contient outre une introduction à la philosophie de Confucius, la vie du Sage, le *Tchoung Young*, le *Ta Hio* et des fragments du Louen Yu.

— — II. Lao Tsz' . . . . *Ibid.*, in-8, pp. 219, s. d. [1898?].

Contient outre une introduction à la philosophie de Lao-Tseu, le *Tao Teh king*.

— The Tao-Teh King. By P. J. Maclagan. (*China Review*, XXIII, No. 1, pp. 1/14; *ibid.*, No. 2, pp. 75/85; *ibid.*, No. 3, pp. 125/142; *ibid.*, No. 4, pp. 191/207; *ibid.*, No. 5, pp. 261/264; Index, *ibid.*, XXIV, No. 1, pp. 12/20; *ibid.*, No. 2, pp. 86/92.

— Dr. Maclagan and the Tao-Teh King. By Thos. W. Kingsmill. (*Ibid.*, XXIII, No. 5, pp. 265/270.)

— Note by Dr. Maclagan. (*Ibid.*, XXIII, No. 5, pp. 270/71.)

— T. W. Kingsmill. — Notes on the *Tao Teh King*. (*Jour. China Br. R. As. Soc.*, N. S., XXXI, No. 2, 1896, pp. 206/209.)

— The Taoteh King. A Translation, with notes. [Prepared by Mr. T. W. Kingsmill for the Royal Asiatic Society.] (*China Review*, XXIV, No. 3, pp. 147/155; *ibid.*, No. 4, pp. 185/196.)

— The Tao Teh King. An Appreciation. By C. Spurgeon Medhurst. (*Chin. Rec.*, XXX, Nov. 1899, pp. 540/551.) — An Analysis. II. (*Ibid.*, XXXI, Jan. 1900, pp. 20/33.)

— The Tao Teh King. By C. Spurgeon Medhurst. (*China Review*, XXIV, No. 1, pp. 55/56.)

— Manchurian Translation of Lao-tzu's *Tao-tê-ching*. — Romanized Text. Edited by E. Von Zach. (*Ibid.*, XXV, pp. 157/162, pp. 228/234.)

— 老子道德經 Lao-Tze's Tao-Teh-King, Chinese-English, with Introduction, Transliteration and Notes. By Dr. Paul Carus. Chicago, Open Court Publishing Company, 1898, pet. in-8, pp. 345.

Notices : The Tao-Teh-King of Lao tze (*Calcutta Review*, Vol. CX, April 1900, pp. 316/324). — *Journ. Asiat.*, 9e Sér., XIII, Mars-Avril 1899, pp. 377/379. Par C. de Harlez.

— The Canon of Reason and Virtue (Lao-tze's Tao Teh King) Translated from the Chinese by Dr. Paul Carus. Chicago, The Open Court Publishing Co., 1903, pet. in-8, pp. IV, pages 95 à 138.

Religion of Science Library No. 55.

— Theosophie in China. — Betrachtungen über das Tao-Teh-King (der Weg, die Wahrheit und das Licht). — Aus dem Chinesischen des Lao-tze übersetzt von Dr. Franz Hartmann. Leipzig. Wilhelm Friedrich. s. d., pet. in-8, pp. 135.

— Alexandre Ular — Le Livre de la Voie et la ligne-droite de Lao-tsé. Paris, Éditions de la *Revue Blanche*, 23 Boulevard des Italiens, 1902, in-8 carré, pp. 82.

50 ex. sur Chine numérotés à la presse. — *Revue Blanche*, 1er et 15 juillet 1900.

— Die Bahn und der Rechte Weg der Chinesischen Urschrift des Lao-tse in Deutscher Sprache nachgedacht von Alexander Ular.

Erschienen im Insel-Verlag zu Leipzig, MCMIII, in-4.

Tiré à 625 exemplaires.

— The Light of China : The Tâo Teh King of Lâo Tsze 604—504 B. C. An accurate metrical Rendering, and critically compared with the Standard Translations, the ancient and modern Chinese Commentaries, and all accessible Authorities. With Preface, Analytical Index, and full List of important Words, and their radical Significations. By I. W. Heysinger, M. A., M. D., s. l. n. d., in-8, pp. 165.

La préface est datée : Philadelphia, 1903.
Notice : *Lond. & China Teleg.*, May 16, 1903.

T'AI CHANG KAN YING PIEN
太上感應篇

— Le Livre des Récompenses et des Peines. Traduit du chinois, avec des Notes et des Eclaircissements, par M. Abel-Rémusat. Paris, A. A. Renouard, 1816, in-8.

Notice par Chézy. (*Journal des Savans*, Oct. 1816, pp. 88/98.) Vend. Rémusat (185). Fr. 11. 25.

— On trouve dans la *Chrestomathie mandchou*, de Klaproth (1828), pp. 211 et seq. la traduction française du « *Traité des Récompenses et des Peines de Thaï-chang* ».

— Doctrine of Rewards and Punishments. (Trad. du chinois dans *The Canton Register*, Vol. III, 1830, No. 14, pp. 58/9.)

— Le Livre des Récompenses et des Peines, en Chinois et en Français; accompagné de quatre cents légendes, anecdotes et histoires, qui font connaître les doctrines, les croyances et les mœurs de la Secte des Tao-ssé. Traduit du Chinois par Stanislas Julien, membre de l'Institut. Paris : Printed for the Oriental Translation Fund M.DCCC.XXXV. In-8, pp. xvj-531. Pub. à £ 1. 1/-.

— Lettre à M. le Rédacteur du *Journal Asiatique*. Ce 15 Septembre 1837 par Siao-tseu [Jacquet]. (*J. As.*, 3e Sér., IV, Déc. 1837, pp. 544/565.)

— Réponse à la lettre de M. Jacquet par S. Julien. (*Ibid.*, V, 1838, pp. 259/297.)

— Book of Rewards and Punishments : In Chinese, French and English. French Translation by M. Stanislas Julien. — English Translation by T. Watters Esq. (*Doolittle's Vocabulary*, Vol. II, Pt. III, No. 10, pp. 247/256.)

— Dans le Vol. I de *Sketches of China* (1841) par Sir J. F. Davis, il y a, pp. 215/244, un choix tiré du « Book of Rewards and Punishments »

— The Book of Recompences. By Frederic Henry Balfour. (*China Review*, VIII, pp. 341/352.)

— Voir Balfour, *Taoists Texts*, col. 720. — Legge, col. 721.

— Le Livre de la Récompense des Bienfaits secrets, traduit sur le texte chinois, par L. Léon de Rosny. (*Rev. de l'Or. et de l'Alg.*, XVI, 1854, pp. 202/207; et *Annales de Philosophie chrétienne*, Vol. LIII.)

— Le Livre de la Récompense des Bienfaits secrets, Traduit sur le texte chinois, par L. Léon de Rosny . . . Paris, Imprimerie de H. Carion, 1856, br. in-8, pp. 6.

— La Visite du Dieu du Foyer à Iu-kong. Traduit du chinois par Stanislas Julien. (*Rev. de l'Or. et de l'Alg.*, XVI, 1854, pp. 267/76.) — Tirage à part, Paris, 1854, in-8, pp. 14.

Cette traduction avait déjà paru dans l'éd. du *Livre des Récompenses et des Peines* de S. Julien (1835), et dans l'éd. française de la *Chine* de Sir J. F. Davis. (Paris, 1837, Vol. II; voir col. 73.)

Cette pièce et le *Li sao* sont les deux premiers poëmes de la collection dite « Elégies de 楚辭 Tsou ». (Voir le *Li sao* au chap. consacré à la Poésie.)

Fo Kiao[1] 佛教 (Bouddhisme).

— Brevis Notitia sectae *Foe kiao* dictae, ejusque Sectatorum. (*Confucius Sinarum Philosophus*, Proemialis Declaratio, Paragraphus Quartus.)

— Lettre de l'Empereur Kien-long au Talai-lama. (*Mém. conc. les Chinois*, IX, pp. 447 et seq.)

(Trad. en anglais dans *Dalrymple's Oriental Repertory*, II.)

Voir le voyage du Panchen Lama, à Pe-king, col. 642.

— Historisch-kritischer Versuch über die Lamaische Religion. — Von K. D. Hüllmann, Doktor der Weltweisheit und Privatlehrer der Geschichte auf der Universität zu Frankfurt an der Oder. Berlin, bei Carl Ludwig Hartmann, 1796, in-8, pp. VI-54.

— Voir Schleusner & Stäudlin's *Gœttingische Bibliothek*, II, 1796.

— Nachrichten von Tybet aus Erzählungen Tangutischer Lamen unter den Selenginskischen Mongolen. [Von P. S. Pallas.] (*Neue Nordische Beyträge*, St. Petersb. und Leipzig, I, 1781, pp. 201/212.)

— Beschreibung der feierlichen Verbrennung eines Kalmückischen Lama oder Oberpriesters. [Von P. S. Pallas.] (*Ibid.*, III, 1782, pp. 375/382.)

De Guignes.

— Das Buch des Fo aus der Schinesischen Sprache. In's Deutsche übersetzt. (*Sammlung Asiatischer Originalschriften*, Zürich, 1791.)

Traduit de l'*Histoire des Huns* de De Guignes.

— Recherches sur les philosophes appelés Samanéens. Par M. de Guignes. (*Rec. de l'Ac. des Insc., Mém.*, XXVI, 1759, pp. 770/804.)

— Observations sur quelques points concernant la Religion & la Philosophie des Egyptiens & des Chinois. Par M. de Guignes. Lû le 24 Janv. 1775. (*Rec. de l'Ac. des Insc., Mém.*, XL, 1780, pp. 163/186.)

— Recherches historiques sur la Religion indienne, et sur les Livres fondamentaux de cette Religion; qui ont été traduits de l'indien en chinois.

Premier Mémoire. Etablissement de la Religion Indienne dans l'Inde, la Tartarie, le Thibet & les Isles. Par M. de Guignes. Lû le 25 Mars 1776. (*Ibid.*, pp. 187/247.)

Second Mémoire. Etablissement de la Religion Indienne dans la Chine, et son Histoire jusqu'en 531 de Jésus Christ. Par M. de Guignes. Lû le 10 Juillet 1776. (*Ibid.*, pp. 247/306.)

Troisième Mémoire. Suite de l'Histoire de la Religion Indienne à la Chine. Par M. de Guignes. Lû le 19 Nov. 1776. (*Ibid.*, pp. 307/355.)

Abel-Rémusat.

— Observations sur trois Mémoires de M. Deguignes insérés dans le tome XL de la *Collection de l'Académie des Inscriptions et Belles-Lettres*, et relatifs à la religion samanéenne, par M. Abel-Rémusat. (*Nouv. J. As.*, VII, 1831, pp. 241 et seq.)

— Observations sur quelques points de la doctrine Samanéenne, et en particulier sur les noms de la Triade Suprême chez les différens peuples bouddhistes. Par M. Abel-Rémusat. Paris, 1831, in-8.

Notice par Robert Morrison dans *The Chin. Rep.*, I, p. 75.

— Observations sur la Religion Samanéenne. (*Mél. posthumes*, pp. 1/64.)

— Note sur quelques Epithètes descriptives de Bouddha. (*Journal des Savans*, Oct. 1819, pp. 625/633) par J. P. Abel-Rémusat.

— Sur quelques épithètes descriptives de Bouddha, qui font voir que Bouddha n'appartenait pas à la race nègre. (Abel-Rémusat, *Mélanges Asiatiques*, I, pp. 100/112.)

— Sur la Succession des trente-trois premiers patriarches de la Religion de Bouddha. (*Ibid.*, pp. 113/128.)

Ce Mémoire avait paru dans le *Journal des Savans*, Janvier 1820, pp. 6/15.

— Aperçu d'un Mémoire intitulé: Recherches chronologiques sur l'origine de la Hiérarchie Lamaïque; par M. Abel-Rémusat (Mai 1824). (*J. As.*, IV, 1824, pp. 257/274.)

— Discours sur l'origine de la hiérarchie lamaïque. (*Mél. As.*, I, pp. 129/145.)

« Ce résumé d'un travail étendu, a été lu dans la séance générale de l'Institut, le 24 avril 1824. »

Voir Rohrbacher, *Hist. univ. de l'Eglise*, vol. XIX, 1858, pp. 127 et seq.

— Sur l'étendue de quelques-uns des Livres sacrés de Bouddha. (*Mél. As.*, I, pp. 146/152.)

— Essai sur la Cosmographie et la Cosmogonie des Bouddhistes, d'après les auteurs chinois. (*Jour. des Sav.*, 1831, Oct., pp. 597/610; Nov., pp. 668/674; Déc., pp. 716/731. — *Mél. Posthumes*, pp. 65/131.)

1. Nous n'avons pas la prétention de donner ici une liste complète des ouvrages traitant du Bouddhisme; nous n'indiquerons que les principaux mémoires relatifs à cette religion telle qu'elle est pratiquée en Chine, en Mongolie et au Tibet. Les personnes qui désireront une bibliographie plus étendue consulteront : L'Histoire de Çakya-Mouni, par Foucaux, à la fin. — « Buddha and his Doctrines. A Bibliographical Essay. [By Otto Kistner.] London : Trübner & Co., 1869, in-8, pp. IV-32, » et une note supplémentaire à cette brochure par William E. A. Axon, F. R. S. L., dans le *Trübner's Record*, 15 juillet 1869, p. 513. — Consulter également la IVe partie de notre ouvrage pour les voyages des *Pèlerins bouddhistes*.

— Further Remarks on M. Remusat's Review of Buddhism. By H. B. Hodgson, Esq. Resident at the Népál Court, &c. (*Jour. As. Soc. Bengal*, III, Sept. 1834, pp. 425/431.)

— Remarks on M. Rémusat's Review of Buddhism; By B. H. Hodgson, Esq. Resident at the Court of Nepal, &c. (*Jour. As. Soc. of Bengal*, III, Oct. 1834, pp. 499/503.)

∴

— * De religione Lamaice cum christiana cognatione. Auct. C. F. Stäudlin. Gœttingae, 1808, in-8.

— * Ueber die Lamaische Religion. Von C. F. Stäudlin. (*Magazin für Religions Moral und Kirchengeschichte*, I, Hannover, 1801.)

— Ueber die Verwandtschaft der Lamaischen Religion mit der Christlichen. Von C. F. Ståudlin. (*Archiv für alte und neue Kirchengeschichte*, I, 3, Leizig, 1814, pp. 1/39.)

— * Mythologie grecque, latine et slavonne, suivie d'un Traité sur le Chamanisme, le Lamanisme et l'ancienne religion des différents péuples soumis à la Russie, par M. de Fonvent. Moscou, Vsevolojsky, 1815, in-8.

Vend. Rémusat, n° 130.

— *Fo niu tsin han tsin.*

MS. de la Bib. de Kazan, No. 13523.

Brouillon d'une traduction du livre : *fò niu dsin han dsin*, c'est-à-dire le Diamant ou livre semblable au diamant, des doctrines de Fô; 3 feuillets, renfermant un dialogue de Fô avec un de ses disciples (*pou-ça*), nommément un çoui-pou-ti, prêtre âgé et émérite de Fô, sur différents objets de morale. Écrit de la main de l'archimandrite Daniel.

Cf. *Revue de l'Extrême-Orient*, II, No. 3, 1884, pp. 412.

— 西方公據 *See fang kung keú.* «Public Proofs from the West.» (*Indo-Chinese Gleaner*, No. VI, Oct. 1818, pp. 201/8.)

— Recherches sur la religion de *Fo*, professée par les bonzes *Ho-chang* de la Chine, par Deshautesrayes. (*Journ. As.*, VII, 1825, pp. 150/173. — 228/243. — 311/317. — VIII, 1826, 40/49. — 74/88. — 179/188, — et 219/223.)

— «Account of Foe» translated from the *San-Kiao-Yuen-lew* «The Rise and Progress of the Three Sects» by Morrison, dans les *Horae Sinicae* : New ed., pp. 160/165.

— R. Morrison, *View of China*, col. 65 : Fuh-keaou, p. 111.

J. v. Klaproth.

— Ueber die Fo-Religion in China. (*As. Mag.*, Klaproth, I, pp. 149/169.)

— Vie de Bouddha d'après les livres Mongols. (*J. As.*, IV, 1824, pp. 9/23, 65/79; et *Mém. relat. à l'Asie*, II, 1826, pp. 55 et seq.)

Cette Vie, trad. de l'allemand, est tirée de l'*Asia Polyglotta* de Klaproth, p. 385.

— Table chronologique des plus célèbres patriarches et des évènemens remarquables de la religion bouddhique; rédigée en 1678 (traduite du mongol), commentée par M. Klaproth. (*Nouv. J. As.*, VII, Mars 1831, pp. 161 et seq.)

— Explication et origine de la formule bouddhique *Om mani padmè hoûm*, par M. Klaproth. (*Ibid.*, pp. 185 et seq.)

— Origin and Meaning of the Buddha Prayer. By M. de Klaproth. (*As. Jour. & Monthly Reg.*, N. S., IV, pp. 271/277.)

Voir également sur cette prière :

— Notice sur la prière bouddhique «Om mani padmé houm» par Gabet. (*Annales de la Prop. de la Foi*, XIX, pp. 309/312 et *Nouv. Jour. As.*, IX, Paris, 1847, pp. 462/464.)

I. J. Schmidt.

— Ueber die Verwandtschaft der gnostisch-theosophischen Lehren mit den Religionssystemen des Orients, vorzüglich dem Buddhaismus. Von I. J. Schmidt. Leipzig, 1828, in-4.

— Ueber einige Grundlehren des Buddhaismus. Von I. J. Schmidt. (*Mém. Ac. Imp. Sc. St. Pét.*, VIe Sér., I, *Sc. pol.*, 1832, pp. 89/120, 221/262.)

— Ueber die sogenannte Dritte Welt der Buddhaisten, als Fortsetzung der Abhandlungen über die Lehren des Buddhaismus; von I. J. Schmidt. (*Ibid.*, II, *Sc. pol.*, 1834, pp. 1/39.)

— Ueber die Tausend Buddhas. Einer Weltperiode der Einwohnung oder gleichmässigen Dauer; von I. J. Schmidt. (*Ibid.*, pp. 41/86.)

— Ueber das Mahâjâna und Pradschnâ-Pâramita der Bauddhen. Von I. J. Schmidt. (*Mém. Ac. Imp. Sc. St. Pét.*, VIe Sér., IV, 1840, *Sc. pol.*, col. 123/228 + 1 f. d'er.)

— Ueber Lamaismus und die Bedeutungslosigkeit dieser Benennung. Von I. J. Schmidt. (*Bull. Scientifique de l'Ac. de St. Pétersbourg*, I, 1836.)

— Kritischer Versuch zur Feststellung der Æra und der ersten geschichtlichen Momente des Buddhaismus. Von I. J. Schmidt. (*Ibid.*, VI, 1840.)

— བཀའ་འགྱུར་གྱི་དཀར་ཆག་ oder der Index des Kandjur. Herausgegeben von der kaiserlichen Akademie der Wissenschaften und bevorwortet von I. J. Schmidt .... St. Petersburg, 1845. (In Leipzig bei Leopold Voss), pp. 215 + 2 ff. n. c. p. l. tit. et la préf.

— The Literature and Religion of the Buddhists. By Brian H. Hodgson, Esq., late B. C. S. (*The Phoenix*, I, pp. 45, 59, 75, 92, 108, 135, 166, 191, 217, etc.)

Réimp. des art. parus en 1828 et en 1838 dans *The Journal of the Asiatic Society of Bengal.*

— European Speculations on Buddhism. By H. B. Hodgson, Esq. C. S. Resident at Nipal. (*Jour. As. Soc. of Bengal*, III, Aug. 1834, pp. 382/388.)

— Illustrations of the Literature and Religion of the Buddhists. By B. H. Hodgson, Esq. B. C. S. — Serampore. 1841, in-8, pp. III + 1 f. n. ch. + pp. 220.

Réunion de 15 art. tirés des Trans. et Jour. des Asiatic Societies of Bengal and London.

— Introduction of Buddhism in China. Translated from the «Taeping-kuang-ke». (*As. Jour. & Month. Reg.*, V, 1831, p. 71.)

— Sketch of the Buddhic Mythology amongst the Tibetans and Mongols. (*Ibid.*, N. S., VIII, 1832, pp. 282/290.)

— Buddhism and Shamanism. By Professor Neumann. (*Ibid.*, XVI, 1835, pp. 124/6.)

Ext. d'un article de Neumann dans le *J. As.*, 1834 : «Coup d'œil historique sur les peuples et la littérature de l'Orient.»

— The Catechism of the Shamans; or, the laws and regulations of the Priesthood of Buddha, in China. Translated from the Chinese Original, with Notes and Illustrations, By Charles Fried. Neumann. London : Printed for the Oriental Translation Fund, 1831, in-8, pp. XXXII-152 [dans «Translations from the Chinese and Armenian ...» by Charles Fried. Neumann, London, 1831].

— Un article de Robert Morrison dans *The Chinese Repository*, I, pp. 285 et seq. nous apprend, ce que Neumann a négligé de faire, que ce catéchisme est une traduction du «Sha-me leuh e, yaou leo».

L'article de Morrison est reproduit dans *The Cycle*, 9th July 1870.

Trad. all. : *Zeitschrift für historische Theologie*, Vol. IV, 1834 [*infra*]. — Voir : *As. Jour. & Month. Reg.*, 1831, VI, pp. 260/266, l'article intitulé «Chinese Buddhism».

— Der Katechismus der Schamanen, oder die Klosterregel der untersten Classe der Buddhistischen Priesterschaft. — Aus dem Chinesischen übersetzt und mit erläuternden Anmerkungen versehen von D. Carl Friedrich Neumann, Professor an der Universität zu München, ... Aus dem vierten Bande der *Zeitschrift für die historische Theologie* besonders abgedruckt. Leipzig, 1834, in-8, pp. 70.

Cf. *Asiatic Journal*, N. S., VI, pp. 260/266.

(DIVERS.)

C. GÜTZLAFF.

— Remarks on Buddhism; together with brief notices of the Island of Poo-to, and of the numerous priests who inhabit it. By Philosinensis. [C. Gützlaff.] (*Chin. Rep.*, II, pp. 214 et seq.)

— Buddhism of the Siamese. (*Ibid.*, I, p. 274.) — Buddhist Temple at Meichau. (*Ibid.*, II, p. 563.) — Remarks on the present State of Buddhism in China. By the Rev. Dr. C. Gützlaff. Communicated by Lieut. Col. W. H. Sykes, F. R. S., etc., etc. (*Jour. R. As. Soc.*, XVI, 1856, pp. 73/92.)

— Buddhism in China taken from Gützlaff's *China opened* and Medhurst's *China, its State, &c.* (*The Friend*, III, Colombo, 1838—1839.)

— * Gützlaff : On Buddhism in China. Calcutta. (? 1840.)

Quaritch (11365). 1876, 1s.

∴

— The «Systems of Buddha and Confucius compared» extracted from the *Indo-Chinese Gleaner*, No. 5, Août 1818 [pp. 149/157]. (*Chin. Rep.*, II, pp. 265 et seq.)

— The Paradise of Fuh. «An Exhortation to worship Fuh, and seek to live in the land of joy, situated in the West.» (*Indo-Chinese Gleaner*, No. 6, Oct. 1818, pp. 194/200.)

— A Bone of Fuh. (*Ibid.*, No. 12, April 1820, pp. 305/308.)

— The Ecclesiastical Language of the Buddhists and Mahomedans. (*Ibid.*, No. 17, July 1821, pp. 141/7.)

— Exposé des principaux dogmes tibétains-mongols. Extrait de l'ouvrage de B. Bergmann, traduit par M. Moris. (*Jour. As.*, Paris, 1828, III, pp. 493/204.)

Tirage à part : pp. 14.

— A Buddhistic Stratagem, by P. Parker. (*Chin. Rep.*, VIII, p. 263.)

— Translation of a Buddhist Print (descriptive of the) one thousand hands, one thousand eyes, the all-prevalent and most merciful To-lo-ni (goddess of mercy). By W. J. Pohlman. (*Chin. Rep.*, XV, pp. 351/354.)

— Tenets of the Buddhists, and laws respecting their idols in Siam. By A Correspondent. [J. T. Jones.] (*Chin. Rep.*, XIX, pp. 548/551.)

CSOMA DE KÖRÖS.

— Note on the Origin of the Kála Chakra and Adi-Buddha Systems. By M. Alexander Csoma de Körös. (*Jour. of the As. Soc. of Bengal*, II, 1833, pp. 57/58.)

— Origin of the Shákya Race, translated from the La, or the 26th Vol. of the *m*Do class in the Kágyur, commencing on the 161st leaf. By M. Alex. Csoma de Körös. (*Ibid.*, pp. 385/392.)

— Notices on the different systems of Buddhism, extracted from the Tibetan Authorities. By Alexander Csoma Körösi. (*Ibid.*, VII, Feb. 1838, pp. 142/147.)

— Analysis of the Dulva, a Portion of the Tibetan Work entitled the Kah-gyur. By M. Alexander Csoma Körösi. (*Asiatic Researches*, XX, Calcutta, 1836, pp. 41/93.)

— Notices on the Life of Shakya, extracted from the Tibetan Authorities. By M. Alexander Csoma Körösi. (*Ibid.*, pp. 285/317.)

— Analysis of the Sher-chin — P'hal-ch'hen-

(GÜTZLAFF. — DIVERS. — DE KÖRÖS.)

Dkon-séks—Do-dé—Nyáng-dás-and Gyut; Being the 2nd, 3rd, 4th, 5th, 6th, and 7th Divisions of the Tibetan Work, entitled the Kah-gyur. By M. Alexander Csoma Körösi. (*Ibid.*, pp. 393/552.)

— Abstract of the Contents of the *Bstan-Hgyur*. By M. Alexander Csoma Körösi. (*Ibid.*, pp. 553/585.)

— Abstract of the Contents of the Dul-vá, or first Portion of the Káh-gyur, from the Analysis of M. Alexander Csoma de Körösi. By H. H. Wilson. (*Jour. of the As. Soc. of Bengal*, I, January 1832, pp. 1/8, Sept. 1832, 375/392.)

— A brief Notice of the Subháshita Ratna Nidhi of Saskya Pandita, with extracts and translations by the late M. A. Csoma de Körösi. (*Jour. As. Soc. Bengal*, XXIV, 1855, pp. 141/165; *ibid.*, XXV, 1856, pp. 257/294.)

— A Pilgrim Scholar. (*The India of the Queen* . . . by Sir W. W. Hunter, London, Longman, 1903, in-8.)

Avait paru dans le *Pioneer*, Allahabad, 1885.

— On Buddha and Buddhism. By Prof. Wilson. (*Jour. of the Roy. As. Soc.*, XVI, 1856, pp. 229/265.)

— Notes of a Correspondence with Sir John Bowring on Buddhist Literature in China. By Prof. Wilson. With Notices of Chinese Buddhist Works translated from the Sanskrit. By Rev. J. Edkins. (*Ibid.*, XVI, 1856, pp. 316/339.)

— Cosmologie bouddhiste. Par le Prof. Kovalevsky [en russe]. (*Trans. de l'Université de Kasan*, 1837.)

— The Chinese Judges of the Dead. (*As. Jour. & M. Reg.*, XXXI, 1840, pp. 209/214 : *Analecta Sinensia*, No. 1.)

PHILIPPE EDOUARD FOUCAUX.

— Specimen du *Gya-Tcher-Rol-Pa* (*Lalita Vistara*). Partie du Chapitre VII, contenant la naissance de Çakya-Muni. Texte tibétain, traduit en français et accompagné de notes par Ph. Ed. Foucaux. Paris, B. Duprat, 1841, in-8, pp. 27 et texte tibétain.

— *Rgya Tch'er Rol Pa* ou Développement des Jeux contenant l'histoire du Bouddha Çakya-Mouni traduit sur la Version tibétaine du Bkah Hgyour, et revu sur l'original sanskrit (*Lalitavistâra*) par Ph. Ed. Foucaux. Première Partie : Texte tibétain, Paris, Imp. Roy., MDCCCXLVII, in-4. — Deuxième partie : Traduction française, Paris, Imp. Roy., MDCCCXLVIII, in-4.

Notices : A. Schiefner, *Mélanges asiatiques*, I, 1852 : *Bull. Cl. hist.-phil. Ac. Imp. Sc. St. Pét.*, V, 1848, col. 152/9, 173/6 ; VII, 1850, col. 225/232, 261/272. — Barthélemy St. Hilaire : *Journal des Savants*, 1854 et 1855 ; — Troyer : *Journal asiatique*, 4e Série, Tome XIV.

Voir également sur le *Lalita Vistara* « Analyse du Lalitavistara-pourana, l'un des principaux ouvrages sacrés des Bouddhistes de l'Asie centrale, contenant la vie de leur prophète, et écrit en sanscrit. Par R. Lenz. (*Bull. Sc. de l'Ac. de St. Pétersbourg*, I, 1836) », et : « Lalita-Vistara, or Memoirs of the Life and Doctrines of Sakya Sinha. Edited by Rajendralal Mittra. Calcutta, 1853. »

— Parabole de l'Enfant égaré formant le chapitre IV du Lotus de la Bonne Loi publiée pour la première fois en sanscrit et en tibétain, lithographiée à la manière des livres du Tibet, et accompagnée d'une traduction française d'après la version tibétaine du Kanjour, par Ph. Ed. Foucaux. Paris, B. Duprat, 1854, in-8.

— Léon de Rosny. — La parabole bouddhique de l'Enfant égaré. (Notice publiée dans les *Variétés orientales*, 3e éd., pp. 149/156.)

— Voir : Le Lotus de la Bonne Loi, traduit du Sanscrit, accompagné d'un commentaire et de vingt et un Mémoires relatifs au Bouddhisme, par M. E. Burnouf, Paris, Imp. Nat., 1852, in-4. — Introduction à l'histoire du Bouddhisme indien par E. Burnouf. Tome premier (le seul publié). Paris, Imp. Royale, 1844, in-4.

— Le Sage et le Fou. Extrait du Kan-jour, revu sur l'édition originale, et accompagné d'un glossaire, par Ph. Ed. Foucaux. Paris, 1842, in-8, pp. 74 s. l. préf.

— Le Trésor des Belles Paroles. Choix de Sentences composées en tibétain par le Lama Saskya Pandita, suivies d'une élégie tirée du Kanjour traduites pour la première fois en français, par Ph. Ed. Foucaux... Paris, B. Duprat, 1858, in-8, pp. 46 et texte tibétain.

Csoma de Körös a donné dans le *Jour. of the As. Soc. of Bengal*, 1855 et 1856, une notice de l'ouvrage dont ces stances sont extraites, et le texte tibétain des 234 premières. Le livre entier, composé primitivement en sanscrit par Saskya Pandita, sous le nom de *Soubhâchitaratnanidhi*, comprend 454 stances. — M. Foucaux donne dans son livre 134 stances. — Voir supra, col. 733.

— La Guirlande précieuse des demandes et des réponses publiée en sanskrit et en tibétain, et traduite pour la première fois en français. Par Ph. Ed. Foucaux. Paris, 1867, in-8.

— Iconographie bouddhique. Le Bouddha Sakya-Mouni. Par Ph. Ed. Foucaux.... Ext. des *Mémoires de l'Athénée oriental*, 1871, pp. 79/86 et 3 Pl.

— Le Religieux chassé de la communauté, conte bouddhique traduit du tibétain pour la première fois par Ph. Ed. Foucaux, professeur au Collége de France, pp. 105/122 des *Mémoires de l'Athénée oriental*, session de 1872, II.)

— La Confession auriculaire chez les Bouddhistes du Tibet. Par M. Ph. Ed. Foucaux. (*Cte. rendu 1ère Sess. Cong. Orient.*, 1873, I, pp. 458/9.)

— Le Lalita Vistara — Développement des Jeux — contenant l'histoire du bouddha Çakya-Mouni depuis sa naissance jusqu'à sa prédication traduit du sanskrit en français par Ph. Ed. Foucaux, professeur de sanskrit au Collége de France, membre du conseil de la Société asiatique de Paris et membre correspondant de l'Académie de Stanislas de Nancy, de la Société asiatique du Bengale, de la Société orientale américaine, etc. *Première Partie*, traduction française. (*Annales du Musée Guimet*, VI, Paris, Ernest Leroux, 1884, in-4.) — *Seconde Partie*, notes, variantes et index. (*Ibid.*, XIX, Paris, Ernest Leroux, 1892, in-4.)

— La littérature sanscrite bouddhique. — La tentation du Bouddha par les filles du démon Pâpîyân, texte sanscrit, transcription latine, mot-à-mot et traduction française, par Ph.-Ed. Foucaux, Professeur de sanscrit au Collége de France. (*Mém. Soc. Et. jap., etc.*, VI, Janv. 1887, pp. 25/32.)

— La transmigration des âmes chez les Bouddhistes. Par Ph. Ed. Foucaux, professeur au Collège de France. (*Le Lotus*, Mém. Soc. Sinico-Japonaise, VII, 1888, pp. 107/115.)

— Le Bouddhisme en 1889. Par Ph. Ed. Foucaux, M. T. [*Catéchisme bouddhique* ou Introduction à la doctrine du bouddha Gotama. Extrait, à l'usage des Européens, des livres saints des Bouddhistes du Sud et annoté par Soubhadra Bhikshou. Paris, (Ernest Leroux éditeur) 1889. In-12 elz.] (*Le Lotus*, Juillet 1889, pp. 146/150.)

— Notices bouddhiques par Ph. Ed. Foucaux. — I. — Le Tripitaka des Chinois et des Japonais. — II. — Le Bouddhisme du Nord et du Sud. — III. — Définition du Nirvâna par Subhadra Bhikshu. (*Le Lotus*, IX, Janv. 1890, pp. 50/61.)

WILHELM SCHOTT.

— Über den Doppelsinn des Wortes Schamane und über das Fortbestehen eines tungusischen Schamanen-Cultus am Hofe der Mandju-Kaiser, von W. Schott. (*Sitz. k. preuss. Ak. Wiss. Berlin*, 1842, pp. 314/5.)

— Über das Wesen des Budd'aismus, mit besonderer Rücksicht auf seine Gestaltung in Ostasien. Von W. Schott. (*Ibid.*, 1844, pp. 29/30, 49/51.)

— Über den Buddhaismus in Hochasien und in China. — Eine in der Königl. Preuss. Akademie der Wissenschaften am 1. Februar 1844 gelesene und nochmals weiter ausgeführte Abhandlung von Wilhelm Schott. Berlin. 1846, in-4, pp. 128.

— Zur Litteratur des chinesischen Buddhismus von W. Schott. Aus den Abhandlungen der königl. Akademie der Wissenschaften zu Berlin 1873. Berlin, 1873, in-4.

— An Inscription from a Tablet in a Buddhist Monastery at Ningpo in China. By D. J. Macgowan. (*Jour. of the As. Soc. of Bengal*, XIII, 1844, pp. 113/4, with a plate.)

— Memoir on the History of Buddhism read before the American Oriental Society at their Annual Meeting, in Boston, May 28, 1844. By Edward E. Salisbury, Professor of Arabic and Sanskrit in Yale College. (*Jour. Am. Or. Soc.*, Vol. I, No. II, 1844.)

Un abrégé de ce mémoire a paru dans *The Chin. Rep.*, XIV, 1845, pp. 423/435.

— On a Catalogue of Chinese Buddhistical Works. By H. W. Sykes. (*Jour. R. As. Soc.*, IX, 1848, pp. 199/213.)

SUTRA EN 42 ARTICLES.

— Les Quarante-deux Points d'enseignement proférés par Bouddha, traduit du mongol par MM. Gabet et Huc, missionnaires lazaristes. (*J. As.*, IVe Sér., XI, 1848, pp. 535/557.)

Une traduction écourtée du *Sutra en 42 articles*, avait été donnée déjà par De Guignes. (*Hist. des Huns*, 2e Part., T. 1, pp. 227/233); depuis il a été traduit en allemand par A. Schiefner. (*Bul. Ac. des Sc. de St.-Pétersbourg*, 1852, IX, col. 65/78); en anglais par M. Beal (voir infra) et en français par M. Feer (Le Sutra en 42 articles traduit du tibétain avec introduction et notes par Léon Feer. Paris, E. Leroux, 1878, in-18; à la suite du Dhammapada de M. Fernand Hû). — M. Feer avait déjà donné : « Le Sûtra en quarante-deux articles. Textes chinois, tibétain, mongol autographiés. Paris, 1868, in-8. »

— Das buddhistische Sûtra der zwei und vierzig Sätze, aus dem Tibetischen übersetzt von Anton Schiefner. (*Bul. Cl. hist.-phil. Ac. Imp. Sc. St. Pét.*, IX, 1852, col. 65/78.)

— Les quarante-deux Leçons de Bouddha ou le King des xlii sections (Sze-shi-erh-Tchang-King). — Texte Chinois avec traduction et notes par Ch. de Harlez, Membre de l'Académie royale de Belgique. — Présenté à la Classe des lettres, dans la séance du 9 janvier 1899, pet. in-8, pp. 68.

— The Sutra in Forty-two Chapters, translated from the Tibetan, by W. W. Rockhill, of Baltimore, Md. (*Ind. Antiq.*, XI, 1882, pp. 295/6.)

STANISLAS JULIEN.

— Concordance Sinico-Samskrite d'un nombre considérable de titres d'ouvrages bouddhiques, recueillie dans un Catalogue chinois de l'an 1306, et publiée, après le déchiffrement et la restitution des mots indiens par M. Stanislas Julien. (*J. As.*, 4e Sér., XIV, 1849, pp. 353/446.) — Réimp. dans les *Mél. de Géog. As.*[1]

— Listes diverses des noms des dix-huit écoles schismatiques qui sont sorties du Bouddhisme. Par M. Stanislas Julien. (*Ibid.*, 5e Sér., XIV, pp. 327/361.)

ANTOINE SCHIEFNER.

— Eine tibetische Lebensbeschreibung Çâkjamuni's, des Begründers des Buddhathums, im Auszuge mitgetheilt von Anton Schiefner. (*Mém. prés. à l'Ac. Imp. Sc. St. Pét.*, VI, 1851, pp. 231/332 + 1 p. d'er.)

Rapport sur un Mémoire intitulé : Eine Tibetanische Lebensbeschreibung Çakjamuni's, des Begründers des Buddhathums, im Auszug mitgetheilt von O. Boehtlingk. (*Bull. hist.-phil. de l'Acad. de St.-Pétersbourg*, V, 1848, col. 93/6.)

— Ueber die Verschlechterungsperioden der Menschheit nach buddhistischer Anschauungsweise. Von Anton Schiefner. (*Mél. Asiatiques*, I, St.-Pétersbourg, 1852. — *Bul. Cl. hist.-phil. Ac. Imp. Sc. St. Pét.*, IX, 1852, col. 1/8.)

— Ueber die hohen Zahlen der Buddhisten. Von A. Schiefner. (*Ibid.*, IV.)

— Buddhistische Triglotte, d. h. Sanskrit-Tibetisch-Mongolisches Wörterverzeichniss, gedruckt mit den aus dem Nachlass des Barons Schilling von Canstadt stammenden Holztafeln und mit einem kurzen Vorwort versehen von A. Schiefner. St.-Pétersbourg, 1859, in-fol. oblong.

— Über das Bonpo-Sûtra : «Das Weisse Nâga-Hunderttausend.» Von A. Schiefner. (*Mém. Ac. Sc. St. Pét.*, VIIe Sér., XXVIII, St. Pét., 1881, pp. 86.)

— Buddhistischer Gottesdienst in China. (*Ausland*, 1850.)

— Zur buddhistischen Apokalyptik. Von A. Schiefner. (*Bul. A. I. Sc. St. Pét.*, XX, 1875, col. 379/387.)

— Über Vasubandhu's Gâthâsamgraha. Von A. Schiefner. (*Ibid.*, XXV, 1879, col. 69/94.)

— Über eine tibetische Handschrift des India Office in London von A. Schiefner. (*Ibid.*, col. 321/333.)

— Zum Gedächtniss an F. A. Schiefner. Von F. Wiedemann. (*Ibid.*, XXVI, 1880, col. 30/44.)

1. Mélanges de Géographie Asiatique et de Philologie Sinico-Indienne, extraits des livres chinois. Paris, 1864, in-8.

Ce recueil se compose d'articles parus dans le *Jour. Asiatique*.

PAUL BIGANDET.

— Legend of the Burmese Buddha, called Gaudama. By the Revd. P. Bigandet.

C'est une série d'articles qui a été commencée dans «The Journal of the Indian Archipelago and Eastern Asia», VI, May 1852, pp. 278/289.

— The Life, or Legend of Gaudama, the Buddha of the Burmese, with Annotations. The Ways to Neibban, and Notice on the Phongyies, or Burmese Monks. By the Rt. Rev. P. Bigandet, Bp. of Ramatha, Vicar ap. of Ava and Pegu. Rangoon : American Mission Press, C. Bennett, 1866, in-8, pp. XI-538-V.

C'est la seconde édition de l'ouvrage; la première est de 1858.

Notice : *The Phoenix*, III, Feb. 1873, pp. 135/6.

— The Life or Legend of Gaudama the Buddha of the Burmese. With Annotations. The Ways to Neibban, and Notice on the Phongyes or Burmese Monks. By the Right Reverend P. Bigandet, Bishop of Ramatha, Vicar Apostolic of Ava and Pegu. In two volumes. Third edition. London : Trübner & Co., 1880, 2 vol. in-8, pp. xx-267, VIII-326.

Fait partie de *Trübner's Oriental Series*.

— Vie ou légende de Gaudama, le Bouddha des Birmans, et Notice sur les Phongyies ou Moines Birmans, par Monseigneur P. Bigandet, Evêque de Ramatha, vic. apostolique d'Ava et Pégou, traduit en français par Victor Gauvain, lieutenant de vaisseau. Paris, Ernest Leroux, 1878, in-8, pp. 540.

— Some Account of the Order of Buddhist Monks or Talapoins. By P. Bigandet. (*Jour. of the Indian Archipelago*, IV, Singapore, 1850.)

— Mémoire sur les Phongies ou religieux Bouddhistes, appelés aussi Talapoins. Par Mgr. Paul Bigandet. (*Revue de l'Orient*, Sér. IV, 1865.)

— «In Memoriam.» Right Reverend Dr. P. A. Bigandet, K. C. C. I., F. C. U. Bishop of Ramatha and Vicar Apostolic of Southern Burma. Bassein : Printed at St. Peter's Institute Press. 1894, in-8, pp. 75.

Extraits de Journaux.

— Ueber den Schamanismus. (Erman, *Arch. f. wiss. Kunde v. Russl.*, VIII, 1850, pp. 208—230.)

— Einige Worte über den Buddhismus. Von Herrn C. F. Köppen. (Erman, *Ibid.*, XI, 1852, pp. 51/81, 250/278, 450/475.)

— Жизнеописаніе Будды. La Vie de Bouddha par le Père Palladius. (*Trav. de la Mission Russe*, Vol. I, 1852, Art. 5.)

— Das Leben Buddha's. Vom Archimandriten O. Palladius. (*Arbeiten d. Kais. Russ. Ges.*, II, et Erman's *Archiv.*)

— Историческій очеркъ древняго Буддизма. Etudes historiques sur le Bouddhisme ancien, par le P. Palladius. (*Trav. Miss. Russe*, Vol. II, 1853, Art. 2.)

— Historische Skizze des alten Buddhismus. Von O. Palladius. (*Arbeiten*, II, et dans Erman's *Archiv für die Kunde Russlands*, XV.)

— Обѣты Буддистовъ и обрядъ возложенія ихъ у Китайцевъ. Le vœu et l'entrée en religion des Bouddhistes, chez les Chinois, par le P. Gury. (*Trav. de la Mission Russe*, Vol. II, 1853, Art. 4.)

— Die Gelübde der Buddhisten und die Ceremonie ihrer Ablegung bei den Chinesen. Vom Archimandriter O. Gurius. (*Arbeiten der Kais. Russ. Ges. z. Peking*, II.)

— Le Bouddhisme, son fondateur et ses écritures par Félix Nève .... Paris, Ch. Douniol, [et] B. Duprat. 1853, in-8.

— De l'état présent des études sur le Bouddhisme et de leur application, par F. Nève... (Extrait de la *Revue de la Flandre*, tome Ier.) Gand, imprimerie de P. van Hifte, 1846, in-8, pp. 63.

— Pagodas in China. A General Description of the Pagodas in China. By the Rev. William Charles Milne. Read to the Society, 9th May 1854. (*Trans. China Br. Roy. As. Soc.*, Part V, Art. II, pp. 17/63.)

Voir col. 88, l'ouvrage du même auteur : *Life in China.*

JOSEPH EDKINS.

— Notices of Chinese Buddhism. By Rev. J. Edkins, Shanghae : Notices of Buddhism in China (*N. C. Herald*, No. 196 et seq., April 29, 1854). — Relation of Buddhism to the Older Hindoo Mythology (*Ibid.*, No. 236, 3 Feb. 1855). — The Buddhist Universe (*Ibid.*, No. 238, 17 Feb. 1855). — The extended Universe of the Northern Buddhist (*Ibid.*, No. 239, 24 Feb. 1855). — Description of the Idols in Buddhist Temples (*Ibid.*, No. 245, April 7, 1855). — Notice of Chi-k'ai and the T'ian-T'ai School of Buddhism (*Ibid.*, No. 259, July 14, 1855). — The Buddhist Sacred Books. — The Buddhist Moral System (*Ibid.*, No. 273, Oct. 20, 1855).

Ces articles ont été réimprimés dans *The Shanghae Miscellany* for 1855 and for 1856.

— A Buddhist Shastra, translated from the Chinese : with an Analysis and Notes. By the Rev. J. Edkins, B. A. — Read, November 17th, 1857. (*Journ. of the Shai. Lit. & Sc. Soc.*, No. I, June, 1858, Art. V, pp. 107/128.)

Traduction de 壹輸盧迦論 avec le texte chinois.

— Notice of the Wu-Wei-Kiau 無爲教, a Reformed Buddhist Sect : By the Rev. J. Edkins. Read before the Society 13th January 1858. (*Trans. China Branch R. As. Soc.*, Part VI, Art. IV, pp. 63/9.)

— Visit to the Chan-t'an-sï, — Monastery of the Sandal-wood Buddha. By Rev. J. Edkins, D. D. — (*The Chin. Rec.*, VII, pp. 431/435.)

— Buddhist Words and Phrases. By Rev. J. Edkins. (*Doolittle's Vocab.*, Vol. II, Pt. III, No. 6, pp. 221/229.)

— Chinese Buddhism : A Volume of Sketches, historical, descriptive, and critical. By Rev. Joseph Edkins, D. D., author of «Religion in China», «Introduction to the Study of the Chinese Characters», «a Mandarin Grammar», etc. London : Trübner & Co., 1880, in-8, pp. xxiii + pp. 2, 453.

Fait partie de *Trübner's Oriental Series.*

— The Nirvana of the Northern Buddhists. By the Rev. J. Edkins, D. D., of Peking. (*Journ. R. As. Soc.*, N. S., Vol. XIII, Art. III, January, 1881, pp. 59/79.)

— Paradise of the Western Heaven. By J. Edkins. (*China Review*, XVII, No. 3, pp. 175/176.)

— Chinese Buddhism; its Rise and Progress. By T. Richards. — Chinese Buddhism; its Excellencies and Defects. By Joseph Edkins. — Buddhism a Preparation for Christianity. (*China Mission Hand-Book*, 1896, pp. 12/22.)

— Buddhist Antiquities in China. By the Rev. J. Stevenson. (*Jour. of the Bombay Branch of the R. As. Soc.*, V, 1855.)

— Recherches sur l'origine, l'histoire et la constitution des ordres religieux dans l'empire chinois, par M. Bazin, Professeur de chinois à l'école des langues orientales, Secrétaire-Adjoint de la Société Asiatique. Paris, Imprimerie Impériale, M DCCC LVI, in-8, pp. 70.

Journal Asiatique. Extrait No. 11 (1856). [5e Sér., VIII, Août 1856, pp. 105/174.]

Première Partie : Origine des communautés religieuses. — Deuxième Partie : Coup d'œil sur l'histoire des communautés. — Troisième Partie : Constitution des ordres religieux.

V. P. VASILIEV.

— Буддизмъ, его догматы, исторія и литература — часть первая, общее обозрѣніе, сочиненіе В. Васильева ... Санктпетербургъ. 1857, in-8, pp. XII-356.

— Herrn Professor Wassiljew's Vorrede zu seiner russischen Uebersetzung von Târanâtha's Geschichte des Buddhismus in Indien, deutsch mitgetheilt von A. Schiefner. — Nachtrag zu der deutschen Uebersetzung Târanâtha's. St. Petersburg, 1869. Commissionäre der kaiserlichen Akademie der Wissenschaften, in-8, pp. 32.

— Буддизмъ, разсматриваемый въ отношенiи къ послѣдователямъ его обитающимъ въ Сибири. Сочиненiе Нина архiепископа Ярославскаго. Санктпетербургъ, 1858, in-8, pp. 386 s. 2 ff. prél.

C'est le meilleur ouvrage du savant professeur V. Vasiliev; il traite du Bouddhisme du nord, sujet familier à l'auteur.

Le premier volume, publié en 1857, contient un aperçu du *Hinayana* ou Bouddhisme primitif et du *Mahayana* ou Mysticisme bouddhique, avec des citations tirées de la littérature bouddhique chinoise. Ce remarquable travail peut servir de pendant à l'*Introduction* de Burnouf, qui traite principalement du Bouddhisme du Sud.

Le second volume devait contenir les dogmes bouddhiques exposés dans un commentaire du dictionnaire terminologique *Mahavioupatti*. Ce dictionnaire se trouve compris dans la seconde partie du recueil de livres bouddhiques, en langue tibétaine, connue sous le nom de *Kandjour*.

Le troisième volume, qui a paru (1873), contient l'histoire du bouddhisme dans l'Inde. C'est une traduction de l'ouvrage du lama tibétain *Daranata*. Le contenu de ce traité ne correspond pas exactement à ce que promet le titre, les commentaires étant trop serrés et les termes bouddhiques étant restés inintelligibles pour le commun des lecteurs.

Je dois ces renseignements intéressants à feu M. le Dr. Bretschneider, de la légation russe à Pe-king.

— Der Buddhismus, seine Dogmen, Geschichte und Literatur, von W. Wassiljew, Professor der chinesischen Sprache an der Kaiserlichen Universität zu St. Petersburg; Erster Theil : Allgemeine Uebersicht; aus dem Russischen übersetzt. St. Petersburg, 1860, in-8, pp. xv-381, par A. Schiefner.

Articles de Barthélemy St.-Hilaire, *Journal des Savans*, Février 1861, pp. 65/77. — *Revue germanique*, 1860, Déc. 31. — Schiefner, *Mélanges Asiatiques*, II. — *Bul. Cl. hist.-ph. Ac. Imp. Sc. St. Pét.*, XIII, 1856, col. 348/352. — Benfey, *Göttinger Gelehrte Anzeigen*, 1859, Fév.

— Le Bouddhisme, ses dogmes, son histoire et sa littérature, par M. V. Vasilief, traduit du russe, par M. G. A. Lacomme, avec un discours préliminaire, par M. Ed. Laboulaye, membre de l'Institut : Paris, A. Durand et Veuve Benj. Duprat, 1865, in-8, pp. xxxv-362.

— Die auf den Buddhismus bezüglichen Werke der Universitäts-Bibliothek zu Kasan. Von W. Wassiljew. (*Mélanges Asiatiques*, II, St.-Pétersbourg, 1856.)

— Die auf den Buddhismus bezüglichen Werke der Universitäts-Bibliothek zu Kasan. Vom Prof. Wassiljew. (*Bul. Cl. hist.-phil. Ac. Imp. Sc. St. Pét.*, XI, 1854, col. 337/365.)

— Замѣтки по Буддизму. В. Васильева. V. (*Bul. Ac. I. Sc. St. Pét.*, X, Avril 1899, No. 4, pp. 337/354.) — VI. (*Ibid.*, Mai 1899, No. 5, pp. 393/402.)

— V. P. Vasiliev. Nécrologie par Henri Cordier. (*T'oung Pao*, 2e Sér., I, nº 3, Juillet 1900, pp. 258/260.)

Avec une bibliographie. — Vasili Pavlovitch Vasiliev, né en 1818; † à St. Pétersbourg le 27 Avril/10 Mai 1900.

— Памяти Василія Павловича Васильева. Par S. Oldenbourg. (*Записки*, du Baron V. R. Rosen, XIII, pp. 47/9, port.)

— Chinese Tables of Merits and Errors. (*Jour. Ind. Archip.*, N. S., Vol. II, 1858, pp. 210/220.)

From the *Indo-Chinese Gleaner*, 1821, pp. 154/165, 205/206.

— La Classification des «Mérites» d'après les Bouddhistes chinois. Par Tristan Lachine. (*Belgique coloniale*, 18 Mars 1900, p. 125.)

Extrait de la *Revue géographique internationale*.

— Buddhism in India and China. (*Biblical Repertory*, XXXI, Philadelphia, 1859.)

— Le Lamaisme par Michel Nicolas. (*Revue Germanique*, XII, Paris, 1860.)

(Vasiliev.)

Samuel Beal.

Né en 1825, à Devonport (Angleterre); † 20 août 1889, à Greens Norton, près Towcester (Northamptonshire). — Allibone, *Supp.* by J. F. Kirk, I, 1891. — *Trübner's Record*, No. 246, 3rd Ser. Vol. I. Pt. 4, p. 125, ext. de l'*Academy*.

— 四十二章經 The Sútra of the Forty two Sections, from the Chinese. Translated from the Chinese, by the Rev. S. Beal. (*Journ. of the R. As. Soc.*, XIX, pp. 337/349, London, 1862.)

Réimp. avec des changements pp. 190/203 de *A Catena of Buddhist Scriptures*. (Voir col. 743.) — Voir col. 736.

— and Gogerly. — Comparative Arrangements of two Translations of the Buddhist Ritual for the Priesthood, known as the Prátimoksha, or Pátimokhan. By the Rev. S. Beal from the Chinese, and the Rev. D. J. Gogerly from the Pali. (*Ibid.*, XIX, London, 1862, pp. 407/480.)

— Text and Commentary of the Memorial of Sakya Buddha Tathagata. By Wong Puh. Translated from the Chinese by the Rev. S. Beal. With prefatory notes by the Rev. Spence Hardy. (*Ibid.*, XX, London, 1863, pp. 135/220.)

— *Vajra-chhediká*, the «Kin Kong King» or Diamond Sútra. Translated from the Chinese by the Rev. S. Beal. (*Ibid.*, N. S., I, 1, pp. 1/24, London, 1864.)

金剛般若波羅密經

Une trad. de la version tibétaine par Schmidt a paru dans les *Mém. de l'Ac. des Sciences de St.-Pétersbourg*, VIe Sér., IV, pp. 126 seq. — Voir col. 730. — Voir Harlez, col. 757.

— The *Páramitá-hridaya* Sútra, or, the great Páramitá Heart Sútra. Translated from the Chinese by the Rev. S. Beal. (*Ibid.*, N. S., I, 2, pp. 25/28, London, 1864.)

— Brief Prefatory Remarks to the Translation of the *Amitâbha* Sûtra from Chinese. By the Rev. S. Beal. (*Ibid.*, N. S., II, 1, pp. 136/144, London, 1866.)

— An Attempt to translate from the Chinese a Work known as the Confessional Service of the Great Compassionate Kwan Yin, possessing 1000 Hands and 1000 Eyes. By the Rev. S. Beal. (*Ibid.*, N. S., II, 2, pp. 403/425, London, 1866.)

— The Legend of Dipañkara Buddha. Translated from the Chinese (and intended to illustrate Plates XXIX. and L., «Tree and Serpent Worship»). By S. Beal. (*Ibid.*, N. S., VI, 1873, pp. 377/395.)

(Beal.)

24*

— Note on Pl. xxviii, fig. 1, of Mr. Fergusson's «Tree and Serpent Worship», 2nd Edition. By S. Beal, Professor of Chinese, London University. (*Journ. R. As. Soc.*, N. S., Vol. XIV, Art. V, January, 1882, pp. 39/41.)

— Travels of Fah-hian and Sung-yun..... London, 1869, pet. in-8. (Voir la IVe Partie de notre Ouvrage.)

— A Catena of Buddhist Scriptures from the Chinese by S. Beal, B. A...... London, Trübner, 1871, in-8, pp. XIV-436. Pub. à 15s.

Notices : *The Phoenix*, I, pp. 222/3. — *Ind. Antiq.*, I, 1872, pp. 26/8, by A. H. B.

— 佛本行集經 The Romantic Legend of Sâkya Buddha : from the Chinese-Sanscrit by Samuel Beal..... London : Trübner & Co., 1875, pet. in-8, pp. XII-395.

«This work is a translation of the Chinese version of the «Abhinishkramana Sûtra», done into that language by Djnanakuta, a Buddhist priest from North India, who resided in China during the Tsui dynasty, *i. e.*, about the end of the sixth century, A. D.» (Introduction.)

Notice : *The Athenaeum*, No. 2488, May 29, 1875.

«Last week Mr. Beal read a paper on Buddhism at Plymouth. The lecturer grounded his remarks on his translation of the «Abihnishkramana Sûtra» (Fo-pen-hing-tsi-king) from the Chinese. This work forms one of the Chinese Buddhist books in the library of the India Office.» (*The Athenaeum*, No. 2417, Feb. 21'74.)

— Results of an examination of Chinese Buddhist Books in the Library of the India Office. By the Rev. Samuel Beal, B. A. (*Trans. Second Session Int. Cong. of Orientalists*, pp. 132/162.)

— The Buddhist Works in Chinese in the India Office Library. By Rev. Samuel Beal. (*Indian Antiquary*, IV, 1875, pp. 90/101.)
Slightly abridged from Mr. Beal's Official Report.

— 大明三藏聖教 The Buddhist Tripitaka as it is known in China and Japan. A Catalogue and Compendious Report. By Samuel Beal, Member of the Royal Asiatic Society. Printed for the India Office by Clarke & Son..... Devonport. 1876, in-fol., pp. 117.

— A Catalogue of the Chinese Translation of the Buddhist Tripitaka the Sacred Canon of the Buddhists in China and Japan compiled by order of the Secretary of State for India by Bunyiu Nanjio Priest of the Temple, Eastern Hongwanzi, Japan, Member of the Royal Asiatic Society, London. Oxford, at the Clarendon Press, MDCCCLXXXIII, in-4, pp. XXXVI + col. 480.

Divisé en :

1. 經藏, Kiñ-tsân, Sûtra-pitaka.
2. 律 |, Lüh-tsâñ, Vinaya-pitaka.
3. 論 |, Lun-tsâñ, Abhidharma-pitaka.
4. 雜 |, Tsâ-tsâñ, Samyukta-pitaka.

(BEAL.)

— U. Wogihara. — Supplement to the «Catalogue of the Chinese translations of the Tripitaka». (*Verhandl. XIII. Intern. Orient. Kongresses*, Hamburg, Sept. 1902, p. 62.)

— Texts from the Buddhist Canon, commonly known as Dhammapada, with accompanying Narratives. Translated from the Chinese By Samuel Beal (B. A. Trin. Coll. Camb.) Professor of Chinese, University College, London. — London : Trübner, 1878, in-8, pp. VIII-176.

Cet ouvrage forme le Vol. II de «*Trübner's Oriental Series*». — Le *Dhammapada* avait été traduit du Pali en 1855 par Fausböll (Dhammapadam. Ex tribus codicibus Havniensibus Palice edidit, Latine vertit, excerptis ex Commentario Palico notisque illustravit V. Fausböll. Havniae, 1855, in-8); — par Max Müller en 1870 (en anglais), introd. à *Buddhagosha's Parables*; réimp. dans les *Sacred Books of the East*, Vol. X, 1881; — par Albrecht Weber en allemand (Das Dhammapadam. Die älteste buddhistische Sittenlehre. Uebersetzt von A. Weber. Leipzig, 1860, in-8, pp. 58. [*Zeit. d. Deutschen Morg. Gesellschaft*, XIV]), réimp. *Indische Streifen*, Vol. I; par F. Hû (Le Dhammapada avec introduction et notes par Fernand Hû. Paris, Ernest Leroux, 1878, in-18). — On pourra consulter aussi : «The Buddha and his Religion. — The Golden Verses of the Buddha. [Translations from the Dhammapadam.] By S. E. A. S.[cherb.] (*Christian Register*, Boston, 1861.) — Voir Rockhill, col. 754.

Notice : *The Athenaeum*, No. 2651, Aug. 17, 1878.

La Version chinoise [il y en a quatre; cf. Nanjio, 1321, 1353, 1365, 1439] du *Dhammapada* est fort importante en ce qu'elle complète la version pali composée de 26 chapitres ou sections tandis qu'elle en comprend 39.

— On a Chinese Version of the Sánkhya Káriká, etc., found among the Buddhist Books comprising the Tripitaka, and two other works. By the Rev. Samuel Beal, M. A. (*Journ. R. As. Soc.*, N. S., Vol. X, Art. XIX, July, 1878, pp. 355/360.)

— The Story of the Faithful Deer. By Rev. S. Beal. (*Indian Antiquary*, VIII, 1879, pp. 253/4.)

— The Swastika. By Rev. S. Beal. (*Ibid.*, IX, March 1880, pp. 67/68.)

— The Branchidae. By Rev. S. Beal. (*Ibid.*, March 1880, pp. 68/71.)

— Avalambana. By Rev. S. Beal. (*Ibid.*, March 1880, pp. 85/86.)

— The Tooth-Seal of Asoka. By Rev. S. Beal. (*Ibid.*, March 1880, p. 86.)

— Remarks on the word Sramana. By Rev. S. Beal. (*Ibid.*, May 1880, p. 122.)

— The Sûtra called *Ngan-shih-niu*, i. e. «Silver-White Woman». [Translated from the Chinese, the second part of the Volume indicated by 艮 (Buddhist Tripitaka). 1st Sutra.] By Rev. S. Beal. (*Ibid.*, IX, June 1880, pp. 145/148.)

— Succession of Buddhist Patriarchs. By Rev. S. Beal. (*Ibid.*, June 1880, pp. 148/149.)

— The Buddhist Inscription at Keu-yung-kwan. By Rev. S. Beal. (*Ibid.*, Aug. 1880, pp. 195/196.) Voir col. 683.

— Story of the Merchant who struck his mother. By Rev. S. Beal. (*Ibid.*, pp. 224/6.)

— The Eighteen Schools of Buddhism. By Rev. S. Beal. (*Ibid.*, IX, Dec. 1880, pp. 299/302.)

— Kwan-yin. By Rev. S. Beal. (*Ibid.*, X, March 1881, pp. 82/83.)

— The Chong-lun or Pranyamûla-Sâstra-Tika of Nâgârjuna. By Rev. S. Beal. (*Ibid.*, X, March 1881, pp. 87/89.)

— Two Chinese-Buddhist Inscriptions found at Buddha Gayâ. By the Rev. S. Beal. (*Journ. R. As. Soc.*, N. S., Vol. XIII, Art. XXIII, October 1881, pp. 552/572.)

Voir col. 684.

— The existence of the «Sutta-Nipâta» in Chinese.

Letter of Dr. R. Morris, Wood Green, Nov. 20, 1881 (*The Academy*, 3 Dec. 1881). — Answer of Prof. S. Beal. (*Ibid.*, 10 Dec. 1881.)

(BEAL.)

— Abstract of four Lectures on Buddhist Literature in China delivered at University College, London. By Samuel Beal, Professor of Chinese, Univ. Coll. Lond. London : Trübner, 1882, in-8, pp. XVI + 2 f. n. c. + pp. 185 + 5 Pl.

— The *Fo-sho-hing-tsan-king*. A Life of Buddha by Asvaghosha Bodhisattva translated from Sanskrit into Chinese by Dharmaraksha, A. D. 420 and from Chinese into English by Samuel Beal. Oxford, at the Clarendon Press, 1883, in-8, pp. XXXVII-380.

Forme le Vol. XIX des *Sacred Books of the East* . . . edited by F. Max Müller.

— Non-Christian Religious Systems. — Buddhism in China. By the Rev. S. Beal, Rector of Wark-on-Tyne, Northumberland. — Published under the direction of the Committee of General Literature and Education appointed by the Society for promoting Christian knowledge. London : Society for promoting Christian knowledge, Brighton. New-York : E. & J. B. Young & Co., 1884, pet. in-8, pp. VIII-263.

— The Age and Writings of Nagarjuna-Bodhisattva. By the Rev. S. Beal. (*Ind. Antiq.*, XV, 1886, pp. 353/6.)

— Some Remarks on the Suhrillekha or Friendly Communication of Nagarjuna-Bodhisatva to King Shatopohanna. By the Rev. S. Beal. (*Ibid.*, XVI, 1887, pp. 169/172.)

— SUH-KI LI-LIH-KIU. The Suhrillekha or « Friendly Letter », Written by Lung shu (Nâgârjuna), and addressed to King Sadvaha. Translated from the Chinese edition of I-tsing. By the late Samuel Beal, M. R. A. S. With the Chinese Text. London : Luzac, 1892, br. in-8, pp. 51 + pp. 13 de texte chinois.

— A Life of the Buddha : translated from the *P'u yao King*, by the late Prof. Dr. S. Beal (Suite). (*Babylonian and Oriental Record*, III, No. 12, Nov. 1889, pp. 265/274; *ibid.*, IV, No. 1, Dec. 1889, pp. 12/15.)

On annonçait en préparation dans *Trübner's Record* (24 Feb. 1870) : Outline of Buddhism, from Chinese Sources. By S. Beal, B. A. Trinity College, Cambridge; a Chaplain in Her Majesty's fleet, etc. *Contents* : 1. Legendary Period. — 2. Buddhism as a Religious System. — 3. Early Scholastic Period. — 4. Mystical Period. — 5. Decline and Fall, in-8. — Cet ouvrage n'a pas été publié.

∴

— Nachweisung einer buddhistischen Recension und mongolischen Bearbeitung der indischen Sammlung von Erzählungen, welche unter dem Namen Vetalapançavinçati bekannt ist. Von Th. Benfey. (*Mél. As.*, III, St.-Pétersbourg.)

(BEAL.)

EMIL SCHLAGINTWEIT.

— Buddhism in Tibet : Illustrated by Literary Documents and Objects of Religious Worship. With an Account of the Buddhist Systems preceding it in India. By Emil Schlagintweit, LL. D. — With a folio Atlas of 20 Plates and 20 Tables of Native Print in the Text. Leipzig, Brockhaus, 1863, gr. in-8, pp. XXIV-404.

Art. de B. St.-Hilaire dans le *Journal des Savants*, 1865, Mai, pp. 273/288. — De Ph. Ed. Foucaux dans la *Revue de l'Orient*, Oct. 1863, pp. 228/245 sous le titre de « Le Bouddhisme au Tibet. »

— Le Bouddhisme au Tibet précédé d'un résumé des précédents systèmes bouddhiques dans l'Inde par Emile de Schlagintweit, LL. D. Traduit de l'anglais. Par M. L. de Milloué, Directeur du Musée Guimet. (*Annales du Musée Guimet*, III, Paris, Ernest Leroux, 1881, pp. 1/292.)

Forme le Vol. 3 de ces *Annales*.

— Die Könige von Tibet. München 1866, in-4, pp. 104. (*Abh. d. Bayer. Akad.*, X.)

— Ueber das Mahâyâna Sutra Digpa thamchad shagpar terchoi; ein buddhistisches Beichtbuch, aus dem Tibetanischen übersetzt und erläutert von E. Schlagintweit. München, 1863, in-8. (*Sitzungsberichte d. Bay. Ak.*, 1863, I. II.)

— Ueber den Gottesbegriff des Buddhismus. München, 1864, in-8, pp. 25. (*Ibid.*, 1864, I.)

— Tibetische Inschrift aus dem Kloster Heinis in Ladak. Mit Textbeilage von E. Schlagintweit. München, 1864, in-8, pp. 14 et Pl. (*Ibid.*, 1864, II.)

— Ueber die Bon-pa Sekte in Tibet. München, 1866, in-8, pp. 12. (*Ibid.*, 1866, I.)

— On the Bodily Proportions of Buddhist Idols in Tibet. By Emil Schlagintweit, LL. D. (*Journ. Roy. As. Soc.*, XX, M DCCC LXIII, Art. XX, pp. 437/444.)

E. J. EITEL

— Amita and the Paradise of the West by E. J. Eitel. (*Notes and Q. on C. & J.*, Vol. II, pp. 35/38.)

— A Buddhist Purgatory for women by E. J. Eitel. (*Ibid.*, Vol. II, pp. 66/68, 82/85.)

— The Trinity of the Buddhists in China by E. J Eitel. (*Ibid.*, II, pp. 115/117.)

— On Dragon-Worship. (*Ibid.*, III, pp. 34/36.)

— The Svâstika of the Buddhists v. Thor's Hammer. (*Ibid.*, III; réimp. dans *The Shanghai News-Letter*, Aug. 20, 1869.)

— The Nirvana of Chinese Buddhists. By the Rev. E. J. Eitel. (*The Chin. Rec.*, III, pp. 1/6.)

— Buddhism versus Romanism. By Rev. E. J. Eitel. (*The Chin. Rec.*, III, pp. 142/3, 181/3.)

— Handbook for the Student of Chinese Buddhism, By Rev. E. J. Eitel, of the London Missionary Society. Hongkong : Lane, Crawford & Co., 1870, in-8, pp. VIII-224.

Pub. à 3 dol. 50.

(SCHLAGINTWEIT. — EITEL.)

Quelques titres portent le nom de : London : Trübner & Co., comme éditeurs au lieu de Hongkong : Lane Crawford & Co.
Notices : *The Chin. Rec.*, III, pp. 215/218 (by Rev. J. Edkins); *The Phoenix*, I, pp. 155/156.

— Hand-Book of Chinese Buddhism being a Sanskrit Chinese Dictionary with Vocabularies of Buddhist Terms in Pali, Singhalese, Siamese, Burmese, Tibetan, Mongolian and Japanese by Ernest J. Eitel, M. A., Ph. D. (Tubing.) Inspector of Schools, Hongkong. Second edition, Revised and enlarged. Hongkong, Lane Crawford & Co., 1888, in-8, 5 ff. n. c. p. l. tit., l. préf., etc. + pp. 231 à 2 col. + 1 f. n. c.

Au verso du titre : Hongkong : Printed by Guedes & Co., D'Aguilar Street.
Notice : *Chin. Rec.*, XIX, No. 8, Aug. 1888, by E. F., p. 390.
Cette seconde éd. ne contient pas *A Chinese Index* qui se trouve, pp. 177/207, de la première éd.

— Three Lectures on Buddhism. By Rev. Ernest J. Eitel. Hongkong. Printed by Charles A. Saint, «China Mail» Office, Hongkong. 1871 : at the London Mission House. London : Trübner. br. in-8, pp. 38.

— Buddhism : its Historical, Theoretical, and Popular Aspects. In Three Lectures. Second Edition. Hongkong. 1873, in-8, pp. 130.

La première de ces conférences a été imprimée dans *The Shanghai Budget*, 23 Aug., 1873.
Notice : *The Chin. Rec.*, IV, pp. 64/8. (By T. Watters.)

— Buddhism : its Historical, Theoretical and Popular Aspects. By Ernest J. Eitel. Ph. D., Tubing. Third Edition. Revised, with Additions. Hongkong : Lane, Crawford & Co. 1884, in-8, pp. x-145.

Cet ouvrage a été traduit en japonais et en danois.

— Chinese Views respecting the date of Introduction of Buddhism. (*Notes and Q. on C. & J.*, Vol. II, pp. 51/52. By W. F. Mayers.)

— Illustrations of the Lamaist System in Tibet, drawn from Chinese Sources. By Wm. Frederick Mayers, Esq., of Her Britannic Majesty's Consular Service, China. [Read April 19th, 1869.] (*Journ. Roy. As. Soc.*, N. S., Vol. IV, M DCCC LXX, Art. VI, pp. 284/308.)

— Illustrations of the Lamaist System in Thibet drawn from Chinese Sources, by W. F. Mayers, Esq., H. B. M. Consular Service, China. (*Jour. of the R. A. Soc.*, N. S., IV; — tirage à part, London, 1869, in-8, pp. 24, 1s. 6d.)
Notice : *N. C. Herald*, Sep. 23, 1869.

— Buddhism; or the Protestantism of the East, by James Freeman Clarke. (*Atlantic Monthly*, XXIII, 1869, pp. 713/728.)

A. Bastian.

— Die Weltauffassung der Buddhisten. — Vortrag gehalten im wissenschaftlichen Verein zu Berlin von A. Bastian. Berlin. Verlag von Wiegandt & Hempel. 1870, in-8, pp. 40.

— Das Nirvana und die buddhistische Moral. (*Zeit. f. Ethn.*, Berlin, 1871, Bd. III, pp. 236/253.) Par A. Bastian.

— Der Buddhismus in seiner Psychologie von A. Bastian. Mit einer Karte des buddhistischen Weltsystems. Berlin, Ferd. Dümmlers Verlagsbuchhandlung Harrwitz und Gossmann 1882, in-8, pp. XXII-366.

— Remarks on some impressions from a Lapidary Inscription at Keu-yung-kwan, on the great Wall near Peking. By A. Wylie. (*Journ. N. C. B. R. As. Soc.*, I, Dec. 1864, pp. 133/136.)

Voir col. 683.

— Relics of Buddha by A. Wylie. (*Shanghai Budget*, 19 Mars 1874.)

— The Buddhistic Literature of Tibet. By the Rev. James Summers. (*The Phoenix*, I, 1870, pp. 9/11.)

— The Wheel of the Law. Buddhism illustrated from Siamese sources by the Modern Buddhist. A Life of Buddha, and an account of the Phrabat. By Henry Alabaster, Esq. M. R. A. S., Interpreter of Her Majesty's Consulate General in Siam : London; Trübner, 1871, in-8.

Notice : *The Phoenix*, I, p. 223.

— Buddhistische Fragmente. Von Joh. Minayeff. (*Bul. Ac. I. Sc. St. Pét.*, XVII, 1872, col. 70—85.) — Voir col. 759.

— Buddhism in China. By T. Watters. (*The Chin. Rec.*, II, pp. 1/6, 38/43, 64/8, 81/8, 117, 145/150.)

— Notes on the *Miao-fa-lien-hua-ching*, a Buddhist Sutra in Chinese, by T. Watters, of H. B. M.'s Consular Service. (*Jour. N. C. B. R. A. S.*, N. S., No. IX, 1874, Art. IV, p. 89.)

— The *A-mi-t'ê ching*. By T. Watters. (*China Review*, X, pp. 225/240.)

— The *Ta-yun-lun-ch'ing-yü-ching* 大雲輪請雨經 By T. Watters. (*China Review*, X, pp. 384/395.)

— The Eighteen Lohan of Chinese Buddhist Temples. By T. Watters, M. R. A. S. (*Journ. R. A. S.*, April 1898, pp. 329/347.)

— For and against Mongolian Buddhism. By Hoinos [Rev. J. Gilmour]. (*The Chin. Rec.*, V, pp. 3/17.)

— A Lama's Questions about Christianity. By Hoinos. (*Ibid.*, VII, pp. 169/173.)

— Yan Kwo; Yuk Lik, or the Purgatories of Popular Buddhism, by the Rev. T. G. Selby. (*China Review*, I, pp. 301/311.)

— Northern Buddhism. [Note from Colonel H. Yule, addressed to the Secretary.] — (*Jour. Roy. As. Soc.*, N. S., VI, London, 1873, pp. 275/277.)

Ext. d'une lettre de B. H. Hodgson écrite en 1870.

— On the Methods of disposing of the Dead at Llassa, Thibet, etc. By Charles Horne, late B. C. S. (*Jour. Roy. As. Soc.*, VI, 1873, pp. 28/35.)

— Les Religieuses Bouddhistes depuis Sakya-Mouni jusqu'à nos jours par Mme Mary Summer avec une introduction par Ph. Ed. Foucaux, professeur au Collége de France. Paris, Ernest Leroux, 1873, in-18, pp. XII-70.

Forme le Vol. 1 de la *Bibliothèque Orientale Elzévirienne.*

Notices : *Shanghai Budget*, 27 March, 1873; — *Journ. des Savans* (par Ad. Franck), Mai, 1873, pp. 325/6.

— Histoire du Bouddha Sakya Mouni, depuis sa naissance jusqu'à sa mort, par Mme Mary Summer, avec préface et index par Ph. Ed. Foucaux. Paris, Ernest Leroux, 1874, in-18.

Forme le Vol. II de la *Bib. Or. Elzévirienne.*

Notices : *Bull. du Bibliophile et du Biblioth.*, Juin 1874. — *Indian Antiquary*, II, 1873, pp. 371/2.

— Mary Summer. Nécrologie par H. C.[ordier.] (*T'oung Pao*, Oct. 1902, p. 249.)

— *Avalokitecvara Sutra.* Traduction italienne de la version chinoise avec introduction et notes par Carlo Puini. Texte chinois et transcription japonaise par François Turrettini. Extrait de l'*Atsume Gusa.* Genève, H. Georg, [1873], in-4.

— Pauthier, art. : *Bouddhisme* dans le *Dict. des Sciences philosophiques.*

— The Church of Thibet, and the Historical Analogies of Buddhism and Christianity. A Lecture delivered before the Students' Literary and Scientific Society, in the Framji Cowasji Institution, Bombay, by W. Wordsworth, B. A., Principal of Elphinstone College. Bombay: Thacker, Vining & Co., 1877, pet. in-8, pp. 51.

Léon Feer.

— Entretien du Buddha et de Brahmâ sur l'Origine des Choses, traduit du tibétain, par Léon Feer. (*Cte. rendu 1e Sess. Cong. Orient.*, 1873, I, pp. 463/499.)

— Sur les causes qui ont favorisé la propagation du bouddhisme hors de l'Inde. Par L. Feer. (*Trans. Second Session Int. Cong. of Orientalists*, pp. 405/416.)

— * Le Bouddhisme à l'Exposition de 1878. — Par M. Léon Feer, membre du conseil de la Société académique indo-chinoise. Conférence faite au Palais du Trocadéro pendant l'Exposition universelle de 1878, par la Société académique Indo-Chinoise. Imp. nat., publiée sous les auspices du Comité central des Congrès et Conférences de l'Exposition, br. in-8, 1878.

Notice : *Ann. de l'Ext. Orient*, II, pp. 52/54.

— Analyse du Kandjour, recueil des livres sacrés au Tibet par Alexandre Csoma, de Körös hongrois-siclien, de Transylvanie. Traduite de l'anglais et augmentée de diverses additions et remarques par M. Léon Feer. (*Annales du Musée Guimet*, II, Paris, Ernest Leroux, 1881, pp. 131/573.)

— Fragments extraits du Kandjour traduits du tibétain. Par M. Léon Feer. (*Ibid.*. V, Paris, Ernest Leroux, 1883, pp. 1/577.)

Forme le vol. V de ces *Annales.*

Notice : *Bull. Soc. Acad. Indo-Chinoise*, 2° sér., III, 1890, pp. 452/53. Par C.

— La littérature tibétaine. — Le Kandjour. (*Ann. de l'Ext. Orient*, 1883—1884, VI, pp. 129/134.)

— Professions interdites par le Bouddhisme. Par Léon Feer. (*Actes Huit. Cong. Int. Orient.*, Stockholm-Christiania, 1889, Sect. II, pp. 63/71.)

— Kokâlika, par M. L. Feer. (*J. As.*, I, 1898, pp. 185/209.)

— Cinca-Mânavikâ Sundarî, par M. Léon Feer. (*J. As.*, I, pp. 288/317.)

— Introduction au Catalogue spécial des ouvrages bouddhiques du Fonds Chinois de la Bibliothèque nationale par Léon Feer. (*T'oung Pao*, IX, N° 3, Juillet 1898, pp. 201/214.)

— Les cure-dents du Buddha. Par L. Feer. (*Journ. Asiat.*, 9e Sér., XIII, Mars-Avril 1899, pp. 362/369.)

1. Les cure-dents dans Hiouen-Thsang. — 2. Un cure-dent dans l'*Avadanâ-Çataka* sanscrit-tibétain. — 3. Version chinoise de l'*Avadâna-Çataka.*

— Le Bodhisattva et la famille de Tigres, par M. L. Feer. (*Jour. Asiat.*, Sept.-Oct. 1899, pp. 272/303.)

— Léon Feer. (*Journ. R. A. S.*, July 1902, pp. 726/728.)

— Léon Feer. Nécrologie par H. C.[ordier.] (*T'oung Pao*, 2e Sér., III, N° 4, Oct. 1902, pp. 249/250.)

Né à Rouen le 22 nov. 1830; † à Paris, 10 mars 1902.

— Le Dhammapada avec Introduction et Notes par Fernand Hû. Paris, Ernest Leroux, 1878, in-18, pp. lxv-100—lix-82.

Les pp. lix-82 renferment : Le *Sutra en 42 articles* traduit du tibétain avec introduction et notes par Léon Feer. Paris, Ernest Leroux, 1878. — Voir col. 744.

Forme le Vol. XXI de la *Bibliothèque Orientale elzévirienne*.

— Le Bouddhisme dans l'Extrême Orient. Cours de M. Léon de Rosny. Ecole des langues orientales vivantes. (*Revue scientifique*, 20 déc. 1879, pp. 581/585.)

— Extraits d'un glossaire bouddhique sanscrit-chinois par Léon de Rosny. (*Le Lotus*, IX, Juillet 1890, pp. 129/192.)

— Нравственный идеалъ буддизма въ его отношеніи къ христіанству. Соч. А. Гусева. St. Pétersbourg, 1874, in-4, pp. 283.

— L'Прon de Mah-lay (légende bouddhiste). Par J. Ross [*Fraser's Mag.*]. (*Revue Brit.*, 1876, N. S., V, pp. 171/182.)

— A Superficial View of Buddhism. (Balfour, *Waifs and Strays*, 1876, pp. 134/142.)

— La bonzerie de Kou-chan, près de Fou-tcheou-fou (Fokien) (Chine). [Par un dominicain, du couvent de Lyon, ancien miss. en Chine, 8 janvier 1870]. (*Miss. Cath.*, X, 1878, pp. 81/83.)

Voir col. 258.

— Prière à Amida Bouddha. Travail de M. Semitani, traduit et lu par M. Tomii. (*Congrès provincial des Orientalistes*, Lyon — 1878 — II, Lyon, 1880, pp. 112/114.)

— Shidda. Résumé historique de la transmission des quatre explications données sur le sanscrit. Traduction française de M. M. Ymaizoumi et Yamata. (*Annales du Musée Guimet*, I, Paris, Ernest Leroux, 1880, pp. 319/333.)

— Textes sanscrits découverts au Japon. Lecture faite devant la « Royal Asiatic Society of Great Britain and Ireland » par M. F. Max Müller, membre étranger de l'Institut, traduit de l'anglais par M. de Milloué — revu, corrigé et annoté par l'auteur. (*Annales du Musée Guimet*, II, Paris, Ernest Leroux, 1881, pp. 1/37.)

— *O-mi-to-king* ou *Soukhavati-vyouha-soutra* d'après la version chinoise de Koumarajiva. Traduit du chinois par M. M. Ymaïzoumi et Yamata. (*Ibid.*, II, Paris, Ernest Leroux, 1881, pp. 39/64.)

— The Obligations of the New Testament to Buddhism. By J. Estlin Carpenter. (*Nineteenth Century*, VIII, 1880, pp. 971/994.)

— Contributions on the Religion, History, &c. of Tibet. — By Baboo Sarat Chandra Dás, Deputy Inspector of Schools, Darjiling. (*Jour. As. Soc. Bengal*, Vol. 50, 1881, Pt. 1.)

I. — The Bon (Pon) Religion, pp. 187/205.

II. — Dispute between a Buddhist and a Bonpo Priest for the possession of Mount Kailása and the Lake Mánása, pp. 206/211.

III. — Part I. — Early History of Tibet, pp. 211/234.

— — II. — Tibet in the Middle Ages, pp. 235/251. (*Ibid.*, Vol. 51. 1882, Pt. 2.)

IV. — Rise and Progress of Buddhism in Tibet, pp. 1/14.

V. — The Lives of the Panchhen Rinpocches or Taśi Lamas. — Part I. The Indian Incarnations, pp. 15/18. — Part II. The six Tibetan Incarnations, pp. 18/43. — Names of the important Stages of Taśi Paldan Yeśe Lama's Journey from Taśi-lhunpo to Pekin. 1779 A. D., pp. 43/52. [Voir col. 642.]

VI. — Life and Legend of Tsoñ Khapa (Lo-ssañ-Tagpa), the Great Buddhist Reformer of Tibet, pp. 53/57.

VII. — Rise and Progress of Buddhism in Mongolia (Hor). Tibetan Text, pp. 58/65 ; Translation, pp. 66/75.

VIII. — Rise and Progress of Jiñ or Buddhism in China, pp. 87/99.

IX. — Ancient China, its Sacred Literature, Philosophy and Religion as known to the Tibetans, pp. 99/114.)

X. — Life and Legend of Nágárjuna, pp. 115/120.

XI. — Detached Notices of the Different Buddhist Schools of Tibet, pp. 121/128.

— Buddhist and other legends about Khoten. — By Babu Sarat Chandra Dás. (*Jour. As. Soc. Bengal*, Vol. 55, 1886, Pt. I, pp. 193/203.)

— Life of Atíśa (Dípaṃkara Śríjñána). — By Bábú Sarat Chandra Dás. (*Ibid.*, Vol. 60, 1891, Pt. 1, pp. 46/53.)

— A Sketch of Buddhist Ontology and the Doctrine of Nirvāna in the Mahāyāna School of Tibet. By Pundit Sarat Chandra Das, C. I. E. (*Imp. & As. Quart. Review*, N. S., X, 1895, pp. 123/126.)

(Divers.)

— On Reformed Buddhism in China and Japan. By Pres. W. A. P. Martin. (*Ind. Antiq.*, XI, 1882, pp. 294/5.)

Arbre de Kounboun.

— The Sacred Tree of Kum-bum. By W. T. Thiselton Dyer. (*Nature*, XXVII, 1882/3, pp. 223/4.)

— The Sacred Tree of Kum-bum. By E. L. Layard. (*Ibid.*, XXVIII, 1883, pp. 79/80.)

— A propos du Père Huc par le Prince Henri d'Orléans. (*T'oung Pao*, Mai 1893, pp. 115/136, pl.)

— Caractères tibétains sur des feuilles d'arbre. Par A. A. Fauvel. (*Ibid.*, Oct. 1893, p. 389.)

Opinion de Mgr. Félix Biet.

— The Characters on the leaves and bark of the Sacred Trees at the Lama Temple at Kounboun. By H. Kern and G. Schlegel. (*Ibid.*, Déc. 1893, pp. 457/8.)

— The Sacred Tree of Kum-Bum. By W. T. Thiselton-Dyer. (*Nature*, LIII, 1895/6, p. 412.)

— The Sacred Tree of Kum-Bum. By W. T. Thiselton-Dyer. (*Ibid.*, p. 556.)

— Edouard Blanc. — L'arbre à prières de Goumboum. (*Bul. Mus. Hist. Nat.*, 1895, No. 8.)

— The Sacred Tree of Kum-Bum. By A. Grigoriev, Secretary of the Imperial Russian Geographical Society, St. Petersburg. (*Nature*, LIII, 1895/6, p. 534.)

— Sacred Tree of Kum-Bum. (*Kew Bull.*, 1896, pp. 120/1, d'après *Nature*, March 5.)

Avec lettre de Rockhill, Déc. 23, 1893.

(Divers. — Kounboun.)

H. Oldenberg.

— Buddha. Sein Leben, seine Lehre, seine Gemeinde. Von Hermann Oldenberg. — Berlin, Verlag von Wilhelm Hertz.) Bessersche Buchhandlung.) 1881, in-8, pp. VIII-459.

— Buddha. Sein Leben, seine Lehre, seine Gemeinde von Hermann Oldenberg. Dritte vermehrte Auflage. Berlin, Wilhelm Hertz, 1897, in-8, pp. VIII-460.

4e éd. — Stuttgart & Berlin, Cotta 1903, in-8, pp. VIII-444.

— Buddha : his Life, his Doctrine, his Order, by Dr. Hermann Oldenberg, Professor at the University of Berlin, Editor of the Vinaya Pitakam and the Dîpavamsa in Pâli. Translated from the German by William Hoey, M. A., D. Lit., Member of the Royal Asiatic Society, Asiatic Society of Bengal, etc. Of Her Majesty's Bengal Civil service. Williams and Norgate, ... London ... and ... Edinburgh. 1882, in-8, pp. VIII-454.

Notice : *Journ. C. B. R. A. S.*, XXI, N. S., 1886, pp. 233/236. Par Joseph Edkins.

— Le Bouddha, sa vie, sa doctrine, sa communauté par H. Oldenberg, Professeur à l'Université de Kiel, traduit de l'allemand d'après la seconde édition par A. Foucher, Agrégé de l'Université. Avec une préface de M. Sylvain Lévi Chargé de cours à la Faculté des lettres de Paris. Paris, Félix Alcan, 1894, in-8, pp. VIII-392.

Notice : *Revue Hist. des Religions*, XXIX, No. 3. — Mai-juin 1894, pp. 357/9, par Jean Réville.

— Le Bouddha, sa vie, sa doctrine, sa communauté, par H. Oldenberg, traduit de l'allemand par A. Foucher. 2e édition française, revue et augmentée d'après la 3e édition allemande. — Paris, 1903, pp. VIII-401.

Notice : *Bull. Ecole franç. Ext. Orient*, III, No. 1, Janv.-Mars 1903, p. 95. Par L. F.[inot.]

— Les moulins à prières dans l'Inde, en Chine et au Japon. Par G. d'Orcet. [*Scribner's Monthly.*] (*Rev. Brit.*, 1882, N. S., I, pp. 31—62.)

— A Sculptured Tope on an old Stone at Dras, Ladak. By William Simpson, F. R. G. S. (*Journ. R. As. Soc.*, N. S., Vol. XIV, Art. IV, January 1882, pp. 28/38.)

— The Buddhist Praying-Wheel A Collection of Material bearing upon the Symbolism of the Wheel and Circular Movements in Custom and Religious Ritual by William Simpson. London, Macmillan, 1896, in-8, pp. VIII-303.

Notice : *Nature*, LV, 1896/7, pp. 171/2.

— St. Giles' Lectures — Second Series. The Faiths of the World. Lecture II. Religions of India : Buddhism by the Very Rev. John Caird, D. D. Principal of the University of Glasgow. William Blackwood and Sons, Edinburgh and London, br. in-8 [1882].

— Liturgie bouddhique. Par G. Devéria. (*Rev. de l'Ext. Orient*, I, 1882, No. 2, p. 318.)

— A. Andreozzi. — Il Dente di Buddha .... 1883 .. Voir *Tsai Tseu Chou*, chap. de la Littérature.

— Over het Boeddhisme in China door J. Van der Spek. (*Indische Gids*, Deel II, 1883, pp. 263/273 ; 414/435.)

— Udânavarga : A Collection of Verses from the Buddhist Canon. Compiled by Dharmatrâta. Being the Northern Buddhist Version of Dhammapada. Translated from the Tibetan of the Bkah-hgyur. With notes and extracts from the Commentary of Pradjnâvarman. By W. Woodville Rockhill. London : Trübner & Co., 1883, in-8, pp. XVI-224.

Fait partie de *Trübner's Oriental Series*. — Voir col. 744.

— The Life of the Buddha and the early History of his Order. Derived from Tibetan works in the Bkah-hgyur and Bstan-hgyur. Followed by Notices on the early History of Tibet and Khoten. Translated by W. Woodville Rockhill, Second Secretary U. S. Legation in China. London : Trübner & Co., 1884, in-8, pp. XII-273.

Fait partie de *Trübner's Oriental Series*.

— * W. W. Rockhill. Translation of two brief Buddhist Sutras from the Tibetan. (*Am. Or. Soc. Proc.*, Boston, May 1883, pp. XXV—XXVIII.)

— A Buddhist Sheet-tract, Containing an Apologue of Human Life. Translated, with Notes, by Bishop Moule of Hangchow. (*Jour. China Br. R. As. Soc.*, N. S., XIX, Pt. I, 1884, Art. V, pp. 94/102.)

Avec une planche.

— Buddhism. By Erastus Wentworth, D. D., late Missionary of the Methodist Episcopal Church to Foochow, China. (Doomed Religions : A series of essays on great religions of the world; edited by Rev. J. M. Reid, D. D., LL. D., New-York : Phillips & Hunt. Cincinnati : Walden & Stowe, 1884. In-8, pp. 243/284.)

— The Buddhist Theory of Evolution. By J. Starkie Gardner. (*Nature*, XXXI, 1884—5, pp. 55/56.)

— Non-Christian Religious Systems. — Buddhism : being a Sketch of the Life and Teachings of Gautama, the Buddha. By T. W. Rhys Davids, M. A., Ph. D. of the Middle Temple, Barrister-at-law, author of «Buddhist Birth stories», «Buddhist Sut-tas», «Hibbert Lectures», 1881, etc. With map. — Published under the direction of the Committee of general literature and education appointed by the Society for Promoting Christian Knowledge. — Twelfth thousand. Revised throughout. London : Society for Promoting Christian Knowledge, 1887, pet. in-18, pp. IV-252.

— Non-Christian Religious Systems. — Christianity and Buddhism : A Comparison and a Contrast. Being the Donnellan Lectures for the year 1889—90. Preached in the Chapel of Trinity College, Dublin. By T. Sterling Berry, D. D., Rector of Birr, Diocese of Kilialoe. — Published under the Direction of the Tract Committee. — London : Society for Promoting Christian Knowledge, s. d., pet. in-18, pp. 256.

— Langkavatara Sutra [楞伽經]. By E. H. Parker. (*China Review*, XVIII, No. 1, p. 56.)

— Buddhism and Christianity in China. By E. H. Parker. (*Ibid.*, XVI, p. 188.)

— The Sleeping Buddha Temple. By E. H. Parker. (*Ibid.*, XVI, p. 124.)

— Early Buddhism in China. By E. H. Parker, Esq., H. B. M. Consul, Hoihow. (*Chin. Rec.*, XXV, May 1894, pp. 224/234; June 1894, pp. 282/8; . . . .)

«Translation of a Chapter in the *Tsih-shwoh Ts'üan-chên T'i-yao*, 集說詮眞埏要, a very valuable work composed by the Chinese Jesuits *Hwang* and *T'siang* and printed by the Sicawei Mission at Shanghai.»

Voir HARLEZ, col. 707.

— Chinese Buddhism. By E. H. Parker. *Imp. & Asiat. Quart. Rev.*, July-Oct. 1902, pp. 372/390.)

Notice : *Bul. École franç. Ext. Orient*, III, 1903, pp. 98/9, par P. Pelliot.

— Le Bouddhisme chinois. Par E. H. Parker. (*Muséon*, 1903, Nos. 1—2.)

— Notice sur le Bouddha et sur sa doctrine à propos d'une grande statue boudhique qui se trouve dans les collections de la Société de Géographie de Rochefort. Par M. Bartet. (*Bul. Soc. Géog.*, Rochefort, VIII, 1886—1887, pp. 266/283.)

— Western China. A Journey to the great Buddhist Centre of Mount Omei. By Rev. Virgil C. Hart, B. D. Fellow of the Royal Asiatic Society. Illustrated. Boston, Ticknor, 1888, pet. in-8, pp. 306.

Bib. nat. O^{2}n 859. — Voir col. 358.

— Buddhism. By Reginald Stephen Colombo. (*Nineteenth Century*, XXIV, 1888, pp. 119/135.)

(DIVERS.)

— The Contrast between Buddhism and Christianity. By Sir Monier M. Williams, K. C. I. E., D. C. L., LL. D., Boden Professor of Sanskrit in the University of Oxford. (Reprinted by request.) (*Chin. Rec.*, XX, No. 10, Oct. 1889, pp. 461/468.)

— Sur une statuette chinoise du Musée de Roubaix, la déesse Pou-ssa par Th[re] Leuridan. Br. in-8, pp. 18.

Ext. des *Mémoires de la Soc. d'ém. de Roubaix*, t. V.

— Das lamaische Pantheon. Von Eugen Pander, Prof. an der Universität zu Peking. (*Zeitschft. f. Ethn.*, 1889, pp. 44/78.)

— The Influence of Buddhism in China. By Rev. Timothy Richard. (*Chin. Rec.*, XXI, No. 2, Feb. 1890, pp. 49/64.)

Read before the Peking Oriental Society, 1889.

— «How to Awaken Faith in the Mahayana School.» By the Rev. Timothy Richard. (*Jour. China Br. R. As. Soc.*, N. S., XXVII, No. 2, pp. 263/272.)

A work by the 12th Buddhist Patriarch Ma Ming (Ashragasha), who died about A. D. 100.

— The first Buddhist Temple in China. (*China Review*, XIII, p. 118.)

— Designation of Buddhist Temples. (*Ibid.*, XIII, p. 225.)

— Western Buddhism. By Helen Graham McKerlie. (*As. Quart. Review*, IX, Jan.-April 1890, pp. 192/227.)

— The Yueh-ti and the early buddhist missionaries in China. By Terrien de Lacouperie. (*The Academy*, Dec. 31, 1887, pp. 443/4.)

— How in 219 B. C. Buddhism entered China. By Terrien de Lacouperie. (*Babylonian & Oriental Record*, V, No. 5, May 1891, pp. 97/105.)

Tirage à part, br. in-8, pp. 9.

— The Introduction of Buddhism into China. By Terrien de Lacouperie. (*The Academy*, Oct. 3, 1891, pp. 289/290.)

Réponse à Herbert J. Allen's article «Similarity between Buddhism and Early Taoism». (*Academy*, sept. 12, 1891.)

— Is Buddhism a Preparation for Christianity? By Dr. W. A. P. Martin. (*Chinese Recorder*, May 1889, pp. 193/203.)

J. J. M. DE GROOT.

— Buddhist Masses for the Dead at Amoy. By J. J. M. de Groot. (*Actes 6[e] Cong. Int. Orient. Leide*, 1883, 4[e] Part., *Ext.-Orient*, pp. 1/120.)

— Militant Spirit of the Buddhist Clergy in China. By J. J. M. de Groot. (*T'oung Pao*, Juin, 1891, pp. 127/139.)

— Militant Spirit of the Buddhist Clergy in China. By J. J. M. de Groot, Ph. D. (*Journ. C. B. R. A. S.*, XXVI, N. S., No. 1, 1891—92, pp. 108/120.)

— Miséricorde envers les animaux dans le

(DIVERS. — DE GROOT.)

bouddhisme chinois par J. J. M. de Groot. (*T'oung Pao*, III, Déc. 1892, pp. 466/489.)

— Le Code du Mahâyâna en Chine. Son influence sur la vie monacale et sur le monde laïque par J. J. M. de Groot. — Verhandelingen der Koninklijke Akademie van Wetenschappen te Amsterdam. Afdeeling letterkunde. Deel I, No. 2. — Amsterdam, Johannes Müller. 1893, gr. in-8, pp. x-270 + 1 f. de corrections.

— A new Book by J. J. M. de Groot. By O. Franke. (*China Review*, XXI, No. 2, pp. 63/73.)

A propos du *Mahâyâna* de J. J. M. de Groot.

C. DE HARLEZ.

— A Buddhist Repertory in Sanscrit, Tibetan, Mandchu, Mongol and Chinese. By C. de Harlez. (*Babylonian and Oriental Record*, III, No. 3, Feb. 1889, pp. 69/72; *ibid.*, No. 5, April 1889, pp. 116/118; *ibid.*, No. 6, May 1889, pp. 143/144; *ibid.*, No. 9, Aug. 1889, pp. 210/215; *ibid.*, No. 10, Sept. 1889, pp. 232/239; *ibid.*, No. 12, Nov. 1889, pp. 275/282; *ibid.*, IV, No. 3, Feb. 1890, pp. 59/63; *ibid.*. No. 5, April 1890, pp. 112—116; *ibid.*, No. 7, June 1890, pp. 164/168; *ibid.*, No. 8, July 1890, pp. 188/192; *ibid.*, No. 9, Aug. 1890, pp. 213/216; *ibid.*, No. 10, Sept. 1890, pp. 238/240.)

— *Vajracchedikâ*. (Prajñâpâramitâ.) Traduite du texte sanscrit avec comparaison des versions chinoise et mandchoue, par M. C. de Harlez. (*Journ. Asiatique*, VIIIe Sér., XVIII, Nov.-Déc. 1891, pp. 440/509.)

— Vocabulaire bouddhique sanscrit-chinois 漢梵集要 *Han-Fan Tsih-yao*. Précis de Doctrine bouddhique par C. de Harlez. (*T'oung Pao*, VII, No. 4, Oct. 1896, pp. 356/396; *ibid.*, VIII, No. 2, Mai 1897, pp. 129/154.)

— *Sure ulhisu cargi dalin de akônaha* Kin k'eng bithe. — (Mahāprajñāpārimatā Vajracchedikā.) Le livre de diamant clair, lumineux faisant passer à l'autre vie. Texte mandchou. Par Charles de Harlez. (*Wiener Zeit. f. d. K. d. Morg.*, XI, 1897, pp. 209/230.) — Traduction du texte mandchou. (*Ibid.*, pp. 331/356.)

Voir col. 742.

L. A. WADDELL.

— Lamaic Rosaries : their Kinds and Uses. — By L. A. Waddell. (*Jour. As. Soc. Bengal*, Vol. 61, 1892, Pt. 1, pp. 24/33.)

— The Indian Buddhist Cult of Avalokita and his Consort Tārā «the Saviouress», illustrated from the Remains in Magadha. By L. A. Waddell, M. B., M. R. A. S. (*Journ. Roy. As. Soc.*, Jan. 1894, pp. 51/89.)

— Lamaism and its Sects. By L. A. Waddell, M. B. (*Imp. & Asiat. Quart. Rev.*, N. S., VII, 1894, pp. 137/147.)

— The Buddhism of Tibet or Lamaism with its Mystic Cults, Symbolism and Mythology, and in its Relation to Indian Buddhism. By L. Austine Waddell, M. B., F. L. S., ... London : W. H. Allen, 1895, in-8, pp. xviii + 1 f. n. c. + pp. 598.

Notice : *Calcutta Review*, C, April 1895, pp. lxii-lxv.

— The Motive of the Mystery - Play of Tibet. By L. A. Waddell, LL. D. (*Actes Xe Cong. Int. Orient.*, Genève — 1894, 4e Part., pp. 167/172.)

— A Tibetan Guide-book to the lost Sites of the Buddha's Birth and Death. By L. A. Waddell. (*Jour. As. Soc. Bengal*, Vol. 65, 1896, Pt. I, pp. 275/279.)

— Buddhism. [April 1862.] (Max Müller, *Chips from a German Workshop*, I, 2ed. 1868, pp. 182/235.)

A propos du vol. de Barthélemy Saint-Hilaire.

— Esoteric Buddhism. By F. Max Müller. (*Nineteenth Century*, XXXIII, 1893, pp. 767/788.)

— Esoteric Buddhism (a Reply to Professor Max Müller). By A. P. Sinnett. (*Nineteenth Century*, XXXIII, 1893, pp. 1015/1027.)

— Esoteric Buddhism. A Rejoinder. By F. Max Müller. (*Nineteenth Century*, XXXIV, 1893, pp. 296/303.)

— Le Bouddhisme dans le monde. Origine — Dogmes — Histoire par L. de Milloué, Conservateur du Musée Guimet. Avec une préface par M. Paul Regnaud, professeur de sanscrit à la Faculté des Lettres de Lyon. — Paris, Ernest Leroux — 1893, in-12, pp. ix-257.

Svastika.

— Voir S. Beal, col. 744. — E. J. Eitel, col. 746.

— Sur la signification de la croix dite Svastika et d'autres emblèmes de même nature. Par

M. Girard de Rialle. (*Bul. Soc. Anthrop.*, Paris, 1880, pp. 13/17.)

— Le Swastika et la roue solaire dans les symboles et dans les caractères chinois par Gustave Dumoutier. (*Revue d'Ethnographie*, T. IV, No. 4, juillet-août 1885, pp. 319—350.)

Tirage à part, br. in-8, pp. 32.

— The Swastika. By E. Thomas, F. R. S., Correspondant de l'Institut de France. (*Ind. Antiq.*, IX, 1880, pp. 65/6.)

— The Cross as a Sun Symbol. By Charles R. Dryer. (*Nature*, XXXV, 1886—7, pp. 345/6.)

— Svastika Cross and Sun. By Hyde Clarke. (*Ibid.*, XXXV, 1886—7, p. 366.)

— The Svastika as both Sun and Fire Symbol. By Harriet G. M. Murray-Aynsley. (*Ibid.*, XXXV, 1886/7, pp. 558/9.)

— *Variétés sinologiques*. No. 3. — Croix et Swastika en Chine par le P. Louis Gaillard, S. J. — Chang-hai. Imprimerie de la Mission catholique à l'orphelinat de T'ou-sè-wè, 1893, in-8, pp. IV-282 [fig.].

Notices : *Études religieuses*, partie bibliographique, 28 février 1894, pp. 100/1. Par F. Biesse, S. J. — *China Review*, XXI, No. 2, pp. 124/6. Par E. H. P.[arker.]

— Sur trois X en fer trouvées en Chine. Par Louis Gaillard. (*Études religieuses* LX. Oct. 1893, pp. 208/246.)

Extrait du No. 3 des *Variétés sinologiques*, de Chang-haï : *Croix et Swastika en Chine*; vide supra.

— The Swastika, the earliest known symbol, and its Migrations; with Observations on the Migration of certain Industries in Prehistoric Times. By Thomas Wilson. (*Smiths. Report*, 1894, *U. S. Nat. Museum*, pp. 763/1011.)

— The Svastika. By S. E. Peal. (*Nature*, lv, 1896—97, p. 248.) Sibsagar, Asam, December 5, 1896.

— Przegląd Archeologij do Historji pierwotnej Religji skreślił Michał Żmigrodzki Dr. Phil. — Kraków, 1902, in-8, pp. 188 + 1 p. n. chiffr. + tab. lithog.

— Revue des Monuments archéologiques de la religion primitive, in-8, autog., pp. 208.

Trad. du vol. de Żmigrodzki.

— L'empire chinois. — Le Bouddhisme en Chine et au Thibet. Par E. Lamairesse.... Paris, G. Carré, 1894, in-12, pp. II-440.

Notice : *Études religieuses*, partie bibliographique, 28 février 1894, pp. 98/100. Par F. Biesse, S. J.

— Recherches sur le Bouddhisme par I. P. Minayeff traduit du russe par R. H. Assier de Pompignan. Paris, Ernest Leroux — 1894, in-8, pp. iiiij-xv-315 + 1 f. n. c. p. 1. tab.

Avant-propos par E. Senart.

Fait partie des : ANNALES DU MUSÉE GUIMET — *Bibliothèque d'Études* — Tome IV.

Ivan Pavlovitch Minaiev, 9 oct. 1840 — 1er juillet 1890. — Voir col. 748.

— Eine neue buddhistische Propaganda von O. Franke. (*T'oung Pao*, V, No. 4, oct. 1894, pp. 299/310.)

— Une poésie inconnue du roi Harṣa Çîlâditya. Par Sylvain Lévi. (*Actes Xe Cong. Int. Orient.*, Genève — 1894, 4e Part., pp. 187/203.)

— Une version chinoise du Bodhicaryāvatāra. Par Sylvain Lévi. (*Bul. Ecole Ext. Orient*, II, 1902, pp. 253/5.)

GEORG HUTH.

— Geschichte des Buddhismus in der Mongolei. Aus dem Tibetischen des *Jigs-med-nam-mk'a* herausgegeben, übersetzt und erläutert von Dr. Georg Huth, Privatdocent an der Universität zu Berlin. — Erster Teil : Vorrede. Text. Kritische Anmerkungen. Strassburg, Karl J. Trübner. 1892, in-8, pp. x et texte tibétain.

Notice : *Journ. R. A. S.*, Jan. 1897, pp. 136/140, par W. W. Rockhill.

— — Zweiter Teil : Nachträge zum ersten Teil. Übersetzung. Strassburg, Karl J. Trübner, 1896, in-8, pp. XXXII-456.

Notices : *T'Pao*, VII, 1896, par G. Schlegel, pp. 431/434. — *Wiener Zeit. f. d. K. d. Morg.*, XII, 1898, pp. 70/4, par Albert Grünwedel.

— The Mahājanaka Jātaka being the Story of one of the Anterior Births of Gotama Buddha. — Translated into English, with Notes by Taw Sein Ko, Government Translator, Burma. Rangoon : American Baptist Mission Press, 1896, in-8, pp. 110.

J. TAKAKUSU.

— Chinese Translations of the *Milinda Paṉho*. By J. Takakusu. (*Journ. R. A. S.*, Jan. 1896, pp. 1/21.)

— [Lettre au Président de la Société Asiatique sur les éditions chinoises du *Milindapañho* qui se trouvent à Paris] par Edouard Specht. (*Jour. As.*, IXe Sér., VII, No. 1, 1896, pp. 155/7.) En réponse à Takakusu.

— Pāli Elements in Chinese Buddhism : a Translation of Buddhaghosa's Samantapāsādikā, a Commentary on the Vinaya, found in the Chinese Tripiṭaka. By J. Takakusu, B. A. (*Journ. R. A. S.*, July 1896, pp. 415/439.)

— Buddhaghosa's Samantapāsādikā in Chinese. By J. Takakusu. (*Jour. R. As. Soc.*, Jan. 1897, pp. 113/114.)

— The name of «Messiah» found in a Buddhist Book; the Nestorian Missionary Adam, Presbyter, papas of China, translating a buddhist Sûtra by J. Takakusu M. A. Ph. D. (*T'oung Pao*, VII, No. 5, Déc. 1896, pp. 589/591.)

— La Sāṅkhyakārikā étudiée à la lumière de sa version chinoise, par M. J. Takakusu. (*Prem. Cong. Intern. Etudes Ext. Orient*, Hanoi, [1902], pp. 39/41.)

— A Comparative Study of the Tri-pitaka and the Tibetan Dsan-lun the Wise Man and the Fool. By J. Takakusu M. A. Dr. Phil. (*Actes XIIe Congrès int. Orient.*, Rome, 1899, II, pp. 11/32.)

— Notes on Chinese Buddhist Books. By J. Takakusu. (*Jour. R. As. Soc.*, Jan. 1903, pp. 181/183.)

G. Schlegel.

— Names of the 33 first Buddhist patriarchs by G. Schlegel. (*T'oung Pao*, VIII, No. 3, Juillet 1897, pp. 341/342.)

— Le terme bouddhique 闍毗. Par G. S.[chlegel.] (*Ibid.*, IX, juillet 1898, pp. 269/271.)

— Ma-tsu-po (媽祖婆) or Koan-yin with the Horse-head (馬頭觀世音) by G. Schlegel. (*Ibid.*, IX, No. 5, Déc. 1898, pp. 402/406.)

— Les termes bouddhiques 盂蘭盆 et 盂藍婆 par G. Schlegel. (*Ibid.*, 2e Sér., II, No. 2, Mai 1901, pp. 146/148.)

— Catalogue of All Buddhist Books contained in the Piṭaka Collection in Japan and China with an alphabetical index by S. Fujii bungakushi — Bai-yō-sho-yen Kyōtō Japan Meiji xxxi (1898), in-8.

En chinois.

— 坐化 La Transformation assise. (*T'oung Pao*, IX, No. 3, Juillet 1898, pp. 230/232.)

D'après le Dr. J. J. Matignon, dans les *Archives d'Anthropologie criminelle*, janvier.

— Kwan Yin. Een Boek van de Goden en de Hel. Door Henri Borel. Amsterdam P. N. van Kampen & Zoon. s. d. [1898?], in-8, pp. 190.

Albert Grünwedel.

— Das Pantheon des Tschangtscha Hutuktu. Ein Beitrag zur Iconographie des Lamaismus von Professor Eugen Pander Herausgegeben und mit Inhaltsverzeichnissen versehen von Albert Grünwedel, in-4, pp. 45 à 116.

Königliche Museen zu Berlin — Veröffentlichungen aus dem Königlichen Museum für Völkerkunde. I. Bd. 2./3. Heft. Berlin, W. Spemann, 1890.

— Mythologie des Buddhismus in Tibet und der Mongolei. Führer durch die lamaistische Sammlung des Fürsten E. Uchtomskij. Von Albert Grünwedel Dr. Phil. — Mit einem einleitenden Vorwort des Fürsten E. Uchtomskij und 188 Abbildungen. Leipzig : F. A. Brockhaus, 1900, gr. in-8, pp. xxxv-244.

Notices : *T'oung Pao*, Sér. II, Vol. I, N° 4, Oct. 1900, pp. 349/352. Par G. Schlegel. — *Jour. China Br. R. As. Soc.*, XXXIII, No. 3, pp. 60/4, by A. F.[orke.]

— Mythologie des Buddhismus. Von G. Th. Reichelt. (*Deutsche Rundschau f. Geog. u. Stat.*, XXII, 1899—1900, pp. 536/539.)

— Mythologie du Buddhisme au Tibet et en Mongolie basée sur la Collection lamaïque du Prince Oukhtomsky par Albert Grünwedel Dr. Phil. — Avec une Préface du Prince Oukhtomsky — Traduit de l'allemand par Ivan Goldschmidt — 188 Illustrations — 1900, Paris, Ernest Leroux, Leipzig, F. A. Brockhaus, gr. in-8, pp. xxxvii-247.

Notice : *Bull. Ecole française d'Ext. Orient*, I, N° 2, Avril 1901, pp. 144/145, par A. F.[oucher.]

— Bijdragen tot de Kennis van het Mahâyâna op Java. Opmerkingen naaraanleiding van Grünwedel's «Mythologie du Buddhisme au Tibet et en Mongolie». (Met 4 photo's.) Door C. M. Pleyte. (*Bijd. Taal-, L. Volk. Ned. Ind.*, 1901, pp. 362/381.)

— Variétés Sinologiques. N° 19. — 天主 T'ien-tchou «Seigneur du Ciel» A propos d'une stèle bouddhique de Tch'eng-tou. Par le P. Henri Havret, S. J. — Chang-hai. Imprimerie de la Mission Catholique Orphelinat de T'ou-sè-wè. — 1901. In-8, pp. ii-30.

Notice : *Imp. & Asiat. Quart. Rev.*, Jan.-April 1902, pp. 192/3, by E. H. Parker.

— Lalita Vistara Erzälung von dem Leben und der Lere des Çâkya Siṁha. — Aus dem Original des Sanskrit und des Gâthâdialects zuerst ins Deutsche übersetzt und mit sachlichen Erklärungen versehen von Dr. Salomon Lefmann, a. o. Professor an der Universität Heidelberg. Berlin, Ferd. Dümmler, 1874, in-8, pp. viii + 1 f. n. ch. + pp. 221.

— * Lalitavistara. Leben und Lehre des Çâkya — Buddha. Textausgabe, mit Varianten, Metren und Wörterverzeichniss, von Dr. S. Lefmann. I. Text. — Halle, 1902, in-8, pp. 448.

Notice : *Bull. Ecole franç. Ext. Orient*, III, No. 1, Janv.-Mars 1903, pp. 95/96. Par L. F.[inot.]

— Vegetarian Sects. By Rev. Geo. Miles, Hankow. (*Chin. Rec.*, XXXIII, Jan. 1902, pp. 1/10.)

— Goethes und Schillers Anklänge an Brahmanismus und Buddhismus. Von Professor Dr. Brunnhofer. (*Der Ferne Osten*, Bd. 1, Heft 1, pp. 39/40.)

— Notes de bibliographie japonaise. Par M. Cl. E. Maitre. (*Bul. Ec. Franç. Ext. Orient*, II, No. 4, 1902, pp. 341/351.)

I. Une nouvelle édition du Tripiṭaka chinois.

— Masahar Anesaki. — Der Sagâtha-vagga des Samyutta-nikâya

und seine chinesischen Versionen. (*Verhandl. XIII. Intern. Orient. Kongresses*, Hamburg, Sept. 1902, p. 61.)

— Buddhism and Art. By R. G. Corbet. (*Imp. & Asiat. Quart. Rev.*, July-Oct. 1902, pp. 114/120.)

— L'Évangile du Bouddha raconté d'après les anciens documents par Paul Carus. Traduit de l'Anglais avec autorisation de l'auteur par L. de Milloué. Paris, Ernest Leroux, 1902, in-18, pp. XVIII-339.

Forme le Tome XIII de la *Bibliothèque de vulgarisation* des *Annales du Musée Guimet*.

— Les versions chinoises du Saddharmapuṇḍarīka, par M. Buniyu Nanjio. (*Prem. Cong. intern. Etudes Ext. Orient*, Hanoi (1902), pp. 110/112.)

— Buddhist Monastery Life in China. By Lic. H. Hackmann. (*East of Asia*, I, No. 3, pp. 239/261.)

— J. S. Speyer : Über den Bodhisattva als Elephant mit sechs Hauzähnen. (*Zeitschrift der Deutschen morgenländischen Gesellschaft*, vol. LVII, 1903, pp. 305-310.)

Notice : *T'oung Pao*, Série II, Vol. IV, N° 5, Déc. 1903, pp. 421/422. Par Edouard Chavannes.

— Le Bhaisajyaguru, par M. Paul Pelliot. (*Bul. Ecole Ext. Orient*, III, No. 1, Janv.-Mars 1903, pp. 33/37.)

藥師瑠璃光如來 *Yao-che-lieou-li-kouang-jou lai*, Bhaiṣajyaguru-vaiḍūryaprabha.

— Sur une traduction chinoise du Recueil bouddhique « Jātakamālā ». Par A. O. Ivanovski. (*Rev. Hist. des Religions*, Mai-Juin 1903, pp. 298/335.)

La traduction chinoise de ce recueil porte le titre de *Pou-sa-pen-cheng-man-loun*.

Trad. du russe [par Duchesne] sur le tirage à part de l'original publié dans le t. VII des *Mém. de la Sect. Orient. de la Soc. Imp. russe d'Archéologie* (Pétersbourg 1893).

— The Statue of Amida the Niorai in the Musée Cernuschi. By F. Victor Dickins. (*Jour. R. As. Soc.*, July 1903, pp. 433/446.)

— Notes from the Tanjur. By F. W. Thomas. (*Jour. R. As. Soc.*, July 1903, p. 586.)

— * Contributions to the study of the Śikṣāsamuccaya derived from Chinese sources. Edited by Prof. C. C. Bendall. St. Pétersbourg 1897—1902.

Notes par U. Wogihara, *Muséon*, 1904, N. S., Vol. V, No. 1, pp. 96/103; à suivre.

— Consulter également les ouvrages importants sur le bouddhisme indien, etc., mais qui aident à comprendre la nature de cette religion en Chine : *A Manual of Buddhism in its modern Development*, translated, from Singalese Mss. By R. Spence Hardy, London, 1860, in-8. — *Eastern Monachism*, by the Same, London, 1860, in-8. — *The Legends and Theories of the Buddhists, compared with History and Science*, by the Same, London, 1866, in-8. — *The History and Doctrine of Buddhism, popularly illustrated*, by Edward Upham, London, 1829, in-fol.

(DIVERS.) (DIVERS.)

FIN DU PREMIER VOLUME.

BIBLIOTHECA SINICA

PAR

HENRI CORDIER.

BIBLIOTHECA SINICA

DICTIONNAIRE BIBLIOGRAPHIQUE

DES OUVRAGES

RELATIFS A L'EMPIRE CHINOIS

PAR

HENRI CORDIER

PROFESSEUR A L'ECOLE SPÉCIALE DES LANGUES ORIENTALES VIVANTES,
MEMBRE DU COMITÉ DES TRAVAUX HISTORIQUES ET SCIENTIFIQUES, MEMBRE DU CONSEIL DE LA SOCIÉTÉ ASIATIQUE
ANCIEN PRÉSIDENT DE LA COMMISSION CENTRALE DE LA SOCIÉTÉ DE GÉOGRAPHIE,
HONORARY MEMBER OF THE ROYAL ASIATIC SOCIETY OF GREAT BRITAIN AND IRELAND
HONORARY CORRESPONDING MEMBER OF THE ROYAL GEOGRAPHICAL SOCIETY,
HONORARY MEMBER OF THE CHINA BRANCH OF THE ROYAL ASIATIC SOCIETY,
SOCIO DELLA R. DEPUTAZIONE VENETA DI STORIA PATRIA.

Cet ouvrage a obtenu à l'Institut le prix Stanislas Julien en 1880.

DEUXIÈME ÉDITION, REVUE, CORRIGÉE ET CONSIDÉRABLEMENT AUGMENTÉE.

VOLUME II

ORIGINAL EDITION PUBLISHED

PARIS

LIBRAIRIE ORIENTALE & AMÉRICAINE

E. GUILMOTO, Editeur

Successeur de J. MAISONNEUVE

6, Rue de Mézières et 26, Rue Madame.

1905—1906.

PREMIÈRE PARTIE

LA CHINE PROPREMENT DITE

XI. — RELIGION. (*SUITE.*)

Christianisme.

HISTOIRE GÉNÉRALE. — ORIGINE. — MÉLANGES.

MOSHEIM.

— Io. Lavrentii Moshemii Historia Tartarorvm Ecclesiastica. Aiecta est Tartariae Asiaticae secvndvm recentiores Geographos in Mappa Delineatio. Helmstadi, apvd Fridericvm Christianvm Weygand. MDCCXXXXI, in-4 de 148 pages sans l'avis au lecteur (2 p.).

L'histoire est suivie d'un Appendice de 216 pages.

Bibliopola lectori, s. — Caput I : Fata rei christianae in Tartaria ante Zingischanvm (1—28). — C. II : Historia rei christianae in Tartaria a Zingis-chano vsqve ad Tamerlanem (29—121). — C. III : Historia rei Christianae in Tartaria a Tamerlane ad nostra vsqve Tempora (121—138).

Ad Historiam Ecclesiasticam Tartarorvm Appendix Monumenta et Epistolas exhibens (1—210). — Index (211—216).

Cet appendice se compose de cent (100) documents ou lettres extraits des ouvrages de Wadding, d'Od. Raynaldus, etc. Cette histoire a été publiée par H.-C. Paulsen, sous la direction de Mosheim. On pourra consulter sur Mosheim la *Biog. Michaud*, XXIX, pp. 396/399 (art. de Stapfer) et la *Nouv. Biog. gén.* XXXVI, Col. 723—5 (art. de Michel Nicolas).

Mosheim est né à Lübeck le 9 Oct. 1694; il est mort à Gottingue le 9 sept 1755.

Voir *Thesavri epistolici Lacroziani*, I, Lipsiae, 1742, pp. 265/310.

— Herrn Johann Lorenz von Mosheim Erzählung der neuesten Chinesischen Kirchengeschichte. (Datée de Gottingue, le six avril 1748.)

Dans le Vol. II de l'éd. allemande de Du Halde, pp. 1 48, voir col. 51.

Ibid., Rostock, 1748, in-8, [Brockhaus, 1872, Ngr. 10.]

— Joh. Laurens van Mosheim. ‖ Raad der Kerke en Kantzelier der Uni- ‖ versiteit van zyn Groot Brittann. ‖ Majest. te Gottingen. ‖ Verhaal ‖ der nieuwste ‖ Chineesche ‖ Kerk geschiedenissen ‖ Uit het Hoogduitsch vertaalt. ‖ Te Amsteldam, ‖ By Hendrik Vieroot. ‖ MDCCLXV, pet. in-8, pp. 90.

— Authentick Memoirs of the Christian Church in China : being A Series of Facts to evidence the Causes of the Declension of Christianity in that Empire. By John Laurence de Mosheim, Chancellor of His Majesty's University of Gottingen. Translated from the German. London : Printed for J. and R. Tonson, and S. Draper. MDCCL, in-8, pp. 60.)

— Authentic Memoirs of the Christian Church in China : from the German of J. L. de Mosheim. (Voir col. 53; *Miscellaneous Pieces*, 1762, Vol. II, Art. 1.)

— Authentic Memoirs of the Christian Church in China. By John Laurence von Mosheim,

D. D., Chancellor of the University of Göttingen. Edited with an introduction and notes, by Richard Gibbings, B. D., Rector of Tessauran, and vicar of Ferbane, in the diocese of Meath. Dublin : Printed at the University Press. Mc Glashan & Gill, London : Bell & Daldy, 1862, in-8, pp. 111.

— Kircher, *Chine illustrée*, col. 27 : On trouvera, p. 164 de cet ouvrage, « L'abrégé Chinois et Français de la Loy divine » qui contient les principaux articles de la croyance des Chrétiens en Dieu.

— Voir le Receuil XVI des *Lettres édifiantes*, Préface du P. Du Halde, pp. XIV et seq. sur deux médailles chrétiennes trouvées à Lin tching tcheou par un chrétien et remises au R. P. Castorano, Religieux de Saint-François. Le P. Castorano parle de cette découverte dans une lettre [écrite en italien, et traduite en partie par Du Halde] datée du 8 Sept. 1722 et adressée à la Congrégation de la Propagande.

— Examen de la Question : s'il y a eu des Chrétiens à la Chine avant le septième siècle? (*Journ. des Sçavans*, Aoust 1760, pp. 509—526.)

— « Arnobe, auteur du troisième siècle, compte les Sères ou Chinois, parmi les peuples qui, de son temps, avaient embrassé la foi. » (Rohrbacher, *Histoire de l'Eglise*, XXV, p. 69.)

— Recherches sur les Chrétiens établis à la Chine dans le VIIe Siècle. Par M. de Guignes. Lu le 7 Dec. 1753. (*Rec. de l'Ac. des Ins., Mém.*, XXX, 1764, pp. 802/819.)

— Translation from the Chinese of Two Edicts : the one relating to the condemnation of certain persons convicted of Christianity; and the other concerning the condemnation of certain Magistrates in the Province of Canton. By Sir George Staunton. With Introductory Remarks by the President Sir James Mackintosh. Read 24th February 1806. (*Transactions of the Literary Society of Bombay*, London, 1819, Vol. I, pp. 10 et seq.)

10e année Kia king. (A. D. 1805.)

— Indian Church History, or an account of the first planting of the Gospel, in Syria, Mesopotamia, and India : with an accurate relation of The First Christian Missions in China, collected from the best authorities extant in the writings of the oriental and european historians, with genuine and select translations of many original pieces. By Thomas Yeates. London : Printed for A. Maxwell, Bell Yard, Lincoln's Inn. 1818, in-8, pp. VIII-208.

« This work is a brief compilation from Mosheim and other less accessible authorities respecting these subjects. » (*Chin. Rep.*, XVIII, Cat. No. 264.)

— An accurate relation of the first Christian Missions in China, collected from the best authorities extant in the writings of the Oriental and European historians. By Thomas Yeates. London, 1818. (*Chin. Rep.*, XVI, 1847, pp. 153/168.)

(DIVERS.)

— Parallel drawn between Romish and Protestant Missionaries. [By A. S. Keating.] (*Chin. Rep.*, I, pp. 268 seq.)

C'est une réponse à un article dans le No. 10 de la *Foreign Quarterly Review* sur les progrès du christianisme en Chine.

— Early Introduction of Christianity into China. [By E. C. Bridgman.] (*Chin. Rep.*, I, pp. 447/452.

— Notices of the ancient Intercourse with China through Central Asia, and the facilities it afforded for propagating Christianity; account of Jesus-Christ given in the *Shin Sien Tung Kien*, or Records of Gods and Genii. [By W. Speer.] — (*Chin. Rep.*, XVIII, pp. 485 seq.)

— Vestiges de Dogmes chrétiens retrouvés dans les anciens livres chinois ou analyse d'un ouvrage inédit du P. Prémare, par l'abbé A. Sionnet, de la Société Asiatique, de Paris. Paris, Gaume, 1839, in-8, pp. 54.

Cet opuscule a été inséré en partie dans les *Annales de Philosophie Chrétienne* (1837/9).

Le titre de cet ouvrage du P. Prémare qui existe à la Bibliothèque Nationale est : « Selecta quaedam Vestigia praecipuorum Christianae Religionis dogmatum ex antiquis Sinarum libris eruta ». Il a été traduit en entier et publié par MM. Bonnetty et Perny d'abord dans les *Annales de Philosophie chrétienne*, puis ensuite séparément avec le titre suivant :

— Vestiges des principaux dogmes chrétiens tirés des anciens livres chinois avec reproduction des Textes chinois par le P. de Prémare, Jésuite Ancien Missionnaire en Chine. Traduits du latin, accompagnés de différents compléments et remarques par MM. A. Bonnetty, Directeur des *Annales de Philosophie chrétienne*, [et] Paul Perny, Ancien Pro-Vicaire apostolique en Chine. Paris, Bureau des *Annales de Philosophie chrétienne*, 1878, in-8, pp. XV-511.

« Le manuscrit du P. Prémare écrit sur papier de Chine compte 329 pages doubles et est daté de Canton, 21 mai 1724. Il porte pour désignation, dans le catalogue de la Bibliothèque [nationale], les signes N. F., 2230 », p. XIV.

Notices : *Etudes religieuses*, par le P. Brucker. — *Annales de Philosophie chrétienne*, par L. de Savigny.

Bonnetty, le fondateur des *Annales de Philosophie chrétienne*, est mort à Paris, le 29 mars 1879. Il n'était pas *abbé*. Cf. *L'Intermédiaire des Chercheurs et des Curieux*, XXIX, 10 mars 1894, col. 273.

— The Star of China; or the Imperial Edict, in its political, commercial, and religious Bearings on Protestant and Popish Missions. By Two Friends. London, John Snow, MDCCCXLV, br. in-8.

Ecrit par Robert Philip.

— The Land of Sinim or an Exposition of Isaiah XLIX. 12. together with a brief account of the Jews and Christians in China. By the late Rev. Walter M. Lowrie, a Missionary to China. Second edition. Philadel-

(DIVERS.)

phia : William S. Martien, 1850, in-12 de 147 pages.

Advertisement. — 1. The Country designated. — II. Fulfilment of the Prophecy of Isaiah concerning the land of Sinim : The Jews in China (pp. 30/33). — Early Christians in China (pp. 33/36). — Nestorians in China (pp. 36/45). — III—IV. Roman Catholics in China. — V. Protestant Missions in China. — Appendix.

« It was published in this country in the year 1845 without the knowledge or the name of the Author. » [Advt.]

Les *Mem. of Prot. Missionaries* citent : Philadelphia, 1846.

Cet ouvrage avait paru dans *The Chinese Repository*, XIII, 1844, pp. 113, 466, 537, 578, 641 : « The Land of Sinim : an examination of Isaiah 49 : 12; with reference to the country designated. »

— Christianity in China. — The History of Christian Missions, and of the Present Insurrection. London : Wm. S. Orr, MDCCCLIII, in-8, pp. VIII-160.

— The Land of Sinim, or China and Chinese Missions. By the Rev. William Gillespie, for seven years agent of the London Missionary Society at Hong-kong and Canton, and now minister of the United Presbyterian Church, Shiels, Aberdeen. Edinburgh : Myles Macphail, MDCCCLIV, in-16, pp. x-240.

— The Cross and the Dragon or, the Fortunes of Christianity in China : with Notices of the Christian Missions and Missionaries, and some account of the Chinese Secret Societies. By John Kesson, of the British Museum. London : Smith, Elder, and Co. 1854, pet. in-8, pp. XI-282.

— О Христіянствѣ въ Китаѣ. Le Christianisme en Chine par Tsvetkov. (*Trav. de la Mission russe de Peking*, Vol. III, No. 7, 1857.)

— Histoire universelle de l'Église catholique par l'abbé Rohrbacher — précédée d'une notice biographique et littéraire par Charles Sainte-Foi augmentée de notes inédites de l'auteur colligées par A. Murcier, ancien élève de l'Ecole des Chartes, et suivie d'un Atlas géographique spécialement dressé pour l'ouvrage par A. H. Dufour. 3e éd. Paris, Gaume, 1857/61, 29 vol. in-8.

Vol. I, 1857 : Concordance de la Bible avec la Chronologie chinoise, pp. 153/155. — De l'origine des Chinois, pp. 175/176. — Vol. III, 1857 : Lao-Tseu, pp. 146/152. — Confucius, pp. 152/163. — Mencius pp. 163/165. — Doctrines de Confucius et de Mencius, pp. 1[illegible]/172. — Vol. VI, 1857 : Ambassade de Sapor. — Passage d'Ammien Marcellin relatif à la Sérique, p. 243. — Vol. X, 1857 : Les descendants d'Izdegerd III, dernier roi de Perse, et la Chine, p. 179. — La pierre de Si-gan-fou, pp. 179/184. Vol. XI, 1857 : La Chine aux VIIe et VIIIe Siècles, pp. 61/73. — Vol. XVI, 1858 : Alexandre III et les Tartares, pp. 331/332. — Ginguis-Khan, pp. 378/381. — Vol. XVIII, 1858 : Jean de Plan-Carpin, pp. 213 et seq. — Ascelin, pp. 219 et seq. — Rubruquis, pp. 560/571. — Conquête de la Chine par les Mongols, pp. 666 et seq. — Vol. XIX, 1858 : Relations de Koublaï et de Grégoire X, pp. 13 et seq. — St. Hyacinthe dans la Grande Tartarie, le Thibet et le Kathay, pp. 29/30. — Diverses ambassades de Koublaï, grand khan des Tartares et empereur de la Chine, aux Pontifes romains. Diverses lettres de ceux-ci à Koublaï, ainsi qu'à d'autres princes, notamment à plusieurs reines chrétiennes parmi les Tartares, pp. 114/123. — Origine et histoire de la hiérarchie lamaïque du bouddhisme dans les montagnes du Tibet, p. 127. — Jugement d'Abel Rémusat sur le bouddhisme. A quoi le bouddhisme ou le lamaïsme paraît appelé de nos jours, 127/129. — Jean de Montcorvin, p. 410/415. — Vol. XX, 1858 : André de Pérouse, pp. 147/149. — Odoric de Frioul, pp. 150/152. — Lettre de Jean XXII, pp. 153/154. — Vol. XXIV, 1859 : Saint François-Xavier, pp. 115/132. — Le Christianisme en Chine à la fin du XVIe siècle, pp. 727/728. — Vol. XXV, 1859 : La Mission de Chine depuis Matthieu Ricci jusqu'à Adam Schall (1580—1670), pp. 69/75. — Vol. XXVI, 1859 : Histoire des Missions de Chine depuis le père Adam Schall jusqu'à l'année 1730 (Schall, Couplet, Verbiest, Intorcetta, Martini, Bouvet, Gerbillon, Visdelou, Premare, Parrenin). — Question des Rites, pp. 609/642. — Mission de la Corée, p. 653. — Vol. XXVII, 1859 : Etat du Christianisme en Chine, en Corée, etc., pp. 423/428. — Vol. XXVIII, 1850 : Etat du Christianisme en Chine, en Corée, etc., pp. 610/617. — Vol. XXIX, 1861 : Table générale. — Chine, pp. 74/75.

— Annales ecclésiastiques de 1846 à 1860 ou Histoire résumée de l'Eglise catholique pendant les dernières années; ouvrage complémentaire de l'histoire universelle de l'Eglise catholique, par l'Abbé Rohrbacher par J. Chantrel. Paris, Gaume frères et J. Duprey, 1861, in-8.

Vide pp. 429/430, pp. 501/504, p. 642.

— Annales ecclésiastiques de 1860 à 1866..... Par J. Chantrel. Paris, Gaume frères et J. Duprey, 1867, in-8.

Vide pp. 60/62.

— Le Christianisme en Chine, en Tartarie et au Thibet par M. Huc, ancien missionnaire apostolique en Chine. 4 vol. in-8, 1857-1858.

Tome Premier : Depuis l'Apostolat de Saint Thomas jusqu'à la découverte du Cap de Bonne-Espérance. Paris, Gaume frères, 1857, pp. XVI-469.

Tome Second : Depuis le passage du Cap de Bonne-Espérance jusqu'à l'établissement de la dynastie tartare-mantchoue en Chine. Paris, Gaume frères, 1857, pp. 455.

Tome Troisième : Depuis l'établissement de la Dynastie Tartare-Mantchoue jusqu'à la mort de l'empereur Khang-hi. Paris, Gaume frères, 1857, pp. XXII-462.

Tome Quatrième : Depuis la mort de l'empereur Khang-hi jusqu'au traité de Tien-tsing en 1858. Paris, Gaume frères et J. Duprey, 1858, pp. 476.

— Notices : *Saturday Review*, 14 Avril 1858; (réimp. dans *The North China Herald*, No. 416, 17 Juillet 1858). — *Le Correspondant*, 25 Oct. 1857, par F. de Champagny.

— * Christianity in China, Tartary and Thibet, London, 1857, 2 vol. in-8.

— Les premiers Martyrs de la Chine. Par l'abbé Huc. (*Le Correspondant*, 25 sept. 1858.)

— Christian Missions : Their Agents, their Method, and their Results; by T. W. M. Marshall. London & Brussels, 1862, 3 vol. in-8.

Voir dans le Vol. 1 : « Missions in China », pp. 93—320, Chap. II.

— Christian Missions : their Agents, and their Results. By T. W. M. Marshall. Second edition. London : Longman, Green, etc., 1863, 2 vol. in-8, pp. 644, 479-XXXVI.

— Les Missions Chrétiennes par T. W. M. Marshall Chevalier de l'ordre de Saint-Grégoire-le-Grand. Ouvrage traduit de l'anglais avec l'autorisation de l'auteur, augmenté et annoté par Louis de Waziers. Paris, Ambroise Bray, 1865, 2 vol. in-8.

«Missions en Chine», Vol. I. — Chap. II, pp. 59—190.

— A Public Notification for the Province of Hoo-nan.

Trad. ang. d'une proclamation contre les étrangers, publiée dans *The North China Herald*, 844, Sept. 29, & 845, Oct. 6, 1866.

— Старинные слѣды Христіянства въ Китаѣ. — Anciennes traces du Christianisme en Chine par l'Archimandrite Palladius. Tiré des livres Chinois. (*Recueil Oriental*, Vol. I, liv. I, St.-Pétersbourg, 1872.)

— Traces of Christianity in Mongolia and China in the XIIIth Century. Drawn from Chinese sources. By Archimandrite Palladius. (*The Chinese Recorder*, VI, 1875, pp. 104/113.)

Ce mémoire est de la plus grande importance pour l'histoire ancienne du Christianisme en Chine.

— Sur l'édit de 745 (T'ang) voir : Yule, *Cathay*, I, pp. XCI—II. — Pauthier, col. 776, De l'authenticité de l'Inscription nestorienne.

— Notes d'Épigraphie Mongolo-chinoise par M. G. Devéria, 1897.

— J. L. Dutreuil de Rhins. — Mission scientifique, III, pp. 134/5.

— Review of the Introduction of Christianity into China and Japan, by John H. Gubbins. (*Trans. As. Soc. Japan*, Vol. VI, Pt. I, pp. 1/38 et notes, pp. 42/62.)

— The Rival Evangelisers of China. (Balfour, *Waifs and Strays*, 1876, pp. 113/129.)

— The Preaching of the Gospel in China. By E. H. Parker. (*China Review*, XVIII, No. 3, pp. 152/177.)

— The early Christian Road to China. By E. H. Parker. (*Imp. & Asiat. Quart. Rev.*, July-Oct. 1903, pp. 350/4.)

— Missionaries in China. By Alexander Michie (Tientsin). London : Edward Stanford, ... 1891, in-8, pp. IX + 1 f. n. ch. + pp. 107.

— China and Christianity by Alexander Michie, Author of «Missionaries in China». Boston, Knight and Millet, 1900, in-8, pp. XV-232.

Apostolat apocryphe de St.-Thomas.

— Histoire des Choses plvs Memorables advenves tant ez Indes... depuis qu'ils y sont entrés jusques à l'an 1600 . . . ., par le P. Pierre Dv Jarric, Tolosain. A Bovrdeavs. Par S. Millanges, M.D.CVIII.

Liv. II, pp. 498/9.

— Histoire Orientale, des grans progres de l'Eglise Cathol. Apost. & Rom. en la reduction des anciens Chrestiens, dits de S. Thomas, de plusieurs autres Schismatiques & Hérétiques a l'vnion de la vraye Eglise. Conuersion encor des Mahometains, Mores & Payens. Par les bons deuoirs du R^me^. & Illust^me^ Sr Don Alexis de Meneses, de l'Ordre des Eremites de S. Augustin, Archeuesque de Goa, & Primat en tout l'Orient. Composée en langue Portugaise par le R. P. F. Antoine Gouea, & puis mise en Espagnol par le venerable P. F. François Munoz, & tournée en François par F. Iean Baptiste de Glen, Docteur en Theologie, tous Religieux du mesme ordre. A Bruxelles, Par Rutger Velpius... 1609, in-8, pp. 748—123, s. l'ind., l'ep. &c.

On consultera le Chap. I : *De l'origine & accroissement des Chrestiens, ditz de Sainct Thomas*, pp. 1 et seq.

Sur l'Apostolat problématique de St.-Thomas, voir : Trigault, *Histoire de l'Exp. Chrestienne*. Lyon, 1616, Liv. I, p. 175, pp. 201/204. — Kesson, *Cross and Dragon*, pp. 3/9. — Semedo, *Hist. de la Chine*, Paris, 1645, pp. 215/216. — Fabricius, *Salutaris Lux Evangelii*, p. 653. — Beausobre, *Hist. du Manichéisme*, I, Liv. II, Chap. V, p. 404. — Renaudot, *Anciennes Relations*, pp. 228/233. — Mosheim, *Hist. Tart. Ec.*, pp. 5/9. — Assemanus, pp. 32, 516. — La Croze, *Hist. du Christ. des Indes*. — Henrion, *Hist. gén. des Missions*, Liv. I. Chap. V, p. 79. — Huc, *Christianisme*, I, pp. 1 et seq. — Traduction anglaise d'un passage du bréviaire chaldéen de l'église de Malabar relatif à St.-Thomas, dans Yule, *Cathay*, I, p. lxxxix.

Manichéens.

Mo-ni 末尼 et 魔尼.

— Manichaeans. By E. H. Parker. (*China Review*, XVII, No. 2, p. 115). — Song & T'ang Dynasties.

— Le Nestorianisme et l'inscription de Karabalgassoun, par Éd. Chavannes. (*Jour. Asiat.*, 1897, I, pp. 43/85.)

— Musulmans et Manichéens chinois par M. G. Devéria. — Extrait du *Journal Asiatique*. — Paris, Imprimerie nationale — MDCCCXCVIII, in-8, pp. 46.

Ce tirage à part à 50 ex. a été revu et augmenté.

— Historische Glossen zu den alttürkischen Inschriften. Von J. Marquart. (*Wiener Zeitschft. f. d. Kunde des Morgen.*, XII, 1898, pp. 172—200.)

— Les Mo-ni et le Houa-hou-king. Par P. Pelliot. (*Bul. Ec. franç. Ext. Orient*, III, No. 2, Avril-Juin 1903, pp. 318/327.)

— Les Mo-ni et l'inscription de Karabalgassoun. Par P. Pelliot. (*Ibid.*, III, No. 3, Juillet-Sept. 1903, pp. 467/8.)

Cf. *Bulletin*, p. 320. — A propos du mémoire de Schlegel sur l'inscription de Kara-Balgasoun, Helsingfors, 1896.

— Le Sa-pao. Par P. Pelliot. (*Ibid.*, III, Oct.-Déc. 1903, pp. 665/671.)

Pierre de Si-ngan fou et Nestorianisme.

— Dans le Ms. Fr. 14688, Bib. Nat., se trouve la copie d'une lettre du J. Jean Terencio [Terenz] adressée au P. Gaspar Ferreira, datée de Pe-kim, ce 27 Août 1629, qui donne les noms de l'évêque et des prêtres soriens ou arméniens gravés sur la pierre du Chen-si.

— Une traduction française de l'inscription de Si-ngan fou d'après la version latine de N. Trigault est imprimée pp. 20/27 de «Advis certain, d'vne plvs ample descovverte dv Royavme de Catai..... 1628, in-8.»

— Explication des mots escrits et gravez svr vne pierre antique, trouvée au Royaume de la Chine, pp. 453/473 de «Histoire de ce qvi s'est passé av Royavme dv Iapon, es annees 1625, 1626 & 1627. A Paris, 1633, in-8».

— De la Religion Chrestienne establie en la Chine depuis plusieurs siecles, & d'une pierre fort ancienne descouuerte depuis peu sur ce subjet. (Chap. XXXI de l'*Hist. de Semedo*, 1645, pp. 215/220.)

— Briefve Relation de la Chine . . . par le très R. P. Michel Boym. . (Rec. de Thévenot) [voir col. 820.] Et *Flora Sinensis* [col. 442] du même auteur.

— Martini, *Atlas* [col. 182], p. 55.

— Le Comte, *Nouv. Mémoires* [col. 39], t. II, p. 197.

— Sur cette inscription on pourra également consulter les éclaircissemens qui suivent les *Anciennes Relations* de Renaudot, pp. 234 seq.

— Dichiaratione ‖ di vna Pietra ‖ antica, ‖ Scritta e scolpita con l'infrascritte lettere, ‖ ritrouata nel Regno della Cina. Pièce in-8, pp. 16.

A la fin : In Roma, Per il Corbelletti, 1631. Con Licenza de' Superiori.

唐景教碑頌正詮 *T'ang king kiao p'ai song tcheng ts'iuen.* 1 peun en chinois, in-8, ff. 68.

Explication de l'inscription de Si-ngan fou, par le P. Emmanuel Diaz, S. J. 陽瑪諾 *Yang Ma-no*, publiée en 1641 ; voir le Cat. de Fourmont, CCLXXVIII ; a été réimprimé à Tou-sai-wai en 1878. — Cf. Courant, N° 1190, 1644 ; *ibid.*, N° 1322. Le P. Gabiani a attribué cet ouvrage au P. Semedo.

— Kircher a expliqué le monument syro-chinois dans son *Prodromus Coptus sive Aegyptiacus* (in-4. 1636). Il a repris ce travail dans la première partie de la *Chine illustrée* qui contient une copie de la fameuse Table, une longue lettre du Père Michel Boim, Polonais, et trois interprétations. — Voir *Ann. de Phil. Chrét.*, 1re Sér., XV, p. 123.

— Monumenti Sinici, Quod Anno Domini clↄ Iↄcxxv terris. in ipsâ Chinâ erutum; Seculo verò Octavo *Sinicè*, ac partim *Syriacè*, in Saxo perscriptum esse, adeoque dogmatum & rituum Romanae Ecclesiae (ante annos quippe mille in extremo Oriente receptorum) antiquitatem magnoperè confirmare perhibetur, Lectio seu Phrasis, Versio seu Metaphrasis, Translatio seu Paraphrasis. *Planè uti* Celeberrimus Polyhistor, P. Athanasius Kircherus, Soc. Jesu Presbyter Romanus, in China sua illustrata Anno clↄ Iↄc LXVII. Singula singulariter edidit. Ceterùm *Tonos* vocibus addidit, inq; nonnullis novae hujus Editionis Exemplis Kircherianae *Defectus* supplevit, *Errata* sustulit, Omnia verò *Minio* indicavit Andreas Müllerus, Greiffenhagius. Berolini, Ex Officina Rungiana, Anno clↄ Iↄc LXXII, in-4. — On trouve à la suite : De Monumento sinico Commentarius novensilis [63 pages] et Historia lapidis [18 pages].

— Voir, dans Mosheim, *App. ad hist. Eccl. Tart.*, No. III, pp. 4 seq. : Monumentum Syro-Sinicum, Pars I. Sinica, ex Ath. Kircheri *China illustrata*, P. I, c. III, p. 22 et seq. Pars II. Syriaca, a Ios. Sim. Assemano in *Biblioth. Orient. Clem. Vat.* Tom. III. P. II, c. IX, § 7, p. DXLII, accuratior edita.

— Traduction du Monument Chinois, concernant la Religion chrétienne; par M. Visdelou, Evêque de Claudiopolis. (*Journ. des Sçavans*, Juin 1760, pp. 340 et seq.)

— Authenticité du monument chinois concernant la Religion chrétienne. (*Ibid.*, Juin 1760, pp. 397 et seq.)

— Monument de la Religion chrétienne, trouvé par hasard dans la ville de Si-ngnan-fu, Métropole de la Province de Xensi en Chine. Traduit en Latin, & accompagné d'une Paraphrase & de Notes, ainsi que de la Description de l'Empire Romain, selon les Chinois. Par Mr. Claude Visdelou, Evêque de Claudiopolis. (*Supp.* à la *Bib. Or.* de M. d'Herbelot, 1780, pp. 164/190.)

— *Ann. de Phil. Chrétienne*, 1re Sér., XII, pp. 147, 185.

Castorano.

— J. M. J. Versio monumenti, seu lapidis sinici, cum notitia de praedicata Religione christiana in Imperio Sinico, litteris seu characteribus sinicis insculpti circa annum Domini N. J. Xti 786, et inventi prope moenia civitatis Si-ngan-fu provinciae Scen-si in imperio Sinarum.

«Sono altre 13 pagine, cioè dalla 619 alla 632. «Hanc versionem (egli dice in principio) facere conatus sum ad litteram quantum licuit : parentheses vero addidi sive pro notis, sive etiam ad maiorem claritatem.» Ed in fine aggiunge : «Ego Fr. Carolus Horatii a Castorano Regularis Observantiae Sancti P. Francisci, in Sina per triginta continuos annos et amplius Missionarius, in dioecesi Pekinensi Vicarius Generalis, et demum in eadem dioecesi in Tartaria et in regno Coreae Delegatus Apostolicus, ex lingua et characteribus sinicis (e papiri folio super ipsummet lapidem originalem impresso) in latinum sermonem fideliter transtuli. Datum Romae in Aracoeli die 14 mensis iulii, anno Domini 1741, manu propria.» Non occorre che accenniamo qui l' altissima importanza di questo monumento cinese, del quale si sono occupati tanti distinti ingegni; tra gli altri, de' più antichi, il Kirker nella sua *China illustrata*, e de' più recenti, il valoroso abate Huc nella sua *Histoire du Christianisme en Chine*, ec. Tanto la traduzione che le note del Padre da Castorano crediamo che debbano tenersi in molto conto, essendo stato così pratico della storia e della letteratura cinese». (M. da Civezza, *Bib. Sf.*, p. 108.)

— «On prétend que, vers le huitième siècle avant Charlemagne, la religion chrétienne était connue à la Chine. On assure que nos missionnaires ont trouvé dans la province de Kingtching ou Quen-sin, une inscription en caractères syriaques et chinois. Ce monument, qu'on voit tout au long dans *Kirker*, atteste qu'un saint homme, nommé *Olopüen*, conduit par des nuées bleues et observant la règle des vents, vint de Tacin à la Chine, l'an 1092 de l'ère des Séleucides, qui répond à l'an 636 de notre ère ; qu'aussitôt qu'il fut arrivé au faubourg de la ville impériale, l'empereur envoya un colao au-devant de lui, et lui fit bâtir une église chrétienne.

Il est évident, par l'inscription même, que c'est une de ces fraudes pieuses qu'on s'est toujours trop aisément permises. Le sage *Navarrete* en convient. Ce pays de *Tacin*, cette ère des *Séleucides*, ce nom d'*Olopüen*, qui est, dit-on, chinois et qui ressemble à un ancien nom espagnol, ces nuées bleues qui servent de guides, cette église chrétienne, bâtie tout d'un coup à Pékin pour un prêtre de Palestine qui ne pouvait mettre le pied à la Chine sans encourir la peine de mort, tout cela fait voir le ridicule de la supposition. Ceux qui s'efforcent de la soutenir ne font pas réflexion que les prêtres, dont on trouve les noms dans ce prétendu monument, étaient des Nestoriens, et qu'ainsi ils ne combattent que pour des hérétiques.

Il faut mettre cette inscription avec celle de *Malabar*, où il est dit que *St Thomas* arriva dans le pays, en qualité de charpentier, avec une règle et un pieu, et qu'il porta seul une grosse poutre comme preuve de sa mission. Il y a assez de vérités historiques, sans y mêler ces absurdes mensonges.» — Voltaire, *Essai sur les Mœurs*, Vol. I, Chap. II, pp. 342—343 (1785).

— Si-ngan-fou. Prüfung dieser Aufschrift. (Scherer, *Nordische Nebenstunden*, 1776, pp. 163/171.)

— Abel-Rémusat : *Journal des Savans*, Oct. 1821, pp. 599/601. — Art. *O-lo-pen*, dans la *Biog. univ.* et *Nouv. Mél. As.*, II, pp. 189/192. — *Ann. de Phil. Chrét.*, 1re Sér., IV, p. 126.

— Одревнемъ Христіянскомъ Памятникѣ, открытомъ въ Китаѣ 1625 года. (*Messager asiatique*, III, St.-Pétersbourg, 1826, pp. 3/14, 67/94, 133/144, avec une pl.)

— Описаніе древняго христіанскаго памятника, открытаго въ Китаѣ 1625 года, съ присовокупленіемъ гравированнаго изображенія высѣченной на ономъ Китайско-Сирійской надписи; изданное Григоріемъ Спасскитъ, . . . St Pétersbourg, 1826, in-8, pp. 52.

— Памятникъ христіанской вѣры въ Китаѣ, переведенный съ китайскаго языка Захаромъ Леонтьевскимъ. 1834, St Pétersbourg, in-8, pp. 23.

— * *Dsing dsyao lu sing djoung go béï soung. Monument chrétien en Chine*, érigé en 781 et trouvé en 1636, traduit en langue russe par Mr. Leontievsky. Sur une feuille de la grandeur du monument. 1 f. gr. in-fol. (Cat. des Ms. et Xylog. de St. Pétersb., 1852, No. 704.)

— * Même monument avec des éclaircissements, 1 vol. in-4. Ms. (*Ibid.*, No. 705.)

— Traditions chrétiennes. — La Croix instructive et historique trouvée en Chine en 1636 avec une inscription en langue chinoise et syriaque, traduite du chinois en langue russe, par M. Léontiewski, Membre de la Mission russe à Péking, et du russe en français par M. C. Marchal de Lunéville. (*Annales de Phil. Chrét.*, IVe Sér., VII, No. 38, 1853, pp. 139/177.)

Observations préliminaires [par A. Bonnetty]. — Ire Partie : Détails historiques sur les diverses prédications du Christianisme en Chine et dans l'Inde. — IIe Partie : Traduction nouvelle de l'Inscription chrétienne, chinoise et syriaque, du monument de Si-ngan-fou. — IIIe Partie : Quelques détails sur l'état actuel des Catholiques de Péking.

— La Croix de Chine instructive et historique, mise en français par M. C. Marchal de Lunéville. Illustrée de 3 dessins. 1 fr. 50. Paris, chez Lecoffre et Cie, 1853, br. in-8, pp. 55.

(Leontiewsky.)

Extrait du tome VII, 1853, des *Annales de philosophie chrétienne.*

— Etablissement et destruction de la première chrétienté dans la Chine, par F. Nève, Professeur à l'Université catholique de Louvain. Louvain, chez C. J. Fonteyn, libraire, 1846, br. in-8, pp. 24.

Au verso du titre : Extrait de la *Revue catholique*. Novembre et Décembre 1846.

— Die erdichtete Inschrift von Si ngan Fu. Von Prof. Neumann. (*Zeit. d. D. Morg. Ges.*, IV, 1850, pp. 33/43.)

— The Syrian Monument, commemorating the progress of Christianity in China, erected in the year of the Christian era seven hundred and eighteen, at Singán fú [by E. C. Bridgman]. (*Chin. Rep.*, XIV, 1845, pp. 201/229.)

Dans ce mémoire, le Rév. Bridgman donne sur quatre colonnes parallèles : 1° le texte chinois de l'inscription ; 2° sa traduction en anglais ; 3° celle de Kircher en latin ; 4° celle de Dalquié [d'après Kircher] en français.

Dans le Vol. XIX du *Chin. Rep.*, pp. 552/554, le Rév. Bridgman a corrigé quelques erreurs du texte chinois qu'il avait donné d'après la *China illustrata* de Kircher dans le Vol. XIV de ce recueil.

— On the Genuineness of the so-called Nestorian Monument of Singan-fu by Edward E. Salisbury. (*Jour. Amer. Or. Soc.*, Vol. III, No. II, Art. X, pp. 399 et seq.)

— Letter from D. B. McCartee, M. D., Ningpo, Feb. 6, 1854. (*Ibid.*, Vol. V, No. I, pp. 260/2.)

— Voir une lettre de l'Archimandrite Palladius (Pé-king, 13 Mars 1875) dans *The Chinese Recorder*, VI, 1875, pp. 147/8.

— The Nestorian Tablet in Se-gan-Foo. [By A. Wylie]. *North China Herald*, No. 222 (Oct. 28, 1854), 226 (Nov. 25), 227 (Dec. 2), 232 (Jan. 6, 1855), 278 (Nov. 24), 281 (Dec. 15), 282 (Dec. 22) et 283* (Dec. 29, 1855).

Réimp. dans *The Shanghae Miscellany* en 1855 et 1856, et dans le *Jour. of the Am. Or. Soc.*, Vol. V, No. II, Art. II, pp. 275/336; ainsi que dans *Chinese Researches*, pp. 24/77.

In the Province of Shen-se, lat. N. 34° 16'; long. E. 108° 57'.

— Несторіянскій памятникъ VII вѣка. Le monument nestorien du VIIe siècle, par Tsvetkov. (*Trav. de la Mission russe de Peking*, Vol. III, No. 8, 1857.)

— De l'Authenticité de l'Inscription nestorienne de Si-ngan-fou relative à l'introduction de la Religion Chrétienne en Chine dès le VIIe siècle de notre ère. Par G. Pauthier. Paris, B. Duprat, 1857, in-8.

Extrait des *Annales de philosophie chrétienne*, IVe Série, Tomes XV & XVI.

— Etudes Orientales No. 2. L'Inscription Syro-chinoise de Si-ngan-fou, monument nestorien élevé en Chine l'an 781 de notre ère, et découvert en 1625; Texte chinois accompagné de la prononciation figurée, d'une version latine verbale, d'une traduc-

(Divers.)

tion française de l'Inscription et des commentaires chinois auxquels elle a donné lieu, ainsi que des notes philologiques et historiques par G. Pauthier. Paris, Firmin Didot, 1858, in-8, pp. xviii-96.

— Le Catholicisme en Chine au viiie Siècle de notre ère avec une nouvelle traduction de l'inscription de Sy-ngan-fou accompagnée d'une grande Planche, par P. Dabry de Thiersant Consul de France. Au profit de l'œuvre de la Propagation de la Foi en Chine. Paris, Ernest Leroux, 1877, in-8, pp. 59.

Notice : *The Athenaeum*, No. 2599, Aug. 18, 1877, pp. 209/210. Par H. Yule.

— Etude sur les Missions Nestoriennes en Chine au VIIe et au VIIIe siècles d'après l'inscription Syro-Chinoise de Si-ngan-fou. Thèse présentée à la faculté de théologie protestante de Paris pour obtenir le grade de Bachelier en Théologie Et soutenue publiquement le 30 juillet 1880, à 4 h. de l'après-midi par Augustin Cleisz. Paris, Alphonse Derenne, 1880, in-8, pp. 92.

— Supposed mention in Chinese History of the Nestorian Missions to China in the 7th and 8th Centuries. By Geo. Phillips. (*China Review*, VII, pp. 412/415.)

— Nestorians at Canton. By Geo. Phillips. (*Ibid.*, VIII, pp. 31/34.)

— Nestorians in China. By A. Wylie. (*Ibid.*, VIII, pp. 190/191.) En réponse à G. Phillips.

— * N. C. Kist. — Blik op de lotgevallen van het Christendom in China; benevens een onderzoek naar de echtheid van het Christelijk-Chineesch-Monument. (Met een Facsimile), in-8, pp. 110.

— The Nestorian Tablet. By A. Terrien de Lacouperie. (*Times*, 4th Feb., 1885.)

The Times, 1886, Janv. 21 et 29, Fév. 4, contient des lettres de Frederic H. Balfour, G. W., Terrien de Lacouperie sur l'opportunité de transporter la pierre de Si ngan fou au British Museum.

— The Nestorian Tablet at Si-ngan-fu. By A. Terrien de Lacouperie. (*Ibid.*, 1st Sept. 1886.)

Joh. Heller.

— Prolegomena zu einer neuen Ausgabe der nestorianischen Inschrift von Singan fu. Von Dr. Joh. Heller, S. J. (*Verhand. d. VII. Int. Orient.-Cong* ... Wien ... 1886. *Hochasiatische und Malayo-polyn. Sect.*, pp. 37/48.)

— Joh. Ev. Heller, S. J., Das Nestorianische Denkmal in Singan-fu. (*Zeit. f. katholische Theologie*, Innsbruck, IX. Jahrg. 1885, pp. 74/123.)

(Divers. — Heller.)

— Einige Bemerkungen zu Heller's «Das Nestorianische Denkmal zu Singan fu». Von Fr. Kühnert. (*Wiener Zeit. f. d. K. d. Morg.*, IX, 1895, pp. 26/43.)

Cf. Willi Cohn-Antenorid, *Ibid.*, pp. 179/180.

— Beleuchtung der Bemerkungen Kühnert's zu meinen Schriften über das nestorianische Denkmal zu Singan fu. Von Dr. Johannes Heller S. J. (*Ibid.*, pp. 301/320.)

— Entgegnung auf Heller's «Beleuchtung». Von Fr. Kühnert. (*Ibid.*, pp. 321/7.)

— Das Nestorianische Denkmal in Singan fu. Von Joh. Ev. Heller, S. J. Mit zwei zinkographirten Tafeln. (*Wissenschaftliche Ergeb. der Reise des Grafen Béla Széchenyi.* Zweiter Bd. Wien, 1898, pp. 433/495.)

Notice : *China Review*, XXIII, pp. 118/119, par J. J. B.

— Syrische Grabinschriften aus Semirjetschie, herausgegeben und erklärt von D. Chwolson. — Mit einer Tafel. (*Mém. Ac. Sc. St. Pét.*, VIIe Sér., XXXIV, No. 4, St. Pét., 1886, pp. 30.)

— Syrisch-Nestorianische Grabinschriften aus Semirjetschie, herausgegeben und erklärt von D. Chwolson. — Nebst einer Beilage : Über das Türkische Sprachmaterial dieser Grabinschriften von Akademiker Dr. W. Radloff. — Mit drei phototypischen Tafeln und einer ebensolchen, von Prof. Dr. Julius Euting ausgearbeiteten Schrifttafel. St. Pétersbourg, 1890, gr. in-4, pp. 168. (*Mém. Ac. Imp. Sc. St. Pét.*, VIIe Sér., XXXVII, No. 8.)

— Der Bericht des Herrn Professor Chwolson über die in dem Gebiete von Semeritschie aufgefundenen syrischen Grabinschriften. Von Dr. W. Radloff. (*Ibid.*, XXXII, 1888, col. 464/5.)

— Syrisch-Nestorianische Grabinschriften aus Semirjetschie. Neue Folge. Herausgegeben und erklärt von D. Chwolson. — Mit vier phototypischen Tafeln. — (Vorgelegt der Akademie am 28. Februar 1896.) St. Pétersbourg, 1897, gr. in-4, pp. 62.

— Note sur les anciennes chrétientés nestoriennes de l'Asie Centrale. Par Charles-Eudes Bonin. (*Journ. Asiat.*, 9e Sér., XV, Mai-Juin 1900, pp. 584/592.)

— China and the Roman Orient : By F. Hirth, 1885, pp. 5 seq.; 10, 19, 284, 289, 290, 304.

— Chinese Equivalents for the letter «R» in Foreign Names. By F. Hirth. (*Jour. China Br. R. As. Soc.*, N. S., XXI, 1886, pp. 214/223.)

— The Nestorian Tablet. Letter from J. Thorne, from Si-ngan fu, 16 June 1886. (*Chin. Rec.*, XVII, Sept. 1886, p. 361.)

— * Descriptive Notes on the Nestorian Tablet. By Rev. Evan Bryant. (*Monthly Re-*

(Divers.)

porter of B. and F. Bible Society, Nov. 1887.) With Lithograph.

— Nestorian Missions in China. (*Chin. Rec.*, XVIII, 1887, pp. 118/9.)

— The Nestorian Monument of Hsî-an fû in Shen-hsî, China relating to the Diffusion of Christianity in China in the seventh and eighth Centuries with the Chinese Text of the Inscription, a Translation, and Notes and a Lecture on the Monument With a Sketch of subsequent Christian Missions in China and their present state by James Legge Prof. of the Chinese Language and Literature in the University of Oxford. London, Trübner, 1888, in-8, pp. IV-65.

La couverture extérieure porte : Christianity in China Nestorianism Roman Catholicism Protestantism by James Legge . . . . London, Trübner, 1888.

— The Syriac Part of the Chinese Nestorian Tablet. By T. H. Hall. (*Jour. Am. Or. Soc.*, Vol. XIII, 1889, pp. CXXIV—CXXVI.)

— The Preservation of the Nestorian Tablet and other ancient monuments at Si-an-fu. (*Jour. C. B. R. As. Soc.*, XXIV, No. 1, 1889—90, pp. 136/9.)

Correspondance entre la Société et le Corps diplomatique.

— Notes on the Nestorians in China. By E. H. Parker. (*Journ. C. B. R. A. S.*, XXIV, N. S., 1889—90, No. 3, pp. 289/302.)

— The Si-ngan-fu Christian Monument. By Henry Hayman, D. D. (*Calcutta Review*, LXXXIX, July 1889, pp. 43/52.)

Henri Havret, S. J.

— *Variétés sinologiques* No. 7. — La Stèle chrétienne de Si-ngan-fou. 1ère Partie. *Facsimile de l'inscription syro-chinoise.* Par le P. Henri Havret, S. J. — Chang-hai. Imprimerie de la Mission Catholique à l'Orphelinat de T'ou-sè-wè. 1895, in-8, pp. VI-5-CVII.

Notices : *China Review*, XXI, p. 417, par L.; *Ibid.*, pp. 417/9, par E. H. P.[arker.] — *T'oung Pao*, VIII, pp. 350/2, par C. de Harlez.

— — No. 12. — La Stèle chrétienne de Singan-fou. IIe Partie. *Histoire du Monument.* Par le P. Henri Havret, S. J. — Ibid., 1897, in-8, pp. 420 + 1 f. n. ch.

— The Nestorian Tablet again. By W. B. (*China Review*, XXIII, p. 52.)

— — No. 20. — La Stèle chrétienne de Singan-fou. IIIe Partie. *Commentaire partiel et pièces justificatives* par le P. Henri Havret, S. J. avec la collaboration du P. Louis Cheikho, S. J. — Ibid., 1902, in-8, pp. II-90 + 1 f. n. ch.

— — No. 19. — 天主 T'ien-tchou «Seigneur du Ciel» A propos d'une stèle bouddhique de Tch'eng-tou. Par le P. Henri Havret, S. J. — Ibid., 1901, in-8, pp. II-30.

— La Stèle chrétienne de Si-ngan-fou Quelques Notes extraites d'un Commentaire inédit par le P. Henri Havret de la Compagnie de Jésus. — I. — Le nom de *Dieu* dans l'inscription. — II. — L'expression de l'*Incarnation.* — III. — Les «nuées bleues». — IV. — Le nom d'*Olopen.* — E. J. Brill, Leide, 15 août 1897, in-8, pp. 27.

— The earliest Christianity in China. By E. H. Parker. (*Dublin Review*, CXXXI, July-Oct. 1902, pp. 380/404.)

— The name of «Messiah» found in a Buddhist Book; the Nestorian Missionary Adam, Presbyter, Papas of China, translating a Buddhist Sûtra by J. Takakusu. (*T'oung Pao*, VII, Déc. 1896, pp. 589/591.)

— Fried. Hirth. — Syrisch-chinesische Beziehungen im Anfange unserer Zeitrechnung. (Dans *Durch Syrien und Kleinasien* von R. Oberhammer u. Dr. H. Zimmerer, Berlin, 1899, p. 136.)

— Le Nestorianisme et l'inscription de Karabalgassoun, par Éd. Chavannes. (*J. As.*, 1897, I, pp. 43/85.)

— The Term 達娑 Tarsa. By G. Schlegel. (*T'oung Pao*, VI, 1895, pp. 533/4.)

— Nestorian Monument at Si-ngan-fou. By G. Schlegel. (*Ibid.*, VIII, 1897, p. 128.)

— Le Monument chrétien de Si-ngan-fou Son Texte et sa Signification par T.-J. Lamy et A. Gueluy, in-4, pp. 124 + 1 f. n. ch. + 2 pl.

Mémoires de l'Académie Royale . . . de Belgique. — Tome LIII — Sixième fascicule. — Bruxelles, Août 1897.

— Le prétendu Nestorianisme de l'Inscription de Si-ngan-fu (Fēn shēn) par C. de Harlez. pièce in-8, s. l. n. d. [1899.]

Fēn shēn 分身

— * Girard. — Les Nestoriens en Chine. (*Terre Sainte*, XIX, pp. 168/170, 187/190, 220/3, 252/5, 266/8, 274/6.)

— Some Shensi Monuments. (Chap. XII, pp. 251/265, de *Through Hidden Shensi*, by Francis H. Nichols, photog.) — Col. 350.

— Yule and Cordier's *Marco Polo*, II, pp. 27/30.

Dans son «Histoire générale et système comparé des langues sémitiques» [4e éd., revue et augmentée, Paris, Michel Lévy frères, 1863, pp. 288/290], M. Ernest Renan résume de la manière suivante la question des Nestoriens en Chine et de l'inscription syro-chinoise de Si-ngan-fou : «Quant à l'établissement des Nestoriens syriens en Chine, il ne saurait être désormais révoqué en doute. [Pauthier, dans la *Revue de l'Orient*, mai 1862, p. 305 et suiv.] M. Reinaud a le premier signalé un passage de *Kitâb-el Fihrist* qui donne sur ce point les détails les plus précis. [*Géographie d'Aboulféda*, introd. p. CDI et suiv. — Conf. Assemani, *Bibliotheca orientalis*, t. III, 2e part. Ch. IX et X. — Renaudot, *Anciennes relations des Indes et de la Chine*, p. 228 et suiv. — De Guignes, dans les *Mémoires de l'Ac. des Insc.*, t. XXX, p. 802. — F. Nève, *Établissement et destruction de la première chrétienté en Chine*; Louvain, 1846.] Vers la fin du XIIIe siècle, Barhebraeus parle encore d'un métropolitain de la Chine [Assemani, *Bib. or.*, t. II, pp. 255, 257; t. III, 2e part., p. DXXIII. M. de Sacy a décrit (*Notices et Extr.*, t. XII, p. 277 et suiv.) une copie d'un manuscrit syriaque de la Bible, en caractères estranghelo, trouvé en Chine. Cf. *Journ. des Sav.*, nov. 1825, p. 670]; Guillaume de Rubruk [*Recueil de la Soc. de géographie*, t. IV, p. 301 et suiv.] et Marco Polo Chap. CXLVI et CXLIX de sa Relation. [La forme syriaque du nom d'un de ces Nestoriens, *Marsarchis* (Mar Sergius), est encore reconnaissable] trouvent une foule de Nestoriens en Mongolie et dans tout l'empire chinois. Quelques faits curieux, recueillis par M. Quatremère, établissent que la langue syriaque était à cette époque une sorte de langue savante en Tartarie [*Mém. sur les Nabat.*, pp. 144—145]; enfin Klaproth et Abel Rémusat ont supposé que l'alphabet ouigour, dont les alphabets mongol, kalmouk et mandchou sont dérivés, venait de l'estranghelo par l'intermédiaire des Nestoriens. [Klaproth, *Abhandlung über die Sprache und Schrift der Uiguren*; Paris, 1820. — Abel Rémusat, *Recherches sur les langues tartares*, t. I, p. 29 et suiv. — *Journal des Savants*, octobre 1822, pp. 597—598]. M. Reinaud a montré que les Manichéens auraient autant de droits que les Nestoriens à prétendre à cet honneur : les Manichéens, en effet, eurent beaucoup d'importance dans les provinces au delà de l'Oxus, et y portèrent avec eux un alphabet au moins en partie syriaque [*Géogr. d'Aboulféda*, introd. pp. CCCLXI, CCCLXV. — Spiegel, *Grammatik der Huzwâreschsprache*, p. 36]. Dans cette dernière hypothèse, par conséquent, l'origine araméenne de l'alphabet en question ne serait pas moins certaine.»

«La célèbre inscription syro-chinoise de Si-'gan-fou est, sans contredit, le plus curieux témoignage des lointaines pérégrinations exécutées par les Syriens. Les objections graves qui ont rendu longtemps douteuse l'authenticité de ce document ont enfin disparu. M. Stanislas Julien avait fait remarquer [Première édition de cet ouvrage, p. 271] que le nœud de la question était dans un passage de l'écrivain chinois Min-Khieou (XIe siècle de notre ère), qui, d'après des témoignages plus modernes, était censé avoir parlé de l'inscription. Il restait quelque incertitude sur cette allégation. Il n'en reste plus depuis que M. Julien a reçu de Chine l'ouvrage de Min-Khieou, où il est bien réellement parlé de l'inscription [Pauthier dans la *Revue de l'Orient*, mai 1862, p. 315. M. Pauthier avait déjà donné sur le même sujet deux mémoires (*De l'authenticité de l'inscrip. nestorienne de Si-ngan-fou*, Paris, 1857, et l'*Inscription syro-chinoise de Si-ngan-fou*, Paris, 1858) qui n'étaient pas encore absolument décisifs]. Les caractères syriaques qui se lisent sur les bords de la pierre sont, du reste, en bel estranghelo du VIIIe siècle. Le nom d'*O-lo-pen* est sans doute le mot syriaque «docteur». Le rapprochement tiré de l'inscription hébréo-chinoise de Khaï-fong-fou militait déjà, du reste, pour le sentiment favorable au monument de Si-'gan-fou. [*Journal of the American Oriental Society*, vol. III, p. 401 et suiv. (1853), et vol. IV, pp. 444—445 (1854).]»

— Navarrete, *Tratados* [col. 31], II, 6, p. 104. — Beausobre, *Hist. du Manichéisme*, Liv. I, c. v. p 295. — Georgi Horni *De Originibvs Americanis* libri qvatvor. Hagae Comitis, Sumptibus Adriani Vlacq, CIↃ IↃ CLII, pet. in-8, L. IV, c. XV. — Lacroze, *Hist. du Christianisme des Indes*, Liv. I, p. 42. — Spizelius, *De Re literaria*, Sect. IX, pp. 159/160. — D'Argens, *Lettres chinoises*, t. VIII, p. 745. — De Guignes, *Notices et Extraits*, t. I, pp. 163/4. — Grosier, *Desc. de la Chine*, 3e ed., I, 159. — Henrion, *Hist. gén. des Missions*, Liv. I, Chap. V, pp. 79/80. — Kesson, *The Cross and the Dragon*, chap. II. [Version anglaise faite sur la trad. franç. de Leontiewski.] — Rohrbacher, *Hist. univ. de l'Eglise*, X, pp. 179/184. — Huc, *Le Christianisme en Chine*, I, Chap. II. [Une traduction de l'Inscription est donnée pp. 52/68.] — F. Nève, *Revue Catholique* de Louvain, 1846. — Yule, *Cathay*, I, pp. XCII et seq. — Williamson's *Journeys in North-China*, Vol. I : Dessin de la pierre nestorienne, — dessin du haut de la pierre, — et facsimile de l'estampage de la croix par le Rev. Jonathan Lees.

I. MISSIONS CATHOLIQUES.

1° *OUVRAGES DIVERS.*

Giovan Pietro Maffei.

Né à Bergame en 1533; † à Tivoli, 20 Oct. 1603.

— * Joannis Petri Maffeii Bergomatis e Societate Jesu Historiarum Indicarum Libri XVI. Selectarum item ex India Epistolarum eodem Interprete. Libri IV. Accessit Ignatii Loyolae vita postremo recognita. Et in opera singula copiosus Index. Florentiae, apud Philippum Junctam. MDLXXXVIII. Ex auctoritate Superiorum. Cum Privilegio, in-fol., 2 ff., pp. 570, s. l. t. — De Backer.

— * Selectarum Epistolarum ex India, libri IV, Jo. Petro Maffeio interprete. Ejusdem de LII e Societate Jesu dum in Brasiliam navigant, pro catholica fide interfectis Epistolae II. Item Vita Ignatii Loyolae, lib. III. Eodem Maffeio auctore. Venetiis, 1588, in-4.

— Historiarvm Indicarvm lib. XVI. Selectarvm item ex India Epistolarum eodem interprete lib. IIII. Accessit Ignatii Loyolae Vita postremo recognita. Et in opera singula copiosus index. Lvgdvni, ex officina Ivnctarvm, 1589, in-4, pp. 688, s. l. t.

— Même titre. Venetiis, apud Damianum Zenarium, 1589, in-4, 27 et 283 ff.

— Omnia ab Auctore recognita, et nunc primum in Germania excusa. Item, in singula opera Copiosus Index. Coloniae Agrippinae, In Officina Birckmannica, Sumptibus Arnoldi Mylii, 1589, in-fol., pp. 541.

— Omnia ab auctore recognita, et emendata. In singula copiosus index. Coloniae Agrippinae, in officina Birckmannica, sumptibus Arnoldi Milij, 1590, in-8, pp. 763, s. l. t.

— Coloniae Agrippinae, ex officina Birckmannica, 1593, in-fol.

— Io. Petri Maffei, Bergomatis, e Societate Iesv, Historiarvm Indicarvm libri XVI. Selectarum item ex India Epistolarum libri IV. Accessit liber recentiorum Epistolarum a Joanne Hayo Dalgattiensi Scoto ex eadem Societate nunc primum excusus, cum Indice accurato. Duobus Tomis distributi. Omnia ab Auctore recognita et emendata. In singula copiosus index. Antverpiae, ex officina Martini Nutii, M.DC.V, in-8. Ce volume contient : les tables; Historiarum Indicarum liber primus, etc., pp. 478. Selectarum Epistolarum ex India libri quatuor Joanne Petro Maffeio interprete, pp. 1—202. De quinquaginta duobus e Soc. Jesu, dum in Brasiliam navigant, pro catholica fide interfectis, epistolae duae. Petri Diazii ad Leonem Henricum provinciae Lusitanae pro Societate Jesu Praepositum, pp. 203—213. La première lettre est datée : Ex Insula Materia XV Kalend. Septemb. M.D.lxx; et la seconde : Olisipone, V Idus Decemb. M.D.lxxi. Emanuelis Acostae Lusitani Historia rerum a Societate Jesu in Oriente gestarum, ad annum usque Christi Domini M.D.lxviii. Recognita et latinitate donata a Joanne Petro Maffeio, Bergomate, Societatis Jesu, Presbytero, pp. 213—279. De Japonicis rebus Epistolae, in editione Veneta praetermissae, quarum lectio Christiano lectori mirifice placebit, pp. 271—359. De rebus Indicis Epistolae, in editione Veneta praetermissae, pp. 360—401, plus l'index. Ensuite vient: Ignatii Loiolae Vita, etc.

Le P. Coronelli fait mention de cette édition; D. Clément (*Bibl. Cur.* I, p. 37), doutait de son existence.

— Cadomi, apud Adamum Cavalier, 1614, in-8, pp. 718, s. l. t.

— Ioan. Petri Maffeii, Bergomatis, e Societate Iesv, Historiarvm Indicarvm Libri XVI. Omnia ab Auctore recognitâ & emendata. In singula copiosus Index. Cadomi, Ex typographia Iacobi Mangeant. M. DC. XIIII, pet. in-8, pp. 718. s. l'index.

— Lugduni, 1689, in-4.

— Joannis Petri Maffeii Bergomatis e Societate Jesu Historiarum Indicarum libri XVI. Selectarum Epistolarum ex India libri quatuor. Anno MDCCLII. Viennae Austriae, ex officina Trattneriana sumptibus Augustini Bernardi, Bibliopolae, in-fol., 2 Tom., pp. 366 et 157, s. l. t. Cette édition est moins complète que celle d'Anvers.

— Lugduni, apud Ioannem Champion, 1637, in-8, pp. 718. — De Backer.

∴

— Le Historie delle Indie Orientali, dei R. P. Giovan Pietro Maffei della Compagnia di Giesù. Tradotte di Latino in lingua Toscana, da M. Francesco Serdonati Fiorentino. Con una scelta di Lettere scritte delle Indie, fra le quali se ne sono molte non più stampate, tradotte dal medesimo. Con due Indici copiosissimi. In Venetia, appresso Damian Zenaro, 1589, in-4, ff. 416, s. l. t.

— Le Istorie ‖ delle Indie ‖ orientali ‖ del Rev. P. Giovan Pietro ‖ Maffei della Compagnia ‖ di Giesv. ‖ Tradotte di latino in lingva toscana ‖ da M. Francesco Serdonati Fiorentino. ‖ Con vna scelta di lettere scritte dell' Indie, fra le quali ve ne ‖ sono molte non più stampate, tradotte ‖ dal medesimo. ‖ Con indici copiosi. ‖ In Fiorenza, ‖ — per Filippo Givnti. ‖ M.D.lxxxix. ‖ Con licenza de Superiori e Priuilegio. in-4, 26 ff. n. c. p. l. tit., les tab. + pp. 930 + 3 ff. n. c. p. les errata.

— * Le Storie dell' Indie Orientali del P. Gio. Pietro Maffei, tradotte di latino in lingua Toscana da M. Francesco Serdonati Fiorentino citate come testo di lingua nel vocabulario della Crusca colle lettere scelte scritte dall' Indie, e dal medesimo tradotte. Bergamo, appresso Pietro Cancellotti, 1749, 2 vol. in-4, pp. 551 et 224, sld. et la vie de l'auteur. — De Backer.

— Le Istorie dell' Indie orientali del P. Gio. Pietro Maffei Tradotte di Latino in lingua Toscana da M. Francesco Serdonati fiorentino. — Milano, Dalla Società Tipografica de' Classici Italiani, contrada di S. Margherita, N° 1118. Anno 1806, 3 vol. in-8.

Edizione delle opere classiche italiane dedicata a sua eccellenza il signor Melzi d'Eril Cancelliere Guarda-Sigilli della Corona.

— * Reggio, 1826, 6 vol. in-12.

— * Genova, 1830, 10 vol. in-18.

— Istoria delle Indie Orientali di Giovan Pietro Maffei tradotta da Francesco Serdonati. Milano, Per Antonio Fontana, M. DCCC. XXX, 2 vol. in-8.

Fait partie de la collection : *Biblioteca Storica di tutte le nazioni.* Classe prima. *Storici italiani.*

∴

— * Histoire des Indes de Jean Pierre Maffée, où il est traité de leur descouverte, nauigation et conqueste faicte tant par les Portugois que Castillans; ensemble de leurs mœurs, ceremonies, loix, gouuernement, et reduction à la Foy catholique, traduite par F. A. D. L. B. Chanoine de Perigueux. Lyon, J. Pillehotte, 1604, in-8.

François Arnault de la Boirie.

— * L'Histoire des Indes Orientales et Occidentales, par Jean Pierre Maffée, traduite du latin en françois par M. M. D. P. (Michel de Pure.) Avec deux tables, l'vne des chapitres, et l'autre des matières, tant geographiques qu'historiques. Paris, Robert de Ninville, 1665, in-4, 2 t., 1 vol., 15 ff., pp. 353 et 292, 13 ff.

Les traductions françaises sont peu estimées. (De Backer.)

∴

— Traduit en allemand (17e S.), in-fol., ff. 773. — MSS. de Munich, n° 1287.

— Traduccion castellana de la Historia de las Indias Orientales del P. J. Pedro Maffeo, por D. Francisco Gotor o Gottor, Canonigo de Calatayud. — Bib. de Madrid, Q. 113, p. 67. — MS. (De Backer.)

Luis de Guzman.

Né à Osorno, dioc. de Palencia, en 1544; † Provincial à Madrid, 10 janvier 1605.

— Historia ‖ de las Missiones ‖ qve han hecho los ‖ religiosos de la Compañia ‖ de Iesvs, para predicar el sancto ‖ Euangelio en la India Oriental, y en los Reynos ‖ de la China y Iapon. ‖ Escrita por el Padre Lvis ‖ de Guzman, Religioso de la misma Compañia. ‖ Primera Parte ‖ en la qval se contienen seys libros ‖ tres de la India Oriental, vno de la China, y dos de Iapon. ‖ Dirigida a doña Ana Felix de Gvzman, ‖ Marquesa de Camarasa, Condesa de Ricla, Señora del ‖ Adelantamiento de Caçorla. ‖ Año 1601. ‖ Con privilegio. ‖ En Alcala, por la Biuda de Iuan Gracian. In-folio à 2 col. 6 ff. prél. n. ch. + pp. 573.

Libro qvarto Del Reyno de la China, y de la disposicion que en el ay para predicarse el Sancto Euangelio, pp. 311/384.

— Historia ‖ de las Missiones ‖ . . . para predicar el sancto ‖ Euangelio en los Reynos de Iapon. ‖ Compvesta por el Padre Lvis ‖ de Guzman, Religioso de la misma Compañia. ‖ Segvnda Parte ‖ en la qval se contienen siete libros ‖ con los quales se remata la Historia de los Reynos de Iapon, hasta el ‖ Año de mil y seyscientos. ‖ Dirigida a Doña Ivana de Velasco, ‖ y Aragon, Duquesa de Gandia, Marquesa de Lombay, ‖ y Condesa de Oliua. ‖ Año 1601. ‖ Con privilegio. ‖ En Alcala, por la Biuda de Iuan Gracian, in-folio à 2 col., 6 ff. n. ch. + pp. 729.

A la fin de ce vol. : *Tratado en que se responde a algunas obiecciones acerca de la historia.*

Brunet cite les prix suivants : 10 fr. 50 c. La Serna; 37 fr. 50 c. Gohier; 2 liv. 3 sh. Heber; 3 liv. 10 sh. mar. Hanrott. — Vaut de 150 à 200 fr.

— * Luis de Guzman. — Historia de las Misiones de la Compañia de Jesus en la India Oriental, en la China y Japon desde 1540 hasta 1600. Bilbao, 1891, in-4.

— GLORIOSVS ‖ FRANCISCVS ‖ REDIVIVVS ‖ Sive ‖ CHRONICA ‖ Observantiae ‖ Strictioris, Reparatae. ‖ Redvctae, ac Reformatae; ‖ eiusdem'que per Christianos Orbes, non solùm, sed ‖ & Americam, Perú, Chinas, Iapones, Chichemecas, ‖ Zatachecas; Indos Orientis, & occidui solis, ‖ Turcas, & Barbaras gentes, diffusae, & ‖ Euangelio fructificantis. ‖ Distincta VI. Libris, & 28. figuris aeneis ornata. ‖ Cum Facultate Superiorum. ‖ Ingolstadii, ‖ Ex officina Wilhelmi Ederi, Anno 1625, ‖ in-4, 28 ff. prél. n. c. + pp. 852 + 7 ff. n. c. p. l'index, etc. Titre gravé.

Un deuxième titre gravé porte :

— MIRABILIA ‖ SERAPHICA ‖ NOVI, ac VE- ‖ TERIS ORBIS ‖ *id est*, ‖ Gesta genvinae ‖ familiae francisca- ‖ nae, Reformatae. ‖ Et Beatorum Ze- ‖ lotum in eâ, iam inde à centum ‖ Annis, & aliquot lustris, arguinê- ‖ tosâ veritate, deducta, & ‖ debitè censurata. ‖ F. F. ac Patribus Custodiae Seraphicae ‖ Boiariae Ditionis cooperatoribus ‖ Authore & Compilatore ‖ R. P. MARIANO.

Le P. da Civozza, *Saggio di Bib. S. Francescana*, écrit, p. 372:

«Ne vidi un bell' esemplare in Parigi, che già appartenne al *Kloster Bildhausen*, e un altro nella Biblioteca del nostro Convento di S. Anna di Monaco in Baviera, in fine del quale sono scritte a mano le parole seguenti : *Author huius libri est R. Pater Marianus Orsceler Gandavus, natione Belgus, olim S. Theologiae et utriusque iuris doctor, mire ab haeresi ad fidem conversus, deinde alumnus Provinciae Bavariae, in fama sanctitatis mortuus die 16. iulii 1539. Vide Martyrolog. R. P. Forunati Hueber ad 16. iulii.*»

— Dell' Historia della Compagnia di Giesu-La Cina-Terza Parte dell'Asia Descritta dal P. Daniello Bartoli della Medesima Compagnia. In Roma, 1663. in-folio.

— Dell'Istoria della Compagnia di Gesù-La Cina-Terza Parte dell'Asia descritta dal P. Daniello Bartoli della medesima Compagnia. Libro primo. Torino, per Giacinto Marietti, 1825. — Libro secondo. Ibid., — Libro terzo, Ibid., — Libro quarto, Ibid. — 4 vol. in-4.

— La Historia de la Provincia del Santo Rosario de Filipinas, Iapon, y China, de la sagrada orden de Predicadores. Escrita por el ilvstrissimo señor don Fray Diego Aduarte, natural de la Imperial Ciudad de Zaragoça, y Obispo meritissimo de la Nueva Segovia. Añadida por el Mvy R. P. Fray Domingo Gonzalez, Comissario del Santo Oficio, y Regente del Colegio de Santo Thomas de Manila. Se Dedica a la Excelentissima Señora Doña Maria Henriqvez de Guzman... Año 1693. Con licencia : In Zaragoça, Por Domingo Gascon, Infançon, Impressor del Santo Hospital Real, y General de Nuestrā Señora de Gracia. Año 1693. 2 vol. in-fol.

Il n'y a que le 1er vol. qui soit d'Aduarte; le 2e a été publié par Baltasar. Un 3e vol., composé par le P. Vincent Salazar, a été imprimé au collège de Saint-Thomas de Manille, en 1742, in-fol. — Une quatrième partie «desde el año de 1700 hasta el de 1765, por el M. R. P. F. Domingo Collantes : Manila, año de 1783,» in-fol., faisait partie de la collection Sobolewski. No. 3173. — Je dois ces derniers renseignements à M. Léon Pagès.

La première édition est de Manille, 1640.

— Oriente conquistado a Iesu Christo pelos Padres da Companhia de Jesus da Provincia de Goa. Primeyra Parte, Na qual se contèm os primeyros vinte, & dous annos desta Provincia, ordenada pelo P. Francesco de Sousa Religioso da mesma Companhia de Jesus. Lisboa, Na Officina de Valentim da Costa Deslandes . . . MDCCX, in-fol.

— Segunda Parte, na qual se contèm o que se obrou desdo anno de 1564. até o anno de 1585 . . . . . *Ibid.*

La 3e partie se conservait Ms. au collége de Lisbonne. (De Backer, col. 876.)

— Scriptores Ordinis Praedicatorum recensiti, notisque historicis et criticis illustrati, opus quo singulorum Vita, Praeclareque gesta referuntur,... Inchoavit R. P. F. Jacobus Quetif S. T. P. absolvit R. P. F. Jacobus Echard..... Lutetiae Parisiorum, 1719/21, 2 vol. in-folio.

— Annales Minorum seu trium ordinum a S. Francisco Institutorum auctore a R. P. Luca Waddingo Hiberno..... Editio secunda, locupletior, & accuratior opera et studio R[mi] P. Josephi Mariae Fonseca ab Ebora-Romae, 1731/1747. 22 vol. in-folio.

— Salutaris ‖ lux Evangelii ‖ toti orbi per divinam gratiam exoriens, ‖ sive ‖ notitia historico chronologica ‖ literaria et geographica ‖ propagatorum ‖ per orbem totum ‖ christianorum sacrorum : ‖ delineata a ‖ Jo. Alberto Fabricio, ‖ SS. Theol. D. & Professore Publ. in Gymnasio Hamburgensi. ‖ — Accedunt Epistolae quaedam ineditae Juliani Imp. ex. ‖ Bibl. illustrissimi Comitis Christiani Danneshiold de ‖ Samsoa, τε μακασιτε : & 2) Gregorii Habessini Theologia ‖ Aethiopica, nec non 3) Index Geographicus Episcopatuum Orbis ‖ Christiani, additâ notitiâ Scriptorum, e quibus plerorumque ‖ historia & successio Episcoporum peti potest. ‖ — Hamburgi, Sumtu Viduae Felgineriae, ‖ Typis Stromerianis, A. C. cIↄIↄ ccxxxl, in-4, 3 ff. n. c. p. l. préf., + pp. 796 + pp. 234 + 1 f. n. c. p. les addenda; front. gravé.

Les pp. 234 renferment *Index geographicus episcopatuum orbis christiani . . . ., Index locorum et rerum; Index auctorum.*

— Chronicas de la apostolica Provincia de S. Gregorio de Religiosos descalzos de N. S. P. S. Francisco en las Islas Philipinas, China, Japon, &c..... escrita por el P. Fr. Jvan Francisco de S. Antonio..... Impressa en la Imprenta del vso de la propria Provincia, sita en el Convento de Nra. Señora de Loreto del Pueblo de Sampaloc, Extra-muros de la Ciudad de Manila : Por Fr. Juan del Sotillo. Año de 1738. — 3 vol. in-fol. : 1738, 1741, 1744.

— Historia general de ‖ Philipinas. ‖ Conqvistas espiritvales y tem- ‖ porales de estos Españoles Dominios, estable- ‖ cimientos Progresos, y Decadencias. ‖ Comprehende ‖ Los Imperios Reinos y Provincias de Islas y Con- ‖ tinentes con quienes há havido Communicacion, ‖ y Comercio por immediatas Coincidencias. ‖ Con ‖ Noticias universales Geographicas Hidrographicas de ‖ Historia Natural de Politica de Costumbres y de Religio- ‖ nes, en lo que deba interesarse tan universal. ‖ Titvlo. ‖ Por El P. Fr. Iuan de la Concepcion Recoleto Agusti- ‖ no Descalzo Lector Iubilado Ex-Provincial Exami- ‖ nador Sinodal de el Arzobispado de Manila, y Coronis- ‖ ta de su Provincia de San Nicolas de las Islas ‖ Philipinas. ‖ Socio Numerario de la regia Sociedad de Manila. ‖ — Con permiso de los Svperiores. ‖ — En Man. en la Impr. del Seminar. Conciliar, y Real de S. ‖ Carlos : Por Agustin de la Rosa, y Balagtas. Año de 1788.

— Tomo XIV. ‖ Con permiso de los svperiores. ‖ En el Conv. de Nra Sra de Loreto del Pueblo de Sampaloc : ‖ Por el Hermano Balthasar Mariano, Donado Francisscano. ‖ Año de 1792. 14 vol. in-4.

« Ce précieux ouvrage, écrit M. Leclerc (*Cat. de la Bib. Japon.* de M. Mourier, No. 425) est non-seulement la meilleure histoire qui existe des îles Philippines, mais aussi la meilleure chronique des religieux récollets augustins établis dans ces îles depuis leur découverte, ainsi que celle de leurs missions de Chine et du Japon. Le P. *Juan de la Concepcion* était déjà mort lorsque son livre fut donné à l'impression. C'est le P. *Joachin de la Virgen de Sopetran*, Provincial de la province de S. Nicolas, qui le publia. »

— Histoire de l'établissement du Christianisme dans les Indes orientales, par les évêques français et autres missionnaires apostoliques. Imprimée sur le Manuscrit original inédit; communiquée pendant le cours de l'impression, à M. Sicard, membre de l'Institut national, Instituteur des Sourds-Muets, et dédiée à S. E. Monseigneur le Cardinal Caprara, légat a latere. A Paris, chez Madame Devaux, libraire, rue de Malte, n° 382. — An XI. — 1803, 2 vol. in-12, pp. XXIV-299, 335.

— Histoire générale des Missions catholiques depuis le XIIIe Siècle jusqu'à nos jours, par M. le Baron Henrion, de l'Académie de la Religion catholique . . . Paris, Gaume frères . . . 1847. 4 vol. gr. in-8, imp. sur 2 col., grav. et cartes.

Tome Premier, 1re Partie, pp. I-XVI, 1/344. — Tome Premier, 2e Partie, pp. 345/624. — Tome Second, 1re Partie, pp. 1/328. — Tome Second, 2e Partie, pp. 329/688.

— Histoire abrégée des Missions catholiques dans les diverses parties du monde, depuis la fin du XVe siècle jusqu'à nos jours, par J.-J.-E. Roy. Tours, Mame, 1855, in-8.

— Historia de los PP. Dominicos en las Islas Filipinas y en sus misiones del Japon, China, Tung-kin y Formosa, que comprende los sucesos principales de la Historia general de este Archipiélago, desde el descubrimiento y Conquista de estas islas por las Flotas españolas, hasta el año de 1840. Obra original é inédita del M. R. P. Fr. Juan Ferrando, Rector y Cancelario que fué de la Universidad de Santo Tomás de Manila, y corregida, variada y refundida en su plan, en sus formas y en su estilo por el M. R. P. Fr. Joaquin Fonseca, Profesor de Teologia, y Vice-Rector de la misma Universidad con un apéndice hasta nuestros dias. Se imprime por orden del M. R. P. Provincial Fr. Pedro Payo. Con las licencias necessarias. Madrid, M. Rivadeneyra, 1870—1872, 6 vol. in-8.

— Resúmen histórico de las Misiones que la Provincia del Santísimo Rosario de Filipinas de la Orden de Predicadores tuvo en la Isla Formosa : de su nueva instalacion en nuestros dias, y principales sucesos ocurridos en ellas hasta el presente. — Estado actual de las misiones que la misma provincia tiene en el Imperio de la China, principales sucesos ocurridos desde 1862 hasta el presente. — Ultimas noticias de las misiones que la dicha provincia tiene en el reino de Tunquin. — Con las licencias necesarias. — Manila : Setiembre de 1864. — Establecimiento tipográfico del colegio de Santo Tomás, à cargo de D. Babil Saló. in-4, pp. 82 + 42 + xxxx + 71.

— Storia universale delle missioni francescane del P. Marcellino da Civezza M. O. della Provincia di Genova. Volume I. Roma, Tipografia Tiberina 1857. — Vol. VI. Prato, Tip. di R. Guasti, 1881, 6 vol. in-8.

En cours de publication.

— «Roman Catholic Church and Missions in China.»

Dans les «Portuguese Settlements» de Ljungstedt (Boston 1836), pp. 145-196.

— Sur les Missions catholiques en Chine, on trouvera deux articles dans le Vol. II. de *Notes & Q. on C. & J.*, l'un, p. 70, fort mal fait, signé D. N., l'autre, pp. 132/4, N. B. D[ennys]. Un autre article de Mr Dennys sur le même sujet se trouve dans le même volume, p. 163.

— Copia de vnas | Cartas de algunos padres y herma | nos de la compañia de Iesus que es | criuieron de la India, Iapon, y Bra | sil a los padres y hermanos de la mis | ma compañia, en Portugal trasla | dadas de portugues en castella | no. Fuerõ recebidas el año | de mil y quinientos y cincuenta y | cinco. Acabaronse a treze dias del mes | de deziember. (Lisboa) Por Ioan | Aluarez. Año M.D.LV. in-4.

L'ex. que nous avons examiné est celui qui figure au No. 2723 de *Bibliotheca Americana*. Supp. No. I. Novembre 1881. Paris, Maisonneuve, 1881, in-8. Nous ne pouvons mieux faire que de reproduire la notice excellente de ce catalógue fort bien rédigé :

(Divers.)

32 fnc. caractères gothiques. Le titre est orné d'une bordure sur bois représentant des fleurs, des oiseaux, un singe, etc. Le premier feuillet commence avec la signature *B.* Bel exemplaire d'un volume des plus précieux et fort peu connu jusqu'à présent. Le seul bibliographe qui en fasse mention, Innocencio da Silva, en constate lui-même la grande rareté. Cette petite collection de lettres, écrites par les missionnaires de la Compagnie de Jésus à leurs confrères d'Europe, renferme neuf épîtres, savoir : Carta del hermano Arias Blandõ, que escriuio de Goa (datée du collège S. Pablo de Goa 23 décembre 1554). Dans cette pièce, le P. Arias parle de Fernand Mendez Pinto. — Carta del hermano Herman Mendez de la compañia de Jesus (datée du collège de Malaca, 5 avril 1554). Cette pièce est du célèbre voyageur Fernand Mendez Pinto, il l'écrivit à l'époque de son noviciat lorsqu'il était dans l'intention d'entrer dans la Compagnie de Jésus — Carta del padre mestre Melchior que scriuio de Malaca (datée de Malaca 3 décembre 1554). — Carta del hermano Pedro de Alcaceua scripta de Goa en el año de 1554. — Informacion de algunas cosas acerca de las costũbres y leyes del Reyno de la China que vn hõbre que alla estuuo captiuo seis años, cõto en Malacha en el collegio de la compañia de Jesus. (Ce curieux document est attribué au voyageur Fernand Mendez Pinto.) — *Cartas del Brasil.* Cartas del hermano Pero Correa que scriuio a vn padre del Brasil. (Il y est question des conversions faites par le P. Nobrega parmi les indiens Carijos et Tupiniquines.) — Carta del hermano Joseph que scriuio del Brasil a los padres y hermanos de la compañia de Jesus (mission de la province de Piratininga; conversion des Ibirajaras par le P. Correa; récit de la mort du P. Juan de Sosa, le compagnon du P. Correa). — Carta del hermano Joseph (autre lettre du même religieux datée de la mission de Piratininga, 15 mars 1555). — Vna del padre Juan de Aspilcueta (très intéressant récit du voyage de ce religieux dans l'intérieur du Brésil, dans lequel il parle des indiens Tapuyas, Cathiguzu [?], Tamoyas; fêtes des Indiens; fruits et animaux, etc. Cette lettre est datée de Puerto Seguro, jour de S. Jean, 1555).

— Ein seltenes Buch über Japan, China, etc., in der Leidener Universitäts-Bibliothek. Par J. D. E. Schmeltz. (*Int. Archiv für Ethnog.*, XIV, Heft V, pp. 217/218.)

Copia de diversas cartas de algvnos padres y hermanos de la Compañia de Jesus. Resebidos al Año de MLV. Barcelona; 1556, 52 doubles ff.

Découvert par le Dr. Nachod.

IESVS. ‖ Cartas qve os ‖ Padres e Irmãos ‖ da Companhia de Iesus escreue- ‖ rão dos Reynos de Iapão & China ‖ aos da mesma Companhia da In- ‖ dia, & Europa, des do anno ‖ de 1549. até o de ‖ 1580. ‖ Primeiro Tomo. ‖ Nellas se conta o principio, socesso, & bondade da Chris- ‖ tandade daquellas partes, & varios costumes, & falsos ritos da gentilidade. ‖ Impressas por mandado do Reuerendissimo em Christo Padre dom Theo- ‖ tonio de Bragança Arcebispo d'Euora. ‖ Impressas com licença & approuação dos SS. Inquisidores ‖ & do Ordinario. ‖ Em Euora por Manoel de Lyra. Anno de M.D.XCVIII, ‖ in-fol., 481 ff. à 2 col. s. 2 f. prél.

Segvnda Parte das ‖ cartas de Iapão que escreuerão os padres, & ir- ‖ mãos da Companhia de Iesvs. 267 ff.

J'ai examiné l'ex. de M. Léon Pagès; il n'a pas de frontispice au commencement de la deuxième partie, pas plus d'ailleurs que celui du British Museum, C. 32. m. 12.

«Sahiu sem folha de rosto. fol.-Da primeira e segunda parte d'estas Cartas existem exemplares na Bibliotheca Nacional de Lisboa, e na Real d'Ajuda, nas Livrarias do Archivo Nacional, e da Academia Real das Sciencias.» (Figaniere, No. 1479.)

— Avisi particolari delle Indie di Portugallo.

(Divers.)

Nouamente hauuti questo Anno del. 1555. da li. R. padri della Compagnia di Iesu doue si ha informatione delle gran cose che si fanno per augmento de la Santa fede. Con la descriptione e costumi delle genti del Regno de la China, & altri paesi incognita nouamente trouati. Romae apud Antonium Bladum Impressorem Cameralem. 1556. In-12 sans pagination.

— L'institution des loix, covstvmes et avtres choses merueilleuses & memorables tant du Royaume de la Chine que des Indes contenues en plusieurs lettres missiues enuoyées aux Religieux de la compagnie du nom de Iesus. Traduictes d'Italien en Françoys. Auec priuilege. A Paris, Ches Sebastien Nyuelle libraire demourant à l'enseigne des Cicongnes, Rue sainct Iacques. 1556. In-16, 119 feuillets.

Les 4 derniers feuillets ne sont pas numérotés.

Information des Loix, coustumes & autres choses notables du Royaume de la Chine raportées par vng homme digne de foy, lequel y a esté captif & prisonnier l'espace de six ans, au pere maistre Melchior miguez au college de la compagnie de Iesu à Malacca (verso feuillet 91 et seq.).

— Avisi particvlari dell'Indie di Portvgallo Nouamēte hauti quest'anno del 1557. dalli R. Padri della Compagnia di Iesv, doue s'hà informatione, delle gran cose che si fanno per aumento della santa fede & cōuersione de quelle genti infideli à Christo N. Signore. Romae in aedibus Societatis Iesv anno Domini 1557. In-12, s. pagin.

— Avisi ‖ particolari ‖ del avmento che iddio da ‖ alla sua Chiesa Catholica nell'Indie, et septi- ‖ almēte nelli regni di Giappō, cō īforma- ‖ tione della China, riceuuti dalli Padri ‖ della Compagnia di Iesv. ‖ questo anno del ‖ 1558. ‖ In Roma nella Casa della Com- ‖ pagnia di Iesv. ‖ 1558. pet. in-8, s. pagination, sig. a—f × 8 = 48 ff.

Lettre du P. Melchior Nugnez, de Macao, port de Chine, 23 Nov. 1555.

— Iesvs. Cartas qve los Padres y hermanos de la compañia de Iesus, que andan en los Reynos de Iapon escriuieron a los de la misma Compañia, desde el año de mil y quinientos y quarēta y nueue, hasta el de mil y quinientos y setenta y uno. En las qvales se da Noticia de las varias costumbres y Idolatrias de aquella Gentilidad: y se cuenta el principio y successo y bondad de los Christianos de aquellas partes. Con priuilegio de Castilla y Aragon. En Alcala En casa de Iuan Iñiguez de Lequerica. Año 1575. In-4, 515 ff. chif. s. les ff. prél. et la tab.

(Divers.)

F. 63. Carta del P. Melchior, Macao, 23 Nov. 1555.

F. 170. Parte de una Carta del P. Manuel Texera, — Canton, 1564.

La Lettre du P. Melchior renferme quelques renseignements généraux sur la Chine sous le titre (f. 65) de «Informacion de la China». — Le P. Melchior Nuñez Barreto † à Goa en 1571.

— * Carta escrita do Macao [par Melchior Carneiro, S. J.] a 20 de Novembro de 1572. ao P. Geral em que refere o fruto que fizera no Japão, e das esperanças que se tinhão do que se havia de colher na China. [De Backer, col. 1088.]

Traduite en italien :

— Lettere diverse ‖ dalle Indie ‖ Orientali di ‖ Nvovo venvte; ‖ Le quali narrono molte cose notabili del gran ‖ Regno del Giappone, ne gli Anni ‖ 74. 75. & 76. ‖ Scritte dalli Reuerendi Padri della Compagnia di ‖ Giesv; & di Portughese tradotte ‖ nel Volgare Italiano. ‖ In Tvrino, ‖ M.D.LXXIX, ‖ in-8, pp. 75.

Cavato da una lettera del Reuerendissimo vescouo Carnero al R. P. Generale, delli 20. di Novembre 1578. Da Macone porto della China, pp. 40/3.

— * La même : In Roma, per Francesco Zanetti, 1578, in-8. (Carayon, No. 593. — de Backer, 1, col. 1089.

— Lettere ‖ dell' India ‖ orientale, ‖ Scritte da' Reuerendi Padri della ‖ Compagnia di Giesv. ‖ Nelle quali si scopre la grande arte vsata ‖ da gli istessi, per liberar l'anime de gli in- ‖ fideli Indiani dalla potestà del nimico in- ‖ fernale, & ridurle alla nostra santa fede. ‖ Nouuamente stampate, & ampliate in molti ‖ luoghi, & ricorrette con diligenza. ‖ Con privilegio. ‖ In Vinegia, Appresso Antonio Ferrari. ‖ MDLXXX, pet. in-8, 4 ff. n. ch. p. l. tit., déd., etc. + pp. 342.

Grenville, 6683(1).

Parmi les 25 lettres composant cette collection, nous indiquerons seulement celles relatives au Japon et à la Chine :

Lettre du P. Luis d'Almeida, du Japon, 1566 (pp. 9—48). — Lettre du P. Em. Teixera sur les missions de Chine, 1569 (pp. 77—84). — Lettre du P. Franc. Cabral, supérieur des missions du Japon, Mai 1574 (pp. 176—204). — Du même religieux, lettre datée de Septembre 1575 (pp. 205—215). — Lettre du P. Melchior Carnero, datée de Macone port de la Chine, 1575 (pp. 215—219). — Lettre du P. Gomez Vaz de Macone, 1576 (pp. 219—223). — Lettre du P. Cabral, Septembre 1576 (pp. 224—252). — Lettre du P. Luis Froes, datée de Bungo 1577 (pp. 256—320). — Lettre du P. Organtini, datée de Meaco 1577 (pp. 320—327). — Lettre du P. Giov. Franc. Stefanone, datée de Meaco 1577 (pp. 327—331). — Autre lettre du P. Cabral, datée de Cocinocù 1577 (pp. 332—432). (*Cat. de la Bib. Jap. de M. Mourier*, Paris, 1887.)

— Avvisi del Giapone ‖ de gli anni M.D.LXXXII. ‖ LXXXIII. et LXXXIV. ‖ Con alcuni altri della Cina dell' ‖ LXXXIII. et LXXXIV. ‖ Cauati dalle lettere della Compa- ‖ gnia di Giesù. ‖ Riceuute il mese di Dicembre. ‖ M.D.LXXXV. ‖ In Roma, Per Francesco Zanetti. ‖ M.D.LXXXVI. ‖ Con licentia de' Superiori. In-8, pp. 188 + 1 f. n. ch. p. l'er.

Pp. 169/175. L. del P. Michele Ruggiero, Sciauchino, 7 Fev. 1583. — Pp. 175/176. L. del P. Francesco Pasio Bolognese, 27 Juni 1583. — Pp. 176/177. L. del P. Francesco Cabrale, 20 Nov. 1583.

(Divers : 1555—1584.)

— Pp. 177/179. L. del P. M. Ruggiero, 25 Janv. 1584. — Pp. 179/180. L. del medesimo, Sciauchino, 30 Mai 1584. — Pp. 181/182. L. del medesimo, Amacano, 24 Oct. 1584. — Pp. 182/183. L. del P. Matteo Ricci Maceratese, Cantone, 30 Nov. 1584. — Pp. 183/188. L. del P. F. Cabrale, Amacano, 8 Déc. 1584.

— Avisi ‖ del Giapone ‖ de gli anni M.D.LXXXII. ‖ LXXXIII. et LXXXIV. ‖ Con alcuni altri della Cina dell' ‖ LXXXIII. et LXXXIV. ‖ Cauati dalle lettere della Compa- ‖ gnia di Giesv. ‖ Riceuute il mese di Decembre. ‖ M.D.LXXXV. ‖ In Milano. ‖ Appresso Pacifico Pontio. M.D.LXXXVI. ‖ Con Licentia de' Superiori. pet. in-8, pp. 188 + 1 f. n. ch. p. l'er. et le reg.

— Nvovi ‖ Avvisi del Giapone ‖ con alcvni altri ‖ della Cina ‖ del LXXXIII, et LXXXIV. ‖ Cauati dalle lettere della Compagnia ‖ di Giesv. ‖ Riceuute il mese di Decembre prossimo ‖ passato MDLXXXV. ‖ In Venetia, ‖ appresso i Gioliti. ‖ MDLXXXVI, in-8, pp. 181.

Pp. 161 et seq. : Avvisi della Cina del LXXXIII, e del LXXXIV. [en voir la liste ci-dessus].

— Advis ‖ dv Iappon ‖ des annees M.D. ‖ LXXXII. LXXXIII. et ‖ LXXXIV. ‖ Auec quelques autres de la Chine, des annees ‖ LXXXIII. LXXXIV. ‖ Recueilliz des lettres de la Compagnie de Iesus, ‖ receües au mois de Decembre M.D.LXXXV. ‖ A Paris, ‖ Chez Thomas Brumen, demeurant au clos Bru- ‖ neau, à l'enseigne de l'Oliuer. ‖ M.D.LXXXVI. pet. in-8, 97 ff. + 3 ff. n. ch. p. l. tab. et la perm. à la fin.

— * Advis du Japon des années 1582, 1583 et 1584, avec quelques autres de la Chine, etc., recueillis des lettres de la Compagnie de Jésus, reçues au mois de décembre 1585. Dole, Jean Poyure et Jean Ravoillot, 1587, in-8. [Carayon, 634; Léon Pagès.]

— Fernere Zeitung ‖ Ausz Japon | desz ‖ zwey vnnd achtzigsten | drey vnd ‖ achtzigsten | vnd vier vnd ach- ‖ tzigsten Jars. ‖ Sampt ‖ Langstgewünschter Fr̊öli- ‖ cher Bottschafft | ausz der gewalti- ‖ gen | bisz anhero Haydnischen Land- ‖ schafft China | desz 83. vnnd 84. ‖ Jars : Von dem daselbst an- ‖ gehenden Christen- ‖ thumb. ‖ Gezogen ausz Briefen der Societet ‖ Iesv | die zu Rom ankommen. | im ‖ December desz 1585. Jars. ‖ Mit R̊öm. Kay. Mayestet Freyheit. ‖ Getruckt zů Dilingen | durch ‖ Joannem Mayer. ‖ — M.D.LXXXVI. pet. in-8, 2 ff. n. c. + 166 ff. c. [le der. ch. 266 par erreur].

Sendtschreiben ‖ Ausz den weit- ‖ berhůmpten Landschaff- ‖ ten China | Japon vñ Jndia | desz ‖ sechs vnnd achtzigisten | vnnd siben ‖ vnd achtzigisten Jahrs. ‖ Sampt ‖ Angehenckter erzehlung ei- ‖ nes mercklichen Schiffbruchs | wie ‖ in andern schreiben desz P. Petri Martonez ‖ an den Ehrwürdigen P. General der Socie- ‖ tet Iesv den 9. Decembris | Anno ‖ 1586. gethan | vermel- ‖ det wirdt. ‖ Mit R̊öm. Kay. Mayestet Freyheit. ‖ Getruckt zů Dilingen | durch ‖ Johannem Mayer. ‖ M.D.LXXXIX. in-8, 5 ff. n. ch. p. l. tit. etc. + pp. 211.

— * Peter Martinetz. Sendschreiben aus den weitberuhmten Landschaften China, Japon und India anni 1585. Dillingen, G. Willern, in-8, 1589. [Ternaux-Compans, No. 626.]

— Relationi ‖ della venvta ‖ de gli ambasciatori ‖ giaponesi ‖ à Roma, sino alla partita di Lisbona. ‖ Con vna descrittione del lor paese, e costumi, ‖ e con le Accoglienze fatte ‖ loro da tutti i Prencipi Christiani ‖ per doue sono passati. ‖ Raccolte da Gvido Gvaltieri. ‖ In Venetia ‖ appresso i Gioliti. ‖ MDLXXXVI, in-8, 5 ff. n. c. + pp. 187 + 1 f. n. c.

— Avvisi ‖ della Cina ‖ et Giapone ‖ del fine dell' ‖ anno 1586. ‖ Con l'arrivo delli ‖ Signori Giaponesi nell' India. Cauati dalle lettere della Compagnia di Giesù. Riceuute il mese d'Ottobre 1588. In Roma, Appresso Francesco Zannetti. 1588. Con Licentia de' Superiori, in-8, pp. 68.

Cavato di vna lettera del P. Al. Valignano, Prov. dell' India, scritta al R. P. Gen. della C. di Giesù da Cocino a 14 Gennaio 1587, p. 3/5.

Copia d'vna del Padre Antonio Dalmeida scritta da Ciquione, città nel mezzo della Cina, al P. Odoardo di Sande superiore di quei che sono nella città di Xauchino della C. di Giesù delli 10. di Febraro 1586, pp. 6/17.

Cauato d'vn altra del P. Prouinciale scritta al Reuerendo P. Generale, da Goa à 19. di Dec. 1587, pp. 17/19.

— Avvisi ‖ della Cina ‖ et Giapone ‖ del fine dell'- ‖ Anno 1586. ‖ Con l'arrivo delli ‖ Signori Giaponesi nell' India. ‖ Cauati dalle lettere della Compagnia di Giesù. ‖ Riceuute il mese d'Ottobre 1588. Con Priuilegio. ‖ In Milano, Per Pacifico Pontio. ‖ 1589. ‖ Con licentia de' Superiori. pet. in-8, pp. 63.

— Avvisi della Cina, et Giapone del Fine dell' anno 1587. Con l'arriuo de' Signori Giaponesi nell' India. Cauati dalle lettere della Compagnia di Giesv. Riceuute il mese d'Ottobre 1588. Con licenza de' svperiori. In Venetia, appresso i Gioliti. 1588. pet. in-8, pp. 64.

— * Brescia, 1588, in-8 [Carayon, 641. — Ternaux-Compans, 604.]

— * Anversa, 1589, in-8 [Carayon, 658. — T. C., 621].

— * Advertissement des royaumes de la Chine et de Giapon, avec le retour des princes giaponois aux Indes. Lyon. In-8, 1588 [T. C., 611]. — Douay, 1589, pet. in-8. (Cat. Sobolewski, No. 3174.)

— Advertissement ‖ de la Chine, ‖ et Iapon, de ‖ l'an 1585. 86. et 87. ‖ Auec l'Arriuée & venuë des Sei- ‖ gneurs Iaponnois aux

Indes. ‖ Tirez des lettres de la Compa- ‖ gnie de Iesus. ‖ Receuz le moys d'Octobre 1588. ‖ Et traduitz d'Italien en François, sur la ‖ Copie Imprimée à Rome. ‖ A Paris, chez Nicolas Niuelle, aux deux ‖ Collonnes, Rue S, Iacques. ‖ M. D. LXXXIX. ‖ Auec Priuilege du Roy. in-8, 73 ff. + 1 f. p. l'er.

— Avisos ‖ de la China ‖ y Iapon, del fin ‖ del año de 1587. Recebidos ‖ en Octubre de 88. sacados de ‖ las cartas de los padres de la ‖ Compañia de Iesus que andã ‖ en aquellas partes. ‖ Con Licencia y Priuilegio. ‖ En Madrid, ‖ Por la biuda de Alonso Gomez ‖ Impressor de su Magestad. ‖ 1589. pet. in-8, 4 ff. n. ch. p. l. tit., er., lic. + 45 ff. + 1 f. n. ch. p. le colophon.

A. Valiñanó, 14 Enero 87. — Antonio Dalmeyda, Chiquion, 10 Hebrero 1586; les autres lettres concernent le Japon.

— Nouvelles de l'an 1587 des royaumes de Japon et de Chine situez aus Indes orientales; tirées d'une lettre du Prouincial de la Comp. de Jesus. Douay, 1588, pet. in-8. Pièce de 4 ff.; fort rare. (Cat. Sobolewski, No. 3325.)

— Algvns ‖ Ca- ‖ pitvios tirados das car- ‖ tas que vieram este anno de 1588. dos Padres da ‖ Companhia de IESV que andam nas partes da ‖ India, China, Iapão, & Reino de Angola, im- ‖ pressos pera se poderem com mais facilidade ‖ cõmunicar a muitas pessoas que os ‖ pedem. ‖ Collegidos por o Padre Amador Rebello da mesma ‖ Companhia, procurador geral das prouincias ‖ da India, & Brasil. &c. ‖ Em Lisboa, ‖ Impressos com licença do Conselho geral ‖ da sancta Inquisição, & do Ordinario. ‖ Per Antonio Ribeyro. ‖ 1588, pet. in-8, 64 feuillets.

Da China (feuillets 16/30) : De cartas dos padres qve andam na China, & enformações que se teueram do padre visitador da Companhia, & do padre Rogerio o primeiro que nella entrou (f. 16/24). — Capitulos da carta do padre Antonio Dalmeyda (f. 24/30).

Grenville, 6494.

— Lettere ‖ del Giapone' ‖ et della Cina ‖ de gl'anni ‖ M.D.LXXXIX. & M.D.XC. ‖ Scritte al R. P. Generale della Com- ‖ pagnia di Giesv. ‖ In Roma, ‖ appresso Luigi Zannetti. M.D.XCI. ‖ — Con licentia de' svperiori. ‖ pet. in-8, pp. 214 [chif. par erreur *1*14].

Contient :

Lettere annale del Giapone delli 24. di Febraio 1589 . . . . Da questa Chiesa nostra di Canzusa à 24. di Febraro 1589, pp. 3/159.

Altri avisi delle medesime parti del Giapone estratti da vna lettera del P. Luigi Frois al P. V. Prouinciale, data a 22. di Luglio. 1589, ff. 159/168.

Di vn' altra del P. Francesco Perez intorno alla Christianità della Città di Arie, ff. 168/170.

Del medesimo padre Francesco Perez intorno à quello che auuène in Amanguccí dopò la partità de i Nostri Padri da quella Città, ff. 170/181.

Copia d'vna del P. Egidio della Matta scritta al P. General della Compagnia di Giesù dal medesimo Regno del Giapone à 25. di Luglio 1590, ff. 181/187.

Avvisi della Cina cavati da vna del P. Antonio Dalmeida scritta dalla Città di Sciauchino alli 8. di Settembre 1588. à Macao al P. Duarte di Sande, ff. 187/199.

Di vna del P. Provinciale dell' India al R. P. Generale delli 22. di Nouembre 1589, ff. 199/200.

Copia d'vna del P. Dvarte di Sande Superiore della Casa della Compagnia di Giesv in Macao Porto della Cina scritta al R. P. Generale à 28. di Settembre 1589, ff. 200/214.

— Lettere del Giapone et della Cina de gl' anni M. D. LXXXIX. & M. D. XC. Scritte al R. P. Generale della Compagnia di Giesv. In Venetia, M. D. XCII. Appresso Gio. Battista Ciotti Senese al segno della Minerua. Pet. in-8, pp. 214.

Pp. 187—199. Avvisi della Cina cavati da vna del P. Antonio Dalmeida scritta dalla Citta di Sciauchino alli 8. di Settembre 1588, à Macao al P. Duarte di Sande. — Pp. 199—200. Di vna del Padre Prouinciale dell' India al R. P. Generale delli 22. di Nouembre 1589. — Pp. 200—214. Copia d'vna del P. Dvarte di Sande Superiore della Casa della Compagnia di Giesv in Macao Porto della Cina scritta al R. P. Generale à 28. di Settembre 1589.

— Le même. In Milano, Per Pacifico Pontio. M. D. XCII. pet. in-8, pp. 214.

— * In Roma, 1591, in-8. (Carayon, 670.) — * In Brescia, 1592, in-8. (Carayon, 671. — De Backer, III, col. 529.)

La lettre du P. de Sande, du 28 sept. 1589 est imprimée en portugais, langue dans laquelle elle fut écrite dans « Relação da Perseg. do Japão » du P. Antoine Vasconcellos. 1588. (De Backer, III, col. 528.)

— Relacion de vna gravissima persecuciõ, que vn tyrano de los Reynos de Iapon, llamado Cãbucodono, ha leuãtado contra los christianos, en los años de 88. y 89. Y de las marauillas que ñro Señor ha obrado por medio della. Escrita por los padres de la Compañia de Iesvs que residen en el Iapon. 1591. Con privilegio. En Madrid, por Pedro Madrigal. pet. in-8.

Voir ff. 189 et seq. : Annva de la China del año de. 1589. escrita desde Macao, por el padre Duarte de Sande. *A la fin* : Desta ciudad de Macao, de. 1589.

— Lettres ‖ dv Iapon, ‖ et de la Chine, ‖ des annees ‖ 1589. & 1590. ‖ Et certains aduis du Peru, des annees ‖ 1588. & 1589. ‖ Enuoyez au Reuerend Pere General de la ‖ Compagnie de Iesvs. ‖ A Lyon, ‖ par Iean Pillehotte, ‖ à l'enseigne du nom de Iesvs. ‖ M. D. XCIII. ‖ Auec Permission des Superieurs. Pet. in-8, pp. 310.

Advis de la Chine tirez d'une lettre du Pere Antoine Dalmeida, escrite de la Cité de Sciauchino le 8. Septembre 1588. à Macao au Pere Duarte de Sande, pp. 209/210.

Copie d'vne Requeste presentee par les Anciens du peuple de la Cité de Cantone, au nom de toute la Prouince, au Visiteur Royal, contre les Peres de la Compagnie de Iesvs, pp. 210/225.

Extraict d'vne Lettre du Pere Prouincial des Indes, au Reuerend Pere General du 22. de Nouembre, 1589, pp. 225/224.

Copie d'vne Lettre du Pere Duarte de Sande, Superieur de la maison de la Compagnie de Iesvs en Macao, port de la Chine, escritte au Reuerend Pere General, le 28. de Septembre, 1590, pp. 224/241.

Grenville 6685 (1). — Aux couronne et chiffre de Louis XIII et d'Anne d'Autriche. — Armes du P. Prondre de Guermante. — A fait partie de la *Bib. Heberiana.*

— * Le même ouvrage. Paris, Hierosme de Marne, 1593. [T. C., 665.]

— Sommaire ‖ des Lettres | dv Iapon et de ‖ la Chine, ‖ de l'an M. D. LXXXIX. & M. D. XC. Escrites au R. P. General de la Compa- ‖ gnie de Iesvs, & traduites d'Italien ‖ en François selon la copie ‖ imprimée à Rome. ‖ A Paris, ‖ De l'Imprimerie de Leo Cauellat, au ‖ Gryffon d'argent ruë S. Iean ‖ de Lateran. ‖ M. D. XCII. in-8, pp. 134.

— * Sommaire des lettres du Japon et de la Chine de 1589 et 1590. Douai, 1592, in-8. [T. C., 657. — Carayon, 672.]

— Fortsetzung ‖ Der Zeytungen ‖ vnd historischen Berichts | ausz ‖ den fürtrefflichen vnnd weitberümbten Ja- ‖ ponischen vnd Chinesischen Kőnigreichen ‖ vnd Landen | wie auch beydes | so wol ausz ‖ den Orientalischen | als Occiden- ‖ talischen Jndien. ‖ Darinn kürztlich doch gründlich ‖ vermeldet wirde | was sich inn disen Kő- ‖ nigreichen | fürnemblich aberin Japon | vnangese- ‖ hen der grossen diser Zeit daselbst schwebenden Ver- ‖ folgung | mit der newen Christenheit vnd fortpflan- ‖ zung desz Christlichen Catholischen Glaubens im ‖ 1589. 1590. vnd 1591. Jar ‖ gedenckwürdig hat zu- ‖ getragen. ‖ Auch von glückseliger langerwarter heym- ‖ konfft der Japonischen Legaten | so weyland bey ‖ Gregorio XIII. zu Rom gewesen. Sehr ‖ nutzlich vnnd lustig zu lesen. ‖ Getruckt zu Jngolstatt durch ‖ Dauidem | Sartorium ‖ Anno | 1593. in-8, pp. 477.

— * Compendio de algvnas Cartas qve este anno de 97. vierão dos Padres da Companhia de Iesv, que residem na India, & corte do Grão Mogor, et nos Reinos da China, & Japão, & no Brasil, em que se contem varias cousas. Collegidas por o Padre Amador Rebello da mesma companhia. Em Lisboa. Com licença do santo Officio, Ordinario, & Desembargadores do Paço. Por Alexandre de Siqueira, Impressor de liuros. Anno de M. D. XC. VIII. In-8, pp. 240. (Figaniere, No. 1439.)

LONGOBARDI.

— Breve ‖ relatione ‖ del regno ‖ della Cina. ‖ Nella quale si dà particolar conto dello stato ‖ presente di quel Regno, della dispositio- ‖ ne di quei popoli alla Fede Christiana, & de' loro costumi, studij, & dottrina. ‖ Scritta di là dal R. P. Nicolo ‖ Longobardi della Compagnia di Giesv. ‖ In Mãtoua, per Francesco Osanna Stampator Ducale. ‖ MDCI. Con licenza de' Superiori. pet. in-8, pp. 32.

Sciauceo 18 Ott. 1598.

— Copia ‖ d'vna breve ‖ relatione ‖ della Christianita ‖ di Giappone, ‖ Del Mese di Marzo del M.D.XCVIII. insino ‖ ad Ottob. del medesimo Anno, ‖ Et della morte di Taicosama Signore ‖ di detto Regno. ‖ Scritta del P. Francesco Pasio, al M. R. P. Claudio ‖ Acquauiua Generale della Compagnia ‖ di Giesv. ‖ Et dalla Portoghese tradotta nella lingua Ita- ‖ liana del P. Gasparo Spitilli, di Campli ‖ della Compagnia medesima. ‖ In Venetia, ‖ Appresso Gio. Batt. Ciotti Sanese. ‖ M.DCI. pet. in-8, pp. 98.

Voir pp. 39/72 : Copia d'una lettera del P. Nicolò Longobardi, scritta nel 1598. dalla Cina. [Sciauceo, 18 Ott. 1598.]

— Copia ‖ d'vna breve ‖ relatione ‖ della Christianita ‖ di Giappone, ‖ del mese di Marzo del ‖ M. D. XCVIII. insino ad Ottob. ‖ del medesimo anno, ‖ Et della morte di Taicosama Sign. di detto Regno. ‖ Scritta del P. Francesco Pasio, al M. R. P. Claudio Acqua- ‖ uiua Generale della Compagnia di Giesv. ‖ Et dalla Portoghese tradotta nella lingua Italiana dal P. Gasparo ‖ Spitilli, di Campli della Compagnia medesima. ‖ In Brescia, ‖ Appresso Pietro Maria Marchetti. ‖ Con licenza de' Superiori. in-8, pp. 93.

Voir pp. 36/69 : Copia d'vna lettera del P. Nicolò Longobardi, scritta nel 1598. della Cina. [Sciauceo, 18 Ott. 1598.]

— Copia d'una breve relatione della Christianità di Giappone . . . In Roma, 1601, in-8. [Carayon, 719.]

— Recentissima de amplissimo Regno Chinae. Item de Statv Rei Christianae apvd magnvm regem Mogor. Et De morte Taicosamae Iaponiorum Monarchae. Mogvntiae Typis Ioannis Albini. Anno M. DCI. in-12, pp. 132, s. l. préf.

«Exemplvm Epistolae a P. Nicolao Longobardo, anno 1598. ex China conscriptae ad Reverendvm P. Clavdivm Aquauiuam Societatis Iesv Generalem. Pp. 1/49. (Sciauceo, 18 Octob. 1598).»

— Iaponica, ‖ Sinensia, Mogorana. ‖ Hoc est, De rebus apud eas Gentes à Pa ‖ tribus Societatis Iesv, Ann. 1598. ‖ & 99. gestis. ‖ A. P. Ioanne Orano, eiusdem Societatis, in Lati ‖ nam linguam versa. ‖ Leodii, ‖ Apud Arnoldum de Coersvvaremia, ‖ Typographum juratum. ‖ Anno 1601, in-12, s. pag.

Lettre du P. Longobardi. — Cette trad. latine est du P Jean Busée, né à Nimègne, en 1547.

— On retrouvera une partie de cet ouvrage dans : De rebvs iaponicis, indicis, et pervanis epistolae recentiores. A Ioanne Hayo Dalgattiensi Scoto Societatis Iesv in librum vnum coaceruatae. Antverpiae, Ex Officina Martini Nutij, ad insigne duarum Ciconiarum, Anno M. DC. V, pet. in-8.

Voir dans ce dernier livre : De legatione regis Cinensivm ad Taicosamam, pp. 244 et seq. — Amplissimi potentissimiqve Sinarvm regni brevis et lvcvlenta Descriptio, pp. 879 et seq., etc.

— Novveavx Advis dv grand Royavme de la Chine, Escrits par le P. Nicolas Lombard de la Compagnie de Iesvs. Au T. R. P. Clavde Aqvaviva General de la mesme Compagnie; Et traduits en François par le P. Iean de Bordes Bourdelois de la mesme Société. A Monseigneur de Villars Euesque, & Comte d'Agen. A Paris, chez Rolin Thierry, & Eustache Fovcavlt, ruë S. Iaques, à la Coquille. 1602. Iouxte la coppie imprimée à Agen. Pièce pet. in-8.

Lettre du Père Lombard écrite de la Chine, l'an 1598, 18 Octobre (de Schiauché). Cette même lettre est reproduite pp. 3/56 de :

— Novveavx Advis ‖ dv Royavme de la ‖ Chine, dv Iappon et de ‖ l'Estat du Roy de Mogor, successeur ‖ du grand Tamburlã & d'autres Roy- ‖ aumes des Indes à lui subiects. ‖ Tirez de plvsievrs let- ‖ tres, memoires & Aduis enuoyez a Rome : ‖ Et nouuellement traduits d'Italien ‖ en François. ‖ A Paris, ‖ chez Clavde Chappelet, ruë ‖ S. Iaques à la Licorne. ‖ M.DCIII, in-12, pp. 264.

De Backer ne cite pas cette édition.

— Newe Historische Relation | ‖ Und sehr gûte ‖ fröliche vnd lustige Bott- ‖ schafft | was sich in vilen gewalti- ‖ gen Kônigreichen der Orientalischen In- ‖ dien | wie auch inn dem mächtigen Königreich ‖ China | vnd bey dem grossen Kônig Mogor | zuuor- ‖ derst aber in Jappon | vor vñ nach dem Tod desz ‖ altẽ Königs Quabacondoni od͂ Taicosame | im 1598. ‖ vnd 99. Jar | zů- getragen | wie jetzt gemelter Ty- ‖ rann abgeleibet | vnd Gott der Herr den Patribus ‖ Societatis IESV, grosse gewaltige Thor zů bekôh- ‖ rung der Haidenschafft | in gemeldten Königrei ‖ chen | wunderbarlich eröffnet. Auch von den ‖ mercklichen Reichthumben | seltzamen vner- ‖ hôrten Sitten vnnd Gebräuchen | so wol in ‖ Religions | als Politischen Wesen | ‖ derselben Königen vnd ‖ ihrer Reiche. ‖ Alles in etlichen Missiuen obge- ‖ dachtet Patrum | vnd vorgemelten Jaren | ‖ an jhren Hochehrwürdigen P. Generalem geschri- ‖ ben | vnd thails ausz dem Lateinischen | thails ‖ ausz dem Welschen Exemplar in die ‖ Teutsche Sprach versetzt. ‖ Cum facultate Superiorum. ‖ Dilingen durch Johannes Mayer. ‖ 1601. Pet. in-8, 186 ff. c. + 1 f. p. l. tit. + 4 ff. n. c. pour les errata, la table des Grands Prêtres juifs et celle des Papes.

Contient :

F. 1. : Sendschreiben ‖ ausz Jappon P. Francisci ‖ Pasij, an den Hochehrwürdigen P. ‖ Clavdivm Aqvavivam, der Socie- ‖ tet Iesv Generalem, den 3. October ‖ Anno 1598.

F. 71. : Newe Histori- ‖ sche Relation | was in den ‖ Orientalischen Indien | durch die ‖ Patres Societatis Iesv, zur Ehr Gottes ‖ vnd Befôrderung desz Christlichen Glaubens ‖ im 1598. vnd 99. sich zů- ‖ getragen. ‖ Von dem Ehrwürdigen P. Nico- ‖ lao Pimenta gemelter Societat Jesv ‖ Visitatore, geschriben an den Hochehrwurdi- ‖ gen P. Claudium Aquauiuam, der ‖ obgedachten Societet Ge- ‖ neraln.

— * Newe historische Relation des Orientalischen Indien und Königreich China im Jahr 1598 und 1599, durch die Patres S. J. gestellt. Dillingen, G. Willern, 1602, in-8. [T. C., 863.]

— Lettera ‖ del ‖ P. Alessandro ‖ Valignano. ‖ Visitatore della ‖ Compagnia di Giesù nel Giappone e ‖ nella Cina de' 10. d'Ottobre ‖ del 1599. ‖ al R. P. Clavdio Aqvaviva ‖ generale della medesima ‖ Compagnia. ‖ In Roma, Appresso Luigi Zanetti, 1603, in-8, pp. 102.

— * Le même ouvrage. Milano, appresso l'Herede del quon. Pacifico Pontio, e Gio. Battista Piccaglia Compagni, 1603, in-8, pp. 40.

— * Litterae R. P. Alexandri Valignano Visitatoris Societatis Jesu in Japponia et China, scriptae 10 Octobris 1599. Ad R. P. Claudium Aquaviva ejusdem Societatis Praepositum Generalem a Joanne Hayo Dalgattiensi Scoto, ejusdem Societatis, ex Italico in Latinum conversae. Antverpiae, apud Joachimum Trognaesium, 1603, in-12, pp. 65. [De Backer, II, col. 69.]

— Relaçam annval ‖ das covsas qve ‖ fizeram os padres da com- ‖ panhia de Iesvs na India, & Iapão nos annos ‖ de 600. & 601. & do processo da conuersaõ, & ‖ Christandade daquellas partes : tirada das ‖ cartas gêraes que de lâ vierão pel- ‖ lo Padre Fernão Guerreiro ‖ da Companhia de ‖ Iesvs. ‖ ¶ Vai diuidada em dous liuros, hum das cousas da India, ‖ & outro do Iapam. ‖ ¶ Impressa com licença do S. Officio, & Ordinario. ‖ Em Euora, por Manoel de Lyra, Anno 1603. in-4, de 136 ff.

Le livre est chiffré par feuillet jusqu'au 13e et par page ensuite : la dernière p. est chif. 259. — British Museum 493. h. 15.

De Backer, I, col. 2324, écrit : « Evora, por Manoel de Luca, 1603, in-4, pp. 259. Barbosa se trompe en citant une édition de Lisbonne 1603. Cette partie seule a été traduite en espagnol par le P. Antonio Colaço. »

— Lettera ‖ della Cina ‖ dell' anno 1601. ‖ Mandata dal P. Valentino Caruaglio ‖ Rettore del Collegio di Macao, ‖ Al M. R. P. Claudio Acquauiua Generale ‖ della Compagnia di Giesv. ‖ In Roma ‖ Nella Stamperia di Luigi Zannetti. 1603. ‖ Con licenza de' Superiori. in-8, pp. 108.

— Lettera ‖ della Cina ‖ dell' anno ‖ M.D.CI. ‖ Mandata dal P. Valentino Caruaglio ‖ Rettore del Collegio di Macao, ‖ Al M. R. P. Claudio Aquauiua Generale ‖ della Compagnia di Giesv. ‖ In Venetia, ‖ Appresso Gio. Battista Ciotti Senese. 1604. ‖ Con licenza de' Superiori, in-8, pp. 75.

— Lettera della Cina dell' anno 1601. Mandata dal P. Valentino Caruaglio Rettore del Collegio di Macao, al. M. R. P. Claudio Acquauiua Generale della Compagnia di Giesv. In Milano, Per l'heredi del q. Pacifico Pontio, & Gio. Battista Piccaglia compagni 1604. Con lic. de' Superiori. Pet. in-8, pp. 90.

Macao alli 25. di Gennaro 1602.

— Lettre ‖ de la Chine ‖ de l'an 1601. ‖ Escrite par le P. Valentin Carua- ‖ glio Recteur du College ‖ de Macao au T. R. P. Clau- ‖ de Aquauiua General de la ‖ Compagnie de Iesus. ‖ *Tres-Reverend Pere* ‖ *en Dieu, la paix de Iesus Christ* ‖ *vous soit donnee.* ‖ A Paris, ‖ Chez Clavde Chappelet, ‖ rue S. Iacques, à la Licorne. ‖ 1605, in-12 de 53 feuillets.

Macao le 25. Ianu er 1602.

— * Copie d'une lettre envoyée du grand royaume de la Chine, l'an 1601, par le R. P. Valētin Caruaille, recteur du college de Macao. Au très-Reuerend Pere, le P. Claude Aquauiua, général de la Compagnie de Jesus. Et traduicte nouvellement de l'italien en françois. Liége, chez Ardt de Coerswarem, 1604, in-12. [De Backer, I, col. 1098.]

— Historia de la entrada de la Christiandad en el Iapon, y China, y en otras partes de las Indias Orientales : y de los hechos y admirable vida del Apostolico varon de Dios el Padre Francisco Xauier de la Compañia de Iesus, y vno de sus primeros Fundadores. Escrita en Latin por el Padre Horacio Turselino, y traduzida en Romance Castellano por el P. Pedro de Guzman, Religioso de la misma Compañia. Año 1603. Con Privilegio. En Valladolid, Por Iuan Godinez de Milles, in-4, 351 ff. s. la préf., la tab., etc.

C'est une trad. de la Vie de St. François-Xavier écrite en latin par le P. Turselinus dont il y a eu plusieurs éditions : Romae, 1594, 1596; Leodii, 1597; Lugduni, 1607, etc.

Diego de Pantoja.

— Relacion ‖ anval de las cosas qve ‖ han hecho los padres ‖ de la Compañia de Iesus en la India Oriental ‖ y Iapon, en los años de 600. y 601. y del pro- ‖ gresso de la conuersion y Christiandad ‖ de aquellas partes. ‖ sacada de las cartas generales qve ‖ han venido de ella, por el padre Fernan Guerrero de la Compañia ‖ de Iesvs, natural de Almodouar de Portugal. ‖ Traduzida de Portvgves en ‖ Castellano por el Padre Antonio Colaço Procurador ‖ general de la Prouincia de Portugal, India, Iapon, ‖ y Brasil, de la misma Compañia. ‖ Dirigida a Don Ivan de Boria Conde ‖ de Ficallo, del Consejo supremo de Portugal, y del de Estado ‖ de su Magestad. ‖ Año 1604. ‖ Con privilegio : ‖ En Valladolid, Por Luys Sanchez, in-4, pp. 539 + 11 ff. prél.

On lit p. 539 : *Fin de la relacion annual de las cosas de la India y Iapon, de los años de 600. y 601.*

Au verso de la p. 539 : En Valladolid, ‖ Por Luys Sanchez ‖ Año. M.DC.IIII.

L'ex. que nous venons de décrire est au British Museum, 1369. b. 33. il contient la matière de l'éd. portugaise de 1603, Evora. — Dans un autre ex. 867. f. 18, l'ouvrage au lieu de s'arrêter à la p. 539 continue par une lettre du P. Diego de Pantoja, au P. Luys de Guzman, Provincial de la Province de Tolède, de Peking, 9 Mars 1602. Dans cet ex. une nouvelle page 539 est réimprimée et le numérotage des pages va jusqu'à la page 682, fin de la lettre du père D. de Pantoja; enfin l'ex. se termine par l'ancienne p. 539 recto et verso comme dans l'ex. précédent. Somme toute, on a intercalé entre les pages 538 et 539 de l'éd. de Sanchez des pages chiffrées 539/682 contenant la lettre du P. D. de Pantoja.

— Relacion de la entrada de algvnos Padres de la Cõpañia de Iesvs en la China, y particulares successos q̃uieron, y de cosas muy notables que vieron en el mismo Reyno. Dirigida a la Excelentissima Señora Doña Teresa de Zuñiga, Duquesa de Arcos, etc. Con licencia, en Seuilla. Après l'Epit. dédic. signée Esteuan de Villareal, on lit ce titre recto du 2ᵉ f. : Carta del Padre Diego de Pantoja, Religioso de la Compañia de Iesvs, para el Padre Luys de Guzman Prouincial en la Prouincia de Toledo. Su fecha en Paquin, corte del Rey de la China, a nueue de Marco de mil y seyscientos y dos años, in-8, ff. 131. A la fin : Con licencia, en Seuilla, por Alonso Rodriguez Gamarra. Año de 1605. [De Backer, II, 1718.]

— * Advis du Reverend Pere Jacques de Pantoie de la Compagnie de Jesus. Envoyé de Paquin Cité de la Chine au R. P. Loys de Gusman, de la mesme Compagnie. Sur le succez de la religion chrestienne au royaume de la Chine. De l'entrée d'aucuns Peres de ladicte Compagnie en la cour du roy, et de plusieurs choses memorables, qu'ils ont veu en ce Païs là. A Arras, de l'imprimerie de Guillaume de la Rivière, 1607, pet. in-12, pp. 168.

La lettre est datée de Paquin ce 9 Mars 1602. [De Backer, II, Col. 1718.]

— Advis dv Reverend Pere Iaqves de Pantoie de la Compagnie de Iesvs. Enuoyé de Paquin Cité de la Chine, au R. P. Loys de Gvsman, de la mesme Compagnie. Sur le succès de la Religion Chrestienne au Royaume de la Chine. De l'entree d'aucuns Peres de ladite Compagnie en la Cour du Roy, & de plusieurs choses memorables, qu'ils ont veu en ce païs la. A Lyon, chez Pierre Rigavd, en ruë Merciere..... M.DCVII.

Auec Priuilege du Roy. In-12, pp. 145 s. l. préf., etc.

— Le même. Rennes, Haran, M. DC. VII. in-12.

— Advis dv Reverend Pere Iaqves de Pantoie de la Compagnie de Iesvs. Enuoyé de Paquin Cité de la Chine, au R. P. Loys de Gvsman, de la mesme Compagnie. Sur le succez de la Religion Chrestienne au Royaume de la Chine. De l'entree d'aucuns Peres de ladite Compagnie en la Cour du Roy, & de plusieurs choses memorables, qu'ils ont veu en ce pays là. A Roven, chez Romain de Beavvais, tenant sa boutique près le grand portail nostre Dame. Iouxte la copie imprimée à Rennes, par Tite Haran. 1608, in-12, pp. 108.

Ces différentes éditions contiennent la traduction de la lettre de Pe-king, le 9 Mars 1602.

— Relatione dell'Entrata d'alcvni padri della Compagnia de Giesv nella China, Et dé particolari successi, che loro occorsero, Et delle cose notabili, che vidèro nel medesimo Regno. In Roma, Appresso Bartolomeo Zannetti. M DC VII. Con Licenza de' Svperiori. In-8, pp. 88.

On lit au verso du titre : Lettera del Padre Diego di Pantogia della Compagnia di Giesù al Padre Luigi di Guzman Prouinciale nella Prouincia di Toledo. Scritta in Pachino Corte del Rè della China a di 9. di Marzo, dell' anno 1602.

— Histori ‖ und eigentliche Beschreibung | erstlich was Gestalt | vermittelst son ‖ derbarer Hülff und Schickung dess Allmächtigen ‖ dann auch der Ehrwürdigen Vätter der Societeit Iesu ge ‖ brauchten Fleiss | und aussgestandene Mühe | Arbeit und Ge ‖ fahr | numehr und vor gar wenig Jahren hero | das Euangeli ‖ um und Lehr Christi in dem grossen und gewaltigen ‖ Königreich China eingeführt | gepflanzt ‖ und geprediget wirdt. ‖ Am andern | wie sie alle andere Politische ‖ und Weltliche Sachen unnd Gelegenheiten aldortt ‖ beschaffen | befunden. Alles lustig und nutz ‖ lich zu lesen. ‖ Durch Egidium Albertinum, auss einem Italieni ‖ schen, und auss besagtem Königreich China ‖ herauss geschicktem Tractät ‖ verteutscht. ‖ Gedruckt zu München | bey Adam Berg. ‖ Anno M. DC. VIII. ‖ Mit Röm. Keys. Maj. Freyheit nit nachzudrucken. ‖ Cum Licentia Superiorum, ‖ in-4, pp. 167. Après l'Epit. déd.. p. 7, vient : Copey eines Sendschreibens dess Ehrwürdigen Herrn Didaci de Pantoya der Societet Iesu Priester, an R. P. Ludovicum Guzman ermelter Societet Toletanischen Provincial, zu Pachino an dess Königs in China Hof, den 9. Martij, Anno 1602, aussggangen.

— * Litterae P. Jacobi Pantogiae e Societate Jesu ad P. Ludovicum Guzmanum Provinciae Toletanae Praepositum, datae Pachino, urbe Regia Sinarum, clo. Io..CII. Idus Martias, pp. 1/123.

(Diego de Pantoja.)

— Litterae annuae Collegii Macaensis, et cæterorum Domiciliorum apud Sinas a P. Jacobo Antonio, ad P. Provincialem apud Indos datae, anno 1603-4 Kalend. Feb. (Macai), pp. 124/146, des :

Litterae Societatis Jesu, anno MDCII, et MDCIII e Sinis, Molucis, Japone datae, progressum Rei Christianae in ijs oris, aliaque memoratu incunda complexae. Cum Caesareae Maiest. Privilegio, et superiorum concessu. Moguntiaci, E Typographeo Balthasari Lippii. Anno M.DC.VII. in-8, pp. 259. [De Backer, II, 1718; Carayon, 763.]

La lettre du P. Diego Antunez [et non pas Jacobus Antonius] avait déjà paru :

— Annva del Collegio di Macao, e Residenze della Cina, scritta dal Padre Diego Antunez, al Padre Prouinciale dell' India alli 29. di Gennaro del 1603. di Macao.

Se trouve pag. 121/143 du recueil intitulé : Lettera ‖ annva ‖ di Giappone ‖ del M. DC. III. ‖ Scritta dal P. Gabriel de Matos, al R. P. ‖ Claudio Acquauiua Generale della ‖ Compagnia di Giesv. ‖ Con vna della Cina e delle Mollucche. ‖ In Roma, ‖ appresso Luigi Zanetti, M. DC. V. in-8, pp. 143.

* Et pag. 106/126 de l'édition : In Milano, per gli heredi di Pacifico Pontio, et Gio-Battista Piccaglia, 1606, in-8, pp. 126.

— Lettre ‖ annvelle dv ‖ Iapon ‖ de l'an mil six ‖ cens et trois. ‖ Escrite par le P. Gabriel de Matos ‖ av ‖ R. P. Clavde Acqvaviva Gene- ‖ ral de la Compagnie de Iesvs. ‖ Auec vne Epistre de la Chine, & ‖ des Moluques. ‖ Translaté d'Italien en nostre langue ‖ vulgaire. ‖ Suyuant l'exemplaire imprimé à Rome l'an 1605. ‖ A Dovay, ‖ De l'Imprimerie Baltazar Bellere, ‖ au Compas d'Or, l'An 1606. ‖ Auec congé des Superieurs. in-12, pp. 187.

Grenville, 6691.

Voir : Lettre annvelle dv college de Macao, et residence de la Chine, Escrite par le Pere Diego Anthvnes Au Pere Prouincial des Indes, le 29. de Ianuier 1603. De Macao. pp. 154/187.

— A Letter of Father Diego de Pantoia, one of the Company of Iesvs, to Father Lvys De Gvzman, Prouinciall in the Prouince of Toledo; written in Paquin, which is the Court of the King of China, the ninth of March, the yeere 1602. (Trad. dans Purchas, *His Pilgrimes*, 1625, III, Lib. II, c. 6.)

— Relaçam annal ‖ das covsas ‖ qve fezeram ‖ os padres da companhia ‖ de Iesvs nas partes da India ‖ Oriental, & no Brasil, Angola, Cabo verde, Guine, nos annos ‖ de seiscentos & dous & seiscentos & tres, & do pro- ‖ cesso da conuersam, & christandade daquellas par- ‖ tes, tirada das cartas dos mesmos padres ‖ que de là vieram. ‖ Pelo padre Fernam Guerreiro da mesma ‖ Companhia, natural de Almodouuar ‖ de Portugal. ‖ Vay diuidido em quatro liuros. O primeiro de Iapã ‖ O II. da China & Maluco. O III. da India. ‖ O IIII. do Brasil, Angola, & Guiné. ‖ Em Lisboa : Per Iorge Rodriguez im- ‖ pres-

(Diego de Pantoja — Divers.)

sor de liuros. ‖ Anno M.D.CV. 140 ff. (dern. c. 142 par erreur) + 3 ff. prél. p. l. perm. et l. errata.

— * P. Fernão Guerreiro. — Relação Annual das cousas que fizeram os Padres da Companhia de Jesus nas partes da India Oriental, e em algumas outras da conquista d'este Reino, nos annos de 604 e 605, e do processo da conversão e christandade d'aquellas partes; tirada das Cartas dos mesmos Padres que de là vieram. Dividida em quatro Livros : o primeiro do Japão; o segundo da China; terceiro da India; quarto da Ethiopiá e Guiné. Lisboa, impresso por Pedro Craesbeeck. 1607. in-4. (Figaniere, No. 1448.)

— Historischer Bericht | ‖ Was sich in dem ‖ grossen | vnd nun je lenger je mehr ‖ bekandten Kŏnigreich China | in verkŭndigung ‖ desz H. Euangelij vnd fortpflantzung des Catholi- ‖ schen Glaubens | von 1604. vnd volgenden Ja- ‖ ren | denckwŭrdigs zugetragen. ‖ Ausz Portugesischen zu Lisabona ‖ gedruckten Exemplaren ins Teutsch ‖ gebracht. ‖ M.DC.XI. Gedruckt zu Augspurg | bey ‖ Chrysostomo Dabertzhofer. in-4, 4 ff. n. c. tit., etc. + pp. 131.

Traduit de F. Guerreiro.

— * T. Mayor. Simbolo de la fe en lengua y letra China. Binondoc en Philippinas. 1607, in-8. [T.-C., 965.]

— Relaçam ‖ annal das cov- ‖ sas qve fezeram os pa- ‖ dres da Companhia de IESVS nas partes ‖ da India Oriental, & em algũas outras da ‖ conquista deste reyno no anno de 606. & ‖ 607. & do processo da conuersaõ, & ‖ Christandade daquel- ‖ las partes. ‖ Tirada das cartas dos mesmos padres que de là vie- ‖ rão : Pelo padre Fernão Guerreiro da Compa- ‖ nhia de IESV natural de Almodou- ‖ uar de Portugal. ‖ Vai diuidida em quatro liuros : ‖ O primeiro da Prouincia de Iapão & China. ‖ O segundo da Prouincia do Sul. ‖ O terceiro da Prouincia do Norte. ‖ O quarto de Guiné, & Brasil. ‖ Em Lisboa. ‖ Impresso cõ licença : Por Pedro Crasbeeck ‖ Anno M.DCIX, in-4, 204 ff. c. + 1 f. n. c. prél. pour la perm.

— Annva della Cina del M.DC.VI. e M.DC.VII. del Padre Matteo Ricci della Compagnia di Giesv, Al Molto R. P. Clavdio Acquaviva Generale della medesima Religione. In Milano, Per l'her. di Pacifico Pontio, & Gio. Battista Piccaglia Stampatori Archiep. 1610. pet. in-8, pp. 47.

Dalla Cina il 18. d'Ottobre 1607.

De Backer cite : In Roma, nella stamperia di Bartolomeo Zannetti 1610, in-8, pp. 47.

— Litterae ‖ Iaponicae ‖ anni M.DC.VI. ‖ Chinenses ‖ anni M.DC.VI. & M.DC.VII. ‖ Illac à R. P. Ioanne Rodrigvez, ‖ hae à R. P. Matthaeo Ricci, ‖ Societatis Iesv Sacerdotibus, ‖ transmissae ‖ ad admodum R. P. Clavdivm Aquavivam ‖ eiusdem Societatis Praepositum Generalem, ‖ Latinè redditae ‖ à Rhetoribus Collegij Soc. Iesv Antuerpie. ‖ Antverpiae, ‖ Ex Officina Plantiniana, ‖ Apud Viduam & Filios Io. Moreti. ‖ M.DC.XI. Pet. in-12, pp. 201 + 1 f. n. c.

PP. 131/201 : Litterae Chinenses anni M.DC.VI. & M.DC.VII, pp. 131/201, E China, XV. Kalend. Nou. anno M.DC.VII.

— Annales des royavmes dv Iapon, et de la Chine, des Annees 1606. & 1607. Escrites par les Peres Jean Rodriguez, & Matthieu Ricci, de la Compagnie de Iesus. Au R. Claude Aquaviva leur General. Traduites de l'italien (imprimé à Rome l'an 1610) par un Pere de la mesme Compagnie. A Paris, Chez Claude Chappelet. MDCXI. In-12, pp. 188.

Les « Lettres annales de la Chine de l'An 1606. & 1607.» sont in pp. 124—188. « De la Chine le 18 octobre 1607 », signature du P. Ricci à la p. 189 n. c. — Le R. P. Jos. Brucker possède un ex. de cette trad. française.

— * Deux lettres envoyées, l'une des îles Philippines, par le P. Gregoire Lopez, et l'autre de la Chine par le P. Matthieu Ricci. Caen, Cavalier, 1614, in-12:

— * Deux lettres l'une envoyée des isles Philippines, par le P. Gregoire Lopez, et l'autre de la Chine, par le P. Matthieu Ricci au Reverend Pere Claude Aquaviva General de la Compagnie de Jesus à Rome. A Lille de l'Imprimerie de Pierre de Rache, 1614, pet. in-12, pp. 55. C'est un extrait de la lettre du P. Lopez, datée de Manille, 11 juin 1611, pp. 3/29. — Lettre du P. Matthieu Ricci.... de ce que principalement s'est faict en la residence de Pachino, Cité royalle de la Chine l'an 1608, pp. 33/55. Elle est datée de la Court de Pachino ou Cambalu ce 22 d'Aoust 1608. [De Backer, II, col. 796 et I, col. 182.]

— * P. Fernão Guerreiro. Relação Annual das cousas que fizeram os Padres da Companhia de Jesus nas Partes da India Oriental, e em algumas outras da conquista d'este Reino, nos annos de 607 e 608, e do processo da conversão e christandade d'aquellas partes; com mais uma addição á Relação de Ethiopia. Tirado tudo das Cartas dos mesmos Padres que de là vieram. Dividida em cinco Livros : o primeiro da provincia de Goa, em que se contém as Missões de Monomotapa, Mogor e Ethiopia; o segundo da provincia de Cochim, em que se contém as cousas do Malabar, Pegú e Maluco; o terceiro das provincias de Japão e China;

o quarto em que se referem as cousas de Guiné e Serra Leoa; o quinto em que se contém uma addição á Relação de Ethiopia. Lisboa, por Pedro Craesbeeck, 1611, in-4. (Figaniere, No. 1448.)

Traduit en espagnol :

— * Historia y anual Relacion de las cosas que hizieron los Padres de la Compañia de Jesus por las partes de Oriente y otras en la propagacion del Santo Evangelio los Años passados de 607 y 608. Sacada, limada, y compuesta de Portugues en Castellano por el Doctor Christoval Suarez de Figueroa. A Don Geronymo Carella y Mendoça, Conde de Cocentagna, Marques de Almenara, etc. En Madrid, en la Imprenta Real, 1614, pet. in-4, pp. 566, s. l. tab. &c. A la fin : En Madrid, en la Imprenta Real MDCXIII (*sic*).

Le traducteur ne dit pas de qui il a traduit. Sotwel et Antonio disent que cette traduction a été faite par le P. Ant. Colaço, ce qui n'est pas; ce Père n'a traduit que la 1re partie. Ces relations sont rares et recherchées. (De Backer, I, col. 2324/5.)

Et en allemand :

— Indianische Newe Relation | ‖ Erster theil. ‖ Was sich in der ‖ Goanischen Prouintz | vnd in ‖ der Mission Monomatapa | Mogor | ‖ auch in der Prouintz Cochin | Malabaria | China | Pegu vnnd Maluco | so wol in Geistlichen ‖ als Weltlichen Sachen | vom 1607. 1608. ‖ vnd folgenden zugetragen. ‖ Vom ‖ R. Patre Fernando Guerreiro, der ‖ Societet Iesv, in Portugesischer ‖ Sprach beschriben. ‖ Nachmals ausz dem zu Liszbona ge- ‖ truckten Exemplaren ins Teutsch ‖ gebracht. Gedruckt zu Augspurg | bey Chryso- ‖ stomo Dabertzhofer. ‖ — Anno : MDCXIIII, pièce in-4, 4 ff. n. c. p. le tit. etc. + pp. 111.

— Lettera Annva del Giappone del 1609. e 1610. scritta al M. R. P. Clavdio Acqvaviva Generale della Compagnia di Giesv. Dal P. Giouan Rodriguez Girano. In Roma, Appresso Bartolomeo Zannetti, 1615, in-8, pp. 147.

— Litterae ‖ Iaponicae ‖ annorum M. DC. IX. et X. ‖ ad R. admodvm piae mem. ‖ P. Clavdivm Aqvavivam ‖ Generalem Praepositvm ‖ Societatis Iesv ‖ a R. P. Prouinciali eiusdem in Iapone ‖ Societ. missae. ‖ Ex Italicis Latinae factae ab ‖ And. Schotto Antuerp. eiusdem Societ. ‖ Sacerdote. ‖ Antverpiae, ‖ Apud Petrvm & Ioannem Belleros. ‖ CIↃ. IↃC. XV. ‖ Superiorum permissu. in-8, 12 ff. n. ch. p. l. tit., déd., etc. + pp. 111.

— * Augustae Vindelicorum, Christ. Mangius, 1615, in-8. (T. C., 1159.)

— Litterae Iaponicae ‖ a R. P. Provinciali ‖ Societatis Iesv ‖ in Iapone, ‖ ad R. admodvm P. ‖ Clavdivm ‖ Aqvaviva ‖ Praepositvm Genera- ‖ lem eivsdem Societatis ‖ nuperrimè transmissae. ‖ Anno s. 1609. & 1610. mense Martio. ‖ In quibus nouem Iaponum in regnis Fingo, ‖ Sassuma, & Firando pro fide Catholica in- ‖ teremptorum, res praeclarè gestae, & mors ‖ preciosa continentur. ‖ Vertit ex Italico Romae impresso in La- ‖ tinum sermonem ‖ P. Petrvs Halloix Sac. Soc. Iesv. ‖ Dvaci, ‖ Typis Baltazaris Belleri. ‖ **Anno M. DC. XII**, pet. in-12, pp. 136.

— Litterae ‖ Societatis Iesv ‖ **e Regno** Sinarvm ‖ ad R. P. ‖ Clavdivm **Aqvavivam** ‖ eivsdem Societatis ‖ Praepositvm Generalem ‖ Annorum M. DC. X. & M. DC. XI. ‖ a. R. P. Nicolao Trigavtio, ‖ eiusdem Societatis, conscriptae. ‖ Antverpiae, ‖ Apud Petrvm & Ioannem Belleros. ‖ M. DC. XV. in-8, pp. 227.

— Litterae ‖ Societa ‖ tis Iesv e ‖ Regno Sinarvm ‖ annorum M DC X. & XI. ‖ Ad R. P. Clavdivm ‖ Aquauiuam eiusd. Socie ‖ tatis Praepositum Ge ‖ neralem. ‖ Auctore ‖ P. Nicolao Tri ‖ gautio, eiusd. Societatis. ‖ Avgvstae Vindelicorvm, ‖ apud Christophorum Mangium. ‖ MDCXV. pet. in-8, 3 ff. prél. + pp. 294 s. la déd. : *Romae Calendis Martijs anno* MDCXV.

Litterae annuae societatis Iesu è Regno Sinarum ad R. P. N. Claudium Aquauiuam eiusdem Societatis Praepositum generalem Anni 1610, pp. 1-84 : In Xauceana sede Nouembri mense anni 1611.

Litterae annuae . . . . anni 1611, pp. 85/294. Nanquini Augusto Mense, anno salutis 1612.

— Lugduni, 1616, in-4. (De Backer, III, col. 1202.)

— Dve ‖ Lettere ‖ annve ‖ della Cina ‖ del 1610. e del 1611. ‖ Scritte al M. R. P. ‖ Clavdio Acqvaviva ‖ Generale della Compagnia di Giesv. ‖ Dal Padre Niccolò Trigaut della medesima ‖ Compagnia di Giesv. ‖ In Roma, Per Bartolomeo Zannetti. MDCXV. ‖ Con licenza de' Superiori. pet. in-8, pp. 263.

— Dve ‖ Lettere ‖ annve ‖ della Cina ‖ del 1610. e del 1611. ‖ Scritte al M. R. P. ‖ Clavdio Acqvaviva ‖ Generale della Compagnia ‖ di Giesv. ‖ Dal Padre Nicolò Trigaut della medesima ‖ Compagnia ‖ di Giesv. ‖ In Milano, ‖ Per l'her. di Pacifico Pontio, & Gio. Battista Piccaglia, ‖ Stampatori Archiepiscopoli. MDCXV. pet. in-8, 5 ff. n. ch. + pp. 3 à 221.

Grenville, 6874.

— * Due lettere annue della Cina del 1610 e del 1611, scritte al M. R. P. Claudio Acquaviva Generale della Compagnia di Giesù. Del Padre Nicolò Trigault della medesima Compagnia di Giesù. In Roma, 1616, in-8. [Carayon, 818.]

NICOLAS TRIGAULT.

— De Christiana Expeditione apvd Sinas. Svscepta. ab Societate Jesv. Ex P. Matthaei Ricij eiusdem Societatis Co̅mentarijs. Libri V Ad S. D. N. Pavlvm V. In quibus Sinensis Regni mores, leges atq. instituta & nouae illius Ecclesiae difficillima primordia accurate & summa fide describuntur. Auctore P. Nicolao Trigavtio Belga ex eadem Societate. Augustae Vind. apud Christoph. Mangium MDCXV, in-4, pp. 646. s. la déd., l'ind. etc.

Frontispice gravé avec portraits de St. F. Xavier et de Ricci.

Quaritch, 1872, 20/.

— De Christiana Expeditione apvd Sinas svscepta ab Societate Iesv, ex P. Matthaei Riccii eiusdem Societatis Commentariis, Libri V. Ad S. D. N. Pavlvm V. In quibus Sinensis regni mores, leges atque instituta, & nouae illius Ecclesiae difficillima primordia accuratè et summa fide describuntur. Avctore P. Nicolao Trigavtio Belga ex eàdem Societate. Editio recens ab eodem Auctore multis in locis aucta et recognita. Lvgdvni. Svmptibvs Horatii Cardon M.DC.XVI, in-4, pp. 628 s. la déd., l'ind., etc. Front. gravé.

On lit au verso de la dernière page : Lvgdvni, Ex Typographeio Ioannis Iullieron, anno 1616.

Quaritch, 1872, 7/6.

— De ‖ Christiana ‖ expeditione apvd ‖ Sinas svscepta ab ‖ Societate Iesv. ‖ ex P. Matthaei Riccii ‖ eiusdem Societatis Commentarijs, ‖ Libri V. ‖ Ad S. D. N. Pavlvm V. ‖ in qvibvs Sinensis Regni ‖ mores, leges, atque instituta, & nouae illius Eccle- ‖ siae difficillima primordia accurate & sum ‖ ma fide describuntur, ‖ avctore ‖ P. Nicolao Trigavtio Bel ‖ ga ex eadem Societate. ‖ Editio recens ab eodem Auctore multis in locis aucta ‖ & recognita. ‖ Permissu Superiorum, & Consensu Authoris. ‖ Coloniae, ‖ Sumptibus Bernardi Gvalteri. ‖ — Anno M.DC.XVII, in-8, 9 ff. n. c. p. le front. grav., le tit., déd., etc., tab. + pp. 712 + 11 ff. n. c. p. l'index.

— Ulyssipone, 1623, pet. in-4. — Augustae Vindelicorum, 1623, in-8. (De Backer, III, col. 1200.)

— Histoire de l'expedition chrestienne av royavme de la Chine Entreprinse par les PP. de la Compagnie de Iesvs. Comprinse en cinq liures. Esquels est traicté fort exactement et fidelement des mœurs, Loix et coustumes du pays, et des commencemens tres-difficiles de l'Eglise naissante en ce Royaume. Tirée des co̅mentaires du P. Matthieu Riccius par le P. Nicolas Trigault de la mesme compagnie. Et nouuellement traduicte en françois par le S^r. D. F. de Riquebourg-Trigault. Auec priuilege du Roy. A Lyon. Pour Horace Cardon MDCXVI, pet. in-8, pp. 1096, s. l'ép., etc.

Ternaux-Compans cite No. 1187 : «Le même ouvrage, sous le titre de Voyages des PP. Jésuites en Chine. Paris, 1617, in-8.»

— Histoire de l'Expedition Chrestienne av royavme de la Chine entreprinse par les Peres de la Compagnie de Iesvs, comprinse en cinq livres. Esqvels est traicté fort exactement et fidelement des mœurs, loix, & coustumes du pays, & des commencemens tres-difficiles de l'Eglise naissante en ce Royaume, tirée des Memoires dv R. P. Matthiev Ricci, de la compagnie de Iesus, par le R. P. Nicolas Trigavlt Douysien de la mesme Compagnie, depuis n'agueres venu de la Chine en Europe pour les affaires de la Chrestienté dudit Royaume. Et novvellement tradvite en François par le S. D. F. de Riqvebovrg-Trigavlt. A Lille, De l'Imprimerie de Pierre de Rache, Imprimeur juré à la Bible d'or 1617. Auec permission des Superieurs, in-4, pp. 559 s. l. déd., etc.

— Histoire de l'expedition chrestienne en la Chine, entreprise par les Peres de la Compagnie de Iesvs. Tirée des commentaires du Pere Matthieu Riccius de la mesme Compagnie, & diuisée en 5. Liures. Ausquels les mœurs, loix & coustumes du Royaume de la Chine, & les commencements tres-difficiles de la nouuelle Eglise d'iceluy sont exactement & fidelement descrits. Par le Pere Nicolas Trigavlt, de la mesme Compagnie. Traduite de Latin en François par T. C. D. A.-A. Paris, De l'Imprimerie de Pierre Le-Mvr, ruë Trauersine, près la Porte S. Victor. M.DCXVIII. Avec Privilege dv Roy. pet. in-8, pp. 994, s. l'ép., etc.

Cette édition n'est pas citée par Ternaux-Compans.

— * Historie von Einfuehrung der Christlichen Religion, in dass grosse Königreich China durch die Societ. Jesu. Sambt wolgegründten bericht von beschaffenhaitt dess Landts und Volcks auch desselbigen gesatzen, Sitten und gewonheitten. Auss dem Lateinischen R. P. Nicolai Trigautii gemelter Societeyt Jesu. Augspurg, in Verlag Antonii Hierat von Cöllen, 1617, in-4, pp. 527.

Cette traduction est de Paulus Welser.

Ternaux-Compans ne cite pas cette éd. allemande de 1617, mais il indique la suivante?? (No. 10.)

— * Historie von Einführung des Christenthums in das gross Königreich China samt wohlgegründeten Bericht und Beschaffenheit des Volks auch desselben Gessatzen, Sitten und Gewohnheiten; aus dem lateinischen des N. Trigautius. Cœlln, 1611, in-8.

Le P. Carayon (785) a cité ce même titre, probablement d'après Ternaux-Compans.

— Istoria de la China i cristiana empresa hecha en ella : por la Compañia de Iesvs. Qve, de los escritos del Padre Mateo Richo, compuso el Padre Nicolas Trigavlt Flamenco, ambos de la misma Compañia. Donde se descriven las costvmbres, las Leies, i los Estatutos de aquel Reino, i los dificultosissimos Principios de su nueva Iglesia. Tradvzida de Lengva Latina por el Licenciado Duarte, Abogado de las Reales Audiencias de la Ciudad de Seuilla, i Lima. Año 1621. Con Privilegio Real. En Sevilla, Por Gabriel Ramos Veiarano, in-4, 321 ff. sans la préf., la table, &c.

— Entrata ‖ nella China ‖ de' Padri della Compagnia ‖ del GESV. ‖ Tolta da i Commentarij ‖ del P. Matteo Ricci ‖ di detta Compagnia. ‖ Doue si contengono i costumi, le leggi, ¦ & ordini di quel Regno, e i principij ‖ difficilissimi della nascente Chiesa, ‖ descritti con ogni accuratezza, ‖ e con molta fede. ‖ Opera del P. Nicolao Trigauci Padre di ‖ detta Compagnia, & in molti luoghi ¦ da lui accresciuta, & reuista. ‖ Volgarizata dal Signor ‖ Antonio Sozzini ‖ da Sarzana. ¦ In Napoli ‖ Per Lazzaro Scoriggio. [1622], in-4, 8 ff. n. c. p. le front., déd., tab., etc. + pp. 504.

[De Backer, III, col. 1201. — Carayon, 844. — Brockhaus, Cat., 1872, Thr. 1.10.]

Voir : col. 23, Regni Chinensis Descriptio, 1639.

— A Discourse of the Kingdome of China, taken out of Riccivs and Trigavtivs, contayning the Countrey, People, Gouernment, Religion, Rites, Sects, Characters, Studies, Arts, Acts; and a Map of China added, drawne out of one there made with Annotations for the vnderstanding thereof. (Purchas, *His Pilgrimes*, III, pp. 380 et seq., Lib. II, cap. 7.)

— Le P. Bartoli consacre un chap. de son ouvrage : *La Cina*, IV, Torino, 1825, pp. 123/4, à ce livre : « L'Istoria *De christiana expeditione apud Sinas* non è del P. Nicolò Trigaut, ma del P. Matteo Ricci. »

— Lettere annve del Giapone, China, Goa, et Ethiopia. Scritte al M. R. P. Generale della Compagnia di Giesù. Da Padri dell' istessa Compagnia ne gl' anni 1615. 1616. 1617. 1618. 1619. Volgarizate dal P. Lorenzo delle Pozze della medesima Compagnia. In Milano, Appresso l'her. di Pacifico Pontio, & Gio. Battista Piccaglia Stampatori Archiepiscopali. 1621, in-8, pp. 368.

Pp. 158—232. Let era annua della Cina scritta [per Camillo di Costanzo] al M. R. P. Mutio Vitelleschi Generale della Compagnia di Giesù dalla Cina per ordine del Padre Francesco Viera visitatore l'anno 1618. [Macao, 15 Janvier 1618.] — Pp. 233—252. Lettera della Cina. Al medesimo R. P. Generale nel 1618. [Per Alfonso Vagnone, Macao, 20 Nov. 1618.] — Pp. 340—352. Let. annua del Collegio di Macao, Porto della Cina. [Per Antonio di Sousa, Macao, 8 Janv. 1618.] — Pp. 353—368. L. an. del Col. di Macao, [Per Francesco Eugenio, Macao, 21 Janv. 1619.]

— Lettere ‖ annve ‖ del Giappone ‖ China, Goa, ‖ et Ethiopia. ‖ Scritte. ‖ Al M. R. P. Generale ‖ Della Compagnia di Giesù. ‖ Da Padri dell' istessa Compagnia ne gli an- ‖ ni 1615. 1616. 1617. 1618. 1619. ¦ Volgarizati dal P. Lorenzo delle Pozze della ¦ medesima Compagnia. ¦ in Napoli ‖ Per Lazaro Scoriggio. M.DC.XXI. Pet. in-8, pp. 404 + 2 ff. n. c. p. les errata.

Contient :

Lettera annva del Giapone scritta da Padri della Compagnia di Giesù al M. R. P. Generale dell' istessa Compagnia gli anni 1615. e 1616, . . Di Macao 13 di Decembre 1616 . . . [sig.] Gio. Vreman, ff. 3/93.

Lettere annve di Goa, scritte da i Padri della Compagnia di Giesù al molto R. P. Mutio Vitelleschi Generale l'anno 1618. e 1619. . . . Di Goa il 1. di Febraro 1619 . . . [sig.] Gasparo Luis, ff. 94/109.

Lettera annva di Goa dell' anno 1619. Al Mol. R. P. Mutio Vitelleschi Generale della Compagnia di Giesù, ff. 110/131.

Missione del Mogor . . . . Di Goa il 1. di Feb. 1620 . . . [sig.] Gasparo Luis, ff. 131/137.

Lettera scritta d'Etiopia al M. R. P. Mutio Vitelleschi Generale della Compagnia di Giesù l'anno 1617. dal Padre Pietro Paez della stessa Compagnia . . . ff. 138/147.

Lettera annva della Missione d'Etiopia l'anno 1619. Scritta da Goa al Molto Reuerendo Padre Mutio Vitelleschi Generale della Compagnia di Giesù . . . . Da Goa 18. di Febraro 1620 . . . [sig.] Michele della Pace, ff. 148/172.

Lettera annva scritta al M. R. P. Mutio Vitelleschi Generale della Compagnia di Giesù dalla Cina per ordine del Padre Francesco Viere Visitatore l'anno 1618 . . . Di Macao li 15. di Gennaio 1618 . . . [sig.] Camillo di Costanzo, ff. 173/254.

Lettera della Cina al medesimo R. P. Generale nel 1618 . . . Di Macao 20. di Nouembre del 1618 . . . [sig.] Alfonso Vagnone, ff. 255/276.

Lettera annva del Giapone. Al medesimo Padre Generale, nel 1618 . . . Da Mecao a i 28. di Decembre 1618 . . . [sig.] Camillo Costanzo, ff. 277/355.

Relatione d'alcvn'altre cose notabili occorse nel Giapone, ff. 356/363.

Relatione d'alcune cose, che sono accadute questo anno 1618. nel Giapone raccolte da uarie lettere inuiate da quelle parti alla Città di Maniglia, ff. 365/372.

Lettera annva del Collegio di Macao, Porto della Cina. Al M. R. Padre Mutio Vitelleschi, Generale della Compagnia di Giesù l'anno 1617 . . . Di Macao li 8. di Gennaio 1618 . . . [sig.] Antonio di Sousa, ff. 373/386.

Lettera annvale del Collegio di Macao. Al molto Riuerente Padre Mutio Vitelleschi Generale della Compagnia di Giesù l'anno 1618 . . . . Da Macao Porto della Cina il di 21. di Gennaio 1619 . . . [sig.] Francesco Eugenio, ff. 387/404.

« Cette édition est plus complète que l'autre. » (De Backer, II, Col. 2141.)

— Kurtze Relation, ‖ was inn den Kônigreichen Iapon vnnd ‖ China, In den Jahren 1618. 1619. vnd 1620. mit ‖ auszbreittung desz Christlichen Glaubens sich begeben ¦ Auch was ‖ massen vil Christen ¦ so wol Geistliche als Weltliche ¦ darůber ‖ jhr Blut vergossen vnd die Marter Cron ‖ erlangt. ‖ Darbey auch etwas Berichts ¦ was ‖ in den Insuln Filippinen sich ‖ begeben ‖ Alles ausz glaubwůrdigen Hispanischen schreiben ‖ vnd Relationen in die Teutsche Sprach ‖ vbergesetzt. ‖ Gedruckt zu Augspurg ¦ bey Sara ‖ Mangin ¦ Wittib. ‖ — M.DC.XXI. pièce in-4, 14 ff. n. c.

— * Estado, i Svccesso de las cosas de Iapon, China, i Filipinas. Dase cuenta de la cruel persecucion que padece la christiandad de aquellas partes, i del numero de martyres qué en ellas â avido de diferentes religiones . . . . Escrito por un religioso de la cōpañia, que assiste en las Filipinas, a otro de Mexico, i de alli embiado en el auiso a los desta ciudad de Seuilla. Sevilla, Francisco de Lyra, 1621, in-4.

Pièce fort rare écrite par les missionnaires de la Compagnie de Jésus et adressée aux Pères de Séville. (*Cat. de la Bib. Jap. de M. Mourier*, Paris, 1887.)

— Historia ‖ y Relacion ‖ de lo svcedido ‖ en los Reinos de Iapon ‖ y China, en la qual se continua la ‖ gran persecucion que ha auido ‖ en aq̃lla Iglesia, desde el año ‖ de 615. hasta el de 19. ‖ Por el Padre Pedro Morejon de la ‖ Compañia de Iesus, Procurador de ‖ la Prouincia de Iapon, natural ‖ de Medina del Campo. ‖ Año 1621. ‖ Con licẽcia en Lisboa por Iuan Rodriguez. in-4, ff. 193 c. [le der. f. c. par erreur 200] + 2 ff. à la fin [table] et 3 ff. au com.

— Narré veritable de la persecvtion excitée contre les Chrestiens au Royaume de la Chine, Extrait des Lettres du P. Aluares Semede de la Compagnie de Iesvs, captif au mesme lieu, l'An 1619. A Paris, chez Sebastien Chappelet, ruë S. Iacques, à l'Oliuier. M.DC.XX. In-12, pp. 68.

Voir pp. 56 et seq. : Extraict des lettres du Pere Wenceslaus Pantaleon, de la Compagnie de Iesvs, escriptes à Goa le 9. Ianuier 1619.

— * Histoire veritable de la persecution excitée contre les Chrétiens au royaume de la Chine, en 1619, extraicte des lettres du P. Alvarez Semmedo. Bourdeaux, S. Millanges, 1620, in-8. [Carayon, 838.]

— * Epistola N. Trigavtii é Soc. Jesu de felici sva in Indiam nauigatione : itemque de Statu rei Christianae apud Sinas et Iaponios. Coloniae Agrippinae, Apud Ioannem Kinchivm 1620, in-8. [Carayon, 836; de Backer, III, col. 1202.]

Goae, 29 Dec. 1618.

Trad. en all., voir le P. Jacques Rho, Indianische Raiss, aux Vies des Missionnaires.

— Relatione ‖ delle cose | piv notabili ‖ Scritte ne gli anni 1619. ‖ 1620. & 1621. ‖ dalla Cina. ‖ Al molto Reu. in Christo ‖ P. Mvtio Vitelleschi ‖ Preposito Generale della Com- ‖ pagnia di Giesv. ‖ In Roma, Per l'Erede di Bartolomeo ‖ Zannetti. M.DC.XXIV. ‖ — Con licenza de' Superiori. in-8, pp. 252.

Contient :

Relatione dell' Anno M.DC.XIX . . . Di Macao 7. di Decembre 1619 . . . [sig.] Emanuele Diaz, ff. 3/61.

Relatione dell' Anno M.DC.XX . . . Di Macao 28. di Nouembre 1620 . . . [sig.] Vinceslao Pantaleone, ff. 62/100.

Relatione dell' Anno M.DC.XXI . . . Dalla Metropoli Hanciana nel primo anno del nostro Imperatore Thienki, nell' ottauo giorno della Luna Settima, & nell' anno del Signore 1622, a' 24. d'Agosto . . . [sig.] Nicolò Trigaultio, ff. 101/252.

— Relatione ‖ delle cose ‖ piv notabili ‖ Scritte ne gli anni 1619. 1620. & 1621. ‖ dalla Cina ‖ Al molto Reu. in Christo ‖ P. Mvtio Vitelleschi ‖ Preposito Generale della Compagnia ‖ di Giesv. ‖ In Milano, ‖ Per Pandolfo Malatesta, Stampator Reg. Cam. ‖ Con licenza de' Superiori. 1624. in-8, pp. 252.

— Relatione ‖ di alcvne cose ‖ Cauate dalle lettere scritte ne gli anni ‖ 1619. 1620. & 1621. ‖ dal Giappone. ‖ Al molto Reu. in Christo ‖ P. Mvtio Vitelleschi ‖ Preposito Generale della Compa- ‖ gnia di Giesv. ‖ In Milano, ‖ Per gl'her. di Pacifico Pontio, & Gio. Bat- ‖ tista Piccaglia. Stampatori Ar- ‖ chiepiscopali. 1625. pet. in-8, pp. 203.

— Rervm ‖ memorabilivm ‖ in ‖ Regno Sinae ‖ gestarvm ‖ Litterae annuae Societatis ‖ Iesv. ‖ Ad Reu. Admodum in Christo Patrem ‖ P. Mvtivm Vitelleschi ‖ Praepositum Generalem eiusdem ‖ Societatis ‖ Antverpiae, ‖ Ex Officina Hieronymi Verdvssii. ‖ M.DC.XXV. in-8, pp. 168 s. le dernier f. pour la permission; le dernier f. est chiffré par erreur pages 153/148.

Sous titre à la page 1 : Litterae annvae Societatis Iesv e Regno Sinarvm anni M.DC.XX.

Le volume contient une lettre du P. Nicolas Trigault de Nanking 21 Août 1621 [imprimé par erreur 1261].

«Traduction latine du recueil ci-dessus, 1624, in-8. Elle ne contient, pour la Chine, que la relation du P. Trigault pour l'année 1621, 148 pp.; 1 fnc. Ensuite vient cet autre titre : Rerum memorabilium in regno Iaponiae gestarum. Litterae an. 1619, 20, 21, 22, soc. Jesu. Antverpiae, Verdussen, 1625, de 136 et 288 pp. La relation de Yéso, qui se trouve dans la version française à la suite de 1621, n'est pas dans cette traduction latine; ce que cette dernière comprend sous l'année 1622, n'est que la nomenclature des noms de 118 martyrs.» (*Cat. de la Bib. Jap. de M. Mourier*, Paris, 1887.)

— Lettere ‖ Annve ‖ del Giappone ‖ Dell'Anno MDCXXII. ‖ E della Cina ‖ Del 1621. e 1622. ‖ Al molto Reu. in Christo ‖ P. Mvtio Vitelleschi ‖ Preposito Generale della Com ‖ pagnia di Giesv. ‖ In Roma, ‖ Per Francesco Corbelletti, MDCXXVII, ‖ in-8, pp. 312.

Voir dans ce recueil :

Lettera della Cina dell'anno 1621, pp. 159—248. A la fin : Dalla Metropoli di Ham ceu, il giorno dell'Assunta 1622. Signée : Nicolò Trigautio.

Lettera della Cina dell'Anno 1622, pp. 249—310. A la fin : Di Nan cheü 23 di Giugno 1623. Signée : Aluaro Semedo.

Réimp., Milano, 1627, in-12. [Carayon, 875.]

— Histoire de ce qvi s'est passé a la Chine. Tirée des lettres escrites és années 1619. 1620. & 1621. Adressées au R. P. Mvtio Vitelleschi General de la Compagnie de Iesvs. Traduicte de l'Italien en François par le P. Pierre Morin de la mesme Compagnie. A Paris, chez Sebastien Cramoisy . . . M.DC.XXV. pet. in-8, pp. 384, s. le priv., etc. :

Relation de l'année 1619, pp. 1/95, par Emanuel Diaz. De Macao, le 7 Décembre 1619.

Relation de l'année 1620, pp. 96/158, par Venceslas Pantaleon. De Macao, ce 28 Nov. 1620.

Relation de l'année 1621, pp. 159/384, par Nicolas Trigault. De Hancian, 24 Aout 1622.

— Histoire de ce qvi s'est passé av Royavme de la Chine es années 1621 & 1622.

Relation de la Chine de l'année 1621. Par le P. Nicolas Trigaut, Hamçeu, le jour de l'Assomption de la Vierge, 1622.

Relation de la Chine de l'année 1622. Par le P. Aluare Semedo. De Nancheu, ce 23 juin 1623.

Ces deux relations forment la seconde partie de l'ouvrage suivant :

— Histoire ‖ de ce qvi s'est ‖ passé es Royavmes ‖ dv Iapon, ‖ et ‖ de la Chine. ‖ Tirée des Lettres escrites ès années 1621. & 1622. ‖ Addressée au R. P. Mvtio Vitelleschi, ‖ General de la Compagnie de Iesvs. ‖ Traduite de l'Italien en François, par vn Pere de la ‖ mesme Compagnie. ‖ A Paris, ‖ Chez Sebastien Cramoisy, ruë ‖ Sainct Iacques, aux Cigoignes. ‖ M.DC.XXVII, in-8, 4 ff. prél. n. ch. p. l. tit., etc. + pp. 261-226 + 1 f. n. ch. p. l. perm.

La traduction est du P. Jean-Baptiste de Machault, S. J.

— * De novis Christianae Religionis progressibus et certaminibus in Japonia anno 1622. In Regno Sinarum, 1621 et 1622. Litterae ad Reverendum in Christo Patrem Mutium Vitellescum Praepositum Generalem Societatis Jesu. Monasterii Wesphaliae, ex officina Typographica Michaelis Dalii. Anno 1627, in-4.

Litterae ex Regno Sinarum anni 1621 . . . Ex Metropoli Hamceu, die Assumptionis Deiparae, anno Salutis 1622. V. P. Filius et servus in Christo Nicolaus Trigautius.

Litterae ex regno Sinarum anni 1622 . . . IX Kalend. jun. Anno Salutis 1623. V. R. P. Filius indignus Alvarus Semedus. [Carayon, 879; Brockhaus. Cat. 1872, Ngr. 20.]

— Lettere ‖ annve ‖ del Tibet ‖ del M.DC.XXVI ‖ e della Cina ‖ del M.DC.XXIV. ‖ Scritte al M. R. ‖ P. Mvtio Vitelleschi ‖ Generale della Compagnia ‖ di Giesv. ‖ In Roma, ‖ Appresso Francesco Corbelletti. 1628. ‖ Con Licenza de' Superiori, in-8, pp. 130.

Contient :

L. d'Antonio d'Andrade. — Di Caparanguc 15. d'Agosto del 1626. [Voir TIBET.]

L. de Venceslao Pantaleone. — Di Macao a' 27. d'Ottobre 1625.

— Histoire de ce qvi s'est passé av Royavme de la Chine En l'année 1624. Tirée des letres écrites & adressées au R. P. Mvtio Viteleschi, General de la Compagnie de Iesvs. Traduite de l'Italien en François par vn Pere de la mesme Compagnie. A Paris, chez Sebastien Cramoisy ..... M. DC. XXIX. Auec Priuilege du Roy. Pet. in-8, pp. 102 s. la perm. &c.

«De Macao, ce vingt-septiesme Octobre mille six cens vingt-cinq»... Vencislas Pantaleon.

«Je crois pouvoir attribuer cette traduction au P. Darde [Jean] .... Elle pourrait cependant être du P. J. B. de Machault.» (Sommervogel.)

— A General Collection and Historicall representation of the Iesuites entrance into Iapon and China, vntill their admission in the Royall Citie of Nanquin. (Purchas, *Pilgrimes*, III, Lib. II, c. 5.)

— Lettere dell' Ethiopia Dell' Anno 1626. sino al Marzo del 1627. E della Cina Dell' Anno 1625. sino al Febraro del 1626. Con vna breue Relatione del viaggio al Regno di Tvnqvim, nuouamente scoperto Mandate al molto Reu. Padre Mvtio Vitelleschi, Generale della Compagnia di Giesv. In Roma, Appresso l'Erede di Bartolomeo Zannetti. 1629. Con licenza de' Superiori, in-8, pp. 133.

Contient :

Lettera d'Ethiopia du P. Manuel de Almeida, Gorgora 17 avril 1627, pp. 1/66.

Lettera della Cina du P. Emanuel Diaz, Kiatim 1r Mars 1626, pp. 67/120.

Relatione del Viaggio di Tvnqvim, Nuouamente scoperto, de Giuliano Baldinotti, ff. 121/133.

— Lettere ‖ dell' Ethiopia ‖ Dell' An. 1626. sino al Marzo del 1627. ‖ E della Cina ‖ Dell' Anno 1625. sino al ‖ Febraro del 1626. ‖ Con vna breue Relatione del viaggio al ‖ Regno di Tvnqvim, nuo- ‖ uamente scoperto. ‖ Mandate al molto Reuer. Padre ‖ Mvtio Vitelleschi, ‖ Generale della Compagnia di Giesù. ‖ In Milano, Per Gio. Battista Cerri. ‖ M.DC.XXIX. in-8, pp. 103.

La lettre du P. Diaz (Kiatim, 1 mars 1626) est pp. 53/93.

— Histoire ‖ de ce qvi s'est passé ‖ es royavmes ‖ d'Ethiopie, ‖ En l'année 1626. iusqu'au mois de Mars 1627. ‖ Et de la Chine, en l'année 1625. iusques en ‖ Feburier de 1626. ‖ Auec vne briefue narration du voyage qui s'est fait au ‖ Royaume de Tunquim nouuellement descouuert. ‖ Tirées des lettres adressées au R. Pere General de la ‖ Compagnie de Iesvs. ‖ Traduites de l'Italien en François par vn Pere de la ‖ mesme Compagnie. ‖ A Paris, ‖ Chez Sebastien Cramoisy, rüe sainct ‖ Iacques, aux Cicognes ‖ — M.DC.XXIX. ‖ Avec privilege dv Roy. ‖ pet. in-8, 4 ff. n. c. p. l. tit., déd., etc. + pp. 210.

L'épistre à la Marquise de Gamache est signée D. M. de la Compagnie de Iesvs.

Contient :

Histoire de l'Ethiopie, depuis l'année 1626. iusques au mois de Mars 1627 . . . De Gorgora ce 17. d'Auril 1627 . . . [sig.] Emanvel Almeida, ff. 1/107.

Histoire de la Chine, de l'année 1625. iusques au mois de Feurier de l'année 1626 . . . De Kiatim le 1. de Mars de l'an 1626 . . . . [sig.] Emanvel Diaz, ff. 108/190.

Relation dv Voyage fait av royavme de Tunquim nouuellement découuert . . . . De Macao le 12. de Nouembre 1626 . . . [sig.] Ivlien Baldinotti, ff. 191/210.

— La relation sur le Tonkin du P. Baldinotti. (*Bul. Ecol. franç. Ext. Orient*, III, No. 1, Janv.-Mars 1903, pp. 71/8.) Texte italien et trad. française du Dr. Mario Carli.

— Compendio de lo qve escriuen los Religiosos de la Compañia [de Iesus] en cartas de 1627. de lo que passa en los Reynos de la China. Con licencia, En Madrid por Andres de Parra. Año 1629. Pièce in-folio de 2 ff. n. c.

— * Lettere annve del Giappone de gl'anni

1625. 1626. 1627, aggiontova la dichiaratione d'una pietra antica scritta e scolpita con lettere, retrovata nel regno della Cina. Roma, Corbelletti, 1631, in-8. [T.-C., 1465.]

— Lettere ‖ annve ‖ del Giappone ‖ de gl'anni M DC XXV. ‖ M DC XXVI. M DC XXVII. ‖ Al Molto Reu. in Christo ‖ P. Mvtio Vitelleschi ‖ Preposito Generale della Compa- ‖ gnia di Giesv. ‖ In Roma, ‖ Appresso Francesco Corbelletti. M DC XXXII. ‖ Con Licenza de' Superiori. in-8, pp. 328.

— Histoire de ce qvi s'est passé av Royavme dv Iapon, es annees 1625. 1626. & 1627. Tirée des Lettres adressées au R. P. Mvtio Viteleschi, General de la Compagnie de Iesvs. Traduite d'Italien en François par vn Pere de la mesme Compagnie. [Jean Vireau, d'après Carayon, No. 918.] A Paris, Chez Sebastien Cramoisy . . . M. DC. XXXIII, in-8, pp. 485 s. l'ép., &c.

De l'Estat de Macao, p. 313.

Explication des mots qscrits et gravez svr vne pierre antique, trouuée au Royaume de la Chine, pp. 453/473. — Voir col. 773.

— Iaerliicksche Brieven ‖ van ‖ Iaponien ‖ Der jaren 1625. 1626. 1627. ‖ Aen den seer Eerwveerdighen Vader ‖ in Christo ‖ P. Mvtivs Vitellescvs ‖ Generael der Societeyt Iesv. ‖ T'Antwerpen, ‖ By Jan Cnobbaere ‖ by het Professen-huys der ‖ Societeyt Iesv, in Sinte Peeter. ‖ Anno 1632. in-8, 5 ff. n. ch. p. le tit., etc. + pp. 3 à 390 + 1 f. p. l'app.

— Franc. Furtado, Societatis Jesu, Vice-Provincialis Sinarum et Japoniae, Relatio de Statu Sinensis Missionis, scripta ad Summum Pontificem anno 1639, in-8. [De Backer, I, col. 1989.]

— * Breve Recopilação dos principios, continuação e estado da Christandande da China. Lisboa, por Paulo Craesbeeck. 1642, in-4.

«Vem citada a folhas 152 da *Bibliographia Historico-Lusitana Fonteziana*, manuscripto existente na Bibliotheca Nacional de Lisboa. 4. com a numeração B 4/40.» (Figaniere, No. 1650.)

— * Recveil des commencemens, progrez et estat moderne de la Chrestienté de la Chine. Traduit du Portugais du R. P. Alvare Semedo, Procureur de la Chine. Imprimé à Lisbone l'an 1642. le 22 Sept. A Roven, chez Iean le Bovllenger, près le College des PP. Jesuites. M. DC. XLIII, in-4, pp. 22. (De Backer, III, col. 754.)

— * Relação da propagação da fé no reyno da China e' outros adjacentes. Madrid, 1641, in-4 (par A. Semedo).

Cet ouvrage arrangé par Faria i Sousa est celui qui a été publié sous le titre de «Imperio de la China». Voir col. 23.

— Relatione ‖ Della Prouincia ‖ del Giappone, ‖ scritta dal padre ‖ Antonio Francesco Cardim ‖ Della Compagnia di Giesv, Procuratore di quella Prouincia. ‖ Alla Santità di Nostro Signore ‖ Papa Innocentio X. ‖ In Roma, Nella Stamperia di Andrea Fei. ‖ M. DC. XLV. ‖ — Con licenza de' Superiori. Pet. in-8, 6 ff. n. ch. p. le tit. etc. + pp. 160.

Voir : P. 5, Della Città, e Collegio di Macao . . . P. 100, Missione dell' Isola di Hainam . . .

«Le P. Cardim, né à Viana en 1595 [le P. Sommervogel dit 1596], entra au noviciat à l'âge de 16 ans. Envoyé aux Indes comme missionnaire il visita toute l'Indo-Chine et mourut à Macao en 1659. Sa relation écrite en portugais ne fut pas imprimée dans cette langue, quoi qu'en disent les PP. de Backer. La version italienne (*Cat. de la Bib. Jap. de M. Mourier*, Paris, 1887) est due au P. Giacomo Diaceto.»

— Relation de ce qvi s'est passé depuis qvelques années, iusques à l'An 1644. au Iapon, à la Cochinchine, au Malabar, en l'Isle de Ceilan, & en plusieurs autres Isles & Royaumes de l'Orient compris sous le nom des Prouinces du Iapon & du Malabar, de la Compagnie de Iesvs. Diuisée en deux Parties, selon ces deux Prouinces. Premiere Partie. Relation de la Prouince dv Iapon. Escrite en Portugais par le P. François Cardim de la Compagnie de Iesvs, Procureur de cette Prouince. Traduitte et reueuë en François. A Paris, chez Mathvrin Henavlt . . . et Iean Henavlt. M. DC. XLVI. pet. in-8, pp. 182 s. l'ep., etc.

De la cité et du College de Macao, pp. 6/10.

La Mission de l'Isle de Hainam, pp. 113 et seq.

De l'entrée de nos Peres en l'Isle de Hainam, pp. 119 et seq.

La seconde partie de la Relation relative au Malabar est du P. François Barretto : Henault, 1645.

Traduction du P. Jacques de Machault.

Il y a une autre traduction française de cette Relation du P. Cardim, par le P. Fr. Lahier, S. J., Tournay, A. Quinqué, 1645, in-12.

— Relação da conversão a nossa Sancta Fè da Rainha, & Principe na China, & de outras pessoas da casa Real, que se baptizarão o anno de 1648, pet. in-4, pp. 16.

On lit au bas de la p. 16 : Em Lisboa com todas as licenças necessarias. Na Officina Craesbeeckiana, anno 1650. Taxado em 10. reis em papel. Lisboa 22. de Outubro de 1650.

Figaniere, No. 942, attribue cet ouvrage qui est sans nom d'auteur au «P. Mathias da Maya, jesuita, natural d'Atalaya». Il en existe des exemp. à la Bib. «do Archivo Nacional» *Relaçoés da India*, vol. 2. num. 16; à la Bib. Nacional de Lisbonne; à la Bib. nat. de Paris $\frac{O^2n}{352}$.

— Itinerario de las Missiones que hizo el Padre F. Sebastian Manriqve Religioso Eremita de S. Agustin Missionario Apostolico treze años en varias Missiones del India Oriental, Y al presente Procurador, y Diffinidor

General de su Prouincia de Portugal en esta Corte de Roma. Con una Summaria Relacion del Grande, y opulento Imperio del Imperador Xa-zia-han Corrombo Gran Mogol, y de otros Reys. Infieles, en cuios Reynos assisten los Religiosos de S. Agustin. Al Eminentiss. Señor, el Señor Cardenal Pallotto Protector de la Religion Agustiniana. Con privilegio. En Roma, Por Francisco Caballo, M DC XLIX. Con licencia de los Superiores. in-4, pp. 476 à 2 col. + 6 ff. prél.

— * Svma del Estado del Imperio de la China y Christiandad del por las noticias que dan los Padres de la Compañia de Iesvs, que residen en aquel Reyno hasta el año de 1649. Avnque los alborotos y levantamientos de la gran China no dan lugar a tener plena noticia del estado de la Christiandad en aquellas Provincias; las que por cartas de los Superiores de la Compañia en aquellas dos Vice-Provincias se han tenido en Filipinas desde al año de 1638, hasta el de 1649. Son las siguientes. A la fin : Con Licencia. En Madrid : Por Pablo de Val. Año M. DC. LI, in-fol., 2 ff.

De Backer, I, col. 1242.

— Relation ‖ de ce ‖ qvi s'est passé ‖ dans ‖ les Indes orientales ‖ en ses trois provinces ‖ de Goa, de Malabar, dv Iapon, ‖ de la Chine, ‖ & autres païs nouuellement ‖ descouuerts. ‖ Par les Peres de la Compa ‖ gnie de Iesvs. ‖ Presentée à la Sacrée ‖ Congregation de la Propagation de la Foy, ‖ Par le P. Iean Maracci Procureur de la ‖ Prouince de Goa, au mois d'Auril 1649. ‖ A Paris, ‖ chez ‖ Sebastien Cramoisy... ‖ et ‖ Gabriel Cramoisy. ‖ M. DC. LI. ‖ Av. Priv. dv Roy. pet. in-8, 3 ff. n. ch. + pp. 114.

Cette trad. est du P. Jacques de Machault.

Ternaux-Compans cite No. 1856 : Relation de ce qui s'est passé dans les Indes orientales, dans les trois provinces de Goa, Malabar, Japon, de la Chine et autres pays nouvellement descouverts par les Pères de la Compagnie de Jésus. Paris, 1657, in-8.

— Brevis Relatio de Numero, & Qualitate Christianorum apud Sinas. Avctore P. Martino Martinio Tridentino Vice prouinciae Sinensis Procuratore è Societate Iesu. Romae, Ex Officina Ignatii de Lazzeris. M. DC. LIV. Svperiorvm permissv. in-4, pp. XXXVI + 3 ff. p. l'ep. et la perm.

— Brevis ‖ Relatio ‖ de Nvmero, et qvali ‖ tate... Iuxta Exemplar Romanum. ‖ Coloniae, ‖ Apud Ioannem Bvsevm ‖ Bibliopolam M. DC. LV. ‖ Superiorum Permissu, ‖ in-12, pp. 49.

— Briefve Relation de la notable conversion des personnes royales & de l'estat de la Religion Chrestienne en la Chine. Faicte par le tres R. P. Michel Boym de la Compagnie de Iesvs, enuoyé par la Cour de ce Royaume là en qualité d'Ambassadeur au S. Siege Apostolique, & recitée par luymesme dans l'Eglise de Smyrne, le 29. Septembre de l'an 1652. A Paris, chez Sebastien Cramoisy..... & Gabriel Cramoisy. M. DC. LIV. Auec Privilege de sa Maiesté. in-8, pp. 75 s. les ép.

Pp. 72/3, on donne une liste de sept ouvrages auxquels travaillait le P. Boym. Cette liste est reproduite par le P. de Backer, I, col. 845/6.

— Briefve Relation de la Chine, et de la Notable Conversion des Personnes Royales de cet Estat. Faicte par le très R. P. Michel Boym de la Compagnie de Iesvs, enuoyé par la Cour de ce Royaume là, en qualité d'Ambassadeur au S. Siege Apostolique, & recitée par luy mesme dans l'Eglise de Smyrne, le 29. Septembre de l'année 1652. (Dans le Recueil de Thévenot, II, 1696, pp. 30.)

— * Relacya o Chinach i nawroceniu tamże rozmaitych stanówosob dowiary swiętey. [Relatio de China et conversione ibidem diversorum statuum personarum ad fidem.] (De Backer, Vol. I, Col. 845.)

— * Sehr wehrte und angeneme newe Zeitung Von der Bekehrung zum Catholischen Glauben Dess Jungen Königs in China und anderer Fürstl. Personen Und von Der Legation dess Ehrw. P. Michaelis Bovyn (*sic*) der Societet Iesv Priestern, Polnischer Nation, zu Ihrer Päbstl. Heyligkeit nach Rom. Item Von grosser Hoffnung der Bekehrung der Tartaren unnd dess Königreichs Tunquin, welches allein so gross ist, als gantz Frankreich. Auss dem Frantzösischen zu Ryssel und Teutschem getrucktem Exemplar. Nachgetruckt zu München, bey Lucas Straub. Im Jahr, 1653, in-4, pp. 7 n. c.

Ce n'est qu'un abrégé de la relation du P. Boym. D'après le titre on voit qu'il y a une édition de cette relation en français à Lille (*Ryssel*) et une en allemand. Je ne les connais pas. — Le P. Stöcklein a aussi abrégé et modifié cette relation dans le *Welt-bott*, t. I, n. 13. (Note particulière du P. Sommervogel.)

— Zeitung auss der newen Welt oder Chinesischen Königreichen, so P. Martinvs Martini der Societet Jesu Priester | öhnlangst auss selbigen Landen in Hollandt anlangendt | mit sich gebracht hat. Gezogen auss den jenigen Brieffen | so jungsthin auss Niderlandt nacher Ingolstatt oberschick worden. Gedruckt zu Augspurg | durch Andream Aperger, Anno M. DC. LIV, in-4, pp. 8 non chiff.

— Constitvcio- ‖ nes desta provincia de San ‖ Gregorio de Philipinas de los ‖ Frayles Descalços de la Orden de los Menores de Nuestro ‖ Padre S. Francisco hechas en el Capitulo Prouincial que se ce- ‖ lebro en la

Ciudad de Manila el año del Señor de 1655. en veinte ‖ y vno del mes de Henero siendo electo en Ministro Prouincial N. ‖ Chassimo Hermano Fr. Alonso de S. Francisco, Predicador, ... ‖ Con licencia en Manila en el Collegio y Vniuersidad de Santo ‖ Thomas de Aquino, por Buenauentura Lampao año de 1655. pet. in-4, ff. 76 + 4 ff. n. c. pour la tab. et les errata.

British Museum, 1124, g, 18.

— * Missi evangelici ad Sinas, Japoniam et oras confines, Integri doctrinae labisque puri, nec ex admissa locutionum mente restrictarum honestate, in foveam acti. Leodegarius Quintinus Heduus s. t. d., innoxios texit, baubantem lyciscam compescuit, veritati misere dilaceratae praesto fuit. Antuerpiae, 1659, in-8, pp. 137.

Léon Pagès. — Ternaux-Compans, No. 1893.

— En français : Missions des JJ. aux Indes-Orientales, Paris, 1659, in-8.

— * Antonio Sòzzini de Zarzana. Expeditiones Jesuitarum Sinenses. Neapoli, 1662, in-4. [T.-C., 1933.]??

Voir supra, col. 811.

— Lettre dv R. P. Iacqves Le Favre de la Compagnie de Iesvs, au P. Procureur de la Prouince de France, & des Missions d'Orient de la mesme Compagnie, sur son arriuée à la Chine, & l'estat present de ce Royaume. Pièce in-4, pp. 16. s. l. n. d.

De Xâm-hày ville maritime de la Prouince de Nàn-kim dans la Chine ce 8. Septembre 1657.

— La même. A Paris, Chez Edme Martin, 1662, in-8, pp. 37.

— Historica ‖ Narratio, ‖ De ‖ Initio et Progressu ‖ Missionis ‖ Societatis Jesu ‖ Apud Chinenses, ‖ Ac praesertim in Regia Pequi- ‖ nensi, ‖ Ex Litteris ‖ R. P. Joannis Adami Schall ‖ ex eadem Societate, ‖ Supremi ac Regij Mathematum Tribunalis ‖ ibidem Praesidis. ‖ Collecta ‖ Viennae Austriae Anno M.DC.LXV. ‖ Typis Matthaei Cosmerovij, Sacrae Caesareae Majestatis ‖ Aulae Typographi. pet. in-8, 6 ff. n. ch. p. l. tit., etc. + pp. 267 + 1 f. n. ch. p. l'er. — Port. de Schall.

Marquée M.DC.LXV.

Dans de Backer, III, 590, art. *Schall*, marquée M.DC.LV. — Erreur, je pense. Ce serait du P. Jean Foresi (de Backer, I, 1917, 5). — Traduit de l'Italien (??).

— Historica Relatio de Ortu et Progressu fidei orthodoxae in Regno Chinensi per Missionarios Societatis Jesu ab anno 1581 usque ad annum 1669. Novissimè collecta ex Literis eorundem Patrum Soc. Jesu Praecipuè R. P. Joannis Adami Schall Coloniensis Ex eádem Societate. Editio altera, & aucta, Geographicâ Regni Chinensis; Compendiosa Narratione de Statu Missionis Chinensis; Prodigiis, quae in ultima Persecutione contigerunt; & Indice. Cum Facultate Superiorum. Sumptibus Joan. Conradi Emmrich Civis et Bibliopolae. Ratisbonae Typis Augusti Hanckwig, 1672, in-8. — Portrait du Père Schall et une carte.

Pp. 353 et seq. Compendiosa Narratio de Statu Missionis Chinensis ab anno 1581 usque ad annum 1669. oblata Eminentissimis DD. Cardinalibus S. C. de P. F. A. R. P. Prospero Intorcetta, Soc. Jesu Sacerdote, & Procuratore V. Provinciae Chinensis. Anno 1671—14 Aprilis, Romae, Permissu superiorum. — Pp. 368 et seq. : Catalogus 30. Sacerdotum qui in hâc Persecutione traditi sunt judicibus in Aulâ Pequini. — Pp. 370 et seq. : Catalogus Prodigiorum apud Sinas, regnantibus Tartaris. — Pp. 395 et seq. : Index Rerum.

Dans le titre de l'édit. 1672, après *Geographica Regni Chinensis* on a omis le mot *Descriptione*. (Note particulière du P. Sommervogel.)

— Geschichte ‖ der ‖ chinesischen Mission ‖ unter der Leitung ‖ des ‖ Pater Johann Adam Schall, ‖ Priesters aus der Gesellschaft Jesu. ‖ Aus dem Lateinischen übersetzt und ‖ mit Anmerkungen begleitet ‖ von ‖ Ig. Sch. von Mannsegg. ‖ Wien, 1834. ‖ Druck und Verlag der Mechitaristen-Congregations-Buchhandlung. ‖ in-8, pp. 461 s. l. tit. et la tab.

— 1845, 2 vol. in-8.

— Relatio ‖ rervm notabilivm ‖ Regni Mogor ‖ In Asiâ : ex ‖ R. P. Henrici Roht Dilingani Soc. Iesv, inde anno ‖ M DC LXIV & in Germaniam, & hinc eodem ‖ revertentis, narrationibus coram ‖ Sereniss. Dvce Neoburgico ‖ habitis Neoburgi excerpta. Complectitur ‖ Imperij Mogor ‖ religionem ‖ regionem ‖ regimen : ‖ Tum Ritus varios & inaudita de Regno ‖ Cabvl Christianorum, ‖ Potente Ethnicorum ‖ incognito hactenus : de Christianitatis statu in ‖ Iaponia, China : ‖ Item de Monocerote, Arca Noe, Crocodilis, Faunis, ‖ ac demum Regis Mogor eiusque Liberorum ‖ Tragoedia cruentissima. ‖ — Aschaffenbvrgi ‖ Typis Johannis Michaelis Stravb ‖ MDCLXV, pièce in-4, pp. 15.

— Innocentia ‖ Victrix ‖ sive ‖ Sententia Comitiorum Imperij Sinici ‖ pro ‖ Innocentia ‖ Christianae Religionis ‖ Lata juridicè per Annum 1669. ‖ & ‖ Ivssv R. P. Antonij de Govvea Soc^is. ‖ Iesv, ibidem V. Provincialis ‖ Sinico-Latinè exposita ‖ In Quàm cheū metropoli provinciae Quàm tūm in Regno Sinarum. ‖ Anno Salvtis Humanae M DC LXXI.

L'exemplaire que nous avons examiné est celui de la Bib. nationale où il est placé dans la Réserve. Dans le nouveau catalogue, il porte le n° O²n, 361. Il provient de la Bibliothèque de Falconet. Un autre ex. est marqué N. F. Chinois 3183. C'est un petit in-folio, imprimé avec des caractères en bois, à la manière chinoise, c'est-à-dire sur du papier plié en deux, le pli restant blanc intérieurement. Il y a 90 pages imprimées (45 feuillets) : le f. 1 r° contient un frontispice, reproduit dans l'*Imp. Sino-Europ.*, p. 26, imprimé avec un bloc de bois, représentant une couronne de lumière, au centre de laquelle se trouvent les trois caractères I H S, avec trois clous au-dessous. Au-dessus de la couronne, on lit : *Innocentia*; au-dessous : *Victrix*; et autour : *e tenebris clarivs ipsis promicat.*

F. 1 v°. Caractères chinois (8) anciens : Xâm chù hě liń siuēn ý yū xi. Au-dessous : *In conspectv gen* || *tivm revelavit Iv* || *stitiam svam.* Psal. 97.

F. 2 r°. Le titre comme nous l'avons donné ci-dessus ; reproduit en fac-simile.

F. 2 v°. Facvltas R. P. V. Provincialis . . . In Quàm cheū metropo i provinciae Quàm tūm. Die 28. Decembris Anni 1670. Antonius de Gounea.

Les feuillets suivants sont numérotés ; il y en a 43, c'est-à-dire 86 pages.

F. 1 r°. Libellus svpplex (offert par les PP. Louis Buglio, G. de Magalhaēns et Ferd. Verbiest).

F. 9 v°. Responsvm Concilij Ritvvm ad postvlata trivm Patrvm.

F. 18 v°. Mandatvm Imperatoris quo cavsa nostra Comitijs Imperij traditur examinanda.

F. 20 r°. Sententia Comitiorvm.

F. 24 v°. Responsvm Imperatoris ac Sententia.

F. 27 r°. Elogivm Exeqviale.

F. 30 v°. Libellvs svpplex.

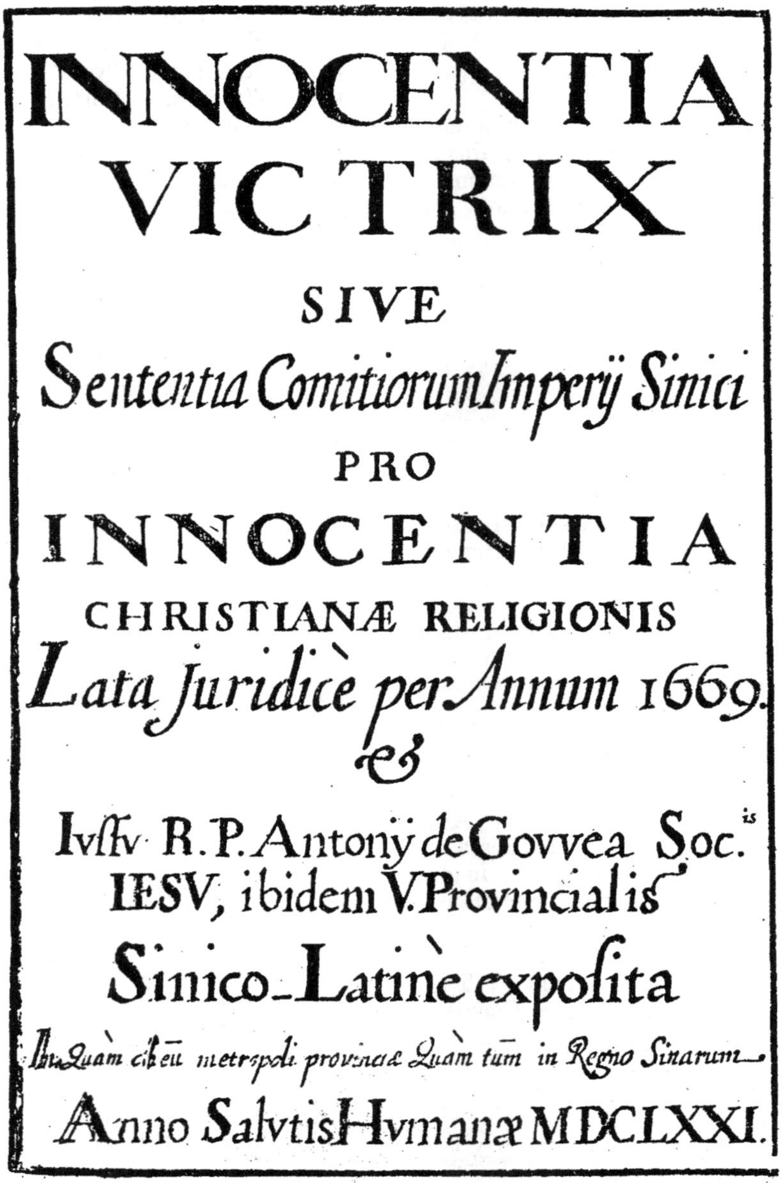
INNOCENTIA
VICTRIX
SIVE
Sententia Comitiorum Imperij Sinici
PRO
INNOCENTIA
CHRISTIANÆ RELIGIONIS
Lata juridicè per Annum 1669.
&
Iussu R. P. Antonij de Govvea Soc.is
IESV, ibidem V. Provincialis
Sinico-Latinè exposita
In Quàm cheū metropoli provinciæ Quàm tum in Regno Sinarum.
Anno Salutis Humanæ MDCLXXI.

(INNOCENTIA VICTRIX.)

(INNOCENTIA VICTRIX.)

F. 34 v°. Mandatum Imperatoris quod prodijt eiusdem anni & mensis die 28.

F. 35 r°. Consultvm ac Responsvm Concilij Rituum.

F. 37 r°. Alterum consultum & responsum eiusdem Concilij.

F. 39 v°. Placitvm Imperatoris ac Sententia data eiusdem mensis dvodecimi die vigesimā primā.

Le texte chinois des décrets, etc., est donné avec l'interprétation.

Voir dans les *Acta Sanctorum* (Danielis Papebrochii e Soc. Jesu Paralipomena addendorum, mutandorum, aut corrigendorum in conatu chronico-historico ad catalogum romanorum pontificum) post vol. mensis Maii : Dissertatio XLVIII, p. 126 et seq. — On trouvera l'*Innocentia Victrix*, p. 131 et seq. L'ouvrage est attribué au P. Verbiest. — On conserve un exemplaire, C, 24, b, de l'*Innocentia Victrix*, dans une des vitrines de la King's Library, au British Museum.

Cet ouvrage a été rédigé par le P. Jean Lobelli, S. J. (Sommervogel.)

— La Bibliothèque royale de Munich possède un ex. de l'*Innocentia victrix*, A. Or. 2°, 316 r, en très belle condition. — Quaritch, Londres, 1898, £ 8. 8/-.

∴

— Instrvctiones Ad munera Apostolica ritè obeunda Perutiles missionibvs Chinae, Tvnchini, Cochinchinae, atq; Siami accommodatae, a Missionarijs S. Congregationis de Propaganda Fide, Juthiae Regia Siami congregatis Anno Domini 1665, concinnatae, dicatae Svmmo Pontifici Clementi IX. Romae, per Zachariam Dominicum Acsamitek à Kronenfeld Boëmum Pragensem, Lingvarum Orientalium Typographum, Anno 1669. Svperiorvm permissu. In-8, 13 ff. prél. n. ch. p. l'ép. tab. etc., + pp. 260 sans l'ép. des évêques d'Héliopolis et de Beryte au Pape, etc.

Mgr. Luquet a donné une analyse de ces instructions, dans ses «Lettres à Mgr. l'Evêque de Langres, Paris, 1842» in-8, pp. 515/533 : Note B. Du Livre des *Instructiones*. — J'ai examiné l'ex. de l'East-India Library.

— Instrvctiones ..... Nova Editio. Romae MDCCCVII. Apvd Franciscvm Borlié. Superiorum permissu. In-12, pp. XXIV-285.

— Instructiones .... accomodatae, a Missionariis Seminarii Parisiensis Missionum ad Exteros .... Juxta Exemplar Romae. s. l. n. d., in-12, pp. XXIV-370.

— Monita ad Missionarios Sacrae Congregationis de Propag. Fide. Editio altera. Romae 1840. Ex typ. S. C. de Prop. Fide Superiorum permissu. In-12, pp. XVI-236.

— Monita ad Missionarios Provinciae Nankinensis. Excudebat A. H. de Carvalho, Shanghai 1871, in-8, pp. 60 et CXX sans les tables.

— Monita ad Missionarios S. Congregationis de Propaganda Fide — Editio IV. Romae, Ex Typ. Polyglotta S. Cong. de Propaganda Fide MDCCCLXXXVI, pet. in-8, pp. XVI-222.

— Monita ad Missionarios S. Congregationis de Propaganda Fide. Hongkong, Typis Societatis Missionum ad Exteros MDCCCXCIII, in-8, pp. X-161.

— Prohibitions addressed to Chinese converts of the Romish faith. Translated by P. P. Thoms, with notes illustrating the customs of the country. — From the *Indo-Chinese Gleaner*. (*Chin. Rep.*, XX, 1851, pp. 85/94.)

— Recueuil de diuerses choses remarquables qui se sont passées a la cour de Pé kim, et en quelques autres lieux du Royaume ces deux dernières années 1666 et 67,

Ms. du XVIIe S., in-4, 18 feuillets; Bib. nat., anc. supp. fr. 5553 = Fr. 14688. — Ce Ms. contient plusieurs autres documents intéressants : Copie d'une lettre du P. Le Faure (Canton, 1er Nov. 1668); une lettre des PP. Gabriel de Magalhaens, Buglio et Verbiest.

Evêques français.

— Constitutiones apostolicae brevia, decreta, &c. pro missionibus Sinarum, Tunquini, &c. Ad usum R. R. D. D. Episcoporum, Sacerdotumque à Summis Pontificibus, ab Eminentissimis D. D. Cardinalibus S. Congregationis de propaganda Fide respective in Orientem missorum. Juxta Exemplar Romae. Parisiis, Apud Carolum Angot, M. DC. LXXVI. In-12.

— Relation abrégée des missions et des voyages des evesques francois, envoyez aux Royaumes de la Chine, Cochinchine, Tonquin, & Siam. Par Messire Francois Pallv Evesque d'Heliopolis. A Paris, Chez Denys Bechet, ruë Saint Iacques, au Compas d'Or, & à l'Escu au Soleil. M. DC. LXVIII. Avec Priv. du Roy, & App., in-8, pp. 148, sans l'ép., le priv. & l'ap.

— Relation abrégée des Missions et des voyages des evesques françois envoyez aux Royaumes de la Chine, Cochinchine, Tonquin, & Siam. Par Messire François Pallv Evesque d'Heliopolis. A Paris, chez Charles Angot, ruë Saint Iacques, au Lion d'Or. M. DC. LXXXII, avec Priv. du Roy, & App., pet. in-8, pp. 51, s. l'ép., l. p., etc.

— Breve, e Compendiosa Relatione de' Viaggi di tre Vescovi Francesi, che dalla S. Mem. di Papa Alessandro VII. furono mandati Vicarij apostolici à i Regni della Cina, Cocincina, e Tonchino, Con il Racconto di quanto hanno operato per lo stabilimento delle loro Missioni. Tradotta dalla Francese in lingua italiana, e dedicata alla gloriosa Memoria dell' eccellentiss. Prencipe Tomasso Rospigliosi Nipote della Santità di N. S. PP. Clemente IX. In Roma, per Fabio di Falco 1669, pet. in-8, pp. 170, s. l. p.

— Breve, e compendiosa Relazione de Viaggi di trè vescovi Francesi che dalla S. Mem. di Papa Alessandro VII furono mandati Vicarij Apostolici à i Regni della Cina, Cocincina, e Tonchino, con il racconto di quanto anno operato per lo stabilimento delle loro missioni tradotta del Franeese. In-8, in Roma per Fabio di Falci, 1669. (Anzi, *Il Genio Vagante*, Parma, 1693, IV, pp. 1/15.)

— Relation des Missions des Evesques françois avx royavmes de Siam, de la Cochinchine, de Camboye, & du Tonkin, &c. Divisé en quatre parties. A Paris, Chez Pierre Le Petit, Edme Couterot, & Charles Angot. M. DC. LXXIV, in-8, pp. 367, s. l'ép., la préf. et la tab.

— Relation des Missions et des Voyages des evesques vicaires apostoliques, et de leurs ecclesiastiques ès Années 1672. 1673. 1674. & 1675. A Paris, Chez Charles Angot, M. DC. LXXX, in-8, pp. 389, s. l'ép., l. préf., etc.

— La même. Ibid., M. DC. LXXXII, in-8, pp. 389, s. l'ép., etc.

Suite de la relation imprimée en 1674.

— Relation . . . . . ès Années 1676. & 1677. Ibid., M. DC. LXXX, pp. 242, s. l'ép., l. préf., etc.

— La même. Ibid., M. DC. LXXXII, in-8, pp. 170, s. l'ép., etc.

— Estat sommaire des Missions de la Chine, et l'enuoy de trois Euesques dans les nouuelles Eglises de cet Empire, in-4, s. l. n. d., pp. 15.

— A Nosseigneurs de l'Assemblée du Clergé. Pièce in-8, s. l. n. d., pp. 21.

Cette pièce relative au voyage des trois évêques renferme outre une note sur cette mission :

pp. 7/14 : Récit de ce qui s'est passé à la Présentation des Lettres que Sa Sainteté et Sa Majesté Très-Chrétienne ont écrites au Roy de Siam.

pp. 15/16 : Lettre du Pape Clément IX au Roi de Siam. Rome, 24 Août 1669 [en latin].

pp. 17/19 : La même en français.

pp. 20/21 : Lettre de Sa Maiesté [Louis XIV] au Roy de Siam.

Bib. nat. $\frac{O^2n}{672}$

— Relation ‖ dv voyage ‖ de Monseignevr l'evéqve ‖ de Beryte ‖ vicaire apostoliqve ‖ dv royavme ‖ de la Cochinchine, ‖ Par la Turquie, la Perse, les Indes, &c. jus- ‖ qu'au Royaume de Siam & autres lieux. ‖ Par M. de Bovrges, Prestre, ‖ Missionnaire Apostolique. ‖ A Paris, ‖ Chez Denys Bechet, ruë S. Iacques, ‖ au Compas d'or & à l'Ecu au Soleil. ‖ — M. DC. LXVI. ‖ Avec Privilege du Roy, & Approbation. Pet. in-8, pp. 245 + 6 ff. au com. p. l. tit., l'ép., l'avis et l'er. + 1 f. à l. f. p. l. tab., priv. et app.

— Relation ‖ dv voyage ‖ de monseignevr l'evéque ‖ de Beryte, ‖ vicaire apostoliqve ‖ dv royavme ‖ de la Cochinchine, ‖ Par la Turquie, la Perse, les Indes, &c. jus- ‖ qu'au Royaume de Siam, & autres lieux. ‖ Par M. de Bovrges Prestre, Missionnaire ‖ Apostolique. ‖ Seconde édition. ‖ A Paris, ‖ Chez Denys Bechet, ruë S. Iacques, ‖ au Compas d'or, & à l'Escu au Soleil. ‖ M. DC. lxviii. ‖ Avec Privilege du Roy, & Approbation, in-8, 4 ff. prél. n. c. + pp. 245 + 1 f. n. c. p. l. tab. etc.

— Relation du Voyage de Monseigneur l'Evesque de Beryte, vicaire apostolique du royaume de la Cochinchine, Par la Turquie, la Perse, les Indes, &c. jusqu'au Royaume de Siam, & autres lieux. Par M. de Bourges Prestre, Missionnaire apostolique. Troisième édition. A Paris, chez Charles Angot, ruë S. Jacques, au Lyon d'Or. M. DC. LXXXIII. Avec Priv. du Roy, & App., in-8, pp. 167 s. l'ép., l. t., etc.

A voir sur la Mission des 3 Evêques en Chine : 1° *Pallu*, chanoine à St.-Martin de Tours : *Evêque d'Héliopolis*; 2° *la Motte-Lambert*, ci-devant Conseiller de la Cour des Aydes en Normandie, puis Directeur du Grand Hospital à Rouen : *Evêque de Beryte*; 3° *Ignace Cotolendy*, curé à Aix : *Evêque de Metellopolis*.

— * Reyze des Bishops van Beryt, vertaalt door J. H. Glazemaker. Amsterdam, 1669, in-4.

Ternaux-Compans, No. 2120.

— * Erzählung der Reise des Bischofs von Beryte nach Algier durch Syrien, Arabien, Persien und unterschiedene Indische Landschaften in das Reich Siam. Leipzig, 1671, in-4.

Ternaux-Compans, No. 2204.

— Naaukeurig ‖ Verhaal ‖ van de ‖ Reis ‖ des Bisschops van ‖ Beryte. ‖ Uit Frankryk te Lant en ter Zee ‖ naar China : ‖ Namelijk ‖ Uit Marsilien over de Middelantsche Zee naar Aleppo, en voort te ‖ lant deur Syrien, Arabien, Persiën, en verscheide ‖ Indiäansche Lantschappen. ‖ Met een naaukeurige Beschrijving van de Steden en Plaatsen, Godsdiensten en ‖ Zeden der Volken ; als ook van de Kosten, tot deze Reis vereïscht, ‖ en van de Munt, in deze Landen dienstig. ‖ Door M. de Bourges, ‖ Reisgenoot in deze Reis | in de Fransche Taal beschreven | en van ‖ J. H. Glazemaker daar uit getrokken en Vertaalt | . ‖ met bygevoegde Beschrijvingen van verscheide ‖ voortreffelijke Steden en Landen. ‖ Met veel kopere Platen verçiert. ‖ t' Amsterdam, ‖ Voor Abraham Wolfgang, Boekverkoper, aan d'Opgang van ‖ de Beurs, by de tooren in't Geloof, 1669, in-4, pp. 126.

— Naaukeurig ‖ Verhaal ‖ van de ‖ Reis ‖ des Bisschops van ‖ Beryte ‖ Uit Frankryk te Lant en ter Zee ‖ naar China : Namentlijk ‖ Uit Marsilien over de Middelantsche Zee naar Aleppo, en voort te ‖ lant deur Syrien, Arabien, Persiën, en verscheide ‖ Indiäansche Lantschappen. ‖ Met een naaukeurige Beschrijving van de Steden en Plaatsen, Godsdiensten en ‖ Zeeden der Volken ; als ook van de Kosten, tot deze Reis vereïscht, ‖ en van de Munt, in deze Landen dienstig. ‖ Door M. de Bourges, ‖ Reisgenoot in deze Reis | in de Fransche Taal beschreven | en van ‖ J. H. Glazemaker daar uit getrokken en Vertaalt | ‖ met bygevoegde Beschrijvingen van verscheide ‖ voortreffelijke Steden en Landen. ‖ Met veel kopere Platen verciert. ‖ t' Amsterdam, ‖ By Jan

Bouman, Boekverkooper, in de Kalverstraet; ‖ over de Kapel. 1683, in-4, pp. 126. Front. gravé.

Même édition avec des titres différents.

— Lettre ‖ de M. Maigrot ‖ Docteur en Sorbonne, ‖ a M. ‖ de Metellopolis ‖ Vicaire Apostolique ‖ de Siam, ‖ Sur le Voyage & l'Entrée de M. ‖ l'Evêque d'Heliopolis à la Chine ‖ A Paris, ‖ Chez Charles Angot, ruë saint Jacques, ‖ au Lyon d'Or. ‖ — M.DC.LXXXV. ‖ Avec Permission. Pet. in-8, pp. 25.

Au bas de la page 25 : *Permis d'Imprimer fait ce 25. Novembre ‖ 1685. de la Reynie.*

Commence : «Monseigneur, Je vous envoye ce petit Journal de nôtre Voyage à la Chine, ainsi que vous me l'ordonnâtes en recevant la benediction de V. G. à nôtre départ de Siam.

«Le 26 de Juin 1683. nous nous embarquâmes sur la Rivière de Siam; & le 29. nous montâmes sur notre Vaisseau Chinois habillez à la Chinoise . . .»

Formose, etc. ; arrive à Emouy, 15 janvier 1684. — Bib. Nat. — L'évêque de Metellopolis = Mgr. Laneau.

— L'état present de l'Eglise de la Chine, et des autres roiaumes voisins. A Paris, Chez Sebastien Mabre Cramoisy . . . M. DC. LXX. Avec Priv., in-12, pp. 233 s. l'ép.

— Persecvcion ‖ qve movieron los Tartaros en el ‖ Imperio de la China contra la ley de Iesu Christo, y sus ‖ Predicadores; y lo sucedido desde el año de 1664. ‖ hasta el fin del año de 1668. ‖ Por el Padre Francisco Garcia de la Compañia de Iesus. In-4, pp. 48. — Sans tit., titre ut supra, p. 1.

Au bas de la p. 48 : Con licencia en Alcalá por Maria Fer ‖ nandez, año de ‖ 1671.

— Francisco Garcia. — Relacion de la Persecucion de los Predicatores de Christo en la China. En Sevilla, Juan de Osuna, 1671, in-4.

— * Relacion de la terrible persecucion que nuevamente ha padecido la Ley de Christo, y sus Predicadores en la China, y de los prodigios que Dios ha obrado para confirmar su verdad, y defender la innocencia. Sacada de las Cartas que han escrito los Padres de la Compagnia de Jesus, que residen en aquel Reyno, por el Padre Francisco Garcia de la misma Compañia. Dedicada al Illustrissimo Señor D. Ambrosio Ignacio de Espinola y Guzman, Arçobispo de Sevilla, el Padre Tirso Gonçalez, Missionero de la Compañia de Jesus en las Provincias de España, dando testimonio de su verdad. Año 1672. Con licencia, en Cadiz, en casa de la viuda de Juan Lorenço Machado. A costa de Francisco de los Rios, mercader de Libros en la Plaça, in-4, ff. 4 et 27. L'épit. déd. est signée : B. L. Planta de V. S. I. su menor Capellan Tirso Gonçalez. [De Backer, I, Col. 2040.]

— Relacam do Estado politico e espiritval do Imperio da China, pellos annos de 1659. até o de 1666. escrita em latim pello P. Francisco Rogemont da Cõpanhia de Iesus, Flamengo, Missionario no mesmo Imperio da China . . . Lisboa. Na Officina de Ioam da Costa. M. DC. LXXII. in-4, pp. 229 + 3 ff. prél. n. ch.

Le Traducteur est le P. Sebastiaõ de Magalhaẽs, jésuite, né à Tanger.

Imprimée en latin à Louvain, 1673, in-8. (Voir col. 628.)

A *Carta* escripta de Pekin a 2 de Janeiro de 1679, em que relata a perseguiçao do anno 1664, acha-se vertida em portuguez na *Relaçao da China* do P. Rougemont, de que foi Traductor o outro jesuita Sebastião de Magalhães, como direi no artigo competente. Esta notitia escapou a diligencia de Barbosa. (Silva, *Dic. Bib. Port.*, III, 1859.)

Traduite, dit de Backer, anc. éd. 2e S., p. 378, par le P. Intorcetta dans la *Compendiosa Relatione dello stato della Missione Cinese*, etc. Roma, per Francesco Tizzoni, 1672, in-8, pp. 17/114. (Vide infra.)

— Compendiosa Narratio de Statu Missionis Chinensis ab anno 1581 usque ad annum 1669. oblata Eminentissimis DD. Cardinalibus S. C. de P. F. A. R. P. Prospero Intorcetta, Soc. Jesu Sacerdote, & Procuratore V. Provinciae Chinensis. Anno 1671—14 Aprilis, Romae, Permissu superiorum, pp. 368 et seq. de l'Historica Relatio, du P. Schall. Ratisbonae, 1672, in-8. (Vide supra, col. 821—2.)

— Compendiosa ‖ Narratione ‖ Dello Stato della Missione Cinese, co- ‖ minciãdo dall' Anno 1581. fino al 1669. ‖ Offerta in Roma. ‖ Alli Eminentissimi Signori Cardinali della Sa- ‖ cra Congregatione de Propaganda Fide. ‖ Dal P. Prospero Intorcetta della Compagnia ‖ di Giesù, Missionario, e Procuratore della ‖ Cina : con l'aggiunta de' Prodigij da ‖ Dio operati; e delle Lettere ve- ‖ nute dalla Corte di Pekino ‖ con felicissime nuoue. ‖ In Roma Per Francesco Tizzoni. MDCLXXII, ‖ Con Licenza de' Superiori, pet. in-8, pp. 126 + 1 f. n. c.

Ce volume se termine (pp. 115/126) par : Lettera del Padre Christiano Herdtrich Austriaco della Compagnia di Giesù, scritta dalla Cina a 23. di Novembre 1670. Al P. Prospero Intorcetta della medesima Compagnia.

Ternaux-Compans, No. 2175, cite : Roma, 1671, in-8.

— Incrementa ‖ Sinicae ‖ Ecclesiae, ‖ a ‖ Tartaris ‖ oppugnatae, ‖ Accuratâ & contestatâ narratione ‖ è ‖ Sinarum Imperio ‖ à ‖ R. P. Joanne Dominico Gabiani ‖ Societatis Jesv ‖ Anno Salutis M.DC.LXVII. ‖ Perscripta, ‖ Ab ‖ Austriacâ ejusdem Societatis ‖ Provincia ‖ Accepta, & exhibita ‖ Anno 1673. ‖ Viennae Austriae. ‖ Typis Leopoldi Voigt, Universalis Typographi. ‖ 8 ff. prél. n. ch. + pp. 607.

Ouvrage composé de trois parties. — Composé par le P. Gabiani (né le 23 avril 1623; † 1694) pendant sa détention à Canton et envoyé en Europe pour être imprimé. — Cf. Sommervogel.

— Les dernieres novvelles de la Chrestienté de la Chine. Tirées des Lettres receuës par le Procureur des Missions de ce pays-là. A Paris, Chez Denys Bechet, ruë Saint Iacques, au Compas d'or. M. DC. LXVIII. Avec app. & Permission. Pièce in-12, 25 pages.

Le P. de Backer imprime par erreur 1658, ainsi que Ternaux-Compans, No. 1866.

L'Advis au lectevr, de 2 pages, est du P. Philippe Chahv (et non pas Chaby, comme l'écrit Ternaux-Compans), Procureur en France des Missions de la Chine, de la Compagnie de Jesus :

Premier Extrait d'une Lettre écrite au Pere Fraguyer, par le R. Pere Iacques le Faure, Provincial de la Compagnie de Iesvs dans la Chine, pp. 1/6. — Nanquin, 3 aoust 1664.

Second Ext. d'une lettre écrite au Procureur des Missions de la Chine par le mesme. Pp. 6/11. Nanquin, 3 Août 1664.

Billet du mesme Pere adjousté à la Lettre susdite 3 mois après, pp. 11—13. — Nanquin, 9 Novembre 1664.

Troisiesme Ext. d'une lettre plus recente du R. Pere Victor Riccio de l'Ordre de S. Dominique, Vicaire Prouincial dans la Chine. Escrite au R. P. François des Anges, du mesme ordre, Prouincial dans les Philippines; dont la copie fidellement traduite en latin, a esté enuoyée à Rome, & de Rome à Paris, où elle a esté mise en François, pp. 14/25. A Binondoc, le 15. de May 1666. [Voir infra : Vies des Missionnaires; *Riccio*.]

Le P. Chahu a réimprimé cette collection, pp. 113/139 de l'ouvrage suivant :

— Lettres des Pays estrangers, où il y a plusieurs choses curieuses & d'édification. Enuoyées au Procureur des Missions de ces pays-là. A Paris chez Denys Bechet, ruë S. Iacques, au Compas d'Or. M. DC. LXVIII. Auec Permission de Monseigneur le Chancelier. pet. in-8, pp. 158, s. l'av. au lecteur (6 p.) et la table (2 p.).

Je note la lettre suivante dans cette collection, pp. 60/64 :

— Lettre du Pere Jacques le Faure de la Compagnie de Iesus, escrite de Goa, le premier Novembre 1654, à une sienne parente à Paris. Elle n'est pas citée par le P. de Backer.

On voit que cette collection est en quelque sorte le précurseur des recueils de *Lettres édifiantes et curieuses*.

— Nomina Sacerdotum triginta, qui Sinicae persecutionis tempore stiterunt sese judicibus in Curiâ Pekinensi.

E. Societate Jesu quinque et viginti.

Ex D. Dominici Familia quatuor.

Ex D. Francisci Familia unus.

Rougemont, *Hist. Tart.-Sinica*, à la suite des approbations. [Col. 628.]

— Relation de l'estat où se trouvent les missions de la Compagnie de Jésus à la Chine, au Tunkin, au Japon et à la Cochinchine en 1677.

Ms. du P. Tissanier qui se trouvait à la biblioth. pub. de Lyon. Voir le recueil décrit par Delandine. (Léon Pagès.)

Ferdinand Verbiest.

— Epistola P. Ferdinandi Verbiest vice Provincialis Missionis Sinensis, anno 1678, die 15ª Augusti ex Curia Pekinensi in Europam ad Socios missa.

Pièce in-folio de 10 doubles ff. chiffrés. Cette lettre écrite en latin est imprimée, à Pe-king, sur papier de Chine en lettres cursives à l'aide de blocs de bois, sur un seul côté du papier à la manière chinoise; l'ex. qui se trouve à la bibliothèque royale de Bruxelles, parmi les manuscrits, porte le No. 16692. L'exemplaire que nous avons examiné se trouve dans la bibliothèque de Siu ca-wei. Ternaux-Compans l'indique No. 2351.

L'abbé Carton (*Notice biog. sur le P. Verbiest*) écrit, p. 75 : «Cette lettre, imprimée en latin à Pékin, sur papier de Chine, existe à la bibliothèque royale de Bruxelles, section des mms. Elle fut réimprimée en Europe, in-4, sans nom d'imprimeur ni lieu, et ensuite traduite en français et imprimée à Paris, 1682, in-12.»

— Lettre ecrite de la Chine où l'on voit l'état présent du Christianisme dans cet Empire, & les biens qu'on y peut faire pour le salut des ames. A Paris, Chez Gabriel Martin ..... M. DC. LXXXII. Avec permission, pet. in-12, pp. 147 s. l'av.

Avertissement. — Lettre du R. P. Ferdinand Verbiest, de la Compagnie de Jésus, Vice-Provincial de la mission de la Chine, Ecrite de la Cour de Pekin à tous les Jésuites d'Europe, le 15 d'Aoust 1678, pp. 1/63. — Trois Lettres de l'Evesque de Münster, pp. 64/88. — Fondation d'une Mission dans les Indes Orientales pour la Chine & pour le Japon, pp. 89/107. — Bref de nostre S. Pere le Pape au P. Verbiest, pp. 108/113. — Traduction latine de ces documents, pp. 114/147.

Le Bref du Pape au P. Verbiest est imp. dans les *Missions Cath.* : VII, 1875, p. 592. — Voir Du Halde, III, p. 95.

— Extrait d'une lettre écrite de la Chine à Rome par le Pere Verbiest datée du 15 Août 1678. (*Mercure de France*, Sept. 1681, p. 194; *Choix des Meilleurs Morceaux des Anciens Mercures*, VII, pp. 80/7.)

Ternaux-Compans cite également, No. 2419 : Le même, Paris, 1682, in-4.

— * Le Progrèz de la religion catholique dans la Chine. Avec le Bref de N. S. P. le Pape Innocent XI. Au Père Ferdinand Verbiest Jesuite, du 3 Decembre 1681. Iouxte la coppie imprimée à Paris. A Tovlovse, Par I. Boude, 1681, in-12, pp. 96.

Candide Hiu.

— 許太夫人傳 *Hiu tai fou jen tchouan*. (Vie [en chinois] par le P. Couplet de Candide Hiu.)

A été réimprimé à Tou-sai-wai en chinois, en 1882, in-16, ff. 16; cette traduction chinoise est du père indigène Jean-Baptiste Hiu, 許靖邦 *Hiu Tsing-pang*.

— * Historia nobilis Feminae Candidae Hiu, Christianae Sinensis, quae anno aetatis 70, viduitatis 40 decessit anno 1680. [De Backer, I, Col. 1426.]

— Histoire ‖ d'une dame ‖ chrétienne ‖ de la Chine. ‖ ou ‖ par occasion les usages ‖ de ces Peuples, l'établissement de la ‖ Religion, les manières des Mission ‖ naires, & les Exercices de Piété des ‖ nouveaux Chrétiens sont expliquez. ‖ A Paris, ‖ Chez Estienne Michallet .... ‖ M. DC. LXXXVIII. ‖ Avec App. & Permission, in-12, pp. 152 + 1 f. n. ch. p. l'ép., 2 grav.

C'est la vie de Candide Hiu, petite fille de Paul Siu [voir col. 675], dont le portrait gravé sert de frontispice à cet ouvrage. On lit au-dessous du portrait : «Madame Candide Hiu petitte fille du Grand Chancelier de la Chine, Illustre pour sa piété. Elle mourut le 24 octobre 1680. agée de 73 ans dans la Province de Nankin» [à Soung Kiang].

L'ouvrage «présenté à Madame la Marquise de ***» est signé P. C.[ouplet.] Procureur Général des Missions de la Chine, de la Compagnie de Jésus.

[Traduction du P. Pierre Joseph d'Orléans, S. J.]

— * Historia de vna gran Señora Christiana de la China, llamada Doña Candida Hiù. Donde, con la ocasion qve se ofrece, se explican los vsos destos Pueblos, el establecimiento de la Religion, los procederes de los Missioneros, y los exercicios de piedad de los nuevos Christianos, y otras curiosidades, dignas de saberse. Escrita por el R. P. Felipe Cvplet de la Compañia de Jesus, Missionero de la China. Con licencia. En Madrid : En la Imprenta de Antonio Roman. Año 1691, pet. in-8, pp. 246, sll., 2 grav.

A la pag. 216/246, on trouve : Carta àcerca de la muerte del Padre Fernando Verbiest, Flamenco, de la Compañia de Iesvs, que sucediò a 28 de Enero del año de 1688, en Pekin, Corte de la China. Escrita por el P. Antonio Thomas, Flamenco, de la misma Compañia, que en lugar del P. Fernando, es aora Prefecto de la Mathematica. [De Backer, I, Col. 1700.]

[Trad. du P. Joseph Echaburu y Alcaraz.]

— * Historie van eene groote Christene mevrouwe van China met naeme mevrouw Candida Hiu. In dewelcke (met de gelegentheyt die haer nu voorwent) de gewoonte van dat volck, het vastellen der Religie, de maniere van handelen der Verkondighers des Gheloofs, ende de oeffeninghen van godvruchtigheyt der nieuwe Christenen, als oock eenighe andere saecken weerdigh om te weten, uytgeleydt worden. Beschreven door den eerweerdighen Pater Philippus Couplet van de Societeyt Jesu, Verkondigher des Gheloofs in het selven Ryck ende in onse nederlandtsche taele door H. J. D. N. W. P. overgheset. Tot Antwerpen in de druckerye van Knobbaert, by Franciscus Muller, 1694. Met verlof der oversten, pet. in-8, pp. 213, s. les lim. et l. t. [De Backer, I, col. 1426.]

— Vite, e virtu || di D. Paolo Siv || colao della Cina, || e || di D. Candida Hiv || gran dama cinese, || raccolte || Da Carlo Gregorio Rosignoli || della Compagnia di Giesù. || Dedicate || A gl' Illustrissimi Signori || il Signor || D. Pietro Isimbardi, || Questore del Magistrato Straordin., e del Cons. Segreto di S. M. C., || e la Signora || D. Silvia Cibo || Isimbardi, || Marchesi della Pieue del Cairo, || Gallia, Isola di S. Antonio, || e di Santa Giulietta. || — In Milano, per Giuseppe Malatesta. 1700. || Con licenza de' Super., e Priuilegio. pet. in-8, 6 ff. n. ch. p. le tit., déd., tab. + pp. 132 + pp. 142, 2 portraits.

Cette dernière partie renferme : Vita, e virtu || di D. Candida Hiv, || nipote del colao Paolo, || Principal Dama Cinese.

— * Ragguaglio delle cose più notabili della Cina di Filippo Couplet. (1687, in-4, s. l. n. imp.)

(Hiu.)

Haym, *Biblioteca italiana*, Milano, 1803, I, 180, 4.

— * Epistola Patris Antonii Thomae Societatis Jesu Missionarii in Imperio Sinarum ad R. P. Thyrsum Gonzalez Praepositum Generalem data Pekini 20 decembris 1696, in-4.

— * Epistola Patris Antonii Thomae e Societate Jesu Missionarii Sinensis, ad Patrem Generalem data Pekini 15 Augusti 1697 quae viâ Batavica pervenit Romam 4 Augusti, 1700, in-4, pp. 8. [De Backer.]

— * Libertas Evangelium Christi annunciandi et propagandi in Imperio Sinarum, solenniter declarata anno Domino 1692, die 22 Mensis Martii; et pro Europaeorum notitia descripta, autore P. Josepho Suario Lusitano Societatis Jesu Missionario Sinensi, Collegii Aulici Pekinensis Rectore, in-8, s. l., pp. 175 s. l. f. prél.

Inséré dans Couplet, *Tab. chron.*, Vienne, 1703, pp. 202/234. (Voir col. 559.)

Traduit en Espagnol par D. Juan de Espinola, sous ce titre :

— * La libertad de la Ley de Dios en el Imperio de la China, compuesta por el Reverendissimo P. Joseph Suarez de la Compañia de Jesus, Rector del Colegio de Pekim, Corte de aquel vastissimo Imperio. Y traducida de la lengua Portuguesa à la Castellana, por Don Juan de Espinola, etc. Dedicada al Reverendissimo P. M. Tyrso Gonçalez de Santalla, Preposito General de la misma Compañia de Jesus. Con licencia : En Valencia, por el Heredero de Benito Macé, junto al Real Colegio del Señor Patriarca. Año 1696, in-8, 8 ff. + pp. 142. [De Backer.]

Après la dédicace, ce nouveau titre : Relacion de la libertad de la ley de Dios, en el Imperio de la China, Solicitada en varios tiempos, y ocasiones, y finalmente conseguida, y publicada à los cinco de la segunda Luna, en el año de el Imperio de Kheanchi, 31. que viene à ser à 22. de Março del año de 1692. Compuesta por el R. P. Joseph Suarez, Rector del Colegio de Pekim. — La libertad . . . Lisboa. En la Oficina de Miguel Deslandes, Año de 1696, in-12, pp. 174 s. l. f. prél.

Juan de Espinola, *pseud.* du P. J. Echaburu y Alcaraz, né à Murcie, 6 sept. 1640; † Madrid, 26 fév. 1697.

— De Libertate Religionem Christianam apud Sinas propagandi nunc tandem concessa 1692 Relatio, composita a R. P. Josepho Suario Lusitano collegii Pekinensis Rectore. Dans l'ouvrage intitulé : Novissima Sinica... edente G. G. L. 1697.

Vide infra.

— Novissima || Sinica || Historiam nostri temp- || oris illustratura || In quibus || De Christianismo publica nunc || primum autoritate propagato mis || sa in Europam relatio exhibetur, de || que favore scientiarum Europaea || rum ac moribus gentis & ipsius || praesertim Monarchae, tum & de bel || lo

(Divers.)

27*

Sinensium cum Moscis ac pa || ce constituta, multa hactenus || ignota explicantur. || *Edente* G. G. L.[eibnitio.] || Indicem dabit pagina versa. || Anno MDCXCVII, pet. in-8, 15 ff. n. ch. + pp. 174.

Index eorum quae hoc libello continentur.

1. De Libertate Religionem Christianam apud Sinas propagandi nunc tandem concessa 1692 Relatio, composita a R. P. Josepho Suario Lusitano collegii Pekinensis Rectore.

2 Excerpta ex libro Astronomico R. P. Verbiestii apud Sinas impresso de Studiis Monarchae nunc regnantis.

3. Epistola R. P. Grimaldi ad Leibnitium Goa 6. Decemb. 1693.

4. Epistola R. P. Antonii Thomae Belgae, Pekino 12. Novemb. 1695.

5. Brevis descriptio itineris Sinensis a Legatione Moscovitica annis 1693. 94. 95. confecti, emendatiùs edita.

6. Appendix excerptorum ex literis R. P. Gerbillonii in Moschicae ditionis urbe Nipchou ad confinia Sinensium sita, datis 2. & 3. Septemb. 1689, ubi de bello & pace tandem conclusa inter Sinenses & Moscos.

— Novissima || Sinica || historiam || nostri || tem- || poris illustratura || In quibus || de Christianismo || Publica nunc primum autorita- || te propagato missa in Europam rela- || tio exhibetur, deqve favore scientiarum Europaearum ac || moribus gentis & ipsius praesertim Monarchae, tum & de || bello Sinensium cum Moscis ac pace constituta, || multa hactenus ignota explicantur. || Edente G. G. L. || Indicem dabit pagina versa. || Secunda Editio. || Accessione partis posterioris aucta. || Anno MDCXCIX, pet. in-8, 14 ff. n. ch. + pp. 175.

On lit à la page qui suit le titre : Index eorum quae hoc libello continentur. In parte priore jam edita anno praecedente. (Suivent les titres des six articles imprimés dans l'édition précédente.) In parte posteriore quae nunc prodit. 7 Icon Regia Monarchae Sinarum nunc regnantis delineata a R. P. Joach. Bouveto Jesuita Gallo, ex Gallico versa.

L'ouvrage du P. Bouvet a un titre spécial : Icon Regia Monarchae Sinarvm nvnc regnantis ex Gallico versa. Anno. MDCXCIX; et une pagination différente de celle de la première partie des «Novissima Sinica», 6 ff. prél. n. ch. + pp. 128, port. [Voir sur cet ouvrage, col. 634.]

L'exemplaire que j'ai consulté est celui qui se trouvait dans la bibliothèque de Mr. A. Wylie. Il appartenait à Bayer, et contient beaucoup de notes manuscrites de ce savant. Il est relié avec la «Relatio» du P. Schall et les lettres écrites des Indes (latin). A la fin du volume, il y a une traduction manuscrite de Bayer d'un «Itinerarium Moscovitico-Tattaricum . . .»

— Lettre sur les progrez de la religion a la Chine.

Pièce in-12, pp. 48. s. l. n. d., pas de titre. — A la suite du titre ci-dessus (recto f. 1) Lettre «à monsieur l'abbé de **» qui finit au verso du f. 1 «A Paris le 21 Novembre 1697».

Contient : pp. 1/2 : Lettre à monsieur l'abbé de **. — 3/14. Extrait de la Préface que M. Leibnits, Protestant, Conseiller aulique à la cour d'Hannovre, a mise à la tête du Livre qu'il a fait imprimer, touchant l'Edit que l'empereur de la Chine a donné en faveur de la Religion Chrétienne. — 14/20. Extrait de la quatrième Lettre historique de Hollande, imprimée à la Haye au mois de Février de l'année 1697 [Comprend des ext. des lettres de la Chine le 21 de Septembre et le 12 Novembre 1695]. — 20/48. Extraits de diverses Lettres du Révérend Père de Fontanay Jesuite, écrites de la Chine ces dernières années. [Les destinataires de ces lettres sont indiqués par des manchettes dont voici la liste : Lettres écrites au R. P. de la Chaise en 1692, p. 20. — Au même, en 1693, p. 23. — A M. Thevenot, p. 30. — Au Père Tachard aux Indes, p. 34. — D'une autre lettre à M. Thevenot, p. 37. — Au Père de la Broüille à Siam, p. 40. — Au Père Dolu à Bengale, p. 42. — Lettre du Père Gerbillon au R. Père de la Chaize en 1695, p. 43. — Lettre du Père Provana, écrite de Goa en 1695, p. 48.] — Au bas de la p. 48 : *Avec permission*. — [s. n. d'imprimeur ou de libraire.]

On a attribué cette lettre au P. Le Gobien; nous croyons que c'est une erreur, car il est l'auteur de l'*Histoire de l'Edit*, dont il est ainsi question dans la lettre du commencement, p. 2 : «On vient de me dire qu'on imprime actuellement une Histoire fort exacte & fort curieuse de tout ce qui s'est passé au sujet du fameux Édit que l'Empereur de la Chine a donné en faveur de la Religion Chrétienne. Je ne manquerai pas de vous l'envoier si-tôt qu'elle paroîtra». Peut-être, ainsi que me l'a fait remarquer mon ami, le R. P. Sommervogel, cette phrase au contraire indiquerait-elle que le P. Le Gobien est bien l'auteur de cette lettre; il emploierait ce subterfuge pour rester anonyme.

Très-rare. — Bib. nat., O²n 371.

— Autre édition. Lettre sur les progres de la Religion a la Chine.

Pièce in-8, pp. 40; pas de titre; à la fin : A Paris, de l'imprimerie d'Antoine Lambin, ruë S. Jacques, au Miroir, 1697. Avec permission.

Bib. nat., O²n A 371. — Rare aussi. — Contient absolument la même matière que l'édition s. l. n. d., ni nom d'imprimeur que nous venons de décrire; on remarquera que le format est différent et que le nombre des pages est moindre.

— * Annua do Collegio de Pekim desde o fim do anno de 1694 até o fim de mayo de 1697 e de algunas outras Residencias, e Christandades da Missao da China, escrita em Pekim, 30 de julho de 1697, in-folio. [Carayon.]

Par le P. J. Suarez.

— * Jose Suarez. Cartas annuas de la China desde el año 1694 hasta el de 1697. Valencia, 1698, in-8. [T.-C., 2717.]

— * Fray Gaspar de San Agustin, Conquistas de las islas Philipinas, la temporal, por las armas de Phelipe II; y la espiritual, por los religiosos del orden de San Augustin. Parte primera (y unica). Madrid, Manuel Ruiz de Morga, 1698, in-fol.

« Frontispice gravé, 15 fnc., 544 pp., 4 fnc. Bel exemplaire d'un ouvrage très rare non cité par Antonio. Le premier volume seulement a été imprimé. — L'histoire des missions de l'ordre dans la Chine et le Japon se trouve également dans ce volume. » (*Cat. de la Bib. Jap. de Mr. Mourier*, Paris, 1887.)

C. Le Gobien.

— Histoire de l'édit de l'empereur de la Chine, en faveur de la Religion Chrestienne : avec un eclaircissement sur les honneurs que les Chinois rendent à Confucius & aux Morts. Par le P. Charles le Gobien de la Compagnie de Jesus. A Paris, Chez Jean Anisson Directeur de l'Imprimerie Royale, ruë de la Harpe, à la Fleur de Lis de Florence. M.DC.XCVIII. Avec privilége dv Roy. in-12, pp. 322 s. l. t., l'ép., la préf., &c.

Cet ouvrage est, comme l'indique le titre imprimé sur le premier feuillet, la «Suite des Nouveaux Memoires de la Chine» [du P. Le Comte]. — (Voir col. 39—40.)

L'édit a été promulgué le 20 Mars 1692. Voir également :

De Libertate Religionem . . . Relatio, composita a R. P. Josepho Suario. (Voir col. 834; et *Novissima Sinica*, No. 1, col. 834—5.)

— Nouveaux || Memoires || sur || l'état present ||

de || la Chine. || Tome Troisieme. || Contenant l'Histoire de l'Edit de l'Empereur || de la Chine, en faveur de la Religion || Chrestienne. || Avec un Eclaircissement sur les honneurs que les || Chinois rendent à Confucius & aux Morts. || Seconde edition. || A Paris, || Chez Jean Anisson Directeur de l'Impri- || merie Royale, ruë de la Harpe. || M.DCC. || Avec privilege du Roy. In-12, 17 ff. n. ch. p. l. t., ep., préf. + pp. 322 + 5 ff. n. ch. p. l. tab.

— Nouveaux || Memoires || sur || l'état present || de || la Chine. || Tome Troisième. || Contenant l'Histoire de l'Edit de l'Empereur || de la Chine, en faveur de la Religion || Chrétienne. || Avec un Eclaircissement sur les honneurs que les || Chinois rendent à Confucius & aux Morts. || Troisieme Edition. || A Paris, || Chez Anisson Directeur de l'Imprimerie || Royale. || — M.DCC II. || Avec privilege du Roy. In-12, 17 ff. prél. n. ch. p. l'ép., l. préf., etc. + pp. 323 + 3 ff. n. ch. p. l. tab., etc.

— Istoria dell'Editto dell'Imperatore della Cina, in favore della Religione Cristiana. Coll' aggiunta d'alcune notizie intorno gli honori, che i Cinesi rendono à Confusio, & à Defonti. Scritta in Lingua Francese dal P. Carlo le Gobien della Compagnia di Giesu. E Trasportata nell'Italiana dal P. Carlo Giacinto Ferrero della medesima Compagnia. In Torino, M.DC.IC. Nella Stampa di Gio : Battista Zappata. Con Licenza de' Superiori, pet. in-8, pp. 254 s. l. table.

Pp. 171/254 : Dichiarazione fatta al serenissimo dvca del Maine intorno a gli onori, che i Cinesi fanno a Confusio, e a i Morti.

Le P. Ferrero, né à Valperga, le 23 mars 1648 ; † à Turin, 18 Oct. 1730.

— Historie van't Keyzer-ryk China, Benevens een Verklaaringe over de eer-bewijsingen van de Chineesen, aan Confucius en de Dooden. Door Charles le Gobien, Jesuit. (Dans *Hist. Besch. van het magtige Keyzerryk China* . . . Utrecht, 1710.) — (Voir col. 42.)

∴

— * Historia de la predicacion del santo Evangelio en China : por el P. Fr. Juan Buenaventura Ibanez de la Provincia de S. Juan Bautista. Impresso en Colonia el año de 1706.

Marcellino da Civezza, No. 294.

— * Relacion del imperio de China, y frutos apostolicos de los Misioneros Franciscanos, año de 1712 : por el P. Fr. Diego de Santa Rosa de la Provincia de San Pablo.

«Cosi l'HUERTA (*Estado, ec.*) dicendo che è una relazione molte estesa e particolareggiata, e che fu messa a stampa in Madrid il 1717 . . . .» (Marcellino da Civezza, No. 651.)

— * Ortus et progressus Sacri Ordinis Fratrum Minorum S. P. Francisci, ultra quinque iam saecula perdurantis : compendiose conscriptus et tam ex Bullis Pontificiis, quam ex probatissimis authoribus extractus a P. Fr. Massaeo Kresslinger, Ord. Min. Strict. Observantiae Lectore Jubilato, ac Provinciae Bavariae iterato Ex-Provinciali. Cum facultate Superiorum. Sumptibus Joan. Andreae de la Haye Bibliopolae Academici Ingolstadii. Monachii, typis Mariae Magdalenae Riedlin. MDCCXXXII, in-8, 15 ff. n. c. + pp. 351.

M. da Civezza, *Saggio di Bib. S. Francescana*, pp. 256/7.

— * Antonio Caetano de Sousa. Catalogos dos Arcebispos de Goa, Primazes do Oriente; dos Bispos de Cochim, Meliapor, China, Japão, Macau, Nankim, e Malaca; Patriarchas de Ethiopia; Arcebispos de Cranganor e Serra.

«Sahiram impressos no tom. 2. da *Collec. dos Docum. e Mem. da Academ. Real da Hist. Port.* Lisboa Occidental, na Officina de Paschoal da Silva. 1722, in-fol.» (Figaniere, No. 896.)

— * Memorial sobre las Misiones de Filipinas y China. Por el Padre Fray Agustin de Madrid de la Provincia de S. Josè. Madrid, Impreso en el año de 1715.

— De l'établissement et du Progrès de la Religion chrétienne dans l'empire de la Chine. (*Du Halde*, III, pp. 65—127.)

On trouvera à la p. 95 le bref d'Innocent XI au père F. Verbiest.

— Herrliche || Tugend-Beyspihl || Der || Von jetzt Regierenden || Sinischen Kayseren || Herstammenden || Und umb Christi willen || Verfolgten || Sunischen Printzen || Ausz unterschidlichen || Und dem Neuen Welt-Botten || Rev. P. Josephi Stöcklein Soc. J. || Einverleibten Briefen || Zusammen getragen || Und || Mit Geistlichen Sitten-Lehren || Vermehret. || Von einem anderen gemeldter Gesellschaft || Jesu Priestern. || — Augspurg || In Verlag Mathiä Wolffs Buchhändlers seel. Wittib || nächst U. L. F. Thor. 1739, pet. in-8, 6 ff. n. ch. p. l. t., préf., tab. etc. + pp. 402; front. gravé.

Les leçons de morale sont du P. Michel Kolb, S. J., d'Innsbruck.

— Extrait de plusieurs lettres écrites de Macao icy, au sujet de six Missionnaires prêtres de la Compagnie de Jésus qui ont voulu entrer au Tong-king, et dont 4 ont été arrêtés et condamnés à mort. (*Revue Ext. Orient*, III, N° 2, 1885, pp. 231/235.)

.˙.

— La Christiandad de Fogan en la provincia de Fo kien en el Imperio de China cruelmente perseguida de el impiò Cheu Hiokien Virrey de dicha Provincia. Relacion diaria de las prisiones, carceles, y tormentos, que desde el dia 25. de Iunio de 1746. han padecido los cinco Missioneros de N. P. Santo Domingo, que la cuidaban, y muchos Christianos de dicha Christiandad de vno, y otro sexo, con vna breve noticia del Martyrio del V. Illmo Señor D. Fr. Pedro Martyr Sanz, Obispo Mauricastrense, Vicario Apostolico de Fo kien, y Administrador de las Provincias de Che-kiang, y Kiang sy. Escrita en la Carcel por el Illmo, y Rmo Señor D. Fr. Francisco Serrano, Obispo Tipasitano, y al presente Vicario Apostolico de dicha Provincia de Fo kien, vno de los cinco Religiosos Dominicos de la Provincia del SSmo Rosario de Philipinas condenados à deguello. En Manila con las lic. neces. por el Cap. D. Geronimo Corica de Castro, año de 1748. pet. in-4 de 68 ff. chiffrés. — Après le titre une grav. assez fine représentant l'exécution de Pierre Martyr Sanz.

Je ne connais qu'un seul exemplaire de ce petit ouvrage ; il est déposé aux *Archives nationales*, Carton M, 205 ; sur la couverture brochée on lit cette note manuscrite : « Relation de la persecution du Foukien imprimée à Manille dans laquelle on trouvera pag. 55, No. 22 de la 2e partie l'article qui n'est point dans l'original ce qui a piqué les Jesuites comme on le peut voir dans la lettre du P. de Neuvialle, dont j'ai envoyé copie à Mgr. l'Evêque d'Ecrinée ainsi que la reponse des PP. Dominicains à cette même lettre. Cet exemplaire cy est pour le Séminaire de Paris. Maigrot. »

L'article en question est relatif à la constitution *Ex quo singulari* de Benoit XIV (1742). Voir *Question des Rites*.

— Relacion ‖ de la persecucion, ‖ que padecieron los christianos, ‖ y cinco Religiosos del Orden de Predicadores en la Provincia ‖ de Fokien, Imperio de la China ; ‖ con el martirio ‖ del ilustrissimo señor, don Fray Pedro Sanz, ‖ Obispo Mauricastrense, y uno de los cinco : ‖ Escrita en la Carcel ‖ por el Il^{mo}. Señor D. Fray Francisco Serrano, ‖ Obispo Tispasitano, y uno tambien de dichos ‖ Religiosos. ‖ Y un Apendice a dicha Relacion ; y al fin la declamacion laudatoria ‖ de N. SS. P. Benedicto XIV. pronunciada en 16. de Setiem- ‖ bre 1748. sobre el Martirio de dicho Ilustrissimo ‖ Señor Sanz. *A la fin* : Impresso en Manila, Reimpresso en Sevilla, y ultimamente en Valencia ‖ con las licencias necessarias, en

(Divers.)

la Imprenta de Joseph Garcia, ‖ à la Plaza de Calatrava, Año 1750. Pièce in-4, pp. 84.

Voir pp. 82/84 :

Copia de la carta circular ‖ del ilustrissimo, y reverendissimo señor ‖ Don Fr. Pedro Sanz, ‖ del Convento de Lerida, de la pro- ‖ vincia de Aragon, Orden de Predicadores, Obispo de ‖ Mauricastro, Vicario Apostolicò de la Provincia de ‖ Fokien, del Imperio de la China, Administrador de ‖ las Provincias de Chekian, y Kiang Sy, &c. dirigida â ‖ los RR. PP. Missioneros Apostolicos, que ‖ pertenecen à su jurisdiccion.

Datum Moyang Provinciae Fokiensis die 22. mens. Julii anno post Christum natum 1745. Loco † Sigilli.

El Original de esta Carta, impresso en Moyang con letra de Estampilla, pàra en el Archivo del Real Convento de Predicadores de Valencia.

Voir Sanz, *Vies des Missionnaires*.

— La Christiandad de Fogan, en la provincia de Fokien, en el Imperio de China, cruelmente perseguida del impio Cheu-Hio-kien Virrey de dicha Provincia. Relacion de las prissiones, carceles, y tormentos, que desde el dia 25. de Junio de 1746. han padecido los cinco Missioneros de N. P. S. Domingo, que la cuidaban, y muchos Christianos de uno, y otro sexo, con un tratado del martyrio del Ilmo. y Venerable Señor Don Fray Pedro Martyr Sanz, Obispo Mauricastrense, Vicario Apostolico de Fo kien, y Administrador de las Provincias de Chekiang, Kiang-Sy. Natural de la Villa de Ascó en el Principado de Cathaluña, hijo del Convento de Predicadores de la Ciudad de Lerida. Escrita en la carcel por el Ilmo y Rmo. Sr. D. Fr. Francisco Serrano, Obispo Tipasitano, y al presente Vicario Apostolico de Fokien, uno de los cinco Religiosos Dominicos, condenados a deguello. Y al fin la declamacion laudatoria de N. S. P. Benedicto XIV. pronunciada en 16. de Septiembre de 1748. Con un breve Compendio de la Vida, Apostolicas tareas, carceles, y martyrio del Venerable P. Fr. Francisco Gil de Federich, natural de Tortosa, hijo del Convento de Santa Cathalina Virgen, y Martyr de Barcelona, con su compañero el P. Fr. Matheo Leziniana del Orden de Predicadores. *Tercera Impression. Barcelona* : En la Imprenta de los Herederos de Bartholomè, y Maria Angela Giralt. Año 1750. in-4, pp. 67 à doubles colonnes.

— * Noticia certa de um successo a contecido no Imperio da China, a onde se referem os tormentos, trabalhos e martyrios que alli padecem os Catholicos, e os que passou o muito Reverendo Padre Fr. João de Santa Maria, religioso da Ordem de S. Domingos, e onde tamben morreram martyres o Illustrissimo Bispo de Mari-

(Divers.)

castro, da mesma Sagrada Religião, e outros religiosos. Lisboa. 1757, in-4, pp. 7. (Figaniere, No. 1481.)

∴

— * Noticias fide dignas de lo que obran los Religiosos de nuestro Serafico Padre San Francisco de su mas estrecha Observancia en los reynos de la Gran China y Cochinchina, en cumplimiento de sus empleos de Missioneros Apostolicos, y Ministros evangelicos, enviados por la Magestad Catholica del Rey nuestro Señor a aquellos bastos clymas. Sacase a luz a diligencias del Procurador general de la Santa Provincia de Philippinas : y las dedica en paga de cierta culpa a nuestros charissimos hermanos Provincial y Venerable Diffinitorio de esta Santa Provincia de San Diego de Mexico. Con licencia de los Superiores : en Mexico, por Joseph Bernardo de Hogal, Ministro e Impressor del Real y Apostolico Tribunal de la Santa Cruzada en todo este reyno. Año de 1739.

«Sono 30 pagine in-4, di fitta lettera; ed è stampa rarissima. L'esemplare ch'io posseggo mi venne inviato da' nostri Padri di Manila. Importantissimi poi sono i documenti che contiene, per la vera storia di quelle Missioni.» (Marcellino da Civezza, p. 429.)

— * Relação summaria da prisão, tormentos, e glorioso martyrio dos veneraveis Padres Antonio José, portuguez, e Tristão de Attimis, italiano, ambos da Companhia de Jesus, da Vice Provincia da China. Lisboa, na Officina de Francisco da Silva. 1751, in-4, pp. 38. (Figaniere, No. 1482.)

— * Lettre écrite de Macao en Chine par un Missionnaire à un de ses amis. Paris, 1756, in-12.

Cat. de Dondey-Dupré, s. l. n. d., Fr. 6.

— * Mision Seraphica Española de Xan-tung en este imperio de la Gran China de la Provincia de San Gregorio. Nomina de los lugares donde hay christianos y los que en ellos conservan la fee este año de 1757. Apuntase la distancia de unos lugares a otros. Madrid 1760.

«Sono sei fogli di stampa, preziosi e rarissimi, che appartenevano alle celebre Biblioteca *Salvà*, acquistata poi da un Conte di Madrid. Lo visitai, pregandolo di lasciarmi pigliar nota di questo ed altri interessantissimi documenti che vi sono; n'ebbi belle promesse; ma in verità non ne potei conseguir nulla!» (Marcellino da Civezza, p. 404.)

— Noticia ‖ historico natural ‖ de los gloriosos triumphos ‖ y felices adelantamientos ‖ conseguidos en el presente siglo ‖ por los religiosos del orden ‖ de N. P. S. Agustin ‖ en las missiones que tienen ‖ à su cargo en las Islas Philipinas, y en el ‖ grande Imperio de la China. ‖ Dase individual noticia de aquellas ‖ Naciones, de sus usos, costumbres, supersticiones, modo ‖ de vivir, y medicinas que usan en sus dolencias, ‖ con otras noticias curiosas. ‖ Compuesto ‖ por el R. P. Fr. Antonio Mozo, ‖ de la misma Orden, Secretario, y Difinidor que ha sido ‖ de la Provincia de Philipinas, y actual Comissario, ‖ y Difinidor General de la misma. ‖ Quien le dedica a esta provincia ‖ de Castilla del mismo Orden. ‖ Con las licencias necessarias. ‖ — En Madrid, por Andrès Ortega, Calle de las Infantas. ‖ Año de 1763. in-4, 8 ff. prél. n. c. p. l. f. tit., tit., etc. + pp. 247.

— Relazione o sia lettera Scritta da un Missionario abitante in Macao nella Cina, in cui si danno recenti Notizie dell' accaduto ne i Regni di Siam, del Pegu, di Bracma, o sia di Bengala, di Concinkina, di Tunkin, e l'Impero stesso della Cina. Pekino nella Cina 24. Decembre 1767. Pièce in-4, 2 ff. n. c.

A la fin : In Roma MDCCLXVIII. Nella Stamperia Chracas, presso S. Marco al Corso.

— Honneurs rendus par l'Empereur de Chine aux Européens. — Extrait d'une Lettre de Pékin, du 20 août 1777. (*Mém. conc. les Chinois*, VIII, pp. 283/8.)

—Die Jesuiten in China, oder das Aufkommen, der Fortgang und ietzige Zustand der christlichen Religion in diesem Reiche, und was solche für Streitigkeiten zwischen ihnen und den Dominikanern veranlasset, welchem noch ein kurzer Entwurf der ganzen Chinesischen Politik, der Gebräuche und Karakters dieser Nation beigefügt worden. Nürnberg in der Martin Jacob Bauerischen Buchhandlung 1782, in-8, pp. 103.

— Miggenes. Voir *Vies des Missionnaires*.

∴

— * Compendio della Storia della persecuzione mossa contro la cattolica religione nell' Imperio della Cina l'anno del Signore 1784. Scritto dal P. Giuseppe Mattei di Bientina Missionario Apostolico. Firenze, 1789, in-8.

— * Narrazione di una persecuzione mossa nella Cina contro la religione cristiana sin dall' anno 1784. (*Giornale ecclesiastico di Roma*, t. IV, pp. 31, 35, 39, 63, 67, 70, 75, 143, 294; V, pp. 11/12.)

— Traduction d'un écrit publié à la fin de l'année 1784 contenant des ordres de l'Empereur au sujet des quatre missionnaires italiens arrettés dans la province de Hou-Kouang le 27 Août 1784 faisant route vers le Chensi.

— Trad. d'un autre écrit chinois publié vers le même temps que le précédent contenant la réponse de l'Empereur à une lettre du fou yen de Canton.

— Trad. d'un Edit chinois affiché à Macao le 15 Mai 1785 où sont rapportées les sentences du tribunal des Crimes contre les Missionnaires et contre les Chrétiens.

Ces trois pièces manuscrites se trouvent dans le Vol. IV de la collection de documents tirés des Archives des Affaires étrangères décrite dans la 3e Partie de cet ouvrage.

Le dernier édit est suivi d'un Catalogue des Missionnaires qui y sont nommés. J'en ai reproduit une partie, l. c.

— Décret de Kien-long du 9 Nov. 1785. (*Nouv. let. édif.*, II, Paris, 1818, p. 185. — *Miss. Cath.*, IX, 1877, pp. 550/1.)

— Traduction de la loi de Kia-king contre la religion chrétienne, 1811. (*Nouv. let. édif.*, IV, pp. 534/6. — *Miss. Cath.*, IV, 1872, pp. 463/4.)

— Décret de Kia-king (1815) contre les Chrétiens du Se tchouan. Trad. du P. Marchini, procureur de la Propagande à Macao. (*Miss. Cath.*, V, p. 228.)

∴

— Estado general de las Misiones que tiene á su cargo la religion seráfica en las dos Américas, é islas Filipinas, segun consta de los documentos mas modernos y seguros que se han remitido á este Oficio de la Comisaría General de Indias. Madrid : En la Oficina de Benito Cano. Año de MDCCLXXXVIII, in-fol., pp. 28.

British Museum, $\frac{4745}{35}$, f.

— Ueber die neuesten Schicksale des Christenthums in China. (*Archiv f. Alte u. neue Kirchengesch.*, Leipzig, Bd. I, 1, 1814, pp. 217/229.)

∴

— Synodus Vicariatus Sutchuensis habita in districtu Civitatis Tcong King Tcheou Anno 1803. Diebus secunda, quinta et nona Septembris. Romae, MDCCCXXII. Typis Sac. Congreg. de Prop. Fide. In-12, pp. 168.

— Appendix ad Synodum Vicariatus Sutchuensis Habitam an. 1803. Romae, MDCCCXXIII. Typis Sacrae Congregationis de Propaganda Fide. In-8, pp. 40.

— Synodus Vicariatus Sutchuensis . . . Romae, 1837, Typis Sac. Cong. de Prop. Fide, in-8, pp. 166 avec l'app.

— Synodus Vicariatus Sutchuensis habita in districtu civitatis Tcong king tcheou Anno 1803 diebus secunda, quinta, et nona septembris. Romae, ex Typographia polyglotta S. C. de Propaganda Fide, 1891, in-8, pp. 134 + 1 f. n. c.

— Synodus Vicariatus Sutchuensis in districtu civitatis Tsong-Kin tcheou Anno 1803 . . . Hongkong Typis Societatis Missionum ad Exteros 1892, in-8, pp. 161 + 1 f. n. ch.

— Acta et Decreta Secundae Synodi quintae regionis Sinensis, habitae in Insula Hongkong Anno 1891. Hongkong, Typis Soc. Miss. ad Exteros, 1896, in-8, pp. 41 + 1 f. n. ch. p. l'index.

∴

— Storia della Fondazione della Congregazione e del Collegio de'Cinesi sotto il titolo della *Sagra Famiglia di G. C.* scritta dallo stesso fondatore Matteo Ripa e de' viaggi dalui fatti. *Napoli*, 1832, 3 vol. in-8.

Abrégé et trad. dans l'ouvrage suivant :

— Memoirs of Father Ripa, during Thirteen Years' Residence at the Court of Peking in the service of the emperor of China; with an account of the Foundation of the College for the Education of Young Chinese at Naples. Selected and Translated from the Italian by Fortunato Prandi. London, John Murray, 1846, pet. in-8, pp. VIII-160.

On donne à la suite de cet ouvrage un extrait du livre «Neapel und die Neapolitaner» du Dr. Karl August Mayer, relatif au Collège chinois de Naples.

Pub. à 2/. — Réimprimé à New York : Wiley & Putnam, 1846. — Notice dans le *Chin. Rep.*, XVII, 1848, pp. 377/400, par E. C. Bridgman. — Voir le même Recueil, I, p. 458.

— The Chinese College at Naples. By E. S. M. (*China Review*, XVII, No. 2, pp. 112/113.)

∴

— La Chine catholique, ou Tableau des Progrès du Christianisme dans cet empire, suivi d'une notice sur les quatre Chinois présentés à S. M. Charles X, avec leurs portraits et un fac-simile de leur écriture. Paris, chez l'auteur, rue de Sèvres, No. 92, et chez les marchands de nouveautés, 1829. in-8, pp. 51.

— * P. Jeronimo José da Matta, hoje bispo de Macau. Memoria sobre as Missões Portuguezas na China, offerecida aos Senhores Deputados da Nação. Lisboa, na Typographia de José Baptista Morando. 1839. in-4. pp. 15. (Figaniere, No. 1453.)

— * Breve relação de uma terrivel perseguição contra a santa religião catholica e seus operarios, succedida no imperio da China, na cidade de Pekim em 1805, composta por testemunha ocular, com uma breve noticia das cousas mais notaveis d'aquelle famoso imperio. Porto, na typ. de Vasconcellos, 1839, in-8, pp. 76.

Par Jean Pinto Gomes, missionnaire apostolique à Peking. (*Diccion. bibliogr. portug.*, t. X, p. 333.)

— Lettres à Mgr. l'évêque de Langres, sur la Congrégation des Missions étrangères, par J.-F.-O. Luquet, prêtre. Paris, Gaume frères, 1842, in-8, pp. xxxiv-584.

Cet ouvrage contient neuf lettres. La deuxième et la troisième sont consacrées aux Missions de Chine. Les Missions de Corée, de Mand-tchourie et du Leao-tong ont leur histoire décrite dans le livre huitième. A la fin de l'ouvrage (Note E), pp. 538 et seq., on trouve une «Liste des Missionnaires envoyés en Asie par la Congrégation depuis le temps des premiers vicaires apostoliques». Une «Table des ouvrages cités» est imprimée pp. 557/565.

L'évêque de Langres auquel cet ouvrage est dédié est Mgr. Parisis, plus tard évêque d'Arras.

— Geschichte der Katholischen Missionen im Kaiserreiche China von ihrem Ursprunge an bis auf unsre Zeit. Wien 1845. Mechitaristen-Congregations-Buchhandlung. 2 vol. pet. in-8, pp. 379 et 339 s. les tab.

— Toleration of Christianity, intimated by the Emperor Táukwáng, December 28th, 1844, in a reply given to a memorial from the imperial commissioner Kiying. By E. C. Bridgman. (*Chin. Rep.*, XIV, 1845, pp. 195/199.)

— Toleration of Roman Catholicism, by a special letter from their Excellencies, Kiying governor-general of Kwángtung and Kwángsi, and Wang Ngantung governor of Kwángtung. By W. H. Medhurst. (*Ibid.*, pp. 539/542.)

— Toleration of Roman Catholicism in a Communication [Canton, 22 Déc. 1845] from Kiying to P. S. Forbes [U. S. Consul at Canton]. (*Ibid.*, pp. 587/9.)

— An Imperial Decree [from Kiying] providing for the further toleration of Christianity, by granting the restoration of real estate to Chinese Christians throughout the empire. By E. C. Bridgman. (*Ibid.*, XV, 1846, pp. 154/156.)

L'Edit de Kiying, Vice-Roi des deux Kouang au sujet des Catholiques (18 Mars 1846), est aussi imprimé dans *The China Mail*, No. 59, Ap. 2, 1846.)

— Lettre à M. Reinaud, de l'Institut, concernant les antiquités chrétiennes de la Chine. (*Le Correspondant*, 10 Sept. 1846.)

— Roman Catholic Missions in China, with particulars respecting the number of missionaries and converts, and the ecclesiastical divisions of the Empire. From a Correspondent [A. P. Happer]. (*Chin. Rep.*, XV, 1846, pp. 398/400.)

— Ludovic [de Besi] the lord bishop of this diocese, takes occasion to issue this all important proclamation for the information of all the friends of the religion (of the Lord of Heaven). (*Ibid.*, XVI, 1846, pp. 246/7.)

Trad. anglaise par le Rev. W. C. Milne d'une proclamation de Mgr. de Besi dont le texte chinois est donné *l. c.*, pp. 506/508.

— Proclamation [texte chinois et trad. anglaise] from the magistrate of Shánghai, securing to the missionaries of the Roman Catholic Church a residence at Sükiá Hwui [20 juillet 1848]. By E. C. Bridgman. (*Ibid.*, XVII, 1848, pp. 477/479.)

— Translation of Paul Sü's Apology for the Jesuits, addressed to the emperor Wanlih in 1617. By E. C. Bridgman. (*Ibid.*, XIX, pp. 118—135.)

Le texte chinois est donné d'après l'inscription gravée sur une plaque de marbre érigée dans l'église des Jésuites en dehors de la porte Sud de Chang-hai. — Voir Siu Kouang-k'i, col. 675.

— Missions of the Romish Church in China, and their accounts of their mode of conducting them. By E. C. Bridgman. (*Ibid.*, XVIII, pp. 574 et seq.)

— Coup-d'œil sur l'état des Missions de Chine présenté au Saint Père, le Pape, Pie IX. Poissy, Imp. de Gustave Olivier, rue des Dames, 1848, br. in-8, pp. 84.

La préface datée Rome, le 12 oct. 1847 est signée J. Gabet, Missionnaire apostolique.

Bib. Nat. $\frac{O^2n}{456}$

— Edict [8 Aug. 1850] against Christianity by the Prefect of Kiáying chau. (*Chin. Rep.*, XIX, 1850, pp. 566/568; d'après la *China Mail*, No. 296.)

— Considerações sobre o estado das Missões e da Religião Christã na China, seguidas de dois artigos publicados no Boletim do Governo de Macao, relativos ao mesmo assumpto. Por Carlos José Caldeira. Lisboa : Typ. de Borges, — Rua da Condessa nº 3. 1851, in-8, pp. 27.

— Missions de Chine. Mémoire sur l'état actuel de la Mission du Kiang-nan 1842—1855 par le R. P. Broullion de la Compagnie de Jésus suivi de lettres relatives à l'insurrection 1851—1855. Paris, Julien, Lanier et Cie, 1855, in-8, pp. 487.

Introduction. — Mémoire (10 chap.). — Appendice : I. Sur les occupations ordinaires des missionnaires; II. Singularités des mœurs chinoises; III. Sur les examens et les grades académiques (P. Gotteland); IV. Lettres relatives à l'insurrection.

Edité par le P. Ch. Daniel.

Le Correspondant, XXXVI, pp. 462/7, par M. Cl. André = P. Ledoux, S. J. — *Athenaeum français*, 31 mai 1856, pp. 460/1. — *Revue des Deux Mondes*, XXVIe année, I, pp. 505/536.

— Charles Lavollée. — Les Jésuites en Chine autrefois et aujourd'hui (le père Alexandre de Rhodes et le père Broullion). (*Revue des Deux-Mondes*, 1er février 1856.)

— Statistic of the Catholic Mission in the Province of Kiangnan, made in July 1858. (*N. C. Herald*, 438, Dec. 18, 1858.)

— 經之誦日 Manuale precum et instructionum ad usum Alumnorum Missionis Quangtong. Parisiis, apud J. Vermot, 1858, in-16, pp. xvi-256.

— Notice sur les besoins généraux de la Mission de Kouy-tcheou (Chine). Pièce in-8, s. l. n. d. [1858], pp. 4.

Signée : «L'abbé Paul Perny, Provicaire apostolique, Supérieur du Kouy-Tcheou»; et datée : «Séminaire des Missions Etrangères, rue du Bac, 128, Paris. Mai 1858».

Bib. nat. $\frac{O^2n}{468}$

— The Jesuits in China. (*Colburn's New Monthly Mag.*, April 1858, pp. 379/394.)

D'après le *Christianisme* de Huc.

— 聖教要理 — Doctrine de la Sainte Religion à l'usage des Missionnaires en Chine et de leurs néophytes. — Ouvrage traduit du Chinois. Par Dabry, Capitaine au 35e de ligne, Membre de la Société asiatique de Paris. Paris, Henri Plon, 1859, in-8, pp. 122.

— Proclamations du Mandarin Ye 葉 et du Vice-Roi Ho Gouverneur-général des deux-Kiang, Ordonnant la liberté du culte catholique en Chine et la libre circulation des missionnaires chrétiens dans tout l'empire; traduites sur les originaux chinois par M. G. Pauthier. Paris, 1860, br. in-8, pp. 17.

Extrait du numéro de février de la *Revue de l'Orient*. — Cette proclamation avait d'abord paru dans l'*Opinion nationale*; elle a été reproduite par d'autres journaux.

— Souvenir de la fête solennelle de Sainte-Enfance célébrée à la cathédrale de Chartres Le Jeudi 10 Mai 1860 en action de grâces de l'heureux retour de quatre sœurs de l'asile de Hong-Kong. — Discours — Comptes-rendus — Correspondance. Se vend au profit des petits Chinois de l'Asile de Sainte-Enfance de Hong-Kong. Aux Bureaux de la *Voix de Notre-Dame*, Chartres [et] Paris, in-12, pp. 108.

Voir p. 51 :

Lettre adressée la veille de la fête à M. l'abbé Legendre, vicaire de la cathédrale et directeur de la Sainte Enfance à Notre-Dame par M. l'abbé Mahon, Ancien Aumônier des Sœurs de Saint-Paul en Chine, pour porter à la connaissance des associés de Chartres tout le bien opéré par les dites sœurs depuis leur établissement à Hong-Kong.

— Bibliographie historique de la Compagnie de Jésus, ou Catalogue des ouvrages relatifs à l'histoire des Jésuites depuis leur origine jusqu'à nos jours. Par le P. Auguste Carayon. Paris, Auguste Durand, 1864, gr. in-8, pp. VIII-612 à 2 col.

∴

— Etablissement d'une Mission belge en Chine placée sous l'autorité de la Sacrée Congrégation de la Propagande de Rome, de l'Archevêque de Malines, et sous les auspices de Leurs Grandeurs les Evêques de Belgique. Décret et Lettres. Bruxelles, H. Goemare, 1864, in-8, pp. 14.

— Les Missionnaires belges en Mongolie. Deuxième lettre de M. Vranckx. Bruxelles, Victor Devaux, 1866, in-8, pp. 19.

Lettre datée de Sy-Wan-Tse, 15 mars 1866.

— Voyages de Bruxelles en Mongolie et Travaux des Missionnaires de la Congrégation de Scheutveld, (lez Bruxelles). — Ouvrage orné de six Gravures. — Bruxelles. Casimir Coomans, rue Dupont 13. 1873, in-8, pp. 196.

— Tome second. Avec deux cartes et une vue de Scheut. Ibid., 1877, in-8, pp. 292.

Le premier départ des miss. belges eut lieu le 19 sept. 1865.

— * Les missions catholiques. — Introduction à l'histoire des missions belges, par P. de Decker, ancien ministre, membre de l'Académie royale de Belgique. Bruxelles, Ch. Quarré; Paris, Bray et Retaux, in-12 (1879).

Notice : *Miss. Cath.*, XII, 1880, pp. 60/1.

— * J. Sintobin. —Van Scheut naar Midden-Mongolië. Verzameld en uitgegeven. Ypres, de Meulenaere, 1899, in-8, pp. 361.

— Le Pays des Ortos. (*Le Mouv. géog.*, 1902, col. 349—350.)

Missions en Chine et au Congo.

— La Mongolie orientale et les Missions belges pendant la révolte de ce pays en 1900. — Conférence du Capitaine Eletz Chef d'escadron de la Garde impériale russe faite à la Société royale de Géographie d'Anvers le 9 octobre 1903. (*Bul. Soc. roy. Géog. d'Anvers*, XXVII, 4e fasc., 1903, pp. 335/355.)

∴

— Missions dominicaines dans l'Extrême Orient par le R. P. Fr. André-Marie de l'Ordre des Frères-Prêcheurs, de la province de l'Immaculée-Conception. Lyon [et] Paris, 1865, 2 vol. in-12.

P. Meynard, *Revue Catholique* de Louvain, 1865.

— Missions de l'Extrême Orient, ou Coup d'œil sur les persécutions de la Chine, de la Cochinchine, du Tong-king et de la Corée; par M. l'abbé Camille Lenfant. Paris, Bureaux du Commissionnaire du Clergé, 12 rue de Tournon, 1865, in-12, pp. 129.

— Statistics of Romish Missions, and their lessons [sig. « Protestant »]. (*Chin. Recorder*, I, 1868, pp. 70/72.)

Cet article a été l'objet des réponses suivantes dans le même recueil : Pp. 90/1, par A. E. M(oule), Ningpo, Sept. 1868. — Pp. 141/2, par « Layman ». — P. 166, par « Protestant ». — Pp. 184/7, par « A Missionary », Amoy, Jan. 1869. — Pp. 216, par « A Roman Catholic ». — Pp. 220/5, par « Presbyter », Hangchow, Jan. 1869.

— The Rival Missions (*Shanghai Recorder*); — « The Rival Missions »; or Protestant and Roman Catholic Missions compared. (*Chin. Rec.*, II, pp. 253/257.)

Ces deux articles sont réimprimés de la *China Mail*.

— Romanism in Szechuen. (*Siam Rep.*, Jan. 1870, Vol. 2, p. 74.)

— Modern Christian Missions in China (Roman Catholic) [From the *North China Herald*. Feb. 15, 1870]. By Rev. M. J. Knowlton. (*Chin. Rec.*, II, April 1870, pp. 312/3, 340/4.)

Du même auteur : « Ancient Christian Missions in China ». (*N. C. Herald*, Feb. 1, 1870.)

— Journal de la Mission du Kouy-Tchéou.

Ce journal compilé par ordre de Mgr. Faurie, vic. ap. de Koueitcheou, est destiné aux Archives du Séminaire des Affaires Et.; les *Miss. Cath.* en ont publié des fragments des années

1867 et suiv., II, 1869, pp. 109 et seq., 134 et seq., 159 et seq., etc.

∴

— Bibliothèque des écrivains de la Compagnie de Jesus ... par Augustin de Backer de la Compagnie de Jesus avec la collaboration d'Alois de Backer et de Charles Sommervogel de la même Compagnie. Nouvelle édition, refondue et considérablement augmentée. I, Liége et Lyon, 1869; II, Ibid., 1872; III, Louvain et Lyon, 1876. 3 vol. in-fol.

Tiré à 200 exemplaires qui n'ont pas été mis dans le commerce.

Bibliothèque de la Compagnie de Jésus Première Partie : *Bibliographie* par les Pères Augustin et Aloys De Backer. — Seconde Partie : *Histoire* par le Père Auguste Carayon. — Nouvelle Édition par Carlos Sommervogel, S. J. Strasbourgeois publiée par la Province de Belgique. Bibliographie Tome I. *Abad-Boujart.* Bruxelles, Oscar Schepens [et] Paris, Alphonse Picard, MDCCCXC, gr. in-4.

Neuf vol. de cette grande publication ont paru actuellement (Oct. 1904); le vol. IX renferme le Supplément : *Casalicchio-Zweisig.* — Anonymes-Pseudonymes. — Index géographique-des Auteurs et des Domiciles. MDCCCC.

Le P. Marie-Nicolas-Charles Sommervogel né à Strasbourg, le 8 janvier 1834 est mort le 4 mai 1902, à Paris, rue Saint Lambert, Vaugirard, malheureusement avant d'avoir terminé son ouvrage, auquel il avait consacré toute sa vie; nos relations ont été constantes et on en verra la trace aussi bien dans sa *Bibliothèque* que dans la *Bibliotheca Sinica.*

Cf. *Etudes ... par des Pères de la Cie. de Jésus*, 20 mai 1902, pp. 499/512. — Un grand Bibliographe du Dix-neuvième Siècle — Le Père Carlos Sommervogel (1834—1902). Par Henri Chérot. (*Bul. du Bibliophile*, 15 juin 1902, pp. 262/8.)

∴

— Collection Saint-Michel. — La Compagnie de Jésus en Chine. — Le Kiang-nan en 1869. Relation historique et descriptive par les Missionnaires. Avec deux Cartes. Paris, E. de Soye, s. d., in-12, pp. 317 sans l'errata et la table (1 f. n. ch.).

Il y a, à la fin du vol., deux appendices : A. Pères et Frères de la Compagnie de Jésus qui sont entrés dans la mission du Kiang-nan depuis le rétablissement. B. Religieux de la Compagnie de Jésus qui sont enterrés 1° au cimetière du Sen-moutang (près de Chang-hai); 2° dans le Kiang-nan, mais ailleurs qu'au Sen-mou-tang; 3° dont on a retrouvé les inscriptions tumulaires en dehors du Kiang-nan.

Cet ouvrage est du P. Pfister, S. J. — Notice : *Miss. Cath.*, III, pp. 255/6.

— «L'Orphelinat de Tou-cé-wei». Ext. du «Kiangnan en 1869» avec des gravures du P. Vasseur. (*Missions Cath.*, V, 1873, pp. 170/1.) — Les app. sont réimp. dans ce recueil, III, pp. 316/317.

— Tableau général des Missions Catholiques en Chine en 1869. (*Miss. Cath.*, II, N° 74, 19 Nov. 1869 et No. 75, 26 Nov. 1869.)

— «Catholic Missions in China, Japan, etc.» Letter to the Editor of the Courier signed J. S. Suniram contains Statistics of Catholic Missions in China compiled from «*Les Missions Catholiques*, No. 72, 74, 75, pour 1869 . . . 159 pour 1872». (*Shanghai Budget*, Dec. 12, 1872.)

— Death Blow to corrupt Doctrines. A plain Statement of facts published by the Gentry and People. Translated from the Chinese. Shanghai : 1870. In-8, pp. IX-64.

Notices : *The Cycle*, 5 Nov. 1870. — *Shanghai Evening Courier*, 1 Nov. & 31 Dec. 1870; on lit dans ce dernier article : «The Book a translation of which has been recently published under the title »Death blow to corrupt Doctrines« was written about 1862 by Tang Tse-Shing then Treasurer (Fantai) of the Province of Hupeh. He was a native of Hunan.» — Dans une lettre signée T. B. datée «Wu chang, Jan. 23rd 1873», publiée dans ce même Journal le 27 Janvier 1873, on attribue l'ouvrage à Peng Yu-lin, Vice-président du Tribunal de la Guerre, originaire du Hunan. — Cet odieux pamphlet, dirigé contre les missionnaires en général et les catholiques en particulier, causa la plus pénible sensation parmi les étrangers demeurant en Chine, lors de sa publication.

— The Author of the «Death Blow». By Griffith John. (*N. C. Herald*, Dec. 9, 1892, p. 873.)

— Un libelle chinois. (*Miss. Cath.*, IV, pp. 114/116, 126/8, 137/140.)

Comprend la trad. des pièces suivantes dirigées contre les Européens en général et les missionnaires en particulier :

— Supplique d'un ministre de la cour à l'empereur pour le prier d'éloigner du palais Tong-ouen-kouan l'assemblée des Mathématiciens. Tong-tché, 6e année, 2e lune, 15e j. (Avril 1867). Pp. 114/116.)

— Discours pour la rectification de l'esprit par un Ermite appelé *Voyant les iniquités.* P. 116.

— Traité contre la secte abominable tirée d'un auteur anonyme. Pp. 126/128.

— Arguments et témoignages contre la secte dépravée du Seigneur du Ciel. Pp. 137/139.

— Circulaire pour exciter à chasser les Barbares d'Europe par Kouang-sing-jen. Pp. 139/140.

Voir ce même recueil, III, 1870, pp. 29/30.

— Le Séminaire des Missions Etrangères de Milan. (Notice dans les *Miss. Cath.*, IV, Déc. 1871, pp. 107/108.)

L'acte de fondation de cette cong. a été signé le 1er Déc. 1850. — Elle a eu des missionnaires : 1° en *Mélanésie et Micronésie*; 2° à *Bornéo*; 3° à *Agra* (Hindoustan) et 4° à *Carthagène* (Nouvelle Grenade); elle dessert aujourd'hui cinq vicariats : 1° *Bengale central* (Hindoustan); 2° *Hydérabad* (Hindoustan); 3° *Hong-kong* (Chine); 4° *Birmanie orientale* (Indo-Chine); 5° *Ho-nan* (Chine).

«La mission de Hong-kong, créée en 1843, est sous la dépendance immédiate de la Propagande. Le préfet apostolique de la mission est en même temps le procureur général de la Propagande pour les affaires religieuses de la Chine. Les Franciscains italiens se trouvèrent seuls à Hong-kong jusqu'à l'arrivée des missionnaires de Milan rappelés de Woodlark, de Rook et de Bornéo. La mission est maintenant tout entière confiée à ces derniers. Elle a pour préfet apostolique M. Timoléon Raimondi, ancien missionnaire de Woodlark.»

«Le vicariat apostolique du Ho-nan, confié depuis sa création en 1844 à la Congrégation de Saint-Lazare, a été remis en 1869 à la Société des Missions étrangères de Milan. Il est administré par un provicaire, M. Siméon Volonteri, ancien missionnaire de Hong-kong.»

— Souvenirs de Chine par un Missionnaire. Rome, Imprimerie romaine de C. Bartoli, 1872, pet. in-8, pp. 100.

La préface de cet ouvrage est signée F. G., initiales des noms du missionnaire, Félix Gennevoise, qui en est l'auteur. Le Père G., qui est entré chez les Chartreux après avoir quitté les Missions étrangères, a également publié une Vie de Confucius (voir col. 669) et : Aperçu historique sur la Chine par un Missionnaire. Rome, Imp. polyglotte de la S. C. de la Propagande, 1873, pet. in-8, pp. 125. — (Notice signée E. G. dans les *Miss. Cath.*, V, pp. 626/7.) — La Propagande. Notice historique par un missionnaire. Ouvrage orné de deux gravures. Rome, Imp. polyglotte de la S. C. de la Propagande, 1875, pet. in-8, pp. 78.

(Divers.) (Divers.)

— Souvenirs de Chine par un missionnaire (seconde édition). Rome, Imp. polyglotte de la S. C. de la Propagande, 1873, in-8, pp. 93. — 3e éd., Montreuil sur Mer, 1892, in-12.

∴

— J. M. J. — Apostolicae Facultates earumque commentarius pro vicariatu apostolico Tchely Meridio-occidentali. Tching-tin-fou. In festo Immaculatae Conceptionis, 1872, pièce in-8, pp. 53.

On lit au verso du titre : Marseille. — Typ. et Lith. Barlatier-Feissat. — Bib. Nat. $\frac{O^2n}{476}$

— Mission de la Chine. — Compagnie de Jésus — Province du Tchély (Sud-Est). Pièce in-12, s. l. n. d., pp. 16 [1873].

On lit à la fin : Amiens. Typ. et Lith. Lambert-Prieur.

Pièce de propagande, avec un extrait d'une lettre du P. Gonnet. — B. Nat. $\frac{O^2n}{475}$

— Le Pélerinage de Notre-Dame Auxiliatrice, à Zô-sè, dans le Vicariat apostolique de Nan-kin, par le P. Gabriel Palatre, de la Compagnie de Jésus. Chang-hai, Imprimerie de la Mission catholique, à l'Orphelinat de Tou-sai-vai. 1875, in-8, pp. xii-147.

Zô-sè, 佘山, Chè-chan, dans 松江府, Soung-kiang-fou.

Voir des extraits de la notice du P. Palatre, *Miss. Cath.*, IX, 1877, pp. 342/4.

— * Der Wallfahrtsort Mariahilf auf dem Sose in Kiang-nan. (*Die Kathol. Missionen*, 1878, pp. 89/94.)

— Annales Domus Zi-ka-wei S. J. Pars prima ab ejús Prímordío, anno 1847, ad finem anní 1860. Auctore Aloysio Ma Sica ejusdem Soc. Missionario. 1884, in-4, pp. 199 lithog.

Bib. nat. $\frac{O^2n}{800}$

— A. M. D. G. — Relations de la Mission de Nan-kin confiée aux Religieux de la Compagnie de Jésus. I. 1873—1874. Chang-hai, Imprimerie de la Mission catholique à l'Orphelinat de Tou-sai-vai. 1875. in-8, pp. x-154.

— — II. 1874—1875. Ibid., 1876, in-8, pp. 260.

Cet ouvrage est du P. Gabriel Palâtre, † 13 Août 1878.

— A. M. D. G. — Mission de la Compagnie de Jésus au Kiang-nan (Chine). — Tableau des Oeuvres d'après les divisions civiles 1888—1889 — Zi-ka-wei. Typographie de la Mission catholique Orphelinat de T'ou-sè-wè, br. in-8, pp. 10.

(Divers.)

— A. M. D. G. — Oeuvres de la Mission du Kiang-nan 1889—90. Ibid., br. in-8, pp. 10, carte, 2 tabl.

— — 1891—1892. Ibid., br. in-8, pp. 8, carte, 4 tabl.

— — 1892—1893. Ibid., br. in-8, pp. 10, carte, 2 tabl.

— A. M. D. G. — Institutiones et Opera Missionis Nankinensis S. J. ab ejus exordio ad Junium MDCCCLXXXVIII — Chang-hai Ex typographia Missionis catholicae in Orphanotrophio Tou-sè-wè — 1888, br. in-8, pp. 32 + 1 pl. + 4 pp. n. ch.

— Si Ka wei and Su Kwang-chi. [By Chas. Schmidt.] (*The Far East*, Vol. II, No. I, pp. 12/14, avec 2 phot.)

∴

— Pièce sans titre. — Lettre signée : Zéphirin Guillemin, Ev. Préf. apost. de Canton (Chine). Séminaire des Missions Etrangères, rue du Bac, 128, Paris; et datée : Paris, le 20 juin 1873, fête du Sacré-Cœur de N. S. in-8, pp. 8.

Sur sa mission du Kouang toung. — Bib. Nat. $\frac{O^2n}{564}$

— Etat de la Mission du Kouang-tong (Canton) Chine exposé au Saint-Père Léon XIII dans la Séance du 24 février 1881. Rome, Imp. de la Propagande 19 mars 1881 fête de Saint-Joseph, patron de la Chine, br. in-8, pp. 15 + 1 f. n. c.

Signé Zéphirin Guillemin. — Bib. nat. $\frac{O^2n}{729}$

— Etat de la Mission du Kouang-tong (Canton) Chine exposé au Saint-Père Léon XIII dans la Séance du 20 février 1882. Rome, Imp. de la Propagande 19 mars 1882 fête de Saint-Joseph, patron de la Chine, br. in-8, pp. 19 + 4 pp. n. c.

Signé Zéphirin Guillemin. — Bib. nat. $\frac{O^2n}{730}$

— Etat . . . dans la Séance du 26 février 1882 . . . Ibid.

Même état que le précédent. — Bib. nat. $\frac{O^2n}{730}$

∴

— Catalogus librorum venalium in Orphanotrophio Tou-sai-vai, prope Chang-hai, ex typographia Missionis Catholicae, 1876. pet. in-8, pp. ii-99.

— Catalogus . . ., 1882, pet. in-8.

179 nos.

— Catalogus . . ., 1889, pet. in-8.

221 nos.

(Divers.)

— Catalogus librorum, mapparum et imaginum religiosarum quae prostant in Orphanotrophio T'ou-sè-wè. Ex typographia Missionis Catholicae Chang-hai, 1896, in-12.

287 nos.

∴

— Notice sur quelques œuvres de charité que l'on peut faire en Chine. Imprimerie coopérative de Reims (E. Gény, dir.) . . . 1876, Pièce in-12, pp. 11.

Sig. *Un Missionnaire.* — Bib. Nat. $\frac{O^2n}{594}$

— Les Martyrs de l'Extrême Orient et les persécutions antiques. Par Edmond Le Blant. (*Le Correspondant*, CII, N. S., LXVI, 1876, pp. 1018/1037.)

A propos de quelques travaux sur les missions et les missionnaires de Chine.

— M. Venioukof et les Jésuites de Shang-haï par le P. Gagarin de la Compagnie de Jésus. Extrait des *Études religieuses.* Lyon, Imp. Pitrat aîné, 1878, br. in-8, pp. 14.

Bib. nat. $\frac{O^2n}{713}$

— How the Catholics got possession of a Cemetery near Peking. By Rev. Ch. Piton. (*Chin. Rec.*, X, 1879, No. 5, pp. 369/372.) — Voir col. 222—3.

— Parva rerum sinensium Advmbratio scholasticis ad Sinas recens appulsis accommodata. Chang-hai, ex authographia Missionis Catholicae in orphanotrophio Tou-chan-wan, 1879, in-8, de pp. 68 autog.

Par le frère Et. Zi. — Contient de bons renseignements sur la religion, mais aussi sur la Chine en général. — Quelques erreurs sur la question des rites.

— History of the Churches of India, Burma, Siam, the Malay Peninsula, Cambodia, Annam, China, Tibet, Corea, and Japan, entrusted to the Society of the « Missions Etrangères ». By E. H. Parker. (*China Review*, XVIII, No. 1, pp. 1/33.)

D'après un travail latin du P. Wallys. — Notice : *China Rev.*, XXIII, pp. 179/181, par W. Bridie.

— Le Kong-sou. (*Miss. Cath.*, XII, 1880, pp. 395/6.)

— Le Pélerinage de Notre-Dame de Liesse au Kouy-tcheou (Chine). (*Ibid.*, XII, 1880, p. 36, vue, *ibid.*, p. 31.)

— Deux ans au Se-tchouan (Chine centrale) par L'abbé Lucien Vigneron . . . Paris, 1881. Voir col. 352.

— La Mission de Chine de 1722 à 1735. Quelques pages de l'histoire des missionnaires français à Péking au XVIIIe siècle d'après des documents inédits par Joseph Brucker, S. J. (*Revue des Questions historiques*, 1er Avril, 1881, pp. 491/532.)

— Les réflexions de K'ang-hi sur les Européens ont été publiées dans les *Etudes de théologie, de philosophie et d'histoire*, par les PP. Daniel et Gagarin, II, 1857, pp. 492/2, ainsi que me le fait remarquer le P. Brucker, depuis la rédaction de son article.

(DIVERS.)

— Règlement de la Mission de Mandchourie adopté à la réunion générale des missionnaires. Année 1881. — Paris, Imprimerie de l'Œuvre de Saint-Paul, L. Philipona, 51, rue de Lille, 1882, br. in-8, pp. 36 + 1 f. n. c.

Par Constant Dubail, év. de Bolina et vic. ap. de Mandchourie.

Bib. nat. $\frac{O^2n}{735}$

HENRI CORDIER.

— Documents inédits pour servir à l'histoire ecclésiastique de l'Extrême-Orient. [Publiés par HENRI CORDIER.] (*Revue de l'Extrême-Orient*, Paris, Ernest Leroux, 1882-1885, 3 vol. in-8) :

I. Correspondance du Père Foucquet avec le cardinal Gualterio. (I, No. 1, 1882, pp. 16-51.)

D'après les mss. du British Museum.

II. Nouvelles de la Chine, extraites de diverses Lettres écrites de ce Païs là sur la fin de l'an 1729 et au mois de Janvier 1730. (I, No. 2, 1882, pp. 187/197.)

D'après les Archives du Département des Affaires étrangères. Renferme également deux lettres d'André Li.

III. Le Chinois du P. Foucquet. (I, No. 3, 1882, pp. 381/422; No. 4, 1882, pp. 523/571.)

D'après le ms. de l'inventaire No. 169 des papiers du Duc de Saint-Simon conservé aux Archives des Affaires étrangères.

IV. Mémorial du Tsong-tou, ou Gouverneur Général des deux provinces du Fou-kien et de Tche-kiang, appelé Mouan, présenté contre la religion chrétienne à l'Empereur de la Chine, vers la fin de l'an 1723. (II, Nos. 1 & 2, 1883, pp. 54/57.)

D'après le ms. de l'inventaire No. 169 des papiers du Duc de Saint-Simon conservé aux Archives des Affaires étrangères.

V. Catalogus omnium missionariorum qui Sinarum Imperium ad haec usque tempora ad praedicandum Jesu Xti Evangelium ingressi sunt. (*Ibid.*, pp. 58/71.)

D'après le ms. du British Museum, *Add.* 26818.

VI. Lettres diverses. (II, No. 3, 1884, pp. 289-304.)

D'après diverses collections.

Lettre du P. Castorano. [Canton, 1730], pp. 289/292. — L. du P. Foureau. [Peking, 16 nov. 1738], pp. 293/298. — L. du P. J. P. Collas. [Peking, 2 oct. 1780], pp. 298/304.

VII. Correspondance Générale. (III, No. 1, 1885, pp. 24/80; No. 2, 1885, pp. 215/280.)

41 lettres de divers missionnaires jésuites formant un volume complet de *lettres diverses* de la collection de la rue Lhomond. Voir *Bib. Sinica*, Vies des Missionnaires, AMIOT.

VIII. Lettres diverses. (III, No. 4, 1885, pp. 643/658.)

(CORDIER.)

D'après les archives particulières de Henri Cordier.

Lettre du P. Cibot. [Peking, 17 oct. 1777], pp. 643/8. — L. du P. de Mailla. [Peking, 17 sept. 1730], pp. 648/654. — Mémoire du P. Gaubil, pp. 654/6. — L. du P. Gaubil. [Peking, 12 août 1752], pp. 656/8.

— Les Missions catholiques en Chine. Par Henri Cordier. (*Le Temps*, 14, 15 et 16 sept. 1886.)

— Les Missions catholiques. (Henri Cordier, *Hist. des Relat. de la Chine*, III, pp. 463/495.)

Décret impérial, 15 mars 1899, p. 469.

∴

— Mélanges sur la Chine Par le P. Vasseur, Missionnaire S.-J. — Premier volume. Lettres illustrées sur une Ecole Chinoise de Saint-Luc auxiliaire de la Propagation de la Foi — Paris — Auteuil, Imprimerie des apprentis-orphelins. — Roussel 40, rue La Fontaine, 1884, gr. in-4, pp. VIII-191.

On lit sur la couverture extérieure : « Société générale de la librairie catholique, Palmé, Editeur, 76, rue des Saints-Pères, Paris — 1884. »

Le Vol. II devait contenir des *Lettres illustrées sur la civilisation chinoise*.

— Les Missions catholiques en Chine et le protectorat de la France. (*Revue des Deux Mondes*, 15 déc. 1886, T. 78, pp. 769/798.)

Cet article signé *** est de M. Georges Cogordan, ministre plénipotentiaire.

— Le Christianisme en Chine. Par Emile Delbard. (*Ann. de l'Ext. Orient*, 1886—1887, IX, pp. 33/37.)

— La persécution en Chine. (*Ibid.*, 1886—1887, IX, pp. 88/89.)

D'après les *Missions catholiques*.

— Catholic Missionaries in the East. By Progress. (*China Review*, IX, p. 322.)

— Vicariat du Kiang-si oriental. — Œuvres et besoins de cette mission. Pièce in-12, pp. 10, s. l. n. d. [1890].

On lit au verso de la couverture extérieure : Paris, Imp. D. Dumoulin. — Cette notice est signée de Mgr. Casimir Vic, vic. ap. du Kiang-si oriental. — Bib. Nat. $\frac{O^2n}{863}$

— Lettre de S. S. le pape Léon XIII à S. M. l'empereur de la Chine. (*Miss. Cath.*, XVII, 1885, pp. 157/158.)

Rome, 1er fév. 1885. — Envoyée par le R. P. Giulanelli.

— La lettre de Léon XIII à l'Empereur de Chine en 1885 a été traduite en anglais dans la *Daily Press* et de là dans le *N. C. Herald*, May 29, 1885, p. 623.

— Consécration de la Nouvelle Cathédrale du Pétang. (*Miss. Cath.*, XXI, 1889, pp. 125—128, avec 2 vues.)

D'après le *Chinese Times* du 15 déc. 1888.

— Notes on the Roman Catholic Terminology. By Rev. G. L. Mason. (*Chinese Recorder*, August 1889, pp. 352/354.)

— Catholic Missions in China. By Hugh P. McElrone. (*Chin. Rec.*, XX, No. 12, Dec. 1889, pp. 549/553.)

— Les Missions Catholiques au XIXe siècle par M. Louis-Eugène Louvet, des Missions Etrangères de Paris, Missionnaire en Cochinchine occidentale. (En cours de publication depuis le 14 Mars 1890, dans les *Missions Catholiques*.)

Imprimé à part. — 100 ex., numérotés à la presse, sur papier extra.

Notices : *Missions Catholiques*, XXVI, 30 Nov. 1894, pp. 579/580. Par H. D. — *Ibid.*, XXVII, 18 Janv. 1895, pp. 35/36. Par Pierre [Coullié], archevêque de Lyon et de Vienne, primat des Gaules; 8 février, pp. 71/72. — Par Adolphe Louis [Perraud], évêque d'Autun; 22 fév., p. 96. — Par Ernest, Card. Bourret, évêque de Rodez; 13 Sept., p. 444. — Par Le Myre de Vilers; 27 déc., pp. 613/614. — Par M. le Chanoine Frémont.

— Décret impérial rendu le 13 juin 1891. (*Ibid.*, XXIII, 1891, pp. 433/4.)

A rapprocher des décrets, *ibid.*, XVII, 1885, p. 580 :

— 26 août 1884, Edit impérial relatif aux Chrétiens.

— 19 sept. 1885, Lettre du Tsong-li ya-men à M. Patenôtre, ministre de France.

— Le mouvement anti-chrétien et anti-européen en Chine. (*Ibid.*, XXIV, 1892, pp. 309/311.)

Par un franciscain.

∴

— Missiones Catholicae cura S. Congregationis de Propaganda Fide descriptae in annum MDCCCXCII (Ann. VII) Romae, ex Typographia polyglotta S. C. de Propaganda fide MDCCCXCII, pet. in-8, pp. XXXVII-683.

On lit au verso du faux-titre : *Editus die 1 Aprilis.* — La première année de cette utile publication est 1886, in-8.

— Missiones Catholicae cura S. Congregationis de Propaganda Fide descriptae Anno 1898. Romae, ex Typographia polyglotta S. C. de Propaganda Fide, MDCCCXCVII, pet. in-8, pp. XLI-755.

Adrien Launay.

— Carte des Missions Catholiques en Chine par Adrien Launay de la Société des Missions Etrangères, 1890 [Paris, Imp. Lemercier, gravée par R. Hausermann], 1 grande feuille.

— * Les cinquante-deux Serviteurs de Dieu. Français, Annamites, Chinois, mis à mort pour la Foi en Extrême-Orient de 1815 à 1856, dont la cause de Béatification a été introduite en 1840, 1843, 1857; par M. Adrien Launay, de la Société des Missions Etrangères. Paris, Sanard et Derangeon, libraires, 2 vol., in-4.

Notice : *Miss. Cath.*, XXV, 10 nov. 1893, pp. 539/540. — XXVIII, 6 mars 1896, pp. 119/120. — Voir : VIES DES MISSIONNAIRES, *Missions étrangères*.

— Mandchourie et Sibérie Orientale. Par M. Adrien Launay, de la Société des Missions Etrangères de Paris. (*Miss. Cath.*, XXVII, 19 Avril 1895, pp. 186/189;

26 Avril, pp. 200/203; 3 Mai, pp. 208/211; 17 Mai, pp. 238/239; 31 Mai, pp. 261/263; 7 Juin, pp. 269/270; 14 Juin, pp. 281/285; 21 Juin, pp. 297/299; 28 Juin, pp. 307/310; 5 Juill., pp. 317/320; 12 Juill., pp. 331/333; 19 Juill., pp. 343/346; 26 Juill., pp. 353/356; 2 Août, pp. 368/370; 9 Août, pp. 377/380; 16 Août, pp. 389/393.)

— Episodes de la Persécution en Mandchourie. Par M. Launay, des Missions Etrangères de Paris. (*Ibid.*, XXXIV, 21 février 1902, pp. 91/94; 28 février, pp. 100/105.)

VARIÉTÉS SINOLOGIQUES.

— VARIÉTÉS SINOLOGIQUES N° 1. — L'île de Tsong-ming à l'embouchure du Yang-tse-Kiang. — Par le P. Henri Havret, S. J. Chang-hai. Imprimerie de la Mission Catholique à l'Orphelinat de T'ou-sè-wè. — 1892. In-8, pp. 59 + 1 p. n. ch. p. l. tab.

— — N° 2. — La province du Ngan-hoei par le P. Henri Havret, S. J. — Chang-hai. Imprimerie de la Mission Catholique à l'Orphelinat de T'ou-sè-wè. — 1893. In-8, pp. III-130 + 1 p. n. ch. p. l. corrig.

— — N° 3. — Croix et Swastika en Chine, par le P. Louis Gaillard, S. J. Chang-hai. Imprimerie de la Mission Catholique à l'Orphelinat de T'ou-sè-wè. — 1893. In-8, pp. IV-282.

— — N° 4. — Le Canal Impérial. Etude historique et descriptive par le P. Domin. Gandar, S. J. — Chang-hai. Imprimerie de la Mission Catholique à l'Orphelinat de T'ou-sè-wè. — 1894. In-8, pp. II-78.

— — N° 5. — Pratique des Examens littéraires en Chine par le P. Etienne Zi (Siu), S. J. — Chang-hai. Imprimerie de la Mission Catholique à l'Orphelinat de T'ou-sè-wè. — 1894. In-8, pp. III-278.

— — N° 6. — 朱熹 Le Philosophe Tchou Hi sa doctrine, son influence par le P. Stanislas Le Gall, S. J. — Chang-hai. Imprimerie de la Mission Catholique à l'Orphelinat de T'ou-sè-wè. — 1894. In-8, pp. III-134.

— — N° 7. — La Stèle chrétienne de Si-ngan-fou 1ère Partie. *Fac-similé de l'inscription syro-chinoise* par le P. Henri Havret, S. J. — Chang-hai. Imprimerie de la Mission Catholique à l'Orphelinat de T'ou-sè-wè. — 1895. In-8, pp. VI-5-CVII.

— — N° 8. — Allusions littéraires, Première série, par le P. Corentin Pétillon, S. J. — Premier fascicule Classifiques 1 à 100. — Chang-hai. Imprimerie de la Mission Catholique à l'Orphelinat de T'ou-sè-wè. — 1895. In-8, pp. V-255 + 2 ff. n. ch.

— — N° 9. — Pratique des Examens militaires en Chine par le P. Etienne Zi (Siu), S. J. — Chang-hai. Imprimerie de la Mission Catholique à l'Orphelinat de T'ou-sè-wè. — 1896. In-8, pp. II + 1 f. n. ch. + pp. 132.

— — N° 10. — Histoire du Royaume de Ou (1122—473 av. J. C.) par le P. Albert Tschepe, S. J. — Chang-hai. Librairie de la Mission Catholique. — 1896. In-8, pp. II-XVII-175.

— — N° 11. — Notions techniques sur la Propriété en Chine avec un choix d'actes et de documents officiels par le P. Pierre Hoang. — Chang-hai. Imprimerie de la Mission catholique. — 1897. In-8, pp. II-200.

— — N° 12. — La stèle chrétienne de Si-ngan-fou IIème Partie. *Histoire du monument* par le P. Henri Havret, S. J. — Chang-hai. Imprimerie de la Mission Catholique. — 1897. In-8, pp. 420 + 1 f. n. ch.

— — N° 13. — Allusions littéraires, Première série, par le P. Corentin Pétillon, S. J. — Second fascicule Classifiques 102 à 213. — Chang-hai. Imprimerie de la Mission Catholique, Orphelinat de T'ou-sè-wè. — 1898. In-8, pp. 257 à 561.

— — N° 14. — Le Mariage chinois au point de vue légal par le P. Pierre Hoang. — Chang-hai. Imprimerie de la Mission Catholique Orphelinat de T'ou-sè-wè. — 1898. In-8, pp. LIV-259-43 + 9 tableaux.

— — N° 15. — Exposé du Commerce public du Sel par le P. Pierre Hoang. — Chang-Hai. Imprimerie de la Mission Catholique Orphelinat de T'ou-se-wè. — 1898. In-8, pp. 15 + 1 f. n. ch. + 13 cartes.

— — N° 16. — *Nankin d'alors et d'aujourd'hui.* — 江甯府城圖 — Plan de Nankin. (Décembre 1898.) Par le P. Louis Gaillard, S. J. — Chang-Hai. Imprimerie de la Mission Catholique à l'Orphelinat de T'ou-sè-wè. — 1899. In-8, pp. 4 et Plan en couleur.

— — N° 17. — Inscriptions juives de K'ai-fong-fou par le P. Jérôme Tobar, S. J. —

Chang-hai. Imprimerie de la Mission Catholique Orphelinat de T'ou-sè-wè. — 1900. In-8, pp. v-111.

— — N° 18. — *Nankin d'alors et d'aujourd'hui* — Nankin port ouvert par le P. Louis Gaillard, S. J. avec un portrait de l'auteur, deux vues de Nankin en photogravure et plusieurs cartes. — Chang-hai. Imprimerie de la Mission Catholique Orphelinat de T'ou-sè-wè. — 1901. In-8, pp. xII-483.

— — N° 19. — 天主 *T'ien-tchou* « Seigneur du Ciel » *A propos d'une stèle bouddhique de Tch'eng-tou.* Par le P. Henri Havret, S. J. — Chang-hai. Imprimerie de la Mission Catholique Orphelinat de T'ou-sè-wè. — 1901. In-8, pp. II-30.

— — N° 20. — La stèle chrétienne de Si-ngan-fou IIIe Partie. *Commentaire partiel et pièces justificatives* par le P. Henri Havret, S. J. avec la collaboration du P. Louis Cheikho, S. J. — Chang-hai. Imprimerie de la Mission Catholique Orphelinat de T'ou-sè-wè. — 1902. In-8, pp. II-90 + 1 f. n. ch.

— — N° 21. — *Mélanges sur l'Administration* par le P. Pierre Hoang du Clergé de Nankin. — Chang-hai. Imprimerie de la Mission Catholique Orphelinat de T'ou-sè-wè. — 1902. In-8, pp. II-232.

Il a été fait un tirage à part des « Tableaux des titres et des appellations de l'Empereur, des Membres de sa famille et des Mandarins ».

— — N° 22. — *Histoire du Royaume de Tch'ou* (1122—223 av. J.-C.) par le P. Albert Tscheppe, S. J. — Chang-hai. Imprimerie de la Mission catholique Orphelinat de T'ou-sè-wè. — 1903. In-8, pp. II-402.

— — N° 23. — *Nankin d'alors et d'aujourd'hui — Aperçu historique et géographique* par Louis Gaillard, S. J. Avec 17 cartes hors texte, 29 photogravures, 7 photolithographies et plusieurs gravures sur bois. — Chang-hai. Imprimerie de la Mission catholique Orphelinat de T'ou-sè-wè. — 1903. In-8, pp. vI-350.

— Etudes sino-orientales. Fascicule A. — Les Lolos Histoire. Religion. Mœurs. Langue. Ecriture. Par Paul Vial, Missionnaire au Yunnan. — Chang-hai. Imprimerie de la Mission catholique Orphelinat de T'ou-sè-wè. — 1898, in-8, pp. II-71.

(Variétés sinologiques.)

— Note bibliographique sur quelques publications des Missions du Tchi li Sud-Est et du Kiang-nan. Par Maurice Courant. (*J. Asiat.*, 1898, II, pp. 189/191.)

— Les travaux géographiques des Jésuites en Chine. Par H. Havret. (*Ann. de Géog.*, VIII, 1899, pp. 172/5.)

— A nos bienfaiteurs — La Mission du Kiang-nan Son histoire, ses œuvres. Paris, J. Mersch, 1900, in-8, pp. vIII-158, 2 cartes.

Par le P. Henri Havret. — Notice : *Miss. Cath.*, XXXII, 22 juin 1900, p. 298.

— A nos bienfaiteurs — La Mission du Kiang-nan Les trois dernières années 1899—1901. Zi-ka-wei, Imprimerie de la Mission catholique, Orphelinat de T'ou-sè-wè. — 1902, in-8, pp. IV-172 + 1 f. d'er.

— Le Père Antoine Criminali Parmesan Protomartyr de la Compagnie de Jésus. Souvenirs biographiques recueillis par le P. Henri Massara de la même Compagnie. Traduction enrichie de renseignements nouveaux et de quelques documents importants recueillis et fournis par l'auteur des « Souvenirs », après la 1ère édition. Zi-ka-wei. Imprimerie de la Mission catholique Orphelinat de T'ou-sè-wè. — 1902, in-8, pp. III-94.

— En Chine. Une visite à la mission catholique de Si-Ka-Ouei. Par Hélène de Harven. (*Tour du Monde*, 1er sept. 1900, pp. 278/6.)

— J. Hann. — Klima von Zikawei (Shanghai). (*Meteorolog. Zeitschft.*, Wien, XI, pp. 231/2.)

∴

— Das Missionswesen in China. Streiflichter auf die Christenverfolgungsfrage. Von Leopold Katscher. (*Deutsche Rund. f. Geog. u. Stat.*, XV, 1892—1893, pp. 193/202, 261/266, 302/307.)

— Fleurs de Corée Par un Missionnaire de la Congrégation des Missions Etrangères. (*Miss. Cath.*, XXVII, 4 Janv. 1895, pp. 6/9; 11 Janv., pp. 16/19; 18 Janv., pp. 31/35; 25 Janv., pp. 45/47; 1er Fév., pp. 57/59; 8 Fév., pp. 69/71; 15 Fév., pp. 79/81; 22 Fév., pp. 89/91; 1er Mars, pp. 104/105; 8 Mars, pp. 113/118; 15 Mars, pp. 128/131; 22 Mars, pp. 141/143; 29 Mars, pp. 153/156; 5 Avril, pp. 165/168; 12 Avril, pp. 177/180; 3 Mai, pp. 213/215; 10 Mai, pp. 225/228; 17 Mai, pp. 236/238; 24 Mai, pp. 249/252; 7 Juin, pp. 274/276; 28 Juin, pp. 310/312; 5 Juill., pp. 323/4; 12 Juill., pp. 333/336; 19 Juill., pp. 346/348; 26 Juill.,

(Divers.)

pp. 358/360; 2 Août, pp. 371/372; 16 Août, pp. 388/389.)

— Destruction de la Mission de Tchen-tou. (*Miss. Cath.*, XXVII, 7 juin 1895, p. 265.)

— Catholic Missionaries among the Tartars. (*Dublin Review*, CXIX, July 1896, p. 168.)

— A Chinese History of Christianity. By E. H. Parker. (*China Review*, XXII, pp. 774/6.)

D'après le P. Hoang.

— Personal Reminiscences touching Christian Missionaries in China, Corea, Burma, etc. By a Non-Catholic. By E. H. Parker. (*Dublin Review*, CXX, April 1897, pp. 351/372.)

∴

— J. M. J. V. — Une autre Chine par Mgr P. M. Reynaud C. M. Évêque titulaire de Fussulan Vicaire apostolique du Tché-Kiang (Chine) — Abbeville, C. Paillart, 1897, in-8, pp. 159.

Notice : *Miss. Cath.*, XXIX, 13 août 1897, p. 396, par A. L.

— Another China Notes on the Celestial Empire as viewed by a Catholic Bishop by the Right Reverend Monseigneur Reynaud, C. M. Vicar Apostolic of the District of Tché-Kiang. With Illustrations edited by M. T. Kelly. London : Burns & Oates, 1897, pet. in-8, 1 f. n. ch. + pp. 106.

— Série d'Orient, No. 5. — La France au Tche-kiang, par un Français [Mgr. Reynaud]. Ouvrage illustré de huit photogravures inédites. Shang-hai, Imprimerie de la Presse Orientale, 1901, in-4, pp. 47.

Notice : *Miss. Cath.*, XXXIII, 18 Oct. 1901, p. 504. — Col. 251.

— L'île du Démon et l'île du Bon Dieu Par Mgr. Reynaud, Lazariste, Vicaire apostolique du Tché-Kiang. (*Miss. Cath.*, XXVIII, 6 Novembre 1896, pp. 531/534; 13 Nov., pp. 548/551; 20 Nov., pp. 558/561; 27 Nov., pp. 574/576; 4 Déc., pp. 580/1.)

∴

— Lettre adressée à Mgr. Favier par M. Pichon, ministre de France à Pekin [29 Mars 1899]. (*Miss. Cath.*, XXXI, 16 Juin 1899, p. 277.)

— Cause de béatification de quarante-neuf martyrs de la Chine, du Tonkin et de la Cochinchine. (*Ibid.*, XXXI, 21 Juillet 1899, pp. 337/339.)

— Prince de Cariati. La question des Missions Catholiques en Chine. (*Revue Internationale*, Rome, 1888, XX, pp. 166/81.)

— Le Protectorat des Missions catholiques en Chine et la Politique de la France en Extrême-Orient Par Paul Boell, Ancien Correspondant particulier du *Temps* à Péking, Ancien Chef de Service au Gouvernement Général de l'Indo-Chine. — Paris, Institut scientifique de la Libre Pensée, 1899, br. in-8, pp. VII-71.

— Lodovico Nocentini. La Francia e i nostri Missionari in Cina. (*Nuova Antologia*, CLXV, 1899, pp. 489/503.)

(DIVERS.)

— Il Protettorato dei Missionari Italiani in Cina. — Paolo d'Albaro. (*Rivista d'Italia*, Anno IV, Vol. II, 1901, pp. 665/685.)

— Missionnaires et Protectorat français en Chine. Par Pène-Siefert. (*Revue d'Asie*, 15 juin 1902, pp. 834/854; 1er juillet 1902, pp. 906/931.)

— Nos missionnaires patriotes et savants. Par A.-A. Fauvel. (*Le Correspondant*, 1900, 10 août ; 10 sept. ; et 28 sept.)

— Nos missionnaires patriotes et savants. Par A.-A. Fauvel. Extrait du *Correspondant*. Paris, De Soye, 1900, br. in-8, pp. 69.

Réimp. : Paris, Victor Lecoffre, Décembre 1900, in-12, pp. 150.

— En Chine, au Tché-ly S.-E. Une mission d'après les missionnaires, par le P. Henri-Joseph Leroy, de la Cie. de Jésus. Illustré de 108 gravures et d'une carte du Tché-ly. Société de Saint-Augustin, Desclée, De Brouwer et Cie., MCM, gr. in-8, pp. XL-458.

Notices : *Etudes religieuses*, 20 janv. 1901, pp. 270/1, par A.-A. Fauvel. — *Miss. Cath.*, XXXII, 2 nov. 1900, pp. 525/6.)

— Tché-ly oriental. (*Missions cath.*, 30 nov. 1900, pp. 567/8.)

— P. Bizeul — Chinois & Missionnaires Une persécution dans la province de Ning-ko-fou. — Édition ornée de vingt-huit gravures. Limoges, Marc Barbou, s. d., in-4, pp. 335.

— Missionary Troubles in China. By Taw Sein Ko, M. R. A. S. (*Imp. & Asiat. Quart. Rev.*, 3d. Ser., X, 1900, pp. 278/281.)

— Les Missionnaires en Chine. L'Opinion d'un Chinois. Par Taw Sein Ko. (*Belgique Coloniale*, 2 Déc. 1900, pp. 565/7.)

— Cause de béatification de soixante-dix-sept martyrs de la Chine, du Tonkin, de la Cochinchine. [Décret.] (*Miss. Cath.*, XXXII, 11 Mai 1900, pp. 217/8 ; 1er juin 1900, pp. 251/4.)

— Lettre de Sa Sainteté le Pape Léon XIII au sujet de la persécution chinoise. (*Ibid.*, XXXII, 27 juillet 1900, p. 347.)

— Faux témoins contre les Missionnaires. — I. Les missionnaires du Tche-li sud-est. Par Joseph Desmarquest. — II. La *Revue blanche* et les missionnaires de Chine. Par Jérôme Tobar. (*Etudes*, 20 déc. 1901, pp. 721/738.)

Le dernier art. est une réponse à un art. de M. Alexandre Ular dans la *Revue Blanche*, du 1er août 1901, pp. 481/500.

— Raoul Allier. — Les Troubles de Chine et les Missions Chrétiennes. Paris, Fischbacher, 1901, in-12, pp. 281 + 1 f. n. ch. p. l'er.

— 正教奉傳 *Tcheng-kiao-foung-tch'ouan*, 1 peun in-8, ff. 82, 1884.

Collection des principaux édits en faveur de la religion catholique, publiés par les Mandarins, principalement de 1846 à 1883, éditée par le P. Pierre Hoang, prêtre chinois du clergé séculier de la Mission de Nan-king.

— 正教奉褒 *Tcheng-kiao foung pao*, 2 peun in-8, ff. 163, 1883.

Eloges décernés à la vraie religion par les Autorités, par le P. Hoang.

(DIVERS.)

TABLEAU GÉNÉRAL DES MISSIONS

PROVINCES	MISSIONS	RÉSIDENCES	SOCIÉTÉS RELIGIEUSES
1. Tche li	Pe Tche-li Sud-Est	Tchang-kia-tchouang	Jésuites
	P. septentrional	Pe-king	Lazaristes
	P. Sud-Ouest	Tch'eng-ting-fou	*Id.*
	P. orient.[2]	Young-ping-fou	*Id.*
2. Chan toung	Chan toung sept.	T'i-nan fou	Franciscains
	Chan toung mérid.	Yen tcheou	Miss. étr. de Steyl (Hollande)[3]
	Chan toung orient.	Tche fou	Franciscains
3. Chan si	Chan si sept.	T'ai youen	
	Chan si mérid.	Ma-hiang	
4. Ho nan	Ho nan sept.	Wei-houei-fou	Miss. étr. de Milan
	Ho nan mérid.	Nan-yang-fou	
5. Kiang sou 6. Ngan houei	Kiang nan	Chang Haï	Jésuites
7. Kiang si	Kiang si sept.	Kieou kiang	Lazaristes
	K. méridional	Ki-ngan-fou	
	K. oriental	Fou-tcheou-fou	
8. Tche kiang	Tche kiang	Ning-po	*Id.*
9. Fou kien	Fou kien	Fou-tcheou	Dominicains
	Amoy-Formose	Amoy	
10. Hou pé	Hou pé oriental	Wou-tch'ang-fou	Frères Mineurs
	H. sept.	Kia-youen-fou	
	H. méridional	I-tch'ang	
11. Hou nan	Hou nan sept.	Se-men-hien	Augustiniens
	H. méridional	Heng-tcheou-fou	Franciscains réformés
12. Kouang toung	Kouang toung	Canton	Miss. étr. de Paris
13. Kouang si	Kouang si	Nan-ning-fou	*Id.*
14. Yun nan	Yun nan	Yun-nan-fou	*Id.*
15. Kouei tcheou	Kouei tcheou	Kouei-yang-fou	*Id.*
16. Chen si	Chen si sept.	Kao-lin-hien	Franciscains
	C. méridional	Kou-lou-pa	Sém. de St Pierre et de St Paul (Rome)
17. Kan sou	Kan sou[5]	Liang tcheou	Cong. de Scheut
18. Se-tch'ouan	Se tch'ouan orient.	Tch'oung k'ing	Miss étr. de Paris
	S. N. O.	Tch'eng-tou	
	S. méridional	Soui-fou	
Mandchourie	Mandchourie mérid. (Liao-toung)	Moukden	*Id.*
	— sept.	Kirin	*Id.*
Mongolie	Mongolie orientale	Song-hiu-tsouei-tseu	Congrégation du Coeur de Marie Immaculée, Scheut (Belgique)
	Mongolie centrale	Si-wan-tseu	
	Mongolie S. O.		
Corée	Corée	San-tao-ho	Miss. étr. de Paris
Tibet	Tibet	Ta-Tsien lou	*Id.*
I li	I li	Sin-kiang	Cong. de Scheut
Hongkong	Hongkong	Hong-kong	Miss. étr. de Milan

1. Le Pape approuve le 27 avril 1879 une résolution de la S. Congrégation de la Propagande, partageant en cinq régions toutes les li S. E. par bref apostolique du 23 déc. 1899; résidence Young-ping fou; premier vicaire apostolique, François Geurts, lazariste. 3. Fondée à Rome, place Mastaï, au Transtevère, par Pie IX. 5. Le Kan-Sou a été érigé en vicariat apostolique par bref de Léon XIII du 21 juin missionnaires belges de Scheut, le P. Ferdinand Hamer, a été nommé vic. ap., et évêque de Trémithe.

CATHOLIQUES EN CHINE EN 1904.

MAISON-MÈRE	CRÉATION DE LA MISSION	VICAIRES APOSTOLIQUES			RÉGIONS[1]
		NOMS	EN	ÉVÊQUES DE	
Amiens	1856	Mgr. Henri Maquet	1901	Amathonte	1ère
Paris, 95 Rue de Sèvres	1856	— Favier	1899	Pentacomia	
Id.	1856	— Bruguière	1891	Cina	
Id.	1899	— Geurts	1899	Rinoculure	
Rome	1839	— de Marchi	1889	Sura	2e
Steyl (Hollande)	1885	— Aug. Henninghaus	1904	....	
Rome (Procure)	1894	— Cesar Schang		Vaga	2e
	1698	— Grassi	1891	Orthosia	
Rome, Coll. Francesc. presso il Laterano	1890	— Hofmann	1891	Telmissus	
Milan, Via San Calocero	1843	— Scarella	1882	Carpasia	1ère
	1882	—		....	3e
Paris, Rue de Sèvres	1660	— Paris	1900	Silando	3e
	1845	— Bray	1870	Légion	
Paris, 95 Rue de Sèvres	1879	— Coqset	1887	Cardica	3e
	1885	— Vic	1885	Metellopolis	
Id.	1696	— Reynaud	1884	Fussolan	3e
	1696	— Masot	1884	Avara	5e
Rome (Procure)	1883	— Clemente	1899	Augila	
Rome (Hou-kouang, 1839)	1870	— Carlassare	1884	Madaura	3e
	1856	— Banci	1879	Halicarnasse	
	1870	—			
Rome (Procure) } Hou nan 1856	1879	Perez y Perez		Corycus	3e
Rome	1879	Mgr. Mondaini	1896	Sinao	
Paris, 128 Rue du Bac	1850	— Mérel	1902	Orciste	5e
Id.	1875	— Lavest	1900	Sophène	5e
Id.	1702	— Fenouil	1881	Ténédos	4e
Id.	1847	— Guichard	1893	Toron	4e
Rome	1844	— Pagnucci	1884	Agathonique	2e
Rome, 74 Via S. Nicola di Tolentino[4]	1887	— Passerini		Achantus	
Scheutveld (lez Bruxelles)	1878	— Otto	1890	Assura	2e
	1856	— Chouvellon	1891	Dansara	4e
Paris, 128 Rue du Bac	1658	— Dunand	1893	Caloe	
	1860	— Chatagnon	1887	Chersonèse	
Id.	1838	— Choulet	1901	Zela	1ère
Id.		— Lalouyer	1898	Raphanée	
Scheutveld (lez Bruxelles)	1883	— Conrad Abels	1897	Lagania	1ère
	1875	— Jérôme Van Aertselaer	1898	Zarai	
	1883	— Bermyn	1901	Stratonice	
Paris, 128 Rue du Bac	1831	— Mutel	1890	Milo	
Id.	1846	— Giraudeau	1901	Tynias	4e
Scheutveld (lez Bruxelles)	1888	R. P. J. B. Steeneman			2e
Milan, Via San Calocero	1846	Mgr. Piazzoli	1895	Clazomène	5e

missions de la Chine; nous les donnons, telles qu'elles existent aujourd'hui (1904). 2. Le Tche-li oriental a été créé aux dépens du Tche-
8 septembre 1875 par M. Arn. Janssen, prêtre du diocèse de Munster; le R. P. Anzer envoyé en 1879; provicaire 1882. 4. Fondé en 1874
1878, composé du Kan-Sou, du Kou-kou-nor et de la partie occidentale de la Tartarie non encore occupée par les missionnaires; confié aux

28*

Collection de documents publics, d'actes officiels, et d'édits impériaux de 1635 à 1826.

— Principaux édits et traités concernant la religion chrétienne par ordre chronologique. (*Nankin Port ouvert*, par le P. L. Gaillard, pp. 453/477.)

— Apparitions surnaturelles en Chine. (*Miss. Cath.*, XXXIII, 7 juin 1901, p. 266.)

— Les Martyrs du Tché-ly Sud-Est. Lettres d'un missionnaire de la Compagnie de Jésus. (*Ibid.*, XXXIV, 13 juin 1902, pp. 277/9.)

— Jose Vicente Costa. A Christandade de Hai-nan e o antigo cemiterio portuguez de Kium-cheu. (*Ta-ssi-yang-kuo*, Ser. I, Vol. II, 1900—1, pp. 733/745.)

Pierres tombales de Stanislas Torrens, Forget et Calmes, S. J.

— Padre J. V. Costa. A Christandade de Hai-nan. (Lapides e reminiscencias.) (*Ta-ssi-yang-kuo*, Ser. II, Vol. III, 1902, pp. 298/307.)

— La France au Dehors — Les Missions Catholiques Françaises au XIXe Siècle, Publiées sous la direction du Père J.-B. Piolet, S. J. Avec la collaboration de toutes les Sociétés de Missions, Illustrations d'après les Documents originaux. Librairie Armand Colin, 6 vol. gr. in-8.

III. Chine et Japon, gr. in-8, pp. 503. — Chap. I. — La Chine et les Chinois, par Mgr. Favier. — II. — L'ancienne Mission, par Mgr. Favier. — III. — Les Lazaristes en Chine, par Mgr. Favier. — IV. Le Tche-li S. E., par les RR. PP. Mangin et Villaret. — V. — Le Chan-toung oriental, par le R. P. Norbert. — VI. — Le Kiang-nan, par le R. P. Colombel. — VII. — Les Missions-Étrangères de Paris, par M. A. Launay. — VIII. — Le Thibet, par M. A. Launay. — IX. — La Mandchourie, par M. A. Launay. — X. — La Corée, par M. A. Launay. — XI. — Le Japon, par M. A. Launay.

L'ouvrage comprend six volumes : I. Missions d'Orient. — II. Abyssinie, Inde, Indo-Chine. — III. Chine et Japon. — IV. Océanie, Madagascar. — V. Missions d'Afrique. — VI. Missions d'Amérique. — Il a été tiré 50 ex. sur Papier du Japon.

Notice : *La Géographie*, 15 fév. 1902, p. 144, par Charles Rabot.

— Les Petits Frères de Marie en Chine. Par le Frère Louis, Directeur de l'Ecole française de l'Immaculée Conception. (*Miss. Cath.*, XXXV, 25 Sept. 1903, pp. 462/4.)

— Au Laos du Thibet en Chine de Chine au Thibet par deux Missionnaires. Tours, Alfred Mame, gr. in-8, pp. 188 + 1 f. n. ch. [1903.]

.˙.

Manuscrits de Vienne. — « Les Mss. suivants se conservent dans la Bibliothèque impériale à Vienne. Le P. Schwandtner les décrit en ces termes :

Res sinenses a Patribus Soc. Jesu per Varios annos descriptae, c. ch. S. XVII, fol. Tome III, p. 241.

Ein Fascicul verschiedener Relationen von der Chinesischen Nation und glorwürdigen Tod verschiedenen PP. Missionariorum daselbst. Item ein Schreiben aus der Insul Goa und denen anliegenden, in-4, III, 177.

Litterae annuae Provinciae Soc. Jesu Sinensis pro Anno 1751, V, 115.

Codex, n° 1102, in-4, ff. 55. Anonymi brevis Relatio eorum quae spectant ad declarationem Sinarum Imperatoris Kam Hi, circa coeli, Confucii et avorum cultum datam Anno 1700. Accedunt Primatum, doctissimorumque virorum et antiquissimae traditionis testimonia. Opera PP. Societatis Jesu Pekini pro Evangelii propagatione laborantium.

Codex, n° 1270, in-8. Foliorum 572 quibusdam documentis impressis interpolatus. Anonymi Tractatus II Constans IV Partibus de rebus controversis circa Voces ac ritus Sinensibus ab Alexandro VII S. P. Ab Anno 1656 hactenus licitos, rursum infestatos et ad S. Papae Clementis XI sacrum Tribunal Delatos, iterumque Pontificali trutina examinatos.

Codex, n° 1117, in-4, III Tomi. Miscellanea Sinica collecta a C. M. G. S. J. Ex scripta à F. I. C. Viennae, Anno 1719. Tomus I. Foliorum 582. F. 1. Imago Imperatoris Sinarum Cang Hi. f. 71. Relatio sepulchri S. Francisci Xaverii erecti in Insula Sanciano. f. 99. Excerpta ex literis Patris Franchi, datis An. 1701. f. 113. Encyclica P. Antonii Thomas Sinarum Vice-Provincialis de An. 1701. f. 117. Viaggio del P. Franchi de Cantone sino a Nanchamfu. f. 201. Descrizione della gran Tartaria. P. 262. Analecta Argumentorum pro Sententia Missionariorum S. J. circa Voces *Tien* et *Xanti*. f. 345. Informatio Patrum Pekinensium S. J. Missa ad Dñ. Carolum Thomam de Tournon Patriarcham Antiochenum et Visitatorem Apostolicum Missionum Orientalium. f. 377. Supplicatio facta Imperatori Sinarum An. 1705. P. 380. Lettera del Monsignore Tournon al Cardinale Paolucci, An. 1705. P. 384. Relatio Actorum Dñi de Tournon Pekino Romam missa, An. 1706. P. 504. Epistola Patris Fridelli S. J. data ex Sinarum urbe Chin Kian, 1 Maii 1706. f. 529. Decretum Imperatoris Sinarum contra quosdam Europaeos. f. 531. Epistola Patris Castner S. J. data Cantone in Sinis, die 6 Septemb. 1707. f. 543. Excerpta ex binis Epistolis Patris Hieronymi Franchi S. J. Ex Sinis, 19 Octobr. 1707.

Tomus II, foliorum 603. F. I. Quaesita et responsa Sacrae Congregationis circa ritus Sinicos. f. 31. Decretum Clementis XI. P. M. circa ritus Sinicos de An. 1704. f. 33. Dissertatio de Decreto Xan-Kini die 25 Januar. 1707 a Carolo Thom. de Tournon Patriarcha Antiocheno edito. f. 143. Osservationi intorno all' Espositione del Riti Cinesi fatta alla S. Congregatione. f. 163. Libellus supplex Patris Provana S. J. Nomine Patrum Societatis Clementi XI. P. M. An. 1709 oblatus. f. 183. Supplicatio P. Praepositi Generalis, Societ. Jesu ad Clementem XI Pontif. data An. 1709. f. 187. Lettera del Inviato di Portogallo a Clemente XI Papa data l'Anno 1709. f. 199. Libellus supplex P. Joan. Bapt. Ptolomaei, Clementi XI P. M. oblatus An. 1709. f. 239. Decretum Clementis XI P. M. circa ritus sinicos Dat. An. 1710. f. 243. Estratto d'una lettera scritta dopo la publicatione del precedento decreto. f. 245. Lettera del Monsignore Assessore del S. Officio al P. Generale della Compagnia di Giesu, 11 Ottobre 1710. f. 247. Libellus supplex P. Ptolomaei post decretum pontificium Anni 1710 Clementi XI Pontif. oblatus. f. 253. Declaratio R. P. Michaelis Angeli Tamburini Praepositi Generalis Societ. Jesu Clementi XI Pontif. oblata An. 1711. P. 260. Praeceptum Clementis XI Pontif. circa ritus sinicos, Dat. An. 1715. f. 277. Compendium actorum Sinensium quae spectant ad An. 1716 et 1717. f. 294. Documenta selecta, quae R. P. Kilianus Stumpf, S. J. in Sinis visitator, An. 1717 mense Junio Pekino in Europa transcripsit.

Tomus III, foliorum 407. F. 1. Chronologica deductio Missionis Sinicae ab anno 1549 ad annum 1706. f. 136. Sententia Episcopi Pekinensis contra Librum pro Societate Jesu scriptum, cui titulus *Informatio*, etc. f. 140. Nullitas praedictae sententiae rationibus probata. f. 162. Narratio eorum quae circa Dominum Pedrini acciderunt Pekini mense Februario An. 1720. f. 181. Diarium Aulae Pekinensis super legatione Domini Patriarchae Mezzobarba. f. 239. Literae Pekino datae, 28 Augusti 1721. f. 262. Epistola P. Joan. Laureati S. J. Pekino 30 Martii 1721 ad Sum. Pontif. data. f. 263. Epistola Cardinalis Georgii Spinola ad P. Joan. Laureatum S. J. data Rom. 11 Octobris 1721. f. 270. Epistola P. Joan. Laureati ad P. Franciscum Noel ex Nancham in Sinis 15 Octobris 1722. f. 280. Epistola Patriarchae Mezzobarba ad quemdam Superiorem Soc. Jesu in Sinis. Macai, 8 Xbris 1721. f. 282. Decretum Patriarchae Mezzobarba dat. Macai, 4 Nov. 1721. f. 289. Epistola P. Ignatii Kögler Soc. J. dat. Pekini, 16 Octobris 1721. f. 296. Fragmentum Epistolae ejusdem Patris 18 Nov. 1721. f. 301. Epistola Patrum Pekinensium Soc. Jesu ad Patrem Praepositum Generalem dat. 17 Julii 1722. f. 347. Riscontri della Cina havuti con lettere scritte sino al Novembre del 1723. f. 363. Excerpta ex Epistola P. Josephi Labbe data Cantoni 19 Febr. 1724. f. 367. Compendio dei successi della Missione Cinese dall' Agosto sino al Decemb. 1724. f. 383. Edictum Generalis Militum Tartarorum Praefecti Cantoni promulgatum 3 Decembris 1724. f. 387. Relatione di Cose accadute nella Cina, l'Anno 1727. f. 398. Sermo quem habuit Imperator Sinorum ad suos Ministros 28 Maii 1727, latine expressus. »

Nous donnons cette liste d'après le P. de Backer, *Bib.*, I, col. 1242 et 1243.

Historia Sinensis.

Ms. composé de 4 vol. appartenant aux Archives de la Compagnie de Jésus. Les deux premiers ont pour titre : Collectanea historiae sinensis ab A. 1641 ad A. 1700. Auctore P. Thomas Dunin Spot, Provinciae Lithuaniae Societatis Jesu, Poenitentiaro ad S. Petrum, Romae 1710.

Les deux autres volumes portent simplement au dos de la reliure : *Historia Sinensis*. C'est une rédaction définitive, tandis que les deux précédents n'étaient en quelque sorte qu'une réunion de matériaux. De cette seconde récension le tome premier reprend l'histoire de la mission chinoise depuis l'origine. (C'est la partie déjà traitée sous une autre forme par Bartoli, Trigault, etc.) Le tome second la continue jusqu'à la mort du P. Ferdinand Verbiest.

.·.

Voir *Questions contemporaines*.

2° QUESTION DES RITES.

« Five years since, in the Province of Fo-kien, / Which is in China as some people know, / Maigrot, my Vicar Apostolic there, / Having a great qualm, issues a decree. / Alack, the converts use as God's name, not / *Tien-chu* but plain *Tien* or else mere *Shang-ti*, / As Jesuits please to fancy politic, / While, say Dominicans, it calls down fire, — / For *Tien* means heaven, and *Shang-ti* supreme prince, While *Tien-chu* means the lord of heaven : all cry, « There is no business urgent for despatch / As that thou send a legate, specially / Cardinal Tournon, straight to Pekin, there / To settle and compose the difference ! » (Robert Browning, *The Ring and The Book*, X ; *The Pope*, Vol. IV, pp. 71/72 [1869]).

On s'étonnera moins que le poète anglais ait entendu parler de la Question des Rites lorsque l'on saura qu'il a appris ce qu'il en connaissait de la bouche de Sir Thomas Francis Wade (alors Mr.) chez le Doyen de Westminster, le Rév. Arthur P. Stanley.

— « Le plus singulier exemple de cet abus des mots, de ces équivoques volontaires, de ces mal-entendus qui ont causé tant de querelles, est le *King-tien* de la Chine. Des missionnaires d'Europe disputent entre eux violemment sur la signification de ce mot. La cour de Rome envoie un français nommé Maigrot, qu'elle fait évêque imaginaire d'une province de la Chine, pour juger de ce différent. Ce Maigrot ne sait pas un mot de chinois ; l'empereur daigne lui faire dire ce qu'il entend par *King-tien* ; Maigrot ne veut pas l'en croire, et fait condamner à Rome l'empereur de la Chine ». (Voltaire, *Œuvres complètes*, 1785, XLVII, Dict. Phil. I ; *Abus des Mots*, p. 90.)

Cette controverse stérile est tellement embrouillée que nous avons essayé d'en éclaircir les points principaux en dressant la table chronologique suivante qui donne les dates les plus importantes de cette fameuse querelle, que la mauvaise foi, les malentendus et l'ignorance ont, autant que le désir d'arriver à la vérité, contribué à envenimer :

1610. — 11 Mai. — Mort du Père Ricci à Pe-king. Sa Tolérance pour les cérémonies chinoises. — Le P. Longobardi qui lui succède comme supérieur général ne partage pas ses idées. Le *Traité* du P. Longobardi imprimé en espagnol par Navarrete dans ses *Tratados* (1676) est publié en français à Paris en 1701.

1631. — Arrivée au Fou-kien des dominicains Angelo Coqui et Thomas Serra.

1633. — Arrivée en Chine du dominicain espagnol Jean-Baptiste Moralez, et du franciscain Antoine de Sainte-Marie.

1637. — Les Dominicains et les Franciscains sont chassés de la Chine.

1639. — Moralez adresse au P. Emmanuel Diaz (senior), Visiteur des Jésuites, un mémoire en douze articles ; la réponse étant différée, Moralez part pour Rome ; en

1643. — Il arrive et obtient :

1645. — 12 Sept. — Décret d'Innocent X.

1649. — Moralez le notifie au V. P. des Jésuites en Chine.

1651. — Les Jésuites envoient le P. Martini à Rome qui obtient

1656. — 23 Mars. — Un décret contradictoire d'Alexandre VII.

1661. — Moralez adresse à Rome un nouveau Mémoire à la Sacrée Congrégation et le

1669. — 13 Nov. — Le P. Jean de Polanco obtient un décret confirmé le

1669. — 20 Nov. — Par Clément IX.

1664. — Moralez meurt ; Navarrete lui succède comme préfet de l'ordre de Saint-Dominique en Chine.

1665. — Persécution générale ; les missionnaires exilés au Kouang-toung demeurent chez les Jésuites ; Conférences.

1673. — Navarrete se rend à Rome.

1676. — Il publie le premier Volume des *Tratados*. [Voir col. 31—34.]

1686. — 18 Août. — *Traité* du Père Grégoire Lopez, dominicain, évêque de Basilée, et chinois de naissance, en faveur des Jésuites, adressé à la Sacrée Congrégation.

1687. — *Défense des Nouveaux Chrétiens* par le P. Le Tellier en réponse au P. Navarrete.

1694. — 23 Mai. — *Censure de la Défense des Nouveaux Chrétiens*, à Rome.

1693. — 26 Mars. — *Mandement* de Mgr. Maigrot, vicaire apostolique du Fou-kien.

1690. — Le P. Louis de Quemener, des Miss. ét., envoyé à Rome.

1693. — 10 Nov. — Requête du P. de Quemener.

1696. — Le P. de Quemener présente sa requête et le mandement de Mgr. Maigrot à Innocent XII.

1697. — 15 Janvier. — Bref d'Innocent XII.

1697. — 19 Mars. — Nicolas Charmot, envoyé à Rome par Mgr. Maigrot, évêque de Conon, présente son premier mémoire au Saint Office.

1697. — 3 Juillet. — Décret du S. Office.

1697. — 6 Août. — Mémoire de Charmot « *Veritas facti* » suivi de plusieurs autres décrits dans l'*Historia Cultus Sinensium*.

1699. — Placet des PP. Jésuites à K'ang-hi. (Mailla, XI, pp. 300 et seq.)

1699. — 18 Avril. — Première réunion des cardinaux chargés par Innocent XII d'examiner l'affaire des cérémonies.

1700. — 10 Avril. — Lettre des Missions étrangères.

1700. — 8 Mai. — Déclaration de la Faculté de théologie de Paris.

1700. — 18 Oct. — *Censure* de la Faculté de Théologie de Paris contre : les *Nouveaux Mém.* du P. Le Comte ; l'*Hist. de l'Edit* du P. le Gobien ; et la *Lettre sur les Cérémonies*.

1704. — 20 Nov. — Le S. Office ayant publié un décret prohibant les cérémonies, Clément XI l'approuve. Le Légat en Chine sera chargé de publier ce décret.

1702. — 2 Juillet. — Charles Thomas Maillard de Tournon, nommé légat *a latere*.

1705. — 8 Avril. — Il arrive à Canton.

1705. — 31 Déc. — Première audience particulière accordée au légat par l'empereur.

1705. — 29 Juin. — Audience solennelle.

1705. — 2 Août. — Décret de K'ang-Hi à Mgr. de Conon.

1705. — 3 Août. — Décret de K'ang-Hi au légat.

1705. — 28 Août. — Le légat quitte Pe-king.

1705. — 17 Déc. — Décret de K'ang-Hi bannissant l'évêque de Conon.

1707. — 25 Janvier. — *Mandement* de Mgr. de Tournon à Nanking.

1710. — 8 Juin. — Mort du Cardinal de Tournon.

1711. — 14 Oct. — Son éloge par Clément XI.

1710. — 25 Sept. — Décret de Clément XI.

1715. — 19 Mars. — Bulle *Ex illa die*.

1720. — 25 Mars. — Mgr. de Mezzabarba s'embarque à Lisbonne.

1720. — 26 Sept. — Il arrive à Macao.

1721. — 4 Mars. — Audience de congé accordée au patriarche d'Alexandrie par K'ang-hi.

1721. — 5 Mars. — Le légat quitte Pe-king.

1721. — 4 Nov. — Mandement publié à Macao par le légat.

1735. — 26 Sept. — Bref de Clément XII.

1742. — 11 Juillet. — Bulle de Benoît XIV.

— Voir sur la Question des Rites les ouvrages généraux de : Rohrbacher, *Hist. de l'Eglise*, XXVI, pp. 627/643. — Huc, *Hist. du Christianisme*, Vol. III. — Dupin, *Hist. ecclés. du* XVIIe *Siècle*, T. IV. — De Backer, *Bibliothèque des Ecrivains de la Compagnie de Jésus*, à l'art. général *Chine* et aux articles spéciaux consacrés aux PP. Le Comte, Le Gobien, etc. Le P. Carayon, dans sa *Bibliographie historique de la Compagnie de Jésus*, Paris, 1864, pp. 156/175, n'a guère fait que de reproduire, en les plaçant dans un ordre différent, les titres donnés par le P. de Backer.

— « Disputes sur les cérémonies chinoises. Comment ces querelles contribuèrent à faire proscrire le christianisme à la Chine. » Chap. XXXIX du *Siècle de Louis XIV* par Voltaire.

On trouvera quelques remarques sur la Question des Rites dans les *Mémoires du duc de Saint-Simon* (Éd. de Garnier, 1853) : Vol. V, Chap. LXXVIII, pp. 8/9 : Renvoi du Père Le Comte qui est remplacé comme Confesseur de la Duchesse de Bourgogne par le P. de la Rue. — Colère du Père le Tellier. — Protestation contre la Censure de la Sorbonne. — Vol. XVI, Les Jésuites condamnés par le Pape, p. 133, Chap. CCLXXXVI. — Vol. XXXVIII, Chap. DCVII, Voyage du légat Mezzabarba, pp. 146/153.

— * Apologia de los Religiosos Dominicos y Franciscanos Misioneros de China : por el Padre Fr. Antonio de Santa Maria, Caballero, de la Provincia de San Pablo : Impreso en la Oficina de Juan Garcia Infanzon.

«Ha la data del 2 del 1639.» (M. da Civezza.)

— Copie d'vn escrit adressé de Rome a vn prelat de France, tradvit en François. In-4 à 2 col., pp. 27.

Par Moralez.

— Dvbitationes grauissimae quae circa nouam Conuersionem & Christianitatem Chynarum occurunt. *A la suite* : Quaesita Missionariorum Chinae, sev Sinarvm, Sacrae Congregationi de Propaganda Fide exhibita, Cum responsis ad ea : Decreto eiusdem Sacrae Congregationis approbatis Romae, Ex Typographia Sacrae Congreg. de Propaganda Fide. M. DC. XLV. Superiorum permissu.

— Quaesita Missionariorum Chinae, seù Sinarum, Sac. Congregationi de Propaganda Fide exhibita, cvm Responsis ad ea.—s. tit., s. l. n. d., pas de pagin., in-4, 12 pages; on lit p. 11 : Romae, Typis Reu. Cam. Apost. M. DC. XLV.

— Le P. Grégoire Lopez, dominicain, évêque de Basilée, fit paraître un petit traité touchant le Culte rendu à Confucius & aux Ancêtres. Ce n'est qu'un Opuscule de vingt pages, écrit par l'auteur en langue chinoise, et traduit en latin par le Père Jean de Léonessa, franciscain. Le P. Touron en donne une analyse, pp. 597/8 du Vol. V de son *Histoire*.

— La Morale pratique des Jésuites, Divisé en sept Parties. Où l'on représente leur conduite dans la Chine, dans le Japon, dans l'Amérique, & dans l'Ethiopie. Le tout tiré de livres très-autorisez, ou de pieces tres-authentiques. M. DC. LXXXII, in-12.

— La Morale pratique des Jesuites, Divisé en sept Parties. Où l'on represente leur conduite dans la Chine, dans le Japon, dans l'Amerique, & dans l'Ethyopie. Le tout tiré de livres trés-autorisez, ou de pieces trés-authentiques. A Amsterdam, Aux Depens de la Compagnie. M DCC XLVI, 3 vol. in-12.

— Morale pratique des Jésuites. Troisième volume. Contenant *La Justification des deux premiers Volumes de cette Morale.* Contre Le livre faussement intitulé, DEFENSE *des nouveaux Chrétiens & des Missionnaires de la Chine, du Japon & des Indes.* Avec la Réponse à la II. Partie de cette Défense qui vient de paroître. Nouvelle edition. A Nancy, chez Joseph Nicolai, 1734. in-12, 4 ff. n. c. p. le tit., préf., &c. + pp. 578 + 3 ff. n. c. p. la tab.

Nicolai a publié en une seule collection en 7 vol., Nancy, 1734 à 1735, formant la *Morale pratique des Jésuites* les ouvrages suivants : 1° *Morale pratique des Jésuites, ut supra*, Nancy, 1734, 3 vol. in-12; 2° *Hist. de Dom Jean de Palafox*, in-12; 3° *Hist. de la persecution de deux Saints Evêques par les Jésuites*, in-12; 4° et 5°, les deux ouvrages suivants :

— Histoire ‖ des Differens ‖ entre ‖ les Missionnaires ‖ Jesuites ‖ d'une part ‖ Et ceux des Ordres de ‖ St. Dominique ‖ et de St. François ‖ de l'autre. ‖ Touchant ‖ Les cultes que les Chinois rendent ‖ A leur Maître Confucius, ‖ A leurs Ancestres ‖ Et à l'Idole Chin-hoan. ‖ M. DC. XCII. in-12, pp. XLVIII-469 + 3 ff. n. ch.

— Histoire des differens entre les missionnaires Jesuites d'une part Et ceux des Ordres de St. Dominique et de St. François de l'autre. touchant Les cultes que les Chinois rendent A leur Maître Confucius, A leurs Ancestres Et à l'Idole Chin-Hoan. Seconde edition. A Nancy, chez Nicolai 1735, in-12.

— Suite de l'histoire des differens entre les Jesuites de la Chine, et les missionnaires des Ordres de St. Dominique & de St. François ce qui comprend la seconde & la troisième Partie de ces Differens. Seconde edition M DCC XVI, in-12.

— * Indicae expeditiones Societatis Iesv. A calvmniis vindicatae. Id est Apologia S. J. in India Orientali Evangelium praedicantis adversus accusationes Romae factas a Missionarijs Apostolicis S. Congregationis de Propaganda Fide. Quam typis vulgavit Doctor Claudius Van Kessel. Coloniae Agrippinae, MDCLXXXIV, in-4.

Cette apologie est du P. Antoine Thomas.

Contient 4 ff. n. c. p. l. tit., et un avis : « Ad Lectorem. Humilis ac devotus Societatis Jesu Alumnus Doctor Claudius Van Kessel ». — Apologia Societatis Iesu. In India Evangelium praedicantis adversus accusationes Romae factas. A Missionariis Apostolicis S. Congregationis de Propaganda Fide. Macai die 20 Decembris 1682. Antonio Thomas Societatis Jesu, pp. 56; — Appendix Doctoris Claudii Van Kessel, 2 ff. n. ch.

— Lettre d'un Docteur en Theologie, à un missionnaire de la Chine. A Paris, chez Estienne Michallet . . . M. DC. LXXXVI. Avec permission. pet. in-8, pp. 98, s. l'av.

Le Permis d'imprimer est du 26 octobre 1686.

Par le P. Michel le Tellier.

— Defense des Nouveaux Chrestiens et des Missionnaires de la Chine, du Japon & des Indes contre deux Livres intitulez la Morale pratique des Jesuites, et l'Esprit de M. Arnaud. A Paris, chez Estienne Michallet. M. DC. LXXXVII. Avec Approbation & Privilege de Sa Majesté, in-12, pp. 568, s. la préf., la table, etc.

Ne contient que la première partie. — En tête de la préf., vignette de C. Vermeulen, représentant la mort de St. François-Xavier. — Par le P. Michel le Tellier, S. J., né à l'Enanderie, paroisse du Vast, près Cherbourg, 16 déc. 1643; † à La Flèche, le 2 sept. 1719.

— Defense des Nouveaux Chrestiens et des Missionnaires de la Chine, du Japon, & des Indes. *Contre deux livres intitulez,* La Morale pratique des Jesuites, & l'Esprit de M. Arnauld. Seconde Edition. Avec une Réponse à quelques plaintes contre cette Defense. A Paris, Chez Estienne Michallet, M. DC. LXXXVIII. Avec Approbation & Privilege de Sa Majesté. in-12, pp. li + 4 ff. n. ch. + pp. 570 + 6 ff. n. ch. p. la Table, etc.

— *Ibid.*, Seconde partie. A Paris, chez Estienne Michallet . . . . M. DC. LXXXX, in-12, pp. 507 s. l'av., etc.

— Défense des Nouveaux Chrestiens et des Missionnairfs [*sic*] de la Chine, du Japon, & des Indes . . . Troisieme Edition Avec une Réponse à quelques plaintes contre cette Défense. A Paris, Chez Robert Pepie . . . et Nicolas Pepie . . . M. DC. XCVIII. Avec Approbation & Privilege de Sa Majesté. in-12.

Même tirage, avec l'Addition de 3 ff. n. ch. à la fin.

Cet ouvrage a été mis à l'index, le 22 déc. 1700, *donec corregatur*.

— Defensa de los nuevos christianos, y missioneros de la China, Japon, y Indias, contra dos libros intitulados, *La Practica Moral de los Jesuitas*, y *El Espiritu de Mr. Arnaldo*. Traducida de Frances en Español . . . por Don Gabriel de Parraga. Madrid, Antonio Roman, 1690, in-8, 14 ff. n. ch. + pp. 246 + 2 ff. n. ch.

Cette trad. contient seulement la première partie de l'ouvrage; c'est la seule qui ait été imprimée. — Le P. Sommervogel donne comme traducteur le P. Echaburu, né à Murcie, le 6 sept. 1640, † à Madrid, 26 fév. 1697.

— La bonne foy des anciens Jesuites Missionnaires de la Chine, Sur l'Idolatrie des Chinois dans le culte qu'ils rendent à Confucius & aux Morts; démontrée Par des Extraits fideles des Livres des RR. Peres Athanase Kirker, Nicolas Trigaut, Alexandre Rhodes, & autres, envoyés à un Ami; Avec quelques reflexions sur les nouveaux sentimens des RR. PP. Jesuites. M. DCC, in-12, pp. 27.

— La religion des Jesuites, ou Reflexions sur les inscriptions du Père Menestrier, & sur les escrits du Père le Tellier pour les nouveaux Chrestiens de la Chine & des Indes, contre la dix neuvième observation de l'Esprit de Mr. Arnaud. Dans lesquelles on trouvera la défense de *l'Esprit de Mr. Arnaud*, & un jugement sur la contestation entre l'Evêque de Malaga, les Jésuites & les Auteurs de la *Morale pratique des Jesuites*, au sujet des Missionnaires des Indes. A la Haye, Chez Abraham Troyel... M. DC. LXXXIX. in-12, pp. 214, s. l. t.

— * Duo responsa centum viginti Doctorum S. Facultatis Theologicae Parisiensis ad Sinarum Quaesita in S. Congregat. S. Officii proponenda. Quaesita Causae Sinensis ab Eminentissimis Cardinalibus Casanate, Marescotto, S. Clementis, Noris; R. P. D. Sperello assessore, Reverendissimo P. Commissario S. Officii et Reverendissimo P. a Leonissa Ord. Min. Reform. Vicario Apost. Húquang, electo Episcopo Beritensi, deputatis, post varias Congregationes, lectis utriusque partis Scripturis, anno 1699, confecta, ac deinde S. Congregationi S. Officii proposita, 1700, in-8, pp. 40. (De Backer, 1253.)

— Nouveaux Memoires sur l'Etat présent de la Chine. Par le P. Louis le Comte. (Voir col. 39—40.)

— Hist. de l'Edit de l'Empereur de la Chine... Par le P. Charles le Gobien. (Voir col. 836/7.)

— * Ristretto delle Notizie circa l'uso della voce Cinese *Xam-ti* che significa *Supremus Imperator* ó vero *Alti Dominus*, e della voce *Tien* che significa *Cœlum*. Representato alla Sagra Congregazione del S. Offizio, dalla Compagnia di Giesù, in settembre 1699, in-8, pp. XXIX.

— Breve Ristretto delle Notizie gia dedotte circa l'uso delle Tabelle colle parole Cinesi King-tien *Cœlum colito*, presentato alla sagra Congregatione del S. Officio, in Settembre 1699, in-12, pp. XXIX.

— MANUSCRIT. — Il y a un manuscrit in-4 à la Bibliothèque Mazarine (No. 2813) qui contient les pièces suivantes relatives à la question des Rites. Ce Ms. est de la fin du XVIIe ou du commencement du XVIIIe siècle; il est relié en parchemin et porte le titre : «*Affari della Cina. 1699. 1700.*» :

Dilucidatione de fatti Cinesi spettanti a i Riti di Confucio, e de Morti.

Notizie intorno all'uso delle voci Cinesi *Tien* Cœlum, et *Xamti* Alti Dominus ô vero Supremus Imperator Proposte e presentate alla S. Congne del S. Offizio Per parte della Compagnia di Giesù in Agosto 1699. Die 23.

Ristretto delle notizie circa l'uso della voce Cinese *Xamti*, che significa *Supremus Imperator*, ô vero Alti Dnūs e della voce *Tien* che significa *Cœlum*. 16. Settembre 1699.

Notizie circa l'uso delle Tabelle colle parole Cinesi *King tien* Cœlum colito, Proposte e presentate alla S. Congne del S. Offizio Per parte della Compagnia di Giesù in Agosto 1699. il di 24.

A la fin de cette pièce, la lettre latine suivante (4 pages) :

Copia di una lettera scritta dal P. Giouacchimo Bouvet della Compa di Giesù. Parisiis die 1a Decemb. anni 1697.

Breve Ristretto delle Notizie già dedotte circa l'úso delle Tabelle colle parole cinesi *Kingtien*, *cœlum colito*. Presentato alla S. Congne del S. Officio, Die 26. Settemb. 1699.

Memorial et un Ecrit latin des Jésuites présenté au St Office par le P. Baldegiani le 10. feburier 1700.

L'écrit latin est intitulé : Expositio Facti de Controuersijs Sinensibus Secundum Patres Sis Jesu adjuncta ad Relationem Facti de ijsdem in S. Congne Particulari exhibitam Et ex Mandato SSmi D. N. Innocentij XII. ipsis communicatam.

Sequitur Expositio Facti. De Controuersijs Sinensibus Secundum PP. Societatis Jesu. 17. febur. 1700.

Sequitur pars antepenulta expositis Facti de Controuersijs Sinensibus Secundum Patres Societatis Jesu. Die 23. febr. 1700.

Sequitur pars penulta expositionis Facti de Controuersijs Sinensibus Secundum Patres Societatis Jesu. Die 2a Martij 1700.

Pars vltima Expositionis Facti De controuersijs Sinensibus Secundum Patres Societatis Jesu cum Appendice de Auctoritate Ritualium Sinensium. Die 9a Martij 1700.

Le Ms. a environ 420 pages.

— Ecrits concernant le Culte de Confucius, et les Missions de la Chine, de Siam, des Isles Philippines.

Ms. XVIIe & XVIIIe Siècles; Autrefois des Jacobins St. Honoré: Bib. nat., 2 vol. in-folio; latin 16980—16981.

Pièces relatives à la Chine :

I (16980) — Carolus Maigrot Sacerdos vicarius apostolicus fokiensis sacrae facultatis parisiensis doctor, sociusque sorbonicus, omnibus vicariatûs nostri consacerdotibus salutem in eo qui est omnium vera salus...

Datum in oppido Chang lo Provinciae Fokiensiae die vigesima sextâ mensis Martij anni Domini 1693 Carolus Maigrot P. Vic. ap. Fokiensiae.

Bulle d'Innocent XII, 15 Oct. 1696.

Lettre autog. de N. Charmot à Mgr. — A Rome, le 3 9bre 99.

Resp. ad quaesita.

L. autog. de Charles [Maigrot] eu. de Conon à Mgr. — A Fou tcheou le 10 decembre 1701.

Copia di Lettera di D. Gulielmo della Valle scritta da Madraspatao 9 Feb. 1702.

Notes sur la lettre circulaire des Jesuites ecrite sous le nom du Rd P. de la Chaize aux Evêques de France le 12 Sept. 1702.

Copia d'una Lettera.

Decretum feria 5. die 25 Sept. 1710.

Billet escrit par Mgr. Banquieri assesseur du St. Office au P. G. des Jesuites et autres Gnaux d'Ordre qui ont de leurs Religieux aux missions de la Chine du 11 Oct. 1710.

Lettre du Roy de Portugal à N. S. P. le Pape Clement XI du 12 Aoust 1715 traduite du Portuguais.

La même en portugais.

Note en italien.

Lettre autog. de De Lionne à l'Abbé de Noailles à Paris. — 28 Dec. 1687.

Decret de Clément XI (pièce imprimée).

Risposta del Procuratore dell' Emo Sig. Card. di Tournon ad una scrittura in forma di Memoriale che i PP. Gesuiti dicono hauer presentato alla Sta di Ilro Sig. Clemente XI sopra gl' affari della Cina.

La même en français; trad. incomplète.

Lettres autographes de N. Charmot adressées à Monseigneur — [Card. de Médicis?] et datées de Rome : 8 juin 1700. — 3 May 1701. — 10 May 1701. — 28 Juin 1701. — 2 Août 1701. — 16 Août 1701. — 26 Août 1701. — 20 Sept. 1701.

Ces lettres ne sont pas, m'écrit le R. P. Brucker, adressées au Cardinal de Médicis, mais à Mgr., plus tard Cardinal de Noailles, archevêque de Paris; la première est datée de Rome, 18 novembre 1698 (fol. 148 du MS.).

Copie de la L. de l'Arch. de Cambray au P. de la Chaize, Sept. 1702.

Copie de la L., du même à Messieurs des Miss. Et., A Cambray, le 5 Octob. 1702.

Copie d'une lettre écrite d'auprès de Lisbonne, le 12 Déc. 1702.

L. au Card. — 24 Nov. 1704.

Extrait de la L. (italienne) de M. le Cardinal de Medicis du 28 Nov. 1704.

L. d'Artus [de Lyonne] au S. Père (latin).

L. (ital.) au S. Père.

Quelques pièces sans grande importance.

(Question des Rites.)

Notae in obseruationes a RRdis PP. Socis Jesu Sacrae Congregationi Sancti Officii exhibitas in Mandatum Illmi ac Rmi Dni Maigrot Vicarij Apostolici Fokiensis et Episcopi Cononensis electi. A Nicolao Charmot eiusdem Rmi Dni Maigrot aliorumque Episcoporum ac Vicariorum Apostolicorum Gallorum Procuratore Generali Sacrae Congregationi Sti Officii oblatae. Mense Julio 1698. 74 pages.

Breues Notationes In praecipua loca obseruationum residualium Societatis Jesu contra Mandatum Rmi D. Caroli Maigrot Vicarij Aplici Prouae Fokiensis Sinarum et in Episcopum Cononensem nuper electi, A Nicolao Charmot . . . Mense Octobri 1698. 39 pages.

Dispunctio quorumdam locorum libelli supplicis quem Patres Socis Summo Pontifici super rebus et controuersijs Sinensibus obtulerunt, velut compendiolum grandioris voluminis Sac. Congni Sti Officij antea ab eis oblati. Per Nicolaum Charmot... Oblatum S. C. Sti Officij die 22da mensis Octobris 1698. 19 pages.

II (16981). S. Congregatione S. Officij Indiarum siue de rebus Sinensibus obseruationes residuales in mandatum 26 Martij 1693. Rmi D. Caroli Maigrot Vicarij Apostolici, In prouincia Fokiensi Regni Sinarum a Societate Jesu exhibitae quae continent duo responsa duobus libellis D. Nicolai Charmot Appendicem de libris Sinensibus et obseruationes in epistolam ejusdem D. Maigrot ad sanctissimum. 112 feuillets.

Cette pièce importante est suivie de plusieurs articles et d'un assez grand nombre de lettres authographes de N. Charmot.

— Eclaircissement sur la denonciation faite à N. S. P. le Pape des Nouveaux Memoires de la Chine, Composez par le Pere Loüis le Comte, de la Compagnie de Jesus, Confesseur de Madame la Duchesse de Bourgogne. In-12, pp. 31, s. l. n. d.

Ibid., M.DCC, s. l., in-12, pp. 31.

— * Expositio Facti de Sinensibus Controversiis, a PP. Soc. Jesu oblata S. Congr. S. Officii, jussu SS. D. N. Innocentii XII. Occasione scripti nuper excusi sub hoc titulo : Quaesita proponenda in S. Congr. S. Officii 1699. S. l., 1700, in-8.

Par le P. Ant. Baldigiani, de Florence, † à Rome, 11 Oct. 1711. (Sommervogel.)

— Parallele ‖ de ‖ quelques propositions; ‖ dont les unes ont esté déferées au S. ‖ Siege & à la Sorbonne, les autres ne ‖ l'ont pas esté, quoy qu'elles meritas- ‖ sent beaucoup plus de l'estre, pièce in-12, s. l. n. d., pp. 22.

Par le P. Charles le Gobien. — Suivent :

— Propositions ‖ soutenues, ou autorisées ‖ par ‖ quelques docteurs ‖ de la Faculté de Theologie ‖ de Paris, pièce in-12, s. l. n. d., pp. 34.

Elles forment l'autre partie du Parallèle et sont extraites de l'*Historia Flagellantium*, etc.

— Second Parallele des Propositions du P. le Comte, avec quelques autres Propositions, adressé à Monsieur le Syndic de la Faculté de Theologie de Paris, in-12, pp. 36. Par le P. le Gobien. (De Backer.)

— Apologie des Dominicains Missionnaires de la Chine, ou Réponse au Livre du Pere Le Tellier Jesuite, intitulé : *Défense des Nouveaux Chrétiens*; et à l'*Eclaircissement* du P. Le Gobien de la même Compa-

(Question des Rites : 1700.)

gnie, *sur les honneurs que les Chinois rendent à Confucius et aux Morts.* Par un Religieux Docteur et Professeur en Theologie de l'ordre de S. Dominique. A Cologne, chez les Héritiers de Corneille d'Egmond, M.DC.XCIX, in-8 de pp. 503 sans la table.

Bull. du Bouq. (Déc. 1873), No. 7623 (Rel. de Padeloup), Fr. 10.

On trouve à la suite un écrit de pp. 196 sans la permission, l'index, etc., intitulé : Documenta controversiam Missionariorum Apostolicorum Imperii Sinici, de cultu praesertim Confucii Philosophi et Progenitorum Defunctorum spectantia, ac Apologiam Dominicanorum Missionis Sinicae Ministrorum adversus Libros R. R. Patrum Le Tellier et Le Gobien Societatis Jesu confirmantia.

N.B. C'est par erreur que les dernières pages de cet ouvrage sont numérotées 602 et 603 au lieu de 502 et 503.

2e édition, A Cologne, chez les Héritiers de Corneille d'Egmond, M.DCC, in-8, pp. 503, s. l. t., &c.

— Apologia de Padri Domenicani missionarii della China; pvre risposta Al Libro del Padre Le Tellier Giesuita, intitolato difesa de nuovi Christiani, e dilucidatione del P. Le Gobien della stessa Compagnia, sopra gli honori, che li Chinesi prestano à Confusio, ed a i morti. Per vn Religioso Dottore, e Professore di Teologia dell'Ordine di S. Domenico. In Colonia, Appresso gli Heredi di Cornelio d'Egmond 1699, pet. in-8, pp. 344, s. l. tab., etc.

Suivie des Documenta, pp. 257 sans l'index.

Le Père Noel Alexandre, dominicain, né à Rouen le 19 Janvier 1639, mort à Paris en 1724 est l'auteur de l'*Apologie des dominicains.* (Voir sur lui le *Dict. de Biog. Chrétienne*, pub. par Migne, I, col. 145/146 ; et surtout Touron, *Hist. des Hommes ill. de S. Dominique*, V.)

— Difesa de' Missionarii Cinesi Della Compagnia di Giesu, in risposta all'Apologia de' PP. Domenicani Missionarii della Cina, Intorno à gli onori di Confusio, e de' Morti; opera di un Religioso Teologo della medesima Compagnia. In Colonia. Per il Berges. Con Licenza de' Superiori. 1700. In-8, pp. 553 s. l'ind.

— * Seconda Edizione corretta ed accresciuta. In Colonia, per il Berges. 1701, in-8, pp. 549 s. l. p. et les tab.

— * Seconda Edizione corretta ed accresciuta. Pavia, 1701, in-8.

— * Aggiunta alla difesa de' Missionarii Cinesi della Compagnia di Giesù in risposta ad una picciola sua impugnazione che và sotto titolo di Poscritta. In Colonia, 1701 pp. 152, s. nom d'imprimeur.

Ces deux ouvrages sont du P. J. B. de Benedictis.

— Discrepanze, ‖ o' ‖ Contradizioni ‖ intorno al fatto ‖ tra' moderni impugnatori ‖ De' Riti Cinesi. ‖ Colonia MCCC [*sic*]. ‖ pièce de 23 ff. n. c.

Contre Maigrot, Louis de Cicé, Charmot et l'év. de Beryte.

(QUESTION DES RITES : 1699—1700.)

— Nota ‖ d' alcune discrepanze, e ‖ contradizioni ‖ intorno al fatto. ‖ Nelle quali comparisce, quanto ‖ poco frà loro si accordino i ‖ moderni Impugnatori ‖ de' Riti Cinesi ‖ Circa i Punti capitali di ‖ questa Causa. ‖ Colonia Anno M. DCC, pet. in-8, pp. 259.

Par le P. Balthasar Montecatini.

— Esame ‖ Dell'Autorità, e vera intelligenza ‖ delle Testimonianze degli ‖ Scrittori Giesuiti, alle- ‖ gate in proua del ‖ fatto da moder- ‖ ni Impu- ‖ gnato- ‖ ri ‖ de Riti Cinesi. ‖ Anno M. DCCI. s. l., in-8, pp. 327.

Ouvrage du P. Balthasar Montecatini. (De Backer.)

— Il Disinganno contraposto Da un Religioso dell' Ordine de' Predicatori alla Difesa de' Missionarii Cinesi della Compagnia di Giesù, Opera d'un Religioso Teologo della medesima Compagnia. Et ad un'altro Libriciuolo intitolato : Esame dell'Autorità, e vera intelligenza delle Testimonianze delli Scrittori Giesuiti allegate in prova del Fatto da'moderni Impugnatori de'Riti Cinesi. In Colonia, per il Berges, MDCCI, pet. in-8, pp. 352.

C'est la première partie de l'ouvrage.

— Il Disinganno contraposto Da un Religioso dell'Ordine de'Predicatori alla Difesa De'Missionarj Cinesi della Compagnia di Giesu. Et ad un'altro Libricciuolo intitolato : *L'Esame dell' Autorità*, &c. Parte Seconda. Conchiusione dell'Opera, e Discoprimento degl'Inganni Principali. In Colonia, per il Berges... MDCCI, pet. in-8, pp. 412 + 2 ff. n. ch. p. l'index.

Cet auteur dominicain est le P. Tabaglia. Cf. Quétif et Echard, *Script. Ord. Pred.*

— * L'inganno nascoto nel disinganno, e discopuerto da un Padre della Compagnia di Giesù, in risposta ad un libro intitolato : Il Disinganno, composto da un Religioso dell' Ordine de' Predicatori [*Maria Tabaglia*]. Parte prima, in cui se manifestano gl'inganni nelle false citazioni, e interpretazioni de' testi degli Autori Giesuiti. In Colonia, 1702, in-8, pp. 418, s. l. tab.

Suit : Catalogo degl' Inganni principali, contenuti nella prima parte del Disinganno; pp. 42 (Anon.) (de Backer).

— Riflessioni sopra alcvni testi Estratti da vn Libro intitolato *Innocentia victrix.* E mandati ad vn' amico Per Saggio delle falsità, e Calunnie contenute nel Libro del Disinganno. Lettera Prima. MDCCII, pet. in-8, pp. 74. — Ad un amico per compimento della risposta alla prima parte del Disinganno. Lettera seconda MDCCII, in-12, pp. 44.

(QUESTION DES RITES : 1700—1702.)

Une note manuscrite attribue cet ouvrage au P. Baldassare Montecatini. (De Backer, col. 1258.)

— Lettera prima all'autore del Disinganno soura l'essere ó nó basteuole à render idolatriche le Ceremonie Cinesi l'institutione diuina MDCCII, in-12, pp. 75.

— Lettera seconda all' autor del Disinganno soura le Falsità opposte si á Gesuiti, ma commesse dá loro Contradditori. In Colonia, MDCCII, in-12, pp. 71.

— Lettera terza . . . Disinganno sovra due questioni di fatto I. se i Padri Domenicani an mai permesse le ceremonie di Confusio men solenni. II. Se i Gesuiti an sempre vietate le solenni. MDCCII, in-12, pp. 68.

— Lettera quarta . . . Disinganno in risposta a gli argomenti da lui apposti alla sentenza de' Gesuiti sú gli articoli della causa Cinese. Colonia, MDCCII; in-12, pp. 56.

Une note manuscrit dit que c'est l'ouvrage du P. Gio. Battista de Benedictis.

— * Al molto Rever. Padre della Compagnia di Giesù autore della risposta alla Lettera scritta da un Religioso dell' Ordine de' Predicatori a PP. Gesuiti del Collegio di Pechino nella Cina. Muta fiant labia dolosa, quæ loquuntur adversùs justum iniquitatem in superbia, et in abusione. Psal. 30. v. 29. Tridenti. Superiorum permissu. MDCCII, pet. in-8, pp. 127, sans la préf. (Contre les Jésuites.)

A la fin, l'auteur anonyme promet un Appendice del Disinganno, che sara d'altra penna, e di vigore piu sensibile; il signe : l'Autore del Disinganno Febraro del 1702. Cet ouvrage forme 2 vol. (De Backer.)

— Monumenta Sinica cum Disquisitionibus criticis pro Vera Apologia Jesuitarum contra falsam Apologiam Dominicanorum, et Pro recto totius Causae Sinensis Judicio. Pars prima Historia, et Disqvisitio critica de tribus celeberrimis Conventibus in China habitis, Nempè Chiatinensi, Lankiensi, & Cantoniensi Authore quodam Societatis Jesu Theologo. Anno M.DCC, pet. in-8, pp. 389, sans le Testimonium du commencement, et l'index de la fin.

— Conformité ‖ des ‖ ceremonies ‖ chinoises ‖ avec ‖ l'idolatrie grecque ‖ et romaine. ‖ Pour servir de confirmation à l'Apologie ‖ des Dominicains Missionnaires ‖ de la Chine. ‖ Par un Religieux Docteur & Professeur ‖ en Theologie. ‖ A Cologne, ‖ chez les Héritiers de Corneille d'Egmond. ‖ M.DCC. Avec Approbation & Permission des Superieurs, in-12, pp. 10 n. ch. p. l. tit., etc. + 212.

Cet ouvrage est du P. Noel Alexandre, dominicain.

— Conformita delle Cerimonie Chinesi, colla idolatria greca, e romana. In conferma Dell'Apologia de Domenicani Missionarii della China. Opera Di vn Religioso Dottore, e Professore di Teologia. In Colonia, Appresso gl' Heredi di Cornelio d'Egmond 1700. pet. in-8, pp. 207.

— * Riflessioni sopra un Trattato, che hà per titolo : Conformità delle Ceremonie Cinesi coll' Idolatria greca e romana del Signor Amato Danio regio consigliere nel Real Consiglio di S. Chiara di Napoli. In Palermo, Agostino Epiro, 1701, in-12, pp. 132.

— Lettre de Mr. l'Abbé de Lionne, Evêque nommé de Rosalie, vicaire apostolique de Suchuen dans la Chine; a Monsieur Charmot, Directeur du Seminaire des Missions Etrangeres de Paris, A Canton. A present Procureur General en Cour de Rome des Missions des Evêques François dans les Indes. M.DCC. s. l. in-12, pp. 173 s. l'avis.

(Lettre du 14 Novembre 1693.)

— Lettre de Mr. l'Abbé de Lionne, Evêque nommé de Rosalie, vicaire apostolique de la Province de Suchuen dans la Chine; a Monsieur Charmot, Directeur du Seminaire des Missions Etrangeres de Paris, A Canton. A present Procureur General en Cour de Rome des Missions des Evêques François dans les Indes. M.DCC. s. l. in-12, pp. 257, s. l'avis.

C'est, comme le dit l'avis, une nouvelle édition. Il ne faut pas la confondre avec la précédente. Cette lettre peut servir de réponse au livre du P. Le Tellier : *La Défense des Nouveaux Chrétiens.*

— Copie d'une lettre de Monsieur Maigrot à Monsieur Charmot, du 11 janvier 1699 reçûë à Paris en Août 1700. Elle montre la fausseté de ce que le Pere le Comte a écrit touchant la Religion ancienne des Chinois. MDCC. in-12.

— Lettre de Monsieur Maigrot a Monsieur Charmot, du 11. Janvier 1699. Reçue à Paris en Aout 1700. Elle montre la faussetez de ce que le Pere le Comte a écrit touchant la Religion ancienne des Chinois. M.DCCI. pet. in-8, pp. 59.

A Foû tcheoû le 11 Janvier 1699.

— Lettera di Monsig. Maigrot, Vescovo Cononense, E Vicario Apostolico della Provincia di Fokien nella China al Signor Nicolo' Charmot Direttore del Seminario delle Missioni Straniere di Parigi, e Procurator Generale nella Corte di Roma de' Vescovi e Vicarj Apostolici Francesi dell' Indie Orientali. Tradotta dal Francese nell' Italiano. In Colonia, Appresso gli Eredi di

Cornelio d'Egmond. Con approvazione, e licenza de' Superiori. in-12, pp. 54 s. a.

(Lettera, Fou-tcheoum 11 Gennaro 1699.)

— Historia Cultus Sinensium, seu Varia Scripta de Cultibus Sinarum, inter Vicarios Apostolicos Gallos aliosque Missionarios, & Patres Societatis Jesu controversis, oblata Innocentio XII. Pontifici Maximo Et Sacrae Congregationi Eminentissimorum Cardinalium dirimendae huic Causae praepositorum : Adjuncta Appendice Scriptorum Patrum Societatis Jesu de eadem Controversia. Coloniae, M.DCC, in-8, pp. 676, sans les tables, etc.

Typographus lectori. — Emendanda.

Notae in Observationes à Reverendissimis Patribus Societatis Jesu, Sacrae Congregationi Sancti Officii exhibitas in mandatum illustrissimi ac Reverendissimi Domini Maigrot, Vicarii Apostolici Episcopi Cononensis electi, a Nicolao Charmot, Aliorumque Episcoporum ac Vicariorum Apostolicorum Gallorum Asiae Orientalis Procuratore Generali Sacrae Congregationi Sancti Officii. Oblatae die 29. mensis Julii 1698, p. 1.

Breve Sanctissimi Domini Nostri Innocentii PP. XII. Ad Reverendiss. Dom. Maigrot Vicarium Apostolicum electum Episcopum Cononensem, p 170.

Breves Notationes in praecipua loca observationum residualium Societatis Jesu contra Mandatum Reverend. Dom. Caroli Maigrot Vicarii Apostolici Provinciae Fokiensis Sinarum, & in Episcopum Cononensem nuper electi : a Nicolao Charmot ejusdem Reverendissimi Domini Maigrot aliorumque Episcoporum ac Vicariorum Apostolicorum Gallorum Procuratore Generali Sac. Cong. S. Officii oblatae, die 7. Mensis Octobris 1698, p. 177.

Dispunctio quorundam Locorum libelli supplicis, quem patres societatis summo Pontifici, super Rebus & Controversiis Sinensibus obtulerunt, velut compendiolum grandioris voluminis S. Congregationi Sancti Officii antea ab eis oblati : per Nicolaum Charmot Reverendissimi Domini Maigrot aliorumque Episcoporum ac Vicariorum Apostolicorum Gallorum Asiae Orientalis Procuratorem Generalem. Oblat. S. Cong. S. Officii die 22. Mensis Octobris 1698, p. 279.

Declaratio seu Mandatum provisionale illustrissimi ac Rev. Dom. Caroli Maigrot, Vicarii Apostolici Fokiensis, nunc Episcopi Cononensis, p. 332 (26 Mars 1693).

Pars Secunda (avec un titre spécial qui permet de relier l'ouvrage en deux volumes).

Ejusdem Rev. Dom. Caroli Maigrot, de facta pro Fokiensi Vicariatu circa nonnulos Sinicos usus declaratione, p. 339. (10 Nov. 1693.)

Epistola ill. ac Rev. Dom. C. Maigrot Vic. ap. Fokiensis nunc Episcopi Cononensis ad Innocentium XII, Summum Pontificem, p. 402. (10 Nov. 1693.)

Eadem Declaratio Ill. Dom. Mâigrot, publicata a Rev. Domino Joanne Basset Baccalaureo Sorbonico, Provicario Provinciae Kiansi Sinarum, p. 409. (Fu Cheu 30 Juin 1693.)

Epistolae Joannis Francisci Aleonessa, Ord. S. Francisci, p. 411. (Nanking, 11 Sept. 1693.) — Joannis Franc. Aleonessa, p. 416. (Nanking, 11 Sept. 1693.) — Philiberti Leblanc, p. 419. (4 Mai 1693.) — Salvatoris a Sancto Thoma, p. 421. (10 Avril 1693.) — Jacobi Tarin, p. 424. (24 juillet 1693.) — Lucae Thomas, p. 426. (16 Avril 1693.) — Lucae Thomas, p. 427. (6 Mai 1693.) — Ejusdem, p. 435. (23 Mai 1693.)

Sacrae Congregationi Sancti Officii pro Nicolao Charmot, Episcoporum ac Vic. Ap., aliorumque Miss. Gallorum Asiae Orientalis Procuratore Generali. Oblatum die 19 Martii 1697, p. 437.

Veritas facti circa quosdam Sinarum usus controversos, probata ex ipsis Scriptoribus Societatis Jesu, Juxta Decretum 3. Julii 1697. S. Congregationi Sancti Officii : pro Nicolao Charmot, Episcoporum . . . Oblat. die 6. Augusti 1697, p. 473.

Responsio ad Epistolam Rever. Patris Praepositi Generalis Soc. Jesu, scriptam ad Rev. Dom. Assessorem S. Officii. Sacrae Cong. S. Officii, pro Nic. Charmot, Episcoporum . . . Proc. Generali. Oblat. die 6 Augusti 1693, p. 505.

Sacrae Cong. S. Officii pro Nic. Charmot, Proc. Generali. Responsio ad Libellum Supplicem Reverendi admodum Patris Procuratoris Generalis Soc. Jesu. Oblata die 23 Septembris 1697, p. 520.

Varii Actus a Sinis in cultu Confucii Philosophi, & Progenitorum defunctorum fieri soliti, ob quos idem cultus Edicto provisionali Rev. Caroli Maigrot, Vic. Ap. Fokiensis prohibetur, unà cum aliis quibusdam ad eorumdem Sinarum Religionem, & doctrinam pertinentibus de quibus in eodem Edicto statuitur. Traditum Illustrissimo Domino Bernino Assessori die 31 Octob. 1697, p. 535.

Libellus supplex Rev. admodum Patris Proc. Gen. Soc. Jesu Sac. Congregationi S. Officii Oblatus die 2 Maii 1697, p. 545.

Alter Libellus supplex Proc. Gen. Soc. Jesu Societatis Jesu, oblatus die 12 Septembris 1697. Alla S. Congregatione del S. Officio Memoriale con riposta del Procurator generale della Comp. di Giesù, alle instanze fatte per Parte di Monsignor Carlo Maigrot, p. 548.

Epistola Thyrsi Gonzales, Praepositi Generalis Soc. Jesu, scripta ad Illust. & Rev. Dom. Berninum Assessorem S. Officii, die vigesima octava Junii 1697, p. 566.

Libellus Supplex, a Soc. Jesu, sanctissimo oblatus Mense Maio anni 1698. Super rebus & controversiis Sinensibus velut compendiolum grandioris voluminis Sacrae Cong. S. Officii antea exhibiti, pp. 573—676.

Index.

Typographus Lectori.

Le P. de Backer n'indique pas le dernier article (573/676) de cet ouvrage dans sa *Bibliothèque*, I, col. 1251.

— Continuatio Historiae Cultus Sinensium, seu varia scripta De Cultibus Sinarum, inter Vicarios Apostolicos Gallos aliosque Missionarios, & Patres Societatis Jesu controversis, oblata Innocentio XII. Pontifici maximo, Et Sacrae Congregationi Eminentissimorum Cardinalium dirimendae huic Causae praepositorum. Coloniae, M. DCC, pet. in-8, pp. 150 sans l'Index.

— De Ritibus Sinensium erga Confucium Philosophum, et Progenitores Mortuos Alexandri Papae VII. Decreto Permissis, Adversûs librum inscriptum, Historia Cultûs Sinensium, &c. Leodii M. DCC, pet. in-8, pp. 388 sans l'index.

— Idem. Leodii, & Venetiis. M. DCC, pet. in-8, pp. 612 sans l'index.

Ces deux éditions existent à la Bib. Sainte-Geneviève sous les Nos. H 2. 360 et H. 360.

— Ad virum nobilem de cultu Confucii Philosophi, et *progenitorum* apud Sinas, Cum facultate Superiorum. Dilingae, Sumpt. Joannis Caspari Bencard, Bibliopolae. Anno M DCC, in-12, pp. 66.

Bib. royale, Munich.

— Ad ‖ virum nobilem. ‖ De Cultu ‖ Confucii ‖ philosophi, ‖ et ‖ progenitorum ‖ apud Sinas. ‖ Leodii. M . DCC. in-12, pp. 47. — Leodii et Venetiis, 1700, in-12, pp. 70.

Cette lettre est du P. Jean Dez, S. J. Elle se trouve en français, avec réponse, dans : *Lettre d'un Docteur de l'ordre de S. Dominique* . . .

— Status quaestionis Romae nunc temporis habitae circa honores a Sinensibus exhibitos Confucio et progenitoribus fato functis. Accedunt Epistolae duae Praepositi, Directorum, Missionariorum Seminarii Parisiensis Missionum ad Exteros. Ad Innocentium XII. Pontificem Max. — Bruxellis, Apud Danielem Wattier viâ Chausseâ ad Insigne Spei. — M.DCC, pet. in-8 à 2 col., pp. 72 + 1 f. n. c. prél.

En français et en latin (ce dernier en italique) sur 2 col.

Bib. nat. $\frac{O^2n}{657}$

— * Raccolta di varie principali scritture de' Padri della Compagnia di Giesù, e de' Signori Missionarij del Clero Secolare di Francia, sopra la controversia delle idolatrie e superstizioni della China. Molte delle quali si danno in luce per la prima volta. In Colonia, 1700, in-8, pp. 240. (De Backer.)

— Lettre d'un docteur de Louvain, à un jeune seigneur flamant, Au sujet du different du Seminaire Etranger, & des Jesuites. A Bruxelles, 1700, in-12, pp. 132 + 1 f. prél. n. c.

Bib. nat. $\frac{O^2n}{669}$

— * Decretum Alexandri Papae VII de ritibus Sinensium permittendis. Mandatum Reverendissimi Domini Maigrot de iisdem prohibendis. Observationes in utrumque. Leodii, et Venetiis, 1700, in-12, pp. 612 s. l. t. (De Backer.)

Le mandement de M. Maigrot se trouve pp. 23 et seq.

— Apologia pro Decreto S. D. N. Alexandri VII. Et praxi Jesuitarum circa caerimonias, quibus Sinae Confucium & Progenitores mortuos colunt, ex patrum Dominicanorum & Franciscanorum scriptis concinnata. Lovanii, apud Aegidium Denique. M.DCC, in-8, pp. 94-35 s. l. préf., l'index et les addenda, pp. v-8.

— Prejugez ‖ legitimes ‖ en faveur ‖ du decret ‖ de N. S. Pere le Pape ‖ Alexandre VII. ‖ et de la ‖ pratique des Jesuites, ‖ au sujet ‖ des honneurs ‖ que les Chinois rendent ‖ a Confucius ‖ et ‖ a leurs ancestres. ‖ Tirez des Ecrits des Peres Domi- ‖ nicains, & des Peres Francis- ‖ cains, Missionnaires de la Chine. ‖ M. DCC. in-12, 12 ff. prél. n. ch. + pp. 95.

— Anciens ‖ Memoires ‖ de ‖ la Chine, ‖ touchant les honneurs ‖ que les Chinois rendent à ‖ Confucius & aux Morts. ‖ A Paris, ‖ Chez Nicolas Pepie, ruë S. Jacques; ‖ au grand S. Basile. ‖ — M DCC, ‖ Avec privilege dv Roy. in-12, 4 ff. n. c., p. l. tit., la tab., etc. + pp. 278 + 1 f. n. c. p. l'errat.

Table ‖ De Pieces contenuës dans ‖ ce Recueil. — I. Témoignage du R. P. Sarpetri, Dominicain, en faveur d'un Livre du P. Matthieu Ricci, Jesuite touchant le nom de Cham ti, & la Religion des anciens Chinois, page I. — II. Attestation du même, touchant l'usage des Ceremonies de la Chine. 4. — III. Lettre du même, à la Sacrée Congregation de la Propagande, sur les Controverses de Canton. 15. — IV. Traité du même pour justifier l'accord du R. P. Navarrette son Superieur avec les Jesuites. 41. — V. Lettre du R. P. Navarrette, Dominicain, au R. P. Oliva General de la Compagnie de Jesus, contenant l'eloge des Jesuites de la Chine & de leurs Missions. 144. — VI. Declaration du même, au nom de ses Confrères de la Chine, par laquelle il embrasse le sentiment & la pratique des Jesuites. 162. — VII. Articles d'une assemblée de Ham tcheou, produits & approuvés par le R. P. Navarrette. 166. — VIII. Réponse du R. P. de Govea, Vice-Provincial des Jesuites de la Chine, sur l'accord du R. P. Navarrette. 184. — IX. Declaration du R. P. Sarpetri, qui justifie cet accord par l'autorité d'une assemblée des Dominicains de la Chine, tenuë à Lanki. 194. — X. Extraits du second Tome du P. Navarrette sur les Controverses de la Chine. 159. 198. — XI. Réponses du R. P. de Paz, Dominicain, contenant le témoignage de plusieurs Dominicains de la Chine, sur les honneurs qu'on rend à Confucius. 204. — XII. Lettre du R. P. Gregoire Lopez, Dominicain, Chinois de nation, Evêque & Vicaire Apostolique, au P. Couplet, Jesuite. 216. — XIII. Lettre du même à N. S. P. le Pape Innocent XI. 222. — XIV. Lettre du même à Nosseigneurs les Cardinaux de la Propagande, sur les mauvais traitemens qu'il avoit souffert à Manille à l'occasion de son sentiment sur les Ceremonies de la Chine. 226. — XV. Extrait d'une Lettre du même, au R. P. General, de l'Ordre de S. Dominique, sur le même sujet. 144. — XVI. Extraits d'un Traité du même, touchant les Ceremonies de Confucius & des Ancestres. 248.

— De Sinensium ritibus politicis Acta. seu R. P. Francisci Brancati, Societatis Jesu, Apud Sinas per annos 34. Missionarii, Responsio Apologetica ad R. P. Dominicum Navarrette Ordinis Praedicatorum. Parisiis, Apud Nicolaum Pepie.... M.DCC. in-12, pp. 333 sans l'av., l'ind., etc.

— De Sinensium Ritibus politicis Acta seu R. P. Jacobi Le Favre Parisiensis è Societate Jesu Missionarii Sinensis. Dissertatio Theologico-historica de avita Sinarum pietate praesertim erga defunctos & eximia erga Confucium magistrum suum observantia. Lugduni & vaeneunt Parisiis apud Nicolaum Pepie, viâ Jacobaeâ, sub signo sancti Basilii. M. DCC. Cum privilegio Regis, pet. in-8, pp. 461 sans la Préf., etc., du commencement et l'Index de la fin.

Titre de la page 1 : R. Patris Jacobi Le Favre Missionarii Sinensis e Societate Jesu Compendiaria Responsio ad dubitationes a R. P. Fr. Dominico Navarette propositas seu Brevis Synopsis de Cultu Sinico Confucii ac Mortuorum.

On lit, p. 22, que cette dissertation a été écrite en 1668. — L'Approbation du Vice-Provincial Antoine de Govea est datée de Canton, le 4 Mars 1670.

Il y a dans la Préface une lettre (extrait) du Père le Faure (datée de Xam-hai [Chang-hai], 17 Août 1673). Cette préface donne des renseignements historiques sur ce Père qui est mort à Chang-hai le 28 janvier 1676.

— De Sinensium Ritibus politicis Acta seu R. P. Francisci Xaverii Philipucci Missionarii Sinensis è Societate Jesu, Praeludium ad plenam disquisitionem an bonâ vel malâ fide impugnentur opiniones & praxes Missionariorum Societatis Jesu in regno Sinarum ad cultum Confucii & defunctorum pertinentes. Lugduni & vaeneunt. Parisiis apud Nicolaum Pepie .... M. DCC, in-8, pp. 155 s. l'ind.

Scriptum anno 1682.

— R. P. Prosperi Intorcetta Societatis Jesu

Missionarii Sinensis Testimonium de cultu Sinensi, Datum anno 1668. Lugduni & vaeneunt, Parisiis apud Nicolaum Pepie.. M. DCC, pet. in-8, pp. 318 sans l'index.

— * Reverendi Patris Joannis Dominici Gabiani Missionarii Sinensis è Soc. Jesu Vice-Provincialis Vice-Provinciae Sinicae Dissertatio apologetica scripta anno 1680 de Sinensium ritibus politicis. Leodii, apud Gugliemum Henricum Streel, 1700, in-12, pp. 77. (De Backer, 1992.)

— Lettre a Monseigneur le Duc du Mayne sur les Ceremonies de la Chine. M. DCC, pet. in-8 de pp. 111 avec une addition de 2 pages. s. l. ni indication de libraire.

Le P. de Backer cite : « Lettre à Monseigneur le Duc du Maine sur les cérémonies de la Chine, pet. in-8, pp. 213, sans date, sans nom de ville et d'imprimeur » et plus loin il indique le « Mémoire des ecrits presentez à Rome » comme imprimé à la suite de cette lettre. Il a sans doute confondu la lettre au Duc du Maine avec celle des Missions étrangères, s. l. n. d., in-12, pp. 213 que nous citons plus loin.

— * Lettre a Monseigneur le Duc du Mayne sur les Ceremonies de la Chine. A Liége, chez Guillaume Henry Streel, 1700, in-12, pp. 102. (De Backer, 1349.)

— Des ‖ Ceremonies ‖ de la Chine. ‖ Par le R. P. Louis le ‖ Comte, de la Compa- ‖ gnie de Jesus, Confesseur ‖ de Madame la Duchesse de ‖ Bourgogne. ‖ A Liege, ‖ chez Daniel Moumal . . . ‖ M.D.CC, in-12, 1 f. n. ch. p. l'avertissement au Lecteur + pp. 183.

Cet ouvrage est écrit sous la forme d'une « Lettre à Monseigneur le Duc du Maine ; sur les Cérémonies de la Chine ».

On a ajouté 1 f. *Addition* en réponse à *Status quaestionis Romae*.

— Même Titre. A Liege, Chez Daniel Moumal, M.D.CC, in-12, pp. 136 sans l'av.

— * Même Titre. Suivant la copie imprimée à Liége. A Anvers, chez Henry Thieullier, 1700, in-16, pp. 102. (De Backer, 1350.)

— Lettera ‖ al serenissimo ‖ Duca del Maine, ‖ intorno alle cerimonie ‖ della Cina. ‖ Scritta dal Padre Luigi le Comte, ‖ della Compagnia di Giesù ‖ Missionario Cinese. ‖ — M DCC, in-12, pp. 139 + pp. 2 n. c. p. l'addizione.

Traduction du P. Carlo Giacinto Ferrero. (De Backer, 1350.)

— Lettre de Messieurs des Missions etrangeres au Pape, sur les idolatries et les superstitions chinoises. Br. in-4, s. l. n. d., pp. 99.

A la fin, p. 99 : A Paris ce 20 Avril 1700. [Archives du Dépt. des aff. étrangères.]

— Lettre de Messieurs des Missions etrangeres au Pape, sur les idolatries et les superstitions chinoises. In-4, s. l. n. d., pp. 137.

— Lettre de Messieurs des Missions étrangères au Pape, sur les idolatries et sur les superstitions chinoises. A Cologne, M.DCC. In-12, pp. 235.

— Lettre de Messieurs des Missions étrangères au Pape, sur les idolatries et sur les superstitions chinoises. s. l. n. d. in-12, pp. 213 avec Frontispice gravé.

Cette lettre est datée « A Paris ce 10 Avril 1700 ». A la suite pp. 124/128, on trouve la « Revocation de l'Approbation donnée en 1687 par M. l'Abbé de Brisacier, supérieur du Seminaire des Missions étrangères, au Livre : De la Défense des Nouveaux Chrestiens, & des Missionnaires de la Chine, par le R. P. le Tellier Jesuite ». Cette révocation est datée « A Paris ce 20 Avril 1700 ». — Pp. 129/169, « Estat de la Question qui se traite presentement [fin 1699] à Rome, sur les honneurs que les Chinois rendent à Confucius et à leurs Ancêtres Morts — ». Pp 171/213, Addition à la lettre au Pape. — Errata.

Pp. 208/213 on a inséré « *Mémoire des écrits presentés à Rome, sur les Idolatries, & sur les Superstitions Chinoises* ».

« En 1696. M. Quemener, à present Evêque de Sura, presenta à Rome le Mandement de M. Maigrot, accompagné d'une Requête, pour demander que le Saint Siege reglât ce qu'il luy plairoit sur ce Mandement.

Le 19. Mars 1697. M. Charmot donna à la sacrée Congregation du Saint Office un Memoire, où il exposoit les raisons qui devoient presser les Cardinaux, de s'appliquer à l'examen & au jugement de cette affaire.

Le second jour de May de la même année, le Procureur General de la Société, donna une Supplique, où il demandoit que les Jesuites fussent reçûs à s'opposer à la confirmation du Mandement; & qu'on leur communiquât toutes les pieces, qui jusqu'alors avoient été produites.

Le 28. de Juin suivant, le Général de la Compagnie de Jesus écrivit à l'Assesseur du Saint Office qu'on luy avoit communiqué les écrits produits par M. Charmot, qu'il chargeroit un de ces Pères d'y répondre, mais qu'il falloit du temps pour cela.

Le 3. Juillet de la même année, la Sacrée Congregation ordonna à M. Charmot, de faire le Traité intitulé, la Vérité du Fait, *Veritas facti*, prouvée par les Auteurs de la Compagnie.

Le 6. Aoust suivant, M. Charmot presenta une Réponse à la Lettre du Pere General, & le Traité, *Veritas Facti*.

Le 12. Septembre de la même année, le Procureur General de la Société, donna une autre Supplique, où, après avoir marqué qu'il avoit lû les deux derniers Ecrits de M. Charmot, il demandoit du temps pour répondre plus amplement.

Le 23. du même mois, M. Charmot donna une Réponse à cette Supplique du Procureur General de la Société.

Quelque temps après, le Pere Dez presenta un grand Traité de quatre-cens pages intitulé, Observations sur le Mandement. *Observationes in Mandatum*, &c.

Le 29. Juillet 1698. M. Charmot répondit aux Observations du P. Dez, par son traité intitulé, Remarques sur les Observations, *Notae in Observationes*, &c.

A la fin du mois d'Aoust de la même année, fut mise entre les mains de l'Assesseur du Saint Office, une Supplique de plus de cent pages du Pere Dez au Pape. *Libellus Supplex*, &c., où il parloit sur tous les points du Mandement. Comme il étoit important pour les Jésuites, de faire croire que cette piece avoit été faite avant qu'ils eussent lû les derniers écrits qu'on avoit fournis contr'eux, quoyqu'elle ne parut qu'à la fin du mois d'Aoust, ils la datterent du mois de May.

Vers ce temps-là, le Pere Dez donna un nouveau Traité de plus de deux cens pages, intitulé, Reste des Observations. *Observationes Residuales*, &c., avec deux autres pièces qui y étoient attachées; l'une sur les Livres de la Chine; l'autre sur la Lettre que M. Maigrot avoit écrite au Pape, pour accompagner le Mandement.

Le 7. Octobre 1698. M. Charmot répondit à ce dernier Traité du Pere Dez, par celuy qu'il intitula, Courtes Remarques, *Breves Notationes*, &c.

Le 22. du même mois, M. Charmot répondit à la Supplique du Pere Dez, par un écrit intitulé Refutation, &c. *Disjunctio*, &c.

Quelques mois après, les Jesuites, pour rendre leurs repetitions moins ennuyeuses, changerent de Langue, & presenterent en Italien un nouveau Traité, qu'ils intitulèrent : *Eclaircissement pour la Compagnie de Jesus sur les usages de la Chine*.

Monsieur Charmot y répondit par un Traité qu'il appela, la Défense de ses Ecrits, *Vindiciae Scriptorum*, &c.

Dans l'espace de deux mois, les Jesuites donnerent encore en Italien quatre autres Traitez, dont voicy les dates et les titres. Le 23. Aoust 1699. *Notizie intorno all'uso delle voci Cinesi* TIEN COELUM & XAMTI ALTI DOMINUS *o'vero* SUPREMUS IMPERATOR. Le lendemain : *Notizie circa l'uso delle Tabelle colle parole Cinesi* KING-TIEN COELUM COLITO, Le 16. Septembre de la même année *Ristretto delle Notizie circa l'uso della voce Cinese* XAMTI *Che significa* SUPREMUS IMPERATOR *o vero Alti Dominus; & della voce* TIEN *che significa Cœlum.* Le 26 du même mois : *Breve Ristretto delle Notizie già dedotte circa l'uso delle Tabelle colle parole Cinesi* KING-TIEN; COELUM COLITO.

Le 16 Novembre suivant M. Charmot répondit tout à la fois à ces quatre Traitez, par un écrit qu'il intitula Secondes Défenses; *Secunda Vindiciae*, &c.

La Congrégation reduisit tout ce qui avoit été produit de part & d'autre en une espèce de Sommaire, qu'elle intitula, Questions de la Chine à proposer : *Sinarum Quaesita proponenda*, &c., & qu'elle mit entre les mains des Qualificateurs.

Les Jesuites entreprirent de combattre l'exposition que les Cardinaux avoient faite; premierement par un écrit qui avoit pour titre, Instruction & Supplique des Pères de la Compagnie de Jesus; *Informationi e Suppliche*. En second lieu par un Traité qu'ils intitulerent: Exposition du fait : *Expositio facti*, &c.

Par des lettres datées de Rome du 15. juin de cette année, on apprend que les Jesuites avoient presenté depuis peu, six autres Traitez des Pères Brancati, le Favre, Intorcetta, Philippucci, Dez, & le Comte.»

Le *Mémoire* se termine ici et l'*Addition à la Lettre au Pape* finit le volume de la manière suivante :

«Si on ajoûte à tout cela les Informations que le Pere Martini avoit données à Rome en 1656, & où il n'avoit rien omis de ce qui etoit favorable à son sujet : Si on ajoûte aussi la multitude des autres ouvrages qu'ils ont publiez en France depuis quinze ans, on verra s'ils ont raison de repeter sans cesse qu'on ne leur donne pas le temps de se défendre, qu'ils apprennent par la Hollande les écrits qu'on produit contre eux à Rome; que si on a continué d'en user ainsi, ils auront droit de dire, qu'ils n'ont pas été écoutez : & le Public jugera par là quelle créance on doit donner à des gens qui parlent et qui écrivent ainsi.»

Le Père de Backer reproduit ce Mémoire dans sa *Bibliothèque*, I, Col. 1249/1250, mais c'est sans doute par erreur qu'il dit que ce document se trouve à la suite de la *Lettre à Mgr. Duc du Maine*.

L'Ordonnance de M. Maigrot, Vicaire apostolique du Fokien, est imprimée, pp. 141/151, dans l'*Estat de la Question*.... Elle est datée de «la ville de Chang Lo de la Province de Fokien, le vingt-sixième jour de Mars de l'année 1693».

— * Lettera de' Signori Superiore, e Direttore del Seminario delle Missioni Straniere di Parigi. Al sommo Pontefice Innocenzio XII. Intorno alle idolatrie e superstizioni della China, in-8, pp. 107. (De Backer.)

— Controversies of the Missions in China. 1693.

Ms. British Museum, Coll. Egerton No. 2212. Acheté chez Sotheby, Vente de Janv. Février 1873. — Contient des copies en latin des lettres de Maigrot, de sa Déclaration, etc., etc.

— Memorie istoriche Della Controversia de' Cultu Chinesi; Lettera De' Signori Superiore e Direttori del Seminario delle Missioni Straniere di Parigi, Al Sommo Pontefice Innocenzio XII. Intorno all' Idolatrie e Superstizioni della China, In Italiano e in Francese; Due Pareri Di cento venti Dottori dell' Università di Parigi; con una raccolta di varie principali Scritture de' Padri della Compagnia di Giesù, e de' Signori Missionarj del Clero Secolare di Francia, sopra la medesima Controversia, molte delle quali si danno in luce per la prima volta. In Colonia, M. DCC, in-12, pp. 20-107-72-40-240.

Les 240 dernières pages comprennent : Raccolta di varie principali scritture... avec un titre spécial. In Colonia, M. DCC.

— Nota ‖ d' alcuni fatti, ‖ Che si affermano

dagl' Im- ‖ pugnatori di tutti i Riti ‖ Cinesi, mà si niegano da i ‖ Difensori di molti di detti ‖ Riti. ‖ s. l. n. d., pièce in-8, pp. 24.

Après les *Memorie istoriche*... Par les PP. Antoine Baldigiani et Jean François Malatra, dit Sommervogel (*Dict. des Anon.*, col. 624), qui marque pp. 56.

— Réponse a la lettre de Messieurs des Missions étrangeres, au Pape, sur les ceremonies chinoises, s. l. n. d., in-4, pp. 123.

Réimp. dans l'*Hist. ecclésiast.* de Dupin, IV, p. 207.

— Réponse à la lettre de Messieurs des Missions étrangères au Pape sur les Cérémonies chinoises. Troisieme Edition Augmentée de quelques reflexions generales & d'une lettre à Mr. . . . Docteur de Sorbonne au sujet de la révocation faite par Mr. Brisacier. M. DCC, in-12.

Réflexions générales sur la lettre, pp. 1/21.

Réponse, pp. 1/157.

Réponse à l'Addition, pp. 158/172.

Lettre à Monsieur ** Docteur de Sorbonne, pp. 1/63.

L'approbation de M. Brisacier est du 28 Novembre 1687, la révocation du 20 Avril 1700. — Jacques-Charles de Brisacier, de Blois, Supérieur du Séminaire des Missions étrangères, est mort le 23 mars 1736, à 94 ans.

— Lettre de M. Louis de Cicé, nommé par le S. Siege à l'evéché de Sabula, et au Vicariat apostolique de Siam, du Japon, &c. Aux RR. PP. Jesuites sur les Idolatries et sur les Superstitions de la Chine, in-12, pp. 70, s. l. n. d.

Datée de Paris, 15 d'Aoust 1700.

En réponse à la «Reponse des Jesuites à la lettre de Messieurs des Missions étrangères au Pape».

De Backer cite la même : pp. 31, in-4.

— Lettera di Monsignor Luigi de Cicé Nominato dalla S. Sede al Vescovado di Sabula, ed al Vicariato Apostolico di Siam, del Giappone, &c. a i RR. Padri Giesuiti sulle idolatrie, e superstizioni della China. in-8, pp. 37 avec 1 Pl.

British Museum, $\frac{4765. a}{6}$

— Lettere ‖ ad un' abate di qualita' ‖ Intorno alla materia d' uno ‖ Scritto intitolato, ‖ Lettera di Monsign. Luigi di Cicè, ‖ nominato dalla Santa Sede al Ve- ‖ scovado di Sabula, &c. A i RR. ‖ Padri Gesuiti sulle idolatrie, e su- ‖ perstizioni della Cina. ‖ In Colonia MDCCI. ‖ — Con Licenza de' Superiori. Pet. in-8, pp. 124.

Il y a deux de ces lettres dont la première seule est datée [12 sept 1700] et que le P. Brucker me dit avoir vue à la suite de *Dimostrazione della Giustizia de' Gesuiti*.

— Histoire apologetique de la conduite des Jesuites de la Chine, adressée à Messieurs des Missions etrangeres. M. DCC, in-12, pp. 130 sans l'avert. qui contient une réplique à l'écrit de M. de Cicé contre «la

Réponse que les Jesuites ont faite à la Lettre de Messieurs des Missions Etrangères sur les Idolatries chinoises ».

— Ibid., in-12, pp. 83, sans l'avis.

Cet ouvrage est du P. Gab. Daniel. (Barbier, *Anon.*, II, col. 642/3.)

— Ibid., in-12, pp. 168, avert. (pp. 3/6) compris.

Voir pp. 135/168 : Parallèle des Propositions du P. Le Comte, avec quelques autres Propositions, adressé à Monsieur le Syndic de la Faculté de Théologie de Paris. — P. 168, sig. : V. A. H. L. C.

— Remontrance charitable a M. Louis de Cicé nommé à l'Evéché de Sabula & au Vicariat Apostolique de Siam, du Jappon, &c. avec quelques Reflexions sur la *Censure* de l'Assemblée du Clergé. A Cologne, chez Pierre Marteau, M.DCC, in-12, pp. 44.

— Reflexions generales sur la lettre qui paroît sous le nom de Messieurs du Seminaire des Missions Etrangères, touchant les Cérémonies chinoises. M.DCC, pet. in-8, pp. 19.

De Backer cite, col. 1256, une 2e éd. : M.DCC, in-12, sans autre indication, pp. 21.

— Lettre à Monsieur ** Touchant les honneurs que les Chinois rendent au Philosophe Confucius & à leurs ancêtres, pp. 1/103.

— Seconde lettre sur le même sujet avec le décret d'Alexandre VII (23 mars 1656), pp. 103/151.

— Lettre du Roy de Portugal au Cardinal Barberin Protecteur de cette couronne (à Lisbonne le 31 d'Aoust 1699), pp. 151/156.

A la suite de la *Relation* de Ghirardini, 1700.

— Ibidem, M.DCC. s. l., in-12, pp. 116.

— Lettre à Monsieur ** Docteur de Sorbonne. Au sujet de la Révocation faite par M. l'abbé de Brisacier de son Approbation donnée en 1687, au Livre intitulé, *Défense des nouveaux Chrestiens & des Missionnaires de la Chine*, &c. MDCC, s. l., in-12, pp. 58.

— Recueil des Pieces des Differens de Messieurs des Missions etrangeres, et des religieux de l'ordre de S. Dominique, touchant le culte qu'on rend à la Chine au Philosophe Confucius. A Cologne, chez Jean le Sincere. MDCC. in-12.

— Relation de ce qui s'est passé à la Chine en 1697. 1698. & 1699. à l'occasion d'un établissement que M. l'abbé de Lyonne a fait à *Nien-Tcheou*, Ville de la Province de *Tche-kiang*. A Liege, Chez Daniel Moumal, Marchand Libraire, proche l'Eglise de Saint Lambert. M.DCC. in-12 de pp. 44.

(QUESTION DES RITES : 1700.)

« On m'a assuré que le R. Pere de Fontaney, Superieur des Jesuites François de la Chine en etoit l'auteur . . . » (Avert.)

Suivie pp. 42/44 de : Lettre ecrite à Monsieur le Baron de . . . à Liège. A Fontainebleau le 12. de Novembre 1700.

— Lettre a Madame de Lionne, sur le libelle des Jesuites, Contre M. l'Evêque de Rosalie, son fils. A Rome, ce 10 février 1701. In-12, pp. 84.

Les lettres suivantes sont imprimées dans ce volume :

Lettre de M. l'Abbé de Lionne, evêque de Rosalie, au P. Grimaldi Jesuite, Ecrite de Nanquin, le troisième de février 1699, pp. 18/22.

Lettre de M. l'Abbé de Lionne, evêque de Rosalie, aux Jesuites François, Missionnaires dans la Chine, Ecrite de Nanquin, le septième de Janvier 1699, pp. 23/34.

Lettre de M. l'Eveque d'Argoli au Rev. Pere Grimaldi Jesuite, pp. 36/40 (A Nanquin, 4 Janv. 1699.)

Lettre du Même aux RR. PP. Jesuites François Miss. dans la Chine, pp. 41/51. (A Kiang-Ning, le sixième Janvier 1699.)

Le texte italien de la première lettre de l'évêque d'Argoli est donné, pp. 73/76 ; le texte latin de la seconde, pp. 77/84 de cette brochure.

— * Lettre de Madame de Lionne aux Jésuites. *A la fin* : Paris, 23 Avril, 1701, in-12, pp. 36, sans autre indication. (De Backer.)

— Lettre à Messieurs des Missions etrangeres, sur celle qu'ils ont écrite à Madame de Lionne. M.DCCI. In-12, pp. 68.

— * L'Apoteosi Melchiorrica fatto curioso avvenuto in Recanati nell'Ottobre del 1700 colla giunta d'una risposta alla Lettera di Madama di Lionne, s. l. et a., in-12, pp. 15.

Une note mss. attribue cette satire sanglante au P. Laurent Sardi. (De Backer, 1257.)

— Acta ‖ Cantoniensia authentica. ‖ In quibus ‖ Praxis Missionariorum Sinensium So- ‖ cietatis Jesu circa ritus Sinenses ap- ‖ probata est communi consensu ‖ Patrum Dominicanorum, & Je- ‖ suitarum, qui erant in Chi- ‖ na; atque illorum sub- ‖ scriptione firmata. ‖ Nunc primùm prodeunt transmissa ex ‖ Archivio Romano Societatis Jesu, ‖ cum accessione Epistolae ‖ D. Ludovici de Cicé ‖ E Seminario Gallicano Parisiis pro Mis- ‖ sionibus exteris constituto, nunc Episcopi ‖ Sabulensis, & Vicarii Apostolici in ‖ Regno Siami, testantis eamdem pra- ‖ xim sibi, dum in China versa- ‖ retur, probatam fuisse. ‖ Anno MDCC. in-8, pp. 106 + 6 ff. n. ch.

— Epistola R. Patris Jacobi Tarin Commissarii Provincialis S. Francisci in China, Omnium Missionariorum Franciscanorum in hoc Regno Superioris. Scripta 4. Decembris anni 1701. ad Episcopum Rosaliensem. Pièce in-4, s. l. n. d., de 2 ff. in-4.

Lettre datée Canton de l'Eglise de St. François, 4 déc. 1701.

Bib. nat. $\frac{O^2n}{407}$

(QUESTION DES RITES : 1700—1.)

— Estratto ‖ del ‖ Trattato ‖ composto ‖ Dal Reverendissimo Padre ‖ Fr. Francesco ‖ Varo ‖ Dell' Ordine de' Predicatori. ‖ Vicario Apostolico, e Vescouo ‖ nominato di Canton. ‖ Circa il Culto, Offerte, Riti, e ‖ Cerimonie, che pratticano i Chi- ‖ nesi in honore del loro Mae- ‖ stro Confusio, e Progeni- ‖ tori defonti. ‖ In Colonia, MDCC. in-12, 6 ff. n. ch. p. l. tit., tab., etc. + pp. 533.

Voir Abel Rémusat, *Mél. As.*, II, pp. 108 et seqq.

— Breuis Relatio eorū, ‖ quae spectant ad Declaratio ‖ nem Sinarū Imperatoris ‖ Kam

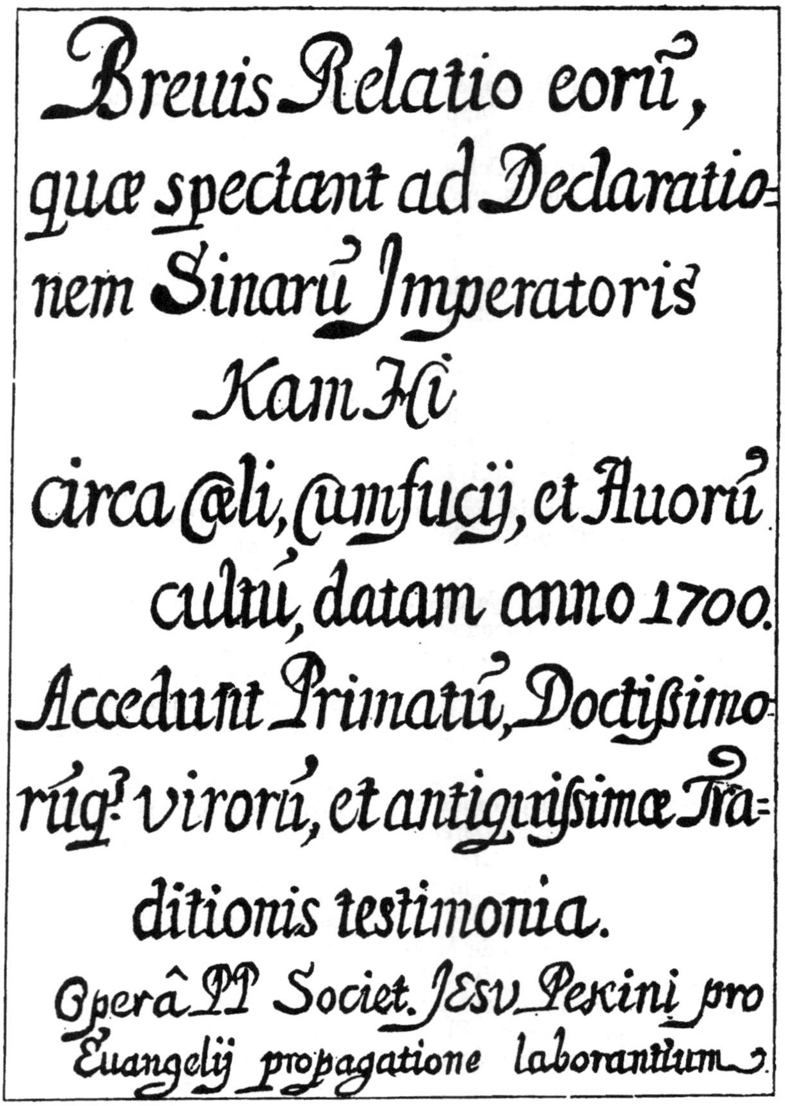
Breuis Relatio eorū,
quæ spectant ad Declaratio=
nem Sinarū Imperatoris
Kam Hi
circa Cœli, Cumfucij, et Auorū
cultū, datam anno 1700.
Accedunt Primatū, Doctissimo=
rūq. virorū, et antiquissimæ Tra=
ditionis testimonia.
Operâ PP Societ. JESV Pekini pro
Euangelij propagatione laborantium.

Hi ‖ circa Cœli, Cumfucij, et Auorū ‖ cultú, datam anno 1700. ‖ Accedunt Primatú, Doctissimo ‖ rúq'. virorú, et antiquissimae Tra ‖ ditionis testimonia. ‖ Operâ PP. Societ. Jesu Pekini pro ‖ Euangelij propagatione laborantium. ‖ In-8, de 61 feuillets doubles, pliés à la manière chinoise, numérotés avec des caractères chinois. — Imprimé avec des caractères en bois.

Nous reproduisons ce titre.

On lit à la dernière page (verso du f. 61) :

Cui Protestationi subscribimus Pekini 29 Julij anni 1701. — Antonius Thomas vice Proulis Sinensis. — Philippus Grimaldi

(Question des Rites : 1700.)

(Question des Rites : 1700.)

Rector Pekinensis. — Thomas Pereyra. — Joannes Francs Gerbillon. — Josephus Suarez. — Joachimus Bouvet. — Kilianus Stumpf. — J. Baptista Regis. — Ludovicus Pernoti. — Dominicus Parrenin. — Omnes et Socte Jesu Sacerdotes.

Voir le fac-similé.

Bib. nat., Fonds Chinois nº 925 et $\frac{0^{2}n}{701}$. — Vend. : Regnauld-Bretel, 60 fr. ; Libri, *Choicer Portion*, nº 625, 1 liv. 2 s. ; Thonnelier (457), 56 fr.

Cet ouvrage a été réimprimé en Europe, sans les caractères chinois et mandchous :

— Brevis relatio eorum, ‖ quae spectant ad declarationem ‖ sinarum imperatoris ‖ Kam-hi ‖ circa Cœli, Cumfucii, ‖ et avorum cultum, ‖ Datam Anno 1700. ‖ Accedunt Primatûm, Doctissi- ‖ morúmque Virorum, & Anti- ‖ quissimae Traditionis Testimonia. ‖ Operâ P. P. Soc. Jesu, ‖ Pekini ‖ pro Evangelij Propagatione ‖ Laborantium. ‖ Juxta Exemplar impressum Cantone ex Peckinensi. ‖ Permissu Superiorum. ‖ Augustae Vindelicorum, & Dilingae, ‖ Typis & Sumptibus Joannis Caspari Bencard, ‖ Bibliopolae. ‖ Anno M DCC III, pet. in-8°, pp. 85.

Le R. P. Sommervogel, VII, p. 1979, donne la note suivante : « Le P. Martinov, S. J., a vu, m'écrit-il en 1891, une traduction russe manuscrite de cet ouvrage, composée vers 1712. A la fin, on a ajouté une notice sur l'Empereur. »

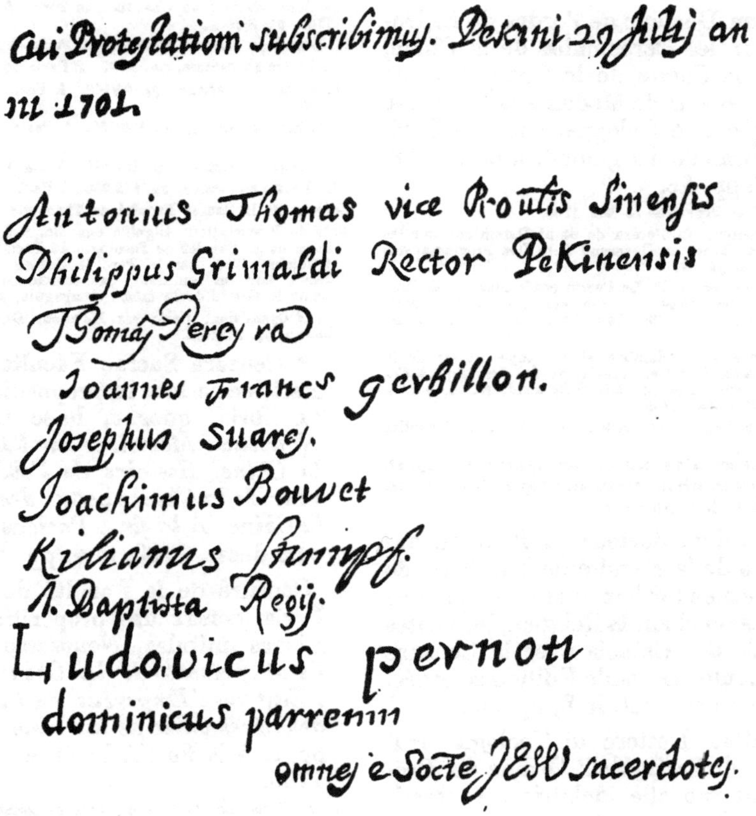
Cui Protestationi subscribimus. Pekini 29 Julij anni 1701.
Antonius Thomas vice Provlis Sinensis
Philippus Grimaldi Rector Pekinensis
Thomas Pereyra
Joannes Francs gerbillon.
Josephus Suarez.
Joachimus Bouvet
Kilianus Stumpf.
J. Baptista Regis.
Ludovicus pernoti
dominicus parrenin
omnes e Socte JESU sacerdotes.

— Une Pièce in-4 sans titre de 4 pages (2 feuillets) comprenant IV paragraphes : « A Paris, Chez Louis Josse Imprimeur de son Eminence Monseigneur le Cardinal de Noailles, Archevesque de Paris. 1700. »

— Informatio antiquissima de praxi missionariorum Sinensium Societatis Jesu, circa ritus Sinenses, data in China, jam ab annis 1636. & 1640. à P. Francisco Furtado antiquo Missionario, & Vice-Provinciali Sinensi ejusdem Societatis. Lugduni & Vœneunt Parisiis Apud Nicolaum Pepie... M. DCC. in-8, pp. 18—52 s. les ind., &c., contient :

Epistola Patris Francisci Furtado Vice-Provincialis Sinensis die 10 novembris, anno 1636, scripta admodum Reverendo in Christo Patri P. Mutio Vitelleschi Praeposito Generali Societatis Jesu. s. l. et a. pp. 18 s. l. tab.

Responsio Patris Francisci Furtado Vice-Provincialis Sinensis Societatis Jesu, ad duodecim quaestiones à P. F. Joanne Baptista de Morales ordinis S. Dominici Manilensi propositas Patribus Societatis Jesu laborantibus in praedicatione Sancti Evangolii in Imperio Sinarum, anno 1640, in-8, pp. 52, s. l. tab. et les notes. Cet écrit est daté : In Regno Chinae, 8 Feb. 1640. — Il est dirigé ainsi que le précédent surtout contre Mr. Maigrot.

« Cet écrit est daté : *in Regno Chinae, 8 Febr. 1610* [sic]. L'éditeur dit à la p. 4 du 1er écrit : « Authenticum originale . . . extat

Romae in Archivio Societatis, manu Authoris subscriptum : idque duplex ; unum quidem sub titulo Epistolae . . . lusitanicè scriptae : alterum verò maius sub titulo responsi ad duodecim quaestiones . . . dati idiomate Hispanico. » Ces deux écrits sont surtout dirigés contre Mr Maigrot ; celui-ci donne à l'auteur le nom de *Hurtado* et lui fait dire ce qu'il n'a jamais dit. » (Sommervogel.)

— Ulterior Expositio, et informatio de factis sinensibus controversis, secundùm PP. Societatis Jesu, Adversùs novam allegationem Textuum Sinicorum Factam praesertim ex Tractatibus PP. FF. Dominici Navarrete, & Francisci Varo Dominicanorum, &c. Anno M.DCC. pet. in-8, pp. 338 sans l'index qui est considérable.

— Lettre d'un Docteur de l'ordre de S. Dominique sur les Ceremonies de la Chine, au R. P. Le Comte de la Compagnie de Jesus, Confesseur de Madame la Duchesse de Bourgogne. A Cologne, chez les Héritiers de Corneille d'Egmond. M.DCC. in-12, pp. 89 s. l'app. &c.

App. Liege 20 Mai et Bruxelles 14 Mai 1700.

II. Lettre d'un Docteur de l'ordre de Saint Dominique sur les Ceremonies de la Chine, au Reverend Pere Dez Provincial des Jesuites, s. l. n. d. pp. 37.

III. Lettre du même au R. P. Le Comte confesseur de Madame la Duchesse de Bourgogne sur son système de l'ancienne Religion de la Chine. Pp. 29. App. Bruxelles, le 4 de juillet 1700. s. l. n. d.

IV. Lettre du même sur l'idolatrie et les superstitions de la Chine, au Reverend Pere Dez Provincial des Jesuites. A Cologne, chez les Héritiers de Corneille d'Egmond. MDCC, pp. 18. App. Bruxelles 26 juillet 1700.

V. Lettre du même au même. MDCC, pp. 47. App. Bruxelles 10 Août 1700.

VI. Lettre du même au même. MDCC, avec Approbations, pp. 22.

VII. Lettre du même au même. MDCC, avec Approbations, pp. 24.

Ces lettres sont du P. Noel Alexandre.

— Six lettres d'un docteur ou Relation des Assemblées de la Faculté de Théologie de Paris, tenues en Sorbonne sur les opinions des Jésuites touchant la Religion, les Cultes & la Morale des Chinois avec la Censure de cette Faculté. Seconde Edition corrigée. A Cologne. MDCCI. pet. in-8, pp. 304.

— Lettere d'un Dottore di Teologia dell' Universita' di Parigi dell' Ordine de' Predicatori, intorno alle idolatrie e superstizioni della China. In Colonia, Appresso gli Eredi di Cornelio d'Egmond. M.DCC. pet. in-8.

Trad. des sept lettres françaises du Dr. de St. Dominique.

— L'enterrement de Confucius, Réitéré le 19. Octobre 1700. A***. Pièce in-4, s. l. n. d., de 2 ff. dont le 1er porte seulement au recto le titre ut supra.

Bib. nat. O²n 397

— * Dimostrazione della Giustizia de' Gesuiti nella causa Cinese, consistente in cento ragioni trà generali, et particolari, apposte partitamente à tredeci Punti, in cui tutta se ne divide la materia. In Colonia, (Roma) 1701, in-12, pp. 118 sans la tab., sans nom d'imp.

C'est l'ouvrage du P. J. B. de Benedictis. (De Backer.)

— Journal historique des Assemblées, tenue en Sorbonne, Pour condamner *les Memoires de la Chine*, &c. M. DCCI, in-12, pp. 282 s. l. p. [Par le P. Jacques Philippe Lallemant, de la Compagnie de Jésus.]

Preface.

Liste des Docteurs, qui parlent, ou dont il est parlé dans ce Journal historique, pp. 3/8.

Premiere Lettre a un Chanoine de M***. A Paris ce 22. d'Aoust 1700, pp. 9/38.

II. Lettre au mesme, pp. 39/65. A Paris ce 29. d'Aoust 1700.

III. Lettre au mesme, pp. 66/97. A Paris ce 3. de Septembre 1700.

IV. Lettre au mesme, pp. 98/140. A Paris ce 13. de Septembre 1700.

V. Lettre au mesme, pp. 139/180. A Paris, ce premier d'Octobre 1700.

VI. Lettre au mesme, pp. 181/212. A Paris, ce 14. Octobre 1700.

VII. Lettre au mesme, pp. 213/260. A Paris, ce 24. d'Octobre 1700.

Censure de la Sacrée Faculté de Théologie, pp. 261/270.

Acte de Protestation. Signifié aux Sieurs Syndic, Doyen & Docteurs de la Faculté de Theologie de Paris, le dix-huitième jour d'Octobre 1700, par le Pere le Gobien de la Compagnie de Jesus, tant en son nom, que comme se faisant fort du Pere Louis le Comte de la même Compagnie, pp. 271/278.

Acte d'Opposition, Faite par Monsieur Dumas Docteur de Sorbonne, pp. 279/282.

— * Censura Sacrae Facultatis Theologiae Parisiensis lata in propositiones excerptas ex libris, quorum haec est inscriptio : *Nouveaux Mémoires sur l'Etat présent de la Chine. Histoire de l'Edit de l'Empereur de la Chine. Lettre des Cérémonies de la Chine. A la fin* : Parisiis apud Ludovicum Josse, 1700, in-4, pp. 8.

— Censure de la Faculté de Theologie de Paris, contre des propositions tirées des Livres intitulez, *Nouveaux Memoires sur l'état présent de la Chine. Histoire de l'Edit de l'Empereur de la Chine. Lettre des Cérémonies de la Chine.* In-4, s. l. n. d., pp. 7. A la fin : A Paris, chez Louis Josse, 1700.

Fait en Sorbonne, le 18 Oct., revu et confirmé le 19 Oct. 1700.

— Judicium unius e Societate Sorbonica Doctoris [le Docteur Coulau, Bibliothécaire du collége Mazarin] De Propositionibus quibusdam circa antiquam Sinarum Religionem ad Sacram Facultatem Parisiensem delatis. In-4, pp. 126.

En faveur des Jésuites.

— Remarques d'un docteur en Théologie, sur la protestation des Jesuites. Avec une Réponse au nouveau libelle de ces peres contre la Censure de Sorbonne. In-12, pp. 30.

— Lettre [d'un Jésuite] ‖ a un Docteur ‖ de la Faculté ‖ de Paris, ‖ sur ‖ les propositions ‖ déférées ‖ en Sorbonne ‖ par ‖ Monsieur Priou. ‖ M. D. C. [lisez 1700]. In-12, pp. 23.

Par le P. Charles le Gobien.

— Reponse aux remarques de M*** sur la protestation du Pere le Gobien. M.VCC [1700], s. l., in-12, pp. 33.

British Museum, 4765, a / 4

— Censure de quelques propositions des PP. le Comte et le Gobien Jesuites, publiée sous le nom de la Faculté de Theologie de Paris. Refutée par les Ecrits des Dominiquains & des Franciscains Missionnaires de la Chine les plus opposez aux Jesuites. M. DCC. In-12.

— * Réponse aux Remarques de M***, sur la Protestation du Père le Gobien. 1700, sans autre indication, in-12, pp. 33. (Pour les Jésuites.) (De Backer.)

— * Réfutation d'une prétendue réponse à l'écrit intitulé : Censure de quelques Propositions des Pères le Comte et le Gobien, Jésuites, réfutée par les Ecrits des Dominicains et des Franciscains de la Chine, etc., in-12, Pièce. (De Backer.)

— * Lettera di risposta ad un amico del Padre Jvo Anani sopra la Lettera concernente i Riti della China del Padre Luigi le Comte della Compagnia diretta al Serenissimo Duca del Maine. In Colonia, appresso gli Heredi d'Egmond, 1700, in-8, pp. 125.

— Reflexions sur la Censure, publiée sous le nom de la Faculté de Theologie de Paris, Contre les Livres intitulés, *Nouveaux Memoires sur l'état present de la Chine : Histoire de l'Edit de l'Empereur de la Chine : Lettre des Ceremonies de la Chine.* M. VCC (pour M. DCC), in-12, pp. 19.

— Défense de la Censure de la Faculté de Théologie de Paris, du 18. Octobre 1700, contre les propositions des Livres intitulez : *Nouveaux Mémoires sur l'état présent de la Chine. Histoire de l'Edit de l'Empereur de la Chine. Lettre des Ceremonies de la Chine.* Par Messire Louis Ellies Du Pin, Docteur en Theologie de la Faculté de Paris, & Professeur Roïal en Philosophie. A Paris, chez André Pralard, rüe Saint Jacques, à l'Occasion. M. DCCI. Avec Approbations & Privilege du Roi. In-12, pp. xxxvj-575 sans la table, &c.

La Censure est imprimée pp. xxiij—xxxvj. Elle est signée « De Champ-Veille, Greffier de la dite Faculté ».

— * Jugement d'un grand nombre de Docteurs des Universitez de Castille et d'Arragon, sur les propositions censurées en Sorbonne le 18 d'octobre 1700. Pour servir de réponse au livre de Mr. du Pin, intitulé : *Défense de la Censure, etc.* A Liége, de l'imprimerie de Guillaume Henry Streel, 1701, in-12, pp. 45. (De Backer.)

— Lettera scritta al Sanctissimo Papa Clemente XI. Da PP. della Compagnia di Gesù della Cina con vna Risposta dell' Imperador della Cina data ad essi sopra i Riti Cinesi. Anno M. DCCI, pet. in-8 s. l., sans pag.

— * Epistola ad summum Pontificem scripta a PP. Soc. Jesu e Sinis, cum responsione Imperatoris Sinarum ipsis data circa Sinicos Ritus, oblata Sanctissimo D. N. Clementi XI. Anno 1701, pet. in-4, sans pag.; sign. B 3 après A 3. En latin et en italien.

— * Epistola ad summum Pontificem scripta a PP. Soc. Jesu e Sinis, cum responsione Imperatoris Sinarum ipsis data circa Sinicos Ritus, oblata Sanctissimo D. N. Clementi XI. Panormi, 1702. In typographia Joseph Gramignani, ff. 4.

— Risposta di vn Religioso della Compagnia di Gesù alla lettera scritta da vn Religioso dell' Ordine de' Predicatori A' PP. Gesuiti del Collegio di Pechino nella Cina. Anno M. DCCI, pet. in-8, s. l., s. pagination.

Attribuée au P. J. de Benedictis. (De Backer.)

— Q. D. B. V. Dissertatio historico-moralis de svperstitioso Mortvorum apvd Chinenses cvltv, quam Rectore magnificentissimo, serenissimo principe ac domino, Dn. Friderico Wilhelmo, regni Borvssici, electoratvsqve et reliqvarvm provinciarvm Brandenbvrgicarvm herede, et reliqva, praeside Io. Francisco Bvddeo, PP. pro svmmis in philosophia honoribvs rite conseqvendis, ervditorvm examini A. D. IVN. A. M. DCC. I. submittit Gvilielmvs Stephani, Mitoa-Semgallus. Halae Magdeb. Typis Chr. Henckelii, Acad. Typogr., br. in-4, pp. 28.

— Epistola Patrum Societatis Jesu in Sinensi Missione degentium ad Sanctissimum D. N. Papam Clementem XI, cùm Decreto seu Declaratione authenticâ Magni Sinarum Imperatoris de Ritibus ac Cœrimoniis Sinicis. Lettre des Pères de la Compagnie de Jesus, Missionnaires de la Chine, à Nôtre Tres-Saint Pere le Pape Clement XI. avec la Declaration authentique de l'Empereur de la Chine, touchant les Cérémonies Chinoises. Sur la Copie imprimée à Rome en Latin & en Italien. A Liege, chez Daniel Moumal, M.DCCII, in-4, pp. 31.

Carayon, No. 1177, cite une éd. : A Liége, s. l. et a. — Le P. Sommervogel cite une éd. de Liége, Moumal, 1702, in-4, de pp. 24. — La lettre est du P. Ant. Thomas.

— Respvesta breve, sobre las controuersias de el Xang ti, Tien Xin, y Ling Hoen (esto es de el Rey de lo alto, espiritus, y alma racional, que pone el China) y otros nombres, y terminos Chinicos, para determinarse, quales de ellos se pueden vsar en esta Christiandad, dirigida á los Padres de las Residencias de China, para que le vean, y imbien despues su parecer al P. Visitador de Macao. Pp. 246/289 des *Tratados* de Navarrete (1676) voir col. 32.

Ouvrage du P. Longobardi, traduit en français par L. de Cicé (vide infra).

— Anciens Traitez de divers auteurs sur les Ceremonies de la Chine, pet. in-8, contient:

Traité ‖ sur ‖ quelques points ‖ de ‖ la Religion ‖ des Chinois. ‖ Par le R. Pere Longobardi, ‖ ancien Superieur des Missions de la ‖ Compagnie de Jesus à la Chine. ‖ A Paris, ‖ Chez Louis Guerin... ‖ M.DCCI. ‖ Avec Privilege du Roy. 100 pages.

B. N. 0²n / 284

Traduit par l'abbé de Cicé, des Miss. ét. de Paris, de la version espagnole imprimée dans les *Tratados* de Navarrete (Vide supra). — « Publié par les directeurs du Seminaire des Missions étrangères. — Leibniz en donne une nouvelle édition dans ses *Epistolae ad diversos*, publiées par Kortholt, 1735, 4 vol. in-8. » (Carayon, n° 1134.) La trad. française de l'abbé de Cicé a été réimprimée dans les œuvres de Leibniz (t. IV, p. 170 et suiv., édit. de Genève, 1768, 6 vol. in-4), avec des annotations nombreuses de ce grand esprit auquel rien, dans les connaissances humaines, ne restait étranger. Nous possédons une *traduction portugaise manuscrite* de ce même traité, réuni à plusieurs autres, également manuscrits, faisant partie de la fameuse controverse des jésuites et des dominicains... » (Pauthier, *Lettre de Prémare sur le monothéisme*, Note, pp. 2/3.)

— Traité ‖ sur ‖ quelques points ‖ importans ‖ de la Mission ‖ de la Chine. ‖ Par le R. P. Antoine de Saint-Marie, ‖ Prefet Apostolique des Missionnaires de ‖ l'Ordre de S. François dans ce royaume ; ‖ Adressé au R. P. Louis de Gama, ‖ Jesuite, Visiteur des Provinces de la ‖ Chine, & du Japon : ‖ Et envoyé à N. S. Pere le Pape, & aux Em. ‖ Cardinaux de la Sacrée Congregation établie pour les affaires qui regardent la propagation de la Foy. ‖ Traduit de l'Espagnol. ‖ A Paris, ‖ Chez Louis Guerin... ‖ MDCCI, ‖ 152 pages.

D'après le Privilége « achevé d'imprimer pour la première fois le 25 Fevrier 1701 ».

— * Acta de Sinensium ritibus politicis ; seu appendix ad Scripta Sarpetri, ex Sancti Dominici ordine ; Missionarii Sinensis, de Deo uno, vivo ac vero, a veteribus Sinis per duo annorum millia cognito, adversus Scripta P. Longobardi Societatis Jesu. Parisiis, Nic. Pepie, 1700, in-8.

Appendix ad Acta de Sinensium ritibus, seu R. P. Dominici Sarpetri, Theologi et Sancti Dominici ordinis Missionarii Sinensis tractatus de Deo uno, vivo ac vero a veteribus Sinensibus cognito, adversus scripta P. Longobardi. Parisiis, Nic. Pepie, 1701, in-8.

— * Joan. Francisci de Nicolais, Episcopi Beritensis, responsum ad Cardinalem Marescottum, super scripturam P. Ludovici le Comte, Societatis Jesu, ei communicatam. Coloniae, haeredes Corn. d'Egmond, 1701, in-8.

Scriptum R. P. Ludovici le Comte Societatis Jesu, ad Em. Rev. Cardinalem Marescottum, de iis quae geruntur in Sinis circa Confucium et Primogenitores defunctos. (De Backer.)

A la suite du précédent ouvrage.

— Lettre d'une personne de piété. Sur un Ecrit des Jesuites contre la Censure de quelques propositions de leurs PP. le Comte, le Gobien, &c. touchant la Religion & le culte des Chinois, faite par la Faculté de Théologie de Paris. Avec une Réponse de l'illustrissime Navarrette Archevêque de S. Domingue à l'Apologie des Jesuites de la Chine, composée par le P. Diego Moralez de la même Compagnie. A Cologne, Chez les Héritiers de Corneille d'Egmond. M.DCCI. Avec Approbation. In-12, pp. 129 sans l'app.

Pp. 111 et seq. : L'Apologie des RR. PP. Jesuites Missionnaires de la Chine, par le P. Diego Morales de la même Compagnie. Brievement refutée, par l'Illustrissime Navarrette Archevêque de Saint Domingue. Traduite de l'espagnol, avec quelques reflexions de Dom Jean de Palafox Evêque d'Angelopolis sur la conduite des Peres Jesuites dans la Chine.

— * Lettera d'una persona pia sopra una scrittura de' PP. Gesuiti, contro la Censura fatta dalla Facoltà di Parigi di alcune proposizioni de' PP. le Comte, le Gobien, etc., circa la religione e culto de' Chinesi : con una risposta dell' ill. Navarette all' Apologia de' Gesuiti della China, composta dal P. Diego Moralez. In Colonia, gl'her. di Corn. d'Egmond, 1701, in-12.

— Priere pour l'eglise de la Chine. In-4, pp. 33, s. l. n. d.

— Priere pour l'eglise de la Chine et les raisons qui ont engagé à donner présentement cette Prière, M.DCCII, in-12, pp. 36.

— Raccolta d'alcune Dicisioni ed' Istruzioni. Colle qvali si dimostra qval sia stata La Pratica della Chiesa nel Propagare la Fede, e nel dicidere Controuersie insorte tra Missionarij. Opera di Daniele del Pico Dottore in Sacra Teologia. Anno M.DCCII, s. l., pet. in-8, pp. 372, s. l. t. &c.

— Lettre de Monsieur Marin Labbé nommé par le Saint Siege Evêque de Tilopolis, et Coadjuteur au Vicariat apostolique de la Cochinchine, au Pape, sur Le Certificat de l'Empereur de la Chine, et sur la nécessité de condamner sans delai toutes les superstitions Chinoises. M.DCCII, in-12, pp. 132, s. l'av.

— Lettre de M. Marin Labbé... A Anvers, chez les Héritiers de Jean Keerberg. M.DCCII, in-12, pp. 127, s. l'av.

— Réponse aux Nouveaux Ecrits de Messieurs des Missions etrangeres contre les Jesuites. Par une Lettre de Monseigneur Alvare Benavente, Evêque d'Ascalon, Vicaire Apostolique de *Kiamsi*; Par la conduite de Monseigneur Charles Maigrot, Evêque de Conon, Vicaire apostolique de *Fo-kien*; Et par les attestations des Chrestiens de *Fo-tcheou*. MDCCII. in-12, pp. 148-107.

Attribué par Barbier, IV, 306, au P. J. P. Lallemant, né le 18 sept. 1660, à Saint-Valery-sur-Somme; † à Paris, 24 août 1748.

— Particvla Epistolae P. Aluari Benauente ex Ordine S. Augustini olim Prouincialis Philippinarum, nunc verò Episcopi Ascalonensis, & Vicarij Apostolici Prouinciae Kiang si in Regno Sinarum. Ex Vrbe Hangan-fù 27. Nouembris 1700. Ad Sacram Congregationem de Propaganda Fide. Pièce in-4, s. l. n. d., de 4 ff. n. c. *A la fin*: Panormi, apud Jos. Gramignani, 1702, in-4.

Bib. nat. $\frac{O^2n}{398}$

— Varo, Grammatica, voir LANGUE.

— Memoriale Circa veritatem, & subsistentiam Facti, Cui innititur Decretum san: mem: Alexandri VII editum die 23. Martij 1656. Et permissiuum Rituum Sinensium. Itèmque Circa vsum vocum *Tien*, & *Xamti*, ac Tabellae *Kim Tien* sanctissimo D. N. Clementi Papae XI. oblatvm a PP. Francisco Noel, & Casparo Castner S. I. Procuratoribus Illustrissimorum, & Reuerendissimorum Episcoporum Macaensis, Nankinensis, Ascalonensis, & Electi Andreuillensis, Et pro Missionibus S. I. in Imperio Chinae, & adiacentibus Regnis Die 27. Martij 1703, in-4, pp. 139.

Voir *Let. édif.*, VI, p. 68 (Paris, 1723), ou XVI, p. 160 (Paris, 1781).

— Observationes in quaesita Sinarum Imperatori a Patribus Societatis Jesu proposita, et illius ad ea responsionem circa coeli, avorum, et Confucii cultum, sanctissimo domino nostro Papae Clementi XI. Ab Episcopo Rosaliensi In Regno Sinarum Vicario Apostolico oblatae. s. l. n. d., in-4, pp. 94.

Suivies de:
Breves notationes ad Memoriale et Summarium Patrum Societatis.

— Lettre sur l'utilité de la recherche des anciennes croyances chinoises (datée du 1er Nov. 1701, adressée par le P. Bouvet à Leibnitz, publiée dans le *Journal de Trévoux*, janvier 1704, no. XI).

— L'épître du P. Ch. le Gobien, en tête du VIIe Recueil des *Lettres édifiantes*, contient un abrégé du *Mémorial* signé par le P. Philippe Grimaldi, Président du tribunal des Mathématiques, le Père Antoine Thomas, Vice-Provincial des Jésuites Portugais, le Père Jean François Gerbillon, Supérieur général des Jésuites français et le Père Thomas Pereyra, ci-devant Recteur du collége de Pékin, présenté à l'empereur de la Chine le 17 juillet 1705 afin d'obtenir pour le Cardinal de Tournon l'autorisation de venir à Pékin. Le Cardinal avait écrit de Canton aux Jésuites pour leur annoncer son arrivée.

— Eclaircissements sur les controverses de la Chine, par le P. Ant. Beauvollier, J = Sententia unius Missionarii (P. Hervieu), circa ritus sinicos controversos. In-4, v. br.

Ces manuscrits font partie des Ms. provenant du P. Brotier vendus à la Vente des Livres de Langlès. Ils portent le No. 4356. 30.

— Annotations sur la réponse du P. Antoine de Beauvollier aux textes proposés par M. l'Evêque de Conon [Charles Maigrot] à l'empereur Kang-hi comme contraires à la Religion Chrétienne.

Ouvrage écrit et envoyé à Rome par le P. de Visdelou: Voir sa lettre aux Cardinaux de la Propagation de la Foi datée: « A Pondichéri, le 20 Janvier 1728 » insérée dans le Chou king de Gaubil, pp. 404/6.

Visdelou mentionne également dans cette lettre, p. 406, un autre de ses écrits: Histoire de la Religion des Philosophes Chinois. Ces deux ouvrages devront être consultés sur le Yi king. Je ne sais s'ils ont été imprimés.

— *Cu kin kim tien kien*. Liber novus è Sinico idiomate in latinum versus à Patribus Placido Hervieu, & Josepho Henrico de Premare. Auctore P[e]. Joach. Bouvet e Societate Jesu an 1706. De Cultu Coelesti Sinarum veterum & modernorum. (Bib. nat., Ms. Latin Nouv. Acq. 155.)

Ce Ms. in-8 est écrit de la main du P. de Premare et se compose de 80 feuillets doubles sur papier chinois.

Il n'est pas *imprimé* comme le dit le *Catalogue des manuscrits latins*.

— Bref de Nôtre Saint Pere le Pape, à Monsieur l'Evêque de Cônon Vicaire Apostolique de Fokien dans la Chine, qui lui a été apporté par Monsieur le Cardinal de Tournon.

Clement XI = Rome, 20 Juin 1702.

— Lettera ‖ scritta da Pondisceri ‖ a' 10. di Febbraio 1704. ‖ dal Dottore ‖ Giovanni Borghesi ‖ Medico della Missione spedita alla China ‖ dalla Santita' di N. S. ‖ Papa ‖

Clemente XI. ‖ Nella quale si contengono, oltre a un pieno rac- ‖ conto del Viaggio da Roma fino alle Coste ‖ dell' Indie Orientali, varie nuove osserva- ‖ zioni Mediche, Anatomiche, Botta- ‖ niche, Naturali, e d' altri generi. ‖ E trasportata dal Manuscritto Latino ‖ in Lingua Toscana ‖ da ‖ Gio : Mario de' Crescimbeni ‖ Custode d' Arcadia, e Accademico Affordito. ‖ In Roma 1705. Per il Zenobj Stampatore, ‖ e Intagliatore di Sua Santita'. ‖ — Con Licenza de' Superiori. in-12, 7 ff. prél. n. c. p. l. tit. + pp. 245 + 8 ff. n. c. p. l'ind.

— Lettera del Signor Cardinale di Tournone Patriarca d' Antiochia, Legato a Latere nella China per la Santità di Nostro Signore Papa Clemente XI. a Monsignore Carlo Maigrot Vescovo di Conone, Vicario Apostolico nella China, Per confortarlo nel tempo, che per ordine dell' Imperadore stava prigione in casa de' Padri Gesuiti di Pekino. Con un breve del Sommo Pontefice al medesimo Vescovo di Conone, portatogli da esso Signor Cardinal di Tournone. In Torino M DCC VIII. Per l' Erede di Bartolomeo Zappata. Con licenza de' superiori. in-4, pp. 11 à 2 col.

Italien et latin.

— Lettre de l'Eminentissime Cardinal de Tournon Patriarche d'Antioche, envoyé par nôtre Saint Pere le Pape Clement XI. à la Chine, en qualité de Légat à latere ; écrite de la Ville de Linchin le 6. Octobre 1706, à M. Maigrot, Evêque de Conon, Vicaire Apostolique dans la Chine, pour consoler ce Prélat dans la Prison où il étoit retenu chez les Jesuites, par ordre de l'Empereur.

Ces deux pièces (en latin et en français) forment un pet. in-8, s. l. n. d., de pp. 8—29.

— Lettre a un Prelat, sur un ecrit intitulé, *Lettre de M. le Cardinal de Tournon, Patriarche d'Antioche, &c., à M. Maigrot, Evêque de Conon, &c.*, pièce in-12, s. l. n. d., pp. 28.

— Reponse a la Lettre des Jesuites a un prelat, Touchant les Cérémonies Chinoises. M. DCCIX, pet. in-8, pp. 92.

On a imprimé à la suite de cette Reponse :

1° Decret de la Congregation de la Propagation de la Foy sur les doutes du Pere Jean Baptiste de Morales, confirmé par le Pape Innocent X. (lat. et franç.) 12 Sept. 1645, pp. 65/71.

2° Decret de la Cong. gén. de la Sainte Inquisition Romaine & universelle sur les demandes du Pere Martini, confirmé par le Pape Alexandre VII (lat. et franç.) 23 Mars 1656, pp. 71/78.

3° Decret de la Cong. gén. de la Ste Inq. Rom. approuvée par Clement IX. du 13 Novembre 1669 (lat. et franç.), pp. 79/82.

4° Bref de Nôtre Saint Pere le Pape Innocent XII, à Messire Charles Maigrot Vicaire Apostolique de Fokien, Evêque nommé de Conon en la Chine (l. & f.) 15. . . . 1697, pp. 82/85.

5° Copie de la Lettre écrite au Pape Clement XI. par M. Charles Maigrot, Evêque de Conon le 4. Mars 1708 (l. & f.), pp. 85/87.

6° Mandement donné à la Chine par Monseigneur le Patriarche d'Antioche le 25 Janvier 1707 (en franç., « On donne ce mandement tel, qu'on l'a eu, traduit de l'Original Espagnol »), pp. 88/92.

— Lettre a Messieurs du Seminaire des Missions etrangeres ; Sur ce qu'ils accusent les Jesuites de ne s'être pas soûmis sincerement au nouveau Decret touchant les affaires de la Chine, in-12, pp. 156, s. l. table et l'add., s. l. n. d., avec un supp. in-12 de 46 p. s. l'av.

— Ad Controuersiam de Ritibus Sinensium. Ex litteris R. P. Castner, e S. I. Cantone datis 6ta Sept. 1707 ad R. P. Assistentem Germaniae [Andream Waibl], (pp. 165 et seq. du *Journal* de Murr, VI, 1778).

— Litterae Patris Benedicti Werkmaister Soc. Jesu, Bahiâ datae 8 Augusti, anno 1708. Ad R. P. Assistentem Germaniae. (*Ibid.*, pp. 168 et seq.)

— Collocutio Cang hi, Imperatoris Sinarum, cum Reuerend^{mo} Carolo Maygrott Episcopo Cononensi, Vicario Apostolico, excerpta ex relatione, e Sinis missa 1707. (*Ibid.*, pp. 180 et seq.)

— * Atti imperiali autentici di varii Trattati, passati nella Regia Corte di Pekino tra l'Imperatore della Cina e M. Patriarca Antiocheno al presente sign. Cardinale di Tournon negli anni 1705 e 1706. A la fin : In Colonia Per Gio. Hermann Sciomberk. In-12, pp. 208.

Traduction partielle des *Acta Pekinensia*, voir col. 916.

— * Decret de M. le Cardinal de Tournon Patriarche d'Antioche, envoié à la Chine par N. S. P. le Pape Clement XI avec les pouvoirs de Legat a latere. Touchant les cultes Chinois que les Jesuites y permettent à leurs nouveaux Convertis. Avec quelques notes pour l'Eclaircissement du Decret. (Sans nom de ville ni d'imprimeur) 15 février 1709, in-12, pp. 12. (De Backer.)

— * Difesa del Giudizio formato dalla S. Sede Apostolica nel di 20 novembre 1704. E pubblicato in Nankino dal Card. di Tournon alli 7 febbrajo 1707. Intorno a' riti e ceremonie cinesi. Contro un libello sedizioso intitolato : Alcune riflessioni intorno alle Cose presenti della Cina. A cui vengono annesse tre Appendici, contro le tre Scritture latine ultimamente Stampate dalli Difensori de' medesimi Riti condannati. Opera di un Dottore della Sorbona, trasportato dal manoscritto francese da un religioso italiano. Seconda edizione. Accresciuta di varie notizie. In Torino, 1709, in-4. (De Backer.)

L'ex. du collége de Palerme attribue cet ouvrage au P. Jacque Hyacinthe Serry, dominicain.

— * Difesa del giudicio formato dalla Sede Apostolica il di 20 novembre 1704.

— * Esame Teologico contro un libro ingiurioso intitolato : Difesa del Giudizio formato dalla S. Sede Apostolica nel di 20 novembre 1704.

— * Lettere d'Avviso d'un buon amico al Dottore di Sorbona, Autore d'un Libro intitolato : Difesa del Giudizio formato dalla S. Sede Apostolica nel di 20 novembre 1704. E pubblicato in Nankino dal Cardinale di Tournon alli 7 febbrajo 1707. Intorno a' Riti, e Ceremonie Cinesi. Contro un libello sedizioso intitolato : Alcune Riflessioni intorno alle Cose presenti della Cina, etc., in-4.

— * Continuazione dell' Esame Teologico in cui si responde a due Libri l'uno intitolato : Lettera ad un Amico che contiene come una Risposta generale a tutte le ragioni, che in sostanza furono addotte in difesa de' Riti della Cina, già condannati con publico decreto della Sede Apostolica. L'altro intitolato : Brevissima controversia, in cui si dimostra, che, dopo il decreto di Clemente XI condannativo delle Cerimonie Cinesi, queste non sono più in fatto di essere pubblicate e difese come innocenti. Con un Appendice nel fine in risposta a trè Dichiarazioni di Monsig. Maigrot Vescovo Cononense, in-12, pp. 138.

C'est l'ouvrage du P. Girolamo Saccherio. (De Backer.)

— * Il secondo Disinganno al Dottore della Sorbona overo Appendice alla Censura del Libello intitolato : Considerazioni in risposta ad un Dottore Sorbonico Autore d' altro Libello intitolato : Difesa del Giudizio formato dalla S. Sede Apostolica, etc., intorno a' Riti, e Ceremonie Cinesi. Edizione seconda, 1710, in-12, pp. 56.

— * Contra-risposte o siano Esami di tutte le Scritture pubblicate dai Protettori de' Riti condannati della Cina; intorno ad un fatto accaduto in Scio nell' anno 1694 e riferito come di passaggio in aggiunta alla seconda Edizione della Difesa del giudizio formato della Santa Sede Apostolica. In Torino. A Spese di Gio. Battista Fontana, in-12, pp. 207.

— * Risposta ad un libro contro le dodici Riflessioni intitolato Difesa del Giudizio formato dalla S. Sede Apostolica nel di 20 novembre 1704, etc., in-4, pp. 75. — Edizione seconda, in-12, pp. 95. Par le P. Th. Ceva.

— * La calunnia convinta cioè risposta ad un libello pubblicato da' Defensori de' riti condannati della Cina. Sotto il titolo di : Lettere d'avviso d'un buon Amico, al Dottore di Sorbona. Autore della Difesa del Giudizio formato dalla Sede Apostolica, etc. In Torino, A Spese di Gio. Battista Fontana, in-12, pp. 92.

— * Apologia delle risposte date dal (Fatinelli) procuratore dell' eminentissimo signor Cardinale di Tournon di cinque Memoriali del P. Provana, contro le Osservazioni fatte sopra di esse da un Autore anonimo. (Roma) 1710, in-4, pp. 230.

Encore de Fatinelli. L'auteur anonyme qu'il combat est, dit-on, le P. Mamiani, S. J. (De Backer.)

— * Osservazioni sopra la Risposta fatta dal Procuratore del Sig. Cardinal di Turnon à cinque Memoriali del P. Provana Procuratore de' Missionarj della Cina della Compagnia di Giesù, in-4, pp. 32. [1710.] (De Backer.)

Les *Osservazioni* sont du P. L. Vinc. Mamiani della Rovere, né à Pesaro, 20 janv. 1652; † à Rome, 8 mars 1730.

Il répondit à l'*Apologia* de Fattinelli par :

— La Veritá, ‖ e l' Innocenza ‖ de' missionarj ‖ della Compagnia di Giesú ‖ nella Cina. ‖ Difesa ‖ contro un libello intitolato ‖ *Apologia* ‖ *delle risposte* ‖ *Date dal Procuratore dell' Eminentissimo Si-* ‖ *gnor Cardinal di Tournon alli cinque* ‖ *Memoriali del Padre Provana* ‖ *contro le Osservazioni di un'* ‖ *Autore Anonimo.* s. l. n. d., in-4, pp. 172.

Par le P. L. Vinc. Mamiani della Rovere, en réponse à l'*Apologia* de Fatinelli. — Contient :

Parte Prima. La Verita Dell' Anonimo Autore delle Osservazioni, Difesa Contro i Paragolismi contenuti nell' Apologia sopra la Controversia de' Riti Cinesi, p. 6.

Parte seconda. L' innocenza De' Missionarj della Compagnia di Giesù nella Cina. Difesa Contro le Calunnie contenute nell' Apologia del Procuratore del Signor Cardinale di Tournon, p. 41.

Parte terza. L' innocenza De' Padri di Pekino, e la Verita, D' altri Scrittori della Compagnia di Giesù. Difesa Contro le falsità, ed accuse contenute nelle Lettere, e Dichiarazioni aggiunte nel fine dell' Apologia del Procuratore del Signor Cardinal di Tournon, p. 94.

Sommario ‖ *De' Documenti citati nell' antecedente Difesa* ‖ *della Verità, ed Innocenza de' Missionarj* ‖ *della Compagnia di Giesu nella Cina.* ‖ N. 1. ‖ Testimonianze della condotta, e animo preoccu- ‖ pato di Monsignor Patriarca contro ‖ i Giesuiti nella Cina. ‖ Dagli Atti Imperiali della Corte di Pekino estratti per ‖ ordine dell' Imperador della Cina dal suo Archivio ‖ autenticati col Sigillo Reale, e presentati alla Santità ‖ di Clemente XI, p. 113.

N. 2. Testimonianza della falsità, che i Cristiani di Pekino non avessero in casa le Tabelle de' Defonti, p. 123.

N. 3. Testimonianze sopra la chiamata di Monsignor Maigrot à Pekino, e notizia avutane dall' Imperadore senza colpa de' Giesuiti, p. 124.

N. 4. Testimonianze della proposta fatta da Monsignor Patriarca all' Imperadore di Monsignor Maigrot come molto scienziato nelle Lettere Cinesi, p. 128.

N. 5. Testimonianze sopra l' ambasciata del Signor Abbate Sabino Mariani, e P. Bouvet, ed esito di essa, p. 132.

N. 6. Testimonianze dell' Innocenza de' Giesuiti nella Cina contro le accuse ad essi imputate dagli Avversarj, p. 134.

N. 7. Editto dell' Arcivescovo di Goa, Primate dell' India, fatto publicar in Macao, p. 137.

N. 8. Testimonianza sopra la cagione degli ultimi Decreti dell' Imperador della Cina, p. 139.

N. 9. Testimonianze sopra il Piao, e delle molestie recate da' Mandarini a' Missionarj per voler riconoscere le loro Patenti, p. 143.

N. 10. Testimonianze, che così nel tempo del Padre Matteo Ricci, come dopo non si è nascosto da' Giesuiti il Crocifisso nella Cina, p. 147.

N. 11. Differenze dei Mandato del Signor Cardinal di Tournon, dal Decreto di Clemente XI, p. 151.

N. 12. Riflessioni sopra la lettera scritta dal Signor Cardinal di Tournon à Monsignor Maigrot, p. 157.

N. 13. Testimonianza contro la prima Dichiarazione di Monsignor Maigrot sopra la mentovata Lettera del Legato, p. 164.

Da una Lettera scritta da Monsignor di Conone al Padre Gerbillon della Compagnia di Gesù da Cantone 11 Febraro 1707, p. 165.

N. 14. Testimonianza contro la seconda Dichiarazione di Monsignor Maigrot sopra la Dottrina di Confusio da esso approvata, p. 166.

N. 15. Testimonianze contro la terza Dichiarazione di Monsignor Maigrot, sopra la Cerimonia del Tiao da lui praticata, p. 167.

Relazione mandata dal P. Claudio Visdelou Missionario Apostolico eletto Vescovo Claudiopolitano, p. 167.

N. 16. Testimonianza sopra una proposizione detta da Monsignor Vescovo di Pekino contraposta ad una Lettera del medesimo Vescovo, p. 171.

— Dichiarazione del signor Nicolò Charmot missionario apostolico, E Procuratore Generale in Roma de' Vescovi, Vicarj, e Missionarj Apostolici Francesi delle Missioni straniere, etc. Contro una Lettera sotto nome del Padre F. Bonaventura di Roma, missionario della Cina. (Datée du 3 août 1710.) S. l. n. d., in-4, pp. 6 n. ch.

La *Lettera* en question est dans : *La Verità*, pp. 148—150.

— La Verità D' una Testimonianza del P. Marco Silverio Sbatti della Compagnia di Gesù, confermata Dalla Dichiarazione del Sig. Abbate Gio : Donato Mezzafalce contro la medesima. S. l. n. d., in-4, pp. 8.

Dans *La Verità* (du P. Mamiani), pp. 164—5, il y a : Testimonianza contro La prima Dichiarazione di Monsignor Maigrot sopra la mentovata Lettera del Legato (daté de Mai, 1710). [Par le P. Marc Sylvère Sbatti.] Vide supra.

— Informazione sopra il foglio intitolato : La Verità d' una Testimonianza . . . (ut supra) . . . contro la medesima. S. l. n. d, in-4.

— Dissertatio extero-theologica ‖ repraesentans ‖ Theologiam ‖ Sinensium, ‖ ejusqve ‖ reformationem ‖ a Jesuitis tentatam ‖ qvam ‖ Consentiente Maxime Rever. Theologorum Ordine ‖ in perillustri Academia Rostochiensi ‖ Praeside ‖ viro maxime reverendo, amplissimo, ac excellen- ‖ tissimo duo. ‖ Zacharia Grapio, ‖ Theologiae Doctore Ejusdemq̃ P. P. O. Celeber- ‖ rimo, ad Ædem D. Jacobi Verbi divini Ministro ‖ dignissimo, ‖ Patrono ac Studiorum meorum Promotore ad cine- ‖ res usq; devenerando, ‖ publico eruditorum examini ac inqvisitioni ‖ in Auditorio Majori ‖ die VIII. Augusti Ao. MDCCVIII. ‖ sisto ‖ Al. Magn. Grafunder. ‖ Zachan. Pom. ‖ Rostochii, ‖ Typis Joh. Weppling, Ser. Princ. & Acad. Typogr. Pièce in-4, pp. 46.

— Protesto ‖ pubblicato ‖ dai difensori ‖ dei Riti Politici, e Civili della Cina, ‖ in faccia del Mondo Onorato ‖ Religioso, e Secolare. ‖ Anno 1710. ‖ Pièce pet. in-8, pp. 37.

— * Protesto pubblicato dai defensori dei Riti Politici, e Civili della Cina, in faccia del Mondo Onorato Religioso e Secolare. Seconda Impressione l'anno 1710, in-12, pp. 32. (De Backer.)

— Reflexions sur les affaires présentes de la Chine. Ecrit traduit de l'Italien, in-12, pp. 51, s. l'av.

L'écrit italien a été imprimé plusieurs fois. « On assure qu'il est d'un cavalier, mais quoy qu'il en soit de l'Auteur, le traducteur est un abbé. » (Avert.)

Cette petite pièce a été traduite du français en anglais sous le titre de : « Reflexions upon the Idolatry of the Jesuits in China » sent in a letter to the Rev. Dr. Francis Atterbury. (*Oxford Collection of Travels*, II, pp. 80 et seq.)

— * Alcune riflessioni intorno alle cose presenti della Cina, in-12, pp. 40. Autre ed., s. l. et a., in-8, pp. 32.

— * Considerazioni sù la scrittura intitolata Riflessioni sopra la causa della Cina doppo venuto in Europa il Decreto del l'Eminentissimo Card. di Tournon. (Roma) 1709, in-4, pp. 128.

Cet ouvrage, ainsi que me l'a fait remarquer le P. Sommervogel, ne peut être de Fatinelli, qui était procureur de Mgr. Maigrot.

— Censvra libelli ‖ Cujus titulus : ‖ *Considerationes super Reflexioni- ‖ bus in Causa Sinensi.* ‖ Quo libello quidam Causae Si- ‖ nensis Adversarius ‖ 12. Reflexiones in praece- ‖ dentibus foliis relatas, non ‖ ratione, & veritate, ‖ sed calumniosâ falsitate impetivit. ‖ recusa Anno 1710. Pièce in-8 de 32 ff. n. c.

— * Censura d'un libello intitolato Considerazioni sù la scrittura delle Riflessioni nella causa della Cina. Esposta in una lettera all' autore delle medesime Considerazioni. Edizione seconda, 1710, in-12, pp. 118.

— Autre éd., in-4.

— Acta causae rituum, seu caeremoniarum sinensium, complectentia I. Mandatum, seu Edictum D. Caroli Maigrot, Vicarii Apostolici Fokiensis in Regno Sinarum, nunc Episcopi Cononensis. II. Quaesita ex eodem Mandato, seu Edicto, excerpta, Sac. Congregationi S. Romanae, & Universalis

Inquisitionis proposita. III. Responsa data iisdem Quaesitis à praefata Congregatione. IV. Decretum à SS. D. N. D. Clemente, Divinâ Providentiâ, Papa XI. in eadem Congregatione, die xx. Novembris, M. DCCIV. editum, quô dicta Responsa confirmantur, & approbantur. Primò Romae, nunc verò Viennae, Impensis Joannis Baptistae Schoenwelter... s. d., pet. in-8, sans pag.

— Romae, Typographia Reverendae Camerae apostolicae, Genuae, in-4.

— Acta ‖ causae rituum ‖ seu ‖ ceremoniarum si- ‖ nensium : ‖ complectentia. ‖ I. Mandatum, seu Edictum D. Caroli Maigrot, Vicarii A- ‖ postolici Fokiensis in Regno Sinarum, nunc Episcopi Co- ‖ nonensis. II. Quaesita ex eodem Mandato, seu Edicto excerpta, Sac. ‖ Congregationi Sanctae Romanae, & Universalis Inquisi- ‖ tionis proposita. III. Responsa data iisdem Quaesitis à praefata Congregatione. ‖ IV. Decretum à Sanctissimo D. N. D. Clemente Divina ‖ Providentia Papa XI. in eadem Congregatione die ‖ xx. Novembris M DCC IV. editum, quo dicta Respon- ‖ sa confirmantur, & approbantur. V. Declarationes & Respective submissiones aliquorum R. R. ‖ P. P. Generalium Religiosorum Ord. desuper Sanctitati ‖ suae seu S. Sedi Apostolicae factae. VI. Praeceptum Sanctiss. D. N. D. Clementis P. P. XI. super ‖ omnimoda, absoluta, integra & violabili observatione ‖ eorum, quae alias à Sanctitate sua in causa rituum, seu ‖ caeremoniarum Sinensium decreta fuerunt, die 19. ‖ Martii 1715. ‖ — Coloniae Agrippinae ‖ Permissu superiorum. ‖ Juxta exemplar romanum ‖ Impressum, pet. in-8, pp. 102.

Contient :

Mandatum ‖ seu ‖ edictum ‖ D. Caroli Maigrot, ‖ Vicarii Apostolici Fokiensis in Regno Sinarum, ‖ nunc Episcopi Cononensis, p. 2.

Quaesita ‖ in causa ‖ rituum sinensium ‖ Super Mandato, seu Edicto ‖ D. Caroli Maigrot ‖ Vicarii Apostolici Fokiensis in Regno Sinarum, ‖ nunc Episcopi Cononensis. ‖ Ab Eminentissimis, & Reverendissimis D. ‖ Cardinalibus ‖ Specialitèr à sanctae memoriae ‖ Innocentio PP. XII. ‖ Deputatis, ‖ Post varias Congregationes, ac longum Jurium hinc ‖ indè deductorum examen, confecta : primùm qui ‖ dem Theologis, & Qualificatoribus ad id ‖ selectis proposita, ‖ Ac deinde in Congregatione Generali Sanctae ‖ Romanae, & Universalis Inquisitionis di- ‖ scussa & resoluta, p. 8.

Responsa ‖ Quae ad Quaesita superiùs relata, praevio ‖ diuturno, maturo, ac diligentis- ‖ simo examine, ‖ demandato sa. me. ‖ Innocentii XII. ‖ prius inchoato. ‖ Ac deindè jussu Sanctissimi D. N. D. ‖ Clementis PP. XI. ‖ Per plures Annos continuato, ‖ A Sac. Congregatione Eminentissimorum, ac Reve- ‖ rendissimorum DD. S. R. E. Cardinalium in tota ‖ Republica Christiania, adversùs Haereticam ‖ pravitatem Generalium Inquisitorum à ‖ Sede Apostolica specialiter de- ‖ putatorum, ‖ Auditis Partibus, nec non Theologorum, & ‖ Qualificatorum ad id deputatorum votis, ‖ data fuerunt, ac postmodùm ab eo- ‖ dem SS. D. N. approbata, & ‖ confirmata, p. 42.

Decretum ‖ sanctissimi D. N. ‖ Clementis Papae XI, ‖ Fer. 5. die 20. Novembris 1704, p. 50.

Decretum ‖ Emin. Car. Turnonii, ‖ seu ‖ Publicatio Judicii Pontificii, in Sinarum ‖ Imperio facta. ‖ Carolus Thomas Maillard de Tour- ‖ non, Dei & Apostolicae Sedis gratia Patri- ‖ archa Antiochenus, SS. D. N. Clementis ‖ Divina Providentia Papae XI. Praelatus do- ‖ mesticus, ejusque Pontificio folio Assistens, nec ‖ non S. R. Universalis Inquisitionis Consultor, ‖ ac in Indiis Orientalibus, & Sinarum Imperio, ‖ finitimisque Regnis & Insulis Commissarius Apo- ‖ stolicus, & Visitator Generalis, cum facultate ‖ Legati de latere &c. ‖ Reverendissimis Dominis & Fratribus Episco- ‖ pis, locorum Ordinariis & Vicariis Aposto- ‖ licis, Reverendissimis Provicariis, nec non ‖ Missionariis Apostolicis in his Regnis Sina- ‖ rum, salutem in Domino sempiternam.

Publicata Nankini die 7. Februarii 1707, p. 53.

Decretum ‖ sanctissimi Domini ‖ nostri ‖ Clementis papæ XI. ‖ Juxta Exemplar impressum Romæ ex Typo- ‖ graphia Rever. Cameræ Apostolicæ. ‖ Feria V. die XXV. Septembris ‖ M DCC X, p. 58.

Epistolae ‖ Declaratoriae praecedentes De- ‖ creti, cum Responsoriis ad illas, ex Ro- ‖ mano Exemplari Italico, in Typographia Rev. ‖ Camerae Apostolicae, impresso, lati- ‖ nè redditae. ‖ Epistola ‖ Ab Illustrissimo Assessore S. Officii jussu Suae ‖ Sanctitatis, scripta ad P. Generalem So- ‖ cietatis Jesu die 11. Octobris ‖ 1710, p. 63.

Responsoria ‖ Patris Generalis Societatis ‖ Jesu. ‖ p. 65.

Epistola ‖ Ab Illustrissimo Assessore S. Of- ‖ ficii scripta PP. Generalibus, Praedicatorum, ‖ Augustinianorum, & Vice Commissariis Genera- ‖ libus Minorum Observantium, & Reformatorum. ‖ S. Francisci die 17. Octobris Anni 1710. ‖ de mandato Sanctissimi Domi- ‖ ni Nostri, p. 66.

Responsoria ‖ Patris Generalis Praedicato- ‖ rum. ‖ Illustrissime ac Reverendissime Domine, Patro- ‖ ne Observandissime.

In Minerva 18. Octobriis 1710, p. 68.

Responsoria ‖ Patris Generalis Augustinia- ‖ norum.

Ex conventu S. Augustini 18. Octobr. 1710, p. 69.

Responsoria ‖ Patris Vice-Commissarii Ge- ‖ neralis Minorum obser- ‖ vantium. ‖ Illustrissime ac Reverendissime Domine Patro- ‖ ne Colendissime.

Romae in Ara Coeli 18. Octobr. 1710, p. 70.

Responsoria ‖ Patris Vice-Commissarii Ge- ‖ neralis Reformatorum. ‖ Illustrissime & Reverendissime Domine Patro- ‖ ne Colendissime.

Ex conventu S. Francisci in Ripa die 18. Octobris 1710, p. 71.

Declaratio ‖ Reverendissimi Patris Michae- ‖ lis Angeli Tamburini. ‖ Praepositi Generalis Societatis Jesu ‖ super ‖ Postulatò unanimitèr sibi facto à RR. Patri- ‖ bus Assistentibus Nationum, & Procurato- ‖ ribus Provinciarum ejusdem Societatis ‖ Romae Congregatis. ‖ Mense Novembri M DCC XI. ‖ Sanctissimo Domino Nostro ‖ Domino ‖ Clementi XI. ‖ Pontifici Maximo ‖ Humiliter oblata ab eodem P. Praeposito Ge- ‖ nerali die 20. ejusdem Mensis. ‖ — Romae, ‖ Typis Reverendae Camerae Apostolicae. M DCC XI, p. 73.

Voir col. 915.

Sanctissimi D. N. ‖ Domini ‖ Clementis ‖ divina providentia ‖ Papae XI. ‖ Praeceptum super omnimodâ, ‖ absolutâ, integrâ, & inviolabili observatio- ‖ ne eorum, quae aliàs à Sanctitate suâ in ‖ Causâ Rituum, seù Ceremoniarum ‖ Sinensium Decreta fue- ‖ runt : ‖ Cum rejectione quarumcun- ‖ que rationum, seù excusatio- ‖ num ad ejusmodi Decretorum ‖ executionem declinandam al- ‖ latarum, ac praescriptione For- ‖ mulae Juramenti per Missiona- ‖ rios illarum Partium praesen- ‖ tes, & futuros hac in re prae- ‖ standi. ‖ Romae M DCC XV. ‖ — Typis Reverendae Camerae Apostolicae, p. 81.

Appendix ‖ seu ‖ Descriptio ‖ Praesentis Figurae. ‖ Quae à Missionario quodam Apostolico è China ‖ Romam transmissa fuit unà cum expositione caeremo- ‖ niarum, quae in solemni sacrificio Confucii exercen- ‖ tur : fuit que tam haec, quàm illa desumpta ex articulo ‖ quarto quaesitorum, à Sanctissimo Domino Papa ‖ Clemente XI. die 20. Novembris Ao. ‖ 1704. decisorum, p. 100.

(Question des Rites : 1715.)

∴

— Copie de la lettre escrite au Pape sur les affaires de la Chine, par l'ambassadeur de Portugal, datée du 21e aoust 1709, traduite de l'italien par un Révérend Pere Jesuite.

Ms. de la Bibliothèque de la ville d'Avignon, in-4 de 29 feuillets ; rel. ancienne en basane ; anc. Fonds de la ville, n° 431 ; le document que nous venons d'indiquer occupe les vingt premières pages d'un ms. qui se termine par : « Faits particuliers qui me sont arrivés avec un père de l'Oratoire divisés en trois lettres, » etc. Ces trois lettres concernent le jansénisme et sont étrangères à la Chine. Haenel (*Cat. lib. man.*, Lipsiae, 1830) indique ce ms. p. 54.

(Question des Rites : 1715.)

— Mémorial envoyé en Europe par le P. Thomas, Vice-Provincial des Jésuites en Chine [renferme le récit de la visite de Mgr. Charles-Thomas-Maillard de Tournon].

Article I. [Voyage de M. de Tournon]. — Art. II. Sur les Controverses en matière de Religion. — Art. III. Conduite de M. le Patriarche dans différentes négociations qu'il traita à la cour de Péking. — Art. IV. L'Etat de la Religion à la Chine, depuis le départ de M. le Patriarche. — Art. V. Réponse aux Plaintes que M. le Patriarche prétend avoir, à faire des Jésuites. — Dans les *Lettres édifiantes* : Ed. de Mérigot, XXVI, pp. 296/354. — Ed. de Grimbert, I, pp. 349/358. — Huc, *Christianisme en Chine*, III, pp. 402/443.

— Reflexions sur les Cultes de la Chine avec la réponse à ces reflexions. L'un & l'autre en Italien, & traduit en François. M. DCC. X, in-4, pp. 194 s. la préf. et la tab.

— Decret de Nostre S. P. le Pape Clement XI sur la grande affaire de la Chine. 1709. in-12, pp. 161.

Le Mandement du Card. de Tournon est imprimé pp. 139 et seq.

— Decret de N. S. Père le Pape Clément XI touchant les Cultes Chinois. Avec une declaration En forme de Lettre, écrite par M. l'Assesseur du S. Office aux Généraux de quelques Ordres religieux, & les Réponses desdits Generaux, M.DCC.X, in-12, pp. 24.

Le decret en latin et en français est du Jeudi, 25 Septembre 1710.

— La lettre de l'Assesseur au Général de la Compagnie de Jesus est du 11 Octobre 1710. (Elle est en italien et en latin.)

— Second Decret de N. S. P. le Pape Clement XI. sur l'Affaire de la Chine. Du 25 Septembre 1710. Qui confirme le premier Decret de Sa Sainteté de 1704. & le Mandement de M. le Cardinal de Tournon de 1707. & qui casse l'appel interjetté de ce Mandement. Avec la Declaration que N. S. P. le Pape a faite du véritable sens de ses Decrets, par la lettre de M. l'Assesseur du S. Office au General des Jesuïtes, le 11. Octobre 1710. &c. Suivant les Exemplaires imprimez à Rome à la Chambre Apostolique. Pet. in-8, pp. 16 [1710].

— Lettre de Messieurs des Missions étrangères, au Pape. Sur le Decret de Sa Sainteté rendu en 1704 & publié en 1709 contre les Idolatries et les Superstitions Chinoises. M. DCC. X, in-12, pp. 33.

Cette lettre datée « A Paris ce 10 Février 1710 » est de l'abbé Tiberge, directeur du Séminaire des Missions Etrangères.

— * La même, 1709, in-8, pp. 33, Carayon, No. 1205.

— Lettre ‖ de Messieurs ‖ des Missions étrangères, ‖ au Pape . . . 1710, in-12, pp. 48.

Ed. différente de celle déjà citée.

— Reponse ‖ de ‖ Mrs des Missions ‖ etrangeres, ‖ a ‖ la protestation ‖ et ‖ aux reflexions ‖ des Jesuites. ‖ 1710. ‖ in-12, pp. 410 + 4 ff. n. ch. p. l. tab. et l'er.

Sans la protestation des Miss. étrangères.

— Reponse de Messieurs des Missions étrangères à la Protestation et aux Reflexions des Jesuites Seconde édition A la tête de laquelle on trouve la Protestation de ces Messieurs contre trois Libelles publiez par ces Pères. M. DCC. XI. in-12, pp. 300.

La Protestation est datée « A Paris le 15 Octobre 1709 ». — La réponse est de l'abbé Louis Tiberge, d'Evreux, abbé d'Andres, directeur; supérieur du Sém. des Miss. ét., 1694—1700; † au Sém. de Paris, 9 oct. 1730.

— * Risposta dei Signori delle Missioni stranieri alla protesta ed alle riflessioni dei Padri Giesuiti intorno il sacrificio Cinese. Roma 1710. in-4. [*Av.* de l'éd. holl. de *Du Halde.*]

— Lettre que Mrs. des Missions etrangeres ont proposé au Rme. Pere General des Jesuites d'ecrire en commun au Pape, depuis que le Certificat de l'Empereur de la Chine a parû. in-4, s. l. n. d., 2 ff.

— Protestation de Mrs. des Missions etrangeres, sur trois nouveaux Libelles anonimes que les Jesuites répandent par-tout. in-4, s. l. n. d., pp. 8.

A Paris le 15 Oct. 1709.

— * Exercitium Academicum. Confucium Sinarum Philosophum leviter adumbrans, quod sub moderamine Magistri Olavi Celsii examini subjicit Olaus Hanning. Upsaliæ, 1710. in-12, pp. 57.

(Dissert. pro hon. in Philosophia.)

(A son intérêt en donnant des notices sur les discussions théologiques qui avaient lieu alors en Chine entre les Dominicains et les Jésuites.)

— Memoires pour Rome, sur l'etat de la Religion chretienne dans la Chine avec le Decret de nostre S. P. le Pape Clement XI. Sur l'Affaire des Cultes chinois et le Mandement de M. le Cardinal de Tournon sur le même sujet. M.DCC.IX, in-12, pp. 260 s. l. t.

Contient 6 Mémoires, le Decret, le Mandement de Maigrot, celui du cardinal de Tournon, etc.

— Memoires pour Rome sur l'etat de la Religion chretienne dans la Chine, M. DCC. X, in-12, pp. 84, contient un septième mémoire.

— Memoires pour Rome... M. DCC. X, in-12, pp. 72, contient un huitième mémoire.

— Memoires pour Rome... M. DCC. X, in-12, pp. 108, contient un neuvième mémoire.

— Mémoires pour Rome sur l'état de la religion chrétienne dans la Chine. 1710, in-12, pp. 109 + 1 f. d'er.

Renferme le Huitième Mémoire.

— Memoires ‖ for ‖ Rome ‖ Concerning the

State of the ‖ Christian Religion ‖ in ‖ China, ‖ with the ‖ Decree ‖ Of His Present Holiness Pope Clement XI. ‖ Concerning the Affair of the Chinese ‖ Worship. ‖ And ‖ The Ordinance of My Lord Card. of Tournon ‖ Upon the same Subject, An. 1710. ‖ — London, Printed for B. Tooke at the Middle-Temple- ‖ Gate, Fleetstreet, and G. Strahan at the Golden Ball ‖ over against the Royal Exchange in Cornhill, 1710. in-8, 4 ff. n. ch. p. l. tit., adv., tab. + pp. 271.

— L'Etat present de l'Eglise de la Chine, Adressé à Monseigneur l'evêque de ***, in-12 de 308 pages sans l'av., s. l. n. d.

En réponse aux *Mémoires pour Rome* publiés par les Missions étrangères.

— * Lo stato presente della Chiesa Cinese rappresentato a M. Vescovo di .... tradotto dal francese. Colonia, 1709, in-8.

— * Lo stato presente della Chiesa Cinese... s. l. n. d., in-4, pp. 182.

— A true account of the present state of Christianity in China : With full Satisfaction as to the Behaviour of the Jesuits. As also the Pope's Determination, which has been kept so long Secret. London, Printed, and to be Sold by John Morphew near Stationer's-Hall, 1709, in-8, pp. 22 [suivi de] The Decree Publish'd in China, By the Patriarch of Antioch, Translated from a Copy in Spanish, pp. 4.

— * Bericht-schriften voor het hof van Romen, wegens den staat van den Christelyken Godsdienst in China; nevens het raadbesluit van onzen Alderheiligsten Vader den Paus Clemens den XI. over de Chineesche Godsdienstigheden : en het Bevel van den Heer Kardinal de Tournon, rakende dezelve zaak.. S. l., M DCC IX, in-4, pp. 20. — *A la fin* : Einde van het Eerste Bericht.

∴

— * G. P. Dandi. Relazione del penosissimo carcere e della preziosa morte del eminentiss. Signore C. T. Maillard di Tournon, Prete Card. della S. Chiesa legato a latere nel Impero della Cina e regni delle Indie Orientale, seguita nella città di Macao li C. Giugno dell'a. 1701. Forli, 1710, in-12.

Baer, Francfort, Cat. Vogel, No. 174, 1901.

— Relazione della preziosa morte Dell'Eminentiss. e Reverendiss. Carlo Tomaso Maillard di Tournon Prete Cardinale della S. R. Chiesa. Commissario, e Visitatore Apostolico Generale, con la facoltà di Legato a latere nell' Imperio della Cina, e Regni dell' Indie Orientali, Seguita nella Città di Macao li 8. del mese di Giugno dell' anno 1710. E di ciò, che gli avvenne negli ultimi cinque mesi della sua vita. In Roma, M. DCC. XI, Per Francesco Gonzaga al Corso a S. Maria in Via lata, in-4, pp. 1/38.

D'après le P. de Backer cet ouvrage est de Jean-Jacques Fatinelli, procureur des rites chinois à Rome pour le Card. de Tournon.

Cette pièce est suivie des deux suivantes imprimées en plus gros caractères :

— Verba per Sanctissimum Dominum Nostrum Clementem Papam XI. Habita in Consistorio secreto fer. IV. 14. Octobris 1711. de Obitu Cardinalis de Tournon. In-4, pp. 39—47.

— Oratio habita in sacello pontificio V. Kal. Decembris A. D. M. DCC. XI. In Funere Eminentiss. & Reverendiss. Dñi S. R. E. Cardinalis Caroli Thomae Maillard de Tournon Apostolici ad Sinas, & Indias Orientales Legati a Carolo Majello ab intimo SS. Domini Sacello, & altero Bibliothecae Vaticanae Praefecto, in-4, pp. 48/70.

— Oraison funèbre de l'eminentissime Charles-Thomas Maillard, Cardinal de Tournon, legat apostolique dans la Chine et les Indes-Orientales, Prononcée dans la Chapelle du Pape le 27. de Novembre 1711. par Monsieur Charles Majel, Chapellain secret de Sa Sainteté, & l'un des Bibliothecaires du Vatican. Avec des Réflexions et Explications, qui donnent une idée de la persecution & de la mort de ce pieux Cardinal. Juxta exemplar Romae. M.DCC.XII, in-12.

L'*Oraison* (en français et en latin) s'étend jusqu'à la page 62. — L'*Explication*, pp. 63 et seq.

— Le Cardinal [Thomas-Marie Ferrari], toujours zélé pour l'amour de la Religion, travailla selon les intentions du pape [Clément XI]; & fit sur les matières controversées [touchant le culte chinois] un sçavant Ecrit, qu'on a conservé en original, dans notre bibliothèque [de l'ordre de S. Dominique] de Sainte Sabine à Rome, jusqu'à ce qu'il a plû à N. S. P. le Pape Benoit XIV aujourd'hui régnant, de faire porter ce précieux Monument dans la Bibliothèque du Vatican. L'auteur italien, qui nous apprend ce fait, ajoute qu'on a tiré deux copies fort exactes de ce Manuscrit ; & qu'on les conserve à présent, l'une dans la Bibliothèque de Sainte-Sabine, et l'autre dans celle de Casanate à la Minerve. (Touron, VI, p. 505.)

— Lettres de l'eminentissime cardinal de Tournon, legat du S. Siege dans l'Empire de la Chine, au Comte de Lizarraga, Gouverneur de Manile, Capitale des Isles Philippines. Traduites de l'Italien. M DCC XII, s. l. Pièce in-12, pp. 21.

— Philosophia ‖ Sinica ‖ tribus ‖ tractatibus, ‖ Primo Cognitionem Primi Entis, ‖ Secundo Ceremonias erga ‖ Defunctos, ‖ Tertio Ethicam, ‖ Juxta Sinarum mentem ‖ complectens, ‖ Authore ‖ P. Francisco Noël Societ. Jesu Missionario. ‖ De speciali licentia ‖ SS. D. N. D. Clementis Papae XI. ‖ et ‖ Superiorum Permissu. ‖ Pragae, ‖ Typis Universit: Carolo-Ferdinandeae, in Collegio Soc. ‖ Jesu ad S. Clementem, per Joachimum Joannem Kamenicki ‖ Factorem, Anno 1711. in-4.

Praefatio ad Lectorem. — Index Tractatûs Primi de Cognitione primi Entis, seu Dei apud Sinas. — Index Tractatûs Secundi De Ceremoniis Sinarum erga Defunctos. — Index Tractatûs Tertii De Ethica Sinensi [12 ff. n. ch. p. l. tit. et ces prél.]. — Tractatus I (pp. 1/179). — Tractatus II (pp. 1/240). — Appendix de scopo Rituum Sinensium Controversorum seu Brevis Analogia Rituum Sinensium erga Mortuos cum Ritibus Sinensibus erga Vivos usitatis (pp. 220/240). — Tractatus III (pp. 1/259). — Errata.

On remarquera que chaque traité a une pagination spéciale.

On trouve à la suite de cet ouvrage :

— Historica ‖ Notitia ‖ Rituum ac Ceremoniarum ‖ Sinicarum ‖ In colendis Parentibus ‖ ac Benefactoribus De- ‖ functis, ‖ Ex ipsis Sinensium Authorum li- ‖ bris desumpta ‖ a ‖ P. Francisco Noël, ‖ Societatis Jesu Missionario. ‖ De speciali Licentia ‖ SS. D. N. D. Clementis Papae XI. ‖ et ‖ Superiorum Permissu. ‖ Pragae, typis Univers: Carolo-Ferdinand. in Collegio Soc. Jesu ‖ ad S. Clementem, per Joachimum Joannem Kamenicky ‖ Factorem, Anno 1711, in-4.

Index Capitum & Quaestionum (3 ff.). — Praefatio ad Lectorum (pp. 1/6). — Huit Chapitres (pp. 7/91). — Epilogue, p. 91.

Dans l'exemplaire de Pauthier (il porte le numéro 294 dans le Catalogue de la vente des livres de ce savant où il a été vendu Fr. 41), que nous avons sous les yeux, nous lisons cette note : « Cet ouvrage extrêmement rare, et qui ne passe pas une fois dans les ventes tous les demi-siècles, a été acheté par moi à la vente Quatremère le 12 avril 1859. On pense que ce livre fut supprimé à son apparition par ordre supérieur, ou retiré de la circulation par son auteur peu de temps après sa publication. G. Pauthier. » V. Catalogue des livres de la maison professe des Jésuites, p. 181, No. 2936. — V. *Mém. de Trévoux*, Oct. 1764, 2e vol. aux pages 1049/1050. — L'ex. de Pauthier acheté à sa vente fr. 43.10 par Léon Pagès, et à la mort de celui-ci par le libraire Maisonneuve m'a été cédé par ce dernier ; c'était le seul ex. que j'aie jamais vu ; ma note avait été rédigée précédemment sur ce même ex. alors qu'il avait été envoyé momentanément en Chine à la bibliothèque des Jésuites de Siu-ca-wei par M. Pagès. Depuis lors, la bibliothèque de l'Ecole des Langues Orientales à Paris s'est également enrichie d'un exemplaire. H. C.

Il y a au British Museum un ex. du second ouvrage : *Historica Notitia Rituum* sous le numéro 279. c. 29/1.

— Declaratio Reverendissimi Patris Michaelis Angeli Tamburini Praepositi Generalis Societatis Jesu super postulato unanimitèr sibi facto à RR. Patribus Assistentibus Nationum, et Procuratoribus Provinciarum ejusdem Soc. Romae congregatis Mense Novembri M DCC XI. Sanctissimo Domino Nostro Domino Clementi XI Pontifici Maximo Humiliter oblata ab eodem P. Praeposito Gen. Die XX ejusdem mensis. Romae, Typis Reverendae Camerae Apostolicae, M DCC XI, in-4.

Voir cette Déclaration dans les : *Clementis XI Pontificis Maximi opera omnia* . . . Francofurti, 1729, 2 vol. in-fol. ; au t. I, pp. 1103/6. — Dans les *Mém. hist. sur les affaires des Jésuites*, par l'ab. Platel (le P. Norbert), Lisbonne, 1766, 7 vol. in-4, au t. VI, pp. 398/402. — Dans : *Juris pontificii de propaganda fide pars prima cura Raphaelis de Martinis*, Vol. II, Romae, 1889, pp. 223/4. (Sommervogel.) — Supra, col. 910.

— Declaration ou Soumission du Reverendissime P. Michel-Ange Tambourin, General de la Compagnie de Jesus, & des Jesuites assemblés à Rome l'an mil sept cens onze Aux Decrets du Pape Clément XI qui condamnent les Ceremonies Chinoises, Avec quelques Reflexions sur cette soumission, La Bulle du même Pape contre l'Evêque de Macao, & l'Etat présent de l'Eglise de la Chine. M.DCC.XII, s. l., in-12, pp. 141.

Voir infra : Anecdotes sur l'état de la Religion dans la Chine. Vol. VI, 1735.

— * Diverse lettere e documenti dell'anno 1706 sino a 1722, per giustificare la sincera e giusta condotta del R. P. Generale della Compagnia di Giesu, nel ordinare ed esigere dà suoi religiosi missionarii della Cina, la dovuta esecuzione de' decreti apostolici e di altri ordini della Santa sede intorno a quelle missioni. Pet. in-fol., pp. 545. — Mss. de la Bibl. de Carpentras, I, pp. 146/151.

— Acta Pekinensia sive Ephemerides Historiales eorum quae Pekini acciderunt a 4ª Decembris anni 1705. 1ª Adventûs Illmi Revmi et Excmi Dñi D. Caroli Thomae Maillard de Tournon Patriarchae Antiocheni Visitatoris Apostci cum potestate legati de latere etc.

Ms. in-folio, commencement du XVIIIe Siècle ; papier chinois ; les 1289 premières pages sont chiffrées ; les dernières qui comprennent ce journal quotidien depuis sept. 1711 ne le sont pas ; cette relation importante a été faite sous la direction du P. Kilianus Stumpf, recteur et notaire apostolique, dont la note p. 1289 est suivie du certificat autographe du visiteur le P. Jean P. Gozani, Pekin, 12 Nov. 1710 ; ce Ms. intéressant appartient aux Archives générales de la Compagnie de Jésus.

— Kiliani Stumpfii Compendium Actorum Pekinensium A. 1715, 1716, 17, et Documenta Actis hisce subiuncta. Descripsi ex Originali. Acta, 1—129 + 1 p. blanche + 1—168 p. Documenta. (Ms. du *Hunteriàn Museum*, Glasgow. U. 2. 1.)

— Relation abrégée de la nouvelle persécution de la Chine ; tirée de la Relation Composée à Macao par les Missionnaires de l'Ordre de Saint Dominique, qui ont été chassés de cette Mission. Traduite de l'Italien Par le R. P. François Gonzalès de S. Pierre, Religieux du même Ordre et Missionnaire Apostolique à la Chine. [1712] in-12, pp. 378 sans la Table.

Cet ouvrage écrit en espagnol a été traduit en italien, puis en français.

— Extraits des Relations et des Lettres venuës de la Chine & de Macao à Rome, au mois de Septembre 1711, in-12, pp. 48 sans les Errata.

Ces extraits forment la sixième partie de la « Relation abrégée ». Les six parties ont été réimprimées sous le titre de :

— Relation ‖ de la ‖ nouvelle persecution ‖ de la Chine, ‖ jusqu'a la mort du ‖ Cardinal de Tournon : ‖ dressée ‖ Par le R. P. François Gonzales ‖ de S. Pierre, Religieux de ‖ l'Ordre de S. Dominique, & ‖ Missionnaire Apostolique ‖ à la Chine, ‖ sur ‖ Une plus ample Relation des Missionnaires du ‖ même Ordre, qui ont été chassés de la Chine. ‖ MDCCXIV, s. l., in-12, pp. XVI-392 + 6 ff. n. ch. p. l. tab.

On a ajouté une septième partie à l'ouvrage avec le titre de :

— Relation abrégée de la nouvelle persécution de la Chine. Septième Partie. Contenant les Pièces justificatives de tout ce qui a été rapporté, & qui sont annoncées dans les pages suivantes, in-12, pp. 244.

— Caduceus sinicus modernorum decretorum explanatio theologica, apostolicae sedis Judicio subjecta. Colon. Agripp. Apud Balthasarem ab Egmond. MDCCXIII, in-8, pp. 107.

— Constitution de N. S. P. le Pape Clement XI. Où il décide de nouveau, & confirme avec plus de force & de précision ce qu'il avoit déjà jugé & réglé par ses Décisions précédentes, touchant les Cultes & les Cérémonies de la Chine : Et sur tout, Où il retranche & anéantit absolument toutes les excuses, tous les prétextes, & tous les détours dont on s'est servi jusqu'ici & dont on pourroit encore se servir dans la suite, pour éluder ses Decrets, & pour en empêcher l'exécution. s. l. n. d., pet. in-8, pp. 32 à 2 col.

En latin et en français. Les 2 ff. qui suivent le titre contiennent en français et en latin le second titre « Commandement de N. S. P.... suivant l'exemplaire imprimé à Rome M DCC XV. De l'Imprimerie de la Chambre Apostolique. »

British Museum, $\frac{4765, a}{7}$

— Constitution de Notre Saint-Père le Pape Clément XI au sujet des Cérémonies chinoises. Donné à Rome, à Sainte-Marie-Majeure, sous l'Anneau du Pêcheur, le dixneuvième jour de mars 1715, de notre pontificat l'année quinzième.

Traduite en français et publiée dans le *Christianisme* du P. Huc, III, pp. 443/458 ; dans les *Lettres édif.*, éd. de Grimbert, I, pp. 358/372.

— Examen ‖ des faussetez ‖ sur ‖ les cultes ‖ chinois, ‖ Avancées par le Pere Joseph Jou- ‖ venci Jesuite, dans l'Histoire ‖ de la Compagnie de Jesus. ‖ Traduit ‖ D'un Ecrit Latin, composé par ‖ Le R. P. Minorelli, ‖ De l'Ordre de S. Dominique, Missionaire ‖ à la Chine. ‖ M.D.CC.XIV. in-12, 4 ff. n. c. p. l. t., l'av., l. tab. + pp. 184.

Cet ouvrage n'est pas du P. Minorelli qui n'a jamais été en Chine. Voir de Backer et *Mém. de Trévoux*, 1715, p. 2229.

— Informatio ‖ pro veritate ‖ Contra iniquiorem famam sparsam ‖ per Sinas ‖ cum calumnia in PP. Soc. Jesu, ‖ & ‖ Detrimento Missi ‖ onis. ‖ Cōmunicata Missionariis ‖ in Imperio Sinensi. ‖ Anno 1717. [Canton.]

Petit in-folio, imprimé avec des caractères en bois, à la manière chinoise : 94 feuillets numérotés sur la tranche avec des chiffres chinois, plus 1 feuillet pour le titre et 1 feuillet de caractères mandchous au commencement.

L'exemplaire que nous avons examiné est celui du British Museum ; il est semblable à l'ex. de la Bibliothèque nationale de Palerme décrit par M. Pennino dans son *Catalogo ragionato*, I, 1875, n° 629. — Et il porte le n° 4281, Grenville. Un autre ex. porte le n° C. $\frac{24.\ b.}{3}$ 13 et n'a pas le feuillet de caractères mandchous. Il est relié avec :

1° Copie [manuscrite] du mémoire [en latin] que M. Pedrini [lazariste] présenta à l'Empereur. C. $\frac{24.\ b.}{1}$ 13.

2° Pièce d'un feuillet imprimé d'un côté, relative à la question des rites ; mandement en latin signé : *Li ning ceu, die 15a Febr. Anno Dñi 1718 : F. Bernardinus ab Eccla qui supra Episcopus Pechinensis.* Le P. B. ab Ecclesia a ajouté son sceau et sa sign. manuscrite. C. $\frac{24.\ b.}{2}$ 13.

Le P. Bernardino della Chiesa, mineur observantin de la province de Venise, fut envoyé en Chine avec quatre compagnons en 1680 ; élu avant de partir évêque d'Argolis ; coadjuteur du vicaire apostolique du Yun-Nan.

3° Pièce d'un feuillet imprimé d'un côté relative à l'*Informatio* ; mandement en latin signé : *Lin ning ceu, die 24a Septembris 1718. F. Bernardinus ab Ecclā qui supra Epūs Pechinensis.* Le P. B. ab Ecclesia a ajouté son sceau et sa sign. ms. C. $\frac{24.\ b.}{4}$ 13.

4° Pièce in-fol. imprimée contenant le décret du 24 janvier 1720 qui condamne l'*Informatio*. Romae, Ex typographiâ Reuerendae Camerae Apostolicae 1720. C. $\frac{24.\ b.}{5}$ 13.

5° Pièce imprimée en rouge. C. $\frac{24.\ b.}{6}$ 13 en chinois et en mandchou avec la déclaration en latin :

« Nos Ytoury, Voamtaohoa, Tchaotcham, Aulae *Ouintien*, et ejusmodi, ubi libri conficiun ‖ tur, locorum Mandarini, obedientes reverenter Imperatoris mandato, ad omnes qui ‖ ex Europa appulerunt, scribimus.

Anno Kam-Hi 45°. PP. Ants. Barros et Ants. Beauvolier : anno Kam-Hi 47°. PP. Joses. Provana ‖ et Raymondus de Arxo de mandato Imperatoris in Europam missi sunt. Multis ab hinc ‖ annis non modò nullum responsum venit, unde verum a falso discerni non potest, sed ‖ etiam confusi rumores afferuntur. Idcirco Moscovotis rursus tradita est Epistola de- ‖ ferenda, quam verisimile est pervenisse. Certè quidem cum homines a nobis mis- ‖ si redierint, et negotia omnino clara fuerint, tunc adhiberi fides poterit. At ni- ‖ si homines a nobis missi revertantur, deerit verum fundamentum ; et etiamsi ‖ quaecumque epistolae vel nuntia venerint, omnino credi non potest. Et veriti ne lit- ‖ terae penetrare non possint, has scribimus : his versio europaea adjiciatur : omnia ‖ typis mandentur : Proregis Cantoniensis sigillo muniātur : non autem claudan- ‖ tur : plurimaque Exemplaria omnibus recenter advectis Europaeis distribuantur, ‖ quae ipsi secum asportent. Datum An : Kam-Hi 55°. (1716) 9ae. Lunae die 17a (octob. 31). ‖

De mandato Imperatoris subscripsimus :

Matthaeus Ripa, Miss. Aplicus Sac. Cong. de Prop. Fide.	Kilianus Stumpf, Soc. Jesu.
	Josephus Suares, S. J.
Theodors. Pedrini M. A.	Joachimus Bouvet, Soc. J.
	Joan. Franc. Foucquet, S. J.
Dominicus Parrenin, Soc. J.	Joseph Baudinus, S. J.
Petr. Vinc. De Tartre, S. J.	Frantz Stadtlin, S. J.
Petrus Jartoux, Soc. J.	Jacobus Brocard, S. J.
Franc. Cardoso, Soc. J.	Joseph da Costa, S. J.
Joannes Mourao, S. J.	Joseph Castiglione, S. J.

Ce vol. a été défendu par Décret de la Sainte Inquisition de Rome du 24 janvier 1720 ainsi qu'on le voit supra.

— Le P. Pray, *Historia controversiarum*, cite p. 127, Note No. 249 et dans beaucoup d'autres endroits : « *Acta Pekinensia, Pekini impressa an. 1717, p. 186.* » Ne serait-ce pas l'*Informatio pro Veritate*, de Canton 1717.

— Esame, e difesa del Decreto pubblicato in pudisceri da Monsignor Carlo Tommaso di Tournon Patriarca d'Antiochia, Commissario, e Visitatore Apostolico, con Podestà di Legato a latere delle Indie Orientali, Impero della Cina, e Isole adjacenti. Di poi Cardinale della S. R. Chiesa Approvato, e Confermato con Breve dal Sommo Pontefice Benedetto XIII. Presentata alla medesima Santità Sua da Fra Luigi Maria Lucino dell' Ordine de' Predicatori, Maestro di Sacra Teologia, e Commissario Generale del Sant'Uffizio. Edizione seconda rivista dall' autore. In Roma, nella stamperia Vaticana M.DCCXXIX. Con licenza de' Superiori. In-8, pp. LXIII-492.

— * Première éd. : Rome, 1728.

— Lettre inédite du P. Prémare sur le Monothéisme des Chinois publiée avec la plupart des textes originaux accompagnés de la transcription, d'un mot-à-mot et de notes explicatives par G. Pauthier. Paris, Benjamin Duprat, 1861, in-8, pp. 54.

Ext. des cahiers de Février et Mai, du tome III (5e Série), des *Annales de philosophie chrétienne.* — Voir également la *Rev. de l'Or. et de l'Algérie*, N. Sér., V, 1857. — Cette lettre est datée de Canton, ce 10 septembre 1728 ; l'original en est conservé à la Bib. nat. de Paris.

— L'*Essai sur le monothéisme des Chinois* et la lettre du P. de Prémare ont paru dans la *Rev. Or. et Am.*, III, 1860, pp. 96/124 ; IV, 1860, pp. 248/269.

— Anecdotes ‖ sur ‖ l'etat de la Religion ‖ dans ‖ la Chine. ‖ ou ‖ Relation de M. le Cardinal de ‖ Tournon Patriarche d'Antioche, ‖ Visiteur Apostolique ; avec pouvoir de Legat *à latere* à la Chine, ‖ écrite par lui-même. ‖ 7 vol. in-12.

Tome premier. A Paris, aux dépens de la Société. M.DCC.XXXIII, pp. IX-XLV-287-96.

— Lettre de M. le Cardinal de Tournon à M. le Cardinal Paulucci. Pour servir d'Avertissement à la Relation suivante (Macao, le 2 Novembre 1708), pp. III-IX.

— Preface historique, pp. I-XLV.

— Relation de l'entrée de Monsieur le Patriarche d'Antioche à la Chine, et de ce qui est arrivé par rapport aux Ordres dont il etoit chargé depuis l'an 1705, pp. 1/287.

— Abrégé des principaux evenemens de la legation de M. le Cardinal de Tournon, pp. 1/96.

Anecdotes.... Chine. Contenant diverses pieces de M. le Cardinal de Tournon, écrites & envoyées à Rome par lui-même. Tome second. A Paris, aux dépens de la Société. M.DCC.XXXIV, pp. X-430-105.

Anecdotes.... contenant l'histoire des Superstitions des Malabares. Tome III. Premiere partie. *Ibid.*, M.DCC.XXXIV, pp. VII-393 + 1 f. n. ch.

Anecdotes.... contenant ce qui s'est passé à Rome & à la Chine au sujet des Idolatries Chinoises, depuis la mort de M. le Cardinal de Tournon, jusqu'à la Légation de M. de Mezzabarba. Tome III. Seconde Partie. *Ibid.*, M.DCC.XXXIV.

Anecdotes.... contenant le Journal de Monseigneur Charles Ambroise de Mezzabarba, Patriarche d'Alexandrie, & Légat du S. Siége auprès de l'Empereur de la Chine. Tome IV. *Ibid.*, M.DCC.XXXIV, pp. VI-450.

Anecdotes.... contenant les suites de la Légation de M. de Mezzabarba, Patriarche d'Alexandrie, à Rome. Tome V. Première Partie. *Ibid.*, M.DCC.XXXV, pp. 185.

Anecdotes.... contenant les suites de la Légation de M. de Mezzabarba, Patriarche d'Alexandrie, à Rome. Tome V. Seconde Partie. *Ibid.*, M.DCC.XXXV, pp. 189 à 436.

Anecdotes.... contenant le Memorial du R. P. Michel-Ange Tambourin, & sa soumission au Pape. Tome VI. *Ibid.*, M.DCC.XXXV, pp. XII-178.

Anecdotes.... Tome Septième, contenant les decisions de la S. Congrégation de la Propagande sous le Pontificat d'Innocent XI. M.DCC.XLII, pp. LIX-278-61.

Ce volume est suivi d'une *Table des matières contenues dans les six volumes d'Anecdotes*, 60 pages.

Cette collection est de l'Abbé de Villors.

— Lettre du Père de Goville, Missionnaire de la Compagnie de Jesus, ancien miss. de la Chine, a M*** : contenant sa declaration au sujet des faits calomnieux qui lui sont imputés par l'*Auteur* des *Anecdotes* sur l'état présent de la Religion dans la Chine. (*Lettres édif.*, anc. éd., XXII, p. 325. — Mérigot, XXI, pp. 384/401. — *Panthéon litt.*, III, p. 628.)

— * In-4, pp. 8. [De Backer, I, col. 2219.] — Réimp. dans les *Mém. de Trévoux*, Déc. 1735, pp. 2623/42.

Voir sur cette lettre l'ép. du P. Du Halde, dans le Rec. XXII des *Lettres édifiantes*.

— Réponse à la lettre du P. de Goville ancien missionnaire de la Chine addressée aux RR. PP. Jésuites. A Paris, aux dépens de la Société. M.DCC.XXXIV. In-12, pp. 105 s. l'av.

Aussi dans le T. II des *Anecdotes sur l'Etat de la Religion*; voir col. 919.

— Seconde lettre du Pere de Goville, Miss. de la Cie de Jesus, ancien miss. de la Chine; au sujet de la réponse qu'a fait à sa première lettre l'*Auteur* des *Anecdotes* sur l'état de la Religion, à Monsieur ***. (*Lettres édifiantes*, Anc. éd., Rec. XXIII, p. 442. — Mérigot, XXI, pp. 401/456. — *Pant. litt.*, III, p. 632.)

— * In-4, pp. 26. [De Backer, I, col. 2219.] Réimp. dans les *Mém. de Trévoux*, Nov. 1736, pp. 2412/28, et Déc., IIe partie, pp. 2768/2815.

— Viri illvstris Godefr. Gvil. Leibnitii Epistolae ad diversos, theologici, iuridici, medici, philosophici, mathematici, historici et philologici argvmenti, e msc. avctoris cvm annotationibvs svis primvm divvulgavit Christian. Kortholtvs, A. M. ordinis philosophici in Academia Lipsiensi assessor, et collegii minoris principvm collegiatvs. Lipsiae svmtv Bern. Christoph. Breitkopfii. CIↃ IↃ CC XXXIV—XLII, 4 vol. in-8.

On y trouve les traités des PP. Longobardi et de Ste.-Marie, etc., signalés col. 899.

∴

— Istoria ‖ delle cose operate ‖ nella China ‖ da Monsignor ‖ Gio : Ambrogio ‖ Mezzabarba ‖ patriarca d'Alessandria, ‖ legato appostolico ‖ in quell' impero, ‖ E di presente Vescovo di Lodi, ‖ scritta ‖ dal Padre Viani ‖ Suo Confessore e compagno nella ‖ predetta Legazione. ‖ Opera data adesso la prima volta ‖ alla luce. ‖ In Parigi. ‖ Appresso Monsù Briasson. ‖ Con Privilegio. in-8, pp. XV-256.

— Istoria ‖ delle cose operate ‖ nella China ‖ da Monsignor ‖ Gio. Ambrogio ‖ Mezzabarba ‖ Patriarca d'Alessandria, ‖ Legato

Appostolico ‖ in quell' Impero, ‖ e di presente Vescovo di Lodi. ‖ Scritta ‖ dal Padre Viani ‖ Servita ‖ Suo Confessore, e Compagno nella predetta ‖ Legazione. ‖ Edizione seconda. ‖ In Colonia MDCCXL. ‖ Appresso Enrico Aertssens. ‖ Con Privilegio, e Approvizione. ‖ In-8, pp. xv-256.

La première édition est celle de Paris.

— STORIA ‖ delle cose operate ‖ NELLA CHINA ‖ Da Monsignor ‖ Gio : Ambrogio ‖ MEZZABARBA ‖ patriarca d'Alessandria, ‖ Legato Appostolico in quell' Impero, ‖ e ultimamente ‖ Vescovo di Lodi, ‖ scritta ‖ dal padre Viani ‖ dei Servi di Maria ‖ Confessore del Prelato suddetto, e suo Compagno ‖ nella prefata Legazione. ‖ in Venezia, M DCC LX. ‖ Nella Stamperia Fenziana, ‖ Con facoltà dei Superiori, e Privilegio. in-8, pp. XVI-188.

— Carl Ambrosens Mezzabarba, Titularpatriarchens von Alexandrien, Legation im Namen des Pabstes, an den Kaiser Kang hi. Im Jahre 1720. Von dem P. Viani italienisch beschrieben, und itzo erst englisch übersetzt. (J. J. Schwabe, *Allg. Hist. d. Reisen*, Bd. V. 1749, pp. 541/576.)

D'après Astley.

On trouvera un extrait de cette relation dans la *Bibliothèque raisonnée des ouvrages des Savans de l'Europe*, Amsterdam, 1740, in-12, 1re et 2e Parties du Vol. XXV. Cet extrait a été traduit en Anglais dans la Collection des Voyages d'Astley, Vol. III, p. 584 : « The Legation of Charles Ambrose Mezzabarba, titular Patriarch of Alexandria, from the Pope to the Emperor Kang hi, in 1720. Written by P. Viani. And now first rendered into English. » Voir également l'*Hist. gén. des voyages.*

— Giornale della Legazione di M. Carlo Mezzabarba Patriarca d'Alessandria in Cina. 23 Settembre 1720.

Ce Ms. composé de 607 feuillets in-4 a été remis au dépôt des Affaires étrangères en 1749 ainsi que l'indique une note à la première page. Ce Vol. est marqué « Chine, 1720 et 1721, 3 ».

— Le P. Norbert donne dans ses *Mémoires*, II, pp. 58 et seq., une relation de la légation de Mezzabarba d'après le Journal du P. Viani.

Le P. Viani, né à Saluces en Piémont en 1690, est mort à Naples en 1738.

— Un' Ambasciata del papa all' imperatore della China nel 1720. Lettera del Padre Cesati Barnabita. gr. in-8, de pp. 21.

Cette lettre datée de Canton, 30 Oct. 1721, d'un père de Milan est relative à l'ambassade de Mezzabarba. Elle forme une brochure *Nozze* LOVARIA-TOMADINI avec une introduction au Comte Antonio Lovaria datée « Udine, il di di Pasqua 1886 » et signée Antonino di Prampero.

— Bemerkingen ‖ op de ‖ tegenwoordige Zaken ‖ van ‖ China, ‖ Eerst geschreven in't Italiaens en nu uÿt ‖ het Fransch over-gezet in de ‖ Nederlandse tael. ‖ Tot Keulen, ‖ By Servatius Frissem. ‖ Men Vintse te Koop ; ‖ T' Antwerpen, By Hendrick Thieullier. pet. in-12, 3 ff. prél. n. c. p. l. tit., préf. + pp. 43.

(QUESTION DES RITES : 1740.)

— BULLE DE BENOIT XIV. — *Ex quo singulari providentia factum est,.....* Datum Romae apud Sanctam Mariam Majorem quinto Idus Julii, Anno Incarnationis Dominicae millesimo septingentesimo quadragesimo secundo Pontificatus Nostri Anno II.

Texte latin dans : *Monita ad Miss. Prov. Nankinensis*, Appendix, pp. XXXI-LIV. — Voir col. 825.

— Confirmation et renovation de la Constitution de Clement XI. Qui commence par ces mots, *Ex illa die :* Rendue au sujet des Cérémonies Chinoises ; Et en mêmetemps la révocation, rescission, abolition, cassation, annullation, & condamnation des Permissions accordées autrefois au sujet des mêmes Cérémonies, par une Lettre pastorale de Charles-Ambroise Mezabarba Patriarche d'Alexandrie, autrefois Commissaire et Visiteur Apostolique dans l'Empire de la Chine ; Avec une nouvelle Formule du serment qui doit être prêté par les Missionnaires de ces Provinces, tant ceux qui y sont aujourd'hui, que ceux qui pourroient y être envoyés dans la suite. A Rome, l'an 1742, in-4, pp. 40.

En français et en latin.

— Sanctissimi Domini nostri Benedicti Papae XIV. Constitutio de ritibus, seu caeremoniis sinensibus : qua confirmatur Constitutio Clementis XI., incip. *Ex illa die.* Permissiones quaedam publicatae a bon. mem. Carolo Ambrosio Mediobarbo Patriarcha Alexandrino, reprobantur, & annullantur : Praescribitur nova formula Juramenti a Missionariis praestandi. A la fin : Romae MDCCXLIV. Typis Sacrae Congregat. de Propaganda Fide. Superiorum Permissu. In-8, pp. CXXVI.

Cette constitution a été fréquemment réimprimée ; une éd. courante est un pet. in-8, pp. 59, cart., s. tit., s. l. n. d., de l'imprimerie de H. Vrayet de Surcy.

— Mémoires historiques . . . par le P. Norbert . . . Luques, M DCC XLIV. Par Salvateur et Jean Dominique Marescandoli. Avec la Permission des Supérieurs, in-4.

Bib. Grenoble E, 19873.

— Memoires historiques présentés au Souverain Pontife Benoit XIV. sur les Missions des Indes Orientales, Où l'on fait voir que les PP. Capucins Missionnaires ont eu raison de se séparer de communion des RR. PP. Missionnaires Jesuites qui ont refusé de se soumettre au Decret de

(QUESTION DES RITES : 1742—4.)

M. le Cardinal de Tournon Légat du S. Siége, contre les Rits Malabares : Ouvrage qui contient une suite complette des Constitutions, Brefs & autres Decrets Apostoliques concernans ces Rits ; Pour servir de règle aux Missionnaires de ces Païs-là. Par le R. P. Norbert Capucin de Lorraine, Missionnaire Apostolique, & Procureur de ces Missions en Cour de Rome. Luques MDCCXLV. Par Salvateur & Jean-Dominique Marescandoli. Avec la Permission des Supérieurs. 4 vol. in-12.

Pierre Parisot, *alias* Père Norbert, né à Bar-le-Duc en 1697 ; † près de Commercy le 8 juillet 1769.

— Memoires historiques présentés en 1744. au Souverain Pontife Benoit XIV. Sur les Missions des Pères Jésuites aux Indes Orientales, où l'on voit leur constante opiniâtreté à défendre & à pratiquer les Rits idolâtres & superstitieux du Malabar, condamnés & anathématisés par plusieurs Papes, & les continuelles persécutions qu'ils ont faites aux fidèles Ministres de l'Evangile & du Siége Apostolique, Avec un détail de ce qui s'est passé depuis que cet Ouvrage a été mis au jour, & que la Constitution du même Pontife contre ces Rits a été publiée dans l'Eglise. Troisième Edition Corrigée & considérablement augmentée & enrichie de plusieurs planches. Par le R. P. Norbert, Capucin de Lorraine, Missionnaire Apostolique & Procureur général en Cour de Rome, de ces mêmes Missions. Besançon, chez Jean Pierre le Fevre, MDCCXLVII, 2 vol. in-4.

— * Deux Lettres à un évêque sur le livre du Père Norbert, capucin, contre les Jésuites, 1745, in-12. (De Backer.)

— LETTRES ‖ edifiantes et curieuses ‖ sur la ‖ visite apostolique ‖ de ‖ M. DE LA BAUME ‖ evêque d'Halicarnasse, ‖ a la Cochinchine ‖ en l'année 1740., ‖ Où l'on voit les Voyages & les Travaux de ce ‖ zélé Prélat, la conduite des Missionnaires ‖ Jésuites & de quelques Autres, avec de ‖ nouvelles Observations &c. ‖ Pour servir de continuation aux Memoires ‖ historiques du R. P. Norbert capucin : ‖ Par ‖ M. Favre ‖ Prêtre Suisse, Protonotaire Apostolique & Provisiteur ‖ de la même Visite. ‖ — A Venise ‖ Chez les Frères Barzotti à la Place S. Marc. ‖ M.D.CC.XLVI. ‖ Avec la permission des Supérieurs, in-4, pp. VIII-379.

— Lettres ‖ édifiantes et curieuses ‖ sur la ‖ visite apostolique ‖ de ‖ M. de La-Baume ‖ evesque ‖ d'Halicarnasse ‖ a la Cochinchine en l'annee 1740. ‖ Où l'on voit les Voyages & les Travaux de ce ‖ zélé Prélat, la conduite des Missionnaires ‖ Jésuites & de quelques autres, avec de nou- ‖ velles Observations, &c. ‖ Par M. Favre Prêtre Suisse, Protonotaire ‖ Apostolique & Provisiteur de la même Visite. ‖ A Venise, ‖ Chez les Frères Barzotti à la Place S. Marc. ‖ M.D.C.C.LIII. ‖ 2 vol. in-12, pp. 8 + 280, 246 + 14.

Les dernières pages renferment : Lettre d'un Francomtois à un prélat d'Italie au sujet d'un livre intitulé : *Lettres édifiantes et curieuses sur la visite apostolique*, etc. . . .

— Lettres apologetiques du P. Norbert Capucin, Où il dévoile les Calomnies que les PP. Jésuites ont répandu surtout en Italie & en France, dans un grand nombre de Libelles, contre sa personne et ses ouvrages présentés à Benoit XIV. A Lucques chez Dominique Ciufetti & Philipe Marie Benédini. M.D.CCXLVI. Avec Permission & Approbation. 2 vol. pet. in-8.

— * Memorie storiche della legazione e morte del cardinale di Tournon espoti con monumenti rari ad autentici, non più dati in luce. Roma, 1762, in-8.

Publiés par le Cardinal Passionei.

— Les Jesuites ‖ convaincus ‖ d'obstination ‖ à permettre ‖ l'idolâtrie ‖ dans la Chine. ‖ Lettres. ‖ — M.DCC.XLIV, s. l., in-12, pp. 135.

Par M. Gautier.

— Impostvrae CCXVIII. in dissertatione R. P. Benedicti Cetto, Clerici Regularis e Scholis Piis de Sinensivm Impostvris detectae et convvlsae. Accedvnt Epistolae Anecdotae P. P. Avgvstini e Comitibvs Hallerstein ex China scriptae. Bvdae, Typis Regiae Vniversitatis. Anno MDCCLXXXI, in-8, pp. LV/272, s. l. t. et l'index.

Georgius Pray Lectori. (4 pag.)

Index Capitum. (2 pag.)

Epistolae Anecdotae R. P. Augustini e comitibus Hallerstein ex China scriptae : I. Pekini, 6 Oct. 1743, pp. I/XVI. — II. Pekini, 28 Nov. 1749, pp. XVII/XXIX. — III. Quam-tum, lat. bor. 24 1/2, 21 Oct. 1753, pp. XXIX/XXXII. — IV. Pekini, 6 Oct. 1757, pp. XXXIII/XXXVII. — V. Pekini, 29 Oct. 1761, pp. XXXVII/XL. — VI. s. d., pp. XL/XLIV. — VII. Pekini, 27 Oct. 1765, pp. XLV/XLVIII. — VIII. Pekini, 24 Sept. 1766, pp. XLIX/LV.

Imposturae detectae, et convulsae, pp. 1/272 [par le P. George Pray].

Ouvrage rarissime ; nous n'en connaissons que deux exemp., celui du British Museum que nous avons examiné, il porte le No. 817. b. 50, et celui de l'Ecole des Langues orientales.

— Georgii Pray Historia Controversiarvm de Ritibvs sinicis ab earvm origine ad finem compendio dedvcta. Praecedente Epistola ad Benedictvm Cetto. Pestini Budae ac Cassoviae, in Bibliopolio Strohmayeriano, 1789. In-8, pp. xxxii/251 et 1 pag. d'errata.

Georgius Pray Benedicto Cetto e piis scholis S. P. Pp. I/xxxii.

Des ex. portent le titre suivant :

— Georgii Pray Epistola ad Benedictvm Cetto e piis scholis, in qva novae hvivs in rebvs Sinicis impostvrae detegvntvr. Accedit Historia Controversiarvm de ritibvs Sinicis ab earvm origine ad finem compendio dedvcta. Pestini ac Cassoviae, 1789. In bibliopolio Strohmayeriano. (Sommervogel.)

Cet ouvrage est rare, moins rare cependant que le précédent; il se trouve à l'École des Langues Orientales et à la Bib. nat. où il porte le No. 1656. c. 5.

— * Geschichte der Streitigkeiten über die chinesischen Gebräuche, in drey Büchern dargestelt wird. Augsburg, Bey Nicolaus Doll, 1791, pp. xlvi-368, 538; tom. III, 1792, pp. 384. 3 vol. in-8.

Cette édition allemande, publiée par l'auteur, est plus complète que la latine. (De Backer.)

Voir pour les controverses de Pray avec le Cardinal Deseriz ét Benoit Cetto, col. 1182/3 de Sommervogel, VI. — Le P. Pray, né le 11 janvier 1723 à Ersek-Ujvar (Hongrie); † à Pest, 23 sept. 1801.

— Bullarium Pontificium sacrae Congregationis de propaganda fide. Tomus I. Romae 1839. Typis Collegii Urbani superiorum permissu. In-4.

Pp. 123 et seq. contient les décrets des différents papes, dans la question des rites.

— Mémoires historiques sur les Missions des ordres religieux et spécialement sur les questions du clergé indigène et des rites malabares d'après des documents inédits par le P. J. Bertrand de la Compagnie de Jésus, Missionnaire du Maduré. Deuxième édition. Paris, P. Brunet, 1862, in-8, pp. viii/467.

Cet ouvrage est écrit en réponse à : *Lettres sur la Congrégation des missions étrangères*, par M. Luquet. (Paris 1843.) — *Notice sur l'origine de la Société des missions étrangères*. Extraits de cette notice insérés dans l'*Ami de la religion*. (9 et 11 décembre 1845). — Article intitulé : *le Passé et l'avenir des Missions*, publié dans le *Correspondant* (1847, t. XIX, p. 183). — *Histoire ecclésiastique* de Rohrbacher, t. XXV. — Divers autres écrits.

Dédié à l'évêque de Langres, plus tard évêque d'Arras, Mgr. Parisis.

— The term Tien-chu. [天主] By E. H. Parker. (*China Review*, XVIII, No. 3, p. 196.)

— The Jesuits in China and the Legation of Cardinal de Tournon. An Examination of conflicting evidence and an Attempt at an impartial Judgment by Robert C. Jenkins, M. A. Rector and Vicar of Lyminge, Hon. Canon of Canterbury. London, David Nutt, 1894, in-8, 3 ff. n. c. p. l. tit. etc. + pp. 165.

∴

— Haenel, dans son *Catalogus* (1830). cite, p. 990, les manuscrits suivants qui se trouvaient dans la Biblioteca de la Iglesia Mayor, Tolède :

Cajon. No.

26 15. Anón. resúmen de la controversia sobre los ritos Sinenses acerca de Confucio y progenitores de su familia, en Italiano; chart. 4.

— 17. Relacion de lo sucedido en la China desde el dia II. de Avril de 1705 hasta 1708; chart. fol.

— 18. Papeles en varias lenguas sobre la eleccion de missionarios para la China, su viaje y ministerio, ritos Sinenses etc.; chart. fol.

— 19. Coleccion de papeles sobre las misiones de la China; chart. 4.

3° *LETTRES ÉDIFIANTES — ANNALES, &c.*

— Contributions to the Bibliography of the « Lettres Edifiantes » By Victor Hugo Paltsits, Member of the Bibliographical Society of old London, Assistant Librarian in the New York Public Library, etc. Cleveland, Ohio, 1900, in-8, pp. 41.

Au verso du faux-titre : « Fifteen Copies reprinted, from Vol. 66 of « The Jesuit Relations and Allied Documents », by the kind permission of The Burrows Brothers Company, strictly for private distribution. »

∴

— Lettres ‖ de quelques ‖ Missionnaires ‖ de la ‖ Compagnie de Jesus, ‖ ecrites ‖ De la Chine, & des Indes ‖ Orientales. ‖ A Paris. ‖ m.dcc.ii. ‖ Avec permission. ‖ In-12, pp. 111 + 7 ff. prél. n. ch. p. l. tit. et la préf. du P. Le Gobien :

[Le Père Charles le Gobien] Aux Jesuites de France. 12 pages. Table.

Permis d'imprimer, ce quatorzième Septembre 1701. M. de Voyer d'Argenson.

Lettre du P. Martin... A Balassor... pp. 1/29.

Lettre du P. Mauduit... A Ponleour... pp. 30/44.

Lettre du P. Dolu... A Pondichery... pp. 45/54.

Lettre du P. Bouchet... A Maduré... pp 55/60.

Lettre du P. Diusse... A Surate... pp. 61/68.

Lettre du P. Pelisson, Missionnaire de la Compagnie de Jesus, au R. P. de la Chaize, de la même Compagnie, confesseur du Roy. A Canton, le 9. de Decembre 1700. pp. 69/111.

Ce livre est rare; je l'ai trouvé à la Bib. nat. où il est classé parmi les ouvrages relatifs à la Chine; l'exemplaire est aux armes de France et il porte le No. $\overset{O}{1696}$ dans l'ancien catalogue, $\frac{O^2n}{409}$ $\overset{+1}{}$ dans le nouveau. Je n'ai vu ce volume décrit dans aucun traité de bibliographie; c'est, je crois, la véritable première édition du premier Recueil des Lettres édifiantes. — Il y en a un ex. au British Museum, 867. e. 22/5.

On remarquera que le titre ne porte pas de nom de libraire; le P. de Backer, nouv. éd., art. le Gobien, I, col. 2160, indique une édition avec le même titre : A Paris, chez Josse, 12°; je l'ai vainement cherchée dans les collections de Paris et, quoi qu'en dise M. Paltsits, au British Museum.

Ce recueil a été imprimé de nouveau la même année sous le titre de :

— Lettres edifiantes et curieuses ecrites des Missions Etrangeres par quelques Missionnaires de la Compagnie de Jesus. I. Recueil. A Paris, chez Jean Cusson, ruë Saint Jacques, à l'Image Saint Jean Baptiste. m.dcc.ii. Avec Approbation & Privilege du Roy. in-12.

Ce recueil est suivi d'un autre en 1703 :

— Même titre. II. Recueil. A Paris. Chez Jean Cusson... m. dcc. iii.

Ces deux recueils se trouvent dans la Bib. du Dépôt des Cartes et Plans de la Marine, reliés avec d'autres pièces en un vol. qui porte les numéros 5823 et 7376.

En 1703, Nicolas Le Clerc réimprime ces deux recueils et commence la collection que nous allons décrire (34 Recueils, 1703/1776).

Il ajoute au 1er Recueil une lettre du P. Paul Clain (Manille, le 10 de juin 1697, pp. 112 et seq.), dont on trouve un abrégé dans l'Épître du P. Ch. le Gobien insérée en tête du VIe Recueil, pp. V/VI.

Brunet (III, 1862, col. 1028/9), Barbier (N. E., II, 1268), de Backer (anc. édit., 2e Série, App., pp. 1/15) sont incomplets ou inexacts.

— Léttres edifiantes et curieuses, ecrites des Missions Etrangeres par quelques Missionnaires de la Compagnie de Jesus. I. Recueil. A Paris, chez Nicolas Le Clerc, ruë Saint Jacques, proche Saint Yves, à l'Image Saint Lambert. M.DCC.III. Avec Approbation & Privilege du Roy.

Cette collection des Lettres édifiantes se compose de 34 vol. ou Recueils in-12 (1703—1776). Chaque recueil est précédé d'une épître aux Jésuites de France. Ces épîtres qui n'ont pas été réimprimées dans l'édition de Querbeuf contiennent souvent des détails que l'on ne pourrait trouver ailleurs : nous donnons ces détails dans les chapitres de cette bibliographie auxquels ils appartiennent. On remarquera que la Collection des Lettres édifiantes commencée par le P. Charles le Gobien, a été continuée par les PP. Du Halde, Patouillet et Maréchal.

— Ep. du P. Ch. le Gobien. — Le Privilége du Roy est daté du 23 août 1702.

— II. Recueil. A Paris, chez Nicolas Le Clerc, M. DCC. III.

Ep. du P. Le Gobien. — Approbation du 1er et du 2e Recueils datée du 30 Octobre 1702.

— III. Recueil. A Paris, chez Nicolas Le Clerc... M. DCC. III.

Ep. du P. Le Gobien. — App. du 7 juillet 1703.

Cette Ep. est à consulter sur le P. Le Royer, supérieur des Missions de la Cie. de Jésus dans le Tong-king.

— IV. Recueil. A Paris, chez Nicolas Le Clerc... M. DCC. IV.

Ep. du P. Charles Le Gobien. — App. du 12 juillet 1704.

Le voyage d'Ethiopie de Charles Jacques Poncet est imprimé, pp. 251/443.

—V. Recueil. A Paris, chez Nicolas Le Clerc... M. DCC. V.

Ep. du P. Charles Le Gobien. — App. du 27 janvier 1705.

— VI. Recueil. A Paris, chez Nicolas Le Clerc... M. DCC. VI.

Ep. du P. Le Gobien. — App. du 15 juillet 1705.

— VII. Recueil. A Paris, chez Nicolas Le Clerc... M. DCC. VII.

Ep. du P. Le Gobien. — App. 28 février 1707.

— VIII. Recueil. A Paris, chez Nicolas Le Clerc... M. DCC. VIII.

Ep. du P. Le Gobien. — App. 13 Octobre 1707.

L'épître est consacrée au P. Antoine Verjus, Instituteur et premier Directeur des Missions Françoises de la Compagnie de Jesus à la Chine et aux Indes Orientales, né à Paris le 24 janvier 1632, mort dans la même ville le 16 may 1706. Le portrait du P. Verjus sert de frontispice au volume.

— IX. Recueil. A Paris, chez Nicolas Le Clerc... M. DCC. XI.

Epitre du P. J. B. Du Halde. — App. du 18 juin 1711.

Consulter l'Ep. sur le P. Le Gobien, mort le 5 Mars 1708.

— X. Recueil. A Paris, chez Jean Barbou, rüe S. Jacques, vis-à-vis le College de Louis le Grand. M.DCC.XIII.

Ep. du P. Du Halde. — App. du 9 Février 1713.

XI. Recueil. A Paris, chez Nicolas Le Clerc... M.DCC.XV.

Ep. du P. Du Halde. — App. du 8 Décembre 1714.

XII. Recueil. A Paris, chez Nicolas Le Clerc... M.DCC.XVII.

Ep. du P. Du Halde. — App. du 28 Oct. 1716.

XIII. Recueil. A Paris, chez Nicolas Le Clerc... M.DCC.XVIII.

Ep. du P. Du Halde. — App. du 15 Août 1718.

XIV. Recueil. A Paris, chez Nicolas Le Clerc... M.DCC.XX.

Ep. du P. Du Halde. — App. du 18 Février 1720.

XV. Recueil. A Paris, chez Nicolas Le Clerc... M.DCC.XXII.

Ep. du P. Du Halde. — App. du 18 Décembre 1721.

XVI. Recueil. A Paris, chez Nicolas Le Clerc... M.DCC.XXIV.

Ep. du P. Du Halde. — App. du 13 Octobre 1723.

XVII. Recueil. A Paris, chez Nicolas Le Clerc... et P. G. Le Mercier Fils, MDCCXXVI.

Ep. du P. Du Halde. — App. du 17 Avril 1726.

XVIII. Recueil. A Paris, chez Nicolas Le Clerc... et P. G. Le Mercier, M.DCCXXVIII.

Ep. du P. Du Halde. — App. du 7 Sept. 1727.

XIX. Recueil. A Paris, chez Nicolas Le Clerc... et P. G. Le Mercier, M.DCCXXIX.

Ep. du P. Du Halde. — App. du 18 Mai 1729.

XX. Recueil. A Paris, chez Nicolas Le Clerc... et P. G. Le Mercier, M.DCC.XXXI.

Ep. du P. Du Halde. — App. du 21 Juin 1731.

XXI. Recueil. A Paris, Ibid., MDCCXXXIV.

Ep. du P. Du Halde. — App. du 1er Décembre 1733.

XXII. Recueil. Ibid., MDCCXXXVI.

Ep. du P. Du Halde. — App. du 22 Février 1736.

XXIII. Recueil. Ibid., MDCCXXXVIII.

Ep. du P. Du Halde. — App. du 4 Nov. 1737.

XXIV. Recueil. Ibid., M.DCCXXXIX.

Ep. du P. Du Halde. — App. du 25 Février 1739.

XXV. Recueil. A Paris, rue S. Jacques, chez Le Mercier & Boudet... et chez Marc Bordelet... M.DCC.XLI.

Ep. du P. Du Halde. — App. du 23 Mars 1741.

XXVI. Recueil. A Paris, rue S. Jacques, chez P. G. Le Mercier... et chez Marc Bordelet... M.DCC.XLIII.

Ep. du P. Du Halde. — App. du 25 Avril 1743.

XXVII. Recueil. A Paris, chez les Frères Guerin, rue S. Jacques, vis-à-vis les Mathurins, à Saint Thomas d'Aquin. M.DCC.XLIX.

Ep. du P. L. Patouillet. — App. du 21 Mai 1749.

La publication des Lettres avait été retardée par la mort du P. Du Halde arrivée le 18 Août 1743. Il était né à Paris le 1er février 1674. Eyriès lui a consacré un art. dans la *Biog. universelle.*

XXVIII. Recueil. A Paris, de l'Imprimerie de H. L. Guerin & L. F. Delatour... M.DCC.LVIII.

Ep. du P. Patouillet. — App. du 14 mars 1758.

XXIX. Recueil. A Paris, chez Ruault, Libraire, rue de la Harpe, près de la rue Serpente. MDCCLXXIII.

Epître dédicatoire à Madame la Comtesse de *** Princesse de *** (signée M. *** J.). — Avertissement du Libraire.

XXX. Recueil. Ibid., MDCCLXXIII.

Ep. déd. à Mad. la Comt. de *** Princ. de *** (sig. M. *** J.). «M... J, dit Barbier (Dict. des Anonymes, nouv. éd., II, 1268), c'est la signature de l'abbé Maréchal ex-Jésuite... » — «Nous sommes portés à croire que cet éditeur est le P. Jean Baptiste Geffroy» (App. anc. éd., 2e S., de Backer). Le P. de Backer, n. éd., II, 1078, donne par erreur les initiales M... S., au lieu de M... J.

XXXI. Recueil. A Paris, chez De Hansy, le jeune, rue Saint-Jacques. M.DCC.LXXIV.

Avertissement (sans sig.).

Le P. Patouillet a fourni les lettres qui sont imprimées dans ce Recueil.

XXXII. Recueil. A Paris, chez De Hansy, le jeune, rue Saint-Jacques. M.DCC.LXXIV.

Avertissement (s. sig.),

XXXIII. Recueil. Par M. l'Abbé Patouillet. Se vend à Paris, chez Charles-Pierre Berton, Libraire, rue S.Victor. M.DCC.LXXVI.

Dans l'Avant-Propos, le P. Patouillet parle de son inaction après la publication du 28e Recueil, inaction causée par la suppression de la Compagnie de Jésus.

XXXIV. Recueil. Par M. l'Abbé Patouillet. Se vend à Paris, chez Charles-Pierre Berton... M.DCC.LXXVI.

Préface (du P. Patouillet).

Le P. Patouillet (Louis), né le 31 mars 1699 à Dijon, est mort à Avignon en 1779. (Voir *Nouv. Biog. gén.*, XXXIX, col. 336/7.)

Cf. sur ces Recueils : *Journ. des Savans*, 1750, pp. 402/410. — *Mém. de Trévoux*, 1750, pp. 96/113; 1759, pp. 92/120. — *Esprit des Journaux*, 1777, pp. 34/51.

— Une nouvelle édition a été faite par Le Clerc des premiers recueils de *Lettres édifiantes*, et j'ai noté à la Bib. nat., les réimpressions suivantes que j'ai collationnées avec soin avec la première édition :

— Lettres ‖ edifiantes ‖ et ‖ curieuses ‖ ecrites des Missions ‖ Etrangeres par quelques Missionnaires de la Compagnie de ‖ Jesus. ‖ I. Recueil. ‖ A Paris. ‖ Chez Nicolas le Clerc, ruë saint ‖ Jacques, à l'Image saint Lambert. ‖ M. DCCVII. ‖ Avec Approbation, & Privilege du Roy. pet. in-8, 12 ff. n. ch. p. l. tit. et l'epistre du P. le Gobien + pp. 136 + 4 ff. n. ch. p. l. tab., l. priv. etc.

Carte des Nouvelles Philippines.

Aussi : A Paris, chez Nicolas Le Clerc... M.DCC.XVII.

II. Recueil. Ibid., M.DCC.VII.

(LETTRES ÉDIF. : ANC. ÉD.)

III. Recueil. A Paris, chez Jean Barbou, ruë S. Jacques, vis à vis le College de Loüis le Grand. M.DCC.XIII. Avec Approb. & Priv. du Roy.

IV. Recueil. Ibid., M.DCC.XIII.

V. Recueil. A Paris, chez Nicolas le Clerc, ruë Saint Jacques, à l'Image Saint Lambert, M.DCC.XXIV.

VI. Recueil. Ibid., M.DCC.XXIII.

IX. Recueil. A Paris, chez Nicolas Le Clerc... et chez P. G. Le Mercier fils... M. DCC. XXX.

X. Recueil. Ibid., M.DCC.XXXII.

XII. Recueil. M.DCC.XLI. — Le Mercier & Boudet... et chez Marc Bordelet.

— Lettres édifiantes et curieuses écrites des Missions étrangères. Nouvelle édition. Tome Premier. A Paris, chez J. G. Merigot le jeune, Libraire, Quai des Augustins, au coin de la rue Pavée. 1780.

Cette édition publiée par Yves Mathurin Marie de Querbeuf, se compose de 26 volumes in-12. On trouve dans cette collection 139 lettres ou mémoires relatifs à la Chine. Nous en donnons la liste et nous ajoutons, entre parenthèses, le volume et la pagination des articles dans le *Welt-Bott* de Stöcklein, dans l'ancienne édition des *Lettres édifiantes*, et dans l'édition Aite du *Panthéon littéraire*.

Tomes I-V, (1780). Mémoires du Levant = VI-IX, (1781). Mémoires d'Amérique = X-XV, (1781). Mémoires des Indes.

XVI, Mémoires de la Chine, 1781, pp. XXXVI-438.

Préface...

— Lettre du Père de Prémare, Missionnaire de la Compagnie de Jesus, au Révérend Père de la Chaise, de la même Compagnie, Confesseur du Roi (A Canton, le 17 Février 1699), pp. 338-371 (Ancienne édition, II, p. 57. — Stöcklein, II, 39. — Panthéon littéraire, III, p. 1.)

— Lettre du Père Bouvet, Missionnaire de la Compagnie de Jesus, au Révérend Père de la Chaise, de la même Compagnie, Confesseur du Roi (A Péking, le 30 de novembre 1699), pp. 372-392 (A. E., II, p. 119. — S, II, 41. — P. L., III, p. 17.)

— Lettre du Pere de Premare Miss. de la Comp. de Jésus, au Père le Gobien, de la meme Compagnie (A Ven-tcheou-fou, en la province de Kiamsi le 1er de Novembre 1700), pp. 392-407. (A. E., II, p. 151. S, II, 42. — P. L., III, p. 22.)

— Lettre du Pere Pelisson, Miss. de la Comp. de Jesus, au Rev. Père de la Chaise de la même Comp., Confesseur du Roi (A Canton, le 9 de Décembre 1700), pp. 408-434. (A. E. I, p. 69. — S., II, 43. — P. L., III, p. 26.) — Table.

XVII, 1781, Mémoires de la Chine, &c., pp. 452.

— Lettre du Père de Tartre, Miss. de la Cie de Jesus, à M. de Tartre son père (A Canton, le 17 Décembre 1701), pp. 1/77. (A. E., III, p. 34. — S., III, 65. — P. L., III, p. 32.)

— Lettre du Pere de Chavagnac, Miss. de la Cie de Jesus, au Pere le Gobien, de la même Cie (A Cho-tcheou, le 30 décembre 1701), pp. 78-90. (A. E., III, p. 147. — S., III, 66. — P. L., III, p. 50.)

— Lettre du Pere Fouquet, Miss. de la Cie de Jésus, à Monseigneur le Duc de la Force, Pair de France (A Nan-tchang-fou, capitale de la province de Kiamsi à la Chine, le 26 novembre 1702), pp. 91-159. (A. E., V. p. 129. — S., III, 69. — P. L., III, p. 53.)

(LETTRES ÉDIF. : ÉD. MÉRIGOT.)

30*

— Mémoire sur l'état des Missions de la Chine, présenté en latin à Rome, au Révérend Père Général de la Cie de Jesus, l'an 1703, par le Père François Noel, Miss. de la même Cie, & depuis traduit en François, pp. 160-183. (A. E., VI, p. 68. — S., IV, 83. — P. L., III, p. 70.)

— Lettre du Père de Chavagnac, Miss. de la Cie de Jesus à la Chine, au Père le Gobien, de la même Cie (A Fou-tcheou-fou, le 10 de février 1703), pp. 184-206. (A. E., IX, p. 322. — S., IV, 84. — P. L., III, p. 76.)

— Lettre du Pere de Fontaney, Miss. de la Cie de Jesus à la Chine, au Révérend Père de la Chaise de la même Cie, Confesseur du Roi (à Tcheou-chan, port de la Chine, dans la province de Tche-kian, à dix-huit lieues de Ningpo, le 15 de Février 1703), pp. 207-331. (A. E., VII, p. 61. — S., V, 97. — P. L., III, p. 82.)

Pp. 252 et seq. de cette lettre on trouve des détails fort intéressants sur les sépultures des Jésuites à Pékin.

— Lettre du Père de Fontaney, Miss. de la Cie de Jésus, au Révérend Père de la Chaise, de la même Compagnie, Confesseur du Roi (à Londres, le 15 janvier 1704), pp. 332-450. (A. E., VIII, p. 51. — S., V, 98. — P. L., III, p. 113.)

Table.

Tome XVIII, 1781, Mémoires de la Chine, &c., pp. 480.

— Lettre du Père Jartoux, Miss. de la Cie de Jesus à la Chine, au P. de Fontaney, de la même Cie (à Peking, ce 20 d'août 1704), pp. 1-30. (A. E., IX, p. 376. — S., IV, 88. — P. L., III, p. 142.)

— Lettre du Père Jean-Paul Gozani, Miss. de la Cie de Jesus, au Père Joseph Suarez, de la même Cie. Traduite du Portugais. (A Cai-fum-fou, capitale de la province de Honan à la Chine, le 5 de Novembre 1704), pp. 31-48 [Lettre très-importante sur les Juifs en Chine]. (A. E., VII, p. 1. — S., IV, 89. — P. L., III, p. 149.)

Remarques sur la lettre du Père Gozani, pp. 48-55. (A. E., VII, p. 29. — P. L., III, p. 153.)

— Lettre du Père d'Entrecolles, Miss. de la Cie de Jesus, à Monsieur le Marquis de Broissia, sur la mort du Père Charles de Broissia, son frère. (A Jao-tcheou, le 15 Novembre 1704), pp. 56-66. (A. E., IX, p. 504, pas imp. dans S., P. L., III, p. 154).

— Lettre du Père Gerbillon (à Péking, en l'année 1705), pp. 67-77. (A. E., X, p. 412, pas imp. dans S., P. L., III, p. 157.)

— Lettre du Père Bouvet (en l'année 1706), pp. 77-83. (A. E., X, p. 388, pas imp. dans S., P. L., p. 160.)

— Lettre du Père d'Entrecolles, Miss. de la Cie de Jesus, au Père Procureur général des Missions des Indes & de la Chine (A Jao-tcheou, ce 17 juillet 1707), pp. 84-106. (A. E., X, p. 119. — S., V, 106. — P. L., III, p. 161.)

Dans Stöcklein, cette lettre porte la date du 17 juillet 1709.

— Explication de trois inscriptions en caractères chinois écrits par l'Empereur de la Chine pour la nouvelle église des Jésuites à Péking (24 avril 1711) avec une planche, pp. 107/8. (A. E., X, p. 156. — S., V, 107. — P. L., III, p. 167.)

— Extraits de quelques lettres écrites ces années dernières de la Chine : du Père Bouvet (à Peking, le 10 juillet 1710), pp. 115/122. (A. E., X, p. 377. — S., VI, 128.)

— Lettre du Pere Parennin (à Peking, en l'année 1710), pp. 122-127. (A. E., X, p. 405. — S., VI, 129. — P. L., III, p. 182.)

— Lettre du Pere Jartoux, Miss. de la Cie de Jesus, au Pere Procureur général des Missions des Indes et de la Chine (à Peking, le 12 d'avril 1711), pp. 127-143 [lettre à consulter sur le gin-seng, accompagnée d'un dessin de cette plante]. (A. E., X, p. 159, pas imp. dans S., P. L., III, p. 183.)

— Lettre du Père Dentrecolles, Miss. de la Cie de Jesus, au Père Procureur des Missions de la Chine et des Indes (à Jao-tcheou, ce 27 août 1712), pp. 144/179). (A. E., XI, p. 180, pas imp. dans S., P. L., III, p. 187.)

— Lettre du Père Jacquemin, Miss. de la Cie de Jesus, au Père Procureur des Missions des Indes et de la Chine (de l'isle de Tsong-ming, dans la province de Nanking, le 1er septembre 1712), pp. 179/223 [à consulter sur les sociétés d'argent]. (A. E., XI, p. 234, pas imp. dans S., P. L., III, p. 196.)

— Lettre du Père d'Entrecolles, Miss. de la Cie de Jesus, au Père Orry, de la même Cie, Procureur des Missions de la Chine et des Indes (à Jao-tcheou, ce 1er Septembre 1712), pp. 224/296 [sur King-te-ching et la fabrication de la porcelaine]. (A. E., XII, p. 253. — S., VI, 132. — P. L., III, p. 207.)

— Extrait d'une lettre du Révérend Père Laureati, à M. le Baron de Zea, écrite de Fokien le 26 juillet 1714, & traduite de l'Italien, pp. 296-341. [Histoire naturelle — Emouy.] (A. E., XXIX, p. 25, pas imp. dans S., P. L., III, p. 225.)

— Lettre du Père Parennin, Miss. de la Cie de Jesus (à Peking, le 27 mars 1715), pp. 341-352. (A. E., XIV, p. 431, S., VI, 135, P. L., III, p. 236.)

— Lettre du Père d'Entrecolles, Miss. de la Cie de Jesus, au Père de Broissia, de la même Cie (à Jao-tcheou, le 10 Mai 1715), pp. 353-412 [sur la manière de guérir la petite vérole chez les Chinois, voir pp. 376/7]. (A. E., XIII, p. 300. — S., VI, 136. — P. L., III, p. 239.)

— Lettre du Père de Mailla, Miss. de la Cie de Jesus, au Père de Colonia, de la même Cie (A Kieou-Kian-fou, dans la province du Kiam si, au mois d'août 1715), pp. 413/467 [à consulter sur l'île de Formose]. (A. E., XIV, p. 1. — S, VI, 138. — P. L., III, p. 253.) Voir col. 261/2.

— Lettre du Père Domenge, Miss. de la Cie de Jesus (à Na-niang-fou, de la province de Honan, le 1er juillet 1716), pp. 467-479. (A. E., XIV, p. 411. — S., VII, 153. — P. L., III, p. 267.)

Table.

Tome XIX, 1781, Mémoires de la Chine, &c., pp. 516.

— Lettre du Père de Mailla, Miss. de la Cie de Jesus (à Peking, le 5 juin 1717), pp. 1-72. (A. E., XIV, p. 86. — S., VII, 158. — P. L., III, p. 270.)

— Extrait d'une lettre écrite de Peking (le 2 novembre 1717), pp. 73-76 [à consulter sur le musc et le chevreuil musqué]. (A. E., XIV, p. 493. — S., VII, 159. — P. L., III, p. 286.)

— Lettre d'un Missionnaire de la Chine (De Canton, en l'année 1718), pp. 77-79. (A. E., XVI, p. 373. — S., IX, 220. — P. L., III, p. 287.)

— Lettre du Père Porquet, Miss. de la Cie de Jesus, à Monsieur son frère (De Vousi-hien, le 14 octobre 1719), pp. 80-91. (A. E., XV, p. 361. — S., VII, 163. — P. L., III, p. 288.)

— Lettre du Père d'Entrecolles, Miss. de la Cie de Jesus, à la Chine (A Peking, le 19 d'octobre 1720), pp. 91-98. (A. E., XV, p. 380. — S., VII, 164. — P. L., III, p. 291.)

— Lettre du Père d'Entrecolles, Miss. de la Cie de Jesus, à Madame *** (à Peking, le 19 octobre 1720), pp. 98-164. (A. E., XV, p. 83. — S., VII, 189. — P. L., III, p. 292.)

— Lettre du Père Cazier (à Canton, le 5 novembre 1720), pp. 165-168. (A. E., XVI, p. 368. — S., IX, 222. — P. L., IV, p. 703.)

— Lettre d'un Missionnaire de la Compagnie de Jesus (De Peking, en l'année 1721), pp. 168-173. (A. E., XVI, p. 378. — S., IX, 223. — P. L., III, p. 308.)

— Lettre du Père d'Entrecolles, Miss. de la Cie de Jesus, au Père ... de la même Cie (à Kim-te-chim, le 25 Janvier 1722), pp. 173-203 [à consulter sur la fabrication de la porcelaine]. (A. E., XVI, p. 318. — S., IX, 224. — P. L., III, p. 309.)

— Lettre du Père Jacques, Miss. de la Cie de Jesus, à Monsieur l'Abbé Raphaelis (à Canton, le 1er novembre 1722), pp. 204-245. (A. E., XVI, p. 1. — S., IX, 226. — P. L., III, p. 316.)

— Lettre du Père Gaubil, Miss. de la Cie de Jesus, à Monseigneur de Nemond, archevêque de Toulouse (De la Province de Quang-tong, à la Chine, ce 4 novembre 1722), pp. 246-256. (A. E., XVI, p. 300. — S., IX, 227. — P. L., III, p. 327.)

— Lettre du Père Parennin, Miss. de la Cie de Jesus, à Messieurs de l'Académie des Sciences, en leur envoyant une traduction qu'il a faite en langue Tartare de quelques-uns de leurs ouvrages, par ordre de l'Empereur de la Chine, & adressée à M. de Fontenelle, de l'Académie Françoise, & Secrétaire perpétuel de l'Académie des Sciences (à Peking, le 1er mai 1723), pp. 257-299 [à consulter sur la langue mandchoue]. (A. E., XVII, p. 344. — S., XII, 288. — P. L., III, p. 303.) (Voir col. 57.)

— Seconde lettre du même à Messieurs de l'Académie des Sciences, pp. 300-323. (A. E., XVII, p. 409. — S., XII, 289. — P. L., III, p. 340.) (Voir col. 58.)

— Lettre du Père de Mailla, Miss. de la Cie de Jesus, au Père ***, de la même Cie (à Peking, ce 16 octobre 1724), pp. 324-406. (A. E., XVII, p. 163. — S., XII, 292. — P. L., III, p. 346.)

— Lettre du Père Parennin, Miss. de la Cie de Jesus, au Père ***, de la même Cie (à Peking, ce 20 août 1724), pp. 406-514. (A. E., XVII, p. 1. — S., XII; 291. — P. L., III, p. 366.)

Table.

Tome XX, 1781, Mémoires de la Chine, &c., pp. 462.

— Lettre du Père Parennin, Miss. de la Cie de Jesus, au Père ***, de la même Cie (A Peking, ce 20 juillet 1725), pp. 5-64. (A. E., XVIII, p. 33. — S., XV, 338. — P. L., III, p. 393.)

— Autre Lettre du Pere Parennin, Miss. de la Cie de Jesus, au Père ***, de la même Compagnie (A Peking, ce 24 août 1726), pp. 65-106. (A. E., XVIII, p. 248. — S., XV, 339. — P. L., III, p. 407.)

(Lettres édif. : éd. Mérigot.)

— Lettre du Pere Parennin, Miss. de la Cie de Jesus, au Pere Duhalde, de la même Cie (A Peking, ce 26 septembre 1727), pp. 107-238. (A. E., XIX, p. 1. — S., XIX, 411. — P. L., III, p. 417.)

— Lettre du Pere Parennin, Miss. de la Cie de Jesus, au Pere Duhalde, de la même Cie (A Peking, ce 15 septembre 1728), pp. 239-266. (A. E., XX, p. 1. — S, XX, 434. — P. L., III, p. 449.)

— Lettre du Pere Parennin, Miss. de la Cie de Jesus, au Pere Duhalde, de la même Compagnie (A Peking, ce 15 octobre 1734), pp. 267-302. (A. E., XXII, p. 44. — S., XXVII, 546. — P. L., III, p. 456.)

— Lettre du Pere Parennin, Miss. de la Cie de Jesus, au Pere Duhalde, de la même Cie (A Peking, ce 22 octobre 1736), pp. 303-371. (A. E., XXIII, p. 1. — S., XXX, 583. — P. L., III, p. 465.)

— Lettre du Pere Contancin, Miss. de la Cie de Jesus, au Pere Etienne Souciet, de la même Cie (A Canton, ce 2 décembre 1725), pp. 371-394. (A. E., XVIII, p. 429. — S., XV, 340. — P. L., III, p. 489.)

— Lettre du Pere d'Entrecolles, Miss. de la Cie de Jesus, au Pere Duhalde, de la même Cie (A Peking, ce 26 juillet 1726), pp. 394-428. (A. E., XX, p. 46. — S., XXI-XXII, 430.)

— Motifs du Prince Jean pour embrasser la Religion chrétienne, pp. 428-458. (Cette pièce n'avait pas été imprimée. — P. L., III, p. 481.)

— Notice des ouvrages composés ou traduits en Chinois par les Missionnaires Jésuites. (Cette pièce n'avait pas été imprimée. — P. L., III, p. 489.)

Tome XXI, 1781, Mémoires de la Chine, &c., pp. 526.

Lettre du Père d'Entrecolles, Miss. de la Cie de Jesus, au Rév. Pere Duhalde, de la même Cie (A Peking, le 11 mai 1726), pp. 5-41 [à consulter sur la petite vérole]. (A. E., XX, p. 304. — S., XXI-XXII, 431. — P. L., III, p. 495; le P. L. donne la date du 12 mai au lieu du 11 du même mois.)

— Lettre du Pere d'Entrecolles, Miss. de la Cie de Jesus, au Père Duhalde, de la même Cie (A Peking, ce 7 juillet 1727), pp. 42-55 [sur les fleurs et les fruits artificiels]. (A. E., XX, pp. 281. — S., XXI-XXII, 432. — P. L., III, p. 544.)

— Lettre du Pere Parennin, Miss. de la Cie de Jesus, au Reverend Pere Nyel, de la même Compagnie, sous-précepteur de MM. les Infans d'Espagne (A Peking, ce 8 octobre 1727), pp. 56-95 [très-importante pour l'ambassade de Dom Alexandre Metello Souzay Menezes, envoyé par le roi de Portugal Jean V]. (A. E., XIX, p. 206. — S., XIX, 412. — P. L., III, p. 548.)

— Lettre du Père Contancin, Miss. de la Cie de Jesus, au Pere Etienne Souciet, de la même Cie (A Canton, ce 15 décembre 1727), pp. 95-182 [traductions de la *Gazette de Peking*]. (A. E, XIX, p. 265. — S., XIX, 414. — P. L., III, p. 557.)

— Lettre du Pere Premare, Miss. de la Cie de Jesus à la Chine, au Pere ***, de la même Cie, pp. 183-237 [c'est une réfutation des erreurs contenues dans la Relation des deux voyageurs mahométans publiée par l'abbé Renaudot en 1718]. (A. E., XIX, p. 420. — P. L., III, p. 579. — S., XIX, 415.)

— Lettre du Pere Etienne le Couteux, Miss. de la Cie de Jesus, au Pere ***, de la même Cie (Au mois de février de l'année 1730), pp. 237-294. (A. E., XXII, p. 99. — P. L., III, p. 592. — Pas imprimé dans S.)

— Lettre du Pere Contancin, Miss. de la Cie de Jesus, au Père Duhalde, de la même Cie (De Canton, ce 19 d'octobre 1730), pp. 295-384 [traductions de la *Gazette de Peking*]. (A. E., XXII, p. 189. — S., XXX, 573. — P. L., III, p. 607.)

— Lettre du Père de Goville, Miss. de la Cie de Jesus, ancien Miss. de la Chine, à M. *** : contenant sa déclaration au sujet des faits calomnieux qui lui sont imputés par l'Auteur des Anecdotes sur l'état présent de la religion dans la Chine, pp. 384-401. [Question des Rites.] (A. E., XXII, p. 325. — P. L., III, p. 628. — Pas imp. dans S.) (Voir col. 920.)

— Seconde lettre du Pere de Goville, Miss. de la Cie de Jesus, ancien Missionnaire de la Chine; au sujet de la réponse qu'a fait à sa première lettre l'Auteur des Anecdotes sur l'état de la Religion à la Chine, à Monsieur ***, pp. 401-456. [Rites.] (A. E., XXIII, p. 442. — Cette pièce n'est pas imp. dans S. — P. L., III. p. 632.) (Voir col. 920.)

— Lettre du Pere Parennin, Miss. de la Cie de Jesus, à M. Dortous de Mairan, directeur de l'Académie des Sciences (A Peking, ce 11 août 1730), pp. 457-523. (A. E., XXI, p. 76. — Cette pièce n'est pas imprimée dans S. — P. L., III, p. 645.) (Voir col. 58.)

Tome XXII, 1781, Mémoires de la Chine, &c., pp. 532.

— Lettre du Pere de Mailla, Miss. de la Cie de Jesus, au R. P. Hervieu, Supérieur Général de la Mission Françoise de la même Cie (A Peking, ce 10 octobre 1731), pp. 5-25. (A. E., XXI, p. 184. — S., XXV, 522. — P. L., III, p. 666.)

— Lettre du P. Porquet, Miss. de la Cie de Jesus, au Pere de Goville, de la même Cie (A Macao, ce 11 décembre 1732), pp. 25-63. (A. E., XXI, p. 217. — S., XXV, 528. — P. L., III, p. 671.)

— Lettre du P. de Mailla, Miss. de la Cie de Jesus, au Pere ..., de la même Cie (A Peking, le 18 octobre 1733), pp. 64-90. (A. E., XXII, p. 1. — S., XXVII, 547. — P. L., III, p. 680.)

— Lettre du Pere d'Entrecolles, Miss. de la Cie de Jesus, au Pere Duhalde, de la même Cie (A Peking, ce 4 novembre 1734), pp. 91-126. (A. E., XXII, p. 425. — S., XXX, 574. — P. L., III, p. 687.)

— Lettre du P. Parennin, Miss. de la Cie de Jesus, au Révérend Père ***, de la même Cie (A Peking, ce 29 octobre 1734), pp. 127-132. (Cette pièce n'avait été imprimée ni dans l'anc. éd. des *Lettres édifiantes*, ni dans Stöcklein. — P. L., III, p. 696.)

— Lettre du Pere Parennin, Miss. de la Cie de Jesus, à M. Dortous de Mairan, de l'Académie royale des Sciences (A Peking, ce 28 septembre 1735), pp. 132-192. (A. E., XXIV, p. 1. — S., XXXII, 624. — P. L., III, p. 698.) (Voir col. 58.)

— Lettre du Pere d'Entrecolles, Miss. de la Cie de Jesus, au Pere Duhalde, de la même Cie (A Peking, ce 8 octobre 1736), pp. 193-245 [à consulter sur la Botanique]. [A. E., XXIV, p. 357. — S., XXXII, 627. — P. L., III, p. 713.)

— Etat de la Religion dans l'Empire de la Chine, en l'année 1738, pp. 246-288. (A. E., XXV, p. 234. — P. L., III, p. 726.)

— Lettre du Pere Parennin, Miss. de la Cie de Jesus, à M. Dortous de Mairan, de l'Academie Françoise, & Secrétaire perpétuel de l'Académie royale des Sciences (A Peking, ce 20 septembre 1740), pp. 289-344. (A. E., XXVI, p. 1. — S., XXXII, 625. — P. L., III, p. 736.) (Voir col. 58.)

— Lettre du Pere Parennin, Miss. de la Cie de Jesus, au Pere Duhalde, de la même Cie, pp. 344-384 [traduction d'un ouvrage tartare de préceptes et d'instructions]. (A. E., XXVI, p. 86. — S., XXXII, 623. — P. L., III, p. 750.)

— Lettre du Pere Chalier, Miss. de la Cie de Jesus, au Révérend Pere Verchere, Provincial de la même Cie en la province de Lyon (A Peking, ce 10 octobre 1741], pp. 385-401 [consacrée au Pere Parennin qui venait de mourir]. (A. E., XXVI, p. 145. — S., XXXII, 626. — P. L., III, p. 760.)

— Lettre du Pere Baborier, Miss. de la Cie de Jesus à la Chine, au Pere Baborier, son neveu, de la même Cie, pp. 401-408. (A. E., XXVI, p. 412. — S., XXXII, 628. — P. L., III, p. 764.)

— Lettre du Pere Gaubil au Père Cairon (De Peking, ce 29 octobre 1741), pp. 409-414. (A. E., XXVI, p. 423. — Cette pièce n'est pas imp. dans S. — P. L., III, p. 766.)

— Lettre du Pere Loppin, Miss. de la Cie de Jesus, au Révérend Pere Radominski, Confesseur de sa Majesté la Reine de Pologne, Duchesse de Lorraine, pp. 415-456. (A. E., XXVI, p. 281. — S., XXXIV, 671. — P. L., III, p. 767.)

— Lettre du Pere de Neuvialle, Miss. de la Cie de Jesus, au Pere Brisson, de la même Cie, pp. 457-474. (A. E., XXVIII, p. 356. — S., XXXIV, 670. — P. L., III, p. 778.)

— Lettre du Pere des Robert, Miss. de la Cie de Jesus, au même (A Pe-tsuen-chan, dans la province de Hou-quang, en l'année 1741), pp. 475-490. (A. E., XXVI, p. 375. — Cette pièce n'est pas imp. dans S. — P. L., III, p. 782.)

— Lettre du Frere Attiret, de la Cie de Jesus, peintre au service de l'empereur de la Chine, à M. d'Assaut (A Peking, le 1er novembre 1743), pp. 490-528. (A. E., XXVII, p. 1. — P. L., III, p. 786. — S., XXXIV, 679.)

Cette lettre est traduite en anglais dans *The Canton Register*, Vol. XI, 1838, No. 10 et seq. (Voir col. 222.)

Table.

Tome XXIII, 1781, Mémoires de la Chine, &c., pp. 619.

— Lettre du Père du Gad, Miss. de la Cie de Jesus à la Chine, au Pere Foureau, de la même Cie, aussi Miss. à la Chine. (En Chine, le 22 août 1745), pp. 5-20. (P. L., III, p. 796.)

— Lettre du Pere Benoist, Miss. de la Cie de Jesus à la Chine, au Révérend Pere ***, de la même Cie (A Peking, le 2 novembre 1746), pp. 21-30. (P. L., III, p. 800.)

— Seconde lettre du Pere Benoist, Miss. de la Cie de Jesus à la Chine, au Révérend Pere ***, de la même Cie (A Peking, le 2 novembre 1746), pp. 30-40. (P. L., III, p. 802.)

— Relation d'une persécution générale qui s'est élevée contre la religion chrétienne dans l'Empire de la Chine en 1746; envoyée de Macao à Madame de Sauveterre de Saint-Hyacinthe,

Religieuse Ursuline, & insigne bienfaitrice des Missions : par le Pere Jean-Gaspard Chanseaume, de la Cie de Jesus, pp. 40-125. (A. E., XXVII, p. 79. — P. L., III, p. 804.)

— Lettre du Pere Forgeot, Miss. de la Cie de Jesus, au Pere Patouillet, de la même Cie (A Macao, le 2 décembre 1750), pp. 125-146. (A. E., XXVIII, p. 1. — P. L., III, p. 825.)

— Mémoire sur la cire d'arbre, envoyée de la province de Houquang, par le Pere Chanseaume, de la Cie de Jesus, pp. 146-154. (A. E., XXVIII, p. 158. — P. L., III, p. 830.)

— Lettre du Pere Amiot, Miss. de la Cie de Jesus, au Pere Allart, de la même Cie (A Peking, le 22 octobre 1752), pp. 154-181. (A. E., XXVIII, p. 171.)

— Mémoire sur les Isles que les Chinois appellent isles de Lieoukieou, par le Père Gaubil, Miss. de la Cie de Jesus à Peking, pp. 182-245. (A. E., XXVIII, p. 355. — P. L., III, pp. 503.)

Ce Mémoire est composé principalement d'après l'ouvrage chinois (en 2 vol., imprimé à Peking) du docteur Su Pao-koang ; ce docteur avait été envoyé par K'ang hi comme ambassadeur au Roi de Lieou k'ieou ; il partit dans la 5e lune de 1719 et revint à Peking dans la seconde lune de 1720. — Ce mémoire est accompagné d'une carte.

— Extrait des lettres de quelques Missionnaires de la Chine, sur l'utilité des livres chinois qui traitent de la religion chrétienne, & combien il est important d'en répandre à la Chine le plus qu'il est possible, pp. 246-274. (A. E., XXXIV, p. 258. — P. L., IV, p. 27.)

— Lettre d'un Missionnaire de Peking en 1750, à Monsieur *** (A Peking, en 1750), pp. 274-285. (A. E., XXXIII, p. 419. — P. L., IV, p. 34.)

— Lettre écrite de Macao le 14 de septembre 1754, pp. 283-302. (A. E., XXXII, p. 1. — P. L., IV, p. 36.)

— Lettre du Pere Amiot, Missionnaire à la Chine, au Pere de la Tour, de la même Compagnie (A Peking, ce 17 octobre 1754), pp. 302-368. (P. L., IV, p. 41.)

— Extrait de quelques lettres du Pere Roy, Miss. de Chine, décédé le 8 janvier 1769, au Pere de Brassaud, sur la fin de 1754, pp. 369-374. (P. L., IV, p. 79).

— Lettre du Pere Lamatthe, Miss. en Chine, au Pere Brassaud (Ce 6 janvier 1756), pp. 374-382. (P. L., IV, p. 80.)

— Lettre du même au même (Ce 20 Août 1759), pp. 383-389. (P. L., IV, p. 82.)

— Extrait d'une lettre du Pere du Gad, Miss. en Chine, au Pere Brasseau (A Macao, ce 13 décembre 1757), pp. 389-391. (P. L., IV, p. 84).

— Lettre du Révérend Pere Amiot, a M. de l'Isle, de l'Académie des Sciences (A Peking, ce 4 Septembre 1759), pp. 391-407. (P. L., IV, p. 84. — A. E., XXXI, p. 1.)

Sur le Père Antoine Gaubil, né à Gaillac, ville du Haut-Languedoc dans l'Albigeois, le 14 juillet 1689, mort à Pe-king le 24 juillet 1759.

— Lettre du Pere Roy, Miss. en Chine, à Monseigneur l'Evêque Comte de Noyon, Pair de France (En Chine, le 12 septembre 1759), pp. 408-431. (P. L., IV, p. 89.)

— Extrait d'une lettre écrite en juillet 1764, par le Pere la Mathe, Miss. à la Chine, au Père de Brassaud, pp. 431-440. (P. L., IV, p. 94.)

— Extrait d'une lettre écrite de Peking le 7 novembre 1764, par le Pere Cibot, Miss., au Pere Derville, pp. 440-443. (P. L., IV, p. 97.)

— Lettre du Révérend Pere B***, Miss. à la Chine, à Madame la Comtesse de Forben (A Peking, le 9 septembre 1765), pp. 444-481. A. E., XXXII, p. 120. — P. L., IV, p. 97.)

Sur le mariage des Chinois.

— Lettre d'un Miss. de Chine à un de ses amis (Du 28 Août 1766), pp. 481-484. (P. L., IV, p. 107.)

Au même, 8 septembre 1768, pp. 485-497. (P. L., IV, p. 107.)

— Lettre du Pere François Bourgeois, Miss. à la Chine, au Pere Ancemot (A Canton, le 1er de Septembre 1767), pp. 498-534. (A. E., XXIX, p. 105. — P. L., IV, p. 111.)

— Lettre du Pere Benoist, Miss., à Monsieur Papillon d'Auteroche (A Peking, le 16 novembre 1767), pp. 534-548. (P. L., IV, p. 120.)

— Lettre du Pere Lamathe, Miss., au Pere Brasseau (En Chine, le 17 juillet 1769), pp. 548-560. (P. L., IV, p. 123.)

— Lettre du Père Ventavon, Miss., au Pere Brassaud (En Chine, 1769), pp. 560/575. (P. L., IV, p. 126.)

— Lettre du Révérend Pere François Bourgeois, à Madame de *** (A Peking, le 15 octobre 1769), pp. 575-611. (A. E., XXIX, p. 211. — P. L., IV, p. 130.)

— Lettre du Rév. Père François Bourgeois, au Rev. Père Ancemot (Près de Peking, le 1er novembre 1770), pp. 611-615. (A. E., XXIX, p. 275. — P. L., IV, p. 130.)

Table.

Tome XXIV, 1781. Mémoires de la Chine, &c., pp. 556.

— Mémoire sur le Thibet et sur le Royaume des Eleuthes, nouvellement subjugué par l'Empereur de la Chine, avec une relation de cette conquête, pp. 5-56. (A. E., XXXI, p. 212. — P. L., III, p. 519.)

— Mémoire sur les Juifs établis en Chine, pp. 56-100. (A. E., XXXI, p. 296. — P. L., IV, p. 140.)

— Lettre du Pere de Ventavon, Miss. de la Cie de Jesus, au Pere de Brassaud, de la même Cie (A Hai tien, le 15 sept. 17..), pp. 100-115. (A. E., XXXI, p. 30.)

— Lettre du Révérend Père ***, Miss. de la Cie de Jesus, à M. d'Aubert, premier Président du Parlement de Douai (De Canton, le 16 avril ....), pp. 116-135. (A. E., XXX, p. 115.)

— Lettre du Révérend Pere Dolliers, Miss. de la Cie de Jesus, à Madame ... (A Peking, le 8 octobre 1769), pp. 136-150. (A. E., XXX, p. 149. — P. L., IV, p. 159.)

— Lettre du Révérend Père Benoit, Miss., au Révérend Pere du Gad (De Peking, le 26 août 1770), pp. 151-221. (A. E., XXXII, p. 161. — P. L., IV, p. 163.)

— Lettre sur la mort de *Ma* Joseph, pp. 222-235. (P. L., IV, p. 180.)

— Lettre du Révérend Pere Cibot, Miss., au Révérend Père D. (A Peking, le 3 novembre 1771), pp. 236-247. (A. E., XXX, p. 73. — P. L., IV, p. 183.)

— Lettre du Révérend Pere Cibot, Miss. de la Cie de Jesus, à Monsieur ... (A Peking, le 11 juin ....), pp. 247-258. (A. E., XXX, p. 94. — P. L., IV, p. 86.)

— Lettre du Pere Bourgeois, Miss. de Peking (A Peking, le 18 septembre 1773), pp. 259-279. (A. E., XXXIII, p. 381. — P. L., IV, p. 191.)

— Premiere lettre du Pere Benoit, Miss. à Peking, à Monsieur *** (le 4 novembre 1773), pp. 280-330. (A. E., XXXIII, p. 1. — P. L., IV, p. 196.)

— Seconde lettre du Pere Benoit, pp. 330-362. (A. E., XXXIII, p. 91. — P. L., IV, p. 209.)

— Troisieme lettre du Pere Benoit, pp. 363-395. (A. E., XXXIII, p. 150.)

— Lettre d'un Missionnaire de Chine (A Peking, année 1775), pp. 396-430. (P. L., IV, p. 225.)

Sur le Père Michel Benoit, né à Autun, le 8 octobre 1715, mort le 23 octobre 1774.

— Lettre du Père Ventavon, Missionnaire (A Peking, ce 15 octobre 1775), pp. 430-435. (P. L., IV, p. 234.)

— Lettre d'un Miss. de Chine à M. ... (A Peking, année 1777), pp. 435-457.

— Extrait de plusieurs lettres de Missionnaires de la Chine, pp. 458-462. (P. L., IV, p. 241.)

— Lettre d'un Missionnaire de la Chine (Peking, le 31 juillet 1778), pp. 462-482. (P. L., IV, p. 242.)

— Lettre d'un Miss. de Chine (A Peking, année 1778), pp. 483-500 (P. L., IV, p. 247.)

Table de ce Volume. — Table des matières contenues dans les Mémoires de la Chine, tomes XVI-XXIV des *Lettres édifiantes et curieuses*, pp. 504-552. — Approbation. — Privilége du Roi

Tome XXV. Mémoires des Indes et de la Chine, 1783, pp. lx-444.

Préface, pp. I-lx.

Comprend une notice sur le Père Ricci extraite de la vie écrite par le P. d'Orléans, pp. III-XXXI.

— ... Entretien d'un Lettré Chinois & d'un Docteur Européen, sur la vraie idée de Dieu, pp. 111-419 (par le Père Ricci). (P. L., III, p. 380.)

Tome XXVI. Mémoires des Indes et de la Chine, 1783, pp. 518.

— ... Histoire de l'Astronomie chinoise depuis le commencement de la Monarchie chinoise, jusqu'à l'an 206 avant Jesus-Christ; par le Père Gaubil, Miss. à Pékin, pp. 65-295. (P. L., III, p. 453.)

— Mémorial envoyé en Europe par le P. Thomas, Vice-Provincial des Jésuites en Chine, pp. 296-354 (P. L., III, p. 167) : Art. I [Voyage du Cardinal Charles Thomas Maillard de Tournon]. — Art. II. Sur les controverses en matière de Religion. — Art. III. Conduite de M. le Patriarche dans différentes négociations qu'il traits à la Cour de Peking. — Art. IV. L'état de la Religion à la Chine, depuis le départ de M. le Patriarche. — Art. V. Réponse aux plaintes que M. le Patriarche prétend avoir à faire des Jésuites.

— Extrait de la relation de la persécution qu'a essuié M. Gleyo [Glayot, dit le P. L.], Miss. apostolique du Séminaire des Missions étrangères, dans la Province de Sutchuen en Chine. Cette persécution a duré depuis le 20 Mai 1769 (le P. L. dit le 30 Mai) jusqu'au 29 juin 1777, & le récit en a été fait & décrit par lui-même après son élargissement. (Voir le tome XXIV), pp. 355-417. (P. L., IV, p. 251.)

— Lettre de M. Bourgeois, Miss. en Chine, à M. l'Abbé de Charvet, Prévôt de l'insigne Collégiale de Pont-à-Mousson, pp. 417-439. (A Peking, le 15 Mai 1775.) (P. L., IV, p. 267.)

— Lettre du même au même (A Peking, le 15 Septembre 1778), pp. 440-443.

— Lettre de M. Dufrêne [lisez Dufresse], Miss. du Séminaire des Miss. étrangères, à M*** (En Chine, dans la Province du Se-tchoun, le 12 Octobre 1779), pp. 444-455. (P. L., IV, p. 272.)

— Ext. d'une Lettre de M. Dollieres, Miss. à Peking, à M. son frère, Curé de Lexie, près Longwi (Le 15 octobre 1780), pp. 456-485. (P. L., IV, p. 275.)

— Lettre de M. Bourgeois, Miss. à Peking, au Même (Ce 17 novembre 1781), pp. 486-492. (P. L., IV, p. 282.)

— Extrait de quelques lettres de Peking, pp. 493-496.

Vendu : Rivington, 1824, £ 8. 8/. — White, 1844, £ 6. 16/6. — Quaritch, sept. 1872, £ 4. 4/-.

— Lettres édifiantes et curieuses, écrites des missions étrangères. Nouvelle édition. Toulouse, chez Noel-Etienne Sens, Auguste Gaude, 1810, 26 vol. in-12.

— Lettres édifiantes et curieuses, écrites des missions étrangères. Nouvelle édition, ornée de cinquante belles gravures. A Lyon, chez Vernarel, et Et. Cabin et Cie, MDCCC.XIX, 14 vol. in-8. [Imprimerie de J. B. Kindelem.] T. I, pp. XVI-507; T. XIV, pp. XLVIII-583.

Reproduction de l'éd. de Querbeuf en 26 vol. « On a conservé les notes qu'avait fournies au P. Querbeuf l'abbé Brotier, le savant éditeur de Tacite, de Pline et de Plutarque. Au commencement du premier volume se trouve la préface de Querbeuf. » (De Backer.)

L'édition du P. de Querbeuf fut reproduite sous ce titre :

— * Lettres édifiantes et curieuses écrites par des Missionnaires de la Compagnie de Jesus; collationnées sur les meilleures éditions, et enrichies de nouvelles notes. Imprimerie de Béthune. A Paris, au Bureau, place Saint-Sulpice, et chez Gaume frères, rue du Pot-de-fer Saint-Sulpice, 1829-1832, 40 vol. in-18. (De Backer.)

— Lettres édifiantes et curieuses concernant l'Asie, l'Afrique et l'Amérique, avec quelques relations nouvelles des Missions, et des notes géographiques et historiques, publiées sous la direction de M. L. Aimé-Martin. 4 vol. gr. in-8, imprimés sur deux colonnes, 1838—1843.

Edition dite du « *Panthéon littéraire* ».

— *Tome premier* : Grèce. — Turquie. — Syrie. — Arménie. — Perse. — Egypte. — Amérique septentrionale.

Paris, Auguste Desrez, MDCCCXXXVIII.

— *Tome deuxième* : Guyanes. — Pérou. — Californie. — Chili. — Paraguay. — Brésil. — Buénos-Ayres. — Indoustan. — Bengale. — Gingi. — Golconde. — Maduré. — Carnate. — Tanjaour. — Marhate.

Paris, Société du *Panthéon littéraire*, MDCCCXLI.

— *Tome troisième* : Chine, pp. 844.

Paris, Société du *Panthéon littéraire*, MDCCCXLIII.

Préface. — Pages 9/32 : réimpression des Lettres pp. 338/434 du Vol. XVI de l'édition de Mérigot. — Pages 32/142 : Vol. XVII. — Pages 142/167 : Vol. XVIII, pp. 1/108. — P. 167/181 : XXVI, pp. 296-354. — P. 182/270 : XVIII, pp. 122/479. — P. 270/307, XIX, pp. 1/164. — P. 308/393, XIX, pp. 168/514. — P. 393/481, XX, pp. 5/371. — P. 481/489, XX, pp. 428-460. — P. 489/503, XX, pp. 371/428. — P. 503/519, XXIII, pp. 182/245. — P. 519/531, XXIV, pp. 5-56. — P. 531/535 : Lettre du Père H. Desidéri au Père Ildebrand Grassi (sur le Thibet, à Lassa, le 10 avril 1716). — P. 535/662 : XXI. — P. 662/664 : Eloge de l'empereur Kang-hi par un missionnaire. — P. 664/666 : Résumé de la Situation de la Chine au dix-septième siècle. — P. 666/795 : Vol. XXII. — P. 796/839 : XXIII, pp. 5-181. — P. 839/841 : Lettre du Père de Prémare à M. Fourmont. (A Macao, le 5 octobre 1733. — N'a pas été imprimée dans l'ancienne édition.)

— *Tome quatrième* : Chine. — Indo-Chine. — Océanie, pp. 723.

Paris, Société du *Panthéon littéraire*, MDCCCXLIII.

Pages 1. — Mission de la Chine. Seconde Partie. — Préface.

2-26. — De l'état actuel de l'empire chinois.

27-57. — XXIII, pp. 246/368.

57-79. — Lettres du Père Gaubil adressées à plusieurs savants de Paris :

I. Pékin, ce 12 Août 1752. — II. A M. de l'Isle. — III. Pékin, ce 13 Août 1752. — IV. A M. Deshauterayes. — Pékin, ce 10 août 1752. — V. A M. de l'Isle. — Pékin, 28 Août 1752. — VI. Pékin, 25 Octobre 1753. — VII. A M. de l'Isle. — Pékin, 13 Octobre 1754. — VIII. A M. Deguignes. — Pékin, le 31 Oct. 1755. — IX. A M. de l'Isle. — Pékin, 3 Novembre 1755. — X. A M. de l'Isle. — Pékin, 6 Novembre 1755. — XI. A M. de l'Isle.

Ces lettres du P. Gaubil ne se trouvent pas dans l'ancienne édition et ont été tirées du *Journal asiatique*.

79-139. — Vol. XXIII, pp. 369/615.

140-189. — XXIV, pp. 56/258.

189-191. — Lettre sur la mort d'une dame chinoise convertie à la foi chrétienne.

191-251. — XXIV, pp. 259/500. — Pages 251/273, XXVI, pp. 355-455.

273-275. — Lettre du Père Lamathe au Père Dugad (ce 12 juin 1789).

275-284. — XXVI, pp. 456/496.

285-295. — Lettre de Monseigneur François Pottier, Evêque d'Agathopolis et Vicaire apostolique en Chine, dans la Province du Su-tchuen, à M. Tessier de Sainte-Marie, curé de Genillé, près de Loches. 18 Octobre 1782.

295-310. — Lettres sur l'état des chrétientés en 1783.

310-328. — Histoire abrégée de la persécution excitée en Chine contre la religion chrétienne, en 1784 et 1785.

329. — Extrait d'une lettre du Père Adéodat, Augustin italien, missionnaire résidant à Pékin, à M. Marchini, procureur de la Propagande à Canton. 14 juillet 1785.

329. — Lettre de M. Raux, Lazariste, Supérieur des Missions françoises de Pékin, au Procureur des Missions étrangères, à Macao. Le 22 juillet 1785.

330-336. — Relation de la persécution excitée contre la religion chrétienne dans la province de Su-tchuen, en Chine, en 1784 et 1785, par Monseigneur Pottier, Eveque d'Agathopolis, Vicaire apostolique en ladite province, adressée au Procureur des Missionnaires François à Macao.

336-339. — Extrait d'une autre lettre de Mgr. d'Agathopolis au procureur des Missions étrangères à Macao. Du 10 Décembre 1785.

339. — Copie d'une petite lettre sans date, écrite secrètement par Monseigneur l'évêque de Caradre au prétoire du Lieutenant criminel à Tchin-tou, et reçue par Monseigneur d'Agathopolis, le 21 mars 1785.

340. — Copie d'un billet écrit par M. Devaut, détenu prisonnier, à Monseigneur d'Agathopolis. Le 22 Avril 1785.

340. — Extrait d'une lettre de M. Devaut à Monseigneur l'évêque d'Agathopolis, écrite au commencement de la persécution, le 23 décembre 1784.

340-341. — Lettre de M. Hamel, Missionnaire apostolique et supérieur du collège du Su-tchuen, en Chine, à Messeigneurs d'Agathopolis et de Caradre. Du 6 mars 1785.

341-342. — Extrait d'une lettre de M. Glayot, missionnaire apostolique, à Monseigneur l'évêque d'Agathopolis. Du 27 mai 1785.

342-355. — Relation de Monseigneur de Saint-Martin, Evêque de Caradre, coadjuteur du vicaire apostolique du Su-tchuen sorti de prison le 10 novembre 1785, adressée au séminaire des missions étrangères. Pékin, 21 novembre 1785.

355-356. — Copie d'une lettre du même évêque, et de même date, adressée à M. Descourvières, Procureur des missions étrangères à Macao.

356-365. — Relation de M. Dufresse, missionnaire apostolique en Chine, sorti des prisons de Pékin le 10 novembre 1785, adressée à Messieurs les Directeurs du Séminaire des Missions étrangères.

365. — Extrait d'une lettre de Monseigneur de Saint-Martin, évêque de Caradre. Canton, 25 février 1786.

365. — Extrait d'une lettre de M. Dufresse. Canton, 24 février 1786.

366. — Extrait d'une lettre de M. Letondal, missionnaire apostolique, faisant les fonctions de Procureur à Macao. Le 26 février 1786.

366-367. — Traduction d'un décret de l'empereur de la Chine, du 9 novembre 1785, qui rend la liberté à douze missionnaires européens condamnés à une prison perpétuelle.

367-379. — Traduction d'un écrit chinois affiché à Macao, le 15 mai 1785, contenant des arrêts du tribunal des causes criminelles de Pékin, contre les missionnaires et les chrétiens, qui ont été approuvés de l'empereur le 7 mars 1785.

379-380. — Traduction d'une lettre chinoise écrite le 26 juin 1785, par le mandarin ou gouverneur chinois, qui demeure à Casa-Branca, près de Macao, adressée au procureur de la ville ou du sénat de Macao.

380-453. — Ed. de Mérigot, XXV, pp. 111-419.

453-509. — Ed. de Mérigot, XXVI, pp. 65-295.

509-512. — Réponse à des attaques faites par M. de Sonnerat contre les missionnaires de la Chine.

512-520. — Lettre de M. Lamiot, Missionnaire lazariste en Chine. Ou-tchang-fou, à l'hôtel près de la prison, 19 février 1820.

— Choix des Lettres Edifiantes, écrites des Missions Etrangères; avec des Additions, des Notes critiques, et des Observations pour la plus grande intelligence de ces Lettres; précédé D'un Tableau Géographique de la Chine, de sa Politique, des Sectes religieuses, de la Littérature, et de l'état actuel du Christianisme chez ce peuple; Par M. ***, ancien archidiacre et Vicaire-Général de Soissons. . . . A Paris, chez Maradan, M.DCCC.VIII—1809, 8 vol. in-8.

Il en parut une nouvelle édition sous le titre suivant :

— Choix des Lettres édifiantes, écrites des Missions étrangères, précédé de Tableaux géographiques, historiques, politiques, religieux et littéraires, des Pays de Mission. Seconde édition, Augmentée d'une Notice historique sur les Missions étrangères, avec les Actes des Rois de France concernant les Missions, de nouvelles lettres édifiantes et autres morceaux choisis. Paris, Grimbert, M.DCCC.XXIV-XXVI, 8 vol. in-8.

« Ce *Choix*, dont nous donnons une seconde édition, parut en 1809, chez feu Maradan, notre prédécesseur », p. 1, *Avert.*

« Le travail de la première édition avait été confié au vertueux et docte abbé de Montmignon, que l'Eglise et la littérature ont perdu le 21 février dernier (1824). » (*Ibid.*)

Elle contient sur la Chine :

I. Missions de la Chine : Première Partie.

Chine. – Tableau géographique de la Chine. — Tableau politique de la Chine. — Tableau religieux de la Chine. — Tableau littéraire de la Chine. — Tableau hist. du Christianisme à la Chine. — Mémorial de ce qui s'est passé à Pékin, dans le séjour du Cardinal de Tournon, par le Père Thomas. — Constitution de N. S. P. le Pape au sujet des Cérémonies chinoises.

II. M.DCCC.XXIV. Missions de la Chine : Seconde Partie.

Avertissement. — Entretiens d'un lettré chinois et d'un docteur européen, par le Père Ricci. — 24 lettres des missionnaires de la Compagnie de Jésus.

III. M.DCCC.XXV. Missions de la Chine :

Etat (Extrait) de la Religion dans l'Empire de la Chine, en l'année 1738. — Lettre du Frère Attiret à M. d'Assaut, 1er novembre 1743. — Relation d'une Persécution générale en 1746. — Mémoire du Père Chauseaume sur la cire d'arbre. — 23 lettres ou Mémoires = Tartarie : Tableau de la Tartarie chinoise. — 8 lettres ou Mémoires = Corée : Tableau de la Corée. — Relation de l'établissement du Christianisme dans la Corée en 1784, par Mgr. de Govea. — Lettre de Mgr. de Govea, 23 juillet 1801. — Lettre des Chrétiens de la Corée à l'évêque de Pékin, 15 décembre 1811 = Tunquin...

Cette édition, dit le P. de Backer, App. 2e S., s'écoula lentement; bon nombre d'exemplaires subirent un changement de titre ainsi conçu :

— Choix de Lettres édifiantes écrites des missions étrangères, précédée de tableaux géographiques, historiques, politiques, religieux et littéraires, des pays de mission. Edition augmentée d'une notice historique sur les missions étrangères, avec les actes des souverains concernant les missions, de nouvelles lettres édifiantes et autres morceaux choisis. Bruxelles. Publié par la Société nationale, pour la propagation des bons livres, 1838.

— * Choix de lettres édifiantes écrites des missions étrangères, précédées de tableaux géographiques, historiques, politiques, religieux et littéraires des pays de mission. Paris, Gaume, 1835, 8 vol. in-8.

— * Mémoires Géographiques, Physiques et Historiques, sur l'Asie, l'Afrique, et l'Amérique, tirés des Lettres édifiantes, et des Voyages des Missionnaires Jésuites. Par l'auteur des Mélanges intéressants et curieux (Rousselet du Surgy). A Paris, chez Durand, 1767, 4 vol. in-12. [De Backer.]

— Yverdon, 1767, 6 vol. in-8. British Museum.

— Geographische, naturkundige en historische Berichten over Asia, Afrika en Amerika. Getrokken uit de Stigtelyke Brieven, en Reisbeschryvingen der Jesuiten, ter voortplantinge van den Christelyken Godsdienst, naar die Gewesten gezonden. Uit het Fransch vertaald. Te Harlingen, Ter Drukkerye van V. van der Plaats Junior, MDCCLXIX, 3 vol. in-8, pp. IV-364, II-341 et 384.

Van het Koningryk en de Eilanden Lieou-Kieou, aan China Cynsbaar; — au t. I, p. 281—308. — Godsdienst, Zeden en Gewoonten der bewooners van deze Eilanden; — p. 308—329.

Van Tibet en de nabuurige Koningryken; — t. I, p. 330—340.

Van China; — t. II, p. 82—123.

— Morceaux choisis des Lettres édifiantes

et curieuses, écrites des Missions étrangères... par Antoine Caillot. — 4e éd. Paris, Brunot-Labbe, 1823, 2 vol. in-12.

J. Stöcklein. — L'édition allemande des *Lettres édifiantes* a été publiée en 40 vol. in-folio de l'année 1728 à l'année 1761. Elle est rare.

Au commencement du premier volume, il y a une planche gravée avec ce titre :

— Der *Neüe Welt-Bott* mit allerhand nachrichten deren Missionarien Soc. Iesu.

Le titre complet de ce volume est :

Allerhand ‖ So Lehr- als Geist-reiche ‖ Brief / Schrifften ‖ und ‖ Reis-Beschreibungen / ‖ Welche von denen ‖ Missionariis ‖ der Gesellschafft Jesu ‖ Aus ‖ Beyden Indien / ‖ und andern ‖ Über Meer gelegenen Ländern / ‖ Seit An. 1642. biss auf das Jahr 1726. ‖ in Europa angelangt seynd. ‖ Jetzt zum erstenmal ‖ Theils aus Handschrifftlichen Urkunden / ‖ theils aus denen Französischen *Lettres Edifiantes* ‖ verteutscht und zusammen getragen ‖ Von ‖ Joseph Stöcklein / gedachter Societät Jesu Priester. ‖ Erster Bund oder die 8. Erste Theil. ‖ — Anderte Edition. ‖ Cum Privilegio Caesareo & Superiorum Facultate ac Indice ‖ locupletissimo. ‖ Augspurg und Grätz / ‖ In Verlag Philipp / Martin / und Johann Veith seel. Erben / 1728.

Dans la *Bibliothèque* des Pères de Backer, la nomenclature et le sommaire des lettres et des mémoires (723) de cette édition occupent 86 pages. (Appendice, IIe Série, pp. 17-102.)

Sur ces 723 articles, 182 sont consacrés à la Chine ; nous allons en donner la liste. Nous ajouterons entre parenthèses le volume et la pagination de ces articles dans l'édition française de Mérigot.

La première partie ne contient que les préliminaires.

Le R. P. Sommervogel a l'obligeance de m'écrire (29 janv. 1892) qu'il y a : « 40 [volumes], seulement je ne les ai jamais vus. J'en ai trouvé le signalement dans des notes bibliographiques manuscrites du P. Eglauer, un ancien jésuite, qui, après 1773, réunit les documents d'une sorte de supplément à notre Bibliothèque. Ces notes m'ont été communiquées, il y a six ans. Nulle part, il n'a donné la description de ces volumes, mais j'ai rencontré à différents noms de Jésuites le renvoi à ces volumes. Quels sont ces Jésuites? Il m'est de toute impossibilité, actuellement, de les retrouver, mais ce que je crois pouvoir affirmer, c'est qu'aucune des nouvelles lettres signalées ne concerne la Chine. »

Erster Theil von anno 1642 biss 1687... 1728 :

Brief aus Sina.

13. Patris Michaelis Boym S. J. als des Sinesischen Hofs Abgesandtens nach Rom, An. 1653... p. 40.

14. Zwei Brieflein P. Philippi Marini S. J. an Herrn Balthassarem Moretum, von der Begräbnuss Patris Schall und dem Ansehen Patris Verbiest. Des ersten Grabschrifft. Beyde Brief seynd datiert zu Macao den 20 Oct. und 8 Dec. 1670, p. 46.

15. Brief Ih. H. Pabsts Innocentii XI an Patrem Ferdinand Verbiest, geschrieben zu Rom den 3 Dec. 1681, worinn dises Missionarii Thaten angerühmt werden, p. 47.

16. Brief R. P. Joannis Vallat S. J. an R. P. Provincialem zu Thoulouse geschrieben zu Schinamfu in Sina den 19 Maji 1685... p. 48.

II von Anno 1688 biss 1700...—1728 :

38. Lauff-Brief R. P. Antonii Thoma S. J., an alle Jesuiter in Sina von dem Leben und seeligen Tod R. P. Ferdinandi Verbiest S. J. so zu Pekin gestorben den 28 Jenner 1688, dessen Starckmüthigkeit, Liebe, Sanfftmuth, Eyfer und Geschicklichkeit, page 8.

39. Brief Patris Premare S. J. an den Ehrwürd. Patrem la Chaise S. J. des Königs in Franckreich Ludovici XIV. Beicht-Vattern ; geschrieben zu Canton in Sina den 17 Febr. 1699... p. 13. (*Lettres édifiantes*, XVI, pp. 338-371.)

40. Patris Premare Wegweiser für die Steuer-Leute, welche durch die Meer-Enge von Malacca und Gubernadur sicher fahren wollen, geschrieben, wie oben 1699 den 17 Febr. p. 21.

41. Brief P. Joachim Bouvet S. J. an R. P. de la Chaise, geschrieben zu Pekin den 30 Nov. 1699... p. 22. (*L. E.*, XVI, pp. 372-392.)

42. Brief P. Premare S. J. an P. Carl le Gobien, geschrieben zu Van-Tschu-Fü in Kiamsi den 1 Nov. 1700, p. 25. (*L. E.*, XVI, pp. 392-407.)

43. Brief Patris Pelisson S. J. an R. P. la Chaise, geschrieben zu Canton den 9 Dec. 1700, p. 28. (*L. E.*, XVI, pp. 408/434.)

III von Anno 1700 biss 1702...—1726 :

« Les volumes précédents portent sur le titre *Seconde édition* avec la date de 1728. Je suppose que ces premiers volumes seuls ont été réimprimés. La première édition aura été tirée à un trop petit nombre d'exemplaires. » Pp. 23 du P. de Backer.

65. Brief Patris de Tartre Soc. Jesu an seinen Vatter Herrn von Tartre, geschrieben zu Canton den 17 Decembris 1701... p. 2. (*L. E.*, XVII, pp. 1-77.)

66. Brief Patris Chavagnac, Soc. Jesu, an R. P. Carolum Gobien, geschrieben zu Schotscheü in Sina, den 30 Dec. 1701, p. 15. (*L. E.*, XVII, pp. 78-90.)

67. Brief P. Hieronymi Franchi, Soc. Jesu, an seinen gewesenen Provintzial in Oesterreich R. P. Franciscum Voglmair, geschrieben zu Nan-tschang-fü in Sina, den 30 Sept. 1702... p. 18.

68. Brief P. Hieronymi Franchi, Soc. Jesu, an R. P. Balth. Miller, Kayserlichen Beicht-Vattern, geschrieben, wie oben den 15 octobris, 1702... p. 23.

69. Brief P. Francisci Fouquet, Soc. Jesu, an Herrn Duc de Force, Pair von Franckreich, geschrieben zu Nantschangfü, den 26 Novembris 1702... p. 23. (*L. E.*, XVII, pp. 91-159.)

IV von Anno 1702 bis 1704...—1726 :

82. Brief P. Franchi, Soc. Jesu, an R. P. Studena, Soc. Jesu, geschrieben zu Nantschangfü, den 18 Octob. 1702... p. 2.

83. Bericht P. Francisci Noël Soc. Jesu, an den Patrem Generalem Soc. Jesu, geschrieben und abgestattet zu Rom Anno 1703... p. 16. (*L. E.*, XVII, pp. 160-183.)

84. Brief P. de Chavagnac, Soc. Jesu, an R. P. le Gobien, Soc. Jesu. Geschrieben zu Futscheüfu, den 10 Febr. 1703... p. 20. (*L. E.*, XVII, pp. 184-206.)

85. Brief P. Franchi, Soc. Jesu, an R. P. Voglmair, Soc. Jesu, geschrieben zu Can-tscheu-fü, den 19 Octobr. 1703... p. 22.

86. Jahr-Gang der Mission Soc. Jesu, zu Can-tscheu-fü in Sina, von dem October 1702 bis Octob. 1703 geschrieben allda den 19 Octobris 1703 von P. Franchi an R. P. Menegati, Soc. Jesu... p. 23.

87. Bericht R. P. Philippi Grimaldi, Vice-Visitatoris Soc. Jesu in China, an A. R. P. Generalem Soc. Jesu zu Rom, geschrieben zu Peking im Herbst-Monat 1703... p. 27.

88. Brief P. Jartoux, Soc. Jesu, an R. Patrem Fontaney, Soc. Jesu, geschrieben zu Peking, den 20 Augusti 1704... p. 32. (*L. E.*, XVIII, pp. 1-30.)

89. Brief P. Gozani, Soc. Jesu, an Patrem Suarez, Soc. Jesu, geschrieben zu Cai-fum-fü, den 5 Novembris 1704... p. 37. (*L. E.*, XVIII, pp. 31-48.)

V von Anno 1704 bis 1711... 1726 :

97. Brief R. P. Fontaney, Soc. Jesu, an R. P. la Chaise, Soc. Jesu, geschrieben zu Tscheu-schang, den 15 Febr. 1703... p. 1. (*L. E.*, XVII, pp. 207-331.)

98. Brief R. P. Fontaney, an R. P. la Chaise, Soc. Jesu, geschrieben zu Londen in Engelland, den 15 Jenner 1704... p. 22. (*L. E.*, XVII, pp. 332-450.)

99. Lebens-Lauf Rev. P. Antonii Verjus, é Societ. Jesu, deren Frantzösischen Missionen Soc. Jesu, in Türckey, Persien, Ost-Indien, China und gantz Morgenland ersten Stiffters, gebohren zu Paris im Jahr 1632 gestorben allda den 16 Mertzen 1706 nachdem er achtzig bis hundert Missionarios gestifftet hatte. Beschrieben von Rev. P. Carolo le Gobien, é Societ. Jesu, p. 39.

100. Brief P. Franchi, an R. P. Miller, Soc. Jesu, geschrieben zu Tsinamfü, den 15 Octobris 1705... p. 41.

101. Brief des Tit. Herrn Patriarchen von Tournon, an J. E.

den Herrn Cardinalem, Obrist-Vorstehern de Propaganda, geschrieben zu Han-Hiang, den 27 Septembris 1705... p. 42.

102. Brief P. Bakovski, Soc. Jesu, an Rev. P. Hevénesi, Soc. Jesu, geschrieben zu Ebora, auf seiner Reis nach China, den 26 Februar 1706. Von dem Unterschied deren Teutschen und Portugesen, p. 44.

103. Brief P. Frideli, Soc. Jesu, an R. P. Eggendorffer, Soc. Jesu, geschrieben zu Tsching-kiang, in China, den 1 Maji 1706... p. 47.

104. Brief P. Franchi, Soc. Jesu, an R. P. Studena, geschrieben zu Cinamfû, den 28 Octobris 1706... p. 50.

105. Brief P. Franchi, an R. P. Studena, geschrieben zu Peking, den 20 Octobris 1707... p. 51.

106. Brief P. d'Entrecolles, Soc. Jesu, an deren Französischen Missionen Societ. Jesu General-Procuratorem, geschrieben zu Schao-tscheu, den 17 Julii 1709... p. 51. (*L. E.*, XVIII, pp. 84-106.)

Dans l'éd. de Mérigot, cette lettre porte la date du 17 juillet 1707.

107. Drey Einschrifften, welche der Sinische Käyser dem wahren Gott zu Ehren an den Vorschopf der Frantzösischen Hof-kirchen Soc. Jesu zu Peking hat einschneiden lassen, p. 53. (*L. E.*, XVIII, pp. 107-108.)

108. Brief P. Franchi, an R. P. Studena, Soc. Jesu, geschrieben zu Tschinamfû, den 20 Octobris 1710... p. 55.

109. Brief P. Liebstain, Soc. Jesu, an Rev. P. Stieff, Soc. Jesu, geschrieben zu Peking, den 14 Novembris 1710... p. 56.

VI von Anno 1711 biss 1715... 1728 :

128. Brief Patris Bouvet S. J. geschrieben zu Pecking den 10 Julii 1710... p. 6. (*L. E.*, XVIII, pp. 115-122.)

129. Brief Patris Parennin Soc. Jesu zu Peking 1710, p. 6. (*L. E.*, XXIII, pp. 122-127.)

132. Brief Patris d'Entrecolles Soc. Jesu zu Schao-tscheu den 1 Septembr. 1712... p. 9. (*L. E.*, XVIII, pp. 224-296.)

133. Brief P. Franchi Soc. Jesu, Zinanfu 30 Octobr. 1712... p. 22.

134. Brief P. Franchi S. J. an R. P. Studena S. J. zu Zinanfu 31 Octob. 1714... p. 22.

135. Brief P. Parennin Societ. Jesu zu Peking den 27 Martii 1715... p. 24. (*L. E.*, XVIII, pp. 341-352.)

136. Brief P. d'Entrecolles Soc. Jesu an P. de Broissia, S. J. zu Schao-tscheu 10 Maji 1715, von der Mission zu Kim-te-tschim... p. 26. (*L. E.*, XVIII, pp. 353-412.)

137. Brief V. P. Joan. Baptista Messari S. J. an P. Fait S. J. zu Lientscheu den 19 Junii 1715, p. 32. [Portrait.]

138. Brief P. de Mailla S. J. an P. de Colonia S. J. zu Kieu-kian-fu in Kiamsi 1715 in Augusto... p. 33. (*L. E.*, XVIII, pp. 413-467.)

VII, 1726 :

152. Brief P. Tillisch, Soc. Jesu, geschrieben zu Ye-tscho in der Ost-Tartarey im Julio 1711, p. 9.

153. Brief P. Domenge, Soc. Jesu zu Nanyanfû, den 1 Julii 1716 p. 12. (*L. E.*, XVIII, pp. 467-479.)

154. Brief P. Franchi, Soc. Jesu zu Zinangfû, den 11 Octob. 1716, p. 14.

155. Brief P. Slaviczek, Soc. Jes. zu Canton, den 8 Nov. 1716, p. 14.

156. Brief, wie oben, datirt zu Peking, den 19 Mertzen 1717... p. 19.

157. Brief P. Kögler, Soc. Jes. zu Peking, den 18 Oct. 1717... p. 23.

158. Brief P. Mailla, Soc. Jes. zu Peking, den 5 Junii 1717, p. 24. (*L. E.*, XIX, pp. 1-72.)

159. Brief ohne Überschrifft, datirt zu Peking, den 2 Nov. 1717, p. 41. (*L. E.*, XIX, pp. 73-76.)

160. Brief P. Miller, Soc. Jes. zu Macao, den 13 Septemb. 1718, p. 41.

161. Brief P. Hinderer, Soc. Jes. zu Hantscheu, den 27 Septemb. 1719... p. 44.

162. Brief P. Kögler, Soc. Jes. zu Peking, im Jahr 1710... p. 45.

163. Brief P. Porquet, Soc. Jes. an Herrn Porquet, zu Wusi-hien in China, den 14 Oct. 1719, p. 46. (*L. E.*, XIX, pp. 80-91.)

164. Brief P. d'Entrecolles, zu Peking, den 19 Oct. 1719, p. 47. (*L. E.*, XIX, pp. 91-98.)

Dans l'éd. de Mérigot cette lettre porte la date de 1720.

VIII von Anno 1720 biss 1725... 1728 :

188. Zuschrifft R. P. du Halde vor dem 14 Recueil zu Pariss 1720, von einem entsetzlichen Erdbeben in der Landschafft Schensi, p. 4.

189. Brief P. d'Entrecolles, S. J. an ein Englische Edel-Frau, datiert zu Peking den 19 octob. 1720, viel Kinder in China, die man gleich nach der Geburt hinwirfft, seynd leicht zu tauffen. p. 5. (*L. E.*, XIX, pp. 98-164.)

190. Brief P. Kögler, Soc. J. Peking den 1 Martii 1720, p. 17.

191. Brief von Peking den 18 Junii 1720, die Hof-Patres allda gehen dem Herrn Patriarchen Mezzabarba an die Hand, p. 17.

192. Ein anderer Brief von Peking den 20 Jul. 1720, p. 17.

193. Brief P. Gallenfels, S. J. aus Lisbona, p. 18.

194. Brief P. Engelberti Frideli è S. J. zu Peking den 29 Octobr. 1720, p. 18.

195. Brief von Peking den 25 Nov. 1720, p. 18.

196. Brief P. Kögler, Peking den 2 Dec. 1720, p. 19.

197. Brief P. Petri van Hame, S. J. den 28 Aug. 1721, p. 20.

198. Brief P. Kögler, S. J. an R. P. Hallauer, Peking den 8 Octob. 1722, p. 21.

199. Brief R. P. Hinderer, S. J. zu Canton den 24 Nov. 1722, p. 23.

200. Brief P. Bakowsky, S. J. zu Canton den 9 April 1723, p. 24.

201. Brief R. P. Hinderer, S. J. Canton den 6 Octob. 1723, p. 24.

202. Brief P. Kögler, S. J. zu Peking den 10 Oct. 1723, p. 25.

203. Brief P. Slaviczek, S. J. von Nantschang-fû den 14 Oct. 1723, p. 26.

IX, 1727 :

219. Brief R. P. Joannis Nadasi, S. J. geschrieben zu Rom den 2 Febr. 1662, p. 2.

220. Brief eines Unbenanten, geschrieben zu Canton im Jahr 1718, p. 3. (*L. E.*, XIX, pp. 77-79.)

221. Auszug etlicher Briefen aus China und Tunkino von Anno 1718, 1719 und 1720, p. 4.

222. Brief P. Philippi Cazier, S. J. geschrieben zu Canton den 5 Novemb. 1720, p. 6. (*L. E.*, XIX, pp. 165-168.)

223. Brief eines Unbenanten, geschrieben zu Peking im Jahr 1721, p. 7. (*L. E.*, XIX, pp. 168-173.)

224. Brief P. d'Entrecolles, S. J. geschrieben zu Kintetschim, den 25 Jenner 1722... p. 8. (*L. E.*, XIX, pp. 173-203.)

225. Brief A. R. P. Caroli Castorano eines Franciscaners an die Congregation de Propaganda, geschrieben zu Lin tschin-tschen den 8 Septemb. 1722, p. 15.

226. Brief Patris Jacques, S. J. an den Herrn Abt Raphaëlis, geschrieben zu Canton den 1 Nov. 1722, p. 15. (*L. E.*, XIX, pp. 204-245.)

227. Brief P. Gaubil, S. J. an Herrn von Nemond Ertz-Bischoffen von Thoulouse, geschrieben zu Canton den 4 Nov. 1722, p. 22. (*L. E.*, XIX, pp. 246-256.)

228. Zwey Brief P. Ignatii Kögler, S. J. geschrieben zu Peking den 14 Nov. 1724, p. 24.

X, 1727.

XI, 1727 :

280. Auszug unterschiedlicher Brieffen, welche aus dem Reich Sina den 18. Junii 1726, zu Ostenda in Niderland ankommen seynd, p. 83.

XII, 1729 :

286. Stamm-Bäume dern so wol vor diesem als heut in China regierenden Kaysern. Nebst einem Kurtzen Bericht, wie dieses mächtige Reich anno 1644, von denen Tartarn seye erobert worden, p. 1.

287. Nachruhm des grossen Camhi, weiland Kaysers in China, und Tartaria, p. 7.

288. Brief P. Dominici Parennin, S. J. an die Königliche Gesellschafft dern Wissenschafften, geschrieben zu Peking den 1 May 1723, p. 10. (*L. E.*, XIX, pp. 257-299.)

289. Ein anderer Brief P. Dominici Parennin an oberwehnte Königliche Gesellschafft, datiert, wie oben, p. 13. (*L. E.*, XIX, pp. 300-323.)

290. Auszug unterschiedlicher Briefen, so aus dem Reich Sina über Ostende zu Rom und Wienn Anno 1724, angelangt seynd, p. 20.

291. Brief P. Parennin è S. J. geschrieben zu Peking den 20 Aug. 1724, p. 23. (*L. E.*, XIX, pp. 406-514.)

292. Brief P. de Mailla der Gesellschafft Jesu Missionarii, an R. P. du Halde é S. J. nach Pariss. Geschrieben zu Peking den 16 Oct. 1724, p. 53. (*L. E.*, XIX, pp. 324-406.)

(Lettres édif. : *Welt-Bott.*) (Lettres édif. : *Welt-Bott.*)

293. Brief R. P. Hinderer é S. J. an R. P. Hallauer Provinzial S. J. in Oberteutschland, geschrieben zu Hantscheufu, in der Haubt-Statt des Lands Tschekiang den 28 Julii 1725, p. 75.

294. Brief R. P. Hinderer é S. J. geschrieben wie oben, den 3 Aug. 1725, p. 78.

295. Brief P. Slaviczek è S. J. an R. P. Zwicker Provinzial S. J. in Böhmen, geschrieben zu Peking den 20 Novembris 1725, p. 81.

296. Auszug etlicher Briefen und Kundschafften aus China von Anno 1726, p. 91.

297. Brief P. Balthassaris Miller é Soc. Jesu Missionarii in China, geschrieben zu Wienn in dem Profess-Hauss den 2 Nov. 1727, p. 92.

XIII, 1729.

XIV, 1729 :

309. Bericht P. Gasparis Castner, S. J. gedruckt in China anno 17(0, von der ersten Grabstatt des H. Franc. Xaverii auf der Insel Sanciano, p. 1.

310. Brief R. P. Parennin, S. J. geschrieben zu Peking den 11 Nov. 1724, p. 14.

311. Grabschrifft R. P. Josephi Provana é S. J. zu Canton, p. 17.

XV, 1729 :

338. Brief P. Dominici Parennin, Soc. Jesu geschrieben zu Peking den 20 Julii 1725, p. 32. (*L. E.*, XX, pp. 5-64.)

339. Brief P. Parennin, S. J. geschrieben zu Peking den 24 Aug. 1726, p. 53. (*L. E.*, XX, pp. 65-106.)

340. Brief P. Contancin der Gesellschafft Jesu Missionarii an P. Sebastianum Souciet S. J. geschrieben zu Canton den 2 Decemb. 1725, p. 67. (*L. E.*, XX, pp. 371-394.)

341. Zuschrifft R. P. du Halde Soc. Jesu das ist kurtzer Auszug unterschiedlicher Briefen Patris du Jacques und anderer Missionnarien Soc. Jesu zu finden vor dem XVIII Recueil dern *Lettres Edifiantes*, und gedruckt zu Pariss 1727, p. 75.

342. Brief P. Labbe Soc. Jesu an Patrem Balthassarem Miller Soc. Jesu, geschrieben zu Canton den 27 Decemb. 1727, p. 81.

XVI, 1730.

XVII, 1732 :

380. Brief R. P. Suarez, S. J., geschrieben zu Peking den 18 Octobr. 1727, p. 10

381. Leben und Sterben des Zeugens Christi, und Zwölfften Sunischen Printzen Josephi, welcher Anno 1727 den 14 August zu Peking um Christi willen in einem stinckenden Kercker heilig verschieden ist : beschrieben von R. P. Suarez, S. J., p. 21.

XVIII, 1732.

XIX, 1732 :

411. Brief P. Parennin, S. J., von Peking, den 26 Sept. 1727, p. 1. (*L. E.*, XX, pp. 107-238.)

412. Brief P. Parennin Soc. Jesu, aus Peking den 3 Octobris 1727, p. 40. (*L. E.*, XXI, pp. 56-95.)

413. Brief P. Slaviczek, S. J., aus Peking den 28 Novembris 1727, p. 51.

414. Brief P. Contancin S. J. aus Canton den 15 Decembris 1727, p. 58. (*L. E.*, XXI, pp. 95-182.)

415. Brief P. Premare, S. J., aus Canton zu Ende des Jahrs 1723, oder Anfang 1724, p. 81 [sur l'Abbé Renaudot]. (*L. E.*, XXI, pp. 183-237.)

XX, 1732.

XXI-XXII, 1736 :

429. Testament Kaysers Camhi aufgesetzt zu Peking den 20 Dec. 1722, p. 1.

430. Brief Patris d'Entrecolles geschrieben zu Peking den 26 Julii 1726, p. 5. (*L. E.*, XX, pp. 394-428.)

431. Brief P. d'Entrecolles geschrieben zu Peking den 11 Maji 1726, p. 14. (*L. E.*, XXI, pp. 5-41.)

432. Brief P. d'Entrecolles, geschrieben zu Peking den 7 Julii 1727, p. 24. (*L. E.*, XXI, pp. 42-55.)

433. Zuschrifft R. P. du Halde vor dem XX Recueil seiner Briefen zu Pariss gedruckt 1731, p. 28.

434. Brief P. Parennin, geschrieben zu Peking den 15 September 1728, p. 37. (*L. E.*, pp. 239-266.)

(Lettres édif. : *Welt-Bott.*)

435. Brief P. Josephi Labbe an P. Balthasarem Miller, geschrieben zu Canton den 18 Dec. 1730, p. 47.

436. Auszug mancherley Briefen, welche von Anno 1723 biss 1731, aus China in Europa angelangt seynd, p. 53.

XXIII-XXIV, 1735.

XXV, 1748 :

« Après la mort du P. Stöcklein, le *Welt-Bott* éprouva une longue interruption ; le père Charles Meyer continua l'œuvre, mais la mort mit fin à son travail. Le P. Pierre Probst après lui reprit l'ouvrage, et publia en 1748 quatre tomes, savoir : 25, 26, 27 et 28. » (De Backer, p. 70.)

521. Zuschrifft R. Patris J. B. du Halde an die Französische Jesuiten, aus der ein und zwainzigsten Sammlung deren aufferbäulichen Brieffen, p. 1.

522. Send-Schreiben des Patris de Mailla eines Missionarii der Gesellschaft Jesu, an den Ehrwürdigen Pater Hervieu, Ober-Vorsteher der Französischen Mission derselbigen Gesellschaft, gegeben zu Peckin den 10 Wein-Monat, 1731, p. 5. (*L. E.*, XXII, pp. 5/25.)

523. Send-Schreiben Patris Porquet, Missionarii aus der Gesellschaft Jesu, an den Ehrwürdigen Pater do Goville aus der selbigen Gesellschaft, geschrieben zu Macao den 11ten Christ-Monat 1732, p. 10. (*L. E.*, XXII, pp. 25/63.)

526. Brief Patris Andreae Perreira eines Portugiesischen Missionarii in China, an den Ehrw. Pater Heinrich Carvalho, des Durchleuchtigsten Prinzen von Brasilien Beicht-Vattor, gegeben zu Pekin den 30 Wein-Monat, 1732, p. 33.

XXVI, sans date.

XXVII, sans date :

546. Brieffe Patris Parrenin, eines Missionarii in China, an den Ehrwürdigen P. Johann Baptist du Halde der Gesellschaft Jesu. Geschrieben zu Peckin den 15ten Wein-Monat 1734, p. 93. (*L. E.*, XX, pp. 267/302.)

547. Send-Schreiben P. de Mailla eines Missionarii der Gesellschaft Jesu an einen Pater derselbigen Gesellschaft, gegeben zu Peckin den 18ten Wein-Monats 1733, p. 102.

548. Auszug eines Brieffs P. Romani Hinderer, aus der Ober-Teutschen Provinz der Gesellschaft Jesu, anjetzo Missionarii der Sinischen Provinz, gegeben aus China den 25 August-Monats 1735, p. 109.

XXVIII, sans date.

XXIX, 1755.

XXX, 1755 :

573. Brief P. Cyrici Contancin, Missionarii der Gesellschafft Jesu, an P. Joan. Bapt. du Halde, derselbigen Gesellschafft ; geschrieben zu Canton, dem 19ten Wein-Monats 1730, p. 1. (*L. E.*, XXI, pp. 295/384.)

574. Brief P. d'Entrecolles, Missionarii in China aus der Gesellschafft Jesu, an einen Priester aus gemeldter Gesellschafft ; geschrieben zu Pekin, dem 4 Nov. 1734, p. 24. (*L. E.*, XXII, pp. 91/126.)

575. Erster Brief R. P. Ignatii Kögler, S. J., Missionarii aus der Oberteutschen Provinz, an F. Andream Cappler, S. J., geschrieben zu Pekin, dem 10 Christ-Monats 1734, p. 32.

576. Zweyter Brief R. P. Ignatii Kögler, an R. P. Franc. Xav. Hallauer, Priestern aus der Oberteutschen Provinz ; geschrieben zu Pekin, dem 12 Nov. 1735, p. 33.

577. Dritter Brief R. P. Kögler, an eben R. P. Franc. Xav. Hallauer geschrieben zu Pekin, dem 5 Weinmonats 1736, p. 36.

578. Vierter Brief R. P. Ignatii Kögler, an einen Chor-Herrn in dem Stifft zu Diessen im Bayrland ; geschrieben zu Pekin, dem 21 Wein-Monats 1738, p. 37.

579. Brief R. P. Dominici Pinheyro, S. J., Missionarii und Vorstehers der Vice-Provinz in China, an einen Priester aus gemeldter Gesellschafft ; geschrieben zu Pekin, dem 13 Wintermonats 1735, p. 38.

580. Brief R. P. Romani Hinderer, S. J., Missionarii aus der Oberteutschen Provinz, an R. P. Dominicum Pinheyro S. J. geschrieben in der Landschafft Yun-nan, dem 22 Sept. 1735, p. 45.

581. Brief des hochwürdigsten Herrns Francisci Maria Ferreri, Bischoffs von Hephestien, an P. Dominicum Pinheyro, geschrieben zu Mamco, dem 1 Herbstmonats 1735, p. 46.

582. Brief R. P. Joan. Bapt. du Halde, an die Französischen Jesuiten, p. 49.

583. Brief R. P. Parrenin, eines Französischen Missionarii S. J. in China, an R. P. Joan. Bapt. du Halde, gemeldter Gesell-

(Lettres édif. : *Welt-Bott.*)

schafft; geschrieben zu Pekin, dem 22 Weinmonats 1736, p. 52. (*L. E.*, XX, pp, 303/371.)

584. Erster Brief R. P. Augustini Hallerstein, Missionarii der Gesellschafft Jesu, aus der Oesterreichischen Provinz, an R. P. Franciscum Molindes, selber Provinz vorgesezten Provincial; geschrieben zu Lisabon, dem 7 Christmonats 1735, p. 71.

585. Zweyter Brief R. P. August. Hallerstein, an seinen Brudern Weichardum Hallerstein S. J. Priestern; geschrieben zu Lisabon, dem 24 Aprils 1736, p. 70.

586. Dritter Brief R. P. August. Hallerstein, an gemeldten seinen Brudern P. Weichardum Hallerstein; geschrieben zu Goa, den 13 Jenners 1738, p. 76.

587. Vierter Brief R. P. August. Hallerstein, an R. P. Weichardum, seinen Brudern; geschrieben zu Pekin, den 4 Wintermonats 1739, p. 79.

588. Fünfter Brief R. P. August. Hallerstein, an seinen Herrn Brudern P. Weichardum; geschrieben zu Pekin, den 6 Wintermonats 1740, p. 93.

589. Auszug zweyer Brieffen R. P. Ernberti Fridelli, Missionarii der S. J. in China an zweye Priester aus gemeldeter Gesellschafft, geschrieben zu Pekin dem 20 Wintermonats 1739, und dem 16 desselben 1740, p. 97.

590. Erster Brief R. P. God. Laimbeckhoven, S. J., Missionarii, an seine Excellenz Freyherrn von Sumerau, seinen Schwagern; geschrieben zu Macao, den 4 Christmonats 1738, p. 99.

XXXI, 1755.

XXXII, 1755 :

623. Erster Brief R. P. Parrenin, eines Französischen Jesuitens, und Missionarii in China, an R. P. Joannem Baptistam du Halde, derselben Gesellschafft; geschrieben zu Pekin, p. 1. (*L. E.*, XXII, pp. 344/384.)

624. Zweyter Brief R. P. Parrenin, an Herrn Dortous de Mairan, Mitglied der Königlichen Gesellschafft derer Wissenschafften zu Paris, geschrieben zu Pekin, den 28 Herbstmonats 1735, p. 12. (*L. E.*, XXII, pp. 131/192.)

625. Dritter Brief R. P. Parrenin, an Herrn Dortous de Mairan; geschrieben zu Pekin, den 20 Herbstmonats 1740, p. 30. (*L. E.*, XXII, pp. 289-344.)

626. Brief R. P. Chalier, Missionarii der Gesellschafft Jesu, in China, an R. P. Verchare, der Lionesischen Provinz gemeldter Gesellschafft vorgesezten Provinzialen; geschrieben zu Pekin, den 10 Herbstmonats 1741, p. 48. (*L. E.*, XXII, pp. 385/401.)

627. Brief R. P. Dentrecolles, eines Französischen Jesuitens und Missionarii in China, an R. P. Joan. Bapt. du Halde, aus derselben Gesellschafft; geschrieben zu Pekin, den 8 Oct. 1736, p. 53. (*L. E.*, XXII, pp. 193/245.)

628. Brief R. P. Barborier, Missionarii aus der Gesellschafft Jesu in China, an P. Barborier, aus derselben Gesellschafft, seinen Enckel; geschrieben in seiner Mission, p. 67. (*L. E.*, XXII, pp. 401/408.)

629. Erster Brief R. P. Floriani Bahr, Missionarii der Gesellschafft Jesu in China, aus der Böheimischen Provinz, an seine Hochgräfliche Excellenz, Frauen Maria Theresia, Gräfin von Fugger, gebohrnen Truchses zu Wellenburg, geschrieben zu Pekin, den 3 Wintermonats 1739, p. 69.

630. Zweyter Brief P. Bahr an gemeldte seine Excellenz Frau Reichs-Gräffin von Fugger, geschrieben zu Pekin, den 9 Nov. 1740, p. 74.

XXXIII, 1758.

XXXIV von A. 1746 bis 1750...—1758 :

668. Brief R. P. Philippi Sibin, S. J., Missionarii in China, aus der Unter-Rheinischen Provinz, an einen Priester derselben Gesellschaft und Provinz, geschrieben zu Macao, in China, den 30 December 1732, p. 1.

669. Brief R. P. Ignatii Kögler, S. J., Missionarii in China, aus der Ober-Teutschen Provinz, an einen Priester der Gesellschaft in Europa, geschrieben zu Pekin, den 20 November 1740, p. 6.

670. Brief R. P. Neuvialle, Französischen Missionarii der Gesellschaft Jesu, in China, an R. P. Brisson, aus derselben Gesellschaft, geschrieben in der Landschaft Huquam, 1740, p. 9. (*L. E.*, XXII, pp. 457/474.)

671. Brief R. P. Loppin, eines Französischen Missionarii aus der Gesellschaft Jesu in China, an R. P. Radominski, Ihro Majestät der Königin in Pohlen, Herzogin von Lothringen Beicht-Vatern, geschrieben in der Provinz Hu-quam, 1740, p. 15. (*L. E.*, pp. 415/456.)

672. Brief R. P. Godefridi Xaverii Laimbeckhoven, Missionarii S. J. in der Chinesischen Landschaft Hu-quam, aus der Oesterreichischen Provinz, dermalen Hochwürdigsten Bischofs in der Chinesischen Landschaft Nankin, an seine Excellenz, Herrn, Herrn Antonium Thaddaeum Freyherrn von Sumerau, zu alten Sumerau, Ihro Röm. Kayserl. Königl. Majestät bevollmächtigten Hof-Commissarium und Repraesentations-Praesidenten in denen Oesterreichischen Vor-Landen, seinen Gnädigen Herrn Schwagern, geschrieben zu Utschang-fu, dem 14 Weinmonats 1740, p. 25.

673. Zweyter Brief R. P. Godefridi Xaverii Laimbeckhoven, an seine Hoch-Geehrteste Frau Mutter, gegeben nahe an der Stadt Te-ngan-fu, dem 14 Sept. 1741, p. 36.

674. Brief R. P. Erenberti Fridelli, Missionarii der Gesellschaft Jesu in China, an einen aus gemeldeter Societät in Europa, geschrieben zu Peking, den 1 Wintermonats 1741, p. 37.

675. Erster Brief R. P. Augustini Hallerstein, S. J. Missionarii in China, aus der Oesterreichischen Provinz, an R. P. Weichardum Hallerstein, seinen Brudern, derselben Gesellschaft und Provinz, geschrieben zu Peking, den 10 Wintermonats 1741, p. 39.

676. Dritter Brief R. P. Godefridi Xaverii Laimbeckhoven, Missionarii der Gesellschaft Jesu in dem Reich China, aus der Oesterreichischen Provinz, an R. P. Franciscum Peickardt, Soc. Jesu, des hohen Doms zu St. Stephan in Wien Predigern, und an seine Freund, geschrieben zu Hu-kin-tien, einem der Stadt Te-gnan-fu untergebenen Flecken, den 29 Augusti 1741, p. 42.

677. Viertes Brieflein R. P. Godefridi Xaverii Laimbeckhoven, an F. Ignatium Heindl, der Gesellschaft Jesu, geschrieben zu U-tschang-fu, den 30 Junii 1743, p. 53.

678. Fünfter Brief R. P. Godefridi Xaverii Laimbeckhoven Missionarii Soc. Jesu, an R. P. Philippum Sibin, derselben Gesellschaft, zu Macao, geschrieben zu Hu-Kin-tien, den 27 Junii 1743, p. 54.

679. Brief des Ehrwürdigen Frater Attiret, Französischen Jesuiten, an dem Hof zu Pekin, an Herrn von Assaut, geschrieben zu Pekin, den 1 Novembris 1743, p. 57. (*L. E.*, XXII, pp. 490 52.)

680. Erster Brief R. P. Joannis Walter, Missionarii der Gesellschaft Jesu, aus der Böheimischen Provinz, an seine Hoch-Gräfliche Excellenz, Frauen, Frauen Maria Theresia Gräfin Fugger zu Wellenburg, gebohrnen Truchses zu Zeil, geschrieben zu Peking, den 19 Wintermonats 1743, p. 67.

681. Zweytes Brieflein R. P. Augustini Hallerstein, Soc. Jesu Missionarii in China, aus der Oesterreichischen Provinz, an R. P. Josephum Ritter, derselben Gesellschaft und Provinz, seiner Majestät, der regierenden Königin in Portugal Beicht-Vater, geschrieben zu Peking, den 1 November 1743, p. 74.

682. Brief R. P. Dominici Pinheyro, Missionarii der Gesellschaft Jesu in China, an einen Priester gemeldeter Gesellschaft, in Europa, geschrieben zu Peking, im Monat November 1743, p. 78.

683. Zweyter Brief R. P. Joannis Walter, Missionarii der Gesellschaft Jesu in China, aus der Böheimischen Provinz, an seine wertheste Eltern und Befreundte, geschrieben zu Peking, den 2ten Christmonats 1744, p. 84.

684. Brief R. P. Floriani Bahr, Missionarii Soc. Jesu, aus der Böheimischen Provinz, an seine Hoch-Gräfliche Excellenz, Frauen, Frauen Maria Theresia Gräfin von Fugger zu Wellenburg, gebohrnen Truchses zu Zeil, geschrieben zu Peking, den 15 November 1744, p. 92.

685. Brief R. P. Antonii Jozè, eines Portugesischen Jesuiten, und Missionarii in China, an R. P. Dominicum Pinheyro, der Chinesischen Vice-Provinz S. J. vorgesetzten Provincial, geschrieben zu Chamxo, den 6 September 1744, p. 101.

686. Dritter Brief R. P. Joannis Walter, Missionarii der Gesellschaft Jesu aus der Böheimischen Provinz, an seine Eltern und Befreundte, geschrieben zu Peking, den 27sten Wintermonats 1745, p. 107.

687. Sechstes Brieflein R. P. Godefridi Xaverii Laimbeckhoven, Soc. Jesu, Missionarii in China, an R. P. Josephum Ritter, Soc. Jesu, seiner Majestät, der regierenden Königin in Portugal Beicht-Vatern, geschrieben zu Hu-quam, dem 10 Augustmonats 1746, pp. 119/120.

XXXV, 1758 :

688. Brief R. P. Antonii Gogeisl, der Gesellschaft Jesu Missionarii in China, aus der Ober-Teutschen Provinz, an R. P. Henricum Hiss, derselben Gesellschaft und Provinz, geschrieben zu Peking, den 28 November 1746, p. 1.

689. Brief R. P. Godefridi Xaverii Laimbeckhoven, Missionarii Soc. Jesu in China, an R. P. Erasmum Frölich, derselben Gesellschaft Priestern, beyde aus der Oesterreichischen Provinz, geschrieben zu Tsao-yang-hien, dem 18 Julii 1746, p. 25.

690. Brief R. P. Joannis Walter, Missionarii Soc. Jesu in China, aus der Böheimischen Provinz, an seine Hoch-Gräfliche Excellenz, Frauen, Frauen Maria Theresia Gräfin von Fugger, zu Wellenburg, gebohrnen Truchses zu Zeil; geschrieben zu Peking, den 15 November 1747, p. 29.

691. Brief R. P. Godefridi Xaverii Laimbeckhoven, Missionarii Soc. in der Chinesischen Landschaft Hu-quam, und dermaligen

Visitatoris der Japonesisch- und Chinesischen Provinzen, an seine Excellenz, Herrn, Herrn Anton Thaddaeus Freyherrn von Sumerau, zu alten Sumerau, Ihro Röm. Kays. Königl. Majestät bevollmächtigen Hof-Commissarium und Repräsentations-Präsidenten in denen Oesterreichischen Vor-Landen, seinen gnädigen Herrn Schwagern, von der, in China, im Jahr 1747, ausgebrochenen blutigen Verfolgung, geschrieben in seiner Mission, p. 46.

692. Auszug zweyer Brieffen R. P. Floriani Bahr, Missionarii Soc. Jesu in China, aus der Böheimischen Provinz, an R. P. Udalricum Probst, derselben Gesellschaft, Dom-Prediger bey S. Moriz, in Augspurg, geschrieben in der Chinesischen Haupt-Stadt Peking, p. 88.

693. Zweyter Brief R. P. Floriani Bahr, Soc. Jesu Missionarii in China, aus der Böheimischen Provinz, an seine Hoch-Gräfliche Excellenz, Frauen, Frauen Maria Theresia Gräfin von Fugger, zu Wellenburg, gebohrnen Truchses zu Zeil, geschrieben zu Peking, den 24 November 1748, p. 90.

694. Kurzer Bericht von der Gefangenschaft, Marter und glorreichen Tod zweyer Priester : Antonii Josephi, eines Portugesen, und Tristani d'Attimis, eines Italiäner, aus der Gesellschaft Jesu, von einem Priester gemeldeter Gesellschaft, bald nach ihrem Hinscheiden, welches sich den 12 September 1748, zu Su-cheu ereignet, zu Macao in China verfasset, erstlich : in Portugesischer Sprach zu Lisabon, nachmalen in Welscher zu Venedig gedruckt, jetzt aber in das Teutsche übersetzet, von dem Verfasser des Welt-Bottens, p. 96.

695. Brief R. P. Floriani Bahr, Soc. Jesu Missionarii in China, aus der Böheimischen Provinz, an R. P. Philippum Volter, Soc. Jesu, aus gemeldeter Provinz, geschrieben zu Peking, dem 28 November 1749, p. 122.

696. Brief R. P. Augustini Hallerstein, Soc. Jesu, Missionarii in China, aus der Oesterreichischen Provinz, an R. P. Nicolaum Giampriamo derselben Gesellschaft, aus der Neapolitanischen Provinz, geschrieben zu Peking, den 28 des Wintermonats 1749, p. 125.

697. Brief R. P. Simonis Gumb, Soc. Jesu Missionarii in China, aus der Ober-Rheinischen Provinz, an R. P. Hermannum Goldhagen, derselben Gesellschaft und Provinz, geschrieben zu Macao, den 15 Christmonats 1749, p. 128.

698. Brief R. P. Godefridi Xaverii Laimbeckhoven, Soc. Jesu Missionarii in China, aus der Oesterreichischen Provinz, an R. P. Antonium Höller, derselben Gesellschaft und Provinz, seiner Königl. Hoheit des Kayserl. Königl. Erb- und Kron-Prinzens Josephi Beicht-Vater, geschrieben zu Hen-tscheu-fu, den 21 Weinmonats 1750, pp. 131/9.

XXXVI, 1758.

Le P. Stöcklein (Joseph), à qui on doit cette collection importante, est né à Ottingen en Bavière le 30 juillet 1676 et il est mort au collège de Gratz, le 28 Décembre 1733. Il a eu successivement pour continuateurs les Pères Charles Meyer, Pierre Probst, François Keller et Fr. Xavier Socher depuis le Vol. XXV.

Le P. Carayon, pp. 546/570, donne la traduction du sommaire des 723 articles du *Neüe Welt-Bott*.

∴

— Herrliche Tugend-Beyspihl Der Von jetzt Regierenden Sinischen Kayseren Herstammenden Und umb Christi willen Verfolgten Sunischen Printzen Ausz unterschidlichen Und dem Neuen Welt-Botten R. P. Josephi Stöcklein S. J.... Augspurg, 1739, in-8; voir col. 838.

D'après l'approbation, par le P. Michel Kolb, né à Innsbruck, 30 sept. 1682; † le 8 sept. 1750.

∴

— Edifying and Curious ‖ Letters ‖ of some ‖ Missioners, ‖ of the ‖ Society ‖ of ‖ Jesus, ‖ from ‖ Foreign Missions. ‖ — Printed in the Year 1707, pet. in-8, 8 ff. prél. n. c. + pp. 258 + 2 ff. n. c.

— — Vol. II. — ‖ Printed in the Year 1709, pet. in-8, 12 ff. prél. n. c. + pp. 173 + 1 f. n. c.

— The ‖ Travels ‖ Of several ‖ Learned Missioners ‖ of the ‖ Society of Jesus, ‖ into ‖ Divers Parts ‖ of the ‖ Archipelago, ‖ India, China, and America. ‖ Containing a general Description of the most remarkable ‖ Towns; with a particular Account of the Customs, ‖ Manners and Religion of those several Nations, the ‖ whole interspers'd with Philosophical Observations and ‖ other curious Remarks. ‖ — Translated from the French Original publish'd at Paris ‖ in the year 1713. ‖ — London, ‖ Printed for R. Gosling, at the Mitre and Crown, over aginst ‖ St. Dunstan's Church, in Fleet-street, MDCCXIV. 8 ff. n. c. + pp. 335 + 8 ff. n. c. p. l'ind.

— Travels of the Jesuits, into Various Parts of the World : Compiled from their Letters. Now first attempted in English. Intermix'd with an Account of the Manners, Government, Religion, &c. of the several Nations visited by those Fathers : with Extracts from other Travellers, and miscellaneous Notes. By Mr. Lockman. Illustrated with Maps and Sculptures. London : Printed for John Noon... MDCCXLIII. 2 vol. in-8.

I. P. de Premare, to P. de la Chaise, Canton, Feb. 17, 1699, p. 36.

P. Bouvet, to P. de la Chaise, Peking, Nov. 30, 1699, p. 64.

P. de Premare, to P. le Gobien, Ven-cheu fu, Nov. 1, 1700, p. 80.

P. du Tartre, to Mr. de Tartre, Canton, Dec. 17, 1701, p. 107.

P. de Chavagnac, to P. le Gobien, Cho-tcheu, Decemb. 30, 1701, p. 153.

P. Fouquet, to Duc de la Force, Nan-cham, Nov. 26, 1702, p. 389.

A Relation of the State of the Missions in China, presented at Rome, in 1703, to the General of the Jesuits, by Father Francis Noel, a Jesuit Missionary. Translated from the Latin, p. 447.

II. P. Gozani, to P. Suarez. Cai-fum-fu, 5 Nov. 1704, p. 11.

Remarks on the preceding Letter, p. 28.

P. de Fontaney, to P. de la Chaise, Cheu-Chan, 15 Feb. 1703, p. 50.

A Journey undertaken by the Emperor of China into Eastern Tartary. Anno 1682, p. 126.

A Journey undertaken by the Emperor of China into Western Tartary. Anno 1683, p. 140.

P. de Fontaney, to P. de la Chaise, London, 15 Jan. 1704, p. 180.

P. de Chavagnac, to P. le Gobien, Foo-tchoo-foo, Febr. 10, 1703, p. 302.

P. Jartoux, to P. de Fontaney, Peking, Aug. 20, 1704, p. 323.

P. d'Entrecolles, to the Proc. Gen., Jao-Cheu, 17 July 1707, p. 416.

P. Jartoux, to the Proc. Gen., Peking, April 12, 1711, p. 424.

— Lowndes (Bohn's ed.) II, 1208 (1864), cite les prix suivants : Towneley, pt. ii. 585. 7/6. — Fonthill 2595, £ 1. 4/-.

— Travels of the Jesuits, into various Parts of the World : particularly China and the East-Indies... translated from the celebrated *Lettres édifiantes et curieuses, écrites des Missions étrangères, par les Mission-*

naires de la Compagnie de Jésus... to which is now prefixed an Account of the Spanish Settlements in America, with a General Index to the whole Work by Mr. Lockman, 2nd. ed. London, 1762, 2 vol. in-8.

∴

— Cartas edificantes, y curiosas, escritas de las Missiones estrangeras, por algunos Missioneros de la Compañia de Jesus. Traducidas del idioma francés por el Padre Diego Davin, de la Compañia de Jesus. Tomo primero. Con privilegio. En Madrid : En la Officina de la Viuda de Manuel Fernandez, Imprenta del Supremo Consejo de la Inquisicion, y de la Reverenda Camara Apostolica. Año MDCCLIII, in-4, pp. 380 sans la préface, etc. — 1753-1757, 16 vol. in-4.

Cf. Ch. Leclerc, *Bib. Americana*, No. 103.

— * Listy rozne ku chwalebney ciekawosci y chrzescianskiemu zbudowaniu sluzace z Azyi, Afryki, Ameryki, niegdys od Missyonarow Societatis Jesu w rozmaitych iezykach do Europy przeslane. Teraz dla pragnacych wiedziec o progressach Wiary S. Katolickiey Rzymskiey w tamtych kraiach, iago tez o obyczaiach, tak odleglych narodow, o sytuacyi Panstw, Miast, Rzek, Gor, etc. Polskiemu swiatu iezykiem oyczystym kommanikowane. R. 1756, przez iednego Kaplana Soc. Jesu. w Warszawie, w Druk Koll. Soc. Jesu, in-4. Cyesc Pierwsza, pp. 190.

— * Czesc Druga Listy ex Insulis Marianis et Philippinis, p. 191 a 372 Lysty rozne i A. d. w. rozmaitych iezykach pisane. Teraz dla pragnacych wiedziec o pomnozeniu Wiary naszey i t. d. iako tez y obyczaiach onych narodow do polsku przelozone przez iednego Ziakonnika S. J. (Franciszka Bohomolca). Ibid., 1767, in-4, pp. 541.

— Estratto delle lettere originali spedite a Roma nel 1795. dai Vicarj appostolici, e missionarj della Cina, Tunkino, e Cochinchina scritte in idioma francese sullo stato presente di quelle Missioni. Opuscolo d'un Sacerdote Romano. Roma 1797. Dalle Stampe di Zempel presso Vincenzo Poggioli. In-8, pp. 66.

— Estratto delle lettere originali scritte in idioma francese dai vicarj apostolici, e missionarj della Cina, Tunkino, Cochinchina &c. sullo stato di quelle Missioni. Tomo I. In Roma, MDCCCVI. Nella stamperia Salomoni. Con Permissione. In-8, pp. XVI-256.

— — Tome II. Ibid., pp. 240.

— Brevi Notizie sullo stato della cattolica religione nella Cina, Tunkino, Cochinchina, ecc. Ricavate dall' *Estratto delle lettere originali* scritte dai Vicarj apostolici, e Missionarj di quei paesi; compilato dell' abate D. Settimio Costanzi D. S. T. Stampato l'anno scorso in Rome in due volumi. Ivrea, dai tipi della Società agraria. Pièce in-8, pp. 50.

Bib. nat. O²n 448

— Auszüge aus Originalbriefen, geschrieben in französischer Sprache von den apostolischen Vikarien und Missionarien in China, Tunkin, Cochinchina, ꝛc. über den Zustand jener Missionen. Wien, 1811, gedruckt bey Mathias Andreas Schmidt, Universitäts-Buchdrucker, 3 vol. in-8.

Publié par Johann Fortunat Zamboni, d'après l'abbé Sett. Costanzi, *Estratto*, etc., Rome, 1806, 2 vol. in-8. Extrait des *Nouvelles Lettres édifiantes*.

— * Lettere edificanti scritte dalle Missioni Straniere. Milano, 1825-9, 6 vol. gr. in-8. Planches coloriées.

— Scelta di Lettere Edificanti scritte dalle Missioni Straniere preceduta da quadri geografici storici, politici, religiosi e letterari de' paesi di missione accresciuta di un ragguaglio storico sulle missioni straniere di nuove lettere edificanti ed altri scelti pezzi traduzione dall' originale francese — Milano 1825—1829, Presso Ranieri Fanfani, Tipografico e Calcografo, nella contrada de' Borsinari, No. 1027, 18 vol. in-8.

∴

— Nouvelles ‖ des ‖ missions ‖ orientales, ‖ Reçues au Séminaire des missions ‖ étrangeres, à Paris, en 1785 & ‖ 1786. ‖ A Amsterdam, ‖ Et se trouve à Paris, ‖ Chez la veuve Herissant, Imprimeur- ‖ Libraire, rue Neuve Notre-Dame, ‖ à la Croix d'or. ‖ — 1787, 2 vol. in-12, pp. XX-275, 295.

— Nouvelles ‖ des ‖ missions ‖ orientales, ‖ Reçues au Séminaire des Missions ‖ Etrangeres, à Paris, en 1787 ‖ & 1788. ‖ A Paris, ‖ Chez : Crapart, Libraire, rue d'Enfer, ‖ près la Place Saint-Michel. ‖ — M.DCC.LXXXIX. ‖

Avec Approbation & Permission, 2 vol. in-12, pp. 203, 212 + 2 ff. n. c. p. l'ap., etc.

Les lettres tirées de ces *Nouvelles* ont été pour la plupart réimp. dans les *Nouvelles Lettres édifiantes*, de Ad. Le Clere.

— Nouvelles Lettres édifiantes des Missions de la Chine et des Indes Orientales. A Paris, Adrien Le Clere, 1818/1823, 8 vol. in-12.

I. 1818 :

Chine. De l'état et des progrès de la Religion catholique dans la Mission du Su-tchuen en Chine, etc. (Introduction) p. i.

Lettre de M. Gleyo, mis. ap. au Su-tchuen, en Chine, à M. Bourachot, Sup.-gén. de la cong. de Saint Sulpice. Su-tchuen, en Chine, le 13 août 1767, p. 27.

Ext. d'une lettre de M. Romain, mis. ap., proc. des missionnaires envoyés par le seminaire des Missions-Etrangères de Paris, écrite de Macao, le 10 décembre 1767, p. 41.

Abrégé de la relation de la persécution de M. Jean-François Gleyo, mis. ap. du Su-tchuen, depuis le 30 mai 1769 jusqu'au 27 juin 1777, écrite par lui-même, après son élargissement, p. 44.

Lettre de M. Gleyo, mis. ap., à Mgr. l'évêque d'Agathopolis, écrite de sa prison, le 8 juin 1775, p. 89.

Autre Lettre de M. Gleyo à M. Moye, mis. ap. au Su-tchuen, le vendredi dans l'octave de la Pentecôte, que je compte pour le 9 de juin 1775, p. 92.

Autre Lettre de M. Gleyo à M. Moye, du 18 juin 1776, p. 94.

Ext. d'une Relation de la persécution excitée dans la province du Su-tchuen en Chine, en 1769, écrite au mois d'octobre 1770 par M. Alary, mis. ap. au Su-tchuen, aux directeurs du séminaire des Missions-Etrangères, p. 96.

Relation de la persécution excitée dans la province du Su-tchuen en Chine, en l'année 1769, à l'occasion de la prise de M. Gleyo, écrite par M. Pottier, évêque d'Agathopolis, vic. ap. de cette province, le 10 octobre 1770, p. 109.

Ext. d'une relation écrite en latin par M. Pottier, évêque d'Agathopolis, vic. ap. du Su-tchuen en l'année 1771, p. 128.

Lettre de Mgr. Pottier, évêque d'Agathopolis, vic. ap. du Su-tchuen, à M. Bequet, supérieur du séminaire du Saint-Esprit, à Paris, p. 160. (Au Su-tchuen, province de Chine, 16 septembre 1772.)

Précis d'une Relation écrite, en 1773, par Mgr. Pottier, év. d'Agathopolis, vic. ap. du Su-tchuen en Chine, et d'une lettre du même à M. Alary, directeur du séminaire des Missions-Etrangères, en date du 1er Octobre 1773, p. 167.

Relation écrite par M. Moye, mis. ap. au Su-tchuen, p. 180. Su-tchuen, 6 août 1774.

Relation des persécutions arrivées au Su-tchuen en 1775 et 1776, écrite par M. de Saint-Martin, missionnaire du Su-tchuen, datée du 12 octobre 1776, p. 204.

Relation de M. de Saint-Martin, mis. ap. au Su-tchuen, écrite vers la fin de l'année 1777, adressée au supérieur et aux directeurs du Séminaire Saint-Louis, à Paris, p. 230.

Ext. d'une let. d'un religieux Dominicain espagnol, mis. ap., écrite au mois de janvier 1777, de la ville de Fogan dans la prov. de Fo-kien, à Mgr. le vic. ap. de la même prov., au sujet d'une femme chrétienne mise à mort en haine de la religion, p. 263.

Ext. d'une relat. de M. de Saint-Martin, mis. ap. au Su-tchuen, écrite au mois d'oct. 1778, p. 266.

Ext. d'une relat. de M. de Saint-Martin, et de quelques let. écrites en 1779, par les autres missionnaires du Su-tchuen, p. 291.

Ext. des let. écrites en 1780, par les miss. de la prov. du Su-tchuen, p. 302.

Ext. des let. écrites en 1781, par les mêmes, p. 316.

Ext. des let. écrites en 1782, par les mêmes, p. 332.

Let. de Mgr. François Pottier, év. d'Agathopolis, et vic. ap. du Su-tchuen, à M. Tessier de Sainte-Marie, curé de Genillé, près de Loches en Touraine (dép. d'Indre-et-Loire), 18 oct. 1782, p. 347.

Relat. d'une persécution excitée dans la partie orientale du Su-tchuen, au mois de sept. 1782, écrite par M. de Saint-Martin, mis. ap. dans la même prov., p. 385.

Ext. de deux let. de M. de Saint-Martin, présentement év. de Caradre, et coadj. de Mgr. l'év. d'Agathopolis, vic. ap. en Chine, en date du 1 Avril et du 29 mai 1783 à M. Moye, p. 394.

Abrégé d'une relation de tout ce qui est arrivé à M. Moye miss. ap. au Su-tchuen, pendant dix ans qu'il a demeuré en Chine, écrite par lui-même en 1784. p. 401.

Relat. écrite par M. Chaumont, ancien miss. de Chine, p. 450.

II, A Paris, 1818 :

Let. de Mgr. l'év. d'Agathopolis, vic. ap. du Su-tchuen, du 20 sept. 1784, p. 1.

Let. de M. Dufresse, m. ap. dans la prov. du Su-tchuen, achevée d'écrire le 21 sept. 1784, p. 6.

Ext. d'une let. de M. de Ventavon, miss. à Peking, en date du 25 nov. 1784, p. 20.

Précis d'une relat. écrite en chinois, de tout ce qu'a eu à souffrir Marthe Ma, dont il est parlé dans la let. ci-dessus, et des vertus qu'elle a pratiquées dans ses souffrances, p. 28.

Hist. abrégée de la persécution excitée en Chine, contre la religion chrét., en 1784 et 1785, ext. de plusieurs let. écrites en 1785 et 1786, par M. Descourvieres, proc. des Miss. franç. à Macao; et par M. Létondal, qui lui succéda dans cette place au commencement de 1786, p. 33.

Ext. d'une let. du P. Adéodat, Augustin italien, mis. résidant à Péking, à M. Marchini, proc. de la Prop. à Canton, le 14 juillet 1785, p. 99.

Let. de M. Raux, laz., sup. des missions franç. de Péking, à M. Létondal, proc. des missions étr. à Macao, le 22 juillet 1785, p. 100.

Trad. d'un écrit chinois affiché à Macao, le 15 mai 1785, contenant des arrêts du tribunal des causes criminelles de Peking, contre les miss. et les chrét., qui ont été approuvés de l'empereur le 7 mars 1785, p. 103.

Trad. d'une let. chinoise, écrite le 26 juin 1785, par le mandarin ou gouverneur chinois qui demeure à Casa-Branca, près de Macao, adressée au procureur de la ville ou du sénat de Macao, p. 147.

Relat. de la persécution excitée contre la relig. chrét., dans la prov. du Su-tchuen en Chine, en 1784 et 1785, adressée par Mgr. Pottier, év. d'Agathopolis, vic. ap. en ladite prov., au proc. des miss. franç. à Macao, du 30 Août 1785, p. 150.

Let. de Mgr. d'Agathopolis au proc. des miss. ét. à Macao, du 10 sept. 1785, p. 174.

Let. sans date, écrite secrètement par Mgr. l'év. de Caradre, du prétoire du lieutenant criminel, à Tching-tou, et reçue par Mgr. d'Agathopolis, le 21 mars 1785, p. 184.

Billet écrit par M. Devaut, détenu prisonnier, à Mgr. d'Agathopolis, le 22 avril 1785, p. 185.

Let. de M. Hamel, m. ap., et sup. du collége du Su-tchuen, en Chine, à Mgrs. d'Agathopolis et de Caradre (il ignoroit la prise de ce dernier); du 6 mars 1785, p. 186.

Ext. d'une let. de M. Gleyo, miss. ap., à Mgr. l'év. d'Agathopolis, du 27 mai 1785, p. 191.

Relat. de Mgr. de Saint-Martin, év. de Caradre, coad. du vic. ap. du Su-tchuen en Chine, sorti de prison le 10 nov. 1785, adressée au Séminaire des miss. étr., datée de Péking, le 21 nov. 1785, p. 195.

Let. du même év. et de même date, adressée à M. Descourvières, proc. des miss. étr. à Macao, p. 239.

Relat. de M. Dufresse, m. ap. en Chine, sorti des prisons de Peking, le 10 nov. 1785; adressée à MM. les directeurs du séminaire des Miss. Et., le 21 nov. 1785, p. 244.

Trad. d'un décret de l'empereur de Chine, du 9 nov. 1785, qui rend la liberté à douze miss. européens, condamnés à une prison perpétuelle, p. 276.

Let. de M. Dufresse, m. ap. en Chine, commencée à Canton au mois de février, et achevée à Manille au mois de juillet 1786, p. 279.

Autre let. de M. Dufresse, à MM. les sup. et directeurs du séminaire des Miss. Etr., contenant la relat. du voyage des miss. sortis de prison, depuis Péking jusqu'à Manille; achevée à Manille le 14 sept. 1786, p. 343.

Let. de Mgr. de Saint-Martin, év. de Caradre, coad. du vic. ap. du Su-tchuen en Chine, écrite de Manille, le 7 juillet 1786, à MM. les directeurs du séminaire des miss. étr., p. 392.

Ext. d'une autre let. du même, écrite de Manille, le 9 juillet 1787, p. 397.

Ext. d'un journal de M. Létondal, proc. des miss. étr. à Macao, pour l'année 1786, p. 398.

Let. de M. Dufresse à MM. les Dir. du Sém. des Miss. ét. Macao, 26 et 27 janv. 1787, p. 406.

Autre let. de M. Dufresse, miss. ap., à M. de Chaumont, dir. du sém. des miss. étr., Macao, 8 fév. 1788, p. 418.

Bref du Pape Pie VI à MM. les év. d'Agathopolis et de Caradre, p. 439 [en latin].

Trad. française, p. 441.

Relation de la miss. du Su-tchuen, rédigée par M. Florens, miss., en date du 13 sept. 1786, p. 445.

Mémoire de M. Moye, ancien miss. de Chine, concernant les vertus de M. Sun, p. 467.

Ext. d'une let. de la veuve Lo à M. Moye, traduite du chinois, p. 468.

Relation de la miss. du Su-tchuen, depuis le mois de sept. 1786, jusqu'au même mois de l'année 1787, p. 471.

Let. de M. Dufresse, mis. ap. du Su-tchuen, à M. Descourvières, dir. du sém. des miss. ét., écrite à Macao, le 16 oct. 1788, p. 494.

Let. de M. Létondal, proc. des miss. du sém. des miss. étr. à Macao, à MM. les Dir. du même séminaire, écrite le 14 nov. 1789, p. 497.

Let. de M. Hamel, m. ap. au Su-tchuen, à M. Alary, dir. du sém. des miss. étr., le 27 août 1789, p. 500.

Let. de M. Dufresse, mis. ap. au Su-tchuen, à M. Alary, écrite du Su-tchuen, le 30 août 1789, p. 503.

Relation de M. Dufresse, m. ap. du Su-tchuen, en date du 29 sept. 1790, p. 506.

III, A Paris, 1818 :

Relat. de la mission du Su-tchuen en Chine, pour l'année 1791, rédigée par Mgr. de Saint-Martin, év. de Caradre, coadj. du vic. ap. de cette province; adressée à MM. les dir. du sém. des miss. étr. à Paris, reçue à Londres au mois de déc. 1792, p. 1.

Relat. de la miss. du Su-tchuen en Chine, année 1792, par le même, le 14 oct. 1792, reçue à Londres le 11 juin 1793, p. 45.

Let. de M. Dufresse, m. ap. au Su-tchuen, à M. de Chaumont, dir. du sém. des miss. étr. à Paris, écrite le 3 oct. 1792, reçue à Londres le 11 juin 1793, p. 89.

Let. de M. de Saint-Martin, év. de Caradre..., à M. de Chaumont; reçue à Londres au mois d'août 1794, p. 125.

Let. de M. Dufresse à M. de Chaumont, reçue à Londres le 6 août 1794, p. 121.

Let. du même au même, p. 161.

Relat. de la miss. du Su-tchuen, prov. de Chine, rédigée par Mgr. l'év. de Caradre, vic. ap. de cette prov., année 1794 et 1795, p. 194.

Let. de M. Trenchant, m. ap. au Su-tchuen, à M. de Chaumont, p. 228.

Détails sur la mort de M. Aubin, prêtre de la Cong. de St. Lazare, mis. en Chine, ext. d'une let. de M. Raux, sup. des Laz. franç. à Peking, écrite en 1796, p. 238.

Let. de Mgr. de St.-Martin..., du 5 sept. 1796, p. 242.

Let. de M. Dufresse, p. 244.

Let. de M. Trenchant, p. 265.

Abrégé d'une relat. de la persécution exercée contre le christianisme, dans la province de Canton en Chine, en 1797; écrite par M. Létondal, proc. des mis. étr. à Macao, p. 270.

Let. de M. Dufresse à M. de Chaumont, p. 288.

Relat. de la miss. du Su-tchuen, année 1798, envoyée par Mgr. l'év. de Caradre, vic. ap. de cette prov., à MM. les dir. du sém. des Miss. étr., p. 353.

Let. de M. Trenchant, à M. de Chaumont, p. 379.

Let. de M. Dufresse à M. de Chaumont, p. 392.

Let. de Mgr. Dufresse, év. de Tabraca, coadj. de Mgr. de Saint-Martin..., à M. de Chaumont, p. 428.

Let. du même au même; reçue à Londres le 19 juillet 1802, p. 469.

Let. du même au même, p. 482.

Précis historique de la vie, des vertus et de la mort édifiante de Mgr. Jean Didier de Saint-Martin, év. de Caradre, vic. ap. de la prov. du Su-tchuen en Chine, décédé le 15 Nov. 1801; par M. Florens, mis. ap. dans la même prov., et ensuite coadj. de Mgr. l'év. de Tabraca, p. 484.

IV, A Paris, 1818 :

Let. de Mgr. Dufresse, év. de Tabraca, vic. ap. de la prov. du Su-tchuen, à M. Chaumont, dir. du sém. des miss. étr., 15 oct. 1802, p. 1.

Let. de M. Hamel, miss., et sup. du collége de la miss. du Su-tchuen, à M. Chaumont, 26 sept. 1802, p. 32.

Let. de Mgr. Trenchant, év. de Caradre, coadj. du vic. ap. du Su-tchuen, à M. Chaumont, 21 août 1802, p. 36.

Let. de Mgr. Dufresse, 28 oct. 1803, p. 47.

Let. de Mgr. Trenchant à M. Chaumont, 14 nov. 1803, p. 72.

Let. de M. Hamel au même, 23 sept. 1803, p. 77.

Let. de M. Lamiot, miss. à Péking, prêt. de la Cong. de St.-Lazare, à M. Philippe, prêt. de la même cong., en France, 26 sept. 1803, p. 82.

Let. de Mgr. Dufresse à MM. les dir. du sém. des Miss. étr. à Paris, 11 oct. 1804, p. 92.

Let. de Mgr. Trenchant à M. Chaumont, 21 Oct. 1804, p. 131.

Relat. de la persécution excitée à Peking en 1805; rédigée par M. Lamiot, miss. laz. franç. résidant à Péking, p. 135.

Let. de Mgr. Trenchant à M. Chaumont, 11 Nov. 1805, p. 163.

Let. de Mgr. Dufresse aux Dir. du Sém. des Miss. étr., 20 Oct. 1805, p. 182.

Let. de M. Létondal, 23 Nov. 1805, p. 207.

Consultation présentée à l'empereur de la Chine Kia king, en 1805, par trois grands mandarins, au sujet de la religion chrétienne, p. 212.

Edit porté par l'emp. Kia king contre la religion chrétienne, en 1805, p. 219.

Edit de l'emp. Kia king, envoyé au vice-gouverneur de la prov. du Su-tchuen, en 1805, p. 225.

Réponse du vice-gouverneur à l'édit ci-dessus, en date du 25 juin 1805, p. 229.

Let. de M. Létondal à M. Chaumont, 20 Avril 1806, p. 232.

Let. de Mgr. Dufresse, à MM. les Dir. du Sém. des Miss. étr., 13 Oct. 1806, p. 236.

Let. de M. Hamel, m. ap. au Su-tchuen, à M. Chaumont, 27 Sept. 1807, p. 262.

Let. de Mgr. Dufresse... à MM. les Dir. du Sém. des Miss. étr., 29 Sept. 1807, p. 268.

Let. de M. Hamel à M. Chaumont, 29 Août 1808, p. 292.

Let. de Mgr. Dufresse, à MM. les Dir. du Sém. des Miss. étr., 8 Sept. 1808, p. 297.

Let. de M. Hamel à M. Chaumont, 15 Oct. 1809, p. 346.

Let. de Mgr. Dufresse, à MM. les Dir. du Sém. des Miss. étr., 9 Oct. 1809, p. 351.

Let. de M. Richenet, prêt. de la Cong. de St. Lazare, proc. des miss. laz. en Chine, résidant à Macao; écrite à M. Chaumont, dir. du Sém. des Miss. étr. de Paris, demeurant à Londres, 1er déc. 1809, p. 370.

Let. de Mgr. Dufresse, à MM. les Dir. du Sém. des Miss. étr., 16 Oct. 1810, p. 379.

Relat. de la Mission du Su-tchuen adressée à MM. les Dir. du Sém. des Miss. étr. par Mgr. Dufresse, le 20 Oct. 1811, p. 430.

Let. de M. Richenet à M. Chaumont, p. 551.

V, à Paris, 1820 :

Relat. de la mission du Su-tchuen, écrite le 23 Sept. 1812, par Mgr. Dufresse, p. 1.

Let. de Mgr. Dufresse aux Dir. du Sém. des Miss. étr., 18 Sept. 1813, p. 18.

Lettre du même aux mêmes, 2 Oct. 1814, p. 59.

Let. du même aux mêmes, 21 Nov. 1814, p. 93.

Let. du même à M. Escodéca, m. ap. dans la prov. du Su-tchuen, 29 Mars 1815, p. 108.

Let. du même au même, 7 Avril 1815, p. 117.

Abrégé de la relat. de M. Fontana, mis. ap. au Su-tchuen, adressée à M. Escodéca, pro-vic. ap. de cette mission, 20 Aout 1815, p. 120.

Let. de M. Escodéca, prov. ap. du Su-tchuen, écrite le 20 Sept. 1815 à MM. Marchini (proc. de la Propagande à Macao) et Chaumont (sup. du Sém. des Miss. étr. à Paris), etc., p. 132.

Ext. d'une let. de M. Marchini... à S. Em. le cardinal préfet de la Prop. à Rome, p. 162.

Ex. de la *Gazette de Peking*, envoyé par M. Marchini... à MM. les Dir. du Sém. des Miss. étr. de Paris, p. 172.

Ext. d'une let. de M. Escodéca... à MM. les dir. du Sém. des Miss. étr. à Paris, p. 181.

Relation du martyre du R. P. Jean Triora, religieux franciscain, miss. dans le Hoû-kouang en Chine, écrite en chinois, par un chrétien nommé André Lo, p. 205.

Let. de M. Escodéca... à MM. les procureurs de Macao, et à MM. les dir. du Sém. des Miss. étr. à Paris, 29 Sept. 1817, p. 208.

Let. de M. Fontana, m. ap. au Su-tchuen, à M. Chaumont, reçue à Paris, le 9 juin 1818, p. 225.

Let. de M. Escodéca... à MM. les dir. du Sém. des Miss. étr.; reçue à Paris le 9 juin 1819, p. 236.

Let. de Mgr. Fontana, nommé év. de Sinite, et vic. ap. du Su-Tchuen en Chine, à MM. les proc. des missions à Macao, et à

MM. les dir. du Sém. des Miss. étr. à Paris, 16 sept. 1818, p. 246.

CORÉE. — Relation de l'établissement du christianisme dans le royaume de Corée, rédigée en latin par Mgr. de Govea, év. de Peking, et adressée, le 15 août 1797, à Mgr. de Saint-Martin..., traduite sur une copie reçue à Londres, le 21 juillet 1798, p. 259.

Ext. d'une let. de Mgr. de Govea, év. de Peking, datée du 28 juillet 1801, p. 295.

Let. des chrétiens de Corée à l'év. de Peking, écrite le 3 de la onzième lune de l'année sin-ou (8 déc. 1811), p. 299.

Notice historique sur M. Denis Chaumont, protonotaire apostolique, sup. du Sém. des miss. étr., mort à Paris, le 25 août 1819, p. 345.

Let. de Mgr. Fontana..., à M. Chaumont, écrite le 2 oct. 1819 p. 594.

VI, à Paris, 1821.

VII, à Paris, 1823.

VIII, à Paris, 1823.

Ces trois derniers vol. sont consacrés à la Cochinchine et au Tong-king.

Notices par Abel Rémusat : *Journal des Savants*, mars 1819, pp. 174/182 sur les Vol. I et II ; Oct. 1820, pp. 595/601, sur les Vol. III, IV et V ; Fév. 1822, pp. 65/75, sur le Vol. VI ; — et *Mélanges asiatiques*, I, pp. 51/87.

— Précis Des Nouvelles contenues dans les Lettres des Missionnaires de la Chine, du Tong-King et de la Cochinchine, écrites en 1819 et 1820, reçues à Paris en 1820 et 1821. Pièce in-8, pp. 16.

A la fin : Paris. Chez Ad. Le Clere... 1821.

— Annales de l'Association de la Propagation de la Foi, Recueil périodique des Lettres des évêques et des missionnaires des missions des Deux Mondes, et de tous les documents relatifs aux Missions et à l'Association de la Propagation de la Foi. Collection faisant suite à toutes les éditions des *Lettres édifiantes*, in-8.

Bib. Nat. $\frac{8°H}{100}$

I, à Paris. à Lyon, MDCCCXXVII :

Extraits de l. tres de Mgr. Fontana, évêque de Sinite, vicaire apostolique du Su-tchuen (21 Sept. 1821) et de Mgr. Perocheau, évêque de Maxula, coadjuteur (6 Sept. 1821), pp. 12 et seq.

Lettre de Mgr. Perocheau (5 Sept. 1822), pp. 18 et seq. (No. IV.)

Lettre de Mgr. Fontana (14 Sept. 1822), pp. 22 et seq. (No. IV.)

Notice sur Mgr. Dufresse, évêque de Tabraca, vicaire apostolique du Su-tchuen, Martyrisé dans cette province le 14 Septembre 1815. Allocution du Pape Pie VII, etc. No. IV, pp. 48 et seq.

Lettre de Mgr. Dufresse, évêque de Tabraca, vicaire apostolique du Su-tchuen, aux élèves chinois du collège général de Pulo-Pinang (traduit du latin). No. IV, pp. 68 et seq.

Extrait d'une lettre de Mgr. Fontana (15 Sept. 1823). No. VI, pp. 3/8.

Extrait d'une lettre de Mgr. Perocheau (22 Sept. 1823). No. VI, pp. 8/11.

II, 1826 :

Mission du Su-Tchuen, en Chine, pp. 237 et seq.

Lettre de Mgr. Fontana (22 Sept. 1824), pp. 247/57.

Lettre de Mgr. l'évêque de Maxula (15 Sept. 1825), pp. 257/258.

Lettre de Mgr. Fontana (18 Sept. 1826), pp. 259/261.

III, 1828 :

Mission du Su-Tchuen.

Lettre de Mgr. Fontana (12 Octobre 1827), pp. 359/360.

Lettre de M. Baroudel, procureur des missions, résidant à Macao (31 Dec. 1827).

(ANNALES PROP. FOI : 1826—1828.)

Lettre de Joseph Sông, chrétien de la province du Su-tchuen, exilé pour la Foi au fond de la Tartarie Chinoise, écrite en février 1824, reçue à Macao en 1827, pp. 361/368.

Lettre de M. Imbert, missionnaire apostolique, à M. *** (Ou-Tong-Kiao, Kiao-ting-fou, Sept. 1826), pp. 369/376. [A consulter sur les puits de sel.]

Autre lettre du même, à Monsieur *** (13 Septembre 1827), pp. 376/381.

Lettre de M. Chastan [Jean-Honoré], mis. ap., à M. P. (Macao, le 28 Octobre 1828), pp. 482/484.

IV, 1830 :

Lettre de M. Fontana... à M. Langlois, supérieur du séminaire des Missions étrangères, à Paris. (Le 2 septembre 1828), pp. 405/409.

Lettre de M. Voisin, missionnaire apostolique, à M. Ducrey, supérieur du séminaire de Mélan. (Chine, 2 septembre 1828), pp. 409/411.

Lettre de M. Imbert... à Messieurs les directeurs du séminaire des Missions étrangères. (Chine, le 18 septembre 1828), pp. 411/414.

Lettre de M. Imbert... à M. Langlois. (Chine, 1er septembre 1829), pp. 414/418.

Lettre de M. Voisin... au même. (Chine, le 15 septembre 1829), pp. 418/419.

Extrait d'une lettre de Mgr. Pérocheau... à M. Langlois. (Chine, le 16 septembre 1829), pp. 419/420.

Note sur les *Tsin-lien-kiao*, pp. 420/1.

Lettre de M. Bohet, Missionnaire apostolique dans la province du Fokien en Chine, à MM. Baroudel et Legrégeois, procureurs des Missions françaises, à Macao. (Hing-Hoa, province du Fo-kien, 4 novembre 1829), pp. 422/437.

Etat des Missions de la Chine dirigées par les Missionnaires de la Congrégation de Saint-Lazare, pp. 634/636.

Mission du Thibet : Note historique, pp. 712/713.

V, 1831 :

Mission du Su-Tchuen, pp. 645/647.

Lettre de M. Alphonse Vialle, miss. apost., à M. ***. (Macao, 29 Novembre 1830), pp. 647/658.

Lettre de Mgr. Fontana... à MM. les Directeurs du Séminaire des Missions étrangères. (Au Su-Tchuen, le 2 septembre 1830), pp. 659/662.

Lettre de M. Imbert... à M. Langlois. (Au Su-Tchuen, septembre 1830), pp. 663/666.

Lettre du même au même. (18 Août 1831), pp. 666/669.

Lettre du même, à M. Henri B*** à Givors, pp. 670/673.

Lettre de M. Bohet, miss. apos. au Fokien, à MM. les Directeurs du Séminaire des Missions étrangères, pp. 673/685.

VI, 1833 :

Mission du Su-Tchuen. (No. XXXV des Annales, Janvier 1834), pp. 499/501.

Lettre de Monseigneur Fontana... à Messieurs les Directeurs du séminaire des Missions étrangères, à Paris. (3 septembre 1831), pp. 501/506.

Lettre de M. Bohet, missionnaire apostolique en Chine, à monsieur Dubois, directeur du séminaire des Missions étrangères. (Hing-hoa-fou [Fo-kien], 4 mars 1832), pp. 506/517.

Lettre de M. Le Grégeois, procureur des Missions françaises, à MM. les Directeurs du séminaire des Missions étrangères. (Macao, 13 mai 1832), pp. 518/519.

Lettre de M. Ponsot, miss. ap. en Chine, à MM. les Directeurs du séminaire des Missions étrangères, à Paris. (Au Su-tchuen, 22 août 1832), pp. 519/526.

Lettre de Mgr. Perocheau... à M. Langlois, pp. 526/530.

Lettre de Mgr. l'Evêque de Sinite... à M. Langlois, pp. 530/534.

Lettre de M. Maubant, miss. ap., à MM. les Directeurs du séminaire des Missions étrangères. (Macao, le 12 octobre 1832), pp. 534/537.

Lettre de M. Rameaux [Lazariste], miss. en Chine, à M. Torrette, pp. 537/539.

Lettre de M. Torrette, procureur des Missions Lazaristes en Chine, à M. (Macao, 15 septembre 1832), pp. 539/541.

Mission de Corée, pp. 542/544.

Lettre de M. Bruguière, vicaire apostolique de la Corée, à Son Excellence Mgr. l'Archevêque de Manille. (Macao, 25 octobre 1832), pp. 544/5.

Lettre du même, à M. le Rédacteur des Annales. (Macao, le 14 décembre 1832), p. 545.

(ANNALES PROP. FOI : 1830—1833.)

31

Lettre de Mgr. l'évêque de Capse [Bruguière], vicaire apostolique de la Corée, à M. le Rédacteur des Annales et aux Associés de la Propagation de la Foi. (Macao, le 14 décembre 1832), pp. 546/553.

Notice sur l'état du Christianisme en Corée [par Mgr. Bruguière], pp. 553/587.

Lettre de M. Laribe, miss. Lazariste en Chine, à M. Etienne, procureur-général de la Congrégation de Saint-Lazare. (Macao, le 2 Avril 1832), pp. 330/355.

Lettre de M. Laribe, missionnaire lazariste en Chine, à M. le Supérieur général de la congrégation de Saint-Lazare. (Macao, le 30 Juin 1832), pp. 356/359.)

VII, 1834 :

Lettre de M. Etienne, procureur-général de la Congrégation de Saint-Lazare, à MM. les membres des Conseils de l'Œuvre de la Propagation de la Foi. (Paris, le 15 Octobre 1833), pp. 16/20.

Mission de la Corée, pp. 267/268.

Lettre de Mgr. Bruguière, évêque de Capse, à MM. Umpierre et Legrégeois. (Cham-si, 28 Octobre 1833), pp. 268/272.

Missions des Lazaristes en Chine :

Lettre de M. Rameaux, missionnaire apostolique en Chine, à M. le Supérieur général de la Congrégation de Saint-Lazare. (Province de Hou-Pé, le 4 juillet 1833), pp. 348/356.

Lettre de M. Laribe, miss. ap. en Chine, à M. Etienne, proc. gén. de St.-Lazare. (En Chine, le 1er septembre 1833), pp. 356/380.

Missions de la Chine, pp. 632/637.

Notice sur les Mœurs des peuples de la Chine (par le P. Bohet), pp. 637/663.

Missions du Su-tchuen, pp. 664/665.

Lettre de M. Voisin, mis. ap. récemment arrivé de la Chine (en juillet 1833), à Mgr. l'Evêque d'Annecy, pp. 666/669.

Lettre de M. Imbert, mis. ap. en Chine, à M. B. (juillet 1833), pp. 670/673.

A Consulter sur la principauté de Mô-ping.

Extrait d'une lettre du même à M***. (Su-Tchuen, 26 juillet 1834), pp. 673/674.

Lettre de M. Ponsot, à MM. les Directeurs du séminaire des Missions étrangères. (Su-Tchuen, 26 juillet 1834), pp. 674/675.

Extrait d'une lettre du même, à M. Dubois, directeur du séminaire des Missions étrangères, à Paris. (Au Su-Tchuen, le 27 juillet 1834), pp. 676/678.

Notes, pp. 678/684.

VIII, 1835 :

Mission de Corée, pp. 56/57.

Lettre de Mgr. Bruguière, évêque de Capse, à ses parens. (Chan-Si 6 juin 1834), pp. 58/61.

Lettre de Mgr. Bruguière. (Chan-Si, 20 Septembre 1834), pp. 166/168.

Extrait d'une lettre de Mgr. Bruguière à M. Legrégeois, procureur à Macao. (8 juin 1835), pp. 405/406.

Mission du Su-Tchuen, pp. 84/87.

Lettre du Père L. C. M. J. Delamare à sa famille. (Batavia, 2 juillet 1835), pp. 484/500.

IX, 1836 :

Missions des Lazaristes en Chine, pp. 57/58.

Lettre de M. Rameaux, missionnaire lazariste en Chine, à M. Etienne, procureur-général de la congrégation de St.-Lazare. (Hou-kouang, le 18 juillet 1834), pp. 58/63.

Lettre de M. Laribe à M. Etienne, procureur-général de la congrégation de St.-Lazare. (Province de Kiang-si, le 1er septembre 1834), pp. 63/66.

Lettre de M. Torrette, procureur des missions des Lazaristes en Chine, au même. (Macao, le 13 novembre 1834), pp. 66/68.

Lettre de M. Mouly, missionnaire lazariste en Chine, à M. Le Go, assistant de la congrégation de Saint-Lazare. (Macao, le 15 novembre 1834), pp. 68/81.

Lettre de M. Torrette... à M. Etienne. (Macao, le 19 janvier 1835), pp. 81/87.

Mission de Corée, p. 195.

Relation du voyage de Mgr. Bruguière, évêque de Capse. A MM. les Directeurs du séminaire des Missions étrangères, à Paris, pp. 196/331.

Cette relation est datée de Sivang, Tartarie occidentale, le 5 octobre 1835. — Voir également la *Revue de l'Orient*, VII, 1845, pp. 297/340.

(ANNALES PROP. FOI : 1834—1836.)

Mgr. Bruguière est mort le 20 Octobre 1835.

Lettre de Mgr. Alphonse de Donata, évêque de Carade, à M. le Supérieur du séminaire des missions étrangères, p. 332 [pour annoncer la mort de Mgr. Bruguière].

Note sur la chronologie chinoise, écrite par Mgr. l'Evêque de Capse, à l'appui de sa Relation, pp. 333/335.

Lettre du Père Pacifique Ly (sur la Corée), pp. 400/406. (En Corée, 1er novembre 1834).

Mission du Su-Tchuen, pp. 447/448.

Lettre de Mgr. l'Evêque de Sinite, vicaire apostolique du Su-Tchuen, à MM. les Directeurs du séminaire des Missions étrangères, à Paris. (Su-Tchuen, le 16 septembre 1835), pp. 449-454.

Extrait d'une lettre de M. Verrolles, miss. ap., datée de Tchong-kin-Fou en Chine, 9 septembre 1835, à M. Dubois, pp. 454/459.

Lettre de Mgr. de Maxula. (9 Sept. 1835), pp. 460/461.

Lettre des Chrétiens de la Chine aux Associés de l'Œuvre de la Propagation de la Foi (1835), pp. 462/463.

Edit de Taou-kwang (16e année, 24e jour, 4e lune) contre le Christianisme, pp. 463/465.

X, 1837 :

Missions des Lazaristes en Chine : Lettre de M. Torrette, supérieur des missions des Lazaristes en Chine, à M. le Supérieur général de la Congrégation de St.-Lazare. (Macao, le 28 mai 1835), pp. 48/56.

Lettre de M. Laribe, miss. ap., en Chine, à M. Etienne, procureur-général de la Congrégation de St.-Lazare, à Paris, pp. 56/66.

Lettre des Chrétiens du Hou-pé à M. Torrette, pp. 66/69.

Lettre de M. Baldus, miss. lazariste en Chine, à M. Etienne, procureur-général de la Congrégation de St.-Lazare. (Hou-pé, le 3 Août 1835), pp. 69/78.

Nouvelles diverses des Missions, pp. 78/80.

Missions de la Chine, pp. 83/95.

Missions des Lazaristes en Chine : Lettre de M. Mouly, miss. ap., à M. le Supérieur général de la Congrégation de St.-Lazare, à Paris. (Si-Ouen-Tse ou Sivang, en Tartarie, le 12 octobre 1835), pp. 96/125.

Lettre de M. Sué, lazariste chinois, à M. le Supérieur général de la Congrégation de St.-Lazare, pp. 125/128.

XI, 1839 :

Missions des Lazaristes en Chine : Lettre de M. Perboyre, miss. laz., à M. Torrette... (Du Fo-kien, le 7 mars 1836), pp. 5/15.

Lettre du même à M. Perboyre, son oncle, chanoine de Montauban, pp. 15/26.

Lettre de M. Baldus, miss. laz. en Chine, à M. Grappin, assistant de la Congrégation de Saint-Lazare, pp. 26/31.

Extrait d'une lettre de M. Rameaux, miss. ap., à M. Etienne, pp. 31/35.

Lettre de M. Mouly, miss. laz. en Chine, supérieur de la mission de Pékin, à M. Nozo, supérieur général de la Congrégation de St.-Lazare. (Mission de Pékin, Tartarie occidentale, le 6 novembre 1836), pp. 35/55.

Mission du Fo-kien, pp. 56/57.

Lettre du R. P. Calderon, coadjuteur élu de Mgr. Carpena, vicaire apostolique, au R. P. Dominique de Sainte-Marie, prieur du couvent de Saint-Dominique, à Manille. (Traduction de l'espagnol), pp. 58/64.

Extrait d'une lettre de Mgr. Carpena, vicaire apostolique du Fo-kien, au R. P. Alvarès del Mausano, procureur des RR. PP. Dominicains à Macao. (Traduction de l'espagnol), pp. 64/70.

Mission du Su-Tchuen : Lettre de Mgr. Fontana, évêque de Sinite, vicaire apostolique du Su-Tchuen, à MM. les Directeurs du séminaire des Missions étrangères à Paris. (Su-Tchuen, le 3 septembre 1838), pp. 187/194.

Extrait d'une Lettre de Mgr. l'Evêque de Maxula, coadjuteur de la mission du Su-tchuen en Chine, à M. Dubois, pp. 194/197.

Extrait d'une Lettre de M. Papin, miss. ap. au Su-Tchuen, au même, en date du 28 août 1837, pp. 197/198.

Mission de Corée : Lettre de M. Maubant, miss. ap. en Corée, à MM. les Directeurs du séminaire des Missions étrangères. (Han-Yang, capitale de la Corée, 4 avril 1836), pp. 342/348.

Lettre de M. Chastan, miss. ap. en Corée, à MM. les Directeurs et procureurs des missions étrangères. (Schout, 15 septembre 1837), pp. 349/354.

Lettre de Mgr. Imbert, évêque de Capse, vicaire ap. de Corée, à M. B*** à Givors. (Mouk-Den, le 7 Décembre 1837), pp. 354/358.

Extrait d'une Lettre du même Evêque à M. Le Grégeois, procureur des missions étrangères à Macao. (Fong-Piên-Men, frontière de Corée, le 17 décembre 1837), pp. 358/359.

(ANNALES PROP. FOI : 1837—1839.)

Extrait d'une Lettre de M. Calleri, miss. en Chine, à M. Dubois, l'un des directeurs du séminaire des Missions étrangères, pp. 359/362.

XII, 1840 :

Missions de MM. les Lazaristes en Chine : Lettre de M. Faivre, miss. laz. en Chine, à M. Legot, assistant de la Congrégation de Saint-Lazare, pp. 140/154.

Lettre de M. Mouly, supérieur de la mission des Lazaristes dans la province de Pékin, à M. Etienne, procureur-général de la Congrégation de Saint-Lazare. (Tartarie occidentale, le 16 octobre 1837), pp. 155/162.

Lettre du même, à M. Nozo, supérieur général de la Congrégation de Saint-Lazare. (Si-Van, Tartarie, le 10 octobre 1837), pp. 162/172.

Extrait d'une Lettre de M. Rameau, supérieur de la miss. des laz. dans le Hou-pé, à M. Nozo, pp. 172/173.

Lettre de M. Thiou, miss. laz. chinois, à M. Nozo... (Macao, le 8 décembre 1837), pp. 174/182.

Lettre de M. Faivre, miss. laz. en Chine, à M. Etienne. (En rade de Lin-Ting, 28 février 1838), pp. 183/192.

Missions de la Chine : Extrait de deux lettres de M. Delamare, miss. ap. au Su-Tchuen. (Su-Tchuen, en septembre 1838), pp. 479/483.

Extrait d'une lettre de Mgr. Pérocheau, Evêque de Maxula, aux Associés de l'Œuvre. (Su-Tchuen, 24 Septembre 1838), pp. 484/487.

XIII, 1841 :

Missions de la Chine : Extrait d'une lettre de M. Perboyre, miss., à M. Carrole, Curé de Catus (Lot). (Houpé, 12 Septembre 1838), pp. 146/150.

Tartarie chinoise : Lettre de M. Gabet, miss., à sa sœur. (Si Vouan, 12 septembre 1838), pp. 150/154.

Missions de la Corée : Lettre de Mgr. Imbert, Evêque de Capse et Vicaire apostolique de la Corée, à MM. les Directeurs du Séminaire des Missions étrangères. (Kin-ki-Tao, 24 novembre 1838), pp. 155/166.

Extrait d'une lettre de M. Simian, miss. ap. en Chine, p. 172.

Lettre de M. François Tchiou, miss. Chinois, de la Cong. de S. Lazare, à M. Nozo. (Macao, le 22 Septembre 1840), pp. 257/262.

Lettre de Mgr. Joseph Rizzolati, Evêque d'Araden et Vicaire apostolique du Hu-Quam, à l'Association de la Propagation de la Foi. (U-cham-fu, 28 Octobre 1840), pp. 449/452 [sur le martyre du P. Perboyre].

Lettre d'un séminariste chinois à M. Torrette, procureur de la congrégation de Saint-Lazare à Macao, pp. 453/459.

Mission de la Tartarie : lettre de M. Gabet, miss. ap., à M. Nozo. (Sivouan, 15 aout 1838), pp. 512/534.

XIV, à Lyon, 1842 :

Missions de la Chine et du Tong-king : Lettre de M. Huc, miss. ap., à M. Sarrans. Macao, 27 janvier 1841, pp. 12/18.

Mission du Su-Tchuen. Lettre de M. Bertrand, miss. ap., à son Eminence le Cardinal de Bonald, Archevêque de Lyon. Su-Tchuen, 10 août 1840, pp. 73/80.

Miss. de la Chine. Vicariat apostolique du Huquam. Extrait d'une lettre de Mgr. Rizzolati, Vic. ap. du Huquam, à Mess. les membres des conseils de l'œuvre. U-cham-fu, 10 Janvier 1841, pp. 299/310.

Vic. ap. du Su-Tchuen. Ext. d'une lettre de M. Bertrand, miss. ap., à M. Dubois. Kin-Fou, 24 août 1840, pp. 311/313.

Lettre de M. Delamare, miss. ap., à M. Dubois. Su-Tchuen, 12 sept. 1840, pp. 314/319.

Vic. ap. du Leao-Tong et de la Mantchourie. Lettre de Mgr. Verrolles, évêque de Colombie et Vic. ap. de la Mantchourie, à M. Langlois, curé d'Argences. Sy-Ouan, en Mongolie, le 10 mars 1841, pp. 320/328.

Ext. d'une lettre de M. Huc, miss. de la Cong. de Saint-Lazare, dans la Tartarie-Mongole, au supérieur de la même Congrégation. Sivan, 16 Septembre 1841, pp. 479/481.

Ext. d'une lettre de M. Blanchin, miss. ap., à M. Jurine, directeur du séminaire des Missions étrangères. Macao, 14 février 1842, pp. 481/484.

XV, à Lyon, 1843 :

Missions de la Chine. Lettre de M. Huc, miss. laz., dans la Tartarie mongole, à M. Donatien Huc, avocat à Toulouse. Si-Wan, 15 sept. 1841, pp. 73/79.

Lettre de M. Huc, mis. ap., à M. Marcou, Directeur du petit séminaire de Toulouse. Kien-Tchang-Fou, province de Kian-si, 2 avril 1841, pp. 211/228.

Ext. d'une lettre de M. Baldus, miss. ap., à M. le Sup. de la Cong. de St.-Lazare, pp. 229/244.

Ext. d'une lettre du P. Joset, procureur de la Propagande, aux membres des Conseils centraux de l'Œuvre. Hong-Kong, 18 Avril 1842, pp. 245/249.

Ext. d'une lettre du P. Gotteland, de la Compagnie de Jesus, à un de ses supérieurs en France. King-Kia-Hang, 22 juillet 1842, pp. 250/252. — Kiang-Nan, 19 août 1842, p. 252.

Missions de la Mongolie. Lettre de Mgr. Mouly, Vic. ap. de la Mongolie, à MM. les membres des Conseils centraux de l'œuvre. Mongolie, Sivan, 18 Sept. 1842, pp. 446/447.

XVI, à Lyon, 1844 :

Missions de la Chine. Diocèse de Nan-king. Lettre de M. Faivre, miss. laz., à M. le Sup. gén. de la Cong. de St.-Lazare. Du séminaire de l'Immaculée-Conception, le 6 mai 1841, pp. 289/295.

Ext. d'une lettre du même au même. Décembre 1841, pp. 296/315. — 2 janvier 1842, pp. 316/7.

Ext. d'une lettre du P. Estève, Miss. de la Cie de Jesus, à son Supérieur, en France. Ko-Kiao, 26 mai 1843, pp. 318/320.

Vic. ap. du Su-Tchuen. Ext. de deux lettres de M. Bertrand, miss. en Chine, à M. Jurine, Directeur du Séminaire des Miss. étrangères. Tchoung-Kin-Fou, juillet 1842, pp. 321/332.

Lettre de Mgr. Pérocheau, Evêque de Maxula, Vic. ap. du Su-Tchuen, à M. Langlois, Sup. du sém. des Miss. ét. Su-Tchuen, le 1er septembre 1841, pp. 333/5.

Ext. d'une lettre du même au même. Su-Tchuen, 3 septembre 1843, pp. 336/7.

Ces deux lettres ont été trad. en anglais par le Rev. A. P. Happer dans le *Chin. Rep.*, XV, pp. 400/402.

Ext. d'une lettre de M. Freycenon, miss ap., à M. Freycenon, son oncle, curé de Tiranges, dans le diocèse du Puy, pp. 338/342.

Vicariat ap. du Hou-kouang. Ext. d'une lettre de Mgr. Rizzolati, Vic. ap. du Hou-kouang, à MM. les Directeurs de l'œuvre. Du Hou-Kouang, le 15 mai 1842, pp. 343/5.

Autre lettre du même Prélat au T. R. Père Joseph d'Alexandrie, Général des franciscains. U-cham-fu, 25 Nov. 1842, pp. 346/356.

Trad. en anglais dans le *Chin. Rep.*, XV, 1845, pp. 39/45.

Vic. ap. du Leao-Tong. Ext. d'une lettre de M. de la Brunière, miss. ap., à un de ses confrères. Leao-Tong, le 10 décembre 1842, pp. 357/9.

Missions de la Chine. Vic. ap. du Xan-tong. Lettre de Mgr. Besy, Vic. ap. du Xan-tong, à MM. les Directeurs de l'œuvre. (Traduct. de l'italien.) Nankin, 15 mai 1843, pp. 419/437.

Trad. en anglais dans le *Chin. Rep.*, XV, 1846, pp. 250/262, par le Rev. A. P. Happer.

Statistique de la Chine, pp. 438/442.

Cette statistique a été dressée par Mgr. Louis de Besy d'après le Livre rouge officiel qui est publié tous les trois mois.

Missions de la Mantchourie et de la Corée. Lettre de Mgr. Verroles, Vic. ap. de la Mantchourie, à Mess. les membres des deux conseils centraux de l'œuvre. Kaytchéou, au Leao-tong, le 25 mai 1843, pp. 138/165.

Trad. en anglais dans le *Chin. Rep.*, XV, 1846, pp. 453/461, par le Rev. A. P. Happer.

Lettre de Mgr. Ferréol, nommé évêque de Bellino et Vic. ap. de la Corée, à MM. les Directeurs du séminaire des Missions Etrangères. Comté de Karlouskout, Mongolie, 5 mars 1843, pp. 166/173.

Trad. en anglais dans le *Chin. Rep.*, XV, 1846, pp. 507/512, par le Rev. A. P. Happer.

Lettre du même, à Mgr. de Drusipare, Vic. ap. de Pondichéry. Mongolie, dans le Comté de Karlouskout, 15 février 1843 (contient une lettre du P. Chastan, Corée, 6 septembre 1839), pp. 280/2.

XVII, à Lyon, 1845 :

Missions de la Chine. Vicariat apostolique du Kiang-si. Extrait d'une lettre de M. Laribe, Miss. ap. de la Cong. de St.-Lazare, à M. Martin, Directeur des Novices de la même Soc. Tien-Tcheou, 22 Sept. 1843, pp. 207/238, 286/315.

Miss. de la Tartarie Mongole. Lettre de M Huc, miss. laz. en Mongolie, à M. Donatien Huc, avocat à Toulouse. Tartarie Mongole, Vallée des *Eaux-Noires*, le 8 janvier 1844, pp. 369/398.

XVIII, à Lyon, 1846 :

Miss. de la Chine. Lettre de Mgr. Ferréol, Vic. ap. de la Corée et du Liéou-Khiéou, à MM. les Membres des Conseils centraux de Lyon et de Paris. Macao, 25 Mai 1845, pp. 76/83.

(ANNALES PROP. FOI : 1840—1843.) (ANNALES PROP. FOI : 1844—1846.)

31*

Ext. d'une lettre de M. Pichon, Miss. ap., à M. Legrégeois, dir. du Sém. des Miss. Et. — Détroit de la Sonde, 26 Août 1845, pp. 97/109.

Let. de M. Chauveau, Miss. ap., à son frère. Macao, 20 Novembre 1845, pp. 110/115.

Let. de M. de la Brunière, Miss. ap., à M. Jurine, dir. du Sém. des Miss. Et., pp. 116/130.

Vicariat Ap. du Chan-si. Mission italienne des Mineurs Observantins. Let. de Mgr. Alphonse, Coadjuteur de Mgr. le Vic. Ap. du Chan-si, aux deux Conseils de l'Œuvre, pp. 131/145.

Let. du P. Clavelin, Miss. de la Cie de Jésus en Chine, à un P. de la même Société. A bord du *Thomas-Crisp*, à douze lieues de Chang-hai, 13 Octobre 1844, pp. 241/261.

Autre lettre du même Père, à M. Cléret, lieut. de vaisseau. Hien-ka-han, Chrétienté à une lieue de Chang-hai, 1er janvier 1845, pp. 262/273.

Autre lettre du même Religieux à un Père de la même Compagnie, pp. 274/282.

Vic. Ap. du Hou-kouang. Let. de Mgr. Rizzolati, Vic. ap. du Hou-kouang, à MM. les Membres des Conseils Centraux de Lyon et de Paris. Ou-tcham-fou, 20 Oct. 1845, pp. 346/362.

Miss. des Iles Lieou-kieou. Let. de M. Forcade, Miss. ap. du Lieou-kieou, à M. Libois, proc. des Miss. Et. à Macao. Grande *Luchu*, *Tumai*, Bonzerie d'*Amiku*, le 12 Août 1845, pp. 363/383.

Voir la lettre de M. Forcade sur la Grande Loutchou dans la *Rev. de l'Orient*, X, 1846, pp. 257/8.

Miss. de la Corée, p. 283. — Let. d'André Kimai-Kim, Diacre coréen, à Mgr. Ferréol, Evêque de Belline, Vic. ap. de la Corée et des îles Lieou-Kieou. (Trad. du chinois.) Mongolie, 15 Déc. 1844, pp. 284/303. Réimp. dans la *Rev. de l'Orient*, X, 1846, pp. 40/51.

Ext. d'une let. de M. Daveluy, Prêtre de la Soc. des Miss. Et., à M. Barran, Directeur au Séminaire de la même Cong. Moutsie en Chine, 28 Août 1845, pp. 304/306.

XIX, à Lyon, 1847 :

Miss. de la Chine. Let. de M. Carayon, Miss. laz. dans la Tartarie-Mongole, à M. Etienne, Sup. Gén. de la Cong. de St.-Lazare. Macao, 9 Juin 1846, pp. 73/88.

Missions de la Mongolie, pp. 265/269. [Notice.] Let. de M. Huc, Miss. laz., à M. Etienne, Sup. gén. de la Cong. de la Mission. Macao, 20 Déc. 1846, pp. 269/308.

Trad. par E. C. Bridgman en anglais dans le *Chin. Rep.*, XVIII, pp. 617 et seq.

Notice sur la prière bouddhique *Om ma ni pat mé houm*, par M. Gabet, pp. 309/312. (Voir col. 730.)

Miss. de la Corée, pp. 213/221.

Let. d'André Kim-Hai-Kim, Diacre coréen, à M. Libois, Proc. des Miss. Et. à Macao. (Trad. du latin.) Seoul ou Hang-Yiang, capitale de la Corée, le 27 mars 1845, pp. 222/225.

Ext. d'une let. du R. P. Gotteland, de la Cie. de Jésus, à un P. de la même Soc. Kiang-nan, 8 juillet 1845, pp. 226/231.

Let. de Mgr. Ferréol, Ev. de Belline, Vic. ap. de la Corée, à M. Barran, Dir. du Sém. des Miss. Etr. Kang-kien-in, dans la prov. mér. de la Corée, 29 Oct. 1845, pp. 232/242.

Let. de M. Maistre, Miss. ap., à M. Albrand, Dir. au Sém. des Miss. Et. Mongolie, le 3 Mars 1846, pp. 242/246.

Let. de Mgr. Ferréol, Ev. de Belline, Vic. ap. de la Corée, à M. Barran, Dir. au Sém. des Miss. Etr. — Seoul, 27 déc. 1845, pp. 246/248.

Cette lettre avait déjà paru dans ce même vol. pp. 92/94.

Let. du Même au Même. — Souritsi-Kol, vallée de la province de Ishongtseng, 3 nov. 1846, pp. 433/454.

Cette let. en contient une autre trad. du latin d'André Kim : De la prison, le 26 Août 1846.

XX, à Lyon, 1848 :

Missions de la Chine. Notice, pp. 252/266, 385/410.

Miss. de la Mongolie. — Let. de M. Gabet, Miss. laz. en Mongolie, à M. Etienne, Proc. gén. des Laz. à Paris. Tartarie, juin 1842, pp. 5/33.

Miss. de la Chine. — Vic. ap. du Kiang-nan. Let. du P. Estève, Miss. de la Cie. de Jésus, à son Sup. en France. Chang-hai, 1er juin 1846, pp. 34/47.

Ext. d'une let. du R. P. Clavelin, de la Cie. de Jésus, à un P. de la même Cie. Tsong-ming, 31 mai 1845, pp. 47/50.

Let. du R. P. Gonnet, de la Cie. de Jésus, à un P. de la même Soc. Kiang-nan, 13 Juillet 1845, pp. 51/57.

Autre Let. du R. P. Gonnet, de la Cie. de Jésus, à M. le Curé de **. Kiang-nan, 25 Juillet 1846, pp. 57/63.

Vic. ap. du Yun-nan. Let. de M. Chauveau, Miss. ap., à Messieurs les Directeurs du Séminaire des Miss. Et. Yun-nan, 31 Juillet 1846, pp. 63/71.

Let. de Mgr. Rizzolati, sur le Martyre d'Agathe Ho, vierge chinoise. (Trad. du latin), pp. 112/117.

Miss. du Thibet. Ext. d'un rapport de M. Gabet, Miss. laz., sur son séjour à Lassa et son expulsion du Thibet. Paris, Déc. 1847, pp. 118/126.

Suite à la lettre du P. Huc dans le Vol. XIX. — Une relation plus complète est indiquée infra.

Miss. de la Mandchourie. Let. de Mgr. de la Brunière, Coadjuteur élu du Vic. ap. du Léao-Tong, à MM. les Directeurs du Sém. des Miss. Etr. Mandchourie, de la rivière de l'*Ousouri*, 5 Avril 1846, pp. 194/222.

Miss. du Thibet. Relation du voyage de MM. Gabet et Huc, Miss. laz., au Thibet, pp. 223/240, 241/251.

Voir supra une relat. abrégée.

Vic. ap. du Su-Tchuen. Note sur le baptême des enfants d'infidèles en danger de mort, adressée à M. l'abbé Voisin par M. Renon, de la Soc. des Miss. Etr., pp. 267/275.

Miss. du Kouei-Tcheou. Let. de M. E. Albrand, Mis. ap. dans le Kouei-Tcheou, à MM. les Directeurs du Séminaire des Miss. Etr. Kouei-Jang-Fou, le 17 Août 1847, pp. 276/280.

Miss. de Tsom-Ming. Let. du P. Werner, Miss. de la Cie. de Jésus en Chine, à MM. ***. Tsong-ming, le 28 février 1847, pp. 281/290.

Miss. de la Corée. Let. de M. Daveluy, Miss. Ap., à un de ses Confrères. Eurikool, 18 juillet 1846, pp. 291/308.

XXI, à Lyon, 1849 :

Mission de la Chine au XIXe Siècle. Troisième et dernière partie, pp. 5/30.

L. de M. Huc, miss. ap. en Chine, à M. Etienne, Sup. gén. de St.-Lazare à Paris. Séjour à Lha-ssa, pp. 58/70, 73/135, 361/434.

Ext. d'une l. de M. Thomine, m. ap., à sa famille, à bord du *Prince Albert*, le 30 mai 1848, pp. 183/200.

L. de M. Pourquié, m. ap. en Mandchourie, à M. Tesson, Dir. du Sém. des Miss. étr., pp. 201/203.

Ext. d'une let. de M. Mesnard, m. ap., à M. Albrand, Dir. du Sém. des Mis. ét., Leaotong, 5 fév. 1848, pp. 204/215.

L. de M. Leturdu, m. ap. de la Cong. des Miss. étr., à MM. les Membres des Conseils centraux de Lyon et de Paris. Hong-kong, 27 janv. 1849, pp. 236/255.

L. de M. Daveluy, m. ap. de la Cong. des M. Etr., à sa famille. Corée, octobre 1847, pp. 256/261.

Ext. d'une let. du R. P. Maxime, m. ap. en Chine, à un de ses confrères, pp. 262/4.

L. de Mgr. Ferréol, Ev. de Belline et Vic. ap. de Corée, à M. Barran, dir. du Sém. des M. Etr., Seoul, cap. de la Corée, 24 Nov. 1847, pp. 285/8.

L. de M. Huot, de la Cong. des M. Etr., à Mgr. de Philomélie, Vic. ap. du Yun-nan. Nohé, 1er août 1848, pp. 292/305.

L. du R. P. Braeyre, m. de la Cie. de Jésus en Chine, à un P. de la même Cie. Tsi-nan-fou, prov. du Chang-tong, 30 sept. 1847, pp. 306/311.

L. du R. P. Estève, m. de la Cie. de Jésus, en Chine, au R. P. Provincial à Paris. Som-Kiam-fou, 29 Avril 1847, pp. 312/7.

L. du R. P. Werner, m. de la Cie. de Jésus, en Chine, à sa sœur Philomène. Presqu'île de Hai-men, 20 Oct. 1847, pp. 317/326.

L. du R. P. Roze, m. de la Cie. de Jésus, en Chine, à ses Parents. Wam-Dam, 23 Avril 1847, pp. 435/9.

Autre l. du même P., à ses Parents. Wam-Dam, 11 juillet 1847, pp. 439/443.

XXII, à Lyon, 1850 :

Missions de la Chine (Lazaristes), pp. 22/5.

L. de Mgr. Verrolles, Vic. ap. de la Mandchourie, à MM. les Membres des deux Conseils Centraux de la Prop. de la Foi, à Lyon et à Paris. Mandchourie, Kay-tcheou, 11 nov. 1848, pp. 26/67, 68/70.

L. de Mgr. Perrocheau, Vic. ap. du Su-tchuen, à MM. les Présidents et Membres des deux Conseils de l'Œuvre de la Prop. de la Foi. Su-tchuen, 4 sept. 1848, pp. 125/131.

Ext. d'une l. de M. Pinchon, m. ap. du Su-tchuen, à son Directeur. Ngan-te-fou, Chine, prov. du Su-tchuen, 15 Août 1848, pp. 132/5.

Ext. d'une l. de Mgr. Novella, Coadj. de Mgr. le Vic. ap. du Hou-kouang, à MM. les Dir. de l'Œuvre de la Prop. de la Foi. Yun-Mon-hien, 6 juillet 1849, pp. 136/8.

L. d'un Catéchiste [François Fou] de la Prov. du Hou-Kouang à son Vic. ap. Mgr. Rizzolati (traduite du chinois). Hou-cham-fou, l'an 29 du règne de l'empereur Tao-Kouang, le 16 de la 8e lune (le 1er Oct. 1849), p. 139.

Ext. d'une l. de M. Franchet, Prêtre du dioc. de Reims et m. ap. de la Mandchourie, à M. ***, Dir. au grand sém. de Reims, pp. 142/6.

Ext. d'une l. de Mgr. Maresca, admr ap. du dioc. de Nan kin, à MM. les Membres des Conseils centraux de Lyon et de Paris, Chang hai, 16 mars 1849, pp. 202/5.

L. de M. Huc, m. ap. en Mongolie, à M. Etienne, Sup. gén. à Paris. (Suite et fin de la Relat. du Voy. au Thibet), pp. 206/256.

L. de M. Bertrand, m. ap. du Su-tchuen, à M. Legrégeois, Dir. du Sém. des Mis. Etr. Su-tin-fou, 21 Août 1849, pp. 351/6.

Ext. d'une l. de Mgr. Lavaissière, Vic. ap. du Tche-kiang, à M. le Sup. gén. des Lazaristes. Chine, 20 mai 1849, pp. 357/360.

Ext. d'une l. de M. Albrand, m. ap. en Chine, à un de ses Confrères de la Soc. des M. Etr., pp. 360/1.

L. de M. Paul Perny, du dioc. de Besançon, m. ap. en Chine, à M. l'abbé Demandre, Dir. du grand sém. d'Orléans. St.-Jacques-les-Kaô-chan, août 1849, pp. 362/6.

L. de Mgr. Maresca, Vic. ap. du Kiang-nan, à MM. les Dir. de l'Œuvre de la Prop. de la Foi. Chang-hai, 12 Avril 1850, pp. 398/9.

Ext. d'une let. de M. Huot, m. ap. dans le Yun-nan, à Mgr. Luquet, Ev. d'Hésebon, 25 Av. 1849, p. 400.

L. de M. Guillemin, m. ap. de la Soc. des Miss. Etr., à sa mère. Canton, le 12 fév. 1850, fête de Ste. Eulalie, et 1er jour de l'année chinoise, pp. 433/450.

Autre l. du même Miss. à sa mère. Canton, 12 fév. 1850, pp. 451/461.

Autre l. du même à la même, même date, pp. 462/472.

XXIII, à Lyon, 1851 :

Rapport sur la Mission du Ho-nan, adressé à MM. les Membres des Conseils centraux de la Prop. de la Foi par M. Delaplace, m. laz. Honan, 26 aout 1848, pp. 27/39.

Ext. d'une l. de Mgr. Louis de Castellazzo, Vic. ap. du Chan tong, à MM. les Dir. de l'Œuvre de la P. de la Foi. (Trad. de l'italien), le 25 nov. 1849, pp. 40/2.

L. de M. Combelles, m. laz., à M. Bardou, Aumônier de l'Hôtel-Dieu de Castres. Yang-Kouan (Leao-tong), 23 sept. 1848, pp. 43/53.

Réimp. dans la *Rev. de l'Orient et de l'Algérie*, IX, 1851, pp. 166/175.

Ext. d'une let. de Mgr. Novella, Coadj. de Mgr. Rizzolati, Vic. ap. du Hou-quouang, au R. P. Louis d'Apricale, Mineur réformé à Turin. (Trad. de l'italien.) Hong-kong, 19 juillet 1848, pp. 54/58.

L. du même aux deux Conseils centraux de Lyon et de Paris. (Trad. de l'italien.) Hou-quouang, 28 Avril 1850, pp. 58/68.

Ext. d'une let. de Mgr. Rizzolati, Vic. ap. de Hou-quouang, à MM. les Dir. de l'Œuvre. (Trad. de l'italien.) Hong-kong, 15 Avril 1850, pp. 69/70.

Let. de Mgr. Ferreol, V. ap. de la Corée, à M. Barran, Dir. du sém. des M. Etr. à Paris. Corée, 30 déc. 1849, pp. 71/3.

L. du R. P. Poissemeux, Sup. de la Cie. de Jésus en Chine, au R. P. Prov. à Paris. Zi-ka-wei, 23 Avril 1850, pp 143/8.

Autre l. du même au même. Zi-ka-wei, 6 juin 1850, pp. 149/153.

L. du R. P. Lemaître, m. de la Cie. de Jésus, au Proc. de la Mission à Paris. Hai-men, juin 1850, pp. 153/8.

Let. de Mgr. Perrocheau, V. ap. du Su-tchuen, à MM. les Membres des deux Conseils de l'œuvre de la Prop. de la Foi. Su-tchuen, le 5 sept. 1850, pp. 221/6.

Ext. d'une l. de Mgr. Ephise Chiais, Mineur-Observantin, Ev. de Tiene et Vic. ap. du Chen-si, aux Conseils centraux de l'Œuvre de la P. de la Foi, à Lyon et à Paris. (Trad. de l'Italien.) Chen-si, 22 sept. 1850, pp. 227/233.

L. de M. Leturdu, m. ap., à MM. les Dir. du sém. des M. Etr., à Paris. Hong-kong, 17 Nov. 1850, pp. 234/253.

L. de M. Pinchon, m. ap. en Chine, à son ancien Dir., pp. 254/5.

L. de M. Bertrand, m. ap., à M. Voisin, Dir. du Sém. des Miss. ét. Kiu-Hien, 23 Août 1850, pp. 257/267.

L. de M. J.-B. Aimé Franclet, Prêtre de la Cong. des M. Etr., à M. Tesson, Dir. du Sém. des M. Etr. Hong-kong, 20 fév. 1851, pp. 337/354.

XXIV, à Lyon, 1852 :

Let. de M. Amat, de la Soc. des M. Etr., m. ap. en Chine, à M. Chamaison, membre de la même Soc., Tong-king oriental, 15 déc. 1850, pp. 33/9.

L. de M. Guillemin, de la Soc. des M. Etr., à MM. les Membres des deux Conseils. Hong-kong en Chine, 20 mai 1851, pp. 40/59.

(Annales Prop. Foi : 1851—1852.)

Autre l. du même miss. à sa mère. Hong-kong, 10 juillet 1851, pp. 60/6.

L. de M. Bernèux, Prov. ap. de la Mandchourie, à MM. les Membres des Conseils centraux de la P. de la Foi, à Lyon et à Paris. Mandchourie, 10 mai 1851, pp. 111/133.

L. de M. Venault à Mgr. de Colombie, pp. 118 et seq.

L. de M. Delaplace, Miss. laz., à un Prêtre du dioc. de Sens. Mouey-te-fou, 25 sept. 1851, pp. 249/255.

L. de M. Huot, m. ap. de la Cong. des M. Etr., à Mgr. Luquet, év. d'Hésébon. Yun-nan, ce 10 du mois de Marie 1851, pp. 255/60.

L. de Mgr. Chauveau, Coadj. du Vic. ap. du Yun-nan, à MM. les Membres des Conseils centraux de Lyon et de Paris. Yun-nan, août 1851, pp. 261/7.

L. de Mgr. Daguin, Coadj. de Mgr. le Vic. ap. de la Mongolie, à M. Denavit, dir. du grand Sém. de Lyon. Chang-hai, le 21 mai 1851, pp. 268/72.

Ext. d'une l. de Mgr. Rizzolati, Vic. ap. du Hou-Kouang, à MM. les Dir. de l'Œuvre. (Trad. de l'Italien.) Hong-kong, 18 fév. 1852, pp. 272/6.

L. de M. Krick, m. ap., à MM. les Dir. du Sém. des M. Etr., à Paris. Saikwock, 1 déc. 1851, pp. 277/83.

L. de M. Bernard, m. ap. de la Soc. des M. Etr., à M. Albrand, de la même Soc. Gowahatty, 14 janv. 1852, pp. 284/7.

Ext. d'une l. de M. Latry, m. ap. de la Cong. des M. Etr., à MM. les Membres du Chapitre d'Aire. Su-tchuen, 29 Août 1850, pp. 355/378.

Ext. d'une l. de Mgr. Xavier Maresca, Ev. de Solen et adm. ap. du dioc. de Nan-kin, à MM. les Dir. de l'Œuvre de la P. de la Foi, à Lyon et à Paris. Chang-hai, le 1er Oct. 1851, pp. 379/387.

XXV, à Lyon, 1853 :

Ext. d'une let. de Mgr. Chauveau, Ev. de Sébastopolis, Coadj. du V. ap. du Yun-nan, à Mgr. l'Ev. de Luçon. Yun-nan, 20 Oct. 1851, pp. 5/8.

L. de M. Delaplace, m. laz. du Honan, à MM. les Membres des deux Conseils de la Prop. de la Foi. Kouey-te-fou, 5 déc. 1851, pp. 102/115.

L. de Mgr. Louis de Castelazzo, Vic. ap. du Chan-tong, aux Membres des Conseils centraux de Lyon et de Paris. (Trad. de l'italien.) Chan-tong, 15 juin 1852, pp. 116/7.

L. collective des Missionnaires ap. du Kouei-tcheou, à MM. les Membres des Conseils centraux de la P. de la Foi, à Lyon et à Paris. Prov. de Kouei-tcheou, 12 Avril 1852, pp. 118/126.

Notice historique sur le vénérable Pierre Ou Kouê-chèn, mis à mort pour la Foi dans la province du Kouei-tcheou, en Chine; par M. Perny, de la Cong. des M. Etr., pp. 127/140.

Ext. d'une l. de Mgr. Rizzolati, V. ap. du Hou-kouang, à MM. les Membres des Conseils centraux de Lyon et de Paris. (Trad. de l'italien.) Hong-kong, 18 Oct. 1852, pp. 141/143.

L. de M. Franclet, m. ap., à M. Barran, sup. du Sém. des M. Et., Kiang-nan, Chang hai, 13 sept. 1852, fête de St.-Aimé, mon patron, pp. 232/243.

Lettre de Mr. A. de Larminat, officier de marine, 9 nov. 1851, pp. 243/8.

L. de Mgr. Delaplace, V. ap. du Kiang-si, à MM. les Membres des Conseils centraux de la P. de la Foi de Lyon et de Paris. Choui-tcheou-fou, 6 nov. 1852, pp. 280/5.

L. de Mgr. Rizzolati à MM. les Membres des Conseils centraux. (Trad. de l'italien.) Hong-kong, 28 janv. 1853, pp. 286/291.

Autre l. du même aux mêmes. Hong-kong, 10 mars 1853, pp. 292/4.

L. de M. Paul Perny, m. ap. du Kouei-tcheou, à Monsieur Boivin, aumônier et prof. au collége de Pontarlier (Doubs), 10 mai 1852, pp. 295/302.

L. de Mgr. Rizzolati aux Membres des Conseils centraux. (Trad. de l'ital.) Hong-kong, 23 mars 1853, pp. 303/5.

Ext. d'une l. de Mgr. Chauveau, év. de Sébastopolis, à Mgr. l'év. de Luçon. Montagnes de Pièn-kio, le 24 mars 1852, pp. 329/332.

Let. du R. P. Broullion, sup. des Missions de la Cie. de Jésus en Chine, à sa mère. Chang-hai, 16 juillet 1851, pp. 333/7.

Let. du R. P. Tinguy de la Cie. de Jésus, à un P. de la même Cie. en France. Zi-ka-wei, 25 juillet 1851, pp. 337/344.

Ext. d'une let. du R. P. Werner, m. de la Cie. de Jésus, en Chine, à un P. de la même Soc. en France. Ile de Tsum-ming, 11 nov. 1851, pp. 345/351.

Ext. d'une let. de Mgr. Maresca, Ev. adm. de Nan-king, à MM. les Membres des Conseils centraux de Lyon et de Paris. Chang-hai, 15 Oct. 1852, pp. 352/9.

L. de Mgr. Ferréol, év. de Belline, Vic. ap. de la Corée, à M. Barran, sup. du Sém. des Miss. étr. Capitale de la Corée, 19 sept. 1852, pp. 424/6.

(Annales Prop. Foi : 1852—1853.)

L. de M. Daveluy, m. ap. en Corée, à M. Barran, 18 Oct. 1852, pp. 427/433.

Missions du Thibet, pp. 451/7.

Voyage au Thibet en 1852. Ext. du journal de M. Krick, de la Soc. des M. Etr., adressé à M. Foucaux, prof. de thibetain à Paris, pp. 458/477.

XXVI, à Lyon, 1854 :

Ext. d'une let. latine du P. Thomas Tshoez, prêtre coréen, à M. Legrégeois, Dir. du Sém. des Miss. étr. à Paris. Corée, 15 Oct. 1852, pp. 5/17.

Suite de la let. de M. Krick, pp. 52/68; Dacca (Inde), 3 août 1852, pp. 73/93.

L. de Mgr. Rizzolati, Vic. ap. du Hou-Kouang, aux Membres des Conseils centraux de Lyon et de Paris. (Trad. de l'italien.) Hong-kong, 4 août 1853, pp. 109/118.

L. de Mgr. Maresca, év. de Nan-king, aux mêmes. Chang-hai, 29 Oct. 1853, pp. 124/131.

L. de M. Lalanne, m. ap., à M. Barran, Sup. du Sém. des Miss. ét. Prov. de Canton, 15 juillet 1853, pp. 231/7.

Ext. d'une let. de Mgr. Verrolles, vic. ap. de la Mandchourie, à M. l'abbé Quillon, chanoine, Sup. de Bagatelles-Caen. Mandchourie, 20 mai 1852, pp. 289/308.

Ext. d'un Rapport [sur le Tibet] adressé aux Conseils de l'Œuvre par MM. les Dir. du Sém. des Miss. étr., 25 Avril 1854, pp. 309/318.

Ext. d'une l. de M. Goutelle, prêtre des M. Etr., à MM. Santallier et Rivière, prêtres du diocèse de Lyon. Fou-tcheou (ville du Se-tchouan), 15 août 1853, pp. 372/85.

Ext. d'une l. de M. Bernon, m. ap. des M. étr., à M. Germainville. Tchao tcheou fou, prov. de Canton, sept. 1853, pp. 385/9.

L. de M. Daveluy, à M. Barran. Corée, 6 sept. 1853, pp. 390/8.

Visite de deux mandarins chinois à un oratoire chrétien. Par M. Perny, 15 oct. 1852, pp. 403/4.

L. de Mgr. Danicourt, vic. ap. du Tche kiang, à MM. les Dir. de l'Œuvre de la Prop. de la Foi. Ning po, 6 mai 1854, pp. 418/437.

XXVII, à Lyon, 1855 :

L. de M. Lavigne, des M. étr., à M. l'abbé ***. Hong Kong, 6 juillet 1853, pp. 34/44.

L. de M. Guillemin, des M. étr., à MM. les Dir. de l'Œuvre de la Prop. de la Foi. Canton, 10 février 1854, pp. 44/60.

L. de M. l'abbé Paul Perny, des M. étr., à M. l'abbé Villemin, prof. de philosophie au sém. de Vesoul. Prov. du Kouy-tcheou, 10 déc. 1853, pp. 60/3.

L. de Mgr. Maresca, à M. le Président du Conseil de la Prop. de la Foi. Chang hai, 29 mai 1854, pp. 63/5.

Ext. d'une l. de Mgr. Delaplace, Vic. ap. du Kiang si, à MM. les Dir. de l'Œuvre de la P. de la Foi. Kiang si, 10 oct. 1853, pp. 66/7.

Ext. d'une l. de Mgr. Mouly, vic. ap. de la Mongolie et adm. ap. de Peking, à MM. les Membres des Conseils centraux de la Prop. de la Foi. Peking, 1er août 1854, pp. 143/153.

L. de M. Bernard, des M. étr., à MM. les Dir. de la même Cong. Saikwah (Haut Assam), 16 nov. 1854, pp. 233/6.

Sur le massacre de MM. Krick et Boury.

L. de M. Colin, m. ap. dans la Tartarie chinoise, à M. Lamblé, maire de St.-Dié. Pa-kia-tze, 29 août 1853, pp. 237/41.

Ext. d'une l. de Mgr. Verrolles, vic. ap. de la Mandchourie, à MM. les Membres des Conseils centraux de Lyon et de Paris. Des rives du Saro, en la Vallée Fourchue, au Leao-tong, 3 nov. 1854, pp. 242/5.

Ext. d'une l. de M. Leturdu, des M. étr., à ses parents. Kouilam, prov. de Canton, 16 oct. 1854, pp. 245/50.

L. de Mgr. Maresca, à MM. les Dir. de l'Œuv. de la Prop. de la Foi. Chang hai, 30 nov. 1854, pp. 278/85.

Ext. d'un Mém. sur l'état des Missions catholiques de la Cie. de Jesus dans la prov. de Nan kin par le R. P. Broullion, pp. 286/293.

Ext. d'une l. de Mgr. Mouly, à MM. les Dir. de la Prop. de la Foi. Prov. de Kiang sou, Chang hai, 22 janv. 1855, pp. 293/9.

XXVIII, à Lyon, 1856 :

L. de M. Daveluy, m. ap., à M. le Sup. du Sém. des M. étr., à Paris. Corée, 22 fév. 1855, pp. 12/27.

Ext. d'une l. de Mgr. Verrolles, vic. ap. du Léao-tong, à Mme. St. François de Sales, sa sœur. N. Dame des Neiges, en la Vallée Fourchue, prov. de Léao-tong, 1er mai 1854, pp. 28/32.

(Annales Prop. Foi : 1854—1856.)

L. de M. Pourquié, m. ap. à M. Tesson, Dir. du Sém. des M. étr. Pa-kia-tze, 5 nov. 1854, pp. 33/8.

L. de Mgr. Maresca, à MM. les membres des Conseils centraux de la Prop. de la Foi. Chang hai, 31 mars 1855, pp. 39/46.

L. du R. P. Pingrenom, de la Cie. de Jesus, à sa famille. Zi-ka-wei, 16 mars 1855, pp. 47/53.

L. de M. Huot, des M. étr., à M. le Sec. du Conseil central de Lyon. De la prov. de Yun nan, 6 sept. 1854, pp. 130/143.

L. de Mgr. Chauveau, coadj. du vic. ap. du Yun nan, à MM. les Membres des Conseils centraux de la Prop. de la Foi. Yun nan, Ta li fou, 1er déc. 1854, pp. 144/152.

Ext. d'une l. de M. Bariod, m. ap., à M. l'abbé Bariod, curé des Moussières (Jura). Tcheng fong chan, Yun nan, 5 sept. 1854, pp. 153/8.

L. du R. P. Fournier, Vis. des Miss. de la Cie de Jesus en Chine, à MM. les Dir. de l'Œuvre de la Prop. de la Foi. Zi ka wei, 29 sept. 1855, pp. 209/29.

Ext. d'une l. du R. P. Lemaître, de la Cie de Jesus, aux mêmes. Chang hai, 6 nov. 1855, pp. 230/1.

L. de Mgr. Chauveau, à MM. les Dir. du Sém. des M. étr., à Paris. Yun nan, 12 janvier 1855, pp. 232/36.

Ext. de deux l. de M. Fage, m. ap., à M. Albrand, Dir. du Sém. des M. étr. Yun nan, 23 oct. 1851, pp. 237/8, et Tcha mou tong, 6 déc. 1854, pp. 238/9.

L. de M. Guillemin... à MM. les Dir. du Sém. des M. étr., Hong kong, sém. de St. François, 14 nov. 1855, pp. 254/5.

L. de M. Jacquemin, m. ap., aux mêmes. Hong kong, 15 déc. 1855, pp. 272/286.

L. de Mgr. Spelta, év. adm. de Nan king, à MM. les Membres des Conseils centraux de la Prop. de la Foi. Chang hai, 2 mars 1856, pp. 332/8.

Mort de Mgr. Maresca.

L. de Mgr. Verrolles à MM. les Membres des Conseils centraux. N. D. des Neiges, 15 déc. 1855, pp. 409/423.

Ext. d'une l. du P. Clavelin, m. de la Cie de Jesus, à M. le Consul général de France à Chang hai. Huen-lin, en vue de Nankin, 19 avril 1855, etc., pp. 424/450.

L. de M. Chapdelaine, m. ap., à M. Albrand, Sup. du Sém. des M. étr. Kouang-tsao-pa, prov. du Kouei-tcheou, 10 juillet 1855, pp. 451/460.

L. de M. Guillemin, préf. ap. des missions du Quang tong et du Quang si, à MM. les Dir. de la Prop. de la Foi. Canton, 8 juillet 1856, pp. 461/481.

Ext. d'une autre l. de M. Guillemin, à MM. les Membres des Conseils centraux de la Prop. de la Foi. Canton, 8 mars 1856, pp. 482/6.

XXIX, à Lyon, 1857 :

Missions de la Chine, pp. 138/141.

Relation du R. P. Helot, de la Cie. de Jesus en Chine, à MM. les Présidents de l'Œuvre de la Prop. de la Foi. Note sur une couleur verte, connue en Chine sous le nom de Lo-kao, renfermant la description des procédés des fabriques de Azé, dans le Tchekiang, pp. 142/157.

L. du R. P. Michel Navarro, prov. ap. du Hou kouang, à MM. les Dir. de l'Œuvre de la Prop. de la Foi. (Trad. du latin), 3 juillet 1856, pp. 227/232.

Extrait de deux lettres de M. Fage, de la Cong. des M. étr., à son frère, curé de Lanteuil. Bonga (Thibet), 1855, pp. 317/322.

L. du même, à M. Albrand, Sup. du Sém. des M. étr. Bonga (Thibet), le 26 juin 1856, pp. 323/328.

L. de Mgr. Baldus, vic. ap. du Ho nan, à MM. les Dir. de l'Œuvre de la Prop. de la Foi. Kio chan, 14 nov. 1856, pp. 343/350.

L. de Mgr. Ponsot, év. de Philomélie, vic. ap. du Yun nan, à MM. les Dir. de l'Œuvre de la Prop. de la Foi. Yun nan, 7 juillet 1856, pp. 351/5.

L. de M. Pichon, des M. étr., à M. Albrand. Ssé tchouan, 18 juin 1856, pp. 356/360.

Ext. d'une l. de Mgr. Pérocheau, év. de Maxula, vic. ap. du Sutchuen, à MM. les membres des Conseils de l'Œuvre de la Prop. de la Foi. Su-tchuen, 5 sept. 1856, pp. 361/363.

Ext. d'une l. adressée aux Conseils centraux de Lyon et de Paris, par Mgr. Spelta, Ev. de Thespis, vic. ap. du Hou pe. (Trad. de l'italien.) Victoria, Hong Kong, 28 août 1856, pp. 363/369.

L. de Mgr. Ephise Chiais, vic. ap. du Chen si, à MM. les Dir. de l'Œuvre de la Prop. de la Foi (trad. de l'italien). Chen si, 6 sept. 1856, pp. 370/8.

Ext. d'une l. du R. P. Clavelin, de la Cie. de Jesus. En vue de Nan kin, juillet 1856, pp. 379/384.

Ext. de l'*Empire chinois* du P. Huc, pp. 385/391.

(Annales Prop. Foi : 1856—1857.)

L. de Mgr. Berneux, év. de Capse, vic. ap. de la Corée, à MM. les Prés. des Cons. cent. de la Prop. de la Foi, à Lyon et à Paris. Corée, 4 sept. 1856, pp. 392/401.

Ext. d'une l. de M. Rousseille, des M. étr., à M. Albrand. Hong Kong, 14 avril 1857, pp. 402/405.

L. de Mgr. Verrolles, vic. ap. de la Mandchourie, à MM. les Membres des Cons. cent. de la Prop. de la Foi. Vallée de N. D. des Neiges, 5 nov. 1856, pp. 421/436.

Ext. d'une l. du P. Tshoy, prêtre coréen, à M. Legrégeois, Dir. du Sém. des M. étr. (trad. du latin). Soriout, 13 sept. 1856, pp. 437/443.

XXX, à Lyon, 1858 :

Ext. d'une l. de Mgr. Danicourt, év. d'Antiphelles et vic. ap. du Kiang si, à MM. les Dir. de l'Œuvre de la Prop. de la Foi. Kiou tou, 30 mars 1856, pp. 17/21.

« Rapport sur l'origine, les progrès et la décadence de la secte des *Tao-sse*, en Chine. »

Notes sur Lao tseu, pp. 22/24.

L. de Mgr. Danicourt, à M. Salvayre, proc. gén. des Lazaristes, à Paris. Kiang si, 17 février 1857, pp. 135/9.

Autre l. du même prélat au même Confrère, Kiou tou, au Kiang si, 15 sept. 1857, pp. 139/141.

M. Anot à M. Salvayre, 21 août 1857, p. 142.

L. de M. Le Turdu, des M. étr., à MM. les Dir. de la Prop. de la Foi. Canton, 6 janvier 1858, pp. 249/261.

Mission de Canton, pp. 337/352.

L. de Mgr. Berneux, à M. le Baron Henri de la Bouillerie. Corée, 15 sept. 1857, pp. 427/438.

L. du même, à MM. les Dir. des Conseils cent. de la Prop. de la Foi. Corée, 23 nov. 1857, pp. 438/443.

L. de M. Le Turdu, des M. étr., aux mêmes. Canton, 18 juin 1858, pp. 461/467.

XXXI, à Lyon, 1859 :

L. de M. Perny, pro-vic. ap. du Kouy-tcheou, à MM. les Membres des Conseils centraux de la Prop. de la Foi, à Lyon et à Paris. Rome, 14 sept. 1858, pp. 7/18.

L. du même, à M. l'abbé Jacquemet, dir. du grand sém. de Besançon, 17 juin 1857, pp. 130/141.

Ext. d'une l. de M. Mesnard, m. ap. à M. Albrand, sup. du Séminaire des Miss. étr. Jee-ho (Mongolie), lieu de ma captivité, le 18 janvier 1858, pp. 209/231 ; 3 fév., p. 231 ; — Chang hai, 19 avril 1858, pp. 232/7.

Ext. d'une l. du R. P. Gonnet, m. ap. de la Cie de Jésus, au R. P. Nolhac, memb. de la Soc. Zi ka wei, au Kiang nan, 7 juillet 1857, pp. 238/245.

L. de M. Pourthié, m. ap. en Corée, à M. l'abbé Bouteille, prof. au petit Sém. de Lavaur (Tarn), 6 oct. 1856, pp. 301/317.

Ext. d'une l. de M. Féron, des miss. étr., à sa famille. De la vallée des Pins (Tou-Kol), 8 sept. 1858, pp. 317/327.

L. de Mgr. Guillemin, év. de Cybistra, préf. ap. de Quang ton et Quang si, à sa mère. Canton, le 2 fév. 1859, pp. 337/361.

Ext. d'une l. de M. G. Durand, m. ap. du Su tchuen, à M. Rivière, dir. au Grand-Séminaire de Nimes. Syngapore, 2 mars 1859, pp. 382/6.

L. adressée aux Conseils centraux de l'Œuvre de la Prop. de la Foi par Mgr. Spelta, év. de Thespis, vic. ap. du Hou-pé. (Trad. de l'italien.) Jam kia ho, 6 juillet 1858, pp. 387/391.

Ext. d'une l. de Mgr. Daveluy, év. d'Aconès, coadj. du vic. ap. de la Corée, à M. Albrand, sup. du Sém. des miss. étr., à Paris, pp. 392/400.

Relation du martyre de Laurent Pak.

XXXII, à Lyon, 1860 :

Ext. d'une l. de Mgr. Berneux, vic. ap., de la Corée, à Mess. les Dir. du Sém. des m. étr. Corée, 14 août 1858, pp. 114/121.

Ext. d'une l. de M. Pourthié, m. ap., à M. Albrand, sup. du sém. des missions étr., Royaume de Corée, 15 Oct. 1858, pp. 122/5.

L. de Mgr. Antoine Daveluy, év. d'Aconès et coadj. du vic. ap. de Corée, à M. Albrand, sup. du sém. des m. étr., à Paris. Corée, Nov. 1858, pp. 125/134.

Ext. d'une l. de M. Anot, m. laz., à MM. les Dir. de l'Œuvre de la Prop. de la Foi. Kiang-si, 15 juillet 1859, pp. 315/324.

XXXIII, à Lyon, 1861 :

Ext. d'une l. de Mgr. Daveluy, coadj. du vic. ap. de la Corée, à M. Albrand, sup. du Sém. des Miss. étr., Corée, fin sept. 1859, pp. 45/52.

Ext. d'une l. du P. Thomas Tshoy, prêtre coréen, à M. Legrégeois, dir. au Sém. des Miss. étr., à Paris. (Trad. du latin.) Ancok, 11 Oct. 1859, pp. 52/54.

(Annales Prop. Foi : 1858—1861.)

L. du R. P. Lemaître, de la Cie. de Jésus, à MM. les Dir. de l'Œuvre de la Prop. de la Foi. Shang-hai, 3 sept. 1860, pp. 61/4.

Ext. d'une l. de Mgr. Spelta, vic. ap. du Hou-pé, visiteur général de la Chine, aux Conseils centraux de l'Œuvre. (Trad. de l'italien.) Shang-hai, 4 Août 1860, pp. 65/70.

L. de Mgr. Guillemin, vic. ap. du Kouang-tong et du Kouang-si, à M. Voisin, dir. au Sém. des m. étr., à Paris. Hong-kong, 10 sept. 1860, pp. 120/142.

Traité de Pékin, pp. 142/146.

L. de M. Delamare, m. ap. de la Cong. des M. étr., à MM. les Membres des Conseils centraux de la Prop. de la Foi. Pékin, 18 nov. 1860, pp. 209/234.

Ext. d'une l. de Mgr. Guillemin, vic. ap. de Canton, à MM. les Dir. de l'Œuvre de la Prop. de la Foi, à Lyon et à Paris. Canton, 25 nov. 1860, pp. 234/240.

Résumé des travaux entrepris depuis quinze ans pour fonder la Mission du Thibet, pp. 339/360.

L. de Mgr. Verrolles, vic. ap. de la Mandchourie, à MM. les Membres des deux Conseils centraux de la Prop. de la Foi, à Lyon et à Paris. Notre-Dame des Neiges, 28 mars 1861, pp. 409/412.

L. de M. Albrand, sup. du Sém. des miss. étr., à MM. les Présidents des Conseils centraux de l'Œuvre, à Lyon et à Paris. Paris, 3 sept. 1861, pp. 417/418.

L. de M. Delamare, m. ap. de la Cong. des M. étr., à MM. les Dir. de l'Œuvre de la Prop. de la Foi. Tchen-tou, métropole du Sutchuen en Chine, 8 Avril 1861, pp. 419/425.

L. de M. Philippe, m. ap., à M. l'abbé Voisin, Dir. au Sém. des Miss. étr. District de Lotchang (province de Canton), 1er mai 1861, pp. 426/431.

L. de Mgr. Desflèches à M. l'abbé Montagny, du diocèse de Lyon, 25 Oct. 1860, p. 432.

XXXIV, à Lyon, 1862 :

L. de M. Thierry, M. Laz., à Mgr. Mouly, de la Cong. de la Mission, év. de Fussulan, vic. ap. de Pe-king (Tche ly Nord). Peking, le 15 juin 1861, pp. 75/79.

L. de Mgr. Faurie, év. d'Apollonie et vic. ap. du Kouy-tcheou, à MM. les Dir. des Conseils centraux de la Prop. de la Foi. Kouy-tcheou, 20 oct. 1860, pp. 106/111.

Ext. d'une l. de Mgr. Alphonse Aguilar, év. de Thébaste et coadj. du vic. ap. du Fo-kien, à MM. les Dir. de l'Œuvre de la Prop. de la Foi. (Trad. de l'espagnol.) Focheou-fou, 8 avril 1861, pp. 112/117.

Sur Formose.

L. de Mgr. Spelta, vic. ap. du Hou-pe et Visiteur général de la Chine, à MM. les Directeurs de l'œuvre de la Prop. de la Foi. (Trad. de l'italien.) Han-keou, 16 mai 1861, pp. 117/123.

L. du R. P. Leboucq, de la Cie. de Jésus, à MM. les Dir. de l'Œuvre de la Prop. de la Foi. Village de Tcham-kia-tchuang, Tche ly méridional, 7 sept. 1861, pp. 124/132.

L. de Mgr. Guillemin, vic. ap. du Quang-tong et du Quang-si, à MM. les Directeurs de l'Œuvre de la Prop. de la Foi, à Lyon et à Paris, pp. 236/241.

Ext. d'une l. du même aux sœurs du P. Leturdu, 25 juillet 1861, pp. 242/244.

Annonce la mort de l'abbé Leturdu, qui a dirigé pendant plusieurs années la mission de Canton, en qualité de Propréfet apostolique.

Ext. d'une l. de M. Fenouil, m. ap., à M. Legrégeois, dir. au sém. des miss. étr., à Paris. Yûn-nan, 18 juillet 1861, pp. 319/334.

L. de Mgr. Thomine-Desmazures, év. de Sinope et vic. ap. du Thibet, à M. Legrégeois, dir. au sém. des miss. étr. Kiaomdo (sur les cartes *Tsiamdo*), Thibet, 27 oct. 1861, pp. 337/351.

Ext. d'une l. de M. Durand, m. ap., à sa famille. Kiang Kâ (Thibet), 9 juin 1861, pp. 352/365.

L. de M. Desgodins, m. ap., à sa famille. Tchâ Mou Tô ou Tsiamdo, 26 Août 1861, pp. 365/374.

Ext. d'une l. de Mgr. Anouilh, de la Cong. de St.-Lazare, et vic. ap. du Pe Tche ly occidental, à MM. les Dir. de l'œuvre de la Prop. de la Foi. Tching Ting-fou, 10 mars 1862, pp. 375/380.

Ext. d'une autre l. du même Prélat, à MM. les Dir. de l'Œuvre. Pekin, 19 Avril 1862, pp. 380/387.

Edit impérial du 6e jour de la 3e lune de la 1re année de Tong-tche (5 Avril 1862).

L. de Mgr. Faurie, vic. ap. du Kouy-tcheou, à MM. les Dir. de l'Œuv. de la Prop. de la Foi. Mission du Kouy-tcheou (Chine), 23 fév. 1862, pp. 387/393.

Martyre de M. Neel.

(Annales Prop. Foi : 1861—1862.)

Extrait du Journal de Mgr. Faurie, adressé à MM. les Dir. de la Prop. de la Foi. Chine, 4 Août 1861, pp. 417/433.

L. de M. Franclet, de la Cong. des Miss. étr., à M. Cuif, curé de La-Croix-aux-Bois, près Vouziers (Ardennes). Mandchourie russifiée, de l'embouchure de l'Amour, ville de Nicolaïef, 20 août 1861, pp. 434/479.

XXXV, à Lyon, 1863 :

L. de Mgr. Guillemin, vic. ap. du Quang-tong, à M. Voisin, Dir. au Sém. des Miss. étr. Canton, 6 août 1862, pp. 49/54.

L. de M. Gennevoise, de la Cong. des m. étr., à MM. les Dir. du Sém. de ladite Cong. Hong-kong, 10 août 1862, pp. 54/63.

Ext. d'une l. de Mgr. Berneux, év. de Capse et vic. ap. de la Corée, à M. Henri ***. Han-Hiang, 30 août 1861, pp. 293/300.

Ext. d'une l. de Mgr. Zanoli, nouv. vic. ap. du Hou-pe, aux Conseils de l'Œuvre. Ou-tchang, 27 sept. 1862, p. 332.

Extrait de plusieurs l. des RR. PP. Jésuites en Chine. Chang-hai, mars et mai 1862, pp. 362/379.

L. du R. P. Lemaître de la Cie. de Jesus, à MM. les Dir. de l'Œuv. de la Prop. de la Foi. Chang-hai, 14 nov. 1862, pp. 380/6.

L. de M. Huot, pro-vic. ap., à M. Legrégeois, Dir. au Sém. des Miss. étr. Yun-nan, 1er déc. 1861, pp. 387/399.

Ext. d'une l. de Mgr. Chauveau, coadj. de Mgr. le vic. ap. du Yun-nan, à sa mère. Yun-nan, 5 sept. 1862, pp. 399/402.

Missions de la Chine. [Rébellions des Tai-ping], pp. 417/423.

Extraits de trois l. de Mgr. Navarro, vic. ap. du Hou-nan, à MM. les Dir. de l'Œuv. de la Prop. de la Foi. (Trad. du latin.) Pékin, 6 sept. et 10 nov. 1862 ; — Han-keou, 19 avril 1863, pp. 423/434.

L. du prêtre chinois Pierre Yan, à MM. les Dir. de l'Œuv. de la Prop. de la Foi. (Trad. du latin.) Tching Ting-fou (prov. du Tche-ly), 12 janv. 1863, pp. 435/437.

L. de Mgr. Anouilh, laz., vic. ap. du Tche-ly occidental, aux mêmes. Prov. du Tche-ly, 15 avril 1863, pp. 438/444.

Ext. d'une l. de Mgr. Louis de Castellazzo, vic. ap. du Chan-tong, aux mêmes. (Trad. de l'italien.) Tien-tsin, 10 juin 1861, pp. 445/447.

L. de Mgr. Baldus, laz., vic. ap. du Ho-nan, aux mêmes. Nan-yang-fou, 3 avril 1863, pp. 447/450.

Ext. d'une l. de M. Chevrier, laz., à M. ***. Si-Wan-tze, Mongolie, 6 oct. 1862, pp. 450/458.

Ext. d'une lettre du R. P. Leboucq, de la Cie. de Jesus, à MM. les Membres des deux Conseils centraux de la Prop. de la Foi, à Lyon et à Paris. Village de Tcham-kia-tchuang. Tche-ly méridio-oriental, 10 janv. 1863, pp. 459/474.

XXXVI, à Lyon, 1864 :

L. de Mgr. Faurie, év. d'Apollonie et vic. ap. du Kouy-tcheou, à MM. les Dir. de l'Œuv. de la Prop. de la Foi. Kouy-tcheou, 8 sept. 1863, pp. 220/230.

Pose de la première pierre de l'église catholique de Canton. (Ext. du *Moniteur*), pp. 230/232.

Mort de M. Huot, Miss. étr., pp. 232/5.

L. de M. Desgodins, m. ap. du Thibet, à sa famille. Songta, 6 juillet 1863, pp. 313/321.

L. du même à M. Voisin, Dir. au sém. des miss. étr., à Paris. Bonga, 10 nov. 1863, pp. 325/327.

L. de M. Goutelle, m. ap. au Thibet, à MM. les Dir. du sém. des Miss. étr., Kiang-ka, 23 oct. 1863, pp. 327/329.

L. de M. Favier, m. laz. à Pékin, à M. Etienne, sup. gén. de la même Cong. à Paris. Pékin, 12 janvier 1864, pp. 330/333.

Incendie de la résidence des lazaristes à Peking.

XXXVII, à Lyon, 1865 :

L. de Mgr. Verrolles, vic. ap. de la Mandchourie, à MM. les Dir. de l'Œuv. de la Prop. de la Foi. Mandchourie, N.-D. des Neiges, sur les bords du Saro, 8 nov. 1863, pp. 32/40.

L. de Mgr. Faurie, vic. ap. du Kouy-tcheou, à MM. les Membres des Conseils centraux de la Prop. de la Foi. Mission du Kouy-tcheou, 10 juin 1864, pp. 40/41.

Extraits des let. de M. Bouchard (district du Nord). Toung-Tse-hien, 31 déc. 1863, pp. 41/42 ; 15 fév. 1864, pp. 42/3 ; 1er mars, p. 43 ; 15 avril, pp. 43/5.

Extraits des let. de M. Lions (district de l'Ouest). Hou-Kia-Pou, 8 mai 1864, pp. 45/8 ; mai 1864, pp. 48/50 ; 29 mai, pp. 50/51 ; 6 juin, pp. 51/52.

L. de Mgr. Faurie, pp. 52/56.

Ext. d'une l. du R. P. Leboucq, de la Cie. de Jesus, à MM. les Dir. de la Prop. de la Foi. Village de Cham-Kia-choum, préfecture de Chien-chien, Tche-ly orient., 29 juillet 1864, pp. 56/62.

(Annales Prop. Foi : 1863—1865.)

L. du P. Durand, m. ap., à ses parents. Bonga (Thibet), 5 juin 1863, pp. 231/249, 280/317.

L. de Mgr. Faurie. Gan-Chouen-Fou, en tournée pastorale, 10 sept. 1864, pp. 249/252.

L. de Mgr. Faurie, à MM les Membres des Conseils centraux de l'Œuvre de la Prop. de la Foi. Kouy-tcheou, 25 déc. 1864, pp. 416/417.

L. du même, à MM. les Dir. du Sém. des Miss. étr., 11 janv. 1865, pp. 417/420.

Thibet. — Tableau des tentatives faites depuis vingt ans pour établir le christianisme au Thibet, etc., pp. 420/445.

XXXVIII, à Lyon, 1866 :

Extrait du journal de la Mission du Kouy-tcheou, par Mgr. Faurie. (Du 11 juillet au 30 sept. 1864.) Pp. 80/98, 203/222.

Thibet, pp. 282/3.

L. de Mgr. Chauveau, vic. ap. du Thibet, à MM. les Prés. et à MM. les Membres des Conseils centraux de l'Œuv. de la Prop. de la Foi. Ta-tsien-lou, 3 janv. 1866, pp. 284/288.

L. de M. Félix Biet, du 21 nov. 1865, pp. 288/302.

L. de M. Paul Perny, m. ap. au Su-tchuen, à MM. les Dir. du Sém. des Miss. étr. Chang hay, 16 janv. 1866, pp. 303/313.

Martyre du P. Mabileau, † 29 août 1865.

L. de M. F.-C. Ridel, m. ap. en Corée, à M. Libois, proc. gén. des Miss. étr., à Hon-kong. Posengi, district de Hong-Tsiou, 25 avril 1866, pp. 407/413 ; à sa famille ; notices biographiques, pp. 413/431.

Martyre de Mgr. Berneux, de Mgr. Daveluy, de MM. Petitnicolas, Pourthié, Aumaître, Beaulieu, de Bretenières, Dorie et Huin.

XXXIX, à Lyon, 1867 :

Histoire de la mission coréenne pendant les quatre années qui ont précédé la persécution de 1866, pp. 5/18.

Ext. d'une let. de Mgr. Chauveau, à M. Rousseille, dir. au Sém. des Miss. étr., à Paris. Ta-Tsien-lou, 26 mai 1866, pp. 19/22.

Situation du Christianisme en Chine. — Revue générale des missions de l'empire chinois : I. Missions des Franciscains italiens, pp. 82/108 ; II. Missions des Dominicains espagnols, pp. 203/217 ; III. Missions de la Cie. de Jésus, pp. 359/391 ; IV. Missions des Lazaristes, pp. 423/459.

L. de Mgr. Navarro, Hang-tcheou-fou, 16 fév. 1866, pp. 100/105. — Ext. d'une l. du P. Ravary, S. J., pp. 369 et seq. — Ext. d'une l. du P. Leboucq, Kiao-Ho-chien, 19 août 1866, pp. 386/391. — L. de Mgr. Anouilh, Pao-ting-fou, 16 janv. 1866, pp. 435/448.

L. de M. Féron [Persécution en Corée], pp. 218/231.

L. de Mgr. Verrolles, vic. ap. de la Mandchourie, à MM. les Membres des Conseils centraux de l'Œuv. de la Prop. de la Foi. Notre-Dame des Neiges, 2 juillet 1866, pp. 290/302.

XL, à Lyon, 1868 :

L. de Mgr. Guillemin, préf. ap. du Kouang-tong et du Kouang-si, à MM. les Membres des Cons. cent. Canton, 25 janvier 1867, pp. 6/23.

Relation de la persécution contre la religion chrétienne, dans le royaume de Corée, en 1866, par M. Calais. Shang-hai, 13 fév. 1867, pp. 23/72.

L. de M. Calais, 30 août 1867, pp. 331/336.

L. du Fr. Guillon, de la Cie. de Jesus, à M. l'abbé Aimé Guillon, au grand sém. de Blois. Tien-tsin, 13 mars 1868, pp. 348/358 ; 16 mars, p. 359 ; 26 mars, pp. 359/360.

L. du P. Leboucq, pp. 360/362.

L. de M. Verchere, Miss. étr., à Mgr. Guillemin. Tai-yong, 26 Oct. 1867, pp. 424/438.

XLI, à Lyon, 1869 :

Dispositions malveillantes à l'égard des missionnaires et des chrétiens dans le Pe-Tche-ly oriental, le Kiang-nan et le Kouang-tong, pp. 79/97.

L. de Mgr. Chauveau, à MM. les Membres des Conseils centraux. Ta-tsien-lou, 7 Oct. 1868, pp. 210/217.

Martyre de M. Rigaud et de plusieurs chrétiens à Yeou-yang-tcheou (Se-tchouan), pp. 260/270.

L. de M. Jolly, Miss. étr., 22 janv. 1869, pp. 270/274.

L. de Mgr. Guillemin, 20 fév. 1869, pp. 274/6.

L. du même à MM. les Membres des Cons. cent., Canton, 12 juin 1869, pp. 408/425.

Tombeau de St. François-Xavier.

Histoire de la Mission du Ngan-hoei, pp. 425/441.

D'après une let. adressée par le P. Carrère, S. J. au P. Della Corte.

(Annales Prop. Foi : 1866—1869.)

XLII, à Lyon, 1870 :

L. de Mgr. Chauveau, v. ap. du Thibet, à M. Rousseille, dir. au Sém. des M. étr., à Paris. Ta-tsien-lou, 26 mars 1869, pp. 5/12.

Etat de la Mission du Kiang-nan au 1er juillet 1869, pp. 12/13.

L. du R. P. Ravary, de la Cie. de Jésus, à MM. les Membres des Cons. cent. de la Prop. de la Foi. Shang-hai, 1er juillet 1869, pp. 14/28.

Mgr. Pinchon, l. du 20 Août 1869, pp. 65/6 ; Vic. ap. du Su-tchuen oriental, pp. 113/136.

L. de M. Bouchard, des M. étr., à Mgr. Faurie, vic. ap. du Kouy-tcheou. Kouy-yang-fou, 3 août 1869, pp. 137/142.

L. de M.Vielmon au même, 14 août 1869, pp. 142/146.

Ext. d'une l. de M. l'abbé T. Raimondi, préf. ap. de Hong-kong, à MM. les Membres des Cons. cent. de la Prop. de la Foi. Hong-kong, 1er déc. 1869, pp. 217/225.

L. de Mgr. Chauveau, aux mêmes. Ta-tsien-lou, 24 Oct. 1869, pp. 287/301.

L. du R. P. Leboucq, aux mêmes. Village de Tchao-tien-tchouang, 18 janvier 1870, pp. 329/352.

Ext. d'une l. de Mgr. Chauveau à M. Rousseille. Ta-tsien-lou, 28 mai 1870, pp. 468/472.

XLIII, à Lyon, 1871 :

L. du P. Bourdilleau, S. J., à sa famille (mai 1870), pp. 22/32.

L. de M.Vielmon à Mgr. Faurie, 9 mars 1870, pp. 32/39.

Ext. d'une l. de M. Blettery, M. étr., prov. du Su-tchuen oriental, à MM. les Membres des Cons. cent. de la Prop. de la Foi, 8 sept. 1870, pp. 83/95.

L. de Mgr. Cosi, vic. ap. du Chan-tong. Rome, 20 nov. 1870, pp. 95/98.

L. de Mgr. Ponsot, à MM. les Membres des Cons. cent., Yun-nan; sept. 1870, pp. 98/104.

Extrait du journal de la Mission du Kouang-si, — janvier-avril 1870 (par M. Bazin, M. étr., adressé à M. Chaigneau, curé de la Petite Boissière (dioc. de Poitiers), pp. 171/207.

L. de Mgr. Chauveau, à MM. les Membres des Cons. cent., Ta-tsien-lou, 25 nov. 1870, pp. 253/264.

XLIV, à Lyon, 1872 :

Ext. d'une l. de M. Souchières, miss. au Kouang-si, à MM. les Dir. du Sém. des Miss. étr., à Paris, Chang-tsin, près Sy-lin-hien, 21 juillet 1871, pp. 5/14.

L. de M. Noirjean à M. Maury, dir. au Sém. des miss. étr. de Paris. Pa-kia-tse (Huit familles), 21 mai 1870, pp. 84/88 ; St. Hubert (Passe aux Cerfs), 30 juillet 1871, pp. 88/91.

L. de M. Delaborde à Mgr. Verrolles. Ing-tse, 7 août 1871, pp. 91/92.

L. de M. Simon à Mgr. Verrolles. Moukden, 2 mai 1871, pp. 92/95 ; à M. Rousseille, dir. au Sém. des Miss. étr., Moukden, 13 juillet 1871, pp. 95/98.

L. du R. P. Ravary, m. de la Cie. de Jésus, à un P. de la même Cie. en France. Prov. de Ngan-hoei, Ning-ko-hien, 28 mars 1872, pp. 391/404.

Ext. d'une l. de Mgr. Pinchon, des Miss. étr., à MM. les Membres des Conseils centraux de l'Œuv. de la Prop. de la Foi, 24 Avril 1872, pp. 405/415.

XLV, à Lyon, 1873 :

Vicariat apostolique du Pe-Tche-ly Sud-Est. I. Aperçu historique sur la Mission. — II. Moyens d'Apostolat. — III. Missionnaires, résidences, voyages. — IV. Résultats obtenus, conversions. Par le P. Gab. de Beaurepaire, S. J., pp. 79/101.

L. de M.Volonteri à sa mère. Nan-yang-fou, 9 fév. 1872, pp. 102/108.

L. de Mgr. Zanoli, 12 mai 1872, p. 109.

L. du R. P. Pascal Billi, vic. gén., 30 août 1872, pp. 109/111.

L. de Mgr. Lions, Miss. étr., vic. ap. du Kouy-tcheou, à MM. les Membres des Conseils centraux de l'Œuv. de la Prop. de la Foi. Kouy-yang-fou, 5 nov. 1872, pp. 240/250.

L. de M. Blettery, Miss. étr., pro-vic. du Su-tchuen oriental, aux mêmes, 1er Août 1872, pp. 337/349.

L. du R. P. Palatre, S. J., aux mêmes. Ta-le-kiao, district de Tsin-pou, 7 janvier 1873, pp. 400/428.

Mission de la Mongolie. Notice historique, pp. 428/433.

L. de M. Bax, provic. ap. de la Mongolie, à MM. les Membres des Cons. cent., Sy-wan-tse, 22 nov. 1872, pp. 433/439.

XLVI, à Lyon, 1874 :

L. du P. Alexis-Marie Filippi, Mineur réformé, provic. ap. du Hou-pe sud-ouest, aux Conseils centraux de l'Œuv. de la Prop. de la Foi. Kin-tcheou-fou, 14 février 1873, pp. 22/27.

(Annales Prop. Foi : 1870—1874.)

Extraits d'une l. de Mgr. Cosi, Mineur observantin, vic. ap. du Chan-tong, à MM. les Membres des Conseils centraux. Zi-nan-fou, 17 Oct. 1873, pp. 28/31.

Extraits d'une l. du R. P. Pierre-Paul de Marchi, Mineur observantin, aux mêmes. Tche-fou, 27 nov. 1872, pp. 32/34.

L. de M. Provôt, des Miss. étr., à Mgr. Desflèches, vic. ap. du Su-tchuen oriental. Yeou-yang, 19 juillet 1873, pp. 79/88.

L. du même à MM. les Dir. du Sém. des Miss. étr., à Paris. Yeou-yang, 10 sept. 1873, pp. 88/95.

Notice sur les PP. Hue et Tay, pp. 95/6.

L. de Mgr. Chauveau, vic. ap. du Thibet, à M. Chirou, Dir. au Sém. des Miss. étr., à Paris. Ta-tsien-lou, 7 Oct. 1873, pp. 187/191.

Extrait d'une l. de M. Carreau, miss. au Thibet, à M. Lagoutte, curé de Montmort (diocèse d'Autun). Ta-tsien-lou, 8 nov. 1873, pp. 192/196.

L. de Mgr. Chauveau, vic. ap. du Thibet, à MM. les Memb. des Conseils centraux de l'Œuv. de la Prop. de la Foi. Ta tsien lou, 10 nov. 1873, pp. 196/203.

Ext. d'une l. de M. J. Noirjean, miss. en Mandchourie, à M. Maury, Dir. au Sém. des Miss. étr., à Paris. Ing tse, Mandchourie, 4 oct. 1873, pp. 203/218.

L. du R. P. Seckinger, miss. de la Cie. de Jesus, au Ngan hoei (Kiang nan), à un P. de la même Cie. en France. Ngan kin, 18 déc. 1873, pp. 235/254.

L. de Mgr. Moccagatta, vic. ap. du Chan si, à Messieurs les membres des Conseils centraux de l'Œuvre de la Prop. de la Foi. Tay yuen fou, juin 1873, pp. 400/403.

L. de Mgr. Paul Carnevale, coadj. du précédent, pp. 404/405.

XLVII, à Lyon, 1875 :

L. du R. P. Pascal Billi, vic. gén. du Hou pé nord-ouest, aux membres des Conseils centraux. Han keou, 1er mars 1874, pp. 19/25.

L. du R. P. Alexis-Marie Filippi, provic. du Hou pé sud-ouest, aux mêmes. Kin tcheou fou, 15 fév. 1874, pp. 25/33.

Extrait d'une l. de Mgr. Lions, vic. ap. du Kouy tcheou, à M. Imbert, curé de Faucon (diocèse de Digne). Kouy yang fou, 15 janvier 1874, pp. 34/54.

L. de Mgr. Pinchon, vic. ap. du Su tchuen occidental, à MM. les Membres des Cons. cent., 28 août 1874, pp. 88/95.

L. de M. Coupat, à M. Rousseille, proc. du sém. des Miss. étr., à Rome. Su lin hien, 1er juillet 1874, pp. 95/99.

Extrait d'une l. de Mgr. Elisée Cosi, vic. ap. du Chan tong, à MM. les Membres des Conseils centraux. Zi nan fou, 3 sept. 1874, pp. 187/192.

L. de Mgr. Chauveau, aux mêmes. Ta-tsien-lou, 22 oct. 1874, pp. 192/199.

Rapport de M. Anot, laz., sur le martyre d'Anne Lo, † 4 fév. 1873, adressé par Mgr. Bray à la Cong. de la Propagande, pp. 235/241.

L. de Mgr. Ponsot, vic. ap. du Yun nan, à MM. les Membres des Conseils centraux. Yun nan, 27 juillet 1874, pp. 242/250.

L de M. Le Guilcher, à M. Delpech, Sup. du Sém. des Miss. étr. Houang kia pin, 9 oct. 1874, pp. 250/256.

Sur la mort de M. Baptifaud.

L. de M. Xavier Bourgeois, miss. au Yun-nan, à M. Chirou, pp. 256/7.

Compte-rendu de la Mission du Kiang nan en 1873-1874, par le R. P. Foucault, S. J., pp. 430/454.

XLVIII, à Lyon, 1876 :

Compte-rendu du P. Foucault (suite), pp. 8/43.

L. de M. Barbier, miss. au Tche kiang, à Mgr. Guierry, 5 sept. 1872, pp. 44/52.

Ext. d'une l. de M. J. Rizzi à Mgr. Guierry. Sia kiao, 1er janv. 1874, pp. 52/60.

L. de Mgr. Bray, de la Cong. des Laz., vic. ap. du Kiang si, à MM. les Memb. des Cons. cent. de l'Œuv. de la Prop. de la Foi, 15 nov. 1875, pp. 235/253.

L. de M. J. Noirjean, miss. en Mandchourie, à M. Maury, dir. au sém. des Miss. étr., à Paris. Paien-sousou, prov. mil. de l'Amour, 21 août 1875, pp. 254/264.

Ext. d'une l. de M. J. Aulagne, miss. en Mandchourie, au même. Acheheo, district de Kirin, 12 oct. 1875, pp. 264/268.

L. de Mgr. Moccagatta, vic. ap. du Chan si, à MM. les Membres des Cons. cent. de l'Œuv. de la Prop. de la Foi. Tay yuen fou, 14 sept. 1875, pp. 374/380.

(Annales Prop. Foi : 1874—1876.)

XLIX, à Lyon, 1877 :

L. du P. Seckinger, S. J. Ning ko fou, 20 mars 1876, pp. 5/7.

L. du P. André, S. J. Ho li ki, 29 avril 1876, pp. 7/8.

L. du P. Le Cornec, S. J. Chouei tong, 14 mai 1876, p. 8.

Persécution dans le Kiang nan, pp. 5/26, 407/421.

Ext. d'une l. de Mgr. Bray, laz., vic. ap. du Kiang si, à MM. les Membres des Conseils centraux. Déc. 1875, pp. 79/87.

L. de Mgr. Delaplace, laz., vic. ap. du Pe-Tche-ly sept., aux mêmes. Peking, 18 oct. 1876, pp. 87/92.

L. de M. Bompas à M. Voisin, dir. au Sém. des Miss. étr. Yûn-chân, 2 juin 1875, pp. 92/95. — L. diverses des PP. Eugène Cottin, Dunand, Mgr. Pinchon, Coupat, Lenoir, Provost, Mgr. Desflèches, du Su tchuen, pp. 95/110.

L. de Mgr. Chauveau, à MM. les Membres des Conseils centraux. Yerkalo, déc. 1876, pp. 191/205.

L. de Mgr. Tagliabue, vic. ap. du Pe-Tché-ly occidental, à M. Boré, sup. gén. des Laz. Tching-tin-fou, 6 sept. 1876, pp. 235/240.

L. de M. L. Blettery, provic. du Su tchuen oriental, à M. Clavelloux, curé de Mornant (diocèse de Lyon), 27 octobre 1876, pp. 241/251.

Ext. d'une l. de M. Landes, miss. au Su tchuen oriental, à M. Maury, Dir. au Sém. des Miss. étr. Pen choui, 24 janvier 1877, pp. 252/261.

Lettres de Mgr. Cosi, mineur observantin, vic. ap. du Chan tong, à MM. les Membres des Conseils centraux. Zi nan fou, 5 oct. 1876, pp. 333/336 ; 25 janv. 1877, pp. 337/8.

L. du P. Pierre Paul de Marchi, mineur observantin. Zi nan fou, 16 avril 1877, pp. 338/9.

L. de M. Coupat, à M. Rousseille. Kan-ki-tchang (Kouang-ngan-tcheou), 26 avril 1877, pp. 422/433.

L, à Lyon, 1878 :

L. de Mgr. Lions, vic. ap. du Kouy tcheou, à MM. les Membres des Conseils centraux. Kouy yang fou, 2 août 1877, pp. 125/136.

L. de Mgr. Ponsot, vic. ap. du Yun nan, aux mêmes. Yun nan, 3 sept. 1877, pp. 238/253.

L. de M. Noirjean, miss. en Mandchourie, à M. Maury. Paien-sou-sou, prov. de l'Amour, 2 sept. 1877, pp. 254/268.

La famine dans les vicariats du Chan si, p. 385 ; du Chan tong, p. 83 et 391 ; du Chen si, p. 91 et 393 ; du Ho nan, p. 92 et 398 ; du Hou pé nord-ouest, p. 404 ; du Hou pé oriental, p. 406 ; du Pe Tche ly sud-est, p. 94 ; de la Mandchourie, p. 98, et de la Mongolie, p. 100.

LI, à Lyon, 1879 :

La famine dans les vicariats de Mongolie ; l. du P. Ignace Tchao à M. Vranckx, sup. des Miss. Belges, Tai-ghai, 22 fév. 1878, pp. 9/12 ; l. de Mgr. Tagliabue, de la Congr. de la Miss., vic. apost. du Pé-tché-ly occidental, à M. Aymeri, proc. des laz. à Changhai, 8 et 10 mai 1878, pp. 12/17 ; l. du R. P. Ferlin, S. J., miss. au Pé-tché-ly sud-est, 8 Juin 1878, pp. 17/21 ; l. de Mgr. Pinchon, vic. apost. du Su-tchuen occ., à M. Cottin, dir. au sém. des Miss. Etrang. de Paris, 2 et 15 juin, 7 août 1878, pp. 21/25.

Lettre de M. A. Desgodins, missionnaire au Thibet, à MM. les Membres des Conseils Centraux de l'Œuvre de la Propagation de la Foi. Ta-tsien-lou, 15 nov. 1877, pp. 26/40.

Extr. d'une notice adr. par M. Déjean à MM. les Directeurs du sém. des Miss. Etr., pp. 40/8.

L. de Mgr. Zanoli, vic. ap. du Hou-pé oriental à MM. les Membres des Conseils centraux. Ou-tchang, 15 juin 1878, pp. 84/88.

Rapp. du P. Joseph Ko à Mgr. Zanoli, pp. 88/94.

L. de M. Blanc, des Miss. Etrang., à sa famille. Corée, 12 avr., 21 mai, 7 et 28 juill. 1878, pp. 94/107.

L. de M. Boyer, provic. apost. de Mandchourie, à MM. les Dir. du Sém. des Miss. Etr. de Paris. Ing-tse, 1er mai 1878, pp. 135/139.

Nécrologie : Mgr. Languillat, S. J., vic. apost. du Kiang-nan, pp. 219/223.

Vicariat apostolique de Corée ; relation de la captivité et de la délivrance de Mgr. Ridel, N. D. des Neiges, 20 oct. 1878, pp. 235/296, 333/367.

L. de Mgr. Semprini, des Mineurs Réformés, vic. apost. du Hou-nan, Han-kiou-fou, 1er nov. 1878, pp. 381/383. — L. d'un miss. du Pé-tché-ly S. E. au F. Hamann, à St. Acheul, 27 avr. 1879, pp. 383/385.

L. de M. Robert. Corée, 9 mars 1878, pp. 393/430.

LII, à Lyon, 1880 :

Rapport d'un missionnaire de la Congr. de St. Lazare, sur la mission du Kiang-si, pp. 5/29, 79/92.

(Annales Prop. Foi : 1877—1880.)

Rapport de M. Rizzi, de la Congr. de St. Lazare, miss. au Tché-kiang, sur l'introduction de la religion chrétienne dans le département de Ouen-tcheou. Chapelle de Ouen-tcheou, pp. 30/43 ; Sa-Kiao, 26 mai 1877, pp. 43/57.

L. de M. Deguette, miss. de Corée, à M. le Sup. du Sém. des Miss. Etr. N. D. des Neiges (Mandchourie), 21 nov. 1879, pp. 240/266.

L. de M. Blanc, provic. ap. de Corée à Mgr. Ridel. Corée, 23 sept. 1879, pp. 267/273.

LIII, à Lyon, 1881 :

L. de Mgr. Dubail, év. de Bolina à M. Armbruster. Ing-tsé, 4 août 1880, pp. 25/31.

LIV, à Lyon, 1882 :

L. de M. Robert, miss. ap. en Corée, à M. Armbruster, dir. au Sém. des Miss. Etrang. de Paris. Corée, le 11 août 1881, pp. 63/72.

Arrestation et captivité de deux chrétiens en Corée (Relation de Ni Paul, catéchiste de Paik-tchyen, trad. du coréen), pp. 72/75.

L. de M. Dejean, miss. ap., Ta-Tsien-lou, collège St. Joseph, 13 sept. 1881, pp. 203/221.

L. de Mgr. Fenouil. Yun-nan-fou, 14 sept. 1881, pp. 222/229.

L. de Mgr. Chausse. Canton, 20 avril 1882. [Lettres du P. Brugnon], pp. 286/291.

L. de M. Pourias, des Miss. Etr. de Paris, miss. au Yun-nan ; Tong-tchouan-fou, 25 avr. 1882, pp. 347/353.

LV, à Lyon, 1883 :

L. de Mgr. A. Chausse, évêque de Capse, coadjuteur de Mgr. Guillemin, préfet apost. du Kouang-tong, à M. l'abbé Chausse, aumônier des Frères à St. Etienne. Canton, 27 juill. 1882, pp. 17/38.

Persécution à Hou-lan (Mandchourie). Mauvais traitements infliges à un missionnaire, pp. 39/49.

L. de Mgr. Fenouil, des Miss. Etr. de Paris, vic. ap. du Yun-nan à MM. les Dir. de l'œuvre de la Prop. de la Foi. Yun-nan-sen, 5 sept. 1882, pp. 100/109.

L. de Mgr. Lyons, des Miss. Etr. de Paris, Vic. ap. du Kouy-Tchéou, à MM. les Dir. de l'Œuvre de la Prop. de la Foi. Kouy-Yang-Fou, 16 sept. 1882, pp. 170/187.

Journ. de M. Robert, miss. ap. de Corée, à sa famille. Corée, 15 sept. 1880, pp. 309/333.

Un missionnaire martyre au Yun-nan, pp. 341/2.

Nécrologie : Mgr. Zanoli, des Mineurs Observantins, vic. apost. du Houpé oriental, p. 416.

LVI, à Lyon, 1884 :

L. de Mgr. Fenouil, des Miss. Etr. de Paris, Vic. ap. du Yun-nan, à MM. les Dir. de l'Œuvre de la Prop. de la Foi. Yun-nan-fou, 13 juin 1883, pp. 22/26.

L. de M. Guimbretière, miss. au Kouang-Si, à M. Chirou, dir. au sém. des Miss. Etr. de Paris. Toung T'choung, 10 avr. 1883, pp. 27/41.

— La persécution en Extrême-Orient. Préfecture ap. du Kouang-tong, extr. d'une l. de Mgr. Chausse, pp. 159/160. — L. de M. Grimaud, miss. au Kouang-tong, à sa sœur religieuse au Laus (diocèse de Gap.), pp. 160/165.

— Notice sur Mgr. Ridel [Portrait], pp. 350 à 367.

LVII, à Lyon, 1885 :

Persécution en Chine ; l. de Mgr. Augustin Chausse, év. de Capse, coadj. du Kouang-tong, à MM. le Sup. et les Dir. du Sém. des Miss. Etr. de Paris, pp. 20/24, 63 et seq.

L. de Mgr. Pinchon, év. de Polémonium et vic. ap. du Su-tchuen occid., à MM. le Sup. et les Dir. du Sém. des Miss. Etr. de Paris, pp. 24/26.

Vicariat ap. du Pé-tché-ly sept., notice nécrologique sur Mgr. Delaplace, pp. 31/35.

Persécution en Chine. L. de M. Chareyre, des Miss. Etr. de Paris, à Mgr. Fenouil, vic. ap. du Yun-nan. Hong-Poû-So, 19 nov. 1884, pp. 152/156.

Lettre de Sa Sainteté le Pape Léon XIII à S. M. l'Empereur de la Chine, pp. 203/208.

Massacres au Yun-nan ; extr. d'une l. de Mgr. Fenouil, des Miss. Etr. de Paris, vic. ap. du Yun-nan, pp. 212/213.

(Annales Prop. Foi : 1881—1885.)

Vicariat apostolique du Kouy-tcheou. L. du P. Chaffanjon, des Miss. étr. de Paris, à sa famille, 1er janvier 1885, pp. 214/236.

L. de Mgr. Blanc, vic. ap. de Corée, Séoul, pp. 254/5.

Nécrologie : Mgr. Eloi Cosi, des Min. Observantins, vic. ap. du Chantong, p. 263.

Réponse de S. M. l'Empereur de la Chine à la lettre de S. S. le Pape Léon XIII, pp. 315/316.

L. de Mgr. Blanc, des Miss. étr. de Paris, vic. apost. de Corée. Séoul, 1er mars 1885, pp. 320/323.

LVIII, à Lyon, 1886 :

Pacification en Chine, pp. 115/6.

L. de M. Robert, des Miss. Etr. de Paris, miss. en Corée, à ses parents, pp. 151/176.

L. des vic. ap. du N. de la Chine à MM. les Dir. de l'O. de la Prop. de la Foi. Tai-iuen-fou, 15 nov. 1885, p. 200.

L. de Mgr. Fenouil, des Miss. Etr. de Paris, vic. ap. du Yun-nan, à MM. les Dir. de l'O. de la Prop. de la Foi. Yun-nan-sen, 16 sept. 1885, pp. 211/218.

L. de Mgr. Bulté, S. J., vic. ap. du Pé-tché-ly sud-est. Tchang-kia-tchouang, 8 déc. 1885, pp. 257/8.

Nécrologie : Mgr. Guillemin, préfet apost. du Kouang-tong, p. 261.

L. de Mgr. Reynaud, lazariste, vic. apost. du Tché-Kiang, à MM. les Dir. de l'Œuvre de la Prop. de la Foi. Ning-po, 30 mars 1886, pp. 267/277.

L. du R. P. Anselme, franciscain, miss. au Chan-tong, pp. 392/3.

LIX, à Lyon, 1887 :

L. de M. Poisnel, des Miss. Etr. de Paris, miss. en Corée, à Mgr. Blanc, vic. ap., pp. 63/70.

L. de Mgr. Chinchon, domin. espagnol, vic. ap. d'Amoy, à MM. les Dir. de l'O. Amoy, 5 nov. 1886, pp. 108/109. (Trad. de l'espagnol.)

L. de M. Marius Bonnet, Miss. du Su-tchuen oriental, à ses sœurs. Prétoire de Kiang-pee-tin, 2 juill.—29 sept., pp. 149/175.

Transfert de la cathédrale de Pékin, pp. 192/3. — L. de M. Dangy, miss. apost. au Su-tchuen oriental, St. Michel de Lytou-pa, p. 193. — L. de Mgr. Moccagatta, des Min. Observantins, vic. ap. du Chan-si, p. 194. — L. de M. Gueluy, anc. miss. au Kan-sou, à propos de l'inondation et de la famine au Kan-sou, Scheut-lès-Bruxelles, 8 déc. 1886, pp. 195/196.

L. du R. P. Diego Sera, des Mineurs Observantins italiens, miss. au Hou pé oriental. Ou-tchang-fou, pp. 249/250. — L. de Mgr. Blanc, vic. ap. de Corée, à MM. les Dir. du Sém. des Miss. Etr. de Paris. Séoul, 20 févr. 1887, pp. 250/51.

Nécrologie : Mgr. Boyer, miss. en Mandchourie ; Mgr. Rouger, vic. ap. du Kiang-si méridional, p. 262.

Un enterrement chinois ; lettre d'une religieuse, Tchéfou, pp. 316 à 318. — L. de Mgr. Moccagatta, des Mineurs Observantins, vic. ap. du Chan-si, au R. P. Dir. de la *Revue Franciscaine*, pp. 318/9.

Adresse de onze chefs de missions à MM. les Directeurs de l'Œuvre, pp. 392/393.

LX, à Lyon, 1888 :

L. de M. Fleureau, des Miss. étr. de Paris, miss. au Kouang-tong, pp. 17/30. — L. de Mgr. Blanc, vic. ap. de Corée, des Miss. Etr. de Paris, à MM. les Dir. de l'O. de la Prop. de la Foi. Séoul, 15 juin 1887, pp. 31/38.

Nécrologie : Mgr. Desflèches, anc. vic. ap. du Su-tchuen oriental, p. 70.

L. de Mgr. Fenouil, des Miss. étr. de Paris, vic. ap. du Yun-nan, à MM. les Dir. de l'O. de la Prop. de la Foi. Yun-nan-sen, 1er Nov. 1887, pp. 169/174.

L. de Mgr. Henri Bulté, S. J., vic. ap. du Pé-tché-ly sud-est, pp. 213/4.

Miss. de l'Extrême Orient, pp. 221/223.

L. de la Sup. de l'hôpital de Ning-po à Mgr. Reynaud, laz., vic. ap. du Tché-Kiang, pp. 272/3.

L. de M. Poisnel. Séoul, 15 fév. 1888, pp. 286/293.

L. de Mgr. Reynaud, laz., vic. ap. du Tché-Kiang, pp. 364/373.

Nécrologie : Mgr. de Vos, vic. ap. de la Mongolie occid., p. 415.

LXI, à Lyon, 1889 :

Béatification des vénérables Perboyre et Chanel, pp. 5/15.

L. de Mgr. Chinchon, des Frères Prêcheurs vic. ap. d'Amoy à MM. les Dir. de l'O. de la Prop. de la Foi, pp. 35/37.

Observatoire de Zi-ka-wei, pp. 67/68.

Nécrologie : Mgr. Gentili, des Frères Prêcheurs, anc. év. coadj. du Fo-Kien, p. 75.

L. de Mgr. Chatagnon, des Miss. Etr. de Paris, vic. ap. du Su-tchuen mérid., à MM. les Membres des Conseils centraux, pp. 92/106.

Conversion de la Chine, pp. 142/3.

Persécution au Fo-Kien, p. 143.

Nécrologie : Mgr. de Vos, de la Congr. de Scheut-lez-Bruxelles, vic. ap. de la Mongolie sud-ouest, p. 155.

L. de M. Robert, à Mgr. Blanc, vic. ap. de Corée, 4 sept. 1888, pp. 184/188. — L. de Mgr. Grégoire Grassi, des Min. Observ., coadj. de Mgr. Moccagatta, vic. ap. du Chan-si, pp. 189/192. — Vicariat apostolique de la Mongolie centrale, l. de M. Otto, de la Congr. du Cœur immaculé de Scheut-lez-Bruxelles, pp. 193/202.

Consécration de la nouv. cath. de Pékin, p. 231.

Nécrologie : Mgr. Alexis Filippi, des Mineurs réformés, vic. ap. du Hou-pé s. o. ; Mgr. Benjamin Jérémie, des Min. Observ., vic. ap. du Chan-tong sept., p. 236.

L. de Mgr. Chausse, des Miss. étr. de Paris, préfet apost. du Kouang-tong, pp. 239/258.

L. de Mgr. Blanc, des Miss. Etr. de Paris, vic. ap. de Corée, Séoul, pp. 301/2.

L. de Mgr. V. E. Calassare, frère mineur, de Ou-tchang, pp. 326/332.

LXII, à Lyon, 1890 :

L. de M. Maire, du Yun-nan, pp. 14/40.

L. de M. Antoine Mouto, miss. au Su-tchuen mérid. [sur Augustin Kô], pp. 83/97.

L. de M. Boucheré, du Su-tchuen mérid., pp. 98/106.

L. de M. Vincent Coli, du Chen-si mérid., pp. 248/251.

LXIII, à Lyon, 1891 :

L. de M. Boutmy, miss. au Yun-nan, pp. 107/117.

L. de Mgr. Chatagnon, vic. ap. du Su-tchuen oriental, pp. 190/203.

L. du R. P. Bienvenu, du Nganhoe, pp. 237/266.

L. de Mgr. Mutel. Séoul, 24 mai 1891, pp. 414/424.

LXIV, à Lyon, 1892 :

L. de M. Lemmens, de la Cong. de Scheut, Mongolie S. O., pp. 13/25.

L. de Mgr. Chatagnon, des Miss. Etr. Paris, vic. ap. du Su-tchuen mérid., pp. 81/99.

LXV, à Lyon, 1893 :

L. de Mgr. Marc Chatagnon. Kia-tin-fou, 1er août 1892, pp. 88/108.

L. du R. P. Chérubin, Min. Obs., Miss. au Chan-tong sept., pp. 199/203.

Récit de M. Le Merre. — Dans un coin des Montagnes de Corée, pp. 323/349.

LXVI, à Lyon, 1894 :

L. de Mgr. Chatagnon. Kiatinfou, 2 sept. 1893, pp. 83/96.

L. de M. Edouard Maire, Miss. étr. de Paris, prov. ap. du Yunnan, pp. 323/345.

LXVII, à Lyon, 1895 :

L. de Mgr. Mutel, vic. ap. de Corée, pp. 16/25.

[Mort du P. Jozeau.]

L. de M. Paul Villemot, Miss. ét. Paris, à Mgr. Mutel, pp. 93/120.

L. de M. Le Tallandier, à Mgr. Chausse, vic. ap. du Kouang-tong, pp. 188/197.

L. de Mgr. de Marchi, franciscain, vic. ap. du Chan-tong sept., pp. 325/333.

L. de M. Provost, Su-tchuen oriental, à Mgr. Chouvellon, vic. ap., pp. 427/442.

LXVIII, à Lyon, 1896 :

L. de Mgr. Chatagnon, vic. ap. du Su-tchuen mérid., à M. l'abbé Séon, Curé de Saint-Galmier (dioc. de Lyon). Tchen-tou, 19 août 1895, pp. 15/27.

L. de M. Robert, miss. étr. Paris, à Mgr. Mutel, vic. ap. Corée, pp. 188/198.

L. du R. P. Gaudissart, de la Cie. de Jésus, Miss. au Pe-Tche-ly S. E., pp. 436/442.

LXIX, à Lyon, 1897 :

L. de M. Alois Steyaert, Miss. de Scheut. Hoei-hien, 23 déc. 1895, pp. 16/26.

[Gaietés de la civilisation chinoise.]

L. de M. Renault, propréfet ap. du Kouang-si, à M. Delpech, sup.

des Miss. étr. de Paris. Nan-ning-fou (Kouang-si), 21 avril 1897, pp. 324/328.

[Mort de M. Mazel.]

L. de Mgr. Passerini, év. tit. d'Acanthe, vic. ap. du Chen-si mérid., au R. P. Tomassini, recteur du séminaire romain de Saint-Pierre et Saint-Paul. (Trad. de l'italien], pp. 330/333.

L. du R. P. Zenon Moeltner, min. obs., Chan-tong sept., pp. 335/344.

LXX, à Lyon, 1898 :

L. du R. P. Freinademetz, provic. ap. du Chan-tong mérid., pp. 83/6.

L. du T. R. P. Janssen, sup. gén. du Séminaire de Steyl, p. 87. [Massacre des PP. Nies et Henlé.]

L. de M. Robert, Miss. ét. Paris, Miss. en Corée, à une religieuse de Besançon, pp. 187/205.

Mort de M. Bertholet, p. 245.

L. de Mgr. Marc Chatagnon, Miss. étr. Paris, vic. ap. Su-tchuen mérid., à MM. les Membres des Conseils centraux de l'Œuvre de la Propagation de la Foi, pp. 247/262.

L. de Mgr. Chouzy, préf. ap. du Kouang-si. [Mort du P. Bertholet], pp. 323/9.

L. du R. P. Placide Slykerman à Mgr. Jean Hofman, vic. ap. Chan-si mérid., pp. 331/8.

LXXI, à Lyon, 1899 :

Missionnaires massacrés en Chine et en Afrique, pp. 19/21.

L. de Mgr. Chausse, Miss. étr. Paris, préf. ap. Kouang-Tong. Canton, 21 oct. 1898. [Mort du P. Chanès], pp. 84/93.

Relation sur la mort du R. P. Victorin par les RR. PP. Polydore et Cassien, pp. 188/193.

L. de Mgr. Chatagnon, Miss. étr. Paris, vic. ap. Su-tchuen mérid. Su-fou, 10 déc. 1898, pp. 194/203.

Ext. d'une let. de Mgr. Chouvellon, pp. 203/4.

L. de Mgr. Anzer, évêque de Télepte, vic. ap. du Chan-tong mérid. [Trad. de l'allemand.] [Massacre des PP. Nies et Henlé], pp. 205/9.

L. de Mgr. Favier. Pékin, le 2 avril 1899, Saint jour de Pâques. [Décret Impérial. Rapport fixant les relations entre les autorités locales et le clergé catholique, présenté au Trône par S. A. I. le Prince et LL. EE. les Ministres du Conseil des Affaires Étrangères, le 4e jour de la 2e lune de la 25e année. Kouang-Siu (15 mars 1899)], pp. 243/247.

L. de Mgr. Chouvellon, 11 fév., pp. 247/9.

L. de M. Pontvianne, 23 fév., prov. du Su-Tchuen occid., pp. 249/250.

L. du Hou-Pé à Mgr. Potron, pp. 250/1.

L. de M. Barberet, laz., au Tche-kiang, écrite de Vichy, à la Prop. de la Foi, pp. 251/2.

L. de M. Reynaud. Ning-po, 3 janvier 1899, p. 252.

Cause de Béatification de 49 Martyrs de la Chine, du Tonkin et de la Cochinchine, pp. 323/8.

Rapport du R. P. Buis, du Sém. des Miss. étr. de Steyl. [Trad. de l'allemand], pp. 439/443.

LXXII, à Lyon, 1900 :

L. de Mgr. Chausse, Préf. ap. du Kouang-Tong, pp. 16/24.

L. de M. Guillaume, miss. au Kouang-Tong, à M. Delpech, Sup. du Sém. des Miss. Et. de Paris, pp. 26/31.

L. de M. Bret, miss. en Corée, pp. 189/195.

L. de Sa Sainteté Léon XIII au sujet des évènements de Chine, adressée au Cardinal Vicaire, p. 323.

L. de Mgr. Favier. Pékin, 18 mai 1900, pp. 325/331.

Massacres, pp. 331/338.

L. de Mgr. Masot, vic. ap. Fou-kien, pp. 340/6.

L. de M. Monnier, prov. de la Mandchourie sept., à M. Delpech, 13 août 1900, pp. 430/2.

L. de M. Choulet, sup. de la Mission de la Mandchourie mérid., à M. Hinard. Ing-tse (Newchwang), 9 juillet 1900, pp. 432/7. — Ing-tse, 3 août 1900, pp. 435/7.

L. du R. P. Séneschal, S. J., Sup. de la résidence de Tchang-kia-tchoang, au R. P. Provincial des Jésuites d'Amiens, pp. 437/439.

L. du R. P. Piccoli, procureur des Franciscains à Han-k'eou, à Mgr. Potron. Han-k'eou, 20 juillet 1900, pp. 439/440.

[Pékin] Shang-haï, 3 sept., pp. 440/1.

L. du R. P. Van Ecke, sup. du séminaire de Scheut, p. 441.

Chansi, p. 442.

LXXIII, à Lyon, 1901 :

L. de Mgr. Favier. Tien-tsin, sept. 1900, pp. 16/22.

(Annales Prop. Foi : 1898—1901.)

L. du P. Quirin, sur la mort de Mgr. Fantosati, pp. 22/6.

Rapport du Supérieur des Miss. Et. de Scheut, pp. 96/102.

L. du P. Barnabé, franciscain, Chan-si sept., pp. 103/104.

L. de Mgr. Passerini, du Sém. des SS. Pierre et Paul, vic. ap., pp. 188/190.

L. du R. P. Gaudissard, S. J., Tche-li S. E., pp. 190/4.

Lettre des PP. Roubin et Delpal à Mgr. Lalouyer, év. de Raphané, vic. ap. de la Mandchourie Sept., pp. 323/332.

Mort des PP. Pierre Tchang, Souvignet, Leray, Georgou.

L. du P. Ibler. [Trad. de l'allemand], pp. 333/341.

LXXIV, à Lyon, 1902 :

L. de Mgr. Favier. Pékin, 26 Août 1901, pp. 16/25.

L. du R. P. Barnabé, Chan-si sept., pp. 26/7.

L. de Mgr. Hofman, franciscain, vic. ap., pp. 29/31.

L. de Mgr. de Marchi, franciscain, vic. ap., pp. 31/2.

L. du R. P. Quirin Henfling, franciscain, Hou-nan mérid., pp. 32/5.

L. du R. P. Maesschalck, de la Cong. de Scheut, miss. à Lan-tcheou, pp. 36/9.

L. de Mgr. Mutel, vic. ap. de Corée, pp. 85/101.

L. de M. Van-Hecke, Sup. des Miss. de Scheut. Scheut, 7 avril 1902, pp. 244/5.

L. du P. Desmarquest, proc. du Tche-li S. E. [Mort du P. Lomüller], pp. 245/7.

L. du R. P. Weterwald, S. J. Tchang-kia-tchouang, 30 déc. 1901, pp. 247/254.

[Inhumation des victimes des Boxeurs, 1900.]

L. de Mgr. Lavest. Kouang-si, pp. 343/356.

LXXV, à Lyon, 1903 :

L. de Mgr. Dunand. Tchen-tou, 3 août 1902, pp. 27/31.

L. du R. P. Botty, du Sém. de Scheut, pp. 32/4.

L. de M. Séguret, des Miss. étr. de Paris. De Tche-gai à Kouy yang-fou, pp. 86/100.

Outre cette édition française des *Annales de la Propagation de la Foi* publiée à Lyon depuis 1827, il existe actuellement les éditions suivantes de ce recueil :

Edition	allemande	publiée à	Einsiedeln	depuis	1832 ;
—	flamande	—	Malines	—	1833 ;
—	allemande	—	Cologne	—	1834 ;
—	allemande	—	Strasbourg	—	?
—	anglaise	—	Londres	—	1838 ;
—	anglaise	—	Dublin	—	?
—	italienne	—	Lyon	—	1839 ;
—	portugaise	—	Lisbonne	—	1839 ;
—	espagnole	—	Lyon	—	1840 ;
—	hollandaise	—	Bois-le-Duc	—	1842 ;
—	basque	—	Bayonne	—	1878 ;
—	bas-breton	—	Quimper	—	?

Une édition polonaise publiée à Posen a cessé de paraître par suite de l'application des lois de Mai, dans l'empire allemand.

Chacune de ces éditions, publiées dans le format des *Annales* de Lyon, a eu son volume par an depuis l'époque de première publication. Le titre des diverses éditions est la traduction exacte de celui de l'édition française.

— Annales de la Congrégation de la Mission, ou Recueil de Lettres édifiantes écrites par les prêtres de cette congrégation employés dans les missions étrangères. Paris, Imprimerie de E.-J. Bailly et Cie. 1834, in-8 [1] :

Bib. Nat. 8°H 101

I. Lettre de M. Laribe, miss. laz. en Chine, à M. Etienne, proc. gén. de la Cong. de St. Lazare. Macao, le 2 avril 1832, pp. 153/192.

Let. du même au Sup. gén. Macao, 30 juin 1832, pp. 193/197.

Let. de M. Rameaux, Miss. en Chine, à M. Torrette, pp. 198/200.

Let. de M. Torrette, proc. des Missions des laz. en Chine, à M. ... Macao, 15 sept. 1832, pp. 201/204.

1. Un certain nombre des lettres contenues dans ce recueil ont paru également dans les *Annales de la Propagation de la Foi*.

(Annales Cong. Mission : 1834.)

Let. de M. Rameaux au Sup. gén. Prov. de Hou Pé, 4 juillet 1833, pp. 270/281.

Let. de M. Laribe à M. Etienne. En Chine, 1er sept. 1833, pp. 282/325.

Let. de M. Tchiou, laz. chinois, l'un de ceux qui étaient en France en 1830, à M. Etienne. Macao, 14 janvier 1834, pp. 325/330.

Let. d'un chrétien chinois de la prov. du Hou-Pé, à son frère, M. Joseph Ly, laz. chinois, résidant à Macao. 10 juillet 1833, pp. 331/341.

Let. de M. Danicourt, miss. ap., à M. Richenet. Batavia, 2 fév. 1834, pp. 341/390.

II, Paris, Bailly, 1835 :

Mission de la Chine, pp. 1/17.

Let. de M. Clet à M. Richenet. Des Prisons de Ou-tchang-fou, 28 oct. 1819, pp. 4/13.

Let. de M. Ly, laz. chinois, l'un de ceux qui étaient en France en 1830, à M. Etienne. Macao, 15 oct. 1833, pp. 21/26.

Let. de M. Tchiou à M. Etienne. Macao, 14 janvier 1834.

Let. écrite en latin par M. Stanislas Ngai, laz. chinois, au Sup. gén. De la Mission de Hou-kouang, 10 août 1834, pp. 33/35.

Let. de M. Danicourt, à M. Chanson, prof. de théologie au séminaire d'Amiens. Batavia, 31 janvier 1834, pp. 36/40.

Let. de M. Baldus, miss. laz. en Chine, à M. Etienne. Batavia, 27 juillet 1834, pp. 41/49.

Let. du même au même. Macao, 15 nov. 1834, pp. 49/60.

Let. de M. Mouly, miss. ap. en Chine, à M. Etienne. A bord de l'*Actéon*, 27 déc. 1833, pp. 61/72 ; 1er janvier 1834, pp. 72/76.

Let. de M. Mouly, à M. Le Go, assistant de la cong. de St. Lazare. Macao, 15 nov. 1834, pp. 77/102.

Let. de M. Laribe au Sup. gén. Prov. du Kian-Sy, 1er sept. 1834, pp. 102/109.

Let. du même à M. Etienne. Prov. du Kian-Sy, 1er sept. 1834, pp. 109/117.

Let. de M. Torrette au même. Macao, 13 nov. 1834, pp. 118/121.

Let. de M. Rameaux à M. Martin, Sup. du petit séminaire de Saint-Flour. Hou-pé, 22 juillet 1834, pp. 122/136.

Let. du même à M. Etienne. Hou-kouang, 18 juillet 1834, pp. 137/147.

Let. de M. Torrette, Sup. des missions des Laz. en Chine, à M. Etienne. Macao, 19 janv. 1835, pp. 149/161.

Deuxième partie.

Let. de M. Torrette au Sup. gén. Macao, 28 mai 1834 [1835 ?], pp. 1/18.

Let. de M. Ly à M. Etienne. Macao, 6 sept. 1835, pp. 19/20.

Let. de M. Laribe au même. En Chine, 1er sept. 1835, pp. 21/44.

Let. du même à M. Salhorgne, Sup. gén. En Chine, 1er sept. 1835, pp. 45/50.

L. de M. Danicourt à M. Etienne. Macao, 14 sept. 1835, pp. 51/57.

Let. de M. Mouly à Mgr. l'Ev. de Nantes. Mission française de Pékin, Mongolie, Si-ouen, etc., ce 12 oct. 1835, pp. 59/73.

Let. de M. Perboyre, Miss. laz. en Chine, au Sup. gén. Batavia, 29 juin 1835.

Let. du même à M. Le Go. Macao, 9 sept. 1835, pp. 83/91.

Let. du même à M. Martin, sous-dir. du séminaire interne de la Cong. de St. Lazare, à Paris. Macao, le 4 sept. 1835, pp. 93/101.

Let. de M. Baldus à M. Etienne. Hou-pé, 3 août 1835, pp. 103/119.

Let. de M. Rameaux au Sup. gén. Hou-pé, 26 août 1835, pp. 121/125.

Let. du même à M. Etienne. Hou-pé, 19 août 1835, pp. 127/138.

Let. écrite en chinois et trad. en latin des Chrétiens du Hou-pé à M. Torrette. Mien-yan, 2 sept. 1835, pp. 139/154.

III, Paris, Bailly, 1837 :

Let. de M. Mouly à M. Etienne. Mongolie, Si-ouen-tse, ce 12 oct. 1835, pp. 1/14.

Let. du même au Sup. gén. Mission de Pékin. Tartarie, le 12 oct. 1835, pp. 15/65.

Let. de M. Rameaux à M. Aladel, Prêtre et Ass. de la Cong. de St.-Laz. Du Hou-pé, 19 juillet 1835, pp. 67/72.

Let. de M. Sué, miss. laz. chinois, écrite en latin, au Sup. gén. Tartarie occidentale, 12 oct. 1835, pp. 73/79.

Let. de M. Ly à M. Torrette. Kian-si, 4 avril 1836, pp. 81/99.

Let. de M. Torrette à M. Etienne. Macao, 8 janv. 1836, pp. 101/108.

Let. de M. Danicourt à la sœur Boulet, Sup. gén. de la communauté des Filles de la Charité. Macao, le 14 sept. 1835, pp. 131/143.

(Annales Cong. Mission : 1835—1837.)

Let. de M. Mouly, Sup. de la Miss. des Laz. de Pékin, à M. Aladel, Assistant de la Cong. de St.-Laz. Si-Ouen-tse, le 9 nov. 1835, pp. 145/159.

Let. de M. Baldus à M. Grappin, Ass. de la Cong. de St.-Laz. Tcha-Yuen-Keou, prov. du Hou-kouang, le 3 juillet 1836, pp. 161/173.

Let. des Séminaristes chinois du Noviciat de Macao, à M. le Sup. gén. de la Cong. de St.-Laz. Macao, 14 janv. 1836, pp. 175/183 ; 7 janv. 1836, pp. 185/191.

Let. de M. Torrette à M. Etienne. Macao, 15 nov. 1836, pp. 193/196.

Première let. de M. Perboyre à M. Torrette, reçue le 26 juin 1836. Du Fo-kien, le 7 mars 1836, pp. 197/212.

Deuxième let. du même au même. Du Ho-nan, 18 août 1836, pp. 213/216.

Let. du même à M. Perboyre, son oncle. Du Ho-nan, 10 août 1836, pp. 217/251.

IV, Paris, Bailly, 1838 :

Let. de M. Mouly à M. Nozo, sup. gén. Mission de Pékin, Tartarie occid., 6 nov. 1836, pp. 41/87.

Let. de M. Faivre, miss. partant pour la Chine, à M. Martin. St.-Nazaire, près Nantes, 1er avril 1836, pp. 205/215.

Let. du même à M. Nozo. Ile de France, Port-Louis, le 26 juin 1836, pp. 217/224.

Let. du même à M. Le Go. Macao, 12 juillet 1837, pp. 225/269.

Let. du même à M. Etienne. En rade de Lintin, 28 fév. 1838, pp. 271/309.

Let. de M. Laribe, Sup. de la Mission du Kian-si en Chine, à M. Le Go. Kian-si, 14 avril 1836, pp. 311/324.

Let. de M. Mouly à M. Nozo. Tartarie, 16 oct. 1837, pp. 325/351.

Let. de M. Rameaux, Sup. de la Mission dans le Hou-Pé, à M. Nozo. Hou-Pé, des montagnes de Kou-tchen, 13 oct. 1837, pp. 353/370.

Let. de M. Mouly à M. Etienne. Tartarie occid., 16 oct. 1837, pp. 371/387.

Let. de M. Tchiou à M. Nozo. Macao, 18 déc. 1837, pp. 389/404.

Let. des Etudians et Séminaristes de Macao, aux Etudians et Séminaristes de la maison de Paris. Macao, 3 déc. 1837, pp. 405/411.

Autre lettre des mêmes aux mêmes, pp. 413/417.

Autre let. des mêmes aux mêmes, pp. 419/424.

Let. de M. Joseph Jou, El. de la Maison de Macao, aux mêmes, pp. 425/428.

V, Paris, Adrien Le Clere et Cie, 1839 :

Let. de M. Torrette à nos confrères d'Espagne. Macao, le 6 oct. 1837, pp. 167/171.

Let. de Mgr. Courvosi, Ev. de Bidopolis, Vic. ap. de Siam, à M. Torrette. Syngapour, 20 août 1837, pp. 173/179.

Let. de M. Peschaud, Miss. en Chine, à M. Damance, Dir. au Sém. de Saint-Flour. Macao, 12 oct. 1838, pp. 181/189.

Let. du même à M. Peschaud, son frère, Sup. du petit Sém. de St.-Flour. Kien-tchang-fou, prov. du Kiang-si, le 20 nov. 1838, pp. 191/204.

Let. de M. Peschaud à M. Etienne. En rade de Batavia, 10 juillet 1837, pp. 205/215.

Let. du même à M. Martin. Macao, 29 sept. 1837, pp. 217/229.

Let. de M. Thiou, miss. chinois, l'un de ceux qui se trouvaient à Paris en 1830, aux Filles de la Charité de la Maison principale à Paris. Macao, 10 déc. 1837, pp. 231/240.

Let. de M. Danicourt, Dir. du Sém. interne de Chinois à Macao, à la sœur Boulet. Macao, 10 déc. 1837, pp. 241/250.

Let. du même à M. Nozo. Macao, 30 sept. 1838, pp. 251/271.

Let. du même à ses Parens. Macao, 22 déc. 1838, pp. 273/283.

Let. de M. Perboyre à M. Martin. Honan, 25 sept. 1837, pp. 285/303.

Let. de M. Rameaux à M. Martin. Hou-pé, 8 juin 1838, pp. 305/323.

Let. de M. Faivre, Sup. de la Mission de Nankin en Chine, à ses Parens. De la Mission de Nankin, 10 juin 1838, pp. 325/347.

Let. de M. Mouly, Miss. ap., à Madame Angélique Mouly, sa sœur, Religieuse-Hospitalière à l'Hospice de Nérac (Lot-et-Garonne). Tartarie chinoise (Mongolie), 28 sept. 1837, pp. 349/365.

Let. du même à la même. Pékin, le 26 février 1838, pp. 367/376.

Let. du même à M. Le Go. Pékin, le 26 février 1838, pp. 377/397.

VI, Paris, Adrien Le Clere et Cie, 1840 :

Let. de M. Gabet, Miss. en Chine, à sa sœur, Fille de la Charité, à Paris. Le Hâvre, 17 mars 1835, pp. 1/6.

Let. du même à la même. Soura-Baïa, 18 juillet 1835, pp. 7/21.

Let. du même à la même. Macao, 9 sept. 1835, pp. 23/30.

(Annales Cong. Mission : 1838—1840.)

Let. du même à la même. Macao, 15 mai 1836, pp. 31/36.

Let. du même à M. Etienne. Han-Hô, 12 déc. 1836, pp. 37/56.

Let. du même à M. Nozo. Sivouan, le 15 août 1838, pp. 57/129.

Let. du même à sa sœur. Sivouan en Tartarie, 12 sept. 1838, pp. 131/140.

Let. du même à M. Etienne. Sivouan, 17 sept. 1838, pp. 141/143.

Let. de M. Faivre à son frère, au Séminaire de Lons-le-Saulnier. Du port de Tchoen-Tchou-fou, sur les côtes de la prov. du Fokien, le 24 mars 1838, pp. 145/166.

Let. du même à M. Constant Nozo, Prêtre de la Mission. Kiangsi, 23 mai 1839, pp. 167/212.

Let. de M. Danicourt à M. Le Go. Macao, 7 mars 1839, pp. 213/217.

« Je vous envoie une pièce qui vous intéressera beaucoup : c'est la relation de la conversion et de la fuite de chez ses parents d'un de nos séminaristes, *Jean Tcheng*. Feu Mgr. de Capse en a parlé dans une lettre qui a été insérée dans les *Annales de la Propagation de la Foi*. M. Mouly en a dit aussi quelque chose. »

Relation dont il est parlé dans la Lettre précédente, pp. 219/230.

Let. de M. Tchiou à M. Etienne, Macao, 16 fév. 1839, pp. 231/236.

Persécution dans la Mission du Hou-pé, pp. 237/238.

Let. de M. Torrette à M. Nozo. Macao, 4 janvier 1840, pp. 239/242.

Let. de M. André Yan, Laz. chinois et Miss. dans le Hou-pé, à M. Torrette. Prov. du Hou-kouang, 8 janv. 1840, pp. 243/247.

Relation de la persécution du Hou-Pé, depuis le mois de septembre 1839, jusqu'au 15 janvier 1840, sous l'empereur Tao-Kouan, suscitée par le vice-roi des provinces du Hou-Kouan ; envoyée à Macao par un Missionnaire franciscain [F. Joseph de Clauzeto], pp. 249/267.

Let. de M. Torrette à M. Candèze, Vic. gén. de Saint-Flour. Macao, 14 janvier 1839, pp. 269/291.

Let. de M. Peschaud à M. Etienne. Du Kiangsi, 21 août 1839, pp. 293/301.

Let. du même à son oncle. De la prov. du Kiang-si, 14 sept. 1839, pp. 303/309.

Let. du même à M. Martin. De la prov. du Kiang-si, 1er fév. 1840, pp. 311/320.

Let. de M. Simiand, Miss. en Chine, à M. Martin. Macao, 2 sept. 1839, pp. 321/328.

Lettre du même à M. Fiorillo, Assistant de la Cong. à Paris. Macao, 2 sept. 1839, pp. 329/335.

Let. du même à M. Nozo. Tchan-Kia-tchouang, 4 mai 1840, pp. 337/349.

Let. de Mgr. Rameaux, Vic. ap. des deux prov. du Kiang-si et du Tché-kiang en Chine, à M. Etienne. Kiang-si, 25 mars 1840, pp. 351/355.

VII, Paris, Adrien Le Clere et Cie, 1842 :

Notice sur la vie et la mort de M. Jean-Gabriel Perboyre, prêtre de la Congrégation de la Mission de Saint-Lazare, martyrisé en Chine le 11 septembre 1840, pp. 1/27.

Cette notice est suivie de lettres du P. Perboyre et de documents le concernant ; le volume entier lui est consacré ; on en a fait un tirage avec un titre spécial ; voir *Vie des Missionnaires* : Perboyre.

VIII, Paris, Adrien Le Clere et Cie, 1842 :

L. de M. Baldus, miss. en Chine. Ho nan, Lou y shian, 9 sept. 1840, pp. 121/180.

L. de M. Huc, miss. en Chine, à M. Etienne, Proc. gén. Grand-Océan, dimanche de Quasimodo, 1839, pp. 323/4.

L. du même à un de ses confrères. Mer des Indes, 20 mai 1839, pp. 325/361.

L. du même à M. Marcou, Dir. au petit sém. de Toulouse. Kien tchang fou, prov. du Kian si, 4 avril 1841, pp. 363/395.

L. du même à son frère M. Donatien Huc, Avocat à Toulouse. Si-wan, Tartarie-Mongole, le 15 sept. 1841, pp. 397/408.

L. du même à M. le Sup. gén. Si-wan, 16 sept. 1841, pp. 409/416.

IX, Paris, Adrien Le Clere et Cie, 1843 :

L. de M. Faivre, miss. en Chine, à M. le Sup. gén. Au Sém. de l'Immaculée-Conception, le 6 mai 1841, pp. 135/168.

L. de Mgr. Rameaux, Vic. ap. du Tche-kiang et Kiang-si, à M. Poussou, Vic. gén. de la Cong. Kiang-si, 10 sept. 1842, pp. 169/191.

L. de M. Combelles, Miss. ap. en Chine, à M. Martin, Dir. du Sém. interne. Macao, 16 mars 1842, pp. 317/334.

L. de M. Danicourt, m. ap. en Chine, à la Sœur Carrère, Sup. gén. des Filles de la Charité. Ting-Hay, dans l'île de Tchou-Chan, 1er janvier 1843, pp. 335/8.

L. de M. Faivre, m. ap. en Chine, à M. le Sup. gén. Tche-kiang, janvier 1843, pp. 339/368, 369/424.

L. de M. Danicourt, aux Sœurs du Secrétariat de la Communauté des Filles de la Charité. Tchou-san, 20 fév. 1844, pp. 425/9.

L. de M. Peschaud, miss. ap. en Chine, à la Sœur Carrère... Mission du Kiang-si, 17 juillet 1843, pp. 431/6.

(Annales Cong. Mission : 1840—1843.)

X, Paris, Adrien Le Clere et Cie, 1845 :

Rapport de Mgr. Alexis Rameaux, Vic. ap. du Tche-Kiang et du Kiang-si, à MM. les Dir. de l'Œuvre de la Prop. de la Foi. Kiang-si, 18 sept. 1844, pp. 238/256.

L. de M. Carayon, m. ap. dans la Tartarie-Mongole, à M. Combelles, m. ap. à Macao. Si-wan, 8 juillet 1843, pp. 257/264.

L. de M. Baldus, m. ap. dans le Ho-nan, à M. Etienne, Proc. gén. Ho-nan, 21 juillet 1843, pp. 265/297.

L. de M. Peschaud, m. ap. Cap. du Kiang-si, 30 janv. 1844, pp. 298/305.

Ext. d'une let. de Mgr. Rameaux... Kiang-si, 29 sept. 1844, pp. 306/8.

L. de M. Than, miss. en Chine, à M. Laribe, Prov. ap. du Kiang-si (trad. du latin). Thay-Ho-hien, 19 sept. 1844, pp. 309/312.

L. de M. Ysabel, m. ap. en Chine, à M. Martin, Dir. du Sém. Macao, 4 nov. 1844, pp. 313/318.

Ext. d'une let. de M. Faivre, Sup. de la Maison de Macao, à M. Etienne, Sup. gén. Macao, 16 déc. 1844, pp. 319/321.

Let. de M. Laribe, m. ap., à M. Martin, Dir. des Novices. Tientchu, 22 sept. 1843, pp. 322/474.

L. de M. Huc, à M. Donatien Huc. Tartarie-Mongole, Vallée des Eaux-Noires, 8 fév. 1844, pp. 531/80.

L. de M. Daguin, m. ap. dans la Tart.-Mongole, à M. Martin, Dir. du Sém. interne de la Mission à Paris. Hay-Chiu, 22 mai 1844, pp. 581/91.

L. de M. Anot, m. ap., à M. Poussou, Assistant à Paris. Cap. du Kiang-si, 16 mai 1844, pp. 592/607.

Attestation authentique d'une guérison subite, opérée en Chine par l'intercession du vénérable J. G. Perboyre, pp. 609/613.

L. de Mgr. Rameaux... à la Sœur Rochefort, Sup. des Filles de la Charité, à Neuilly. Kiang-si, 10 août 1844, pp. 614/22.

L. du même aux Sœurs de la Communauté des Filles de la Charité à Paris. Kiang-si, 15 oct. 1844, pp. 623/9.

L. de M. Combelles aux Sœurs du Secrétariat de la Communauté des Filles de la Charité. Macao, 5 Nov. 1844, pp. 630/643.

L. de M. Jandard, m. ap., à M. Martin... Macao, 7 mai 1845, pp. 644/653.

L. de M. Combelles... à M. Poussou. Macao, 13 juillet 1845, pp. 654/666.

Requête de Ki-Ing plénipotentiaire chinois, à l'empereur Tao-Kouang, en faveur de la Religion chrétienne, pp. 667/670 [voir col. 845].

L. de M. Guillet, Proc. des Missions de Chine, à M. Etienne. Macao, 31 Août 1845, pp. 671/680.

L. de M. Combelles à M. Poussou. Macao, 29 juillet 1845, pp. 681/6.

XI, Paris, Adrien Le Clere, 1846 :

L. de M. E. B. Peschaud à M. Etienne. Batavia, 9 nov. 1845, pp. 372/381.

L. de M. Delaplace, m. ap. en Chine, à M. Salvayre, Sec. gén. à Paris. Batavia, 10 nov. 1845, pp. 382/392.

L. du même aux Sœurs du Secrétariat à Paris. Manille, 23 février 1846, pp. 393/406.

L. du même à M. Etienne. Macao, 17 mai 1844, pp. 407/411.

L. de M. Peschaud, à M. Salvayre. Macao, 24 mai 1845, pp. 412/419.

L. de M. Anot à M. Etienne. Kien-Tchang-fou, 19 sept. 1845, pp. 533/592.

L. de M. Carayon à M. Etienne. Macao, 9 juin 1846, pp. 460/494.

L. du même au Rev. P. Orcise, abbé de la Trappe d'Aigues-Belles. Hong-kong, 23 juin 1846, pp. 593/598.

L. de M. Danicourt à M. Etienne. Tchou-Chan, 3 sept. 1845, pp. 516/523.

L. du même à la Sœur Carrère. Tchou-Chan, 4 sept. 1845, pp. 524/531.

L. du même à M. Etienne. Tchou-Chan, 18 juin 1848, pp. 599/609.

L. de Mgr. Laribe, Ev. de Sozopolis, Vic. ap. du Kiang-si, à M. Etienne. Kiang-si, 22 sept. 1846, pp. 495/501.

L. du même aux Sœurs de la Charité à Paris. Kiang-si, 8 déc. 1845, pp. 502/515.

(Annales Cong. Mission : 1845—1846.)

L. de Mgr. Mouly, Vic. ap. de la Tartarie-Mongole, à MM. les Membres du conseil central de Paris pour l'œuvre divine de la Prop. de la Foi. Si-wan, 7 mars 1845, pp. 420/459.

L. du même à MM. les Membres du Conseil de la Prop. de la Foi à Lyon. Si-wan en Mongolie, 8 février 1846, pp. 610/631.

XII, Paris, Adrien Le Clere et Cie, 1847 :

L. de M. Daguin, m. ap., à M. Etienne. Mission des Trois-Tours, 22 août 1845, pp. 5/24.

L. de Mgr. Baldus, Ev. de Zoare, Vic. ap. du Ho-nan, au même. Kio-chau, 26 juin 1846, pp. 25/37.

L. de M. Lavaissière, m. ap. dans le Ho-nan, à MM. les Dir. de l'Œuvre de la Prop. de la Foi. Nan-yang-fou, 3 juillet 1846, pp. 38/52.

L. de M. Peschaud à M. Salvayre... Sém. de San-khiao, 1er oct. 1846, pp. 53/94.

L. de M. Anot au même. Nan-Tchang-fou, 22 Oct. 1846, pp. 95/117.

L. de M. Huc à M. Etienne. Macao, 20 déc. 1846, pp. 118/182.

Rapport sur l'état des enfants en Chine et sur l'œuvre de la Sainte-Enfance, par M. Gabet, m. ap. de Mongolie. Paris, 9 février 1847, pp. 322-348.

L. de Mgr. Laribe à M. Salvayre, pp. 349/360.

L. de M. Paul Thang, étudiant de Si-wan, aux étudiants et séminaristes de Paris. Si-wan, 30 avril 1847, pp. 361/395.

L. des Etudiants et Séminaristes de Si-wan aux Etud. et Sém. de Paris. Si-wan, 30 Avril 1846, pp. 396/408.

L. de Mgr. Mouly à MM. les Membres du Conseil de l'Œuvre de la Prop. de la Foi. Si-wan, 8 déc. 1845, pp. 409/450.

L. de Mgr. Mouly, à MM. les Dir. de l'Œuvre de la Prop. de la Foi. Si-wan, 25 mai 1849, pp. 559/602.

L. de M. Gabet à M. Etienne. Tartarie, juin 1842, pp. 611/658.

L. de M. Combelles à M. Salvayre, 25 nov. 1846, pp. 659/665.

(Donne les noms chinois des PP. lazaristes en Chine.)

L. de M. Delaplace au même. Hong kong, 15 nov. 1846, pp. 666/670.

XIII, Paris, Adrien Le Clere et Cie, 1848 :

L. de M. Anouilh, m. ap., à M. Martin, Dir. du Sém. interne à Paris. Marseille, 20 oct. 1847, pp. 80/94.

L. du même à M. Salvayre, Sec. gén. à Paris. A bord du *Stella Maris*, 23 oct. 1847, pp. 95/100.

L. de M. Guillet, Proc. des Missions de Chine, à M. Etienne. A bord de l'*Etoile de la Mer*, en rade de Madère, 9 nov. 1847, pp. 101/107.

L. de la sœur Thérèse à M. Etienne. A bord du *Stella Maris*, 26 oct. 1847, pp. 108/113.

Rapport sur les Missions de Chine, présenté au pape Pie IX, par M. Gabet, m. ap. en Mongolie, pp. 114/226.

L. de M. Huc à M. Etienne, sur le voyage au Thibet (suite). Séjour à H'Lassa, pp. 227/294, 345/425.

L. de M. Joseph Tching (autrefois Ly), miss. chinois, aux Sœurs de la Charité de Paris. Kien-Tchang-fou (Kiang-si), 30 oct. 1846, pp. 295/303.

L. de M. Daguin, Pro-vic. de Mongolie, à M. Salvayre. Si Wang, 12 juillet 1847, pp. 304/321.

L. de ma Sœur Thérèse à sa Sœur, Fille de la Charité, à l'Economat, à Paris. A bord du *Stella Maris*, 12 janvier 1848, pp. 322/343.

L. de la Sœur Thérèse à la même. *Ibid.*, 13 mars 1848, pp. 426/452.

L. de la Sœur Durand, Assistante de la Cie. des Filles de la Charité, à la Sœur Mazin, Sup. de la même Cie. *Ibid.*, dans la rade d'Apia, mai 1848, pp. 453/463.

L. de M. Anouilh, m. ap., à M. Martin. En mer, le 16 juin 1848, pp. 464/492.

L. de M. Guillet à M Etienne. Détroit de Formose, 17 juin 1848, pp. 493/501.

L. de la Sœur Thérèse à M. Etienne. Macao, 20 juillet 1848, pp. 503/513.

L. de Mgr. Lavaissière, vic. ap. du Tche kiang, à M. Etienne. Tche kiang, janvier 1848, pp. 514/529.

L. de M. Peschaud, m. ap., à M. Martin. Séminaire du Kiang sy, 11 mai 1848, pp. 530/546.

Trad. de la l. des Séminaristes du Kiang sy aux Etudiants et Séminaristes de Paris. San-khiao, 10 mai 1848, pp. 547/555.

Extrait du rapport de Mgr. Baldus, Vic. ap. du Ho nan, au Conseil central de la Prop. de la Foi. Ho nan, 14 juin 1847, pp. 556/565.

XIV, Paris, Adrien Le Clere et Cie, 1849 :

L. de M. Combelles, m. ap., à M. Etienne. Macao, 27 déc. 1847, pp. 186/188.

(Annales Cong. Mission : 1847—1849.)

L. du même à M. Salvayre. Macao, 23 fév. 1848, pp. 189/199.

L. de M. Joseph Ly, miss. chinois, à M. Etienne. Canton, 26 nov. 1848, pp. 200/207.

L. de M. Guillet à M. Etienne. Macao, 28 déc. 1848, pp. 208/211.

L. de la Sœur Thérèse aux Sœurs du Secrétariat. Macao, 26 déc. 1848, pp. 212/221.

L. de la même à sa famille. Macao, 26 janvier 1849, pp. 222/235.

L. de Mgr. Lavaissière. 6 oct. 1848, pp. 236/260.

Rapport sur la Mission du Ho nan. adressé à MM. les Membres du Conseil de la Prop. de la Foi, par M. Delaplace, m. ap. Ho nan, 26 avril 1848, pp. 261/280.

L. de M. Huc à M. Etienne (suite). Départ de H'Lassa, pp. 281/476.

L. de la Sœur Thérèse à sa sœur, à Paris. Macao, 19 mars 1849, pp. 476/489.

L. de M. Anouilh, m. ap., à M. Salvayre. Macao, 27 oct. 1848, pp. 490/497.

L. de M. Simiand, m. ap., à M. Martin. [Peking], / mai 1849, pp. 498/524.

L. de Mgr. Lavaissière à MM. les Membres du Conseil de la Prop. de la Foi. 27 juillet 1847, pp. 543/565.

L. de Mgr. Baldus, vic. ap. du Ho nan, à M. Etienne. 8 oct. 1848, pp. 566/582.

L. de Mgr. Daguin, Coadj. du vic. ap. de Mongolie, à M. Salvayre, Sec. gén. à Paris. Sy Wan, 15 nov. 1848, pp. 583/597.

XV, Paris, Adrien Le Clere et Cie, 1850 :

L. de Mgr. Mouly, vic. ap., à M. Etienne. Ngan-Kia-tchouang, 25 janv. 1849, pp. 5/68.

L. de M. Anouilh, m. ap., à M. Martin. Province de Pekin, 29 août 1849, pp. 69/88.

L. de Mgr. Laribe, vic. ap. du Kiang si, à MM. les Membres du Conseil de la Prop. de la Foi. Lin-Kiang-fou, 15 sept. 1849, pp. 89/99.

L. de M. Peschaud, m. ap., à M. Salvayre. Sém. du Kiang sy, 26 janv. 1849, pp. 100/120.

L. de Mgr. Lavaissière à MM. les Membres du Conseil de la Prop. de la Foi. Ning po, 3 oct. 1849, pp. 121/143.

L. du même à M. Choiselat, Trésorier du Conseil central de la Prop. de la Foi. Ning po, 4 oct. 1849, pp. 144/150.

L. du même à M. Etienne, pp. 150/158.

L. de M. Talmier, m. ap., à M. Etienne. Macao, 27 oct. 1849, pp. 159/164.

L. de M. Combelles à M. Salvayre. Chang-Hay, 21 juillet 1848, pp. 199/206.

L. du même à M. Bardou, Aumônier à l'Hôtel-Dieu, à Castres. Yang-Kouan (Leao Tong), 23 sept. 1848, pp. 207/231.

L. du même à M. Salvayre. Mongolie, oct. 1849, pp. 232/276.

L. de M. Sarrans, m. ap., aux Sœurs de la Charité de Macao. Nyng po, 30 juillet 1849, pp. 403/417.

L. de Mgr. Lavaissière à une Sœur du Secrétariat des Filles de la Charité à Paris. Tche kiang, 15 mai 1849, pp. 418/427.

L. de la Sœur Thérèse à la Sœur Mazin, Sup. gén. à Paris. Macao, 25 mai 1850, pp. 428/439.

L. de la même à la même. Macao, 25 juillet 1850, pp. 440/454.

L. de M. Anouilh, m. ap., à M. Martin. Chy-Kia-tchouang, 12 nov. 1849, pp. 455/470.

L. du même à M. Salvayre. Ngan Kia tchouang, 20 déc. 1849, pp. 471/478.

L. de Mgr. Mouly à M. Martin. Kouang-Ping-fou, Ouei-shien, Tchao-Kia-tchouang, 22 janvier 1850, pp. 479/486.

L. de M. Peschaud à M. Etienne. Ou Tchang, 25 juillet 1850, pp. 487/492.

L. de M. Jandard, m. ap., à M. Martin, Assistant de la Cong. de St.-Lazare, à Paris. Tai-Tze-Chan [Honan], 27 sept. 1849, pp. 493/506.

L. de M. Combelles à une Sœur de Charité à Paris. Mongolie, 20 nov. 1849, pp. 507/515.

XVI, Paris, Adrien Le Clere et Cie, 1851 :

L. de la Sœur Augé, Sup. des Filles de la Charité, à la Sœur Barba, à Paris. Macao, 21 mai 1850, pp. 5/10.

Ext. d'une l. de la Sœur Thérèse à sa famille. Macao, 22 août 1850, pp. 11/13.

L. de la même à sa Sœur, fille de la Charité, à Paris. 28 nov. 1850, pp. 14/23.

L. de M. Montels, m. ap., à M. Salvayre. 24 juin 1850, à bord du *Robert Small*, pp. 24/27.

L. du même à M. Etienne. Macao, 22 nov. 1850, pp. 28/30.

(Annales Cong. Mission : 1850—1851.)

L. du même à M. Salvayre. Macao, 22 nov. 1850, pp. 31/40.

L. de M. Ly, miss. chinois, à M. Etienne. [Kiang si], 29 juillet 1850, pp. 41/49.

Ext. d'une let. de M. Combelles, m. ap. en Mongolie, à une Sœur de Charité à Paris. 7 avril 1850, pp. 50/53.

L. de M. Guillet à la Sœur Mazin. Macao, 25 fév. 1851, pp. 149/154.

Décret du nouvel Empereur de la Chine, Hien-fong, destituant les deux premiers ministres Mouchanga et Ky-In, protecteurs des Européens, pp. 154/160.

L. de M. Anot, Pro-vic. du Kiang si, à MM. les Membres du Conseil de la Prop. de la Foi. Kiang si, 25 oct. 1850, pp. 161/205.

L. du même à Mgr. l'Archevêque de Calcédoine. Kiang si, 25 oct. 1850, pp. 206/211.

L. de M. Anouilh à M. Salvayre. Prov. de Pekin, 6 oct. 1850, pp. 212/227.

Relation du Voyage de M. Poussou, Assistant de la Cong., envoyé en Chine par M. Etienne, Sup. gén., en qualité de commissaire extraordinaire, extraite des diverses lettres qu'il a écrites à St.-Lazare à Paris, pp. 321/364.

L. de M. Anouilh à M. Martin. Prov. de Pekin, district de Pao ting fou, 24 août 1850, pp. 365/394.

L. du même au même. Ibid., 10 juin 1851, pp. 395/405.

L. de M. Jandard au même. Kio chan, 12 sept. 1850, pp. 406/412.

L. de M. Delaplace à une Sœur de la Communauté. Tchang Te fou, 25 juin 1850, pp. 413/420.

L. du même à un de ses amis. Ibid., 25 juin 1850, pp. 421/438.

Extrait d'une l. de M. Aymeri, m. ap., à M. ..., miss., à Paris. Ngan Kia Tchong, 15 juin 1851, pp. 439/440.

L. de M. Dowling à M. Martin. Shang hai, 30 mai 1852, pp. 441/445.

L. du même au même. Louy shia, Ho nan, 11 juillet 1851, pp. 446/462.

L. du même au même. Nang-Yang-fou, Ho nan, 23 juillet 1851, pp. 463/469.

L. de M. Montels à M. Martin. A bord de la frégate française la *Capricieuse*, 7 mai 1851, pp. 470/492.

L. du même à M. Salvayre. *Ibid.*, 14 mai 1851, pp. 493/499.

L. de M. Gottlicher, m. dans la Tartarie-Mongole, à M. Sturchi, Ass. de la Cong., à Paris. Si wan, 3 juillet 1851, pp. 500/507.

XVII, Paris, Adrien Le Clere et Cie, 1852 :

L. de M. Delaplace, m. ap., à M. Etienne. Lou y shien [Ho nan], jour de la Nativité de saint Jean-Baptiste, 1851, pp. 5/18.

L. du même à M. Salvayre, Proc. gén. à Paris. Lou Y, 24 août 1851, pp. 19/32.

Lettre du même au même. Lou Y Shien, 9 sept. 1851, pp. 33/43.

L. du même au même. Lou Y, 19 sept. 1851, pp. 44/49.

L. du même à M. Sturchi, Assistant de la Cong. à Paris. Lou-y-Shien, 21 sept. 1851, pp. 50/54.

L. du même à M. Etienne. *Ibid.*, 23 sept. 1851, pp. 55/61.

L. du même à un Prêtre de ses amis. Kouey-te-fou, 25 sept. 1851, pp. 62/77.

L. du même à une Sœur du Secrétariat de la Communauté à Paris. Kouey-te-fou, fête des saints Anges gardiens, 2 oct. 1851, pp. 78/84.

L. du même à M. Etienne. Lou-y-shien, 10 oct. 1851, pp. 85/86.

L. de M. Peschaud aux Sœurs du Secrétariat de la Communauté à Paris. Lin Kiang (Kiang si), 22 août 1851, pp. 87/99.

L. de M. Montels, m. ap., à M. Martin. Séminaire de San kiao, au Kiang si, 13 nov. 1851, pp. 100/110.

L. de Mgr. Danicourt, Ev. d'Antiphelles, vic. ap. du Tche kiang, à une Sœur du Sec. de la Communauté à Paris. Ning po, 23 nov. 1851, pp. 111/116.

L. de Mgr. Daguin, Ev. de Troade, vic. ap. de la Mongolie, à M. Martin. Chang Hay, 26 nov. 1851, pp. 117/129.

XVIII, Paris, Adrien Le Clere et Cie, 1853 :

L. de M. Peschaud à M. Salvayre, Proc. gén. à Paris. Ling kiane [Kiang si], 31 déc. 1851, pp. 5/24.

L. du même à la Sœur C*** à la Communauté à Paris. Lin-kiang, 31 déc. 1851, pp. 25/35.

L. de M. Combelles, m. ap., à M. L. A. Barbou, prêtre. Mongolie, 24 mai 1851, pp. 36/46.

L. du même à la Sœur ***, Fille de la Charité, au Sec. de la Communauté à Paris. Si Ouan, 30 août 1851, pp. 47/57.

L. du même à M. Salvayre. Siao Toung Keou, 14 oct. 1851, pp. 58/75.

(ANNALES CONG. MISSION : 1851—1853.)

L. du même à la Sœur Buchepot, Directrice du Noviciat, à Paris. Mongolie, 10 nov. 1851, pp. 76/84.

L. de M. Anot, miss. en Chine, à la Sœur N***, à la Maison principale, Paris. Kiang si, 9 mars 1852, pp. 85/90.

L. de M. Jandard, m. ap., à M. Poussou, Ass. de la Cong. de la Mission à Ning Po fou. Nang-Yang-fou, 23 sept. 1851, pp. 91/100.

L. de M. Delaplace à une Sœur de la Communauté à Paris. Lou-Y [Ho nan], 21 nov. 1851, pp. 101/107.

L. du même à la même. 12 mars 1852, pp. 108/114.

L. du même à MM. les Membres des deux Conseils de la Prop. de la Foi. Kouey Te fou, 5 déc. 1851, pp. 115/140.

L. du même à M. Etienne. Kouey-te-fou, 1er janvier 1852, pp. 141/163.

L. de M. Montels, m. ap., à M. Salvayre. Sém. de San Kiao, 25 mars 1852, pp. 164/185.

L. de Mgr. Delaplace, év. d'Andrinople, vic. ap. du Kiang sy, à son frère. Kiang sy *ou* Tching, 28 sept. 1852, pp. 423/431.

L. du même à la Sœur Rochefort. Kiang si, 7 oct. 1852, pp. 432/437.

L. du même à la respectable Sœur Mazin, Visitatrice des Filles de la Charité du Piémont. Kiang-sy, 8 oct. 1852, pp. 438/443.

L. du même à M. Monteil, Miss. au Brésil (décédé). Kiang sy, 29 oct. 1852, pp. 444/449.

L. du même à une Sœur de la Charité. Kiang sy, 22 mars 1853, pp. 450/454.

L. de Mgr. Anouilh, Ev. d'Abydos, Coadj. de l'Administ. de Pékin, à M. N., Prêtre de la Mission, à Paris. Prov. de Pékin, 11 mars 1852, pp. 455/468.

L. du même à la Sup. gén. et aux Sœurs de la Communauté de Paris. Prov. de Pékin, 12 mars 1852, pp. 469/480.

L. du même à M. Salvayre. Prov. de Pékin, 2 août 1852, pp. 481/489.

L. du même à M. N..., Prêtre de la Mission à Paris. Prov. de Pékin, 5 août 1852, pp. 490/503.

L. de Mgr. Mouly, Ev. de Fessulanum, Vic. ap. et adm. du diocèse de Pékin, à M. J. B. Etienne. Ho kien, 24 juin 1853, pp. 504/523.

Ext. d'une l. de M. Gottlicher à la Sœur N*** au Sec. de la Communauté à Paris. Mongolie, 23 fév. 1852, pp. 524/535.

L. de la Sœur Marie à la Sœur Buchepot. Ning po, 25 juillet, pp. 536/550.

XIX, Paris, Adrien Le Clere et Cie, 1854 :

L. de Mgr. Delaplace à M. Doumerq, Sec. gén. à Paris. Kiang sy, 13 oct. 1853, pp. 5/10.

L. de M. Peschaud à M. F. Peschaud, Sup. de la Mission d'Aurillac. San Kiao, Sém. du Kiang si, 16 oct. 1853, pp. 11/77.

L. de Mgr. Danicourt aux Séminaristes de la Maison de Paris. Ning po, 26 nov. 1853, pp. 78/83.

L. de la Sœur Augé, Sup. de la Maison de la Sainte-Enfance.

Ext. d'une l. de la sœur Thérèse, fille de la Charité, à la sœur Augustine, à Montdidier. Ning-Po, nov. 1853, pp. 97/106.

Ext. d'une autre l. de la même à sa famille. Ning-Po, 1853, pp. 107/119.

L. de M. Tagliabue, allant en Chine, à sa sœur, fille de la Charité, à Constantinople, 21 nov., jour de la Présentation, pp. 237/241. — Manille (île Luçon), 6 avril 1854, pp. 242/7. — *Ibid.*, 8 avril 1854, cinq heures, pp. 248/9.

XX, Paris, Adrien Le Clere, 1855 :

L. de Mgr. Anouilh, év. d'Abydos, coadj. de l'Adm. de Pékin à M. Etienne. Prov. de Pékin, 29 juin 1853, pp. 119/137.

L. du même à M. N., Prêtre de la Mission. *Ibid.*, 4 juillet 1853, pp. 138/144.

L. du même à M. Chinchon, Dir. du Sém. int. à Paris. *Ibid.*, 11 Oct. 1853, pp. 145/160.

L. du même à M. Etienne. Shuen Hoa fou, 15 fév. 1854, pp. 161/174.

L. de Mgr. Mouly à un confrère de la maison de Paris. De notre séminaire de Ngan-kia-tchouang, 1er août 1854, pp. 175/241.

L. du même au même. Prov. du Kiang-sou, Chang-haï, 22 janvier 1855, pp. 242/251.

L. de la Sœur Augé, Sup. de la Maison de Ning-po, à M. Etienne. Ning-po, 7 juillet 1853, pp. 252/258.

XXI, Paris, Adrien Le Clere, 1856 :

L. de M. Anot, m. ap., à M. l'abbé N..., du dioc. de Soissons. [Kiang-si], 20 mars 1855, pp. 395/419.

L. de Mgr. Daguin, Ev. de Troade, Coadj. du vic. ap. de la Mongolie, à M. l'abbé Bardou, aumônier à Castres. Des Trois-Tours en Mongolie, 4 oct. 1854, pp. 420/428.

(ANNALES CONG. MISSION : 1853—1856.)

L. du P. Gottlicher, 12 juin 1853, pp. 422/5, sur la mort du P. Combelles, † 28 mai 1853.

L. de M. Tagliabue à sa sœur, Fille de la Charité. Mer Jaune, hauteur de Pekin, sept. 1855, pp. 429/439.

Ext. d'une l. de Mgr. Delaplace, év. d'Andrinople, vic. ap. du Tche-kiang, à M. l'abbé M., Curé du dioc. de Sens, pp. 440/450.

L. de Mgr. Delaplace à M. Etienne. Ning-po, 26 fév. 1856, pp. 451/460.

L. de M. Montels à M. Salvayre. Kiou-tou [Kiang-si], 30 mars 1855, pp. 461/466.

L. du même au même. Sém. de Kiang-si, 5 mai 1856, pp. 467/471.

L. du même au même. *Ibid.*, 2 juillet 1856, pp. 472/477.

L. de Mgr. Anouilh à M. Chinchon. Prov. de Pékin, 26 août 1855, pp. 478/487.

L. du même au même. *Ibid.*, 22 mai 1856, pp. 488/495.

XXII, Paris, Adrien Le Clere, 1857 :

L. de Mgr. Delaplace à M. l'abbé Jammes. Ning-po, pp. 219/222.

L. de M. Glau à M. Salvayre. Ning-po, 29 nov. 1856, pp. 223/234.

Ext. d'une l. de la Sœur Perboyre à M. J. Perboyre, à Paris. Ning-po, 24 janvier 1857, pp. 235/245.

Ext. d'une l. de la même à M. Etienne. *Ibid.*, 2 avril 1857, pp. 246/8.

Ext. d'une l. de la Sœur Thérèse à sa nièce. *Ibid.*, 25 juillet 1857, pp. 249/257.

L. de la Sœur Gélis à M. Etienne. *Ibid.*, 22 août 1857, pp. 258/262.

L. de M. Jandard à Mgr. Delaplace. Nan-yang-fou [Honan], pp. 263/271.

L. de M. Gottlicher, miss. en Mongolie, à M. l'abbé Jammes, pp. 272/8.

L. de Mgr. Anouilh à M. Chinchon. Prov. de Pékin, 3 déc. 1856, pp. 279/290.

L. du même à M. Etienne. Du nouveau vicariat de Tching-sing-fou, 21 janv. 1857, pp. 291/299.

L. de M. Thierry à M. Chinchon. Prov. de Pékin, 7 janv. 1857, pp. 300/305.

L. de M. Smorenburg aux Sœurs du Secrétariat, à Paris. Ngan-kia-tchouang-tzi, 12 juillet 1857, pp. 306/328.

Ext. d'un mémoire adressé par Mgr. Anouilh au Conseil central de l'Œuvre de la Ste. Enfance à Paris. Prov. de Pékin, 2 août 1857, pp. 329/346.

Ext. d'une l. de M. Rouger à ses parents. Kiang-si, sém. de Kiou-tou, 8 déc. 1856, pp. 347/372.

L. de M. Anot à M. Etienne. Kien-tchang-fou (Kiang-si), 15 déc. 1856, pp. 373/379.

L. de M. Montels à M. Salvayre. Sém. de Kiou-tou, 20 déc. 1856, pp. 380/403.

Ext. d'une l. de M. Rouger à M. Etienne. Kiang-si, 25 déc. 1856, pp. 404/409.

Ext. d'une l. de M. Anot à M. Etienne. Sém. de Kiou-tou, 28 janv. 1857, pp. 410/414.

L. de Mgr. Danicourt, vic. ap. du Kiang-si, à M. Salvayre. Kiang-si, 17 fév. 1857, pp. 415/422.

L. de M. Montels au même. Kiang-si, 15 avril 1857, pp. 423/453.

Ext. d'une l. de M. Joseph Yeou, Chinois, prêtre de la Mission, au Kiang-si, à Mgr. Danicourt, vic. ap. Kiou-tou, 28 avril 1857, pp. 454/467.

Extraits de différentes l. adressées à M. Salvayre par M. Anot en 1857, pp. 468/474.

L. de Mgr. Mouly à M. Salvayre. Résidence de Kyan-kin-tchouang, 4 août 1857, pp. 475/482.

XXIII, Paris, Adrien Le Clere, 1858 :

L. de M. Anot à M. Salvayre. Kiang-si, 29 déc. 1857, pp. 278/286.

L. du même à M. Glau, m. ap. en Chine. Epiphanie, 1858, pp. 287/289.

L. de M. Glau à sa sœur, Fille de la Charité. Ning-po, 1er janvier 1857, pp. 354/360.

L. du même à ses parents. Kiang-si, 29 Avril 1857, pp. 361/367.

L. de Mgr. Danicourt à M. Salvayre. Kiou-tou, 5 fév. 1858, pp. 368/378.

L. de M. Rouger à M. Etienne. *Ibid.*, fête de l'Annonciation, 25 mars 1858, pp. 379/382.

L. de M. Glau à M. Salvayre. Kiang-si, 14 juillet 1858, pp. 383/7.

L. de Mgr. Delaplace à M. Etienne. Hou-pe Te-ngan-fou, 2 juin 1858, pp. 388/398.

L. du même au même. En barque, rivière de Tchang-tcheou, 13 juillet 1858, pp. 399/404.

(ANNALES CONG. MISSION : 1857—1858.)

L. de Mgr. Daguin à M. Etienne. Sywang, en Mongolie, 12 sept. 1857, pp. 452/514.

L. de la Sœur Perboyre à M. Perboyre, Prêtre de la Mission à Paris. Ning-po, 21 juillet 1858, pp. 515/518.

L. de M. Anot à M. Etienne. Kiang-si, 28 sept. 1856, pp. 519/529.

L. de M. Glau à M. Guierry, à Ning-po. Kiou-tou, 11 juin 1858, pp. 530/536.

L. de Mgr. Danicourt à MM. Aimeri et Guierry à Ning-po. Kiou-tou, 10 juin 1858, pp. 537/550.

L. de M. Glau à M. Guierry à Ning-po. Kang-pe, 14 juillet 1858, pp. 551/554.

L. de M. Rouger à M. Chinchon. Kiang-si, Kiou-tou, 27 juin 1858, pp. 555/569.

L. de M. Glau à M. Salvayre. Niao-san (Chrétienté du Kiang-si), 1er Oct. 1858, pp. 570/577.

XXIV, Paris, Adrien Le Clere, 1859 :

Ext. d'une l. de la Sœur Augé, à M. le Dir. de l'Œuvre de la Sainte-Enfance. Maison de la Sainte-Enfance, à Ning-po, 30 janvier 1858, pp. 137/153.

L. de M. Glau à M. Salvayre. Chang-hay, 6 janv. 1859, pp. 154/165.

L. de M. Anot à M. Guierry, à Ning-po. Ki-ngan-fou, Ouan-ngan-hien, jour des Cendres, 17 fév. 1858, pp. 167/197.

L. de M. Talmier à M. Salvayre. Prov. de Pékin, 8 mai 1858, pp. 198/207.

L. de M. Glau, à sa sœur, Fille de la Charité. [Kiang-si], pp. 335/342.

L. de M. Rouger, aux Filles de la Charité de Ning-po et à celles du Secrétariat de Paris. Nan-tchang-fou, capitale du Kiang-si, 30 janvier 1859, pp. 343/352.

L. du même à la Sœur N***, au Secrétariat de la Communauté, à Paris. Province du Kiang-si, 29 juin 1859, pp. 353/368.

L. du même à Mgr. le Président et à MM. les Membres du Conseil cent. de la Ste. Enfance. De la résidence de Kiou-tou, 19 juillet 1859, pp. 369/392.

L. de M. Gottlicher à M. Sturchi, Assistant de la Congrégation. Miao-elle-Keou, 29 janvier 1859, pp. 393/398.

L. du même à la Sœur N***. Tchao-yang-sien, 15 juin 1859, pp. 399/408.

L. de M. Bray à M. Salvayre. Résidence de la Prov. de Pékin, 6 fév. 1859, pp. 409/425.

XXV, Paris, Adrien Le Clere, 1860 :

L. de M. Tagliabue à M. le Sup. du grand Séminaire de Soissons, pp. 142/152.

L. de M. Rouger à MM. les Etudiants et Séminaristes de la Maison-mère, à Paris. Nan-tchang-fou, cap. du Kiang-si, 16 janvier 1859, pp. 153/174.

L. du même à M. Chinchon. Kiang-si, district de Fou-tcheou-fou, petite mission de Siao-kong-tou, 18 mars 1859, pp. 175/182.

L. de M. Anot à MM. les Dir. de l'Œuv. de la Prop. de la Foi. Kiang-si, 15 juillet 1859, pp. 183/196.

L. de la Sœur Pasquier à M. le Dir. de la Ste. Enfance. Ning-po, 19 janvier 1860, pp. 197/212.

L. de la Sœur Jaurias au même. *Ibid.*, 21 janvier 1860, pp. 213/220.

L. de Mgr. Anouilh, vic. ap. du Tche-ly (sud-ouest) à M. Etienne. Tching-ting-fou (Tche ly), 7 juillet 1859, pp 221/235.

L. de Mgr. Anouilh à M. Chinchon. *Ibid.*, 12 juillet 1859, pp. 236/243.

L. du même à M. le Dir. de la Ste.-Enfance. Y-Tcheou-fou (Chantoung), en route pour l'exil, 12 mars 1860, pp. 244/2?3.

L. de M. Glau à M. Salvayre. Tchao-kia-tchoang, Chrétienté du Tche-ly oriental, 20 janvier 1860, pp. 254/257.

L. du même à sa sœur, Fille de la Charité. *Ibid.*, 22 janvier 1860, pp. 258/276.

XXVI, Paris, Adrien Le Clere, 1861 :

L. de Mgr. Baldus, vic. ap. du Ho-nan, à M. Etienne. Nan-yang-fou, 14 déc. 1859, pp. 145/152.

L. de M. Jandard à M. Chinchon. Nan-yang, 18 sept. 1860, pp. 153/160.

L. de Mgr. Anouilh à M. Salvayre. De la résidence de Mgr. Mouly, 16 nov. 1859, pp. 161/167.

L. du même aux Membres des Conseils centraux de la Prop. de la Foi. Prov. du Tche-ly, 25 janv. 1860, pp. 168/194.

L. du même au Conseil cent. de la Ste.-Enfance. Chang-hai, 29 juillet 1860, pp. 195/216.

L. de Mgr. Mouly à M. Salvayre. District oriental (Kin-tong) [Tchely], 3 Oct. 1860, pp. 217/233.

(ANNALES CONG. MISSION : 1859—1861.)

L. du même à M. Etienne. Pékin, 22 fév. 1861, pp. 234/244.

L. de M. Rouger à M. Mourrut, Sup. du grand Sém. de Sens. Du Sém. de Kiou-tou, 26 juillet 1860, pp. 245/267.

L. du même à M. Etienne. *Ibid.*, 6 Août 1860, pp. 268/280.

L. du même à sa sœur, Fille de la Charité. *Ibid.*, 8 déc. 1860, pp. 281/339.

L. de M. Anot, provic. ap., à M. le Dir. de la Ste. Enfance. Kiang-si, 24 août 1860, pp. 340/357.

Extraits de plusieurs l. de M. Salvan à M. Etienne. Le Cap, 8 mai 1860, etc., pp. 358/376.

Extraits de plusieurs l. du même à une Fille de la Charité de la maison mère. Chang-hai, 30 juillet 1860, etc., pp. 377/390.

L. de la Sœur Dutrouilh aux sœurs N. N. Ning-po, 25 sept. 1860, pp. 391/399.

XXVII, Paris, Adrien Le Clere et Cie, 1862 :

Ext. d'une l. de Mgr. Martial Mouly, vic. ap. de Pékin, à M. le Dir. de la Ste. Enfance. Mission Pekino-orientale, 10 sept. 1860, pp. 293/300.

L. de M. Thierry au même. Vict ap. de Pékin, Ngan-kia-tchouang, 15 sept. 1860, pp. 301/356.

L. de Mgr. Anouilh au même. Chang-hai, 29 août 1860, pp. 357/369.

L. du même au même. Tching-ting-fou, prov. de Pékin, 8 fév. 1861, pp. 370/375.

Ext. d'une l. du même au même. Pékin, 22 août 1861, pp. 376/380.

L. de la Sœur Pasquier au même. Ning-po, 1er janvier 1861, pp. 381/398.

L. de la Sœur Jaurias au même. *Ibid.*, 20 janv. 1861, pp. 399/409.

L. de Mgr. Delaplace au même. Tchou-san, 24 Avril 1861, pp. 410/418.

L. de M. Guierry à M. Etienne. Ning-po, 12 nov. 1861, pp. 419/422.

Extraits de plusieurs l. de Mgr. Delaplace au même. Ning-po, 27 nov. 1861, etc., pp. 423/433.

L. de la Sœur Pasquier au même. Kang-po, 28 déc. 1861, pp. 434/438.

XXVIII, Paris, Adrien Le Clere et Cie, 1863 :

L. de Mgr. Mouly aux Prés. et Membres des deux Conseils centraux de la Prop. de la Foi. Paris, 20 Oct. 1861, etc., pp. 5/200.

L. de M. Favier à M. Etienne. Aden, 7 Avril 1862, pp. 201/205.

Extraits de plusieurs l. de la Sœur Azaïs au même. Hong-kong, 22 mai 1862, etc., pp. 206/215.

Extraits de plusieurs l. de M. Bray à M. Chinchon. Si-van [Mongolie], 29 mars 1859, etc., pp. 486/502.

L. du même à M. Salvayre. Si-van, 21 déc. 1860, pp. 503/511.

L. de M. Bray à la Sœur N., fille de la Charité, à Paris. Si-van, 24 mars 1861, pp. 512/524.

L. de M. Gottlicher à la Sœur N. Valpagode [Mongolie], 23 nov. 1860, pp. 525/532.

L. du même à la Sœur Th. Mikolowska. Miao-eul-kheou (Valpagode), 21 juillet 1861, pp. 533/544.

L. de M. Talmier à Mgr. Mouly, à Paris. Pékin, 19 août 1861, pp. 545/549.

L. de M. Smorenburg au même. Pékin, 22 août 1861, pp. 550/553.

Extraits de plusieurs l. de M. Thierry au même. Pékin, 15 juin 1861, etc., pp. 554/579.

Extraits de plusieurs l. de Mgr. Mouly à M. Etienne. Tien-tsing, 9 juillet 1862, pp. 580/610.

XXIX, Paris, Adrien Le Clere et Cie, 1864 :

Lettres de M. Reiffert à M. Marcus, prêtre de la Cong., à Cologne. (Traduit de l'allemand.) Si-wen-tze, Mongolie, 7 août 1861, pp. 5/75.

L. de M. Thierry à M. Barbarroux, vic. de la paroisse St.-Pierre et Dir. de la Ste. Enfance, à Toulon. Péking, 15 déc. 1862, pp. 75/79.

L. du même aux jeunes élèves du pensionnat de Mme. Loucas, associées à l'œuv. de la Ste. Enfance, à Toulon. Péking, 20 nov. 1862, pp. 80/119.

L. de M. Bray à M. Salvayre. Val-Pagode, 15 mars 1862, pp. 200/215.

L. de Mgr. Baldus au Dir. de la Ste. Enfance. Nan-yang-fou [Honan], 28 sept. 1860, pp. 330/5.

L. du même au même. *Ibid.*, 7 mars 1862, pp. 369/377.

L. du même au même. *Ibid.*, 20 mars 1863, pp. 378/385.

L. du même aux Dir. de la Prop. de la Foi. *Ibid.*, 3 avril 1863, pp. 386/389.

L. de M. Jandard au Dir. de la Ste. Enfance. Nan-yang-fou, Honan, mardi de Pâques, 1861, pp. 336/342.

(Annales Cong. Mission : 1862—1864.)

L. du même au même. *Ibid.*, 21 Avril 1861, pp. 353/360.

L. du même à M. Chinchon. Ou-to-chan, 4 oct. 1861, pp. 361/368.

L. de M. Peyralbe au même. Tien-kia-tsin, 1er mars 1861, pp. 343/352.

XXX, Paris, Adrien Le Clere et Cie, 1865 :

L. de M. Thierry à la Sœur N., Fille de la Charité, à Paris. Pékin, 4 fév. 1863, pp. 103/119.

L. du même à S. N., Fille de la Charité à Paris. Tien-tsing, 20 Oct. 1863, pp. 119/135.

Lettres de M. Rouger à M. Etienne. Séminaire de Kiou-tou, 6 janv. 1862, pp. 137/144.

L. du même à la sœur N., à Paris. Kiang-si, Sém. de St. Joseph, 8 juillet 1862, pp. 145/153.

L. du même à M. Etienne. Port de Kiou-kiang, 12 Oct. 1862, pp. 154/175.

Extraits d'une l. de M. Anot au Dir. de la Ste. Enfance, 25 nov. 1862, etc., pp. 175/190.

L. du même au même. Kiou-kiang, 1er mars 1864, pp. 191/231.

L. de Sœur Marthe au même. Tien-tsin, 28 sept. 1863, pp. 232/241.

L. de M. Montagneux à Mgr. Delaplace. Tchou-san, Sém. de St.-Vincent, 21 Avril 1862, pp. 307/325.

L. de M. Salvan à M. N. Tchou-san, 3 mai 1862, pp. 326/330.

L. du même à M. Salvayre. *Ibid.*, 20 juillet 1862, pp. 351/5.

L. du même au même. *Ibid.*, 1er nov. 1862, pp. 336/340.

L. du même à M. Chinchon. *Ibid.*, 1er août 1863, pp. 341/346.

Extraits de plusieurs l. de Mgr. Delaplace à M. Etienne. Ning-po, 26 nov. 1862, etc., pp. 347/358.

L. de M. Peschaud à la Sœur N. Chang-hay, 23 avril 1861, pp. 359/370.

L. du même à M. Salvayre. Ning-po, 14 juin 1864, pp. 371/372.

L. de M. Favier aux Membres du Conseil central de la Prop. de la Foi à Paris. Pékin, 20 Oct. 1863, pp. 493/498.

L. du même. Pékin, 12 janvier 1864. [Incendie de la résidence du Pe-Tang], pp. 498/501. — *Ibid.*, 20 janvier 1865, pp. 501/505. — *Ibid.*, 2 mai 1865, pp. 505/511.

XXXI, Paris, Adrien Le Clere et Cie, 1866 :

Extrait du rapport de M. de Fresne, Trésorier de l'œuv. de la Ste. Enfance, prononcé le 30 mai 1865, pp. 5/16.

Ext. de plusieurs l. de Mgr. Anouilh, pp. 16/91.

L. de la Sœur Pasquier au Dir. de la Ste. Enfance. Ning-po, 3 mars 1863, pp. 315/7.

L. de M. Montagneux au même. Ting-hai, 4 nov. 1863, pp. 318/321.

L. de la Sœur Jaurias au même. Ning-po, 18 Oct. 1863, pp. 321/4.

L. de la Sœur Pasquier au même. *Ibid.*, 29 Oct. 1863, pp. 324/7.

L. de M. Montagneux au même. Hang-tcheou, 6 Oct. 1864, pp. 328/332.

L. de Sœur Antichan au même. Ning-po, 11 Oct. 1864, pp. 332/6.

L. de Sœur Pasquier au même. *Ibid.*, 11 Oct. 1864, pp. 337/340.

L. de Mgr. Mouly à M. Bourrières, Architecte du dép. de Lot-et-Garonne. Pékin, 10 déc. 1865, pp. 645/9.

L. de M. Tagliabue, Prov. ap. en Mongolie, au Dir. de la Ste. Enfance. Mongolie, 30 juillet 1865, pp. 649/652.

L. de M. Anot au même. Kiou-kiang, 3 nov. 1865, pp. 652/6.

L. de la Sœur Azaïs aux associés de la Ste. Enfance. Pékin, 20 août 1865, pp. 656/663.

L. de la Sœur Marthe au Dir. de la Ste. Enfance. Tien-tsin, 8 sept. 1865, pp. 663/674.

L. de M. Jandard au même. Nan-yang [Honan], 28 août 1865, pp. 674/6.

L. de M. Favier à M***, Membre du Conseil central de la Ste. Enfance. Pékin, 25 janvier 1866, pp. 677/683.

XXXII, Paris, Adrien Le Clere et Cie, 1867 :

L. de Mgr. Mouly à M. Etienne. Pékin, 12 janvier 1867, pp. 402/432.

L. de M. Bret à M. Etienne. Pékin, 31 Oct. 1866, pp. 433/439.

L. de Mgr. Anouilh au frère Génin. Prov. de Pékin, Vic. occidental, 24 mars 1866, pp. 440/5.

L. du même à Mlle. Victorine Daniel à Toulon. *Ibid.*, 3 mai 1866, pp. 446/450.

L. du même à la Sœur N. à Paris. Tching-ting-fou, 14 sept. 1866, pp. 451/5.

L. de M. Jandard à M. Boré à Paris. Nan-yang, 25 fév. 1867, pp. 456/8.

(Annales Cong. Mission : 1865—1867.)

L. de M. Bray à M. Salvayre. Tcheng-ting-fou, 6 nov. 1866, pp. 459/467.

L. de la Sœur Stéphanie Clerc à M. Etienne. Pékin, 29 juin 1866, pp. 468/473.

L. de la Sœur Dutrouilh à M. Etienne. Tien-tsing, 1er Oct. 1866, pp. 473/8.

L. de Mgr. Anouilh au frère Génin à Paris. Pao-ting-fou, 3 mai 1865, pp. 479/483.

L. de M. Rouger à la Sœur N. à Paris. Du Sém. de Nazareth, près de Kiou-kiang, 29 mai 1865, pp. 483/6.

L. du même à la même. *Ibid.*, 10 sept. 1865, pp. 487/490.

L. de M. Vincent Ou, prêtre chinois de la Mission, écrite en français aux Sœurs de la Charité de la Maison-Mère, à Paris. Mongolie, 4 sept. 1865, pp. 490/2.

L. de M. Delmasure à la Sœur N. à Paris. Pékin, 25 nov. 1865, pp. 493/6.

L. de Mgr. Anouilh à M. Glau. Pao-ting-fou, 15 janvier 1866, pp. 496/9.

L. du même à M. Jourdan, bienfaiteur. Tching-ting-fou, 27 mars 1866, pp. 500/4.

L. de M. Salvan à M. Chinchon. Ile de Tchou-san, 11 Avril 1866, pp. 504/7.

L. de Mgr. Anouilh, adressée à une Dame qui a fait bâtir une chapelle dans son Vicariat. Tching-ting-fou, 15 juin 1866, pp. 508/513.

L. de M. Favier à M. Devin, actuellement visiteur de la Prov. de Constantinople. Chang-hay-kouan, 10 juillet 1866, pp. 514/522.

L. de M. Jandard à M. Peyrac, assistant. Nan-yang, 28 Août 1866, pp. 523/7.

Extraits d'une l. de la Sœur Marthe au Dir. de la Ste. Enfance. Tien-tsin, 8 sept. 1866, pp. 528/534.

L. de Mgr. Anouilh aux Dir. de la Ste. Enfance. Tching-ting-fou, 16 mars 1867, pp. 534/546.

XXXIII, Paris, Adrien Le Clere, 1868 :

L. de Mgr. Delaplace à M. Etienne. Hang-tcheou, 25 janvier 1868, pp. 301/2.

L. de M. Salvan au Frère Génin, à Paris. Ile de Tchou-san, 5 sept. 1865, pp. 303/5.

L. de Mgr. Anouilh au même. Tching-ting-fou, 29 sept. 1865, pp. 306/310.

L. du même au même. *Ibid.*, 18 Oct. 1865, pp. 311/313. — Pao-ting-fou, 15 janv. 1866, pp. 314/5.

L. du même à M. Coursières, prêt. de la Mission, au grand sém. d'Albi. Pao-ting-fou, 12 déc. 1865, pp. 316/320.

L. du même à la Sœur Tamanhan, à Rouen. *Ibid.*, 15 janv. 1866, pp. 320/4.

L. de M. Aymeri, prêtre et proc. de la Mission au Frère Génin à Paris. Chang-haï, 20 janvier 1865, pp. 324/6 ; 21 janv. 1866, pp. 326/7.

L. de Mgr. Anouilh au même. Tching-ting-fou, 16 juin 1866, pp. 328/330 ; 4 sept. 1866, pp. 331/334 ; 24 nov. 1866, pp. 334/9 ; 28 janv. 1867, pp. 340/2 ; 8 mars 1867, pp. 342/344.

L. de Mgr. Mouly à feu M. Nicolas Martin, premier Assistant. Pékin, 24 juin 1867, pp. 344/360.

L. de Mgr. Anouilh au Frère Génin. Tching-ting-fou, 4 mai 1866, pp. 360/2.

L. de M. Bray à M. Salvayre. Pe-hiang, 8 mai 1867, pp. 363/370.

L. de la Sœur Clavelin à M. Boré, Sec. gén., à Paris. Tien-tsing, 8 sept. 1867, pp. 370/4.

L. de la Sœur Azaïs aux jeunes associés de la Ste. Enfance. Pékin, 30 sept. 1866, pp. 375/380.

L. de Mgr. Anouilh aux Membres des Conseils de la Prop. de la Foi. Tching-ting-fou, 8 déc. 1867, pp. 380/7.

L. du même au Dir. de la Ste. Enfance. *Ibid.*, 16 mars 1867, pp. 388/412.

L. de Mgr. Delaplace à M. Boré. Ning-po, 12 mai 1868, pp. 413/421.

XXXIV, Paris, Adrien Le Clere et Cie, 1869 :

L. de S. G. Mgr. Guierry à M. Etienne. Péking, 29 nov. 1868, pp. 259/260.

L. du même au même. 3 déc., pp. 260/1.

L. de S. G. Mgr. Mouly à Mr. le Supérieur général, à Paris. Péking, Eglise septentrionale du Saint-Sauveur, 2 avril 1868, pp. 262/5.

Lettre du même au même. *Ibid.*, 28 mai 1868, pp. 265/270.

Lettre du même au même. Péking, 27 Oct. 1868, pp. 271/278.

Lettre du même à M. Boré. Péking, 28 Oct. 1868, pp. 278/303.

(Annales Cong. Mission : 1867—1869.)

Lettre de Mgr. Delaplace à M. Boré. En mer, à bord du *Hoogly*, 20 déc. 1868, pp. 304/307.

L. de M. Favier à MM. les Membres du Conseil central de la Propagation de la Foi, à Paris. Péking, 18 déc. 1868, pp. 309/318.

L. de M. Delemasure à M. le Dir. de l'Œuvre de la Ste. Enfance, à Paris. Péking, 29 déc. 1868, pp. 319/327.

Notice sur Mgr. Mouly, pp. 327/334.

L. de M. Bray au cher frère Génin. Tching-ting-fou, 19 févr. 1869, pp. 334/5.

L. de Mgr. Anouilh à M. Chinchon. Tching-ting-fou, 22 janv. 1869, pp. 336/340.

L. de Mgr. Anouilh à M. Boré. Tching-ting-fou, 20 janvier 1869, pp. 341/343.

L. du même au même. Tching-ting-fou, 28 janv. 1869, pp. 344/5.

L. de Mgr. Anouilh à Mme Lallemand. Péking, 6 Oct. 1868, pp. 346/348.

Notice sur Mgr. Anouilh, pp. 348/350.

L. de la Sœur Azaïs à M. Etienne. Péking, 28 janv. 1869, pp. 351/2.

L. de M. Salvan à M. Chinchon. Ile de Tchou-san, 11 janv. 1868, pp. 459/461.

L. de feu Mgr. Anouilh à M. N., Prêtre de la Mission. Tching-ting-fou, 16 juin 1868, pp. 462/4.

L. de M. Humblot à M. Etienne. Pékin, Pe-tang, 28 février 1868, pp. 465/476.

L. de feu Mgr. J. B. Anouilh aux dames bienfaitrices de l'Œuvre apostolique, en France. Tching-ting-fou, 22 juin 1868, pp. 476/479.

L. de Mgr. Anouilh au frère Génin. Tching-ting-fou, pp. 480/483.

L. de Mgr. Anouilh au même. Péking, 6 Oct. 1868, pp. 483/490.

L. de M. d'Addosio au même. Tien-tsin, 6 juillet 1868, pp. 490/2.

L. de M. Bray à M. Boré. Tching-ting-fou, 28 fév. 1868, pp. 492/510.

L. du même à M. N., missionnaire, en France. Tching-ting-fou, 10 juillet 1868, pp. 510/514.

L. de la sœur Azaïs aux chers associés de la Sainte-Enfance. Péking, 8 déc. 1868, pp. 514/520.

L. de la sœur Elisabeth à M. le Dir. de l'Œuvre de la Ste. Enfance. Péking, 8 Sept. 1868, pp. 521/528.

L. de M. Chevrier à Mgr. Guierry. Tien-tsin, 13 janv. 1869, pp. 529/533.

L. de Mgr. Guierry à la sœur N., à Paris. Péking, 2 avril 1869, pp. 534/536.

L. de M. Favier à Mgr. Guierry. Suen-hoa-fou, 25 mars 1869, pp. 536/538.

L. de M. Chevrier à Sa Grandeur Mgr. Guierry. Tien-tsin, 26 mars 1869, pp. 538/544.

XXXV, Paris, Adrien Le Clere et Cie, 1870 :

L. de Mgr. Delaplace, év. d'Andrinople, à M. Etienne. Rome, S. Onofrio, 20 juin 1869, pp. 101/103.

L. de M. Peyralbe à M. Chinchon. Ho-Nan, le ..., pp. 124/128.

L. de M. J. B. Delamasure à M. Chinchon. Péking, janv. 1868, pp. 129/135.

L. de feu Mgr. Anouilh à Mme N., bienfaitrice de sa Mission. Tching-ting-fou, 1er Avril 1868, pp. 136/7.

L. de feu Mgr. Anouilh au frère Génin, à Paris. Tching-ting-fou, 1er Avril 1868, pp. 138/140.

L. de M. Rouger à M. Salvayre. Séminaire de Kiou-kiang, 3 mai 1868, pp. 141/144.

L. de M. Peyralbe à M. Boré. Kin-kio-kou, 5 juin 1868, pp. 145/7.

L. de M. Salvan à M. Chinchon. Ile de Tchou-sau, 17 mai 1868, pp. 148/150.

L. de M. Rouger au même du Sém. de Kiou-Kiang, 22 mai 1868, pp. 150/3.

L. de Mgr. Guierry au frère Génin, à Paris. Péking, 14 juin 1868, pp. 153/5.

Extraits des lettres de Mgrs. Mouly, Anouilh et Baldus, pp. 157/169.

L. de M. Bray au frère Génin, à Paris. Kia-tchoang (Pe-kiang-hien), 2 mars 1868, pp. 170/176.

L. du même au même. De la préfecture de Tcheng-ting-fou, 23 avril 1869, pp. 177/185.

L. de M. Simiand à la Sœur N., à Paris. Tcheng-ting-fou, 28 fév. 1869, pp. 185/188.

L. de M. Bray à M. Boré. Tcheng-ting-fou, 27 juillet 1869, pp. 189/192.

L. de Mgr. Guierry à M. Etienne. Péking, 30 Août 1869, pp. 192/5.

L. de la Sœur Clavelin à M. Boré. Tien-tsing, 25 Oct. 1869, pp. 196/198.

(Annales Cong. Mission : 1869—1870.)

32*

L. de M. Salvan au frère Génin à Paris. Ile de Tchou-San, 19 Nov. 1868, pp. 199/200.

Lettre du même au même. Ile de Tchou-San, 1er juillet 1869, pp. 201/3.

L. de Mgr. Guierry au frère Génin à Paris. Rome, 6 fév. 1870, pp. 532/541.

L. de M Salvan à M. le Dir. de l'Œuvre de la Ste. Enfance. Ile de Tchou-San, pp. 542/549.

L. de M. Rouger à M. Etienne. Province de Kiang-si. Du port de Kiou-Kiang, 22 janv. 1870, pp. 550/577.

L. de M. Bray au frère Génin, à Paris. Tcheng-ting-fou, 30 déc. 1869, pp. 577/580.

L. de Mgr. Tagliabue à M. Etienne. Kiou-kiang, 25 janv. 1870, pp. 581/7.

L. du même au frère Génin, à Paris. Tching-ting-fou, 24 av. 1870, pp. 588/593.

L. du même au même. Tching-ting-fou, 25 av. 1870, pp. 593/5.

L. de M. Thierry à M. Boré. Pékin, 30 mars 1870, pp. 596/8.

XXXVI, Paris, Firmin Didot, 1871 :

L. de M. David, miss., à M. Boré. Tien-tsin, 27 juin 1870, pp. 57/61.

Massacre de Tien-tsin.

L. de M. Thierry, miss., à M. Etienne. Pékin, 25 juin 1870, pp. 62/4.

L. du même à M. Boré. Pékin, 2 juillet 1870, pp. 65/70.

Ext. du *N. C. Daily News* et des *Missions catholiques* sur le Massacre de Tien-tsin, pp. 70/83.

L. de la Sœur Jaurias, Fille de la Charité, à M. Etienne. Péking, 23 juin 1870, pp. 83/6.

L. de Mgr. Bray, vic. ap., au Frère Génin, à Paris. Tcheng-ting-fou, 5 Août 1869, pp. 86/9.

L. de M. Rouger au même. Kiang-si, 22 déc. 1869, pp. 89/91.

L. de la Sœur Houlès à M. Etienne. Ning-po, 25 nov. 1869, pp. 92/3.

L. de M. Thierry à M. Etienne. Pékin, 18 janv. 1870, pp. 94/5.

L. de Sœur Louise O'Sullivan à M. Etienne. Maison de St. Joseph, Tien-tsin, 4 mai 1870, pp. 95/7.

Relation du Siège de Paris 1870-1871. Paris, Firmin Didot, 1871.

XXXVII, Paris, Firmin Didot, 1872 :

L. de Mgr. Bray au frère de Mgr. Anouilh, décédé le 18 fév. 1869, Tcheng-ting-fou, 17 mars 1869, pp. 121/9.

L. de M. Thierry à Mgr. Delaplace. Des bords du Peiho, de Tien-tsin à Pékin, 8 août 1870, pp. 130/7.

L. de M. Rouger, miss., à M. Boré. Kiang-si, Sém. de St. Joseph, près de Kien-tchang, 18 août 1870, pp. 137/142.

L. de M. Delemasure, miss., au même. Péking, Pe-tang, 18 août 1870, pp. 142/153.

L. du même au même. *Ibid.*, 15 sept. 1870, pp. 154/158 (avec une l. de M. Chevrier, Tien-tsin, 14 juin 1870, pp. 157/8).

L. de Mgr. Tagliabue à ma Sœur N., fille de la Charité, à Dublin. Tching-ting-fou, 30 Avril 1871, pp. 158/160.

L. du même au Frère N..., à Paris. Tsing-ting-fou, 12 mars 1871, pp. 161/3.

L. du même à M. le Dir. de la Ste. Enfance. Tsing-ting-fou, 20 Oct. 1870, pp. 163/172.

L. de M. Anot, miss., au même, Kiang-si, 8 nov. 1870, pp. 172/192.

L. de Mgr. Bray à M. Depeyre, miss. Du séminaire de Tsi-tou (Kien-tchang-fou), 20 Avril 1871, pp. 192/6.

L. de Mgr. Tagliabue au Fr. Génin. Tchély occid., 30 janv. 1871, pp. 197/8.

L. de M. Anot à une dame bienfaitrice. Kiang-si, 20 fév. 1871, pp. 198/201.

L. de la Sœur Jaurias, de Pékin, à M. O'Sullivan, miss. à Cork. Pékin, 21 juin 1871, pp. 201/3.

Note sur le Massacre de Tien-tsin, pp. 204/6.

L. de M. Favier. Pékin, 1er nov. 1871 pp. 206/214.

L. de Mgr. Delaplace au comte de Rochechouart, chargé d'affaires de France à Péking. Péking, Eglise de St. Sauveur, 8 janvier 1871, pp. 214/219.

Dépêche de M. le Chargé d'affaires de France au Tsong-li-yamen, en réponse à la circulaire concernant les missionnaires. Pékin, 14 nov. 1871, pp. 220/5.

(Annales Cong. Mission : 1871—1872.)

XXXVIII, Paris, Firmin Didot, 1873 :

L. de M. d'Addosio au Fr. Génin. Péking, 30 déc. 1871, pp. 97/99.

L. de faire part de la mort de M. Désauthieux à Mme. Véroudart, sœur du défunt, par Mgr. Guierry. Ning-po, 25 mars 1872, pp. 99/102.

L. de M. Salvan à M. Etienne. Chang-hai, 21 juin 1872, pp. 103/5.

L. de M. Anot à Mme. la directrice de l'Œuvre apostolique. Kiangsi, Fou-tcheou, 24 juin 1872, pp. 106/112.

L. du même à ma Sœur N., à Paris. *Ibid.*, 15 sept. 1872, pp. 112/117.

L. de Mgr. Bray à M. le Dir. de la Revue des Missions catholiques. Kiou-kiang-fou, 10 juillet 1872, pp. 117/3.

L. de Mgr. Tagliabue au Frère Génin, sept. 1872, pp. 123/6.

L. de M. Barbier à Mgr. Guierry. Ning-po, 5 Sept. 1872, pp. 271/287.

L. de M. Anot à M. Etienne. Fou-tcheou, 6 Oct. 1872, pp. 287/290.

L. de M. Anot au Frère Génin, à Paris. Fou-tcheou, 18 janv. 1873, pp. 290/296.

L. de M. Bret à Mgr. Guierry. Tchou-San, 21 mai 1873, pp. 497/502.

L. de M. Favier à M. N., à Paris. Péking, 5 juillet 1873, pp. 502/7.

L. de M. Humblot, missionnaire à Pékin, à M. N., à la Maison-Mère. Péking, 27 juillet 1873, pp. 508/518.

XXXIX, Paris, Firmin Didot, 1874 :

Tentative d'assassinat sur M. Sassi, pp. 295/298.

L. de M. Dellac à M. Etienne. Tching-ting-fou, 4 Août 1873, pp. 298/300.

L. de ma sœur Dutrouilh à Mgr. Guierry. Hang-tcheou, 15 Août 1873, pp. 300/3.

L. de ma Sœur H..., au même. Hang-tcheou, 15 Août 1873, pp. 304/7.

Extrait d'une lettre de ma Sœur N..., à ma Sœur N..., à Paris. Péking, hôpital St. Vincent, 22 Août 1873, pp. 307/9.

L. de Mgr. Guierry au frère N..., à Paris. Ning-po, 6 Sept. 1873, pp. 309/313.

L. de ma Sœur Parada à M. N., à Paris. Ning-po, 8 Sept. 1873, pp. 314/17.

Lettres de ma Sœur Louise à ma Sœur N..., à Paris, 1873, pp. 317/329.

L. de M. Delemasure à M. N., Paris. Tien-tsin, 10 oct. 1873, pp. 329/335.

L. de Mgr. Delaplace à M. Etienne. Péking, 26 fév. 1874, pp. 337/340.

Extrait d'une lettre de Mgr. Guierry à Mlle N., Paris, 18 Oct. 1873, pp. 340/3.

L. de M. Montagneux à M. le Dir. de l'Œuvre de la Ste. Enfance. Ning-po, 24 Oct. 1873, pp. 343/349.

Extrait d'une lettre de ma Sœur N., à une Sœur de la Maison-Mère. Singapoure, 28 Oct. 1873, pp. 349/51.

L. de M. Barbier à Mgr. Guierry. Hang-tcheou, 28 déc. 1873, pp. 351/354.

L. de M. Lefebvre à M. Chinchon, pp. 354/360.

L. de Mgr. Guierry à M. Etienne. Ning-po, 16 fév. 1874, pp. 360/4.

L. de M. Rizzi à Mgr. Guierry. Sa-Kiao, 25 janv. 1874, pp. 364/7.

Lettre à M. Mailly. Péking, 6 janv. 1874, pp. 368/70.

L. de M. Aymeri à M. Chinchon. Shang-hai, 20 juin 1873, pp. 515/6.

Remarques sur notre cher frère Alex. Fournier, décédé le 27 juillet 1872, pp. 516/23.

L. de M. Moloney à M. N., à Paris. Fou-tcheou, 18 mai 1874, pp. 524/31.

L. de M. David au secrétaire général de la Société de Géographie, pp. 531/543.

XL, Paris, Firmin Didot, 1875 :

L. de M. Favier à M. N., Péking, 12 juin 1874, pp. 91/4 (sur la mort de M. Félix Saupurein, † à Péking, 16 fév. 1874).

Rapport de M. Rizzi sur l'introduction de la religion catholique dans les dép. de Tay-tcheou et de Ouen-tcheou (Tche-kiang), pp. 95/103.

L. de la Sœur Pasquier à Mgr. Guierry. Ning-po, 6 juin 1874, pp. 103/106.

L. de la Sœur Dutrouilh à Mgr. Guierry. Hang-tcheou, 29 juin 1874, pp. 106/114.

L. de la Sœur Allègre au même. Ning-po, 30 juin 1874, pp. 115/119.

Extrait du 3e voyage de M. David dans l'intérieur de l'empire chinois (Kiang-si), pp. 120/6.

L. de M. Anot à Mgr. Bray. Fou-tcheou, 31 mai 1874, pp. 126/134.

L. de Mgr. Tagliabue, pp. 428/441.

(Annales Cong. Mission : 1873—1875.)

L. du même à la Sœur N., pp. 441/443.

L. de M. Sassi à M. Salvayre. Si-hia [Kiang-si], 23 février 1875, pp. 606/609.

L. de M. Coursières à M. N., Kiou-kiang, 23 fév. 1875, pp. 609/615.

XLI, Paris, Firmin Didot, 1876 :

L. de la Sœur Valayre à M. Boré, Sup. gén., Péking, 30 déc. 1875, pp. 130/136.

L. de Mgr. Tagliabue au même. Tching-ting-fou, 25 août 1875, pp. 136/142.

L. de M. Anot à Mgr. Bray. Fou-tcheou, 9 fév. 1875, pp. 143/153.

Rapport de M. Rizzi sur l'introduction de la religion catholique dans le dép. de Tay-tcheou et de Ouen-tcheou [Tche-kiang], pp. 302/311.

L. de Mgr. Bray à M. Boré, 1er avril 1875 [Kiang-si], pp. 485/7.

L. de M. Anot au même. Fou-tcheou, 11 oct. 1875, pp. 487/8.

L. de la Sœur Valayre au même. Péking, 7 juillet 1876, pp. 553/554.

L. de Mgr. Guierry au dir. de la Ste. Enfance. Ning-po, 10 Avril 1876, pp. 555/562.

L. de Mgr. Bray aux Membres du Conseil de la Ste. Enfance. [Kiang-si], 15 Nov. 1875, pp. 563/590.

XLII, Paris, Firmin Didot, 1877 :

Compte-rendu de l'hôpital de Péking, 15 août 1876, pp. 63/68.

L. de J. Rizzi, sur l'introduction de la religion catholique dans les départements de Tay-tcheou et de Ouen-tcheou [Tche-kiang] (*suite*), pp. 68/88, 411/420, Ta-Ao, 6 avril 1876.

L. de la Sœur Dutrouilh à Mgr. Guierry. Hang-tcheou, maison Saint-Vincent, 29 juin 1875, pp. 88/95.

L. de la Sœur Louise Solomiac à Mgr. Guierry, vic. ap., Ning-Po, maison de Jésus-Enfant, 30 juin 1875, pp. 95/103.

L. de M. Coursières à M. Boré, Sup. gén., Kieou-Kiang, 26 janv. 1876, pp. 103/113.

L. de M. Anot, miss. au Kiang-si, au frère Génin, à Paris. Kouang-sing, 12 fév. 1876, pp. 113/123.

L. de Mgr. Tagliabue à M. Boré, sup. gén., Tching-tin-fou, 6 sept. 1876, pp. 259/267.

Relation d'une guérison obtenue par St. Vincent en faveur de la Sœur Solomiac. Ning-Po, 26 juillet 1876, pp. 268/273.

L. de la Sœur Allègre de Ning-Po, pp. 273/4.

L. de la Sœur Mervé de Ning-Po, pp. 274/5.

L. de la Sœur Solomiac. Ning-Po, 23 août 1876, pp. 275/6.

L. de Mgr. Guierry à M. Boré, sup. gén., Ning-Po, 7 sept. 1876, pp. 276/279.

L. de Mgr. Bray à M. Pémartin, sec. gén., Kieou-kiang, 10 déc. 1876, pp. 279/285. Avec la trad. d'une proclamation du sous-préfet de Kao-ngan en faveur des chrétiens calomniés, et d'un placard des lettrés de Kan-tcheou contre les missionnaires.

Ext. d'une l. de la Sœur Valeyre à M. Boré, Sup. gén., Péking, Hôpital St. Vincent, 26 fév. 1877, pp. 408/411.

L. de la Sœur Allègre à la t. hon. Mère Louise Lequette. Ning-Po, hôp. St. Joseph, 18 fév. 1877, pp. 420/422.

L. de Mgr. Guierry à M. Boré, Sup. gén., Ning-Po, 6 mars 1877, pp. 422/4 [sur la mort de M. Montagneux].

L. de M. Rouger, miss., à M. Chevalier, Ass. de la Cong., Sémin. de St. Joseph de Tzi-tou [Kiang-si], 16 sept. 1876, pp. 425/7.

L. de la Sœur Azaïs à la Mère gén. Louise Lequette. Chang-haï, 17 janvier 1877, pp. 539/541.

L. de la Sœur Harel à la même. Chang-haï, 11 mars 1877, pp. 541/4.

L. de la Sœur Jaurias à la même. Pékin, 17 mai 1877, pp. 544/8.

L. de la même à la même. Pékin, 24 mai 1877, pp. 548/550.

L. de Mgr. Tagliabue au frère Génin, à Paris. Tching-ting-fou, 25 août 1876, pp. 551/561.

L. de la Sœur Solomiac à la t. hon. Mère Louise Lequette. Ning-Po, 29 janv. 1877, pp. 562/564.

L. de la même à la même. Ning-po, 27 mai 1877, pp. 564/6.

L. de la Sœur Parada à la même. Chang-haï, 29 mai 1877, pp. 567/8.

L. de M. Rizzi à M. Chinchon, direct. du Sém., Sa-kiao, 3 avril 1877, pp. 569/570.

XLIII, Firmin Didot, 1878 :

L. de la Sœur Leclercq au sup. gén. Hôp. St. Vincent, Pékin, 12 sept. 1877. pp. 135/6.

Rapport sur l'Hôpital Saint Vincent. Pékin, 25 août 1877, pp. 137 à 145.

L. de Mgr. Tagliabue à M. Boré, Sup. gén., Tching-ting-fou, 24 sept. 1877, pp. 145/5.

Rapport de M. Rizzi sur l'introd. de la religion dans le dép. de Ouen-tcheou, pp. 155/168.

Notes sur la Mission du Kiang-si, pp. 168/177, 734/744 [historique depuis l'origine].

L. de M. Moloney à Mgr. Bray. Keou-mi-wou, 30 juillet 1877, pp. 177/181.

L. de M. Wang Joseph à Mgr. Bray. Du sém. de Tsi-tou, 8e jour d'août 1877, pp. 182/5.

L. de M. Coqset à M. Pémartin, sec. gén. Pékin, 24 avril 1878, pp. 716/726.

L. de la Sœur Solomiac à Mgr. Guierry. Ning-Po, 30 juin 1878, pp. 727/734.

(ANNALES CONG. MISSION : 1876—1878.)

XLIV, Firmin Didot, 1879 :

L. de Mgr. Tagliabue à M. A. Fiat, Sup. gén. 1er oct. 1878, pp. 140/150.

Notes sur le Kiang-si (*suite*), pp. 150/161, 315/327, 479/494.

Rapport de M. Rizzi [Tche-kiang] (*suite*), pp. 298/314, 457/471.

L. de Mgr. Guierry à M. Fiat, Sup. gén., pp. 471/3. [Mort de M. Joanin.]

L. de M. Bettembourg à M. Vayrières à Paris, pp. 473/4.

Note sur M. Joanin, pp. 475/8.

L. de Gabriel Jean [de Peking, ext. de la *Revue religieuse*, du dioc. de Rodez], pp. 612/5.

L. de la Sœur Patrissey à la t. hon. Mère Juhel, Sup. gén. Pékin, 18 avril 1879, pp. 616/618.

L. de Mgr. Tagliabue à M. Guéneret, à Soissons, 27 avril 1879, pp. 619/624.

XLV, Imp. Saint Générosus, 1880 :

L. de la Sœur Azaïs à la t. hon. mère Juhel, Sup. gén. Shang-haï, 26 août 1879, pp. 126/7.

L. de Mgr. Tagliabue à M. Fiat, Sup. gén., Tching-ting-fou, 8 sept. 1879, pp. 128/136.

Prov. du Tché-kiang. — Réponses aux 33 questions posées par la Sacrée Cong. de la Prop., le 16 juin 1878, pp. 137/146. [Ning-Po, 15 juin 1879.]

Division du Kiang-si en deux vicariats, pp. 147/152.

L. de M. Coqset à M. N. Directeur au Séminaire de Sens. Péking, 21 nov. 1879, pp. 243/252.

L. de M. Rizzi à M. le Direct. de la Ste. Enfance. Ouen-Tcheou [Tche-kiang], 24 juin 1879, pp. 252/260.

L. de ma sœur Solomiac à Mgr. Guierry. Ning-po, 30 juin 1879, pp. 260/8.

Notes sur les Confrères qui ont travaillé dans le Kiang-si depuis 1832 jusqu'en 1879, pp. 269/278.

L. de M. Rouger, pro-vic., à Mgr. Bray, vic. ap., Kiou-tou de Kien-tchang [Kiang-si mérid.]. (Fête de St. Vincent de Paul, 19 juillet 1879), pp. 279/297.

Rapport de M. J.-B. Pong, prêtre de la mission, sur l'introduction de la foi catholique dans la sous-préfecture de Kiang-chan, préf. de Kiu-tcheou, janv. 1880, pp. 428/441.

Introduction du Catholicisme dans le dép. de Tchu-tcheou. Par J. Rizzi. Ouen-tcheou, 15 janv. 1879, pp. 441/5.

L. de M. Rouger, pro-vic. ap. du Kiang-si mér., au frère Génin, à Paris. Kiou-kiang, 15 janv. 1880, pp. 446/9.

Décrets de la Propagande qui divise les Vic. ap. de la Chine en cinq régions, pp. 574/8.

L. de Mgr. Guierry à M. Fiat, Sup. gén., Ning-po, 24 mai 1880, pp. 579/580.

L. du même à M. J. Chevalier, Ass. de la Cong. de la Mission. Ning-Po, 28 mai 1880, pp. 580/4.

L. des évêques du nord de la Chine [synode], 10 mai 1880, aux membres des conseils centraux de l'Œuvre de la Prop. de la Foi, pp. 585/6.

L. des autres évêques de Chine, pp. 586/591.

L. du Vén. Perboyre à M. Lamboley. Hou-pé, 18 sept. 1838, pp. 592/4.

XLVI, Imp. Saint Générosus, 1881 :

L. de Mgr. Delaplace, vic. ap. du Tché-ly sept., à M. Fiat, Sup. gén. Péking, 28 sept. 1880, pp. 121/123.

L. de Mgr. Tagliabue à M. Fiat, 15 août 1880, pp. 124/137.

L. des séminaristes du Tché-ly occid. aux sémin. de la Maison-mère. Tcheng-ting-fou, 20 avril 1880, pp. 138/140.

L. du Sém. interne de la Maison-mère aux séminaristes du Tché-ly occid. St. Lazare (Paris), Nov. 1880, pp. 141/4.

(ANNALES CONG. MISSION : 1879—1881.)

L. de M. Rizzi à M. le Direct. de la Ste. Enfance. Sa-Kiao, 20 juillet 1880, pp. 145/152.

L. de M. Jean-Baptiste Teng à Mgr. Bray. Fou-tcheou [Kiang-si], 1er août 1880, pp. 153/162.

L. des Sémin. du Kiang-si sept. aux sémin. de la Maison-mère, 20 août 1880, pp. 163/172.

L. du Sém. interne de la Maison-mère aux sémin. du Kiang-si sept. St. Lazare (Paris), Nov. 1880, pp. 172/177.

L. de M. Adrien Rouger à M. Chevalier, Ass. de la Cong., Kiou-kiang, 10 avril 1880, pp. 178/180.

L. du même au même. Kiang-si mérid., Ki-Nyou-fou, 13 juin 1880, pp. 181/4.

L. de M. Adrien Rouger au frère Génin à Paris. Kiang-si mérid., Shi-ngan-fou, 10 août 1880, pp. 184/6.

L. de M. Coqset à M. Poulin, direct. au grand sémin. de Sens. [Tché-ly sept., s. d.], pp. 538/552.

L. de M. Rouger, Provic. du Kiang-si mérid., à M. Chevalier, Ass. Ki-Ngan-fou, 10 oct. 1880, pp. 553/5.

L. du même à M. Pémartin, Sec. gén. Ki-Ngan-fou, 1er mars 1881, pp. 556/574.

XLVII, Imp. Pillet et Dumoulin, 1882 :

L. de M. Provost à M. Pémartin, Sec. gén. Péking, ? août 1881. [Sur J. B. Thierry], pp. 101/8.

L. de la Sœur Solomiac au Direct. de la Ste. Enfance. Ning-Po, 30 juin 1881, pp. 109/116.

L. de M. Rouger, pro-vic. du Kiang-si mérid., à M. Pémartin, sec. gén. Kiang-si mér., Ki-Ngan-fou, juin 1881, pp. 117/132.

L. de M. Adrien Rouger au frère Génin. Ki-Ngan et King-tou, 23 août 1881, pp. 132/134.

L. de la Sœur Dutrouilh à la Sœur N..., à Paris. Tien-Tsin, hôp. St. Joseph, 1er déc. 1881, pp. 252/3.

L. de Mgr. Tagliabue à M. Fiat, sup. gén. Tching-ting-fou, 8 déc. 1882, pp. 254/263.

Coup d'œil sur le vicariat du Kiang-si nord. Par Géraud Bray, pp. 264/271.

L. de M. Paul Reynaud au frère Génin. Ning-Po, 27 déc. 1881, pp. 434/9.

L. de Mgr. Bray, vic. ap. du Kiang-si sept., à M. Mac Namara, sup. du collége des Irlandais, à Paris. Kiang-si sept., 12 fév. 1882, pp. 440/7.

L. de M. Favier à M. Pémartin, Sec. gén. Péking, 30 avril 1882, pp. 572/581.

L. de la sœur Foubert à la t. hon. Mère Derieux. Tchou-san (Maison de la Présentation), 10 avril 1882, pp. 582/3.

XLVIII, Imp. Pillet et Dumoulin, 1883 :

L. de la Sœur Foubert à Mgr. Guierry. Ting-Hay, 30 juin 1882, pp. 98/102.

L. de la Sœur Meurie à Mgr. Guierry. Ning-Po, 30 juin 1882, pp. 102/106.

L. de la Sœur Solomiac à Mgr. Guierry. Ning-Po, 30 Juin 1882, pp. 106/113.

Comptes spirituels de la Mission du Tché-kiang du 1er juillet 1881 au 30 juin 1882, p. 113.

L. de M. Rouger, provicaire apostolique, à M. Chevalier, assistant de la Congrégation. Thi-Ngan-fou, pp. 114/116.

L. de la Sœur Dutrouilh à la sœur N... à la maison-mère. Tien-tsin, hôpital de St. Joseph, 4 oct. 1882, pp. 264/6.

L. de la Sœur Cécile Fraisse à la très honorée Mère Derieux. Tien-tsin, hôpital général, 24 oct. 1882, pp. 267/272.

L. de la Sœur Maillard à la sœur Leblanc, secrétaire générale. Pékin, maison de l'Immaculée-Conception, 29 oct. 1882, pp. 272/5.

L. de Mgr. Tagliabue à M. Fiat, supérieur général. Tché-Ly occidental, 27 sept. 1882, pp. 275/294.

L. de la sœur N... à M. le Directeur. Tching-Ting-Fou, Orphelinat de St. Joseph, 14 nov. 1882, pp. 294/301.

L. de M. Sassi à M. Fiat, supérieur général. Fou-tcheou, 6 oct. 1882, pp. 302/5.

L. de M. Rouger, pro-vicaire, au frère Génin, à Paris. Kiang-si, 19 sept. 1882, pp. 306/7.

L. de sœur Cécile Fraisse à M. N. Tien-tsin, hôpital St. Joseph, 29 mars 1882, pp. 373/376.

L. de Mgr. Bray à M. Pémartin, prêtre de la Mission. Kiou-kiang, 20 nov. 1882, pp. 377/391.

Notes sur le vicariat du Kiang-si méridional, pp. 392/398.

L. de Mgr. Delaplace à S. Em. Mgr. Siméoni, cardinal, Préfet de la Propagande. Pékin, 3 juillet 1883, pp. 530/531.

(Annales Cong. Mission : 1882—1883.)

Note de Mgr. Delaplace, vicaire apostolique de Pékin, sur la fondation d'un monastère de trappistes au Tché-ly septentrional, pp. 531/533.

XLIX, Imp. Pillet et Dumoulin, 1884 :

L. de M. Guyon, prêtre de la Mission, à M. Alauzet, directeur du Séminaire, à Paris. Tong-Tchouang-Tsé, 3 janvier 1883, pp. 108/113.

L. de M. Sarthou, prêtre de la Mission, à M. Fiat, supérieur général. Pékin, 28 avril 1883, pp. 114/117.

Sur la mort du P. Guyon.

L. de la sœur X. à M. Chevalier, prêtre de la Mission, directeur des Filles de la Charité. Tching-ting-fou, 20 janvier 1883, pp. 118/122.

Autre l. de la même au même. Tching-ting-fou, 10 juin 1883, pp. 123/127.

L. de la sœur Meurie, fille de la Charité, à Mgr. Guierry. Ning-po, 30 juin 1883, pp. 128/135.

L. de Mgr. Delaplace. Peking, 22 août 1883, pp. 135/6.

L. de M. Bret à Mgr. Delaplace. Ning-po, 12 août 1883, pp. 137 à 138.

L. de la sœur Solomiac à la t. hon. Mère Derieux. Ning-po, 14 août 1883, pp. 138/141.

Ces trois l. sur la mort de Mgr. Guierry.

L. de Mgr. Delaplace à M. Chevalier, assistant de la Congrégation. A bord du Outchang, en mer, 28 mai 1883, pp. 142/146.

L. de M. Ciceri, prêtre de la Mission, à Mgr. Bray. Fou-tcheou-fou, 1 juin, fête du Sacré-Cœur, 1883, pp. 146/151.

L. de M. André J.-M. Yeou-Ngan, prêtre de la Mission, à Mgr. Bray. Fou-tcheou, 22 juillet 1883, pp. 151/155.

L. de M. Adrien Rouger, prov. apost. du Kiang-si méridional, au frère Génin, à Paris. Kingan, 27 mars 1883, pp. 156/7.

L. de la sœur Marmier à M. Chevalier, assistant de la Congrégation. Santiago, 28 mai 1883, pp. 158/160.

L. de Mgr. Tagliabue, vic. ap., à M. Fiat, sup. gén. Tche-ly occident., 24 sept. 1883, pp. 263/275.

L. de M. Paul Reynaud, miss. apost. en Chine, au frère Génin, à Paris. Tchou-san, 15 fév. 1883, pp. 276/8.

L. de sœur Solomiac à Mgr. Guierry, vic. apostolique. Ning-po, maison de Jésus-Enfant, 30 juin 1883, pp. 278/281.

L. de ma sœur Archenault à Mgr. Guierry, vic. ap. Ecnon-san, maison de la Résurrection, 12 juillet 1883, pp. 281/5.

L. de ma sœur Faure à Mgr. Guierry, vic. ap., Hang-tcheou, maison Saint-Vincent, 4 juillet 1883, pp. 285/7.

L. de M. Boscat, prêtre de la Mission en Chine, au frère Génin, à Paris. Ki-ngan-fou, 13 sept. 1883, pp. 288/291.

Etat des Vicariats ap. de Tché-ly sept., occident., Tche-kiang et Kiang-si sept. de Sept. 1882 à sept. 1883, pp. 291/295.

Mort de Mgr. Delaplace, p. 473.

L. de sœur Jaurias, Fille de la Charité, à M. Fiat, Sup. général. Péking, maison de l'Immaculée-Conception, 8 sept. 1883, pp. 474/5.

L. de M. Sarthou, prêtre de la Mission, à M. Fiat, supérieur général, sur la mort de Mgr. Delaplace. Peking, 15 juin 1884, pp. 567/578.

L. de la sœur Jaurias, fille de la Charité, à M. Bettembourg, prêtre de la Mission. Peking, maison de l'Immaculée-Conception, 15 sept. 1883, pp. 579/582.

L. du frère Maës, frère coadj., à M. Fiat, sup. gén. Peking, 12 nov. 1883, pp. 582/5.

L. de la sœur N. à M. Chevalier, prêtre de la Mission, directeur des Filles de la Charité. Tchen-ting-fou, maison de la Sainte Enfance, 13 janvier 1884, pp. 586/9.

Ext. d'une l. de M. Reynaud, pro-vic. ap. du Tche-kiang, à M. Fiat, Sup. gén. Ningpo, 15 janvier 1884, pp. 590/3.

Ext. d'une l. de Mgr. Bray, vic. ap. à M. le Prés. du Conseil de l'Œuvre de la Prop. de la Foi, à Paris. Kiou-kiang, 10 janv. 1884, pp. 594/600.

L. de M. Rouger, vic. ap. du Kiang-si mérid., à MM. les Membres du Conseil de la Prop. de la Foi. Ki-ngan, 8 sept. 1883, pp. 601 à 603.

Kiang-si méridional, Etat de la Mission 1883, p. 604.

L. de M. Boscat, prêtre de la Mission, à MM. les Membres du Conseil de la Ste. Enfance. Ki-ngan, 13 sept. 1883, pp. 604/6.

L. de M. Boscat à M. Fiat. *Ibid.*, 23 mai 1884, pp. 606/610.

L, Imp. Pillet et Dumoulin, 1885 :

L. de la sœur N. à M. N., prêtre de la Mission, à Paris. Tien-tsin, 21 août 1884, pp. 82/84.

(Annales Cong. Mission : 1884—1885.)

Ext. d'une l. de M. Humblot, prêtre de la Mission. Péking, 5 sept. 1884, pp. 84/6.

L. de M. Coqset, prêtre de la Mission, à M. Fiat. Sup. gén. Peking, 7 sept. 1884, pp. 86/7.

Ext. d'une l. de Mgr. Tagliabue, vic. ap. du Tché-ly occid., à M. le Directeur de la Sainte-Enfance, pp. 88/96.

L. de sœur Deren, fille de la Charité, à M. Fiat, Sup. gén. Ning-po, 7 sept. 1884, pp. 97/98.

L. de la sœur Archenault, fille de la Charité, à M. Fiat, Sup. gén. Tchou-san (Maison de la Présentation), 10 sept. 1884, pp. 99/100.

L. de Mgr. Reynaud, vic. ap., à M. Fiat, Sup. gén. Kang-po, le 11 sept. 1884, pp. 100/102.

L. de M. Bret, prêtre de la Mission, à M. Fiat, Sup. gén. Ning-po, 11 sept. 1884, pp. 103/105.

L. de Mgr. Reynaud, vic. ap., à M. Fiat. Ning-po, 18 sept. 1884, pp. 105/110.

L. du même à M. Chinchon, à Paris. Kang-po, 22 oct. 1884, pp. 111/117.

L. de Mgr. Bray, vic. ap., à M. Foing, visiteur de la prov. de l'Amérique centrale. San-kiao, 10 fév. 1884, pp. 118/122.

L. de M. Ciceri, prêtre de la Mission, à M. Chevalier, assistant de la Congrégation. Fou-tcheou-fou, 25 mars 1884, pp. 122/4.

L. de M. Vic, prêtre de la Mission, à M. Alazard, directeur de la *Revue religieuse* de Rodez. Vict. du Kiang-si sept., 10 avril 1884, pp. 124/131.

L. de Mgr. Rouger, vic. ap., à sa sœur, fille de la Charité, à Paris. Le jour de l'Ascension de N.-S., 22 mai 1884, pp. 132/4.

L. du même à Madame la Présidente générale de l'Œuvre apostolique. Kiou-kiang, 23 oct. 1884, pp. 135/137.

Le Vénérable Perboyre, p. 212.

Mgr. Delaplace, pp. 255/277.

L. de Sœur Solomiac, fille de la Charité, à M. le Direct. de l'œuvre de la Ste. Enfance. Ning-po, maison de Saint-Joseph, le 7 oct. 1884, pp. 278/281.

Ext. d'une l. de Mgr. Tagliabue, vic. ap., à M. Fiat, sup. gén. Tching-ting-fou, 1er oct. 1884, pp. 434/6.

L. de ma sœur N., fille de la Charité, à M. Chevalier, assistant de la Congrégation. Tching-ting-fou, 1er nov. 1884, pp. 436/7.

L. de la même au même. *Ibid.*, 25 janv. 1885, pp. 437/439.

L. de M. Vic, prêtre de la Mission, à M. Fiat. San-kiao, 11 mai 1884, pp. 440/4.

L. du même au même. *Ibid.*, 1er juin 1884, pp. 444/8.

L. de Mgr. Rouger à M. Terrasson, sec. gén. Ki-ngan-fou, 17 nov. 1884, pp. 449/450.

Vicariats du Tché-ly sept., Tché-ly occid., Kiang-si sept., Kiang-si mérid., Tche-kiang; état des missions en 1884, pp. 621/625.

L. des confrères du Tché-kiang à M. Fiat, sup. gén. (Journal de la Persécution au Tché-kiang, en 1884 et 1885), pp. 626/630.

LI, Imp. Pillet et Dumoulin, 1886 :

Ext. de diverses lettres à la très hon. mère Derieux. Difficultés causées par la guerre entre la France et la Chine, pp. 60/67.

L. de Mgr. Paul Reynaud, év. titulaire de Fussulan, vic. ap. du Tché-kiang, à la très hônorée mère Derieux. [Détails relatifs à la guerre.] Kiang-pé, 10 nov. 1884, pp. 67/73.

L. de M. Bernard Ibarruthy, prêtre de la Mission, à M. Fiat, sup. gén. [Bénédiction d'une cloche — ordination.] Kang-po, 30 oct. 1884, pp. 73/75.

Lettre des confrères du Tché-kiang à M. Fiat, sup. gén. (Journal de la persécution au Tché-kiang en 1884 et 1885) (suite), pp. 75/97.

L. de M. Antoine Tamet, prêtre de la Mission, à M. Bonnet, sup. au grand sém. de Rodez [Besoins urgents de secours pour chapelles]. San-kiao 7 mai 1885, pp. 98/103.

L. de M. Casimir Vic à M. le Directeur de la *Revue religieuse* de Rodez. San-kiao, 31 mai 1885, pp. 103/106.

Mgr. Anouilh [Monument], pp. 154/160.

L. de sœur Maillard à sœur N., à Paris. [Réponse de l'empereur de Chine à une lettre du Pape.] Péking, 15 avril 1885, pp. 269 à 270.

L. de M. Humblot à la t. hon. mère Derieux. [Bénédiction de cinq cloches. — Espérances pour l'avenir.] Péking, 12 juin 1885, pp. 271/273.

L. du même à M. Fiat, Sup. gén. Péking, 23 juin 1885, pp. 273/6.

L. de sœur Guerlain à M. Chevalier, directeur des filles de la Charité. [Vierges nommées *Joséphines*, etc.] Tchen-ting-fou, 9 oct. 1885, pp. 277/8.

(Annales Cong. Mission : 1885—1886.)

L. de sœur Solomiac à M. le Directeur de la Ste. Enfance. Ning-po, maison de Jésus-Enfant, 30 juin 1885, pp. 279/282.

L. de sœur Archenault à la t. hon. mère Derieux. Tchou-san, maison de la Présentation, 3 avril 1885, pp. 282/286.

L. de Mgr. Reynaud, vic. ap. du Tché-kiang, à M. Chevalier, assistant de la Cong. Ning-po, 23 sept. 1885, pp. 286/7.

L. de Mgr. Tagliabue, vic. ap. du Tché-ly sept., à M. Fiat, sup. gén. Péking, 11 nov. 1885, pp. 400/406.

Ext. d'une l. de M. Coursières, prêtre de la Mission, à M. N., à Paris. Tchin-ting-fou, 2 janvier 1886, pp. 407/408.

Ext. d'une l. de Mgr. Sarthou, vic. ap. du Tché-ly occidental, au frère Génin. Tchin-ting-fou, 12 mars 1886, pp. 408/409.

L. de Mgr. Reynaud, vic. ap., à M. Fiat. Kin-tchou, 21 déc. 1885, pp. 410/414.

L. de Mgr. Casimir Vic, nommé vic. ap. du Kiang-si oriental, au frère Génin, à Paris. San-kiao, 19 juillet 1885, pp. 415/418.

L. de M. Dauverchain, prêtre de la Mission, à M. Fiat, sup. gén. Fou-tcheou, 1er fév. 1886, pp. 419/421.

Extraits de plusieurs let. de Mgr. Rouger, év. de Cissame, vic. ap. du Kiang-si mérid., pp. 422/5.

Rapport de Mgr. Rouger, vic. ap. du Kiang-si mérid., à MM. les Membres des Conseils centraux de la Propagation de la foi, Paris et Lyon. De Han-tchou-fou, 30 oct. 1885, pp. 425/428.

Cause du vénérable Perboyre, p. 472.

L. de M. Boscat, prêtre de la Mission, à M. le Président du Conseil de la Prop. de la Foi. Ki-ngan-fou, 10 juillet 1886, pp. 580/1.

L. de Mgr. Rouger, vic. ap. du Kiang-si mérid., à M. Fiat. Canton, 18 juillet 1886, pp. 582/4.

L. de Mgr. Vic à M. Sannet, curé du Mur-de-Barrez. Fou-tcheou, 1er mars 1886, pp. 585/8.

L. des confrères du Tché-kiang (suite), pp. 589/604.

Départs pour la Chine, p. 605.

L. de ma sœur Labreuil, fille de la Charité, à M. Fiat. [Mort du frère coadj. Sirvain.] A bord de l'*Anadyr*, 1er sept. 1885, pp. 605/6.

L. de M. Fatiguet, prêtre de la Mission, à M. Fiat. [Même sujet.] Colombo, à bord de l'*Anadyr*, 2 sept. 1886, pp. 606/610.

LII, Imp. Pillet et Dumoulin, 1887 :

L. de M. Meugniot, prêtre de la Mission, à M. Fiat, sup. gén. [Mort édifiante de M. Guillot.] Shanghai, 2 fév. 1887, pp. 254/5.

Ext. d'une let. de M. Watson, prêtre de la Mission, à M. Alauzet, direct. du Sém. interne, à Paris. Hai-ho-ying, 15 juin 1886, pp. 256/259.

Ext. d'une lettre de Mgr. Tagliabue, vic. ap., à M. Fiat, Sup. gén. Péking, 19 oct. 1886, pp. 260/8.

Transfert du Pé-tang. — Cession d'un terrain par l'empereur de Chine. (Décret impérial 3 déc. 1886), pp. 268/270. — Légation de la république française en Chine (16 déc. 1886), pp. 270/1.

Note sur M. Ignace Erdely... Tching-ting-fou, 1886, par Jules Bruguière, pp. 271/276.

L. de M. Jean-Baptiste Bret, prêtre de la Mission, au frère Génin, à Paris. Ku-tcheou, 20 mars 1886, pp. 277/9.

Let. de Mgr. Reynaud, vic. ap. du Tche-kiang, à MM. les Directeurs de la Propagation de la foi Ning-po, 30 mars 1886, pp. 279/286.

Let. de la sœur N., fille de la Charité, à M. le Directeur de la Sainte-Enfance. Orphelinat de Saint-Vincent de Paul. Ning-po, juin 1886, pp. 286/294.

Let. de sœur N., fille de la Charité, à MM. les membres du Conseil de la Propagation de la foi. Hang-tchéou, 1er juillet 1886, pp. 295/6.

L. de M. Dauverchain, prêtre de la Mission, à M. Anglade, sup. du grand sém. d'Amiens. Fou-tcheou, 19 nov. 1886, pp. 297/301.

Mort de Mgr. Adrien Rouger, p. 320.

Ext. d'une let. de M. Favier, prêtre de la Mission, à M. Bettembourg, proc. gén. [transfert du Pe-tang]. Péking, 25 janvier 1887, fête de la Conversion de saint Paul, pp. 406/411.

Ext. d'un journal protestant de Shang-haï, pp. 411/412.

Extraits de lettres envoyées de Chine par les filles de la charité. Ning-po, maison de Jésus-Enfant, 30 juin 1886, etc., pp. 413/422.

Ext. d'une l. de Mgr. Reynaud, vic. ap., à M. le Dir. de la Ste.-Enfance. Ning-po, 6 nov. 1886, pp. 423/6.

Ext. d'une l. de M. Canduglia, prêtre de la Mission, à M. N., à Paris. Nan-kang-fou, 10 oct. 1886, pp. 427/430.

L. de Mgr. Casimir Vic, vic. ap. du Kiang-si orient., à M. le Directeur général de l'œuvre de la Ste.-Enfance. Fou-tcheou, 8 nov. 1886, pp. 431/438.

(Annales Cong. Mission : 1886—1887.)

Compte-rendu des réunions des jeunes apprentis et ouvriers de la Sainte-Enfance de Péking, commencées le 6 juin 1886, pp. 574/7.

Let. de M. Augustin Tséou, prêtre de la Mission, à M. Fiat, Sup. gén. Suen-hoa-fou, 9 mai 1887, pp. 577/582.

L. de M. Allofs, prêtre de la Mission, à M. Fiat, Sup. gén. Suen-hoa-fou, 2 juillet 1887, pp. 582/4.

Compte-rendu du synode et des chefs de mission du centre de la Chine, en 1887, pp. 584/6.

Lettres écrites [du Tche-kiang] par les filles de la Charité. Hang-tcheou, 16 août 1886, pp. 587/597.

L. de M. Ibarruthy, prêtre de la Mission, à M. Fiat, sup. gén. Ting-hay, archipel Tchéou-san, 10 janv. 1887, pp. 598/600.

L. de Mgr. Bray, vic. ap., à M. Terrasson, sec. gén. Kiou-kiang, 20 avril 1887, pp. 601/622.

L. de Mgr. Vic, vic. ap., au frère Génin, à Paris. Fou-tcheou, juillet 1887, pp. 623/5.

LIII, Paris, Imp. D. Dumoulin, 1888 :

Notice sur Mgr. François-Adrien Rouger, év. titulaire de Cissame, vic. ap. du Kiang-si mérid., décédé à Paris, à la maison mère, le 31 mars 1887, pp. 5/30.

L. de M. Ferrant, prêtre de la Mission, à M. Fiat, sup. gén. Hang-tcheou, 3 mai 1887, pp. 98/100.

L. de ma sœur Gilbert, fille de la Charité, à la t. hon. mère Havard. Ning-po, 30 juin 1887, pp. 100/105.

L. de M. Boscat, prêtre de la Mission, à M. Fiat, sup. gén. Ki-ngan-fou, 29 juillet 1887, pp. 106/111.

L. de Mgr. Tagliabue, vic. ap., à M. Fiat, sup. gén. Péking, 10 nov. 1887, pp. 392/400.

L. de sœur Solomiac à Mgr. Reynaud, vic. ap. Ning-po, maison de Jésus-Enfant, 30 juin 1887, pp. 401/405.

L. de sœur Gilbert à M. Fiat, sup. gén. Ning-po, 30 juin 1887, pp. 406/411.

L. de sœur Archenault au même. Tchou-san, 1er août 1887, pp. 412/3.

L. de Mgr. Reynaud, vic. ap., à M. Chevalier, ass. de la Cong. Ning-po, 9 sept. 1887, pp. 414/5.

L. de sœur Gilbert à sœur N., fille de la Charité. Ning-po, 3 nov. 1887, pp. 416/7.

L. de M. Faveau, prêtre de la Mission, à M. Choisnard, prêtre de la Mission, à Solesmes (Nord). Shang-hai, 8 déc. 1887, pp. 417/421.

L. de sœur Dereu, fille de la Charité, à M. Chevalier, assistant de la Congrégation. Kiou-kiang, 26 juin 1887, pp. 422/4.

L. de M. Wang Joseph, prêtre de la Mission, à Mgr. Bray, vic. ap. San-kiao, 13 sept. 1887, pp. 424/9.

L. de Mgr. Vic, vic. ap., à M. Fiat, sup. gén. Fou-tcheou, 4 juillet 1887, pp. 430/432.

LIV, Paris, 95 rue de Sèvres, 1889 :

Cause du vén. Jean Gabriel Perboyre, prêtre de la Mission, pp. 3/16, 153/4, 313/318.

Inhumation et translations des restes du vén. serviteur de Dieu Jean Gabriel Perboyre, pp. 319/333.

Consécration de la Nouvelle cathédrale du Pé-tang. [Ext. des *Missions Catholiques*], 9 déc. 1888, pp. 249/258.

L. de sœur Dutrouilh, à la t. h. mère Havard. Tien-tsin, hôpital St. Joseph, 2 déc. 1888, pp. 258/262.

L. de M. Guilloux, prêtre de la Mission, à M. le Directeur gén. de la Ste.-Enfance. Tien-tien, 11 déc. 1888, pp. 262/270.

L. de sœur Jaurias, à M. le Dir. de la Ste.-Enfance. Péking, maison de l'Immaculée-Conception, 2 oct. 1888, pp. 270/275.

L. de Mgr. Coqset, vic. ap., à M. Fiat, sup. gén. [Mort de M. Courtès.] Shanghai, 20 août 1888, pp. 276/7.

L. de M. Mustel, prêtre de la Mission, à M. Fiat. Tso-fou-pang, 22 nov. 1887, pp. 134/7.

L. de M. Ferrand à M. Fiat. Hang-tcheou, 28 janv. 1888, pp. 137/147.

L. de sœur Gilbert à M. Fiat. Ning-po, 30 juin 1888, pp. 147/152.

L. de Mgr. Bray à Mgr. l'év. de Saint-Flour. Marseille, 25 janvier 1889, pp. 421/6.

L. de M. Ibarruthy, prêtre de la Mission, à M. Fiat, sup. gén. Archipel de Tchéou-san, 4 mai 1888, pp. 427/9.

L. de M. Barberet, prêtre de la Mission, à M. Fiat. (Ile de Tchéou-san, 5 mai 1888), pp. 429/431.

L. de sœur Imbert, à la t. hon. mère Havard. Hang-tchéou, maison St. Vincent, 28 déc. 1888, pp. 431/439.

(Annales Cong. Mission : 1888—1889.)

L. de sœur Guerlain, à M. Chevalier, ass. de la Cong. Tching-ting-fou, 3 fév. 1889, pp. 565/576.

L. de Mgr. Casimir Vic, vic. ap. du Kiang-si oriental, au frère Génin, Paris. Fou-tcheou-fou, 9 mars 1888, pp. 577/8.

L. du même à Mgr. Jacquenet, év. d'Amiens. Fou-tcheou, 28 avril 1889, pp. 578/580.

LV, Paris, 95 rue de Sèvres, 1890 :

Béatification du vénérable serviteur de Dieu Jean Gabriel Perboyre. [9 nov. 1889], pp. 5/26.

Cérémonies de la béatification à St. Pierre de Rome. [Ext. du *Moniteur de Rome*, 12 et 13 nov.], pp. 27/32.

Lettres écrites de Rome par les filles de la Charité, pp. 32/41.

Triduum solennel à la maison des Prêtres de la Mission de Montecitorio, à Rome, etc., etc., pp. 42/242, etc., etc. *passim*.

Mort de Mgr. Tagliabue, pp. 346/7.

L. des sœurs de la Charité du Tché-ly sept. aux associés de l'œuvre de la Ste.-Enfance, pp. 347/358.

L. de sœur Gilbert à sœur N. Ning-po, hôpital St. Joseph, 29 juillet 1889, pp. 358/360.

L. de Mgr. Reynaud, vic. ap. du Tche-kiang, à une petite-nièce. Ning-po, 22 oct. 1889, pp. 527/534.

L. de sœur Gilbert à la t. h. mère Havard. Ning-po, hôpital de St. Joseph, 1er déc. 1889, pp. 535/540.

Note sur les reliques du Vble. Clet. (Extrait du procès apostolique), pp. 660/666.

LVI, Paris, 95 rue de Sèvres, 1891 :

L. de Mgr. Banci, vic. ap. du Hou-pé, à M. Meugniot, prêtre de la Mission. Kia-iuen-kou, 20 juillet 1891. [Guérisons attribuées au bienheureux J. G. Perboyre], pp. 654/6.

Lettres de M. Favier, prêtre de la Mission, à M. Fiat, sup. gén. Pékin, 13 et 18 mars 1890. [Mort édifiante de Mgr. Tagliabue, 13 mars 1890. — Ses Obsèques], pp. 456/8.

Notes édifiantes recueillies par les filles de la Charité de Pékin sur les dernières années de la vie du vénéré Mgr. Tagliabue, vic. ap. du Tche-li nord, pp. 458/467.

L. de ma sœur Gilbert à la très honorée Mère Havard. Ning-po, 26 juillet 1890. [Deux traits édifiants de conversion. — Quelques détails sur le personnel de l'hôpital], pp. 467/471.

L. de Mgr. Reynaud, vic. ap. du Tche-kiang, au frère Génin, à Paris. [État de la Mission. — Demande de secours pour établir une chapelle dans un nouveau centre de fidèles.] Ning-po, 4 sept. 1890, pp. 471/4.

Ext. d'une let. de M. Ibarruthy, prêtre de la Mission, à M. Fiat. [Incendie dans un des quartiers de la ville.] Ning-po, 16 fév. 1891, pp. 474/5.

Notes sur le Séminaire de Ki-ngan. [Origine, 15 août 1881, Kiang-si mérid. — Fondation. — Développements], pp. 475/483.

L. de Mgr. Casimir Vic, vic. ap. du Kiang-si oriental. [Rapport sur la situation générale du vicariat. — Différents moyens de lui procurer les secours dont il a besoin], pp. 484/8.

L. de M. Che Jacques, prêtre de la Mission, à M. Favier. [Prodiges de conversion opérés par la très sainte Vierge.] Paoting-fou, 24 août 1890, pp. 594/600.

Ext. de la let. d'une Sœur. [Conversions.] Hôpital de Tien-tsin, avril 1891, pp. 600/2.

L. adressée aux Vic. ap. de la Chine par la légation française à Pe-king. [Lettre d'envoi du décret impérial.] Pékin, 22 juin 1891, pp. 603/4.

Décret impérial rendu le 13 juin 1891. [Traduction par A. Vissière], pp. 604/6.

L. de la sœur Foubert à la très honorée mère Havard. [Rebelles.] Kiou-kiang (hôpital), 9 juin 1891, pp. 607/9.

L. de M. Wang, prêtre de la Mission, à un de ses confrères. [Plusieurs chrétientés pillées, incendiées.] Wang-kia, 5 juillet 1891, pp. 609/612.

L. de M. You, prêtre de la Mission, à Mgr. Vic. [Détails édifiants sur le bienheureux J.-G. Perboyre, directeur de M. You.] Kiou-tou, pp. 613/5.

L. de M. Dauverchain, prêtre de la Mission, à M. Fiat. [Récit d'après lequel le bienheureux Perboyre aurait apparu montant au ciel le jour de son martyre.] Fou-tcheou, 1er fév. 1890, pp. 615/7.

L. de M. Dauverchain, à sa sœur, fille de la charité. [Pillage de la maison des missionnaires.] Fou-tcheou, 27 juin 1891, pp. 618/9

LVII, Paris, 95 rue de Sèvres, 1892 :

L. de la sœur Labreuil, à Shang-hai, à la sœur N., à Paris. [Visite au lieu du martyre du bienheureux Jean-Gabriel Perboyre.] A bord du *Kiang-yu*, 14 mai 1892, pp. 579/583.

(Annales Cong. Mission : 1890—1892.)

L. de la sœur N. à la t. h. Mère Havard. Tien-tsin, hôpital Saint-Joséph, 25 janvier 1891, pp. 143/7.

L. de Mgr. Bray, vic. ap., à S. Em. le Cardinal Simeoni, Préfet de la Propagande. [Détails sur les pillages et les incendies des maisons des Chrétiens.] 3 sept. 1891, pp. 148/151.

Ext. d'une let. de sœur Foubert, à la très honorée Mère Havard. [Nouvelles sur les désastres passés. — Le calme se rétablit à Kiou-kiang.] Orphelinat de Kiou-kiang, 14 sept. 1891, pp. 151/2.

L. de Mgr. Vic à Mme Guérin, à Paris. [Maison des Missionnaires pillée, celle des Sœurs menacée. — Protection des autorités.] Fou-tchéou, 18 juillet 1891, pp. 152/4.

L. de M. Meugniot, visiteur, à M. Fiat. Shang-hai, 24 déc. 1891, pp. 274/7.

L. de M. Vandyck sur les massacres de son district. Mongolie orientale, La-hou-koou, 29 nov. 1891, pp. 277/283.

L. de la sœur Gilbert à la t. h. Mère Havard. Ning-po, 20 juillet 1891, pp. 284/292.

L. de M. J.-B. Bret, prêtre de la Mission, à M. Naudin, prêtre de la même Cong. [Conversions nombreuses dans une ville. — Projet d'y bâtir une église en l'honneur de Saint-Joseph.] Ning-po, 11 sept. 1891, pp. 292/4.

L. de M. J.-B. Bret, prêtre de la Mission, à M. Uttini, prêtre de la même Cong. [Notice sur M. Rizzi. — Son zèle. — Son affabilité.] Ning-po, 20 fév. 1891, pp. 294/302.

L. de M. Dauverchain à ses parents. [Détails sur l'envahissement de la maison des Missionnaires par les rebelles.] Fou-tcheou, 6 oct. 1891, pp. 302/4.

L. du même à M. Anglade, prêtre de la Mission. [Situation actuelle. — Maison gardée par les soldats chinois. — Calomnies répandues contre les Missionnaires.] Fou-tcheou, 30 nov. 1891, pp. 305/6.

L. de M. Favier au Directeur des *Missions Catholiques*. [Fin de la persécution. — Décrets impériaux en faveur des Chrétiens.] Pékin, 14 janvier 1892, pp. 457/9.

L. de Mgr. Reynaud au frère Génin. [Épreuves. — Espérances. — Vestiges du culte rendu autrefois à la très sainte Vierge en Chine. — Appel aux personnes charitables.] Kia-shing-fou, 25 janvier 1892, fête de la Conv. de S. Paul, pp. 460/5.

L. de M. Faveau, prêtre de la Mission, à la t. h. Mère Havard. [Triste situation du district du Tay-tchou, faute de ressources.] Sa-kiao (Tay-tchou), 29 juin 1891, en notre fête patronale, pp. 465/8.

L. de Mgr. Vic à M. Fiat. [Éloge de M. Rochet, prêtre de la Mission, décédé.] Kiou-kiang, 12 avril 1892, pp. 469/472.

L. de M. Dauverchain à M. Chevalier, assistant de la Cong. [Mort édifiante de M. Rochet.] Yao-tcheou, 1er avril 1892, pp. 473/4.

Vicariat ap. du Tché-kiang. Compte-rendu des années 1889 et 1890, pp. 584/7.

L. de M. Wynhoven, prêtre de la Mission, à M. Fiat. [Détails sur la persécution et le massacre de la Mongolie et du nord de la Chine.] Ki-tcheou, 8 mars 1892, pp. 587/592.

LVIII, Paris, 95 rue de Sèvres, 1893 :

L. de M. Louis Fatiguet, prêtre de la Mission, à M. Vandamme, prêtre de la même Cong. [Visite au lieu du martyre du bienheureux J. G. Perboyre.] Kiou-kian, 1er avril 1892, pp. 79/83.

L. de M. Emile Lefebvre, prêtre de la Mission, à M. Fiat. [Installation du missionnaire à l'intérieur de la ville de Kiou-kiang, Procédure chinoise. Kiou-kiang, 24 avril 1892, pp. 83/6.

L. de M. Jean-Baptiste Lepers, prêtre de la Mission, à M. Fiat. [Excursion dans les îles. — Le district de Tay-tcheou.] Saint-Michel, 13 mai 1892, pp. 86/8.

L. de la sœur Gilbert, fille de la Charité, à la très honorée Mère Havard. [L'œuvre des Estropiés; trait édifiant.] Ning-po, hôpital S. Joseph, août 1892, pp. 88/90.

L. de la sœur Solomiac, fille de la Charité, à la très honorée Mère Havard. [Œuvres des Vierges et des Veuves.] Ning-po, 23 janvier 1892, pp. 91/4.

L. de Mgr. Bruguière, vic. ap., à M. Fiat. [Mort édifiante de la sœur Combes et de M. Benoît Kiang.] Tcheng-ting-fou, 29 sept. 1892, pp. 94/6.

Fruits spirituels du vic. du Kiang-si sept. et du vic. du Kiang-si orient., etc. (15 août 1891—15 août 1892), pp. 96/101.

Extrait du Rapport sur la Mission du Kiang-si méridional adressé à la Sacrée Cong. de la Prop., par Mgr. Auguste Coqset, vic. ap., le 5 déc. 1892. [Trad.], pp. 239/247.

L. de M. Barberet, prêtre de la Mission, à M. Fiat. [Accident au séminaire de Ning-po. Protection providentielle.] Ning-po, 30 août 1892, pp. 247/9.

L. de sœur Faure à la t. h. Mère Havard. [Détail des œuvres de la maison de la Présentation.] Tchou-chân, maison de la Présentation, 29 nov. 1892, pp. 250/2.

(ANNALES CONG. MISSION : 1892—1893.)

L. de M. Coursières à M. N., prêtre de la Mission. N. D. de Tan-kiou-Lourdes (Tche-li, Chine), 2 janvier 1892, pp. 252/4.

Fruits spirituels, pp. 254/8.

L. de Mgr. Volonteri, vic. ap. du Ho-nan mérid., à M. Bettembourg, proc. gén. de la Cong. de la Mission, à Paris. [Grâce de conversion attribuée à une apparition du bienheureux J. G. Perboyre.] Ho-nan mérid., 7 fév. 1893, pp. 389/392.

L. de M. Dauverchain, prêtre de la Mission, à la sœur Duprat, à Arras. [Importance des catéchumérats.] Yao-tcheou, 7 mars 1893, pp. 393/5.

L. de M. Jean-Baptiste Bret, prêtre de la Mission, à M. Carles, prêtre de la même Cong., supérieur à la mission d'Alger. [Le district de Ping-ou.] Ning-po, 25 mars 1893, pp. 396/7.

L. de la sœur Solomiac à la t. h. Mère Havard. [Extension des œuvres charitables. Misères à secourir.] Ning-po, maison de Jésus-Enfant, mars 1893, pp. 398/400.

L. de M. Paul Bantegnie, prêtre de la Mission, à M. Alauzet, directeur du Séminaire interne, à Paris. [Translation des restes de Mgr. Anouilh. Sacre de Mgr. Bruguière.] Tcheng-ting-fou, 30 juin 1892, pp. 400/4.

L. de M. Boscat, prêtre de la Mission, à M. Jacques Perboyre, prêtre de la même Cong., à Paris. [Pélerinage au lieu du martyre du B. J. G. Perboyre. Détails sur les contemporains et les témoins du martyre.] Ki-ngan-fou, 18 oct. 1892, pp. 547/554.

L. de M. Canduglia, prêtre de la Mission, à M. Fiat. [État de la Mission de Nan-kang.] Nan-kang, 11 juin 1893, pp. 554/560.

L. de Mgr. Bruguière, vic. ap., à M. Fiat. [Mort édifiante de M. Omer Vassour, prêtre de la Mission, et de la sœur Vandaele.] Tcheng-ting-fou, 30 mai 1893, pp. 560/4.

L. de la sœur N., fille de la Charité, à M. Chevalier, assistant de la Congrégation de la Mission, à Paris. [Grâces attribuées à l'intercession de Louise de Marillac.] Tcheng-ting-fou, 12 juin 1893, pp. 564/7.

L. de M. Ibarruthy, prêtre de la Mission, à M. Fiat. [Œuvre pour le soulagement des âmes du Purgatoire.] Ning-po, 15 mai 1893, pp. 568/572.

L. de la sœur N., Fille de la Charité, à M. Chevalier, Assistant de la Cong. de la Mission. [Quelques détails sur les œuvres de l'hôpital Saint-Joseph de Ning-po.] Ning-po, hôpital S.-Joseph, 6 juillet 1893, pp. 572/4.

LIX, Paris, 95 rue de Sèvres, 1894 :

L. de la sœur Archenault à la t. h. Mère Havard. [Guérison attribuée au bienheureux J. G. Perboyre.] Hang-tcheou, maison St. Vincent, 6 avril 1893, pp. 86/9.

L. de M. J.-B. Lepers, prêtre de la Mission, à M. Fiat. [Conversion du village de Kao-ling et progrès de la foi en diverses localités.] Sa-kiao, le 5 juin 1893, pp. 169/173.

L. de M. Capy, prêtre de la Mission, à M. Fiat. [État des œuvres.] Tien-tsin, 18 juillet 1893, pp. 173/5.

Notes sur M. Pierre Fong, prêtre de la Mission [ancien lama], décédé en Chine, le 19 juillet 1893, pp. 175/185.

L. de Mgr. Casimir Vic à M. Fiat. [Vie édifiante et mort de M. Antoine Anot.] Fou-tcheou, 30 nov. 1893, pp. 345/356.

L. de Mgr. Vic au frère Génin († 9 mars 1894). Fou-tcheou-fou, 20 fév. 1894, pp. 532/4.

L. de M. Alphonse Favier, prêtre de la Mission, à M. Bettembourg, proc. gén. [Mort de MM. Wijnhoven et Allofs.] Pékin, 28 mai 1894, pp. 534/5.

L. de la sœur D. à Mgr. Sarthou. Pékin, maison de l'Immaculée-Conception, 15 juin 1894, pp. 535/538.

LX, Paris, 95 rue de Sèvres, 1895 :

L. de M. Alphonse Favier à M. Bettembourg. [La guerre entre la Chine et le Japon.] Pékin, 9 oct. 1894, pp. 99/100.

L. de la sœur N. à M. A. Fiat. [Visite des malades dans la plaine de Kia-ching], pp. 102/106.

Province de Chine. Art. du *Soleil*, 14 janv. 1894. — L. de la sœur Jaurias à M. J. Chevalier, assistant de la Cong. de la Mission. Pékin, Maison de l'Immaculée-Conception, 8 nov. 1894. [Guerre sino-japonaise], pp. 238/244.

LL. des Sœurs Jaurias, Guerlain, M.-T. Dereu. [Guerre], pp. 392/5.

L. de M. Tamet, prêtre de la Mission, à M. Fiat. Kiou-tou, 18 oct. 1894, pp. 530/1.

L. de M. Dauverchain, prêtre de la Mission, à M. Fiat. Yao-tcheou-fou, 28 avril 1895, pp. 530/2.

LXI, Paris, 95 rue de Sèvres, 1896 :

La fête de la Médaille miraculeuse à la maison centrale des Filles de la Charité à Shanghai, le 27 nov. 1894, pp. 41/6.

(ANNALES CONG. MISSION : 1893—1896.)

32**

L. de M. L. Fatiguet, prêtre de la Mission. [Kiang-si sept.], pp. 46/8.

L. de Mgr. Coqset, vic. ap., à M. Milon, sec. gén. de la Cong. de la Mission. Ki-ngan, 20 janv. 1895, p. 48.

L. de M. Pérès à Mgr. Coqset. Siao-han, 30 déc. 1893, pp. 48/56.

L. de Mgr. Casimir Vic, vic. ap. du Kiang-si orient., à M. Milon. Résidence de Kang-pei, 24 juin 1895, pp. 56/62. [Mort de M. Bresson.]

L. de Mgr. Géraud Bray à M. Fiat. Kiou-kiang, 2 déc. 1895. [Nouvelle cathédrale], pp. 195/198.

L. de Mgr. Coqset à M. Fiat. Ki-ngan-fou, 27 nov. 1895, pp. 198/203.

L. de M. André Chu, prêtre de la Mission, Chinois, à M. Fiat. [Trad. du latin.] Hang-tcheou, 13 déc. 1895, pp. 203/5.

L. de Mgr. Bruguière, vic. ap., à M. A. Fiat. Tching-ting-fou, 14 oct. 1895, pp. 205/9.

L. de Mgr. Bruguière à M. le Directeur des *Missions Catholiques*. Tching-ting-fou, 15 oct. 1895, pp. 210 1.

L. de M. Joseph Wang, prêtre de la Mission, à M. A. Fiat. De notre résidence de San-kiao, 26 fév. 1896, pp. 341/3.

L. de Mgr. Reynaud, vic. ap. du Tche-kiang, à la Sœur N., Fille de la Charité, à Paris. Ning-po, 14 août 1895, pp. 343/4.

Notice sur M. Omer Vasseur, prêtre de la Mission, décédé à Tcheng-ting-fou, le 22 avril 1893, pp. 344/370.

« Nos Missions en Chine. » Art. d'un journal francais, pp. 460/5, par Ch. B. Pékin, fév. 1896.

L de M. Dauverchain à la sœur N., à Paris. Yao-tcheou, 20 mai 1896, pp. 465/8.

L. de Mgr. Casimir Vic à M. Milon. Yao-tcheou, 25 avril 1896, pp. 468/472.

LXII, Paris, 95 rue de Sèvres, 1897 :

L. de la sœur Castelain, Fille de la Charité, à la très hon. Mère Lamartinie. Yao-tcheou-fou, maison de la Médaille miraculeuse, le 15 juin 1895, pp. 31/2.

L. de M. Louat, prêtre de la Mission, à M. Fiat. Oueng-tchou, 12 mai 1896, pp. 33/7.

L. de M Meugniot, procureur des Missions de Chine et Visiteur, à M. A Fiat. Chang-hai, 30 oct. 1896, pp. 217/8.

L. de Mgr. Coqset, vic. ap., à M. Milon, secrétaire général. Chang-hai, 26 juin 1896, pp. 218/220.

Comprend une lettre du P. Clet, 7 juillet 1895. — Nous notons dans la lettre de Mgr. Coqset : « MM. Correa et Villa furent les deux premiers confrères de la province portugaise en Chine. Ils abordèrent à Macao, le 28 juillet 1784, et furent chargés du Séminaire Saint-Joseph, en remplacement des Jésuites portugais. »

L. de M. Alphonse Favier, préfet de la Mission, à M. A. Fiat. Pékin, 25 déc. 1896, pp. 220/231.

Cathédrale de Tien-tsin.

L. de M. Dellieux, prêtre de la Mission, à M. Milon, secrétaire général, à Paris. Kang-pei, 4 juin 1896, pp. 231/5.

L. de M. Canduglia, prêtre de la Mission, à M. A. Fiat. Nan-kang, 14 sept. 1896, pp. 235/7.

L. de la sœur Bugaud à Mgr. Reynaud, vic. ap., Ning-po, maison de Jésus-Enfant, 27 juillet 1896, pp. 237/240.

L. de M. Lepers, prêtre de la Mission, à M. Fiat. Hay-men, 10 janvier 1897, pp. 561/5.

LXIII, Paris, 95 rue de Sèvres, 1898 :

L. de M. Alphonse Favier à M. A. Fiat. Péking, 25 juin 1797, fête du Sacré Cœur, pp. 74/83.

Eglise de Tien-tsin.

L. de Mgr. Vic, vic. ap. du Kiang-si orient., à Mgr. Lamouroux, évêque de S. Flour. Résidence de Kang-pei, à 3 lieues de Kouei-khi, 12 mars 1897, pp. 83/7.

L. de la sœur Tourrel à la Mère Lamartinie. Yao-tcheou, maison de la Médaille miraculeuse, 5 mai 1897, pp. 88/90.

L. de Mgr. Coqset à M. Fiat. Ki-ngan, 29 juin 1897, pp. 90/2.

L. de la sœur Wagensperg à la sœur N., à Paris. Hang-tcheou, 7 mai 1897, pp. 93/8.

L. de M. André Chu, prêtre de la Mission, à M. Fiat, Sup. gén. Tchu-tsei, 20 déc. 1897. [Trad.], pp. 258/9.

L. de M. E. Barberet, prêtre de la Mission, à M. Fiat. Sémin. de S. Vincent, île de Tchou-san, 10 mai 1897, pp. 260/1.

Tchou san. [Etude de Mgr. Reynaud], pp. 261/3.

Tableau général des Missions, 1896—7, pp. 422/3.

Tableau de l'œuvre de la Ste.-Enfance, 1896 – 7, p. 424.

Sacre de Mgr. Favier, 20 février, p. 425.

(Annales Cong. Mission : 1896—1898.)

L. de M. Clerc-Renaud, prêtre de la Mission, à M. le Directeur des *Missions Catholiques*. Kang-pei, 2 fév. 1897, pp. 548/551.

L. de la sœur Tourrel à la Mère Lamartinie. Yao-tcheou, 15 mai 1898, pp. 551/4.

LXIV, Paris, 95 rue de Sèvres, 1899 :

L. de Mgr. Favier à M. Milon, à Paris. Peking, 14 août 1898, pp. 54/60.

Tché-kiang. [Situation. — Carte de Mgr. Reynaud], pp. 247/252.

L. de M. Cottin, prêtre de la Mission, à M. Fiat. Tchou-san, petit sém. de S. Vincent, 12 oct. 1898, pp. 253/5.

L. de la sœur Bugaud à M. Fiat. Ning-po, maison de Jésus-Enfant, 2 sept. 1898, pp. 256/8.

L. de la sœur Mac-Carthy à M. le Directeur des *Missions Catholiques*. Hôpital de S. Vincent de Paul, à Kiou-kiang, 1er août 1898, pp. 258/260.

L. de M. G. Potel, prêtre de la Mission, à M. Fiat. Ou-tcheng [près du lac Po-yang], 26 mai 1897, pp. 260/2.

La situation politique et religieuse en Chine et ses causes, pp. 349/360. — La reconnaissance de la religion catholique en Chine, par Mgr. Favier, pp. 360/4. [Décrets impériaux.]

Mort de Mgr. Sarthou, pp. 364/6. [Port.]

L. de la sœur Archenault à M. Fiat. Hang-tcheou, maison Saint-Vincent, 2 déc. 1898, pp. 366/9.

L. de Mgr. Coqset. Kan-tcheou-fou, 31 déc. 1898, pp. 369/371.

L. adressée à Mgr. Favier par M. Pichon, Ministre de France, à Péking. Légation de la République française en Chine. Péking, 20 mars 1899, p. 470.

L. adressée à Mgr. Favier par S. E. le Cardinal Préfet de la Propagande à Rome, p. 471.

La vie en Chine. Pékin, par le P. Jean-Baptiste Corset, pp. 472/6.

L. de Mgr. Reynaud. Ning-po, 29 avril 1899, pp. 476/8.

LXV, Paris, 95 rue de Sèvres, 1900 :

Lettres de la Sœur Vlaminck, Fille de la Charité, à la très-hon. Mère Kieffer. A bord du *Tonkin*, 28 août 1899, etc., pp. 44/62.

L. de Mgr. C. Vic à M. Fiat. Fou-tcheou, 10 janvier 1899, pp. 62/4.

L. de Mgr. Vic aux *Miss. Cath.*, [M. Festa], pp. 64/6.

Création du Vicariat du Tché-ly oriental. [Mr. Geurts], pp. 204/6.

L. de Mgr. Favier aux *Miss. Cath.* Pékin, 14 oct. 1899, pp. 206/210.

L. de M. Fr. Gattringer, prêtre de la Mission, à M. Fiat. Ouan-ngan, 14 nov. 1899, pp. 211/3.

Chine, pp. 373/7.

L. de Mgr. Reynaud aux *Miss. Cath.*, 28 mai 1900, pp. 377/381.

L. de M. Lepers, miss. au Tche-kiang. Haymen, 24 janvier 1900, pp. 381/2.

Derniers renseignements, pp. 382/4.

Chine, pp. 503/515.

L. de Mgr. Favier. Paris, 7 fév. 1900, pp. 516/8.

L. de M. Claudius Chavanne, prêtre de la Mission. Pékin, 26 mai 1900, pp. 518/523.

L. de M. Joseph Fabrègues, prêtre de la Mission, à M. Louwyck, à Paris. Hoang-Hoa-kiang, 10 avril 1900, pp. 523/4.

L. de la sœur Jaurias à la très-hon. Mère Kieffer. Pékin, 22 mai 1900, pp 525/7.

L. de Mgr. Favier, vic. ap. de Pékin, à Mgr. Morel, directeur des *Miss. Cath.*, à Lyon. Pékin, 18 mai 1900, pp. 527/531.

L. de M. Claude Guilloux, prêtre de la Mission, à M. Charles Clément, chapelain à Paray-le-Monial. Pékin, 29 mai 1900, pp. 531/3.

L. d'un missionnaire. Tien-tsin, 12 juin 1900, pp. 533/4.

L. de M. Fabrègues à M. Louwyck, directeur du Séminaire interne, à Paris. Hoang-hoa-kiang, 30 mai 1900, pp. 534/6.

L. de M. Jean-Baptiste Corset, prêtre de la Mission. Nagasaki (Japon), 7 août 1900, pp. 537/542.

L. de M. Léonce Marion, prêtre de la Mission, à M. Meugniot, à Paris, pp. 542/4.

Renseignements divers, pp. 544/554.

L. de M. André Chu, miss. chinois, à M. Fiat. Tan-li-hi, 14 mai 1900, pp. 555/6.

L. de M. E. Barberet, prêtre de la Mission. Ning-Po, le 1er juin 1900, pp. 556/7.

L. de M. Cyprien Aroud, prêtre de la Mission, à M. Francisque Aroud, de la même Congrégation. Wenchow, 26 juin 1900, pp. 557/8.

[Lettres diverses], pp. 558/9.

(Annales Cong. Mission : 1899—1900.)

LXVI, Paris, 95 rue de Sèvres, 1901 :

M. Armand David, pp. 46/9.

Pékin. Siège de la Mission catholique du Pé-tang. — I. Vue d'ensemble, pp. 54/60. — II. Le Siège. — 1. Résumé général des évènements accomplis à Pékin du 12 mai au 16 août 1900 [Peking, 10 oct. ; d'après le *Temps*, du 10 déc. 1900], pp. 60/8, par Gaston Donnet. — II. La délivrance du Pé-tang, les évènements à l'extérieur, pp. 68/71. - Rapport de M. Pichon, ministre de France en Chine. Pékin, 1er sept. 1900, pp. 71/7. — III. A l'intérieur du Pé-tang pendant le Siège. Journal de Mgr. Favier. Tien-tsin, sept. 1900, pp. 77/112. — Lettre d'un soldat. Pékin, 14 sept. 1900, pp. 112/114 [d'après le journal *Indre-et-Loire*]. — Portrait de l'enseigne de vaisseau Paul Henry, p. 112. — III. Après le Siège. L. de Mgr. Favier à M. Fiat. Pékin, 16 août 1900, pp. 114/5. — L. de M. Boscat, prêtre de la Mission, Visiteur de la province de Chine. Shang-hai, 6 sept. 1900, pp. 115/117. — M. Paul Henry, Enseigne de vaisseau, pp. 117/120. — Extraits du registre des actes de l'État-civil de la Légation de France à Pékin pour l'année 1900. [Garrigues. Doré, d'Addosio, Chavanne], pp. 120/1. — Au Nan-tang, à Pékin, pp. 121/2. — Décorations, pp. 122/3. — Pour les victimes de la Chine, pp. 123/4.

Bienheureux François Clet, p. 125.

Décret fixant au 17 février la fête du bienheureux martyr François Clet, pp. 137/144.

Les fêtes du Triduum, pp. 145/166.

Chine, pp. 226/229.

Mandement de Mgr. Favier, pp. 229/230.

L. de la sœur Cholat, fille de la Charité. Pékin, 15 nov. 1900, pp. 231/2.

L. de M. Rameau, prêtre de la Mission, 28 nov. 1900, p. 233.

Mgr. Favier à Rome et en France, pp. 233/251.

L. de sœur Joseph, d'après les *Miss. Cath.*, pp. 251/4.

Lettres de M. Fabrègues, pp. 255/6.

Rapport de Mgr. Coqset, vic. ap. du Kiang-si mérid. Shang-hai, 4 oct. 1900, pp. 257/8.

Rapport de Mgr. Vic. Shang-hai, 25 déc. 1900, pp. 258/260.

L. de la sœur Cholat à M. Fiat. Pékin, Hôpital militaire, 1er janvier 1901, pp. 391/3.

[Note sur les marins du Pe-tang, d'après les *Questions actuelles*, 23 mars 1901], p. 393.

L. de la sœur Maillard à la sœur N..., à Paris. Pékin, Maison de l'Immaculée-Conception, 11 fév. 1901, pp. 394/6.

L. de la sœur Guerlain à la Mère Kieffer. Tcheng-ting-fou, 6 déc. 1900, pp. 396/404.

L. de M. Cyprien Aroud à M. Angéli, à Paris. Wenchow, 3 mars 1900, pp. 405/6.

L. de M. Rossignol, prêtre de la Mission. Sin-tchang, 7 janvier 1901, pp. 406/7.

L. de M. de Vienne, prêtre de la Mission, à M. Milon, Sec. général. Tien-tsin, 19 avril 1901, pp. 545/9.

Rapport sur les mouvements boxeurs dans le Pao-ting, durant l'année 1900, par M. Paul Dumond. Pékin, 12 mars 1901, pp. 549/554.

L. de M. Faveau, prêtre de la Mission, à M. Milon, pp. 554/9.

LXVII, Paris, 95 rue de Sèvres, 1902 :

« Réplique d'un absent », pp. 60/8.

L. de Mgr. Favier. Pékin, 26 août 1901, d'après les *Miss. Cath.*, pp. 68/76.

Tché-ly oriental. — Mgr. Geurts, pp. 76/8.

L. de M. Boscat, Procureur des Missions de Chine, à M. Milon. Shang-hai, 10 juillet 1901, pp. 78/81.

L. de Mgr. Vic à M. Boscat, à Shang-hai. Kiou-kiang, 28 mars 1901, pp. 81/6.

La situation, p. 200.

L. de Mgr. Favier. Pékin, 25 janvier 1902. [*Miss. Cath.*, 14 mars 1902], pp. 202/213.

Lettre-circulaire de Mgr. Favier à son clergé, pp. 213/5.

Rapport de M. Boscat. Shang-hai, 29 juillet 1901, pp. 215/228, 361/374.

L. de M. Faveau. Tche-kiang, Février 1902, pp. 229/231.

Les Boxeurs au Kiang-si sept. en 1900. Persécutions et victimes. — Notes par Mgr. Ferrant, pp. 231/8.

L. de Mgr. Ferrant à une bienfaitrice de la Mission. Kiukiang, 15 août 1901, pp. 239/240.

Chine. — Tableau général de l'Etat des Missions des Lazaristes 1900—1, pp. 348/350.

L. de Mgr. Favier. [Audience impériale], d'après les *Miss. Cath.*, pp. 351/4.

L. de Mgr. Favier à M. Milon. Pe-king, 3 avril 1902, pp. 354/5.

Bref de S. S. Léon XIII (traduction) à notre vénéré frère Alphonse Favier, pp. 356/8.

Proposition-Supplique présentée à l'Empereur et à l'Impératrice, le 16 de la 2e lune de la 28e année de Kouang-siu (25 mars 1902), approuvée et publiée au Journal officiel, pp. 358/361.

L. de M. Catheline, prêtre de la Mission, à la sœur N..., à Paris. Tien-tsin, 17 déc. 1901, pp. 374/380.

Rapport de M. Pierre Toung, prêtre de la Mission ; Simple relation des faits qui ont eu lieu pendant la persécution au Yu-tcheou (traduit du latin), pp. 381/9.

L. de M. Planchet, prêtre de la Mission, à M. Catheline. Chouang-chou-tze, 6 août 1900, pp. 389/392.

Supplice de Ouang-ly-teo, catéchiste de Pan-kia-yng [Tché-li oriental], 25 juillet 1901, pp. 392/7, par Mgr. Geurts.

L. de M. Thomas Ceska, prêtre de la Mission, aux chers frères étudiants et séminaristes, à Graz. (Trad. de l'allemand.) Tcheng-ting-fou, 22 août 1901, pp. 397/9.

L. de M. Hercouet, prêtre de la Mission, à M. Fiat. Tcheng-ting-fou, 27 janvier 1902, pp. 399/400.

L. de M. L. Fatiguet à M. Fiat. Kiu-kiang, 7 fév. 1902, pp. 400/403.

L. de Mgr. Coqset. Ki-ngan, 27 mars 1902, p. 403.

L. de la sœur Boste, Visitatrice, à M. A. Fiat. Sur le fleuve Bleu, 7—8 Avril 1902, pp. 404/5.

L. de la sœur Boste à la Mère Kieffer. Yao-tcheou, Maison de la Médaille miraculeuse, 17 avril 1902, pp. 405/7.

[Translation en France des restes de l'enseigne Henry et de l'aspirant Herbert], pp. 525/9.

L. de M. A. Asinelli, prêtre de la Mission, à M. Fiat. Ning-po, 23 sept. 1901, pp. 529/532.

(ANNALES CONG. MISSION : 1901—1902.)

— San Vincenzo de' Paoli — Annali della Congregazione della Missione ossia Raccolta trimestrale di Lettere edificanti scritte dai Preti della Medesima Congregazione e dalle Figlie della Carità — (Versione dal francese), Parigi, 95 Via Sèvres, Torino, 18 Via Nizza, cahiers in-8.

Tome I, 1894.

— Rok 1. Nr. 1. Roczniki Obydwóch Zgromadzeń Św. Wincentego a Paulo. — Styczeń. — Kraków, 1895, in-8.

— Mémoires de la Congrégation de la Mission. Tome Premier. Paris, à la maison principale de la Congrégation de la Mission, rue de Sèvres, 95. 1863, in-8.

Consacré à la Pologne.

II, 1864, Tunis & Alger.

III, 1864 [1865], Tunis & Alger.

IV, 1865. Livre troisième. — Chap. I. Commencements de la Mission de Chine. — Chap. II. Légation de Mgr. Charles-Thomas Maillard de Tournon, Patriarche d'Antioche, Légat et Visiteur Apostolique en Chine. — Chap. III. Entrée de M. Pedrini en Chine.

V, 1865. — Chap. IV. M. Pedrini à la cour de l'Empereur de Chine.

VI, 1865. — Chap. V. Légation de Mgr. Charles Ambroise Mezzabarba, Patriarche d'Alexandrie. — Chap. VI. Prison de M. Pedrini. — Chap. VII. Décret du Pape Innocent XIII. — Chap. VIII. Mémoire présenté au Pape Innocent XIII. — Chap. IX. Réflexions de Mgr. le Secrétaire de la Sacrée Congrégation de la Propagande.

VII, 1866. — Chap. IX (suite). Réflexions de Mgr. le Sec. de la Sac. Cong. de la Prop. — Chap. X. Prison de M. Pedrini. — Chap. XI. Règne de l'Empereur Yung-Tchin. — Chap. XII. Dernières années de M. Pedrini. — Chap. XIII. Mission du Sutchuen. — Chap. XIV. Constitution de Clément XIV. — Chap. XV. Négociations au sujet de la mission française de Pékin. — Chap. XVI. Mission de Pékin.

(MÉM. CONG. MISSION.)

VIII, 1866 [1867]. — Chap. XVI (suite). Mission de Pékin. — Chap. XVII. Nouveaux Vicariats apostoliques.

IX, 1866 [1867]. Livre quatrième. Madagascar.

Cette collection est devenue fort rare. On en trouve un ex. à la Bib. nationale au No. Ld. $\frac{45}{19}$.

— Lettres des Nouvelles Missions de la Chine. Tome I. 1841-1846.

1841 :

1. Le R. P. Gotteland, Supérieur de la Mission de la Compagnie de Jésus en Chine, au Supérieur de la Province en France. Brest, 23 Avril, p. 1.
2. Le même au même. De l'Océan Atlantique, 16 Juin, p. 7.
3. Le même au même. Mer des Indes, 4 Sept., p. 19.
4. Le même au même. Macao, 6 Nov., p. 23.

1842 :

5. Le même au même. Macao, 9 Mars, p. 25.
6. Le même au même. Ting-hai, 28 Juin, p. 30.
7. Le même au même. Kiu-kia-hang, 22 Juillet, p. 34.
8. Le P. Brueyre à un Père de la Compagnie. Cham-pu-kiao, 20 Nov., p. 38.

1843 :

9. Le même au même. Cham-pu-kiao, 29 Mars, p. 42.
10. Le R. P. Gotteland à un Père de la Cie. Kiang-nan, 18 Mai, p. 46.
11. Le P. Brueyre à un Père de la Cie. Prov. de Nankin, 22 Mai, p. 51.
12. Le P. Estève au R. P. Provincial. Ko-kiao, 26 Mai, p. 54.
13. Le R. P. Gotteland, Sup., à MM. du Conseil de Lyon. Kiang-nan, 2 Juin, p. 69.
14. Le même au Procureur de la Mission à Paris. Kiang-nan, 15 Octobre, p. 75.
15. Le P. Clavelin à un P. de la Cie. A bord de la *Sirène*, 25 Déc., p. 80.
16. Le P. Gonnet à un P. de la Cie. Ténériffe, 30 Déc., p. 84.

1844 :

17. Le P. Clavelin à un P. de la Cie. Rio Janeiro, 13 Février, p. 86.
18. Le P. Languillat au T. Rev. P. Général. Rio Janeiro, 24 février, p. 95.
19. Le F. Sinoquet à un F. de la Cie. A bord de la *Recherche*, 12 Avril, p. 100.
20. Le P. Clavelin à un P. de la Cie. A bord de la *Sirène*, 14 Avril, p. 107.
21. Le même au même. A bord de la *Sirène*, 31 Mai, p. 111.
22. Le R. P. Gotteland au R. P. Provincial. Kiang-nan, 4 Juin, p. 120.
23. Le P. Clavelin au Procureur de la Mission à Paris. A bord de la *Sirène*, 22 Juillet, p. 124.
24. Le même à un P. de la Province d'Espagne. Près Manille, 10 Août, p. 132.
25. Le même à un autre P. de la Cie. Hong-kong, 20 Août, p. 142.
26. Le même à un P. de la Province d'Angleterre. Hong-kong, 20 Août, p. 148.
27. Le P. Estève à Mme la Comtesse sa Mère. Chang-hai, 8 Octobre, p. 152.
28. Le P. Clavelin à un P. de la Cie. Près Chang-hai, 13 Octobre, p. 160.
29. Le P. Brueyre à un P. de la Cie. Chang-hai, 4 Nov., p. 174.
30. Le R. P. Gotteland aux Scholastiques de Vals. Kiang-nan, 20 Nov., p. 177.

1845 :

31. Le P. Clavelin à M. Cléret, Lieut. de vaisseau. Kien-ka-han, 1er Janvier, p. 184.
32. Le même à un P. de la Cie. Kien-ka-han, 12 Janvier, p. 192.
33. Le P. Brueyre au Supérieur de Vals. Wam-dam, 28 mars, p. 201.
34. Le R. P. Gotteland à un P. de la Cie. Kiang-nan, 30 Mars, p. 204.
35. Le même au R. P. Provincial. Kiang-nan, 22 Avril, p. 206.
36. Le P. Clavelin à un P. de la Cie. Tsom-min, 22 Avril, p. 208.
37. Le même au même. Tsom-min, 31 Mai, p. 219.

(Lettres Nouv. Missions : 1841—1845.)

38. Le P. Estève à un P. de la Cie. Chang-hai, 1er Juin, p. 224.
39. Le P. Brueyre au R. P. Provincial. Wam-dam, 22 Juin, p. 232.
40. Le R. P. Gotteland au Procureur de la Mission à Paris. Kiang-nan, 8 Juillet, p. 234.
41. Le P. Gonnet à un P. de la Cie. Kiang-nan, 13 Juillet, p. 243.
42. Le P. Languillat au Très-Rév. P. Général. Kiang-nan, 27 Août, p. 252.
43. Le P. Taffin au Supérieur de Brugelette. Toieu, 15 Sept., p. 260.
44. Le P. Clavelin à un P. de la Cie. Tsom-min, 20 Sept., p. 267.

1846 :

45. Le P. Brueyre à un P. de la Cie. Chang-hai, 10 Mars, p. 278.
46. Le P. Poissemeux à un P. de la Cie. Hong-kong, 14 Mars, p. 281.
47. Le R. P. Gotteland à un P. de la Cie. Kiang-nan, 19 Mars, p. 321.
48. Le P. Estève à Mme la Comtesse sa Mère. Som-kiam, 8 Avril, p. 327.
49. Le R. P. Gotteland à un P. de la Cie. Kiang-nan, 26 Mai, p. 333.
50. Le P. Estève au R. P. Provincial. Chang-hai, 1er Juin, p. 336.
51. Le P. Languillat aux Scholastiques de Brugelette. Kiang-nan, 5 Juin, p. 350.
52. Le même à un P. de la Cie. Kiang-nan, 14 Juin, p. 361.
53. Le P. Gonnet à un P. de la Cie. Kiang-nan, 26 Juillet, p. 368.
54. Le P. Lemaître au R. P. Provincial. Wam-dam, 14 Sept., p. 374.
55. Le P. Werner à un P. de la Cie. Tsom-min, 24 Sept., p. 387.
56. Le P. Clavelin à un P. de la Cie. Tsom-min, 10 Oct., p. 397.
57. Le P. Estève à Mme la Comtesse sa Mère. Près Nei-Wei, 12 Oct., p. 413.
58. Le P. Languillat au P. Clavelin. Chang-tong, 26 Nov., p. 418.
59. Le R. P. Gotteland au R. P. Provincial. Kiang-nan, 3 Déc., p. 422.
60. Le P. Lemaître à un P. de la Cie. Chang-hai, 16 Déc., p. 426.
61. Le P. Languillat à son Supérieur. Xe-cull-li-chuem, 24 Déc., p. 436.
62. Le R. P. Gotteland à un P. de la Cie. Kiang-nan, 28 Déc., p. 439.

Tome II, 1846-1852 :

1847 :

63. Le P. Lemaître à S. G. Mgr. l'Evêque du Mans. Chang-hai, 16 février, p. 1.
64. Le P. Werner à M. Roze à Tours. Tsom-ming, 28 février, p. 4.
65. Le P. Brueyre à un P. de la Cie. Chang-ting, 28 mars, p. 19.
66. Le P. Roze à ses Parents. Wam-dam, 23 avril, p. 26.
67. Le P. Estève au R. P. Provincial. Som-kiam-fou. 29 Avril, p. 30.
68. Le P. Lemaître à un P. de la Cie. Chang-hai, 3 Mai, p. 36.
69. Le P. Brueyre à un P. de la Cie. Siao-lu-li, 9 Mai, p. 39.
70. Le R. P. Gotteland au Procureur de la Mission à Paris. Kiang-nan, 19 Mai, p. 42.
71. Le P. Taffin à un P. de Laval. Chang-wei, 28 Juin, p. 45.
72. Le P. Roze à ses Parents. Wam-dam, 11 Juillet, p. 54.
73. Le P. Werner à son Frère. Seu-ka, 12 Juillet, p. 57.
74. Le P. Sica aux scholast. de Naples et de Rome. Cham-kim, 13 Juillet, p. 76.
75. Le P. Estève à un P. de la Cie. Som-kiam, 22 Août, p. 87.
76. Le P. Taffin à ses Parents. Tam-wei, 7 Sept., p. 91.
77. Le P. Werner aux Pères de Laval. He-mem, 7 Sept., p. 101.
78. Le même aux Elèves du Collège de Brugelette. He-mem, 12 Sept., p. 119.
79. Le P. Clavelin à un P. de la Cie. Tsom-mim, 26 Sept., p. 123.
80. Le P. Brueyre à un P. de la Cie. Tsi-nan-fu, 30 Sept., p. 135.
81. Le P. Werner au R. P. Provincial. Hai-men, 4 Octobre, p. 141.
82. Le P. Roze à ses Parents. Wam-dam, 10 Octobre, p. 146.
83. Le P. Werner à sa sœur. Hai-men, 20 Oct., p. 148.
84. Le P. Languillat au R. P. Provincial. Zi-ka-wei, 5 Déc., p. 157.

(Lettres Nouv. Missions : 1846—1847.)

1848 :

85. Le P. Werner à son Sup. à Paris. Hai-men, 12 Janvier, p. 167.
86. Le P. Lemaître à un de ses Parents. Chang-hai, 9 Avril, p. 174.
87. Le P. Roze à un P. de la Cie. Wam-Dam, 10 Avril, p. 178.
88. Le P. Werner à un P. de la Cie. Ta-tien-kaom, 8 Juin, p. 183.
89. Le même à un P. de la Cie. Hai-men, 20 Juin, p. 190.
90. Le R. P. Poissemeux, Sup., au R. P. Provincial. Zi-ka-wei, 6 Juillet, p. 197.

1849 :

91. Le P. Werner à un P. de la Cie. Hai-men, 4 Janvier, p. 202.
92. Le P. Lemaître à un P. de la Cie. Chang-hai, 4 Janvier, p. 227.
93. Le R. P. Poissemeux, Sup., à Mc sa sœur. Zi-ka-wei, 6 Janvier, p. 230.
94. Le P. Gotteland à un P. de la Cie. Zi-ka-wei, 22 Janvier, p. 238.
95. Le P. Tinguy à un P. de la Cie. Kiang-nan, 30 Janvier, p. 245.
96. Le P. Werner à Mr. de la Croix à Tournay. Hai-men, 2 février, p. 249.
97. Le même à Mr. le Curé d'Oberbergheim, Haut-Rhin. Hai-men, 12 février, p. 256.
98. Le même à un de ses amis. Hai-men, 1er Mars, p. 267.
99. Le même à M. Picard Bock. Hai-men, 1er Mars, p. 273.
100. Le R. P. Poissemeux, sup., au R. P. Provincial. Zi-ka-wei, 14 Juin, p. 276.
101. Le P. Lemaître au Procureur de la Mission à Paris. Zi-ka-wei, 16 Juin, p. 281.
102. Le même à MM. les Direct. du Conseil central de l'Œuvre de la Ste.-Enfance. Hai-men, 28 Juin, p. 284.
103. Le R. P. Poissemeux, sup., au R. P. Provincial. Zi-ka-wei, 4 Juillet, p. 287.
104. Le P. Roze à un P. de la Cie. Zi-ka-wei, 8 Juillet, p. 290.
105. Le même à ses Parents. Zi-ka-wei, 10 Juillet, p. 293.
106. Le P. Lemaître au Procureur de la Mission à Paris. Hai-men, 21 Juillet, p. 295.
107. Le R. P. Poissemeux, sup., à un P. de la Cie. Zi-ka-wei, 21 Septembre, p. 297.
108. Le P. Gonnet à un P. de la Cie. Puné, 22 Octobre, p. 304.
109. Le P. Roze à ses Parents. Wam-dam, 18 Décembre, p. 313.

1850 :

110. Le R. P. Poissemeux, sup., à un P. de la Cie. Zi-ka-wei, 30 Janvier, p. 315.
111. Le P. Tinguy à un P. de la Cie. Modio, 16 février, p. 325.
112. Le R. P. Poissemeux, sup., au R. P. Provincial. Zi-ka-wei, 23 Avril, p. 330.
113. Le même au même. Zi-ka-wei, 1er Mai, p. 334.
114. Le P. Roze à ses Parents. Wam-Dam, 9 Mai, p. 339.
115. Le R. P. Poissemeux au R. P. Provincial. Zi-ka-wei, 6 Juin, p. 341.
116. Le P. Lemaître au Procureur de la Mission. Hai-men, 8 Juin, p. 346.
117. Le P. Werner au Procureur de la Miss. à Paris. Tsom-min, 12 Juillet, p. 352.
118. Le P. Broullion à un P. de la Cie. Chang-hai, 13 Juillet, p. 357.
119. Le P. Pajot au R. P. Provincial. Batavia, 18 Octobre, p. 361.
120. Le P. Taffin à ses Parents. Sunien en Chine, 29 Août, p. 365.
121. Le P. Tinguy. Extrait d'une lettre à un P. Sum-kiam, 30 Décembre, p. 373.

1851 :

122. Le P. Werner à un P. de la Cie. Tsum-ming, 1er Janvier, p. 377.
123. Le P. Tinguy à un P. de la Cie. Sum-kiam, 6 Janvier, p. 383.
124. Le P. Languillat à un P. de la Cie. Pou-tom, 29 Juin, p. 387.
125. Le même au R. P. Provincial. Pou-tom, 30 Juin, p. 390.
126. Le R. P. Broullion, sup., à sa Mère. Chang-hai, 16 Juillet, p. 392.
127. Le P. Wuillaume à un P. de la Cie. Zi-ka-wei, 20 Juillet, p. 395.
128. Le P. Tinguy à un P. de la Cie. Zi-ka-wei, 25 Juillet, p. 404.

(Lettres Nouv. Missions : 1848—1851.)

129. Le R. P. Broullion, Sup., à un Père de la Cie. Zi-ka-wei, 4 Août, p. 410.
130. Le P. Taffin à un P. de la Cie. Tsan-ie, 15 Août, p. 411.
131. Le R. P. Broullion, Sup., à un P. de la Cie. Chang-hai, 13 Nov., p. 417.
132. Le P. Werner à un P. de la Cie. Tsum-ming, 14 Nov., p. 419.

Tome III, 1852-1860.

1852 :

133. Le P. Poissemeux à un P. de la Cie. Kim-Ka-tsam, 19 Février, p. 1.
134. Le P. Wuillaume au R. P. Provincial. Tsum-min, 21 Février, p. 5.
135. Le même au même. Tsum-min, 20 Février, p. 11.
136. Le même au R. P. Assistant de France. Tsum-min, 20 Février, p. 16.
137. Le R. P. Broullion, Sup., au R. P. Provincial. Chang-hai, 12 Mars, p. 19.
138. Le même au même. Chang-hai, 17 Juin, p. 21.
139. Le même à MM. les Memb. des Cons. centr. Zi-ka-wei, 16 Août, p. 25.
140. Le même à sa sœur. Zi-ka-wei, 17 Août, p. 32.
141. Le même au R. P. Provincial. Pu-né, 12 Sept., p. 34.
142. Le P. Werner au R. P. Provincial. Chang-hai, 17 Août, p. 35.
143. Le P. Lemaître à un Dir. du Grand Sém. du Mans. Chang-hai, 22 Nov., p. 37.

1853 :

144. Le P. Brueyre à un Père de la Cie. Hai-men, 15 Mai, p. 38.
145. Le P. Gotteland au R. P. Provincial. Tsam-ka-leu, 20 Août, p. 42.
146. Le P. Languillat au R. P. Provincial. Zi-ka-wei, 21 Septembre, p. 43.
147. Le P. Sentinier à sa Sœur, fille de la Charité. Wou-Si, 6 Octobre, p. 44.
148. Le P. Lemaître à Mlle ***. Chang-hai, 21 Octobre, p. 51.
149. Le P. Languillat au R. P. Provincial. Zi-ka-wei, 31 Octobre, p. 52.
150. Le P. Lemaître au R. P. Provincial. Chang-hai, 29 Novembre, p. 54.
151. Le P. Languillat à un Père de la Cie. Zi-ka-wei, 28 Décembre, p. 55.

1854 :

152. Le P. Languillat à un Père de la Cie. Zi-ka-wei, 13 Février, p. 57.
153. Le P. Lemaître au R. P. Provincial. Chang-hai, 30 Janvier, p. 57.
154. Le même à un Père de la Cie. Chang-hai, 26 Février, p. 58.
155. Le P. Keller à un Père de la Cie. Zi-ka-wei, 2 Mars, p. 59.
156. Le P. Gotteland à un Père de la Cie. Chang-hai, 1er Mai, p. 61.
157. Le P. Languillat à un Père de la Cie. Zi-ka-wei, 2 Mai, p. 65.
158. Le P. Keller au R. P. Provincial. Zi-ka-wei, 4 Mai, p. 67.
159. Le P. Languillat au R. P. Provincial. Zi-ka-wei, 4 Juin, p. 69.
160. Le P. Borgniet à un Père de la Cie. Zi-ka-wei, 7 Juin, p. 73.
161. Le P. Wuillaume à un Père de la Cie. Zi-ka-wei, 18 Juin, p. 74.
162. Le P. Pajot à un Père de la Cie. Zi-ka-wei, Juillet, p. 80.
163. Le P. Borgniet au R. P. Vice-Sup. de la Miss. Zi-ka-wei, 8 Juillet, p. 85.
164. Le P. Werner au R. P. Vice-Sup. de la Miss. Zi-ka-wei, 10 Juillet, p. 95.
165. Le P. Borgniet au R. P. Provincial. Zi-ka-wei, 31 Juillet, p. 112.
166. Le R. P. Fournier, Visiteur, au R. P. Provincial. Hong-kong, 12 Août, p. 113.
167. Le P. Lemaître à Mgr. l'Evêque du Mans. Chang-hai, 23 Août, p. 115.
168. Le P. Borgniet au R. P. Provincial. Zi-ka-wei, 23 Août, p. 117.
169. Le P. Wuillaume à un Père de la Cie. Chang-hai, 2 Septemb., p. 123.

(Lettres Nouv. Missions : 1852—1854.)

(Lettres Nouv. Missions : 1855—1856.)

Tome III, Seconde Partie, 1857-1860.

1857 :

(Lettres Nouv. Missions : 1856—1858.)

(Lettres Nouv. Missions : 1858—1859.)

Tome IV, 1861-1862.

Notice sur le cher frère Jean Vom, entré dans la Compagnie et décédé le 23 juin 1857, dans notre maison de Chang-hai, pp. 1/32.

(Lettres Nouv. Missions : 1859—1860.)

1861 :

359. Le P. Rabeau à un P. de Laval. Zi-ka-wei, 4 Janv., p. 1.
360. Le F. Sécher à son frère. Tom-ka-dou, 20 Janv., p. 4.
361. Le P. Ravary à sa famille. Chang-hai, 26 Janv., p. 8.
362. Le P. Leboucq à M. Debray, Sup. du petit séminaire de Séez (Orne). Pe-tché-li Mér.-Or., 28 Janv., p. 10.
363. Le P. Lemaître au R. P. Assistant. Chang-hai, 6 Février, p. 15.
364. Le même à l'Amiral Laguerre à Lorient. Chang-hai, 8 Fév., p. 16.
365. Le même aux PP. et FF. de Laval. Chang-hai, 15 Fév., p. 18.
366. Le F. Sécher à un F. Scolastique. Chang-hai, 16 Fév., p. 19.
367. Le F. Ferrand à un Scolastique. Chang-hai, 20 Fév., p. 21.
368. Le P. Ravary au P. Procureur des Missions à Paris. Chang-hai, 3 Mars, p. 22.
369. Mgr. Borgniet au R. P. Assistant. Chang-hai, 21 Mars, p. 30.
370. Le même aux Missionnaires de son Vicariat. Chang-hai, 25 Mars, p. 32.
371. Le P. Lemaître aux PP. et FF. de Laval, Zi-ka-wei, 4 Avril, p. 33.
372. Le F. Ferrand à un Scolastique de St.-Acheul. Chang-hai, 6 Avril, p. 35.
373. Le F. Guillon au R. P. Provincial. Tchang-kia-tchuang, 8 Avril, p. 36.
374. Le F. Sécher à un Scolastique. Chang-hai, 14 Avril, p. 37.
375. Le F. Launay à un Scolastique de Laval. Chang-hai, 29 Mars, p. 47.
376. Le F. Guillon à un F. Coadj. en France. Tchang-kia-tchuang, 16 Avril, p. 49.
377. Le P. Desjacques à son frère. Chang-hai, 23 Avril, p. 65.
378. Le P. Lemaître aux PP. et FF. de Laval. Zi-ka-wei, 1er Mai, p. 66.
379. Le même à l'Amiral Laguerre. Zi-ka-wei, 3 Mai, p. 68.
380. Le P. Brueyre au R. P. Provincial. Tum-kia-chuam, 20 Mai, p. 71.
381. Le R. P. Keller, Séminariste S. J. in Provincia Pe-tché-li. 20 Mai, p. 72.
382. Le P. Lemaître aux PP. et FF. de Laval. Chang-hai, 1er Juin, p. 74.
383. Le même aux mêmes. Zi-ka-wei, 2 Juillet, p. 76.
384. Le P. Rabeau à Mlle X... Cham-kia-tchuang, 12 Juillet, p. 79.
385. Le P. Bourdilleau à un P. en France. Zi-ka-wei, 15 Juillet, p. 84.
386. Le P. Lemaître au R. P. Provincial. Zi-ka-wei, 17 Juillet, p. 88.
387. Le F. Sécher à ses parents. Zi-ka-wei, 30 Juillet, p. 89.
388. Le P. Dovergne à un P. du Collége d'Amiens. Zi-ka-wei, 1er Août, p. 93.
389. Le P. Wuillaume au P. R... Zi-ka-wei, 12 Août, p. 95.
390. Le P. Clavelin au P. Socius. Chang-hai, 8 Sept., p. 97.
391. Le même au même. Chang-hai, 8 Sept., p. 101.
392. Le même au même. Chang-hai, 13 Sept., p. 104.
393. Le même au même. Chang-hai, 15 Sept., p. 108.
394. Le même au même. Chang-hai, 16 Sept., p. 113.
395. Le P. Launay aux Scolastiques de Laval. Chang-hai, 18 Sept., p. 114.
396. Le P. Rabeau au R. P. Provincial. Tchély Sud-Est, 29 Sept., p. 118.
397. Le P. Lemaître. Chang-hai, 5 Oct., p. 121.
398. Mgr. Languillat au R. P. Provincial. Tché-ly S. E., 19 Oct., p. 122.
399. Le P. Lemaître au R. P. Assistant. Chang-hai, 22 Oct., p. 124.
400. Le F. Ravary à un P. de Paris. Chang-hai, 24 Oct., p. 125.
401. Le P. Lemaître au R. P. Assistant. Chang-hai, 6 Nov., p. 128.
402. Mgr. Languillat au R. P. Provincial. Tchély S. E., 10 Nov., p. 129.
403. Le P. Lemaître à MM. les Dir. de la Prop. Chang-hai, 23 Nov., p. 131.
Etat de la Mission du Kiang-nan, 1er Juillet 1861, p. 133.
404. Le P. Hélot à M. Natalis Rondot. Pou-tong, 5 Déc., p. 135.
405. Le P. Leboucq à M. le Curé de Lonlay-l'abbaye (Orne). Tché-ly S. E., 7 Déc., p. 136.
406. Mgr. Borgniet à Mgr. Parisis. Hai-men, 8 Déc., p. 139.

(LETTRES NOUV. MISSIONS : 1861.)

407. Mgr. Languillat au T. R. P. Général. Tchély S. E., 8 Déc., p. 143.
408. Mgr. Languillat à un P. de la Cie. Tchély S. E., 8 Déc., p. 144.
409. Le F. Guéniot à son cousin. Chang-hai, 15 Déc., p. 145.
410. Le F. Ferrand à un Scolastique. Chang-hai, 17 Déc., p. 150.
411. Le F. Ferrand aux Scolastiques de Vals. Chang-hai, 23 Déc., p. 151.
412. Le P. Royer à sa famille. Zi-ka-wei, 25 Déc., p. 154.
413. Le P. Dubar au R. P. Provincial. A bord de l'*Assyrian*, 24 Avril, p. 155.

1862 :

414. Le P. Royer au P... Zi-ka-wei, 5 Janvier, p. 163.
415. Relation de la guerre des Zammos. Zi-ka-wei, 28 Janvier, p. 171.
416. Le P. Leboucq au P... Tchély S. E., 26 Janvier, p. 180.
417. Le P. Lemaître au P. Procureur des Missions. Chang-hai, 19 Février, p. 181.
418. Le même à un P. de la Cie. Chang-hai, 20 Février, p. 183.
419. Le P. Ravary au P. Procureur. Chang-hai, 21 Février, p. 184.
420. Le P. Desjacques... Chang-hai, 21 Février, p. 185.
421. Le P. d'Argy à ses parents. Zi-ka-wei, 21 Février, p. 186.
422. Le P. Ravary à un P. de la Cie. Chang-hai, 5 Mars, p. 187.
423. Le même à ... Chang-hai, 8 Mars, p. 192.
424. Le P. d'Argy à une bienfaitrice. Chang-hai, 19 Mars, p. 193.
425. Le même à un P. de Paris. Chang-hai, 19 Mars, p. 196.
426. Mgr. Languillat au R. P. Provincial. Tché-ly S. E., 21 Mars, p. 203.
427. Le P. Lemaître au P. Delvaux. Chang-hai, 23 Mars, p. 205.
428. Le P. Dubar à ... Chen-kia-hou, 23 Mars, p. 207.
429. Le P. Royer à une bienfaitrice. Zi-ka-wei, 30 Mars, p. 209.
430. Le même au P. V. Mertian. Zi-ka-wei, 2 Avril, p. 210.
431. Le P. Lemaître au R. P. Assistant. Chang-hai, 2 Avril, p. 211.
432. Le même au même. Chang-hai, 16 Avril, p. 212.
433. Le même à M. l'Amiral Laguerre. Chang-hai, 18 Avril, p. 212.
433 (*bis*). Mgr. Languillat au R. P. Provincial. Hien-hien, 26 Avril, p. 215.
433 (*ter*). Le P. Royer aux élèves de la Providence (Amiens). Zi-ka-wei, 25 Avril, p. 222.
434. Mgr. Languillat au T. R. P. Général. Tchang-kia-tchuang, 26 Avril, p. 227.
435. Le même à un Scolastique. Tché-ly S. E., 28 Avril, p. 228.
436. Le T. R. P. Général à Mgr. Borgniet. Rome, 10 Mai, p. 229.
437. Le P. Leboucq aux Novices d'Angers. Tchang-kia-tchuang, 2 Mai, p. 230.
438. Le P. Launay à ... Zi-ka-wei, 17 Mai, p. 232.
439. Extrait de plusieurs lettres. Chang-hai, ... Mai, p. 237.
440. Le F. Seckinger à un Scolastique de Metz. Zi-ka-wei, 29 Mai, p. 241.
441. Extrait de plusieurs lettres sur la mort de l'Amiral Protet. Mai, p. 248.
442. Le P. Ravary à ... 2 Juin, p. 249.
443. Le P. Leboucq à un Supérieur de Séminaire. Tchiang-kia-tchuang, 10 Juin, p. 252.
444. Mgr. Languillat au R. P. Provincial. Tché-ly S. E., 11 Juin, p. 253.
445. Le F. Hersant à un F. Coadjuteur. Zi-ka-wei, 13 Juin, p. 254.
446. Le P. Leboucq à M. Degrenne, Curé. Tché-ly S. E., 24 Juin, p. 257.
447. Mgr. Languillat à M. Degrenne. Tché-ly S. E., 25 Juin, p. 258.
448. Le P. Lemaître au R. P. Rubillon. Chang-hai, 29 Juin, p. 260.
449. Le P. Leboucq au R. P. Fessard. Wei-chien, 29 Juin, p. 261.
Mission du Tché-ly S. E. — Sacri ministerii Catalogus, 1861-1862, p. 263.
450. Le P. Sentinier au P. Nizard. Wou-si, 15 Juillet, p. 264.
451. Le P. Lemaître au R. P. Assistant. Zi-ka-wei, 17 Juillet, p. 272.
452. Le F. Hersant à un F. Coadjuteur. Zi-ka-wei, 18 Juillet, p. 273.
453. Extrait de plusieurs lettres sur la mort du P. Clavelin, 27 Juillet, p. 277.
454. Le P. Gonnet à M. le Dir. de l'Œuvre de la Ste.-Enfance. Kiang-nan, 18 Août, p. 278.

(LETTRES NOUV. MISSIONS : 1862.)

455. Le P. Lemaître au R. P. Assistant. Kiang-nan, 31 Juillet, p. 280.

Mission du Kiang-nan. — Ministères 1861-1862, p. 282.

456. Le P. Leboucq au R. P. Provincial. 3 Août, p. 282.

457. Extrait de plusieurs lettres, p. 284.

458. M. Fontanier, Consul de France, au P. Leboucq. Tien-tsin, 6 Août, p. 288.

459. Lettre sur la mort du P. Dovergne, p. 288.

460. Le P. Chevreuil au P. David, p. 289.

461. Le P. Lemaître au T. R. P. Général. Chang-hai, 18 Août, p. 291.

462. Le P. d'Argy à ses parents. Zi-ka-wei, 18 Août, p. 292.

463. Le F. Hersant à un F. de la Cie. Zi-ka-wei, Sept., p. 293.

464. Extrait d'une lettre. Sept., p. 295.

465. Extraits de deux lettres du F. Hersant. Sept., p. 296.

466. Mgr. de St. Dié au R. P. Lemaître. Issenheim, p. 297.

467. Le P. Leboucq à M. Bourgois, commandant de Vaisseau. 11 Sept., p. 298.

468. Mgr. Languillat à M. le Dir. de la Ste.-Enfance. Tchang-kia-tchuang, 12 Sept., p. 301.

469. Le P. Leboucq au même. Tchang-kia-tchuang, 12 Sept., p. 302.

470. Le P. Lemaître au R. P. Assistant. Chang-hai, 18 Sept., p. 305.

471. Le P. Leboucq au P. V. Mertian. Tché-ly S. E., 29 Sept., p. 306.

472. Le F. Hersant au F. Thorin. Zi-ka-wei, 4 Oct., p. 308.

473. Le P. Lemaître au R. P. Assistant. Chang-hai, 5 Nov., p. 309.

474. Le P. Launay à ses parents. Tien-tsin, 14 Nov., p. 310.

475. Le P. Leboucq au R. P. Foucault. Tcham-kia-tchuang, p. 311.

476. Le P. Lemaître au P. Basuiau. Chang-hai, 6 Déc., p. 311

477. Le F. Ferrand à un Scolastique à Poitiers. Chang-hai, 22 Déc., p. 312.

478. Le même à un Scolastique. Chang-hai, 22 Déc., p. 314.

479. Le P. Lemaître à M. le Colonel Schmitz. Chang-hai, 30 Déc., p. 316.

Cette collection forme ainsi 4 volumes, dont un double, le troisième qui est divisé en deux parties; ces lettres ne sont pas imprimées, mais autographiées; elles n'ont pas été mises en circulation dans le public et elles conservent encore le caractère de documents privés.

— Onuitgegeven Brieven van eenige Paters der Societeit van Jesus, Missionarissen in China, van de XVII^de^ en XVIII^de^ eeuw, met aanteekeningen, door P. Visschers, R. C. Priester. Arnhem, Josué Witz, 1857, in-8, pp. vi-185-iii.

Les lettres suivantes sont relatives à la Chine; à moins d'indications contraires, elles sont écrites en latin :

1. Le P. Ferd. Verbiest au P. de Rougemont; Pékin, 23 Janvier 1670; en flamand.
2. Le P. Phil. Couplet au P. God. Henschenius; Canton, 23 Nov. 1670.
3. Extrait d'une lettre du P. Ferd. Verbiest au P. Thomas Valgarneira; Pékin, Juillet 1671; en portugais.
4. Le P. Jean Bapt. Maldonado au P. Intorcetta; Macao, 10 Déc. 1671.
5. Le même au P. G. Henschenius; Macao, 20 Fév. 1672.
6. Le P. Pierre van Hamme au P. François van Callenberghe, Louvain; Canton, 25 Mars 1690.
7. Le même aux PP. Conrad Janning et D. Papebroch; Pékin, 14 Janvier 1703.
8. Le même au P. François van Callenberghe; Pékin, 16 Oct. 1704.
9. Le même au P. Janning; Pékin, 15 Janvier 1706.
10. Le même au P. Janning; Pékin, 20 Janvier 1706.
11. Le même au même; Pékin, 18 Oct. 1706.
12. Le même au même; Pékin, 16 Oct. 1707.
13. Le même au P. Aurelien de Baenst; Pékin, 20 Oct. 1707.
14. Le même au P. Janning; Pékin, 9 Janvier 1708.
15. Le même au même; Pékin, 22 Oct. 1707 (1708 ?).
16. Le même au même; Ex Imperio Sinensi, 26 Oct. 1710.
17. Le même au même; *Ibid.*, 5 Nov. 1710.
18. Le même au P...; *Ibid.*, 15 Oct. 1711.
19. Le même au P. Janning; *Ibid.*, 10 Oct. 1713.
20. Le même au même; *Ibid.*, 26 Janvier 1714.
21. Le même au même; *Ibid.*, 12 Nov. 1715.
22. Le même au même; *Ibid.*, 26 Sept 1716.
23. Le même au même; *Ibid.*, 25 Janv. 1717.

Cette lettre contient aussi le « Testimonium Domini Theodorici Pedrini clerici ». — Pekini, 14 Nov. 1716.

24. Le P. Pierre van Hamme au P. Janning; Ex Imperio Sinensi, 11 Oct. 1717.
25. Le même au même; *Ibid.*, 10 Oct. 1718.
26. Le même au même; *Ibid.*, 16 Janv. 1720.

Cette lettre contient aussi : Versio mandati imperatoris ad Rdum Dnum Theodorum Pedrini; — et : Versio mandati Imperatoris ad Rdum Pem Joannem Laureati, S. J. Visitatorem.

27. Le même au même; *Ibid.*, 14 Sept. 1720.

— El Correo Sino-Annamita ó Correspondencia de las Misiones del Sagrado Órden de Predicadores en Formosa, China, y Tung-king. Manila, Imprenta del Colegio de Santo Tomás, á cargo de D. Babil Saló. 1866, in-8, pp. 240.

Volumen Segundo : *Ibid.*, 1867, pp. 259 : à la fin 5 pages consacrées à : « Estado del Vicariato Oriental del Tung-king » (1864). — *Vol. Tercero* : *Ibid.*, 1868, pp. 179. — *Vol. cuarto* : Imp. del Col. de S. T. á cargo de E. Plana-Jorba, 1869, pp. 177. — *Vol. quinto* : Imp. del Col. de S. T. á cargo de A. Aoñz, 1870, pp. 129. — *Vol. sexto* : *Ibid.*, 1871, pp. 187. — *Vol. septimo* : *Ibid.*, 1871, pp. 210. — *Vol. octavo* : *Ibid.*, 1873, pp. 225. — *Vol. nono*, á cargo de P. Memije, 1874, pp. 246, sans l'état des Missions.

Ce recueil périodique contient les lettres écrites de Chine, de Formose et du Tong-king par les Dominicains espagnols à leurs supérieurs des îles Philippines; le dernier vol. que j'ai vu est le Vol. XXII, 1888, in-8.

— Les Missions Catholiques, Bulletin hebdomadaire de l'œuvre de la Propagation de la Foi. Lyon et Paris, in-folio à 2 col., avec gravures.

Tome I. Juin-Décembre 1868, 3 fr. 50.
— II. Janvier-Décembre 1869, 6 fr.
— III. Janvier-Octobre 1870, 4 fr. 50.
— IV. Octobre 1871 — Décembre 1872, 10 fr.
— V. Janvier-Décembre 1873, 10 fr.
— VI. Janvier-Décembre 1874, 10 fr.
— VII. Janvier-Décembre 1875, 10 fr.
— VIII. Janvier-Décembre 1876, 10 fr.
— IX. Janvier-Décembre 1877, 10 fr.

Se continue.

Les *Missions Catholiques* paraissent également en plusieurs langues étrangères :

Le Missioni Cattoliche, édition italienne des *Missions Catholiques*, paraissant à Milan, depuis le 6 Avril 1872.

Las Misiones Católicas, édition espagnole des *Missions Catholiques*, paraissant à Barcelone depuis le 5 Avril 1878.

Die Katholischen Missionen, édition allemande des *Missions Catholiques*, paraissant à Fribourg (Bade) depuis le 1er juillet 1873.

De Katholieke Missien geillustreed-Maandschrift, édition hollandaise des *Missions Catholiques*, paraissant à Bois-le-Duc, depuis le 15 février 1874.

Catholic Missions. A Monthly Illustrated Record in connection with the Society of the Propagation of the Faith. Publisher : J. Donovan, 27 Wellington Street, Strand, London. Vol. I, 1886.

Missye Katolickie. Czasopismo ilustrowane Miesięczne. Cracovie, mensuel.

A Kath. hitterjesztés Lapjai. Grand Varadin (Hongrie), mensuel.

∴

Outre les recueils que nous venons d'indiquer ou de dépouiller, il faudra consulter également :

— Les Annales de l'Œuvre de la Sainte-Enfance

Dont on a commencé à publier des extraits sous le titre de :

— Le Parterre de la Sainte-Enfance ou Recueil de traits édifiants, récits de fêtes, loteries, correspondances, etc., extraits des *Annales de la Sainte-Enfance*, par le R. P. J. Latour de la Compagnie de Jésus. Premier recueil (ce recueil contient les extraits des 23 premiers numéros). Le Mans, Leguicheux-Gallienne, 1874, in-12, pp. 302.

— Lettres [de Laval...], in-8.

Recueil autographié des lettres des Jésuites, non mis en circulation; commence avec les lettres du P. Twrdy à Mgr. Garnier, 20 oct. 1879.

Bib. nat. $\frac{O^{2}n}{736}$. — Incomplet.

— Chine et Ceylan — Lettres des Missionnaires de la Compagnie de Jésus (Province de Champagne). Abbeville, C. Paillart, 1898. Tome Premier, 1898-1900, in-8, pp. 384.

— — N° 1. — Novembre 1898.

I. — Notice sur la Mission du Tcheu-Li Sud-Est. Noms des Missionnaires, pp. 11/16.

II. — Un Procès difficile gagné par St. Joseph. Lettre du P. A. Wetterwald, pp. 17/35.

III. — Possédés du démon à Changts'uenn. Lettre du P. Hilt (district de Ho-Kien-Fou). [Tchang-Kia-tchoang, mai 1898], pp. 36/49.

IV. — Suites de l'occupation Allemande à Kiao-Tcheou. Lettre du P. du Cray. [Tientsin, 16 Mai 1898], pp. 49/50; Lettre du R. P. Maquet, 26 Mai 1898, pp. 50/53; Lettre du P. Gouverneur, Hien-Hien, 15 Juin 1898, pp. 53/59.

V. — Mouvement de conversions dans le Sud. Lettre du P. Jung. K'aitcheou, 5 juin 1898, pp. 60/61.

VI. — Traits de mœurs. Lettre d'un frère coadjuteur, pp. 61/63.

— Mission de Ceylan...

— — N° 2. — Avril 1899. Ibid., 1899.

I. — La chrétienté de Tchao-Kia-tchoang sur le pied de guerre. Journal du P. R. Isoré, 6 Novembre 1898, pp. 105/113.

II. — Petits métiers chinois : Forgeron, fondeur fabricant de tô-fou, pp. 114/125.

III. — Le P. Constant Hennequin. Nécrologie, pp. 126/130.

IV. — Visites mandarinales à Tchang-Kia-tchoang. Lettre du P. A. Wetterwald, pp. 131/136.

V. — Le mouvement Européen en Chine. Extraits de diverses lettres, pp. 137/140.

VI. — Jouets et bibelots d'Europe. Lettre du P. Mangin, pp. 141/143.

VII. — La Mission du Tcheu-Li Sud-Est. 1898, pp. 144/145.

— Mission de Ceylan...

— — N° 3. — Octobre 1899. Ibid., 1899.

I. — Le R. P. Joseph Mann, pp. 187/204.

Note sur le cimetière païen de la famille Tch'enn, pp. 205/6. (Extrait d'une lettre du P. Mangin.)

II. — Une des formes de la médecine chinoise, pp. 207/213.

La famille d'un sous-préfet, p. 214.

III. — Affaires de Weihien. — Consolations du missionnaire. Lettres du P. A. Wetterwald et du P. Remi Isoré au Rédacteur. Weits'ounn, 26 février 1899, pp. 215/229.

IV. — Les cloches. — Bru et belle-mère. Lettre du P. Mangin au P. Godfroy. Lou-Kia-tchoang, 13 janvier 1899, pp. 230/235.

V. — Varia. — A travers la Mission, pp. 236/245.

— Mission de Ceylan...

— — N° 4. — Avril 1900. Ibid., 1900.

I. — La Poste chinoise au Tcheu-li S. E. Lettre du P. Becker au F. Hamann à Reims. Tchang-kia-tchoang, 28 Août 1899, pp. 295/307.

II. — Mœurs bibliques en Chine. Lettre du P. Jung à un scolastique d'Enghien. Hien-hien, 20 septembre 1899, pp. 308/316.

III. — Jeunes filles à marier. Lettre du P. A. Wetterwald à un Père du Collège de la Providence à Amiens. Wei-tsounn, octobre 1899, pp. 317/321.

IV. — Les Chinois et la culture. Lettre du P. Gissinger au R. P. Provincial. Tchang-kia-tchoang, 23 janvier 1899, pp. 322/323.

V. — Une chasse extraordinaire. Lettre du P. Gaudissart au F. Kieffer. Koang-ping-fou, 22 Mai 1899, pp. 324/330.

VI. — Visite à Tai-ming-fou. Lettre du F. Kieffer à un frère coadjuteur en France. Tai-ming-fou, 20 Octobre 1899, pp. 331/336.

VII. — Nécrologie. Le P Léopold Gry, pp. 339/344.

— Mission de Ceylan...

— — [Tome II. — 1900-1901], in-8, pp. 510. N° 5. — Août 1900.

I. — La situation à l'heure présente. Par La Rédaction, pp. 5/7.

Les premières victimes, pp. 8/9.

II. — Les Boxeurs dans le Tcheu-li sud-est. (Juillet 1899—Avril 1900.) Relation du P. Mangin, pp. 11/51.

Appendices, pp. 51/53.

III. — Nouvelles complémentaires, pp. 54/70.

IV. — Nécrologie. Le P. Joseph Vuillemin, par E. Becker, S. J., pp. 71/74.

V. — Extraits de diverses lettres, p. 75.

— Mission de Ceylan...

— — N° 6. — Décembre 1900.

I. — En route pour la Chine. Extraits du journal de bord et des lettres du P. de Becquevort, S. J., pp. 111/114.

II. — A Tien-tsin pendant et après le siège. Lettres du P. du Cray et du P. Bosch, pp. 115/124.

III. — Blocus et résistance de la Résidence de Tchang-kia-tchoang près Hien-hien. D'après les lettres du P. Seneschal, Supérieur, et celles du P. Becker à sa sœur, aux Pères de Tien-tsin et au Consul de France, pp. 125/141.

IV. — La défense des chrétiens dans le Nord de la Mission, pp. 142/153.

V. — Tai-ming-fou et les districts du Sud, pp. 154/160.

VI. — Les « échappés », pp. 161/184.

VII. — Martyrs et Victimes, pp. 185/197.

VIII. — Appendice. Dernière lettre reçue du P. de Becquevort, pp. 197/8.

— Mission de Ceylan...

— — N° 7. — Mars 1901.

I. — Expulsion de Tai-ming-fou. Tribulations et vie errante de six missionnaires. Lettre du P. Gaudissart, pp. 259/274.

II. — Une armée chrétienne improvisée. Défense de Wei-tsuen. Extraits du journal du P. A. Wetterwald, pp. 275/314.

III. — Après la lutte. — Misère et ruines. Lettres des PP. Lomüller, Finck et Maquet, pp. 315/320.

IV. — Migration d'un village. — Quatre mois au Tcheu-li Ouest. Récit du P. Jung, pp. 321/331.

V. — La colonne de secours. Un Chevalier de la Légion d'honneur. Journal et lettres du P. de Becquevort, pp. 332/337.

VI. — Brigandages. Lettre du P. Baudoux, pp. 338/341.

VII. — Monseigneur Bulté et le P. Beck, pp. 341/342.

— Mission de Ceylan...

— — N° 8. — Septembre 1901.

I. — Siège de Fan-Kia-Kata par les Boxeurs. Récit du P. Bataille, pp. 381/411.

II. — La persécution. — Les chrétiens martyrs. Relation du P. Hilt sur les massacres dans le district de Siu-ning, pp 412/424.

III. — Le P. Becker décoré. Lettre du P. Gouverneur, pp. 425/430.

IV. — Misère et famine dans le Sud. Lettres des PP. Neveux, Finck et A. Wetterwald, pp. 431/435.

V. — La situation au Tche-li. Lettres du R. P. Maquet, pp. 436/444.

VI. — Nouvelles diverses. — Prévisions d'avenir, pp. 445/452.

VII. — Etat de la Mission en 1900, pp. 453/454.

— Mission de Ceylan...

— Chine, Ceylan, Madagascar. — Lettres des missionnaires français de la Compagnie de Jésus (Province de Champagne). Abbeville, C. Paillart, 1902, in-8, pp. 444.

— — N° 9. — Juin 1902.

— Souvenirs de la persécution.

I. — Les chrétiens du P. Simonel, par Gabriel Mathieu, S. J., pp. 7/13.

II. — Quelques victimes des Boxeurs au Ki-tcheou, par Paul Jung, S. J., pp. 13/15.

III. — Le catéchiste du P. Mangin, pp. 15/16.

— Devoirs funèbres et réparations.

I. — Recherches au champ des martyrs de Tchou-kia-ho, par Paul Wetterwald, S. J., pp. 17/23.

II. — Inventions des corps de plusieurs chrétiens, par Albert Wetterwald, S. J., pp. 23/27.

III. — Reprise de possession solennelle, par Raphaël Gaudissart, S. J., pp. 27/32.

IV. — Hier la fuite, aujourd'hui les honneurs, par Célestin Cézard, S. J., pp. 32/33.

— Sacre et installation de Mgr. Maquet. Retour de l'Empereur à Pékin.

I. — A Shang-hai, par Emile Japiot, S. J., pp. 34/36.

II. — De Tien-tsin à Pékin, pp. 36/44.

III. — Entrée solennelle de la Cour impériale à Pékin, pp. 44/51.

IV. — En route pour le Vicariat, par Philippe Leurent, S. J., pp. 51/52.

V. — A Tchang-kia-tchang : prise de possession par Paul Jubaru, S. J., pp. 52/56.

— Faux témoins contre les missionnaires, par Joseph Desmarquest, pp. 57/63.

— Echos et Nouvelles, pp. 64/75.

— Mission de Ceylan...

— Mission de Madagascar...

— — N° 10. — Septembre 1902.

— Entrée en Chine et premières impressions.

I. — Ta-kou et le débarquement, par Paul Jubaru, S. J., pp. 165/168.

II. — La Procure de Tien-tsin, par Philippe Leurent, S. J., pp. 168/171.

III. — Une tranche de vie chinoise, par Paul Jubaru, S. J., pp. 171/181.

— La langue française en Chine, par Paul Jung, S. J., pp. 182/3.

— Echos et nouvelles, p. 184.

— Mission de Ceylan...

— Mission de Madagascar...

— — N° 11. — Décembre 1902.

— Aux tombes des Martyrs, par Paul Jubaru, S. J., pp. 245/259.

— Des brigands héroïques, par Raphaël Gaudissart, S. J., pp. 260/263.

— Paix et guerre. — Extraits du Journal du P. Alb. Wetterwald, S. J., pp. 264/277.

— Révolte avortée, par les PP. Julien Mongot, S. J., Finck, Becker, Jubaru, Seneschal, Wetterwald, Gaudissart, Leurent, etc., pp. 278/285.

— Echos et Nouvelles, pp. 286/292.

— Etat de la Mission en 1902, p. 293.

— Mission de Ceylan...

— Mission de Madagascar...

— — N° 12. — Mars-Juin 1903.

— Mœurs païennes. — Lettre du P. E. Hopsomer aux Elèves de l'cole Apostolique de Thieu. (Hien-hien, 16 Sept. 1902), pp. 349/352.

— Tribunaux & Prisons, par Albert Wetterwald, S. J., p. 353.

(Chine, Ceylan, Madagascar.)

— Débuts dans la langue chinoise. — Lettre du P. Henri Viot, S. J., à sa mère. Ma-kia-tchoang, 8 Décembre 1902, pp. 354/356.

— Fonte de cloches et de canons. Lettre à une Bienfaitrice, par Albert Wetterwald, S. J., pp. 357/361.

— Le Musée chinois de la procure des Missions, par Un visiteur, Noël Goû, pp. 362/370.

— Echos et nouvelles, pp. 371/377.

— Mission de Ceylan...

— Mission de Madagascar...

— — N° 13. — Septembre 1903.

— Premiers Ministères apostoliques, par Philippe Leurent, S. J., pp. 7/17.

— Une famille chrétienne pendant la guerre des Boxeurs. [Traduit du Chinois par le P. Henri Viot]. pp. 18/21.

— Le chant des prières. Lettre à un musicien par Albert Wetterwald, S. J., pp. 22/27.

— Imprimerie de la mission catholique à Hien-hien (Ho-kien-fou) par Paul Wetterwald, S. J., pp. 28/34.

— Echos et nouvelles, pp. 36/43.

— Mission de Ceylan...

— Mission de Madagascar...

— — N° 14. — Décembre 1903.

— L'école française de Tai-ming-fou, par Emile Becker, S. J., et Maurice Courant, pp. 125/131.

— De King-tcheou à Hien-Hien, par Célestin Cézard, S. J., pp. 132/146.

— Martyrs du village de Chan-tsuen, par Albert Vinchon, S. J., pp. 147/154.

— Echos et Nouvelles, pp. 155/170.

— Etat de la Mission en 1903, pp. 171/172.

— Mission de Ceylan...

— Mission de Madagascar...

— — N° 15. — Mars 1904.

— Fan-Kia-Kata — Histoire d'une réduction chrétienne au Tche-li, par Jules Bataille, S. J., pp. 245/257.

— Rapports des missionnaires au Vicaire apostolique. Sur l'année 1902-1903. — I. — District du Ho-kien oriental, par Joseph Siao, S. J., pp. 258/9. — II. — District du Wei-hien, par Omer Neveux, S. J., pp. 259/262. — III. — District du Koang-ping-hien, par Joseph Hœffel, S. J., pp. 262/266.

— Les funérailles du P. Lomuller. — I. — De Tchao-kia-tchoang à Tchang-kia-tchoang, par Henri Lécroart, S. J., pp. 267/274. — II. — A l'intérieur de Tchang-kia-tchoang, par Paul Jubaru, S. J., pp. 274/281. — III. — Détails complémentaires, par Raphaël Gaudissart, S. J., pp. 282/284.

— Echos et nouvelles, pp. 285/291.

— Mission de Ceylan...

— Mission de Madagascar...

— — N° 16. — Septembre 1904.

— En Chine par le Transsibérien, par Séraphin Rivat, S. J., pp. 385/404. — Autour du Chemin de fer, par Raphaël Gaudissart, S. J., pp. 405/407. — Chine chrétienne & Chine païenne, par Albert Wetterwald, S. J., pp. 408/431. — Echos et nouvelles, pp. 432/446.

— Mission de Ceylan, pp. 447/462.

— Mission de Madagascar, pp. 463/510.

— — N° 17. — Décembre 1904.

— Mission de Chine : Une ordination de prêtres chinois. Par Charles Héraulle, S. J., pp. 7/14. — Païens et protestants dans le Ki-tcheou. Par Philippe Leurent, S. J., pp. 15/27. — Les voleurs de grands chemins. Par Omer Neveux, S. J., pp. 28/30. — Echos et nouvelles, pp. 31/39. — Etat de la Mission en 1904, pp. 39/40.

— Mission de Ceylan, pp. 43/64.

— Mission de Madagascar, pp. 67/118.

— Relations de Chine, N° 1, 1903, Kiang-Nan. Gr. in-8 carré, pp. 80. [Directeur-Gérant : Emmanuel Rivière, ing. E. C. P. — Imprimeries réunies du Centre, Tours et Blois. — Emmanuel Rivière.] Ill.

(Chine, Ceylan, Madagascar.)

33*

A nos Bienfaiteurs. — Des difficultés & des moyens indirects de l'apostolat parmi les païens. Par S. Bizeul. — Le Catéchuménat au district de Péi-hien, par J. Van Dosselaere, S. J. — Les Orphelins du Clairon : Lettre du P. Ducoux. — Les Musulmans de Po-t'cheou et leur Marabout : Lettre du P. Dannic. — Les Rogations aux environs de Po-t'cheou, par J. Dannic. — A quoi servent les pétards, par L. Gain. — Boutons et médailles : Ext. d'une lettre du P. J. Ducoux. — Nécrologie [Zottoli, Durandière, Terrien]. Variétés : I. L'encre de Chine, par A. Fauvel. — II. Du sauvetage du soleil ou de la lune dans une éclipse. — Echos & Nouvelles.

— Relations de Chine, N° 2, 1903, Kiang-Nan, pp. 81 à 143.

Le pèlerinage de N. D. Auxiliatrice à Zo-cé. — Le Nganhoei durant le soulèvement des Boxeurs, par F. Lémour. — Episode de vacances — Journal de voyage du P. J. Dannic, S. J. — Le Sen-mou-yeu. — Quelques notes de la Supérieure de l'établissement. — Honneur au clairon! — Extrait de l'*Echo de Chine*, par Viator. — Echos et Nouvelles. — Nécrologie [Le Père Jean Bedon, le Père Geslin, le frère Léon Mariot, le Père Stanislas Bernier].

— Relations de Chine, Janvier 1904, Kiang-Nan, pp. 145 à 210.

Deux audiences du Saint-Père. — Le 300e anniversaire du baptême de Paul Zi-ko-lao, par E. Moreau, S. J. — La chrétienté de Tang-Chan. — Lettre du P. Dannic au R. P. Recteur de Zi-ka-wei [Po-tchéou, 21 Juin]. — A propos d'un brigand — Episode de la conversion du Siu-tcheou-fou. Relation du P. L. Gain, S. J. — Excursion dans le Ngan-hoei — Extrait d'une lettre du P. R. Gratien à un ami. — Ile de Tsong-ming (Ho-so orientale) — Relation annuelle du P. J. Le Chevallier, S. J., à Monseigneur Paris. — District de Ngan-K'ing. — Relation annuelle du P. Lémour à Monseigneur Paris. — La Police en Chine. — Etude de Mœurs — Extrait d'une lettre du P. Lémour, Ngan-K'ing. — Variétés — Causerie sur la Médecine Chinoise, par le Père S. Bizeul. — Echos et Nouvelles. — Départs de missionnaires — Nécrologie [le R. P. Louis Chauvin, S. J. (1834-1903)].

— Relations de Chine, Avril 1904, Kiang-Nan, pp. 211 à 274.

Echo de Tsong-min (Extrait du journal du Père Le Chevallier, S. J.). — Un peu de statistique — Quelques notes du P. Gandar. — Relation annuelle du P. Desnos Lou-Ngan. — District de Leou-fang. — Relation annuelle du P. de la Sayette, Haimen, district de Siao-So. — Les fêtes — Noël à Zi-ka-wei. — Des noms de personnes en Chine, par J. Ducoux, S. J. — Variétés : Causerie sur la médecine chinoise, par le Père S. Bizeul (Suite) — Echos & Nouvelles.

— Relations de Chine, Juillet 1904, Kiang-Nan, pp. 275 à 338.

Le P. Jean-Marie Gouraud et son œuvre. Par Pierre, S. J., pp. 275/283. — La Sainte Vierge & les Chrétiens chinois. Par A. Pierre, pp. 284/287. — Au Siu-tcheou fou. Lettre du P. Gain à Monseigneur Paris, pp. 288/291. — De Marseille à Chang-Hai, pp. 292/303. — Au pays des Catéchumènes. Lettre du P. V. David. Tche-teou-fou, 25 avril 1904, pp. 304/308. — Impressions d'un nouveau Missionnaire. Lettre du P. Allain, pp. 309/318. — Le P. Joseph Guy. Nécrologie, pp. 319/326. — Causerie sur la médecine chinoise. Par le Père S. Bizeul, pp. 327/331. — Echos et nouvelles, pp. 332/338.

— — Octobre 1904, Kiang-Nan, pp. 339 à 402.

De Marseille à Chang-Hai, pp. 339/350. — Extrait d'une lettre du P. Grémillon, pp. 351/356. — L'Observatoire de Zi-ka-wei. Par Paul Mellon, pp. 357/360. — Les scolastiques en vacances. Lettres du P. Hermand à sa mère, pp. 361/371. — Vincent Mao et l'origine d'une chrétienté par le P. Dannic, pp. 372/381. — Boniface. Lettre du P. Dannic à Mgr. Paris, pp. 382/5. — Causeries sur la médecine chinoise. Par le Père S. Bizeul [fin], pp. 387/396. — Echos et nouvelles, pp. 397/402.

— — Janvier 1905, Kiang-Nan, pp. 403 à 466.

Le Culte de la Très Sainte Vierge dans la Mission du Kiang-Nan. Par le P. Edmond Moreau, S. J., pp. 403/416. — Relation annuelle du P. Gain à Mgr. Paris. — I. La propagation de l'Evangile au Siu-Tcheou-Fou (1903/1904). — II. L'Œuvre de la Sainte-Enfance au Siu-Tcheou-Fou, pp. 417/425. — Tableau des Œuvres pendant l'année apostolique (Juillet 1903 à Juillet 1904), p. 426. — De Marseille à Chang-hai [suite], pp. 427/438. — Prisons de Po-tcheou. Par J. Dannic, S. J., pp. 439/443. — Les Scolastiques en vacances. Lettres du P. Hermand à sa mère [suite], pp. 444/456. — Echos et nouvelles, pp. 457/466.

4° *VIES DES MISSIONNAIRES CATHOLIQUES.*

Cimetières catholiques de Pe-king.

Il y a à Pe-king trois cimetières catholiques : 1° le cimetière appelé portugais (*Cha la eul*); 2° le cimetière dit *français*; 3° le cimetière dit des *Franciscains* ou du *Si-t'ang*.

Le cimetière portugais est le plus ancien, ancienne propriété d'un eunuque, il a été cédé par l'Empereur aux Jésuites sur la demande du P. Pantoja après la mort du P. Ricci; les tombes, qui sont au nombre de 88, se composent de grandes pyramides rectangulaires, plus larges qu'épaisses, surmontées d'une pièce sculptée, représentant, dans la majorité des cas, deux dragons enlacés. Le tombeau de Schall est plus important et comprend, comme pour les sépultures chinoises, divers monuments de marbre rangés symétriquement de chaque côté. Au fond du cimetière, il y a un autel; deux marches conduisent à une première plateforme sur laquelle sont placés des vases de marbre de forme chinoise (brûle-parfum surmonté d'une croix, etc.); huit autres marches de chaque côté de cette plate-forme conduisent à l'autel proprement dit; à droite et à gauche de la porte d'entrée, il y a des monuments dédiés à des saints.

Le cimetière des Franciscains est le plus petit des trois; il est situé près du cimetière précédent, de l'autre côté de la route; six des pierres tombales n'ont pas d'inscription; les autres sont incomplètes et difficiles à déchiffrer.

Le cimetière français contient des pierres tombales semblables à celles des deux autres cimetières. J'ai marqué l'emplacement des tombes des anciens missionnaires; Mgr. Favier qui a 60 nos., dans son livre sur *Peking*, donnant également les nouveaux, y comprend Mgr. Delaplace et Mgr. Tagliabue. Au fond, on y a érigé un autel dans le genre de celui du cimetière portugais. A l'entrée, il y a une rangée de chênes d'une cinquantaine d'années environ. Les points noirs sur les deux plans précédents représentent de jeunes cyprès; le cimetière portugais est envahi d'arbres et d'arbustes que l'on coupe tous les ans pour servir au chauffage des indigents.

On comprendra sans peine l'intérêt historique qui s'attache à ces monuments dévastés pendant les évènements de 1900; aussi n'avons-nous pas hésité à en donner les plans qui n'avaient jamais été publiés avant ma première éd., Mgr. Favier a publié dans son ouvrage sur *Peking* des plans de ces cimetières, p. 142 (*Cha-la-eul* en 1610, d'après Trigault); 172 (sous K'ang-hi); 242, à la date de publication; p. 324 (Cimetière français); p. 200 (*Si-t'ang*); ils ont été levés exprès pour nous par deux prêtres de la Congrégation de la Mission, auxquels nous adressons nos bien sincères remerciements. Nous ajoutons à ces plans la liste des missionnaires enterrés dans ces cimetières, liste que nous avions commencé à dresser à Pe-king, mais qui a été achevée par l'un des missionnaires dont nous parlions plus haut, le P. Provost.

J'avais indiqué col. 222/3, à l'article consacré à Pe-king, quelques documents relatifs à l'histoire du cimetière portugais. On pourra y ajouter :

Une lettre de Mgr. Guillemin sur le cimetière français (Voyage à Pe-king) insérée dans le recueil des lettres de ce Prélat (voir *infra* à son nom), Mgr. Guillemin donne, pp. 107/108, les inscriptions des tombeaux du P. Parrenin et du F. Attiret. Dans le plan que je publie, on a négligé de numéroter le tombeau de ce frère ainsi que celui de Joseph Delpon, des Miss. Et. — La let. de Mgr. Mouly est du 12 Oct. 1835; elle a été insérée dans les *Annales de la Prop. de la Foi*, X, pp. 108 et seq. — *Peking*, par Mgr. Favier (col. 218).

1° *Cimetière portugais* (Cha-la-eul 滕公栅欄 *T'êng kōng tchâ-lân*, c'est-à-dire la «Barrière de l'honorable T'êng», à cause d'un eunuque du Palais, enterré à proximité. C'est là le nom officiel relevé par M. A. Vissière sur des pierres tombales; mais le nom ordinaire correspond à 石欄 *Chê-lân*, ou 石欄兒 *Chê-lâ eul*, «Barrière de pierre»).

CIMETIÈRE DE CHA-LA-EUL A PE-KING.

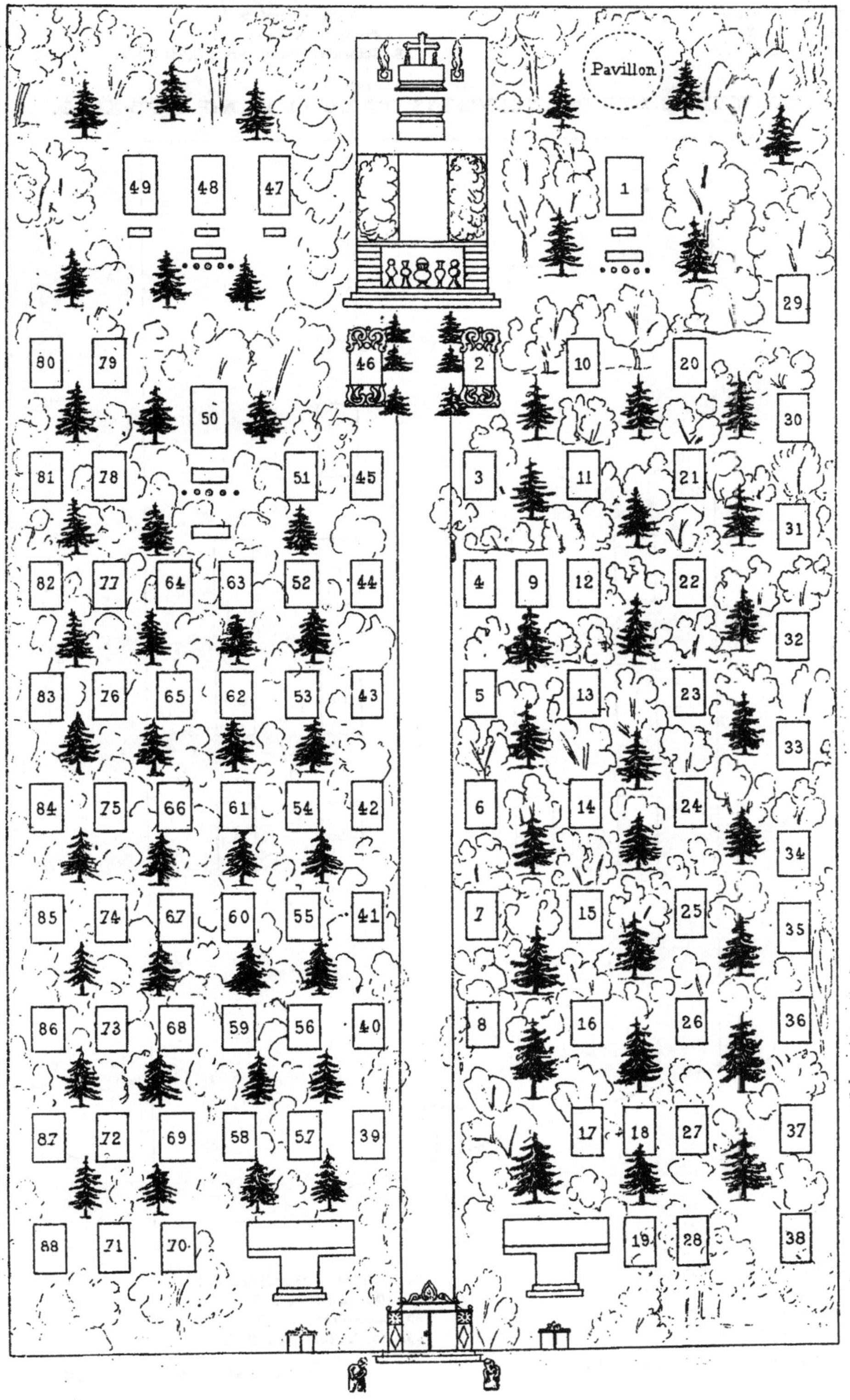

1. *Matteo* Ricci, S. J.
2. *Ferdinand* Verbiest, S. J.
3. *Antoine* Thomas, S. J.
4. *Léopold* Liebstein, S. J.
5. *Guillaume* Bonjour, Aug.
6. *Kilianus* Stumpf, S. J.
7. *François* Cardoso, S. J.
8. Rosario (Chinois), Frère Coadj., S. J.

CIMETIÈRE DES FRANCISCAINS OU DU SI T'ANG A PE-KING.

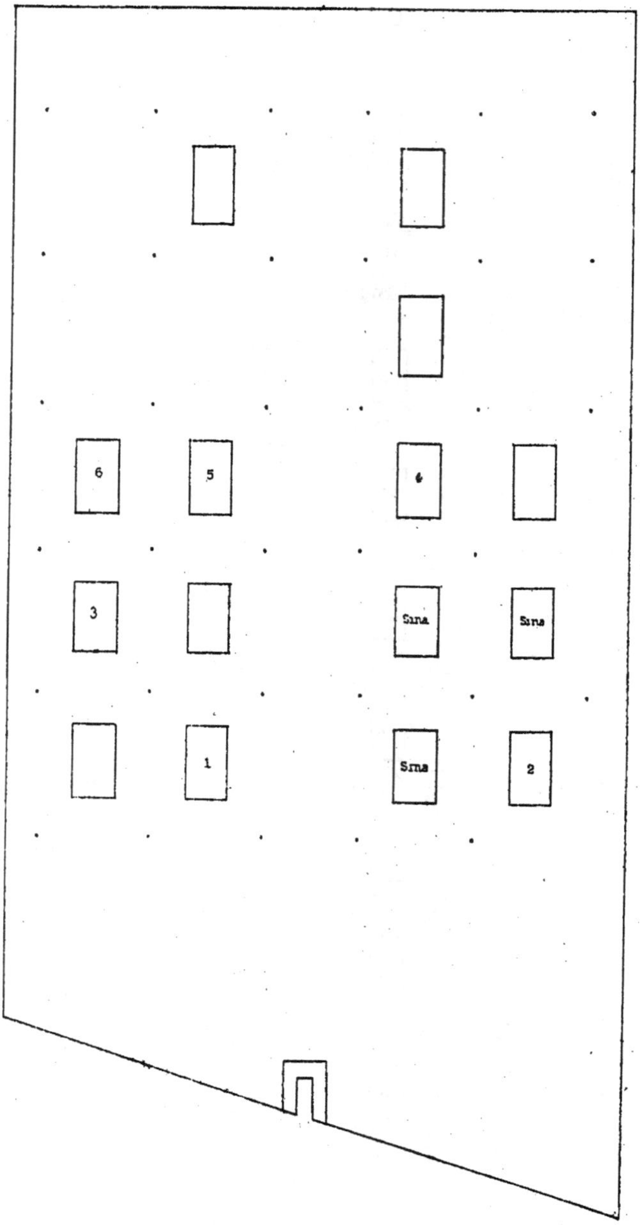

9. *Cajetan* Pires, Ev. Cong. Mission.
10. *Jacques* Rho, S. J.
11. *Dominique* Coronatus, Franc.
12. *Gabriel* de Magalhães, S. J.

(Cimetières cath. de Pe-king.)

13. *Antoine* de Magalhães, S. J.
14. *Charles* Dolzé, S. J.
15. *Louis* Pernon, S. J.
16. *Charles* Slaviszek, S. J.

(Cimetières cath. de Pe-king.)

17. Sans épitaphe.
18. Sans épitaphe.
19. Sans épitaphe.
20. *Jean* Terenz, S. J.
21. *Nicolas* Longobardi, S. J.
22. *Emmanuel* de Sequeira (Chinois), S. J.
23. *Louis* Buglio, S. J.
24. *François* Simõis, S. J.
25. *Charles* de Broissia, S. J.
26. *Paul* de Mesquita, S. J.
27. *Paulus* Cruce (Prêtre chinois).
28. Sans épitaphe.

CIMETIÈRE FRANÇAIS A PE-KING.

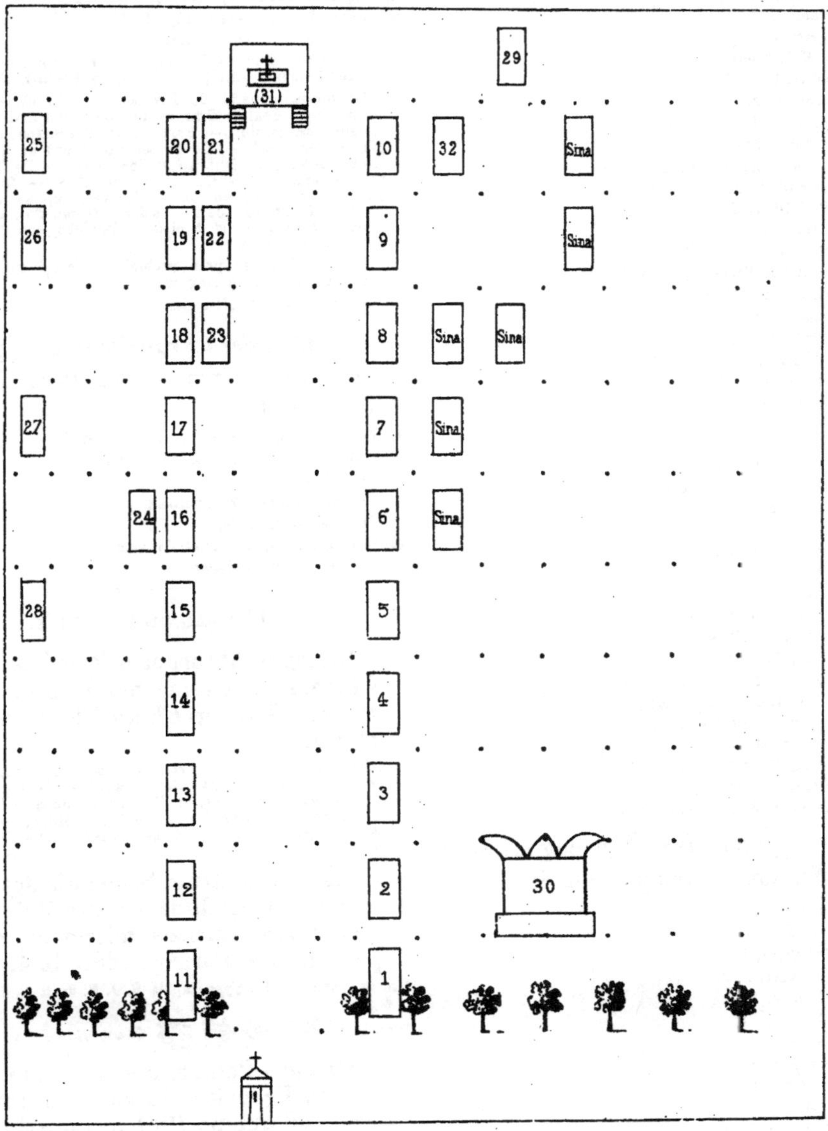

29. Christophorus (Chinois), Frère Coadj., S. J.
30. Mendez (Chinois), Frère Coadj., S. J.
31. *Pierre* Frapperie, Frère Coadj., S. J.
32. *Bernard* Rhodes, Frère Coadj., S. J.
33. *Jacques* Brocard, Frère Coadj., S. J.
34. *Joseph* Baudino, Frère Coadj., S. J.

(Cimetières cath. de Pe-king.)

35. *François* Lalado (Macaiste), sous-diacre.
36. *François* Stadlin, Frère Coadj., S. J.
37. *Paul* Loefro (Chinois), Frère Coadj., S. J.
38. *Gregorius* a Cruce (Macaiste), prêtre.
39. *Joseph* d'Espinha, S. J.
40. *Joseph* Suarez, S. J.

(Cimetières cath. de Pe-king.)

41. *Pierre* du Tartre, S. J.
42. *Pierre* Jartoux, S. J.
43. *François* Tillisch, S. J.
44. *Philippe* Grimaldi, S. J.
45. *Gaspar* Castner, S. J.
46. *Thomas* Pereyra, S. J.
47. *Alexandre* de Gouvea, Ev. Franc.
48. *Polycarpe* de Souza, Ev. S. J.
49. *François* Magida Dervio, Ev. Franc.
50. *Jean Adam* Schall, S. J.
51. *Florianus* Bahr, S. J.
52. *Antoine* Gogeisl, S. J.
53. *Augustin* de Hallerstein, S. J.
54. *Ignace* Sichelbarth, S. J.
55. *Felix* da Rocha, S. J.
56. *Jean* de Seixas, S. J.
57. *Eusèbe* Acifiadeila, Franc.
58. *Crescentianus* ab Eporedia, Franc.
59. *Jacques* Antonini, S. J.
60. *Ehrenbert* Fridelli, S. J.
61. *André* Pereyra, S. J.
62. *Ignace* Kögler, S. J.
63. *Dominique Joachim* Ferreyra, Cong. Miss.
64. *Joseph* Ribeiro, Cong. Miss.
65. *Antoine* Gomez, S. J.
66. *Dominique* Pinheyro, S. J.
67. *Charles* de Rezende, S. J.
68. *Barthélemy* de Azevedo, S. J.
69. *Paul* Lieou (Chinois), S. J.
70. *Antoine* Duarte (Chinois), prêtre.
71. *Jean* Simonelli, S. J.
72. *Jean* Régis (Chinois), S. J.
73. *Joseph* de Aguiar (Chinois), S. J.
74. *Louis* Fan (Chinois), S. J.
75. *Jean* Walter, S. J.
76. *Joseph Bernard* de Almeida, S. J.
77. *Ignace* Francesco, S. J.
78. *André* Rodriguez, S. J.
79. *Antonius* a Purificatione, Franc.
80. *Joannes* a Remediis (Macaiste), prêtre.
81. *Joseph* Seraiva (Chinois), S. J.
82. *Joseph* Castiglione, Frère Coadj., S. J.
83. *Emmanuel* de Mattos, Frère Coadj., S. J.
84. *Ferdinand* Moggi, Frère Coadj., S. J.
85. *Ignace* Hou (Chinois), S. J.
86. *Joseph* da Costa, Frère Coadj., S. J.
87. *Jean* Hou (Chinois), Frère Coadj., S. J.
88. *Paul* Kia (Chinois), Frère Coadj., S. J.

2° *Cimetière «français»* (Tch'eng-foû-sseu 正福寺, nom de temple chinois).

1. *François* Bourgeois, S. J.
2. *Jean* Collas, S. J.
3. *Pierre Martial* Cibot, S. J.
4. *Hubert* de Méricourt, S. J.
5. *Pierre* de la Baume, S. J.
6. *Louis* des Roberts, S. J.
7. *Joseph* de Mailla, S. J.
8. *Dominique* Parrenin, S. J.
9. *Jean-Baptiste* Régis, S. J.
10. *Joachim* Bouvet, S. J.
11. *Joseph Marie* Amiot, S. J.
12. *Matthieu* de Ventavon, S. J.
13. *Dieudonné* Dollières, S. J.
14. *Michel* Benoit, S. J.
15. *Alexandre* de la Charme, S. J.
16. *Antoine* Gaubil, S. J.
17. *Pierre* d'Incarville, S. J.
18. *Valentin* Châlier, S. J.
19. *François-Xavier* Dentrecolles, S. J.
20. *Robert* Hanna, Cong. Miss.
21. *J. Joseph* Ghislain, Cong. Miss.
22. *Jean François* Gerbillon, S. J.
23. Raux, Cong. Miss.
24. *Martial* Mouly, Ev. Cong. Miss.
25. *Etienne* Rousset, Frère Coadj., S. J.
26. *Léonard* de Brossard, Frère Coadj., S. J.
27. *Ægidius* Thébault, Frère Coadj., S. J.
28. *Louis* Bazin, Frère Coadj., S. J.
29. *Jean* Damascene, Ev. Aug.
30. Monument élevé à la mémoire des Français morts pendant l'expédition de Chine [reproduit dans *Pe-king*, Favier, p. 269] :

Collineau, général de Division. — Dubut, Sous-intendant militaire. — Foullon Granchamps, Colonel d'Artillerie. — Livet, Colonel du génie. — Gary, chef d'escadron d'artillerie. — Marie, Cap. d'art. — De Monterrant, Lieut. au 2e Chasseurs. — De Roquefeuille, Lieut. au 2e Chasseurs. — De Dumas, Cap. au 2e Chasseurs. — Vazeilles, Cap. au 101e. — Drion, Lieut. au 101e. — Joly, Cap. au 102e. — Loubet, Cap. au 102e. — Grand-Perrier, Lieut. au 102e. — Ader, officier d'administration. — Ozouf, Chasseur au 2e à pied. — Bonicho, soldat. — Blanquet, Infirmier militaire.

31. Monument à peu près semblable à celui qui se trouve au fond du cimetière portugais.
32. *Etienne* Devaut. Miss. étr.

3° *Cimetière des «Franciscains»*. (西堂墳地 *Si-t'ang fên-tí,* Cimetière de l'Eglise de l'Ouest.)

1. *Joseph François* Deturige, Cong. Miss. ?
2. Archan, Carme déchaussé, Milanais.
3. Pedrini, Cong. Miss.
4. *Joannes* Crucieris ? Napolitain.
5. *Angelus* Burgo, Franc.
6. *Seraphinus* Bapta, Carme déchaussé.
7. *Paul* Li, prêtre indigène.

(CIMETIÈRES CATH. DE PE-KING.)

COMPAGNIE DE JÉSUS.

— Catalogus librorum a Patribus nostris in Chinensis Ecclesiae incrementum conscriptorum. (Kircheri *China illustrata*, pp. 117 et seq.)

Imprimé pp. 158 et seq. de l'éd. française de l'ouvrage de Kircher ; les pères suivants sont cités : Matthieu Riccius. — Nicolas Trigaut, natif de Douay, en Flandre. — Jacques Rho, Milanais. — Alfonse Vagnonius, Turin. — Jean Térence. — Alvarez Semedo. — Phil. Marin. — Michel Boime. — Martin Martinius de Trente.

— Catalogus Patrum Societatis Jesu... E sinico latinè redditus a Patre Philippo Couplet Belga sinensis missionis in Urbem procuratore. Parisiis, 1686, in-4, pp. 48.

Des ex. portent : Ex Typographia R. J. B. de la Caille. (Sommervogel.)

D'après le 聖教信證 *Cheng kiao sin tcheng.*

— Catalogus Patrum Soc. Jesu qui post obitum S. Francisci Xaverii ab anno 1581, usque ad annum 1681 in Imperio Sinarum Jesu Christi fidem propugnârunt, ubi singulorum nomina, ingressus, praedicatio, mors, sepultura, libri sinicè editi recensentur. — E sinico latinè redditus a P. Philippo Couplet.

(CATALOGUS PATRUM S. J.)

A la suite de l'*Astronomia europaea*, du P. Verbiest, Dilingae, 1687.

— Catalogus Patrum Societatis Jesu, qui post obitum S. Francisci Xaverii, primo saeculo, sive ab anno 1581, usque ad 1681, in imperio Sinarum Jesu-Christi fidem propagārunt. — Ubi singulorum nomina, patria, ingressus, praedicatio, mors, sepultura, libri Sinicè editi recensentur, in-4 de 38 pages.

Autographié à Paris. Ce Catalogue contient les noms de 105 Pères. On trouve pp. 31 et seq. : « Cat. lib. mathematicorum, physicorum et philosophicorum, sinicè scriptorum editorumque a Missionariis Societ. Jesu ». (Ext. de C. de Murr, *Litterae patentes Imperatoris Kang-hi*, pp. 32/40 [voir col. 638]).

— Catalogus Patrum et Fratrum qui a renata Societate Jesu in Missiones Kiang-nan et Tcheli venerunt. Chang-hai, 1863, in-4, autographié.

— Catalogus Patrum ac Fratrum a renata Societate Jesu in Missionibus Kiang-nan et Tché-li. Shang-hai, 1867, in-4.

149 pères.

— Catalogus Patrum ac Fratrum e Societate Jesu qui a morte S. Fr. Xaverii ad annum MDCCCLXXII Evangelio Xti propagando in Sinis adlaboraverunt. Pars prima. Shang-hai, Typis A. H. De Carvalho, 1873, in-8, pp. 91, s. 2 ff. prél., pour le tit. et la préf.

Ce Catalogue, fruit de nombreuses et patientes recherches, a pour auteur le R. P. A. Pfister. — Il est divisé en deux parties : Catalogus Patrum ac Fratrum ab anno 1552 ad annum 1779. (No. 1-456.) — Cat. Pat. ac Fratrum ab anno 1842 ad annum 1873. (No. 457-648.) — Ces Cat. sont suivis de : Index alphabeticus sociorum. — Elenchus I. Episcoporum et Vicariorum apostolicorum Soc. Jesu in Sinis ; II. Visitatorum Missionis sinicae ; III. Vice-Provincialium ; IV. Superiorum Missionis gallicae ; V. Residentiarum in variis provinciis anno 1720 ; — Corrigenda et Addenda.

Les Cat. sont divisés en colonnes comprenant les faits relatifs à chaque missionnaire : Nomina ; Cognomen sinicum ; Praenomen sinicum ; Nomen sinicum ; Pronuntiatio ; Patria ; Ortus ; Ingressus ; Adventus in Mission. ; Gradus ; Obitus ; Locus sepulturae.

— A. M. D. G. — Catalogus patrum ac fratrum S. J. qui a morte S. Francisci Xaverii ad annum MDCCCXCII Evangelio Christi propagando in Sinis adlaboraverunt. Chang-hai, Ex typographia Missionis catholicae in Orphanotrophio Tou-sè-wè. — 1892, in-8, 5 ff. n. c. p. l. tit., front. grav., etc. + pp. 52 [Pars prima] + 2 ff. n. c. [Praefatio] + pp. 58 [Pars secunda] + 7 ff. n. c. [Appendix].

Cette nouvelle édition est datée et signée : « Zi-ka-wei, die 31 Julii 1892, S Ignatio Patri sacra. Aloysius Ma SICA S. J. »

La première partie comprend le *Cat.* ab anno 1552 ad annum 1779 ; la deuxième partie, ab anno 1842 ad annum 1892.

Dans l'appendix on trouvera : I. Status Missionis *Kiang-nan* 1842—1892 [carte]. — II. Missio *Tché-li mérid.-or.* [carte]. — III. Elenchus vic. ap., visitat., superior. reg. S. J. in missionibus Kiang-nan et Tché-li.

Une troisième éd. est sous presse (1905).

— On trouvera dans *Notes and Queries on C. & J.*, les noms chinois de quelques-uns des missionnaires catholiques qui vivaient à Péking au XVIIe siècle ; les catalogues que nous venons de citer rendent d'ailleurs ces notes parfaitement inutiles.

Vol. 1, p. 108, par W. F. M.(ayers). — Vol. I, p. 125, par E. C. T.(aintor). — Vol. I, p. 125, par J. E.(dkins). — Vol. II, p. 171, par H. F. W. H.(ance).

∴

— Catalogus librorum venalium in orphanotrophio Tou-sai-vai, prope Chang-hai. Ex typographia Missionis catholicae, 1876, pet. in-8, pp. II-99.

— Catalogus librorum venalium in orphanotrophio Tou-sai-wai, Zi-ka-wei ex typographia Missionis Catholicae 1882, in-8.

— Catalogus librorum venalium in orphanotrophio Tou-sai-wai, Zi-ka-wei ex typographia Missionis Catholicae 1889, in-8.

— Catalogus librorum, mapparum et imaginum religiosarum quae prostant in Orphanotrophio T'ou-sé-wè — Ex typographia Missionis catholicae. Chang-hai 1896, in-12, 4 ff. n. ch. + pp. 283 + pp. 7. — Pars prima.

— Catalogus librorum editorum in Missione Tcheli M.-O. Ho-kien-fou, 1897, in-8, pp. 19.

∴

— *Tïan djou cheng dsyao djou choudsïng dïan ming*, Catalogue des livres publiés par les missionnaires catholiques en Chine, 1 cah. in-4. Ms. (Coll. P. Kamensky.) — (*Cat. des Ms. et des Xyl. de St.-Pétersb.*, 1852, No. 831.)

— Essai d'une bibliographie des ouvrages publiés en Chine par les Européens au XVIIe et au XVIIIe siècle par Henri Cordier. Paris, Ernest Leroux, 1883, gr. in-8, pp. 52.

Extrait des *Mélanges Orientaux*. Textes et traductions publiés par les professeurs de l'Ecole spéciale des langues orientales vivantes à l'occasion du sixième Congrès international des Orientalistes réuni à Leyde, pp. 493/546.

— L'imprimerie Sino-européenne en Chine. — Bibliographie des Ouvrages publiés en Chine par les Européens au XVIIe et au XVIIIe siècle par M. Henri Cordier, Professeur à l'Ecole des Langues Orientales vivantes. Paris, Imprimerie nationale, Ernest Leroux, éditeur, MDCCCCI, in-8, pp. IX-73 + 1 f. n. ch. + 1 pl.

Forme le T. III de la 5e Sér. des *Publications de l'École des Langues Orientales vivantes*. — Voir le chap. BIBLIOGRAPHIE de la *Bib. Sinica*.

∴

— Ménologe de la Compagnie de Jésus par le P. Elesban de Guilhermy de la même Compagnie. — *Assistance de Portugal* comprenant les Provinces et Missions du

Japon, de la Chine, du Brésil, des Indes Orientales, de l'Éthiopie et de la Guinée. Poitiers, de l'Imprimerie de Henri Oudin, 1867-1868, 2 vol. in-4, pp. XI-583, 604.

— Ménologe de la Compagnie de Jésus par le P. Élesban de Guilhermy de la même Compagnie — *Assistance de France* comprenant les Missions de l'Archipel, de l'Arménie, de la Syrie, de l'Egypte, du Canada, de la Louisiane, des Antilles, de la Guyane, des Indes Orientales et de la Chine. Paris, Typographie M. Schneider, 1892, 2 vol. in-4, pp. XIX-811 + 1 f. er., 694 + 1 f. er.

∴

— A Roman Catholic Cemetery near Hangchow. By Rt. Rev. G. E. Moule. (*Chin. Rec.*, XXI, No. 11, Nov. 1890, pp. 509/512.)

Voir col. 252.

— Jesuit Missionaries. By E. H. Parker. (*China Review*, XVIII, No. 4, p. 268.)

— Documents pour servir à l'histoire des domiciles de la Compagnie de Jésus dans le monde entier de 1540 à 1773. Collationnés par le P. Alfred Hamy. S. J., Paris, Alphonse Picard, s. d. [1892], pet. in-fol., pp. IV-96 + 1 f. n. c. p. l'ind., front. gravé.

Résidences de Chine, pp. 87/89.

Notice : *Revue critique*, No. 46, 14 nov. 1892 [par Henri Cordier].

— Galerie illustrée de la Compagnie de Jésus — Album de 400 Portraits choisis parmi les plus beaux, les plus rares ou les plus importants, et reproduits, en héliogravure, par les soins et sous la direction du P. Alfred Hamy, de la même Compagnie. Paris, chez l'auteur, 14 bis rue Lhomond, 1893, 8 vol. in-4.

— Chronologie biographique de la Compagnie de Jésus. 1re Série. — Province de Lyon 1582—1762. Noms, prénoms, lieu d'origine, dates de naissance, d'entrée, de degré, lieu et date de mort de tous les Jésuites demeurés fidèles à leurs vœux jusqu'à la fin, Par le P. Alfred Hamy, de la même Compagnie. Paris, Chez H. Champion, 1900, gr. in-8, pp. 197.

L'auteur est mort à Boulogne-sur-Mer, le dimanche 26 juin 1904, dans sa 67e année.

∴

— Tableau des œuvres pendant l'année apostolique (Juillet 1903 à Juillet 1904). (*Relations de Chine*, Kiang-Nan, Janvier 1905, p. 426.)

— CARAYON, voir col. 847.

— DE BACKER et SOMMERVOGEL, voir col. 849.

∴

Adinolfi, *François*, né le 5 juin 1831 à Salerne; † à Siu-ca-wei, le 4 février 1874.

Relations de la Mission de Nan-kin, I, 1873-74, pp. 100/141. — Notice : *Miss. Cath.*, VI, pp. 490/1, avec portrait, p. 481.

Aleni, *Jules*, 艾儒畧 *Ngai* (*'Ai* [*A*]*leni*) *Jou-lio* (*Giulio*), né à Brescia en 1582, mort le 3 août 1649, à Fou-tcheou.

— Bartoli, *La Cina*, IV, Torino, 1825, pp. 24 et seq. — Sotwel, *Bib. Soc. Jesu*, pp. 529/530. — *Biog. univ.*, Art. de Weiss.

— Peroni, *Bibliotheca Bresciana* (1816), 3 vol. in-8.

— H. Cordier, *Grande Encyclopédie*. — *Imp. Sino-européenne*.

FR. JUAN GARCIA, Dominico, *Carta* de el P. *Julio Aleni*, escrita en Fogan, por Noviembre 1639, sobre las cosas de la China, esta Ms. *en la libreria del Marquès de Villena*. (Pinelo, I, col. 144.)

— Il y a à la Bibliothèque nationale, Fonds chinois 3284, un volume in-8, composé de 34 feuillets doubles, comprenant une série de figures avec des explications en chinois représentant la Vie de N.-S. Jésus-Christ. On trouve, au commencement du volume, les trois notes suivantes, écrites par des mains différentes à diverses époques :

«Cet ouvrage est une des plus agréables productions des jésuittes missionnaires à la Chine et des plus curieuses et des plus rares.»

«Il y a à la Bibliothèque du Roy un exemplaire contenant les figures gravées en bois avec des sentences et explications latines sculptées sur les mêmes planches. L'ouvrage composé de 46 feuillets collés deux à deux parce qu'ils ne sont imprimés que d'un côté à la manière des Chinois, sans nom de lieu, ni d'imprimeur et sans date, petit in-fol.»

«Je trouve dans le livre de l'histoire de la gravure au burin dé Papillon que cette vie de J.-C. en Figures et plusieurs autres des ouvrages mentionnés cy dessus qui se trouvent à la Bibliot. du Roy sont du Père Jules Alenio Jésuite Vénitien et missionnaire savant dans les mathematiq. Il commença sa mission en professant les mathematiq. à Makao en 1610 et mourut dans l'intérieur de l'Empire Chinois en 1649.»

Ce volume est relié aux armes de Madame de Pompadour. D'après la *Biog. univ.* les planches en bois sont copiées sur celles dont Wierix, excellent graveur, a décoré le bel et rare ouvrage du P. Jérôme Nadal. Cf. H. Cordier, *Imp. Sino-Européenne*, No. 3, 出像經解 *Tch'ou siang king kiai*, 1637.

Allain, *Hyacinthe*, né 12 fév. 1862 ; arrivé 22 oct. 1902.

— Impressions d'un nouveau Missionnaire — Lettre du P. Allain — Zi-ka-wei, 27 août 1903. (*Relations de la Chine*, Kiang-Nan, Juillet 1904, pp. 309/318.)

Amiot[1] **Amyot**, *Jean Joseph Marie*, 錢德明 *Tsien Te-ming*, né à Toulon en 1718, le 8 Février d'après le *Cat.* No. 389, le 18 Fév. d'après de Backer, I, col. 136; d'après une lettre des Archives du petit-neveu du P. Amiot, citée par le P. C. de Rochemonteix, *Etudes*, 5 janvier 1903, p. 28, le P. A. serait né le *8 février* 1718; parti pour Lorient et la Chine le 17 nov. 1749, le P. A. arriva à Macao, le 27 juillet 1750; † à Pe-king dans la nuit du 8 au 9 Octobre 1793.

Le P. de Backer et le *Dict. de Biog. chrét.* pub. par *Migne*, I, col. 179, donnent par erreur 1794 comme date de sa mort. — En tête du T. XV des *Mém. conc. les Chinois* se trouve un portrait du P. Amiot, peint en Chine par Panzi et gravé à Paris par Helman.

— Henri Cordier, *Grande Encyclopédie*.

Voir Fétis, *Biog. univ. des Musiciens*, 2e éd., Paris, 1860, I, pp. 89/90. — *Miss. Cath.*, VII, 1875, p. 490 (avec portrait, p. 485).

«L'article du P. Amiot, dit le P. de Backer dans la nouv. éd. de sa *Bibliothèque*, I, col. 142, est un abrégé de celui qui m'a été communiqué par le P. Matthieu Lauras, de la Province de France; c'est un fragment d'un ouvrage étendu qu'il se propose d'écrire sur les jésuites de sa nation. Il se trouve en entier dans ma première édition.»

Sur le voyage du P. A. de Canton à Peking, voir sa lettre au P. Allart (Pékin, le 20 Octobre 1752; *Let. éd.*, éd. de Mérigot, XXIII, pp. 154 et seq.; éd. de Grimbert, III, pp. 59 et seq.).

— Serment du P. Amiot au sujet des rites chinois. (*Etudes*, 5 janv. 1903, p. 41.)

— * Les hommes utiles. Vie et testament du R. P. Amiot, membre de la Compagnie de Jésus, missionnaire apostolique en Chine 1718—1793. Alphonse Amyot. Paris, ty-

1. Toutes les lettres originales que j'ai eues entre les mains sont signées Amiot.

pographie Charles de Mourgues, 1881, in-8, pp. 32.

— Le Père Amiot et la Mission française de Pékin à la fin du XVIIIe siècle, par Camille de Rochemonteix. (*Etudes . . . par des Pères de la Cie. de Jésus*, 1903, 5 janvier, pp. 26/47; 20 janvier, pp. 175/196; 5 février, pp. 338/355.)

— Le Ms. de la Bib. nat. (F. Chinois 986, 2 vol.) relié à la manière européenne avec le titre « Ecritures des peuples tributaires de la Chine » est composé de 8 cahiers pour le Vol. I et de 9 cahiers pour le Vol. II. Il contient différents ouvrages en caractères tibétains, devanagari, persans, etc. ; avec les caractères chinois correspondants et la prononciation latine par le P. Amiot.

— Notice sur des manuscrits inédits du Père Gaubil et du Père Amiot, par feu Edouard Biot, membre de l'Académie des inscriptions et belles-lettres. (Article de M. J.-B. Biot, dans le *Journal des Savans*, Mai 1850, pp. 302/307.)

« Les manuscrits du père Gaubil, signalés dans cette notice, appartiennent à la bibliothèque de l'Observatoire de Paris. Le bureau des longitudes les avait confiés à mon fils, en l'autorisant à les publier. Ceux du père Amiot, qu'il avait jugé utile d'y joindre appartiennent à la Bibliothèque nationale. »

Nous aurons l'occasion de reparler de ces ms. dans le cours de notre ouvrage.

— De la doctrine et des livres des Chinois, publication d'un manuscrit inédit d'un ancien missionnaire [le P. Amiot]. (*Ann. de Ph. Chrét.*, 3e Série, IX.)

— On conserve à la Bibliothèque de l'Institut trois volumes in-folio marqués DM. 167 qui proviennent du legs Delessert. Ces trois volumes contiennent des lettres du P. Amiot; en voici la liste :

— Lettres du Père Amiot, Missionnaire, à M. Bertin, ministre secretaire d'Etat sous Louis XV. Tome Premier.

Au-dessous de ce titre écrit à la main, un portrait gravé du P. Amyot « Peint à la Chine par Panzi », Gravé par N. Audessous du portrait ces 4 vers également gravés :

François, Mantchou, Chinois, Homme de Cour, Apôtre,
Il fut, sans deroger, tantôt l'un tantôt l'autre :
S'il est comme ecrivain digne de quelque prix,
Chacun peut le juger en lisant ses écrits.

Une note Ms., à gauche du portrait, nous dit que : « Les 4 vers gravés au bas de ce portrait ont été faits par le père Amyot et envoyés à son neveu A. Amyot dans une lettre qu'il lui adressait de Peking en date de février 1793. »

Une autre gravure de ce même portrait, sans les vers, etc., est collée sur le feuillet qui précède le titre; et un troisième portrait semblable au précédent, mais peint à la main, occupe le feuillet suivant.

4e feuillet recto : Mémoires du P. Amiot contenus dans la Collection des Mémoires sur les Chinois, etc.

3 feuillets blancs.

Les feuillets suivants sont numérotés de 1 à 233.

Lettre de J. E. Zeiher, Docteur en medecine et Professeur en Mecanique, au R. P. Amiot, de la Comp. de Jesus, à Peking. St. Petersbourg, le 30 Decembre 1756 :

« Très Reverend Père. Je me donne l'honneur de vous repondre à la lettre que vous avez ecrit le 30 Avril 1755 a Mess. Kratzenstein et Richmann : le premier etant presentement professeur a Copenhague, et l'autre ayant eu le malheur d'être tué par la foudre le 26 juillet 1753, en voulant faire une observation sur la force electrique d'une tempête... »

Lettres du P. Amiot.

1. A Monseigneur De Bertin, Ministre et Secretaire d'Etat &c., &c. A Peking, le 23 7bre 1766.

Envoi de l'*Art militaire des Chinois*, etc.

Les lettres suivantes sont, comme celle qui précède, adressées à M. Bertin et signées Amiot (pas Amyot).

2. A Peking, le 9 8bre 1767.

3. A Peking, le 11 7bre 1768.

Envoi de : Les cinq articles de *See-ma-fa* sur la guerre.

En P. S. : Je joins icy une petite dissertation sur les 3 hoang que quelques auteurs ont crû sans fondement avoir été des Empereurs qui ont régné en Chine avant *fou-hi*.

4. A Peking, le 5 8bre 1771.

Envoi : « D'une suite de cent portraits que j'ay fait copier sur ceux dont j'ay fait l'acquisition pour la bibliothèque du Roy... Vous ne recevrez cette année que la copie de 52 portraits des 110 dix que j'envoie à la Bibliothèque du Roi... »

5. A Peking, le 4 8bre 1772.

Envoi de : 4 portraits de Chinois célèbres.

« Explication d'un monument gravé sur la pierre en vers chinois, pour constater la conquête du Royaume des Eleuths faite sous l'empire de *Kien-long* par les Tartares-Mantchoux.

6. A Peking, le 12 8bre 1772.

Portraits de Chinois célèbres.

7. A Peking, le 8 9bre 1772.

8. A Peking, le 7 8bre 1773.

Envoi de : Dix portraits de Chinois célèbres. — Portrait de Kien-long par le frère Panzi.

9. A Peking, le 15 8bre 1773.

Transmigration des Tourgouths.

10. A Peking, le 20 7bre 1774.

Envoi de : 16 portraits de Chinois célèbres. Lettre très-intéressante sur le bruit que l'on fait courir de la suppression de la compagnie de Jésus par le Pape et sur ce qu'il faudrait faire si le bruit était fondé.

11. A Peking, ce 20 7bre 1774.

Monseigneur P. X. Je finissois la caisse que nous envoyons à votre Grandeur lorsqu'on m'est venu annoncer la destruction et suppression entière de la Compagnie...

12. A Peking, le 1er 8bre 1774.

Lettre de 44 pages suivie d'un post-scriptum de 8 pages datée « à Peking, le 12 8bre 1774 ».

16 portraits de Chinois célèbres. — Liste des morceaux adressés à feu M. Bignon. — Suppression des Jésuites.

13. A Peking, le 1er 9bre 1774, à Monsieur ...

Suppression des Jésuites.

« Le P. Hallerstein president du tribunal d'Astronomie est mort quelques jours après le P. Benoit, c'est-à-dire le 29 octobre 1774. »

14. A Peking, le 15 7bre 1775, à Bertin.

15. A Peking, le 12 7bre 1776, 36 pages.

Les deux premiers feuillets manquent « parce qu'on a imprimé cette lettre sur l'original, M. l'abbé Batteux ayant cru inutile de la faire copier ».

16. A Peking, le 15 7bre 1776.

« L'année dernière, un Carme allemand nommé le P. Joseph de Ste. Thérèse, missionnaire de la Propagande depuis environ une trentaine d'années, et faisant actuellement sa résidence à Péking, se transporta dans notre maison pour nous intimer, par ordre de Mr. l'évêque de Nan-king, le bref de destruction de notre Saint père le Pape... »

17. A Peking, le 15 7bre 1776, à Monsieur ...

Toute cette correspondance témoigne de l'ardent patriotisme du P. Amiot.

18. A Peking, le 15 7bre 1776.

Envoi d'instruments de musique.

19. Sans date.

20. A Peking, le 28 7bre 1777.

Monseigneur, Devenu par la mort du P. Benoit le doyen de notre mission française, et cette mission, depuis l'extinction de la Société, n'ayant pas comme cy devant des supérieurs qui representent pour tous, mes confrères ont cru devoir me remettre les dernières dépêches de votre Grandeur qui nous étoient communes à tous (quoiqu'inscrites sous les seuls noms de MM. Yang et Ko) et se décharger sur moi du soin d'y répondre.

Lettre fort longue ; *d'environ* 170 pages ; ... « Je ne suis pas l'auteur de l'*Essai sur l'antiquité chinoise*.

... Je ne suis pas l'auteur de la *lettre sur le génie de la langue chinoise et la nature de leur écriture symbolique comparée avec celle des anciens Egyptiens et adressée à la Société de Londres.* »

Sur les *Recherches* de M. de Pauw (col. 572).

21. A Peking, le 28 7bre 1777.

Envoi de Manuscrits : Continuation des Portraits de Chinois célèbres ; lettre précédente.

22. A Peking, le 19 9bre 1777.
23. A Peking, le 28 7bre 1777.

Pour présenter ses neveux à Bertin.

24. A Peking, le 11 9bre 1777.
25. A Peking, le 25 9bre 1777.
26. A Tcheng-fu-see, le 25 May 1778.

Au P. Bourgeois.

27. A Peking, le 15 7bre 1778.
28. A Peking, le 5 9bre 1778.

Tome deuxième :

1. A Peking, le 5 7bre 1778 (Copie).
2. A Peking, le 5 Xbre 1779.
3. A Peking, le 16 7bre 1779.
4. A Peking, le 13 Août 1780.
5. A Peking, le 16 7bre 1779 (Copie), à M. Bignon.
6. Peking, le 8 Xbre 1780 (Duplicata), à M. de Sartines.

Monseigneur, La lettre du 18 9bre 1779, dont votre grandeur m'a honoré, et le brevet du Roi par lequel Sa Majesté me nomme administrateur des Missions françoises de la Chine, en cas de décès, maladie, ou autre empêchement de M. Bourgeois, m'ont été remis le 6 Xbre 1780...

7. A Peking, le 26 7bre 1780.

Voir dans les *Mém. conc. les Chinois.*

8. A Peking, le 22 Mai 1781.
9. A Peking, le 10 7bre 1780.

Cette lettre, comme plusieurs de celles qui la précèdent, porte cette note de Bertin : presque toute bonne ce me semble pour les Mémoires à imprimer.

10. A Peking, le 4 9bre 1780.
11. A Peking, le 8 Xbre 1780 (Orig. du No. 6).
12. A Peking, le 22 Mai 1781 (Dup. du No. 8).
13. A Peking, le 17 Août 1781.
14. A Peking, le 28 9bre 1781.
15. A Peking, le 22 9bre 1783.

Voir dans le T. XI des *Mémoires.*

16. A Peking, le 6 juin 1784.

Reçue en Août 1785 par le vaisseau le *Sagittaire.*

Le P. Amiot demande pour son neveu une lettre de recommandation du ministre pour l'Intendant de Provence. Le Ministre écrit la note suivante : «Me faire promptement la lettre de recommandation à M. l'Intendant de Provence et premier Président de façon que nous puissions luy envoyer copie de la Réponse si nous l'avons à tems.»

17. A Peking, le 15 9bre 1784.

Voir dans le T. XI des *Mémoires.*

18. A Peking, le 2 8bre 1784 = 50 pages.

Voir dans le T. XI des *Mémoires.*

Arrivée par le *Sagittaire* en Août 1785.

19. A Peking, le 24 9bre 1784 = 24 pages.

Voir dans le T. XI des *Mémoires.*

20. A Peking, le 20 9bre 1785.
21. A Peking, le 20 May 1786 = 48 pages.

Voir dans le T. XIII des *Mémoires.*

22. A Peking, le 14 7bre 1786 = 59 pages.

Voir dans le T. XIII des *Mémoires.*

23. A Peking, le 1er 8bre 1786.
24. A Peking, le 25 Janvier 1787 = 36 pages.
25. A Peking, le 19 9bre 1787 = 20 pages.
26. A Peking, le 24 9bre 1787.

Tome troisieme :

Liste des Jesuites qui après la mort de St. François Xavier de 1581 jusqu'en 1681 ont été missionnaires en Chine, traduit du Chinois par P. Philippe Couplet, procurateur de la Mission Belge en Chine. Parisiis ex typ. de la Caille, 1686, 11 pages.

Ms. du XVIIIe siècle (voir supra, col. 1036).

Lettres du P. Amiot :

1. A Peking, le 1er juillet 1788.
2. Lettre de Langlès : A Paris, ce 25 9bre 1786.
3. Peking, le 8 Août 1788, à Mr. Langlès.
4. A Peking, le 14 Août 1788 (copie), Mr. Desvoyes.
5. A Peking, le 1er 7bre 1788.
6. A Peking, le 1er 8bre 1788.
7. A Peking, le 26 Juin 1789 (copie), à Mgr. de Brequigny.
8. A Peking, le 1er juillet 1789.
9. A Peking, le 10 8bre 1789 = 44 pages.
10. A Peking, le 14 9bre 1789, avec une planche coloriée, à M. Mellet.
11. A Peking, le 16 9bre 1789.
12. A Peking, le 17 9bre 1789, à Mr. Desvoyes, Avocat au Parlement.
13. A Peking, le 15 juin 1790, à Mr. Hanna, Miss. ap. de Macao.
14. A Peking, le 24 7bre 1790, à Mr. Mellet.
15. Le 4 8bre 1790 = 64 pages.
16. A Peking, le 2 8bre 1790.
17. A Peking, le 16 8bre 1790.
18. A Peking, le 20 8bre 1790.
19. A Peking, le 2 9bre 1792, à Mr. Desvoyes.
20. A Peking, le 20 sept. 1792 (copie), à son frère.
21. Peking, le 20 7bre 1792 (copie), à sa sœur, Marie Victoire Amiot, religieuse Ursuline.
22. Peking, le 31 Oct. 1792 (copie), Mr. Delatour, ancien Sec. du roi.
23. A Toulon, ce 6 Avril 1778.
24. Lettre du P. Hanna, de la Cong. de la Mission. A Macao, 13 Décembre 1790.
25. Lettre de Mr. Correa à Mr. Desvoyes, Macao, 22 décembre 1791.
26. Lettre de Sœur Marie Victoire Amiot. Du Monastère de Ste.-Ursule de Toulon. Ce 24 juillet 1774.
27. Lettre de la même. Ce 4 de septembre 1774.
28. Lettre de la même. Ce 1er 9bre 1776.
29. Lettre de la même. Ce 9 mars 1776, à Monsieur Parent fils, premier Commis du Departement de Monseigneur De Bertin.
30. Lettre de la même. Ce 10 Octobre 1779.
31. Mémoire pour les Amiot.
32. Notice sur Mr. Pierre Jules Roch Amyot.
33. Copie d'une lettre du P. Amiot à sa sœur. A Peking, ce 26 mai 1793.

L'original était peint sur gaze. Envoi de son portrait.

34. Copie du Testament olographe de Mr. Amiot. Ce Testament est écrit en Français et en Chinois.

Cette collection d'une importance considérable fut offerte au Baron Benjamin Delessert par le libraire Nepveu dans la lettre suivante qui se trouve (originale) à la fin du Vol. I de ce Recueil :

Paris, ce 1er juin 1830.

A. Nepveu, Libraire, passage des Panoramas, No. 26, salue Mr. Delessert et lui fait remettre ci-jointe la notice de sa collection de lettres autographes des Missionnaires. Cette notice est peut-être trop succincte, mais dans la lettre à M. Anderdon il y ajoute de plus grands détails. A. N.

Voici la notice :

Lettres autographes manuscrites.

«Correspondance entière et autographe des Jésuites en Chine, avec le ministre Bertin, depuis 1744 jusques y compris 1798, réunie en douze vol., dos de veau et coins en parchemin, plus un carton.

Détails des douze volumes.

80 lettres du P. Amiot à M. Bertin, de 1766 à 1798 ; plus, une lettre adressée de Pétersbourg à M. Amiot par le docteur Zeiher. Le tout en trois forts vol. in-folio.

Il y a de ces lettres dont une seule formerait un vol. in-12 à l'impression.

68 lettres du P. Lefebvre à M. Bertin, et à M. Parent, de 1767 à 1779.

4 lettres du P. Raux, de 84 à 86.

4 lettres du P. Ventavon, de 1777 à 1779.

4 lettres du P. Poirot, dont deux en italien, de 1777 à 1780.

14 lettres de M. Hutton, datées de 1781 à 1785.

18 lettres de M. Poivre, de 1764 à 1778.

5 lettres de Court de Gébelin, écrites en 1780.

5 lettres du P. Dugad de Vitré, de 1777 à 1788.

— Il y a du P. Dugad 5 lettres citées de 1777 à 1788, or le P. Sommervogel m'écrit que ce P. serait mort à Paris le 25 mars 1786.

2 lettres de M. de Grammont.

5 lettres de M. Bourgogne, de 1778 à 1784.

1 lettre de M. Lagannerie.

5 lettres du P. Panzi, de 1778 à 1784.

5 lettres de Ngien, prêtre chinois, datées de 1784 à 1786.

Une lettre de Kuo, prêtre chinois, missionnaire. Le tout en un vol. in-fol. demi-reliure, dos de veau, coins de parchemin.

6 lettres et un mémoire du P. Collas, de 1778 à 1780.

1 lettre signée des PP. d'Ollières, Bourgeois et Collas, en latin, et adressée au Pape.

8 lettres du P. Benoît, supérieur de la résidence des missionnaires français à Pékin, depuis 1766 jusqu'en 1770, écrites de Pékin à M. Bertin.

Une de ces lettres a 25 pages.

1 lettre de Paul Lieou, prêtre chinois, à M. Bertin, de 1771.

10 lettres du P. Cibot, depuis 1776 jusqu'en 1780, et son portrait fait par lui aux crayons rouge et noir.

La dernière lettre est du 3 août 1780, et il est mort le 8 du même mois.

85 lettres des PP. Kô et Yang, de 1763 à 1798, précédées de cinq études de dessins et de trois études de gravures faites par eux; de cinq lettres de M. Brisson, leur professeur de physique. Le tout en un vol. in-fol. demi-relié.

38 lettres du P. Bourgeois, de 1776 à 1798, entre lesquelles se trouve un Mandement en chinois et en latin; les pièces du procès des PP. Ventavon et Bourgeois. Le tout en un vol. in-fol. demi-relié, veau rouge.

112 lettres de M. Bertin, ministre secrétaire d'état adressées aux missionnaires en Chine, depuis 1764 jusqu'en 1788. Quatre volumes in-folio demi-reliés.

60 lettres relatives aux missionnaires en Chine, écrites de Cadix, de Chandernagor, etc., des états de toutes les curiosités envoyées de Chine en Europe.

30 pièces diverses, rédigées par divers savants, et adressées aux missionnaires en Chine, par M. Bertin; savoir :

Observations envoyées à M. Amiot, par M. Roussier; Questions sur les richesses, la distribution des terres et la culture, sur l'imprimerie; éclaircissements demandés par M. Perronet sur les canaux et les chemins de la Chine.

Nota. Les sieurs Kô, âgé alors de 18 ans, et Yang, âgé de 19 ans, l'un et l'autre natifs de Pékin, convertis à la religion chrétienne par les jésuites, instruits par eux, passèrent en France en 1754, y restèrent onze ans, y firent des études latines et françaises, et retournèrent en Chine en 1765.

Un grand nombre de lettres contenues dans les 3 vol. in-fol. de la correspondance du P. Amiot portent les annotations de Bertin. Les passages qui ont été reproduits dans les *Mémoires concernant les Chinois* sont marqués au crayon rouge. Toutes ces lettres n'ont pas été imprimées, comme le croit le P. de Backer, I, col. 140.

Les autres volumes de cette correspondance du ministre Bertin sont conservés à la Bibliothèque de l'Institut. On remarquera que ces douze volumes ne faisaient pas partie des manuscrits provenant du P. Brotier qui furent vendus au libraire Merlin pour 2,400 francs à la vente de Langlès en 1825. Merlin n'était d'ailleurs qu'un intermédiaire : une partie de ces manuscrits se trouvent aujourd'hui à la Bibliothèque nationale; une autre, achetée aux frais de la liste civile du Roi, est rentrée en possession des PP. de la Cie. de Jésus; nous donnons plus loin une liste de ces derniers Ms. qui étaient gardés dans la Bibliothèque de la Rue Lhomond. Voici la liste des Ms. sur la Chine, provenant de Brotier qui figurèrent à la vente Langlès [1] :

— Manuscrits provenans du P. Brotier, contenus en 6 cartons, et classés par lui dans l'ordre suivant :

1° CHINE ET PAYS CIRCONVOISINS.

Théologie. — 1. De sacro corde Jesu opuscula quædam pia, (en latin et en chinois). Pet. in-4 de 76 pages, sur pap. de la Chine; il est daté de Canton, 1725.

2. De ce qu'il faut croire avant que de venir à l'incarnation (en chinois). 160 pages en 5 cahiers, pet. in-8, pap. de Chine.

3. Antiquæ traditionis selecta vestigia, ex Sinarum monumentis eruta, quibus Paradisus terrestris, Angeli, hominisque casus et mundi Salvator per ænigmata et figuras videntur adumbrari, (en chinois et en latin). Pet. in-4 de 61 feuillets, pap. de Chine.

4. Tria opuscula. An missionarii possint et interdùm debeant citare gentium monumenta in favorem christianæ religionis. Doctrina 12 propositionum Sinis applicatur. Variæ quæstiones circa libros *King* et eorum usum proponuntur et solvuntur. Pet. in-4 de 52 pages, pap. de Chine.

Autographe du P. Jos.-H. de Premare.

5. Apologia historico-dogmatica pro primævi veri Dei cultûs apud Sinas perennitate et juxtà legem naturæ religiosâ observantiâ ab anonymo Pinciano exarata. In-fol., vél.

Pièce originale, revêtue de diverses approbations de 1701.

6. 2 lettres du P. de Mailla; autres du P. Domange; mémoires du même; 3 lettres du P. Gaubil, mémoires du même; et autres lettres et mémoires sur les Juifs de la Chine, sur la chronologie chinoise, sur l'astrologie, avec fig., le tout autographe et sorti de la plume des savants missionnaires de cet empire, de 1723 à 1728.

7. Diverses lettres et mémoires du P. Gollet, à l'appui de son système sur les anciens livres chinois touchant la venue du Messie. Lettre du P. Gaubil, relative à ce système, et autres pièces tant sur la chronologie chinoise que sur l'astronomie.

Le tout autographe.

8. Dissertatio theologico-historica de avitâ Sinarum pietate, præsertim ergà defunctos, et eximiâ ergà Confucium observantiâ. In-4 de plus de 400 pages.

Histoire. — 9. Histoire de la dynastie des Mongous (par le P. Gaubil).

In-fol. de 60 feuillets, sur pap. de Chine. Autographe, paraphé sur tous ses feuillets par du Resnel, censeur.

10. Abrégé de l'histoire des cinq premiers empereurs mogols, tiré de l'histoire chinoise (par le même). In-fol. de 3 feuillets, sur pap. de Chine.

Autographe.

11. Réflexions politiques, extraites d'un écrit de l'empereur Kang-Hi. 4 pages in-fol. sur pap. de Chine.

Ces réflexions roulent sur les divers peuples d'Europe, leurs forces et leur caractère, sur les peuples voisins de la Chine, sur le danger de laisser prendre quelque ascendant aux uns et aux autres.

12. Nova expositio periodi consummationis seculi, seu systematis temporum propheticorum, olim SS. patriarchis et prophetis distinctè revelati, subindè permultis seculis altâ oblivione sepulti, ac demùm recens feliciter detecti in hieroglyphicis Sinarum monumentis. In-fol. de 58 pages, sur pap. de Chine.

Avec des notes en chinois et des tableaux.

13. Brevis synopsis systematis temporum prophetic. (*sic*), feliciter detecti in vetustis Sinarum monumentis. 192 pages in-fol., sur pap. de Chine.

Avec nombreuses notes en chinois.

14. Vera temporum propheticorum ratio et ingenium, ab annis 15 et ultrà feliciter detecta in hieroglyphicis Sinarum monumentis; pars prior complectens seriem tùm seculorum, tùm generationum ab ipso mundi primordio usquè ad Messiam redemptorem mundi completam. In-fol. de 18 pages, sur pap. de Chine.

Avec notes en chinois et tableaux d'une très-belle exécution.

15. Mystici temporum propheticorum numeri, in vetustissimis et hieroglyphicis Sinarum monumentis pluribus abhinc annis feliciter detecti; iidem nuper cum simili felicitate et evidentiâ observati in antiquioribus ponderum et mensurarum tabulis, ex primævâ, ut videtur SS. patriarcharum traditione, per manus Ægyptiorum ad Græcos et Romanos traducti. In-fol. de 15 pages, sur pap. de Chine.

16. Confirmatio systematis temporum prophetic. (*sic*), petita ex magicâ constructione et mysticis numeris figuræ *üei Kipan tu*, seu Abaci majorum latrunculorum, à diluvii tempore usquè ad præsentem ætatem in hieroglyphicâ Sinarum traditione servatæ. In-fol. de 18 pag., sur pap. de Chine.

17. Confirmatio majorum periodorum et notabiliorum epocharum prophetici temporum systematis, detecti in Sinarum monumentis, petita ex pluribus ac diversis figuris magicis, ab omni ævo toto orbe dispersis. In-fol. de 37 pages, sur pap. de Chine.

Avec notes en chinois et tableaux.

18. Pièces envoyées de la Chine, sur les antiquités et l'histoire de cet empire, consistantes en 2 lettres du P. Gaubil, 2 du P. de Mailla, l'une d'elles de 16 pages, in-fol., et une du P. de Chavagnac aussi in-fol., avec des figures et des explications en chinois.

Le tout autographe.

---

1. Catalogue des livres imprimés et manuscrits composant la bibliothèque de feu M. Louis-Mathieu Langlès, dont la vente se fera le jeudi 24 mars 1825 et jours suivants... A Paris, chez J.-S. Merlin, 1825, in-8, pp. xviij-558. — Voir le No. 4356, vendu 2400 fr.

19. Rerum sinensium compendiosa descriptio. In-4 de 24 pages.

Astronomie et astrologie. — 20. Observations, calculs, remarques et tables astronomiques, faites en Chine ; quelques-unes d'elles insérées dans le recueil du P. Souciet, indiqué au n° 575 ci-dessus. 13 pièces, in-fol. et in-4.

21. Specimen elementorum arithmeticæ formalis et symbolicæ, in vetustiori Sinarum traditione feliciter detectæ, ex cujus principiis generantur plurimæ ac diversæ numerorum seu figuratorum seu periodicorum formæ, quibus temporum propheticorum characteres et celebriores, ne dicam omnes, epochæ sacræ videntur cum mirâ præcisione et veluti propriis suis sigillis consignari. In-fol. de 125 pag., sur pap. de Chine.

Avec des notes en chinois.

22. Supplementum explicationis speculi astronomici sinensis. In-fol. de 30 pag., sur pap. de Chine.

Avec notes en chinois et tableaux.

23. Pro expositioné figuræ Sephiroticæ Kabalæ Hebræorum et generatim demonstrandâ mirâ conformitate primævæ Sinarum sapientiæ hieroglyphicæ, cum antiquiore et sincerâ Hebræorum Kabalâ, ab ipsis mundi primordiis, per sanctos patriarchas et prophetas successivè propagatâ. In-fol. de 11 pag., sur pap. de Chine.

Avec notes en chinois et fig.

24. Speculum astronomicum ex quatuor diversis figurarum cœlestium ordinibus concinnatum ; et autres travaux astronomiques, en latin, sur pap. de Chine.

Avec des notes en chinois et des fig.

Géographie. — 25. Situation de la ville de Holin en Tartarie. Gr. in-fol. de 11 pages, sur pap. de la Chine. [Publié par H. Cordier dans le *T'oung-Pao.*]

26. Sur la situation du Japon et de la Corée [publié par H. Cordier dans le *T'oung-Pao*] ; de la situation des pays de Counor, Sifan et Tibet ; de la situation des pays compris sur la carte entre Hami, l'Irtis et la mer Caspienne ; de la situation de plusieurs lieux de Tartarie qui sont dans la carte, et où les Jésuites, qui ont fait la carte, n'ont pas été. Des limites des Russiens (*sic*) et des Chinois ; des limites du roi des Eleuthes ; situation de la grande muraille ; de la situation de quelques lieux de Tartarie, position de quelques lieux de la Chine, en vertu d'observations astronomiques. Des frontières de la province du Yunnan et du Gennan. In-fol. de 42 pag., sur papier de la Chine.

Autographe du P. Gaubil.

27. Lettres et remarques sur la géographie de la Chine et des contrées voisines. Parmi ces lettres, 18 du P. Gaubil, 1 du P. Hervieu et 1 du P. Jacques ; toutes autographes.

Missions. — 28. IX Traités latins, relatifs aux missions de la Chine. 232 pag., in-4, rel. en cart.

29. Controversias antiguas y modernas de la mission de la gran China.

In-fol. de 657 pag., rel. en cart.

30. Eclaircissements sur les controverses de la Chine par le P. Ant. Beauvollier, J. = Sententia unius missionarii (P. Hervieu), circa ritus sinicos controversos. In-4, v. br. (voir col. 902).

31. Journal du P. Abraham Le Royer, J., missionnaire apostolique dans le royaume du Tonquin. In-4 de 99 pag., sur pap. de la Chine. Paraît être original et autographe.

32. Des choses entreprises et exploictées par les P. de la comp. de J., pour l'advancement du Christianisme au royaume de la Chine. = Regulæ de encliticis. In-4, de 350 pag.

Paraît original ; il est du XVIIe siècle.

33. Apologia e reposta a hum tratado feito pello P. F. Sebast. de S. Pedro da ordem de S. Francisco, que se intitula Recopilacao das causas porque o emperador de Japao desterron de seus rejnos todos Padres. In-4 de 208 pag. sur pap. de Chine.

34. Détails de la persécution exercée en Chine contre les princes chrétiens de la famille de l'Empereur, en 4 lettres en forme de journal, écrites de Chine par le P. Gaubil en janvier, mai, septembre et octobre 1727, formant 39 pag. in-fol.

Autographe.

35. Lettres et pièces du XVIIe siècle, relatives aux missions de la Chine et du Japon ; la plupart des pièces originales écrites du pays, dont des lettres des PP. Trigault, Greslon, Tissanier, Noel, Thomas, de Fontaney. A la suite de ces pièces, diverses autres tant imprimées que mss., relatives au collège des pères de la comp. à Metz ; le tout réuni en 1 vol. in-4, rel. en cart.

36. Lettres édifiantes des missionnaires de la Chine, de 1703 à 1752, dont 34 autographes des PP. Goville, Porquet, Lecouteulx, de Chavagnac, Contencin, de Mailla, Bayard, Jacques et Gaubil.

37. Lettres et pièces des Jesuites espagnols et italiens, la plupart du XVIIe siècle, et relatives tant à l'ordre qu'aux missions orientales. Plusieurs de ces lettres sont autographes ; à la suite, quelques pièces, tant imprimées que mss., relatives aux affaires de l'ordre en Europe. In-fol., rel. en cart.

38. Relation de ce qui est arrivé de plus mémorable aux Pères de la Comp. de J. en Chine, depuis le temps qu'y fut presché le S. Evangile. In-4 d'environ 160 pages.

2° INDE, 39/48.

3° AMÉRIQUE, 49/73.

4° LEVANT, 74/97.

— Extraits faits par le P. Brotier de divers Mémoires sur la Chine, tant in-fol. qu'in-4, et in-8.

(MSS. DU P. BROTIER.)

MS. DE L'ECOLE STE.-GENEVIÈVE, S. J. — La Bibliothèque de l'Ecole Sainte-Geneviève, de la Compagnie de Jésus, rue Lhomond, à Paris, comprenait une série de pièces manuscrites relatives à la Chine du plus grand intérêt ; ces ms. qui étaient en grande partie compris parmi les papiers de Brotier, dispersés à la vente de Langlès, ont été reliés en 34 volumes de formats divers dont voici la description succincte :

1. *Traditions* : Antiquae traditionis selecta vestigia ex Sinarum monumentis... gr. in-4. Copie de l'ouvrage de Prémare. (Voir No. 19, *infra.*)

2. Documents relatifs à la question des Rits chinois, No. 1.

3. *Idem*, No. 2.

4. *Idem*, No. 3.

5. *Idem*, No. 4.

6. Journal du P. Leroyer.

Le P. Leroyer était missionnaire au Tong-king ; voir Catalogue de Langlès, No. 4356 : Doc. 31.

7. Exemplaire imprimé de la *Brevis relatio.* (Voir *Question des Rites*, col. 891.)

8 et 9. Lettres diverses. Nos. 1 et 2.

Pub. dans la *Rev. de l'Ext. Orient*, voir col. 854.

10. Lettres du P. Bourgeois.

11. Lettres du P. d'Ollières.

12. Histoire de la Mission, No. 1, in-8.

13. Histoire de la Mission, No. 2, in-8.

14. Histoire de la Mission, No. 3, in-8.

15. Lettres du P. Thomas, originales et copies, in-4.

16. Rerum Sinensium compendiosa descriptio, par le P. Michel Boym.

17—18. Œuvres théologiques du P. de Prémare.

19. Antiquae traditionis selecta vestigia ex Sinarum monumentis eruta (61 feuillets). (Voir no. 1); Ms. Autog. du P. de Prémare. Chinois et latin (Langlès, No. 3).

20. Mémoires historiques, in-4.

L'un des mém. traite de la dignité des mandarins militaires, etc.

21. Antiquités chinoises, in-folio. Contient des Let. du P. de Mailla, du P. de Chavagnac, sur les Juifs de Kai-foung-fou, etc.

(MSS. DE STE. GENEVIÈVE, S. J.)

22. Rits chinois, No. 6.

23. Rits chinois, No. 7, in-folio.

Controversias antiguas y modernas de la Mission de la gran China. [C'est une copie du 2e vol. des *Tratados* de Navarrete; voir col. 33.]

24. Rits chinois, No. 8. (Une let. du P. Gregorio Lopez au P. Couplet à Rome, en espagnol, 10 Nov. 1862.)

25. P. Cibot, No. 1, in-folio.

26. P. Cibot, No. 2 (Sciences et Arts des Chinois), in-folio.

27. P. Cibot, No. 3 (Essay sur la langue et les caractères de Chine), etc.

28. P. Cibot, No. 4, in-4. (Essai sur les Jardins de Plaisance, etc.)

29. Voyages, No. 1. (Journal du Voyage à la Chine fait dans les années 1701, 1702, 1703; [*Amphitrite*]; — Extraits du Diarium des Jesuites de St. Pétersbourg touchant la mission de Chine.)

30. L'état présent de l'église de la Chine, 1670. (Ed. décrite col. 829.)

31. Miscellan. in-fol. (Catalogue des objets envoyés de Chine par les missionnaires depuis 1765 à 1789, 21 pag.; Trad. du *Ta-hio*, etc.

32—33. Copies de lettres et de pièces provenant de divers dépôts.

34. Voyages, No. 2. Relation du Voyage du P. Bourgeois en Chine parti du Port Louis le 15 mars 1767, et arrivé à Canton le 13 août 1767. A Canton le 1er décembre 1767. Ms. du P. Bourgeois, pp. 67, avec un P. S. A. Canton, le 25 déc. 1767.

Outre cette collection comprenant 34 volumes, la bibliothèque de la Rue Lhomond comprend encore d'autres documents relatifs aux Missions de Chine dont voici la description :

A. — P. GAUBIL, S. J. 3 vol. L'un comprenant l'Histoire des Mongoux; un autre des mémoires d'Histoire et de géographie; et le troisième les lettres de ce missionnaire :

I. Histoire des Mongoux.

In-folio, de 120 feuillets. *Commence* : «Vers le milieu du 12e siècle après Jesus Christ, le Prince Yesoukai gouvernoit la principale horde des Mongou.» *Finit* au verso du f. 120 par : «Remarques. 1. L'an 1206 fut le premier du règne de Gentchiscan. L'an 1370 fut le dernier du règne de Chunti, ainsi on peut compter 164 ans pour cette dynastie. Ceux qui ne comptent que 162 ans font finir la dynastie des Yuen l'an 1268 [lisez 1368] qui fut le 1er de Hongvou. 2. Si on compte A sou kipa ou tien chun parmi les Empereurs des Yuen, cette dynastie a eu 15 Empereurs.»

Le P. Gaubil a conduit son histoire jusqu'en 1370, époque de la mort de Chunti à l'âge de 51 ans.

II. Histoire et Géographie.

1. A Canton, ce 12 9bre 1722 [une note ms. dit «Receue le 25 janv. 1724].

Adressée au Père E. Souciet, à Paris. 2 feuillets in-folio. Lettre au recto et au verso du 1er; adresse au verso du 2e.

2. La Variation de L'aymant... 3 feuillets in-folio envoyés avec la lettre précédente.

(Mss. DE STE. GENEVIÈVE, S. J.)

3. Ce 19 Xbre 1722 [Receue le 18 Aoust 1723 p. du valet de chambre du Cap. de vaiss.]. 2 feuillets in-folio.

Lettre au recto du 1er; adresse [au P. Souciet] au verso du 2e.

... Avant-hier on fit la ceremonie de l'enterrement du R. P. Provana mort au Cap de B. Espérance...

4. Observations faites a Peking les années 1723 et 1724, par les PP. Jacques et Gaubil, Jesuites François. 2 feuillets in-folio.

5. Extrait d'une Letre [*sic*] du R. P. Gaubil au R. P. Louis Gaillard, Jes. de la Prov. de Toulouse. A Pekin, le 23 juillet 1725, 4 feuillets gr. in-folio.

6. Extrait d'une letre [*sic*] du R. P. Gaubil a M. le Presid. De Foucaud, a Toulouse. A Pekin, le 25 Oct. 1725. 2 feuillets gr. in-folio.

7. Juifs de Cai-fong-fou Capitale du Honan. 4 feuillets in-folio.

Commence recto folio 1 : Dans le temps que la dynastie de Tcheou regnoit en Chine, les Juifs de Perse Et du Corassan venoient dans cet Empire, Et ils y avoient des Sepultures, et des Endroits destinés à honorer leurs parents morts

Finit verso folio 3 : Si je puis jamais aller à Caifonfou passer quelques jours je tacheray de tirer d'eux ce qu'on peut raisonnablement en attendre. Peking, ce 4 7bre 1725.

Verso folio 4 : Pour le R. P. J. B. Du Halde de la Comp. de Jesus. A Paris.

8. Abrégé de l'histoire de 5 premiers Empereurs Mogols, tiré de l'histoire chinoise [Reçu le 19e Octobre 1726]. 4 feuillets in-folio précédés de 2 feuillets avec ces approbations : «Je soussigné certifie avoir lû l'abrégé de l'histoire de la Dynastie *Tang* composé par le R. P. Antoine Gaubil de la Compagnie de Jesus. Cet abrégé me paroit curieux et interessant même pour l'Europe [sig.] J : L : Desrobert J. A. Peking, ce 24e Mai 1753. «J'ai lu l'abrégé... Alexa. de la Charme Jesuit. Peking, ce 20 Mai 1753.

9. Remarques sur la dissertation de M. Freret insérée dans le 18e tome de l'Academ. des Inscript. Et belles lettres. 5 feuillets in-folio et 1/2 page. A Peking, le 20 8bre 1753.

10. Remarques Astronomiques sur celles qui sont insérées dans le Recueil d'Observations que le R. P. E. Souciet, de la Compagnie de Jesus, a donné au public en 1729. 4 feuillets in-folio.

11. Situation de la ville de *ho-lin* en Tartarie. 6 feuillets gr. in-folio. Très important pour la géographie des Mongols.

Commence : L'histoire de la dynastie des Mongou parle souvent de *ho-lin*. Je ne say d'où vient que le feu P. Souciet n'a pas mis la situation de cette ville dans l'édition de l'histoire des mongou. *En Marge* : J'avois envoyé cette situation au P. Souciet.

12. De la Situation du Japon. Et de la Corée [Reçu le 25 sept. 1729]. 3 feuillets in-fol. = De la Situation des pays de Coconor, Sifan, et Tibet, 1 feuillet. = De la situation des pays marqués dans la Carte entre Hami, L'Irtis, le Tibet, et la mer Caspienne, etc., etc. 18 feuillets.

13. Sur la Mission de Corée, 2 feuillets gr. in-folio... Les PP. Fredely [*sic*], Jarteux [*sic*], Regis aussi Jesuites eurent ordre de *Kang-hi* de faire la carte de la Tartarie orientale, ils croyoient qu'ils feroient celle de Corée et esperoient par cette voye fonder une mission en Corée. L'empereur *Kang-hi* ne voulut pas que les Européens fissent la carte de Corée et par là le projet des 3 jesuites échoua.

III. Lettres.

1. A Poulo Condor, ce 23 février 1722 [Reçeue le 25 sept. 1722]. Note Ms. au Rev. P. E. Souciet.

2. Le P. Gaubil à M. son frère avocat en parlement à Gaillac. Le 27 Juin 1723. Copié sur l'original du P. Gaubil que je reçus en 1724, au mois d'Octobre et que j'envoyai à M. Gaubil le 4 Nov. 1724 (Note).

3. A Canton, ce 12 Xbre 1722 [Reçeue le 28 Juin 1723] au Rev. P. Souciet.

4. Juifs de Cai-fon-fou en Chine (Reçeue le 15 Octobre 1724), *Commence* : Le P. Ricci découvrit le 1er les Juifs de la Chine. 4 feuillets. A Pekin, ce 18 août 1723.

5. A Pekin, ce 18 août 1723, Reçeue le 15 Octobre 1724, au Rev. P. Souciet.

6. A Pekin, ce 20 8bre 1723, Reçeue le 15 Octobre 1724, au Rev. P. Souciet.

7. Peking, ce 8 8bre 1724, Reçeue le 12 juin 1726, au Rev. P. Souciet.

8. Peking, ce 9 7bre 1725, au Rev. P. Du Halde.

9. A Peking, ce 12 7bre 1725. Reçeue le 19 Octobre 1726, au R. P. Souciet.

10. A Peking, ce 25 8bre 1725, Reçeue le 19 Octobre 1726, au Rev. P. Souciet.

11. Peking, ce 31 8bre 1725.

(Mss. DE STE. GENEVIÈVE, S. J.)

12. A Peking, ce 5 9bre 1725, Reçeue le 1er juillet 1726, au R. P. Souciet.
13. A Peking, ce 5 9bre 1725, Reçeue le 1er juillet 1726, au R. P. Souciet.
14. Ce 9 9bre 1725, Reçeue Paris le 1er juillet 1726, au P. Souciet. — Au verso du 2e feuillet de cette lettre de la main du P. Souciet : Ext. d'une lettre du R. P. Gaubil au R. P. Gaillard de la Cie. de Jesus. A Peking, le 27 Octobre 1726.
15. A Peking, ce 10 9bre 1725, Reçeue le 12 nov. 1726, au R. P. Souciet.
16. Ce 12 9bre 1725, Reçeue le 19 Oct. 1726, au P. Souciet.
17. A Peking, ce 13 9bre 1725, Reçeue le 20 Octobre 1726, au P. Souciet.
18. Peking, ce 28 Juin 1726, Reçeue le 12 fév. 1728, au P. Souciet.
19. Peking, ce 8 8bre 1726, Reçeue le 12 fév. 1728.
20. 26 9bre 1725, Reçeue le 19 oct. 1726.
21. A Peking, le 21 8bre 1726, Reçeue le 12 fév. 1728.
22. A Peking, ce 6 9bre 1726, Reçeue le 2 oct. 1728, au P. Magnan.
23. Peking, ce 10 9bre 1726, Reçeue le 2 janv. 1728, au P. Souciet.
24. Sans date, Reçeue le 2 janv. 1728, au P. Souciet.
25. Peking, ce 21 9bre 1726, Reçeue le 12 fév. 1728, au P. Souciet.
26. Copie de la lettre que MM. Cassini et Maraldi écrivent au P. Gaubil et qu'ils m'ont donnée ouverte pour la luy envoyer. Paris, ce 9 Dec. 1726.
27. A Peking, ce 6 8bre 1727, au P. Cayron.
28. A Peking, ce 6 8bre 1727, au P. Cayron. — 1a Via.
29. Copie de la précédente. — 2a Via.
30. A Peking, ce 4 8bre 1727, au P. Cayron.
31. A Peking, ce 7 8bre 1727, au P. Cayron.
32. Même date, au même.
33. Nouvelles de Peking. Ann. 1727, au P. Gaillard. A Peking, ce 8 8bre 1727, suivie d'une feuille : « Voici les missionnaires qui sont à Peking En 8bre 1727 », au P. Gaillard.
34. Remarques sur la Carte de la Tartarie Orientale faite par le P. G.
35. A Peking, ce 8 8bre 1727, au P. Gaillard.
36. A Peking, ce 11 8bre 1727.
37. A Peking, ce 8 8bre 1727, au P. Gaillard.
38. A Peking, ce 11 8bre 1727, au P. Gaillard sur l'ambassade portugaise.
39. Pièce sur cette ambassade.
40/41. Duplicata.
42. A Peking, ce 13 8bre 1727, au P. Cayron.

Cette correspondance s'étend jusqu'à l'année 1754.

B. — P. de Gollet, S. J., 4 vol.

I. Je remarque parmi les pièces qui composent ce volume : De Origine Sinarum. — Illorumque Chronologiā abhinc ipso Diluvio ad nostra haec tempora Dissertatio. 12 pages. — Abbrégé de Remarques sur le livre classique *Tchun tsieou*. — Dissertation sur la chronologie chinoise. — Dissertation critique sur l'éclipse de soleil dont parle le Chû-king sous Tchong-lang. — II. Ms. in-fol. de pp. 192, s. l. préf. : Nova Expositio periodi consūmationis Saeculi sen Systematis temporum propheticorum, olim SS. Patriarchis et Prophetis distinctè revelati, sub inde de permultis saeculis altā oblivione sepulti, ac demum recens faciliter detecti in Jeroglyphicis Sinarum monumentis. — III & IV. Opuscules chronologiques.

C. — F. Verbiest, S. J., un vol. in-folio; comprend :

— Astronomia Europea sub Imperatore Tartaro Sinico Cām Hy appellato ex vmbra in lucem reuocata a P. Ferdinando Verbiest Flandro-Belga Brugensi e Societate Jesu Academiae Astronomicae in Regia Pekinensi Praefecto Anno Salutis M.DCLXVIII.

In-folio, autographié sur papier plié en double à la manière chinoise; 6 feuillets sans le titre, contient le : Liber organicus Astronomiae europeae apud Sinas restitutae. Suivi de :

Compendium latinum proponens XII posteriores figuras libri obseruationum nec non priores VII figuras Libri organici. 3 ff. s. l. tit., et 12 ff. simples de figures.

On a intercalé à la suite l'ouvrage suivant en chinois et en mandchou avec le titre latin imprimé avec caractères en bois :

Typús eclipsis lūnae, anno Christi 1671, Imperatoris Cām Hy decimo, die XVto lunae iiae, id est, die XXVto Martij ; ad meridianūm Pekinensem ; nec non imago adumbrata diuersorum digitorum in horizonte obseruatorum, in singulis Imperij Sinensis provincijs, tempore quo luna in singulis oritur. Auctore P. Ferdinando Verbiest, Societis Jesu, in Regia Pekinensi, Astronomiae praefecto.

Voir le chap. des Sciences et H. Cordier, *Imp. Sino-Européenne*.

D. — Rits chinois et malabares, un vol. in-4 contenant 23 pièces parmi lesquelles nous remarquons No. 7 : Aduertencias sobre o liuro do P. Fr. Dom. Navarrette, par le P. Greslon ; et diverses lettres des PP. Tissanier (No. 8. Macao, 4 nov. 1685), Noel (No. 9. Macao, 4 nov. 1685), Thomas (No. 11, au P. de la Chaise. Macao, 23 Mai 1685), etc.

E. — Vocabularium latino-sinicum ad usum Missionariorum Societatis Jesu.

Ms. de la main du P. de Prémare, ne va que jusqu'au milieu de la lettre D [Demereor] — in-4, pap. chinois, pp. 414.

F. — De Romanâ linguâ Dialogus.

Ms. de Prémare; n'a pas été terminé; in-4, de pp. 48.

— Lettres du Père Amiot . . .

Voir à ~~la~~ Bibliothèque royale de Munich :

Cod. gall. 607, No. 1303 du T. VII du *Cat. imprimé*, Munich, 1858 : Copie des lettres de M. Bertin à divers Missionnaires en Chine 1765 à 1768.

Ce titre ne donne pas une idée suffisamment exacte de ce recueil qui contient les minutes d'un certain nombre de lettres de Bertin et des extraits de correspondances de missionnaires de Péking.

— Lettre du P. Amiot à un Membre de l'Ac. des Insc. et Belles-Lettres, Pékin, 12 mars 1765. (Dans les Archives de la Cie. de Jésus. — Publiée en partie par le P. C. de Rochemonteix dans les *Etudes*, 5 janv. 1903, pp. 44/5.)

Andlauer, *Modeste*, né en 1847, à Rosheim (Alsace) ; massacré juin 1900.

— Portrait. (*Ann. Prop. Foi*, LXXII, 1900, p. 345; *Chine et Ceylan*, août 1900, p. 4.)

Athemis, lire **Attimis**, *Tristan de.*

Le *Catalogus* (2e éd., 373) écrit *Atemis* et *Venetus*.

Il est né au château de Attems, Attens ou Attimis (Athne, slov. ; Attemps, all.) en Frioul, le 28 juillet 1707, entré au noviciat, le 29 novembre 1725. Il partit pour la Chine en 1743, arriva à Macao en 1744 ; martyrisé à Sou-tcheou, le 12 sept. 1748.

— Huc, *Christianisme en Chine*, IV, pp. 136/143 ; rep. dans les *Miss. Cath.*, V, p. 443. — Voir col. 841, Lisboa, 1751, in-4.

— Voir Carayon, n. 1074. — Et le *Diction. des Anonymes* du P. Sommervogel, qui me communique ces renseignements, col. 1145, comme suit :

— Distinta relazione della prigionia, de' tormenti e della gloriosa morte de' due padri Antonio Joseph Portoghese e Tristano d'Attimis, italiano, della Compagnia di Gesù, da un sacerdote della medesima Compagnia, composta in Macao, dopo seguito il fatto, poi stampata e pubblicata in Lisbona l'anno 1751, e novellamente dal portoghese tradotto nell' italiano. Venezia, 1752, in-8, pp. 62.

L'original est des PP. Louis de SEQUEYRA et Jean SIMOES. Il est intitulé : *Breve relacion sobre la persecucion de nuestra santa fé en la provincia del Kiamnan, y otras provincias del Imperio de la China, ilustres vidas de los PP. Ant. Joseph Henriquez, y Tristan de Atimis. Manila, Imprenta de la Compañia de Jesus, 1751, 4°, 2 ff. nch. et ff. 72.* Cette *Relacion* pourrait être anonyme ; elle est traduite du portugais.

— Voir Zaccaria, *Storia lett.*, t. VII, p. 526, 1e éd.

— Del P. Tristano d'Attimis missionario e martire in China. — Art. de l'abbé G. B. Vatta, de Goritz, dans le journal de Goritz, l'*Istria*, des 28 févr. et 17 avril 1852, pp. 33-5 et 64.

— Valentinelli, *Bibliografia del Friuli*, p. 146.

Attiret, *Jean Denis*, 巴德尼 *Pa Te-ni*, né le 31 juillet 1702 ; † 8 déc. 1768, à Peking.

— Voir le *Dict. de Biog. chrét.*, pub. par Migne, I, Col. 326/7. — Mgr. Guillemin donne dans ses *Lettres*, p. 108, l'inscription sur la pierre tombale du F. Attiret dans le cimetière français à Pe-King. Malheureusement. dans le plan qui nous a été envoyé de ce cimetière, on a négligé de numéroter la tombe de ce frère.

— Olivier Merson, *Grande Encyclopédie*. — Dussieux, *Les Artistes français à l'étranger*, Paris, 1876, in-8. — *Archives de l'Art français*, Paris, 1852, II. — Feuillet de Conches, *Les Peintres européens* [voir BEAUX-ARTS].

— Voir sur son voyage en Tartarie à la suite de l'Empereur et sa nomination au mandarinat une lettre du Père Amiot au Père de la Tour, Pékin, le 17 octobre 1754. (*Let. éd.*, éd. de Mérigot, XXIII, pp. 302 et seq. ; éd. de Grimbert, III, pp. 334 et seq.)

— Voir également sur sa nomination au mandarinat (29 juillet 1754), l'Ep. du P. Patouillet, pp. xxxj et seq. dans le Rec. XXVIII des *Let. édif.*

— Lettre du frere Attiret, peintre missionnaire de la Compagnie de Jesus, au Sr. d'Assaut de Dole. A Pekin, le 1er 9bre 1743, 19 pages (*Bib. nat.*, *Ms. fr.*, 17240, *Mél. sur la Chine*) [voir col. 934).

— Voir l'extrait d'une de ses lettres adressée à M. d'Assaut, Pekin, le 1er novembre 1743. (*Let. éd.*, éd. de Mérigot, XXII, pp. 490 et seq. ; éd. de Grimbert, III, pp. 16 et seq.) [voir col. 934].

— Notice : *Miss. Cath.*, VIII, 1876, p. 588.

— L. du F. J. D. Attiret à M. Dassaut, à Dôle, Franche-Comté. Hay-Tien, 28 nov. 1753. (*Rev. Ext. Orient*, III, no. 2, 1885, pp. 235/236.)

— « A la Bibliothèque impériale à Paris, on conserve une lettre du P. Amiot concernant la vie et les actions du frère Jean Denis Attiret, peintre et missionnaire, né à Dôle, le 31 juillet 1702, † à Peking, le 8 déc. 1768, honoré des regrets de l'empereur K'ien-long. Elle a été imprimée par le P. Terwecoren dans ses *Précis historiques.* » (De Backer, col. 141/2.)

— * Notice sur la vie et les travaux du P. [*sic*] Jean Denis Attiret né à Dole et mort à Peking, peintre de l'empereur de la Chine, par le P. Amiot. 1769, pet. in-fol.

Cité dans le Cat. Luzarche (Paris, 1868), I, No. 1519. Ce serait une série de lettres du P. Amiot à un parent du frère Attiret, statuaire à Paris.

Bahr, *Florian*, 魏繼晉 *Wei Ki-tsin*, né à Falckemberg (Silésie), le 16 août 1706 ; arriva en Chine 5 août 1738 ; † à Peking, le 7 juin 1771.

— Allerneueste ‖ Chinesische ‖ Merkwürdigkeiten ‖ und zugleich ‖ gründliche ‖ Widerlegung ‖ vieler ungleicher Bericht und Irrungen, ‖ welche ‖ Herr Johann Lorenz Moszheim, ‖ Canzler bey der hohen Schule zu Göttingen, ‖ in seine Erzählung ‖ der neuesten ‖ Chinesischen Kirchengeschichten ‖ hat einfliessen lassen, ‖ aus Pekin geschrieben ‖ von ‖ R. P. Floriano Bahr, ‖ des alldasigen Collegii S. J. in dem Kayserthum China, ‖ der Zeit Rectorn. ‖ Mit Genehmhaltung der Obern. ‖ — Augsburg und Innsbrugg, ‖ Verlegts Joseph Wolff 1758, pet. in-8, pp. 138.

Pekin, 16 nov. 1755.

Réimp. d'une lettre parue dans le *Weltbott* de Stöcklein, No. 742 ? — Un extrait a été donné dans la *Götting. Anzeig. v. Gelehrten Sachen*, 1759, p. 732.

— * Epistola ad Exc. D. Ch. Theresiam de Fugger Augustam Vindelic. Pekino 30 sep. 1764, cum annexis Vice-provinciae Sinensis ejusdem anni. (*Ms. Bibl. de Vienne.*)

Bailly, *Augustin*, Frère coadjuteur, né à Robecq (dioc. d'Arras) le 22 avril 1827 ; † à Nan-king, le 7 mars 1869 ; il était parti pour la Chine le 19 déc. 1868.

— Notice : *Miss. Cath.*, II, p. 166.

— Notice dans une lettre du P. Colombel, 7 mars 1869. (*Lettres de Laval*, juin 1869, pp. 34/5.)

Basin, *Louis*, frère coadjuteur, chirurgien, né le 24 mai 1712 ; † le 15 mars 1774 à Peking.

Cat., No. 428. — Préf. du P. Patouillet. (*Let. édif.*, 34e Rec., p. xj.)

Bastard, *Joseph*, né 20 mars 1863 ; arrivé dans la mission, 23 nov. 1891.

— Lettre de Siu-Hoei. (*Relations de Chine*, Kiang-Nan, Janvier 1905, pp. 462/3.)

Basuiau, *Hippolyte*, né à Douai, 10 janv. 1824 ; arrivé dans la Mission, 2 sept. 1865 ; † à Chang-hai, 21 août 1886.

— Let. de Shang-hai, 21 Juillet 1870. (*Miss. Cath.*, III, pp. 314/5.)

— * Détails sur les derniers jours du R. P. Hippolyte Basuiau, de la Compagnie de Jésus, né à Douai le 10 janvier 1824, décédé à Shang-haï (Chine), le 24 août 1886. Douai (Nord), Dechristé Père, 1887, in-8, pp. 15.

Par une Religieuse de N. Dame Auxiliatrice.

Bayard, *Joseph Simon*, né le 17 fév. 1661 ; arrivé en Chine en 1694 ; † à Macao, 12 mars 1725.

— L. du P. J. S. Bayard au P. E. Souciet, [reçue 28 juin 1723], s. d. (*Rev. Ext. Orient*, III, No. 1, 1885, pp. 55/60.)

Beaugendre, *Rodolphe*, né 5 avril 1845 ; arrivé dans la Mission, 18 déc. 1878.

— L. [Kiang-nan]. (*Miss. Cath.*, XXXI, 29 déc. 1899, p. 615.)

Beaurepaire, *Gabriel de*, né le 18 Avril 1840.

— Ext. d'une lettre de Tchang-kia-tchouang. (*Etudes religieuses*, XIII, 1867, pp. 427/8.)

Beauvollier, *Antoine de*, né à Blaye (Gironde), 2 juin 1657 ; arrivé en Chine en 1699 ; † en mer (Janvier 1708).

— Miss. versé dans la langue hébraïque ; voir l'épître du 7e Recueil des *Lettres édifiantes*.

— Voir *Question des Rites*, col. 902.

Becker, *Emile*, né le 19 déc. 1836 ; arriva en Chine, 25 nov. 1878 ; sup. de la mission du Pe-Tche-ly S. E.

— Portrait. (*Miss. Cath.*, 17 Mai 1901, p. 235 ; *Chine et Ceylan*, Mars 1901, p. 238.)

— L. de Hien-hien. (*Miss. Cath.*, XXIII, 1891, p. 196.)

— L. de Tchang-kia-tchouang, 3 juin 1900. (*Ibid.*, XXXII, 27 juillet 1900, pp. 348/9.)

Becquevort, *Emmanuel de*, né en Belgique, 8 fév. 1838 ; arrivé dans la Mission, 12 nov. 1877.

— Portrait. (*Chine et Ceylan*, mars 1901, p. 332.)

— Ext. du Journal de voyage. [Mission du Tche-li.] (*Miss. Cath.*, XXXIII, 25 janv. 1901, pp. 38/40.)

Bedon, *Jean*, né dans le Cher, le 24 août 1833 ; † 2 sept. 1902, à Wou-hou.

— Lettre de Ngan-kin, le 25 juin 1872 sur le pillage de la résidence des missionnaires dans cette ville. (*Miss. Cath.*, IV, 1872, p. 553.)

— Notice : *Relat. de Chine*, No. 2, 1903, pp. 139/140.

Beken, *Guillaume van der*, né à Bruxelles, le 23 déc. 1659 ; parti pour la Chine, le 17 déc. 1691 ; † 2 février 1702, enterré à Hoei-ngan-fou.

— Il y a des let. autog. de ce missionnaire au collége des jésuites d'Anvers : Goa, 16 nov. 1693 ; Hoan-gan, 16 oct. 1697 ; 1698 ; 12 août 1700 ; 10 sept. 1701.

— Caput quoddam Litterarum Guillelmi van der Beken, Belgae, Missionarii Sinensis Societatis Jesu ad Patrem Assistentem Germaniae, sub datum 21. Octobris 1697. in Civitate Moãy gàn in confiniis Xan tum. (*Epistola Patris Antonii Thomae e S. J...* 1700, pp. 7/8.)

Benoist, *Michel*, 蔣友仁 *Tsiang Yeou-jen*, né à Autun ou à Dijon, le 8 oct. 1715 ; † à Pe-king, le 23 oct. 1774.

— *Cat.*, No. 371. — De Backer, I, Col. 562. — Préf. du P. Patouillet, (*Let. éd.*, 34e Rec., p. xj.) — A consulter sur la mort de ce Père.

— L. du P. Michel Benoist. Pékin, 12 sept. et 29 sept. 1764. (*Rev. Ext. Orient*, III, No. 2, 1885, pp. 242/252.)

— Lettre d'un missionnaire de Chine. A Peking, année 1775, (*Lettres édif.*, Mérigot, XXIV, pp. 396/430. — *Pant. litt.*, IV, p. 225.)

— Ce missionnaire a traduit le *Chou-king*. (*Mém. conc. les Chinois*, note, I, p. 311.)

— * Les héros chrétiens, ou Lettres du P. Parrenin sur une famille de Princes tartares convertis à la Foi, suivis de deux lettres du P. Benoist sur un autre prince Tartare. A Lyon, Rusand, 1827, in-12, pp. XXII-448.

Bernard, *Augustin*, Frère coadj. ; né le 29 janv. 1828 ; † 27 mai 1867, à Yang-king pang (Chang-hai).

— *Etudes religieuses*, VI, pp. 171/4.

— Ext. d'une l., Tom-ka-dou, 15 juillet 1864. (*Ibid.*, VII, pp. 95/6.)

Bernier, *Stanislas*, né le 31 mai 1839 ; arrivé dans la Mission, 12 fév. 1879 ; † 27 mars 1903.

— Notice : *Relat. de Chine*, No. 2, 1903, p. 143.

Bichon, *Edouard*, né le 7 déc. 1832 ; † 18 oct. 1899, à Chang-Hai.

— L. de Sou-tcheou, 12 sept. 1876. (*Miss. Cath.*, VIII, p. 603.)

Bienvenu, *Clovis*, né à Saint-Denis-sur-Sarthon (Orne), le 11 juin 1845 ; arrivé en Chine, 20 oct. 1885 ; † à Mong-tcheng, 31 oct. 1890. (Sommervogel dit † à Wou-hou, 7 nov. 1890.)

— Notice : *Lettres de Jersey*, X, pp. 138/146.

— L., Mao-kiao-wo-tse [Kiang nan], à Mgr. Garnier. (*Miss. Cath.*, XXIII, 1891, pp. 26/7.)

Trad. dans *Die Kathol. Missionen*, 1891, pp. 15/17.

— Lettre, 9 mars 1889. (*Lettres de Jersey*, IX, pp. 11/28.)

— L., 27 avril. (*Ibid.*, pp. 28/37.)

— L., 25 mars 1890. (*Ibid.*, IX, p. 189, 196.)

— Relation. (*Ibid.*, X, pp. 138/142.)

Bies, *Jacques*, né dans le Luxembourg, le 27 janv. 1838.

— L. de Kouang-te-tcheou, 23 août 1876. (*Miss. Cath.*, VIII, pp. 531/2.)

Boucher, *Henri*, né le 1er nov. 1857 ; arrivé en Chine, 26 oct. 1882.

— L., Zi-ka-wei, 17 déc. 1887. [Inondations.] (*Miss. Cath.*, XX, 1888, pp. 61/2.)

Bourdilleau, *Narcisse*, né à Lavardin (Loir-et-Cher), le 7 oct. 1824 ; † 6 sept. 1872, à Tchen-kiang.

— * Nécrologie, par le P. Pfister, in-8, pp. 16. (MS.)

— Ext. d'une l. de Tsum-ming, 16 Juin 1864. (*Etudes religieuses*, VII, pp. 96/9.)

— Lettre du 3 Juillet 1868 sur le district de Hai-men et l'histoire de la fondation de la chrétienté de Zû-kao-hien. (*Miss. Cath.*, II, pp. 305/7.)

— Lettre du 15 Juin 1870 sur Hai-men. (*Ibid.*, III, pp. 323/5.)

— *Annales de la Ste. Enfance*, 1861, XIV, pp. 218/223 ; 16 août 1865, XVIII, p. 13 ; 31 juillet 1865, XVIII, pp. 168/171.

Bourgeois, *François*, 晁濟名 *Tch'ao Tsi-ko*, né à Pulligny (Meurthe), le 21 mars 1723 ; † 29 juillet 1792, d'après une lettre du P. Amiot, à M. Delatour, de Pekin, 31 oct. 1792, MSS. de l'Institut.

— *Biog. universelle.*

— Ex litteris P. Francisci Bourgeois Residentiae Gallicae Superioris. Pekini, 21 oct. 1787. (C. v. Murr, *Neues Journal*, I, pp. 125/6.)

« Mr. AMIOT, 25 mai 1778.

Mon Reverend Pere
P. C.

Mr. Bertin m'écrit que des 39000 lv. envoyées successivement a la Mission françoise, et formées des trois sommes 6000 lv.... 15000 lv.... 18000 lv.
Toute distribution faite, il restera pour les besoins generaux 26000 lv.
Il faut donc que les distributions particulieres montent a 13000 lv.
Et c'est exactement ce qui est, en donnant selon les ordres de M. Bertin

A trois Missionnaires, chacun 1800 lv.	5400 lv.
Au Signor Pansy	1200 lv.
Aux cinq autres Missionnaires, chacun 1000 lv.	5000 lv.
Aux PP. Ko et Yang, chacun 700 lv.	1400 lv.
	13000 lv.

La Pension particuliere de 1200 lv. que je remis a vôtre Reverence Le 11 Avril 1777 : et les 1300 lv. que je luy remis Le 20 Janvier 1778, sont un fait a part.
Sur ce qu'on vient de me dire que vôtre Reverence auroit sur ces distributions des connoissances particulieres, je la prie de me les communiquer. Je puis vous assurer, et Dieu le sçait, que je n'ay point d'interêt particulier, et que mon plus grand plaisir seroit de contenter tout le monde.
J'ai l'honneur d'être avec respect

Mon Reverend Pere

Votre tres humble
serviteur
François BOURGEOIS

A Pekin, Le 25 May, 1778. »

Cette lettre m'a été communiquée par le R. P. Sommervogel.

Boussel, *Gabriel*, né le 23 avril 1699 à Clermont ; arrivé en Chine, 21 juillet 1733 ; † en mer, 7 mai 1764.

— L. du P. G. Boussel au R. P. Berthier. Macao, 11 janv. 1754. (*Rev. Ext. Orient*, III, No. 2, 1885, p. 237.)

— L. du P. Boussel au P. Souciet. Macao, 28 déc. 1759. (*Ibid.*, III, No. 2, 1885, pp. 241/2.)

Bouvet, *Joachim*, 白晉 *Pé tsin*, né le 18 juillet 1656 d'après le *Catalogus* où il porte le No. 163, ou vers 1662 comme il est marqué dans le *Dict.* de Migne, I, col. 683, ou le 17 juillet 1665 suivant la *Bibliographie du Maine* de Desportes. Il quitta Brest pour la Chine le 3 mars 1685 avec les PP. de Fontaney, Tachard, Gerbillon, Le Comte et Visdelou. Arriva à Ning-po (juillet 1687). (Voir le voyage de Ning-po à Peking dans du Halde, I, pp. 61-81.) — Retourna en France (1697) et revint en Chine dans l'*Amphitrite* (voir la relation de ce voyage par Ghirardini). — Le Père Bouvet est mort à Peking le 28 juin 1732 suivant le *Dict.* de Migne, I, col. 684, le Père de Backer, I, col. 839 et l'Ep. du P. du Halde, XXI Rec. des *Lettres édifiantes*, — le 29 juin 1730 suivant le P. Oudin (cité par le P. de Backer, *loc. cit.*) et la *Bibliog. du Maine*, — ou le 29 juillet 1730 d'après le *Catalogus*. — Il est enterré à Pe-King.

— Né au Mans ; la date de 1665 pour sa naissance est manifestement fausse, car il entre dans la Compagnie le 11 Oct. 1673 ; d'après une lettre autog. du P. Contancin, conservée à la Bib. de l'Observatoire (portef. 150), il mourut le 28 juin 1730 ; cette lettre de Canton, 8 nov. 1730, est corroborée par une l. du P. Labbe, Canton, 7 déc. 1730 et une l. du P. Gaubil, Peking, 20 mai 1732.

— Notice sur le P. Bouvet, *Pe-tsing-ming* en chinois. (*Vestiges des princ. dogmes chrétiens*, pp. 12/14) [col. 768].

— La *Bibliographie du Maine* par N. Desportes, le Mans, 1844, consacre, pp. 231/2, une notice au P. Bouvet qui était frère puiné d'un conseiller au Présidial, René Bouvet. Desportes, p. 232, cite l'ouvrage suivant du P. B. : « De significatione verborum Sinensium », et ajoute : « Ce manuscrit autographe, petit in-4, écrit en chinois, qui existait à la Bibliothèque du Mans, a été envoyé à celle de l'Institut à Paris. » Nous l'avons vainement cherché dans cette dernière Bibliothèque.

— Dans une biographie du P. Bouvet qui se trouve ff. 118/120 d'un manuscrit de la Bibliothèque du Mans, « Catalogue des personnes de la Province [du Maine] qui se sont rendus recommandables par les lettres, par leurs Emplois, ou par quelques autres Endroits », No. 351, par Giles Negrier de La Crochardière, curé, je lis que ce Père était originaire de Conlie.

— « On trouve son éloge dans les : *Eloges historiques*, par M. J. Poté, de la Société royale des Arts de la ville du Mans. Le Mans, 1817, in-8. — Il a son article dans l'*Histoire littéraire du Maine*, par Barthélemy Hauréau, T. IV, pp. 262/7. Paris, 1852, in-8. » (De Backer, I, col. 840.)

— *Biog. univ.*, art. de Grosier et de Rémusat.

— Lettre du Père Bouvet à M. l'abbé Bignon. A Pé-kim, ce 15e 7bre 1704, 39 pages in-folio. (Bib. nat., Ms. fr. 17240, *Mélanges sur la Chine.*)

— Lettre du même au Très Reverend Pere de la Chaize, Confesseur du Roy. En Cour. 10 feuillets. (*Ibid.*)

— Lettre du R. P. Bouvet, de la Compagnie de Jesus, a Monsieur Leibnitz. A Pekim, le 4 Nov. 1701. (*Ibid.*) [voir col. 902].

C'est une copie.

— Lettre du R. P. Bouvet. A Pekim, ce 27 oct. 1704. (*Ibid.*)

— Lettre de M. Bourgues, professeur de philosophie à Neufchâtel et Membre de l'Académie royale des Sciences de Berlin, écrite au R. P. Bouvet, Mis. Ap., du 6 Mars 1707. (Dans le *Mercure Suisse*, 1734.) — Copiée dans le Ms. Fr. 12215 (Anc. Sup. Fr. 5212) de la Bib. nationale.

Ce Ms. contient également des copies de lettres de Mairan, de Fréret, et de Parrenin.

— L. du P. Bouvet au P. E. Souciet. Pekin, 28 nov. 1728. (*Rev. Ext. Orient*, III, No. 1, 1885, pp. 64/65.)

— L. du P. Bouvet au P. E. Souciet. Pekin, 27 oct. 1725. (*Ibid.*, III, No. 1, 1885, pp. 67/69.)

— L. du P. Bouvet au P. E. Souciet. Pekin, 18 oct. 1727. (*Ibid.*, III, No. 2, 1885, pp. 218/220.)

— Journal des Voyages du Père Bouvet jésuite missionnaire, enuoyé par l'Empereur de la Chine, vers Sa Majesté très chrétienne.

Cod. gall. 711, No. 1326 du T. VII du Cat. imprimé Munich 1858.

MS. in-4, papier, fin XVIIe S., 191 pp. chiffrées. On lit au dessous du titre de la même écriture que le ms. « Il n'y a point de tittre dans l'original & ces memoires ne sont pas en etat de paroitre en public. » Voir Du Halde, *Description de la Chine*, I, Paris, 1735, p. 95.

Provient de la Bib. d'Ét. Quatremère.

— Voyage de Siam. Ms. pet. in-8, 6 ff. prél. n. ch. + pp. 405.

Recto f. 6 : « A la plus grande gloire de Dieu. — Memoires de la plus Part des choses que les six Peres Jesuites françois, enuoyés à la Chine Par Sa Majesté tres Chretiene Ont remarquées dans leur voyage depuis Brest jusques a Siam. Pris sur l'Original Manuscrit du Pere Bouvet 1685. »

Bib. Henri Cordier. — De la Bib. de Michel Chasles, de l'Académie des Sciences.

Bouvet, *Louis*, né 21 janvier 1861; arrivé dans la Mission, 20 oct. 1885.

— Lettre sur le district de Ou-Ho. (*Relations de Chine*, Kiang-Nan, Juillet 1904, pp. 334/336.)

Boym, *Michel*, 卜彌格 *Pou Mi-ko*, né en Pologne, à Lwow en 1612 ; † 22 août 1659 dans le Kouang-si.

— *Catalogus*, No. 85. — Art. d'Abel-Rémusat dans les *Nouv. Mél. As.*, II, pp. 226/8. — Migne, *Dict. de Biographie chrétienne*, 1851, p. 693.

— Une mission chinoise à Venise au XVIIe siècle par Girard de Rialle. (*T'oung Pao*, I, 2, Août 1890, pp. 99/117.)

Brancati, *Francesco*, 潘國光 *Pan Kouo-kouang*. Né en Sicile en 1607 ; arrivé en Chine en 1637 ; † à Chang-Haï, 25 avril 1671.

— H. Cordier, *Imp. Sino-européenne*, p. 6.

Brazille, *François*, né 10 sept. 1867 ; arrivé dans la Mission, 24 oct. 1901.

— Lettre de Ho-Tcheou. (*Relations de Chine*, Kiang-Nan, Janvier 1905, pp. 463/466.)

Broissia, *Charles de*, né en 1660 ; † le 8 septembre 1704.

— *Catalogus*, No. 222.

— Lettre du Pere d'Entrecolles, Mis. de la Cie de Jesus, à Monsieur le Marquis de Broissia, sur la mort du Pere Charles de Broissia, son frère. A Jao-tchéou, le 15 nov. 1704. (*Lettres édif.*, Anc. éd., IX, p. 504 ; Mérigot, XVIII, pp. 56/66 ; *Pant. litt.*, III, p. 15a.)

Buglio, *Louis*, 利類思 *Li Lei-seu*, né à Mineo (Sicile), 26 janv. 1606 ; arriva en Chine en 1637 ; † à Peking où il est enterré (Cha-la-eul, No. 23) le 7 oct. 1682 (de Backer, *Cat.*, et Migne).

— Henri Cordier, *Grande Encyclopédie*.

— « Le P. Buglio, Sicilien, nommé en Chinois *li-lei-se*, est un de ceux qui ont le plus travaillé pour la Religion. — Il a composé 21 ouvrages, dont il n'y en a que 2 ou 3 sur des matières indifférentes. Son nom est sur ses livres, mais M. F.[ourmont] ne paroit pas l'y avoir vû. Il est auteur du *tchâo sing hio yao* qu'il indique no. CCXXII, et que je ne traduirois pas (*rerum*) *naturam superantiem placita*, mais simplement : *supernaturalis et necessaria doctrina.* » (Le P. Foureau au sujet de la p. 152 du *Cat. lib. Bib. Reg. Sin.* de Fourmont dans le Ms. Fr. 12215 de la Bib. nat., p. 43.)

— Let. autog. signée, écrite en italien, datée « Da Hânchaṁ, città metropolitana d'una delle isole Pante di questo Regno, ultimo di Dicembre 1637. » — Let. autog. signée, écrite en italien, datée de « Nan-chino, 5 d'Ottobre 1639. »

Nous possédons des copies de ces deux lettres dont les originaux se trouvent à la *Biblioteca Nazionale*, de Palerme.

彌撒經典 *Mi-sa king-tien.*

Sur le frontispice gravé sur bois et représentant un autel différent de celui du BRÉVIAIRE et du MANUEL :

MISSALE ‖ ROMANVM ‖ auctoritate ‖ Pavli. V. Pont. M. ‖ Sinice redditum ‖ a ‖ P. Lvdoviço Bvglio ‖ Soc. Iesv ‖ Pekini ‖ In Collegio ejusd. Soc. ‖ An. M DCLXX.

N. F. Chinois 3020 et 3021 ; ce dernier ex. est ms.

日課槩要 *Ji k'o kai yao.*

Frontispice gravé sur bois et représentant un autel, le titre suivant gravé :

BREVIARIVM ‖ ROMANVM ‖ Sinicè redditum ‖ a ‖ P. Ludouico Buglio ‖ Soc. Iesv ‖ In Collegio ‖ Pekinensi ‖ eiusd. Soc. ‖ Anno 1674.

N. F. Chinois 2981 ; cet ex. est ms.

聖事禮典 *Cheng sse li tien.*

Frontispice gravé sur bois et représentant un autel, le titre suivant gravé :

MANVALE ‖ AD ‖ SACRAMĒ- ‖ TA ‖ MINISTRANDA ‖ iuxta ritū ‖ S. Rom. Ecc. ‖ Sinicè redditū ‖ a ‖ P. Ludouico Buglio ‖ Soc. Iesv ‖ Pĕkim ‖ in colleg. eiusd. Soc. An. 1675.

N. F. Chinois 2886.

— H. Cordier, *Imp. Sino-Européenne*, pp. 8-10.

Bulté, *Henri*, né le 8 nov. 1830, à Héricourt (Pas-de-Calais) ; entré dans la Cie. 9 nov. 1861 ; arrivé en Chine, 9 avril 1864 ; év. de Botrie, 29 juin 1880 ; vic. ap. du Tche-li S. E. ; † 14 oct. 1900.

— Portrait. (*Ann. Prop. Foi*, LXXIII, 1901, p. 6 ; *Chine et Ceylan*, I, p. 13.)

— L., Tchang-kia-tchouang, 8 déc. 1885. (*Miss. Cath.*, XVIII, 1886, p. 135.)

— L. (*Ibid.*, XX, 1888, p. 39.)

— L. sur les retraites d'hommes en Chine. (*Ibid.*, XXI, 1889, pp. 177/8.)

— L. (*Ibid.*, XXIII, 1891. p. 125.)

— L., ext. de la *Semaine religieuse*, d'Arras. (*Ibid.*, XXIV, 1892, p. 584.)

— L., Hien-hien. (*Ibid.*, XXVI, 1894, p. 40.)

— L. (*Ibid.*, XXVIII, 1896, p. 579.)

— L., Hien-hien. (*Ibid.*, XXIX, 1897, p. 197.)

— L., Hien-hien. (*Ibid.*, 1897, p. 617.)

— Mort. (*Ibid.*, XXXII, 1900, p. 514.)

Bureau, *Auguste*, né en France, 19 juillet 1855; entré dans la Cie. 14 sept. 1876; arriva en Chine 18 déc. 1878.

— L. du Kiang-nan, sur les inondations. (*Miss. Cath.*, XX, 1888, p. 197.)

Calmes, *Joachim*, né à Hambourg, 1652; arrivé dans la Mission en 1684; † 9 oct. 1686, à 34 ans, suivant sa pierre tombale à Hai-nan. (Cf. J. V. Costa, *Christandade de Hai-nan* et le *Cat.* No. 151.)

Cang, *Philippe Stanislas*, frère coadjuteur, l'un des cinq jeunes Chinois élevés à Louis-le-Grand; † en juin 1750.

— Ep. du P. Patouillet, pp. lxxj et seq. dans le Rec. XXVIII des *Lettres édifiantes*.

Cattaneo, *Lazzaro*, né en 1560, à Sarzana, État de Gênes; † à Hang-tcheou le 19 Janvier 1640.

— Bartoli, *la Cina*, IV, Torino, 1825, pp. 553 et seq. — De Backer, I, col. 1140/1.

(Bureau. — Cang. — Cattaneo.)

Cézard, *Célestin*, né le 11 mars 1857 à Vannecourt (Lorraine).

— L. de Tai-ming-fou, 24 avril 1900. (*Miss. Cath.*, XXXII, 13 juillet 1900, pp. 325/6.)

Châlier, *Valentin*, Supérieur des Missions françaises en Chine, en 1745, après le P. Hervieu, né le 17 Déc. 1697, à Briançon; † à Pe-king le 12 Avril 1747.

— *Catalogus*, No. 318. — Ep. du P. Patouillet, Rec. XXVII des *Lettres édifiantes*.

(Calmes. — Cézard. — Châlier.)

Chambeau, *Gabriel*, né 26 mai 1861 : arrivé dans la Mission, 2 nov. 1895.

— Lettre de Tsing-yang, 18 février [1904]. (*Relations de Chine*, Kiang-Nan, Juillet 1904, pp. 333/334.)

Charme, *Alexandre de la*, 孫璋 *Suen tchang*, né 19 juillet 1695; (à Lyon, 10 ou 19 juillet 1695, dit Sommervogel); entré dans la Cie. 7 sept. 1712; arrivé en Chine, 30 août 1728; † à Pe-king, 27 (28, dit Sommervogel) juillet 1767.

— MS. Bib. Roy. de Munich, voir col. 587.

Chauvin, *Louis*, né près de Chateaubriant, 2 oct. 1834; † 6 oct. 1903.

— Notice : *Relat. de Chine*, Janv. 1904, pp. 208/210, Portrait.

Chavagnac, *Emeric de*, né à Rouen, 1er mars 1670; arriva en Chine; le 9 sept. 1701; † 14 sept. 1717, à Jao-tcheou.

— L. du P. de Chavagnac au P. E. Souciet, en Chine, 30 sept. 1712. (*Rev. Ext. Orient*, III, No. 1, 1885, pp. 40/42.)

Chevalier, *Joachim*, né 19 nov. 1841; arrivé dans la Mission, 13 janvier 1871.

— Lettre de Tchen-Kiang, 11 Mai 1904. (*Relations de Chine*, Kiang-Nan, Juillet 1904, pp. 336/8.)

— Let. de Chang-Hai, 30 Mai 1904. (*Miss. Cath.*, XXXVI, pp. 400/1.)

— L'Amiral Bayle à Nankin. — Tchen-Kiang, 13 Sept. (*Relat. de Chine*, Kiang-Nan, Janvier 1905, pp. 459/460.)

Chevreuil, *Emile*, né à Argenteuil (Seine et Oise), 29 sept. 1827; part 1859; miss. du Kiang-nan; † à Chang-Hai, 4 mars 1893.

— Notice par le P. L. Gaillard. (*Lettres de Jersey*, 1893, XII, pp. 356/365.)

— Lettres. (*Annales Ste. Enfance*, XV, pp. 362/6; XVII, 88/92, 165/7; XXVI, 294/6.)

— Lettre. (*Lettres de Jersey*, 1885, VII, pp. 56/63.)

Cibot, *Pierre Martial*, 韓國英 *Han Kouo-ing*, né à Limoges, le 14 Août 1727; † à Pe-king le 8 août 1780; les *Mém. conc. les Chinois*, VIII, p. III, le *Dict. de Biog. chrét.*, de Migne et le P. Sommervogel (*Etudes religieuses*, 21e année, 5e S., XII, 1877, p. 749) disent, 8 août 1780, qui est la date exacte d'après une let. autog. du P. Collas que nous possédons. — Le *Catalogus*, No. 415, 8 août 1784. — Le P. de Backer, I, col. 1270, 8 août 1789. — Le Cat. le nomme par erreur *Jean* Martial au lieu de *Pierre* Martial.

— Henri Cordier, *Grande Encyclopédie*.

— L. du P. Cibot au P. Brotier. Pékin, 22 oct. 1767. (*Rev. Ext. Orient*, III, No. 2, 1885, pp. 254/258.)

— L. du P. Cibot au P. Brotier. Pékin, 5 nov. 1769. (*Ibid.*, III, No. 2, pp. 260/265.)

— L. du Père Cibot. Péking, 17 oct. 1777. (*Ibid.*, III, No. 4, pp. 643/8.)

— Let. autog. signée, Pe-king, ce 11 9bre 1779, 8 pag. in-4... «La grande mission de Chine ne fait que se soutenir sur les flots depuis plus de 18 ans. Perisse plutot ma droite que de reveler à l'Europe jusqu'où vont nos desolations et nos agonies. Mais permettez-moi, Messieurs, de vous demander de faire des informations sures et exactes sur tout ce qui ne vient pas du Souverain Pontife dans les conduites, arrangemens et ordres de la Propagande qui arrivent ici et sur ce que peut y mettre du sien le pouvoir adroit et efficace du peuple dangereux des subalternes...» Ce document important fait partie de notre collection particulière; il provient de la vente des autog. de M. Laurent Veydt, déc. 1878, No. 440 du Cat. de vente.

Clavelin, *Stanislas*, né à Névy (Jura), le 31 juillet 1814; † à Chang-hai, le 15 juin 1862, suivant le *Catalogus*, ou le 9 juin 1862, suivant les *Miss. Cath.*, III.

— La sœur de ce missionnaire, Marie Clavelin, religieuse de St.-Vincent de Paul, a été massacrée à Tien-tsin, le 21 juin 1870.

— Lettres. (*Annales de la Ste. Enfance*, I, pp. 471/9; XVIII, pp. 241, 262, 274; XX, p. 47; XXVIII, pp. 424/450; XXIX, pp. 739/784.)

— Lettre à Mme. de Bourboulon. (*Mém. du Kiang-nan* du P. Broullion, col. 846.)

— Un missionnaire chez les Tai-ping. (*Etudes religieuses*, 1863, pp. 136/149.)

Collas, *Jean Paul Louis*, né à Thionville, le 13 septembre 1735; † à Péking, le 22 janvier 1781. — De Backer, I, col. 1325. — *Mém. conc. les Chinois*, XI, p. 387. — Le *Catalogus*, No. 425, donne le 12 sept. comme date de la naissance de ce missionnaire; le P. de Backer, d'après les registres de l'état civil de Thionville, indique le 13 sept. — C. von Murr, *Neues Journal*, I, p. 96, dit par erreur qu'il mourut le 29 nov. 1779.

— *Biog. univ.*, art. de Grosier.

— L. du P. Collas à M. l'abbé Duprez. Quanton, 28 déc. 1767. (*Rev. Ext. Orient*, III, No. 2, 1885, pp. 258/260.)

— L. de Peking, 2 oct. 1780. (*Ibid.*, II, No. 3, 1884, pp. 298/304.) D'après l'original de la collection Henri Cordier.

— Let. autog. signée, A Peking, le 2 octobre 1780, 4 pag. in-4. «Monseigneur, Jamais cette mission n'a eu un plus grand besoin de votre protection, elle est attaquée par une partie de ceux qui ont traversé des mers pour la soutenir...» Ce document fait partie de notre collection particulière.

Colombel, *Augustin*, né le 1er août 1833.

— Lettre publiée dans les *Variétés* des *Miss. Cath.*, II, p. 380, sous le titre de *Nan-king en 1869*.

— Lettre de Nanking, du 12 oct. 1869. (*Miss. Cath.*, II, pp. 431/2.)

— Lettre de Zi-ka-wei, du 4 janvier 1870, sur l'expédition de M. de Rochechouart dans le Yang-tseu. (*Ibid.*, III, pp. 91 et seq.)

— Les examens de la licence à Nan-king en 1870. (*Ibid.*, IV, pp. 54/56, 62/4.)

— Il a écrit une Histoire de sa Mission. — Voir le P. Piolet, col. 867.

Contancin, *Cyr*, né à Issoudun, 25 mai 1670; entré au noviciat, 9 sept. 1688; † à Cadix, 21 nov. 1732 (suprà mare, non longè a freto Gaditano); il s'était rembarqué à Lorient, le 10 nov

— Epître du P. du Halde, XXI Rec. des *Let. éd.*: l'épitaphe qui a été gravée sur le tombeau du P. Contancin à Cadix est donnée p. XXV.

— *Catalogus*, No. 251.

— V. H. Cordier, *Fragments d'une Hist. des Etudes chinoises*, p. 244.

— L. du P. Contancin au P. Souciet. Peking, 6 oct. 1713. (*Rev. Ext. Orient*, III, No. 1, 1885, pp. 42/47.)

Della Corte, *Agnello*, né à Salerne, le 19 avril 1819; † à Chang-Hai, 24 nov. 1896.

— Let. de Chang-Hai, 18 juillet 1870. (*Miss. Cath.*, III, p. 314.)

— *Lettere edificanti della provincia Napolitana*, Ser. I, pp. 122/4, 158/160; Ser. II, pp. 5/7, 62/3; Ser. IV, pp. 74/5, 103/4, 122/4, 131/2, 184/5.

Couplet, *Philippe*, 柏應理 *Pe Ing-li*, né à Malines, le 31 mai 1622, de Pierre Couplet, huissier au grand conseil, et de Catherine Alison ; il entra au noviciat le 11 oct. 1640 ; il mourut en mer près de Goa, le 16 mai 1693.

— *Biog. univ.*, Vol. IX, pp. 351/2 ; art. de Grosier. — *Dict. de Biog. chrét.*, de Migne, pp. 1109/1110. — P. Oudin, dans *Moréri*.

— Son portrait a été gravé par J. Faber, d'après le tableau peint par R. Mead pour la galerie de Windsor, sur un dessin de Knorr. (Hamy, *Galerie*.)

— Portrait. (*Relat. de Chine*, Janv. 1904, p. 149.)

— Le Père Philippe Couplet, Malinois, S. J., Missionnaire en Chine. (1623-1694.) In-8, pp. 32. — Par le P. C. F. Waldack, S. J.

Ext. des «*Analectes pour servir à l'histoire ecclésiastique de la Belgique*. — Tome IX. 1872. Louvain [et] Bruxelles.»

Ce mémoire contient les 7 lettres suivantes qui étaient inédites :

I. Le P. Couplet au P. Thomas Dekens, Provincial ; Anvers, 14 Déc. 1654.

II. Le même au même ; Anvers, 19 Déc. 1654, p. 10.

III. Le même à un Père inconnu ; Macao, 4 février 1659, p. 12.

IV. Lettre du P. de Rougemont ; 27 juillet 1661, p. 18.

V. Le P. Couplet à un inconnu [probablement le P. Dekens] ; Canton, 10 Nov. 1666, p. 21.

VI. Les PP. de Rougemont et Couplet au R. P. Provincial de la Flandre-Belgique N. N., 7 sept. 1671, p. 25.

VII. Les mêmes au même ; 11 sept. 1671, p. 27.

— «Dissertatio, quibus causis Paulus V indulserit, linguâ Sinensibus eruditis communi per indigenas sacerdotes celebrari sacra ; imprimée p. 126 des *Prolegomena ad propylæum Maii*, du P. Daniel Papebroch. Le P. Lebrun, de l'Oratoire, dans son *Explication des Cérémonies de la Messe* (Dissertat. XIV, art. II), dit qu'en 1688, le P. Couplet étant à Paris, montra cette dissertation à quelques savants, et que les Bollandistes n'en donnèrent qu'un précis. Elle parut en italien sous ce titre : Breve Ragguaglio delle cose piu notabili spettanti al grand' Imperio della

Cina. In-4, 4 ff. Signé : P. Filippo Couplet della Compagnia di Giesu, 1687. » (De Backer, I, col. 1426.) [Voir col. 833.]

— * Reverendo in Christo Patri P. Philippo Couplet Societatis Iesu e Sina in Urbem Procuratori Symbolis applaudunt et gratulantur Scholae Societatis Iesu Cameracenses, pet. in-8, 4 ff. non chiffrés. (De Backer, I, col. 1428.)

Nous signalerons ici une collection de pièces relatives à la *Question des Rites* reliées en un vol. in-fol. qui a été vendue fr. 150 en 1873, à la vente des livres de M. Pauthier (No. 303) :

— Recueil de lettres, tant copiées qu'originales, de mémoires, apologies, justifications, etc., pour les PP. jésuites, dans leurs controverses avec les dominicains, relatives au culte rendu par les Chinois à leurs ancêtres et à Confucius. En un vol. in-fol., cart.

Recueil de la plus grande importance. La plupart de ces pièces ont été écrites en Chine, plusieurs sont certifiées par le P. Couplet, qui a mis en tête du volume une introduction écrite et signée de sa main.

Voici le détail des pièces contenues dans ce volume :

1. *Doutes*, etc., par le *P. de Sainte-Marie*, datés du 20 août 1637 (*en espagnol*). Dominicain.
2. *Extraits* du livre IIe de l'Histoire de la province de Saint-Rosaire, etc., imprimé à Manille en 1640 (*en espagnol*). Dom.
3. *Réponse* des Jésuites aux attaques précédentes (*en espagnol*).
4. *Réponse* des Jésuites par le *P. Roboredo*, Manille, 1638 (*en espagnol*).
5. *Réponse autographe* du même, signée de lui.
6. *Réplique* attribuée au *P. de Sainte-Marie* (*en espagnol*).
7. Lettre autographe d'un missionnaire (*en espagnol*). Dom.
8. Copie d'une lettre du provincial des *Dominic.* signée *Manoël* DIAZ.
9. Copie d'une lettre du *P. de Moralez* au *P. Dias*, Visiteur, 1639.
10. Extrait d'un traité du P. Furtado (*en espagnol*), 1639.
11. Traité du P. Adam Schall, présenté au tribunal des mathématiciens de Péking, manuscrit authentique en latin, 1663.
12. Traité du *P. Ant. de Sainte-Marie* à *Luis de Gama*, espagn. visiteur. (Imprimé et traduit en français avec le P. Longobardi. Paris, 1701, in-12.) [Voir col. 899.]
13. *Traduction* portugaise du traité du P. Longobardi, imprimé en espagnol dans Navarrete, p. 248, et traduit en français avec le précédent, etc. [Voir col. 899.]

Nota. Ces deux copies manuscrites sont accompagnées des citations chinoises, ce qui leur donne une grande valeur *philologique*.

14. Ecrit du P. Sarpetri (*en espagnol*), signé et annoté de sa propre main, avec la légalisation du P. Couplet.
15. Copie d'un autre écrit du même (*en espagnol*).
16. *Traité* du *P. D. de Navarrete*, avec de nombreuses observations marginales de la main du P. Couplet. [Voir col. 32.]
17. *Traité* du même, *signé de sa main*, avec des observations marginales du P. Couplet.
18. Extrait d'un manuscrit du *P. Brancati*.
19. Extrait du *P. Félicien Pacheco* (ad. au P. Navarrete).
20. Extrait du *P. Govea* (*en espagnol*).
21. Traité en latin du *P. Favre*.
22. Réponse du *P. Lobelli*, autographe.
23. Deux pièces concernant le P. Navarrete.
24. *De Ritibus Ecclesiae sinicae, apologetica dissertatio*, du *P. Gabiani* (30 feuillets in-folio). [Imp. 1700 ; voir col. 885].
25. Grand traité du *P. Prosper Intorcetta* en *réponse* au P. Navarrete, précédé de l'approbation autographe du *P. Pacheco*. V. Provincial, avec ses cachets (voir col. 884/5).

Nota. Le traité du *P. Intorcetta*, dont une portion paraît écrite de sa main sur papier de Chine, est extrêmement précieux en ce qu'il contient tous les textes chinois cités comme autorités à l'appui.

Croullière, *François*, né à Mézières-en-Drouay (Maine & Loire), le 28 avril 1830 ; entré dans la Cie. 13 oct. 1853 ; arrivé en Chine, 17 déc. 1864 ; † 9 juillet 1902.

— Lettre de Tsong-min, 20 sept. 1867. sur les Missions protestantes. (*Etudes religieuses*, 15e année, 4e Sér., 1868, pp. 140/143.)

— Lettre sur l'île de Tson-ming. (*Miss. Cath.*, I, p. 62.)

— Notice sur l'île de Tson-ming. (*Ibid.*, II, pp. 162/164.)

— Lettre de Tson-ming, 30 sept. 1869, sur les Miss. protestantes en Chine. (*Ibid.*, III, pp. 2/3.)

— Lettre de Tson-ming, 15 juin 1870, à Mme la Sup. des Religieuses de la Providence, à Alençon, sur les obsèques du P. Guibout. (*Ibid.*, III, pp. 315/6.)

Dannic, *Joseph*, né 7 mars 1867 ; arrivé dans la mission, 6 nov. 1893.

— Vincent Mao et l'origine d'une chrétienté. (*Relat. de Chine*, Kiang-nan, Oct. 1904, pp. 372/381.)

— Boniface. — Let. du P. Dannic à Mgr. Paris. (*Ibid.*, pp. 382/5.)

— Prisons de Po-tcheou. (*Ibid.*, Janv. 1905, pp. 439/443.)

David, *Victor*, né 11 nov. 1849 ; arrivé dans la Mission, 11 oct. 1881.

— Au pays des Catéchumènes. Lettre du P. V. David. Tche-teoufou, 25 Avril 1904. (*Relations de Chine*, Kiang-Nan, Juillet 1904, pp. 304/308.)

Debrix, *Pierre*, né 9 déc. 1836 ; entra dans la Cie. 18 sept. 1857 ; arrivé en Chine 3 fév. 1869.

— L. de Shang-haï. (*Miss. Cath.*, XVI, 1884, p. 52.)

Dechevrens, *Marc*, né à Chêne, Canton de Genève, 26 juillet 1845 ; entré dans la Cie. 14 nov. 1862 ; arrivé en Chine, 29 nov. 1873 ; rentré en Europe.

— Voir : Observatoire de Zi-ka-wei, col. 382-5.

— L. de Zi-ka-wei, 22 Avril 1875, au R. P. Tailhan. (*Miss. Cath.*, VII, 1875, p. 502.)

— L. de Zi-ka-wei, 1er Août 1876, à son frère le P. Ant. Dechevrens, S. J. (*Ibid.*, pp. 499/501.)

Deleuze, *Léopold*, né le 15 juillet 1818 en Belgique ; frère coadj., † 24 mai 1865 à Siu Ca-wei.

— L. du P. Palatre, sur sa mort, *Annales de la Ste.-Enfance*, 1867, pp. 31/5.

Delorme, *Paul*, né le 9 juillet 1849 ; entré dans la Cie. 3 oct. 1867 ; arrivé en Chine, 18 oct. 1886.

— L. de Ngan-king. (*Miss. Cath.*, XXIII, 1891, pp. 361/2.)

Denn, *Paul*, né le 1er avril 1847 à Lille (Nord) ; tué 20 juillet 1900.

— Portrait. (*Ann. Prop. Foi*, LXXII, 1900, p. 438 ; *Miss. Cath.*, XXXII, 28 sept. 1900, p. 458 ; *Chine et Ceylan*, Déc. 1900, p. 187.)

— Lettres. (*Miss. Cath.*, XXXII, 17 août 1900, p. 384.)

Dentrecolles, *François-Xavier*, 殷弘緒 *In Hong-siu*, né à Lyon (Le *Cat. primus* de la Prov. de France marque *Limoges*, ce qui me paraît absurde), 25 fév. 1663 ; entra au noviciat à *Lyon* ou à *Avignon*, 16 sept. 1682 ; † le 2 juillet 1741, à Pe-king. — Le P. Hamy (*Prov. de Lyon*) le fait naître en 1664 et mourir le 2 *juin*.

— *Biog. univ.*, Art. d'Eyriès. — *Dict. de Biog. chrét.*, de Migne, pp. 1210/1211. — Henri Cordier, *Grande Encyclopédie*.

— L. a. s. en latin. Pekin, 26 nov. 1721, 1 p. in-4. (*Cat. Col. d'Autog.*, ... vente 20 janv. 1900, Paris, Charavay, No. 30.)

— Lettre autog. s. du P. Franç. Xavier Dentrecolles, S. J. au R. P. Orry, datée « A Pekim le 17 sept^re 1724 ». 48 pages in-folio ; les pages écrites d'un seul côté sont pliées en double à la manière chinoise, en sorte que les 48 p. chiffrées et écrites forment en réalité 96. Cette lettre est entièrement consacrée à une réfutation des *Anciennes relations* publiées par Renaudot. Cf. cette lettre avec celle du P. de Prémare sur le même sujet publiée dans le T. XXI, 1781, pp. 183/237, des *Lettres édifiantes*.

MS. Provient de la Bib. d'Et. Quatremère.

Cod. gall. 703, No. 1305 du T. VII du Cat. latin imprimé, Munich 1858.

— Réflexions sur l'endroit tiré des Acta phisico medica de l'Académie des Curiosa naturae, et rapporté dans les mémoires pour l'histoire des Sciences et des beaux-arts au tome dé janvier 1729 à la page 157. *sig.* A Pekim, ce 29 novembre 1732. François Xavier Dentrecolles, S. J. (*Bib. nat., Ms. fr.* 17240), 5 feuillets.

— MS. Bib. nationale, No. 17238, Francais-ancien Fonds St. Germain-Rés. (209), in-4. Il contient :

Livres chinois traduits par le P. Dentrecolles.

Lettre du P. Dentrecolles au Père Du Halde. A Peking, le 8 Oct. 1737. — La lettre est signée Fran. Xavier [Dentrecolles].

Extraits de la botanique chinoise. Sur l'œil de Bambou. 16 pages. De Pekim, le 12 mai 1737, plus 4 pages de supplément.

Lettre du P. Dentrecolles. A Jao-tcheou, ce 29 may [1716] (Reçue le 12 juin 1718).

Suivie de : Traductions de quelques endroits d'un livre intitulé, L'Art de rendre le peuple heureux. — Traduction du chapitre des Examens particuliers des jeunes Etudians déjà Maitres ez arts, ou prétendant à ce grade. — Suite du livre cité au commencement de ces traductions. — Traduction du chapitre *kiang-hio* ; Modèle que donne l'auteur d'un discours tel qu'on les prononce dans le *hio*, ou Sale des Assemblees des Lettrez. — Traduction du chapitre ou est proposé le projet, et les règlemens d'une Academie ou Société de Scavans.

Ces Mémoires *arrangés!* ont été publiés par Du Halde dans sa *Description de la Chine*, II.

Recueil d'Explications.

Tous ces manuscrits du P. Dentrecolles sont surchargés de ratures et d'additions; le titre de celui-ci, par exemple, est effacé et remplacé par le suivant :

Du Ginseng plante du 1er ordre dans la médecine chinoise. De sa nature, de ses qualitez et des différentes recettes qui apprennent l'usage qu'on en fait pour les diverses maladies.

Ce Mémoire sur le gin-seng a 38 feuillets. Il est fort intéressant.

Lettre du P. Dentrecolles. A Pekim, le 14 Aoust 1722.

Mœurs de Chine. Version d'un ouvrage chinois qui n'est pas ancien. 120 pages. Finit par : Lactance, philosophe chrestien me fournit un texte propre à estre mis icy pour conclusion de toutes ces leçons de morale, ... »

— Delandine, dans ses *Manuscrits de la Bibliothèque de Lyon*, I, p. 147, indique les ouvrages suivants :

46. Instruction pour un temps de persécution, par le P. d'Entrecolles (en chinois).

Ouvrage sur beau papier de soie, à neuf colonnes, avec frontispice en caractères noirs et rouges.

47. Histoire de Tobie, avec des réflexions pour un temps d'épreuves, par le P. d'Entrecolles, in-4.

Cet ouvrage en beaux caractères chinois, à neuf colonnes, sur papier très blanc, est d'environ 180 pages : trois caractères du frontispice sont en rouge.

— Delandine ajoute : «C'est lui [Dentrecolles] qui a adressé l'Histoire de Tobie à la Bibliothèque de sa patrie [Lyon], il lui avoit fait don encore d'un traité dont il étoit auteur, sur les monnoies de la Chine, manuscrit dont le P. *Colonia* [*Hist. de Lyon*, t. II, p. 264] a fait mention, mais il ne se retrouve plus. »

Cette *Histoire de Tobie*, 訓慰神編 *Hiun wei chin pien*, a été réimp. à Tou-sai-vai [Siu-ca-wei] en 1872. — Cf. H. Cordier, *Imp. Sino-Européenne*, p. 21.

Desjacques, *Marin*, né à la Muraz (Hte. Savoie), le 13 oct. 1824 ; entré dans la Cie. 12 nov. 1842 ; arrivé en Chine, 9 fév. 1856 ; † à Chang-haï, 19 juin 1884.

— *Lettres de Jersey*, IV, pp. 164-175.

— Lettre de Chang-hai du 24 Mai 1868. (*Miss. Cath.*, I, pp. 154 et seq.)

— Mœurs chinoises au Kiang-sou. (*Ibid.*, IV.) [Voir col. 238.]

— Le Poutong. (*Ibid.*, VI, pp. 446/9, 458/60, 470/72, 482/86, 506/508, 518/521, 530/534, 542/545, 554/557, 566/569, 578/580.)

— La Chine et ses habitants, d'après un diplomate anglais. (*Etudes religieuses*, 5e Sér., V, pp. 284/295.)

— L., 18 sept. 1870. (*Ann. Ste. Enfance*, XXII, pp. 399/404.)

— Lettres. (*Lettres des Nouv. Missions de la Chine*, autog., III, 1e part., pp. 417/9 ; 2e part., p. 61 ; 3e part., pp. 212/3. — IV, pp. 65/6, 185/6. — VI, pp. 34/7.)

— L., 19 juillet 1866. (*Lettres de Fourvière*, autog., fév. 1867, pp. 30/1.)

— Lettres du 15 mars au 30 juin 1867. (*Ibid.*, nov. 1867, pp. 23/6.)

— L., 19 mars 1868. (*Ibid.*, juin 1868, pp. 32/5.)

— L., 24 mai 1868. (*Ibid.*, déc. 1868, pp. 1/5.)

— L., 5 fév. 1869. (*Lettres de Laval*, août 1869, pp. 9/11.)

— L., Chang-Hai, 21 juillet 1882. (*Lettres de Mold*, I, pp. 435/6.)

— L., 12 nov. 1882. (*Ibid.*, pp. 609/610.)

Desroberts, *Joseph Louis*, né à Montmédy en Lorraine, 13 juin 1703 ; entré dans la Cie. 21 sept. 1720 ; arrivé en Chine, 8 août 1737 ; † à Peking, 21 avril 1760.

— L. du P. Desroberts au P. Le Roy. Pekin, 16 mai 1757. (*Rev. Ext. Orient*, III, No. 2, 1885, pp. 252/254.)

Sur la mort du P. d'Incarville.

— Manuscrits divers renfermés dans un carton ; nous notons les suivants relatifs à nos études :

Minute ou plutôt brouillon d'une lettre écrite à Madame de Ste. Hyacinthe de Sauveterre, religieuse ursuline à Toulouse ; probablement du P. Chanseaume, S. J. Cf. *Lettres édif.*, XXIII, pp. 40-125. Voir col. 934/5.

Autre minute de la même lettre.

— Voyage de Macao en Houquang 1744, *suivi de* : Extrait d'une lettre au R. P. Claudel principalle des pensionnaires de Reims ; *on lit* : Elle est du père Beuth de même que la relation du voyage. 4 ff. n. c.

Lettre du frère Attiret à Monsieur d'Assaut. Peking, 1er nov. 1743. [Voir *Let. édif.*, XXII, pp. 490/528.]

Autre copie imparfaite de la même.

Abrégé de la persécution élevée en Chine contre la religion chrétienne en 1746 et 1747 fait par le P. Desroberts J. Missionnaire de Chine et envoyé aux dames religieuses de l'abbaye royale de Reims. Pekin, 18 nov. 1747. 11 pp. in-4 chiffrées.

Petit dictionnaire chinois par le P. Foureau, Jés., ms. in-4, 24 pp. chiffrées. — Pas de caractères chinois.

Provient de la Bib. Et. Quatremère.

Cod. gall. 701, No. 1337 du T. VII du Cat. imprimé, Munich 1858.

Diaz, *Emmanuel*, né en 1559 à Aspalham ; † à Macao, le 10 juillet 1639 ; le dernier *Catalogus* et Sommervogel marquent 28 nov. 1639.

— *Biographie Universelle*. — Henri Cordier, *Grande Encyclopédie*.

Diaz, *Emmanuel*, 陽瑪諾 *Yang Ma-no*, neveu du précédent, né en 1574 à Castello Branco ; arrivé en Chine en 1610 ; † à Hang-tcheou, le 4 mars 1659 (Sommervogel marque le 1er ou le 4 mars).

— *Biog. univ.* — Henri Cordier, *Grande Encyclopédie*.

Diaz, *Emmanuel*, né à Aspalham en 1590 (Sommervogel marque 1592) ; † le 18 nov. 1630 au Tibet.

— *Biog. univ.* — Henri Cordier, *Grande Encyclopédie*.

Dollières [*ou d'Ollières*], *Jacques François Marie Dié*, né à Longuyon (Moselle), le 30 nov. 1722 ; † à Pe-king, le 24 Décembre 1780.

— *Catalogus*, No. 418. — *Biog. universelle*.

— Lettre de M. Bourgeois, Miss. à Peking, à M. Dollieres, Curé de Lexie, près Longwi. Ce 17 Novembre 1781. (*Lettres édif.*, Mérigot, XXVI, pp. 486/492. — *Pant. litt.*, IV, p. 282.)

— Notice : *Miss. Cath.*, VII, 1875, p. 628. [Ext. des *Let. édif.*]

Doré, *Henri*, né 14 août 1859 ; arrivé dans la Mission, 18 oct. 1886.

— L., 11 Mars [1899]. (*Miss. Cath.*, XXXI, 1899, p. 281.)

Dubar, *Edouard*, né à Roubaix, 12 oct. 1826 ; † à Tchang-kia-tchouang, 1er juillet 1878 ; vic. ap. du Pe-Tche-ly S. E. (1865) ; sacré év. de Canathe, 19 fév. 1865.

— Portrait. (*Miss. Cath.*, X, 1878, p. 444.)

— Notice. (*Ibid.*, pp. 453/5.)

— L. de Tchang-kia-tchuam, 23 sept. 1872, au P. Tailhan. (*Ibid.*, V, pp. 78/9.)

— *Le Français* du 19 Octobre 1878 contient un feuilleton consacré à la biographie de ce prélat.

— Monseigneur Edouard Dubar de la Compagnie de Jésus Evêque de Canathe et la Mission Catholique du Tche-ly sud-est, en Chine, par le R. P. dom François Xavier Leboucq, de l'ordre des Chartreux, Ancien Missionnaire. Paris, F. Wattelier et Cie., in-8, pp. XIV-491, 1 port. de Mgr. Dubar, 1 carte, et 2 grav., s. d., [1880].

Notice : *Miss. Cath.*, XII, 1880, pp. 359/360.

On lit dans le cat. de Claudin, lib., Paris, 1901, Juin-Juillet, No. 352 : « Envoi d'auteur signé par son réel auteur qui se nomme L. B. *Didierjean* ».

Du Cray, *Paul*, né 11 août 1856 ; arrivé dans la Mission, 22 oct. 1893.

— Ext. d'une let., 4 juin 1900. (*Miss. Cath.*, XXXII, 1900, pp. 349/350.)

— Lettres de Tien-tsin, 11 et 12 juin 1900, au R. P. Provincial de Champagne. (*Ibid.*, p. 360.)

— L., Tien-tsin, 7 août 1900. (*Ibid.*, p. 469.)

Ducoux, *Joseph*, né 25 mai 1871 ; arrivé dans la Mission, 21 nov. 1901.

— Lettre. Zi-Ka-Wei, 23 Août 1903. (*Relations de Chine*, Kiang-Nan, Janvier 1905, pp. 458/9.)

Durandière, *Olivier*, né le 9 juin 1842 ; entré dans la Cie. 15 sept. 1866 ; arrivé en Chine 10 déc. 1868.

— L. à Mgr. Garnier. Ou-ho, 18 oct. 1884. (*Miss. Cath.*, XVII, 1885, pp. 6/8.)

— Notice. (*Rel. de Chine*, I, 1903, pp. 67/8, Port.)

Duvelle, *Louis Marie*, né 13 juin 1842, dioc. de Troyes ; entré au noviciat de la Cie. de J. 6 oct. 1865 ; parti pour le Pe-Tche-ly S. E., 12 sept. 1875 ; † à Tchang-kia-tchouang, 15 juillet 1878.

— L. du P. de Becquevort et du P. Gatelier. (*Miss. Cath.* XI, 1879, pp. 266/7.)

Edel, *Xavier*, né le 12 janvier 1842, à Ribeauvillé (Haut-Rhin) ; entré dans la Cie. 23 mai 1862 ; arrivé en Chine, 16 nov. 1873 ; † 14 mai 1878, à Hien-hien.

— La Famine en Chine. Chien Chien, 30 juin 1876. (*Etudes religieuses*, 20e année, 5e sér., X, 1876, pp. 694/7.)

En allemand : *Die Katholischen Missionen*, 1878, pp. 188/9.

— *Lettres de Laval*, 1878, 3e liv., pp. 13/14. Cf. *Ibid.*, 1874 et seq. passim.

Espinha, *Joseph d'*, 高愼思 *Kao Tchen-seu*, né à Lamego (Portugal), le 8 (Sommervogel dit : ou le 25) déc. 1722 ; † à Peking, 10 juillet 1788.

Estève, *Eugène Martin François*, né à Paris, dans le château des Tuileries, où son père était trésorier général de la Couronne, le 26 mars 1807 ; † à Siu-ca-wei, le 1er juillet 1848.

— Le *Catalogus*, No. 2, donne le 20 mars 1807 comme date de la naissance de ce Père, d'après les Catalogues de province de la Cie.

— Notice sur la vie et la mort du P. E. M. F. Estève, Prêtre de la Compagnie de Jésus, Missionnaire de la Chine, décédé à Zi ka wei dans la province de Nankin, le 1er juillet 1848. Paris, Poussielgue-Rusand, 1849, in-12, pp. 83.

Le P. Sommervogel cite une éd. de Lyon, J. B. Pélagaud, 1849, in-12, pp. 83.

— Notice sur la vie et la mort du P. E. M. F. Estève, prêtre de la Compagnie de Jésus, missionnaire de la Chine Décédé à Zi ka wei, dans la province de Nankin, le 1er juillet 1848. Par le P. Achille Guidée de la même Compagnie. Paris, Ve Poussielgue-Rusand, 1855, br. in-12, pp. 83.

— * Notice sur la vie et la mort du P. E. M. F. Estève, Prêtre de la Compagnie de Jésus, Missionnaire de la Chine, décédé à Zi-ka-wei dans la Province de Nankin, le 1er juillet 1848. Paris, Poussielgue-Rusand, 1854, in-12, pp. VI-415. — Par le P. Achille Guidée, de la même Compagnie. 2e édition, revue, corrigée et augmentée. Paris, Douniol (impr. Remquet), 1860, in-18, pp. 411. (De Backer, I, col. 2331.)

Faure, *Jacques Le*, 劉迪我 *Lieou Ti-ngo*, né à Paris, le 1er mai 1612 ; † à Chang-hai, le 28 janvier 1676 ; porte le No. 93 dans le *Catalogus*.

— Voir la préface de sa « Dissertatio Theologico-historica » (1700). — Voir sa lettre col. 821.

Ferlin, *Albert*, né le 17 nov. 1839 ; entré dans la Cie. 13 sept. 1867 ; arrivé en Chine, 31 oct. 1872 ; † 15 déc. 1880 à Hien-hien.

— L. du Pe Tche-ly S. E., 8 juin 1878. (*Miss. Cath.*, X, 1878, pp. 434/5.)

Ferrand, *Emile*, né à Les Espesses, en Vendée, 24 août 1839 ; entré dans la Cie. 20 nov. 1856 ; arrivé en Chine, 18 juin, 1860 ; † 4 mars 1900, à Chang-Hai.

— L. de Chang-hai, 20 Oct. 1871 [sur Tson-ming]. (*Miss. Cath.*, IV, pp. 165 et seq.

— L. de Zô-sé, 22 sept. 1876. (*Ibid.*, VIII, pp. 592/3.)

Ferrer, *Jean-de-Dieu*, né à Micambello en Espagne, le 8 mars 1817 ; † à Chang-hai, le 31 Déc. 1856.

— Notices : *Miss. Cath.*, VII, 1875, pp. 639/640. — L'*Univers*, 23 déc. 1857.

— Ce frère était un sculpteur distingué ; les *Miss. Cath.*, *l. c.*, donnent une gravure représentant son groupe de la *Fuite en Egypte*. Il est l'auteur du retable du maître-autel de l'église de Ton-ka-dou et l'on conserve à Siu-ca-wei les maquettes de plusieurs de ses œuvres.

Fèvre le, *Etienne*, 方德望 *Fang Te-wang*, né à Morières, près Avignon, le 14 février 1597 ; † à Han-tchong, le 10 (Sommervogel dit : ou le 22) mai 1659.

— *Cat.* No. 59.

— Fang Tou-ti, divinité chinoise d'origine française. (*Miss. Cath.*, IV, pp. 701/2.)

Fontaney, *Jean de*, 洪若翰 *Hong Jo-han*, né le 17 février 1643, au diocèse de Léon ; † 16 janvier 1710, à la Flèche.

— A. Rémusat, *Nouv. Mélanges Asiatiques*, II, pp. 240/3.

— Lettre du Pere de Fontenay, Superieur des six Jesuïtes Envoyez par le Roy à la Chine. Ecrite de Siam depuis le départ des Vaisseaux à un autre Iesuïte de ses amis le 26. Février 1686. s. l. n. d., in-12, pp. 39. [Permis d'imprimer. Fait ce 19. Iuin 1687. De la Reynie.]

— Voir *Question des Rites*, col. 889-890 : « Relation de ce qui s'est passé en Chine... »

Forget, *Jean*, né en 1609, à Rethel ; † 8 oct. 1661, à 51 ans, d'après sa pierre tombale à Hai-nan. Cf. J. V. Costa, *Christandade de Hainan*. Le *Cat.* et Sommervogel marquent 9 oct. 1660.

Fort, *Henri du*, né le 17 mai 1838, à Coulommiers ; † à Siu-ca-wei, le 31 janvier 1874.

— *Relations de la Mission de Nan-kin*, I, 1873-74, pp. 85/99.

Foucquet, *Jean François*, 傅聖澤 *Fou Cheng-tse*, né le 12 mars 1663, diocèse d'Autun. Il revint en France en 1722. — Sorti de la Cie. après le 8 avril 1723. — Ev. d'Eleutheropolis, mars 1725. — † vers 1740. Il porte le No. 237 dans le *Catalogus*.

— Il y a dans les *Lettres Juives* (Lettre CXLVII), éd. de 1766, Vol. V, pp. 293/296, une anecdote plus ou moins apocryphe sur un des lettrés qui accompagnèrent le P. Foucquet en France. Voltaire l'a reproduite dans son *Dict. Phil.* (*Ana, Anecdotes*, œuvres comp., 1785, XLVII, pp. 394/397.)

— Abel-Rémusat, *Nouv. Mél. As.*, II, pp. 258/261.

— Henri Cordier, *Grande Encyclopédie.*

— Notice sur le P. Fouquet, *Fou-fang-tsi* en chinois. (*Vestiges des princ. dogmes chrétiens*, pp. 14/16) [col. 768].

— Henri Omont, *Missions archéologiques françaises*, 1902, II, pp. 810/817.

— Ms. Petit in-folio sur papier. (Recueil.) — 1° Johannis Francisci Fouquet, societ. Jesu, et episcopi Eleutheropolitani, Epistola ad Papam de Sinarum ritibus, christianae religioni contrariis. — 2° Ejusdem tabula chronologica Regum Sinensium, Romae sculpta, anno 1729, cum ipsius expositione gallice conscripta et manu scripta. XVIIIe Siècle.

Bibliothèque Bouhier. D. 126. Manuscrit de 24 feuillets. (Porte le No. 1111, dans le *Cat. des Ms. de la Bib. de Troyes.* — *Cat. des Ms. des Bib. des Dép.*, II, pp. 456-457.)

— Les *Mémoires de Trévoux*, Janvier 1730, p. 179, donnent une analyse détaillée de la Table chronologique du P. Fouquet [voir col. 560].

— Les *Anecdotes chinoises*, t. IV, Paris, 1734, in-12, contiennent plusieurs lettres du P. Foucquet expliquant son rappel en Europe.

— Il a été vendu parmi les livres de Klaproth (Cat., 2e partie, No. 28) un exemplaire interfolié du *Tao-Te-King* contenant un commentaire et une traduction en latin et en français, de la main du P. Foucquet. (Vendu 100 fr., Moore.) Le P. Foucquet a joint des remarques et quelques explications en latin et en français à d'autres ms. de cette bibliothèque (no. 26 †) relatifs aux systèmes religieux et philosophiques de la Chine.

— Catalogue des Livres chinois apportés de la Chine par le Père Fouquet, jésuite, en l'année 1722. (Henri Omont, *Missions archéologiques françaises*, 1902, II, pp. 1155/1178.)

Bibliothèque nationale, Ms. latin 17175, fol. 93-117 et 118-140. Voir notre chap. BIBLIOGRAPHIE.

— Catalogue des Liures Chinois apportés de la Chine par le Pere Foucquet Jesuite en l'année 1722.

Cahier pet. in-folio de 25 ff., XVIIIe siècle ; British Museum, Add. Ms. No. 20583, A. — Papiers du Cardinal F. A. Gualterio. — Le British Museum possède un Ms. No. 20583, B de la même provenance qui contient les pièces suivantes :

1° Une lettre autog. signée, de Maigrot (Carolo vesc. di Conón) li 26 [Sept. 1715] ; écrite en italien.

2° Des lettrés de la Chine, et des degrés de littérature où ils entrent après des examens réglés par l'Etat. Par l'évêque de Conon.

3° Copie d'une lettre écrite en italien au sujet d'une lettre du Pape traitant de la querelle entre les Dominicains et les Jésuites.

4° Fragment d'un traité de l'évêque de Conon sur les Cérémonies chinoises.

5° Testament de l'Impératrice mère de l'Empereur chinois qui règne aujourd'huj. (Avec des remarques de l'évêque de Conon.)

6° Edit de l'Empereur de la Chine mourant.

Parmi les *Additional Ms.* du British Museum, il en est un qui porte le No. 20396 et qui a pour titre : « Papers of Card. F. A. Gualterio. — Papers of J. F. Fouquet Bp. of Eleutheropolis 1723-1727. » Ce vol. contient une série de lettres autographes du P. Foucquet adressées au Cardinal Gualterio ; il y a une cinquantaine de lettres dont la première est datée du 8 février 1723 ; la dernière est de 1727. Ce recueil qui a été acheté ainsi que les autres papiers du Cardinal Gualterio en Avril 1854 du Marquis F. A. Gualterio a été signalé par M. Armand Baschet dans sa brochure « Le Duc de Saint-Simon et le Cardinal Gualterio. Mémoire sur la recherche de leur *Correspondance* (1706-1728). Paris, 1878 » [extrait du *Cabinet historique*, t. XXIV, pp. 33/71], pp. 27/29. Ces lettres, entre parenthèses, sont signées *Foucquet* et non pas *Fouquet* ; nous les avons publiées dans la *Revue de l'Extrême-Orient*, I, 1882, pp. 16/51. — Voir col. 854. — Cf. *Ibid.*, I, No. 1, pp. 113/115.

— Le Chinois du P. Foucquet. Voir col. 854.

Foureau, *Pierre*, 吳君 *Wou Kiun*, né au Mans, le 13 Nov. 1700 ; † à Paris, le 10 (Sommervogel dit le 16) Nov. 1749.

— « Monsieur, Je voudrois que ce que je vous envoye, repondit au livre qui y a donné occasion, je vous l'offrirois encore plus volontiers. Tel qu'il est daignez l'accepter comme une petite marque du vray devouement avec lequel j'ay l'honneur d'être. Monsieur, Votre très-humble et très-obeissant serviteur P. Foureau J. le 16 février 1744. »

— « Monsieur, En vous renvoyant les 2 tomes des Refl. Crit. et toutes celles que vous avez eu la bonté de faire et de me communiquer sur mon petit travail, je vous dois et vous fais bien des remerciments. J'en ay beaucoup profité, comme vous pourrez le remarquer, si vous en êtes curieux, quand mon exemplaire me sera revenu, car celuy que j'ay n'est pas assez correct pour le pouvoir communiquer. J'ay l'honneur d'être avec beaucoup de respect. Monsieur Votre très-humble et très-obeissant serviteur P. Foureau. J. Au College de Loüis le Grand le 19. Dec. 1744. » (Ces deux lettres autog. sont conservées dans le Ms. de la Bib. nat., Fr. 12215.)

— Lettre originale du P. Foureau, jésuite missionnaire, datée de Pékin le 16 novembre 1738, sur papier de Chine. — No. 29 du Recueil provenant du Collége de l'Oratoire de Troyes décrit sous le No. 2240, p. 907 du *Cat. des Ms. de la Bib. de Troyes.* — *Cat. des Ms. des Bib. des Dép.*, II.

— L. au R. P. Principal [Collége Louis le Grand]. Peking, 16 Nov. 1738. (*Rev. Ext. Orient*, II, No. 3, 1884, pp. 293/298.).

D'après l'original de la Bib. de la Ville de Troyes.

— L. du P. Foureau au P. Souciet. Pekin, 2 nov. 1736. (*Ibid.*, III, No. 2, 1885, pp. 226/230.)

— Lettre sur l'utilité des livres Chinois qui traitent de la religion chrétienne, et combien il est important d'en répandre à la Chine le plus qu'il est possible. (*Lettres édifiantes*, 34e recueil, pp. 258-307. — *Panthéon littéraire*, t. IV, pp. 27-34.) Voir col. 935.

On donne le nom de l'auteur dans le 34e recueil.

— Petit dictionnaire chinois, par le P. Foureau, jésuite, préfet des jeunes chinois du collége de Louis le Grand. In-4°. (*Catalogus MSS. Bibl. regiæ* de Münich, t. VII, n. 1337.)

Fourmont, *Constant*, né à St. Christophe du Luat (Mayenne), le 10 fév. 1831 ; † 31 juillet 1896, au Tche-li S. E.

— L., 3 Sept. 1872, du Pe Tche-li. (*Miss. Cath.*, V, p. 78.)

— L. de Fan-kia-tchai, au P. Gonnet, sup. gén., 5 nov. 1879. (*Ibid.*, XII, 1880, pp. 38/9.)

— L. 29 déc. 1882 [sur un tremblement de terre]. (*Ibid.*, XV, 1883, pp. 160/1.)

— L. (*Lettres de Laval*, avril 1880, pp. 4/9. — *Die Kathol. Missionen*, 1880, pp. 78/9.)

Froc, *Louis*, né le 24 déc. 1859 ; entré dans la Cie. 12 août 1875 ; arrivé en Chine, 24 oct. 1883.

— Note sur l'Observatoire de Zi-ka-wei. (*Miss. Cath.*, XIX, 1887, p. 507.)

— Voir col. 386.

Froes, *Jean*, né à Portalegre (Portugal) en 1591 (Sommervogel dit 1581) ; † à Hang-tcheou, 11 juillet 1638.

De Backer, I, col. 1975. — *Ménologe de la Cie. de Jésus*, par le P. E. de Guilhermy, Assistance du Portugal, 2e part., pp. 28-29 ; réimp. dans les *Miss. Cath.*, V, p. 336.

Le *Catalogus*, No. 47, donne 1588 comme date de la naissance de ce Père.

Furtado, *Francisco*, né à Fayal (Açores) en 1587 ; entra dans la Cie. 1608 ; arrivé en Chine 1621 ; † à Macao, 21 nov. 1653 ; visiteur de la mission de Chine, 1633-1635 et 1651 ; vice-provincial, 1636-1642 et 1643-1644.

— Capitulo de vna Carta que escrivio el P. Francisco Hurtado Vice Provincial de la Compañia de Iesus en la gran China al P. Manuel Diaz Visitador de la misma Provincia, y de la de Iapon en 20. de Nouiembre de 1636. 2 pages à la fin d'une pièce in-4 de 16 pages (8 ff.) intitulée : Relacion del insignie Maytyrio, qve padecio... el Milagroso P. M. F. Mastrilli... en Nangasaqui... 1637.

Gad, *Louis Du*, né à Lyon, le 26 fév. 1707 ; † à Paris, le 25 mars 1786.

Il signe ses lettres : *Du Gad de Vitré*. (Sommervogel.)

Gaillard, *Louis*, né à Paris, le 14 juillet 1850 ; entré le 1er oct. 1868 dans la Cie. de Jésus ; arrivé à Chang-Haï, le 20 oct. 1885, avec neuf confrères ; † 12 mai 1900, à Pe-king.

— Notices : *Nankin Port ouvert*, pp. V-VIII, Port. — *Mission du Kiang-nan*, 1899-1901, p. 43.

— Louis Gaillard. Nécrologie par Henri Cordier. (*T'oung Pao*, 2e Sér., I, No 3, Juill. 1900, p. 257.)

— Propos de Chine. Par le P. Louis Gaillard. (*Etudes*, Avril, Mai, Juin, Juillet 1895.)

— Variétés chinoises. Par le P. Louis Gaillard. (*Ibid.*, 20 fév. 1899, pp. 541/552.)

— Lettres de T'ien-tsin et de Pé-kin [avril 1900]. Par le P. Louis Gaillard. (*Ibid.*, 5 juillet 1900, pp. 5/23.)

— Dans la préface du *Plan de Nankin*, le P. Gaillard annonçait quelques monographies sur cette ville. Nous lisons dans la préf. de l'*Aperçu hist. et géog.* [sur Nanking], *Var. Sin.*, No. 23 : « Nous ne désespérons pas de voir quelque jour un de nos collaborateurs reprendre pour son compte ces études si intéressantes, et utiliser les précieuses notes du P. Gaillard : il y trouvera des chapitres entiers complètement rédigés sur la *Muraille de Nankin*, *le Temple de Confucius*, *le Tombeau des Ming*, *les Tombes des Eunuques*, etc., etc. »

Gain, *Léopold*, né 25 mars 1852 ; arrivé 22 nov. 1876.

— Au Siu-tcheou-fou. Let. à Mgr. Paris. (*Relat. de Chine*, Kiang-Nan, Juillet 1904, pp. 288/91.)

— L. de Siu-tcheou-fou, 3 déc. 1903. (*Ibid.*, Oct. 1904, p. 400.)

— Relation annuelle du P. Gain à Mgr. Paris. I. — La propagation de l'Evangile au Siu-Tcheou-Fou (1903-1904). II. — L'Oeuvre de la Sainte-Enfance au Siu-Tcheou-Fou. (*Ibid.*, Janvier 1905, pp. 417/425.)

Gama, *Luiz da*, † 1671 à Macao.

— Uma resurreição historica. (Paginas ineditas d'um visitador dos Jesuitas [Luiz da Gama]) (1665-1671). (*Ta-Ssi-Yang-Kuo*, Ser. I, Vol. I (1899), pp. 31/41, 113/119, 181/188, 304/310 ; II (1900-1901), pp. 693/702, 747/763.)

Sur Macao. — Inconnu à Sommervogel.

Gandar, *Dominique*, né le 8 fév. 1829.

— Ext. d'une lettre. Chang-hai, 13 Août 1864. (*Etudes religieuses*, N. S., VII, pp. 91/3.)

— Lettre de Zi-ca-wei, 19 Août 1868, sur les éclipses en Chine. (*Miss. Cath.*, II, p. 320.)

— L. du 31 Déc. 1874. (*Ibid.*, VII, pp. 199/200.)

— L. de Yang-tcheou, déc. 1875. (*Ibid.*, VIII, p. 150.)

— L. du 23 août 1876. (*Ibid.*, VIII, p. 545.)

Garnier, *Valentin*, né le 6 mai 1825, à Saint-Germain-en-Coglès (Ille-et-Vilaine) ; les *Miss. Cath.*, XXX, p. 420, marquent 23 au lieu de *6* mai 1825 ; entré dans la Cie. 24 janv. 1852 ; envoyé en 1856 à la mission de Cayenne ; rentré en France et attaché au Collége de Vannes ; quitta Marseille 19 déc. 1868 pour le Kiang-nan ; év. de Titopolis, vic. ap. du Kiang-nan, 28 fév. 1879 ; † 14 août 1898, à Chang-Haï.

— Portrait. (*Ann. Prop. Foi*, LXX, 1898, p. 462.)

Gaubil, *Antoine*, 宋君榮 *Soung Kiun-yong*, né à Gaillac dans le Haut-Languedoc, le 14 juillet 1689 (Sommervogel dit 1688) ; † le 24 juillet 1759, à Pe-king.

— *Catalogus*, No. 309. — De Backer, I, col. 2053/4. — A. Rémusat, *Nouv. Mél. As.*, II, pp. 277/290.

— Lettre du Révérend Père Amiot à M. de l'Isle, de l'Académie des Sciences. A Peking, ce 4 Septembre 1759. (*Lettres édif.*, Anc. éd., XXXI, p. 1 ; Mérigot, XXIII, pp. 391/407 ; *Panthéon litt.*, IV, p. 84.)

— Lettres du P. Gaubil, adressées à plusieurs savans de Paris. (*Nouveau J. As.*, X, 1832, pp. 315/352, 385/414.)

I. Péking, ce 12 Août 1752. = II. A M. de l'Isle. = III. Péking, ce 13 Août 1752. = IV. A M. Deshauterayes. Péking, ce 10 Août 1752. = V. A M. de l'Isle. Péking, 28 août 1752. = VI. Péking, 25 octobre 1753. = VII. A M. de l'Isle. Péking, le 13 octobre 1754. = VIII. A M. Deguignes. Péking, le 31 octobre 1755. = IX. A M. de l'Isle. Péking, 3 novembre 1755. = X. Au même. Péking, 6 novembre 1755. = XI. A M. de l'Isle. Péking, 14 novembre 1757.

Ces lettres sont réimprimées dans le Vol. IV du *Panthéon littéraire*, pp. 57/79. [Voir col. 938.]

Voir supra col. 1049-1051 la description de ses Ms. à l'Ecole Ste. Geneviève. — Et col. 1041, des Ms. décrits par Biot.

— Correspondance scientifique d'un missionnaire français à Pékin au XVIIIe siècle : le P. Antoine Gaubil. (*Revue du Monde catholique*, 1er Oct. au 1er Janvier 1884), in-8, pp. 74.

— La Chine et l'Extrême-Orient, d'après les travaux historiques du P. Antoine Gaubil, missionnaire à Péking (1723-1759). Par le P. Jos. Brucker. (*Rev. des Questions hist.*, XXXVII, 1885, pp. 484/539.)

— Mémoire du P. Gaubil. (*Rev. Ext. Orient*, III, No. 4, 1885, pp. 654/6.)

— L. du P. G. Peking, 12 août 1752. (*Ibid.*, pp. 656/8.)

— Situation de Ho-lin en Tartarie. Manuscrit inédit du Père A. Gaubil, S. J., publié avec une introduction et des notes par Henri Cordier (avec une carte). (*T'oung Pao*, IV, Mars 1893, pp. 33/80.)

— De la situation du Japon et de la Corée, Manuscrit inédit du Père A. Gaubil, S. J., publié avec des Notes par Henri Cordier. (*Ibid.*, IX, Mai 1898, pp. 103/116.)

— Bourbon et Poulo Condor en 1721. Lettre inédite du P. Ant. Gaubil, S. J., miss. en Chine, probablement à M. de Foucaud, président au parlement de Toulouse. A Quan Tung, en Chine, ce 15e octobre 1722. (*Revue française*, XVII, 1er avril 1893, pp. 296/305 ; l. publiée par A.-A. F.[auvel], avec une carte.)

Gaudissart, *Raphaël*, né 12 sept. 1854, à Brunviller (Oise) ; arrivé 24 oct. 1892.

— L., Persécution dans le Tche-li S. E. (*Miss. Cath.*, XXXIII, 1901, pp. 85/7.)

Gerbillon, *Jean François*, 張誠 *Tchang Tch'eng*, né à Verdun, le 21 janvier ou le 11 juin 1654 (Sommervogel marque le *4* juin) ; † à Peking, le 22 (le 27 suivant Sommervogel) mars 1707 ; Supérieur de la maison de Pe-king ; nommé 3 nov. 1700, Sup. de tous les Jésuites français de Chine.

— P. Oudin dans *Moréri* ; Calmet, *Bibl. Lorraine* ; *Mémoires hist. et philolog.* de Michaut, I, pp. 254/274.

J'ai retrouvé de ce P. quelques lettres originales adressées à sa famille ; je les publierai quelque jour. H. C.

— *Hist. de l'édit de l'Empereur de la Chine*, pp. 76, 108, 169, 208. — *Biog. univ.*, Art. d'Eyriès. — *Desc. de la Chine*, de Du Halde, T. IV.

Geslin, *Joseph*, né 14 sept. 1843 ; arrivé dans la Mission, 11 oct. 1881 ; † 25 nov. 1902, à Chang-Haï.

— Notice : *Rélat. de Chine*, No. 2, 1903, pp. 140/1.

Gonnet, *Joseph*, 鄂 *Ngo*, né à Glun, près de Tournon, dép. de l'Ardèche, 31 déc. 1815; entré dans la Cie. 18 janv. 1840; arrivé en Chine, 15 oct. 1844; supérieur de la mission du Kiang-nan, 23 nov. 1862—mai 1866; sup. du Tché-li, 20 mai 1866—29 août 1877 et 18 avril 1878—18 avril 1884; † à Hien-hien, 2 juillet 1895.

— Un demi-siècle d'apostolat en Chine — Le Révérend Père Joseph Gonnet de la Compagnie de Jésus. Par le Père Emile Becker de la même Compagnie. Ho-kien-fou (Tcheu-li sud-est), Imprimerie de la Mission, 1900, in-8, pp. xı-401, Port.

— Lettres de Tcham-kia-tchuang, 8 et 18 juin 1869, à Mgr. Dubar, sur le pillage de la résidence des missionnaires à Kouam-pin-fou. (*Miss. Cath.*, II, pp. 298/9.)

— Lettre de Tcham-kia-tchuang, du 12 Août 1869, à Mgr. Dubar. (*Ibid.*, p. 368.)

— L. du 20 déc. 1876. (*Ibid.*, IX, p. 131.)

— Lettres. (*Messager du Cœur de Jésus*, II, 1862, pp. 86/9; IV, 1863, pp. 140/3; XVII, 30.)

— Lettres. (*Annales Ste. Enfance*, 1852, IV, pp. 372/4; V, pp. 536/9; X, pp. 327/336; XV, pp. 16/21; XVI, pp. 367/373, 373/382; XXVI, pp. 27/9.)

— Lettres. (*Lettres de Laval*, mars 1859, pp. 34/6; juin 1870, pp. 17/18; déc. 1873, pp. 9/12; nov. 1874, p. 24; 1876, pp. 1/6.)

— Lettre. (*Lettres de Vals*, 1855, pp. 3/4.)

Gonnet, *Pierre*, 孔 *Kong*, né le 3 fév. 1855, en Savoie.

— Ext. de lettre. (*Miss. Cath.*, XXV, 29 déc. 1893, p. 614.)

Gouraud, *Jean Marie*, né le 16 sept. 1855; entré dans la Cie. 23 janv. 1875; arrivé en Chine, 18 déc. 1878; † 27 sept. 1903, à Chang-Haï.

— L., Tsong-ming, 16 déc. 1888. (*Miss. Cath.*, XXI, 1889, pp. 148/9.)

— Le P. Jean-Marie Gouraud et son œuvre. Par Pierre, S. J. (*Relations de Chine*, Kiang-Nan, Juillet 1904, pp. 275/283.)

Gouverneur, *Jules*, né 23 nov. 1859; arrivé 30 nov. 1895; † 7 août 1902.

— Portrait. (*Chine, Ceylan, Madagascar*, Sept. 1902, p. 172.)

— Mort. (*Miss. Cath.*, XXXIV, 1902, p. 521.)

Goville, *Pierre de*, né le 20 sept. 1668, à Rouen; entré dans la Cie. 20 sept. 1684; arrivé en Chine. 9 sept. 1701; † à Paris, 23 janv. 1758.

— L. du P. de Goville au P. Souciet, à Nanfong, ville du 3e ordre, dans la prov. du Kiang-si, ce 17 oct. 1703. (*Rev. Ext. Orient*, III, No. 1, 1885, pp. 24/27.)

— L. du même au même, à Canton, 5 déc. 1714. (*Ibid.*, pp. 48/49.)

— L. du P. Chastillon au P. Le Roy, à la maison professe, 4 fév. 1758. (*Ibid.*, III, No. 2, 1885, pp. 238/241.)

Sur la mort du P. de Goville.

Grammont, *Jean Joseph de*, né au château de Grammont, commune de Boucagnères, près Auch, 19 mars 1736; arrivé en Chine en sept. 1768; † 1808 à Peking.

Le R. P. Brucker m'écrit: «Les PP. de Grammont et de Poirot (Louis), né en Lorraine en 1735 environ [il avait 45 ans en 1780, d'après de Murr, *Journal*, IX, p. 94] vivaient encore en 1805 à Peking au Pe-tang, ainsi que le F. Panzi. Le P. Bernard [d'Almeida] vivait encore aussi au Nan-tang. Le P. de Grammont et le F. Panzi sont morts à Peking avant 1812, et le P. de Poirot avant octobre 1815: c'était le dernier des anciens jésuites de la mission de Peking.»

1° Copie autographe de la lettre du P. de G. au P. de Ventavon. Canton, 15 Février 1787.

2° Lettre à d'Entrecasteaux. Canton, 3 Mars 1787.

3° Canton, 19 février 1788. Version de la supplique chinoise présentée par les Portugais de Macao au Maire de Canton, le 28 Oct. 1787.

4° Canton, 19 Février 1788. Lettre au Ministre de la Marine.

Ces quatre pièces autographes, inconnues au P. de Backer, se trouvent dans le Vol. V des Papiers tirés des Archives des Affaires étrangères. (Voir la 3e Partie de notre ouvrage.) Le P. de G. avait obtenu l'autorisation de résider à Canton, et il prit une part active aux négociations du Chevalier d'Entrecasteaux avec les Chinois. En 1790, il reçut de l'empereur l'ordre de retourner à Peking.

— Episode d'une persécution dans le Pe Tché-li en 1778. Extrait d'une lettre du P. de Gramont, missionnaire apostolique, à son Père, M. de Gramont, Conseiller d'honneur au Présidial d'Auch. (*Etudes religieuses*, 1863, pp. 466/470.)

Grémillon, *Henri*, né le 1er avril 1850; entré dans la Cie. 12 avril 1871; arrivé en Chine, 4 oct. 1885.

— L. de Chang-haï, à sa mère. (*Miss. Cath.*, XVIII, 1886, pp. 364/5.)

— L. à la même, 2 fév. 1886. (*Ibid.*, p. 473.)

— L. de Zi-ka-wei, à la même. (*Ibid.*, pp. 582/3.)

— L. à sa mère, de Ning-ko-fou. (*Ibid.*, XIX, 1887, pp. 318/9, d'après la *Semaine du Fidèle*, du Mans.)

— Lettre de Ning-kouo-fou au R. P. Gourdin, 30 Avril 1893. (*Miss. Cath.*, XXV, 7 Juillet 1893, p. 314.)

— Ext. d'une let. [Chouei-ngan, 20 fév. 1904]. (*Relat. de Chine*, Kiang-nan, Oct. 1904, pp. 351/6.)

Greslon, *Adrien*, né à Périgueux, 27 avril 1618; † à Kan tchéou, mars 1697; enterré à Canton.

— *Catalogus*, No. 95. — De Backer, I, Col. 2251.

Gry, *Léopold*, né 3 juin 1852 au village d'Arquèves (dioc. d'Amiens); † à Tien-tsin, 12 nov. 1899.

— Notice. (*Chine et Ceylan*, avril 1900, pp. 339/344, Portrait.)

Guibout, *Alexandre*, né à Champcerie (Orne), le 17 juin 1830; † le 25 juillet 1869, du choléra à Tsong-ming.

— Notice: *Miss. Cath.*, II, p. 324.

— Voir sur ses obsèques la lettre du P. Croullière du 15 juin 1870. (*Ibid.*, III, pp. 315/6.) — *Lettres de Laval*, août et sept. 1870, pp. 32/4.

Guillon, *Joseph*, frère coadjuteur, né le 27 juillet 1830 à Conan (Loir-et-Cher); † à Tchang-kia-tchouang (Tchéli), le 1er février 1869.

— Une visite à Pékin en 1863. (*Etudes religieuses*, IV, 1864, pp. 17/30.)

— Ext. d'une l. de Chien-Chien, 26 mars 1864. (*Ibid.*, VII, pp. 99/103.) — Tchang-kia-tchouang, 9 oct. 1864. (*Ibid.*, VII, pp. 104/105.)

— Lettre de Tien-tsin, 8 Mars 1868. (*Miss. Cath.*, I, p. 3.)

Sur les Tchang-mao (T'ai-P'ing) à T'ien-tsin.

— Notices: *Ibid.*, II, p. 166. — Par le P. Brueyre, *Lettres de Laval*, juin 1869, pp. 35/6.

— Le Culte du Sacré-Cœur en Chine. Tchang-kia-tchouang, 17 nov. 1865. (*Messager du Sacré Cœur*, 1866, pp. 322/9.)

Guittard, *Leo*, né le 28 avril 1851; entré dans la Cie. 7 juillet 1877; arrivé en Chine, 5 nov. 1879; † à Chang-Haï, 3 août 1891.

— L. de Zi-ka-wei, 20 nov. 1879. (*Miss. Cath.*, XII, 1880, p. 100.)

Guy, *Joseph*, né à Beaulieu (Maine & Loire), 14 août 1868; arrivé 21 nov. 1901; † janvier 1904.

— Le P. Joseph Guy. Nécrologie. (*Relations de la Chine*, Kiang-Nan, Juillet 1904, pp. 319/326; Portrait.)

Hallerstein, *Augustin de*, né à Laybach, le 2 (Sommervogel dit 17 ou 28) août 1703; † à Peking, le 29 oct. 1774. Porte le No. 348 dans le dernier *Catalogus*. Le *Dict. de Biog. chrét.*, pub. par Migne, I, col. 153, le nomme *Allerstain* ou *Hallerstain*, et donne par erreur 1775 comme date de sa mort.

Sur la mort de ce Père, voir la Préf. du P. Patouillet. (*Let. éd.*, 34e Rec., p. xj.) Le P. Patouillet l'appelle par erreur Portugais. — Voir ses lettres publiées par le P. Pray [col. 924].

— Augustinus Hallerstein, S. J., Observationes astronomicae Pekini Sinarum factae in collegio S. J. ab a. 1717 usque ad a. 1752.

MS. XVIIIe s., 206 ff. — No. 10, 144, de la Bibliothèque palatine (impériale) de Vienne. Cf. *Revue de l'Extrême-Orient*, I, No. 2, p. 312. — Voir le Chap. des SCIENCES.

Hamme, *Pierre Thomas van*, né le 25 mars 1651, à Gand ; † 17 (Sommervogel dit 28 déc., à Pe-king) août 1727, à Soung-kiang.

— *Onuitgegeven Brieven*, door Visschers ; Arnhem, 1857. 22 lettres, vide *supra*, col. 1021.

— Het Leven van Pater Petrus-Thomas Van Hamme, Missionaris in Mexico en in China. (1651-1727.) Gent, Drukkerij van C. Annoot-Braeckman. 1871, in-8, pp. XXIX-141 et 2 pl.

« *Maetschappy der Vlaemsche Bibliophilen*, 3e Série, Nr. 14. »

Tiré à 100 exemplaires.

— Un volume petit in-fol., contenant les lettres suivantes, se trouve à la Bibliothèque royale de Bruxelles ; il est marqué 16691-93.

Il renferme :

1. L. a. s., lat., du P. F. de Rougemont au P. Jean Bolland, Macao, 23 déc. 1658.
2. L. a. s., lat., du P. J. B. Maldonado, in Siamo, 25 septemb. 1690.
3. Quantité de lettres du P. Van Hamme.

Ce vol. se termine par

4. Epistola, imprimée de Verbiest.
5. Copie d'une lettre du même, 16693 ; voir Carton, p. 75.

Haser, frère.

— Lettre de Hsien-hsien, 16 février 1904. (*Chine, Ceylan, Madagascar*, Décembre 1904, p. 38.)

Havret, *Henri*, né 15 nov. 1848, à Vassy-sur-Blaise (Haute-Marne) ; entré dans la Cie. 19 avril 1872 ; arrivé en Chine, 19 déc. 1874 ; † à Zi-ka-wei, 29 sept. 1901.

— Le R. P. Henri Havret 夏鳴雷. Nécrologie par Henri Cordier. (*T'oung Pao*, 2e Sér., II, N° 5, Déc. 1901, pp. 386/387.)

— L., de Hai-men. (*Miss. Cath.*, XVIII, 1886, pp. 220/1.)

— L., *ibid.* (*Ibid.*, XX, 1888, p. 268.)

— L., sur un vapeur du Yang-tse-kiang, 13 mai. (*Ibid.*, XXIII, 1891, pp. 313/4.)

— Correspondance sur les émeutes de Ou hou, etc. 1891, avec lettres de quelques autres pères. (*T'oung Pao*, II, 5 Janv. 1892, pp. 447/458.)

Il y a eu un tirage à part de cette correspondance, br. in-8, pp. 12, à 25 ex.

— Quelques jours au Nord du Kiang. Relation du R. P. H. Havret, de la Compagnie de Jésus, missionnaire au Kiang-nan. (*Miss. Cath.*, XVIII, 1886, pp. 514/515, 520/3, etc., voir col. 124.)

Hélot, *Louis*, né à Connigis (Aisne), le 29 janvier 1816 ; arriva en Chine 1er oct. 1849 ; † à Chang-haï, le 22 sept. 1867.

Hennequin, *Constant*, né à Malroy, près de Metz, 18 nov. 1845 ; entré dans la Cie. de Jésus, 5 sept. 1867 ; † 1898.

— Nécrologie. (*Chine et Ceylan*, avril 1899, pp. 126/130, Port.)

Henriquez, *Antoine Joseph*, né le 13 Juin 1707 ; martyrisé à Sou-tcheou, le 12 Sept. 1748.

— Huc, *Christianisme en Chine*, IV, pp. 136/143 ; réimp. dans les *Miss. Cath.*, V, p. 443.

Héraulle, *Charles*, de Châlons-sur-Marne, parti 9 août 1903.

— Une ordination de prêtres chinois. Par Charles Héraulle, S. J. [Hsien-hsien, 20 Mars 1904.] (*Chine, Ceylan, Madagascar*, Décembre 1904, pp. 7/14.)

Hermand, *Louis*, du dioc. de Chartres ; parti 1er nov. 1903.

— Lettre de Zi-ka-wei. (*Relations de la Chine*, Kiang-Nan, Juillet 1904, p. 332.)

— Les scolastiques en vacances — Lettres du P. Hermand à sa mère. — Zi-ka-wei, dimanche, 7 février [1904]. (*Ibid.*, Kiang-Nan, Oct. 1904, pp. 361/371 ; Janv. 1905, pp. 444/456.)

Hervieu, *Julien Placide*, 赫蒼壁 *Hé Tsang-pi*, Supérieur général des missions françaises en Chine, en 1719 et en 1740 ; né le 14 janvier 1671, à Josselin (Morbihan) ; † à Macao, le 26 août 1746.

— *Catalogus*, No. 255. — Ep. du P. L. Patouillet, *Let. éd.*, Rec. XXVII, p. XVII.

— « Le P. J. B. du Halde doit bien-tôt faire imprimer en deux tomes in-4... un Recueil de divers Ouvrages des plus célèbres Auteurs Chinois, traduits de la Langue Chinoise en françois par le R. P. Hervien (*sic*), qui demeure depuis plus de 25 ans à la Chine et qui est actuellement Supérieur général des Jésuites François Missionnaires dans ce vaste empire... » (*Mém. de Trévoux*, Juillet 1730, pp. 1292-1295.) [De Backer, II, col. 139.] — Il y en a des ext. dans la *Desc. de la Chine*, de Du Halde, II, pp. 461, 739, 804 ; III, p. 225.

— Le Recueil Ms. de la Bib. nat. Fr. 17239 contient une lettre de ce Père : Reverende Admodùm Pater. P. C. Rerum ad hanc Sinensem Missionem... Canton, 7 Jan. 1727 (sig.) Julianus Placidus Hervieu, 6 pages, in-folio.

— L. du P. Hervieu au P. E. Souciet. Canton, 10 déc. 1728. (*Rev. Ext. Orient*, III, No. 2, 1885, pp. 223/224.)

Heude, *Pierre*, né le 25 juin 1836, à Fougères (Ille-et-Vilaine) ; entra le 4 nov. 1856 dans la Cie. de Jésus ; s'embarqua pour la Chine, le 19 nov. 1867 ; arriva à Chang-Hai, le 3 janv. 1868 ; tomba malade à Thanh-hoa (Tong-King), le 22 juillet 1900 ; † à Zi-ka-wei, 8 janvier 1902.

On trouvera le récit des voyages de ce naturaliste distingué dans les *Lettres de Laval* [1] :

— * I. *Déc.* 1869, *No.* 6 : Expédition au pays de Yn. — II. *Supp.*, *No.* 2 *de Sept.* 1875 : Relation de deux voyages : 1° au Kiang-si du 7 mars au 12 juin 1873 ; 2° dans la rivière Hoai, hiver de 1873-74. — III. *Supp. de Déc.* 1875, *No.* 3 : Relation de deux voyages : 1° au Hou-kouang du 16 sept. 1874 au 31 janvier 1875 ; 2° dans le Hou-nan, du 16 janvier au 13 mars 1875.

— Lettre. A bord de la *Sainte-Marie*, en vue de Kiang-in, 14 janvier 1869. (*Miss. Cath.*, II, pp. 198-199, 206-207.)

— Lettre de Si-ka-wei, 20 juillet 1870. (*Ibid.*, III, p. 314.)

— Pierre Heude 韓伯祿 *Han Pé-lou*. Nécrologie par H.-C.[ordier]. (*T'oung Pao*, 2e Sér., III, N° 1, Mars 1902, pp. 38/39.)

— Notice : *Études*, 20 mars 1902, pp. 853/6, d'après le *N. C. D. News*, 9 janvier 1902.

Hinderer, *Romain*, né à Reiningen (Alsace), 21 sept. 1669 ; † à Nan-king, 26 août 1744.

— Vie du P. Romain Hinderer de la Compagnie de Jésus, l'Apotre du Sacré-Cœur dans l'Eglise de Chine au dix-huitième siècle 1668-1744, par le P. Théodore Chaney de la même Compagnie. [Tournai], De-Callonne-Liagre, 1889, pet. in-8, pp. 96.

Hoang, *Pierre*, 黃伯祿 *Houang Pé-lou* (斐默 *Fei-mei*), né en 1830 à Hai-men 海門 ; fait partie du clergé séculier de la Mission du Kiang-nan.

— Notice, pp. 3/4, de *La Stèle chrétienne de Si-ngan-fou...* 1ère Partie, par le P. Henri Havret.

Hœffel, *Joseph*, né le 22 mai 1839 ; entré dans la Cie. 16 oct. 1861 ; arrivé en Chine, 12 nov. 1875.

— L. du 19 juin 1876 [Pe Tche-ly sud-est]. (*Miss. Cath.*, VIII, pp. 488/9.

— L. de Pei-kouo-tchouang, Pe Tche-ly S. E., au P. Gonnet. (*Ibid.*, XIV, 1882, pp. 457/460.)

— L. du Tche-ly S. E. (*Ibid.*, XXXIV, 1902, pp. 613/5.)

Hopsomer, *Elias*, né 16 fév. 1866 ; arrivé 19 avril 1902.

— Lettres de Hsien-hsien, 15 février et 9 avril 1904. (*Chine, Ceylan, Madagascar*, Décembre 1904, pp. 32/33.)

Hurtado, *Francisco*, voir **Furtado**.

Incarville, *Pierre d'*, 湯執中 *T'ang*, né le 21 août 1706 (Sommervogel 20 août . . oct. 1706) ; † 12 mai 1757, à Peking.

1. On n'ignore pas que les *Lettres de Laval* sont un recueil de lettres autographiées de religieux de la Compagnie de Jésus, publié d'abord dans le format in-4, puis dans le format in-8, qui n'est pas dans le commerce et ne circule que parmi les membres de la Société. — Voir col. 1023.

Le *Catalogus* (355), le P. Sommervogel et la première édition de la *Bib. Sinica* donnent le 12 *juin* comme date de la mort de ce père, mais la lettre du P. Desrobert, de Peking, 16 *mai* 1857 (pub. dans la *Rev. Ext. Orient*, voir infra) dit que ce père est mort le *12 de ce mois*, à l'âge de 51 ans presque accomplis ce qui le fait bien naître en 1706, et cependant j'ai quelques doutes au sujet de cette dernière date.

En effet, le P. Sommervogel écrit dans son *Supplément* : « Il naquit probablement à Louviers. Son véritable nom serait le Chéron d'Incarville, ce dernier nom étant celui d'un petit fief près de Louviers. Son père était Jean le Chéron, seigneur de Freneuse, de la Salle du Bois (près Louviers) et d'Epreville. »

J'ai examiné au Cabinet des Titres les pièces relatives à la famille le Chéron ; elles sont renfermées dans les vol. : « Carrés de d'Hozier, 183, Cheminard, Fr. 30412 » et « Pièces originales, 735, Cherrière-Chersu, Fr. 27219 ».

J'en tire les renseignements suivants :

Noble Homme Jean le CHÉRON, bourgeois de Louviers, épouse Anne Langlois.

Noble Homme Jean le CHÉRON, Conseiller du Roi élu en l'élection du Pont de Larche (1653), lieutenant au grenier à sel de Louviers ; épouse 28 oct. 1628 Marguerite Durand, fille de noble homme Clement Durand, Receveur des Consignations des bailliage et vicomté de Rouen, et de Caterine de Planes, sa femme.

Nicolas le CHÉRON,

Conseiller du Roi élu en l'élection du Pont de Larche ; annobli ainsi que ses enfants mâles et femelles nés et à naître par lettres patentes du Roi, Versailles, août 1700, contresignées par Phelypeaux, par suite de la création en mars 1696 de 500 lettres de noblesse.

En conséquence C. d'Hozier, Conseiller du Roi, Généalogiste de Sa Maison, Garde de l'Armorial général de France, etc., règle ainsi les armoiries du Sieur Nicolas le Chéron : Un écu d'or à un chesne arraché de sinople, englanté d'or, et un chef d'azur, chargé de trois étoiles d'or, cet écu timbré d'un casque de profil orné de lambrequins d'azur, d'or et de sinople.

Epouse 4 sept. 1663, alors qu'il était Receveur du Comté de Louviers, Caterine Guibert, fille d'honorable homme Pierre Guibert, bourgeois de Louviers, et de Marguerite de Marsollot, sa femme.

Jean le CHÉRON, Sieur de *Freneuse*, épouse 6 janvier 1691, Dlle. Marie Anne Martin, fille de Pierre Martin, Ecuyer, Cons. Secrétaire du Roi, Controleur en la Chancellerie de Normandie et Greffier en chef en la Chambre des Comptes de cette province, et de Dame Marie Garnier, sa femme.

Nicolas, son père, lui donne en avance de sa succession le fief, Terre et Seigneurie de Freneuse.

Nicolas le CHÉRON.

Né 29 août 1673 ; † 8 oct. 1718.

Est le 30 janvier 1691, commissioné Commis à l'Inspection des Toilles de Normandie. — Sieur de la *Salle du Bois*. — Avocat au Parlement ; épouse 21 mai 1699, Dlle Elizabeth le Cordier, fille de Maitre Jean Le Cordier, Conseiller du Roi, Receveur des Tailles en l'élection du Pont de Larche, et de feue dame Marguerite Routier.

Jean Nicolas le CHÉRON d'EPREVILLE

Marie Anne

Pierre Nicolas

Nicolas né 30 avril 1703

Joseph né 12 février 1718

Ce *Pierre* Nicolas, 9e enfant de Jean le Chéron, « naquit et fut batisé le 25 février 1702. Le Parain Jean Nicolas le Chéron la maraine Demoiselle Marie Anne le Chéron frère et sœur » à Saint Amand de Rouen. N'est-ce pas ce *Pierre* qui serait notre missionnaire ? H. C.

— L. du P. Desrobert au P. Le Roy. Pekin, 16 mai 1757. (*Rev. Ext. Orient*, III, No. 2, 1885, pp. 252/254.)

Sur la mort du P. d'Incarville.

— Trois let. à son neveu Rondeaux de Sétry, trois à sa sœur Mme. Rondeaux, la dernière de Pe-king, 20 oct. 1752 ; ces pièces se conservent dans sa famille, chez Mr Join Lambert. (Sommervogel.)

— D'Incarville (le père). Voyage à la Chine sur la frégate la *Danaé*. In-fol., pp. 40.

Manuscrit accompagné de deux dessins à la plume représentant des poissons de mer et des oiseaux. (Cat. Bib. Jussieu, vendue Janv. 1858, Labitte 1857, No. 3927.)

— J. Brucker. — A Scientific Correspondence in the last Century. (*The Month*, July 1881, pp. 428/436 ; *Revue des Questions historiques*, avril 1885.)

— Epistola Pekino Chinae transmissa, 15 novemb. 1751, varia recensens corpora naturalia. (*Philosophical Transactions*, 1753, xlviii, pp. 253/260.)

Intorcetta, *Prosper*, né en Sicile, à Piazza, le 26 août 1626 ; † à Hang-tcheou, le 3 Oct. 1696.

— Abel-Rémusat, *Nouv. Mél. As.*, II, pp. 229/234.

— *Hist. de l'édit de l'empereur de la Chine*, pp. 50 et seq.

Isoré, *Remi*, né 22 janvier 1852, à Bambecque (Nord) ; massacré juin 1900.

— Portrait. (*Annales Prop. Foi*, LXXII, 1900, p. 333 ; *Chine et Ceylan*, août 1900, p. 4.)

— Lettre de Tchao-Kia-Tchoang, 5 Sept. 1899, au R. P. Maquet, supérieur de la Mission du Tche-li Sud-Est. Guérison et conversion de fumeurs d'opium du Tche-li Sud-Est. (*Miss. Cath.*, XXXII, 13 Juillet 1900, pp. 328/330 ; 20 Juillet, pp. 343/345.)

Jacques, *Charles Jean Baptiste*, né le 30 déc. 1688, à Vesoul ; entra dans la Cie. 7 sept. 1704 ; arrivé en Chine, 1722 ; † à Canton, 31 août 1728.

— L. du P. Jacques au P. E. Souciet. Pekin, 24 oct. 1723. (*Rev. Ext. Orient*, III, No. 1, 1885, pp. 60/63.)

— L. du P. Jacques au P. E. Souciet. Pekin, 13 nov. 1725. (*Ibid.*, III, No. 1, 1885, pp. 65/67.)

— L. du P. Jacques au P. E. Souciet. Pekin, 18 nov. 1726. (*Ibid.*, III, No. 1, 1885, pp. 69/70.)

— L. du P. Jacques au P. E. Souciet. Pekin, 1er nov. 1727. (*Ibid.*, III, No. 2, 1885, pp. 221/223.)

Japiot, *Emile*, né le 20 juin 1849 ; entré dans la Cie. 7 oct. 1874 ; arrivé en Chine, 1er avril 1879.

— L. de Hien hien, 20 août 1882. (*Miss. Cath.*, XIV, 1882, pp. 546/7.)

Jartoux, *Pierre*, né à Embrun, le 2 août 1669 ; porte le No. 257 dans le dernier *Catalogus*. Né en 1668 d'après cet ouvrage ; † à Peking, le 30 Novembre 1720 (Cha-la-eul, No. 42). Sur sa mort, voir l'ép. du Père Du Halde en tête du XVe Recueil des *Lettres édifiantes*, pp. XXVIII-IX.

Joret, *Hippolyte*, né le 8 oct. 1842 ; entré dans la Cie. 14 juillet 1867 ; arrivé en Chine, 13 janv. 1871

— L. à Mgr. Garnier, vic. ap. du Kiang-nan. Ngan-kin, 2 juin 1880. (*Miss. Cath.*, XIII, 1881, pp. 37/40.)

— L., ext. de la *Semaine religieuse*, de Nantes. (*Ibid.*, XIX, 1887, pp. 4/5.)

— L. de Ngan-kin. (*Miss. Cath.*, XIV, 1882, pp. 520/521.)

Jung, *Paul*, né le 5 nov. 1863, à Laustroff (Lorraine) ; arrivé 2 déc. 1896.

— Lettre de Tchang-yuen, 8 Mars 1904, à Mgr. Maquet. (*Chine, Ceylan, Madagascar*, Décembre 1904, pp. 37/8.)

— Let. de Kai-tcheou, 8 avril. (*Ibid.*, pp. 5./7.)

Kögler, *Ignace*, né à Landsberg en Bavière, le 11 mai 1680 ; † à Peking, le 30 (Sommervogel dit le 29) mars 1746.

— C. T. de Murr : *Litterae patentes Imp. Kang hi*, pp. 28 et seq. [voir col. 638]. — *Catalogus*, No. 290.

— L. du P. Ant. Gogeisl au P. Henri Hiss, 30 Nov 1746, dans *Reisebeschreibung der Missionarien der Gesellschaft Jesu* du P. F. Keller, 1758, in-8.

— On trouve son épitaphe dans le *Journal historique* de Feller, 1784, déc., pp. 570/1, tirée de *Elogia aliquot fun... ia quae scripsit D. Jos. Ant. Weissenbach*, Bâle, 1784.

Koffler, *André Xavier* (en réalité *André Wolfgang*), né à Krems, près Vienne, 1603 ; entra dans la Cie. 1627 ; arrivé en Chine, 1643 ; tué 12 déc. 1651, dans le Kouang-Si.

— * Cort begrijp Vanden Staet van het groot Rijck van China Ende van het Christendom aldaer Van het Iaer 1637, tot 1649. Overgheset uyt het Spaensch ghedruckt tot Mexico t'Antwerpen by

Guilliam Verdussen, inde X. Gheboden, 1651, pet. in-8, pp. 71.

Cette relation est presque entièrement faite d'après les lettres du P. André Xavier (autrement *André Wolfgang Koffler*, voir de BACKER). Elle contient des lettres de lui, pp. 25-48, 62-67, 67-71.

L'original espagnol de Mexico m'est inconnu. (Note du P. Sommervogel.)

— Une mission chinoise à Venise au XVIIe siècle par Girard de Rialle. (*T'oung Pao*, I, 2, août 1890, pp. 99/117.)

Cet article marque, p. 108, comme date de la mort du P. K., 12 déc. 1660.

Ladmiral, *Pierre*, né à Turny (Yonne), le 15 sept. 1723; entré dans la Cie. 30 juin 1744; arrivé en Chine, 1766; † déc. 1784, dans le Hou-kouang.

— L. du P. Ladmiral à M. Martin, huissier... (*Rev. Ext. Orient*, III, No. 2, 1885, pp. 279/280.)

Laimbeckhoven, *Godef. Xavier de*, né à Vienne, Autriche, le 9 janvier 1707; † le 22 mai 1787, à Tang ka hang à quelques lieues au N. E. de Chang-hai; ses papiers qui avaient été retrouvés dans une malle à Sou-tcheou, il y a peu d'années, ont été détruits par une main inintelligente; év. de Nan-king.

— Neue Umständliche ‖ Reisz-Beschreibung, ‖ R. P. Godefridi ‖ Laimbeckhoven, ‖ der Gesellschaft Jesu. ‖ Von Wienn nach China ‖ abgeschickten ‖ Missionarii, ‖ Darinnen dessen ungemein be- ‖ schwär- und gefährliche Schiffart von ‖ Genua bis Macao mit beygemengten vielen ‖ gar Lehr-reichen Astronomisch- und Geo- ‖ graphischen Anmerckungen beschrieben ‖ Und ‖ Auf vieler Verlangen ihrer Annehm- ‖ lichkeit halber ‖ samt zwey von dem Authore ‖ selbst auf eigenen Augenschein fleiszigist verfertigten ‖ Wasser- und Land-Charten zum Druck befördert worden. ‖ Cum licentia superiorum. ‖ — Wienn ‖ in Verlag bey Johann Baptist ‖ Prasser ‖ Universitaetischen Kunst- und Buchhandlern ‖ auf der Hohen-Brucken ‖ wie auch in Lintz zu finden ‖ ‖ bey Joseph Startzer ‖ Burgerl. Buchbindern. ‖ Gedruckt bey Gregori Kurtzböck ‖ Universit.-Buchdr. ‖ in der Bogner-Gassen im Hof-Glaserischen Haus. 1740. Pet. in-8, pp. 430, 2 cartes.

Réimp. dans le *Welt-Bott*, No. 554 et 555; voir dans le même recueil les Nos. 590, 591, 592, 672, 673, 676, 677, 678, 687, 689, 691, 698.

Voir une lettre de Nan-king, 25 juillet 1780, dans le *Journal* de C. de Murr, Vol. XI, pp. 193/208; le texte portugais est dans le *Neues Journal*, I, pp. 104/118.

— Aliae litterae Episcopi Nankinensis, Godefridi de Laimbeckhoven, e Societate Jesu a. 1785 exaratae ad Laurentium Kaulen. (C. de Murr, *Neues Journal*, I, pp. 119/123.)

Languillat, *Adrien-Hippolyte*, né à Chantemerle (Marne), dans le dioc. de Châlons-sur-Marne, 28 sept. 1808; entra dans la Cie. de J., 21 fév. 1841; arrivé en Chine, 15 oct. 1844; vic. ap. du Pe Tche-ly S. E., 22 mars 1857, puis du Kiang-nan, 22 mars 1865; év. de Sergiopolis; † à Zi-ka-wei, 29 nov. 1878.

— Portrait. (*Miss. Cath.*, X, 1878, p. 588. — *Relat. de Chine*, No. 2, 1903, p. 86.)

— Notice. (*Miss. Cath.*, pp. 593/4, et XI, 1879, pp. 53/4.)

— Mgr. Languillat, évêque de Sergiopolis, vicaire apostolique de Kian-nan (Nankin), Chanoine d'honneur de la Cathédrale de Chalons. Chalons, J.-L. Le Roy, imp.-lib., 1867, br. in-8, pp. 19.

Par l'abbé Appert, vicaire de Notre-Dame.

— * La Chine chrétienne — Histoire de la vie et des œuvres de Monseigneur H. Languillat, S. J., Evêque de Sergiopolis, vicaire apostolique de Nan-king. Par l'abbé Pierre, curé de Poulangy (Haute-Marne), Licencié ès Lettres, Ancien élève de l'École des Carmes. Paris, Victor Retaux, 1893, 2 vol. in-8, 10 fr.

— Notice: *Études religieuses*, 30 Juin 1893, pp. 433/436. Par J. Brucker, S. J.

— Lettre du Tche-ly méridional, 10 sept. 1864. (*Ibid.*, VII, pp. 110/2.)

— L. de Shang-hai, 12 juillet 1865. (*Ibid.*, IX, 1866, pp. 104/112.)

— Voyage d'un Évêque missionnaire à Rome. (*Ibid.*, XIII, pp. 282/5.)

— Lettre de Shanghaï du 7 sept. 1868. (*Miss. Cath.*, I, pp. 196/7.)

— Lettre de Shanghai du 12 avril 1869. (*Ibid.*, II, pp. 244/5.)

— L. de Shang-hai, 13 déc. 1866. (*Messager du Sacré Cœur*, 1867, p. 239.)

— L., 30 juin 1851. (*Ann. Ste. Enfance*, V, pp. 178/180.)

— L., 7 sept. 1868. (*Ibid.*, XXI, pp. 362/4.)

— L., 20 oct. 1875. (*Ibid.*, XXVII, pp. 156/9.)

Laperrelle, *Victor*, né le 31 mai 1843, à Biéville, diocèse de Coutances; † à Siu-ca-wei, le 14 janvier 1874.

— *Relations de la Mission de Nan-Kin*, I, 1873-74, pp. 80/4.

Lapparent, *Joseph de*, né 19 mars 1862; arrivé 12 janvier 1888.

— Lettre. Orphelinat de Tou-Se-Wei, 22 Janvier 1904. (*Relations de Chine*, Kiang-Nan, Janvier 1905, pp. 457/458.)

Launay, *Victor*, né à St. Fraimbault de Prières (Mayenne), le 23 mai 1832; entré dans la Cie. 2 sept. 1853; arrivé en Chine, 13 nov. 1858; † 6 août 1885, à Chang-hai.

— L. (Mars 1863, *Lettres de Laval*, pp. 35/8; juin 1870, *ibid.*, pp. 1/4; 1876, *ibid.*, pp. 26/9.)

— Letter to P. Colombier (from the Laval Letters). Shang-hae, 14 Dec. 1862. (*Letters and Notices*,[1] I, 1863, pp. 269/272.)

— Lettre de Shang-hai du 16 mars 1870 sur les manœuvres des mandarins pour ne pas remplir les conditions du traité exigé par M. de Rochechouart. (*Miss. Cath.*, III, pp. 170/2.)

Leboucq, *Prosper*, né à La Bellière (Orne), le 1er janvier 1828; entré dans la Cie. 9 août 1857; arrivé en Chine, 24 juin 1859; rentré en Europe; chartreux; puis curé de Vernaison, près Lyon; † 21 janvier 1905, à l'Hôpital St. Joseph de Lyon.

— Notice par Henri Cordier. (*T'oung Pao*, Mars 1905, p. 110.)

— Lettres du R. P. Leboucq, jésuite, missionnaire en Chine, à M. le Curé de Lonlay-L'Abbaye, Flers, F. Folloppe, 1859, br. in-8, pp. 23: Iles de Java et de Sumatra, 5 Mars 1859. — Shang-hai, 13 Mai 1859.

— Un épisode de la guerre de Chine en 1863. L. de la Province de Cham tung (Près de Tum kam fou), 18 avril 1863. (*Études religieuses*, Nouv. Sér., II, 1863, pp. 916/932.)

— Extraits de plusieurs lettres (25 Déc. 1863—3 mars 1864). (*Ibid.*, V, pp. 514/525.)

— Ext. d'une L. Nantze ta, 21 avril 1864. (*Ibid.*, VII, pp. 105/108.)

— L. du village de Kia-tsien, 17 mars 1865. (*Ibid.*, IX, 1866, pp. 98/101.)

— Les Sociétés secrètes en Chine. (*Ibid.*, VIII, 1875, pp. 197/220.)

— Les Sociétés religieuses en Chine. (*Ibid.*, VIII, 1875, pp. 641/664.)

1. Letters and Notices. Roehampton. Printed for Private Circulation only. In-8.

— Lettre du Pe-tché-ly oriental, Mars 1868. (*Missions Catholiques*, I, p. 2.)

— Lettre du 14 juin 1868 sur les rebelles du Tché-ly. (*Ibid.*, I, pp. 106 et seq.)

— Lettre de Chien-chien, du 15 août 1868, au P. Terrier, de Laval. (*Ibid.*, I, pp. 180 et seq.)

— Lettre à Mgr. Dubar. (*Ibid.*, III, pp. 143/4.)

— Lettre du 17 Janvier 1870. (*Ibid.*, III, p. 161.)

— Lettre à Mgr. Dubar. (*Ibid.*, III, pp. 235/6.)

— Lettre au même. (*Ibid.*, III, p. 269.)

— Lettre de Ho-kien, 1er sept. 1871. (*Ibid.*, IV, pp. 93/5.)

Le Chevallier, *Jules*, né 18 juillet 1852; arrivé 20 oct. 1885.

— Lettre de l'Ile de Tsong-Min, 26 Octobre. (*Relations de Chine*, Kiang-Nan, Octobre 1904, pp. 401/2.)

Le Cornec, *Guillaume*, né le 9 fév. 1846.

— L. de Chouei tong, 14 mai 1876. (*Miss. Cath.*, VIII, p. 464.)

— L. de Ou hou, 11 sept. 1876. (*Ibid.*, p. 593.)

— L. de Ning ko fou, 15 oct. 1876. (*Ibid.*, IX, p. 28.) — Du 9 nov. 1876. (*Ibid.*, IX, p. 479.) — De Chouei-tong, 16 nov. 1876. (*Ibid.*, IX, p. 479.)

Le Coulteux, *Etienne*, né à Rouen, le 31 juillet 1667; † le 8 août 1730, dans le Hou kouang. (Né le 31 juillet 1669; † à Canton, le 8 août 1731, me dit le P. A. Hamy.)

— Ep. du P. du Halde, XXIIe Rec. des *Let. édif.* — Le *Catalogus*, No. 252, le nomme Joseph Le Coulteux.

— L. du P. E. Le Coulteux au P. E. Souciet, Oct. 1709, à Han yang fou, prov. de Hou-kouang. (*Rev. Ext. Orient*, III, No. 1, 1885, pp. 31/40.)

— L. du même, Reverendo P. F. X. Dentrecolles, Missionis PP. Gallorum S. J. in Sina Superiori. Anno 1717, in urbe Han yang Provinciae Hou kouang. (*Ibid.*, pp. 49/54.)

— L. du P. Le Coulteux au P. E. Souciet. Sept. 1727. (*Ibid.*, III, No. 1, 1885, pp. 70/71.)

Le Lec, *Henri*, né le 1er juin 1832, à Saint-Caradec (Côtes-du-Nord); † à Wou-hou, en oct. 1882.

— Lettre du 19 Octobre 1868 au P. de la Gorce sur la chrétienté de Nanking. (*Miss. Cath.*, II, pp. 42/3.)

— L., 4 avril 1870. (*Lettres de Laval*, août et sept. 1870, pp. 8/13.)

Lemaître, *Mathurin*, né à Saint-Charles (Mayenne), 1er janvier 1816; † à Chang-Hai, 3 mai 1863.

— Lettres. (*Annales Ste. Enfance*, I, pp. 283/8, 404/5; II, pp. 401/6; III, pp. 125/131, 341/3; X, pp. 426/7, 490/6; XII, pp. 228/31, 293/307, 363/8.)

— Lettres. (*Lettres de Laval*, sept. 1851, pp. 7/8; 25 déc. 1854, pp. 6/7; mars 1858, pp. 22/3.)

— Notice. (*Ann. Ste. Enfance*, XVI, pp. 27/31.)

Leurent, *Philippe*, né 26 fév. 1867; arrivé 11 déc. 1901.

— Païens et protestants dans le Ki-tcheou. Par Philippe Leurent, S. J. (*Chine, Ceylan, Madagascar*, Décembre 1904, pp. 15/27.)

Léveillé, *Victor*, né le 23 Déc. 1822, à Magny-le-désert (Orne).

— L. du 22 juillet 1876 au P. Tailhan. (*Miss. Cath.*, VIII, p. 452.)

— L. des îles à l'embouchure du Kiang, 20 oct. 1882. (*Ibid.*, XV, 1883, p. 77.)

Lévêque, *Alfred*, né le 15 avril 1852; entré dans la Cie. 31 juillet 1877; arrivé en Chine, 14 nov. 1880.

— L., Hai-men [Kiang-nan], 20 fév. 1892. (*Miss. Cath.*, XXIV, 1892, pp. 427/8.)

Lomüller, *Victor*, né le 17 janvier 1852, à Muttersholtz (Alsace); massacré à Ki-tcheou, 27 avril 1902.

— Portrait. (*Ann. Prop. Foi*, LXXIV, 1902, p. 246; *Miss. Cath.*, 1902, p. 532; *Chine, Ceylan, Madagascar*, juin 1902, p. 75.)

— Funérailles. (*Chine, Ceylan, Madagascar*, Mars 1904, pp. 267/284.)

Longobardi, *Nicolas*, 龍華民 *Loung Hoa-min*, né en 1559 (Sommervogel dit : né en 1566, à Caltagirone, Sicile); † 11 Déc. 1654.

Le P. de Machault, d'après une lettre du P. François Clément, dit qu'il est † le 1er sept. 1654; mais dit Sommervogel, il y a sur sa tombe : « 11 decembr. 1655 ».

Voir col. 797-9.

— Let. autog. signée, écrite en italien, datée « Di Xauceo, Città della Provincia di Cantone. Il di 20 d'Ottobre del 1600. » — Nous possédons une copie de cette lettre dont l'original se trouve à la *Biblioteca Nazionale*, de Palerme.

— * Ex litteris P. Francisci Clementis 7 Maij anni 1655 ex regno Sinarum missis, de vita et morte P. Nicolai Longobardi Societatis Jesu, in-8, 4 pp. n. ch. [De Backer, I, col. 1299.]

Magalhaes, *Gabriel de*, 安文思 *Ngan Wen-seu*, né à Pedrogão, près de Coimbre en 1609 [en 1611, d'après Sommervogel]. — † le 6 mai 1677; [d'après les Archives de la Cie., il mourut le 16 juin. Sommervogel]. Porte le No. 80 dans le dernier *Catalogus*; le No. 12, *Cha-la-eul*. — Voir : le P. de Backer, n. éd., II, col. 956/7. — Art. d'Eyriès dans la *Biog. universelle*.

— Abrégé de la Vie et de la mort du R. Pere Gabriel de Magaillans, de la Cie de Jesus, Miss. de la Chine : Fait par le R. Pere Louis Buglio, son compagnon inséparable durant trente-six ans ; & envoyé de Pe-Kim l'an 1677, pp. 371-385, de la *Nouvelle Relation de la Chine...* par le R. P. Gabriel de Magaillans. Paris, 1688. [Voir col. 36.]

La traduction anglaise de cette biographie publiée dans l'édition de Londres (1688, in-8) de l'ouvrage de Magaillans sur la Chine est réimprimée ou plutôt condensée dans le *Chinese Repository*, X, 1841, pp. 605/613, par E. C. Bridgman

Mailla, *Joseph Marie Anne de Moyria de*, 馮秉正 *Fong Pin-tcheng*, né au bourg de Moirans (Isère), le 16 déc. 1669; † à Pe-king, le 28 juin 1748.

Le nom de ce missionnaire est écrit différemment suivant les auteurs :

Le Père de Mailla signe « Jos. Mar. An. de Moyria de Mailla » une note datée Pékin, le 23 juin 1727 ajoutée au dernier feuillet de la Copie d'un ouvrage en caractères estranghelo décrit par Sacy (*Notices et Ext. de la Bib. du Roi*, XII, pp. 277 et seq.). Voir une note du *Panth. litt.*, pp. 58/59. — Il est appelé Jean-Marie de Mailla dans l'Ep. du P. Patouillet dans le XXVIIIe Rec. des *Let. éd.* — Dans le *Catalogus*, No. 263, il porte le nom de Jos. Fran. Moyra de Maillac. — Sur le titre de l'*Histoire générale de la Chine*, on le nomme Joseph-Anne-Marie de Moyriac de Mailla, mais l'éditeur de cette histoire dit en note, I, p. xxv : « Le véritable nom de ce Missionnaire est *Moyria de Maillac*. Il naquit dans la province de Bugey, au Château de *Maillac*, qui depuis cinq cens ans est dans sa famille. Cette maison est très ancienne & a joui des emplois les plus brillans, lorsque les provinces de Bresse et de Bugey étoient sous la domination des Ducs de Savoie. Le P. de Mailla (nous continuons de l'appeler ainsi puisqu'il n'est connu que sous ce nom) a eu deux de ses grands oncles Comtes de Lyon, il y a plus de deux siècles; & ses neveux & nièces sont encore dans les Chapitres nobles de la province de Franche-Comté. Son neveu, M. le Comte de Moyria de Maillac, possède aujourd'hui les titres de son nom. Nous tenons ces éclaircissemens d'un autre neveu du Missionnaire, M. l'abbé de Moyria de Maillac, Grand Chantre de l'Eglise cathédrale du noble Chapitre de St.-Claude. » D'autre part, le P. Sommervogel écrit (*Etudes religieuses*, 21e année, 5e S., XII, 1877) : « Dans la collection d'autographes des *Etudes* est conservée une lettre de notre missionnaire dans laquelle on lit : « ... le nom de ma famille s'appelle comme vous savés de Moyriac. Mailla est une terre qui en distingue la branche principale ou pour mieux dire directe et l'aînée... »

Voir aussi de Backer, II, col. 993. — L'art. de Weiss dans la *Biog. univ.* donne 1679 comme date de la naissance de notre missionnaire, ainsi que le *Dict. de Biog. chrét.*, de Migne.

La date de 1679 donnée par Weiss dans la *Biog. univ.* pour la naissance de notre missionnaire est évidemment fausse, Mailla étant entré au noviciat, le 10 sept. 1686.

— L. du P. De Mailla au P. E. Souciet. Pekin, 26 oct. 1727. (*Rev. Ext. Orient*, III, No. 1, 1885, pp 71/80.)

— L. du P. de Mailla au P. Gollet. Peking, 1er mai 1728. (*Ibid.*, III, No. 2, 1885, pp. 215/217.)

— L. du P. de Mailla. Peking, 17 sept. 1730. (*Ibid.*, III, No. 4, 1885, pp. 648/654.)

— L., 22 oct. 1724. (*Bul. Inst. Cath. Toulouse*, 1884, pp. 183/4.)

Maillard, *Théodore*, né 1832, dioc. de Laval; part 1883; miss. du Kiang-nan; † Chang-Hai, 17 sept. 1892.

Mangin, *Ignace*, né le 30 juillet 1857, à Verny (Lorraine); tué 20 juillet 1900.

— Portrait. (*Ann. Prop. Foi*, LXXII, 1900, p. 439; *Miss. Cath.*, XXXII, 1900, p. 457; *Chine et Ceylan*, Déc. 1900, p. 151.)

— L. de Tchou-kia-ho, 28 juin 1900, au R. P. Rouxel, à Chang-haï. (*Miss. Cath.*, XXXII, 1900, p. 458.)

Mann, *Joseph*, né 17 mars 1850, à Oberhergheim (Haut-Rhin); arrivé 25 nov. 1878; † 1er mars 1899.

— Notice. (*Chine et Ceylan*, oct. 1899, pp. 187/203, Port.)

Maquet, *Henri*, né le 30 nov. 1843, à Juvigny-lés-Dames (Meuse); entré dans la Cie., 29 oct. 1871; arrivé en Chine, 4 avril 1874; Supérieur de la Mission du Tche-li; évêque d'Amathonte, vic. ap. du Tche-li S. E.; sacré 8 déc. 1901.

— Portrait. (*Chine et Ceylan*, I, p. 51; *ibid.*, juin 1902, p. 48.)

— L. du Pe Tche-ly, 12 et 17 avril 1877. (*Miss. Cath.*, IX, pp. 417/418.)

— L. du Tche-ly Sud-est. (*Petit Messager du Cœur de Marie*, oct. 1876, pp. 517/521.)

— L. de Tchang-kia-tchouang, 1er nov. 1878. (*Miss. Cath.*, XI, 1879, pp. 50/1.)

— L. sur les Boxeurs au Tche-li S. E. (*Ibid.*, XXXII, 1900, pp. 311/3.)

— État de sa mission au 1er juillet 1901. (*Ibid.*, XXXIII, 1901, p. 603.)

— L. de Hien-hien, 1er sept. 1902. (*Ibid.*, XXXIV, 1902, pp. 532/3.)

— L. de Tien-tsin, 18 août 1903. (*Ibid.*, XXXV, 1903, pp. 482/3.)

— L. de Hien-hien. (*Ibid.*, XXXVI, 1904, p. 579.)

Mariot, *Léon*, né le 2 mai 1830, à Pornic; † à Yang-king-pang, 2 déc. 1902.

— Lettre de Shang-hai du 3 octobre 1869 au P. Tournesac. (*Miss. Cath.*, II, p. 419.)

— Notice : *Relat. de Chine*, No. 2, 1903, pp. 141/2, Portrait.

Marivint, *Fortuné*, né 24 sept. 1858; arrivé 22 oct. 1902.

— Lettre de Siu-Tcheou-Fou, 26 décembre 1903. (*Relations de Chine*, Kiang-Nan, Oct. 1904, pp. 397/400.)

Martini, *Martin*, 衛匡國 *Wei Kouang-kouo*, né à Trente en 1614; † 6 juin 1661 à Hang-tcheou.

— C'est par erreur que le Col. Yule (*Geograph. Mag.*, juillet 1874) le fait mourir au Fou-kien, le 11 sept. 1662.

— Art. de Weiss et d'Abel-Rémusat, *Biog. univ.*, Vol. XXVII, pp. 152/3. — Camus, *Mémoire sur la collection des grands et petits voyages...*, Paris, 1802, pp. 317 et seq. — Bayer, *Museum Sinicum*, I, préf., p. 23.

— On Martin Martini by Dr. Schrameier. (*Journ. Peking Oriental Society*, II, N° 2, 1888, pp. 99/119.)

— Zeitung ‖ auss der newen Welt oder Chinesischen Königreichen. ‖ So P. Martinvs Martini ‖ Der Societet Jesu ‖ Priester / ohnlangst auss selbigen Landen ‖ in Hollandt anlangendt / mit sich ge- ‖ bracht hat. ‖ Gezogen auss den jenigen Brieffen / so jungst- ‖ hin auss Niderlandt nacher Ingolstatt ober- ‖ schicket worden. ‖ Gedruckt zu Augspurg / durch Andream Aperger. ‖ Anno M.DC.LIV, in-4, pièce de 8 pages, sans pagination.

Massa, *Cajetan*, né à Naples, 31 janv. 1821; entré dans la Cie., 15 janv. 1843; arrivé en Chine, 24 mai 1846; † à Chang-haï, 28 avril 1850.

— L. du P. Poissemeux, 23 avril et 1er mai 1850. (Latour, *Parterre de la S. Enfance*, 1875, pp. 282/290.)

— Il n'y a pas eu moins de cinq **Massa** en Chine, tous napolitains; fils du baron Antoine Marie Massa, † 10 avril 1841 : *Augustin*, né 16 mars 1813; entré dans la Cie. 10 mai 1829; arrivé en Chine, 24 mai 1846; † à Chang-hai, 15 août 1856; *Cajetan*; *Nicolas*, né 30 janv. 1815, entré, 24 sept. 1833, arrivé en Chine, 24 mai 1846; † à Chang-haï, 3 juin 1876; *René*, né 14 mai 1817, entré 10 sept. 1833; arrivé en Chine, 24 mai 1846, † à Wou-hou, 28 avril 1853; *Louis*, né 3 mars 1827, entré 23 janv. 1843, arrivé en Chine, 27 sept. 1848; massacré à Tsa-ka-wei, 17 août 1860, par les T'aï P'ing.

— * Cenni storici dei cinque fratelli Massa e della loro famiglia. Napoli, Uffizio della Civiltà Cattolica, 1891, in-12, pp. 135-24.

Par le P. Sica.

— Une famille napolitaine. — Notice historique sur les cinq frères Massa de la Compagnie de Jésus, missionnaires en Chine et leur famille par le R. P. Louis-Marie Sica De la Compagnie de Jésus, missionnaire en Chine traduite de l'italien par le R. P. Henri le Chauff de Kerguenec De la même Compagnie. Paris, V. Retaux, 1892, in-12, pp. 195 + 2 ff. n. c.

Mayer, *Alexis*, né le 25 juillet 1827, à Lutzelhausen (Bas-Rhin); † le 16 sept. 1871, à Tchum-kia-tcham (Tche-ly).

— Notice : *Miss. Cath.*, IV, p. 294.

Mendez, *Pascal*, Chinois; né en 1584; † à Peking, le 26 juillet 1640.

— Bartoli, *la Cina*, IV, Torino, 1825, pp. 556 et seq.

Méricourt, *Hubert de*, né 1er nov. 1729; † à Peking, 20 août 1774.

— *Cat.*, No. 432. — Préf. du P. Patouillet, *Let. édif.*, 34e Rec., p. xij.

Moreau, *Edmond*, né 23 avril 1861; arrivé 5 nov. 1879.

— Un grand apôtre et le village de Zi-ka-wei près Chang-hai. Par le R. P. Moreau, de la Compagnie de Jésus. (*Miss. Cath.*, XXXVI, 14 Oct. 1904, pp. 501/504.)

— Le culte de la Très Sainte Vierge dans la Mission du Kiang-Nan. Par le P. Edmond Moreau, S. J. (*Relations de Chine*, Kiang-Nan, Janvier 1905, pp. 403/416.)

— Lettre de Zi-ka-wei. (*Miss. Cath.*, XXXVII, 17 février 1905, pp. 75/6.)

Mouton, *Xavier*, né le 10 fév. 1852; entré dans la Cie., 15 sept. 1871; arrivé en Chine, 9 déc. 1875.

— L. de Chang-haï, 2 mai 1878. (*Miss. Cath.*, X, p. 329.)

Neuvialle, *Jean Sylvain de*, né à Angoulême, 1er fév. 1696 [les Archives de la Cie. disent à Poitiers]; arrivé en Chine, 4 août 1729; † en mer, 3 avril 1764.

— Let. en latin, 20 déc. 1751, au P. Général à Rome. Pub. en partie par le P. C. de Rochemonteix, dans les *Etudes*, 5 janv. 1903, p. 40.

Noël, *François*, 衛方濟 né à Hesdrud (Hainaut), le 18 août 1651; entré dans la Cie., sept. 1670; arrivé en Chine, 1687; † 17 sept. 1729, à *Lille* (Nord).

— *Cat.*, No. 162. — Abel-Rémusat, Art. dans la *Biog. univ.* et dans les *Nouv. Mél. As.*, II, pp. 252/257.

— Notice sur le P. Noel, *Wei-fang-tsi*, en chinois. (*Vestiges des princ. dogmes chrétiens*, pp. 16/19 [col. 768].)

— * Doctrinae sinicae brevis indagatio. (Ms. de la Bib. nat. du P. Noël.)

— On trouvera dans le Recueil Ms. de la Bib. nat. Fr. 17239 la «Copie d'une lettre du P. François Noël, Jesuite, de Xamhay en la Chine le 22 Juin 1688 à son frère le P. Nicolas Noel Jesuite en la province Gallo-Belgique» 37 pages in-folio.

Dans une première lettre le P. Noël racontait son voyage de Lisbonne à Goa; cette nouvelle lettre est la continuation du récit.

Neveux, *Omer*, né le 18 août 1853, à Bertincourt (Pas-de-Calais); arrivé 17 juin 1887.

— L. de Tchao-kia-tchoang, 6 janv. 1901. (*Miss. Cath.*, XXXIII, 1901, pp. 145/6.)

— Odyssée de six Missionnaires à Tai-ming-fou, Tche-ly S. E. Let. du R. P. Neveux. (*Ibid.*, pp. 234/7, 243/5.)

— Les voleurs de grands chemins. Par Omer Neveux, S. J. [Hsien-hsien, 30 septembre 1904.] (*Chine, Ceylan, Madagascar*, Décembre 1904, pp. 28/30.)

— Lettre de Tai-ming-fou, 9 Avril 1904, à Mgr. Maquet. (*Ibid.*, Décembre 1904, p. 36.)

Octave, *Pierre*, né à Lieurcy (Eure), le 17 avril 1827; † à Wei Touen, 8 sept. 1876.

— Lettre du Tche-ly Sud-Est, 13 juin 1864. (*Etudes religieuses*, VII, pp. 108/109.)

— Lettre de Kouam-pin-fou du 1er juillet 1869 au P. Gonnet. (*Miss. Cath.*, II, pp. 347/8.)

— Lettre du Tchely S. E., 20 juillet 1368. (*Ann. Ste. Enfance*, XVI, pp. 13/19.)

— Lettre du 29 juillet 1867. (*Ibid.*, XX, pp. 117/122.)

— Lettre du 1er fév. 1870. (*Lettres de Laval*, juin 1870, pp. 19/20.)

Cf. Lettre du P. Val. Garnier sur sa mort. (*Ibid.*, 1876, pp. 287/294.)

Pacelli, *Paul*, né à Rome, 3 fév. 1812; entré dans la Cie., 4 nov. 1831; arrivé en Chine, 7 avril 1847; † à Chang-hai, 2 juin 1850.

— L. du P. Poissemeux. Zi-Ka-wei, 6 juin 1850. (Latour, *Parterre de la S. Enfance*, 1875, pp. 290/3.)

Palatre, *Gabriel*, né à Châteaugiron (Ille-et-Vilaine), le 2 juillet 1830; † à Chang-hai, le 13 août 1878.

— Notice. (*Miss. Cath.*, XI, 1879, p. 362; marquant † *11* août et non 13 août 1878, à Zi-ka-wei.)

— Portrait. (*Ibid.*, p. 353.)

— L. de Ki-kang-sen, 24 juin 1874. (*Ibid.*, VII, pp. 14/19 sur le *Ieu-kouang*. — «Le Ieu-kouang est une opération magique fort usitée parmi eux [les Chinois] pour retrouver les objets perdus.»

— L. du 3 janvier 1875. (*Ibid.*, VII, pp. 109/110.)

— L. de Zi-ka-wei, 14 janvier 1875. (*Ibid.*, pp. 197/199.)

— L. de Zi-ka-wei, 2 juillet 1875, au P. Tailhan. (*Ibid.*, p. 417.)

— Le nouveau Vice-roi des deux Kiang. (*Ibid.*, pp. 434/6.)

— Lettres. (*Annales Ste. Enfance*, XVII, pp. 92/100; XIX, pp. 31/5, 362/8; XXI, pp. 166/172; XXII, pp. 391/9; XXIV, pp. 7/10.)

Panzi, *Joseph*, Frère coadj., 潘若瑟 *Pan Jo-ché*, né le 2 mai 1734, à Crémone; † à Pe-king.

— Extrait des Lettres, qu'un Peintre italien, nommé Joseph Panzi, attaché à la Mission Françoise, a écrites de Pekin à un de ses amis. — Le cas, que l'Empereur de la Chine fait de ce peintre, et des ci-devant Jesuites, qui sont maintenus dans cette mission, mettent un certain intérêt dans ces lettres du 6. et du 11. Novembre 1776. (De Murr, *Journ. zur Kunst u. Litt.*, VII, 1779, pp. 262-264.)

— Neueste Nachrichten von der Mission der Gesellschaft Jesu in Sina. Ex litteris Josephi Panzi, Pictoris Itali, 22. Nov. 1777. Pekini datis, ac Romam transmissis, ubi honores P. Ignatio Sichelbart ab Imperatore Sinarum exhibiti, paulò fusiùs describuntur, sequentibus, quae ad me perlata sunt, verbis : ... (*Ibid.*, IX, 1780, pp. 93 et seq.)

Parrenin, *Dominique*, 巴多明 *Pa To-ming*, né au Russey, diocèse de Besançon, le 1er sept. 1665; † à Peking, le 27 sept. 1741. Nous donnons ces dates d'après le P. de Backer, II, col. 1773, et le *Catalogus*, No. 228 [corrigé No. 226 dans la dernière éd.], mais on lit au bas du portrait du P. Parrenin inséré dans le Vol. XIX des *Lettres édif.*, éd. de Mérigot : «obiit Pekini XXIX Sept. MCCXXXXI [lisez M. DCCXXXXI] aet. LXXIX.» Mairan donne aussi la date du 29 sept. 1741 (p. 118). — Mgr. Guillemin donne dans ses Lettres (q. v.), p. 107, l'inscription sur la pierre tombale du P. Parrenin dans le cimetière français de Peking; † 29 sept. 1741 d'après une let. du P. Gaubil.

— Lettre du P. Chalier, Miss. de la Cie. de Jesus, au Révérend Père Verchère, Provincial de la même Cie. en la province de Lyon. A Peking, ce 10 octobre 1741, pp. 385—401, XXII, de l'éd. des *Lettres édif.* de Mérigot; anc. éd. XXVI, p. 145; *Panthéon litt.*, III, p. 760; trad. en all. dans le *Welt-Bott*, XXXII, 626.

— Le P. Brucker m'écrit : «*Parrenin* : c'est toujours ainsi que le Père a écrit son nom dans plusieurs signatures autographes que j'ai vues. Il est né au Grand Russey, le 1er sept. 1664; † à Peking, le 29 sept. 1741, dates données par le P. Gaubil à Mairan, de Peking, 3 nov. 1741.»

— Notes. (*Rev. Ext. Orient*, III, No. 2, 1885, pp. 225/6.)

— * Discours sur le Père Parrenin, par le P. Renaud, Jesuite, lu à l'assemblée des académiciens de Besançon le 10 Décembre 1753; imprimé dans la Collection des *Précis historiques*. Bruxelles, 1855, pp. 581-588.

Ce discours inédit jusqu'alors est extrait du 1er volume des ouvrages des Académiciens de Besançon. Ms. fol. Le P. Renaud considère surtout le savant dans le P. Parrenin. (De Backer.)

Le Ms. de l'*Histoire du Père Dominique Parrenin*, par le P. Renaud d'où est tiré le Discours, était, suivant Lelong, I, n. 14212, conservé dans les Archives de l'Academie de Besançon. Blaise Joseph Renaud, né 7 fév. 1704.

* Dominique Parennin. Discours prononcé au Russet, le 17 Mai 1864, par M. l'abbé Suchet, membre de l'Académie des Sciences, Belles-Lettres et Arts de Besançon, 1864. Besançon, Jacquin, in-8, pp. 31. (De Backer.)

— Du Halde, *Lettres édif.*, Rec. XXVI, Préface.

Le récit des funérailles de Parrenin d'après Du Halde est reproduit dans les *Miss. Cath.*, IV, 1872, pp. 665/6.

Art. de Weiss dans la *Biog. universelle*. — Correspondance avec Mairan, voir col. 57-58.

— Lettre du P. Parennin, Missionnaire de la Comp. de Jesus à Mr. de Mairan de l'Académie royale. Peking, ce 30 Sept. 1735. (Bib. nat., Ms. fr. 17240, *Mélanges sur la Chine.*)

43 pages; c'est une copie.

— Version litterale du commencement de l'histoire chinoise depuis Fou-hy jusques à Yao. 108 pages.

Par le P. Dominique Parrenin. A Pekim, 12 aoust 1730. Précédé de la copie d'une lettre du P. Parrenin faite par un Chinois. On a intercalé entre cette lettre et la Version littérale une note du Père Chalier, De Peking, le 16 8bre 1736.

Dans la copie de la lettre du P. Parrenin, on lit : «Il est bon encore d'avertir que l'histoire que j'ay traduite est celle qui a pour titre : *Tse Tchi Tom kien kam mou Tsien pien* faite par *Sse ma kouan* historien public de la dynastie des *Som...*» (Bib. nat., Ms. fr. 17240, *Mélanges sur la Chine.*)

— Lettre du P. Parrenin à M. de Mairan de l'Académie. (A Peking, le 19 Nov. 1739.) (Bib. Nat., Ms. fr. 17240, *Mél. sur la Chine.*)

8 pages. Copie.

— * Le Code de la Nature, poëme de Confucius, traduit et commenté par le P. Parennin. A Londres, et se trouve à Paris, chez Leroy, 1788, in-8, front. de Lebarbier, gr. par Trière, pp. 127.

Par La Vicomterie.

«On trouve dans le *Journal des Savants* une curieuse analyse de ce poëme, signée Coqueley de Chaussepierre.» (Barbier.)

Perrigaud, *Pierre*, né à Nantes, 25 fév. 1853; entré dans la Cie., 14 août 1876; arrivé en Chine, 17 nov. 1887; † 20 mai 1899, à T'ai-ho.

— Notice : *Mission du Kiang-nan* 1899—1901, pp. 30/8, par le P. Dannic.

— Lettre. (*Miss. Cath.*, XXXII, 1900, p. 75.)

Petitfils, *Jean*, né le 14 déc. 1833, à Fontpastoure (Charente-Infre); † 3 avril 1874.

— Lettres du 7 mai 1868, etc., sur les rebelles dans le Tché-ly. (*Miss. Cath.*, I, pp. 81 et seq.; p. 110.)

— Lettre du 18 juin 1869 à M. Aubouin, curé de Sainte-Soulle (diocèse de la Rochelle). (*Ibid.*, II, pp. 293/4.)

— Let. (*Ibid.*, II, p. 432.)

— Let. 26 août 1871. (*Ibid.*, IV, pp. 94/5.)

— Lettre de Hao-tsuen du 29 sept. 1871. (*Ibid.*, IV, pp. 190/1.)

— L. de Wan-jin-kia-tchuang (Pe Tche-ly), 19 avril 1872. (*Ibid.*, IV, pp. 453/456.)

— Notice. (*Ibid.*, VI, pp. 550/1.)

— Lettres. (*Lettres de Laval*, oct. 1868, pp. 33/6; août 1869, pp. 5/6, 8/9; avril 1870, pp. 1/2; juin 1870, pp. 18/9; juillet 1872, pp. 36/9; mars 1873, pp. 41/4; déc. 1873, pp. 12/14; nov. 1874, pp. 22/3.)

Pfister, *Aloys*, né le 24 avril 1833, à Gerbeviller (Meurthe); entré dans la Cie., 6 janv. 1852; arrivé en Chine, 5 déc. 1867; † à Chang-hai, 17 mai 1891.

— † In Memoriam. — Aloys Pfister, S. J., par Henri Cordier 高 ∴ 17 mai 1891. — « Extrait du *T'oung Pao* », Vol. II, n° 5. Leide, E. J. Brill, 1891, br. in-8, pp. 7.

50 exemplaires dont 25 sur Hollande; paru dans le *T'oung Pao*, II, No. 5, janv. 1892, pp. 460/4.

— Letter to Fr. Fitz-Simon. Zi-ka-wei, January 1868. (*Letters and Notices*, V, 1868, pp. 73/6.) — Zi-ka-wei, May 1868. (*Ibid.*, pp. 189/195.) — Shanghai, June 7th 1869. (*Ibid.*, VI, 1869, pp. 222/6.) — Nan-kin, Nov. 13, 1869. (*Ibid.*, VII, 1871, pp. 33/7.)

— Lettre de Shanghai du 7 Juin 1869 au P. Fitz-Simon sur la première Procession de la Fête-Dieu à Si-ca-wei. (*Miss. Cath.*, II, p. 277.)

— Lettre de Nanking du 6 Janvier 1870 sur l'expédition du comte de Rochechouart dans le Yang-tseu. (*Ibid.*, III, p. 92 et seq.)

— Lettre sur Wei-chan [dans le Kiang-sou en face de Wou-si] (*Ibid.*, III, p. 189.)

— Lettre de Nan-king du 16 Juin 1870. (*Ibid.*, III, pp. 291/2.)

— Lettre de Si-ca-wei, 20 Sept. 1870, sur la pagode des supplices près de Shang-hai. (*Ibid.*, IV, p. 28.)

— L. sur les fêtes religieuses célébrées par les Chrétiens du Kiang-nan à l'occasion de l'avènement de Tong-tche. (*Ibid.*, V, pp. 302/3.)

— L. de Shanghai le 5 Mai 1873 sur l'ouverture de l'église de Notre-Dame Auxiliatrice, à Zo-cè, le 1er Mai 1873. (*Ibid.*, V, pp. 398/9.)

— *Lettres de Laval* : déc. 1869, pp. 3/5; juin 1870, pp. 4/7; juillet 1872, pp. 39/40; (Notice sur le P. Olive); supp., pp. I/VII; mars 1873, pp. 31/9; juin 1873, pp. 37/9; (Notices sur les PP. Du Fort et Pharazyn); avril 1875, supp., pp. I/X; déc. 1875, pp. 5/7; 1878, 1er cahier, pp. 36/42.

— *Lettres de Fourvière* (juin 1868, pp. 18/19).

— *Woodstock Letters*, 1873, pp. 161/5.

— *Lettres de Jersey*, I, pp. 271/4; II, pp. 3/11, 365/380, 400/6; III, pp. 240/3; IV, p. 63; VI, pp. 392/4; VII, pp. 49/54, 206/7.

— Le P. Pfister a écrit des *Notices biographiques* sur ses confrères de Chine; elles sont restées inédites, mais elles ont été utilisées notamment par le P. de Rochemonteix, dans ses articles sur le P. Amiot, *Etudes*, Janv.-Fév. 1903.

— «Le P. Pfister s'occupa beaucoup de l'Histoire des missions de la Cie. en Chine. Il laissa 7 vol. de notices biographiques et bibliographiques sur nos anciens missionnaires. Ce précieux recueil m'a été fort utile; il est aux archives de la Province de France. Tous ses autres travaux et documents concernant l'histoire de la mission de Chine, légués par lui à sa mort à un de ses confrères [P. Havret], ont malheureusement été brûlés à Wou-hou, en 1891, lors de la persécution qui s'éleva en Chine en cette année.» (Sommervogel.)

Pharazyn, *Arthur*, né le 15 mars 1842, à Poperinghe, diocèse de Bruges; † à Siu Ca-wei, le 5 février 1874.

— *Relations de la Mission de Nan-kin*, I, 1873-1874, pp. 142/153.

Pierre, *Auguste*, né 5 juillet 1856; arrivé 4 oct. 1885.

— Let. de Chang-Hai. (*Miss. Cath.*, XXXIV, 1902, p. 471.)

— La Sainte Vierge & les chrétiens chinois. Par A. Pierre. (*Relations de Chine*, Kiang-Nan, Juillet 1904, pp. 284/287.)

Poirot, *Louis de*, né en Lorraine, le 23 oct. 1735; † à Peking en 18—? Le *Catalogus* marque 1814 comme date de sa mort; voir supra **Grammont**, C. de Murr, *Neues Journal*, IX, p. 94.

Porquet, *Louis*, né le 7 avril 1671, à Calais; entré dans la Cie., 23 oct. 1686; arrivé en Chine, 9 sept. 1701; † à Macao, 14 juillet 1752.

— L. du P. L. Porquet, S. J. au P. Souciet, à Canton, 13 déc. 1707. (*Rev. Ext. Orient*, III, No. 1, 1885, pp. 28/29.)

— L. du même au même, à quelques journées de Canton, sur la route de Nankin, 24 déc. (*Ibid.*, pp. 29/31.)

Pouplard, *Alexandre*, né à Beaupreau, le 22 nov. 1834; entré dans la Cie., 24 déc. 1853; arrivé en Chine, 2 sept. 1865.

— Let. de Sou-tcheou, le 12 oct. 1871. (*Miss. Cath.*, IV, pp. 142/4.)

— L. de Kiang-in, 9 août 1876. (*Ibid.*, VIII, 1876, p. 545.) — De Ou-si, 19 août 1876. (*Ibid.*)

— L. de Ou-si, 19 sept. 1876. (*Ibid.*, p. 592.) — 29 sept. 1876. (*Ibid.*, pp. 603/4.)

Prémare, *Joseph Marie de*, 馬若瑟 *Ma Jo-ché*, né le 17 juillet 1666, au Hâvre de Grâce, d'après une lettre du P. Gaubil; le P. A. Hamy m'écrit qu'il est né à Cherbourg, je pense que c'est une erreur; † à Macao, le 17 sept. 1736.

— *Catalogus*, No. 228.

— Art. d'Abel-Rémusat dans la *Biog. univ.*, et dans les *Nouv. Mél. As.*, II, pp. 262/276. — Biographical Notice of Père Joseph Premare. Translated from Rémusat's *Nouveaux Mélanges asiatiques*, by S. R. [Brown]. (*Chin. Rep.*, X, pp. 668/675.)

— Notice sur le P. Prémare, nommé *Petsin* et *Ma-jo-chee* en chinois. (*Vestiges des princ. dogmes chrétiens*, pp. 8/12) [col. 768].

Klaproth a publié une lettre du P. de Prémare à Fourmont sur sa Grammaire dans les *Annales Encyclopédiques*, 1817, VIII, p. 13. — Voir au chap. de la Langue chinoise notre article sur la *Notitia Linguae Sinicae*.

Manuscrit : 1° De rebus sinicis, 5 feuilles.

2° Remarques sur le Tao-te-king, ff. 6 et 7. (Latin.)

3° Lettre :

Mon Reverend Pere. P. C. Je ne parlerai point dans cette lettre du triste état ou cette pauvre mission est réduitte...

Sur les *king*. — ff. 8/21. — Signée :

A Kien tchang fou ce 25e octobre 1707. Jos. Hen. De Premare.

4° Dissertation sur les lettres et les livres de Chine tirée d'une lettre au R. P. de Briga, Interprète de la Bande d'Isis. ff. 22/51. Incomplet.

5° Lettre du P. de Premare au P. De Lynières ce 1er oct. 1723. ff. 52/53.

6° De tribus antiquis monumentis qui Sinae vocant sam y. ff. 54/57.

7° Lettre du P. de Prémare : A Canton, ce 12 Nov. 1730. ff. 58/60.

Ce Ms. (ce n'est *pas* un imprimé) appartient à la Bib. nat. Nouv. Acq. 156, Latin; il est composé de 60 feuillets; toutes les pièces ne sont pas du P. de Prémare.

Prévôt, *Jules*, né 18 janvier 1853; arrivé 27 avril 1882.

— Lettre de Hsien-hsien, 9 février 1904. (*Chine, Ceylan, Madagascar*, Décembre 1904, pp. 31/32.)

Provana, *Joseph Antoine*, né à Nice, le 17 oct. 1662; arrivé en Chine, 4 oct. 1695; † le 7 février 1720, à Canton.

— Notice dans les *Miss. Cath.*, V, p. 72, avec l'inscription gravée sur le tombeau. — *Catalogus*, No. 199.

Pruvot, *Joseph*, né à Camon (Somme), 5 sept. 1840; arrivé 19 mars 1875.

— Portrait. (*Chine, Ceylan, Madagascar*, sept. 1903, p. 28.)

Rabaudy, *Charles de*, né le 25 nov. 1832, à Villeret (Aube); entra le 2 août 1854 dans la Cie. de Jésus; arrivé en Chine en 1870; sup. général de la mission du Pe Tche-ly S. E., 29 août 1877; † 24 mars 1878 de la fièvre typhoïde, à Hien-hien.

— Notices : *Miss. Cath.*, X, 1878, pp. 357/358. — Par le Fr. Pelte, *Lettres de Laval*, 2e cahier, 1878, pp. 36/9.)

— Lettre du 7 août 1872. (*Annales Ste. Enfance*, XXIV, pp. 33/6.)

— Lettres. (*Lettres de Laval*, 1876, pp. 6/18, 156/164 ; 1877, 3e cahier, pp. 54/62, 62/66 ; 1878, 1er cahier, pp. 12/23.)

Rabouin, *Paul*, né à Saint-Lubin (Loir-et-Cher), 25 mai 1828 ; † à Chang-hai, 9 sept. 1896.

— Notice : *Lettres de Jersey*, XVI, 1897, pp. 194/8.

— * Miracles and Revelation by a Catholic Missionary. Cum licentia Superiorum. Printed by Noronha and Sons, Shanghai, 1885, in-8, pp. 28.

Ravary, *François*, né le 27 janvier 1823, à Angers ; entré dans la Cie. 29 oct. 1845 ; arrivé en Chine, 9 fév. 1856 ; † à Changhai, 30 juillet 1891.

— Notice par le P. Gandar. (*Lettres de Jersey*, XI, pp. 180/191.)

— L. (*Messager du Sacré Cœur*, 1868, XIII, pp. 265/9.)

— L. de M. Léon Dufour, ancien médecin major de l'expédition de Chine. (*Miss. Cath.*, XXIV, 1892, p. 495.)

— L. de Chû-tsen, 18 mars 1873. (*Ibid.*, V, p. 355.)

— Le pays de Ning-ko (Kiang-nan). (*Ibid.*, VIII, 1876, pp. 2/5, 14/17, 26/28, 38/42, 50/53, 62/64, 74/77, 86/9, 98/100, 110/114, 122/125, 134/138, 146/148, 158/161.)

— Les tablettes des ancêtres et leurs registres de la famille en Chine. (*Etudes Religieuses*, 18e année, Ve Sér., VI, 1874, pp. 762/8.)

— Lettres. (*Ann. Ste. Enfance*, XIII, pp. 327/8, 381/391 ; XIV, pp. 33/6 ; XVI, pp. 98/103 ; XX, pp. 8/17 ; XXI, pp. 177/181 ; XXIII, pp. 2/9, 444/69 ; XXVI, pp. 77/81, 286/94 ; XXIX, pp. 369/381 ; XLII, pp. 14/28 ; XLIV, pp. 391/404.)

— La mort de l'Amiral Protet. (*Etudes religieuses*, 1862, pp. 648/658 ; *Le Monde*, Paris, 6 nov. 1862.)

— Lettres. (*Lettres de Laval*, mars 1861, pp. 7/8 ; déc. 1869, pp. 5/12 ; avril 1870, pp. 4/6 ; juin 1873, pp. 28/34 ; juillet 1874, supp., pp. IV-VIII ; 1876, pp. 110/137, 140/8.)

Regis, *Jean-Baptiste*, né à Bourg d'Istres en Provence, le 29 (Sommervogel dit 2) janvier 1664 ; † à Peking, le 24 nov. 1738.

— *Catalogus*, No. 231.

— Art. d'Abel-Rémusat dans la *Biog. univ.* ; et dans les *Nouv. Mél. As.*, II, pp. 235/239.

Rho, *Jacques*, né en 1592, à Milan ; entré le 24 août 1614 ; † à Peking, le 26 avril 1638. (De Backer dit 27 avril 1638.)

— *Catalogus*, No. 49.

— Bartoli, *La Cina*, IV, Torino, 1825, pp. 486 et seq.

— Abel-Rémusat, *Biog. universelle.*

— Lettere del Padre Giacomo Ro della Compagnia di Giesù Doppò la sua partenza di Lisbona per la Cina, che fù alli 6. d'Aprile 1618. Scritte al Signor Alessandro Rô I. C. suo Padre in mezo al Oceano, Et poi da Goa capo delle Indie orientali Al Signor Paolo suo fratello hora Vicario di Prouisione, & Regio Fiscale in Milano, & ad altri suoi di casa. In Milano, Appresso Gio. Battista Bidelli. M.DC.XX, in-8, pp. 30.

— Indianische Raisz ‖ Von dreyen Ehrwûrdi-‖gen Priestern der Societet IESV, welche‖ im Jar Christi 1618. neben andern mehr von der ‖ Societet | nach Goa in India geschifft | mit beuelch von dannen in ‖ das grosse Kônigreich China zuraisen | den Christlichen Glauben‖ bey denselben Heydnischen Vôlckern fortzupflantzen vnnd ‖ auszzubreiten | in etlichen Missiuen kurtzlich be- ‖ schriben. ‖ Ausz Italianischer vnd Frantzôsischer ‖ Sprach verteutscht. ‖ *Ego elegi vos & posui vos vt eatis, & fructum afferatis & ‖ fructus vester maneat.* IOH. 15. 16. ‖ Ich hab euch erwôhlt vnd gesetzt | das jhr hingehet | vnd frucht ‖ bringet | vnd ewr frucht bleibe. ‖ Getruckt zu Augspurg | bey Sara ‖ Mangin Wittib. ‖ 1620, in-4, pp. 58.

Voir p. 51 : Copia eines Schreibens von dem Ehrwürdigen Herrn P. Nicolao Trigautio | so er den 29. Decembris Anno 1618. zu Goa datirt | ausz dem Lateinischen verteutscht.

— Copia eines Schreibens von P. Iacobo Ro der Societet Iesu, auss den Orientalischen Indien / zu Goa, den 27. Febrar. 1621. Datiert / an einen herren nach Mailandt abgangen darinn Allerley bericht von Japon / China / und India in kurtzem begriffen auss der Italianischen in die Teutsche Sprach ubersetzt. Getruckt zu Augspurg / bey Sara Mangin / Wittib. 1622, in-4, 6 feuillets.

La Bibliothèque de l'Ecole de Médecine de Montpellier contient un Ms. que Haenel indique p. 243 sous le titre de : *Relazione d'un viaggio nell' India, China, etc.* Ce Ms. in-fol. sur papier, est du XVIIe siècle; il est écrit de différentes mains et composé de 83 feuillets plus 1 feuillet préliminaire non chiffré *Table du recueil*. Ce volume comprend sept pièces, savoir : 1° Lettere di Filippo Sassetti scritte da Goa e d'altri luoghi. (ff. 1/30.) — Les ff. 31 et 32 sont blancs. — 2° Voyage qui a été fait par terre de Paris jusques à la Chine par le sieur de Montferrand. (ff. 33/49.) — Le f. 50 blanc. — 3° Mémoires et advis donnez au Roy sur le faict de la Navigation et commerce de l'Amérique et les ordres des armées d'Espagne. (ff. 51/64.) — 4° Sous le No. 65 se trouve un imprimé in-8 de 30 pages intitulé : Lettere del Padre Giacomo Ro doppò la sua partenza di Lisbona per la Cina, che fù alli 6. d'Aprile 1618. In Milano, 1620. — 5° Relatione sommaria delle nuove che sono venute del Giappone, China, Conchinchina, India & Etiopia quest'anno 1622, cavate d'alcune lettere di persone degne di fede. (ff. 66/72.) — Le f. 73 blanc ; les ff. 74 et 75 manquent ; ils ont été probablement omis par erreur. — 6° J. Terrentii epistola, 22 Aprilis 1622, Joanni Fabro a Sutscheu Romae missa (ff. 76/79.) — 7° Praecipui scientiarum libri quibus Chinenses et Japonenses populi student gradusque suscipiunt litterarios. (ff. 80/83.) — De la Bibliothèque Albani. — La dernière note fut donnée par les Jésuites à Urbain VIII.

Rhodes, *Bernard*, le Fr., médecin de l'emp. K'ang Hi, né en 1645 ; † 10 Nov. 1714 (le 11 Nov. 1715 suivant le *Catalogus*, No. 239).

— Notice par le P. Parrenin. (*Let. édif.*, XXIX, pp. 2/9 ; réimp. dans les *Miss. Cath.*, VIII, pp. 539/540.)

Ricci, *Matteo*, 利瑪竇 *Li Ma-teou*, né le 6 octobre 1552, à Macerata ; arrivé en Chine en 1583 ; † à Peking, le 11 mai 1610.

— *Catalogus*, No. 5. — Cha-la-eul, No. 1. — Pierre tombale dans *Peking* par Mgr. Favier, p. 148. — Art. d'Abel-Rémusat dans la *Biog. univ.* ; et dans les *Nouv. Mél. As.*, II, pp. 207/216.

— La Vie du Pere Matthieu Ricci, de la Compagnie de Jesus. Par le Pere d'Orléans de la mesme Compagnie. A Paris, chez George & Louis Josse, M.DC.XCIII, in-12, pp. 254 (chiffré par erreur 434) sans l'avertissement, la permission, etc., 6 p.

Cette histoire, dit le P. de Backer, II, Col. 1628, est peut-être le plus faible des ouvrages du P. d'Orléans.

La préface du Vol. XXV des *Lettres édifiantes*, éd. de Mérigot, contient une notice sur le Père Ricci, extraite de la vie écrite par le P. d'Orléans, pp. III-XXXI.

— * Leben des Paters Matthäus Ricci, Missionärs in China, aus der Gesellschaft Jesu, 1854, in-8.

Fait partie de la collection : Leben ausgezeichneter Katholiken der drei letzten Jahrhunderte. Schaffhausen, Hurter, in-8 [de Backer].

— Vie du R. P. Ricci, apôtre de la Chine, par Charles Sainte-Foi. Paris, Tournai, Casterman, 1859, 2 vol. in-12.

Charles Sainte-Foi, *pseud.* = Eloi Jourdain, théologien, né à Beaufort (Maine-et-Loire) en 1806 ; † 1861.

Consulter également sur ce célèbre missionnaire « *La China* » (Vol. I, Chap. XI et seq.) par La Farina qui a eu accès aux Archives du Chevalier Ricci di Macerata (demeurant à Bologne). Le P. de Backer, III, col. 182, dit : « Soixante-six lettres originales du P. Ricci, aussi curieuses qu'intéressantes, ont passé de la bibliothèque du P. Lagomarsini, dans celle de la famille Ricci, à Macerata. (Voy. le *Dizion. Storico*, édit. de Bassano, 1796.) »

Le P. Aleni a écrit en chinois la Vie du P. Ricci :

— 大西利西泰子傳 *Ta si li Si-t'ai tseu tchouan.* — Vie du P. Ricci.

In-8, ms. Sans nom d'auteur ; postface de Li Kieou-p'iao (1636). Portrait de Ricci en tête.

N. F. Chinois 2997. — Courant, 996.

— 大西利西泰先生行跡 *Ta si li Si-t'ai sien-cheng hing che.* — Vie de Matteo Ricci.

N. F. Chinois 2995, 2996 et 3090 ; ces ex. sont ms. — Courant, 1014.

— Il primo sinologo P. Matteo Ricci per Lodovico Nocentini. (*Atti del IV Cong. int. degli Orient.*, 1881, II, pp. 273/280.)

— Gli illustri Viaggiatori italiani... per P. Amat di S. Filippo : Matteo Ricci, 1577-1610, p. 203.

— Early Chinese Testimony to Matteo Ricci. By the Right Rev. G. E. Moule. (*Chinese Recorder*, Vol. XX, Feb. 1889, pp. 81/3.)

— A propos de Matteo Ricci, Kircher écrit dans la *Chine illustrée*, p. 160 :

« 12. Il a composé le *Dictionnaire chinois* pour l'usage des nostres, dont j'ay l'original, que je donnerais à l'*Europe* et que je fairais imprimer si j'avais de quoy.

13. Il a traduit de *chinois* en latin l'*Histoire des vieux Chinois*, où l'on voit les dogmes et la doctrine des anciens Philosofes de cette nation, dans le dessein de faire voir leurs erreurs, et de mieux combattre les maximes qu'ils avaient, et qui choquaient les loix de la raison.

14. Enfin il a fait l'histoire universelle de 27 ans qui comprent tout le temps qu'il a demeuré dans la Chine. Le *P. Nicolas Trigaut* nous la donna en latin après l'avoir traduite d'Italien en cette langue en 1620, et le *P. Martin Martinius* l'a donnée derechef à l'Europe, après l'avoir augmentée de l'histoire des Roys qui avaient esté avant la naissance de Jesus Christ. »

— Mémoire de Ricci à l'Empereur. Pe-king, 28 janvier 1601. (S. Couvreur, *Choix de Documents*, pp. 80-5, texte et trad.) — Sépulture de Ricci ; Inscription composée par Wang Ing-lin, préfet de Peking. (*Ibid.*, pp. 522/531.)

— 交友論 *Kiao yeou louen.* — De l'Amitié.

N. F. Chinois 2971. Pub. en 1595 ; commencé à Nan tchang, cap. du Kiang-si. — Courant, 3371.

Le P. Ricci traduisit cet ouvrage en italien ; j'en ai vu, dit le P. Sommervogel, cette nouvelle édition :

— Dell' amicizia. Breve trattato del Padre Matteo Ricci Maceratese, ristampato per cura di Maria Corraducci per le ben augurate nozze del Marchese Giuseppe Accorrelli colla nobile Signorina Bianca dei Conti Misturi Malaccari. Macerata, tip. dei fratelli Mancini, 1885, in-16, pp. 16.

Dans la collection *T'ien hio tch'ou han.*

Il aurait été trad. en Italien par le Mis Jacques Ricci en 1877 ; cf. Nocentini, p. 33, supra.

— 天主實義 *T'ien tchou che i.* — Vraie doctrine de Dieu.

Publié en 1601. — Fourmont CLXX. — N. F. Chinois 3232 et suivants. — B. M., p. 122. — Réimp. en 1855 et 1868 en 2 vol. in-8. — École L. O. V., Z, VII, 2. — Fait partie de la collection 天學初函 *T'ien hio tch'ou han.*

A été traduit en mandchou, en 1758, sous le titre de *Abkai edchen i ounengai dchourgan.* N. F. Chinois 2748 et 2749.

« Le P. Julien Baldinotti, jésuite de Pistoie, le fit réimprimer, en 1630, au Tonkin, pour la seconde fois, et il assure que l'élégance et la pureté du style de ce catéchisme contribuèrent puissamment au succès de ses prédications dans ce royaume. » (A. Rémusat, *Nouv. Mél. As.*, II, p. 213.)

Traduit en coréen, *Htyen tjyou sil eui.* « Cet ouvrage a dû être connu en Corée d'assez bonne heure : en effet, *Ni-Siou*, surnommé *Si-pong*, un des plus célèbres savants qu'ait eus la « Corée », le mentionne dans ses ouvrages et en donne une analyse assez exacte. » (Dallet, I, p. 11.) — *Bib. coréenne*, 2701.

Traduit en japonais en 1684 [en 1604 dit le P. Havret, *Stèle chrét.*, II, p. 13].

Traduit en français par le P. Ch. J. B. Jacques, S. J. (né à Vesoul, le 30 décembre 1688 ; † à Canton, le 31 août 1728) dans les *Lettres édifiantes*, 2e éd., 1781, t. XXV, pp. III-418, sous le titre de *Entretiens d'un lettré chinois et d'un docteur européen, sur la vraie idée de Dieu.*

— * Giulio Natali. Il secondo Confucio. Roma, 1901.

Rizzo, *Alphonse*, né le 14 février 1841, à Valguarnera-Caropepe, Sicile ; † 3 janvier 1868, à Chang-hai.

— Notice dans les *Miss. Cath.*, I, p. 7.

— Lettre, 1865. (*Lettres de Fourvière*, janvier 1866, pp. 15/8.)

— Lettre, 1867. (*Lettres de Vals*, mai 1867, pp. 8/10) ; 20 nov. 1867. (*Ibid.*, avril 1868, pp. 25/8.)

Rodella, *Jacques.*

— * Lettere del P. Giacomo Rodella, della C. de J., doppo la sua partenza de Lisbona per la Cina. Milano, Bidelli, 1620, in-12.

— Ternaux-Compans, No. 1244. — G. Libri, *Cat. of the Miscellaneous Portion*, No. 1719.

Ce Père n'est pas cité dans le *Catalogus* et n'a probablement jamais existé ; c'est sans doute le P. Ro [Rho] cité plus haut (col. 1089) que l'on veut dire et le *della* ajouté à la suite de son nom est l'article qui précède le mot suivant : *della C. de J.* — Ce qui vient à l'appui de notre supposition, c'est le titre de l'imprimé (Milano, 1620) que nous donnons plus haut au nom du P. Ro d'après un exemplaire de la Bibliothèque de l'Ecole de Médecine de Montpellier.

Rodriguez, *André*, né le 2 fév. 1729 (Sommervogel dit le 2 fév. 1709, à Martao ? Portugal) ; † 2 déc. 1796, à Pe-king.

— *Catalogus*, No. 412.

— Fidelis Translatio Litterarum, Lusitanicè scriptarum à P. Andrea Rodriguez, Tribunalis Mathematici Praeside tertio, Pekini in Residentia S. Josephi 15 Augusti 1777. (De Murr, *Journ. zur Kunst u. Litt.*, VII, 1779, pp. 264-267.)

Rodriguez, *Simon*, 李西滿 *Li Si-man*, né à Evora, Portugal, 24 oct. 1645; arriva en Chine, 1674; à Peking, avril 1679; † 20 oct. 1703; «le 15 avril 1704, il fut inhumé sur la colline de la Grue blanche, dans le 13e cercle de la 1ère circonscription du Tch'ang tcheou hien du Sou-tcheou fou».

— Epitaphe. (S. Couvreur, *Choix de Documents*, p. 535, texte et trad.)

Rollin, *Jules*, parti pour Marseille 19 avril 1903.

— Lettre du 1er Juin [1904]. (*Chine, Ceylan, Madagascar*, Décembre 1904, pp. 33/35.)

Rousseau, *Jean-Baptiste*, né le 11 mars 1835, à Genouillet (Creuse); † 18 mars 1867, à Chang-Hai.

— L. de Tom-ka-dou, 20 juin 1865. (*Etudes religieuses*, IX, 1866, pp. 101/104.)

Roy, *Nicolas Marie*, né à Langres, le 12 mars 1726; † au Hou kouang, le 5 janvier 1769, d'après le *Ménologe* du P. de Guilhermy (Assistance de France).

— *Catalogus*, No. 401.

— Lettres du Père Roy, de la Compagnie de Jésus, mort en Chine, le huit janvier 1769. 3e éd. Lyon et Paris, Périsse frères, 1840, 2 vol. in-12.

Carayon cite les éditions suivantes, No. 2537 : Lyon, 1822, 2 vol. in-12. — Seconde édition, Lyon, 1824, 2 vol. in-12. — Troisième [?] édition. A Lyon et Paris, 1831, 2 vol. in-12.

4e éd. Lyon, Périsse, 1853, 2 vol. in-12. [De Backer, I, col. 1682].

«Ce recueil est précédé d'un Discours préliminaire, dans lequel on fait connaître le Père Roy et l'esprit de ses Lettres, pp. XII. — L'éditeur est M. l'ab. Clément Villecourt, nommé en 1836 à l'évêché de la Rochelle. (*Ami de la Religion*, T. 88, p. 567.)

«A la fin du second vol., pp. 276/285, vient : «Eloge du R. P. Roy, mort en Chine, le 10 janvier 1769, âgé de 41 ans et 10 mois.» On suppose que c'est l'ouvrage du P. M. Dugad, qui parle encore du P. Roy dans deux autres lettres du Tom. II, p. 228 et 259.» (Sommervogel.)

— Lettres édifiantes.

Cod. gall. 738. No. 1178 du T. VII du Cat. latin imprimé, Munich 1858.

Vol. in-4, relié en veau de 562 pages chiffrées. Contenant d'une écriture uniforme la correspondance du P. Roy, jésuite en Chine; la première, écrite alors que l'auteur n'avait que 15 ans, il était né le 12 mars 1726, est adressée au R. P. Vauchey, cordelier de Dijon, 12 janvier 1742; la 125e et dernière à une Carmélite, 18 déc. 1754; il y a auparavant des extraits de lettres remontant à 1768; le P. Roy est mort en 1769, 8 janvier. Le vol. se termine par l'extrait d'une lettre du P. Dollières, insérée dans les *Let. éd.*, XXIV, 1781, p. 136.

Royer, *Maximilien*, né à Fonz (Meurthe), le 29 mai 1829; entré dans la Cie. 7 sept. 1852; arrivé en Chine, 20 juillet 1861; † à Nan king, 8 sept. 1882.

— Notice par le P. Pfister. (*Lettres de Jersey*, II, pp. 365/380.)

— Ext. d'une l. de Chang-hai, 15 Oct. 1864. (*Etudes religieuses*, VII, pp. 93/5.)

— Lettre de Wou-si, 15 Mars 1868, au P. Fessard, supérieur du grand séminaire de Blois. (*Miss. Cath.*, I, pp. 153 et seq.)

— L. (*Ibid.*, VIII, 1876, p. 545.)

— L. du 6 sept. 1876. (*Ibid.*, pp. 591/2.)

— Letter, June, 1, 1874. (*Letters and Notices*, X, 1875, pp. 97/101.)

— Le texte français de la lettre publiée en anglais dans *Ibid.* a paru dans l'*Univers*, 28 août 1874.

— L. de Chang-hai, 16 déc. 1878, au T. R. P. Louis Marie Pierson, prieur du couvent des Dominicains de Lyon. (*Miss. Cath.*, XI, 1879, pp. 102/3.)

— L. de Tchang-tcheou-fou, 25 mai 1879, au même. (*Ibid.*, pp. 393/4.)

— Lettres. (*Annales Ste. Enfance*, XIV, pp. 397/400; XV, pp. 90/94; XXI, pp. 293/8, 298/302; XXV, pp. 98/9, 99/103; XXVII, pp. 362/8.)

— Lettres. (*Lettres de Laval*, août 1870, pp. 6/8, 33/4; juillet 1874, pp. 5/14; avril 1875, pp. 21/2; déc. 1875, pp. 7/8, 27/8; 1876, pp. 223/5, 251/2.)

Sayette, *Henri de la*, né 30 avril 1856; arrivé 23 nov. 1891.

— Lettres. Haimen, 14 avril 1904. (*Relations de Chine*, Kiang-Nan, Janvier 1905, pp. 460/462.)

Schall von Bell, *Johann Adam*, 湯若望 *T'ang Jo-wang*, né en 1591, à Cologne; arrivé en Chine en 1622; † à Pe-King, le 15 août 1666.

Le Rév. P. J. Brucker écrit dans les *Études*, 5 juillet 1901, p. 62 : «La date de sa mort [du P. Schall], pour laquelle le P. Huonder, après d'autres, hésite entre 1665, 1666, 1669, est bien certainement 1666, 15 août : c'est la date donnée par le P. Greslon (*Histoire de la Chine sous la domination des Tartares*, Paris, 1681, p. 322. L'auteur était alors missionnaire en Chine), et elle est confirmée par les deux pièces que publie le P. Duhr [*Jesuiten-Fabeln*, 3e éd., Fribourg-en-Brisgau, Herder, 1899], bien que celles-ci ne soient pas explicitement datées».

— Rémusat (*Biog. univ.*, et *Nouv. Mél. As.*, II, pp. 217/221) fixe la date de la mort du P. Schall à la 10e l. de la 8e année Kang-hi (15 août 1669) et dit : «Cette date est prise de l'original chinois du Catalogue des Pères de la Société de Jésus, qui ont prêché la religion en Chine. Elle y est sous la double expression *huitième année* Khang-hi, *ki-yeou* du cycle, ce qui ne peut répondre qu'à l'année 1669. D'un autre côté, l'édition latine de ce même ouvrage, et presque tous les missionnaires placent la mort de Schall en 1665 ou en 1666. J'ai lieu de penser qu'il y a erreur dans tous ces auteurs qui ont pris pour l'année de la mort de Schall, celle où il fut attaqué de la maladie qui l'enleva, *cinquième* Khanghi, *ping'ou* du cycle, en 1666».

— *Biog. gén.*, Vol. XLIII.

— *Catalogus*, No. 45. — Cha-la-eul, No. 50. — Pierre tombale dans *Peking* par Mgr. Favier, p. 173.

— * Encomia et tituli quos Imperator Sinensis dedit P. Jo. Adamo Schall ejus parentibus et avis, in tertiam generationem, ob instauratam ab eo apud Sinas Astronomiam. In-4. Voy. Delandine, *Ms. de la Bibl. de Lyon*, t. I, p. 136. [Carayon, p. 347.]

— Adam Schaall, as Chief Minister of State of China. By G. Minchin, Esq. (*Chin. Recorder*, IV, Feb. 1872, pp. 247/9.)

— * Leben ausgezeichneter Katholiken der drei letzten Jahrhunderte. Herausgegeben unter Mitwirkung Anderer von Albert Werfer, 11 Bändchen : Leben des Paters J. A. Schall und sein Wirken in China, und des Paters Ferd. Verbiest und sein Werk, die Blüthe des Christenthumbs in China unter seinem grossen Schüler dem Kaiser Khanghi. Zweite Auflage. Schaffhausen, Fr. Hurter, 1871, in-8, 1 grav. (De Backer, III, col. 591.)

— Gli antichi ed i nuovi detrattori del P. Schall. (*Civiltà cattolica*, Ser. VIII, t. X, 1873, pp. 289/312.)

— Lettre de l'Empereur, 2 avril 1653. (S. Couvreur, *Choix de Documents*, pp. 531/533, texte et trad.)

— Jesuiten-Fabeln. — Ein Beitrag zur Culturgeschichte von Bernhard Duhr S. J. Dritte, umgearbeitete Auflage. — Freiburg im Breisgau, Herder, 1899, in-12, pp. VIII-902.

Voir 226/230 : Die Heirat des P. Adam Schall.

— Voir sur le P. Schall, l'article *Les Missionnaires catholiques aujourd'hui et autrefois*, par le P. Joseph Brücker, *Etudes*, 5 juillet 1901, pp. 62 et seq.

Seckinger, *Joseph*, né à La Chapelle (Ht. Rhin), le 9 sept. 1829; entré dans la Cie., 19 avril 1853; arrivé en Chine, 20 juillet 1861; † à Wou-hou, 11 nov. 1890.

— Notice. (*Lettres de Jersey*, 1891, X, pp. 146/8.)

— Lettre de Mai 1868. (*Miss. Cath.*, I, pp. 83 et seq.)

— Lettre de Nanking, 30 Nov. 1869. (*Ibid.*, III, pp. 25 et seq.)

— Relation de la *Persécution au Kien-tée.* (*Ibid.*, III, pp. 265 et seq., 274 et seq.)

— L. de Tchen-kiang, 4 mars 1876. (*Ibid.*, VIII, pp. 232/233.) [Pillage de la résidence des missionnaires à Ning-ko-fou.]

— L. de Ning-ko-fou, 20 mars 1876. (*Ibid.*, pp. 463/464.)

Sur les troubles de Ning-ko-fou, voir également ce recueil. (*Ibid.*, VIII, pp. 518/521, 529/532 ; IX, pp. 26/8, 478/480.)

— L. de Nan-king, 10 sept. 1876, au P. Tailhan. (*Ibid.*, p. 545.)

— L. de Ngan-king, 18 sept. 1876. (*Ibid.*, p. 593.)

— L. de Nan-king, 4 oct. 1876. (*Ibid.*, p. 604.)

— L. de Tsin-chan-kiao, 11 nov. 1884, au P. Carbonnel, à Ngan-king. (*Ibid.*, XVII, 1885, p. 29.)

— Lettres. (*Annales Ste. Enfance*, XX, pp. 17/23 ; XXI, pp. 254/257 ; XXII, pp. 225/9 ; XXV, pp. 25/6.)

— Lettres. (*Lettres de Laval*, déc. 1869, pp. 17/8 ; août 1870, p. 6 ; juin 1873, pp. 39/58 ; nov. 1874, pp. 1/5 ; déc. 1875, pp. 19/27 ; 1876, pp. 148/152, 257 ; oct. 1877, pp. 1/26 ; 1878, 2e liv., pp. 47/52.)

— Lettres. (*Lettres de Jersey*, II, pp. 192/5 ; III, pp. 209/26 ; IV, pp. 38/46, 61/2 ; VI, pp. 374/83.)

Sédille, *Charles*, né le 2 juillet 1835 ; entré dans la Cie., 3 août 1861 ; arrivé en Chine, 3 mai 1863 ; sup. de la mission du Kiang-nan, 6 sept. 1882.

— L., Zi-ka-wei, 11 mars 1886. (*Miss. Cath.*, XVIII, 1886, p. 255.)

Semedo, *Alvaro de*, 魯德照 *Lou Té-tchao*, né en 1585, à Nizza (Portugal) ; † 6 mai 1658, à Macao ; la 2e éd. du *Catalogus* marque 18 juillet 1658, à Canton.

— Moréri, *Dict. hist.*, IX, p. 331. — *Catalogus*, No. 36. — Art. de Blondeau dans la *Biog. universelle.*

Seneschal, *Alfred*, né 7 avril 1853, à Dondeauville (Pas-de-Calais) ; arrivé 24 oct. 1892.

— L. de Tchang-kia-tchouang, 26 août 1893. (*Miss. Cath.*, XXV, 1893, p. 556.)

— L., 3 juin 1900, au R. P. Provincial de Champagne. (*Ibid.*, XXXII, 1900, pp. 360/1.)

— L. de Tchang-kia-tchouang, 13 juin 1900, au R. P. Provincial d'Amiens. (*Ibid.*, pp. 399/402.)

Sentinier, *Maurice*, né au Mur-de-Barrez (diocèse de Rodez), le 5 sept. 1823 ; † le 29 juillet 1869, à Siu-ca-wei.

— Notice : *Miss. Cath.*, II, p. 325.

— Lettre à sa sœur, 21 juillet 1869. (*Ibid.*)

— Lettre. (*Ann. Ste. Enfance*, XXI, pp. 171/6.)

— Lettre. (*Lettres de Laval*, août 1869, p. 39.)

Siao, *Joseph*, 蕭, né 11 juillet 1855.

— L. de Tchang-kia-tchouang, 8 fév. 1900. (*Miss. Cath.*, XXXII, 1900, p. 338.)

Simon, *Jean-Baptiste*, né à Issé (Loire), 20 déc. 1846 ; entré dans la Cie., 25 août 1868 ; arrivé en Chine, 18 oct. 1886 ; vic. ap. du Kiang-Nan, 1899, à la place de Mgr. V. Garnier ; † à Wou-hou, 10 août 1899.

Slaviczek, *Charles*, né en Moravie, le 24 déc. 1678 ; † 24 août 1735 (Sommervogel dit 1737), à Pe-king.

— *Catalogus*, No. 296.

— On trouvera une lettre de ce père dans le Recueil Ms. de la Bibl. nat. Fr. 17239 : Reverende in Christo Pater, Blasphemari gentem Sinicam... 7 Aug. 1723, Nan-tchang, Carolus Slavicek, 8 pages in-4.

Souza, *Polycarpe de*, né à Coimbre, 26 janv. 1697 ; entré dans la Cie., 31 oct. 1712 ; arrivé en Chine, 26 août 1726, avec l'ambassade portugaise de Jean V ; évêque de Pe-King, 1741 ; † à Pe-King, 26 mai 1757.

Stevani, *Cajetan*, né à Zevio (Vérone), 28 janv. 1819 ; † 28 nov. 1875, au Tche-li.

— Notices : *Miss. Cath.*, VIII, p. 491. — *Lettres de Laval*, 1876, pp. 202/7.)

— Lettre du 23 août 1865. (*Ann. Ste. Enfance*, 1866, pp. 242/9.)

— * In commemorazione dei missionari apostolici P. Gaetano e P. Giuseppe Stevani della Compagnia di Gesù. Discorso letto nella chiesa parrochiale di Zevio dal Sac. prof. Pietro Caliari il 30 novembre 1876. Verona, stereotip. Vescovile nel Seminario, in-4, pp. 22.

Sylva, *Felicien de*, † le 9 Mai 1604.

— *Ménologe de la Compagnie de Jésus*, par le R. P. Elesban de Guilhermy ; Assistance de Portugal ; 1ère partie, p. 426 ; réimp. dans les *Miss. Cath.*, V, p. 227.

Tartre, *Pierre Vincent de*, et non *du*.

— Porte le No. 258 dans le dernier *Catalogus* ; né le 22 janvier 1669, à Pont-à-Mousson ; arriva en Chine en 1701 ; † le 25 février 1724 ; enterré à Pe-king (*Cha-la-eul*, no. 41) ; on lit dans les *Let. éd.*, XIX, p. 404, éd. de Mérigot, que ce miss. est mort en mars 1724.

— Voir sur son voyage en Chine la lettre adressée à son père datée de Canton, le 17 décembre 1701. (*Let. éd.*, éd. de Mérigot, XVII, pp. 1 et seq., éd. de Grimbert, II, pp. 215 et seq.)

Terenz, *Jean*, 鄧玉函 *Teng Yu-han*, né en Suisse en 1576 ; † 13 mars 1630 (ou le 13 mai 1630 suivant le *Catalogus*, No. 42).

— Notice : *Miss. Cath.*, VI, p. 136.

— *Terenz* n'est qu'une retraduction du nom latin *Terentius*, lui-même la traduction du vrai nom de ce missionnaire SCHRECK.

— Dans : Reale Accademia dei Lincei Anno CCLXXIV (1876-77). — Di Giovanni Eckio e della instituzione dell' Accademia dei Lincei con alcune note inedite intorno a Galileo — Comunicazione di Domenico Carutti — Roma, coi tipi del Salviucci, 1877, in-4, pp. 35. (Ext. des *Memorie della Classe di Scienze morali, storiche e filologiche*, Vol. I°. — Seduta del 21 gennajo 1877.)

On lit, p. 30 : « VII. — *Iohannes Terrentius* alias *Schreck*, Lynceaus Sebasti Fil. Constantiensis aetatis meae anno XXXV sal. 1611 manu propria scripsi. (Nel Cat. I. die Maii 3 Romae.) »

— Dans le *Przeglad powszechny*, des PP. Jésuites de Galicie : « Przebieg pojęć religijnych u Chińczyków » (Développement des notions religieuses en Chine). — Par le P. Wladislas Zaborski, — t. XLIII (1894), pp. 318-36, t. XLIV, pp. 23-43, 222-49.

Je dois ces renseignements au R. P. Sommervogel, S. J.

— J. Terentii Epistola, 22 Aprilis 1622, Joanni Fabro a Sutscheu Romae missa.

Ms. de la Bib. de l'Éc. de Médecine de Montpellier, No. 104 (p. 323 dans le *Cat. des Ms. des Bib. des Dép.*, I). — De la Bibliothèque Albani, 1275. [Voir supra le P. Rho, col. 1090.]

— Compendium eorum quae a Philippo Paracelso suis in scriptis dispersa sunt ; Catalogus in quo quamplurima teofrastica vocabula solita obscuritate referta dilucidantur, studio et opera P. Terentii jesuitae Germani. (Scripsit Theophilus Molitor.)

Ms. pet. in-4 sur papier du XVIIe Siècle, No. 461, *Ibid.*, p. 465. — Bibliothèque Albani, 900.

— Persécution de nostre Ste Loy dans le Royaume de la Chine soubs l'empire des Tartares.

Ms. du XVIIe S., in-4 ; Bib. nat., Fr. 14688.

Ce Ms. contient la copie d'une lettre du P. Jean Terencio adressée au P. Gaspar Ferreira, datée de Pe-kim, ce 27 aout 1629, donnant les noms de l'évêque et des prêtres soriens ou arméniens gravés sur la pierre du Chen-si [col. 772].

Terrien, *Constant*, né 1er fév. 1844 ; arrivé dans la mission, 29 nov. 1873 ; † 27 juin 1902.

— Notice. (*Rel. de Chine*, I, pp. 69/71, Port.)

Torrente, *Stanislas*, né en 1616 ; arrivé en 1659 ; † 10 nov. 1681 à 67 ans, suivant sa pierre tombale à Hai-nan. (Cf. J. V. Costa, *Christandade de Hai-nan*), le 30 mars 1681 suivant le *Cat.* et Sommervogel.

Trigault, *Michel*, 金彌格 *Kin Mi-Ko*, né en 1597, 1602 ou 1603, à Douai ; † à Canton, 30 Sept. 1667.

— « P. Michaël Trigaultius, Belga, eodem anno veniens praedicavit fidem in prov. *Xan-si* oppido *Kiam-cheu*, ubi palatium Reguli familiae *Tai-mim* ab Imperatore *Xum-chi* pro novâ Ecclesia extruendâ donatum loco veteris dirutae à loci Praefecto fidei hoste. Anno deindè 4. Imper. *Cam-hi* (1665) ex Aulâ venit in provinciae *Quam-tum* Metropolim, quò in odium fidei unà cum tribus è D. Dominici, et uno è D. Francisci familiâ, viginti è societate nostrâ Pekino fuerant relegati, ibidem obiit (1668). [Lisez 30 sept. 1667, *Cat.*, No. 62] aet: 71 [lisez 65]. Sepultusque extra Metropolim ad Austrum fluvii ». (*Cat. Pat. ac Frat... usque ad 1681*, XXXIX.)

Nous indiquons ici ce Père afin qu'on ne le confonde pas avec son oncle homonyme de la même Soc. : le P. Nicolas Trigault, qui était également de Douai.

Trigault, *Nicolas*, 金尼閣 *Kin Ni-Ko*, né à Douai, le 3 mars 1577 ; †, à Hang-tcheou, le 14 nov. 1628 ; la *Biog. univ.* donne Nan-king comme lieu de sa mort. — *Catalogus*, No. 29. — *Biog. univ.*, Art. de Weiss.

— « M. Duthillœul a consacré un article au P. Trigault, pp. 374-384, de sa « Galerie Douaisienne ou Biographie des hommes remarquables de la ville de Douai. Douai, Adam d'Aubers, imprimeur, 1844, in-8, pp. XXI-409, avec portraits. » On y trouve le portrait en pied de notre missionnaire en costume chinois ; il est pris sur le portrait exécuté en 1617, par un des Bellegambe, et qui se conserve au Musée de Douai. La notice bibliographique de M. Duthillœul n'est pas complète. »

— « Le P. Adrien de Boulogne, S. J., a fait une épigramme pour son confrère, elle porte le No. 205, dans les « Epigrammatum Libri tres P. Adriani de Boulogne. Tornaci, 1642, in-8. » (De Backer.)

— Coppie de la lettre dv R. P. Nicolas Trigavt Dovysien de la Copag. de Iesvs. Escrite au R. P. François Fleuron, Prouincial de la mesme Compagnie en la Prouince des Païs bas, dattée de Goa en l'Inde Orientale, la veille de Noël 1607. A Paris, Chez Clavde Chappelet... M.DC.IX. Auec Permission. In-12, pp. 108 [voir col. 813 et le P. Rho, col. 1090].

Réimprimée dans la *Vie de Trigault*, par Dehaisnes, pp. 25/67, 225/253. [Vide infra.]

— * Notice sur le P. Trigault, missionnaire en Chine (1578-1628); par l'abbé C. Dehaisnes... Paris, Impr. impériale, 1864, in-8. (De Backer, III, col. 1203.)

— Notice sur le Père Trigault, missionnaire en Chine (1577 à 1628), par l'abbé C. Dehaisnes, Membre de la Société d'Agriculture, Sciences et Arts de Douai. br. in-8, s. l. n. d. [1869].

Pages 199—217 des *Mém. de la Soc. d'Agriculture, Sciences et Arts de Douai*, 1869. — Ecole des Langues orientales. — N'est pas indiqué dans la *Bibliographie* de M. R. de Lasteyrie.

— Vie du Père Nicolas Trigault de la Compagnie de Jésus; par l'abbé C. Dehaisnes, Conservateur des Archives de Douai. Paris & Leipzig, — Tournai, Casterman, 1864, in-12, pp. xl-312; Fr. 1.75.

L'Appendice, pp. 217 et seq., contient une série de lettres inédites et de pièces curieuses peu connues :

I. Note [en latin] écrite par le P. Trigault, extraite de l'*Album novitiorum Domûs probationis Tornacensis*, reposant aujourd'hui dans la bibliothèque de Bourgogne à Bruxelles.

II. Vers latins adressés par le P. Trigault au P. Gaspard Barzée ; ils se trouvent, ainsi que la traduction en vers français par D. F. de Ricquebourg-Trigault, neveu du missionnaire, en tête d'un exemplaire de la vie du P. Barzée, conservé aujourd'hui dans la bibliothèque publique de Cambrai.

III. Suite de la lettre [en français] du P. Trigault, dont la première partie forme le *chapitre second*. De Goa, la veille de Noël 1607. (Vide supra.)

IV. Lettres écrites au grand-duc de Toscane, Côme II, au sujet du P. Trigault ou par ce Père lui-même.

V. Lettre du P. Trigault [en latin] sur sa seconde navigation. Goa, 29 Dec. 1618 ; conservée dans les archives du College de la Compagnie de Jésus à Anvers.

VI. Ex litteris P. Nicolai Trigault, ad serenissimum Electorem Bavariae et alios Bavariae duces, datis 20 Octob. 1624. Cette lettre se trouve à Bruxelles dans la bib. de Bourgogne.

VII. Lettre : Ex urbe Han-cheu... 13 Sept. 1627 ad R. P. Montmorenci.

P. S. 25 Nov. 1627.

VIII. Iter P. Nicolai Trigautii ex China in Europam et Chinensium statu.

IX. Indications bibliographiques relatives aux ouvrages du P. Trigault. Extraites en grande partie de la *Bibliothèque* du P. de Backer.

— Designatio eorum locorum qui in nova globi terrestris facie, nunc demum prima vice (partim ex Holandorum navigationibus, partim et quidem praecipue, ex viva relatione Pris Nicolai Trigautii Societatis Jesu Theologi, qui nuper terrestri itinere ex China in Europam venit) in lucem prodeunt.

Pièce in-fol. de 6 ff. (verso du f. 5 et recto du f. 6 blancs) ; titre ut supra en haut du 1er f. et au verso du f. 6.

Suivie d'une autre pièce in-fol. de 3 ff. manuscrits :

— Iter terrestre quod Nicolaus Trigautius nuper ex China Europam peregrinatus est. *Incip.* « Missionis illius procurator. » — *Expl.* « Cum prodierint rescientur. »

MS. 6475, de la Bibliothèque palatine (impériale) de Vienne. Cf. *Revue de l'Extrême Orient*, I, No. 2, pp. 311/312.

Vagnoni, *Alfonso*, 高一志 *Kao I-tche*, né en 1566, à Trufarelli, diocèse de Turin ; † à Kiang-tcheou, le 19 avril 1640.

— Bartoli, *La Cina*, IV, Torino, 1825, pp. 558 et seq.

— Notice dans les *Missions Catholiques*, IV, pp. 306/7, d'après le *Ménologe de la Compagnie de Jésus*. — *Catalogus*, No. 22.

Van Dosselaere, *Julien*, né 27 sept. 1855.

— L. La Mission de Pei-hien (Kiang-Nan). (*Miss. Cath.*, XXXI, 1899, pp. 289/291.)

— L. (*Ibid.*, XXXII, 1900, pp. 121/3.)

Vasseur, *Adolphe*, né 7 sept. 1828 ; arrivé au Kiang-Nan 10 déc. 1865 ; † à Paris en 1899, âgé de 71 ans.

— Mort. (*Miss. Cath.*, XXXI, 1899, pp. 179.)

Ventavon, *Jean Matthieu de*, né à Gap, 14 sept. 1733 ; † 27 mai 1787, à Peking.

— Voir *Tchoung Young*.

Verbiest, *Ferdinand*, né à Pitthem, près Courtrai, le 9 octobre 1623 ; † à Peking, le 29 janvier 1688. [Voir lettre du P. de Fontaney [15 février 1703]). *L. éd.*, éd. de Grimbert, II, p. 274.

— Le P. Verbiest fut enterré le 11 mars 1688 (loc. cit.) à Peking (Cha-la-eul, No. 2). — Pierre tombale dans *Peking* par Mgr. Favier, p. 181. — Il porte le No. 116 dans le dernier *Catalogus*.

— Voir le *Dict. de Biog. chrét.*, pub. par Migne, III, col. 1469.

— Carta àcerca de la muerte del Padre Fernando Verbiest, Flamenco, de la Compañia de Iesvs, que sucediò a 28 de Enero del año de 1688, en Pekin, Corte de la China. Escrita por el P. Antonio Thomas, Flamenco, de la misma Compañia, que en lugar del P. Fernando, es aora Prefecto de la Mathematica. Pp. 216/246 de *Historia de vna gran Señora Christiana de la China...* Madrid, 1691, in-8. [Voir col. 833.]

Cette lettre avait paru dans le format in-4. [Carayon, 2665.]

Traduite en allemand dans le *Welt-Bott*, II. 38. « Lauf-Brief R. P. Antonii Thomas S. J. an alle Jesuiter in Sina von dem

Leben und seeligen Tod R. P. Ferdinandi Verbiest S. J. so zu Pekin gestorben den 28 Jenner 1688, dessen Starckmüthigkeit, Liebe, Sanfftmuth, Eyfer und Geschiklichkeit.

— Le P. Boero en a tiré la notice du P. Verbiest, insérée dans son *Menologio*, t. I, pp. 520/4. (Sommervogel.)

— Notice biographique sur le Pere Ferdinand Verbiest (南懷仁) Missionnaire à la Chine, par l'Abbé C. Carton, chevalier de l'ordre de Léopold, Directeur de l'Institut des Sourds-muets et des Aveugles de Bruges, Président de la Société d'Émulation pour l'histoire et les antiquités de la Flandre occidentale. Bruges, Vandecasteele-Werbrouck 1839, in-8, pp. IV-77.

Deux portraits du P. Verbiest, l'un en prêtre, l'autre en Président du Tribunal des Mathématiques. — Fac-simile d'une lettre. A la fin de l'ouvrage il y a un *Appendice* contenant : Extractum ex Registro baptizatorum in Pitthem. — Extractum ex libro, in quo novitii Societatem Jesu ingredientes, propria manu scribebant sua nomina, aliasque particularitates eos concernentes.

— [Cette notice], dit le P. Carayon, No. 2665, parut d'abord dans les *Annales de la Société d'Emulation pour l'histoire et les antiquités de la Flandre Occidentale*, Bruges, 1839, tome I, pp. 83/156. Elle se trouve aussi dans l'*Album biographique des Belges célèbres*, Bruxelles, 1844, in-4; le tirage à part compte 34 pages avec portrait du P. Verbiest par Everard. Cette édition diffère de celle de 1839.

— T. S. Bayer de Ferdinandi Verbiestii, S. J. scriptis, praecipue vero de ejus globo terrestri Sinico. (*Miscellanea Berolinensia*, VI, pp. 180/192.)

Réimp. avec quelques additions dans le Moréri de 1759.

— Skrifter utgifna af K. Humanistika Vetenskaps — Samfunded i Uppsala. VIII. 4. — En Kinesisk Världskarta från 17 : de Århundradet af K. Ahlenius — (Mit einem Résumé in Deutscher Sprache) — Uppsala, C. J. Lundström — Leipzig, Otto Harrassowitz, in-8, pp. 25-IV, 1 fac-simile hors texte.

— Notice : *T'oung Pao*, 1903, pp. 418/9, par Éd. Chavannes. — Description de la carte du monde de Verbiest, 南懷仁 *Nan Houai-jen*, d'après l'ex. donné en 1702 par J. G. Sparvenfeldt. — Cf. T. S. Bayer, *Miscel. Berol.*, *supra*. — Courant, *Cat.*, Nos. 1914-1924, 坤輿全圖 *K'ouen yu ts'iuen t'ou*, publiée en 1674. — Cordier, *Imp. Sino-Europ.*, p. 60, 355-17.

∴

Outre les lettres que nous signalons col. 635/6 et col. 881/2, l'abbé Carton cite les lettres suivantes du P. Verbiest :

— Lettre du 5 Juillet 1660.

Cette lettre se trouve dans *Kerkelyke historie*, door Cornelius Hazart, S. J., Antwerpen, in-fol. I Vol., VII Deel, VI Cap., p. 242. Elle parle de son rappel à la cour et elle décrit les honneurs qu'il a dû subir en chemin.

— Epistola P. Ferdinandi Verbiest ex Pequino ad P. Gruberum data in Sigan-fu commorantem.

Le P. Verbiest y parle de cette fameuse cloche de Pe-king et la compare à celle d'Erfurt. *China illustrata*, R. P. Kircheri, p. 223.

— Epistola ad Rev. in Chr^to^. Patrem Provincialem Provinciae Flandro-Belgicae Soc. Jesu. Pekini 3 Septembris 1667.

Cette lettre est écrite de sa prison, elle respire la piété la plus solide et un courage héroïque. C'est de cette lettre, dont l'original repose dans les archives générales du royaume de Belgique, que j'ai fait prendre le fac-simile joint à cette notice.

— Epistola R. P. Ferdinandi Verbiest, Flandrobelgae soc. Jesu ad ser. Lusitaniae regem Alphonsum VI, Pekino 7 sept. 1678.

Une copie de cette lettre se trouve aux archives générales du royaume et à la bibliothèque royale, no. 16692. Elle a été imprimée en Europe, in-4. Le P. Verbiest y remercie le Roi de Portugal pour les immenses bienfaits que la religion lui doit.

— Copia Epistolae scriptae linguâ hispanicâ a P. Ferdinando Verbiest, societatis Jesu, ad ill. et rever. D. Gregorium De Lopez ex Pekino, die 15 januarii 1683.

Il existe une copie de cette lettre aux archives du royaume et à la bibliothèque royale, écrite par la même main. Cette lettre traite du serment qu'exigeaient les légats. Elle est très-curieuse pour l'histoire des troubles qui ont agité cette célèbre mission, surtout après la mort du P. Verbiest.

Bibliothèque de Bruxelles, 15155; 4 pages $^1/_2$ ms., en latin.

— Epistola R. P. Ferdinandi Verbiest, 4 octobr. 1683.

« C'est la relation du voyage que fit l'Empereur, l'année 1683, en Tartarie; elle se trouve aux archives générales du royaume. La traduction en a paru à Paris. » — C'est celle que nous signalons col. 635/6.

∴

— Lettre écrite de la Chine où l'on voit l'état présent du Christianisme dans cet Empire, & les biens qu'on y peut faire pour le salut des ames. A Paris, Chez Gabriel Martin, ruë S. Jacques, au Soleil d'Or. M.DC.LXXXII. Avec permission, in-12, pp. 147 + 6 ff. n. c. p. l. tit. et l'av.

Comprend, pp. 1/63, Lettre du R. P. Verbiest, de la Compagnie de Jésus, vice-provincial de la mission de la Chine. Ecrite de la Cour de Pekin à tous les Jesuites d'Europe, le 15 d'Aoust 1678. [A la fin de la lettre, elle est datée du 25 août.] Cette let. est suivie de trois let. de l'évêque de Munster, d'un bref d'Innocent XI et de diverses autres lettres adressées au P. Verbiest.

British Museum, $\frac{4765, a}{2}$

Cette lettre se trouve aussi dans le *Mercure Galant*, Sept. 1681, pp. 194/211; et dans *Choix des Meilleurs Morceaux des Anciens Mercures*, VII, pp. 80/7.

Villaume, *Joseph*, Frère, né 26 janvier 1863; arrivé 22 oct. 1893.
— Let., sept. [1904]. (*Chine, Ceylan, Madagascar*, Déc. 1904, pp. 38/9.)

Vinchon, *Albert*, né le 2 sept. 1848, à Roubaix (Nord); entré dans la Cie. 30 oct. 1866; arrivé en Chine, 27 avril 1882.
— L., Tchang-kia-tchouang, 1er oct. 1886. (*Miss. Cath.*, XIX, 1887, p. 124.)

Viot, *Henri*, né 26 mars 1870; arrivé 31 mai 1902.
— Lettres de Tai-ming-fou, 16 fév. et 17 avril [1904]. (*Chine, Ceylan, Madagascar*, Déc. 1904, pp. 35/6.)

Visdelou, *Claude de*, 劉應 *Lieou in*, Vic. ap. du Koueitcheou; év. de Claudiopolis (12 fév. 1708), né le 12 août 1656, au château de Bienassis en Pléneuf (Côtes du Nord); † 11 nov. 1737 à Pondichéry.
— *Catalogus*, No. 167. — Art. d'Abel-Rémusat dans les *Nouv. Mél. As.*, II, pp. 244/251.

— * Oraison funèbre de monseigneur de Visdelou, jésuite, évêque de Claudiopolis, vicaire apostolique en Chine, etc., décédé à

Pondichéri le 11 novembre 1737 et inhumé dans l'église des RR. PP. Capucins, missionnaires apostoliques et curés, prononcée le 11 décembre suivant, avec des notes, instructions et relations curieuses, par le R. P. Norbert, de Bar-le-Duc, capucin, missionnaire apostolique. Imprimé par les soins d'un Seigneur, parent du même évêque. *A Cadix, chez Antoine Pereira, sur le port*, 1742, in-8, 5 fnc. + pp. 201, table, pp. XVI.

Dufossé, lib. Paris, *Americana*, Oct.-Déc. 1886.

— Orazione funebre di M. di Visdelou, Gesuita Vescovo di Claudiopoli Vicario Apostolico nella Cina, ed all' Indie etc. Morto in Pondichery le 11. Novembre 1737. e seppelito nella Chiesa de' RR. PP. Cappuccini Missionarj Apostolici, e Curati. Recitata li 11. Decembre seguente dal R. P. Norberto Cappucino della Provincia di Lorena, Missionario Apostolico, e Procuratore delle loro Missioni dell' Indie alla Corte di Roma. In Lucca, MDCCXLIV, Per Domenico Ciuffetti, e Filippo Maria Benedini, con Licenza de' Superiori, in-4, pp. 148.

Titre et texte en français et en italien.

— Oraison funèbre de M. de Visdelou Jesuite évêque de Claudiopolis, vicaire apostolique en Chine et aux Indes, &c. Décédé à Pondichéri le 11 Nov. 1737. & inhumé dans l'Eglise des RR. PP. Capucins Missionnaires Apostoliques & Curés, prononcée le onze Décembre suivant par le R. P. Norbert, Capucin de Lorraine, Miss. ap. & Procureur des Missions des Capucins des Indes en Cour de Rome (dans les *Mémoires historiques* du P. Norbert, pp. 468 et seq.)

On trouvera l'histoire des démêlés du P. de Visdelou avec la Compagnie de Jésus, au sujet de la question des Rites, dans ces mêmes *Mémoires*.

— K. F. Neumann : Claude Visdelou und das Verzeichniss seiner Werke. (*Zeitschr. d. D. M. G.*, Bd. IV (1850), pp. 225/42.)

Voir pp. 235/242 de cet article : Maigrot (Caroli) Epi. Cononiensis, Vicarii Apost. Fokiensis de Religione Synica Dissertationes Quatuor in Tomos VIII distributae.

Vüillaume, *Victor*, né le 26 déc. 1818; arrivé 1er oct. 1849; tué 4 mars 1862; par les T'aï P'ing.

— Une stèle chinoise en l'honneur de deux Français. (*T'oung Pao*, oct. 1900, pp. 334/341.)

L'Amiral Protet et le P. Vüillaume.

Vuillemin, *Joseph*, né à Hoéville (Meurthe), le 12 fév. 1836; arrivé 31 oct. 1872; † à Tchang-kia-tchouang, 28 oct. 1899.

— Portrait. *Chine et Ceylan*, avril 1900, p. 338.)

— Nécrologie. (*Ibid.*, août 1900, pp. 71/4, par le P. E. Becker.)

Wetterwald.

— L. du Tche-li, S. E. (*Miss. Cath.*, XXXVI, 26 août 1904, pp. 411/2.)

(VÜILLAUME. — VUILLEMIN. — WETTERWALD.)

Xavier, *Saint François-de-Xavier*, 方濟各 *Fang Tsi-ko*, né le mardi, 7 Avril 1506 en Navarre; † le Vendredi, 2 Décembre 1552 dans l'île de Sancian; d'après les recherches du P. Cros, la vraie date de la mort serait le 27 novembre; enterré à Goa.

— L'Apôtre des Indes et du Japon n'a fait que d'entrevoir la terre de Chine, car il est mort dans l'île de San-cian au moment où il se préparait à pénétrer dans le Céleste Empire. Nous ne croyons pas devoir, par conséquent, comprendre dans notre ouvrage les nombreuses biographies du Saint qui ont été publiées depuis l'époque de sa mort jusqu'en 1873, date de la Vie publiée en anglais, à Londres, chez Burns & Oates, par le P. H. J. Coleridge, S. J. On en trouvera une liste dans les ouvrages des P. Carayon, pp. 62-64, Nos. 550-563, pp. 364-376, Nos. 2685-2770. — Et du P. de Backer; M. Léon Pagès dans sa *Bibliographie Japonaise* (1859) indique également de nombreuses éditions.

— Le P. Bouhours (Dominique) a écrit la Vie de S. François-Xavier la plus populaire peut-être. Publiée d'abord en 1682, chez Cramoisy, in-4, elle a eu un grand nombre d'éditions françaises (de Backer en cite une quarantaine); elle a été traduite en latin par le P. Pierre Python (Munich, 1712), en anglais par Dryden (John), (London, 1688. — Dublin, 1843), en allemand (Frankfurt, 1830. — Münster, 1855), en hollandais (Antwerp, 1853).

— *Catalogus*, No. 1.

Nous nous contenterons de mentionner les ouvrages suivants imprimés en Chine :

— Relatio Sepvl ‖ tvrae ‖ Magno Orientis Apostolo S. ‖ Francisco Xauerio erectae in ‖ Insula Sanciano anno secula ‖ ri MDCC.

Se compose de 32 ff. pliés en double à la chinoise; dont 30 chiffrés en chiffres chinois sur la tranche; au bas du recto du f. 30 on lit : *Gaspar Castner Soc. Iesu.* Le f. 31 (recto) : *Ichnographia Sepulturae S. Franciscj Xaverij in Sanciano Sinarum Insula recens erectae Anno 1700.* — F. 31 (verso) : Plan de Sancian. — F. 32 (recto) : Mer de Chine, près de Sancian. — F. 32 (verso) : Orientation.

— Trad. en allemand dans le *Welt-Bott* du P. Stöcklein, n° 309.

— Il n'y a pas moins de trois ex. de la relation de la sépulture de St. François-Xavier par le P. Castner à la Bibliothèque royale de Bruxelles.

— L'ex. de M. Thonnelier (455), vendu 50 fr. — J. Rosenthal, Munich, 1905, M. 250.

Nous reproduisons le titre.

— J'ai examiné également un exemplaire incomplet qui ne comprenait que 29 feuillets. Cet ex. provenait de la bibliothèque du savant Mr. Norris et était relié à la suite d'un ex. de la *Brevis relatio* également incomplet et sans titre.

— Le P. de Backer, I, col. 1124 écrit : «Cette relation, signée par le P. Gaspar Castner Soc. Jesu, se compose de 31 feuillets imprimés à la Chine en caractères Européens sur papier du pays. Le 31e feuillet offre au recto l'Iconographia sepulturae S. Francisci Xaverii, au verso est la carte de l'île Sancian, en chinois Xang-Chuen, située à l'ouest de l'entrée du golfe de Canton, près la côte de la Chine.» Il n'a pas connu le f. 32.

— Ternaux-Compans, No. 2792, indique *Pekin* comme lieu de l'impression de cet ouvrage dont il fait un in-folio.

— Bericht P. Gasparis Castner S. J. gedruckt in China anno 1700, von der ersten Grabstatt des H. Franc. Xaverii auf der Insel Sanciano.

Dans le *Welt-Bott*, XIV, 309, p. 1.

On pourra consulter sur le tombeau de ce Saint à Goa les *Missions Catholiques*, VI, pp. 586/8, avec un dessin du tombeau, p. 583.

— Une édition sans titre, lieu ni date, a été faite en Chine des lettres de ce Saint. Je ne l'ai pas vue, mais le R. P. Pfister, S. J., me donne la description suivante d'un exemplaire qu'il a eu entre les mains : «Si je ne me trompe, c'est une édition faite à Pékin au siècle dernier avec des planches gravées à la manière chinoise. Elle fourmille de fautes. L'exemplaire que j'ai a 104-248 pages, plus une page qui semble écrite à la main. La 1ère page : *S. P. Francisci Xaverii Epistolarum Liber I. Epistola I....* Il y a 4 livres. P. 246, *finis libri quarti.* Du livre V il n'y a que la première lettre qui est terminée comme je l'ai dit par la page non chiffrée et d'une main différente. Il y a deux paginations : la 1re de 1 à 104 pour le livre 1er, la 2e de 1 à 248 pour le reste. C'est un in-8 sans registre, ni rappel. Chaque page est de 25 lignes.»

(XAVIER.)

— Autour du tombeau de Saint François-Xavier ou l'île de Sancian par M. Jean-Baptiste Berthon, des Missions Etrangères de Paris, missionnaire au Kouang-tong.

RELATIO SEPULTURÆ

Magno Orientis Apostolo S.
Francisco Xauerio erectæ in
Insula Sanciano anno sæcula-
ri MDCC.

Apostolicum illum magni Xaue
rii zelum post tot emensa terra=
rum spatia, tot peragrata maria
in ultimo tandem oriente quieuiße,
beatámque illam animam, ad reci
piendum pro sedula adeò in uinea
domini opera denarium, et reserua
tam sibi justitiæ coronam, ex San
ciano Sinarum Insula auocatam
eße

(*Miss. Cath.*, XVIII, 1886, pp. 329/332, 340/1, 357/360, 369/372, 380/2, 401/404, 416/7.)

— H. Cordier, *Imp. Sino-Européenne*, p. 12.

— La vraie date de la mort de Saint François de Xavier. Par L.-J. M. Cros. (*Études*

... *par des Pères de la Cie. de Jésus*, 5 Déc. 1903, pp. 680/702.)

Zottoli, *Angelo*, né à Naples, le 21 juin 1826; arrivé à Chang-Haï, 27 sept. 1848; † à Zi-ka-wei, 9 nov. 1902.

— Angelo Zottoli, S. J. 晁德涖 *Tch'ao Té-li*. Nécrologie par H. C.[ordier]. (*T'oung Pao*, 2e Sér., III, No 5, Déc. 1902, p. 339.)

— Notice. (*Rel. de Chine*, I, 1903, pp. 65/7, Port.)

— Mort à Zi-ka-wei. (*Miss. Cath.*, XXXV, 13 fév. 1903, p. 84.)

— *Ascetica nomenclatio*. Res spirituales librum exercitiorum, res societatis, Perfectionem religiosam complectens. Chang-hai, 1877, in-8, pp. 12.

Cette brochure autographiée qui ne porte pas le nom de l'auteur au titre est du P. Zottoli qui a écrit aussi les ouvrages chinois suivants :

— *Tractatus de Indulgentiis*. — *Mensis Marianus*. — *Mensis SS. Cordis Jesu*. — *Mensis S. Josephi*. — *Catechismi historici et dogmatici mnemosynon*. — *Catechismus comparationibus exemplisque adornatus*. — *Tractatus de vera Religione*. — Emmanuelis Alvarez *Institutio grammatica ad sinenses alumnos accommodata*.

Voir au chap. de la langue chinoise le *Cursus Litteraturae Sinicae* de ce Père.

Congrégation des Missions étrangères.

— * Catalogue des Missionnaires français partis du Séminaire des Missions-Etrangères, situé rue du Bac, n° 120, à Paris : depuis leur première institution, en 1660. In-8.

Autographié à Paris en 1839, par M. Roger, actuellement missionnaire apostolique dans l'Inde. (Luquet, p. 558.)

Le P. Luquet en 1842 (voir col. 845) a donné pp. 538/555 de ses *Lettres à Mgr. l'Evêque de Langres* « Note E. Liste des Missionnaires envoyés en Asie par la Congrégation depuis le temps des premiers vicaires apostoliques », d'après le Catalogue du P. Jacques Roger, † à Trichinopoly, le 2 juin 1857.

— Catalogue des Membres de la Congrégation des Missions Étrangères actuellement existants (1er juillet 1862), in-8, pp. 56. (Autographié chez Lepetit, 2, rue Princesse.)

— Liste des Membres de la Congrégation des Missions Etrangères (de Paris) morts pour la foi. (*Miss. Cath.*, II, pp. 71/2.)

— Etat de la Société des Missions-étrangères au commencement de l'année 1878. br. in-12, pp. 24.

La Société des Missions étrangères publie chaque année un état qui comprend une liste de ses missionnaires avec l'indication du diocèse auquel ils appartiennent et l'année de leur départ. Cette liste est suivie d'un nécrologe.

— Société des Missions étrangères — Compte-rendu des travaux de 1884. Paris, Séminaire des missions étrangères — 1885, in-8, pp. 210.

Ces comptes-rendus ont commencé à être imprimés en 1871; auparavant ils étaient autographiés; depuis 1877, le compte-rendu est suivi d'un nécrologe; le dernier que j'ai examiné est le suivant :

— Société des Missions-Etrangères — Compte rendu des Travaux de 1903. Paris, Séminaire des Missions-étrangères, 128 rue du Bac, 1904, in-8, pp. 423.

— Memorial de la Société des Missions Etrangères. Hongkong. Imprimerie de la Société des Missions étrangères. 1888, in-8, pp. 463.

Sur la couverture extérieure : 1889.

— Catalogue de la Librairie de Nazareth. Année 1896. Pokfulum. — Hongkong, br. in-8, pp. xxi.

— Catalogue de la Librairie de Nazareth. Année 1904. Ibid., br. in-8, pp. 40.

∴

— Cérémonial du Séminaire des Missions étrangères. *Céroféraires*. Hongkong, Imprimerie de Nazareth, 1890, in-16, pp. 40.

— — *Assistants*. Ibid., 1889, in-16, pp. 31.

— — *Thuriféraire*. Ibid., 1890, in-16, pp. 36.

— — *Sous-Diacre*. Ibid., 1891, in-16, pp. 43.

— — *Diacre*. Ibid., 1892, in-16, pp. 51.

— — *Célébrant*. Ibid., 1892, in-16, pp. 39.

— Caeremoniale duorum Acolythorum, Ministris sacris deficientibus. Hongkong, Typis Societatis Missionum ad Exteros, 1891, in-16, pp. 34.

Adrien Launay.

— Nos missionnaires précédés d'une étude historique sur la société des Missions-étrangères par Adrien Launay de la Société des Missions-Etrangères. Paris, Retaux-Bray, libraire-éditeur, 1886, in-12, pp. 318.

Biographies des abbés Ridel, Petitjean, Croc, etc.

— Atlas des Missions de la Société des Missions-étrangères — 27 cartes en 5 couleurs accompagnées de 27 notices géographiques et historiques — par Adrien Launay, des Missions-étrangères. Soc. de St. Augustin, Lille, 1890, gr. in-fol.

— * A. Launay, de la Société des Missions étrangères. — Les Cinquante-deux Serviteurs de Dieu, Français, Annamites, Chinois, Mis à mort pour la foi en Extrême-Orient (1815—1856), dont la cause de Béatification a été introduite en 1840, 1843, 1857. Paris, Téqui, 1893. 2 vol. in-8, pp. xii-354 et 344.

Prix : chaque volume, 3 francs.

— Les Cinquante-deux Serviteurs de Dieu, Français, Annamites, Chinois Mis à mort pour la foi en Extrême-Orient de 1815 à 1856 dont la cause de Béatification a été introduite en 1840, 1843, 1857. — Biographies par Adrien Launay de la Société des Missions-étrangères. Paris, Sanard et Derangeon, 1895, gr. in-8, pp. 488.

— Les Cinquante-deux Serviteurs de Dieu, Français, Annamites, Chinois Mis à mort pour la foi en Extrême-Orient de 1815 à 1856 dont la cause de Béatification a été introduite en 1840, 1843, 1857. — Biographies par Adrien Launay de la Société des Missions-étrangères. Lyon, Emmanuel Vitte, 1895, gr. in-8, pp. 488.

Voir col. 856.

— Histoire générale de la Société des Missions Etrangères par Adrien Launay de la même Société. Paris, Téqui, 1894, 3 vol. in-8, pp. IX-595, 594, 646.

Notices : *Miss. Cath.*, XXVI, 1894, pp. 543/4. — *Etudes religieuses*, 14 mars 1896, pp. 498/513, par J. Brucker.

— History of the Churches of India, Burma, Siam, the Malay Peninsula, Cambodia, Annam, China, Tibet, Corea, and Japan, entrusted to the Society of the « Missions étrangères ». By E. H. Parker. (*China Review*, XVIII, No. 1, 1889, pp. 1/33.)

— Mandchourie. Notes par M. Launay, des Miss. Et. de Paris. (*Miss. Cath.*, XXVI, 1894, p. 404.)

— Les Missionnaires français en Corée par Adrien Launay de la Société des Missions-étrangères. Paris, Téqui, 1895, in-12, pp. 252.

Notice : *Miss. Cath.*, XXVII, 1895, p. 288.

— Les Bienheureux de la Société des Missions-étrangères et leurs Compagnons par Adrien Launay de la même Société. Paris, P. Téqui, 1900, in-12, pp. XI-330 + 1 f. n. ch.

Notices : *Miss. Cath.*, XXXII, 1900, p. 430; *Dublin Review*, CXXVIII, Jan. 1901, pp. 172/4, by J. C. B.

— Triduum en l'honneur des Martyrs des Missions Etrangères. (*Miss. Cath.*, 1900, p. 289.)

— La Salle des Martyrs du Séminaire des Missions-étrangères par Adrien Launay. Paris, P. Téqui, 1900, in-12, pp. VII-218.

« Un premier ouvrage sur la Salle des Martyrs fut composé en 1864—1865 par trois aspirants du Séminaire des Missions-Étrangères : M. Louis Beaulieu, martyrisé en Corée en 1866, M. Emile Lesserteur, autrefois missionnaire au Tonkin occidental et aujourd'hui directeur au Séminaire des Missions-Étrangères, et M. Henri Blanchard, missionnaire au Coïmbatour; il fut publié en 1866 par M. Rousseille, actuellement supérieur de notre Séminaire de philosophie. »

Notice : *Miss. Cath.*, XXXII, 1900, pp. 297/8.

— La Corée et les Missionnaires français par Adrien Launay de la Société des Missions-étrangères, Introduction sur le pays, les mœurs et les coutumes par Charles Dallet de la même Société. Tours, Alfred Mame, s. d. [1901], gr. in-8, pp. 368.

(Adrien Launay.)

— Société des Missions Étrangères. — Histoire de la Mission du Thibet. Par Adrien Launay. Société Saint-Augustin, Desclée, de Brouwer & Cie., Lille-Paris, s. d. [1903], 2 vol. gr. in-8, pp. VIII-470, 440, carte et grav.

Notice : *Miss. Cath.*, XXXVI, 1904, pp. 287/8.

— Société des Missions-étrangères. — Histoire des Missions de Chine par Adrien Launay de la Société des Missions-Étrangères. Mission du Kouang-si. — Paris, P. Téqui, 1903, in-8, pp. VII-XVIII-447, carte.

∴

— I Martiri Annamiti e Cinesi (1798-1856) solennemente beatificati dalla Santità di Papa Leone XIII il 27 maggio dell' anno santo MDCCCC. Roma, Tipografia Vaticana, 1900, in-8, pp. XIII-489.

— I Settantasette Martiri Annamiti e Cinesi solennemente beatificati dalla Santità di Papa Leone XIII il 27 Maggio dell' Anno Santo 1900 — Brevi cenni sul loro martirio e la loro glorificazione. — Roma, Tip. della S. C. de Propaganda Fide, 1900, gr. in-8, pp. VII-36, grav.

Agnius, *Edouard*, né à Haubourdin (Nord), 27 sept. 1874; parti pour la Mandchourie mérid., 28 juillet 1897; massacré 11 juillet 1900.

— Notice par A. Caubrière. (*Cte. rendu*, 1900, pp. 369/372.) — Portrait. (*Ann. Prop. Foi*, LXXII, 1900, p. 435.)

Albrand, *Etienne-Raymond*, né à Saint-Crépin, dans les Hautes-Alpes, le 4 avril 1805; † le 22 avril 1853, à Kouei-yang-fou.

— Vie de Mgr. Albrand Evêque de Sura, Vicaire apostolique du Kouy-tcheou par M. J. Dourif. Paris [et] Lyon, Lecoffre, 1865, in-8, pp. 436.

— Dessin de son tombeau, près Kouei-yan-fou. (*Miss. Cath.*, XVI, 1884, pp. 246/7.)

— Lou Proucès de la Poulo. (*Bull. de la Soc. d'Etudes des Hautes-Alpes*, 4e Année, N° 1, 1885, pp. 87/96.)

« Voici le petit poëme, en dialecte vulgaire de Saint-Crépin (canton de Guillestre, arrondissement d'Embrun) auquel j'ai fait allusion dans le dernier *Bulletin de la Société d'Etudes* (1884, p. 455). L'auteur est Mgr. Etienne Albrand, premier vicaire apostolique du Kouy-tcheou (Chine); il le composa en 1827, durant ses vacances de première année de théologie. »

Ampilhac, *Régis Marcellin*, né 9 juin 1877, à Vernassal (Puy-en-Velay); parti pour la Mandchourie sept., 29 avril 1903; † 21 sept. 1903.

— Notice par L. Faure. (*Cte. rendu*, 1903, pp. 413/5.)

André, *Jacques Edouard*, né le 21 nov. 1861, à Charentus (Haute-Loire); parti le 2 nov. 1887, pour la Corée; † 13 avril 1890.

— Notice. (*Compte rendu*, 1891, pp. 251/3.)

— L., ext. de la *Semaine religieuse*, du Puy. (*Miss. Cath.*, XXII, 1890, pp. 65/6.)

Arbinet, *Jean-Baptiste*, né à Urcy-en-Bourgogne, le 29 déc. 1861; parti pour le Kouei-tcheou, 3 nov. 1886; † 27 sept. 1890.

— Notice. (*Compte rendu*, 1890, pp. 305/8.)

(Agnius—Arbinet.)

Arnal, *Jean-Baptiste*, né 26 fév. 1826; parti pour le Se-tch'ouan occid., 27 juin 1855; † 5 nov. 1893.

— Notice. (*Cte. rendu*, 1893, pp. 367/371.)

Aubazac, *Marie-Louis*, dioc. du Puy, né 1871; parti 21 nov. 1894.

— L. du Kouang-Toung. (*Miss. Cath.*, XXXII, 1900, pp. 241/2.)

Aubry, *Jean-Baptiste Denis*, né à Ourscamp, dioc. de Beauvais, 5 oct. 1844; parti 23 sept. 1875; † 19 sept. 1882.

— Notice. (*Cte. rendu*, 1882, pp. 121/4.)

— L. de Tsen-y-fou (Kouei-tcheou), 12 oct. 1877, à M. Delpech, Sup. du Sém. des Miss. Et. (*Miss. Cath.*, X, 1878, pp. 266/7.)

— Correspondance du Père J.-B. Aubry, des Missions Etrangères, Missionnaire au Kouy-Tchéou, Docteur en théologie, ancien Directeur au grand séminaire de Beauvais. Trézel, lib.-Beauvais. Imp. par la Soc. de Saint-Augustin... Lille, in-8, pp. VIII-389.

Notice : *Miss. Cath.*, XVIII, 1886, pp. 623/4. — Pub. à 6 fr.

Bib. nat. O²n 808

— Jean-Baptiste Aubry, docteur en théologie, ancien directeur de grand-séminaire, missionnaire au Kouy-tchéou (Chine) par A. Aubry, Prêtre du diocèse de Beauvais. — Le Professeur. — Le Théologien. — Le Missionnaire. — Chez l'auteur, à Dreslincourt, près Ribécourt (Oise), pet. in-8, pp. XI-401, 3 fr. 50.

Notice : *Miss. Cath.*, XXI, 1889, p. 288.

— Essai sur la Méthode des Études ecclésiastiques en France par J.-B. Aubry, docteur en théologie, ancien directeur de grand séminaire missionnaire en Chine. — Première partie — se trouve chez l'Éditeur, M. A. Aubry Dreslincourt par Ribécourt (Oise). — Lille, Desclée, De Brouwer et Cie., in-8, pp. 280.

Aulagne, *Philippe Joseph*, né 19 sept. 1844, à Monistrol (Hte. Loire); parti 15 fév. 1870; miss. de Mandchourie; † à Sekidtze, 10 août 1895.

— Notice. (*Cte. rendu*, 1895, pp. 394/9.)

Aumaître, *Pierre*, du dioc. d'Angoulême; parti 18 août 1862; † 30 mars 1866.

— Vie de M. Pierre Aumaître, Prêtre du diocèse d'Angoulême de la Société des Missions étrangères, mort pour la foi en Corée le 30 mars 1866. Par M. Léandre Poitou Curé-Doyen de La Rochefoucauld Chanoine honoraire de Mende, Membre de la Société Archéologique et Historique de la Charente. En vente : chez l'Auteur, à La Rochefoucauld (Charente). — 1877, in-12, pp. XIII-337 + 1 f. n. ch.

Baldit, *Pierre Jules Odilon*, né 1872, dioc. du Puy; parti 16 nov. 1898, pour le Kouang-Toung.

— L. de Tung-tchau [Kouang-Toung]. (*Miss. Cath.*, XXXVI, 7 oct. 1904, p. 483.)

Baptifaud, *Jean-Joseph-Marie*, né le 1er juin 1845, à Nébouzat (dioc. de Clermont); † au Yun-nan dans la nuit du 16 au 17 sept. 1874.

— Notice. (*Miss. Cath.*, VII, p. 34.)

— Lettre du P Le Guilcher, avec port. du P. Baptifaud. (*Ibid.*, p. 209 et *Ann. de la Prop.*, Vol. XLVII, 1875, pp. 250 et seq.)

(ARNAL—BAPTIFAUD.)

Barrier, *Jean*, né à Seygnibard, 23 juillet 1857 (paroisse de Saint-Anthême, dioc. de Clermont); partit de Marseille, 30 oct. 1881; † 4 juin 1887.

— Notice. (*Cte. rendu*, 1887, pp. 260/2.)

— L. de Kou-tran, 29 mai 1884, à Mgr. Foucard. (*Miss. Cath.*, XVI, 1884, pp. 421/3.)

— L. au même, *ibid.*, 25 oct. 1884. (*Ibid.*, XVII, 1885, p. 63.)

— LL. au même, *ibid.*, 24 janv. 18 fév. 1885. (*Ibid.*, pp. 218/9.)

— Jean Barrier, missionnaire au Kouang-si. — Vie et lettres, par l'abbé L.-P. Grangeon, aumônier des Sœurs de Notre-Dame de Clermont. Clermont-Ferrand, Bellet et fils, in-16, pp. XIV-406, 3 fr.

Notice : *Miss. Cath.*, XXI, 1889, p. 494.

Barrois, *Louis Octave*, né à la Chapelle-Viviers, au dioc. de Poitiers, 20 mai 1845; parti pour le Kouang-Toung, 3 août 1869; † 13 janvier 1898.

— Notice par D. Fleureau. (*Cte. rendu*, 1898, pp. 288/293.)

Bauquis, *François-Marie*, né 1866, du dioc. d'Annecy; parti 4 nov. 1888; miss. au Se-tch'ouan.

— Lettre à Mgr. Isoard, de Paolin. (*Miss. Cath.*, XXV, 12 mai 1893, p. 219.)

Bayart, *Jules Joseph*, né 31 mars 1877, à Hem, dioc. de Cambrai; parti pour la Mandchourie mérid., 2 mai 1900; massacré 11 juillet 1900.

— Portrait. (*Ann. Prop. Foi*, LXXII, 1900, p. 434.)

— Notice par F. Choulet. (*Cte. rendu*, 1900, pp. 372/7.)

Bazin, *Séraphin-Michel*, né en 1840, du dioc. de Poitiers; parti 15 fév. 1865; miss. au Kouang-Toung, puis au Kouang-si et au Kouei-tcheou.

— Lettre du 23 nov. 1868 au Curé de la Petite-Boissière (Deux-Sèvres). Voyage du Koue-tcheou au Kouang-si; entrée dans la ville de Si-lin-hien. (*Miss. Cath.*, II, pp. 153/4.)

— Lettre du 7 avril 1869 à Mgr. Guillemin. (*Ibid.*, II, p. 260.)

Beaulieu, *Bernard-Louis*, né le 8 oct. 1840, à Langon (Gironde); † 8 mars 1866.

— Souvenir du 2 Mai 1867. — Panégyrique de L'abbé Louis Beaulieu Missionnaire en Corée martyrisé le 8 mars 1866 prononcé dans l'église de Langon le 2 mai 1867 par L'abbé Félix Laprie chanoine honoraire Professeur à la Faculté de Théologie de Bordeaux. Bordeaux, Typ. Ve Justin Dupuy, 1867, pièce in-8, pp. 47.

— Vie de Bd-Ls Beaulieu Prêtre de la Société des Missions étrangères mort pour la foi en Corée le 8 mars 1866 par l'abbé P.-G. Deydou Professeur de rhétorique au Petit Séminaire de Bordeaux. Bordeaux, Imp. de J. Delmas, 1868, in-16, 4 ff. n. ch. + pp. 176, Port.

— Bernard-Louis Beaulieu Prêtre de la Société des Missions étrangères mort pour la foi En Corée, le 8 mars 1866 — Vie et Correspondances — Deuxième édition, revue et augmentée par L'abbé P.-G. Deydou, curé de Saint-Nicolas de Graves Chanoine honoraire de Bordeaux et d'Agen. En vente à Bordeaux, Chez MM. Feret, 1894, in-12, pp. XIII-646, Port. et ill.

Bellanger, *Alphonse Marie*, né 26 avril 1856, à Mamers, dioc. du Mans; parti 26 nov. 1879, pour le Kouang Toung; † 20 juin 1882, au Sanatorium de Hong-kong.

— Notice. (*Cte. rendu*, 1882, pp. 111/114.)

Bénard, *Jean-Baptiste*, né en 1660, dans le diocèse de Lisieux; parti en 1689; † à Moka, dans son voyage à Rome où l'envoyait le Cardinal de Tournon.

— Mémoires sur la Vie de M. Jean-Baptiste Benard, Missionnaire apostolique de la Chine.

(BARRIER—BÉNARD.)

Cette relation occupe 20 pages dans le Ms. No. 2985 de la Bib. Mazarine (vide infra : Charmot).

Berneux, *Siméon François*, Evêque de Capse, vic. ap. de Corée, né à Château-du-Loir (diocèse du Mans), le 14 mai 1814; décapité le 8 mars 1866.

— Vie de Monseigneur Berneux Evêque de Capse, in partibus infidelium, vicaire apostolique de Corée par M. F. Pichon, Chan. hon., Secrétaire de l'Evêché du Mans. Le Mans, Imprimerie Edmond Monnoyer, 1867, in-8, pp. IV-222.

Cette 1re éd. a été tirée à un petit nombre d'exemplaires.

— Vie de Monseigneur Berneux Evêque de Capse, in partibus infidelium, vicaire apostolique de Corée par M. l'abbé F. Pichon, Chanoine honoraire, secrétaire de l'évêché du Mans. 2e édition revue et augmentée. Le Mans, Leguicheux-Galienne, 1868, pet. in-8, pp. XI-399.

— Notice dans les *Miss. Cath.*, II, pp. 311/2.

— L. Calendini. Monseigneur Berneux. (*Les Annales Fléchoises*, t. II, nov. 1903, pp. 285/9.)

— Voir le P. Calais infra, col. 1116.

— In martyrium venerabilis Simeonis Francisci Berneux episcopi Capsensis in Corea rhythmus lyricus. Nonis Octobris. Paris, Imp. A. Lainé et J. Havard, 1867, br. in-8, pp. 15.

Par M. Galbin, Missionnaire diocésain du Mans.

Bernon, *André*, né 7 nov. 1818, à Pauillac, dioc. de Bordeaux; parti, 6 oct. 1849; miss. du Kouang-Toung; † à Hong-Kong, 27 juillet 1895.

— Notice. (*Cte. rendu*, 1895, pp. 388/390.)

— L. sur une inondation au Kouang-tong. (*Miss. Cath.*, XXI, 1889, pp. 457/9.)

Bertholet, *Mathieu*, né à Charbonnier, canton de Saint-Germain-Lembron (Puy-de-Dôme), 12 juin 1865; incorporé au dioc. de Lyon; entré tonsuré aux Miss. étr. de Paris, 11 juin 1885; ordonné prêtre, 7 juillet 1889; parti pour le Kouang-Si, 27 nov. 1889; assassiné à Tong-kiang-tcheou (Kouang-Si), 21 avril 1898.

— Notice par J. B. J. Chouzy. (*Cte. rendu* 1898, pp. 304/8.)

— Portrait. (*Ann. Prop. Foi*, LXX, 1898, p. 241.)

— Mort de M. Bertholet. (*Ibid.*, p. 245.)

— L. de Mgr. Chouzy. (*Ibid.*, pp. 323/9.)

— L. (*Miss. Cath.*, XXVI, 1894, pp. 139/140.)

— L. (*Ibid.*, XXVIII, 1896, p. 17.)

— Let. La Mission de N. D. de Fourvière (Kouang-si). (*Ibid.*, XXIX, 1897, pp. 518/9.)

Berthon, *Jean-Baptiste Ernest*, né à Poitiers (Vienne), 24 avril 1838; parti pour le Kouang Toung, 17 juillet 1872; † 9 janvier 1893, à Paris.

— Notice. (*Cte. rendu*, 1893, pp. 304/7.)

Biet, *Alexandre*, né 16 oct. 1836, à Langres; parti 10 juillet 1859, pour le Tibet; † 29 mai 1891.

— Notice par Félix Biet. (*Cte. rendu*, 1891, pp. 279/287.)

— L. des 19 et 20 fév. 1877; 25 déc. 1876, de Bathang, à Mgr. Chauveau. (*Miss. Cath.*, IX, pp. 334/6.)

— L. à son frère, Mgr. Biet, Bathang, 14 et 15 mars 1880. (*Ibid.*, XII, 1880, p. 348.)

Biet, *Félix*, év. de Diana, 15 juillet 1878, et vic. ap. du Tibet à la place de Mgr. Chauveau. Né à Langres, 21 oct. 1838; parti 15 mars 1864; † 9 sept. 1901, au couvent des Ursulines de St. Cyr-au-Mont-d'Or, près Lyon.

— Notice. (*Cte. rendu*, 1902, pp. 308/312.)

— Nécrologie. (*Miss. Cath.*, XXXIII, 20 sept. 1901, pp. 451/6.) — Portrait. (*Ib.*, p. 455.)

— Félix Biet. Nécrologie par Henri Cordier. (*T'oung Pao*, 2e Sér., II, N° 4, Oct. 1901, p. 279.)

— L. du 12 fév. 1875. (*Miss. Cath.*, VII, 1875, p. 354.)

— L. de Yer-ka-lo, 17 avril 1875. (*Ibid.*, pp. 582/5.)

— L. du 29 mars 1878 sur son voyage de Yer-ka-lo à Ta-tsien-lou (à la mort de Mgr. Chauveau), à M. Chirou, Dir. au Sém. des Miss. étr. (*Ibid.*, X, 1878, pp. 411/3.)

— L. de Ta-tsien-lou, 10 mai 1879. (*Ibid.*, XI, 1879, pp. 451/452.)

— L. de Châ pa, 8 fév. 1880. (*Ibid.*, XII, 1880, pp. 321/2.)

— L. à M. Cottin, direct. au Sém. des Miss. étr., Ta tsien lou, 3 mai 1880. (*Ibid.*, pp. 370/1.)

— Rapport sur la mission du Thibet, 1880-1881. (*Ibid.*, XIV, 1882, pp. 61/64.)

— L. de Ta Tsien lou, 22 sept. 1882. (*Ibid.*, XV, 1883, pp. 25/30.)

— Lettre. (*Ibid.*, XXV, 10 fév. 1893, p. 62.)

— L. (*Ibid.*, XXVII, 1895, p. 457.)

— L. (*Ibid.*, XXVIII, 1896, p. 173.)

— Chevalier de la Légion d'Honneur. (*Ibid.*, XXIX, 1897, p. 148.)

— L. Fin des procès de Bathang. (*Ibid.*, XXXII, 1900, pp. 287/8.)

— Mort. (*Ibid.*, XXXIII, 13 sept. 1901, p. 444.)

Billouez, *Auguste-César*, né le 10 sept. 1846, à Maulde (dioc. de Tournai); † de la poitrine à Tsen-ny-fou (Kouei-tcheou), le 9 juin 1877.

— Notice : *Miss. Cath.*, IX, pp. 449/450. — *Etat de l'année 1878*. Missions étrangères, pp. 58/9.

Binet, *Altidor Alexandre Florentin*, né à Caen, 20 janv. 1839; parti pour le Se-tch'ouan mérid., 15 août 1866; † 1er nov. 1891.

— Notice. (*Cte. rendu*, 1891, pp. 327/331.)

Birbes, *Jean-Marie-Joseph*, né le 21 déc. 1841, dioc. de Carcassonne; part 3 août 1869; miss. du Yun-nan; † 1er sept. 1892.

— Portrait. (*Miss. Cath.*, 1893, p. 246.)

— Notice. (*Cte. rendu*, 1892, pp. 366/7.)

— L. du Yun-nan, 13 nov. 1875. (*Miss. Cath.*, VIII, pp. 295/6.)

Bisch, *Xavier-Joseph*, né à Klingental (Bas-Rhin), le 19 mars 1826; † à Canton, le 26 août 1859.

— Vie du P. Xavier-Joseph Bisch missionnaire apostolique du diocèse de Poitiers mort à Canton le 26 Août 1859 victime de son zèle pour la conversion des infidèles, par M. l'abbé de Larnay... Poitiers, Henri Oudin, 1861, br. in-8, pp. 36.

Bisson, *Victor François*, né 24 juillet 1844, à Bri[illegible]e, dioc. de Séez; parti pour la Mandchourie, 6 juillet 1869; † 13 juin 1889.

— Notice. (*Cte. rendu*, 1890, pp. 278/280.)

Blanc, *Marie-Jean-Gustave*, né à Reugney, dioc. de Besançon, le 6 mai 1844; parti 15 fév. 1867; † 21 fév. 1890.

— Funérailles, 24 fév. 1890. (*Shang-hai Mercury*, 11 mars 1890.)

— Notice. (*Cte. rendu*, 1890, pp. 227/234.)

— L. à M. Delpech, Sup. du Sém. des Miss. étr., à Paris, de Notre-Dame des Neiges (Mandchourie), 20 oct. 1875. (*Miss. Cath.*, VIII, pp. 62/66.) [Tentative de Mgr. Ridel pour rentrer en Corée.]

— L. à M. Richard, proc., Corée, 5 fév. 1878. (*Miss. Cath.*, X, 1878, p. 326.) [Emprisonn. de Mgr. Ridel.]

— L. à Mgr. Ridel, Corée, 1er mai 1879. (*Ibid.*, XI, 1879, pp. 583/6.)

— L. au même, 23 sept. 1879. (*Ibid.*, XII, 1880, pp. 170/3.)

— L. au même, Séoul, 1er août 1882. (*Ibid.*, XIV, 1882, pp. 529/531.)

— L., Séoul, 26 déc. 1883. (*Ibid.*, XVI, 1884, pp. 220/1.)

— L. de Séoul. (*Ibid.*, XVII, 1885, p. 29.)

— L. de Séoul, 1er mars 1885. (*Ibid.*, XVII, 1885, pp. 265/7.)

— L., Séoul, 20 fév. 1887. (*Ibid.*, XIX, 1887, pp. 206/7.)

— L., Séoul, 1er juin 1888, à un curé de St. Etienne, dioc. de Lyon. (*Ibid.*, XX, 1888, p. 400.)

— L. (*Ibid.*, XXI, 1889, pp. 158/160.)

— L., Séoul, 8 sept. 1889. (*Ibid.*, XXII, 1890, pp. 73/4.)

— Portrait. (*Ibid.*, p. 546.)

— Extraits de journaux de Chine. (*Ibid.*, pp. 551/2.)

— La dernière persécution de Corée. Journal d'un missionnaire. [Blanc.] (*Miss. Cath.*,

XI, 1879, pp. 390/4, 402/406, 408/409, 414/418.)

Blanchet, *Alexandre,* né 22 oct. 1870, à Saint-Martin d'Ollière, dioc. de Clermont; parti 18 déc. 1895, pour le Kouang-Toung; † 16 janvier 1896.

— Notice. (*Cte. rendu* 1896, pp. 358/9.)

Blettery, *Laurent,* né à Saint-Bonnet-des-Quarts, Canton de la Pacaudière (Loire), dioc. de Lyon, 2 mars 1825; partit pour le Se-tch'ouan, 10 juillet 1859; prov. vic. ap. du Se-tch'ouan orient., 1890, év. de Zeta; † 25 sept. 1898.

— Notice par F. Gourdon. (*Cte. rendu,* 1898, pp. 351/7.)

— Lettre de Tchong-king du 27 juillet 1869, à M. L. Guerrin, directeur au Sém. des Miss. Etr. (*Miss. Cath.,* II, pp. 353/4.)

— Extrait d'une lettre du 28 sept. 1869. (*Ibid.,* III, pp. 19/20.)

— Lettre du 20 août 1871. (*Ibid.,* IV, pp. 118/119.)

— Notice sur M. Eyraud. (*Ibid.,* VII, pp. 8/9.)

— L. du Se-tch'ouan orient. (*Ibid.,* XIV, 1882, pp. 615/6.)

— L. de Tchong-king, 7 juillet 1886. (*Ibid.,* XVIII, 1886, pp. 434/6.)

— L. du Prétoire du Tao-tay, 10 juillet 1886. (*Ibid.,* p. 436.)

— L. à M. Cottin, Dir. au Sém. des M. étr. (*Ibid.,* XXII, 1890, pp. 517/8.)

— L., Tchong-king, 13 mai 1891, au même. (*Ibid.,* XXIII, 1891, p. 398.)

— L., Tchong-king, 20 juin 1895. (*Ibid.,* XXVII, 1895, p. 422.)

— Mort. (*Ibid.,* XXX, 1898, p. 552.)

Bodinier, *Emile-Marie,* du Mans, né 21 fév. 1842; part 15 fév. 1865; miss. au Kouei-tcheou, et provicaire depuis 1886; † à Kouei-yang, 2 fév. 1901.

— Notice. (*Cte. rendu,* 1901, pp. 314/321.)

— L. de Tsên-ny, lundi, 19 juillet 1886. (*Miss. Cath.,* XVIII, 1886, pp. 518/9.)

Bois, *François,* né à Moye, en Savoie, 7 déc. 1845; parti 3 août 1869 pour le Se-tch'ouan; † 29 mars 1885.

— Notice. (*Cte. rendu,* 1885, pp. 177/9.)

Boisseau, *Arthur,* né à Montsurs (Mayenne), 27 avril 1849; parti pour le Se-tch'ouan, 17 juillet 1872; † 4 juin 1888.

— Notice. (*Cte. rendu,* 1888, pp. 250/5.)

Bompas, *Jean-Etienne,* du dioc. d'Angers, né à Chanzeaux (Maine et Loire), 7 juillet 1841; parti le 16 août 1868; miss. au Se-tch'ouan occidental; † au sanatorium de Montbeton, 14 avril 1899.

— L. de Kouang-gan-tcheou, 29 août 1874, à M. Voisin, Dir. au Sém. des Miss. étr. (*Miss. Cath.,* VI, pp. 571/2.)

— L. relative à un placard chinois au Se-tch'ouan. (*Ibid.,* VII, pp. 509/511, avec une reproduction du placard, p. 515.) (Voir Cottin, *infra.*)

Bongard, *Joseph Gustave,* né à Laroche, district de Gruyère, dioc. de Lausanne (Suisse), 1er sept. 1855; parti pour la Mandchourie, 26 nov. 1879; † 18 juillet 1897.

— Notice par J. Vuillemot. (*Cte. rendu,* 1897, pp. 337/342.)

Bouchard, *Eugène-Charles,* né à Bolbec (Seine infre), 27 mai 1827; parti 20 août 1853; miss. au Kouei-tcheou; † à Tsin-tchen, 6 mai 1896.

— Notice par E. Bodinier. (*Cte. rendu,* 1897, pp. 280/2.)

— Lettre de Tsen-y-fou, 29 déc. 1868, à Mgr. Faurie sur la secte des Tsin-lien-kiao. (*Miss. Cath.,* II, pp. 140/1.)

Bouillon, *Louis Constant,* né 9 nov. 1857; parti 7 nov. 1883, pour le Yun-nan; † 29 nov. 1894.

— Notice. (*Cte. rendu,* 1895, pp. 342/4.)

Bourgeois, *François-Xavier,* né le 17 déc. 1839, à Vouzailles, dioc. de Poitiers; parti 15 mars 1864; miss. au Yun-nan; prov.; † 15 fév. 1890.

— Notice par M. Séguin, Directeur du Sémin. de l'Immaculée Conception. (*Cte. rendu,* 1890, pp. 260/3.)

— L. de Ko-kouy, 8 janv. 1879. (*Miss. Cath.,* XI, 1879, pp. 293/296, 308/310.)

— L., 28 nov. 1884, à M. Chirou, Dir. du Sém. des M. étr. à Paris. (*Ibid.,* XVII, 1885, p. 97.)

— L., Yun-nan-sen, à son frère. (*Ibid.,* XIX, 1887, p. 147.)

Bourgeois, *Louis-Marie-Joseph,* né à la Chapelle-des-Bois (Doubs), dioc. de Besançon, 21 déc. 1863; parti 2 déc. 1888; mission de Mandchourie; assassiné 15 juillet 1900.

— Portrait. (*Ann. Prop. Foi,* LXXII, 1900, p. 435.)

— Notice par J. Vuillemot. (*Cte. rendu,* 1900, pp. 377/380.)

Bourry, *Augustin-Etienne,* né le 26 déc. 1826, à la Chapelle-Lorgeault (Vendée); † oct. 1853, au Tibet.

— Vie de Augustin-Etienne Bourry Missionnaire apostolique du Diocèse de Poitiers massacré au Thibet pour la défense de la Foi au mois d'Octobre 1853. (Dans «Vie de trois missionnaires apostoliques du Diocèse de Poitiers... par M. l'abbé de Larnay... » Poitiers, Oudin, 1856, in-8.)

Bousquet, *Pierre Louis,* né en 1874, dioc. d'Aire; parti 1897, pour le Kouei-tcheou.

— L. de Kouei-Yang (Kouei-tcheou). (*Miss. Cath.,* XXXI, 1899, pp. 365/6.)

— L. de Ta-Pao. (Kouei-tcheou.) (*Ibid.,* XXXVI, 1904, pp. 40/1.)

Boyer, *Joseph André,* né 18 juin 1824, dioc. d'Aix; ordonné prêtre 1851; entré au sémin. des miss. étr., 16 janv. 1854; partit 25 août 1854, pour la mission de Mandchourie; provic. de la Mandchourie (1869); coadj. de Mgr. Dubail, vic. ap. de cette province, 22 mai 1885, évêque de Myrina; † 8 mars 1887, à Paiensousou.

— Notice. (*Cte. rendu,* 1887, pp. 211/9.)

— *Miss. Cath.,* XVIII, 1886, p. 172.

— L. ext. de la *Semaine religieuse* d'Aix. (*Ibid.,* p. 555.)

— Eloge funèbre de Mgr. Joseph-André Boyer, évêque titulaire de Myrina, coadjuteur du vicaire apostolique de Mandchourie, prononcé en l'église Saint-Jean-de-Malte, d'Aix, sa paroisse natale, le samedi 2 avril 1887, par M. l'abbé Guillibert, vicaire-général d'Aix. Aix, imp. de J. Nicot, 1887, br. in-8, pp. 35.

— Notice : *Miss. Cath.,* XIX, 1887, pp. 239/240.

Braud, *François-Auguste,* né à Vezins (diocèse d'Angers), le 24 mars 1838; † à Hong-kong, le 28 janvier 1873.

— Notice par L. Guerrin, directeur au Séminaire des Missions-Etrangères. (*Miss. Cath.,* V, p. 142.)

Bret, *Louis Eusèbe,* né en 1858, dioc. de Dijon; parti pour la Corée, 1882.

— Dans la Corée septentrionale. Par M. Bret, des Missions Etrangères de Paris, missionnaire à Gen-san (Corée). (*Miss. Cath.,* XXXI, 14 Avril 1899, pp. 174/179; 21 Avril, pp. 189/192; 28 Avril, pp. 198/201; 5 Mai, pp. 213/215; 12 Mai, pp. 222/225; 19 Mai, pp. 236/237; 26 Mai, pp. 248/250; 2 Juin, pp. 260/262; 9 Juin, pp. 268/270; 16 Juin, pp. 286/287; 23 Juin, pp. 297/299; 30 Juin, pp. 309/312; 7 Juillet, pp. 321/324; 14 Juillet, pp. 333/336; 21 Juillet, pp. 344/346; 28 Juillet, pp. 354/356; 4 Août, pp. 366/370; 11 Août, pp. 382/384; 18 Août, pp. 394/396; 25 Août, pp. 402/405; 1er Sept., pp. 413/415; 8 Sept., pp. 425/427; 15 Sept., pp. 437/440; 22 Sept., pp. 451/454.)

Bretenières, *Simon-Marie-Antoine-Just Ranfer de,* † en Corée, 8 mars 1866.

— Paroles de Mgr. Mermillod, Evêque d'Hébron, pour l'anniversaire de la mort de Simon-Marie-Antoine-Just Ranfer de Bretenières Prêtre de la Congrégation des Missions étrangères martyrisé à Séoul (Corée) le 8 mars 1866. Paris, Douniol, pp. 40. [s. d., Dijon.]

— Vie de Just de Bretenières, missionnaire apostolique, martyrisé en Corée en 1866, par Mgr. d'Hulst, recteur de l'Institut catholique de Paris. Paris, Poussielgue, 1888, in-18 jésus, pp. 347 + 1 p. n. c. p. l. t. Portrait et carte.

— Deuxième édition. Paris, Poussielgue, in-18 jésus.

Notice : *Miss. Cath.*, XXIV, 1892, p. 120.

Briand, *Joseph Marie*, né à Missillac, 14 mars 1861; partit pour le Se-tch'ouan, 1885.

— L., T'âng-S'châng (Se-tch'ouan occid.), 12 mai 1887, ext. de la *Semaine religieuse*, de Nantes, 1887, pp. 853/6. (*Miss. Cath.*, XIX, 1887, pp. 556/7.)

— L., ext. de la *Semaine religieuse*, de Nantes. (*Ibid.*, XX, 1888, pp. 400/1.)

— L., sept. 1887. (*Petit Messager des Missions*, mai 1888. pp. 9/13.)

Brieux, *Jean-Baptiste Honoré*, dioc. de Besançon ; parti 11 juillet 1878 ; assassiné près de Ba-t'ang, 8 sept. 1881.

— Notice. (*Cte. rendu*, 1881, pp. 132/7.)

— L. de Mgr. Biet, 17 oct. 1882. (*Miss. Cath.*, XIV, 1882, pp. 27/8.)

— Portrait. (*Ibid.*, p. 30.)

— L. de M. Desgodins. (*Ibid.*, p. 317.)

— L. de Mgr. Biet, Ta-tsien-lòu, 2 mai 1882, à M. Cottin, Dir. au Sém. des Miss. étr. (*Ibid.*, XIV, 1882, pp. 517/519.)

Brugnon, *Eugène Charles*, dioc. de Reims; parti pour le Kouang Toung, 20 avril 1876; a quitté la Société en 1885.

— Voir Chausse, Mgr., *infra.*

— L. de Nam Hiong. (*Miss. Cath.*, XV, 1883, pp. 233/5.) — Portrait. (*Ibid.*, p. 238.)

— L. du 20 juillet 1883. (*Ibid.*, p. 422.)

— L. de Formose. (*Ibid.*, XVII, 1885, p. 341.)

— C.-E. Brugnon — Exil & prison. Journal d'un missionnaire catholique pendant la persécution religieuse en Chine en 1884 (Mission de Kouang-tong) — Prix : 4 francs — Imprimerie coopérative de Reims . . . 1886, pet. in-8, pp. 414. Portrait et dessin.

Bib. nat. $\frac{O^2n}{791}$

— Extrait du Journal du R. P. Brugnon Missionnaire en Chine Martyrisé au mois d'avril 1882. Pièce in-8, pp. 16. [Imprimerie coopérative de Reims.]

Lettre du P. Brugnon : Nam-Hiong, Saint Jour de Pâques 1882.

Bruguière, *Barthélemi*, du dioc. de Carcassonne; év. de Capse, coadj. de Siam en 1829; vic. ap. de Corée en 1831; † en Tartarie, le 20 oct. 1835.

— Relation du Voyage de Mgr. Bruguière, évêque de Capse. A MM. les Directeurs du séminaire des Missions étrangères à Paris. (*Annales de la Prop. de la Foi*, IX, pp. 196/331.) [Voir col. 959.]

Cette relation est datée de Si-vang, Tartarie occidentale, le 5 octobre 1835, et Mgr. Bruguière est mort le 20 du même mois.

— Voir un article dans *The Athenaeum*, 25 Feb. 1837, reproduit dans *The Chinese Repository*, VI, October 1837, pp. 287 et seq.

Brun, *Auguste*, dioc. de Lyon ; parti 1er août 1900.

— Let. (*Miss. Cath.*, XXXVI, 1904, p. 100.)

Cabrol, *Casimir Jean-Baptiste*, né 27 fév. 1863, dioc. du Puy; parti pour le Se-tch'ouan occid., 2 nov. 1887 ; † 6 sept. 1891.

— Notice. (*Cte. rendu*, 1891, pp. 317/8.)

Caillet, *Joachim-Marie*, né aux Fougerets, canton de la Gacilly (Morbihan), le 15 janvier 1842; parti pour Canton, le 15 mars 1868; † 1873.

— Lettre du P. Osouf et Notice. (*Miss. Cath.*, V, pp. 562/3.)

Calais, *Adolphe Nicolas*, dioc. de Nancy; parti 25 juillet 1860, pour la Corée; quitte la Société en 1870.

— Lettre du 28 avril 1869 sur la mission de Corée à M. Cazenave, directeur au séminaire des Missions Etrangères. (*Miss. Cath.*, II, pp. 257/60.)

— Le Récit du P. Calais sur la mort de Mgr. Berneux dans les *Annales*, XL (1868), pp. 38/41, est reproduit dans les *Miss. Cath.*, IV, p. 236.

Calleri ou **Callery,** *Joseph Gaëtan Pierre Marie*, né à Turin en 1810; agrégé du diocèse de Chambéry; parti du Hâvre pour Macao à la fin de mars 1835, à destination de Corée où il n'est jamais allé; quitta la Société; interprète de la Mission Lagrené; † à Paris, 8 juin 1862.

— Variétés[1] scientifiques et littéraires par J. M. Callery. Ancien missionnaire apostolique de Corée, Membre de l'Académie royale des Sciences de Turin, décoré du grand Collier tartare etc. Macao, 1845, pp. 98.

Contient :

I. Etat géologique des côtes méridionales de la Chine, pp. 1/6 (voir col. 509/510).

II. Méthode pour instruire les sourds-muets, pp. 7/15.

III. Observations météorologiques faites à Macao, pp. 16/18.

IV. Aperçu général sur les dynasties chinoises, fait à l'usage d'élèves coréens, pp. 19/22.

V. Voyage sur les côtes de Chine, pp. 23/42.

VI. Notice biographique sur le Père J. A. Gonçalves, pp. 43/51.

VII. Défense du système phonétique de l'écriture chinoise, pp. 52/9.

VIII. Mémoire sur la Corée adressé à S. E. Monsieur Villemain, ministre de l'Instruction publique, pp. 60/79 [inachevé]. (Voir Corée.)

IX. Sur la chartographie chinoise, pp. 80/87.

X. Sur le Cycle sexagénaire des Chinois, pp. 88/97.

XI. Sur l'origine de la langue et de l'écriture chinoise, p. 98 [inachevé].

Cambier, *Désiré Edouard*, né à Lille, 22 janvier 1826; dioc. de Cambrai; incorporé à Orléans; part 31 mars 1862; miss. au Se-tch'ouan orient., puis au Kouang-toung, 1863; † en barque, à Pak-tou, en allant de Lo-tchang à Canton, 12 juin 1866; enterré à Canton, 16 juin 1866.

— Notice biographique sur l'abbé Cambier ancien élève de l'Ecole normale et missionnaire apostolique mort en Chine le 12 juin 1866 par le R. P. Adolphe Perraud, prêtre de l'Oratoire, professeur à la Faculté de théologie de Paris. Lille [et] Paris, 1867, br. in-8, pp. 35.

— Désiré Cambier. Un missionnaire à l'Ecole Normale, Par M. Charaux Professeur à la Faculté des Lettres de Grenoble. (*Miss. Cath.*, XXV, 28 Juillet 1893, pp. 357/360.)

Card, *Théodore*, du dioc. de Besançon; part 10 janvier 1878; miss. en Mandchourie.

— L. de Mandchourie sur les noces d'or de M. Venault, né en 1806. (*Miss. Cath.*, XIII, 1881, p. 532.)

Carreau, *Louis-Pierre*, du dioc. d'Autun; part 15 août 1865; † à Cha-pa, 2 sept. 1883.

— L. du Tibet, 14 juin 1880. (*Miss. Cath.*, XIII, 1881, p. 89.)

Caubrière, *Alfred Marie*, né en 1876, dioc. de Coutances; parti en 1899.

— Siège de San-tai-tse (Mandchourie méridionale). Récits de M. Alfred Caubrière,

1. Ces *Variétés* devaient évidemment avoir une suite, car on lit, p. 79, à la fin du mémoire inachevé sur la Corée, *la suite au 2d volume.*

des Missions Etrangères de Paris. (*Miss. Cath.*, XXXIII, 19 Avril 1901, pp. 188/191; 26 Avril, pp. 197/200; 3 Mai, pp. 214/216; 10 Mai, pp. 226/228.)

Cellard, *Stephane Marius*, né 1870, dioc. de Lyon; parti 1895.

— L. de Loui-tcheou. [Kouang-Toung], 11 Août 1898. (*Miss. Cath.*, XXX, 1898, p. 471.)

Chabauty, *Joseph*, né 1er avril 1850; parti pour le Se-tch'ouan, 4 sept. 1878; † 13 mai 1885.

— Notice. (*Cte. rendu*, 1885, pp. 198/9.)

Chabauty, *Ludovic-Charles*, né dans le dioc. de Poitiers; † au Se-tch'ouan, le 16 mai 1876.

— Notice : *Miss. Cath.*, VIII, 1876, p. 441.

Chaffanjon, *Jean-Rollin*, dioc. de Lyon; part 29 oct. 1879; miss. au Kouei-tcheou.

— A bord d'une jonque chinoise. Voir col. 349.

Chagot, *Michel-Gaspard*, né 5 sept. 1824, du dioc. de Limoges; parti 3 déc. 1851; miss. au Kouang-Toung; † à Hong-kong, 26 juin 1896.

— Notice. (*Cte. rendu*, 1896, pp. 393/8.)

— L. de Loui-tcheou-fou [Kouang-toung], 21 mai 1877. (*Miss. Cath.*, IX, p. 581.)

— L., Loui-tchiou-fou, 15 mai 1892, au chanoine Leclerc, archiprêtre de la cathédrale de Limoges. (*Ibid.*, XXIV, 1892, pp. 415/6.)

Chaigneau, *Placide Eugène Clément*, né 8 fév. 1865, à Velluire, canton de Fontenay-le-Comte, dép. de la Vendée; parti 2 nov. 1887, pour le Se-tch'ouan occid.; † 7 fév. 1897.

— Notice par J. Gremaud. (*Cte. rendu*, 1897, pp. 295/9.)

Chanès, *Henri*, né le 22 sept. 1865, à Coubon-sur-Loire, canton du Puy; entré au Séminaire de Paris, 25 oct. 1887; ordonné prêtre, 21 sept. 1889; parti pour Canton, 23 déc. 1889; assassiné le 14 oct. 1898, à Pak-toung (Kouang-Toung), marché du district de Pok-lo, préf. de Wai-tchao, à 35 lieues de Canton.

— Notice par A. Chausse. (*Cte. rendu*, 1899, pp. 316/323.)

— Voir Livre jaune, CHINE, 1898-1899.

— Portrait. (*Ann. Prop. Foi*, LXXI, 1899, p. 1.)

— L. de Mgr. Chausse, 21 oct. 1898. (*Ibid.*, pp. 84/93.)

Chapdelaine, *Auguste*, né à la Rochelle, dioc. de Coutances, le 6 janvier 1814; décapité le 29 février 1856.

— Relation du martyre de M. Auguste Chapdelaine, Missionnaire apostolique de la Congrégation des Missions étrangères. br. in-12, s. l. n. d., pp. 23; *à la fin* : Se trouve : chez Cadine, rue du Bac, 128, à Paris.

C'est un extrait des *Ann. Prop. Foi*, numéro de novembre 1856, comprenant la lettre de M. Guillemin, de Canton, 8 juillet 1856.

— Gravure de son martyre. (*Miss. Cath.*, XIII, 1881, p. 499.) — Voir note, *ibid.*, p. 494.

— Henri Cordier, *Exp. de Chine*, 1857-1858, pass.

— Un Martyr Normand Le Vénérable Auguste Chapdelaine de la Société des Missions Étrangères Par M. L'Abbé Boursin Chanoine titulaire de Coutances, chanoine honoraire de Chalons, Licencié ès Lettres. Paris, J. Grillot, 1894, gr. in-8, pp. xv-304, Portraits et grav.

Chapuis, *Bernard Joseph Hippolyte*, né le 3 août 1852, à Barges (Côte d'Or), dioc. de Dijon; part 24 fév. 1876; procureur des Miss. étr., à Hong-kong, puis à Chang-hai, où il est † 5 août 1891.

— Notice. (*Cte. rendu*, 1891, pp. 308/311.)

— L., Hong-kong, 12 août 1886. (*Miss. Cath.*, XVIII, 1886, pp. 458/9.)

Chareyre, *Hippolyte Cyprien*, dioc. de Viviers; part 5 nov. 1873; miss. au Yun-nan, puis au Se-tch'ouan.

(CELLARD—CHAREYRE.)

— L. à Mgr. Fenouil, Hong Fen So, 19 nov. 1884. (*Miss. Cath.*, XVII, 1885, pp. 97/99.)

Charmot, *Nicolas*, du dioc. de Châlons-sur-Saône; parti 13 fév. 1685; procureur à Rome, depuis 1695; † le 28 juin 1714, à 59 ans.

— Remarques sur la Vie de feu M. Nicolas Charmot prestre, missionnaire apostolique, directeur du seminaire des missions etrangeres, et procureur à Rome pour les affaires de la religion de la Chine.

Cette relation forme les 16 dernières pages du Ms. No. 2985, in-4, de la Bib. Mazarine, intitulé : «Vies de plusieurs Missionnaires envoyés dans l'Inde et la Chine; par l'abbé Vachet»; ce ms. contient la vie de 13 missionnaires.

Charousset, *J. M. A.*, né à Joyeuse (Ardèche), 9 mars 1872; parti 28 juillet 1897; † 15 sept. 1898; sous-procureur à Chang-haï.

— Notice. (*Cte. rendu*, 1899, pp. 313/315.)

Chatagnon, *Marc*, né 1839, du dioc. de Lyon; part 16 mars 1863; évêque de Cherson; vic. ap. 1887.

— Portrait. (*Ann. Prop. Foi*, LXIV, 1892, p. 80.)

— L., Su-tchuen méridional. (*Miss. Cath.*, XX, 1888, pp. 97/101.)

— L. de Su-fou, 10 déc. 1898. (*Miss. Cath.*, XXXI, 1899, pp. 86/9.)

— L. (*Ibid.*, pp. 517/520.)

— L. (*Ibid.*, XXXIII, 1901, pp. 217/220.)

— L. de Siu-fou, 12 avril 1904. (*Ibid.*, XXXVI, 5 août 1904, pp. 373/4.)

— Un coin de la Chine. (*Ibid.*, 7 oct. 1904, pp. 489/491.)

Chaumont, *Denis*, né à Eragny près de Gisors (Oise), le 16 nov. 1752; † à Paris, le 25 août 1819.

— Notice historique sur M. Denis Chaumont, Protonotaire apostolique, Supérieur du Séminaire des Missions-Etrangères. br. in-8, s. l. n. d., pp. 16. [Paris, Ad. Le Clere.]

Voir *Nouv. let. éd.*, V, pp. 345 et seq.

Chausse, *Augustin*, né 19 fév. 1838, à Saint-Didier-la-Séauve, dioc. du Puy; parti 18 août 1862; vic. ap. du Kouang toung (1886); év. de Capse; † 12 oct. 1900.

— Sacre. (*Miss. Cath.*, XIII, 1881, pp. 493/6.)

— Portrait. (*Ibid.*, 1902, p. 206.)

— Notice par D. Fleureau. (*Cte. rendu*, 1900, pp. 271/293.)

— Lettre du 1er juillet 1869, à son frère l'abbé C. Chausse, aumônier à St.-Etienne (Loire), sur la mission du Kouang-toung. (*Miss. Cath.*, II, p. 357.)

— Lettre de Chec-cheng, le 16 déc. 1869, à M. Voisin, directeur des Miss. Etr. (*Ibid.*, III, pp. 108/109.)

— Lettre de Chec-cheng, le 20 mai 1870, à son frère. (*Ibid.*, III, pp. 313 et seq.)

— L. de Louei-tsiou, 8 mars 1873, à sa mère. (*Ibid.*, V, pp. 461/2.)

— L. de Canton, 2 déc. 1873, à sa mère. (*Ibid.*, VI, pp. 298/9.)

— L. de Canton, 12 fév. 1874. (*Ibid.*, VI, pp. 299/301.)

— L. de Louei-tcheou, 20 déc. 1875. (*Ibid.*, VIII, pp. 127/128.)

— L., Canton, 20 avril 1882. (*Ibid.*, XIV, 1882, pp. 265/267.) [Lettres du P. Brugnon.]

— L., Canton, 24 août 1882. (*Ibid.*, pp. 481/4.)

— L., 15 janv. 1884. (*Ibid.*, XVI, 1884, p. 88.)

— L. aux Sup. et Dir. du Sém. des Miss. étr. (*Ibid.*, XVI, 1884, pp. 493/4.)

— L., Hong-kong, 10 sept. 1884. (*Ibid.*, pp. 517/8.)

— L., Hong-kong, 27 oct. 1884. (*Ibid.*, pp. 577/580.)

— L. (*Ibid.*, XVII, 1885, pp. 38/41.)

— L., Hong-kong, 18 déc. 1884. (*Ibid.*, p. 62.)

— L. (*Ibid.*, pp. 361/362.)

— L., Hong-kong, 22 juillet 1885. (*Ibid.*, pp. 422/4.)

— L. (*Ibid.*, pp. 567/8.)

— L., Canton, 4 mars 1888. (*Ibid.*, XX, 1888, pp. 302/305.)

— L., Canton, 21 juillet 1891. (*Ibid.*, XXIII, 1891, pp. 447/8.)

— L., Canton, 2 fév. 1892. (*Ibid.*, XXIV, 1892, pp. 146/7.)

— L. de Canton. (*Ibid.*, XXVI, 1894, pp. 379/380.)

— L. du Kouang-Toung. (*Ibid.*, XXVIII, 1896, pp. 158/160.)

(CHARMOT—CHAUSSE.)

36

— L. de Canton. (*Ibid.*, p. 269.)

— L. (*Ibid.*, XXIX, 1897, pp. 627/8.)

— L. (*Ibid.*, XXX, 1898, pp. 337/9.)

— L., 23 oct. 1898. Meurtre de M. Chanès et de treize Chrétiens. (*Ibid.*, pp. 565/7.)

— L. à M. Hinard, Directeur du Sém. des Miss. étr., à Paris. (*Ibid.*, p. 601.)

— L. (*Ibid.*, XXXI, 1899, pp. 457/460.)

— L. de Canton, 13 déc. 1899. (*Ibid.*, XXXII, 1900, pp. 26/7.)

— L. sur le séminaire de Canton. (*Ibid.*, pp. 313/4.)

— Mort. (*Ibid.*, p. 501.)

Chauveau, *Joseph-Marie*, né à Luçon, le 24 février 1816; † à Ta Tsien-lou, le 21 déc. 1877. — Evêque de Sébastopolis, Vic. ap. du Tibet.

— Notices : *Miss. Cath.*, X, p. 140, pp. 439/442, par M. Déjean, miss. au Tibet; port., *ibid.*, p. 433. — *Nécrologie* des Miss. étr., 1879, pp. 60/4.

— Vie de Mgr. Joseph Chauveau, Evêque de Sébastopolis, Vicaire apostolique du Thibet, par M. l'abbé Ferdinand Baudry, Curé du Bernard, Officier de l'Instruction publique. Luçon, Bideaux, 1880, in-12, pp. 212.

— Notice : *Miss. Cath.*, XIII, 1881, pp. 179/180, [sig. l'abbé X. M.].

— Lettre de Ta-tsien-lou, 27 sept. 1867, aux Membres des Conseils de la Prop. de la Foi. (*Ibid.*, I, pp. 49 et seq.)

Résumé de l'hist. du Christianisme au Thibet depuis 1854.

— Lettre de Ta-tsien-lou, 20 janvier 1869, à M. Stanislas Laverrière, Directeur-gérant du Journal *Les Missions Catholiques* à Lyon. (*Ibid.*, II, pp. 161 et seq.)

— Lettre de Ta-tsien-lou, 26 mars 1869, à M. Rousseille, directeur au Séminaire des Miss. Etr. (*Ibid.*)

— Lettre au Même. (*Ibid.*, III, pp. 150/1.)

— Lettre de Ta-tsien-lou, du 3 nov. 1869, au même. (*Ibid.*, III, pp. 202/3.)

— Lettre de Ta-tsien-lou, 28 mai 1870, au même. (*Ibid.*, III, pp. 297 et seq.) sur le tremblement de terre qui a détruit Batang, en avril 1870.

— Lettre de Ta-tsien-lou, du 1er nov. 1871. (*Ibid.*, IV, pp. 225 et seq.)

— Lettre de Ta-tsien-lou, du 20 avril 1872. (*Ibid.*, IV, pp. 562/3.)

— L. de Ta-tsien-lou, 17 août 1872, sur le Memorandum chinois. (*Ibid.*, IV, pp. 26/28, 37/40.)

— L. de Ta-tsien-lou, 1er nov. 1872. (*Ibid.*, V, pp. 181/3.)

— L. de Ta-tsien-lou, 29 nov. 1872, à M. Rousseille, proc. des Miss. Etr., à Rome. (*Ibid.*, V, pp. 206/9.)

— L. de Cha-pa, près de Ta-tsien-lou, 25 avril 1873. (*Ibid.*, V, pp. 498/500.)

— L. de Ta-tsien-lou, le 6 juillet 1873, sur la prise de Ta-ly. (*Ibid.*, V., pp. 542/5.)

— L. de Ta-tsien-lou, 18 oct. 1873. (*Ibid.*, VI, pp. 100/1.)

— L. de Ta-tsien-lou, 7 oct. 1873, 10 nov. 1873, sur la destruction de Bathang. (*Ibid.*, VI, pp. 110/115.)

— L. de Ta-tsien-lou, 29 nov. 1873. [Trad. d'un libelle chinois.] (*Ibid.*, VI, pp 166/7.)

— L. de Ta-tsien-lou, à M. Chirou, Dir. au Sém. des Miss. étr. (*Ibid.*, VI, pp. 258 et seq.)

— L. de Ta-tsien-lou, 25 avril 1874. (*Ibid.*, pp. 386/7.)

— L. de Ta-tsien-lou, 12 mai 1874, à M. Chirou, Dir. au Sém. des Miss. Etr., Paris. (*Ibid.*, pp. 483/5.)

— L. de Ta-tsien-lou, 18 juin 1874. [Société des trente villes.] (*Ibid.*, pp. 530/1.)

— L. de Ta-tsien-lou, 29 août 1874. (*Ibid.*, VII, pp. 37/39; 6 sept. 1874, p. 39; 27 sept. 1879, p. 39.)

— L. de Ta-tsien-lou, 17 déc. 1874, à M. H. Desgodins, de Nancy. (*Ibid.*, pp. 213/4.)

— L. de Ta-tsien-lou, 24 janvier 1875, à M. Chirou, dir. au Sém. des Miss. étr. (*Ibid.*, pp. 260/262.)

— L. de Ta-tsien-lou, 15 février et 7 mars 1875. (*Ibid.*, pp. 296/7.)

— L. de Ta-tsien-lou, 14 mars 1875. (*Ibid.*, pp. 309/310.)

— L. de Ta-tsien-lou, 1er avril 1875. (*Ibid.*, p. 354.)

— Traduction de deux pièces relatives au rétablissement des stations de Bathang, de Bommé et de Yer-ka-lo. (*Ibid.*, pp. 355/6.)

Les *Miss. Cath.* donnent dans leur numéro du 23 juillet 1875 une vue des résidences de Bathang et de Bommé telles qu'elles existaient avant 1873.

— L. de Ta-tsien-lou, 2 juillet 1875. (*Ibid.*, p. 479.)

— L. de Ta-tsien-lou, 12 juillet 1875. (*Ibid.*, pp. 497/500.)

— Le Thibet en 1875. Notes de Ta-tsien-lou, 20 oct. 1875. (*Ibid.*, VIII, 1876, pp. 79/81, 92/94.)

— L. de Ta-tsien-lou, 1er fév. 1877, à M. Desgodins à Nancy. (*Ibid.*, IX, p. 301.)

— L. de Ta-tsien-lou, 25 mars 1877. (*Ibid.*, IX, pp. 334/5.)

— L. de Ta-tsien-lou, 22 juillet 1877. (*Ibid.*, X, pp. 51/2.)

Chauvel, *Joseph Jean Marie Clément*, né 24 mars 1869, dioc. de Rennes; parti pour le Kouei-tcheou, 19 juillet 1893; † 21 avril 1896.

— Notice. (*Cte. rendu*, 1896, pp. 378/383.)

Chemier, *François*, né à Saint-Bacho (dioc. d'Autun), 4 août 1838; entra au séminaire des Missions étrangères, 5 sept. 1861; ordonné prêtre 10 juin 1865; embarqué 15 sept. 1865 pour le Kouei-tcheou; y est † 28 juin 1879.

— Notices : *Miss. Cath.*, XI, 1879, pp. 471/2. — *Nécrologie* des Miss. étr., 1880, pp. 80/4.

— Lettre du Kouei-tchéou du 17 juillet 1869. (*Miss. Cath.*, II, p. 354.)

Chevalier, *Joachim Auguste*, né 9 déc. 1833, à Londinières, dioc. de Rouen; parti 27 août 1857, pour la Mandchourie; † 2 juin 1887.

— Notice. (*Cte. rendu*, 1887, pp. 251/7.)

Chicard, *Pierre Célestin Godefroy*, né 27 déc. 1833, à Paizay-le-sec (Vienne); parti 29 août 1858, pour le Yun-nan; † à Tchao tong fou, 17 juillet 1887.

— Notice. (*Cte. rendu*, 1887, pp. 270/5.)

— Un Chevalier apotre Célestin-Godefroy Chicard Missionnaire du Yun-nan (Chine) par Le R. P. Jean-Emmanuel Drochon des Augustins de l'Assomption — Ouvrage enrichi de vignettes, d'une carte et de quatre portraits originaux. — Paris, Typographie Augustinienne, 8 Rue François Ier, s. d. [1890], gr. in-16 carré, 3 ff. n. ch. + pp. IV-738.

— Lettres du Père Chicard Missionnaire à sa Famille. Poitiers, Henri Oudin, 1861, pet. in-8, pp. 46.

Choulet, *Marie-Félix*, né à Chambéry, 4 oct. 1854; parti 1er sept. 1880; évêque de Zéla et vic. ap. de Mandchourie mérid., 1901, à la place de Mgr. Guillon.

— La famine et la guerre en Mandchourie. [Lettres.] (*Miss. Cath.*, XXVII, 1895, pp. 302/3.)

— L. de Nieou-tchouang, 25 juin 1900, à M. Hinard, procureur de la Mandchourie mérid. (*Ibid.*, XXXII, 1900, pp. 372/3.)

— L. de Ing-tseu à M. Hinard, 9 juillet 1900. (*Ibid.*, pp. 420/2.)

— L. de Ing-tseu à M. Hinard, 23 juillet 1900. (*Ibid.*, p. 445.)

— L. de Ing-tseu, 12 août 1900, à M. Hinard. (*Ibid.*, pp. 467/8.)

— L. de Ing-tseu, 25 août 1900. (*Ibid.*, p. 494.)

— L. de Ing-tseu, 8 oct. 1900. (*Ibid.*, pp. 566/7.)

— L. de Ing-tseu, 24 nov. 1900. (*Ibid.*, XXXIII, 1901, pp. 25/6.)

— L. de Ing-tseu, 30 nov. 1900. (*Ibid.*, pp. 37/8.)

— L. de Ing-tseu, 7 Janv. 1901. (*Ibid.*, pp. 97/8.)

Chouvellon, *Célestin-Félix*, né 1849, dioc. de Lyon; part 5 nov. 1873; évêque de Dansara; vic. ap. du Se-tch'ouan oriental (1891).

— L. à M. Cottin, procureur du Se-tch'ouan, 6 oct. 1898. (*Miss. Cath.*, XXX, 1898, pp. 567/8.)

— L. (*Ibid.*, XXXI, 1899, pp. 109/111.)

— L. du Se-tch'ouan, 11 fév. (*Ibid.*, pp. 181/2.)

Chouzy, *Jean-Benoît*, né 5 mars 1837, à Panissières, près Amplepuis (Rhône) (dioc. de Lyon); parti pour la Chine, 25 juillet 1860; consacré évêque de Pednélisse par Mgr. Chausse, 22 nov. 1891; préfet apost. du Kouang-si; † 22 sept. 1899, à Woutcheou

— Portrait. (*Ann. Prop. Foi*, LXXII, 1900, p. 1.)

— Notice par P. Renault. (*Cte. rendu*, 1899, pp. 297/303.)

— Lettre d'Amplepuis, du 10 juin 1869, sur le Kouang-toung. (*Miss. Cath.*, II, pp. 195/6.)

— Lettre d'Amplepuis, du 24 sept. 1869, sur une nouvelle chrétienté dans le Kouang-toung. (*Ibid.*, pp. 330/1.)

— Lettre de Kouei-yang fou, 20 fév. 1871. (*Ibid.*, IV, p. 410.)

— Extraits du journal de son voyage de Gan-chouen à Koang-tsao-pâ (Kouei-tcheou), 19 mars 1872—17 avril 1872. (*Ibid.*, IV, pp. 644/6, 656/658.)

— L. de Hin-y-hien, 17 juin 1878, à Mgr. Lions [massacre de chrétiens]. (*Ibid.*, X, 1878, pp. 542/544.)

— Portrait. (*Ibid.*, XVII, 1885, p. 7.)

— 400 lieues à travers le Kouang-si et le Kouy-tcheou. Journal de M. Chouzy. Voyage de la ville de Kouy-hien (Kouang-si) à Kouy-yang, capitale du Kouy-tcheou (Mars à Juin 1881). (*Ibid.*, voir col. 313).

— L. de Hong-kong, 19 mars 1885. (*Ibid.*, pp. 219/220.)

— L., Kouang-hien, au recteur de l'église de Fourvière à Lyon. (*Ibid.*, XXII, 1890, p. 531.)

— L., sur le Si kiang, 16 déc. 1891. (*Ibid.*, XXIV, 1892, pp. 123/4.)

— L., Chang-se-tcheou, 25 avril 1892. (*Ibid.*, pp. 425/7.)

— L., Long-tcheou, 2 juin 1896, sur la famine. (*Ibid.*, XXVIII, 1896, pp. 349/351.)

— L. (*Ibid.*, XXIX, 1897, pp. 339/340.)

— L. de Kouy-hien, 18 juillet 1897, à S. E. le Cardinal Coullié. (*Ibid.*, p. 473.)

— L. [Meurtre de M. Bertholet.] (*Ibid.*, XXX, 1898, pp. 289/292.)

— L., Wou-tcheou. (*Ibid.*, pp. 433/5.)

— L. (*Ibid.*, XXXI, 1899, p. 183.)

— L. (du Kouang-Si). (*Ibid.*, p. 340.)

— Mort. (*Ibid.*, p. 468.)

— Nécrologie. (*Ibid.*, pp. 539/540.)

Clerc, *Julien Nicolas*, né à Fresnes-sur-Apance (Hte. Marne), 14 déc. 1844; partit de Paris, 3 août 1869; † à Lou-tcheou (Se-tch ouan), 22 mai 1885.

— L. de Lou-tcheou [Se-tch'ouan], 22 avril 1877, à M. Rousseille, dir. aux Miss. étr. (*Miss. Cath.*, IX, p. 372.)

— Notice. (*Cte. rendu*, 1885, pp. 202/5.)

— Seize ans en Chine. Lettres du P. Clerc, provicaire du Su-Tchuen méridional, recueillies et publiées par Jules Viard. Paris, Haton, in-12, pp. VIII-363.

Polybiblion, Février 1888.

Codis, *Antoine Jean Valentin*, né 24 janvier 1849, à Saint Julien d'Empare, dioc. de Rodez; parti 29 juillet 1874; † 18 mai 1887.

— Notice. (*Cte. rendu*, 1887, pp. 238/243.)

Collonge, *Antoine*, né à Vernay-sur-Beaujeu (Rhône), 2 avril 1864; parti pour le Kouang-si, 25 nov. 1891; † 19 mars 1894.

— Notice. (*Cte. rendu*, 1894, pp. 356/9.)

Combe, *Jean Pierre*, né à Roizey (Loire), 4 juin 1872; parti pour le Kouang-Toung, 11 mai 1898; † 4 sept. 1899.

— Notice. (*Cte. rendu*, 1899, pp. 392/3.)

Conraux, *Louis Dominique*, né en 1852, dioc. de Strasbourg; part 16 déc. 1874.

— Attentat à Hou-lan (Mandchourie). (*Miss. Cath.*, XIV, 1882, pp. 493/499.)

— H. Cordier, *Hist. des Relat. de la Chine*, II, pp. 581/582.

— Mandchourie. La famine et la guerre. [Extraits de lettres de MM. Conraux, Letort, Cubizolles, Choulet, de Mgr. Guillon.] (*Miss. Cath.*, XXVII, 10 Mai 1895, pp. 217/220.)

Corbel, *Jean François*, né 1865, dioc. de St. Brieuc; parti 1890.

— L. à M. Choulet, San-tai-tse, 6 juillet 1900. (*Miss. Cath.*, XXXII, 1900, pp. 445/6.)

— L. à M. Choulet, San-tai-tse, 19 août 1900. (*Ibid.*, pp. 494/5.)

— L. de Ing-tse, 16 oct. 1900, à M. Hinard. (*Ibid.*, p. 598.)

Coste, *Eugène Jean Georges*, né 17 avril 1842, à Montarnaud, canton d'Aniane, Hérault; parti 15 juillet 1868; † à Seoul, 28 fév. 1896.

— Notice. (*Cte. rendu*, 1896, pp. 361/375.)

— Lettre de Hong-kong, du 11 août 1869 sur les massacres du Se-tch'ouan. (*Miss. Cath.*, II, pp. 315/6.)

— Lettre de Hong-kong, du 18 août 1869. (*Ibid.*, p. 329.)

— Lettre de Hong-kong, du 4 août 1869 sur M. Delavay et les Pirates. (*Ibid.*, p. 332.)

— Une fête en Corée. Lettre, avec dessins. (*Ibid.*, XVIII, 1886, pp. 449/452, 461/4, 474/477.)

— Notice nécrologique sur le Père Coste missionnaire apostolique Provicaire de la Mission de Corée Né le 17 avril 1842 Parti le 15 juillet 1868 — Mort le 28 février 1896. Montpellier, Imp. Gustave Firmin et Montane, 1896, in-8, pp. 32.

Sig. V. Poisnel, missionnaire apostolique de Corée.

Cotolendi, *Ignace*, parti de Paris, 6 janvier 1661; de Marseille, 3 sept. 1661; † le 16 août 1662, à Palacol, près de Masulipatam, à 33 ans, sans avoir visité la Chine.

— La Vie de Monseigneur Ignace Cotolendi, de la ville d'Aix, Évêque de Métellopolis, Vicaire apostolique en la Chine occidentale, par Messire Gaspar Augeri, Prédicateur Ordinaire du Roy. A Aix, Charles David, MDCLXXIII, in-4, pp. 284, s. l'ép.

— Vita ‖ di Monsignore ‖ Ignazio Cotolendi ‖ della citta d'Aix, ‖ vescovo di Metellopoli, ‖ vicario apostolico ‖ Nella China Occidentale: ‖ Trasportata ‖ Dal Francese, nel Toscano Idioma, da Don Ste- ‖ fano Leonardi, di Liuorno, Capitolare ‖ dell' Insigne Collegiata di S. Andrea ‖ d'Empoli in Toscana. ‖ In Livorno. ‖ Nella Stamperia di Girolamo Suardi 1681. ‖ Con Licenza de' Superiori, in-4, 5 ff. n. c. p. l. tit. etc. + pp. 324.

Cottin, *Eugène*, né 8 juillet 1841, à Anglefort (dioc. de Belley); parti pour la Chine, 15 août 1866; rappelé à Paris en 1877 pour remplir les fonctions de Directeur du Séminaire des Missions ét. et de Procureur des Missions du Se-tch'ouan; † 31 déc. 1900.

— Notice. (*Cte. rendu*, 1900, pp. 302/307.)

— L. de Duang-kia-tchang, district de Lin-choui, 11 juillet 1874, à son frère, curé de Rossillon (diocèse de Belley). (*Miss. Cath.*, VI, p. 522.)

— L. de Kan-ky-teh, 13 oct. 1874, à son frère. (*Ibid.*, VII, pp. 30/1.)

— L. de Lay-kia-tchang, 2 avril 1875, au même. (*Ibid.*, pp. 358/360.)

— L. de Tchang-ou-kien, 27 juin 1875, au même. (*Ibid.*, pp. 511/512), avec reproduction d'un placard chinois et une trad. sur ce placard, pp. 514/5.)

Coudere, *Vincent*, né 21 janvier 1859, au Bousquet, commune de Naussac, canton d'Asprières, dioc. de Rodez; part 19 nov. 1884; miss. Corée; † 15 mai 1892.

— Notice. (*Cte. rendu*, 1892, pp. 344/350.)

Coupát, *Paul-Eugène*, né le 8 juin 1842, à Eglise-Neuve-des-Liards (Puy-de-Dôme); entré, le 30 août 1864, au sém. des Miss. étr. où il fut ordonné prêtre, 15 juin 1867; s'embarqua pour la Chine en 1867; év. de Tagaste et coadj. de Mgr. Desflèches, 15 sept. 1882; vic. ap. du Se-tch'ouan orient., 20 fév. 1883; † 26 janv. 1890.

— Notice. (*Cte. rendu*, 1890, pp. 221/7.)

— L. de Su-lin-hien, 1er juillet 1874. (*Miss. Cath.*, VI, pp. 579/82.)

— L. du 8 sept. 1876. (*Ibid.*, VIII, pp. 589/590) du 24 sept. (*Ibid.*, p. 590.)

— L. de Kan-ky-tchang, 26 avril 1877, à M. Rousseille. (*Ibid.*, IX, pp. 397/8.)

— L., 11 juillet 1886, à M. Martinet. (*Ibid.*, XVIII, 1886, pp. 436/7.)

— Notice : *Ibid.*, XXII, 1890, p. 96.

Couroux, *Marie Bénigne Alexandre*, né à Saint-Broingt-les-Fosses (Hte. Marne), le 18 avril 1856; parti pour le Tibet, 29 oct. 1879; † 19 août 1894.

— Notice. (*Cte. rendu*, 1894, pp. 390/6.)

Creuse, *Eugène*, né à Paris, 22 sept. 1847; part 5 avril 1877; noyé près de Pé-sé (Kouang-toung) vers le 11 nov. 1880.

— L. de Mgr. Foucard. (*Miss. Cath.*, XIII, 1881, pp. 527/8.)

Voir col. 313.

— Notice. (*Cte. rendu*, 1881, pp. 110/111.)

Croisat, *César-Auguste*, né à Beaufort (dioc. de Moutiers), le 20 juin 1839; † le 24 sept. 1871 à Tay-pin dans le Se-tch'ouan oriental.

— Notices : *Echo des Alpes*, 31 déc. 1871; *Miss. Cath.*, IV, p. 220.

Dalle, *Auguste Marie Joseph*, né 1875, dioc. de Mende; parti 1900.

— L. à Mgr. Lavest. (*Miss. Cath.*, XXXIII, 1901, p. 242.)

Dangy, *Auguste-Omer-Amédée*, dioc. de Poitiers; part 29 juillet 1874; miss. au Se-tch'ouan.

— L. de Kiang-tsin. (*Miss. Cath.*, XV, 1883, pp. 30/32.)

— L. à sa famille, 3 mai 1888. (*Ibid.*, XX, 1888, pp. 363/4.)

— L. de Cha-pin-pa, 2 déc. 1904. (*Ibid.*, XXXVII, 1905, p. 63.)

Darris, *Alphonse Marie Dan*, dioc. d'Auch; parti 30 juillet 1902.

— L. du Kouei-tcheou. (*Miss. Cath.*, XXXVII, 17 mars 1905, p. 124.)

Daveluy, *Marie Nicolas Antoine*, du dioc. d'Amiens; part 6 fév. 1844; év. d'Acone, coadj. de Corée 1857; † 30 mars 1866; il avait été vic. ap. trois semaines en prison, du 8 au 30 mars 1866.

— Éloge de Mgr M. N. A. Daveluy, Evêque d'Acone, Coadjuteur de Corée, Martyrisé en Corée le vendredi saint 1866 prononcé dans la Cathédrale d'Amiens par Mgr Mermillod, évêque d'Hébron. Lyon, Bauchu, 1867, pièce in-8, pp. VII-40.

— Solennité religieuse célébrée à Amiens, le 28 février 1867 en l'honneur de Mgr Daveluy évêque *in partibus* d'Acône martyrisé en Corée le 30 mars 1866 jour du Vendredi Saint. — Amiens, Typographie Lambert-Caron, s. d. [1867], pièce in-8, pp. 23.

— Vie de Monseigneur Daveluy évêque d'Acones vicaire apostolique de Corée mort pour la foi le 30 mars 1866 par Charles Salmon Chevalier de Saint-Grégoire-le-Grand Membre de la Société des Antiquaires de Picardie. Paris, Bray et Retaux [et] Amiens... 1883, in-8, pp. xx-647.

Déan, *Armand Joseph*, né à Saint-Germain-en-Coglès, dioc. de Rennes, 14 déc. 1866; parti pour la Mandchourie, 10 déc. 1890; † 14 janvier 1899.

— Notice par J. Cubizolles. (*Cte. rendu*, 1899, pp. 327/9.)

Debaye, *Arthur Nicolas Antoine*, né 13 nov. 1851, à Bouvancourt (dioc. de Reims); entra au Sém. des M. ét., 30 sept. 1874; partit pour le Yun-nan, 29 nov. 1877; † 2 nov. 1880.

— Notices : *Miss. Cath.*, XIII, 1881, p. 227. — *Cte. rendu*, 1881, pp. 108/109.

Deguette, *Victor Marie*, né à Ponts-sous-Avranches, 7 août 1848; parti 24 fév. 1876; † 29 avril 1889.

— Captivité et délivrance de M. Deguette, de la Soc. des Miss. ét., miss. en Corée. (*Miss. Cath.*, XII, 1880, pp. 134/9, 146/151, 158/161, 170/3.)

— Portrait. (*Ibid.*, p. 157.)

— Henri Cordier, *Hist. des Relat. de la Chine*, II, p. 583; III, p. 220.

— Notice. (*Cte. rendu*, 1889, pp. 308/323.)

— Relation de la captivité et de la délivrance de M. Deguette de la Société des Missions étrangères Missionnaire apostolique en Corée. Paris, Imp. de l'Œuvre de Saint-Paul, Soussens et Cie., 1880, in-8, pp. 28.

Dejean, *Jean François Joseph*, né à Lyon, 21 sept. 1834; parti le 15 mai 1867, pour le Kouang-toung; † 17 juin 1901.

— L. du Kouang-toung (1868) à M. Voisin, dir. au Sém. des Miss. étr. (*Miss. Cath.*, I, pp. 212/4.)

— L. de Canton, 15 Nov. 1874, à M. Pernot, dir. au Sém. des M. étr. de Paris. (*Ibid.*, VII, pp. 15/17.)

— Mort. — L. de Mgr. Merel. (*Ibid.*, XXXIII, 1901, p. 494.)

— Notice par Fleureau. (*Cte. rendu*, 1902, pp. 331/7.)

Dejean, *Louis Léonard Marie*, du dioc. de Bordeaux, parti 3 août 1869; miss. au Tibet.

— Lettre de Kouay-tcheou, 6 Août 1872. (*Miss. Cath.*, IV, p. 591.)

— L. à M. Desgodins, inspecteur des forêts en retraite. Châ-pa, près de Ta-tsien-lou, 14 mars 1873. (*Ibid.*, V, pp. 413/4.)

— L. de Ta-tsien-lou, 14 janvier 1874. (*Ibid.*, VI, p. 248.)

— L. de Ta-Tsien-lou, 29 juin 1874, à M. Desgodins, à Nancy. (*Ibid.*, VI, pp. 511/2.)

— L. de Chapa, près Kiâo, 22 fév. 1875, au même. (*Ibid.*, VII, p. 297.)

— L. de Ta-tsien-lou, 12 oct. 1875, au même. (*Ibid.*, VIII, pp. 42/3.)

Delaborde, *Ludger*, né à Sarcicourt (dioc. de Langres), 26 mars 1838; entré au sém. des M. ét., 24 sept. 1862; parti pour la Mandchourie, le 15 août 1865; † à Siao-hei-chan, 10 juin 1878.

— L. de M. Dubail, 9 juillet 1878. (*Miss. Cath.*, X, 1878, pp. 474/475.)

— *Nécrologie* des Miss. ét., 1879, pp. 79/80.

Delavay, *Jean Marie*, né 28 déc. 1834; parti 15 juillet 1867; du dioc. d'Annecy; part miss. au Kouang-toung; † à Yun-nan sen, 31 déc. 1895.

— Notice. (*Cte. rendu*, 1896, pp. 355/8.)

— Nécrologie. (*Miss. Cath.*, XXVIII, 1896, p. 348.) [Ext. du *Journal de Botanique*.]

— Lettre du 31 janvier 1870 à M. Voisin. (*Miss. Cath.*, III, p. 197.)

— J. M. Delavay, nécrologie par A. Franchet. (*Jour. de Bot.*, 1896, p. 144.)

— Notice sur les travaux du R. P. Delavay, par A. Franchet. (*Bul. du Mus. d'Hist. nat.*, II, 1896, pp. 148/151.)

— L. de l'île de Houi-tcheou [Kouang-toung], 23 sept. 1874. (*Miss. Cath.*, VII, pp. 29/30.)

— L. de Houi-tcheou (Kouang-toung), 17 oct. 1875. (*Ibid.*, VIII, pp. 32/3.)

— L. de Houi-tcheou, 12 et 26 fév. 1876. (*Ibid.*, p. 284.)

— L. de Houi-tcheou, 18 juin 1877. (*Ibid.*, IX, pp. 578/9.)

— L. de Hongkong, 13 fév. 1878, à M. Lesserteur. (*Ibid.*, X, 1878, p. 377.)

— L. au même, Houi-tcheou, 3 juillet 1879. (*Ibid.*, XI, 1879, pp. 605 à 606.) [Sur les Hakkas.]

— Sur la léproserie de Houi-tcheou, fondée par M. D. Lettre de M. Ferrand, Toung Van, 10 janv. 1880, à M. Lesserteur. (*Ibid.*, XII, 1880, pp. 232/4, 255/7.)

Delecourt, *Léopold Lucien Désiré*, né à Brugelette, le 1er mai 1855; parti pour la Mandchourie, 10 nov. 1880; † 9 mai 1885.

— Notice. (*Cte. rendu*, 1885, pp. 195/8.)

Delétraz, *Pierre Casimir*, né à Sévrier, Hte. Savoie, 19 avril 1842; parti pour le Kouang Toung, 6 avril 1875; † 23 avril 1886.

— Notice. (*Cte. rendu*, 1886, pp. 192/8.)

Delpal, *Elie Jean François*, né 1872, dioc. de Rodez; parti 1897.

— L. à Mgr. Lalouyer. (*Miss. Cath.*, XXXIII, 1901, pp. 253/7.)

Delsahut, *Jacques*, né à Thémines, dioc. de Cahors, 27 oct. 1831; parti pour le Kouang-Toung, 29 août 1858; † 18 nov. 1901.

— Notice par Fleureau. (*Cte. rendu*, 1902, pp. 337/343.)

Deluc, *Dominique*, dioc. d'Agen; parti 29 avril 1852; tué à Pa-li-kao, 21 sept. 1860, à 34 ans.

— Notice d'après la *Revue de l'Agenais* (par le chanoine Anastase Capot) dans les *Miss. Cath.*, VI, p. 598, avec portrait, p. 595.)

Deroche, *Marc-Raymond*, né 18 août 1851, à Lyon; part 16 déc. 1875; miss. Se-tch'ouan orient.; † 5 juillet 1892.

Notices : *Miss. Cath.*, XXIV, 1892, pp. 495/6. — *Cte. rendu*, 1892, pp. 351/4.

Desflèches, *Joseph Eugène Jean Claude*, né à Jonage, dioc. de Grenoble, 13 fév. 1814; entra au séminaire des miss. étr. en 1837; ordonné la même année; partit 15 mai 1838 pour le Se-tch'ouan; coadj. de Mgr. Perrocheau, 1843; évêque de Sinite; vic. ap. du Se-tch'ouan orient., 1856; archevêque titulaire de Claudianopolis; se retire à Hyères, 1883, puis † au Sanatorium de Montbeton, près Montauban, 7 nov. 1887.

— Notices : Par Mutel, Direct. au sémin. des miss. étr. (*Miss. Cath.*, XX, 1888, pp. 23/4.) — *Cte. rendu*, 1887, pp. 199/211.

— L. de Tchong-king, 25 déc. 1874. (*Miss. Cath.*, VII, p. 238.)

— L. de Tchong-king, 29 sept. 1876, à M. Vinçot, à Chang-hai. (*Ibid.*, VIII, p. 591.)

— H. Cordier, *Hist. des Relations*.

Desgodins, *Auguste*, né en 1826, dioc. de Verdun; parti 15 juillet 1855; miss. au Tibet.

— Lettre de Gunra, frontière du Thibet, 19 décembre 1866, à son frère. (*Miss. Cath.*, I, pp. 95 et seq., pp. 102 et seq.)

Organisation politique du Tibet.

— L. de Yer-ka-lo, 11 juin 1874, à M. Rousseille, proc. des M. Etr. à Rome. (*Ibid.*, VI, pp. 593/4.)

— L. de Yer-ka-lo, 15 sept. 1874, à son frère. (*Ibid.*, VII, p. 66.)

— L. des 23 et 28 fév., 1 et 16 mars 1875. (*Ibid.*, pp. 354/5.)

— L. de Bathang, 29 mai 1875. (*Ibid.*, pp. 478/9.)

— L. de Ta-tsien-lou, 20 juin 1875. [Mort du Talai-lama.] (*Ibid.*, pp. 561/2.)

— L. de Bathang, 9 sept. 1876, à M. Voisin. (*Ibid.*, IX, p. 57.)

— L. de Bathang à sa famille, 23 déc. 1876. (*Ibid.*, p. 253.)

— L. de Yer-ka-lo, 29 mai 1878. (*Ibid.*, X, 1878, pp. 589/590.)

— Thibet. Une mission nouvelle dans l'Himalaya. (*Ibid.*, XVI, 1884, pp. 478/480, 487/489, 514/516.)

— Portrait. (*Ibid.*, p. 479.)

— L., ext. de la *Semaine religieuse*, de Nancy. (*Ibid.*, XXII, 1890, p. 65.)

Détroyat, *François-Xavier*, né le 21 janvier 1841, à Serre-Nerpol, dioc. de Grenoble; † 20 août 1871, à Ya-tcheou, Se-tch'ouan méridional.

— Notice : *Miss. Cath.*, IV, p. 137.

Dorie, *Pierre Henri*, dioc. de Luçon; parti 15 juillet 1864; miss. en Corée; décapité 8 mars 1866, à 27 ans.

— Vie de Henri Dorie Prêtre de la Société des Missions étrangères décapité pour la foi en Corée le 8 mars 1866 écrite par l'abbé Ferdinand Baudry Correspondant du Ministère pour les Travaux historiques. Poitiers, Henri Oudin, 1867, in-12, pp. xxxix-228, Portrait.

Doucet, *Camille Eugène*, né 1853, dioc. de Moutiers; parti 25 janvier 1877; provicaire de Corée.

— L. de Corée, 25 mars 1878. (*Miss. Cath.*, X, 1878, p. 326.) [Emprisonn. de Mgr. Ridel.]

— L. du 2 juin 1878 à M. Delpech, Sup. du Sém. des Miss. Etr. à Paris. (*Ibid.*, pp. 423/4.)

Douesnel, *Jules*, né en 1866, dioc. de Bayeux; parti 1892; missionnaire au Tibet.

— Lettre à Mgr. Biet. Padong, 20 Mars 1893. (*Miss. Cath.*, XXV, 12 Mai 1893, pp. 217/218.)

— L., à Mgr. Biet. Padong, 14 juin 1897. (*Ibid.*, XXIX, 1897, p. 352.)

— L., Padong, 29 août 1901. (*Ibid.*, XXXIII, 1901, p. 473.)

Doyon, *Marie Joseph Ernest*, né 1855; dioc. de Besançon; part 4 nov. 1888; miss. du Yun-nan; † 16 août 1892.

Dubail, *Constant*, né 11 mars 1838, à Dorans, dioc. de Strasbourg; parti 31 mars 1862; évêque titulaire de Bolina, vic. ap. de la Mandchourie; † 7 déc. 1887.

— Notice. (*Cte. rendu*, 1887, pp. 219/225.)

— L. de Mandchourie, 9 juillet, à M. Armbruster, dir. au Sém. des M. Et. de Paris [sur la mort de M. Delaborde]. (*Miss. Cath.*, X, 1878, pp. 474/5.)

— L. du 12 sept. 1878. (*Ibid.*, pp. 579/580.)

— L. au même. Ing-tse, 4 août 1880. (*Ibid.*, XII, 1880, pp. 506/9.)

— L. de Rome, 19 mai 1883. (*Ibid.*, XV, 1883, pp. 253/4.)

Dubernard, *Jules Etienne*, né 1840, du dioc. de Tulle; parti 15 mars 1864; miss. au Tibet.

— L. de Tse-kou, 1er janvier 1875. (*Miss. Cath.*, VII, 1875, p. 354.)

— L. de Tse-kou, 1er nov. 1876, à M. Rousseille, proc. des Miss. étr. de Paris, à Rome. (*Ibid.*, IX, pp. 106/108.)

Dufresse, *Louis-Gabriel Taurin*, né en 1751, à Ville-de-Lézoux, diocèse de Clermont dans le Bourbonnais. — Entré au Séminaire des Missions étrangères, le 2 juillet 1774. — Arrivé au Se-tch'ouan en 1777. — Evêque de Tabraca, le 24 juillet 1800. — Vicaire apostolique, 15 nov. 1801. — Martyrisé le 14 sept. 1815.

— Notice sur Mgr. Dufresse, Evêque de Tabraca, vicaire apostolique du Su-tchuen, Martyrisé dans cette province le 14 septembre 1815. (*Annales*, I, No. IV, pp. 48 et seq.)

— *Dict. de Biog. Chrét.*, pub. par Migne, I, col. 1299. — Notices : *Miss. Cath.*, IX, 1877, pp. 450/1. — *Chinese Repository*, I, p. 377.

— Beati Martyres Provinciae Se-tchouan in Sinis — 1815-1823 — Auctore F. M. J. Gourdon Missionario apostolico e Societate Missionum ad Exteros. Cha-p'în-pa, Typis Missionis Sé-tch'ouān orientalis, 1901, in-8, pp. ii-103 + 1 f. n. ch.

Dumont, *Jean Alexis*, né dans le diocèse de Verdun; parti pour le Yun-nan, le 19 août 1866; † dans cette province, le 27 février 1872.

— *Miss. Cath.*, IV, 1872, p. 545.

Dumont, *Pierre Hélène*, né à St. Georges d'Aunay, Calvados, le 26 mars 1820; parti 21 oct. 1846; † 3 oct. 1856.

— Notice biographique sur M. l'abbé Dumont missionnaire apostolique de la congrégation des Missions-étrangères prêtre du diocèse de Bayeux par l'abbé Faucon Vicaire de Saint-Vigor-le-Grand. Bayeux, A. Delarue, 1858, in-8, pp. 54.

Dunand, *Marie Julien*, né 1841; du dioc. de Moutiers; parti 3 août 1869; miss. au Se-tch'ouan occidental; évêque de Caloë (1893); vic. ap. du Se-tch'ouan occidental.

— L. du 21 Nov. 1875 (Se-tch'ouan) à M. Voisin, dir. au Sém. des Miss. étr., à Paris. (*Miss. Cath.*, VIII, 1876, pp. 105/106.)

— Lettre. (*Ibid.*, XXV, 1893, p. 147.)

— L. 6 août 1893 aux Directeurs de l'Œuvre de la Prop. de la Foi. (*Ibid.*, XXV, 1893, p. 519.)

— Portrait. (*Ann. Prop. Foi*, LXVII, 1895, p. 322.)

— L. (*Miss. Cath.*, XXVII, 1895, pp. 291/2.)

— L. à M. Cottin, Prétoire du Préfet de Tch'eng-tou, 9 juin 1895. (*Ibid.*, pp. 410/1.)

— L. à MM. les Directeurs de l'Œuvre de la Prop. de la Foi. (*Ibid.*, XXIX, 1897, pp. 532/3.)

— L. aux Mêmes. (*Ibid.*, XXXI, 1899, pp. 613/4.)

— L., Tch'eng-tou, 3 août 1902. (*Ibid.*, XXXIV, 1902, pp. 530/1.)

Durand, *Gabriel Marie Pierre*, né à Lunel, le 31 janvier 1835; parti 29 août 1858; † 28 sept. 1865.

— L. de Mgr. Chauveau. (*Annales de la Prop.*, Vol. XXXVIII, 1866, pp. 284 et seq.)

— Gabriel Durand né à Lunel élevé dans les Séminaires du diocèse de Nimes mis à mort au Thibet, en haine de la Foi. Sa vocation, son apostolat étudiés et racontés dans ses lettres par l'abbé Prouvèze Vicaire du Chapitre, et Professeur à la Maîtrise de la Cathédrale de Nimes. Nimes, Louis Bedot. 1866, in-8, pp. 105 s. l. tab.

— Gabriel Durand, missionnaire. — De France en Chine et au Thibet, par l'abbé Prouvèze. — Tome I. En France et sur les mers. — Tome II. A travers la Chine. — La Mission du Thibet. — Nimes, Gervais-Bedot, 1884, 2 vol. in-12, pp. 496, 728; — fr. 8.

— Notices : *Polybiblion*, juillet 1885, pp. 42/44. — *Miss. Cath.*, XVI, 1884, p. 504.

Emonet, *Noël Marie*, né à Massingy, canton de Rumilly (Hte. Savoie), dioc. de Chambéry, le 19 avril 1849; parti 27 janvier 1875; miss. en Mandchourie; brûlé à Moukden, 2 juillet 1900.

— Portrait. (*Ann. Prop. Foi*, LXXII, 1900, p. 428.)

— Notice par H. Lamasse. (*Cte. rendu*, 1900, pp. 359/362.)

— L. de Mandchourie, 8 janvier 1877, à M. Armbruster, dir. au Sém. des Miss. étr. à Paris. (*Miss. Cath.*, IX, p. 300.)

— L. du 16 juillet 1877 au même. (*Ibid.*, p. 581.)

— L. de Ing-tze, 14 nov. 1879, au même. (*Ibid.*, XII, 1880, pp. 77/8.) [Sacre de Mgr. Dubail.]

— L., 20 août 1888. (*Ibid.*, XX, 1888, p. 506.)

— Lettre à M. Hinard, Directeur du Séminaire des Missions Etrangères de Paris, de Siao-hai-chan. (*Ibid.*, XXV, 24 février 1893, p. 89.)

— L. de Hong-Kong. (*Ibid.*, XXVII, 1895, p. 171.)

Esslinger, *Ignace*, né 1839, du dioc. de Strasbourg; parti 15 sept. 1865; miss. au Kouei-tcheou.

— L. de Kouei-yang-fou, à M. Delpech, sup. du séminaire des Miss. ét., 25 février 1873. (*Miss. Cath.*, V, pp. 495/6.)

Eyraud, *Jean*, né à St. Bonnet (dioc. de Gap), 15 mai 1823; † à Chang-hai, le 4 juillet 1874.

— L. de M. Blettery. (*Miss. Cath.*, VII, pp. 8/9.)

Fage, *Jean-Charles*, né à Ladignac (Corrèze), 6 oct. 1824; parti pour le Yun-nan, 16 sept. 1847; † 19 août 1888.

— Notice. (*Cte. rendu*, 1888, pp. 267/9.)

Faguais, *Jules*, né à Genêts, dioc. de Coutances, 11 sept. 1847; parti 29 juillet 1874, pour le Se-tch'ouan occid.; † 16 sept. 1902.

— Notice. (*Cte. rendu*, 1902, pp. 431/5.)

Faure, *Augustin*, né à Saint-Jeures (Haute-Loire), 11 fév. 1851; parti 24 déc. 1876, pour le Se-tch'ouan oriental; † 20 déc. 1882.

— Notice. (*Cte. rendu*, 1883, p. 120.)

Faure, *Jean Irénée Auguste*, né 18 oct. 1852, à Saint-Jean de Montorcier, dioc. de Gap; parti 30 oct. 1878; Miss. de Mandchourie; † à Cha-ling, 7 fév. 1895.

— Notice. (*Cte. rendu*, 1895, pp. 346/353.)

Faurie, *Louis*, né le 13 juin 1824, dans le diocèse de Bordeaux, à Monsegur; Evêque d'Apollonie, vic. ap. du Kouei-tcheou; † le 18 juillet 1871, à Kouy-fou, dans le Se-tch'ouan oriental.

— Portrait. (*Miss. Cath.*, XVI, 1884, p. 251.)

— Notice : *Miss. Cath.*, IV, pp. 27/8.

— Lettres : *Ibid.*, I, p. 45; II, pp. 140/1, 156/7, 270.

— Eloge de Mgr. Louis Faurie évêque in partibus d'Appollonie Vicaire apostolique du Kouy-tchéou (Chine) prononcé à la distribution des prix du Petit-Séminaire de Bordeaux, le 8 Août 1872. Par M. l'abbé J. H. Castaing, Professeur de Rhétorique. Bordeaux, Imp. de la Guienne, 1872, br. in-8, pp. 32.

— Eloge funèbre de Mgr. Louis Faurie Evêque d'Apollonie Vicaire apostolique de Kouy-tchéou. Bordeaux, J. Delmas, 1872, br. in-8, pp. 14.

— Vie de Mgr. Faurie, membre de la Société des Missions étrangères, vicaire apostolique du Kouy-tcheou (Chine), Enrichie d'une Carte géographique du Kouy-tcheou. Par M. l'abbé J.-H. Castaing, Chanoine honoraire de Bordeaux. Paris, V. Lecoffre; Bordeaux, Féret, 1884, in-8, pp. 674.

Notice : *Miss. Cath.*, XVI, 1884, pp. 251/2.

Favand, *François-Xavier Victor*, né à Aubenas (Diocèse de Viviers), le 12 nov. 1809; † à Tchong-king (Se-tch'ouan), le 27 nov. 1873.

— Notice : *Miss. Cath.*, VI, 1874, p. 122.

Fenouil, *Jean Joseph*, né 18 nov. 1821, à Rudelle, dioc. de Cahors; parti 1847; évêque de Ténédos, 1881; vic. ap. du Yunnan, 29 juillet 1881.

— Chevalier de la Légion d'Honneur. (*Miss. Cath.*, XXXII, 1900, p. 326.)

— L. à Mgr. Ponsot. Tong tchouan, 20 oct. 1880. (*Ibid.*, XIII, 1881, pp. 241/243.)

— L. de Yun nan sen, fév. 1885, aux Dir. de la Prop. de la Foi. (*Ibid.*, XVII, 1885, pp. 181/185.)

— L. de Yun nan sen, 1er sept. 1887. (*Ibid.*, XX, 1888, pp. 62/5.)

— L. à un ancien condisciple. (*Ibid.*, XXIII, 1891, pp. 458/460.)

Ferrand, *Auguste Pierre Victor Flavien*, né 1844, dioc. de Mende; parti 14 déc. 1876.

— L. du Kouang-Toung. (*Miss. Cath.*, XXX, 1898, p. 375.)

Flandin, *Frédéric Marie Auguste*, né à Chirens, canton de Voiron, dioc. de Grenoble, 31 juillet 1860; parti 31 août 1892, pour la Mandchourie mérid.; † 20 nov. 1900.

— Notice par F. Choulet. (*Cte. rendu*, 1900, pp. 428/432.)

Fleureau, *Désiré Louis*, né 1845, dioc. d'Orléans; parti 4 mai 1881.

— L. de Saint Joseph de Long Wo [Kouang toung], 25 août 1887, à M. Romanet du Caillaud. (*Miss. Cath.*, XIX, 1887, p. 579.)

Fleury, *François*, né 1869, dioc. d'Angers; parti 15 août 1894. Miss. au Se-tch'ouan oriental; emprisonné par les Chinois de juillet 1898 à janvier 1899.

— Voir Livre jaune : Chine, 1898—1899.

— L. (*Miss. Cath.*, XXXI, 1899, pp. 37/8.)

— L. du Se-tch'ouan. (*Ibid.*, p. 376.)

— L. (*Ibid.*, XXXI, 1899, p. 605.)

— L. (*Ibid.*, XXXII, 1900, p. 434.)

Fontana, *Louis*, évêque de Sinite, né à Ivrée, en Piémont, le 2 juillet 1780; arriva en Chine en 1812; † le 11 juillet 1838.

— *Annales de la Prop. de la Foi*, XII, p. 484.

Forcade, *Théodore Augustin*, né à Versailles, 2 mars 1816; parti 14 déc. 1842, pour les îles Lieou-kieou; évêque de Samos; vic. ap. du Japon, 1846; quitte la Société, 1852; évêque de la Guadeloupe, puis de Nevers, et archevêque d'Aix; † 12 sept. 1885, du choléra.

— Le premier Missionnaire du Japon au XIXe siècle par Mgr. Forcade, archevêque d'Aix. (*Miss. Cath.*, XVII, 1885, 24 avril, etc.)

— Éloge funèbre de Monseigneur Théodore-Augustin Forcade Archevêque d'Aix Arles et Embrun Primat Prélat assistant au Trone pontifical, etc. Prononcé par Mgr. de Cabrières Evêque de Montpellier Dans la Basilique Métropolitaine de Saint-Sauveur à Aix après le Service funèbre du 22 octobre

1885. — Deuxième Édition. — Pris : 50 cent. Aix, Achille Makaire, 1885, in-8, pp. 38.

— Vie de Monseigneur Forcade Archevêque d'Aix Arles et Embrun par L'abbé E. Marbot. — J. M. J. — Aix, Achille Makaire [et] Paris, Lesort, 1886, in-8, pp. VIII-628.

Foucard, *Pierre Noël*, né à Olivet, dioc. d'Orléans, 24 déc. 1830; parti le 2 juillet 1860; év. de Zela et préfet apostolique du Kouang-si, 6 mai 1878; † à Chang-sê, 31 mars 1889.

— Notice. (*Cte. rendu*, 1889, pp. 257/269.)

— Lettre de Leing-chan, 16 février 1870, sur le martyre du catéchiste François-Xavier Pierre Yang. (*Miss. Cath.*, III, pp. 249 et seq.)

— L. de Canton, 15 mai 1873, à M. L. Guerrin, directeur au séminaire des Miss. Etr. (*Ibid.*, V, pp. 351/2.)

— L. de Canton, 10 juillet 1873, au même. (*Ibid.*, V, pp. 446/7.)

— L. de Chang-Sé, 11 mars 1884. (*Ibid.*, XVI, 1884, pp. 277/8.)

— L. au Sup. des M. étr. (*Ibid.*, XVII, 1885, pp. 193/194.)

— L. de Hong-Kong, 22 mars 1885. (*Ibid.*, pp. 217/8.)

— Attaque contre lui. (*Ibid.*, XVIII, 1886, p. 8.)

Fourcy, *François Fulgence Joseph*, dioc. d'Arras; parti 29 août 1858; † à Kouei-yang-fou, le 5 février 1870, à 48 ans.

— Notice : *Miss. Cath.*, III, p. 174.

Furet, *Auguste Théodore*, dioc. du Mans; parti pour le Japon, 19 avril 1853; a quitté la Société en 1869.

— L. à M. Léon de Rosny. Hong-kong, le 5 Août 1854. (*Rev. de l'Or. et de l'Alg.*, XVI, 1854, pp. 399/401.)

— L. au même. Hong-kong, 12 Octobre 1855. (*Ibid.*, XIX, 1856, pp. 23/28, 127/132.)

Sur la grande Lou-Tchou.

Galibert, *Louis Philippe*, né 1864, dioc. d'Albi; parti 2 nov. 1887, pour le Se-tch'ouan mérid.

— L. de Souy-fou à M. Sicard, curé de Guidal (Tarn). (*Miss. Cath.*, XXXI, 1899, p. 257.)

Gallay, *Léon*, né 1871, dioc. d'Annecy; parti 15 août 1894, pour le Se-tch'ouan méridional.

— L. du Se-tch'ouan. (*Miss. Cath.*, XXXIV, 1902, p. 51.)

Gauthier, *Jean*, né 23 fév. 1845, dioc. d'Autun; parti 29 janvier 1873, pour le Kouang-Toung; † 8 août 1902.

— Notice. (*Cte. rendu*, 1902, pp. 400/5.)

Gelin, *Adolphe Augustin Nicolas*, né 13 nov. 1847, à Joinville (Hte. Marne), dioc. de Langres; parti 30 août 1871; miss. Se-tch'ouan occid.; † 28 juillet 1892.

— Notice. (*Cte. rendu*, 1892, pp. 359/362.)

Genestier, *Annet*, né 1858, dioc. de Clermont; parti 7 oct. 1885.

— Lettre. [Voyage au Lou-tseu kiang.] (*Miss. Cath.*, XXXI, 1899, pp. 157/9.)

Gennevoise, *André Félix Chrysostôme Joseph*, du dioc. de Cambrai; parti 31 mars 1862; Miss. ap. au Kouang-toung, puis au Se-tch'ouan orient.; quitte 1870; Chartreux. [Voir col. 850.]

— Lettre de Canton, 9 avril 1868, au Sup. des Miss. Etr. à Paris. (*Miss. Cath.*, I, pp. 35 et seq.)

— Lettre de Shang-hai, 1er décembre 1869, à M. Delpech, Sup. du Sém. des Miss. Etr. (*Ibid.*, III, pp. 29 et seq.)

— Lettre de Shang-hai du 19 déc. 1869, au même. (*Ibid.*, pp. 49 et seq.)

— Lettre de Shang-hai, le 2 février 1870, à son frère M. Lucien G., avoué à la Cour impériale de Douai. (*Ibid.*, III, pp. 253 et seq., 263/4, 271/2. Sous le titre de *Un missionnaire chez les rebelles*.)

Genoud, *Marie-Joseph*, né à Boussy, dioc. d'Annecy, 2 mars 1844; parti pour le Kouang-toung, 15 fév. 1870; † 23 nov. 1900.

— Notice par Fleureau. (*Cte. rendu*, 1902, pp. 321/3.)

Georjeon, *François*, né à Marlhes (Loire), 3 août 1869; parti 31 août 1892, pour la Mandchourie sept.; assassiné 20 juillet 1900. — Cf. *Miss. Cath.*, 1901, pp. 256/7.

— Portrait. (*Ann. Prop. Foi*, LXXII, 1900, p. 432.)

— Notice par J. Cubizolles. (*Cte. rendu*, 1900, pp. 391/6.)

— L. de Pei-lin-tse, 11 juillet 1900, à M. Hinard, Directeur du Sém. des Miss. étr. (*Miss. Cath.*, XXXII, 1900, p. 445.)

(FOUCARD—GEORJEON.)

Gilles, *Pierre Etienne Amédée*, né le 1er avril 1829, à Valréas dioc. d'Avignon; † le 13 août 1869.

— Notice : *Miss. Cath.*, II, p. 395.

Giraudeau, *Pierre Philippe*, né 17 mars 1850, dioc. de Nantes; parti 11 juillet 1878, pour le Tibet; évêque de Tiniade; coadj. et administrateur 15 fév. 1897; vic. ap. en 1901.

— L. de Yerkalo, 22 nov. 1879. (*Miss. Cath.*, XII, 1880, p. 322.)

— 27 nov. 1879; 8 déc. 1879; 14 déc. 1879. (*Ibid.*, pp. 332/3.)

— L. (avec M. Soulié), Bathang, de notre noire cachette, chez le 2e chef indigène, 21 juillet 1887. (*Ibid.*, XIX, 1887, pp. 577/9.)

— L., Ta-Tsien-lou, 27 juin 1895. (*Ibid.*, XXVII, 1895, pp. 457/8.)

— L., Ta-Tsien-lou, 6 oct. 1903. (*Ibid.*, XXXVI, 1904, p. 76.)

— L., Ta-Tsien-lou, 27 sept. 1904. (*Ibid.*, p. 592.)

Gire, *Jacques Joseph*, né 19 mars 1867, dioc. du Puy; parti pour le Se-tch'ouan mérid., 13 nov. 1889; † 8 juin 1897.

— Notice par Mgr. Chatagnon. (*Cte. rendu*, 1897, pp. 318/320.)

Gorostarzu, *Charles Marie Félix de*, né 1860, dioc. d'Aire; parti 7 oct. 1885, pour le Yun-nan.

— L. [famine; orphelinat de Tchao-tong]. (*Miss. Cath.*, XXIV, 1892, pp. 461/2.)

Goutelle, *Jean-Baptiste*, né 29 juillet 1821, à La Borgia sur la paroisse de Saint Christot-en-Jarez, dioc. de Clermont; parti 16 sept. 1847; mission du Se-tch'ouan, puis du Tibet; † à Ou-sy, 26 juillet 1895.

— Nécrologie par Mgr. Biet. (*Miss. Cath.*, XXVII, 1895, pp. 568/4.)

— Notice. (*Cte. rendu*, 1895, pp. 381/7.)

— L. [sur les environs d'A-ten-tsé]. (*Miss. Cath.*, XIV, 1882, pp. 221/2.)

Grandpierre, *Apollone Joseph Albert*, né 1853, dioc. de Besançon; parti 20 avril 1876.

— Lettre. (*Miss. Cath.*, XXXI, 1899, pp. 277/9.)

Gremaud, *Jean*, né 18 sept. 1860, à Riaz (Lausanne, Suisse); parti pour le Se-tch'ouan occid., 3 nov. 1886; † 5 juin 1903.

— Notice. (*Cte. rendu*, 1903, pp. 383/7.)

Grialou, *Amans Louis Auguste*, né 24 mars 1867, à Noailhac, canton de Conques, dioc. de Rodez; parti pour le Se-tch'ouan occid., 29 oct. 1890; † 7 nov. 1898.

— Notice par A. Couderc. (*Cte. rendu*, 1898, pp. 363/7.)

Grimaud, *Avit Adolphe*, né 6 fév. 1845, dioc. de Gap; parti 15 fév. 1870, pour le Kouang Toung; † 23 sept. 1899.

— Notice par D. Fleureau. (*Cte. rendu*, 1901, pp. 291/5.)

— L. à sa sœur, religieuse au Laus (diec. de Gap). Canton, 24 déc. 1883. (*Miss. Cath.*, XVI, 1884, pp. 88/90.)

Grisard, *André*, né à Saint-Etienne (Loire), 21 nov. 1873; parti 3 août 1898, pour la Corée; † 16 août 1903.

— Notice. (*Cte. rendu*, 1903, pp. 397/403.)

Guébriant, *Jean Baptiste Marie Budes de*, né 1860, dioc. de Paris; parti 7 oct. 1885, pour le Se-tch'ouan mérid.; provicaire.

— Au Su-tchuen Par M. de Guébriant des Missions Etrangères de Paris, pro-vicaire apostolique du Su-tchuen méridional. (*Miss. Cath.*, XXXI, 10 février 1899, pp. 64/66; 17 fév., pp. 78/81; 3 Mars, pp. 106/108; 10 Mars, pp. 117/118; 17 Mars, pp. 129/131; 24 Mars, pp. 136/139; 31 Mars, pp. 152/155.)

— Lettre. (*Miss. Cath.*, XXXV, 1903, pp. 37/9.)

Guerrin, *Claude Louis Léon*, dioc. de Besançon; parti 15 juillet 1884; Miss. à Kouai-thao, prov. de Canton (1864—1867); député de la Chine, au séminaire rue du Bac (1867); quitta 1880; Sous-procureur de la Grande-Chartreuse.

— L. sur l'envoûtement. (*Intermédiaire des Chercheurs et Curieux*, 20 janvier 1893, col. 57—58.)

Guichard, *François Mathurin*, né 1841, dioc. de Luçon; parti 15 fév. 1865; év. de Toron et coadj. en 1884; vic. ap. en 1893.

— L., Kouy-tcheou, 26 juillet 1886, aux Directeurs du sém. des miss. étr. (*Miss. Cath.*, XVIII, 1886, p. 517.)

— L., 18 fév. 1887. (*Ibid.*, XIX, 1887, pp. 229/231.)

Guillaume, *Charles Alphonse*, né 1844, dioc. de Nancy; parti pour le Kouang-Toung, 5 juin 1872.

— L. à Mgr. Chausse. (*Miss. Cath.*, XXXI, 1899, pp. 421/2.)

(GILLES—GUILLAUME.)

Guillemin, *Philippe François Zéphyrin*, né 16 mars 1814, à Vuillafans, dioc. de Besançon; parti 9 août 1848; évêque de Cybistra (1857), préfet apostolique du Kouang-toung, Kouang-si et Haï-nan; † à Besançon, 5 avril 1886.

— Notice. (*Cte. rendu*, 1886, pp. 155/163.)

— Lettre de Canton du 8 Juin 1869 sur les Pirates. (*Miss. Cath.*, II, p. 285.)

— Lettre de Canton du 12 Sept. 1869. (*Ibid.*, p. 421.)

— Lettre de Rome, du 10 Juin 1870 sur la chapelle de Saint-François-Xavier, à San-cian. (*Ibid.*, III, pp. 217 et seq.) [Voir col. 300, Gaultier de Claubry.]

— Lettres de Monseigneur Zéphyrin, Ev. de Cybistra, Préf. apost. de Quang-tong, Quang-si. Pièce in-folio de 37 pages, s. l. n. d. [1859]. [Lith. V. Sanson, 18, r. Dauphine, Paris].

Comprend trois lettres lithographiées :

Canton, 2 février 1859. Fête de la Présentation de N.-S. au Temple, pp. 1/13.

2e Lettre, Jerusalem, pp. 14/25.

3e Lettre, d'Alexandrie à Canton, pp. 26/37.

Ces trois lettres sont adressées à la mère de l'Evêque de Cybistra.

— Lettres de Mgr. Guillemin, Ev. Préf. Apost. du Quang-tong et Quang-si (Chine) sur l'érection de la Chapelle de S. François Xavier dans l'ile de Sancian et quelques autres faits récents de la Mission. 1° Voyage au Tombeau de S. François Xavier; 2° Construction et bénédiction de la Chapelle; 3° Emprisonnement d'une baptiseuse de la S. Enfance à Canton; 4° Voyage à Pekin; 5° Autres particularités sur l'œuvre de la S. Enfance. Rome, 1870, Imprimerie de la Propagande admin. par le Chev. P. Marietti. in-8, pp. 171, avec 1 phot.

Les lettres 1 et 2 ont paru dans les *Ann. de la Prop. de la Foi* (1867, 25 janvier; 1869, 1er juin); la 4e dans l'*Union Franc-Comtoise* du 15 mars 1870.

— L. du P. Z. Guillemin sur la Ste.-Enfance, datée Rome, 20 avril 1870. Pièce in-8.

Forme la 5e lettre à M. de Girardin, Directeur de l'Œuvre de la Sainte-Enfance, à Paris.

Bib. nat. $\frac{O^2n}{715}$

Guillon, *Laurent*, né le 8 nov. 1854, à Chindrieux, dioc. de Chambéry; parti 10 janv. 1878; év. d'Euménie et vic. ap. de Mandchourie, déc. 1889; brûlé à Moukden, 2 juillet 1900.

— Portrait. (*Ann. Prop. Foi*, LXXII, 1900, p. 322.)

— Notice par A. Letort. (*Cte. rendu*, 1900, pp. 265/271.)

— L. de Mandchourie, 1er août 1878. (*Miss. Cath.*, X, 1878, p. 615.)

— Trois semaines en prison. Récit adressé à Mgr. Dubail, vic. ap. de Mandchourie. Kiem-Kia-tien, 1er oct. 1884, etc. (*Ibid.*, XVII, 1885, pp. 66/70, 75/77, 94/5, 118/120, 128/129.)

— Notice. (*Ibid.*, XXII, 1890, p. 40.)

— Sacre. (*Ibid.*, p. 460; portrait, p. 462.)

— Lettre de Nicou-tchouang, 3 Mai 1893. (*Ibid.*, XXV, 7 Juillet 1893, pp. 314/315.)

— Rapport. (*Ibid.*, XXVIII, 1896, pp. 268/9.)

Guimbretière, *Léon*, né à Montigné-sur-Moine (Maine et Loire), 13 janvier 1849; parti pour le Kouang-si, 2 août 1882; † 11 fév. 1888.

— Notice. (*Cte. rendu*, 1888, pp. 221/3.)

Hamel, *Thomas Julien Charles*, né à Caen; † au Se-tch'ouan, le 13 déc. 1812.

— *Nouv. let. éd.*, Paris, Leclerc, 1820, V, pp. 20 et 22. — *Lettres à Mgr. de Langres*, par Luquet, pp. 227/8. — *Miss. Cath.*, IV, 1872, p. 714.

Hatinguais, *Joseph Marie Félix*, né 18 juin 1852, à Oissel-sur-Seine (Seine infre); parti 1er sept. 1880, pour le Se-tch'ouan; † 16 oct. 1886.

— Notice. (*Cte. rendu*, 1886, pp. 229/231.)

Hervagault, *Jean Marie Martin*, né 1858, dioc. de Rennes; parti 29 juin 1883; missionnaire au Thibet.

— Lettre de Maria-Basti, novembre 1892. (*Miss. Cath.*, XXV, 10 fév. 1893, p. 62.)

Hervel, *Donatien Marie Toussaint*, né à Trescallan, près de Guérande, 31 oct. 1850; parti 14 déc. 1876; † 29 oct. 1889.

— Notice. (*Cte. rendu*, 1889, pp. 342/7.)

— L., Ka-yn-tcheou (Kouang-toung), 7 août 1888. (*Miss. Cath.*, XX, 1888, p. 508.)

Hinard, *Victor Joseph Fleur*, dioc. de Coutance; parti pour la Mandchourie, 30 juin 1875.

— L. de Ing-tse. (*Miss. Cath.*, XXII, 1890, p. 460.)

Ho Kay-tché, *Joachim*, † 2 juillet 1839.

— Notice historique sur le Vénérable Joachim Ho-kay-tché, mis à mort pour la foi le 2 juillet 1839, dans la capitale du Kouy-Tchéou, en Chine. Par M. Paul Perny, supérieur de la Mission du Kouy-Tchéou. (*Miss. Cath.*, I, pp. 17 et seq.)

Houery, *Victor*, né à Nantes, 5 déc. 1833; parti pour le Kouang Toung, 16 mars 1863; † 23 avril 1897, à Béthanie.

— Notice par D. Fleureau. (*Cte. rendu*, 1897, pp. 313/8.)

Houillon, *Jean-Baptiste*, né au hameau de Pont-sur-Moselle, paroisse de Dommartin, près de Remiremont, le 3 déc. 1825; massacré pendant la Commune, le 27 mai 1871.

— Notices: *Miss. Cath.*, IV, pp. 82/3 et 136. — Maxime du Camp, *Convulsions de Paris.*

— Un Martyr sous la Commune de Paris ou Biographie de M. Jean-Baptiste Houillon Mis à mort le 27 mai 1871. — Par Louis de Savigny. — Paris, Théodore Olmer, in-8, pp. 146.

Louis de Savigny = P. Perny.

Hue, *Jean*, né à Flers, Orne, le 21 janvier 1837; † 5 sept. 1873, à Kien-kiang.

— Vie de M. Jean Hue, prêtre du diocèse de Séez et membre de la Congrégation des Missions étrangères. Martyrisé en Chine, le 5 septembre 1873. Bar-le-Duc, Typographie des Célestins, 1875, in-8, pp. VIII-298.

Par J.-B.-N. Blin, Curé de Durcet.

— Notice (avec port.) : *Miss. Cath.*, VI, p. 136.

Lettres publiées dans les *Miss. Cath.*, 23 juillet 1869, p. 231 (sur la mort du P. Rigaud); 13 août 1869, p. 250; 16 août 1872, p. 504.

Voir sur sa mort la lettre de M. L. Guerrin, directeur des Miss. Etr., du 23 Nov. 1873. (*Ibid.*, V, p. 566.) — Lettres du P. Provôt. (*Annales de la Prop.*, Vol. XLVI, 1874, pp. 79/95. — Notice : *Ibid.*, pp. 95/6.)

Huin, *Martin Luc*, parti 15 juillet 1864.

— Vie de Martin-Luc Huin prêtre du diocèse de Langres de la Société des Missions étrangères décapité pour la Foi, en Corée le 30 mars 1866 Ornée de vingt portraits de personnages français et coréens avec fac-simile de leur écriture, de deux paysages, d'une carte de Corée et des pays traversés par M. Huin. Enrichie d'une Lettre de Mgr. Mutel, sur l'état actuel de l'Eglise de Corée, avec portrait de sa Grandeur par Théophile Ramaget. Langres, Rallet-Bideaud, imprimeur-libraire, à Enfouvelle (Haute-Marne) chez l'auteur 1893, in-8, pp. IX-364.

Notice : *Miss. Cath.*, XXVI, 1894, pp. 83/4.

Humbert, *Jean Victor*, dioc. de Lausanne ; parti 22 août 1888.

— L., du Kouang-si. (*Miss. Cath.*, XXI, 1889, pp. 502.)

— L., du Kouang-si. (*Ibid.*, XXII, 1890, p. 6.)

— L., de Chan-tsing, à sa famille. (*Ibid.*, XXIII, 1891, p. 87.)

— L. (*Ibid.*, pp. 207/8.)

— L. (*Ibid.*, p. 339.)

— L. à sa famille. (*Ibid.*, p. 495.)

Imbert, *Laurent Joseph Marius*, né au hameau de Callas entre les Mille et Cabriès, le 3 germinal an IV (23 mars 1796); martyrisé à Séoul, cap. de la Corée, le 21 sept. 1830.

— Travaux et Martyre de Mgr. Imbert, de Cabriès, Diocèse d'Aix, et de ses deux compagnons, MM. Maubant et Chastan. Dédié aux élèves des Séminaires. Marseille, P. Chauffard, 1858, in-8, pp. 93, s. l'ép.

— Sacra Rituum Congregatione em. ac rev. domino Card. Constantino Patrizi relatore. Coreana, Concincinen. Et Tunchinen. beatificationis seu declarationis martyrii servorum dei Laurentii Imbert episcopi Capsensis et aliorum. Positio super introductione causae. Romae, ex typographeo Salviucciano 1857. In fol.

Les compagnons de martyre de Mgr. Imbert furent les PP. Pierre Philibert Maubant, né à Vassy (dioc. de Bayeux), le 20 sept. 1803, et Jacques Honoré Chastan, né le 7 oct. 1803, à Marcoux (dioc. de Digne). Ils furent tous les trois déclarés vénérables, le 24 sept. 1857.

— Notice avec trois portraits dans les *Miss. Cath.*, IX, 1877, pp. 463/4.

— Notice sur Monseigneur Imbert évêque de Capse vicaire apostolique de Corée par L'abbé Firmin Ollivier curé de Callas dans le diocèse d'Aix. Aix, Imprimerie J. Nicot, 1880, br. in-8, pp. 32.

Jacquemin, *Alix Célestin*, né 5 avril 1869, à Saint-Hymetière, dioc. de Saint-Claude; parti 31 juillet 1895, pour le Kouang-si; † 2 déc. 1896.

— Notice. (*Cte. rendu*, 1897, pp. 291/2.)

Jacquemin, *Charles-Jean-Baptiste*, né 20 sept. 1826, dioc. de Nancy; parti 27 fév. 1851; mission du Kouang-Toung; † à Hong-Kong, 28 avril 1895.

— Henri Cordier, *Exp. de Chine*, 1857—1858, p. 22. — Notice. (*Cte. rendu*, 1895, p. 359.)

Jaimes, *Alexis*, né 14 sept. 1837, à Aussurucq, dioc. de Bayonne; parti 16 août 1863, pour le Se-tch'ouan mérid. : † 27 mars 1900.

— Notice par Marc Chatagnon. (*Cte. rendu*, 1900, pp. 334/9.)

Jolly, *Louis*, né à Lencloître Vienne, le 5 déc. 1836; † à Paris, le 16 mars 1878.

— Notices : *Miss. Cath.*, X, 1878, p. 154. — *Nécrologie* des Miss. étr., 1879, pp. 72/4.)

— Lettre de Canton du 22 janv. 1869 à M. Voisin, Directeur au Séminaire des Missions étr. (*Miss. Cath.*, II, p. 90/2.)

Josse, *Jean-Baptiste*, né au village de Boiseau, paroisse de Saint-Jean de Boiseau, dioc. de Nantes, 19 oct. 1851; parti pour la Corée, 26 oct. 1881; † 28 janvier 1886.

— Notice. (*Cte. rendu*, 1886, pp. 170/4; d'après la notice de l'abbé Prin, prof. à Notre-Dame des Couëts, dans le *Petit Messager de Nantes*.)

Jouishomme, *Benoit Hippolyte*, né à La Chaux (Haute Loire), 16 juillet 1850; parti pour le Kouei-tcheou, 29 juillet 1874; † à Kouei-yang, 4 sept. 1899.

(HUMBERT—JOUISHOMME.)

— L. de Sú-yang, sur la mort du prêtre Thomas Lin. (*Miss. Cath.*, XVIII, 1886, p. 518.)

Jozeau, *Jean Moïse*, né à la Boissière-Thouarsaize, canton de Parthenay (Deux-Sèvres), 9 fév. 1866; parti 12 déc. 1888; arrivé en Corée, 16 fév. 1889; assassiné en Corée, dimanche 29 juillet 1894.

— Notice. (*Cte. rendu*, 1894, pp. 380/3.)

— L. de Mgr. Mutel [sur le meurtre de l'abbé Jozeau]. (*Miss. Cath.*, XXVI, 1894, pp. 533/6.)

— Lettre à Mgr. Mutel. Tai-Kou, 25 décembre 1892. (*Ibid.*, XXV, 30 juin 1893, pp. 302/304.)

— Portrait. (*Ann. Prop. Foi*, LXVI, 1894, p. 405.)

— Let. de Mgr. Mutel, sur sa mort. (*Ibid.*, LXVII, 1895, pp. 325/333.)

— Voir infra Mgr. Mutel. (*Miss. Cath.*, XXVI, pp. 486/8, et XXVII, p. 591.)

Julien, *Hippolyte*, né au Neufbourg, dioc. de Coutances, 16 juillet 1874; parti 28 oct. 1897; massacré 16 janvier 1902, à Ma-tse-hao (Kouang-Toung).

— Notice par Fleureau. (*Cte. rendu*, 1902, pp. 348/352.)

Kircher, *Nicolas*, né 1er juin 1866, dioc. de Metz; parti pour le Se-tch'ouan, 29 oct. 1890; † 18 mai 1898.

— Notice par Mgr. Dunand. (*Cte. rendu*, 1898, pp. 316/8.)

Klinger, *Eugène Marie*, né à Metz, 18 fév. 1867; parti pour le Kouang-si, 15 avril 1891; † 13 mai 1893.

— Notice. (*Cte. rendu*, 1893, pp. 343/6.)

Koscher, *Nicolas*, né 22 fév. 1867; parti 15 août 1895, pour le Se-tch'ouan mérid.; † 10 avril 1900.

— Notice par Marc Chatagnon. (*Cte. rendu*, 1900, pp. 345/8.)

Krick, *Nicolas Michel*, né 2 mars 1819, à Lixheim; fils d'un tailleur; parti 1849, pour le Tibet; assassiné avec le P. Bourry, au pays des Abors, 1er sept. 1854.

— *Annales Prop. Foi*, XXV, 1853, pp. 458/477; XXVI, 1854, pp. 52/68, 73/90; XXVII, 1855, pp. 233/6. — A. Launay, *Salle des Martyrs*, Paris, 1900, pp. 108-110. — *Augustin Schœffler* par Mangenot, pp. 16/17.

— Relation d'un Voyage au Thibet en 1852 et d'un voyage chez les Abors en 1853 par M. l'abbé Krick de la Société des Missions étrangères, Supérieur de la Mission du Thibet pour le Sud; suivie de quelques documents sur la même mission. Par MM. Renou et Latry. Paris, Auguste Vaton, 1854, in-12, pp. VIII-224.

Lacaille, *Arsène Joseph*, né à Mouchy-Cayeux (Pas-de-Calais), 9 sept. 1859; parti pour le Kouang-si; 7 nov. 1883; † 21 fév. 1889.

— Notice. (*Cte. rendu*, 1889, pp. 289/291.)

Lacaze, *Louis Joseph*, né à Rodez, 24 janvier 1867; parti pour le Se-tch'ouan oriental, 13 nov. 1889; † 23 déc. 1897.

— Notice. (*Cte rendu*, 1898, pp. 283/5.)

Lalouyer, *Pierre Marie*, né 1850, dioc. de Rennes; parti 16 juillet 1878; évêque de Raphanée et coadj. de la Mandchourie en 1897; vic. ap. de la Mandchourie sept. en 1898.

— L. [de Kirin]. (*Miss. Cath.*, XXXI, 1899, pp. 349/351.)

— L. de Mandchourie. (*Ibid.*, XXXIII, 1901, pp. 64/5.)

Lafourcade, *Arnaud Jean*, né à Urcuit, dioc. de Bayonne, 4 nov. 1860; parti pour la Corée, 1er déc. 1886; † 11 juillet 1888.

— Notice. (*Cte. rendu*, 1888, pp. 263/6.)

Lamandé, *Ange-Marie*, né 12 janv. 1852, à Plouguenast (dioc. de St. Brieuc); entra aux Miss. étr., 3 oct. 1874; parti pour la Mandchourie, 13 avril 1877; † à Pa-kia-tze (Mandchourie), 7 avril 1880.

— Notices : *Miss. Cath.*, XII, 1880, p. 322. — *Nécrologie* des Miss. étr., 1881, pp. 105/6.

Langlais, *Edouard*, né le 8 mars 1849 en Valachie; parti en 1872, pour le Se-tch'ouan oriental; † 9 juillet 1883.

— Notice. (*Cte. rendu*, 1883, pp. 133/6.)

Largeteau, *Antoine*, né 19 juin 1839, à Guitres (Gironde), dioc. de Bordeaux; parti 15 sept. 1865; Miss. du Kouei-tcheou; † à Kouei-yang, 31 juillet 1895.

— Notice. (*Cte. rendu*, 1895, pp. 390/4.)

(JOZEAU- LARGETEAU.)

Laurent, *Jean Pierre*, né 1877, dioc. de Lyon; parti 1901.
— L. de Man-tchang (Se-tch'ouan occid.), 2 oct. 1902. (*Miss. Cath.*, XXIV, 1902, p. 604.)

Lavest, *Joseph Marie*, né 1852, dioc. de Clermont; parti 1er sept. 1880; évêque de Sophène et préfet apostolique du Kouang-si, 1900.
— Portrait. (*Miss. Cath.*, XXXVI, 26 août 1904, p. 410.)
— L. de Cheoung-si (Kouang-si). (*Ibid.*, XIII, 1881, p. 293.)
— L. de Quay-yun (Kouang-si), 10 nov. 1883. (*Ibid.*, XVI, 1884, pp. 61/4.)
— L. de Quay-yun, 1er mars 1884. (*Ibid.*, pp. 279/281); 12 mars 1884. (*Ibid.*, pp. 281/2.)
— L., Kouy-hien, 8 fév. 1901. (*Ibid.*, XXXIII, 1901, pp. 313/4.)
— L. de Nan-ning. (*Ibid.*, pp. 338/9.)
— L., Nan-ning, 15 nov. 1901. (*Ibid.*, XXXIV, 1902, p. 52.)
— L., Nan-ning, 7 juillet 1902. (*Ibid.*, pp. 422/3.)
— L. (*Ibid.*, XXXV, 1903, pp. 421/2.)
— L., Nan-ning, 5 déc. 1903. (*Ibid.*, XXXVI, 1904, pp. 49/50.)
— L., Nan-ning, 8 fév. 1904. (*Ibid.*, p. 255.)
— L. de Hong-kong, 3 juillet 1904. (*Ibid.*, pp. 409/411.)

Léard, *Antoine*, né 1853, dioc. de St. Jean de Maurienne; parti 29 oct. 1879.
— L. de M. Antoine Léard à M. Péan, Dir. au Sém. des Miss. Etr. [Thibet]. (*Miss. Cath.*, XIV, 1882, pp. 13/15.)

Lebrun, *Jean*, dioc. de Tulle; parti 15 mars 1864; a quitté la Société en 1874.
— Lettre de Toung-tse [Kouei-tcheou] du 11 juillet 1869 à Mgr. Faurie. (*Miss. Cath.*, II, pp. 338/9.)

Leclerc, *Joseph*, né à Vierzon (Cher), 3 juin 1860; parti 7 nov. 1883; † 6 mai 1888.
— Notice. (*Cte. rendu*, 1888, pp. 240/5.)

Lefebvre, *Urbain*, né à Tours, 21 janvier 1725; miss. au Yun-nan (1749-1754), au Siam (1754-1761); quitte la Société 1763; massacré aux Carmes, 1792.

— La Touraine dans les Missions — Urbain Lefebvre missionnaire dans les Indes et la Chine (1725-1792) avec une introduction de trois Évêques missionnaires de Touraine par l'abbé L.-A. Bossebœuf... Tours, Imprimerie Paul Bousrez, 1888, in-8, pp. 100.

Le Formal, *Joachim*, né à Landaule (dioc. de Vannes), le 12 janvier 1848; † du typhus, le 21 juillet 1877, à Siao-he-chan (Mandchourie).
— Notices: *Miss. Cath.*, IX, p. 586. — *Nécrologie* des Miss. étr., 1878, p. 63.

Legardien, *Eugène Léon*, né 7 nov. 1849, à Blainville, dioc. de Coutances; parti 23 sept. 1875, pour le Se-tch'ouan occid.; † 1er mai 1901.
— Notice par J. Faguais. (*Cte. rendu*, 1901 pp. 339/346.)

Legendre, *Louis Gabriel*, né 1866, dioc. de Coutances; parti 1891, pour la Corée.
— L. à Mgr. Mutel. (*Miss. Cath.*, XXVII, 1895, pp. 157/9.)

Legros, *Alexandre François-Xavier*, né à Montviron (Coutances, Manche), 18 mai 1871, parti 4 nov. 1896, pour le Kouang Toung; † 19 août 1902.
— Notice. (*Cte. rendu*, 1903, pp. 341/5.)
— L. à M. Mathou, Directeur au Sém. des Miss. étr. (*Miss. Cath.*, XXIX, 1897, pp. 445/7.)

Le Guével, *Auguste*, né à Vannes, 21 mars 1875; parti 26 juillet 1899, pour la Mandchourie mérid.; assassiné 15 juillet 1900.
— Portrait. (*Ann. Prop. Foi*, LXXII, 1900, p. 436.)
— Notice. (*Cte. rendu*, 1900, pp. 381/6.)

Le Guilcher, *Jean-Marie*, né 1828, du dioc. de St.-Brieuc; parti 19 avril 1853; miss. au Yun-nan (voir Expédition du Me-kong, par F. Garnier, col. 330, et Ponsot, *infra*); provicaire.
— L. à M. Delpech, Sup. du Sém. des Miss. étr., de Houang-kia-pin, 9 oct. 1874. (*Miss. Cath.*, VII, pp. 209/211.)
Sur la mort du P. Baptifaud. (Voir col. 1109.)

Lemonnier, *Eugène*, né 25 avril 1828, à Beuzeville-la-Bastille (Manche), du dioc. de Coutances; parti 6 juillet 1855; Procureur général à Hong-kong; † 4 juillet 1899, à Hong-kong.

(Laurent—Lemonnier.)

— Notice. (*Cte. rendu*, 1899, pp. 348/357.)
— Lettre de Shang-hai du 5 août 1869 sur les massacres du Se-tch'ouan. (*Miss. Cath.*, II, p. 315.)
— Lettre de Shang-hai du 12 août 1869. (*Ibid.*, p. 329.)
— Lettre de Shang-hai du 6 juillet 1870 (*Ibid.*, III, pp. 281 et seq.) sur le massacre de Tien-tsin.
— Lettre de Shang-hai, le 3 avril 1873. (*Ibid.*, V, p. 258.)

Lenoir, *Hubert*, né 10 juin 1843, à Saint Pierremond, dioc. de Reims; parti 15 janvier 1868; miss. au Se-tch'ouan oriental; † 5 juillet 1890.
— Notice. (*Cte. rendu*, 1890, pp. 282/5.)
— Lettre de Tchong-king, 15 déc. 1875. (*Miss. Cath.*, VIII, pp. 110/112.)
— L. relative à la Mission de M. de Roquette au Se-tch'ouan (meurtre de MM. Hue et Tay). (*Ibid.*, pp. 151/153, 174/176.)

Lepley, *Jules*, né à Bayeux, 6 déc. 1836; parti 9 août 1861; évêque de Gabala, vic. ap. du Se-tch'ouan mérid. (1872); † 24 sept. 1886.
— Notice. (*Cte. rendu*, 1886, pp. 163/6.)

Leray, *Louis Pierre Marie*, né à Ligné, 8 oct. 1872; parti pour la Mandchourie mérid., 3 août 1898; assassiné 16 juillet 1900.
— Cf. *Miss. Cath.*, 1901, p. 256.
— Portrait. (*Ann. Prop. Foi*, LXXII, 1900, p. 431.)
— Notice par Joseph Maillard. (*Cte. rendu*, 1900, pp. 386/391.)
— L. de Pei-lin-tse, 11 juillet 1900, à M. Hinard. (*Miss. Cath.*, XXXII, 1900, p. 445.)

Le Tallandier, *Isidore François Marie*, né 1857, dioc. de St. Brieuc; parti pour le Kouang-Toung, 7 nov. 1883.
— L. à Mgr. Chausse, Ping-long, près Tai-tsing, 17 nov. 1894. (*Miss. Cath.*, XXVII, 1895, pp. 49/52.)

Letort, *Aristide*, né 1844, dioc. de Rennes; parti 31 janvier 1872; † août 1904.
— Portrait. (*Miss. Cath.*, XXXVI, 1904, p. 455.)

— Un terrible hiver. Par M. Letort, missionnaire en Mandchourie. (*Ibid.*, XXVII, 1er Nov. 1895, pp. 524/527; 8 Nov., pp. 536/538; 15 Nov., pp. 550/552; 22 Nov., pp. 561/563; 29 Nov., pp. 574/576; 6 Déc., pp. 585/588; 13 Déc., pp. 597/599; 20 Déc., pp. 610/611.)

— Une Odyssée lamentable par M. Aristide Letort, des Missions Etrangères de Paris Missionnaire en Mandchourie. (*Ibid.*, XXVIII, 15 Mai 1896, pp. 235/238; 22 Mai, pp. 249/251; 29 Mai, pp. 261/263; 5 Juin, pp. 272/274.)
— L. (*Ibid.*, XXIX, 1897, p. 124.)
— L. de Nieou-tchouang. (*Ibid.*, XXXII, 1900, p. 75.)
— L. de Ing-tse, 19 juillet 1900, à M. Hinard. (*Ibid.*, p. 422.)
— Un drame en Mandchourie. (*Ibid.*, XXXVI, 1904, pp. 454/6, 465/7.)

Le Viel, *Émile Constant*, né le 25 janvier 1863; parti pour la Corée, 16 déc. 1888; † 20 avril 1893, à Hong-kong.
— Notice. (*Cte. rendu*, 1893, pp. 331/7.)

Liétard, *Alfred*, né 1872, dioc. de Cambrai; parti 1896, pour le Yun-nan.
— L. de Lan-gny-tsin. (*Miss. Cath.*, XXXV, 1903, p. 399.)

Lions, *François Eugène*, né le 1er nov. 1820, à Faucon, près de Barcelonette, diocèse de Digne; parti 29 mars 1848; Ev. de Basilopolis, vic. ap. du Kouei-tcheou, en remplacement de Mgr. Faurie, en 1872; † Kouei-tcheou, 24 avril 1873.
— Notices: *Miss. Cath.*, IV, p. 120. — *Cte. rendu*, 1893, pp. 278/284.
— L. à M. Imbert, curé de Faucon. Kouei-yang-fou, 5 juin 1875. (*Miss. Cath.*, VII, pp. 522/3.)
— Dessins de l'église principale de Kouei-yang-fou. (*Ibid.*, IX, No. 428. Voir pp. 393, 396, 399.)
— L. à M. Imbert, curé de Faucon. (*Ibid.*, XIV, 1882, pp. 313/315.)
— Portrait. (*Ibid.*, XVII, 1885, p. 6.)

(Lenoir—Lions.)

— * Apostol. Vikariat Kuy-tscheu. Brief des ... Bischofs Lyons. (*Jahrb. der Verbreitung des Glaubens*, 1883, Heft 3, pp. 30/46. Port. dans le texte.)

Litou, *Eugène Clément Auguste*, du dioc. d'Angers; parti 22 nov. 1882, pour la Mandchourie.

— L. de Pak (Mandchourie). (*Miss. Cath.*, XIX, 1887, pp. 495/6.)

Liouville, *Lucien Nicolas Anatole*, né à Vignot, près Commercy, 7 janv. 1855; parti pour la Corée, 6 avril 1878; † 26 avril 1893.

— Notice. (*Cte. rendu*, 1893, pp. 337/343.)

— L. sur son arrestation en Corée, à Mgr. Ridel. Tjin-An, 11 fév. 1882. (*Miss. Cath.*, XIV, 1882, pp. 289/292.)

Lucas, *Alcide Léonidas*, né à Laigle (Orne), 24 fév. 1851; parti pour le Kouei-tcheou, 1er sept. 1880; † 15 oct. 1900.

— Notice par P. Michel. (*Cte. rendu*, 1900, pp. 424/7.)

— L. du Kouei-tcheou, 17 juin 1881, à M. Chirou, dir. du Sém. des Miss. Etr., à Paris. (*Miss. Cath.*, XIII, 1881, pp. 459/460.)

Lucas, *Jules*, né 19 avril 1874, dioc. de Saint-Dié; parti pour la Mandchourie mérid., 13 août 1898; † 20 mai 1899.

— Notice par J. Caubrière. (*Cte. rendu*, 1899, pp. 346/7.)

Lyonne, *Artus de*, Evêque de Rosalie, premier vicaire apostolique du Se-tch'ouan; né en 1655, fils du célèbre ministre, Hugues de Lyonne; † à Paris, le 2 Août 1713.

— *Biog. univ.*, Art. de Weiss. — *Miss. Cath.*, IV, 1872, pp. 487/8. — Voir *Question des Rites*, col. 889-890.

— Voir Saint-Simon, *Mémoires*, éd. Boislisle, XII, p. 41 et note, et *Additions*, p. 594.

Mabileau, *François*, né le 1er mars 1829, à Paimbœuf; † 29 août 1865.

— Vie de M. François Mabileau missionnaire apostolique et pro-vicaire au Su-tchuen oriental mis à mort en haine de la religion catholique, dans la ville de Yeou-yang-tchéou, le 29 août 1865. Par l'abbé P. Gaborit. Paimbœuf, E. Fetu, 1867, in-18, p. 150.

— Voir L. du P. Perny. (*Annales de la Prop. de la Foi*, Vol. XXXVIII, 1866, pp. 303 et seq.)

Maigrot, *Charles*, Ev. de Conon; vic. ap. du Fou-kien; né à Paris en 1652; † à Rome, le 21 fév. 1730 (le 28 fév. suivant Migne).

— Copie d'une lettre à Mgr. de Lionne, év. de Rosalie, Fo-cheu le 25 Octobre 1703. 12 p. — Sur l'ancienneté de la nation chinoise. [*Bib. nat.*, Ms. Fr. 14687.]

— K. F. Neumann: Voir *Visdelou*, supra, col. 1101. — *Dict. de Biog. chrét.*, de Migne, p. 1317.

Maillfait, *Jacques Auguste*, dioc. de Reims; parti 24 janvier 1849; † à Siang-to, Hai-nan, le 31 mai 1851.

— Voir L. de M. Guillemin, *Ann. de la Prop. de la Foi*, XXIV, 1852, pp. 40/59.

Maire, *Edouard-Ernest*, né 1848, dioc. de Nancy; parti 6 nov. 1872; provicaire du Yun-nan.

— Lettre à un Directeur du Séminaire des Missions Etrangères de Paris, Yun-nan-fou, 8 avril 1893. (*Miss. Cath.*, XXV, 1893, pp. 337/338.)

— L. de Yun-nan-sen. (*Ibid.*, XXIX, 1897, p. 292.)

— L. de Hong-Kong, 5 août 1900. (*Ibid.*, XXXII, 1900, pp. 456/7.)

— L. Description du Sanatorium de Hong-kong. (*Ibid.*, XXXIII, 1901, p. 221.)

— Impressions de son séjour sur les rives du Fleuve Rouge. (*Ibid.*, XXXIII, 1901, pp. 268/9.)

— L. de Hong-Kong. (*Ibid.*, p. 329.)

Maire, *Claude Henri*, né 1848, dioc. de Besançon; parti 3 sept. 1879, pour le Yun-nan.

— L. de Pe-tchai-koù, 8 août 1882 [sur les Lolos] à M. Obert, curé de Mandeure. (*Miss. Cath.*, XIV, 1882, pp. 505/7.)

Malevialle, *Jean-Baptiste*, né à Saint-Privat, dioc. de Tulle; parti 2 nov. 1887; † à Chang-tsin (Kouang-si), 19 déc. 1888.

— Notice. (*Cte. rendu*, 1889, pp. 278/9.)

(Litou—Malevialle.)

Malfrayt, *Théophile*, né le 7 juin 1864, à Poussac (Hte. Loire), dioc. du Puy; part 4 nov. 1888; † 6 fév. 1893, au Kouei-tcheou.

— Notice. (*Cte. rendu*, 1893, pp. 313/5.)

Mallet, *Auguste Louis*, né à Laval, le 24 fév. 1826; † à An-sin-tai, 25 fév. 1871; miss. en Mandchourie.

— *Miss. Cath.*, IV, p. 125.

Malluchet, *L.*

— L. de Tchen-lin-tcheou (Kouei-tchoou), 15 juillet 1872, à sa famille. (*Miss. Cath.*, V, pp. 305/6.)

Mandard, *Pierre Marie*, dioc. de Vannes; parti 2 déc. 1874.

— L. au sup. du Sém. des M. étr., du Yun-nan [sur la mort de M. Debaye]. (*Miss. Cath.*, XIII, 1881, p. 227.)

Marais, *Etienne Marie Pierre*, dioc. d'Angers; parti 15 sept. 1867, pour le Se-tch'ouan occidental; noyé dans le Yang-tseu, 19 déc. 1867, à 26 ans.

— Notice dans les *Miss. Cath.*, I, p. 18.

Maraval, *Jean-Baptiste*, né 14 nov. 1866, à Castres, dioc. d'Albi; parti 27 nov. 1889, pour la Corée; † 24 oct. 1890.

— Notice. (*Cte. rendu*, 1890, pp. 309/312.)

Maréchal, *Antoine Louis*, né à Cogny, paroisse de Thaumiers, 25 juillet 1859; parti pour le Kouang Toung, 28 mars 1883; † 19 mai 1901.

— Notice par Fleureau. (*Cte. rendu*, 1901, pp. 347/357.)

— L., 19 nov. 1899. (*Miss. Cath.*, XXXII, 1900, p. 27.)

Marette, *François Xavier*, de Noiron, dioc. de Besançon; parti pour le Tong-king, 27 fév. 1828; a quitté la Société en 1844.

— Relation d'un voyage en Chine, ou Correspondance d'un fils à son père, par F.-X. Marette, missionnaire apostolique. Pontarlier, Laithier, 1836, in-8, pp. 170.

Marizien, *Gervais-Protais*, né à Wassy, 16 déc. 1824; † 22 oct. 1850.

— Recueil de lettres de Gervais-Protais Marizien, prêtre-missionnaire apostolique, né à Wassy (Haute-Marne), le 16 décembre 1824, mort le 22 octobre 1850, à Péné, département de Tchao-Tcheou (Chine). Wassy, chez Durollet. [1851.] In-8, pp. 78.

Marut, *Jean*, né 14 oct. 1869, à Saint-Martial-de-Gimel, dioc. de Tulle; parti pour le Kouang-si, 31 juillet 1895; † 3 nov. 1901.

— Notice. (*Cte. rendu*, 1901, pp. 375/7.)

Martinet, *Jean-Baptiste*, né 1844, dioc. de Verdun; parti 6 juillet 1870, sous-procureur à Hong-kong; Procureur à Singapore, puis à Chang-hai, 1876; puis Procureur général à Hong-kong.

— L. de Chang-hai, 26 oct. 1884 [avec lettres de MM. Bodinier, Ronat, etc.]. (*Miss. Cath.*, XVI, 1884, pp. 589/592.)

— L. (*Ibid.*, pp. 615/616.)

— L. de Chang-hai, 10 déc. 1884. (*Ibid.*, XVII, 1885, pp. 37/8.)

— L. de Chang-hai, 23 déc. 1884. (*Ibid.*, pp. 61/2.)

— L. de Chang-hai, 19 juin 1885. (*Ibid.*, pp. 373/4.) Mort de l'Amiral Courbet.

— L., *ibid.*, 16 juillet 1886. (*Ibid.*, XVIII, 1886, pp. 421/423.)

— L., *ibid.*, 6 août 1886. (*Ibid.*, pp. 457/8.)

Masson, *Célestin Félix*, né le 16 mars 1856, à Laussonne, canton de Monastier, dioc. du Puy; parti pour le Yun-nan, 7 nov. 1883; † 23 juillet 1894.

— Notice. (*Cte. rendu*, 1894, pp. 372/7.)

Mathon, *Hubert Alexandre*, dioc. de St. Claude; parti 2 nov. 1887.

— L., Tchaô-tong [Yun nan], 9 nov. 1891, à sa famille. (*Miss. Cath.*, XXIV, 1892, p. 173.)

— L., Tchao-tong. (*Ibid.*, XXVI, 1894, p. 454.)

Maurice, *Henri Marie*, né 1881, dioc. de Nantes; parti 1903.

— L. du Kouang-si. Chang-Se, 17 Avril 1904. (*Miss. Cath.*, XXXVI, 29 juillet 1904, pp. 362/3.)

Mazel, *Frédéric Benjamin*, né à Rodelle, canton de Bozouls (Aveyron), 22 sept. 1871; entra au Sém. des Miss. étr., 21 oct.

(Malfrayt—Mazel.)

1891; ordonné prêtre, 28 juin 1896; parti pour le Kouang-Si, 29 juillet 1896; assassiné 1er avril 1897, à Lo ly.

— Voir Renault, *infra*, col. 1145.

— Portrait. (*Ann. Prop. Foi*, LXIX, 1897, p. 241.)

— L. de M. Renault, 21 avril 1897, sur la mort du P. M. (*Ibid.*, LXIX, pp. 324/8.)

— L. du Kouang-Si, 1er Mars 1897. (*Miss. Cath.*, XXIX, 1897, p. 267.)

— Notice. (*Cte. rendu*, 1897, pp. 303/6.)

Mérel, *Jean Marie*, né 1854, dioc. de Nantes; parti 26 oct. 1881; évêque d'Orciste, préfet apost. du Kouang Toung, 1901.

— L., Ling-shan. (*Miss. Cath.*, XIX, 1887, p. 508.)

— L., *ibid.*, 1er août 1888, ext. de la *Semaine religieuse*, de Nantes. (*Ibid.*, XX, 1888, p. 544.)

— L. de Kiet-yo (Kouang-Toung), 6 avril 1898. (*Ibid.*, XXX, 1898, p. 293.)

— Ext. d'une let. sur le meurtre de M. Julien. (*Ibid.*, XXXIV, 1902, p. 158.)

— L. Le Séminaire de Canton. (*Ibid.*, pp. 205/6.)

— L. (*Ibid.*, pp. 304/5.)

— L., Canton, 17 août 1902. (*Ibid.*, p. 485.)

— L. L'Orphelinat de Canton. (*Ibid.*, XXXV, 1903, pp. 205/8.)

Mercusot, *François*, né 18 mars 1839, à Romilly-en-Montagne (Côte d'or); parti 15 sept. 1865, pour le Kouei-tcheou; † 4 juillet 1888.

— Notice. (*Cte. rendu*, 1888, pp. 257/9.)

Métayer, *Isidore Camille Philippe*, né à Carrouges, dioc. de Séez, 24 déc. 1827; parti 23 janvier 1856; † 27 fév. 1886.

— Notice. (*Cte. rendu*, 1886, pp. 181/3.)

— L., Lien-chân (Mandchourie), 5 août 1885. (*Miss. Cath.*, XVII, 1885, p. 569.)

Michel, *Henri*, né à Poilley (Ille-et-Vilaine), le 18 juin 1868; parti pour le Kouang Toung, le 25 nov. 1891; † 29 mai 1894.

— Notice. (*Cte. rendu*, 1894, pp. 364/8.)

Mihières, *Simon Jude Alphonse*, né le 12 fév. 1821; † 16 oct. 1871.

— Notice: *Miss. Cath.*, IV, p. 328, avec port., p. 332.

Mioux, *Emile Alphonse*, dioc. de Grenoble; parti 5 juin 1872, pour le Kouang-Toung.

— L., Hong-kong, 2 sept. 1884. (*Miss. Cath.*, XVI, 1884, pp. 494/495.)

Moineaux, *Jean Baptiste*, dioc. de Nancy; parti de Marseille, le 20 février 1869; † au collége de Chouy-ya-thang, le 14 octobre 1869, avant d'arriver au Kouei-tcheou.

Molleron, *Jean Marie*, né 1854, dioc. de Lyon; parti 22 oct. 1883, pour le Se-tch'ouan occidental.

— L., Kouong-tcheou, 28 Mai. (*Miss. Cath.*, XXIX, 1897, p. 545.)

Monnier, *Jean Christophe*, né 1856, dioc. du Puy; parti 10 déc. 1880, pour la Mandchourie sept.; provicaire.

— L., Nagasaki, 13 août 1900, à M. Delpech. (*Miss. Cath.*, XXXII, 1900, pp. 444/5.)

— L. à M. Hinard. Ing-tse, 17 nov. 1900. (*Ibid.*, XXXIII, 1901, pp. 13/14.)

— L., Tch'an-lin-tse, 3 juin 1901 et 10 juillet 1901. (*Ibid.*, pp. 505/7.)

— L., Kouan-tcheng-tse, 24 fév. 1904. (*Ibid.*, XXXVI, 1904, pp. 147/8.)

— L., 20 oct. 1904. [Mort de M. Trécul.] (*Ibid.*, pp. 565/6.)

Montanar, *Hilaire Valentin*, né 1870, dioc. d'Aix; parti pour le Kouang Toung, 19 déc. 1893.

— L., Scheung-leng, 4 juillet 1897. (*Miss. Cath.*, XXIX, 1897, pp. 412/3.)

Moriniaux, *Louis Marie*, né 1869, dioc. de Rennes; parti 1894.

— L. à Mgr. Biet. [Catastrophe à Padong.] (*Miss. Cath.*, XXXII, 1900, pp. 38/9.)

— L. La Mission de Padong (Thibet). (*Ibid.*, XXXIV, 1902, pp. 157/8.)

Morlet, *Ferdinand*, né à Seuil (Ardennes), 11 avril 1861; parti pour le Se-tch'ouan mérid., 7 oct. 1885; † 10 déc. 1896.

— Notice. (*Cte. rendu*, 1897, pp. 293/5.)

Moulin, *Joannès Marie Joseph*, né à Thurins, canton de Vaugneray (Rhône), 14 nov. 1874; parti 11 mai 1898, pour la Mandchourie mérid.; † 24 juin 1900, à Nieou-tchouang.

— Notice. (*Cte. rendu*, 1900, pp. 355/9.)

Mouroux, *Charles Marie Louis*, né 1832, dioc. d'Orléans; parti 18 août 1862; Miss. du Kouang Toung; † à Nam-hiong, 22 juin 1895.

— Notice. (*Cte. rendu*, 1895, pp. 376/7.)

Moye, *Jean-Martin*, né le 27 Janvier 1730, à Cutting, diocèse de Nancy; † 4 Mai 1793.

— Vie de M. l'abbé Moye, de la Société des Missions-étrangères fondateur de la Congrégation des Sœurs de la Providence en Lorraine, et des Vierges chrétiennes directrices des écoles de filles au Sú-tchuen, en Chine. Par M. l'Abbé J. Marchal, Vicaire général de Saint-Dié. Paris, Bray et Retaux, 1872, in-8, pp. x-631.

Notice de cet ouvrage par le P. Toulemont, S. J., dans les *Etudes religieuses*, 16e année, 5e Série, II, 1872, pp. 129/134.

— Une ame d'apotre — Le Vénérable Jean-Martin Moye Prêtre du diocèse de Metz, Missionnaire en Chine, Fondateur des Sœurs de la Providence en Lorraine, Organisateur des Vierges chrétiennes au Su-Tchuen, d'après un plan nouveau et des documents inédits par F. A. Weyland, Docteur en théologie, Curé de Vernéville (diocèse de Metz)... Metz, A. Beha, 1901, pet. in-8, pp. 327.

Murcier, *Jacques*, né à Saint-Bonnet-des-Quarts, dioc. de Lyon, 16 août 1858; parti 4 nov. 1885, pour le Kouang-Toung; † 2 mai 1902.

— Notice par Fleureau. (*Cte. rendu*, 1903, pp. 333/340.)

Murcier, *Louis Marie*, né à Saint-Bonnet-des-Quarts, 20 fév. 1857; parti pour le Kouang-Toung, 12 avril 1882; † 9 juillet 1890.

— Notice. (*Cte. rendu*, 1890, pp. 288/295.)

— L. [Persécution dans la Province de Canton.] (*Miss. Cath.*, XXVII, 1895, pp. 445/8.)

— L. (*Ibid.*, XXVIII, 1896, pp. 76/7.)

— L. de Tung-Kun, 3 Mai 1898. (*Ibid.*, XXX, 1898, p. 353.)

— L. de Tung-Kun (Kouang-Toung). (*Ibid.*, XXXI, 1899, pp. 435/6.)

— L. de Canton, 18 janvier 1900. (*Ibid.*, XXXII, 1900, p. 147.)

Mury, *Bonaventure*, né à Roz-Landrieux (Ille et Vilaine), 30 mai 1857; parti pour le Yun-nan, 1er sept. 1882; † 26 déc. 1888.

— Notice. (*Cte. rendu*, 1889, pp. 281/5.)

Mutel, *Gustave Charles Marie*, né dioc. de Langres, 1854; parti 5 avril 1877; vic. ap. de Corée, 1890, év. de Milo.

— L. à Mgr. Ridel. Séoul, 4 août 1882. (*Miss. Cath.*, XIV, 1882, pp. 581/586.)

— L. [arrivé à Tche moul po]. (*Ibid.*, XXIII, 1891, pp. 363/4.)

— Lettre de Séoul. (*Ibid.*, XXV, 11 août 1893, p. 376.)

— L. (*Ibid.*, XXVI, 1894, p. 255.) [Ext. de la *Semaine religieuse* de Séez.]

— La guerre de Corée. Lettre. (*Miss. Cath.*, pp. 401/3.)

— La guerre de Corée. Let. à M. Hinard, Directeur du Séminaire des Miss. Etr. (*Ibid.*, pp. 485/7.)

— L. à MM. le Supérieur et les Directeurs du Sém. des Miss. étr., Seoul, 4 août 1894. (*Ibid.*, pp. 486/8.) [Mort du P. Jozeau.]

— L., Seoul, 21 Sept. 1894. (*Ibid.*, pp. 582/5.) [Persécution en Corée.]

— L., Seoul, 22 avril 1895. (*Ibid.*, XXVII, 1895, pp. 289/291.)

— L. (*Ibid.*, p. 591.) [Funérailles du P. Jozeau, à Ryong-sou, près Seoul.]

— L., Seoul, 25 nov. 1898. (*Ibid.*, XXXI, 10 fév. 1899, pp. 63/4.)

— L. (*Ibid.*, XXXIII, 1901, pp. 373/5.) [Massacres en Corée.]

— L., Seoul, 4 mai 1904. [Nouvelles du théâtre de la guerre.] (*Ibid.*, XXXVI, 24 juin 1904, pp. 301/4.)

— Portrait. (*Ann. Prop. Foi*, LXIII, 1891, p. 392.)

Néel, *Jean Pierre*, né à Sainte-Catherine-sur-Riverie (diocèse de Lyon), en juin 1832; décapité le 18 fév. 1862, à Kay-tcheou (Kouei-tcheou).

— L. de Mgr. Faurie. (*Annales de la Prop.*, Vol. XXXIV. 1862, pp. 387/393.)

— Notice. (*Miss. Cath.*, VIII, 1876, pp. 82/84; et portrait, *ibid.*, p. 73.)

— « Missionary mistakes in China ». Art. dans *The Pall Mall Gazette*, 14 Sept. 1868, au sujet de l'exécution (Fév. 18, 1862) du Père Jean Pierre Néel dans le Kouei-tcheou.

Neunkirche, *Louis Remi*, né à Gross-Blittersdorff (dioc. de Metz), le 25 janvier 1848; † de la fièvre typhoïde, le 18 juin 1877, à Se-kia-tzé (Mandchourie).

— Notices: *Miss. Cath.*, IX, p. 450. — *Nécrologie* des Miss. étr., 1878, pp. 59/60.

Niaux, *Louis Céleste Léonard*, né 7 février 1846, à Alençon (Orne); parti 6 juillet 1869; Miss. de Cochinchine occidentale, puis de Kouei-tcheou; † à Kouei-yang, 15 nov. 1895.

— Notice. (*Cte. rendu*, 1895, pp. 410/2.)

Nicol, *François*, né 22 juillet 1865, à Trémeret, commune d'Ambon, canton de Muzillac, dioc. de Vannes; parti 13 nov. 1889; miss. du Kouei-tcheou; † 16 avril 1892.

— Notice. (*Cte. rendu*, 1892, pp. 334/7.)

Nicouleau, *Léon Georges Henri*, né 1875, dioc. de Rodez; parti 5 avril 1899.

— L. du Kouang-Toung à M. Delpech. (*Miss. Cath.*, XXXIV, 1902, pp. 469/470.)

— L. Un pélerinage à San-Cian. (*Ibid.*, XXXV, 1903, pp. 61/3.)

Noël, *Isidore*, né à Cirey-sur-Vezouze, dioc. de Nancy, 3 avril 1850; parti pour le Se-tch'ouan occid., 29 juillet 1874; † 26 juin 1903.

— Notice. (*Cte. rendu*, 1903, pp. 388/392.)

Noirjean, *Joseph*, né 5 mai 1843; parti pour la Mandchourie, 15 avril 1868; † 10 oct. 1877.

— Notice. (*Cte. rendu*, 1897, pp. 371/5.)

Osouf, *Pierre Marie*, né 1829, dioc. de Coutances; parti 1er juin 1856; procureur de Singapore 1857-1863; sous-procureur à Hong-kong 1863-6; procureur de 1866 à 1875; Directeur à Paris en 1875; évêque d'Arsinoé et vic. ap. du Japon sept. en 1877; archevêque de Tokio en 1891.

— L. de Hong-kong, le 19 Sept. 1873, aux directeurs du sém. de Paris sur le P. Caillet. (*Miss. Cath.*, V, pp. 562/3.)

Ouvrard, *Julien Honoré*, né à Nantes, 28 fév. 1836; parti 15 janvier 1868, pour le Se-tch'ouan; † 25 juillet 1886.

— Notice. (*Cte. rendu*, 1886, pp. 214/6.)

Patriat, *Charles Edmond*, né à Vic-de-Chassenay (Côte d'Or), 26 avril 1828; parti 18 août 1862, pour l'Extrême-Orient; supérieur du Sanatorium de Hong-kong; † 21 nov. 1887, au Sanatorium de Montbeton.

— Notice. (*Cte. rendu*, 1887, pp. 286/9.)

— A la Mémoire du Révérend Père Charles-Edmond Patriat prêtre et missionnaire de la Société des Missions étrangères et de M. l'abbé Jacques-Léger Patriat ancien Curé de Magny-la-Ville et de Torcy au diocèse de Dijon. Dijon, Imp. Eugène Jobard, 1888, in-8, p. 32.

Pailhasse, *Camille Cyprien*, né à Ols, canton de Villeneuve (Rodez, Aveyron), 19 sept. 1868; parti pour la Corée, 6 déc. 1893; † 9 mars 1903.

— Notice. (*Cte. rendu*, 1903, pp. 369/372.)

— L. de Corée. (*Miss. Cath.*, XXIX, 1897, pp. 469/470.)

— L. (*Ibid.*, XXX, 1898, pp. 85/6.)

— L. de Koutjyou (Corée), 24 sept. 1901. (*Ibid.*, XXXIV, 1902, pp. 51/2.)

— L. de Koutjyou, 19 oct. 1902. (*Ibid.*, p. 604.)

Papin, *Pierre Antoine*, né à Montlandon (dioc. de Chartres), 14 avril 1810; entra au sém. des M. étr., 18 juin 1833; partit pour la Chine, 11 mars 1834; † 18 oct. 1880.

— Notices: *Miss. Cath.*, XIII, 1881, p. 204. — *Cte. rendu*, 1881, pp. 121/2.

Parguel, *Placide*, né le 7 fév. 1841, aux Treilles-Saint-Véran, dioc. de Rodez; parti pour le Yun-nan, 13 août 1866; † 3 fév. 1900.

— Notice par M. Séguin, Directeur du Sémin. de l'Immaculée-Conception. (*Cte. rendu*, 1890, pp. 254/260.)

Pasquier, *Pierre Victor*, né 30 août 1848, au Fuilet, dioc. d'Angers; parti 29 juillet 1870, pour le Kouei-tcheou; † 29 août 1881, au Sanatorium de Hong-kong.

— Notice. (*Cte. rendu*, 1881, p. 132.)

Pellé, *Jacques*, né le 4 août 1844, à Saint-Silvin, près d'Angers; parti 16 août 1868, pour le Se-tch'ouan; † 14 juin 1885.

— Notice. (*Cte. rendu*, 1885, pp. 206/7.)

Peltier, *Victor*, né à Durtal (Dioc. d'Angers), le 1er Sept. 1822; † en France, le 18 juillet 1870.

— Notice: *Miss. Cath.*, IV, p. 114.

Pernet, *Jean Baptiste*, né à Saint Pierre d'Albigny, dioc. de Chambéry; parti pour le Kouang-si, 8 nov. 1882; † 9 mai 1887.

— Notice. (*Cte. rendu*, 1887, pp. 283/8.)

— LL., oct. 1883. (*Miss. Cath.*, XVI, 1884, pp. 13/14.)

— L. de Quay-yun (Kouang si), 2 nov. 1883. (*Ibid.*, pp. 25/9.)

Perny, *Paul*, miss. au Kouei-tcheou; arrivé à Macao en 1845.

— L. de St. Cloud, le 26 Nov. 1874, à M. Drouyn de Lhuys, Prés. de la Soc. d'Acclimatation, pour proposer la fondation en Chine d'une Académie Europeo-chinoise. (*Bul. de la Soc. d'Acclim.*, Nov. 1874, pp. 726/7.)

— L. au *Figaro* sur M. de Villemessant. (*Le Figaro*, Mardi, 22 Avril 1879.)

Perreau, *Paul Antoine*, né à Chambéry, 11 août 1868; parti pour la Mandchourie mérid., 13 sept. 1893; † 17 août 1899.

— Notice par H. Lamasse. (*Cte. rendu*, 1899, pp. 378/385.)

Petitnicolas, *Michel Alexandre*, né au village de Coinches, près de St. Dié, le 21 août 1828; † 12 mars 1866.

— Un martyr en Corée. Vie de Michel-Alexandre Petitnicolas missionnaire décapité pour la foi le 12 mars 1866 par M. l'abbé Renard, Aumônier des sœurs hospitalières du Saint-Esprit. Tours, Mame, MDCCCLXXIII, in-8, pp. 190.

— Deuxième édition. Tours, MDCCCLXXV, in-8, pp. 190.

Notice de cet ouv. signée E. G. dans les *Miss. Cath.*, VI, 1874, pp. 82/83.

— Vie de Michel Alexandre Petitnicolas prêtre de la Société des Missions-étrangères décapité pour la foi en Corée le 12 mars 1866 par M. l'abbé Renard. — Troisième édition revue, corrigée et considérablement augmentée, ornée de six phototypies, dont un portrait au daguerréotype, un portrait à la plume, et quatre gravures tirées des *Missions catholiques* par le P. Désiré religieux franciscain. Paris, Bloud et Barral..., 1891, in-12, pp. XII-396.

— Notice: *Miss. Cath.*, XXIII, 1891, pp. 455/6.

Ne pas confondre l'ouvrage suivant qui traite de *Pierre Ni* avec le précédent:

— Un Martyr de Corée, Pierre Ni. Par M. l'abbé H***. Lille [et] Paris, Lefort, MDCCCLXIV, in-12, pp. 108; 2e éd., *Ibid.* (1865). — 3e éd., *Ibid.* (1868.)

Piault, *Jean*, né 15 déc. 1845, à Chârost, dioc. de Bourges; parti pour le Se-tch'ouan mérid., 3 août 1870; † 5 nov. 1896.

— Notice. (*Cte. rendu*, 1897, pp. 282/290.)

Pichon, *Pierre Marie Joseph Julien*, né le 8 sept. 1816, à Neuilly-le-Vendin (dioc. du Mans), Evêque d'Hélénopolis, vic. ap. du Se-tch'ouan méridional; † le 12 mars 1871, à Saint-Fraimbault de Lassay (diocèse de Laval).

— Notice: *Miss. Cath.*, IV, p. 18.

— Lettre du 12 février 1869. (*Ibid.*, No. 34, p. 55.)

Pierrès, *François-Marie*, né le 25 oct. 1863, à Pommeret-le-Vicomte (Côtes-du-Nord); parti le 3 nov. 1886, pour le Se-tch'ouan oriental; † 1er avril 1894.

— Notice. (*Cte. rendu*, 1894, pp. 361/4.)

Pignoux, *Charles*, né à Lusignan (Vienne), 17 sept. 1824; parti 16 sept. 1847, pour le Se-tch'ouan; † 12 mai 1888.

— Notice. (*Cte. rendu*, 1888, pp. 246/8.)

Pinchon, *Jean Théophile Annet*, né à Char (Creuse), dioc. de Limoges, 6 janv. 1814; parti 20 fév. 1846, pour la Chine; év. de Polémonium, coadj. de Mgr. Perrocheau, 23 avril 1858; vic. ap. du Se-tch'ouan sept., mai 1861; † 26 oct. 1891.

— Notice. (*Cte. rendu*, 1891, pp. 241/7.)

— Notice : *Miss. Cath.*, XXIII, 1891, p. 576.

— Portrait. (*Ibid.*, XXIV, 1892, p. 150.)

— Lettre du 20 août 1869. (*Miss. Cath.*, II, pp. 373/4.)

— L. de Tchen-tou, 16 juillet 1872. (*Ibid.*, IV, pp. 632/3.)

— L. aux directeurs du Séminaire des Miss. Etr., le 22 Sept. 1872. (*Ibid.*, IV, p. 706.)

— L. aux mêmes, 22 sept. 1873. (*Ibid.*, VI, p. 143.)

— L. du 20 mai 1876. (*Ibid.*, VIII, pp. 398/401.)

— L. du 16 août 1876. (*Ibid.*, pp. 554/7.)

— L. du 11 sept. 1876 à Mgr. Desflèches. (*Ibid.*, p. 590.)

— L. du 8 oct. 1876. (*Ibid.*, IX, p. 3.)

— L. du 22 déc. 1877 à M. Cottin, Direct. du Sém. des Miss. Etr. (*Ibid.*, X, 1878, pp. 194/5.)

— L. du 2 juin 1878, au même. (*Ibid.*, p. 400.)

— L. du 15 juin 1878, au même. (*Ibid.*, pp. 435/6)

— L. du 7 août 1878. (*Ibid.*, p. 555.)

— L., 22 déc. 1878, au même. (*Ibid.*, XI, 1879, pp. 174/5.)

— L. au Sup. des Miss. étr. (*Ibid.*, XVI, 1884, pp. 518/9.)

— L. (*Ibid.*, p. 556.)

— L. à M. Cottin, Dir. au Sém. des Miss. étr. (*Ibid.*, XX, 1888, p. 284.)

— L. de Tchen-tou. (*Ibid.*, pp. 617/8.)

— L. (*Ibid.*, XXII, 1890, p. 554.)

— L. (*Ibid.*, XXIII, 1891, p. 397.)

— L., 14 août 1891. (*Ibid.*, p. 509.)

— L. ext. de la *Semaine religieuse*, de Limoges. (*Ibid.*, XXIV, 1892, pp. 147/8.)

Poinsot, *Paul Marie*, né 1862, dioc. de Langres; parti pour le Kouei-tcheou, 7 oct. 1885.

— L. de Kouei-yang fou, 1er juin 1901. (*Miss. Cath.*, XXXIII, 1901, pp. 495/7.)

Pons, *Joseph*, né 1847, dioc. de Lyon; parti 17 juillet 1872; miss. au Se-tch'ouan oriental.

— L. du 24 juin 1876. (*Miss. Cath.*, VIII, pp. 487/8.)

— L. du 2 déc. 1876 à sa famille. (*Ibid.*, IX, pp. 110/111.)

— L. de Kien-kiang, 2 janv. 1877. (*Ibid.*, pp. 206/7.)

Ponsot, *Joseph*, né le 3 mai 1803, à Vy-le-Ferroux, du dioc. de Besançon; parti 28 janvier 1829; év. de Philomélie (1843); vic. ap. du Yun-nan; † 17 nov. 1881.

— Notice. (*Cte. rendu*, 1881, pp. 105/7.)

— Lettre du 6 sept. 1868 aux Directeurs du Séminaire des Miss. étr., sur la visite du P. Le Guilcher à Ta-ly avec les officiers de l'expédition du Me-kong. (*Miss. Cath.*, II, p. 31, col. 329.)

— Lettre du 3 sept. 1868 sur l'histoire de la mission du Yun-nan. (*Ibid.*, II, pp. 99/100.)

Cette lettre contient la liste des missionnaires enterrés dans cette province.

— Lettre du 7 sept. 1869. (*Ibid.*, III, p. 38.)

— Lettre du 29 mars 1871. (*Ibid.*, IV, p. 15.)

Sur les invasions des Man-tseu et des Miao-tseu.

— L. du 20 juin 1872. (*Ibid.*, V, pp. 122/3.)

— L. de Long-ky du 23 sept. 1873. (*Ibid.*, VI, p. 28.)

— L. du 27 juillet 1874. (*Ibid.*, VII, p. 88.)

— L. du 28 août 1875. (*Ibid.*, pp. 593/5.)

— L. de Yun-nan-fou. (*Ibid.*, VIII, pp. 536/7.)

Pontvianne, *Jean*, né 1850, dioc. du Puy; parti 29 juillet 1874; procureur du Se-tch'ouan occidental; provicaire.

— L. à M. Marc de la R. (*Miss. Cath.*, XXVII, 1895, p. 16.)

— L. de Tch'eng-tou, 2 juin 1895. (*Ibid.*, pp. 373/5.)

— L. du Se-tch'ouan, 23 fév. [1899]. (*Ibid.*, XXXI, 1899, p. 182.)

— L. (*Ibid.*, XXXIV, 1902, pp. 421/2.)

— L. (*Ibid.*, p. 496.)

Pottier, *François*, év. d'Agathopolis, vic. ap. du Se-tch'ouan, né à Tours en 1724; † à Tchong-king, le 28 sept. 1792.

— Notice : *Miss. Cath.*, IX, pp. 475/6.

— Léonide Guiot Ancien Conservateur des Forêts — La Mission du Su-tchuen au XVIIIe siècle — Vie et Apostolat de Mgr. Pottier Son fondateur Évêque d'Agathopolis Vicaire apostolique en Chine Membre de la Société des Missions étrangères de Paris. Paris, Téqui, 1892, in-8, pp. xx-521.

— Notice : *Miss. Cath.*, XXIV, 1892, pp. 155/6.

— Relazione della Missione di Sutchuen dell' anno 1791. compilata da Monsig. Vescovo di Caradra coadiutore, indirizzata ai Sigg. suoi carissimi fratelli, Boiret di Chaumont, Blandin, e Descourvieres.

Dans le *Giornale ecclesiastico di Roma*, t. VIII, pp. 82—84, 88, 91—2, 96, 99—100, 104, 107—8. — Signée : Giovanni Didier, Vescovo di Caradra. 30 settembre 1791. — Il y a d'autres nouvelles, du 3 octobre et 14 octobre 1792, p. 194—9, tirées de deux relations; la 2e est de Mgr. Didier; il y parle de la mort de Mgr. d'Agathopolis, vicaire apostolique du Se-tch'ouan, mort le 28 septembre 1792, à 68 ans.

Voir col. 955.

— Une lettre (en italien) de Mgr. Francesco, évêque d'Agathopolis, vicaire apostolique du Se-tch'ouan. 1783; — dans le *Giornale ecclesiastico di Roma*, (30 juillet 1785), pp. 19—20.

Pouillard, *Charles Gustave*, né 15 oct. 1852, aux Faisses, dioc. de Saint Claude; parti 31 mars 1880, pour la Mandchourie; † 23 juin 1890.

— Notice. (*Cte. rendu*, 1890, pp. 280/1.)

— L. de Mandchourie. (*Miss. Cath.*, XVIII, 1886, pp. 500/1.)

Poulat, *Fleury*, dioc. de Lyon, parti 8 avril 1884.

— L. (*Miss. Cath.*, XXVIII, 1896, pp. 469/470.)

— L. du Kouang-si. (*Ibid.*, XXXV, 1903 pp. 157/8.)

Pourias, *Emile René*, né à Saint-Martin du Bois (dioc. d'Angers), 16 sept. 1843; entra au sém. des Miss. étr., 13 sept. 1865; ordonné prêtre, 6 juin 1868; partit pour le Yun-nan, 16 août 1868; † 6 avril 1884, à Tong-tchan-fou.

— Nécrologie. (*Cte. rendu Soc. Miss. Etr.*, 1884, pp. 195/198.)

— L. de Tong tchouan fou, 21 nov. 1882, à M. Armbruster. (*Miss. Cath.*, XV, 1883, pp. 121/4.)

Pourquié, *Maurice*, né à Toulouse, le 21 janvier 1842; † à Paris, au Sém. des Miss. étr., 9 mai 1871; prov. ap. de la Mandchourie.

— Notice : *Miss. Cath.*, IV, p. 125.

Provôt, *Paul Pierre*, né 2 juillet 1837, à Saint-Michel-et-Chauveaux, du dioc. d'Angers; parti 16 mars 1863; miss. au Se-tch'ouan oriental; † à Kongfou, 28 avril 1896.

— Notice. (*Cte. rendu*, 1896, p. 378.)

— Lettre du 19 mars 1869 à M. Delpech, supérieur du Sém. des Miss. Etr., sur le Se-tch'ouan oriental. (*Miss. Cath.*, II, pp. 313/4.)

— Lettre du 5 oct. 1869 à M. Guerrin, directeur au Séminaire des Miss. Etr. (*Ibid.*, III, pp. 36/38.)

— Lettre du 6 déc. 1869 à M. Delpech. (*Ibid.*, III, p. 109.)

— L. du 26 août 1872, de Yeou-yang (Se-tch'ouan oriental). (*Ibid.*, V, p. 3.)

— L. de Yeou-yang, 10 sept. 1873, sur le massacre des PP. Hue et Tay. (*Ibid.*, V, pp. 601/603.) [Voir col. 1132.]

— L. de Tchong-king, 13 sept. 1876. (*Ibid.*, VIII, p. 591.)

Proteau, *Lucien Pierre*, né aux Brouzils (Vendée), 7 oct. 1832; parti 1er juin 1856, pour le Yun-nan; † 23 fév. 1888.

— Notice. (*Cte. rendu*, 1888, pp. 232/5.)

Raguit, *Aristide Louis Hippolyte*, né à Vendeuvre (Vienne), 16 déc. 1848; embarqué 7 juillet 1872 et arrivé en Mandchourie, 29 sept. 1872; consacré à Peking par Mgr. Tagliabue, 9 sept. 1888; év. de Trajanopolis; vic. ap. de Mandchourie, nommé 23 mars 1888; † à Pa-yen-sou-sou, 17 mai 1889, du typhus.

— Notice. (*Cte. rendu*, 1889, pp. 269/272.)

— L. de Ing-tze [Mandchourie], 27 fév. 1877. (*Miss. Cath.*, IX, p. 252.)

— L. de Pa-ien-sou-sou, 10 mai 1881, à M. Armbruster, dir. au Sém. des M. Etr., Paris. (*Ibid.*, XIII, 1881, pp. 424/5.)
— L., *ibid.* (*Ibid.*, XVII, 1885, p. 389.)
— L. de Pa-ien-sou-sou, 11 mai 1885. (*Ibid.*, p. 424.)
— L., *ibid.*, à sa famille. (*Ibid.*, XVIII, 1886, pp. 316/7.)
— L. à son frère. (*Ibid.*, XIX, 1887, p. 304.)
— L., Pa-ien-sou-sou, 21 avril 1887. (*Ibid.*, pp. 462/4.)
— L., Ing-tze, 29 sept. 1888, à ses parents. (*Ibid.*, XX, 1888, pp. 604/5.)
— Notice par son frère, ext. de la *Semaine religieuse* de Poitiers. (*Miss. Cath.*, p. 605, portrait, p. 610.)
— L., Ing-tze, 26 janv. 1889. (*Ibid.*, XXI, 1889, p. 157.)
— Notice. (*Ibid.*, p. 275.)
— L., Payen-sou-sou, 17 avril 1889, à son frère. (*Ibid.*, pp. 353/4.)
— L. de l'abbé Monnier, ext. de la *Semaine religieuse* de Poitiers. (*Miss. Cath.*, p. 412.)

Rase, *Eugène*, né 13 sept. 1861, à Augerolles, dioc. de Clermont; partit 1er déc. 1886, pour le Kouang-si; † 17 juillet 1890.
— Notice. (*Cte. rendu*, 1890, pp. 295/6.)

Rault, *Jean Louis*, né à Hénon, canton de Moncontour, dioc. de Saint-Brieuc, 25 nov. 1860; parti 1er déc. 1886, pour la Corée; † 13 sept. 1902.
— Notice par V. Poisnel. (*Cte. rendu*, 1902, pp. 422/431.)

Renault, *Paulin*, né 1846, dioc. de Reims; parti 3 août 1870; pro-préfet apost. du Kouang-Si.
— L. du Kouang-si, 28 août 1880, à M. Delpech, ancien sup. des Miss. Etr. de Paris. (*Miss. Cath.*, XII, 1880, pp. 630/633.)
— Lettres du Kouang-si, mai 1886. (*Ibid.*, XVIII, 1886, pp. 398/399.)
— L. à M. Delpech, Sup. du Sém. des Miss. étr. Paris, Nan-ning fou, 21 avril 1897. [Détails sur la mort de M. Mazel.] (*Ibid.*, XXIX, 1897, pp. 289/291.)
— L. (*Ibid.*, XXIV, 1902, pp. 37/9.)

Renou, *Charles René*, né à Vernantes, 22 août 1812; entré 14 sept. 1836, au séminaire des Missions Etrangères; ordonné prêtre 20 mai 1837; † à Bonga, 18 oct. 1863.

— Charles Renou Missionnaire au Thibet par H. Castonnet Des Fosses... Angers, Imp. Lachèse et Dolbeau, 1888, br. in-8, pp. 39.

Ext. des *Mémoires de la Soc. nat. d'Agriculture, Sciences et Arts d'Angers.*

Retz, *Antoine-Louis-Auguste de*, du dioc. de Mende; parti en 1788; † 13 mars 1793, au Se-tch'ouan.
— Notice : *Miss. Cath.*, VI, p. 136.

Rey, *Charles*, né 1866, dioc. de Lyon; parti 1er mai 1889.
— L. du Kouang-Toung. (*Miss. Cath.*, 1897, pp. 123/4.)

Ricard, *Joseph Léon*, né 14 fév. 1873, à Rieupeyroux, dioc. de Rodez; parti 3 août 1898, pour le Se-tch'ouan orient.; † 30 déc. 1900.
— Notice par A. Roulland. (*Cte. rendu*, 1901, pp. 313/4.)

Richard, *Pierre Eugène*, né à Saint-Philibert de Bonaine (dioc. de Luçon), 3 sept. 1842; ordonné prêtre 22 déc. 1866; partit pour la Corée, 11 fév. 1867; † à N. Dame des Neiges, Mandchourie, 28 sept. 1880.
— Notices : *Miss. Cath.*, XIII, 1881, p. 23. — *Cte. rendu* Miss. étr., 1881, pp. 119/120.

Ridel, *Félix Clair*, né à Chantenay (diocèse de Nantes), le 7 juillet 1830. Evêque de Philippopolis, Vic. ap. de Corée (25 juin 1869). Rentré en France, sept. 1882; † 20 juin 1884, à Vannes.
— Nécrologie. (*Annales Prop. Foi*, voir col. 976; réimp. *Compte-rendu Soc. Miss. Etr.*, 1884, pp. 158/169.) (*Miss. Cath.*, XVI, 1884, p. 336.)
— Notice. (*Ibid.*, II, p. 222.)
— Son Sacre. (*Ibid.*, III, p. 196.)
— Son portrait. (*Ibid.*, VI, p. 257.)
— L. à M. Renard, 12 janvier 1874. (*Ibid.*, VI, p. 264.)
— L. à M. Coste, proc. des Miss. étr., à Chang-hai, de Notre-Dame des Neiges (Mandchourie), 21 Oct. 1875. (*Ibid.*, VIII, pp. 4/5.)
— L. 9 août 1881. (*Ibid.*, XIII, 1881, pp. 579/580.)

— Relation de la captivité & de la délivrance de Mgr. Ridel de la Société des Missions étrangères, Evêque de Philippopolis et Vicaire apostolique de la Corée. Librairie Victor Lecoffre, Paris [et] Lyon, 1879, in-8, pp. 90.

Mgr. Ridel est le 5e vicaire apostolique de Corée; ses prédécesseurs furent :
Mgr. Bruguière, † le 20 février 1836.
Mgr. Imbert, martyrisé le 21 septembre 1839.
Mgr. Ferréol, † le 3 février 1853.
Mgr. Berneux, martyrisé le 8 mars 1866.

— Captivité et délivrance de Mgr. Ridel. (*Miss. Cath.*, XI, 1879, pp. 86/91, 98/104, 110/113, 116/117, 122/8, 168/172, 174/181, 186/190, 198/202, 204/5, 210/213, 222/226, 234/240.)

— Mgr. Ridel, évêque de Philippopolis, vicaire apostolique de la Corée (1830-1884). (A. Launay, *Nos missionnaires*, pp. 79/113.)

— Ma captivité dans les prisons de Séoul par Mgr. Ridel Vicaire apostolique de la Corée avec une biographie de l'auteur par Adrien Launay... Desclée, de Brouwer et Cie., Lille [et] Paris, MCMI, in-8, pp. 189.

Notice : *Miss. Cath.*, XXXVI, 1904, 17 juin, p. 300.

— Mgr. Ridel, évêque de Philippopolis, vicaire apostolique de Corée, d'après sa correspondance, par l'Abbé Arthur Piacentini, professeur au collége Saint-Stanislas (Nantes). — Ouvrage orné d'un portrait à la plume, par M. Etienne Rozo et d'une carte de Corée. — Deuxième édition. Lyon, Emmanuel Witte, in-8, pp. xv-382.

Notice : *Miss. Cath.*, XXII, 1890, p. 468.

— Éloge funèbre de Monseigneur Félix-Clair Ridel Évêque de Philippopolis, Vicaire-Apostolique de la Corée prononcé dans la cathédrale de Vannes, le 8 juillet 1884 par M. l'abbé Théophile Mainguy Chanoine et Vicaire-Général de Para (Brésil), Aumônier de la Prison militaire de Nantes. Nantes, Imp. de l'Ouest, 1884, in-8, pp. 24.

Riffard, *Jean-Baptiste*, né à Montusclat, dioc. du Puy, le 1er janvier 1851; parti pour la Mandchourie, 30 juin 1875; † 24 mai 1887.
— Notice. (*Cte. rendu*, 1887, pp. 257/260.)

Rigaud, *Jean François*, né à Arc-et-Senans (Franche-Comté); assassiné à Yeou-yang tcheou (Se-tch'ouan oriental), le 2 janvier 1869.
— Notice : *Miss. Cath.*, II, pp. 113/5, — pp. 121/4, — 232/33, — 287.

— Discours sur l'apostolat et le martyre de M. Jean-François Rigaud, Missionnaire du Su-tchuen oriental, Prononcé le 18 août 1869, dans l'Église paroissiale d'Arc-et-Senans. Par M. l'abbé Besson, Supérieur du Collége Saint-François-Xavier de Besançon. Besançon, Turbergue, 1869, in-8, pp. 31.

Rigoulot, *Antoine-Philibert*, né 9 avril 1873, dioc. d'Autun; parti 28 oct. 1897, pour la Corée; † 17 mars 1900.

— Notice par C. Bouillon. (*Cte. rendu*, 1900, pp. 323/9.)

Rimet, *Joseph Victor*, né 25 déc. 1827, à Jussey, dioc. de Besançon; parti 9 mars 1860; Provic. du Se-tch'ouan occidental; † 21 oct. 1885.

— Notice. (*Cte. rendu*, 1885, pp. 258/260.)

— LL. du Se-tch'ouan, 1er et 12 sept. 1876. (*Miss. Cath.*. VIII, p. 589.)

Robert, *Achille Paul*, du dioc. de Besançon; parti 25 janv. 1877.

— L. du 3 juin 1878 à M. Armbruster, Dir. au Sém. des M. Etr. de Paris. (*Miss. Cath.*, X, 1878, p. 424)

— L. à Mgr. Ridel, Corée 27 mai 1879. (*Ibid.*, XI, 1879, pp. 545/7.)

— Au lendemain de la persécution en Corée. (*Ibid.*, XX, 1888, pp. 21/23, 34/5, 46/48.)

— L. de Corée. (*Ibid.*, XXX, 1898, p. 375.)

— L. de Taikou à M. le Chanoine Vuillemin, de Besançon. (*Ibid.*, XXXI, 1899, p. 15.)

— L. de Taikou, 26 janv. 1899. (*Ibid.*, p. 219.)

— Ext. d'une let. (*Ibid.*, p. 281.)

— L. de Taikou, 8 fév. 1901. (*Ibid.*, XXXIII, 1901, pp. 159/160.)

— L. de Taikou, 17 mai 1901. (*Ibid.*, p. 329.)

— L. de Taikou. (*Ibid.*, p. 557.)

— L. de Taikou, 2 déc. 1901. (*Ibid.*, p. 88.)

— L. de Taikou. (*Ibid.*, XXXIV, 1902, p. 256.)

— L. de Taikou, 10 déc. 1902. (*Ibid.*, XXXV, 1903, p. 75.)

— La dernière persécution en Corée. Journal d'un Missionnaire [A. Robert]. (*Miss. Cath.*, XI, 1879, pp. 306/311, 318/322, 330/334, 336/337, 342/6.)

Robert, *Léon Gustave*, dioc. de Besançon; parti 18 nov. 1888; sous-procureur à Hong-kong; procureur à Chang-Haï.

— L. aux Directeurs du Sém. des Miss. étr. (*Miss. Cath.*, XXVII, 1895, pp. 349/350; 361.)

Rogle, *Léon-Marcellin*, né à Estaires (Cambrai, Nord), 11 mai 1845; parti 14 janvier 1872, pour le Se-tch'ouan orient.; † 24 mars 1903.

— Notice. (*Cte. rendu*, 1903, pp. 373/7.)

Roland, *Alfred Augustin*, né à Grandfontaine-Fournets (Doubs), 28 août 1840; parti de Marseille, 20 juillet 1873; † de la fièvre typhoïde, 23 mai 1875, à Li-tou-pa.

— Notice: *Miss. Cath.*, VII, p. 505.

— Journal d'un Missionnaire ou Lettres de l'abbé Roland Ancien Vicaire d'Orchamps-Vennes (diocèse de Besançon) Missionnaire apostolique Mort au Su-Tchuen oriental en 1875. Besançon, Farey, 1877, in-12, pp. 171 + 1 f. n. ch. p. l. tab.

Roubin, *André Henri*, né 1871, dioc. du Puy; parti 15 août 1895, pour la Mandchourie.

— L. à Mgr. Lalouyer. (*Miss. Cath.*, XXXIII, 1901, pp. 253/7.)

— L. de Mandchourie sept. (*Ibid.*, XXXV, 1903, p. 439.)

Rousseille, *Jean-Joseph Gustave*, né le 1er août 1832, à Bordeaux; parti 23 janv. 1856; sous-proc. à Hong-kong; direct. du Séminaire de Paris, 1860; proc. à Rome, 1872; supérieur à Paris, 1880/3: à la maison de Nazareth, Hongkong, 1884; rappelé en France en 1889; † supérieur du Séminaire de Philosophie, 22 janvier 1900.

— Mort. (*Miss. Cath.*, XXXII, 1900, p. 48.)

— Notice. (*Cte. rendu*, 1900, pp. 293/302.)

— L., Macao, 27 oct. 1884 [dévastation de Sancian], (*Miss. Cath.*, XVI, 1884, pp. 613/5.)

— L'abbé Jean-Joseph Rousseille, ancien Supérieur et Directeur du Séminaire des Missions Etrangères de Paris, d'après sa Correspondance (1832—1900); Par l'Abbé Manceau, Curé de Cenon (Gironde). — Paris, Victor Lecoffre [et] Bordeaux, Feret, in-12, pp. xiv-360.

Notice: *Miss. Cath.*, XXXIV, 12 sept. 1902, p. 444.

Roux, *Vincent Joseph*, né 1840, dioc. de Nantes; parti 3 août 1869; miss. au Kouei-tcheou.

— L. de Tchen-lin-tcheou, 25 Avril 1873, à M. Rousseille. (*Miss. Cath.*, V, pp. 494/5.)

Sabattier, *Claude François*, né à Aime, dioc. de Tarentaise, 29 mai 1831; parti le 28 août 1858, pour le Se-tch'ouan oriental; † à Pa-k'eou-wan, près de Tchang-cheou hien, le 25 nov. 1889.

— Notice. (*Cte. rendu*, 1890, pp. 243/9.)

Saby, *Jean-Marie*, né à Saint-Maurice-de-Roche, canton de Vorey (Hte. Loire), 26 sept. 1844; parti 17 juillet 1872, pour le Kouei-tcheou; † 7 juin 1901.

— Notice. (*Cte. rendu*, 1901, pp. 363/5.)

Saint-Martin, *Jean Didier de*, né à Paris, le 18 janvier 1743. — Evêque de Caradre, Vic. ap. du Se-tch'ouan. — † 15 Nov. 1801.

— Voir la Notice biographique en tête de ses *Lettres*, Paris, 1822, in-8 (*infra*), et le *Précis historique* [par M. Florens] dans les *Nouv. Let. éd.*, III, pp. 484 et seq.; cette dernière collection contient un grand nombre de lettres de ce prélat que l'on trouvera indiquées col. 953/5.

— Lettres de M. de Saint-Martin, Evêque de Caradre, vicaire apostolique du Sutchuein, à ses père et mère, et à son frère, religieux bénédictin; précédées d'une notice biographique, et suivies de notes. Par M. l'Abbé Labouderie... On y a joint un *Essai sur la Législation chinoise*, par M. Dellac, avocat à la Cour royale de Paris. A Paris, Théodore Leclerc, 1822, in-8, pp. cvj-393, s. l. préf., etc.

Liste des Lettres: 1° De Lorient, 4 janvier 1773. — 2° De l'Ile de France, 25 juin 1773. — *3° De l'Ile de France, 25 juin 1773. — 4° De Macao, le 12 sept. 1773. — *5° Même lieu, même date. — *6° Macao, 8 janvier 1773. — 7° Macao, 8 janvier 1774. L. du P. Steiner, Procureur des Missions à Macao, à Dom de St.-Martin, prieur de St.-Martin-des-Champs. — 8° Tchin-tou-fou, 1er sept. 1774. — *9° Même ville, même date. — 10° Même lieu, 15 sept. 1775. — *11° Même ville, 15 sept. 1775. — 12° Même ville, 12 oct. 1776. — *13° Même ville, 12 oct. 1776. — 14° Même ville, 13 oct. 1777. — *15° Même ville, même date. — 16° Macao, 26 oct. 1777. L. du P. Steiner, à Dom de St.-Martin. — 17° Tchin-tou-fou, 16 oct. 1778. — *18° Même ville, même date. — 19° Même ville, 16 oct. 1779. — *20° Même ville, même date. — 21° Même ville, 15 oct. 1780. — *22° Même ville, 7 oct. 1781. — 23° Même ville, 7 oct. 1781.

Les lettres marquées d'un astérisque * sont adressées au frère du prélat; les autres, à moins d'indications contraires, sont écrites au père et à la mère de M. de St.-Martin.

Saleur, *Louis Claude*, né le 17 août 1861, à Burey-en-Vaux, dans le dioc. de Verdun; partit pour le Tibet, 19 nov. 1884; † d'une maladie de cœur, à Darjeeling, 8 mai 1890.

— Voir TIBET.

— Notice. (*Cte. rendu*, 1890, pp. 278/5.)

— L. sur l'expédition anglaise & la duplicité chinoise et thibétaine. (*Miss. Cath.*, XIX, 1887, pp. 520/523.)

— L. (*Ibid.*, XXI, 1889, p. 473.)

— Notice: *Ibid.*, XXII, 1890, p. 324.

Schotter, *François Joseph*, né 15 juillet 1851, à Fessenheim, dioc. de Strasbourg; parti 16 déc. 1875; miss. Se-tch'ouan orient.; † 26 juillet 1892; curé de Siu-ting fou.

— Notice. (*Cte. rendu*, 1892, pp. 362/5.)

Schotter, *Alphonse*, né 3 fév. 1850, à Fessenheim (Alsace); parti 23 sept. 1875, pour le Kouei-tcheou; † 24 juillet 1902.

— Notice par un de ses frères. (*Cte. rendu*, 1902, pp. 409/416.)

Seguin, *Claude Louis*, né à Bard-le-Régulier, dioc. de Dijon, 6 mars 1854; parti 14 déc. 1876; † 30 janvier 1886.

— Notice. (*Cte. rendu*, 1886, pp. 174/181.)

Serdet, *Léandre Félix*, né à Anteuil (Doubs), 19 août 1846; parti pour le Kouang Toung, 3 sept. 1879; † 20 juin 1897.

— Notice. (*Cte. rendu*, 1897, pp. 325/330.)

— L. de Mi-ho, 12 mars 1895. (*Miss. Cath.*, XXVII, 1895, p. 257.)

Serre, *Jean Marie Toussaint*, né 1er nov. 1867, au village de Fage, paroisse de la Monselie, canton de Saignes, dioc. de Saint-Flour; parti 29 oct. 1890, pour le Se-tch'ouan orient.; † 10 juillet 1897.

— Notice. (*Cte. rendu*, 1897, pp. 331/7.)

Simon, *Philibert Louis André Joseph*, né à Messé, arrondissement de Melle, le 28 août 1842; † à Ing-tze (Nieou-tchouang, en Mandchourie), le 13 déc. 1874.

— Notice: *Miss. Cath.*, VII, p. 206.

— Philibert Simon, missionnaire en Mandchourie, mort le 13 décembre 1874. Sa vie, sa correspondance, ses œuvres par l'Abbé Emile Briand, curé de Saint-Benoît-de-Quinçay. H. Oudin frères, Poitiers [et] Paris, 1878, in-18, pp. xix-336.

Simon, *Adrien Pierre Ferdinand*, vic. ap. de Birmanie.

— L. de Birmanie au Yun-nan. (*Miss. Cath.*, XV, 1883, pp. 558/561, 570/3, 584/5, 596/598.)

Sordet. [Serdet?]

— L. [la persécution au Pou-neng] à M. Pernot, Dir. au Sém. des M. étr. (*Miss. Cath.*, XVI, 1884, pp. 171/172.)

— L., Pou-neng, 20 fév. 1888. (*Ibid.*, XX, 1888, pp. 280/1.)

Souchières, *Joseph Roch Phil.-Aug.*, né le 14 mai 1846, à Avignon; parti 18 janvier 1870; miss. au Kouang-si; † 27 avril 1883, à Singapore.

— Notice. (*Cte. rendu*, 1883, pp. 126/128.)

— L. de Mi-kang [Kouang-si], 19 janvier 1876 aux Dir. des Miss. étr. à Paris. (*Miss. Cath.*, VIII, 1876, p. 259.)

Souvignet, *Jean François Régis*, né 22 oct. 1854, à Monistrol-sur-Loire (Le Puy, Hte. Loire); parti 22 nov. 1882; massacré en Mandchourie, 30 juillet 1900; cf. *Miss. Cath.*, 1901, pp. 254/6.

— Notice par Christophe Monnier. (*Cte. rendu*, 1900, pp. 396/401.)

Streicher, *Georges*, né 20 oct. 1864, à Munwiller, dioc. de Strasbourg; parti 25 nov. 1891; Miss. du Kouang-si; † 21 sept. 1895, à Chang-tsin.

— Notice. (*Cte. rendu*, 1897, pp. 278/280.)

Tailhan, *Jean Romain*, né à Livron, dioc. de Bayonne, 18 nov. 1845; parti 16 août 1871, pour le Se-tch'ouan mérid.; † 22 sept. 1897.

— Notice par Marc Chatagnon. (*Cte. rendu*, 1897, pp. 362/5.)

Taple, *Fabien*, né 14 nov. 1824, dioc. de Tarbes; parti 9 août 1848, pour le Se-tch'ouan occid.; † 19 mai 1889.

— Notice. (*Cte. rendu*, 1889, pp. 324/5.)

Terrasse, *Jean Antoine Louis*, né à Lantriac, canton de Saint Julien en Chapteuil (Hte. Loire), le 23 mars 1848; partit 1874; martyrisé le 28 mars 1883, à Tchang-In.

— L. de M. Bourgeois, provic. Yun-nan-sen, 8 avril 1883. (*Miss. Cath.*, XV, 1883, pp. 325/6.)

— Portrait. (*Ibid.*, p. 325.)

— L. de M. Bourgeois, 23 avril 1883. (*Ibid.*, pp. 364/5.)

— L. de Mgr. Fenouil. Yunnan-fou, 13 juin 1883. (*Ibid.*, pp. 481/483.)

— Notice. (*Cte. rendu*, 1883, pp. 121/3.)

Teurtrie, *Jules*, né 28 mai 1850, à Cérisy-la-Forêt, dioc. de Coutances; part 14 juillet 1875; directeur du collège général de Pinang, puis en 1882 miss. Kouang-Toung; † 15 fév. 1892.

— Notice. (*Cte. rendu*, 1892, pp. 327/9.)

Thibault, *Louis François Neutre*, né 1860, dioc. de Versailles; parti 7 oct. 1885.

— L. sur le Se-tch'ouan. (*Miss. Cath.*, XXVIII, 1896, pp. 410/411.)

Thirion, *Charles Joseph Marie*, né 1872, dioc. de Luçon; parti 29 juillet 1896.

— L. de Gan-chouen-fou (Kouei-tcheou). (*Miss. Cath.*, XXXVI, 1904, p. 459.)

Thomine-Desmazures, *Jacques Léon*, né à Caen, le 17 février 1804; évêque de Sinopolis, vic. ap. du Tibet; † à Mouen, près de Caen (Calvados), 25 janvier 1869.

— Notice: *Miss. Cath.*, II, pp. 45/6.

— Oraison funèbre de Mgr. Thomine-Desmazures Evêque de Sinope Prononcée le 1er février 1869, à ses Obsèques dans l'Eglise Saint-Julien de Caen en présence de Mgr. l'évêque de Bayeux et de Mgr. l'évêque de Coutances par M. l'abbé V. Hugot ancien chanoine titulaire de la Cathédrale de Bayeux Curé de Saint-Pierre de Caen Missionnaire apostolique. Lisieux, Emile Piel, 1869, in-8, pp. 45.

— Notice sur Mgr. Thomine-Desmazures Evêque de Sinopolis Vicaire apostolique du Thibet; par M. l'abbé Mabire, Chanoine de Bayeux, Directeur de l'Institution Sainte-Marie. (Extrait de la *Semaine religieuse de Bayeux*.) Caen, Chenel, 1869, in-8, pp. 70.

Trécul, *Ernest Louis*, né 1879, dioc. de Chartres; parti pour la Mandchourie mérid., 22 juillet 1903; assassiné à Ta Tsing chan, 16 oct. 1904.

— L. de M. Christ. Monnier sur ce meurtre, 20 oct. 1904. (*Miss. Cath.*, XXXVI, 1904, pp. 565/6.)

Trovel, *Amédée*, né 23 avril 1861, à Housterus, dioc. de Saint-Brieuc; part 3 nov. 1886; miss. Yun-nan; † 3 janvier 1892.

— Notice. (*Cte. rendu*, 1892, pp. 324/6.)

Turgis, *Louis*, né à Chemillé, dioc. d'Angers, 15 oct. 1842; parti pour le Se-tch'ouan oriental, 16 août 1868; † 24 juillet 1894.

— Notice par le P. Artif, miss. ap. (*Cte. rendu*, 1894, pp. 377/9.)

Usureau, *René Dominique*, né 27 nov. 1860; parti le 7 oct. 1885, pour le Se-tch'ouan mérid.; † 12 août 1894.

— Notice. (*Cte. rendu*, 1894, pp. 384/390.)

Vachal, *Jean-Baptiste*, né au diocèse de Tulle, en 1812; † au Yun-nan, le 11 avril 1851.

— L. de Mgr. Chauveau, août 1851, aux Conseils centraux de l'œuvre de la Prop. de la Foi. (*Annales*, XXIV, pp. 261/7, réimp. dans les *Miss. Cath.*, V, pp. 179/180.)

Venault, *Charles Joseph*, né à Anché (dioc. de Poitiers), 2 nov. 1806; partit pour la Mandchourie, 19 déc. 1842; provicaire de la Mandchourie; † 12 janvier 1883, à An-Sin-Tai (Moukden).

— Nécrologie. (*Compte-rendu Soc. Miss Etr.*, 1884, pp. 189/193.)

Verchère, *Philippe Jean Marie*, né à Chauffailles (Saône-et-Loire), 22 déc. 1838; parti pour le Kouang-Toung, 16 mars 1863; † 9 fév. 1898.

— Notice par A. Chausse. (*Cte. rendu*, 1899, pp. 310/313.)

— Rapport à Mgr. Chausse sur le retour des missionnaires de Hong-kong dans le Kouang-toung. Tay-Jong, 13 sept. 1885. (*Miss. Cath.*, XVIII, 1886, pp. 15/17, 33/35, 46/48.)

Vermorel, *Joseph*, né 1860, dioc. de Lyon; parti 2 nov. 1887.

— L., Séoul, 19 mars 1888. (*Miss. Cath.*, XX, 1888, p. 268.)

— L., Séoul, 2 mai 1890. (*Ibid.*, XXII, 1890, p. 328.)

Verrolles, *Emmanuel-Jean-François*, né 12 avril 1805, rue Basse-Saint-Gilles, paroisse de St. Gilles de Caen, dioc. de Bayeux; ordonné prêtre, 31 mai 1828; entré au Sém. des Miss. Et., 5 juillet 1830; embarqué au Havre, 30 nov. 1830; Ev. de Colombie (1840); vic. ap. de Mandchourie; † à Nieou-tchouang, le 29 avril 1878, de la fièvre typhoïde.

— Courte not. biog. et photog. dans *The Far East*, aug. 1877.

— Portrait. (*Miss. Cath.*, X, 1878, p. 475.)

— Notices. (*Ibid.*, p. 382.) — *Nécrologie* des Miss. ét., 1879, pp. 64/6.

— Mgr. Verrolles, apôtre de la Mandchourie. (*Les Contemporains*, 24e Série, Maison de la Bonne Presse, Paris, 1904, in-8.)

—Adrien Launay de la Société des Missions-Etrangères — Monseigneur Verrolles et la Mission de Mandchourie. Illustrations et cartes — Paris, Téqui, 1895, gr. in-8, pp. iii-446 + 1 f. er.

Notice : *Miss. Cath.*, XXVIII, 1896, p. 156.

Vial, *Paul Félix Angèle*, né 1855, dioc. de Grenoble ; parti pour le Yun-nan, 29 oct. 1879.

— Portrait. (*Miss. Cath.*, 1893, p. 247.)

— Voir LOLOS, col. 372.

— Les joies du retour Par M. Paul Vial des Missions Etrangères de Paris, missionnaire au Yun-nan. (*Miss. Cath.*, XXXIV, 21 février 1902, pp. 89/90 ; 28 fév., pp. 105/106 ; 7 mars, pp. 111/115 ; 14 mars, pp. 130/132 ; 21 mars, pp. 139/142 ; 28 mars, pp. 147/149 ; 4 avril, pp. 159/161 ; 11 avril, pp. 173/177.)

Viaud, *Jean Marie*, né 5 juin 1864, dioc. de Nantes ; parti pour la Mandchourie mérid., 2 sept. 1891 ; assassiné 11 juillet 1900.

— Portrait. (*Ann. Prop. Foi*, LXXII, 1900, p. 434.)

— Notice par F. Choulet. (*Cte. rendu*, 1900, pp. 362/8.)

Vielmon, *Léonard*, né à Saint-Aubin-de-Nabirat, dioc. de Périgueux, le 25 oct. 1825 ; † à Kouei-yang fou, le 20 nov. 1870.

— Notice : *Miss. Cath.*, IV, p. 125.

— Lettre de Kouei-yang fou, 20 juin 1869. (*Ibid.*, II, pp. 337/8.)

— Lettres de Kouei-yang fou, 20 juillet et 3 août 1869. (*Ibid.*, pp. 409/412.)

— Lettre de Kouei-yang fou, du 25 sept. 1869, à Mgr. Faurie, à Rome. (*Ibid.*, III, pp. 81/3.)

— Lettre au même. (*Ibid.*, III, pp. 100/1.)

— Lettre au même. (*Ibid.*, III, pp. 140/1.)

— Lettre au même. (*Ibid.*, III, p. 195.)

— Lettre au même de Kouei-yang fou, le 21 mars 1870. (*Ibid.*, III, pp. 321 et seq.)

Vinçot, *Jacques*, né 1825, dioc. de St.-Brieuc ; parti 13 mars 1851 ; miss. au Se-tch'ouan oriental.

— L. de Tchong-king, 6 avril 1874. (*Miss. Cath.*, VI, pp. 369/3.)

— L. de Chang-hai, 1er fév. 1877, à M. Guerrin, dir. des Miss. étr., à Paris. (*Ibid.*, IX, pp. 156/7.)

— L. de Chang-hai, 15 mars 1877, au même. (*Ibid.*, pp. 228/9.)

Viret, *Claude*, né 7 sept. 1846, à Moye, dioc. de Chambéry ; parti 3 août 1869 ; † à Tong-tseu, Kouei-tcheou, 1er sept. 1882, à 36 ans.

— Notice. (*Cte. rendu*, 1882, pp. 116/121.)

— L. de Tong-tse-hien, 21 juillet 1878, à Mgr. Lions. (*Miss. Cath.*, XI, 1879, pp. 76/7.)

Voisin, *Joseph Etienne Polycarpe*, né le 25 janv. 1797, à Bellevaux (Savoie) ; parti le 24 janvier 1824, pour le Se-tch'ouan ; nommé directeur au Sém. des Miss. ét. à Paris ; débarque à Bordeaux, mai 1834 ; † 30 janv. 1877, à Paris.

— Notice avec port. : *Miss. Cath.*, IX, 1877, pp. 257/8.

— Notice par l'abbé Delpech, *Lettre commune*, No. 6, 31 mars 1877.

Vray, *Jean*, né à la Fougerouse (Puy-de-Dôme), 14 déc. 1857 ; parti pour le Kouei-tcheou, 8 nov. 1882 ; † 12 avril 1893.

— Notice. (*Cte. rendu*, 1893, pp. 328/330.)

Williatc, *Gustave Joseph*, né 1872, dioc. de Cambrai ; parti 26 août 1896.

— L. [du Kouei-tcheou]. (*Miss. Cath.*, XXXI, 1899, p. 351.)

Zeller, *Ernest*, né à Paris, 26 sept. 1854 ; parti 28 nov. 1877, pour le Se-tch'ouan orient. ; † 6 mai 1902.

— Notice. (*Cte. rendu*, 1902, pp. 372/8.)

CONGRÉGATION DE LA MISSION (LAZARISTES).

— Congrégation de la Mission (Lazaristes) — Répertoire historique comprenant la liste des Supérieurs de la Congrégation de la Mission et de la Compagnie des Filles de la Charité ; le Tableau des Assemblées générales, et des Établissements, etc. ; une Liste des Actes apostoliques se rapportant aux deux communautés de Saint-Vincent de Paul, et la Table générale des Annales de la Congrégation de la Mission depuis leur origine jusqu'à la fin de l'année 1899. Paris, à la Procure de la Congrégation de la Mission, 1900, in-8, pp. VII-488.

Voir col. 980-1010.

— Répertoire bibliographique de la Congrégation de la Mission (Lazaristes) comprenant une liste des ouvrages composés par des Prêtres de cette Congrégation, et l'indication de documents imprimés ou manuscrits se rapportant à Saint Vincent de Paul et à ses principales œuvres. Paris, 95 rue de Sèvres, 1903, in-8, pp. 80.

Par M. l'abbé A. Milon, C. M.

La correspondance de Chine (1806-1842) conservée dans les Archives de la Congrégation de la Mission forme 6 vol. in-fol., ms. 1401 à 1406.

— Catalogue des Maisons et du Personnel de la Congrégation de la Mission au 1er janvier 1855. Paris, Adrien Le Clere, in-18, pp. 51.

Souvent réimprimé depuis.

— Notices bibliographiques sur les Écrivains de la Mission par un Prêtre de la Même Congrégation. — Première Série. — Angoulême, J.-B. Baillarger, 1878, in-8, pp. VII-330.

Par Edouard Rosset. — Seul vol. publié.

— Notices et Documents sur les Prêtres de la Mission et les Filles de la Charité de S. Vincent de Paul Massacrés, le 21 juin 1870, à Tien-tsin (Pé-tche-ly, Chine) En haine de la Religion Catholique et de ses Saintes Oeuvres ou les Premiers Martyrs de l'Oeuvre de la Sainte-Enfance par un Prêtre de la Mission. — Se vend pour aider à la reconstruction de l'église de N.-D. des Victoires, à Tien-tsin. — Paris, rue de Sèvres, 95... Péking, Typ. du Pé-t'ang, 1895,... in-8, pp. XII-609 + 1 f. n. ch. ; Port. du P. Chevrier.

Par Capy. — Notice : *Miss. Cath.*, XXIX, 1897, pp. 359/360.

Les Archives de la Congrégation de la Mission renferment les documents relatifs à ces martyrs, carton 555.

Addosio, *Pascal Raphael d'*, né à Prescia (Otrante), 19 déc. 1835 ; curé du Nan-T'ang ; tué à Pe-king, 15 août 1900.

— Portrait. (*Ann. Cong. Mission*, Vol. 67, 1902, p. 371.)

Anot, *Antoine*, né 3 mai 1814, à Menneville, diocèse de Soissons ; entre dans la Cong. de la Mission, 5 oct. 1838 ; prononce ses vœux, 6 oct. 1840 ; quitte la France, janvier 1843 ; † 21 nov. 1893.

Anouilh, *Jean-Baptiste*, Evêque d'Abydos, vic. ap. du Pé Tchély occidental, né le 10 nov. 1815, dans la bourgade de Prat, près Saint-Lizier, diocèse de Pamiers ; † à Tching-ting fou, le 18 février 1869.

— Notice : *Miss. Cath.*, II, p. 166.

— Monument à Prat (Ariège). (*Ibid.*, XVII, 1885, p. 568.)

— Monument érigé dans l'église de Prat, diocèse de Pamiers, en l'honneur de Mgr. Anouilh, originaire de cette paroisse. (*Annales Cong. Mission,* LI, 1886, pp. 154/160.)

— Lettre du 8 Déc. 1867. (*Miss. Cath.*, I, p. 134.)

— Lettre du 5e jour de la 3e lune de 1868 à Mgr. Dubar. (*Ibid.*, II, p. 175.)

— Extraits de plusieurs lettres de Monseigneur Anouilh, Evêque d'Abydos, vicaire apostolique en Chine, au Frère Génin, de la Congrégation de la Mission. Paris, Ambroise Bray, 1869, br. in-8, pp. 15.

— Un Apôtre ariégeois en Chine — Monseigneur Jean-Baptiste Anouilh de la Congrégation de la Mission Evêque d'Abydos et coadjuteur de Pékin. Premier Vicaire apostolique du Tchély Occidental Par l'Abbé J.-Th. Sentenac Chanoine de Pamiers Docteur en Théologie et en Droit canonique. Toulouse, Imprimerie catholique Saint-Cyprien, 1895, pet. in-8, pp. xxIII-429, Portrait.

Appiani, *Louis Antoine*, né à Dogliani, diocèse de Saluces, en Piémont, le 22 mars 1663. — Vice-Visiteur apostolique en Chine (1697); † 29 août 1732.

Consulter le Vol. IV des *Mémoires de la Cong. de la Mission*.

Archenault, Sœur

— L. de Hang-tcheou à M. Fiat, Sup. gén. de la Cong. de la Mission. (*Miss. Cath.*, XXIX, 12 fév. 1897, p. 76.)

— L. (*Ibid.*, XXX, 11 nov. 1898, pp. 530/1.)

— L. de Hang-tcheou. (*Ibid.*, XXXI, 26 mai 1899, p. 245.)

— L. de Hang-tcheou. (*Ibid.*, XXXIV, 22 août 1902, p. 400.)

— L. de Hang-tcheou, 8 août 1902. (*Ibid.*, XXXIV, 3 oct. 1902, pp. 471/2.).

— L. de Hang-tcheou. (*Ibid.*, XXXV, 17 juillet 1903, pp. 342/3.)

— L. de Hang-tcheou, 11 août 1904. (*Ibid.*, XXXVI, 30 sept. 1904, pp. 471/2.)

Aubin, *Raymond*, Miss. au Chen-si; † le 1er Août 1795.

— Lettre de M. Raux : *Nouv. let. édif.*, III, 1818, pp. 238/241; réimp. dans les *Miss. Cath.*, V, p. 372.

Aymeri, *Michel Ange*, né 6 déc. 1820, à Carmagnole (dioc. de Turin); entré dans la Cong. de la Mission, 29 sept. 1845; parti pour la Chine en 1848; † à Chang-haï, 6 mars 1880.

— L. de Chang-haï, 28 nov. 1878, au R. P. Marie, de Brest. (*Miss. Cath.*, XI, 1879, pp. 51/2.)

— L. du même, *ibid.*, 14 déc. 1878. (*Ibid.*, p. 64.)

— Notice. (*Ibid.*, XII, 1880, p. 288.)

Baldus, *Jean Henri Maximilien*, Evêque de Zoara, vic. ap. du Ho-nan, puis du Kiang-si, né 26 janvier 1811, à Ally, près de Mauriac (diocèse de Saint-Flour); † le 29 sept. 1869.

— Notice : *Miss. Cath.*, II, p. 395.

— Mgr. Jean-Henri-Maximilien Baldus évêque de Joare vicaire apostolique du Ho-nan et du Kiang-si Par M. l'Abbé J.-B. Serres Supérieur des Petites Sœurs des Malades. [Toulouse, Imp. Saint-Cyprien], s. d., pet. in-8, pp. 168.

Barberet, *Émile*

— Les œuvres de l'archipel de Chusan. Lettre. (*Miss. Cath.*, XXVIII, 10 avril 1896, pp. 169/172.)

Boscat, *Louis*

— L. de Ki-ngan-fou, 6 fév. 1896. (*Miss. Cath.*, XXVIII, 29 mai 1896, p. 256.)

Bray, *Géraud*, Ev. de Legione; vic. ap. du Kiang-si.

— L. de Kiou-kiang, 10 juillet 1872; aperçu historique sur la mission du Kiang-si. (*Miss. Cath.*, V, pp. 218/220.)

— L. de Fou-tcheou, 1er avril 1875, à l'abbé Gennevoise. (*Ibid.*, VII, pp. 380/1.)

— L. de Kiou-Kiang, 10 déc. 1876. (*Ibid.*, IX, pp. 205/6.)

— Division du Kiang-si sept. en deux vicariats. (7 Juillet 1885.) (*Ibid.*, XVII, 1885, p. 341.)

— L. (*Ibid.*, XXIV, 1892, pp. 85/6.)

— L., Kiou kiang, 25 avril 1892. (*Ibid.*, pp. 355/6.)

— L., Kiou kiang. (*Ibid.*, XXIX, 29 oct. 1897, p. 521.)

— L., Kiou-kiang, 1er déc. 1898. (*Ibid.*, XXXI, 17 fév. 1899, p. 77.)

— Apostolicae Facultates earumque Commentarius cui accedunt Monita ad Missionarios Provinciae Kiang-si. Parisiis, Georges Chamerot, 1879, in-12, pp. xx-384.

— Manuale Alumnorum Congregationis Missionis in tres partes divisum ad usum Missionariorum Provinciae Kiang-si. Paris, J. Mersch, 1881, in-12, pp. 359.

Bresson, *Jean-Marie*, né en 1860, dioc. de Saint-Flour; parti 1887; † 19 juin 1895, à Kouei-ki.

— Nécrologie. (*Miss. Cath.*, XXVII, 6 sept. 1895, pp. 431/2.)

Bret, *Jean Baptiste*, né en 1836, dioc. de Lyon; parti 1863; † 16 sept. 1895, à Hang-po.

— L. de Ning-po, 12 décembre [1892]. (*Miss. Cath.*, XXV, 24 fév. 1893, p. 89.)

— L., Ning-po, 7 juin 1894. (*Ibid.*, XXVI, 7 sept. 1894, pp. 427/8.)

— L. sur le Tché-kiang. (*Ibid.*, 21 déc. 1894, pp. 605/6.)

— L. de Ning-po, 27 janv. 1895. (*Ibid.*, XXVII, 3 mai 1895, p. 207.)

— L. de Ning-po, 31 juillet 1895. (*Ibid.*, 27 sept. 1895, p. 461.)

— Nécrologie. L. de Mgr. Reynaud, vic. ap. du Tche-kiang. Ning-po, 2 janv. 1896. (*Ibid.*, XXVIII, 28 fév. 1896, pp. 107/108.)

Bruguière, Mgr. *Jules*, né 12 août 1851, à Nant, dioc. de Rodez; évêque de Cinen., Vic. ap. du Pe Tche-li occid., 28 juillet 1891.

— L. de Tcheng-ting fou, 15 oct. 1895. (*Miss. Cath.*, XXVIII, 7 fév. 1896, p. 65.)

Bugaud, Sœur, Sup. de la Maison de J. C. à Ning-po.

— L., 23 sept. 1896. (*Miss. Cath.*, XXVIII, 6 nov. 1896, p. 531.)

Chavanne, *Antoine Claude*, né à Saint-Chamond (Loire), 20 août 1862; blessé 17 juillet 1900 d'un coup de feu à Pe-king; † 26 juillet 1900, de la petite vérole.

— L., Pe-king, 18 mai 1900. (*Miss. Cath.*, XXXII, 13 juillet 1900, pp. 324/5.)

— L., Pe-king, 26 mai 1900. (*Ibid.*, 20 juillet 1900, pp. 338/40.)

— Portrait. (*Ann. Cong. Mission*, Vol. 67, 1902, p. 373.)

Chevrier, *Claude Marie*, né à Saint-Symphorien-de-Lay (dioc. de Lyon), le 10 août 1820; massacré à Tien-tsin, le 21 juin 1870.

— Notice : *Miss. Cath.*, III, p. 310.

Chevrier, *Louis*, né 1825 (Rhône); part 1862; † à Pe-king, 30 mars 1893.

Clerc-Renaud, *Louis*.

— L. sur la léproserie de Yao-tcheou-fou. (*Miss. Cath.*, XXVIII, 1er Mai 1896, pp. 205/6.)

— L., Shanghai, 1er juillet 1896. (*Ibid.*, 21 août 1896, p. 399.)

— L., Kang-pei, 2 fév. 1897. La léproserie de Yao-tcheou (Kiang-si). (*Ibid.*, XXIX, 25 juin 1897, pp. 302/4.)

— L., Kang-pei (Kiang-si orient.). (*Ibid.*, 13 août 1897, p. 387.)

— L. du Kiang-si oriental. (*Ibid.*, XXX, 29 juillet 1898, pp. 353/4.)

— L. de San-kang, 14 juillet 1898. (*Ibid.*, 23 sept. 1898, pp. 446/7.)

— L. de San-kang (Kiang-si orient.). (*Ibid.*, XXXI, 7 juillet 1899, p. 316.)

— L. de Lien-tcheou (Kiang-si orient.). (*Ibid.*, XXXI, 1er sept. 1899, p. 411.)

— L. de San-kang, 4 janv. 1900. (*Ibid.*, XXXII, 27 avril 1900, pp. 193/4.)

— L. de Pao-ting fou, 12 nov. 1900. (*Ibid.*, XXXIII, 22 fév. 1901, pp. 87/8.)

— L. sur le Kiang-si orient. (*Miss Cath.*, 22 fév. 1901, pp. 88/9.)

— L. (*Ibid.*, XXXIV, 4 juillet 1902, pp. 313/4.)

Clet, *Jean François Régis*, né 19 avril 1748, à Grenoble; arrivé en Chine en 1790. — Etranglé le 17 avril 1820 (date du registre des Lazaristes à Chang-Hai) ou le 18 avril 1820. (*Annales de la Prop. de la Foi*, X, pp. 126/127.) En réalité le 18 février 1820.

— Lettre (inédite) de M. Clet, missionnaire lazariste, adressée à M. Richenet, procureur de la mission de Pékin à Paris. (Des prisons de Ou-tchang-fou, le 28 décembre 1819.) *Let. éd.*, éd. de Grimbert, III, pp. 252 et seq.

— D'après une lettre du P. Lamiot (Ou-tchang-fou, 19 fév. 1820), le P. Clet aurait été tué le 18 février 1820 : c'est, croyons-nous, la date exacte du martyre.

— Voir également une l. de Mgr. Delaplace, *Ann. de la Mission*, XXXIV, p. 306.

— Sur le martyre du P. Clet, voir Huc, *Christianisme en Chine*, IV, pp. 252-256; *Miss. Cath.*, V, pp. 191/2.

— Notice sur ses restes. (*Miss. Cath.*, XXII, 1890, p. 77.)

Les Archives de la Cong. de la Mission renferme ses écrits, originaux et copies, 510, 510 *a*; ses reliques, documents, cartons 501, 570; registre in-fol., ms., 502; *causa beatificationis*, vol. in-fol., imp., 512, 513.

Voir **Perboyre**.

— Notice sur le Vénérable Jean-François Régis Clet Prêtre de la Congrégation de la Mission de Saint-Vincent de Paul, dite des Lazaristes. Société Saint-Augustin, Lille, 1890, in-12, pp. 24, Port.

Par M. Chapelle, prêtre de la Mission.

— Vie du Vénérable Serviteur de Dieu François-Régis Clet Prêtre de la Mission et Martyr par Mgr. Charles Bellet Prélat de la Maison de Sa Sainteté. Paris, Bloud et Barral, 1891, gr. in-8, pp. xix-176, ill. photog.

— Panégyrique du Bienheureux François-Régis Clet Prononcé dans la Chapelle de la Congrégation de la Mission à Paris Le mardi 26 juin 1900 suivi de la Bibliographie relative au Bienheureux par Mgr Charles-Félix Bellet Protonotaire Apostolique. Grenoble, Pons, 1901, gr. in-8, pp. 72.

Avec 2 facsimiles. — La Bibliographie n'a pas moins de 103 nos. répartis en : I. Documents relatifs à la Béatification. — II. Biographie. — III. Culte et Panégyriques. — Nous y renvoyons nos lecteurs, quoique nous ne pensions pas avoir omis de document important dans notre liste.

— Vie du Vénérable François-Régis Clet Prêtre de la Congrégation de la Mission martyrisé en Chine le 18 février 1820 par M. Demimuid Docteur ès Lettres Directeur général de l'Oeuvre de la Sainte-Enfance. Paris, Gaume, 1893, in-8, pp. vi-435 + 1 f. n. ch. er.

Notices : *Études religieuses*, partie bibliographique, 31 Octobre 1893, pp. 740/741. Par F. Biesse, S. J. — *Miss. Cath.*, XXV, 11 Août 1893, pp. 383/384.

— Vita del Beato Francesco-Regis Clet Prete della Congregazione della Missione martyrizzato in Cina il 18 Febbrajo 1820 — Scritta da M. Demimuid Dottore in Lettere. Roma, Tip. Partenopea Frat. Amoroso 1900, in-8, pp. 224.

— Vie du bienheureux François-Régis Clet Prêtre de la Congrégation de la Mission martyrisé en Chine le 17 février 1820 par Un Prêtre de la même Congrégation. Paris, Procure de la Congrégation de la Mission, 95 rue de Sèvres, 1900, in-12, pp. 124, Port.

Par M. Rougeot.

— Le même : Paris, X. Rondelet et Cie., 14 rue de l'Abbaye, 1900, in-12, pp. 124, Port.

— Le Bienheureux Clet, lazariste, martyr en Chine. (*Miss. Cath.*, XXXII, 22 Juin 1900, pp. 289/290.)

— Błogosławiony Franciszek-Regis Klet kapłan Zgromadzenia XX. Misyonarzy św. Wincentego a Paulo umęczony za wiarę św. w Chinach w r. 1820. Kraków, Druk. Univ. Jagiellońskiego 1900, in-8, pp. 127-ii.

— Vie du Vénérable François-Régis Clet Prêtre de la Congrégation de la Mission martyrisé en Chine le 18 février 1820. Abbeville, C. Paillart, s. d., in-16, pp. 32.

Collection des *Brochures illustrées de Propagande Catholique*.

— [Notice de la Vie et du Martyre du Bienheureux François Régis Clet, lazariste, par M. Alouan, C. M. Imp. catholique des PP. Jésuites, Beyrouth, 1900; en *arabe*] in-16.

— Iscrizioni per solenne Triduo della Beatificazione del B. Francesco Clet Sacerdote della Congregazione della Missione il Maggio 1900 in Roma. br. in-8, 4 ff.

— Décret fixant au 17 février la fête du bienheureux martyr François Clet, approuvant son office, et l'établissement du rite double majeur. — S. C. R., 24 nov. 1900. (*Annales Cong. Mission*, LXVI, 1901, pp. 137/144.) Les fêtes du Triduum. (*Ibid.*, pp. 145/166.)

— Souvenir du Triduum solennel Célébré les 26, 27 et 28 Novembre 1900 dans la Chapelle de l'Hospice général d'Abbeville en l'honneur du Bienheureux François-Régis Clet Prêtre de la Mission Martyrisé en Chine, le 17 Février 1820. Béatifié par S. S. Léon XIII, le 27 mai 1900. Abbeville, C. Paillart, 1900, br. in-8, pp. 16.

— Paroisse Sainte-Anne à Amiens — Les Fêtes du Triduum en l'honneur du B. François Régis Clet les 4, 5 et 6 Novembre 1900. Amiens, Langlois, 1900, br. in-8, pp. 21.

Ext. du *Dimanche*, Semaine religieuse du diocèse d'Amiens, du 11 nov. 1900.

— Le Bienheureux Martyr François-Régis Clet Prêtre de la Congrégation de la Mission — Panégyrique prêché au Grand Séminaire de Cambrai à la clôture du Triduum célébré pour sa béatification 14 mars 1901 par Monseigneur Baunard Recteur de l'Université catholique de Lille. — Paris — Lille, A. Taffin-Lefort, br. in-8, pp. 20.

— Le bienheureux Martyr François-Régis Clet Prêtre de la Congrégation de la Mission — Panégyrique Prêché au Grand Séminaire de Cambrai à l'ouverture du Triduum célébré pour sa béatification 12 mars 1901 par M. l'Abbé Cateau Supérieur du Petit Séminaire de Cambrai. Cambrai, Imp. Fernand Deligne et Cie — 1901, in-8, pp. 22.

— Panégyrique prononcé dans la chapelle du Grand Séminaire de Cambrai le mercredi 13 mars 1901 Sur l'Apostolat du Bienheureux Martyr François-Régis Clet par M. l'Abbé Carlier Vicaire Général. Cambrai, Imp. Fernand Deligne et Cie — 1901, in-8, pp. 24.

— Le bienheureux Martyr François-Régis Clet Prêtre de la Congrégation de la Mission — Panégyrique Prononcé dans la Cathédrale de Cahors Par Monseigneur Enard Évêque de Cahors et Compte-rendu du Triduum solennel Célébré les 15, 16 et 17 Mars 1901. Cahors, F. Plantade, Imprimeur de Mgr. l'Évêque — 1901, in-8, pp. 47.

Aussi dans la *Revue religieuse de Cahors et de Roc-Amadour*, 23 mars 1901.

— Triduum solennel célébré à Lille les 10, 11 et 12 mai 1901 en l'honneur du Bienheureux François-Régis Clet Prêtre de la Congrégation de la Mission. [Lille], in-8, pp. 58.

— Cantate en l'honneur du Bienheureux François-Régis Clet Prêtre de la Congrégation de la Mission Martyrisé en Chine, le 18 Février 1820. [Lille, Imp. L. Danel.] Pièce in-8 de 3 pages.

Par Blanchet.

— In honorem Martyris B. Fr. Clet Congregationis Missionis. [Lille, Imp. de l'orph. de Don Bosco, 1900.] Pièce in-8, de 4 pages.

Par M. Cliquenois, de Lille.

— Panégyrique du Bienheureux François-Régis Clet des Prêtres de la Mission — Trois Discours prononcés dans l'Église paroissiale de Loos-lez-Lille par M. l'Abbé C. Lecigne Docteur ès-Lettres Professeur à la Faculté Libre des Lettres de Lille (8, 9, 10 juillet 1900). Lille, Imp. H. Morel, 1900, br. in-8, pp. 50.

— Compte-rendu des Fêtes du Triduum à Loos à l'occasion de la Béatification du Bienheureux François Clet Prêtre de la Congrégation de la Mission. Lille, H. Morel, 1900, br. in-8, pp. 56.

Par l'abbé C. Lecigne.

— Triduum solennel à Lyon en l'honneur des Bienheureux Martyrs Clet, Bonnard et Tuy. (*Miss. Cath.*, XXXII, 9 nov. 1900, pp. 529/530.)

— Panégyrique du Bienheureux François-Régis Clet Prêtre de la Congrégation de la Mission Né à Grenoble le 19 août 1748 Martyrisé en Chine le 18 février 1820 prononcé Par Sa Grandeur Monseigneur Henry Évêque de Grenoble le 21 avril 1901, dans la Basilique Cathédrale de Montpellier. Grenoble, Joseph Baratier, 1901, br. in-8, pp. 30.

— Augustin Lury Docteur en Théologie et en Droit canonique Vicaire général — Panégyrique du Bienheureux François-Régis Clet — Paris, H. Oudin, Poitiers, 1901, in-12, pp. 33.

— Lettre pastorale & Mandement de Monseigneur l'évêque de Saint-Brieuc & Tréguier Aux Prêtres et aux Fidèles de son Diocèse à l'occasion de la Béatification de François-Régis Clet Prêtre de la Mission Martyrisé en Chine le 18 Février 1820. Saint-Brieuc, René Prud'homme, 1900, br. in-8, pp. 23.

— Novena en honor del Beato Martir Francisco Clet Sacerdote de la Congregación de la Misión escrita por G. Ch. Presbitero — Con Licencia de la Autoridad Eclesiastica — Mexico, Talleres tip. « J. de Elizalde » 1902, in-16, pp. 32.

Coqset, Mgr. *Auguste*, né à Ambleny, dioc. de Soissons, 28 juin 1847; év. de Cardica, vic. ap. du Kiang-si méridional, élu 19 juillet 1887.

— Lettre, 26 Mai 1893. (*Miss. Cath.*, XXV, 11 Août 1893, pp. 375/376.)

— L. 28 oct. 1893. (*Ibid.*, XXV, 15 déc. 1893, p. 592.)

— L. du Kiang-si. (*Ibid.*, XXVI, 27 avril 1894, pp. 197/9.)

— L. [de Ki-ngan], 6 juin [1899]. (*Ibid.*, XXXI, 25 août 1899, pp. 397/9.)

— L. de Ki-ngan. (*Miss. Cath.*, XXXVII, 24 fév. 1905, p. 87, portrait avec ses prêtres indigènes.)

— Compendium Historiae ecclesiasticae ad usum Seminarii Pekinensis. — Tomus primus — Pekini, Typis Pe-t'ang — 1880, in-8, pp. VII-436-XIII.

Par Mgr. Coqset et le P. Humblot.

— Mappa Vicariatus Kiang-si meridionalis.

Cette carte indique les principales villes où résident les autorités civiles et les résidences des Missionnaires ainsi que les centres des Chrétientés. Mgr. Coqset l'a fait graver à Paris pendant son séjour, juillet 1894.

Coudart, *Désiré*, né en 1867, dioc. de Meaux; parti 1886; coadj.; † 15 juin 1895, à Tcheng-ting fou.

— *Annales C. M.*, LXI, p. 205.

Coursières, *Jean.*

— L. de Tchen-ting-fou (P. Tché-ly occid.). (*Miss. Cath.*, XVI, 1884, p. 220.)

Courtès, *Joseph*, † 8 août 1888, à Chang-haï.

— L. de Mgr. Coqset, sur sa mort. (*Ann. Cong. Mission*, LIV, 1889, pp. 276/7.)

Danicourt, *François-Xavier-Timothée*, né le 18 mars 1806, à Authie-les-Doullens (Somme); parti pour la Chine avec Mgr. Mouly, le 30 sept. 1833; arrivé à Macao, 14 juin 1834; évêque d'Antiphelles, 7 sept. 1851; vic. ap. du Tche-kiang et du Kiang-si; rentré en Europe, 1859-1860; † à Paris, 2 fév. 1860.

— Vie de Mgr. Danicourt de la Congrégation de la Mission évêque d'Antiphelles vicaire apostolique du Tché-kiang et du Kiang-sy (Chine) par M. E.-J. Danicourt curé de Naours (diocèse d'Amiens)... Paris, Poussielgue, 1889, in-8, pp. XV-535.

Notice: *Miss. Cath.*, XXI, 1889, p. 96.

David, *Armand*, né à Espelette (Basses-Pyrénées), 7 sept. 1826; entré dans la Mission, 4 nov. 1848; arrivé à Peking en 1862; quitte définitivement Chang-haï, 3 avril 1874; † à Paris, 95 rue de Sèvres, 10 nov. 1900.

— De quelques services rendus aux sciences naturelles par les missionnaires de l'Extrême-Orient. (*Miss. Cath.*, XX, 1888, Mai & Juin.)

— Portrait. (*Ibid.*, p. 287.)

— Henri Cordier, *Grande Encyclopédie.*

— Armand David. Nécrologie par Henri Cordier. (*T'oung Pao*, 2e Sér., II, N° 1, Mars 1901, pp. 94/96.)

— Nécrologie. (*Miss. Cath.*, XXXII, 28 déc. 1900, pp. 621/2.)

— M. Armand David. (*Ann. Cong. Mission*, LXVI, 1901, pp. 46/9.)

— *L'Univers*, 10 nov. 1900.

Delaplace, *Louis Gabriel*, né à Auxerre, 19 ou 21 janv. 1820; év. d'Andrinople, 27 fév. 1852; vic. ap. du Tche-kiang, 1854; vic. ap. du Pe Tche-ly sept. [Peking], sept. 1869; mort à Peking, le 24 mai 1884.

— L. de M. Sarthou, prêtre de la Mission, à M. Fiat, Sup. gén., sur la mort de Mgr. Delaplace. Peking, le 15 juin 1884. (*Ann. Cong. Mission*, XLIX, pp. 567/578.)

— Notices: *Ann. Cong. Mission*, L, 1885, pp. 255/277. — *Miss. Cath.*, XVI, 1884, pp. 489/492.

— Vie et Apostolat de Monseigneur Louis-Gabriel Delaplace évêque titulaire d'Andrinople, vicaire apostolique de Péking Décédé à Péking le 24 mai 1884. Auxerre, Octave Chambon, 1892, in-8, pp. XIV-287.

Par Paul Rougeot, C. M.

Delemasure, *Jean-Baptiste*, né en 1840, dioc. de Tourcoing; parti en 1865, pour la Chine; † à Pe-king, 26 juin 1893.

— L. de Tien-tsin du 16 oct. 1873. (*Miss. Cath.*, VI, 1874, pp. 39/40.)

— L. de Tien-tsin, 16 avril 1874. (*Miss. Cath.*, p. 375.)

Dellac, *Antoine*, né à Muret (dioc. de St. Flour), 6 mai 1847; entré chez les Lazaristes en 1868; ordonné prêtre et parti pour la Chine, 1872; † au Pe Tche-ly occid., 13 nov. 1877.

— L. de Mgr. Tagliabue. (*Miss. Cath.*, XI, 1879, pp. 54/5.)

Dellieux

— L. de In-fan (Kiang-si Orient.). (*Miss. Cath.*, XXX, 13 mai 1898, p. 220.)

Doré, *Maurice Charles Pascal*, né à Paris, 15 mai 1862; tué à Pe-king, au Si T'ang dont il était curé, 15 juin 1900.

— Portrait. (*Ann. Cong. Mission*, Vol. 67, 1902, p. 369.)

Ducurtyl, Sœur

— L. à la très bon. Mère Kieffer, Sup. gén. des Filles de la Charité. Pe-king, 27 août 1900. (*Miss. Cath.*, XXXII, 19 oct. 1900, p. 493.)

— L. de Pe-king, 6 sept. 1900. (*Ibid.*, 9 nov. 1900, pp. 530/1.)

Dumond

— L. de Pao-ting fou. (*Miss. Cath.*, XXX, 8 juillet 1898, pp. 315/316.)

— L. de Pao-ting fou. (*Ibid.*, XXXI, 31 mars 1899, p. 148.)

Erdely, *Ignace*, né en Hongrie, 1828; † 15 août 1885.

— Note sur M. Ignace Erdely, prêtre de la Mission, mort en Chine, le 15 août 1885. Par Jules Bruguière. Tching-ting-fou, 1886. (*Ann. Cong. Mission*, LII, 1887, p. 271.)

Faure, Sœur.

— L., Tchou-chan, 16 juin 1892. (*Miss. Cath.*, XXIV, 1892, p. 476.)

— Lettre: Les vieillards chinois aux îles de Tchéou-san. (*Ibid.*, XXV, 7 Juillet 1893, pp. 313/314.)

— L. (*Ibid.*, 10 nov. 1893, pp. 532/3.)

— L. du Tche-kiang: les Oeuvres de Charité aux îles Tchou-san. (*Ibid.*, XXVI, 9 mars 1894, pp. 109/110.)

— L. des îles Tchou-san. (*Ibid.*, XXVII, 22 mars 1895, p. 138.)

— L. du 6 août 1895. (*Ibid.*, 18 oct. 1895, p. 497.)

— L. du Tche-kiang. (*Ibid.*, XXIX, 4 juin 1897, p. 267.)

— L. sur l'hôpital des Vieillards et le dispensaire des îles Tchou-san. (*Ibid.*, XXX, 28 janv. 1898, p. 38.)

— L. de Tchou-Chan, 1er fév. 1899. (*Ibid.*, XXXI, 23 juin 1899, p. 292.)

— L. du 16 janv. 1900. (*Ibid.*, XXXII, 23 fév. 1900, p. 88.)

— L. (*Ibid.*, XXXII, 27 juillet 1900, p. 351.)

— L. de Tso-fou-pang (Tche-kiang). (*Ibid.*, XXXIV, 24 janv. 1902, pp. 39/40.)

— L. de Tso-fou-pang, 11 juin 1902. (*Ibid.*, 26 sept. 1902, p. 459.)

— L. de Tso-fou-pang. (*Ibid.*, XXXV, 12 juin 1903, pp. 278/9.)

— L., 2 nov. (*Ibid.*, 11 déc. 1903, p. 593.)

— L. de Tso-fou-pang, 8 mai 1904. (*Ibid.*, XXXVI, 29 juillet 1904, p. 364.)

Faveau, *Paul.*

— L. de Hang-tcheou. (*Miss. Cath.*, XXIX, 16 avril 1897, p. 183.)

Favier, *Alphonse Pierre* 樊國棟, *Fan Kouo-toung*, né à Marsannay la Cote, dioc. de Dijon, 22 sept. 1837; évêque de Pentacomia, 12 nov. 1897; vic. ap. du Tche-li sept. à la place de Mgr. Sarthou; † 1905, à Pe-king.

— Notice par Henri Cordier. (*T'oung Pao*, 1905, No. 2.)

— H. Cordier, *Hist. des Relat.*, passim.

— Portrait. (*Ann. Prop. Foi*, LXXII, 1900, p. 161. — *Miss. Cath.*, XXXII, 1900, p. 559.)

— L. à M. Pémartin, sur les églises de Peking. (*Miss. Cath.*, XV, 1883, pp. 17/18; grav. de l'église St. Joseph, *ibid.*, p. 19.)

— L., Peking, 28 nov. 1891. (*Ibid.*, XXIV, 1892, pp. 38/41.)

— L., Peking, 20 déc. 1891. (*Ibid.*, p. 87.)

— L., Peking, 14 janv. 1892: Trois Décrets impériaux, 12 janvier 1892. (*Ibid.*, XXIV, 1892, pp. 145/6.)

— L., Pe-king, déc. 1894. (*Ibid.*, XXVII, 8 fév. 1895, pp. 61/4; 15 fév., pp. 73/5.)

— L., Pe-king, fév. 1895. (*Ibid.*, 19 avril 1895, pp. 182/4.)

— L. à M. Bettembourg, proc. gén. de la Cong. (*Ibid.*, 14 juin 1895, p. 279.)

— L. (*Ibid.*, 9 août 1895, p. 377.)

— L., Pe-king, 23 août 1895. (*Ibid.*, 25 oct. 1895, pp. 505/8.)

— L., Pe-king, 15 mars 1897. [Reconstruction de l'église de Tien-tsin.] (*Ibid.*, XXIX, 28 mai 1897, pp. 253/7.)

— L., Pe-king, 25 juin 1897. [Inauguration de la nouvelle église de Tien-tsin.] (*Miss. Cath.*, 27 août 1897, pp. 409/412.)

— Sacre à Pe-king, 20 fév. 1898. (*Ibid.*, XXX, 25 fév. 1898, p. 87.)

— Détails du Sacre. (*Ibid.*, 8-15 avril 1898, p. 172.)

— L., Pe-king, 14 août 1898. (*Ibid.*, 30 sept. 1898, pp. 457/9.)

— L., Pe-king, 31 déc. 1898. (*Ibid.*, XXXI, 3 mars 1899, pp. 97/101.)

— L., Pe-king, 2 avril 1899. (*Ibid.*, 19 mai 1899, pp. 229/230.)

— L., Pe-king, 14 oct. 1899. (*Ibid.*, XXXII, 12 janv. 1900, pp. 13/15.)

— L., Pe-king, 18 mai 1900. (*Ibid.*, 20 juillet 1900, pp. 335/7.)

— L. à M. Fiat, Sup. gén. de la Cong. des Lazaristes, à Paris. Pe-king, 16 août 1900. (*Ibid.*, 19 oct. 1900, pp. 491/2.)

— Deux mois de siège. Journal de Mgr. Favier. (*Ibid.*, 16 nov. 1900, pp. 541/6 ; 23 nov., pp. 553/61.)

— L., Pe-king, 26 août 1901. (*Ibid.*, XXXIII, 11 oct. 1901, pp. 481/484.)

— L., Pe-king, 25 janv. 1902. Après le Siège du Pe-t'ang. (*Ibid.*, XXXIV, 14 mars 1902, pp. 121/4.)

— L., Audience solennelle accordée par Leurs Majestés l'Empereur et l'Impératrice à Mgr. Favier. (*Ibid.*, 18 avril 1902, pp. 181/2.)

— L., Pe-king, 17 avril 1904. (*Ibid.*, XXXVI, 27 mai 1904, pp. 254/5.)

— L., Peking, 18 mai 1900. (*Rev. franç. de l'Et. et des Col.*, Août 1900, pp. 467/471.)

Ferrant, Mgr. *Paul Louis*, né à Werwick, France, 2 juin 1859 ; coadj. de Mgr. Bray, vic. ap. du Kiang-si sept. et évêque de Barbalisso, 19 juin 1898.

— L. sur la mission de Ning-hay (Tche-kiang). (*Miss. Cath.*, XXVIII, 30 oct. 1896, pp. 518/520.)

— L. (*Ibid.*, XXXI, 26 janv. 1899, pp. 38/9.)

— L. de Kiu-kiang, 17 janv. 1901. (*Ibid.*, XXXIII, 22 mars 1901, pp. 135/6.)

— L. de Kiu-kiang, 23 juillet 1901. (*Ibid.*, 13 sept. 1901, pp. 433/434.)

— L. de Nan-tch'ang. (*Ibid.*, XXXIV, 12 déc. 1902, p. 592.)

— L. de Kiu-kiang, 21 sept. 1903. (*Ibid.*, XXXV, 6 nov. 1903, pp. 529/531.)

Forcade, Sœur *Callixte*, de la Congrégation des sœurs de Saint Paul de Chartres ; Supérieure de la Sainte-Enfance de Hongkong ; † 13 oct. 1850, à 36 ans d'une fièvre cérébrale.

— L. de Mgr. Forcade, évêque de Samos. Hong kong, 20 oct. 1850. (Latour, *Parterre de la S. Enfance*, 1875, pp. 263/274.)

Floritti, *Jean Baptiste*, né en Autriche en 1832 ; arrivé en Chine, 1874 ; † à Peking, 30 juillet 1896.

Francès, *Emile*.

— L. de Nan-tchang fou (Kiang-si sept.). (*Miss. Cath.*, XXXI, 28 juillet 1899, p. 351.)

— L. de Nan-tchang fou. (*Ibid.*, XXXII, 6 avril 1900, p. 160.)

— L. de Chang-hai, 3 sept. 1900. (*Ibid.*, 19 oct. 1900, pp. 492/3.)

— L. de Nan-tchang, 28 janvier 1902. (*Ibid.*, XXXIV, 25 avril 1902, p. 196.)

— L. de Nan-tchang, 18 nov. 1904. (*Ibid.*, XXXVII, 20 janv. 1905, pp. 25/6.)

Gabet, *Joseph*, né 4 déc. 1808, dioc. de Saint-Claude ; admis au Séminaire interne de St. Lazare, 22 fév. 1834 ; † au Brésil, 3 mars 1853.

— [Rosset], *Notices*, I, pp. 116/7.

Garrigues, *Jules*, né à Saint-Sernin (Tarn), 23 juin 1840 ; tué au Toung T'ang, Pe-king, 14 juin 1900.

— Portrait. (*Ann. Cong. Mission*, Vol. 67, 1902, p. 367.)

Les Archives de la Cong. de la Mission possède ses lettres, originaux et copies (1864-1900), in-4, ms., 531.

Geurts, *Ernest François*, né en 1862, à Maashees (dioc. de Bois-le-Duc) ; sacré 4 fév. 1900, premier vic. ap. du Tche-li oriental et évêque de Rinocolure.

Gilbert, Sœur *Victoire*, Supérieure de l'hôpital St. Joseph, à Ning-po.

— L., Ning-po, 26 juillet 1890. (*Miss. Cath.*, XXII, 1890, pp. 505/507.)

— L. (*Ibid.*, XXIII, 1891, pp. 169/170.)

— L. (*Ibid.*, XXIV, 1892, pp 121/3.)

— L. de Ning-po, 24 oct. 1892. (*Ibid.*, XXV, 3 mars 1893, p. 99.)

— L. de Ning-po, 7 mars 1893. (*Ibid.*, 14 avril 1893, pp. 181/2.)

— L. de Ning-po, 20 juillet 1893. (*Ibid.*, 22 sept. 1893, pp. 446/7.)

— L. de Ning-po. (*Ibid.*, 27 oct. 1893, pp. 507/8.)

— Rapport sur l'hôpital Saint Joseph. (*Ibid.*, XXVI, 6 avril 1894, pp. 161/2.)

— L. sur l'hôpital de Ning-po. (*Ibid.*, XXVII, 25 janvier 1895, pp. 37/9.)

— L. (*Ibid.*, 5 juillet 1895, p. 317.)

— L. (*Ibid.*, XXVIII, 10 janvier 1896, p. 15.)

— L. de Ning-po, 7 mars. (*Ibid.*, 15 mai 1896, p. 232.)

— L. (*Ibid.*, 26 juin 1896, p. 305.)

— L. (*Ibid.*, 14 août 1896, p. 388.)

— L. sur l'hôpital St. Joseph de Ning-po et le dispensaire de l'île Tchou-san. (*Ibid.*, 18 déc. 1896, pp. 601/2.)

— L. du 7 fév. 1897. (*Ibid.*, XXIX, 26 mars 1897, pp. 146/7.)

— L., 19 mars 1897. (*Ibid.*, 14 mai 1897, p. 231.)

— L. de Ning-po, 17 mai 1897. (*Ibid.*, 3 août 1897, pp. 374/5.)

— L. (*Ibid.*, 3 déc. 1897, p. 579.)

— L., 31 déc. 1897. (*Ibid.*, XXX, 11 mars 1898, pp. 111/2.)

— L. de Ning-po, 10 avril 1898. (*Ibid.*, 27 mai 1898, pp. 245/6.)

— L. (*Ibid.*, 19 août 1898, pp. 386/8.)

— L., 17 nov. 1898. (*Ibid.*, 30 déc. 1898, pp. 615/6.)

— L. (*Ibid.*, XXXI, 4 août 1899, pp. 364/5.)

— L. (*Ibid.*, 24 nov. 1899, p. 556.)

— L. (*Ibid.*, XXXII, 9 fév. 1900, pp. 64/5.)

— L., 27 janvier 1900. (*Ibid.*, 6 avril 1900, p. 160.)

Gonçalves, *Joachim Alphonse*, né 23 mars 1781, à Tojal, petit bourg de la prov. de Traz-os-Montes (Portugal) ; entra dans la Cong., 17 mai 1799 ; † à Macao, le 3 oct. 1844.

— Notice biographique par J. M. Callery (*Revue Encyclopédique*, 1847 ; trad. ang. dans le *Chin. Rep.*, Feb. 1846, pp. 69/80).

— Notice biographique sur le Père J. A. Gonçalvez. (*Variétés scientifiques... par J. M. Callery*, pp. 43/51.)

Voir col. 1116.

— K. F. Neumann. Der Sinologe Alphons Goncalves. (*Ztschr. d. D. M. G.*, Bd. XVIII, 1864, pp. 294/296.)

— Voir une liste de ses ouvrages, p. 90, dans les *Ephemerides... de Macau* par A. Marques Pereira. Macau, 1868.

— [Rosset] *Notices bibliographiques*, I, pp. 118/126.

Guierry, *Edmond*, né le 4 juillet 1825, à Estrée, hameau de la commune de Magny, près d'Avallon, avait fait ses études au petit séminaire d'Auxerre. Evêque de Danaba, 6 sept. 1864 et coadj. du Pe Tchely sept. ; vic. ap. du Tche-kiang en sept. 1869 ; mort à Ning-po, 8 août 1883.

— Lettre de Monseigneur Guierry, Evêque de d'Anaba, vicaire apostolique en Chine, au Frère Génin, de la Congrégation de la Mission. Paris, Bray et Retaux, 1870, br. in-8, pp. 15.

— L. de Ning-po, 21 déc. 1871. (*Miss. Cath.*, IV, pp. 213 et seq.)

— L. de Ning-po, 20 déc. 1875. (*Ibid.*, VIII, 1876, p. 90.)

— L. de Ning-po, 8 mai 1876. (*Ibid.*, p. 426.)

— L. de Ning-po, 7 sept. 1876. (*Ibid.*, IX, p. 220.)

— L. de Ning-po, 6 mars 1877, à M. Boré, sup. gén. des Laz. [Mort du P. Montagneux.] (*Ibid.*, p. 378.)

— L. de Mgr. Delaplace, à M. Poulin, du Grand Séminaire. Peking, 22 août 1883 (*Ann. Cong. Mission*, XLIX, pp. 135/6.)

— L. de M. Bret à Mgr. Delaplace. Ning-po, 12 août 1883. (*Ibid.*, pp. 137/138.)

— L. de la Sœur Solomiac à la t. hon. Mère Derieux. Ning-po, 14 août 1883. (*Ibid.*, pp. 138/141.)

— Notice. (*Semaine religieuse*, de Sens, 3 nov. 1883.)

Guilloux

— L. de Pe-king. (*Miss. Cath.*, XXXIII, 19 juillet 1901, p. 339.)

Guyon, *François*, mort le 13 avril 1883, dans la résidence de Tong-tchouang-tse, district du King-tong (Tché-ly sept.).

— L. de M. Sarthou, prêtre de la Mission, à M. Fiat, sup. général. Pekin, 28 avril 1883. (*Ann. Cong. Mission*, XLIX, 1884, pp. 114/117.)

Huc, *Evariste Régis*, né à Caylus (Tarn & Garonne), 1er juin 1813; admis au Séminaire interne de Paris, 5 sept. 1836; vœux, 15 oct. 1838; quitta la Cong., 26 déc. 1853 † à Paris, mars 1860.

Voir VOYAGES. — [Rosset] *Notices*, pp. 139/143.

Humblot, *Augustin*, né à Paris 1834; parti pour la Chine, 1865; † à Pe-king, 23 août 1896.

— L. de Peking, 5 sept. 1884. [Émeute du Si-Tang.] (*Miss. Cath.*, XVI, 1884. p. 542.)

Ibarruthy.

— L. du Tche kiang. [Sacre de Mgr. Reynaud. — Expulsion des missionnaires de Ning-po.] (*Miss. Cath.*, XVI, 1884, pp. 543/4.)

Jarlin, *Stanislas*, nommé coadj. du vic. ap. de Pe-king par bref du 28 déc. 1899 et év. de Pharbaetus; remplace Mgr. Favier, 1905.

Jaurias, Sœur *Hélène de*, né au château de Jaurias, paroisse de Gouts, en Perigord, près de Mareuil-sur-Belle (Dordogne); Fille de la Charité; Supérieure de l'Orphelinat de l'Immaculée Conception à Pe-king.

— * L'héroïne du Pé-tang — Hélène de Jaurias Sœur de charité par Henri Mazeau Avec une lettre-préface de l'amiral de Cuverville, ancien chef d'état-major général de la marine, Sénateur du Finistère. Paris, Victor Retaux, 1905, in-18 jésus, portrait.

— Extraits de lettres de Pe-king. (*Miss. Cath.*, XXVII, 19 avril 1895, pp. 181/2; 26 avril, p. 196; 10 mai, p. 221; 14 juin, p. 280.)

— L. de Pe-king, 15 juillet. (*Ibid.*, 13 sept. 1895, p. 440.)

— Journal. Pe-king, 12 juin 1900. (*Ibid.*, XXXII, 2 nov. 1900, pp. 515/518.)

Joseph, Sœur

— L. sur les évènements du Tche-li S. O. (*Miss. Cath.*, XXXIII, 18 janv. 1901, pp. 26/7.)

Joanin, *Jean Marie*, né à St. Just d'Avray, Rhône; entré dans la Cong. de St. Lazare, 3 oct. 1873; embarqué à Marseille, 25 août 1878; † à Ningpo, 14 février 1879, d'une maladie de poitrine.

— Notice : *Ann. Cong. Mission*, XLIV, 1879, pp. 475/8.

— L. de Mgr. Guierry et de M. Bettembourg. (*Ibid.*. pp. 471/8.) — (*Miss. Cath.*, XI, 1879, p. 385.)

Kho, *Jean Chrysostome*, né 1807, à Youn-ping-fou (Tche-ly N.); prêtre indigène de la Cong. de la Mission.

— Notice : *Miss. Cath.*, XXIII, 1891, p. 593 [par Alphonse Favier].

— Portrait. (*Ibid.*, p. 594.)

Kiang, *Benoit*, né 1831, dioc. de Pe-king; † à Pe-king, 6 août 1892.

— *Annales C. M.*, LVIII, p. 94.

Lacruche, miss. à Kieou-kiang.

— L. (*Miss. Cath.*, XXXI, 13 oct. 1899, pp. 484/5.)

Lamiot, *Louis-François*, né 21 sept. 1767, à Bours, dioc. d'Arras; entra dans la Cong., 27 nov. 1784; vœux, 25 juin 1787; arrivé en Chine en 1790; † à Macao, 5 juin 1831.

— [Rosset] *Notices*, pp. 163/4.

— Lettres de M. Lamiot, Missionnaire lazariste en Chine. A Paris, Imprimerie de Béthune, 1832, br. in-8 de 20 pages.

Cette brochure contient une lettre du P. Lamiot, datée de « Outchang-fou, à l'hôtel près de la prison, 19 fév. 1820 ».

— « Nous vîmes [à Macao] dans le respectable P. Amyot, vieillard très-avancé en âge et accablé sous le poids des infirmités, suite des persécutions ainsi que d'un long et honorable apostolat, le seul reste de ces missionnaires jésuites qui avaient joui de la protection du dernier empereur. Il avait beaucoup souffert pour la foi, et cependant son seul désir, le seul but de toutes ses sollicitations auprès de la cour de Pékin, qui, en lui rendant les biens de son ordre, l'avait mis cependant à même de vivre dans un honorable repos, étaient d'aller mourir au milieu du peuple dont il portait le costume et avait adopté les usages. Le bon père, éloigné de la France depuis quarante ans, regardait la Chine comme la plus belle contrée du monde : mais la vue de ses compatriotes, la langue de son ancienne patrie, avaient rajeuni ses vieux souvenirs, réveillé dans son orgueil, cet amour de son pays qui ne s'éteint jamais; il voulut absolument, malgré la fatigue et les embarras d'une traversée sur la rade, visiter un bâtiment de guerre monté par des enfants de la France, et l'empressement de tout l'équipage fit couler des yeux du vénérable vieillard des larmes d'attendrissement. » (Voyage de *la Favorite*, II, pp. 266/7.) — Lire dans le paragraphe précédent : le P. Lamiot, lazariste, † à Macao, le 5 Juin 1831, au lieu du P. Amiot, jésuite, † à Peking, le 8 Oct. 1793.

Laribe, *Bernard Vincent*, né à Huseyrac (Lot), 13 avril 1802, entra 31 oct. 1823 dans la Cong. de S. Lazare; partit pour la Chine sept. 1831; en 1840, évêque de Sozopolis et coadj. de Mgr. Rameaux; 1845, vic. ap. du Kiang si; † 20 juillet 1850, à Su Tcheng (Kiang si).

— Notice : Latour, *Parterre de la S. Enfance*, 1875, pp. 260/2.

Legris

— L. de Ki-ngan (Kiang-si mérid.). (*Miss. Cath.*, XXXII, 18 Mai 1900, p. 229.)

Leutiea, Sœur *Marie*

— L. (*Miss. Cath.*, XXXII, 2 nov. 1900, p. 518.)

Louat, Miss. au Tche-Kiang.

— L. (*Miss. Cath.*, XXVII, 6 déc. 1895, p. 579.)

— L. de Wen-tcheou. (*Ibid.*, XXX, 17 juin 1898, pp. 279/280.)

— L. de Wen-tcheou. (*Ibid.*, 12 août 1898, p. 375.)

— L. [Orphelinat de Wen-tcheou.] (*Ibid.*, XXXI, 6 oct. 1899, pp. 469/472.)

— L. de Wen-tcheou, 26 juin 1900. (*Ibid.*, XXXII, 17 août 1900, p. 385.)

— L. de Wen-tcheou, 21 juillet 1900. (*Ibid.*, 31 août 1900, p. 408.)

— L. du Tche-kiang. (*Ibid.*, XXXIII, 2 août 1901, pp. 361/2.)

— L. de Hang-tcheou, 2 mars 1903. (*Ibid.*, XXXV, 8 mai 1903, p. 220.)

— L. de Hou-chou, 9 sept. 1903. (*Ibid.*, 30 oct. 1903, p. 519.)

Mac-Carthy, Sœur de l'hôpital de St. Vincent-de-Paul, Kieou-kiang.

— L. du 1er août 1898. (*Miss. Cath.*, XXX, 30 sept. 1898, pp. 459/460.)

— L. (*Ibid.*, XXXI, 15 sept. 1899, p. 435.)

— L. (*Ibid.*, XXXIII, 27 déc. 1901, p. 616.)

— L. de Kiou-kiang. (*Ibid.*, XXXV, 16 janv. 1903, p. 27.)

— L., 15 nov. 1903. (*Ibid.*, XXXVI, 5 fév. 1904, p. 63.)

Maineri, *Jean*, né en 1861; parti 1886; † à Tcheng-ting fou, 8 mai 1895.

— *Annales C. M.*, LXI, p. 205.

Montagneux, *Régis Protais*, né à St. Etienne, le 5 sept. 1825; entra dans la Congrégation, le 5 oct. 1849; envoyé à Smyrne en 1850; parti pour la Chine, avril 1851; † à Ning-po, 26 fév. 1877.

— Notice : *Miss. Cath.*, IX, 1877, pp. 282/3.

— L. de Mgr. Guierry. (*Ibid.*, p. 378.)

— L. de Mgr. Guierry. (*Ann. Cong. Mission*, XLII, 1877, pp. 422/424.)

Mouilleron, *Théodore*, né à Guérande (dioc. de Nantes), 4 août 1834; ordonné prêtre à Malte, le jour de Noël 1863; partit 11 août 1864, pour le Ho-nan, alors aux Lazaristes; passa aux Missions Et. de Milan, lors de la cession du Ho-nan à cette société en 1869; † du typhus, 22 mars 1878.

— L. à M. Aymeri, proc. des laz. à Shang-haï, 31 janv. 1878, du Ho-nan. (*Miss. Cath.*, X, 1878, p. 160.)

— L. de M. Scarella. (*Ibid.*, p. 297.)

Mouly, *Joseph Martial*, né à Figeac, le 2 août 1807. — Evêque de Fussulan, vic. ap. du Pé Tché-ly septentrional. — † à Peking, le 4 déc. 1868.

— Notice : *Miss. Cath.*, II, pp. 61/2. — *Ann. de la Mission*, XXXIV, 1869, pp. 327/334.

— Memorial of the Roman Catholic Bishop Mouly to the Emperor China. (Printed at Hong-kong in November, 1855.)

« Dated on the 14th of the 7th moon, of the 4th year of Heën Fung. (August 1854.) »

Cette traduction faite par le Dr. Medhurst a paru dans le *N. C. Herald*, No. 297, April 5, 1856; et dans le *Shanghae Miscellany*.

— Address of Mgr. Mouly, vicar apostolic of Peking. Delivered in the Chapel of the Lazarists, in Paris, on Thursday, 25th July, 1861. [Literally translated from the French, by Rev. Charles Piton, Basel Missionary.] (*Chinese Recorder*, X, 1879, pp. 198/203.)

Mullener, Mgr. *Jean*, né à Brême, 4 oct. 1673 ; évêque de Myriopolis ; vic. ap. du Se-tch'ouan, consacré déc. 1716 ; † 17 déc. 1742.

Consulter le Vol. IV des *Mémoires de la Cong. de la Mission*.

Patrissey, Sœur, Supérieure de l'hôpital de Tso-fou-pang (Tchekiang).

— L. (*Miss. Cath.*, XXX, 6 mai 1898, p. 208.)

— L. de Tso-fou-pang. (*Ibid.*, XXXII, 2 mars 1900, p. 101.)

— L. (*Ibid.*, 8 juin 1900, p. 265.)

Pedrini, *Theodoric*, né à Fermo, dans la Marche d'Ancône, en 1670 ; † à Peking, le 10 déc. 1746.

Consulter les Vols. V, VI et VII des *Mémoires de la Congrégation de la Mission*.

Perboyre, *Jean Gabriel*, né au Puech, paroisse de Mongesty (diocèse de Cahors), le 6 janvier 1802 ; arrivé à la Chine en 1835 ; martyrisé à Wou-tch'ang, le 11 sept. 1840.

Les Archives de la Cong. de la Mission renferment les documents relatifs à l'abbé Perboyre, cartons 41, 49 ; ses écrits, originaux et copies, vol. relié 503 ; reliques, documents, carton 501, et registre in-fol., ms. 502 ; *causa beatificationis*, vol. in-fol., impr. 504, 505.

Malgré notre longue bibliographie, nous avons été obligés de laisser de côté bon nombre d'hymnes, cantates, cantiques, panégyriques, lettres pastorales, lithographies qui n'offrent au surplus aucun intérêt.

— Lettre de Mgr. Joseph Rizzolati, Evêque d'Araden et Vic. ap. du Hu-Quam, à l'Association de la Propagation de la Foi. U-cham-fu, 28 Oct. 1840. (*Ann. de la Prop.*, XIII, pp. 449/452.)

— Lettre de M. Huc, miss. ap., à M. Sarrans. Macao, 27 Janvier 1841. (*Ibid.*, XIV, pp. 12/18.)

— Notice sur la vie et la mort de M. Jean-Gabriel Perboyre, prêtre de la Congrégation de la Mission de Saint-Lazare, martyrisé en Chine le 11 Septembre 1840, avec le portrait du martyr. Par un prêtre de la même congrégation. Paris, Adrien Leclère, 1842, in-8, pp. xv-286.

— Voir *Ann. de la Cong. de la Mission*, VII, 1842.

Notice : *Miss. Cath.*, VI, pp. 455/6.)

— Le Disciple de Jésus, ou Vie du Vénérable Perboyre, Prêtre de la Congrégation de la Mission ; suivie d'une notice biographique sur le Vénérable Clet, par un Prêtre de la même Congrégation, Avec les portraits des deux Martyrs. Paris, Adrien Le Clere, 1853, in-12, pp. vii-580.

Par François Vauris, né 5 juillet 1806, à Billon, dioc. de Clermont ; entra dans la Cong., 9 mai 1838 ; † à Paris, 8 mars 1872.

— Della Vita del Venerabile Giovanni Gabriele Perboyre Missionario lazzarista Libri tre seguiti da una notizia biografica del Venerabile Gianfrancesco-Regis Clet pure missionario per un Sacerdote dell' istessa Congregazione — Prima versione italiana — Prato, Ranieri Guasti, 1859, pet. in-8, pp. xvi-410.

Trad. del Can. Bindi.

(Mullener. — Patrissey. — Pedrini. — Perboyre.)

— Franz Vauris Priester der Kongregation der Mission, Leben des ehrwürdigen Martyrers Johann Gabriel Perboyre, Priesters der Kongregation der Mission. — Aus dem Französischen übersetzt und mit Anmerkungen und einem Anhange begleitet von Johann Peter Stollenwerk, Priester derselben Kongregation. — Mit Genehmigung der Obern und Portrait Perboyre's in Stahlstich. — Regensburg, 1863, Georg Joseph Manz, in-8, pp. xvi-350.

— Leben und Martertod des am 10. November 1889 in Rom selig gesprochenen Johann Gabriel Perboyre, Priesters der Kongregation der Mission. — Nach den Quellen bearbeitet von einem Priester derselben Kongregation. Mit Gutheißung der Obern. — Zweite vermehrte und verbesserte Auflage. — 1890, Regensburg, Friedrich Pustet, in-16, pp. 207.

Par P. Stollenwerk.

— The Disciple of Jesus ; or, Life of Venerable Perboyre, Priest of the Congregation of the Mission. By a Priest of the same Congregation Translated from the French by a Sister of Mercy Revised by a Priest of the Diocese of Meath. — Dublin : Mc Glashan & Gill, 1874, in-12, pp. xxi-286.

— Gabriel Perboyre ou l'aventureux Pèlerinage. Limoges, Barbou frères, 1868, in-8, pp. 144.

Fait partie de la *Bibliothèque chrétienne et morale*. — Relation du voyage de M. Laribe.

— Vie abrégée du Vénérable J.-Gabriel Perboyre Prêtre de la Congrégation de la Mission dite des Lazaristes Fondée par Saint Vincent de Paul. Paris, Gaume, 1886, in-12, pp. 115.

Par Ed. Mott, C. M.

— La Vie et le Martyre du Bienheureux J.-Gabriel Perboyre Prêtre de la Congrégation de la Mission dite des Lazaristes Fondée par saint Vincent de Paul par Un Prêtre de la même Congrégation — Nouvelle édition augmentée de quelques prières en l'honneur du Bienheureux. Paris, Gaume, 1890, pet. in-8, pp. 127 + 1 f. d'er., Portrait.

Par Ed. Mott.

— *Miss. Cath.*, XVIII, 1886, p. 449. — *Ibid.*, XX, 1888, pp. 313/314, etc. ; Portrait, p. 313. — *Ibid.*, pp. 505/6 ; Statue, *Ibid.*, XXI, 1889, p. 543. — Triduum, *ibid.*, pp. 594/5, 615 ; XXII, 1890, supp. au n° 1089 ; *ibid.*, p. 205 ; *ibid.*, pp. 217, 229/252, [Panégyrique par Mgr. d'Hulst ; Panég. de Perboyre par le P. Tissot, Sup. gén. de la Cong. des Miss. de St. François de Sales d'Annecy, etc.] ; ces pièces ont été reproduites en br. in-8, pp. 80, 50 cent.

(Perboyre.)

— Le Vénérable Perboyre. (*Ann. de la Cong. de la Mission*, L, 1885, pp. 212/226.)

— Cause du vénérable Perboyre, Congrégation préparatoire. Extraits de deux lettres de M. Valentini, procureur de la Congrégation auprès du Saint-Siége, à M. Fiat, Sup. gén. Rome, 5 et 6 juillet 1886. (*Ibid.*, LI, pp. 472/4.)

— Vie du Bienheureux Jean-Gabriel Perboyre Prêtre de la Congrégation de la Mission Martyrisé en Chine le 11 septembre 1840. Paris, Gaume et Cie, 1889, in-8, pp. 473.

— Vie du Bienheureux Jean-Gabriel Perboyre... Cinquième Édition. Paris, Gaume et Cie, 1891, in-8, pp. 475.

— Le Bienheureux J.-G. Perboyre Modèle de dévotion au divin Sauveur. Paris, H. Oudin, 1892, in-16, pp. 81.

Édité par le P. Tissot. — Ext. de la *Vie du Bienheureux J.-G. Perboyre*, Gaume.

— Compendium Vitae et Martyrii Venerabilis Servi Dei Joannis Gabrielis Perboyre ex Congregatione Missionis qui anno MDCCCXL pro fide christiana apud Sinas necatus est a quodam ejusdem Congregationis Sacerdote ac Missionario Vicariatus Pekinensis ex Gallico in Latinum Sermonem translatum. Pekini, Typis Pei-t'ang, 1888, in-8, pp. 126.

Par le P. d'Addosio ; d'après l'abrégé de M. Mott, 1886.

— 耶穌真徒 [Le Vrai Disciple de Jésus, 1887, Pe-king]. Par le P. d'Addosio, un *peun*.

— Le Bienheureux Jean-Gabriel Perboyre Prêtre de la Congrégation de la Mission dite « des Lazaristes » fondée par Saint Vincent de Paul. Paris, Victor Lecoffre, 1889, br. in-8, pp. 34.

— Le Bienheureux Jean-Gabriel Perboyre prêtre de la Congrégation de la Mission, dite des Lazaristes, fondée par S. Vincent de Paul. Société Saint-Augustin, Lille, 1889, in-16, pp. 41.

— Vie du Bienheureux Jean-Gabriel Perboyre Prêtre de la Congrégation de la Mission, par un Prêtre de la même Congrégation. Édition revue et abrégée. Illustrée de 14 gravures. Société de Saint-Augustin, Lille, s. d., in-8, pp. 180.

— Le Bienheureux Jean-Gabriel Perboyre, Prêtre, Missionnaire et Martyr, par M. Demimuid, Directeur général de l'Œuvre de la Sainte-Enfance. — Discours prononcés les 3, 4 et 5 décembre 1889, dans la chapelle de la Maison-mère de la Congrégation de la Mission. — Paris, Téqui, éditeur, rue de Rennes, 85, 1890, in-12, pp. 160 + 1 f. n. ch. p. l. tab.

Notice : *Miss. Cath.*, XXII, 1890, p. 348.

(PERBOYRE.)

— Les Deux Nouveaux Martyrs Jean-Gabriel Perboyre de la Congrégation de la Mission, dite des Lazaristes et Pierre-Louis-Marie Chanel de la Société de Marie Béatifiés par Léon XIII, les 10 et 17 Novembre 1889. — Notice publiée avec l'approbation respective des Révérends Supérieurs généraux des deux Sociétés. Paris, H. & L. Casterman, Tournai, 1890, in-16, pp. 108.

— Le Nouveau Martyr Jean-Gabriel Perboyre de la Congrégation de la Mission, dite des Lazaristes Béatifié par Léon XIII, le 10 Novembre 1889 — Notice approuvée par le R. M. Fiat, Supérieur Général de la Congrégation. Paris, H. & L. Casterman, Tournai, 1890, in-16, pp. 36.

— Le Bienheureux Jean-Gabriel Perboyre Prêtre de la Congrégation de la Mission (dite des Lazaristes) Né le 5 Janvier 1802 Martyrisé en Chine le 11 Septembre 1840 Béatifié par Sa Sainteté Léon XIII le 10 Novembre 1889. — Constantinople, A. Zellich & fils, 1890, in-16, pp. 14 + 1 f. n. ch.

— C. Rosa-Fornelli — Vita e Martirio del Beato G. Gabriele Perboyre Prete della Missione. Torino, Libreria del Sacro Cuore, 1891, in-8, pp. XVI-230.

— L. de Mgr. Banci, vic. ap. du Hou Pé, à M. Meugniot, prêtre de la Mission. Kia-iuen-fou, 20 juillet 1891. (*Ann. Cong. Mission*, LVI, 1891, pp. 654/6.)

— L. de M. You, prêtre de la Mission, à Mgr. Vic. Kiou-tou. (*Ibid.*, pp. 613/5.)

— L. de M. Dauverchain, prêtre de la Mission, à M. Fiat. (*Ibid.*, pp. 615/7.)

— L. de la sœur Labreuil, à Shang-hai, à la sœur N., à Paris. (*Ibid.*, LVII, 1892, pp. 579/583.)

— Vie et Martyre du Bienheureux Jean-Gabriel Perboyre Prêtre de la Congrégation de la Mission de Saint-Lazare mort pour la Foi en Chine par Joseph Boucard. Tours, Alfred Mame, 1897, in-12, pp. 141 + 1 f. n. ch.

— Le Bienheureux Jean-Gabriel Perboyre Prêtre de la Congrégation de la Mission, dite des Lazaristes, fondée par St.-Vincent de Paul. Paris, Librairie Saint-Paul, in-16, pp. 32.

— Der selige Johann Gabriel Perboyre — Ein Märtyrerbild aus dem 19. Jahrhundert. Von Anton Kuonder S. J. — Separat-Abdruck aus den « Katholischen Missionen ». Wien, Verlag der Missionspriester, pet. in-8, pp. 46, ill.

— Vie admirable du Bienheureux Jean-Gabriel Perboyre Prêtre de la Congréga-

(PERBOYRE.)

tion de la Mission dite des Lazaristes martyrisé en Chine le 11 septembre 1840. C. Paillart, Abbeville, s. d., in-16, pp. xxxii.

Collection des *Brochures illustrées de Propagande Catholique.*

— Le Bienheureux Jean-Gabriel Perboyre Prêtre de la Congrégation de la Mission martyrisé en Chine le 11 septembre 1840 — Sa Vie présentée en tableaux. [Paris, Imp. D. Dumoulin], br. in-8, de 8 ff. n. ch.

— Les Contemporains — Le Bienheureux Jean-Gabriel Perboyre, Missionnaire Lazariste, Martyr (1802-1840). (*Les Contemporains*, No. 560, 5 juillet 1903, Paris, 5 rue Bayard), gr. in-8, pp. 16 à 2 col.

Par J. M. J. Bouillat.

— Compendio della Vita del Beato Giovanni Gabriele Perboyre Prete della Congregazione della Missione fondata da S. Vincenzo de' Paoli — Versione dal Francese. Roma, Tip. liturgica editrice romana, 1888, pet. in-8, pp. 92 + 1 f. n. ch. p. l. tab.

— Vita del Beato G. Gabriele Perboyre Prete della Congregazione della Missione. Roma, Tip. liturgica editrice romana, 1889, in-8, pp. 385 + 1 f. n. ch.

— Vita del Beato Giovanni Gabriele Perboyre Prete della Missione Martirizzato in Cina l'11 settembre 1840 — Versione dal Francese — Torino, Tip. e lib. S. Giuseppe — Collegio degli Artigianelli, 1890, in-8, pp. 431, port.

— Wspomnienie o Życiu i Śmierci Bł. Jana Gabryela Perboyre mysyonarza... Kraków... 1892, pet. in-8, pp. 53.

— Life of the Blessed Servant of God the Heroic Martyr John Gabriel Perboyre Priest of the Congregation of the Mission. — Translated from the French By Lady Clare Feilding. — Appendix specially prepared for American Edition. Finney Brothers, New Orleans, 1894, pet. in-8, pp. 177.

— Leven van den Gelukzaligen Joannes Gabriël Perboyre, Priester der Congregatie der Missie den marteldood gestorven in China den 11n Sept. 1840. (Naar het Engelsch) door B. D. te Huijbergen. Roermond, M. Waterreus, 1894, in-8, pp. 204.

— Boldog Perboyre János Gábornak az 1840. évi szeptember 11-én Kinában vértanui halált szenvedett Lazarista Atyának Élete... A negyedik kiadás után franczia eredetiből magyarra forditotta Hátzinger István győregyházmegyei áldozópap veszkényi plebános... Győr, 1896, in-8, pp. 427 + 1 f. n. ch.

— No. 33. Lettre pastorale et Mandement de Monseigneur l'Archevêque d'Albi au Clergé et aux Fidèles de son diocèse sur la vie religieuse A l'occasion de la Béatification du Religieux martyr Jean-Gabriel Perboyre, de la Congrégation des Prêtres de la Mission. Albi, Henri Amalric, 1889, in-4, pp. 32.

— N° 38. Lettre pastorale et Mandement de Monseigneur l'évêque d'Amiens portant communication du Bref de Béatification de Jean-Gabriel Perboyre et prescrivant un *Triduum* en son honneur. Amiens, Delattre-Lenoel, 1890, br. in-4, pp. 15.

— Paroisse Sainte-Anne à Amiens — Les Fêtes du Triduum en l'honneur du Bienheureux Jean-Gabriel Perboyre les 4, 5 et 6 Mai 1890. Amiens, Langlois, 1890, br. in-8, pp. 46.

— Chants en l'honneur du Bienheureux J.-Gabriel Perboyre Prêtre de la Congrégation de la Mission Mort en Chine pour la Foi, le 11 septembre 1840 déclaré Bienheureux par Léon XIII le 30 mai [*lire* 10 novembre] 1889. — Angers, F. Lecocq, 1889, br. in-8, pp. 11.

— No. 127. Lettre pastorale de Monseigneur l'évêque de Cahors et Mandement prescrivant un Triduum solennel en l'honneur du Bienheureux Jean-Gabriel Perboyre. Cahors, F. Plantade, 1889, pièce in-4, pp. 14.

— Le Bienheureux J.-G. Perboyre — Triduum de Cahors — Les trois Panégyriques — Cantiques — Cahors, L. Laytou, 1890, br. in-8, pp. 85.

— Discours de M. l'abbé Dufour Chanoine honoraire, Curé de Cazals prononcé le 7 novembre 1892 dans la chapelle du Grand-Séminaire de Cahors, à l'occasion de la fête du Bienheureux Jean-Gabriel Perboyre. (Extrait de la *Revue religieuse de Cahors et de Roc-Amadour*), br. in-8, pp. 16.

— Discours prononcé Par Mgr. Bourret aux fêtes de la Béatification du B. Jean-Gabriel Perboyre à Cahors le 11 Février 1890. [Imp. E. Carrère, Rodez], br. in-8, pp. 16.

— Panégyrique du Bienheureux Jean-Gabriel Perboyre Prêtre de la Mission et Martyr

(PERBOYRE.) (PERBOYRE.)

prononcé dans la Cathédrale de Cahors le XIII Février MDCCCLXXXX par Mgr l'Évêque de Montpellier. Montpellier, Jean Martel aîné, MDCCCLXXXX, br. in-8, pp. 33 + 1 f. n. ch.

— Panégyrique du Bienheureux J.-G. Perboyre Prononcé le 10 septembre 1893 dans l'église de Montgesty par M. l'abbé Magne Chanoine titulaire de la Cathédrale. Cahors, Imprimerie Cadurcienne, 1893, br. in-8, pp. 31.

— Panégyrique du Bienheureux Jean-Gabriel Perboyre prononcé le 4 Mars 1890 dans la Chapelle du Grand Séminaire de Cambrai par M. l'Abbé Carlier Vicaire Général. Cambrai, Deligne et Lenglet, 1890, br. in-8, pp. 30.

— Souvenir du Triduum solennel célébré à Cambrai les 4, 5 & 6 mars 1890 en l'honneur du Bienheureux Jean-Gabriel Perboyre Prêtre de la Congrégation de la Mission, dite des Lazaristes, Martyrisé en Chine, le 11 septembre 1840. Cambrai, Deligne et Lenglet, 1890, br. in-8, pp. 32.

— Le Bienheureux Perboyre — Son Apostolat — Discours prononcé dans la chapelle du Grand Séminaire de Cambrai en la solennité du Triduum célébré en l'honneur de la Béatification du Martyr le 5 mars 1890 par Mgr Baunard Recteur des Facultés Catholiques de Lille. Cambrai, Deligne et Lenglet, 1890, br. in-8, pp. 16.

— Souvenir du Triduum solennel célébré à Solesmes les 9, 10 et 11 mai 1890 en l'honneur du Bienheureux Jean-Gabriel Perboyre Prêtre de la Congrégation de la Mission dite des Lazaristes, Martyrisé en Chine, le 11 septembre 1840. Cambrai, Deligne et Lenglet, 1890, br. in-8, pp. 24.

— Souvenir du Triduum Solennel Célébré à Carcassonne Les 4, 5 et 6 Mai 1890 en l'honneur du Bienheureux Jean-Gabriel Perboyre Prêtre de la Congrégation de la Mission, dite des Lazaristes Martyrisé en Chine, le 11 septembre 1840. Carcassonne, Gabelle, Bonnefous et Cie., 1890, in-8, pp. 54.

— Triduum en l'honneur du Bienheureux Jean-Gabriel Perboyre célébré Au Grand-Séminaire de Châlons-sur-Marne Les 15, 16 & 17 avril 1890. Châlons-sur-Marne, F. Thouille, 1890, br. in-8, pp. 80.

(PERBOYRE.)

— Triduum en l'honneur du Bienheureux Martyr Jean Gabriel Perboyre Prêtre de la Congrégation de la Mission Célébré dans la Chapelle des Filles de la Charité Hospice de Dax. Pièce in-8, s. d., 3 ff. n. ch.

— J. M. J. V. Cantate en l'honneur du Bienheureux Jean Gabriel Perboyre martyrisé en Chine le 11 Septembre 1840. — Berceau de Saint Vincent de Paul, s. d. (près Dax), pièce in-8, 2 ff. n. ch.

— Cantiques en l'honneur du Bienheureux Jean Gabriel Perboyre Prêtre et Martyr de la Congrégation de la Mission. — Maison de Notre-Dame-du-Pouy à Dax, pièce in-8, s. d., 2 ff. n. ch.

— Litaniae in honorem B. J.-G. Perboyre [Dax]. — Pièce in-16, lithog., pp. 7.

Imprimé : N. D. du Pouy, 8-10-91, pièce in-16, de 2 ff.

— Le Bienheureux J.-G. Perboyre — Triduum d'Evreux — Les trois Panégyriques. Evreux, Imprimerie de l'Eure, 1890, in-8, pp. 67.

— Cantiques en l'honneur du Bienheureux Jean-Gabriel Perboyre Missionnaire de la Congrégation de St Vincent-de-Paul. — Havre, Eugène Costey, s. d., br. in-12, pp. 17.

— Sœurs de Saint-Vincent-de-Paul. — Cantiques en l'honneur du Bienheureux Jean-Gabriel Perboyre Prêtre de la Congrégation de la Mission fondée par St Vincent-de-Paul Embarqué au Havre le 21 Mars 1835, martyrisé en Chine le 11 Septembre 1840 béatifié le 10 novembre 1889. — Triduum au Havre les 24, 25 et 26 octobre 1890 prêché par Mgr. Jourdan de la Passardière, Évêque de Rosea et présidé par Sa Grandeur Mgr. Thomas, Archevêque de Rouen. [Havre, Eug. Costey.] Pièce in-16, pp. 17.

— Le Bienheureux J.-Gabriel Perboyre Prêtre de la Congrégation de la Mission et Martyr Panégyrique prononcé dans la Collégiale d'Issoudun, le 16 octobre 1890 Par le P. Vaudon Missionnaire du Sacré-Cœur. Paris, Retaux-Bray, 1890, br. in-8, pp. 41.

— N° 26. Instruction pastorale de Monseigneur l'Évêque de La Rochelle & Saintes Au Clergé et aux Fidèles de son Diocèse sur le Martyre A l'occasion de la Béatification du Vénérable Jean-Gabriel Perboyre, prêtre de la Congrégation de la Mission et

(PERBOYRE.)

Mandement Pour le Saint Temps de Carême de l'An de grâce 1890. La Rochelle Imprimerie Rochelaise. P. Dubois, Imp. 1890, in-8, pp. 44.

— Triduum en l'honneur du B. Jean-Gabriel Perboyre Célébré à La Rochelle les 9, 10, 11 Mai 1890. — La Rochelle, P. Dubois, 1890, br. in-8, pp. 19.

— L'homme intérieur dans le B. Jean-Gabriel Perboyre Prêtre et Martyr de la Congrégation de la Mission. — Discours Prononcé dans la Chapelle du Grand Séminaire de La Rochelle, le 10 Mai 1890, à l'occasion des Fêtes du Bienheureux Par M. l'abbé Gendre, Chanoine honoraire, Aumônier de la Providence de Saintes. — La Rochelle, Noel Texier, 1890, br. in-8, pp. 18.

— Le Bienheureux J.-G. Perboyre. — Panégyrique prononcé dans l'église de Saint-Laurent, au Puy par M. l'abbé Barès, vicaire général — 26 octobre 1890 — Le Puy, Prades-Freydier, 1890, pet. in-8, pp. 32.

— Le Bienheureux Jean-Gabriel Perboyre — Le Triduum de Lille à l'Église Saint-Maurice Les 2, 3 et 4 Mai 1890. Imprimerie de la Société Saint Augustin, Lille, MDCCCXC, in-8, pp. 71.

— Triduum en l'honneur du Bienheureux Jean-Gabriel Perboyre célébré à Loos (Nord) résidence des Prêtres de la Mission les 20, 21 et 22 juillet 1890. Lille, Imprimerie Salésienne, s. d., in-8, pp. 27.

— Oeuvre de la Propagation de la Foi — Le Triduum de Lyon et les trois Discours prononcés en l'honneur des Martyrs J.-G. Perboyre et P.-L.-M. Chanel. Lyon, Pitrat aîné, 1890, in-8, pp. 80.

— Panégyrique du Bienheureux Jean-Gabriel Perboyre prononcé dans la Cathédrale de Nice le 26 janvier 1890 par Monseigneur Fabre protonotaire apostolique et vicaire général de Nice. Nice, Imp. du Patronage Saint-Pierre, 1890, in-8, pp. 24.

— Panégyrique du Bienheureux Jean-Gabriel Perboyre Prononcé dans la Cathédrale de Nice le 28 janvier 1890 par L'abbé Magnan Supérieur du Petit Séminaire de Grasse Chanoine honoraire. Grasse, Crosnier, 1890, br. in-8, pp. 32.

— No. 21. Lettre pastorale de Monseigneur l'évêque d'Oran annonçant un Triduum solennel en l'honneur du Bienheureux Jean-Gabriel Perboyre. Pièce in-8, pp. 20.

— Fêtes du Triduum en l'honneur du Bienheureux Jean-Gabriel Perboyre célébrées en l'église Saint-Florent d'Orange les 10, 11 & 12 octobre 1890. (Extrait de la *Semaine religieuse d'Avignon*). Avignon, Aubanel frères, 1890, br. in-8, pp. 36.

— No. 10. Lettre pastorale de Monseigneur l'évêque d'Orléans au Clergé et aux Fidèles de son Diocèse Ordonnant un Triduum solennel en l'honneur du Bienheureux Jean-Gabriel Perboyre Prêtre et Martyr, de la Congrégation de la Mission. [Orléans, Paul Girardot.] Pièce in-8.

— No. 44. Lettre pastorale de Son Eminence le Cardinal Richard Archevêque de Paris pour annoncer le Triduum solennel en l'honneur du Bienheureux Jean-Gabriel Perboyre Prêtre & Martyr de la Congrégation de la Mission. Paris, F. Levé, 1889, pièce in-4, pp. 10.

— Homélie prononcée par Son Éminence le Cardinal Richard Archevêque de Paris après l'Évangile de la Messe pontificale le premier jour du Triduum célébré en l'honneur du Bienheureux Jean-Gabriel Perboyre dans l'église de la Mission 3 Décembre 1889. Paris, F. Levé, 1889, br. in-8, pp. 12.

— Le Bienheureux J.-Gabriel Perboyre Compte rendu des Fêtes du Triduum célébré dans la Maison des Sœurs de S. Vincent de Paul Paroisse Saint-Sulpice les 17, 18 et 19 octobre 1890. Paris, Imp. de D. Dumoulin et Cie, 1890, in-8, pp. 48. Port. et grav.

— Propagation de la Foi — Les Martyrs Jean-Gabriel Perboyre et P.-L.-Marie Chanel — Souvenir du Triduum. En vente au profit de l'*Oeuvre de la Propagation de la Foi*. Imprimé par D. Dumoulin et Cie., Paris, br. in-8, pp. 31.

— 4 Cantiques en l'honneur du Bienheureux Jean-Gabriel Perboyre Prêtre de la Congrégation de la Mission Martyrisé en Chine le 11 septembre 1840 Béatifié le 10 novembre 1889 ... Peaucelle-Coquet, à Paris, pièce in-8, 4 ff. n. ch.

— 2 Cantiques en l'honneur du Bienheureux Jean-Gabriel Perboyre Prêtre de la Congrégation de la Mission Martyrisé en

Chine le 11 Septembre 1840 Béatifié le 10 Novembre 1889. — Paris, Peaucelle-Coquet, 1889, pièce in-8, 2 ff. n. ch.

— In honorem Ven. Martyris Joannis Gabrielis Perboyre Missionarii apostolici Lazaristae apud Sinas Carmina quae Reverendissimo Joanni Etienne Sup. Gen. Congr. Miss. ejusdem Decanus D. D. D. Pièce in-8, pp. 22. [Typ. Paravia ac Soc.]

— N° 141. Lettre circulaire de Son Eminence le Cardinal Langénieux Archevêque de Reims annonçant le Triduum en l'honneur du B. Perboyre à Saint Walfroy et la Fête du B. Guerric à Notre-Dame d'Igny, in-4, pp. 10.

— Panégyrique du Bienheureux Jean-Gabriel Perboyre Prononcé le 29 avril 1890 par M. l'Abbé Olivier Chanoine honoraire Premier vicaire de la Cathédrale de Sens dans la Chapelle du Grand Séminaire aux fêtes du Triduum présidées par Son Eminence le Cardinal Bernadou. — Sens, Ch. Duchemin, 1890, br. in-8, pp. 30.

— Triduum en l'honneur du Bienheureux Jean-Gabriel Perboyre à Saint-Walfroy 15, 16 et 17 Juillet 1890. [Imp. Reims, 28 juillet 1890], br. in-8, pp. 89.

— Oratorio pour le Triduum célébré dans la chapelle des Lazaristes de la Maison de Tours en l'honneur du Bienheureux Jean-Gabriel Perboyre martyrisé en Chine. — Musique de l'abbé F.-X. Moreau, Curé de Sorigny (Indre-et-Loire). — Propriété — Saint-Maixent, Typ. Ch. Reversé, 1890, br. in-8, pp. 12.

— Cinq Cantiques en l'honneur du Bienheureux Jean-Gabriel Perboyre martyrisé en Chine — Musique de L'abbé F.-X. Moreau Curé de Sorigny (Indre-et-Loire). — Propriété — Saint-Maixent, Typ. Ch. Reversé, 1890, in-8, pp. 12.

— Triduum en l'honneur du Bienheureux Jean-Gabriel Perboyre Prêtre de la Congrégation de la Mission martyrisé en Chine, le 11 septembre 1840, célébré en l'église Notre-Dame à Tourcoing les 11, 12 & 13 juillet 1890. Tourcoing, Jean Debisschop, in-8, pp. 45.

— No. 95. Lettre pastorale de Monseigneur l'évêque de Troyes annonçant un Triduum solennel à la Cathédrale en l'honneur du Bienheureux Jean-Gabriel Perboyre, pièce in-4, pp. 13.

(Perboyre.)

— Le Bienheureux Jean-Gabriel Perboyre Prêtre de la Congrégation de la Mission Né le 6 Janvier 1802 Martyrisé en Chine le 11 Novembre 1840 Béatifié le 10 Novembre 1889. — Les Fêtes de la Béatification à Troyes 23, 24, 25 octobre 1891. — Compte-rendu et Panégyrique du Bienheureux Par le R. P. Matignon de la Compagnie de Jésus. [Imprimerie Brunard, Troyes] s. d., br. in-8, pp. 46.

— Iscrizioni per solenne Triduo della Beatificazione del B. Giovanni Gabriele Perboyre Sacerdote della Congregazione della Missione il novembre 1889 in Roma. Br. in-8 de 8 ff. n. ch.

— Breve di Beatificazione di Giovanni Gabriele Perboyre Prete della Congregazione della Missione martirizzato in Cina il giorno 11 Settembre 1840. Torino, Giulio Speirani, 1890, in-4, pp. 9.

— Bref de Béatification de Jean-Gabriel Perboyre Prêtre de la Congrégation de la Mission. Martyrisé en Chine le 11 septembre 1840. [Paris, Imp. D. Dumoulin], br. in-8, pp. 11.

— Panegirico del B. Gio. Gabriele Perboyre Martire della Cina detto dal Canonico Amaddio Mariani nella Chiesa della Missione il 16 Novembre del 1889. Roma, Tip. della Pace di Filippo Cuggiani, 1890, in-8, pp. 29.

— Il Beato G. Gabriele Perboyre Prete della Congregazione della Missione martyrizzato in Cina il di 11 settembre 1840 Omelia pronunziata nella Chiesa della Missione a Montecitorio da S. E. Lucido Maria Parocchi Cardinale della Santa Chiesa romana Vicario generale di Sua Santita, Vescovo d'Albano. Ricordo della Beatificazione solennizzata a Roma il 17 Novembre 1889, in-4, pp. 25. Portrait et ill.

— Panegirico del B. Giangabriello Perboyre detto da Monsignor Agostino Bartolini nella Chiesa della Missione il giorno 17 Novembre 1889. Roma, Tip. della Pace di Filippo Cuggiani, 1890, br. in-8, pp. 16.

— Panegirico del P. Gio. Gabriele Perboyre Prete della Congr. della Missione e Martire detto da Ottavio Turchi d. C. d. G. nelle Feste della Beatificazione nel Novembre 1889. Roma, Tip. della Pace di Filippo Cuggiani, 1890, in-8, pp. 35.

— Solenne Beatificazione del B. Giovanni

(Perboyre.)

Gabriele Perboyre Martire. — Relazione delle Feste celebrate in Roma. Roma, Tip. della Pace di Filippo Cuggiani, 1890, in-8, pp. 36.

— Il Beato Giovanni Perboyre Primo Martire della Propagazione della Fede Tre Panegirici di M.r Vincenzo M.a Sarnelli Vescovo di Castellamare di Stabia. Napoli, Michele de Rubertis, 1890, br. in-8, pp. 47.

— Lettera pastorale per annunziare le solenni feste del Beato Martire Giovanni Gabriele Perboyre dei Preti della Missione. Siena, Tip. Arciv. S. Bernardino, 1890, br. in-4, pp. 10.

— Il Beato Giov. Gabriele Perboyre. — Discorso di Mons. Filippo Allegro Vescovo di Albenga detto il 22 Aprile 1890 nella Chiesa dei Preti della Missione in Genova. S. Pier d'Arena, Tip. Salesiana, 1890, br. in-8, pp. 35.

— Vida y Martirio del B. J. Gabriel Perboire martirizado en China el 11 de Setiembre de 1840 y beatificado por S. S. el P. Leon XIII el 9 de noviembre en 1889 imprímese en Manila con motivo de las fiestas de su Beatificación celebradas por los PP. Paules de Manila en los diás 18, 19 y 20 de julio de 1890. Guadalupe, Pequeña imp. del Asilo de Huérfanos, 1890, in-16, pp. 80.

— Panegirico del Beato Juan Gabriel Perboyre pronunciado por el Sr. Pb. Don Ramon Angel Jara en el primer dia del solemne triduo celebrado el 4 de Mayo de 1890 en la Iglesia de los Sacerdotes de la Mision de Santiago de Chile Con motivo de la Publicacion del Breve de Beatificacion. Santiago de Chile, Manuel Infante, 1890, br. in-8, pp. 22.

— Sermon panegirico del Beato Martir Juan Gabriel Perboyre de la Congregacion de la Mision predicado el 7 de noviembre de 1890 por el illmo. señor Doctor Don Crescencio Carrillo y Ancona Obispo de Yucatan en la Iglesia de su Seminario conciliar de Mérida, puesto á cargo de los Padres de la misma Congregación, y á cuyo empeño y suplica lo ha escrito y lo hace imprimir. Mérida de Yucatan, Ricardo B. Caballero, 1890, gr. in-8, pp. 22.

— Reseña de las Solemnes Fiestas religiosas que los PP. de la Misión y las Hijas de la Caridad celebraron en los días 18, 19 y 20 de Julio de 1890 en el Templo de Santo Domingo de Manila con motivo de la Beatificacion del Venerable J. G. Perboyre por S. S. el Papa León XIII el 11 de Noviembre de 1889 — Con las licencias necesarias — Tambobong, Pequeña imprenta del Asilo de Huérfanos, 1891, in-4, pp. 89-LXXIII.

— Panegirico del Beato Juan Gabriel Perboyre, que en la función principal del Solemne Tríduo con que celebraron su Beatificación las Hijas de la Caridad residentes en Cadiz, predicó en la parroquia de Santa Cruz el 20 de Abril de 1890, el Canónigo de la Santa y Apostólica Iglesia Catedral de la misma Ciudad, Doctor Don Benito Murúa y López. — (Con licencia eclesiástica.) — F. F. de Arjona, Cádiz : 1890, in-8, pp. 27.

— Descripción del Triduo celebrado en la Iglesia del Seminario de la Ciudad y Diócesis de Cebú por los PP. de la Congregación de la Misión en los Días 26, 27 y 28 de Setiembre en honor del B. Juan Gabriel Perboyre Sacerdote de la misma Congregación beatificado por S. S. Léon XIII. — Tambobong, Pequeña imprenta del Asilo de Huérfanos de N. S. de la Consolación, 1891, br. in-8, pp. 15.

— Novena en honor del gran servo de Diós é invicto mártir Beato Juan Gabriel Perboyre Sacerdote de la Congregación de San Vicente de Paul por el Dr. D. Baldomero de Lorenzo y Leal Misionero Apostólico, Canónigo por oposición de la Insigne Colegiata de Jerez de la Frontera. Vergara : Imp. de El Santísimo Rosario, 1891, in-16, pp. 56.

— J. M. J. V. A Novena in honor of the glorious Christian-Martyr, Blessed J. G. Perboyre, C. M. Whose Feast occurs November 7th. Thos. J. Moran, New Orleans, [1893], in-16, pp. 19 + 1 f. n. ch.

By D. F. V. Nugent, C. M.

— Novena In honor del Beato Mártir Juan Gabriel Perboyre como perfecto modelo de los Adoradores del Señor Sacramentado por F. C. B. Sacerdote de la Congregación de la Misión de San Vicente de Paul. Santiago de Chile, 1893, pet. in-8, pp. 74.

F. C. B. = F. Cl. Benech.

— Novena al Bienaventurado Juan Gabriel Perboyre Sacerdote de la Congregación de la Misión martirizado en China escrita por G. Ch. Pbro. — Con licencia de la Autoridad eclesiastica — Mexico, Talleres tip. « J. de Elizalde » 1902, in-16, pp. 32.

— Neuvaine en l'honneur du Bienheureux Jean-Gabriel Perboyre lazariste, martyr en Chine Avec prières spéciales pour obtenir de Dieu, par son intercession, les grâces particulières que l'on désire. Par Mgr. Spinola, ancien Évêque de Malaga Archevêque de Séville — Ouvrage traduit de l'espagnol par un Prêtre de la Mission. — Paris — Auteuil, Imprimerie des Orphelins-Apprentis, 1900, in-16, pp. 191.

Trad. par le P. Morange.

— J. M. † J. V. Litanei zum sel. Joh. Gabriel Perboyre, gemartert in China am 11 Sept. 1840. [Graz], pièce in-16, pp. 8.

— * Virg. Genini. Minutiarum Libri duo. Milan, 1901, 3e éd. Hymnus Beato J. G. Perboyre.

— Le Martyre du Bienheureux Jean Gabriel Perboyre Missionnaire Lazariste Par un Prêtre de la même Congrégation — Drame en 4 Actes et 2 Tableaux avec Prologue. Lille, Imp. Salésienne, 1891, in-12, pp. 80.

— Il Beato Giovanni Perboyre Martire in Cina — Dramma sacro in quatro atti del Sac. Prof. D. Antonio Maria Bernasconi Dott. in Teologia ed in ambe le leggi. Torino, Libreria Salesiana, 1895, in-16, pp. 83.

Collana di Letture Drammatiche, Anno XI, Fasc. III.

Perras, *Louis*, né en 1855, dioc. de Lyon; part 1879; miss. Chine; † à Chang-hai, 16 nov. 1892.

Peyralbe, *André*, † 1871.

— Lettre du 16 février 1868 sur le Ho-nan. (*Miss. Cath.*, I, pp. 139/140.)

Planchet

— L. à Mgr. Geurts, vic. ap. du Tche-li orient. Pe-king, 18 oct. 1900. (*Miss. Cath.*, XXXII, 28 déc. 1900, pp. 614/5.)

Potel, *Gaston Joseph*, miss. à Wou-tcheng (Kiang-si).

— L. (*Miss. Cath.*, XXX, 1er juillet 1898, pp. 303/4.)

Provost, *Alexandre*, né 1850, dioc. de Laval; parti 1872; † à Tsong-tang, 28 sept. 1897.

— * Elementa Prosodiae latinae et Carmina selecta e diversis auctoribus ad usum Seminariorum Pekini. Pekini, 1881, in-12.

— Elementa Grammaticae latinae ad usum Tironum Sinensium. Pekini, Typis Pe-t'ang — 1885, pet. in-8, pp. 334.

— A B C Linguae Latinae ad usum Seminarii Pekinensis — Pekini, Typis Pe-t'ang — 1887, in-8, pp. 48.

— 要理問答 *Yao li ouen ta* Catéchisme des Vérités les plus nécessaires Mot à Mot et Traduction française. Péking Typographie du Pei-t'ang, 1889, in-8, pp. xvi-314.

(Perras—Provost.)

Rameaux, *Alexis*, év. de Myre, vic. ap. du Tche-kiang et du Kiang-si; † à Macao, 14 juillet 1845.

— Notice : *Miss. Cath.*, VIII, 1876, p. 336.

Raux, *Nicolas Joseph*, né 14 avril 1754, à Ohain, près d'Avesnes, dioc. de Cambrai; entra dans la Cong., 18 juillet 1771; vœux, 19 juillet 1773; † à Pe-king, 16 nov. 1801.

Mém. Cong. Mission, VII.

Reynaud, *Paul Marie*, né à Lyon, 12 avril 1854; évêque de Fussolan, vic. ap. du Tche-kiang, 7 mars 1884.

— L., Ning-po, 18 sept. 1884. (*Miss. Cath.*, XVI, 1884, pp. 553/5.)

— L., de Kiang pé, 17 sept. 1884. (*Ibid.*, pp. 580/1.)

— L. de Kang-so, 22 oct. 1884. (*Ibid.*, pp. 601/604.)

— L., Ning-po, 19 juillet 1888, à M. Hamard, prêtre de la Mission, à Paris. (*Ibid.*, XX, 1888, p. 411.)

— L. sur les fêtes de Noël dans l'île de Tçu-kia-tsien (S. O. de la grande Tchou san). (*Ibid.*, XXI, 1889, pp. 194/7.)

— L., Ning-po, 1er juin 1889. (*Ibid.*, p. 501.)

— L. (*Ibid.*, XXVIII, 1896, pp. 379/380.) Sur la mort de l'amiral Tching Yong-tcheng.

— L., Ning-po, 3 janvier 1899. (*Ibid.*, XXXI, 1899, p. 125.)

— Lettres, Ning-po, 27 avril et 12 mai 1899. (*Ibid.*, pp. 314/5.)

— L. sur la persécution en Chine. (*Ibid.*, XXXII, 1900, pp. 227/9.)

— L. (*Ibid.*, pp. 27/6.)

— L. (*Ibid.*, XXXV, 1903, pp. 493/6.)

— L. Un Martyr au Tche-kiang [le P. André Tsu]. (*Ibid.*, XXXVI, 1904, pp. 25/7.)

— L. de Ning-po, 26 déc. 1903. (*Ibid.*, XXXVI, 1904, p. 100.)

— L. de Ning-po. (*Ibid.*, p. 148.)

Ricaud, Sœur, Supérieure de l'Orphelinat de Ning-po; puis de l'hôpital St. Joseph, de Kang-Po (Tche-Kiang).

— L., 21 mai 1902. (*Miss. Cath.*, XXXIV, 4 juillet 1902, p. 314.)

— L., 10 sept. 1902. (*Ibid.*, 24 oct. 1902, p. 507.)

— L. L'hôpital St. Joseph de Kang-Po. (*Ibid.*, XXXV, 6 mars 1903, pp. 109/110.)

— L., 11 janvier 1904. (*Ibid.*, XXXVI, 19 fév. 1904, pp. 88/9.)

— L., 15 janv. 1905. (*Ibid.*, XXXVII, 24 fév. 1905, p. 87.)

Richenet, *Jean François*, † 9 juillet 1836.

— *Mémoires*, VIII, 42-84, 349.

— *T'oung-pao*, Oct. 1903, p. 290.

— Voir Voyages.

Rizzi, *Joseph*, arrivé en Chine, 10 déc. 1855; demeuré à Ning-po jusqu'à 1866, époque de son envoi à Har-tcheou; puis au Tai-tcheou.

— L. de M. J.-B. Bret, prêtre de la Mission, à M. Uttini, prêtre de la même Cong. Ning-po, 20 fév. 1891. (*Ann. Cong. Mission*, LVII, 1892, pp. 294/302.)

— L. du 14 mars 1873, à Mgr. Guierry. (*Miss. Cath.*, V, pp. 373/4.)

Rochet, *Benoit Joseph*, né 1864; dioc. Moulins; part 1888; † à Yao tcheou, de la petite vérole, 9 avril 1892.

— L. de M. Dauverchain, de Yao-tcheou. (*Miss. Cath.*, XXIV, 1892, p. 496.)

— L. de M. Dauverchain, à M. Chevalier, assistant de la Cong., Yao-tcheou, 1er avril 1892. (*Ann. Cong. Mission*, LVII, 1892, pp. 473/4.)

— L. de Mgr. Vic à M. Fiat. Kioukiang, 12 avril 1892. (*Ibid.*, pp. 469/472.)

— *Annales C. M.*, LVII, pp. 469/473.

Rossi, *Ernest*, miss. au Kiang-si oriental.

— L. (*Miss. Cath.*, XXXI, 3 nov. 1899, p. 520.)

Rouger, *François-Adrien*, né le 21 sept. 1828, au hameau des Montmartins, commune de Pourrain (dioc. de Sens); entra en 1851 dans la Cong. de la Mission; partit en 1858 pour Alexandrie d'Égypte; envoyé en Chine en 1855; vic. ap. du Kiang-si méridional, 26 août 1883, év. de Cissame; † 31 mars 1887, à Paris, 95 Rue de Sèvres.

— Le cyclone du mois d'août 1881 et ses ravages. (*Miss. Cath.*, XIII, 1881, p. 553.)

— L. (*Ibid.*, XIV, 1882, p. 471.)

— L. de Ki-ngan-fou, 20 juillet 1883. (*Ibid.*, XV, 1883, p. 483.)

— L. de Ki-ngan-fou. (*Ibid.*, XVI, 1884, pp. 8/9.)

— L. de Ki-ngan, 30 mars 1885. (*Ibid.*, XVII, 1885, p. 327.)

— L., Canton, 18 juillet 1886, à M. Fiat. (*Ibid.*, XVIII, 1886, pp. 433/4.)

(Rameaux—Rouger.)

— La croix honorée dans une pagode chinoise. (*Ibid.*, pp. 543/545.)
— L., Shang-hai, 20 nov. 1886. (*Ibid.*, pp. 613/4.)
— Notice. (*Ibid.*, XIX, 1887, pp. 227/8, Port.)
— Notices : *Ann. Cong. Mission*, LII, 1887, p. 320. — Funérailles. (*Ibid.*, pp. 334/8.)

— Notice sur Mgr François-Adrien Rouger évêque titulaire de Cissame vicaire apostolique du Kiang-si méridional décédé à Paris A la Maison-Mère, le 31 Mars 1887. Paris, 95, rue de Sèvres, 1888, in-8, pp. 141.

— Notice sur Monseigneur François-Adrien Rouger Évêque titulaire de Cissame Vicaire apostolique du Kiang-si méridional décédé à Paris, à la Maison-Mère le 31 mars 1887. Paris, Retaux-Bray, s. d. [1889], in-12, pp. 209, Port.

Par Rougeot.

— Cenni biografici su Monsignor Francesco Adriano Rouger Prete della Missione e Vescovo titolare di Cissamo Vicario Apostolico del Kiang-si Meridionale morto a Parigi alla Casa madre dei Missionari di San Vincenzo de' Paoli (Lazzaristi) il 31 Marzo 1887. — Versione libera dal francese. Casale, Giovanni Pani, 1891, pet. in-8, pp. 190.

Sarthou, *Jean-Baptiste*, né dans les Landes ; entré chez les lazaristes, 1861 ; enseigna la philosophie au Grand Séminaire de La Rochelle, en 1868 ; envoyé en Chine, 1872 ; succède à Mgr. Tagliabue ; † 13 avril 1899, à Pe-king..
— Mort. (*Miss. Cath.*, XXXI, 28 avril 1899, p. 203.)
— Portrait. (*Ann. Prop. Foi*, LXXI, 1899, p. 242 ; *Annales de la Mission*, Vol. 64, 1899, p. 364 ; *Miss. Cath.*, XXXI, p. 203.)
— Notice. (*Ann. de la Mission*, Vol. 64, 1899, pp. 364/6.)

Saupurein, *Félix*, † à Pe-king le 16 fév. 1874.
— Notices : *Miss. Cath.*, VII, p. 189. — *Annales C. M.*, XXXIX, 337 ; XL, 91.

Solomiac, Sœur.
— L. de Ning-po. (*Miss. Cath.*, XXII, 1890, pp. 385/6.)

Tagliabue, *François*, né en 1822, dioc. de Soissons ; partit en 1853 ; nommé le 25 sept. 1868, év. de Pompéiopolis, vic. ap. du Pe Tche-ly S. O. ; transféré au Pe Tche-ly sept., 5 août 1884, à la mort de Mgr. Delaplace ; † 12 mars 1890, à Pe-king.
— L. du 8 et 10 mai 1878, à M. Aymeri. (*Miss. Cath.*, X, 1878, pp. 398/9.)
— L. à M. Fiat. (*Ibid.*, pp. 614/5.)
— L. de Tching tin fou, 8 déc. 1881. (*Ibid.*, XIV, 1882, pp. 169/172.)
— Notice : *Ibid.*, XXII, 1890, pp. 155/6 ; Portrait, p. 150.
— Henri Cordier, *T'oung Pao*, I, No. 2, août 1890, p. 165.
— L. de M. Favier, prêtre de la Mission, à M. Fiat. Pékin, 13 et 18 mars 1890. (*Ann. Cong. Mission*, LVI, 1891, pp. 456/8.)
— Notes édifiantes recueillies par les filles de la Charité de Pékin sur les dernières années de la vie du vénéré Mgr. Tagliabue. (*Ibid.*, pp. 458/467.)
— *Annales C. M.*, LV, 346.

Thierry, *Jean-Baptiste*, né à Arthonnay (dioc. de Sens), 14 juin 1823 ; ordonné 27 mai 1850 ; arrivé avec Rouger et Rizzi, et le frère Larousse à Hong kong, 12 nov. 1855 ; † 28 sept. 1880, à Pe-king.
— Notice sur M. Jean-Baptiste Thierry [par M. Provost]. (*Ann. Cong. Mission*, XLVII, 1882, p. 101.)

Tourrel, Sœur, Sup. des religieuses de Yao-tcheou. (Kiang-si orient.)
— L. (*Miss. Cath.*, XXX, 29 avril 1898, p. 195.)
— L. de Yao-tcheou. (*Ibid.*, XXXI, 15 déc. 1899, p. 592.)

Vasseur, *Omer*, né à Bavinchove, France, 7 oct. 1851 ; entré Cong. de la Mission, 26 sept. 1871 ; vœux, 27 sept. 1873 ; part pour la Chine, 1876 ; † à Tching ting, 22 avril 1893.
— Notice : *Annales Cong. Mission*, LXI, 1896, pp. 344/370.

Vic, *Casimir*, né le 25 sept. 1852, à Brenac, petit hameau de la commune de Graissac (Aveyron) ; év. de Metellopolis, vic. ap. du Kiang-si orient.
— L. (*Miss. Cath.*, XIX, 1887, pp. 435/7.)
— L., 8 déc. 1889. (*Ibid.*, XXII, 1890, p. 123.)
— L. (*Ibid.*, pp. 361/363.)
— L. au Fr. Genin. (*Ibid.*, XXVI, 26 oct. 1894, p. 511.)
— L. (*Ibid.*, XXXI, 20 oct. 1899, pp. 496/7.)
— L. (*Ibid.*, XXXII, 13 avril 1900, p. 172.)
— L. de Marseille, 27 août 1900. (*Ibid.*, XXXII, 31 août 1900, p. 408.)
— L. (*Ibid.*, XXXIII, 27 déc. 1901, pp. 613/4.)
— L. (*Ibid.*, XXXVI, 29 janv. 1904, p. 52.)

— Notice sur le Vicariat du Kiang-si oriental confié à S. G. Mgr Vic Evêque de Métellopolis et Appel à la générosité des ames chrétiennes qui s'intéressent à l'accroissement du règne de Dieu en Chine. Paris, Procure de la Congrégation de la Mission, 95 rue de Sèvres, 1896, br. in-8, pp. 15.

Par N. M. Ciceri, C. M.

— Vicariat du Kiang-si oriental (Chine) Mouvement religieux et Oeuvres de cette Mission. Paris, à la Procure de la Mission, 95, rue de Sèvres, 1899, in-8, pp. 36.

Par Casimir Vic... 1er Oct. 1899.

Villa, *Giovanni Agostini*.
— Lettera del Sig. D. Gio. Agostino Villa Sacerdote della Congregazione della Missione al Signor D. Antonio Maria-Oreggi della stessa Congregazione di Roma. 23 Gennajo 1785.

Analysée dans le *Giornale ecclesiastico di Roma*, 18 mars 1786, p. 154, — et 25 mars, p. 158. — Ce sont des nouvelles sur l'état de la religion en Chine.

— Lettre (en italien) de Macao, 11 février 1791, écrite à l'abbé Fenaja, supérieur de la maison de la Mission à Monte Cavallo (Rome), par Jean Augustin Villa, missionnaire en Chine. — Dans le *Giornale ecclesiastico di Roma*, 1792, t. VII, pp. 73—78.

Wijnhoven, *François*, né à Brockhuisen, dioc. de Buremonde (Limbourg hollandais), 19 mai 1848 ; reçu dans la Cong. de la Mission, 12 mai 1867 ; prononce ses vœux, 13 mai 1869 ; † 26 mai 1894, du typhus, à Pe-king.

Xavier, Sœur.
— L. du Kiang-si sept. (*Miss. Cath.*, XXXV, 25 sept. 1903, pp. 457/458.)

Zi, *Joseph*, né en 1871, en Chine ; parti 1892 ; Miss. du Tche-Kiang ; † à Ning-po, 2 août 1895.

Franciscains.

— Estado ‖ geográfico, topográfico, estadístico, ‖ histórico-religioso ‖ de la santa y apostólica provincia ‖ de S. Gregorio Magno, ‖ de religiosos menores descalzos de la regular ‖ y mas estrecha observancia ‖ de N. S. P. S. Francisco en las islas Filipinas : ‖ Comprende ‖ el número de Religiosos, Conventos, Pueblos, situacion de estos, ‖ años de su fundacion, Tributos, Almas, producciones, industria, ‖ cosas y casos especiales de su administracion espiritual, en el ‖ Archipiélago Filipino, desde su fundacion en el año de 1577 ‖ hasta el de 1853. ‖ Compuesto por el R. P. Fr. Felix de Huerta, Predicador, Lector de Sagrada ‖ Teologia, Examinador Sinodal del Arzobispado de Manila, y Guardian ‖ en el Convento de S. Francisco de dicha Capital. ‖ Mandado dar à luz, en nombre de esta Santa Provincia, ‖ por el M. R. P. Ministro Provincial de la misma. ‖ — Con las licencias necesarias. ‖ — Manila : 1855. ‖ Ympренta de los Amigos del Pais, ‖ à cargo de D. M. Sanchez, in-8, pp. 439.

— Estado geográfico, topográfico, estadístico, histórico-religioso, de la santa y apostólica provincia de S. Gregorio Magno, de religiosos menores descalzos de la regular y mas estrecha observancia de N. S. P. S. Francisco, en las islas Filipinas : comprende el número de Religiosos, Conventos, Pueblos, situacion de estos, años de su fundacion, Tributos, Almas, producciones, industrias, cosas y casos especiales de su administracion espiritual, en el Archipiélago Filipino, desde su fundacion en el año de 1577 hasta el de 1865. Compuesto por el R. P. Fr. Felix de Huerta, Predicador, Lector de Sagrada Teologia, Examinador Sinodal del Arzobispado de Manila, y actual Ministro de S. Lazaro. Mandato dar á luz, en nombre de esta Santa Provincia, por el M. R. P. Ministrò Provincial de la misma. Con las licencias necesarias. Binondo : Imprenta de M. Sanchez y Ca. 1865, in-8, pp. 713.

— Saggio di Bibliografia geografica storica etnografica Sanfrancescana per Fr. Marcellino da Civezza M. O. In Prato Per Ranieri Guasti 1879, gr. in-8, pp. xiv-698.

— * Prospetto delle ricoverate e delle opere di carità esercitate nello Stabilimento delle Figlie della Carità Canossiane in Han-kow (Hu-Pe). China 1892. Bergamo, Cattanéo, 1893, in-4.

— * C. Biscurdi e V. Corradini. China. Relazione del Viaggio di tre figlie della Carità Canossiane da Han-kow nell' Hu-pè orientale a Fun-cia-in nel Chensi meridionale. Milano, A. Boniardi-Pogliani, 1896, pet. in-8, pp. 98.

— Vie de la Mère Marie-Hermine de Jésus et de ses Compagnes massacrées au Chan-si (Chine), le 9 juillet 1900 publiée par l'Institut des Franciscaines Missionnaires de Marie sous la direction des Frères mineurs. Rome, Via Giusti, 12, Vanves près Paris, 16, route de Clamart, 1902, in-4, pp. 580, grav.

Aincreville, *Pacifique d'* [*Camille* **Chardin**], dioc. de Verdun, né 1867.

— Let. à Mgr. Potron, Tche-fou, 5 oct. 1894. (*Miss. Cath.*, XXVI, 1894, p. 606.)

— Let. de Kia-koan-tchoan, 5 mars 1897, à Mgr. Potron. (*Ibid.*, XXIX, 1897, pp. 265/7.)

— L. à Mgr. Potron. (*Ibid.*, XXVII, 1895, p. 555.)

Aleman, *Martin*, arrivé aux Philippines en 1696, puis en Chine; partit de Macao, le 20 janvier 1726 pour Mexico ; puis se rendit à Londres où il mourut au commencement de 1727.

— * Historia de todo lo obrado en China por el señor Patriarcha Tournon, y su defensa, año de 1709 : por P. Fr. Martin Aleman de la Provincia de san Juan Bautista.

Ms. — Civezza, No. 16.

Alenda, *Gaspar*, arrive aux Philippines en 1611 et en Chine en 1636 ; se rendit à Pe-king avec le P. Francisco de Alameda; obligé de fuir à Macao, il passa à Formose où il fut tué par les Hollandais au mois d'août 1642.

— * Relacion de mi viage a Pekin : por el P. Fr. Gaspar Alenda de la Provincia de S. Juan Bautista.

Ms. — Civezza, No. 17.

Alhondiga, *Roque*, arriva aux Philippines 1721 ; partit pour la Chine, 2 oct. 1721 ; † à Canton, 4 mars 1731.

— * Relacion de los trabajos y frutos apostolicos de los Religiosos Franciscanos en el vasto Imperio de la China por el P. Fr. Roque Alhondiga de la Provincia de S. José.

Ms. — Civezza, No. 19.

Almaden, *Antonio de*.

— * Relacion del hermano Predicador Fr. Antonio de Almaden, de los sucesos de la Mision desde los ultimos del año de 1730 hasta el mes de agosto del año de 1731.

Manoscritto di 5 carte in-8, dell' Archivio del nostro Convento di Manila, inviatomi da qué buoni Padri.

— * Relacion en que se dize la prision de un Religioso Francisco Descalzo Español, Misionero Apostolico del Imperio de la Gran China, estando actualmente, despues de dies años cumplidos de persecucion, en la Provincia de Xan-tung.

Manoscritto dell' Archivio del nostro Convento di Manila, inviatomi da que' Padri. Sono 17 carte in-4. Il religioso imprigionato fu lo stesso P. Fr. Antonio della Madre di Dio, o Almaden, e sua è la relazione data *el año quarto del empendor* KIEN-LUNG, *Luna nona, Año de la encarnacion 1789 dia 22 de octubre.*

Ms. — Civezza, No. 20.

André-Joseph de Guebwiller (*André* **Bauer**), né 1866 ; parti en 1899 ; massacré au Chan-si sept., 9 juillet 1900.

— Deux martyrs français de l'ordre des Frères mineurs. Le R. P. Théodoric Balat et le Fr. André, massacrés en Chine, le 9 juillet 1900 par L. de Kerval.

Sous presse.

Anselme Marie de Saint Sauveur [*François Louis*, **Caillard**], né 1854, dioc. de Coutances ; † 1893, au Chan-toung.

— L., Tsi-nan-fou, 27 sept. 1887. (*Miss. Cath.*, XIX, 1887, pp. 601/603.)

— L. au R. P. Marie de Brest. (*Ibid.*, XX, 1888, pp. 27/8.)

— L., Oudia-fou, 14 déc. 1887. (*Ibid.*, pp. 109/110.)

Athanase.

— L. du Chan-si, du 17 mai 1878, au R. P. Marie (de Brest), proc. des missions franc. à Paris. (*Miss. Cath.*, X, 1878, pp. 350/2.)

Balat, voir **Théodoric**.

Banci, *Ezéchias*, né 22 janvier 1833, à Sempromiano, dioc. de Sovana-Pitigliano (Italie); évêque d'Halicarnasse, 6 mai 1871; sacré 15 mai 1871; vic. ap. du Hou-pé N. O.; † 1904.

— Mort. (*Miss. Cath.*, XXXV, 30 oct. 1903, p. 527.)

— L., 3 juillet 1880. (*Ibid.*, XII, 1880, p. 537.)

— L. au R. P. Marie de Brest. (*Ibid.*, XVI, 1884, p. 451.)

— L., Hou-pé N. O., au R. P. Marie de Brest. (*Ibid.*, XX, 1888, pp. 314/5.)

— L. sur la famine du Hou-pé. (*Ibid.*, XXII, 1890, pp. 339/340.)

— L. (*Ibid.*, XXIV, 1892, p. 559.)

— Lettre de Lao-ho-kou, 12 janvier 1893. (*Ibid.*, XXV, 24 mars 1893, p. 137.)

— Let. à Mgr. Potron. (*Ibid.*, XXIX, 1897, p. 147.)

Barnabé, provic. ap. du Chan-si sept.

— Let. sur la persécution au Chan-si. (*Miss. Cath.*, XXXII, 1900, pp. 565/6.)

— Let. (*Ibid.*, XXXIII, 1901, pp. 49/50.)

Basilio Brollo, [en France, *Basile de Glemona*, double erreur, de nom et de lieu.] [Fra Basilio Brollo, de Gemona] Mineur Observantin; né à Gemona, le 25 mars 1648; partit pour la Chine en 1680; vic. ap. du Chen si en 1700; † dans cette province, le 13 août 1703.

— * *Memorie del Padre Basilio da Gemona dell' Ab. Gian. Pietro della Stua.* Udine 1775. — *Ascoli, *Studii Orientali e linguistici*, I, 145/6. — **Annotatore Friulano*, 3 articles (Nos. 75, 76, 79, 20 et 23 sept. et 4 oct. 1854).

— Angelo de Gubernatis, *Matériaux pour servir à l'hist. des Etudes Orientales en Italie*, Paris, 1876, in-8, pp. 400/1.

— Vita breve del P. Basilio Brollo da Gemona Francescano riformato missionario e vicario apostolico del Xensì nella China nuovamente compilata. Udine, tip. Jacob e Colmegna, 1871, pet. in-8, pp. 111.

Par L. Fabris.

— Padre Basilio Brollo-Gemona, 7 Dicembre 1890. Br. in-8, pp. 26.

Brochure de circonstance à l'occasion d'une pierre commémorative du F. Basile, à Gemona.

Ces deux publications donnent comme date de la mort, 16 juillet 1704 à Si-ngan.

— * V. Baldissera. Del P. Basilio Brollo. (*Pagine Friulane*, anno IV, n. 9 [1891].)

— Italian Sinologues. By L. Nocentini. (*Journ. C. B. R. A. S.*, XX, N. S., 1885, p. 285.)

— Gli illustri Viaggiatori italiani ... per P. Amat di S. Filippo ... Basilio da Gemona, 1683—1704, pp. 295 et seq.

— *Miscellaneous Autographs, etc.* : — British Museum, Ms. *Add.* 31022, Cf. *Revue de l'Extrême-Orient*, II, No. 4, 1884, p. 580 :

Recueil «presented by Charles Kent, Esq., 26 april 1879» et par d'autres collectionneurs; il y a des lettres de Walter Scott, de Daniel O'Connell, etc. Les pièces qui nous intéressent ont été «presented by Jabey Hogg, Esq., 28 feb. 1880»; ce sont les suivantes :

F. 35. Let. aut. sig., italien de Bernardino dalla Chiesa, vescovo di Pekino, Pekim, 6 ottobre 1700. (4 p. ou 2 ff. in-folio; on remarquera la superbe écriture de ce prélat. — Pap. de Chine.) Adressée aux cardinaux de la Propagande.

F. 38. Let. autog. du fr. Basilio de Gemona; italien; sig. par le F. B. dalla Chiesa et par le F. Basilio de Gemona. Peking, 7 ottobre 1700. 3 p. in-folio, pap. de Chine. Adressée au pape.

F. 41. Let. autog. sig., italien, de Bernardino dalla Chiesa, aux cardinaux de la Propagande. Lin ching cheo, della Provincia de Xantung, 22 ottobre 1701, 4 p. in-folio; pap. de Chine.

Ce sont trois superbes pièces.

— Nel II° Centenario dalla Morte di fra Basilio Brollo da Gemona — Commemorazione letta il 6 agosto 1904 nella sala del Municipio Gemonese da A. Battistella. Udine, tip. D. del Bianco 1904, in-8, pp. 61.

On cite en note, p. 21, un ms. de la bibliothèque communale d'Udine : Prof. G. de VINCENTIIS, *Contribuzione di documenti inediti alla bibliografia e biografia del P. Basilio da Gemona* — 1898.

— Echi delle feste Brolliane in Gemona. — P. V. Baldissera. (*Il Cittadino Italiano*, Udine, 2 ott. 1904, pp. 628/631.)

Bauer *André*, voir **André-Joseph**.

Bautista, *Pedro.*

— * Historia de las Islas Filipinas, Japon, China y otros Reinos de la India; por el Padre Fr. Pedro Bautista de la Provincia de S. Josè.

Ms. — Civezza, No. 65.

Biagini, *Atto*, Franciscain; né à Pistoia en 1752; prit l'habit à Cortone; alla à Rome en 1779, puis en Syrie et en Égypte et enfin, en Chine, en 1782, avec les PP. Giuseppe da Bientina et Luigi da Signa; †, en prison, à Pe-king, en 1785.

— * Vita del Padre Atto Biagini da Pistoia, Missionario Apostolico Minore Osservante in Cina.

E pubblicata nell' opera : *Cataloghi dei Santi, dei Beati e di altre persone insigni nella pietà Pistoiesi, pubblicati da diversi agiografi ... opera del P. Ferdinando Panieri* ... Pistoia, 1818-1820, 2 vol. in-8 (Marcellino da Civezza, No. 771.)

Billi, *Pascal*, né à Florence, 21 janvier 1835; Mineur réformé, 1853; év. de Gratianopolis & vic. ap. du Hou-pé N. O., le 27 nov. 1876; sacré 22 juillet 1877 par Mgr. Volonteri; † 12 mai 1878.

— L. de Lao-ho-kou (Hou-pé), 29 sept. 1876. (*Miss. Cath.*, VIII, pp. 615/6.)

— Notice sur le Yu-hoang tin, montagne du Hou-pé nord-ouest [Avec grav.] (*Ibid.*, IX, 1877, pp. 366/7.)

— L. de Kou-tchen, 29 juillet 1877, au général de l'ordre. (*Ibid.*, IX, p. 568.)

— L. de Lao-ho-kou, 6 mars 1878, au R. P. Marie de Brest, proc. des Miss. franc. (*Ibid.*, X, 1878, p. 305.)

— L. de Lao-ho-kou, 6 mars 1878. (*Ibid.*, p. 332.)

— L. de Lao-ho-kou, 4 mai 1878. (*Ibid.*, p. 376.)

— L. de Kou-tchen, mai 1878, au T. R. P. Général des Franciscains. (*Ibid.*, pp. 483/4.)

— Notice du R. P. Antonin. (*Ibid.*, p. 524.)

— Portrait. (*Ibid.*, XI, 1879, p. 79.)

Boniface. — Voir **Oomsels**, *Boniface.*

Boxnay, *Joseph.*

— * Relacion de la administracion de los Sanctos Sacramentos en las Villas, Aldeas y demas lugares que pertenecen a la Iglesia de nuestro P. S. Francisco extramuros de la ciudad de Canton : año del 1733.

Manoscritto, nell' Archivio del nostro Convento di Manila, di cui m'inviarono copia que' Padri. Conta, questa, 4 carte in-8, e in fine si legge : *En este Convento de N. S. P. S. Francisco de la ciudad de Macao, hoy a 29 Abril, 1733, Fr. Ioseph Boxnay.*

Civezza, No. 90.

Broeckman, *Egide.*

— L. de Tsé-ou-l'ai (Hou-pé orient.), 19 déc. 1883. (*Miss. Cath.*, XVI, 1884, p. 99.)

— L. de Kao-ngan-lao, au R. P. Marie de Brest. (*Ibid.*, p. 581.)

Burgos, *Geronimo de*, parti en 1580, pour les Philippines, puis pour Mexico; revient aux Philippines en 1582 et s'embarque en juin pour la Chine; † à Madrid en 1593.

— * Relacion historica de los progresos de la christianidad en Filipinas y China : por el P. Fr. Geronimo de Burgos, de la Provincia Franciscana de S. Josè. 1583.

Ms. — Civezza, No. 104.

Caillard, voir **Anselme de Saint Sauveur**.

Castorano, *Carlo Orazio*.

— L. [trad. en français de l'espagnol], 1730. (*Rev. Ext. Orient*, II, No. 3, 1884, pp. 289/292.)

— Lettre ms. du Révérend Père Castorano, Missionnaire de la Propagande, adressée au Commissaire des Franciscains pendant notre Séjour dans la ville de Canton. Trad. de l'Espagnol (1738).

No. 669 de la seconde partie du *Cat. d'une Col. de livres rares... dont la vente aura lieu à Lisbonne*, 1883, in-8.

— * Brevissima notizia, o relazione di varii viaggi, fatiche, patimenti, opere, ec. nell' imperio della Cina del R. Padre Fra Carlo Horatii da Castorano, Minore Osservante di San Francesco, Ex-Vicario Generale, Ex-Delegato Apostolico, Missionario di *Propaganda Fide*. In Livorno, 1759. Per gli Eredi Santini, con licenza de' Superiori.

Un volumetto in-8 di 79 pagine, importantissimo per la Storia del Cristianesimo in Cina. N'è un esemplare nella Biblioteca Nazionale di Firenze. (Marcellino da Civezza.)

— * Observationes in Bullam S. D. N. Benedicti XII Pont. Maximi qua ritus Sinici iterum damnantur (P. Fr. Caroli Horatii a Castorano) ec. Bononiae, MDCCXXXXII.

Sono otto pagine in-8. N'è un esemplare nella stessa Biblioteca Nazionale di Firenze. (*Ibid.*)

— Parva Elucubratio super quosdam Libros Sinenses ab illmo. et Rmo. D. Archiepo. Myrensi de Nicolais relictos labore ac studio infrapti P. Auctoris.

Ms. in-4, bas.-dor., tr. dor. de 537 pages numérotées. Il avait figuré à la vente des livres de Pauthier. (Paris, Leroux, 1873, No. 304, vend Fr. 50); il a reparu à la vente des *Livres orientaux... provenant de MM. T., de Londres, et P., de San Francisco*, Paris, E. Leroux, 1878, (No. 431). C'est chez cet éditeur que nous l'avons examiné.

On lit au bas de la page 3 : Studio ac Labore P. Fr. Caroli Horatii à Castorano, Regularis Obseruantiae S. P. Francisci, in Sina per 33, et ampliùs annos pro Sac. Congregatione de Propaganda Fide Missionarij Apostolici, &c. Acta Romae, in Aracœli Anno Domini 1739.

On lit au verso du feuillet qui précède le titre : « Nota. Libri Sinenses de quibus loquitur, quique summantur in hac parva Elucubratione, De mandato Sanct. Suae Clementis Papae XII. asservantur in Sac. Congregat. de Propaga. Fide ibique sunt requirendi et videndi. Huius autem parvae Elucubrationis facta fuerūt quatuor Exemplaria omnia à P. auctore revisa... »

De ces quatre ex. l'un était pour la Propagande, l'autre pour Sa Sainteté, le 3e pour le tribunal du St. Office, le 4e pour le cardinal Gentili. Une note de Pauthier au crayon dit : « Ce 4e exemplaire est celui-çi, lequel porte la dédicace au Cardinal Gentili. La note çi-dessus est aussi de la propre main de l'auteur. G. P. »

L'un des autres ex. qui était à la Bib. royale de Paris (1814) a été rendu en 1815 avec les autres ms. provenant du Vatican : c'est celui qui est cité par Abel Rémusat, *Plan d'un dictionnaire chinois*.

— Un autre ex. est aujourd'hui au British Museum, *Add. 26815*, donné en *1865*, par M. Payne; ce n'est donc pas l'ex. de Pauthier; j'ai décrit l'ex. du British Museum, *Revue de l'Extrême-Orient*, I, No. 1, 1882, pp. 117/8 :

Au recto de la p. 3 : Libri sinenses ab Illmo Dño Archiepiscopo Myrensi Ioanne Francisco de Nicolais relicti de ordine Sanctissimi Domini Nostri Clementis Papæ XII, prudenter recuperati ac de mandato Emi. et Rmi. D. Card. Gentili Pro-Datarij, etc. In ordinem, et in catalogum digesti. cum brevibus annotationibus, rubricis. seu summis dictorū librorum etiam de quolibet in particulari; et maximē de omnibus libris classicis. seu scripturis canonicis sinensibus, deque eorum Philosophia : De quibus rebus videlicet tractent, et quid singuli in substantia contineant : Studio ac labore P. Fr. Caroli Horatij a Castorano Regularis Observantiæ S. P. Francisci, in Sina per 33, et amplius annos pro Sac. Congregatione de Propaganda Fide Missionarij Apostolici, etc. Acta Romæ, in Ara cœli anno Dñi 1739.

On lit au verso d'un f. prél., en face du titre : « Libri quorum Summaria hic leguntur jussu Sanctissimi Domini Nostri Clementis Papæ XII repositi fuerunt in bibliotheca Collegii de Propaganda Fide Anno Domini M DCC XXXIX. »

Ms. in-4 de 265 ff., fortement taché par la fumée, *Presented by J. T. Payne, Esq., 29 July 1865.* — Ms. intéressant; c'est un document important pour l'étude de la bibliographie chinoise; une table donne la liste des divisions de l'ouvrage.

— Gli illustri Viaggiatori italiani... per P. Amat di S. Filippo... Carlo Horatii da Castorano, 1698-1733, pp. 319 et seq.

— I. M. I. Libri sinenses ab Illmo et Rmo D. Archiepiscopo Myrensi Joanne Francisco de Nicolais relicti, de ordine Sanctissimi Dñi Nostri Clementis Papae XII prudenter recuperati, ac de mandato Emi. et Rmi. D. Card. Gentili Pro-Datarii in ordinem et in catalogum digesti, cum brevibus annotationibus, rubricis, seu summis dictorum librorum, etiam de quolibet in particulari; et maxime de omnibus Libris Classicis, seu Scripturis Canonicis Sinensibus, deque eorum Philosophia : de quibus rebus videlicet tractent et quid singuli in substantia contineant : studio ac labore P. Fr. Caroli Horatii a Castorano, Regularis Observantiae S. P. Francisci, in Sina per 33 et amplius annos pro Sac. Congregatione *de Propaganda Fide* Missionarii Apostolici. Acta Romae in Aracoeli, anno Domini MDCCXXXIX.

Un volume in-4, di 632 pagine, di bellissima lettera, e magnificamente legato, ma un po' malconcio, già appartenuto al nostro Padre Michele Navarro (Spagnuolo), morto da qualche anno Vicario Apostolico in Cina, e da lui passato alla cara memoria del nostro Monsignor Rizzolati, parimente Vicario Apostolico per molti anni in quelle regioni. che tornato in Roma ne faceva dono a me poco prima di morire. E un dottissimo ed interessantissimo lavoro, che giunge sino alla pagina 434.

... A questo primo lavoro poi segue :

— Vita Confusii, apud Sinenses philosophi sapientissimi ac sanctissimi magistri.

Sono 76 pagine, cioè dalla 435 alla 510 ... E poi segue :

— Additio ad supra positam parvam elucubrationem.

Altre 56 pagine, cioè dalla 510 alla 566....

— Jesus, Maria, Joseph! Brevi notizie della Cina. Come e quando, da chi e quanto volte è stata predicata nella Cina la Religione Christiana? E dove, quali e quanti Padri Missionarii sono attualmente nell' imperio della Cina? Per il molto Illustre Signore Domenico Baiardi Archivista in *Propaganda Fide*. Date dal P. Carlo Horatii da Castorano della Diocesi Ascolana,

Minore Osservante di San Francesco, provetto Missionario Apostolico nell' imperio della Cina. Addì 11 Aprile, Anno Domini 1740.

È un altra importantissima scrittura, che fa parte del manoscritto di cui ci stiamo occupando, e che piglia dalla pagina 567 alla 619 ... Finalmente il Manoscritto si conchiude con la scrittura seguente :

— J. M. J. Versio monumenti, seu lapidis sinici, cum notitia de praedicata Religione christiana in Imperio Sinico, litteris seu characteribus sinicis insculpti circa annum Domini N. J. Xti 786, et inventi prope moenia civitatis *Si-ngan fu* provinciae *Scen-si* in imperio Sinarum.

Sono altre 13 pagine, cioè dalla 649 alla 632...

Ms. — Civezza, No. 126. — Voir col. 774.

— † Breuis Apparatus. ‖ Et modus agendi ac disputandi cum Mahumetanis, ‖ in duas partes diuisus. ‖ In quarum prima potissimum Diuinitas Dñi ‖ nostri Jesu Christi, contrá Mahumetum, authori- ‖ tatibus sacre Scripture comprobatur. ‖ In Secunda veró, breuis notitia de Vita ipsius ‖ Mahumeti datur : Alcorani contradictiones ua- ‖ rie adnotantur : Multi errores, nec non absurda ‖ illius referuntur, et suo loco debitè impugnantur ‖ tur ac refelluntur : Atque Impostura Ma- ‖ humeti, ac falsibat Mahumetice Legis, ‖ palam ostenditur. ‖ ††† ‖ Factus et collectus hic Apparatus à R. P. Carolo Horatij à Casto- ‖ rano, Regul : obser. S. P. Fran^{ci} : in Imperio Sinesi Miss°. Aplico &. — MS. in-4. 3 ff. n. c. + 109 ff. paginés (pp. 1/218) + 16 ff. n. c.

On lit, p. 218 : « Omnia supradicta et scripta sub pedibus et cor- ‖ rectione Sanctę Romanę ecclesiae, omniū ‖ ecclesiarum Dei Matris ac Magistrę ‖ humillimè submitto. ‖ Fr. Carolus Horatij à Castorano Regul^{is}. Obseruae. S. P. ‖ Francisci in Sina Missionus. Aplicus manu propa ill. — ‖.

Suivent des fragments tirés de St. Jérome, etc. Fait partie de ma collection particulière. H. C.

Castrocaro, *Antonio da*, arrivé en Chine, en 1699 ; évêque de Lorinne, Vicaire apostolique dans le Chen-si et le Chan-si ; mort le 5 juillet 1727.

— Ep. de Du Halde, pp. XV-XVI, *Let. éd.*, Recueil XIX.

Césaire, voir **Schang**, Mgr.

Chardin, voir **Aincreville**.

Chérubin-Marie [*Lucien Noel* **Theule**], de Montpellier, né 1864.

— L., Tsi-nan-fou. (*Miss. Cath.*, XXIV, 1892, p. 112.)

— Relation. (*Ibid.*, XXVI, 1894, pp. 234/5.)

— Let. à Mgr. Potron, Makiataen, 4 déc. 1894. (*Ibid.*, XXVII, 1895, pp. 123/4.)

— Let. à Mgr. Potron. (*Ibid.*, pp. 362/3.)

Chiais, *Ephyse*, Mineur Observantin ; év. de Tiène, 21 janvier 1847 ; Vic. ap. du Chen-si.

— L. du 23 oct. 1874. (*Miss. Cath.*, VII, p. 160.)

— L. s. d. (*Ibid.*, VIII, p. 438.)

— L. du 20 Août 1877 au R. P. Marie de Brest. (*Ibid.*, IX, p. 592.)

— L., 9 déc. 1877. (*Ibid.*, X, 1878, p. 160.)

— L., juin 1878. (*Ibid.*, p. 484.)

— L., 30 mars 1879, au R. P. Marie de Brest. (*Ibid.*, XI, 1879, pp. 343/4.)

— L., 3 nov. 1879, au même. (*Ibid.*, XII, 1880, p. 89.)

— L. au même. (*Ibid.*, p. 148.)

— L. au même, 24 avril 1880. (*Ibid.*, p. 376.)

Chiesa, *Bernardino della*, province de Venise, envoyé avec quatre compagnons par la Propagande en 1680 ; évêque d'Argoli ; vic. ap. du Yun-nan ; évêque de Pe-king, 1696 ; † 21 déc. 1721.

— * Lettere del Padre Fr. Bernardino della Chiesa, de' Minori Osservanti Riformati, Vescovo di Argoli e Vicario Apostolico nella Cina.

... Un' altra la rinvenni nell' Archivio Mediceo di Firenze, nel carteggio del Canonico Apollonio Bassetti, Segretario di Cosimo III. È indirizzata al Gran Duca di Toscana, e dice così : «... Quamçheu, 29 novembre 1684. »

Altre sue lettere, ed interessantissime, sono nella Biblioteca Fabroniana di Pistoia : vale a dire : 1. *Estratto d'una lettera scritta da Monsignor Bernardino della Chiesa, oggi Vescovo di Pekino, a Monsignor Vescovo di Berito, dalla Cina, in data de' 26 ottobre 1698, giunta in Roma e ricapitata nel mese di decembre 1702.* Nella quale lettera esponeva la necessità delle Missioni cinesi, e la guerra che si faceva allo stabilimento di una chiesa Francescana nella corte di Pekino. È data in Nanking. 2. *Quattro lettere del Re di Portogallo al Vescovo di Pekino, Fr. Bernardino della Chiesa, Francescano.* La prima è data il 22 di marzo 1697 ; la seconda, il 20 marzo 1700 ; la terza, il 10 maggio 1700 ; la quarta, il 6 maggio 1701. Esse riguardano i diritti che il Re di Portogallo pretendeva di avere nella creazione dei Vicariati Apostolici della Cina. 3. *Traslato del capitolo di una lettera del Vescovo di Pekino, Fr. Bernardino della Chiesa, scritta in Lin-chim-chieu ne' 12 di maggio del 1701, a D. Rodrigo de Costa, essendo Vicerè e Capitano generale dello stato dell' Indie.* Vi parla del Patriarca di Tournon e delle difficoltà gravissime delle Missioni della Cina. 4. *Lettera del Padre Bernardino della Chiesa, in cui dà notizia de' favori avuti dall' Imperatcr della Cina.* È data in Kian-ning il 14 Agosto 1699.

Un' altra ne trovai nella Laurenziana di Firenze con questo titolo : *Lettera di monsignor Bernardino della Chiesa, Minore Osservante Riformato, Vescovo della Cina, al Patriarca Mezzabarba.* Essa è data in Lin-zin-ceu, addì 17 agosto 1719.

Finalmente una sua lettera pastorale latina trovasi fra' codici latini della Biblioteca Nazionale di Parigi. Essa incomincia così : « *Nos Fr. Bernardinus ab Ecclesia, Ord. Min. S. Francisci, Dei et Apostolicae Sedis gratia Episcopus Pekinensis, omnibus dioecesis nostrae Patribus Missionariis etc.* » Ed è data in Lin-zin-ceu, il 24 settembre 1748. (Civezza, 136.)

Voir col. 917/8 et col. 1185.

Christiaens, *Benjamin*, Mineur réformé, né à Thileti, dioc. de Bruges, 24 fév. 1844 ; vic. ap. du Hou-pé mérid. ; évêque de Colophon, 18 fév. 1889.

— L. de San-tcha-pin, 14 août 1874. (*Miss. Cath.*, VI, p. 605.)

— L. de Han-keou, 16 mai 1876. (*Ibid.*, VIII, p. 351.) [Sacre de Mgr. Filippi.]

— L., Tchang-fou, 1er janv. 1889, aux Dir. de la Prop. de la Foi [sur Mgr. Filippi]. (*Ibid.*, XXI, 1889, p. 252.)

— L. (*Ibid.*, XXIII, 1891, pp. 99/100.)

— L. (*Ibid.*, p. 147.)

— L. [sur la persécution]. (*Ibid.*, pp. 517/8.)

— L., Han-kéou, 6 sept. 1891, au Cardinal Siméoni. (*Ibid.*, pp. 553/4.)

— L. de Itchang. (*Ibid.*, XXX, 1898, p. 65.)

— L. de Itchang à Mgr. Potron. (*Ibid.*, XXX, 1898, p. 328.)

Coltelli, Mgr., coadj. du Chen-si sept.

— Let. de Si-ngan-fou, 15 déc. 1900, à Mgr. Potron. (*Miss. Cath.*, XXXIII, 1901, p. 135.)

Cornelisse, *Sta.*, né 1849, en Hollande ; part 1876 ; miss. du Chan-si ; † 11 déc. 1892.

Cosi, *Elisée*, né à Pontassieve, dioc. de Florence, 6 mai 1819 ; év. de Priène et coadj. de Mgr. Moccagatta, 5 fév. 1865 ; vic. ap. du Chan-toung, 27 sept. 1870 ; rentré en Europe, 31 janv. 1882, à cause de sa vue ; retourna en Chine, oct. 1883 ; † 24 janv. 1885.

— L. de Zi-nan-fou, 5 oct. 1876. (*Miss. Cath.*, IX, p. 274.) — 25 janv. 1877. (*Ibid.*, p. 275.) — 8 mai 1877. (*Ibid.*, p. 625.) — 3 sept. 1877. (*Ibid.*, p. 627.) — 18 sept. 1877. (*Ibid.*, p. 627.)

— L. du 11 oct. 1877 au T. R. P. Général. (*Ibid.*, X, 1878, p. 150.)

— L. de Zi-nan-fou, 4 déc. 1877. (*Ibid.*, X, pp. 159/160.)

— L. de Zi-nan-fou, au R. P. Marie de Brest, 5 mai 1878. (*Ibid.*, p. 375.)

— L. de Zi-nan-fou, 19 mai 1879. (*Miss. Cath.*, XI, 1879, p. 499.)
— Alphabet chinois de 33 lettres. (*Ibid.*, XIII, 1881, p. 5.)
— L. (*Ibid.*, XIII, 1881, p. 89.)
— L. (*Ibid.*, p. 135.)
— L., Xan-tam, 21 déc. 1881. (*Ibid.*, XIV, 1882, p. 235.)
— Notice. (*Ibid.*, XVII, 1885, p. 155.)

Delbrouck, *Jean*, *T'ong Jo-wang*, en religion *Victorin*, né à Boirs (Belgique), le 14 mai 1870; arrivé en Chine, mars 1897; décapité, le 11 déc. 1898, dans le Hou-Pé mérid.
— *Livre jaune*, CHINE, 1898-1899.
— Portrait. (*Ann. Prop. Foi*, LXXI, 1899, p. 161.)
— Relation des RR. PP. Polydore et Cassien. (*Ibid.*, LXXI, 1899, pp. 188/193.)
— Relation des RR. PP. Polydore et Cassien. (*Miss. Cath.*, 1899, pp. 145/7.)

— * Vie et Lettres du R. P. Victorin Delbrouck, des Frères Mineurs, par Mgr. Georges Monchamp, vicaire général de Liége. Liége, H. Dessain, Paris, Vve Magnin et fils, in-8, pp. 275, ill., 0.80.

Notice : *Miss. Cath.*, XXXIII, 1901, p. 396.

Dolceggio, *Cesar*, Mineur Observantin; né le 11 Oct. 1821; † 2 août 1871.
— Notice : *Miss. Cath.*, IV, pp. 303/4.

.·.

— * *Copia* de una carta que su Magestad mandò escrivir al Rey de la Cina en recomendacion de ciertos Frayles-Franciscos Descalzos, año de 1581.

È in un Manoscritto di *varia* della Biblioteca dell' Episcopio di Cordova. I Padri Francescani, a cui si accenna, sono senza dubbio Pietro Alfaro e suoi compagni, penetrati in quel difficile Impero per ristorarvi la fede di Gesù Cristo.
Civezza, No. 156.

— * Edictum Imperatoris Iung-tchin, quo die in aulam admissus fuit Lusitaniae Nuntius, adversus S. Religionem solemniter publicatum anno 1727.

Copia inviatami da' Padri del nostro Convento di Manila. È una traduzione latina dell' originale cinese. — Civezza, No. 203.

.·.

Encarnacion, *Bernardo de la*, né à Almansa, dioc. de Leon; parti pour les Philippines en 1662 et pour la Chine en 1668; † à Canton, 29 juillet 1719, à 90 ans.

— * Estado y progresos de la mision de Xang-tun en China por el P. Fr. Bernardo de la Encarnacion de la Provincia de S. Pablo.

Il Padre Huerta (*Estado*, *ec.*) dice che il Manoscritto è segnato in Ci-nan-fu agli 8 di maggio del 1688...
Civezza, No. 205. — Voir **Osca**, col. 1198.

Engbring, *Xavier*, né en 1857, en Allemagne; parti 1889; Miss. du Hou-Nan et du Hou-Pé; † à Han-k'eou, 31 juillet 1895.

Escalona, *Francisco de.*

— * Relacion del viage al Reino de la gran China y de lo que ha sucedido en aquella conversion, y de lo que ha visto en honra de Dios nuestro Señor y de nuestro sagrada Religion Serafica, por el P. Fr. Francisco de Escalona, ec. Año de 1645.

Manoscritto nell' Archivio del nostro Convento di Manila, di cui mi hanno mandato copia quei Padri; e conta, questa, 34 carte in S. È interessantissima, anche per le notizie geografiche che dà di quell' impero.
Civezza, No. 209.

Fantosati, *Antonio*, né 16 oct. 1842, à Ste. Marie in Valle, commune de Trevi, dioc. de Spolète; parti, 1867; év. d'Adra et vic. ap. du Hou-nan mérid., à la place de Mgr. Semprini, 5 avril 1892; massacré 1900.
— L. de Lao-ho-koû, 5 oct. 1878. (*Miss. Cath.*, XI, 1879, p. 78.)
— L. du même endroit, 21 avril 1879. (*Ibid.*, pp. 344/5.)
— L. de Hien-chiou-fou, 30 juillet 1899, à Mgr. Potron. (*Ibid.*, XXXI, 6 oct. 1899, p. 472.)
— L. du P. Quirin sur la mort de Mgr. F. (*Ann. Prop. Foi*, LXXIII, 1901, pp. 22/6; et *Miss. Cath.*, XXXII, 1900, pp. 550/1.)
— Nécrologie. (*Ibid.*, XXXII, 1900, p. 398.)

Fernandez, *Juan*, franciscain de la province de Saint Jean-Baptiste, né à Almansa, Espagne; arrivé aux Philippines, en 1696 et en Chine, en 1697; † à Almansa, le 3 février 1735, à 80 ans.

— Diccionario Chinico-Español.

Manoscritto, che probabilmente si conserva nell' Archivio del nostro Convento di Manila. Il P. Giovanni, nativo di Almansa, pervenne dalla Spagna alle Filippine il 1696, e l'anno seguente parti per le Missioni della Cina, dove evangelizzò per 28 anni. Il 1726 poi, chiamato dal Commissario generale delle Missioni, tornò al Messico, e di là in Ispagna; e morì in Almansa il 3 febbraio del 1735 in età di 80 anni. (Civezza.)

— Epistolae R. P. Fr. Joannis Fernandez Ordinis Minorum, Missionarii antiqui in Sina.

Sono due lettere dello stesso Padre, indirizzate *ad R. Patrem Kilianum Stumpf Societatis Jesu, Japoniae et Sinarum Visitatorem*. La prima è data in Nan-gan il 28 agosto del 1705; la seconda, in Cantone 23 gennaio 1717. Ve n'è aggiunta anche una del Padre Fr. Martino Aleman Commissario Provinciale de' Francescani in Cina, data parimente in Cantone il 26 novembre 1716, *ad Patrem Hieronymum Franchi Societatis Jesu, Missionarium in provincia Xan-tung*. (Civezza.)

Fernandez, *Michel.*

— Exemplar unius epistolae R. P. Fr. Michaelis Fernandez Ordinis Sancti Francisci ad RR. PP. FF. Martinum Aleman et Franciscum a S. Josepho.

È data in Nan-fu il 20 ottobre del 1702. Espone alcuni tratti circa i punti controversi rispetto a' riti cinesi. L'esemplare con le due lettere precedenti del Padre Giovanni trovasi nella Biblioteca Fabroniana di Pistoia. (Civezza.)

Filippi, *Marie Alexis*, mineur réformé, né à Modène, 16 déc. 1818; év. de Césarée de Philippe ou Panéas (20 janv. 1876); vic. ap. du Hou-pé S. O.; † nov. 1888.
— Lettre du 7 avril 1870 à Mgr. Zanoli. (*Miss. Cath.*, III, pp. 260/1.)
— Voir L. du P. Christiaens. (*Ibid.*, VIII, pp. 351. [Col. 1190.])
— L. de Kin-tcheou, 3 oct. 1877. (*Ibid.*, X, p. 67.)
— L. de Kin-tcheou, 24 janv. 1879, au R. P. Marie de Brest. (*Ibid.*, XI, 1879, pp. 204/5.)
Sur le P. Wilfrid Reynolds.
— L. de Kin-tcheou. (*Ibid.*, XIV, 1882, p. 112.)

Fimmer, *Odoric*, prov. ap. du Chan-si mérid.
— Let. 10 juillet 1900. (*Miss. Cath.*, XXXII, 1900, p. 458.)
— L. du Chan-si mérid. (*Ibid.*, XXXIII, 1901, pp. 74/5.)

Flores, *Miguel*, envoyé en Chine, en 1676; rentré aux Philippines; puis en Espagne (1689); † à Madrid, 16 nov. 1702.

— * Resolucion moral a varias dudas de los Misioneros de China : por el P. Fr. Miguel Flores de la Provincia de S. Juan Bautista. 1684.

— Respuesta a los puntos en que los Vicarios Apostolicos de China pretenden sujetar á los Regulares. Año de 1686.

Ms. — Civezza, 227.

Fogolla, *François*, né 4 oct. 1839, à Montereggio (dioc. de Pontremoli); év. de Bagi et coadj. de Mgr. Grassi, 18 juillet 1898.

— Portrait. (*Ann. Prop. Foi*, LXXIII, 1901, p. 104; *Miss. Cath.*, 1er fév. 1901, p. 50.)

François-Marie (de Monteregio).

— L. du Chan-si, août 1878. (*Miss. Cath.*, XI, 1879, p. 52.)

— L. au R. P. Marie de Brest. (*Ibid.*, XIV, 1882, pp. 244/5.)

Fenocchio, *Pacifique*.

— Let. à Mgr. de Marchi. (*Miss. Cath.*, XXVII, 1895, p. 64.)

Gabriel-Maurice, diocèse de Nantes; parti 1882, pour le Chen-si sept., puis le Hou-pé oriental.

— Let. à Mgr. Potron sur la mission franciscaine du Chen-si. (*Miss. Cath.*, XXXIII, 1901, pp. 123/4.)

Gouvea, *Alexandre de*, 湯亞立山 *T'ang ya li chan.*

Franciscain, évêque de Pe-king, 22 juillet 1782; † à Pe-king, 6 juillet 1808.

— * Carta do Excellentissimo e Reverendissimo Bispo de Pekim, D. Fr. Alexandre de Gouvea, ao Illustrissimo e Reverendissimo Bispo de Calandro, sobre a introducção e progresso do christianismo na Peninsula da Coréa, desde o anno de 1784 até o de 1797. Lisboa, em a nova Officina de João Rodrigues Neves. 1808. in-8; en latin et en portugais.

D'ella possuimos um exemplar. (Figaniere, No. 1476.)

— * Relação fiel da perseguição contra o Christianismo da China em o anno de 1784: por Fr. Alexandre de Gouvea Bispo de Pekin.

Manoscritto in-4, di 10 carte, ove sono bellissime glorie cattoliche e francescane affatto ignorate: la copiai tutta nella Biblioteca dell'Accademia (già della Congregazione del Terz' Ordine Regolare di San Francesco) di Lisbona. (Civezza, 267.)

Grassi, *Grégoire*, né à Castellazzo, dioc. d'Alexandrie, Piémont, 13 déc. 1833; vic. ap. Chan-si sept., 20 janv. 1876; assassiné 1900.

— L. du Chan-si, 1er juin 1878. (*Miss. Cath.*, X, p. 433.)

— L. au T. R. P. Général à Rome, 29 mai 1886. (*Ibid.*, XVIII, 1886, p. 519.)

— L., 16 juin 1889. (*Ibid.*, XXI, 1889, p. 400.)

— Lettre à MM. les Directeurs de l'Oeuvre de la Propagation de la Foi. (*Ibid.*, XXV, 4 août 1893, pp. 361/362.)

Henfling, *Quirin*.

— L. de Han-k'eou, 14 août 1900. (*Miss. Cath.*, 1900, pp. 468/9.)

— L. de Heng-tcheou fou, 8 juillet 1901. (*Ibid.*, XXXIII, 1901, pp. 542/5.)

Henri

— Let. de Tche-fou. (*Miss. Cath.*, XXXV, 1903, pp. 593/4.)

Hermosa, né à Plasenica; † en mer 1772.

— * Constituciones para los Misioneros Franciscanos de China y Cochinchina, ec: año de 1769.

Ms. — Civezza, 284.

Hofman, né à Voerden, dioc. de Harlem, 12 juin 1835; vic. ap. du Chan-si méridional et évêque de Telmissus, 24 avril 1891.

— Let. (*Miss. Cath.*, XXV, 1893, p. 603.)

— Let. (*Ibid.*, XXXIII, 1901, pp. 469/471.)

— Let. de Ma-tchang, 2 sept. 1901. (*Ibid.*, pp. 578/9.)

Hugolin, de Doullens. Voir **Villeret**, *Hugolin*.

Ibañez, *Juan Buenaventura*, originaire d'Elche; s'embarqua des Philippines pour la Chine, 1649; se rendit à Rome, puis en Espagne, 1669; retourna aux Philippines et en Chine; † à Canton, 11 octobre 1691, âgé de 84 ans.

— Tres informes sobre las Misiones de China, en los años de 1673, 1674, y 1675.

— Relacion de los progresos de la Mision de China (data in Macao, il gennaio 1678).

— Vida y virtudes del Apostolico varon Fr. Antonio de S. Maria.

— Relacion de su viaje desde Macao, a Roma, Madrid, Mejico, Filipinas y China.

Civezza, 294.

Jérémie, *Benjamin*, mineur observantin, né dans le dioc. de Bénévent; év. d'Ussola et coadj. de Mgr. Cosi, 18 fév. 1881; vic. ap. du Chan-toung sept., 10 fév. 1885; † à Tche-fou, oct. 1888.

— L. de Kin-tcheou-fou (Hou-pé mérid.), 15 avril 1880. (*Miss. Cath.*, XII, 1880, pp. 413/4.)

— L. au T. R. P. Général. (*Ibid.*, XIX, 1887, pp. 375/6.)

— L. sur les inondations. (*Ibid.*, XXI, 1889, pp. 61/2.)

Jesus, *Francisco de*, né à Escalona, diocèse de Tolède; quitte Manille pour la Chine, 1636; prêche à Ts'iouen-tchéou, 1637; † à Manille, 1660.

— * Doctrina y pruebas de que no hay mas que un Dios trino en personas y uno en esencia, por el P. Fr. Francisco de Jesus, o Escalona, de la Provincia de S. Josè.

Impreso en Kouang-si en idioma y caracteres chinicos, año de 1639.

— * Explicacion de todos los misterios necesarios para salvarse, ec.

Impreso *ut supra*.

— * Razones de falsedad en los idolos y sectas de China, ec.

Impreso *ut supra*.

— * Recopilacion de decretos dados por los Emperadores de China a favor de la ley Christiana, ec.

Impreso *ut supra*.

— Descripcion geografica de China, con espresion de las ciudades de primero y segundo orden, y el numero de villas y pueblos.

— Relacion de su viaje a China, y trabajos sufridos por la predicacion de la santa Ley de Dios.

Civezza, 302.

Jourdan, *Nivard*.

— L. de Tche-fou, 7 janv. 1877, au P. Général. (*Miss. Cath.*, IX, p. 220.) — 22 sept. 1877. (*Ibid.*, p. 627.)

— L. de Tche fou, 2 janvier 1879, au R. P. Marie (de Brest). (*Ibid.*, XI, 1879, pp. 113/4.)

Leonessa, *Jean François*, évêque de Béryte; vic. ap. du Houkouang, 1696; appelé à Rome vers 1703; transféré à l'évêché de Myre vers 1729.

— * Lettera del Padre Fr. Giovan Francesco Nicolai Vescovo di Berito e Vicario Apostolico di Hu-quang in Cina alli illustrissimi e Reverendissimi signori Cardinali della Sacra Congregazione di *Propaganda Fide*.

Non ha data, e riguarda l'uso delle facoltà concesse dalla Santa Fede ai Vicari Apostolici in Cina.

— * Due lettere di Monsignor Fr. Giovan Francesco Nicolai Vescovo di Berito e Vicario Apostolico di Hu-quang in Cina.

Sono copie, e parimente mancano di data.
Civezza, No. 334.

Lera, *Diego.*
— L. de Ou-tchang, 18 janv. 1878, à Mgr. Zanoli. (*Miss. Cath.*, X, 1878, pp. 376/7.)

∴

— * Lettere di Missionari Francescani Spagnuoli delle Filippine, della Cina, della Concincina, di Camboia ec., ed altri documenti riguardanti le Missioni Francescane in dette regioni.

Preciosa raccoita di cui mi venne fatto dono. Tutte le lettere sono autografe in carta cinese; e così i documenti... Dei 36 Lunghi documenti, de' quali si compone la nostra raccolta, metteremo qui per saggio il più breve, che è il seguente del 1759...
Civezza, No. 335.

— * Lettere della Cina dei Padri Francescani Osservanti, Fr. Luigi da Signa, eletto Vescovo Anthedonense, Fr. Fortunato Brazzini, Fr. Giovanni Antonio Buocher da Portoferraio, Vescovo Rosaliense, e Fr Gioacchino Salvetti, Vescovo di Euria.

Un volume in foglio. Sono 32 lettere copiate dagli originali dal P. Facondo Giannotti, M. O. che me ne fece dono...
Civezza, No. 336.

— * Lista de las christiandades de la Mision de Chan-cheu en la provincia de Canton. Año de 1766.

Manoscritto inviatomi dai nostri del Convento di Manila.
Civezza, No. 347.

— * Lista de los bauptizados por nuestros Misioneros en nuestras Misiones Seraficas de China, en el año pasado de 1765.

Dono degli stessi Padri. — Civezza, No. 348.

— * Lista de las christiandades de la Provincia de Xantung, que estan a cargo y administracion de nuestro Hermano Fr. Martin de S. Theresa Alcazar. Año de 1766.

Della medesima provenienza. — Civezza, No. 349.

Llagas, *Bernardino de las.*

— * Año de 1685. Descripcion de las cosas e Iglesias que la Mision Serafica tiene al presente año de 1695 en este imperio de China, de los Religiosos que tiene y frutos que hacen, por orden de nuestro Hermano Fr. Jaime Tarin Comissario Provincial de dicha Mision.

Manoscritto dell' Archivio del nostro Convento di Manila, di cui m'inviarono copia que' Padri. Essa contiene 5 carte in foglio; ed è segnata in fine 28 de octubre de 1695. Fr. Bernardino de las Liagas. — Civezza, No. 354.

Lo, *Pierre.*
— L. du 17 août 1882, de Van-tian (Hou-pé S.). (*Miss. Cath.*, XIV, p. 588.)

Magnard, *Michel de.*
— Let. de Tche-fou. (*Miss. Cath.*, XXXVI, 1904, pp. 376/7.)

Mantova, *Giampetro da*, né à Mantone en 1706; † à Port-Louis (France), 29 mai 1756, à 50 ans.

(Lera—Mantova.)

— * Relazione del Martirio dei Padri Fr. Pietro Martire Sans, etc.

Civezza, No. 377.

Marchi, *Pierre Paul de*, né à S. Vito, dioc. de Concordia, 30 déc. 1838; vic. ap. du Chan-toung sept. et évêque de Sura, 13 fév. 1889; † 30 août 1901.
— L. de Zi-nan-fou, 16 avril 1877. (*Miss. Cath.*, IX, p. 323.)
— L. de Tsi-nan-fou, 25 juillet 1884, au R. P. Marie de Brest. (*Ibid.*, XVI, 1884, p. 500.)
— L. (*Ibid.*, XXII, 1890, pp. 4/5.)
— L. à Mgr. Potron. (*Ibid.*, XXIX, 1897, pp. 349/350.)
— L. de Tsi-nan-fou, 7 déc. 1899. (*Ibid.*, XXXII, 1900, p. 74.)
— L. de Tsin-tau à Mgr. Potron. (*Ibid.*, 1900, p. 593.)
— L. (*Ibid.*, XXXIII, 1901, pp. 73/4.)
— L. à Mgr. Potron. (*Ibid.*, p. 497.)

Marie de Brest, voir Mgr. Potron.

Marti, *Juan*, † à Manille, 17 mai 1704.

— * Origen de las Misiones Franciscanas en China por el P. Fr. Juan Marti de la Provincia de S. Juan Bautista.

Ms. — Civezza, No. 384.

Masson
— Let. de Tche-fou. (*Miss. Cath.*, XXXI, 1899, p. 41.)

Maviel
— Let. sur l'incendie et le pillage de la mission de Tsi-nan-fou (Chan-toung sept.). (*Miss. Cath.*, XXXII, 1900, pp. 73/4.)

Mérona, *Amédée-Pierre de.*
— L. de Xe-vom-kou (Chen-si), 8 nov. 1886. (*Miss. Cath.*, XIX, 1887, pp. 241/4.)
— L. (*Ibid.*, p. 402.)

Michel
— Let. de Tche-fou, 4 janvier 1904. (*Miss. Cath.*, XXXVI, 1904, p. 99.)

Miggenes, *Francisco.*

— * Missio Seraphica in Imperio Sinarum: sive brevis sinceraque relatio ortus, progressus praesentisque status Missionis Sinensis Fratrum Minorum Strictioris Observantiae S. P. N. Francisci Discalceatorum Provinciae S. Gregorii Magni in Insulis Filippinis: a Fr. Francisco Miggenes eiusdem Apostolicae S. Gregorii Provinciae filio, Pro-Ministro Provinciali nec non in Romana Curia Generali Procuratore concinnata.

Manoscritto in-8, di carte 20 in-4, autografo, firmato die 13 augusti 1762, di cui mi venne fatto dono... (Civezza, 414.)

— Missio seraphica in imperio Sinarum sive brevis sinceraque Relatio ortus progressus praesentisque (1762) status missionis sinensis Fratrum Minorum strictioris Observantiae S. P. N. Francisci Discalceatorum Provinciae Sancti Gregorii magni in insulis Philippinis a Patre Fr. Francisco Miggenes Eiusdem Apostolicae Sancti Gregorii Provinciae Filio, Pro-Ministro Provinciali, necnon in Romana Curia pro eadem Provincia Generali Procuratore concinnata. Ediderunt Patres Fratres Marcellinus de Civetia et Theophilus Domenichelli Ex Regulari Observantia. Ad Claras Aquas (Quaracchi)

(Marchi—Miggenes.)

propre Florentiam Ex typographia Collegii S. Bonaventurae. MDCCCLXXXIII, gr. in-8, pp. 21.

On lit au verso du titre : Extractum ex libro *Analecta Franciscana*.

Bib. nat. $\frac{O^2n}{738}$.

.·.

— * Mision de China. 1735.

Breve memoria inviatomi da' nostri Padri di Manila nelle Filippine. — Civezza, No. 420.

.·.

Moccagatta, *Louis*, né à Castellazzo, dioc. d'Alexandrie (Piémont), 9 oct. 1809 ; entra à 19 ans dans l'ordre de St. François ; partit pour la Chine avec le P. Grioglio, avril 1840 ; arriva à Macao, 4 oct. 1840 ; vic. gén. de Mgr. de Besi au Chan-toung ; évêque 11 mai 1845 ; vic. ap. du Chan-toung, 9 juillet 1848 ; vic. ap. du Chan-si, 1862 ; † à Taï youen fou, 6 sept. 1891.

— L. de Taï-youen-fou, 16 sept. 1874. (*Miss. Cath.*, VII, p. 99.)

— L. du 9 fév. 1878. (*Ibid.*, X, 1878, p. 88.)

— L. de Taï-youen-fou, 26 déc. 1877. (*Ibid.* X, 1878, p. 159.)

— L. de Taï-youen-fou, 12 août 1878, au T. R. P. Général. (*Ibid.*, p. 593.)

— L., 6 janvier 1879, au R. P. Marie de Brest. (*Ibid.*, XI, 1879, pp. 241/242.)

— L., 15 avril 1879, au même. (*Ibid.*, p. 343.)

— L., Taï-youen-fou, 15 sept. 1879. (*Ibid.*, XII, 1880, pp. 76/7.)

— L. sur la famine. (*Ibid.*, XIII, 1881, p. 28.)

— L. de Taï-youen-fou, 25 sept. 1881. (*Ibid.*, XIV, 1882, p. 112.)

— L. aux Dir. de la Prop. de la Foi. (*Ibid.*, XVII, 1885, p. 256.)

— L. aux mêmes. (*Ibid.*, XVIII, 1886, pp. 65/6.)

— L. au Dir. de la *Revue franciscaine*. (*Ibid.*, XIX, 1887, pp. 207/208.)

— Notice : *Miss. Cath.*, XXIV, 1892, pp. 11/12.

Monte Corvino.

Voir au chap. des VOYAGES dans la 2e partie de notre ouvrage.]

Navarro, *Michel*, des mineurs réformés ou Alcantarins, établis à Grenade sous le titre de Saint-Antoine, né à Grenade (Espagne), 4 juin 1809 ; arriva à Hong-kong, 1841 ; vic. ap. du Hou-nan, 1856 ; † à Heng-tcheou-fou, 9 sept. 1877.

— L. du 12 juin 1870. (*Miss. Cath.*, III, pp. 318/9.)

— Notice : *Ibid.*, X, p. 211 ; port., *Ibid.*, p. 205.

Novella, *Jacques*, des Frères Mineurs récollets ; évêque de Patare ; né le 13 février 1805, à Carpasio, village entre Vintimille et Albenga ; † le 26 fév. 1872, au couvent de Cimiès près de Nice.

— Notices : *Semaine religieuse*, de Nice, 17 mars 1872. — *Miss. Cath.*, IV, pp. 413/4, avec port., par le Chev. Augustin Canron.

Odoricus [ut supra pour **Monte Corvino**].

Oomsels, *Boniface*, mineur récollet, né à Peer, dioc. de Liège (Belgique), 4 juillet 1851 ; miss. au Hou-pé oriental ; arriva à Han-k'eou, avril 1878 ; † à Han-k'eou, 8 sept. 1886.

— L. de Yum-mom (Houpé orient.) au P. Marie de Brest, 16 sept. 1879. (*Miss. Cath.*, XII, 1880, pp. 15/16.)

— L. de Ho-tsouang, 28 sept. 1881, au même. (*Ibid.*, XIV, 1882, p. 16.)

— L. de Ta-iê, 15 mai 1883, au même. (*Ibid.*, XV, 1883, p. 507.)

— L., 5 déc. 1884, ibid. (*Ibid.*, XVII, 1885, p. 63.)

— Notice. (*Ibid.*, XVIII, 1886, p. 599.)

— L. à Mgr. Carlassare. (*Ibid.*, XVIII, 1886, p. 51.)

Ortuño, *Juan Bautista.*

— * Copia de la informacion de las christiandades de la Provincia de Kiang-sy hecha por nuestro hermano Ortuño.

Manoscritto dell'Archivio del nostro Convento di Manila, inviatomi da que' Padri. Segnato in fine : *Lo-tuen de Kan-Kien, oy dia 14 de encro de 1759. Fr. Juan Bautista Ortuño Mis. Apost. Ord. Min.* — Civezza, No. 475.

Osca, *José*, parti pour les Philippines, 1684, et la Chine, 1685 ; † à Santa Cruz, 21 sept. 1735, à 78 ans.

(MOCCAGATTA—OSCA.)

— Vida y trabajos apostolicos en China del V. Fray Antonio de S. Maria Caballero : por el P. Fr. José Osca de la Provincia de S. Juan Bautista. Año de 1725.

— Vida y trabajos apostolicos en China de Fray Bernardo de la Encarnacion, etc. Año de 1722.

Ms. — Civezza, No. 476.

Osimo, *Antonio Maria* **Sagoni** *da*, év. de Domitiopolis, coadj. du vic. ap. du Chan-si et Chen-si, 1781 ; † dans les fers, 13 fév. 1785.

— Articolo di lettera scritta alla S. Congregazione di Propaganda da Monsignor Fr. Antonio Maria da Osimo Vescovo Domiziopolitano e Vicario Apostolico delle Provincie di Xensi e Xansi in Cina in data di Taijuen-fu, 29 agosto 1784.

Dans le *Giornale Ecclesiastico di Roma*, 13 mai 1786, pp. 185-6, — 20 mai, p. 190, — 27 mai, p. 194, — 3 juin, p. 198. — Dans le 3e et 4e articles ; il y a une gravure (la même) représentant le martyre de chrétiens, avec cette légende : *Martirio accaduto nella Cina l' Anno 1784.*

Pacifique. [Voir **Aincreville.**]

Pagnucci, *Amato*, né à Ruota, dioc. de Lucques, 3 janv. 1833 ; évêque d'Agathonique, 15 avril 1867 ; vic. ap. du Chen si ; † 29 janvier 1901.

— Lettre de Rome du 25 Mars 1870. (*Miss. Cath.*, III, pp. 211/2.)

— L. de Si-ngan-fou [sur le P. Delacreix]. (*Ibid.*, VI, pp. 585/6.)

— L. (*Ibid.*, VIII, pp. 558/9.)

— L., 20 avril 1878. (*Ibid.*, X, 1878, pp. 375/6.)

— L., 18 mai 1879, au R. P. Marie de Brest. (*Ibid.*, XI, 1879, pp. 415/6.)

— L., Kou-iuen. (*Ibid.*, XXII, 1890, pp. 518/9.)

Pasinetti, né en 1835 en Italie ; part 1873 ; † à Tsi-nan fou, avril 1893.

Pesaro, *Gio. Batta*, né à Pesaro, duché d'Urbin ; parti pour la Chine, 20 mars 1579 ; † à Santa Lucia de Naples, 1597.

— * Viaggio dell' Indie fatto per il R. P. Francescano Scalzo Fr. Gio. Batta da Pesaro insieme con altri Frati di San Francesco, i quali l'anno 1577 v'andarono con l'autorità apostolica e col consenso del Re Cattolico. Diviso in Dialoghi per maggior facilità : dove s' intendono in particolare li successi nel gran Regno della China per la conversione degli infedeli. Sóttomesso alla correzzione della sacrosanta Romana Chiesa, offerto alli piedi della Santità di di Nostro Signore Clemente VIII.

Un volume in foglio, di carte 324, moltissimo interessante, nella Biblioteca del Reale Palazzo di Ajuda in Lisbona. Dello stesso viaggio egli scrisse una più breve relazione, che trovai in un Manoscritto di *Varia* della privata Biblioteca di Gino Capponi. Il titolo è : *Relatione vera del gran viaggio del grandissimo regno della China fatto dal P. Fr. Gio. Batista Scalzo Pesarese.* La sostanza è la stessa, ed ha la data di Roma del 15 gennaio 1593... — (Civezza, No. 503.)

Piccoli, *Gaudenzio*

— L. à Mgr. Potron. [Han-k'eou, 27 août 1895.] (*Miss. Cath.*, XXVI, 1895, pp. 481/2.)

— L. au même. Han-k'eou, 20 juillet 1900. (*Ibid.*, XXXII, 1900, p. 408.)

— L. de Han-k'eou, 13 juillet 1900. (*Ibid.*, pp. 403/4.)

Pic, de Vérone, voir **Vidi.**

Piloti, *Eugenio*, Vic. ap. du Chen-si et du Chan-si, † 1756.

(OSIMO—PILOTI.)

— * Alcune lettere del Padre Eugenio Piloti, Vescovo Portimense, ora per la prima volta pubblicate. Bassano, Tipografia Baseggio, MDCCCXXXIV.

Un volume di 69 pagine in-8. Vesti l'abito Francescano il 1715: parti Missionario per la Cina il 1729, e vi durò 27 anni. Fu fatto Vicario Apostolico di Kensi e Kansi col titolo di Vescovo Portimense il 1739, e mori soffrendo una crudele persecuzione nel 1756. (Marcellino da Civezza, No. 509.)

Piñuela, *Pedro*, né à Mexico; passe aux Philippines en 1671; puis en Chine en 1676; † à Tchang-tcheou, le 30 juillet 1704, âgé de 54 ans, à Tchang-tcheou.

— * Relacion de las Misiones de China en el año de 1677, por el P. Fr. Pedro Piñuela de la Provincia de San Diego de Mejico.

— * Relacion de los progresos de la mision de Lo-yuen-hien, ec. Firmada el 6 de Enero de 1680.

— * Dialogo en idioma Chinico, entre un Ministro evangelico, y en letrado Chino, año de 1688.

— * Catalogo de los Religiosos Misioneros Franciscanos que entraron en China desde el año de 1579 a 1700.

Tutti questi lavori restano Manoscritti: l' ultimo è in latino. A stampa poi si hanno i seguenti, tutti in lingua cinese...
Civezza, No. 510.

Poell, *Martin*, vic. ap. du Chan-si mérid.
— Portrait. (*Ann. Prop. Foi*, LXIII, 1891, p. 223.)

Polonia, *Placide a.*

— * Epistola Patris Placidi a Polonia Ordinis Minorum Missionarii Apostolici.

E nella Biblioteca Fabroniana di Pistoia. Ha la data di Siam 11 novembre 1718. Racconta il suo viaggio dalla Cina al sopraddetto regno in tempi difficilissimi per la cattolica fede in quelle contrade.
Civezza, No. 518.

Potron, Mgr. *Etienne Marie* [frère Marie de Brest], né à Brest, 25 oct. 1836; proc. gén. des Missions franciscaines, évêque de Jéricho (25 juin 1889).
— Let. (*Miss. Cath.*, XXXI, 1899, p. 15.)
— Let. de I-tchang, 14 déc. 1898. [Meurtre du P. Victorin.] (*Ibid.*, pp. 85/6.)

Quirin [voir **Hensling**].
— L. du Hou-pé N. O., 27 déc., au R. P. Marie de Brest. (*Miss. Cath.*, XVI, 1884, pp. 160/1.)

∴

— * Razon de las Missiones del Imperio de China a que tiene derecho esta Santa Provincia de San Gregorio, por haberlas mantenido, y fundado, hasta el tiempo de la persecucion general, que padecieron en dicho Imperio.

Pubblico qui questa breve, ma interessante memoria, inviatami fra molte altre da' nostri Padri di Manila nelle Filippine...
Civezza, No. 548.

— * Relatio persecutionis excitatae in Sinis anno 1784 et continuatae anno 1785.

Manoscritto dello stesso Archivio, di cui que' Padri parimente m' inviarono copia; e conta questa 24 pagine in-8.
Civezza, No. 560.

— * Resumen de las noticias extraidas de las cartas que han escrito los venticinco Missioneros Españoles hijos de esta Santa Provincia de San Gregorio de Filipinas de Religiosos Descalzos de N. S. P. San Francisco; que a espensas de nuestro gran Monarca Felipe V (que Dios guarde) se mantienen en el Imperio de la Gran China y en el adyacente de Conchinchina, eyercitando su apostolico zelo en la conversion de las almas, predicacion del Santo Evangelio y administracion de los Santos Sacramentos a los convertidos los que llegaron a estas Islas este año de 1632.

Manoscritto dell' Archivio del Nostro Convento di Manila, di cui m' inviarono copia que' nostri Padri; e conta quattro carte in foglio.
Civezza, No. 567.

Rist, *Val.*, mineur observantin.

— Kurtze ‖ Reizs-Beschreibung ‖ R. P. Valerii Rist, ‖ Ord. Min. S. P. Francisci ‖ Missionarii ‖ Apostolici ‖ Ausz der ‖ Chur-Bayrischen Provinz ‖ S. Antonii de Padua der ‖ strengeren Observanz: ‖ Nunmehro ‖ Von Ihro Pâbstl. Heiligkeit ‖ Clemente. XII, ‖ Verordneten ‖ Hochwûrdigisten in Gott Vattern ‖ und Bischoffen zu Mûnden, ‖ Auch ‖ Coadjutorn desz Vicariatûs Apostolici in Cochinchina. ‖ Mit ‖ Verschidenen Denckwûrdigkeiten ver ‖ fasset Anno 1736. ‖ Cum Facultate Superiorum & Privilegio Caesareo. ‖ — Mûnchen zu finden bey Joseph Schaur | ‖ Burgern und Buchbindern. ‖ Gedruckt allda bey Maria Madalena Rieblin | Wittib. pet. in-8, 4 ff. n. c. p. le tit., etc. + pp. 120 + 3 ff. n. c. p. la tab. Carte.

Rizzolati, *Giuseppe*, de la province de Venise; † à Rome.

— * Notizie dello stato attuale delle Cina, scritte da Monsignor Giuseppe Rizzolati de' Minori Osservanti Riformati Vescovo di Arada, già Vicario Apostolico in Cina.

Sono 22 fogli in carta cinese, che l' egregio Prelato scrisse a mia richiesta, facendomene dono.

— * Miei viaggi da Roma alla Cina e dalla Cina a Roma dopo trent' anni di Missione.

Sono 30 fogli parimente in carta cinese, con cui l' autore compì il lavoro di cui lo avevo richiesto...
Civezza, No. 574.

Robberecht, *Florent*, massacré mardi 20 juillet 1904.

Roca, *Miguel*, arrivé en Chine en 1696; † 1757, à Macao, âgé de 96 ans.

— * Noticias de la Mision de China, por el Padre Fr. Miguel Roca de la Orden de San Francisco de Descalços.

Manoscritto dell' Archivio del nostro Convento di Manila, di cui m' inviarono copia quei Padri. Sono 4 carte in-8, segnate in fine come segue: 8 *abril* 1743 *Fr. Miguel Roca Comisario Provincial de la Mision.*

— * Diccionario Chino Español.

Un volume in foglio a due colonne, nella Biblioteca del Reale Palazzo di Madrid.

— * Suplemento sobre la pronunciacion de las vozes contenidas en este obra.

Aggiunto al DICCIONARIO...
Civezza, No. 575.

Roma, *Juan Bonaventura de,* parti en 1692, pour la Chine; rentré à Rome en 1721.

— * Relacion de las cosas notables y progresos de las Misiones Catolicas en el Imperio de la China : por el P. Fr. Juan Bonaventura de Roma de la Observante Provincia Romana. Año de 1709.

Ms. — Civezza, No. 582.

Sacramento, *Manuel del,* Franciscain de la province de S. Pablo; né à Villa Ibañez, diocèse de Valladolid; partit pour les Philippines, 1770, puis pour la Chine, 1772; † 11 septembre 1823, âgé de 82 ans.

— * Arte del idioma chinico. [Ouv. imprimé ; voir au chap. de la *Langue.*]

— * Recopilacion de Decretos Pontificios y de la Sagrada Congregacion sobre las Misiones de China.

— * Recomendacion del alma, en lengua latina-chinica.

Civezza, No. 590.

Saint-Juste, *Louis de,* mineur observantin, directeur du séminaire de Si-ngan-fou.

— L. de Si-ngan-fou, 10 oct. 1877. (*Miss. Cath.*, X, p. 125.)

San Jose, *Diego de,* né à Tolède; † au Fou-kien, 16 juin 1755.

— * Relacion de los prodigios y cosas notables de su mision en la Provincia de Foquien, año de 1725 : por el P. Fr. Diego de San José de la Provincia de San Pablo.

— * Relacion de la persecucion contra los cristianos en Canton, año de 1733.

— Esplicacion de los ritos Chinicos, año de 1746.

Ms. — Civezza, No. 627.

San Jose, *Nicolas de,* parti pour la Chine en 1705; † 1719.

— * Defensa de las operaciones de los Misioneros de China en el año de 1714 contra lo dispuesto por el Señor Patriarca D. Carlos Mailard, año de 1707, por el P. Fr. Nicolas de San José de la Provincia de San Pablo.

Ms. — Civezza, No. 628.

San Joseph, *Francisco de.*

— * Discurso consultivo, propuesto por el R. P. Fr. Francisco de San Joseph, Predicador y Ministro Provincial de la Provincia de San Gregorio de las Islas Philipinas de Descalços de N. P. S. Francisco, tocantes a los Religiosos de su Orden que administran en las conversiones de los reynos de China y sus adiacentes año de 1684.

Manoscritto di 4 carte, nell' *Archivio de Indias* di Siviglia.
Civezza, No. 630.

San Juan Bautista, *Manuel de,* 利安寧 *Li Ngan-ning,* Franciscain de la province de San José; arrivé en Chine en 1685; † à Pe-king, 10 mars 1710.

— * Carta annual de lo que ha sucedido en esta nuestra Mision de reino de China en el año de 1703 segun las noticias que nuestros Religiosos me han remetido a esta Metropoli de Canton sacadas de sus Cartas.

Manoscritto autografo dell' Archivio del nostro Convento di Manila, di cui mi venne mandato copia; e conta questa 30 pagine in foglio. Sognata in fine : *Canton, 30 de deciembre de 1703. — Fr. Manuel de San Juan Bautista Comisario Provincial.*

— * Lo sucedido a nuestra Mision en este año (de 1704) en el reino de China, Tun-Kin, y Conchinchina, segun las cartas remitidas a mi Fr. Manuel de San Juan Bautista, Comisario Provincial.

Altro manoscritto di cui parimente mi hanno mandato copia que' Padri; e conta questa 3 carte in foglio.
Ms. — Civezza, No. 632.

San Pascual, *Augustin de,* 利安定 *Li Ngan-ting,* Franciscain de la province de S. Juan Bautista, né à Marbella, diocèse de Malaga; part pour les Philippines, 1665, et la Chine, 1670; † en 1695 (?) en mer, près d'Acapulco, Nouvelle-Espagne. Il a laissé un grand nombre d'ouvrages manuscrits. Voir M. da Civezza, p. 548.

— * Relacion de la Mision Serafica en China desde 1677 a 21 de noviembre de 1678.

— * Relacion de los atentados del frances Carlos Maygrot.

L'Huerta (*Estado, ec.*) dice che ha data del 4 Aprile 1689.

— * Refutacion a las pretensiones del frances Carlos Maygrot.

Con data del 25 luglio 1689.

— * Descripcion estadistica de China y de la Mision Serafica en dicho Imperio.

Data in Canton, il 12 febraio 1690.
Civezza, No. 636.

Santa Maria, *Antonio de,* 利 *Li,* Franciscain de la province de San Pablo; né à Baltanas, évêché de Palencia; baptisé le 20 avril 1602; envoyé en Chine en mai 1633; † 13 mai 1669, à Canton.

— Mgr. Guillemin donne l'inscription du tombeau de ce missionnaire à Ho-nam (Canton) : *Ann. de la Prop. de la Foi,* XXII, 1850, p. 457. [Voir col. 899] et Ibañez [col. 1194].

Marcellino da Civezza, pp. 552 et seq.

— Apologia de los Religiosos [imprimé].

— Relacion de la entrada de los Religiosos Misioneros Franciscanos en China.

Con la data del 15 novembre del 1637.

— Defensa del sentir de los Religiosos Franciscanos en el modo de evangelizar el nombre de Dios en China.

— Memorial defensorio del modo de evangelizar en China dirigido a la Majestad de Felipe IV.

Di questo Memoriale mandò copia, in latino, alla sacra Congregazione di *Propaganda Fide* in Roma, e un' altra all Eminentissimo Signor Cardinale Francesco Barberino.

— Refutacion de cinco procesos sobre cosas que desdoran nuestra sante Fé catolica.

Porta la data del 1 di maggio del 1638.

— Respuesta a quince dudas graves sobre la conversion y cristiandad de China.

Ha la data dell' 11 di giugno del 1638.

— Refutacion de un manifiesto contra los Religiosos Dominicos y Franciscanos Misioneros en China.

E data il 2 marzo del 1639.

— Defensorio del R. Padre Fr. Benito de Cristo, gobernador eclesiastico de Macao.

E in lingua portoghese, ed ha la data de' 25 luglio del 1641.

— Segundo defensorio.

Con la data del 15 febbraio 1642.

— Tercer defensorio.

Dato il 26 marzo 1642.

— Apologia de la Ley Evangelica contra un sabio Chino, llamado Chin-Han-Sin, Vaupa.

— Informe a la catolica Magestad de Felipe IV sobre la conversion de China.

Informazione lunga, dice l'HUERTA (*Estado, etc.*) e molto particolareggiata, con la data del 21 marzo del 1658.

— Relacion de la segunda entrada en China de los Religiosos Franciscanos, y sucesos de la Mision Serafica desde 1649 a 1659.

Ha la data del 6 marzo 1659.

— Relatio Sinac Sectarum.

Opera divisa in tre parti : la prima tratta delle sètte dei letterati della Cina ; la seconda, delle sètte del popolo, degli idoli e de' templi ; la terza, del conoscimento del vero Dio in Cina, e dell' entrata che vi fecero gli Ordini Religiosi. Ha la data di Chinan-Fu, 18 novembre 1662. Fu tradotta in Francese, e stampata in Parigi nella tipografia di Luis Guerin il 1705. [Lisez 1701, voir col. 899.]

— Comentarios sobre la filosofia etenica de Confucio, maestro de los Chinos.

— Origen de la persecucion de la ley cristiana y sus ministros en China el año de 1664, con los argumentos de los Chinos y sus respuestas.

— Relaciones de la conversion, progresos y fructus de los Misioneros Franciscanos en China.

Sono 5 Relazioni.

— Historia de la persecucion de la ley evangelica y sus Ministros en China desde el año 1664 a 1666.

Ha la data di Canton, 30 Aprile 1660.

Santa Theresia y Alcazar, *Mathias de*.

— * Mision Seraphica Española de Xantung, en este imperio de la gran China, parteneciente a la Santa y Apostolica Provincia de San Gregorio de la Regular y mas estrecha Observancia de N. S. P. S. Francisco en las Islas Philipinas, año de 1757, por el Padre Fr. Mathias de Santa Theresia.

Manoscritto dell' Archivio del nostro Convento di Manila, inviatomi da que' Padri. Sono 4 carte in foglio, segnate in fine : *Dada en Chi-nan fu en 5 de septienbre de 1757 — Fr. Mathias de Santa Theresia y Alcazar, Ord. Min. Ex-Missionarius de Cochinchina y actual de China.*

Civezza, No. 654.

Schang, *Jean Emile* (Mgr. *Césaire* de Cappel), dioc. de Metz ; né 1835 ; vic. ap. du Chan-toung oriental.

— Let., Tche-fou, 24 nov. 1884, au R. P. Marie de Brest [Mgr. Potron]. (*Miss. Cath.*, XVII, 1885, p. 112.)

— Let. (*Ibid.*, XXVI, 1894, p. 224.)

— Let. (*Ibid.*, XXX, 1898, p. 448.)

— Let. de Tche-fou, 23 août [1899]. (*Ibid.*, XXXI, 1899, p. 521.)

— Let. de Tche-fou, 9 juillet 1900. (*Ibid.*, XXXII, 1900, pp. 402/403.)

Semprini, *Eusèbe Marie*, né 18 déc. 1823, à Dongo, sur le lac de Côme ; entré en 1846 chez les Mineurs réformés ; part avril 1858 ; sacré 28 mai 1876, vic. ap. du Hou-Nan mér. ; év. de Tiberiopolis, à la place de Mgr. Navarro, 18 sept. 1877 ; donne sa démission et est remplacé par Mgr. Fantosati en 1892 ; † au Hou-Pé, 8 janvier 1895.

— Nécrologie. (*Miss. Cath.*, XXVII, 1895, pp. 148/4.)

— Portrait. (*Ibid.*, VIII, 1876, p. 198.)

— L. du 20 mai 1877. (*Ibid.*, IX, p. 518.)

— L. de Hen-kiou-fou, 30 août 1878. (*Ibid.*, XI, 1879, pp. 16/17.)

— L. de Hen-kiou-fou, 1er nov. 1878. (*Ibid.*, p. 50.)

Martyre de Jean Lien Pen-kiao.

— L. de Hen-kiou-fou, 4 juin 1881. (*Ibid.*, XIII, 1881, pp. 529/531.)

Sera, *Diego*.

— L., Ou-tchang-fou, 6 janv. 1887. (*Miss. Cath.*, XIX, 1887, p. 147.)

Serravalle, *Giambattista* **Maoletti** *de*, † 14 janvier 1723.

— * Brieve ragguaglio da Roma sino alla China fatto da Fr. Giambattista da Serravalle Vercellese, sacerdote Minore Osservante Riformato della Provincia di Milano, destinatovi Missionario Apostolico dalla Santità di Clemente XI : inviato al Padre Illuminato da Varallo (di cognome Racchetti) morto nel 1748, e in sua assenza al Padre Gaudenzio da Varallo (di cognome Scagliotto) morto nel 1745, sacerdoti delle Osservante Riformata Provincia di Milano, che Dio conservi lungamente. In Cina, scritto nella città di Sigan-fu, metropoli della vastissima provincia di Xensi, una delle 15 provincie del grande Imperio della Cina, li 18 giugno 1706, regnando *Kang-hi*, tartaro Imperatore, l'anno 45 del suo Imperio, e del primo imperatore della Cina Fo-hi, sino al di d'oggi, 4686, secondo il parere di molti.

Manoscritto nella Biblioteca Brera di Milano, che conta 84 pagine in foglio.

— * Vita del Padre Giovan Battista Maoletti da Serravalle, Missionario Apostolico nella Cina, de' Minori Osservanti Riformati di San Francesco della Provincia di Milano, morto il 14 gennaio 1723.

Sono 11 carte in foglio. Copia estratta dall' esemplare che è nella Biblioteca di Brera in Milano. La Vita è preceduta da altre quattro carte di *Cognizioni preliminari* : e sono *notizie per la intelligenza delle principali sette, le quali trovansi nella Cina,... rilevate dal dottissimo Salmon, volum.* 4, *cap.* 8, 1700.

Civezza, No. 687 et 773.

Solano, de Paris [*Claude Marie Michel* **Tireau**], né 1866.

— Journal d'un Missionnaire Franciscain du Chan-tong Pendant la dernière Persécution de Chine Par le R. P. Solano. (*Miss. Cath.*, XXXII, 21 Déc. 1900, pp. 608/611 ; 28 Déc., pp. 620/621.)

Tarin, *Jaime*

— * Historia y relacion breve de la entrada en el reyno de China de la Mision que truxo de España nuestro Hermano Comissario Fr. Buenaventura Ybañez. Escrita por Jayme Tarin Religioso Descalzo de nuestro Padre S. Francisco y compañero de la misma Mision. Año de 1689.

Manoscritto di 35 carte in-8, inviatomi dai nostri Padri di Manila.

— * Descripcion de las casas e iglesias que la Mision Serafica de N. P. S. Francisco tiene et presente año de 1695 en este imperio de China; de los Religiosos que tiene y frutos que hacen; por orden de N. H. Jayme Tarin Comisario Provincial de dicha Mission.

Altro breve Manoscritto inviatomi da Manila.

— * Esposizione al Patriarca d'Antiochia del Padre Fr. Jayme Tarin, Vice-Commissario Provinciale delle Missioni Francescane di China, delle angustie in cui si trovava co' suoi soggetti, o di abbandonar le Missioni, o di chiedere licenza di rimanervi all' Interprete di Cina, assoggettandosi a formole che ripugnavano alla loro coscienza.

E' data in Cina il 30 agosto 1708. Sono 12 carte in foglio, sottoscritte dal sopra detto Padre Jayme Tarin, Giuseppe Navarro, Emmanuele di S. Giovanni Battista, Michele Rocca e Nicola da S. Giuseppe. Trovasi nella Biblioteca Fabroniana di Pistoia.

Civezza, No. 710.

Tempesta, *David*, mineur observantin ; né en 1840 ; † le 1er oct. 1870 au Hou-pé.

— Notice : *Miss. Cath.*, IV, p. 303.

Tenecchio, *Pacifico*.

— L., du Chan-tong, sur la famine. (*Miss. Cath.*, XXI, 1889, pp. 301/2.)

Théodoric de Saint Martin du Taur, [*Théodoric* **Balat**], dioc. d'Albi ; né 1858 ; parti 1885 ; massacré au Chan-si sept. 1900.

Sous presse :

— Deux martyrs français de l'ordre des Frères mineurs Le R. P. Théodoric Balat et le Fr. André Bauer massacrés en Chine le 9 juillet 1900 par L. de Kerval.

Théophile.

— L. de Ta-ja (Hou-pé orient.) au R. P. Marie de Brest, 21 juillet 1887. (*Miss. Cath.*, XIX, 1887, pp. 481/3.)

Tordesillas, *Agustin de*

— * Relacion del viage que hicimos en China Fr. Pedro de Alfaro con otros tres Frailes de la Orden de San Francisco, de la Provincia de S. Joseph del año del Señor de mil quinientos setenta y nueve años, hecha por mi Fr. Agustin de Tordesillas, Fraile profeso de la dicha Provincia, testigo de vista de todo lo que aqui va escrito.

Di questo Viaggio abbiamo parlato al cognome *Alfaro* (Pedro). [Voir Mendozza, col. 3 et seq. ; et l'art. *Alfaro*, au chap. des *Voyages*.] Questa è una copia del Manoscritto ch' ebbe lasciato l' Autore, appartenente alla Biblioteca e a Reale Accademia di Storia di Madrid, di cui feci estrarre una copia per me ; conta 27 carte in foglio.

Urbain.

— Let. de Tche-san (Chen-si sept.), 12 janvier 1901. (*Miss. Cath.*, XXXIII, 1901, p. 159.)

— Let. du Chen-si au R. P. Leonard, proc. des Missions franciscaines. (*Miss. Cath.*, XXXIII, 1901, p. 532.)

Vaudagna, *Angelo*, né à Osasio, prov. de Turin, 1831 ; † 9 a. m., 26 août 1894, à Han-k'eou.

— *N. C. Herald*, sep. 7, 1894, p. 398.

Verhaegen, Mgr. *Théotime*, vic. ap. du Hou-Pé mérid. ; né en 1867 ; succéda en 1900 à Mgr. Christiaens ; massacré à Li-chouan, Hou-pé mérid., avec son frère Frédéric, en 1904.

— Ext. let. (*Miss. Cath.*, XXXV, 1903, p. 159.)

Victorin, voir **Delbrouck**, *Jean*.

Vidi, Mgr. *Pio*, né à Vérone, 1er mai 1842 ; évêque de Cestro ; coadj. du vic. ap. du Chen-si sept., 2. août 1886.

— Lettre. (*Miss. Cath.*, XXV, 3 nov. 1893, pp. 517/8.)

— Let. de Seng-ou-hien, 7 déc. 1878, au R. P. Provincial. (*Ibid.*, XI, 1879, pp. 213/4.)

Vielle, *Henri*.

— Let. du Chan-toung orient. (*Miss. Cath.*, XXXVI, 1904, pp. 469/471.)

Villeret, *Georges Marie*, né le 15 juin 1852, à Doullens (Somme) ; † en Chine, 2 avril 1897 ; le 3 mai 1874, prit la bure sous le nom de frère *Hugolin*, de Doullens.

— L., Ké-léao-keou [Chan-si], 19 oct. 1886, aux Dir. de l'Œuvre de la Prop. de la Foi. (*Miss. Cath.*, XIX, 1887, pp. 73/5.)

— L., ext. des *Annales des Franciscaines missionnaires de Marie*. (*Ibid.*, XX, 1888, pp. 328/9.)

— L. (*Ibid.*, XXI, 1889, p. 256.)

— L. (*Ibid.*, XXIV, 1892, pp. 391/2.) [Funérailles de Mgr. Moccagatta.]

— Le R. P. Hugolin de Doullens ou la Vie d'un Frère mineur missionnaire en Chine au XIXe siècle, par L. de Kerval. Rome, 12 Via Giusti, Imp. francisc. Miss. Vanves près Paris, 1902. pet. in-8, pp. 347, ill.

Cf. pp. 336/343, Liste des frères mineurs des provinces de France partis pour les missions de Chine de 1852 [date de la restauration des Frères Mineurs en France] à 1902.

La désignation par la Propagande d'un Vicariat chinois spécialement confié aux frères mineurs français, le Chan-toung oriental, ne remonte qu'à 1894.

Notice : *Miss. Cath.*, XXXV, 1903, p. 35.

Zanoli, *Eustache Vite Modeste*, né à Morbirazzo de l'Emilie, 19 mai 1831 ; mineur réformé ; évêque d'Eleuthéropolis ; vicaire apostolique du Hou-pé.

— Lettre du 28 avril 1869 sur la Chrétienté du Hou-pé. (*Miss. Cath.*, II, pp. 268/9.)

— Lettre. (*Ibid.*, III, pp. 203/5.)

— L. de Ou-tchang, 20 juillet 1873. (*Ibid.*, V, pp. 555/6.)

— L. de Ou-tchang, 28 février 1874. (*Ibid.*, VI, p. 223.)

— L. de Ou-tchang, 23 juin 1874. (*Ibid.*, VI, pp. 552/7.)

— L. de Ou-tchang, 12 mai 1875. (*Ibid.*, VII, pp. 461/463.)

— Notice avec gravures de la Tour de l'Emérillon à Ou-tchang et d'une tour à Han-yang. (*Ibid.*, pp. 608/9.)

— L. du 2 oct. 1875. [L. du P. Martin Poell.] (*Ibid.*, pp. 618/621.)

— L. du 2 fév. 1876. (*Ibid.*, VIII, p. 220.)

— L. de Yang-kia-ho, 30 juillet 1876. (*Ibid.*, p. 536.)

— L. du 30 juillet 1876. [L. du P. Martin Poell.] (*Ibid.*, pp. 566/9.)

— L. de Ou-tchang, 2 oct. 1876. (*Miss. Cath.*, p. 582.)
— L. de Hollande du 18 sept. 1877. (*Ibid.*, IX, p. 493.)
— L. de Ou-tchang, 2 sept. 1878. (*Ibid.*, X, 1878, p. 531.)
— L. de Ou-tchang, 11 déc. 1878, au P. Marie de Brest. (*Ibid.*, XI, 1879, p. 65.)
— L. de Ou-tchang, 28 déc. 1878. (*Ibid.*, pp. 128/9.)
— Portrait. (*Ibid.*, XII, 1880, p. 589.)
— L. de Han-keou, et notice. (*Ibid.*, pp. 593/4, avec dessins du Consulat de France à Han-keou, et de la résidence épiscopale.)
— L. de Han-keou, 25 avril 1881. (*Ibid.*, XIII, 1881, p. 304.)
— L. de Ou-tchang, au R. P. Marie de Brest. (*Ibid.*, XV, 1883, pp. 111/113.)

Dominicains.

— V. M. Fontana. Monumenta Dominicana breviter in synopsin collecta... Romae, 1675, in-fol.

— Histoire des Hommes illustres de l'Ordre de Saint Dominique... Par le Révérend Père A. Touron, Religieux du même Ordre. A Paris, chez Babuty, 1743-1749, 6 vol. in-4.

— Quétif et Echard, col. 786-787.

Aduarte, *Diego*, de l'ordre de S. Dominique; prédicateur de la foi dans les Philippines; évêque de la Nouvelle Ségovie; né à Saragosse vers 1566; † en 1637.
— Touron, V, pp. 181/197. — Quétif et Echard, II, pp. 493/4.

Alcober, *Juan*, de l'ordre de S. Dominique. — Né à Girone en 1694. — Martyr. 1747.
— Touron, VI, p. 759.

Angel de S. Antonio, † 1633.
— *Relationes plures de Christianae religionis in Sinarum imperio statu*, quae ms. apud nostros Manilae servantur, quibus & se usum F. Didacus Aduarte citatus fatetur. Ejus meminerunt Fontana in *Mon.* ad 1635, Apologista Dominicanorum Chinae missionariorum cap. 8, & quotquot de illarum regionum missionibus scripseri. (Quétif, II, p. 476.)

Benavides, *Michel de*, de l'ordre de St. Dominique.
— Quétif & Echard, II, pp. 365/4.

Bottigli de S. Antoine, *Timothée*, de l'ordre de St. Dominique.
— Quétif & Echard, II, pp. 604/605.

Bourneau, de l'ordre de St. Dominique; Procureur des Missions dominicaines espagnoles.
— L. d'Amoy, 7 mai 1877, au P. Sautel. (*Miss. Cath.*, IX, p. 371.)
— L., Hong kong, 12 sept. 1884, au P. Alphonse Sautel. (*Ibid.*, XVI, 1884, pp. 541/542.)

Calderon, *Michel*, né à Oviedo, 4 déc. 1803; s'embarqua pour les Philippines en 1824, passa au Fou-kien; vic. ap.; † 14 fév. 1883, à Le-in.
— Notice: *Miss. Cath.*, XV, 1883, pp. 407/8.

Canal, *Alexandre*, né 2 janvier 1856, à San Felice di Valdesato, dioc. d'Oviedo, en Espagne; miss. au Fou-kien sept., 1876-1886; au Fou-kien mérid., 1890-1896; quatre ans vice-procureur de sa mission, à Hong-kong, puis Ministre de l'Ordre, à Manille; vic. ap. d'Amoy et évêque d'Ascalon par bref du 23 nov. 1898; † à Amoy, 30 oct. 1898.

Capillas, *François Fernandez de*, de l'ordre de St. Dominique. — Entré en Chine (1642); martyrisé le 15 janvier 1648.
— Touron, VI, pp. 732/735.

Chinchon, *André*, né à Ocaña (Espagne), 14 fév. 1838; prononça ses vœux, 18 déc. 1856; ordonné prêtre, à Avila, 23 fév. 1860; envoyé à Manille, puis à Formose; év. de Rosalie et vic. ap. d'Amoy, 13 déc. 1883; † à Amoy, 1er mai 1892.
— L. d'Amoy au R. P. Michel Cormier, proc. à Lyon. (*Miss. Cath.*, XX, 1888, p. 617.)
— Notice: *Ibid.*, XXIV, 1892, p. 342.

Cobo, *Jean de*, de l'ordre de St. Dominique.
— Quétif & Echard, II, pp. 306/7.

Coltell, *José*, né à Valence (Espagne), 28 mai 1811; entra à 23 ans dans l'ordre de St. Dominique; partit en sept. 1841 par la *Sabina*; arriva aux Philippines, 1842, puis en Chine; † 1888.
— Notice: *Miss. Cath.*, XX, 1888, p. 621.

Coronado, *Dominique*, de l'ordre de St. Dominique; † à Pe-king en prison, le 9 mai 1665.
— *Missions dominicaines dans l'Extrême Orient* par le P. André-Marie, I, pp. 198/9; réimp. dans les *Miss. Cath.*, V, pp. 227/8.
— Quétif & Echard, II, p. 614.

Cothonay, *Bertrand*.
— Let. de l'Arsenal de Fou-tcheou, 16 août 1899, au R. P. Alphonse Sautel. (*Miss. Cath.*, XXXI, 29 sep. 1899, p. 461.)
— L. de Fou-tcheou. (*Ibid.*, XXXII, 2 mars 1900, p. 102.)
— La Mission Dominicaine de Fo-Kien (Chine) Par le R. P. Cothonay, des Frères-Prêcheurs. (*Ibid.*, XXX, 16 Déc. 1898, pp. 597/599; 23 Déc., pp. 604/5; 30 Déc., pp. 618/621.)
— Aux environs de Fou-tchéou (Chine) Par le R. P. Cothonay, des Frères Prêcheurs, missionnaire au Fokien. (*Ibid.*, XXXI, 14 juillet 1899, pp. 331/333; 21 juillet, pp. 341/344; 28 juillet, pp. 357з/360.)
— A travers la Chine — Fou-tchéou, le Min et les environs. Par le R. P. Cothonay, des Frères Prêcheurs. (*Ibid.*, XXXIII, 4 Janvier 1901, pp. 9/12; 11 Janv., pp. 20/23; 18 Janv., pp. 33/35; 25 Janv., pp. 44/47; 1er Février, pp. 53/54; 8 Février, pp. 66/70; 15 Févr., pp. 81/83; 22 Fév., pp. 90/93; 1er Mars, pp. 101/106; 8 Mars, pp. 113/117; 15 Mars, pp. 130/132.)

— P. Bertrand Cothonay Des Frères Prêcheurs — Deux Ans en Chine Extrait du Journal d'un Missionnaire dominicain. Tours, Alfred Cattier, s. d. [1902], gr. in-8, pp. 603.

Notice: *Miss. Cath.*, XXXIV, 12 déc. 1902, p. 600.

Diaz, *Francisco*, de l'ordre de St. Dominique; né à Saint-Cebrian-de-Mayuelas (Vieille-Castille); † le 4 nov. 1646.
— *Biog. univ.*, Art. de Eyriès.
— *Biog. gén.*, Vol. XIV, col. 56.
— Lacroze, *Miscellanea Berolinensia*, I, pp. 84 et seq.
— Quétif et Echard, II, p. 549.

Diaz, *Francisco*, de l'ordre de S. Dominique; né en 1712, à Ecija, dans l'Andalousie; martyr. 1747.
— Touron, VI, pp. 759/760.

Fernandez, *Francisco*, Espagnol, du Couvent de Valladolid, de l'ordre de St. Dominique; martyrisé le 15 janvier 1648.
— Touron, V, pp. 324/5.

Garcia, *Jean*, de l'ordre de St. Dominique; † 8 déc. 1665.
— Quétif & Echard, II, pp. 615/616.

Gentili, *Thomas Marie*, né à Chieti, 14 fév. 1828; entra dans l'ordre de St. Dominique, 1er fév. 1846; envoyé à Manille, 1852, puis en Chine; év. de Dionisia, év. coadj. du Fou-kien; † à Viterbe, au couvent de Notre-Dame de Quercia, 30 août 1888.
— Notice: *Miss. Cath.*, XX, 1888, p. 514; portrait, *ibid.*, p. 510.

— Memorie di un Missionario Domenicano nella Cina per Fra Tommaso Maria Gentili dei Predicatori Vescovo di Dionisia. Roma, tip. poliglotta della S. Congregazione di Prop. Fide, 1887-1888, 3 vol. in-8, pp. VIII-414, 443, 468.

Bib. nat. $\frac{O^2n}{842}$.

Gonzalez de St. Pierre, *François*, de l'ordre de St. Dominique.
— Quétif & Echard, II, pp. 780/1. — D'après ces PP., le P. G. de St.-P. aurait écrit un vocabulaire et une grammaire chinoises à l'usage des missionnaires.

Ibañez, Mgr. *Ignace*, évêque d'Amizone, 4 mai 1893; vic. ap. d'Amoy; sacré 8 oct.; † 14 oct. 1893.
— *Miss. Cath.*, XXV, 1er déc. 1893, p. 575.

Lopez, *Grégoire*, 羅文藻 *Louo Wen-tsao*, 我存 *Ngo-ts'ouen*, Chinois; premier évêque de sa nation; né vers 1610, au Fou-kien; dominicain; 4 fév. 1674, évêque de Basilée et vic. ap. de Nan-king; † dans cette ville, 28 fév. 1692.
— *Nankin Port Ouvert*, par le P. L. Gaillard, p. 261.

— Touron, V, pp. 587/599.

— Quétif & Echard, II, pp. 708/9.

Masot, *Salvatore*, né à Lerida, 18 nov. 1845; Vic. ap. du Fou-kien, év. d'Avara, 20 juin 1884.

— L. de Fou-tcheou. (*Miss. Cath.*, XXIII, 1891, p. 244.)

— Officier de la Légion d'honneur. (*Ibid.*, XXIX, 1897, p. 29.)

— Let. au R. P. Marie-Alphonse Sautel, ancien aumônier de l'Arsenal de Fou-tcheou. (*Ibid.*, 1897, pp. 304/5.)

Morales, *Jean-Baptiste de*, de l'ordre de St. Dominique, né vers 1597, à Ecija, ville de l'Andalousie; † au Fou-kien, le 17 septembre 1664.

— Quétif et Echard, II, pp. 611/613.

— Touron, V, pp. 627/630.

— *Biog. univ.*, art. de Weiss, Vol. XXIX, pp. 231/2.

— *Biog. gén.*, Vol. XXXVI, col. 445.

Les PP. Quétif & Echard donnent une liste de 15 ouvrages de J.-B. de M. parmi lesquels :

« 7. *Vocabulario Chino.*

8. *Arte de Grammática de la misma lengua*, quam accuratissime calluisse testantur missionarii nostri Sinenses.

9. *Historia Evangelica del Reyno de la China.* »

— La vie ‖ du grand apotre ‖ de la Chine ‖ le venerable pere ‖ Jean-Bâtiste ‖ de Moralès, ‖ profès ‖ Du Convent [*sic*] de Saint Paul d'Exiga, ‖ de l'Ordre de S. Dominique. ‖ Seconde edition. ‖ A Cologne, ‖ Chez la Vefve & les Heritiers de Corneille ‖ ab Egmont, Libraire. ‖ M.DCCI. ‖ pet. in-8, 2 ff. n. c. p. l. tit. et l'ap. + pp. 116.

— ? La vie du grand apostre de la Chine, le P. Jean-Baptiste de Moralès, Profès du Couvent de Saint-Paul d'Exiga, traduite de l'italien du P. Longobardi, in-8. (De Backer, II, col. 790.)

Un Cat. de Dondey-Dupré, s. l. n. d., indique : Vie du grand apôtre de la Chine, le vénérable J.-B. de Morales; sans titre, in-12.

Navarrete, *Domingo Fernandez*, de l'ordre de St. Dominique [voir col. 31-35].

— F. Dominicus Ferdinandus Navarrette. (Quétif & Echard, *Scriptores Ordinis Praed.*, II, pp. 720/723.)

— Dominique Ferdinand Navarrette, Préfet apostolique des Missionnaires Dominicains à la Chine; depuis Archevêque de Saint-Domingue dans la Nouvelle Espagne. (Touron, *Hist. des hommes ill. de l'ordre de S. Dominique*, V, pp. 627/638.)

— *Moréri*, VII, p. 943. — *Biog. univ.*, Vol. XXX, pp. 249/250, Art. de Weiss. — *Biog. gén.*, Vol. XXXVII, Col. 537/8.)

Nieva, *Dominique de*, de l'ordre de St. Dominique.

— Parmi ses ouvrages, les PP. Quétif et Echard citent, II, p. 361 : « Linguae Sinicae Grammatica, Dictionarium, poenitentium Examen, & plures eadem lingua pro praedicare incipientibus sermones. »

Ricci, *Victor*, Dominicain, Florentin; à Amoy, 1655; † à Manille, 15 fév. 1685.

— Quétif & Échard, II, 667.

« FR. VICTORIO RICCI, Dominico, *Historia* de la Mision de su Orden en la China, su Progreso, i Misioneros Ilustres, i Christianos, i Christianas Chinos de raro exemplo, i virtud heroica, que florecieron en ella, M. S. *Carta* de los actos, i preciosa muerte de *Fr. Timoteo*, que *Fontana* incluiò en sus *Monumentos Dominicos* el Año de 1662, en Latin : trabajò tambien en la *Historia de la Provincia del Rosario*, que sacò à luz *Fr. Baltasar de la Cruz*, 1682, fol. » (Pinelo, I, col. 111.)

— Relatio, ex Epistola quadam decerpta, quam P. Fr. *Victorius Riccio*, Vicarius Prouincialis Sinarum, P. Fri *De. Los Angeles*, Prouinciali Philippinarum Ordinis Praedicatorum, transmisit : in qua referuntur ea, quae in Sinis acciderunt, et in Japonia usque ad Januarium anni 1666. (Von Murr, *Journ. zur Kunst u. Litt.*, VII, 1779, pp. 252-261.)

Binondoc 15. Maii 1666.

— Copye van eenen Brief, gheschreven van P. F. Victorivs Rixio predick-heer ende Vicaris provinciael van Sina, aen P. F. de los Angelos Procureur vande Philippinen uyt de Orden vanden H. Dominicus Inden welcken verhaelt wordt het ghene dat in *Sina*, en *Iaponien* omghegaen is, aengaende de Catholijcke Religie, ende vervolginghen vanden 20. *November* 1661. tot de maent *Ianuarius* des jaers 1666. t'Antwerpen, By Michiel Cnobbaert. 1667. Pièce in-12 de 11 pages.

Lettre datée : Binimda, 15 May 1666.

— Voir supra, col. 830—831 : *Les dernières nouvelles de la Chrestienté*, pp. 14/25.

Rosada, *Manuel*, dominicain, né à Benoverra (dioc. de Lérida) ; † à Amoy, 27 juin 1876.

— Notice : *Miss. Cath.*, VIII, p. 526.

Royo, *Joachim*, de l'ordre de St. Dominique; né dans le diocèse de Tervel en 1690; martyr. 1747.

— Touron, VI, pp. 758/759.

Sanchez de la Heras, Mgr. *Etienne*, né en 1851, à Pampelune; part en 1880, pour la Chine; év. de Zarai et vic. ap. du Fou-kien sud; † à Amoy, 21 juillet 1896.

— Nécrologie. (*Miss. Cath.*, XXVIII, 4 déc. 1896, pp. 587/8.)

Sanz, *Pierre Martyr*, de l'ordre de St. Dominique; né dans la paroisse d'Asco, diocèse de Tortose, en Catalogne, en 1680; évêque de Mauricastre; martyr. le 26 mai 1747; béatifié avec Serrano, Royo, Alcober et Diaz, le 14 mai 1893.

— Touron, VI, pp. 736/758. — *Miss. Cath.*, VIII, 1846, p. 252.

— Voir col. 839—840, *Christiandad de Fogan.*

— Discours de Notre Très-Saint Père le Pape Benoit XIV, sur la mort précieuse de Pierre Martyr, Religieux de l'Ordre de Saint Dominique. Traduit du latin en françois. A Paris. Chez Babuty... Quillau. M.DCC.XLVIII, in-4, pp. 23.

— Relazione del Martirio de' Padri F. Pietro Martire Sans Vescovo Mauricastrense. F. Francesco Serrano eletto Vescovo Tipasitano. F. Giovanni Alcober, F. Giovacchino Royo, e F. Francesco Diaz. Dell' Ord. de' Pred. Accaduto nella Provincia di Fokien nell' Imperio della Cina negli Anni 1747. e 1748. In Roma MDCCLII. Nella Stamperia di Girolamo Mainardi. In-8, pp. 483.

Voir Marcellino da Civèzza, *Saggio di Bibliografia San Francescana*, 1879, No. 377.

— De illustrissimis viris ‖ PP. ‖ Petro Martyre ‖ Sansio ‖ Episcopo Mauricastrensi, ‖ et ‖ Francisco Serrano ‖ Electo Episcopo Tipasitanorum, ‖ Deque PP. ‖ Johanne Alcobero, ‖ Joachimo Royo, ‖ et ‖ Francisco Diazio ‖ ordinis praedicatorum ‖ Fochei in Fo-Kiena Sinarum Provincia ‖ Martyrio perfunctis ‖ Commentarius. ‖ Romae MDCCLIII. ‖ — Typis Hieronymi Mainardi. ‖ Superiorum facvltate, in-8, 4 ff. prél. n. c. + pp. 376.

— Noticia ‖ certa de hum ‖ successo ‖ acontecido ‖ no ‖ Imperio ‖ da ‖ China, ‖ aonde se referem ‖ os tormentos, trabalhos, e martyrios que alli padessem ‖ os Catholicos; e os que passou ‖ o muito reverendo padre ‖ Fr. Joam de Santa Maria, ‖ Religioso da Veneravel Ordem de S. Domingos. ‖ E onde tamben morrerao martyres o Illustrissimo ‖ Bispo de Maricastro, ‖ Dignissimo Filho da mesma Sagrada Religiao; ‖ E outros Religiosos : escrito tudo para mayor honra, ‖ e gloria de nossa Santa Fé. Pièce in-4, de pp. 7.

Au bas de la p. 7 : Lisboa : ‖ Com todas as licenças necessarias; Anno de 1757.

— * Le Bienheureux Pierre Sanz et ses quatre compagnons de l'ordre des Frères prêcheurs, martyrisés en Chine au XVIIIe siècle et béatifiés par S. S. Léon XIII, par le R. P. Fr. Henri-Marie Iweins, des Frères Prêcheurs, in-18, pp. 60.

Notice : *Miss. Cath.*, 16 juin 1893, pp. 287/8.

— El Beato Sanz y Compañeros Mártires del Orden de Predicadores por el P. Fr. Evaristo Fernández Arias del mismo Orden (publica este libro la provincia de Santísimo Rosario en las solemnes fiestas de su Beatificación). — Manila. — 1893. — Establecimiento tipográfico del Colegio de Santo Tomás, in-4, pp. IX-802-XXVII; front., Mapa de las provincias de China en que evangelizaron los Beatos Mártires.

— * Panégyriques des bienheureux Martyrs Dominicains et Jésuites Pierre Sanz et ses compagnons, O. P.; Rodolphe d'Acquaviva et ses compagnons, S. J., prononcés dans l'église métropolitaine de Toulouse, par le R. P. Crozes, O. P., le R. P. Van den Brule, S. J., et S. G. Mgr. de Cabrières, évêque de Montpellier. Toulouse, Privat, in-8, pp. 64.

— * Le Bienheureux Pierre Sanz et ses compagnons martyrs, O. P. Panégyrique prononcé dans la primatiale de Bordeaux, par le R. P. Farjou, S. J. Bordeaux, Coussau, 1894, in-8, pp. 30.

Sarpetri, *Dominique Marie*, de l'ordre de St. Dominique; de Palerme.

— Son témoignage en faveur des doctrines de Ricci (Canton, Mai 1667). [*Confucius Sinarum Philosophus*, Paris, 1687, p. CIX.]

— Navarrete, *Tratados*. — *Apologie des Dominicains*. — *Défense des Nouveaux Chrétiens*.

— Voir : Quétif & Echard, II, pp. 677/8.

(Sarpetri.)

Serrano, *François*, de l'ordre de St. Dominique; évêque de Tipasa, coadjuteur au Vicariat apostolique du Fou-kien; martyr. 1747.

— Touron, VI, pp. 758, 761 et seq. — Voir supra, col. 1210-1211.

Valle, *Raymond del*, de l'ordre de St. Dominique; † 1684 ou 1685.

— Quétif & Echard, II, pp. 629/630, 756.

Varo, *Francisco*, de l'ordre de St. Dominique.

— Quétif & Echard, II, pp. 714/5. — Ces PP. ne parlent pas de sa grammaire.

Ximenès, *Alphonse*, de l'ordre de St. Dominique; Supérieur des Missions dans les Philippines; † à Macao, le 25 Déc. 1597.

— Touron, V, pp. 186/190.

Zea, *François*, dominicain; né le 15 fév. 1813, à Benameji (prov. de Cordoue); † le 2 fév. 1875, au Fou-kien.

— Notice d'après le *Correo sino-annamita* dans les *Miss. Cath.*, IX, 1877, pp. 438/9, avec un port.

Missions étrangères de Milan.[1]

— [Historique du Séminaire des Missions Etr. de Milan.] (*Miss. Cath.*, 29 juin 1900, pp. 301/2.)

« ...Dès le début de son pontificat, Pie IX avait exprimé le désir que le clergé des provinces lombardes se vouât à la propagation de l'Evangile dans les pays infidèles. Cette invitation toucha profondément M. Ange Ramazzotti, alors supérieur des Oblats de Rho, devenu plus tard évêque de Pavie, puis patriarche de Venise. Ce saint prêtre se proposa de fonder un séminaire sur le modèle de celui de Paris et offrit pour les étudiants une maison qu'il possédait à Saranno.

« C'est là que, le soir du 30 juillet 1850, se réunirent, avec Mgr. Ramazzotti, récemment sacré évêque, MM. Reina, Mazzucconi, Salerio, Ripamonti et don Joseph Marinoni, venu de Rome (où il était curé de Saint-Michel à Ripa) pour prendre la direction de l'établissement.

« Le 31 juillet fut inauguré le nouvel Institut, avec une règle provisoire, qui fut développée dans la suite, retouchée par le Saint-Siége et rendue définitive en 1860...

« La maison de Saranno devint insuffisante et l'Institut fut transporté à Milan; on lui assigna l'église Saint-Calocere. Moins de deux ans après sa fondation, il pouvait offrir sept prêtres à la Propagande... »

Anelli.

— L. du Ho-nan à son frère, 7 mars 1878. (*Miss. Cath.*, X, 1878, p. 316.)

Bignazzi, *Louis*, né 1871, dioc. de Milan; parti 1894; Miss. du Hou-Nan; † en Chine, 30 juin 1895.

Borgazzi, *Ignace*, né à Milan, 30 août 1829; entra 11 juillet 1852 au sém. des M. Etr. de Milan; miss. à Hong-kong; † à Manille, 2 oct. 1878.

— Notice : *Miss. Cath.*, X, 1878, pp. 607/8.

Burghignoli, *Joseph*, Miss. étr. de Milan, procureur de la Propagande pour les Missions de Chine; né en 1832, dioc. de Bologne; part 1860; Vic. général et Procureur; † 2 janvier 1892, à Hong-kong.

— L. de Hong-kong, 19 nov. 1877. (*Miss. Cath.*, X, p. 125.)

Cattaneo, *Ange*, Miss. étr. de Milan.

— L. de Kin-kiou-Kan [Ho-nan], 27 sept. 1877, à Mgr. Volonteri. (*Miss. Cath.*, IX, p. 628.)

— L. du 7 sept. 1878, à Mgr. Marinoni. (*Ibid.*, XI, 1879, pp. 88/9.)

— L. du 20 janv. 1879, à Mgr. Volonteri. (*Ibid.*, p. 261.)

Cicalese, *Gabriel*, Miss. étr. de Milan.

— L. de Tien-tchia-tsin [Ho-nan], 1877. (*Miss. Cath.*, IX, p. 592.)

— L. de Fan-kia-lin, 29 août 1878. (*Ibid.*, XI, 1879, pp. 87/8.)

1. Mgr. Marinoni, né à Milan, le 11 oct. 1810; † 27 janvier 1891, fondateur et premier directeur du séminaire des Missions étrangères de Milan (Institut de Saint-Calocère de Milan) qui fournit des missionnaires.

V. Annuaire *Miss. Cath.* latin.

* Scritti vari del defunto Mons. Giuseppe Marinoni, primo direttore del seminario delle Missioni Estere di Milano, raccolti da Giacomo Scurati, sacerdote del medesimo Istituto. Milan, Imp. St. Joseph, in-8, pp. 372.

Notice : *Miss. Cath.*, XXIV, 1892, p. 216.

(Miss. étrang. de Milan. — Anelli—Cicalese.)

Gennini, *Virgile*.

— L. de Lou-y-hien [Ho-nan], 24 juin 1877. (*Miss. Cath.*, X, pp. 2/3.)

— L. de Loui-hien, 1er mai 1878. (*Ibid.*, p. 376.)

— L. de Lou-y, 29 juin 1878. (*Ibid.*, pp. 554/5.)

— L. de Lou-y-hien, 1er mai 1879. (*Ibid.*, XI, 1879, pp. 475/6.)

Mouilleron, des Miss. étr. de Milan.

— L. de Nan-yang-fou [Ho-nan], 4 juin 1877. (*Miss. Cath.*, pp. 466/7.)

Piazzoli, *Louis*, de la Cong. des Miss. étr. de Milan.

— L. du 22 avril 1875, à Mgr. Marinoni. (*Miss. Cath.*, VIII, 1875, p. 358.)

— L. du 11 mai 1878 à M. Burghignoli. (*Ibid.*, X, 1878, p. 365.)

Raimondi, *Timoléon*, évêque d'Acanthe depuis le 22 nov. 1874; vic. ap. de Hong-kong; † à Mission House, Glenealy, Hong-kong, 27 sept. 1894.

— Notices : *Miss. Cath.*, XXVI, p. 556, d'après le *London and China Telegraph*. — *T'oung Pao*, V, 1894, p. 412, par Henri Cordier.

— L. du 23 janv. 1877. (*Miss. Cath.*, IX, pp. 324/5.)

— L. à Mgr. Marinoni, sup. du Sém. des Miss. étr. de Milan. [Pèlerinage à Sancian.] (*Ibid.*, pp. 419/420.)

— L. sur Hong-kong (I. L'église de Tei-chea-ha. — II. Les religieuses canossiennes). (*Miss. Cath.*, X, 1878, pp. 394/5.) — (III. Le Cimetière Catholique, *Ibid.*, pp. 406/7.) — (IV. Victoria, *Ibid.*, pp. 418/9.)

— L. de Hong-kong, 3 janv. 1879, à Mgr. Marinoni. (*Ibid.*, XI, 1879, p. 152.)

— Portrait et notice. (*Ibid.*, XV, 1883, pp. 18/20.) — Portrait. (*Ann. Prop. Foi*, LXVII, 1895, p. 1.)

Ruvolo-Ospedale, *Vite*, de la Cong. des Miss. Etr. de Milan; né à Alcamo (dioc. de Mazara, Sicile), le 14 sept. 1844; † à Hong-kong, le 19 nov. 1870.

— Notice. (*Miss. Cath.*, IV, p. 90.)

Sasso, *Louis*.

— L. de Hay-fong, 15 mai 1878, à Mgr. Marinoni, sup. des M. Etr. de Milan, sur une attaque de pirates. (*Miss. Cath.*, X, 1878, pp. 494/6.)

— L. au même, 3 déc. 1878. (*Ibid.*, XI, 1879, p. 74.)

Scarella, Mgr. *Stefano*, né à Carpasio, dioc. de Vintimille, 11 août 1842; év. de Carpasio, vic. ap. du Ho-nan mérid., 1er sept. 1882; † 20 sept. 1902 (Ho-nan).

— L. du 24 mars 1878 à Mgr. Marinoni [sur Th. Mouilleron]. (*Miss. Cath.*, X, 1878, p. 296.)

Scurati, Mgr. *Jacques*, directeur du Sémin. des Miss. étr. de Milan; avait été trois ans à la Mission de Hong-kong; né à Milan, 25 fév. 1831; ordonné 1854; † 1901.

— Mort. (*Miss. Cath.*, XXXIII, 14 juin 1901, p. 288.)

Vigano.

— L. de Hong-kong, 12 nov. 1877. (*Miss. Cath.*, X, pp. 101/2.)

Volonteri, *Siméon*, né à Milan, 6 juin 1831; ordonné prêtre en 1857; entré au séminaire des Miss. Etr. de Milan, 1857; parti pour Hong-kong, le 15 septembre 1859; provicaire apostolique du Ho-nan 1869; nommé évêque de Paléopolis *in part.* et vic. ap. du Ho-nan par bref du 13 juillet 1873, sacré le 22 fév. 1874.

— Lettre de Nan-yan-fou, 25 mars 1872, à M. Marinoni, sup. du Séminaire des Miss. Etr. de Milan. (*Miss. Cath.*, IV, p. 457.)

— L. du 21 juin 1872. (*Ibid.*, IV, p. 647.)

— L. du 1er mai 1874. (*Ibid.*, VI, pp. 459/460.)

— L. de Nan-yang-fou, 7 juin 1874. (*Ibid.*, VI, p. 604.)

— L. du 6 avril 1877 à Mgr. Marinoni. (*Ibid.*, IX, p. 503.) — Du 21 juin 1877. (*Ibid.*, pp. 503/4.)

— L. de Nan-yan-fou, 8 et 18 sept. 1877. (*Ibid.*, p. 592.)

— L. du 29 sept. et du 8 oct. 1877. (*Ibid.*, p. 628.)

— Notice. (*Miss. Cath.*, V, p. 377; sur son sacre, *Ibid.*, VI, p. 213.) — Des gravures représentant l'église du Sacré-Cœur, le village où réside Mgr. Volonteri, etc., sont données dans ce recueil Vol. IX, 1877, No. 422.

— L. du 14 nov. 1877. (*Ibid.*, X, 1878, pp. 66/7.)

— L. du 12 janvier 1878, à Mgr. Marinoni, sup. du Sém. des Miss. Etr. de Milan. (*Ibid.*, pp. 255/6.)

— Lettres de sept. 1878, de Nan-yang-fou. (*Ibid.*, XI, 1879, pp. 86/7.)

— L. de Nan-yang-fou, 1er mai 1879, à Mgr. Marinoni. (*Ibid.*, pp. 367/8.)

— L., 3 sept. 1879, à Mgr. Raimondi. (*Ibid.*, XII, 1880, pp. 3/4.)

(Gennini—Volonteri.)

— L., 16 août 1880, à Mgr. Marinoni. (*Ibid.*, pp. 570/1.)

— Portrait. (*Ibid.*, XIV, 1882, p. 390.)

— L., 25 avril 1884. (*Ibid.*, XVI, 1884, p. 363.)

Missions Belges.

« La Congrégation belge du *Cœur immaculé de Marie* a pour fondateur : M. Verbist, ancien aumônier militaire, à Bruxelles, mort à Lao-Hou-kou, le 23 fév. 1868. Son premier compagnon fut M. Van Segvelt, ancien vicaire des Saints Michel et Gudule, mort au Kwan-tong, le 5 avril 1867. Bientôt s'adjoignirent à eux MM. Vranckx et Verlinden, vicaires à Molenbeek St. Jean. Puis vinrent M. Bax, ancien vicaire de Montaigut, aujourd'hui Vicaire apostolique de la Mongolie centrale, et M. Hamer de Nimègue, aujourd'hui Vicaire apostolique du Kan-sou. » (Notice, à la p. 3 de la couverture du No. 1, fév. 1889 de *Missions en Chine et au Congo*.)

Voir col. 847—848.

— Congrégation du Cœur Immaculé de Marie, à Scheut lez Bruxelles. — Missions en Chine et au Congo. No. 1. — Février 1889. — Chez Polleunis, Ceuterick et De Smet, rue des Ursulines, 35, Bruxelles, gr. in-8, pp. 16, mensuel.

— Missien in China en Congo.

Depuis la même date; traduction libre de la précédente en flamand; même périodicité; même format.

— Annalen der Missionarissen van Sparrendaal, Missien in China, Congo en Mogolie.

Revue mensuelle distincte; in-8.

Abels, *Conrad*, né à Weert (Limbourg hollandais), 31 janvier 1856; vic. ap. Mongolie orient., sacré 31 oct. 1897; évêque de Lagania, 5 juillet 1897.

— Portrait. (*Ann. Prop. Foi*, LXX, 1898, p. 161; et *Miss. Cath.*, 1898, p. 112.

— L. de M. de Groef de Soung-choui-tsoei-tzeu. (*Miss. Cath.*, XXX, 11 mars, p. 112.)

Anicq.

— Let. de Tai-fou-ing-tze (Mongolie S. O.). (*Miss. Cath.*, XXXVI, 1904, p. 77.)

Bax, *Jacques*, né en 1824, dioc. de Malines; Cong. de Scheut; parti en 1871; mission Mongolie centrale; év. d'Adras et vic. ap. de la Mongolie centrale, 22 oct. 1874; † à Si-wan-tseu, 4 janv. 1895.

— Portrait. (*Ann. Prop. Foi*, LXVII, 1895, p. 161. — Port. et Notice. (*Miss. Cath.*, IX, 1877, pp. 232/3.) — Nécrologie. (*Ibid.*, XXVII, 1895, p. 83.)

— L. à un ancien missionnaire, Si-ing-dze, 25 avril 1893. (*Miss. Cath.*, XXV, 1893, pp. 409/410.)

Bermyn, Mgr. *Alphonse*, vic. ap. de la Mongolie S. O.

— L., Kouei-houa-tcheng, 10 août 1904. (*Miss. Cath.*, XXXVI, 1904, pp. 530/1.)

Beule, *Polydore de*.

— L. de Pei-tze-chan-heou. (*Miss. Cath.*, XXV, 1893, pp. 436/7.)

Bongaerts, *Henri*, né à Tongerloo (Limbourg belge), 1874; entré à Scheut, 1894; ordonné 21 sept. 1898; parti pour la Mongolie S. O., sept. 1899; massacré 23 déc. 1901.

Bothy.

— Let. de San-chen-koung (Mongolie S. O.) au T. R. P. Van Hecke. (*Miss. Cath.*, XXXVI, 1904, p. 603.)

Claeys.

— Let. de Hia-ing-tse (Mongolie S. O.) au T. R. P. Van Hecke. (*Miss. Cath.*, XXXVI, 1904, p. 305.)

Clerbaux, *Alexandre*.

— L. sur le martyre du Père Lin [nov. 1891]. (*Miss. Cath.*, XXIV, 1892, p. 219; grav., p. 217.)

Conard.

— Ext. let. (*Miss. Cath.*, XXXIV, 21 nov. 1902, p. 555.)

Cosyns.

— L. de Si-wan-tze (Mongolie cent.), 3 fév. 1903. (*Miss. Cath.*, XXXV, 1903, p. 519.)

(Missions Belges. — Abels—Cosyns.)

Cuissart,

— L. du 2 sept. 1876, Fleuve jaune. (*Semaine religieuse*, de Tournai ; réimp. dans les *Miss. Cath.*, IX, p. 63.)

Daems.

— Let. de Tsing-tcheou (Kan-sou). (*Miss. Cath.*, XXXV, 14 août 1903, pp. 387/8.)

Deken, *Constant de*, né à Wilryck, près Anvers, 1852 ; † à Boma (Afrique), 3 mars 1896.

— Nécrologie. (*Miss. Cath.*, XXVIII, 17 avril 1896, p. 192.)

— Constant de Deken. Nécrologie par Henri Cordier. (*T'oung-pao*, VII, oct. 1896, p. 276.)

— Inauguration à Wilryck (Belgique) du monument du P. de Deken, compagnon de voyage du Prince Henri d'Orléans et de Gabriel Bonvalot en Asie Centrale. (*Miss. Cath.*, XXXVI, 25 nov. 1904, pp. 567/8)

— A travers l'Asie par Constant De Deken Adjoint à l'expédition Bonvalot et Henri d'Orléans de Paris au Tonkin. — Ouvrage enrichi de gravures d'après les photographies du prince Henri d'Orléans. — Avant-propos de Jules Leclercq Ancien président de la Société Royale Belge de Géographie. — Bruxelles, Polleunis et Ceuterick, 1894, in-8, pp. xi-367, carte.

Voir col. 351.

Denis.

— L. Lao hou keou, 23 nov. 1891 ; Tien tsin, 25 nov. 1891. (*Miss. Cath.*, XXIV, 1892, pp. 39/40.)

Feyen, *Henri*, né en 1861, à Utrecht ; miss. étr. Belges ; départ 1892 ; Mongolie centrale ; † à Hou-pa, 24 août 1895.

Guelny, *Albert*. Voir col. 351.

— L. de Scheut-lès-Bruxelles, 8 déc. 1886. (*Miss. Cath.*, XIX, 1887, p. 17.)

— Mongolie. Let. de Si-wan-tze, 12 mars 1878. (*Soc. belge Géog.*, 1878, pp. 284/6.)

Hamer, *Ferdinand*, né à Nimégue, 21 août 1840 ; ordonné prêtre, 1864 ; embarqué à Marseille, 19 sept. 1864 ; premier vic. ap. du Kan-sou, 21 juin 1878 ; massacré 1900.

— Portrait : *Miss. Cath.*, XI, 1879, p. 167. — (*Ann. Prop. Foi*, LXIV, 1892, p. 1.)

— De Tschang-tjia-kheou (Mongolie) à Lan-tcheou-fou (Kan-sou). (*Miss. Cath.*, XI, 1879, pp. 442/445, 452/5, 468/471.)

— L. de Leang-tcheou-fou, 24 janv. 1883. (*Ibid.*, XV, 1883, p. 256.)

— Transfert du Kan-sou, au vic. Mongolie S. E. (*Ibid.*, XXII, 1890, pp. 206/7.)

— Lettre de San-tao-ho à MM. les Directeurs de l'Œuvre de la Propagation de la Foi. (*Ibid.*, XXV, 7 Avril 1893, p. 159.)

Indemans, *Emile*.

— Zeereis naar Ili, door Emile Indemans, Apostolisch Missionaris, en Verslag van de Ili-Missie, door Mgr. D. B. Van Koot. — Ten voordeele van de Mongoolsche Missiën uitgegeven door A. H. Potberg, R. K. PR. — Kerkelijk Goedgekeurd. Utrecht, W. Anton Abels, 1890, br. in-8, pp. iv-79.

— Landreis naar Ili, door Emile Indemans, Apostolisch Missionaris. — Ten voordeele van de Mongoolsche Missiën uitgegeven door A. H. Potberg, R. K. PR. — Kerkelijk Goedgekeurd. — Utrecht, W. Anton Abels, 1891, br. in-8, pp. iv-140.

Jansen, *A.*

— L. de Lan-tcheou, janv. 1881, à Mgr. Hamer, vic. ap. (*Miss. Cath.*, XIII, 1881, pp. 327/9.)

— L. de Kouldja, 12 déc. 1883. (*Ibid.*, XVI, 1884, p. 65.)

Jansen, *Joseph*.

— Let. Mongolie. (*Miss. Cath.*, XXXV, 1903, pp. 398/9.)

Lateur.

— Let. de Mongolie au R. P. Van Hecke. (*Miss. Cath.*, XXXV, 1903, p. 231.)

Lemmens.

— L., Mongolie S. O. (*Miss. Cath.*, XXIII, 1891, p. 555.)

Maesschalck, *Louis de.*

— Let. (*Miss. Cath.*, XXXIII, 1901, p. 459.)

— Let. de Lan-tcheou. (*Ibid.*, XXXV, 1903, p. 519.)

Meester, *de.*

— Let. de Lan-tcheou [Kan-sou]. [Une oasis chrétienne ; un apôtre ; un renégat.] (*Miss. Cath.* XXIV, 1892, pp. 389/390.)

Meulenbergs.

— Let. de Nan-hao-tsien (Mongolie cent.) au R. P. Hecke. (*Miss. Cath.*, XXXVI, 1904, p. 231.)

Nys, *Alphonse de*, né 1867, en Belgique ; part 1890 ; miss. Mongolie orient. ; † 28 mars 1892.

Otto, Mgr. *Hubert*, vic. ap. du Kan-sou.

— Let. de Leang-tcheou, 25 fév. 1901. (*Miss. Cath.*, XXXIII, 1901, p. 329.)

— Let. (*Ibid.*, p. 230.)

— L. sur la situation des missions en Mongolie. (*Ibid.*, pp. 434/5.)

Preter, *Florent de.*

— L. de N. D. des Pins (Mongolie orient.), 3 fév. (*Miss. Cath.*, XXXIV, 1902, p. 280.)

— L. de San-tsoue-ta (Mongolie orient.). (*Ibid.*, XXXV, 1903, p. 243.)

— L. de Mongolie orientale. (*Ibid.*, XXXVI, 1904, p. 472.)

— L. de Mongolie. (*Ibid.*, pp. 483/4.)

— L. de Mongolie. (*Ibid.*, p. 509.)

Redant.

— L., Ma-kia-dze [Mongolie], 3 juillet 1888. (*Miss. Cath.*, XX, 1888, pp. 565/6.)

Roofthoof, *Louis*.

— * Brieven. Van Inne, Lierre.

Rutjes, *Théodore Hermann*, né 1844, Pays-Bas ; parti 1867 ; nommé, 11 déc. 1883, et préconisé, 27 mars 1884 ; év. d'Eleutheropolis et vic. ap. de Mongolie orientale ; † 4 août 1896 à Soung-chou-tzui-dze.

— Mort. (*Miss. Cath.*, XXVIII, 1896, p. 456.)

Saegher, *Charles de*, né 1854 en Belgique ; part 1886 ; miss. Mongolie S. O. ; † avril 1892.

Segers, *Joseph*, né à Saint-Nicolas (Waes), 20 oct. 1869 ; entre au noviciat de Scheut, sept. 1889 ; part pour la Mongolie orient., sept. 1895 ; † 1900.

— Monument funéraire expiatoire érigé à Lang-p'ing par le gouvernement chinois sur le lieu du martyre du R. P. Segers. (*Miss. Cath.*, XXXVI, 2 sept. 1904, p. 425.)

Sintobin, *J.* — Voir col. 848.

Steeneman, *J.*

— L., Ili ou Kouldja, 10 avril 1889. (*Miss. Cath.*, XXI, 1889, pp. 495/8.)

Steyaert.

— Let. du Kan-sou, au T. R. P. Van Hecke. (*Miss. Cath.*, XXXVI, 1904, p. 159.)

Tchao, *Ignace*.

— Let. de Tai-ghai, 22 fév. 1878. (*Miss. Cath.*, X, 1878, pp. 330/2.)

Smet, *Remi de.*

— Let. de Heou-pa (Mongolie cent.). (*Miss. Cath.*, XXVIII, 1896, p. 449.)

— L. de Kouldja. (*Ibid.*, XXXIV, 1902, p. 207.)

Van Aertslaèr, Mgr., vic. ap. Mongolie centrale.

— Let. de Lou-ts'ao-pa-tru, 12 fév. 1904. (*Miss. Cath.*, XXXVI, 1904, pp. 266/7.)

Van Couwenbergh.

— En Mongolie. (*Miss. Cath.*, XXXVII, 1905, pp. 140/2.)

Ext. des let. des P. P. Van Couwenbergh et Feeraert ; carte.

Van Dyck, *Louis*.

— L. de Pakou, 17 nov. ; La-hou-keou, 21 nov. 1891. (*Miss. Cath.*, XXIV, 1892, pp. 38/9.)

Van Hecke, *Ad.*, Sup. gén. des Missions belges de Scheut.

— Le lac des Tribulations. Ext. d'un Journal de M. Ad. Van Hecke. (*Miss. Cath.*, XXI, 1889, pp. 164/6.)

— Let. Détails sur le meurtre de deux missionnaires belges [Van Merhaeghe et Bongaerts] et de plusieurs Chrétiens en Mongolie S. O. Scheut, 7 avril 1902. (*Ibid.*, XXXIV, 11 avril 1902, pp. 169/170.)

Van Koot, *Daniel Bernard*, sup. de la Mission d'Ili.

— L., Mongolie. (*Miss. Cath.*, XXI, 1889, p. 617.)

— Voir Indemans, *Emile*, supra.

Van Merhaeghe, *Remi*, parti pour la Mongolie S. O., 1894; massacré à Sia-yin-tse, 13 déc. 1901. — Voir supra col. 1214.

— * Een bloetgetuige. De Meester, Roulers.

Van Oost.

— Ext. let. San-chen-koung (Mongolie S. O.), 7 août 1903. (*Miss. Cath.*, 19 fév. 1904, p. 89.)

Van Poeck.

— Let. de Juen-Teou-keou (Kan-sou). (*Miss. Cath.*, XXXVI, 1904, p. 627.)

Van Son, *Henri Janssen*, né à Heijthuizen (dioc. de Ruremonde); embarqué 11 mars 1877; † 14 oct. 1879, à Sia-miao-eûl-kheou (Mongolie).

— *Miss. Cath.*, XII, 1880, p. 130.

Verbist, *Théophile*, Provicaire apostolique de la Mission belge en Mongolie; né à Anvers, 1823; † à Lao Hou keou (Mongolie), 24 fév. 1868; il était aumônier de l'Ecole militaire à Bruxelles et directeur général de l'œuvre de la Ste. Enfance en Belgique.

— Lettre de Sy-wan-tzé, 25 janvier 1868. (*Miss. Cath.*, I, p. 13.)

— Voir *Voyages de Bruxelles en Mongolie*, 1873; avec le port. du P. Verbist en tête. — Col. 847.

— Antwerpsche Reizigers van de vroegste tijden tot op heden door J. Staes. Antwerpen, Lodewijk Janssens, in-8, pp. 375 et seq.

Vercauteren, *Alphonse.*

— L. de Mongolie. (*Miss. Cath.*, XXIII, 1891, pp. 74/5.)

Vereenooghe.

— * Vervolging in China. Beyaert, Bruxelles.

Vos, *Alphonse de*, né à Messines (Flandre occid.), 21 avril 1840; entra en 1868 dans la cong. belge de Scheut; évêque d'Abdère (18 mai 1884), vic. ap. de la Mongolie S. O.; † 21 juillet 1888, à San-tao-ho (pays des Ortous).

— Notice: *Miss. Cath.*, XXI, 1889, pp. 23/4; portrait, *ibid.*, p. 18.

— L. à son frère. (*Ibid.*, V, p. 387.)

Vranckx, *François.*

— L. de Scheutweld (Belgique), 2 août 1878. (*Miss. Cath.*, X, 1878, p. 389.)

— Lettre. (*Ibid.*, XI, 1879, p. 102.)

— L. du 10 mars 1879. (*Ibid.*, pp. 163/4.) [Sur Mgr. Hamer.]

— L. [Mission des Ortous.] (*Ibid.*, XIII, 1881, pp. 445/7.)

— L. (*Ibid.*, XVII, 1885, pp. 242/3.)

— * Les missionnaires belges en Mongolie. Récit de leur voyage et de leur arrivée. Bruxelles, V. Devaux et Cie, 1866, in-8, pp. 35.

Signé page 35. — Voir col. 847.

— * De Belgische geloofszendelingen in Mongolië. 1866.

— * Le sanctuaire de Notre-Dame de Grâce à Scheut lez-Bruxelles. Bruxelles, A. Vromant, impr., 1876, in-12, pp. 48.

Extr. des *Précis historiques.*

Waem, *Richard.*

— Let. de T'ien Tch'ang (Mongolie Orient.), 3 fév. 1904. (*Miss. Cath.*, XXXVI, 1904, pp. 253/4.)

Wilricky, *Joseph*, né 1842, en Belgique; part 1870; miss. Mongolie centrale; † à Si-ing-dze, 22 sept. 1892.

(Van Hecke—Wilricky.)

Prêtres de Steyl.

Anzer, *Jean Baptist von*, né le 16 mai 1851, à Weinried (Haut Palatinat Bavarois); sacré le 24 janvier 1886, à Steyl, à la maison St. Michel, évêque de Télepte et premier vic. ap. du Chan-toung mér., par Mgr. Krementz, archev. de Cologne; † à Rome, 24 nov. 1903.

— L. du P. Janssen, sup. du Sém. des Miss. étr. de Steyl. (*Miss. Cath.*, XV, 1883, p. 424.)

— Création du vic. ap. du Chan-toung méridional. (Préfect. de Yan-tcheou, I-tcheou et Tchao-tcheou, et sous-préf. de Tsi-ning-tcheou.) (*Ibid.*, XVII, 1885, p. 615.)

— Sacre. (*Ibid.*, XVIII, 1886, p. 99.)

— Audience. (*Ibid.*, XXIII, 1891, p. 399.)

— Mort. (*Ibid.*, XXXV, 4 déc. 1903, pp. 587/8.)

— Mgr. Anzer 安治泰. Nécrologie par Henri Cordier. (*T'oung Pao*, déc. 1903, p. 415.)

— Henri Cordier, *Hist. des Relations*, II et III, *pass.*

— *Illustrirte Zeitung*, 3 déc. 1903, p. 841, Port.

— *Anzer*, entrevue, *Vaterland* (Vienne), reproduite dans le *Times* du 9 juin 1900.

— Die Chinesische Mission im Gerichte der deutschen Zeitungspresse. Von D. G. Warneck Professor der Theologie. Mit einem Vor- und doppelten Nachwort. — Neunzehnte Auflage. Berlin, 1900, Martin Warneck, br. in-8, pp. 48.

— Offener Brief an Herrn Bischof von Anzer über die Stellung der Mission zur Politik, zugleich eine Denkschrift an die deutsche Regierung von Pfarrer em. Horbach in Marburg a. d. L. — Gütersloh, C. Bertelsmann, 1900, br. in-8, pp. 90.

— Bischof von Anzers China-Mission in ihren Beziehungen zur Politik. — Aktenmäszige Darlegungen nach den Aussagen des Bischofs und seiner Missionäre von Pfarrer em. Horbach in Marburg a. d. L. — Marburg, Moritz Spiess, 1901, br. in-8, pp. 24.

— Anzer contra Anzer. — Von Ph. Horbach, Pfarrer em. in Marburg. — Sonder-Abdruck aus dem « Reichsboten ». — Verlag von C. Bertelsmann in Gütersloh. 1901, br. in-4, pp. 29 à 2 col.

Bellmann, *Cl.*

— Let. de Tsing-tau. (*Miss. Cath.*, XXXIII, 1901, p. 100.)

Freinademetz, *Joseph.*

— L. du Chan-toung, au *Catholic Register*, de Hong-kong. (*Miss. Cath.*, XVIII, 1886, p. 51.)

— L. [Récit du massacre des PP. Nies et Henle]. (*Miss. Cath.*, XXX, 14 janv. 1898, pp. 13/14.)

Henle, *Richard*, né le 21 juillet 1863 à Stetten, près Kaiserloch de Sigmaringen; entré à Steyl, le 8 oct. 1880; fut ordonné le 15 juin 1889 et partit pour la Chine, le 15 juillet 1889; assassiné le 1er nov. 1897 à Tchang-kia-tchouang (Chan-Toung).

— Portrait. (*Ann. Prop. Foi*, LXX, 1898, p. 85.)

— L. du T. R. P. Janssen. (*Ibid.*, p. 87.)

— L. du R. P. Freinademetz. (*Ibid.*, pp. 83/6.)

— L. de Mgr. Anzer. (*Ibid.*, LXXI, 1899, pp. 205/9.)

— L. du T. R. P. Janssen. (*Miss. Cath.*, XXX, 14 janv. 1898, p. 14.)

— Mort. (*Ibid.*, XXIX, 12 nov. 1897, p. 541.)

(Prêtres de Steyl. — Anzer—Henle.)

39*

Janssen, *Arnold*, Supérieur Gén. des Missions de Steyl.

— H. Cordier, *Hist. des Relat.*, III, pp. 72/5.

— Let. [Massacre des PP. Nies et Henle]. (*Miss. Cath.*, XXIX, 1897, p. 553.)

— Let. [Ibid.] (*Ibid.*, XXX, 1898, p. 14.)

Nies, *François-Xavier*, né le 11 juin 1859, à Recklinghausen, diocèse de Paderborn (Westphalie); entré à Steyl, le 7 mai 1877; ordonné le 7 juin 1884; partit pour la Chine, le 1er janvier 1885; assassiné le 1er nov. 1897, à Tchang-kia-tchouang (Chan-Toung).

— Portrait. (*Ann. Prop. Foi*, LXX, 1898, p. 84.)

— Mort. (*Miss. Cath.*, XXIX, 12 nov. 1897, p. 541.)

Pieper, *R.*

— * Unkraut, Knospen und Blüten aus dem blumigen Reiche der Mitte. Gepflückt und zusammengebunden von R. Pieper. Mit zahlr. Illust. Steyl, postl. Kaldenkirchen (Rhld.), Missionsdruckerei, 1900, in-8, pp. 729.

Schumacher, *Guil.*, né 1864, Allemagne; part 1890; miss. Chantoung mérid.; † à Wandjouang, 28 mars 1892.

Schwager, *Friedrich*.

— Die Katholische Mission in Südschantung. Von Friedrich Schwager, S. V. D. (*Frankfurter Zeitgemässe Broschüren*, Band XXI, April 1902, Heft 7.) Hamm i. W., 1902, br. in-8, p. 201 à p. 232.

Stenz, *Georg Maria*.

— Erlebnisse eines Missionärs in China. Mit einigen Illustrationen. Geschildert in Tagebuchblättern von Pater Stenz. — Der Reinertrag ist zum Besten der Missionen bestimmt. Paulinus-Druckerei in Trier. 1899, in-8, pp. 104.

— Let. (*Miss. Cath.*, XXXI, 1899, p. 159.)

— Voir col. 226.

Séminaire de St. Pierre et de St. Paul.

Callerio, *Domenico*.

— L., Chen-si mérid., 15 fév. 1889. (*Miss. Cath.*, XXI, 1889, pp. 241/2.)

Giulianelli, *Francisco*.

— L. de Siao-tzai-tzu, 1er mai 1889 [Chen-si mérid.]. (*Miss. Cath.*, XXI, 1889, pp. 387/8.)

— Henri Cordier, *Hist. des Relations*, II, 591—7, 645, 648.

Passerini, *Giuseppe*, né à Zinasco, dioc. de Vigevano, 7 janv. 1866; évêque d'Achante et vic. ap. du Chen-si mérid., 29 mars 1895.

— Let. sur la persécution au Chen-si mérid. (*Miss. Cath.*, XXXIII, 1901, p. 61.)

Trappe.

— Une Trappe en Chine. Par l'abbé J. Lemire. (*La Réforme sociale*, 1892, 16 janv., pp. 116/127; 1er fév., pp. 203/217.)

Ephrem, Supérieur de la Trappe de Yang-kia-ko.

— L. au Sup. des Missionnaires du diocèse de Lyon, N. Dame de la Consolation, Yang-kia-ko, 15 juillet 1883 [sur la première mission des Trappistes en Chine]. (*Miss. Cath.*, XV, 1883, pp. 565/568.)

— L., 8 déc. 1883, à M. Renil, curé de Ste. Croix, à Lyon. (*Ibid.*, XVI, 1884, pp. 184/5.)

Marie Bernard, Prieur, puis abbé de la Trappe de N.-D. de Consolation.

— Le premier monastère de la Trappe, en Chine. (*Miss. Cath.*, XIX, 1887, pp. 409/411.)

Dans le Pe Tche-li sept., à 25 lieues à l'O. de Pe-king, créé en 1883.

— Let., 15 oct. 1895. (*Ibid.*, XXVII, 1895, p. 497.)

Vecchard, Abbé de la Trappe de N.-D. de Consolation.

— Let., 5 juillet 1904. (*Miss. Cath.*, XXXVI, 1904, p. 448.)

Divers.

Almeida, *Victorin Joseph*, de Souza, né à Penafiel (Portugal); miss. à Macao; † à Macao, 31 mars 1880, à 73 ans.

Botaniste, auteur de *Flora Garden*.

— Notice : *Miss. Cath.*, XII, 1880, p. 299.

Escandel, *Matthieu*.

— Le premier martyr chrétien en Chine. Par Romanet du Caillaud. (*Miss. Cath.*, XVIII, 1886, pp. 52/6.)

Le hongrois, Matthieu Escandel, de Bude, d'après les voyages de Pinto.

Lo, *Stanislas*, Prêtre chinois, élève du collège romain de la Propagande.

— Lettre (trad. de l'orig. latin) du 18 Déc. 1869 sur les chrétientés du Hou-nan. (*Miss. Cath.*, III, pp. 113 et seq.)

Ripa, *Matteo*.

— Voir col. 844 et Italie.

— Storia della Fondazione della Congregazione e del Collegio de' Cinesi sotto il titolo della *Sagra Famiglia di G. C.* scritta dallo stesso fondatore Matteo Ripa e de' viaggi da lui fatti. Napoli, 1832, 3 vol. in-8.

— Memoirs of Father Ripa, during Thirteen Years' Residence at the Court of Peking in the service of the Emperor of China; with an account of the foundation of the College for the Education of young Chinese at Naples. — Selected and translated from the Italian, By Fortunato Prandi. — London : John Murray, 1844, pet. in-8, pp. VIII-160.

Forme le No. XV de *Murray's Home and Colonial Library*. — Abrégé de l'éd. de Naples, 1832.

Reiffert, *J. E.*

— Zehn Jahre in China. — Erlebnisse, Erfahrungen und Reisen von J. E. Reiffert, em. Pfarrer der Erzdiöcese Köln, vordem apostol. Missionar des chinesischen Reiches. — Mit zahlreichen Illustrationen. — Paderborn, 1896, Jungfermann, in-8, pp. XVI-280.

Silva, *Eus. Lucian. Gomez Carvalho da*, évêque de Nan-King, 14 déc. 1789.

— Compendio da Vida do Excmo e Rmo Senhor D. Eusebio Luciano Carvalho Gomes da Silva, Bispo de Nankin,... por Nicolao Pedro de Oliveira. Lisboa, Na Regia officina typografica, 1792, pet. in-4.

Steiner.

— Lettre ms. datée de Macao, Xbre 1774. — No. 729 de la 2e partie du *Cat. d'une col. de livres rares... dont la vente aura lieu à Lisbonne...* 1883, in-8.

Angéline *du Sacré Cœur*, catéchiste missionnaire de Marie Immaculée.

— Let. de Canton. (*Miss. Cath.*, XXXIV, 1902, pp. 50/1.)

Ballin, Sœur *Augustine*, de la Providence de Portieux.

— Let. de Ing-tse, 2 juillet 1900. (*Miss. Cath.*, 24 août 1900, p. 396.)

— L. de Nagasaki, 25 août 1900. (*Ibid.*, XXXII, 26 oct. 1900, pp. 503/4.)

Freyburger, Sœur *Gérardine*.

— Let. de Nagasaki, 19 août 1900, à la Rév. Mère Sup. Gén. des Sœurs de la Providence à Portieux. (*Miss. Cath.*, 16 nov. 1900, pp. 546/9.)

Grandury, Sœur *Ste. Croix*, de la Providence de Portieux ; brûlée à Moukden.

— Lettres de Moukden. (*Miss. Cath.*, XXXII, 1900, pp. 396/8.)

Hélène, *de la Croix*, de la Cong. de Marie Immaculée.

— Let. de Canton à la Rév. Mère Prieure du Carmel de Narbonne. (*Miss. Cath.*, XXIX, 1897, pp. 317/8.)

Roecklin, Sœur *Marie Albertine*, de la Providence de Portieux, né à Wettolsheim (Hte Alsace) ; brûlée 3 juillet 1900, à 40 ans.

— Lettres de Moukden, juin et juillet 1900. (*Miss. Cath.*, XXXII, 1900, pp. 398/9.)

∴

Les Sœurs de St. Paul de Chartres sont arrivées à Loung-tcheou, Kouang-si, en déc. 1902. — Cf. *Miss. Cath.*, 31 Mai 1905, p. 147.

II. MISSIONS PROTESTANTES.

1° *OUVRAGES DIVERS.*

— Sibellius, voir col. 290/1.

— Archief voor de Geschiedenis der Oude Hollandsche Zending. Voir col. 290.

— Rev. W. Campbell, Voir FORMOSE, col. 291 et HOLLANDE :

— The Gospel of St. Matthew in Formosan (Sinkang Dialect) with corresponding versions in Dutch and English edited from Gravius's edition of 1661. By Rev. Wm. Campbell, M. R. A. S., English Presbyterian Mission, Taiwanfoo. London, Trübner & Co., MDCCCLXXXVIII, in-4, pp. XVI-ff. 87.

— The Early Dutch Mission in Formosa. By Rev. W. Campbell, F. R. G. S. (*Chinese Recorder*, March 1889, pp. 114/120.)

Réimp. du *Presbyterian Messenger*.

— The Origin of the First Protestant Mission to China and History of the Events Which induced the attempt, and succeeded in the accomplishment of a Translation of the Holy Scriptures into the Chinese language, (At the expense of the East-India Company), and of the casualties which assigned to the late Dr. Morrison the carrying out of this Plan, with copies of the Correspondence between the Archbishop of Canterbury, Bishop of London, Bishop of Durham, Bishop of Sarum, Earl of Spencer, Sir George Staunton, Bart., &c., &c. And the Rev. W. W. Moseley, A. M., LL. D., &c. To which is appended a new account of the origin of the British and Foreign Bible Society, and a copy of the Memoir which originated the Chinese Mission, &c. London : Simpkin and Marshall... 1842, in-8, pp. 116.

Appendix : Note *a* : The most probable Origin of the British and Foreign Bible Society, pp. 91/94. — Note *b* : A Memoir on the importance and practicability of translating and printing the Holy Scriptures in the Chinese Language and of circulating them in that vast Empire : Including an Account of the Introduction, Progress, and present State of Catholic Missions in that Country. By William Moseley, A. M., LL. D., &c., pp. 95/116.

Ce dernier mémoire avait déjà paru en 1800. — La première circulaire de Mr. Moseley qui occupe les dix premières pages de ce vol. était datée à l'origine de « Near Daventry, Northamptonshire, March 7th, 1798 ».

— A Retrospect of the first ten years of the Protestant Mission to China, (now, in connection with the Malay, denominated, the ultra-Ganges Missions.) Accompanied with Miscellaneous Remarks on the Literature, History, and Mythology of China, &c. by William Milne. Malacca : Printed at the Anglo-Chinese Press. 1820, in-8, pp. VIII-376.

« I have lately printed here a small work entitled a 'View of China, for Philological Purposes'. I have also drawn up a 'Retrospect of the first Ten Years of the Protestant Mission to China', which Mr. Milne will probably enlarge and print at Malacca. » — (Extrait d'une lettre de Morrison, Canton, 4 Sept. 1817.) *Memoirs*, I, p. 478.

Notice par Abel-Rémusat : *Journal des Savans*, Oct. 1821, pp. 597/608. — *Mél. As.*, I, pp. 31/51.

— A Review of the first fifteen years of the Mission. In a letter addressed to W. A. Hankey Esq., Treasurer to the Missionary Society [by Dr. Morrison, Canton, Nov. 12, 1822]. (*Memoirs...* of R. Morrison, II, pp. 180/185.)

— Sketch of the first twenty-five years of the Chinese [protestant] Mission, drawn up by Robert Morrison and E. C. Bridgman (Canton, China, Sept. 4th, 1832). (*Ibid.*, II, pp. 470/474.)

— State and Prospects of China, viewed in connection with the extension of the Christian religion. By a Correspondent. [C. Gützlaff.] (*Chin. Rep.*, XII, pp. 294/300.)

Vide : Medhurst's *China*, col. 74.

— W. Ellis' History of the London Missionary Society. London, 1844, in-8.

— Address in behalf of the China mission, by the Rev. William J. Boone, M. D., missionary of the Protestant Episcopal Church of the United States of America to China. Published by order of the Foreign Committee of the Board of Missions. New-York : Printed by W. Osborn, 1837, in-8, pp. 21.

— How to Conquer China. Pièce in-8, pp. 4.

A la fin : York : Printed and sold by John L. Linney. [Price 2d. per dozen.] s. d. [1838 ou 9?]
Tract.

— Claims of the missionary enterprise on the medical profession : an address delivered before the Temperance Society of the College of Physicians and Surgeons of the University of the State of New-York, October 28, 1842, by Daniel J. Macgowan, M. D. New-York : printed by William Osborn. 1842, br. in-8, pp. 24.

— The Star of China. Voir col. 768.

— L'Evangile et la Chine. — Trois discours sur les missions évangéliques en Chine, prononcés à Genève dans l'assemblée du Casino, par B. de Watteville. — Genève, Mmes Ve. Beroud et S. Guers, libraires. — 1844, in-12, pp. 190.

— Het Evangelie in China. — Drie Voorlezingen, gehouden te Genève in de vergadering van het Casino; door B. de Watteville. Uit het Fransch. — Amsterdam, H. Höveker. 1844, in-12, pp. 127.

— * B. v. Watteville. China und das Evangelium. 3 Vorträge über die evangel. Mission in China, gehalten im Museum zu Genf. Aus dem Franz. Karlsruhe, 1845, gr. in-8. (Mannheim, Bensheimer.)
Engelmann.

— China, and her spiritual Claims. By the Rev. Evan Davies, late Missionary to the Chinese. London : John Snow, 1845, in-12, pp. IX-134.

— Les Missions protestantes en Chine par M. Yvan. (*Revue nouvelle*, t. XI, 1er nov. 1846.)

— Ordination of Tsin-shen as a Preacher of the Gospel. (*Chin. Rep.*, XV, p. 526; extrait de la *China Mail* du 15 Oct. 1846.)

— Protestant Missions in China : extracts from a printed letter, dated Ning-po, January 1st, 1847. (*Chin. Rep.*, XVI, pp. 147/150.)

— Position and Operations of the Protestant missions at the five ports and Hong-kong in 1849. By S.W. Williams. (*Ibid.*, XVIII, pp. 48 et seq.

— Biernatzki : Beiträge zur Kunde China's und Ostasiens. [Voir col. 87.]

— Lowrie's Land of Sinim. [Voir col. 768-9.]

— Gillespie's Land of Sinim. [Voir col. 769.]

— Kesson's Cross and Dragon. [Voir col. 769.]

— Remarks on Tracts in Chinese, with a list of books written and printed by the members of the Ultra-Ganges Missions. [By W. J. Pohlman.] (*Chin. Rep.*, XVI, pp. 369/382.)

— Synopsis of two Christian Tracts. [By R. Morrison.] (*Ibid.*, I, p. 77.)

— Synopsis of a Tract called Dialogues between Two Friends. [By E. C. Bridgman.] (*Ibid.*, II, p. 283.)

— Notice regarding Christian Tracts, in the Chinese language, designed for publication under the patronage of the American Tract Society. [By E. C. Bridgman.] (*Ibid.*, XVII, pp. 649/650.)

— Tracts and Tract Societies. By Rev. J. M. Thoburn. (*The Western Christian Advocate*; réimp. dans *The Chin. Rec.*, I, pp. 5/6.)

— On the Sale of Books and Tracts to the Chinese; being the substance of a paper read before the Ning-po Missionary Conference, January 1865. By Rev. A. E. Moule. (*Ibid.*, I, pp. 104/106.)

— Printing Books in Foochow Colloquial. [Two Essays read before the Foochow Missionary Conference, July 27th 1869.] First Essay by Rev. Arthur W. Cribb. (*Ibid.*, II, pp. 324/9.) Second Essay by Rev. S. F. Woodin. (*Ibid.*, pp. 329/332.)

— Testimony to the truth of Christianity, given by Kiying, late governor-general of Canton, minister plenipotentiary, guardian of the heir apparent, &c., &c.; and remarks by Bishop Boone. [By S. W. Williams.] (*Chin. Rep.*, XX, pp. 41/8.)
Voir col. 845.

— China, and the Chinese Mission. By the Rev. James Hamilton, National Scotch Church, Regent square. London : James Nisbet and Co., 1847, br. in-12, pp. 24.

— Missionary Map... By O. B. Bidwell, voir col. 189.

— China. — Verzameling van Stukken betreffende de prediking van het Evangelie in China en omliggende landen. Te Nijmegen, bij C. Ten Hoet, 1852, 2 vol. in-8.

— Darkness in the Flowery Land; or, religious notions and popular superstitions in North China. By the Rev. M. Simpson Culbertson, of the Shanghai Mission of the Board of Foreign Missions of the Presbyterian Church. New York: Charles Scribner, 1857, in-12, pp. 235.
Avec 2 pl. l'une en tête : *The Tower of Ningpo*; l'autre les Koua.

— Missionar Krone : Aus China. (*Berichte der Rheinischen Missions-Gesellschaft*, 1858, No. 1.) — Voir col. 299.

— The China Mission. Embracing a History of the Various Missions of all Denominations among the Chinese. With Biographical Sketches of Deceased Missionaries. By William Dean, D. D. Twenty Years a Missionary to China. New-York, Sheldon, 1859, in-12, pp. VI-396.

— The War with China. — China and the Chinese : their Customs, Wants, and Claims, considered in a religious aspect, with an appeal to England and Scotland for Missionaries to that extensive field of labour. London, H. J. Tressider, 1860, br. in-8, pp. 40.

— Glimpses of missionary work in China, illustrated by engravings from The Chinese Pilgrim's Progress. With introduction by the Rev. James Johnston, Free St. James' Church, Glasgow, formerly missionary at Amoy. Edinburgh : William P. Kennedy, London : Hamilton, Adams, and Co. and James Nisbet and Co. 1860, in-8, pp. 72; carte.

— Die evangelische Mission in China und Japan von Dr. G. E. Burkhardt, Archidiak. in Delitzsch. Bielefeld. Verlag von Velhagen und Klasing. 1861, in-8, 2 ff. prél. p. l. tit., etc. + pp. 212.

— The Medical Missionary in China : A Narrative of Twenty years' experience by William Lockhart, of the Lond. Miss. Society. London, Hurst & Blackett, 1861, in-8, pp. XII-404.

Il y a, pp. 343 et seq., une description d'ouvrages européens en chinois.

— Der Ärztliche Missionär in China. Mittheilungen nach zwanzigjähriger Erfahrung von William Lockhart, Mitglied der k. Chirurgischen und der k. geographischen Gesellschaft, ärztl. Missionär der Londoner Missionsgesellschaft. Ins Deutsche übersetzt von Hermann Bauer, Med. Dr. Würzburg, 1863, in-8, pp. IX-246.

— Kort Udsigt over den evangeliske Missions Fremgang i China. — Udgivet paa den chinesiske Missionsforenings Vegne af Dr. Chr. H. Kalkar. Kjobenhavn, 1860, in-16, pp. 16.

— History and Ecclesiastical Relations of the Churches of the Presbyteral Order, at Amoy, China. By Rev. J. V. N. Talmage, Missionary of the Prot. Ref. Dutch Church. — New York : Wynkoop, Hallenbeck & Thomas, 1863, in-8, pp. 74.

— China : its spiritual Need and Claims, with brief Notices of Missionary effort, past and present. By the Rev. J. Hudson Taylor, M. R. C. S., &c. (of Ning po, China). London : James Nisbet & Co., 1865. Price Six Pence, in-8, pp. 116.

— China's Spiritual Need and Claims. By Hudson Taylor, M. R. C. S., F. R. G. S., of the China Inland Mission. Eighth Edition. London : Morgan & Scott, 1890, in-4, pp. VI-96.

« In the year 1865 the pamphlet *China's Spiritual Need and Claims*, was written... Editions in the same form were published in 1866, 1868 and 1872... A revised and enlarged edition, in-quarto, with many illustrations and diagrams, was published in June, 1884. That fifth edition being soon exhausted, a sixth edition was issued later in the year. After a seventh edition of 10.000 copies was exhausted, it was again out of print for some time ; but being often called for, the present edition has been carefully revised; and the number of Missionaries is corrected to May, 1888. »

— Report on the China Mission of the London Missionary Society by the Rev. Dr. Mullens. London : Printed by W. Stevens, MDCCCLXVI, br. in-8, pp. 27.

— Narrative of the Mission to China of the English Presbyterian Church, By Donald Matheson, Esq. formerly of China. With Remarks on the Social Life and Religious Ideas of the Chinese. By the Rev. J. Macgowan, (London Missionary Society) of Amoy; and Notes on Climate, Health, and Outfit. By John Carnegie, Esq. M. D. Of Amoy. Second edition. London : James Nisbet & Co. 1866, pet. in-8, 2 ff. n. c. + pp. 151.

Cartes des environs d'Amoy et de Swatow.

— Our Mission in China. A Narrative. By Donald Matheson, Esq., formerly of China. With remarks on the social life and religious ideas of the Chinese, By the Rev. J. Macgowan, (London Missionary Society) of Amoy ; and notes on climate, health, and outfit, By John Carnegie, Esq., M. D., Formerly of Amoy. Third and Revised Edition. London : Publishing office of the Presbyterian Church of England, 1882, in-8, pp. x-205. Cartes et grav.

— Two Letters on Protestant Missions addressed by the Rev. Joseph Edkins to the Editor of the *North China Herald*, Printed in that newspaper, July 22, 1867.

— China as a Mission Field. (*The Miss. Rec.*, I, Mai 1867.)

Ext. d'un discours de l'Evêque Thomson (Am. M. E. Church) à New-York.

— The Work of Protestant Missions in the rural Districts of China. Portions of a Paper read before a Meeting of Missionaries at Tientsin, North-China, May 1867. By J. L. (*Miss. Rec.*, I, Sept. et Oct. 1867.)

— American Board of Commissioners for Foreign Missions. — CHINA. I. Claims upon Christians in America [by Secretary Treat]. — II. Social Condition [by Rev. J. L. Nevius]. — III. Openings for Christian Effort. — IV. Changes in China [by Hon. S. Wells Williams]. — V. Missionary Statistics. — VI. Our Work. — Boston, American Board, 1867, br. in-8, pp. 16.

— A Visit to some of the Out-Stations of the Church Mission in the Prefecture of Foochow. By the Bishop of Victoria. (*Chin. Rec.*, I, June 1868, pp. 17/22.)

— The Trials and Consolations of Missionary Labour. An Address delivered at the Monthly Missionary Conference, Union Chapel, Shanghai, May 4th 1868, by the Rev. Charles Henry Butcher, M. A., British Consular Chaplain, Shang-hai. (*Chin. Rec.*, I, pp. 43/6.)

— Attack on Missionaries at Yangchow. (*North China Herald*, 28 Août 1868; réimp. dans le *Chin. Rec.*, I, Sept. 1868, p. 88.)

— The Yangchow Riot. By Rev. M. J. Knowlton. (*Ibid.*, II, Aug. 1869, pp. 69/73.)

— Voir Henri Cordier, *Hist. des Relat. de la Chine*, I, pp. 277/9.

— *China*, n° 2 (1869). — *China*, n° 10 (1869); au chap. GRANDE BRETAGNE.

— The Bible in China. Read at the Quarterly Missionary Meeting, in Union Chapel, Shanghae, in April 1868. By A. Wylie. (*Chin. Rec.*, I, pp. 121/8, 145/150.)

Tirage à part, br. in-8, pp. 14.

— Bible Distribution in China, as a means of Evangelization. By Rev. M. J. Knowlton. (*Ibid.*, II, pp. 209/211.)

— Distribution of the Bible. By Rev. H. Blodget. (*Ibid.*, IV, pp. 312/316.)

— Colportage in China. By A. G. (*Ibid.*, VI, pp. 409/413.)

— On Book distribution. (*Ibid.*, IX, pp. 138/141.)

— On Mission Schools. Read before the Foochow Missionary Conference, Oct. 27, 1868. By Rev. L. B. Peet. (*Ibid.*, I, pp. 132/6, 150/3.)

— The present aspects of Missionary Work in China. By Rev. E. W. Syle. (*Ibid.*, I, pp. 193/196.)

— On the best Method of presenting the Gospel to the Chinese. By Rev. F. S. Turner. (*Ibid.*, I, pp. 225/9, 255/8; II, pp. 29/31, 88/9, 123, 150/6, 241/4, 272/4, 301/4.)

— The Missionary Problem. A reply to « *Missionary Theology* », *an Article by the Rev.* Edward White, *published in the* « *Raindow* » of July 1, 1869. By F. S. Turner, B. A., Missionary of the London Missionary Society. London : Hodder and Houghton, Paternoster Row, 1870, in-8, pp. 39.

— Mr. Turner's Views on « The Missionary Problem » examined. [By Critic.] (*Chin. Rec.*, III, pp. 169/172.)

— On teaching English to Chinese Assistants. Read before the Canton Missionary Conference, Feb. 3rd 1869. By Rev. H. V. Noyes. (*Ibid.*, I, p. 249.)

— Preparatory Work in Missions by Rev. W. Ashmore. (*Ibid.*, II, pp. 35/8.)

— Protestant Missions in China. Letter to Sir Rutherford Alcock by the British Protestant Missionaries of Peking. (*Ibid.*, II, pp. 97/104.)

— Study of the Scriptures among Chinese Christians. By Rev. Jno. E. Mahood. (*Ibid.*, III, pp. 315/8.)

Read before the October Meeting of the Foochow missionary Conference.

— On the knowledge of a weekly Sabbath in China. By Mr. A. Wylie. (*Ibid.*, IV, pp. 4/9, 40/5.)

— Proposed Regulations respecting Missions in China. (*Ibid.*, pp. 29/33, 165/8.)

— The Missionary Question by Boomerang. (*Ibid.*, pp. 57/62.)

— A Missionary's experience. By John E. Mahood. (*Ibid.*, pp. 108/111.)

— Chinese Circular on Missions. By Rev. Carstairs Douglas. (*Ibid.*, p. 111.)

From the *Christian Work*, 1st July 1871.

Voir la IIIe Partie de notre ouvrage : *Relations des Étrangers avec les Chinois*, pour la question des Missions, les négociations de Sir Rutherford Alcock et les controverses auxquelles elles ont donné lieu.

— The use of money, as an aid, and a hindrance to mission work in China. By Rev. John Butler. Read before the Ning-po Missionary Association, January 6th, 1874. (*Chin. Rec.*, V, pp. 18/28.)

— Remarks on this paper by Rev. A. E. Moule. (*Ibid.*, pp. 91/98.)

— China and the Gospel by the Rev. William Muirhead, Lond. Miss. Soc., London, James Nisbet & Co., 1870, pet. in-8. pp. VIII-305.

Il y a p. 305 : « List of Protestant Missions in China, and the number of Missionaries (189) connected with them. »

Notices : *Shanghae Evening Courier*, 21 Mai 1870; *The Cycle*, 21 Mai 1870.

— China and her Missionaries. By the Rev. Griffith John. (*Nonconformist*. — Réimp. en partie dans *The Shanghae Evening Courier*, 5 Jan. 1871.)

— Protestant Missions in China. (*Siam Repository*, IV, Jan. 1872, pp. 57/8.)

Ext. du *National Baptist*.

— Statistics of Protestant Missionary Societies, 1872-3. London : Printed for private circulation by William Nichols, 46 Hoxton Square, 1874, in-8, pp. XXVIII-184.

V. Missions in China, pp. 67/80. — VI. Missions in Indo-China, Thibet, the Indian Archipelago, and Japan, pp. 81/92.

— The Foreign Missionary; his Field and his Work. By Rev. M. J. Knowlton, D. D., Missionary to China. Philadelphia : Bible and Publication Society, 530 Arch Street. 1872, in-12, pp. x-228.

A la fin, pp. 196 seq. : China as a Mission Field.

Notice : *Chin. Rec.*, V, pp. 108/9.
— China as a Mission Field. By the Same. br. in-8.

— Summary of the Operations of the China Inland Mission, from its Commencement to the year 1872, by the Rev. J. Hudson Taylor, M. R. C. S., F. R. G. S.; With Illustrative Map and List of Stations. London : James Nisbet & Co., 1872, pet. in-8, pp. 31.

— Notes on a recent visit to some out-stations of the China Inland Mission. By A. W. D. (*Chin. Rec.*, VII, pp. 362/4.)

— * C. Müller: Ueber Religion und Mission in China. (*Aus allen Welttheilen*, Mai 1872, pp. 249/252.)

— * Translation of a letter from Rev. Li Yumi, Presiding Elder of the Hok-ch'iang District, in connection with the Methodist Episcopal Mission at Foochow.

Notice : *Chin. Rec.*, V, pp. 230/1.

— * Minutes of the Third Meeting of the Synod of China, convened at Chefoo, August 6th, *A. D.* 1874, and in the reign of *H. I. M.* T'ung che, the 13th year, 6th moon, 24th day. Shang-hai : American Presbyterian Mission Press. MDCCCLXXIV.

Notice : *Chin. Rec.*, VI, p. 237. On trouvera dans ce périodique des comptes rendus des deux premières réunions du synode: La première a été tenue à Chang hai en 1870; la deuxième à Ning-po en 1871. [The Synod of China. By Rev. S. Dodd (Shanghai, 20 Oct. 1870) *Chin. Rec.*, III, pp. 332/3. — Second Meeting. *Ibid.*, IV, pp. 235/7.]

— A round Robin to the Junior Auxiliary. — China. — Junior Auxiliary Publishing Company, Connecticut, pièce in-8, pp. 16, ill.

— The Chinese Daughter-in-Law. Reprinted from the Chinese Recorder, by the Ladies' Board of Missions of the Presbyterian Church. New York. — Published for the Society, 1875, in-24, pp. 24.

— The Synod of China. By Rev. J. M. W. Farnham. (*N. C. Herald*, 1878, I, pp. 540, 569; abrégé dans le *Chin. Rec.*, IX, pp. 201/210.)

— What is the best form for an address to a heathen audience? By Rev. A. E. Moule. Read before the Ning-po Missionary Conference, July 1, 1872. (*Chin. Rec.*, V, pp. 33/41.)

— The Claims of China; also a letter to the «*Times*». By the Rev. Alex. Williamson, LL. D., author of «Journeys in North China», etc. Missionary of United Presbyterian Church, and Agent of the Scottish National Bible Society. Edinburgh : William Oliphant and Co. Glasgow : James Maclehose, 1872, in-16, pp. 62.

— China as a Mission Field. By Dr. Williamson : Physical Aspect of the Field. — The Mental Aspects of the People. — The Spiritual Aspects. (*The Far East*, Vol. III, No. 1, pp. 4/9.)

Lu à la Missionary Conference, Mai 1877.

— What are the best means of developing the christian character of our native converts. By Rev. R. H. Graves, M. D. Read before the Canton Missionary Conference, October 7, 1874. (*Chin. Rec.*, VI, pp. 197/205.)

— The value of Itinerancy as a Missionary Agency. By Rev. H. H. Lowry. Read before the Peking Missionary Association, December 14th, 1874. (*Ibid.*, VI, pp. 241/247.)

— The bearing of the Sabbath upon the national and social customs of China. A paper read before the Peking Missionary Conference. By Rev. W. H. Collins. (*Ibid.*, VII, pp. 248/253.)

— Missionary Statistics. (*Ibid.*, VIII, pp. 153/154.)

— The Shang-hai Missionary Conference. (*Ibid.*, pp. 239/250.)

Première conférence générale des missionnaires protestants en Chine, le 10-24 Mai 1877.

— Records of the General Conference of the Protestant Missionaries of China, held at Shang-hai, May 10-24, 1877. Shang-hai : Presbyterian Mission Press, MDCCCLXXVIII, gr. in-8, pp. iii-492, s. les ff. prél., et 7 pl. de cartes.

Notices : *Chin. Rec.*, IX, pp. 156/7. — *China Review*, VI, pp. 337/8.

— The Missionary Conference. — Shang-hai, May 1877. (*The Far East*, Vol. II, No. 6, pp. 124/131, avec 2 phot. des missionnaires.)

— * Missions to the Women of China. Edited by Miss Whately. London : 1876, in-8. Prix 2/-.

— The Orient and its People by Mrs. I. L. Hauser. Seven Years a Missionary in Northern India. Milwaukee : I. L. Hauser, 1876, pet. in-8, 3 ff. n. ch. + pp. 335.

China, pp. 219/335.

— The present strength of Protestant Missions in China. By Rev. Jonathan Lees. (*Chin. Rec.*, IX, 1878, pp. 5/11.)

— Statistics of Protestant Missions in China. (*Ibid.*, pp. 108/118.)

— The intellectual uses of the Woman's Foreign Missionary work. By Jennie Fowler Willing. (*Ibid.*, pp. 215/221.)

— Report of the China Missions of the Presbyterian Church of England for 1877. (*Ibid.*, pp. 266/283.)

— E. R. Barrett. — Protestant Missions in China. (*The Congregationalist*, July 1878.)

— China and its Missions. — An Address Given at Exeter Hall, London, On Monday, April 29th, 1878, by the Rev. Silvester Whitehead, Missionary from China. — Copied by Permission from the Wesleyan Missionary Notices for June and July, 1878. London : F. F. Longley, 39, Warwick Lane, E. C., br. in-8, pp. 30.

— China and Japan : a Record of Observations made during a residence of several years in China, and a tour of official visitation to the Missions of both countries in 1877-78. By Rev. I. W. Wiley, D. D., one of the Bishops of the Methodist Episcopal Church. Cincinnati : Hithcock and Walden... 1879, in-12, pp. 548.

Bib. Nat. $\frac{O^{2}n}{702}$

— Reformation of Missionary Enterprise in China. — 1879 : Printed by Man-Sing. Amoy. Price 50 Cents, br. in-8, pp. 47.

La Préface est signée H. B. Contient principalement des lettres signées Chih Tao Jen.

« This is a reprint of certain letters that appeared in the *North China Daily News* five years ago, over the signatures of 'Chih Tao-jen', and 'Liberal', together with the replies that were made by 'X. Y. Z.' and others. »

Notices : *China Review*, VII, pp. 399/402. — *Chin. Rec.*, X, 1879, p. 240.

— The Church Missionary Atlas. Containing an Account of the various countries in which the Church Missionary Society labours, and of its missionary operations. New edition (the sixth). With thirty-one maps, a chronological chart, &c. London : Church Missionary House,... Seeley, Jackson, and Halliday, 1879, gr. in-8, pp. VII-151.

La première édition est de 1857 ; le plan de l'ouvrage avait été dressé par le Rev. W. Knight.

Une nouvelle édition était en cours de publication (1892.)

— The Toleration Clauses in the Treaties. By S. W. Williams. (*Chin. Recorder*, X, 1879, pp. 223/8.)

— Missionaries and the « Toleration Clause ». (*Ibid.*, XI, 1880, pp. 65/71.)

— L. sig. I. M. (*Ibid.*, pp. 147/8.)

— The Toleration of Christianity in China. By Rev. H. Blodget. (*Ibid.*, XII, 1881, pp. 1/15.)

— An appeal for China. Two letters, addressed to the friends and supporters of The London Missionary Society, by the Rev. J. A. James, of Birmingham. S. d. [1880], br. in-8, pp. 8.

— The Gospel in Mongolia. By Hoinos. (*Chin. Rec.*, XI, 1880, pp. 120/4.)

— Remarks on Missionary Enterprise, especially in China. By 華洋 Originally published in the « Celestial Empire », Shanghai, and now reprinted for private Circulation. — Printed at the « Celestial Empire » Office. Shanghai. — 1880, in-8, pp. 56.

— Thoughts on Chinese Missions ; Difficulties and Tactics. By Rev. Timothy Richard. (*Chin. Rec.*, XI, 1880, pp. 430/441.)

— Sketches of a Country Parish. By Rev. Arthur H. Smith. (*Ibid.*, XII, 1881, pp. 245/266, 317/344.)

— China as a Mission Field. By the Rev. Arthur E. Moule, B. D., C. M. S. Missionary,... London : Church Missionary House, br. in-8, s. d. [1881], pp. VI-75.

— China as a Mission Field. By the Ven. Arthur E. Moule, B. D., Archdeacon in Mid-China, and C. M. S. Missionary at Ningpo, Hangchow, and Shanghai,... Second Edition, revised. London : Church Missionary House. 1891, br. in-8, pp. 80.

Notice : *Chin. Rec.*, XXIII, Sept. 1882, p. 436.

— Mission Work in Central China. A letter to methodist young men. By David Hill. London : Published for the author. T. Woolmer, 1882, br. in-8, pp. 32 et 2 cartes.

— China ; her Claims and Call. By the Rev. Griffith John, of China. London : Hodder and Stoughton, MDCCCLXXXII, br. in-8, pp. 62.

— Spiritual Power for Missionary Work. By Rev. Griffith John, Missionary to China. Lucknow : Methodist Pub. House, pet. in-8, pp. 43. [s. d., 1888.]

— Report on Christian Literature in China ; with a Catalogue of Publications. By J. Murdoch, LL. D., Indian Agent of the Religious Tract Society. — Shanghai. 1882. Printed at the « Hoi-lee » Press, br. in-8, pp. 56-12.

Les dernières pages contiennent un « Catalogue of Chinese Christian Literature, April, 1882 ».

— New Classified and Descriptive Catalogue of Current Christian Literature 1901. (Wen-li and Mandarin.) By D. Mac Gillivray. — Shanghai : Society for the Diffusion of Christian and General Knowledge among the Chinese. 1902, in-8, pp. VI-89.

— * Bilder aus der chinesischen Mission. (*Ev. Miss. Mag.*, N. F., Jahrg. 27, Nov. 1883, pp. 433/448.)

— Shall we assist the Chinese in acquiring a knowledge of the English language? By Rev. B. C. Henry. A Paper read before the Canton Missionary Conference, Dec. 8th, 1880. (*Chin. Rec.*, XII, 1881, pp. 225/236.)

— The Cross and the Dragon or Light in the Broad East by Rev. B. C. Henry Ten years a missionary in Canton with an introductory note By Joseph Cook. New York, Anson D. F. Randolph and Company, in-8, pp. xxvj-483.

Notice : *China Review*, XIV, pp. 174/5, par E. F.

— The Cross and the Dragon; or, Light in the Broad East. By Rev. B. C. Henry, ten years a Missionary in Canton. With an introductory Note By Joseph Cook. London: S.W. Partridge and Co., in-8, pp. 307.

— Methods of mission work. By Rev. J. L. Nevius, D. D. Origin and growth of stations in central Shantung. (*Chin. Recorder*, XVI, XVII, 1885, 1886, passim.)

— An Historical Sketch of the China Mission of the Protestant Episcopal Church in the U. S. A. From the first Appointment in 1834 to include the year ending August 31st, 1884. New York: Foreign Committee, 23 Bible House. 1885, in-8, pp. 74.

— The agency of Chinese Authors in preparing a Christian Literature for China. By Rev. C. W. Mateer, D. D. (*Chin. Recorder*, XVII, March 1886, pp. 93/101.)

— China's need: Conversion or regeneration. By Rev. W. W. Royall. (*Ibid.*, XVII, April 1886, pp. 141/144.)

— James, chapter V, verse 5. By Rev. W. W. Royall. (*Ibid.*, XVII, April 1886, pp. 148/149.) By Herbert A. Giles. (*Ibid.*, July 1886, pp. 260/1.) By Rev. J. Edkins. (*Ibid.*, Aug. 1886, pp. 316/8.) By B. (*Ibid.*, p. 319.)

— The future Attitude of China towards Christianity. By Rev. J. Edkins, D. D. (*Ibid.*, oct. 1886, pp. 391/6, 405/415.) Read at the first annual Meeting of the Peking and Tung-chow local Branch of the Evangelical Alliance on Mai 20th, 1886.

— An account of the Chung king Riot on July 1 and 2, 1886. By Mr. Mollmann. (*Monthly Reporter of the British and Foreign Bible Soc.*, 1887, pp. 40 & 57.)

— Mission Progress a Step in Civilisation. By Right Rev. J. S. Burdon, D. D., Bishop of Victoria, Hong kong. (*Chin. Rec.*, XVIII, 1887, pp. 49/58.)

An address delivered in the British Church, Foochow, on St. Andrews' Eve, 29th nov. 1886.

— The Drinking Habits of Chinese Christians. By Dr. J. G. Kerr. (*Ibid.*, XVIII, Dec. 1887, pp. 449/456; XIX, Jan. 1888, pp. 11/19.)

Read before the Canton Missionary Conference, June 1st, 1887.

— The History of Self-Support in the London Mission. By Rev. J. Macgowan. (*Ibid.*, XVIII, Dec. 1887, No. 12, pp. 457/468; XIX, Jan. 1888, pp. 1/11.)

— Native Agents. By Rev. J. Ross. (*Ibid.*, XIX, 1888, pp. 19/28.)

— The Fathers and Founders of Protestant Missions in China. By William Muirhead. (*N. C. Herald*, Feb. 13, 1884, pp. 172/4.)

R. Morrison, W. Milne, Gützlaff, Medhurst, etc., etc.

Lu le 5 fév. 1884 à la Shanghai Lit. and Debating Society.

— Stories about China. By Annie R. Butler... T. O. Smith, London, s. d. [1887], in-16, pp. 48.

— Dissolving View Lecture: entitled a Peep at our China Missions. Prepared for the Use of The Young Men's Missionary Band, 14 Blomfield Street, E. C. — Price, One Shilling. — London: London Missionary Society, in-8, pp. 28 [s. d., 1888].

By George Cousins.

— Hodge on the Epistle to the Romans. — A Review. By Rev. W. A. P. Martin, D. D. (*Chin. Rec.*, XIX, No. 7, July 1888, pp. 322/323.)

(Miss. Prot. : Divers.)

— Native Christians Testifying Before an Official. By Rev. J. H. Worley. (*Ibid.*, pp. 323/328.)

— The Light of Asia and the Light of the World. By S. H. Kellogg, D. D. — A Review. By D. Z. Sheffield. (*Ibid.*, No. 8, Aug. 1888, pp. 349/358.)

— The Duty of Christian Missions to the Upper Classes of China. Question I. — Does a Duty exist? By Rev. Gilbert Reid, M. A. (*Ibid.*, No. 8, Aug. 1888, pp. 358/364); Question II. — What is the nature of the duty? (*Ibid.*, No. 9. Sept. 1888, pp. 397/402; *ibid.*, No. 10, Oct. 1888, pp. 465/472.)

— Work and Needs of Our Society. By Rev. Chauncey Goodrich. (*Ibid.*, No. 8, Aug. 1888, pp. 366/370.)

Read before the North China Tract Society, May 23rd, 1888.

— * American Missionaries in China. By the Hon. Chas. Denby, U. S. Minister at Peking. (*Missionary Review of the World*, February 1888. New York; Funk and Wagnalls.)

— Our Practical Relations with Idolatry. By Rev. Arnold Foster. (*Chin. Rec.*, XIX, No. 11, Nov. 1888, pp. 527/529.)

— Christian progress in China. Gleanings from the Writings and Speeches of Many Workers. By Arnold Foster, B. A. London Missionary Society Hankow. With a map of China. The Religious Tract Society — 1889 [London], pet. in-8, pp. 255.

Appendix. — The Jews in China, pp. 247/255, d'après J. Finn.

— Missionary Organization in China. By A. Williamson, LL. D. A paper read before the Chefoo Missionary Association on 3rd September 1888. (*Chinese Recorder*, Jan. 1889, pp. 18/26; *ibid.*, Feb. 1889, pp. 72/81.)

— A Criticism of Dr. Williamson's «Missionary Organization» By Rev. J. V. N. Talmage, D. D. (*Chin. Rec.*, XX, No. 3, March 1889, pp. 124/129.)

— The Moravians and their Missions. By Rev. H. Blodget, D. D. (*Ibid.*, Jan. 1889, No. 1, pp. 1/9; *ibid.*, Febr. 1889, No. 2, pp. 57/67.)

Read before the Peking Missionary Association.

— The Chinese an Integral Part of Humanity. By Rev. Samuel I. Woodbridge. (*Ibid.*, No. 3, March 1889, pp. 107/110.)

— To What Purpose was this Waste? (*Ibid.*, pp. 121/124.)

— In what Lines of Action can our three Missions most effectively prosecute their work in Union? By Rev. N. J. Plumb. (*Ibid.*, No. 4, April 1889, pp. 159/168.)

— The Missionaries and the Mandarins. (*Ibid.*, pp. 168/170.)

— Remember the Sabbath Day to keep it holy. By Co-worker. (*Ibid.*, pp. 170/1.)

— Chinese Methodist Episcopal Mission of California. Conference. By Mrs. S. L. Baldwin. (*Ibid.*, pp. 173/175.)

— Is Buddhism a Preparation for Christianity? By Dr. W. A. P. Martin. (*Ibid.*, XX, No. 5, May 1889, pp. 193/203.)

— The Difficulties of Intercourse between Christian Missionaries and Chinese Officials. By the Rev. Gilbert Reid. (*Ibid.*, pp. 209/216.)

— How to be a Missionary and convert no one. By Rev. Chauncey Goodrich. (*Ibid.*, No. 6, June 1889, pp. 254/262.)

— Preaching to the Chinese by Similarities and Contrasts. By Rev. A. Sydenstricker. (*Ibid.*, No. 7, July 1889, pp. 327/330.)

— Hygiene. By L. L. G. (*Ibid.*, pp. 330/332.)

— How may we best foster Self-Support in our Native Churches? By Rev. C. Hartwell. (*Ibid.*, No. 8, Aug. 1889, pp. 355/361.)

— Is China Democratic? (*Ibid.*, pp. 371/373.)

— Conversion of Mr. Li. (*Ibid.*, No. 10, Oct. 1889, pp. 472/474.)

— Lieutenant Wood on Missionaries in China. By the Rev. S. L. Baldwin, D. D. (*Ibid.*, No. 11, Nov. 1889, pp. 507/513.)

— How one Man can preach to a Million. By Rev. Timothy Richard. An Address for the Annual Meeting of the North-China Tract Society, 1889. (*Ibid.*, XX, No. 11, Nov. 1889, pp. 487/498.)

— What Lessons can we learn from the Experience and History of Roman Catholic Missions in China as bearing on our Work? (*Ibid.*, XX, No. 11, Nov. 1889, pp. 499/506; *ibid.*, No. 12, Dec. 1889, pp. 535/542.)

— Shall we Study the False Religions? By F. F. Ellinwood, D. D. (*Ibid.*, XX, No. 11, Nov. 1889, pp. 519/524.)

— The model Missionary in China. By Frederic H. Balfour. (*Asiatic Quarterly Re-*

(Miss. Prot. : Divers.)

view, Jan. 1890, Vol. IX, No. 17, pp. 12/29.)

— Address by Bishop Andrews of the M. E. Church, U. S. A., at Shanghai, November 28th, 1889. By J. (*Chin. Rec.*, Jan. 1890, pp. 7/11.)

— Some Reminiscences of the Famine Relief Work. By J. B. M. (*Ibid.*, XXI, No. 1, Jan. 1890, pp. 18/26.)

— The Student Missionary Uprising. By John R. Mott. (*Ibid.*, Feb. 1890, pp. 78/84.)

— The Account of the Creation. By F. C. (*Ibid.*, pp. 108/111.)

— Are Missions a Great Failure? (*Ibid.*, March 1890, pp. 122/129; *ibid.*, April 1890, pp. 163/169; *ibid.*, May 1890, pp. 213/220.)

— Historical Evidences of Christianity for China. Chap. I. The material Benefits. By Timothy Richard. (*Ibid.*, No. 4, April 1890, pp. 145/150, etc.)

— The Historic Episcopate as a Basis for Church Union in China. By Rev. Gilbert Reid. I. The Historic Episcopate substantiated. (*Ibid.*, pp. 154/163.) II. The Fitness of the Historic Episcopate to the Problem Proposed. (*Ibid.*, No. 5, May 1890, pp. 201/212.)

— Christian Union in China. By Rev. John L. Nevius. (*Ibid.*, No. 4, April 1890, pp. 179/182.)

— The Intellectual Benefits. By Rev. T. Richard. (*Ibid.*, May 1890, pp. 228/232.)

— A Call to Prayer. By D. S. M. (*Ibid.*, pp. 232/234.)

— On Some Aspects of Prayer. By Rev. C. Hodges. (*Ibid.*, June 1890, pp. 257/265.)

— The Missionary Invasion of China. By Rev. H. D. Porter, M. D. (*Ibid.*, No. 7, July 1890, pp. 291/305; réimp. du *New Englander and Yale Review.*)

— « Lest we should offend them. » By Haleg Fax. (*Chin. Rec.*, XXI, No. 7, July 1890, pp. 321/327.)

— Sabbath Obligations. By Rev. F. M. Price. (*Ibid.*, Aug. 1890, pp. 347/360.)

— The Black-Board as a Missionary Agency. By Rev. T. Brown. (*Ibid.*, pp. 360/364; *ibid.*, Sept. 1890, pp. 387/389.)

— The Enlightenment of our native Christian Women. How can it be accomplished? By Miss Elizabeth M. Fisher. (*Ibid.*, Sept. 1890, pp. 390/396.)

— Sunday Resting. Is it a law of God? By Rev. George King. (*Ibid.*, pp. 402/409.)

— Sunday Resting a Law of God. By Rev. G. G. Warren. (*Ibid.*, Dec. 1890, pp. 545/550.)

— The Opening of New Stations. By C. Spurgeon Medhurst. (*Ibid.*, pp. 537/541.)

— Recent Criticisms of Missionaries and Missionary Methods. Their Results at Home and Abroad. By Rev John G. Fagg. (*Ibid.*, pp. 553/557.)

Read before the Amoy Miss. Ass., Aug. 1, 1890.

— * The Glorious Land. Short Chapters on China and the Missionary Work There. By the Ven. Arthur E. Moule, B. D., &c. With map and illustrations. London, &c. 1891.

Notice : *Chin. Rec.*, XXIII, Sept. 1892, p. 436.

— The Missions of the Church Missionary Society. The China Mission. By the Ven. Arthur E. Moule... London : Church Missionary Society, 1902, pet. in-8, pp. 72.

— Asceticism in Missions. By F. F. Ellinwood, D. D., New York. (*Chin. Rec.*, XXII, Jan. 1891, pp. 1/6; réimp. de *The Missionary Review.*)

— Resolutions on Presbyterian Union. Adopted by the Swatow Council of the English Presbyterian Mission. (*Chin. Rec.*, XXII, Jan. 1891, pp. 9/12.)

— Primeval Revelation. By J. Edkins, D. D. (*Ibid.*, pp. 22/23.)

— The Importance of Cities in Evangelization. By the Rev. Gilbert Reid. (*Ibid.*, Feb. 1891, pp. 51/60.)

— A Shanghai Sermon. (*Ibid.*, pp. 60/63.) By the Rev. T. R. Stevenson, Union Church, Dec. 21, 1890.

— A Recent Correspondence between an Educated Manchow and a Missionary on Religious Controversy and kindred Subjects. By T. C. (*Ibid.*, Feb. 1891, pp. 63/73.)

(Miss. Prot. : Divers.)

— To what extent ought we as Missionaries to appeal to the Secular Arm in behalf of Chinese Christians? By Rev. C. C. Baldwin, D. D. (*Ibid.*, March 1891, pp. 99/105.)

— The Duty of the Hour. By Rev. Chauncey Goodrich, D. D. (*Ibid.*, pp. 113/116.)

— The One Thing Needful. By T. (*Ibid.*, April 1891, pp. 169/171.)

— The Opening of New Stations. By U. S. (*Ibid.*, May 1891, pp. 213/214.)

— Preservation of Health a Duty. By J. G. Kerr, M. D. (From the « China Medical Missionary Journal ».) (*Ibid.*, May 1891, pp. 215/217.)

— Student Volunteer Convention. By Rev. G. L. Mason. (*Ibid.*, pp. 220/221.)

— Scripture Translation. By Rev. J. C. Gibson. (*Ibid.*, pp. 225/228.)

— Methods for securing Laborers for Mission Fields, and insuring the Constant and Adequate Support of them and their Work. By Rev. H. V. Noyes. (*Ibid.*, June 1891, pp. 268/275.)

— On the Sabbath. By Rev. C. H. Judd. (*Ibid.*, pp. 276/281.)

— The Use of 你 in Prayer. By C. W. M. (*Ibid.*, July 1891, pp. 308/310; XXIII, May 1892, pp. 224/9.)

— The Language of Reverence in China. By F. (*Ibid.*, Sept. 1891, pp. 423/431.)

— « You » or « Thou »? By Rev. H. P. Perkins, Linching, A. B. C. F. M. (*Ibid.*, XXIII, May 1892, pp. 222/223.)

— The Second Personal Pronoun in Prayer. By Rev. Gilbert Reid. (*Ibid.*, XXII, Oct. 1891, pp. 458/460.)

— An Imperial Decree. (*Ibid.*, July 1891, pp. 330/1.)

— The Holy Spirit a Speedy Instructor. By Rev. William N. Brewster. (*Ibid.*, Aug. 1891, pp. 374/5.)

— The Wives of Missionaries. By Dr. Ashmore, A. B. M. U., China. (*Ibid.*, pp. 375/6.)

— Appealing to the Secular Arm. By Rev. W. D. Rudland, T'aicheo. (*Ibid.*, pp. 379/380.)

— Missionary Intelligence. To Fellow-workers in Heathen Lands, Greetings : By Chas. E. Garst. (*Ibid.*, pp. 381/2.)

— What is the Best Practical Training we can give our Theological Students? By Rev. Charles Shaw. (*Ibid.*, Sept. 1891, pp. 395/400.)

— Baptism. By Anonymous. (*Ibid.*, pp. 410/412.)

— A Notable Gathering. By Correspondent. (*Ibid.*, Oct. 1891, pp. 462/465.)

— Notes on « Mackay of Uganda ». Mr. James McMullan, C. I. M., Ninghai. (*Ibid.*, Dec. 1891, pp. 553/557.)

— Is Slavery as practised among the Chinese Immoral? By Rev. Thomas McCloy, S. B. M., Canton. (*Ibid.*, pp. 567/573.)

— Outline missionary Series. China, Country, People, Religious Systems, Christian Missions. By Rev. J. T. Gracey, M. A. John Snow and Co., Six Pence, in-8, pp. 48. Carte.

— Les Missions protestantes en Chine. (*Miss. Cath.*, XXIII, 1891, pp. 92/4, 104/106.)

— * Missionaries in China. By A Candid Friend. Tientsin : The Tientsin Press [1891], pp. 63.

Notice : *Chin. Rec.*, XXIII, Jan. 1892, pp. 38/40. — *China Review*, XX, No. 1, pp. 59/60. By L.

— The Anti-Foreign Riots in China in 1891. — With an Appendix. — Shanghai : Printed at the « North-China Herald » Office. — 1892, in-8, pp. VIII-304.

L'App. contient : *Hunan : A Record of a Six Weeks' Trip.*

Voir IIIe Part. de la *B. Sin.* : QUEST. CONTEMPORAINES.

— A Well-Balanced Life. By J. H. Wainright, M. D., M. E. S. M., Kobe, Japan. (*Chin. Rec.*, XXIII, Jan. 1892, pp. 1/10.)

— Why has not Christianity made Greater Progress in the World? By the Editor. [Read before the Shanghai Missionary Association November 3rd, 1891, and published by request of that body.] (*Ibid.*, Feb. 1892, pp. 64/74.)

(Miss. Prot. : Divers.)

— What should be our Attitude toward the False Religions? (Paper read before the Ministers of the Dudley District, Eng., April 17th, 1891.) By the Rev. G. T. Candlin, Missionary in China. (*Ibid.*, March 1892, pp. 99/110.)

— Vaccination a Duty. By Geo. A. Huntley, C. I. M., Cheng-K'u. (*Ibid.*, pp. 120/124.)

— What are the Best Methods for proving Applicants for Membership in our Churches? By Rev. E. Z. Simmons, S. B. M., Canton. (*Ibid.*, pp. 125/129.)

— Scheme for the General Enlightenment of China. By Rev. T. Richard. (*Ibid.*, pp. 131/132.)

— Proposal with Reference to United Prayer for Native Workers. (*Ibid.*, April 1892, pp. 167/172.)

— Brief Report of a Notable Missionary Address. (*Ibid.*, pp. 172/175.)

— The Use of Money in Missionary Work. By Rev. Francis M. Price. (*Ibid.*, XX, No. 3, March 1889, pp. 97/107.)

— How Mission Money is Expended. By Rev. G. A. Stuart, M. D., Wuhu, M. E. M. First Part. (*Ibid.*, XXIII, May 1892, pp. 229/236.) Second Part. (*Ibid.*, June 1892, pp. 259/265.)

— Another Missionary's Idea. By Mr. John Darroch, C. I. M. (*Ibid.*, July 1892, pp. 332/335.)

— An Experience of Missionary Troubles in the Interior of China. By the Rev. Gilbert Reid, M. A. (*Ibid.*, June 1892, pp. 276/284.)

— The Missionary Review. (*Ibid.*, pp. 285/6.)

— How to Increase the Efficiency of our Native Workers. By Rev. F. L. Hawks Pott, B. D. (*Ibid.*, July 1892, pp. 299/304.)

Read before the Shanghai Missionary Association.

— Quench not the Spirit (I Thes. V, 19). (The substance of a prayer-meeting talk, afterwards written out for the *Recorder* at the Editor's request.) By D. W. H. (*Ibid.*, pp. 329/332.)

— The Drink Offering. By Rev. C. Hartwell. (*Ibid.*, pp. 315/324; *ibid.*, Aug. 1892, pp. 355/360.)

— Practical Christianity. By a Lady Missionary. (*Ibid.*, pp. 370/372.)

— The Riots and their Lessons. By Rev. John Ross, U. P. C. S. (*Ibid.*, pp. 380/386.)

— Two Important Questions. Rev. W. S. Ament, A. B. C. F. M. (*Ibid.*, Sept. 1892, pp. 407/410.)

— On Scripture Colportage. By ***. (*Ibid.*, pp. 420/422.)

— A Notable Meeting. By Rev. John C. Ferguson, Nanking, China. (*Ibid.*, Oct. 1892, pp. 465/468.)

— Protestant Missionary Work in China. By Rev. J. W. Davis, D. D. (*Ibid.*, pp. 469/475; *ibid.*, Nov. 1892, pp. 506/512.)

Read at the Arima Conference, Japan, 8th August 1892.

— Are we then Getting Ready to Believe that God is the Architect of Heathenism? By Rev. William Ashmore, D. D. (*Ibid.*, pp. 517/518.)

— The Religious Possibilities of the World's Fair. By Rev. John Henry Barrows, D. D. (*Ibid.*, Dec. 1892, pp. 547/556.)

— How Should we Preach to the Heathen? (*Ibid.*, pp. 570/572.)

— The First Chinese Christian Endeavour Society in the World. By Rev. G. H. Hubbard, A. B. C. F. M. (*Ibid.*, pp. 573/4.)

— God's Own Estimate of Heathenism. (Read Rom. I Chapter.) By Rev. W. Ashmore, D. D. (*Ibid.*, XXIV, Jan. 1893, pp. 21/2.)

— Revival : Awakening : Union. By Mr. G. M'Intosh, Presbyterian Mission Press, Shanghai. (*Ibid.*, Feb. 1893, pp. 70/4.)

— The C. E. S. in China. — A Plea for Extension. By Rev. O. F. Wisner, American Presbyterian Mission, Canton (*Fa Ti*). (*Ibid.*, pp. 75/8.)

— Draft of Explanations on Chinese Text of St. Mark's Gospel. As accepted by the Board of the National Bible Society of Scotland. (*Ibid.*, pp. 78/87.)

— Chinese Hymnology. (Rev. J. Lees.) (聖教詩歌.)

By Rev. G. T. Candlin. [Meth. New Connexion Mission, Tientsin.] (*Ibid.*, April 1893, pp. 167/173.)

∴

— Christian Terminology in Chinese. By Rev. John C. Gibson, Swatow, E. P. M. First Part. (*Chin. Rec.*, XXIII, June 1892, pp. 255/259; XXIV, Feb. 1893, pp. 51/54.)

— Christian Terminology in Chinese. By M. N. (*Ibid.*, XXIII, Sept. 1892, pp. 418/19.)

— Notes on the Roman Catholic Terminology. By Rev. G. L. Mason. (*Ibid.*, XX, No. 8, Aug. 1889, pp. 352/354.)

— The Roman Catholic Terminology. By Rev. C. F. Hogg. (*Ibid.*, XXI, Sept. 1890, pp. 396/402.)

∴

— The next missionary conference. By Rev. C. W. Mateer, L. D. (*Chin. Rec.*, XVII, Jan. 1886, pp. 32/33.)

— The missionary conference. — A protest. By Rev. M. T. Yates, D. D. (*Ibid.*, pp. 34/35.)

— The General Conference on Missions. From *The Church missionary Intelligence and Record*. (*Chin. Rec.*, XIX, No. 9, Sept. 1888, pp. 427/432.)

— The Proposed Missionary Conference of 1890. (*Ibid.*, XX, No. 8, Aug. 1889, pp. 349/352.)

— Programme of the General Conference of 1890. By J. R. Goddard, Secy. of Com. of Arrangements. (*Ibid.*, No. 11, Nov. 1889, pp. 514/517.)

— The Coming General Conference. By B. C. D. (*Ibid.*, XXI, Jan. 1890, pp. 1/7.)

— A Suggestion for the Conference. By a Young Missionary. (*Ibid*, Feb. 1890, pp. 119/122.)

— * **Resolutions of the Shanghai Conference on Editorial Matters, with remarks on the same by Dr. Wright.**

Voir Lettres de C. F. Hogg, Arnold Foster. (*Chin. Rec.*, July 1890.) Dans ce même numéro, l'éditeur du *Chin. Rec.*, p. 335, refuse d'insérer une réponse du Dr. Archibald au Dr. Wright. Voir également les numéros suivants de ce périodique.

— The Missionary Conference at Shanghai. (*Chin. Rec.*, XXI, Sept. 1890, pp. 409/412.)

From *The London and China Express*.

— Remarks on some of the Resolutions of Conference. By Rev. J. Wallace Wilson. (*Chin. Rec.*, XXI, Nov. 1890, pp. 495/499.)

— Chinese Dress in the Shanghai Conference. By Rev. B. C. Henry. (*Ibid.*, Dec. 1890, pp. 550/552.)

— * **Record of the Missionary Conference, held at Shanghai, May 7-20, 1890. Shanghai : Presbyterian Mission Press.**

Notice : *Chin. Rec.*, XXII, April 1891, p. 182.

— **Report of the Missionary Conference held in Shanghai, May 1890. Shanghai : Printed at the « North-China Herald » Office. 1890, in-8, pp. 79 à 2 col.**

∴

— * The Blind in China. By C. F. Gordon Cumming. (*Gentleman's Magazine*, May 1887.) — Voir col. 1240-1241.

— The Blind in China. (*Chin. Rec.*, XX, No. 5, May 1889, pp. 218/222; from *The Missionary Review of the World*.)

— **Embossed Reading Book for Blind Readers of the Amoy-Chinese Vernacular. — Second Edition. — English Presbyterian Mission : Tainanfu School for the Blind, Formosa. M DCCC XCVI, in-8 oblong.**

— Deaf-Mute Instruction. By Rev. C. R. Mills, D. D. (*Chin. Rec.*, XXI, June 1890, pp. 243/246.)

— Education and Work for the Chinese Blind. By Rev. W. Campbell, F. R. G. S. (*Ibid.*, Oct. 1890, pp. 448/453.)

— Mr. Murray's Method of applying Braille's System for the Instruction of the Blind. By H. Blodget. (*Ibid.*, XXII, pp. 256/260.)

∴

— The New Education in China. By Rev. L. W. Pilcher. I. Historical Notes. (*Ibid.*, XX, No. 7, July 1889, pp. 305/310.) — II. The Outlook. (*Ibid.*, No. 8, Aug. 1889, pp. 343/348.) — III. The Place of the English Language. (*Ibid.*, No. 9, Sept. 1889, pp. 403/410.)

— Country Day Schools. (*Ibid.*, No. 8, Aug. 1889. pp. 361/366.)

— The English Language in Chinese Educational Work. By C. D. Tenney, M. A. (*Ibid.*, No. 10, Oct. 1889, pp. 469/471.)

— Christian Education a Factor in Evangelization. By Rev. P. W. Pitcher. (*Ibid.*, XXI, Feb. 1890, pp 72/78.)

— Education a Factor in Evangelization. By Rev. P. W. Pitcher, Amoy, A. R. M. (*Ibid.*, XXIII, April 1892, pp. 164/166.)

— The Relation of Christian Education to other Branches of Mission Work. By Rev. D. Z. Sheffield. (*Ibid.*, XXI, June 1890, pp. 247/257.)

— Educational Notes. The Educational Association of China. Its Origin. (*Ibid.*, XXIII, Jan. 1892, pp. 30/36.)

— Higher Education in China. By Pres. John C. Ferguson. [Printed in the *N.-C. Daily News* and re-written for these columns.] (*Chin. Rec.*, XXIII, April 1892, pp. 149/157.)

— Day-Schools. — How to conduct them. A Symposium. [The papers given herewith were read at a meeting of the Shanghai Missionary Association, and the discussion following is reported in part. — Ed.] By Archdeacon E. H. Thomson, P. E. M. (*Ibid.*, May 1892, pp. 199/212.)

— Educational Notes. (*Ibid.*, pp. 213/216.)

— The American Chinese Sunday-schools. By Rev. C. R. Hager, Hongkong, A. B. M. (*Ibid.*, pp. 217/222.)

— Principles of Education. By Rev. W. P. Bentley. (*Ibid.*, Aug. 1892, pp. 362/367.)

— Objects, Methods and Results of Higher Education in Our Mission Schools. By Rev. J. Jackson, Methodist Episcopal Mission. (*Ibid.*, Dec. 1892, pp. 556/563; XXIV, Jan. 1893, pp. 7/12.)

— Dangers and Advantages of Day-Schools. By Rev. C. F. Kupfer [Meth. Ep. Mission, Chinkiang.] (*Ibid.*, XXIV, March 1893 pp. 107/110.)

∴

— Voir Chan toung, col. 225 et *infra*.

— Voir CANTON, col. 305.

— * Report of the Foreign Missions of the Presbyterian Church of En land for 1879.

Notice : *Chin. Rec.*, XI, 1880, p. 391.

— * The Constitution and By-laws of the China Mission of the Presbyterian Church in the United States, together with a list of Standing Rules and Precedents. Revised and adopted. 1892. Shanghai : Printed at the Presbyterian Mission Press. 1892.

Notice : *Chin. Rec.*, XXIII, April 1892, p. 184.

— Short Account of the Southern Methodist Mission since 1877. By A. P. Parker. (*Ibid.*, XII, 1881, pp. 292/4.)

— * Minutes of the Fifth Session of the China Mission Annual Conference of the Methodist Episcopal Church, South; held at Shanghai, October 15—21, 1890.

Notice : *Chin. Rec.*, XXII, Jan. 1891, p. 39.

— * Minutes of the Sixth Session of the China Mission Annual Conference of the Methodist Episcopal Church, South, held at Soochow, October 14—19, 1891. Shanghai : American Presbyterian Mission Press.

Notice : *Chin. Rec.*, XXIII, March 1892, p. 139.

— * Minutes of the Seventh Session of the China Mission Annual Conference of the Methodist Episcopal Church, South, held at Soochow, Oct. 5—10, 1892. Shanghai : Presbyterian Mission Press.

Notice : *Chin. Rec.*, Dec. 1892, p. 581.

— Report of the China Mission, Methodist Episcopal Church, South. For the year ending September 30, 1891. By W. B. Bonnell. (*Ibid.*, XXIII, Feb. 1892, pp. 81/83.)

— * Minutes of the Twenty-first Annual Meeting of the North China Mission of the Methodist Episcopal Church, held in Peking. April 29—May, 1892. Shanghai : Presbyterian Mission Press.

Notice : *Chin. Rec.*, XXIII, Nov. 1892, p. 533.

— * Official Minutes of the Twenty-fifth Annual Session of the Central China Mission of the Methodist Episcopal Church. 1892. Kiukiang : The Central China Press.

Notice : *Chin. Rec.*, XXIII, Nov. 1892, p. 532.

— The Value of Attention to Chinese Etiquette, by Foreign Missionaries in their Intercourse with natives. A Paper read before the Shanghai Missionary Association, Dec. 29, 1891. By the Ven. Archdeacon Moule, B. D. (*Ibid.*, February 1892, pp. 51/57.)

— What shall we teach in our girls' Schools? By L. C. Rothweiler. (*Korean Reposit.*, I, March 1892, pp. 89/93.)

— Improve the Time! or How to set our Clocks. By David W. Stevenson, M. D., Canadian Methodist Mission, Chentu. (*Chin. Rec.*, XXIV, May 1893, pp. 212/216.)

— The New Missionary. — His Relation to the Work and Workers. By W. H. Curtiss, M. D., Methodist Episcopal Mission, Peking. (*Ibid.*, pp. 217/223; June 1893, pp. 275/280.)

Read before the Peking Missionary Association, Dec. 8th, 1892.

— Is He not the God of Gentiles also? By Rev. J. Genähr, Rhenish Mission. (*Chin. Rec.*, XXIV, May 1893, pp. 229/249.)

— How to preach to the Heathen. By Rev. W. Muirhead, London Mission, Shanghai. (*Ibid.*, June 1893, pp. 253/9; July 1893, pp. 303/313.)

An address delivered at a Meeting of the Missionary Association, Shanghai, May 2, 1893.

— In Defence. By Rev. J. G. Genähr. (Translated from *Der Ostasiatische Lloyd.*) (*Chin. Rec.*, XXIV, June 1893, pp. 281/5; July 1893, pp. 318/323.)

— «The Spirits in Prison.» By Rev. William Ashmore, D. D. Baptist Missionary Union. (*Ibid.*, July 1893, pp. 313/318.)

— Heathenism. A Scriptural Study. By Rev. Martin Schaub, Basel Mission. (*Ibid.*, Aug. 1893, pp. 353/361.)

— Localized Work. By George Miller, Ning-kueh-fu. (*Ibid.*, pp. 362/369.)

— Untempered Mortar. By Rev. William Ashmore, D. D. Baptist Missionary Union. (*Ibid.*, pp. 370/372.)

— Churches and the Commission. By T. B. Crawford, D. D., Southern Baptist Mission, Tengchow. (*Ibid.*, Sept. 1893, pp. 408/412.)

— Jesus as a Teacher and Trainer. By Rev. A. Sydenstricker, Southern Presbyterian Mission. (*Ibid.*, pp. 417/419.)

— Lum Foon and His Wife; or, Grace Triumphing. By Rev. Frederic J. Masters, D. D., of San Francisco. (*Ibid.*, pp. 419/428.)

— Christian Missions and the World's Progress. By Rev. James S. Dennis, D. D., Syria. (*Ibid.*, pp. 428/431.)

— Foochow and Vicinity. By Rev. J. H. Worley, A. M., Ph. D. (*Ibid.*, pp. 433/5.)

— Future Probation and Christ's «Descensus ad Infernos» of the Apostles' Creed. By Martin Schaub, Basel Mission. (*Ibid.*, Oct. 1893, pp. 451/7.)

— «Work in China» at the Arima Conference. By Dr. J. Frazer Smith. (*Ibid.*, pp. 463/6.)

— The Measure of Our Faith. By Rev. D. W. Nichols, M. E. M. Nanking. (*Ibid.*, nov. 1893, pp. 514/521.)

— The Motive, Spirit and Methods of Foreign Missions at the Close of the Nineteenth Century. By Rev. F. L. Hawks Pott, B. D., Am. Episcopal Mission. (*Ibid.*, pp. 522/8.)

Reprinted from the *Protestant Episcopal Review*.

— The Bearing of Religious Unity upon the Work of Missions. By Rev. G. T. Candlin, Methodist New Conexion Mission. (*Chin. Rec.*, XXIV, Dec. 1893, pp. 553/567.)

Read before Chicago Congress of Religions, Sep. 25th, 1893.

— To what Extent should we teach the Chinese Classics in our Mission Schools? By Rev. C. Hartwell, American Board's Mission. (*Chin. Rec.*, XXIV, Dec. 1893, p. 567.)

Read before the Foochow Missionary Union, 19th Oct. 1893.

— Church Missionary Society. — Notes on China and its Missions. By Constance F: Gordon-Cumming, ... London . Church Missionary House, 1889, br. in-8, pp. 43.

— Work for the Blind in China : showing How Blind Beggars may be transformed into useful Scripture Readers. By C. F. Gordon-Cumming, ... — Gilbert & Rivington, Ld., London, in-16, pp. 39.

Voir col. 1238.

— Work for the Blind in China; showing How Blind Beggars may be transformed into useful Scripture Readers. By C.F. Gordon-Cumming, ... — London : James Nisbet & Co., in-16, pp. 39.

— Work for the Blind in China : Parts I. & II. (the latter written five years after the former). By C. F. Gordon-Cumming . . . . — Gilbert & Rivington, Ld., St. John's House, Clerkenwell Road, London, E. C. [Translation into all languages is invited.] in-16, pp. 39, 40, front.

Voir col. 1238 supra.

∴

— First Triennial Report of the Educational Association of China. From May, 1890, to May, 1893. (*Chin. Rec.*, XXIV, June 1893, pp. 268/275.)

— The Moral Influence of Christian Education in China. By Right Rev. Bishop Graves, Protestant Episcopal Mission. (*Ibid.*, July 1893, pp. 323/331.)

Read before the Educational Association of China at its triennial session in Shanghai, May 2—4th, 1893.

— The Work of our Association. By Rev. J. C. Ferguson, Methodist Episcopal Mission, Nanking. (*Chin. Recorder*, XXIV, Aug. 1893, pp. 379/386.)

Read before the First Triennial Meeting of the Educational Association of China.

— Our Opportunity. By Rev. A. P. Parker, Methodist Episcopal (South) Mission, Soochow. (*Chin. Recorder*, XXIV, Sept 1893, pp. 423/8.)

Ditto.

— Fünfte Flugschrift des Allgemeinen evang.-prot. Missionsvereins. — Eine Missionsreise auf dem Yang tze kiang in China im Jahre 1894. Vom Pfarrer und Missionar Paul Kranz in Shanghai. Mit einer Abbildung und einer Kartenskizze. — Zweite Auflage. — Berlin 1894, A. Haack, br. in-8, pp. 19.

— London Missionary Society. (Established 1795.) — Cheapness or Efficiency? The Pecuniary Needs of Missionaries. — Reprint of a Letter from the Rev. Arnold Foster, B. A., of Hankow, Published in the « Christian » of January 26th, 1893. London : London Missionary Society, 1893, in-8, pp. 24.

— The Story of the L. M. S. 1795-1895 by C. Silvester Horne, M. A. With Maps and many illustrations. London, London Missionary Society... 1894, Price Half a crown, in-8, pp. 444.

L. M. S. = London Missionary Society.

— Historical Summary showing the Origin, Growth, and Present Position of the London Missionary Society. — Price One Penny. — London : London Missionary Society, 1894, in-8, pp. 23.

— A Foreign Mission in the Province of Canton. By E. A. Irving. (*Blackwood's Mag.*, CLVIII, 1895, October, pp. 555/565.)

— The Chinese View of Missionaries. By T. C. Hayllar. (*Nineteenth Century*, XXXVIII, November 1895, pp. 769/777.)

— Missionaries in China. (*Macmillan's Mag.*, LXXIII, Nov. 1895, pp. 10/17.)

— A New Thing : Incidents of Missionary Life in China by F. M. Williams. With an Introduction by the Rev. J. Elder Cumming, D. D. and an Appendix, containing a short Sketch of the Inception, Development, and Present Position of the China Inland Mission. For the Young. London : S. W. Partridge, 1895, in-8, pp. XIII-429.

— Christianity the Completion of Confucianism. — A translation of the Chinese Tract 救世教成全儒教 By the author, Pastor P. Kranz. Br. in-8, pp. 12.

Ecrit en wen-li en mai 1896.

— The China Mission Hand-Book. — First Issue. — Shanghai : American Presbyterian Mission Press. — 1896, gr. in-8, 3 ff. prél. p. l. tit. et l. tab. + pp. 335, 13 cartes.

Divisé en deux parties ; la première consacrée à des mémoires indiqués à leur place dans la *Bib. Sinica* ; la seconde consacrée plus spécialement aux missions protestantes.

— Sketches of the Missions of the American Board in China. — The North China Mission, By Rev. Henry Blodget, D. D. The Foochow Mission, By Rev. C. C. Baldwin, D. D. — Boston : American Board of Commissioners for Foreign Missions, 1896, in-8, pp. 57.

— « My Women » by Mrs. J. Parker, of Chao-Yang, Mongolia, pièce in-16, de 4 ff. n. ch. (London, s. d. [1896].)

— Foreign Missions in the Light of Fact. By Rev. Dr. Judson Smith, Foreign Secretary, A. B. C. F. M. (*North American Review*, CLXII, Jan. 1896, pp. 21/32.)

— To my Missionary Critics. By Mark Twain. (*Ibid.*, CLXXII, April 1901, pp. 520/534.)

— The Missionaries and their Critics. By the Rev. Judson Smith, D. D., corresponding secretary of the American Board of Commissioners for foreign missions. (*Ibid.*, May 1901, pp. 724/733.)

— Among the dark-haired Race in the Flowery Land by Samuel B. Drake, of the Baptist Missionary Society. London, Religious Tract Society, 1897, in-8, pp. 158.

— The Missionary Concert. — Topics for 1897. Prepared by the Coöperating Committees of the American Board of Commissioners for Foreign Missions, Aided by the Officials of the Board. in-18, pp. 26.

Petite bibliographie, pp. 15/17.

— The Blind in China : a Criticism of Miss C. F. Gordon-Cumming's Advocacy of the Murray non-alphabetic Method of writing Chinese, with additional remarks by Rev. W. Campbell, F. R. G. S. English Presbyterian Mission Formosa. Kelly & Walsh, Ld., Hongkong... 1897, in-8, pp. xx-104.

Voir col. 1241.

— Eye-Gate or the Value of Native Art in the Mission Field with special reference to the Evangelization of China by William Wilson, M. B., C. M. of the China Inland Mission, Han-tchong-fu China Illustrated by 30 Fac-simile Colour Reproductions of Chinese Paintings. Published by S. W. Partridge, in-4 obl., [s. d., 1897].

Colour Prints by Edmund Evans.

— Dawn on the Hills of T'ang or China as a Mission Field by Harlan P. Beach. London, Student Volunteer Missionary Union, 1898, in-8, pp. xx-175.

Il y a une bibliographie en tête.

— Twenty-Six Years of Missionary Work in China by Grace Stott of the China Inland Mission with a Preface by the Rev. J. Hudson Taylor With eight illustrations. Third Edition. London, Hodder and Stoughton, 1898, in-8, pp. viii-366.

— * S. H. Chester. — Lights and Shadows of Mission Work in the Far East. Richmond, Va., The Presbyterian Committee of Publication, 1899, in-8, pp. 133, grav.

— Statistics of Protestant Missionary Societies in China for 1898. From the Missionary Review of the World. (*Chin. Rec.*, XXX, March 1899, pp. 144/5.)

— On the Best Means of deepening the Spiritual Life of the Chinese. By Rev. Arthur H. Smith. (*Ibid.*, August 1899, pp. 375/385.)

Reprinted from the Records of the Shantung Conference.

— Three Cries from Chinese Lips. By Mrs. Cecil Smith. (Reprinted from « China's Million's ».) London, Morgan & Scott, in-16, pp. 13 [s. d., 1899].

— « Other Sheep ». — A Missionary Appeal by G. B. M. China Inland Mission : London, Toronto, Melbourne, in-16, pp. 15 [s. d., 1899].

— Saved at Eighty-six. The Story of Mrs. Hu. By Miss H. M. Kölkenbeck. London : Morgan & Scott, in-16, pp. 15 [s. d., 1899].

— Thrice bought : The Story of a Chinese Girl by Mrs. C. H. Judd. London : Morgan & Scott, in-16, pp. 15 [s. d., 1899].

— Chinese Children : Their Religious Training. By Mrs. C. H. Judd. London : Morgan & Scott, in-16, pp. 20 [s. d., 1899].

— Wang : A Chinese Christian. By the Rt. Rev. W. W. Cassels, Bishop of Western China. New Edition. London : Morgan & Scott, in-16, pp. 22 [s. d., 1899].

— The Mission Crisis in China. — Leaflet No. 1. — The Board of Foreign Missions of the Presbyterian Church in the U. S. A. 156 Fifth Ave. New York, in-24, pp. 12.

— — Leaflet No. 2. The Missionary = Under Fire = Ibid., pp. 12.

— — Leaflet No. 3. The Persecuted Chinese Christian. Ibid., pp. 8.

— — Leaflet No. 4. A Day of Testing What Shall It Bring Out in Us? By The Rev. Maltbie D. Babcock, D. D. Pastor of the Brick Presbyterian Church, New York Address delivered at Memorial Service for Martyred Missionaries in China, Fifth Avenue Presbyterian Church, New York, Oct. 28th 1900. Ibid., pp. 16.

— — Leaflet No. 5. The Time to Act. Ibid., pp. 8.

— — Leaflet No. 6. The Tragedy of Paotingfu. Ibid., pp. 12.

— — Leaflet No. 7. Signs of the Dawn. Rev. Courtenay H. Fenn. Ibid., pp. 8.

— Narrative of Massacres in Shan-si July, 1900. — By the Rev. R. C. Forsyth. — With Introduction by E. H. Edward, M. B. Edin. and Rev. Timothy Richard. — Reprinted from the « North China Daily News ». — November, 1900. Printed at the « North-China Herald » Office. br. in-8, pp. 6 à 2 col.

— Further News of the Massacres in Shansi. — Reprinted from the « Shanghai Mercury ». — Printed at the Shanghai Mercury, Ltd., gr. in-8, pp. 13 à 2 col.

By E. H. Edwards, 1900.

— Fire and Sword in Shansi The Story of the Martyrdom of Foreigners and Chinese Christians By E. H. Edwards M. B., C. M. (Edin.) For Twenty Years Medical Missionary in China With Introductory Note by Alexander Maclaren, D. D., Litt. D. Manchester. Edinburgh and London, Oliphant Anderson & Ferrier, 1903, in-8, pp. 325.

— — New York... Fleming H. Revell Co., [1903], in-8, pp. 325.

— Die Ursachen der chinesischen Wirren und Die evangelische Mission von Carl Maus rheinischen Missionar in China (z. Zt. in Deutschland — Elberfeld). Kassel und Barmen, Ernst Röttger in Kassel und Missionshaus Barmen. 1900, in-8, pp. 80.

— The Missionary in China. By F. Thorold Dickson. (*Macmillan's Mag.*, LXXXIII, Dec. 1900, pp. 95/102.)

— China : A Missionary's View. By Mrs. S. L. Baldwin. (*The Outlook*, LXVI, New-York, 1900, pp. 107/111.)

— American Educators in China. By George B. Smyth President of the Anglo-Chinese College, Province of Fukien, China. (*Ibid.*, pp. 545/553.)

— Christian Missions and European Politics in China. By Prof. G. M. Fiamingo. (*The Open Court*, XIV, Chicago, 1900, pp. 689/693.)

— Missions and Missionaries in China. By Poultney Bigelow. (*North Amer. Rev.*, Vol. 171, 1900, pp. 26/40.)

— Martyred Missionaries of the China Inland Mission With a Record of the Perils & Sufferings of some who escaped With Portraits, Maps, and Illustrations. Edited by Marshall Broomhall, B. A. London : Morgan & Scott, MCMI, in-8, pp. XXVI-328 + 1 p. n. ch.

Il y a p. 316 et seq. une statistique des Missions protestantes d'après Hartman's *Survey of Protestant Missions in China*, publié dans Prof. Warneck's *Allgemeine Missions-Zeitschrift*, Mai 1900.

— Last Letters & Further Records of Martyred Missionaries of the China Inland Mission With Portraits and Illustrations. Edited by Marshall Broomhall, B. A. London : Morgan & Scott, MCMI, in-8, pp. 105 + 1 p. n. ch.

— The Missionary in China. (*Church. Quart. Rev.*, April-July 1901, LII, pp. 413/433.)

A propos des ouvrages de Roland Allen, Ransome, Broomhall, Holcombe.

— Choh lin, The Chinese Boy who Became a Preacher. By the Rev. J. A. Davis... Philadelphia : Presbyterian Board of Publication, pet. in-8, pp. 320.

— The Missionary Mail to Faithful Friends and Candid Critics. Elliot Stock, London, in-8 obl., pp. 70 + 1 f. n. ch. p. l'app.

Préf. par M. B. D. = Moir B. Duncan.

— China und die Missionare. — Eine wahre Beantwortung der Fragen : Wie hat Europa sich an China verschuldet ? und Was ist Europa China schuldig ? Nach einem Vortrag, gehalten in Hamburg von P. H. Coerper. — Auf Wunsch dem Druck übergeben... China-Inland Mission, Hamburg-Uhlenhorst, in-8, pp. 42, s. d. [1901].

— The Abandonment of Christian Missions in China. By Robert Speer, M. A., New York City, Secretary of the Presbyterian Board of Foreign Missions. (*The Homiletic Review*, XLI, Jan.-June 1901, pp. 210/215.)

— Lessons to Missionaries from Recent Troubles in China. By Rev. Chauncey Goodrich, D. D. (*Chin. Rec.*, XXXII, Jan. 1901, pp. 19/27.)

— The Missionaries in China [Reprinted from *The London Spectator*]. (*Chin. Rec.*, XXXII, Jan. 1901, pp. 27/30.)

— Women's Conference on the Home Life of Chinese Women. By Mrs. J. L. Stuart. (*Ibid.*, pp. 31/34.)

— The Missionary in China and Elsewhere. By H. C. Macdowall. (*Macmillan's Mag.*, LXXXIII, Feb. 1901, pp. 280/284.)

— Educational Work Indispensable. By Rev. T. Richard. (*Chin. Rec.*, XXXII, Feb. 1901, pp. 91/93.)

— Our Opportunity. By Rev. W. H. Hudson. (*Ibid.*, March 1901, pp. 117/119.)

— The Amoy Congregational Union. By Rev. F. P. Joseland, secretary. (*Ibid.*, pp. 119/123.)

— One Great Missionary Secret. By Rev. Timothy Richard. (*Ibid.*, pp. 124/125.)

— The Martyrs' Legacy to the Church. [Editorial from *Woman's Work for Woman.*] (*Chin. Rec.*, XXXII, March 1901, pp. 137/139.)

— A Typical Chinese Christian. By the Rev. B. C. Henry, D. D. (*Ibid.*, pp. 140/141.)

— Female Education in China. By R. S. W. (*Ibid.*, pp. 142/145.)

— A Message to the Churches. By Rev. Chauncey Goodrich, D. D. (*Chin. Rec.*, XXXII, April 1901, pp. 157/168.)

— Native Church Organization. By Bishop Moule. (*Ibid.*, pp. 168/175.)

— Medical Mission Work in China By O. L. Kilborn, M. A., M. D. (*Ibid.*, pp. 175/190.)

— The Story of a Recantation. Copy of a letter by Rev. J. P. Bruce to the Secretary of the Baptist Missionary Society. (*Ibid.*, pp. 191/198.)

— Missionary Organization. By Rev. R. C. Forsyth. (*Ibid.*, May 1901, pp. 213/219.)

— Devotion to Heathenism. By Rev. W. Remfry Hunt. (*Ibid.*, pp. 231/232.)

— The Missionary as a Citizen and as an Ambassador of God. By Rev. R. H. Graves, D. D. (*Ibid.*, pp. 241/247.)

Read before the Canton Missionary Conference.

— How a few Men may make a Million Converts. By Rev. Timothy Richard. (*Ibid.*, June 1901, pp. 267/280.)

Delivered at a Conference of Missionaries, Shanghai, Feb. 22nd, 1901. Tirage à part, 10 cents.

— Missionaries and their Relations to One Another. By Rev. E. F. Tatum. (*Chin. Rec.*, XXXII, June 1901, pp. 280/283.)

— China's Intellectual Thraldom and the Way

of Escape. By Rev. William N. Brewster. (*Ibid.*, pp. 293/300; *ibid.*, July 1901, pp. 321/327; *ibid.*, Oct. 1901, pp. 492/496.)

— * Shall the Missionary Go? By Rev. J. C. Garritt, Hangchow. Reprinted from the *Shanghai Mercury*. For sale at the *Mercury* Office.

Notice : *Chin. Rec.*, XXXII, June 1901, pp. 310/311, par G. M.

— The Missionary in China. By H. C. Thomson. (*Contemporary Review*, June 1901, pp. 872/886.)

— The Missionaries and the Empire An appeal to the Missionary Societies. By Frederick Greenwood. (*Nineteenth Century*, L, July 1901, pp. 21/30.)

— Church Music and its Condition in the Chinese Church. By Wang Chung-Yu. (*Chin. Rec.*, XXXII, July 1901, pp. 335/340.)

— Our Three Classes of Converts. By Rev. F. Ohlinger. (*Ibid.*, pp. 352/356.)

— Day-school Teachers in Conference. By Mrs. A. P. Parker. (*Ibid.*, pp. 360/361.)

— A Missionary's View of the Chinese Question. By Rev. Bertrand Cothonay, O. P. (*The Catholic World*, July 1901, pp. 415/426.)

En réponse au Rev. A. H. Smith dans *The Outlook*, Mars 16, 1901.

— Concerning our Relation to the Civil Power. By Rev. F. W. S. O'Neil, M. A. (*Chin. Rec.*, XXXII, August 1901, pp. 388/390.)

— The Relation of the Missionary to the Magistrates. By Rev. Jacob Speicher, American Baptist Mission. (*Ibid.*, pp. 391/398.)

Read before a Conference of Missionaries at Chow-chow Fu, Swatow district, in Feb. 1900.

— Future Missionary Policy in China. A Notable Conference of Missionary Secretaries. By Rev. Arthur J. Brown, D. D. New York City. Secretary of the Presbyterian Board of Foreign Missions. (*Ibid.*, pp. 398/405.)

— China under the Search Light. By Wm. Arthur Cornaby... London : T. Fisher Unwin, in-8.

Notice : *Chin. Rec.*, XXXII, Aug. 1901, pp. 414/5, par G. M.

— The Christian School a Converting Instrumentality. By Rev. J. E. Walker, Shao-wu, Fuh-Kien. (*Ibid.*, Sept. 1901, pp. 436/440.)

— The Lessons of Martyrdom. God's Latest Message to the Christian Church. By the Rev. James S. Dennis, D. D. (*Ibid.*, pp. 440/447.)

— « The Missionary Question. » By Rev. Wm. Ashmore, D. D. (*Ibid.*, Oct. 1901, pp. 484/492.)

— « Make Jesus King. » By Rev. F. W. S. O'Neill. (*Ibid.*, pp. 509/511.)

— The First National Y. M. C. A. Convention in China. By Rev. J. C. Garritt. (*Ibid.*, Dec. 1901, pp. 610/618.)

(Miss. Prot. : Divers.)

Nanking, 7 nov. 1901 et jours suivants.

— Romanized Colloquial. By Miss J. E. Martha Lebens. (*Ibid.*, Oct. 1901, pp. 512/513.)

— Mission Problems and Mission Methods in South China Lectures on Evangelistic Theology by J. Campbell Gibson... Edinburgh and London, Oliphant, Anderson & Ferrier, 1901, in-8, pp. 332.

A la fin : Map of Swatow Mission Field.

Notice : *Chin. Rec.*, XXXII, Oct. 1901, pp. 519/520.

— Fellowship. By Miss Emily S. Hartwell, Foochow. (*Ibid.*, Nov. 1901, pp. 536/547.)

— Central China Presbyterian Conference. By Rev. J. A. Silsby. (*Ibid.*, pp. 553/557.)

— Organization of the Presbyterian Church at Amoy. By Rev. Wm. McGregor. (*Ibid.*, pp. 558/561.)

— How to Conquer a Permanent Peace in China. By Rev. William N. Brewster. (*Ibid.*, Dec. 1901, pp. 593/596.)

— Among Hills and Valleys in Western China. Incidents of missionary work. By Hannah Davies, of the China Inland Mission. With an Introduction by Mrs. Isabella Bishop, F. R. G. S. London : S. W. Partridge & Co. 1901. in-8, pp. 328.

— The Political Obstacles to Missionary Success in China. — Being a Lecture delivered by Alexander Michie... « Hongkong Daily Press » Office, 1901, br. in-8, pp. 25.

— Memorandum regarding Presbyterian Organisation of Native Church in South China connected with the Missions of the Presbyterian Church of England and of the American Dutch Reformed Church. By Rev. J. C. Gibson, D. D. (*Chin. Rec.*, XXXIII, Jan. 1902, pp. 10/17.)

— « The Place of Prayer in our Work. » By John R. Mott, M. A., General Secretary of the World's Student Christian Federation. (*Ibid.*, pp. 20/27.)

— How can Educational Work in China be made More Effective. By Rev. W. P. Bentley. (*Ibid.*, pp. 32/36.)

— Chinese Dislike of Christianity. By Francis H. Nichols. (*The Atlantic Monthly*, XC, 1902, pp. 773/782.)

— New China — New Methods. — A Paper read before the Shanghai Missionary Association, November 4th, 1902, by the Rev. Timothy Richard. (*N. C. Herald*, Nov. 12, 1902, pp. 1025/1027.)

— Missionaries and Their Rights. By Robert E. Speer. (*Chin. Rec.*, XXXIII, No. 2, Feb. 1902, pp. 49/57.)

— The Starting Point in an Outline of Church History for the Chinese. By Rev. William Ashmore, D. D. (*Ibid.*, pp. 63/68.)

— « Missionary Troubles. » By Rev. C. S. Bousfield. (*Ibid.*, pp. 68/71.)

— A Plea for Wen-li. By Rev. J. C. Garritt, Hangchow. (*Ibid.*, pp. 86/89.)

— A Politico Ecclesiastical Case in Canton Province. By Rev. Wm. Ashmore, D. D. (*Ibid.*, No. 3, March 1902, pp. 133/7.)

— Martyrs of the China Inland Mission. Memorial Tablet unveiled. February 21st, 1902. (*Ibid.*, pp. 155/156.)

— The Jesus Teaching and the Civil Government as viewed from a Chinese Standpoint. By Rev. Wm. Ashmore, D. D. (*Ibid.*, No. 4, April 1902, pp. 175/181.)

(Miss. Prot. : Divers.)

— The «Natives». By Rev. Arnold Foster. (*Ibid.*, No. 5, May 1902, pp. 215/7.)

— The Church and Chinese Indemnities. By Rev. Llewellyn James Davies, Chi-nan-fu. (*Ibid.*, pp. 217/221.)

— On the Right Relation of the Church to the Imperial Lottery. By Rev. G. A. Clayton, Hankow. (*Ibid.*, No. 6, June 1902, pp. 265/7.)

— Some Present-day Problems. By Rev. H. P. Perkins. [Pao-ting-fu, March 1902.] (*Ibid.*, pp. 276/286.)

Read before the Peking Missionary Association.

— A Mid-winter Trip to the Stations of the Christian and Missionary Alliance in Northern Shansi, Chihli, and on the Mongolian Frontier, via T'ai-yuen-fu. By Mrs. J. Woodberry. (*Ibid.*, pp. 313/320; No. 7, July 1902, pp. 368/374.)

— The Present Educational Status in North-China. By Rev. D. Z. Sheffield, D. D. (*Ibid.*, No. 8, August 1902, pp. 377/382.)

— Industrial Education in China. By Rev. William N. Brewster, Hing-hua, Fuhkien. (*Ibid.*, pp. 382/391.)

— Biblical Instruction in the Colleges of China. By D. Willard Lyon, Shanghai. (*Ibid.*, pp. 391/396.)

— Day-schools: The Place and Value of Primary Schools in a System of Education. By Rev. W. P. Bentley, M. A. (*Ibid.*, pp. 412/417.)

— Some Little Foxes. By Rev. J. E. Walker, Foochow. (*Ibid.*, No. 9, Sept. 1902, pp. 439/444.)

— Student Training. By Rev. William Ashmore, D. D. (*Ibid.*, No. 10, Oct. 1902, pp. 503/510.)

— Bill of Natural Rights of every Human Being; Native and Foreigner Alike. By Rev. William Ashmore, D. D. (*Ibid.*, No. 11, Nov. 1902, pp. 537/545.)

— The Two Discoverers. By Rev. Wm. Arthur Cornaby. (*Ibid.*, pp. 555/566.)

Preached at Kuling, 17th August.

— Dr. Sites' Report to the Executive Committee of the Educational Association of China. (*Ibid.*, pp. 567/572.)

— Chinese Christianity. By Rev. G. W. Greene, Canton. (*Ibid.*, No. 12, Dec. 1902, pp. 587/599.)

— Romanized Chinese. By Rev. J. M. Foster, Swatow. (*Ibid.*, pp. 599/604.)

— A Chinese Sermon. By Evangelist Shi, Chu-Cheo, An-huei. (*Ibid.*, pp. 608/9.)

— Presbyterian Union in China. By Rev. H. V. Noyes, D. D. (*Ibid.*, XXXIV, Jan. 1903, pp. 10/15.)

— The Different Christianities of China. By Rev. William Ashmore, D. D. (*Ibid.*, pp. 15/21.)

— Teaching English in China. (*Ibid.*, pp. 35/37.)

— Christianity and the Ethnic Religions. By Rev. D. Z. Sheffield, D. D. (*Ibid.*, March 1903, pp. 105/118.)

— Foreign Instructors and Intolerance. By Rev. W. M. Hayes, D. D. (*Ibid.*, No. 5, May 1903, pp. 230/235.)

— Remarks of Momo, a Native Christian, on the Preaching of Missionaries. Translated by Dr. Martin. (*Ibid.*, pp. 240/1.)

— How to retain to the Churches the Services of English-speaking Chinese Christians. By F. S. Brockman. (*Ibid.*, July 1903, pp. 319/329; Sept. 1903, pp. 444/453.)

— Shall Men and Women be separated in Our Public Chinese Services? By Rev. A. R. Crawford, M. A., Kirin. (*Ibid.*, August 1903, pp. 378/382.)

Read at the Annual Conference of Presbyterian Missionaries in Newchwang, May, 1903.

— Dr. J. C. Gibson on China and Missions. From the « Liverpool Daily Post » By John C. Gibson. (*Ibid.*, August 1903, pp. 382/387.)

— The Best Method of Preaching to the Chinese. By Archdeacon Moule. (*Ibid.*, September 1903, pp. 423/437.)

Read before the Ningpo Miss. Ass., June 16, 1903.

— Shall We Still Send Missionaries to China? By Charles Denby, Former United States Minister to China. (*Ibid.*, Oct. 1903, pp. 484/492.)

Extrait de *Christendom*.

— Fusion and Expansion. (*Chin. Rec.*, XXXIV, Oct. 1903, pp. 493/496.)

— Some Present-day Hindrances and Difficulties in our Mission Work. By Rev. J. C. Garritt. (*Ibid.*, pp. 496/507.)

— How can we enter into Sympathy with and gain the Confidence of the Chinese? By Elliott I. Osgood, M. D. (*Ibid.*, Nov. 1903, pp. 540/546.)

— Two Heroes of Cathay An Autobiography and a Sketch edited by Luella Miner. New York..., Fleming H. Revell Co., s. d. [1903], in-8, pp. 238.

Fay Chi-ho, K'ung Hsiang-hsi. — Notice par M. M. F., *Chin. Recorder*, Aug. 1903.

— A Chinese Story-Teller Or the Changed Story by Wm. Remfry Hunt (Foreign Christian Missionary Society) Author of « Facts about China », with Foreword by W. P. Bentley, M. A. Illustrated. Christian Publishing Co., St. Louis, Mo., pet. in-8, s. d. [1903], pp. 167.

Le front. représente : Shi Kwei Piao, The Chinese Story-Teller.

— Rex Christus An Outline Study of China by Arthur H. Smith. New York, The Macmillan Company, 1903, pet. in-8, pp. xi-256.

— The Outlook in China for 1904. By Rev. S. Isett Woodbridge, Editor of the « Chinese Christian Intelligencer ». (*Chin. Rec.*, XXXV, January 1904, pp. 1/5.)

— Education in Mission Schools. By Dr. H. V. Noyes. (*Ibid.*, pp. 18/28.)

— Some New Forms of Annoyance. By Rev. G. A. Clayton, Wusueh. (*Ibid.*, pp. 28/32.)

— Sinchang Industrial Academy. By Rev. P. F. Price. (*Ibid.*, pp. 32/34.)

— Some Yangtse Ports and the Central Conference for China. By Rev. M. C. Wilcox, Ph. D. (*Ibid.*, Febr. 1904, pp. 57/63.)

— Missionary Light or Fasting. Is it Practicable and Helpful among the Chinese? By Mrs. Arthur H. Smith, P'ang-chuang, Shantung. (*Ibid.*, April 1904, pp. 179/183.)

— English and Evangelism Or the Relation of the New School to the Church of God.

By Rev. Hampden C. Dubose, D.D. (*Ibid.*, June 1904, pp. 271/287; July 1904, pp. 333/349.)

Read before the Soochow Miss. Association.

— The New Conditions in China. By Rev. C. A. Stanley. (*Ibid.*, June 1904, pp. 287/297.)

Read before the Tien-tsin Miss. Association.

— Address on the Education of Native Clergy. By Rev. James Jackson. (*Ibid.*, July 1904, pp. 327/333.)

Delivered at the opening of the London Mission Theological College in Hankow, April 18th, 1904.

— Some Considerations regarding Methods of Work, with Special Reference to their Application to Efforts to reach the Scholars and Officials of China. By Rev. J. S. Whitewright. (*Ibid.*, pp. 351/361.)

— Tracts and Terms. By Rev. Chauncey Goodrich, D. D. (*Ibid.*, August 1904, pp. 385/396.)

Read before the North China Tract Society at its Annual Meeting, May 27th, 1904.

— Normal Schools for China. By Rev. J. Sadler, Amoy. (*Ibid.*, pp. 400/402.)

— China Mission Statistics, 1904. Edited by Timothy Richards.

Notice : *Ibid.*, p. 426.

— The Relationships of the Missionary to the Chinese. By Rev. William Remfrey Hunt. (*Ibid.* pp. 402/410; Sept. 1904, pp. 459/468.)

— Some Thoughts on Missionary Work in China at the Present Time. By Rev. D. E. Hoste. (*Ibid.*, Sept. 1904, pp. 437/444.)

— The Motive of the Missionary Enterprise. By Rev. Arthur J. Brown, D. D. Secretary of the Presbyterian Board of Foreign Missions. (*Ibid.*, pp. 444/451.)

— The Foolishness of Preaching. A paper read at the First Meeting of the Hongkong Missionary Conference. By the Right Rev. Bishop of Victoria. (*Ibid.*, Oct. 1904, pp. 493/499.)

From *Church Missionary Intelligencer*.

— Why has the Church not made more Marked Impression on the Literati of China? By Rev. Gilbert Reid, D. D., Shanghai. (*Chin. Rec.*, XXXV, Oct. 1904, pp. 512/517.)

— A Chinese Kindergarten. By Rev. J. W. Crofoot. (*Ibid.*, Nov. 1904, pp. 574/5.)

— The Three Years' Enterprise. By Abram E. Cory, M. A. (*Ibid.*, pp. 549/551.)

(Miss. Prot. : Divers.)

— Letters from an Old Missionary to his Nephew. (*Ibid.*, Dec. 1904, pp. 604/609; XXXVI, Jan. 1905, pp. 13/20.)

— The China Martyrs of 1900. A Complete Roll of the Christian Heroes martyred in China in 1900 with Narratives of Survivors Compiled and Edited by Robert Coventry Forsyth for eighteen years a Missionary of the Baptist Missionary Society in Shantung. With one hundred and forty-four Portraits and other Illustrations. London, The Religious Tract Society, 1904, in-8, pp. xii-516.

Notices : *Lond. & China Express*, May 13, 1904. — *Chin. Rec.*, Aug. 1904, pp. 426/8, by G. M.

— * Protestant Missions in China. By D. Willard Lyon, a Secretary of the Student Volunteer Movement, in-16, 15 c.

— The Land of Sinim. An Illustrated Report of the China Inland Mission 1904. China Inland Mission, London, Toronto, Philadelphia, Melbourne, in-8, pp. xvi-136, carte.

— A Short Handbook of Missions. By Eugene Stock. Longmans, Green, and Co., London, New York and Bombay, 1904, in-8, pp. viii-214.

— * Das Evangelium in China. Vereinsblatt des Berliner und des Pommerschen Hauptvereins für die evangelische Mission in China. Herausgegeben von Lutze. 25 Jhrg. 1904. N. 1, in-8, pp. 32. Berlin 1904.

— * Children of Cathay. By Jennie Bockingsale. London : The Religious Tract Society.

Notice : *Lond. & China Express*, Oct. 21, 1904.

— * Cross and Crowns : Stories of the Chinese Martyrs. By Mrs. Bryson. London, London Missionary Society, 2/6d.

Notice : *Lond. & China Express*, Dec. 16, 1904.

— * The Heart of China : The Story of the China Mission of the Church of Scotland by the Rev. W. H. Rankine.

— Possibilities of the Centennial Missionary Conference in China, 1907. By Robert E. Lewis, M. A. (*Chin. Rec.*, XXXVI, Jan. 1905, pp. 20/26.)

Read before the Shanghai Miss. Ass., Dec. 6, 1904.

— The Beginning of Another Year. By the Rev. S. Isett Woodbridge, Editor of « The Chinese Christian Intelligencer ». (*Ibid.*, pp. 26/29.)

— The Conciliatory Plan. By Rev. C. B. Titus. (*Ibid.*, pp. 29/33.)

— The Duty of the Missionary in Relation to Cases of Persecution. By Rev. C. S. Champness. (*Ibid.*, Febr. 1905, pp. 55/60.)

— Difficulties of the Chinese Clergyman. By Mr. Tong Kai-son. (*Ibid.*, Feb. 1905, pp. 70/75.)

(Miss. Prot. : Divers.)

TCHE LI. — Commencement of Protestant Missions in Chihli Province. (*Chin. Rec.*, III, p. 190.)

— Statistics of the Protestant Missions of Peking and North China. (*Ibid.*, VIII, pp. 208/220.)

— Statistics of the Peking Branch of the London Missionary Society for 1876. (*Ibid.*, p. 239.)

— Statistics of the T'ien-tsin Protestant Mission. (*Ibid.*, pp. 455/462.)

Cet article comprend : Sketch of the History of Protestant Missions at Tientsin, Chihli, North-China by Rev. C. A. Stanley ; Paris Missionary Society ; Brief Sketch of the History of the Methodist New Connexion Mission to China ; London Mission ; American Methodist Episcopal Mission.

— The North-China Mission of the American Board. By Rev. C. A. Stanley. (*Ibid.*, XII, 1881, pp. 54/57.)

Cette mission a été commencée en 1860 par le Rév. Henry Blodget, venu de Chang-haï à Tien-tsin où il arriva le 28 sept. 1860.

— * Report of the North-China Mission of the American Board, for the year ending April 30th, 1892. For the Mission, Rev. Wm. S. Ament. Tientsin : The Tientsin Press.

Notice : *Chin. Rec.*, XXIII, Nov. 1892, pp. 533/4.

— Church Work in North China ; being A Sketch of the Church of England Mission in North China, together with an Account of the Formation of the Diocese : with a Preface by the Right Rev. C. P. Scott, D. D., Bishop in North China, and a Map and Illustrations. Published under the direction of the Tract Committee. London : Soc. for promoting Christian Knowledge... pet. in-8, s. d. [1891], pp. 113.

— Among the High and Lowly. Two Letters from Miss Georgina Smith, of Peking. — Price One Penny. — London Missionary Society, 1899, in-16, pp. 31.

— * Thrilling Experiences of Missionaries of the China Inland Mission in Chihli province during the Boxer Troubles of 1900. Presbyterian Mission Press, 1901.

Par Mr. and Mrs. Green.

— Educational Reconstruction in Peking. By Rev. D. Z. Sheffield, D. D. (*Chin. Rec.*, XXXII, Dec. 1901, pp. 619/622.)

— Conference on Federation at Pei-tai-ho. By Courtenay H. Fenn and J. B. St. John, Secretaries. (*Ibid.*, XXXV, Nov. 1904, pp. 551/557.)

CHAN TOUNG. — Protestant Mission in Laoling, Shantung. By Rev. Wm. N. Hall. (*Chin. Rec.*, III, p. 359.)

Rép. à une lettre du P. Leboucq dans les *Annales de la Prop. de la Foi*, de Sept. 1870 [voir col. 973], trad. en anglais dans le *Chin. Rec.*, III, pp. 255/6.

— Misrepresentation versus Facts. (*Ibid.*, IV, pp. 9/10.)

Ext. de *The Independent*, 8 Déc. 1870, au sujet de cette même lettre.

— Statistics of the Shantung Protestant Missions. (*Ibid.*, VIII, pp. 380/397.)

Cet article comprend : *Chefoo.* London Mission ; Paris Protestant Mission ; Sketch of the English Baptist Mission by Rev. T. Richard ; etc. ; — *Tangchow.* Protestant Missions in Tangchow by Mrs. Crawford ; etc. ; — *Tsenan.*

— A Christian movement in the Province of Shantung. By Rev. J. Edkins D. D. (*Ibid.*, IX, pp. 281/3.)

— A Narrative of the origin and early Progress of the wonderful work of God in Laou Ling, province of Shantung, China : as reported in the Journals and Letters of the Rev. William N. Hall, and the Rev. John Innocent, Missionaries in China. London : William Cooke, Methodist new Connexion Book-room, — 1867, br. in-8, pp. 48.

— Notes from Shantung. By C. R. M. (*Chin. Rec.*, XI, 1880, No. 1, pp. 53/56.)

— Mission work in central Shantung. By John L. Nevius. (*Ibid.*, No. 5, pp. 357/364.)

— The Work of Protestant Missions in the Province of Shantung. By Rev. Hunter Corbett. (*Ibid.*, XII, 1881, pp. 87/90.)

— A Side Light on Missionary Experiments in Central Shantung. Rev. Arthur H. Smith. (*Ibid.*, XIX, 1888, pp. 53/61.)

— * Records of the First Shantung Missionary Conference at Chingchowfu, 1893. Shanghai : Printed at the Presbyterian Mission Press.

Notice : *N. C. Herald*, Sept. 7, 1894, pp. 395/6.

— * Report of the School for Chinese Deaf, for 1901. Chefoo. Mrs. A. T. Mills. Ill.

— Report read at the Opening Service of the Chefoo Industrial Mission. September 26th, 1902. By James McMullan. (*Chin. Rec.*, XXXIII, No. 11, Nov. 1902, pp. 550/554.)

— The Chi-nan-fu College. By Fu Lan (*Ibid.*, No. 5, May 1902, pp. 247/249.)

— Our China Missions, Chi-nan-fu. An Appeal for Special Work in the Provincial Capital of Shantung. By Rev. J. Percy Bruce, B. A., of the Shantung Mission. (*Ibid.*, XXXV, Oct. 1904, pp. 500/507.)

Extrait du *Missionary Herald*.

CHAN SI. — Days of Blessing in Inland China, being an account of meetings held in the province of Shan-si, &c. With an introduction by J. Hudson Taylor, M. R. C. S., F. R. G. S., author of « China's spiritual Need and Claims ». Second edition. London : Morgan & Scott, — M DCCC LXXXVII, pet. in-8, pp. 199.

— Days of Blessing in Inland China : An Account of Meetings held in Shan-si, etc. Compiled by Montagu Beauchamp, B. A. With an Introduction by J. Hudson Taylor ... Third Edition. London : Morgan & Scott, M DCCC XC, in-8, pp. 198.

— Shansi Conference of Protestant Missionaries. Sept. 29th to Oct. 5th, 1892. (*Chin. Rec.*, XXIV, April 1893, pp. 178/186.)

— Massacre of English Baptist Missionaries and others in Shansi.

By J. Percy Bruce, B. A. (*Ibid.*, XXXII, March 1901, pp. 132/137.)

— The Martyrdom at T'ai-yuen-fu on the 9th of July, 1900. By an Eye-Witness. (*Ibid.*, April 1901, pp. 210/211.)

33 Protestants et 12 catholiques étrangers.

— Translation of Proclamation issued by Ts'en, Governor of Shan-si, on the 29th day of the 8th moon, 27th year of Kuang-hsu (11th October, 1901). (*Chin. Rec.*, XXXIII, Jan. 1902, p. 1.)

— Fire and Sword in Shansi. By E. H. Edwards, M. B., C. M. Edinburgh and London : Oliphant, 1903. — Vide supra, col. 1244.

— Steadfast unto Death or Martyred for China. Memorials of Thomas, Wellesley, and Jessie Pigott by C. A. Pigott With Portraits and Illustrations London The Religious Tract Society MCMIII, in-8, pp. 255.

— « In Weariness and Painfulness ». Being the Account by Rev. A. R. Saunders of the Flight from P'ing-iao to Han-kow Of himself and party. — London : China Inland Mission, in-16, pp. 31 [s. d., 1901].

— A Thousand Miles of Miracle in China A Personal Record of God's delivering Power from the hands of the Imperial Boxers of Shan-si by the Rev. Archibald E. Glover, M. A. (Oxon.) Of the China Inland Mission With Map and Special Illustrations. London, Hodder and Stoughton, 1904, pet. in-8, pp. xx-372.

— Shansi Imperial University. (*Chin. Rec.*, XXXIV, Sept. 1903, pp. 460/2.)

Créé sur la demande de Timothy Richards.

山西大學堂西學專齋

HONAN. — * Eight annual Report of the Canadian Presbyterian Mission in North Honan, China, for 1896. With sketch map of portion of North China. Shanghai : American Presbyterian Mission Press.

— « Persecuted but not Forsaken », Being an Account of the Journey of Three Swedish Missionaries from Ho-nan to the Coast Written by One of Themselves. — London : China Inland Mission, in-16, pp. 30 [s. d., 1901].

Misses Emma Anderson, Maria Pettersson et Sigrid Engström. — By Emma Anderson.

— « A Great Deliverance. » The Story of The Escape from She-k'i-tien, Ho-nan. By Dr. G. W. Guinness. — London : China Inland Mission, in-16, pp. 31 [s. d., 1901].

— « In Perils by the Heathen », being, The Account of Mr. Argento's Flight from Honan, told by himself. London : China Inland Mission, in-16, pp. 31 [s. d., 1901].

(MISS. PROT. : HONAN.)

KIANG SOU. — Protestant Missions in Sháng-hái, and their present operations, 1849. [By E. C. Bridgman.] (*Chin. Rep.*, XVIII, pp. 515/525 ; XIX, pp. 330/343.)

— Catalogue of the London Mission Library. Shanghai, 1857, in-8, pp. 102. [By A. Wylie.]

Presque tous les articles sont annotés ; on trouvera, pp. 23/81, le Catalogue des « Chinese Books presented to the London Missionary Society by W. Lockhart Esq. » — Rare.

— Statistics of the Shanghae and Soochow Protestant Missions. (*Chin. Rec.*, VIII, pp. 302/328.)

Les principaux mémoires compris dans cet article sont : « Brief Sketch of the London Mission », Shang-hai, by Rev. W. Muirhead ; « Brief Sketch of the History of the Shanghae Station of the Church Missionary Society, London », by Rev. Thos. McClatchie ; Statistics of the American Protestant Episcopal Mission ; Seventh Day Baptist Mission ; American Board Mission ; Am. (South) Methodist Mission, by Rev. J. W. Lambuth, etc.

— Secularization in Kiangsu. By Rev. H. C. Du Bose. (*Chin. Recorder*, XVII, June 1886, pp. 228/236.)

— How Su-cheu was opened. By One of the Four. (*Ibid.*, XIX, No. 9, Sept. 1888, pp. 433/434.)

Rev. Edkins, John, Nelson & Williams, 1857.

— Synopsis of the President's Address at the Meeting of the Shanghai Missionary Association, October 6th, 1891. (*Ibid.*, XXII, Nov. 1891, pp. 527/529.)

— A Remarkable School [at Soochow]. By Rev. R. A. Parker. (*Ibid.*, XXXII, May 1901, pp. 247/252.)

— Annual Station Reports of the Central China Mission of the Presbyterian Church, U. S. A., For the year 1893-1894. — Shanghai : American Presbyterian Mission Press. 1894, br. in-8, pp. 48 + 1 p. n. ch.

— — For the year 1894-1895. — Ibid., 1895, br. in-8, pp. 53 + 1 p. n. ch.

— Lebensbilder aus China. Schilderungen von Land und Leuten von Franz Jentzsch, weil. Prediger und Missionar in Shangaï [*sic*] in China. Berlin, 1895, Deutsche Evangelische Buch- und Tractat-Gesellschaft, in-8, pp. IV-91.

— * Five Addresses delivered at Meeting of Educational Association at Shang-hai, 21st-23rd May, 1902. Printed at the Shanghai Mercury, Limited.

By John C. Ferguson, R. E. Lewis, C. S. Addis, D. Z. Sheffield, Wm. N. Brewster.

— Schools for Teaching Western Learning in Soochow. By Rev. J. W. Davis, D. D. (*Chin. Rec.*, XXXIV, Jan. 1903, pp. 25/34.)

Read before the Soochow Literary Ass., Dec. 5th, 1902.

NGAN HOUEI.

— Itineration in the province of Nganhuei. By Edward Pearse. (*Chin. Rec.*, X, 1879, No. 5, pp. 379/383 ; *ibid.*, XI, 1880, No. 3, pp. 208/213.)

— Mission Work in the Province of Ngan-hwui. By Elliott I. Osgood. (*Ibid.*, XXXII, May 1901, pp. 237/240.)

KIANG SI.

— A Kiukiang Magistrate. By W. H. W. (*Chin. Rec.*, XXII, July 1891, pp. 328/330.)

(MISS. PROT. : KIANG SOU. — NGAN HOUEI. — KIANG SI.)

TCHE KIANG. — A Chapter of Statistics [of Prot. Missions at Ning-po]. By Rev. M. J. Knowlton. (*Miss. Rec.*, I, Dec. 1867.)

— Statistics of the Ningpo Protestant Mission. (*Chin. Rec.*, VIII, pp. 129/139.)

Cet article comprend : « Statistics of the American Baptist Mission, of the American Presbyterian Mission, of the Church Miss. Society's Mission, of the United Methodist Free-Church Mission » ; « Funghwa station of the China inland Mission » ; « Wanchow station of the China inland Mission ». Cet article, comme les autres du même recueil qui lui sont analogues, se termine par une liste de livres écrits dans le dialecte de l'endroit.

— Statistics of the Hangchow Protestant Mission. (*Chin. Rec.*, VII, pp. 344/354.)

Cet article comprend : « General Sketch of the Rise and Progress of Protestant Missions in Hangchow » by Rev. G. E. Moule ; supplemented by some remarks by Rev. A. E. Moule ; « Statistics of the Church Miss. Soc.'s Mission » ; « Stat. of the American Presb. Mission » ; « Stat. of the Am. Southern Presb. Mission » ; « Shaouhing Church Mission » ; « Shaouhing Branch of the China Inland Mission ».

— Statistics of Missions whose Head-quarters are at Hangchow for the year 辛丑 ending February 7th, 1902. By G. E. Moule. (*Ibid.*, XXXIII, April 1902, pp. 212/3.)

— Statistics... at Hangchow for the year 壬寅 ending January 28th, 1903. By G. E. Moule. (*Ibid.*, XXXIV, March 1903, pp. 156/7.)

— Statistics... at Hangchow for the year 癸卯 ending February 15th, 1904. By G. E. Moule. (*Ibid.*, XXXV, March 1904, pp. 152/3.)

— The Story of the Cheh-Kiang Mission of the Church Missionary Society. By the Rev. Arthur E. Moule... With Illustrations. London : Seeley, Jackson & Halliday, 1878, in-8, pp. 127 s. les ff. prél.

Notice : *Chin. Rec.*, IX, 1878, pp. 395/396.

— The Story of the Cheh-Kiang Mission of the Church Missionary Society. By the Ven. Arthur E. Moule, B. D., Archdeacon in Mid-China, &c. London, &c. 1891...

Notice : *Chin. Rec.*, XXIII, Sept. 1892, p. 437.

— *These from the land of Sinim.* — A Narrative of the Conversion of a chinese Physician. Compiled from Journals and Letters of Missionaries of the Church Missionary Society at Ningpo, and one of their Catechists. By the Rev. Henry Moule, M. A., vicar of Fordington. Second edition, revised, and with three additional chapters by one of the missionaries. London : James Nisbet & Co., ... Seeley, Jackson & Halliday, 1868, br. in-8, pp. x-101.

— 'Ang-tse T'u-yin Tsan-me-s. — Zang-hai. Me-wa s-yun in-tih. — 1872, pet. in-8, pp. vi-64.

Hymn Book of the Church Missionary Society's Mission, Hangchow, done into the Roman Character. Printed at Shanghae by the American Presbyterian Mission Press.

— Protestant Missions in the Cheh-Kiang Province. By Rev. John Butler. (*Chin. Rec.*, XI, 1880, No. 4, pp. 284/291.)

— The Che-Kiang and Kiang-Su Baptist Association. By Rev. J. R. Goddard. (*Ibid.*, XVIII, Dec. 1887, No. 12, pp. 473/474.)

— Good News from the Chehkiang Province. Letter from the Rev. J. C. Hoare, New Work in T'ai-chow. (*Ibid.*, XX, No. 6, June 1889, pp. 268/271.)

— Work in the Province of Chekiang. (*Ibid.*, XX, No. 12, Dec. 1889, pp. 543/549.)

The Rev. Arthur Elwin, dans *The Missionary Intelligencer*.

— Hangchow Presbyterian College. (*Chin. Rec.*, May 1902, p. 250.)

Commencé à Ning-po en 1845 ; transféré à Hang-tcheou en 1867.

— Dr. Franson's Visit to Wenchow. By Edward Hunt. (*Ibid.*, May 1903, p. 260.)

F. Franson, fondateur et directeur de la Scandinavian China Alliance Mission.

— Evangelical Missions in Hangchow. By G. E. Moule. (*Chin. Rec.*, XXXV, January 1904, pp. 49/52.)

— Moh-Kan-shan [莫干山]. By Rev. W. H. Hudson. (*Ibid.*, June 1904, pp. 298/300, ill.)

FOU KIEN. — Foochow Mission of the American Board. By Rev. C. C. Baldwin, Foochow. (*Miss. Recorder*, Jan. 1867.)

Cette Mission a été établie le 2 janvier 1847 par le Rév. Stephen Johnson, de la Mission de Siam.

— Shao-wu in Fuh-kien ; a Country Station. By Rev. J. E. Walker. (*Chin. Rec.*, IX, 1878, pp. 343/352.)

— The Swedish Mission, Foochow. By Rev. C. C. Baldwin. (*Miss. Recorder*, I, Juin 1867.)

Sur MM. Fast et Elgqvist.

— Annual Report of the Foochow Mission, A. B. C. F. M. 1897. — Appeal for new workers — Necessity of a new Church at Ponasang, Foochow City : Romanized Press, 1898, br. in-8, pp. 28.

— Courses of Study for American Board Mission Schools. — Foochow, China. Romanized Press, 1899, pièce pet. in-8 pp. 16 n. ch.

— The Mission Cemetery and the fallen Missionaries of Fuh-chau, China. With an Introductory Notice of Fuh-chau and its Missions. By Isaac William Wiley. New-York, 1858, in-8, pp. 374.

— Foochow Mission of the Methodist Episcopal Church. By R. S. Maclay. (*Chin. Rec.*, IV, pp. 108/9, 168/170.)

— Statistics of the Foochow Protestant Mission. (*Ibid.*, VII, pp. 253/262.)

Cet article comprend : « Brief Sketch of the Mission of the American Board » by Rev. S. F. Woodin : « Statistics of the Miss. Soc. of the Meth. Episcopal Church in the U. S. of America » ; « English Church Mission ».

— Pastoral Address of the Foochow Methodist Episcopal Conference. (*Ibid.*, IX, pp. 62/4.)

— Reports adopted by the Foochow Conference of the M. E. Church. (*Ibid.*, pp. 210/215.)

— * Minutes of the First Session of the Foochow Annual Conference of the M. E.

Church, held at Foochow, December 20-25. 1877. M. E. Mission Press. MDCCCLXXVIII.

Notice : Chin. Rec., IX, pp. 243/4.)

— The Story of the Fuh-kien Mission of the Church Missionary Society. By Eugene Stock. With a Map and thirty four illustrations. London : Seeley, Jackson & Halliday, 1877, in-8, pp. VIII-272.

Notices : *China Review*, V, No. 5, p. 324 ; *Chin. Rec.*, IX, pp. 396/8 ; d'après le *N.-C. Herald.*

— The Story of the Fuh-kien Mission of the Church Missionary Society. By Eugene Stock, Editorial Secretary of the Society. — With a Map and thirty-three illustrations. Third Edition, with a Supplementary Chapter. London : Seeley, Jackson, & Halliday, 1890, in-8, pp. 326, carte.

— * For Christ in Fuh-kien. Being a New Edition (the 4th) of the Story of the Fuh-kien Mission of the Church Missionary Society. By Rev. T. McClellland. With Illustrations. London, 1904, in-8, pp. VI-184.

Notice : *Lond. & China Teleg.*, 10 oct. 1904.

— Kúlángsú and Amoy, with notices of Christian missions there, of the manners of the people, infanticide, &c. By D. Abeel. (*Chin. Rep.*. XI, pp. 504/9; XII, pp. 266/9; XIII, pp. 74/77, 233/8.)

Voir col. 256.

— Amoy : Memoranda of the Protestant Missions from their commencement, with notices of the city and island. Prepared by resident missionaries [W. J. Pohlman.] (*Ibid.*, XV, pp. 355/364.)

La mission a été commencée à l'arrivée de MM. Abeel et Boone à Kou-lang-sou, le 24 fév. 1842.

— Church at Amoy, and trip up the river Min. [S. W. Williams.] (*Ibid.*, XVIII, pp. 444-447.)

— Ten Years of Missionary Life in Amoy. By the Rev. W. S. Swanson. (*Chin. Rec.*, III, pp. 8/10, 31/2.)

— Amoy Missionary Statistics. Statistics of the Amoy Mission of the English Presbyterian Church for the year 1871-72. By Rev. Wm. McGregor. (*Ibid.*, IV, pp. 234/5.)

— Statistics of the Protestant Mission at Amoy. (*Ibid.*, VII, 1876, pp. 106/117.)

Cet article comprend des notes sur la «Mission of the Dutch Reformed Church in America» par le Rev. Dr. Talmage ; la «London Mission» par le Rev. J. Stronach ; «Medical Missionary Work at Amoy» par le Rev. J. Macgowan ; «Statistics of the English Presbyterian Mission in Formosa» par le Rev. Hugh Ritchie.

— History of ecclesiastical Relations of the Churches of the Presbyterial Order, at Amoy, China. By Rev. J. V. N. Talmage, Missionary of the Prot. Ref. Dutch Church. New York : Wynkoop... 1863, in-8, pp. 74.

— * Minutes of the Fifteenth Session of the Foochow Annual Conference of the Methodist Episcopal Church. Held at Foochow, Nov. 18—24, 1891. M. E. Mission Press, Foochow.

Notice : *Chin. Rec.*, XXIII, May 1892, p. 238.

— Official minutes of the Twenty-fourth Session of the Foochow Conference of the Methodist Episcopal Church, held at Foochow, October 4th to 6th, 1900.

— * Fuhkien Mission, C. M. S., China, 1887, br. in-8, pp. 18.

— The Relation of the Education of Chinese Youth in our Boarding Schools to the Evangelization of the Fuhkien Province. By Rev. J. E. Walker. (*Chin. Rec.*, XIX, No. 12, Dec. 1888, pp. 554/566.)

— Missionary Manuals. — Christ or Confucius, Which ? or, The Story of the Amoy Mission. By Rev. John Macgowan, Missionary in Amoy since 1863 ; ... London : London Missionary Society, 1889, in-8, pp. 208.

Bib. Nat. $\frac{O^2 n}{866}$. — Notice : *Chin. Rec.*, XXI, pp. 42/4.

— * Some Facts about North Formosa Mission. By Rev. G. L. Mackay, D. D., br. pp. 9.

Notice : *Chin. Rec.*, XX, p. 40.

— Fifty Years in Amoy or A History of the Amoy Mission, China. — Founded February 24, 1842. — Under the Patronage of the American Board of Commissioners for Foreign Missions from 1842—1857. Transferred to the government of the Board of Foreign Missions of the Reformed (Dutch) Church in America in June 1857. — By P. W. Pitcher, Missionary of the Reformed (Dutch) Church at Amoy, China. Published by the Board of Publication of the Reformed Church in America, 1893, pet. in-8, pp. 207.

— True Celestials or Leaves from a Chinese Sketch-Book. By Rev. J. Sadler, Amoy Assisted by Rev. W. H. Muncaster, M. A., P D., Beccles. — London, S. W. Partridge & Co., [1901], in-12, pp. 144 avec l. front., ill.

— Christian Missions in Amoy and the District. By J. Sadler. (*China Review*, XXII, No. 6, pp. 750/754.)

— Report of the Work for Women and Children, Foochow, China — Hospital for Women and Children, Kindergarten, — Woman's

School — Presented by Frances E. N. Goddard, M. D., City Station, Foochow Mission, A. B. C. F. M. — 1897 — in-8 obl., pp. 32.

— Who will come? The Fourth Annual Report of the Ing Hok Evangelization Company. By Rev. W. L. Beard. Katherine C. Woodhull, M. D. 1900, br. in-8, pp. 24.

— A New Start. The Sixth Annual Report of the Ing Hok Evangelization Company. By W. L. Beard. E. H. Smith. Mrs. E. H. Smith. Miss C. E. Chittenden. Dr. K. C. Woodhull. Dr. E. D. Smith. Foochow College Romanized Press 1902, br. in-8, pp. 20.

— A Plea for Kindergarten in China By Miss Hannah Woodhull. Foochow College Romanized Press, 1903, in-12, pp. 14.

Reprinted from «Woman's Work in the Far East», May 1903.

— A Lady Missionary in China. By Rachel Clemson. (*The Wide World Mag.*, V, Oct. 1900—March 1901, pp. 17/24.)

— * The City of Springs, or Mission Work in Chin-chow, by Annie N. Duncan. Oliphant, Anderson and Ferrier, Edinburgh and London.

Notice : *Chin. Rec.*, Feb. 1903, p. 97.

— * Christmas Anthem and Holy, Holy, Holy, by Caleb Simper. Arranged for Chinese voices. Published by the Foochow Choral Union.

— Leper Work in Hing-hua, China. By Elizabeth F. Brewster. (*Chin. Rec.*, XXXIV, Jan. 1903, pp. 47/8.)

— The Amoy Congregational Union Annual Meetings. By Rev. F. P. Joseland, Amoy. (*Ibid.*, March 1903, pp. 125/130.)

— The Hing-hua Home Missionary Society. By Rev. William N. Brewster. (*Ibid.*, April 1903, pp. 170/174.)

— A Review of Thirteen Years. By Rev. W. N. Brewster. (*Ibid.*, Dec. 1903, pp. 587/592.)

— Early Days of Mission Work in China. Extracts from a Paper read before the Woman's Club of Middletown, Conn. By Mrs. Nathan Sites. (*Ibid.*, XXXV, Nov. 1904, pp. 541/549.)

HOU PÉ. — Statistics of the Protestant Missions at Hankow and the other River Stations. (*Chin. Rec.*, VII, pp. 418/431.)

Cet article comprend : «Statistics of the London Mission»; «Brief Sketch of the Hankow Wesleyan Mission» by Rev. W. Scarborough; Woochang; Kewkeang, etc.

— Scandinavian Missionaries at Hankow and Wuchang. By Johannes Brandtzaeg. (*Chin. Rec.*, XXIII, June 1892, pp. 273/276.)

— Murders in China. (*Blackwood's Mag.*, CLIV, Oct. 1893, pp. 592/596.)

Missionnaires suédois.

— * Report of the High School of the London Mission College, Hankow, 1899-1903.

— * Hupeh Missionary Association Directory. Published May, 1902, at the N. B. S. S. Mission Press, Hankow.

— Church Troubles at Yu-chi-ho. By Rev. Wm. Deans. (*Chin. Rec.*, XXXIV, N° 5, May 1903, pp. 235/239.)

HOU NAN. — The Opening of Hunan. By Griffith John. (*Chin. Rec.*, XXXII, June 1901, pp. 314/319.)

Lettre datée de Hankow, 18 Mai. [Extraite du *N. C. Daily News.*]

— Hukuang Missionary Association. (*Chin. Rec.*, June 1903, pp. 289/291.)

— The Martyrs' Memorial. By W. J. Hunnen. (*East of Asia*, Vol. 2, No. 3, Oct. 1903, pp. 274/278.)

— Unoccupied Territory. By Rev. Wm. Deans, Church of Scotland Mission, Ichang. (*Chin. Rec.*, XXXV, March 1904, pp. 109/112.)

KOUANG-TOUNG. — Protestant Missions in Kwangtung. By J. G. Kerr. (*Chin. Rec.*, I, p. 237.)

— The extension of Missionary effort in the Canton Province. By Rev. G. Piercy. Read before the Canton Missionary Conference, April 3rd, 1874. (*Ibid.*, V, pp. 132/7.)

— Sketch of the Canton Protestant Mission. (*Ibid.*, VII, pp. 174/203.)

Cet article comprend : «The London Missionary Society's Mission in Canton» by Rev. John Chalmers; «Outline of the American Board Mission at Canton» by J. G. Kerr, M. D.; «Statistics of the Southern Baptist Convention Mission» by Rev. R. H. Graves, M. D.; «Memoranda of dates and events connected with the history of the Canton Mission of the Board of Foreign Missions of the Presb. Church in the U. S. of America» by Rev. C. F. Preston; «Statistics of the Wesleyan Methodist Mission» by Rev. G. Piercy; «Rhenish Missionary Society»; «Outline History of Medical Missions at Canton, Hongkong and Macao» by J. G. Kerr, etc.

— Report for the years of 1863 & 1864 of the Chinese Vernacular Schools, established in the Sinon, Kiushen, Fayuen, & Chonglok Districts of the Quangtung Province superintended by the Rev. Aug. Hanspach, of the Berlin Missionary Society, China. Hongkong: Printed by A. Shortrede, 1865, in-8, pp. 15.

— Christian Missions in Kwang-tung. (From an unpublished History of the Province.) By E. C. Bowra. (*China Review*, II, pp. 244/254.)

Cet art. traite des Missions catholiques beaucoup plus que des Missions protestantes.

— A Sketch of the English Presbyterian Mission at Swatow. By Rev. H. L. Mackenzie. (*Chin. Recorder*, VII, pp. 29/35.)

Cette Mission a été commencée en 1856 par le Rev. Wm. C. Burns.

— Appendix I. Sketch of the Swatow Medical Mission. By William Gauld. (*Ibid.*, pp. 35/38.)

— App. II. Itinerancy of the Swatow Presbyterian Mission. By Rev. H. L. Mackenzie. (*Ibid.*, pp. 38/40.)

— A Sketch of the American Baptist Mission at Swatow. By Rev. S. B. Partridge. (*Ibid.*, pp. 40/3.)

Cette mission a été commencée à Bangkok (Siam) en 1835; les Am. Bapt. établirent leur mission à Swatow en 1860.

— Considerations on the Propriety of Modifying Present Methods of Mission Work in Kwong-tung. By Rev. T. W. Pearce. (*Ibid.*, XXII, Feb. 1891, pp. 79/89.)

Read before the Canton Miss. Conference, Dec. 3, 1890.

— The missions of Canton City and of the central parts of the Canton Province. By Rev. R. V. Noyes. (*Ibid.*, XI, 1880, No. 4, pp. 297/303.)

— Facilities for Itineration in Canton. By Rev. B. C. Henry. (*Ibid.*, XII, 1881, pp. 438/454.)

— * The Report of the American Presbyterian Mission in Canton, China, for the year 1890. Compiled by B. C. Henry, Hongkong : Printed at the « China Mail » Office.

Notice : *Chin. Rec.*, XXII, June 1891, p. 289.

— * The Report of the American Presbyterian Mission in Canton, for the year 1891. Canton : Printed at the « E-Shing » Office 1892.

Notice : *Chin. Rec.*, XXIII, May 1892, p. 238.

— Educational Work in Swatow. By Mr. Wm. Paton. (*Ibid.*, XIX, 1888, pp. 78/83.)

— Village Preaching Inland from Swatow. By Rev. William Ashmore, D. D. (*Ibid.*, XXII, May 1891, pp. 218/220.)

— Hainan and its Missionary Work. By Frank P. Gilman. (*Ibid.*, XXI, No. 6, June 1890, pp. 271/280.)

— Swatow English Presbyterian Schools. By Mr. Wm. Paton. (*Ibid.*, XXXII, Sept. 1901, pp. 457/459.)

— Kwang Tung or Five Years in South China by John A. Turner, Wesleyan Missionary. — With Original Illustrations, Map, and Index. — London : S. W. Partridge, in-8, pp. 194, [s. d., 1895].

Mission de Bâle.

— A Visit to some of the Basel Mission Stations in Kwangtung Province. By Rev. R. Lechler. (*Chin. Rec.*, VII, pp. 276/283.)

— German Mission in Canton Province. By R. Lechler. (*Chin. Rec.*, IV, pp. 137/8.)

— Historical Sketch of the Basel Mission Station at Lilong, in the South of the Province of Kwangtung. By Rev. R. Lechler. (*Ibid.*, VIII, pp. 46/54.)

— Basler Missionsstationen. — I. Heft. China und Afrika. — *China*. 1. Lilong. 2. Wong lai Khyap. 3. Lyung Kong tsai. 4. Hongkong. 5. Tschong tshun. 6. Nyenhangli... *Afrika*... Basel, 1873. Verlag des Missions-Comptoirs, br. in-8, pp. 41.

— A Sketch of the Work of the Basel Mission. In the Province of Quangtung. (*Chin. Rec.*, XI, 1880, pp. 445/8.)

— Einige Früchte der Missionsarbeit in China. — Basel. Verlag der Missionsbuchhandlung. 1881, br. pet. in-12, pp. 16.

— Von drei Buddhistenpriestern die Christen geworden. Basel. Verlag der Missionsbuchhandlung. 1881, br. pet. in-12, pp. 16.

— Die Basler Mission in China. Von Jakob Lörcher, Missionär. Mit einer Karte. Basel, Verlag der Missionsbuchhandlung. 1882, br. in-8, pp. 48.

— Lai Hinljam. Selbstbiographie eines chinesischen Christen. — Im Auszug übersetzt von G. Guszmann, Missionär. — Basel. Verlag der Missionsbuchhandlung. 1884, in-12, pp. 32.

— The Basel Mission. By Rev. C. R. Hager. (*Chin. Recorder*, XVII, March 1886, pp. 112/116.)

— The Rheinish Mission. By Rev. C. R. Hager. (*Ibid.*, XVII, Sept. 1886, pp. 345/8.)

— Katalog und Beschreibung der Sammlungen im Museum des Missionshauses zu Basel. Basel, Verlag der Missionsbuchhandlung. 1888, in-8, pp. 158.

China und Japan, pp. 83/99 ; nos 1659-2115, p. 106, no 2372.

— Tschin, der arme Chinesenknabe. — Achte Auflage. — Basel. Verlag der Missionsbuchhandlung. 1888, br. pet. in-12, pp. 16.

— Das Evangelium in China. Dritte umgearbeitete Auflage. Basel, Verlag der Missionsbuchhandlung. 1890, br. pet. in-12, pp. 16.

— Gebiet der Berliner Mission in China Provinz Canton. — Namen nach der Hakka Aussprache. 1 feuille, s. d., Berliner lithog. Institut.

— * O. Schulze. — Im Reiche der Mitte, oder Die Baseler Mission in China. Basel, Verlag der Missionsbuchhandlung, pet. in-8, pp. 80.

— * G. Gassmann, Missionär. — Auf chinesischen Missionspfaden. Dreizehn Stationsbilder aus der Baseler Mission. Basel, Missionsbuchhandlung, 1897, in-8, pp. 75, 15 grav., 1 carte.

— * C. J. Voskamp. — Zerstörende und aufbauende Mächte in China. Berlin, Evangel. Missionsges., 1898, in-8, pp. 80.

— * C. J. Voskamp. — Unter dem Banner des Drachen und im Zeichen des Kreuzes. Berlin, Buchhandlung der Berliner Evangelischen Missionsgesellschaft, 1899, in-8, pp. 176.

— * K. F. Müller. — Im Kantonlande. Reisen und Studien auf Missionspfaden in China. Berlin, Missionsbuchhandlung, 1903, in-8, pp. 258.

Notice : *Petermanns Mitt.*, 1904, VII, p. 126, par R. Grundemann.

HONG-KONG. — The Protestant Missions of Hongkong. By Rev. E. J. Eitel, Ph. D.

A Lecture delivered in St. Paul's College, Hongkong, on November 30th, 1875. (*Chin. Recorder*, VII, pp. 21/29.)

Depuis l'arrivée de Gützlaff.

— Statistics of the Hongkong Protestant Mission. (*Chin. Rec.*, VIII, pp. 30/46.

Cet art. comprend : «Historical Sketch of Protestant Missions in Hongkong, to January, 1875» by Rev. A. B. Hutchinson ; «Statistics of the American Baptist Missionary Society» ; «Statistics of the London Mission, of the Berlin Ladies' Mission, of the Basel Mission, of the Church Miss. Soc.'s Mission, of the Am. Baptist Mission to the Chinese at Bangkok in Siam.»

— Report regarding the Chinese Union at Hongkong. — Printed at the Hongkong Register office. 1851, br. in-8, pp. 22.

— The Foundling Institution and Mr. Gutzlaff. (*Siam Repository*, Vol. 2, Oct. 1870, art. 158, pp. 448/450, by **.)

— Foundling Institution. Report of the Berlin Foundling Institution at Hong-Kong for the year 1869. By E. Klitzke, Pastor. (*Ibid.*, II, Oct. 1870, pp. 476/480.)

— * British and Foreign Bible Society. Hongkong Committee. Report for the year 1901.

— * Religious Tract Society. Hongkong Committee. Report for 1901.

— * Bible, Book, and Tract Depôt, Hongkong. Report of the Committee for 1902, together with Reports of the British and Foreign Bible Society's and Religious Tract Society's Committee. *China Mail* Office.

— An Evening with a Chinese Mandarin. By Rev. C. R. Hager, D. D., Hongkong. (*Chin. Rec.*, XXXIV, April 1903, pp. 174/179.)

MACAO. — * Christian College in China. Third Annual Report of the President, for the year 1901—2. Macao.

— A Christian College in China. By Olin D. Wannamaker, Macao. (*Chin. Rec.*, XXXIV, No. 6, June 1903, pp. 275/281.)

YUN NAN.

— Yunnan and Kwei-cheo Convention. Held at Ch'iu-ch'en-fu, Dec. 24th, 1892, to Jan. 1st, 1893. (*Chin. Rec.*, XXIV, April 1893, pp. 186/189.)

CHEN SI.

— Progress of the Gospel in Han-chung-fu, Shen-si. By Mr. G. F. Easton, of Ts'in-chan, Kan-suh. (*Chin. Rec.*, XII, 1881, pp. 104/109.)

MANDCHOURIE.

— History of the Manchurian Mission. By Rev. John Ross. (*Chin. Rec.*, XVIII, 1887, pp. 255/263.)

Read at Annual Conference of United Presbyterian Church of Scotland Mission, Mookden, April 1887.

— Missionary Arithmetic. By Rev. John Ross, Moukden, Manchuria. (*Chin. Rec.*, XXIII, Dec. 1892, pp. 568/570.)

— Ten Years in Manchuria A Story of Medical Mission Work in Moukden. 1883-1893. By Dugald Christie, ... Medical Missionary, United Presbyterian Church of Scotland. J. and R. Parlane, Paisley, s. d., in-12, pp. 100.

— The Sifting Time in Manchuria. The Persecution of the Manchurian Church. Reports from Various Districts. Notes taken by Rev. J. Webster and revised afterwards by the Speakers. (*Chin. Rec*, XXXII, Sept. 1901, pp. 423/435.)

— East of the Barrier or Side Lights on the Manchuria Mission by the Rev. J. Miller Graham Missionary of the United Free Church of Scotland Moukden, Manchuria. Edinburgh and London, Oliphant Anderson & Ferrier 1902, in-8, pp. 235.

Notice : *East of Asia*, I, No. 3, pp. 269/270. Par B. S.

— Mission Methods in Manchuria by John Ross, D. D. ... Edinburgh and London, Oliphant Anderson & Ferrier, 1903, in-8, pp. 251.

MONGOLIE.

— Vegetarianism. By Rev. James Gilmour. (*Chin. Rec.*, XXI, Aug. 1890, pp. 370/373.)

∴

— Liste des missionnaires protestants assassinés pendant le mouvement Boxeur de 1899 et 1900. (*Chin. Recorder*, March 1901, p. 150 ; et Broomhall's *Martyred Missionaries, Last Letters*, p. 24) :

Société	*Adultes*	*Enfants*	*Total*
China Inland Mission	58	21	79
Christian and Missionary Alliance	21	15	36
American Board of Commissioners for Foreign Missions	13	5	18
English Baptist Missions	13	3	16
Sheo-yang Mission	11	2	13
American Presbyterian Mission (North)	5	3	8
Scandinavian Alliance Mongolian Mission	5	—	5
Swedish Mongolian Mission	3	1	4
Society for the Propagation of the Gospel	3	—	3
British and Foreign Bible Society	2	3	5
Independent (Mr. Hoddle)	1	—	1
	135	53	188
Province			
Chan-si et au-delà de la frontière mongole	113	46	159
Tche-li	13	4	17
Tche-kiang	8	3	11
Chan-Toung	1	—	1
	135	53	188
Nationalité			
Anglais	71	29	100
Suédois	40	16	56
Américains	24	8	32
	135	53	188

∴

Nous donnons, comme pour les Missions Catholiques (voir col. 863/866), un tableau général des missions protestantes dressé à l'aide de la *Preface* des *Memorials of Protestant Missionaries* ; de la liste encartée dans le No. 5 du Vol. VI du

TABLEAU GÉNÉRAL DES MIS-

Nº D'ORDRE	ARRIVÉE EN CHINE	SOCIÉTÉS REPRÉSENTÉES EN CHINE	PREMIERS MISSIONNAIRES	ABRÉVIATIONS
1	1807	London Missionary Society	Robert Morrison	L. M. S.
2	1827	Nederlandshe Zendelinggenootschap	K. F. Gützlaff	
3	1830	American Board of Commissioners for Foreign Missions	E. C. Bridgman	A.B.C.F.M.
4	1834	American Baptist Missionary Union *Autrefois*, Am. Bapt. Board of Foreign Missions	William Dean	A. B. M. U.
5	1835	Board of Foreign Missions of the Protestant Episcopal Church in the United States	Henry Lockwood	
6	1836	British and Foreign Bible Society	G. Tradescant Lay	B. & F. B. S.
7	1836	Church Missionary Society	Edward B. Squire	C. M. S.
8	1838	Board of Foreign Missions of the Presbyterian Church in the United States	Robert W. Orr	
9	1845	General Baptist Missionary Society (England)	Thomas Hall Hudson	
10	1847	Evangelische Missions-Gesellschaft zu Basel	Theodore Hamberg Rudolph Lechler	B. M.
11	1847	Rheinische Missions-Gesellschaft	Heinrich Küster Ferdinand Genähr	Rh. M. S.
12	1847	Board of Foreign Missions of the Southern Baptist Convention in the United States	Samuel Cornelius Clopton	S. B. C.
13	1847	Seventh Day Baptist Missionary Society (U.S.)	Solomon Carpenter	S. D. B.
14	1847	American Methodist Episcopal Missionary Society	Judson Dwight Collins	M. E. M.
15	1847	Foreign Mission Board of the Presbyterian Church in England	William Chalmers Burns	
16	1847	Independent Baptist Mission (Am.)	E. C. Lord [Ningpo].	
17	1848	Missionary Society of the Methodist Episcopal Church in the Southern States of America	Benjamin Jenkins	M. E. S. M.
18	1849	Missionary Society at Lund (Suède)	Karl Josef Fast	
19	1850	Cassel Missionary Society	Carl Vogel	
20	1851 et 1882	Berlin Missionary Society	Robert Neumann	Ber. M.
21	1852	Wesleyan Missionary Society (England)	George Piercy	W. M. S.
22	1853	Chinese Evangelization Society (England)	James Hudson Taylor	
23	1855	Netherlands Chinese Evangelization Society.	Hendrik Z. Kloekers	
24	1858	Board of Foreign Missions of the Dutch Reformed Church in the United States	Daniel Rapalje Alvin Ostrom	
25	1858	Mission Union for the Evangelization of China in Pomerania	Heinrich Eduard Julius Voegler	
26	1860	English Baptist Missionary Society	Charles J. Hall	E. B. M.

SIONS PROTESTANTES EN 1904.

STATIONS.

Chang-hai; Pe-king; T'ien-tsin; Yensan; Tchi-tcheou; Han-k'eou; Wou-tch'ang; Hiaokan; Tsao-chi; Hang-tcheou; Tch'oung-k'ing; Amoy; Canton; Hongkong.

Pe-king; T'ien-tsin; T'oung tcheou, via Pe-king; Pao-ting, via T'ien-tsin; P'ang-tchouang, via T'ien-tsin; Lin-ts'ing; Fou-tcheou; Pagoda Anchorage; Chao-wou, via Fou-tcheou; Ing Hok, via Fou-tcheou; Canton; Hongkong; Kalgan.

Han-yang, via Han-k'eou; Hang-tcheou, via Chang-hai; Hou-tcheou; Kin-houa, via Hang-tcheou; Ning-po; Chao-hing; Kia-ting, via Tch'oung-k'ing; Soui-fou, via Tch'oung-k'ing; Ya-tcheou, via Tch'oung-k'ing; Swatow; Ka-yin, via Swatow; Tchao-tcheou, via Swatow; Ung-kung, via Swatow; Ki-tyang, via Swatow.

Chang-hai (Chang-haï, Sinza, Hong-kew, Sou-tcheou, Wou-si); Han-k'eou (Han-k'eou, Wou-tch'ang, I-tch'ang, Wou-hou, Nan-king).

Chang-hai; Kieou-kiang; Tch'eng-tou; Tche-fou; T'ien-tsin; Nieou-tchouang; Wou-tcheou; Hong-kong; Sin Yang Cheo.

Chang-hai; Hang-tcheou; Tchou-ki; Ning-po; Chao-hing; Tai-tcheou; Tch'oung-k'ing; Fou-tcheou; Fou-ning; Hing-houa; Hok-kiang; Kien-ning; Kien-yang; Kou-tch'eng; Lieng-gong; Lo-nguong; Ning-daik; Canton; Choui-hing; Pak-hoi; Hongkong; Kowloon City; Kouei-lin (Kouang-si).

Hongkong; Li-long; Tchong hang kang; Long-heü; K'i-tchoung; Fou-tchouk-p'ai; Honyen; Ho-chou wan; Nyen-hang-li; Tchong-tchoun; Hinnen; Hok-chouha; Moilim; P'iang t'ong; Lo-kong; Ka-yin tcheou.

Tung-kun; Kang-pui, via Canton; Thong-thauha; Fukwing; T'ai-ping; Tsang-ching, via Hongkong; Hongkong.

Chang-hai; Sou-tcheou; Tchen-kiang; Yang-tcheou, via Tchen-kiang; Teng-tcheou, via Tche-fou; Houang-hien, via Tche-fou; P'ing-tou, via Kiao-tcheou; Lai-tcheou, via Tche-fou; Canton; Choui-hing, via Canton; Wou-tcheou.

Chang-hai.

Chang-hai; Nan-king; Tchen-kiang; Wou-hou; Kieou-kiang; Nan-tch'ang; Tch'oung-k'ing; Tch'eng-tou; Tse-tcheou; Soui-ling hien; Pe-king; Chan-hai-kouan; T'ien-tsin; Tsoun-houa; Taian; Fou-tcheou; Hing-houa; Kou-tcheng; Ingchung; Iongbing; Singiu; Ngucheng; Ming-kiang.

Chang-hai; Sou-tcheou; Soung-kiang; Tchang-chou; Hou-tcheou.

Tsing-tao-Kiao-tcheou; Tsi-mo, via Tsing-tao; Canton; Fu-mui, via Canton; Tchou T'ongau, via Canton; Fayen luk hang, via Canton; Fayen Chak kok, via Canton; Tchi-hin, via Canton; Yin-fa; Syn-yin, via Canton; Hongkong.

Han-k'eou; Wou-tch'ang; Han-yang; Han-tchouan, Te-ngan, Soui-tcheou, Ngan-lou-fou et Houang-chi-kang, via Han-k'eou; Wou-soue; Kouang-tchi, via Wou-soue; Tchoung-yang, via Han-k'eou; Tchang-cha (Hou-nan); Canton; Wou-tcheou.

T'ai-youen (Chan-si); K'ing-tcheou fou (Chan-toung); Tchou-p'ing; Si-ngan (Chen-si); San-youen, via Han-k'eou.

Nº D'ORDRE	ARRIVÉE EN CHINE	SOCIÉTÉS REPRÉSENTÉES EN CHINE	PREMIERS MISSIONNAIRES	ABRÉVIATIONS
27	1860	New Connection Methodist Missionary Society in England	John Innocent; William Nelthorpe Hall	
28	1860	Société des Missions évangéliques de Paris	Oscar Rau; Bonhoure	
29	1860	American United Presbyterian Mission	Joseph C. Nevin [Canton]	A. P. M.
30	1862	China Inland Mission	James Meadows	C. I. M.
31	1862	Society for the Propagation of the Gospel in Foreign Parts	Francis Rodon Michell	S. P. G.
32	1863	Mission Board of the United Presbyterian Church of Scotland	John Parker	C. S. M.
33	1863	National Bible Society of Scotland	Alexander Williamson	N. B. S. S.
34	1864	United Methodist Free Church Missionary Society in England	William Robert Fuller	
35	1864	Female Education (Society for Promot.)	Miss Oxlad	
36	1865	Independent Baptist Mission (England)	S. P. Barchet	
37	1867	Southern Presbyterian Mission (Am.)	Elias B. Inslee	....
38	1869	Woman's Union Mission (Am.)	....	W. U. M.
39	1869	Irish Presbyterian Church Mission	....	I. P. M.
40	1870	English and Continental Baptist Mission	Conrad Bäschlin	
41	1874	Canadian Presbyterian Mission	Geo. Mackay	C. P. M.
42	1876	American Bible Society	Luther H. Gulick	A. B. S.
43	1878	Established Church of Scotland		
44	1884	Allgem. Evang. Prot. Miss. Gesellschaft	....	G. E. P.
45	1885	Bible Christians Mission	....	B. C. M.
46	1886	Foreign Christian Missionary Soc. (Am.)	....	F. C. M. S.
47	1886	Soc. Diffusion Christ. and Gen. Knowledge among the Chinese	Timothy Richard; Y. J. Allen, etc.	....
48	1886	Friends' Foreign Mission	....	F. F. M. A.
49	1888	Church of England Zenana Society	....	C. E. Z. M. S.
50	1887	Chinese Blind Mission		
51	1888	Christian and Missionary Alliance (Am.)	....	C. & M. A.
52	1889	United Brethren in Christ (Am.)	....	U. B. C.
53	1891	American Society of Friends' Mission	....	A. F. M.
54	1891	Methodist Episcopal Church, Canada	....	C. M. M.
55	1891	German China Alliance Mission	....	....
56	1891	Norwegian Lutheran	....	N. L. M.
57	1892	Danish Lutheran Missionary Soc.	....	D. L.
58	1892	Gospel Baptist Mission	....	G. M.
59	1896	American Presbyterian Reformed Mission	....	A. P. R. M.
60	1896	Hildesheim Mission to Blind	....	....
61	1897	Cumberland Presbyterian Mission (Am.)	....	C. P. M.
62	1897	American Advent Christian Mission	....	A. A. M. S.
63	1899	American Norwegian Lutheran Mission	....	A. N. L. M.
64	1850	Berlin Foundling House	....	....
65	1876	Central China Religious Tract Society	....	....
66	1878	Chinese Tract Society	....	....

STATIONS

Pe-king; Pao-ting; Tche-fou; Tsing tao; Yi-tcheou, via Tchen-kiang; Wei-hien; Tsi-ning tcheou, via Tchen-kiang; Tsi-nan fou; Teng-tcheou, via Tche-fou; Chang-hai; Nan-king; Houai-yuan, via Nan-king; Sou-tcheou; Hang-tcheou; Ning-po; Canton; Lien-tcheou; Kang-tcheou; Yeunkong; Kioung-tcheou; Nodoa; Kacheck; Siang-tan.

Nombreuses stations dans 15 Provinces de la Chine; il n'y en a pas dans le Fou-kien, le Kouang-toung et le Kouang-si.

I-tch'ang.

Pe-king; T'ien-tsin; Tchen-kiang; Han-k'eou; Tch'oung-k'ing; Amoy.

Ning-po; Wen-tcheou.

Sou-tcheou; Kiang-yin; Tchen-kiang; Ts'ing kiang p'ou, via Tchen-kiang; Siu-kien, via Tchen-kiang; Hiu-tcheou, via Tchen-kiang; Hang-tcheou; Kia-hing; Sin-tchang, via Kia-hing.

Chang-hai.

Nieou-tchouang; Moukden; Kirin; Kouang-ning; Tchin-tcheou; Kouan-tcheng-tseu; Fakumen; Hsin-min-t'un; Tch'ao-yang.

Tchang-te (Ho-nan), via T'ien-tsin; Tamsoui (Formosa).

Chang-hai; T'ien-tsin; Wou-hou; Han-yang, via Han-k'eou; Tch'oung-k'ing; Tch'eng-tou; Canton.

Chang-hai; Tsing-tao.

Via Mong-tseu: Tchao-toung; Toung-tchouen; Yun-nan-fou.

Chang-hai; Nan-king; Lou-tcheou fou; Tchou-tcheou; Wou-hou.

Chang-hai.

Tch'oung-k'ing; Toung-tchouen fou.

Fou-tcheou; Hing-houa; Sienciu; Kien-ning; Nang-wa; Ciongbau; Kou-tch'eng; Sangiong; Saiong; Longuong; Uongbuang.

Chang-hai; Wou-hou; via Wou-hou: Wan-k'i, Nan-ling et Tsing-yang; via Han-k'eou: Wou-tch'ang et Tchang-cha; T'ao-tcheo (Kan-sou); Wou-tcheou, via Canton.

Canton.

Nan-king.

Tch'eng-tou; Kia-ting.

Tou-tcheou (Kiang-si); Tche-kiang: Tchou-tcheou, Kien-tch'ang, Tsin-uin et Uin-ho; Long-tch'ouen; Fou-tcheou; Tchou-tcheou.

Kouei-tcheou, via Han-k'eou.

Port Arthur; via Port Arthur: Hiu-yen, Ta-kou chan, Fong houang tch'eng, et Cha Houa tsi.

Taianfou, Tche-fou, Tsi-ning tcheou (Chan-toung); Kouei-te fou (Ho-nan).

Ta-k'ing tcheo, via Canton.

Hong-kong.

Tchang-te (Hou-nan), via Han-k'eou.

Nan-king; Wou-hou.

Han-k'eou.

Hongkong.

Han-k'eou.

Chang-hai.

Nº D'ORDRE	ARRIVÉE EN CHINE	SOCIÉTÉS REPRÉSENTÉES EN CHINE	PREMIERS MISSIONNAIRES	ABRÉVIATIONS
67		Kiang-si-Hou-nan Tract Press		
68	1882	North China Tract Society		
69		China Baptist Publication Society		
70	1901	China Missionary Alliance		
71		Christian Catholic Church in Zion		C. C. C. Z.
72		Christian College in China		C. C. C.
73	1885	Christians' Mission		C. M.
74	1890	Christian Vernacular Society of Shang-hai		
75		Church of England Mission		
76	1877	Educational Association of China		
77	1847	English Presbyterian Mission		E. P. M.
78	1864	English Methodist Mission		E. M. M.
79	1890	Finnish Free Church Mission		
80	1885	German Evangelical Church		
81	1890	Hauge's Synodes Mission		H. S. M.
82		Intern. Committee of Young Men's Christian Associations' Secretaries		
83		Young Men's Christ. Associations of China, Corea and Hong-kong		
84		Y. M.'s Christ. Association of Hong-kong		
85		Y. M.'s Christ. Ass. of Chang-hai		
86		Lutheran Brethren Mission		
87		Medical Missionary Society		
88		Methodist Union Publishing House		
89		Missionary Home and Agency		
90	1894	Norwegian Mission in China		
91	1901	Norwegian Missionary Society		
92		Protestant Methodist Church Mission		
93		Reformed Church in America		
94	1897	Reformed Church in the United States		
95	1888	Scandinavian American Christian Free Mission		S. A. C. F. M.
96	1891	Scandinavian China Alliance Mission		
97		Scandinavian Missionary Alliance		S. M. A.
98		Seamen's Church and Mission Society		
99	1885	Seamen's Mission		
100	1888	Seventh Day Adventist Mission		
101		South Chihli Mission		
102	1890	Swedish American Missionary Covenant		S. A. M. C.
103		Swedish Baptist Mission		S. B. M.
104	1890	Swedish Holiness Union		
105	1887	Swedish Mission in China		Sw. M. S.
106	1890	Swedish Missionary Society		
107		John G. Kerr Refuge for Insane		
108		North-West Kiang-si Mission		
109	1900	United Evangelical Church Mission		
110	1863	United Free Church of Scotland		
111		Missionnaires indépendants		

STATIONS

Kieou-kiang.
T'ien-tsin.
Canton.
Chang-hai.
Chang-hai.
Macao.
Ning-po.
Chang-hai.
Pe-king ; T'ien-tsin ; Tche-fou ; T'aian fou ; Ping-yin ; Wei-haï-wei ; Nieou-tchouang.
Chang-hai.
Amoy ; Canton ; Swatow ; Formose : Tai-nan et Kiang-houa.
T'ien-tsin, Tong-chan, Lao-ling, Yong-ping fou.
Yong-sin (Kiang-si), via Kieou-kiang ; Feng-siang (Chen-si), via Han-k'eou.
Hong-kong.
Via Han-k'eou : Fan-tcheng, T'ze-ho, T'ai-p'ing-t'ien.

Chang-hai ; T'ien-tsin ; Seoul ; Hong-kong.

29 Kiang-si road, Chang-hai.
Hong-kong.
Chang-hai.
Fan-tch'eng, via Han-k'eou.
Canton. [Voir *Missions Médicales.*]
Chang-hai, 10 Woosung road.
Chang-hai, 38 Quinsan road.
Kao-yu, via Tchen-kiang.
Tchang-cha (Hou-nan).
Tchang-te (Hou-nan).
Amoy.
Yo-tcheou, via Han-k'eou.

Canton.
Ping-liang (Kan-sou) ; Tchen-youen ; Si-ngan, Lan-t'ien, Ying-kia-wei, H'ing-p'ing, Sang kia tchouang, K'ien-tcheou, Loung-tcheou et San-choui (Chen-si) ; Kouei houa tch'eng ; Chang-hai.
T'ien-tsin.
Chang-hai.
Chang-hai.
Hongkong.
Tche-li : Tai Ming fou, Kouang-p'ing fou, Han-tan, Wei Hien ; Tsao tcheou fou (Chan-toung).
Via Han-k'eou : Siang-yang, Fan-tcheng.
Kiao-tcheou.
Tso-yün (Chan-si).
Chen-si : T'oung tcheou, Han-tch'eng ; Chan-si : I-chi, Yun-tcheng, Hiai-tcheou ; Ho-nan : Young-ning ; Si-ngan ; Hou-Pe : Lao Ho-k'eou.
Wou-tch'ang, Cha-che, I-tchang.
Canton.
Wou-tch'en, Nan-tch'ang, Choui-tcheou-fou, Sin tchang hien, Tou kia pou, Kien tchang hien, Te-ngan hien, Hou-k'eou hien, Kieou-kiang.
Tchang-cha.
Via Nieou-tchouang : Hai-tch'eng, Moukden, Liao-yang et Ashi ho ; Kai-youen.

41

Chinese Recorder, de l'article donné dans ce même périodique, Vol. IX, No. 2, pp. 108 et seq., du *Directory of Protestant Missionaries in China, Japan & Corea for the year 1903*: on comptait en 1900 (M. Broomhall's *Martyred Missionaries*, I, p. 323) environ 250.000 Chrétiens protestants en Chine, et de nos renseignements particuliers.

2° THE « TERM » QUESTION.

Controverses au sujet des Saintes Ecritures et du mot « Dieu » (GOD) en chinois.

— Sur les versions de la Bible en langue chinoise, voir le chapitre sur les Chinois (*the Chinese*), pp. 9/16 de « Christian Researches in Asia »... by the Rev. Claudius Buchanan, D. D. London : 1811, in-8, 2d ed.

— Remarks on Translations of the Scriptures [by « Servus »]. (*Indo-Chinese Gleaner*, April 1819, pp. 84/8.)

— Sur les traductions de la Bible en langue chinoise par Abel-Rémusat. (*Mél. As.*, I, pp. 1/27.)

— A Memoir on the importance and practicability of translating and printing the Holy Scriptures in the Chinese Language; and of circulating them in that vast Empire : Including an Account of the Introduction, Progress, and present State of Catholic Missions in that Country. By William Moseley, A. M., LL. D., &c. (Réimp., pp. 95/116 de « The Origin of the first protestant Mission to China, Lond. 1842.) (Vide supra col. 1222.)

Voir de nombreux passages dans le *Retrospect* de Milne. (Vide supra col. 1222.)

— Horne's *Int. to the Scriptures*, 9th ed., 1846, Vol. V, pp. 134/135.

— *Chinese Versions of the Bible*. (James Darling's *Cyclopaedia Bibliographica* : Subjects, col. 75 (1859).

— « Some Remarks on the Chinese Terms to express the Deity ». Letter signed Z selected from the *Indo-Chinese Gleaner*, vol. iii, No. 16 for April, 1821, pp. 97/105, in the *Chinese Repository*, vol. VII, October 1838, pp. 314/321.

La lettre de Z est accompagnée de remarques de Morrison et de Milne.

— « Chinese Version of the Bible; Manuscript in the British Museum; one version undertaken in Bengal, and another in China; with brief notices of the means and measures employed to publish the Scriptures in Chinese previous to A. D. 1830. » (By E. C. Bridgman.) (*Chinese Repository*, Vol. IV, Oct. 1835, pp. 248/261.)

— « The Bible : its adaption to the moral condition of man; with remarks on the qualifications of translators and the style most proper for a version of the Scriptures in Chinese. » (By E. C. Bridgman.) (*Ibid.*, Vol. IV, Nov. 1835, pp. 297/305.)

— « Revision of the Chinese Version of the Bible; necessity for the work; with suggestions respecting the manner in which it ought to be accomplished. » (By Charles Gützlaff.) (*Ibid.*, Vol. IV, January 1836, pp. 393/398.)

— * Remarks on a New Version of the Sacred Scriptures in Chinese. By Rev. Samuel Kidd. London, 1836.

— * Memorial addressed to the British and Foreign Bible Society on a New Version of the Chinese Scriptures, by W. H. Medhurst. London, 1836, in-8, pp. 44.

« The object of this pamphlet is to demonstrate the necessity for a new translation of the Scriptures into Chinese, which the author endeavours to do by pointing out the defects in Morrison's, and drawing a comparison between that and the one in which he had been more recently engaged. » (*Mem. of Prot. Miss.*)

— Sur les mots *Shin* et *Shang ti*, voir l'opinion d'Abel Rémusat exprimée dans une lettre adressée par lui de Paris, le 20 mai 1817, à R. Morrison. (Traduite dans *Memoirs of R. Morrison*, 1839, I, pp. 490/492.)

— Sur la Révision des Ecritures Saintes, voir *China*, par Medhurst, 1838, chap. XXII, pp. 545 et seq. [col. 74].

— Illustrations of Scripture drawn from the Customs of the Chinese. (*Ch. Rep.*, VIII, pp. 639 et seq.; XVII, pp. 537 et seq., by S. Wells Williams.)

— Remarks on the name of Jesus, as expressed in Malay; addressed to the Editor of the *Chinese Repository*, in 1839. By the Rev. W. H. Medhurst, Batavia. (*Ibid.*, 1843, XII, pp. 449 et seq.)

— Minutes of a meeting of missionaries of various Protestant denominations, assembled for the purpose of taking into consideration the present State of the Chinese version of the Sacred Scriptures. Held at Hongkong, August 22d, 1843. (*Ibid.*, XII, 1843, pp. 551/553.)

— Comparative View of six different versions in Chinese of John's Gospel, Chapter I, verse 1st. By E. C. Bridgman. (*Ibid.*, XIV, p. 54.)

— Remarks on the translation of the words *God* and *Spirit*, and on the transferring of Scripture proper names into Chinese, in a letter to the editor of the *Chinese Repository*. By W. M. Lowrie. (*Ibid.*, pp. 101/103.)

— Queries and Remarks on the translation into Chinese of the words *God, Spirit*, and *Angel*. By E. C. Bridgman. (*Ibid.*, pp. 145 et seq.)

— Chinese versions of the Holy Scriptures : need revision; list of words claiming particular attention; proposed meeting of delegates. By E. C. Bridgman. (*Ibid.*, XV, 1846, pp. 108 et seq.)

— Revision of the Chinese version of the Bible; remarks on the words for *God, Father, Son, Spirit, Soul, Prophet, Baptism* and *Sabbath*. By E. C. Bridgman. (*Ch. Rep.*, pp. 161 et seq.)

— Terms for Deity to be used in the Chinese version of the Bible : the words *Shangti*, *Tien*, and *Shin* examined and illustrated, in a letter to the Editor of the *Chinese Repository*. By W. M. Lowrie. (*Ibid.*, pp. 311 et seq.)

— Remarks regarding the translation of the terms for the Deity in the Chinese version of the Holy Scriptures. By a Correspondent. [By C. Gützlaff.] (*Ibid.*, pp. 464 et seq.)

— Remarks on the words and phrases best suited to express the names of *God* in Chinese. Written by a Correspondent at Ning-po. [W. M. Lowrie.] (*Ibid.*, XV, pp. 568 et seq., 577 et seq. ; XVI, pp. 30 et seq.)

— Chinese terms to denote the Deity : views of Drs. Morrison, Milne, Marshman, and others, communicated in former volumes of the *Chinese Repository*. By E. C. Bridgman. (*Ibid.*, XVI, 1847, pp. 99 et seq., 121 et seq.)

— Remarks in favor of *Shangti*. By W. H. Medhurst, Shang-hai, Sept. 14th 1846. (*Ibid.*, pp. 34 et seq.)

— Two notes against the use of *Shin*. By C. Gützlaff [a Reader]. (*Ibid.*, pp. 37 et seq.)

— An Inquiry respecting the mode of designating the third person of the Godhead in Chinese. By J. Goddard. (*Ibid.*, pp. 351 et seq.)

— Revision of the Chinese version of the New Testament : proceedings of the delegates, from the General Committee of Protestant missionaries assembled at Shanghai. (*Ibid.*, XVII, 1848, pp. 53 et seq.)

— A Dissertation on the Theology of the Chinese with a view to the elucidation of the most appropriate term for expressing the Deity in the Chinese language. By W. H. Medhurst, sen. — Printed at the Mission Press, Shanghae. 1847, in-8, pp. 280.

Published at dollar 1.50.
Notice : by E. C. Bridgman. (*Ch. Rep.*, XVII, pp. 414 et seq.)

— An Essay on the proper rendering of the words Elohim and Θεος into the Chinese language. By William J. Boone, D. D. Missionary Bishop of the Prot. Ep. Church of the U. S. to China. (*Ch. Rep.*, XVII, 1848, pp. 17 et seq., 57 et seq.)

Le même. [Reprinted from the Chinese Repository, *Vol. xvii*, 1848.] Shang-hai : American Presbyterian Mission Press, MDCCCLXXVI, br. in-8, pp. 58.
Notice : *Chin. Rec.*, VIII, pp. 184/191.

— An Inquiry into the proper mode of rendering the word God in translating the Sacred Scriptures into the Chinese language. By W. H. Medhurst. (*Ibid.*, pp. 105 et seq., 161 et seq., 209 et seq., 265 et seq., et 321 et seq.)

— An Inquiry into the proper mode of rendering the word *God* in translating the Sacred Scriptures into the Chinese language. By W. H. Medhurst. Sen. Shanghae : Printed at the Mission Press. 1848, in-8, pp. 170.

— A few plain Questions addressed to those Missionaries, who in their preaching or writing, teach the Chinese to worship *Shang-ti*. By W. J. Boone. (*Chin. Rep.*, XVII, July 1848, pp. 357 et seq.)

— Reply to the few plain Questions of a brother Missionary (Published in the *Chinese Repository* for July 1848). By W. H. Medhurst, sen. — s. l. n. d., br. in-8, pp. 16.

— Remarks on the Notes of z. z. in a letter addressed to the Editor of the *Chinese Repository*. By the Rev. Dr. Medhurst. (*Ch. Rep.*, XVII, Sep. 1848, pp. 459 et seq.)

— Reply to the Essay of Dr. Boone on the proper rendering of the words אלהים and ΘΕΟΣ into the Chinese Language by W. H. Medhurst. D. D. Canton, Press of S. Wells Williams. 1848. in-8, pp. 107.

Voir également *The Chinese Rep.*, XVII, 1848, pp. 489 et seq., 545 et seq., 601 et seq.

— An Inquiry into the proper mode of rendering the word *God* in translating the Sacred Scriptures into the Chinese language. With an examination of the various opinions which have prevailed on this important subject, especially in reference to their influence on the diffusion of Christianity in China. By Sir George Thomas Staunton, Bart. M. P. London : Lionel Booth ... MDCCCXLIX, in-8, pp. 67.

Il y a un compte rendu de cet ouvrage dans le « *Chinese Repository* » Vol. XVIII, pp. 604 et seq., par S. W. Williams.

— Explanation and Note upon Art. III in the July No. of Vol. XVII, entitled « A few Plain Questions », etc. By the writer, Rt. Rev. W. J. Boone, D. D.

Letter to the Editor of the *Chin. Rep.*, dated Shang-hai, Jan. 13th 1849. (*Chin. Rep.*, Art. IV, Vol. XVIII, Feb. 1849, pp. 97/100.)

— Letter to the Editor upon the use of the terms *Shin* and *Shangti*. (By A Lover of Plain Common Sense.) — (*Chinese Repository*, Art. V, Vol. XVIII, Feb. 1849, pp. 100/102.)

— Thoughts upon the manner of expressing the word for God in the Chinese language. By John Bowring. LL. D. — (*Chinese Repository*, Vol. XVIII, pp. 600 et seq.)

Une lettre signée *Sciolus* en réponse à cet article a été adressée à l'éditeur de la *China Mail*. (No. 257, 17 Janv. 1850.)

— On the true meaning of the word *shin*, as exhibited in the quotations adduced under that word, in the Chinese imperial Thesaurus, called the *Pei-wan-yun-foo* 佩文韻府, translated by W. H. Medhurst. In-8, pp. 88. (Shanghai, 1849.)

Il y en a un compte rendu dans le *Chinese Repository*, Vol. XVIII, pp. 605 et seq., par S. W. Williams.

— To the Protestant Missionaries labouring at Hongkong and the Five Ports of China. In-8, pp. 22.

Lettre datée « Shanghae, January 30th, 1850 » et signée « W. H. Medhurst, John Stronach, W. C. Milne, W. Lockhart, W. Muirhead, J. Edkins ».

— Some Thoughts on the proper term, to be employed to translate *Elohim* and *Theos*, into Chinese : By an American Missionary in China. Shanghae, Printed at the Mission Press. 1850. in-8, pp. 28.

Par le Rev. Elihu Doty.

Voir *The Chinese Rep.*, XIX, pp. 185 et seq.

— Letters on the rendering of the name *God* in the Chinese language. By Rev. James Legge, D. D. of the London Missionary Society, Hongkong : Printed at the « Hongkong Register » Office, 1850, in-8, pp. 73.

Il y a six de ces lettres ; elles avaient d'abord paru dans le *Hongkong Register*.

— Version of the Old and New Testaments in Chinese : Proceedings of the Protestant Missionaries at the several ports, and of their delegates at Shanghai relative thereto; Resolutions adopted August 1st, 1850. By S. Wells Williams. (*Chin. Rep.*, XIX, pp. 544 et seq.)

— Letter to the Editor of the *Chinese Repository* respecting the objects to be had in view in translating *Elohim* and *Theos*. By M. S. Culbertson. (*Ibid.*, pp. 90 et seq.)

— Letter regarding the word used for *God*, in Chinese. By a Looker-on. [E. T. R. Moncrieff.] (*Ibid.*, pp. 280/1 et seq.)

(The « Term » Question.)

— An Argument for 上帝 (*Shang Te*) as the proper rendering of the words *Elohim* and *Theos* in the Chinese language : with Strictures on the Essay of Bishop Boone in favour of the term 神 (*Shin*), etc., etc. By Rev. James Legge, D. D. of the London Missionary Society. Hongkong : Printed at the Hongkong Register office. 1850, in-8, pp. v-43.

Notice dans *The China Overland Mail*, No. 29, May 23, 1850.

— Defense of an Essay on the proper rendering of the words *Elohim* and ΘΕΟΣ into the Chinese language by William J. Boone, D. D. Missionary Bishop of the Protestant Episcopal Church of the United States to China. Canton : Printed at the office of the *Chinese Repository*, 1850, in-8, pp. 168 et Errata.

C'est une défense de son « Essay » publiée par l'évêque Boone et une réponse aux brochures précédentes ; Medhurst's Inquiry, Staunton's Inquiry, Bowring's article in the *Chinese Repository*, la lettre du 30 janvier, celle de « An American Missionary » et l'Argument de Legge.

Voir également *The Ch. Rep.*, XIX, 1850, pp. 345, 409, 465, 569, 625.

— Letter to the Editor of the *Repository* upon Dr. Legge's Argument of the word for God in Chinese. By a Looker-on. [E. T. R. Moncrieff.] (*Ch. Rep.*, XIX, pp. 524 et seq.)

— Letter to the Editor of the *Repository*, accompanied with a translation of a Chinese tract upon Nourishing the Spirit by W. H. Medhurst D. D. (*Chinese Rep.*, XIX, pp. 445 et seq.)

— An Inquiry into the proper mode of translating *Ruach* and *Pneuma*, in the Chinese version of the Scriptures. By W. H. Medhurst, Sen. Shanghae : Printed at the Mission Press. 1850, in-8, pp. 75.

Voir the *Chinese Rep.*, XIX, p. 478 : Notice by E. C. Bridgman. — Voir un long article signé Δ adressé à l'éditeur de la *China Mail*, No. 287, 15 Août 1850, en réponse au Dr. Medhurst.

— Remarks on the best term for God in Chinese ; also on the proper basis of compromise on this subject. Addressed to the friends of Protestant Missions to the Chinese, by Rev. L. B. Peet, Missionary of the American board of Commissioners for foreign Missions at Fuhchau. Printed at Canton. 1852. In-8, pp. 31.

Cette lettre est datée « Fuhchau, Nov. 27th, 1851 ».

— « Report on the Chinese Version » presented to and adopted by, the Directors of the American Bible Society, signed Sam'l H. Turner [and] R. S. Storrs Jr. (*Chin. Rep.*, XX, pp. 216/220.)

(The « Term » Question.)

— Resolutions passed in London about the Chinese Version of the Bible. (*Chin. Rep.*, pp. 220 et seq.)

— On the Chinese Version of the Scriptures. To the Editor of the *Chinese Repository*. Letter dated « Shanghae, August 1st, 1851 » and signed « W. H. Medhurst, John Stronach, William C. Milne ». In-8, pp. 16.

Réponse à l'art. du *Chin. Rep.*, XX, pp. 216/224. — Le Dr. Williams a répondu à cette lettre dans le même recueil. (*Ibid.*, pp. 485/488.)

— Strictures on the Remarks contained in « Papers relating to the Shang-hae revision of the Chinese Scriptures ». By W. H. Medhurst, John Stronach (and) Wm C. Milne. Shang-hae, June 16th, 1852.

Au commencement : « A paper with the above title, dated « Shang-hae, November 10th, 1851, » has come into our hands. It has no signature, but we have reason to believe, that it is from the pen of the Rev. M. S. Culbertson. »

— * Reply to the Strictures on the Remarks made on the Translation of Genesis and Exodus in the Revision of the Chinese Scriptures by M. S. Culbertson. Canton, 1852, in-8, pp. 25.

— * Essay on the bearing of the Publications of the Taiping dynasty Insurgents on the Controversy respecting the proper term for translating the words *Elohim* and *Theos* in the Chinese version of the Scriptures. 1853, in-8, pp. 18, s. nom d'auteur, s. l.

Cet ouvrage anonyme est du Rév. M. S. Culbertson.

— * A Vindication of Comments, on the Translation of Ephesians, I. in the Delegates' Version of the New Testament. By William J. Boone. Canton, 1852, in-8, pp. 58.

— Reply to Dr. Boone's Vindication of Comments on the Translation of Ephes. I. in the Delegates' Version of the New Testament : by the Committee of Delegates, also, a letter on the same subject from the Rev. J. Legge, D. D. to Dr. Tidman, Secretary of the London Missionary Society. Shang-hae, Printed at the London Mission Press, 1852, br. in-8, pp. x-80.

By W. H. Medhurst, John Stronach & W. C. Milne.

— Memorandum of an interview held on December the 7th, 1850, with His Excellency Seu-ke-yu, the *Foo-yuen* or governor of Fo-keen province, at his official residence in the city of Foochow, by the Bishop of Victoria, introduced by C. A. Sinclair, Esq., H. M. Interpreter and Acting Vice-Consul at Foo-chow.

Printed in the *N. C. Herald*, No. 46, June 14, 1851.

Le gouverneur explique dans cette entrevue le sens chinois des noms suivants :

1° *Shang-ti* 上帝

2° *T'ien-tchou* 天主

3° *Shin* 神.

4° Comparaison de *Shang-ti*, de *T'ien-tchou* et de *Shin*.

5° Le gouverneur propose *Shin-t'ien* et mieux *T'ien-Shin* 天神.

6° *T'ien-Shin*, *Ti-Shin* 地 | et *Kouei-Shin* 鬼 |

7° *Ling-houan* (âme de l'homme vivant).

8° *Shin-ling* et *Shin-ming* (l'âme de l'homme devient *Shin-ling* après la mort = *Shin-ling* et *Shin-ming* ont à peu près le même sens) 神明.

Les remarques du gouverneur sont reproduites dans *The Athenaeum*, du 1er Mars 1851, et de ce journal dans *The Chinese Repository*, XX, May 1851, pp. 247/250.

L'entrevue entre l'évêque de Victoria et le gouverneur du Foukien a été tirée à part en un placard sur trois colonnes.

— Reply to the Bishop of Victoria's ten Reasons in favour of T'een-shin. By W. H. Medhurst, sen. Pièce in-4, 1 f. sur 3 col., s. l. n. d.

— The Notions of the Chinese concerning God and Spirits : with an Examination of the Defense of an Essay, on the proper rendering of the words *Elohim* and *Theos*, into the Chinese language, by William J. Boone, D. D., Missionary Bishop of the Protestant Episcopal Church of the United States to China. By the Rev. James Legge, D. D., of the London Missionary Society. Hong-kong ; Printed at the « Hong-kong Register » Office. 1852, in-8, pp. IV-III-166.

Notice dans le *N. C. Herald*, No. 90, April 17, 1852.

— * The National Religion of China, as illustrative of the proper Word for translating « God » into the Chinese Language. Being an Extract from the Bishop of Victoria's Charge to the Anglican clergy, delivered at Shang-hae, China, on October 20th, 1853. Shang-hae, 1853, in-4, pp. 12. (*Mem. of Prot. Miss.*)

Avait d'abord paru dans deux Nos. du *N. C. Herald*.

— * « *Shin v. Shang-Te* » : Antagonistic versions of the Chinese Scriptures. A review of the controversy respecting the proper rendering of Elohim and ΘΕΟΣ into Chinese, and statement of the evidence showing a large majority for « Shin », &c. By a life-member of the Bible Society, of thirty years' standing. — Ex. xxiii-13 ; Isaiah xlii-8 ; Luke xi-11. London.

« This is an anonymous pamphlet, published about the year 1854 » [by the Rev. Jacob Tomlin]. (*Mem. of Prot. Miss.*, p. 51.)

— A Letter to the Right Honourable the Earl of Shaftesbury, President of the British and Foreign Bible Society; on the Pantheistic and on the Buddhistic Tendency of the Chinese and of the Mongolian Versions of the Bible published by that Society. By the Rev. S. C. Malan, M. A., of Balliol College, Oxford, and Vicar of Broadwindsor, Dorset. London: Bell and Daldy, 1856, br. in-8, pp. 38.

— Who is God in China, *Shin* or *Shang-te*? Remarks on the Etymology of אלהים and of ΘΕΟΣ, and on the rendering of those terms into Chinese. By the Rev. S. C. Malan, M. A.,... London, Bagster, s. d. [Feb. 1855], in-8, pp. VIII-310.

— On the rendering on the word *God* in Chinese, by Pres. Woolsey, of Yale College.

Communication faite à l'*Am. Or. Soc.*, Mai 1867, Journal, Vol. IX, No. I, p. XVI. — Sur le même sujet, voir une communication du Rév. A. P. Happer, Oct. 1868, *Ibid.*, p. xlii.

— « The Bible in China. » Read at the Quarterly Missionary Meeting in Union Chapel, Shang-hai, in April 1868. By A. Wylie Esq. [Reprinted from the *Chinese Recorder and Miss. Journal*, Nov. & Dec. 1868], br. in-8, pp. 14.

Voir supra col. 1227.

— Voir sur le mot 神 *Shin*, quelques observations du Rév. M. J. Knowlton dans *Notes and Queries on C. & J.*, Vol. II, p. 125.

— A few Thoughts on the Question, What Term can be christianised for God in Chinese? Pièce in-4 de 2 ff. n. ch. [3 pp. imp.] (China, July, 1864.)

By Rev. C. Hartwell.

Cet art. a été publié sous le voile de l'anonyme; il a été réimp. sous forme de brochure in-8 de pp. 6, avec la signature « China, Aug. 1865 » à laquelle on avait joint une autre br. de pp. 9, anonyme, la critiquant, précédée d'une lettre de 6 lignes adressée au Rév. S. L. Baldwin, signée *Philadelphos* et datée « China, May 15th 1865 ».

— A few Thoughts in reply to a short essay on the question: « What Term can be christianized for God in China? » By Theophilus. Pièce in-8, pp. 10.

Signé: *Theophilus* = T. P. Crawford.

— * Important Considerations, relative to English translations, in reply to the proposal for a new version of the Sacred Scriptures into the Chinese language. Shanghae, 1866, in-8, pp. v-31. By Thos. H. Hudson.

— On the Meaning and Power of the Term « Jehovah ». By Rev. T. P. Crawford, Tungchow. (*The Missionary Recorder*, Vol. I, No. 1, Jan. 1867; No. 2, Feb. 1867.)

— On the translation of « Jehovah » by

Shang-ti. By Rev. F. S. Turner, B. A. (*Ibid.*, No. 4, April 1867.)

Réponse à l'article précédent.

— Confucian Cosmogony... by Rev. Thos. M'Clatchie. 1874. — A Translation of the Confucian 易經... By the Same. 1876.

Ces ouvrages, dont nous aurons l'occasion de reparler au chapitre des *Sciences morales et philosophiques*, ont donné une vigueur nouvelle à la controverse.

— Confucian Cosmogony. By John Chalmers. (*China Review*, 1875, pp. 342/354.) — Rép. du Rev. T. M'Clatchie. (*Ibid.*, pp. 84/95.) — One page from Choo Foo-tsze. By John Chalmers. (*Ibid.*, 1876, pp. 243/246.)

— Voir Faber's « Confucianism » sur les mots *T'ien*, *Kouei*, *Shin*, *Shang-ti*, pp. 44 et seq.

— L. de Bishop Burdon, Hongkong, March 30th, 1875. (*Chin. Rec.*, VI, March-April 1875, pp. 149/150.)

— Lettres dans le *Chin. Rec.*, VI, May-June 1875 de: C. Hartwell, pp. 228/9, Elachistos, pp. 229/230; de John L. Nevius et Alexander Williamson, pp. 230/232.

— Lettres dans le *Chin. Rec.*, VI, July-August 1875 de: C. F. Preston, pp. 283/9; John Chalmers, p. 290; History, pp. 290/2.

— L., *Ibid.*, Sept.-Oct. 1875, de: William Dean, pp. 369/371.

— The Terms for « God » and « Spirit ». By Carstairs Douglas. (*Ibid.*, Nov.-Dec. 1875, pp. 432/3.)

— L. de J. G. Loercher. (*Ibid.*, pp. 436/9.)

— L., *Ibid.*, VII, Jan.-Feb. 1876 de: J. G. Loercher, pp. 59/60; Thos. McClatchie, pp. 60/3, en réponse au précédent; J. G. Kerr, pp. 66/8; Carstairs Douglas, pp. 68/74.

— The Term for « Spirit » in Chinese. By the Rev. Canon McClatchie, M. A. (*Ibid.*, March-April, 1876, pp. 92/99.)

— L., *Ibid.*, March-April, de: D. N. Lyon, p. 133; Hampden C. Du Bosé, pp. 133/5; John S. Roberts, pp. 136/141. — May-June, de Wm. Muirhead, pp. 212/3; J. S. Roberts, pp. 213/6; John Ross, pp. 216/7; T. McClatchie, p. 217; J. V. N. Talmage, pp. 218/221; T. G. Loercher, pp. 221/6. — July-Aug., de Carstairs Douglas, pp. 293/4; Enquirer, pp. 294/7. — Sept.-Oct., de Jew, pp. 369/375; Sinim, pp. 379/380.

— The Name of God in Chinese. By John Chalmers, A.M. Being the Author's Translation of his Tract on the Terms used for God in the Chinese Language, first printed in 1863. Hong kong: Published by the Committee of the Religious Tract Society. 1876, in-8, pp. 13.

— The Question of Terms simplified, or the Meanings of « Shan », « Ling » and « Ti » in Chinese made plain by Induction. By John Chalmers, A. M., of the London Missionary Society. Canton: E-shing, Printer... Hongkong... Shanghai. 1876, in-8, pp. 128.

Notices: *Chin. Rec.*, VII, pp. 386 et pp. 460/3. — *China Review*, V, pp. 135/6.

— Jehovah. By Rev. John W. Davis. (*Chin. Rec.*, VII, Nov.-Dec. 1876, pp. 388/403.)

— Shen and Shang-ti. By Rev. B. Helm. (*Ibid.*, pp. 436/442.)

— L., *Ibid.*, de R. H. Graves & A. P. Happer, p. 444; T. P. Crawford, pp. 446/7; Thos. McClatchie, pp. 447/450.

— The meaning of the word « Shin » by

« Inquirer ». (*Ibid.*, VIII, Jan.-Feb. 1877, pp. 65/93.)

— L., *Ibid.*, de : C. W. Mateer, pp. 93/7.

— * The Chinese Term for God. A Letter to His Grace the Lord Archbishop of Canterbury, by J. S. Burdon, Bishop of Victoria, Hongkong. Hongkong : Printed by De Souza & Co. 1877.

Notice : *Chin. Rec.*, VIII, pp. 191/3.

— The Chinese Term for God. A Letter to the Protestant Missionaries of China. By J. S. Burdon, Bishop of Victoria, Hong kong. Printed by De Souza & Co. 1877, in-8, pp. 17.

— The Chinese Term for God. By Alexander Williamson, D. D. Reprinted from the *Celestial Empire*. Shanghai, 1877.

— Thoughts on the Term Question. By Rev. R. H. Graves, M. D. (*Chin. Rec.*, VIII, March-April 1877, pp. 139/146.)

— Shall T'ien-chü supersede Shang-te and Shin ? The Argument from experience. By Rev. A. B. Hutchinson, C. M. S. (*Ibid.*, pp. 146/152.)

— L., *Ibid.*, de : H. Blodget [What would Daniel do ?], pp. 154/160 ; Carstairs Douglas [Dr. Williams' testimony that *Shin* does mean *spirit*], pp. 160/163 ; de John Chalmers [Chinese and Dead Languages], pp. 166/167 ; de Man of Peace, pp. 173/5.

— Terms in Chinese for « God », « Gods » and « Spirit ». By Rev. C. F. Preston. (*Ibid.*, May-June 1877, pp. 226/239.)

— L., *Ibid.*, de : A. E. M.[oule], pp. 250/1 ; A. P. Happer, pp. 251/253 ; John Chalmers [Inquirer and the Wei kan luh], pp. 253/255 ; C. W. Mateer [Usus loquendi], pp. 257/259.

— The Term Question : or an Enquiry as to the Term in the Chinese Language which most nearly represents Elohim and Theos as they are used in the Holy Scriptures. By William Armstrong Russell, D. D., Missionary Bishop of the Church of England in North China. Shanghai : American Presbyterian Mission Press, MDCCCLXXVII, br. in-8, pp. 57.

Notices : *Chin. Rec.*, VIII, pp. 264/269. — *China Review*, V, pp. 400/1.

— * The Chinese Term for God. — Statement and Reply. Hongkong : Printed at the « Daily Press » office, Wyndham Street, 1876, in-8, pp. 11.

By Rev. H. Blodget, DD.

— * Protest of the Missionaries of the Rhenish, Basel and Berlin Missionary Societies, 1877.

— Confucianism in relation to Christianity. A paper read before the Missionary Conference in Shanghai, on May 11th, 1877. By Rev. James Legge, D. D., LL. D., Professor of the Chinese Language and Literature in Oxford University... Shanghai : Kelly & Walsh. 1877, br. in-8, pp. 12.

Notices : *Chin. Rec.*, VIII, pp. 351/359, by R. Nelson. — L. de M. A. Wylie, *Ibid.*, p. 534. — *China Review*, V, pp. 398/400. — *Revue critique*, No. 42, 20 Oct. 1877, pp. 225/7. (Par Henri Cordier.) — *London & China Express*, 2 Nov. 1877.

— * The Teachings of Experience in the use of the Terms for God and Spirit at Foochow. By the Rev. C. Hartwell. 1877, br. in-8, pp. 11.

— An Essay on the proper rendering of the words Elohim and Theos into the Chinese Language. By Inquirer [Rev. A. P. Happer]. Shanghai : Presbyterian Mission Press. MDCCCLXXVII, br. in-8, pp. 32 et 19 p. de texte chinois.

Notice : *Chin. Rec.*, VIII, pp. 184/191.

— 上帝 Part I, Is the Shang-Ti of the Chinese Classics the same Being as Jehovah of the Sacred Scriptures ? Part II, What Being is Designated Shang-Ti in the Chinese Classics and in the Ritual of the State Religion of China. By Inquirer. [Rev. A. P. Happer.] Shanghai : Presbyterian Mission Press. MDCCCLXXVII, br. in-8, pp. 70 & 26 p. de texte chinois.

Chin. Rec., VIII, pp. 411/426, et IX, pp. 74/75. — *China Review*, VI, pp. 202/3.

— God κατ' ἐξοχήν. By Rev. Thos. McClatchie, M. A. (*Chin. Rec.*, VIII, Sept.-Oct. 1877, pp. 398/411 ; Nov.-Dec. 1877, pp. 476/488.)

— L., *Ibid.*, Sept.-Oct. 1877, de : C. C. Baldwin, pp. 438/9 ; J. V. N. Talmage, pp. 439/441 ; — Nov.-Dec. 1877, de : C. W. Mateer, pp. 534/7.

— On the translation of « Faith » and « Sin » in Chinese by Rev. Carstairs Douglas. (*Ibid.*, VIII, Nov.-Dec. 1877, pp. 451/5.)

— On sacrificial Offerings (by a Chinese Pastor). (*Ibid.*, pp. 489/498.)

— Too straight is crooked the other way. By Rev. J. E. Walker. (*Ibid.*, pp. 519/524.)

— Some brief reasons for not using *Ling* in the sense of Spirit. By J. Edkins, D. D. (*Ibid.*, pp. 524/529.)

— The Theocratic nature of the Chinese government, and the principles of its administration as stated in the Chinese Classics. By Inquirer [Happer]. (*Ibid.*, IX, pp. 28/49.)

— The Words *Elohim* and *Jehovah* in Genesis. By Rev. William Aikman, D. D. (*Ibid.*, IX, pp. 125/138.)

— The Manchu Terms for 上帝 and 神. By P. G. von Möllendorff. (*China Review*, VI, 1878, p. 273.)

— The Controversy among the Protestant Missionaries on the proper translation of the Words God and Spirit into Chinese. By S. Wells Williams, LL. D. Professor of the Chinese Language and Literature in Yale College.

This first appeared as an article in the *Bibliotheca Sacra*, for 1878. (*Vide Ch. Rec.*, vol. X, pp. 78/79.)

— A Letter to Prof. F. Max Müller on the Sacred Books of China, Part I. By Inquirer. [A. P. Happer.] (*Chin. Rec.*, XI, 1880, pp. 161/186 + 1 p. n. c.)

— A Letter to Professor F. Max Müller Chiefly on the Translation into English of the Chinese Terms *Tî* and *Shang Tî* in reply to a Letter to him by « Inquirer » in the « Chinese Recorder and Missionary Journal » for May-June, 1880. By James Legge. (*Ibid.*, XII, 1881, pp. 35/53.)

— Protest of Chinese Bishops and Missionaries against the translation of « The Sacred Books of the East ». (*N. C. Herald*, Feb. 22, 1881, pp. 183/4.) — Reply of Max Müller. (*Ibid.*)

Sig. : Thos. MacClatchie, M. T. Yates, E. C. Lord, etc.

— « Heaven » and « God » in Chinese. By Divus. (*China Review*, VIII, p. 392.)

— The interminable Question. By John Chalmers. (*Ibid.*, IX, pp. 190/192.) — Max Müller. (*Ibid.*, pp. 228/233.)

— An imperial settlement of the Term Question. (*Ibid.*, X, p. 72.)

— The Catholic Missionaries and the Term Question. By Ch. Piton. (*Ibid.*, p. 145.)

— The New Testament in Chinese. « Traduttori, traditori. » By Herbert A. Giles. (*Ibid.*, pp. 149/158.)

— « The Delegates' Version » and Mr. Giles. By F. J. Masters. (*Ibid.*, pp. 259/265.)

— Shang-ti, the El-Eljon of Genesis. By Martin Schaub. (*Ibid.*, XI, pp. 162/171.)

— « Ti. » (*Ibid.*, p. 403.)

— Chinese Theology. By E. H. Parker. (*Ibid.*, XIV, p. 171.)

— Term question. By E. H. Parker. (*Ibid.*, XV, p. 249.)

— The easy Wen-Li new Testament. By Rev. C. W. Mateer, D. D. (*Chin. Recorder*, XVII, Feb. 1886, pp. 51/53.)

— Mr. John's New Testament. By Rt. Rev. G. E. Moule, D. D. (*Ibid.*, pp. 53/55.)

— The easy Wen Li New Testament. By Rev. Griffith John. (*Ibid.*, April 1886, pp. 145/148.) Cf. *Ibid.*, May 1886, pp. 203/4.

— Mode of printing the Chinese Bible. By Rev. J. Edkins, D. D. (*Ibid.*, April 1886, pp. 149/150.)

— The Chinese New Testament. By Rev. Arnold Foster, B. A. (*Ibid.*, May 1886, pp. 192/197.)

— The New Testament in Chinese. By H. (*Ibid.*, XIX, No. 5, May 1888, pp. 216/222 ; Paper II, *ibid.*, No. 6, June 1888, pp. 250/260 ; *ibid.*, April 1889, pp. 147/150 ; *ibid.*, June 1889, pp. 263/267 ; *ibid.*, July 1889, pp. 311/316 ; *ibid.*, August 1889, p. 374.)

— The New Testament in Chinese. Paper III. By H. (*Ibid.*, XX, No. 4, April 1889, pp. 145/150 ; Paper IV, *ibid.*, No. 6, June 1889, pp. 263/267 ; *ibid.*, No. 7, July 1889, pp. 311/316.)

— The New Testament in Chinese. (*Ibid.*, No. 8, Aug. 1889, p. 374.)

(The « Term » Question.)

— The New Testament. Paper VI. By H. (*Ibid.*, XXI, August 1890, pp. 365/370.)

— Answer to Criticisms on « The New Testament in Chinese ». By one of the Peking translators. (*Ibid.*, XIX, No. 8, Aug. 1888, pp. 365/366.)

— The Bible without Note or Comment in China. By Rev. F. H. James. (*Ibid.*, XXI, No. 4, April 1890, pp. 151/153.)

— « Colloquial Versions of the Chinese Scriptures. » A Paper to be read at the Shanghai Missionary Conference of May, 1890. By J. S. Burdon. — Hongkong : Noronha & Co., 1890, in-8, pp. 17.

— In what form shall we give the Bible to the Chinese ? By C. (*Chin. Rec.*, XXI, Oct. 1890, pp. 453/457.)

— The Bible in China. By Rev. L. N. Wheeler, D. D. (*Ibid.*, Dec. 1890, pp. 541/545.)

— A Communication from Bishop Moule. To the Editor of the *Recorder*. (*Ibid.*, XXII, Jan. 1891, pp. 6/9.)

— The Text of the New Testament. By F. (*Ibid.*, March 1891, pp. 123/128.)

— Bishop Moule and Chinese Bible Revision. By Rev. C. A. Mateer. (*Ibid.*, pp. 129/130.)

— The Translation of ὁ λόγος. — Jn. 1. 1. By Rev. H. P. Perkins. (*Ibid.*, pp. 130/132.)

— The Work of Bible Translation. By Rev. R. H. Graves, D. D. (*Ibid.*, June 1891, pp. 260/262.)

— The Chinese Bible. By Rev. George Parker. (*Ibid.*, Oct. 1891, pp. 460/462.)

— The Mandarin Executive Committee. (*Ibid.*, pp. 466/67.)

— Bible Revision. By K. (*Ibid.*, Nov. 1891, pp. 499 à 508.)

— Thoughts on Translation of the Scripture and the Revised Version. By T. Newberry, Editor of the Englishman's Bible. (*Ibid.*, pp. 522/524.)

— Meeting of the Revisers. (*Ibid.*, Dec. 1891, pp. 578 à 578.)

— General List of Commentaries on Books of Scripture. By Alex. Kenmure. (*Ibid.*, Nov. 1891, pp. 529/530 ; *ibid.*, Dec. 1891, pp. 579/581.)

— Bishop Moule on the Greek Text of the New Testament. (*Ibid.*, XXIII, Jan. 1892, pp. 10/17.)

— Meeting of the Board of Revisers. (*Ibid.*, pp. 25/28.)

— One Bible for China. By a Member of the Executive Committees. (*Ibid.*, Feb. 1892, pp. 79/81.)

— Why we should study the Old Testament. By Rev. William Ashmore, D. D., Swatow, B. M. U. (*Ibid.*, June 1892, pp. 249/255.)

— Pentateuchal Criticism. By Rev. Edward S. Little, M. E. M. (*Ibid.*, Aug. 1892, pp. 373/375.)

— Union in Bible and Tract Work. By Rev. Jonathan Lees, L. M. S. (*Ibid.*, Sept. 1892, pp. 412/415.)

— Bible Revision Needed. By J. J. (*Ibid.*, pp. 423/426.)

— Conference Committee on Vernacular Versions. By Rev. John C. Gibson, Secretary. (*Ibid.*, Oct. 1892, pp. 457/459.)

— Mandarin Revision. By John R. Hykes, Secretary Mandarin Committee. (*Ibid.*, Nov. 1892, pp. 529/530.)

— Annotated Scriptures. By J. H. Laughlin. (*Ibid.*, XXIV, Feb. 1893, pp. 88/9.)

— Annotated Scriptures. By Rev. John Chalmers. (*Ibid.*, April 1893, pp. 162/164.)

— The early Settlement of the Term Question. By Hampden C. Du Bose. (*Ibid.*, Sept. 1893, pp. 435/6.)

— Thoughts on the Divine Names. By Rev. R. H. Graves, Canton. [Southern Baptist Mission.] (*Ibid.*, XXV, April 1894, pp. 158/5.)

— *Ibid.*, Nov. 1894, p. 552.

— The Term Question. Hankow, May 1893. (*N. C. Herald*, 1893, June 30, pp. 969/970 ; July 7, pp. 23/4, July 14, p. 71.)

— The Meaning of the Word 神 by Rev. C. W. Mateer, D. D., LL. D. (*Chin. Rec.*, XXXII, Feb. 1901, pp. 61/72 ; continué jusqu'à Aug. 1902, pp. 400/4.)

Tirage à part, br. in-8, pp. 155. S. l. n. d.

— Uniform Terms. By Rev. R. H. Graves, M. D., D. D. (*Chin. Rec.*, XXXIII, No. 3, March 1902, pp. 119/122.)

(The « Term » Question.)

— « Religion in China. » By Rev. I. Genähr, Rhenish Mission. (*Ibid.*, XXXIII, No. 10, Oct. 1902, pp. 487/497.)

— Religion in China. By Stanley Smith, M. A. (*Ibid.*, No. 12, Dec. 1902, pp. 610/618.)

— The Worship of Confucius. Is it Idolatry? By W. A. P. M.[artin.] (*Ibid.*, Feb. 1903, pp. 92/3.)

— A Word or two about the Supernatural, the Superhuman and the Divine in the Chinese Languages. By Rev. J. E. Walker, Shao-wu. (*Ibid.*, XXXIV, April 1903, pp. 164/169.)

— « Theist. » « Jesuit. » « Christian. » « Which? » By Arnold Foster, L. M. S., Wuchang. (*Ibid.*, Aug. 1903, pp. 392/401.)

— The Supreme as Recognised in Ancient China. By Rev. W. Arthur Cornaby. (*Ibid.*, XXXV, January 1904, pp. 5/18.)

— The Term Question. A Plea for Comprehension. By Rev. G. G. Warren. (*Ibid.*, May 1904, pp. 215/219.)

— * The Terms for God and Spirit in Chinese. By the Rev. C. A. Stanley, D. D. of the American Board Mission, Tientsin, 1904.

— The Term Question. By J. E. Waller. (*Chin. Rec.*, Aug. 1904, pp. 418/9.)

— The Term Question. By P. Matson. (*Ibid.*, Nov. 1904, pp. 576/8.)

∴

— Bible Translation. — Methods of Work. (*Chin. Rec.*, XXIV, May 1893, pp. 227/8.)

From the *Malaysia Message*.

— [Letter from] John Darroch, Lu an cheo, April 8, 1893. (*Chin. Rec.*, XXIV, May 1893, pp. 241/2.)

— The American Bible Union Version of the New Testament. By W. A. P. Martin. (*Ibid.*, June 1893, pp. 285/7.)

834 Main St., Racine, Wis., U. S. A., March 4, 1893.

— The Word [生] for Life in Chinese. By Rev. J. M. W. Farnham, D. D. (*Ibid.*, July 1893, pp. 331/6.)

— Note on Schereschewsky's Bible in Chinese. By Dr. W. A. P. Martin. (*Ibid.*, March 1903, pp. 148/9.)

— Romanized Scriptures. (*Ibid.*, Aug. 1904, pp. 413/4.)

— Vernacular Translations of the Bible. (*Chin. Rec.*, XXXII, Nov. 1901, pp. 563/4.)

Version		*What Printed*
Mandarin	Character	Entire Bible
Foochow	»	» »
Canton	»	» »
Ningpo	Romanized	» »
Foochow	»	» »
Amoy	»	» »
Shanghai	Character	New Test. and Gen.-Ruth.
Soochow	»	do
Hakka	»	New Test. and Gen.-Ex., Ps., Isa.
Swatow	»	New Test.
Mandarin	Romanized	»
Kien-ning	»	»
T'ai-chow	»	New Test. and Psalms
Shanghai	»	New Test.
Hakka	»	»
Swatow	»	New Test. except 1 Cor. and Heb. Also Gen., II Sam., Jonah, Hag., Zech., Mal.
Hainan	Romanized	New Test., except. Rom., Cor., Rev. Also Gen. and Minor Prophets.
Hing-hua	»	New Test., except Rev.
Wen-chow	»	Gospel & Acts
Kien-yang	»	Gospels
Canton	»	»
Peking	»	One Gospel
Shantung	»	do
Soochow	»	do

Le *Chinese Recorder*, Dec. 1901, ajoute les renseignements suivants : The publications of the China agencies of the three Bible Societies — British and Foreign, American, and the National Society of Scotland — for the year 1900 aggregate 1.523.930 copies of the Bible and portions thereof. The following are the numbers classified according to dialects :—

Mandarin	991.300	
Easy Wên-li	291.900	
Classical	187.280	
Canton Colloquial	30.300	
Amoy Romanized	5.000	
Hing-hua Romanized	4.000	
Ningpo Romanized	2.000	
Foochow Romanized	1.500	
Hakka Colloquial	350	
Kien-yang Romanized	300	
Mongolian	10.000	1.523.930.

(The « Term » Question.)

3° *PUBLICATIONS PÉRIODIQUES.*[1]

— *At Home and Abroad.* A Magazine of Home and Foreign Missions for young Helpers in the Work. London : Wesleyan Mission House, Price One Penny.

Cahier in-8 de pp. 24 [No. 3. March 1879].

— *The Baptist Missionary Magazine.* Boston : Published for the American Baptist Missionary Union.

Cahier in-8 de pp. 32. — Un dollar ten cents par an. [Vol. LVIII. January 1878, No. 1.]

— *The China Methodist Forum.* Published quarterly in the interests of China Methodism. Methodist Book Concern, Foochow, China.

Nos. 1 and 2, July and November 1902.

— *China's Millions.* Edited by J. Hudson Taylor. London : Published monthly for the China Inland Mission by Morgan & Scott.

Cahier in-4 de pp. 16 à 2 col. — [No. 33, March 1878, Price One Penny.]

— * *The Chinese Illustrated News.* Moral, Religious, Scientific, Instructive and Entertaining. March 1891. Vol. XI, No. 11. Shanghai : The Chinese Religious Tract Society.

Notice : *Chin. Rec.*, XXII, May 1891, p. 235.

— *The Chinese Missionary Gleaner.* From March 1850, to December 1855. London :

[1] Nous donnons ici le titre, non seulement des revues relatives aux Missions protestantes imprimées en Chine, mais encore des publications des Sociétés religieuses *qui ont des missionnaires en Chine.* Ces Sociétés publient, en outre, des Rapports annuels que l'on devra également consulter. Disons qu'il nous eut été impossible de dresser cette liste sans l'aide bienveillante de Mr. Alex. Wylie. Afin de servir de point de repère, nous avons marqué entre parenthèses le numéro du Journal que nous avons examiné.

(Publications périodiques.)

Wertheim & Macintosh,... Judd & Glass... 1856, in-8.

No. 1, March, 1850. Price 2d. — Vol. II, No. 5, May 1851, Price 1d.
Devient :

— *The Chinese & General Missionary Gleaner*, in-8.

Vol. I, No. I — June 1851 — Price 1d. — Vol. II. No. 12. May 1853. Price 1d.
Puis :

— *The Chinese Missionary Gleaner*. Vol. I. New Series. London : Partridge, Oakey & Co., 1855, in-8.

Vol. I, No. I. New Series. June 1853. Price 1d. — Vol. II, No. 31. New Series. December 1855. Price 1d.

— *The Chinese Recorder.*

Voir la IIe Partie de cet ouvrage : LES ÉTRANGERS EN CHINE ; *Ports Ouverts* : Fou-tcheou.

— *The Chinese Repository.*

Ibid. : Canton.

— *The Chronicle of the London Missionary Society.* A Record of its Proceedings at home and abroad. Edited by the Rev. Joseph Mullens, D. D., Foreign Secretary of the Society. London : Sold by John Snow & Co., Price One Penny.

Mensuel. — Un cahier in-8 de pp. 24. [December 1877.] — Continuation de la publication suivante :

The Missionary Magazine and Chronicle; relating chiefly to the Missions of the London Missionary Society. London, 1837-1859, 23 vol. in-8. — New Series, Vol. 24/30, London, 1860-66.

— *The Church Missionary Gleaner.* London : Seeley, Jackson & Halliday.

Cah. in-4 de pp. 16 à 2 col. — Illust. — [No. 62, February 1879, Price One Penny.] — Le vol. 1 est de 1841, in-12 ; une première série terminée en 1850 comprend 10 vol. — Une nouvelle série de 1851 à 1870 forme 20 vol. in-8. — La série in-4 a commencé en 1874.

— *The Church Missionary Intelligencer and Record.* London : Seeley, Jackson & Halliday.

Cah. in-8 de pp. 64. — Prix 6s. par an. [Vol. 4, No. 2. February 1879, 6d.] — Première série 1850-1864. — Deuxième Sér. 1865-1875.

— *The Church Missionary Record,* extracted from *the Church Missionary Intelligencer & Record.* London : Seeley, Jackson & Halliday. Price One Penny.

Cah. in-8 de pp. 24. [No. 2. February 1879.]

— *The Church Missionary Juvenile Instructor.* London : Seeley's.

Cah. in-16 de pp. 20. [One Half-penny — February 1879.] — Vol. 1-10, London, 1842-1851, in-32. — New Series, Vol. 1-13, London, 1852-1864, in-32. — New Series, in-16, commencée en 1865.

— *Der Evangelische Heidenbote.*

Cah. pet. in-fol. de pp. 8 à 2 col. [Sept. 1878. No. 9, 51. Jahrg.]

— * *The Foochow Messenger.* Vol. I. No. 1.

Notice : *Chin. Rec.*, Jan. 1904, p. 43. — American Board. — Editor, Dr. H. T. Whitney.

— *The Foreign Missionary* of the Presbyterian Church of the United States of America. New York, 23, Centre Street.

[Feb. 1879, Vol. XXXVII, No. 9.]

— *The Friend of China* ; the Organ of the Anglo-Oriental Society for the Supression of the Opium trade. London : P. S. King, in-8. [No. 1.] [March 1875.]

Notice : *Chin. Rec.*, XXII, Jan. 1891, p. 38.

— *The Gospel in China.* London : for the Foreign Missions Committee of the Presbyterian Church of England.

Cah. in-4 à 2 col. de pp. 8. — One Half-penny. — Edité par J. L. Maxwell, M. D. [New Series. — No. VI, June 1878.] A d'abord été trimestriel. Deux numéros (Juillet 2, et Oct. 1, 1877) furent publiés dans le format in-8. La nouvelle série a commencé en Janvier 1878.

— *Heathen Woman's Friend.*

Cahier pet. in-fol. de pp. 22 à 2 col. [Vol. IX. Boston, May 1878, No. 11.]

— *The Helping Hand.*

Cahier pet. in-fol. de pp. 8 à 3 col. [Boston, January 1878. Vol. VII, No. 1.]

— * *The Home and Foreign Missionary Record for the Church of Scotland.* By authority of the Committee of the General Assembly. July 1839 — March 1862. In-8, Vol. 1—17. — The Same, Edinburgh, 1862-1878 (still continued).

— *Illustrated Missionary News,* containing Missionary Intelligence from all parts of the World.

Mensuel, 1 cahier in-4 de pp. 16 à 3 col. — 2 pence par mois. — 2s. 6d. par an. — London. [No. 159, March 1, 1879.] A dû commencer en Janvier 1866. Autrefois la feuille était plus grande que maintenant. Sans être spécialement l'organe d'une Société, cette publication met ses lecteurs au courant des missions de Chine.

— *The Indo-Chinese Gleaner.* Containing Miscellaneous Communications of the Literature, History, Philosophy, Mythology, &c. of the Indo-Chinese Nations, drawn chiefly from the Native Languages. Christian Miscellanies ; and General News. — Published Quarterly. — Vol. I. — Malacca : Printed at the Anglo-Chinese Press. — 1818, in-8, 1 f. n. ch. + pp. 226.

Contents. — Introduction. Addressed with due respect to all our Missionary Brethren in the East. [Sig. W. Milne, Malacca, April 26, 1817], pp. 5/11. — *The Indo-Chinese Gleaner.* — No. I. May, 1817, pp. 12/23. — No. II. August, 1817, pp. 27/42. No. III. February, 1818, pp. 43/83. — No. IV. May, 1818, pp. 84/135. — No. V. August, 1818, pp. 136/174. — No. VI. October, 1818, pp. 175/217. — Index, pp. 219/226.

— — Vol. II. Malacca : Printed at the Anglo-Chinese Press. — 1820, in-8, pp. 482.

No. VII. January, 1819, pp. 1/48. — No. VIII. April, 1819, pp. 49/116. — No. IX. July, 1819, pp. 117/176. — No. X. October, 1819, pp. 177/224. — No. XI. January, 1820, pp. 225/288. — No. XII. April, 1820, pp. 289/344. — No. XIII. July, 1820, pp. 345/402. — No. XIV. October, 1820, pp. 403/470. — Index, pp. 471/482.

— — Vol. III. — Malacca : Printed at the

Anglo-Chinese Press. — 1821, in-8, pp. VIII-314.

Introduction, pp. I-VIII. — No. XV. January, 1821, pp. 1/56. — No. XVI. April, 1821, pp. 57/123. — No. XVII. July, 1821, pp. 125/184. — No. XVIII. October, 1821, pp. 185/232. — No. XIX. January, 1822, pp. 233/279. — No. XX. April, 1822, pp. 280/314. Sans index.

Ce périodique comprend donc 20 numéros : May 1817—April 1822, et 3 vol. in-8. — C'est mon exemplaire que je décris, acquis de B. Quaritch, et le seul complet que j'aie jamais rencontré.

C'est le Dr. Milne qui a eu la plus grande part à la publication de ce périodique, précurseur du *Chinese Repository*. Voir Milne's *Retrospect*, pp. 190/1. [Col. 1222.]

Notice par J. P. Abel-Rémusat dans le *Journal des Savans*, Juillet 1819, pp. 413/420.

— *The Juvenile Missionary Magazine*. Printed for and Published by the Directors of the London Missionary Society. Sold by J. Snow & Co. Price One Half-penny.

Un cahier in-12 de pp. 24. [March 1879. Robert Robinson, Editor. New Series.] Edité successivement depuis 1844 par les Rev. — Freeman, E. Prout et R. Robinson.

— * *Magazin für die neueste Geschichte der protestantischen* [ensuite *evangelischen*] *Missions- und Bibelgesellschaften*, etc. (Herausgegeben M. Blumhardt.) Jahrg. 1816-1856. Basel, 1816, etc., in-8.

Continué sous le titre : *Evangelisches Missions-Magazin*.

— * *The Messenger*, in-4, pp. 4, mensuel.

Commencé à Chang-Haï, 1888, par William J. Lewis, de la China Inland Mission.

— *Mission of the Church of England in North China*, under the Right Rev. Charles Perry Scott, D.D., Missionary Bishop in Peking. April 1893. No. 1. Vol. I. Quarterly Paper in connection with « Bishop Scott's Special Fund » or the « North China Diocesan Fund ». Price 3 d. in-8, pp. 16.

Devient :

— The Mission of the Church of England in North China. January 1896. Vol. III. No. 4.

Puis :

— Chronicle of the Church of England Mission in North China. April 1896. Vol. IV. No. 1.

Puis :

— Chronicle of the Church of England Mission in North China and Shantung. April, 1903. Vol. XI. No. 2. Quarterly Paper in connection with the « North China Diocesan Fund ».

Continue à paraitre.

— The Annual Report of the Church of England Mission in North China for the year 1896. Together with Accounts and List of Subscriptions, Offertories, and Collections for 1896, in connection with « Bishop Scott's Special Fund » or the « North China Diocesan Fund ». br. in-8, pp. 20.

— — for 1897, pp. 20.

— *Missionary Chronicle*, Methodist New Connexion.

Cahier in-8 de pp. 8. [New Series, No. LXI, January 1879.] Publié à intervalles irréguliers, mais généralement trois fois par an.

— *The Missionary Herald*. London : Yates & Alexander, Price One Penny.

Cahier in-8 de pp. 32. [March 1, 1878.] Voir auparavant : *The Missionary Herald*, containing intelligence at large of the proceedings and operations of the Baptist Missionary Society, and recording the principal transactions of other similar institutions. 1819-1821, in-8.

The Missionary Herald ; relating chiefly to the operations of the Baptist Missionary Society. New Series, 1857 et seq., in-8.

« The Old Series constitutes the latter portion of the monthly numbers of the Baptist Magazine of the year preceding. » (Note du Catalogue du British Museum.)

— * *The Missionary Herald* of the Presbyterian Church in Ireland. Belfast, 12 May Street, in-8.

[1879. New Series, Vol. IX.]

— *The Missionary Record* of the United Presbyterian Church edited by Rev. Dr. Hamilton Macgill. Edinburgh : Published at the Mission House, 5, Queen Street. Price One Penny.

Cahier in-8 de pp. 24. [No. CLVII. New Series, January 1, 1879, Vol. VIII.] — La première série est de 1847-1865.

— *The Missionary Recorder*. Vide supra : *Chinese Recorder*.

— * *Monats-Berichte* der *Chinesischen Stiftung*. 1-3. Jahrg. 1847-1849, à 12 Nrn. Cassel, Hotop, gr. in-4 [Engelmann].

— *Monthly Reporter of the British & Foreign Bible Society*. London : Bible Society House.

Cah. in-8 de pp. 8. [No. 45, February 1, 1879, Vol. X.]

— * *Our China Visitor*. Mission of the M. E. Church, South U. S. A. Shang-hai, July 1st, 1878. Quarterly. Vol. III, No. 1.

Conducted by the Rev. J. W. Lambuth.

Notice : *Chin. Rec.*, IX, pp. 399/400.

— *Our Mission Field* : Published by the Ladies' Board of Missions of the Presbyterian Church. Auxiliary to the Home and Foreign Boards. New York : Published for the Society.

Bi-mensuel. — Cahier in-8 de pp. 24. — 60 cents par an [September 1878].

— *Our Sisters in other lands* : A Record of Mission Work among Women. Issued quarterly by the Women's Missionary Association of the Presbyterian Church of England. London : Publishing Office of the Presbyterian Church of England [1879].

— * *The Panoplist* (or *The Christian Armory*) conducted by an Association of

Friends to Evangelical Truth. Boston, 1805-1808, Vol. I-III, in-8.

Continue :

The Panoplist and Missionary Magazine united. Vol. IV-XIII. [New Series, Vol. I, etc. ; le numérotage des volumes comme formant une nouvelle série cesse après le Vol. V ; et l'on reprend l'ancien numérotage depuis la création de cette publication.] Boston, 1808-17, in-8.

Devient :

The Panoplist and Missionary Herald. Boston, 1818-1820, Vol. XIV-XVI, in-8.

Puis :

The Missionary Herald. Published at the expense of the American Board of Commissioners for Foreign Missions. Boston, 1821, etc., Vol. XVII-XLVI.

Le vol. pour 1879 est le soixante-quinzième.

— * *The Periodical Miscellany and Juvenile Instructor.* Malacca, in-8.

« This was a serial conducted by Mr. [John] Evans, each number containing 24 pages, and was issued on the 5th day of each month, beginning with June 1836, being continued during that and the following year. It was intended to be a successor to the *Indo-Chinese Gleaner.* » (*Mem. of Prot. Miss.*)

— * *The Presbyterian Record* for the Dominion of Canada. Montreal, 210 St. James Street, in-8.

En cours de publication.

— * *The Spirit of Missions* ; edited for the Board of Missions of the Protestant Episcopal Church in the United States of America. Burlington, New-Jersey and New-York, 1836, etc., in-8.

« Vol. I, only was published at Burlington ; the others were published at New-York. » (Cat. du British Museum.)

— *Wesleyan Missionary Notices.* London : Wesleyan Mission House, Price One Penny.

Cahier in-8 de pp. 24. [February 1879.] Continuation de :

Missionary Notices, relating principally to the Foreign Missions (first established by the Rev. J. Wesley, the Rev. Dr. Coke and others : and now carried on under the direction of the Methodist Conference). London, 1816-38, 9 vol. in-8.

The Wesleyan Missionary Notices. New Series, London, 1839-1853, 11 vol. in-8.

— Third Series. London, 1854 et seq., Vol. I et seq.

— *Woman's Work in China.*

In-8. — Shang-hai. — 50 cents par an. Vol. I, No. 1, Nov. 1877. Notices : *China Review,* VI, pp. 203/4. — *Chin. Rec.,* IX, p. 486. — *Ibid.,* XXII, Jan. 1891, pp. 39/40.

4° *VIES DES MISSIONNAIRES.*

— Lyst der Predikanten van Tayouan. (Fr. Valentyn, *Oud en Nieuw Oost Indiën,* Amst., 1726, Vol. VI, pp. 92/3.)

Liste des missionnaires hollandais à Formose depuis 1627 (Georgius Candidius [jusqu'à 1659] Gulielmus Vinderus). — Voir le *Chin. Rep.,* XX, pp. 541 et seq.

— Notice des travaux littéraires des missionnaires anglais dans l'Inde, par L. Langlès, Paris. Imprimerie de Le Normant, 1817, br. in-8, pp. 63.

Ext. des *Annales Encyclopédiques,* 1817.

— Harris's Great Commission ; — with notices of modern missions, Catholic and Protestant, in China. By E. C. Bridgman. (*Chin. Rep.,* XII, pp. 210/223.)

La p. 223 comprend : « A list of Missionaries sent to the Chinese by Protestant Societies. »

— List of the Protestant Missionaries in China up to 1847. (*Ibid.,* XVI, pp. 12/14.)

— List of Protestant Missionaries at the several Ports of China, with the names of the Societies to which they belong. (*Ibid.,* XVII, pp. 101/3.)

— List of Protestant Missionaries to the Chinese, with the present position of those now among them. By S. W. Williams. (*Ibid.,* XX, pp. 513/545.)

— Les « Biographical Sketches of deceased Missionaries » à la fin de « *The China Mission* » du Dr. Dean, New York, 1859. (Voir col. 1224.)

— * William Gamble. Statistics of Protestant Missions in China for 1864. Shanghae, 1865, feuille in-fol.

— Directory of Protestant Missionaries in China. January 1st, 1865. Fuhchau : American Methodist Episcopal Mission Press. 1865, br. in-32, pp. 20.

— * The same. June 15th 1866. Including also a list of Protestant Missionaries in Japan and Siam. Fuh-chau, 1866, in-12, pp. 32.

Par le Rev. S. L. Baldwin.

— Memorials of Protestant Missionaries to the Chinese : giving a list of their publications, and obituary notices of the Deceased With copious indexes. Shanghae : American Presbyterian Mission Press. 1867, in-8, pp. VI-331.

Chaque biographie comprend le nom et les surnoms du missionnaire, son nom chinois, une notice, une liste de ses publications chinoises, anglaises, etc. L'ouvrage débute par une préface générale et se termine par : « Index I. Names of Missionaries. » — « Index II. Titles of publications, alphabetically arranged. » — « Index III. Classified arrangement of Chinese publications. » Quoique le nom de M. Alex. Wylie ne paraisse pas sur le titre de cet ouvrage, on sait que ce savant a fourni la plus grande partie des matériaux de ce travail dont il n'a jamais accepté la paternité, par modestie sans aucun doute.

Notice : *Chin. Rec.,* I, p. 9/11.

— The Protestant Missionaries of China. (*Chin. Rec.,* II, Aug. 1869, pp. 57/64.)

— List of Protestant Missionaries in China, Japan and Siam. [Dec. 1874.]

Pièce in-8, de pp. VII, intercalée dans le numéro de déc. 1874 du *Chinese Recorder.*

— The number of Missionaries in China in 1875. By Rev. John W. Davis. (*Chin. Rec.,* VI, pp. 340/4.)

Tables faites à l'aide de la liste précédente.

— Appendix. Catalogue of Publications by Protestant Missionaries in China. [By Alex. Wylie], in-4, pp. VI-52, Carte de la Chine.

Catalogue of the Chinese Imperial Maritime Customs Collection, at the United States International Exhibition, Philadelphia, 1876. — Shanghai. 1876.

— * List of Protestant Missionaries in China, Japan and Siam, by A. Herbete-Gordon Esq. Shanghai : American Presbyterian Mission Press.

Notice : *Chin. Rec.*, XII, 1881, p. 474.

— * The List of Missionaries. — A Directory of Protestant Missionaries in China, Corea, Siam, and the Straits Settlements. Corrected to May 1886. Shanghaï, American Presbyterian Mission Press, pièce in-8, 25 cents.

— * New List of Missionaries in China, Korea, and Siam. Corrected to March, 1889. Shanghai, American Presbyterian Mission Press, 1889, in-8.

— Church Missionary Society. — Register of Missionaries and native Clergy, From 1804 to 1883. With index. — 1884, br. in-8, pp. 237.

— * A Directory of the Missionaries in China and Japan. *Daily Press* Office, Hongkong, 1901.

— Directory of Protestant Missionaries in China, Japan & Corea. — For the year 1903. — Hong-kong, «Daily Press» Office, MDCCCCIII, in-8, pp. 80.

Abbey, *Robert Easton*, né à St. Catherine's Canada, 22 mars 1852 ; †

— In Memoriam. — Rev. R. E. Abbey. (*Chin. Rec.*, XXI, Dec. 1890, pp. 557/561.)

Abeel, *David*, né à New Brunswick, New Jersey, 12 juin 1804 ; † 4 sept. 1846.

— * Memoir of the Rev. David Abeel D. D., late missionary to China. By his nephew Rev. G. R. Williamson. New York, R. Carter, 1848, in-12, pp. 315.

Art. de S. W. Williams dans le *Ch. Rep.*, XVIII, pp. 260/275. — Il y a un portrait du Dr. Abeel en tête du Vol. II du *Middle Kingdom*.

— David Abeel, Pioneer Missionary to China. By Rev. John G. Fagg, Amoy. [American Reformed Mission.] (*Chin. Rec.*, XXV, April 1894, pp. 160/4.)

— Voir VOYAGES.

— Henri Cordier, *Grande Encyclopédie*.

Aitchison, *William*, né en Ecosse, le 1er janvier 1826.

— Five Years in China ; or the Factory Boy made a Missionary. The Life and Observations of Rev. William Aitchison, late Missionary to China. By Rev. Charles P. Bush, A. M. Philadelphia : Presb. Publication Committee, s. d. [1864] in-12, pp. 284.

Argento, *A.*, arrivé en Chine en 1896.

— Three Weeks' Dangers and Deliverances. By Mr. A. Argento. (*Broomhall's Martyred Miss. ... China I. Miss.*, pp. 236/243.)

Ashmore, *William*, arriva à Hong-kong, fév. 1851.

— Permeation of the Asiatic Mind with Democratic Ideas. By Rev. Wm. Ashmore, D. D. (*Chin. Rec.*, XXXII, Nov. 1901, pp. 529/535.)

Baldwin, *Stephen Livingstone*, arrivé en Chine, 1858, à Foutcheou (1859) ; retourné aux Etats-Unis en 1882 ; secrétaire Miss. Soc. of the Methodist Episcopal Church ; † 28 juillet 1902, à Brooklyn, de la fièvre typhoïde.

Ball, *Dyer*, né à West Boylston, Massachussets, 3 juin 1796 ; † à Canton, 27 mars 1866.

— Notice de *The Missionary Herald*, réimp. dans *The Miss. Recorder*, April 1867.

Bear, *J. E.*, † 9 oct. 1903 dans le Kiang-sou.

— In Memoriam. The Rev. J. E. Bear. By Rev. A. Sydenstricker. (*Chin. Rec.*, XXXIV, Nov. 1903, pp. 557/8.)

Benham, *Nathan S.*, né à Shardaken (Ulster County, New-York), le 23 août 1810 ; noyé dans le Mei-nam, le 6 avril 1840.

— Obituary Notice by J. Caswell. (*Chin. Rep.*, IX, p. 84.)

Bird, *C. Howard*.

— My Escape from Siang-Ch'eng. By Mr. C. Howard Bird. (*Broomhall's Martyred Miss.*, pp. 244/253.)

Blodget, *Henry*, né à Bucksport, Maine, 13 juillet 1825 ; arrivé à Chang-Haï, 3 août 1854 ; premier missionnaire protestant à T'ien-tsin (nov. 1860) ; A. B. Com. F. M. ; rentré aux Etats-Unis, 1894.

— In Memoriam. Rev. Henry Blodget, D. D. By Dr. A. H. Smith. (*Chin. Rec.*, XXXIV, Oct. 1903, pp. 508/9.)

Bonney, *Samuel William*, né 8 mars 1815, à New Canaan, Connecticut ; arrivé à Hongkong, 10 mars 1845 ; † à Canton, 27 juillet 1864.

— A Legacy of Historical Gleanings, compiled and arranged by Mrs. Catharina V. R. Bonney. — With Illustrations and Autographs. — In two volumes. — Albany, N. Y. : J. Munsell, 1875, 2 vol. in-8, pp. VII-542, VII-544.

Port. de S. W. Bonney. — Cf. Chap. XI-XXV, pp. 216 à la fin du Vol. II.

Boone, *William Jones*, 文 *Wen*, Board of Foreign Missions of the Protestant Episcopal Church, épouse Sarah Amélie de Saussure, de la Caroline du Sud ; arrivé à Batavia, 1837 ; à Macao, nov. 1840 ; Kou-lang-sou, 24 fév. 1842, avec Abeel ; premier évêque-miss. en 1844 ; † à Chang-haï, 17 juillet 1864.

Boone, *William J.*, deuxième fils du précédent, né à Chang-haï, 17 mai 1846 ; missionnaire en Chine ; arrivé à Chang-haï, nov. 1, 1869 ; 4e év. miss. (American Episcopal Church) en Chine, 28 oct. 1884 ; † à Wou-tch'ang, de la fièvre typhoïde, 5 oct. 1891.

— In Memoriam. (*Chin. Rec.*, XXIII, 1892, pp. 36/7.)

Bostick, *Mary Thornton*, née à Alabama State, 1862.

— In Memoriam. Mary Thornton Bostick. By Annetta T. Mills. (*Chin. Rec.*, XXXIV, No 6, June 1903, pp. 288/289.)

Boyd, Miss *Fanny*, née à Londres, 2 déc. 1844 ; partit de Marseille, pour la Chine, oct. 20, 1878 ; arrivée 4 déc. 1878 ; China Inland Mission ; † à Wen-tcheou, 14 juil. 1890.

— In Memoriam. By H. A. E. R. (*Chin. Rec.*, XXI, 1890, pp. 492/5.)

Bridgman, *Elijah Coleman*, 裨治文 *Pe tche wen*, né le 22 avril 1801, à Belchertown, Massachussets ; † 2 nov. 1861.

— * Letters on China. Boston, 1840, in-18, pp. 124.

— Obituary Notice. (*N.-C. Herald*, No. 589, 9 Nov. 1861.)

— The Pioneer of American Missions in China. — The Life and Labors of Elijah Coleman Bridgman, edited by Eliza J. Gillett Bridgman. With an Introductory Note by Asa D. Smith, D. D. New York : Anson

D. F. Randolph, 1864, pet. in-8, pp. xi-296, Port.

«This was written by Mrs. Bridgman during her last visit to America in 1862, 63. (*Mem. of Prot. Miss.*, p. 72.)

— Henri Cordier, *Grande Encyclopédie.*

Bridgman, Mrs. (Miss *Eliza Jane Gillett*), née à Derby, Connecticut, le 6 mai 1805; épousa le Dr. Bridgman en 1845; † à Chang-hai, le 10 nov. 1871.

— Voir le *Shanghai Budget*, du 13 déc. 1871, qui donne un compte rendu de la réunion mensuelle des missionnaires à l'Union Chapel, Chang-hai, où le Rév. E. W. Syle et d'autres missionnaires ont raconté les détails de la vie de Mrs. B. — The late Mrs. E. C. Bridgman by Rev. Henry Blodget. (*Chin. Rec.*, IV, pp. 261/3, 298/302.)

— Daughters of China; or, Sketches of Domestic Life in the Celestial Empire. By Eliza J. Gillett Bridgman. Publ. by Williams Collins, Glasgow, s. d. [1852] in-8, pp. 189.

«This was published in the United States, with a portrait of Mrs. Bridgman's Chinese pupil King-meh, as a Frontispiece. It was reprinted in Glasgow without the portrait 12mo, pp. 189. It was written during the short visit of the authoress to her native land in 1852.» (*Mem. of Prot. Miss.*, p. 72.)

Brooks, *S. M. W.*, assassiné 30 déc. 1899, à Tchang kia tien (Chan-toung).

— The Trials of the Murderers of Mr. Brooks. (*N. C. Herald*, 21 mars 1900.) — Letter of Henry Mathews, Chinanfu, 6th March 1900. (*Ibid.*, 28 mars 1900.)

— Henri Cordier, *Relat. de la Chine*, III, pp. 458/9.

Brown, *E. K.* Miss, † 8 nov. 1898.

— In Memoriam. Miss E. K. Brown, Sheo-yang Mission, Shan-si. By W. S. Johnston. (*Chin. Rec.*, XXX, March 1899, pp. 130/2.)

Brown, *Samuel R.*, né à Monson, Massachussets (Etats-Unis), 1810; † à Monson, 26 juin 1880; miss. en Chine, 1839-1847, et au Japon, 1859-1879.

— The Reverend Samuel R. Brown, D. D. (*Chin. Rec.*, XII, 1881, pp. 64/7.)

— * W. E. Griffis. — A Maker of the Orient: Samuel Robbins Brown, Pioneer Educator in China, America and Japan. The Story of his Life and Work. 1902, in-8, pp. 332.

Bunn, Mrs. *Elizabeth D.*, † à Wou-tch'ang, 28 janvier 1878.

— Notice: *Chin. Rec.*, IX, pp. 64/5, par E. J. J.

— The Elizabeth Bunn Memorial Hospital for women and children. (*Ibid.*, pp. 465/6.)

Burns, *William Chalmers*, 賓 *Pin*, né à Dun, Ecosse, le 1er avril 1815; † à Nieou-tchouang, 4 avril 1868.

— Death of the Rev. W. C. Burns. Conclusion of a Sermon preached by the Rev. W. S. Swanson at Amoy, 24 May 1868. (*Chin. Rec.*, I, pp. 28/31.)

— Memoir of the Rev. Wm. C. Burns, M. A., Missionary to China from the English Presbyterian Church. By the Rev. Islay Burns, D. D., professor of Divinity, Free Church College, Glasgow. Fifth edition. London: James Nisbet & Co., 1870, pet. in-8, pp. viii-598.

— William Chalmers Burns. Ein Wanderleben. — Preis 30 Cts. = 25 Pf. — Basel, Verlag der Missionsbuchhandlung. 1880, br. in-12, pp. 47.

Burt, *Jane Helena*, née à Burton-on-Trent.

— In Memoriam. Jane Helena Burt, née Tetley. Died December 4th, 1904. By S. C. (*Chin. Rec.*, XXXVI, Feb. 1905, pp. 81/2.)

Carter, *John*, né à Herland Cross, parish of Breage, Cornwall, 17 déc. 1864; embarqué pour la Chine, 23 janv. 1890; † à Ngan-kin, 26 août 1890.

— John Carter, Missionary to China: A Biographical Sketch. By D. Murley. Bible Christian Book Room, 1894, pet. in-8, pp. vi + 1 f. n. c. + pp. 74.

Chalmers, *John*, né le 24 oct. 1825, près de New Deer, Aberdeenshire; † 22 nov. 1899, à Tchemoulpo, Corée.

— The Rev. John Chalmers, M. A., LL. D. By T. W. (*Journ. R. A. S.*, Jan. 1900, pp. 159/161.)

— The late Dr. Chalmers. By Thomas W. Pearce. (*China Review*, XXIV, N° 3, pp. 115/119.)

— Rév. John Chalmers 湛約翰 *Tchan Yo-han*. Nécrologie par Henri Cordier. (*T'oung Pao*, 2e Sér., I, N° 1, Mars 1900, pp. 67/69.)

— * A Life for China. Being a Brief Memorial Sketch of the late Reverend J. Chalmers, of Hongkong. 1900, in-8, pp. 52.

Chiu, *Chi-tek*, né 1856, préfect. de Ts'iouen-tcheou.

— A Short Life of Pastor Chiu, of Amoy. By Rev. F. P. Joseland, Amoy. (*Chin. Rec.*, XXXIII, No. 2, Feb. 1902, pp. 58/62.)

Churchill, Mrs. *Jennie Hoyt*, née à Penn Yan, Yates Co., New York, le 16 juillet 1846; † à Yokohama, Japon, le 17 déc. 1875.

— Notice: *Chin. Rec.*, VII, 1876, pp. 50/5.

Cornaby, *W. A.*, Wesleyan Miss. Society.

— Rev. W. A. Cornaby at Exeter Hall. (April 29th, 1901.) (*Chin. Rec.*, XXXII, August 1901, pp. 381/388.)

Crawford, *Tarleton P.*, né dans le Tenn., Etats-Unis, 8 mai 1821; Board of Foreign Missions Southern Baptist Conv. in the U. S.; arrivé à Chang-Hai, 28 mars 1852; † à Dawson, Ga., 7 avril 1902.

— The late T. P. Crawford, D. D. By G. P. Bostick. (*Chin. Rec.*, Sept. 1902, pp. 456/8.)

Crosset, *J.*, † à bord du *El Dorado*, au large de Ta-kou, 21 juin 1889.

— L. de Mr. Bryson. (*Chin. Rec.*, XX, 1889, pp. 339/340.)

Dalziel, *James*, né à Barque, Ecosse; entré 1878, China Inland Mission; † à Chang-haï, 21 août 1890.

— In Memoriam. (*Chin. Rec.*, XXI, 1890, pp. 465/471.)

Davies, *Joseph Henry*, né en Nouvelle Zélande, 22 août 1856; † en Corée.

— Voir infra, **Heron**, *John W.*

— In Memoriam. Joseph Henry Davies. (*Chin. Rec.*, XXI, Aug. 1890, pp. 374/377.)

Lu à un service à Séoul, Corée.

Dawson, *Robert*, London Missionary Society; arrivé à Chang-Haï, 23 mars 1860; quitte 23 oct. 1861.

— * Homeward Bound; A Seaman's Sunday Book. Containing plain and practical sailing directions for the quarter-deck and forescatle. By a Sailor's Friend. London, 1863, in-12, pp. 126.

— * The London Missionary Society and its Supporters. A Letter to the Pastors and Members of the Independent Churches of Great Britain and Ireland. By a Returned Missionary. London, 1863, in-12, pp. 16.

Dean, Mrs., née le 29 mars 1819, à Thetford (Angleterre); † 29 mars 1843.

— Brief biographical Notice of the late Mrs. Dean, wife of the Rev. William Dean. — Communicated (by W. Dean). (*Chin. Rep.*, XII, pp. 207/210.)

Diament, Miss *Naomi*, née à Cedarville, New Jersey, 1834; American Board; † à Kalgan, 3 mai 1893.

— In Memoriam. (*Chin. Rec.*, XXIV, July 1893, pp. 338/9.)

Doolittle, *Justus*, 盧公明 *Lou Kong-ming*, né à Rutland, Jefferson County, N. Y., 23 juin 1824; American Board Mission; arrivé à Fou-tcheou, 31 mai 1850; rentré en Amérique, mai 1873; † à Chinton, N. Y., 15 juin 1880.

— Obituary of the Rev. Justus Doolittle. [By Rev. S. L. et C. C. Baldwin.] (*Chin. Rec.*, XII, 1881, pp. 59/63.)

— Notice in the *Japan Mail*, 21 août 1880.

Doty, Mrs., † 5 oct. 1845. — (Voir Pohlman, Mrs.)

Douglas, *Carstairs*, 杜嘉德 *Tou Kia-té*; né à la Manse de Kilbarchan, Renfrewshire, 27 déc. 1830; † à Amoy, du choléra, le 20 juillet 1877.

— * A Reply to the Charges brought against Protestant Missions in China. In a Letter addressed to the « Times ». By the Rev. Carstairs Douglas, M. A., Amoy, China.

Brochure de pp. 16 signalée dans le *Chin. Rec.*, II, Sept. 1869, pp. 111/112.

Notice : *Ibid.*, VIII, pp. 432/436, par Rev. Wm. McGregor, A. M.

— Memorials of Rev. Carstairs Douglas, M. A., LL. D., Missionary of the Presbyterian Church of England at Amoy, China. 1877. London, Waterlow & Sons, in-8, pp. 76.

By his brother, John M. Douglas.

— Son Portrait. (*Chin. Rec.*, XXI, 1890, front.)

— Memorial Sketch of Carstairs Douglas, L. L. D. Abridged from those formerly written. (*Ibid.*, No. 6, June 1890, pp. 266/271.)

Douthwaite, Mrs., née à Manchester, 1852; épouse Dr. Douthwaite, Chang-hai, fév. 1875; † à Tche-fou, 9 mai 1887.

— Mrs. Douthwaite. — In Memoriam. By Rev. J. L. Nevius, D. D. (*Chin. Rec.*, XVIII, 1887, pp. 279/282.)

Dowsley, *Andrew*, né à Brockville, 21 juillet 1844; Church of Scotland Mission, I-tch'ang; † au Canada, 1894.

— *Chin. Rec.*, Aug. 1894, pp. 413/4.

Dudgeon, *John*, London Missionary Soc.; arrivé à Chang-Haï, déc. 1863; † à Pe-king, 22 fév. 1901, à 64 ans.

— John Dudgeon, 德約翰 *Té Yo-han*. Nécrologie par H. C. (*T'oung Pao*, 2e Sér., II, No 2, Mai 1901, pp. 149/150.)

Dyer, *Samuel*, né le 20 janvier 1804, à Greenwich; † à Macao, 24 oct. 1843.

— Memoir of the Rev. Samuel Dyer, sixteen years Missionary to the Chinese by Evan Davies. London, John Snow, 1846, in-16.

— Letters of the late Rev. Samuel Dyer, Missionary to the Chinese, to his children. By Evan Davies,... London : John Snow, M DCCC XLVII, in-32, pp. 31.

On lit sur la couverture extérieure : Price Two pence.

— The Blessedness of those who die in the Lord, A Sermon, occasioned by the death of the Rev. Samuel Dyer, Missionary to the Chinese, (which took place at Macao 24th. October 1843;) preached in the new Mission Chapel Singapore. November 9, 1843. By John Stronach, Mr. Dyer's Colleague in the Chinese Mission at Singapore. With a Sketch of Mr. Dyer's Life and Character by his Widow. Singapore : Printed at the Mission Press, 1843, in-8, pp. 35.

Edkins, *Joseph*, 艾約瑟 *Ngai Yo-si*, London Miss. Soc.; arrive à Hong kong, 2 juillet 1848, et à Chang-hai, 2 sept.; B. A., Londres, 1843; D. D. Londres (Hon.), 1875; entre dans les Douanes comme Assistant, à Chang-haï, en déc. 1880; † à Chang-haï, 23 avril 1905.

— By-Paths of Bible Knowledge XIX — The early Spread of Religious Ideas especially in the Far East by Joseph Edkins, B. A., D. D.... Religious Tract Society, 1893, in-8, pp. 144.

Notice : *Chinese Recorder*, XXIV, Nov. 1893, pp. 546/547. Par W. M.

Edkins, Mrs. *J. R.*, née 28 oct. 1838; † 24 août 1861.

— Chinese Scenes and People with Notices of Christian Missions and Missionary life in a Series of Letters from various parts of China by Jane R. Edkins. With Narrative of a Visit to Nanking by her Husband the Rev. Joseph Edkins, B. A. of the Lond. Miss. Society, Pekin. Also a Memoir of her Father the Rev. William Stobbs, Stromness. London, James Nisbet & Co. 1863, pet. in-8.

Jane Rowbotham Stobbs was born in the United Presbyterian Manse of Stromness, Orkney, on the 28th October 1838. She was married to the Rev. Joseph Edkins at Stromness, on the 7th February 1859; she sailed for Shanghai 1st June 1859 and died at Ta-ku 24th Aug. 1861.

— * Jane Edkins. — Ein Missionsleben. Herausgegeben v. ihrem Vater. Nebst Jos. Edkins' Bericht über e. Besuch in Nanking. A. d. Engl. Gütersl. 1871, in-8.

Edkins, Mrs., née à Eaglesham, près de Glasgow, 26 mars 1833; † à Peking, 11 déc. 1877.

— In Memoriam. By J. Dudgeon, M. D. (*Chin. Rec.*, XI, 1880, pp. 273/284.)

Elgqvist, *Anders* (de la Soc. des Miss., de Lund, Suède).

— Lettres de Chine : ***Lunds Missions-Tidning***, **1850, no. 2; 1851, nos. 2, 3, 4, 5.**

[Vide *Swedish Mission*, supra, col. 1258.]

Faber, *Ernst*, né 25 avril 1839, à Koberg; † à Tsing-tao, 26 sept. 1899, de la dyssenterie.

— Port. en tête de son *Chron. Handbook*, et du *Chin. Recorder*, April 1902.

— Publications of Dr. E. Faber. (*Chron. Handbook*, pp. xliv-xlv.)

— In Memoriam. (*Chin. Rec.*, XXX, Dec. 1899, pp. 581/3.)

— In Memoriam. — Rev. Ernst Faber, D. D. (*China Review*, XXIV, No 2, pp. 108/9.)

— * E. Faber. — Ueber Literarische Missionsarbeit. (*Allgem. Missionszeitschrift*, 1882.)

— * E. Faber. — Problems of Christian Education in China. (*Records of Educational Association Meeting*, 1893, pp. 12/17.)

Traduit de l'allemand du même :

— * Sitten und Gebräuche der Christen

unter den Heiden. (Warneck's *Allgemeine Missionszeitschrift*, 1884.)

— * E. Faber. — Essay on the business management of Christian Literature in China. (*Records of Shanghai Missionary Conference*, 1890.)

— * E. Faber. — What shall we do with the Chinese Classics and the Wen-chang in our educational work? (*Educational Association*, 1896, pp. 64/76.)

— * E. Faber. — Bilder aus China. (Zwei Hefte, 1893 u. 1897, Verlag des Barmer Missionshauses.)

— * E. Faber. — Theorie und Praxis eines protestantischen Missionärs in China. (*Zeitschrift für Missionskunde und Religionswissenschaft*, 1899.)

— Dr. E. Faber: Theorie und Praxis eines protest. Missionars in China. Mit Vorwort von D. Aug. Kind. Ev. Verlag, Heidelberg 1901.

Fairbrother, Mrs., † 18 sept. 1875.
(Voir Pohlman, Mrs.)

Fast, *Karl Joseph* (de la Soc. des Missionnaires de Lund, Suède), tué par les pirates sur la rivière Min, le 12 nov. 1850.

— Lettres de Chine : *Lunds Missions-Tidning*, 1850, nos. 4, 8, 12; 1851, no. 1; — *Missions-Tidning* (Stockholm), 1851, no. 3. [Vide *Swedish Mission*, supra, col. 1258.]

Fay, Miss *Lydia Mary*, † 5 oct. 1878, à Tche-fou; 28 ans en Chine pour l'American Episcopal Church.

— Notice par D. J. Macgowan, avec une phot. (*The Far East*, I, No. 6, 1876, pp. 142/5.)

George, Dr. *J. Maude*, Reformed Presb. Mission, Tak-hing tcheou, Chine mérid.; † 4 sept. 1904, à Macao.

— Note. (*Chin. Rec.*, Oct. 1904, p. 583.)

Gilmour, *James*, né à Cathkin, près de Glasgow, Ecosse, en 1843; arrivé à Peking, avril 1870; London Mission; † à T'ien-tsin, 21 mai 1891.

— In Memoriam. Rev. James Gilmour, M. A. By Rev. S. E. Meech. (*Chin. Rec.*, XXII, July 1891, pp. 318/321.)

— « Well done, good and faithful servant. » By Rev. G. Owen. (*Ibid.*, pp. 321/327.)

— James Gilmour of Mongolia. His Diaries Letters and Reports Edited and arranged by Richard Lovett M. A., Author of « Norwegian Pictures » etc. With three portraits, two maps and four Illustrations. London, The Religious Tract Society, 1892, in-8, pp. 336.

Notice : *Chin. Rec.*, XXIII, Aug. 1892, pp. 391/2.

— James Gilmour and his Boys by Richard Lovett, M. A.... With a Map and many illustrations. London, The Religious Tract Society, 1894, pet. in-8, pp. 288.

— The Story of James Gilmour and The Mongol Mission by Mrs. Bryson of Tien-tsin... — London, The Sunday School Union, pet. in-8, pp. 144, s. d. [1894].

Fait partie de la *Splendid Lives Series*.

Goddard, *Fanny*, épouse de J. R. Goddard, A. B. M. U., et fille de W. Dean; † à Ningpo, 8 oct. 1903, à 61 ans.

— In Memoriam. Mrs. J. R. Goddard. (Née Augusta F. Dean.) By Mrs. J. S. Grant. (*Chin. Rec.*, XXXIV, Dec. 1903, pp. 612/3.)

Goldsbury, Jr., *James*, M. D., Chan-si Mission, American Board; né à Davenport, Iowa, Etats-Unis, 1860; † 23 mars 1893.

— Notice par J. B. T. (*Chin. Rec.*, XXIV, July 1893, pp. 337/8.)

Gough, *F. F.*

— In Memoriam. The Rev. F. F. Gough. By Bishop Moule. (*Chin. Rec.*, XX, No. 12, Dec. 1889, pp. 566/569.)

From the *Church Missionary Intelligencer*.

Graves, *Rosewell Hobart*, Board of Foreign Missions of the Southern Baptist Convention; arrivé à Hong-kong, 15 août 1856, et 17 août 1856, à Canton.

— Some Personal Reminiscenses of thirty years' Mission Work. By Rev. R. H. Graves, M. D., D. D. (*Chin. Rec.*, XVII, Oct. 1886, pp. 380/391; Nov. 1886, pp. 421/435.)

Read before the Canton Missionary Conference.

— Forty Years in China or China in Transition by Rev. R. H. Graves, D. D. Illustrated. Baltimore, R. H. Woodward Company, 1895, in-8, pp. 316.

— Bible Birds. By Rev. R. H. Graves, D. D. (*Chin. Rec.*, XXII, April 1891, pp. 157/161; June 1891, pp. 253/5.)

— Bible Reptiles. By Rev. R. H. Graves, M. D., D. D., Canton. (*Ibid.*, XXIII, April 1892, pp. 158/162.)

Graves, Mrs. *Jane Wormeley [J. W. Morris]*, femme du Rev. R. Graves qu'elle épousa 15 janv. 1872; arrivée à Canton, 5 juin 1872; Southern Baptist Mission; † 20 avril 1888, à San Francisco.

— In Memoriam. — Mrs. J. W. Graves. By Rev. E. Z. Simmons. (*Chin. Rec.*, XIX, 1888, p. 383.)

Gützlaff, *Karl Friedrich August*, 郭實獵 *Kŏ Shih-lië*, né à Pyritz (Poméranie prussienne), le 8 juillet 1803; † à Hong-kong, le 9 août 1851.

— * Ein Brief des Missionärs Gützlaff. Dat. Makao, den 8. Sept. 1832. (*Zeit. f. Missionsk. u. Religionswissensch.*, 3, pp. 165/171.)

— Gützlaff, de Apostel der Chinezen, in zijn leven en zijne werkzaamheid geschetst door G. R. Erdbrink, Predikant te Zutphen. — Te Rotterdam, bij M. Wijt & Zonen en Van der Meer & Verbruggen. — 1850, br. in-8, pp. 53.

The China Mail, No. 157, 17 Feb. 1848. (Ext. du *Galignani's Messenger*.) — *Chinese Repository*, XX, pp. 511/512; cet art., par S. W. Williams, est reproduit dans le *N. C. Herald*, No. 75, Janv. 1852. — *Literary Gazette*, Oct. 1851.

« M. Gützlaff avait su inspirer aux populations chinoises la plus grande confiance; il était d'une taille moyenne et convenablement gras; son œil, fortement bridé, rayonnait à fleur de l'orbite sous une paupière épaisse ombragée par des sourcils longs, noirs et touffus. Son visage, aux traits arrondis et au teint quelque peu olivâtre, rappelait le pamplemousse près de sa maturité, ou, si on aime mieux, cette variété de la race humaine qu'on désigne sous le nom de race mongole. Sous ses habits chinois, il ressemblait si parfaitement aux indigènes, qu'il aurait pu parcourir, sans être reconnu, les rues de la ville murée de Canton. » (Callery et Yvan, *Insurrection en Chine*, p. 115.)

— * *Smeekschrift ten behoeve der Heidenen en Mahomedanen, gerigt aan alle Christenen van Nederland.* Plea on behalf of Heathens and Mohammedans, addressed to the Christians of Holland. Amsterdam, 1826, in-8.

— * *Geschiedenis des uitbreiding van Christus Koningrijk op aarde.* History of the extension of Christ's kingdom in the world. Rotterdam, 1828, 2 vol. in-8.

« This publication was the result of information collected by

Mr. Gützlaff, during his visit to Paris and London, about the year 1825, when a candidate for the missionary service. »

— Aan mijne Mede-Christenen in Nederland. Afscheidswoord van Dr. K. Gützlaff, met eenige aanteekeningen door H. C. Millies. Te Amsterdam, bij J. C. Loman Jr. 1850, in-8, pp. 84 et 2 pages de préface.

« This was delivered on occasion of his visit to Europe, when about to return to China. »

— * Carl Gützlaff, *Missionär Predigt über Apostelgeschichte*, IV. 12. *gehalten am* 22. *Dec.* 1822 *in Berlin.* Carl Gützlaff, Missionary Sermon on Acts, IV. 12, delivered at Berlin, Dec. 22, 1822. Berlin, 1844, in-8.

— * *Gaihan's (Karl Gützlaff's) Chinesische Berichte von der Mitte des Jahres* 1841 *bis zum Schlusse des Jahres* 1846. Gaihan's (Karl Gützlaff's) Reports of China, from the middle of the year 1841, to the close of the year 1846. Cassel, 1850, in-8.

« These Letters were first published in the *Calwer Monatsblätter.* »

— * *Dr. C. Gützlaff, Die Mission in China. Vorträge, in Berlin gehalten,* 1.-6. *Vortrag.* Dr. C. Gützlaff, The Mission in China. Discourses delivered in Berlin. Discourses 1-6. Berlin, 1850.

— *Dr. C. Gützlaff, Abschiedsworte gesprochen bei der Jahresfeier der Preuss. Haupt-Bibel-Gesellschaft am* 9. *Oct.* 1850. Dr. C. Gützlaff, Valedictory Address delivered at the Annual Meeting of the Prussian Head Bible Society, on the 9th of October, 1850. Berlin, 1850.

Mem. of Prot. Missionaries.

— De Zending in China, volgens 't geen Dr. K. Gützlaff, den 18 April 1850, daarvan te Groningen Mededeelde. Benevens eenigewoorden over de Noodwendigheid der Zending, vooral over die in China in onzen Tijd. Door P. Hofstede de Groot. Ten Voordeele der vereeniging tot uitbreiding van het Christendom in China. Te Groningen, bij A. L. Scholtens, 1850, in-8, pp. 61.

— Dr. Karl Gützlaff's Bericht seiner Reise von China nach England und durch die verschiedenen Länder Europa's im Interesse der Chinesischen Mission. Herausgegeben von der Direction der Chinesischen Stiftung. Cassel, 1851, br. in-8, pp. 41.

« This was translated into Dutch, with the title : *Mijne reis van China naar Engeland,* &c. Rotterdam, 1851. » (*Mem. of Prot. Miss.*)

— Mijne Reis van China naar Engeland en door de verschillende Landen van Europa, in 1849 en 1850, in het belang der Evangelie-verkondiging in China, door Dr. K. Gützlaff. Uit het Hoogduitsch vertaald door J. Oudijk van Putten. Rotterdam, W. Wenk, O. Petri, 1851, in-8, pp. 72.

— Brief van Dr Gützlaff aan het Comite der Pommersche hoofd vereeniging voor de Evangelische Zending in China. *Voorkomende in de Evangelische Kirchen-Zeitung, October 1850.* ['s Gravenhage, 20 dec. 1850], pièce in-8, pp. 11.

La lettre est datée « Posen, 8 october 1850 ».

— Dr Karel Gützlaff Herdacht. Door H. C. Voorhoeve, Predikant bij de Hervormden te Harlingen. Ten Voordeele van het Nederlandsch Zendeling - Genootschap. Te Rotterdam, bij Van der Meer & Verbruggen, 1851, in-8, pp. 30.

— Levensberigt van Dr Karl Friedrich Gützlaff. br. in-8, s. l. n. d.

(Sig.) H. C. Millies, Amsterdam, Mei 1852.

— Beiträge zur Geschichte der Chinesischen Stiftung in Kurhessen und der Gützlaffschen Mission in China. Von Carl Vogel, früherem Missionär in China. — Frankfurt am Main. Karl Theodor Völcker, 1853, br. in-8, pp. 30.

Guinness, *Geraldine*, de la China Inland Mission (1888), fille du Rév. Grattan Guinness, fondateur et directeur du grand Institut Missionnaire de Harley House, à Londres.

— In the Far East. Letters from Geraldine Guinness in China. Edited by her Sister. London : Morgan & Scott, gr. in-8 carré [1889], pp. xv-120-viii.

On lit sur le faux-titre :

In the Far East. Letters from Geraldine Guinness. From the Mediterranean to the Po-yang Lake, China. 1888-1889.

— In the Far East Letters from Geraldine Guinness in China (Now Mrs. Howard Taylor) — Eighteenth Thousand Third Edition Re-cast and freshly illustrated. London : Morgan & Scott, 1901, gr. in-8, pp. xv-183, Carte col.

— Im fernen Osten. Briefe von Geraldine Guinnesz in China. Herausgegeben von ihrer Schwester. Autorisierte Uebersetzung. Gotha. Friedrich Andreas Perthes. 1891, gr. in-8 carré, pp. xx-168 + 2 ff. n. c., grav.

— Dans l'Orient lointain. Lettres de Geraldine Guinness Missionnaire en Chine. Traduites de l'anglais par Mlle Laure Armand et par le Traducteur-Editeur. Genève, Chez le Traducteur-éditeur M. le Past.

Challand, 4, Quai Pierre-Fatio, 1893, gr. in-8 carré, pp. 218, grav.

« Ses lettres [de Miss G. G.], adressées à sa famille, ont paru d'abord dans le *Regions Beyond*, journal missionnaire de l'Institut de Harley House ; elles ont été éditées ensuite par sa sœur, Mlle Lucy Guinness. Le vol. a eu un grand succès ; et l'ex. qui a servi à notre traduction fait partie du 115me mille répandu en Angleterre à la date de 1890. »

— The Story of the China Inland Mission. By M. Geraldine Guinness,... With an Introduction by J. Hudson Taylor,... In Two Volumes. Vol. I. London : Morgan & Scott, 1893, in-8, pp. XVII-476.

Notice : *London & China Express*, Jan. 27, 1893.

— The Story of the China Inland Mission... by M. Geraldine Guinness... Vol. II. London : Morgan & Scott, 1894, in-8, pp. XI-512.

— The Story of the China Inland Mission by M. Geraldine Guinness... With an Introduction by J. Hudson Taylor,... In Two Volumes. Fifth Edition. London : Morgan & Scott, 1900, 2 vol. in-8, pp. XVII-480, XI-512.

— One of China's Scholars The Culture and Conversion of a Confucianist by Mrs. Howard Taylor (née Geraldine Guinness)... London : Morgan & Scott, s. d., [1901], in-8, pp. XII-280.

— One of China's Scholars The Culture and Conversion of a Confucianist Second Edition. By Mrs. Howard Taylor (née Geraldine Guinness)... London : Morgan & Scott, MCMIII, in-8, pp. IX-196.

— Pastor Hsi (of North China) One of China's Christians With Portrait, Illustrations, and coloured Map. By Mrs. Howard Taylor (née Geraldine Guinness). London : Morgan & Scott, MCMIII, in-8, pp. XXII-398.

Notice : *Lond. & China Telegraph*, March 7, 1904.

Gulick, *Luther Halsey*, M. D., D. D., né aux îles Sandwich, Honolulu, 10 juin 1828 ; † à Springfield, Mass., Etats-Unis, 8 avril 1891 ; American Bible Society, Chang hai.

— In Memoriam. Rev. Luther H. Gulick, M. D., D. D. (*Chin. Rec.*, XXII, June 1891, p. 284.)

— Rev. Luther Halsey Gulick. (*Ibid.*, July 1891, pp. 237/8 ; from *The Friend*, May 1891, Honolulu.)

Gulick, Mrs. *Emily Delacour*, née à Bath, Angleterre, en 1833 ; † 17 déc. 1875.

— Tributes to the memory of Mrs. Emily Delacour Gulick, by Rev. H. Blodget, D. D. and Rev. Mark Williams. (*Chin. Rec.*, VII, pp. 283/7.)

Hall, *William James*.

— * Life of the late Rev. William James Hall, M. D. Pioneer Missionary to Pyongyang, Korea. Edited by his wife, Dr. Rosetta S. Hall. [1901 ?]

Hall, *William Nelthorpe*, of the English Methodist New Connexion Mission, Tientsin ; né à Sheffield, Yorkshire, le 19 avril 1829 ; † le 14 mai 1878, à Tien-tsin.

Notice : *Chin. Rec.*, IX, pp. 460/5, by Rev. J. Innocent.

— * Consecrated Enthusiasm, or Memorials of Rev. William Nelthorpe Hall, late Missionary to China, by James Stancy, D. D. London : Hamilton, Adams & Co., 1887.

Hamberg, *Theodor*, né en Suède ; de la Soc. Evang. de Bâle ; † 13 mai 1854, à Hong-Kong.

— Lettres de Chine : *Missions-Tidning* (Stockholm), 1847, nos. 7, 11 ; 1848, nos. 1, 3, 9, 12 ; 1849, nos. 3, 8, 12 ; 1850, nos. 1, 11 ; 1851, nos. 5, 10 ; 1852, nos. 1, 9 ; 1853, nos. 1, 9 ; 1854, no. 4.

Happer, *Andrew Patton*, Board of the Foreign Missions Presb. Church ; arrive à Macao, 22 oct. 1844 ; † à Wooster, Ohio, U. S. A., 27 oct. 1894, âgé de 74 ans et 7 jours.

Happer, Mrs. *Elizabeth Ball*, née à Saint-Augustine, Floride, 24 oct. 1829 ; † 29 déc. 1865, à Canton.

— Notice du *Foreign Missionary*, réimp. dans *The Missionary Recorder*, Feb. 1867.

Hart, *Virgil Chittenden*, fondateur et directeur pendant plusieurs années de la Central China Mission, M. E. Church ; † 24 fév. 1904, à Burlington, Ontario, Canada.

— Voir col. 358.

Hartwell, *Charles*, né à Lincoln, Mass., 19 déc. 1825 ; Am. Board of Com. for Foreign Missions ; arrivé à Fou-tcheou, 9 juin 1853 ; † à Fou-tcheou, 30 janv. 1905.

— * A Sermon on Christ's Example and Temperance. By Rev. C. Hartwell, M. A. Preached January 11th, 1891, at West Haven, Connecticut, U. S. A. Revised and printed at Foochow.

Notice : *Chin. Rec.*, XXIV, March 1893, pp. 138/9.

— The Scriptural Drink Offering And the Chinese Heathen Libation. Pièce in-8, pp. 14.

— Fifty Years of Missionary Work. By Rev. G. W. Hinman. (*Chinese Recorder*, XXXIV, July 1903, pp. 340/342.)

— In Memoriam. Rev. Charles Hartwell, M. A. By Rev. Myron C. Wilcox. (*Chin. Rec.*, April 1905, pp. 190/194.)

Harvey, *Thomas Herbert*, Church Missionary Society ; arrivé à Ning-po, 6 fév. 1889 ; † 19 août 1890 du choléra, à 29 ans, en mer, en route pour Kobé.

— In Memoriam. By Rev. G. E. Moule. (*Chin. Rec.*, XXI, 1890, pp. 487/490, et *ibid.*, note de Walter S. Moule, pp. 490/2.)

Henderson, *James*, † 30 juillet 1865.

— Memorials of James Henderson, M. D., F. R. C. S. E., Vice-President of the North China Branch of the Royal Asiatic Society, Medical Missionary to China. London : Nisbet, MDCCCLXVII, pet. in-8, pp. 215.

Notice : *The N. C. Herald*, June 22, 1867.

— Jacob Henderson, der Missionsarzt in China. — Eine Biographie für Missions-Aspiranten. Basel. Verlag der Missionsbuchhandlung. 1879, br. in-12, pp. 20.

Henry, *Benjamin Couch*, né près de Pittsburg, Alleghany County, Pa., 9 juillet 1850 ; parti pour la Chine, 1873 ; rentré malade en 1899 ; † à Sharpsburg, Alleghany Co., 21 juin 1901.

— In Memoriam. Rev. Benjamin Couch Henry. (*Chin. Rec.*, XXXII, Sept. 1901, pp. 462/464.)

Heron, *John W.*, né en Angleterre, 15 juin 1856 ; docteur miss. du Presbyterian Board en Corée.

— Two Shining Marks. John W. Heron, M. D., and Rev. J. Henry Davies. By Rev. Daniel L. Gifford. (*Chin. Rec.*, XXI, Sept. 1890, pp. 412/416.)

Hewett, *Julius W.*, M. R. C. S.

— * In a Chinese Prison. 6d.

— « Kept in Prison. » By Julius W. Hewett, M. R. C. S. (*Last Letters... Martyred Miss. China I. Mission*, pp. 89/93.)

Hill, *David*, 李修善 *Li Siu-san*, né 18 déc. 1840, à Fossgate, York ; parti pour la Chine, 1863 ; † 18 avril 1896.

— The Claims of Christ David Hill's Last Appeal. London, Charles H. Kelly... Price One Penny. Pièce in-8, pp. 15. s. d. [1896].

— David Hill Missionary and Saint by Rev. W. T. A. Barber, B. D.... London, Charles H. Kelly, 1898, in-8, pp. 331.

— — Second Edition. Ibid., 1898, in-8, p. 337.

Hobson, Mrs., † 22 déc. 1845.

(Voir Pohlman, Mrs.)

Hou Shêng-ch'ing.

— Hou Shêng-ch'ing, a Native Preacher [† 23 déc. 1886]. By Rev. H. D. Porter, M. D. (*Chin. Rec.*, XVIII, 1887, pp. 183/7.)

Hübrig, *F.*, arrivé en Chine en 1866 ; † à Berlin, 4 sept. 1892.

— In Memoriam. By R. Lechler. (*Chin. Rec.*, XXIV, Jan. 1893, pp. 31/34.)

Hudson, *Thomas Hall*, né à Burton-on-Trent, Angleterre, le 15 fév. 1800 ; † à Ningpo, le 7 sept 1876.

— Memoir of the late Thomas Hall Hudson by Rev. F. Galpin. From a Sermon preached at Ningpo on Sept. 24th 1876. (*Chin. Rec.*, VII, pp. 364/9.)

— * Christian Baptism explained, and modern evasions of Believers' Baptism examined and refuted. In-12, pp. 28.

— * A brief Sketch of the Doctrine and Discipline of the General Baptist Churches, in-12, pp. 4.

Hunt, *Phineas R.*, né à Arlington, Vermont, 1816 ; † 1878, à Peking.

— Notice : *Chin. Rec.*, IX, pp. 305/7, by Rev. H. Blodget.

Iap Han-cheong, né à Amoy, 29 mars 1832 ; American Reformed Church Mission, Amoy.

— Rev. Iap Han-cheong, for Forty Years a Pastor in Amoy, China. By Rev. P. W. Pitcher. (*Chin. Rec.*, XXXIV, September 1903, pp. 438/442, Port.)

Ingle, *James Addison*, né à Frederick, Maryland, 11 mars 1867 ; † 7 déc. 1903, à Han-k'eou.

— In Memoriam. The Rt. Rev. James Addison Ingle, Bishop of Hankow. By Rev. Arthur M. Sherman. (*Chin. Rec.*, XXXV, March 1904, pp. 126/134, Port.)

Innocent, *George Morrison Hallam*, né à North Shields, 24 juillet 1859 ; Methodist New Connexion Conference ; † à Hongkong, 30 mai 1892.

— In Memoriam. By Geo. T. Candlin. (*Chin. Rec.*, XXIII, Sept. 1892, pp. 426/431.)

Innocent, *John*, arrivé à T'ien-tsin en 1861 ; New Connexion Meth. Miss. Soc. in England ; † 1905.

— In Memoriam. Rev. John Innocent. By C. A. Stanley. (*Chin. Rec.*, March 1905, pp. 136/7.)

Jenkins, *Benjamin*, 秦右 *Tsin Yew*, né à Terre-Neuve ; † à Chang-hai, le lundi, 13 mars 1871.

On trouvera sur ce missionnaire, interprète du Consulat général des Etats-Unis à Chang-hai, une notice nécrologique dans *The Shanghai News Letter*, 11 April 1871, p. 126.

Jeremiassen, *Carl C.*, né au Danemark ; arriva en Chine en 1869 ; miss. à Hai-nan en 1881 ; † 2 juin 1901, de la fièvre typhoïde, à bord d'une jonque sur la côte de Hai-nan, âgé de 54 ans.

— In Memoriam. By Frank P. Gilman. (*Chin. Rec.*, XXXII, August 1901, p. 412.)

John, *Griffith*, 楊格非 *Yang Ki-fei*, London Missionary Society, né en 1831 ; arrivé à Chang-hai, 24 sept. 1855 ; établi à Han-k'eou, 1861.

— A Missionary Journey. (*Chin. Rec.*, XX, No. 8, Aug. 1889, pp. 375/378.)

From *The Chronicle of the London Missionary Society.*

— Griffith John in Hunan. By Griffith John. (*Chin. Rec.*, XXII, Aug. 1891, pp. 361/370.)

From *The Christian World.*

— Griffith John. Founder of the Hankow Mission, Central China, by William Robson, Of the London Missionary Society. London, S. W. Partridge & Co., s. d. [1888], pet. in-8, pp. 160, grav., 1/6.

— Sowing and Reaping. Letters from the Rev. Griffith John DD. Six pence net. — London Missionary Society 14 Blomfield Street, E. C., 1897, pet. in-8, pp. 63.

— Dr. Griffith John's Approaching Jubilee. (*Chin. Rec.*, XXXV, Nov. 1904, pp. 557/8, Portrait.)

John, Mrs. *Griffith*, veuve *Benjamin* **Jenkins**, † à Han-k'eou, 29 déc. 1885.

— In Memoriam. — Mrs. Griffith John. By Rev. Wm. Muirhead. (*Chin. Recorder*, XVII, Feb. 1886, pp. 73/76.)

Kerr, *John Glasgow*, M. D., 嘉約翰 *Kia Yo-han*, médecin missionnaire, Board of Foreign Missions of the Presbyterian Church in the United States ; arrivé à Hong-kong, le 12, et à Canton, le 15 mai 1854 ; † à Canton, 15 août 1901.

— In Memoriam — Dr. J. G. Kerr. By H. W. Boone. (*Chin. Rec.*, XXXII, Sept. 1901, p. 462.)

— A Tribute to J. G. Kerr, M. D., LL. D. By Mary W. Niles. (*Ibid.*, July 1902, pp. 350/3.)

Knowlton, *Miles Justus*, né le 8 fév. 1825, à West Wardsboro (Vermont) ; † à Ning-po, le 10 sept. 1874.

— Notice : *Chin. Rec.*, V, pp. 360/3.

Krolczyk, Mrs., fille du Rév. R. Lechler, épousa le Rév. F. Genähr, † 1864, puis le Rév. A. Krolczyk, de la mission rhénane ; † 6 janv. 1893.

— In Memoriam. By R. Lechler. (*Chin. Rec.*, XXIV, Aug. 1893, pp. 386/389.)

Lambuth, *James William*, né dans l'Alabama, 2 mars 1829 ; Methodist Episcopal Church of Southern States of America ; arrivé à Chang-hai, 17 sept. 1854 ; † à Kobé, Japon, 28 avril 1892.

— In Memoriam. By Hampden C. Du Bose. (*Chin. Rec.*, XXIII, Dec. 1892, pp. 575/8.)

— Tablet. (*Ibid.*, XXIV, March 1893, p. 148.)

Landis, *Eli Barr*, né à Lancaster, Pa., Etats-Unis.

— Dr. E. B. Landis. By O. C. (*Jour. Roy. As. Soc.*, Oct. 1898, pp. 919/920.)

Lees, *Jonathan*, né à Manchester, 7 août 1835 ; arrivé à T'ien-tsin, mars 1862 ; † 1902.

— The Reverend Jonathan Lees. By C. A. Stanley. (*Chin. Rec.*, Sept. 1902, pp. 458/461.)

— Jonathan Lees 理一視 *Li Yi-shé*. Nécrologie par H. C.[ordier.] (*T'oung Pao*, Déc. 1902, p. 338.)

Legge, *James*, 理雅各 *Li Ya-ko*, né à Huntly, Aberdeenshire, 20 déc. 1815 ; † 29 nov. 1897.

— James Legge. (*T'oung Pao*, VIII, Déc. 1897, p. 562.)

— James Legge. Nécrologie. Par G. Schlegel. (*Ibid.*, IX, Mars 1898, pp. 59/63, Port.)

— James Legge M. A. Oxford, LL. D. Aberdeen. Born 20 December 1815, deceased 29 November 1897. — By G. Schlegel. — Reprinted from the *T'oung Pao*, Vol. IX. — E. J. Brill. — Leiden, 1898, br. in-8, pp. 5.

— The Rev. J. Legge, D. D., LL. D. By T. W.[atters.] (*Jour. R. As. Soc.*, Jan. 1898, pp. 223/225.)

— In Memoriam. — The life and labours of the late Dr. James Legge. By E. H. Parker. (*Imp. & As. Quart. Rev.*, 3rd Ser., V, 1898, pp. 187/188.)

— In Memoriam. The Rev. Dr. Legge. By Rev. Wm. Muirhead, D. D. (*Chin. Rec.*, XXIX, pp. 109/114.)

— Henri Cordier, *Etudes chinoises* (1895-1898), pp. 4/18.

— * James Legge, Missionary and Scholar.

By his Daughter, Helen Edith Legge. London, The Religious Tract Society, 1905, in-8.

4 Port. (1 en Photog.) et 12 illust.

Lloyd, *John*, né dans le Comté de Huntingdon (Pennsylvanie), le 1er oct. 1813; † à Amoy, le 6 déc. 1848.

— Notice par W. J. Pohlman. (*Chin. Rep.*, XVII, pp. 651/2.)

Lockhart, *William*, né à Liverpool, 3 oct. 1811; arrivé à Canton en janvier 1839; † à Granville Park, Blackheath, 29 avril 1896.

— William Lockhart 雒魏林 *Lo Wei-lin.* Nécrologie. Par Henri Cordier. (*T'oung Pao*, VII, N° 3, Juillet 1896, pp. 275/276.)

Lörcher, Mrs., née en 1846 dans le Wurtemberg; épousa le Rév. Lörcher en 1868; † 23 juillet 1893, dans son pays.

— In Memoriam. By Martin Schaub. (*Chin. Rec.*, XXIV, Nov. 1893, pp. 540/2.)

Lord, *Edward Clemens*, né à Carlisle, New-York, 22 janv. 1817; arrivé en Chine, à Hong-kong, 28 avril 1847; établi à Ning-po; American Baptist Mission; † du choléra, à Ning-po, 17 sept. 1887; sa femme, Flora B. Lord [Lightfoot], est morte de même, 15 sept. 1887.

— Notice. (*Chin. Rec.*, XVIII, 1887, pp. 403/4.)

— In Memoriam. Rev. Edward C. Lord, D. D. — Mrs. F. B. Lord. By Rev. J. R. Goddard. (*Ibid.*, pp. 439/441.)

Lord, Mrs. *E. C. Starr [Lucy E. Collins]*, née à Boston, Mass., le 27 juillet 1828; † à Ning-po, le 27 fév. 1875.

— Notice : *Chin. Rec.*, VI, pp. 137/143.

Lowrie, *Walter Macon*, né à Butler, Pennsylvanie, le 18 fév. 1819; † 19 août 1847.

— Memoirs of the Rev. Walter M. Lowrie, Missionary to China. Edited by his Father. Fourth Edition. New York : Board of Foreign Missions of the Presbyterian Church, 1851, in-8, pp. VII-456 + 2 ff. n. ch., Port.

Notice par M. S. Culbertson. (*Chin. Rep.*, XIX, pp. 491/498.)

— Sermons preached in China by the Rev. Walter M. Lowrie. New-York, R. Carter & Bros., 1851, in-8.

McCartee, *Divie Bethune*, né à Philadelphie, 13 janv. 1820; miss. médecin du Presbyterian Board; arrivé à Hong-kong, 19 fév. 1844, et Ning-po, 21 juillet; † à San Francisco, 17 juillet 1900.

— Portrait. (*Chin. Rec.*, April 1903, front.)

— Divie Bethune McCartee, M. D., Pioneer Missionary. A Sketch of his Career. By Henry William Rankin. (*Ibid.*, Oct. 1902, pp. 497/503.).

D'après *The Evangelist.*

Macgowan, *Daniel Jerome*, 瑪高温 *Ma Kao-wan*, né à Fall River, Mass., U. S. A.; † 11 Boone Road, Chang-haï, 20 juillet 1893, âgé de 79 ans.

Mrs. Macgowan (*Mary Ann* Osborn), épouse du précédent, † 2 Broadway, Hongkew, 15 août 1879.

— Extract from an Address by Dr. Macgowan. June 1893. (*Jour. Peking Orient. Soc.*, III, N. 4, pp. 265/274.)

Macgowan, *John*, 麥嘉湖 *Mi Kia-hou*, London Miss. Soc., arrivé à Chang-haï, 23 mars 1860; transféré à Amoy en 1863.

McIlvaine, *Jasper Scudder*, né 21 mai 1844, à Ewing, Mercer Co., New Jersey, U. S. A.; † 2 fév. 1881, à Tsi-nan, Chantoung, de pneumonie; American Presbyterian Mission.

— In Memoriam. Rev. Jasper Scudder McIlvaine. By Rev. John Murray. (*Chin. Rec.*, XII, 1881, pp. 424/430.)

— Sacred Memories of Rev. J. S. McIlvaine. By Rev. Timothy Richard. (*Ibid.*, pp. 297/299.)

Mackay, *Geo. Leslie*, D. D., né de parents écossais au Canada, 21 mars 1844; arrivé en Chine en 1871; Canadian Presbyterian Church; † 2 juin 1901, à Tamsoui, Formose, âgé de 57 ans.

— In Memoriam. Rev. G. L. Mackay, D. D. (*Chin. Rec.*, XXXII, Sept. 1901, pp. 465/466.)

Mackenzie, *John Kenneth*, China Inland Mission, né à Yarmouth, 25 août 1850; † 1er avril 1888, à T'ien-tsin.

— In Memoriam. Dr. John Kenneth Mackenzie. By Mr. John A. Stooke. (*Chin. Rec.*, XIX, May 1888, pp. 227/230.)

— In Memoriam. — Dr. J. K. Mackenzie, April 2nd, 1888. By Rev. Jonathan Lees. (*Ibid.*, June 1888, p. 279.)

— * Memorials of Dr. J. Kenneth Mackenzie, by Rev. J. Lees, pp. 56.

Notice : *Chin. Rec.*, XIX, p. 344.

— In Memoriam. J. Kenneth Mackenzie, M. R. C. S., L. R. C. P. By Rev. A. King. (*Ibid.*, No. 7, July 1888, pp. 316/317.)

— John Kenneth Mackenzie Medical Missionary to China. By Mrs. Bryson, *London Mission, Tien-tsin*; author of « Child life in Chinese Homes » etc. With portrait. London : Hodder and Stoughton... — MDCCCXCI. in-8, pp. xv-404.

Maclay, *Robert Samuel*, 麥利和 *Mi Li-ho*,

— * Life among the Chinese : with characteristic sketches and incidents of Missionary operations and prospects in China. New York, 1861, in-12, pp. 400.

Malan, *Solomon Caesar*, né à Genève, avril 1812; † 25 nov. 1894, à Bournemouth.

— Arthur A. Macdonnell. (*Jour. R. As. Soc.*, April 1895, pp. 453/457.)

— S. C. Malan. Nécrologie par H. C.[ordier.] (*T'oung Pao*, V, N° 5, Déc. 1894, p. 411.)

Marshman, *Joshua*, né à Westbury Leigh, Wiltshire, 20 avril 1768; † à Serampore, le 7 déc. 1837.

— * J. C. Marshman. Life and Times of Carey, Marshman and Ward, embracing the History of the Serampore Mission, 1859, 2 vol. in-8.

Pub. à 25s, — Quaritch, 7442, Sept. 1872, 10s.

— Dr. Marshman. (*Asiatic Journal*, XXV, 1838, pp. 286/291.)

Marshman, Mrs., † 1847.

— Notice d'après *The Friend of India* du 11 mars 1847 dans *The Chin. Rep.*, XVI, pp. 297/8.

Martig, *Christian*, de la Mission év. de Bâle; né à Lenk (Suisse).

— Aus dem Leben von Christian Martig, weiland Missionär in China im Dienste der evangelischen Missionsgesellschaft zu Basel. — Zweite Auflage. Preis 30 Cts. = 9 Kr. — Basel — Verlag des Missions-Comptoirs — 1872, br. in-12, pp. 75.

Martin, *Samuel D. Newell*, arrivé à Hongkong, 10 avril 1850, puis à Ning-po; rentré en Amérique, avril 1858; † à Goldendale, Washington State, 7 oct. 1903; frère de W. A. P. Martin.

— [In Memoriam.] A Brother's Tribute. By Dr. W. A. P. Martin. (*Chin. Rec.*, XXXV, March 1904, pp. 134/5.)

Martin, *William A. P.*, 丁韙良 *Ting Wei-liang*, ancien Président de l'Université de Pe-king, aujourd'hui (1905) à Wou-tch'ang.

— The New University of China. (Gumpach's *Burlingame Mission*, pp. 595/870.)

Mateer, *John L.*, † 23 avril 1900, à Pe-king.

— In Memoriam. Mr. John L. Mateer 1848-1900. By W. S. Ament. (*Chin. Rec.*, XXXI, July 1900, pp. 357/8.)

Medhurst, *Walter Henry*, 麥都思 *Mi Tou-seu*, né à Londres, le 29 avril 1796; † 24 janvier 1857, à Londres.

— Le *N. C. Herald* du 11 avril 1857, No. 350, contient des extraits de *The Magazine and Chronicle of the London Missionary Society* et de *The Homeward Mail* du 29 janvier au sujet de la mort du Dr. Medhurst.

— * Rev. W. Muirhead. The Parting Charge. A Sermon preached in commemoration of the death of the Rev. W. H. Medhurst, D. D. Shanghae, 1857, in-8, pp. 25.

Mills, Mrs. *C. R.*, née à Belfast, Irlande, le 20 juin 1834; † 3 fév. 1874.

— Notice : *Chin. Rec.*, V, pp. 274/9.

Milne, *William*, 米憐 *Me Lëên*, London Missionary Society, né en Ecosse, Aberdeenshire, en 1785; arrivé à Macao, le 4 juillet 1813; † le 2 juin 1822.

— Voir dans *Memoirs... of R. Morrison*, pp. 157/159, la lettre datée de Malacca, 14 juin 1822, dans laquelle Mr. J. H. Huttmann annonce à Morrison la mort de Milne.

— Memoirs of the Rev. William Milne, D. D. late Missionary to China, and Principal of the Anglo-Chinese College: compiled From Documents written by the Deceased : to which are added occasional Remarks. — By Robert Morrison, D. D. Malacca: Printed at the Mission Press. 1824, in-8, pp. VIII-231.

— * Memoir of Rev. W. Milne, late Missionary at Malacca. Dublin, 1825, in-24, pp. 36. [*Chin. Rep.*]

— A Brief Sketch of the Life and Labors of the late Rev. William Milne, DD. [By E. Stevens.] (*Chin. Rep.*, I, pp. 316/335.)

— The Life and Opinions of the Rev. William Milne, D. D., Missionary to China, illustrated by biographical Annals of Asiatic Missions, from Primitive to Protestant Times; intended as a guide to Missionary spirit. By Robert Philip... London : John Snow, MDCCCXL, in-12, pp. v-488, sans la table.

— Le même, 1839, pet. in-8 (Allibone).

— Voir *Eclec. Rev.*, 4th Ser., X, 73; *Bost. Christ. Rev.*, V, 553.

— The Life and Opinions of the Rev. William Milne... By Robert Philip... New-York : D. Appleton & Co. 1840, in-12, pp. 320.

Milne, Mrs., née à Aberdeen, le 23 sept. 1783; † 20 mars 1819.

— Memoir of Mrs. Milne. (*Indo-Chinese Gleaner*, April 1819, pp. 103/115.)

Milne, *William Charles*, fils du Dr. Milne; né le 22 avril 1815; † 15 mai 1863, à Peking.

— Voir son ouvrage *Life in China*. Lond., 1857. [Col. 88.]

Molland, *Charles Edwin*, né à Barnstaple, Angleterre, 9 déc. 1861; arrivé à Chang-Haï, 7 juin 1885; Foreign Christian Mission; † 6 avril 1902.

— In Memoriam. By T. J. Arnold. (*Chin. Rec.*, July 1902, pp. 348/350.)

Mollmann, *Jacob*, né à Revel, Russie, en 1838; British & Foreign Bible Society; † à Wan-hsien, Se-tch'ouan, 30 mars 1890.

— In Memoriam. Jacob Mollmann. By J. W. W. (*Chin. Rec.*, XXI, No. 6, June 1890, pp. 281/283.)

Morrison, *Robert*, 馬禮遜 *Ma Li-suen*, né le 5 janvier 1782, à Buller's Green, Morpeth, dans le Comté de Northumberland; quitta l'Angleterre, le 31 janvier 1807; arriva à Macao, le 4 septembre 1807; † à Canton, le 1er août 1834.

George Staunton Morrison, le plus jeune des fils du Dr. Robert M., ancien Consul d'Angleterre, à Nagasaki, est mort, âgé de 63 ans, à Nice, le 20 août 1893.

— Memoirs of the Life and Labours of Robert Morrison, D. D.... compiled by his widow; with critical Notices of his Chinese works, by Samuel Kidd, and an Appendix containing Original Documents. London: Longman. MDCCCXXXIX, 2 vol. in-8, pp. IX-551, VII-543-50-87.

Les 87 dernières pages du Vol. II sont consacrées à « Critical Notices of Dr. Morrisons's Literary Labours; by S. Kidd, Professor of the Chinese Language and Literature, in University College ».

On trouvera un compte-rendu de ces *Memoirs*, par John Robert Morrison, dans *The Chinese Repository*, X, pp. 25/37. — Voir *Eclec. Rev.*, 4th Ser., VII, 176; *Philad. Museum*, XXXVII, 94.

Consulter dans le même recueil, III, pp. 177 et seq. : « Obituary notice of the Reverend Doctor Morrison, with a brief view of his life and labors, by the Rev. Edwin Stevens ». Cette notice est réimprimée dans *The Cycle*, 31 Dec. 1870.

Notices : *Asiatic Journal*, XXX, 1839, pp. 62/63; Lettre de Mrs. Morrison sur cette notice, datée Stoke Newington, Sept. 14, 1839, *Ibid.*, p. 158.

Dans : *The Canton Register*, le No. 32, Vol. VII, 1834.

— J. F. Davis. Epitaph to Robert Morrison, D. D. (*Chin. Rep.*, III, p. 176.)

— * A Parting Memorial; consisting of Miscellaneous Discourses, written and preached in China, at Singapore, on board ship at sea, in the Indian Ocean, at the Cape of Good Hope, and in England, with Remarks on Missions. London, W. Simpkin & R. Marshall, 1826, in-8.

— Lectures on the Sayings of Jesus by Robert Morrison, D. D. Malacca, Mission Press, 1832, deux parties en un vol. in-8.

— Memoir of the Rev. Robert Morrison, D. D., F. R. S., M. R. A. S. (by T. F.). (*Asiatic Journal*, XVI, 1835, pp. 198/210.)

T. F. = Thos. Fisher.

— Robert Morrison. The Pioneer of Chinese Missions. By William John Townsend, General Secretary of the Methodist New Connexion Missionary Society... London, S. W. Partridge & Co., s. d. [1888], pet. in-8, pp. 160, grav., 1/6.

— The late Rev. Doctor Morrison, First Protestant Missionary in China. By the Rev. Dr. Henry Forster Burder. Pièce in-16, chif. 19-21.

Tiré d'un vol. dont j'ignore le titre.

— Morrison, Milne and Medhurst. Three Pioneers of Protestant Missions to China. By Rev. E. Box. (*Chin. Rec.*, XXXV, Feb. 1904, pp. 79/89; March 1904, pp. 117/126.)

Morrison, Mrs. *Robert*, née le 24 oct. 1791, à Dublin; † 1821.
— Notice, d'après l'*Indo-Chinese Gleaner*, dans le *Chin. Rep.*, XVI, pp. 298/300.

Morrison, *Wm. T.*, né à New-York, le 13 déc. 1835; † à Peking, le 10 déc. 1869.
— Notices: *Chin. Rec.*, II, pp. 259/260, by Jasper S. McIlvaine. — *Ibid.*, pp. 304/5, by W. A. P. M[artin].

Moule, *Arthur Evans*, Church of England Miss. Soc.; arrivé à Ning-po, août 1861.

— Twenty-five years in East and West. A Paper read before the Shanghai literary and debating Society November 13, 1885 by the Ven. Archdeacon Moule, B. D. — Shanghai — 1885, br. in-8, pp. 12.

— Reminiscences of Mission Life in China, 1861-1890. By Archdeacon A. E. Moule. (*Chin. Rec.*, XXI, No. 3, March 1890, pp. 97/108.)

Read before the Shanghai Missionary Association, Feb. 4, 1890.
— «New China and Old.» Personal Recollections of Thirty Years. By Archdeacon Moule. (*Chin. Rec.*, XXIII, Aug. 189' pp. 367-369.)

— New China and Old — Personal Recollections and Observations of Thirty Years by the Ven. Arthur E. Moule, B. D.... With Thirty Illustrations Third Edition revised and enlarged. London, Seeley, 1902, in-8, pp. xx-322.

Moule, *Adelaide Mary*, fille du Très Rév. G. E. Moule; née à Ning-po, en 1859; † 4 nov. 1901, à Hang-tcheou, âgée de 42 ans.
— In Memoriam. Adelaide Mary Moule. (By her Parents, Bishop and Mrs. G. E. Moule.) (*Chin. Rec.*, XXXIII, Jan. 1902, pp. 27/32.)

Muirhead, *William*, né à Leith, 7 mars 1822; † à Chang-Haï, 3 oct. 1900.
— William Muirhead 慕維廉 *Mou Wei-lien*. Nécrologie par H. C.[ordier.] (*T'oung Pao*, 2e Sér., I, No 5, Déc. 1900, pp. 492/493.)

— In Memoriam. The Rev. William Muirhead, D. D. By Rev. Griffith John, D. D. (*Chinese Recorder*, XXXII, Jan. 1901, pp. 1/9, Port.)

— The Rev. William Muirhead, D. D. By T. W. K.[ingsmill]. (*Jour. China Br. R. As. Soc.*, XXXIII, No. 3, pp. 67/69.)
— The Rev. William Muirhead, D. D. By G. H. Bondfield. (*China Review*, XXV, No 2, pp. 83/85.)

— * In Memory of Rev. William Muirhead, D.D. A Sermon preached in Union Church, Shanghai, by Dr. Joseph Edkins. Presbyterian Mission Press.

Nelson, *Robert*, 孫 *Suen*, Board Foreign Missions Prot. Episcopal Church in the U. S.; arrivé à Chang-haï, 25 déc. 1851; quitte la Chine en 1881; † 15 juillet 1886, à Oakland, Hanover County, Virginia, U. S. A., à 68 ans.

Nevius, *John Livingston*, 倪維思 *Ne Wei-seu*, né aux Etats-Unis, 4 mars 1829; † à Tche-fou, 19 oct. 1893.
— In Memoriam. By Fanny Corbett Hays. (*Chin. Rec.*, XXIV, Nov. 1893, pp. 549/51.)

— San-poh, or North of the Hills. A Narrative of Missionary Work in an Out Station in China. By Rev. John L. Nevius. — Philadelphia: Presbyterian Board of Publication, in-12, pp. 144.

山北 (dans le Tche-kiang).

— The Life of John Livingston Nevius for forty years a Missionary in China by his wife Helen S. Coan Nevius. Introduction by W. A. P. Martin, D.D., LL.D. President Imperial Tungwen College, Peking. With Illustrations from Original Photographs and a Map of Eastern Shantung. Fleming H. Revell Co., New York, s. d. [1896], in-8, pp. 476.

— Methods of Mission Work by. Rev. John L. Nevius, D. D. of Chefoo,... London, China Inland Mission, in-8, pp. 96.

— Demon Possession and Allied Themes being an inductive Study of Phenomena of our own Times by Rev. John L. Nevius, D. D. For Forty Years a Missionary to the Chinese. With an Introduction By Rev. F. F. Ellinwood, D. D. Secretary of the Board of Foreign Missions of the Presbyterian Church, U. S. A.... With an Index: Bibliographical, Biblical, Pathological, and General. London, George Redway, 1897, in-8, pp. x-529.

Notice: *N. C. Herald*, April 26, 1895, pp. 620/1.

— — * Second Edition with corrections and supplement. Fleming H. Revell Co., Chicago, New-York, Toronto.

Notice: *N. C. Herald*, Sept. 24, 1897, p. 578.

Nevius, Mrs. *Helen S. Coan*.

— Our Life in China. By Helen S. C. Nevius. New York: Robert Carter and Brothers, 1869, pet. in-8, pp. 504.

La vie du Dr. Nevius, par Mrs. Nevius a été publiée à la Presbyterian Mission Press, Chang-Haï, en mandarin, 45 cents, et en Wên-li, 40 cents, in-8, ill.

Norris, *Herbert L.*, Head Master of the Protestant Collegiate School for Boys, à Tche-fou; † d'hydrophobie, à Tche-fou, 27 sept. 1888.
— In Memory of Mr. H. L. Norris. By Cor Gratum. (*Chin. Rec.*, XIX, No. 11, Nov. 1888, pp. 532/3.)

By Mrs. Bryson, de T'ien-tsin. — From the *North-China Daily News*.

Noyes.
— Verses on the Departure of Misses Noyes and Butler for America from Canton, China, April 2nd, 1891. By Yeung Yik F'ung. English Paraphrase by Rev. O. F. Wisner. (*Chin. Rec.*, XXII, June 1891, pp. 282/283.)

Ogren, Mrs.
— «A Great Conflict of Sufferings.» By Mrs. Ogren. (Broomhall's *Martyred Miss... China I. Mission, Last Letters*, pp. 65/83.)

Osgood, *Dauphin William*, M. D., American Board Mission, Fou-tcheou; né à Nelson, N. H., Etats-Unis; † 17 août 1880.
— *Foochow Herald*. — Voir **Missions Médicales**.
— In Memory of Dauphin William Osgood, M. D. By Rev. C. C. Baldwin, D. D. (*Chin. Rec.*, XI, 1880, pp. 381/5.)

Parker, *John*, frère de *William* **Parker**, United Presb. Church of Scotland.

— Thrilling Experience of Rev. J. Parker. — His Escape from the Rebels. (*Chin. Rec.*, XXIII, March 1892, pp. 112/119.)

Parker, *Peter*, 伯駕 *Pe Kiá*, né au Massachusetts en 1804; partit de New-York pour la Chine, 3 juin 1834; arrivé à Canton, 26 oct. 1834; médecin missionnaire; retourna aux Etats-Unis en 1857 comme ministre plénipotentiaire; † à Washington, 10 janv. 1888.

— In Memoriam. — Dr. Peter Parker. By Rev. J. C. Thomson, M. D. (*Chin. Rec.*, XIX, No. 5, May 1888, pp. 231/233.)

— Henri Cordier, *Exp. de Chine* en 1857-8 *pass.*

— Voir *Missions Médicales.*

— Chinese Poem, addressed to Dr. Parker, Chief of the Ophthalmic Hospital Staff in Canton. In token of gratitude, by an elderly Chinese Gentleman whose eyesight was restored under Dr. Parker's treatment, and who found that other means of testifying his gratitude, were not acceptable. (*Capt. Pidding's Chinese Olio*, No. 11, July 11, 1844, pp. 84/5.)

Peet, *Lyman Birt*, né à Cornwall, Vermont, U. S., le 1er mars 1869.

— * Letter to the Friends of Protestant Missions to the Chinese. Fûh-chow, 1853, in-fol., pp. 3.

— * Letter to the Friends of Protestant Missions to the Chinese. Fûh-chow, 1864, in-fol., pp. 4.

Mem. of Prot. Missionaries.

Pilcher, *Leander William*, né à Jackson, Michigan, 2 août 1848; † à Pe-king, 24 nov. 1893.

— In Memoriam. By H. H. Lowry. (*Chin. Rec.*, XXV, Feb. 1894, pp. 72/81.)

Piton, *Charles*, 畢安, de la Soc. des Missions de Bâle; arrivé à Hong-kong vers la fin de 1864.

— La Chine, sa religion, ses mœurs, ses missions par Charles Piton, Missionnaire. Toulouse, Société des livres religieux, 1880, in-8, pp. 149, s. l'av.-propos et la table.

— La Chine, sa religion, ses mœurs, ses missions par Charles Piton, ancien missionnaire en Chine. Lausanne, Georges Bridel & Cie,... pet. in-8, pp. 286 + 1 f. n. ch., s. d. [1902].

Avant-Propos. — I. La religion en Chine. — II. La famille en Chine. — III. La mission en Chine. — IV. Une tournée d'évangélisation. — V. Chrétiens chinois.

Notice : *Petermanns Mitt.*, 50 Bd., 1904, VII, p. 123, par M. von Brandt.

Plumb, *Nathan James*, né à Bateman Town, Morrow County, Ohio, 8 sept. 1843; arrivé à Fou-tcheou, 14 oct. 1870; Methodist Episcopal Church in America; † 11 juillet 1899, à Sharp Peak Sanatorium près Fou-tcheou.

— In Memoriam. By Rev. M. C. Wilcox, Ph. D. (*Chin. Rec.*, XXX, Sept. 1899, pp. 447/450.)

Pohlman, Mrs., † 30 sept. 1845.

— Biography and Obituary, with notices of the late Mrs. Pohlman, Mrs. Doty and Mrs. Stronach of Amoy, of Mrs. Fairbrother of Shanghai, and Mrs. Hobson of Hongkong. (Extraits de l'*Indo-Chinese Gleaner*, pub. dans *The Chin. Rep.*, XVI, pp. 168/179.)

Preston, *Charles Finney*, né à Galway, Saratoga Co., New-York, le 26 juillet 1829; † 17 juillet 1877 à Hong-kong.

— Notice : *Chin. Rec.*, VIII, pp. 342/4, par B. C. Henry.

Race, *Joseph*, Wesleyan Methodist Mission, né 11 janv. 1848, dans la paroisse de Stanhope, Comté de Durham; † 30 août 1881, de la fièvre typhoïde, à Han-k'eou.

— Biographical Sketch of the Rev. Joseph Race. By Rev. J. W. Brewer. (*Chin. Rec.*, XII, 1881, pp. 27/35.)

— In loving Memory of the Rev. Joseph Race. By M. I. B. (*Ibid.*, p. 68.)

Rankin, *David Cyrus*, né 25 sept. 1847; † 27 déc. 1902.

— Rev. David Cyrus Rankin, D. D. Born, North Carolina, U. S. A., September 25th, 1847. « Asleep » Pyeng-yang, Korea, December 27th, 1902. By S. Isett Woodbridge. (*Chin. Rec.*, XXXIV, No 5, May 1903, pp. 241/3, Port.)

Reed, *Alanson*, né à Cummington, Massachussets, le 21 juin 1807; † 29 août 1837, à Siam.

— Obituary Notice of the late Reverend Alanson Reed, with a brief notice of his life and character. Communicated from Bankok, Siam, Sept. 14th 1837, by E. G. J. [Mrs. E. G. Jones.] (*Chin. Rep.*, VI, March 1838, pp. 548/551.)

Reid, Mrs. *C. F.*

— In Memoriam. Mrs. C. F. Reid. By Alice S. Parker. (*Chin. Rec.*, XXXII, Sept. 1901, pp. 464/5.)

Reid, *Gilbert*,

— Education and Character. (*Chin. Rec.*, Sept. 1902, pp. 431/5.)

Sermon delivered under the auspices of the Educational Association at Union Church, Shanghai, Sunday, May 25th, 1902.

Reid, *Mary Wightman*, Mission de Corée; † 17 mai 1901, à Winchester, Ky.

Richard, *Timothy.*

— Of More Value than a Thousand Missionaries. New China — New Methods. By the Rev. Timothy Richard, D. D., Litt. D. (*Chin. Rec.*, XXXIV, Jan. 1903, pp. 1/9.)

Read before the Shanghai Miss. Association, Nov. 4th, 1902.

— Timothy Richard's Relations with the Chinese Government and the Christian Church. (*Chin. Rec.*, Dec. 1903, pp. 617/8.)

Richard, Mrs. *Timothy*, née à Edimbourg en 1843; † à Chang-Hai, 10 juillet 1903.

— In Memoriam. Mrs. Timothy Richard. (Née Mary Martin.) By Dr. Jos. Edkins. (*Chin. Rec.*, XXXIV, Sept. 1903, pp. 453/457, Port.)

Rijnhart.

— Un missionnaire hollandais et sa famille au Tibet. Par F. Grenard. (*Revue Géographique*, Avril 1899, pp. 303/306.)

— Tragique voyage d'une Hollandaise. Par F. Grenard. (*Rev. française*, XXIV, 1899, pp. 360/3.)

— Les derniers voyages dans le Tibet oriental MM. Holderer et Futterer, M. et Mme Rijnhart, M. Ch. Bonin. Par F. Grenard. (*Bul. Soc. Géog.*, Paris, 1899, pp. 198/213.)

— * Susie C. Rijnhart. — Wanderungen in Tibet. Autorisierte Verdeutschung. Calw u. Stuttgart, Vereinsbuchhandlung, 1904, in-8, pp. 278, plan et 1 carte.

Notice : *Petermann's Mitt.*, 50. Bd. 1904, III, Lit. Ber. 144, par Max Friedrichsen.

Roberts, *Frederick Charles*, né le 9 sept. 1862, à Manchester; médecin-miss.; arrivé en Chine en 1887, pour rejoindre Gilmour en Mongolie; Lond. Miss. Society.

— Fred. C. Roberts of Tientsin : or, For Christ and China. By Mrs. Bryson, author of « Child life in Chinese homes »,... etc. With an Introduction by the Rev. F. B. Meyer, B. A. London : H. R. Allenson,... MDCCCXCV, pet. in-8, pp. 222.

Notice : *N. C. Herald*, Nov. 8, 1895, p. 769.

Roberts, *C. G.*, † 10 juillet 1902.

— In Memoriam. By Harry Price. (*Chin. Rec.*, Sept. 1902, p. 456.)

Robertson, *Charles*, né en 1870 dans le Cumberland; † à Kuling, 20 juillet 1904, de la fièvre typhoïde.

— Death of Rev. Charles Robertson, London Mission, Hankow. By I. S. A. (*Chin. Rec.*, XXXV, August 1904, pp. 416/7.)

— In Memoriam. Rev. Charles Robertson (of the London Mission, Hankow). By P. L. M. [Kuling, Aug. 1904]. (*Ibid.*, Sept. 1904, pp. 468/471.)

Rudland, Mrs. (Miss *Annie* Knight, arrivée en Chine 1876), épouse le Rév. W. D. Rudland.

— In Memoriam. Mrs. Rudland. China Inland Mission. By John A. Anderson, M. D., T'ai-chow, China. (*Chin. Rec.*, XXXV, Dec. 1904, pp. 629/631.)

Russell, *Gavin*, † à Ka-gi (Formose), dimanche, 3 juillet 1892.

— [From a Home Journal.] Dr. Gavin Russell, of Formosa. By W. S. S. (*Chin. Rec.*, XXIII, Nov. 1892, pp. 531/2.)

Russell, *William Armstrong*, Church of England Miss. Soc.; arrivé à Ning-po, 13 mai 1848.

— Bishop Russell, of North-China. (*The Far East*, Vol. II, No. 2, p. 47, avec une photog.)

Russell, Mrs. *William Armstrong*, † 25 août 1887, à Ning-po.

— Mrs. Russell. — In Memoriam. By Rt. Rev. G. E. Moule, D. D. (*Chin. Rec.*, XVIII, 1887, pp. 383/4.)

Safford, Miss *Anna Cunningham*, née en Géorgie, Etats-Unis; † à Marienheime, Chang-hai, 17 août 1890, à 59 ans; South Presbyterian Church.

— In Memoriam. By Rev. Jno. W. Davis, D. D. (*Chin. Rec.*, XXI, 1890, pp. 483/7.)

Sandeman, *David*, né à Perth, le 23 avril 1826; † le 31 juillet 1858, à Amoy.

— Memoir of the Life and Brief Ministry of the Rev. David Sandeman, Missionary to China by the Rev. Andrew A. Bonar London, Nisbet, 1861, pet. in-8.

Saunders, *Eleanor* and *Elisabeth*.

— The Sisters Martyrs of Ku Cheng Memoir and Letters of Eleanor and Elizabeth Saunders (« Nellie » and « Topsy ») of Melbourne. By D. M. Berry, M. A. Canon of Melbourne, Chaplain to the Bishop. London, James Nisbet & Co. — Melville, Mullen, and Slade Melbourne, 1896, in-8, pp. XIV-308.

Scarborough, *William*, arrivé à Chang-haï, mars 1865, à Hank'eou, 3 avril 1865; English Wesleyan Missionary Society; † à Darlington, Angleterre, 16 sept. 1894.

Schaub, *Martin*, né à Bâle, Suisse, 8 juillet 1850; † 7 sept. 1900, au Government Hospital, Hong-kong.

— In Memoriam. By Rev. C. R. Hager, M. D. (*Chin. Rec.*, XXXI, Oct. 1900, pp. 515/6.)

— Notice by G. Reusch. (*China Review*, XXV, p. 52.)

Scheirer, *Edward M.*, né 2 mai 1872, à Lyons, Berks Co., Pa.; † 11 juin 1904, à Lien-tcheou, Kouang-toung.

— In Memoriam. Rev. Edward M. Scheirer. By Edward C. Machle, M. D. (*Chin. Rec.*, XXXV, August 1904, pp. 414/5.)

Schereschewsky, *Samuel I. J.*

— A Sermon preached in Grace Church, New York, Oct. 31, 1877. On the occasion of the Consecration of the Rev. Samuel I. J. Schereschewsky, D. D., as Missionary Bishop of Shanghai, having Jurisdiction in China, by Rt. Rev. Wm. Bacon Stevens, D. D., LL. D., Bishop of Pennsylvania. — Foreign Committee, Board of Managers, Protestant Episcopal Church, 23 Bible House, New York, br. in-8, pp. 12.

Shaw, *James Metcalf*, né à Chicago, U. S., le 19 fév. 1849; † 1876.

— Obituary Notice of the Rev. James Metcalf Shaw. From notes by Rev. C. R. Mills. (*Chin. Rec.*, VII, pp. 287/9.)

Sheffield, *D. Z.*

— Murderous Attack on Dr. Sheffield. (*N. C. Herald*, July 19 & 26, 1895, pp. 101/2, 156.)

Shipway, *Fred. J.*, de Regent's Park College; parti d'Angleterre, 7 sept. 1899; arrivé en Chine, 21 oct. 1899; † 22 oct. 1902.

— Experiences of a Missionary Refugee in North China. — Introduction by Rev. J. W. Ewing, M. A., B. D. Published by Rye Lane Sunday School Young Christians' Missionary Union, Peckham, London, S. E. — October, 1900, in-16, pp. 40, Port.

— Fred. J. Shipway. Arrived in China — October 26th, 1899. Married in Shanghai — February 25th, 1902. Died at Chouping — October 22nd, 1902. Aged 30. By Rev. J. Percy Bruce. (*Chin. Rec.*, XXXIV, Jan. 1903, pp. 21/25.)

Shuck, *Henrietta Hall*, née le 28 octobre 1817, à Kilmarnock (Virginie); épouse le Rév. John Lewis Shuck, 8 sept. 1835; † à Hong-kong, le 27 novembre 1844.

— A Memoir of Mrs. Henrietta Shuck, the First American Female Missionary to China. By J. B. Jeter... Boston, 1846, in-12, pp. XII-251 (un portrait).

— An American Woman in China and her missionary work there. By J. B. Jeter, D. D. Boston : Published by D. Lothrop & Co., 1874, in-12, pp. 250.

— Obituary Notices of Mrs. Henrietta Shuck, of the American Baptist Mission in China. Communicated for the Repository. By J. L. Shuck. (*Chin. Rep.*, XIV, pp. 19/25.)

Smith, *George*, né à Glen Tanner, Aberdeenshire, 25 mars 1826; Foreign Mission Board of the Presb. Church in England; arrivé à Amoy, 19 nov. 1857; à Swatow, 13 nov. 1858; † 15 fév. 1891.

— In Memoriam. George Smith, of Swatow. By his Comrade and Friend, the Rev. H. L. Mackenzie, M. A. (*Chin. Rec.*, XXII, Sept. 1891, pp. 417/423.)

From the *Monthly Messenger of the Presbyterian Church of England.*

Sprague, Mrs. *Margaret S.*, ép. du Rév. *William P. Sprague*, North China Mission, New Haven, Connecticut, 16 juill. 1873; née à Edimbourg (Ecosse), 4 déc. 1844; arrivée en Chine, à Kalgan, 1874; † à Rochester, New-York, 5 janv. 1891.

— In Memoriam. Mrs. Margaret S. Sprague. (*Chin. Rec.*, XXII, p. 284.)

Stevens, *Edwin*, né à New Canaan, Connecticut, en 1802; † 5 janvier 1837, à Singapore.

— Obituary of the Rev. Edwin Stevens, late Seamen's Chaplain in the port of Canton, with a brief review of the occurrences recorded by his own pen during his ministry. [By E. C. Bridgman.] (*Chin. Rep.*, V, pp. 513 et seq.)

Stevens, *Leslie*, né à Morley, Mescota Co., Michigan; Central China Methodist Episcopal Mission; † 26 juillet 1894, à Nanking, âgé de 36 ans.

— In Memoriam. By John R. Hykes. (*Chin. Rec.*, XXV, Sept. 1894, pp. 445/7.)

Stott, *George*, arrivé à Ning-po, 10 fév. 1866; Chinese Inland Evangelization Soc.; † à Cannes, 23 avril 1889.

— In Memoriam. Mr. George Stott. By H. Webber. (*Chin. Rec.*, XX, No. 11, Nov. 1889, pp. 524/527; et *China's Millions*.)

Stronach, *Alexander*, né à Edimbourg, 1800; part pour la Chine, 7 août 1837, London Miss. Soc.; s'établit à Amoy en 1846; † 6 fév. 1879, 14 Markham Square, Chelsea, S. W.

Stronach, Mrs. *John*, † 7 mars 1846.

— Voir Pohlman, Mrs.

Swanson, *William Sutherland*, Foreign Mission Board Presb. Church in England; arrivé à Chang-haï, 1er juin 1860 et le même mois à Amoy; † subitement 24 nov. 1893, 19 Greencroft Gardens, South-Hampstead.

Sword, *Mary*, née à Philadelphie, le 1er oct. 1812; † 1845.

— A Funeral Sermon, preached at Macao, on the death of Mrs. Mary Sword. July 27th, 1845. By the Rev. Peter Parker, M. D. (*Chin. Rep.*, XIV, pp. 377/388.)

Syle, *Edward W.*, né dans le Devonshire, 1817; of the American Board of Foreign Missions of the Prot. Episcopal Church; arrivé à Hong-kong, 4 oct. 1845, à Chang-haï, 19 nov. 1845; rentré en Angleterre, mai 1885; † 17 Callow Road, Chelsea, 5 oct. 1890.

— In Memoriam. — Rev. Dr. E. W. Syle. By J. R. (*Chin. Rec.*, XXII, Jan. 1891, pp. 23/25.)

Talmage, *John Van Nest*, American Board of Commissioners for Foreign Missions; arrivé à Macao, 4 août 1847, à Amoy, 19 août 1847; † 19 août 1892, à Bound Brook, New-Jersey, Etats-Unis.

— In Memoriam. A Veteran gone Home. By Leonard W. Kip. (*Chin. Rec.*, XXIII, Nov. 1892, pp. 530/1.)

— Forty Years in South China The Life of Rev. John Van Nest Talmage, D. D. By Rev. John Gerardus Fagg Missionary of the American Reformed (Dutch) Church, at Amoy, China. New York, Anson D. F. Randolph, s. d. [1894], in-8, pp. 301.

Notice: *N. C. Herald*, Dec. 25, 1895, p. 1046.

Taylor, Mrs. *Howard*, voir **Guinness**, *Geraldine*.

Taylor, *Hudson*, né 21 mai 1832; parti pour la Chine, sept. 1853; fondateur de la China Inland Mission; † à Tchang-cha, Hou-nan, 3 juin 1905.

— * 戴公行述 Life of Mr. Hudson Taylor, as told by himself, done into mandarin by Mr. F. W. Baller, of the China Inland Mission, 72 ff.

Thomson, *J. C.*

— A Testimonial to Rev. J. C. Thomson, M. D. (*Chin. Rec.*, XXIII, July 1892, pp. 335/6.)

Thomson, Mrs. *J. R.*, épouse Rév. E. H. Thomson, Am. Prot. Episcopal Mission at Shang-hai; † 19 sept. 1889, à Ashbourne, Pa.

— In Memoriam. (Mrs. J. R. Thomson.) (*Chin. Rec.*, XX, No. 11, Nov. 1889, pp. 517/519.)

Thwing, *E. P.*

— Letter from Macao. By E. P. Thwing. (*Chin. Rec.*, XXIV, Jan. 1893, pp. 23/4.)

Le Rév. E. P. Thwing avait quitté Brooklyn le 12 sept. 1892.

— * Grandeur of the Great Commission, a Discourse by the Rev. E. P. Thwing, M. D., Ph. D., at the Ordination of his son. At Memorial Presbyterian Church, Brooklyn, N. Y. May 1, 1892, as a Missionary to China, br. in-12, pp. 18.

— China's Awakening. By Rev. E. P. Thwing, M. D., Ph. D. [Extracts from a Paper read before the April Conférence at Canton.] (*Chin. Rec.*, XXIV, May 1893, pp. 224/226.)

Tomlin, *Jacob*.

— * Journal kept during a voyage from Singapore to Siam, and while residing nine months in that country. Singapore, in-8, pp. 67.

« This is an account of Mr. Tomlin's first visit to Siam, in company with Mr. Gützlaff. »

— * A Missionary Journal kept at Singapore and Siam; from May 1830, to January 1832. Malacca, 1832, in-8, pp. 90.

— * Missionary Journals and Letters. London, 1845, in-12, pp. 384.

« This embodies much of the information and most of the incidents contained in the two preceeding pamphlets. »

Mem. of Prot. Missionaries.

Vrooman, Mrs. *M. W.*, née au Massachussets; † 29 août 1866.

— Notice de *The Evangel*, de Californie, réimp. dans *The Miss. Rec.*, April 1867.

Wang, *Jing ming*, né près de Pe-king; † à Moukden, Mandchourie, 24 sept. 1885.

— Old Wang. The first Chinese Evangelist in Manchuria. A Sketch of his Life and Work with a Chapter upon native Agency in Chinese Missions by Rev. John Ross, Missionary of the United Presbyterian Church of Scotland, Manchuria. With a portrait and illustrations. The Religious Tract Society, 1889, pet. in-8, pp. 128.

Notice: *China Review*, XVII, No. 6, p. 360. By E. J. E.[itel.]

— Wang King-foo. Death of a saintly Chinaman. (*Chin. Rec.*, XXIII, Oct. 1892, pp. 459/465.)

Letter of Rev. Griffith John to *The Independent*.

Way, Miss *M. E.*

— « Through much Tribulation. » By Miss M. E. Way. (*Martyred Miss... China I. Miss.*, *Last Letters*, pp. 84/8.)

Escape of Miss Way, Mr. G. McKie and Miss Chapman.

Wheatley, *Edmund*, né à Londres, 29 déc. 1839; † 1er sept. 1880, à Ning-po; en réalité n'était qu'assimilé aux missionnaires, appartenait aux Douanes.

— In Memoriam the late Edmund Wheatley. By Rev. John Butler. (*Chin. Rec.*, XI, 1880, pp. 456/464.)

Wheeler, *Lucien Nathan*, American Methodist Episcopal Missionary Soc.; arrivé à Fou-tcheou, 27 mai 1866; † à Chang-haï, 20 avril 1893, à 54 ans.

— In Memoriam. (*Chin. Rec.*, XXIV, May 1893, pp. 243/4.)

White, *Wellington J.*, né à Western New-York; arrivé en Chine, 1880; Canton Presbyterian Mission; † 27 juillet 1891, à Eldridge Park, Elmira, New-York, dans un accident de chemin de fer.

— In Memoriam. The death of Rev. W. J. White. (*Chin. Rec.*, XXII, Nov. 1891, pp. 530/1.)

Whiting, *Albert*, né à Ballston Spa, New-York, le 27 mai 1847; † à Tai-youen-fou, Chan-si, le 25 avril 1878.

— Notice : *Chin. Rec.*, IX, pp. 224/6.

— The Burial of Rev. A. Whiting. By Rev. F. W. Baller. (*Ibid.*, X, 1879, pp. 219/220.)

Wiley, *Isaac William*, M. D., de Cincinnati, Ohio; Missionary Society of the Methodist Episcopal Church in the United States; arrivé à Hong-kong, 17 juin 1851, et à Fou-tcheou, 9 juillet 1851; rentré aux Etats-Unis, en 1854; il fut nommé évêque en 1872 et visita de nouveau la Chine en 1877 et en 1884; † à Fou-tcheou, 22 nov. 1884.

— * A Record of Observations made during several Years' Residence in China by Rev. I. Wiley. Cincinnati, 1879, in-12.

Williams, *Samuel Wells*, 衛三畏 *Wei san wei*, né le 22 sept. 1812, à Utica, New-York; † 16 fév. 1884, à Newhaven, Connecticut.

— Notice avec une phot. dans *The Far East*, New Series, Vol. I, No. 6, pp. 140/142, Déc. 1876.

— Samuel Wells Williams, LL.D. Late Corresponding Member of the Society. (*Jour. Am. Geog. Soc.*, XVI, 1884, pp. 186/193.)

Par Jas. Mühlenberg Bailey.

— The Life and Letters of Samuel Wells Williams, LL. D. Missionary, Diplomatist, Sinologue. By his son Frederick Wells Williams. — New York and London, G. P. Putnam's sons. The Knickerbocker Press, 1889, in-8, pp. vi-490. Portrait.

Notices : [by Thomas W. Pearce] *China Review*, 1889, No. 4, pp. 198 à 205. — *Chinese Recorder*, XX, April 1889, pp. 186/191.

— S. Wells Williams, LL. D. (*Ibid.*, No. 6, June 1889, pp. 241/248.) Même portrait que dans la biog. écrite par son fils.

Williamson, *Alexander*, London Miss. Soc.; né à Falkirk, Ecosse, 5 déc. 1829; arriva à Chang-haï, 24 sept. 1855; † 28 août 1890, à Tche-fou.

— Notice : *Jour. C. Br. R. As. Soc.*, XXIV, N. S., 1889/90, No. 3, pp. 340/1. [By J. Edkins.]

— In Memoriam. By Wm. Muirhead. (*Chin. Rec.*, XXI, 1890, pp. 461/8.)

— In Memoriam of Rev. Alexander Williamson, LL. D. By Rev. Timothy Richard. (*Ibid.*, XXXII, Feb. 1901, pp. 55/60, Port.)

Wills, Mrs. *Wm.* [Hannah Louisia Alice], † à Tche-fou, du choléra, 8 sept. 1888.

— In Memoriam. — Mrs. Wm. Wills. By Rev. C. Spurgeon Medhurst. (*Chin. Rec.*, XIX, No. 10, Oct. 1888, p. 478.)

Winnes, *Philipp*, né 12 sept. 1824, à Stafford, entre Karlsruhe et Bruchsal; entré dans la mission évangélique de Bâle, en 1848; arrivé à Hong-kong, 15 mai 1852; quitta la Chine, fév. 1865; † 13 janvier 1874, à Cannes

— Zum Andenken an Philipp Winnes weiland Missionär in China im Dienste der evangelischen Missionsgesellschaft zu Basel. — Inhalt : I. Lebensabrisz, entworfen von P. Dettinger, Missionssekretär. II. Leichenrede, gehalten von H. Schmidt, Kurgeistlicher. — Preis : 20 Cts. = 6 Kreuzer. — Basel. Verlag des Missionskomptoirs. — 1874, br. in-12, pp. 35.

Wong.

— Deacon Wong. By Rev. M. T. Yates, D. D. (*Chin. Rec.*, XVIII, 1887, pp. 99/104.)

Wong, Yuk-cho, né 1843; baptisé par W. Lobscheid, en 1850.

— The Life-Story of Pastor Wong Yuk-cho. By Rev. J. Genähr. (*Chin. Rec.*, XXXV, August 1904, pp. 396/400.)

Extrait de « The Chronicle » of the London Missionary Society.

Wylie, *James Allan*, Scotch United Presbyterian Mission; attaqué par des soldats chinois, 10 août 1894; † des suites, 16 août 1894, à Liao-yang, Mandchourie.

— *N.-C. Daily News.* — *Chin. Rec.*, Sept. 1894, pp. 460/1.

— For Christ's Sake in Manchuria. In Memoriam. Rev. James Allan Wylie, M. A. Obiit Aug. XVI, MDCCCXCIV. By G. D. [George Douglas.] (*Ibid.*, XXV, Nov. 1894, pp. 525/7.)

Wylie, *Alexander*, 偉烈亞力 *Wei-li Ya-li*, né à Londres, 6 avril 1815; arrivé en Chine, 26 août 1847; † 6 fév. 1887, à Londres.

— *Journal China Branch Roy. As. Soc.*, XXI, N. S., Nos. 5 & 6, 1886, pp. 305/308. By W. M.

— In Memoriam. — Alexander Wylie. By Rev. Wm. Muirhead. (*Chin. Rec.*, XVIII, 1887, pp. 199/203.)

— The Life and Labours of Alexander Wylie, Agent of the British and Foreign Bible Society in China. A Memoir by M. Henri Cordier... [From the « Journal of the Royal Asiatic Society of Great Britain and Ireland », Vol. XIX, Part 3], br. in-8, pp. 18.

— In Memoriam. — Alexandre Wylie par Henri Cordier ∴ 6 février 1887. Paris, Maisonneuve, 1888, br. in-8, pp. 6.

Extrait de *Le Lotus*, VI, Déc. 1887, pp. 250/5, avec un portrait.

— In Memoriam. Alexander Wylie. By the Rev. James Thomas. (*Monthly Reporter of the British and Foreign Bible Society*, Vol. XVI, No. 4, April 1887, pp. 49/54.)

— 幾何原本 *Ki ho youen peun.* — Les six premiers livres d'Euclide.

N. F. Chinois 2959 et 2960. — B. M., p. 122.

D'après le P. Kircher, *China illustrata*, p. 117, le P. Ricci aura fait sa traduction d'après l'*Euclide* du P. Christophe Clavius, S. J. (né à Bamberg en 1538; † à Rome, le 6 février 1612), publié à Rome en 1574 et en 1589.

M. A. Wylie a donné, en 1857, à Soung Kiang 續 | | | | *Su ki ho youen peun*, une traduction des livres VII à XV d'Euclide en continuation de la traduction de Ricci. En 1865, le Vice-Roi Tseng Kouo-fan, a fait réimprimer Ricci et Wylie à Nan-king.

Yates, *Matthew Tyson*, 晏 *Ngan*, né dans Wake County, North Carolina, 8 janv. 1819; arrivé à Chang-haï, sept. 1847; Southern Baptist Convention; † à Chang-haï, 17 mars 1888.

— Sa photographie. (*Chin. Rec.*, XX, 1889, front.)

— The Rev. Dr. Yates. By Miss Adele M. Fielde. (*Ibid.*, XIX, No. 11, Nov. 1888, pp. 529/531.)

— *N. C. Herald*, March 23, 1888, p. 323.

Yi, Kouan-hien, ordonné 18 mars 1864.

— A Chinese Pastor for Forty Years. By A. L. Warnshuis, Siao-chi, Amoy. (*Chin. Recorder*, XXXIV, July 1903, pp. 343/346.)

Young, *John Newton*, Am. Presbyterian Mission; † à Pe-king, de la petite vérole, 18 fév. 1893, à 26 ans.

— Notice par W. S. Ament. (*Chin. Rec.*, XXIV, April 1893, pp. 200/1.)

5° *COLLÉGES, ÉCOLES, SOCIÉTÉS*, etc.

The Anglo-Chinese College, de Malacca.

La première pierre du Collége fut posée le 11 novembre 1818. — Principal : Dr. Wm Milne.

— Voir le Plan de cette Institution dans *Memoirs... of R. Morrison*, I, pp. 512/515.
— Laws and Statutes of the Anglo-Chinese College. (*Ibid.*, II, pp. 40/43.)
— By-Laws of the Anglo-Chinese College, etc. (*Ibid.*, II, pp. 43/47.)
— Deed. (*Ibid.*, II, pp. 47/51.) Ce document signé par le Dr. Morrison, fondateur du Collége, est daté de Canton, 20 mars 1820. — Réimprimé dans *The Chinese Repository*, X, Jan. 1844, pp. 32/34.)

— « Anglo-Chinese College at Malacca. »

Br. in-8, pp. 19, on the nature and objects of the Institution, the laying of the foundation stone, etc.
— Vide « Anglo-Chinese College, at Malacca. » (Milne, *Retrospect*, Appendix, VII, pp. 349/367.) — « Anglo-Chinese College. » (*Chin. Rep.*, I, p. 105.)

— Report of the Anglo-Chinese College and Chinese Mission at Malacca. Printed at the Mission Press, 1825, br. in-8.

(Disbursements 1st January to 30th June 1825.)

— The Fourth Annual Report of the Anglo-Chinese College. Malacca : Printed at the Mission Press. 1826, br. in-8.

(Disb. 1st July 1825 to 30th June 1826.)

— The Fifth Annual Report of the Anglo-Chinese College with an Appendix. Malacca : Printed at the Mission Press. 1827, br. in-8.

(Disb. 1st July 1826 to 30th June 1827.)

— The Sixth Annual Report of the Anglo-Chinese College. MDCCCXXVIII, with an Appendix. Malacca. Printed at the Mission Press, 1828, br. in-8.

(Disb. 1st July 1827 to 30th June 1828.)

— Report of the Eleventh year of the Anglo-Chinese College, being MDCCCXXIX with an Appendix concerning the Laws of China. Malacca : Printed at the Mission Press. 1829, br. in-8.

(Disb. 1st July 1828 to 31th Dec. 1829.)

— A Report of the Anglo-Chinese College, with an Appendix, From January 1830 to June 1831. Malacca : Printed at the Mission Press. 1831, br. in-8.

(Disb. 1st January 1830 to 30th June 1831.)

— The Ninth Report of the Anglo-Chinese College; for the years 1832 and 1833. Malacca : Printed at the Mission Press. 1834, br. in-8.

(Disb. 30th June 1831 to 1st January 1834.)

— * The Tenth Report of the Anglo-Chinese College, for the year 1834 [by Mr. John Evans].

— The Eleventh Report of the Anglo-Chinese College; for the year 1835. Malacca : Printed at the Mission Press, 1836, br. in-8.

(Disb. for 1835.)
— Voir *Chin. Rep.*, IV, p. 98 : Report for 1835.

(THE ANGLO-CHINESE COLLEGE.)

— Report of the Chinese Mission at Malacca. Printed at the Mission Press, 1830.

— A Report of the Malacca Mission-station and the Anglo-Chinese College, from January 1830 to June 1831. Malacca : Printed at the Mission Press, 1831.

— The First Report of the Benevolent Institution or Christian School for all Nations opened at Malacca in March 1834. Printed at the Mission Press. Singapore, br. in-8.

— Report of the Malacca Free School, for the years 1835 & 1836. Printed at the Singapore Free Press Office. 1837, br. in-8.

— The second Annual Report of the Malacca Free School, and other incorporated Charities for the year MDCCCXXVIII, with an Appendix. Malacca : Printed at the Mission Press. 1829.

Morrison Education Society.

— Proceedings relative to the formation of the Morrison Education Society (by E. C. Bridgman). (*Chin. Rep.*, V, Dec. 1836, pp. 373 et seq.)

— First annual report of the Morrison Education Society, read before the General Meeting convened in Canton, September 27th, 1837. (*Ibid.*, VI, Sept. 1837, pp. 229 et seq.) [E. C. Bridgman.]

— The second annual report of the M. E. S., read 3rd October 1838. (*Ibid.*, VII, pp. 301 et seq. [E. C. Bridgman.]

— The third annual report of the M. E. S., read Sept. 29th 1841. (*Ibid.*, X, pp. 564 et seq.) [E. C. Bridgman.]

— The fourth annual report of the M. E. S., read Sept. 28th 1842. (*Ibid.*, XI, pp. 541/557.) [S. R. Brown.]

— Fifth annual report of the M. E. S., for the year ending Oct. 1st, 1843. (*Ibid.*, XII, pp. 617/630.) [S. R. Brown.]

— The sixth annual report of the M. E. S., with minutes of its meeting. (*Ibid.*, XIII, pp. 619/641.) [S. R. Brown.]

— The seventh annual report of the M. E. S., with minutes of its meeting. (*Ibid.*, XIV, pp. 465/484.) [S. R. Brown.]

— The eighth annual report of the M. E. S., for the year ending September 30th, 1846 (*Ibid.*, XV, pp. 601/618.) [S. R. Brown.]

(MORRISON EDUCATION SOCIETY.)

— The tenth annual report of the M. E. S., for the year ending Sept. 30th, 1848. (*Chin. Rep.*, XVIII, pp. 33 et seq.) [W. A. Macy.]

— Report of the Morrison Education Society for the year 1864-65. Hong-kong, 1865, br. in-8.

— Library of the East India Company for the M. E. S., by E. C. Bridgman. (*Chin. Rep.*, IV, p. 97.)

— Catalogue of Books in the Library of the Morrison Education Society. Published at the Office of the *Chinese Repository*. Victoria, Hong-kong, 1845, br. in-8.

Notice dans le *Chin. Rep.*, XIV, pp. 288/291, par E. C. Bridgman, de ce Catalogue publié sous la direction de Mr. Brown. Le Cat. précédent avait été préparé par J. R. Morrison en 1838.

— Examination of the School of the Morrison Education Society. (*Chin. Rep.*, XI, pp. 337/340, 520.)

— Remarks on Specimens of literary composition written by pupils in the school of the Morrison Ed. Soc., and exhibited at its annual examination September 24th, 1845. (*Ibid.*, XIV, pp. 497/519.)

— Fund established for the maintenance of the M. E. S. (*Ibid.*, XV, p. 56.)

Voir le *Chin. Recorder* qui donne un compte-rendu mensuel.

— Report of the Preparatory School and the Theological Seminary, in Hongkong, of the London Missionary Society, for the year 1849. Victoria : Printed at Noronha's Office, Oswald's Terrace, 1850, in-8, pp. 25.

— — for the year 1850. Hongkong : Printed at the « Hongkong Register » Office, 1851, in-8, pp. 29.

Berlin Miss. Society.

— * Report for the years of 1863 & 1864... by the Rev. Aug. Hanspach... Hongkong, 1865, in-8, pp. 15.

— Report for the year 1865, of the Chinese Vernacular Schools, established in the Sinon, Kiushen, Fayuen and Chonglok Districts of the Quangtung Province. Superintended by the Rev. Aug. Hanspach, of the Berlin Missionary Society, China. Hongkong : Printed by De Souza & Co., 1866, br. in-12.

— Report for the year 1867...

Notice : *Chin. Rec.*, II, p. 79.

— * Report for the year 1873-74, of the Mission Schools, connected with the Rhenish Missionary Society in China, by Rev. F. Hübrig. Hongkong : printed by De Souza & Co.

Notice : *Chin. Rec.*, V, pp. 111/2.

— * Report for the year 1874-75... by Rev. F. Hübrig. Canton : Printed by De Souza & Co., Canal Road.

Notice : *Chin. Rec.*, VI, pp. 236/7.

— * Report for the year 1877-1878... by Rev. W. Dilthey.

Notice : *Chin. Rec.*, IX, pp. 320/1.

Tract Society.

— Notes on the Ethical and Christian Value of Chinese Religious Tracts and Books. By F. Galpin. (*Chin. Rec.*, XII, 1881, pp. 202/217.)

— * First Annual Meeting of the Chinese Religious Tract Society, held in Shanghai, May 1879.

Notice : *Chin. Rec.*, X, 1879, p. 396.

— The Chinese Religious Tract Society. By Rev. J. M. W. Farnham, D. D. (*Chin. Rec.*, XI, 1880, pp. 214/220.)

Deuxième réunion annuelle.

— The Third Annual Meeting of the Chinese Religious Tract Society. (*Chin. Rec.*, XII, 1881, pp. 283/291, 372/383.)

— * Twelfth Annual Report of the Chinese Religious Tract Society, 1890. Shanghai : American Presbyterian Mission Press. 1891.

Notice : *Chin. Rec.*, XXII, May 1891, p. 234.

— * Thirteenth Annual Report of the Chinese Religious Tract Society, 1891. Shanghai : American Presbyterian Mission Press. 1892.

Notice : *Chin. Rec.*, XXIII, May 1892, p. 240.

— * Fourteenth Annual Report of the Chinese Religious Tract Society, 1892.

By Dr. J. M. W. Farnham.

∴

— Central China Religious Tract Society. (*Chin. Rec.*, XXIII, March 1892, pp. 129/130.)

— * The Fifteenth Annual Report of the Central China Religious Tract Society, for the year ending Dec. 31st, 1890. Hankow : 1891.

Notice : *Chin. Rec.*, XXII, May 1891, p. 233.

— * The Seventeenth Annual Report of the Central China Religious Tract Society... Dec. 31st, 1892.

Centres : Han-k'eou et Wou-tch'ang; dépôts : Han-k'eou et Tch'oung-k'ing.

— * The Twenty-seventh Annual Report of

the Central China Religious Tract Society. 1902.

— Dr. Griffith John's Address at the Annual Meeting of the Central China Religious Tract Society. — Hankow, 11th January 1901. (*Chin. Rec.*, XXXII, March 1901, pp. 126/131.)

∴

— Read at Anniversary of North China Tract Society. By Rev. E. Evans Meech. (*Ibid.*, XIX, No. 8, Aug. 1888, pp. 381/385.)

— * Ninth Annual Report of the North-China Tract Society, for the year ending Dec. 31st, 1891. Tientsin Press. 1892.

Notice : *Chin. Rec.*, XXIII, Sept. 1892, pp. 435/6.

— The Native Tract-Literature of China. By Dr. W. A. P. Martin. (*Chin. Rec.*, XVIII, 1887, pp. 329/334, 369/374.)

Read at the recent anniversary meeting of the North China Tract Society in Peking.

∴

— * Annual Report of the East China Branch of the Religious Tract Society of London, for 1891. Shanghai : Presbyterian Mission Press. 1892.

Notice : *Chin. Rec.*, XXIII, April 1892, pp. 184/5.

— Hankow Tract Society. By J.W. Brewer. (*Chin. Rec.*, XI, 1880, pp. 305/308.)

— Report of the Hankow Tract Society for the year 1880. By Rev. J. W. Brewer. (*Ibid.*, XII, 1881, pp. 101/104.)

— * The First Annual Report and Catalogue of the North Fukien Religious Tract Society, for the year ending Dec. 31st, 1892.

∴

— * Second Annual Report of the West China Religious Tract Society. (Headquarters Chungking.)

— * Fourth Annual Report of the West China Religious Tract Society, Chungking. [1902.]

∴

— * A Catalogue of the Chinese Publications of the Religious Tract Society of London (with descriptive notes). Compiled by Alexander Kenmure, Agent of the British and Foreign Bible Society, Shanghai. Shanghai : American Presbyterian Mission Press. 1892.

Notice : *Chin. Rec.*, XXIII, May 1892, p. 239.

British and Foreign Bible Society.

— A History of the British and Foreign Bible Society by William Canton. With Portraits and Illustrations. London, John Murray, 1904, 2 vol. in-8, pp. x-512, x-496.

Notice : *Times Weekly Ed. Lit. Sup.*, Feb. 12, 1904.

— The Story of the Bible Society by William Canton. With Illustrations. London, John Murray, 1904, in-8, pp. x-362.

— * British and Foreign Bible Society. A Report of the North-China Agency for the year ending November 30, 1891. Tientsin : The Kao-Lin Press. 1892.

Notice : *Chin. Rec.*, XXIII, May 1892, pp. 239.

— * The Annual Report of the British and Foreign Bible Society for 1892. Shanghai Agency. American Presbyterian Mission Press.

Notice : *Chin. Rec.*, XXIII, Aug. 1892, p. 390.

— * Report of the China Agency of the British and Foreign Bible Society for the year 1902. (Head Office and Depot, 13 Kiukiang Road, Shang-hai.)

— * Eighth Annual Report of the Korea Agency of the British and Foreign Bible Society, for 1902. H. O. T. Burkwall, Acting Agent.

∴

— Y. M. C. A. — «What It Is and What It Is Not.» By J. A. Stooke, Late Secretary of the Y. M. C. A., Bath, England. (*Ibid.*, XX, No. 3, March 1889, pp. 111/113.)

— Protestant Collegiate School, Chefoo. (*Ibid.*, XXI, No. 1, Jan. 1890, pp. 28/30.)

— Annual Report of the Protestant Collegiate School, Chefoo. Session 1891. By Alex. Armstrong, Principal. (*Ibid.*, XXIII, Jan. 1892, pp. 22/24.)

— The Collegiate School, Chefoo. Annual Report. Session 1892. By Alexander Armstrong. (*Ibid.*, XXIV, Jan. 1893, pp. 25/29.)

Ouverte le 1er déc. 1880.

Soc. for the Diffusion of C. and G. Knowledge.

— * Fourth Annual Report of the Society for the Diffusion of Christian and General Knowledge among the Chinese, for the year ending October 31st, 1891. Shanghai. Printed by Noronha & Sons. 1891.

Notice : *Chin. Rec.*, XXIII, Jan. 1892, p. 38.

— * Fifth Annual Report... year ending Oct. 31st, 1892. Shanghai : Printed by Noronha... 1892.

Notice : *Chin. Rec.*, XXIV, March 1893, p. 138.

— * Thirteenth Annual Report of the Society for the Diffusion of Christian and General Knowledge among the Chinese. Containing an account of the Anti-foreign Crusade in China.

Notice : *Chin. Rec.*, XXXII, Jan. 1901, pp. 47/48, par J. C. G.

— * Catalogue of the Publications of the Society for the Diffusion of Christian and General Knowledge among the Chinese,

Shanghai : Presbyterian Mission Press. 1892.

Notice : *Chin. Rec.*, XXIII, Nov. 1892, p. 532.

∴

— * Third Annual Meeting of the Christian Vernacular Society of Shanghai. May 24th, 1892.

Notice : *Chin. Rec.*, XXIII, Nov. 1892, p. 532.

— A Good School-Building for the Foreign Children in Shanghai. With remarks on the Construction and Arrangement of Schools for the use of Foreign and Native Children. By H. W. Boone, M. D. (*Ibid.*, XXII, May 1891, pp. 203/212.)

Read at the regular meeting of the Shanghai Missionary Association, April 7th, 1891.

— Light through Eastern Lattices A Plea for Zenana Captives by the Society for Promoting Female Education in the East on the occasion of Its Jubilee, 1884, br. pet. in-8, pp. 12.

— 60th Report of the Society for Promoting Female Education in the East. (In Zenanas, Harems, and Schools.) — For the Year ending January 1st, 1895. — Established 1834, in-8, pp. 56.

— 64th Report ... For the Year ending January 1st, 1899. — Established 1834, in-8, pp. 52.

— The Chinese Bible Woman's Mission for the Evangelisation of Women and Children, in-4, pp. 8. [London, January 1893.]

— — June 5th, 1893, No. II, James Nisbet & Co., Berners Street, London, W.

— The Chinese Bible Woman's Mission. The Lamp of China. October 1893, No. III, James Nisbet.

— — No. IV, January 1894 à No. XLII, Oct. 1903, London, Morgan & Scott.

— The Educational Association of China — First triennial Report, from May 1890 to May 1893. — For presentation to the Members and Friends of the Association at the Triennial General Meeting, to be held at Shanghai, on the 2nd May 1893 and following days. — Shanghai : American Presbyterian Mission Press. — 1893, br. in-8, pp. 19.

— The Educational Directory for China. — An Account of the various Schools and Colleges connected with Protestant Missions, As well as of Government and Private Schools under Foreign Instruction. — First Issue. Compiled and edited by John Fryer, LL. D. Published by the Educational Association of China. — The Descriptive Catalogue of the Publications of the Association is appended. — Shanghai : Printed at the American Presbyterian Mission Press. 1895, in-8, pp. ii-97 + 1 f. n. ch. + pp. 34 pour le catalogue.

Notice : *N. C. Herald*, Jan. 10, 1896, p. 42.

International Institute.

— The Sixth Report of The Mission among the Higher Classes in China. — « The International Institute. » 尙賢堂 — October 15th, 1896 to April 15th, 1897. — Shanghai : Printed at the Presbyterian Mission Press, 1897, br. in-8, pp. 27.

By Rev. Gilbert Reid, Peking, April 21st, 1897.

— « The International Institute » ... The Eighth Report of The Mission Among the Higher Classes in China. By Rev. Gilbert Reid, M. A., D. D. — Tientsin : The Tientsin Press, 1900, br. in-8, pp. v-29.

— — The Ninth Report... by Rev. Gilbert Reid... Shanghai : American Presbyterian Mission Press, 1900, br. in-8, pp. 4.

— « The International Institute » 堂賢尙 — The Tenth Report of The Mission Among the Higher Classes in China. — By Rev. Gilbert Reid, M. A., D. D. — Shanghai : American Presbyterian Mission Press, 1901, br. in-8, pp. 15.

— Honour to Rev. G. Reid. By J. E. (*China Review*, XXII, No. 3, p. 606.)

— The Hall of Truth. By J. E. (*Ibid.*, p. 607.)

— Projet d'établissement d'un Institut International à Pekin. Par Van Herbst. (*Chine et Sibérie*, Janv. 1900, pp. 15/17.)

6° *MISSIONS MÉDICALES.*

— Claims of the Missionary Enterprise on the Medical Profession : An Address delivered before the Temperance Society of the College of Physicians and Surgeons of the University of the State of New-York, October 28, 1842, by Daniel J. Macgowan, M. D. New-York : Printed by William Osborn, 88 William Street, 1842, br. in-8, pp. 24.

— Lockhart's Medical Missionary. (*Vide supra* col. 1225.)

— Medical Missionary Work in China. By W. T. M. (*Chin. Rec.*, I, pp. 178/180.)

— Medical Missions. By Rev. William Scarborough. (*Ibid.*, V, pp. 137/152.)

— Medical Missions. With reference to the Rev. W. Scarborough's paper. By Wm. Gauld, M. D. (*Ibid.*, VI, pp. 47/57.)

On trouvera des notes relatives à l'histoire particulière des missions médicales dans les statistiques des missions citées plus haut col. 1253/1266.

— Reports of medical missionary ladies in China. (*Chin. Recorder*, XVII, Jan. 1886, pp. 16/23.)

Kalgan. — Tung-chow. — Peking and Tien-tsin, etc.

— Several Reports of Medical work. (*Chin. Rec.*, XVII, June 1886, pp. 236/240.)

— * Medical Education in China. (*China Mail*, 30th September 1887.)

— * H. O. Stölten. — Der Arzt als Bahnbrecher christlicher Kultur oder die Mission des Arztes in China. Jena, G. Neuenhahn, 1890, in-8, pp. 55.

— The China Medical Missionary Journal. Edited by J. G. Kerr, M. D. Canton. J. K. McKenzie,... Tientsin. E. Reifsnyder, M. D., Shanghai. Rev. L. H. Gulick, M. D., Business Manager, Shanghai. — Vol. I. September 1887. No. 3. Shanghai, Kelly & Walsh, 1887, in-8.

Volume I. January-December 1887. Shanghai : Kelly & Walsh, 1887, in-8. — 4 Nos.

Cette publication a atteint le Vol. XVI, en 1902 ; trimestrielle.

Notice : *Chin. Rec.*, XXII, Oct. 1891, pp. 481/2. — *Ibid.*, XXIV, Feb. 1893, p. 90.

— Our Medical Workers and their Work. By J. C. Thomson, M. A., M. D. Price one Penny. — London Missionary Society, 1894, in-8, pp. 23.

Sur le titre le portrait de « Dr. Lucy Nicholas, Our only Lady Medical Missionary ».

— Reminiscences of a Medical Missionary. No. 1. — Fruit. After many Days. The Life-Story of Yü-Yuh-shan a Chinese Missionary. By A. W. Douthwaite, M. D., F. R. G. S. The China Inland Mission, London, in-16, pp. 18. [s. d., 1899.]

Sig. : Bristol, April 1898.

— The Basis of Medical Mission Work. (*Chin. Rec.*, March 1905, pp. 125/131.)

Read by Bishop Graves before the China Med. Miss. Ass., Feb. 7, 1905.

TCHE LI. — Pe-king. — *Peking Hospital.*

Créé par la London Missionary Society, Wm. Lockhart, 1861.

— * The First Report of the London Missionary Society's Chinese Hospital, at Peking. From October 1st, 1861, to December 31st, 1862. W. Lockhart, F. R. C. S. 1862, pp. 27.

— Medical Missionary Practice in Peking in 1861-2. By W. Lockhart, Esq. F. R. C. S., etc. (*Chin. & Jap. Rep.*, May & June 1864.)

— The Second Report of the Lond. Miss. Soc.'s Chinese Hospital, at Peking, under the care of W. Lockhart, F. R. C. S. For the year 1863. Shanghae, 1864, in-8, pp. 17.

(Tche Li.)

— Medical Missionary Practice in Peking in the year 1863. By W. Lockhart, Esq. F. R. C. S., etc. (*Chin. & Jap. Rep.*, Vol. II, 1864.)

— * The Third Annual Report... under the care of J. Dudgeon, M. D., C. M. for the year 1864. Peking, 1865, in-8, pp. 37.

— Report of the Peking Hospital and Dispensary for 1864. Under the care of J. Dudgeon, Esq., M. D., C. M. (*Chin. & Jap. Rep.*, Nov. 1865.)

— The Fourth Annual Report of the Peking Hospital, in connexion with the London Missionary Society, under the care of John Dudgeon M. D., C. M. for the year 1865. Shanghai, Presbyterian Mission Press, 1865, br. in-8, pp. 50.

— The Fifth Annual Report... for the year 1866. Tientsin, 1866, br. in-8, pp. 48.

Notice : *Miss. Rec.*, I, Dec. 1867.

— The Sixth Annual Report... for the year 1867. Shanghai, 1868, br. in-8, pp. 24.

Notice : *Chin. Rec.*, I, pp. 51/2.

— The Seventh Annual Report... for the year 1868. Tientsin, 1869, br. in-8, pp. 25.

Notice : *Chin. Rec.*, II, pp. 113/114.

— Tenth Annual Report of the Peking Hospital, for 1871, in connection with the London Missionary Society. By John Dudgeon, M. D., C. M. Shanghai : Presb. Mission Press. 1872.

— Eleventh Annual Report... for 1872,... Shanghai, Presb. Miss. Press, 1873.

— * Report of the Peking Hospital, in connection with the London Missionary Society, for the years 1875, 1876 and 1877 ; with which is incorporated the Report of the Peking Opium Refuge for the years 1878 and 1879. By John Dudgeon M. D. C. M., etc., 1880.

Notice : *Chin. Rec.*, XI, 1880, p. 390.

T'ien-tsin. — First Annual Report of the Chinese Hospital and Dispensary, London Mission, Tientsin, 1869. Shanghai : Presb. Mission Press. 1870.

— Fifth Report... 1874-5. Tientsin : Imperial Maritime Customs' Press. 1875.

Notice : *Chin. Rec.*, VII, p. 149.

— Sixth Report... 1876-7.

Notice : *Chin. Rec.*, IX, pp. 484/5.

CHAN TOUNG. — * Report of the Laoling Medical Mission for the year ending 29th February 1892. (Methodist New Connection Missionary Society.) Tientsin : The Tientsin Press.

Notice : *Chin. Rec.*, XXIII, Nov. 1892, p. 532.

(Chan Toung.)

KIANG SOU. — CHANG-HAÏ. — Report of the Medical Missionary Society's Hospital at Shanghai, under the care of W. Lockhart, M. R. C. S. (*Chin. Rep.*, XIII, Aug. 1844, pp. 408/418.)

Cet hôpital a été fondé à Chang-haï en février 1844. — Voir Chou-san infra.

— Report of the Medical Missionary Society's hospital at Shanghai. From 1st of May 1844 to 30th of June 1845. By Rev. W. Lockhart, M. R. C. S. (*Ibid.*, XV, pp. 281/291.)

— Report of the Chinese Hospital at Shanghai from July 1st, 1846 to June 30th 1847. By William Lockhart, Esq., M. R. C. S. (*Ibid.*, XVII, pp. 201/206.)

— Report of the Public Dispensary, attached to the Poo-yuen-tang at Shanghai, for the 25th year of Taoukwang, or 1845. (*Ibid.*, pp. 193/201.)

— * Statement regarding the Building of the Chinese Hospital at Shanghae. By the Committee. Shanghae, 1848, in-8, pp. 16.

— Report of the Committee of the Chinese Hospital, Shanghai, from July 1st 1847 to December 31st 1848. Shanghae, 1849, br. in-8, pp. 22.

Voir *Chin. Rep.*, XVIII, pp. 505 et seq.

— Report of the Committee of the Chinese Hospital, Shanghai, from January 1st to December 31st, 1849, br. in-8, pp. 18.

Chin. Rep., XX, pp. 307/311.

— Fourth Report of the Chinese Hospital at Shánghái, for the year ending Dec. 31st, 1850; with a notice of the Hospital at Kam-li-fau in Canton. (*Ibid.*, XX, pp. 152/160.)

— The same, Shanghae, 1851, in-8, pp. 21.

Le Dr. Hobson a été médecin de 1858 à 1859.

— * The Thirteenth Annual Report of the Chinese Hospital, at Shanghae, from January 1st, 1859, to April 23rd 1860. Shanghae, 1860, in-8, pp. 8.

Par W. H. Collins.

— The Fourteenth Annual Report... under the care of James Henderson, M. D., M. R. C. S. Ed., from January 1st, 1860 to December 31st 1860. Shanghai, 1860, br. in-8, pp. 22.

— The Seventeenth Annual Report of the Chinese Hospital at Shanghai, under the care of James Henderson, M. D., F. R. C. S. From January 1st, 1863 to Dec. 31st, 1863. Shanghai, Presbyterian Mission Press, 1864, br. in-8.

— The Eighteenth... Jan. 1st 1864 to Dec. 31st 1864. *Ibid.*, 1865, br. in-8.

Le Dr. Henderson a publié les cinq rapports de 1860 à 1864 inclusivement.

— The Nineteenth Annual Report of the Chinese Hospital at Shanghai, from January 1st 1865, to Dec. 31st 1865. Shanghai : Presbyterian Mission Press. 1866, br. in-8.

— The 22nd Annual Report of the Chinese Hospital at Shanghai under the care of James Johnston, M.D., from January 1st 1868 to December 31st, 1868. Shanghai : Presbyterian Mission Press, 1869, br. in-8, pp. 12.

— The 23rd Annual Report of the Chinese Hospital at Shanghai under the care of James Johnston, M. D., From January 1st, 1869 to December 31st, 1869. Shanghai, 1870.

— The 24th Annual Report of the Chinese Hospital at Shanghai under the care of Drs. Sibbald and Johnston. From January 1st, 1870 to 31st December 1870. Shanghai, 1870.

— The Twenty-eighth Annual Report of the Chinese Hospital at Shanghai under the care of Dr. James Johnston for the year 1874. Shanghai, Am. Presb. Mission Press, 1875, br. in-8, pp. 18.

— Historical Review of the « Chinese Hospital ». (*Shanghaï Budget*, 12 July 1872.)

— Woman's Medical Missionary Work in Shanghai. By E. Reifsnyder. (*Chin. Rec.*, XXIII, Feb. 1892, pp. 83/84.)

American Episcopal Hospital. — First Annual Report of the American Episcopal Hospital and Dispensary for the Chinese 1868. Shanghai, F. & C. Walsh, printers, br. in-8, pp. 8.

— Fifth Annual Report of the Hospital for Chinese at the American Episcopal Mission. Shanghai. For the year 1872, pp. 14.

— Sixth Annual Report... For the year 1873, pp. 12.

Outre le *Chinese Hospital* et l'*American Episcopal Hospital*, il existe à Chang-haï un *Gützlaff Native Hospital* fondé en 1872 qui, à l'origine, devait être consacré aux maladies des yeux. Il sert surtout de dispensaire.

∴

— * Fifth Annual Report of the Philander Smith Memorial Hospital. Nanking. From Sept. 1st, 1890, to Sept. 1st, 1892. Kiukiang : The Central China Press, 1892.

Notice : *Chin. Rec.*, XXIII, July 1892, pp. 340/1.

Tchen kiang. — The Annual Report of the Chinese Dispensary, at Chin-Kiang, from June 23rd, 1864, to June 30th, 1865. Shanghae, 1865, in-8, pp. 5.

Par James Gentle.

NGAN HOUEI. — * Report of the Wuhu General Hospital. Geo. A. Stewart, M. D. Physician in Charge.

TCHE KIANG. — Ning-po. — Report of the Hospital at Ningpo under the Medical Missionary Society in China by Daniel J. Macgowan, M. D. Canton, 1852, br. in-8, pp. 16.

Voir également le *N. C. Herald.* No. 117, Oct. 23, 1852 et seq.

Le *Chin. Rep.* avait déjà publié des rapports du Dr. M. sur l'hôpital de Ningpo qui avait été ouvert en nov. 1843, avait cessé ses opérations au bout de trois mois, puis les avait recommencées en avril 1846 :

— Report of the Ningpo Missionary Hospital, to the Medical Missionary Society of China. By D. J. Macgowan, M. D., Ningpo, Sept. 1st, 1845. (*Chin. Rep.*, XV, pp. 342/5.)

Voir ce même recueil pour les rapports de l'année 1847, XVII, pp. 242/9 ; et de l'année 1848, XVIII, p. 505.

— * The Sixth Annual Report of the Hao-Meng-Fong Hospital. Ningpo. Trinity College Press. 1892.

Notice : *Chin. Rec.*, XXIII, Sept. 1892, pp. 434/5.

Hang tcheou. — The Opium Refuge and General Hospital at Hangchow. By Rev. G. E. Moule. (*Chin. Rec.*, V, pp. 256/262.)

— * Report of the Hangchow Medical Mission in Connection with the Church Missionary Society, for the year ending 1890-91. Shanghai : Printed at the American Presbyterian Mission Press. 1892.

Notice : *Chin. Rec.*, XXIII, Dec. 1892, p. 582.

— * Report... for... 1892.

Chou san. — Report of the Medical Missionary Society's Operations at Chusan in 1840-41. By W. Lockhart. (*Chin. Rep.*, X, pp. 453/465.)

« The Medical Missionary Society's station at Chusan, which had been relinquished on the departure of all foreigners from that island in February 1841, was reoccupied, and an hospital opened in July 1843 ; and with partial interruption, its operations were carried on till January 1844. At this time, in consequence of the port of Shanghai having been opened to foreign trade, it was thought more desirable to remove the hospital to that city, it appearing to be a much more extensive sphere... » (*Chin. Rep.*, XIII, p. 408.)

FOU KIEN. — Fou tcheou. — Report of the Foochow Medical Missionary Hospital in connection with the A. B. C. F. M. Mission, under the care of Dauphin W. Osgood, M. D. — July 1st, 1874. Foochow Printing Press.

Notice : *Chin. Rec.*, V, pp. 232/3.

— Report... July 1st, 1875. Ibid.

Notice : *Chin. Rec.*, VI, pp. 304/5.

— The Sixth Report... July 1st, 1877. Ibid.

Notice : *Chin. Rec.*, VIII, p. 350.

— The Seventh Report... June 1st, 1878.

Notice : *Chin. Rec.*, IX, pp. 318/320.

— * The Eighth Report of the Foochow Medical Missionary Hospital and the First Report of the Opium Asylum in connection with the A. B. C. F. M. Mission, under the care of Dauphin W. Osgood, M. D., June 1st, 1879.

Notice : *Chin. Rec.*, X, 1879, pp. 316/7.

— * Report of the Foochow Medical Hospital ; and the Second Report of the Opium Asylum in connection with the A. B. C. F. M. Mission, under the care of Dauphin W. Osgood, M. D., June 1st, 1880.

Notice : *Chin. Rec.*, XI, 1880, pp. 392.

— * First Annual Report of the Shaowu Medical Missionary Work, in connection with the A. B. C. F. Mission, under the care of Henry J. Whitney, M. D.

Imprimé sur une feuille de papier à lettre.

Notice : *Chin. Rec.*, IX, 1878, pp. 319/320.

— * Twenty-ninth Annual Report of the Po-na-sang Missionary Hospital, Foochow.

Amoy. — Medical Missionary Work at Amoy. By Rev. J. Macgowan. (*Chin. Rec.*, VII, pp. 111/112.)

— Report of the Dispensary at Amoy, from the 1st of February 1844, to 1st of July 1845. By J. C. Hepburn, M. D. (*Chin. Rep.*, XV, pp. 181/184.)

« Medical labors amongst the people of this place were first commenced by Dr. W. H. Cummings, about the middle of June 1842, not quite a year after the taking of Amoy. He opened a Dispensary on Kúlongsú in the house of Rev. D. Abeel, where it was continued about a year and a half, until the last of January 1844 » when it was removed to Amoy.

— Report of the Dispensary at Amoy, for the Year 1846 [*i. e.* since June 1845], by Dr. W. H. Cummings. (*Ibid.*, XVII, pp. 250/4.)

— * Four Annual Reports of the Medical Missionary Hospital at Amoy : 1861-1864. Hong-kong. 1862-1865, in-8.

Par John Carnegie, M. D.

— Report of the Amoy Medical Missionary Hospital for the Year 1871. — Physician and Surgeon in charge, P. Manson Esq., M. D. C. M.

Notice : *Chin. Rec.*, IV, pp. 335/6.

Formose. — The Medical Mission Work in

Formosa. Report 1867-8. By J. L. Maxwell, M. D., Edin. — Birmingham, pp. 12.

Notice : *Chin. Rec.*, II, pp. 112/3.

— * Report of the Mackay Mission Hospital in Tamsui, Formosa, for 1890. A. Rennie, M. B., C. M., Physician and Surgeon in Charge ; Rev. G. L. Mackay, D. D. Tamsui : Tung Shung Office.

Notice : *Chin. Rec.*, XXII, July, 1891, p. 333.

— * Report of the Mackay Mission Hospital in Tamsui, Formosa, for the year 1891. Printed by Tung Sheng, Tamsui, 1892.

Notice : *Chin. Rec.*, XXIII, Sept. 1892, p. 435.

HOU PÉ. — Han k'eou. — The First Annual Report of the Hankow Medical Mission Hospital, in connection with the Wesleyan Missionary Society under the charge of F. Porter Smith, M.B. Lond., M.R.C.S., from July 1st, 1864 to June 30th, 1865. Shanghai, 1865.

— The Second Annual Report...

Notice : *Miss. Recorder*, Feb. 1867.

— The Fourth Annual Report...

Notice : *Chin. Rec.*, I, p. 262.

— The Fifth Annual Report... under the charge of F. Porter Smith... from July 1st, 1868 to June 30th, 1869. Hankow, 1869.

Notice : *Chin. Rec.*, II, p. 236.

— The five Annual Reports of the Hankow Medical Mission Hospital, in connection with the Wesleyan missionary Society ; under the charge of F. Porter Smith, M. B. Lond., M. R. C. S., L. A. C., Associate and Scholar of King's College, London. Gold Medallist of the Apothecaries' Society, London, 1853. — From July 1st, 1864 to June 30th, 1869. — Shanghai : printed at the « North-China » Office, 1869, pet. in-8, pp. xv-80.

Notice : *Chin. Rec.*, III, pp. 156/7, by J. A. S.

— The Sixth Annual Report... under the charge of F. Porter Smith, from July 1st 1869 to June 30th, 1870.

Notice : *Chin. Rec.*, III, pp. 305/6.

— The Seventh Report... From July 1st, 1870 to Dec. 31st, 1871, by E. P. Hardey, L. R. C. P. Lond., M. R. C. S. Hankow, 1872.

— The Eighth Annual Report... for 1872, by E. P. Hardey. Hankow, 1873

Notice : *China Review*, 1873, p. 330.

— Second Report of the London Mission Hospital, Hankow, by George Shearer, M. D. From Nov. 1st, 1868, to Dec. 31st, 1869. Printed at the Hankow Printing Office. Hankow, 1870.

— * Report of the London Mission Hospital at Hankow, for the ten months ending April 30th, 1876. Under the care of J. K. Mackenzie, L. C. R. P., M. R. C. S. Medical Missionary. Shanghai : American Presbyterian Mission Press, 1876.

Notice : *Chin. Rec.*, VII, pp. 305/6.

— * Report... for the year ending April 30th, 1877. Under the care of J. Kenneth Mackenzie... Ibid., MDCCCLXXVII.

Notice : *Chin. Rec.*, VIII, pp. 359/360.

— * Report for the year ending April 30th, 1878...

Notice : *Chin. Rec.*, IX, pp. 244/5.

— * Report of the London Mission Hospital at Hankow, for 1891. Under the charge of A. M. Mackay, M. B. C. M., Hankow : Printed at the « Hankow Printing Office », 1892.

Notice : *Chin. Rec.*, XXIII, April 1892, pp. 185/6.

— * Preaching and Healing, being the Annual Report of the Hanyang Medical Mission, B. M. U., in charge of Dr. Geo. A. Huntley, for the year ending December 31st, 1902.

KOUANG TOUNG. — Canton et Macao.

— China's First Foreign Medical Benefactor Dr. Alexander Pearsons, Senior Surgeon of the Honourable East India Company at Canton. By J. C. Thomson, M. D. (*China Medical Miss. Jour.*, Sept. 1887, pp. 93/100, photog.)

— Historical Outline of Medical Missions at Canton, Hongkong and Macao. (By J. G. Kerr, M. D.) (*China Review*, 1876, pp. 329/331, et *Chin. Rec.*, VII, 1876, pp. 199/201.)

— Ophthalmic Hospital at Canton : first Quarterly Report, from the 4th of November 1835 to the 4th of February 1836. Conducted by the Rev. Peter Parker, M. D. (*Chin. Rep.*, IV, pp. 461-473.)

— Second Quarterly Report, from the 4th of February to the 4th of May 1836. By the Same. (*Ibid.*, V, pp. 32-42.)

— Third quarterly report, for the term ending on the 4th of August 1836. By the Same. (*Ibid.*, V, pp. 185-192.)

Tirage à part : Canton, China : 1836, br. in-8, pp. 8.

— Fourth quarterly report, for the term ending 4th November 1836. By the Same. (*Chin. Rep.*, V, pp. 323-332.)

Tirage à part : Canton, China, 1836, br. in-8.

— Fifth quarterly report, for the term ending 4th Feb. 1837. By the Same. (*Ibid.*, pp. 456/462.)

Tirage à part : ut supra.

— Sixth quarterly report. (*Ibid.*, VI. pp. 34/40.)

— Seventh quarterly report. (*Ibid.*, pp. 433/445.)

— Eighth quarterly report. (*Ibid.*, VII, pp. 92-106.)

— The Ninth Report of the Ophthalmic Hospital at Canton, for the quarterly term ending Dec. 31st, 1838. By the Rev. P. Parker. M. D. Canton : Printed at the Office of the Chinese Repository, 1838, br. in-8, pp. 22.

Tirage à part du *Chin. Rec.*, VII, pp. 569 et seq. — Le 10e rapport est imp. dans le rapport de la *Medical Missionary Society* pour 1839. [Vide infra.] — Voir dans le *Chin. Rep.*, XIII, pp. 239, 301, les rapports 11 et 12; XIV, p. 449, le rap. 13; XVII, p. 133, le rap. 14; et XIX, le rap. 15 pour 1848 et 1849; etc.

— Suggestions for the formation of a Medical Missionary Society offered to the consideration of all Christian Nations more especially to the kindred nations of England and the United States of America. Canton, China : October 1836, br. in-8, pp. 18.

— The Medical Missionary Society in China. Address with Minutes of Proceedings. Canton, China : Printed at the office of the *Chinese Repository*, 1838, br. in-8, pp. 32.

— The first annual Meeting of the Medical Missionary Society was held at Canton 29th Nov. 1838. Vide *Canton Press*, IV, No. 14.

— First Report of the Medical Missionary Society's Hospital at Macao, for the quarterly term beginning 5th July, and ending 1st October 1838, by the Rev. P. Parker, M. D. (*Chin. Rep.*, VII, pp. 411-419.)

Tirage à part : Canton, China, 1838, br. in-8.

— The Medical Missionary Society in China, br. in-8, s. l. n. d., pp. 8.

Sig. : Thomas R. Colledge, Senior Surgeon H. B. M. Service, President of the Medical Missionary Society China. Philadelphia, Dec. 8th, 1838.

— The Hospital Reports of the Medical Missionary Society in China for the year 1839. China : Printed at the office of the *Chinese Repository*, 1840, br. in-8, pp. 22. [By P. Parker.]

Comprend le 10e rapport de l'hôp. ophtalmique de Parker. — Voir le *Chin. Rep.*, VIII, p. 624.

— The First and Second Reports of the Medical Missionary Society with Minutes of Proceedings, Hospital Reports, etc. Macao, S. Wells Williams, 1841, br. in-8, pp. 68.

— Report of the Medical Missionary Society containing an abstract of its history and prospects and the Report of the Hospital at Macao for 1841-42; together with Dr. Parker's statement of his proceedings in England and the United States on behalf of the Society. Macao, Press of S. Wells Williams, 1843, br. in-8, pp. 62.

— Voir *Chin. Rep.*, XII, pp. 188 et seq.

— Minutes of a General Meeting of the Medical Missionary Society in China, held 1st July 1841, with its second annual Report. (*Ibid.*, X, pp. 448/453.)

— Report of the Medical Missionary Society's Operations at Macao in 1840-41. By Benjamin Hobson. (*Ibid.*, pp. 465/471.)

— Annual report for 1841-42, of the hospital at Macao, under the patronage of the Medical Missionary Society. By B. Hobson, M. B. (*Ibid.*, XI, pp. 659/672.)

— Notices of the Medical Missionary Society in China, and of the Morrison Education Society in China. (By E. C. Bridgman.) (*Ibid.*, pp. 335/340, 520.)

— Minutes of two Annual Meetings of the Medical Missionary Society in China; including the Sixteenth Report of its Ophthalmic Hospital at Canton, For the Years 1850 and 1851. — Canton. Printed at the Office of the *Chinese Repository*... 1852, br. in-8, pp. 39.

— Report of the Medical Missionary Society in China. For the year 1861. Canton, 1862, br. in-8, pp. 22.

23d Report by John G. Kerr.

— * Report of the Medical Missionary Society's Hospital in Canton, China, for the year 1878, by Fleming Carrow, M. D., Surgeon in charge.

Notice : *Chin. Rec.*, X, 1879, pp. 316/7.

— — for the year 1880.

Notice : *Chin. Rec.*, XII, 1881, pp. 243/4.

— * Report of the Medical Missionary Society in China, for the year 1885. With Appendices : Semi-centennial celebration and Medical Calendar. Hongkong, 1886.

Notice : *China Review*, XIV, p. 363. Par E. J. E.[itel.]

— * Report of the Medical Missionary Society in China, for the year 1892.

54th annual Meeting, Canton, Jan. 25th, 1893.

— * Chinese issue of the Report of the Medical Missionary Society's Hospital at

Canton. By J. G. Kerr, M. D. Canton, 1886.

Notice : *China Review*, XIV, p. 363. Par E. J. E.[itel.]

— Substance of an address delivered by Benjamin Hobson, Esq., M. B. at a Meeting of the Friends of the Chinese Association, in aid of the Medical Missionary Society in China. Hackney, February 1846. Pièce in-8, pp. 8.

Au verso du titre : J. Coventry, Printer, Hackney.

— Papers relative to Hospitals in China. — Boston : I. R. Butts, 1841, in-8, pp. 31.

— * Statements respecting Hospitals in China, preceded by a letter to John Abercrombie, M. D., V. P. R. S. E., by Rev. P. Parker, M. D., medical missionary of the American Board of Foreign Missions in China. Glasgow, J. Maclehouse, 1842, pp. 32.

Chin. Rep., XII, pp. 189 et seq.

— * Claims of the Missionary Enterprise on the Medical Profession. By D. J. Macgowan, M. D. New York, 1842, pp. 24.

Chin. Rep., XII, pp. 189 et seq.

— Proceedings of the Medical Missionary Society in China, as exhibited by a report of its general committee of management with reports of its medical officers, etc. (*Chin. Rep.*, XIII, pp. 369/377.) (By A. Anderson.)

— Minutes of three annual meetings of the Medical Missionary Society in China for the years 1854, 1855 and 1856, with Dr. Kerr's Report for 1855-56. Macao, 1857, br. in-8, pp. 24.

Les rapports annuels de la Medical Miss. Soc. forment des brochures in-8, imprimées à Canton ou à Hong-kong ; le titre de ces brochures est d'ailleurs uniforme, par exemple : Report of the Medical Missionary Society in China, for the year 1864. Hongkong : Printed by A. Shortrede & Co., br. in-8, pp. 30. — Le Dr. Kerr a publié huit rapports de l'hôpital de la Med. Miss. Soc. à Canton de 1855 à 1866.

Le Dr. T. R. Colledge avait fondé à Macao en 1827 un hôpital ophthalmique qui fut fermé en 1827 ; l'hôpital du Dr. Parker fut ouvert à Canton en 1834 ; on consultera sur le premier :

— A Brief account of an Ophthalmic Hospital at Macao during the years 1827 to 1832 inclusive. By a Philanthropist. [E. C. Bridgman.] Canton, China, 1834. (*Chin. Rep.*, III, pp. 364-373.)

— Voir *Ibid.*, II, p. 270.

— Suggestions with regard to employing medical practitioners as missionaries to China, by T. R. Colledge, Esq. Br. in-8, s. d., s. titre, pp. 4. *A la fin* : Macao, Impresso por F. F. da Cruz na Typographia Feliciana, 1836.

— Voir *Chin. Rep.*, IV, pp. 386, 575.

— General Report of the Hospital at Kam-li-fau in Canton, from April 1848 to Nov. 1849. By B. Hobson, M. B. Br. in-8, pp. 57.

Cet hôpital a été fondé en avril 1848.

— *Chin. Rep.*, XIX, pp. 300/307.

— Notice of the Hospital at Kam-li-fau (1850). (*Ibid.*, XX, p. 160.)

Cet hôpital ouvert en 1848 par le Dr. Hobson fut dirigé par lui jusqu'en 1856, époque à laquelle il fut fermé ; il fut rouvert en 1858 par le Dr. Hwang qui le garda jusqu'en 1860.

— * Report of the Missionary Hospital at Kum-lee-fow, in the western suburbs of Canton, for the year 1858-59. Hongkong, 1859, in-8, pp. 12.

Par Hwang Fun, M. D.

— * Report of the Missionary Hospital at Kum-li-fau, in the western suburbs of Canton, for the years 1862-63. Canton, 1863, in-8, pp. 17.

En 1865, le Dr. Kerr prit la direction de cet hôpital qui fut définitivement fermé en 1870.

Swatow. — Sketch of the Swatow Medical Mission. By William Gauld, A. M., M. D. (*Chin. Rec.*, VII, pp. 35/8.)

« The healing art was first called to the aid of Mission work in Swatow in the year 1856. »

— Report of the Medical Missionary Hospital in Swatow, under the care of William Gauld, M. D. For 1866.

Le premier rapport de cette mission est celui de l'année 1864-1865.

Notice : *Miss. Rec.*, I, p. 96.

— Rep. of the Med. Miss. Hospital in Swatow, in connexion with the English Presbyterian Missionary Society, under the care of William Gauld, M. D. For 1867. Hongkong : Printed by De Souza & Co. 1868.

Notice : *Chin. Rec.*, I, pp. 74/5.

— Report... for 1873. Hongkong : Printed by De Souza & Co. 1874.

Notice : *Chin. Rec.*, V, pp. 222/3.

— Report... for 1874. Ibid., 1875.

Notice : *Chin. Rec.*, VI, pp. 304/5.

— Report... for 1875. Ibid., 1876.

Notice : *Chin. Rec.*, VII, pp. 305/6.

— Report... for 1876. Ibid., 1877.

Notice : *Chin. Rec.*, VIII, p. 350.

— Report of the Medical Missionary Hospital at Swatow... under the care of William Gauld... for 1878.

Notice : *Chin. Rec.*, X, 1879, pp. 238/9.

— Report... for 1879.

Notice : *Chin. Rec.*, XI, 1880, p. 158.

— — at Swatow in connection with the Presbyterian Church of England for 1880.

Notice : *Chin. Rec.*, XII, 1881, p. 244.

— Report of the Medical Missionary Society's dispensary at Shiu-Hing. For 1863. By R. H. Graves, M. D. br. in-8.

— * Report of the Wesleyan Missionary Hospital at Fatshan, South China, for the year 1890. Charles Wenyon, M. D., &c., Superintendent. Hongkong : « China Mail » Office.

— * Report of the Wesleyan Missionary Hospital at Fatshan, South China. For the year 1891. Hongkong : « China Mail » Office. 1892.

Notice : *Chin. Rec.*, XXIII, Sept. 1892, p. 434.

— * The Pakhoi Medical and Leper Hospital, in connection with the Church Missionary Society, January 1903.

HONG KONG. — Report of the Medical Missionary Society's Hospital at Hongkong under the care of B. Hobson, M. B. In a letter to the acting Secretary. (June 1844.) (*Chin. Rep.*, XIII, pp. 377/382.)

— * Report of the Medical Missionary Society in China, for the year 1890, in charge of J. G. Kerr, M. D.; J. M. Swan, M. D.; Mary W. Niles, M. D.

— * Report of the Medical Missionary Society in China, for the year 1891. Hong kong : Guedes & Co., Printers, 1892.

Notice : *Chin. Rec.*, XXIII, Aug. 1892, pp. 390/1.

— * Historical Sketch of the Alice Memorial Hospital. Dr. J. Chalmers, Hong-kong : « China Mail » Office, 1887.

— * Report of the Alice Memorial Hospital, Hongkong, in connection with the London Missionary Society, for the year 1890. « China Mail » Office.

— * Opening of the Hongkong College of Medicine for Chinese. By J. G. Kerr, M. D. (*China Med. Miss. Journal*, Dec. 1887.)

— China Medico-chirurgical Society. — Meeting for the purpose of forming a C. Med. Ch. Soc., held at Hongkong 13th May 1845. Resolutions. (*Chin. Rep.*, XIV, p. 245.)

— An introductory address delivered by Alfred Tucker, esq., surgeon of the Minden's hospital, at the first meeting of the China Medical and Chirurgical Society, on the advantages to be gained by a Medical Association, and a cursory review of Diseases incidental to Europeans in China. (*Ibid.*, pp. 445/7.)

MANDCHOURIE. — Ten Years in Manchuria — A Story of Medical Mission Work in Moukden, 1883-1893. By Dugald Christie... Medical Missionary, United Presbyterian Church of Scotland. J. and R. Parlane, Paisley, in-12, pp. 100, s. d. [1895.]

Notice : *N. C. Herald*, May 27, 1896, pp. 486/7.

∴

On consultera sur le *Massacre de T'ien-tsin* la IIIe partie de cet ouvrage : *Relations des Etrangers avec les Chinois.* — Et sur les *Imprimeries protestantes*, le chapitre de : *La langue et la littérature*.

III. MISSION ECCLÉSIASTIQUE RUSSE DE PE-KING.

— ТРУДЫ ЧЛЕНОВЪ РОССІЙСКОЙ ДУХОВНОЙ МИССІИ ВЪ ПЕКИНѢ. — С.-ПЕТЕРБУРГЪ. Travaux des Membres de la Mission ecclésiastique russe à Peking. St. Pétersbourg, 1852-1866, 4 vol. in-8.

Tome I, 1852, pp. 489 + 1 f. n. ch. p. l. tab.

1° Начало и первыя дѣла Манчжурскаго дома В. Горскаго. p. 1. Le Berceau et le premier début de la dynastie mandchoue, par W. Gorsky.

2° О Поросхожденіи родоначальника нынѣ царствующей въ Китаѣ Династіи Цинь и имени народа Маньчжу. В. Горскаго. p. 189. L'origine des ancêtres de la dynastie actuelle et les noms du peuple mandchou, par W. Gorsky.

3° Историческое обозрѣніе народонаселенія Китая. И. Захарова. p. 247. Étude historique sur le dénombrement de la population de la Chine, par I. Zakarov. (Voir col. 530.)

4° Способъ приготовленія туши, бѣлилъ и румянъ у Китайцевъ. И. Гошкевича. p. 361. Sur la fabrication de l'encre de Chine et des fards rouges et blancs par les Chinois, par I. Gochkewicz.

5° Жизнеописаніе Будды. Іеродіакона (нынѣ Архимандрита) О. Палладія. p. 385. La Vie de Bouddha, par le Père Palladius.

Tome II, 1853, pp. 491 + 1 f. p. l. tab.

1° Поземельная собственность въ Китаѣ. И. Захарова. p. 1. La propriété foncière en Chine, par Zakarov.

2° Историческій очеркъ древняго Буддизма. О. Палладія. p. 96. Études historiques sur le Bouddhisme ancien, par l'Archimandrite Palladius.

3° О Китайскихъ Счетахъ. И. Гошкевича. p. 169. L'abaque chinois, par I. Gochkevicz.

4° Обѣты Буддистовъ и обрядъ возложенія ихъ у Китайцевъ. О. Гурія. p. 195. Le vœu et l'entrée en religion des Bouddhistes, chez les Chinois, par le Rev. Père Goury.

5° Китайская Медицина. А. Татаринова. p. 357. Études sur la Médecine chinoise, par le Docteur A. Tatarinov.

6° Очерки исторіи сношеній Китая съ Тибетомъ. О. Иларіона. p. 442. Histoire des relations de la Chine avec le Tibet, par le hiéro-diacre Hilarion.

Tome III, 1857, pp. 473 + 1 f. n. ch. p. l. tab. + 2 pl.

1° Событія при паденіи Минской династіи. М. Храповицкаго. p. 1. Récit de la chute de la Dynastie Ming, par M. Krapovitsky.

2° Замѣчанія о соляномъ производствѣ въ Китаѣ. Покойнаго Іеромонаха П. Цвѣткова. p. 103. Sur la fabrication du sel en Chine, par le prêtre P. Tsvetkov.

3° О разведеніи шань-яо (dioscoraea alata'l) (картофель). I. Гошкевича. p. 119. Sur la culture de l'igname (*Dioscoraea alata*), par I. Gochkevicz.

4° Императорское или благовонное пшено (скороспѣлое). Его же. p. 125. Le riz impérial ou odoriférant, par I. Gochkevicz.

5° Замѣчанія объ употребленіи болеутолительныхъ средствъ при операціяхъ и о водолеченіи (Гидропатія) въ Китаѣ. А. Татаринова. p. 131. Observations sur l'application des anesthésiques dans les opérations et sur l'hydropathie chez les Chinois, par le Docteur A. Tatarinov.

6° Записки Китайца о Нангасаки. Покойнаго Іеромонаха. П. Цвѣткова. p. 143. Mémoires d'un Chinois sur Nangasaki, par le prêtre Tsvetkov.

7° О христіанствѣ въ Китаѣ. Его же. p. 183. Le Christianisme en Chine, par le même.

8° Несторіанскій памятникъ VII вѣка. Его же. p. 205. Le monument nestorien du VII° siècle, par le même.

9° Домашніе обряды китайцевъ. Его же. p. 213. Les coutumes domestiques des Chinois, par le même.

10° Морское сообщеніе между Гянь-цзинемъ и Шанъхаемъ. Архимандрита О. Палладія. p. 381. La navigation entre Tientsin et Changhai, par l'Archimandrite Palladius.

11° Хонконъ. І. Гошкевича. p. 393. Hongkong, par I. Gochkevicz.

12° О шелководствѣ. Его же. p. 411. L'industrie sérigène, par le même.

13° О сектѣ даосовъ Покойнаго Іеромонаха. П. Цвѣткова. p. 451. La Secte des Taoists, par P. Tsvetkov.

14° Докладъ комитета объ ассигнаціяхъ. Переводъ съ китайскаго. Іеромонаха О. Евлампія. p. 460. Traduction d'un rapport présenté à l'empereur Hien-foung par le comité siégeant sous la présidence du Prince Koung, etc., concernant le papier-monnaie, par le Rév. Père Eulampius.

Tome IV, 1866, pp. 460, 1 pl.

1° Старинное Монгольское сказаніе о Чингисханѣ. Перевелъ съ китайскаго, съ примѣчаніями Архимандритъ Палладій. p. 3. Ancienne relation mongole de la vie de Tchinghiz Khan, par l'Archimandrite Palladius.

2° Си ю цзи или описаніе путешествія на Западъ. Перевелъ съ Китайскаго, съ примѣчаніями, Архимандритъ Палладій. p. 261. *Si you ki* ou Description d'un voyage aux contrées occidentales, par le même.

3° О Магометанахъ въ Китаѣ. Статья Архимандрита Палладія. (Съ планомъ одной изъ Пекинскихъ мечетей). p. 437. Les Mahométans en Chine. Avec le plan d'une mosquée à Peking, par le même.

— Arbeiten der Kaiserlich Russischen Gesandtschaft zu Peking über China, sein Volk, seine Religion, seine Institutionen, socialen Verhältnisse, &c. Aus dem Russischen nach dem in St. Petersburg 1852-57 veröffentlichten Original von Dr. Carl Abel und F. A. Mecklenburg, Kaiserl. Russ. Oberlehrer. Erster Band. Berlin. Verlag und Druck von F. Heinicke, 1858, in-8, pp. 385 s. l. 3 ff. prél.

— Zweiter Band. Ibid., 1858, pp. 533 s. les tables et les er., 3 ff.

Trad. des trois premiers vol. des *Travaux de la Mission Russe*. Une trad. anglaise des mêmes travaux est annoncée par le Dr. Carl Abel au verso du feuillet qui précède le titre du Vol. I de la trad. allemande. Nous ne croyons pas qu'elle ait paru.

— Die russische Mission in China. (Erman, *Arch. f. wiss. Kunde v. Russl.*, VIII, 1850, pp. 121/122.)

— Russian Ecclesiastical Mission. By J. Dudgeon Esq. M.D.

Série d'articles commencée dans le *Chin. Rec.*, III, p. 143, qui, par suite de nouveaux développements, est devenue une véritable histoire des relations de la Russie avec la Chine. Nous en parlerons donc plus longuement dans la troisième partie de notre ouvrage : *Relations des Etrangers avec les Chinois.*

— Russian Missions in China and Japan; by Rev. Chas. R. Hale, D. D., of Baltimore, MD. — Privately printed. 1878, br. in-8, pp. 15.

Reprinted from the October number of the *American Church Review.*

— * Православная Миссія въ Китаѣ за 200 лѣтъ ея существованія. Опытъ церковно-историческаго изслѣдованія по архивнымъ, документамъ, Іеромонаха Николая Адоратскаго смотрителя херсонскаго духовнаго училища. Казань, 1887. Типографія Императорскаго Университета.

Выпускъ первый : Исторія Пекинской духовной Миссіи въ первый періодъ ея дѣятельности (1685-1745). La Mission orthodoxe en Chine pendant son existence de 200 ans. Recherches religieuses historiques d'après les documents des archives (du St. Synode), du Ministère des Aff. Etrangères, archives d'Irkoutsk, etc.) par le Père Nicolas Adoratsky, Inspecteur de l'école ecclésiastique à Kherson (ci-devant membre de la Mission ecclésiastique à Pékin).

1ère livraison : Histoire de la Mission ecclésiastique à Pékin, dans la première période de son activité 1685-1745. Kazan. Imprimerie de l'Université. 1887, in-8, pp. 165. — Le ms. de la suite est terminé.

— La deuxième livraison de l'Histoire de la Mission ecclésiastique du P. Nicolas Adoratsky (1745-1808) a paru en 1887. Le manuscrit de la troisième et dernière partie est terminé. Le P. Adoratsky a été nommé en 1890, évêque de Balta (Podolie); il est mort à Orenbourg en oct. 1896; en réalité son travail sur la mission russe de Peking est resté inachevé; les Archives d'Irkoutsk ont été brûlées depuis.

— Отецъ Іакинѳъ Бичуринъ. — (Историческій этюдъ). І. Н. А. [Іеромонаха Николая Адоратскаго.] Казань. Типографія Имп. Университета. 1886. — (Le Père Hyacinthe Bitchourine. Étude historique par le Père Nicolas Adoratsky. Kazan. 1886), in-8, pp. 125.

Tirage à part du *Messager orthodoxe*, à 50 ex.

Le même, P. Adoratsky, jadis évêque de Kherson, a publié en russe une notice sur l'Archimandrite Palladius. 1884. C'est une traduction de l'article qui a paru dans la *Revue de l'Extrême-Orient*, 1883, sous le titre de :

— Histoire des Études chinoises. I. Notes pour servir à une Biographie de feu l'Archimandrite Palladius. (*Revue de l'Ext. Orient*, I, No. 1, pp. 9/15.)

Notes venant du Dr. E. Bretschneider. — Piotre Ivanovitch Kafarof, né 17 sept. 1817 à Tchistopol (prov. de Kazan); † à Marseille, 1878.

— Дорожныя замѣтки на пути по Монголіи въ 1847 и 1879 гг. — Архимандрита Палладія. Съ введеніемъ доктора Е. В. Бретшнейдера и замѣчаніями профессора, чл. сотр. А. М. Позднѣева. — Санктпетербургъ, Тип. Имп. Акад. Наукъ, 1892, in-8, pp. IX-238, carte.

Напечатано по распоряженію Императорскаго Русскаго Географическаго Общества.

Tome XIII, No. 1.

Comprend :

Введеніе, Е. В. Бретшнейдра, page 1. — Дневникъ о. Іеродіакона Палладія, веденный во время переѣзда по Монголіи въ 1847 году, p. 35. — Дорожныя замѣтки о.

Архимандрита Палладія во время переѣзда его по Монголіи въ 1859 году, p. 100. — Письмо проф. А. М. Позднѣева къ Барону Θ. Р. Остенъ-Сакену, съ замѣчаніями на «Дневникъ о. Палладія по Монголіи, веденный въ 1847 году, p. 114. — Указатель, p. 229. — Карта.

— Itinéraires en Mongolie, par M. E. Bretschneider, traduit du russe par M. Paul Boyer. (*Jour. Asiatique*, IXe Sér., I, No. 2, mars-avril 1893, pp. 290/336.)

Traduction du Введеніе, de Bretschneider, ci-dessus, pp. 1/34.

Tirage à part, br. in-8, Paris, Imprimerie nationale, MDCCCXCIII, br. in-8, pp. 51.

— L'Archimandrite Palladius. — Deux traversées de la Mongolie 1847-1859. — Notes de Voyage traduites du russe par les Elèves du cours de russe de l'Ecole des Langues Orientales vivantes. — (Extrait du *Bulletin de géographie historique et descriptive.* — 1894.) — Paris, Imprimerie nationale — MDCCCXCIV, in-8, pp. 79, carte.

Préface signée : PAUL BOYER.

Bul. géog. hist. et descriptive, Année 1894. — No. 1, pp. 35/111.

— The Recent Journey of the Archimandrite Palladius through Manchuria. Translated from the Russian, and adapted by E. Delmar Morgan. (*Proc. R. Geog. Soc.*, XVI, 1872, pp. 204/217.)

— L'Archimandrite Palladius. Par Henri Cordier. (*Revue Critique*, No. 4, 25 janvier 1879, pp. 83/4.)

— The Archimandrite Palladius. A Biographical Notice. By W. A. P. M.[artin.] (*Chin. Rec.*, XX, No. 10, Oct. 1889, pp. 449/454.)

— Voir son Portrait dans les *Isviestiya* de la Soc. Imp. russe de Géog., XXXVIII, 1902, B. 1.

— *Russkaja Starina*, 1885.

— *London & China-Express*, 1885, p. 417.

Judaïsme 刀筋教.

— Lettre du Père Jean-Paul Gozani, Miss. de la Cie. de Jesus, au Père Joseph Suarez, de la même Cie. Traduite du Portugais. (A Cai-fum-fou, capitale de la province de Ho-nan à la Chine, le 5 de novembre 1704.)

Lettres édifiantes, anc. éd., VII, p. 1 ; Mérigot, XVIII, pp. 31/48 ; *Pant. litt.*, III, p. 149. — Trad. en allemand dans le *Welt-Bott*, IV, no. 89. — Voir col. 942.

— Remarques sur la lettre du P. Gozani.

Let. éd., anc. éd., VII, p. 29 ; Mérigot, XVIII, pp. 48/55 ; *Pant. litt.*, III, p. 153.

— Voir l'épître du P. Ch. le Gobien en tête du VIIe Rec. des *Let. édifiantes.*

— *Recueil de pièces relatives aux Israélites et à leur langue.*

MS. British Museum, Add. 29868. Cf. *Revue de l'Extrême-Orient*, I, No. 1, 1882, pp. 116/117 :

L'une de ces pièces est une lettre en hébreu adressée en 1760 aux juifs de Chine par les juifs de Londres ; voici la copie de la lettre en anglais qui l'accompagne, donnée aussi dans le recueil en question :

« Sir,

My good friend Mr. David Salomons having several times acquainted me with the knowledge you have acquired of the Chinese Language, their Manners, and the interior parts of that vast Empire, I was persuaded no Person could so well take the charge of informing me of the particulars I desired ; I therefore beg'd he would recommend me to you, and I hope you will oblige me in aiding to discover the following matters, and forwarding the inclosed papers in the best manner for that purpose.

The Royal Society and other Persons have been inform'd by several Jesuit Missionaries and others, that in several of the Northern and Western Provinces of the Chinese Empire there are People who profess the Jewish Religion or somewhat like or dependent upon it, and particularly that there are some at Pekin, but that there are more in the Province of Honan, and particularly at Caifongfou ; now our curiosity leads us to get some knowledge of these people, and particularly of their manner of living, writing and customs. Anything whereof that you shall be willing to communicate to me I shall receive with thankfullness ; and in order thereto, and that you may meet with the easier access among these people, some of our Priests and Scribes have wrote to them in Hebrew (a copy of which you [sic] have wrote in English for your perusal), this letter I desire you would forward them with all care and precaution, and endeavour to get an answer. I think it prudent that you should be cautious that this design should not be known to the Papists, and particularly to the Jesuits, lest they should endeavour to hinder our discoveries ; for 'tis possible, were such a thing to prove true, that the British Interest might be strengthened in China, and some new branches of Commerce open'd to the honourable Company, all which I ardently wish to promote. Should your affairs not permit you to attend this matter, you will oblige me greatly in recommending it to some Person you may think properly qualified to execute it, and any expence you may be at, not exceeding Fifty Pounds sterling I shall repay with thanks. I am with great regard,

Sir,

Your very obliged servant. »

— De Judaeis Sinensibus. (C. Cornelii Taciti Opera recognovit... Gabriel Brotier, III, Parisiis, 1771, pp. 567/580.)

— Mémoire sur les Juifs établis en Chine.

Dans les *Lettres édifiantes*, anc. éd., XXXI, pp. 296 et seq. — Ed. de Mérigot, XXIV, pp. 56/100. — *Panthéon litt.*, IV, p. 140.

« Les lettres qu'ils [les PP. Gaubil et Domenge] écrivirent à ce sujet [les Ms. hébreux de K'ai-foung-fou] contenoient des particularités importantes ; & les savans qui en avoient eu quelque connoissance, regrettoient qu'elles ne fussent pas publiées. Ce fut le motif qui engagea le savant abbé Brottier, depuis membre de l'académie des Inscriptions-et-Belles-lettres, à en donner l'extrait dans une dissertation sur les Juifs, qui se trouve dans le troisième volume de sa belle édition de Tacite, publiée en 1771. Un nouvel extrait des mêmes lettres a été donné depuis au public dans le trente-unième volume du Recueil des Lettres édifiantes : ce n'est presque que la traduction de celui qui se trouve dans l'édition de Tacite de 1771. Quoiqu'il ait été publié sous le nom du P. Patouillet, il est l'ouvrage de l'abbé Brottier, ainsi qu'il l'observe dans sa seconde édition de Tacite, publiée en l'année 1776 (Tome V, p. 303), & dans laquelle il a supprimé la dissertation sur les Juifs de la Chine. L'identité de la dissertation latine & du mémoire françois, est d'ailleurs assez justifiée par la conformité des réflexions critiques qu'on trouve dans l'une et dans l'autre, ce qui n'empêche pas que l'on ne rencontre dans le dernier quelques détails plus circonstanciés. » (S. de Sacy, Notice d'un Ms. du Pentateuque, *Not. et Ext.*, IV, pp. 593/4.)

— Notitiae quaedam circa SS. Biblia Iudaeorum in Cai-fung, metropoli Provinciae Honân in Imperio Sinensi. (D'après Kögler, Murr, *Journ. zur Kunst u. Litt.*, VII, 1779, pp. 240/252.)

— Zusätze zu den Nachrichten P. Ignaz Köglers, S. I. von der heil. Schrift A. T. welche die Juden in Cai-fung-fu, der Hauptstadt der Provinz Honang im Kaiserthume Tai-tsing, oder Sina / in ihrer Synagoge aufbewahren. VII Theil, S. 240 u. f. (*Ibid.*, IX, 1780, pp. 81-92 ; *Neues Jour. z. Litt.*, I, pp. 147/9 ; II, pp. 303/8.)

— Ignatii Koegleri, S. J. Pekini Mathematici tribvnalis Praesidis, Mandarini secvndi ordinis, adsessoris svpremi tribvnalis Ritvvm, et antistitis missionvm sinensivm et japonicarvm, Notitiae S. S. Bibliorvm Jvdaeorvm in Imperio Sinensi. Editio altera, avctior. Seriem Chronologicam atqve Diatriben de Sinicis S. S. Bibliorvm Versionibvs addidit Christophor. Theophil, de Mvrr. Cvm Tabvla aenea. Halae ad Salam, formis et svmtv I. C. Hendelii. 1805, in-8, pp. 83.

P. 7 : Designatio Scriptorum in quibus Judaeorum in imperio Sinensi mentio fit.

— Versuch einer Geschichte der Juden in Sina. Nebst P. Ignaz Köglers Beschreibung ihrer heiligen Bücher in der Synagoge zu Kai-fong-fu, und einem Anhange über die Entstehung des Pentatevchs, herausgegeben von C. G. von Murr. Halle, J. C. Hendels Verlag. 1806, in-8, pp. 136.

De Murr donne en français, pp. 21 et seq., la Lettre du P. Gozani, de Cai-fum-fou, le 5 Nov. 1704.

— Joh. Dav. Michaelis, Orientalische und Exegetische Bibliothek. Vter Th., Frankfurt am Mayn, 1771, in-8, pp. 70 et seq.; IXter Theil, p. 40; XVter Theil, 1780, no. 26, pp. 15 et seq.; et n. 238.

— Observations sur plusieurs familles juives établies anciennement à la Chine. Par J. de Guignes. [Lues le 15 Janvier 1790.] (*Mém. de Litt. tirés des registres de l'Ac. des Insc. et Belles-Lettres*, XLVIII, 1808, pp. 763/770.)

Ces observations sont suivies (*Ibid.*, pp. 770/772) d'une notice sur Joseph de Guignes, né à Pontoise, le 19 oct. 1721; † 22 mars 1800.

— Notice d'un manuscrit du Pentateuque, conservé dans la synagogue des Juifs de Caï-fong-fou. Par A. I. Silvestre de Sacy. (*Not. et Ext. des Mss. de la Bib. du Roi*, IV, an 7, pp. 592/625.)

— Notice d'un manuscrit syriaque écrit à la Chine, contenant une portion de la version syriaque de l'Ancien Testament, des Cantiques, et diverses prières. Par M. le Baron Silvestre de Sacy. (*Not. et Ext. des Ms.*, XII, 1831, pp. 277/286.)

Voir une let. du P. Gaubil à M. de l'Isle, *Pant. litt.*, IV, p. 58.

— Jews in China. (*Indo-Chinese Gleaner*, I, May 1817, p. 23.)

— Jews in China; notices of those in the East by Josephus, Peritsol, Benjamin of Tudela, Manasseh, and the Jesuits. By E. C. Bridgman. (*Chin. Rep.*, III, pp. 172 et seq., Aug. 1834.)

Réimp. dans *The Cycle*, 31 déc. 1870.

— Époque de l'entrée des Juifs en Chine; preuves qu'ils y portent le Pentateuque au 6e siècle avant notre ère, par M. l'abbé Sionnet. (*Ann. de Phil. chrét.*, 2e série, XIV.)

— Essai sur les Juifs de la Chine et sur l'influence qu'ils ont eue sur la littérature de ce vaste empire avant l'ère chrétienne, par l'abbé Sionnet, de la Société asiatique. Paris, Merlin, 1837, br. in-8, pp. 24.

Ext. du No. 81 (mars 1837) des *Annales de Philosophie Chrétienne.*

— Etablissement des Juifs à la Chine.

Mémoire du Marquis de Fortia d'Urban inséré pp. 51/59 de la *Relation d'Eldad le Danite...* par E. Carmoly. Paris, 1838, in-8.

— The Jews in China : Their Synagogue, their Scriptures, their History, &c. By James Finn, Author of « Sephardim »;... London : B. Wertheim, MDCCCXLIII, in-12, pp. VIII-86.

« A collection of all the information thus far obtained on this subject. » (*Chin. Rep.*, XVIII.)

Notice dans *Ibid.*, XIV, pp. 305/334, 388/395.

Il y a des ext. de cet ouvrage dans le *N. C. Herald*, Nos. 27 & 28, 1er et 8 Fév. 1851.

— 開封府 The Orphan Colony of Jews in China. Containing a Letter received from themselves, with the latest information concerning them. By James Finn, M. R. A. S.... London : James Nisbet, MDCCCLXXII, pet. in-8, pp. IV-124.

— Les Juifs de la Chine. Par Henri Hirsch. Extrait des *Archives Israélites de France.* (Nos de Janvier, Février, Mars, Avril, Mai 1844), br. in-8, pp. 24.

A propos de l'ouvrage de Finn.

— The Jews at K'ae-fung-foo : being a narrative of a mission of inquiry to the Jewish Synagogue at K'ae-fung-foo, on behalf of the London Society for promoting Christianity among the Jews : with an Introduction, by the Right Revd. George Smith D. D. Lord Bishop of Victoria. Shang-hae, London Miss. Society's Press, 1851, br. in-8, pp. 82.

— A Narrative of a Mission of Inquiry to the Jewish Synagogue at Kaifung-fû, on behalf of the London Society for promoting Christianity among the Jews. Shanghai, 1851, pp. 94; with Hebrew facsimiles. Compte-rendu par S. W. Williams dans le *Chin. Rep.*, XX, pp. 436/466.

On trouvera dans *Notes & Queries on C. & J.*, II, pp. 57/9, un article signé W. R. B. sur les Ms. hébreux de K'ai-foung-fou basé sur le compte-rendu précédent et sur l'examen d'un Ms. appartenant à l'évêque de Victoria.

— On Jews in China. (*N. C. Herald*, No. 25, 18 janv. 1851.)

Visite de deux Chinois envoyés à K'ai-foung-fou par la London Miss. Society. Ils partirent de Chang-haï, le 15 nov. 1850.

— The K'ae-Fung-Foo Manuscripts. (*Ibid.*, No. 55, 16 août 1851.)

— Fac-similes of the Hebrew Manuscripts, obtained at the Jewish Synagogue in K'ae-Fung-Foo. Shanghae : Printed at the London Missionary Society's Press, 1851, br. in-4.

— * *Jewish Intelligence*, May 1851. — *Ibid.*, January 1853. — Réimp. *Jewish Chronicle*, London, 1853, Nos. 356 & 358.

— On the Jews at Khai-fung-fu. (Art. signé J. W. G. dans le *Jour. of the Am. Oriental Society*, Vol. III, No. 1, pp. 235 et seq.)

On lit p. 240 de cet article : « *The Illustrated London News* of Dec. 13, 1851, contains a statement of the preceding facts, together with portraits of Chaou Wan-kwei and Chaou Kin-ching, two Israelites brought from Khai-fung-fu to Shanghai, where the former is studying Hebrew with an English Missionary. »

— On a Hebrew Ms. of the Pentateuch, from the Jewish Congregation at Kai-fung-fu in China, by Mr. John W. Barrow of New-York ; presented by Dr. Martin. (Communication to the *Am. Or. Soc.*, May 1869, *Journal*, IX, No. 2, p. liii.

...In the 26th Chapter of Davidson's « Biblical Criticism » (ed. 1866, pp. 366-370), reference is made to the collation of another synagogue roll from the same source, with similar results. Dr. Lee, in the « Prolegomena in Biblia Polyglotta Londinensia Minora », gives extracts from Koegler's « Notitiae S. S. Bibliorum Judaeorum in Imperio Sinensi » (Halle, 1805) in which the Kai-fung-fu manuscripts are discussed. »

— Die Juden in China (*Ausland*, Nr. 8, 1858).

— Israelites in China. By Alexander Wylie Esq. (*The Chin. & Jap. Rep.*, 1863 ; No. I, July, pp. 13/22 ; No. II, Aug., pp. 43/52.)

— Recherches sur l'existence des Juifs en Chine depuis les temps les plus reculés jusqu'à nos jours par Mr. A. Wylie. Mémoire traduit de l'anglais par M. l'abbé Th. Blanc, et annoté par M. G. Pauthier. (Extrait des *Annales de Philosophie chrétienne*, Nos 50 et 51, février et mars 1864.) — Paris, Bureau des Annales de Philosophie, 10, rue de Babylone, 1864, br. in-8, pp. 33.

— Account of an Overland Journey from Peking to Shang-hai, made in February and March 1866. By Rev. W. A. P. Martin, D. D. (*Journal N. C. B. R. As. Soc.*, N. S., No. III, Dec. 1866, pp. 26/39.)

Cet article renferme des notes sur les Juifs.

∴

— Les Juifs en Chine.

Mémoire inédit du P. Cibot publié par le P. Sommervogel dans les *Etudes religieuses*, 21e année, 5e Sér., XII, 1877, pp. 748/758. — Voir également dans les *Mém. conc. les Chinois*, XV, pp. 52/58 : « Digression sur le tems où les Juifs ont passé en Chine. » Par le P. Cibot.

— Notes on the Jews in China. (*The Jewish Chronicle*, July 11, 1879, p. 12.)

[Translated from a portion of a Hebrew Letter addressed by Mr. J. L. Liebermann, to his father in Bielitz, Austrian Silesia, and published in the Annual Report of the Anglo-Jewish Association.] Le voyage de M. Liebermann, négociant de Vienne, fait chez les Juifs du Honan en 1867 est fort intéressant parce que son auteur est le premier juif européen qui ait visité ses coreligionnaires chinois. Ces notes ont donné lieu à un article du *North-China Herald* du 3 oct. 1879.

— Chinese Jews. (Balfour, *Waifs and Strays*, 1876, pp. 202/208.)

— * Juden in China. (*Jüd. Litteraturblatt*, 1884, avril.)

— Jews and Christians in China. (*China Review*, XIII, p. 361.)

— * P. H. E.[manuel.] (*Jewish World*, 26 may 1882.)

— Jews of China. By B. H. Cowper. (*Leisure Hour*, XVI, 301, 309, 331.)

— The Jews in China. (*Christian Progress in China*... By A. Foster, 1889, pp. 247/255.)

— * Jews in China. (*Household Words*, III, 452.)

— The Jews in China. By « Old Mortality » [Henri Cordier]. *Shanghai Budget*, 13 sept. 1873.)

— Les Juifs en Chine. (*Le Gaulois*, vendredi, 7 fév. 1890.)

Article signé KAO (Henri Cordier) en réponse à un article du même titre, du Général Tcheng Ki-tong, paru dans le même journal, le dimanche, 2 fév. 1890.

L'article de Tcheng a été réimp., pp. 211/229, de son vol. intitulé *Mon Pays*, 1892.

— Les Juifs en Chine par H. Cordier. (*L'Anthropologie*, Sept.-Oct. 1890, n° 5, pp. 547 à 551.)

Réimp. de l'œuvre précédente, avec une bibliographie.

— Les Juifs en Chine par Henri Cordier, Professeur à l'Ecole des langues orientales vivantes. Paris, Léopold Cerf, 1891, pet. in-8, pp. 14.

A Monsieur *Joseph Derenbourg* en l'honneur de son 80e anniversaire, 21 août 1891.

Tiré à 100 ex. dont deux sur papier du Japon.

— China [Jews in]. (*The Jewish Encyclopedia*, IV, 1903, pp. 33/38.)

En partie par Kaufmann Kohler, rabbin à New-York, et par Henri Cordier.

∴

— Itinéraire juif d'Espagne en Chine au IXe siècle par M. Moïse Schwab, Bibliothécaire à la Bibliothèque Nationale — extrait de la *Revue de Géographie* dirigée par M. L. Drapeyron. Paris, Institut Géographique de Paris, Ch. Delagrave, 1891, br. in-8, pp. 19.

Article de J. de Goeje, dans le *T'oung Pao*, III, mars 1892, pp. 94/7. — Lettre de M. Schwab, *ibid.*, août 1892, pp. 316/7 et *Revue de Géographie*.

— On the Entrance of the Jews into China during the first Century of our Era. By Terrien de Lacouperie. (*Babylonian & Oriental Record*, V, No. 6, June 1891, pp. 131/134.)

∴

— The Tablet Inscriptions of the Chinese Jews discovered at Kai-fung Fu (China), in 1850. By A. K. Glover. (*Bab. & Oriental Record*, V, No. 6, June 1891, pp. 138 à 141 ; *ibid.*, No. 7, July 1891, pp. 161/164 ; *ibid.*, No. 8, August 1891, pp. 179/182... etc. ; VI, No. 9, March 1893, pp. 209/213 ; etc.)

— The Tablet Inscriptions of the Jews of China. — Being the records of the Jews of China discovered in the year 1850, in the city of Kai-Fung Fu, on the Hoang-ho river, by the agents of the London Missionary Society at Shanghae, China. — Reprinted from the author's papers in the « Babylonian and Oriental Record », 1891, with additional notes and comments by Prof. Dr. de Lacouperie, Laureate of the French Academy of Inscriptions, by the Rev. A. Kingsley Glover, Rector of Grace Church, Appleton, Wis. br. in-8, pp. 22.

Suivi de : Appendix on the Commerce of the Ancients, Showing the routes of Jewish dispersion in the far East. — Reprinted from the author's papers in « Menorah Monthly » (1888), br. in-8, pp. 14.

— Testimony of the Chinese Jews as to the Date of the Exodus. By Rev. A. Kingsley Glover. (*Biblia*, Vol. VII, No. 6, Sept. 1894.)

— The Tablet Inscriptions of the Jews in China. By Rev. A. Kingsley Glover. (*Ibid.*, No. 7, Oct. 1894.)

« M. Glover a réédité les inscriptions de 1489 et de 1512 avec la traduction du Dr. Medhurst dans la revue juive *Menorah* de 1888 à 1891, et la première de ces deux inscriptions avec la traduction du même Dr. Medhurst dans la revue *Transactions of the Meriden Scientific Association*, vol. VII, 1895. » (Tobar, *Insc. Juives*, p. 85 note.)

— Jewish-Chinese Papers. — By the Rev. A. Kingsley Glover, Rector of Grace Church, Appleton, Wis. in-8, [s. d., 1894].

The Chinese Discovery of America. — The Jews of India. — The Manuscripts of the Jews of India and China. — The Tablet Inscriptions of the Jews of China — with commentary. — The Commercial Activity of the Ancients in the East.

Articles parus dans *Menorah* et dans le *Magazine of American History*.

— Tablet of 1488. A Tablet recording the rebuilding of the Temple of Truth and Purity. By A. Kingsley Glover. (*Biblia, A Monthly Jour. of Oriental Research*, Meriden, Conn., July 1895, Vol. VIII, No. 4, pp. 91 à 107.)

Cf. *Biblia*, Oct., 1894.

.˙.

— Note on the Inscriptions of the Chinese Jews. By M. Gaster. (*Bab. & Or. Record*, Vol. VI, No. 12, June 1893, p. 288.)

— The Jewish Colony. By A. S. Annaud. (*Lond. & China Telegraph*, Supp., Oct. 31, 1893, p. 2.)

— Zur Geschichte der chinesischen Juden. Von Dr. Berthold Laufer.

Sonder-Abdruck aus Bd. LXXXVII, Nr. 14 des *Globus*, 13 April 1905, pp. 245/7.

— Die Juden in China. Von P. G. von Möllendorff. (*Monatsschft. f. Gesch. u. Wiss. des Judenthums*, Breslau, April 1895, pp. 327/331.)

— Jews in China. By A. Neubauer. (*The Jewish Quarterly Review*, Vol. VIII, Oct. 1895, No. 29, pp. 123/139.)

— Variétés sinologiques N° 17 — Inscriptions juives de K'ai-fong-fou par le P. Jérôme Tobar, S. J. — Chang-hai. Imp. de la Mission catholique Orphelinat de T'ou-sè-wè. — 1900, in-8, pp. v + 2 pp. de texte + pp. 111.

Notices : *Miss. Cath.*, XXXII, 25 mai 1900, pp. 249/250. — *China Rev.*, XXV, No. 6, pp. 300/1, par E. H. Parker. — *Imp. & As. Quart. Rev.*, 3d Ser., X, 1900, pp. 415/7, par E. H. P.[arker.]

(Judaïsme.)

— Chinese Jews — A Lecture delivered by Marcus N. Adler, M. A. at the Jews' College Literary Society Queen Square House, London on June 17, 1900. Oxford : Horace Hart, Printer to the University, in-8, pp. 24.

— « The Jews of China. » — Lecture by Mr. Marcus Adler. Pièce gr. in-8, pp. 4.

From the « Jewish Chronicle », June 22, 1900.

— Chinese Jews. By Marcus N. Adler. (*The Jewish Quarterly Review*, Oct. 1900, pp. 18/41.)

הַיְהוּדִים בְּכִינָא
משא החכם מרקוס אדלר בבית הועד
לחוקרי חכמת ישראל בלונדון.
מתרגם מאנגלית ברשיון המחבר
על ידי
אלחנן סגל.

ווילנא, תרס"א. בדפוס י. פיראָזשניקאוו.

Евреи въ Китаѣ
Маркуса Адлера.
Перевелъ съ англійскаго
Э. J. Сегаль.

Вильна. Типографія И. J. Пирожникова
Завальная ул. д. N° 1147
1901.

[Avec 3 dessins dans le texte] 36 pag. in-8. [Les Hébreux en Chine par Marc Adler. Traduit de l'anglais par E. J. Segal. Vilna, Imprimerie de I. J. Pirojnikov. Rue Zawalnaya, N° 1147, 1901.] Pet. in-8, pp. 36.

— Die Juden in China von Albert Katz. Berlin 1900, A. Katz, in-8, pp. 31.

— Les Juifs en Chine. Par Louis Lévy. (*L'Univers israélite*, 1901, no. 28, 29 mars; no. 29, 5 avril; no. 30, 12 avril.)

— Chinese Jews. By Edward Isaac Ezra. (*East of Asia*, I, No. 3, pp. 278/296.)

— Chinese Jews. By Rev. R. Powell. (*China's Millions*, March 1903. — *T'oung Pao*, Mai 1903, pp. 174/5.)

— Trigault, *De Expeditione Sinicâ*, libr. I, p. 118. — Semedo, *Relatione della China*, pt. I, p. 193. — Du Halde, *Desc. de la Chine*, III, p. 64. — Walton, *Biblia Polyglotta*, Tom. I, Prolegomen. III, sect. 41. — Jablonski, *Biblia Hebraica*, Praef. Sect. 38. — Renaudot, *Anciennes Relations*. — *Mém. conc. les Chinois*, V, pp. 57/8. — Grosier, *La Chine*, IV, Liv. IX, chap. XI. — Lowrie's *Land of Sinim*, voir col. 768-9.

Islamisme 回回教門.

— Renaudot, *Anciennes Relations*. (Voir le chap. consacré aux *Voyages* dans la deuxième partie de notre ouvrage.)

— Notices respecting Mahomedans and Jews (from Mr. Morrison's Journal. (Clarke Abel, Journal of the Embassy of Lord Amherst, 1818, App., pp. 358/362.)

— Les Mahométans en Chine par l'Archi-

(Islamisme.)

mandrite Palladius. (En russe; vide *supra* col. 1351.)

— О ДВИЖЕНІИ МАГОМЕТАНСТВА ВЪ КИТАѢ. Thsing tchin tching kiao thiao khoueï. « Réglements de la pure, vraie et correcte doctrine », c'est-à-dire : *de la Religion musulmane*, avec une traduction russe de M. le professeur Vasiliev. Br. in-8, pp. 30 et 13. — St. Pétersbourg, 1867.

— Il y a un article sur les Mahométans en Chine dans *The North China Herald*, Aug. 31, 1867.

— Voyage d'exploration en Indo-Chine.... par Francis Garnier. (Vide col. 329.) — Vol. I, chap. XXI. — Voir à la fin de ce même volume « Extrait d'une proclamation en arabe publiée par le gouvernement mahométan de Ta-ly » en français et en anglais communiquée à M. Garnier par M. le Col. Yule.

— The Mahomedan successes in China. (*Siam Repository*, Vol. 2, Oct. 1870, pp. 554/556.)

Extrait du *London and China Express*, June 10th, 1870.

— *Missions catholiques*, Vol. IV, Note p. 253 sur les musulmans chinois au Kiang-nan.

— * Cte d'Escayrac de Lauture. — Sur l'Islamisme en Chine. (*Moniteur universel*, 14 mai 1861.)

— Notes on Mahomedanism in Peking. (*N. C. Herald*, March 16, 1869.)

— Notes on Mahommedanism in Peking. By J. Edkins. (*Chin. Rec.*, I, pp. 176/7.)

— F. P. Smith. The Panthay Mission. (*Ocean Highways*, Sept. 1872, pp. 171/2.)

— * J. Anderson. — Chinese Mohammedans. (*Jour. Anthr. Inst.*, London, 1871-2, I, pp. 147-162.)

— W. F. Mayers. The Panthays in Yun-nan. (*Fraser's Magazine*, Nov. 1872.)

— Китайская Литература Магометанъ — Изложеніе содержанія Магометанскаго сочиненія на китайскомъ языкѣ, подъ Заглавіемъ *Юй лань чжи шенъ шилу* (т. е. Высочайше читанное жизнеописаніе святѣйшаго) составленнаго Китайскимъ Мусульманиномъ *Лю-цзѣ-лянъ*. — Архимандрита Палладія Каѳарова. С. Пет., 1874, br. in-8, pp. 40.

Publié par la Société archéologique. — Notice du Prof. Grigoriev. — D'après le 至聖實錄 *Tchi cheng chi lou* de Liou Kiai-lien ou Liou-Tchi 劉智. — Devéria (*Cent. Ecole Langues Orient.*, p. 318, note) se trompe lorsqu'il indique ce mémoire dans le Journal de la Mission russe, t. IV, p. 438; il dit que « M. Leger, professeur au Collége de France a fait de cette analyse [de Palladius] une traduction française qui existe en manuscrit à la bibliothèque de l'École des langues orientales ».

— De l'insurrection mahométane dans la Chine occidentale, par M. Dabry de Thiersant, Consul de France à Canton. (*J. As.*, 7e Sér., Vol. III, 1874, pp. 17/45.)

Tirage à part; br. in-8, pp. 31.

— Le présent et l'avenir de l'islamisme en Chine. Par Dabry de Thiersant. (*Rev. géog. int.*, nov. 1877, pp. 264/7; déc. 1877, pp. 305/307.)

(Islamisme.)

— Le Mahométisme en Chine et dans le Turkestan oriental par P. Dabry de Thiersant, Consul général et Chargé d'affaires de France. Ouvrage orné de dessins originaux, par F. Régamey, et d'une carte du Turkestan Oriental. Paris, Ernest Leroux, 1878, 2 vol. in-8, pp. IV-335 + 1 f. n. ch., 514 + 1 f. n. ch.

Notices : par C. Gabriel dans le *Jour. des Débats*, 6 sept. 1878. — Drouyn de Lhuys à l'Ac. des Sc. mor. et pol.; br. in-8, Orléans.

— Prières des Musulmans chinois traduit sur l'original en arabe et en persan, Da'aouât el Moslemim imprimé à Canton en 1876. Paris, Ernest Leroux, 1878, br. in-8, pp. 45.

Extrait avec des modifications de l'ouvrage précédent, II, pp. 472/509. — Par René Basset.

— Notes on Chinese Mahometan Literature. By T. Watters. (*China Review*, I, pp. 195/199.)

— L'islamismo in Cina. (C. Puini, dans *Rassegna Settimanale*, No. 67, 13 avril 1879.)

— La Province chinoise du Yün-nan, par Emile Rocher. Paris, Ernest Leroux, 1879-1880, 2 parties in-8. [Col. 316.]

Deuxième partie : Chap. II-VI : La rébellion musulmane au Yünnan.

— Pour la campagne des Chinois contre Kachgar, voir la cinquième partie de notre ouvrage.

— A. Fytche. Panthays of Yunan. Col. 315.

— Das neue Reich der Muhammedaner in Yün-nan. (*Ausland.*) Col. 316.

— Deux insurrections des Mahométans du Kan-sou (1648-1783), récit traduit du chinois, par M. Camille Imbault-Huart, consul honoraire. (*Journ. Asiat.*, VIIIe sér., XIV, Nov.-Déc. 1889, pp. 494/525.)

D'après le livre VII de Wei yuan, *Cheng Wou-ki*, voir col. 633.

— Dr. J. Th. Zenker. Das chinesische Reich nach dem türkischen Khatai nameh. (*Zeitschrift für die Kunde des Morgenlandes*, Band XV, 1876, pp. 785-805.)

— Trois chapitres du Khitay Naméh. Texte persan et traduction française par Charles Schefer, Membre de l'Institut, professeur à l'Ecole des Langues Orientales vivantes. (*Mélanges Orientaux* — textes et trad. pub. par les Prof. de l'Ecole des Langues Or. viv., pp. 29/84.)

— E. Bretschneider. Chinese Mediaeval Notices of the Mohammedans... 1876. (*Notices of the Mediaev. Geogr. & Hist. of Central & Western Asia*, pp. 42-53.) Réimp. *Mediaev. Res.*, Lond., 1883, I, pp. 264/274.

— La Chine Mahométane. Par O. S. (*Revue Brit.*, Juin 1880, N. S., III, pp. 279/312.)

O. S. = Octave Sachot.

(Islamisme.)

— Die Denkmäler der Kantoner Moschee. Von K. Himly. (*Zeit. d. D. M. G.*, xlı. Bd., pp. 141/174.)

— Chinese Mahometans at Mecca. By H. K. (*China Review*, IX, p. 194.) — Nauta. (*Ibid.*, pp. 251/252.) H. K. (*Ibid.*, pp. 252/253.)

— Les Musulmans en Chine. (*Ann. de l'Ext. Orient*, 1884-1885, VII, p. 68.)

D'après le *Terdjuman*.

— Война Мусульманъ противъ Китайцевъ. — Приложенія составленныя Н. Н. Пантусовымъ. — Казанъ.., 1881, br. in-8, pp. 72.

— The great Mahomedan Rebellion in Yunnan. By T. L. Bullock. (*China Review*, XVI, pp. 83/95.)

Principalement d'après Rocher, *La Province de Yunnan*. — Voir col. 316.

— Mussulmans. By E. H. Parker. (*China Review*, XIV, p. 219.)

— Red Cap Mahomedans. By E. H. Parker. (*Ibid.*, XV, p. 53.)

— Islam. By E. H. Parker. (*Ibid.*, XVII, No. 2, p. 114.)

— The introduction of Mahometanism into China. By Rev. Geo. W. Clarke. (*Chin. Rec.*, XVII, July 1886, pp. 269/271, August 1886, pp. 294/296.)

— Mahommedanism in China. By Rev. H. V. Noyes. (*Ibid.*, XX, No. 1, Jan. 1889, pp. 10/18; *ibid.*, No. 2, Feb. 1889, pp. 68/72.)

— Mohammedanism in China. By Rev. H. V. Noyes. (*China Mission Hand-Book*, 1896, pp. 31/2.)

— Mohammedanism. Points of Contact and Contrast with Christianity by George Washburn, D. D. (*Ibid.*, pp. 33/40.)

— Mahommedanism. (回回說, a Review.) By Rev. C. F. Hogg. I. (*Chin. Rec.*, XXII, June 1891, pp. 263/264.)

— Mahommedanism. (修眞蒙引, a Review.) By Rev. C. F. Hogg. (*Ibid.*, July 1891; *ibid.*, No. 8, Aug. 1891, pp. 354/358; *ibid.*, No. 9, Sept. 1891, pp. 401-405.)

— Mahommedanism. — Laws and Ceremonies. (天方典禮, a Review.) By Rev. C. F. Hogg. IV. (*Chin. Rec.*, XXII, Dec. 1891, pp. 545/553.)

— Mahommedanism. Note. — Recollections of a conversation. By Rev. C. F. Hogg. V. (*Ibid.*, XXIII, Feb. 1892, pp. 57/61.)

— Mahommedanism. Remarks on Hwei Hwei Shwo. By J. Edkins, D. D. (*Ibid.*, XXII, No. 8, Aug. 1891, pp. 377/378.)

— Notice sur les Relations des Peuples musulmans avec les Chinois, depuis l'extension de l'Islamisme jusqu'à la fin du

XVe siècle, par M. Ch. Schefer. (*Centenaire Ecole Langues Orient.*, 1895, pp. 1/43.)

Tirage à part.

— Origine de l'Islamisme en Chine, deux légendes musulmanes chinoises, Pèlerinages de Ma Fou-tch'ou, par M. Gabriel Devéria. (*Ibid.*, pp. 305/355.)

Tirage à part.

— Itinéraires de pèlerins chinois se rendant à la Mecque. Par G. Devéria. (*Revue Extrême-Orient*, I, No. 1, 1882, pp. 159/160.)

— Musulmans et Manichéens chinois, par M. G. Devéria. (*J. As.*, II, pp. 445/484.)

— Supplément au Volume V du « T'oung Pao ». — Die Länder des Islâm nach Chinesischen Quellen von Prof. Dr. Friedrich Hirth. I. — Leiden, E. J. Brill, 1894. in-8, pp. 64.

Les pages 58-64 renferment : Bemerkungen zu Professor Hirth's « Die Länder des Islâm » von Dr. M. J. De Goeje.

— The Latest News regarding the Mussulman Rising in China. (*Imp. & As. Quart. Rev.*, 3rd Ser., II, 1896, pp. 33/36.)

— The Dungan Rebellion and the Muhammadans in China. By W. W. Rockhill. (*Imp. & As. Quart. Rev.*, 3rd Ser., I, 1896, pp. 414/418.)

— Martin Hartmann. Der Islamische Orient. Berichte und Forschungen. II-III. China und der Islam — Zwei islamische Kantondrucke — Strassen durch Asien. Berlin, Wolf Peiser, 1900, in-8, pp. 41/102, 2 pl.

Notice : *T'oung Pao*, 2e Sér., II, N° 3, Juillet 1901, pp. 203/206. Par G. Schlegel.

— Essays on Islam. By the Rev. E. Sell, B. D., M. R. A. S.... Madras : S. P. C. K. Depôt, 1901, in-8, pp. 267.

VI. Islâm in China, pp. 198-217.

Ces Essais avaient paru dans le *Madras Christian College Magazine*.

— Les Musulmans de Po-t'cheou et leur Marabout. — Lettre du P. Dannic. (*Rel. de Chine*, I, 1903, pp. 45/50.)

— Religious Toleration in China. II. Mohammedanism. By W. Gilbert Walshe. (*Contemporary Review*, July 1904, pp. 127/133.)

XII. — SCIENCES ET ARTS.

Sciences morales et philosophiques.

Livres canoniques 經 *king*.

— « La lettre 經 *king* signifie la chaîne, qui est toute montée sur le métier du tisseran, et qui demeure toujours dans la même situation nord et sud ; tandis que la trême, qu'on apelle

緯 *ouei*. ne fait qu'aller et venir est et ouest en passant à travers de la chaîne. Dans un sens figuré et plus en usage 經 *king*, signifie les livres qui enseignent une doctrine vraye grande et immuable ; et *ouei* signifie les divers commentaires qu'on fait sur les *king*. Mais parce que les livres *ouei*, qu'on lisoit encore sous la dynastie de Han, devinrent suspects aux lettrez des âges suivans, qui peut estre ne les entendoient plus, on les a peu à peu laissé perdre, et les interprétations des *king* se sont appelées 傳 *tchouën*, c'est-à-dire *Cheou cheou* donner à la postérité ce qu'on a receu de ses maîtres. » (Prémare, *Préface generale* à ses *Notes critiques pour entrer dans l'intelligence de l'Y king*, pp. 1/2. Vide *infra.*)

Les Livres anciens, *classiques*, ou plutôt *canoniques* des Chinois, appelés *King* 經, sont divisés en deux ordres :

— I. LIVRES CANONIQUES du premier ordre ou GRANDS *King*.

1° Le YI KING 易經. Explication des *Koua* 卦, de *Fou hi* 伏犧 24,107 caractères.

2° Le CHOU KING 書經 58 chapitres. — 25,700 caractères.

3° Le CHI KING 詩經 39,224 caractères.

4° Le LI KI 禮記 99,010 caractères. — 49 chapitres, y compris le *Ta hio* et le *Tchoung young*.

5° Le TCH'OUEN TS'IEOU 春秋.

Le YO KING 樂經, ou *king* de la Musique, a été complètement perdu.

— II. LIVRES CANONIQUES du second ordre ou PETITS *King*.

1° Les SE CHOU 四書 ou Quatre livres, comprenant :

1. Le *Ta hio* 大學 ou Grande Science.

2. Le *Tchoung young* 中庸 ou le Juste Milieu.

Ces livres formaient deux chapitres du *Li ki*.

3. Le *Louen yu* 論語 11,705 caractères, avec la paraphrase 76,736 caractères.

4. *Meng tseu* 孟子 34,685 caractères, avec le commentaire 209,749.

2° Deux RITUELS.

1. *Y li* 儀禮

2. *Tcheou li* 周禮 45,806 caractères.

3° Le HIAO KING 孝經 ou Livre de la Piété filiale, 1,903 caractères.

4° Les trois anciens COMMENTATEURS du *Tch'ouen ts'ieou* :

Tso chi 左氏.

Kong yang 公羊.

Keou lang 穀梁.

5° Le Dictionnaire EUL YA 爾雅.

Consulter sur les Livres canoniques :

Du Halde, *Description*, II, pp. 286/384. — La notice de Du Halde est écrite d'après un ouvrage du Père Régis, *Notice des King*; Du Halde cependant n'a pas tiré tout le parti possible de ce document. (Gaubil, Lettre datée de Pékin, 28 août 1752. *Panth. litt.*, IV, p. 63.)

Mémoires concernant les Chinois : I, pp. 54 ; VIII, pp. 193/198. (Nous donnons, d'après cet ouvrage, le nombre des caractères contenus dans les *Kings*) ; IX, p. 351.

Notes on Chinese Literature (by Wylie), pp. 1/8.

— Essai d'introduction préliminaire à l'intelligence des kings, c'est-à-dire des Monumens antiques conservés par les Chinois. (Bib. nat., Ms. pet. in-folio, Fr. 12209.) [Par le P. de Prémare.]

« Cet ouvrage contient trois parties ; dans la première, on explique les noms et le nombre des anciens monumens conservés chez les Chinois, et appelés *kings*, quelle est leur origine, quel fut leur autheur ; Enfin l'idée generale qu'il se faut former de la doctrine qu'ils contiennent.

« Dans la seconde, on confirme par des exemples choisis le systeme de doctrine, qu'on a dit être renfermé dans les *kings*.

« Dans la troisième, on examine comment les Chinois modernes ont perdu l'intelligence de ce systeme, et par quelz degrez ils sont tombez dans l'abyme d'erreurs, qui leur rendent impenetrable la doctrine des *kings* conservés chez eux. »

Ce Ms., composé de 36 feuillets, ne contient que la première partie de l'*Essai*.

Il est suivi de :

Quindecim Quaestiones Doctis viris propositae, ff. 37 et 38.

Lettre du P. de Prémare au Pere Foucquet (Copie) [du 24 Decembre 1725, Canton], ff. 39 et 40.

Lettre au P. de Prémare. A Rome, le 13 Octobre 1726. Signée Jean François [Foucquet] Evêq. d'Eleutheropolis, ff. 41/49 (en réponse à la lettre du P. de Prémare du 24 Dec. 1725).

Explication de la nouvelle table chronologique de l'histoire chinoise, ff. 50/61.

Mémoire instructif pour la nouvelle table chronologique des Chinois, ff. 62/68.

(1um Opusculum.) Judicium de quibusdam honoribus funebribus Sinensium, ff. 69/80.

(2um Opusculum.) Clausula Disputationum de Cerimoniis Sinensibus, ff. 81/87.

(Tertium Opusculum.) Lettre de l'evêque d'Eleutheropolis au R. P. N. de la Compagnie de Jesus à Canton.

Cette Lettre du 8 novembre 1725 est adressée au P. de Prémare en réponse à sa lettre du jour de Noël 1724, ff. 87 verso, 98.

Ce Ms. de 98 feuillets du même format est écrit apparemment par une seule personne. La dernière lettre du P. Foucquet est fort intéressante au point de vue de la question des rites chinois.

Avec ce Ms. on a relié :

1° Discours de l'empereur regnant aujourd'hui dans la Chine fait à ses grands le 28 mai 1727, après une audience qu'il auoit donné à l'Ambassadeur de Portugal. 5 feuillets, ff. 99/103.

2° Une feuille (imprimée) de la table chronologique du P. Foucquet (voir col. 560).

— Dans la traduction de l'ouvrage du P. de Prémare (*Vestiges des princ. dogmes chrétiens*, col. 768), M. Bonnetty dit p. XV : « Nous avons dans notre bibliothèque un manuscrit de 68 pages petit in-folio ayant pour titre : *Essai d'introduction préliminaire à l'intelligence des Kings, c'est-à-dire des monuments antiques conservés par les Chinois.* — Nous en donnerons connaissance. »

Ce Ms. me vaut la note suivante du R. P. Brucker : « Ce travail mss. n'est pas du P. de *Prémare*, mais du P. *Foucquet*. Je m'en suis assuré en le comparant avec les autres écrits de ce dernier ; du reste, le P. de Prémare a écrit contre le système qui y est exposé ; enfin, cet *Essai* a été déféré à Rome, en 1732, comme étant de l'évêque d'Eleutheropolis (Foucquet), avec d'autres écrits du même. — J'ajoute que le ms. a été probablement rédigé pour le duc de Saint-Simon. Voir le début, et cf. les lettres de Foucquet publiées par H. Cordier, dans la *Revue de l'Extrême-Orient*, lettres XXXI et XLI à St. Simon. »

— The Chinese Classics : estimation in which they are held by the Chinese ; divided into two parts, the Sze shoo and Wooking ; nine subdivisions, with remarks concerning each. [By C. Gützlaff.] (*Chinese Repository*, III, July 1834, pp. 97 et seq.)

Réimp. dans *The Cycle*, 10 Dec. 1870.

— On the Golden Rule in the Chinese Classics, by Mr. Ezra Abbot, of Cambridge, Mass. « *What thou hatest thyself, do not thou to another.* » (Communication to the Am. Or. Soc., May 1870, *Journal*, No. IX, p. LXXIX.)

— Chinese Classical Theology. By Dr. John Ross. (*Chin. Rec.*, XXXIII, N° 9, Sept. 1902, pp. 436/438.)

— Contents of Rev. Dr. E. Faber's Review of the Classics. By P. Kranz. (*Ibid.*, May 1903, pp. 254/7.)

JAMES LEGGE.

— Specimen of the Chinese Classics ; with a Translation : Prolegomena : and a critical and exegetical commentary. By James Legge, D. D., of the London Missionary Society. Hongkong, s. d., in-8, pp. 11.

— The Chinese Classics : with a translation, critical and exegetical Notes, Prolegomena, and copious indexes. By James Legge, D. D., of the London Missionary Society. In Seven Volumes. Gr. in-8.

Vol. I., containing *Confucian Analects*, the *Great Learning*, and the *Doctrine of the Mean*. Hongkong : 1861, pp. xiv-136-376.

— Preface. — Contents. — Errata.
— Prolegomena :
Chap. I. Of the Chinese Classics generally.
Chap. II. Of the Confucian Analects.
Chap. III. Of the Great Learning.
Chap. IV. The Doctrine of the Mean.
Chap. V. Confucius and his immediate disciples.
Chap. VI. List of the principal Works which have been consulted in the preparation of ~~this~~ volume.
— Confucian Analects. [Lun yu.]
— The Great Learning. [Ta Hio.]
— The Doctrine of the Mean. [Tchoung Young.]
— Indexes :
I. Subjects in the Confucian Analects.
II. Proper Names in the Confucian Analects.
III. Subjects in the Great Learning.
IV. Proper Names in the Great Learning.
V. Subjects in the Doctrine of the Mean.
VI. Proper Names in the Doctrine of the Mean.
VII. Chinese Characters and Phrases.

Vol. II., containing the Works of *Mencius*. Hongkong : 1861, pp. VIII-126-497.

— Advertisement. — Contents. — Errata.
— Prolegomena :
Chap. I. Of the works of Mencius.
Chap. II. Mencius and his disciples.
Chap. III. Of Yang Choo and Mih Tei
Chap. IV. Works consulted in the preparation of this volume.
— The Works of Mencius.
— Indexes : I. Subjects ; II. Proper Names ; III. Chinese Characters and Phrases.

Vol. III. — Part I. containing the First Parts of the *Shoo king*, or the Books of *T'ang*; the Books of *Yu*; the Books of *Hea*; the Books of *Shang*; and the Prolegomena. Hongkong : 1865, pp. XII-208-279.

— Preface. — Contents. — Errata.
— Prolegomena :
Chap. I. The History of the Shoo king.
Chap. II. On the credibility of the Records in the Shoo.
Chap. III. On the determination of the principal Eras in the Shoo.
Chap. IV. The Annals of the Bamboo Books.
Chap. V. The Ancient Empire of China.
Chap. VI. List of the principal works which have been consulted in the preparation of this volume.
— Shoo king.
I. Preface, attributed to Confucius.
II. Part I, The Book of T'ang.

(JAMES LEGGE.)

III. Part II, The Books of Yu.
IV. Part III, The Books of Hea.
V. Part IV, The Books of Shang.
Notice : *N. C. Herald*, 802, Dec. 9, 1865.

Vol. III. — Part II. containing the Fifth Part of the *Shoo king*, or the Books of *Chow*; and the Indexes. Hongkong : 1865, pp. 280 à 735.

Vol. IV. — Part I. containing the First Part of the *She king*, or the Lessons from the States ; and the Prolegomena. Hongkong : 1871, pp. XII-182-243.

— Preface. — Contents. — Errata.
— Prolegomena :
Chap. I. The early history, and the present text of the She King.
Chap. II. The Sources of the Odes as a collection. Their interpretation and Authors. The Prefaces and their Authority.
Chap. III. The Prosody of the She ; the ancient pronunciation of the characters ; and the poetical value of the odes.
Chap. IV. The China of the Book of Poetry, considered in relation to the extent of its territory, and its political state, its religion, and social condition.
Chap. V. List of the principal works which have been consulted in the preparation of this volume.
— Part I : Lessons from the States.
Notice : *Shai. Budget*, Feb. 22, 1872.

Vol. IV. — Part II. containing the second, third, and fourth parts of the *She king*, or the Minor Odes of the Kingdom, the Greater Odes of the Kingdom, the Sacrificial Odes and Praise-Songs ; and the Indexes. Hongkong : 1871, pp. 245 à 785.

Notice par le Rév. E. J. Eitel dans *The China Review*, I, pp. 2/12.

Vol. V. — Part I. containing Dukes *Yin, Hwan, Chwang, Min, He, Wan, Seuen* and *Ch'ing*; and the Prolegomena. Hongkong : 1872, pp. x-147-410.

— Preface. — Contents. — Errata.
— Prolegomena :
Chap. I. The nature and value of the Ch'un Ts'ew.
Chap. II. The Chronology of the Ch'un Ts'ew.
Chap. III. The China of the Ch'un Ts'ew Period : — considered in relation to its territorial extent : the disorder which prevailed ; the growth and encroachments of the larger States ; and the barbarous tribes which surrounded it.
Chap. IV. List of the principal works which have been employed in the preparation of this volume.
— Dukes Yin, Hwan, Chwang, Min, He, Wan, Seuen, Ch'ing.
Notice : *Shai. Budget*, Nov. 28, 1872.

Vol. V. — Part II. containing Dukes *Seang, Ch'aou, Ting*, and *Gae*, with Tso's Appendix ; and the Indexes. Hongkong : 1872, pp. 411 à 933.

— The Works of Confucius. [Nov. 1861.] (Max Müller, *Chips from a German Workshop*, I, 2ed, 1868, pp. 305/313.)

Legge's *Chinese Classics*.

∴

— The Sacred Books of China. The Texts of Confucianism translated by James Legge.

(JAMES LEGGE.)

Part I. The *Shû-king*, The Religious Portions of the *Shih king*, the *Hsiâo king*. Oxford, At the Clarendon Press, 1879, in-8, pp. xxx-492.

Cet ouvrage forme le Vol. III de « The Sacred Books of the East translated by various Oriental Scholars and edited by F. Max Müller ».

Voir *infra* les réimpressions partielles.

∴

— The Chinese Classics with a Translation, critical and exegetical notes, Prolegomena, and Copious Indexes by James Legge Professor of Chinese in the University of Oxford Formerly of the London Missionary Society. — In Seven Volumes — Second Edition revised. Vol. I containing *Confucian Analects*, the *Great Learning*, and the *Doctrine* of the *Mean*. Oxford at the Clarendon Press 1893, gr. in-8, pp. xv-503.

— — Vol. II containing the Works of *Mencius*. Oxford, 1895, gr. in-8, pp. VIII-587.

— — Vol. III. — Part I, containing The First Parts of the *Shoo-king*, or the Books of *T'ang*; the Books of *Yu*; the Books of *Hea*; the Books of *Shang*; and the Prolegomena. London : Henry Frowde, gr. in-8, pp. XII-279.

— — Vol. III. — Part II, containing the Fifth Part of the *Shoo King*, or the Books of *Chow*; and the indexes. Ibid., gr. in-8, pp. 283 à 735.

— — Vol. IV. — Part I, containing the First Part of the *She-king*, or the Lessons from the States; and the Prolegomena. Ibid., gr. in-8, pp. XII-243.

— — Vol. IV. — Part II, containing the Second, Third, and Fourth Parts of the *She-king*, or the Minor Odes of the Kingdom, the Greater Odes of the Kingdom, the Sacrificial Odes and Praise-Songs; and the Indexes. Ibid., gr. in-8, pp. 245 à 785.

— — Vol. V. — Part I, containing Dukes *Yin, Hwan, Chwang, Min, He, Wan, Seuen* and *Ch'ing*; and the Prolegomena. Ibid., pp. x-410.

— — Vol. V. — Part II, containing Dukes *Seang, Ch'aou, Ting*, and *Gae*, with Tso's Appendix; and the Indexes. Ibid., pp. 411 à 933.

Ces derniers volumes viennent de : Hongkong : Printed at the London Missionary Society's Printing Office.

∴

(JAMES LEGGE.)

— Les Livres sacrés de la Chine. Par Barthélemy Saint-Hilaire. (*Journal des Savants*, 1894, fév., pp. 65/78; juin, pp. 321/331; juillet, pp. 381/392; sept., pp. 509/520.)

— Lettre de James Legge, Oxford, 17 sept. 1892, à Fr. Nitschkowsky. (*Chin. Rec.*, XXIV, Jan. 1893, pp. 34/5.)

— A Letter to Prof. F. Max Müller on the Sacred Books of China, Part I. By Inquirer. Shanghai : American Presbyterian Mission Press. 1880, br. in-8, pp. 26 + 1 f. n. chif.

Inquirer = A. P. Happer.

— Voir, THE TERM QUESTION, col. 1291, avec la réponse de Legge.

— Sur les *Sacred Books of the East*, voir *Nature*, XXI, 1879-80, pp. 77/8, by A. H. Sayce. — *Quarterly Review*, 195, April 1902, pp. 327/361.

— Some of Professor J. Legge's Criticisms on Confucianism. — Gathered by Pastor P. Kranz. — Shanghaï : American Presbyterian Mission Press. — 1898, br. in-8, pp. 27.

G. PAUTHIER.

— Les Livres sacrés de l'Orient, comprenant le Chou-king ou le Livre par excellence; — les Sse-chou ou les quatre livres moraux de Confucius et de ses disciples; — les Lois de Manou, premier législateur de l'Inde; — le Koran de Mahomet; traduits ou revus et publiés par G. Pauthier. Paris, chez Firmin Didot — chez Auguste Desrez, MDCCCXLI, in-8, pp. xxx-764.

Edition reproduite exactement dans celle de 1843.

Outre les éd. citées ci-dessous, le *Jour. de la Lib.* indique les suivantes : *1840*, No. 4585-*1857*, No. 11971.

— Les Livres sacrés de l'Orient comprenant le Chou-king ou le Livre par excellence, les Sse-chou ou les quatre livres moraux de Confucius et de ses disciples, les lois de Manou, premier législateur de l'Inde; le Koran de Mahomet; traduits ou revus et publiés par G. Pauthier. Paris, Société du Panthéon littéraire, MDCCCXLIII, in-8, pp. xxx-764, imprimé sur deux colonnes.

Contient :

Le *Chou-king*, livre sacré de la Chine, traduit en français par le P. Gaubil; revu soigneusement sur le texte chinois, et augmenté d'un grand nombre de notes par M. G. Pauthier, pp. 1/136.

Notice du livre chinois nommé *Y-king*, ou livre canonique des changements, avec des notes, par Claude Visdelou, évêque de Claudiopolis, pp. 137/149.

Les *Sse-Chou*, ou les quatre livres de philosophie morale et politique de la Chine, traduits du chinois par M. G. Pauthier, pp. 151/304.

— Les Livres sacrés de l'Orient comprenant le Chou-king ou le Livre par excellence; les Sse-chou ou les quatre livres de Confucius et de ses disciples; les lois de Manou, premier législateur de l'Inde; le Ko-

(G. PAUTHIER.)

ran de Mahomet; traduits ou revus et corrigés par G. Pauthier. Orléans, H. Herluison, 1875, gr. in-8 à 2 col., pp. xxx-764.

Ed. du *Panthéon littéraire*.

∴

— Loomis' Confucius... voir *infra*.

— The Bibles of other Nations. Being Selections from the Scriptures of the Chinese, Hindoos, Persians, Buddhists, Egyptians, and Mohammedans. With an Introduction to the Ethnic Scriptures by J. M. Hodgson, D. Sc., B. D., M. A. To which is added the Teaching of the Twelve Apostles and Selections from the Talmud and Apocryphal Gospels. Manchester : Brook and Chrystal, 1885, pet. in-8, pp. XII + 1 f. n. ch. + pp. 240.

Chinese Scriptures, pp. 1/9.

— Chrestomathie religieuse de l'Extrême-Orient publiée sous les auspices de la Société des Etudes Japonaises. (*Mém. Soc. Et. jap., etc.*, V, Nov. 1886, pp. 153/202.)

Extraits du *Yih-king*, du *Chou-king*, du *Chi-king*, du *Li-ki*, du *Tchun-tsieou* et du *Tso-tchouen*, du *Hiao-king*, etc...

— Publication of the Classics. By E. H. Parker. (*China Review*, XV, p. 183.)

— Address of Mr. Shioda on taking his seat as President of the Society January 10th 1888. (*Journ. Peking Oriental Society*, II, No. 3, 1888, pp. 155/158.)

— Botanicon Sinicum... By E. Bretschneider. (*Journal China Branch R. Asiat. Soc.*, Vol. XXV, No. 1, 1890—1891.) Voir col. 469.

— The Antiquity of the ancient Chinese Sacred Books. By C. de Harlez. (*Bab. & Oriental Record*, V, No. 2, Feb. 1891, pp. 45/48 ; *ibid.*, No. 3, March 1891, pp. 54/63.)

— God and Man in the Chinese Classics, a Short Study of Confucian Theology. By the Rev. J. C. Hoare, M. A., Principal of the C. M. S. Theological College, Ningpo. — Printed at the College Press, Ningpo, A. D. 1895, in-8, 2 ff. n. ch. + pp. 52.

— The Proverbial Philosophy of Confucius Quotations from the Chinese Classics for each day in the year compiled by Forster H. Jenings with Preface by Hon. Pom Kwang Soh Minister of Justice to His Majesty the King of Korea. G. P. Putnam's Sons, New York, The Knickerbocker Press, 1895, pet. in-8, pp. IX-120.

— The Wisdom of Confucius. London, Gay & Bird, 1904, pet. in-8, pp. 185.

YI-KING 易經.

Premier Livre Canonique du premier ordre.

— On en trouvera une notice dans Du Halde, II, pp. 288/295.

— *Y-king* antiquissimus Sinarum liber quem ex latina interpretatione P. Regis aliorumque ex Soc. Jesu P. P. Edidit Julius Mohl. 2 vol. in-8.

Vol. I. Cum quatuor tabulis. — 1834. Stuttgartiae et Tubingae, Sumptibus J. G. Cottae, pp. XVI-474.

Il y a un faux-titre dans ce vol. : Confucii Y king ex latina Patrum Soc. Jesu Interpretatione nunc primum edidit Julius Mohl. Vol. I cum quatuor tabulis. Stuttgartiae et Tubingae 1831.

Vol. II. 1839. Stuttgartiae et Tubingae, Sumptibus J. G. Cottae, pp. 588.

Klaproth (189), Fr. 9. — *Bulletin* de Leroux, No. 2 (1873), Fr. 14. Vend. Mohl (1352), Fr. 6.50.

— Notice du livre chinois nommé Y-king, ou livre canonique des changemens, avec des notes, par M. Claude Visdelou, Évêque de Claudiopolis.

Dans l'éd. du *Chou king* du Père Gaubil (1770), pp. 399/436. — Elle est reproduite dans les éd. des *Livres sacrés de l'Orient* de Pauthier, de 1841, de 1843, etc., pp. 137/149. (Supra col. 1370.)

«Ce petit traité [envoyé en 1728 à la Propagande par M. Visdelou] fait partie d'un volume *in-folio* manuscrit, qui renferme encore plusieurs autres Ouvrages du même Auteur ; tels sont : 1° quelques observations sur la Bibliothèque Orientale de M. d'Herbelot, en cinq cahiers ; 2° la Notice de l'*Y-king* ; 3° la Traduction du Monument Chinois, avec des notes ; 4° une Table chronologique des Empereurs de la Chine. Feu M. de Desmalpeines, peu de tems avant sa mort, a fait présent de ce volume à la Bibliothèque du Roi, ainsi que de la traduction entière de l'*Y-king*, faite par un Missionnaire. La traduction du Monument Chinois a été publiée [*Journal des Savants*, Juin 1 & Juin 11, Août 1760 & Février 1761], par M. l'Abbé Mignot, de l'Académie des Inscriptions. (Note de De Guignes, *Chou king*, 1770, pp. 401/2.) [Col. 1774.]

— Idea Generalis Doctrinae libri *Ye kim*; seu brevis expositio totius Systematis philosophiae Ieroglyphicae, in antiquissimis Sinarum libris contentae, facta Rdo. Pi. Joanni Paulo Gozani visitatori hanc exigenti.

Ms. de 6 pages 1/2, in-4, sig. Joach. Bouvet, daté de nov. 1712. (Bib. nat., Fonds français 17239.)

— Dissertationes et Notae criticae in primam partem Commentarij *Y-king* (Bib. Nat., Ms. fr. 17240, *Mélanges sur la Chine*).

Par le Père J. B. Regis.

— Notes critiques pour entrer dans l'intelligence de l'*Y* 易 *king* 經. (Bib. nationale, Fonds chinois, No. 2720), par le P. de Prémare.

Ms. pet. in-4 de 124 feuillets, numérotés écrits au recto, qq. pages exceptées.

Ce Ms. comprend :

— Pp. 1/17 : Préface générale.

— Pp. 18/26 : Notes critiques pour entrer dans l'intelligence de l'Y-king. Chapitre Premier, premier couple ☰ 乾 kien ☷ 坤 kouen. Préface particulière.

— Pp. 27/77 : Première Partie du Chapitre Premier, 1er Symbole ☰ 乾 kien.

(Article I, pp. 27/33. — II, pp. 33/43. — III, pp. 44/48. — IV, pp. 48/77.)

— Pp. 77/124 : Seconde Partie du 1er Chapitre. Second Symbole ☷ 坤 kouen.

(Article I, pp. 77/84. — II, pp. 84/92. — III, pp. 92/93. — IV, pp. 93/112. — Addition, pp. 113/124.)

— P. 124 : Fin du premier chapitre.

— Appendix de Mysterio Ye kim (pp. 345/360 de « Specimen doctrinae veterum Sinarum ». Francofurti, 1724).

— Die verborgenen Alterthümer der Chineser aus dem uralten canonischen Buche Yeking untersuchet von M. Joh. Heinrich Schumacher Pr. zu Bevenrode, Waggen und Bienrode. Wolfenbüttel, bey Johann Christoph Meissner, 1763, in-8, pp. 208.

— Remarks of a Chinese preacher on the Sabbath, and notice of it in the Yih king. By S. W. Williams. (*Chin. Rep.*, XVIII, p. 159.)

— Piper. Ueber das I-King. Die Texte des Confucius, welche sich auf die verschiedenen Reihenfolgen des Kwa beziehen. (*Ztschft. d. D. M. G.*, VII. Bd. (1853), pp. 187/214.)

— Ueber das I-King, die verschiedenen Bestandtheile des Buches u. ihre Verständlichkeit. (*Ibid.*, III. Bd. (1849), pp. 273/301 ; V. Bd. (1851), pp. 195/220.)

— Turan und Iran. Ueber die Entstehung der Schriftsprache von Adolf Helfferich. Frankfurt a./M. Christian Winter, 1868, in-8, pp. 184.

La quatrième et dernière partie du livre, pp. 108 et seq., comprend : *Das Chinesische I-king.*

— Das System der 八卦 (Pa Kua) von Joseph Haas. (*Notes & Queries on C. & J.*, III, 1869, pp. 7, 23, 37.)

— Chinese Cosmogony [by Dr. R. A. Jamieson]. (*The Cycle*, 1870, 25 juin, 2, 9, 16 et 23 juillet.)

— A study on the Yih king. By a Student. (*Chin. Rec...*)

A Student = A. P. Happer.

— The Symbols of the Yih-king. By T. McClatchie, M. A. (*China Review*, I, pp. 151/163.)

— Phallic Worship. By the Same. (*Ibid.*, IV, pp. 257/261.)

— A translation of the Confucian 易經 or the « Classic of Change » with notes and appendix. By the Rev. Canon McClatchie, M. A. Secretary of C. M. S. Missions in China. Shanghai : American Presbyterian Mission press. London : Trübner & Co. M DCCC LXXVI, in-4, pp. XIII-XVII-455 + 1 f. n. c. p. l'er.

Notice : *China Review*, V, pp. 132/5. — Voir col. 1288.

James Legge.

— The Sacred Books of China. The Texts of Confucianism translated by James Legge. Part II. The Yî king. Oxford at the Clarendon Press, 1882, in-8, pp. XXI-448.

Forme le Vol. XVI des *Sacred Books of the East*... edited by F. Max Müller.

— Sacred Books of the East. (*Saturday Review*, June 30, 1883.)

Y-king. (Legge et Terrien de Lacouperie.)

— The Sacred Books of China. Part II. — The Yi king. Translated by J. Legge, D. D. By Thos. W. Kingsmill. (*China Review*, XI, pp. 86/92.)

J. Edkins.

— The Yi king of the Chinese, as a Book of Divination and Philosophy. By the Rev. Dr. Edkins, M. R. A. S. (*Journ. R. As. Soc.*, N. S. Vol. XVI, Art. XVII, July 1884, pp. 360/380.)

— The Yi king, with Notes on the 64 Kwa. By Dr. Edkins. (*China Review*, XII, pp. 77/88, 412/432.)

— The *Yi king* and its appendices. By Joseph Edkins. (*Ibid.*, XIV, pp. 303/322.)

Philastre.

— Tsheou Yi : Le Yi : King ou livre des changements de la dynastie des Tsheou traduit pour la première fois en français avec les Commentaires traditionnels complets de T'shèng Tsé et de Tshouhi et des extraits des principaux commentateurs par P.-L.-F. Philastre. Première partie. (*Annales du Musée Guimet*, VIII, Paris, Ernest Leroux, 1885.) — Deuxième partie. (*Ibid.*, XXIII, Paris, Ernest Leroux, 1893.) 2 vol. in-4.

Notice : *Revue d'Ethnographie*, IV, No. 5, 1885, pp. 457/460. (Par Gustave Dumoutier.)

— * Lieut^{t}. de vaisseau Nel. — Philastre. Sa vie et son œuvre. (Bulletin de la Société des études indo-chinoises de Saïgon, n° 44, 2e semestre 1902.) Saïgon, Ménard, 1903, pp. 7-27.

Notice : *Bull. Ecole franç. Ext. Orient*, III, No. 3, Juill.-Sept. 1903, pp. 470/472. Par P. Pelliot.

Terrien de Lacouperie.

— The Yh-king. By A. Terrien de Lacouperie. (*Athenaeum*, 21st Jan., 9th and 30th Sept. 1882.)

— On the History of the Archaic Chinese Writing and Texts. (Extracted from « The Oldest Book of the Chinese and its Authors » in the *Journal of the Royal Asiatic Society*, Vol. XIV, Pt. IV, pp. 798-806.) By Terrien de La Couperie, M. R. A. S. London : 1882, br. in-8, pp. 11.

— The Oldest Book of the Chinese (the Yh-king) and its Authors. By Terrien de La

Couperie, M. R. A. S. (*Journ. R. As. Soc.*, N. S., Vol. XIV, Art. XXVI, October 1882, pp. 781/815; Vol. XV, Art. IX, April 1883, pp. 237/289.)

Errata : *Ibid.*, Vol. XV, October 1883 pp. 483/484.

— M. Terrien de La Couperie as a Sinologist. By E. H. Parker. (*China Review*, XIII, pp. 301/305.)

— *The Oldest Book of the Chinese*, The Yh-king and its authors. By A. Terrien de Lacouperie. Vol. I. *History and Method*. London, D. Nutt, 1892, in-8, pp. XXVII-121.

Notice : *Bab. & Or. Record*, VI, May 1893, pp. 263/4, rep. from the *Lond. & China Telegraph*, by R. K. Douglas.

C. DE HARLEZ.

— Le texte originaire du Yih-king, sa nature et son interprétation, par M. C. de Harlez. (*Journ. Asiat.*, VIIIe sér., IX, Avr.-Mai-Juin 1887, pp. 424/456.)

— Le texte originaire du Yih-king, sa nature et son interprétation, par M. C. de Harlez. — Extrait du *Journal Asiatique*. — Paris, Imprimerie Nationale, MDCCCLXXXVII, br. in-8, pp. 35.

— Le texte originaire du 易經 Yih-king par C. de Harlez. (*Le Lotus*, VII, pp. 212/218.)

— Le Yih-king. Texte primitif rétabli, traduit et commenté par Ch. de Harlez, Membre de l'Académie royale de Belgique. Bruxelles, F. Hayez, 1889, in-4, pp. 154 + 1 f. n. ch. p. l. table.

Ext. du t. XLVII des *Mém. de l'Ac. roy. des Sciences, des lettres et des beaux-arts de Belgique*. — 1889.

— Le *Yi-king*. Sa nature et son interprétation. Par M. C. de Harlez. (*Journ. Asiat.*, VIIIe sér., XVII, Janv.-Févr. 1891, pp. 164 à 170.)

— L'Yi-king. Suo carattere originario e sua interpretazione. (C. de Harlez.) (*Giornale della Società Asiatica italiana*, Vol. V, 1891, pp. 183/191.)

— Le Yi-king au VIIe siècle avant J.-C. I. (Le *Tchien-tsiu* et le *Tso-tchuen*.) II. (Le Yi-king d'après le *Lün-yü*.) Par C. de Harlez. (*Journ. Asiat.*, IXe sér., I, Janv.-Fév. 1893, pp. 163/171.)

— The true Nature and Interpretation of the Yi-King. By the Rt. Rev. Mgr. de Harlez. (*Asiat. Quart. Review*, 2d Ser., VII, pp. 386-395.)

— The Ancient Chinese Books of Divination. By the Rt. Rev. Mgr. C. de Harlez. (*Ibid.*, 2d Ser., VIII, pp. 107-116.)

— The Yih-King. Translated by the Right Reverend Monseigneur Charles de Harlez, D. D., Professor in the University of Louvain. (*Imp. & As. Quart. Rev.*, N. S., IX, 1895, pp. 117/132; *ibid.*, N. S., X, 1895, pp. 107/122.)

— The Yih-King or « Chinese Divination ». By the Right Rev. Monseigneur Prof. C. de Harlez. (*Ibid.*, 3rd Ser., II, 1896, pp. 115/129.)

— The Yih-King. A New Translation from the Original Chinese By Mgr C. de Harlez, D. LL., Professor in the University of Louvain, Belgium. (Translated from the French by J. P. Val d'Eremao, D. D.) Publications of the Oriental University Institute, Woking [1896]. In-8, pp. 68, tit. sur la couverture.

— L'interprétation du Yi-King par C. de Harlez. (*T'oung Pao*, VII, N° 3, Juillet 1896, pp. 197/222.)

— Le Yi-King, traduit d'après les interprètes chinois avec la version mandchoue, par C. de Harlez. Paris, E. Leroux, 1897, in-8, pp. 220.

Notice : *Journal Asiatique*, 9e Sér., XIII, Janv.-Fév. 1899, pp. 186/188. Par L. Feer.

— Les Figures symboliques du Yi-king, par M. C. de Harlez. (*J. As.*, I, pp. 223/287.)

— Rectification à l'article de M. C. de Harlez, sur les figures symboliques du Yi-king. Par Philastre. (*J. As.*, I, 1898, pp. 168/177.)

— Mgr. de Harlez. Nécrologie par Henri Cordier. (*T'oung Pao*, X, No. 5, Déc. 1899, p. 487.)

Charles-Joseph de Harlez, né à Liége, le 21 août 1832 ; † 14 juillet 1899.

— The Construction of the Yih king. By Tho. W. Kingsmill. (*China Review*, XXI, No. 4, pp. 272/275.)

— The Eight Diagrams of Fuh Hsi. By Rev. J. H. Judson. (*Chin. Rec.*, XXXV, Feb. 1904, pp. 74/78.)

CHOU KING 書經 ou *CHANG CHOU*.

Second Livre Canonique du premier ordre.

— On en trouvera une notice dans Du Halde, II, pp. 295/297 et des extraits faits par le P. de Prémare, pp. 298/307.

— Consulter également les *Mémoires concernant les Chinois*. Vol. I, pp. 59/76.

Dans une note de ces *Mémoires*, I, p. 311, il est dit : «Le Chou king a été traduit par le R. P. Benoît, le Chi king & le Li ki par le R. P. de la Charme, les manuscrits du Chou king & du Chi king sont en Europe.»

— Le *Chou-king*, un des Livres sacrés des Chinois, Qui renferme les Fondements de leur ancienne Histoire, les Principes de leur Gouvernement & de leur Morale ; Ouvrage recueilli par Confucius. Traduit & enrichi de Notes, par Feu le P. Gaubil, Missionnaire à la Chine. Revu & corrigé sur le Texte Chinois, accompagné de nouvelles Notes, de Planches gravées en Taille-douce & d'Additions tirées des Historiens Originaux, dans lesquelles on donne l'Histoire des Princes omis dans le Chou-king. Par M. de Guignes, Professeur de la Langue Syriaque au Collége Royal de

France, de l'Académie Royale des Inscriptions et Belles-Lettres, Interprète du Roi pour les Langues Orientales, Garde de la Salle des Antiques du Louvre, Censeur Royal, & Membre des Sociétés Royales de Londres et de Gottingue. On y a joint un Discours préliminaire, qui contient des Recherches sur les tems antérieurs à ceux dont parle le Chou-king, & une Notice de l'Y-king, autre Livre Sacré des Chinois. A Paris, chez N. M. Tilliard... MDCCLXX, in-4, pp. CXLIV-474 sans le Privilége de l'Académie des Inscriptions & Belles-Lettres.

Préface, pp. i/xliij. — Discours préliminaire, ou Recherches sur les tems antérieurs à ceux dont parle le Chou-king, & sur la Mythologie chinoise, par le P. de Prémare, xliv-cxxxviij. — Table des Chapitres du Chou-king, cxxxix-cxliv. — Chou-king, pp. 1-318. — Explication des Planches, pp. 319-355. — Différentes observations du P. Gaubil sur le Chou-king, pp. 356-398. — Notice du Livre chinois nommé Y-king, ou Livre canonique des Changemens, avec des Notes, par M. Claude Visdelou, Evêque de Claudiopolis, pp. 399-436. — Table des Matières, pp. 437-474. — Errata, p. 474.

Vend. Langlès (319), Fr. 20. — Klaproth, Fr. 10.

Le *Chou-king* du P. Gaubil est reproduit avec quelques légers changements par Pauthier dans les *Livres sacrés de l'Orient*, éditions de 1841 et de 1843, pp. 46/136. Pauthier ne réimprime pas la *Table des Chapitres* de 1770, mais il donne, pp. 1/8, les *Observations* du P. Gaubil.

Mémoires de Trévoux, 1771, pp. 240/258. — *Journal Encyclopédique*, 1771, III, pp. 193/208. — Grosier, *Chine*, IV, pp. 355 et seq.

— *Yu-chou* der erste Theil des *Chou-king*. Aus dem Französischen des P. Gaubil und des de Guignes übersetzt und mit Anmerkungen begleitet von Hrn. Dr. Fr. Majer. (Klaproth, *As. Magazin*, I, pp. 456/477.)

— La Morale du Chou-king ou le Livre sacré de la Chine. A Paris, chez Victor Lecou, 1851, in-32, pp. VIII-227.

Fait partie de la « Nouvelle Collection des Moralistes anciens publiés sous la direction de M. Lefèvre ». — Trad. du P. Gaubil.

— Détails intéressants sur la traduction de Gaubil, dans Grosier, *Desc. de la Chine*, IV, pp. 355 et seq.

— Voir dans *du Halde*, II, p. 298, une paraphrase du Chap. III (*Ta-Yu-mo*) de la Ire Partie (*Yu-chou*) du *Chou king*. — II, p. 302, une paraphrase du Chap. II (*Tchong-hoei-Tchi-kao*) de la IIIe Partie (*Chang-chou*). — II, p. 304, une paraphrase du Chap. VI (*Hien-yeou-y-te*) de la IIIe Partie. — II, p. 305, une paraphrase du Chap. VIII. (*Yue-Ming*) de la IIIe Partie. — Ces traductions sont du Père de Prémare.

— Le P. Michel Benoist a traduit le *Chou King*, voir col. 1055; il avait envoyé cette traduction au comte de Rasumowski; il avait commencé celle du Meng-tseu.

— Antiquissimi Sinarum Annales sive liber classicus Chang-chou vel vulgatius Chouking.

MS. de la Bib. de Kazan, No. 15321.

Ms. latin. 312 pag. numérotées in-fol.; précédées de 26 autres pages non numérotées, renfermant : 1° *Monitum Lectori circa versionem libri Chou-king*, pages 1-3; 2° *Praefatio in librum Chou-king*, pages 5-14; 3° *Introductio ad Chronologiam libri Chou-king*, pages 15-26; écrit sur papier chinois, apparemment par un Chinois, d'une main très lisible, mais avec peu de savoir.

Dans le *Monitum*, le traducteur nous apprend qu'étant missionnaire et en même temps chargé des travaux hydrauliques dans le palais de l'empereur il trouvait encore du loisir pour étudier les langues tatare et chinoise. La connaissance de la dernière est indispensable non seulement pour prêcher notre Ste. religion, mais aussi pour tirer des livres chinois ce qui pourrait être agréable aux Européens (*quod posset esse gratum Europaeis*). Le P. Gaubil, qui avait envoyé en Europe une traduction du *Chou-king* en langue française et du sort de laquelle il n'a jamais eu connaissance, m'engageait à entreprendre une nouvelle. Accédant à cette proposition il s'est servi de la langue latine qui est plus précise que la langue française et pour cela se prête mieux à rendre plus simplement un style simple (*proinde simplicius reddere postest simplicem antiquorum stylum*). Outre cela, chaque missionnaire venu dans ce pays connaît cette langue et pourra juger mieux cette traduction.

Il dit s'être servi de la traduction du P. Gaubil, et s'il y a de la différence entre la sienne et celle du P. Gaubil, la cause en est à rechercher aux sources qu'il a consultées, vu que les commentateurs donnent différentes explications à un seul et même texte.

Parmi ces commentateurs il nomme le *Je-kiang* en langue chinoise et tatare; il dit avoir lu à plusieurs reprises le *Tshang-ko-lao*, d'avoir consulté le *Che-san King-ta-tsuen* et autres livres (*quos habemus in nostra hujusce residentiae Gallicae Biblioteca*). Pour les noms propres, les noms de préfectures, de dignités, etc., il préférait de les exprimer en termes chinois, ne sachant une expression équivalente en latin; les noms qui n'ont pas été traduits, sont écrits en caractères chinois, avec addition de la prononciation. Les noms géographiques ont été corrigés d'après la grande géographie chinoise *Ta tsing y tung tchi*, écrite sous la dynastie présente, et consistant en 350 volumes.

Le manuscrit a été revu, à ce qu'on voit, par l'auteur et corrigé.

Apporté de la Chine par l'archimandrite Daniel (Sibylloff), membre de la mission russe à Pe-king de 1820 à 1830; ensuite archimandrite à un couvent de Moscou; depuis 1837-1844 archimandrite au couvent St.-Jean-Baptiste à Kazan, et professeur de chinois à l'université; ensuite supérieur d'un monastère en Sibérie au lac Baïkal, où il est mort.

Cf. *Revue de l'Extrême-Orient*, II, No. 3, 1884, pp. 408 et seq.: le chap. IX, *Kang-kao*, est reproduit, *ibid.*, pp. 409/412.

Je suppose que le traducteur n'est autre que le P. Michel Benoist, 蔣彌額, *Tsiang Mi-ko*, né le 8 oct. 1715; † à Pe-king, 23 oct. 1774. On lit, p. 311, I, des *Mém. conc. les Chinois* : « Le Chou-king a été traduit par le R. P. Benoît. » Il avait, dit Sommervogel, envoyé cette traduction au Comte de Rasumowski.

— Джунгинъ, или Книга о Вѣрности, переведенная съ манжурскаго и китайскаго языка на Россійской государственной коллегіи Иностранныхъ Дѣлъ Переводникомъ Алексѣемъ Агаѳоновымъ въ Иркутскѣ, 1784 года, по открытіи того Намѣстничества. Москва, 1788, in-8, pp. 56.

— Lettre à M. l'abbé Grosier. Paris, 22 mars 1818. (Klaproth, *Mém. rel. à l'Asie*, I, pp. 414/421.)

Sur le *Chou king*.

— Le Chap. Ier du *Chou king*, *Yao tien*, est traduit en anglais à la suite (Appendix, pp. 1/21) du *Sixth Annual Report of the Anglo-Chinese College*, Malacca 1828. — Col. 1329.

— Ancient China. 書經. The Shoo king, or the Historical Classic : being the most ancient authentic Record of the Annals of the Chinese Empire : illustrated by later Commentators. Translated by W. H. Medhurst, Sen. Shanghae : Printed at the Mission Press, 1846, in-8, pp. XVI-413.

Preface by the Translator. — Preface by the Commentator Tsae Ch'hin, the disciple of Choo-Wan-kung. — Contents : Genealogical Table of Yaou and Shun (I-XVI). — Shoo-king (1-328). — Extract from the Mirror of Chinese history, beginning with the reign of Yaou. Illustrative of the facts related in the Shoo-king (329-398). — Appendix A. List of the 28 Constellations according to the Chinese (399-402). — Appendix B. Astronomy of the Shoo-king (from the *Chin. Rep.*) (403-408). — The Chinese Zodiac (409-413).

Publiée à £ 3. — B. Quaritch, 1872-18/-.

— Mémoire sur l'état politique et religieux de la Chine, 2300 ans avant notre ère, selon le *Chou-king*, par H. Kurz. (*N. J. As.*, V, 1830, pp. 401/436, et VI, 1830, pp. 401/451.)

— Astronomy of the Shú-King, by W. J. Boone. (*Chin. Rep.*, IX.) [Voir le chap. des *Sciences mathématiques*.]

— The *Shoo king*, or Book of Records; its character, antiquity, and summary of its contents. By a Correspondent. [C. Gützlaff.] (*Chinese Repository*, VIII, pp. 385 et seq.)

— Chinese sacrifices, illustrated by quotations from the Shú King. Translated for the *Chinese Repository*. [By E. C. Bridgman.] (*Ibid.*, XVII, pp. 97/101.)

— The Sacred Books of China the Texts of Confucianism translated by James Legge. Part I. The Shû king, The religious portions of the Shih king, The Hsiâo king. Oxford at the Clarendon Press, 1879, in-8, pp. xxx-492.

Forme le Vol. III des *Sacred Books of the East...* edited by F. Max Müller.

— Lo Chau-king o Libro sacro per eccellenza dei Cinesi. Studi di Francesco Albanese. Venezia, Reale tipografia di Gio. Cecchini, 1880, br. in-8, pp. 32.

Estratta dagli *Atti dell' Ateneo Veneto*, Ser. III, Vol. II, Puntata IV.

— Some Notes on the Yü-kung, or Tribute of Yü. By Thos. W. Kingsmill. (*China Review*, IV, pp. 13/18.)

Voir Legge *supra* col. 1367. — Biot, *Considérations sur les anciens temps*, col. 599.

— The structure of the Yü kung. By Thos. W. Kingsmill. (*China Review*, XIV, pp. 17/21.)

— Sur le Yu kong, cf. Richthofen, *China*, T. I, Berlin, 1877.

— Indirect proofs of genuiness of *Shu king*. By J. Edkins. (*China Review*, XIV, p. 49.)

— On Dr. Edkins' views of the *Shu king*. By John Chalmers. (*Ibid.*, XVI, pp. 47/48.)

— * Ancestral Worship in the Shuking by Rev. H. Blodget. (*Jour. Peking Oriental Soc.*, III, No. 2.)

— M. Uhle. Die Partikel 惟 Wêi im Schu-king und Schi-king. Leipzig, 1881. (Voir LANGUE.)

— C. Merz. De pronominum primae personae in Su king atque Si king usu. Vindob. 1882. (Voir LANGUE.)

— Le style de Kong-fou-tze. Kong-tze a-t-il interpolé le Shu-king et composé le Tchuntsiu. Par C. de Harlez. (*T'oung Pao*, Vol. IV, No. 3, juillet 1893, pp. 243/297.)

— Kong-tze et le Chou-king. Par C. de Harlez. (*Ibid.*, No. 4, oct. 1893, pp. 387/8.)

— The Ancient Cult of the Chinese as found in the Shu Ching by Rev. G. Owenn [*sic*]. (*Jour. Peking Or. Soc.*, Vol. I, No. 5, pp. 203/224.)

— ECLIPSE du *Chou-king*, voir *Sciences mathématiques*.

(CHOU KING.)

— * The Shu King; or the Chinese Historical Classic. Translated from the Ancient Text, with a Commentary by Walter Gorn Old. Theosophical Publishing Society, London and Benares. John Lane, New York, 1904, in-12.

Notice : *Lond. & China Express*, Feb. 3, 1905.

— La Rivière Noire du « Tribut de Yu ». Étude de Géographie ancienne chinoise par J. Beauvais. (*T'oung Pao*, Mai 1905, pp. 161/228, carte.)

CHI KING 詩經.

Troisième Livre Canonique du premier ordre.

Le P. Cibot a traduit 10 odes du *Chi king* dans les *Mém. conc. les Chinois* :

— IV : *Doctrine des Chinois sur la Piété filiale*, pp. 171/176 : 7 odes.

— VIII : *Essai sur la Langue des Chinois*, pp. 198, 199 et 240 : 3 odes.

Le Père de Prémare a traduit 8 odes (dans Du Halde, II, pp. 309/317).

M. Mohl, éditeur de la version du *Chi king* de Lacharme, dit (parlant des odes trad. par Prémare) en note, p. VIII : « *Esse patris Intorcetta crediderim* » ; à la même page, il dit aussi que du Halde a publié 7 odes ; l'erreur est double : il faut lire que le savant jésuite en a publié 8, et qu'elles ont été traduites par Prémare, ainsi qu'on peut le voir au bas de la page 308 de la *Descr. de la Chine*, II.

orrison, sans compter des fragments épars dans son *Dictionnaire*, a donné dans la première partie de ce grand ouvrage des traductions d'odes du *Chi king*, pp. 452, 452/453, 493, 526, 529, 607, 631, 635, 836.

Voir sur le *Chi king*, la *Clavis Sinica* de Marshman, pp. 548 et seq.

Landresse a traduit la 7e ode de la 2e partie du 4e livre dans le *Jour. As.*, Vol. I, pp. 78/87.

Une ode est traduite par Sinensis dans *The North China Herald*, No. 16, Nov. 16, 1850.

Il y a des fragments de 3 odes du *Chi king* dans l'article suivant de Sir W. Jones : *On the second Classical Book of the Chinese*. (*Asiatic Researches*, London, 1799, Vol. I, pp. 195/204.)

— A Chinese Ode Paraphrased. By Senex. (*China Review*, IX, p. 323.) — [Paraphrase d'une ode de Sir W. Jones, citée *supra*.]

— Essai sur le Chi-king, et sur l'ancienne poésie chinoise. Par M. Brosset jeune, élève de M. Rémusat, Membre de la Société royale Asiatique de Paris. Paris, de l'imprimerie de Firmin Didot... 1828, in-8, pp. 30.

— Confucii Chi-king sive Liber Carminum. — Ex latina P. Lacharme interpretatione edidit Julius Mohl. — Stuttgartiae et Tubingae. Sumptibus J. G. Cottae, 1830. In-8, pp. XXII-322-XVI.

Pauthier (290), Fr. 10. — Jos. Baer & Cie. (Bib. de la France, Annonce, 1873.) Fr. 1.60. — Vend. Mohl, Fr. 5.

— * *Chi king si y*. Libri *Chi king* Sinensis interpretatio latina, (auct. P. de la Charme). Manuscrit in-4, cart.

Ce manuscrit, d'une écriture très soignée, date du siècle dernier. Il comprend 318 pages pour la traduction du *Chi king*, et 138 pages pour les Notes. (Cat. Pauthier [289], vend. Fr. 21.)

Le ms. du *Chi-king* du P. de la Charme qui figurait à la vente Pauthier (289) a reparu dans le cat. de la *Bibliothèque japonaise de MM. Léon Pagès et Dr. Mourier*, Paris, J. Maisonneuve, 1889, No. 216, 20 fr.

(CHI KING.)

— * *Khouei-Pi-Chi King*, hoc est Liber carminum, quem recensuit et commentario illustravit Tchu hi (en chinois). 4 cahiers gr. in-8, dans un étui de carton à la chinoise.

« Ce précieux exemplaire est interfolié de papier blanc sur lequel sont des notes nombreuses de la main du P. Foucquet, et de celle de M. Rémusat, qui, en 1823, avait commencé à y transcrire la traduction et les commentaires du P. de la Charme. » (*Cat. des livres... de M. J. P. Abel-Rémusat*, No. 1631.)

— Schi-King, oder Chinesische Lieder, gesammelt von Confucius. — Neu und frei nach P. La Charme's lateinischer Uebertragung bearbeitet. — Für's deutsche Volk herausgegeben von Johann Cramer. Crefeld, 1844. J. H. Funcke. in-18, pp. xix-255.

Forme le Vol. III de l'ouvrage en quatre vol. : *Das himmlische Reich. — Oder China's Leben, Denken, Dichten und Geschichte.* — Voir col. 78.

— Schi-king. — Chinesisches Liederbuch, gesammelt von Confucius, dem Deutschen angeeignet von Friedrich Rückert. Altona, bei J. F. Hammerich, 1833, in-8, pp. x-360.

« The German Poet Rückert turned Lacharme into German verse, paraphrasing his imperfect translation and using the utmost poetical license, omitting that was too prosy and remodelling what was not poetical enough in itself with the help of his own rich store of poetic imagination. The consequence of course is, that it is difficult, even for the best Chinese Scholar, to recognize any single Chinese Ode as translated by Rückert. We can scarcely call them translated at all, unless we use the word in the sense which Quince gives to it, « Bless thee, Bottom! bless thee! thou art translated. »

« Bunsen's prolific and versatile genius could not resist the temptation to make capital of Rückert's German » translation « of the She-king. Accordingly he re-wrote a selection from Rückert's poems, translated them into English and published his version abroad as » The Book of Sacred Songs «. » (Eitel, *China Review*, I, p. 3.)

— The She king ; or the Book of Ancient poetry, translated in English verse, with Essays and Notes. By James Legge, D. D., LL. D.,... London : Trübner & Co., 1876, in-8, pp. vi-431.

— Dr. Legge's Metrical Shi king. By Alfred Lister. (*China Review*, V, pp. 1/8.) — T. W. Kingsmill, *Celestial Empire*, 9 sept. 1876.

(Voir *supra* col. 1368.)

— Chi-king ou Livre des Vers ancien livre canonique des Chinois précédé de la Grande Préface attribuée à Confucius et de celle du commentateur Tchou-hi. Traduction de M. G. Pauthier.

Inséré pp. 247/398 du Vol. II de la *Bibliothèque orientale*, Paris, Maisonneuve, 1872, gr. in-8.

— On lit dans le *London & China Express* du 22 oct., et le *N. C. Daily News* du 9 déc. 1875 :

« As evidence of the much greater interest taken now-a-day throughout Europe generally in matters relating to the Far East, we may mention that in the current number of the Danish periodical, *Det nittende Aarhundrede*, Lieutenant Wolff illustrates with what are considered able translations, a long paper on the « She King », the book of Odes or Songs, which are said to have been selected and arranged by Confucius. »

— The Rhymes of the Shi-king. By J. Chalmers. (*China Review*, VI, pp. 75/82, 166/172 ; IX, pp. 136/161, 297/301.)

— The ballads of the Shi-king. By V. W. X. (*China Review*, VII, pp. 51/52, 115/117, 176/177, 229/232, 367/370 ; VIII, pp. 27/31, 143/146.)

— The Ancient Language and Cult of the Chows : Being Notes Critical and Exegetical on the Shi-king, or Classic of Poetry of the Chinese. By Thos. W. Kingsmill. (*Jour. N. C. B. R. As. Soc.*, N. S., No. XII, pp. 97/125/iii.)

— One Some Constellations in the Shi-king. By Thos. W. Kingsmill. (*China Review*, VII, pp. 347/349.)

— Mr. Kingsmill and the *Shi king*. By V. W. X. (*Ibid.*, pp. 330. 336.)

— T. W. Kingsmill. — Some Myths of the *Shiking*. (*Jour. China Br. R. As. Soc.*, N. S., XXXI, No. 2, 1896, pp. 182/192.)

— Примѣчанія на третій выпускъ китайской хрестоматіи профессора Васильева. Переводъ и толкованія Ши Цзина. St. Pétersbourg, gr. in-8, pp. 160. — Remarques sur la troisième livraison de la Chrestomathie chinoise du Professeur Vasiliev. Traduction et commentaire du Chi king. St. Pétersbourg, gr. in-8, pp. 160.

— Schi-king. Das kanonische Liederbuch der Chinesen. Aus dem Chinesischen übersetzt und erklärt von Victor von Strauss. Heidelberg, C. Winter, 1880, gr. in-8, pp. 528.

Gabelentz, G. v. d. — Proben aus V. v. Strauss' Schi-King. — Uebersetzung mit Text und Analyse. Mit einer Tafel. (*Ztschft. d. D. M. G.*, XXXII, I, pp. 153/166.)

— Der glückliche Baum. — Aus dem kanonischen Liederbuch der Chinesen, dem « Shi-king ». Uebersetzt von Victor von Strausz. (*Der Ferne Osten*, Bd. 1, Heft 2, p. 136.)

— Rhymes of the Book of Odes. By J. Edkins. (*China Review*, XIV, pp. 213/214.)

— How was the Shi king sung and read? By J. Edkins. (*Ibid.*, XV, pp. 311/312.)

— Metrical Translations from the Shi king. The « Man wong » Decade of the Shi king (Part III), done into English. By W. Jennings. (*China Review*, XVII, No. 3, pp. 125/131.) — The « Shang min » Decade of Part III, (*Ibid.*, No. 4, pp. 216/223.) — The first seven Odes of the « Tang Decade » of Part III, (*Ibid.*, No. 5, pp. 265/276.)

— Sir John Lubbock's Hundred Books 11 詩經 The Shi king the old « Poetry Classic » of the Chinese. A Close Metrical Translation, with Annotations by William Jennings, M. A. Vicar of Beedon, Berks, late Colonial Chaplain, Incumbent of St. John's Cathedral, Hongkong. — London, George Routledge and Sons, 1891, in-8, pp. 383.

One of Sir John Lubbock's *Hundred Books*. — Notices : *China Review*, XIX, No. 6, par E. J. E.[itel.] — *Asiatic Quarterly Review*, Sér. II, 5, p. 262.

— The Chinese Book of the Odes for English Readers. By Clement F. R. Allen, Esq., M. R. A. S. (*Journ. R. As. Soc.*, N. S.,

Vol. XVI, Art. XX, October, 1884, pp. 453/478.)

— The Book of Chinese Poetry being the Collection of Ballads, Sagas, Hymns, and other Pieces known as The Shih Ching or Classic of Poetry. Metrically translated by Clement-Francis Romilly Allen, Her Majesty's Consul, Chefoo, China; Member of the Royal Asiatic Society. London, Kegan Paul, Trench, Trübner & Co. 1891, in-8, pp. xxviii-528.

Notice : *N. C. Herald*, Feb. 26, 1892, pp. 230/2, by A. J. L.

— 詩經 *Ši-kingu* dílu prvního kniha I-VI. Přeložili Dr. Rudolf Dvořák a Jar. Vrchlický. I. Část. J. Otto, v Praze, pet. in-8, pp. 115.

Sborník Světové Poesie vydává Česká Akademie Císaře Františka Josefa pro vědy, slovesnost a umění. Číslo 58.

— Chinese Literature... by Epiphanius Wilson, 1902. — D'après Legge.

— The Wisdom of the East. The Odes of Confucius rendered by L. Cranmer-Byng... London, The Orient Press, 1904, pet. in-16 carré, pp. 45.

Second édition, 1905.

LI KI 禮記.

Quatrième Livre Canonique du premier ordre.

— 禮記 *Li ki*, ou Mémorial des Rites traduit pour la première fois du Chinois, et accompagné de notes, de commentaires et du texte original par J. M. Callery. Turin, Imp. Royale; Paris, B. Duprat, 1853, in-4, pp. xxxii-200 et 98 pages de texte-chinois.

B. Quaritch, 1872, 30/-.

— Dans les *Mémoires concernant les Chinois* on trouve des extraits du *Li ki* : Vol. IV, pp. 6 et seq., sur la Piété filiale [par le P. Cibot]; Vol. IX, pp. 401 et seq., sur l'éducation des anciens Chinois.

— Le P. Zottoli a traduit les principaux chapitres du *Li Ki* dans son *Cursus*.

— The Sacred Books of China. The Texts of Confucianism translated by James Legge. Part III-IV : The Lî-kî, i-x, xi-xlvi. Oxford, at the Clarendon Press, 1885, 2 vol. in-8, pp. x-484, viii-496.

Forme les vols. XXVII et XXVIII des *Sacred Books of the East*... edited by F. Max Müller.

— The *Li ki* translated by James Legge, D. D. By Rev. J. Edkins, D. D. (*Chin. Rec.*, XVII, Sept. 1886, No. 9, pp. 325/328.)

— The Hall of Light. By Joseph Edkins. (*China Review*, XV, pp. 165/167.)

— The Style of the *Li ki*. By J. Edkins. (*Ibid.*, pp. 179/180.)

— The Sacred Books of the East. By John Chalmers. (*Ibid.*, pp. 1/12.)
Li-ki.

— Jottings from the Book of Rites. By J. Mac Intyre. I. Death and Burial. (*China Review*, VII, pp. 11/24, 125/128, 143/149, 211/219.)

— Ancestral Worship. (*Ibid.*, pp. 290/301, 355/364.)

— R. Istituto di Studi Superiori pratici e di Perfezionamento in Firenze. — Carlo Puini. — Tre Capitoli del « Li-ki » concernenti la religione traduzione, commento e note. — Contribuzioni allo studio comparativo delle Istituzione sociali nelle antiche Civiltà. Firenze, Succ. Le Monnier, 1886, gr. in-8, pp. 137.

Chap. XXIII-XXV du *Li-ki*, suivis de *Contribuzioni allo studio comparativo delle istituzioni sociali nelle antiche civiltà*.

— L'âge du Li-ki, ou Mémorial des rites chinois. Par Monseigneur C. de Harlez, Professeur à l'Université de Louvain. (*Muséon*, II, 1894, pp. 581 à 612.)

— 禮記 *Li Ki* ou Mémoires sur les Bienséances et les Cérémonies Texte Chinois avec une double traduction en français et en latin par S. Couvreur S. J. Ho kien fou Imprimerie de la Mission Catholique, 1899, 2 vol. in-8, pp. xvi-788, 3 ff. n. ch. p. l. tit., etc. + pp. 850.

Notices par Henri Cordier dans la *Revue Critique*, No. 24, 11 juin 1900, pp. 483/4, et *T'oung Pao*, juillet 1900, pp. 277/9.

TCH'OUN TS'IEOU 春秋

Cinquième Livre Canonique du premier ordre.

« Bayer est, je crois, le premier qui ait publié des textes d'une certaine étendue; savoir, dans son *Museum Sinicum*, le commencement du livre *Taï hio*, et celui du *Siaò eùl lun*, avec un petit vocabulaire Chinois; et dans les *Commentaria academiae Petropolitanae* [Tome VII, pp. 398 et seq.], le premier *Kiouan* du *Tchhun thsiou* de Confucius. Mais les gravures du *Museum Sinicum* sont si mal exécutées, qu'il est à peu près impossible de lire les caractères qu'elles contiennent. Le fragment du *Tchhun thsiou* est plus correctement gravé, mais les caractères n'en ont pas plus d'élégance. »... (Abel-Rémusat, *Not. et Ext.*, X, pp. 292/3.)

— De Confucii Libro Chuñ çieū. Auctore T. S. Bayer. (*Comment. Acad. Sc.*, Tome VII, St. Pétersb., pp. 335/391 + 5 Pl. de texte chinois.)

— Tchun Tsieou, Le Printems & l'Automne, ou Annales de la Principauté de Lou, depuis 722 jusqu'en 481 avant l'Ere chretienne, &c. : Ecrites par le Célèbre Philosophe Confucius l'An 480 avant Jesus-Christ, après qu'il se fut demis de la charge de Ministre d'Etat qu'il possedoit à la Cour de Loù, &c. Et traduites en françois par Le Roux Deshauterayes, 1750.

Cette traduction n'a pas été publiée et se trouve à la Bib. nationale, Ms. Français 14686 [Supp. Fr. 5555], in-4; elle est précédée d'une préface de 30 pages écrite par le traducteur.

La plus grande partie de cette préface et 7 pages consacrées à Yeou ouang, le 12e empereur des Tcheou (règne 11 ans depuis 781 av. J.-C.) se trouvent également dans le Ms. Fr. 14685 [Supp. Fr. 5554] in-4, qui contient quelques autres pièces venant de Deshauterayes, à savoir :

— Une « chronique tartare » de 79 pages commençant par : « 984 av. J.-C. La 17e année de Movang. Il fit une chasse vers la source du Hoangho, près du Lac nommé alors *Yao tchi* et aujourdhuy par les Tartares de l'ouest Coconor », et s'étendant jusqu'à 1697 de notre ère avec un supplément occupant les deux dernières pages.

— Une chronologie.

— Des Extraits des Recueils des Lettres édifiantes.

Une copie de cette traduction faite en juin 1831 sur le ms. original a été payée Fr. 33.50 à la vente des livres d'Abel-Rémusat (No. 1302) ; cette copie qui était marquée Fr. 36, No 190 du Cat. du libraire Dondey-Dupré, s. l. n. d., se trouvait (août 1876) entre les mains de Mr. Trübner, libraire à Londres, et figure dans son catalogue (1876) au prix de £ 5.5/-.

Cf. Henri Cordier, *Centen. Ecole Langues Orientales*, 1895, pp. 291-293.

— Remarks on the Ch'un ts'ew. By James Legge. (*Chin. Rec.*, III, pp. 335/6.)

— On the Ch'un ts'iu. By E. Bretschneider. (*Ibid.*, IV, July 1871, pp. 51/2.)

« Some 40 years ago Father Daniel, of the Russian Ecclesiastical Mission at Peking translated the Ch'un ts'iu into Russian, but as far as I know this translation has never been published. The manuscript exists still. Besides, this, parts of the Ch'un-ts'iu were translated into Russian and published by other Russian Sinologues. ».

— Замѣтки о Конфуціевой Лѣтописи Чуньцю и ея древнихъ комментаторахъ сочиненіе Н. Монастырева. С.-Петерб. 1876, in-8, pp. IV-52.

— Конфуціева Лѣтопись. — Чунь цю. — Переводъ Н. Монастырева. (Съ литографированными примѣчаніями.) С.-Петербургъ, 1876, in-8, pp. 105.

— Примѣчанія къ Чунь-цю, составленныя Кандидатомъ Н. Монастыревымъ. С. Петербургъ, 1876, in-4, pp. 254 lith. + 1 tab.

— * Alt-orientalische Lebensweisheit. Aus Kong-fu-tse's « Frühling und Herbst ». (*Deutsche Roman-Zeitung*, 1884.)

— 春秋地理致實圖 [*Tch'oun-Ts'ieou Ti-li Kao chi T'ou*]. Carte en chinois de la Chine à l'époque du *Tch'oun ts'ieou* (Annales de Lou, 722-481 av. J.-C.) par les PP. Ignace Lorando, S. J. 焦賓華 et J. Bapt. P'é, S. J. 潘谷聲.

Carte de 1[m] de largeur et de 0[m] 83 de hauteur.

Notice : *China Review*, XX, No. 1, pp. 63/4. By E. H. P.[arker.]

— La religion chinoise dans le Tchün-tsiu de Kong-tze et dans le Tso-tchuen par C. de Harlez, Professeur à l'Université de Louvain. (*T'oung Pao*, III, No. 3, Août 1892, pp. 211/237.)

— Voir supra, Chou King, C. de Harlez, col. 1379.

(Voir Legge, supra col. 1368.) — Pour les éclipses voir le chap. des *Sciences mathématiques*.

(Tch'oun Ts'ieou.)

SE CHOU 四書 *ou Quatre Livres (du second ordre).*

譯四書小引 — Notice sur les quatre Livres moraux attribués communément à Confucius, par M. Abel-Rémusat. (*Not. et Ext. des manuscrits de la Bib. du Roi*, X, 1818, pp. 269/426.)

Pp. 296 et seq. on trouvera le Tchoung young (texte chinois) avec la traduction française. Pp. 380 et seq. Rémusat en donne la « Version mandchou, composée par ordre de Khang hi, revue par le conseiller Ortaï (en chinois 'O-eul-thaï), et publiée sous la direction immédiate de l'empereur Kian loung, avec le texte chinois, en 1755. » [Voir col. 1403.]

— Sapientia Sinica ‖ Exponente P. Ignacio a Costa Lusitano ‖ Soc. Ies. ‖ a P. Prospero Intorcetta Siculo eiusd. Soc. ‖ orbi proposita.

Fleuron avec *IHS* et les noms chinois de *Jésus*, *Intorcetta*, *da Costa*, etc., ainsi placés :

耶
穌
士 會
殷 Fleuron. 郭
鐸 納
澤 爵
述 仝

Kién chām in urbe Sinarū ‖ Prouinciae Kiām Sī. 1662 ‖ Superiorum permissu.

Petit in-folio.

Nous avons examiné au British Museum un exemplaire C. 24. b. 2. de cet ouvrage qui est fort rare ; en voici la description :

L'ouvrage se compose de 51 feuillets doubles :

1er feuillet, *recto* : Titre, *ut supra* ; ce titre est encadré dans une bordure.

1er feuillet, *verso* : Facultas R. P. V. Proūlis... signée : Iacobus le Faure.

2e feuillet, *recto* : [Epistola] R. R. Patribus Extremi Orientis. Datée « Ex 建昌 Kién chām Vrbe Prouinciae 江西 Kiām sī 13. Aprilis 1662. R. R. VV. Humillimus seruus Prosper Intorcetta. »

2e feuillet, *verso* — 3e feuillet, *recto* : Ad Lectorem.

3e feuillet, *recto*, jusqu'au 4e feuillet, *verso* : Vita Confucij Principis Sapiẽtiae Sinicae.

5e feuillet, *recto et verso* : Missionarijs ad Sinas pergentibus et Authori S. P... daté : « Fo cheū fū, 25. 8bris. 1660. Andreas Ferram Soc. Ies. ».

Ces cinq feuillets ne sont pas numérotés ; les pages suivantes portent des chiffres arabes, 1, 2, 3, 4, et les feuillets (sur la tranche), des chiffres chinois, 一 二 三 四...

Lib. *Ta Hio*, p. 1-14 = feuillet 七 (7). On lit p. 14 : finis lib. *ta hio*.

2 pages blanches = 1 feuillet.

Lib. *Lun Yu*, p. 1-76 = feuillet 三八 (38). On lit au bas de la page 76 comme réclame : « Lib *Lùn Yù* Pars 6 », le vol. ne comprenant que les 5 premières parties du *Lun yu*.

(Se Chou.)

La Bib. nat. (F. Chinois 208) possède les 38 feuillets du *Lun yu* provenant de la collection de Rémusat, n° 1597, vend. 100 francs.

Sinarvm
Scientia
Politico-Moralis
殷 *yū* 耶 *iē*
鐸 *tŏ* a 穌 *sū*
澤 *çĕ* 會 *hoéi*
P. Prospero Intorcetta
Sicvlo Societatis
Iesv
in
Lvcem edita
著 *chú*

Petit in-folio.

Collation :

1er feuillet double : blanc.

2e feuillet, *recto* : titre *ut supra*, reproduit en fac-simile.

2e feuillet, *verso* :

Moderatores Societatis Iesv in Sinensi V. Prouinciâ Ignatius à Costa Lvsitanus — Iacobus le Faure Gallus — Matthias à Maya Lusitanus — Felicianus Pacheco Lusitanus suo singuli tempore — Approbarunt É Iesv Societate Antonius de Gouuea Lusitanus — Petrus Caneuari Genuesis — Franciscus Brancato Siculus — Io. Franciscus de Ferrarijs Pedemontan — Humbertus Augeri Gallus — Adrianus Grelon Gallus — Iacobus Motel Gallus — Io. Dominicus Gabiani Pedemontan — Emmanuel Georgius Lusitanus — — Philippus Couplet Flandrobelga — Franciscus Rougemont Flandrobelga — Christianus Herdtrich Austriacus recognoverunt.

Chaque nom est précédé des caractères chinois qui le représentent.

3e feuillet, *recto* :

Facvltas R. P. Vice provincialis. Ego infrascriptus Societatis Iesv in Sinis Praepositus Vice provincialis potestate mihi factà ab A. R. P. N. Iohanne Paulo Oliua Praep. : Generali, do facvltatem P. Prospero Intorcetta ejusdem Societatis, vt typis excvdendam curet *Sinarvm Scientiam Politico-moralem* : quod opvs primvm à P. Ignatio a Costa, deinde à P. Iacobo le Favre, demvm à P. Matthia à Maya praedecessorib. meis approbatvm, & à dvodecim alijs Patrib. Soct[is] nostrae in Sinis recognitvm, & pvblica lvce dignvm judicatvm fvit. In qvorum fidem has manu meà signatas, & sigillo officij mei mvnitas dedi. In vrbe Quàm cheū metropoli Sinensis pvinciae Quàm tvm die 31. mensis Iulij. Anni 1667. Felicianus Pacheco.

4e feuillet. Ce feuillet est simple ; il est de deux pages à la manière européenne, tandis que les précédents sont doubles à la manière chinoise. Il contient l'avertissement du P. Intorcetta au lecteur.

13 feuillets doubles chinois contiennent le *Tchoung young* ; 1 feuillet est consacré au titre ; il est déchiré dans l'ex. de la Bibliothèque nationale ; les 12 feuillets suivants sont numérotés de 一 à 十二.

14 feuillets simples, de 2 pages à la manière européenne, continuant le *Tchoung young* ; les pages sont numérotés sur la tranche avec des chiffres chinois de 13 à 26 ; elles sont divisées en deux colonnes : à gauche, le latin ; à droite, le chinois.

1 feuillet blanc.

4 feuillets simples : Confvcii Vita ; au bas de la page 8, on lit : « Goae Iterum Recognitum, ac in lucem editum Die. 1. Octobris. Anno 1669. Svperiorvm Permissv. »

Nous reproduisons cette dernière page.

En resumé, 36 feuillets, dont 16 doubles chinois (1 blanc) imprimés à Canton, et 20 simples (1 blanc) imprimés à l'européenne à Goa.

Cet ex. appartient à la Bib. nat. de Paris (N. F. Chinois 209) ; il provient de la collection de Rémusat, n° 1596, vendu 40 francs. On verra qu'il est en tous points semblable à l'ex. de la maison professe des PP. Jésuites de Palerme, passé dans la Bib. nat. de cette ville et décrit par le P. de Backer, et mieux encore, pp. 290-1, du *Catalogo ragionato*.[1]

D'après ce qui précède, on verra donc que le nom d'éditions de Goa donné à ces anciennes publications, n'est justifié que par l'impression de l'avertissement d'Intorcetta, d'une partie du *Tchoung young* et de la Vie de Confucius dans cette ville portugaise ; que le reste du *Tchoung young* est de Canton ; que le *Ta-Hio* et le *Louen-yu* (en partie) sont du Kiang-si, et que rien n'en a été publié à Goa.

Une note du Cat. de Rémusat, n° 1597, dit que : « L'exemplaire complet, seul connu en Europe, des ouvrages de Confucius publiés en chinois et en latin par le P. Intorcetta, édition de Goa, existe à la Bibliothèque impériale de Vienne. »

Il est probable qu'il contient, comme celui de la Bibl. de Palerme, les deux ouvrages que nous venons de décrire.

La Vie de Confucius publiée dans l'éd. de 1669 est différente de celle qui est donnée dans l'éd. de 1662.

Il y a un ex. de la première partie du *Louen-yu* au Collége de Siu Ca-wei formant un cahier de 72 pages ; on a remarqué que les ex. que nous venons de décrire avaient 38 feuillets et comprenaient les 5 premières parties du *Louen-yu* ; le nom du P. Ferran se trouve au bas de la dernière page de l'ex. de Siu Ca-wei.

— La Bibliothèque royale de Munich possède un ex. de la *Sinarum Scientia* de 1669 conforme à ma description A. Or. 318, mais les ff. sont reliés de travers.

— Iū tŏ çĕ kio-ssé ovvero il primo traduttore europeo di Confucio Notizia di Vincenzo di Giovanni. — Palermo, Lao, 1873, in-8, pp. 16.

Avec facsimile de *Sinarvm Scientia*. — Ext. de l'*Archivio Storico Siciliano*, Vol. I, fasc. 1, Palermo 1873.

— Sinarum Scientia Politico-Moralis ; secundum authenticum exemplar, a R. ac Cl. Viro Prospero Intorcetta, Siculo e Soc. Jesu partim quidem anno Christi CIƆIƆCLXVII in urbe, Quam-Cheu, Metropoli Sinensis Provinciae Quam-Tum ; partim autem anno Christi CIƆIƆCLXIX Goae in India intra Gangem primum in lucem editam. (*Analecta Monvmentorvm omnis aevi Vindobonensia. Opera et studio* Adami Francisci Kollarii... Vindobonae, I, 1761, in-fol., col. 1210/1291.)

Cf. *Acta Erudit.*, 1769, 321.

∴

— Sinarvm ‖ Scientia ‖ Politico-moralis, ‖ sive ‖ Scientiae Sinicae Liber ‖ inter ‖ Confvcii Libros secvndvs, ‖ a P. Prospero Intorcetta Sicvlo Soc. Iesv ‖ e Sinensi Lingva in latinam versa. ‖ [Chūm Yvm 中庸 Medium Constanter Tenendum] ‖ Parisiis, ‖ M.DC.LXXII, in-fol., pp. 24, sig. A-CXL.

Titre *ut supra*, f. 1 *recto*. — f. 1 *verso* blanc. — Ad Lectorem, pp. 3/4. — Scientiae Sinicae liber inter Confvcii Libros secvndvs, pp. 5/13. — Confvcii Vita, pp. 14/18. — Avis, p. 18. — La Vie de Confucius, pp. 19/23. — Version de quelques endroits du second liure Confucius, pp. 23/4.

Dans le Tome II de *Relations de divers voyages curieux... de feu M. Melchisedec Thevenot*, Paris, 1696.

Aussi avec le titre :

— La ‖ Science ‖ des ‖ Chinois, ‖ Traduite

1. Catalogo ragionato dei Libri di prima stampa e delle edizioni aldine e rare esistenti nella Biblioteca Nazionale di Palermo compilato dal Sac. Antonio Pennino, Assistente di essa Biblioteca. Vol. I, Palermo, 1875, in-8, pp. 284-302.

mot pour mot de la langue Chinoise ‖ par le R. Pere Intorcetta Iesuite. ‖ [Chũm Yvm 中庸 Medium Constãnter Tenendum] ‖ A Paris, ‖ Chez Gervais Clovsier, au Palais, à la seconde Boutique, ‖ sur les degrez de la Ste. Chapelle, à l'enseigne du Voya-

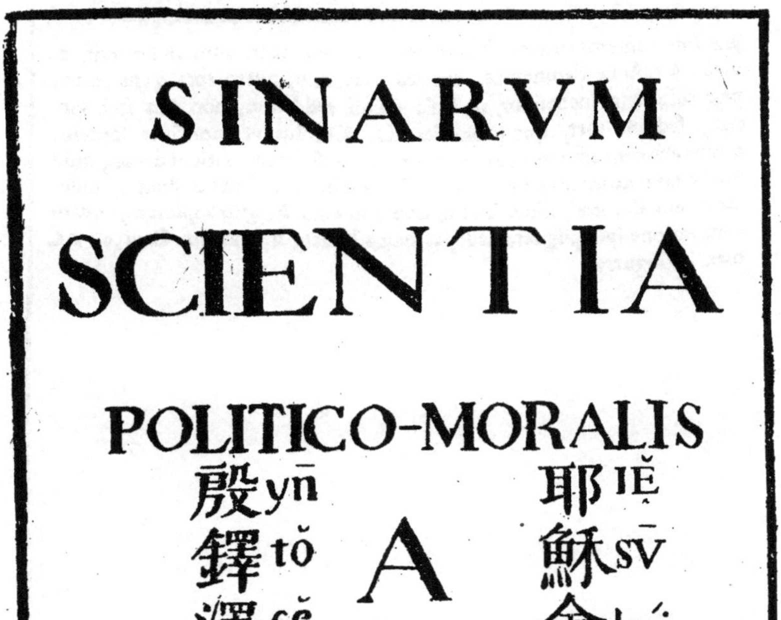

SINARVM SCIENTIA POLITICO-MORALIS

殷 yn̄ 鐸 tŏ 澤 çĕ

A

耶 IĘ 穌 sv̄ 會 hoéi

P. PROSPERO INTORCETTA Sicvlo Societatis IESV

IN Lvcem edita

著 chú

geur. ‖ Et André Cramoisy, dans la ruë de la Vieille Bouclerie, à ‖ l'enseigne du Sacrifice d'Abraham. ‖ M.DC.LXXII, ‖ Avec Privilege dv Roy. ‖ in-fol., pp. 24.

(Se Chou.)

Contient une préf. au lecteur (latin), la trad. latine du *Tchoung young*, la Vie de Confucius en latin et en français, et une version française de quelques passages du *Tchoung young*.

On lit, p. 18 : « I'ay choisi la ville de Goa pour mettre au iour ce traité, elle est la mère des autres Missions, & c'est de là que découle, dans le reste de l'Orient, tout ce qui se fait de

(Se Chou.)

grand tous les iours pour l'auancement de la Foy sous les auspices de S. François Xauier l'Apostre de l'Orient, ie l'ay fait aussi pour me conformer au sentiment de mes confrères, que ie laissay dans la Prouince de Canton qu'on leur auoit marquée pour le lieu de leur exil ».

Ces observations viennent à l'appui de ce que nous disions plus haut col. 1388.

Aussi avec le titre :

— La Science ‖ des ‖ Chinois, ‖ ov ‖ le livre

præ suis contemnentem. Multó magis tamen cauendum nobis erit, ne uerbo scriptoue damnemus, aut lædamus eum, quem tota gens tantopere suspicit ac ueneratur, ne huic odiosi reddamur, non nos ipsi tantùm, sed ipse met, quem prædicamus, Christus; et dum forte contemnimus aut condemnamus eum, qui tam consentanea rationi docuit, quique uitam ac mores cum doctrinâ suâ conformare semper studuit, uideamur nos Europæi, Sinis saltem, non tam cum Magistro ipsorum, quám cum ratione ipsâ pugnare uelle, et huius lumen, non autem Contucij nomen extinguere.

Goæ iterum Recognitum, ac in lucem editum Die. 1. Octobris. Anno 1669.

SVPERIORVM PERMISSV.

de Cvm-fv-çv, ‖ Traduit mot pour mot de la langue Chinoise par le ‖ R. P. Intorcetta Iesuite. ‖ [Chũm Yvm 中庸 Medium constanter tenendum.] ‖ A Paris, ‖ Chez André Cramoisy, ruë de la vieille Boucle-

rie proche ‖ le Pont S. Michel, au Sacrifice d'Abraham. ‖ M DC LXXIII. ‖ Avec Privilege dv Roy. ‖

C'est M. Wilberforce Eames, Lenox Librarian, qui a eu l'obligeance d'attirer mon attention sur ces différences de titres.

— Confucius Sinarum Philosophus, sive

Scientia Sinensis latine exposita. Studio & Opera Prosperi Intorcetta, Christiani Herdtrich, Francisci Rougemont, Philippi Couplet, Patrum Societatis Jesu. Jussu Ludovici Magni Eximio Missionum Orientalium & Litterariae Reipublicae bono e Bibliotheca regia in lucem prodit. Adjecta est Tabula Chronologica sinicae monarchiae ab hujus exordio ad haec usque tempora. Parisiis, Apud Danielem Horthemels, viâ Jacobæâ, sub Mæcenate, M. DC. LXXXVII. Cum privilegio Regis. In-folio, pp. CXXIV-108-159-8-3-xx-106, s. l. p.

— Epistola Ludovico magno regi christianissimo (sig. du P. Couplet).

— Operis origo et scopus nec-non sinensium librorum, interpretum, sectarum, et philosophiae, quam natutalem vocant, proëmialis declaratio, pp. IX-CXIV (sig. du P. Couplet).

— Portrait de Confucius.

— Philosophorum Sinensium Principis Confucii Vita, pp. CXVij-CXXiV.

— Scientiae Sinicae, Liber primus [Ta hio], pp. 1/39.

— Liber secundus [Chûm yûm], pp. 40/108.

— Liber tertius [Lùn Yù, Ratiocinantium Sermones. Versio litteralis unà cum explanatione], pp. 1/159.

— Tabula genealogica trium familiarum imperalium Monarchiae Sinicae à Hoam ti primo gentis Imperatore per 86. successores, & annos 2457. ante Christum. E Sinico Latinè exhibita à R. P. Philippo Couplet Belgâ, Soc. Jesu, Sinicae Missionis in Urbem Procuratore, pp. 1/8.

— Paradigma XV provinciarum et CLV urbium capitalium sinensis imperij cum templis quae Cruce † signantur et domiciliis S. I. [Auctore Phil. Couplet], 1 page.

— Tabula Chronologica Monarchiae Sinicae juxta cyclos annorum LX. Ab anno ante Christum 2952. ad annum post Christum 1683. Auctore R. P. Philippo Couplet Belgâ, Soc. Jesu, Sinensis Missionis in Urbem Procuratore. Nunc primûm in lucem prodit è Bibliotheca regia. Parisiis, M. DC. LXXXVI. Cum privilegio Regis, pp. xx-106.

— Imperii Sinarum et rerum in eo notabilium Synopsis. 4 pages numérotées 105/108.

— Extrait du Privilege du Roy, 1 page ; au bas de cette page on lit : Parisiis, Ex Typographia Andreae Cramoisy Parisiensis Typographi. M. DC. LXXXVII.

— Confucius Sinarum... Comptes-rendus dans : *Journ. des Savans*, 1688, pp. 99/105 ; — *Biblioth. univers. et histor.*, t. VII, pp. 387-455 ; — *Acta Eruditor. Lipsiensia*, 1688, pp. 254-265 ; — Freytag, *Adparatus litterarius* (Lipsiæ, 1755), t. III, pp. 118 à 122. — *Annal. Encycl.*, 1818, V, p. 112. (Sommervogel.)

Vend. Langlès (438), Fr. 29. — Rémusat (172), Fr. 10.05. — Klaproth (180), Fr. 6.

— Pensées morales de Confucius, recueillies et traduites du latin par M. Levesque. A Paris, chez Didot l'aîné... Et De Bure l'aîné..., M. DCC. LXXXII, in-12, pp. 175.

Fait partie de la *Collection des Moralistes anciens*. — Pierre-Charles Levesque, né à Paris en 1736 ; † à Paris, 12 mai 1812.

∴

— La morale de Confucius philosophe de la Chine. A Amsterdam, Chez Pierre Savouret, dans le Kalver-straat, pet. in-8, pp. 132 + 13 ff. prél. pour l'avert., etc.

— Lettre sur la morale de Confucius, philosophe de la Chine. A Amsterdam, Chez Pierre Savouret, dans le Kalver-straat, pet. in-8, pp. 45.

— La Morale de Confucius, philosophe de la Chine. (Par J. de La Brune.) Amsterdam, Savouret (Paris), 1688, in-12, 10 ff. lim. et pp. 100.

« République des lettres », par J. Bernard, septembre 1710, p. 305.

L'abbé Simon Foucher publia la même année à Paris, avec les seules initiales de son nom, une « Lettre sur la Morale de Confucius », qui a été plusieurs fois réimprimée avant ou après l'ouvrage dont il est ici question. Les deux opuscules ont été réimprimés ensemble à Paris, chez Valade, 1783, in-8.

Malgré l'assertion de Jacques Bernard, l'Avertissement qui précède la « Morale de Confucius » ne me permet pas de croire que l'ouvrage ait été rédigé par un protestant ; il me semble plutôt venir d'un catholique.

Le Catalogue Filheul, nº 379, donne la « Morale de Confucius » au président Cousin ; et j'avoue être très porté à adopter ce nouveau renseignement.

Voy. Barbier, « Examen critique, p. 228, article *Cousin* ». (Barbier, *Dict. des Anonymes*, VI, 1875, pp. 351/2.)

— La Morale de Confucius, philosophe de la Chine. A Paris, de l'imprimerie de Valade ; et à Reims, chez Cazin, M.DCC.LXXXIII, in-8, pp. 236, s. les prél.

Brunet (II, pp. 222/223) dit en parlant de l'éd. de 1783, Londres (Paris, Valade) : « Edition peu commune, dont il y a des exemplaires in-8, en papier fin d'Annonay : vend. 9 fr. 50 c. *mar.* Renouard, en 1805. L'ancienne édition de cette traduction de la Morale de Confucius, Amsterdam, 1688, in-12, est à très bas prix ».

Cet ouvrage traite non-seulement du *Ta hio*, mais aussi du *Tchoung young* et du *Lun yu*.

Chossonnery, 1877, Nô. 20 : Amst., chez Pierre Savouret (à la Sphère), s. d., port., in-12, 3 fr. — Reims, Cazin, 1783, in-18, gr. pap. vergé, port., 5 fr. — Paris, 1818, in-18, port., 1 fr. 50.

— * La Morale de Confucius, suivie d'une Lettre sur la Morale de Confucius [par Simon Foucher]. Paris, Caille et Ravier, 1818, in-18.

— * La Morale de Confucius, philosophe de la Chine. Edition Cazin. Paris, Legrand, 1844, in-8, pp. 160.

— The Morals of Confucius, A Chinese Philosopher, Who flourished about five Hundred Years before the coming of Christ. Being one of the choicest Pieces of Learning remaining in that Nation. London : Printed for Randal Taylor, near Stationers-Hall. MDCXCI, in-12, pp. xx-183.

Portrait de Confucius.

— The Morals of Confucius A Chinese Philosopher, Who flourished above Five hundred Years before the Coming of our Lord and Saviour Jesus Christ. Being one of the Choicest Pieces of Learning Remaining of that Nation. — The Second Edition. — London : Printed for F. Fayram, at the South Entrance into the Royal-Exchange, Cornhill, 1724, pet. in-8, 8 ff. prél. n. ch. p. le tit. et l'adv. + p. 136.

L'Advertisement est différent de la Preface de 1691 ; le texte est le même avec quelques légères modifications, par exemple, dernière ligne : « by *thy* crimes » au lieu de « by *the* Crimes » dans l'éd. de 1724, qui renferme aussi une dissertation absente de l'autre.

— The Morals of Confucius, A Chinese Philosopher, who flourished about five hundred years before Christ. — Translated from the Chinese by R. F. Intorcetta and Couplet.

Pp. 12-124 de : *The Phenix; a Collection of old and rare Fragments...* New York, William Gowan, 1835, in-8.

— Moral Sayings of Confucius, A Chinese Philosopher, who lived five hundred and fifty-one years before the Christian Era; and whose moral precepts have left a lasting impression upon the nations of the earth. To which is added a Sketch of his Life; with emendations by L. E. Barnard. — Copyright secured. — Cleveland, O. Published by A. B. & Co., 1855, pièce in-12, pp. 20.

∴

— Sinensis Imperii Libri Classici Sex, nimirum Adultorum Schola, immutabile medium, liber sententiarum, Memcius, Filialis Observantia, parvulorum Schola, E Sinico idiomate in latinum traducti a P. Francisco Noël Societatis Jesu Missionario. Superiorum Permissu. Pragae, Typis Universitatis Carolo-Ferdinandeae, in Collegio Soc. Jesu ad S. Clementem, per Joachimum Joannem Kamenicky p. t. Factorem, Anno 1711, in-4, pp. 608, s. les prél., etc.

Praefatio, 5 p. — Index et Synopsis capitum et articulorum, 20 p. — Liber primus, etc., pp. 1/608. — Errata, 2 p.

Rare. — Langlès (481), Fr. 59. — Rémusat (170), Fr. 51. — Klaproth (178), Fr. 35.

— * Exercices de traduction de la langue chinoise en langue latine par le Jésuite Noël, ou, suivant l'inscription sur la feuille servant de titre : *Liber sententiarum ex sinico in latinum idioma traductus a P. Francisco Noël Societatis Jesu Missionario Sinensi.* — Plus bas : *Nancham in Chinâ* 1700. Une autre remarque est conçue en ces termes : *Tiré de la Bibliothèque privée de Mr. P. J. Baudewyns, anc. Profess. à l'Académie, Direct. act. de l'Ecole seconde à Bruxelles. Acquis et envoyé au Temple de Mémoire à Pulawy, ce 27 Nov. 1810, par moi, Général de division Sokolnicki.* — Relié à l'européenne, 3 vol. in-4. Ms. (*Cat. des Ms. et Xylog. de St. Pétersb.*, 1852, No. 842.)

— *Acta Eruditorum*, 1711, pp. 284-286 ; 1712, pp. 123/5, 224/9. — *Mém. de Trévoux*, 1713, pp. 2002/5.

— Les Livres classiques de l'Empire de la Chine, recueillis par le Père Noel ; précédés d'Observations sur l'origine, la nature & les effets de la philosophie morale & politique dans cet empire. A Paris, chez De Bure, Barrois aîné & Barrois jeune, 7 vol. in-18, 1783-1786.

Cette traduction française de l'ouvrage latin du P. Noël est de l'abbé Pluquet, ainsi que l'indique l'*Approbation* imprimée à la page III du premier volume.

Tome Premier, 1784, pp. IV-246 : Préface. — Approbation. — Observations sur la philosophie morale et politique des Législateurs chinois.

Tome Second, 1784, pp. XL-230 : Observations sur les Livres classiques de l'Empire de la Chine. — La Grande Science, ou la Science des Adultes. — Le Juste Milieu, ou le Milieu immuable.

Tome Troisième, 1785, pp. 228 : Avant-Propos. — Le Livre des Sentences.

Tome Quatrième, 1785, pp. 229-428 : Suite du troisième livre classique nommé le Livre des Sentences.

Tome Cinquième, 1786, pp. 213 : Avant-Propos. — Meng tsée, ou le Livre de Memcius.

Tome Sixième, 1786, pp. 266 : Seconde Partie du Livre de Memcius.

Tome Septième, 1786, pp. 230 : Avant-Propos. — Hiao-king, ou le Livre de la Piété filiale. — Siao-hio, ou le Livre de l'Ecole des Enfants. — Approbations. — Avis pour l'ordre des Volumes.

Cet ouvrage a été publié à 12 liv. 12 s. broché ; les exemplaires sur Papier d'Annonay coûtaient 28 livres brochés.

Rémusat (171), Fr. 8.10

— *Esprit des Journaux*, déc. 1781, pp. 79/94 ; nov. 1787, pp. 208/214.

— Livres classiques... traduits par le P. Daniel.

Brouillon des traductions en russe du P. Daniel ; le premier cahier, 8 feuillets, contient la traduction de 8 chapitres du livre *Ta-hio* ou Grande Science de Confucius, sur les règles d'éclaircir la raison et de garder le bien-être spirituel, avec l'interprétation de Tseu-tsi, l'un des disciples de Confucius, et d'autres commentateurs ; le second (4 feuillets) la fin du 8e chapitre, le 9e et le commencement du 10e ; le troisième (4 feuillets) le commencement du *Lun-Yu*, autre ouvrage de Confucius ; le quatrième (1 feuillet) la continuation du précédent. De la main de l'archimandrite Daniel.

Cf. *Revue de l'Extrême-Orient*, II, No. 3, 1884, p. 412 ; No. 15324, MSS. de la Bib. de Kazan.

— The Chinese Classical Work commonly called the Four Books ; translated, and illustrated with Notes, By the Late Rev. David Collie, Principal of the Anglo-Chinese College, Malacca. — Printed at the Mission Press. 1828, in-8.

Preface (I-VI). — Memoirs of Confucius (VII-XIV). — Ta Heo (1-14). — Chung Yung (1-31). — Shang lun (1-45). — Hea lun (47-98). — Memoirs of Mencius (I-VI). — Shang Mung (1-96). — Hea Mung (97-185).

Pub. à cinq piastres espagnoles ; avec le texte chinois : six piastres espagnoles.

Rémusat (175), Fr. 11, broché. — Klaproth (179), Fr. 35. — Quaritch, No. 285 (1872) 25/-.

— Confucius et Mencius. Les quatre Livres de philosophie morale et politique de la Chine traduits du Chinois par M. G. Pauthier. Paris, Charpentier, 1862, in-18, pp. 465, sans la Table.

Cette traduction des *Se chou* est tirée des *Livres Sacrés de l'Orient* édités par Pauthier chez Didot, 1841, pp. 153/304 ; elle est précédée d'une « introduction » de Pauthier, pp. 1/32.

Ed. citées par le *Jour. de la Lib.* : 1841, No. 3572. [Vendu Quaritch, 1872, 3/6.] — 1846, No. 2861. — 1852, No. 6100.

— Confucius und Mencius. Die Vier Bücher der Moral- und Staatsphilosophie China's. Aus dem Chinesischen nach der französischen Uebersetzung des Herrn M. G. Pauthier's herausgegeben von Joh. Cramer. Crefeld, 1844, in-18, pp. VIII-364.

Forme le Vol. II de *Das Himmlische Reich*. Voir col. 78.

— De Heilige Boeken der Chinezen, of de vier klassieke Boeken van Confucius en Mencius, (Khoeng-tseu en Meng-tseu), voorafgegaan door een inleidend levensberigt van Confucius en Mencius ; en voorzien van ophelderende aanmerkingen en historische aanteekeningen, naar de beste europesche vertalingen. Door den bewerker van de Nederduitsche Uitgaaf van den Koran. — Haarlem, J. J. Van Brederode. 1862, in-12, pp. LXXXIII-475.

— Eene nieuwe (titel-) uitgave verscheen Arnh., de Jong. 1864.

(Se Chou.) (Se Chou.)

Beoordeeling : *Godg. bijdr.*, 1864, XXXVIII, 705. (Hensbroek.)

— La Morale des Philosophes chinois extraite des Livres classiques de la Chine et de l'Annam par J.-L. de Lanessan... Paris, Félix Alcan, 1896, in-18, pp. 124 + 1 f. n. ch.

Fait partie de la *Bibliothèque de Philosophie contemporaine.*

∴

— * The Chinese Classics, A Translation By James Legge D. D. of the London Missionary Society. Vol. I. Worcester, Mass., Published by Z. Baker, gr. in-8, 1866.

Contient le texte anglais du Vol. I de l'éd. de Hongkong, 1861, sans le chinois, les notes, les prolégomènes et le lexique, mais avec la table des matières, une Vie de Confucius extraite de *Chambers' Encyclopaedia* et trois pages et demie dans l'introduction sur les doctrines de Confucius.

— The Chinese Classics : a Translation by James Legge, D. D., of the London Missionary Society. Part I. Confucius. New York : Hurd and Houghton, 1870, in-8, pp. 163.

1. Analects. — 2. Great Learning. — 3. Doctrine of the Mean.

Notice : *Atlantic Monthly*, Vol. XXV, 1870, pp. 763/4.

— — Part II. — Mencius. in-8, pp. 219.

— Confucius and the Chinese Classics : or Readings in Chinese Literature. Edited and compiled by Rev. A. W. Loomis. San Francisco : A. Roman, 1867, in-12, pp. 432.

I. History and Biography. — II. The Four Books. — III. Selections. — IV. Editorial Review. Remarks on the Doctrines taught by the Chinese Sages, and their Influence on the Chinese Mind.

Les traductions sont tirées de Legge.

— The Four Books; or the Chinese Classics in english, and Chinese Text : for the use of those who wish to learn to translate english, and those gentlemen who wish to read the words spoken by the Chinese Sages. Compiled from the best previous works, and arranged precisely, according to the pages of the Chinese Text, by a Chinese Compiler. In six volumes. Ho-nan : Printed at a Private Press. 1871.

Cette édition des quatre livres est grossièrement imprimée avec des caractères mobiles en bois et forme 6 *peun*, ou cahiers chinois. Le texte chinois est imprimé sous la traduction anglaise qui n'est autre que celle qui est donnée par le Dr. Legge dans les Vol. I et II de ses *Chinese Classics.*

— The Four Books; or the Chinese Classics in english : for the use of those who wish to learn to translate English, and those gentlemen who wish to read the words spoken by the Chinese Sages. Compiled from the best previous works, and arranged precisely, according to the pages of the Chinese Text, by a Chinese Compiler. In Six volumes. Ho-nan : Printed at a Private Press. 1871.

Ces vol. pet. in-12 carré comprennent la traduction anglaise de l'édition précédente imprimée avec les mêmes caractères. Le texte chinois est supprimé.

«Les *Chinese Classics* de Legge ont dû être récemment en Chine l'objet d'une contrefaçon. Les journaux de Changhai annoncent en effet une édition lithographique à $ 1 — des »*Sseu chou* en chinois et en anglais« (華英四書 *Houa ying sseu chou*) et une édition à $ 2 — du »*Chou king* en chinois et en anglais« (華英書經 *Houa ying chou king*), auquel est joint le *Tchou chou ki nieu*. La traduction est celle du Dr 雷祈帥 *Lei-k'i-che* (Legge)». (*Bul. Ecole franç. Ext. Orient*, Oct. — Déc. 1904 p. 1140).

— New Testament Parallels in the Four Books. By Rev. George Owen, Peking. (*Chin. Rec.*, XVII, August 1886, pp. 285/293.)

∴

— Lehrbegriff des Confucius nach 論語, 大學, 中庸, von Ernst Faber. Rheinischer Missionär. — Hongkong : Dr. Eitel, London Mission,... Ch. Gaupp & Co.,... und Deutschland, Barmen Missionshaus. — Printed at the « China Mail » Office, Hongkong. 1872, br. in-8, pp. 74 + 3 ff. prél.

Notices : *Shanghai Budget*, Nov. 21, 1872. — *China Review*, I, pp. 135/6. — *Ibid.*, I, pp. 260/266. (By E. J. Eitel.)

— Quellen zu Confucius und dem Confucianismus, als Einleitung zum Lehrbegriff des Confucius, von Ernst Faber, Rheinischer Missionär. — Hongkong : Ch. Gaupp... Deutschland : Barmen, Missionshaus. — Printed at the « China Mail » Office, Hongkong. 1873, br. in-8, pp. 27.

Notice : *Shanghai Budget*, Sept. 13, 1873.

— A Systematical Digest of the Doctrines of Confucius, according to the Analects, Great Learning and Doctrine of the Mean, with an Introduction on the Authorities upon Confucius and Confucianism. By Ernst Faber, Rhenish Missionary. Translated from the German, by P. G. von Moellendorff, Imp. Germ. Consular Service. Hongkong : Printed at the « China Mail » Office, 1875. Gr. in-8, pp. VIII-131.

Conférence faite à Hongkong, le 24 juillet 1872.

Notice : *Chin. Rec.*, VI, pp. 157/8.

— 四書 Les Quatre Livres avec un Commentaire abrégé en chinois une double traduction en français et en latin et un vocabulaire des lettres et des noms propres par S. Couvreur S. J. Ho kien fou Imprimerie de la Mission Catholique 1895, in-8, pp. VII-748.

— Seu Chou 四書 ou les Quatre Livres traduits par un Missionnaire de la Congrégation du S. Cœur de Marie du Nord de la Chine. Hongkong, Imprimerie de la Société des Missions étrangères 1896, pet. in-8, pp. 379 + 1 f. n. ch. er.

— 中西四書 The Four Books or the Chinese Classics in English Compiled From the best previous works. Hongkong. Printed by Man Yu Tong, 1898, in-8, pp. II-617.

Texte et traduction. — Préface signée : L. Y. T.

1° Ta hio 大學 ou l'*École des Adultes.*
Premier Livre Canonique du second ordre.

« The *Ta hëo* » Great Study « appears to have been retained after the time of Chè-hwâng-Té, among the documents pertaining to the rites, and eventually formed a section in the *Lè kè*, in which it was preserved till the time of Choo He, who erased it from the *Lè kè*, and published it separately, as one of the Four Books. It consists of eleven chapters, the first of which, called the Classic, contains the words of Confucius, on the fundamental principles requisite in the government of states. The remaining ten by his disciple Tsang Ts'an are merely illustrations of the sayings of the sage. » (Wylie, *Notes*, p. 6.)

— Confvcii Tahio siue Philosophia cvm interpretatione et scholiis quibvsdam. (Bayer, *Museum Sinicum,* II, pp. 237 et seq.)

— Ta-hio, ou la Grande Science.

Traduit par le Père Cibot dans le Vol. I des *Mémoires concernant les Chinois.*

— *Сы шу гѣи*, то есть четыре книги съ толкованiями. — Книга первая философа Конфуцiуса. Перевелъ съ Китайскаго и Манжурскаго на Россiйской языкъ Надворной Совѣтникъ Алексѣй Леонтiевъ. — Санктпетер., Импер. Акад. Наукъ, 1780 года, in-8, pp. 125.

Bazin (No. 1780). — Rémusat (176), Fr. 6.05. — Klaproth (188), Fr. 4.50. — Rosny, *Var. Or.*, p. 254.

— Ta-hyoh, with a Translation, and a Praxis, explaining each character as it occurs.

Publié à la fin de la *Clavis Sinica* (1814) de Marshman. La Traduction a été faite par le fils aîné de Marshman. (Voir la Préface de la *Clavis*, p. xv.)

— « Translations of Ta-hio ; the First of the Four Books » dans les *Horae Sinicae* de Morrison : London, 1812 ; — new ed., 1817, pp. 147/159.

— Le Ta-hio, ou la Grande Etude, ouvrage de Confucius et de son disciple Tseng-tseu. Traduit du Chinois par M. G. Pauthier. Paris, de l'Imprimerie d'Everat, rue du Cadran, No. 16, 1832, br. in-8, pp. 23.

Extrait de la *Revue Encyclopédique*, Mai-Juin 1832.

— 大學 Le Tă hio, ou la Grande Etude, le premier des quatre livres de philosophie morale et politique de la Chine ; ouvrage de Khoung-fou-tseu [Confucius] et de son disciple Thsêng-Tseu ; Traduit en François avec une version latine et le texte chinois en regard ; accompagné du commentaire complet de Tchôu-hî, et de notes tirées de divers autres commentateurs chinois ; par G. Pauthier. Paris, Imprimé par Firmin Didot frères... avec les types chinois mobiles, gravés sur poinçons d'acier et fondus par Marcellin-Legrand, graveur de l'Imprimerie royale. MDCCCXXXVII. Cura et Sumptibus Interpretis, in-8, pp. VIII-104.

Cet ouvrage fait partie d'une collection que devait publier en parties Pauthier sous le titre de « Les anciens Philosophes Chinois, traduits et publiés en Chinois, en latin et en François, avec plusieurs commentaires ». Notice : *Asiatic Journal*, XVIII, pp. 185/9.

Un exemplaire unique sur papier de Chine publié à 50 francs est marqué 10 fr. dans le cat. No. 37 (438) de Lucien Gougy, lib., Paris, mai 1893.

∴

— * 四書俚語啓蒙 *Szé shoo lè yù k'e mung.* The Four Books with Explanations in the Local Dialect. Hongkong, 1860, 31 ff.

« This is the 大學 *Te hëŏ*, or first of the Four Books, annotated... by one of Mr. Lobscheid's teachers, and published with his revision and imprimatur. There is a preface, followed by four questions and answers regarding the contents of the books, and a note regarding Confucius and his works. » (*Mem. Protestant Miss.*)

— * The Great Study or 大學 *Ta-hyoh,* romanized according to the Shanghai reading sound, and printed in the Roman character with all the tones indicated. Shanghae, 1861.

By Benjamin Jenkins. — *Mem. Prot. Miss.*

— 大學國音解義 in-fol. autographié, pp. 89.

Préface en français signée P. Tru'o'ng Vĩnh Ký, Saigon, 5 oct. 1877. — Quôc-ngữ' et caractères.

— *Ta Hio.* — Texte chinois, mot à mot en annamite vulgaire, transcrit ensuite en langage correct, et transcription en langue mandarine annamite.

— Ta hio, premier livre de Confucius en chinois, gravé en taille douce par les soins de l'abbé Dufayel, in-4.

Cet ouvrage n'a jamais été mis dans le commerce. Vend. Rémusat (1593), d. rel. dos m. r. Fr. 6. — Ce *Ta Hio* de Dufayel n'a pas de titre européen ; il se compose de 30 tab. ou pages de 6 col. chacune et 10 caractères par col. ; le tout fort bien gravé en taille-douce et d'un seul côté du papier.

— Ta hio, premier livre de Confucius, publié à St. Pétersbourg par M. le baron Schilling de Canstadt, in-folio [texte chinois].

Vend. Rémusat (1591), sur pap. anglais, Fr. 6.50. — (1592), sur pap. chinois, Fr. 12.

— Confucii magne doctrina, Textus sinicus autographice descriptus a H. Geiger, Monaci, 1896, in-8, pp. 20. 2s.

— Voir Li K'i.

— 學大 Tái Hiŏ Magna Doctrina. Quatuor Librorum moralium scholæ Confucianæ primus. Textum sinicum edidit, versionem novam latinam, selectas doctoriš Tchoû-hì notaš, suasque animadversiones nec non clavim amplissimam addidit Stephanus Endlicher. Vindobonae. 1833.

MS. malheureusement incomplet de l'homme distingué qui fut en même temps botaniste et sinologue. Stephan-Ladislas Endlicher, né à Presbourg, 24 juin 1804, s'est suicidé à Vienne, le 28 mars 1849. Le MS. forme deux cahiers in-4 ; je l'ai acheté du libraire M. Spirgatis, Leipzig.

∴

— The Ta heo Classic. — « The Great Lesson of Life. » Translation of the Ta heo Classic « The Great Lesson of Life » : By C.B. Hillier. Read to the Society, 10th August 1852. (*Transactions China Branch Roy. As. Soc.*, Part III, Art. II, pp. 9/16.)

— The Grand Study (Ta Hio or Dai Gaku). — Part I. The Chinese Text with an interlineary Japanese Version, edited by Dr. J. Hoffmann. — Leiden, E. J. Brill, 1864, in-8, pp. v + 26 p. de texte.

Titre et préf. en hollandais et en anglais.

— * Confucius. Tá-hio. — Die Erhabene Wissenschaft. — Aus dem Chinesischen übersetzt und erklärt von Reinhold von Plaenckner. Leipzig, 1874, in-8.

— Confucius. — Tá-hiŏ. Die Erhabene Wissenschaft. — Aus dem Chinesischen übersetzt und erklärt von Reinhold von Plaenckner. Leipzig : F. A. Brockhaus, 1875, in-8, pp. xx + 1 f. n. ch. p. l. tab. + pp. 358.

— Die Philosophie des Kong-dsy (Confucius) auf Grund des Urtextes. Ein Beitrag zur Revision der bisherigen Auffassungen von Dr. Fr. Kühnert. I. Das Da Hjo. (*Sitzb. phil.-hist. Cl. k. Ak. Wiss. Wien*, CXXXII, 1895, VIII. Abh., pp. 52.)

Notice : *Journ. R. A. S.*, Jan. 1896, pp. 238/240, par T. W.[atters.]

— Confucius, Legge, Kühnert. Von A. von Rosthorn. (*Sitzb. phil.-hist. Cl. Ak. Wiss. Wien*, CXXXV. Bd. XII. Abh., pp. 21.)

— Australian Series of Oriental Text Books. Ta 大學 Hyoh. The Advanced Study : With Analytical Vocabulary and Notes : Being Part I. of a Chinese Chrestomathy : by the Rev. W. Matthew, St. Mark's Presbyterian Church, Stawell ; and formerly Superintendent of Chinese Missions, Victoria. Stawell : Published by G. Lyell, Stationer. 1877. Price Two Shillings and six pence. br. in-8, pp. 30.

— Voir *Annales Encyclopédiques*, 1818, V, 112 et seq. — *Indo-Chinese Gleaner*, No. XIV, Oct. 1820. — Legge, *supra*, col. 1367. — Pauthier, *supra*, col. 1396. — Zottoli, *Cursus litteraturae Sinicae*, II, pp. 141/169.

2° Tchoung Young 中庸 ou le *Milieu Immuable*.

Second Livre Canonique du second ordre.

— Tchong Yong, ou Juste Milieu.

Traduit par le Père Cibot dans le Vol. I des *Mémoires concernant les Chinois*.

— ДЖУНЪ ЮНЪ, то естъ законъ непреложный Изъ преданїй китайскаго философа Кунъ дзы. — Книга вторая. Перевелъ съ Китайскаго и Манжурскаго на Россійскїй языкѣ коллегїи Иностранныхъ дѣлъ Канцелярїи Совѣтникъ Алексѣй Леонтїевъ. С.-Пет., Акад. Наукъ. s. d., in-8, pp. 116 + 1 f. n. ch.

Vend. Rémusat (177), Fr. 6.05.

— Notizie varie dell' Impero della China e di qualche altro paese adiacente con là vita di Confucio Il Gran Savio della China, e un saggio della sua Morale. All' illustriss. Sig. Marchesė Clemente Vitelli. Maestro di Camera del Sereniss. Granduca di Toscana. In Firenze nel Garbo, Da Giuseppe Manni. M. DC. LXXXXVII. Per il Carlieri all' Insegna di San Luigi. *Con Licenza de' Superiori*, in-12, pp. XVI-185, sans l'approbation.

On trouve dans ce volume : Relazione della China Cavata da un ragionamento tenuto Col P. Giovanni Grueber della Comp. di Gesu, pp. 1-122. — Confucii Vita, pp. 122-142. — Scientiae Sinicae liber inter Confucii libros secundus, pp. 143-185 [Tchoung Young].

Par Magalotti Lorenzo, sous le pseudonyme de Jacopo Carlieri.

— Il y avait, dans la bibliothèque de M. Alex. Wylie, un manuscrit (pet. in-4) que ce savant a acheté dans une boutique chinoise à Pe-king et a fait relier. Ce ms. a pour titre : *Introductio Necessaria ad latinam linguam Kien long quadragesimo tertio anno duodecimae lunae decimâ quintâ die europeus litteratus Ventavon* 汪遠洪 *scriptam tradidit Tan min kiou lin veneranter recepit.* A la fin de ce volume, il y a une traduction du Tchoung Young qui a pour titre : *Tchung Yung Kien long quadragesimo secundo anno duodecimae lunae vigesima octava die europeus litteratus Ventavon scriptum tradidit Tan Min kiou lin veneranter recepit.*

Le recto des pages de cette traduction est numéroté, et la série va jusqu'à 48 ; l'ouvrage a donc 96 pages. On a inscrit les caractères chinois avec de l'encre rouge sous les mots latins des dix premières pages de la traduction qui est, avec peu de différences, la même que celle du P. Intorcetta. Le P. de Ventavon, qui est arrivé en 1766 à la Chine, est mort à Pe-king, le 27 mai 1787. C'est sa trad. qui paraît avoir servi pour l'ouvrage précédent, « *Notizie* », etc.

Le MS. du P. de Ventavon fait aujourd'hui partie de ma collection particulière. — Cf. *Centennaire Ecole Langues Orient.*, 1895, p. 289. — H. C.

— Immutabile Medium ex sinico in latinùm idioma traductum a P. Francisco Noël Societatis Jesu, Missionario Sinensi. Nancham, in China 1700.

MS. in-4 ; pap. chinois ; texte chinois et trad. latine sur le f. en regard ; titre *ut supra* sur le premier feuillet ; XVIIIe S., Bib. roy. de Bruxelles.

— L'invariable milieu, ouvrage moral de Tsèu-ssê, en chinois et en mandchou, Avec une Version littérale Latine, une Traduction Françoise, et des Notes, précédé d'une notice sur les quatre livres moraux communément attribués à Confucius, par M. Abel-Rémusat. A Paris, de l'imprimerie royale, 1817, in-4, pp. 160.

— Remarks on M. Rémusat's Translation of the Chung Yung, à Paris 1817. By Aliquis. (*Indo-Chinese Gleaner*, 1820, pp. 337/338.)

— Voir *supra* col. 1386.

Vend. Rémusat (178), Fr. 17 ; (179), pap. vél., Fr. 35.50. Klaproth (190), pap. vél., Fr. 20.

— Moral System of the Chinese. The Chung Yung. (*Asiatic Journal*, XIV, 1834, pp. 114/118, 157/163.)

— Confucius. Tchŏng-yông. Der Unwandelbare Seelengrund. Aus dem Chinesischen übersetzt und erklärt von Reinhold von Plaenckner. Leipzig : F. A. Brockhaus, 1878, in-8, pp. IX-255.

— * G. G. Zerffi. The Tchông-Yông of Confucius.

Notice : *Lond. & China Express*, 1884, p. 892.

— * Tchoung Young, ou l'Invariable Milieu publié à St. Pétersbourg par M. le baron Schilling de Canstadt, in-folio.

Vend. Rémusat (1594), Fr. 13.50.

Sur les éditions chinoises de M. le baron Schilling de Canstadt. (A. Rémusat, *J. As.*, IV, 1824, pp. 165/170.)

— * Tchoung Young, ou l'Invariable Milieu, second livre de Confucius, lithographié à Paris par M. Levasseur [texte chinois], in-18.

Vend. Rémusat (1595), Fr. 2.50.

∴

— * Benjamin Jenkins. — *The Middle Way* or 中庸 Chúng-yûng, romanized according to the Shanghai reading sound, and printed in the Roman character, with all the tones clearly marked. Shanghae, 1861.

Memorials of Protestant Missionaries.

— L'*Invariable Milieu* transcrit en caractères latins et traduit en annamite vulgaire par M. Petrus Ký. Saigon Collége des stagiaires. 1875. — 中庸國音解義 in-fol. autographié, pp. 205.

Préface signée P. Tru'o'ng-vĩnh-ký. — Quô'c-ngũ' et caractères.

Legge, *supra*, col. 1367. — Pauthier, *supra*, col. 1396. — Zottoli, *Cursus litteraturae Sinicae*, II, pp. 170/209. — *Indo-Chinese Gleaner*, II, pp. 379/391.

— Voir Li-K'i.

(Tchoung Young.)

3° Louen Yu 論語 ou *Livre des Sentences. Troisième Livre Canonique du second ordre.*

— On trouvera une notice de cet ouvrage par le Dr. Milne, dans *The Indo-Chinese Gleaner*, January 1820, pp. 271/279.

« A translation of the first volume of the *Lun yu*, was published by a Gentleman in Bengal, in 1809 » dit le Dr. Milne dans cette notice.

— The Works of Confucius ; containing the original text, with a translation. Vol. 1st. To which is prefixed a Dissertation on the Chinese Language and Characters. By J. Marshman. Serampore, Printed at the Mission Press, 1809, in-4, pp. XXXIX-CXIII-725.

Contient la *Vie de Confucius*, et la première partie du *Lun yu*.

Vend. Rémusat (173), Pap. de Holl., Fr. 100. — Klaproth (181), Fr. 45.50. — Edwards, 802, £ 3/. — Quaritch, No. 285 (1872), £ 2.10.

— Critique sur l'ouvrage intitulé : « The Works of Confucius, containing the original text, with a translation, by J. Marshman. Serampore, 1809. » (Extrait du *Moniteur*, No. 36, 1814), par Abel-Rémusat, in-8.

Voir *Mél. As.*, II, pp. 277/297.

— Werke des tschinesischen Weisen Kung-fu-dsü und seiner Schüler. Zum Erstenmal aus der Ursprache ins Deutsche übersetzt und mit Anmerkungen begleitet von Wilhelm Schott, Doctor der Philosophie und Privatdocenten.

Erster Theil. *Lün-Yü.* Halle, 1826. — Zweiter Theil. Berlin, 1832. 2 vol. pet. in-8.

On trouvera dans le 1er vol. : *Leben* (pp. 1/12) *und Schriften des Kung-fu-dsü* (pp. 12/19.)

Vend. Klaproth (182), Fr. 10.50.

Voir sur cette traduction les « Remarques critiques sur la traduction allemande des œuvres de Confucius par M. le Dr. G. Schott » par Klaproth. (*Mémoires relatifs à l'Asie*, III, pp. 482/517.) — Klaproth prétend que l'ouvrage de Schott n'est qu'une traduction allemande de la version anglaise de Marshman (Serampore, 1809).

— Dr. Wilh. Schott's Vorgebliche Uebersetzung der Werke des Confucius aus der Ursprache, eine Litterarische Betrügerei, dargestellt von W. Lauterbach (Klaproth). Avec 5 Pl. lith. de textes chinois. Leipzig, Michelsen, et Paris, Ponthieu, 1828, in-8, pp. 69.

Vend. Klaproth (183), Fr. 3.05 ; (184), Fr. 3.50.

— Deutsche Uebersetzung des Confucius. Pièce in-4, pp. 2, sans tit. l. n. d.

Par Klaproth. — Paris d. 28 Julius 1828. (British Museum, 753 i. 7/5.)

— * Réflexions sur l'ouvrage intitulé : Werke des tschinesischen Weisen Kung-fu-dsü, c'est-à-dire Œuvres du philosophe Chinois Confucius, par M. Landresse. Br. in-8, pp. 16.

Ext. du *Jour. As.*, II, 1828, pp. 143/157. — Klaproth (186).

— * The Conversations of Confucius or 論語 *Lun-yü*, romanized according to the Shanghai reading sound, and printed in the Roman Character. Shanghae, 1861.

Benjamin Jenkins. — *Mem. Prot. Miss.*

(Louen Yu.)

— The Lun yü; being Utterances of Kung Tzŭ, known to the Western World as Confucius. gr. in-4, s. l. n. d., pp. 142.

Pref. de T. F. Wade, London, 26th May, 1869. « The translation was made by me at Peking, in Jan. and Feb. 1861. » — Stephen Austin, Printer, Hertford. Trad. sans texte chinois.

Only a few copies have been printed. (Cat. de Trübner, 1889.)

— Occasional Papers on Chinese Philosophy. By Chaloner Alabaster. No. V. A chapter from the Chinese Gospel. Printed by A. A. Marçal. Amoy, br. in-8, pp. 8.

Sur le *Lun Yu*.

— Occasional Papers on Chinese Philosophy. By Chaloner Alabaster. (*N. C. Herald*, May 13, 1881, pp. 466/7.)

No. 7. Book IV of the *Lun-yü*.

— * 孔夫子 Some of the Analects of Confucius... Shanghaï, 1887, in-4 obl.

12 amusing illustrations (ink sketches) from modern chinese life — each facing a text and translation — by Mrs. C. F. R. Allen.

— Sir John Lubbock's Hundred Books 93 論語 The Confucian Analects A Translation, with Annotations and an Introduction by William Jennings, M. A. Rector of Grasmere Late Colonial Chaplain, Incumbent of St. John's Cathedral Hongkong. London, George Routledge, 1895, in-8, pp. 224.

— Chinese Literature... by Epiphanius Wilson. 1902. — D'après Jennings.

— Китайская Хрестоматія, Выпускъ второй *Лунъ-юй*. — С.-Пет., 1894, in-8, pp. 94 de texte chinois + 1 p. n. ch.

Forme le Vol. 2 de la *Chrestomathie* de Vasiliev.

— 玆在文斯 The Discourses and Sayings of Confucius. A new special translation, illustrated with Quotations from Goethe and other Writers. By Ku Hungming, M. A., *Edin*... Shanghai : Kelly and Walsh, limited... 1898, gr. in-8, pp. x + 1 f. n. ch. + pp. 182.

Daté du « Viceroy's Yamen, Wuchang, 1st August 1898 ».

— The Wisdom of the East. Sayings of K'ung the Master selected, with an introduction, by Allen Upward... The Orient Press, 1904, in-16, pp. 50.

« Legge, from whose translation of the *Analects* the present selection has been for the most part drawn » (pp. 12-13).

— Legge, *supra*, col. 1367. — Pauthier, *supra*, col. 1370 et 1396. — Zottoli, *Cursus litteraturae Sinicae*, II, pp. 210/367.

4° Meng Tseu 孟子 ou *le Livre de Mencius. Quatrième Livre Canonique du second ordre.*

On en trouvera une notice dans Du Halde, II, pp. 334/363. — Dans the *Indo-Chinese Gleaner*, XVI, April 1821, pp. 80 et seq., par le Dr. Milne.

— Meng Tseu vel Mencium inter Sinenses Philosophos, ingenio, doctrina, nominisque claritate Confucio proximum, edidit, latina interpretatione, ad interpretationem Tartaricam utramque recensita, instruxit, et perpetuo commentario, e sinicis deprompto, illustravit Stanislaus Julien. — Societatis Asiaticae et Comitis de Lasteyrie impensis. — Lutetiae Parisiorum, in-8.

Pars Prior, MDCCCXXIV.

Notitia de Mencio ejusque opere. — Praemonitum editoris, pp. 1-xxxj. — Liber Primus, pp. 1/132.

Partis Prioris Continuatio, MDCCCXXVI.

Liber Primus, pp. 133/230.

Pars Posterior, MDCCCXXVI.

Liber secundus, pp. 1/118.

Partis Posterioris Continuatio, MDCCCXXIX.

— Liber secundus, pp. 123/248.

— Indices tum nomina propria, tum Mencianam phraseologiam complectentes, pp. 1/50.

— Clavis utilissima, cujus ope litterae textus ancipites in sinicis lexicis expedite reperientur, pp. 51/58.

— Emendationes et Addenda, pp. 59/64.

— Brevis Tractatus in quatuor litteras sinicas quae apud Mencium ejusque interpretes officio maxime notabili funguntur, pp. 65/84.

Le texte chinois lithographié à Paris [Lith. de C. de Lasteyrie] forme un vol. in-8 de 161 pages.

Le prospectus de l'ouvrage est publié, pp. 314/316 du cahier de nov. 1833 du *Jour. Asiatique*.

Voir : « Sur la Traduction de Mencius, par M. Stanislas Julien. » (Abel-Rémusat, *Mél. As.*, II, pp. 298/310. — *Jour. des Savans*, 1825, pp. 79/87. — *J. As.*, V, 1824, pp. 105/111.)

Vend. Rémusat (184), br. Fr. 24. — Klaproth (191), Fr. 35.50. — Thonnelier, Fr. 21.

— Extrait du cinquième chapitre de la seconde partie de Mengtseu, traduit du chinois par M. Stanislas Julien. (*J. As.*, III, 1823, pp. 219/227.)

— The Life and Works of Mencius. With Essays and Notes. By James Legge, D.D., LL. D. London : Trübner & Co., 1875, in-8, pp. VIII-402.

Notices : *The Athenaeum*, No. 2475, April 3, 1875. — *The Academy*, 1875, pp. 135 et seq. — *China Review*, III, p. 252. — *Chin. Rec.*, VI, pp. 158/9. — *Edinburgh Review*, CXLV, 65.

— The Life and Works of Mencius. With Essays and Notes. By James Legge, D.D., LL. D. Philadelphia : J. B. Lippincott, 1875, pet. in-8, pp. IV + 2 ff. n. ch. + pp. 402.

— Mencius and the *Shi ki*. By J. Edkins. (*China Review*, XIV, pp. 106/107.)

— Chinese Schools of Thought in the Age of Mencius. By Rev. J. Edkins, D. D. (Demetrius Boulger. *The Asiatic Quarterly Review*, October, 1886, Vol. II, No. 4, pp. 381/402.)

— Mencius. By S. [G. Schlegel.] (*T'oung Pao*, I, No. 2, août 1890, p. 169.)

— Leben und Lehren des Mencius. (*Ausland*, No. 5, 1876.)

— Eine Staatslehre auf ethischer Grundlage oder Lehrbegriff des chinesischen Philosophen Mencius. Aus dem Urtexte übersetzt, in systematische Ordnung gebracht und mit Anmerkungen und Einleitungen versehen von Ernst Faber, Missionär der Rheinischen Missions-Gesellschaft, Elberfeld, 1877. Verlag von R. L. Friderichs. London, Trübner & Comp., in-8, pp. VII-273.

Evangelisches Missionsmagazin, 21e année, Basel, 1877. — *China Review*, VI, pp. 199/201. — *Lit. Centralblatt*, 10 nov. 1877. — *Chin. Rec.*, IX, pp. 327/328.

— The Mind of Mencius or Political Economy founded upon Moral Philosophy. A Systematic Digest of the Doctrines of the Chinese Philosopher Mencius, B. C. 325. The Original Text Classified and Translated, with Notes and Explanations, By the Rev. E. Faber, Rhenish Mission Society. Translated from the German, with notes and emendations, by The Rev. Arthur B. Hutchinson, Church Missionary Society, Hongkong,... London : Trübner & Co. 1882, in-8, pp. XVI-291 + 1 f. n. c. pour l'index.

Fait partie de *Trübner's Oriental Series*.

Notice : *Nature*, XXV, 1881-2, pp. 99/100.

— — Second Edition, 1897, in-8.

— Colour-Names in Mencius. By F. (*Chin. Recorder*, XI, 1880, pp. 59/64.)

— Etudes sur les anciens temps de l'histoire chinoise. Recherches sur la civilisation chinoise au IVe siècle avant notre ère, d'après le livre de Meng-tseu par M. Ed. Biot, br. in-8, pp. 26.

Extrait No. 15 de l'année 1845 du *Journal Asiatique*.

— Mencius and some other Reformers of China. By Rev. W. E. Macklin. (*Jour. China Br. R. As. Soc.*, XXXIII, No. 3, 1899-1900, pp. 1/25.)

— Chinese Literature... by Epiphanius Wilson, 1902. — D'après Legge.

— 孟上集之 — in-fol., pp. 797 autog.

On lit la note suivante sur le titre de l'exemplaire de l'Ecole des Langues Orientales vivantes, GG. II. 89 :

« Jusqu'au chapitre *Van chu'o'ng*, 5e livre, le reste ainsi que les *Entretiens de Confucius* sont en manuscrit ; leur autographie a été suspendue par l'administration. »

Par P. Tru'o'ng vĩnh-ký.

— П. С. Поповъ. — Китайскій Философъ *Мэнъ-Цзы*. — Переводъ съ Китайскаго, снабженный примѣчаніями. — Санкт-Петербургъ. Тип. имп. Акад. Наукъ. 1904, in-8, pp. v-262.

Forme le No. 18 des Publications de la Faculté des Langues Orientales de l'Université imp. de St. Pétersbourg.

— Legge, *supra*, col. 1367. — Pauthier, *supra*, col. 1370 et 1396. — Zottoli, *Cursus litteraturae sinicae*, II, pp. 368/635. — Voir au chap. *Biographie*, col. 674 de notre ouvrage.

I LI 儀禮

— I-LI, le plus ancien Rituel de la Chine, son contenu et extraits, par M. C. de Harlez. (*Journ. Asiat.*, VIIIe sér., XIII, Fév.-Mars 1889, pp. 229/270.)

— 儀禮 I-li. — Cérémonial de la Chine antique avec des extraits des meilleurs commentaires traduit pour la première fois par C. de Harlez. Paris, Jean Maisonneuve, 1890, in-8, pp. XVI-408 + 7 pl.

— The Tan Shu. By C. de Harlez. (*Babylonian & Oriental Record*, V, No. 1, Jan. 1891, pp. 18/22.)

— Note on the Tan Shu 丹書 or Red Book of the Ancient Chinese. By T. de L. (Terrien de Lacouperie.) (*Ibid.*, pp. 23/24.)

— Le Chinois parlé au VIe siècle A. C., d'après l'*Ili*, par C. de Harlez. (*T'oung Pao*, IX, N° 3, Juillet 1898, pp. 215/225.)

TCHEOU LI 周禮

— Le Tcheou-li ou Rites des Tcheou, traduit pour la première fois du Chinois par feu Edouard Biot... Paris, Imprimerie nationale, MDCCCLI, 2 vol. in-8 de pp. 48, LXIV, 500, et 620 ; et une *Table analytique*, Paris, Imprimerie nationale, MDCCCLI, in-8 de pp. 119.

L'introduction du premier vol. avait été lue à l'Académie des Inscriptions et Belles-lettres dans les séances des 10 et 17 novembre 1848.

Notice : Art. de J. B. Biot : *Journal des Savans*, I, Janvier 1851, pp. 1/12 ; II, Février, pp. 65/78.

M. le Marquis d'Hervey de Saint-Denys a achevé la traduction des dernières sections du *Tcheou li* et a travaillé à la rédaction des notes de l'ouv. posthume d'Ed. Biot. Voir *Examen des faits mensongers*, St. Germain, 1875, p. 43.

— The Ceremonial Usages of the Chinese, B. C. 1121, as prescribed in the « Institutes of the Chow dynasty strung as pearls » ; or, Chow le kwan choo being an abridgment of the Chow le Classic by 胡必相 Hoo Peih seang, (designated 夢占 Mung chew). Translated from the original Chinese, with Notes, by William Raymond Gingell, Interpreter to Her Majestys' Consulate, Foochow foo. London : Smith Elder & Co., 1852, in-4, pp. IV-107, s. l'index.

— Le Tcheou-li et le Shan-hai-king. Leur origine et valeur historique par C. de Harlez. (*T'oung Pao*, V, Mars 1894, pp. 11/42 ; *ibid.*, Mai 1894, pp. 107/122.)

HIAO KING 孝經 ou *du Respect filial.*

Noël : Livres classiques de la Chine, *supra*, col. 1395/6.

— Doctrine ancienne et nouvelle des Chinois sur la Piété filiale. [Par le P. Cibot.] (*Mémoires concernant les Chinois*, IV, pp. 1 et seq.) :

Avant-Propos. — Extraits du Li-ki sur la Piété filiale. — Hiao-King, ou Livre canonique sur la Piété filiale [traduction]. — Piété filiale de l'Empereur. — Placets présentés aux Empereurs.

— Détails sur la Piété filiale tirés du Cheng-hiun de Kang-hi. — Notice de ce qui a rapport à la Piété filiale, dans le Code des Loix de la dynastie régnante. — Diverses pièces en vers et en prose, sur la Piété filiale. — Article I. D'une déclaration de Kang-hi, de l'an 1663. — Art. II. D'une déclaration de Yong tching, de l'an 1724. — Notice du livre LXXXVI du Recueil Kou-kin-y-tong. — Exemples de Piété filiale. — Maximes, Proverbes, Sentences, Pensées et Réflexions Morales sur la Piété filiale. — Réflexions et Considérations sur la Doctrine de la Piété filiale des Chinois.

— Heaou King, or Filial Duty : author and age of the work; its character and object; a translation with explanatory notes. [By E. C. Bridgman.] (*Chinese Repository*, IV, pp. 344/353.)

— The Heaou-king, or « Book of Filial Obedience ». (*As. Journal*, XXIX, 1839, pp. 302/5.)

Voir Wylie's *Notes*, p. 7. — Legge, *Sacred Books of China*, *supra* col. 1368/9.

— Voir chap. *Piété filiale* dans MOEURS ET COUTUMES.

— Voir Morrison's *Dict.*, I, *s. v.* HIAO.

— A Critique of the Chinese Notions and Practice of Filial Piety... By Rev. Ernest Faber... Voir chap. *Piété filiale*.

— Bulletin critique des Religions de la Chine (La *Piété filiale* en Chine), par Henri Cordier. (*Revue de l'Histoire des Religions*, 1881, III, no. 2, pp. 218/227.)

— The Classic of Filial Piety. (*China Review*, XIII, p. 224.)

— * W. Grube. Hiao-king, das Buch der Kindesliebe. (*Magazin f. d. Literatur des In- u. Auslandes*, 1884, p. 383.)

— What is Filial Piety? (*Journ. C. B. R. A. S.*, N. S., 1885, Art. V, pp. 115/144.)

— Filial piety. (Balfour, *Chinese Scrapbook*, 1887, pp. 59/63.)

— 孝經 Le Hiao-king. Livre sacré de la Piété filiale publié en Chinois avec une traduction française et un commentaire perpétuel emprunté aux sources originales par Léon de Rosny. Paris, Maisonneuve, 1889, in-8, pp. 176.

— La Morale de Confucius. — Le livre sacré de la Piété filiale traduit du chinois par Léon de Rosny. Paris, J. Maisonneuve, 1893, in-12, 3 fr. 50.

∴

— Notiz über das Geschichtswerk Tsotschuen. Von Dr. August Pfizmaier... (*Denkschrift d. phil.-hist. Cl. k. Ak. Wiss. Wien*, 1848, pp. 37/50.)

EUL YA 爾雅

« The *Urh ya*, » Literary Expositor « is a dictionary of terms used in the classical and other writings of the same period, and is of great importance in elucidating the meaning of such words. It is divided into 19 sections, each of which treats of a separate class of subjects. The authorship is attributed with some probability to Tszè-hëà ; though there is tradition that a part of this had also been handed down from the time of Chow Kung. » (Wylie, *Notes*, p. 7.)

— The Urh Yá, or Ready Guide, a Chinese Dictionary by the Duke of Chau. By E. C. Bridgman. (*Chin. Rep.*, XVIII, pp. 169/180.)

— Botanicon Sinicum... By E. Bretschneider, *vide supra*, col. 469.

OUVRAGES DIVERS.

Dissertations sur Confucius et ses doctrines. — Philosophes orthodoxes. — Philosophes hétérodoxes. — Traités de morale.

— Voir JOU KIAO, 儒教, col. 709

— Voir BIOGRAPHIE, col. 667/670.

— Pauthier : *Chine Moderne*, II, pp. 325/388.

— De ‖ sapientia sinensivm ‖ Oratio ‖ in solemni panegyri, ‖ qvvm ‖ fasces prorectorales ‖ svccessori traderet, ‖ in ipso Fridericianae natali XXIIX. ‖ die XII. IVLII A. R. S. CIƆIƆCCXXI. ‖ recitata ‖ a ‖ Christiano Wolfio ‖ potentiss. reg. Borvssiae consiliario avlico, ‖ mathematvm et natvralivm p. p. o. ‖ societ. reg. brit. et bor. sodali, ‖ — Romae, ‖ Cum Censura & Approbatione S. Officii Inquisitorii ‖ A. O. R. CIƆIƆCCXXII. ‖ — Recusa Trevoltii, ‖ Cum Consensu Societatis Jesu ‖ apud Joannem Boudot, ‖ Bibliopolam Regium & Acad. Scientiarum Reg. Ordinarium. ‖ Anno M DCC XXV. in-4, 14 ff. n. ch.

— Christiani Wolfii, Consil. Aulici Hassiaci, Mathematum ac Philosophiae Professoris Primarii in Academia Marburgensi, Professoris Honorarii in Acad. Scient. Petropolitana, Societ. Reg. Brit. & Bor. Sodalis, Oratio de Sinarum Philosophia practica, in solemni Panegyri recitata, cum in ipso Academiae Halensis natali XXVIII. d. XII. Julii A. O. R. 1721. Fasces prorectorales successori traderet, notis uberioribus illustrata. Francofurti ad Mœnum, MDCCXXVI. Apud Joh. B. Andreae & Henr. Hort. in-4, pp. 112 et 3 ff. prél. pour la Préface.

Traduit en allemand par G. F. H. [Hagen.] Halle, 1739, in-8. En français par J. H. Samuel Formey dans la 2e partie de : *La belle Wolfienne*, La Haye, 1741, in-8 ; — et en allemand dans la traduction de cet ouvrage. Frankfurt und Leipzig, 1741, in-8.

— * Dissertatio Sententiam Wolfii de philosophia Sinarum Confuciana examinans. Præside Nicol. Lagerlöf publ. exam. subjicit Carolus Gust. Schröder, Lund, 1737, in-4, pp. 20.

— Specimen Doctrinae veterum Sinarum moralis et politicae ; tanquam exemplum philosophiae gentium ad rempublicam applicatae : excerptum libellis sinicae genti classicis, Confucii sive dicta, sive facta complexis. Accedit de Litteratura Sinensi dissertatio Extemporalis. Opera Georgii Bernhardi Bülffingeri, Moral. & Mathes. in Collegio illustri Tubingensi Prof. ord.

Francofurti ad Mœnum. Apud J. B. Andreae & H. Hort. M. DCCXXIV, pet. in-8, pp. 360, s. la déd., l'ind., etc.

— Promulsis doctrinae veterum Sinarum moralis et politicae, tanquam specimen philosophiae gentium ad rempublicam applicatae, delibata à Georg. Bern. Bilfingero, 1723. in-4, br.

Ms. autographe. Rémusat (168), Fr. 6.10. — Klaproth (177), Fr. 2.50.

— Commentatio philosophica ‖ de ‖ sapienti ivstitiam admi- ‖ nistrandi ratione si- ‖ nensibvs vsitata ‖ — Qva ‖ viro ‖ perillvstri atqve excellentissimo ‖ Christiano Siegfriedo ‖ Eggers ‖ a consiliis ivstitiae et cancellariae ‖ nec non eivsdem praefecto ‖ spectatissimo, ‖ novam dignitatem atqve officivm ‖ qvvm totivs Dithmarsiae avstralis ‖ Satrapa ‖ a ‖ potentissimo Danorvm. ‖ Norwagorvmqve ‖ Rege ‖ clementissime constitveretvr ‖ fratris officio satisfactvrvs ‖ gratvlatvr ‖ Henricvs Fridericvs Eggers ‖. M. Ph. et Ivr. C. ‖ — Ienae litteris 10. Friderici Ritteri. in-4, pp. 20.

— Historia ‖ philosophiae ‖ sinensis ‖ nova methodo ‖ tradita, ‖ et ‖ eruditorum omnium, ‖ ac in iis praecipue, ‖ Johann. Burchardi ‖ Menckenii ‖ augustissimi regis Po- ‖ loniae consiliarii aulici et ‖ historiographi, Soeietatis ‖ Reg. Britt. Collegae, in Aca- ‖ demia Lipsiensi. hist. Pro- ‖ fess. publ. ‖ Reipublicae literariae senatoris praestan- ‖ tissimi, judicio submissa. ‖ — Praemissum est auctoris ‖ de ‖ historiae philosophicae lacunis, ‖ monitum. ‖ — Brunsvigae, ‖ apud L. Schroeder, 1727. in-4, pp. 30 + 1 f. n. ch.

— Dissertatio epistolica ‖ — De ‖ Philosophia Sinensivm cavte atqve ‖ circvmspecte lavdanda. ‖ — Qva ‖ viro magnifico, ‖ svmme reverendo, excellentissimo, ‖ Domino Lavrentio ‖ Stentzlero, ‖ SS. theol. doctori, logices et metaph. professori ‖ regio ordinario, ‖ Societatis Latinae, qvae Ienae floret, ‖ membro honorario, ‖ favtori, praeceptori atqve Affini ‖ ivgiter colendo, ‖ Sceptra Academiae ‖ Gryphiswaldensis, ‖ A. O. R. CIↃIↃCCXXXVIII. d. VIII. Maii ‖ solemni festivitate tradita, ‖ favsta apprecatvr ‖ Gabriel Timothevs Lütkemann, ‖ Stockholmia Svecvs. ‖ — Stanno Hieronymi Johannis Strvckii, ‖ Regiae Acad. Typogr. in-4, pp. 16.

— Jacobi Friderici Reimanni Historia Literaria Babyloniorum et Sinensium. Illa, methodo chronologica, haec scientifica adumbrata. Brunsvigae & Hildesiae, Apud Viduam Schroederi, 1741, pet. in-8, pp. 172 + 3 ff. n. ch. p. l. tab.

Cet ouvrage, composé de 6 chapitres, ne traite pas de la Chine.

(OUVRAGES DIVERS.)

— J. F. R. Historia philosophiae sinensis nova methodo tradita, emendata, et aucta, et vice secunda sub prelumire jussa. — Praemissum est auctoris de Historiae philosophicae lacunis, monitum. — Brunsvigae, apud L. Schroeder, 1741. pet. in-8, pp. 58 + 3 ff. n. ch. p. l'index.

Voir : Caput IV. De mediis perveniendi ad Historiam Philosophicam Sinensium.

— Theophili Spizelii de re literaria Sinensium Commentarius, in quo scripturae pariter ac philosophiae sinicae specimina exhibentur, et cum aliarum gentium, praesertim Aegyptiorum, Graecorum, et Indorum reliquorum literis atque placitis conferuntur. Lugd. Batavorum, Ex officina Petri Hackii, CIↄ Iↄ CLX, pet. in-12, pp. 306, sans l'index, etc.

Cet petit ouvrage est divisé en 13 chapitres (Sectio) dont le plus grand nombre est consacré à la Philosophie des Chinois. — Langlès (1584), Fr. 4.75.

— Zoroastre, Confucius et Mahomet, Comparés comme Sectaires, Législateurs et Moralistes ; avec le Tableau de leurs Dogmes, de leurs Lois et de leur Morale. Par M. de Pastoret, Conseiller de la Cour des Aides... A Paris, Chez Buisson... M. DCC. LXXXVII. In-8, pp. 478.

— 中國學堂 Lehrsaal des Mittelreiches. Enthaltend die Encyclopädie der Chinesischen Jugend und das Buch des ewigen Geistes und der ewigen Materie. Zum erstenmal in Deutschland herausgegeben, übersetzt und erläutert von Carl Friederich Neumann. München, 1836, Dr. Carl Wolff'sche Buchdruckerei. In-4, pp. 45.

Le texte chinois du *San tseu king* est donné à la suite de cet ouvrage.

Notice par S. Julien. (*J. As.*, 3e S., IV, 1837, pp. 81/9 et 6 pages de textes chinois.)

— De la philosophie chinoise. (A. Rémusat, *Mél. Posth.*, 1843, pp. 160/205.)

— Extrait de la *Revue indépendante*, Livraisons des 10 et 25 Aout 1844. Esquisse d'une histoire de la Philosophie chinoise, par G. Pauthier, in-8, pp. 68.

— *Chinois (Philosophie des)*, par Pauthier, dans le *Dictionnaire des Sciences philosophiques*. Paris, 1844-5, 4 vol. in-8.

— 覲帝聖君覺世神經 *Kwan te shing keun keo she chin king*. A True Scripture to awaken the World by the Holy Imperial Prince Kwan-foo-tsze. — Ningpo : Presbyterian Mission Press. 1848, in-8, pièce in-8, 5 ff. doubles à la chinoise.

D'un côté, recto, texte chinois ; au verso, la prononciation et la traduction anglaise.

(OUVRAGES DIVERS.)

— Remarks on the Philosophy of the Chinese, and the desirableness of having their Classical and Standard Authors translated into English. (*Chinese Rep.*, XVIII, pp. 43/48.) [By E. C. Bridgman.]

— Etude historique et philosophique sur Confucius par M. l'abbé Herval. (Extrait des *Publications de la Société Havraise d'Etudes Diverses.*) Havre, Imprimerie Lepelletier, 1867, in-8, pp. 23.

— Confucius and the Chinese Classics : Readings in Chinese Literature. — Edited and compiled by Rev. A. W. Loomis. San Francisco, A. Roman & Co., 1867, grand in-12, pp. xiii-432.

Voir col. 1397.

— Comparative Table of the Corresponding Powers and Functions of Nature, according to the Chinese System of Philosophy. [By W. F. Mayers.] (*Notes & Queries on C. & J.*, Vol. I, p. 147.)

— Examen critique des jugements portés sur la valeur des monuments philosophiques, littéraires et scientifiques des Chinois. Structure de la langue envisagée sous le rapport de sa capacité scientifique, par le Docteur E. Martin. (*Revue de linguistique et de philosophie comparée*, Vol. VII, juillet 1874, pp. 16/44.)

— The ideal man of Confucius. By Rev. Wm. Ashmore. (*Chin. Rec.*, III, pp. 89/92, 129/132.)

— A Discussion of the Confucian Doctrine concerning Man's nature at Birth. By D. Z. Sheffield. (*Ibid.*, IX, pp. 11/23.)

— The Family Sayings of Confucius. By Rev. A. B. Hutchinson. (*Ibid.*, pp. 445/453, etc. ; X, pp. 17/23, 96/103, 175/179, 253/260, 329/337, 428/432 ; XI, pp. 13/23.)

Cf. Herbert A. Giles, *Ibid.*, X, pp. 221/3.

— Familiar Sayings of Kong-fu tze. By C. de Harlez. (*Bab. & Or. Rec.*, VI, No. 9, March 1893, pp. 213/6, etc.)

Trad. du *Kia-Yü*. — Voir col. 1414.

— Chapters of Chinese Philosophy. Translated by Rev. A. B. Hutchinson, Church Missionary, Honkong ;... Honkong, 1879, in-8.

Recueil factice d'articles parus dans *The China Review* et *The Chinese Recorder* et réunis sous une même couverture avec une page d'introduction, datée Exeter, 1880.

— Outlines of a History of Chinese Philosophy by E. J. Eitel, Ph. Dr. (Tubing.) (*Trav. de la trois. ses. du Cong. des Or.*, II, pp. 1/14.)

— Histoire de Confucius par Jean Sénamaud. Bordeaux [et] Paris, 1878, br. in-8, pp. 212.

— Transcendentale voorstellingen der Chineezen, door Max von Faber. br. in-8, pp. 36.

Overgedrukt uit de *Indische Gids*. April 1884.

Bib. nat. $\frac{O^2n}{783}$.

— Confucianism in relation to Christianity. A Paper read before the Missionary Conference in Shanghai, on May 11th, 1877. — By Rev. James Legge, D. D.,... Shanghai : Kelly & Walsh, 1877, br. in-8, pp. 12.

— The Heavenly Teachers. By Rev. V. C. Hart. (*Chinese Recorder*, X, 1879, pp. 445/453.)

— An Essay on the psychological terms 心, 性, 氣, 志. By Martin Schaub (Lilong), Basle Mission. (*Ibid.*, XII, 1881, pp. 96/101.)

— Confucianism, in its practical Bearings upon the Spread of Christianity in China. M. C. P. (*Ibid.*, pp. 218/224.)

— Occasional Papers on Chinese Philosophy. By Chaloner Alabaster. No. IV. The Triune Powers. Known in the Classics as the San-huang or the San-ts'ai. Printed by A. A. Marçal, Amoy, in-8, pp. 9.

— 據書明孔 Confucius dévoilé d'après les auteurs chinois par un Prêtre de la Mission. Traduction, introduction, sommaires, appendice, etc. par un Prêtre de la même cong[on]. Peking, typographie du Pé-t'ang — 1886, gr. in-8, pp. xx-390 [ch. 388 par erreur]. Nombreuses pl.

Par les abbés Nicolas d'Addosio et Jean-Baptiste Fioretti, de la Congrégation de la Mission.

Notice par A. A. Fauvel, *Études religieuses... par les Pères de la Cie. de Jésus*, 30 sept. 1893, partie bibliographique, pp. 689/692.

M. Fauvel attribue l'ouvrage aux abbés Delmasure [*sic* Delemasure] et Fioretti.

— 孔子家語 *Kong-tze Kia-yu* — Les Entretiens familiers de Confucius traduits pour la 1re fois par C. de Harlez. Paris, E. Leroux [et] Louvain, J.-B. Istas, 1899, in-8, pp. 196 + 1 pl. de chinois.

Renferme les Entretiens familiers de Confucius ; forme une sorte de supplément au recueil plus important, *Louen-yu*, 論語. Harlez l'avait publié d'abord par fragments dans le *Babyl. & Or. Record*. — Voir *supra*, col. 1413.

— Ueber die Entwickelung der philosophischen Ideen bei den Indern und Chinesen. Von Dr. M. Straszewski, Prof. der Philosophie an der Universität in Krakau. (*Verhand. d. VII. Int. Orient.-Cong....* Wien, 1886. *Arische Section*, pp. 79/93.)

— * Contemporary Life and Thought in China. By a Resident in Peking. (*Eclectic Magazine*, September, 1887.)

— Our Attitude towards Confucianism. By Rev. John Ross. (A paper read before the North China Religious Book and Tract Society, Peking, May, 1886. (*Chin. Rec.*, XVIII, 1887, pp. 1/11.)

— Принципы жизни Китая. — Сергѣй Георгіевскій. — С.-Петербургъ... 1888, in-8, pp. xxi-494 + pp. xvi de texte chinois autographié.

— Georg von der Gabelentz. Confucius und seine Lehre... Leipzig, 1888, in-8, pp. 52. Voir col. 669.

— * The Literati of China and How to Meet them. — By Rev. Dr. Williamson Glasgow, 1888.

Read before the Shanghai Missionary Society.

— The Ethics of Christianity and of Confucianism compared. By Rev. D. Z. Sheffield. (*Chin. Rec.*, XVII, Oct. 1886, pp. 365/379.)

— Ethics of Chinese Loyalty. By Rev. W. S. Ament. (*Ibid.*, XXI, No. 2, Feb. 1890, pp. 65/71.)

— The Chief Errors of Confucianism. By T. H. Young, of Seoul, Corea. (*Ibid.*, No. 1, Jan. 1890, pp. 13/17.)

— 三禮圖 — San-li-t'u. Tableau des trois Rituels. Traits de mœurs chinoises avant l'ère chrétienne, par M. C. de Harlez. (*Journ. Asiat.*, VIIIe sér., XV, Av.-Mai-Juin 1890, pp. 429/476.)

— 三禮圖 San-li-t'u. Tableau des trois Rituels. Traits de mœurs chinoises avant l'ère chrétienne par M. C. de Harlez. — Extrait du *Journal Asiatique*. Paris, Imp. Nat., MDCCCXC, br. in-8, pp. 48 + 1 pl.

— The Ancient Chinese Books of Divination. By the Right Reverend Monseigneur C. de Harlez,... (*Imp. and Asiatic Quart. Review*, July 1894, pp. 107/116.)

— Confucius and his Influence (J. Pyne) *Nat. Q. 30*, 333. — Confucius, Life and Doctrines of (I. Tracy) Bib. Sac. *8*, 284. — (E. G. Holland) *Chr. Exam. 45*, 317. — *Analectic Mag.*, *1*, 303, 383. — *Ecl. Mus. 2*, 507. — (R. H. Graves) *Bapt. Quart. 6*, 425.

— Chinese Philosophy before Confucius. By E. J. Eitel. (*China Review*, VII, pp. 388/392.)

— Fragmentary Studies in ancient Chinese Philosophy. By E. J. Eitel. (*Ibid.*, XV, No. 6, pp. 338/344; *ibid.*, XVII, No. 1, pp. 26/35.)

— The Chinese Theory of Creation. (Balfour, *Waifs and Strays*, 1876, pp. 209/218.)

— The « Su Shu », or Book of Plain Words. By Frederic Henry Balfour. (*China Review*, IX, pp. 162/167.)

— A Clipping from the Tso-Chuan. (*Ibid.*, X, p. 71.)

— The K'uen shi wan or, the practical Theology of the Chinese. By E. R. Eichler. (*Ibid.*, XI, pp. 93/101, 146/161.)

— A great unwashed Philosopher. (*Ibid.*, XIII, p. 359.)

— Annihilation Theories. (*Ibid.*, pp. 431/432.)

— The Cartesian Philosophy before Descartes. By Dr. W. A. P. Martin. (*Journ. Peking Oriental Society*, II, No. 2, 1888, pp. 121/141.)

— Ancient Symbolism Among the Chinese, by Joseph Edkins, D. D. — London : Trübner and Co. Shanghai : Society for the Diffusion of Christian and General Knowledge among the Chinese. 1889, in-12, pp. 26.

On lit au recto du dernier f. : « The foregoing paper was read before the Shanghai Y. M. C. A., and stereotyped from the columns of the » Messenger «, Vol. 2, Nos. 7, 8 and 9. »

Notice : *China Review*, XVIII, No. 2, pp. 129/130. By E. J. E.[itel.]

— Joseph Edkins. — Ancient Chinese Thought, Political and Religious. (*Jour. China Br. R. As. Soc.*, N. S., XXXI, No. 2, 1896-97, pp. 167/181.)

— The Sophists of China. (Balfour, *Chinese Scrapbook*, 1887, pp. 153/157.)

(Ouvrages divers.)

— Čiňana Konfucia život a nauka. Napsal Dr. Rudolf Dvořák. I. *Život Konfuciův.* V Praze. J. Otty. 1887, pp. 62. — II. *Nauka Konfuciova.* J. Otty, 1889, pp. 89, 2 vol. in-8.

Fait partie de la collection *Sbírka přednášek a rozprav.* Pořádají Jaroslav Goll a Otakar Hostinský.

— Konfucius a Lao-tsĭ. (*Česká Mysl.*, 1900, pp. 161/174.) — Voir col. 719.

— Dějiny Mravouky v Orientě. — (I. Konfucius.) — Napsal Dr. Rudolf Dvořák. — Spisů « Dědictví Komenského » čís. 48. V Praze... 1904, in-8, 4 ff. n. ch. p. l. tit., préf. + 118.

Časové otázky a rozpravy paedagogické. Pořádá Josef Tůma. — Svazek VIII.

— *Sing li tsing-i*, voir le chap. Musique et plus loin Tchou hi.

— L'Athéisme en Chine. Par Paul Antonini. (*La Réforme sociale*, 1er avril 1888, pp. 427/432.)

— Franz Kühnert. Die Entstehung der Welt und das Wesen des Menschen nach chinesischer Anschauung. (*Das Ausland*, No. 10, 1893.)

— Die Streitfrage der chinesischen Philosophen über die menschliche Natur. Von Tetsusirô Inouyé. (*Actes Huit. Cong. Int. Orient.*, Stockholm - Christiania, 1889, 4e Part., pp. 1/15.)

— Plato and Confucius : a curious coincidence ; by Pres't W. A. P. Martin, of Peking, China. (*Jour. American Orient. Soc.*, XIV, 1890, pp. xxxi/xxxiv.)

Voir col. 681.

— Конфуцій его жизнь и философская дѣятельность — Біографическій очеркъ К. М. Карягина... С.-Петер., 1891, in-16, pp. 77.

Жизнь замѣчательныхъ людей — біографическая библіотека Ф. Павленкова.

— Das Leben und die pädagogische Bedeutung des Confucius. — Inaugural-Dissertation, verfasst und der philosophischen Fakultät der Universität Leipzig zur Erlangung der Doktorwürde vorgelegt von Hidesaburo Endo. — Leipzig. Verlag von Karl W. Hiersemann. 1893, br. in-8, pp. 56.

Hidesaburo Endo, né à Tokio, 15 avril 1862 ; bouddhiste.

— The *Yü-li* or Precious Records. Translated by the Rev. Geo. W. Clarke. (*Jour. China Br. R. As. Soc.*, N. S., XXVIII, No. 2, 1893-94, pp. 233/400.)

« Confucius compiled the *Ih-king* with the purpose of causing the doctrine of changes to arrest attention. He did not make this important subject plain, therefore Shang Ti sanctioned the *Yü-li*, that hereafter there might not be any doubt on the subject of life and death, rewards for virtue, and punishment for evil, blessedness for the good, and misery for the wicked. Its teaching is clear and exhaustive on these important subjects. This book was published in the Song dynasty [A. D. 960-1127]. It had not a large circulation, because the officials and literati condemned it as a most absurd book. »

(Ouvrages divers.)

— Association for the Harmonious Development of Faculties. Confucius His Life and his Doctrine by Marius Deshumbert Translated from the French by Captain E. M. Perceval, R. A. Williams and Norgate, London, 1897, Price Six pence, pet. in-8, pp. 30

— Les bases de la Société chinoise. Par Bourgoint-Lagrange. (*Soc. d'Ethn., Mém. du Comité Sinico-japonais*, XX, 1897, Partie 2, pp. 108/114.)

— The Five Relations of Confucianism and Christianity. By Rev. D. B. Schneder. (*The Reformed Church Review*, Philadelphia, 4th Ser., Vol. II, 1898, pp. 194/211.)

— Chinese Philosophy an Exposition of the main characteristic Features of Chinese Thought by Dr. Paul Carus. Chicago, The Open Court Pub. Co., 1898, in-8, pp. 64.

No. 30 de *The Religion of Science Library*, March 1898. — Avait paru d'abord dans *The Monist*, Vol. VI, No. 2, Jan. 1896.

Notice : *T'oung Pao*, VII, 1896, pp. 288/290, par G. Schlegel.

— Fleurs de l'Antique Orient. Extraits d'œuvres inédites d'anciens philosophes chinois. Par C. de Harlez. (*Giorn. della Soc. As. Ital.*, X, 1896/7, pp. 99/129.)

— Confucianism in the Nineteenth Century. By Herbert A. Giles Professor of Chinese at Cambridge University. (*North American Review*, Sept. 1900, pp. 359/374.)

— Essai d'Anthropologie chinoise par Ch. de Harlez, Membre de l'Académie royale de Belgique — Bruxelles, Hayez, 1896, in-8, pp. 104.

Extrait du tome LIV des *Mémoires couronnés et autres Mémoires* publiés par l'Académie royale de Belgique. — 1896.

Présenté à la Classe des lettres dans la séance du 2 déc. 1895.

— Del Concetto d'uguaglianza nelle dottrine politiche del Confucianesimo. C. Puini. (*Rivista ital. di Sociologia*, Anno III, 1899, pp. 158/165.)

— Der Confucianismus und das Chinesenthum. Von Wilhelm Grube. (*Deutsche Rundschau*, Bd. CIII, 1900, pp. 62/78.)

— « Les Esprits » 鬼神. Par Fernand Farjenel. (*Jour. Asiat.*, Juillet-Août 1901, pp. 21/29.)

— La Métaphysique chinoise par Fernand Farjenel. (*Ibid.*, Juillet-Août 1902, pp. 113/131.)

— L'opinion de Confucius sur la femme. (*Rev. Indo-Chinoise*, 116, 7 Janv. 1901, pp. 22/3; trad. du *Hongkong Teleg.*)

— Heaven has ten days. By J. E. (*China Review*, XXII, No. 3, p. 607.) 天有十日

— Confucianism. Paper read by the late Dr. E. Faber before the Parliament of Religions, Chicago, 1893. (*Chin. Rec.*, XXXIII, No. 4, April 1902, pp. 159/175.)

— Notes on Taoism and Confucianism. By Dr. E. Faber. From his unpublished manuscripts, edited by P. Kranz. (*Chin. Rec.*, XXXIII, No. 6, June 1902, pp. 271/276.)

— The Chinese Mind. By H. J. Stevens. (*China Review*, XXIII, No. 5, pp. 271/277.)

— Confucianism in America. (*The Homiletic Review*, XLI, Jan.-June 1901, pp. 382/4.)

— Confucius the Secret of his mighty Influence His Views upon the great problem of human life and destiny. — Second Edition. — Published by Thomas Whitney, Chicago 1901, br. in-8, pp. 21.

— The Chinese Sophists. [辯士]. By A. Forke, Ph. D. (*Jour. China B. R. As. Soc.*, XXXIV, 1901-2, No. 1, pp. 1/100.)

— Confucianism Weighed in English Balances. By Rev. D. Macgillivray. (*Chinese Recorder*, XXXIV, July 1903, pp. 329/340.)

— Déclin du Confucianisme en Chine. Par E. C. (*Annales Coloniales*, 1er mai 1904, p. 216.)

Extrait du *London and China Telegraph*.

— The Ethics of Confucius by Tozaburo Kudo A Thesis presented to the Faculty of Yale University for the Degree of Doctor of Philosophy — Methodist Publishing House Tokyo — 1904, pet. in-8, pp. xxvi-68.

Prémare, *Vestiges des Dogmes chrétiens*, col. 768. — Legge : Confucius (*Encyclop. Britannica*). — Voir Confucius au chap. de la *Biographie*, col. 667. — La *Question des Rites*, col. 869/926. — *The Term Question*, col. 1279/1294.

HAN YU 韓愈 ou *HAN WEN-KOUNG* 丨文公 (768-824 ap. J.-C.).

— The Life and Works of Han Yü or Han Wên-Kung. By T. Watters. (*Journ. N. C. B. R. A. Soc.* for 1871 & 1872. N. S., No. VII, pp. 165/181.)

— Han Wan-Kung. A Study in Chinese Biography. By the Rev. J. Chalmers. (*China Review*, I, pp. 275/283, 339/347.)

— Mayers, *Manual*, No. 158.

— Voir Siun tseu, *infra*, col. 1420.

HOUAI-NAN TSEU 淮南子 (*Lieou Ngan* 劉安, † 122 av. J.-C.).

— * Sadajiro Sugiura. — Hindu Logic as preserved in China and Japan. Edited by

Edgar A. Singer, Jr. Philadelphia, 1900, in-8, pp. 114.

No. 4. Publications of the University of Pennsylvania (Series in Philosophy). — Avec une bibliographie.

HOUEI TSEU 惠子

Contemporain de Tchouang tseu.

— The Chinese Sophists. By A. Forke. (*Jour. China Br. R. As. Soc.*, XXXIV, 1901-2, No. 1 : Hui Shih 惠施, pp. 19/29.)

KOUAN TCHOUNG 管仲, 5e s. av. J.-C.

— Mayers' *Manual*, No. 298.

— 管子 L'œuvre du philosophe Kuán-tsï; spécimen du texte, traduction et notes par Georg von der Gabelentz. (*Mém. Soc. Et. jap., etc.*, V, Avril 1886, pp. 81/103.)

— Vorbereitendes zur Kritik des Kuan-tsï. Von G. von der Gabelentz. (*Sitzungsber. d. k. preuss. Ak. Wiss. Berlin*, 1892, pp. 127/152.)

— Terrien de Lacouperie, *Bab. & Or. Record*, VI, May 1893, p. 264.

KOUNG-SOUN LOUNG 公孫龍, 3e s. av. J.-C.

— The Chinese Sophists. By A. Forke. (*Jour. China Br. R. As. Soc.*, XXXIV, 1901-2, No. 1 : Kung Sun Lung, pp. 29/37, 61/82.)

LIE TSEU 列子

— Der Naturalismus bei den alten Chinesen sowohl nach der Seite des Pantheismus als des Sensualismus oder die sämmtlichen Werke des Philosophen Licius zum ersten Male vollständig übersetzt und erklärt von Ernst Faber, Missionär der Rheinischen Missionsgesellschaft. Elberfeld 1877. Verlag von R. L. Friderichs. London : Trübner & Comp., in-8, pp. XXVII-228.

Notice : *China Review*, VI, 1878, pp. 264/269. — On rappelle dans cette notice qu'une exposition du système de Li tseu a été publiée en Juillet 1874 dans le *Cornhill Magazine*. — *Lit. Centralblatt*, 5 Janv. 1878. — *Chin. Rec.*, IX, pp. 245/7.

— Dr. Legge on Lieh-tsz. By Frederic H. Balfour. (*China Review*, XIII, pp. 283/284.)

— The «Naturalistic» Philosophy of China. By Frederic H. Balfour. F. R. G. S. (*Journ. N. C. B. R. A. S.*, 1880, N. S., No. XV, pp. 311/316.)

— A Philosopher who never lived. (Balfour, *Chinese Scrapbook*, 1887, pp. 83/135.)

— The Chinese Sophists. By A. Forke. (*Jour. China Br. R. As. Soc.*, XXXIV, 1901-2, No. 1 : Lieh tse, pp. 83/4.)

— Li-sze's Memorial on the Burning of the Classics. (*East of Asia*, I, No. 2, pp. 142/143.)

— Der Antrag Li-szes zur Verbrennung der Heiligen Bücher. (*Der Ferne Osten*, Bd. 1, Heft 2, pp. 156/157.)

— Legge, *Chinese Classics*, Vol. II, Prol. — Mayers, *Manual*, 387.

LOU K'OUN 盧坤, né 1538; † Ho-nan, 1618.

— Lu K'un and His Sayings. By W. Arthur Cornaby. (*East of Asia*, Vol. 2, No. 4, Dec. 1903, pp. 352/356.)

ME TI 墨翟, 5e s. av. J.-C.

Voir une traduction de l'ouvrage d'un disciple de ce philosophe sur l'*amour universel* dans le Vol. II des *Chinese Classics* du Dr. Legge, pp. 103/125 des *Prolégomènes*.

Consulter Wylie : *Notes*, p. 125.

— Notices of the Character and Writings of Meh tsï; By the Rev. Joseph Edkins, B. A. Read before the Society, January 19th, 1858. (Art. II, *Journ. of the N. C. B. R. A. S.*, No. II, May 1859, pp. 165/169.)

— Die Grundgedanken des alten chinesischen Socialismus oder die Lehre des Philosophen Micius zum ersten Male vollständig aus den Quellen dargelegt von Ernst Faber, Missionär der Rheinischen Missions-Gesellschaft. Elberfeld, 1877. Verlag von R. L. Friderichs. London : Trübner & Comp., in-8, pp. 102.

Lit. Centralblatt, 5 janv. 1878. — *China Review*, VI, pp. 333/336.

— * G. v. d. Gabelentz. — Über den chinesischen Philosophen Mek Tik. (*Ber. Verhandl. Sächs. Ges. d. Wiss.*, 1888, 1-2, pp. 62/70.)

— Un Socialista cinese del V secolo av. C. Mih-Teih. Memoria del socio Salvatore Cognetti de Martiis. (*Memorie Accad. Lincei, Cl. di Sc. morali, &c.*, 1887, pp. 248/281.)

Tirage à part : Roma, Tipografia della R. Accademia dei Lincei, 1888, in-4, pp. 36.

— Une grande lutte d'idées dans la Chine antérieure à notre ère — Meng-tse, Siun-tse, Yang-tse et Meh-tse par Leon de Rosny — Extrait du VIIe volume de la Bibliothèque de l'Ecole des Hautes Etudes. Sciences religieuses. — Paris, Ernest Leroux, 1896, br. in-8, pp. 27.

— Mi-tze. — Part II. L'Amour universel. Par C. de Harlez. (*Giorn. d. Soc. Asiat. Ital.*, IX, pp. 81/126.)

SIUN K'OUANG 荀況 ou *SIUN TSEU* 荀子, 3e s. av. J.-C.

— That the nature is evil. By the Philosopher Seun. — An examination of the nature of Man. By Han Wán kung.

Ces essais sont traduits en anglais dans le Vol. II des *Chinese Classics* du Dr. Legge, pp. 82/94 des *Prolégomènes*.

Mayers, *Manual*, 669.

Il y a une notice des essais de Siün tseu et de Han Wen-koung dans l'article suivant :

— The Ethics of the Chinese, with special reference to the Doctrines of Human Nature and Sin. By the Rev. Griffith John. Read before the Society [North C. B. R. A. S.]. November 15th 1859. (*Journal N. C. B. R. A. S.*, Vol. II, No. I, Sept. 1860, Art. II, pp. 20/44.)

— Siün King, the Philosopher, and his relations with contemporary Schools of Thought. By J. Edkins, D. D. (*Jour. China Br. R. As. Soc.*, XXXIII, No. 1, 1899, pp. 46/55.)

— The Chinese Sophists. By A. Forke. (*Ibid.*, XXXIV, 1901-2, No. 1 : Hsün tse, p. 85.)

— Schun tzu's (荀子) Stellung in der Geschichte der chinesischen Philosophie. Von Professor U. Hattori aus Japan. (*Festschft. XIII. Int. Orient. Kong. Hamburg 1902 gewidmet v. d. Deutsch-japan. Ges. in Berlin*, pp. 5/27.)

TCHOUANG TSEU 莊子

— Rosny, *Textes Chinois*, Paris, 1874, pp. 71/82.

— Legge, *Sacred Books*, col. 721.

— Ein noch unbekannter Philosoph der Chinesen (Zeitgenosse des Aristoteles). Von Missionär E. Faber. (*Allgemeine Missions-Zeitschrift*, 8ter Band, Januar 1881, pp. 3/18, etc.)

— The Divine Classic of Nan-Hua ; being the Works of Chuang Tsze, taoist philosopher. With an Excursus, and copious annotations in English and Chinese. By Frederic Henry Balfour, F. R. G. S., etc. ... Shanghaï & Hongkong : Kelly & Walsh, 1881, in-8, pp. IX-XXXVIII-425.

— Mr. Balfour's «Chuang tsze». By Herbert A. Giles. (*China Review*, XI, pp. 1/15.)

— Rev. Martin Schaub and Mr. Balfour's «Chuang Tsze». By Frederic H. Balfour. (*Ibid.*, XI, p. 260.)

— Chuang Tzŭ Mystic, Moralist, and Social Reformer translated from the Chinese by Herbert A. Giles H. B. M.'s Consul at Tamsui. London, Bernard Quaritch, 1889, in-8. pp. XXVIII-467.

Pp. XVIII—XXVIII : Note on the Philosophy of Chaps. I—VII. By the Rev. Aubrey Moore, Tutor of Keble and Magdalen Colleges, Oxford.

Notices : *Jour. China Br. R. As. Soc.*, XXIV, N. S., No. 2, 1889/90, pp. 224/233, by G. M. H. Playfair. — *Lond. & China Express*, 24 déc. 1888. — Par T. W. Kingsmill, *China Review*, XVIII, 6, 1889, pp. 305/310. — *Athenaeum*, 1889, Feb. 2, p. 145. — *Saturday Review*, 1889, Jan. 26, p. 105. — *China Review*, XVII, No. 4, pp. 243 à 244, par E. J. E.[itel.]

«We advise students of comparative religion to peruse Mr. Herbert A. Giles's translations from the Chinese, under the title of «Chuang Tzu, Mystic, Moralist, and Social Reformer». The book is published by Quaritch. Taoism, as it is called, the religious doctrine of Chuang Tzu, is merely the Chinese form of the mystic religio-metaphysics which in all countries possessing a literature have been developed during certain stages of society. It is simply a form of Buddhism, with the illusionary character of what is called existence for its cardinal doctrine. The falsity of the senses was illustrated by the Chinese mystic as follows : — »I dreamt I was a butterfly... Suddenly I awaked, and there I lay, myself again. Now I do not know whether I was then a man dreaming I was a butterfly, or whether I am now a butterfly dreaming I was a man.« Taoism acquired but a faint hold over the practical Chinese. Confucianism, a sort of rule-of-thumb, work-a-day, Philistinish, utterly unimaginative creed was the thing for them.» — *Echo*, February 23rd, 1889.

— Beiträge zur Chinesischen Grammatik. — Die Sprache des Čuang-tsï von Georg von der Gabelentz. (*Abhand. d. Phil.-Hist. Cl. d. König. Süchsischen Ges. d. Wissen....* Bd. X, Leipzig, Hirzel, 1888, gr. in-8, pp. 579/638.)

— The Style of Chuang-tsi. By Georg von der Gabelentz, professor of Eastern Asiatic Languages at the University of Leipzig. (*China Review*, XVII, No. 5, 1889, pp. 292/298.)

Trad. de *Beiträge z. Chinesischen Grammatik. Die Sprache des Čuang tsï.*

— * G. v. d. Gabelentz. — Der Räuber Tschik, ein satirischer Abschnitt aus Tschuang-tsi. (*Ber. Sächs. Ges. d. Wiss.*, 1889, I, pp. 55/69.)

— Robber Tschik, a satirical chapter from Tschuang-tsi. By Georg von der Gabelentz. (*China Review*, XVIII, No. 6, pp. 365/373.)

Trad. de l'allemand.

— Storax in China. By E. H. Parker. (*Ibid.*, XV, pp. 372/373.)

— Un philosophe poète du IVe siècle, Tchuang-Tze. Par C. de Harlez. (*Muséon*, XI, pp. 5/16, 116/128.)

— The Philosophy, Ethics... developed by Chwang-tsze... By W. P. Mears. Voir col. 721.

— The Desert Horses (*Ye ma* 野馬) and the White Colt (*Pêh K'ü* 白駒) by G. Schlegel. (*T'oung Pao*, VII, No. 1, Mars 1896, pp. 47/53.)

— La Philosophie de Tchouang-tse. Par Mme Blanche Lefébure. (*Soc. d'Ethn.*, *Mém. du Com. Sinico-japonais*, XX, 1897, Partie 2, pp. 120/4.)

— The Chinese Sophists. By A. Forke. (*Jour. China Br. R. As. Soc.*, XXXIV, 1901-2, No. 1 : Chuang-tse, pp. 57/60.)

TCHOU HI 朱熹, Dynastie des Soung, 12e siècle ap. J.-C.

— Philosophical opinions of Chú futsz', on the immaterial principle and primary matter. Furnished by a Correspondent. [W. H. Medhurst.] (*Chin. Rep.*, XIII, pp. 552/9, 609/619.)

Le Dr. Williams donne un extrait de ces articles : *Middle Kingdom*, I, pp. 550/2.

— Memoir of the Philosopher *Chu*, who flourished during the Sung dynasty in the twelfth century ; by Káu Yú, A. D. 1697. Translated from the Chinese, with remarks upon his character, and a list of his writings. (*Chin. Rep.*, XVIII, pp. 187/206.) [By E. C. Bridgman.]

— Notices of Chinese Cosmogony : formation of the visible universe, heaven, earth, the sun, moon, stars, man, beasts, &c., Selected from the Complete Works of Chú Hi, of the Sung dynasty [by E. C. Bridgman]. (*Ibid.*, pp. 342/347.)

— « Life of Choo Foo tsze », pp. III-VII de la *Confucian Cosmogony, infra* abrégé de l'art. du *Chin. Repository*.

— Meadows, *The Chinese*, Chap. 18. — Wylie's *Notes*, p. 68. — Mayers, *Manual*, No. 79. — The Residence of Chu Fu tsze. (*The Far East*, Vol. III, No. 6, pp. 139/140, avec une phot.)

— Birth Place of Chu hi. By Rev. R. S. Maclay, D. D. (*Chin. Rec.*, IV, 1872, pp. 309/312.)

— Confucian Cosmogony. — A Translation of Section Forty-Nine of the « Complete Works » of the Philosopher Choo Foo Tze, with explanatory Notes. By the Rev. Thos. M'Clatchie, M. A., Canon of St. John's Cathedral, Hongkong; and Missionary from the C. M. S. to China. Shanghai : American Presbyterian Mission Press. MDCCCLXXIV, in-8, pp. XVIII-161, sans les errata.

Avec texte chinois.

Notices : *Shai. Budget*, Feb. 2, 1875. — *China Review*, III, pp. 342/354 (by John Chalmers), etc. [Voir col. 1288.] — Cosmogony and Religion. A Philosophical Paradox. By S. (*China Review*, IV, pp. 10/13.) — *Edinburgh Review*, Oct. 1877. Il y a une notice de cet art. de l'*Ed. Rev.*, dans le *N. C. Herald*, Dec. 27, 1877.

Cf. S. Le Gall, pp. 81 seq.

— Thai-kih-thu, des Tscheu-tsï Tafel des Urprinzipes mit Tschu-Hi's Commentare nach dem Hoh-pih-sing-li Chinesisch mit Mandschuischer und Deutscher Übersetzung, Einleitung und Anmerkungen herausgegeben von Georg von der Gabelentz. — Promotionsschrift. Dresden, 1876. Im Commissions-Verlag bei R. v. Zahn, Schlossestrasse 22, in-8, pp. VII-88.

Notices : *Chin. Rec.*, VII, 1876, pp. 307/8. — *China Review*, V, p. 64.

— The doctrine of the Chi. By Chaloner Alabaster. (*Ibid.*, XVIII, No. 5, pp. 299/307.)

— T'ai chi (太極). (*Chin. Rec.*, XVIII, No. 11, Nov. 1887, pp. 413/423.)

— Zur Naturphilosophie der Chinesen. *Lì khí* 理氣. Vernunft und Materie. Übersetzt und erläutert von Wilhelm Grube. (*Mél. As. tirés du Bull. de l'Acad. imp. des Sc. de St. Pétersbourg*, VIII, 21 Août/2 Sept. 1879, pp. 667 à 689), in-8.

— Zur Naturphilosophie der Chinesen. Li khi. Vernunft und Materie. Uebersetzt und erläutert von Wilhelm Grube. (Lu le 21 août 1879.) (*Bul. de l'Acad. Imp. des Sciences de St. Pétersbourg*, XXV, 1879, col. 554/570.)

— Ein Beitrag zur Kenntniss der Chinesischen Philosophie. — 通書 T'ūng-Šū des Čeū-tsï, mit Čū-hī's Commentare nach dem Síng-lí tsīng-í Chinesisch mit mandschuischer und deutscher Übersetzung und Anmerkungen, herausgegeben von Wilhelm Grube. Theil I. Cap. I-VIII. — Promotionsschrift. — Wien. Druck von Adolf Holzhausen. 1880, br. in-8, pp. IX-45.

— Zur Beurteilung des chinesischen Polyhistors Tschü-hi. Von W. Schott, br. in-8, pp. 8.

— Zur Beurteilung des chinesischen Polyhistors Tschü-hi. Von W. Schott. (*Sitz. k. preuss. Ak. Wiss. Berlin*, 1886, pp. 221/8.)

— Tsieh-Yao-Tchuen de Tchou-hi (Extraits). Par C. de Harlez, M. R. A. S. [From the *Journal of the Royal Asiatic Society of Great Britain and Ireland*, Vol. XX, Part II.] br. in-8.

— Tchou-tze-tsieh-yao-tchuen. Résumé des principes de Tchou-hi (extraits). Par M. de Harlez. (*Journ. Asiat.*, VIIIe sér., IX, Janv. 1887, pp. 37/71.)

— Tchou-tze-tsieh-yao-tchuen, résumé de la philosophie de Tchou-hi (extraits), par C. de Harlez. — Extrait du *Journal Asiatique*. — Paris, Imprimerie nationale. — MDCCCLXXXVII, br. in-8, pp. 35.

Deuxième partie.

— Les principes gouvernementaux en Chine. (Extraits de Tchou-hi [par C. de Harlez].) (Estratto dal *Giornale della Società Asiatica Italiana*, Vol. II, 1888), br. in-8, pp. 23.

— Kia-li. Livre des rites domestiques chinois de Tchou-hi traduit pour la première fois, avec commentaires par C. de Harlez. Paris, Ernest Leroux, 1889, in-12, pp. 167.

Forme le Vol. LX de la Bibl. orientale elzévirienne.

— 家禮 *Gia lễ* — Dọn bồn lễ đầu cúng lễ phép học trò công tu' thông dụng — Hoàng-tịnh Paulus Của... Hội đồng quản hạt chuẩn tiến — Saigon, Rey et Curiol, 1886, in-8, pp. 40.

— 性理. L'Ecole philosophique moderne de la Chine ou Système de la Nature (*Sing-li*); par Ch. de Harlez, Membre de l'Académie royale de Belgique. Bruxelles, F. Hayez, 1890, in-4, pp. 195.

Ext. du t. XLIX des *Mém. de l'Ac. roy. des sciences, des lettres et des beaux-arts de Belgique*, 1890.

Traduction presque intégrale du premier et du second volumes du 性理精義.

— VARIÉTÉS SINOLOGIQUES, No. 6. — 朱熹 *Le philosophe Tchou hi*, sa Doctrine, son Influence par le P. Stanislas Le Gall, S. J. — Chang-hai. Imprimerie de la Mission Catholique à l'orphelinat de T'ou-sè-wè. 1894, in-8, pp. III-134.

Première Partie : Court exposé historique. — Deuxième Partie : Points principaux de la Doctrine de Tchou hi. — Troisième Partie : Texte et traduction de la section 49e des Œuvres de Tchou hi, d'après le 23e volume de l'édition impériale. 朱子全書

Notices : *China Review*, XXII, No. 1, pp. 489/490, par E. H. Parker. — *T'oung Pao*, VI, 1895, p. 311, par C. de Harlez. — *Miss. Cath.*, XXVIII, 22 mai 1896, p. 252.

— Lettre du P. Stanislas Le Gall à M. Henri Cordier. Chang-Haï, 1er janvier 1896. (*T'oung Pao*, VII, 1896, pp. 105/107.)

— Lettre de Mgr. C. de Harlez à M. G. Schlegel. Louvain, 28 fév. 1896. (*Ibid.*, p. 194.)

— Tchou Hi était-il athée? — Tchou Hi et le P. Legall. Pièce in-8, pp. 4, s. l. n. d. Sig. C. de Harlez.

— Tchu Hi, His Doctrines and his Influence by C. de Harlez. Louvain, J.-B. Istas, 1896, br. in-8, pp. 24 + 2 p. texte chinois.

— 性 L'idée de Nature dans la philosophie de l'école confucéenne. Par F. Farjenel. (*Jour. asiatique*, IXe sér., XVI, pp. 14/23.)

∴

— Le *Si-ming*, Traité philosophique de Tchang-tze, avec un double commentaire, traduit pour la première fois par C. de Harlez. (*Actes Huit. Cong. Int. Orient.*, Stockholm-Christiania, 1889, 4e Part., pp. 33/52.)

Tchang-tai ou Tchang-tseu (1020-1067).

TENG-SI TSEU 登析子, †501 av. J.-C.

— The Chinese Sophists. By A. Forke. (*Jour. China B. R. As. Soc.*, XXXIV, 1901-1902, No. 1 : Têng Hsi Tse, pp. 10/18, 38/56.)

WANG TCH'ONG 王充.

Voir col. 681.

YANG TCHOU 楊朱, 4e ou 5e s. av. J.-C.

Sur ce philosophe condamné par Mencius, voir :

Chinese Classics, Dr. Legge, Vol. II, Note, p. 159 ; Prolegomena : Chap. III, Section I, pp. 95/102.

Mayers' *Manual*, No. 881, pp. 265/266.

— Yang-chu the Epicurean in his Relation to Lieh-tse the Pantheist. By Dr. A. Forke. (*Journ. Peking Oriental Soc.*, III, No. 3, 1893, pp. 203/258.)

YIN WEN TSEU 尹文子, 4e s. av. J.-C.

— The Chinese Sophists. By A. Forke. (*Jour. China Br. R. As. Soc.*, XXXIV, 1901-2, No. 1 : Yin Wên Tse, pp. 4/7.)

∴

— Tomb of Chow Lëen-ke. By Rev. Canon McClatchie. (*Chin. Rec.*, VII, 1876, pp. 207/210.)

TCHENG.

Mr. Wylie dans le *Cat. of the London Mission Library*, Shanghae, 1857, p. 36, écrit :

— 鄭氏遺書 *Ching shé e shoo.* Posthumous Works of the Philosopher Ching. 36 vols. — This collection consists of the doctrinal writings of the moral reformer Ching, who was visited by Dr. Medhurst in the spring of 1845, at his residence in the district of Fow-leang in Ganhwuy; the narrative of which visit is given in the « Glance at the Interior of China », published in 1849. There is a chapter from this collection, on « Nourishing the spirit », translated by Dr. Medhurst, in the *Chinese Repository* for August 1850 [col. 1284]. Ching was a determined opponent of the views entertained by Choo He, the authorized commentator on the Four Books; hence he was frowned down by the present rulers of China and died in obscurity.

— The Chung king, or « Book of Fidelity ». (*Asiatic Journal*, XXX, 1839, pp. 153/158.)

Voir également de Rosny, *Textes chinois*, Paris, 1871, pp. 17/50.

PHILOSOPHES DIVERS.

— A Guide to true Vacuity. By Yuen-Yang-tsze. Translated by G. E. Moule, D. D. Read in abstract before the Society 22nd October 1888. (*Jour. C. B. R. A. S.*, XXIII, N. S., No. 1, 1888, pp. 9/22.)

∴

— Les Saintes Instructions de l'Empereur Hong-Wou (1368-1398) publiées en 1587 et illustrées par Tchong Houa-min Traduites par M. Ed. Chavannes, membre de l'Institut. (*Bul. Ecole française Ext. Or.*, III, Oct.-Déc. 1903, pp. 549/563.)

Tirage à part : Hanoi, F.-H. Schneider, 1903, gr. in-8, pp. 15.

Cf. De Groot, *Sectarianism and religious Persecution in China*, pp. 211/2.

— Ed. Chavannes. — Les Saintes Instructions de l'empereur Hong-Wou (1368-1398). (Die hier in einem Auszug mitgeteilte Abhandlung wurde von Herrn Alfred Foucher verlesen.) (*Verhandl. XIII. Intern. Orient. Kongresses*, Hamburg, Sept. 1902, pp. 167/168.)

∴

— 聖諭廣訓 *Cheng yu kouang yun*, 10,010 caractères.

On trouvera une description de cet ouvrage dans les *Notes* de Mr. Wylie, p. 71. Cet ouvrage a été publié en 1670 par le second empereur de la dynastie actuelle (K'ang hi). Il est composé de 16 sections, auxquelles furent ajoutés en 1724 des commentaires de Young tcheng, fils et successeur de K'ang Hi. Le *Cheng yu* a servi de base à un petit ouvrage appelé *San Tseu ko* que l'on trouvera décrit avec les autres ouvrages servant à l'éducation des Chinois.

— The Sacred Edict, containing Sixteen Maxims of the Emperor Kang-he, amplified by his son, the Emperor Yoong-Ching; together with a Paraphrase on the whole by a Mandarin. — Translated from the Chinese Original, and illustrated with Notes, by the Rev. William Milne, Protestant Miss. at Malacca. London, Black, Kingsbury, Parbury, & Allen, 1817, in-8, pp. xxviii-299.

Lowndes (Ed. de Bohn, I, 438) donne par erreur 1818 comme date de la publication de cet ouvrage qui n'est pas cité par Bazin (Cat. de la *Chine Moderne*).

Vend. Klaproth (195) : Fr. 16.

Notice par J. P. Abel-Rémusat : *Jour. des Savans*, Oct. 1818, pp. 593/598 ; et *Mél. Asiatiques*, II, pp. 311/319.

— — Second Edition, Shang hai, 1870, in-8.

Publié à Dol. 2.

Le Rév. E. C. Bridgman a consacré un article à la traduction de Milne dans *The Chinese Repository*, I, pp. 297-315. Des extraits de la traduction sont donnés dans cet article qui a été reproduit dans *The Cycle*, 2 Juillet 1870.

La paraphrase a été écrite (*loc. cit.*, p. 298) par Wang-Yü-Po, intendant de la gabelle dans le Chen si, on ne sait à quelle époque.

— On trouvera également une description du *Cheng Yü* par le Docteur Milne lui-même dans *The Chinese Repository*, XVI, pp. 500/506. Cet article fait partie de la série de notes bibliographiques publiées par Milne dans *The Indo-Chinese Gleaner* (No. VII, Jan. 1819) sous le titre de « *Bibliotheca Sinica* ».

— The Sacred Edict, containing Sixteen Maxims of the Emperor Kang-He, amplified by his son, the Emperor Yung-ching, together with a paraphrase on the whole, by a mandarin. Translated from the Chinese original, and illustrated with notes. By Rev. William Milne. (*Chin. Rec.*, IX, 1878, pp. 249/262.)

— Translation of a portion of the Emperor Yong-tching's Book of Sacred Instructions. (*Miscellaneous Notices relating to China...* by Sir George Thomas Staunton Bart., pp. 1/56.)

C'est la traduction des seize maximes de K'ang-hi et du développement des neuf premières par Young-tcheng. Sir G. Staunton l'a écrite en 1812. (Voir Note, p. 55.)

— Манжурскаго и Китайскаго Хана Канъ-сія книга придворныхъ политическихъ поученій и нравоучительныхъ разсужденій собранная сыномъ его ханомъ Юнъ-джиномъ. Переведена съ Манжурскаго Алексѣевъ Агафоновымъ. St. Pétersbourg, 1788, in-8, pp. VIII-115.

— Государь другъ своихъ подданныхъ, или придворныя, политическія поученія и нравоучительныя разсужденія Манжурскаго и Китайскаго Хана-Канъ-сія, собранныя сыномъ его Ханомъ Юнъ-джиномъ. Переводъ съ Манжурскаго Алексѣя Агафонова. Съ дозволенія указнаго. St. Pétersbourg, 1795, in-8, pp. VIII-115.

Même édition que celle de 1788, avec changement de titre.

— First Chapter of the *Shêng yü kuang hsün*; or, Amplification of the Sacred Edict.

Cette traduction forme la deuxième partie (pp. 47/59) du *Hsin Ching Lu* de Mr. Wade. Le texte chinois de ce chapitre est également donné dans le même ouvrage. (Hong kong, 1859.)

— Imperial Confucianism. (*China Review*, VI, pp. 148/158, 223/235, 299/310, etc.)

« Four Lectures delivered during the Eastern and Michaelmas Terms of 1877, in the Taylor Institution, Oxford [by James Legge], on « Imperial Confucianism, or the Sixteen Maxims of the K'ang hsi period ».

— Le Saint Edit, étude de Littérature chinoise préparée par A. Théophile Piry, du Service des Douanes maritimes de Chine. Shang hai : Bureau des Statistiques, Inspectorat général des Douanes. MDCCCLXXIX, in-4, pp. XIX-317.

Texte chinois, traduction et notes.

— Il Santo Editto di K'añ-hi e l' amplificazione di Yuñ-ceñ tradotti con note filologiche da Lodovico Nocentini. Firenze. Coi tipi dei Successori Le Monnier. 1880, gr. in-8, pp. XIX-76.

— Il Santo Editto di K'añ-hi e l' amplificazione di Yuñ-ceñ versione mancese riprodotta a cura di Lodovico Nocentini. Firenze, succ. Le Monnier, 1883, gr. in-8, pp. 147 + 1 f. n. c.

Fait partie des *Pubbl. d. R. Istituto di Studi Superiori pratici.*

— The Sacred Edict with a Translation of the Colloquial Rendering Notes and Vocabulary by F. W. Baller Prepared for the use of Junior Members of the China Inland Mission. Shanghai, American Presbyterian Mission Press, 1892, in-8, pp. VII-216.

Notice : *Chinese Recorder*, XXIV, March 1893, pp. 139/140.

— A Vocabulary of the Colloquial Rendering of the Sacred Edict by F. W. Baller. Shanghai, American Mission Press, 1892, in-8, pp. XIII-217.

— *Ta Tsing Hwang te Shing Heun*, or Sacred Instructions of the Emperors of the Ta Tsing Dynasty. By Philosinensis.

C'est une revue de cet ouvrage important écrite par Gützlaff dans *The Chinese Repository*, Nov. 1841, X, pp. 593/605.

— Reading the Sacred Edict, a System of Instruction adopted by the Chinese Government for the moral Benefit of the common People. (*Chin. Rep.*, XVII, pp. 586/591.)

— The Sacred Edict and the Hunan Publications. (*N. C. Herald*, 1892, Feb. 5, pp. 141/2, by Griffith John ; Feb. 19, p. 206, by G. E. Moule.)

MORALE.

— Instructions sublimes et familières de Cheng-Tzu-Quogen-Hoangti [K'ang hi]. Dans les *Mémoires concernant les Chinois*, IX, pp. 65/281.

On trouvera le titre mandchou (avec les caractères) de cet ouvrage dans la traduction du *Ts'ing wan ké mung* de Wylie, p. XI.

« Cet ouvrage, — lit-on dans la Préface du Vol. IX des *Mémoires*, pp. VI-VII, — écrit en langue tartare, a été traduit en italien par M. Poirot, Missionnaire à Peking. Nous avons fait imprimer cette version... nous y avons joint une traduction française de la traduction italienne. Nous devons cette traduction à Madame la Comtesse de M***... »

Le Père L. de Poirot, l'un des derniers Pères de la Mission des Jésuites à Peking est mort en 1814? dans cette ville. Il porte le No. 430 dans le dernier *Catalogus*.

— Китайскія Мысли перевелъ съ манжурскаго на россійскій языкъ Коллегіи Иностранныхъ дѣль Секретарь Алексѣй Леонтьевъ... St. Pétersbourg, 1772, in-8, pp. 206 + 2 ff. prél. p. l. tit. et la tab. + 1 f. n. c., à la fin p. l'er.

— Analecta Sinensia. — No. I. The Chinese Judges of the Dead. (*Asiatic Journal*, XXXI, 1840, pp. 209/214.)

— Pensées, Maximes et Proverbes, extraits et traduits de divers livres chinois, par M. Cibot, Missionnaire à Péking. (*Mém. conc. les Chinois*, X, pp. 144 et seq.)

— Pensées morales de divers auteurs chinois, recueillies et traduites du latin et du russe par M. Levesque. A Paris, Chez Didot l'aîné... et De Bure l'aîné... M. DCC. LXXXII, in-18, pp. 167.

— — Nouvelle Edition. Dresde, 1807, in-8.

— *Ming sin paou keën.* (*Indo-Chinese Gleaner*, No. V, Aug. 1818, pp. 160/5.)

— Dr. J. H. Plath. Proben chinesischer Weisheit, nach dem Chinesischen des Ming-sin-pao-kien. München, 1863, in-8, pp. 62.

Voir sur le *Ming sin pao kien*, les *Tratados* de Navarrete.

— 賢文書 *Hien wun shoo.* — Chinese Moral Maxims, with a free and verbal translation; affording examples of the Grammatical Structure of the Language. — Compiled by John Francis Davis, F. R. S. Member of the Asiatic Society. London: John Murray. — Macao, China. Printed at the Honorable Company's Press, by P. P. Thoms, 1823, in-8, pp. VIII-199.

— *Hien-Wun-Shoo.* — Chinese Moral Maxims, with a free and verbal translation: affording examples of the grammatical Structure of the Language, compiled by John Francis Davis, F. R. S. *London*, 1828, in-8.

— Anecdotes given by Chinese Authors to incalculate a moral, or to illustrate human conduct. (*Chinese Rep.*, XVIII, pp. 159/162.)

— Reichthum und Armuth in dem Alten China von Dr. A. Pfizmaier... Wien, k. k. Hof- und Staatsdruckerei, 1868, br. in-8, pp. 117.

Sitzb. phil.-hist. Cl. Ak. Wiss. Wien, Bd. LVIII, p. 61, Feb. 1868.

— Geschichtliches über einige Seelenzustände und Leidenschaften. Von dem w. M. Dr. August Pfizmaier. (*Sitzb. phil.-hist. Cl. Ak. Wiss. Wien*, 1868, Bd. LXIX, Heft II, pp. 247/326.)

— Histoire de la morale par Louis Auguste Martin, auteur de plusieurs ouvrages. — Première partie. La morale chez les Chinois. — Paris, librairie Bestel, 1859, in-12, pp. XXIV-299.

— La Morale chez les Chinois par Louis-Auguste Martin auteur des *Civilisations primitives en Orient*. Paris, Didier, 1862, in-12, pp. IV-299.

(MORALE.)

— Chinese Moral Sayings compared with those of the Greek Tragedians. By R. H. Graves. (*China Review*, VI, pp. 323/328.)

— Les Instructions familières du Dr. Tchou Pô-lou. Traité de morale pratique publié pour la première fois avec deux traductions françaises; l'une juxta-linéaire, l'autre littérale, accompagné d'un commentaire littéraire et philologique, de notes *adrariorum*, et d'un vocabulaire de tous les mots du texte, par Camille Imbault-Huart Interprète-adjoint de la légation de France à Péking, Membre des Sociétés Asiatiques de Paris et de Chang-hai, etc. Péking, Typographie du Pei-t'ang [et] Paris, Ernest Leroux, in-8, pp. XX-135.

Notice : *Journal Asiatique*, Sér. VII, XIX, 1882, pp. 82/92, par Léon Feer.

— The Sources of the Moral Ideas of the Chinese. By the Rev. J. Edkins, D. D.

Notice : *China Review*, XIX, No. 5, 1891, pp. 330/1. By E. J. E[itel.]

— Deux moralistes chinois Shi-tze et Liu-shi par Mgr. Ch. de Harlez — (Extrait de la *Revue des Religions*) Amiens, Rousseau-Leroy, 1895, br. in-8, pp. 32.

EDUCATION.

OUVRAGES DIVERS.

— Consulter sur l'éducation des Chinois une lettre intéressante du P. de Prémare, 8 pages in-4, (Bib. nat., Fr. 17239), commençant : Mon Révérend Père, P. C., Lorsque je partis de France V. R. m'ordonna de luy mander de tems en tems quelque chose de ce pays-cy... A Nantchang, ce 1er Oct. 1701.

— De l'éducation chez les Chinois, par M. Fulgence Fresnel. (*J. As.*, III, 1823, pp. 257/271, 321/331; IV, 1824, pp. 3/9.)

— Education among the Chinese : its character in ancient and modern times; in its present state defective with regard to its extent, purposes, means, and results; measures necessary for its improvement. By E. C. Bridgman. (*Chinese Rep.*, IV, pp. 1/10.)

— Détails sur l'état de l'Instruction primaire, en Chine, extraits en partie de divers numéros du *Chinese Repository*, de mai 1834 à mai 1836. Par Edouard Biot. (*J. des Savants*, Mai 1838, pp. 278/287.)

— Mémoire sur l'organisation intérieure des écoles chinoises, par M. Bazin aîné. (*J. Asiat.*, 3e S., VII, 1839, pp. 32/81.)

— Essai sur l'histoire de l'Instruction publique en Chine et de la Corporation des Lettrés depuis les anciens temps jusqu'à nos jours. Ouvrage Entièrement rédigé d'après les documents chinois par Edouard Biot. Paris, B. Duprat, 1847, in-8, pp. XII-618 + 1 p. n. ch. p. l. er.

(EDUCATION. — OUVRAGES DIVERS.)

Compte-rendu par S. W. Williams et extraits dans le *Chin. Rep.*, XVIII, pp. 57/86. — Voir Renan, *Mél. d'hist. et de voy.*, 1878, pp. 353/388. — *Nouv. Rev. Encycl.*, avril 1847, Paris, Didot, pp. 535/548.

— Memorandum on Education in China drawn up from information afforded by the Ex-Imperial Commissioner Yeh. — By C. Alabaster, Esq. (*Jour. As. Soc. Bengal*, XXVIII, No. 1, 1859.)

— Notes on the Provincial Examination of Chekeang of 1870, with a version of one of the essays. By Rev. G. E. Moule, of the Church Missionary Society. Read before the Society on 16th December 1870. (*Journ. N. C. B. R. As. Soc.*, 1869/70, N. S., No. VI, Art. VIII, pp. 129 et seq.)

— A Translation of Examination Papers given at Wu-ch'ang. By E. L. O. (*China Review*, II, pp. 309/314.)

— * E. R. Barrett. Chinese Schools and Education. (*Educational Times*, Oct. 1, 1876.)

— 女學 *Neu Héo*, or The Female Instructor; a treatise on the education of females in morals, conversation, manners, and domestic employments. By Luhchow of Fuhkeën, 1730.

On trouvera un compte-rendu et des extraits de cet ouvrage par S. Wells Williams dans *The Chinese Repository*, IX, pp. 535/559. La préface de Luhchow traduite, pp. 542/545, est partiellement reproduite dans *The Middle Kingdom*, I, pp. 454/456.

Il y a une courte notice du *Niu Hio* dans les *Notes* de Mr. Wylie, p. 71.

— Department of the Interior, Bureau of Education. — Progress of Western Education in China and Siam. Washington: Government Printing Office, 1880, br. in-8, pp. 13.

— Examination of Licentiates. By X. Y. Z. (*China Review*, VII, pp. 422/423.)

— Door Slabs of Literari. By Lesbos. (*Ibid.*, p. 423.)

— The educational curriculum of the Chinese. By Edward Harper Parker. (*Ibid.*, IX, pp. 1/13.)

— Youthful graduates in China. By Ch. Piton. (*Ibid.*, p. 192.)

— * Chinese Literati and Western Science. — The Prize Essay Scheme of the Chinese Polytechnic Institution at Shanghai. Descriptive article by J. Fryer, Esq., Hon. Sec. (*China Mail*, January 30th, 1888, and other newspapers.)

— Graduates. By E. H. Parker. (*China Review*, XV, p. 184.)

— Examinations. By E. H. Parker. (*Ibid.*, XVI, pp. 123/124.)

— A Public Examination for Western Schools in China. By W. T. A. Barber. (*Chin. Rec.*, XXI, No. 3, March 1890, pp. 129/131.)

— Competitive Examinations in China. (*Blackwood's Mag.*, CXXXVIII, 479; réimp. *Littell's Living Age*, CLXVII, 490 et dans *Eclectic Magazine*, CV, 7??) — [S. Mossmann] (*Leisure Hour*, XXII, 436).

— Chinese Examinations. (*Saturday Review*, LXII, 582.)

— The Country Schoolmaster (translated from the Chinese). [By L. M. Fay.] s. l. n. d., br. in-32, pp. 4.

— The Chinese Classics in Mission Schools. By Rev. Hampden C. Du Bose. (*Chin. Rec.*, X, 1879, pp. 284/297.)

— The New Education in China. By Rev. L. W. Pilcher. (*Ibid.*, July 1889, pp. 305/310; *ibid.*, August 1889, pp. 343/348; *ibid.*, Sept. 1889, pp. 403/410.)

— Education in China. By Rev. C. F. Kupfer. (*Ibid.*, XVII, Nov. 1886, pp. 417/421; Dec. 1886, pp. 453/5.)

— The Kung Shêng. (*China Review*, X, p. 73.)

— Wearied Students and refreshing Beverages. (*Ibid.*, p. 222.)

— Education in the Tsin Dynasty. (*Ibid.*, XIII, p. 119.)

— Education fostered by the first Toba Emperor. (*Ibid.*, pp. 124/125.)

— Important hints as to the behaviour of Boys. Translation from the *Chia pao*, Part I, Vol. VI. By Hung Te-hsing. (*Ibid.*, XIV, pp. 334/339.)

— Educational. By E. H. Parker. (*Ibid.*, XVII, No. 1, p. 54.)

— Learning to read in China. By John C. Gibson. (*Ibid.*, No. 6, pp. 348/352.)

— Education in China. By C. S. Addis. (*Ibid.*, XVIII, No. 4, pp. 205/212.)

— * Elisabeth Porter Goulde. — School-life in China. (*Education* [Boston], Vol. VIII, No. 9, May 1888, pp. 557/562.)

— National Education in China. By Alfred E. Hippisley, Commissioner of Customs, China. (Intern. Health Exhib., London, 1884. — *The Health Exhibition Literature*, XIX, pp. 229/252.)

— Child Life in Chinese Homes. By Mrs. Bryson, of the London Mission, Wuchang, China. With many Illustrations. The Religious Tract Society, 1885, in-8 carré, pp. 208.

— Female Education in China. By J. Edkins. (*Leisure Hour*, XXVII, p. 378.)

— Education of Woman in China. By S. Wells Williams, LL. D. (*Chinese Recorder*, XI, 1880, pp. 40/53.)

Avec une traduction du *Niu-eul-yu* 女兒語 de Siou-kouan, ancien gouverneur du Kiang-si.

— The Education of a Wife. By J. M. (*China Review*, XII, p. 512.)

— The Government Colleges of Suchow. By Rev. A. P. Parker, D. D., Methodist Episcopal Mission (South). (*Chin. Rec.*, XXIV, nov. 1893, pp. 534/540; dec. 1893, pp. 579/584.)

— Answers to Circular in Regard to School Books. By Rev. A. P. Parker, D. D. (*Ibid.*, XXXII, June 1901, pp. 301/505.)

— Chinese Education. (*The Open Court*, XIV, Chicago, 1900, pp. 694/9.)

From *The Shanghai Mercury*, Jan. 17, 1900.

— Chinese Education. By Romyn Hitchcock. (*The Century Ill. Mag.*, LX, 1900, pp. 900/905.)

— Delay the Study of the Classics. By Yü-an liu chi. (*Chin. Rec.*, XXXII, Aug. 1901, pp. 405/9.)

— La réforme des études en Chine. Par Jerôme Tobar. (*Etudes... par des Pères de la Cie. de Jésus*, 5 déc. 1903, pp. 703/717.)

— L'Instruction en Chine. (*Revue Indo-Chinoise*, 6 juillet 1903, pp. 605/7.)

Trad. du Chinois dans l'*Echo de Chine*. — Décret impérial.

— L'Education européenne des Asiatiques. Par Maurice Courant. (*Rev. Indo-Chinoise*, 23 nov. 1903, pp. 1056/1062.)

— The Educational Conquest of the Far East By Robert E. Lewis, M. A. New

York... Fleming H. Revell Co., in-8, pp. 248 [s. d., 1903].

Government Education in China, pp. 95/185.

— Chinese Educational Exhibit at the World's Fair of 1904. (*Chin. Rec.*, XXXIV, Oct. 1903, pp. 509/511.)

— Educational Psychology of the Chinese. A Study in Pedagogy. By Prof. C. M. Lacey Sites, Nanyang College. (*Ibid.*, XXXV, May 1904, pp. 245/256.)

Voir EXAMENS, col. 545-6.

LIVRES ÉLÉMENTAIRES.

1° *Divers.*

— Translations of Chinese School-Books. (*China Review*, VI, pp. 120/124, 195/199, 253/259, 328/330, etc.)

— * S. W. Williams. — Primers and Juvenile Books among the Chinese. (*The New Englander*, May 1878.)

— *San Tsze ko, suh keae,* « Songs of three characters, with colloquial explanations, » or the Sacred Edict in rhyme, in-16, 38 ff., 1816.

« This little book was composed and printed under the reign of the late emperor Keäking. The edition before us was prepared, — in imitation of the celebrated school book, called the *San tze king*, or » Trimetrical Classic «, — by Le Laechang, magistrate of the mountaineer district of Leënshan, in Canton Province; and was chiefly intended for the use of the *Yâou* tribes under his jurisdiction.

« The *Shing Yu*, or Sacred Edict, — the foundation of the little book before us, — has obtained considerable note among European sinologues, from the able translation given of it by the late Dr. Milne of Malacca. That work is divided into sixteen sections, containing Sixteen maxims of the emperor Kang he, followed by amplifications by the Emperor Yungching, and colloquial paraphrases by *Wang Yewpo*, a high officer of State. — The » Sacred Edict in rhyme « is in like manner divided into sixteen sections. Each section is headed by one of Kanghe's maxims, and consists of twelve stanzas or verses, of twelve characters, or four lines, each. The subject matter of these verses is chiefly taken from the paraphrase of *Wang Yewpo*, but each line consisting of but three characters the conciseness of the style often renders it almost unintelligible, without the aid of the colloquial explanation which follows each verse. This latter is written in a plain and easy style, — and generally shows very clearly the meaning of the text.

« As a specimen of the work, we subjoin a translation of the first section. »... (J. R. Morrison, dans le *Ch. Rep.*, I, pp. 244/6.)

— « *Keënyun Yewheó Sheteé*, or Odes for Children in rhyme, on various subjects, in thirty four stanzas. » (Traduction by E. C. Bridgman.)

Three of the School books in use among the Chinese have already been brought to the notice of our readers: the Odes for Children, now before us, form the fourth work in their series. It is written in pentameter... (*Ch. Rep.*, IV, pp. 287 et seq.)

— *Urhsheih-sze Heaou*, or Twenty-four examples of Filial Duty: Shun, Wán, Tsáng, Min, Chung...

« This little collection of stories, illustrative of filial duty, belongs to the class of works styled juvenile, or toy-books » p. 130. (*Ch. Rep.*, VI, July 1837, pp. 130 et seq.) (S. W. Wells Williams.)

— Translations of Chinese School-Books. (*China Review*, VI, pp. 120/124, 195/199, 253/259, 328/330; VII, pp. 53/58, 111/114, 178/182, 232/237, 364/367; VIII, pp. 23/27, 146/149, 301/308.)

— Translation of the *Nü Len Nü* (lire *Yu*) 女論語. Written by Sōng Zah-chao 宋若昭. By Mrs. A. S. Parker. (*Chin. Rec.*, XX, No. 4, April 1889, pp. 150/158.)

— School Primer. (*China Review*, XI, p. 264.)

SIAO HIO 小學 *ou l'École des Enfans.*

On en trouvera une notice dans Du Halde, II, pp. 365/384. — Wylie, *Notes*, p. 68. — P. Noël, *supra*, col. 1395/6.

— Seaou Heó, or Primary Lessons: character and object of the work; tabular view of its several divisions; a translation of Part first, with brief explanatory notes. By E. C. Bridgman. (*Chin. Rep.*, V, pp. 81/87.)

— — Part II, translated. (*Ibid.*, pp. 305/316; VI, pp. 185/188, 393/396, 562/568.)

« This work, as its title indicates, consists of a series of lessons, which are designed for the instruction of youth... The lessons are composed almost entirely of short paragraphs, selected from the ancient classics, purporting to contain the maxims of wise men who were contemporary with Abraham, Moses, Solomon, Lycurgus, Solon and Socrates. The work ranks with the Heaou king and Chun king... » (*Chin. Rep.*, *l. c.*, p. 81.)

— La *Siao-hio* ou Morale de la jeunesse avec le commentaire de Tchen-siuen. Traduite du chinois par C. de Harlez. Paris, Ernest Leroux, 1889, gr. in-4, pp. 368.

Forme le tome XV des *Annales du Musée Guimet*. Un appendice renferme: Abrégé de l'histoire de la Chine, Principautés chinoises, le Mariage en Chine, Habillement des Chinois, Cérémonies funèbres et deuils, Culte et sacrifices, De l'enseignement en Chine, Danse.

2° *San tseu king* 三字經

— Букварь Китаискои состоящеи изъ двухъ китаискихъ книжекъ, служитъ у Китаицевъ для начальнаго обученія малолѣтныхъ дѣтеи основаніемъ. Писанъ на спіхахъ, и содержитъ въ себѣ много Китаискихъ пословицъ. Перевелъ съ Китаискаго и Манжурскаго на Россіискои языкъ прозою Надворныи Совѣтникъ Алексѣи Леонтіевъ. — С.-Пет., Акад. Наукъ, 1779, in-8, pp. 49.

Санъ Дзы гинъ.

— A Translation of San-tsi-king 三字經 the Three Character Classic.

Dans les *Horae Sinicae* de Morrison: 1812. — New ed. 1817, pp. 122/146. Le texte chinois est également donné en regard de la traduction.

— *Indo-Chinese Gleaner*, No. VIII, April 1819, pp. 88/94.

— САНЪ-ЦЗЫ-ЦЗИНЪ ИЛИ ТРОЕСЛОВІЕ СЪ ЛИТОГРАФИРОВАННЫМЪ КИТАЙСКИМЪ ТЕКСТОМЪ. Переведено съ Китайскаго Монахомъ Іакинѳомъ. St. Pétersbourg, 1829, in-4, pp. 83 sans la préf.

Le texte chinois est aussi donné.
Klaproth (646), Fr. 16.

— San-tze-king, or Trimetrical Classic; its form, size, author, object, and style; a translation with notes; the work ill adapted to the purposes of primary education by E. C. Bridgman. (*Chinese Repository*, IV, July 1835, pp. 105/118.)

Une partie de cette traduction est reproduite pp. 9/16 de la *Chinese Chrestomathy* de Bridgman.
Vide *infra*, col. 1436.

— Die Encyclopädie der Chinesischen Jugend : se trouve pp. 19/26 de « Lehrsaal des Mittelreiches... von Carl Friederich Neumann, München, 1836 ».

Le texte chinois du San-tseu-king est donné à la suite de cet ouvrage. [Voir col. 1412.]

— 三字經 The Three-Fold San-Tsze-king or the Triliteral Classic of China, as issued I. by Wang Po keou, II. by Protestant Missionaries in that country; and III. by the Rebel Chief, Tae-ping-Wang. Put into English, with Notes by the Rev. S. C. Malan, M. A., of Balliol College, Oxford, and Vicar of Broadwindsor, Dorset. London : David Nutt, 1856, in-12, pp. 78.

Outre la Version du Rév. S. C. Malan, on trouvera une traduction anglaise du Livre des trois caractères du T'ai-p'ing-wang par le Dr. Medhurst dans *The North China Herald*, No. 147, May 21, 1853.

La traduction du Dr. Medhurst est reproduite dans :
— « The Life of Tai-ping-Wang, » by Mackie, 1857, pp. 324/335.
— « The Taeping Rebellion in China, » by L. Brine, 1862, pp. 371/7.
— Voir sur le Classique du T'ai-p'ing-wang les articles du Docteur W. H. Medhurst, *N. China Herald*, 162, Sept. 3, 1853, et du Rév. W. C. Milne, *China Mail*, 456, Nov. 10, 1853. [Col. 656 et 662.]

— Benjamin Jenkins. — * *The Three Character Classic*, or San-tsze-king, romanized according to the reading sound for the vicinity of Shanghai, translated literally, and printed with the Chinese character and translation interlined. Shanghae, 1860.

— 三字經 Sān-tché-kim. Doctrina trisillaba cum dictionario Sinico-latino. adjuncto. a Joseph M. Kuo, Collegii Sinici Alumno. Neapoli, 1869. In-8, pp. 30 (imprimé à la manière chinoise, ff. doubles).

— San-tseu-king 三字經 Trium litterarum liber a Wang-Pe-Heou Sub finem XIII saeculi compositus; Sinicum Textum adjecta 214 clavium tabula edidit et in latinum vertit Stanislaus Julien Instituti Gallici Socius. Parisiis Apud Benj. Duprat Anno 1864, in-8, pp. 20-15.

— San-tsze-king. The Three Character Classic, composed towards the end of the XIIIth Century by Wang-pih-how; published in Chinese and English, with the Table of the 214 Radicals, by Stanislas Julien, Paris, 1864, in-8.

— San-tseu-king. Le Livre de phrases de Trois Mots en chinois et en français suivi d'un grand commentaire traduit du chinois et d'un petit dictionnaire chinois-français du San-tseu-king et du Livre des Mille Mots par Stanislas Julien de l'Institut de France. Extrait du *Ban-zai-sau*. Genève, H. Georg, 1873, in-8, pp. III-147.

Notice : *Revue critique*, 8 nov. 1873, par Ed. Specht.

— Le Livre classique des Trois Caractères de Wâng Peh-héou en chinois et en français accompagné de la traduction complète du commentaire de Wang Tçin-chîng par G. Pauthier. Ouvrage traduit et publié à la demande de M. le contre-amiral Dupré, gouverneur de la Cochinchine. Paris, Challamel aîné, 1873, in-8, pp. XII-148.

— Deux Traductions du San-tseu-king et de son Commentaire. Réponse à un article de la *Revue critique* du 8 novembre 1873 par le Marquis d'Hervey de Saint-Denys Chargé du cours de Langue et Littérature chinoise, au Collége de France. Extrait du *Ban-zai-sau*. Genève, H. Georg, 1873, in-8, pp. 27.
— Rép. de M. Specht. (*Revue critique*, 21 février 1873.)
— Réplique de M. d'Hervey de St.-Denys, datée du 26 février 1874, à la lettre de M. Specht. (*Revue critique*, 21 mars 1874.)

— Three Character Classic, in Chinese, German and English. Translation in English by Rev. E. C. Bridgman, D. D. Notes translated by C. F. R. Allen Esq. (*Doolittle's Vocab.*, Pt. III, No. XXXIII.)

— The San tzu ching or Three Character Classic and the Ch'ien tsu wen or Thousand Character Essay Metrically translated by Herbert A. Giles of H. B. M.'s Consular Service. « *Fools rush in where angels fear to tread.* » Shang hai : A. H. de Carvalho, 1873, br. in-8, pp. III-28, s. le tit. et les ff. prél.

Imp. en caractères bleus; encadrements rouges.
Notice : *China Review*, I, p. 394.

— Elementary Chinese 三字經 *San Tzŭ Ching* Translated and annotated by Herbert A. Giles, M. A., LL. D. (Aberd.)... Shanghai, Kelly & Walsh, 1900, gr. in-8, pp. V-178.

Notice : *Lond. & China Express*, June 29, 1900.

— San-ze-king. Les phrases de trois caractères en chinois avec les Versions Japonaise Mandchoue et Mongole suivies de l'explication de tous leurs mots par François Turrettini. Genève, H. Georg, 1876, in-8, pp. IV-104.

Extrait du *Ban-zai-sau*.

— Le Commentaire du San-ze-king. Le Recueil des phrases de Trois Mots. Version mandchoue avec notes et variantes par François, Turrettini. Genève, H. Georg, 1892-1894, in-8, pp. VIII-115.

Extrait du *Ban-zai-sau*.

— Il libro delle Tre Parole secondo la versione Mangese di Tooghe — Pubblicato per cura di E. Teza. Pisa, tip. T. Nistri, 1880, in-4, pp. 22.

Estratto dagli *Annali delle Università Toscane*, T. XVIII.

— *Tam Tu Kinh* ou le Livre des phrases de Trois Caractères Avec le grand commentaire de Vu'o'ng tân thăng Texte transcription annamite et chinoise explication littérale et traduction complètes par Abel Des Michels, Professeur à l'Ecole des Langues Orientales vivantes. Paris, Ernest Leroux, 1882, gr. in-8, pp. XI-II-271 + 185 pp. autog. de texte.

Forme le Vol. XVII des *Pub. de l'Ecole des Langues orientales vivantes*.

— 三字經國語演歌 Tam tụ' kinh quốc ngữ' diễn ca. Le Tam tụh' kinh transcrit et traduit en prose et en vers annamites. P. J. B. Tru'o'ng-vĩnh-ký. — Saigon, Imp. C. Guilland et Martinon, 1884, br. in-8, pp. 47.

— A Precise Translation of the Three Character-Classic 三字經, in-8, chif. pp. 105 à 112.

Au bas de la p. 112 : Rangoon : Printed at the « Victoria » Press. 1891.

— Chinese School-Books. — *Sam-Tsz-king*. — Translated by E. J. Eitel, Ph. D. — Hongkong : Printed at the « China Mail » Office. — 1892, in-8, pp. 22.

Sans caractères chinois.

— Chinese School-Books translated by E. J. Eitel. The Tri-metrical Classic. (*China Review*, XX, No. 1, pp. 35/41.) The Thousand Words' Poem. (*Ibid.*, No. 2, pp. 101/108.)

— The « Three Character Classic ». (三字經 San Tsü Ching.) — By Rev. R. Wilhelm. (*East of Asia*, I, N° 2, pp. 155/162.)

— San-Tzu-Ching, der Drei-Zeichen-Klassiker. Von R. Wilhelm. (*Der Ferne Osten*, Bd. 1, Heft 2, pp. 169/175.)

— Zottoli, *Cursus litteraturae sinicae*, Vol. II, pp. 88/105.

— Léon de Rosny. — Les livres élémentaires des écoles chinoises. (*Variétés orientales*, 3e éd., pp. 163/170.)

Notes sur le *Tsien Tseu Wen* et le *San tseu king*. L'auteur donne une liste des versions orientales et européennes.

— A Chinese Primer by H. A. Sawtelle. (*Overland Monthly*, San Francisco, Feb. 1871.)

∴

— W. H. Medhurst. — 三字經 *San tszé king*. Three Character Classic. Batavia, 1823, 17 ff.

« This popular little tract is formed after the model of the Chinese work of the same name, and contains a portion of Christian truth, conveyed in a plain and easy manner. In this and many of his subsequent publications, Mr. Medhurst assumed the epithet 尙德者 *Shang tĭh chày*, « One who esteems virtue ». A subsequent edition was issued at Batavia in 1828. This was reprinted at Malacca in 1832, and a small-sized edition appeared at Singapore in 1839. It was revised and recut at Hongkong in 1843, the blocks being sent to London, stereotyped and printed in 1846. A new edition was put through the press at Shanghae in 1845 ; and a reprint from the sterectype plates, at the same press in 1848. The same year, it was reprinted, in a smaller type, at the Presbyterian Mission Press at Ningpo. In 1851, it underwent a complete and thorough revision by Dr. Medhurst, which was printed at Shanghae the same year ; at Hongkong and also Amoy the following year ; and again at Shanghae in 1856. The work has been several times published with a Commentary ; once by the author, under the title 三字經註解 *San tszé king choó keaè*, in 43 leaves. Another commented edition appeared at Ningpo, in 1847, with the title 三字經註釋 *San tszé king choo shĭh*, in 16 leaves ; and a revision of the same has been more recently published at the same press, in 17 leaves, with pictorial embellishments under the title 繡像眞理三字經註釋 *Séw sëáng chin lè san tszé king choó shĭh*. (*Memorial Prot. Miss.*)

Le Dr. Mc. Cartee a publié un commentaire de cet ouvrage. Cf. *Ibid.*, p. 136. — Le Rev. W. Lobscheid a publié sous le titre de 麥氏三字經 *Mĭh shé san tszé king* à Hong-kong, 1857 (réimp. en 1863) le livre de Medhurst annoté à l'usage des classes. Sous le titre de 三字經 le Rév. J. L. Shuck à Chang-hai en 1848 et le Rév. R. Lowrie à Ning-po (10 ff.) et à Chang-hai (7 ff.) dans le dialecte de Chang-hai ont donné des ouvrages dans le genre de celui du Dr. Medhurst ; le travail du Rév. R. Lowrie a été mis en langue mandarine par le Rév. Henry Blodget à T'ien-tsin en 1863 (9 ff.).

3° *Pe kia sing* 百家姓

— *Pih Keä Sing kaou leó*, or a Brief inquiry concerning the Hundred Family Names : character and object of the work ; variety of names in China, and the manner of writing them ; degrees of consanguinity, with the terms used to express them. By E. C. Bridgman. (*Chin. Rep.*, IV, pp. 153/160.)

« The book... contains in fact four hundred and fifty-four surnames, or names of families, instead of one hundred, as its title seems to indicate. *Pih-sing*, « the hundred surnames », is used to denote the people collectively, « pih », a hundred, being used according to the Chinese idiom to signify all. The Pih Kea Sing was compiled by Wang Tsin shing, one of the commentators on the Trimetrical Classic, and in form and size it very much resembles that work, with this difference, that it is composed in tetrameters, while the San tze King contains only three characters in each line. » *Chin. Rep.*, *l. c.*, pp. 152 et seq.

— Livre des Cent familles. (Perny, *Dict.*, App., No. XIV, pp. 156/216.)

— Zottoli, *Cursus litteraturae sinicae*, II, pp. 106/111.

— The Family Names. By Herbert A. Giles. (*Journ. C. B. R. A. S.*, XXI, N. S., 1886, pp. 255/288.)

Ré-arrangement du 百家姓

— *Pĕ Kiā Sín* 百家姓 ou Noms des Cent Familles Chinoises. (*Dict. Chinois-Franç. langue mand. parlée dans l'ouest de la Chine*, 1893, pp. 729/731.)

4° *Ts'ien tseu wen* 千字文

— « *The Thousand Character Classic*, » br. in-8, pp. 31.

Traduction anglaise du Livre des Mille Mots, insérée comme appendice au *Report of the Anglo-Chinese College* from January 1830 to June 1831 (1831). — Cette traduction, qui est attribuée au Rév. S. Kidd, principal du collège, est suivie du texte chinois [col. 1329].

— *Tsiän dsü wen*, sive mille literae ideographicae. Opus Sinicum origine cum interpretatione kôraiana, in peninsula Kôrai impressum, in lapide exaratum a Sinensi Kotsching dschang et redditum curante Ph. Fr. de Siebold. Lugduni Batavorum 1833.

— Das 千字文 *Tsiän dsü wen* oder Buch von Tausend Wörtern, aus dem Schinesischen, mit Berücksichtigung der Koraischen und Japanischen Übersetzung, ins Deutsche übertragen. (Siebold, *Nippon*, Abh. IV, pp. 165/191.)

— Dans « Translation of a Comparative Vocabulary of the Chinese, Corean, and Japanese languages... By Philo-Sinensis (Medhurst), Batavia, 1835 », on trouvera « the Thousand Character Classic in Chinese and Corean » avec une traduction.

— *Tseën Tsze Wán*, or the Thousand Character Classic : its form, size, object, style and author ; a translation with notes ; new books needed for primary education of the Chinese. (E. C. Bridgman, *Chinese Repository*, IV, pp. 229/243.)

— 千字文 *Tsëen tszē wăn*. Thousand Character Classic. Hongkong, 1857.

« This is the popular little Chinese work of that name, with short notes explanatory of the characters and the text, given in a simple half-colloquial style. It was prepared for the use of the government schools of Hongkong [by Lobscheid]. »
Mem. Prot. Missionaries.

— Benjamin Jenkins. * *The Thousand Character Classic*, or *Tsëen-tse-wan*, romanized according to the reading sound for the vicinity of Shanghai, and printed with the Chinese character and translation interlined. Shanghae, 1860.

Mem. Prot. Missionaries.

— 千字文 *Thsien-Tseu-Wen*. Le Livre des Mille mots, le plus ancien livre élémentaire des Chinois publié en Chinois avec une double traduction et des notes par Stanislas Julien, Membre de l'Institut. 1re Partie : Texte chinois. Analyse de tous les éléments des mille mots. Tableau des 214 clefs. 2e Partie : Transcription phonétique. Traduction mot à mot. Traduction développée. Notes philologiques et historiques. Prix : 5 francs. Paris, Benjamin Duprat, 1864, in-8, pp. IV-50-40.

Suivant les Annales des Liang [502 ap. J.-C.] : « Tcheou Hingsse, l'auteur du *Livre des mille mots*, était surnommé *Sse-tsouan* ; il était né à *Hiang*, dans l'arrondissement de *Tchin*. L'empereur [*Wou-ti*] ayant choisi mille caractères différents dans l'ouvrage de *Wang-i*, célèbre calligraphe, ordonna à *Hing-sse* de les classer de manière à en faire un texte suivi et de les mettre en vers. Après avoir pris connaissance de son travail, il en fut extrêmement satisfait, et récompensa *Hing-sse* en lui donnant de l'or et des pièces de soie. » P. I.

Note de J. Mohl dans le *J. As.*, 6e S., Vol. II, 1863, pp. 393/5.

— Giles, *supra*, col. 1436. — Zottoli, *Cursus litteraturae Sinicae*, Vol. II, pp. 112/131.

— 千字文 *Z'ien z wen* seu de mille verborum libro a Cheu Him-s elucubratio Iosephi Barone dissertatiuncula. Romae, ex typ. polyg. S. Cong. de Propaganda Fide 1882, pièce in-12, pp. 10.

— Thousand Character Numerals used by Artisans. By H. A. Giles. (*Journ. C. B. R. A. S.*, XX, N. S., 1885, p. 279.)

— Chinese School-Books. — *Ts'in-Tsz-Uan.* — Translated by E. J. Eitel, Ph. D. — Hongkong : Printed at the « China Mail » Office. — 1893, in-8, pp. 26.

Sans caractères chinois. — Voir col. 1437.

« We have in the Kozhiki (711 A. D.) the positive statement that the Thousand Character Composition (Señzhimoñ 千字文) was one of the first books brought to Japan by the Korean Wáni, along with the Lūnyū or Confucian Analects (論語), and we know positively that the former book did not exist in its present form before the reign of Wu-ti (武帝) of the Liang (梁) dynasty (502-550), so that it certainly could not have reached Japan by way of Korea much before the middle of the 6th century A. D. » (Satow's *Transliteration of the Japanese Syllabary*, *Trans. As. Soc. Japan*, VII, 1879, pp. 227/8.)

∴

— A Thousand Character Essay. (*China Review*, II, pp. 182/185.)

« Translation of a primer for Chinese *Girls*, written in the reign of Tao Kuang in imitation of the well known » Thousand Character Essay «, and based on what is commonly entitled the » Preceptor «. H. A. Giles. »

Sciences mathématiques.

Mathématiques pures.

— Synopsis ‖ Mathematica ‖ complectens varios tractatus ‖ quos hujus scientiae tyronibus ‖ et Missionis sinicae ‖ candidatis ‖ breviter et clare concinnavit ‖ P. Antonivs Thomas ‖ è Societate Iesv. ‖ Pars Prima. ‖ Duaci, ‖ Typis Michaelis Mairesse, ‖ sub signo Salamandrae. ‖ M.DC.LXXXV. in-8, 7 ff. prél. p. l. tit., etc. + pp. 474 + 7 ff. n. ch. p. l'ind., pl.

— — Pars secunda. Ibid., in-8, 6 ff. prél. p. l. tit. et l'ind. + pp. 594, pl.

— I. N. J. — De Mathesi Sinica Amplissimae Facultatis Philosophicae indultu publice disputabunt Praeses M. David Algower, Ulma-suevus; & respondens Joannes Matthias Has. Aug. Vindel. Decembr. Anni 1702. Typis Georg. Wolffgangi Hammii. Univers. Typogr. In-8, pp. 52.

周髀算經 *Tcheou pei souan king.*

— Traduction et Examen d'un ancien ouvrage chinois intitulé : *Tcheou pei*, littéralement : « Style ou signal dans une circonférence; » par M. Edouard Biot. (*Journal asiatique*, Juin 1841, pp. 593/639.)

Tirage à part, in-8, pp. 49.

— Note supplémentaire. (*Ibid.*, Fév. 1842, pp. 198/202.)

Tirage à part, in-8, pp. 6.

La *première partie* de cet ouvrage chinois a été traduite : En français par le P. Gaubil, dans l'*Hist. de l'Astronomie chinoise*, *Let. édifiantes*, T. XXVI, voir col. 936 et col. 1455. — En anglais par M. A. Wylie, dans *The North China Herald*, 108, Aug. 21, 1852. (Jottings on the Science of the Chinese-Arithmetic.)

— Jottings on the Science of the Chinese. [By Alexander Wylie.] (*North-China Herald*, 108, Aug. 21, 1852, 111-112-113-116-117-119-120-121, Nov. 20, 1852.)

Réimp. dans *The Shanghai Almanac and Miscellany*, 1853, 22 pages. — Dans *The Chinese and Japanese Repository*, April 1864 et seq. et dans *Chinese Researches*, pp. 159/194, voir col. 104/5.

Reproduit en allemand dans *Crelle's Journal für die reine und angewandte Mathematik*, 1856, pp. 59/94, « Die Arithmetik der Chinesen ». (Von Herrn Dr. K. L. Biernatzki, zu Berlin.) Berlin, April 1855.

— Die Arithmetik der Chinesen. Von Dr. K. L. Biernatzki, zu Berlin. (Besonders abgedruckt aus *Crelle's Journal für die reine und angewandte Mathematik*, Band 52, Heft 1), br. in-4, pp. 38.

Voir sur ce mémoire du Dr. B. deux art. de Mr. J. Bertrand dans le *Journal des Savans*, 1869, Juin & Août.

— Arithmétique et Algèbre des Chinois. (*Nouv. Annal. Math.*, II, 1863, pp. 529/540.)

— Notice of New Mathematical Works. [« *Túy soó këën fa.* — *Tsaóu ko peaóu këën fa* ».] (From the *Shanghai Serial* amplified.) By A. [Wylie.] (*N. C. Herald*, No. 366, Aug. 1, 1857.)

— « Finger » Numerals. By F. W. Eastlake. (*China Review*, IX, pp. 319/320.)

— Division of the Tael. (*Ibid.*, XI, p. 62.)

— The Origin of the Arabic Numerals. By G. Kleinwächter. (*Ibid.*, XI, pp. 379/381.)

— More on the Origin of the Arabic Numerals, and the introduction of the sino-arabic Numerals into Europe. By G. Kleinwächter. (*Ibid.*, XII, pp. 25/30.)

— Ein Kapitel des *Schu-li-tsing-iün.* [數理精蘊.] Von Fr. Kühnert. (*Wiener Zeit. f. d. K. d. Morg.*, IV, 1890, pp. 265/283.)

Voir Wylie, *Notes*, p. 96.

SOUAN-PAN 算盤

— О Китайскихъ счетахъ. — *I. Гошкевича.* (*Trav. de la Mission russe*, II, pp. 169/194.)

Voir col. 1350.

Sur le même sujet, voir également Spizelius, *De re literaria Sinensium*, p. 215, avec 1 grav. — Col. 1412.

— Ueber die Chinesisch-Japanische Rechenmaschine. (*Mitt. der Deut. Ges.*, Yokohama, 8. Heft, Sept. 1875, pp, 27/35.)

Article par le Dr. A. Westphal. — Figures.

— A. Westphal. — Ueber das Wahrsagen auf der Rechenmaschine. (*Ibid.*, pp. 48/9.) — Ueber die Chinesische Swan-pan. (*Ibid.*, 9. Heft, pp. 43/53.)

— On the Abacus of China and Japan. By R. Van Name of New Haven. (*Jour. Amer. Orient. Soc.*, Vol. X, *Proc.*, pp. CX-CXII, 19 May 1875.)

— Le Souan-Pan des Chinois et la banque des Argentiers; Par M. Léon Rodet. Br. in-8, pp. 11.

(Extrait du *Bulletin de la Société Mathématique de France*, t. VIII; 1880.)

— The Old Numerals, the Counting-Rods and the Swan-pan in China. By Prof. A. Terrien de La Couperie, M. R. A. S. Reprinted from the *Numismatic Chronicle*, Vol. III, Third Series, pp. 297-340. — London : 1883, br. in-8, pp. 44.

— The Abacus, in its Historic and Scientific Aspects. — By Cargill G. Knott, D. Sc. (Edin.), F. R. S. E. [Read December 16th, 1885.] (*Trans. As. Soc. Japan*, XIV, Pt. I, June 1886, pp. 18/71.)

— The Abacus in Europe and the East. (*Nature*, XXXIV, 1886, p. 93.)

A propos de l'article précédent.

— Recherches sur l'origine de l'Abaque chinois et sur sa dérivation des anciennes fiches à calcul par A. Vissière. — Extrait du *Bulletin de Géographie*, 1892. — Paris, Ernest Leroux, 1892, br. in-8, pp. 28.

Notice par G. Schlegel. (*T'oung Pao*, IV, mars 1893, pp. 96/99.)

Arnold Jacques Antoine Vissière, né le 2 août 1858, à Paris; diplômé à l'Ecole des Langues orientales vivantes, 25 nov. 1879; élève-interprète hors cadres, 22 janv. 1880, et adjoint à la mission brésilienne envoyée en Chine; premier interprète de la légation de Pe-king, 28 mai 1886; consul; a remplacé Devéria comme prof. de Chinois à l'École des Langues Orientales.

— Le Soroban, machine à calculer chinoise. Par Henri Frochot. (*Rev. scient.*, 38e ann., 1901, 2e sem., pp. 303/305.)

Soroban est le nom japonais.

ASTRONOMIE CHINOISE.

CHOU KING. — Consulter sur l'Astronomie chinoise le chap. I (*Yao tien*) de la première partie (*Yu chou*) et le chap. IV (*Yn tching*) de la IIe partie (*Hia chou*), où l'on mentionne la première éclipse du soleil indiquée par les Chinois. Voir également les *Observations* du P. Gaubil sur ce livre classique dans l'éd. de 1770 de De Guignes et dans celles de Pauthier, 1841 et 1843 :

IV. Astronomie qui se trouve dans le *Chou king*, pp. 364/371. (1770).

V. Eclaircissement sur les étoiles du Chapitre *Yao tien*, pp. 371/372.

VI. Dissertation sur l'éclipse solaire rapportée dans le *Chou king*, pp. 372/380.

— On trouvera également ces remarques dans les *Observations mathématiques*, etc., du même Père : Nos. IV et V dans le tome III, pp. 6 et seq.; No. VI dans le tome II, pp. 140 et seq.

— Remarks on the Chinese Astronomy. (Pp. 231 à 248 de *A Historical View of the Hindu Astronomy*... by John Bentley. London, 1825, in-8.)

— The *Shoo King*; an extract containing the astronomy of the *Yaou Teën*, with Explanations from the Commentary of Tsae Chin. Translated by 文 (W. J. Boone). (*Chinese Repository*, IX, pp. 573/586.)

— On the Astronomy of the Ancient Chinese. By the Rev. John Chalmers, A. M., pp. 90/104 des *Prolégomènes* du Vol. III. Part I (*Shoo king*) des *Chinese Classics* du Dr. Legge.

— Die Schu-king-Finsterniss. Von Dr. Gustav Schlegel, Professor der chinesischen Sprache an der Universität in Leiden. Und Dr. Franz Kühnert, Observator der K. K. Gradmessung in Wien. — Veröffentlicht durch die Königliche Akademie der Wissenschaften zu Amsterdam. — Amsterdam, Johannes Müller. 1889. Br. in-4, pp. 20.

Notices : *China Review*, XVIII, No. 4, pp. 265/266. By E. J. E.[itel.] — *Versl. en Meded. Ak. Amst. Letterkd.*, III, d. VI, pp. 316/9, par H. Kern et J. A. C. Oudemans.

— Astronomisch-Chinesisches. — I. Zur Frage der Shuking-Finsterniss. — II. Über die von den Chinesen Tê-sing oder Tugendgestirn genannte Himmelserscheinung. (E. v. Zach, *Lexicog. Beit.*, II, pp. 102/8.)

— Observations sur le degré de certitude des éclipses de Soleil rapportées par Confucius, dans son ouvrage intitulé : *Tchun tsieou*, depuis l'an 720 jusqu'en 495 avant J.-C. Par M. de Guignes. Lû le 14 mai 1784. (*Rec. de l'Ac. des Insc.*, *Mém.*, XLV, 1793, pp. 207/238.)

— Solar Eclipses recorded in the Ch'un Ts'ew, pp. 86/87 des *Prolégomènes* du Vol. V, Part I, des *Chinese Classics* du Dr. Legge.

JOHN WILLIAMS.

— Notes on Chinese Astronomy. (*Astron. Soc. Monthly Notices*, XV, 1854-55, pp. 19/23.)

— On an Eclipse of the Sun recorded in the Chinese annals as having occured at a very early period of their history. (*Ibid.*, XXIII, 1863, pp. 238/242.)

— On the Eclipses recorded in the ancient Chinese historical work called *Chun Tsew*. [1863.] (*Ibid.*, XXIV, 1864, pp. 39/42.)

— Solar Eclipses observed in China from B. C. 481 to the Christian era. (*Ibid.*, XXIV, 1864, pp. 185/8.)

— Chinese Observations of solar spots. (*Ibid.*, XXXIII, 1873, pp. 370/5.)

Voir Hosie, col. 1449; J. de Moidrey, col. 1450.

« Liste de 45 observations de taches solaires, faites en Chine de l'an 301 à l'an 1215 ap. J.-C.... Williams avait extrait sa liste d'un ouvrage de seconde main, l'Encyclopédie de Ma Touan-liu, et avait laissé échapper nombre d'inexactitudes dans la réduction des dates chinoises au calendrier européen. » (J. de Moidrey.)

— The Eclipse of Chung K'ang. By S. N. K. (*Nature*, XXXII, 1885, pp. 276/277.)

— Observations of Comets, From B. C. 611 to A. D. 1640. Extracted from the Chinese Annals. Translated, with introductory remarks, and An Appendix, comprising the Tables necessary for reducing Chinese Time to European Reckoning; and a Chinese Celestial Atlas. By John Williams, F. S. A. Assistant secretary of the Royal Astronomical Society, etc. London : Printed for the Author by Strangeways and Walden, 1871, in-4, pp. XXXII-124 + l'Atlas qui est autographié.

Annonce dans *The Phoenix*, No. 29, Nov. 1872. — Notice : *Chinese Recorder*, V, 1874, pp. 98/108.

∴

— Les éclipses et les rites chinois. Par Morisse. (*Bull. Com. Asie française*. Août 1902, pp. 367/372.)

— De eclipsi sinica Liber singularis Sinorvm de eclipsi solis quae Christo in crucem acto facta esse creditur indicivm examinans et momento suo ponderans Auctore Theophilo Sigefrido Bayero Accedunt Praeceptionvm de Lingva sinica duo Libri eodem avctore. Regiomonte apvd Mart. Hallervordii Heredès cIↄIↄCCXVIII, in-4, pp. 42, s. les prél., et les *praeceptiones*; 1 pl.

— Theophili Sigefridi Bayeri Regiomontani de Horis Sinicis et Cyclo Horario commentationes accedit eivsdem avctoris Parergon Sinicvm de Calendariis Sinicis vbi etiam qvaedam in Doctrina Temporvm sinica emendatvr. Petropoli, Typis Academiae scientiarvm clɔ lɔ cc xxxv, in-4, pp. 32, s. les prél., 8 pl.

Traduit en français par E. de Villaret. (*Bul. Soc. Géog.*, Rochefort, XIV, 1892, pp. 183/198.)

— T. S. Bayeri Commercivm Sinicvm. (*Miscellanea Berolinensia*, V, 1737, pp. 185/192.)

I. Excerpta ex prima Epistola A. R. P. Gaubil ad T. S. Bayer, data Pekini 3. Jul. 1732.

II. Ex epistola R. R. P. P. Ignatii Koegler Praesidis in tribunali Mathematico, Andreae Pereyrae, Caroli Slavicek S. I. Missionariorum ad T. S. Bayer. Pekini, 12. Sept. 1732.

III. Ex epistola T. S. Bayeri ad R. P. Koeglerum Tribunalis Mathematici Praesidem S. I. Missionarium.

IV. Ex epistola R. P. Ignatii Koegler et R. P. Andreae Pereyrae. Pekini, VII. kal. Sext. 1734.

Alphonsi Des Vignoles Observationes ad Initium primae Epistolae. (*Ibid.*, pp. 193/197.)

— Mémoire concernant l'origine du zodiaque et du calendrier des Orientaux, Et celle de différentes Constellations de leur Ciel astronomique. Par J. de Guignes. Lû le 17 juin 1788. (*Rec. de l'Ac. des Insc., Mém.*, XLVII, 1809, pp. 378/434.)

— Observations chinoises et japonaises sur la chute des corps météoriques (1819). (A. Rémusat, *Mél. As.*, I, pp. 184/208.)

— Uranographie mongole. (*Ibid.*, pp. 212/239.)

— Uranographia Mongolica sive Nomenclatura Siderum, quae ab Astronomis Mongolis agnoscuntur et describuntur. (Excerptum ex opere, Mongolica lingua conscripto, quod in Bibl. Imp. conservatur, par Abel Rémusat. (*Mines de l'Orient*, III, pp. 179/196.)

— Chinese Names of Stars and Constellations collected at the request of the author of this Dictionary by John Reeves Esq. (Morrison's *Dictionary*, Part II, Vol. I, pp. 1063/1081.)

A. Rémusat, *Mél. As.*, II, pp. 202/205. — Voir *infra* col. 1453, Noël, *Observ. Math.*, et col. 1448, Perny.

— Notice d'une mappemonde et d'une Cosmographie chinoises, par M. Klaproth. (*Nouv. J. As.*, X, 1832, pp. 481/526; XI, 1833, pp. 31/70.)

« L'original de la mappemonde chinoise, dont la traduction accompagne ce mémoire, se trouve dans un livre publié à Canton, en 1820, sous le titre de *Houan thian thou choue* ou *Explication du tableau de la sphère céleste.* »

Tirage à part, Paris, Imp. Royale, MDCCCXXXIII, pp. 89 et 1 Pl., br. in-8.

(Divers.)

— Autres éclaircissements sur le planisphère et la cosmographie chinoise. (*Ibid.*, XI, 1833, pp. 285/6), par E. Jacquet.

— Mode d'expression symbolique des nombres, employé par les Indiens, les Tibétains et les Javanais, par E. Jacquet. (*Jour. As.*, Vol. XVI, 1835, pp. 5/42; 97/130.)

— Connaissance de l'aplatissement des pôles de la terre chez les anciens Chinois par G. Pauthier. (*Ibid.*, 3e Sér., I, 1836, pp. 290/294.)

— Note sur l'identité des cycles arabes, indiens et chinois, appliqués aux jours, aux années et aux ères diverses par le Chevalier de Paravey. (*Ibid.*, pp. 394/400.)

— * Largeteau. Etudes sur l'astronomie indienne et sur l'astronomie chinoise. 1840.

Edouard Biot.

— Catalogue général des étoiles filantes et des autres météores observés en Chine pendant vingt-quatre siècles, depuis le VIIe avant J. C. jusqu'au milieu du XVIIe de notre ère, dressé, d'après les documents chinois, par M. Ed. Biot. (Présenté à l'Académie des Sciences les 31 Mai et 26 Juillet 1841.) (*Mém. prés. par divers savants à l'Ac. des Sc.*, X, 1848, pp. 129/352.)

— Note Supplémentaire au Catalogue des Etoiles filantes et des autres météores observés en Chine; par M. Ed. Biot. (*Ibid.*, pp. 415/422.)

— Sur la direction des queues des comètes. Paris, *Comptes rendus*, XVI, 1843, pp. 751/752.

— Note sur la direction de l'aiguille aimantée en Chine, et sur les Aurores Boréales observées dans ce même pays. (*Ibid.*, XIX, 1844, pp. 822/829.)

— Catalogue des comètes observées en Chine, depuis l'an 1230 jusqu'à l'an 1640. A. D. (*Connaiss. des Temps*, 1846, pp. 44/84.)

— Catalogue des Comètes observées en Chine depuis l'an 1230 jusqu'à l'an 1640 de notre ère, Faisant suite au Catalogue de *Matouan-lin*, qui finit à l'an 1222, et Extrait du Supplément du *Wen-hian-thoung-khao*, et de la grande Collection des vingt-cinq historiens de la Chine; par M. Edouard Biot. (Extrait des *Additions à la Connaissance des Temps* pour 1846), br. in-8, pp. 43.

Pingré a inséré dans sa *Cométographie*, d'après Ma Touan-lin, le Catalogue des comètes observées à la Chine. (A. Rémusat, *Nouv. Mél. As.*, II, p. 171.)

(Edouard Biot.)

— Recherches faites dans la grande collection des Historiens de la Chine sur les anciennes apparitions de la comète de Halley. (*Connaiss. des Temps*, 1846, pp. 69/84.)

— Note remise par MM. Stanislas Julien et Edouard Biot, pour répondre à la demande faite pour l'Observatoire à M. le Conservateur des manuscrits chinois de la Bibliothèque royale. (*Comptes rendus de l'Ac. des Sc.*, XV, 1842, pp. 951/953.)

— Voir, *Ibid.*, p. 929 : Astronomie. — Note sur la première comète de l'année 1301, tirée de la grande collection des historiens de la Chine; par MM. Stanislas Julien et Edouard Biot.

— Table générale d'un ouvrage chinois intitulé *Souan-fa-tong-tsong*, ou *Traité complet de l'art de compter* (Fourmont, n° 350), traduite et analysée par M. Ed. Biot. (*Ibid.*, 3e S., VII, 1839, pp. 193 et seq.)

Tirage à part : br. in-8, pp. 27.

Il y a une note de 3 pages sur cet ouvrage chinois dans le *Journ. des Savans* (Mai 1835), à la fin d'un article de J. B. Biot sur l'inventeur des logarithmes. — Voir aussi Libri, *Hist. des Math.*, Vol. I.

— **Note** sur la connaissance que les Chinois ont eue de la valeur de position des chiffres, par M. Ed. Biot. (*J. As.*, VIII, 1839, pp. 497/502.)

— Notice sur les travaux de M. Edouard Biot, in-4, s. l. n. d., pp. 8. [Paris, Imp. de Fain et Thunot.]

— Notice sur la vie et les travaux d'Édouard Biot Membre résidant de la Société des Antiquaires de France lue à la séance du 19 octobre 1850 par M. Alfred Maury Membre résidant — Extrait de l'*Annuaire de la Société des Antiquaires de France*, pour 1851. — Paris, Imp. de Crapelet, 1851, in-16, pp. 14.

Édouard-Constant Biot, né à Paris, 2 juillet 1803; † 13 mars 1850.

∴

— L. P. E. Am. Sédillot. Matériaux pour servir à l'histoire comparée des sciences mathématiques (astronomie, mathématiques et géographie), chez les Grecs et les Orientaux. 1845-1850, 2 vol. in-8 avec cartes et pl.

Vol. II, 6e partie : Astronomie chinoise.

— De l'Astronomie et des Mathématiques chez les Chinois. Lettre de M. L. Am. Sédillot Secrétaire du Collége impérial de France et de l'Ecole des Langues orientales vivantes à D. B. Boncompagni. Extrait du *Bullettino di Bibliografia e di Storia delle Scienze Matematiche e Fisiche*. Tomo I. — Maggio 1868. Rome, Imp. des Sciences mathématiques et physiques. 1868. Br. in-4, pp. 8.

— Modes of keeping time known among the Chinese. By D. J. Macgowan, M. D. (*Chinese Rep.*, XX, pp. 426/432.)

Réimp. dans le *Smithson. Report*, 1891, pp. 607/612.

— On the Introduction of European Astronomy by the Jesuits, at Peking.

Articles dans *The North China Herald* : 115, Oct. 9, 1852-116, 117 et 118, Oct. 30, 1852 — signés E.[dkins.] — Réimp. dans le *Shanghae Almanac for 1853 and Miscellany*.

— Chinese Divisions of Time. (Williams, *Chinese Commercial Guide*, 1863, p. 288.)

Réimp. dans P. Loureiro's *Calendar*, App. pp. 3 et seq. [Voir col. 568.]

— Noms des Constellations et des principales étoiles. (Perny, *Dict.*, App., No. IX, pp. 95/109.)

— Судьба Китайской Астрономій. Histoire de l'Astronomie chinoise. Introduction. Par M. C. Skatchkov. 1874, in-8, pp. 31.

Ext. de la *Revue du Ministère de l'Inst. pub.* [russe], mai 1874.

— Mathematical and Astronomical Terms. By Mr. A. Wylie. (Doolittle's *Vocab.*, Pt. III, No. XXXII.)

— Astronomical Symbolism of the East. (*Nature*, XVI, 1877, p. 258.)

Abstract of a paper read at the Society of Biblical Archaeology, «On Astronomical Symbolism of the East, as transmitted by Hebrews and Christians», by M. Ernest de Bunsen.

— Notes on the Opinions of the Chinese with regard to Eclipses by Rev. [sic] A. Wylie. (Read before the Society, 13 Oct. 1866.) (Art. IV*a*, *Journal N. C. B. R. A. S.*, No. III, Dec. 1866, pp. 71/74.)

— Eclipses recorded in Chinese Works. By A. Wylie (Art. VII, *Ibid.*, No. IV, Dec. 1867, pp. 87/158.)

— The Mongol Astronomical Instruments in Peking by A. Wylie. Tiré du Vol. II des *Travaux de la 3e session du Congrès international des Orientalistes*. Leide, E. J. Brill, 1878, br. in-8, pp. 26, s. les app.

— The Mongol Astronomical Instruments in Peking by A. Wylie. (*Travaux de la troisième session du Congrès des Orientalistes*, St. Pétersbourg, 1876, II, pp. 431/456 + pp. 8 de chinois + 1 pl.)

Réimp. dans Wylie's *Chinese Researches*.

— Voir Yule and Cordier's *Marco Polo*, I, pp. 449/456.

— The Astronomical Observatory of Pekin. By J. L. E. Dreyer. (*Nature*, XXXIX, 1888-89, p. 55.)

Armagh Observatory, November 12.

A propos d'une lecture de S. M. Russell, de Pe-king [voir col. 221 et 1449], sur ce sujet. — Dreyer fait observer que Wylie avait publié un article complet sur la matière et que lui-même avait donné dans les *Proc. de la Roy. Irish Academy*, Vol. III, 1881, et dans *Copernicus*, Vol. I, un article sur les instruments de Ko Show-king, antérieur de 300 ans à Tycho-Brahe.

— The Pekin Observatory. (*Annual Rep. Smiths. Inst....* year ending June 30, 1900, pp. 185/6, 4 pl.

Rep. from *Scientific American* Supplement, No. 1304, Dec. 29, 1900.

Cf. *Bib. Sinica*, col. 221.

— 星辰考原 *Sing Chin Khao Youen.* Uranographie chinoise ou Preuves directes que l'Astronomie primitive est originaire de la Chine, et qu'elle a été empruntée par les anciens peuples occidentaux à la sphère chinoise; Ouvrage accompagné d'un Atlas céleste chinois et grec, par Gustave Schlegel, Docteur en Philosophie... Publié par l'Institut royal pour la Philologie, la Géographie et l'Ethnologie des Indes-Orientales néerlandaises à la Haye. La Haye, Martinus Nijhoff-Leyde, E. J. Brill, 1875, 2 parties grand in-8, pp. XIV-1/646, VI-647/929, et un Atlas céleste composé de 7 planches d'après le *T'ien youen li li.*

Notices : *Journ. des Savans*, Sept. 1875, pp. 557/566, par J. Bertrand. — *The China Review*, on the twenty-eight Constellations, by J. Edkins, III, pp. 319/323. — Wylie, *Chin. Rec.*, VI, pp. 442/447. — Günther, *Vierteljahrsschrift der Astronomischen Gesellschaft*, 1877, pp. 29/40. — *La Rivista Europea*, 1er juin 1875. — *Tijds. v. N. I.*, 1er fév. 1876.

— Réponse aux critiques de l'*Uranographie chinoise* par G. Schlegel. (*Bijd. Taal-, L.-, Volkenkunde Ned.-Ind.*, 1880, 4e Sér., IV, pp. 350/372.)

Rép. à l'art. de J. Bertrand, *J. des Savans*, Sept. 1875, pp. 557/566, et à celui du Dr. S. Günther, *Vierteljahrsschrift der Astronomischen Gesellschaft*, 1877, pp. 29/40.

— Réponse aux Critiques de l'*Uranographie chinoise* par G. Schlegel. — Tirage à part des *Contributions à la Philologie, la Géographie et l'Ethnographie des Indes-Orientales Néerlandaises*, 4me Série, Vol. IV, 2me Livraison, 1880. — La Haye, Martinus Nijhoff, 1880. br. in-8, pp. 23.

— On the Periodicity of the solar spots. (*Nature*, I, 1869-70, pp. 284/286.)

A propos d'un article paru dans les *Proceedings of the American Philosophical Society* du Dr Kirkwood, où il rappelle que les premières observations sur les taches au soleil, ont été faites par les Chinois en l'an 321 A. D.

— Sunspots and Sun Shadows observed in China, B. C. 28—A. D. 1617. — By Alex. Hosie... (*Jour. N.C.B.R.A.S.*, N. S., XII, 1878, pp. 91/5.)

Voir col. 379. — « M. Hosie ne donne que l'année européenne et la lune chinoise ; il omet aussi des détails qui ne sont pas sans intérêt, comme le lieu des observations. » (J. de Moidrey.) — Voir J. Williams, col. 1444 ; J. de Moidrey, col. 1450.

— The first Observations of Sun-Spots. By Alexander Hosie [British Consulate, Canton]. (*Nature*, XX, 1879, pp. 131/132.)

[De 28 B. C. à 28 A. D., 56 observations sur ce sujet faites par les Chinois.]

— Early Sun-Spot Records. By Samuel Johnson. (*Ibid.*, p. 146.)

— Discussion of Astronomical Records in ancient Chinese books. By Prof. S. M. Russell. (*Journ. Peking Oriental Society*, II, No. 3, 1888, pp. 187/200.)

— Astrology. (Balfour, *Waifs and Strays*, 1876, pp. 143/148.)
— A great Comet. (*China Review*, XIII, p. 123.)
— Astronomy in China. By John Chalmers. (*Ibid.*, XIV, p. 166.)
— Chinese Astronomy. By J. Chalmers. (*Ibid.*, p. 297.)
— Comets. By E. H. Parker. (*Ibid.*, p. 223.)
— Stellar Position. By E. H. Parker. (*Ibid.*, p. 226.)
— Astronomy. By E. H. Parker. (*Ibid.*, p. 358.)
— Astronomical Instruments. By E. H. Parker. (*Ibid.*, XV, p. 53.)
— Astronomy. By E. H. Parker. (*Ibid.*, pp. 182/183.)
— Historical Notes. By E. H. Parker. (*Ibid.*, XVIII, No. 3, p. 197.)
— Babylonian Origin of Chinese Astronomy and Astrology. By J. Edkins. (*Ibid.*, XIV, pp. 90/95.)
— Babylonian Astronomy. By J. Edkins. (*Ibid.*, pp. 104/105.)

(G. SCHLEGEL. — DIVERS.)

— The Earth a Sphere. By Joseph Edkins. (*Ibid.*, XVI, pp. 119/120.)

— Star Names among the Ancient Chinese. By Joseph Edkins. (*China Review*, XVI, pp. 257/267, 337/340.)

— Star Names amongst the Ancient Chinese. (*Nature*, XXXIX, 1888-89, pp. 309/310.)

A propos de l'article ci-dessus.

— The Constellations of the Far East. By Kumagusu Minakata. (*Nature*, XLVIII, 1893, pp. 541/3.)

— L'ancien observatoire de Nanking. Notice du R. P. Auguste Colombel, de la Cie. de Jésus, miss. au Kiang-nan. (*Miss. Cath.*, XX, pp. 102/105.)

— On the Notation of Time in China. By T. F. Wade. (*Trans. Ethn. Soc.*, VII, 1869, pp. 210/214.)

— Devices for Keeping time. By X. Y. Z. (*China Review*, VII, pp. 132/133.)
— Duodenary Circles. By Obscurus. (*Ibid.*, VIII, pp. 320/321.)
— Duodenary cycles. (*Ibid.*, XIII, p. 431.)
— An Error in the Chinese Calendars. (*Ibid.*, X, p. 223.)
Ext. de la *China Mail*, Jan. 3.
— The First Month of the Year. (*China Review*, XI, p. 401.)
— The Length of a Chinese Moon. By J. M. (*Ibid.*, XII, p. 437.)
— The Babylonian Week in China. (*Ibid.*, XIII, p. 431.)

— A comparative Table of the ancient lunar Asterisms. By T. W. Kingsmill. (*Journ. C. B. R. A. S.*, XXVI, N. S., No. 1, 1891-92, pp. 44/79.)

— *Sitzungsberichte d. kais. Akad. d. Wiss. in Wien, Phil.-hist. Classe.* — Bd. CXXV. — IV. Über die Bedeutung der drei Perioden Tschang, Pu und Ki, sowie über den Elementen- und den sogenannten Wahlcyclus bei den Chinesen von Dr. Franz Kühnert, Privatdocent an d. k. k. Univ. in Wien. Wien, 1891, F. Tempsky, br. in-8, pp. 40.

— Über die von den Chinesen « Tê-sing » oder Tugendgestirn genannte Himmelserscheinung. Von Dr. Franz Kühnert. (*Sitz. k. Akad. Wiss., Math.-Naturw. Cl.*, CX. Bd., Jahrg. 1901, pp. 619/695.)

德星 *Tê-sing*, auch 景星 *King-sing*. — Voir *supra* E. v. Zach. — Voir col. 1443.

— Des noms de quelques termes solaires par le P. Chambeau, S. J. (*T'oung Pao*, 2e Sér., I, No. 5, Déc. 1900, pp. 473/480.)

— Voir CHRONOLOGIE, col. 570.

— Observations anciennes de taches solaires en Chine ; Par le P. J. de Moidrey. (*Bulletin Astronomique*, XXI, 1904, pp. 11.)

La liste contient 84 observations de 28 av. J.-C. à 1638. — Cf. J. Williams, col. 1444 ; Hosie, col. 1449.

Notice : *Bull. École franç. Ext. Orient*, IV, No. 3, 1904, pp. 760/1, par P. P[elliot.]

— Renaudot, *Anciennes relations.* — *Mém. conc. les Chinois*, VI, pp. 311 et seq. — Bailly, *Hist. de l'Astronomie.* — Ferd. Hoefer, *Hist. de l'Astronomie.*

(DIVERS.)

Observations européennes.

— R. P. Ioannis Terrentii ‖ é Societate Jesv ‖ Epistolivm ‖ ex regno Sina- ‖ rvm ad Mathe- ‖ maticos Evro- ‖ paeos missvm : ‖ Cum Commentatiuncula ‖ Joannis Keppleri ‖ Mathematici. ‖ Ejusdem ex Ephemeride Anni M.DC.XXX, ‖ de insigni defectv Solis, ‖ Apotelesmata Calculi Rudolphini. ‖ Cum privilegio Caesareo ad annos XV, ‖ Sagani Silesiae, ‖ Excuderunt Petrus Cobius & Iohannes Wiske. ‖ Anno M.DC.XXX, in-4, 14 ff. n. c. pour le tit. et l'ouv. complet.

British Museum, $\frac{581, k, 13}{2}$

Ce petit ouvrage est fort rare, Sotwel ne l'a pas connu. (De Backer.)

Ferd. Verbiest.

— Astronomia Europea sub Imperatore Tartaro-Sinico Cam Hy appellato ex vmbra in lucem reuocata a P. Ferdinando Verbiest Flandro-Belga Brugensi e Societate Jesu Academiae Astronomicae in Regia Pekinensi Praefecto Anno Salutis M.DCLXVIII.

In-folio, autographié sur papier plié en double à la manière chinoise ; 6 feuillets sans le titre ; contient le : Liber organicus Astronomiae europeae apud Sinas restitutae. Suivi de :

— Compendium latinum proponens XII posteriores figuras libri obseruationum nec non priores VII figuras Libri organici. 3 feuillets s. l. tit., et 12 feuillets simples de figures.

Abrégé du :

— Liber Organicus Astronomiae Europeae apud Sinas restitutae sub Imperatore sinotartarico Cam-Hy appellato, auctore P. Ferdinando Verbiest, Flandro belga Brugensi e Societate Jesu, academiae astronomicae in regia Pekinensi praefecto, Anno salutis 1668. In-fol. Fig. Sur Pap. de Chine, feuillets doubles.

— Astronomia ‖ Europaea ‖ svb imperatore ‖ Tartaro sinico ‖ Cám Hý ‖ appellato ‖ ex umbra in lucem revocata ‖ à ‖ R. P. Ferdinando ‖ Verbiest ‖ Flandro-Belga ‖ e Societate Jesu ‖ Academiae Astronomicae in Regia Pekinensi ‖ Praefecto. ‖ Cum Privilegio Caesareo & Facultate Superiorum. ‖ Dilingae, ‖ Typis & Sumptibus Joannis Casparis Bencard ‖ ... Per Joannem Federle ‖ Anno M.DC.LXXXVII, pet. in-4, 3 + 1 + pp. 128.

Planche représentant l'Observatoire de Pe-king d'après le *Liber Organicus* et suivi du *Catalogus Patrum* du P. Couplet. — Dédicace de ce Père à Leopold Ier.

A la suite on a joint le *Catalogus Patrum* de Couplet, voir col. 1036. — Klaproth (259), Fr. 15.

— Typús eclipsis lūnae, ‖ Anno Christi 1671, ‖ Imperatoris Cām Hy ‖ decimo, die XV[to] Lunae ii[ae], ‖ id est, die XXV[to] Martj ; ‖ ad meridianūm Peki- ‖ nensem ; nec non imago adúmbrata diuerso- ‖ rum digitorúm in ho- ‖ rizonte obseruatorum, ‖ in singulis Imperij Sinen- ‖ sis provincijs, tempore quo ‖ luna in singulis oritur. ‖ Auctore P. Ferdinando ‖ Verbiest Societ[is]. Jesu, ‖ in Regia Pekinensi, ‖ Astronomiae praefecto.

En chinois et en mandchou avec le titre latin imprimé avec des caractères en bois.

British Museum, 15255, d, 17.

Langlès (579), Fr. 15. — Endlicher, LXXXVII, Vienne.

— Typús eclipsis solis anno ‖ Christi 1669, Imperatoris ‖ Cām Hȳ octauo, die primo ‖ Lunae 4[ae], id est, die 29mo ‖ Aprilis, ad Meridianūm ‖ Pekinensem ; nec non ‖ imago adūmbrata ‖ diuersorūm digitorūm ‖ in singūlis Imperij ‖ Sinensis Prouincijs ‖ obscuratorum. ‖ Auctore P. Ferdinando ‖ Verbiest Soc:[is] Jesu ‖ in Regia Pekinensi ‖ Astronomiae praefecto. ‖

La bibliothèque royale de Bruxelles possède deux exemplaires de cet ouvrage conservés au dép. des MSS. et portant les Nos. 19949 et 19950. Cet ouvrage imprimé, à l'exception du titre latin, entièrement en chinois et mandchou avec des figures forme un rouleau de plus d'un mètre de long. Le titre latin *ut supra* est imprimé avec des caractères en bois imitant la cursive. Ce rouleau devait pouvoir se plier en un cahier comme *Typús eclipsis Lūnae* ; voir H. Cordier, *Essai d'une Bibliographie*, No. 171, p. 46 ; et *L'Imp. Sino-Europ.*, p. 59.

Se trouve à la bibliothèque publique d'Anvers. (Carton, *Notice sur le P. Verbiest.*) — Endlicher, LXXXVI, Vienne.

∴

— Réflexions du P. C. J. sur la fameuse Eclipse observée à la Chine l'an 31 de Jésus-Christ, et que plusieurs prétendent être l'Eclipse de la Passion (par le P. Castel, S. J.). (*Mémoires de Trévoux*, 1733, pp. 296-313.)

— Remarques sur l'article XV de ces *Mémoires*, Février 1733, par le P. Gaubil ; *ibid.*, 1733, pp. 337-353.

— Remarques sur une Comette observée à Pekin le mois de Février de l'année 1699, par le P. de Fontenay de la Compagnie de Jesus. (*Rec. de l'Ac. des Sc.*, [1701], 1704, pp. 47/48.)

— Comparaison des Observations de la Comette de 1699, faites à la Chine par le R. P. Fontenay, rapportées à l'Académie par le R. P. Gouye, le 12. mars 1701, avec celles qui en furent faites à l'Observatoire Royal de Paris. Par Mrs. Cassini & Maraldi. (*Ibid.*, pp. 48 et seq.

— Reflexions sur les Observations de la variation de l'Aiman, faites dans le voyage du Legat du Pape à la Chine l'an 1703. Par M. Cassini le fils. (*Rec. de l'Ac. des Sc.* [1705], 1706, pp. 8/13.)

— Observations physiques et mathématiques. pour servir à la perfection de l'Astronomie et de la Geographie. Envoyées de Siam à l'Académie Royale des Sciences à Paris, par les Peres Jésuites François qui vont à la Chine en qualité de Mathématiciens du Roy. Avec les Réflexions de Messieurs de l'Academie, & quelques Notes du P. Goüye, de la Compagnie de Jesus. (*Rec. de l'Ac. des Sc.*, VII, 1729, pp. 605/740) :

Observations faites aux Indes et à la Chine, Par le Pere Antoine Thomas, de la Compagnie de Jésus, pp. 647 et seq.

Observations envoyées de Nanquin le 7 d'octobre 1686. Par le Pere Antoine Thomas, de la C. de J., pp. 695 et seq.

A Paris, Chez la Veuve d'Edme Martin, M.DC.LXXXVIII, in-8, pp. 278, 3 pl. → *Jour. des Savans*, 1688, pp. 253/5. — *Acta Eruditor.*, Supp. I, pp. 403/7.

— Observations physiques et mathématiques. pour servir à la perfection de l'Astronomie et de la Geographie. Envoyées des Indes & de la Chine à l'Académie Royale des Sciences à Paris, par les Peres Jésuites. Avec les réflexions de Messieurs de l'Academie, & les Notes du Pere Goüye, de la Compagnie de Jésus. (*Ibid.*, VII, pp. 741/875) :

Observations faites à la Chine par le Pere François Noël, de la Compagnie de Jésus, pp. 778 et seq.

Observations faites par le P. de Fontanay à Si-nghan-fu, Capitale de la Province de Xensi, pour en déterminer la Latitude, pp. 855 et seq.

A Paris, de l'Imprimerie royale, M.DC.XCII, in-4, pp. 113, 2 cartes.

— Extrait du Livre intitulé *Observations Physiques & Mathématiques envoyées des Indes & de la Chine à l'Académie Royale des Sciences, à Paris, par les PP. Jésuites, avec les Notes et les Réflexions du P. Goüye de la Compagnie de Jésus.* A Paris, de l'Imprimerie Royale, in-4. Par M. l'Abbé Galloys. 31 Juin 1692. (*Rec. de l'Ac. des Sc.*, X, 1730, pp. 130 et seq.)

— Réflexions sur l'Observation de Mercure dans le Soleil, faite à la Chine par le Pere de Fontanay, Jesuite, l'an 1690, & publiée par le P. Goüye. Par M. Cassini. (*Ibid.*, pp. 308/316.)

— Observationes ‖ Mathema- ‖ ticae, ‖ et ‖ Physicae ‖ in ‖ India ‖ et ‖ China ‖ factae ‖ à ‖ Patre Francisco Noël Societatis ‖ Jesu, ab anno 1684. usque ad annum 1708. ‖ In Lucem datae Superiorum permissu. ‖ — Pragae, typis Universit : Carolo-Ferdinandeae, in Collegio ‖ Soc : Jesu ad S. Clementem, per Joachimum Joannem Kamenicky ‖ Factorem Anno 1710, pet. in-4, pp. 134 + 1 pl. hors texte.

Continens : Praefatio, pp. 3/5. — Cap. I. Observationes Eclipsium Jovis Satellitum, in Sinica Urbe Hoayngan Provinciae Nan-Kinensis sub poli altitudine graduum 33. 32'. Anno 1689 & 1690, pp. 6/20. — Cap. II. Observationes Eclipsium Solis & Lunae in India & China, pp. 20/30. — Capp. III. Latitudines & Longitudines diversorum locorum in China & India, pp. 31/40. — Cap. IV. Ascensiones rectae, Declinationes, & Magnitudines omnium Stellarum australiorum ad Annum Christi Completum 1687, pp. 40/56. — Cap. V. Varia ad Astronomiam Sinicam Spectantia, pp. 56/65. — [Cap. VI.] Omnium Stellarum Fixarum Catalogus Latino-Sinicus, pp. 65/103. — Cap. VII. De Mensuris & Ponderibus Sinicis, pp. 103/108. — Cap. VIII. De Acûs Magneticae Declinatione, & Inclinatione, pp. 108/126. — Cap. IX. Miscellanea Mathematica, pp. 126/133

Mém. de Trévoux, 1712, pp. 694/703. — *Acta Eruditorum*, 1711, pp. 383/390.

« Cet important recueil, dit Abel-Rémusat, *Nouv. Mél. As.*, II, p. 252, renferme des observations d'éclipses du soleil, de la lune et des satellites de Jupiter, faites en divers lieux de la Chine et des Indes, et notamment dans la ville de Hoai-'an, dans la province de Kiang-nan, avec la table des latitudes et des longitudes d'un grand nombre de villes de la Chine. On y trouve aussi le Catalogue des étoiles australes, beaucoup de détails curieux sur l'astronomie chinoise, sur les années, les mois, les jours et les heures à la Chine ; la liste des noms chinois des étoiles, avec leur synonymie, établie par la comparaison des planisphères des PP. Verbiest et Grimaldi, et de ceux des PP. Riccioli et Pardies ; une Notice sur les poids et mesures des Chinois, et des Observations sur la déclinaison de l'aiguille aimantée. De tous ces morceaux, le plus précieux est le Catalogue des noms chinois des étoiles et des constellations, qui a été copié et donné comme nouveau, par M. de Guignes fils [Tome X des *Mémoires des Savans étrangers*, publiés par l'Académie des Sciences], et auquel les Tables de M. J. Reeves n'ont rien ajouté d'essentiel. » [Voir *supra*, col. 1445.] — *Jour. des Savans*, 1821, p. 391, Art. d'Abel-Rémusat.

Klaproth (257), Fr. 21. — Très rare.

KÖGLER. — D'après le P. de Backer, ce père a fait les observations suivantes :

1. Des observations astronomiques qu'il avait envoyées de la Chine au P. Amort, qui les a accompagnées de notes. On les conserve en manuscrit à Munich. Quelques-unes ont été publiées dans le *Recueil* du P. Souciet, dans le *Scientia Eclipsium* du P. Simonelli. Rome, 1777, in-4, et dans les *Observationes Astronomicae*, ab anno 1717 ad ann. 1752. A PP. Soc. Jesu Pekini Sinarum factae du P. Hallerstein, publiées par le P. Hell. Vienne, 1768, in-4 ; et dans les *Philosophical Transactions*. No. 424 (ann. 1732).

— Observations de l'éclipse de soleil du 15 juillet 1730, à Pekin et des immersions des satellites de Jupiter depuis 1729 jusqu'à 1730 par les Peres Ignace Kögler et André Pereyra, communiquées, par Jacques de Castro Sarmento. (*Transactions philosophiques*, 1732, VI, 424.)

— Observatio Eclipsis Lunae habita in Observatorio regiae Pekinensis, anno 1722 die 2. Jan. post meridiem, a P. Ignatio Koegler Societatis Jesu in Sinis Missionario. — Dans les *Mém. de Trév.*, Nov. 1723, pp. 2246/2252.

— 2 Scientiae Eclipsium ex imperio et commercio Sinarum illustratae, pars 2. Lucae, 1745, in-4.

C'est la suite de l'ouvrage du P. Simonelli, dont je joins ici la description :

— Scientia Eclipsium ex imperio et commercio Sinarum illustrata complectens integras constructiones astronomicas P. Jacobi Philippi Simonelli, observationes Sinicas P. Ignatii Kegler, investigationes ordinis eclipsium P. Melchioris a Briga, Soc. Jesu, Romae, typis Anton. de Rubeis, et Lucae, apud Salv. et Jos. Dom. Marescandoli 1747. Cum approbatione, in-4, pp. XII, par les Prél. du P. a Briga.

Pars Prima 1744, Pars Secunda 1745, Pars tertia 1748.

Voir *Litterae patentes Kang-hi* p. 30 [col. 638].

— Observationes Astronomicae Pekini habitae à R. P. Ignatio Kögler Soc. Jesu Tribun. Math. in Sinis Praeside. Ex Epistolà R. P. Joh. Bapt. Carbone ad Isaacum de Sequeyra Samuda. (*Philosophical Trans.*, XXXV, 1727-8, pp. 553/6.)

— Observationes Coelestes Multifariae inter Menses Novemb. 1727, & Novemb. 1728, Pekini in Sinis, habitae & ad Rev. P. Joannem Baptistam Carbone, Soc. Jes. transmissae. (*Philosophical Trans.*, XXXVI, 1729-1730, pp. 366/371.)

— Observationes..., annis 1728 & 1729... (*Ibid.*, pp. 455/461.)

Jean-Baptiste Carboni, né à Oria, territoire d'Otrante, 2 sept. 1694 ; † à Lisbonne, 5 avril 1750 ; mathématicien du roi Jean V de Portugal.

— Extrait du Journal Envoyé de Macao, par M. de Guignes le fils, concernant les observations météorologiques faites en ce lieu-là et à Canton, pendant l'année 1787. Par M. Le Monnier. (*Rec. de l'Ac. des Sc., Mém.* (ann. 1789), an II, pp. 597/599.)

— Observations mathématiques, astronomiques, géographiques, chronologiques, et physiques, tirées des anciens livres chinois; ou faites nouvellement aux Indes et à la Chine, par les Pères de la Compagnie de Jésus. Rédigées et Publiées par le P. E. Souciet, de la même Compagnie. 3 vol. in-4.

Langlès (575), Fr. 19.95. — Klaproth (258), Fr. 9.50. — Duprat (1861), Vol. I. Fr. 10.

Tome Ier. A Paris, chez Rollin, 1729. Epistre Dedicatoire. — Preface. — Observations astronomiques. — Observations géographiques. — Remarques chronologiques. — Observations physiques. — Observations diverses. — Additions. — Observations, &c., sur les Indiens. — Table des Longitudes et des Latitudes.

Tome II. Contenant une Histoire de l'Astronomie chinoise, avec des Dissertations par le P. Gaubil. A Paris, chez Rollin, 1732.

Tome III. Contenant un Traité de l'Astronomie chinoise par le P. Gaubil. A Paris, chez Rollin, 1732.

Cet ouvrage n'est pas indiqué par Bazin.

La date d'envoi de l'*Astronomie* remonte à l'année 1727 d'après la correspondance manuscrite de Gaubil. (Biot, *Etudes sur l'Astronomie*, 1862, p. 252.)

Les *Mém. de Trév.* (probablement le P. Castel) rendent compte des « Observations mathématiques » ; Juin et Juillet 1730, pp. 986/999, et pp. 1133/1149 ; Février 1733, pp. 242/296. Le dernier article est suivi d'une « Lettre du P. C.[astel] J. sur la fameuse Eclipse observée à la Chine l'an 31 de Jésus-Christ ; et que plusieurs prétendent être l'Eclipse de la Passion... » p. 296 à 315. Le P. Gaubil répondit à cette lettre par : Remarques sur l'Art. XIII (pour XV) de ces *Mémoires*, Février 1733, pp. 337/353. Le *Journal des Sav.* rendit aussi compte des Observations : Nov. 1729, pp. 657/660 ; Sept. 1732, pp. 524/530. (De Backer, I, col. 2054.)

Acta Erudit., 1730, pp. 86/91 ; 1732, 370/6 ; 1733, 163/7.

— Note sur quelques anciennes déclinaisons. Par J. de Moidrey, S. J. (*Terrestrial Magnetism and Atmospheric Electricity*, for March 1904, pp. 18/24, Vol. IX, No. 1.)

— Histoire de l'Astronomie chinoise depuis le commencement de la Monarchie chinoise, jusqu'à l'an 206 avant Jesus-Christ; par le Père Gaubil, Missionnaire à Pékin. (*Lettres édifiantes,* XXVI, 1783, pp. 65/295.)

Reproduite dans l'édition des *Lettres édifiantes* du *Panthéon littéraire*, III, pp. 453 et seq.

(Divers.)

« C'est en grande partie, dit Biot (*Etudes sur l'Astronomie*, 1862), la reproduction, plus régulièrement arrangée, des deux écrits [ceux qui ont été publiés dans les *Observations* éditées par Souciet] mentionnés ci-dessus. Mais ces deux premiers contiennent plusieurs documents originaux d'un grand intérêt, qui manquent dans la nouvelle rédaction. Celle-ci nous offre le dernier travail d'ensemble que Gaubil ait fait sur l'astronomie chinoise proprement dite », p. 253.

« On doit encore à Laplace la découverte d'un autre manuscrit de Gaubil intitulé : *Recherches sur les constellations et les catalogues des étoiles fixes, sur le cycle des jours, sur les solstices et sur les ombres méridiennes du gnomon observées à la Chine.* Gaubil avait envoyé cet écrit en 1734 à l'astronome français Delisle, qui résidait alors à Saint-Petersbourg. Celui-ci le rapporta à Paris en 1747, avec d'autres papiers scientifiques qu'il avait recueillis pendant son séjour en Russie. Il n'en parla point et n'en donna connaissance à personne. Mais, le considérant apparemment comme sa propriété particulière, il le céda, ainsi que ses autres papiers, au dépôt de la marine, en échange d'une pension de 3,000 francs. Toute cette collection ayant été transférée depuis à la bibliothèque de l'Observatoire, pendant nos troubles révolutionnaires, Laplace y découvrit le manuscrit de Gaubil, qui en était de beaucoup la pièce la plus précieuse. Sur sa demande, les observations astronomiques qui s'y trouvaient rapportées furent imprimées en entier dans les additions à la Connaissance des Temps pour les années 1809 et 1810. La partie uranographique, plus spécialement applicable à des recherches d'érudition dont personne ne s'occupait alors, resta inédite. Mais mon fils en avait tiré une copie que j'ai retrouvée dans ses papiers : et je la déposerai prochainement dans la bibliothèque de l'Institut, où l'on pourra librement la consulter. » (Pp. 256/257 des *Etudes sur l'Astronomie*, de Biot, 1862.)

— Notice sur des manuscrits inédits du Père Gaubil et du Père Amiot, par feu Edouard Biot, Membre de l'Académie des Inscriptions et Belles-Lettres. Article de M. J.-B. Biot, extrait du *Journal des Savants* (Cahier de Mai) [1850]. Br. in-4, pp. 6.

Voir col. 1041.

— * A. Krasilhikow, Observationes astronomicae eclipsium satellitum Jovis durante expeditione Kamzatkiensi in diversis Siberiae locis habitae (an. 1736-1742) cum additamento Ant. Gaubil. (*Novi Commentarii Academiae Petropol.*, tom. III, p. 444; tom. IX, Hist., p. 49; Memor., p. 499.)

L'Additamentum donne des observations du P. Gaubil, faites simultanément.

— Comète de 1742 observée à la Chine. [P. Gogails ? Gogeisl.] — Anciennes Observations de la Chine sur l'obliquité de l'Ecliptique. [Gaubil.] (*Ac. des Sciences, Hist.*, 1743, pp. 150/2.)

— La science française en Russie au XVIIIe siècle — Astronomes et missionnaires d'après des documents inédits Par Joseph Brucker. (*Etudes...*, Tome 89, 20 Déc. 1901, pp. 764/781; Tome 90, 5 Janvier 1902, pp. 19/35.)

Collas.

— Réparations et additions faites à l'Observatoire bâti précédemment dans la Maison des Missionnaires français à Peking, par M. Collas, missionnaire (un plan). (*Mém. conc. les Chinois*, XI, pp. 269/273.)

(Collas.)

— Observations astronomiques faites à Peking, dans la maison des Missionnaires françois par M. Collas, missionnaire, en 1775/1777. (*Mém. conc. les Chinois*, XI, pp. 274/277.)

— Observations météorologiques par M. Collas. (*Ibid.*, pp. 278/9.)

∴

— « A Comet observed in China in May 1820 described by J. Reeves Esq. F. R. and L. S. »

Cet article est imprimé dans *The Indo-Chinese Gleaner*, 1820, p. 436. Il est suivi, pp. 437/439, de remarques sur « Chinese doctrine of Comets ».

— Recherches sur l'ancienne Astronomie Chinoise, publiées à l'occasion d'un Mémoire de M. Ludwig Ideler sur la Chronologie des Chinois, lu à l'Académie des Sciences de Berlin, le 16 février 1837 [par Biot]. — Extrait du *Journal des Savants*, in-4, pp. 98. [Voir col. 565/6.]

— Etudes sur l'Astronomie indienne et sur l'Astronomie chinoise par J. B. Biot, membre de l'Académie des Sciences et de l'Académie française, membre libre de l'Académie des Inscriptions et Belles-Lettres. Paris, Michel-Lévy frères... 1862, in-8, pp. LII-398.

Le Précis de l'histoire de l'astronomie chinoise occupe les pages 249/388. — Publié à Fr. 7.50.

— Die vedischen Nachrichten von den naxatra (Mondstationen). Von A. Weber : Aus den Abhandlungen der Königl. Akademie zu Berlin, 1860 & 1861.

Erster Theil. Historische Einleitung, Berlin, 1860, in-4, pp. 283/332.

Zweiter Theil. Berlin, 1862, in-4, pp. 267/400.

— Voir les lettres de J. B. Biot adressées à M. Th. Benfey, imprimées à la fin, pp. 389 et seq., de son Astronomie (1862). — La première de ces lettres a été publiée à Goettingue dans le journal de M. Benfey, *Orient und Occident*, Vol. I, 4e cahier.

— On the Views of Biot and Weber respecting the Relations of the Hindu and Chinese Systems of Asterisms; with an Addition, on Müller's Views respecting the same subject. By William D. Whitney, professor of Sanskrit in Yale College. — [From *Journal of the American Oriental Society*, Vol. VIII, No. 1, 1864], br. in-8, pp. 94.

— Variation diurne de la déclinaison en Chine. Par J. de Moidrey, S. J. (*Terrestrial Magnetism and Atmospheric Electricity*, for March 1904, Vol. IX, No. 1, pp. 15/17.)

— Peter Parker. Observations made at Canton, China, on the shooting stars of the 10th and 11th of August 1839. (*Silliman, Journ.*, XXXVIII, 1840, pp. 301/6.)

The New Star in Nebula Andromedae. By H. D. F. (*Journ. C. B. R. A. S.*, N. S., XX, 1885, pp. 188/9.)

(Divers.)

H. Fritsche.

— Ein Beitrag zur Geographie und Lehre vom Erdmagnetismus Asiens und Europas. Resultate aus astronomisch-geographischen, erdmagnetischen und hypsometrischen Beobachtungen, angestellt an mehr als tausend verschiedenen Orten in den Jahren 1867 bis 1883, nebst einer Instruktion zur Anstellung solcher Beobachtungen auf Reisen. Von Dr. H. Fritsche, pens. Direktor des K. russischen Observatoriums zu Peking. — Mit 5 Karten. — (Ergänzungsheft No. 78 zu *Petermann's Mittheilungen.*) — Gotha : Justus Perthes. 1885, in-4, pp. 73.

— Ueber die Bestimmung der geographischen Länge und Breite und der drei Elemente des Erdmagnetismus durch Beobachtung zu Lande sowie erdmagnetische und geographische Messungen an mehr als tausend verschiedenen Orten in Asien und Europa, ausgeführt in den Jahren 1867-1891 von Dr. H. Fritsche, Director emeritus des K. Russischen Observatoriums in Peking. — St. Petersburg, 1893, in-8, pp. 109 + 4 pl. ou cartes.

Voir col. 377/8.

∴

— Ueber die Bahn des grossen Kometen 1881 III [Tebbut]. Von Dr. Joh. Riem. Halle, 1895. (*Nova Acta der Ksl. Leop.-Carol. Deutschen Ak. der Naturforscher*, Bd. LXVI, Nr. 2, pp. 25 à 231.)

Notice : *T'oung Pao*, VII, 1896, p. 436, par G. Schlegel.

— Idee cosmologiche della Cina antica. — Appunti tolti da alcuni libri cinesi da C. Puini Prof. nel R. Istit. di Studi super. in Firenze. (*Riv. Geog. Ital.*, 1894, pp. 618/622; 1895, pp. 1/17.)

— * Franz Boll : Sphaera. Neue griechische Texte und Untersuchungen zur Geschichte der Sternbilder. Leipzig, B. G. Teubner, 1903, in-8, pp. XII + 564 + 6 planches hors texte.

Notice : *T'oung Pao*, IIe Série, V, No. 2, Mai 1904, pp. 208/212, par Ed. Chavannes.

Boussole.

— * Memoria sulla bussola orientale, letta all' università di Pavia da Giuseppe Hager. Sec. ediz. — Pavia, 1810, pp. 31.

— Lettre à M. le Baron A. de Humboldt, sur l'invention de la Boussole, par M. J. Klaproth. Paris, P. Dondey-Dupré, 1834, in-8, pp. 138 et 3 Pl.

(H. Fritsche. — Boussole.)

En réponse à une demande formulée dans une lettre de Humboldt datée Potsdam, 4 janvier 1834.

Notice par Reinaud. (*J. As.*, 1835, Vol. XV, pp. 580/3.

— On the invention of the Compass by the Chinese. (*Asiatic Journal*, XV, 1834, pp. 105/114.)

— « The Mariner's Compass in China » by W. F. Mayers. (*Notes and Queries on C. & J.*, Vol. IV, Art. 11, pp. 9/10.)

— Chinese Notion of the Magnetic Needle. (*Journ. C. B. R. A. S.*, XX, N. S., 1885, p. 57.)

— South-Pointing Needle. By C. B. T. (*Journ. C. B. R. A. S.*, N. S., XX, 1885, p. 97.)

— The Compass in China. By E. H. Parker. (*China Review*, XVIII, No. 3, pp. 197/198.)

— China and the Magnetic Compass. By J. Chalmers. (*Ibid.*, XIX, No. 1, 1890, pp. 52/54.)

— Die Sage vom Kompass in China, von A. Schrück. (*Natur*, Halle, 1891, N. 51, pp. 606-608; N. 52, pp. 613-615.)

— Is the Mariner's Compass a Chinese Invention? (*Nature*, xliv, 1891, pp. 308/9.)

A propos d'un article du *N.-C. Herald*, de Chang-Haï.

— Note sulla Bussolo cinese. Per Dott. Bernardino Frescura. (*Bull. della Sez. Fiorentina della Soc. Africa d'Italia*, IX, 5 maggio 1894, pp. 194/217.)

— * Frescura. — Note sulla Bussolo cinese. — Per nozze. — Firenze, 1894.

Notice par M. O., *Rivista geografica italiana*, Ann. I, Maggio 1894, pp. 335/6.)

— Sulle recenti controversie intorno all' origine della Bussola nautica del P. Timoteo Bertelli, barnabita. (*Riv. Geog. Ital.*, IX, 1902, pp. 281/298, 353/367, 409/424.)

Questa Memoria fu presentata all' Accad. Pont. de Nuovi Lincei il 18 maggio 1902.

— Se da alcuni documenti si possa dedurre l'antica conoscenza della « Declinazione magnetica » presso i Cinesi. Nota del P. Timoteo Bertelli Barnabita. (*Soc. geog. italiana, Boll.*, Marzo 1903, pp. 178/185.)

— P. Timoteo Bertelli. — Della Declinazione magnetica presso i Cinesi. Roma, *Soc. Geog. Italiana*, 1903, br. in-8, pp. 10.

Est. dal *Bol. della Soc. Geog. Ital.*, Fasc. III, 1903.

— La Leggenda di Flavio Gioia Inventore della Bussola. — A proposito di un articolo del Prof. Filippo Porena.[1] — Osservazioni del P. T. Bertelli B. (*Riv. Geog. Ital.*, X, 1903, pp. 1/11, 105/122.)

— Un' ultima parola su Flavio Gioia e la Bussola per il Prof. Filippo Porena. (*Ibid.*, 1903, pp. 314/334.)

— Sopra un nuovo supposto primo inventore della Bussola antica. — Memoria del Padre Timoteo Bertelli Barnabita. (*Ibid.*, XI, 1904, pp. 433/452.)

1. F. Porena - Flavio Gioia inventore della bussola moderna. (*Nuova Antologia*, Fasc. 1, Nov. 1902.)

(Boussole.)

Echecs, etc.

— De Ludis Orientalibus Libri duo, Quorum prior est duabus partibus, Viz. I, Historia Shahiludii Latinè : Deinde 2, Historia Shahiludii Heb. Lat. Per tres Judaeos. Liber posterior continet Historiam reliquorum ludorum Orientis.

Dans le Vol. II du *Syntagma*, de Hyde, 1767.

Ce recueil avait déjà paru en 1 vol. pet. in-8 : Oxonii, e theatro Sheldoniano, M. DC. XCIV.

— Historia Nerdiludii, hoc est dicere, Trunculorum; cum quibusdam aliis Arabum, Persarum, Indorum, Chinensium, & aliarum Gentium Ludis... Item, Explicatio amplissimi Chinensium Ludi, qui eorum Politiam & modum perveniendi ad Dignitates in Aulâ Regiâ exponit, & egregio ac peramplo Schemate repraesentat.

De Nerdiludio Chinensium, pp. 261/263.

De Ludo Promotionis Mandarinorum, pp. 265/287.

Dans le *Syntagma*, de Hyde, Vol. II, Oxford, 1767.

— Explication sur le Jeu d'Echecs Chinois.

Dans l'éd. de Philadelphie du Voy. de Van Braam, Vol. II, p. 423, avec une Pl.

— An Inquiry into the Antient Greek Game, supposed to have been invented by Palamedes, antecedent to the siege of Troy : with reasons for believing the same to have been known from remote antiquity in China, and progressively improved into the Chinese, Indian, Persian, and European Chess. Also, two dissertations : I. On the Athenian Skirophoria. II. On the mystical meaning of the bough and umbrella, in the skiran rites. London : printed by W. Bulmer and Co. Cleveland-row, St. James's, for T. Becket, Pall Mall, 1801, in-4, pp. xvi-169.

Pp. 190. Brocket, 768, £ 1. 3/-. White Knights, 1113, 16/-. Drury, 972, russia, £ 1. 2/-. Roxburghe, 1740, £ 2. 16/-. (Lowndes.)

— On the Burmha Game of Chess; compared with the Indian, Chinese, and Persian Game of the same denomination. By the late Captain Hiram Cox. Communicated in a letter from him to J. H. Harington Esq. (*As. Res.*, Vol. VII, 1801, No. XX, pp. 486/511.)

— « Invenire ». — The Indian Game of Chess : by Sir William Jones, President of the Asiatic Society of Bengal, And the Burmha Game of Chess compared with

(Echecs, etc.)

the Indian, Chinese, & Persian Games. By Captain Hiram Cox. (Reprinted from *Asiatic Researches.*) — Privately printed for the Aungervyle Society, Edinburgh. — 1883. in-8, pp. 30.

Tiré à 150 exemplaires. — Fait partie de la seconde série des *Aungervyle Society Reprints.*

— Bazin donne dans la 2e partie de la *Chine Moderne*, pp. 655/656, une description d'un *échiquier chinois* reproduite du « *Palamède*, Revue mensuelle des échecs et autres jeux », 15 décembre 1842, 2e série, pp. 281/282. (Article de M. Joseph Lavallée, à qui M. S. Julien avait fourni plusieurs renseignements.)

— Chess in England and China.

Articles de H. A. Kennedy, Henry W. Henfrey, etc., dans le Vol. VII, 4th Ser. des *Notes and Queries*, de Londres.

— Chinese Chess. (*China Mail*, June 29th, 1865.)

Réimp. dans le *Ch. & Jap. Rep.*, Dec. 1865, pp. 580/585.

— A short Sketch of the Chinese Game of Chess, called *Kh'e* 棋, also called *Seang-kh'e* 象棋, to distinguish it from *Wei-kh'e* 圍棋 another game played by the Chinese, by H. G. Hollingworth. Read October 13th, 1866. (*Jour. N. C. B. R. As. Soc.*, N. S., No. III, Dec. 1866, Art. VIII, pp. 107/112.)

— The Chinese Game of Chess as compared with that practised by Western Nations, by K. Himly Esq. (*Ibid.*, No. VI, 1869/70, Art. VI, pp. 105/121.)

— Das Schachspiel der Chinesen. Von Dr. K. Himly. (Mit 1 lithog. Taf.) (*Zeit. D. M. G.*, XXIV, 1870, pp. 172/177.)

— Das japanische Schachspiel von K. Himly. (Mit einer Tafel.) (*Ibid.*, XXXIII, 1879, pp. 672/679.)

— Anmerkungen in Beziehung auf das Schach- und andere Brettspiele. Von K. Himly. (*Ibid.*, XLI, pp. 461/484.)

— Schach- und Kurrierspiel. — Ströbeek und Morgenland. — Separat-Abdruck aus der *Halberstädter Zeitung und Intelligenzblatt.* Halberstadt, C. Doelle & Sohn, in-8, pp. 16.

Sig. : Carl Himly.

— Karl Himly. Nécrologie par Henri Cordier. (*T'oung Pao*, Sér. II, Vol. V, No. 5, Déc. 1904, pp. 624/5.)

Né à Hanovre, 4 déc. 1836 ; † à Wiesbaden, 1er juin 1904.

— Dr. Karl Himly. Nécrologie. (*Bull. Ecole française Ext. Orient*, IV, No. 3, Juill.-Sept. 1904, p. 789.)

— Das Schachspiel der Chinesen. Von Dr. O. von Möllendorff. (*Mitt. Deutsch. Ges. Nat. u. Völk. Ostasiens*, Bd. II, pp. 11/18.)

— * E. Irwin. Account of the game of Chess, as played by the Chinese. (*Roy. Irish Acad.*, Trans., V. 5.)

(Echecs, etc.)

— Wei-ch'i, or the Chinese Game of War. By H. A. Giles. (*Temple Bar*, Jan. 1877.)

— Chess in China. By E. H. Parker. (*China Review*, XVIII, No. 1, pp. 54/55.)

— Notes on the Chinese Game of Chess. By H. F. W. Holt, Esq., Sec. R. A. S. (*Journ. R. As. Soc.*, Vol. XVII, N. S., Art. XIV, July 1885, pp. 352/365.)

— Chinese Chess. By Z. Volpicelli. (*Journ. C. B. R. A. S.*, XXIII, N. S., No. 3, 1888, pp. 248/284.)

— Wei-ch'i. By Z. Volpicelli. (*Ibid.*, XXVI, N. S., No. 1, 1891-92, pp. 80/107.)

— Games ancient and Oriental and how to play them. — Being the Games of the Ancient Egyptians, the Hiera Gramme of the Greeks, the Ludus Latrunculorum of the Romans and the Oriental Games of Chess, Draughts, Backgammon and Magic Squares, by Edward Falkener. London : Longmans, 1892, in-8, pp. IV-366.

Chinese Chess, pp. 143/154. — Japanese Chess, pp. 155/176. — Burmese Chess, pp. 177/190. — Siamese Chess, pp. 191/5.

— Chinese Chess. (*N. C. Herald*, 1892, Dec. 23 & 30 ; 1893, Jan. 6, 13, 20, 27 ; Feb. 3, 10, 16, etc.)

— A Manual of Chinese Chess by W. H. Wilkinson, B. A. — Shanghai : Printed at the « North-China Herald » Office, 1893, gr. in-8, 3 ff. n. ch. p. l. tit., etc. + pp. 44 à 2 col., 1 f. d'er.

∴

— Geschichte und Litteratur des Schachspiels von Antonius van der Linde. Berlin, Julius Springer, 1874, 2 vol. gr. in-8.

Sciences médicales.[1]

Consulter :

— A. Pauly. — Bibliographie des Sciences Médicales. Bibliographie — Biographie — Histoire — Épidémies — Topographies — Endémies. Paris, 1874, in-8.

— Bibliothèque Impériale. — Département des Imprimés. — Catalogue des Sciences Médicales. Paris, Firmin Didot, 3 vol. in-4. I, 1857 [1861] ; II, 1873 ; III, 1889.

— Index Catalogue of the Library of the Surgeon-General's Office United States Army. — Authors and Subjects. — Vol. I, Washington, 1880, in-8, etc. — Second Series, Washington, 1897, etc.

— « *Tchang Seng* ou l'art de se procurer une vie saine et longue. » (Du Halde, III, pp. 509/525.)

1. Voir : *Botanique* : GINSENG, col. 487-489.
Jurisprudence : SI-YOUEN-LOU, col. 552.
Tao kiao : CONG-FOU, col. 714.
Missions protestantes : MISSIONS MÉDICALES, col. 1336-1350.
Mœurs et Coutumes : PROSTITUTION.
Chang-hai : HYGIÈNE.

(Sciences médicales.)

Cette traduction est du P. Dentrecolles. L'ouvrage a paru la 36e année du règne de K'ang-hi.

— * François Boissier de Sauvages. Medicinae sinensis conspectus. Monspelii, 1759, in-4. [Pauly, col. 499.]

J'ai vainement cherché cet ouvrage dans les Bibliothèques nationale et de l'Ecole de Médecine; il n'est pas mentionné dans le Cat. du Surgeon-General.

— * Jets over de Chineesche geneeskundigen. (*Nieuwe vaderl. Bibliothek van Wetenschapen, Kunst en Smaack*, 1802, Deel VI, 22) [Pauly, col. 499].

— De la Médecine chez les Chinois, pp. 247/371. Articles des *Mém. conc. les Chinois*, réimprimés par Delatour dans son Recueil de 1803. [Voir Ouvrages généraux, col. 59.]

— Recherches historiques sur la médecine des Chinois; Thèse Présentée et soutenue à la Faculté de Médecine de Paris, le 31 août 1813, Par François-Albin Lepage, d'Orléans, Département du Loiret. A Paris, Didot jeune, 1813, in-4, pp. 103.

Notice : Sur la Médecine des Chinois (1813). (A. Rémusat, *Mél. As.*, I, pp. 240/252.) — *Moniteur*, No. 294, an. 1813; on a fait un tirage à part de cette notice de Rémusat, in-8, pp. 11.

Rémusat écrit dans sa notice, pp. 248/9 : «Il est étonnant qu'il [Lepage] n'ait pas fait un plus grand usage, pour une maladie [variole] non moins commune à la Chine, d'une dissertation insérée à la fin du Tome II de l'ouvrage d'Astruc. Cette dissertation contient des éclaircissemens aussi intéressans qu'authentiques puisqu'ils viennent des PP. Foureau et Parrenin.»

— Dissertatio de glossosemeiotice, Sive de signis morborum quae è linguâ sumuntur, praesertim apud Sinenses; Quam in aulâ publicâ celeberrimae Facultatis Medicae Parisinae, pro Medicinae Doctoratûs gradu adipiscendo, die 25 augusti 1813, propugnare conabitur J. P. Abel-Remusat, Parisiensis. Parisiis, ex typis Didot Junioris, 1813, in-4, pp. 21.

— Grosier, Description de la Chine, VI, Liv. XIII, Chap. VI et seq.

— J. Rehmann. — Ueber den Plan zu einer ärztlichen Reise nach China. [1805.] Crichton, *Russ. Sammlung*, I, 1816, pp. 53/61.

— Abstract of the Contents of a Work on Chinese Medicine, compiled by order of the Emperor Kien Lung, Intended to be used, and resorted to as a Standard Work on the Subject. — 40 vols. By A. Pearson, M. D. — Presented March 5, 1825. (*Trans. Medical and Phys. Soc. Calcutta*, II, 1826, pp. 122/136.)

— Some Notices illustrative of Chinese Medical Opinion and Practice in Paralysis. By A. Pearson, M. D. — Presented July 2, 1825. (*Ibid.*, pp. 137/150.)

— The History of Medecine in China. (*Indo-Chinese Gleaner*, commenced, p. 424, XIV, Oct. 1820; p. 1, XV, Jan. 1821; etc.)

— The History of Medicine in China. An extract from *the Indo-Chinese Gleaner*, Jan. 1821. (*The Phoenix*, No. 4, Oct. 1870, et seq.)

— Zur Heilkunde der Chinesen. (*Magazin der ausländischen Literatur der gesammten Heilkunde*,... herausg. von Dr. G. H. Gerson u. Dr. N. H. Julius, XIV, Hamburg, 1827, pp. 1/13.)

D'après l'*Indo-Chinese Gleaner*.

— The Medical Art amongst the Chinese, by the Rev. C. Gützlaff. (*Journ. Roy. As. Soc.*, IV, M.DCCC.XXXVII, Art. IX, pp. 154/171.)

— * Gützlaff (C.). Nachrichten über die Heilkunst der Chinesen. (*Medicin. Unterhaltungsbibliothek*, V, 123) [Pauly, col. 500].

— Peter Bleeker. Bijdrage tot de kennis der Genees-en Artsenijmengkunde onder de Chinezen in het algemeen en onder die te Batavia in het bijzonder. (Batavia, *Natuurk. Archief*. I, 1844, pp. 257/284.)

— Physic and Physicians in China. (*The Asiatic Journal and Monthly Miscellany*, 3rd Series, IV, 1845, pp. 27/29.)

— Médecine chinoise. — L'hydrothérapie, ou traitement des maladies par l'eau froide, pratiquée en Chine, au commencement du IIIe siècle de notre ère; par M. Stanislas Julien. (*Ctes. rendus de l'Ac. des Sc.*, XXVIII, 1849, pp. 244/246.)

— Julien (Stanislas). Médecine des Chinois. (*Gazette médicale de Paris*, 1849, IV, 275, 315 et 395.)

Le Dr. Daremberg possède un extrait de ce journal suivi de 36 pp. manuscrites faisant suite à l'imprimé et complétant l'ouvrage. [Pauly, col. 500.]

— De l'état de la médecine en Chine. (*Ibid.*, 24 fév. 1849, pp. 135/8.)

On lit au bas de la première page : «Extraits d'un ouvrage fort intéressant sur la Chine, publié cette année à New-Yorck, par M. Wills, et traduits par M. Leroy d'Etiolles.» Je suppose qu'il y a une erreur dans l'attribution, et qu'il faut lire *The Middle Kingdom*, by S. *Wells* Williams.

— Китайская Медицина. Докт. Мед. А. Татаринова. (*Труды... Миссіи въ Пекинѣ*, II, 1853, pp. 357/441.)

— Note sur l'état actuel de l'enseignement et de la pratique de la médecine en Chine. Par le Dr. René Briau. (*Gazette hebdom. de Médecine*, IV, 20 mars 1857, pp. 193/198.)

— Notice sur la Médecine et les Médecins en Chine. S. l. n. d. [1858], Pièce in-8, pp. 45.

A la fin signé : Dr. Casimir Daumas. (Extrait de la *Gazette Médicale de Paris*.) — Grasse. — Typ. H. Imbert. — Bib. Nat. T 8-48.

— Notice sur la Médecine et les Médecins en Chine par le Dr. Casimir Daumas Officier d'Académie et Chevalier de la Légion-d'Honneur — Neuvième Édition — Vichy, C. Bougarel, 1877, in-8, pp. 53.

Publiée pour la première fois en 1856 dans la *Gazette Médicale de Paris*.

— La médecine en Chine, par le docteur John J. Kerr, de Canton. (*Gazette hebdom. de Médecine*, VI, 5 août 1859, pp. 481/7 : 19 août 1859, pp. 513/521.)

Traduction d'un article de la *North-American Medico-Chirurgical Review*, mars 1869. [Pauly, col. 500.]

— Classification of Medicines. By J. G. Kerr, M. D. (1) Astringents. (2) Tonics. (3) Mineral Tonics. (4) General Stimulants. (5) Nervous Stimulants. (6) Narcotics and Anodynes. (7) Excito Motor Stimulants. (8) Arterial Sedatives. (9) Nervous Sedatives. (10) Alteratives. (11) Emetics. (12) Catharics. (13) Diuretics. (14) Expectorants. (15) Diaphoretics. (16) Emmenagogues. (17) Blisters or Epispatics. (18) Rubefacients. (19) Demulcients. (20) Antacids. (21) Anthelmintics. (22) Anaesthetics. (23) Miscellaneous. (Doolittle's *Voc.*, Pt. III, No. XXI.)

— Chemical Terms. By the Same. (*Ibid.*, No. LXIV.)

— Voir *Missions médicales protestantes*, col. 1344.

— Chinese Medicine. By J. G. Kerr. (*China Review*, I, 1872, pp. 176/181.)

— Société Orientale de France, — La Médecine, la Chirurgie et les Établissements d'Assistance publique en Chine. Par M. G. Pauthier, Membre de la Société Orientale de France — (Extrait de la *Revue de l'Orient*) — Paris, aux Bureaux de la *Revue de l'Orient*, 1860, br. in-8, pp. 14.

Lettre au Baron Larrey, Paris, 10 déc. 1859.

— Note sur l'état des sciences médico-chirurgicales et recherches sur la météorologie en Chine, par M. Castano, médecin en chef du corps expéditionnaire. (Extrait de sa correspondance.) (*Rec. de Mém. de médecine... milit.*, 3e Sér., V, 1861, pp. 344/348.)

Voir IIIe Partie de la *Bib. Sinica*, FRANCE, Exp. de 1860.

— Medical and Topographical Notes on China. By John Rose, A. M., M. D., Surgeon, Royal Navy. (*The Lancet*, June 14, 1862, pp. 631/2.)

— Notes médicales et topographiques sur Foochow (Chine). Par le Dr. John Rose, de la Marine royale. (*Arch. de Médecine navale*, II, 1864, pp. 88/9.)

Du *Pacific Medical and Surgical Journal*, Oct. 1862.

— Étude sur la Médecine chinoise et sur l'Assistance publique dans la ville de Tientsin par A. Larivière Médecin major de 1re classe, chef de l'hôpital militaire de Bordeaux... — Extrait du *Journal de Médecine de Bordeaux*, avril et juin 1863 — Bordeaux, G. Gounouilhou, 1863, in-8, pp. 20.

— La Médecine en Chine, par M. Morache, médecin aide-major de première classe, attaché à la légation française de Pékin. (*Rec. de Mém. de Méd. mil.*, IIIe Sér., XII, 1864, pp. 451/8.)

— Analecta aus der Chinesischen Pathologie von Dr. August Pfizmaier... Wien, aus der k. k. Hof- und Staatsdruckerei, 1866, in-8.

Sitzb. phil.-hist. Cl. k. Ak. Wiss. Wien, Bd. LIII, Juliheft, pp. 565/636.

— John Chinaman M. D. By J. W. Palmer. (*Atlantic Monthly*, 1868, Vol. XXI, pp. 257/268.)

— The Medicine and Medical practice of the Chinese. By James Henderson, M. D., F. R. C. S. E. (Art. V, *Journ. N. C. B. R. A. S.*, N. S., No. I, pp. 21/69.)

— Chinese Arts of Healing. By J. Dudgeon, M. D. (*Chin. Recorder*, II, pp. 163/167, 183/186, 267/271, 293/298, 332/339; III, pp. 40/44, 99/103, 120/124; IV, pp. 281/284.)

Ce dernier chapitre est relatif au *Cong-fou*; voir à ce sujet col. 714.

— * J. Dudgeon. — Calculus in China. (*Med. Times & Gaz.*, London, 1876, II, 252.)

— The Diseases of China; their causes, conditions, and prevalence, contrasted with those of Europe. By John Dudgeon, M. D., Pekin. Glasgow : Dunn & Wright, 1877, in-8, pp. 64.

« Read before the Medico-chirurgical Society of Glasgow, February 2nd, 1877, and reprinted from *The Glasgow Medical Journal* of April and July, 1877. »

— Kung-fu, or Medical Gymnastics. By John Dudgeon, M. D. (*Jour. Peking Or. Soc.*, Vol. III, N. 4, pp. 341/565.)

Voir col. 714.

— A modern Chinese Anatomist. By John Dudgeon. (*China Medical Journal*, VIII, March 1894.)

— The Practice of Medecine among the Burmese, translated from Original Manuscripts, with an Historical Sketch of the Progress of Medecine, from the earliest Times. By Keith Norman MacDonald, M. D., Erlang,... late Civil Surgeon of Prome. — Edinburgh : Maclachlan and Stewart, M DCCC LXXIX, pet. in-8, pp. IV + 1 f. n. ch. er. + pp. 268.

Chinese System of Medicine, pp. 59/64.

— Glanes — Chemg-y-hoei. Société des médecins-marchands en Chine, br. in-8, s. l. n. d., pp. 18.

A la fin : Cavaillon, 9 février 1881. Charles RAVEL.
Avignon. — Imp. adm. Seguin frères... juin 1881.
Bib. nat. $\frac{O^2n}{714}$

— L'art médical en Chine. (*Ann. de l'Ext. Orient*, 1882-1883, V, pp. 129/145, 161/174.)

— L'art médical en Chine par le Docteur Comte Meyners d'Estrey. Paris, Challamel aîné, 1882, gr. in-8, pp. 31.

— L'école de médecine chinoise au Japon. (*Ann. de l'Ext. Orient*, 1882—1883, V, p. 222.)

— On the Movement Cure in China. By D. J. Macgowan, M. D. (*Medical Reports*, Customs, 29, 1885, pp. 42/52.)

Cf. *Kong-fou*, col. 714.

— Considérations générales sur les études (dites secrètes) de la médecine chinoise, japonaise, indo-chinoise, etc. Par Julien Duchâteau, Orientaliste-Ethnographe, etc., Secrétaire et Trésorier de l'Athénée oriental de Paris, etc. (*Verhand. d. VII. Int. Orient. Cong.... Wien... 1886. Hochasiat. u. Malayo-polyn. Sect.*, pp. 83/107.)

— Quelques traits de l'art médical chez les Chinois par C. de Harlez. (Extrait des *Archives de biologie* publiées par MM. Ed. van Beneden et Ch. van Bambeke, Tome VII, 1886.) Gand, imprimerie de I. Vanderpoorten, 1886, br. in-8, pp. 21.

— Miscellanées chinois. — I. La médecine dans la Chine antique. — II. La médecine dans la Chine moderne. L'observation du pouls, l'acupuncture. — III. Quelques pensées sur la poésie. Par C. de Harlez. (*Giornale della Soc. Asiat. Italiana*, VII, 1893, pp. 173/196.)

— The Practice of Medicine by the Chinese in America. — By Stewart Culin, of Philadelphia, Pa. — [Reprinted from the *Medical and Surgical Reporter* of March 19, 1887] in-8, pp. 3.

— 素問 The Chief Classic of Chinese Medicine. By Rev. J. Edkins, D. D. (*Chin. Rec.*, XVIII, No. 3, March 1887, pp. 108/109.)

— Ancient Physics. By J. Edkins. (*China Review*, XVI, pp. 73/83.)

— Gray's Anatomy in Chinese. By J. G. Kerr. (*Ibid.*, X, pp. 142/148.)

— Chinese Ideas of Pathology. (Balfour, *Chinese Scrapbook*, 1887, pp. 64/67.)

— T'ien-t'ai. By E. H. Parker. (*China Review*, XIV, p. 225.)

— Rhinoceros Horns. By E. H. Parker. (*Ibid.*, p. 359.)

— Medical Publications in Chinese. By Rev. J. C. Thomson, M. D. (*China Medical Miss. Jour.*, Sept. 1887, pp. 115/121.)

— Médecins et Vétérinaires en Chine. Par M. Larrieu. (*Soc. Géog. Tours*, Déc. 1888, pp. 335/340.)

(Sciences médicales.)

— Chinese Term for Asthma. By J. Edkins. (*China Review*, XVI, 1888, p. 370.)

— The Chinese, their Present and Future: Medical, Political, and Social. By Robert Coltman, Jr., M. D., Surgeon in charge of the Presbyterian Hospital and Dispensary at Teng chow fu;... — Illustrated with Fifteen Fine Photo-Engravings. Philadelphia and London: F. A. Davis, 1891, in-8, pp. VIII-212.

— The Origin and Growth of the Healing Art. A Popular History of Medicine of all Ages and Countries. By Edward Berdoe,... London, Swan Sonnenschein, 1893, in-8, pp. XII-509.

Medicine in China, Tartary and Japan, pp. 125/144.

— Note sur la Médecine des Mongols Par le Dr J.-J. Matignon, Aide-major de l'armée attaché à la Légation de la République en Chine, in-8, pp. 9.

Ext. des *Archives cliniques de Bordeaux*, IVe Année, No. 11, Nov. 1895. — Réimp. *Crime, Superstition et Misère*, par J. J. Matignon, pp. 275/288.

— Notes sur la médecine annamite, par M. Le Mar'hadour, médecin de la marine. (*Bul. gén. de Thérapeutique*, Vol. CXXIX, 1895, pp. 145/156, 211/220, 256/265, 317/325, 381/8.)

— Die Aerzte China's. Von Dr. Francis T. B. Fest. (*Mitt. Deutsch. Ges. f. Nat. u. Völk. Ostasiens*, Tokyo, Bd. VII, Th. 1, Dec. 1898, pp. 94/109.)

— Une des formes de la médecine chinoise. (Par un Missionnaire.) (*Chine et Ceylan*, I, 1898-1900, pp. 207/213.)

— Médecine chinoise. Par Pol Korrigan. (*Rev. Indo-chinoise*, 166, 23 déc. 1901, pp. 1176/1178; d'après la *Rev. d'Ext. Orient*, de Chang-Haï.)

Jules Regnault.

— * Note sur l'opothérapie chez les Chinois et les Annamites. Par le Dr. Jules Regnault. (*Revue de Médecine*, 1900.)

— Médecine européenne et médecine indigène en Extrême-Orient, par le Dr. Jules Regnault. (*Arch. Médecine navale*, LXXVIII, 1902, pp. 270/3.)

— Les Médecins en Extrême-Orient. Par le Dr. Jules Regnault. (*Rev. Indo-chinoise*, 208, 13 oct. 1902, pp. 948/952.)

— L'art médical en Extrême-Orient. Par le Dr. Regnault. (*Bul. Soc. Et. Col. & Mar.*, 1902, pp. 342/6.)

— Médecine et Pharmacie chez les Chinois et chez les Annamites par le Dr. Jules Regnault, Médecin de la Marine. A Challamel, Paris, s. d., [1903], gr. in-8, pp. x-233 + 1 f. n. ch. d'er.

(Jules Regnault.)

Notices : *Bul. Ecole franç. Ext. Orient*, III, No. 3, 1903, pp. 469/470, par P. P.[elliot.] — *T'oung-pao*, Mai 1904, pp. 212/3, par Ed. Chavannes.

— La Médecine en Indo-Chine. Par J. Regnault. (*Rev. scientif.*, 1901, 2e sem., pp. 748/9.)

Ext. du volume précédent.

— Jules Regnault. — De la création d'une Faculté de médecine française en Chine. (*Revue politique et parlementaire*, 10 oct. 1903.)

— Introduction à l'étude des Traités médicaux sanscrits inclus dans le Tanjur tibétain. Par le Dr Palmyr Cordier Médecin-major de 2e classe des troupes coloniales. (*Bull. Ecole française Ext.-Orient*, III, Oct.-Déc. 1903, pp. 604/629.)

— Causerie sur la Médecine chinoise. Par le Père S. Bizeul. (*Relations de Chine, Kiang-Nan*, 1904, pp. 195/201, 257/268, 327/331, 387/396.)

Chirurgie.

— Vandermonde, cf. H. Cordier, *Fragm. Et. Chinoises*, pp. 232/3.

— Mémoire sur l'État de la Chirurgie à la Chine, Suivi d'une correspondance à ce sujet avec un Missionnaire de Pékin ; Par P. Sue, Professeur et bibliothécaire de l'Ecole de Médecine de Paris, ex-Secrétaire-général de la Société libre de Médecine, etc. (Extrait du Recueil Périodique de la Société de Médecine ; vendém. et brumaire.) — Paris, De l'Imprimerie de la Société de Médecine, rue d'Argenteuil, no 211. An IX de la République, in-8, pp. 80.

— La Chirurgie en Chine, d'après les notes de M. Eug. Süe, ancien bibliothécaire à la Faculté de Médecine de Paris. (*Foyer médical*, 15 déc. 1904.)

— Chirurgie chinoise. — Substance anesthétique employée en Chine, dans le commencement du IIIe siècle de notre ère, pour paralyser momentanément la sensibilité ; par M. Stanislas Julien. (*Ctes. rendus de l'Ac. des Sc.*, XXVIII, 1849, pp. 195/198.)

— Chloroform among the Chinese. By R. J. (*China Review*, I, p. 272.)

— Замѣчанія объ употребленіи болеутолительныхъ средствъ при операціяхъ и о водолеченіи (Гидропатія) въ Китаѣ. — А. Татаринова. (*Труды... Миссіи въ Пекинѣ*, III, 1857, pp. 131/141.)

— No. 3. Notes sur l'art Médico-Chirurgical chez les Chinois. Thèse présentée et publiquement soutenue à la faculté de médecine de Montpellier, Le 11 Janvier 1864, Par Toye (L.-M.-Michel), né à Toulon (Var), Chirurgien de 1re classe de la Marine. Pour obtenir le grade de docteur en médecine. Montpellier, Boehm et fils, imprimeurs de l'Académie, 1864, in-4, pp. 40.

Voir p. 27 : « Traduction d'un manuscrit inédit contenant les notions principales des Chinois en chirurgie (de Jean Siû, natif de l'île Tsomming). »

Notice : *Arch. Médecine navale*, IV, 1865, pp. 263/5, par le Dr. Brassac.

— Clinical operations. (*China Review*, XIII, p. 430.)

— Surgeons *v.* Barbers. By E. H. Parker. (*Ibid.*, XV, p. 251.)

— 割症全書 Manual of the Practice of Surgery. Translation of W. F. Clarke's Manual of Surgery and Dr. Packard's Operative Surgery. By J. G. Kerr. Seven volumes. Printed at the Canton Hospital. New edition. Canton, 1891.

Notice : *China Review*, XIX, No. 5, 1891, p. 330. By E. J. E.[itel].

— Les Instruments de Chirurgie. Par le Dr. J. J. Matignon. (*Archives cliniques de Bordeaux*, nov. 1897. — *Crime, Superstition et Misère*, par J. J. Matignon, pp. 289/299.)

— * Peter Parker. — Notes of Surgical Practice amongst the Chinese. Edinburgh, Sutherland & Knox, [1846], in-8, pp. 6.

Rep. from *Month. J. M. Sc.*, Lond. & Edinb., 1846, VI.

Anatomie.

— Description of a Chinese anatomical plate, illustrative of the human body, with explanations of the terms [by W. Lockhart]. (*Chinese Rep.*, IX, pp. 194/200.)

— Chinese Anatomy and Physiology. A Treatise on the Chinese System of Anatomy and Physiology : by Dr. W. A. Harland. Read before the Asiatic Society, September 7th and October 5th, 1847. (*Trans. China Branch R. A. S.*, No. I. Art. III. pp. 19/40.)

Part I : Anatomy. — Part II : Physiology. Avec figures.

Cet article est tiré surtout d'un ouvrage publié en 1743 intitulé « *E-tsung-kin-këen* » Le miroir d'or des médecins. Il a été réimprimé, moins les figures, dans « *The China Mail* », No. 192, Oct. 19, 1848.

Mr. E. C. Bridgman donne la définition de qq. termes d'anatomie extraits du « *E Tsung kin Keën Yu Tsoan*, or the Golden Mirror of Eminent Medical authors, compiled by imperial authority » dans le « *Ch. Rep.*, IX, pp. 486/488 ».

— 血管腦筋表 — Tables of Arteries, Veins and Nerves arranged by E. C. Machle, M. D., Lien Chau, China.

Notice : *China Review*, XXIII, No. 1, p. 55, par P.

Le Pouls.

— Specimen ‖ Medicinae Sinicae ‖ sive ‖ Opuscula Medica ‖ ad Mentem ‖ Sinensium, ‖ Continens ‖ I. De Pulsibus Libros quatuor è Sinico translatos. ‖ II. Tractatus de Pulsibus ab erudito Europaeo collectos. ‖ III. Fragmentum Operis Medici ibidem ab erudito Europaeo conscripti. ‖ IV. Excerpta Literis eruditi Europaei in China. ‖ V. Schemata ad meliorem praecedentium Intelligentiam. ‖ VI. De Indiciis morborum ex Linguae coloribus & affectionibus. ‖ Cum Figuris aeneis & ligneis : ‖ Edidit ‖ Andreas Cleyer Hasso-Casselanus, U. M. Licent. Societ. Indiae ‖ in nova Batavia Archiater, Pharmacop. Director & Chirurg. Ephorus. ‖ Francofvrti. ‖ Sumptibus Joannis Petri Zubrodt. ‖ Anno M.DC.LXXXII, in-4, 2 ff. n. ch. p. l. tit. déd. + pp. 48 + pp. 54 + pp. 99 + 4 ff. n. ch. + pp. 16 + 30 pl.

Vend. A. Rémusat (271), Fr. 22. 50.

«[Ces ouvrages] que le P. Couplet avait fait passer à Batavia, en 1658, pour être transportés en Europe, furent, par suite des mécontentemens de la compagnie hollandaise à l'égard des Jésuites de la Chine, privés du nom de leur auteur [Michel Boym], et publiés à Francfort, 1682, in-4, par André Cleyer, de Cassel, premier médecin de la Compagnie des Indes sous le titre de *Specimen medicinae Sinicae.*» (*Nouv. Mél. As.*, II, pp. 227/8.) «L'éditeur plagiaire y joignit quelques morceaux également traduits du chinois, et probablement par le même jésuite, mais qui n'avaient été envoyés de Canton qu'en 1669 et 1670... Cleyer avait publié à part, deux ans auparavant, quelques-uns de ces traités, l'un sous ce titre : *Herbarium parvum sinicis vocabulis indici insertis constans* ; l'autre intitulé : *Clavis medica ad chinarum doctrinam de pulsibus.* Francfort, 1680, in-4. Il paraît que ce n'est qu'un extrait du précédent.» (Sommervogel.)

Le Père Couplet donna une nouvelle édition de la *Clavis Medica* :

— Clavis Medica ad Chinarum Doctrinam de Pulsibus, autore R. P. Michaele Boymo, è Soc. Jesu, & in China Missionario. Hujus operis ultra viginti annos jam sepulti fragmenta, hinc inde dispersa, collegit & in gratiam Medicae Facultatis in lucem Europaeam produxit Cl. Dn. Andreas Cleyerus, M. D. & Societatis Batavo-Orientalis Proto-Medicus. A quo nunc demum mittitur Totius operis Exemplar, è China recens allatum, & à mendis purgatum, Procuratore R. P. Philippo Copletio, Belgâ, é Soc. Jesu, Chinensis missionis Romam misso. Anno clɔ lɔ c LXXXVI, in-4, pp. 144.

— Clavis Medica — ; dans les *Miscellanea Curiosa Academiae Naturae Curiosorum*, Dec. 11, An. IV, Norimbergae, 1686, à l'App., p. 114. — (Voir Bayle : *Nouvelles de la République des Lettres*, Sept. 1686.)

— Uit oude Notaris papieren II. Andreas Cleyer door Dr. F. De Haan. (*Tijdschft. v. Ind. T.-, L.- en Volk.*, D. XLVI, Afl. 5, 1903, pp. 423/464.)

— Les ‖ Secrets ‖ de la Medecine ‖ des Chinois, ‖ Consistant en la parfaite ‖ connoissance du Pouls. ‖ Envoyez de la Chine par un François, ‖ Homme de grand merite. ‖ A Grenoble, ‖ Chez Philippes Charvys, ‖ Marchand Libraire, en la Place ‖ de Mal-Conseil. ‖ M.DC.LXXI. ‖ Avec Privilege du Roy. Pet. in-12, pp. 135 + 6 ff. n. c. au com. pour le tit., l'ep. et l'av. au lect. + 3 ff. n. c. à la fin pour la tab.

Voir pp. 129 et seq. : *De la Medecine Iaponnoise.*

British Museum, 774, a, 25. — Bib. de Grenoble, 0.3819.

A été inséré à nouveau à la suite de l'*Histoire de la Cour dv Roy de la Chine*, Grenoble, 1699, par Michel Baudier (cf. *Bib. Sinica*, col. 22), mais sans l'ép. et l'avis. L'avis est daté de «Quam cheu capitale de la Province de Quan tum du Royaume de la Chine. Ce 21 Octobre 1668». L'auteur est un missionnaire banni depuis trois ans à Canton par sentence de la Cour de Peking.

— Secreti Svelati della medicina de Chinesi Cioè della cognitione de Polsi, de Prognostici di morte, & altre utili curiosità Tramandati dalla China in Italia da vn Francese, Vomo di molto stima Trasportati nella lingua Italiana dal Sig. Pietro Francesco D'Amphovs di Torino Dottor di Leggi. Dedicati Al Molto Illustre Sig. Bartolomeo Gvidetti medico eccellentissimo. In Milano, MDCLXXVI. Appresso à Francesco Vigone. Con lic. de' Superiori, & Priuil., in-12, pp. 110 + 4 ff. n. c. prél. + 1 f. n. c. à la fin pour l'*attestatione del P. Daniello Bartoli.*

British Museum, 774, a, 25.

— * Clef de la Doctrine des Chinois sur le pouls. (*Le Conservateur* [de Turben], juillet 1758, pp. 134/154.) — Tiré du P. Boym.

— The Physician's Pulse-Watch ; or, an Essay To Explain the Old Art of Feeling the Pulse, and to Improve it by the help of a Pulse-Watch. In Three Parts. I. The Old Galenic Art of Feeling the Pulse is describ'd, and many of its Errors corrected : The true Use of the Pulses, and their Causes, Differences and Prognostications by them, are fully explain'd, and Directions given for Feeling the Pulse by the Pulse-Watch or Minute-Glass. II. A New Mechanical Method is propos'd for preserving Health, and prolonging Life, and for curing Diseases by the help of the Pulse-Watch, which shews the Pulses when they exceed or are deficient from the natural. III. The Chinese Art of Feeling the Pulse is describ'd, and the Imitation of their Practice of Physick, which is grounded on the Observation of the Pulse is recommended. To which is added an Extract out of Andrew Cleyer, concerning the Chinese Art of Feeling the Pulse. By Sir John Floyer, Knight. London, Printed for Sam. Smith and Benj. Walford, at the Prince's-Arms in St. Paul's Church-Yard, 1707, in-8, pp. 440 + 12 ff. prél. p. l. tit., déd., etc.

— « Secret du Pouls. » Traduit du chinois [par le P. Hervieu]. (Du Halde, III, pp. 384/436.)

Ce qu'en dit le Père Hervieu qu'il « croit que c'est plutôt une Compilation qu'un traité fait par un seul et même Auteur » (p. 384) corrobore ce que dit Mr. Wylie, *Notes on Chinese Literature*, p. 79. La traduction du Père Hervieu n'est pas celle du véritable ouvrage de *Wâng-shùh-ho* ou *Ouang Chou-ho*, médecin de la Cour, sous les Tsin occidentaux, intitulé *Mih-king* mais d'un ouvrage apocryphe écrit sous les Soung, qui a été réimprimé sous les Ming avec des notes sous le nom de *T'oô choo mih keuè pëén chin*.

— Chinese Doctrine of the Pulse. (*Jour. Ind. Arch.*, N. S., Vol. II, 1858, pp. 204/209.)

From the *Indo-Chinese Gleaner*, 1821.

— Die Pulslehre Tschang-ki's. Von Dr. August Pfizmaier... Wien, 1866, br. in-8, pp. 207 à 252.

Aus dem Märzhefte des Jahrganges 1866 der *Sitzungsber. d. phil.-hist. Cl. d. k. Ak. d. Wiss.* (LII. Bd., S. 207) besonders abgedruckt.

— Die chinesische Lehre von den regelmässigen Pulsen. Eine Ergänzung zu der Pulslehre Tschang-ki's. Von dem wirkl. Mitgliede Dr. A. Pfizmaier. Br. in-8, pp. 553 à 601.

Sitzb. d. phil.-hist. Cl. d. k. Ak. d. Wiss., Wien, LV. Bd., III. Heft.

∴

— Die Chinesische Lehre von den Kreisläufen und Luftarten. Von Dr. A. Pfizmaier... Wien, k. k. Hof- und Staatsdruckerei, 1866, in-4, pp. 58.

Denkschrift phil.-hist. Cl. Ak. Wiss., Wien, Bd. XVI.

ACUPUNCTURE 劄鍼 *Tcha tchen.*

— Voir l'*Index Cat. of the Library of the Surgeon-General's Office*.

« La première idée de l'acupuncture, telle qu'elle est pratiquée par les Chinois, paraît avoir été apportée en Europe par Ten-Rhyne, chirurgien hollandais de la fin du XVIIe siècle. Il inséra un mémoire relatif à l'acupuncture, à la suite d'une dissertation sur la goutte, laquelle parut à Londres en 1683. » (A. Rémusat, *Nouv. Mél. As.*, I, p. 359.)

Acupuncture was practised before the Han Dynasty in the State of Ts'i (W. Shantung) where the Mountain of Kao-she was famous for the stone needles (*pien*) used for operation. (Cf. *Shan Hai King*, IV, 2.) It was improved by the famous surgeon Tai Ts'ang Kung, who was flourishing in 180 B. C., and was a native of the same country. (Cf. Sema Tsien, *She Ki*, Kiv. 105, fol. 8—9, and *Khang-hi tze tien*, s. v. *pien*, 112 + 5, fol. 5 vers.). These stone needles were not replaced by metallic ones before the time of Wang Sang-ju whose biography occurs in the *Nan She* about 550 A. D. — It had been said that Acupuncture did not come to the knowledge of Europe before the chapter on the subject which a Dutch surgeon Willem Ten Rhyne, returned from Batavia, inserted in his work *De Athritide*, Lond., 1683, 8vo. But it results from the writings of Jerome Cardan (1501—1576) of Pavia, that travelling medicine-men in the sixteenth century really practised acupuncture. Cf. Henry Morley, *Jerome Cardan*, 2 vols., 1854. They had probably heard of it from some Italian travellers returned from China. » (Terrien de Lacouperie, *Bab. & Or. Record*, VI, No. 11, May 1893, p. 253.)

— Curatio Colicae per Acupuncturam Japonibus usitata. (E. Kaempfer, *Am. exot.*, pp. 582/9.)

— * Notice sur l'Acupuncture et observations médicales sur les effets thérapeutiques, par M. Haime. (*Journal Général des Sciences Médicales*, XIII.)

— Mémoires sur les maladies chroniques, les évacuations sanguines et l'acupuncture ; Par L. V. J. Berlioz, Docteur-Médecin à la Côte Saint-André. A Paris, chez Croullebois, 1816, in-8, pp. VI-343 + 1 f. errata.

— * Note sur les phénomènes électro-magnétiques qui se manifestent dans l'acu-puncture, par M. Pouillet, in-8, fig. col.

Cat. Rémusat, No. 268.

-- *Journal de Physiologie*, de Magendie, V, pp. 5 et seq.

— * James Morss Churchill. — A Treatise on Acupuncturation : being a Description of a surgical operation originally peculiar to the Japonese and Chinese, and by them denominated zin-king, now introduced into European practice, with directions for its performance, and cases illustrating its success. London, Simpkin & Marshall [1821], in-8, 1 p. l. + pp. 86 + 1 pl.

— Traité de l'Acupuncture, ou Zin-king des Chinois et des Japonais ; ouvrage destiné à faire connaître la valeur médicale de cette opération, et a donner les documens nécessaires pour la pratiquer. Par James Morss Churchill, Membre du Collége royal des Chirurgiens de Londres. Traduit de l'Anglais Par M. R. Charbonnier, Docteur en Médecine de la Faculté de Paris. A Paris, chez Crevot, 1825, in-8, pp. III-44.

— * James Morss Churchill. — Cases illustrative of the immediate effects of acupuncturation, in rheumatism, lumbago, sciatica, anomalous muscular diseases, and in dropsy of the cellular tissue ; selected from various sources, and intended as an appendix to the author's treatise on the subject. London, Callow & Wilson, 1828, in-12, pp. 1 + 101.

— Mémoires sur L'électro-puncture, considérée comme moyen nouveau de traiter efficacement la goutte, les rhumatismes et les affections nerveuses, et sur l'emploi du Moxa japonais en France ; suivis d'un Traité de l'Acupuncture et du Moxa, principaux moyens curatifs chez les peuples de la Chine, de la Corée et du Japon ; ornés de figures japonaises. Par le chevalier Sarlandiere, Docteur en médecine, membre de plusieurs Académies et Sociétés savantes. A Paris, chez l'Auteur, 1825, in-8, pp. IV-150 + 1 f. n. ch. p. l. tab. + 2 pl.

— N° 25. — Dissertation sur l'Acupuncture, et ses effets thérapeutiques ; Thèse présentée et soutenue à la Faculté de Médecine de Paris, le 19 février 1825, pour obtenir le grade de Docteur en Médecine ; Par J. Morand, né à Avallon, Département de l'Yonne, Ancien Élève attaché aux hôpitaux civils de Paris. — A Paris, Didot le jeune, 1825, in-4, pp. 57.

— * S. Morand. Memoir on Acupunctura-tion, embracing a Series of Cases drawn up under the inspection of M. Julius Cloquet. Translated from the French by Franklin Bache. Philadelphia, R. Desilver, 1825, in-12, 1 p. n. ch. + pp. 87.

— Traité de l'Acupuncture, d'après les observations de M. Jules Cloquet, et publié sous ses yeux par M. Dantu de Vannes, Docteur en Médecine. — A Paris, chez Béchet jeune, 1826, in-8, pp. III-279.

— Observations sur l'Acupuncture, faites à l'hôpital de la Pitié, sous les yeux de M. Bally, et quelques réflexions sur sa manière d'agir; par le docteur Meyraux. — (Extrait des *Archives générales de Médecine*), in-8, pp. 20.

— Sur l'Acupuncture (1825). (A. Rémusat, *Nouv. Mél. As.*, I, pp. 358/380.)

Matière médicale et Pharmacologie.

— E. Bretschneider, *Botanicon Sinicum*, col. 469.

— Medicamenta Simplicia Sinica.

Ms. de la Bibliothèque royale de Stockholm, in-4, papier de Chine; 49 ff. doubles à la manière chinoise. — Les noms sont arrangés sur trois colonnes : latin, chinois, et prononciation chinoise; l'ordre alphabétique latin est suivi. Le Ms. se termine au recto du f. 36. On lit au verso de ce feuillet :

« Good Sir

I have not presumed to correct any of errors of the original, but have copy'd out Letter for Letter. I hope it will be usefull — and acceptable to you to whom all success is wished by your very humble Servt. Canton

Samuel Lind. »

On lit au verso de la couverture qui est chinoise : Drottningholms Bibl. Kat. No. 133.

— * Dr. J. Rehmann. Beschreibung einer thibetanischen Handapotheke. Ein Beitrag zur Kenntniss der Arzneikunde des Orientes. St. Petersburg, 1811, in-8.

Petit traité assez intéressant sur des drogues chinoises ou tibétaines que l'auteur s'était procurées à Maïmaï tchin (Kiakhta) à la frontière de Chine (Mongolie). Il donne une description de 60 drogues dont il ajoute les noms en tibétain.

— John Reeves. An account of some of the articles of the Materia Medica employed by the Chinese. [1826.] (*Med. Bot. Soc. Trans.*, 1828, pp. 24/7.)

— * G. Gauger. Ueber chinesische Roharzneiwaaren. (*Repertorium für Pharmacie und pract. Chemie in Russland*, VII, pp. 565 et seq., 1848.) Pl.

Description de 54 drogues chinoises rapportées de Peking en 1842 par le Dr. Kirilov.

— Lettre sur la Pharmacie en Chine, par le Docteur Yvan,... Paris, Labé, 1847, in-8, pp. 45.

— * Catalogus Medicamentorum Sinensium quae Pekini comparanda et determinanda curavit Alexander Tatarinov, Doctor Medicinae, Medicus Missionis Rossicae Pekinensis spatio annorum 1840-1850. Petropoli, 1856, in-8.

Tatarinov est † 6 oct. 1886. — Cf. *Journal de St. Pétersbourg*, 28 oct. 1881.

— H. Cordier, *Exp. de Chine*, 1857-1858, pp. 404/5, note.

— Notes on Chinese Materia Medica by Daniel Hanbury... London, Printed by John E. Taylor, 1862, in-8, pp. 48.

Reprinted, with some corrections, from the *Pharmaceutical Journal and Transactions*, July and Aug. 1860. — May, July & Oct. 1861. — Nov.-Dec. 1861. — Feb. 1862.

Il y a un index à la fin du livre.

— Science Papers, chiefly pharmacological and botanical. By Daniel Hanbury, F. R. S. Edited, with memoir, by Joseph Ince, F. L. S., F. C. S. London : Macmillan and Co., 1876, in-8, pp. x-543.

Insect-white wax of China, p. 60. — Note upon a green dye from China, p. 125. — Remarks on *Sclerotium stipitatum*..., p. 200. — Note on a manufactured product of sea-weed called *Japanese Isinglass*, p. 206. — Notes on Chinese Materia Medica, revised by the author, p. 209, etc.

Voir p. 214 : Synopsis of the Contents of the Chinese Herbal 本草綱目 *Pun-Tsaou-kang-mŭh.*

— Essai sur la Pharmacie et la matière médicale des Chinois par J.-O. Debeaux, Pharmacien-major de 2e classe à l'hôpital Militaire de Bastia, attaché au corps expéditionnaire en Chine pendant les années 1860, 1861 et 1862, Chevalier de la Légion-d'Honneur. Paris, J. B. Baillière... [et] Challamel aîné... 1865, in-8, pp. 120.

Bib. Nat. Te $\frac{144}{12}$.

— Études sur la matière médicale chinoise (minéraux). Par J. Léon Soubeiran. (*Journ. de Pharmacie et de Chimie*, 1866, 2e partie, pp. 5/19.)

— Études sur la Matière médicale des Chinois. Rapport fait à l'Académie de Médecine par M. A. Gubler sur un travail de MM. Léon Soubeiran et Dabry de Thiersant au nom d'une Commission composée de MM. Bouchardat, Gubler et Regnault. — Paris, G. Masson, 1872, in-8, pp. 11.

Traduit en anglais dans la *China Review*, III, pp. 119/124.

Au sujet de l'ouvrage suivant :

— La Matière médicale chez les Chinois ; par M. le docteur J. Léon Soubeiran, professeur agrégé à l'École de pharmacie, et M. Dabry de Thiersant, Consul de France en Chine.

Précédé d'un rapport à l'Académie de Médecine de Paris, par M. le professeur Gubler. Paris, G. Masson, 1873, in-8, pp. x-323. Pub. Fr. 7.50.

— On the disgusting nature of Chinese Medicines. By J. Dudgeon. (*Chin. Rec.*, II, pp. 285/7.)

— Contributions towards the Materia Medica & Natural History of China. For the use of Medical Missionaries & Native Medical Students. By Frederick Porter Smith, M. B., London Medical Missionary in Central China. Shanghai : American Presbyterian Mission Press, 1871, in-8, pp. VII-237.

Notices : *J. As.* (par J. Mohl), 7e Sér., I, 1873, pp. 123/4. — *The Cycle*, 18 Fév. 1871 ; *Shanghai Evening Courier*, Mars 9 et 11, 1871 ; réimp. dans le *S. Budget*, 15 Mars 1871 ; le Dr. Smith a répondu à cette dernière critique par une lettre insérée dans le même journal et dans *The Shanghai Budget*, 18 Oct. 1871.

— Chinese Chemical Manufactures. By F. Porter Smith, M. B. Read before the Society on 25th January 1871. (*Jour. N. C. B. R. As. Soc.*, N. S., Vol. VI, 1869/70, Art. IX, pp. 139/147.)

— Produits chimiques et pharmaceutiques. (*Cat. spécial de la collection exposée au Palais du Champ de Mars, Exp. univ.*, Paris, 1878, pp. 56/98.)

— Notes on Chinese Materia Medica. By Charles Ford, F. L. S. Director of the Botanical Gardens, Hongkong, Ho kai M. B., Aberd., &c., and William Edward Crow, M. P. S., Government Analyst, Hongkong. (*China Review*, XV, pp. 214/220, 274/276, 345/347 ; XVI, pp. 1/9.)

— Apothekerkunst in China. (*Oest. Monats. f. d. Orient*, 1887, pp. 31/32.)

D'après *The Chemist and Druggist*.

— Chinese Drug Stores in America. By Stewart Culin. [Reprinted from the *Journal of Pharmacy*, December 1887.] in-8, pp. 6.

— China. — Imperial Maritime Customs. — II. — Special Series : No. 8. List of Medicines exported from Hankow and the other Yang tze Ports ; compiled by R. Braun, Assistant Examiner, Chinese Customs Service, and Tariff of approximate Values of Medicines, etc., exported from Hankow. — Published by order of The Inspector General of Customs. Shanghai : ... 1888, in-4, pp. XIII-82.

— China. — Imperial Maritime Customs. — III. — Miscellaneous Series : No. 17. — List of Chinese Medicines. — Published by order of The Inspector General of Customs. — Shanghai : ... 1889, in-4, pp. x-493.

Toxicologie.

— On Chinese Poisons. By Dr. Macgowan. (*North-China Herald*, No. 349, April 4, 1857.)

— Notes on Chinese Toxicology, No. 1. — Arsenic, by D. J. Macgowan, M. D. Read Dec. 14th 1874. (*Jour. N. C. Br. R. As. Soc.*, IX, 1874, Art. VI, pp. 173/182.)

— Die Toxicologie der Chinesischen Nahrungsmittel von Dr. August Pfizmaier... Wien. Aus der k. k. Hof- und Saatsdruckerei (*sic*), 1866, in-8, pp. 53.

Sitzb. phil.-hist. Cl. Ak. Wiss. Wien, Bd. LI, 1865, Novemberheft.

— Hu-man-ts'ao, a Chinese Poison. By H. A. G. (*Journ. C. B. R. A. S.*, XX, N. S., 2, 1885, pp. 52/3.)

— Gold used as poison. (*China Review*, XIII, p. 297.)

— Suicide [poison, or 呑金, etc.]. Par E. H. Parker. (*Ibid.*, XX, No. 2, p. 127.)

Botanique médicale.

Voir Botanique.

— Extrait du *Pen tsao Cang Mou* 本草綱目 c'est-à-dire, de l'Herbier chinois ou Histoire naturelle de la Chine, pour l'usage de la médecine. (Du Halde, III, pp. 437 et seq.)

« Cet ouvrage a été entrepris et composé par un Docteur de la Famille ou Dynastie des *Ming*, appelé *Li che tchin*. Mais la mort ayant surpris cet Auteur, avant qu'il y eût mis la dernière main, son fils, après l'avoir revû et augmenté, présenta à ce sujet une Requête à l'Empereur *Van lie*, la vingt-quatrième année de son règne, & sur cette Requête l'Empereur donna ordre au Tribunal du *Li pou*, ou des Rites, de publier cet Ouvrage, lequel a été réimprimé de nouveau à la vingt-deuxième année du règne de feu l'Empereur *Cang hi*, » p. 437.

Cet ouvrage est composé de 52 Livres dont le dernier traite du Corps humain. On trouvera p. 3 de la *Materia Medica* de D. Hanbury « Synopsis of the Contents of the Chinese Herbal *Pun-tsaou-kang-Mûh* ».

— Herbier ou collection des plantes medicinales de la Chine. D'après un Manuscrit peint et unique qui se trouve dans la Bibliothèque de l'Empereur de la Chine. Pour servir de suitte aux planches enluminées et non enluminées d'histoire naturelle et à la collection des Fleurs qui se cultivent dans les Jardins de la Chine et de l'Europe. Dirigé par les Soins de Mr Buc hoz, Médecin de Monsieur. A Paris. Chez l'Auteur, rue de la Harpe vis-à-vis celle de Richelieu-Sorbonne. 1781, in-folio, pp. 16 + 100 pl. coloriées + 1 f. n. c. pour l'exp. des pl.

— Sur l'acclimatation de quelques plantes médicinales, et particulièrement du Pavot à Opium, par M. Oscar Reveil. (*Bull. Soc. Zool. Acclim.*, VIII, 1861, pp. 166/168.)

— Sur les plantes médicinales de la Chine, Par M. P. Dabry. (*Ibid.*, IX, 1862, pp. 494/501.)

— E. Baroni. — Sulle virtù medicinali e sugli usi presso i Cinesi di alcune piante del genere *Arisaema*. (*Bul. Soc. Botan. Ital.*, 1895, procès-verbaux, pp. 105/107.)

— [Plantes médicinales coréennes.] Par J. Deniker. (*Bul. Mus. Hist. Nat.*, III, 1897, pp. 183/5.)

Hygiène.

— On the Climate of Canton as a resource for Invalids from India. By A. Pearson, M. D. — Presented 2nd February, 1832. (*Trans. Medical and Phys. Soc. Calcutta*, VI, 1833, pp. 345/374.)

— Beiträge zur Kenntniss des Klimas und der Krankheiten Ost-Asiens, gesammelt auf der Preuss. Expedition in den Jahren 1860, 1861 und 1862 von C. Friedel, D. M., Assistenz-Arzt in der Königlich Preussischen Marine. Berlin, 1863. Georg Reimer, in-8, 2 ff. prél. n. ch. p. l. tit. et la préf. + pp. 183.

— * J. Herzog. — Sanitätszustände in China. [Nach den Ergebnissen der Ostasiatischen Expedition.] (*Allg. Wien. med. Ztg.*, 1871, XVI, 65, 73, 81, 89, 97, 105, 113, 122.)

— Shang-hai au point de vue médical. Contribution à la Climatologie médicale par Paul Edouard Galle, Docteur en médecine de la Faculté de Paris,... Paris, Adrien Delahaye, 1875, br. in-8, pp. 80.

— * О санитарныхъ условіяхъ и медицинѣ въ Китаѣ. Москва, 1876. П. Я. Пясецкимъ. (Les conditions sanitaires et la médecine en Chine, par le Dr. P. J. Piasetsky. Moscou, 1876), in-8, pp. 68.

— Etude sur le climat des côtes de la Chine et les conditions sanitaires des concessions européennes lue à l'Académie de Médecine Dans la séance du 4 Février 1879 par Le Docteur Max. Durand-Fardel. Paris, Germer-Baillière, 1879, br. in-8, pp. 12.

Extrait de l'*Union médicale* (troisième série) année 1879.

— Remarks on certain Points relating to Public Health in China by Surgeon-General C. A. Gordon, M. D.,... (International Health Exhib., London, 1884. — *The Health Exhibition Literature*, XIX, pp. 195/228.)

— Hygienische Studien in China Von Dr. Georg Mayer k. bayer. Oberarzt. Mit 4 Tafeln und 2 Karten. Leipzig, Johann Ambrosius Barth, 1904, in-8, pp. 167.

— L'Hygiène chez les Chinois par le Dr Jules Regnault, Médecin de la Marine. (*Revue Scientifique*, 5 nov. 1904, pp. 582/5; 12 nov. 1904, pp. 617/620; 19 nov. 1904, pp. 651/4.)

Rapport présenté à la XVe section du Congrès colonial de Paris, 1904.

(Hygiène.)

Thérapeutique.

— Recueil de différentes recettes employées par les médecins chinois, pour la guérison de diverses maladies. (Du Halde, III, pp. 460 et seq.) :

Du Gin Seng (pp. 460 et seq.) [col. 487/8].

Du Thé (pp. 474 et seq.).

De la graine de thé (p. 480).

De l'éléphant (pp. 480 et seq.):

Du chameau (pp. 483 et seq.).

Du Hai ma ou Cheval de Mer (pp. 484 et seq.).

Du Che hiai, ou Cancre pétrifié (pp. 486/7).

Du Musc (pp. 487/489).

De quelques autres drogues employées dans la médecine chinoise (Du Halde, III, pp. 490 et seq.) : Du Hia tsao tong tchong. — Du San tsi. — De la rhubarbe. — Du Tang Coue. — Du Ngo kiao. — De la Cire blanche. — Des Ou poey tsé, drogue chinoise. — De l'Ou kieou Mou, ou arbre qui porte le suif. — De l'huile d'Ou kieou. — Remède chinois pour la Dysenterie.

— Dans les *Mémoires concernant les Chinois* on trouvera plusieurs articles relatifs à la Médecine des Chinois :

Vol. IV : De la petite vérole [par le P. Cibot], pp. 392 et seq.

Vol. V : Raisins secs de *Hami* [par le P. Cibot], pp. 481 et seq.

Vol. V : pp. 492/4 : 1° le *Pao hing che*; 2° le *Kou tsiou* (indigestions, fièvres intermittentes, etc.). «Ces deux remèdes nous sont venus ici des Indes, où ils ont été inventés. Le premier, connu sous le nom de *pierre de Gaspard Antonio*, a été inséré dans la Pharmacopée de Manuel Rodrigues Koelho, imprimée à Lisbonne en 1734. Mais on verra d'abord que la recette qu'il donne est une recette conjecturale, au lieu que celle que nous donnons est la vraie» (p. 494) [par le P. Cibot].

Vol. VIII : De la page 259 à la page 263.

Vol. VIII : pp. 271/274. Notice du sang de Cerf, employé comme remède [par le P. Cibot].

Vol. XI : p. 304. Notice sur le Cinabre, le Vif-Argent et le Ling-cha, par feu M. Cibot. Miss.

Vol. XIII : pp. 535 et seq. Voir une lettre du P. Amiot.

Vol. XV : pp. VI-XIII. Voir une lettre du P. Amiot.

— *Moxa*, praestantissima Cauteriorum materia, Sinensibus Japonibusq'; multum usitata. (E. Kaempfer, *Am. exot.*, pp. 589/605.)

— An account of the Moxa, an excellent Caustic of the Chinese and Japanese, with a Scheme shewing what parts of the human body are to be burnt with that Plant in several distempers. (Kaempfer's *Hist. of Japan*, Vol. II, 1727, app., IV, pp. 34/46.)

Voir col. 1474.

— Produits chimiques et pharmaceutiques. (*Cat. ... Exp. universelle de Paris*, 1878, pp. 56/98.)

Par A. A. Fauvel. — Voir Douanes.

— De la guérison empirique de certains cas de surdité par les paysans des environs de Peking. Par F. Romanet du Caillaud. Note communiquée à l'Académie des Sciences dans la séance du 19 février 1883. (*Bull. Soc. Zool. Acclim.*, IVe Sér., I, 1884, pp. 920/921.)

— Psilosis or Sprue, or Diarrhoea. By C. Begg, M. B. (*Medical Reports*, Customs, 34, 1887, pp. 32/6.)

— Snake Bites. — By D. T. (*China Review*, VIII, p. 61.)

— A Chinese Febrifuge. (*Ibid.*, X, p. 72.)

— Chinese Cures. (*Ibid.*, p. 221.)

— Empirical Cures of the Chinese. By Q. B. (*Ibid.*, XI, p. 333.)

— Oyster Shell Dust. (*Ibid.*, XIII, p. 124.)

— Santonine. (*Ibid.*, p. 124.)

— Snow Water. By E. H. Parker. (*Ibid.*, XVII, No. 1, p. 53.)

(Thérapeutique.)

— Chinese Medicines. (Balfour, *Chinese Scrapbook*, 1887, pp. 68/71.)

— [Chinese Medical Preparations.] By A. G. Vorderman. (*T'oung Pao*, I, Oct. 1890, p. 273.)

— Anti-opium Medicines. By H. T. Whitney, M. D. (*Chin. Rec.*, XXII, Oct. 1891, pp. 452/455.)

— Ignorant and Superstitious Methods of Curing Disease in North Formosa. By Rev. G. L. Mackay, D. D. (*Ibid.*, XXIII, Nov. 1892, pp. 524/529.)

— A Chinese Receipt against Articular Rhumatism. By G. Schlegel. (*T'oung Pao*, IV, Déc. 1893, pp. 415/419.)

— The Chinese Bean-curd and Soy and the Soya-bread of Mr. Lecerf. By G. Schlegel. (*T'oung Pao*, V, Mai 1894, pp. 135/146.)

— Rougeole chinoise par le Dr. Ch. Rialan Médecin de 1ère classe de la Marine. (*Arch. Médecine navale*, XLIV, 1885, pp. 429/447.)

— Chinese Use of Shad in consumption and Iodine Plants in Scrofula by D. J. Macgowan, Esq., M. D. Read before the Society June 12th 1872. (*Journal N. C. B. R. As. Society*, VII, 1871/2, Art. XI, pp. 235/236.)

— Note on the use of the root bark of Ailanthus in Disentery. By M. E. Dugat. (Physician to the French Legation in China.) (*Medical Reports*, Imp. Mar. Customs, China, April-Sept. 1875.)

— Les Théories médicales des Chinois par M. E. Jeanselme Médecin des Hopitaux de Paris Chargé de Mission en Extrême-Orient — Extrait de *La Presse médicale* (N° 76, 12 septembre 1900). — Paris, Georges Carré et C. Naud, 1900, br. in-8, pp. 36.

— La Pratique médicale des Chinois par E. Jeanselme Médecin de l'Hopital Herold... — Extrait de *La Presse médicale* (N° 51, 26 juin 1901). — Paris, G. Naud, 1901, br. in-8, pp. 23.

Femmes.

— A Treatise on [Chinese] Midwifery. A new Edition published in the fifth Year of Taou Kwong (1825). Translated from the Chinese by W. Lockhart, Esq., M. D. (*Dublin Journal of Medical Science*, XX, 1842, pp. 333/369.)

Communicated by Dr. Churchill.

— De l'accouchement dans la race jaune par Abel Hureau de Villeneuve, Docteur de la Faculté de Médecine de Paris... Paris, Benjamin Duprat, in-4, pp. 39.

(Femmes.)

— 婦科精蘊圖說 Translation of « Thomas on Diseases of Women ». By Dr. Kerr, Canton, 1889. Five volumes.

Notice : *China Review*, XVIII, No. 4, pp. 266/267. By E. J. E.[itel].

— Gynaecocracies in Eastern Asia with anthropological notes. By D. J. Macgowan. (*China Review*, XIX, No. 5, 1891, pp. 285/308.)

— De la pratique des accouchements chez les peuples de race Jaune. Par le Dr. E. Verrier. (*Le Lotus*, V, 1886, pp. 138/141.)

— Comment les Chinois prétendent durant la vie intra-utérine arriver à reconnaître le sexe du fœtus par le Docteur J.-J. Matignon,... in-8, pp. 4.

Ext. des *Archives de Tocologie et de Gynécologie*, 1895. — Réimp. *Crime, Superstition et Misère*, par J. J. Matignon, pp. 305/310.

Voir *Infanticide*.

— * Ashton's Essentials of Obstetrics Translated into Chinese by Dr. Wan Tün Mo, for the Medical Missionary Society, Canton. With seventy-six illustrations from electrotype plates.

Notice : *China Review*, XXI, N° 6, pp. 423/424, par J. C. T.

Diphtérie.

— * 散喉咽 De Chineesche behandelingswijze van Keeldiphtheritis door A. G. Vorderman, stadsgeneesheer te Batavia. Batavia, Ernst, 1890, in-8.

— 散喉咽 The Chinese Treatment of Diphtheritis by A. G. Vorderman, Physician of the Town of Batavia... Translated from the Dutch, with the Authors permission, by G. Schlegel. (*T'oung Pao*, I, Octobre 1890, pp. 173/188; *ibid.*, Déc. 1890, pp. 297/328; *ibid.*, Fév. 1891, pp. 349/390.)

— Un traitement chinois de la diphtérie. Par le Dr. J. J. Matignon. (*Bul. général de Thérapeutique*, Vol. CXXIX, 1895, pp. 157/167.)

Variole 天花 *T'ien houa.*

— Cibot. — De la petite vérole, voir col. 1480.

— Sir George Staunton's Chinesische Abhandlung über die Kuhpocken. (Klaproth, *Archiv für Asiat. Lit.*, St. Petersburg, 1810, pp. 111/113.)

Mémoire de Staunton et du Dr. Pearson sur la vaccine publié à Canton en 1805 en Chinois. — Voir Note d'Abel Rémusat, *Mél. As.*, I, p. 249.

Voir *Catalogue of the London Mission Library*, Shanghaï, 1857, No. 254.

(Diphtérie. — Variole.)

— On the Introduction of Vaccination into China. (*Chin. Rep.*, II, pp. 35/41.)

— Chinese Treatment of Small-pox. By J. C. Arlington. (*China Review*, XXV, N° 2, p. 94.)

— * A. Andreozzi. Sulla cura cinese preventiva del vaiolo, e traduzione di alcune ricette cinesi dirette a prevenirlo e a curarlo. Firenze, 1862.

— Dr. Mougeot. — La Vaccine en Cochinchine et les idées chinoises sur la variole et la variolisation. Saigon, L. Ménard, 1901, in-8, pp. 775.

Publications de la Soc. des Études Indo-Chinoises.

— Durée de l'immunité vaccinale à Pékin. Par le Dr. J. J. Matignon. (*Académie de Médecine*, mars 1896.)

— Sur la petite vérole et la manière de la guérir. Voir les lettres du P. Dentrecolles dans les *Lettres édifiantes*, XVIII, pp. 353/412. — XXI, pp. 5/41.

Maladies vénériennes.

— On the early History of Syphilis in China. By George Thin, M. D., Shanghai. Edinburgh : Oliver & Boyd, MDCCCLXVIII, br. in-8, pp. 6.

Reprinted from *The Edinburgh Medical Journal* for July 1868.

— De Morbis ‖ venereis ‖ libri novem ‖ in quibus disseritur tum de origine, ‖ Propagatione & Contagione horumce affectuum in genere : tùm de ‖ singulorum Naturâ, Ætiologiâ & Therapeiâ, cum brevi Analysi & ‖ Epicrisi Operum plerorumque, quae de eodem argumento scripta sunt. ‖ Auctore Johanne Astruc... ‖ Editio altera, ‖ ... Lutetiae Parisiorum. ‖ Apud Guillelmum Cavelier... ‖ M.DCC.XL. ‖ Cum approbatione et privilegio Regis. 2 vol. in-4.

Chinae Radix. — Bib. Nat. Td. 41 58.

— Réponses aux questions de M. Astruc. [Par le P. Foureau.] (*Journal des Savans*, 1740, pp. 489/502.)

— De la Blennorrhagie chez les peuples de race jaune par le Dr. Verrier, professeur à l'institut ethnographique. (*Moniteur de l'hygiène publique*, 10 oct. 1886, etc.)

— Syphilis in China. By E. H. Parker. (*China Review*, XVIII, No. 3, p. 198.)

Beri-beri.

— Voir Beri-beri, dans *Index-Catalogue of the Library of the Surgeon-General's Office United States Army. — Authors and Subjects.* — Second Series. Vol. II, Washington, 1897, pp. 251/2.

— N° 47. Étude sur le Bériběri, épidémie observée sur le convoi indien du trois mâts l'*Indien*, du 1er mai au 6 juillet 1863. — Thèse présentée et publiquement soutenue à la Faculté de Médecine de Montpellier, le 29 juin 1864 ; par Louis-Arthur Guy, Né à Marennes (Charente-Inférieure), Chirurgien de 1re Classe au Port de Brest. Pour obtenir le grade de Docteur en Médecine. Montpellier, L. Cristin, 1864, in-4, pp. 43.

— Le Bériběri ou le Kakké du Japon par le Dr. Duane B. Simmons, Président du Conseil de Santé à Yokohama. (Ext. et trad. du Dr. Legouest.) (*Arch. Médecine navale*, XXXV, 1881, pp. 257/279.)

— Du Bériběri par M. le Dr. Gayet. (*Ibid.*, XLII, 1884, pp. 161/194.)

— Kakke (Bériběri) du Japon par le Dr. B. Baelz. Extrait traduit de l'allemand par le Dr. Gries. (*Ibid.*, XLI, 1884, pp. 330/338.)

Mitt. D. Ges. f. Nat. u. Völk. Ost., Vol. V, 27e fasc., Yokohama, août 1882.

— Beri-Beri. (*Journ. C. B. R. A. S.*, XX, N. S., 2, 1885, p. 52.)

— Le Kakké japonais. Par le Dr. P. Gueit. (*Arch. Médecine navale*, L, 1888, pp. 401/429.)

— Examen des mesures préventives prises contre le « Kak'ke » dans la marine japonaise, d'après le rapport du Bureau central de santé de la Marine. (*Ibid.*, LIX, 1893, pp. 232/5.)

Pub. en anglais ; a été trad. en espagnol dans le *Boletin de medecina naval*, enero 1893, par le Dr. Juan Redondo.

— Note sur l'épidémie de Bériběri de 1898 à Poulo-Condore, par le Dr L. Laurent. (*Arch. Médecine navale*, LXXII, 1899, pp. 140/3.)

— Disparition du Kakké (Bériběri) dans la Marine japonaise. Par le Dr Tatsubaruro Yabé. (*Ibid.*, LXXIII, 1900, pp. 48/51.)

— Le Bériběri. Par le Dr. Mougeot. (*Revue Indo-Chinoise*, 1904, pp. 32/40, 74/89, 163/174.)

— Note par le Dr. L. E. Guérin. (*Ibid.*, pp. 175/6.)

Choléra 霍亂 *Houo louan.*

— Observations on the Epidemic Cholera, as it appeared in China. By J. Livingstone, M. D. — Presented February 7, 1824. (*Trans. Medical and Phys. Soc. Calcutta*, I, 1825, pp. 204/210.)

— Le Choléra d'après la médecine chinoise. Par Léon de Rosny (*Mém. Soc. Et. jap.*, etc., IV, Nov. 1885, pp. 329/330.)

— Choléra observé à bord des navires de la division navale de l'Extrême Orient (1890-1891) par le Dr. Comme. (*Arch. Méd. navale*, LVII, 1892, pp. 444/451.)

— Recherches expérimentales sur le choléra asiatique indo-chinois et sur l'immunisation chimique des animaux contre cette maladie par le Dr. Albert Calmette. (*Ibid.*, LIX, 1893, pp. 216/226, 257/269.)

— La police des épidémies en Chine. (*T'oung Pao*, IV, No. 5, Déc. 1893, pp. 432/3.)

Ext. du *Temps*, 26 mai 1893.

— The Treatment of Cholera by Intravenous Saline Injections. By Robert H. Cox. (*Medical Reports*, Customs, 55, 1898, pp. 36/58.)

The first part of this paper appeared in *The China Medical Missionary Journal*, June 1897.

PESTE.

— Note sur la distribution géographique et sur le lieu d'origine de la peste par M. le Dr. H. Bourru Avec une lettre de M. l'abbé Desgodins, provicaire apostolique au Thibet. (*Bul. Soc. Géog. Rochefort*, IV (1882-3), pp. 20/5.)

— Report on the Plague prevailing in Canton during the Spring and Summer of 1894. By Alexander Rennie, M. A., M. B. (*Medical Reports*, Customs, 47 & 48, pp. 65/72.)

— La peste bubonique à Hong-Kong par le docteur Yersin. (*Arch. Méd. navale*, LXII, 1894, pp. 256/261.)

— The Bubo Plague in China, with a Brief Account of the Great Plague of London. — By Burnside Foster, M. D.... — Reprinted from the Journal of the American Medical Association. September 22, 1894. — Chicago : American Medical Association Press, 1894, br. in-8, pp. 7.

— Quelques notes sur la peste à Bubons des ports de la mer de Chine, par M. B. Francia, inspecteur principal général de santé des îles Philippines. Par le Dr Dufour. (*Arch. Méd. Navale*, LXIII, 1895, pp. 313/5.)

D'après le *Boletin de Medicina naval*, janv. et fév. 1895.

— La peste bubonique. Deuxième note par MM. les docteurs Yersin, Calmette et Borrel. (*Arch. Méd. navale*, LXIV, 1895, pp. 207/210.)

— Dr. Yersin, and Plague Virus. By G. C. Frankland. (*Nature*, LV, 1896/7, pp. 378/9.)

— Ueber die Pestepidemie in Hong-kong im Jahre 1894. Von Dr. T. Aoyama. Prof. an der Kais. Univ. zu Tokio. (*Mitth. aus d. Medicin. Kais. Japan. Univ.*, III. Bd., Tokio, 1897, pp. 115/238, 7 pl.)

— L'épidémie de peste à Hongkong, par M. le Dr. Portengen, médecin de 1re classe de la marine néerlandaise. (*Archives de médecine militaire néerlandaise*, 1896.) (*Arch. Méd. navale*, LXVII, 1897, pp. 157/158.)

Notice par le Dr. Gros.

(PESTE.)

— Further Notes on Plague by R. H. Castor, I. M. S., Health Officer and Civil Surgeon, Akyab. — Akyab, Printed at the Akyab Orphan Press, 1898, in-16, pp. 8.

— Note sur les Essais du Sérum Yersin dans le traitement de la peste bubonique. Par le docteur J. Gomes da Silva. (*Medical Reports*, 55, 1898, pp. 24/35.)

— Épidémie de peste bubonique observée à Ping-s'hiang (Kouang-si [Chine], Mai-Juin 1898, par le Dr. Thoulon. (*Arch. Médecine navale*, LXXII, 1899, pp. 283/292.)

— Note sur une épidémie de « peste bubonique » observée à Ping-S'hiang (Kouangsi) en mai-juin 1898. Par le Docteur A. Thoulon, Médecin de la Marine Française... (Imp. Mar. Customs... *Medical Reports*... end. 31st March 1899, 57th Issue, pp. 18/24.)

— La peste bubonique en Mongolie. Par le Docteur J.-J. Matignon, Médecin aide-major de 1ère classe de l'armée, Attaché à la Légation de France en Chine. (Imp. Mar. Customs... *Medical Reports*... end. 30th Sept. 1899, 58th Issue, pp. 1/19, 2 cartes.)

— Symptomatologie de la peste bubonique en Mongolie. Par le Dr. J. J. Matignon. (*Médecine moderne*, février 1897.)

— La peste bubonique en Mongolie. Par le Dr. J. J. Matignon. (*Revue d'Hygiène*, fév. 1898.)

— La peste à Formose. Par le Dr. J. J. Matignon. (*Académie de Médecine*, avril 1898.)

— A la recherche de la peste. — Un raid en Mongolie orientale. (*L'Orient lointain*,... par le Dr. J.-J. Matignon, pp. 263/304.)

Avait paru dans la *Revue d'Asie*, 15 déc. 1902; 1er et 15 janvier 1903.

— Sur le microbe de la peste. Distinction du bacille de Yersin et de Kitasato. — Erreur des recherches de Kitasato. — Spécificité du bacille de Yersin. — Opinion de Kitasato sur la spécificité du bacille de Yersin. — Similitude du bacille de Kitasato avec le pneumocoque. Par le Dr Tatsusaburo Yabé. (*Arch. Médecine navale*, LXXIV, 1900, pp. 469/472.)

— Hongkong. — Report on the Causes and Continuance of Plague in Hongkong and Suggestions as to remedial Measures. By W. J. Simpson, M. D., F. R. C. P. — London : Waterlow and Sons, 1903, in-fol., pp. 125.

(PESTE.)

Typhus.

— Complications de typhus exanthématique observées à Pékin, par M. Matignon... (*Bul. et Mém. Société médicale des Hôpitaux de Paris*, Octobre 1895, p. 654.)

— Le typhus des Européens à Pékin. Par le Dr. J. J. Matignon. (*Medical Reports*, Customs, 51, 1896, pp. 1/65.)

— Le typhus des Européens à Pékin. Par le Dr J. J. Matignon. (*Archives de Médecine et de Pharm. militaire*, XXX, 1897, pp. 12/33, 116/131.)

Lèpre 大麻風 *Ta-ma-foung* ou 癩病 *Lai ping.*

— Leprosy in China and the East. A Brief account of the Leprosy of China and the East : By Benjamin Hobson, M. B. Read to the Society, 10th August 1852. (*Trans. China Br. Royal As. Soc.*, Part III. — 1851-1852, Art. III, pp. 17/27.)

— Concerning Leprosy at Hankow. (*Chinese Rec.*, II, 1870, pp. 314/315.)

Ext. du *Second Report of the London Mission Hospital*, Hankow, *vide* col. 1343/4.

— La Lèpre en Chine. Note pour servir à l'histoire de la lèpre par le docteur Max. Durand-Fardel. Extrait de la *Gazette médicale de Paris*. Paris, Chez Germer-Baillière, 1877, br. in-8, pp. 33.

— Voir Missions, col. 1124, Delavay.

— * John Dudgeon. On leprosy in China. (*Glasgow Medical Journal*, IX, 1877, pp. 451/466.)

— Du traitement de la lèpre par le Hoang-nan. (*Miss. Cath.*, X, pp. 10/11.)

Let. de M. Guilbot, curé de Christiansted (Antilles danoises), 29 sept. 1877.

Cf. *Ibid.*, pp. 154/5, un article du P. Etienne Brosse sur le même sujet.

— Le Hoang-nan. Du Traitement des plaies et des maladies contagieuses par le Hoang-nan. (*Ibid.*, X, 1878, pp. 334/5.)

— Le Hoàng-nàn, remède tonquinois contre la rage, la lèpre et autres maladies par E. C. Lesserteur, directeur au Séminaire des Missions étrangères. Paris, J.-B. Baillière. 1879, in-8, pp. VIII-93.

— Analyse critique par le Dr. Brassac, médecin principal de la marine. (*Arch. Médecine navale*, XXXIII, 1880, pp. 62/75.)

— * Le Hoàng-nàn... par E. C. Lesserteur... 2e édition, considérablement augmentée. Paris, Baillière, in-12, pp. 235.

Notice : *Miss. Cath.*, XXVIII, 29 mai 1896, p. 264.

— Leprosy. By C. (*China Review*, XVII, No. 2, pp. 115/116.)

— The Detection of Leprosy by means of Light. By G. Schlegel. (*Notes & Q. on C. & J.*, Aug. 1868, p. 122.)

— The Opium Habit among Lepers. By N. H. Choksy. (*China Medical Journal*, VIII, March 1894.)

— Chinese Notions of Leprosy. By J. C. Arlington. (*China Review*, XXV, No 2, pp. 93/94.)

— Publications de la Société des Études Indo-Chinoises de Saigon N° 5 — De la Lèpre en Cochinchine et dans la presqu'île Malaise par MM. les Drs Cognacq et Mougeot. Saigon, Claude & Cie, 1899, in-8, pp. 173, 2 cartes.

— A Chinese Opinion on Leprosy, being a Translation of a Chapter from the Medical Standard-Work 御纂醫宗金鑑 Imperial edition of the Golden Mirror for the Medical Class by B. A. J. van Wettum. (*T'oung Pao*, 2e Sér., II, N° 4, Oct. 1901, pp. 256/268.)

— * E. Jeanselme. — Etude sur la lèpre dans la péninsule Indo-Chinoise et dans le Yun-nan. Paris, Carré et Naud, 1900, in-8.

— Notes cliniques sur la lèpre. Par le Dr. Georges Barbezieux. (*Medical Reports*, Customs, 66 & 67, 1904, pp. 29/45.)

— Leprosy in Hongkong. By James Cantlie, M. A.,... Hongkong : Printed by Kelly & Walsh, 1890, in-8, pp. 99.

« A Portion of this Monograph was read before the Hongkong Medical Society, Oct. 1889. »

Parasitologie.

— Voir dans les *Medical Reports* des Douanes chinoises, les rapports du Dr. P. Manson, d'Amoy.

— Remarks on Lymph Scrotum, Elephantiasis, and Chyluria. By Patrick Manson, M. D. (*Medical Reports*, Customs, 10, 1875, pp. 1/14.)

— Report on Haematozoa. By Patrick Manson, M. D. (*Ibid.*, 13, 1877, pp. 13/38.)

— Notes on Tinea Imbricata, and Undescribed Species of Body Ringworm. By Patrick Manson, M. D. (*Ibid.*, 16, 1878, pp. 1/11.)

— Further Observations in Filaria sanguinis hominis in South Formosa. By W. W. Myers, M. B. (*Ibid.*, 32, 1886, pp. 1/38.)

Cf. *Ibid.*, 21, pp. 1/25. — *Transactions of the Epidemiological Society*, London 1881-2, I, 126.

— Dr. E. W. von Tunzelmann's Report on the Health of Chefoo. (*Ibid.*, 52, 1896, pp. 3/19; 53, 1897, pp. 6/18.)

Medusa sanguinis Hominis.

— [L'helminthiase intestinale chez l'Européen et chez le Chinois à Pékin. Par le Dr. J. J. Matignon.] (*Bul. Académie de Médecine*, 21 sept. 1897, pp. 238/240.)

— Les vers intestinaux et l'appendicite en Chine. (*T'oung Pao*, 2e Sér., II, No. 2, Mai 1901, pp. 165/166.)

D'après le Dr. Matignon. — Avait paru dans le *Petit Temps*, du 27 mars 1901.

— Notes de parasitologie sino-japonaise par Raphaël Blanchard. Paris, G. Carré et C. Naud, 1900, br. in-8, pp. 33, 4 pl.

Extrait des *Archives de Parasitologie*, III, No. 1, p. 5, année 1900.

Tératologie.

— Sociedade de Geographia de Lisboa. — Sociologia chinesa — Autoplastia transformação do homem em animal estiolamento e atrophia humana, casos de teratologia pelo Dr. Macgowan — Nota destinada à X Sessão do Congresso Internacional dos Orientalistas pelo traductor Demetrio Cinatti S. S. G. L. Lisboa Imprensa Nacional 1892, in-8, pp. 9.

Traduit du *N. C. D. News*; reproduit dans le *Daily Press*, de Hongkong, 28 juin 1892.

— Notes de Tératologie sino-japonaise par M. Neveu-Lemaire, Préparateur à la Faculté de Médecine. (*Bul. Soc. Zoologique France,* 1900, pp. 136/153.)

Folk-lore médical.

— Medical Divinities. By J. Dudgeon, Esq., M. D., C. M. (*Doolittle's Voc.*, Pt. III, No. XXVI.)

— Medical Superstitions an Incentive to Anti-Foreign Riots in China. By D. J. Macgowan. (*North-China Herald,* July 8, 1892, pp. 60/2.)

— Sociedade de Geographia de Lisboa — Sociologia chinesa — O homem como medicamento superstições medicas e religiosas que victimam o homem affinidade d'estas crenças com as crises anti-europeias de 1891 pelo Dr. Macgowan — Nota destinada à X Sessão do Congresso internacional dos Orientalistas pelo traductor Demetrio Cinatti S. S. G. L. Lisboa Imprensa nacional 1892, in-8, pp. 17.

Traduit du *N. C. D. News*, reproduit dans la *Daily Press* de Hongkong, 16 juillet 1892.

— Quelques superstitions médicales du Chinois. Par le Dr J. J. Matignon. (*Bul. Soc. Anth.,* Paris, 1898, pp. 408/413.)

Alchimie.

— On the Study of Alchemy in China by Rev. William A. P. Martin, D. D. of Peking. (Communicated to the Am. Or. Soc., Oct. 1868, *Journ.*, IX, No. 1, p. xlvi.

— L'Alchimie chez les Chinois et l'Alchimie grecque par M. F. de Mély. (*Jour. Asiatique*, IXe Sér., VI, No. 2. — Sept.-Oct. 1895, pp. 314/340.)

Art dentaire.

— Chinese Dentistry. By J. G. Kerr and G. O. Rogers. (*China Review,* III, 1877, pp. 224/226.)

— [Dentistry in China.] (*T'oung Pao*, I, Oct. 1890, pp. 273/4.)

Art vétérinaire.

— Jonas Lamprey. — An account of the occurence of Spiroptera sanguinolenta, *Rud.*, in the heart of dogs at Shanghai. [1867.] (*Linn. Soc. Journ.*, IX, 1868, *Zool.*, pp. 296/7.)

Hydrologie.

— Les Eaux thermales en Chine Par le Docteur T. D.-B. — Seconde édition revue et corrigée — Toulouse, A. Chauvin, 1870, pièce in-8, pp. 7.

Au verso du titre : Tiré à 100 exemplaires. — Bib. Nat. Te 163/564, Réserve.

«Une anecdote qui courut en son temps nous inspira ce léger badinage dont le lecteur trouvera facilement la clé dans les noms cachés sous les anagrammes *Chong-ly* et *Li-fol-hi*» (T. D.-B.)

T. D.-B. = Docteur Tibulle Desbarreaux-Bernard.

— Note pour servir à l'histoire des eaux minérales de la Chine et du Japon; par MM. Robinet & Lefort. (*Ann. Soc. d'hydrol. méd. de Paris,* 1867-8, XIV, 360-365.)

Enseignement de la Médecine.

— Not. hist. sur le collège médical de Peking par M. Bazin. (Voir col. 212.)

— The Great Medical College at Peking by J. Dudgeon, M. D. (Voir col. 212.)

— College of Medicine for Chinese, Hongkong. — Under the Auspices of His Excellency the Governor of the Colony. — Dean, Patrick Manson, M. D., LL. D. Secretary, James Cantlie, M. A.,... in-8, pp. 12 [s. d., 1887].

— Inauguration of the Medical College. (*The China Mail,* No. 7527, Oct. 1, 1887.)

Observations européennes.

— * W. Baldwin. — A Short Practical Narrative of the Diseases which prevailed among the American Seamen at Wampoa, in China, in the year 1805, with some Account of Diseases which appeared among the crew of the ship *New Jersey*, on the passage from thence to Philadelphia. Philadelphia, 1807, in-8.

— Souvenirs d'un voyage en Chine. A Monsieur le Dr. Brochin. Par le Dr. Jules Lecoq. (*Gazette des Hôpitaux,* 1857, pp. 485, 525, 553, 561, 577, 601; 1858, pp. 13, 45.)

— Jean Barthe. — Observations médicales prises à bord de la frégate *la Sibylle*, pendant la campagne de cette frégate dans l'Inde, la Chine, la Manche de Tartarie, etc. (*Ctes. rendus de l'Ac. des Sciences,* XLVI, 1858, pp. 778/780.)

— N° 18. Relation Médico-chirurgicale de la Campagne de la Corvette à vapeur *le Catinat*, pendant les années 1855, 1856, 1857, 1858, 1859, 1860, dans les Mers de l'Inde, de la Chine et de l'Indo-Chine. — Thèse présentée et publiquement soutenue à la Faculté de Médecine de Montpellier, le 28 juin 1861 ; Par P.-Félix Dumay, de Rochefort (Charente-Inférieure), Chirurgien de 2me classe de la marine impériale, Chevalier de l'ordre de Saint-Grégoire. Pour obtenir le Grade de Docteur en Médecine. Montpellier, Imp. L. Cristin, 1861, in-4, pp. 67 + 2 ff. n. ch.

— Voir CASTANO. — LAPEYRE, dans la IIIe partie de la *Bibliotheca Sinica*, FRANCE, Guerre de 1860.

— N° 10 Relation médicale d'une campagne de Chine Années de 1859, 1860, 1861, 1862. — Thèse présentée et publiquement soutenue à la Faculté de Médecine de Montpellier, le 17 mars 1863; par A. Falot, de Montpellier, Chirurgien de 2me classe de la marine impériale; Pour obtenir le Grade de Docteur en Médecine. Montpellier, L. Cristin, 1863, in-4, pp. 80.

— Faculté de Médecine de Paris. — No. 117. — Thèse pour le Doctorat en Médecine, Présentée et soutenue le 7 août 1863, Par Gustave Gauthier né à Remiremont (Vosges), ex-Chirurgien de la Marine. — Deux années de pratique médicale à Canton (Chine). Paris, A. Parent, 1863, in-4, pp. 54.

— N° 79. Considérations générales sur la campagne du Transport mixte le *Rhone* (Hopital) dans les Mers de Chine 1859 à 1862. — Thèse présentée et publiquement soutenue à la Faculté de Médecine de Montpellier le 22 décembre 1863; par Félicien Le Coniat de Paimpol (Côtes du Nord), Chirurgien de la Marine Impériale. Montpellier, Imp. L. Cristin, 1863, in-4, pp. 74 + 3 ff. n. ch.

— * T. Nelson. — Medical Results of the recent Chinese Wars. (*Brit. & For. M.-Chir. Rev.*, London, 1863, XXXII, 203-219.)

— No. 14. Quelques considérations sur les maladies observées pendant une campagne dans les mers de Chine. 1859-1863. — Thèse présentée et publiquement soutenue à la Faculté de Médecine de Montpellier, le 26 février 1864 ; par François-Henry Sabatier, Né à Toulon (Var), Chirurgien de 1re classe de la Marine impériale, Chevalier de la légion d'honneur. Pour obtenir le Grade de Docteur en médecine. Montpellier, Imprimerie L. Cristin ; rue Castel-Moton, 5, 1864, in-4, pp. 59.

— No. 46. Étude sur la colique sèche d'après des observations recueillies pendant une campagne de trois ans dans les mers de Chine et de Cochinchine (du 22 février 1860 au 10 juillet 1863). — Thèse Présentée et publiquement soutenue à la Faculté de médecine de Montpellier, le 28 juin 1864, par Jean-Baptiste-Louis Mondot né à Montpellier (Hérault) Chirurgien de 2e classe de la Marine impériale pour obtenir le titre de Docteur en Médecine. — Montpellier, Gras, 1864, in-4, pp. 72.

— Faculté de Médecine de Paris No. 160. — Thèse pour le Doctorat en Médecine, Présentée et soutenue le 20 août 1864, Par J.-Ch . es Duteuil, né à Ribérac (Dordogne), Ancien Chirurgien de la marine, Chevalier de la Légion d'Honneur. — Quelques notes médicales recueillies pendant un séjour de cinq ans en Chine, Cochinchine et Japon... Paris, A. Parent, 1864, in-4, pp. 82.

— Histoire médicale de la Marine française pendant les Expéditions de Chine et de Cochinchine (de 1859 à 1862) par le docteur F. Laure Médecin en chef des deux Expéditions, Médecin principal de la Marine Impériale... Paris, J. B. Baillière, 1864, in-8, pp. xvi-152.

— * H. Poggio. — China considerata bajo el punto de vista medico. (*Rev. de sanid. mil. españ.*, Madrid, 1865, II, 49-97.)

— No. 28. De l'Ascaride lombricoïde au point de vue des maladies des Européens dans les mers de la Chine et du Japon. — Thèse présentée et publiquement soutenue à la Faculté de Médecine de Montpellier, le 6 mai 1865, par Vidal (Marie-François-Albert), Né à Draguignan (Var), Chirurgien entretenu de 2me classe de la Marine impériale, démissionnaire, Chevalier de la Légion d'honneur. Pour obtenir le grade de Docteur en Médecine. Montpellier, L. Cristin, 1865, in-4, pp. 87 + 2 ff. n. ch.

— Faculté de Médecine de Paris. N° 121. — Thèse pour le Doctorat en Médecine, Présentée et soutenue le 21 juin 1865, Par Pierre-Alexandre-Auguste Huguet, né au

Blanc (Indre), Chirurgien de la Marine impériale. — Relation médicale d'une campagne dans les mers de Chine, Cochinchine et Japon à bord du transport à batteries *la Dryade* du 5 décembre 1859 au 5 juillet 1862. — ... Paris, A. Parent, 1865, in-4, pp. 66.

Notice : *Arch. Médecine navale*, VI, 1866, pp. 151/5, par le Dr. Brassac.

— Considérations sur plusieurs maladies graves qui ont sévi à bord du *Monge*, pendant une campagne de cinq années — 1859-1864 en Chine, Cochinchine et Japon. — Thèse présentée et publiquement soutenue à la Faculté de Médecine de Montpellier, le 29 juillet 1865; par Arsène-Pierre-Clément Rabel, Né à Avranches (Manche), Chirurgien de la Marine Impériale, pour obtenir le grade de Docteur en Médecine. Montpellier, L. Cristin, 1865, in-4, pp. 53 + 3 ff. n. ch.

— No. 39. Considérations générales sur quelques maladies observées pendant les deux Campagnes de Chine et de Cochinchine de 1860 à 1863. — Thèse présentée et publiquement soutenue à la Faculté de Médecine de Montpellier, le 2 juin 1866, Par François-Claude-Alexandre Massin, né à Givry (Saône-et-Loire) Ex-Chirurgien de la Marine impériale; Décoré de la Médaille de Chine. Pour obtenir le grade de Docteur en Médecine. — Montpellier, Boehm, 1866, in-4, pp. 54 + 1 f. n. ch.

— A. Moffitt. Medical Report of Gordon's Campaign... 1866. Voir chap. *T'ai-P'ing*, col. 652.

— Relation médicale d'une campagne au Japon, en Chine et en Corée. Thèse présentée et publiquement soutenue à la Faculté de Médecine de Montpellier, le 12 juin 1868. Par Cheval (Elisée-Julien), né à La Gacilly (Morbihan), Docteur en médecine, Médecin de deuxième classe de la Marine impériale. Montpellier, Boehm et fils, 1868, br. in-4, avec une carte de Corée.

Le Dr. Cheval était à bord du *Primauguet*. — Notice par le Dr. Brassac, *Arch. Médecine navale*, XIV, 1870, pp. 428/438.

— Faculté de Médecine de Paris. No. 230. — Thèse pour le doctorat en médecine Présentée et soutenue le 5 août 1868. Par L. Blanc. Né à l'Ile Rousse (Corse), ex-médecin de la marine impériale, ancien élève des hôpitaux de Paris. — *Des fièvres pernicieuses observées en Chine*... Paris, A. Parent, 1868, in-4, pp. 36.

— Faculté de Médecine de Paris. — Thèse pour le Doctorat en Médecine Présentée et soutenue à la Faculté de Médecine de Paris le lundi 7 mars 1870 par C. Thorel, Docteur en Médecine, Médecin de la Marine impériale... — Notes médicales du voyage d'exploration du Mékong et de Cochinchine (de 1862 à 1868). Paris, E. Boutmy, 1870, in-4, pp. 184.

— Faculté de Médecine de Paris. No. 332. — Thèse pour le Doctorat en Médecine Présentée et soutenue le 5 août 1872, Par Alexandre Duburquois, Né à Brest (Finistère), Médecin de 1re classe de la Marine... — Note sur les maladies des Européens en Chine et au Japon — ... Paris, A. Parent, 1872, in-4, pp. 79.

— E. Rochefort. — Contributions à la géographie médicale; les ports de la Chine. (*Archives de Méd. navale*, Paris, 1873, XIX, 241-260.)

— Chinese Medical Practice at Macao. (*The Far East*, Jan. 1877, pp. 3/4.)

— Une mission médicale en Chine. La Chine et les conditions sanitaires des ports ouverts au commerce étranger, rapport présenté à M. le Ministre de l'Agriculture et du Commerce, suivi d'une Etude sur les quarantaines en Chine et au Japon par le Dr. Max. Durand-Fardel. Avec Cartes et Plans. Paris, J. B. Baillière & fils, 1877, in-8.

Extrait du *Recueil des travaux du Comité consultatif d'hygiène*, tome VI.

— Dr. Durand-Fardel. Nécrologie par Henri Cordier. (*T'oung Pao*, X, No 5, Déc. 1899, p. 490.)

Charles Louis Maxime Durand-Fardel, né à Paris, 24 sept. 1815; † à Paris, 19 mars 1899.

— Rapport médical de la campagne du croiseur de 3e classe le *Kerguelen* dans les mers de Chine et du Japon 1878-1881 par le Dr E. Solland. (*Arch. Médecine navale*, XXXVII, 1882, pp. 417/436; XXXVIII, 1882, pp. 5/43, 161/196.)

— Relation d'un abcès de foie traité par la méthode des médecins anglais en Chine. (Ouverture directe au bistouri et application du pansement de Lister.) Guérison. Par le Dr Solland. (*Ibid.*, XXXVII, 1882, pp. 406/410.)

— Contribution à la géographie médicale. — Division navale de l'Extrême-Orient. — Par M. le Dr. Comme. (*Arch. Méd. navale*, LVIII, 1892, pp. 161/175.)

— Contribution à la géographie médicale. — Division navale de l'Extrême-Orient. — Esquisse climato-pathologique par M. le Docteur Ch. Ségard. (*Ibid.*, LV, 1891, pp. 278/312, 321/8.)

— Une opération d'ovariotomie pratiquée avec succès à Shang-hai par une doctoresse. [Miss Reifsneider.] Par le Dr. Mirabel. (*Ibid.*, XLIII, 1885, pp. 471/2.)

— Rapport sur l'état sanitaire de Séoul (Corée) d'avril en septembre 1885 par le Docteur H. N. Allen, traduit des *Medical Reports*, publiés par la Douane chinoise. (*Arch. Médecine navale*, XLVI, 1886, pp. 321/337.)

— Rapport médical sur le voyage du croiseur auxiliaire *le Chateau-Yquem* en Chine et au Tonquin par le Dr. Geoffroy. (*Ibid.*, XLV, 1886, pp. 102/114.)

— De l'Atriplicisme (Intoxication par l'Arroche) par le Dr. J.-J. Matignon. (*Medical Reports*, Customs, 54, 1897, pp. 1/24.)

— Superstition, Crime et Misère en Chine Par le Dr J.-J. Matignon, Médecin aide-major de 1re classe, Attaché à la Légation de France en Chine — Deuxième édition — Soixante-une gravures dans le texte. Lyon, A. Storck [et] Paris, Masson, 1900, in-8, pp. xxx-374 + 1 f. p. l. tab.

Introduction. — Préface. — De quelques superstitions. — Le suicide. — L'auto-crémation des prêtres bouddhistes. — Infanticide et avortement. — Deux mots sur la pédérastie. — Le mendiant de Pékin. — Les eunuques du Palais impérial de Pékin. — Note sur la médecine des Mongols. — Les instruments de chirurgie. — Sur l'âge moyen de la nubilité chez la Pékinoise. — Diagnostic intra-utérin du sexe du fœtus. — A propos d'un pied de Chinoise. — Les instruments de musique des Chinois. — Les morts qui gouvernent.

Notice : *Revue scientifique*, 1900, 2e sem., p. 407.

— Une visite aux différentes formations sanitaires installées à Pékin, par le Dr Machenaud. (*Arch. Médecine navale*, LXXVI, 1901, pp. 433/448.)

— Plaie pénétrante de la poitrine par balle de revolver, par le Dr. Machenaud. (*Ibid.*, pp. 27/35.)

— * Dr. Wittenberg. — Notes médicales sur la Chine méridionale. (*Archiv für Schiffs- und Tropen-Hygiene*, 1900.)

Note, *Arch. Méd. navale*, LXXVII, 1902, pp. 313/5.

— Gaide. — Notes médicales sur la Chine. (*Annales d'hygiène et de médecine coloniales*, III, 1900, p. 492.)

Notice : *L'Anthropologie*, XI, 1900, pp. 633/4, par le Dr. L. Laloy.

— Notes d'histoire naturelle et médicale recueillies à Long-tchéou (Chine) pendant les années 1892, 1893 et 1894 par le Dr. Simond. (*Arch. Méd. navale*, LXIV, 1895, pp. 24/48, 104/120.)

— Un hivernage dans la Chine du nord (1890-1891). Notes de géographie et d'ethnographie médicales par le Dr. L. Baret. (*Ibid.*, LVIII, 1892, pp. 241/257, 342/358, 401/423.)

— Postes et passages des blessés à bord du croiseur cuirassé «Montcalm» par le Dr Léo. (*Ibid.*, LXXX, 1903, pp. 47/55.)

— Rapport médical sur le corps expéditionnaire de Chine (1900—1901). Par MM. Jacquemin... et Bouras... (*Ibid.*, LXXVII, 1902, pp. 161/226, 241/313.)

— Hépatite suppurée. Note sur les méthodes des chirurgiens anglais de l'hôpital de Shang-haï. (Méthode de Stromeyer-Little; de Henderson-Neil Mac Leod), par le Dr. Moulinier. (*Ibid.*, LXXVIII, 1902, pp. 127/131.)

— Notes sur quelques cas d'une fièvre « indéterminée » observée sur les côtes de Chine, par le Dr. Rousseau. (*Ibid.*, LXXVII, 1902, pp. 129/132.)

— Medical Reports. [Voir le chap. des *Douanes Imp. Chinoises* dans la IIe Partie de la *Bibliotheca Sinica.*]

— China from a Medical point of View... By C. A. Gordon... 1863. [Voir *Angleterre*, dans la IIIe Partie de la *Bibliotheca Sinica.*]

— An Epitome of the Reports of the Medical Officers to the Chinese Imp. Mar. Customs Service... By Surgeon-General C. A. Gordon... London, 1884. [Voir le chap. des *Douanes Imp. Chinoises* dans la IIe Partie de la *Bib. Sinica.*]

Ouvrages divers.

— * Peter Parker. — Statements respecting Hospitals in China. London, E. Suter, 1841, in-8, pp. 16.

— * Peter Parker. — Statements respecting Hospitals in China. Preceded by a Letter to John Abercrombie. Glasgow, J. Maclehouse, 1842, in-8, pp. 132. — Voir col. 1347.

— Sur l'établissement d'hopitaux dans la Ch[illegible]; par M. Peter Parker. (*Gazette médicale de Paris*, Samedi 4 sept. 1841, pp. 561/4.)

— * A. Tucker. — On the Advantages to be gained by a Medical Association, and a cursory review of Diseases incidental to Europeans in China. (*Trans. China Medico-Chirurg. Soc.*, 1845-46, Victoria, 1846, I, 4-15.)

— A Medical Vocabulary in English and Chinese by Benj. Hobson, M. B. Lond. Shanghai, Mission Press, 1858, in-8, pp. 74.

— Anatomical and Physiological Phrases. Selected from Dr. Benj. Hobson's Medical Vocabulary by the Editor. (1) Relating to the Nervous System. (2) Sense of Sight. (3) Sense of Hearing. (4) Sense of Taste. (5) Sense of Smell. (6) Sense of Touch. (7) Organs of Digestion. (8) Digestive Function. (9) Thoracic Viscera. (10) Circulation of the Blood. (*Doolittle's Voc.*, Pt. III, No. XXII.)

— Elements of Natural Science. Selected from Dr. Benj. Hobson's Medical Vocabulary by the Editor. (1) On the Properties of Bodies. (2) The Atmosphere. (3) The Air Pump. (4) The Barometer. (5) The Thermometer. (6) Hydrogen or Light gas. (7) Heat and Light. (8) Solar Light. (9) Electricity. (*Ibid.*, No. XXV.)

— An Anglo-Chinese Standard Vocabulary of Medical Scientific and Philosophical

Terms. By H. T. Whitney, M. D. (*China Med. Mis. Journal,* Dec. 1887, pp. 143/5.)

— Les Chinois et les Médecins. Par le général Tcheng ki tong. (*Revue des Traditions populaires,* IV, 1889, pp. 144/145.)

— A Vocabulary of Diseases based on Thomson's Vocabulary and Whitney's Anatomical Terms, prepared by J. G. Kerr, M. D., For the Committee on Nomenclature of the Medical Missionary Association of China. — Shanghai : American Presbyterian Mission Press. 1894, in-4, pp. 35.

— A Vocabulary of Diseases based on Dr. Thomson's Vocabulary and Dr. Whitney's Anatomical Terms, prepared by J. G. Kerr, M. D., L. L. D., and Wan Tun Mo, Dip. Imp. Med. College, Tientsin. — For the Committee on Medical Nomenclature of the Medical Missionary Association of China. — Printed by « Man Yu Tong », 1901, gr. in-8, pp. 56.

— Foreign Medicine and Surgery. (Translated from the « Shen Pau ».) (*N. C. D. News,* 6 juin 1872, & *N. C. Herald,* 8 juin 1872, pp. 468/9.)

— The Science and Practice of Western Medicine in China. By Patrick Manson, M. D., LL. D. (*China Review,* XVI, pp. 65/73.)

— La tuberculose dans la race jaune. Par le Dr. Ern. Martin. (*Revue scientifique,* 17 nov. 1894, pp. 623/627.)

Appendix.

Sciences en général.

— Extraits des livres chinois. Date réelle des plus magnifiques découvertes des temps modernes, par Stan. Julien. (*Le Correspondant,* 10 sept. 1847.)

— Science in China. By Mr. John Fryer, Chief Translator to the Chinese Arsenal. (*Nature,* XXIV, 1881, pp. 9/11; 54/57.)

— Scientific Heresies in China. (*Ibid.,* XXVII, 1882-3, p. 348.)

— Scientific Progress in China and Japan. By Sinensis. (*Ibid.,* XXVIII, 1883, pp. 34/35.)

— Promise and Performance in Chinese Science. (*Ibid.,* p. 417.)

— Ancient Physics. By J. Edkins. (*China Review,* XVI, 1888, p. 370.)

— The priority of Chinese Inventions. (*Nature,* XL, 1889, pp. 165/6.)

A propos d'un article du *North China Herald,* de Shanghai.

— Scientific Knowledge of the ancient Chinese. (*Nature,* LII, 1895, pp. 622/623.)

Cf. *Revue Scientifique.*

— Chinese Discoveries in the Arts and Sciences. Read before the Society on April 6th, 1898. By W. A. P. Martin. (*Journ. Peking Or. Soc.,* IV, 1898, pp. 19/28.)

— Chemical Nomenclature. By Rev. G. A. Stuart, M. D. (*Chin. Rec.,* XXV, Feb. 1894, pp. 88/90.)

— Scientific Confectionary by G. Schlegel. (*T'oung Pao,* V, Mai 1894, pp. 147/151.)

(Appendix.)

— Essay on Chinese Scientific Terminology, its present discrepancies, and means of securing uniformity. — By John Fryer. Read at the General Missionary Conference at Shanghai, May 15th, 1890. — Shanghai : Printed at the Presbyterian Mission Press, 1890, br. in-8, pp. 15.

— Scientific Terminology. By Geo. A. Stuart. (*Chin. Rec.,* XXXII, June 1901, pp. 305/6.)

Agriculture; Économie rurale; Acclimatation.

(*Voir aussi le chap. de la* Botanique.)

— Requête a l'Empereur pour la cérémonie du Labourage. (*Mém. conc. les Chinois,* III, pp. 499/504.)

Par le P. Cibot.

— Ekeberg : Voir Osbeck, au chap. des Voyages.

— Chinesernes Sått at utklåcka Agg, beskrifvit af Carl Gust. Ekeberg, Capit. Lieuten, vid K. Amiralit. (*Kongl. Vetenskaps-Academiens Handlingar,* Fôr Månaderne Aprilis, Majus, Junius, 1769, Vol. XXIX, pp. 188/191.)

— Berättelse om Chinesernes sått at eftergôra Äkta Perlor, ingifven af Johan Abraham Grill Abrahamsson. (*Ibid.,* Fôr Månaderne Januarius, Februarius, Martius, 1772, Vol. XXXIII, pp. 93/95.)

— Agriculture of China; its antiquity, laws regulating it; obstacles to improvement; the soil and temperature of China; irrigation and manuring; implements of husbandry. By S. W. Williams. (*Chin. Rep.,* III, pp. 121/127.)

Réimp. dans *The Cycle,* 17 déc. 1870.

— Description of the Agricultural Implements used by the Chinese : the plough, harrow, hoe, rake, bill-hook, flail, and the water-wheel. By S. W. Williams. (*Chin. Rep.,* V, pp. 485/494.)

— Économie rurale. — Procédés usités en Chine pour l'extraction de la matière colorante du *Polygonum tinctorium* (*Ctes. rend. de l'Ac. des Sc.,* VII, 1838, pp. 703/704), par Stanislas Julien.

Polygonum tinctorium = Lân 藍

Cette note comprend :

Extrait du *Thien-kong-khaï-we,* liv. I, fol. 50.

Ext. d'un autre ouvrage intitulé : *Kiung-fang-pou,* liv. I, fol. 21 verso, section des Plantes.

Ext. de l'ouvrage intitulé : *Cheou-chi-thong-khao,* liv. LXIX, fol. 20.

Ext. de l'ouvrage intitulé : *Pien-min-thou-trouan.*

(Agriculture; Économie rurale; Acclimatation.)

— О земледѣліи въ Китаѣ. Sur l'Agriculture en Chine, par le P. Hyacinthe [Yakinf], 1842, br. avec dessins.

— Землѣдѣліе въ Китаѣ, съ семидесятью двумя чертежами разныхъ землѣдѣльческихъ орудій. Saint-Pétersbourg. 1844. In-8, pp. xii-100, et planche de 72 instruments agricoles. — Musée Roumiantsov, N. 19/220.

— Agriculture et Horticulture en Chine, par M. Voisin, Directeur des Missions étrangères. (*Rev. de l'Orient*, V, 1844, pp. 297/302.)

— Chinese Agriculture. By J. Smith. (*Garden. Chron.*, 1844, p. 220.)

Smith, Surgeon of H. M. S. *Cambria*.

— * Catalogue des graines de plantes potagères cultivées au jardin de Fah-ti, sur la rive droite du fleuve Tchou kiang, près Canton. Par Natalis Rondot. (*Séances Acad.*, Reims, VI, 1847, pp. 15/17, 505/8.)

— * Notice sur quelques plantes textiles de Chine. Par Natalis Rondot. (*Ibid.*, pp. 49/65.)

— Les colonies agricoles des Chinois, par M. Natalis Rondot. Paris, 1851. Broch. in-8.

— Notice sur le métier à tisser le *jông* et le *ho*, par M. Natalis Rondot. (*J. As.*, N. S., IV, T. IX, pp. 332 et seq.)

— De la naturalisation en France et en Algérie de plusieurs Plantes textiles originaires de la Chine, et de l'application des procédés chinois à la préparation des filasses ; par M. Jules Itier, Membre de la Société d'Agriculture du département de l'Hérault. Montpellier, Pierre Grollier, 1851, in-8, pp. 27.

Ext. du *Bull. de la Soc. d'Ag. de l'Hérault*, Avril, Mai et Juin 1850.

— De la Chine considérée au point de vue du débouché qu'elle peut offrir à l'industrie viticole ; par M. Jules Itier, Directeur des Douanes,... Ext. du *Bull. de la Soc. d'Agriculture de l'Hérault* (Mai, Juin et Juillet 1848). Montpellier, Pierre Grollier, 1849, in-8, pp. 28.

André Victor Alcide Jules Itier, né en 1805 ; † 16 oct. 1877.

— On the Agriculture, Commerce, Manufactures, &c. of China.

Art. du Dr. Gützlaff, lu 18 fév. 1850, à la *Statistical Society* de Londres qui a été l'objet d'un long commentaire dans le *N. C. Herald*, No. 4, 24 août 1850.

— 耕織圖 Description de l'Agriculture et du Tissage. — 重農桑以足蝦食 *Tsong-nong-sang-i-tsou-i-shi*. Agriculture de la Chine ; par Isidore Hedde, Délégué du Ministère de l'Agriculture et du Commerce, en Chine, de 1843 à 1846... Paris, Vᵉ Bouchard-Huzard. 1850, in-8, pp. 142, comprenant 23 planches (pages 91-135).

Précédé d'un « Rapport à la Société nationale et centrale d'Agriculture par M. de Gasparin ».

M. Hedde était l'un des délégués qui accompagnèrent M. de Lagrené dans son ambassade.

— * Isidor Hedde. — Der Ackerbau in China. Nach dem Franz. Mit 20 (eingedr.) Holzschn. [Aus der deutschen Gewerbzeitung abgedr.] Leipzig, Dyk, 1856, 2 Theile, gr. in-8 (Engelmann).

— Recherches sur l'Agriculture et l'Horticulture des Chinois... par le Baron Léon d'Hervey Saint-Denys. Paris, Allouard & Kaeppelin, 1850, in-8.

L'auteur de cet ouvrage donne en appendice, pp. 221/258, un Syllabus du *Cheou-chi-tong-kao* dont S. Julien a traduit les livres 72-76. (Voir *infra* : *Résumé des princ. traités sur la Culture des Mûriers*.)

Ce qui est relatif à l'agriculture dans la *Chine Moderne*, de Bazin, est extrait de cet ouvrage.

— W. Depaubourg. Das chinesische Futterkraut Mu-süi. *Journ. d. Min. für Volksaufklärung*, Februar 1852. (Erman, *Archiv f. wiss. Kunde v. Russl.*, XII, 1853, pp. 197/8.)

— Report made to Commodore Perry upon the Agriculture of China : by Daniel S. Green, M. D., Surgeon U. S. N. attached to the United States Steam Frigate *Mississipi*. (*Narrative of the Expedition... under... Commodore Perry*... Vol. II, Washington, 1856, pp. 99/107.)

— Paper upon the Agriculture of China : by G. R. West [for Japan Expedition Report]. (*Ibid.*, pp. 109/113.)

— Compte-rendu des expériences faites pour l'acclimatation des semences importées en France par M. de Montigny, Consul de France à Schang-Haï et Ning-Po (Chine). Par M. le Baron de Montgaudry. (*Bull. Soc. Zool. Acclim.*, II, 1855, pp. 16/22.)

— De quelques végétaux chinois. Instructions sur les moyens d'envoyer en France les plantes vivantes et les graines... Joseph Michon, rapporteur. (*Ibid.*, IV, 1857, pp. 215/226.)

— Essais de culture de plusieurs végétaux introduits de Chine. Par M. Frédéric Jacquemart. (*Ibid.*, V, 1858, pp. 511/514.)

— Description, culture et usage de la bardane comestible (*Lappa edulis*, Sieb.), Par M. le docteur Sacc, Délégué de la Société à Wesserling (Haut-Rhin). (*Ibid.*, VI, 1859, pp. 30/31.)

— Note sur une nouvelle propriété du vernis du Japon, Par M. Hétet, Professeur à l'Ecole de médecine navale de Toulon. (*Ibid.*, pp. 425/431.)

— Rapport sur les études et recherches à faire en Chine et au Japon dans l'ordre des travaux de la Société impériale zoologique d'Acclimatation.... Joseph Michon, rapporteur. (*Ibid.*, VII, 1860, pp. 113/121; *ibid.*, pp. 173/179; *ibid.*, pp. 240/254.)

Tirage à part, Paris, 1860, br. in-8, pp. 31.

— Sur un millet de Chine. Lettre adressée à M. le Président... Par M. T. Delisse. (*Ibid.*, VIII, 1861, pp. 590/591.)

— Sur diverses plantes potagères de Chine. Lettre adressée à M. le Président... Par M. P. Dabry. (*Ibid.*, IX, 1862, pp. 325/330.)

— La vie à bon marché en Chine. Travaux d'acclimatation dans ce pays. Commission d'acclimatation fondée par l'Empereur Kang-Hi. Glacières. Lettre adressée à M. le Président... Par M. le capitaine Dabry. (*Ibid.*, pp. 673/683.)

— Notice sur la culture de l'ailante glanduleux, Par M. A. Dupuis. (*Ibid.*, pp. 877/889.)

— Notice sur l'arbre à vernis de la Chine et du Japon (*Rhus vernix*), et sur son exploitation, Par M. G. Eugène Simon. (*Ibid.*, X, 1863, pp. 745/751.)

— Etudes sur la graine du *Cath-sé* originaire de la Chine et cultivé en France, Par M. le docteur Sicard (de Marseille). (*Ibid.*, pp. 752/757.)

— Rapport sur la Culture de trois plantes potagères chinoises, Par M. Bossin. (*Ibid.*, IIe Sér., V, 1868, pp. 751/759.)

— The Chinese Date Plum Acclimatized in New South Wales. By George Bennett. (*Jour. of Botan.*, I, 1863, pp. 350/2.)

— Весѣды о сельскомъ хозяйствѣ въ Китаѣ. Discours sur l'économie rurale en Chine, par M. Skatchkoff. 1866.

Le Dr. Bretschneider écrit (*Hist. Bot. Disc.*, p. 571) : «Two interesting articles prepared by Skatchkov for the press, which we have read, remained unpublished, viz. : *On the Tinctorial Plant, Polygonum tinctorium, its cultivation and use at Peking. — Hydropyrum latifolium cultivated at Peking for its sprouts*, eaten as a *vegetable*. Comp. Hance in *Journ. Bot.*, 1879, 146.»

Constantin Adrianovitch Skatchkov, né en 1821; † 26 mars 1883.

— Note sur les productions de la Mongolie d'après un mémoire de M. E. Simon, Par M. T. C. Viennot, Rédacteur au ministère des affaires étrangères. (*Bull. Soc. Zool. Acclim.*, X, 1863, pp. 480/484.)

— L'agriculture dans l'empire chinois, Par M. G. Eug. Simon. (*Ibid.*, IIe Sér., V, 1868, pp. 110/120.)

— L'acclimatation chez les Chinois, Par M. E. Simon. (*Ibid.*, IIe Sér., VII, 1870, pp. 19/32.)

— Considérations sur l'introduction des béliers à laine fine en Mongolie, les résultats qu'elle aurait, et la part que la Société d'Acclimatation pourrait y prendre, Par M. G. Eug. Simon, Consul de France à Ning-po,... (*Ibid.*, IIe Sér., III, 1866, pp. 207/213.)

— Carte agricole générale de l'Empire Chinois, première feuille, par G. Eug. Simon, Consul de France à Ningpo... Texte : Préface, Légende et Répertoire. 1866. 1 cah. lith. pet. in-fol. de pp. 27 s. les tableaux.

— Carte agricole générale de l'Empire Chinois. — Texte, Préface, Légende et Répertoire. Par Monsieur G. Eug. Simon, Consul de France à Ning-Po. (*Jour. N. C. B. R. As. Soc.*, N. S., No. IV, Déc. 1867, pp. 209/224, Art. X.)

— L'Agriculture en Chine à propos d'une carte agricole de la Chine par Eugène Simon, Consul de France. (*Bull. Soc. de Géog.*, 6e Sér., II, 1871, pp. 401/423.)

— Sulle Cavallette. Considerazioni estratte dal *Nun'-cen'-ziuen-sciu* ossia Trattato completo sull' Agricoltura e tradotte letteralmente dal cinese dall' Avv. Alfonso. Andreozzi, Membra della Società Asiatica di Parigi. Firenze, Tip. di G. Mariani, 1870, in-8, pp. 56.

British Museum, 7293, h.

— Die Landwirthschaft der Chinesen und Japanesen im Vergleiche zu der Europäischen (von J. H. Plath). I, (*Sitzungsb. philos.-philol. u. hist. Kl. K. B. Ak. der Wiss.*, 1873, Heft VI, pp. 753/842.)

Tirage à part : München, 1874, gr. in-8.

— L'Agriculture. (*Missions Cath.*, V, p. 587, par le P. Couvreur, S. J.)

— * Staatliche und wirthschaftliche Verhältnisse von China im Jahre 1880, mit besonderer Rücksicht auf Shanghai, Bericht... von Joseph Haas. Wien, 1882, br. in-8, pp. 48.

— La garde des moissons en Chine. (*Ann. de l'Ext. Orient*, 1882-1883, V, pp. 186/187.)

D'après le P. Leboucq.

— Deux Vignes chinoises. Par M. Romanet du Cailland. (*Miss. Cath.*, XV, 1883, pp. 191/2, d'après la *Revue horticole*.)

— Les classes agricoles et l'agriculture en Chine. Par E. Fournier de Flaix. (*Ann. de l'Ext. Orient*, 1885-1886, VIII, pp. 367/370.)

— Note sur quelques reproductions d'oiseaux obtenues en 1868 et 1869, au Jardin zoologique d'Acclimatation du Bois de Boulogne, Par M. A. Geoffroy Saint-Hilaire,

Directeur du Jardin. (*Bull. Soc. Zool. Acclim.*, IIe Sér., VII, 1870, pp. 127/141.)

— Lettre à M. le Prés. de la Soc. d'Acclim. par M. Ch. Renard, ancien délégué du Commerce en Chine. (*Ibid.*, IX, 1872, pp. 218/220.)

— Blé précoce du Japon. — Maïs américain. — Pomme de terre de Philadelphie. Extrait d'une lettre adressée à M. le Prés. de la Soc. par M. Barailon, à Chambon (Creuse). (*Ibid.*, IX, 1872, pp. 788/9.)

— Production de la cire et du miel dans l'inspection de Rach-gia (Cochinchine). (*Ibid.*, X, 1873, pp. 964/965.)

Extr. du *Courrier de Saïgon.*

— Denkwürdigkeiten von den Früchten China's. Von Dr. August Pfizmaier... Wien, 1874, Karl Gerold's Sohn, br. in-8, pp. 90.

Sitzb. phil.-hist. Cl. k. Ak. Wiss. Wien, Bd. LXXVIII, Oct. 1874.

— Denkwürdigkeiten von den Bäumen China's. Von Dr. Aug. Pfizmaier. Wien, 1875, in-8, pp. 82.

Ibid., Bd. LXXX, Maiheft.

— Ergänzungen zu der Abhandlung von den Bäumen China's. Von Dr. A. Pfizmaier... Wien, 1875. Karl Gerold's Sohn, in-8, pp. 62.

Ibid., Bd. LXXXI, Novemberheft.

— Les Varechs leur emploi en Europe et dans l'Extrême-Orient, dans l'industrie en agriculture, etc. Par M. Ed. Renard. (*Bull. Soc. Zool. Acclim.*, IIIe Sér., V, 1878, pp. 155/166.)

— Notice sur quelques animaux utiles de l'Extrême-Orient par Ed. Renard. (*Ibid.*, IIIe Sér., VIII, 1881, pp. 733/744.)

— Przevalsky's Horse. By W. W. Watts. (*Nature*, XXX, 1884, pp. 436/7.) — Voir col. 438.

— Catalogue raisonné par régions des espèces d'oiseaux qu'il y aurait lieu d'acclimater et domestiquer en France Par L. Magaud d'Aubusson. — *Asie* Versant Oriental : Chine. (*Bull. Soc. Zool. Acclim.*, IVe Sér., II, 1885, pp. 471/499 ; *ibid.*, III, 1886, pp. 1/29, 244/261, 417/429, 572/586 ; *ibid.*, IV, 1887, pp. 147/161, 424/439, 599/635.)

— Sur divers végétaux économiques. Extraits de diverses lettres adressées par M. Ch. Naudin, de l'Institut, à M. le Président. (*Ibid.*, IVe Sér., II, 1885, pp. 138/141.)

— Culture expérimentale de plantes chinoises Par M. Paillieux. (*Ibid.*, IIIe Sér., X, 1883, pp. 21/34.)

— Le Potager d'un Curieux — histoire, culture et usages de 100 plantes comestibles, exotiques, peu connues ou inconnues Par M. A. Paillieux... et M. D. Bois... (*Ibid.*, IVe Sér., I, 1884, pp. 44/75, 131/158, 259/288, 363/391, 465/492, 570/598, 653/678, 728/747, 824/847, 896/913, 945/962.)

Deuxième éd., 1892. — Paillieux est mort en fév. 1898.

— Les plantes aquatiques élémentaires Par A. Paillieux et D. Bois. (*Ibid.*, V, 1888, pp. 782/793, 1028/1035, 1102/1107.)

— Sur quelques plantes alimentaires de la Chine, du Japon et de l'Indo-Chine, par M. D. Bois. (*Prem. Cong. Intern. Etudes Ext. Orient*, Hanoï (1902), pp. 116/118.)

— L'arbre à huile de la Chine Par M. Maxime Du Mont. (*Bull. Soc. Zool. Acclim.*, IVe Sér., V, 1888, pp. 174/177.)

Aleurites cordata, Muller.

— Les fermes à Chiens en Chine. Par H. B. (*Ibid.*, IVe Sér., VI, 1889, pp. 256/7.)

— Culture de végétaux exotiques alimentaires Par J. Clarté. (*Ibid.*, pp. 741/744.)

— Rusticité du *Chamaerops excelsa* dans le Nord de la France Par M. Paul Zeiller. (*Ibid.*, pp. 1002/1004.)

Palmier à chanvre.

— Notes sur l'acclimatation en Chine et au Japon de végétaux et d'arbres étrangers Par M. S. Kawamoura. (*Ibid.*, 1890, pp. 1200/1209.)

— Exportation de Champignons néo-zélandais en Chine. (*Ibid.*, 1891, 2e sem., pp. 237/238.) — Ext. de *Kew Bulletin.*

— Notes on Economic Botany of China by Aug. Henry, M. A.,... — Shanghai : Printed at the Presbyterian Mission Press, 1893, pet. in-8, pp. 68.

Voir col. 483.

— Culture chez les Chinois et les Japonais. Par de S. (*Bull. Soc. Acclim.*, 1894, 2e sem., p. 190.)

— Sur l'importation de quelques fruits exotiques en Europe. Par M. de Bellerive. (*Ibid.*, pp. 419/422.)

— Les grandes cultures de la Chine. Par A. Testis. (*Rev. française*, XXII, 1897, pp. 471/7.)

— C. Puini. — I suolo e l'agricoltura secondo un antico Trattato cinese d'Economia pubblica. (*Rivista Italiana di Sociologia*, 1898.)

— Das Pflugfest in China. Von Dr. J. D. E. Schmeltz. (*Int. Arch. f. Ethn.*, XI, 1898, pp. 72/80, 1 pl.)

— Schwimmende Landwirthschaft in China. (*Oest. Monats. f. d. Orient*, Wien, 1898, p. 98.)

— Notes sur l'Agriculture chinoise. Par Pierre Bure. (*Belgique coloniale*, 2 avril 1899, pp. 161/162 ; *ibid.*, 16 avril 1899, pp. 183/185.)

— The Agricultural Products of North China. (*Jour. of School Geog.*, Lancaster, Pa., IV, 1900, pp. 308/315.)

— La Charrue en Asie. (Chine et Japon.) Par Henri Chevalier, Ingénieur des Arts et Manufactures. (*Le Génie Civil*, 11 nov.

1899, pp. 26/7, fig.) — (Indo-Chine, Inde, Perse.) (*Ibid.*, 23 mars 1901, pp. 346/8.)

— Bulletin No. 68. U. S. Department of Agriculture... A Description of some Chinese Vegetable Food Materials and their nutritive and economic Value by Walter C. Blasdale, Instructor in Chemistry, University of California. Washington : Government Printing Office, 1899, in-8, pp. 48, pl.

— Gutta Percha from a Chinese Tree [*Eucommia ulmoides*, Oliv.] (*Kew Bull.*, 1901, pp. 89/94.)

— L'apiculture en Chine. Par Un Fils du Ciel. (*Rev. Indo-Chinoise*, 4 mai 1903, pp. 404/5.)

— Chinese Tobacco. (*Jour. Soc. of Arts*, Jan. 20, 1905, pp. 223/4.)

Canne à sucre, *Holcus saccharatus* et *Sorghum saccharatum*, *Kan tché* 甘蔗.

Introduit dans le sud de la France par M. de Montigny. — *Bul. Soc. Accl.*, III, 1856, 163. — Vilmorin, *Rev. Hort.*, 1859, 69. — Bretschneider, *Hist. Bot. Disc.*, 537.

— Monographie de la Canne à Sucre de la Chine dite Sorgho à Sucre par le Docteur Adrien Sicard,... 2e édition, revue, corrigée et considérablement augmentée. Paris et Marseille, 1858, 2 vol. in-8.

Le Tome second contient des « Etudes sur les produits industriels et manufacturiers ».

On trouve dans le tome premier, pp. 181 et seq., des « Etudes sur les publications faites en France ».

La première édition est de Marseille, Arnaud, 1856, in-8, pp. 169 + 1 f. n. c. p. l. tab.

— Notes complémentaires sur le sorgho à sucre du Nord de la Chine Par M. le Dr. Turrel, Secrétaire du Comice agricole de Toulon. (*Bull. Soc. Zool. Acclim.*, III, 1856, pp. 451/455.)

— *Du Sorgho sucré* (*Holcus saccharatus*), Kao-lien de la province de Kwang-Tong, Chine, par M. Jules Itier. Montpellier, 1857.

— Extraits d'un Mémoire sur les plantes saccharines appelées sorgho de Chine, *Holcus saccharatus* africain et tartare, Par Don Julian Pellon y Rodriguez... (*Bull. Soc. Zool. Acclim.*, VI, 1859, pp. 63/83, 123/131.)

— Etude sur les dégénérescences observées dans la canne à sucre de la Chine, dite sorgho sucré. Par M. le docteur Adrien Sicard. (*Ibid.*, pp. 207/210.)

— Etude sur diverses plantes nouvelles cultivées à Vitrolles (Bouches du Rhône) Par le docteur Adrien Sicard. (*Ibid.*, VII, 1860, pp. 449/456.)

— Sorgo, or Northern Sugar-Cane, by Varnum D. Collins. (*Journal N.C.B.R.A.S.*, New Series, No. II, Dec. 1865, Art. V, p. 85.)

— Studi chimico-agronomici sulla nuova canna da zucchero del Nord della China denominata scientificamente Sorgo glicichilo di Giuseppe Mattei Assistente alla Cattedra di Chimica e Socio dell' Accademia di Agricoltura in Reggio. — Reggio, Stefano Calderini, 1860, in-8, pp. 40 + 1 f. n. ch.

China Grass.

— Chinese Grass-cloth ; a series of sketches, illustrating the culture of hemp and the manufacture of grasscloth, from the seed to the state fit for use. By Ting qua, Canton. (By E. C. Bridgman, *Chin. Rep.*, XVI, pp. 209/223.)

— J. Decaisne. — Recherches sur la Ramie, nouvelle plante textile (*Urtica utilis* Bl., *U. nivea*, Lin.) (*Jour. d'Agriculture pratique* du Dr. Bixio, 1845, pp. 467/9. — Duchartre, *Revue botan.*, I, 1845, pp. 90/2.)

— The Cultivation of Chinese Hemp and the Manufacture of Grass-Cloth. Derived chiefly from M. Rondot's Memoir, read before the Rheims Academy, Dec. 18, 1846, By S. W. Williams. (*Ch. Rep.*, XVIII, pp. 209/216, & *Ch. & Jap. Rep.*, Jan. 1865.)

— Notices regarding the plants yielding the fibre from which grasscloth is manufactured. From the *Journal of the Agricultural and Horticultural Society of India*. [By Dr. Macgowan.] (*Chin. Rep.*, XVIII, pp. 554/558.)

— Agriculture et Industrie chinoises. — Renseignements sur la plante textile tchou-ma (*Urtica nivea*), extraits des livres chinois ; par M. Stanislas Julien. (*Ctes. rendus de l'Ac. des Sc.*, XXVIII, 1849, pp. 394/400.) (*Hort. Soc. Jour.*, IV, 1849, pp. 236/241.)

— Sur la plante textile Tchou-ma (*Urtica nivea*). Traduit du traité impérial d'Agriculture chinoise, Par M. Stanislas Julien... (*Bull. Soc. Zool. Acclim.*, III, 1856, pp. 186/189.)

— Culture de l'Ortie blanche (*Urtica nivea*). Renseignements sur cette plante textile, introduite en Algérie, extraits des livres chinois par S. Julien. (*Rev. de l'Or. et de l'Alg.*, XIX, 1856, pp. 316/322.)

— Sur une étoffe fabriquée en Chine avec les filaments de l'*Urtica nivea*, voir les remarques de S. Julien et d'Adolphe Brongniart dans les *Ctes. rendus de l'Ac. des Sc.*, X, 1840, pp. 371/2.

Urtica nivea = *A pou.*

— Renseignements sur la plante textile *Tchou-ma* (*Urtica nivea*), extrait des livres chinois, Par M. Stanislas Julien,... (*Bull. Soc. Zool. Acclim.*, IIe Sér., III, 1866, pp. 176/182.)

— Tissus d'herbe, appelés en Chine *hia-pou* (toile d'été) ou *mâ-pou* (toile de mâ), et désignés en anglais sous le nom de *grass-cloth* (tissus d'herbe). (Bezon, *Dict. gén. des Tissus*, 2e éd., VIII, pp. 401/5.)

— Sur l'ortie blanche Par M. A. Dupuis... (*Bull. Soc. Zool. Acclim.*, VII, 1860, pp. 205/208.)

— Note sur l'ortie blanche, Par le Révérend père Bertrand, Missionnaire apostolique au Sutchuen. (*Ibid.*, pp. 263/267.)

— Renseignemens sur le mâ (Chanvre de Chine). (*Ann. du Com. ext.*, *Faits comm.*, No. 35, Nov. 1863, pp. 27 et seq.)

mâ = ortie de Siam = chanvre de Chine = China grass.

Ces renseignements sont extraits d'un rapport de la Chambre de Commerce de Lille.

— Respecting China Grass. By Robert Jarvie. (*Journal N. C. B. R. A. Soc.*, No. II, Dec. 1865, p. 171.)

Note sur la culture du Tchou-ma (*Urtica nivea*), Par M. P. Dabry, Consul de France à Han-Kéou. (*Bull. Soc. Zool. Acclim.*, IIe Sér., III, 1866, pp. 283/284.)

— Notice sur l'Ortie de la Chine (*Urtica utilis.*). Sa culture, sa multiplication, les premières préparations de son écorce, son rendement, ses qualités et ses avantages, Par M. Ramon de la Sagra. (*Ibid.*, IIe Sér., VI, 1869, pp. 196/204, 305/316.)

— Description et culture de l'ortie de la Chine précédée d'une notice sur les diverses plantes qui portent ce nom leurs usages et leur introduction en Europe par Ramon de la Sagra, Membre correspondant de l'Institut, etc. Paris, lib. centrale d'Agriculture, Auguste Goin, in-18, pp. 64.

Fait partie de la *Bibliothèque de l'Agriculteur praticien.*

— Note sur l'origine du China-grass, Par M. de la Blanchère fils. (*Bul. Soc. Accl.*, IIe Sér., VI, 1869, pp. 691/695.)

— China-Grass, Par M. R. de La Blanchère. (*Ibid.*, IIe Sér., VII, 1870, pp. 524/532.)

— La Ramie ou Ortie blanche sans dards, synonymes de China grass, de Urtica Boehmeria Nivea, de Rhea, etc. Plante textile sous plusieurs rapports supérieure au lin et au coton. Sa description, son origine. — Comment on la propage et la cultive en grand. — Manière de la désagréger et préparer industriellement pour l'usage de la filature. Par Théophile Moerman à Gand (Belgique). Gand, 1871, gr. in-8, pp. 111.

— Le Ramié à feuilles vertes et le Ramié à feuilles blanchâtres. Par M. De Vernejoul de la Roque, inspecteur des forêts en retraite. (*Bull. Soc. Zool. Acclim.*, IIe Sér., IX, 1872, pp. 457/462.)

Extr. du *Journ. d'Agriculture pratique*, 1872, t. II, No 29.

— Grass Cloth (China Grass) (*Boehmeria nivea, Urtica tenacissima*).

Autorités citées par le Dr. Hance dans un article publié dans *Notes and Queries on C. & J.*, Vol. I, pp. 125/126.:

Weddell : Monographie des Urticées, p. 381. Paris, 1856/7.

Sir W. J. Hooker : *Journal of Botany*, Vol. III, 1851, p. 312.

Dr. Wight : Iconès Plantarum Indiae Orientalis (Madras, 1843), Vol. II, pl. 688.

Royle : The Fibrous Plants of India, London, 1855, pp. 345 et seq.

— Voir dans *Notes & Queries for C. & J.*, Vol. IV, pp. 123/4, des extraits d'un article lu par le Dr. Bennet devant la « New South Wales Acclimatisation Society ».

— Note de M. Aubry-Lecomte sur la Ramie (*Urtica Tenacissima*) (*Bul. Soc. Et. Col.*, I, 1876, pp. 52/3.)

— La Ramie Ortie de Chine (China-grass) Communication faite en séance générale Par MM. Renaut, Bertin et Boschi Extrait du compte rendu sténographique. (*Bull. Soc. Zool. Acclim.*, IIIe Sér., X, 1883, pp. 327/351.)

— * La Ramie, par P. A. Favier. 3e édition. Eugène Lacroix, éditeur, pp. 195.

Notice : *Bull. Soc. Zool. Acclim.*, IVe Sér., III, 1886, pp. 302/304. Par Am. Berthoule.

— * La Ramie, par M. E. Fremy. Paris, Vve Ch. Dunod, 1886, in-8.

— La Ramie — Rapport adressé à l'Administration des Colonies, par M. Fawtier, chargé de mission. (*Bul. Soc. Et. Col. & Mar.*, XI, 1887, pp. 181/196.)

— La Ramie. Par Napoléon Ney. (*Bul. Soc. Géog. commerciale de Paris*, X, 1887-8, pp. 190/7.) — La Ramie au Tonkin. Par Ch. Crozat de Fleury. (*Ibid.*, pp. 198/203.)

— Nouveau mode de traitement des écorces de la Ramie. Par Vial. (*Ibid.*, pp. 642/4.)

— Ramie or Rhea. (*Boehmeria nivea*, var. *tenacissima.*) (*Kew Bullet.*, 1888, pp. 145/9, 273/280, 297/8; *ibid.*, 1889, 268/278, by D. Morris.)

— China Grass. 1891 onwards. (*Ibid.*, 1898, pp. 209/224.)

— Sociétés des ingénieurs civils... — La Ramie par M. Auguste Moreau, ingénieur... — Extrait des Mémoires de la Société des Ingénieurs civils (Déc. 1890). Paris, 1891, br. in-8, pp. 45.

Il y a p. 45 une liste d'ouvrages relatifs à la Ramie, à laquelle nous renvoyons.

— Note sur la Ramie. Par C. Imbault-Huart. (*Bul. Soc. Géog. com. Paris*, XIX, 1897, pp. 203/4.)

— L'avenir de la Ramie. (*Rev. Indo-Chinoise*, No. 94, 6 août 1900, pp. 768/770.)

— Insectes Parasites de la Ramie. Par Ch. Rivière. (*Rev. Indo-Chinoise*, 3 août 1903, pp. 707/8.)

D'après la *Revue des Cultures Coloniales*, n° 125.

— La Ramie à Formose. (*Rev. Indo-Chinoise*, 16 nov. 1903, pp. 1038/1040.)

D'après J. W. Davidson et le *Journal d'Agriculture tropicale*.

— * La Ramie, culture, préparation, utilisation industrielle, avec nombreuses figures dans le texte, préface par M. Maxime Cornu.

Bibliothèque des «Cultures coloniales».

— * China Grass : its Past, Present, and Future. By Mr. Frank Birdwood.

Conférence devant l'Indian Section de la Society of Arts, Mars 1904.

IGNAME, *Dioscorea Batatas*, 山藥 *San-yü, Chan-yŏ.*

— J. Decaisne. — L'Igname Batate, *Dioscorea Batatas*. (*Rev. hort.*, 1854, pp. 243/253. — *Flore des Serres*, X, 1854, pp. 7 et seq.)

— Note sur l'igname de la Chine. Importé par M. de Montigny par M. Richard (du Cantal). (*Bull. Soc. Zool. Acclim.*, II, 1855, pp. 271/274.)

— Indications sur la culture de l'igname de Chine. Relation sur la marche de l'acclimatation des semences importées en 1854. Par M. le Baron de Montgaudry. (*Ibid.*, pp. 337/344.)

— Chev. de Paravey. Note sur l'Igname de Chine. Paris, *Comptes rendus*, XL, 1855, pp. 318/321.

— Mededeelingen aangaande den Chineeschen Aardappel, *Dioscorea Batatas* Dne. (L'Igname Batate), ook voor ons vaderland tot œconomisch gebruik ter aankweeking aanbevolen, volgens de waarnemingen van J. Decaisne, hoogleraar in de Plantkunde te Parijs. — Naar het Fransch door W. C. Spoor. Met afbeeldingen tusschen den tekst. Utrecht, N. de Zwaan, 1855, in-8, pp. 28.

— Sur la culture de l'Igname par I. Gochkevicz. (*Trav. de la Mission russe*, voir col. 1350) (en russe).

— О китайской батат. La Batate chinoise (*Ipomoea Batatas*) par M. C. Skatchkov. (*Jour. de la Soc. économique russe*, 1857.)

— Sur les ignames de Chine cultivés à Nancy. Lettre adressée à M. le Président... Par M. Godron, Doyen de la Faculté des Sciences de Nancy... (*Bull. Soc. Zool. Acclim.*, III, 1856, pp. 542/543.)

— Sur la grande culture de l'igname de Chine entreprise par M. Rémont, de Versailles, dans les départements de Seine-et-Oise, de la Drôme et des Landes. Adressé à M. le Président... Par M. G. de Lacoste. (*Ibid.*, pp. 577/582.)

— Lettre sur la culture de l'igname de Chine et de l'igname de la Nouvelle-Zélande, adressée à M. le Président... Par M. Paillet, Membre et horticulteur de la Société. (*Ibid.*, IV, 1857, pp. 43/45.)

(IGNAME.)

— Rapport fait à la Société... au nom de la cinquième section sur la culture de l'igname de Chine Par M. Chevet, rapporteur. (*Ibid.*, pp. 275/276.)

— Acclimatation de l'igname patate Par M Moquin-Tandon, Membre du Conseil d'Administration. (*Ibid.*, V, 1858, pp. LXII/LXXIII.)

— * Note sur l'igname de la Chine. Par A. Salesse. (*Jour. d'Agriculture... de l'Ain.*) Bourg, 1857, pp. 85.)

— Sur les résultats de la culture de diverses espèces d'ignames Par Ad. Chatin. (*Bull. Soc. Zool. Acclim.*, V, 1858, pp. 26/31.)

— Note sur le choix des plants d'ignames et sur leur reproduction par les bulbilles. Par M. Bourgeois. (*Ibid.*, pp. 323/324.)

— Sur la culture des ignames en 1857, à la Pépinière centrale du Gouvernement à Alger, Par M. Hardy, Directeur de la Pépinière centrale du Gouvernement, à Hamma. (*Ibid.*, pp. 546/551.)

— Note sur divers modes de culture de l'igname de Chine expériences de 1858. Par M. Henri de Calanjan, de Saint-Vallier-sur-Rhône (Drôme). (*Ibid.*, pp. 589/605.)

— Notice sur la culture et rapport sur le produit de l'igname de Chine (*Dioscorea batatas*), après cinq années d'essais et son entrée en grande culture. Par MM. Paillet père et fils,... (*Ibid.*, VI, 1859, pp. 267/269.)

— Sur la culture de l'igname de Chine par semis de graines. Lettre adressée à M. le Président... Par M. Ch. Aubé. (*Ibid.*, IIe Sér., I, 1864, pp. 48/51.)

— Culture et Pain d'Igname de Chine, Suivant le système de M. de Montigny. (*Ibid.*, IIe Sér., IV, 1867, pp. 111/112.)

Extrait de la *Revue des Jardins et des Champs*, février 1867.

— Mémoire sur quelques plantes exotiques alimentaires et industrielles nouvellement introduites et acclimatées en Egypte. Par M. G. Delchevalerie... (*Bull. Soc. Zool. Acclim.*, IIe Sér., IX, 1872, pp. 508/516.)

— Observations sur l'Igname de Chine (*Dioscorea Batatas*). Par Eug. Vavin. (*Ibid.*, pp. 595/597.)

Extr. du *Journ. de l'Agriculture*, N° 161, mai 1872.

— L'igname de Chine et son avenir par Eugène Vavin. (*Bull. de la Soc. d'Accl.*, Janvier 1878, pp. 69/72.)

— Sur l'igname plate du Japon (*Dioscorea japonica*) et le Congoulou du Kashmir Par M. Aug. Paillieux. (*Bull. Soc. Zool. Accl.*, IVe Sér., VI, 1889, pp. 194/198.)

— Cultures d'Ignames. Par P. Chappellier. (*Ibid.*, 1890, pp. 673/676.)

— Cultures d'ignames. Par M. P. Chappellier. (*Ibid.*, 1891, pp. 521/524.)

— Notes sur la culture de l'igname en Chine par le Dr. Heckel. (*Bul. Soc. nat. d'Acclim.*, Janv. 1897, pp. 19/21.)

D'après une communication du Capt. Dubiau à la séance générale mensuelle de la *Soc. d'Horticulture et de Botanique de Marseille*. — Cf. Chappellier, *Bul. Soc. Accl.*, 1er juin 1896.

— L'igname de Chine. (*Rev. Indo-chinoise*, No. 79, 23 avril 1900, pp. 397/8.)

Dioscorea Batatas.

(IGNAME.)

Crosnes.

— Bretschneider, *Hist. Bot. Disc.*, p. 1060.

— Le Stachys dans le commerce. Par M. Aug. Paillieux. (*Bull. Soc. Zool. Acclim.*, IVe Sér., IV, 1887, pp. 225/227.)

— Crosne épiaire à chapelets histoire d'un nouveau légume Par A. Paillieux et D. Bois. (*Ibid.*, IVe Sér., VI, 1889, pp. 577/583; 634/641.)

Stachys tuberifera.

— Sur le Stachys Communication faite par M. Paul Chappellier, à la séance du 6 Mars 1891. (*Ibid.*, 1891, 2e sem., pp. 52/59.)

— Nouvelle variété de Stachys. Notes sur l'igname Communication faite dans la séance du 8 Janvier 1892 Par M. P. Chappellier. (*Ibid.*, 1892, pp. 415/422.)

Hei-teou.

— Le *Hei-teou.* (*Miss. Cath.*, XIII, 1881, p. 207.)

Plante légumineuse, employée par les Chinois comme succédané de l'avoine, importée en Europe par le P. Leboucq.

— Le *Haé-teou* ou *Hei-teou.* (*Bull. Soc. Zool. Acclim.*, IIIe Sér., VIII, 1881, pp. 173/183.)

Extr. du *Cultivateur de Saône et Loire, de l'Ain et de la Loire*, n° 38, 15 fév. 1881.

— Des graines propres à l'alimentation des chevaux. Le *Hei-Teou.* Par Faivre. (*Bull. Soc. Zool. Acclim.*, IIIe Sér., IX, 1882, pp. 499/501.)

Extrait du journal le *Cultivateur de Saône-et-Loire.*

Soieries. — Culture du Murier. — Vers à soie.

— « Extrait d'un ancien Livre Chinois, qui enseigne la manière d'élever & de nourrir les Vers à soye, pour l'avoir & meilleure, & plus abondante » (par le P. Dentrecolles) (Du Halde, *Description*, II, pp. 208 et seq.).

— Des soieries et des vers à soie en Chine, par le P. J. B. Du Halde, extrait du tome II de la Description géographique, historique, chronologique, politique et physique de la Chine et de la Tartarie chinoise, 4 vol. in-fol. Paris, 1735. Montpellier, Coulet, édit. 1879, gr. in-8, pp. 37.

— Conjecture sur l'origine du nom de la soie, chez les Anciens; par M. Klaproth. (*J. As.*, II, 1823, pp. 243/5.)

Addition à la note précédente par M. Abel Rémusat. (*Ibid.*, pp. 245/7.)

— Mémoire sur le Commerce de la Soie chez les Anciens antérieurement au VIe Siècle de l'ère chrétienne, époque où l'éducation des Vers à soie a été introduite en Europe; par M. Pardessus. (*Mém. de l'A. R. des Insc.*, XV, pp. 1 et seq.

1re lecture, le 25 mai 1832; 2e lecture, le 29 juin 1832.

Stanislas Julien.

— 要輯蠶桑 Résumé des principaux traités chinois sur la culture des mûriers et l'éducation des vers à soie traduit par Stanislas Julien, Membre de l'Institut, &c. — Publié par ordre du Ministre des Travaux publics, de l'Agriculture et du Commerce. Paris, Imprimerie royale, MDCCCXXXVII, in-8, pp. XXIII-224 et 10 pl.

Introduction (par M. Camille Beauvais). — Avertissements du traducteur. — Note sur la Température de la Chine (par M. Edouard Biot). — Spécimen du texte chinois accompagné d'une version littérale. — Culture des Mûriers. — Supplément. — Mémoire sur les Vers à soie sauvages par le P. d'Incarville.

Notice par Biot dans le *Jour. des Savans*, Août 1837, pp. 462/478; Janv. 1838, pp. 41/44.

Cet ouvrage est traduit du «*King-ting-cheou-chi thong-kao*» ou *Examen général de l'Agriculture*. Dans le supplément (pp. 169/187) se trouvent des extraits de la petite encyclopédie des Arts et Métiers nommée *Thien-kong-khaï-we*.

Vend. Rochet (758) Fr. 2. — Se vend couramment Fr. 2.

Dans la Préface (IV-VI) de son Histoire de la Porcelaine chinoise, S. Julien donne la liste suivante des traductions de son Résumé des principaux Traités chinois sur l'Education des Vers à soie:

— 要輯蠶桑 Dell' Arte di coltivare i Gelsi e di governare i bachi da seta secondo il metodo chinese. — Sunto di libri chinesi tradotto in francese da Stanislao Julien membro del Real Instituto di Francia. — Versione italiana con note e sperimenti del Cavaliere Matteo Bonafous, dottore in medicina, direttore dell' orto agrario di Torino, Socio del Reale Instituto di Francia. Torino, coi tipi di Giuseppe Pomba e C. 1837, in-8, pp. VIII-208, front. et 10 pl.

— Ueber Maulbeerbaumzucht und Erziehung der Seidenraupen, aus dem Chinesischen ins Französische übersetzt von Stanislaus Julien. Auf Befehl Seiner Majestät des Königs von Würtemberg aus dem Französischen übersetzt und bearbeitet von Fr. Ludwig Lindner (*Sur la Culture des Mûriers et l'Education des Vers à soie*; traduit du chinois en français par S. Julien. Traduit du français et revu avec soin par Fr. Ludwig Lindner, en vertu d'un ordre de S. M. le roi de Würtemberg.) Stuttgard et Tübingen, 1837, in-8, fig.

Le même éditeur (Cotta) en a donné, en 1844, une seconde édition avec des additions et des remarques de M. Theodor Moegling. (Zweite Auflage vermehrt mit Zusätzen und Anmerkungen von Theodor Moegling.)

— Summary of the principal Chinese Treaties upon the Culture of the Mulberry and Rearing of Silkworms. Translated from the Chinese; Washington : Published by Peter Force. 1838. In-8, pp. 198 et 10 Pl.

Vend. Rochet (759) Fr. 5.

— O Kitaïskom chelkobodstvê izvletchenno iz podlinnikh kitaïskikh sotchinenii. Perebedeno na Russkii yasik po prikazaniou Ministra Finanscof, i izdano omt Departementa Manufaktur i Vnoutrenneï Torgobli (c'est-à-dire *sur l'Education des Vers à soie en Chine*; extrait des textes chinois. Traduit en langue russe par ordre de S. E. le Ministre des Finances et publié par le Département des Manufactures et du Commerce intérieur). Saint-Pétersbourg, 1840, in-8.

Le traducteur russe a profité des observations de M. Matthieu Bonafous et a placé les plus importantes au bas des pages. Il a reproduit, comme les trois premiers, les planches et figures de notre édition.

— Η ΣΗΡΟΤΡΟΦΙΑ, ἐκ διαφόρων ἐρανισθεῖσα ὑπὸ Στεφάνου Μαρτζέλλα, καὶ ἐκδοθεισα φιλοτιμῳ δαπάνῃ τῆς ἐν Παρισιῳ ἑλληνικῆς ἑταιρίας. Ἐν Παρισίῳ. Paris, 1847, in-8.

«Cet ouvrage (ainsi que l'indique le titre) est moins une traduction littérale de mon Résumé qu'une compilation de divers Traités; seulement les fragments nombreux qu'en a extraits M. Martzellas, y occupent la plus grande place.

Suivant avis que me donna mon savant confrère M. Jomard (le 19 janvier 1838), [ce résumé] devait même être publié en arabe, par ordre de Méhémet-Ali, pacha d'Égypte, pour l'usage de la Syrie.» [S. Julien.]

— * Description méthodique de l'industrie sérigène de la Chine, publiée pour l'Exposition faite à Saint-Etienne, par M. Isidore Hedde. Intérieur d'un atelier de tissage à Sou-tchéou, tissé en soie. Saint-Etienne, 1848, in-8, pp. 216.

— Ephémérides comparées de l'industrie sérigène tant de la Chine et du Japon que des autres pays sérifères de Lyon surtout par M. Isidore Hedde. (*Congrès provincial des Orientalistes*, Lyon, 1878, I, Lyon, 1880, pp. 48/82.)

— Dissertation on the Silk-Manufacture, and the Cultivation of the Mulberry; translated from the works of Tseu Kwang-k'he, called also Paul Siu, a Colao, or Minister of State in China. Shanghae : Printed at the Mission Press. 1849, in-8, pp. 108 et 16 planches.

Cet ouvrage forme le No. 3 du *Chinese Miscellany*.

— Cultivation of the Mulberry, and rearing the Silkworms — Translated from the 蠶桑合編 *Tsan Sang Hoh-pien*. By *** [C. Shaw]. (*Chin. Rep.*, XVIII, pp. 303/314.)

«The following instructions for cultivating the mulberry, and rearing Silkworms, were issued by 文柱 *Wan Chù* the Treasurer of Kiangsu in order to revive the Silkmanufacture in all its branches throughout the province under his jurisdiction...» p. 303.

— On cultivating the Mulberry and Rearing the Silkworm. Translated from the *Tsan Sang Hoh-pien*. (*Ch. & Jap. Rep.*, Feb. 1865.)

— Notes on the Manufacture and Classification of Chinese Raw Silk. (*N. C. Herald*, Nos. 15 et 16, 9 et 16 Nov. 1850.)

— L'industrie serigène par I. Gochkevicz. (*Trav. de la Mission russe*, voir col. 1351) (en russe).

— О домашнихъ шелковичныхъ червяхъ въ Китаѣ. Des vers à soie domestiques en Chine par M. C. Skatchkov. (*Jour. d'économie rurale de Moscou*, 1855.)

— La Récolte de la soie en Chine, par A. Lapareille. (*Rev. de l'Or. et de l'Alg.*, N^lle Sér., IX, 1859, pp. 338/42.)

— La Chine les Warrants & l'Avenir du Commerce des Soies par A. Lapareille Rédacteur de la *Séricicullure Pratique* — 1859 — Valréas. — Imprimerie séricicole de Jabert, br. in-8, pp. 47.

— Carte des districts séricicoles chinois par Eug. Buissonnet, 1863. Gravé chez Erhard. Paris, Imp. Lemercier, 1 feuille.

— Details of the manufacture and culture of Silk and Silkworms; extracted from Allom's Views of China. (*Chin. Rep.*, XVI, pp. 223/236.)

Voir Allom, col. 80-81.

— * De l'éducation des vers à soie en Chine faite et observée sur les lieux par C. B. Castellani. Paris, 1861, in-12, pp. IV-182.

— Memorandum respecting the Silk Region in the Newchwang Consular District. [Report signed Thos. Taylor Meadows, Consul, and dated British Consulate, Port of Newchwang, 24th October 1864.] Pièce in-fol., 1 f.

Printed in : *The North China Herald*, 751, Dec. 17, 1864.

— Report by Mr. John Major on the Specimens of Cocoons, &c., received from Newchwang, dated Shanghai, 2nd December, 1864, and adressed to Walter Pearson, Sec. of the General Chamber of Commerce in Shanghai.

Printed in : *The North China Herald*, 751, Dec. 17, 1864.

— L'industrie séricicole par le P. Palatre. (*Miss. Cath.*, V, pp. 116, 177, 190, 202.)

— La Sériculture, le commerce des soies et des graines et l'industrie de la Soie au

Japon, par Ernest de Bavier. Lyon et Milan, gr. in-8.

— Les Origines de la Soie, son Histoire chez les Peuples de l'Orient, par J.-B. Giraud, conservateur des Musées Archéologiques de Lyon. Lyon, 1883, in-8, pp. 76.

L'industria della seta in China. (*Bol. Soc. Geog. ital.*, 1881, pp. 662/663.)

— China. Imperial Maritime Customs. II. — Special series : No. 3. Silk. Published by order of the Inspector General of Customs. Shanghai : Statistical Department of the Inspectorate General. MDCCCLXXXI, in-4, pp. v-163.

— L'Art de la Soie. — Les Soies, par M. Natalis Rondot, Président de la Section des industries textiles à la Commission permanente des valeurs de douane, Président du Jury de l'Industrie de la Soie à l'Exposition universelle de 1878. — Deuxième Édition, publiée aux frais de la Chambre de Commerce de Lyon. Paris, Imprimerie nationale, MDCCCLXXXV-MDCCCLXXXVII, 2 vol. gr. in-8, pp. 484, 604.

Notice : *Bull. Soc. Zool. Acclim.*, IVe Sér., IV, 1887, pp. 335/336, par Am. Berthoule.

— Natalis Rondot. Nécrologie par H. C.[ordier.] (*T'oung Pao*, 2e Sér., I, N° 4, Oct. 1900, pp. 347/8.)

Né à Saint-Quentin (Aisne), 23 mars 1821 ; † 1900.

— * Die Seidenproduction der Erde. Mittheilungen aus dem Werke « L'Art de la Soie » von Natalis Rondot, übersetzt und bearbeitet von Franz Bujatti sen. Wien, Niederöstr. Gewerbeverein, 1890, in-8.

Vers à soie sauvages.

— Mémoire sur les vers à soie sauvages, par le P. d'Incarville. (*Mém. conc. les Chinois*, Vol. II, pp. 579/601.)

Réimprimé, pp. 191 et seq. de l'ouvrage de S. Julien sur la Culture des Mûriers.

— Extrait du Journal du P. d'Incarville, Rapporté dans les *Mémoires concernant l'histoire, les sciences, les arts, etc., des Chinois*; par les missionnaires de Pékin; Tome II, pages 575 et suiv. — Imprimé à Paris en 1777. (*Bull. Soc. Zool. Acclim.*, I, 1854, pp. 109/116.)

— * Détails sur l'éducation des vers à soie dans le nord de la Chine (province de Hou-pé), traduits du chinois sur un manuscrit envoyé de Macao en novembre 1839 par Stanislas Julien, membre de l'Institut. Rodez, 1842. Broch. in-8, pp. 16.

— Bazin reproduit dans la *Chine moderne*, II, pp. 583/4, d'après les *Annales forestières*, II, p. 644 (1843), une let. du P. Julien Bertrand, missionnaire en Chine, sur les vers à soie sauvages.

— Vers à soie du chêne, par J. Bertrand. (*Revue de l'Orient*, III, 1844, pp. 68/71.)

— Recherches sur les vers à soie sauvages et domestiques Par M. F.-E. Guérin-Méneville. (*Bull. Soc. Zool. Acclim.*, I, 1854, pp. 43/52.)

— Rapports et documents sur les vers à soie sauvages de la Chine. Rapport de la commission chargée d'introduire en France les vers à soie sauvages de la Chine, et des œufs de vers à soie ordinaires des meilleures races blanches et jaunes élevées dans ce même pays : Lu à la séance générale du 26 Mai 1854. — Commissaires : MM. Richard (du Cantal), Guérin-Méneville, Frédéric Jacquemart, Valserres, et M. Emile Tastet, rapporteur. (*Ibid.*, pp. 91/97.)

— Questions posées à MM. Bertrand, Furet et Perny, missionnaires au Su-tchuen et au Koiu-Tcheou et Instruction Pour qu'ils puissent envoyer efficacement à la Société Zoologique d'Acclimatation : Des Œufs et des Cocons de Vers à soie sauvages; Des graines et échantillons de *chênes, frênes, fagara* etc., qui servent à la nourriture de ces Vers; Des graines de l'*Ortie blanche*, Et enfin des Œufs de Vers à soie ordinaires. (*Ibid.*, pp. 97/108.)

— Rapport fait à la Société zoologique d'Acclimatation, au nom de sa Commission. Sur les vers à soie sauvages de la Chine. Par M. Frédéric Jacquemart. (*Ibid.*, pp. 119/122.)

— Extrait d'une lettre de M. Julien Bertrand, missionnaire au Su-tchuen, Dont un abrégé a été inséré dans le *Journal d'Agriculture pratique*, IIe Série, Tome 1er, page 277. (*Bull. Soc. Zool. Acclim.*, I, 1854, pp. 147/148.)

— Rapport fait à la Société zoologique d'Acclimatation sur l'emploi qu'il conviendrait de faire des graines de vers à soie qu'elle vient de recevoir de Chine Par les soins de M. de Montigny, membre honoraire de la Société. — Guérin-Méneville, rapporteur. (*Ibid.*, II, 1855, pp. 6/9.)

— Note sur les vers à soie sauvages de la Chine, Par le Docteur Chavannes (de Lausanne). (*Ibid.*, pp. 133/136.)

— Instructions sommaires adressées à Messieurs les magnaniers à qui la Société zoologique d'Acclimatation envoie des œufs de vers à soie provenant de la Chine. — M. Guérin-Méneville, rapporteur. (*Ibid.*, pp. 137/139.)

— Questions posées à MM. les éducateurs qui reçoivent de la graine de Vers à soie de Chine. (*Ibid.*, p. 140.)

— Note sur le Bombyx du chêne, Par M. Guérin-Méneville. (*Ibid.*, pp. 268/270.)

— Mémoire sur les Saturnies sérigènes qu'il serait convenable d'introduire en France, par le Dr. Chavannes (de Lausanne). (*Ibid.*, pp. 364/374.)

— Recherches sur les vers à soie sauvages et domestiques. — (Quatrième article.) Sur l'état actuel des tentatives d'introduction et d'acclimatation des vers à soie du chêne, et sur la possibilité de dévider les cocons du ver à soie du ricin, Par M. F. E. Guérin-Méneville. (*Ibid.*, pp. 618/630.)

— Sur le ver à soie sauvage du chêne de Mandchourie. Lettre adressée à M. le Président... Par Mgr. Verrolles, Evèque de Colomby, vic. ap. de Mandchourie... (*Ibid.*, III, 1856, pp. 340/341.)

— Note sur les éducations de l'un des vers à soie du chêne (*Bombyx Mylitta*) faites en 1856, Par M. F. Guérin-Méneville. (*Ibid.*, III, 1857, pp. 536/538.)

— Essais faits sur les vers querciens en 1839 et 1840. Lettre adressée à M. le Président... Par M. l'abbé Bertrand, Missionnaire apostolique. (*Ibid.*, V, 1858, pp. 195/198.)

(Su-tchuen, 11 Sept. 1856.)

— Réponses aux questions posées en 1854 par la Société Impériale d'Acclimatation à MM. Bertrand, Furet et Perny, missionnaires, sur le ver à soie du chêne de Chine Par M. l'abbé Bertrand, Missionnaire apostolique. (*Ibid.*, pp. 272/278.)

Pierre Julien Bertrand, du diocèse du Puy, Miss. ét. de Paris, parti 22 avril 1833; † 12 juillet 1865, à 62 ans.

— Monographie du ver à soie du chêne au Kouy-tcheou. Par M. l'abbé Perny, Provicaire apostolique, supérieur du Kouy-tcheou. (*Ibid.*, pp. 317/322.)

— Rapport sur le projet de voyage en Chine de MM. les Comtes Castellani et Freschi, ayant pour objet d'étudier les vers à soie dans ce pays et d'y faire faire de la graine pour essayer de régénérer nos races atteintes depuis quelques années par l'épidémie de la gattine... Guérin-Méneville, secrétaire-rapporteur. (*Ibid.*, pp. 537/545.)

— Description des appareils adoptés par la commission de sériciculture pour le transport des cocons du ver à soie du chêne qui doivent être envoyés de Chine par Monseigneur Perny. Par M. le docteur O. Reveil, Professeur agrégé à la Faculté de Médecine... (*Ibid.*, VI, 1859, pp. 257/263.)

— Documents relatifs aux essais d'éducation de différents vers à soie exotiques et particulièrement du ver à soie de l'ailante faits sous la direction de la commission de la sériciculture, Par MM. Hébert, Leclerc, Koechlin-Schouch et Vallée. (*Ibid.*, VII, 1860, pp. 66/79.)

— Sur diverses espèces de vers à soie et sur l'ortie blanche de Chine. Lettre adressée à M. le Président... Par Mgr. Chauveau, Evêque de Sébastopolis, de la mission du Yûnnân. (*Ibid.*, pp. 341/345.)

— Rapport à S. M. l'Empereur sur les travaux entrepris par ses ordres pour introduire le ver à soie de l'aylanthe en France et en Algérie par F. E. Guérin-Méneville... Paris, Imp. Impériale, MDCCCLX, in-8, pp. 100.

— Rapport sur l'expédition séricicole en Chine entreprise pendant l'année 1859 Par M. le comte J.-B. Castellani. (*Bull. Soc. Zool. Acclim.*, VII, 1860, pp. 373/381, 443/448.)

(Vers à soie sauvages.)

— Etudes sur deux espèces de vers à soie récemment acclimatées en France, et compte rendu d'une éducation hivernale du Bombyx du Ricin, faite à Toulouse avec la collaboration de MM. Guy et F. Bernady Par M. le docteur N. Joly, Professeur à la Faculté des Sciences et délégué de la Société impériale d'acclimatation à Toulouse. (*Ibid.*, pp. 382/394, 488/492.)

— Education des vers à soie en Chine d'après des renseignements fournis par un missionnaire chinois. Lettre de M. Forth-Rouen, Ministre de France en Saxe, ancien ministre plénipotentiaire en Chine. Communiquée par M. Natalis Rondot. (*Ibid.*, VIII, 1861, pp. 204/211.)

— Notes sur une éducation de vers à soie du mûrier provenant de graines envoyées du Japon par M. Duchesne de Bellecourt, Par M. E. Nourrigat. (*Ibid.*, pp. 276/279.)

— Note sur l'éducation d'un ver à soie sauvage du Japon, élevé avec des feuilles de chêne, à la Ménagerie des Reptiles, par les soins de M. Vallée, Par M. A. Duméril. (*Ibid.*, pp. 321/322.)

— Sur le ver à soie sauvage *Yama Maï*, Par M. Guérin-Méneville. (*Ibid.*, pp. 323/326.)

— Sur les vers à soie du Japon (*Bombyx Mori*). Lettre adressée à M. Baruffi, Délégué de la Société à Turin, Par M. Victor Roberti. (*Ibid.*, pp. 547/549.)

— Tentatives d'éducation du ver sauvage du chêne de la Chine (*Bombyx Pernyi*). Par M. Frédéric Jacquemart. (*Ibid.*, IX, 1862, pp. 95/98.)

— Sur la sériciculture en Chine. Lettre adressée à Son Excellence le Ministre de l'Agriculture, du Commerce et des Travaux Publics, Par M. E. Simon. (*Ibid.*, pp. 221/225.)

— Note sur une nouvelle race de vers à soie nommés *Tien-tse* ou Fils du Ciel, Par M. G. Eug. Simon. (*Ibid.*, pp. 474/476.)

— 臭椿 Rapport à S. E. le Ministre de l'Agriculture du Commerce et des Travaux publics sur les progrès de la culture de l'ailante et de l'éducation du ver à soie (*Bombyx cynthia*) que l'on élève en plein air sur ce végétal par M. F.-E. Guérin-Méneville... Paris, Imp. Impériale, MDCCCLXII, gr. in-8, pp. 104.

On trouvera, pp. 99/101, une liste d'ouvrages relatifs à l'ailante.

— Notes sur une nouvelle race de ver à soie dite *Ya-ma-maï* (littéralement ver des montagnes), ou ver à soie du chêne du Japon, Par M. G. Eug. Simon. (*Bull. Soc. Zool. Acclim.*, IX, 1862, pp. 574/579.)

— Sur le *Sericaria Mori* (Ver à soie), ses maladies, et sur les espèces succédanées, Par M. Maurice Girard... (*Ibid.*, pp. 903/910, 1050/1057.)

— Notice sur l'éducation du ver à soie du chêne ou *Ya-ma-maï* (littéralement, Ver des montagnes), Par M. Pompe Van Meert der Woort. (*Ibid.*, X, 1863, pp. 21/23.)

— Envoi de cocons vivants du Ver à soie du Chêne de Chine (*Bombyx Pernyi*). Lettre adressée à M. le Président... par le révérend père P. Perny, membre honoraire de la Société. (*Ibid.*, p. 151.)

Province du Kouy-tcheou (Chine), le 15 octobre 1862.

— Envoi de Cocons vivants de *Bombyx Pernyi*, Ver à soie sauvage du Chêne de Chine. Lettre adressée par M. Eug. Simon à M. le Président... (*Ibid.*, p. 231.)

(Vers à soie sauvages.)

— Note sur les progrès de l'acclimatation du ver à soie du chêne (*Bombyx Ya-ma-maï*, Guér.-Mén.), Par M. F. E. Guérin-Méneville. (*Bull. Soc. Zool. Acclim.*, X, 1863, pp. 428/429.)

— Rapport sur les tentatives faites par la Société impériale d'acclimatation pour l'introduction en France du Ver à Soie du chêne de Chine (*Bombyx Pernyi*), Par M. Frédéric Jacquemart. (*Ibid.*, pp. 430/435.)

— Sur l'éducation du *Bombyx Ya-ma-maï* faite au Jardin d'Acclimatation Par M. J. Pinçon. (*Ibid.*, pp. 436/437.)

— Notice sur le ver à soie du chêne de Chine Par M. Eugène Simon. (*Ibid.*, pp. 600/605.)

— Notice sur la conservation, l'éducation et la culture des œufs de vers à soie sauvages du Japon (*Bombyx Ya-ma-maï*, Guérin-Méneville), Par M. J. L. C. Pompe van Meerdervoort. (*Ibid.*, pp. 606/608.)

— Education du *Bombyx Ya-ma-maï*, Par M. le Docteur A. Chavannes. (*Ibid.*, pp. 609/610.)

— Sur les vers à soie du chêne (*B. Pernyi*) de Chine et le *Khouo-Ki*. Lettre adressée par M. A. Pichon à M. le Président... (*Ibid.*, IIe Série, I, 1864, pp. 299/300.)

— Note sur le *Bombyx Pernyi*, Par M. Fréd. Jacquemart. (*Ibid.*, p. 121.)

— Rapport sur trente éducations du ver du chêne du Japon (*Bombyx Ya-ma-maï*) faites en 1863, Par M. Frédéric Jacquemart. (*Ibid.*, pp. 81/120.)

— Introduction du Ver à soie du Chêne du Japon en Europe. — Notice sur l'introduction du Ver à soie du Chêne du Japon (*Bombyx Ya-ma-maï*, Guérin-Méneville) en Europe par M. Pompe van Meerderwort. (*Ibid.*, X, 1863, pp. 639/641.)

— Note sur la pébrine observée chez les vers à soie du chêne du Japon (*Bombyx Ya-ma-maï*). Par M. J. Pinçon... (*Ibid.*, IIe Sér., I, 1864, pp. 341/343.)

— Note sur les éducations de vers à soie entreprises au Jardin d'Acclimatation. Par M. J. Pinçon... (*Ibid.*, pp. 408/411.)

— Sur la culture du ver à soie sauvage au Japon (*Bombyx Yama-maï*), traduit du japonais par le Dr Hoffmann, et traduit en français par M. F. Blekman, Interprète de la Légation de France au Japon. (*Ibid.*, IIe Série, I, 1864, pp. 523/529, pp. 592/598.)

— Sur le choix des chênes destinés à la nourriture du *Bombyx Yama-maï*, Par M. Belhomme. (*Ibid.*, IIe Sér., II, 1865, pp. 34/35.)

— Sur la graine du ver à soie du murier du Japon expédiée par M. L. Roches, Ministre de France au Japon. Par M. Frédéric Jacquemart... (*Ibid.*, pp. 65/75.)

— Guérison et amélioration du ver à soie, Par le capitaine Hutton, à Mussooree (Indes Orientales). Extrait du Journal de la Société d'Acclimatation de Berlin, et traduit par M. le Dr Sacc. (*Ibid.*, pp. 339/354.)

— Récolte de Soie provenant des Graines du Japon importées en Europe. Lettre adressée à Son Exc. M. le Ministre des Affaires étrangères par M. Eug. Simon, consul de France. (*Ibid.*, pp. 604/5.)

Ning-po, le 11 Septembre 1865.

— Rapport sur diverses éducations de vers à soie faites à Lausanne en 1865, Par M. le docteur Chavannes. (*Ibid.*, IIe Sér., III, 1866, pp. 33/35.)

— De la sériciculture au Japon, Par M. le docteur Mourier. (*Ibid.*, pp. 90/97.)

— *Bombyx Yama-maï*. — Ver à soie du Chêne du Japon. Par M. le Professeur Baruffi. (*Ibid.*, pp. 523/524.)

Extraite de la *Gazette de Turin*.

— Fabrication des tissus de soie à Han-Kéou. (*Ibid.*, pp. 672/673.)

— The *Yama-mai*. A practical Guide to the cultivation of the Oak-silk-worm in England compiled and translated from the works of M. Guérin-Méneville, Directeur de sériciculture comparée à la ferme impériale de Vincennes, etc., etc., by T. Ogier Ward, M. A. M. D. Oxon. — Caen, Le Blanc-Hardel [and] London, Baillière, 1866, br. in-8, pp. VI-18, 1 pl. en couleur.

— Manuel de l'éducation des vers à soie dans le Homba de Ô Shiou (Japon), Par Nakadgima Teiôzo et Boun-yé-mon, Traduit par M. le docteur Mourier. (*Bul. Soc. Zool. Accl.*, IIe Sér., IV, 1867, pp. 12/15.)

— On some Wild Silkworms of China, by D. B. Mc Cartee, A. M., M. D., of Ningpo. (Read before the Soc. April 13th, 1866.) (*Jour. N. C. B. R. A. S.*, No. III, Dec. 1866, Art. V, pp. 75/80.)

— Rapport sur ses éducations de *Bombyx Yama-maï* en 1866, Par M. C. Personnat. (*Bul. Soc. Zool. Accl.*, IIe Sér., IV, 1867, pp. 85/91.)

— * Hippolyte Morellet, propriétaire à Bourg (Ain). De la culture du ver à soie de l'ailante ou vernis du Japon, br.

— La maladie des vers à soie, Par M. le docteur L. Turrel, Délégué de la Soc. imp. zool. d'Acclim., à Toulon. (*Ibid.*, pp. 130/154.)

— Production de la soie et éducation du ver à soie du chêne, dans le nord de la Chine, Par M. Taylor Meadows, Consul d'Angleterre à New Chwang. (*Ibid.*, pp. 201/206.)

— Note sur des éducations du *B. Yama-maï* et rapport sur les éducations précoces en 1867, Par M. Ligounhe. (*Ibid.*, pp. 333/338.)

— Educations de vers à soie du murier et du chêne, faites à Metz, en 1867. Par M. de Saulcy. (*Ibid.*, pp. 584/595.)

— Étude complète de l'éducation des vers à soie, Par M. Shimidzeu Kinzaimon, traduit du japonais par M. le docteur P. Mourier. (*Ibid.*, IIe Sér., V, 1868, pp. 17/47.)

— Rapport sur des éducations de *Bombyx Mylitta* (1867-1868) et *Yama-maï* (1868), Par M. Maumenet. (*Ibid.*, pp. 650/653.)

— *Yô-san-sin-sets*. — Traité de l'Éducation des vers à soie au Japon, par Sira-kawa de

Sendaï (Osyou). Traduit pour la première fois du japonais par Léon de Rosny, Professeur à l'École impériale des Langues Orientales. — Publié par ordre de Son Excellence le Ministre de l'Agricu...ure. Paris. Imprimerie Impériale. M DCCC LXVIII, in-8, pp. LXIV-228 + 1 f. n. ch. correct. + 24 pl. en couleur.

— On the Silkworm-Oaks of Northern China. By Henry F. Hance. (*Jour. Linn. Soc., Bot.*, X, 1869, pp. 482/492.)

— Supplementary Note on Chinese Silkworm-Oaks. By Henry F. Hance. (*Ibid.*, XIII, 1873, pp. 7/15.)

— Rapport sur les éducations de vers à soie faites à la magnanerie du Jardin zoologique d'Acclimatation du Bois de Boulogne en 1866, 1867 et 1868, Par M. Jules Pinçon, chargé de la direction de la Magnanerie du Jardin d'acclimatation. (*Bull. Soc. Zool. Acclim.*, IIe Sér., VI, 1869, pp. 20/30.)

— Association anglaise pour la production de la soie, Par M. Viennot. (*Ibid.*, pp. 169/172.)

— Des espèces de Chênes dont les feuilles servent à la nourriture des Vers à soie dans le nord de la Chine. Par A. A. D. (*Ibid.*, p. 352.)

Extrait d'une communication faite à la Soc. Linéenne de Londres par le Dr Hooker au nom de M. Hance, et citée par *le Gardener's Chronicle*.

— Analyse des feuilles du Mûrier. [Faite par le baron de Liebig.] (*Ibid.*, p. 400.)

(Académie des Sciences de Munich.)

— La Sériciculture et la production de la soie dans l'Inde, Par M. P. L. Simmonds. (*Ibid.*, pp. 533/543, 594/606.)

— Note sur des éducations du *Bombyx Yama-maï*, Par M. le Comte Joseph Taverna. (*Ibid.*, pp. 680/683.)

— Educations de vers à soie en 1869, Par M. de Saulcy. (*Ibid.*, IIe Sér., VII, 1870, pp. 37/42.)

— Notes sur les Vers à soie *Yama-maï* extraites d'une lettre adressée à M. Geoffroy Saint-Hilaire, Par M. le Comte Gustave de Montebello. (*Ibid.*, pp. 150/155.)

— Note relative au parasite appelé *Ouji* destructeur des chenilles de vers à soie, Par M. Maurice Girard,... (*Ibid.*, pp. 367/377.)

— Essai d'éducation de Vers à soie japonais (*Antheroea Yama-mayu*) fait à Riga. Par Paul Voelkel. (*Ibid.*, pp. 483/485.)

— Education du Ver à soie sauvage au Japon. (*Ibid.*, pp. 619/620.)

Extr. du *Bull. Soc. Dép. Agriculture des Bouches du Rhône*, avril 1870.

— The Wild Silk Worm. (*Notes & Q. on C. & J.*, Vol. IV, by Theos. Sampson, pp. 10/2. — By Charles Piton, p. 63.)

— Enseignement de la sériciculture dans l'Empire Austro-hongrois, Mesures prises pour le développer. — Utilité de l'application à la France. — Propagation des petites éducations en sériciculture par l'enseignement théorique et pratique de la sériciculture dans les écoles primaires, Par M. Augustin Delondre... (*Bull. Soc. Zool. Acclim.*, IIe Sér., VIII, 1871, p. 348.)

(VERS À SOIE SAUVAGES.)

— Note sommaire sur l'état actuel de la sériciculture dans les cinq parties du monde, Par M. F. E. Guérin-Méneville Lue à la Société d'Acclimatation dans sa séance du 5 Janvier 1872, en présence de S. M. l'Empereur du Brésil. (*Ibid.*, IIe Sér., IX, 1872, pp. 90/97.)

— B. Comba et G. Baraldi — Expériences faites sur le *Bombyx Pernyi* dans le parc royal de la Mandria (traduction abrégée de l'italien). (*Ibid.*, pp. 705/727.)

— Observations sur l'acclimatation du ver à soie du chêne du Japon *Bombyx* (*anthèraea*) *Yama-mai* trois éducations successives réussies à Metz Par M. Ernest de Saulcy. Lettre adressée à M. le Sec. Gén. (*Ibid.*, IIe Sér., X, 1873, pp. 125/148.)

— Rapport sur les éducations des espèces séricigènes en expérience à la magnanerie du Jardin d'Acclimatation pendant le printemps et l'été de 1872 Par M. Maurice Girard... (*Ibid.*, pp. 215/230.)

— Note sur l'éclosion des vers yama-mai en 1873 Par M. E. de Saulcy. (*Ibid.*, pp. 475/481.)

— Observations sur l'éducation de l'*Attacus Yama-mai* en 1873 Lettre adressée à M. le Sec. Gén. par M. de Saulcy. (*Ibid.*, IIIe Sér., I, 1874, pp. 106/116.)

— Educations d'*Attacus Yama-mai* faites à Pontoise de 1870 à 1873 Par M. F. A. Bigot. (*Ibid.*, pp. 284/289.)

— Acclimatation de l'*Antherea Yama-maï* G. M. dans les Provinces Baltiques. Par Wilh. Carl Berg. (Traduction.) (*Ibid.*, pp. 469/478.)

— Acclimatation en Allemagne des *Attacus Yama-maï* et *Pernyi*. Par R. W. (*Ibid.*, pp. 657/8.)

— Education de l'*Attacus Yama-maï* faite à Metz en 1874 Lettre adressée à M. le Sec. Gén. Par M. de Saulcy. (*Ibid.*, pp. 672/689.)

— Deux éducations d'*Attacus Yama-maï* faites en 1873 et 1874 Par M. E. Mongrand Médecin principal de la Marine en retraite, à Saintes. (*Ibid.*, pp. 699/712.)

— Education de l'*Attacus Yama-maï*, G. Mén., à Londres, en 1874. Lettre adressée à M. le Sec. Gén... Par M. A. Wailly. (*Ibid.*, pp. 738/742.)

— * Le Cocon de Soie. Histoire de ses transformations, description des races civilisées et rustiques, production et distribution géographiques, maladies des vers à soie, physiologie du cocon et du fil de soie.

(VERS À SOIE SAUVAGES.)

Deuxième Édition. Paris, J. Rothschild, 1875.

[E. Duseigneur-Kléber.]

Notice : *Nature*, XI, 1874-75, pp. 206/7.

— Education de métis d'*Attacus Yama-maï* et *Pernyi*. Rapport présenté à la Soc. d'Acclim. Par M. F.-A. Bigot. (*Bull. Soc. Zool. Acclim.*, IIIe Sér., II, 1875, pp. 172/179.)

— Rapport sur les éducations de vers à soie de diverses espèces. Faites au Jardin d'Acclimatation du Bois de Boulogne, en 1874. Par M. Maurice Girard, Docteur ès-sciences naturelles. (*Ibid.*, pp. 300/313.)

— Les vers à soie du chêne du Japon et de la Chine dans la Lozère. Par M. Christian Le Doux. (*Ibid.*, pp. 391/401.)

— Quelques mots sur le *bombyx* (*antheroea*) *Pernyi* du nord de la Chine par Ernest Lelièvre, Bruxelles, typ. Brogniez et Vande Weghe, 3 p. in-8, s. d. (Extrait du Compte-rendu de la séance du 3 juin 1876 de la Société entomologique de Belgique).

— Quelques mots sur les vers à soie du chêne. Par M. Christian Le Doux. (*Bull. Soc. Zool. Acclim.*, IIIe Sér., III, 1876, pp. 585/590.)

— Education de l'*Attacus Yama-maï* du Japon. D'après les notes de M. F.-O. Adams, secrétaire de la légation britannique, à Yédo. Par M. Raveret-Wattel. (*Ibid.*, pp. 665/670.)

— Le Ver à soie du Chêne du Japon. (*Ibid.*, pp. 711/712.)

Extr. du *Traité de l'éducation des Vers à Soie au Japon*, par M. Léon de Rosny. — Voir col. 1520/1.

— Les auxiliaires du Ver à soie dans l'Extrême Orient. Par R. W (*Ibid.*, pp. 713/714.)

— Rapport sur des éducations d'*Attacus Yama-maï*, G. Mén. à Teschen (Silésie autrichienne) et note sur les variations de cette espèce. Par MM. J. Odstrčil et Maurice Girard. (*Ibid.*, pp. 847/850.)

— Educations de divers bombyciens séricigènes faites à Londres en 1875. Lettre adressée à M. le Sec. Gén... Par M. Alfred Wailly. (*Ibid.*, IIIe Sér., IV, 1877, pp. 9/16.)

— Educations de diverses espèces de vers à soie faites à Pontoise en 1875. Par M. F.-A. Bigot. (*Ibid.*, pp. 105/121.)

— Educations d'*Attacus Yama-mai* faites à Metz en 1875 et 1876. Lettre adressée à M. le Sec. Gén... Par M. de Saulcy. (*Ibid.*, pp. 428/444.)

— Education d'*Attacus Yama-maï* Faite à Belleville, près Thouars (Deux-Sèvres) en 1876. [Par P. Gorry-Bouteau.] (*Ibid.*, pp. 528/531.)

— Notice sur l'*Attacus Yama-maï*, G. Mén. ou ver à soie du chêne du Japon. Par M. Alphonse Bernard. (*Ibid.*, pp. 641/658.)

— Educations d'*Attacus Yama-maï* dans les propriétés de M. le Marquis de Riscal. Rapport de M. J. A. Bonafé sur les éducations faites à Alia, province de Cacères (Estramadure, Espagne). (*Ibid.*, IIIe Sér., V, 1878, pp. 29/45.)

— Relation des expériences faites en Espagne pour élever à l'air libre les *Attacus Pernyi* et *Yama-maï*. (Traduit de l'espagnol, M. N. Meyer.) Par M. Federico Pere Nueros... (*Ibid.*, IIIe Sér., VI, 1879, pp. 238.)

— Observations sur la rusticité de l'*Attacus Yama-maï*. Par M. J. B. Huin. (*Ibid.*, pp. 571/575.)

— *Attacus Yama-maï*. Education faite à Choloy (Meurthe-et-Moselle) en 1878. Par J.-B. Blaise. (*Ibid.*, pp. 602/603.)

— La Sériciculture à l'Exposition universelle de 1878. Par M. Christian Le Doux. (*Ibid.*, pp. 609/631, 678/701.)

— Tentative d'une éducation en plein air des *Attacus Pernyi* (G. Mén.) et *Cecropia* faite en 1878 à Champrosay, commune de Draveil (Seine et Oise). Par M. J. Fallou. (*Ibid.*, IIIe Sér., VII, 1880, pp. 7/10.)

— Rapport sur certains bombyciens séricigènes. Par M. Alfred Wailly, de Londres. (*Ibid.*, pp. 529/537.)

— Quelques mots sur l'*Attacus Yama-maï*. Par Hénon, curé, (*Ibid.*, pp. 618/620.)

Aussonce (Ardennes), 17 août 1879.

— Notes sur l'éducation de diverses espèces de lépidoptères séricigènes faite à Champrosay (Seine et Oise). Par M. J. Fallou. (*Ibid.*, pp. 716/725.)

— Education du ver à soie du chêne (*Attacus Yama-maï*). Par M. le Marquis de Riscal. (*Ibid.*, IIIe Sér., VIII, 1881, pp. 9/26.)

— Educations d'*Attacus Yama-maï* et *Pernyi* faites en Belgique en 1879. Filature de la soie du chêne. Par Mme Ve Simon et Fils. (*Ibid.*, pp. 113/136.)

— Essai d'éducation de plusieurs bombyciens séricigènes fait à l'air libre, à Champrosay (Seine et Oise) Par M. J. Fallou. (*Ibid.*, pp. 256/262.)

— Note sur le ver à soie du chêne au Japon, son éducation, son utilité Par M. Vidal. (*Ibid.*, pp. 329/345.)

— Rapport sur l'éducation de plusieurs espèces de vers à soie Par M. F. A. Bigot à Pontoise. (*Ibid.*, pp. 492/509.)

— Note sur les bombyciens séricigènes de l'Inde Par M. Alfred Wailly. (*Ibid.*, pp. 695/708.)

— Educations d'*Attacus Yama-maï* faites dans les Ardennes, de 1878 à 1880. Par M. l'abbé Hénon. (*Ibid.*, pp. 755/759.)

— Education bivoltine du ver à soie du chêne de Chine (*Attacus Pernyi*) faite à Paris en 1880 et observations sur la rusticité du ver à soie du chêne du Japon (*Attacus Yama-mai*) Par M. Huin. (*Ibid.*, IIIe Sér., IX, 1882, pp. 44/51.)

— Note sur des aberrations observées chez des Attaciens asiatiques élevés en Europe Par M. Maurice Girard. (*Ibid.*, pp. 658/657.)

— The Culture of Mulberry. (*N. C. Herald*, 29th June 1883, pp. 751/2; 6th July, pp. 22/23; 27th July, pp. 115/117.)

Traduction par E. H. Parker, d'un ouvrage publié quelques années auparavant par le Tao-taï Wen, de Wen-tcheou.

— « Udschimya sericaria », Rond., a Fly Parasitic on the Silk-worm. By C. Sasaki. (*Nature*, XXX, 1884, pp. 435/6.)
University of Tokio, July.

— Description of a Species of Wild-Mulberry Silkworm, allied to *Bombyx*, from Chehkiang, N. China. By F. Moore. (*Annals Nat. Hist.*, XV, 1885, pp. 491/2.)

— Catalogue raisonné des séricigènes sauvages connus Par M. Alfred Wailly. (*Bull. Soc. Zool. Acclim.*, IVe Sér., III, 1886, pp. 73/101.)

— Des origines de la soie Par A. Laboulbène Professeur à la Faculté, membre de l'Académie de médecine. (*Ibid.*, IVe Sér., V, 1888, pp. 869/876.)

— On the Management of Silk-worms. A translation from the Chinese of Tsou Tsu-t'ang. By Robert Kliene. (*China Review*, XVIII, No. 2, 1889, pp. 67/81.)

— Vers à soie sauvages de la Chine. Par Dr H. Meyners d'Estrey. (*Ibid.*, 1893, 2e Sem., pp. 86/88.)

— Les Séricigènes sauvages de la Chine par Albert A. Fauvel Ancien fonctionnaire des Douanes chinoises Correspondant du Muséum d'histoire naturelle — Publié sous les auspices du Ministère de l'Instruction publique et des Beaux-Arts (Comité des Travaux historiques et scientifiques, section de Géographie historique et descriptive). Paris, Ernest Leroux, 1895, in-4, pp. 152 + 2 ff. n. c. p. l. tab. et l. liste des ouvrages de l'auteur.

— Les Séricigènes sauvages de la Chine par M. A. Fauvel... (*Rev. des Sc. nat. appliquées pub. par la Soc. d'Acclimatation*, 42e année, No. 11. — 5 Juin 1895, pp. 477/484.)

— Les Séricigènes sauvages de la Chine. (D'après M. Fauvel.) (*Bul. Soc. Géog. Com.*, Paris, XVII, 1895, pp. 366/8.)

— The wild Silk Worms of the Province of Shantung, By A. Fauvel. (*The China Review*, VI, 1877, pp. 89/107.)

Tirage à part : Hong-kong, Printed at the « China Mail » Office, 1877, br. in-8 à 2 col., pp. 23.

(Vers à soie sauvages.)

— Des Vers à soie sauvages de la Province de Shan tong par le R. P. C. Rathouis, S. J. (*Etudes religieuses*, 22e année, VIe Série, I, 1878, pp. 559/572; *La Décentralisation*, Lyon, 8 juillet 1878.)

Analyse de l'article de M. Fauvel.

— Les vers à soie sauvages de la Chine. Par E. Giret. (*Rev. Indo-chinoise*, No. 91, 30 juillet 1900, pp. 729/730.)

— The Japanese and Chinese Oak-silk Spinner : their life and cultivation (*Attacus Jama-mâi* and *Bombyx Pernyi*). By Mr. L. North-Szigetváry, of Newchwang. Based upon the work of the Rev. William Netz, Dierdorf, Neuwied, Germany. With additions from personal observations by the Author. (*Jour. Manchester Geog. Soc.*, X, 1894, pp. 183/193.)

— Die Seidencultur in China. (Specialbericht des k. und k. General-Consulates in Shanghai.) (*Oest. Monats. f. d. Orient*, Wien, 1898, pp. 123/129.)

— Educations de Bombyciens séricigènes faites en 1901 Par L. Cézard. (*Bull. Soc. Accl.*, 1902, pp. 10/16.)

— Educations de Bombyciens séricigènes en 1902 par Léonce Cézard. (*Ibid.*, pp. 382/386.).

Riz 稻子 *Tao tseu.*

— Essai sur la culture du riz sec de la Chine (*riso secco cinese*), Traduit de l'Italien du Docteur J. Gussone, Directeur du Jardin botanique de Sa Majesté le roi de Naples, à Boccadifalco (Sicile). — Naples 1826. — Paris, Gaultier-Laguionie — Mai 1827, br. in-8, pp. 23.

— De la culture du riz en Chine, par M. Renard, l'un des délégués du Commerce. (*Bul. Soc. Géog.*, Mai 1854, pp. 313/320.)

— Rice : its varieties; mode of cultivation, reaping, thrashing, husking, and bolting; public storehouses, and foreign importation. By S. W. Williams. (*Chin. Rep.*, III, pp. 231/234.)

Réimp. dans *The Cycle*, 7th Jan. 1871.

— Hygiène. — Régime des cultivateurs de riz en Chine; lettre de M. Stanislas Julien, membre de l'Ac. des Insc. et B. Lettres. (*Comptes rend. hebd. de l'Ac. des Sc.*, IV, 1837, pp. 796/7.)

Cette note comprend une lettre de l'abbé Voisin, pendant huit années, missionnaire en Chine. [Voir col. 1151.]

— Economie agricole. — Riz qui se cultive à sec dans la Mongolie. — Extrait d'une Lettre de M. Stanislas Julien. (*Ctes. rendus de l'Ac. des Sc.*, XIV, 1842, pp. 40/42.)

(Riz.)

— Le riz impérial ou odoriférant par I. Gochkevicz. (*Trav. de la Mission russe*, voir col. 1350) (en russe).

— Mémoire sur le riz sec, traduit en partie de l'Encyclopédie Cheou-chi-tong-kao (Livre 20). Par Eugène Herman de Méritens. Membre de la Société Asiatique et de la Société Zoologique d'Acclimatation. (*Bull. Soc. Zool. Acclim.*, II, 1855, pp. 275/289.)

— Sur le riz au Japon et sur quelques autres végétaux du même pays. Lettre adressée à M. le Président... Par M. von Siebold. (*Ibid.*, V, 1858, pp. 125/126.)

— Notices sur le riz sec, les *rhus vernicifera et succedanea*, et sur les plantes papyrifères du Japon, Par MM. Tanaka et Yekoussima Botanistes japonais. (*Ibid.*, IIe Sér., IV, 1867, pp. 339/343.)

— Culture du riz sec de Chine, lettre adressée à M. A. Geoffroy Saint-Hilaire, Par M. H. Lunel. (*Ibid.*, IIe Sér., VII, 1870, pp. 454/461.)

— Riz sec de la Chine. (Variété sans barbe.) Par le Dr Mène. (*Ibid.*, IIe Sér., X, 1873, pp. 161/162.)

— Aqua-Husbandry, Floating gardens and rice fields in China. By D. J. Macgowan. (*China Review*, XVII, No. 3, pp. 135/137.)

— Sur le Riz de montagne. Extrait d'une lettre de M. Gauthier, datée de Keit-yong (Mission de Canton), 5 février 1883, à M. le Prés. de la Soc. (*Bull. Soc. Zool. Acclim.*, IIIe Sér., X, 1883, pp. 558/560.)

Cire végétale.

— Mémoire sur la cire d'arbre, envoyée de la province de Hou-quang, par le P. Chanseaume, de la Cie. de Jesus. (*Let. éd.*, XXIII, pp. 146/154.)

— Uses of the *Stillingia sebifera* or Tallow tree, with a notice of the Pe-la or Insect-wax of China. By D. J. Macgowan, M. D. Ningpo, August 1850. (*Journal of the Agricultural and Horticultural Society of India*, Vol. VII. — Réimp. dans *The Chinese Repository*, XX, pp. 422/6 ; et dans *The Shanghae Almanac for 1853 and Miscel.*)

— D. J. Macgowan. The Tallow Tree (*Stillingia Sebifera*) and its uses. (*Pharmaceut. Journ.*, 1872, p. 1034.)

— *Notes & Q. on C. & J.* : II ; Theos. Sampson, p. 76. — D. B. Mac Cartee, p. 76. — K., p. 77. — A., p. 77. — M. J. Knowlton, p. 112. — IV ; X., p. 5. — H. F. Hance, p. 27. — L., p. 64.

— Economie rurale. — Nouveaux renseignements sur la cire d'arbres et sur les insectes qui la produisent, etc. Extraits des auteurs chinois ; par M. Stanislas Julien. (*Ctes. rend. de l'Ac. des Sciences*, X, 1840, pp. 618/625.)

Froriep, *Notizien*, XIV, col. 68-72. — *Rev. de l'Or. et de l'Algérie*, Nlle. Série, V, 1857, pp. 218/223.

Voir également dans le même volume des *Ctes. rendus* :

— Economie rurale. — Sur une substance grasse produite par des insectes, et désignée en Chine sous le nom de cire d'arbre. — Lettre de M. Stanislas Julien à M. Arago, pp. 550/551.)

C'est un extrait de la *Description* de Grosier, in-4, p. 326.

— Note on the « Flata Limbata », and the White Wax of China. By Capt. Thomas Hutton, B. N. I. (*Jour. As. Soc. Bengal*, XII, Pt. II, 1843, pp. 898/903.)

— De la Cire d'arbre et des insectes qui la produisent, par A. Hugo. (*Rev. de l'Orient*, V, 1844, pp. 66/8.)

Rédigé en partie d'après le mémoire de S. Julien à l'Ac. des Sciences.

— О растительномъ воскѣ въ Китаѣ. La cire végétale en Chine par M. C. Skatchkov. 1851.

— О растительномъ салѣ въ Китаѣ. Le suif végétal en Chine par le même. 1851.

Ces deux articles ont paru dans le *Journal d'économie rurale russe*.

— Daniel Hanbury. On the Insect-White-Wax of China. (*Pharmaceut. Journ.*, XII, 1853, pp. 476/482 ; *Erdm. Journ. Prak. Chem.*, LX, 1853, pp. 434/436 ; *Journ. de Pharm.*, XXIV, 1853, pp. 136/142.)

— Note of a Specimen of Insect-Wax from China. [1856.] (*Linn. Soc. Journ., Zool.*, I, 1857, pp. 103/104.)

— Note on Insects producing Wax from Port Natal and China. By J. O. Westwood. (*Ibid.*, p. 104.)

— Cera da China. Coimbra, Instituto, II, 1854, pp. 201/2.

— Renseignements sur la cire végétale de la Chine et sur les insectes qui la produisent. (*Bull. Soc. Zool. Acclim.*, IIe Sér., I, 1864, pp. 225/228.)

Réimp. de S. Julien dans la *Rev. de l'Orient, de l'Algérie et des Colonies*, 1857.

— Etude sur le *Coccus Pé-la*, par le P. C. Rathouis. (*Mém. conc. l'Hist. Nat.*, 1880, voir col. 420.)

— Lettre du P. Gennini, de Lou-y-hien [Ho-nan], 24 juin 1877. (*Miss. Cath.*, X, pp. 2/3.)

Sur la cire blanche d'insectes (*pe-la*).

— La graisse de l'arbre à suif de la Chine. (*Ann. de l'Ext. Orient*, 1882-1883, V, p. 350.)

— Insect Wax. (*China Review*, X, p. 72.)

— The Wax Insect. By E. H. Parker. (*Ibid.*, XIV, pp. 49/50.)

— Chinese Insect White Wax. (Chap. XI, A. Hosie, *Three years in Western China*, 1890.)

— Chinese Insect-Wax. By R. McLachlan. (*Nature*, XXXII, 1885, p. 6.)

— L'insecte à cire de la Chine. Par J. P. (*Bull. Soc. Accl.*, 1891, 2e sem., pp. 313/315.)

— Chinese White Wax. (*Kew Bull.*, 1893, pp. 84/111.)

Comprend : Letter from Wm. M. Cooper, Ningpo, June 20th, 1884, pp. 86/90. — Report on the Production of White Wax in Ssŭ-ch'uan. By E. Colborne Baber, pp. 90/7. — Insect White Wax. By Alex. Hosie, pp. 97/101. — Notes on the Production of Insect White Wax in China. By S. W. Bushell, pp. 101/7. — Report on the Production of Insect or White Wax in the Province of Anhui. By B. C. George Scott, pp. 108/111.

— Notes on the Production of Insect White Wax in China. By S. W. Bushell. (*Kew Bulletin*, 1893, pp. 101/107.)

— Report on the Production of Insect or White Wax in the Province of An-hui. By B. C. G. Scott. (*Ibid.*, pp. 108/111.)

Wu-hu, Oct. 23, 1884.

— La Cire végétale du Japon. Par M. V.-B. (*Bull. Soc. Accl.*, 1894, 1er sem., pp. 139/140.)

— Étude sur la cire végétale de la région du haut fleuve Rouge. Par Messier. (*Rev. Indo-chinoise*, No. 59, 4 déc. 1899, pp. 787/8.)

— L'arbre à cire du Japon. Par Jacquet. (*Ibid.*, No. 67, 29 janvier 1900, p. 129.)

Vert de Chine.

— Over de bereiding en het gebruik der Groene Chinesche verfst of Lo kaô (Groene koek). Door Ch. F. M. de Grijs. (Date Amoy, 30 Mei 1857.)

Suivi de :

— Verdere bijzonderheden over het Chinesche Groen Lo kaô. Medegedeeld door Prof. S. Bleekrode. (*De Volksvlijt*, 1856, 410 en 418.)

Voir *infra*.

— Le Vert de Chine, par le P. Hélot. (*Études de Théologie, de Philosophie et d'Histoire.* [Paris, 1857], t. I, pp. 442—58. — *Journal des Débats*, 13 juillet 1857.)

— Nouvelles recherches sur le Vert de Chine. (*Études de Théologie...* t. 3, pp. 485-493.)

— Note sur une couleur verte, connue en Chine sous le nom de Lo-kao, renfermant la description des procédés des fabriques de Azé, dans le Tche-kiang. (Relation du R. P. Hélot, S. J., aux Prés. de l'Œuvre de la Prop. de la Foi.) (*Annales de la Prop. de la Foi*, XXIX, 1857, pp. 142/157.)

— Joseph Decaisne. Note sur les deux espèces de Nerprun. (*Rhamnus chlorophorus* et *R. utilis*) qui fournissent le Vert de Chine. (*Comptes Rendus*, XLIV, 1857, pp. 1140/1.)

— Note upon a green dye from China. By Daniel Hanbury. (*Pharmaceut. Jour.*, XVI, 1857, pp. 213/4.)

— Chambre de commerce de Lyon. Notice du Vert de Chine et de la teinture en vert chez les Chinois par M. Natalis Rondot, Ancien délégué commercial attaché à l'ambassade en Chine, Président de classe au Jury international de l'Exposition universelle de 1855, suivie d'une Etude des propriétés chimiques et tinctoriales du *Lo-kao* par M. J. Persoz, Professeur au Conservatoire impérial des Arts et Métiers Directeur de la Condition publique des soies et de Recherches sur la matière colorante des Nerpruns indigènes par M. A.-F. Michel, Membre de la Chambre de commerce de Lyon. Imprimé par ordre de la Chambre. Paris, Typographie de Ch. Lahure & Cie., 1858, in-4, pp. 207.

Notice : *N. C. Herald*, Aug. 14, 1858, No. 420.

— * Het chinesche Groen *lo-kaô* door Natalis Rondot, te Parijs. Medegedeeld door Prof. S. Bleekrode. (2 échantillons.) Amsterdam, s. d. (1858), br. gr. in-8, pp. 26.

Voir *supra*.

— Natalis Rondot. — The green dye of China, and green dyeing of the Chinese. (*India, Agric. Soc. Journ.*, X, 1859, pp. 275/338 ; XI, pp. 139/178.)

— * The green dye of China, and green dyeing of the Chinese ; by Monsieur Natalis Rondot, with sundry papers on the same subject by other authors : translated from the French by Henry Cope, Esq. Calcutta : 1859, in-8.

— * Het Chinesche plantengroen *lokao*, bereid uit een' inlandschen heester, den zaagbladigen wegedoorn of den Rhijnbeziëndoorn (*Rhamnus Catharticus*) door Felix Charvin te Lyon. (Ingezonden van wege de Kamer van Koophandel te Lyon door den Heer Natalis Rondot.) Te Rotterdam, 1860, br. gr. in-8, pp. 20 ; gravure.

— Ueber das chinesische Grün oder Lo-kao von Rondot. S. l. n. d. (1858). Broch. in-8, pp. 24.

— Over het Chineesch Groen of Lu-kao, door Dr. C. Löffler. (*Tijdschrift von Nijverheid* te Haarlem, 1861, pp. 185/268.)

— Fabrication du Vert de Chine à Han-Keou (Chine), Par M. Paul Champion. (*Bull. Soc. Zool. Acclim.*, IIe Sér., III, 1866, pp. 345/348.)

Cf. P. Champion, *Ind. anciennes et modernes de l'Emp. chinois*, pp. 97/101.

Coton 棉花

— « Sur les Cotonniers ». (*Mém. conc. les Chinois*, II, pp. 602/22, par le P. Cibot.)

— Voir « Gen. Descrip. of Shanghae » dans le *Chinese Miscellany*, pp. 52/67.)

— Cotton in China By D. B. Robertson, Esq., H. B. M. Consul at Shanghai. Read before the Society, July 19th, 1859. (Art. IV, *Journ. N. C. B. R. A. S.*, No. III, Dec. 1859, pp. 302/308.)

— Note sur la culture du coton dans le Hou-pé Par M. P. Dabry. (*Bull. Soc. Zool. Acclim.*, X, 1863, p. 567.)

— Directions for the Cultivation of Cotton, especially in the District of Shanghai. Translated from the 農政全書 *Nung Ching Ts'iuen-shu*, or Encyclopaedia of Agriculture. Chap. xxxv. By *** (C. Shaw). (*Ch. Rep.*, XVIII, pp. 449/69.) (*Ch. & Jap. Rep.*, Dec. 1864.)

Cet ouvrage est de Siu Kouang-k'i.

— The Cultivation of Cotton in Shanghai. (*Ibid.*, Jan. 1865.)

— W. F. Mayers, dans *Notes & Q. on C. & J.*, II, pp. 72/4, 94/5.

— Extract from a Chinese Botanical Work, or Herbal, entitled *Kuen-fang-poo*; Volume 10th, pp. 117/185. (App. III, pp. 249/257, *Narrative of a Chinese Embassy*, Lond., by Staunton.)

Cet ext. comprend : On the character, culture, and uses of the annual herbaceous Cotton plant. — Further Observations on the culture of the herbaceous Cotton plant, extracted from the same work.

— Cotton in China. By E. H. Parker. (*China Review*, XV, p. 189.)

— Cotton in China. By E. H. Parker. (*Ibid.*, XVII, No. 6, pp. 355/356.)

— L'industria del cotone in Cina. (*Geografia per tutti*, III, 1893, pp. 279/280.)

— Die Baumwollkultur in China. Von Ws. (*Deutsche Kolonialzeitung*, 1. August 1901, p. 307.)

— Le Coton Monographie Culture — Histoire économique par Henri Lecomte Agrégé de l'Université... Paris, Georges Carré et C. Naud, 1900, in-8, pp. VIII-491.

I[e] Partie : Chap. XIII. — La production du coton en Asie : Chine, Corée, Japon, Etablissements français de l'Inde ; Indo-Chine, Annam, Cambodge, p. 204.

IIe Partie : Chap. X. — L'industrie du coton en Chine et au Japon, p. 464.

Camphre 潮腦 *Tch'ao-nao* ou 樟腦 *Tchang-nao*, Camphrier, *Camphora officinarum, Laurus camphora.*

— P. d'Entrecolles, *Let. éd.*, XII.

— Daniel Hanbury. — On a peculiar camphor from China. (*Pharmaceut. Jour.*, 4, 1874, pp. 709/710.)

— Der Kampferbaum von Dr. E. Grasmann. (*Mitt. d. Deutsch. Ges. f. Nat. u. Völk. Ost. in Tokio*, Bd. VI, Heft 56, Oct. 1895, pp. 277/315.)

— Camphor. By W. B. H. (*Nature*, LIV, 1896, p. 116.)

— Camphor (*Cinnamomum Camphora*, Nees). (*Kew Bulletin*, 1899, pp. 57/68.)

— Le Camphre en Extrême-Orient. (*Bulletin économique de l'Indo-Chine*, 1er déc. 1900, pp. 731/737, par R. B.)

Renseignements puisés dans le *Tropical Agriculturist* et les rapports consulaires de Formose et du Japon.

Camphrier = *cinnamomum camphora.*

— La production du Camphre dans l'île de Formose. (*Bull. Soc. Accl.*, 1901, pp. 123/125.)

Extr. de *Agricultural Journal of the Cape of Good Hope.*

Chou du Chan-Toung, *Brassica chinensis*, Linn., *Pe ts'aï* 白菜.

— Notice sur le Petsai. Par M. Dabry. (*Bul. Soc. Zool. d'Accl.*, IX, 1862, p. 232.)

— Le Chou de Chang-tong. Extrait d'une lettre de M. de Montigny, en date du 20 août 1864. (*Ibid.*, IIe Sér., I, 1864, p. 620.)

— Note sur la culture du Pé-tsai aux îles Maurice et de Bourbon, par M. Breon. (*Bul. Soc. Cent. d'Horticulture de France*, Vol. XXIII, p. 142.)

— Productions de la Chine, par M. l'Abbé A. David. (*Bul. Soc. Accl.*, 2e Sér., II, p. 237.)

— Vegetable Garden By MM. Vilmorin-Andrieux. London, John Murray, 1885, p. 146.

— Shantung Cabbage. (*Brassica chinensis*, L.) (*Kew Bul.*, 1888, pp. 137/8.)

— D. Bois. — Présentation du Pé-tsai ou Chou de Chine. *Brassica chinensis*, L. (*Bul. Muséum d'Hist. nat.*, 1904, No. 7, pp. 512/4.)

Safran.

— Note sur la culture du safran, Par M. H. Dumesnil. (*Bull. Soc. Zool. Acclim.*, IIe Sér., VI, 1869, pp. 205/215.)

— La culture des safrans étrangers introduits en France par la Société d'Acclimatation. Par M. P. Chappellier. (*Ibid.*, IIIe Sér., I, 1874, pp. 356/358.)

Bois.

— Afforestation in China. (*Nature*, XXXIX, 1888-89, pp. 593/594.)

A propos d'une proclamation du vice-roi Li Houng-tchang.

— Les bois industriels indigènes et exotiques Par Jules Grisard et Maximilien Vanden-Berghe. (*Bull. Soc. Accl.*, 1891, pp. 39/47; 201/214; 427/444; 608/623; 820/836; *ibid.*, 2e sem., 126/142; 296/308; 450/459; 542/553; *ibid.*, 1892, 1er sem., pp. 93/108; 310/324; 583/595; 2e sem., pp. 79/93; 286/294; 424/438; 517/533; *ibid.*, 1893, pp. 28/42; 124/135; 268/279; 512/523; 2e sem., 29/42; 121/132; 212/228; 316/331; 408/421; 503/518; *ibid.*, 1894, pp. 67/82; 162/177; 311/326; 451/466; 540/551; 2e sem., pp. 73/87; 172/186; 312/327; 403/418; 540/553.)

— * Les Bois industriels indigènes et exotiques, par MM. Jules Grisard et Maximilien Vanden-Berghe, 2e édition, tome premier. Gr. in-8 de 380 pages. Au siège de la Soc. nat. d'Acclimatation.

Notice : *Bull. Soc. Accl.*, 1893, 2e sem., p. 95, par J. D.

— L'exploitation des bois au Yunnan. Par A. François. (*Bul. Soc. Géog. Com. Paris*, XXVI, 1904, pp. 522/7.)

— L'exploitation des bois au Yun-Nan. Par P. F. (*La Géographie*, 15 Janvier 1905, p. 54.)

D'après A. François.

Persicaire.

— La Persicaire de Sakhalin (*Polygonum Sacchalinense*). Par Charles Baltet, horticulteur à Troyes. (*Bull. Soc. Accl.*, 1893, 2e Sem., pp. 139/140.)

— Meilleur Mode de plantation de la Persicaire de Sakhalin. Par Charles Baltet. (*Ibid.*, 1894, pp. 188/190.)

— La Persicaire géante. (*Ibid.*, pp. 284/286.)

— Le *Polygonum Saccalinense* aux Indes. (*Ibid.*, p. 382.)

Ext. de la *Revue horticole.*

Luzerne.

— Agriculture chinoise. — Notice sur la Plante 苜蓿 *Mou-sou* ou Luzerne chinoise (*Medicago Sativa*) par M. Constantin de Skattschkoff, suivie d'une autre notice sur la même plante traduite du chinois par M. G. Pauthier. Paris, Ve B. Duprat, 1864, br. in-8, pp. 16.

Extr. de la *Revue de l'Orient, de l'Algérie et des Colonies*, juillet-août 1864, pp. 69/77.

SOYA.

— Voir col. 1481, 1538 et 1540.

— Le Soja aux îles de la Sonde. Par J. P. (*Bull. Soc. Accl.*, 1891, 2e sem., p. 462.)

— Les Sojas et le pain des diabétiques Par le Dr. A. Menudier... (*Ibid.*, 1891, pp. 546/551.)

MOUTONS.

— Projet d'importation en Australie de la race des Moutons Ong-ti, de Chine. Note communiquée par M. Ramel. (*Bull. Soc. Zool. Acclim.*, IX, 1862, pp. 441/442.)

— Nouveaux renseignements sur les moutons de la race chinoise nommée *Ong-ti*. (*Ibid.*, pp. 570/571.)

— Description des moutons de Chine envoyés à Son Altesse Royale le Prince Albert Par M. Rutherford - Alcock, Esq., H. M. Vice-consul à Chang-haï, présentés par M. H. R. H. à la Société Zoologique en Avril 1855, Par M. A. D. Bartlett, Esq. (*Ibid.*, pp. 929/932.)

— Sur la fécondité de certaines races de moutons chinois, Par M. Frédéric Jacquemart. (*Ibid.*, X, 1863, pp. 423/427.)

— Note sur différentes espèces de moutons de Chine Par M. Stanislas Julien, Membre de l'Institut. (*Ibid.*, pp. 597/599.)

— Croisement d'une race de moutons chinois avec des brebis mérinos, Par M. Teyssier des Farges. (*Ibid.*, IIe Sér., II, 1865, pp. 19/24.)

— Le Hwang-Yang ou mouton jaune de Mongolie. Par A. A. D. (*Ibid.*, IIe Sér., VI, 1869, pp. 271/2.)

— Note sur les moutons chinois prolifiques (Moutons Ong-ti). Par M. Ponsard d'Omey (Marne). (*Ibid.*, IVe Sér., III, 1886, pp. 241/243.)

— Sur les Moutons chinois prolifiques (Moutons Ong-ti). Par Fuzier-Herman. (*Ibid.*, IVe Sér., IV, 1887, p. 62.)

POULES.

— Sur l'éducation et les avantages de la poule de Cochinchine, lettre adressée à M. Florent Prévost, Par Madame A. Passy. (*Bull. Soc. Zool. Acclim.*, I, 1854, pp. 166/176.)

— Sur l'origine des poules dites de Cochinchine. Extrait de deux lettres de M. le Vice-amiral comte Cécille, sénateur. (*Ibid.*, VII, 1860, pp. 61/62.)

— Poules cochinchinoises. Par J. L. S. (*Ibid.*, IIe Sér., VIII, 1871, pp. 399/400.)

— Les Volailles Langshan. Par P. Pichot. (*Ibid.*, IIIe Sér., III, 1876, p. 324.)

— L'élevage des Poules en Extrême-Orient. Par Dr Meyners d'Estrey. (*Ibid.*, 1894, 2e Sem., pp. 283/284.)

CANARDS.

— Letter describing the manner of hatching ducks in China. [By Joseph Wilson.] (*Narrative of the expedition... under... Commodore Perry...* Vol. II, Washington, 1856, pp. 249/252.)

— Incubation artificielle des Canards en Chine. [Lettre de M. J. Wilson adressée à M. le Docteur Williams.] (*Bull. Soc. Zool. Acclim.*, IIe Sér., II, 1865, pp. 138/9.)

— Sur l'incubation artificielle en Chine, Par M. P. Dabry, Consul de France à Han-Keou. (*Ibid.*, pp. 394/400.)

(SOYA. — MOUTONS. — POULES. — CANARDS.)

HORTICULTURE.

— Essai sur les Jardins de plaisance des Chinois. (*Mém. conc. les Chinois*, VIII, pp. 301/6.) Par le P. Cibot.

Réimp. par Delatour, pp 97/244 de son recueil de 1803. (Voir col. 59.)

— Serres chinoises. (*Ibid.*, III, pp. 423/437.) Par le P. Cibot.

— Jardins de l'Empereur près de Pe king. (Voir col. 222, *Let. du F. Attiret.*)

— A Dissertation on Oriental Gardening by Sr William Chambers, Knt.-Comptroller General of his Majesty's Works. London : Printed by W. Griffin,... 1772, in-4, pp. 94 + 1 f. n. ch. er.

Titre et déd. gravés.

— A Dissertation on Oriental Gardening; by Sr William Chambers, Comptroller General of His Majesty's Works, &c. — The Second Edition, with Additions. — To which is annexed, An Explanatory Discourse, by Tan Chet-qua, of Quang-chew-fu, Gent. — London : Printed by W. Griffin... 1773, in-4, pp. XI-163.

— An Heroic Epistle to Sir William Chambers, Knight-Comptroller General of His Majesty's Works, And Author of a late Dissertation on Oriental Gardening. Enriched with explanatory Notes, chiefly extracted from that elaborate Performance. The Thirteenth Edition. — London : Printed for J. Almon, MDCCLXXIV, in-4, pp. 16.

— Ueber die Orientalische Gartenkunst. Eine Abhandlung aus dem Englischen des herrn William Chambers. Gotha, Carl Wilhelm Ettinger, 1775, in-8, pp. 80.

— Dissertation sur le Jardinage de l'Orient. Par Mr. de Chambers, Chevalier de l'Etoile polaire, Controlleur général des Bâtimens du Roi, Architecte de la Reine, &c. Ouvrage traduit de l'Anglais, avec plusieurs additions fournies par l'auteur. A Londres : chez G. Griffin... MDCCLXXII, in-4, pp. 85 + 1 f. er.

Langlès (489), Fr. 10.95. — Duprat, 1861, Fr. 6. — Thonnelier (934), Fr. 1.50.

— Of the Art of laying out Gardens among the Chinese, by Mr. Chambers, architect. (Dodsley's *Miscellaneous Pieces*, Vol. II, voir col. 53.)

— Buc'hoz. Collection précieuse et enluminée des Fleurs... (Voir col. 444/5.)

— * Grohmann... Recueil d'idées nouvelles pour la décoration des jardins et des parcs dans le goût anglois, gothique, chinois, etc. Leipzig, 1799, 3 vol. in-4. *350 planches noires ou coloriées.*

(HORTICULTURE.)

JOHN LIVINGSTONE.

— Account of a method of ripening seeds in a wet season; with some notices on the cultivation of certain vegetables and plants in China. [1818.] (*Hortic. Soc. Trans.*, III, 1820, pp. 183/6.)

— Observations on the difficulties which have existed in the transportation of plants from China to England, and suggestions for obviating them. [1819.] (*Ibid.*, III, 1820, pp. 421/9.)

— Account of the method of dwarfing trees and shrubs, as practised by the Chinese. [1820.] (*Ibid.*, IV, 1822, pp. 224/231.)

— On the state of Chinese Horticulture and Agriculture; with an account of several esculent vegetables used in China. [1821.] (*Ibid.*, V, 1824, pp. 49/56.)

— On « Grafting » see *Notes and Queries on C. & J.*, Vol. IV, Art. 8 by K. — Art. 44 by Caecus.

— The Chrysanthemum. By Thos Child. (*Nature*, XLIII, 1890-91, p. 56.)

— Vruchtboomen kunstmatig on der bescherming van mieren buiten onze Archipele door J. J. M. de Groot. (*Bijd. Taal-, L. Volk. Ned. Ind.*, 1899, p. 200.)

— Miroir des Fleurs. Guide pratique du Jardinier amateur en Chine au XVIIe siècle, traduit du chinois par J. Halphen, ancien élève de l'École Polytechnique. Paris, Plon, 1900, pet. in-8, pp. 280.

— When the Peach Competes with the Plum. By George A. Clayton. (*East of Asia*, Vol. 2, No. 3, Oct. 1903, pp. 217/222.)

PISCICULTURE.

— Eugène Simon. Rapport sur la pêche et la pisciculture dans la Chine. (*Moniteur Universel*, 24 sept. 1861.)

— * Piscicultuur der Chinezen, vertaald uit het « Wonderbare boek om rijk te worden », Deel II, Sect. 3, Hfdstk. 2. (*Tijdschrift van Landbouw en Nijverheid*, Batavia, 1863.) Par G. Schlegel.

D'après le 致富奇書.

— Rapport et observations sur l'accouplement d'une espèce de poisson de Chine, Par M. Carbonnier. (*Bull. Soc. Zool. Acclim.*, IIe Sér., VI, 1869, pp. 408/414.)

— La pisciculture son rôle dans les eaux douces, ses prétentions dans les eaux salées. Par le Dr Turrel. (*Ibid.*, IX, 1872, pp. 465/485.)

— Pisciculture et élevage des animaux domestiques en Chine. (*Ibid.*, IIIe Sér., I, 1874, p. 791.)

Extr. du *Journal Officiel*.

— La pêche et la pisciculture dans l'Extrême Orient Par M. Edouard Renard Ancien délégué du Commerce en Chine. (*Bull. Soc. Zool. Acclim.*, IIIe Sér., II, 1875, pp. 281/299.)

— Notes on Pisciculture in Kiangsi. (*Land and Water*, 30th October 1875.) By H. Kopsch.

Réimp. dans *The N. C. Daily News*, 19 janv. 1876; et le *N.-C. Herald*, 20 janv. 1876, pp. 62/3.

— Note sur l'ostréiculture en Chine Par M. Prosper Giquel. (Traduit du chinois.) (*Bull. Soc. Zool. Acclim.*, IIIe Sér., V, 1878, pp. 153/154.)

Tirage à part.

— L'ostréiculture et la pêche en Chine, par Charles. Simond; 4 p. dans le no. 91 de la *Biblioth. ill. des Voyages autour du Monde*, Paris, Plon.

— Gold Fish Cultivation (金魚 *Kin Yü*, Gold Fish), by W. F. Mayers. (*Notes and Queries on C. & J.*, Vol. II, pp. 123/124.)

— Les Poissons d'aquarium Conférence faite à la Société nationale d'Acclimatation le 24 Avril 1891 Par M. Léon Vaillant. (*Bull. Soc. Accl.*, 1892, pp. 466/477, 535/547.)

— Sur les monstruosités du Cyprin doré de la Chine et la reproduction au Muséum de la Variété dite Telescope Par M. Léon Vaillant, Professeur au Muséum. (*Ibid.*, 1893, pp. 488/498.)

Carassius auratus, LINNÉ.

— Histoire du poisson doré (*Carassius Auratus* L.) Par M. de Schaeck. (*Ibid.*, 2e Sem., pp. 111/120, 168/178.)

— Note sur la Pisciculture en Chine Par M. P. Dabry. (*Bull. Soc. Zool. Acclim.*, X, 1863, pp. 556/566.)

— Note sur la Pisciculture en Chine par P. Dabry. (*Revue maritime et coloniale*, X, 1864, pp. 243/252.)

— La Pisciculture en Chine, Par M. Dabry de Thiersant, Consul de France en Chine. (*Bull. Soc. Zool. Acclim.*, IIe Sér., IX, 1872, pp. XXVIII/XXXIX.)

— La Pisciculture en Chine, par M. Dabry de Thiersant, Consul de France en Chine. Extrait du *Bulletin de la Société d'Acclimatation* (No. d'avril 1872). Paris, Martinet, 1875, br. in-8, pp. 12.

— La Pisciculture et la Pêche en Chine par P. Dabry de Thiersant, Consul de France, Membre honoraire de la Société d'acclimatation. — Ouvrage accompagné de 51 Planches Représentant les principaux instruments de pisciculture et engins de pêche employés par les Chinois et quelques nouvelles espèces de poissons recueillies en Chine par P. D. de Thiersant précédé d'une introduction sur la pisciculture chez les divers peuples par le Dr. J. L. Soubeiran, Professeur agrégé à l'Ecole de pharmacie de Paris, Secrétaire de la Société d'acclimatation. Paris, G. Masson, 1872, gr. in-4, pp. IX-196. Publ. à Fr. 40.

Dans une note (*Annals and Mag. Nat. Hist.*, 6 S., I, 1888, p. 429, note) le Dr. A. Gunther, Keeper of the Zoological Department, British Museum, écrit : « I regret not to be able to make use of the notes on Chinese Fishes in *La Pisciculture et la Pêche en Chine par P. Dabry de Thiersant*, as the figures as well as the accompanying notes are the work of persons not conversant with the rudiments of descriptive ichthyology, and as likely to lead to misconceptions as to assist in the determination of the species. »

— Ostriculture in China. By Dabry de Thiersant. (*China Review*, IV, 1875, pp. 38/42.)

— Pisciculture en Chine et au Japon. (No. 10, *l'Explorateur*, Vol. I, 1875.)

— Promenades d'un naturaliste dans l'archipel des Chusan et sur les côtes du Chekiang (Chine), par Mr Albert Auguste Fauvel... Cherbourg, 1880, in-8. — Voir col. 255.

— Special Catalogue of the Ningpo Collection of Exhibits for the *International Fishery Exhibition*. — Berlin 1880. Preceded by a Description of the Fisheries of Ningpo and the Chusan Archipelago with version in French [A. A. Fauvel] and German [J. Neumann]. Published by Order of the Inspector General of the Chinese Imperial Maritime Customs. Shanghai, Statistical Department of the Inspectorate General. M. DCCC. LXXX, in-4.

— China. — Imperial Maritime Customs. — III. — Miscellaneous Series : No. 11. — Special Catalogue of the Chinese Collection of Exhibits for the *International Fisheries Exhibition*, London, 1883. — Published by order of the Inspector General of Customs. — Shanghai : Statistical Department... M DCCC LXXXIII, in-4, pp. IX-75-10.

— La Chine des poissons. (*La Chine inconnue*, par M. Jametel, pp. 155/213.)

— Eastern Asia at the Fisheries Exhibition. (*Nature*, XXVIII, 1883, pp. 150/1.)

— Rapport sur la situation de la pisciculture à l'étranger... Par M. C. Raveret-Wattel... Chine. (*Bull. Soc. Zool. Acclim.*, IIIe Sér., IX, 1882, pp. 522/528.)

— La pisciculture au Japon. Par Raveret-Wattel. (*Ibid.*, IVe Sér., II, 1885, pp. 538/541.)

Industries diverses.

Divers.

On trouvera dans les *Mémoires concernant les Chinois* des articles sur diverses industries :

Vol. V, pp. 467 et seq. : «Vin, Eau-de-vie, et Vinaigre de Chine» [par le P. Cibot].

Vol. V, pp. 495/504 : «Teinture chinoise» [par le P. Cibot].

Vol. VIII, pp. 275/277 : «Notice sur la Poterie de Chine» [par le P. Cibot].

Vol. XI, pp. 73/77 : «Préparation du petit Indigo (*Siao lan*). [Voir sur la préparation de l'Indigo, *The Canton Register*. Vol. IV, 1831, p. 40.]

Vol. XI, pp. 351/352 : «Notice sur un Papier doré sans or, par feu M. Colas, Miss.»

Vol. XI, pp. 361 et seq. : «Diverses Remarques de feu M. Cibot, Miss. à Péking sur les Arts Pratiques en Chine : 1. Sur les Ouvrages en fer ; 2. De l'Art de peindre sur les glaces ; 3. De l'Art de peindre sur des pierres.»

Vol. XIII, pp. 396/7 : «Notice sur le *Lieou li*, ou tuiles chinoises vernissées par feu M. Cibot, Miss. à Peking.» On trouvera, Vol. XI, pp. 326/7, une notice sur le même sujet par feu M. Collas. Ces tuiles sont employées pour orner les maisons impériales.

— Sur les fleurs et les fruits artificiels, voir une Lettre du Père d'Entrecolles dans les *Lettres édifiantes*, XXI, pp. 42/55.

— Grosier, *Desc.*, Tomes VI et VII.

— Notice sur quelques procédés industriels connus en Chine au XVIe siècle par Edouard Biot. (*Jour. As.*, 1835, Vol. XVI, pp. 130/154.)

— Das Asiatische Museum der kaiserlichen Akademie der Wissenschaften zu St. Petersburg. Von dem Director desselben Dr. Bernh. Dorn. St. Petersburg, 1846, in-8, pp. XII-776.

— Chine et Malaisie. Notice sur divers produits industriels des Philippines et de la Chine, par J. Itier. (*Rev. de l'Or. et de l'Algérie*, 1847, pp. 251/5, 332/4.)

Fils et tissus d'abaca, de nipis et de pina (de Manille). — Tao-fou (fromage de légumine) ; note sur sa préparation. — Fabrication du cuivre émaillé à Canton. — Fabrication du laque en Chine.

Du soy ou soya, condiment chinois et japonais. — Préparation pour la conservation des œufs. — Fabrication de briques creuses. — Voir *supra* et *infra* col. 1481, 1533 et 1540.

— Catalogue des Produits de l'industrie Chinoise exposés à l'Hotel-de-ville de Nimes, en 1849. Par M. Ph. Hedde, membre de la commission de l'Exposition. — 2e édition revue et augmentée. Prix de chaque Brochure : 30 Centimes. Nimes. De l'imprimerie Ballivet et Fabre, rue de l'Hôtel-de-ville, 11. — 1849. Br. in-8, pp. 32.

— The Industrial Arts of China. (*Supreme Court & Cons. Gazette*, V, 81. — *N. C. Herald*, VIII, 61.)

By T. W. Kingsmill.

— Industries anciennes et modernes de l'Empire Chinois d'après des notices traduites du Chinois par M. Stanislas Julien, Membre de l'Institut, et accompagnées de notices industrielles et scientifiques par M. Paul Champion, Préparateur de Chimie au Conservatoire des arts et métiers... Paris, Eugène Lacroix, 1869, in-8, pp. XIII + 1 f. n. ch. + pp. 254, Pl.

Très rare. — Paul Champion est mort 12 janv. 1884, dans sa 46e année.

— De l'Industrie des Chinois au point de vue du commerce européen par Charles de Labarthe, Secrétaire de la Société d'Ethnographie... Extrait de la *Revue orientale*. Paris, Maisonneuve, 1870, br. in-8, pp. 12.

C'est une notice de l'ouvrage précédent. Voir aussi : *J. As.*, XIV, 1869, pp. 242/244, notice par J. Mohl. — *J. des Savants*, 1870, pp. 723/4.

— Exposition universelle. — Les arts et les industries de l'Extrême Orient. I. La Chine, par Léon Rousset. (*Revue politique et littéraire*, No. 49, 8 Juin 1878.)

— L'Extrême Orient. Revue d'ensemble des Arts asiatiques à l'Exposition universelle par Duranty. (*Gazette des Beaux-Arts*, 1878, II, pp. 1011/1048.)

— A Sketch of the Growth of Science and Art in China to the Ming Dynasty. — A valedictory Address delivered by the President, Dr Edkins, at the close of the second year of the Society. (*Journ. Peking Oriental Society*, II, No. 2, 1888, pp. 142/154.)

— La Chine et ses ressources industrielles par A. A. Fauvel Ancien fonctionnaire des douanes impériales chinoises. — Extrait de la *Revue des questions scientifiques*, juillet 1889. Bruxelles, 1889, br. in-8, pp. 55.

— Beskrifning På En Sådes-rensnings-Machine, Af Claes Eliander. (*Kongl. Svenska Vetenskaps-Academiens Handlingar*, För Månaderne October, November och December, 1750, Vol. XI, pp. 310 à 311 ; 1 grav.)

— Berättelse Om Chinesiska Olje-fröet och dess Trefnad i Sverige ; Af Carl Gust. Ekeberg. (*Ibid.*, För Månaderne October, November, December, 1764, Vol. XXV, pp. 327/330.)

— Chinesiska Olje-Prässen Och Prässnings-Sättet, Upgifne af Carl Gust. Ekeberg, Capit. Lieut. vid Amir. Samt Capit. vid Ost Indiska Comp. (*Ibid.*, För Månaderne October, November, December, 1767, Vol. XXVIII, pp. 333/337 ; fig.)

— *Lettre à M. Goguet sur le temps auquel certains arts ont été connus à la Chine*, imprimée sous le titre d'*Extraits des historiens chinois*, à la fin de l'*Origine des Lois*, etc., par Goguet, Paris, 1785, par

Michel-Ange André Le Roux Deshauterayes, né à Conflans-Ste. Honorine, près de Pontoise, le 10 sept. 1724 ; † à Rueil, près de Paris, le 9 fév. 1795. Art. de S. de Sacy, *Biog. univ.*

— Ein Blick in das Industrieleben Chinas. Von Paula Karsten. (*Deutsche Rundschau für Geog. und Stat.*, XXI, 1898-1899, pp. 220/3.)

— L'Art et les Arts industriels dans l'Extrême Orient. Par Gustave Dumoutier. (*Science et Nature*, IV, pp. 363/6.)

(Divers.)

— Chine — Catalogue spécial des Objets exposés dans la Section chinoise à l'Exposition Universelle de Paris, 1900 — Paris, Charles Noblet, 1900, in-8, pp. 149.

Il y a des ex. sur papier du Japon.

∴

— Mémoire sur l'emploi de l'Amiante à la Chine, Par M. Sage. Lu le 18 thermidor an 12. (*Mém. Ac. des Sc.*, 2e Sem. de 1806, pp. 102/105.)

— Manufacture of Pearl Sago in Singapore (by J. R. Logan). (*The Journal of the Ind. Arch.*, May 1849, pp. 302/306.)

— Замѣчанія о соляномъ производствѣ въ Китаѣ. (Заимствованы изъ Китайскихъ сочиненій : *Ху-бу-цзэ-ли*, *Янь-Хуай-янь-фа-чжи* и *Хуанъ-чао-чзинъ-ши-вэнь-бянь.*) Par le Prêtre P. Tsvetkov. (*Trav. de la Mission ecclés. russe de Peking*, III, 1857, pp. 103 à 118.)

Voir col. 1350.

— Industrie chinoise. La Trempe de la brique. Par le P. L. Hélot. (*Études de Théologie*, Paris, Lanier, 1860, pp. 484/6.)

— Beiträge zur Geschichte der Edelsteine und des Goldes von Dr. A. Pfizmaier... Wien, k. k. Hof- und Staatsdruckerei, 1868, br. in-8.

Sitzb. phil.-hist. Cl. Ak. Wiss. Wien, Bd. LVIII, März 1868, pp. 181/256.

— Denkwürdigkeiten von Chinesischen Werkzeugen und Geräthen. — Von Dr. A. Pfizmaier... Wien, 1873. Karl Gerold's Sohn, br. in-8, pp. 78.

Ibid., Bd. LXXII, p. 247, Oct.

— The Manufacture of Canton Matting. By F. Hirth. (*China Review*, I, 1873, pp. 254/256.)

— Le Soya sa composition chimique, ses variétés sa culture et ses usages Par M. A. Paillieux... (*Bull. Soc. Zool. Acclim.*, IIIe Sér., VII, 1880, pp. 414/471, 538/596.)

Voir *supra*, col. 1481, 1533, 1538.

— How musk is made. By Fragrans. (*China Review*, IX, pp. 253/254.)

— Progrès de la mécanique en Chine. Analysé de l'anglais par M. Fontaneau. (*Rev. mar. et col.*, Vol. 78, 1883, pp. 286/301.)

∴

— Report on the Native Cloths in use in the Amoy Consular District. in-8, pp. 8.

Par L. C. Hopkins. — Foreign Office, Miscel. Series, 1886. — No. 19. *Reports on Subjects of General and Commercial Interest.*

— Report on the Native Cotton Fabrics manufactured in the Shanghai Consular District. in-8, pp. 3.

By Mr. Playfair. — Ibid. — No. 20.

(Divers.)

— Report on the Native Cotton Manufactures of Hankow. in-8, pp. 10.

By Mr. Gardner. — Ibid. — No. 21.

— Report on the Native Cotton Manufactures of the District of Ningpo. in-8, pp. 4.

By Mr. Cooper. — Ibid. — No. 22.

— Report on the Manufactures of Native Cloth in the Consular District of Pakhoi. in-8, pp. 3.

By Mr. Clement M. Allen. — Ibid. 1887. — No. 38.

∴

— Chinese Soda. By Dr. C. C. Stuhlmann. (*Jour. Peking Oriental Soc.*, III, No. 4, 1895, pp. 566/571.)

— Chain pump driven by wind. By E. L. Oxenham. (*China Review*, XV, pp. 241/242.)

— Sugar Refining. By E. H. Parker. (*Ibid.*, p. 372.)

— Préparation de l'albumine d'œuf en Chine. (*Moniteur du Dr. Quesneville.* — *T'oung Pao*, VIII, 1897, pp. 452/4.)

— Albuminerie à Han-Kéou. (*Rev. Indo-chinoise*, No. 94, 6 août 1900, pp. 755/6.)

Par Dautremer, Consul de France.

— L'industrie de la gutta-percha en Indo-Chine. Par Laurent Léon. (*Soc. Acad. Brest* — *Bul. Soc. Géog.*, No. 16, 1900, pp. 71.)

∴

— Ferments industriels d'Extrême-Orient. Par E. D. W. (*Belgique Coloniale*, 25 Janvier 1903, p. 43.)

D'après

— * Les Ferments industriels d'Extrême-Orient, par H. Neuville. (*Encyclopédie des Aides-mémoires. Section du biologiste.*) Paris, 1902, Masson.

— Transformation of Moulds into Yeasts. By R. W. Atkinson. (*Nature*, LII, 1895, p. 438.)

— Chinese Yeast. By C. E. Stromeyer. (*Ibid.*, LV, 1896-97, p. 463.)

— Chinese Yeast. By Italo Giglioli. (*Ibid.*, p. 508.)

Métaux.

— Notice sur l'or et sur la manière de l'employer, tirée d'un ouvrage chinois intitulé : *Description des Arts de l'Empire*, et traduite par M. C. Landresse. (*Jour. As.*, II, 1823, pp. 99/105.)

— Johan Gadolin. Observationes de cupro albo Chinensium Pe-Tong vel Pack-Tong. (*Nova Acta Regiae Societatis Scientiarum Upsaliensis*, Vol. IX, pp. 137/159, 1827.)

— Zur Geschichte der Alten Metalle von Dr. A. Pfizmaier... Wien, k. k. Hof- und Staatsdruckerei, 1869, br. in-8.

Sitzb. phil.-hist. Cl. Ak. Wiss. Wien, Bd. LX, Oct. 1868, pp. 7/74.

— De l'usage du fer en Chine par M. de Milloué. (*Bul. Soc. Anthrop.*, Paris, 1883, pp. 819/833.)

Voir *Bul. Soc. Anthrop.*, Vienne, 1880, p. 214.

— Hr. Schott. — Altchinesische Erzählung von Metallschmelzern am Altaï. (*Verhandl. d. Berliner Ges. f. Anthrop....*, Jahrg. 1883, pp. 242/243.)

— Emailleurs Pékinois par Maurice Jametel Chargé du cours de langue chinoise à l'Ecole des langues orientales vivantes. Genève, Imp. Jules Carey, 1886, br. in-8, pp. 26.

Tiré à 50 ex. — Mariage Léon Bassereau/Elisabeth Dupré — 20 oct. 1886. — *Revue de Genève*, 25 sept. 1886.

— La Métallurgie à la Chine par Maurice Jametel Chargé du cours de chinois à l'École spéciale des langues orientales. — Paris, Maisonneuve et Charles Leclerc, 1888, in-8, pp. 12.

Sur la couverture ext. : « Mémoires de la Société Sinico-japonaise — Extrait — La Métallurgie *en* Chine ».

— La Métallurgie à la Chine. Par Maurice Jametel... (*Lotus* — *Mém. Soc. Sinico-Japonaise*, VII, Déc. 1888, pp. 198/202.)

— Ueber hinterindische Bronze-Trommeln. Von Friedrich Hirth. (*T'oung Pao*, I, Août 1890, pp. 137/142.)

Voir col. 364-5.

— Métallurgie des Chinois. — Alliages du cuivre, cuivre blanc, gongs et tamtams; par M. Stanislas Julien. (*Ctes. rendus de l'Ac. des Sc.*, XXIV, 1847, pp. 1069/1070.)

Extrait de la petite encyclopédie *Tien-kong-khaï-we*, publiée en 1637 par Song-ing-sing.

— Chinese Method of Making Gongs and Cymbals. (*The Jour. As. Soc. of Bengal*, III, 1834, pp. 595/6.)

Trad. d'un art. de S. Julien qui avait paru dans les *Annales de Chimie* de Nov. 1833.

— *Erdm. Journ. Prak. Chem.*, XLI, 1847, pp. 284/5.

— Voir Bazin, *Chine Moderne*, II, pp. 637/8.

— K. F. Neumann : Wie die Chinesen ihre Gong, ihre Tam-tam und Cymbeln machen. (*Westermann's Illustr. Deutsche Monatshefte*, Nr. 8, 1857.)

— *Tien Nan Kouang Tchang Tou Lio* ou Traité détaillé des Minerais et des Mines du Royaume de Tien aujourd'hui Province de Yun-nan, traduit par M. Thomas Ko, Lettré chinois, annoté par M. Francis Garnier.

« Ce traité de Métallurgie a été écrit vers 1850, sous Tao-kouang, le grand-père de l'empereur de Chine actuel, par les lettrés Ou Ki-tche et Hu Kin-sen. » — Voir col. 329.

Se trouve dans le IIe Vol. du Voyage de F. Garnier, pp. 171/281.

Sur la métallurgie du Yun-nan, voir également la *Province du Yun-nan*, par Émile Rocher, IIe Partie, Chap. VII. — Voir col. 316.

Miroirs magiques.

— Optique et Typographie. — Notice sur les miroirs magiques des Chinois et leur fabrication; suivie de documents neufs sur l'invention de l'art d'imprimer à l'aide de planches en bois, de planches en pierre et de types mobiles, huit, cinq et quatre siècles avant que l'Europe en fît usage. (Extrait des livres chinois par M. Stanislas Julien.) (*Ctes. rendus de l'Ac. des Sc.*, XXIV, 1847, pp. 999-1009.)

La notice sur les miroirs magiques est réimp. par Bazin, *Chine moderne*, II, p. 637.

— Über chinesische Metallspiegel. (*Chinesische Studien*, von Fried. Hirth, I. Bd., 1890, pp. 272/274.)

— De los Espejos mágicos procedentes del Celeste Imperio que se conservan en el Museo Arqueológico Nacional, por Don Florencio Janér. (*Museo Español de Antigüedades*... Madrid, 1875, Vol. IV, pp. 303/320.)

Perles.

— John Edward Gray. On the structure of Pearls, and on the Chinese mode of producing them of a large size and regular form. (Thomson, *Ann. Phil.*, IX, 1825, pp. 27/29.)

— On the Chinese manner of forming artificial pearls. (Thomson, *Ann. Phil.*, X, 1825, pp. 389/390.)

— Pearls and Pearl-Making in China by D. J. Macgowan, M. D. Communicated by his Excellency Sir John Bowring, LL. D., H. B. M.'s Plenipotentiary in China. (*N. C. Herald*, No. 219, Oct. 7, 1854 ; réimp. dans le *Shae. Almanac & Miscellany for 1855*.)

— * Dr. Macgowan. — Notice sur l'usage des Perles en Chine, Dijon, in-8.

— On the Natural and Artificial production of Pearls in China. By F. Hague, H. B. M. Consul at Ningpo. (*Jour. of the Roy. As. Soc.*, XVI, 1856, pp. 280/284, avec 1 Pl.)

— * F. Hague. — Ueber die natürliche und künstliche Bildung der Perlen in China, in-8.

— Beiträge zur Geschichte der Perlen von Dr. A. Pfizmaier... Wien, k. k. Hof- und Staatsdruckerei, 1868, br. in-8.

Sitzb. phil.-hist. Cl. Ak. Wiss. Wien, Bd. LVII, Dec. 1867, pp. 617/654.

— Breeding Pearls. By E. J. E.[itel.] (*China Review*, VII, p. 140.)

— La culture forcée des perles en Chine. Par A.-A. Fauvel. (*Revue Indo-Chinoise*, 6 juillet 1903, p. 616.)

D'après le *Cosmos*.

Verre.

— Cutting crystals. By Obolus. (*China Review*, VII, p. 423.)

— Chinese Glassware. (*Journ. C. B. R. A. S.*, XX, 1885, N. S., No. 2, p. 57.)

— Window-glass. By E. H. Parker. (*China Review*, XV, p. 372.)

— Window glass. By T. L. B. (*Ibid.*, XVI, p. 48.)

— Glass windows. By E. H. Parker. (*Ibid.*, pp. 129/130.)

— Glass in China. By E. H. Parker. (*Ibid.*, XVII, No. 2, p. 114.)

From 大秦, 778, A. D.

— Glass in China. By E. H. Parker. (*Ibid.*, XVIII, No. 3, p. 196.)

— A. Pabst. — Chinesische Glasarbeiten. (*Zeitschrift für bildende Kunst*, Vol. XX, Leipzig, 1885, in-4.)

— Zur Geschichte des Glases in China und des antiken Orienthandels. Von Dr. F. Hirth. (*Oesterr. Monatsschr. f. d. Orient*, XI, 1885, pp. 124/6, 144/6.)

— Zur Geschichte des Glases in China. (*Chinesische Studien*, von Fried. Hirth, I. Bd., 1890, pp. 62/67.)

— On the ancient history of Glass and Coal and the legend of Nü-Kwa's coloured stones by Terrien de Lacouperie. (*T'oung Pao*, II, 3, sept. 1891, pp. 234/243.)

— Histoire de la verrerie et de l'émaillerie par Edouard Garnier... Illustrations d'après les dessins de l'auteur gravure de Trichon. Tours, Alfred Mame, MDCCCLXXXVI, in-8, pp. VII-573.

Chine — Japon — Perse, pp. 314/322.
Perse, pp. 539/540.
Chine, pp. 540/544.
Japon, pp. 544/546.

— Die chinesische Glasindustrie. (*Oest. Monats. f. d. Orient*, Wien, 1899, p. 60.)

Vernis.

— Une lettre en latin écrite en 1697, sur le vernis de Chine, au P. Phil. Buonanni, S. J., et insérée par lui, p. 233 de son : *Musæum Kircherianum*, Romæ, 1709, in-fol.

Ce même P. Buonanni a écrit :

— * Trattato sopra la vernice detta communemente cinese, in risposta data all' illmo Sig. Abbate Sebastiano Gualtieri, Cavaliere di S. Giacomo... Roma, 1720, in-8 ; 2ª ed., Roma, 1731, gr. in-8.

Traduit en français, Paris, 1723, in-12, pp. 206.

— « Du Vernis de la Chine. » (Du Halde, *Description*, II, pp. 173/177.)

Le P. d'Incarville a publié un mémoire sur le vernis de la Chine. (*Ac. des Insc. et Belles-Lettres*, XV, p. 117.)

— On the Varnish used by the Burmese, and its probable Identity with that of the Chinese Lackered Ware. (*Gleanings in Science*, Jan. to Dec. Vol. I, Calcutta, 1829, pp. 172/3.)

— On the Chinese Lacker. (*Ibid.*, pp. 337/8.)

— Analysis of the Chinese Varnish. By Mr. I. Macaire Prinsep [From the Memoirs of the Society of Physics and Natural History at Geneva, April, 1826]. Transl. May 1832. (*Jour. As. Soc. Bengal*, Vol. I, 1832, pp. 183 et seq.)

— L'arbre à laque. (*Ann. de l'Ext. Orient*, I, p. 232.)

— Etude sur les produits du Tonkin. — La laque et les huiles à laquer. Tonkin. — Chine. — Japon. Par G. Dumoutier, Correspondant du Ministère de l'Instruction Publique, Chargé de Mission scientifique en Indo-Chine. — Hanoi — Imprimerie typo-lithographique F. H. Schneider — 1892, in-12, pp. 40.

— Une promenade dans Canton par M. Natalis Rondot : La manufacture de laques d'*Hip-qua* et l'atelier de tabletterie de *Ta-yu-tong*. (*Jour. As.*, 4e Sér., XI, 1848, pp. 34/64.)

Un ext. de cet art. sur le laque est donné dans la *Chine moderne*, 2e partie, pp. 631/5.

— La laque, manière de l'obtenir, préparation et application des vernis. (*Bull. Soc. Zool. Acclim.*, IIIe Sér., I, 1874, pp. 85/88.)

Extr. du *Courrier de Saïgon*.

— L'industrie des laques en Chine. Par Jules Grisard. (*Bull. Soc. Accl.*, 1893, 2e sem., pp. 333/335.)

Couleurs.

— Sur le Vermillon chinois. Traduit du chinois et extrait d'une encyclopédie technologique intitulée *Thian-koung-kai-we*, ou Exposition des merveilles de la nature et des arts ; par M. Stanislas Julien. (*Nouv. J. As.*, V, 1830, pp. 208/213.)

— Notice sur le Vermillon chinois, traduite et extraite de l'Encyclopédie technologique intitulée : *Thien-kong-khaï-we*, par M. Stanislas Julien. (*Chine moderne*, 2e partie, par Bazin, pp. 635/7.)

— On Chinese Vermilion [Translated into French from a Chinese Technologic Encyclopedia, entitled, *Thian-Koung Kaï-we*, or *Exposition of the Wonders of Nature and the Arts*. By M. Stanislas Julien.] From the *Nouveau Journal Asiatique*. (*Journ. As. Soc. of Bengal*, Vol. I, April 1832, pp. 151/153.)

— Manufacture of Magnetic Needles and Vermilion. Extracts from the *Tung-Teenshaou* 通天曉 : By Dr. W. A. Harland. — Read to the Society, September 3d, 1850. (*Trans. China Br. R. A. S.*, No. II, Art. II, pp. 163/4.)

The work from which the following extracts are taken, is a small cyclopaedia of useful and curious recipes, in four volumes. The first edition was published in Canton in 1816, and the latest in 1837 ». p. 163.

Teintures.

— * On *Wai-fa*, the unexpanded flower-buds of *Sophora japonica*, by Dr. Th. W. C. Martius. London, 1854. Broch. in-8, pp. 4.

— Propriétés tinctoriales du Sophora du Japon, Par Max. Vandenberghe. (*Bull. Soc. Accl.*, 1893, 2e sem., pp. 560/561.)

Réimp: *ibid.*, 1894, p. 92.

— Prussian blue. By Theos. Sampson. (*China Review*, XI, pp. 130/131.)

— Teinture de Ssu-léong par C. A. de Challaye. (*Rev. de l'Orient*, V, 1844, pp. 314/5.)

— Procédés usités en Chine pour l'extraction de la matière colorante du *Polygonum tinctorium*, *lan* des Chinois. Par S. Julien. (*Ctes. rendus Ac. Sc.*, VII, 1838, 703/4.)

— Sur diverses plantes tinctoriales de Chine Lettre adressée à M. le Président... Par M. Natalis Rondot, Ancien délégué commercial attaché à l'ambassade de Chine... (*Bull. Soc. Zool. Acclim.*, V, 1858, pp. 206/210.)

— Note sur les propriétés tinctoriales des boutons de fleurs du *Sophora Japonica* ou *Hoaï-hoa* des Chinois. Par M. Natalis Rondot, Ancien délégué commercial attaché à l'ambassade de Chine... (*Ibid.*, pp. 325/335.)

Tirage à part, br. in-8, pp. 14.

Huile.

— Sur le pois oléagineux de Chine, lettre adressée à M. le président de la Société zoologique d'acclimatation, Par M. Stanislas Julien, membre de l'Institut. (*Bull. Soc. Zool. Acclim.*, II, 1855, pp. 225/226.)

— Sur plusieurs huiles rapportées de Chine par M. de Montigny. Lettre adressée à M. le Président de la Société impériale d'acclimatation Par M. Frémy, professeur au Muséum d'histoire naturelle et à l'Ecole Polytechnique. (*Ibid.*, pp. 382/383.)

— Note sur le pois oléagineux de la Chine. Par M. Lachaume, Professeur d'arboriculture et horticulteur, à Vitry-sur-Seine. (*Ibid.*, V, 1858, pp. 131/133.)

— Note on the Manufacture of Bean Oil and Beancake [at New chwang]; with sketches by A. F. Schepens. (*Decen. Reports*, 1882-1891, p. 25.)

— L'industrie de l'huile en Chine. (*Chine et Sibérie*, Janv. 1901, p. 25.)

D'après le rapport du vice-consul russe à Tche-fou, M. V. Grossé, *Recueil (russe) des rapports consulaires*, 1900, V.

Encre.

— Procédés des Chinois pour la fabrication de l'encre, par Stanislas Julien. (*Ann. de Chimie*, LIII, 1833, pp. 308/315.)

— Sur la fabrication de l'encre de Chine et des fards rouges et blancs par les Chinois, par I. Gochkewicz. (*Trav. de la Mission russe*, voir col. 1350.)

— Various kinds of Chinese Ink, by Blacking. (*China Review*, IX, pp. 255/256.)

— L'encre de Chine, son histoire et sa fabrication d'après des documents chinois. Traduits par Maurice Jametel, élève de l'école spéciale des langues orientales vivantes. Avec vingt-sept gravures d'après des originaux chinois. Paris, Ernest Leroux, 1882, in-18, pp. xxx-94 + 3 ff. n. c., dont deux de caract. chinois.

Il a été tiré 24 ex. sur Chine et un sur Whatman. — Forme le Vol. XXXII de la *Bibliothèque orientale elzévirienne*.

Notice : *Rev. d'Ethnog.*, II, 1883, pp. 457/9, par E. Hamy.

— Die Chinesischen Tusche. (*Oest. Monats. f. d. Orient*, 1889, pp. 15/16 ; d'après *Uhland's Wochenschrift f. Indust. und Technik.*)

— L'encre de Chine. Par A. Fauvel. (*Rel. de Chine*, I, 1903, pp. 72/75.)

Papier.

— Le No. 827 du *Cat. de la Bibliothèque chinoise de feu M. le Marquis d'Hervey de Saint-Denys*, Paris, 1894, renferme : Mémoire sur le papier de Chine. Copie d'un MS. du P. Dentrecolles. — Autre MS. sur la fabrication du papier en Chine. — Notice sur le papier de Corée.

— On the Making of Chinese Paper; Translated from the 23rd Volume of the *Pun Tsaou Kang Muh*. [From the *Trans. Soc. Arts*, xlix, pt. 2.] (*The Jour. of the As. Soc. of Bengal*, III, Sept. 1834, pp. 477/479.)

— Mécanique appliquée. — Description des procédés chinois pour la fabrication du papier; traduite de l'ouvrage chinois intitulé : *Thien-kong-kaï-we*; par M. Stanislas Julien. (*Ctes. rend. de l'Ac. des Sc.*, X, 1840, pp. 697/703.)

Réimp. dans la *Chine Moderne*, 2e partie par Bazin, pp. 622/6.

— Industrie chinoise. Fabrication du papier. (*Revue de l'Orient*, XI, 1846, pp. 20/25.)

Traduit par Stanislas Julien, du *Tien-kong-kai-we*.

— Fabrication du papier de bambou par S. Julien. (*Rev. de l'Or. et de l'Alg.*, XX, 1856, pp. 74/78.)

— Note sur l'écorce de l'arbuste à papier du Japon. Par M. Duchesne de Bellecourt. (*Bull. Soc. Zool. Acclim.*, IIe Sér., II, 1865, pp. 36/43.)

Broussonnetia papyrifera.

— Notices sur le Daphné papyrifère et sur la fabrication du papier au Japon, Par MM. Tanaka et Yekoussima Botanistes japonais. (*Ibid.*, IIe Sér., IV, 1867, pp. 416/417.)

— Des végétaux employés au Japon pour la fabrication du papier. Par M. Jules de Gaulle. (*Ibid.*, IIe Sér., IX, 1872, pp. 287/293.)

— «On the Origin of Paper Making in China.» (*Notes and Queries on China and Japan*, Vol. I, pp. 67/68). By J. Edkins.

— Fabrication du papier *Tse-kien* par le P. Royer, S. J. (*Miss. Cath.*, VIII, 1876, p. 575.)

Par erreur on a imprimé «Roger» dans les *Miss. Cath.*

— Paper in China. By E. H. Parker. (*China Review*, XVIII, No. 1, p. 55.)

— Neue Entdeckungen zur Geschichte des Papiers u. Druckes. (*Oesterreichische Monatsschrift für den Orient*, 1890, pp. xvi, 161-170.)

— Die Erfindung des Papiers in China. Von Friedrich Hirth. (*T'oung Pao*, I, Avril 1890, pp. 1/14.)

— Die Erfindung des Papiers in China. (*Chinesische Studien*, von Fried. Hirth, I. Bd., 1890, pp. 259/271.)

— Manufacture of paper by the natives of Corea. (*Journ. Anthrop. Inst. of Gt. Brit. and Ireland*, Vol. XXIII, 1893-94, pp. 91/92.)

(Papier.)

— Chinese Rice Paper. (*Gleanings in Science*, 1830, II, Calcutta, p. 134.)

— Die Papierfabriken in Canton. (*Oest. Monats. f. d. Orient*, 1894, p. 127.)

— Lettre de M. Augustin Blanchet à M. Henri Cordier, sur le Papier. (*T'oung Pao*, Oct. 1899, pp. 432/436.)

— Exposition rétrospective de la Papeterie. — Essai sur l'histoire du papier et de sa fabrication par Augustin Blanchet. — Première Partie. — Paris, Ernest Leroux, 1900, gr. in-8, pp. iv-171 + 2 ff. n. ch. p. la Turquie et l. tab.

Origine du papier en Chine, pp. 5/18. — Le papier au Japon, pp. 19/23. — 1 pl. et 1 carte.

— Die Papierindustrie auf Formosa. (*Oest. Monats. f. d. Orient*, Wien, 1902, pp. 54/55.)

— Paper. — A Chinese Invention. By J. Edkins. (*China Review*, XXIV, pp. 269/270.)

— Vieux Papiers de Corée. Par Henri Vivarez. (*Bul. Soc. Le Vieux Papier*, Paris, I, fasc. 3, 1er Oct. 1900, pp. 76/80.)

— Der Papyrusfund von el Faijûm. Von Prof. Dr. Josef Karabacek... Wien, 1882. Carl Gerold's Sohn, in-4, pp. 35, 4 pl.

Denkschrift. Phil.-Hist. Cl. K. Ak. Wiss., XXXIII.

— Julius Wiesner. — Mikroskopische Untersuchung der Papiere von El-Faijûm. (*Mitt. aus der Sammlung der Papyrus Erzherzog Rainer*, I, 1886, pp. 45/8.)

— J. Karabacek. — Das Arabische Papier. (Eine historisch-antiquarische Untersuchung. (*Ibid.*, II/III, 1887, pp. 87/178.)

— Das Arabische Papier. Eine historisch-antiquarische Untersuchung von Dr. Joseph Karabacek... Mit 1 Lichtdrucktafel und 2 Textabbildungen. Wien, Kais. Königl. Hof- und Staatsdruckerei, 1887, gr. in-4, pp. 92.

Tirage à part de l'article précédent.

— J. Wiesner. — Die Faijûmer und Uschmûneiner Papiere. Eine naturwissenschaftliche, mit Rücksicht auf die Erkennung alter und moderner Papiere und auf die Entwicklung der Papierbereitung durchgeführte Untersuchung. (Mit 15 Holzschn. u. 1 Lichtdruck.) (*Ibid.*, II/III, 1887, pp. 179/260.)

— J. Karabacek. — Neue Quellen zur Papiergeschichte. (*Ibid.*, IV, 1888, pp. 75/122.)

— Who was the Inventor of Rag-Paper? By A. F. Rudolf Hoernle. (*Jour. R. As. Soc.*, Oct. 1903, pp. 663/684.)

Cf. Dr. R. Garnett, in the *Library*, Jan. 1903, pp. 1/10, recherches des Prof. Karabacek et J. Wiesner.

(Papier.)

— Prof. Wiesner. — Ein neuer Beitrag zur Geschichte des Papieres. (*Sitzb. Phil. Hist. Cl. Kais. Ak. Wiss. Wien*, Vol. CXLVIII, No. 6.)

— Note on the Invention of Rag-paper by A. F. Rudolf Hoernle. (*Jour. R. As. Soc.*, July 1904, pp. 548/550.)

— L'arbre à papier du Tonkin (Cây giò). Par F. Claverie. (*Rev. des Cultures Coloniales*, 20 mars 1904, pp. 175/182...)

Ext. du *Bull. écon. de l'Indo-Chine*, No. 24, déc. 1903.

— Paper — Making Materials in China. (*Jour. Soc. of Arts*, Jan. 13, 1905, pp. 194/5.)

Vins, etc.

— Le *Tseu ia* ou Matière alcoolisante des Chinois. (*Etudes religieuses*, N. Sér., VII, pp. 528/9.) — *Tseu-tsiam* ou vin de *Noumi*, (*Oriza glutinosa*). (*Ibid.*, pp. 529/530.) — Eau de Vie des Céréales (procédés chinois). (*Ibid.*, pp. 530/2.) Par le R. P. L. Hélot, S. J.

Voir *Missions Cath.*, V, pp. 238/9.

— Vin factice, *Tsien-ia* de Chine. (*Bull. Soc. Zool. d'Acclim.*, IIIe Sér., II, 1875, pp. 492/3.)

Extrait de l'*Univers illustré*, 6 Déc. 1865.

— Sur les Vins et Eaux-de-vie (紳子 *tsieou ya*) fabriqués en Chine par M. Dabry de Thiersant. (*Bull. de la Soc. d'Accl.*, février 1878, pp. 90/102.)

— Rapport sur divers produits envoyés de Chine par M. Dabry de Thiersant. Par E. Hardy. (*Bull. Soc. Zool. d'Acclim.*, IIIe Sér., V, 1878, pp. 352/3.)

— Samshu-brewing in North China. By H. B. Guppy, M. B., Surgeon, R. N. (*Journ. N. C. B. R. A. S.*, 1883, N. S., Vol. XVIII, pp. 163/164.)

— The meaning of 酒 Chieu. By J. Edkins. (*China Review*, XVIII, No. 1, pp. 60/61.)

— Terms for Bible wines in Chinese. By Rev. C. Hartwell. (*Chin. Rec.*, XIX, No. 10, Oct. 1888, pp. 458/464.)

Notes on Missionary Subjects. — No. 5. Wine and Wine making. Chinese process and nomenclature. Hebrew Words. Bible translation. By Rev. J. Edkins, D. D. (*Ibid.*, No. 12, Dec. 1888, pp. 577/583.)

— La fabrication des alcools de riz en Extrême-Orient. Étude biologique et physiologique de la levure chinoise et du Koji japonais par le docteur A. Calmette. (*Arch. Méd. navale*, LXIV, 1895, pp. 264/276, 342/368.)

— Caves à raisins et à légumes dans le nord de la Chine. (Traduit de l'anglais.) Par M. J. G. Dunn. (Note communiquée à la Soc. d'Acclim. par M. Prosper Giquel.) (*Bull. Soc. Zool. Acclim.*, IIIe Sér., V, 1878, pp. 167/172.)

Porcelaine.

— Idée générale des différentes manières dont on peut faire la porcelaine; & quelles sont les véritables matières de celle de la Chine. Par M. de Reaumur. 26 Avril 1727. (*Rec. de l'Ac. des Sc.*, Mém. [Ann. 1727], 1729, pp. 185/203.)

— Second Mémoire sur la Porcelaine; ou suite des principes qui doivent conduire dans la composition des Porcelaines de différents genres; Et qui établissent le caractère des Matières fondantes qu'on peut choisir pour tenir lieu de celles qu'on y employe à la Chine. Par M. de Reaumur. 12 Nov. 1729. (*Ibid.* [Année 1729], 1731, pp. 325/344.)

— Lettre du Père d'Entrecolles, Miss. de la Cie. de Jésus, au Père... de la même Cie. (*Let. édif.*, Vol. XVIII, pp. 224/296; XIX, pp. 173/203.)

Col. 931.

— « De la Porcelaine. » (Du Halde, *Description*, II, pp. 177/204.)

— Hvad Petuntse år, Utrönt af Henr. Th. Scheffer. (*Kongl. Svenska Vetenskaps-Academiens Handlingar*, För Månaderna Julius, Augustus, September 1753, Vol. XIV, pp. 220/224.)

— * Neri, Merret et Kunckel. — Art de la verrerie auquel on a ajouté le Sol sine Veste d'Orschall, etc. avec un mémoire sur le secret des vraies porcelaines de la Chine et de Saxe. Ouvrages ou l'on trouvera la manière de faire le verre et le crystal, d'y porter des couleurs, d'imiter les pierres prétieuses et colorer les émaux, de peindre sur le verre, de cvmposer des couvertes pour les fayences et poteries, de faire et peindre les porcelaines, etc. Trad. de l'allemand. Avec 16 planches. Paris, 1752, in-4.

— Grosier, VII, Chap. V, pp. 15 et seq.

— On the Porcelain Manufacture of China. From Lardner's *Cyclopaedia*. (*Chinese Courier and Canton Gazette*, Vol. II, Nos. 27 & 28.)

— Art du Porcelainier. — Procédé des Chinois pour craqueler l'émail des vases de porcelaine; par M. Stanislas Julien. (*Ctes. rendus de l'Ac. des Sc.*, XXIV, 1847, pp. 1068/9.)

— Histoire et Fabrication de la Porcelaine chinoise. Ouvrage traduit du Chinois Par M. Stanislas Julien, Membre de l'Institut...; accompagné de notes et d'additions par M. Alphonse Salvétat,... et augmenté d'un Mémoire sur la porcelaine du Japon, traduit du Japonais par M. le Docteur J. Hoffmann, Professeur à Leyde... Paris, Mallet-Bachelier, 1856; in-8, pp. CXXIII-320.

Dédicace. — Préface du Traducteur. — Préface de M. Al. Salvétat. — Préface de l'ouvrage chinois. — Postface de l'ouvrage chinois. — Examen des anciennes porcelaines. — Origine des porcelaines de King-te-tchin. — Examen des porcelaines antiques qu'on imite à King-te-tchin. — Examen des porcelaines fabriquées à King-te-tchin. — Explication des procédés relatifs à la Fabrication de la Porcelaine. — Catalogue de tout ce qui concerne la Fabrication de la Porcelaine : Composition des différentes sortes d'émail. — Des couleurs employées en Chine pour peindre la porcelaine. — Composition des couleurs d'après le P. d'Entrecolles. — Couvertes fusibles colorées. — Notions générales sur la Fabrication de la Porcelaine. — Mémoire sur les principales fabriques de Porcelaine au Japon (par M. Hoffmann). — Index général chinois-français. — Carte de la Chine indiquant l'emplacement des manufactures de Porcelaine anciennes et modernes, 1856. — xiv Planches.

Notice : Les Vases chinois et les Vases grecs par M. Beulé. — Extrait de la *Revue des Deux-Mondes*. Livraison du 1er décembre 1856. — Paris, Imprimerie de J. Claye, 1856, br. in-8, pp. 28.

Vend. Rochet (757), Fr. 12.

— Léon de Rosny. — De la Porcelaine en Chine, au Japon et dans les Contrées voisines. (*Variétés Orientales*, 3e éd., pp. 81/97.). — *Rev. de l'Or. et de l'Algérie*, XIX, 1856, pp. 217/224.

— Fabrication de la porcelaine. (*Rev. de l'Or. et de l'Algérie*, IX, 1851, pp. 355/362.)

Extrait du *Journal d'un Voyage*, par J. Itier.

— De l'ornementation des porcelaines de Chine. Par le Marquis d'Hervey Saint-Denys. (*Rev. Or. et Am.*, T. IV, 1860, pp. 103/114.)

— Histoire artistique, industrielle et commerciale de la Porcelaine accompagnée de recherches sur les sujets & emblèmes qui la décorent, les marques & inscriptions qui font reconnaître les fabriques d'où elle sort, les variations de prix qu'ont obtenus les principaux objets connus & les collections où ils sont conservés aujourd'hui, par Albert Jacquemart & Edmond Le Blant, enrichie de vingt-six planches gravées à l'eau forte par Jules Jacquemart. Paris, J. Techener, 1862, pet. in-fol., pp. 690.

Il y a en réalité 27 pl.

Chine, pp. 151/273.

Japon, pp. 276/350. — Bib. nat. Inv. V. 5143.

— Histoire de la Céramique étude descriptive et raisonnée des poteries de tous les temps et de tous les peuples par Albert Jacquemart... Ouvrage contenant 200 figures sur bois par H. Catenacci et J. Jacquemart 12 planches gravées à l'eau forte par Jules Jacquemart et 1000 marques et monogrammes. Seconde édition. Paris, Hachette, 1884, in-8, pp. 750 + 1 f. n. ch.

Chine, pp. 23/85. — Japon, pp. 86/116. — Corée, pp. 117/121. — Siam, pp. 189/190.

Bib. nat. 4°V 1533.

— Histoire de la Céramique Poteries, faïences et porcelaines chez tous les peuples depuis les temps anciens jusqu'à nos jours par Edouard Garnier, officier d'académie Ancien attaché à la conservation du musée de Sèvres (1871-1879) Secrétaire de la section de céramique au Musée des Arts décoratifs Attaché à la Direction des Beaux-Arts — Préface de M. Paul Gasnault — Illustration d'après les dessins de l'auteur gravure de Trichon — Deuxième édition revue et augmentée de quatre chromolithographies. Tours, Alfred Mame, MDCCCLXXXII, in-8, pp. xv-568.

(Porcelaine.)

Porcelaines orientales.

Chine, pp. 356/395.

Japon, pp. 395/400.

— Les Merveilles de la Céramique... par A. Jacquemart. 3e éd., 1re partie, Orient. Paris, Hachette, 1874, in-18.

Chine, pp. 23/110.

— * J. Ballmont. Fabrication de la porcelaine en Chine et au Japon. (*Musée univ.*, Mars 3/31, 1877.)

— E. Gerspach. Notes sur la Céramique chinoise. (*Gazette des Beaux-Arts*, 1877, II, pp. 225/238.)

Tirage à part : Paris, Jules Claye, 1877, in-8, pp. 14.

— La Céramique de l'Extrême-Orient par Paul Gasnault. (*Ibid.*, 1878, II, pp. 890/911.)

— Bethnal Green Branch Museum. Catalogue of a Collection of Oriental Porcelain and Pottery lent for exhibition by A. W. Franks, Esq., F. R. S., F. S. A. Second Edition, London, 1878, pp. xviii-246, et 25 Pl.

— * Catalogue of blue and white Nankin Porcelain forming the collection of Sir Henry Thompson. With 26 autotype plates from drawings by J. Whistler and H. Thompson. London, 1878, in-4, pp. vii-68.

Only 220 copies printed, of which 100 are for private circulation.

— Notes on Chinese Porcelain. By E. J. Eitel. (*China Review*, X, pp. 308/311, XI, pp. 175/178.)

— La Porcelaine de Chine. Origines. — Fabrication, décors et marques. — La porcelaine de Chine en Europe. — Classement chronologique. — Imitations, contrefaçons, par O. Du Sartel. Paris, Vve A. Morel & Cie, éditeurs, M DCCC LXXXI, gr. in-4, pp. iii-230, 32 pl. hors texte dont 18 en chromolithog. et 14 en héliog. et à l'eau forte.

Pub. à 200 fr. éd. ordinaire. — Ed. de luxe tirée à 110 ex. : 1 à 10, texte et pl. sur Japon, 700 fr. ; 11 à 60, texte sur Whatman, pl. sur Japon, 500 fr. ; 61 à 110, texte et pl. sur Hollande, 350 fr.

— Catalogue des porcelaines de la Chine et du Japon composant la collection de M. O. Du Sartel dont la vente aura lieu Hotel Drouot, Salle n° 8 les lundi 3, mardi 4 et mercredi 5 avril 1882 à deux heures... [Paris, Imp. Pillet et Dumoulin], in-8, pp. 107.

« Il a été tiré un certain nombre d'ex. de ce cat. sur beau papier, avec grav. dans le texte, et précédé d'une préface par M. Ph. Burty, inspecteur des Beaux-Arts. Prix : 10 francs. »

— Mongol Mark on Porcelain. By S. W. Bushell. (*China Review*, XI, p. 331.)

(Porcelaine.)

— Chinese Porcelain before the present Dynasty by S. W. Bushell, M. D. Physician to H. B. M. Legation, Peking. — (*Extracted from the Journal of the Peking Oriental Society.*) — Peking, Pei-t'ang Press. — 1886, in-8, pp. 55.

— * Jacob von Falke. Zur Geschichte des Porzellans : I. Das chinesische und japanische Porzellan. (*Unsere Zeit*, 1885, No. 4.)

— Einige Mittheilungen über Seladone von F. G. Müller-Beeck. (*Mitt. Deutsch. Ges. Nat. u. Völk. Ostasiens in Tokio*, Heft 34, April 1886, pp. 193/197.)

— Cement for pasting porcelain. By F. H. (*Journ. C. B. R. A. S.*, XXII, N. S., 1887, pp. 104/5.)

— Ancient Porcelain : A Study in Chinese Mediaeval Industry and Trade. By F. Hirth, Ph. D. (*Ibid.*, pp. 129/202.)

Notices : *North-China Herald*, 9 May 1888, [S.W. Bushell] ; *ibid.*, 5 April 1888. — *Norddeutsche Allgem. Zeitung*, 17 oct. 1888. — Cf. A. B. Meyer, *Lung-ch'üan-yao oder Altes Seladon-Porzellan*, Berlin, Friedländer, 1889.

— * F. Luthmer. — Chinesisches Porzellan. (*Badische Gewerbe-Zeitung*, 1887, No. 23.)

— Zur Geschichte des Chinesischen Porzellans. — Besprechung des Werkes « Ancient Porcellain : A Study of Chinese Mediaeval Industry and Trade », von Dr. F. Hirth. Schanghai, 1888. — Von J. F. von Gundlach, Redakteur des *Ostasiatischen Lloyd*, Mitglied der China Branch, Royal Asiatic Society. — Separat-Abzug aus dem *Ostasiatischen Lloyd*. Schanghai, 1888. Druck u. Verlag des Celestial Empire Office, br. in-8, pp. 16.

— An alleged old import of Porcelain in Europe. By F. Hirth. (*Journ. C. B. R. A. S.*, XXIII, N. S., 1888, No. 1, pp. 40/1.)

— Die Chinesische Porzellanindustrie im Mittelalter. (*Chinesische Studien*, von Fried. Hirth, I. Bd., 1890, pp. 44/61.)

— Note sur la porcelaine de Corée par A. Billequin. (*T'oung Pao*, VII, N° 1, Mars 1896, pp. 39/46.)

— Porcelain. By E. H. Parker. (*China Review*, XVI, No. 6, May-June 1888, p. 378.)

— Chinese Porcelain in Zanzibar. By E. H. Parker. (*Ibid.*, p. 379.)

— A Catalogue of the Hippisley Collection of Chinese Porcelains : with a Sketch of the History of Ceramic Art in China. — By Alfred E. Hippisley. (*Report of National Museum*, 1888, pp. 387/491.)

Collection exposée en 1887 dans le U. S. Museum.

Notices : *China Review*, XX, No. 1, pp. 60/1. By L. — *N. C. Herald*, 2 Oct. 1891, p. 456.

— A Sketch of the History of Ceramic Art in China, with a Catalogue of the Hippisley Collection of Chinese Porcelains. By Alfred E. Hippisley, Commissioner of the Imperial Maritime Customs Service of China. (*Report of National Museum*, 1900, in-8, pp. 309/416.)

Réimpression avec corrections et l'addition de 21 pl. hors texte.

— Ernest Grandidier. — La Céramique chinoise — Porcelaine orientale : Date de sa découverte. — Explication des sujets de décor. — Les usages divers. — Classification. — Héliogravures par Dujardin reproduisant cent vingt-quatre pièces de la collection de l'auteur. — Paris, Firmin-Didot, 1894, gr. in-4, pp. ii-232.

Notice par Louis Gonse, *Gaz. des Beaux-Arts*, 439, 1er janv. 1894, pp. 93/4.

— * The Metropolitan Museum of Art. Handbook of a Collection of Chinese Porcelains. Loaned by James A. Garland. Compiled by John Getz. New York, 1895.

— Oriental Ceramic Art illustrated by Examples from the Collection of W. T. Walters, with One Hundred and Sixteen Plates in Colors and over four hundred Reproductions in Black and White Text and Notes by S. W. Bushell, M. D. Physician to H. B. M. Legation Peking, New York, D. Appleton and Company, 1897.

Dix albums reliés en carton jaune avec le dragon à cinq griffes en couleurs et renfermés dans cinq boîtes de soie verte avec, en rouge, les caractères 陶說. — Port. de William Thompson Walters, † 20 nov. 1894. — Préf. de William M. Laffan, datée May 1896. — Pl. en couleurs par Louis Prang, de Boston. — Prix 500 dollars.

Je disais dans mes *Études chinoises* 1[illegible]898 que le Dr. Bushell préparait un album illustré de la coll[illegible]on chinoise du XVIe siècle qu'il a décrite en 1886 dans le *Journal of the Peking Oriental Society* ; les planches en chromolithographie seront exécutées par W. Griggs.

— Marks on Chinese Porcelain. By Dr. S. W. Bushell, C. M. G. (*China Review*, XXIV, N° 1, pp. 1/4.)

— Chinese Porcelain. By J. Edkins. (*Ibid.*, XXV, N° 2, p. 91.)

— A History and Description of Chinese Porcelain by Cosmo Monkhouse with Notes by S. W. Bushell, C. M. G. Containing twenty-four plates in colours and numerous illustrations. Cassell and Co., London, Paris... MCMI. in-8, pp. XII-176.

— Zur Geschichte des Chinesischen Porzellans in Europa. Von Cosmo Monkhouse. (*Oest. Monats. f. d. Orient.*, 1895, pp. 36/39.)

— * Chinese Porcelain in Europe. Part I. Catalogue of Blue and White Oriental Porcelain, Exhibited in 1895 at the Burlington Fine Arts Club, London.

Notice by S. W. Bushell, *N. C. Herald*, Mar. 26, 1897, pp. 535/6.

— — Part II. Catalogue of Coloured Chinese Porcelain Exhibited in 1896 at the Burlington Fine Arts Club, London.

Notice by S. W. Bushell, *N. C. Herald*, April 2, 1897, pp. 585/6 ; April 9, pp. 631/2.

— The Place of Manufacture of Celadon Ware. By T. H. Lyle. (*Journ. Anthrop. Inst. of Gt. Brit. and Ireland*, Vol. XXXI, 1901, *Man*, pp. 54/6.)

— Chinese Porcelain by W. G. Gulland With Notes by T. J. Larkin And four hundred and eighty-five illustrations. London: Chapman & Hall, 1898, in-8, pp. xxiv-270.

Notice : *N. C. Herald*, 28 fév. 1900, p. 357.

— Chinese Porcelain... And four hundred and eleven illustrations. London: Chapman & Hall, 1902, in-8, pp. xxxviii + 271 à 506.

Notice : *Lond. & China Express*, 9 Jan. 1903.

— A Collection of powdered blue Chinese Porcelain in the possession of Sir William Bennett, K. C. V. O. By W. H. B. (*The Burlington Mag.*, April 1904, pp. 37/42, 3 pl.)

— Note on the decorative value of famille verte (Chinese) Porcelain. By Sir William Bennett, K. C. V. O. (*Ibid.*, Sept. 1904, pp. 537/543, 2 pl.)

Cf. Vol. III, p. 86.

— * Catalogue of the Morgan Collection of Chinese Porcelains. Privately printed by order of Mr. J. Pierpont Morgan. New York, 1904.

77 pl. coloriées. — Tiré à 250 exemplaires. — Prepared by Mr. W. M. L.

Notice by Fried. Hirth, *T'oung Pao*, Mars 1905, pp. 111/112.

— Japan. Its History Arts and Literature. By Capt. F. Brinkley. 1903-1904, 12 vol. in-8.

Volume IX. *Keramic Art*. 1904, pp. IX-426. — Consacré à la Céramique chinoise.

Art militaire et Navigation.

— Art militaire des Chinois... Traduit en français par le P. Amiot. Paris, 1772, in-4.

Pub. à 14 liv.; avec 21 fig. enl., 30 liv. — Duprat, 1861, Fr. 6. Réimp. dans le Vol. VII des *Mém. conc. les Chinois* [*vide infra*]. *Journal Encyclopédique*, 1772, III, pp. 342/355; IV, pp. 27/40. — *Mémoires de Trévoux*, 1772, avril, pp. 144/172. — *Année littéraire*, 1772, IV, pp. 289/317. — *Esprit des Journaux*, 1772, pp. 48/59.

— Etat actuel ‖ de l'art ‖ et ‖ de la science militaire ‖ à la Chine : ‖ tiré des livres militaires des Chinois. ‖ Avec ‖ Diverses observations sur l'étendue & les bornes des ‖ connoissances militaires chez les Européens. ‖ A Londres, ‖ Et se trouve à Paris, ‖ Chez Didot l'aîné,... ‖ M.DCC.LXXIII, in-12, pp. 288 et 9 pl.

Par de Saint-Maurice de Saint-Leu et le marquis J.-Fr.-Maxime Chastenet de Puységur, revu par le comte Fél.-Fr. d'Espie (Barbier). — Pub. à 3 liv. — Voir les *Mém. conc. les Chinois*, VII, pp. V-XII.

— Voir sur l'Art militaire des Chinois le Tome VII des *Mémoires concernant les Chinois* :

Avertissement, pp. III-IV.

Remarques critiques sur l'*Art militaire des Chinois*, tirées du Livre intitulé : *Etat actuel de l'Art et de la Science militaire à la Chine*, pp. V-XII.

Avis de l'éditeur (de Guignes), pp. III-VII.

Table des Chapitres, pp. VIII-X.

Discours du Traducteur, pp. 3/12.

Les dix Préceptes adressés aux gens de guerre, par Yong-Tcheng, Troisieme Empereur de la Dynastie régnante, pp. 13/44.

Les treize articles sur l'Art militaire. Ouvrage composé en Chinois par Sun-tse, général d'Armée dans le Royaume de Ou, & mis en Tartare-Mantchou par ordre de l'Empereur Kang-hi, l'année 27e du cycle de 60, c'est-à-dire, l'année 1710, pp. 45/160.

Les six articles sur l'Art militaire. Ouvrage composé en Chinois sur les Mémoires d'Ou-tse, général d'Armée dans le Royaume d'Ouei, & mis en Tartare-Mantchou par les ordres de l'Empereur Kang-hi, l'année Keng-yn, 27e du cycle de 60, c'est-à-dire l'an 1740, pp. 161/224.

Les cinq articles du Se-ma fa, ou Principes de Se-ma sur l'art militaire, ouvrage composé en Chinois par Se-ma, Général d'Armée, & mis en Tartare-Mantchou par les ordres de l'Empereur Kang-hi, l'année Keng-yn, 27e du cycle de 60, c'est-à-dire l'an 1710, pp. 225/302.

Extrait du livre intitulé *Lou-tao*, sur l'art militaire, pp. 303/315.

Instruction sur l'exercice militaire, pp. 317/387.

Table des matières, pp. 388/397.

Il y a un *Supplément* à cet *Art militaire* dans le Vol. VIII des *Mémoires*, pp. 37 et seq. Le Père Amiot est l'auteur des diverses traductions qui composent l'*Art militaire*.

— Military Skill and Power of the Chinese. From a Correspondent. (*Chin. Rep.*, V, 1836, pp. 165/178.)

By A. S. Keating.

— A brief account of the Mantchou Tartars at Chápú. By G. Tradescant Lay, interpreter to Sir Henry Pottinger's special mission. (*Ibid.*, XI, pp. 425/434.)

— *Kiáu Ping Siú Chí*, or The Soldier's Manual reviewed, by G. Tradescant Lay. (*Ibid.*, XI, pp. 487/496.)

— *Hiun Ping Yáu-yen*, or Important Instructions to soldiers. By Yü, a Commander-in-chief of H. I. M.'s military forces, &c., etc., translated by W. D.[ean.] (*Ibid.*, XII, pp. 69/75.)

— Forces militaires de la Chine, par C. Lavollée. (*Illustration*, 31 juillet 1847, avec grav. — Réimp. dans la *Rev. de l'Or. et de l'Algérie*, IV, 1848, pp. 26/36.)

— Art militaire et Navigation. — Notes sur l'emploi militaire des cerfs-volants et sur les bateaux et vaisseaux en fer et en cuivre, tirées des livres chinois; par M. Stanislas Julien. (*Ctes. rendus de l'Ac. des Sc.*, XXIV, 1847, pp. 1070/1071.)

— Du feu Grégeois, des feux de guerre, et des origines de la Poudre à canon chez les Arabes, les Persans et les Chinois, par MM. Reinaud et Favé. (*Jour. As.*, 4e Sér., XIV, 1849, pp. 257/327.)

— Observations sur le feu Grégeois par M. Quatremère. (*Ibid.*, XV, 1850, pp. 214/274.)

— Nouvelles observations sur le feu Grégeois par M. Reinaud. (*Ibid.*, pp. 371/376.)

— Lettre de M. Natalis Rondot à M. Reinaud sur le même sujet. Paris, 20 déc. 1849. (*Ibid.*, XVI, 1850, pp. 100/104.)

— * Lettre à M. Reinaud, membre de l'Institut. La fabrication de la poudre à canon et de l'acide azotique en Chine. Par M. Natalis Rondot. [Gravure sur bois dans le texte.] Paris, 1850. Broch. in-8, pp. 6.

— Mémoire sur les colonies militaires et agricoles des Chinois, par Edouard Biot. (*Jour. As.*, XV, 1850, pp. 338/370; 529/595.)

Tirage à part : Paris. Imprimerie nationale, 1850, br. in-8, pp. 99.

— The Army of the Chinese Empire : its two great divisions, the Bannermen or National Guard, and the Green Standard or Provincial Troops; their organization, locations, pay, condition, &c. By T. F. Wade.

In the *Chinese Repository*, XX (1851), May, pp. 250/280. — June, pp. 300/340. — July, pp. 363/422.

Cet article est réimprimé dans *The North China Herald*, No. 66, 1st Nov. 1851 et seq.)

— Account of the *Shui lui*, or Infernal Machine, described in the 58th volume of the *Hoi kwak To Chi* : By the Rev. S. Beal, of H. M. Ship *Sybille*. (*Trans. China Br. R. As. Soc.*, Part VI, Art. III, pp. 53/61.)

Read before the Society 24th June 1857.

— Organisation militaire des Chinois ou la Chine et ses Armées suivi d'un Aperçu sur l'Administration civile de la Chine. Par P. Dabry, Capitaine d'infanterie, attaché à l'état-major général du corps expéditionnaire de Chine, Membre de la Société asiatique de Paris. Paris, Henri Plon, 1859, in-8, pp. XIX-428.

— Etat général des forces militaires et maritimes de la Chine. Solde, armes, équipements, etc. Précédé d'une Etude sur les rapports commerciaux à établir avec cet Empire. Ouvrage composé d'après les textes officiels chinois, recueillis par T. F. Wade, et sur d'autres documents récents par Jules Picard de la Bibliothèque Sainte-Geneviève. Paris, J. Corréard, 1860, in-8, pp. VII-534.

Notice par H. de Charencey sous le titre : «De la Constitution de l'Armée chinoise» dans la *Revue de l'Orient*, Mars-Avril 1861, pp. 161/171.

— Note sur les armes chinoises et sur les blessures qu'elles ont causées (extraite d'une lettre adressée à M. l'inspecteur baron Larrey, par M. le docteur Fuzier, médecin-major de 2e cl. à l'expédition de Chine). — Quelques caractères ethnologiques et anatomiques du crâne d'une femme chinoise. (Extrait de la même lettre.) (*Rec. de Mém. de médecine... milit.*, 3e Sér., V, 1861, pp. 251/2.)

— Armée chinoise. (C. de Mutrécy, *Campagne de Chine*, 1862, I, pp. 367/381.)

— Observations sur des canons Chinois et Cochinchinois. — Analyse des alliages qui les constituent. Par le Dr. Benjamin Roux. (*Arch. Médecine navale*, I, 1864 pp. 464/6.)

— G. Schlegel. — Chinesche Mitrailleuses. (*Java-bode*, 20 Dec. 1870.)

— On the Introduction and Use of Gunpowder and Firearms among the Chinese. With Notes on some ancient Engines of Warfare, and Illustrations. By W. F. Mayers. (*Jour. N. C. B. R. As. Soc.*, 1869/1870, N. S., No. VI, Art. V, pp. 73/104.)

Read before the Society 18th May 1869.

Il y a des ext. de ce mémoire dans *Trübner's Record*, Aug. 1873, p. 124.

— Plath. — Das Kriegswesen der alten Chinesen. (*Sitz. philos.-philol. u. hist. Kl. K. B. Ak. Wiss. München*, 1873, pp. 275/348.)

— The Army of Kwang tung. By Z. B. (*China Review*, VII, p. 208.)

— Military Precedence. (*Ibid.*, X, p. 72.)

— The Chinese Army. (*Ibid.*, XI, p. 262.)

— San-yin-ha-ha. By J. M. (*Ibid.*, XVI, p. 58.)

— The Armaments of China. (Balfour, *Waifs and Strays*, 1876. pp. 39/54.)

— The Armies of Asia and Europe : embracing Official Reports on the Armies of Japan, China, India, Persia, Italy, Russia, Austria, Germany, France and England. Accompanied by Letters descriptive of a Journey from Japan to the Caucasus by Emory Upton, Brevet Major-general United States Army. New York, D. Appleton, 1878, in-8, pp. IX-446.

Army of China, pp. 13/32.

— The Same. By Major General Upton, United States Army. 1878, Published in England by Griffin & Co., The Hard, Portsmouth, in-8, pp. IX-446.

— La Chine puissance militaire. Influence future de l'empire chinois dans les affaires politiques du monde chrétien. Par Octave Sachot. (*Rev. Brit.*, Oct. 1879, N. S., V, pp. 270/314.)

— The Chinese Army. By Captain William Gill, R. E. (*Journ. Roy. United Service Institution*, XXIV, 1881, pp. 358-377.)

Lu Vendredi, 30 avril 1880.

— The Chinese Army. By Captain William Gill. [London, Harrison and Sons, 1880], br. in-8, pp. 20.

For private circulation only.

— L'armée chinoise. (*Rev. mar. et col.*, Vol. 70, 1881, pp. 223/244.)

Résumé par le Cap. Tonnot de la conférence anglaise du Cap. W. Gill à la Royal United Service Institution.

— Le Tongkin et l'armée chinoise. (*Ann. de l'Ext. Orient*, 1882-1883, V, pp. 222/223.)

D'après Colquhoun.

— Les grandes manœuvres de l'armée chinoise. Lettre de M. Dejean, miss. au Thibet, à M. le Sup. des Missions étrangères. (*Miss. Cath.*, XV, 1883, pp. 182/186.)

— The Introduction of Torpedoes into China. By C. Imbault-Huart. (*N. C. Herald*, Nov. 28, 1883, p. 609.)

— Li-hung-chang et l'armée chinoise. (*Ann. de l'Ext. Orient*, 1883-1884, VI, pp. 69/73.)

— Les forces militaires de la Chine. Par H. Castonnèt Desfosses. (*Moniteur Universel*, 4 & 6 janvier 1884.)

— La Chine militaire par le L^t.-Col. Debize. (*Bul. Soc. Géog.*, Lyon, V, 1884, pp. 250/270.)

— Army of China. — (*Blackwood's Mag.*, CXXXV, 650.) *Vide infra.* — [W. H. Cromil] (*United Service Mag.*, LXXXIII, 2, 417; LXXXIV, I, 293.)

— L'armée chinoise. Par G. d'Orcet. [*Blackwood's Magazine.*] (*Rev. Brit.*, 1884, III, pp. 353/376.)

— L'armée chinoise. (*Ann. de l'Ext. Orient*, 1884-1885, VII, pp. 82/85.)

— Comment on paie les soldats chinois. (*Ibid.*, p. 317.)

— L'art militaire et la diplomatie des Chinois d'après leurs auteurs classiques par le Bon G. de Contenson, ancien attaché militaire en Chine. Paris, Plon, 1885, br. in-8, pp. 19.

Ext. du *Correspondant*. — Bib. nat. $\frac{O^2n}{768}$.

— L'esprit du haut commandement dans l'armée chinoise. Par G. de Contenson, Ancien Attaché militaire à la Légation de France en Chine. (*Le Journal*, 27, 28 et 29 juillet 1900.)

— L'Art Militaire des Chinois, d'après leurs Classiques. Par G. de Contenson. (*La Nouvelle Revue*, 15 août 1900, pp. 554/563.)

— Military Superstition. By C. B. T. (*Journ. C. B. R. A. S.*, XX, N. S., 1885, p. 286.)

— * L. von Stein. Zur Organisation der Land- und Seemacht Chinas. (*Unsere Zeit*, 1885, No. 3.)

— * « Ancient and Modern Methods of Arrow-Release ». By Edward S. Morse, Director Peabody Academy of Science. Essex Institute *Bulletin*, October-December 1885.

Notice : *Nature*, XXXV, 1886-7, pp. 12/14.

— Poisoned Arrows. (*China Review*, XIII, p. 297.)

— Modern Armaments. (*Ibid.*, p. 297.)

— Military Engineering. (*Ibid.*, p. 432.)

— Le soldat chinois de la dernière guerre. Par G. d'Orcet. (*Rev. Brit.*, 1886, I, pp. 241/269.)

— The Chinese Brave. By J. George Scott (Shway Yoe). (Demetrius Boulger, *The Asiatic Quarterly Review*, January 1886. Vol. I. No. 1, pp. 222/245.)

— Les bannières et étendards de l'extrême Orient. Par O. Pitrou (avec planche). (*Mém. de la Soc. des étud. jap.*, etc., IV, 15 Janv. 1885, pp. 47/54.)

(Art militaire et Navigation.)

— A Chinese opinion upon the question of humane warfare. By a Friend of Peace. (*T'oung Pao*, II, Juin 1891, pp. 151/154.)

— Dergi Hese jakôn gôsa de Wasimbuhangge. Biyoo bithe-piao. Edit suprême descendu (du Trône) vers les 8 Bannières. Par C. de Harlez. (*Muséon*, Oct. 1884, pp. 619/626.)

Recueil de décrets adressés par Young Tcheng en 1723-1734, aux huit Bannières. — Voir col. 639-640.

— Dergi hese Jakôn gôsa de Wasimbuhangge. (*Ching-yu pa ki* 聖諭八旗.) Décret suprême adressé aux Huit Bannières. Traduit du mandchou par C. de Harlez, Professeur à Louvain, Belgique. (*Mém. de la Soc. des étud. jap., etc.*, IV, Juillet 1885, pp. 177/191.)

— *Luh-ying-tchi li.* — Les Règlements militaires de l'empereur Kia-King, par M. de Harlez. (*Journal Asiatique*, 8e série, XII, No. 1, 1889, pp. 80/111.)

— Китайская пушка, хранящаяся въ С. Петербургскомъ Артиллерійскомъ музеѣ. [А. Позднѣевъ.] (Записки... *Русскаго Археол. Общества...* В. Р. Розена... I, II, 1886, pp. 121/126.)

— J. D. E. Schmeltz. — Stosswaffen aus China. (*Int. Arch. f. Ethnog.*, II, 4, p. 169 et pl. XII ; 5, p. 230.)

— La guerre moderne en Chine. Par Henri Bryois. (*Le Figaro*, mercredi, 5 juillet 1893.)

E. H. Parker.

— The Military Organization of China prior to 1842, as described by Wei Yüan. Translated by E. H. Parker. (*Jour. China Br. R. As. Soc.*, N. S. Vol. XXII, Nos. 1 & 2, 1887, pp. 1/21.)

Voir 聖武記, col. 633.

— Militaryism in China. By E. H. Parker. (*China Review*, XIV, p. 109.)

— The Chinese Army. By E. H. Parker. (*Ibid.*, pp. 168/169.)

— Salute firing. By E. H. Parker. (*Ibid.*, p. 169.)

— Military Engineering. By E. H. Parker. (*Ibid.*, p. 217.)

— Two-deckers. By E. H. Parker. (*Ibid.*, p. 224.)

— Branding. By E. H. Parker. (*Ibid.*, p. 357.)

— Greek Fire and Firearms. By E. H. Parker. (*Ibid.*, XV, p. 183.)

— Cross-Bows. By E. H. Parker. (*Ibid.*, p. 183.)

— Chinese Idea of Warfare. By E. H. Parker. (*Ibid.*, p. 249.)

— Military Organization. By E. H. Parker. (*Ibid.*, p. 250.)

— Military Engines. By E. H. Parker. (*Ibid.*, p. 253.)

— Horse-tail Standards. By E. H. Parker. (*Ibid.*, XVII, No. 5, p. 300.)

— The Invention of Fire-Arms. By E. H. Parker. (*Ibid.*, XVIII, No. 6, p. 379.)

— Manchu Horse-breeding grounds. By E. H. P. (*Journ. C. B. R. A. S.*, XXII, N. S., 1887, pp. 100/1.)

— * The Chinese Army. By E. H. Parker. (*United Service Magazine*, CXLII, April 1900, p. 47.)

(E. H. Parker.)

— * The Forces arrayed against Us in North-China. By E. H. Parker. (*Ibid.*, Aug. 1900, p. 536.)

— Die Militärmacht Chinas. Von N. (*Deutsche Rund. f. Geog. u. Stat.*, XI, 1888-1889, pp. 332/4.)

D'après Younghusband.

— La Chine militaire par M. L.-B. Rochedragon. (*Bul. Soc. Géog.*, Lyon, X, 1891, pp. 507/526; XI, 1892, pp. 62/92, 149/176.)

— * The Fighting Force of China. By Col. W. E. Gowan. (*New Review*, Nov. 1894.)

— * China's Reputation-Bubble. By Col. Henry Knollys. (*Blackwood's Mag.*, Nov. 1894.)

— Unter Chinesischer Flagge. — Schilderungen der Erlebnisse eines ehemaligen deutschen Seeoffiziers. Kiel. Verlag von H. Eckardt, 1894, br. in-8, pp. 63.

— Variétés sinologiques No. 9. — *Pratique des Examens militaires en Chine* par le P. Etienne Zi (Siu), S. J. — Chang-hai. Imprimerie de la Mission Catholique à l'Orphelinat de T'ou-Sé-Wè. — 1896, in-8, pp. II + 1 f. n. ch. + pp. 132.

— On lit dans le *Lond. & China Express*, 2 Sept. 1898 : « The memoranda that appear in the *Journal* of the United Service Institution on » The Defences, Harbours, and Railways required by China « will prove useful information at the present time. They were drawn up by Colonel Wagner at the request of Li Fong-pao, when Chinese Minister in Berlin in 1883/85, and are now translated by Captain P. Holland, 5th Punjaub Infantry... [in 1883]. The work, in two folio volumes, with 55 maps and plans, was translated into Chinese and sent in to Li Fong-pao. Soon after that it disappeared, and Li was recalled and disgraced. The original has now been summarised by its author, and given in the *Militär-Wochenblatt.* »

— La hiérarchie dans l'armée chinoise. (*Rev. Indo-chinoise*, No. 70, 19 fév. 1900, p. 197.)

— L'armée chinoise du Yunnan. (*Ibid.*, No. 88, 25 juin 1900, pp. 609/613.)

— L'armée chinoise du Kouang-Si. (*Ibid.*, No. 89, 2 juillet 1900, pp. 635/9.)

— Mémoire au Trône de Tchang Tche-tong, vice-roi des deux Kouangs, et de Li Ping-hing, gouverneur du Kouang-Si, au sujet de la réorganisation de l'armée de cette province. (*Ibid.*, No. 108, 12 nov. 1900, p. 1090; No. 109, 19 nov. 1900, pp. 1110/1113.)

— L'armée chinoise du Kouang-Toung. (*Ibid.*, No. 94, 6 août 1900, pp. 753/5.)

— Die Chinesische Armee und Kriegsflotte. Berlin 1900. Ernst Siegfried Mittler. pet. in-8, pp. 19.

Ext. de *Militär-Wochenblatt*, 1900, Nr. 66, et de *Chinas Kriege*, Abschnitt VII.

— O Exercito Chinez. (*Ta-ssi-yang-kuo*, Ser. I, Vol. II, 1900-1, pp. 561/586.)

— The Chinese Soldier and other Sketches with a Description of the Capture of Manila, by Alfred Cunningham... London : Sampson Low, s. d. [1902], in-8, pp. 143.

— Chinese as warriors. [From *China Mail.*] (*China Review*, XXV, N° 2, pp. 79/82.)

— On the Invention and Use of Fire-Arms and Gunpowder in China, prior to the Arrival of Europeans. By G. Schlegel. (*T'oung Pao*, Mars 1902, pp. 1/11.)

Notice par P. Pelliot, *Bul. École Ext. Orient*, II, No. 4, 1902, pp. 407/9.)

— L'Armée chinoise du Nord. Impressions et Souvenirs. (*L'Orient lointain...* par le Dr. J.-J. Matignon, pp. 153/170.)

Avait paru dans *Armée et Marine*, 1er janvier 1903.

— * Capitaine Gadoffre. — Vallée du Yang-tsé. Les Troupes Chinoises et Leurs Instructeurs. Paris, 1903, in-8, pp. 50.

— Général H. Frey de l'armée coloniale — L'armée chinoise, l'armée ancienne, l'armée nouvelle, l'armée chinoise dans l'avenir — Avec une carte en couleur des régions de l'Extrême-Orient — Paris, Hachette, 1904, in-8, pp. 176 + 1 carte.

Carte extraite de la *Nouvelle Géographie Universelle*, par E. Reclus, 1903, 1/12.500.000.

— Horizons Chinois. Par J. Ollivier Henry, Capitaine d'Infanterie coloniale. (*Rev. Indo-Chinoise*, 30 sept. 1904, pp. 413/429.)

— Les Armées de Chine. Par le Col. C. de Grandprey. (*Revue de Paris*, 15 mars 1904.)

— Mesny's Notes on the Chinese Military Services. (*Mesny's Chinese Miscellany*, 1st Jan. 1905, pp. 9/16.)

— La réorganisation militaire de la Chine. (*Bull. Com. Asie française*, février 1905, pp. 70/72.) — Par le Cap. d'Ollone.

— La Chine guerrière. Par le Capitaine d'Ollone. (*Revue de Paris*, n° 8, 15 avril 1905, pp. 728/764.)

Marine.

— * Witsen. — Aeleoude Scheepsbouw. Amsterdam, 1676.

— 其夜威挨炯知 A Description of the Chinese Junk « Keying ». — Printed for the Proprietors of the Junk, and sold only on board. — London, 1848. Price sixpence. [J. Such, Printer, 29 Budge Row, Watling Street, City], br. in-12, pp. 31.

Jonque exposée aux East India Docks, Londres.

— О военномъ морскомъ дѣлѣ у Китайцевъ. Traduit du chinois par К. А. Скачковъ. In-8, pp. 27.

Extrait du Морской сборникъ, 1858, n° 10. Traduction partielle du 水事輯要 *Chouei che tsi yao.* — Musée Roumiantsov, N. 18/162. — Communication de P. Pelliot.

— « On Chinese junk building », voir un article très intéressant dans *Notes and Queries on C. & J.*, Vol. I, pp. 170/173, par W. F. M.[ayers].

— Shipping and Nautical Terms. Selected and arranged by the Editor. (1) Ships, Steamers, Boats, &c. (2) Chinese Junks, &c. at Canton. (3) Boats found at Foochow, &c. (4) Appendages and Parts of Ships. (5) Short Nautical Phrases. (Doolittle's *Voc.*, Pt. III, No. LXVIII.)

— Life-boats on the Coast of China. (*Siam Rep.*, Vol. 6, Oct. 1874, pp. 454/5.)

— On Chinese Names for Boats and Boat-Gear with remarks on the Chinese use of the Mariner's Compass. By J. Edkins, D. D., Peking. (*Journ. N. C. B. R. As. Soc.*, N. S., XI, 1877, pp. 123/142.)

Voir sur la Boussole, col. 1458-60.

— The Revival of the Warlike Power of China. By Captain Cyprian A. G. Bridge, R. N. (*Fraser's Magazine*, June 1879, pp. 778/789.)

— La Chine puissance militaire. (*Revue Britannique*, 1879.)

— La flotte chinoise en 1879. (*Revue maritime et coloniale*, Janvier 1880, pp. 165/8.)

Extrait du *Messager de Cronstadt*.

— The Chinese Navy. By Chief Engineer J. W. King, U. S. N. (*The United Service*, a Monthly Review of Military and Naval Affairs, Vol. II, March 1880, No. 3, pp. 382/388, Philadelphia.)

— Einiges über Schiffnamen. Von K. Himly. (Aus *Zeitschrift für Völkerpsychologie und Sprachwissenschaft*, herausgegeben von den Prof. Dr. Steinthal u. Dr. Lazarus, Jahrg. 1880, pp. 223/232.)

— Navy of China, 1882. (*Spectator*, LV, 82.)

— Miller of Dalswinton Anticipated by the Chinese. (*China Review*, XI, p. 201.)

— The Naval and Land Forces of Kiang Su. By X. (*Ibid.*, p. 333.)

— The Chinese Navy. By E. H. Parker. (*Ibid.*, XIV, p. 169.)

— Skin-boats. By E. H. Parker. (*Ibid.*, p. 220.)

— The Chinese Navy. By E. H. Parker. (*Ibid.*, XVI, pp. 124/125.)

— Hunan boats. By E. H. Parker. (*Ibid.*, XVII, No. 1, pp. 51/52.)

— Water-Tight Compartments in Chinese Vessels. By G. M. H. P. (*Journ. C. B. R. A. S.*, XXI, N. S., 1886, p. 106.)

— Ancient Use of Wheels for the Propulsion of Vessels by the Chinese. By Z. Volpicelli. (*Ibid.*, XXVI, N. S., No. 1, 1891-92, pp. 127/128.)

Note traduite de 廿四史通俗衍義.

— A marinha de guerra chineza. Par A. Pereira Nunes. (*Ta-ssi-yang-kuo*, Ser. I, Vol. II, 1900-1, pp. 721/8.)

— La marine chinoise, son importance, son avenir. Par Jean de La Peyre. (*Bull. Com. Asie française*, Août 1901, pp. 191/195.)

— Les arsenaux chinois. (*Rev. française*, XXV, 1900, pp. 634/5.)

— Les arsenaux chinois. (*Revue scientifique*, 1900, II, pp. 564/5, 664/5.)

D'après la *Revue française*.

Arsenal de Fou tcheou.

— Contrat d'engagement des Ingénieurs, Contre-Maîtres et Ouvriers européens. — Pièce lithographiée datée : Fou tcheou, le 3 septembre 1866, in-4, pp. 7 ; signée : P. Giquel [et] P. d'Aiguebelle ; [Imp. Paindebled, pass. du Caire, 7 et 9].

Il y en a un ex. à la Bib. nat. $\frac{O^2n}{281}$.

— Notes on the Foochow Arsenal, by J. G. D. [J. G. Dunn], pp. 6, s. l. n. d. ni titre.

— The Foochow Arsenal. (*N. C. Herald*; description datée « Foochow », Dec. 10th 1869) et (*Shanghai News Letter*, January 11, 1870).

— Communication sur l'Arsenal de Foutchéou par M. Prosper Giquel. Extrait des *Mémoires de la Société des Ingénieurs civils*. Paris, Imprimerie Viéville et Capiomont, 1872, br. in-8, pp. 11, et un plan.

— L'Arsenal de Fou tcheou, ses résultats. Par Prosper Giquel, lieutenant de vaisseau, directeur. Shang haï, Imprimerie A. H. de Carvalho, Février 1874, br. in-8, pp. 53 avec une phot. et un plan.

— The Foochow Arsenal, and its Results. From the commencement in 1867, to the end of the foreign directorate, on the 16th February 1874. By Prosper Giquel, *Director*. Translated from the French, by H. Lang. (Reprinted from the « Shanghai Evening Courier ».) Shanghai : Printed and Published at the office of the « Shanghai Evening Courier », 1874, br. in-8, pp. 38.

— L'Arsenal de Fou-tcheou par Henri Vigne. (*L'Illustration*, 16 Mai 1874, pp. 321/322, avec port. de M. Giquel et vue de l'Arsenal.)

— Souvenirs de l'Arsenal de Fou-tcheou 1869-1873. La Chapelle catholique et le Temple de la déesse Ma-tchou. Par le R. P. Alphonse Sautel, des Frères prêcheurs. (*Miss. Cath.*, XVI, 1884, pp. 512/514.)

— M. Prosper Giquel, Director in Chief of Foochow Arsenal. (*The Far East*, Vol. II, No. I, pp. 24/5, avec une phot.)

— Le lieutenant de vaisseau Giquel. (Henry Lauzac, *Galerie historique et critique, du dix-neuvième siècle*, Vol. VII, Paris, 1877, pp. 519/523.)

— A la mémoire de Prosper Giquel Veuf de Madame Elisa de Rufz de Lavison, ancien officier de marine, directeur de la mission chinoise en Europe, officier de la légion d'honneur — 1835 † 1886, br. in-8, pp. 16.

Paris. — Imp. V. Goupy et Jourdan. Discours prononcé à l'enterrement de P. Giquel, † à Cannes, 19 février 1886.

Le discours de Tcheng Ki-tong est réimprimé, pp. 327/330 de *Quand j'étais Mandarin*, de Foucault de Mondion. — Voir col. 678.

Jules Giquel, frère de Prosper, qui a également appartenu à l'Arsenal de Fou-tcheou, est mort à Cannes, le 24 février 1879.

— Die Reorganisation des chinesischen Seearsenals in Futschau durch französische Marine-Officiere. (*Oest. Monats. f. d. Orient*, Wien, 1897, pp. 81/2.)

— Bataille du 23 août 1884; voir FRANCE, dans la Troisième Partie.

— L'arsenal de Tee-tcheou Par Philippe Leurent, S. J. (*Chine, Ceylan, Madagascar*, Juin 1905, pp. 276/280.)

Hsien-hsien, 8 février 1905.

ARSENAL DE CHANG HAI.

— Description of Shanghai Imperial Arsenal, in 1869. (*Shanghaï News-Letter*, June 1869.)

Voir également les nombreuses notices qui ont paru à différentes reprises dans le *N. C. Herald*.

— Description of Shanghai Imperial Arsenal, in 1869. (*Siam: Rep.*, April 1870, Vol. 2, Art. 88, pp. 193/5.)

Ext. du *China Mail*.

— An Account of the Department for the Translation of Foreign Books at the Kiangnan Arsenal Shanghai. With various lists of publications in Chinese language, by John Fryer. — Shang hai: American Presbyterian Mission Press. — 1880, br. in-8, pp. 32.

Reprinted from the *North China Herald*, January 29th, 1880.

— Das chinesische See-Arsenal zu Kiang-Nan. (*Oest. Monats. f. d. Orient*, 1890, p. 80; d'après *Mitth. aus dem Gebiete des Seewesens*.)

— Voir BOTTU.

Beaux-Arts.

— Livre de desseins chinois, tirés d'après des originaux de Perse, des Indes, de la Chine et du Japon, dessinés et gravés en taille-douce par le Sr Fraisse, Peintre de S. A. S. Monseigneur le Duc... Paris 1735.

Dédicace de Fraisse. Privilége. 53 Planches sans titres, ni légendes.

Format 0.38 × 0.49, 1 vol. reliure aux Armes de France. — Bib. Nat., Dép. des Estampes OL 147. — Cat. Courant 5633.

— * Stephen Weston. — Fragments of Oriental Literature, with an Outline of a Painting on a curious China Vase. London, 1807, in-8.

Bohn's *Lowndes*, IV, 2882.

— Un peintre chinois et son atelier, par T. Downing. (*Rev. de l'Orient*, V, 1844, pp. 143/7.)

— La Peinture en Chine. — L'atelier de Lam-qua. (*L'Artiste*, 5e S., III, No. 5, 1er Juin, 1849, pp. 65/66.)

Par C. Lavollée.

— Catalogue de la collection chinoise exposée dans la galerie des Beaux-Arts, Avenue Montaigne. — Prix : 50 cent. — Paris, Vinchon, 1855, in-12, pp. 63.

Collection du Consul, M. de Montigny.

— Les Peintres européens en Chine et les peintres Chinois par M. F. Feuillet de Conches (Extrait de la *Revue contemporaine*, t. XXV, 98e livraison). Paris, Dubuisson, 1856, br. in-8, pp. 47.

— Causeries d'un Curieux. Variétés d'histoire et d'art... par F. Feuillet de Conches. Tome II, Paris, Henri Plon, M DCCC LXII, in-8 :

LA CHINE. Des manuscrits et des autographes, des arts et particulièrement de l'iconographie chez les Chinois, pp. 3/158.

— Des Curiosités chinoises exposées aux Tuileries par M. G. Pauthier. [7 Mars 1861.] Pièce in-8, pp. 7.

Extrait de la *Gazette des Beaux-Arts*; livraison du 15 mars 1861.

— Owen Jones' Grammar of Ornament, illustrated by examples from various styles of Ornament, gr. in-4. £ 3.10.

Chap. XIV. Chinese Ornament; Pl. 59, 60, 61, Chinese Ornaments painted on Porcelain and on Wood, and from Woven Fabrics; — Pl. 62, Conventional Renderings of Fruits and Flowers.

— Examples of Chinese Ornament selected from Objects in the South Kensington Museum and other Collections. By Owen Jones. One hundred Plates. London : Day and Son, M DCCC LXVII, in-fol., pp. 15 + 100 pl. en couleurs.

A paru en 5 livraisons à 21/—, dont la première est datée 1866, renfermant chacune 20 pl.

— Kunstfertigkeiten und Künste der alten Chinesen. Von Dr A. Pfizmaier... Wien, 1871, Karl Gerold's Sohn, br. in-8, pp. 80.

Sitzb. phil.-hist. Cl. Ak. Wiss. Wien, Bd. LXIX, p. 147, Nov.

— Catalogue of Chinese Objects in the South Kensington Museum. With an Introduction and Notes by C. Alabaster. London : Printed by George E. Eyre and William Spottiswoode, 1872, Price Six Pence, br. in-8, pp. 80.

Notice : *N. C. Daily News*, 14 Sept. 1872.

— L'Extrême Orient au Palais de l'Industrie. Notices sur les Collections de M. H. Cernuschi par Albert Jacquemart. Extrait de la *Gazette des Beaux-Arts*. (Livraisons des 1er Octobre et 1er Novembre 1873, et 1er Janvier 1874.) Paris, Imprimerie de J. Claye, 1874, gr. in-8, pp. 68.

— Un Pittore Modenese nella China (1698). [p.] Giuseppe Campori. Pièce in-8, pp. 9.

Estratto dagli Atti e Memorie delle Deputazioni di storia patria dell' Emilia. Nuova Serie, Vol. IV. Parte II. Modena, Vincenzi, 1879.

Sur Gio. Gherardini. Voir VOYAGES.

— Cuadros chinos del Museo Arqueológico Nacional Estudio precedido de algunas consideraciones sobre el estado de la Pintura en el Celeste Imperio, por Don Juan Sala. (*Museo Español de Antigüedades...* Madrid, 1875, Vol. IV, pp. 383/401.)

— Ancient Vases. (*China Review*, VII, pp. 278/280, 349/350.)

— Curio hunting. By E. H. Parker. (*Ibid.*, XV, p. 53.)

— Histoire populaire de l'Art. Recueil encyclopédique et artistique par E. F. Moret et T. Obalski. Publié sous le Patronage de MM. Paul Bert et Th. Villard. Ouvrage illustré de nombreuses gravures. Première partie. *Archéologie préhistorique.* — Deuxième partie. *Chine, Japon et Océanie.* — Paris, s. d., in-fol., pp. 415.

— Notes by Motoori on Japanese and Chinese Art. Translated by Basil Hall Chamberlain. [Read 16 April 1884.] (*Trans. As. Soc. Japan*, XII, Pt. III, July 1884, pp. 221/229.)

— Bibliothèque de l'enseignement des beaux-arts publiée sous la direction de M. Jules Comte — *L'art chinois* par M. Paléologue, secrétaire d'ambassade. Paris, Maison Quantin, in-8, pp. 320.

— British Museum. — Guide to the Exhibition of Chinese and Japanese Paintings in the Print and Drawing Gallery. Printed by order of the Trustees. 1888, in-8, pp. 57.

— L'Asie à l'Exposition Universelle. Par C. de Varigny. (*Revue des Deux-Mondes*, 1er Oct. 1889, pp. 595/617.)

— L'exposition rétrospective de l'Extrême-Orient. Par C. Sainson. Secrétaire-adjoint de la Société Sinico-Japonaise. (*Le Lotus*, Avril 1889, pp. 112/126; *ibid.*, Juillet 1889, pp. 129/145.)

Fried. Hirth.

— Über den Mäander und das Triquetrum in der Chinesischen und Japanischen Ornamentik. (*Chinesische Studien*, von Fried. Hirth, I. Bd., 1890, pp. 231/242.)

Avait paru, pp. 487/494, *Verhandlungen der Berliner Anthropologischen Gesellschaft*, Sitzung vom 22. Juni 1889.

— Ueber fremde Einflüsse in der chinesischen Kunst. Von Friedrich Hirth. — München und Leipzig, G. Hirth, 1896, in-8, pp. XVIII-83.

Notices : *Jour. Asiat.*, nov.-déc. 1896, pp. 529/536, par Ed. Chavannes. — *China Review*, XXIII, pp. 119/120, par A. K.

— Ueber fremde Einflüsse in der chinesischen Kunst. Von Friedrich Hirth. (*Jahresbericht d. Geog. Ges. in München für 1894 und 1895*, pp 223/288.)

— Über fremde Einflüsse in der Chinesischen Kunst. Von Dr. Fr. Kühnert. (*Oest. Monats. f. d. Orient*, 1896, pp. 132/6.)

— XI. Internationaler Orientalisten-Congress, Paris, September 1897. — Über die Einheimischen Quellen zur Geschichte der Chinesischen Malerei von den ältesten Zeiten bis zum 14. Jahrhundert. — Von Professor Dr. Friedrich Hirth, K. chines. Zolldirector a. D. — München & Leipzig. G. Hirth's Verlag. September 1897, in-8, pp. 40.

— Chinese pictorial art. Par G. S.[chlegel.] (*T'oung Pao*, 2e Sér., III, N° 3, Juillet 1902, pp. 177/179.)

— Fried. Hirth. Über Entstehung und Ursprungslegenden der Malerei in China. (*Allgem. Zeit., Beil.* Nr. 117 u. 118 v. 22. u. 23. Mai 1900. Separatabzug. Leipzig [Harrassowitz], 1900.)

— Chinesische Malereien auf Papier und Seide aus der Sammlung des Herrn Professor F. Hirth. Dresden, Februar 1897, br. in-8, pp. 20.

Sonderausstellung im Königlichen Zoologischen und Anthropologisch-Ethnographischen Museum zu Dresden.

— Ausstellung Chinesischer Malereien in Dresden. Von W. v. Seidlitz. in-16, pp. 10.

Sonderabdruck aus der Kunstchronik 1896/97, Nr. 16.

Cf. K. Woermann, *Dresdener Journal*, 1897, 15-17, Feb.

— Scraps from a Collector's Note Book Being Notes on some Chinese Painters of the Present Dynasty with Appendices on some Old Masters and Art Historians by Friedrich Hirth, Professor of Chinese, Columbia University in the City of New York. — Leiden, E. J. Brill, 1905, in-8, pp. 136, gravures.

Tirage à part, avec l'addition d'une table des matières, du *T'oung Pao*, Oct. 1905, pp. 373/507.

— Über eine chinesische Bildrolle. Von W. Grube. (*Ethnologisches Notizblatt herausg. v. d. Direktion d. königl. Museums f. Völkk. in Berlin*, Heft 1, 1894, pp. 7/10.)

— Königliche Museen zu Berlin — Vorbilder-Hefte aus dem Kgl. Kunstgewerbe-Museum herausgegeben von Julius Lessing. Heft 29. — *Chinesische Bronzegefässe.* Text von Julius Lessing, in-fol., 2 ff. + 15 pl.

Notice : *T'oung Pao*, IIe Sér., Vol. IV, n° 3, Juillet 1903, pp. 264/267. Von Dr. B. Laufer.

— Insluimeren van het gevoel voor de symbolieke waarde van ornament ook in de Chineesche Kunst op te merken, door Dr. J. Brandes. (*Tijdschft. v. Ind. T.-, L.- en Volk.*, Deel XLI, Afl. 2 & 3, 1903, pp. 97/107.)

— L. Gaillard. La gravure sur bois et les Arts du Dessin en Chine. (*Etudes religieuses...* par des Pères de la Cie. de Jésus, Mars 1890, pp. 436/456.)

— L. Gaillard. Etudes d'Art chinois. — Le

Dessin en Chine. (*Etudes religieuses... par des Pères de la Cie. de Jésus*, Juin 1860, pp. 287/308 ; Octobre 1860, pp. 270/286 ; Nov. 1860, pp. 436/456.)

— Chinese Art, an Index to the National Character. By the Rev. W. A. Cornaby. (*Contemporary Review*, Oct., 1893, pp. 549/562.)

— Chinesisches in Europa während des XVIII. Jahrhunderts. (*Oest. Monats. f. d. Orient*, Wien, 1900, pp. 131/2.)

— De l'expression des vœux dans l'art populaire chinois, par Éd. Chavannes. (*Jour. Asiat.*, sept.-oct. 1901, pp. 193/233.)

— De l'expression des vœux dans l'art populaire chinois par M. Éd. Chavannes. — Extrait du *Journal Asiatique* (sept.-oct. 1901). Paris, Imprimerie nationale — MDCCCCI, in-8, pp. 43, 2 pl.

— Indian Art in the Far East. By Hemendra Prasad Ghose. (*Calcutta Review*, Oct. 1903, pp. 287/313.)

— A Chinese Painting of the Fourth Century written by Laurence Binyon. (*The Burlington Magazine*, January 1904, pp. 39/43, 3 pl.)

By Ku K'ai-chih.

— La peinture chinoise au Musée du Louvre. Note par Ed. Chavannes. (*T'oung Pao*, IIe Série, V, No. 3, Juillet 1904, pp. 310/331.)

— La Peinture chinoise au Musée du Louvre. Note par Ed. Chavannes. Extrait du « T'oung Pao », 1904. — E. J. Brill, Leide, 1904, br. in-8, pp. 23.

— Annales du Musée Guimet. — Bibliothèque d'Art. — Tome premier. — La Légende de Koei tseu mou chen. Peinture de Li-long-mien (1081). — Paris, Émile Lévy, s. d., in-4 oblong, pp. 27 + pl. chinoises.

Préf. d'Emile Guimet ; traduction des textes par Tcheng-keng ; notes et observations par Tcheng Ki-tong d'après Tcheng-keng ; traduction par M. Marcel Huber ; notes et description par M. de Milloué ; notice sur Li-long-mien & Tchao-meng-fou par M. E. Deshayes.

Notice : *T'oung Pao*, IIe Série, Vol. V, N° 4, Oct. 1904, pp. 490/499. Par Ed. Chavannes.

— L'Art chez les Chinois par R. de Marguerye — Extrait des *Guides Madrolle* : Chine du Sud. — Paris, Comité de l'Asie française, 1904, in-8, pp. 23.

— A Landscape by Chao Mêng-fu in the British Museum by Laurence Binyon. (*T'oung Pao*, IIe Série, Vol. VI, N° 1, Mars 1905, pp. 56/60.)

— Chinese Art. By S. W. Bushell. Vol. I. London, 1904, pet. in-8, pp. 156, 104 fig.

South Kensington, Victoria and Albert Museum Art Handbook.

Notices : par Ed. Chavannes, *T'oung Pao*, IIe Sér., Vol. VI, Mars 1905, pp. 118/122. — *Lond. & China Express*, Feb. 3, 1905. — *Bul. École Ext. Orient*, V, Janv.-Juin 1905, pp. 211/7, par P. Pelliot.

— An Introduction to the History of Chinese Pictorial Art by Herbert A. Giles M. A., LL. D. (Aberd.) Professor of Chinese in the University of Cambridge With Illustrations. Shanghai, Kelly & Walsh, 1905, in-8, pp. x + 1 f. n. ch. p. l. tab. + 178 + 1 f. n. ch. p. l'er.

Printed by E. J. Brill, Leyden (Holland).

Notices : par Ed. Chavannes, *T'oung Pao*, Mai 1905, p. 251. — *Lond. & China Express*, June 2, 1905.

Architecture.

— Designs of Chinese Buildings, Furniture, Dresses, Machines, and Utensils. Engraved by the Best Hands, From the Originals drawn in China by Mr. Chambers, Architect, Member of the Imperial Academy of Arts at Florence. To which is annexed, a Description of their Temples, Houses, Gardens, &c. London : Published for the Author, and sold by him next Door to Tom's Coffee-house, Russel-street, Covent-Garden : ... MDCCLVII, grand in-folio de pp. 19 s. l. p.

Suivi de la traduction française :

— Desseins des Edifices, Meubles, Habits, Machines, et Ustenciles des Chinois gravés sur les Originaux dessinés à la Chine par Mr. Chambers, Architecte, Membre de l'Académie Impériale des Arts à Florence. Auxquels est ajoutée Une Description de leurs Temples, de leurs Maisons, de leurs Jardins, &c. A Londres; De l'Imprimerie de J. Haberkorn, dans Gerrard Street ; Se vend chez l'Auteur... MDCCLVII, pp. 19 s. l. p.

Et de 21 planches.

— Traité des édifices, meubles, habits, machines et ustensiles des Chinois, gravés sur les originaux dessines à la Chine, Par M. Chambers, Architecte Anglois. Compris une Description de leurs Temples, Maisons, Jardins, &c. A Paris, Chez le Sieur le Rouge, Ingénieur-Géographe du Roi, rue des Grands Augustins. M.DCC.LXXVI, petit in-folio, pp. 30 et 20 Planches.

Cette édition est beaucoup moins estimée que celle de 1757.

— Sur les beaux Arts de la Chine, & principalement sur l'Architecture Chinoise. (*Lettres d'un missionnaire à Pekin*, 1782, pp. 168/173.)

— Sur le rapport de l'Architecture Chinoise avec la Grecque, & relativement à l'Architecture Egyptienne. (*Ibid.*, pp. 173/176.)

— De l'Architecture des Chinois, en général et en particulier ; avec quelques descriptions d'Edifices publics remarquables, et principalement celle des Palais de l'Empereur à Pekin, suivis d'éclaircissemens sur les Hôtels des Grands et sur les Maisons particulières, pp. 1/94 du recueil de pièces publiées par Delatour à Paris en 1803 [voir col. 59].

— J.-M. Callery. — De l'Architecture chinoise. Palais publics, Maisons de plaisance, Habitations commerciales, Jardins, Horticulture. (Extrait de la *Revue d'Architecture*), in-4, pl. et grav.

— Chinese Architecture. (*English Cyclopædia*... by Charles Knight, *Arts & Sciences*, Vol. II, London, 1859, col. 847/851.)

— Royal Institute of British Architects — At the ordinary General Meeting of the Institute, held on Monday, the 1st of December 1873, G. Vulliamy Esq., Vice-President, in the Chair, the following Paper was read: — The Architecture of China, by William Simpson, F. R. G. S. = brochure in-4, imprimée pp. 33-50 des *Transactions*, 1873-4.

Cet article est accompagné de deux planches :

Sketch Elevation and Plan of the Tomb of Yuh lo, Ming dynasty, near Peking.

Temple of Heaven-Peking-Sketch Plan of North and South Altars.

— Chinese Architecture. (*The Cycle*, 11th Feb. 1871.)

— A History of Architecture in all Countries, from the Earliest Times to the Present Day. By James Fergusson, D. C. L., F. R. S., M. R. A. S., Fellow Royal Inst. Brit. Architects, &c. &c. &c. In four volumes. — Second edition. London : John Murray, 1874, 4 vol. in-8.

— Een Chineesche Wachttoren. (Met Plaat.) Bij G. Schlegel. — Overgedrukt uit den Feestbundel van Taal-, Letter-, Geschied- en Aardrijkskundige Bijdragen ter Gelegenheid van zijn tachtigsten Geboortedag aan Dr. P. J. Veth, Oud-Hoogleeraar, door eenige vrienden en oud-leerlingen aangeboden. Pièce in-fol., 3 pages + 1 pl.

— * Ern. Faber. — Die Baukunst der Chinesen. (*Zeitschrift. f. Missionsk. und Religionswiss.*, II, No. 4.)

— Walled towns. By E. H. Parker. (*China Review*, XV, p. 186.)

— Chinese Architecture. By J. Edkins, D. D. (*Journ. C. B. R. A. S.*, XXIV, N. S., 1889-90, No. 3, pp. 253/288.)

— Chinese Architecture by Joseph Edkins, D. D. Shanghai... Kelly & Walsh, 1890, br. in-8, pp. 36.

Reprinted from the *Journal of the China Branch of the Royal Asiatic Society*.

— Bridges in China. By J. Edkins. (*China Review*, XXII, No. 5, pp. 738/739.)

— The «Tent Theory» of Chinese Architecture. By S. Ritter von Fries. (*Journ. C. B. R. A. S.*, XXIV, N. S., 1889-90, No. 3, pp. 303/306.)

— [Toitures.] (*Globus*, No. 12; *T'oung Pao*, IV, mai 1893, p. 221.)

— * Chinese Architecture. By Rev. W. Hopkyn Rees (*ill.*) (*Mag. of Art*, XXV, Dec. 1900, p. 61.)

— Monographies chinoises. — Maison de la famille Wang Par R. (*Etudes*..., Tome 88, 20 Juillet 1901, pp. 218/223.)

Par le P. Raymond Rodet, S. J.

Musique.

— Il n'est que rarement question de musique dans le *Chou king*. Voir des passages de l'éd. de 1770, pp. 15, 38/39, 57, 60 et 270, etc., et les Observations accompagnées d'une planche, pp. 319 et seq. — Voir le *Tcheou li* et le *Li ki*.

— Notions of the Ancient Chinese respecting Music. A complete translation of the *Yok Kyi*, or Memorial of Music, according to the Imperial Edition. By Dr. B. Jenkins. (*Jour. N. C. B. R. As. Soc.*, No. V, N. S., Dec. 1868, Art. III, pp. 30/57.)

Read before the Society, on 9th June 1868.

— Mémoires concernant l'Histoire, les Sciences, les Arts, les Mœurs, les Usages, &c., des Chinois. Par les Missionnaires de Pe-kin. (Musique chinoise), pièce in-4 à 2 col., s. l. n. d., pp. 16.

C'est tout simplement un tirage à part des remarques de De Guignes en annonçant l'ouvrage suivant dans le Vol. VI des *Mémoires concernant les Chinois*.

— De la Musique des Chinois, tant anciens que modernes; par M. Amiot, Missionnaire à Pékin. (*Mém. conc. les Chinois*, Vol. VI, pp. 1 et seq.)

Discours préliminaire. — Catalogue des ouvrages où se trouvent les matériaux qui ont servi à la composition du Mémoire sur la Musique des Chinois. — Avertissement. — Première Partie : I. Du son en général. II-IX. Des huit sortes de sons. — Seconde Partie : Des *Lu*. — Troisième Partie : Des Tons. — Observations sur quelques points de la Doctrine des Chinois. — Table des Matières.

Cet ouvrage a été édité et enrichi de notes et d'une table par l'abbé Roussier.

On en trouve des exemplaires [du *Mémoire sur la Musique des Chinois*] avec un titre particulier, qui en fait un ouvrage séparé. On a ajouté au même volume un *Essai sur les pierres sonores de la Chine*, qui n'est pas du P. Amiot. [Il est du P. Cibot; *vide infra*.] Forkel a donné un précis de ce livre dans son almanach musical de 1784, pp. 233-275.

Lichtenthal indique (*Bibliogr. della Musica*, t. III, p. 43), d'après un article du *Journal Encyclop.* (Mars 1780, t. II, part. 3, p. 543), une version espagnole de la trad. franç. du traité de musique de *Ly Koang-ti*, par le père Amiot, sous ce titre : *Memoria sobre la Musica de los Chineses*; Madrid, Imprenta de Bablo y Texero, 1780. Malgré ces indications si précises, j'avoue que je doute de l'existence de ce livre; car toutes les recherches que j'ai fait faire à Madrid n'ont pu en faire découvrir un seul exemplaire. La traduction a pu être faite; mais il est vraisemblable qu'elle n'a point paru. Il est d'ailleurs douteux que ce soit l'ouvrage de Ly koang-ti qui ait été traduit en espagnol; le titre indique plutôt une traduction du mémoire d'Amiot dont il a été parlé précédemment. Il est, au reste, très fâcheux que la traduction d'Amiot se soit égarée; car il est certain qu'elle n'existe pas à la Bibliothèque impériale de France, bien qu'elle y fût à l'époque où l'abbé Roussier fut chargé de la publication du *Mémoire sur la musique des Chinois*, puisque celui-ci en a donné l'analyse dans ce mémoire. Quelques manuscrits d'Amiot se trouvent parmi ceux de cette bibliothèque; mais ce sont les cahiers de l'ouvrage publié et quelques appendices de peu d'intérêt.

L'auteur de ce dictionnaire a extrait d'une correspondance inédite d'Amiot avec le ministre Bertin, qui a appartenu à

M. Noveu, libraire de Paris [voir col. 1044], une lettre fort longue et intéressante concernant la fabrication du *lo*, vulgairement appelé *tam tam*, et l'a publiée dans le premier volume de la *Revue musicale* (p. 365). Cette lettre contient tous les détails nécessaires pour faire connaître les procédés de la fabrication de cet instrument. Cependant le célèbre sinologue M. Julien a publié sur ce sujet un morceau de critique duquel on peut conclure que l'ouvrier qui a fourni au P. Amiot ces renseignements, l'a trompé sur les détails de sa fabrication. (Fétis, *Biog. univ. des Musiciens*, 2e éd., Paris, 1860, I, pp. 89/90.)

— Essai sur les pierres sonores de Chine [par le Père Cibot]. (*Mém. conc. les Chinois*, VI, pp. 255 et seq.)

— J. C. Hüttner (de la suite de Lord Macartney) a publié quelques observations sur la musique des Chinois en janvier 1796 dans le « Journal des Luxus und der Moden » (Weimar). Il avait joint à ces observations une chanson chinoise reproduite à la suite de la traduction française de son voyage publiée à Paris, chez Fuchs (an VII).

— Barrow's *Travels*, chap. VI.

— Ueber die Musik der Chinesen. Bruchstück eines Briefes aus Copenhagen. (*As. Mag.*, Klaproth, I, pp. 64/68.)

— Remarks on the musical instruments of the Chinese, with an outline of their harmonic System. By G. T. Lay. (*Chin. Rep.*, VIII, May 1839, pp. 38/54.)

— Histoire générale de la Musique et de la danse par J. Adrien de la Fage, Paris, au Comptoir des Imprimeurs unis, 1844.

Les pages 1-400 du Vol. I sont consacrées à la « Musique des Chinois ».

— On the Chinese Musical Scale. (Letter Signed S. R. B., *China Mail*, No. 30, Sept. 11, 1845.)

— On the musical Notation of the Chinese. By the Revd. E. W. Syle, A. M. Read before the Society, February 16th, 1858. (Art. IV, *Journal N. C. B. R. A. S.*, No. II, May 1859, pp. 176/9, avec 6 planches.)

— P. Scudo. — De la Musique chinoise. (*Revue des Deux Mondes*, 1er Septembre 1860.)

— List of Musical Terms. By Mrs. J. B. Mateer. (Doolittle's *Voc.*, Pt. III, No. XXIII.)

— The Chinese Theory of Music (by the Revd. E. Faber) (*Notes and Queries on China and Japan*, Vol. IV) : I. Philosophy of Music. — II. Numbers (art. 2 et 3).

C'est tout ce qui a paru de ce travail, quoiqu'on lise à la dernière page du premier numéro de *Notes and Queries* (Vol. IV) : « The fourth volume will contain a valuable work on *Chinese Music*, by the Revd. J. Faber, illustrated by upwards of seventy Plates and Engravings. »

— The Chinese Theory of Music. By E. Faber. (*China Review*, I, pp. 324/329, 384/8 ; II, 47/50.)

— Chinese Music. By W. G. (*China Review*, II, pp. 257/8.)

Addition à l'article de Faber.

— Did Weber compose Chinese Music? By F. H. (*China Review*, II, 1874, p. 322.) TURANDOT, *Mélodie chinoise*.

— Réponse par C. D.[evéria.] (*Rev. de l'Ext. Orient*, I, No. 3, p. 498.)

— Chinese Lyrics. By George Carter Stent. Read 5th June 1871. (*Jour. N. C. B. R. As. Soc.*, N. S., No. VII, 1871/2, pp. 93/135.)

(MUSIQUE.)

— Short Notes on Chinese Instruments of Music. By N. B. Dennys. (*Jour. N. C. B. R. As. Soc.*, N. S., No. VIII, 1873, pp. 93/132.)

Read before the Society 21st Oct. 1873.

— Musique des Chinois. (Perny, *Dict.*, App. No. XIV, pp. 143/154.)

— Instrumentos Músicos chinos existentes en el Museo Arqueológico Nacional. Estudio precedido de algunas consideraciones sobre la historia y naturaleza de la Música en el Imperio Chino. Por Don Juan Sala. (*Museo Español de Antigüedades*... Madrid, 1873, Vol. II, pp. 215/224.)

— Einige Notizen über die Japanische Musik. Von Dr. Müller. (*Mitth. d. deutsch. Gesells. f. Nat. u. Völkerk. Ostas.*, 6tes Heft, December 1874, pp. 13/19.)

— F. Stein. — Zur Vergleichung Chinesischer und Japanischer Musik. (*Ibid.*, I. Bd., 9. Heft, März 1876, pp. 60/62.)

— Bemerkungen über die Theorie der chinesischen Musik und ihren Zusammenhang mit der Philosophie, von Dr. G. Wagener. (*Ibid.*, 12. Heft, Mai 1877, pp. 42/61.)

— The 笙 or Chinese Reed Organ. By F. Warrington Eastlake. (*China Review*, XI, pp. 33/41.)

— * E. Metzer. Musik und Gesang bei den Chinesen. (*Globus*, ed. Rich. Kiepert, Vol. 46, No. 24.)

Musique. (*Les Peuples étranges* par Judith Gautier, Paris, 1879, pp. 17/42.)

— Curiosities of Music ; a Collection of Facts not generally known, regarding the Music of Ancient and Savage Nations. By Louis C. Elson. Boston : Oliver Ditson & Co., S.d. [1880], in-12, pp. 363-VI.

XI. — History of Chinese Music, pp. 114/141. — XII. — Chinese Music and Musical Instruments, pp. 142/161. — XIII. — Chinese Musical Compositions and Ceremonies, pp. 162/175. — XIV (par erreur XVI). — The Chinese Theatre and Dances, pp. 176/200.

— Acoustics in China. By W. H. Stone. (*Nature*, XXIII, 1880-81, pp. 448/9.)

A propos d'une lettre de John Fryer au Prof. Tyndall.

— The Connection between Chinese Music, Weights, and Measures. (*Nature*, XXX, 1884, pp. 565/6.)

— China. — Imperial Maritime Customs. — II. — Special Series : No. 6. — CHINESE MUSIC. By J. A. Van Aalst (Chinese Imperial Customs Service). Published by order of the Inspector General of Customs. — Shang hai : Statistical Department of the Inspectorate General of Customs... 1884, in-4, pp. IV-84.

Notice : *Chin. Rec.*, Nov.-Dec. 1884.

— * Exposé de la Musique des Chinois par J. A. Van Aalst. Bordeaux, *l'Echo Musical*, 1890, br. in-8.

(MUSIQUE.)

— Essai nouveau sur la musique chez les Chinois. Par G. Dev. [Madame Gabriel Devéria]. (*Magasin pittoresque*, 1885, No. 14, 31 juillet, pp. 234/238; 17, 15 sept., pp. 287/288; 19, 15 oct., pp. 327/328; 23, 15 déc., pp. 390/392.)

— A Glossary of Reference... By H. A. Giles... Second ed.... 1886.

Voir, p. 157, *Music*.

— Notes on Chinese Music. By J. C. J. (*Chin. Rec.*, XVII, Sept. 1886, p. 363; Dec. 1886, p. 474.)

Note bibliographique.

— Chinese Music and its Relation to our Native Services. By Rev. W. E. Soothill. (*Chin. Rec.*, XXI, No. 5, May 1890, pp. 221/228.)

— An Air from Mr. Van Aalst's Book, p. 29. (*Ibid.*, No. 7, July 1890, pp. 336/338.)

— Chinese Music. By Mrs. Timothy Richard. (*Chin. Rec.*, XXI, No. 7, July 1890, pp. 305/314; *ibid.*, No. 8, Aug. 1890, pp. 339/347.)

Read by Mrs. Richard before the Literary Society, Tientsin, April 22, 1890.

— Note to accompany the three tables, as appendix to Mrs. Richard's paper on Chinese Music. By M. R. (*Chin. Rec.*, XXI, No. 9, Sept. 1890, pp. 416/7.)

— Chinese Music. By Mr. J. W. H. John. (*Chin. Rec.*, XXII, No. 7, July 1891, pp. 311/318.)

— H. E. Krehbiehl. — Chinesische Musik. (*Globus*, LXII, 2, pp. 25/31.)

— Miscellanées chinois. — Deux Traités de la Musique. — I. Le Li-Yo du Sing-li tsing-i. — II. Le Yo-ki. Par C. de Harlez. (*Giornale della Società Asiatica Italiana*, VI, pp. 161/186), br. in-8.

— Chinese Musical System. By Benjamin Ives Gilman. (*The Philosophical Review*, Nos. 1 & 2, June & March 1892.)

— Wind instruments. By John Chalmers. (*China Review*, XIII, pp. 402/405.)

— The Theory and Practice of tuning Pipes. By J. Chalmers. (*Ibid.*, XIV, pp. 36/39.)

(Musique.)

— Music. By E. H. Parker. (*Ibid.*, XV, p. 54.)

— Notation. By E. H. Parker. (*Ibid.*, XV, p. 188.)

— On Antique and Sacred Bronze Drums of Non-China. By Terrien de Lacouperie. (*Bab. & Or. Record*, VII, No. 9, May 1894, pp. 193/204.)

— Les Chants du Bureau de la Musique. — Des rapports de la musique grecque avec la musique chinoise. (*Mém. hist.* de Se-ma Ts'ien,... trad. Ed. Chavannes, III, 2e Partie, App. I et II.)

— Zur Kenntniss der chinesischen Musik. Von F. Kühnert. (*Wiener Zeit. f. d. Kunde des Morg.*, XIV, 1900, pp. 126/148.)

— Chinesische Musik, von F. Kühnert. (*Presse*, 19 Apr. 1893.)

— The Training of Chinese Voices. By Miss L. M. White. (*Chin. Rec.*, XXXII, Dec. 1901, pp. 589/592.)

— Chinese Music. By Mrs. Timothy Richard. (*East of Asia*, I, No. 4, pp. 301/314.)

— Léon Charpentier. Chansons chinoises. (*Revue blanche*, 1er Oct. 1900.)

Musique et Texte.

— La Musique chinoise. (*Revue des Revues*, 15 fév. 1898, pp. 442/7.)

— Die tönende Laute. Eine musikalische Geschichte aus dem alten China um 300 vor Christi Geburt. Nach dem chinesischen Urtext erzählt von C. F. Voskamp. (*Der Ferne Osten*, Bd. 1, Heft 1, pp. 17/23.)

— Les Instruments de Musique des Chinois. Par le Dr. J. J. Matignon. (*La Nature*, 11 Oct. 1895. — *Crime, Superstition et Misère*, par J. J. Matignon, pp. 327/336.)

— Rudiments de Musique par F. Diniz S. J. Traduits par J. Tsang S. J. Orphelinat de Tou-sé-wé 24 Mai 1903, in-8, pp. 72 autog.

— * Songs of the East. By E. Duncan. London, Metzler & Co, 2/6.

— Music for the Chinese. By Rev. William Hunter. (*Chin. Rec.*, XXXIII, N° 5, May 1902, pp. 244/247.)

(Musique.)

FIN DU DEUXIÈME VOLUME.

BIBLIOTHECA SINICA

PAR

HENRI CORDIER.

BIBLIOTHECA SINICA

DICTIONNAIRE BIBLIOGRAPHIQUE

DES OUVRAGES

RELATIFS A L'EMPIRE CHINOIS

PAR

HENRI CORDIER

PROFESSEUR A L'ECOLE SPÉCIALE DES LANGUES ORIENTALES VIVANTES,
MEMBRE DU COMITÉ DES TRAVAUX HISTORIQUES ET SCIENTIFIQUES, MEMBRE DU CONSEIL DE LA SOCIÉTÉ ASIATIQUE
ANCIEN PRÉSIDENT DE LA COMMISSION CENTRALE DE LA SOCIÉTÉ DE GÉOGRAPHIE,
HONORARY MEMBER OF THE ROYAL ASIATIC SOCIETY OF GREAT BRITAIN AND IRELAND
HONORARY CORRESPONDING MEMBER OF THE ROYAL GEOGRAPHICAL SOCIETY,
HONORARY MEMBER OF THE CHINA BRANCH OF THE ROYAL ASIATIC SOCIETY
SOCIO DELLA R. DEPUTAZIONE VENETA DI STORIA PATRIA.

Cet ouvrage a obtenu à l'Institut le prix Stanislas Julien en 1880.

DEUXIÈME ÉDITION, REVUE, CORRIGÉE ET CONSIDÉRABLEMENT AUGMENTÉE.

VOLUME III

ORIGINAL EDITION PUBLISHED

PARIS

LIBRAIRIE ORIENTALE & AMÉRICAINE

E. GUILMOTO, Editeur

Successeur de J. MAISONNEUVE

6, Rue de Mézières et 26, Rue Madame.

1906—1907.

PREMIÈRE PARTIE

LA CHINE PROPREMENT DITE

XIII. — LANGUE ET LITTERATURE.

Origines. — Études comparees.

— An Historical Essay Endeavoring a Probability That the Language of the Empire of China is the Primitive Language. By *John Webb* of *Butleigh* in the County of *Somerset* Esquire. London, Printed for *Nath. Brook*, at the *Angel* in *Gresham Colledge*. 1669. in-8, pp. 212 sans l'ép. à Charles II (6 pages), 1 carte.

Vend. Langlès (1053), Fr. 3. — Quaritch, 1876, 5/.

— The Antiquity of China, or an Historical Essay, Endeavouring a probability that the Language of the Empire of *China* is the Primitive Language spoken through the whole World before the Confusion of *Babel.* wherein The Customs and Manners of the *Chineans* are presented, and Ancient and Modern Authors consulted with. By *John Webb* of *Butleigh* in the County of *Somerset* Esquire. Printed for *Obadiah Blagrave*, at the Bear in *St. Paul's* Church-Yard, near the Little North Door, 1678, pet. in-8, pp. 212.

Même édition que celle de 1669, mêmes errata. — Titre différent. — Sans l'épître et la carte.

— Olof Rudbeck (filius). Specimen usus Linguæ Gothicæ in eruendis atque illustrandis obscurissimis quibusvis Sacræ Scripturæ locis, addita Analogia Linguæ Gothicæ cum Sinica, nec non Finnonicæ cum Ungarica. Upsaliæ, 1717, in-4, pp. 169.

Voir critique dans les *Acta Literaria Sveciæ*, I, Upsala, 1720, in-4.

[On peut lire dans les *Acta Literaria Sveciæ Upsaliæ publicata* en plusieurs endroits (pendant les premières années du XVIIIe siècle) des notices ethnographiques et archéologiques sur les peuples Tartares.]

— Orientalisch- und Occidentalisches A, B, C-Buch... von Benjamin Schulzen, Königl. Dänischen Missionarii zu Tranquebar... Naumburg, 1769, pet. in-8.

Das Sinesische Alphabet, pp. 99/102.
Das Formosanische Alphabet, pp. 103/106, etc.

— Dissertation Critique, où l'on tâche de faire voir, par quelques exemples, l'utilité qu'on peut retirer de la Langue *Chinoise*, pour l'intelligence de divers mots & passages difficiles de l'Ancien Testament. (Art. III, *Histoire critique de la République des Lettres tant Ancienne que Moderne*. Tome II. A Utrecht, Chès Guillaume à Poolsum, M DCC XIII, in-12, pages 96 à 153.)

Cet article est anonyme.

— Dissertation Critique sur la Langue *Chinoise*, où l'on fait voir, autant qu'il est possible, les divers rapports de cette Langue avec l'Hebraisque ; adressée à Mr. Reland, Professeur en Langues Orientales dans l'Université d'Utrecht. (Art. II, *Ibid.*, Tome III. A Amsterdam. Chez Jaques Desbordes. MDCCXIII, in-12, pages 29 à 106.)

Signée : Philippe MASSON. A Vliet ce 25. de Mars 1713.

— Nouvelle Dissertation Critique, où l'on fait voir, par de nouveaux Exemples, l'usage de la Langue *Chinoise* pour l'intelligence de quelques endroits du Texte Hebreu de l'Ancien Testament. Par Mr. Ph. M. (Art. II, *Ibid.*, Tome IV. *Ibid.*, MDCCXIII, in-12, pages 29 à 69.)

— Lettre d'un sçavant de Berlin à un ami d'Utrecht, où l'on trouve une Pièce *Chinoise* assez curieuse. (Art. VIII, *Ibid.*, Tome III, *Ibid.*, in-12, pages 272 à 275.)

A Berlin, le 20. Mai 1713.

Contient l'Oraison Dominicale « dans la langue *Chio-Chiu*, tirée d'un joli manuscrit, écrit à la Chine par un Missionnaire Espagnol. Ce Mst. contient une Grammaire & un Dictionnaire de cette Langue ».

— Eclaircissemens au sujet de la Dissertation qui fait le second Article du Tome precedent, adressez à l'Auteur de cette Histoire Critique. (Art. IV, *Ibid.*, Tome IV, *Ibid.*, in-12, pages 85 à 93.)

De Masson. — A Utrecht ce 9. de septembre 1713. — Addition à son article précédent et à l'Oraison Dominicale. — Bib. Nat. Inventaire Z 54676 et suiv.

Cf. H. Cordier, *Fragments d'une Hist. des Etudes chinoises*, pp. 10/14.

— Conspectvs Bibliothecae Glotticae vniversalis propediem edendae operis quinqvaginta annorvm. Avctore Christophoro Theophilo de Mvrr. Norimbergae, MDCCCIV, in-8, pp. 32.

— Fab. Wil. Ekenman. De Lingua Sanscrit. (Åkerblad.) Dissertat. Lund, 1811, in-4.

Avec des caractères chinois.

— Paralello fra i Turchi, e fra i Cinesi, Del Sign. Abate Hager. (*Mines de l'Orient*, IV, 1814, pp. 321/5.)

— Asia polyglotta... par M. J. Klaproth. Paris, Eberhart, 1823, in-4, et Atlas in-fol.

Vend. Klaproth (433), Fr. 7 ; (434), Fr. 10, d. rel. v. ; (435), Fr. 16.50, pap. vél., br. en cart. ; (436), Fr. 27, pap. vél., dem. cuir de Russie [*Duplanil*] ; (437), Fr. 30, dem. mar. v., non rog., avec des notes ms. de Klaproth.

Notice : Abel Rémusat, *Mél. As.*, I, pp. 267/309.

— Asia polyglotta... 2e édit. corrigée et augm. Paris, Schubart, 1829, in-4.

« Ce n'est pas une nouvelle édition, c'est un titre nouveau, mais l'ouvrage est augmenté de 60 pages, sous le titre de : *Additions et Améliorations.* » (Cat. de Klaproth, No. 438.)

Vend. Klaproth (438), Fr. 27. 50, dem. cuir de Russie.

— *Sinico-Ægyptiaca.* — Essai sur l'origine et la formation similaire des écritures figuratives chinoise et égyptienne, composé principalement d'après les écrivains indigènes, traduits pour la première fois dans une langue européenne ; par G. Pauthier. Paris, Typographie de Firmin Didot frères, 1842, in-8, pp. VIII-149, 1 f. n. ch. p. l. table.

La première partie de cet ouvrage (*Histoire et Synthèse*) a été seule publiée. Cet ouvrage est consacré à développer une esquisse publiée en 1838 dans l'*Encyclopédie nouvelle*, article ÉCRITURE.

— Les tons chinois sont sémitiques. Pièce in-4 oblong de 4 ff. n. c. autog.

On lit au bas de la dernière page : *Porrentruy, 8 novembre 1854, H. Parrat, anc. Profr.*

— On the Relations between Chinese and the Indo-European Languages. By S. S. Haldeman, of Columbia, Pa. [From the Proceedings of the American Association for the Advancement of Science, Albany, August, 1856.] Cambridge : Allen and Farnham, 1857, br. in-8.

Chiffré p. 201 à p. 213.

— Lepsius. — Über die Umschrift und die Lautverhältnisse einiger hinterasiatischer Sprachen, namentlich der Chinesischen und der Tibetischen. (*Sitz. k. preuss. Ak. Wiss. Berlin*, 1860, pp. 65/7.)

— W. Schott. — Über Namen der Taube in verschiedenen Sprachen. (*Sitz. k. preuss. Ak. Wiss. Berlin*, 1861, pp. 1029/1033.)

— The Hieroglyphic Character of the Chinese written language by R. A. Jamieson Esq. Read before the Society on November 13th, 1865. (*Jour. N. C. B. R. As. Soc.*, N. S., No. II, Dec. 1865, Art. VII, pp. 113/123.)

— Pliny Earle Chase. Chinese and Indo-European Roots and Analogues. Philadelphia, 1861, gr. in-8, pp. 48.

Bib. hist. geog. 1861.

— The Origin of the Chinese... By John Chalmers. [Voir col. 576.]

— Sprachvergleichende Studien mit besonderer Berücksichtigung der Indochinesischen Sprachen von Dr. Adolf Bastian. Leipzig : F. A. Brockhaus, in-8, pp. XXXVIII + 1 f. n. ch. + pp. 344. [1870.]

— W. Lobscheid, col. 576.

JOSEPH EDKINS.

— Connection of Chinese and Hebrew. By Rev. J. Edkins. (*Chin. Rec.*, III, pp. 202/205, 323/327 ; IV, pp. 23, 48, 74, 102, 123, 182, 215, 245, 279, 287.)

— Mr. Edkins and Comparative Philology. (*Ibid.*, IV, pp. 253/257.)

— China's Place in Philology : an Attempt to show that the languages of Europe and Asia have a common origin. By Joseph Edkins, B. A., of the London Missionary Society, Peking ;... London : Trübner, 1871, in-8, pp. XXIII-403.

Notices : *Shanghai Budget*, Janv. 18, 1872. — *Actes de la Soc. d'Ethnog.*, par L. de Rosny, VII, 1873, pp. 182/188. — *N. C. Herald.* By T. W. Kingsmill, IX. — *China Review*, I, pp. 53/58, by T. Watters. — Préface de *Sinico-Aryaca*, de Schlegel. — Maurice Grunwald, dans le Vol. III du *Ban-zai-sau.* — Vend. Rochet (643), Fr. 7.50.

— Domenico Pezzi. — Glottologia Aria recentissima — Cenni Storico-Critici. Torino, Ermanno Loescher, 1877, in-8, pp. XV-190.

Chalmers, Edkins, G. Schlegel, pp. 65/7.

— Relation of Chinese to Western Languages. By J. Edkins, D. D. (*Chin. Rec.*, XXX, June 1899, pp. 268/273.)

En réponse à la *Glottologia Aria recentissima* du Prof. Domenico Pezzi, de Turin, 1877.

— A Letter to Professor Pezzi, Turin, Italy. By J. Edkins. (*China Review*, XXIV, No. 2, pp. 68/70.)

— On the Identity of Chinese and Indo-European Roots. By the Rev. J. Edkins, B. A., Peking. (*The Phoenix*, No. 28, Oct. 1872.)

— Let. de J. Edkins, Dalston, 22 Nov. 1875, sur trois let. originales de S. Julien, publiées p. 111 du Vol. IV des *Chips* de Max Müller. (*The Academy*, 1875, VIII, p. 578.)

— Influence of Chinese Dialects on the Japanese pronunciation of the Chinese Part of the Japanese Language. By J. Edkins. (*Trans. Asiatic Soc. Japan*, Vol. VIII, Pt. IV, Dec. 1880, pp. 473/482.)

— Contributions to the History of the Japanese Transcription of Chinese Sounds. By Joseph Edkins. (*Ibid.*, Vol. IX, Pt. II, Aug. 1881, pp. 107/124.)

— Connection of Japanese with the adjacent Continental Languages. By J. Edkins, D. D., Peking. [Read Dec. 15, 1886.] (*Ibid.*, XV, Pt. I, June 1887, pp. 96/102.)

— On the old Japanese Vocabulary. By Joseph Edkins, D. D. [Read 22 Jan. 1890.] (*Ibid.*, XVIII, Pt. I, April 1890, pp. 87/103.)

— Chinese Roots. By J. Edkins. (*China Review*, XIII, pp. 387/398.)

— Chinese Roots. By J. Edkins. (*Ibid.*, XIV, pp. 67/80, 135/146; XV, pp. 288/295, 347/357 ; XVI, pp. 31/39.)

— Sixteen Chinese Roots. By J. Edkins. (*Ibid.*, XVI, pp. 241/242.)

— Accadian and Chinese. By Joseph Edkins. (*Ibid.*, XV, pp. 295/298.)

— Examples of Etymology. By J. Edkins. (*Ibid.*, pp. 370/372.)

— Etymology. By J. Edkins. (*Ibid.*, XVIII, No. 6, p. 376.)

— The Physiologic Basis of Etymology. By J. Edkins. (*Ibid.*, pp. 376/377.)

(JOSEPH EDKINS.)

— The Identity of European and Asiatic Words. By Dr. Edkins. (*Ibid.*, XX, No. 1, pp. 53/7.)

— The State of the Chinese Language at the time of the invention of Writing. By the Rev. J. Edkins, D. D. (*Trans. of the Second Session of the Int. Cong. of Orientalists* held in London in Sept. 1874. Edited by Robert K. Douglas. London, Trübner, 1876, in-8, pp. 98/119.)

— The Evolution of the Chinese Language as exemplifying the Origin and Growth of Human Speech, by Joseph Edkins, D. D. 1887. (*Jour. Peking Oriental Society*, Volume II, N. 1, 1887, pp. 1/91, une table.)

— Age of Chinese Dialects. By Dr. Edkins. (*China Review*, XVI, 5, March-April 1888, pp. 305/5.)

— Etymological Notes. By Dr. Edkins. (*Ibid.*, pp. 307/8.)

— Dr. Edkins *v.* E. J. E. By Joseph Edkins. (*Ibid.*, p. 313.)

— The Evolution of the Hebrew Language by Joseph Edkins, D. D. Author of « Evolution of the Chinese language », « China's Place in Philology », « Chinese Buddhism », etc. — London — Trübner and Co., 1889, in-8, pp. IX-150.

— Effect of Nomad Life on the growth of Language. By John [*sic*] Edkins, D. D. (*Imp. & As. Quart. Review*, Oct. 1891, pp. 288/304.)

— Recent Researches upon the ancient Chinese Sounds. By J. Edkins, D. D. (*China Review*, XXII, No. 3, pp. 565/570.)

— The old Language of China. By J. Edkins, D. D. (*Ibid.*, pp. 596/598.)

— Note on Sul, tail. By J. E. (*Ibid.*, p. 606.)

— Etymology. By J. Edkins. (*Ibid.*, No. 5, pp. 736/738.)

— Accadian Origin of Chinese Writing. By J. Edkins, D. D. (*Ibid.*, No. 6, pp. 765/768.)

— The Roots of Chinese and of all Languages. By J. Edkins, D. D. (*Ibid.*, pp. 776/778.)

— Examples of Etymology. By J. Edkins. (*Ibid.*, p. 790.)

— Primitive Roots. By J. Edkins. (*Ibid.*, XXIII, No. 3, pp. 167/170.)

— The Roots of Language as judged by their form in Chinese. By J. Edkins. (*Ibid.*, No. 5, pp. 277/280.)

— North American Languages. By J. Edkins. (*Ibid.*, No. 6, pp. 322/323.)

— Etymology. By J. Edkins. (*Ibid.*, p. 362.)

— Remarkable Identities in words. By J. Edkins. (*Ibid.*, XXIV, No. 2, pp. 70/71.)

— Indestructibility of roots. By J. Edkins. (*Ibid.*, pp. 74/75.)

— Identity of eastern and western roots. By J. Edkins. (*Ibid.*, No. 4, pp. 174/176.)

— Origin of connective conjunctions. By J. Edkins. (*Ibid.*, No. 6, pp. 271/274.)

— Roots are indestructible. By J. Edkins. (*Ibid.*, pp. 291/292.)

— The Dakota language. By J. Edkins. (*Ibid.*, XXV, No. 1, pp. 31/35 ; *ibid.*, No. 3, pp. 109/120.)

— The Sumerian Vocabulary. By J. Edkins. (*Ibid.*, pp. 37/38.)

— Chinese and Manchu Affinities. By J. Edkins. (*Ibid.*, No. 2, pp. 88/89.)

— Comparative Philology. By J. Edkins. (*Ibid.*, pp. 91/92.)

— Remarks on the Relation of the Chinese and Mongolian Languages, by Rev. John T. Gulick, Missionary of the A. B. C. F. M. in Mongolia.

(JOSEPH EDKINS.)

51*

Communication à l'*American Oriental Society*, Oct. 1871, *Journal*, Vol. X, No. 1, p. xli.

— Connection between the Gaelic and Chinese Languages. By Ossian. (*Chin. Rec.*, IV, pp. 179/182, 242/245.)

G. Schlegel.

— *Sinico-Aryaca* ou Recherches sur les Racines primitives dans les langues chinoises et aryennes. Etude Philologique par Gustave Schlegel, Docteur en Philosophie, Interprète pour les langues Chinoises près du Gouvernement des Indes-Orientales-Neêrlandaises, Directeur de la Société des Arts et des Sciences à Batavia. — Tirage à part du XXXVIe Volume des Transactions de la Société des Arts et des Sciences à Batavia. — A Batavia, chez Bruining & Wijt, Libraires, 1872, gr. in-8, pp. xvi-181.

Notices : *North-China Daily News*, 6 et 20 janv. 1873. — *N. C. Herald*, 23 janv. 1873. — Trübner's *Record*, 1872, p. 206. — *China Review*, I, 136. — *Revue des Deux Mondes*, 1er oct. 1872, couverture. — *Bijd. T.-, L.- en Volkk. van N. I.*, 3e Reeks, VII, p. 385. — *Saturday Review*, 24 Aug. 1872. — *Lit. Cent. f. Deutschland*, 1872, No. 42. — *Ban Zai Sau*, 1875, p. 112. — Vend. Rochet (641), Fr. 9.50.

— Chinese Loanwords in the Malay Language by Gustav Schlegel. (*T'oung Pao*, I, Fév. 1891, pp. 391/405.)

— On some unidentified chinese Transcriptions of Indian Words by G. Schlegel. (*T'oung Pao*, 2e Sér., I, No. 4, 1900, pp. 327/333.)

— The Secret of the Chinese Method of transcribing foreign Sounds by Dr. G. Schlegel, Professor of Chinese Language and Literature at the University of Leyden. — Reprinted from the *T'oung-Pao*, Series II; Vol. I. — E. J. Brill. Leyden — 1900, in-8, pp. ix-103.

Notice par Maurice Courant, *Revue Critique*, 4 mars 1901.

— Siamese Studies by Dr. Gustave Schlegel, Professor of Chinese at the University of Leiden. — Supplement to Series II, Volume II of the *T'oung-Pao*. — Oriental Printing-Office Formerly E. J. Brill. Leiden — 1902, in-8, pp. viii-128.

— W. Simpson. — China's Future Place in Philology. (*Macmillan's Magazine*, Nov. 1873.)

— Sur l'origine des mots Pagode, Pagoda, Jos. House, Vide «*Notes and Queries*», I Series, V, p. 415 (note signée *Eirionnach*); VIII, p. 401 (note signée *Ph.*); VIII, p. 523 (note signée *Bishop of Brechin*).

— «Chinese and Egyptian Hieroglyphs» in *Notes and Queries on C. & J.* :

Vol. III, pp. 65/71—82/85. — G. Schlegel.

Vol. III, Nov. 1869. — C. W. Goodwin.

Vol. IV, Art. 29. — C. W. Goodwin.

Vol. IV, Art. 38. — S[chlegel].

Vol. IV, Art. 56. — Johs. von Gumpach.

Vol. IV, Art. 85. — Dr. G. Schlegel.

— «Etymologies from Chinese Rootwords» by Dr. G. Schlegel. (*Notes and Queries on C. & J.*, Vol. IV, Art. 98, pp. 89/90 — et Art. 108, pp. 113/122.)

— Объ отношеніяхъ Китайскаго языка къ среднеазіятскимъ. (Les Rapports de la langue chinoise avec les langues de l'Asie Centrale.) Par Vasiliev. Br. in-8. 1873.

Ext. du *Jour. du Min. de l'Inst. publique*, CLXIII, 2, pp. 82/124.

— Chinese Philology. (*China Review*, I, 1873, pp. 181/190; 293/300.)

— Chinese Etymology. By John Chalmers. (*Ibid.*, V, pp. 296/303.)

— Sur la reconstitution de la langue chinoise archaïque. Par le Professeur Léon de Rosny. (Résumé de la Communication.) (*Trans. of the Second Session of the Int. Cong. of Orientalists*, pp. 120/131.)

— Etymologisches Wörterbuch der Magyarischen Sprache genetisch aus chinesischen Wurzeln und Stämmen, erklärt von Ludwig Podhorszky. Paris, 1877. Verlag von Maisonneuve et Cie, in-8, pp. 344.

Impr. par Ad. Holzhausen, Wien.

— Chinesisch-arische Beziehungen. (*Globus*, XXIII, 1873, p. 44.)

Fried. Hirth.

— Sinico-European Similarities. By F. Hirth. (*China Rev.*, I, pp. 362/366.)

— Words introduced from the Chinese into European Languages. By F. Hirth. (*Ibid.*, II, pp. 95/98.)

— Fremdwörter aus dem Chinesischen von Dr. F. Hirth in Schanghai. — Separat-Abdruck aus Herrigs «Archiv für das Studium der neueren Sprachen und Litteraturen». Braunschweig. Druck von Georg Westermann, 1882, br. in-8, pp. 18.

— Fremdwörter aus dem Chinesischen. (*Chinesische Studien*, von Fried. Hirth, I. Bd., 1890, pp. 213/230.)

— Dr. Hirth's Identifications of foreign Words in Chinese texts. By E. H. Parker. (*China Review*, XVIII, No. 6, p. 380.)

— The German Word «Hühnerauge». By F. H.[irth.] (*Journ. C. B. R. A. S.*, N. S., XX, 1885, p. 187.)

E. H. Parker.

— The Comparative Study of Chinese Dialects. By E. H. Parker. (*Journ. N. C. B. R. As. Soc.*, XII, 1878, pp. 19/50.)

— Chinese and Sanskrit. By E. H. Parker. (*China Review*, XII, pp. 498/507.)

— Etymology. By E. H. Parker. (*Ibid.*, XIV, pp. 218/219.)

— The Origin of Language. By E. H. Parker. (*Ibid.*, pp. 220/221.)

— Annamese and Chinese. By E. H. Parker. (*Ibid.*, XV, pp. 270/273.)

— Chinese and Annamite Tones. (*Ibid.*, XVI, 1888, pp. 309/312.)

— Sino-Siamese Terms. (*Ibid.*, p. 379.)

— Sino-Burmese Names. (*Ibid.*, p. 379.)

— Sino-Kachyin-Shan-Karenn Terms. (*Ibid.*, pp. 379/380.)

— Chinese Etymology. By E. H. Parker. (*Ibid.*, XVII, No. 2, p. 114.)

— The ancient Relation between the Japanese and Chinese Languages and Peoples. By E. H. Parker. (*Ibid.*, XVIII, No. 2, 1889, pp. 82/117.)

— Siamese words in Hainan and China. By E. H. Parker. (*Ibid.*, No. 3, p. 198.)

— Sienpi Words in China. By E. H. Parker. (*Ibid.*, No. 6, pp. 378/379.)

— The « Yellow » Languages. By Edward Henry Parker. [Read Nov. 10, 1886.] (*Trans. As. Soc. Japan*, XV, Pt. I, June 1887, pp. 13/49.)

— Chinese and Annamese. By E. H. Parker. [Read 16th May 1888.] (*Trans. As. Soc. Japan*, XVI, Pt. II, July 1888, pp. 179/191.)

— Touching Burmese, Japanese, Chinese, and Korean. — By E. H. Parker. (*Trans. As. Soc. Japan*, Vol. XXI, Nov. 1893, pp. 136/151.)

— Essai sur la Genèse du langage et le Mystère Antique par P.-L.-F. Philastre. Paris, Ernest Leroux, 1879, in-8, pp. xII-248.

Notice : *Revue critique* (par Em. Baudat), 1879, II, pp. 153/4.

— Modern Translation into Sinico-Japanese. By W. Dening. [Read Nov. 14, 1883.] (*Trans. As. Soc. Japan*, XII, Pt. II, May 1884, pp. 104/141 + texte chinois, pp. 58.)

— Modern Translation into Sinico-Japanese. By W. Dening. (*Trans. As. Soc. Japan*, XII, 1885, pp. 104/142 + pl. d'exemples.

— О Корневомъ Составѣ китайскаго языка, въ связи съ вопросомъ о происхожденіи китайцевъ — Сергѣй Георгіевскій. — St.-Pétersbourg, 1888, grand in-8. — Анализъ іероглифической письменности китайцевъ, какъ отражающей въ себѣ исторію жизни древняго китайскаго народа. — St.-Pétersbourg, 1888, in-8.

Terrien de Lacouperie.

Né à Ingouville (le Hâvre), le 23 nov. 1845 ; † 11 oct. 1894 ; cf. col. 577.

— Chinese and Siamese. By A. Terrien de Lacouperie. (*Academy* 11th August, 1883.)

— Indo-Chinese Philology. By A. Terrien de Lacouperie. (*Ibid.* 24th Oct., 1885.)

— Comparative Ideology. By A. Terrien de Lacouperie. (*Ibid.* 4th Sept., 1886.)

— The Languages of China before the Chinese. Researches on the Languages spoken by the Pre-Chinese races of China proper previously to the Chinese occupation. By Terrien de Lacouperie,... London : David Nutt, 1887, in-8, pp. 148.

Notices : *Academy*, Oct. 22, 1887. — *Athenaeum*, Nov. 19, 1887. — *N. C. Herald*, Feb. 17, 1888, pp. 185/7.

— Les Langues de la Chine avant les Chinois — Recherches sur les langues des populations aborigènes et immigrantes, l'arrivée des Chinois, leur extension progressive dans la Chine propre et les sources de leur civilisation, par Terrien de Lacouperie,... — Edition française avec introduction, additions et appendices. — Paris, Ernest Leroux, 1888, in-8, pp. ix-210.

Avait paru dans le *Muséon*, jusqu'à la p. 144.

— Le non-monosyllabisme du Chinois antique, l'écart entre les langues écrite et parlée d'aujourd'hui et l'histoire de la langue écrite par Terrien de Lacouperie,... Paris, Ernest Leroux, 1889, br. in-8, pp. 15.

Avait paru dans le *Muséon*.

— The Sino-Annamite Dialect. By T. de L. (Terrien de Lacouperie.) (*Babylonian & Oriental Record*, Vol. V, No. 1, Jan. 1891.)

— Etudes de grammaire comparée. — Des recherches récentes de la linguistique relatives aux langues de l'Extrême-Orient, principalement d'après les travaux de M. Terrien de Lacouperie, par M. Raoul de la Grasserie... (Extrait des *Mémoires de la Société de linguistique*, t.VII, 3e fascicule.) Paris. Imprimerie Nationale. — M DCCC XCI, br. in-8, pp. 31.

∴

— Comparative Linguistic Peculiarities. By Jawbreaker. (*China Review*, IX, p. 128.)

— Comparative Chinese Philology. By R. Turpin. (*Ibid.*, XI, pp. 259/260.)

— Similarity between French and Chinese Writings. By France. (*Ibid.*, pp. 332/333.)

— Aryan Roots in Chinese. By R. H. Graves. (*Ibid.*, XII, pp. 88/93 ; XIII, pp. 5/10.)

— Speculations on the Primitive Forms of Language. By G. H. B. W. (*Ibid.*, XII, pp. 469/473.)

— Transliteration of foreign alphabetical Letters into Chinese. (*Ibid.*, XIII, pp. 359/360.)

— Semitic Traces in China. (*Ibid.*, p. 430.)

— The Comparative Study of Chinese Dialects. By Rev. C. C. Baldwin, D. D. (*Chinese Recorder*, X, pp. 47/59.)

— The Relation of Chinese to Siamese and cognate Dialects. By Siam. (*Ibid.*, 1879, pp. 276/280, 454/459.)

— Index des mots sanscrits-chinois contenus dans les deux chapitres d'I-tsing, par M. Ryauon Fujishima. (*Journal Asiatique*, 8e série, XIII, No. 3, 1889, pp. 490/496.)

Voir *Ibid.*, XII, pp. 411/439.

— China and comparative Philology. By Dr. O. Franke. (*China Review*, XX, pp. 310-327.)

— The New Accadian. By the Rev. C. J. Ball, M. A., Oxon., Chaplain of Lincoln's Inn ; formerly Censor and Lecturer in King's College, London. Reprinted from the « Proceedings of the Society of Biblical Archaeology ». (Part I, Nov. 1889, pp. 1/38 ; Part II, Dec. 1889, pp. 39/66 ; Part III, Feb. 1890, pp. 67/82 ; Part IV, March 1890, pp. 83/101 ; Part V, June 1890, pp. 101/127.)

— The First Three of the Five Autocrats. (Wu Ti.) By the Rev. C. J. Ball, M. A.... (*Proc. Biblical Archaeol.*, Nov. 1890), br. in-8, pp. 3.

— Ideograms common to Accadian and Chinese. By the Rev. C. J. Ball... (*Ibid.*, Dec. 1890), br. in-8, pp. 23. — Part II. (*Ibid.*, April 1891), br. in-8, pp. 15.

— * The Accadian Affinities of Chinese. By J. D. Ball, M. A., M. R. A. S.

Notice : *China Review*, XXII, N° 1, pp. 492/494, par E. H. Parker.

— Akkadian Affinities. By Thos. W. Kingsmill. (*China Review*, XXII, N° 3, pp. 593/595.)

— De l'introduction de termes chinois dans le vocabulaire des Malais par A. Marre, Professeur à l'Ecole nationale des Langues Orientales Vivantes. (*Mélanges Charles de Harlez*, Leyde, 1896, pp. 188/193.)

— On the Limitations of Comparative Philology. By P. G. von Möllendorff. (*Jour. China Br. R. As. Soc.*, N. S., XXXI, No. 1, 1896-97, pp. 81/101.)

— A Comparative Study of Northern Chinese Dialects. By Dr. A. Forke. (*China Review*, XXI, No. 3, pp. 181/203.)

— Über einige südchinesische Dialekte und ihr Verhältniss zum Pekinesischen. Von A. Forke. (*Mitth. Semin. Orient. Sprachen... zu Berlin*, Jahrg. VI, 1903, pp. 282/311.)

— The Wâk-Wâk; or is the Chinese a cousin of the Kafir? By E. T. C. W. (*China Review*, XXV, N° 1, pp. 35/37.)

Voir IVe Partie de la *Bib. Sinica*.

— Chinese Phonology, an Attempt to discover the sounds of the Ancient Language and to recover the lost Rhymes of China by Z. Volpicelli : late bursar, Royal Asiatic College of Naples, Hon. librarian, China Branch Royal Asiatic Society. Printed at the « China Gazette » Office. Shanghai 1896, in-8, tit., tab. 1 f. ; pp. 226, errata, 1 p., errata 1 f. volant.

— Prononciation ancienne du chinois, par M. Z. Volpicelli. (*Actes Onz. Cong. Int. Orient.*, Paris, 1897, IIe Sect., pp. 115/190.)

— Ancient Chinese Phonetics by S. H. Schaank. (*T'oung Pao*, VIII, N° 4, Oct. 1897, pp. 361/377 ; *ibid.*, N° 5, Déc. 1897, pp. 457/486 ; *ibid.*, IX, N° 1, Mars 1898, pp. 28/57.)

— Ancient Chinese Phonetics. (Supplementary Note.) By Schaank. (*Ibid.*, 2e Sér., III, N° 2, Mai 1902, pp. 106/108.)

— Eine indochinesische Causativ-Denominativ-Bildung und ihr Zusammenhang mit den Tonaccenten. — Ein Beitrag zur vergleichenden Grammatik der indochinesischen Sprachen, insonderheit des Tibetischen, Barmanischen und Chinesischen, von Dr. August Conrady. Leipzig, Otto Harrassowitz, 1896, in-8, pp. xix-208.

Notice par Z, *T'Pao*, VIII, 1897, pp. 117/118.

— De la lecture japonaise des textes contenant uniquement ou principalement des caractères idéographiques par M. Maurice Courant. — Extrait du *Journal Asiatique*. Paris, Imp. Nat., MDCCCXCVII, in-8, pp. 52.

Sur la couv. ext. : Lecture japonaise du Chinois.

Lexicographie.

DICTIONNAIRES ET VOCABULAIRES.

Nicolas Trigault.

— 西儒耳目資 *Si jou eul mou tse.* — Dictionnaire de la prononciation chinoise et européenne.

Bib. Nat. N. F. Chinois 3087 et 3088.

« Cet ouvrage n'est pas moins remarquable par la singularité de son exécution typographique, que par la manière, souvent ingénieuse, dont les caractères chinois ont été ramenés à l'ordre des élémens de notre écriture ; au reste, c'est plutôt un syllabaire qu'un vocabulaire... [Ce] livre a été publié la 6e année *Thian khi* (1626). » *Cat.* Klaproth, II, 192.

— *Chine illustrée* de Kircher (F. S. Dalquié).

Il n'y a pas de dict. dans l'éd. latine.

— Sylloge ‖ Minutiarum ‖ Lexici ‖ latino-sinico-characteristici, ‖ Observatione sedulâ ‖ ex ‖ Auctoribus & Lexicis Chinensium ‖ Characteristicis eruta, ‖ inque ‖ Specimen ‖ Primi Laboris ulteriùs exantlandi ‖ Erudito & Curioso Orbi ‖ exposita ‖ à ‖ Christiano Mentzelio D. Seren. Elect. ‖ Brandenb. Consil. & Archiatro. ‖ Norimbergae, ‖ Anno MDCLXXXV, ‖ in-4, sig. a—e × 4 = 20 ff. n. ch.

Voir *Mél. As.*, II, p. 69.

Mentzel, né à Fürstenwald, le 15 juin 1622, † à Berlin, le 17 janvier 1701, « a laissé, dit Weiss dans la *Biog. universelle*, divers manuscrits conservés à la Bibliothèque royale de Berlin et dont les titres sembleraient annoncer des ouvrages importants : Clavis sinica ad Sinensium scripturam et pronunciationem mandarinicam 124 tabulis accurate scriptis praesentata, etc. (on connaît de ce Ms. une copie qui a appartenu à Mentzel lui-même, et qui est maintenant à la bibliothèque publique de Genève. Senebier, qui la décrit (*Cat. raisonné*, p. 216), ajoute que cette grammaire a été imprimée à Berlin, chez Salfeld). — *Specimen* lexici sinici et *grammaticae* institutio ; c'est, selon de Murr, le *Danet* mis en chinois ; — Historia regum Sinensium, etc., 10 vol. in-fol.... » Voir plus loin la description des Ms. de Mentzel conservés à Berlin.

Vend. Rémusat (486), Fr. 8.50.

— Carl Stichler. — Zwei altberlinische Chinakundige und Orientalisten zur Zeit des Grossen Kurfürsten. [Christian Menzel und Andreas Müller.] (*Der Bär*, Berlin,

1896, XXII, pp. 150/154, 163/164, 173/175.)

— Clavis sinica.

«Multo labore Bayerus hoc Lexicon Sinicum ex pluribus dictionariis Sinicis congessit & per plus quam XXX Classes disposuit, adeo ut facilis sit verborum Sinicorum investigatio. Unum hujus Libri Exemplar est in Bibliothecâ Academiae Petropolitanae, alterum apud ejus filiam, uxorem Dni. Charii, Praefecti castrorum legionis Borussicae Tettenborn. & non magno, uti credo, poterit redimi pretio.» (G. Sharpe, App. *Syntagma* de Hyde, II, liste des ouvrages de Bayer, pp. 507/508.)

— De Lexico Sinico *Çù gvéy*. T. S. B.[ayer.] (*Comm. Ac. Scient. Imp. Petropolitanae*, VI, 1738, pp. 339/364.)

BASILE DE GLEMONA.

— Dictionnaire chinois, français et latin, publié d'après l'ordre de Sa Majesté l'Empereur et Roi Napoléon le Grand ; par M. de Guignes, Résident de France à la Chine, attaché au Ministère des Relations extérieures, correspondant de la première et de la troisième classe de l'Institut. A Paris, de l'Imprimerie Impériale, MDCCCXIII. In-folio, pp. lvi-1114.

Introduction. — Tableau de l'orthographe et de la prononciation. — Préface. — Méthode pour trouver les caractères au moyen de la table des 214 clefs. — Table des 214 clefs sous lesquelles tous les caractères chinois sont rangés. — Dictionnaire par clefs (pp. 1-932). — Caractères numériques. — Caractères joints avec le mot *Tà*. — Caractères qui servent à nombrer. — Supplément. — *Pè-kia sing*, Noms propres des Chinois (pp. 973-980). — Dictionnaire chinois par tons. — Table tonique des particules numériques. — Table tonique des mots joints avec le mot *Tà*. — Table tonique des noms propres. — Errata.

...L'impression [de ce dictionnaire], ordonnée à la fin de 1809, a été terminée en 1813, p. XI.

Tout le monde sait que cet ouvrage est du P. Basile de Gemona, de l'ordre des Mineurs. [Voir col. 1185.] Klaproth raconte [voyez son *Supplément*] que, en 1808, on s'était d'abord adressé à M. Antonio Montucci, de Sienne, pour rédiger le Dictionnaire chinois, mais que, comme il était étranger, de Guignes lui fut préféré.

Vend. Langlès (1061), Fr. 36. — Rémusat (495), Fr. 18. — (496) interfolié et notes de Rémusat, Fr. 65. — Klaproth (658), Fr. 75 ; (659), Fr. 51. — Pauthier (256) avec le Supp., d. mar. r., Fr. 105 ; (257) mar. bl. doublé de satin blanc dans un étui, Fr. 140. — Quaritch, Sept. 1872, No. 285-9160 (£ 2.2). — Thonnelier (1536), Fr. 67. Vaut de 60 à 70 fr.

Notice : *Quarterly Review*, XIII, April 1815.

Outre les ex. cités, Klaproth en possédait un autre ainsi décrit au No. 196 de la 2e partie du Cat. de ses livres. Cet exemplaire, dont M. Klaproth se servait habituellement, peut être considéré comme un véritable manuscrit, à cause des additions qui en couvrent les marges. C'est, en quelque sorte, la première ébauche du nouveau dictionnaire qu'il avait l'intention de publier. On lit, sur le titre, la note suivante : «Les additions que j'ai faites à ce dictionnaire sont presque toutes originales et extraites des livres et commentateurs chinois. Quand j'ai pris quelque chose dans Morrison, je l'ai cité, ou je l'ai laissé en anglais. 31 juillet 1833. H. J. KLAPROTH.»

Il a été vendu Fr. 180.

— *Hán tsú sў ў poù* ou Supplément au Dictionnaire chinois-latin du P. Basile de Glemona (imprimé, en 1813, par les soins de M. de Guignes), publié, d'après l'ordre de Sa Majesté le roi de Prusse Frédéric-Guillaume III, par Jules Klaproth. A Paris, de l'Imprimerie royale, M.DCCC.XIX, in-folio, pp. x-168.

Dédicace. — Préface. — Examen critique de l'édition du dictionnaire chinois du P. Basile de Glemona publiée par M. de Guignes. [Cet ex. crit. est d'Abel Rémusat.] — Additions au *Pè-kia-sing*. — No. I. Additions à la Table des expressions composées de la Particule *Tá*. — No. II. Table des caractères qu'on emploie, par inadvertance, l'un pour l'autre. — No. III. Table des caractères qui se ressemblent et qu'on doit éviter de prendre les uns pour les autres... (Pian-szú). — IV. Table des caractères *Sou*, ou vulgaires. — V. Table de groupes anciens qui se retrouvent encore dans la composition de certains caractères modernes (Tsūn-chì). — VI. Table des caractères anciens qu'on emploie encore pour les modernes, tant seuls qu'en composition avec d'autres groupes (Kou-kin-thoung-young). — VII. Table appelée Kien-çú, ou caractères examinés. — VIII. Liste de caractères d'une signification opposée. — Supplément au Dictionnaire chinois-latin.

Notice par J. P. Abel-Rémusat. (*Journal des Savans*, Nov. 1819, pp. 694/8 ; Déc. 1819, pp. 736/748, et *Mél. As.*, II, pp. 217/241.)

Vend. Langlès (1062), Fr. 12. — Rémusat (497), Fr. 8.95 ; (498) pap. vél., Fr. 8.95. — Klaproth (661) avec notes ms., Fr. 13.

— Rapport au nom de la commission chargée d'examiner la demande de M. Jouy, pour la publication d'une seconde édition, lithographiée, du Vocabulaire chinois-latin du P. Basile de Glemona, de format in-8, par Abel Rémusat. (*N. Journ. As.*, III, 1829, pp. 313/320.)

La commission était composée du comte de Lasteyrie, de Klaproth et de Rémusat qui lut le rapport dans la séance de la Société asiatique du 2 mars 1829. Ce rapport était favorable à la demande de M. Jouy.

— Prospectus. — 譯西字漢 *Dictionnaire chinois-latin*, du P. Basile de Glémona (imprimé, pour la première fois, en 1813, par les soins de Mr de Guignes fils, d'après l'ordre de l'Empereur Napoléon). Seconde Édition, format grand in-8, revue, corrigée et augmentée d'explications nouvelles, des caractères chinois des expressions composées et des phrases explicatives, omis dans les manuscrits originaux et dans l'édition in-folio de 1813, avec les tables originales ; par Mr G. Pauthier. Imprimé avec les caractères chinois gravés sur acier et fondus par Marcellin Legrand. Pièce gr. in-8 de 2 ff. n. ch.

Ce Dictionnaire aura environ 1280 pages ; il sera publié par livraisons de 5 feuilles, au prix de 5 francs. On souscrit chez MM. Marcellin Legrand, graveur, éditeur, rue du Cherche-Midi, n° 39 ; Cassin, agent de la Société asiatique ; Duprat, libraire de la même Société, et Terzuolo, imprimeur.

Annoncé dans le *Journal des Savans*, Août 1837, p. 502. N'a pas paru.

La première livraison ne devait être mise sous presse que lorsqu'on aurait reçu des souscriptions pour 300 exemplaires. Il est certain que l'ouvrage n'a pas été imprimé, parce que le chiffre des souscripteurs n'a pas atteint ce chiffre.

— 漢洋字典 *Hán iâm çú tièn.* ‖ Dictionarium ‖ Sinico-Latinum ‖ Auctore M. de Guignes ‖ Meliori ordine digestum, characteribus Sinicis ad voces in phrasibus appositis, et ad puriorem ‖ pronunciationem redactum etc. etc., servatis, paucissimis exceptis, ipsius auctoris verbis, ‖ nonnullis linguae Sinicae notionibus praemissis ‖ labore, cura, ac diligentia ‖ Fris Hieronymi Mangieri a S. Arsenio ‖ Ord. MM. S. Francisci Reformatorum, ac missionarii apost. in Sinis. ‖ Hong-Kong. Typis Missionis de Propaganda Fide. ‖ 1853, in-4, pp. XVIII-1024 + 5 pages d'errata.

C'est une réimpression du dictionnaire de 1813, sans le français.

Devenu rare, car l'édition a été en grande partie détruite dans un incendie. — Vend. Pauthier (258), Fr. 210. — Thonnelier (1539), Fr. 70.

— Dictionarium sinico-latinum R. P. Bazilii à Glemona mission... ; cum indice copioso, characteribus inveniendis acco nodato eorumque sinicis elementis ac linearum variè componentium elencho ; his accessere sinensium antithetorum, particularum numeralium, vocum, quibus additur particula *tà*, atque cognominum accurate (*sic*) collectiones, cum Cyclo sinico. Macai, 1733, pet. in-4, cuir de R., fil. et coins.

« Manuscrit extrêmement soigné sur papier de Chine, contenant, outre le Dictionnaire, une grammaire composée par le P. Horace de Castorano, sous le titre de *Grammatica, seu manuductio ad linguam sinicam facilius addiscendam*, fidèlement copiée sur l'original, comme l'atteste l'auteur lui-même à la fin de ce manuscrit. » Cat. Rémusat (491), Fr. 61. — Ce ms. qui provient de la Cong. de S. Lazare a figuré depuis aux ventes Klaproth (657), Fr. 80, à Dondey-Dupré. — Thonnelier (4008), Fr. 40. La grammaire de Castorano occupe 41 feuillets.

— *Han-tseu-si-ye.* Dictionnaire chinois-latin, par le P. Basile de Glemona, manuscrit très-soigné, exécuté à la Chine, sur papier du pays, en 1714. In-fol., cuir de Russie, fil., fers à froid, tr. dor.

« C'est le même ouvrage qui a été publié par M. de Guignes, mais il se retrouve ici dans son ordre original alphabétique.

M. Abel-Rémusat a donné, dans son ouvrage intitulé : *Plan d'un Dictionnaire chinois*, une notice détaillée de ce superbe manuscrit et des tables importantes dont il est suivi. Voyez aussi les *Mélanges asiatiques*, t. Ier, p. 81. »

Cat. Rémusat (492), Fr. 220. — Ce Ms. a depuis appartenu à Klaproth qui y a ajouté une longue note sur quelques dictionnaires chinois, manuscrits rapportés de Chine en Europe. *Cat. des liv. de Klaproth*, 2e partie (193), vend. Fr. 65. — Il a ensuite appartenu à Pauthier (255), Fr. 95, et à M. Jules Thonnelier (4007), Fr. 19.

— *Han-tseu-si-ye.* Basilii a Glemona *Dictionarium Sinico-latinum.* In-fol., d.-rel., v. jaspé.

Copie manuscrite de la main de l'abbé Dufayel Vend. Rémusat (493), Fr. 69. — Klaproth, 2e partie (194), Fr. 49. — Thonnelier (4010), Fr. 7.

Une note de Klaproth de Lutet. Paris. d. 6 Februarii 1834 marque qu'il contient 9520 caractères ; appartient à la collection Henri Cordier.

— Dictionnaire chinois-latin, par ordre de clefs, extrait de celui du P. Basile de Glemona, gr. in-8, broché à la chinoise et recouvert en crêpe violet.

Manuscrit de plus de 800 pages sur papier de Chine.

Ce dictionnaire, exécuté avec beaucoup de netteté et de correction, contient, dans un format très portatif, l'explication de plus de 8.500 caractères. M. Abel-Rémusat y a fait quelques additions.

Cat. Rémusat (494), Fr. 79. — Ce dict. a appartenu depuis au Marquis de la Ferté-Senecterre.

Le P. M. da Civezza, parlant (*Bibliog. San francescana*, No. 252) du dict. publié en 1813 par de Guignes, dit : « Il prezioso originale è nella Laurenziana di Firenze. » Rémusat dit qu'il appartenait et a été rendu à la Bibliothèque du Vatican. (*Mél. As.*, II, p. 79.) — Voir Langlès, *Notice des ouvrages élém. ms., sur la langue chinoise que possède la Bib. nat.*, pp. 3/6.

— *Han Tsu-Si Y* : Dictionarium juxta clavium ordinem, auctum et emendatum a J. Klaproth. In-4, cuir de Russie, dor. sur tr., fil., dent. (*Duplanil.*)

Magnifique et précieuse copie du dictionnaire du P. Basile de Glemona, offrant sur la même page, outre l'explication des mots, les variantes des caractères, les synonymes et les rapprochements entre les signes identiques. Ce manuscrit, de l'exécution la plus soignée, est terminé par différentes tables et nomenclatures, ainsi que par quelques additions utiles que l'on regrette de ne pas trouver dans les ouvrages du même genre composés par les Européens. C'est un travail tout fait, ou tout au moins un excellent modèle à suivre pour la publication d'un nouveau dictionnaire chinois. A la fin du volume on lit : *Concordantiam totius operis ad finem perduxi Dresdæ*, d. 15 sept. 1813. *Fervente gallico marte*, H. J. Klaproth. » (Cat. des liv. de Klaproth, 2e partie [195], vend. Fr. 200.)

British Museum, Ms. *Add.* 11709 ; cf. *Revue de l'Extrême-Orient*, II, No. 4, 1884, p. 573.

In-4, pap. de Chine, 422 f. c. — On lit sur le dos du vol. la sign. du relieur *Duplanil*, et au-dessous *auctum et emendatum a J. Klaproth* ; au verso du f. 1 : « *Je me sers de ce dictionnaire depuis* 1811. *Je l'ai fait relier de nouveau au mois de juin* 1834. » H. J. KLAPROTH. — Acheté à la vente de Klaproth, avril 1840, n° 195, Fr. 200.

— *Basilii de Glemona Dictionarium sinico-latinum.*

British Museum, Ms. *Add.* 25316 ; cf. *Revue de l'Extrême-Orient*, II, No. 4, 1884, p. 579.

Pet. in-fol. de 376 ff. c., pap. de Chine. On lit sur le verso du f. 1 et aussi sur le recto du f. 2 : Dictionnaire envoyé par M. Raux, supérieur de la mission française à Peking pour M. de Guignes, résident à Quanton, 1788. De Guignes. 德金 *Te kin.* Avec les armes de De Guignes.

Acheté de B. Quaritch, 11 juillet 1863 ; avait figuré à la vente du Baron P. L. Van Alstein, n° 2680.

— *Dictionarium latino-sinicum* et *sinico-latinum*, pap., XVIIIe s., 2 vol. in-4. — Achetés chez Sotheby, 14 mai 1860, n° 1018.

British Museum, Ms. *Add.* 23620-23621 ; cf. *Revue de l'Extrême-Orient*, II, No. 4, 1884, p. 579.

23620. — Dictionarium sinico-latinum alphabeticè digestum per numerum et ordinem monosyllabarum 350 circiter quibus constat loquela sinica-mandarinica. 542 f. c.

23621. — Dictionarium latino-sinicum.

— 漢字西譯 A.M.D.G. *Dictionarium Sinico-Latinum.* Ms. in-4, 3 ff. n. ch. p. l. tit., tab. des 214 clefs et pp. 580 à 2 col.

Les ff. sont doubles à la manière chinoise. — P... ordre de clefs. — Ms. qui a servi à Callery jusqu'à sa mort. — Collection Henri Cordier.

— *San, si-fan, man, meng, han tsi yao* ou Recueil nécessaire des mots Samskrits, Tangutains, Mandchous, Mongols et Chinois, par Mr. A. Rémusat. (*Mines de l'Orient*, IV, 1814, pp. 183/201.)

Voir *Journ. des Savans*, Nov. 1816, p. 175.

— * Plan d'un dictionnaire chinois, avec des notices de plusieurs dictionnaires chinois mss. et des réflexions sur les travaux exécutés jusqu'à ce jour par les Européens, pour faciliter l'étude de la langue chinoise, par M. J.-P. Abel-Rémusat. Paris, Pillet, 1814, in-8.

Vend. Langlès (1063), Fr. 15. — Rémusat (485), Fr. 6. — Klaproth (656), Fr. 2.50.

Voir *Mél. As.*, II, pp. 62/131.

ROBERT MORRISON.

— A Dictionary of the Chinese Language, in three Parts. Part the First ; containing Chinese and English, arranged according to the Radicals ; Part the Second, Chinese and English arranged alphabetically ; and Part the Third, English and Chinese. By the Rev. Robert Morrison. 6 vol. in-4, 1815-1823.

Vol. I. *Part I*, Macao : Printed at the Honorable East India Company's Press, by P. P. Thoms, in-4, 1815, pp. XVIII-930.

Advertisement. — Introduction. — Radicals (214) shewing their order and Meaning. — A Table of Radicals in the Sung-Pan Form. — A Dictionary of the Chinese language. — An Index of English Words.

Vol. II. *Part I*, London, Pub. and sold by Kingsbury, Parbury & Allen. — Macao, Printed at the Hon. E. I. Co.'s Press by P. P. Thoms, 1822, in-4, pp. 884.

41st Radical. — 119th Radical.

Vol. III. *Part I*, London & Macao, 1823, in-4, pp. 908.

120th Radical. — 214th Radical.

Part II. Vol. I, Macao, 1819, in-4, pp. XX-1090.

Preface. — Rules for consulting the Dictionary. — Contents. — A Table to assist to find words. — Order and number of the syllables. — A Dictionary of the Chinese language arranged alphabetically. — Chinese names of Stars and Constellations collected at the request of the author of this Dictionary by John Reeves Esq. (pp. 1063-1081). — Addenda & Corrigenda.

Part II. Vol. II, Macao, 1820, in-4, pp. VI-178-305.

Contents. — Table of the 214 Radicals. — An Index of the Characters which occur in this volume arranged according to the Radicals. — A Table of Këen-Tsze characters for shewing the Radical of complicated characters. — An Index of English Words. — A Synopsis of various forms of the Chinese Character.

Part III, Macao & London, 1822, in-4, pp. 6-480.

Preface. — Brief explanation of an alphabetic language as exemplified by the English. — Powers of the letters. — An English and Chinese Dictionary.

Vend. Langlès (1065), Fr. 179 ; (1066), Vol. II, Pt. 1, Fr. 20. — Rémusat (499), Fr. 369. — Klaproth (662), Fr. 305 ; (663), Pt. 2, Fr. 114 ; (664), Pt. 3, Fr. 15.50. — Thonnelier (1540), Fr. 150.

Quaritch donne les prix suivants : Sept. 1872, No. 285-9224 : cart. £ 10.10/- ; d. veau £ 12.12/-. 1847, cart. £ 14-. Ex. de Bunsen, veau £ 14.15/-. Cte de Munster, veau, 1855, £ 12.15/-. On l'a aujourd'hui à meilleur marché encore.

— « Nov. 18th [1828]. — I dined to-day at D—'s, in order to meet a surgeon from Japan, whose name is Burgher, in the service of the Dutch. He told me a piece of news which I cannot help communicating to you — it is this. — The Japanese translators are rendering Morrison's Dictionary into the Japanese language ! This is a curious and interesting fact ; and confirms my doctrine of employing the press in these parts of the world. I hope the Bible will soon reach the Japanese. Last year, you remember, the Russian government wished to translate the Dictionary into Russian, but our Society threw cold water on the design...

28th... He [Mr. Burgher] says the Japanese write on their fans, at Nagasaki, extracts from Morrison's Dictionary, arranged according to the Alphabet, as an ornament, and present them to each other ! » (Extrait de la correspondance de Morrison. *Memoirs... of R. Morrison*, II, pp. 412/3.)

— Voir les remarques du Dr. Kidd dans *Memoirs... of R. Morrison*, II, pp. 3/81 de la Notice critique.

Notices : Par J. Abel-Rémusat. — Vol. I, Part I. (*Journal des Savans*, juin 1817, pp. 370/7 ; août 1817, pp. 463/469.) — Vol. II, Part I. (*Ibid.*, fév. 1824, pp. 104/108.) [Réimp. dans le *J. As.*, IV, 1824, pp. 229/235.] — Part II, Vol. I et II. (*Journal des Savans*, juillet 1821, pp. 385/394.) — Vol. I, No. IV. (*Ibid.*, août 1822, pp. 473/479.) — Part III. (*Ibid.*, avril 1823, pp. 222/228.) — *Quarterly Review*, XV, July 1816.

— Dernier Mot sur le Dictionnaire chinois du Dr. Robert Morisson [*sic*] par M. J. Klaproth. Paris, Lithographie Passage Dauphine No. 28, 1830, br. in-8, pp. 32.

En réponse à l'article de P. P. Thoms dans l'*Asiatic Journal*, de Londres, II, pp. 201/206, Nlle. Sér. — Vend. Klaproth (665), Fr. 1. — Voir également *The Asiatic Journal*, Nlle. Sér., III, pp. 223/231, 316/317.

Le Dr. Morrison a répondu aux attaques de Klaproth par une lettre datée « China, July 5, 1831 », adressée à l'éditeur du *Jour. As.* et insérée dans le Vol. II, pp. 452/457 de ses *Memoirs*.

— Letter of « A German Chinese Traveller », Macao, Dec. 15th, 1831. (*Asiatic Journal*, Vol. VIII, pp. 95/96.)

— Explication d'une énigme chinoise proposée par le docteur Morrison [*Dict.*, Pt. III, p. 142, mot *Enigma*] par A. R. (*Jour. As.*, II, 1823, pp. 365/370.)

— 五車韻府 A Dictionary of the Chinese Language by the Rev. R. Morrison, D. D. Shanghae, London Mission Press, Reprinted 1865, 2 vol. in-8.

Réimp. de la deuxième partie du grand dictionnaire.

Thonnelier (1541), Fr. 47.

— *Urh-Chih-Tsze-Tëen-se-yin-pe-keaou*, being a Parallel drawn between the two intended Chinese Dictionaries ; by the Rev. Robert Morrison, and Antonio Montucci, LL. D. Together with Morrison's *Horae Sinicae*, a new edition, with the Text to the Popular Chinese Primer 三字經 *San-tsi-king*. London : Printed for the Author, and sold by T. Cadell and W. Davies, in the Strand ; and T. Boosey, Old Broad-Street, 1817, in-4, pp. 174 sans la lettre à Sir G. T. Staunton.

Letter to Sir George Thomas Staunton. (By Antonio Montucci, Berlin, May 22d, 1817.) — A Parallel drawn between two intended Chinese Dictionaries, pp. 1/114. — *Horae Sinicae* :... by the Rev. Rob. Morrison, pp. 115/174.

L'auteur du *Parallel* est Montucci lui-même.

Vend. Langlès (1064), Fr. 30. — Rémusat (501), Fr. 20. — Klaproth (666), Fr. 11.50. — Thonnelier (1539 *bis*), Fr. 1.

— 廣東省土話字彙 Vocabulary of the Canton Dialect. By R. Morrison, D.D. Macao, China, Printed at the Honorable East India Company's Press, by G. J. Steyn, and Brother, 1828, in-8.

Part I. English and Chinese.

Part II. Chinese and English.

Part III. Chinese Words and Phrases.

Pas de pagination.

Vend. Klaproth (469), Fr. 40.50. — Quaritch, Sept. 1872, No. 285-9229, £ 2.2. — Pauthier (245), Fr. 30. — Callery (7), Fr. 20.

— English and Chinese Vocabulary the latter in the Canton Dialect. By R. Morrison, D. D. Second edition. Calcutta : Printed for W. Thacker & Co. St. Andrew's Library. 1840, pet. in-8, pp. 138.

— Omissions from Morrison's Smaller Dictionary. (*China Review*, XI, p. 62.)

— A Vocabulary containing Chinese Words and Phrases peculiar to Canton and Macao, and to the trade of those Places ; together with the titles and address of all the officers of Government, hong merchant, &c., &c. Alphabetically arranged, and intended as an Aid to Correspondence and Conversation in the Native Language. Macao, China : Printed at the Honorable Company's Press, by P. P. Thoms. MDCCCXXIV. Pet. in-8 [in-16], pp. 77.

By John Francis Davis.

J. A. Gonçalves.

— Diccionario Portuguez-China no estilo vulgar mandarim e classico geral composto por J. A. Gonçalves. Sacerdote da Congregaçaõ da Missaõ. M. R. A. S. — Impresso com liçenca regia no real Collegio de S. Jose. Macao. Anno de 1831. Pet. in-4 à 2 col., pp. III-872 à 2 col.

Vend. Klaproth (667), Fr. 60. — Pauthier (261), Fr. 25. — Callery (1), Fr. 19. — Thonnelier (1542), Fr. 15.

— Diccionario China-Portuguez composto por J. A. Gonçalves. Sacerdote da Congregaçaõ da Missaõ. M. R. A. S. — Impresso com licença regia no real Collegio de S. Jose. Macao. Anno de 1833. Pet. in-4 à 2 col., pp. III-1028-2-126.

Les 1028 pages du Dictionnaire sont suivies de 2 pages d'errata. Les 126 dernières pages comprennent : Diccionario Tonico, 1/100. — Indice Geral, 101/126. — Des ex. portent « M. *H.* R. A. S. » au lieu de « M. R. A. S. »

Vend. Klaproth (668), Fr. 66. — Pauthier (262), Fr. 29. — Callery (2), Fr. 36.

— 辣丁中國話本 Vocabularium latino-sinicum. Pronuntiatione mandarina latinis literis expressa, auctore J. A. Gonsalves, presbytero. Macao, a Lauriano Hippolyto typis Mandatum. — Anno MDCCCXXXVI, in-12 carré, 2 ff. n. ch. + pp. 246.

Vend. Thonnelier (1543), Fr. 10.

— 辣丁中華合字典 Lexicon manuale Latino Sinicum continens omnia vocabula latina utilia, et primitiva, etiam scripturae sacrae. Auctore Joachimo Alphonso Gonsalves Presbytero Volumen Primum. Macai. In Collegio S. Joseph. Ab Emmanuele Rosa typis mandatum. Anno MDCCCXXXIX, in-8, à 2 col., pp. VII-498.

Vend. Pauthier (263), Fr. 25.

— 辣丁中華合字典 Lexicon manuale Latino Sinicum Auctore Joachimo Alph. Gonsalves Macai anno 1839 primum in lucem editum nunc iterum typis mandatum. Addito duplici supplemento unum de nominibus propriis, alterum de astronomiae geographiae et physices vocabulis. Hokien, 1863. A. M. D. G. In-8, 2 ff. n. ch. tit. etc. + pp. 498 + 47* autog.

Notae. — Regulae accentus. — Lexicon (A.—Zythum, pp. 1-498). — Supplementum Primum : Nomina propria (Aaron—Zurich). (Cette liste de noms est suivie de celle des provinces de la Chine avec leurs capitales, pp. 1*-32*.) — Supplementum Secundum : Astronomia, Geographia, Physica (Acus—Zodiacus, pp. 33*-47*).

Réimpression de l'édition de Macao, 1839.

— Lexicon Manuale Sinico-Latinum. Juxta numerum et ordinem ductuum [auctore J. A. Gonsalves].

Ce dictionnaire, qui devait former le Vol. II de l'ouvrage imprimé à Macao en 1839, *vide supra*, n'a pas été publié. On n'en a imprimé que 8 pages (2 colonnes) in-8.

— 辣丁中華合字典 Lexicon Manuale latino-sinicum Auctore Joach. Alph. Gonsalves Congregationis Missionis — Editio nova — Pekini, Typis Pe-t'ang, 1878, in-12, pp. 555.

— Lexicon Manuale latino-sinicum Auctore Joach. Alph. Gonsalves Congregationis Missionis Presbytero. — Editio tertia — Pekini Typis Pe-t'ang, 1892, in-12, pp. VIII-571.

En réalité la quatrième édition.

— 辣丁中華合字典 Lexicon Magnum Latino-Sinicum ostendens etymologiam, prosodiam, et constructionem vocabulorum. Auctore Joachimo Alphonso Gonsalves. *Presbytero* Regalis Societatis Asiaticae sodalis exter. — *Macai.* In collegio Sancti Joseph. ab Emmanuelle Rosa typis mandatum. Anno MDCCCXLI, gr. in-4, pp. IV-779, à 2 colonnes.

— Lexicon Magnum Latino-Sinicum ostendens etymologiam, prosodiam et constructionem vocabulorum. Auctore Joachimo Alphonso Gonsalves. Congregationis Missionis Presbytero. — Editio secunda. — Pekini, Typis Pe-t'ang, 1892, gr. in-4, pp. VIII-765 à 2 col. + 1 f. n. ch. er.

W. H. Medhurst.

— A Dictionary of the Hok-këèn Dialect of the Chinese Language, according to the reading and colloquial idioms : containing about 12.000 characters, the sounds and tones of which are accurately marked ; — and various examples of their use, taken generally from approved Chinese Authors. Accompanied by a short historical and statistical account of Hok-këèn ; a Treatise on the Orthography of the Hok-këèn Dialect ; the necessary indexes, &c. By W. H. Medhurst, Batavia. Macao, China :

Printed at the Honorable East India Company's Press, by G. J. Steyn and Brother. 1832, in-4 à 2 col., pp. LXIV-860.

Quoique ce dictionnaire porte la date de 1832, l'impression n'en a été terminée qu'en 1837. Les premiers frais avaient été payés par la Compagnie des Indes Orientales dont le contrat fut terminé en avril 1834; 320 pages seulement avaient été imprimées; le travail fut continué à l'aide des souscriptions des négociants étrangers, surtout de la maison Olyphant et Co.

C'est le premier travail d'imprimerie dirigé en Chine par M. S. Wells Williams qui a signé la Préface datée de Macao, le 1er juin 1837.

Voir col. 256. — Pub. à Dol. 10. — Quaritch, Sept. 1872, No. 285-9221, 32/-. — Pauthier (260), Fr. 40.

— Translation of a Comparative Vocabulary of the Chinese, Corean, and Japanese languages: to which is added the Thousand Character Classic, in Chinese and Corean; the whole accompanied by copious indexes, of all the Chinese and English words occurring in the work. By Philo Sinensis. Batavia: Printed at the Parapattan Press. 1835, in-8.

Philo-Sinensis = Medhurst.

Pub. à Dol. 4. — Pauthier (246), Fr. 42.

Notice dans *The Chinese Repository*, IV, pp. 195/6.

— W. H. Medhurst. Chinese and English Dictionary; containing all the words in the Chinese Imperial Dictionary, arranged according to the Radicals. Batavia, 1842-1843, 2 vol. in-8.

— English and Chinese Dictionary. Shanghae, 1847-1848, 2 vol. in-8.

Chaque dict. a été publié à Dol. 10. — Quaritch, 1872, les 4 vol. £ 9; £ 10.10/-. — Pauthier, *Chin. and Eng. Dict.* (264), Fr. 131. — Trübner, 1876, £ 5.5/-.

Notice: *Chin. Rep.*, XII, pp. 496/500, by E. C. Bridgman.

— *Lui Ho*, sive Vocabularium Sinense in Kôraïanum conversum, Opus Sinicum origine in Peninsula Kôraï impressum in lapide exaratum a Sinensi Ko Tsching Dschang et redditum curante Ph. Fr. de Siebold (annexa Appendice Vocabulorum Kôraïanorum Japonicorum et Sinensium comparativa). *Lugd. Bat.*, 1838, in-folio.

— * Vocabulary of the Hok-kien Dialect. By Rev. S. Dyer. Singapore, 1838, in-12.

J. M. Callery.

— Systema Phoneticum Scripturae Sinicae. Auctore J.-M. Callery, e Taurinensis Scientiarum Academiae Membro, etc., etc., etc. Macao, MDCCCXLI, Partes prima et secunda, in-8, pp. III-64 + 1 f. n. ch., 2 ff. n. ch. + pp. 500 + 1 f. n. ch. er.

Notice: By G. T. Lay, *Chin. Rep.*, XII, pp. 253/358. — Réponse de Callery à cette notice, *Ibid.*, pp. 371/379.

Trübner, 1876, £ 3.3/-. — Quaritch, 1876, 32/-. — Leroux, 1879, Fr. 60. — Thonnelier (1544), gr. pap., Fr. 37.

— Callery's Phonetics and List of Characters combined. (In Chinese, Latin, French and English.) From Callery's *Systema Phoneticum Scripturae Sinicae.* About 10.000 Characters. (Doolittle's *Voc.*, Part III, No. 52.)

— Latin, Chinese and English Phrases. The Latin and Chinese phrases are from Callery's « Phrases stylo vulgari exaratae ». English Translation of the Chinese by Rev. F. Ohlinger. (*Ibid.*, No. 65.)

— Rapport par Brosset. (*Bul. Cl. hist.-ph. Ac. I. Sc. St. Péter.*, I, 1844, col. 294/7.)

— Notes on Callery's *System.* By W. Ebert. (*China Rev.*, XXII, pp. 790/1; XXIII, pp. 45/6, 232/3.)

— Dictionnaire Encyclopédique de la langue chinoise, par J. M. Callery, auteur du Système phonétique de l'Ecriture chinoise. Paris, Typographie de Firmin Didot frères, 1842, gr. in-8, pp. XV-40.

Prospectus de l'ouvrage suivant:

— Dictionnaire Encyclopédique de la langue chinoise par J. M. Callery. Tome Premier. *Macao,* chez l'Auteur. *Paris,* Firmin Didot. 1844, gr. in-8 à 2 col., pp. VI-XXXVI-212.

— Le même. Macao, chez l'auteur. Paris, B. Duprat, 1845, gr. in-8 à 2 col., pp. VI-XXXVI-212.

Chin. Rep., XII, pp. 300/308; XIV, pp. 137/145.

Trübner, 1876, 21/-. — Leroux, 1879, Fr. 12.

— The Encyclopedia of the Chinese Language, by J.-M. Callery, Author of the « Systema Phoneticum Scripturae Sinicae ». London: Firmin Didot, Amen Corner, Paternoster Row, 1842, gr. in-8, pp. XV-40.

Trad. du français: *Dict. Encyclopédique.*

— A Vocabulary with Colloquial Phrases, of the Canton Dialect. By S. W. Bonney. Canton, Printed at the Office of the *Chinese Repository*, 1854, in-8, pp. 216.

— Dictionnaire des noms anciens et modernes des Villes... par Ed. Biot. Paris, 1842, in-8.

Voir col. 188.

— Chinese and English Vocabulary. Part first. 1 *peun* chinois de 40 ff. numérotés, de 3 ff. prél., et de 2 ff. à la fin, imp. à la chinoise.

L'ouvrage est de R. Thom dont une note à la fin du volume est datée « Canton, 10th August 1843 »; la seconde partie n'a jamais été imprimée. — Vend. Pauthier (248), Fr. 4.50. — Rochet (666), Fr. 5.50.

— Vocabularium Sinicum. Concinnavit Guilelmus Schott, Professor Berolinensis, Regiae Scientiarum Academiae Socius. Berolini ex officina Academica MDCCCXLIV. in-4, pp. IV-88.

Pauthier (249), Fr. 4.50. — Thonnelier (1547), Fr. 1.

S. Wells Williams.

— *Ying Hwá Yun-fú Lih-kiái.* — An English and Chinese Vocabulary, in the Court Dialect. By S. Wells Williams. Macao: Printed at the Office of the Chinese Repository. 1844, in-8 à 2 col., 2 ff. n. ch. + pp. LXXXVIII-440.

Notice : *Chin. Rep.*, XV, pp. 145/150, by E. C. Bridgman. Vend. Pauthier (250), Fr. 50. — Trübner, 1876. $ 1.15/-.

— *Ying Wá Fan Wan' Ts'üt Iú'*. — A Tonic Dictionary of the Chinese Language in the Canton Dialect. By S. Wells Williams. Canton : Printed at the Office of the Chinese Repository. 1856, in-8, pp. XXXVI-832.

Preface. — Introduction. — [Table of Sounds in the Canton Dialect.] — A Tonic Dictionary. [Imprimé sur deux colonnes.] — Additions and Corrections. — List of the 百家姓 *Pák-kà Sing*, or Family surnames of the Chinese, arranged alphabetically [pp. 729/732]. — List of the 雙姓 *Shéung Sing*, or Double surnames of the Chinese [p. 733]. — List of the 214 Radicals, found in Kanghi's Dictionary, with their sounds and meanings [pp. 734/737]. — Index to the Characters in the Fan Wan [pp. 738/832].

Cet ouvrage contient 7,850 caractères [Preface, p. v].

Notices : dans the *N. C. Herald*, Sept. 27, 1856, par E. C. Bridgman ; — dans the *Journ. of the Am. Or. Soc.*, Vol. VI, No. II, pp. 566 et seq., par le Rev. William A. Macy.

Vend. Pauthier (265), Fr. 50.

— A Syllabic Dictionary of the Chinese Language ; arranged according to the *Wu-fang yuen yin*, with the pronunciation of the characters as heard in Peking, Canton, Amoy, and Shanghai. By S. Wells Williams, LL. D.-Shanghai : American Presbyterian Mission Press. 1874, in-4 à 3 col., pp. LXXXIV-1254.

Cet ouvrage, commencé en 1863, comprend 53,000 exemples et phrases (p. IX), et 12,527 caractères arrangés dans 10,940 articles et placés sous 522 syllables (p. IX). Il contient de plus 18 tables.

A maintenant une 5e édition, 1905, stéréotypée.

Notices : *N. C. Daily News*, Shanghai, 2 et 13 Oct. 1874 ; *N. C. Herald*, 15 Oct. 1874. E. C. Taintor, l'auteur de cette notice, en a fait une réimpression à 60 ex. — Une let. de E. C. Taintor à l'éditeur de l'*Evening Gazette*, au sujet du dict. de Williams, insérée dans ce journal, 24 fév. 1875, et dans le *Celestial Empire*, 25 fév. 1875, a été pareillement réimp., mais à 50 ex. seulement. — *China Review*, III, pp. 138/142, sig. M. — *Ibid.*, III, pp. 226/241, par W. P. Groeneveldt. — Dr. Williams as an authority on Etymology, by J. C. (*Ibid.*, IV, pp. 318/322.) — *Chin. Rec.*, V, 1874, pp. 226/228.

— * On some Translations and Mistranslations in Dr. Williams' Syllabic Dictionary of the Chinese Language. By H. A. Giles. Amoy, 1879, in-8, pp. 39.

Notices : *Chinese Recorder*, X, 1879, pp. 395/6. — *China Review*, VIII, pp. 52/3.

— * An Index to Dr. Williams' Syllabic Dictionary of the Chinese Language. Arranged according to Sir Thomas Wade's System of Orthography. By James Acheson, Imperial Maritime Customs. Hongkong [&] Shanghai, Kelly & Walsh, 1879, gr. in-8, pp. VIII-124.

Notice : *China Review*, VIII, pp. 179/180.

— A Swatow Index to the Syllabic Dictionary of Chinese by S. Wells Williams, LL. D. and to the Dictionary of the Vernacular of Amoy by Carstairs Douglas, M. A., LL. D. By John C. Gibson, M. A. — Swatow, English Presbyterian Mission Press, 1886, in-4, pp. 18 + VIII + pp. 171.

Notice : *China Review*, XV, pp. 194/195. Par E. J. E.[itel.]

— Supplement to the List of Surnames in Williams' Dictionary. By G. M. H. P.[layfair.] (*Journ. C. B. R. A. S.*, XXI, N. S., 1886, pp. 106.)

— Le lettré cochinchinois Phan-điec-Hóa a dressé un Index de la prononciation annamite des caractères chinois d'après le Dict. de S. W. Williams. — Cf. *Bul. Ec. Ext. Or.*, III, 1903, p. 363.

— Vocabulaire chinois-français Manuel pratique de la langue chinoise vulgaire, par Louis Rochet, Membre de la Société Asiatique de Paris ; imprimé avec les caractères chinois mobiles, gravés et fondus par Marcellin-Legrand, Graveur de l'Imprimerie Royale. Paris, 1844, br. in-8, pp. 20.

Sur deux col. — Par clefs, jusqu'à la 32e.

— Dictionarium Latino-Nankinense. Wam dom A. M. D. G. 1846, scribebant Semin. Nank. Alumni. Autographië, auctore P. Benjamino Brueyre, S. J. in-8, pp. 650.

Suivi de : 1° Nomina propria, pp. XXII. — 2° Grammatica compendiosa de lingua Nankinensi seu Sonkianensi, pp. XXIV. — 3° Propriae Nankinensium locutiones, et de numeralibus, pp. XVI. — 4° Dialogi Nankinensi lingua, Wam-dom, A. M. D. G., 1846, pp. IV-180, 25 dialogues. — Le tout autographié ; réuni en un vol. in-8.

— B. Brueyre. — Dictionarium sinense latinum. A. M. D. G. Scribebant Semin. Nankin. Alumni. 1847, in-8, pp. 1192. (Autog.)

« C'est le dictionnaire de Joseph de Guignes mis en latin et réimprimé à Hong-Kong par le P. Mangiardi, qui s'en est attribué tout l'honneur. Ce Dictionnaire est connu sous le nom de *Dictionnaire de Hong-Kong*. » (Sommervogel.) — Voir col. 1590.

— * A Chinese and English Vocabulary in the Tié chiú Dialect. By Josiah Goddard. Bangkok, Mission Press, 1847, in-8, pp. IX/248.

Notice by S. W. Williams. (*Chin. Rep.*, XVIII, p. 604.)

— A Medical Vocabulary in English and Chinese. — By Benj. Hobson M. B. Lond. of the London. Miss. Society. Shanghae, Mission Press, 1858, in-8, pp. 74.

Quaritch, Sept. 1872, No. 285-9186 : 7/6.

Voir col. 1496.

— *Ying ü tsap ts'ün* or the Chinese and English Instructor by T'ong Ting-kü. Canton, 1862, 6 *peun* gr. in-8.

John Chalmers 湛約翰.

— 初學粵音切要 A Chinese Phonetic Vocabulary, containing all the most common characters, with their sounds in the Canton Dialect. Hongkong, London

Missionary Society's Press, 1855, 1 *peun* de 31 ff. à la chinoise.

« The characters are arranged according to the radicals, and the sound of each is given by two other characters selected as initial and final There is a Chinese and a English preface, and the initial and final characters are repeated throughout, at the top of every leaf, with a transcript in Roman letters. » (*Mém. Prot. Miss.*)

— 英粵字典 An English and Cantonese Pocket-Dictionary, for the use of those who wish to learn the spoken language of Canton Province. By John Chalmers M. A. Hongkong : Printed at the London Missionary Society's Press. 1859, in-12 à 2 col., pp. 1 f. n. ch. + 159.

— 英粵字典 An English and Cantonese Pocket-Dictionary, for the use of those who wish to learn the spoken language of Canton Province. By John Chalmers, M. A. Second Edition. — Hongkong : Printed at the London Missionary Society's Press 1862, pet. in-8, pp. vi-163.

— 英粵字典 An English and Cantonese Pocket-Dictionary, for the use of those who wish to learn the spoken language of Canton Province. By John Chalmers, M. A. Third Edition. — Hongkong : Printed at the London Missionary Society's Press. 1870, pet. in-8, pp. iv-146.

— Fourth edition, Hongkong, 1873.

— — Fifth Edition. — Hongkong : Printed by De Souza & Co., 1878, pet. in-8, pp. xi-258.

— 英粵字典 An English and Cantonese Dictionary, for the use of those who wish to learn the spoken language of Canton Province. By John Chalmers, LL. D. Sixth Edition. With the Changing Tones marked. — Hongkong : Kelly & Walsh — 1891, in-8, pp. vii + 1 f. n. c. + pp. 296.

— 康熙字典撮要 Concise Dictionary of Chinese. By J. Chalmers. — 光緒四年 2 pp. n. ch. p. l. *Directions*, 1 f. p. l. tit. chinois + 500 pp. doubles à la chinoise.

— A concise Dictionary of Chinese on the basis of Kang hi, by John Chalmers. (*Atti del IV Cong. int. degli Orient.*, 1881, II, pp. 281/2.)

— The Concise Dictionary of Chinese. By E. H. Parker. (*China Review*, VI, pp. 386/394.)

— Concise Dictionary of K'hang-hi. — Chalmers' Concise Dictionary. By Gud. [*sic*] Gabelentz. (*Ibid.*, IX, pp. 125/126.)

— List of Characters used in spelling in the Concise Dictionary of Dr. Chalmers, with their pronunciation in Pekingese and Cantonese. By J. Chalmers. (*Ibid.*, XV, pp. 158/162.)

— A new Key to Dr. Chalmers' Concise Kang-hsi. By G. M. H. Playfair. (*Ibid.*, pp. 163/165.)

(John Chalmers.)

— Notice sur trois dictionnaires chinois-japonais-européens, imprimés récemment au Japon, par G. Pauthier. (*J. As.*, 6e Sér., Vol. II, 1863, pp. 273/285.)

W. Lobscheid.

— 英華字典 English and Chinese Dictionary, with the Punti and Mandarin Pronunciation. By the Rev. W. Lobscheid, Knight of Francis Joseph ; C. M. I. R. G. S. A. ; M. Z. B. S.V., &c., &c., &c., grand in-4, à 2 colonnes.

Part I : Hongkong : Printed and Published at the « Daily Press » Office, Wyndham Street, 1866, pp. 1-38 — 1-552.

Introduction (pp. 1-38). — Dict. A-C.

Part II : Idem. 1867, pp. 553-980.

Dict. D-H.

Part III : Idem. 1868, pp. 981-1418.

Dict. I-Q.

Part IV : Idem. 1869, pp. 1419-2015.

Dict. R-Z — Additions and Omissions-Corrections.

Quaritch, 1872, 285, bds., £ 7.10/-.

Notices dans : *The North-China Herald*, 866 & 867, March 1867 ; May 22, 1868. — *The Cycle*, 29 Avril 1871.

— 漢英字典 A Chinese and English Dictionary by the Revd. W. Lobscheid Knight of the Order of Francis Joseph Member of several scientific Societies, &c., &c., &c. Hongkong. Printed and Published by Noronha and Sons 1871, gr. in-8 à 2 col., pp. ix-592.

On trouvera dans la Préface la table des 214 clefs.

Quaritch, 1872, 285, sd. £ 2.10/-. — Thonnelier (1551), Fr. 43.

Notice : *Shanghae Ev. Courier*, 19 Mai 1871.

— Die neuesten Leistungen der Englischen Missionäre auf dem Gebiete der Chinesischen Grammatik und Lexicographie von Dr. August Pfizmaier... Wien, 1867, br. in-8, pp. 10.

Aus dem Maihefte des Jahrganges 1867 der *Sitzungsber. d. phil.-hist. Cl. d. k. Ak. d. Wiss.* [LVI. Bd.] besonders abgedruckt.

A propos des travaux de Lobscheid.

A. E. Smoremburg.

— 法國話料 Eléments de l'idiome français, avec la traduction chinoise par A. E. S. Professeur au Collége impérial des langues et missionnaire à Pékin. Pékin, Imprimerie des Lazaristes. 1867.

Ce vocabulaire forme un cahier chinois in-8 de 73 pages. Chaque page est divisée en deux colonnes. Les noms français sont imprimés en face des noms chinois, mais la prononciation n'est pas indiquée. Les mots sont arrangés par sujets : Ciel, Temps, Globe, Terre, Eaux, Feu, Genre humain, Corps humain, Infirmités, etc. Cet ouvrage du Père Smoremburg a été imprimé avec des caractères mobiles en bois.

Père Isaie.

— Русско-Китайскій Словарь. Dictionnaire russe-chinois de la langue vulgaire parlée

(W. Lobscheid. — A. E. Smoremburg. — Père Isaie.)

à Peking. Par le Rev. Père Isaï. Peking, 1867, in-16, 535 ff. Pl. grav. sur bois.

Accompagné d'un aperçu sur la grammaire chinoise et de quelques autres observations utiles.

— Введеніе въ Русско-Китайскій Словарь, pet. in-12, plié à la chinoise, pp. 69.

A la fin, p. 69 : I. Исаія, Пекинъ, 29 января 1869.

— Прибавленіе къ Русско-Китайскому Словарю. Par I. Исаія. Tientsin, Imprimerie des Imperial Maritime Customs, 1868, in-16, pp. 12.

— Прибавленіе къ Русско-Китайскому Словарю. Сост. I. Исаія. Péking, 1870, petit in-12 carré, paginé à l'européenne (pp. 139) et à la chinoise (ff. 70).

N'a pas été imprimé en caractères mobiles, mais xylographié. Daté du 27 nov. 1870. Musée Roumiantsov N. 18/347. P. Pelliot.

VASILIEV.

— Графическая Система Китайскихъ Іероглифовъ. Par le Prof. Vasiliev. St. Pétersbourg, 1856, br. in-8, pp. 26.

Extrait du *Journal de l'Instruction publique.*

— Анализъ Китайскихъ Іероглифовъ... С.-Петерб. 1866, in-8, pp. 94, autog.

— Анализъ китайскихъ Іероглифовъ часть 2я — Элементы китайской письменности профессора В. Васильева. — С.-Петерб., 1884, gr. in-8, pp. VII-92 + 7 pl. autog.

— Графическая Система Китайскихъ Іероглифовъ. Опытъ перваго Китайско-русскаго Словаря. Dictionnaire chinois-russe arrangé d'après un nouveau système graphique. Par le Prof. Vasiliev. St. Pétersbourg, 1867, in-fol. lithog., pp. XVI-456.

Notice : *The Phœnix*, No. 32, Feb. 1873, p. 136.

Vend. Pauthier (266), Fr. 34. — Thonnelier (1548), Fr. 25.

— Dictionnaire étymologique chinois-annamite latin-français par G. Pauthier. 1re livraison, comprenant les 10 premiers radicaux, ou chefs de classe. — Paris, Typographie de Firmin Didot frères, fils et Cie. Imprimé avec les types chinois divisibles gravés sur poinçons d'acier par feu Marcellin Legrand, sous la direction de l'auteur de ce dictionnaire. 1867, in-8, pp. XIX-56.

L'ouvrage est imprimé sur deux colonnes numérotées jusqu'à 112. — Notice : *Jour. des Savans*, 1867, pp. 325/6.

Pauthier avait déjà essayé de publier un Dictionnaire en 1837 et en 1840, mais, faute d'encouragement, il ne continua pas son entreprise. [Voir *supra*.]

Vend. Thonnelier (1549), Fr. 1.

— An English and Chinese Lexicon compiled in part from those of Morrison, Medhurst and Williams, by Kwong Tsün Fuk. Hongkong. Printed by de Souza & Co. 1868, in-8.

— English Outline Vocabulary for the use of Students of the Chinese, Japanese, and other languages arranged by John Bellows with notes on writing Chinese with Roman Letters by Professor Summers King's College, London. London : Trübner, 1868, in-12, pp. 6-368.

Les pages sont blanches depuis la p. 337.

JOSEPH EDKINS.

— A Vocabulary of the Shanghai Dialect. By J. Edkins, B. A. Univ. Coll. Lond. Of The London Missionary Society, Author of a Grammar of the Shanghai Dialect and a Grammar of the Chinese Colloquial Language commonly called Mandarin. — Shanghai : Presbyterian Mission Press. 1869, in-8, pp. VI-151.

— A Chinese and Japanese Vocabulary of the Fifteenth Century, with Notes, chiefly on pronunciation. By Joseph Edkins. (*Trans. Asiatic Society Japan*, Vol. X, Pt. I, May 1882, pp. 1/14 et pp. 14 de texte chinois.) — Notes on Dr. Edkins' Paper « A Chinese-Japanese Vocabulary of the Fifteenth Century ». By Ernest Satow. (*Ibid.*, pp. 15/38, with discussion by B. H. Chamberlain.)

— A Vocabulary of Proper Names... By F. Porter Smith... Shanghai : 1870. [Voir col. 190.]

— An Alphabetic Dictionary of the Chinese Language in the Foochow Dialect. By Rev. R. S. Maclay, D. D. Of the Methodist Episcopal Mission ; and Rev. C. C. Baldwin, A. M. Of the American Board Mission. — Foochow : Methodist Episcopal Mission Press. 1870, in-8, pp. XXIV-1107.

Le dict. a 1014 pages à 2 col., une liste des radicaux, un index des caractères, et les corrections.

Notice : *Chin. Rec.*, Oct. 1870, pp. 132/134.

PAUL PERNY.

— VOCABULARIUM ‖ LATINO-SINICUM ‖ ad usum ‖ studiosae juventutis sinicae. ‖ Auctore ‖ Paulo Perny ‖ [fleuron] ‖ Anno post partum Virginis ‖ 1861. ‖ gr. in-8, pp. 730.

M. l'abbé Chaffanjon écrit au sujet de ce dictionnaire : « Ce Dictionnaire avait d'abord été gravé en 1861, puis nous perdîmes les planches. Quand je fus mis à la tête du petit séminaire [Koueitcheou] en 1885, il n'y avait plus que 2 ou 3 exemplaires tout déchirés, et c'était grande misère, et pour le professeur et pour les élèves, car comment enseigner le latin sans dictionnaire? Heureusement, je finis par mettre la main au fond d'une armoire

VOCABULARIUM
LATINO-SINICUM

AD USUM

STUDIOSÆ JUVENTUTIS SINICÆ.

AUCTORE

PAULO PERNY

ANNO POST PARTUM VIRGINIS

1861.

VOCABULARIUM

LATINO-SINICUM

AD USUM

STUDIOSÆ JUVENTUTIS SINICÆ.

A, ab, abs, *prep.*	從。後。因。被。經。
Abaculus, i, *m.*	瑪子。小片。抽箱。
Abacus, i, *m.*	棹子。賬。棋板。椅子。
Abæstuāre, as, avi, atum. *n.*	發熱。
Abagmenta, orum. *n.*	下藥。
Abalienāre, as, avi, atum, *a.*	押。當。相讓。棄。丟。拒。
Abalienatio, onis, *f.*	〈 〈 〈 〈 〈 〈 〈
Abamita, æ. *f.*	祖姑。
Abarcēre, es. ui. *a.*	趕出。
Abarticulatio, onis, *f.*	兩骨交處。

sur un exemplaire tout neuf encore ; mon parti fut vite pris. Je descendis en ville, appelai un *Tiao Tsiang* 雕匠, lui remis mon volume intact et pour 100 Taëls le brave homme me grava de nouveau les 730 planches du dictionnaire. Naturellement cette édition est absolument semblable à la précédente puisque c'est le seul exemplaire restant qui fut appliqué page par page sur les planches pour y être gravé ! 100 Taëls ce n'est vraiment pas cher pour un travail aussi formidable, d'autant plus que l'achat des 730 planches est compris dans ces 100 Taëls. Les planches de mon édition sont en très bon état et on tire de nouveaux exemplaires selon les besoins des séminaires. »

— Dictionnaire français-latin-chinois de la Langue mandarine parlée par Paul Perny, M. A. de la Congrégation des Missions-étrangères. Ouvrage dédié à Sa Majesté l'Empereur des Français. Paris, Firmin Didot, 1869, in-4 à 2 col., pp. 8-459.

On lit, p. 459 : « L'impression de ce Dictionnaire a été commencée en mai 1868, et terminée en avril 1869. »

Notices : *Missions Catholiques*, II, pp. 413/4 ; extraits, *Ibid.*, III, pp. 14/16 ; *Saturday Review*, réimp. dans the *Evening Courier*, 11 July 1871.

— Appendice du Dictionnaire Français-Latin-Chinois de la Langue mandarine parlée contenant : Une notice sur l'Académie impériale de Pékin ; Une notice sur la Botanique des Chinois ; Une Description générale de la Chine ; La Liste des Empereurs de la Chine avec la Date et les divers noms des années de Règne ; Le Tableau des Principales Constellations ; La Hiérarchie complète des Mandarins civils et militaires ; La Nomenclature des Villes de la Chine avec leur latitude ; Le Livre dit des *Cent Familles* avec leurs origines ; Une Notice sur la Musique chinoise et sur le Système monétaire ; la Synonymie la plus complète qui ait été donnée jusqu'ici sur toutes les branches de l'histoire naturelle de Chine, etc., etc., par Paul Perny, M. A. de la Congrégation des Missions étrangères. Paris, Maisonneuve et Cie — Ernest Leroux, 1872, in-4, pp. IV-270-II-173.

L'histoire naturelle occupe les dernières pages II-173.

Notices : par Pauthier (*Bull. de Bibliographie de Leroux;* Juillet, 1872). — *Miss. Cath.*, IV, 1872, pp. 509/510. — *Journ. des Savans*, Juillet 1872, pp. 456/8.

GEORGE CARTER STENT, † 1 sept. 1884.

Notice : *Journ. China Br. R. As. Soc.*, XX, N. S., No. 2, 1885, pp. 58/59. By E. B. D.[rew.]

— A Chinese and English Vocabulary in the Pekinese Dialect by George Carter Stent, Imperial Maritime Customs. Shanghai : Printed and Published at the Customs Press, 1871, in-8, pp. IX-677.

Preface. — A Vocabulary of Chinese and English. — Alphabetical Index. — Radical Index. — Radicals. — Notes. — Errata.

Le vocabulaire de Stent (Alph. Index) a été photographié et monté en éventails. Un de ces éventails (Pub. à Dol. 4) a été déposé dans la bibliothèque de la N. C. B. of the R. Asiatic Soc. Il a paru une description de ce dictionnaire éventail dans *The Shanghae Evening Courier*, Mercredi, 4 Sept. 1872.

Notice : *Shanghae Budget* : 13 Déc. 1871.

— A Chinese and English Vocabulary in the Pekinese Dialect by George Carter Stent... Second Edition. Shanghai... 1877, in-8, pp. XII-720.

— 漢英合壁相連字典 A Chinese and English Vocabulary in the Pekinese Dialect. By George Carter Stent, Imperial Maritime Customs. — Revised by Rev. Donald MacGillivray. — Third edition. — Shanghai : American Presbyterian Mission Press. — 1898. in-8, pp. VII-788.

Cette édition donne les améliorations suivantes d'après une note insérée au commencement : « 5000 more usable phrases, Better arrangement of phrases, Much useless matter omitted, References to Williams' and Giles' Dictionaries and other sources of information, Tones and Definitions more correct. »

Second éd., de MacGillivray, pp. 984.

— A Chinese and English Pocket Dictionary by G. C. Stent... Shanghai, 1874, pet. in-8, pp. 250.

Printed at the « North-China Herald » Office. — Pub. à Dol. 2.50.

Notices : *Chin. Rec.*, V, 1874, pp. 55/56. — *N. C. D. News*, 21 avril 1874.

— 英華萃林韻府 Vocabulary and Hand-book of the Chinese Language. — In two volumes. Romanized in the Mandarin Dialect. Vol. I. By Rev. Justus Doolittle. Author of Social Life of the Chinese. Foochow . China, Rozario, Marcal and Company. 1872, in-4, 5 ff. prél. + pp. 548 à 2 col. + 1 f. n. ch. p. les er.

— A Vocabulary and Hand-book of the Chinese Language, romanized in the Mandarin Dialect. In two volumes comprised in three parts. By Rev. Justus Doolittle... Vol. II : Parts II. and III. Foochow Rozario, Marcal, and Company, 1872, in-4, pp. VII + 695 à 2 col.

La troisième partie de ce dictionnaire se compose de 85 listes, tables, etc., de phrases, mots, proverbes, etc., par MM. A. Wylie, Rev. C. C. Baldwin, Dr. W. A. P. Martin, Geo. Phillips, Rev. Wm. Muirhead, Rev. J. Edkins, Rev. John Chalmers, Wm. F. Mayers, Wm. Gamble, T. Watters, S. Julien, Rev. John Preston, Rev. T. P. Crawford, Rev. Canon McClatchie, Rev. C. A. Stanley, Rev. C. W. Mateer, E. B. Drew, Mrs. M. F. Crawford, Rev. John McGowan, J. G. Kerr, B. Hobson, Mrs. J. B. Mateer, J. Dudgeon, J. Thomson, Rev. J. T. Gulick, F. Porter Smith, Rev. Arthur E. Moule, F. H. Ewer, S. Wells Williams, Rev. E. C. Bridgman, C. F. R. Allen, P. G. von Möllendorff, Rev. R. Lechler, Rev. Robert Morrison, Rev. J. L. Nevius, Rev. J. C. Nevin, Rev. F. Ohlinger, Rev. Ch. F. Preston, E. C. Bowra, Perny, H. J. Allen, C. Schmidt, Ho Achun, C. B. Hillier, P. Giquel, Justus Doolittle. Nous avons indiqué ces tables aux chapitres auxquels elles appartiennent.

La publication des Dictionnaires de Doolittle et de Stent a donné lieu à des critiques plus ou moins justes qui ont paru sous forme de lettres adressées à l'éditeur du *Shanghae Evening Courier* (ou *Budget*) ; en voici la liste :

Sur le *Dict.* de Stent :

— Hankow, 25th July 1872, sig. *Hung Maotsz.* (*Shanghai Budget*, Aug. 2, 1872.)

— Shanghai, 3rd August 1872, sig. The Author. (*Ibid.*, Aug. 10, 1872.)

— Tien-tsin, 13th August 1872, sig. Ægidius. (*Shanghai Budget*, Aug. 24, 1872.)

— Sans date, sig. « Shantung ». (*Ibid.*, Sept. 7, 1872.)

Sur le *Dict.* de Doolittle :

— 10th August 1872, sig. *Hung Maotsz.* (*Shanghai Budget*, Aug. 17, 1872.)

— Shanghai, 19th Aug. 1872, sig. Doctor O'Toole. (*Ibid.*, Aug. 24, 1872.)

— Kan-pu, 28th Aug. 1872, sig. Omikron. (*Ibid.*, Sept. 7, 1872.)

— Tien-tsin, 27th Aug. 1872, sig. Ægidius. (*Ibid.*, Sept. 7, 1872.)

Sur les deux dictionnaires :

— Shanghai, 29th Aug. 1872, sig. Peace and Quietness. (*Shanghai Budget*, Aug. 24, 1872.)

— Lettre sans date, sig. *Yen Ching Erh.* (*Ibid.*, Aug. 24, 1872.)

— Shanghai, 5th Aug. 1872, sig. Oxoniensis. (*Ibid.*, Sept. 7, 1872.)

Notices : *Ibid.*, sur le Vol. I, 11 avril 1872 ; sur le Vol. II, 27 fév. 1873 ; *China Review*, Vol. I, pp. 269/270, sur le Vol. II de Doolittle.

Carstairs Douglas.

— Chinese-English Dictionary of the Vernacular or spoken language of Amoy, with the principal variations of the Chang-chew and Chin-chew Dialects. By Rev. Carstairs Douglas, M. A. LL. D. Glasg., Missionary of the Presbyterian Church in England. London : Trübner, 1873, in-4, pp. xix-612 à 2 col.

Il y a une description de l'ouvrage et un spécimen dans *Trübner's Record*, 1873, pp. 102/103. — Notices : *Shanghai Budget*, Nov. 13, 1874. — *Chin. Rec.*, V, 1874, pp. 50/53.

Voir *supra*, S.W.Williams, Swatow Index... by J. C. Gibson.

— A few petty additions to Dr. Douglas' Dictionary. By D. G. (*China Review*, VII, pp. 274/276.)

Herbert A. Giles.

— A Dictionary of Colloquial Idioms in the Mandarin Dialect, by Herbert A. Giles of H. B. M. Consular Service. Shanghai, A. H. de Carvalho, 1873, in-4, pp. 65.

Notice : *Shanghai Budget*, Nov. 13, 1873. — Pub. à 3 Dol.

— A Chinese-English Dictionary by Herbert A. Giles H. B. M. Consul at Ningpo. London, Bernard Quaritch, 1892, gr. in-4, pp. xlvi-1415 et 1 p. d'er. n. c.

Cf. E. H. Parker, *China Review*, XX, p. 329.

— Mr. Giles' Chinese Dictionary. — Some Additions and Corrections. By E. von Zach. (*Ibid.*, XXIII, N° 4, pp. 231/232 ; *ibid.*, N° 5, pp. 287/293 ; *ibid.*, XXIV, N° 1, pp. 42/47 ; *ibid.*, N° 3, pp. 143/147 ; *ibid.*, N° 4, pp. 180/183 ; *ibid.*, N° 5, pp. 238/240 ; *ibid.*, N° 6, pp. 276/279 ; *ibid.*, XXV, N° 1, pp. 18/20 ; *ibid.*, N° 3, pp. 140/142 ; *ibid.*, N° 4, pp. 188/191.)

— Notes on Dr. Giles' Dictionary. By E. H. F. (*China Review*, XXIV, N° 2, pp. 79/82 ; *ibid.*, N° 3, pp. 130/136 ; *ibid.*, N° 6, pp. 261/268.)

— Notes on Dr. Giles' Dictionary. By C. F. Hall. (*Ibid.*, XXV, N° 4, pp. 180/182 ; *ibid.*, N° 5, pp. 253/255.)

— Lexicographische Beiträge. I. Von E. von Zach — Peking — 1902. in-8, pp. 98.

1. Weitere Ergänzungen zu Giles' Dictionary. — 2. Tibetische Ortsnamen.

Notice : *Bull. Ecole franç. Ext. Orient*, III, No. 1, Janv.-Mars 1903, pp. 120/121. Par P. Pelliot.

— Lexicographische Beiträge. II. Von E. von Zach — Peking — 1904, in-8, pp. 130.

1. Weitere Ergänzungen zu Giles' Dictionary. — 2. Astronomisch-Chinesisches. — 3. Zu Kühnert's : Über den Rhythmus im Chinesischen. — 4. Ein Gedicht Po Chü-i's und seine Übersetzung durch Pfizmaier.

La couverture extérieure porte la date 1903.

— Lexicographische Beiträge. III. Von E. von Zach — Peking — 1905, in-8, pp. 135.

1. Weitere Ergänzungen zu Giles' Dictionary. — 2. Manchurica. — 3. Tibetische Oro- und Hydrographie.

— Vocaboli usuali e domestici con frasi semplici e dialoghi facili e brevi per Francesco Wan del Reale Collegio Asiatico di Napoli. Napoli, Tipografia italiana. 1874, br. pet. in-8, pp. 12.

— An imperial chinese english dictionary. (*Siam Repository*, Vol. 6, April 1874, pp. 175/176.)

Extrait de l'*Overland China Mail*.

— 漢法語彙便覽 — Dictionnaire de poche français-chinois suivi d'un Dictionnaire technique des mots usités à l'arsenal de Fou-tcheou. Par Gabriel Lemaire, Consul de France, et Prosper Giquel, lieutenant de vaisseau, Directeur de l'Arsenal de Fou-tcheou. — Shanghae : American Presbyterian Mission Press. — 1874, in-32, pp. xv-421.

Notices : *Shanghai Budget*, June 20, 1874. — *Chin. Rec.*, V, p. 169.

Au moment de sa mort, M. Giquel avait en préparation une seconde édition de son Dictionnaire.

— Mechanical and Nautical Terms in French, Chinese and English. By P. Giquel, Esq. Director of the Foochow Arsenal. (Doolittle's *Vocab.*, Part III, No. 78.)

— Terms used in Mechanics, with special reference to the Steam Engine. By Mr. A. Wylie. (*Ibid.*, No. 1.)

Kwong Ki-chiu.

— An English and Chinese Dictionary compiled from different authors, and enlarged by the addition of the last four parts by Kwong Ki Chiu. Hongkong. The Chinese Printing and Publishing Company, 1875, in-8.

Pub. à 6 Dol. — Notices : *The N. C. D. News*, 7 Oct. 1875 ; et *N. C. Herald.* — L'auteur est le traducteur officiel de la commission chinoise d'éducation en Amérique.

— An English and Chinese Dictionary, compiled from the latest and best authorities, and containing all words in common use, with many examples of their use. New edition, thoroughly revised, and greatly enlarged and improved by the addition of a classified list of miscellaneous terms, a number of miscellaneous sentences, some forms of letters, notes, and petitions, a table of distances, the tariff of imports and exports of China, the latest improvement on the commercial treaty betewen (*sic*) China & Foreign Countries, & a historical sketch of the Chinese Dynasties, in which the Dates are harmonized with the Christian Chronology. By Kwong Ki Chiu, late member of the Chinese Educational Commission in the United States, and Author of « Dictionary of English Phrases », « Series of Conversation Books », « Manual of Correspondence and social Usages », « Comprehensive geography », etc. — Shanghai, Wah Cheung, 1887, in-8, pp. 827.

T'AM TAT-HIN.

— 集彙典字英華 An English and Chinese Dictionary with English Meaning or Expression for every English word by Tam tat hin of Canton, China. Printed at the Office of the Chinese Printing and Publishing Company, limited. Hongkong, 1875, in-8, pp. 741 à 2 col. + 7 pp. d'errata.

Chaque mot anglais est accompagné des caractères chinois équivalents, mais la prononciation figurée n'est pas donnée.

Suivie de :

— 南指商通 A Guide to Foreign Commerce by Tam Tat Hin. Of Hongkong. Printed at the Office of the Chinese Printing and Publishing Company Limited. Hongkong, 1875, in-8.

Chinese and English titles, Preface and Contents, pp. 15; Directions for addressing Chinese, and others, pp. 16; Treaties with China, pp. LXXXIV; Customs' Tariff, pp. 16; Law Forms and Letter Forms, pp. 48; Forms of Applications, pp. 4; Forms of Bills of Exchange and other Commercial Forms, pp. 24; Measures, Weights, and Money, pp. 8; Words in 1, 2, 3, and 4 Chinese Characters, and general Questions, pp. 92; Classified Lists of Names in Astronomy, Geography, Commerce, and various other Subjects, pp. 104.

— An English and Chinese Dictionary with English Meaning or Expression for every English Word by Tam Tat Hin. Revised by Kwok Lo Kwai, of Canton, China. — Third Edition. — Hongkong : Printed by Man Yu Tong..., 1897, in-8, 3 ff. chinois + 1 f. p. l. tit. et l. préf. + pp. 917 à 2 col.

«It is a Dictionary of the English Language, on the basis of Webster, Worcester, Walker, Johnson, etc., containing all English Words in common use, arranged in the usual alphabetical order, with explanations of all words, authorized by eminent writers. Every word is translated into Chinese. » — Il n'y a pas la prononciation des caractères chinois.

— An Anglo-Chinese Vocabulary of the Ningpo Dialect by Rev. W. T. Morrison. Formerly Missionary of Board of Foreign Missions, Presbyterian Church, U. S. A., in Ning po. Revised and enlarged. Shanghai : American Presbyterian Mission Press, 1876, in-8 à 2 col., pp. XVI-559.

Le Dict. laissé en ms. par le Rév. W. T. Morrison fut revu et augmenté par le Dr. Knowlton. — Notices : *Chin. Rec.*, VII, pp. 145/146; *N. C. D. News*, 24 mars 1876. — Pub. à Dol. 5; il y a une éd. meilleur marché à Dol. 2.50.

— Dictionarium Linguae sinicae latinum, cum brevi interpretatione gallica, ex radicum ordine dispositum. A. M. D. G. Ho Kien fou In missione catholica S. J. 1877, in-8, pp. XII-781 et 3 p. pour les addenda, &c.

C'est l'éd. de Hongkong du Dict. de Deguignes corrigée, retouchée, augmentée. — Voir col. 1590.

— Dictionnaire alphabétique chinois-français de la langue mandarine vulgaire par A. M. H.[amelin.] En Vente chez E. Leroux [et] Challamel. Paris, 1877, gr. in-8, à 2 col., pp. 1753 ; autographié.

— * Vocabularium Sinico-latinum juxta 五方元音. Pekini, 1878, in-4.

PALLADIUS et POPOV.

— 彙字璧合漢俄 Русско-Китайскій Словарь, составленный П. С. Поповымъ. St. Pétersbourg, 1879.

Préface de Tchoung heou, ministre à St. Pétersb. — 2e éd., 1898.

— 漢俄合璧韻編 — Китайско-Русскій Словарь, составленный бывшимъ начальникомъ Пекинской духовной миссіи Архимандритомъ Палладіемъ и старшимъ драгоманомъ императорской дипломатической миссіи въ Пекинѣ П. С. Поповымъ. — Пекинъ, тип. Тунъ-Вэнъ-Гуанъ, 1888, 2 vol. in-4, pp. VI + 628 + 2 et 666 + 2 + 69 à 2 col. Avec le portrait de l'Archimandrite Palladius.

Une seconde éd. du dictionnaire russe-chinois de Popov a paru, corrigée et augmentée, à Peking, en 1896, et une troisième, à St. Pétersbourg, en 1902.

— A Chinese Webster. A Study in Chinese Lexicography. — 六書故 *Lŭ-shu-ku*, or The Six Classes of Characters and their Substantiation, by 戴侗 *Tae-tung*; 13th century. By J. Nacken. (*China Review*, II, pp. 175/182, 215/222, 354/363.)

— The Six Scripts. A Translation by L. C. Hopkins of H. M. Consular Service. 1881, in-8, pp. xx-61.

On lit au verso du titre : Printed by A. A. Marcal, Amoy.

Dans la préface, le traducteur dit : « The author of the *Liu Shu Ku*, or, as we may not unfairly translate it, *the History of the Six Writings*, was a certain Tai T'ung of the city of Yung Chia in the modern province of Chehkiang. Living about six hundred years ago, while the Sung dynasty still ruled the land, he gained high literary honors, and was afterwards appointed Prefect of T'ai Chou Fu in the same province.

« His work, which is not uncommonly cited as an authority in K'ang Hsi's dictionary, is just mentioned by Wylie in his *Notes on Chinese Literature* as » a book of note written about the close of the Sung «. Dr. Edkins has devoted nearly the whole of Ch. V of his *Introduction to the Study of the Chinese Characters* to examples drawn from the pages of the *Liu Shu Ku*, and observations thereon. Mr. Watters also mentions and quotes it in one of those *Essays on the Chinese Language* published in the *China Review*, for the completion of which we are still looking with the eye of faith.

« Dr. Legge in his *Religions of China*, p. 60, alludes to » Tai T'ung, a lexicographer of our thirteenth century. «

« But the fullest account of the *Liu Shu Ku*, that I have seen, will be found in a very interesting paper by Mr. Nacken in vol. II, of the *China Review*. »

— Dr. Chalmers and the Six Scripts. By L. C. Hopkins. (*China Review*, X, pp. 143/144.)

P. Poletti.

— 華英字錄 — Analytical Index of Chinese Characters : a List of Chinese Words with the concise meaning in English. By P. Poletti. Tientsin, 1881, un *peun* chinois, gr. in-8.

Notice : *China Review*, IX, pp. 116/7.

— 萬字典 *Wan tzu tien*. [Vocabulary of Ten thousand Characters.] Shanghai, 10e année Kouang-siu, un *peun* chinois. — By P. Poletti.

Notice : *China Review*, XVIII, No. 2, p. 131. By E. J. E.[itel.]

— 袖珍華英字典 The Pocket Chinese and English Vocabulary by the Author of the *Wan tzu tien*. — Shanghai : American Presbyterian Mission Press, 1889, in-16, 3 ff. n. ch. p. l. tit., préf., etc. + pp. 5 + ff. 184.

Notice : *China Review*, XVIII, No. 2, p. 131. By E. J. E.[itel.]

— 典字萬英華 A Chinese and English Dictionary, arranged according to Radicals and Sub-Radicals. — New and Enlarged Edition, containing 12,650 Chinese Characters with the pronunciation in the Peking Dialect according to Sir Thomas Wade's System, and the pronunciation in the General Language of China in Dr. Williams' spelling. — Compiled from the best Authorities by P. Poletti, Imperial Maritime Customs. Shanghai : Printed at the American Presbyterian Mission Press. — 1896. in-8, pp. cvi + 1 f. n. ch. + pp. 307 + 2 ff. n. ch.

A Chinese Version of this Dictionary, price $ 1.60.

— Chineesch-Hollandsch Woordenboek van het Emoi Dialekt door J. J. C. Francken en C. F. M. de Grijs uitgegeven door het Bataviaasch Genootschap van Kunsten en Wetenschappen. Batavia, Landsdrukkerij, 1882, in-4, pp. viii-774 à 2 col.

Gustave Schlegel.

— 荷華文語類參 *Hô Hoâ Bûn-Gí Luī-Ts'am*. Nederlandsch-Chineesch Woordenboek met de transcriptie der Chineesche karakters in het Tsiang-tsiu Dialekt Hoofdzakelijk ten behoeve der Tolken voor de Chineesche Taal in Nederlandsch-Indië bewerkt door Dr. G. Schlegel Hoogleeraar in de Chineesche Taal- en Letterkunde aan de Rijks-Universiteit te Leiden — Uitgegeven met ondersteuning van het Ministerie van Koloniën. Leiden, E. J. Brill, 1882-1891, 4 vol. gr. in-8 à 2 col. en 14 parties.

Deel I. Aflevering I, 1884, pages 29-268 ; afl. II, 1885, pages 269-742 ; afl. III, 1885, pages 743-1158 ; afl. IV, 1886, pages 1159-1470, — titre de Deel I, pp. vii.

Deel II. Afl. I, 1886, pages 1-360 ; afl. II, 1887, pages 361-814, pp. 3 d'errata ; afl. III, 1887, pages 815-1132.

Deel III. Afl. I, 1882, pages 1-27, et 1-368 ; [les pp. 1/27 renferment l'introduction destinée au Deel I] ; afl. II, 1883, pages 369-704 ; afl. III, 1884, pages 705-1212 + 2 ff. d'errata.

Deel IV. Afl. I, 1888, pages 1-394 + 2 ff. d'errata ; afl. II, 1889, pages 395-1022 + 2 ff. n. c. ; afl. III, 1890, pages 1023-1403.

Aanhangsel, 1891, pp. 61 + 1 f. n. c.

Notices : *Lond. & China Express*, 19 janv. 1883, p. 65 ; 23 mai 1884, p. 551. — *Nieuwe Rotterdamsche Courant*, 13 mai 1883. — *Jour. R. A. S.*, 1887, p. 542.

— Sur l'importance de la langue hollandaise pour l'interprétation de la langue chinoise par le docteur G. Schlegel. (*Actes 6e Cong. Int. Orient. Leide*, 1883, 4e Part., *Ext.-Orient*, pp. 121/142.)

— Le Dr. Gustave Schlegel. Nécrologie par Henri Cordier. (*T'oung Pao*, Sér. II, Vol. IV, N° 5, Déc. 1903, pp. 407/415.)

Tirage à part : br. in-8, pp. 9. — Portrait.

Gustave Schlegel, né 30 sept. 1840 dans le village de Oegstgêest, près de Leyde, fils du naturaliste Hermann Schlegel ; † à Leyde, le 15 octobre 1903.

— * A Pronouncing and Defining Dictionary of the Swatow Dialect, arranged according to Syllables and Tones. By A. M. Fielde. Shanghai : Amer. Presbyt. Mission Press, 1883.

Notice : *N. C. Herald*, May 11, 1883, pp. 515/6.

— English and Chinese Dictionary of the Amoy Dialect by Rev. J. Macgowan, London Missionary Society, Author of « A Manual of the Amoy Colloquial ». — Amoy : China, A. A. Marcal. London : Trübner & Co., pet. in-4, pp. vii + pp. 611 à 2 col. + 1 f. n. c., s. d. [1883].

E. J. Eitel.

— A Chinese Dictionary in the Cantonese Dialect. By Ernest John Eitel. Ph. D. Tubing. Part I. A-K. — London : Trübner... Hongkong : Lane, Crawford & Co., 1877, in-8, pp. xxxv + pp. 1 à 202 (2 col.) — Part II. K-M. — Lond.,... 1878, pp. 203 à 404. — Part III. M-T. — Lond.,... 1881, pp. 405 à 678. — Part IV. T-Y. — Lond.,... 1883, pp. 679 à 1018.

Avec un supplément, 1887, pp. xcvii.

Notices : *China Review*, V, pp. 252/260, by Alex. Falconer. — *Chin. Rec.*, VIII, pp. 182/4.

— Eclectic Chinese-Japanese-English Dictionary of Eight Thousand Selected Chinese Characters, including an introduction to the study of these characters as used in Japan, and an Appendix of Useful Tables. — Compiled and arranged by Rev. Ambrose D. Gring. — Published under the auspices of the Board of Commissioners for Foreign Missions of the (German) Reformed Church in the United States. Yokohama : Kelly & Co., 1884, pet. in-8, pp. CLXVII-650.

— English and Chinese Dictionary. Compiled by Rev. I. M. Condit, Missionary to the Chinese. American Tract Society, New York, pet. in-8 à 2 col., 2 ff. n. c. + pp. 134 [1882].

— English-Chinese Vocabulary of the Vernacular or Spoken Language of Swatow. — Swatow : English Presbyterian Mission Press, 1883, gr. in-8, 4 ff. n. ch. p. le tit., préf., etc. + pp. 302.

By William Duffus, English Presbyterian Mission. — « This vocabulary is based on a manuscript work prepared about thirty years ago by the Rev. R. Lechler of the Basel Mission, Hongkong, who was the first Protestant Missionary resident in this part of China. Mr. Lechler's vocabulary was founded again on one by Dr. S. Wells Williams. » — Sans caractères chinois.

— The « phonetic Shwoh wan ». By J. H. Stewart Lockhart. (*China Review*, XII, pp. 63/76.)

— On Chinese Lexicography, with proposals for a new arrangement of the Characters of that Language. By Rev. J. Summers. [Read Jan. 23, 1884.] (*Trans. As. Soc. Japan*, XII, Pt. III, July 1884, pp. 166/181.)

Séraphin Couvreur.

— Dictionnaire français-chinois contenant les expressions les plus usitées de la langue mandarine par le P. Séraphin Couvreur S. J., Missionnaire au Tcheu li S. E. — Ho kien fou, Imprimerie de la mission catholique. 1884, in-8 à 2 col., pp. XIX-1007 + 2 ff. n. c.

— Dictionnaire Chinois-Français par le P. Séraphin Couvreur S. J. Ho kien fou, Imprimerie de la Mission Catholique, 1890, gr. in-4, pp. IV-1024-76 à 3 col.

Notice : A. A. Fauvel, dans les *Études religieuses*, 1891, 1.

— Petit Dictionnaire Chinois-Français par F. S. Couvreur S. J. — Ho Kien Fou, Imprimerie de la Mission Catholique 1903, in-8, pp. XIV-736.

« Ce livre est spécialement destiné aux étudiants qui connaissent peu la langue chinoise, et à ceux qui dans les voyages désirent avoir avec eux un court manuel pour aider leur mémoire. C'est l'abrégé du dictionnaire chinois-français que nous avons publié en 1890, et dont nous préparons une nouvelle édition. Les lettres sont disposées par ordre de clefs ou racines. » (Préf.)

Notice : *T'oung Pao* IIe Sér., Vol. IV, 5, déc. 1903, p. 418, par Henri Cordier.

— Dictionnaire classique de la langue chinoise par F. S. Couvreur S. J. — Ho Kien Fou, Imprimerie de la Mission catholique, 1904, gr. in-4, pp. XII-1080.

Notices : *T'oung Pao*, Mai 1905, pp. 242/9, par Ed. Chavannes. — *Bul. Ec. Ext. Orient*, IV, 1904, pp. 761/2, par Paul Pelliot. — *Revue Critique*, 5 août 1905, par Henri Cordier.

— Dictionarium sinicum & latinum ex radicum ordine dispositum, selectis variorum scriptorum sententiis firmatum ac illustratum, auctore P. S. Couvreur S. J. — Ho kien fou ex missione catholica S. J. — 1892, in-8 à 2 col., pp. XIV-1200.

Notices : *Revue critique*, 17-24 juillet 1893, pp. 48/9, par Henri Cordier. — *Études religieuses*, 31 juillet 1893, pp. 527/9, par A. A. Fauvel.

J. Dyer Ball.

— * The Cantonese-Made-Easy Vocabulary : a small Dictionary in English and Cantonese, containing only words and phrases used in the spoken language, with the Classifiers indicated for each Noun, and Definitions of the different shades of meaning, as well as Notes on the different uses of some of the words where ambiguity might otherwise arise. By J. Dyer Ball, M. R. A. S., etc., of Her Majesty's Civil Service, Hongkong... Hongkong, 1886, in-8.

Notice : *China Review*, XV, pp. 59/60. Par E. J. E.[itel.]

— The Cantonese Made Easy Vocabulary : a small Dictionary in English and Cantonese, containing only words and phrases used in the spoken language, with the Classifiers indicated for each Noun, and Definitions of the different shades of meaning, as well as Notes on the different uses of some of the words where ambiguity might otherwise arise. Second Edition, Revised and Enlarged, By J. Dyer Ball, M. R. A. S., &c., Author of « Cantonese Made Easy »,... — Hongkong : Kelly and Walsh, 1892, in-8, 4 ff. n. c. + pp. 40.

Notice : *China Review*, XX, No. 3, pp. 206/7. By L.

— * An English-Cantonese Pocket Vocabulary... by J. Dyer Ball... Hongkong, 1886, in-8, pp. VII-23. Pub. à 75 cents.

Notice : *China Review*, XV, p. 194. Par E. J. E.[itel.]

— An English-Cantonese Pocket Vocabulary : Containing common words and phrases, printed without the Chinese Characters, or

Tonic Marks, the sounds of the Chinese words being represented by an English spelling as far as practicable by J. Dyer Ball... — Second Edition, Revised and Enlarged. — Hongkong : Kelly & Walsh, 1894, in-12, pp. III-23.

D. A. Petchourov.

— 彙字俄漢 Китайско-Русскій Словарь. — Д. А. Пещурова. Приватъ-доцента импер. С. Петерб. Университета. Санктпетербургъ, 1887, in-8, pp. XVI-224 + 1 f. n. c.

— Дополненіе къ Китайско-Русскому Словарю. — Д. А. Пещурова. — Санктпет., 1888, in-8, chiffré pp. 225 à 276 + 2 ff. n. ch.

— 漢俄畫法合璧字彙 Китайско-Русскій Словарь. — (По графической системѣ.) — Д. А. Пещурова. — Санктпет., 1891, in-8, pp. x-266 + 1 f. n. ch. d'er.

— * An Analytical Vocabulary of the Mandarin Dialect for the use of Beginners, Containing, with the radicals, 1.170 characters; being those found in the Mandarin version of John's Gospel. Prepared for the use of the Junior Members of the China Inland Mission. Shanghai : China Inland Mission, 1887, pp. 158.

Notice : *Chin. Recorder*, XVIII, 1887, p. 208. — Par clefs.

— Cochinchine française. — Dictionnaire Chinois-Français par Bailly. Saïgon, Imprimerie commerciale Rey & Curiol, 4 Rue d'Adran, 1889, 5 vol. gr. in-4.

Notice : *T'oung Pao*, VI, 1895, pp. 79/82, par Henri Cordier.

— A Dictionary of Chinese-Japanese Words in the Japanese Language. By John Harrington Gubbins, Japanese Secretary of H. B. M.'s Legation in Japan. London : Trübner. — Tokio : The Hakubunsha, Ginza, 1889, 2 vol. in-8.

Part I. A to J, pp. XVIII + 1 f. n. ch. er. + pp. 323 à 2 col.
Part II. K to R, pp. 688 à 2 col.

— Vocabulario Chino-español — 字雜日中 — Publicado para la Escuela China en Lima. 1889 — Imprenta de la Merced, in-8, pp. 81.

— Scheme for a Comparative Dictionary of older Chinese. By Thos. Kingsmill. (*China Review*, XVII, No. 1, pp. 45/47.)

— Dictionnaire Français-Chinois contenant tous les mots d'un usage général dans la langue parlée et écrite, les termes techniques et consacrés, relatifs : aux sciences, à la religion, à la diplomatie, au droit public et intern[1], à l'économie politique, au commerce, à l'industrie, etc. etc. Une synonymie très étendue des termes géographiques concernant les pays ayant eu à un degré quelconque, des relations avec la Chine. Un catalogue des noms des contrées et des villes les plus importantes des deux mondes avec exemples choisis dans les meilleurs auteurs et propres à fixer et faire connaître la valeur des caractères et leurs règles de position, la construction des phrases, les idiotismes, les proverbes, etc. etc., par A. Billequin, professeur de Chimie et d'Histoire naturelle au Collège Impérial de Péking ;... Péking, Typographie du *Pei-T'ang* [et] Paris, E. Leroux, 1891, gr. in-4 à 2 col., pp. XII + 1 f. n. ch. + 4 ff. texte chinois + pp. 830.

Sans la prononciation des caractères chinois.

Anatole Adrien Billequin, né à Paris, 27 août 1837 ; † à Paris, 31 oct. 1894. — Cf. H. Cordier, *Etudes chinoises* (1891-1894), pp. 24/5.

— A Pocket Dictionary, [Chinese-English] and Pekingese Syllabary. By Chauncey Goodrich. — Peking : 1891, in-16, pp. VI-237.

Introduction signée : « T'ungchow », near Peking, April 25, 1891.

— * Pocket Dictionary [Chinese English] and Peking Syllabary, by Chauncey Goodrich. Shanghai, American Presbyterian Mission Press, 1893.

— Radical Index to Pocket Dictionary and Pekingese Syllabary by Chauncey Goodrich — Peking, Pei-t'ang Press, 1893, in-12, pp. 72.

A eu une 4e éd., 1904.

— Dictionnaire Chinois-français de la langue mandarine parlée dans l'ouest de la Chine avec un Vocabulaire français-chinois par plusieurs missionnaires du Sé-tch'ouan méridional. Hongkong : Imprimerie de la Société des Missions Étrangères 1893, in-4, pp. XIV + 1 f. n. ch. + pp. 732 + 2 ff. n. ch.

— Dictionnaire phonétique Chinois-français par Un Prêtre de la Congrégation de la Mission Missionnaire apostolique. Péking Typographie du Pei-t'ang, 1893, in-4, pp. x-623.

Par Jean MacVeigh.

— An English and Chinese Dictionary. [By Hwang Yung-fa, Hongkong, 1893], ff. 193.

— Chinese and English Dictionary compiled from reliable Authors. American Tract Society, 150 Nassau Street, New-York, s. d. [1893], in-24, pp. 344 + 3 ff. n. ch. [Lord's Prayer, etc.]

— An Analytical Vocabulary of the New Testament by F. W. Baller prepared for the use of Junior Members of the China Inland Mission. Shanghai China Inland Mission and American Presbyterian Mission Press. — 1893, in-4, pp. VI-264.

— * An Analytical Chinese-English Dictionary Compiled for the China Inland Mission by F. W. Baller. Shang-hai, China Inland Mission and American Presbyterian Mission Press, 1900, in-4.

« This is a book of 642 pp. It contains 6.089 characters numbered consecutively, analyzed, and illustrated by 40.000 examples. An Appendix is added, dealing specially with the Four Books and Commentary. »

Notice : *N. C. Herald*, 6 June 1900.

— An Anglo-Chinese Standard Vocabulary of Medical Scientific and Philosophical Terms. By H. T. Whitney, M. D. (*China Medical Miss. Jour.*, Dec. 1887, pp. 143/145.)

— A Vocabulary of Diseases based on Thomson's Vocabulary and Whitney's Anatomical Terms, prepared by J. G. Kerr, M. D., For the Committee on Nomenclature of the Medical Missionary Association of China. — Shanghai : American Presbyterian Mission Press, 1894, in-4, pp. 35.

— A Vocabulary of Diseases based on Dr. Thomson's Vocabulary and Dr. Whitney's Anatomical Terms, prepared by J. G. Kerr, M. D., L. L. D., and Wan Tun Mo, Dip. Imp. Med. College, Tientsin. — For the Committee on Medical Nomenclature of the Medical Missionary Association of China. — Printed by « Man Yu Tong », 1901, gr. in-8, pp. 56.

Voir col. 1496-1497.

— Dictionnaire français-chinois Dialecte de Chang-hai, Sóng-Kiang, etc. par le R. P. Rabouin S. J. — Tome I. A-L. — Chang-hai. Imprimerie de la Mission catholique à l'Orphelinat de T'ou-sè-wè. — MDCCCXCIV, in-8, pp. IV + 2 ff. n. ch. + pp. XXVI + pp. 680 à 2 col. — Tome II. M-Z. — Ibid., MDCCCXCVI, in-8, pp. 634 + 2 ff. n. ch. p. l. er. + 1 f. blanc + pp. XIII + pp. 20.

— 鉛槧彙存 (*Ch'ien chan hui ts'un*) Manuel de langue mandarine ou recueil idéologique en chinois, français et anglais des termes, locutions et idiotismes de la langue mandarine du Nord, par A. Théophile Piry, du service des douanes maritimes impériales de Chine, officier d'académie, etc., etc. Texte anglais par M. Charles Henry Oliver, M. A. Professeur au Collège impérial de Pékin. Shanghai : Presse du Bureau des Statistiques, Inspectorat général des Douanes maritimes impériales de Chine... 1895, in-4, pp. XXI-958.

— An English and Chinese Dictionary compiled from general miscellaneous important Terms, Business Letters, Bills, Documents, and the Tariff of Imports and Outports of China, and Bills of Lading. By Wong Su King, Hongkong : — New Edition. — Printed and published by « Man Yu Tong », 95 and 97 Hollywood Road. — 1895, in-8, pp. VI-295.

— A Lexilogus of the English and Chinese Languages. Fourth Edition. Hongkong : Printed by « Man Yu Tong », 95, 97, Hollywood Road, 1896, br. in-8, pp. 36.

— A Japanese Alphabetical Dictionary with Chinese and English Equivalents. By Takahashi Goro. New & Copyright Edition. Published by F. Kobayashi. — Sold by Hakubunsha, Nisshindō & Dandansha. Tōkyō, Japan, gr. in-8, 3 ff. n. ch. p. l. tit., etc. + 1185 à 2 col. + 3 ff. n. ch. [1896].

— Fried. Hirth. — Ein chinesisches Konversations-Lexikon. (*Zeitschft. f. Bücherfreunde*, Bd. I, p. 276.)

— 英華字典 An English & Chinese Pocket Dictionary, in the Mandarin Dialect. By Mrs. Arnold Foster. — Second Edition. — Shanghai — Hongkong — Yokohama — Singapore : Kelly and Walsh, limited. — 1897, petit in-8, pp. x-178.

Une troisième éd. a paru en 1903, pp. VIII-184.

— The « Tah ts'z » (達辭) Anglo-Chinese Dictionary. An English and Chinese Dictionary containing numerous Sentences illustrating the Application of English Words and Phrases. Vol. I. First Edition. By Mok Man Cheung, of H. M. Civil Service, Hongkong. Printed by « Man Yu Tong », Printer & Stationer..., 1898 [All rights reserved], 2 vol. in-8.

Vol. I : titre ; déd. 1 f. ; English Pref. and Plan, pp. v ; Chinese Pref., pp. 4 ; English-Chinese Dictionary, A-Nur, pp. 1/1360. — Vol. II : tit. ; English-Chinese Dictionary, Nur-Zym, pp. 1361-2717, doubles col.

Dedicated to the Honourable J. H. Stewart Lockhart.

« This work is intended to be a guide to the writing and speaking of the English language ; for that purpose it is illustrated with examples of the uses of words in their physical or mental, literal or metaphorical significations; and hence it is believed it will supply a desideratum hitherto unmet in Anglo-Chinese Dictionaries; and it is sincerely hoped that it will consequently prove of use to Chinese Students of the English language. The compiler has bestowed years of labour upon the collection and selection of words, phrases, idioms, proverbs, and technical terms, which he thought would prove useful for the every day purposes of that class of his countrymen, who are students of the English tongue, and constantly feel the want of such a guide.

« Apart from the proverbs, idioms, colloquial phrases, and other technical terms in general and common use, the book contains a comprehensive collection of slang expressions, which frequently occur in conversations of the educated and the lower classes. The translations of the words and sentences in this work are couched in simple Chinese colloquial, in preference to the classical style except in cases where no colloquial terms were available, or where the classical quotation was, in the opinion of the compiler, preferable to the colloquial. The reason for using colloquial words in preference to the classical is because the latter, though appreciated for its literary virtue, is too inexact in its expressive power and apt to cause misunderstanding on account of its complicated history. » — PREFACE.

— The Student's Four thousand 字 and General Pocket Dictionary by W. E. Soothill — Presbyterian Mission Press Shanghai : 1899, pet. in-8 carré, pp. 3 + xxvii + 358 + lxxxv + 1 f. d'er.

— * The Students' Pocket Dictionary by Rev. W. E. Soothill. Shanghai, Presbyterian Mission Press. Second edition, 1901.

Il a atteint sa 4e éd. en 1905.

— A Dictionary of the English and Chinese Language with the Merchant and Mandarin Pronunciation, by F. Kingsell. — Yokohama : Published by Kingsell & Co. 1899, Copyright. gr. in-8, pp. 1066 à 2 col. + 79 et 3 ff. chinois au com. et 1 p. « Abbreviations ».

— 呂英華一應西州撮要 [Dictionnaire ou Manuel anglais-espagnol-chinois.] Par Cho Ke-shan. 25e année Kouang Siu, in-8, pp. viii-214, Port.

— Chinesisches Wörterbüchlein, enthältend die 300 nötigsten Wörter für die tapfern Kämpfer des ruhmreichen deutschen Heeres. — Patriòtische Gàbe von Schleyer A. M. Ersinner der Weltsprache. Konstanz in Baden. Verlàg des Weltspràche Zentralbürós. 1900. — Preis : 25 Pfg in-32, pp. 15.

Sans caractères chinois.

— Petit Dictionnaire français-chinois 法漢字彙簡編 par le P. A. Debesse S. J. Chang-Hai Imprimerie de la Mission catholique à l'Orphelinat de T'ou-sè-wè — 1900, pet. in-8, pp. vi-531 + 1 f. d'er.

Notices : *T'oung Pao*, Mai 1900, p. 171, par Henri Cordier. — — *Imp. & As. Quart. Rev.*, X, 1900, pp. 417/8, par E. H. P.[arker.] — *Miss. Cath.*, XXXII, 8 juin 1900, pp. 273/4.

— Petit Dictionnaire chinois-français 漢法字彙簡編 par le P. A. Debesse S. J. Chang-Hai Imprimerie de la Mission catholique à l'Orphelinat de T'ou-sè-wè — 1901, pet. in-8, pp. v-578 + 1 f. d'er.

Notice : *T'oung Pao*, 2e Sér., II, Oct. 1901, p. 292, par Henri Cordier.

— * 商務書館華英字典 Commercial Press' English and Chinese Dictionary. — Revised and Enlarged. in-8, pp. 394. [Shanghai, 1900 (25e année Kouang-Siu)].

— Shanghai Vernacular Chinese-English Dictionary. By D. H. Davis and J. A. Silsby. Shanghai : Printed at the American Presbyterian Mission Press. 1900, in-12, pp. xx-188.

— 法漢小字典 Petit Dictionnaire français-chinois par J. Gaztelu Missionnaire Apostolique. Hongkong, Imprimerie de la Société des Missions Etrangères 1900, in-12, pp. xxi-656 + 4 ff. n. ch. à l. fin, pour la chronologie, etc.

— 德華字典 Wörterbuch der Nordchinesischen Umgangssprache. — Deutsch-Chinesisch von A. Seidel, — Wilhelm Süsserott, Berlin, 1901-1902, 3 fasc. pet. in-8.

Notice : *Deutsche Kolonialzeitung*, 3 Okt. 1901, p. 398, par Sievers.

— Systematisches Wörterbuch der Nordchinesischen Umgangssprache (Peking-Dialekt) von A. Seidel... Oldenburg und Leipzig, A. Schwartz, pet. in-8, pp. 16 n. ch. + 208.

— Dictionnaire Chinois-français Dialecte Hac-ka précédé de quelques notions et exercices sur les tons. Par Ch. Rey Missionnaire Apostolique du Kouang-tong. Hongkong, Imprimerie de la Société des Missions Étrangères 1901, pet. in-4, pp. xxxix + 360 + 79*.

— Commercial Press English and Chinese Pronouncing Dictionary. Comprising 100.000 Words and Phrases, with Translations, Pronunciations, Etymologies, Definitions, Illustrations, etc., etc. Also a Copious Appendix. — First Edition. — Shanghai, Printed at the Commercial Press, 1902, in-8, 5 ff. n. ch. + pp. iii + 2 ff. n. ch. + pp. 1835 + pp. 22 + pp. 8 + pp. 19 + pp. 2.

L'*Introduction* est signée Timothy RICHARD ; l'*Introductory Notice*, par Ku Hung-ming, Wou-tch'ang, mars 1902 ; et une dissertation sur l'importance du chinois par J. A. Silsby.

— Third Edition. *Ibid.*, 1903, in-8.

— 德華字典 Deutsch-Chinesisches Taschenwörterbuch mit Aussprachebezeichnung der chinesischen Wörter unter besonderer Berücksichtigung des Schantungdialectes von A. Welzel, Polizeischef beim Gouvernement Kiautschou. Deutsche Druckerei Verlagsanstalt, Tsingtau, in-12, pp. VI-148-5.

Préface datée 8 Feb. 1902.

— 典字粵法 Dictionnaire Français-Cantonnais par Louis Aubazac Missionnaire apostolique. Hongkong, Imprimerie de la Société des Missions Étrangères, 1902, in-4, pp. XXXX-333 à 2 col. + pp. XII + 1 f. n. ch. errata.

Notice : *Bul. Ec. fr. Ext. Orient*, III, No. 1, 1903, pp. 101/2, par E. H.

— 字典標目 *Tsze Tëen Piào Mŭh* (A Guide to the Dictionary). An Essay exhibiting the 214 Radicals of the Chinese Written Language, arranged according to the Mnemonic System of Mr. William Stokes. To which are added remarks on the History, Geography, and Arithmetic of the Chinese. — Composed and privately printed by Thomas Jenner. — Rochester, 1904. — All rights reserved, in-4, autog., pp. 153.

Notice : *Journal Roy. As. Soc.*, April 1905, pp. 430/1. By S. W. B.[ushell.]

— Chinese and English Phrase Book and Dictionary. Thomson Stationery Company, Ltd.... Vancouver, B. C. 1903, pet. in-4, pp. 391.

— Petit Dictionnaire français-chinois 法華字彙 (dialecte de Chang-hai) (上海土話) par le P. C. Petillon, S. J. Chang-hai, Imprimerie de la Mission Catholique à l'Orphelinat de T'ou-sè-wé — 1905, pet. in-8, pp. IV-598.

Notice : *T'oung Pao*, Mai 1905, pp. 249/250, par Ed. Chavannes.

— 學英國官話字典 Copyright reserved. — Condensed English-Mandarin Dictionary. With Phonetically written Pronunciation for English-Speaking People. — By Eugenio Bianchini. — Price 3/6 — Johannesburg : Printed by the Proprietors, the « Transvaal Leader » — Published by the Central News Agency, Ltd. [January 1905] pet. in-8, pp. 91.

Sans caractères chinois. — Un grand nombre d'annonces intercalées dans le petit volume.

— * A Mandarin Romanised Dictionary of Chinese. By Rev. D. MacGillivray, M. A., B. D. Presbyterian Mission Press.

Notice : *Chin. Rec.*, April 1905, pp. 203/4.

(DIVERS.)

DIVERS DICTIONNAIRES MANUSCRITS.

PE-KING :

— *Dictionnaire du P. de* LA CHARME.

Il y a à Pe-king, dans la bibliothèque du Pe-T'ang (Eglise de la Congrégation de la Mission), un manuscrit se composant de six gros volumes in-4, de 800 feuillets environ, qui vient de Mongolie où il avait été porté autrefois lors de la dispersion des Jésuites. C'est un ouvrage du P. de La Charme qui a pour titre : *Dictionarium Sinico-Mongolico-Gallicum*.

— Vol. I : On lit au verso de la première page la note suivante écrite au crayon :

« Dictionnaire en 4 langues Française, Chinoise, Tartare-mantchou et Tartare-mongoux. Il est en six volumes in folio fort épais c'est un travail énorme, mais *indigesta moles*. Le Père La Charme (jésuite) qui l'a composé n'était pas en réputation de grands talents parmi ses confrères. Extrait d'une lettre de Mr Lamiot. Voir page 422, Tome VIII, des Mémoires de la Congon de la Mission. »

Ecrit à l'encre (écriture moderne), on lit au verso de la seconde page : « ex libris missionis gallicae congregationis missionis Sti Vincentii à paulo in Sinis ».

Le dictionnaire commence au recto de la 3e page : généralement la phrase française est écrite horizontalement, les traductions mandchou, chinoise et mongole étant arrangées verticalement au-dessous, l'une à côté de l'autre.

Les phrases suivantes (de la première page) donneront une idée du plan du Dictionnaire : *Aba* — *A* — *a : il ne scait ni a ni b* — *Cela est à moi* — *C'est à vous à parler*, *à moi à écouter* — *trois à quatre cents deniers* — *à voir l'état des choses je n'augure rien de bon* — *Abaisser* : — *abaisser une perche pour pouvoir passer*. — Au recto de la deuxième page, les exemples continuent : *abaisser un mandarin* — *mandarin être abaissé ;* — puis viennent les mots *abandon, abandonner*, etc., etc.

Les feuilles restent blanches au verso jusqu'au mot *s'acquitter ;* à partir de ce mot, les deux pages d'une feuille sont généralement remplies.

Le premier volume comprend les mots : *A-Dyspesie* (et non pas *Dure* comme il est indiqué au titre manuscrit de la couverture).

— Vol. II : *E* — *à jeun* (*il faut communier à jeun*).

— Vol. III : *Jeune* — *nécessaire* (*un philosophe se contente du nécessaire*).

— Vol. IV : *Nécessaire* (*Un avare se refuse le nécessaire*) — *prévaloir* (*se prévaloir de la compagnie de son ami qui a de la force pour attaquer son ennemi*).

— Vol. V : *Profontié, navire* — *Seulement* (*il n'a pas seulement dit un mot pour moi*).

— Vol. VI : *Prévaricateur* — *Zybelline* (*fourrure, elle est des peus précieuses*).

On s'apercevra immédiatement qu'une erreur a été faite dans la reliure des deux derniers volumes : les trente premières pages environ du Vol. VI, — c'est-à-dire les mots *prévaricateur* — *profondeur*, — qui sont suivies par la page commençant par le mot *seulet*, auraient dû être reliées au commencement du Vol. V.

Le papier de cet ouvrage est friable. Quelques feuilles sont détachées, d'autres piquées des vers, quelques-unes raccommodées avec des morceaux de papier qui cachent le texte ; mais, somme toute, l'ouvrage est bien conservé.

— *Dictionnaire du P.* BAHR.

Le P. Florian Bahr a composé un dictionnaire dont on a beaucoup parlé : chinois-latin-français-portugais-italien-allemand. M. le comte Julien de Rochechouart, notre ancien ministre à Pe-king, m'a dit l'avoir vu au Pe-T'ang, dans la Bibliothèque des Lazaristes ; malgré l'obligeance de Mgr. Delaplace, je ne l'y ai pas trouvé ; il y a peut-être eu confusion avec le manuscrit du P. de La Charme, décrit plus haut.

— *Dictionnaire anonyme.*

Il y a à Pe-king, dans la bibliothèque du Pe-T'ang, un manuscrit se composant de deux gros volumes in-4 de cinq à six cents pages chacun qui vient de Mongolie où il avait été porté lors de la dispersion des Jésuites. C'est un Dictionnaire latin-chinois, ou plutôt de phrases latines arrangées par ordre alphabétique ; le chinois est écrit en face de la phrase latine.

— Vol. I : La première page commence par les phrases : *Ab ponitur ante vocales* — *Ab initio usque finem* — *Animus debet regere corpus non regi a corpore.*

(DIVERS DICTIONNAIRES MANUSCRITS.)

La dernière feuille du premier Volume étant recollée, les deux mots qu'elle indique sont illisibles. Le dernier mot lisible, *hypotheca, ae, s. f.*, est au bas de l'avant-dernière page.

— Vol. II : *Jam biennium est cum cœpit — uxorius, a, um, adj.*

Rien n'indique l'auteur de ce Dictionnaire.

Hong Kong :

Il y a en dépôt dans la City Hall Library de Hong Kong un dictionnaire chinois-latin manuscrit, par un missionnaire catholique inconnu. Ce dictionnaire a appartenu à Robert Morrison qui a écrit au commencement de l'ouvrage la note suivante : « This Dictionary was transcribed in the year 1806 in London from a Ms. belonging to the R. S. which Ms. was obtained in India by the late Sir William Jones, and pronounced by him » inestimable «. The Transcript was made by a person in the service of the Missionary Society ».

— *Dictionnaire de l'abbé* Delamarre.

L'abbé Delamarre, de la Société des Missions étrangères, est mort à Han-K'eou, probablement d'un poison lent administré par les Chinois, pendant un voyage du Se-tch'ouan à Peking où il allait exposer les griefs des chrétiens contre les mandarins de la Province [voir col. 621]. Le P. Delamarre avait compilé un Dictionnaire Français-Latin-Chinois dont le ms., après la mort du savant missionnaire, resta entre les mains de M. P. Dabry, Consul de France à Han-K'eou. M. P. Dabry rendit le ms. du Dictionnaire du P. Delamarre à la Société des Missions étrangères, et ce grand ouvrage est maintenant (Avril 1876) entre les mains de l'abbé Lemonnier, Procureur des Missions étrangères à Hong Kong. C'est grâce à l'obligeance de ce dévoué missionnaire, qui a bien voulu nous confier le ms. pendant quelques heures, que nous pouvons en donner maintenant la description.

— *Manuscrit original du Dictionnaire de l'abbé* Delamarre.

Le manuscrit, qui est écrit en entier (caractères chinois compris) de la main du P. Delamarre, se compose de deux cahiers in-4 ayant pour couvertures du papier d'emballage sur lequel le P. Lemonnier a écrit : « Dictionnaire Français-Latin-Chinois par Monsieur Delamarre Mis. ap. des Missions Etrangères. Manuscrit. Changhây, 1 Mars 1873. E. L. »

Chaque page est divisée en deux colonnes contenant chacune une trentaine de mots. Chaque mot contient non seulement les équivalents chinois et latin, mais aussi les expressions proverbiales qui se rattachent à ce mot et les différentes acceptions dans lesquelles il est pris.

Prenons, par exemple, le mot *bourse* ; au-dessous est inscrit le latin *crumena*, puis viennent la prononciation chinoise avec les caractères chinois et une série d'exemples avec l'équivalent chinois (et non pas, comme dans Perny, une traduction littérale, fort souvent vide de sens), le latin et la prononciation chinoise ; ainsi :

Ami jusqu'à la bourse — la bourse ou la vie — délier les cordons de la bourse — coupeur de bourse — bourse de commerce...

Les pages du ms. ne sont pas numérotées : le premier cahier a 156 pages et comprend les mots A—Oraison ; le second cahier a 71 pages (plus qq. pages qui contiennent un index alphabétique de mots, de la main du P. Lemonnier) et comprend les mots Ouvrir (s') — Zodiaque.

Par suite de changements de mains, ce ms. est maculé et les bords des premiers feuillets du Cahier I sont légèrement endommagés. Le P. Delamarre n'a pas eu le temps de terminer l'insertion des caractères chinois, quoiqu'il donne partout la prononciation des mots. Le mot *cran* est le dernier dont les caractères chinois soient donnés. Il manque une feuille dans le premier cahier du ms., et cette feuille comprenait les mots entre : *Incivil* et *Inférieur — Oraison — Ne rien oublier*, c'est-à-dire environ trois cents mots ou expressions.

Copie de l'abbé Lemonnier.

Dans la crainte de perdre ce précieux ouvrage, le P. Lemonnier en a fait lui-même une copie. Cette copie comprend trois cahiers in-4 :

I, pages 1-222 : A—Agiter les *dés* pipés.

II, pages 223-526 : Débâcle—Occulte.

III, pages 527-768 : D'une manière *occulte*—Zoophytes.

Avec l'aide d'un Chinois, le P. Lemonnier a terminé l'insertion des caractères ; le P. Chicard, prêtre des Missions étrangères, très versé dans le dialecte mandarin, a comblé la lacune que nous avons signalée dans l'original et a ajouté les mots :

Zône
Zône torride — glaciale — tempérée
Zoologie
Zoophytes.

Le Dictionnaire du P. Delamarre est donc aujourd'hui complet et pourra être livré à l'impression dès que les fonds auront été souscrits (?).

Ce travail est immense et on pourra juger de son étendue par les chiffres suivants : chaque page de la copie est divisée en 4 colonnes : la première contient le mot ou l'expression français ; — la deuxième, le latin ; — la troisième, la prononciation des caractères chinois ; — la quatrième, les caractères chinois. Chaque page a 33 lignes ; chaque ligne contient au moins un mot ou une expression, et l'ouvrage comprend 25,000 expressions ou mots, au *minimum*.

— Le Père E. Lemonnier, de la Société des Missions étrangères, compile en ce moment, à l'aide du travail du Père Delamarre, et du grand ouvrage anglais de Webster, un dictionnaire de poche anglais-chinois qui comprendra le mot ou l'expression anglaise, la prononciation chinoise (mandarin), et les caractères chinois. Ce dictionnaire est arrivé aujourd'hui (avril 1876) au mot *Equivocal*. L'abbé Lemonnier est mort sans avoir, je crois, achevé son travail. — Voir col. 1135-6.

Paris : *P. d'*Incarville*, S. J.*

— Dictionnaire François-Chinois par le Père d'Incarville ecrit a Pekin 17 — et fini le 20 février 1752.

Ms. in-8 de la Bibliothèque nationale : N. F. Chinois 3596.

Le 1er f. de ce Ms. est blanc ; au recto du 2e f., on lit une note de la main du P. d'Incarville : « Quand j'ai commencé ce dictionnaire, je sçavois fort peu de chinois ainsi il y a au commencement plus de fautes qu'à la fin. J'ai entrepris depuis de le corriger, j'en ai fait une centaine de pages, si dans une dizaine d'années, en cas que je vive, je le recorrigeois, il seroit mieux. » — Au-dessous de cette note, il y en a une autre de Staunton : « e libris Msstis Georgii Thomae Staunton Armigeri 1798 ».

Au verso du 3e f., est écrit le titre tel que nous le donnons ci-dessus. Puis viennent 1362 pages chiffrées constituant le dictionnaire ; chaque page composée de 2 colonnes comprend dans la colonne de gauche le français avec la prononciation chinoise ; dans celle de droite, les caractères chinois ; pas de latin. On lit à la suite du dernier mot, au bas de la page 1362 : « Ad majorem Dei gloriam SSae que Virginis Mariae. Fini ce 20e feb. 1752 ». — A la suite de ces 1362 pages, quelques feuillets blancs suivis de la note suivante de Pauthier :

« *Nota.* On a fait plusieurs copies de ce Dictionnaire en Chine, sans l'attribuer au P. d'Incarville dont celui-ci est le Ms. original autographe. Le Rev. Morrison, l'auteur de plusieurs Dres, en avait une copie qui est conservée dans la Bibliothèque qui porte son nom à Hong-kong [Erreur ; le dict. en question est chinois-latin, et non pas français-chinois : voir *supra* col. 1627]. Le Rever. J. Summers, professeur de chinois au King's College de Londres, en possède aussi une copie faite sur celle de Morrison. J'en ai eu la preuve par un extrait qui m'a été envoyé de la partie chinoise seulement et qui correspond *mot pour mot* aux pages 618 à 627 de ce Ms. Original.

« Une autre *copie* se trouve aujourd'hui à la Bibliothèque impériale de Paris (Dépt des Mss.) cotée 1112, sous le nom de A. Smith : » Dictionnaire français-chinois. 2 vol. in-f°. La seule différence qui se trouve entre les deux Dictionnaires, c'est que, dans le dernier, le copiste a rectifié l'ordre alphabétique des mots français, et a ajouté au mot *cycle*, un tableau de concordance de 60 ans des cycles 74e et 75e (cycle actuel). Cette copie, faite au pinceau en Chine pour le chinois, sur papier anglais de Bristol, est fort belle. (Le 1er vol. comprend A—Incident ; le 2e de Inc. à Z.) « En marge de cette note, Pauthier a ajouté « Copié en 1856 à Canton où était Arthur Smith, qui en tête a écrit de sa main : *Index* des ouvrages consultés (pour la composition du Dre) : Klaproth, *Mémoires relatifs à l'Asie*, 3 vol. 8° = A. 1. 2. 3. Voir Ms. t. I, p. 247, au mot *Cycle*.

« Un [*sic*] autre *copie*, aussi fort belle, faite en Chine, en 3 ou 4 volumes in-4°, se trouve entre les mains d'un homme qui occupe aujourd'hui, à Paris, deux chaires de chinois, aux appointements de 7,500 frs. pour l'une, et 5,000 frs. pour l'autre, et que personne ne fréquente. S'il voulait seulement, dans sa seconde chaire, donner lecture de sa copie, en ne s'en attribuant pas la composition, il pourrait attirer à son cours quelques auditeurs. 12 7bre 1866. G. P.

« P. S. Un autre Dictionnaire français-chinois était en possession de l'abbé Delamarre, mort en Chine il y a un an... »

∴

« Personne jusqu'ici, à ma connaissance, n'avait encore signalé au public ce dictionnaire, resté manuscrit, du P. d'Incarville. Cependant plusieurs copies en ont été faites en Chine. Il en existe, à ma connaissance, encore une *copie* dans la Bibliothèque du Rév. Morrison, conservée à Hong-Kong; le Rév. J. Summers en possède une autre en Angleterre, en 3 vol. in-fol., faite sur celle du Rév. Morrison. Une 3e copie, qui est à la Bibliothèque nationale, a été faite à Canton, par un Chinois pour le texte chinois, et par M. Arthur Smith pour la partie française, à laquelle copie il a mis son propre nom. Enfin, une 4e copie, en 3 vol. in-4°, est entre les mains d'un professeur de chinois de Paris. » (Pauthier, Rapport sur le Dictionnaire de Perny, *Journal Asiatique*, 1871, I, Note, p. 357.)

Le Dict. du P. Delamarre, dont nous parlons plus haut, comprend aussi le latin; nous l'avons examiné et trouvé différent de celui du P. d'Incarville. Celui-ci est d'ailleurs fort bien fait; il renferme les mots *A-Zone*, et à chaque mot il donne de nombreux exemples, ainsi : *A*. A qui est cela; Je ne sais à qui c'est; Dis à mon valet de venir; Il n'est pas à la maison... *Zone* torride; les zones tempérées; zone glaciale.

Ce Dict. a appartenu successivement à Sir George Thomas Staunton (dont on trouve l'ex libris au verso de la couverture) qui l'avait probablement rapporté de Chine, et au libraire H.G. Bohn, Juin 1866; une note de Pauthier au verso du 2e ff. de la reliure dit : « Reçu par M. Xavier, libraire, le 22 juin 1866 : acheté en juin 1866. » Ce dict. portait le No 254 à la vente des livres de Pauthier (Déc. 1873) et il a été payé 295 francs, et No 495 de la Bibliothèque de Sir G. Staunton.

Cf. H. Cordier, *Fragm. Hist. Et. chinoises*, pp. 70/1; facsimile d'une page du Ms.

PARIS :

— Diccionario de lengva Mandarina Cuyo primer author fue el R. P. Fr. Francisco Diaz Religioso Dominico añadido despues por los RR. PP. desta Mission de sancto Domingo. Trasladado, emendadas algunas tonadas conforme alos Diccionarios chinicos, puestas algunas letras en las tonadas de otras conforme alos Diccionarios dichos, y añadidas mas tonadas y letras, todo segun los Diccionarios chinicos Por Fr. Antonio Diaz.

Ce dictionnaire, du format pet. in-4, porte le No. 2157, Fonds chinois, dép. des Ms., à la Bibliothèque nationale. Provient de la Bib. de Rémusat, Cat. No. 488, Fr. 82,50. — Voir Klaproth, *Verzeichniss*, pp. 131-6.

— *Dictionnaire espagnol anonyme.*

La Bibliothèque de l'Institut possède un petit dictionnaire manuscrit chinois-français-espagnol (pet. in-4) et une collection de caractères chinois arrangés par clefs (pet. in-4). Ces manuscrits ne sont pas encore (juillet 1876) catalogués; ils n'ont aucune importance.

— Diccionario de la lengua Chin cheo que contiene los vocablos tambien simples que compuestos, con los caracteres generales y peculiares a questo dialecto, segun l'orden de l'alfabeto español y las cinco tonadas chineses [*sic*]. (1609.)

Ms. in-4, pap. de Chine; 436 ff. écrits s. l. prél.; le titre est écrit d'une main différente de celle du texte; ce ms. *précieux*, suivant une note autographe de S. Julien du 12 fév. 1862, a été acheté par ce sinologue à la vente d'A. Rémusat pour Fr. 575; il porte le No. 1680 dans le catalogue des livres de ce dernier. Il faisait autrefois partie de la collection de M. le Marquis d'Hervey-Saint-Denys. (No. 168.)

— Vocabulario *Hài xing phin tsu tsiēn* Puesto en Abecedario por F. Antonio Diaz. Començose el borron año de 1702, en la Yglesia de Funing-cheu, prov. de Fu-kien. Pusose en limpio año de 1704, in-fol., cuir de Russie, fil., dent., orn. à froid, tr. dor.

Beau manuscrit sur papier de Chine, 358 feuillets. — Cat. Rémusat, No. 487, Fr. 100. — Voir *infra* col. 1632.

— RAUX. — Dans un Mémoire présenté au Ministre de l'Intérieur le 23 mai 1822, par M. Boujard, Vicaire général de la Congrégation de la Mission, on lit : « M. Raux avait composé un dictionnaire tartare-mantchou en deux parties : la première a été saisie pendant la révolution française par les Anglais et déposée à la bibliothèque du Roi à Londres; la seconde partie est parvenue à Paris où elle a été remise à M. Rémuzat (*sic*), professeur royal de langue chinoise. » (*Mémoires Cong. Mission*, VIII, 1866, p. 419.)

— Vocabularium latino-sinicum, ad usum missionariorum Societatis Jesu. In-4, cartonné.

Manuscrit précieux de 414 [pour 314; après la p. 300, on a par erreur chiffré 401, etc.] feuillets sur papier de Chine, et de la main du P. de Prémare. Il ne va que jusqu'au milieu de la lettre D. — Cat. Rémusat (489), Fr. 20.50. — Ce Ms. appartient aujourd'hui à la Cie. de Jésus, voir col. 1052.

— * Lexicon sinico-latinum, in quo characteres et vocabula secundum ordinem alphabeticum componuntur. In-fol. de 845 pages, v. rac. fil.

« Ce Dictionnaire, copié par un Européen, d'après un original écrit en Chine, contient beaucoup d'additions de la main de M. Rémusat, qui a lui-même écrit le titre que nous avons transcrit. »

Rémusat (490), Fr. 185.

— Dictionnaire chinois. Contenant les caractères les plus usités, leur prononciation, leur ton et leur signification en français, augmenté de deux tables, l'une des caractères chinois seulement disposés suivant leurs clefs, et l'autre des vocables ou mots avec leur renvoi au Dictionnaire. In-4 de pp. 276 numérotées, suivies de qq. ff. blancs, d. veau ant.

Ms. d'Abel Rémusat qui ne figure pas dans le Cat. de ses livres mais qui était marqué au No. 381 du *Catalogue de livres orientaux... provenant de MM. T., de Londres, et P., de San Francisco* vendus à Paris, par E. Leroux, 1878. C'est chez cet éditeur que nous avons pu examiner l'ouvrage. Rémusat dit dans son introduction :

« J'ai donc disposé les 1,500 caractères environ, dont je donne l'explication en 20 classes, suivant le nombre des traits qui les composent. Dans la 20e j'ai mis tous ceux qui ont 20 traits ou plus. Leur nombre n'est pas très-considérable.

« Chacune de ces classes étant encore très-nombreuses, je les ai partagé [*sic*] en 5 sections toujours uniformes. Dans la 1re j'ai mis les caractères primitifs ou clefs, écrites en rouge, pour qu'on les retienne plus facilement. La 2e comprend les caractères qu'une ligne horizontale peut partager naturellement en 2 parties presque égales. La 3e réunit ceux qui seraient divisés de même mais perpendiculairement. Dans la 4e sont placés ceux qui contiennent une partie recouverte ou enveloppée par une autre. La 5e enfin comme supplémentaire comprend ceux qui n'ont pu entrer dans aucune des sections précédentes.

« Cette division est artificielle et sans exemple, je l'avoue, mais je la trouve aussi simple et aussi élémentaire qu'il soit possible. »

On lit au bas de la p. 276 : « Fini le 27 Décembre 1808. A. J. P. Rémusat. »

Ce Dict. chinois d'Abel Rémusat se trouve maintenant dans la Bib. du Musée Guimet, à Paris.

LONDRES :

— *Dictionnaire latin-chinois.*

Ms. in-folio, sur papier de Chine de 934 pages chiffrées; appartient à la Bibliothèque de l'East-India Office et vient (27 Août

1818) de la Bib. de l'East-India Company ; contient le mot latin dans une colonne avec les caractères chinois et l'explication en chinois (sans la prononciation) qui lui correspondent, dans une autre colonne.

— *Dictionnaire chinois-latin.*

Ms. in-folio sur papier de Chine de 524 pages chiffrées; suivi d'une table de radicaux, etc., de 145 pages; même époque, même main que le précédent. — Appartient également à la Bib. de l'East-India Office.

— *A Dictionary Chinese and English carefully compiled from many others. Translated from the Latin Macao Dictionary. In III Volumes,* 1807, *M. Raper transcripsit.*

Ms. de la Bib. Royal Asiatic Society. — Cf. *Revue de l'Ext. Orient*, I, No. 4, 1882, p. 627.

4 vol. in-folio, reliés en cuir de Russie; ce sont ces quatre vol. in-folio, manuscrit, qui figurent dans la liste de la *Bibliotheca sinologica* comme publiés à Londres en 1807. MM. von Möllendorff reproduisent ce renseignement inexact. Voici la description de ces volumes :

I. Recto f. 1 : « Presented by M. Raper Esq. June 19, 1824. »

Recto f. 2 : 3 December 1823. « Wimpole Street. Mr Raper requests the Asiatic Society to do him the honor to accept a Chinese and English Dictionary copied by himself in three volumes to which he has added a fourth containing alphabetically arranged with references to the number of the page and division in which each is to be found in the two preceeding volumes. »

Recto f. 4 : Titre *ut supra.*

Recto f. 6 : Table des matières des trois volumes ; la voici :

VOLUME I

Preface	Page 1 to 16
Combination of the character *Tà*	I to IX
Characters of opposite significations	1 to 34
List of Family Names	1 to 4
Radical Characters	I to VI
Characters arranged	1 to 112
Appropriate Particles	1 to 6
Numeral Characters from one to 100 millions of millions	end

VOLUME II

Characters with their explanation *Ça* to *Kiao*	1 to 592

VOLUME III

Characters with their explanation *Kiao* to *Xun*	593 to 1191

— *Dictionnaire chinois-latin.*

Ms. de la Bib. Royal Asiatic Society. — Cf. *Revue de l'Ext. Orient*, I, No. 4, 1882, p. 627.

2 vol. in-4 ; papier de Chine ; reliés en veau : encadrement rouge ; par clefs. — On lit sur le titre du volume I : « This is the work (c'est une erreur) and the property of Mr Manning who is gone through Boutan to endeavour to penetrate into China. »

Voir TIBET.

— *Dictionnaire chinois-latin.*

Ms. de la Bib. Royal Asiatic Society. — Cf. *Revue de l'Ext. Orient*, I, No. 4, 1882, p. 627.

2 vol. in-4 ; papier de Chine ; encadrement rouge ; par clefs. On lit le nom de *Saml Ball* sur la première page du vol. I. — Texte semblable à celui du dictionnaire précédent ; légères différences ; même scribe.

— *Vocabulaire.*

Ms. de la Bib. Royal Asiatic Society. — Cf. *Revue de l'Ext. Orient*, I, No. 4, 1882, p. 627.

In-folio ; papier de Chine. — Contient, rangés sur quatre colonnes : *Caractères chinois. — Jargon de Canton. — Langue chinoise. — Mots français*

Presented by Sir G. T. Staunton, Feb. 1824.

— *Dictionnaire latin-chinois.*

Ms. de la Bib. Royal Asiatic Society. — Cf. *Revue de l'Ext. Orient*, I, No. 4, 1882, p. 626.

In-4, pp. 600 ; ordre alphabétique. — On lit la note suivante écrite au crayon au verso de la couverture extérieure : « This Dictionary was written at Pekin, and finished in July 1745. Given to me at Canton in January 1812 by Padre Adeodato, late Missionary at Pekin. GEO. THO. STAUNTON. »

On a ajouté au crayon : « Presented by Sir Geo. Tho. Staunton, February 1824. »

— *Dictionnaire latin-chinois.*

Ms. de la Bib. Royal Asiatic Society. — Cf. *Revue de l'Ext. Orient*, I, No. 4, 1882, p. 626.

In-folio ; ordre alphabétique ; incomplet du commencement ; commence à *Libere.*

Presented by Sir G. T. Staunton, Feb. 7, 1824.

— *Dictionnaire.*

Ms. de la Bib. Royal Asiatic Society. — Cf. *Revue de l'Ext. Orient*, I, No. 4, 1882, p. 626.

In-folio ; c'est moins un dictionnaire qu'un arrangement artificiel des caractères chinois qui sont imprimés et placés suivant leur ressemblance sur trois colonnes par page ; on a ajouté en manuscrit à la première page et en partie à la seconde page la prononciation chinoise et l'explication en anglais ; à la plupart des autres pages les caractères sont simplement collés ; pp. 919 chif., mais 908 seulement ont des caractères (environ 45 par page) ; on lit p. 908 : « Friday 7th June 1844. NORRIS ? » Ce volume me rappelle les gigantesques in-folio de la bibliothèque royale de Berlin, voir col. 1634, tout aussi inutile d'ailleurs.

— *Vocabulaire et grammaire Chin-Cheu.*

British Museum, *Add.* 25317. — Cf. *Revue de l'Extrême-Orient*, I, No. 1, 1882, p. 118.

Ms. espagnol pet. in-8, de 337 ff. — Acheté de B. Quaritch le 11 juillet 1863 ; provient de la vente Van Alstein, n° 2684. — A appartenu à H. J. Klaproth (n° 200, fr. 80). — Dialecte du Fou-Kien. — Voir un « Diccionario de la lengua Chincheo » dans notre *Bib. Sinica*, col. 1629.

Contient :

1. Boca Bulario de lengua sangleya por las letraz de El A. B. C. (Langue chinoise parlée aux Philippines.)
2. F. 225. Lo que deue saver el ministro para administrar los Sacramentos.
3. F. 313 *v.* Arte de la lengua chio-chiu (Fou-kien).

— *Hài xing phin tsu tsiēn. Puesto en Abecedario. Por F. Antonio Diaz. Començose el borron año de* 1702 *a* 25. *de Noviembre en la Yglesia de Fūning cheū prou^a. de Fukien. Pusose en limpio a* 28 *de Julio de* 1704 *en la misma Yglesia.*

British Museum, *Add.* 19257 (218-10). — Cf. *Revue de l'Ext. Orient*, I, No. 3, 1882, p. 482.

In-fol., papier chinois ; 359 ff., les 2 premiers ff. (f. 1 et recto f. 2) contiennent le *Preludio, Motivos que hano para ordenar este Diccionario, Explicacion de las cinco tonadas o voces de la lengua mandarina*, etc. — Le f. ? comprend *Tonadas de la lengua mandarina que algun curio o pondra en letra* ; le vocabulaire vient ensuite et prend 358 ff. c. (les ff. 220 et 347 manquent).

Cuir de Russie ; filet ; orn. à froid ; reliure de Duplanil. — A été acheté 100 fr. à la vente d'Abel Rémusat, n° 487. Cf. *Bib. Sinica*, col. 1629/30. — A porté le n° 554 à la vente Kingsborough. — A été acheté par le British Museum de Mr. Henry Stevens, le 11 déc. 1852.

— *Dictionnaire chinois.*

British Museum, *Add.* 19258 (218-11). — Cf. *Revue de l'Ext. Orient*, I, No. 3, 1882, p. 482.

In-fol. ; papier de Chine ; ?30 ff. doubles c. ; 2 ff. prél. ; et 9 ff. à la fin ; chinois-latin.

A porté le n° 555 à la vente Kingsborough. — A été acheté par le British Museum de Mr. Henry Stevens, le 11 déc. 1852.

— Vocabulario de la lengua mandarina con el estilo y vocablos conque se habla sin elegancia : compuesto por el P^e Fr. Fra^co Varo ord. Pred. ministro en China consumado en esta lengua.

Ms. in-4 à 2 col. Au-dessous du titre une main différente a

écrit : « A uso de Fr. Thomas Hoxtiz año de 1695. » Brit. Mus., Sloane Collection, maintenant dans le Fonds chinois. — Voir col. 1635.

GLASGOW :

The Hunterian Museum.

— Glossarium Sinicum collectore T. S. B.[ayer] Lexicon inceptum Anno 1713 undecimo ante Cal. Junii ἐκ διὸς αρχώμεθα, pp. 1/171.

— Petri Danetii Lexicon Latinum, Sinice conversum, in usum Gymnasii Pekinensis, a R. P. Dominico Parrenino, S. J. missionario Pekinensis, et Bayero dedicatum.

Le P. Parrenin avait, comme le P. Hervieu, composé un dictionnaire latin-chinois ; comme lui aussi il avait pris le dictionnaire de Danet pour modèle. Resté manuscrit, il en existe un exemplaire provenant de Bayer au *Hunterian Museum* de l'Université de Glasgow ; en voici la collation (V. 2. 12.). Sur la couverture : *Ex libris Theophili Sigefridi Bayeri. Donum R. P. Dominici Parrenin S. J. qui ita ut est compactum Pequino ad me transmisit A. C.* 1734. Suivent sur une feuille volante les notes de Bayer :

Ex Epistola R. P. Dominici PARRENINI, S. J. *data ad m* Pequino prid. Kal. Sept. 1732.

Imperator a quatuor annis hic erexit Gymnasium cui me praeesse voluit ad docendam linguam Latinam quosdam adolescentes e suis subditis Tartaris Sinisque eo haud dubie fine ut semper habeat ad manum paratos interpretes, qui possint epistolas e Russia huc missas interpretari responsaque Tartarice data Latine transferre, quo quidem officio multis abhinc annis non levi incommodo defungor. Ut autem nostri discipuli id facilius praestare valeant, conficio Lexicon Latinum et Sinicum : amplum quantum satis est ad intentum finem, omittendo ea quae apud Petrum Danetium Academiae Parisinae inutilia forent in Sinis. Hoc Lexicon optabat vehementer secum deferre Dnus Letnge (Laurentium Langium sic vocat) : sed cum nondum perfectum sit, non hac vice reducet Dnum Lucam Ruthenum, qui Latine scit, hicque relictus fuerat ab Excmo Dno Comite Sava, ut Sinicam linguam disceret, simul cum aliquibus aliis adolescentibus quorum duo redibunt in Russiam cum Dno Lange, etc. Lucas vero hic subsistet ut transcribat meum Dictionarium scilicet id quod Latinè scriptum est, quod vero Sinice illud curabit transcribi a Sinis : quando autem pervenerit ad manus tuas spero non tibi omnino inutile futurum. Faxit Deus ut pluribus prosit.

Ex Eiusdem Epistola Pequino 30 jul. 1734 *ad me data.*

Jam ad duobus annis, i. e. post decessum Dni Letnge, Dnus Lucas Voieikoff Ruthenus in se sumpserat onus transcribendi meum Lexicon Latino-Sinicum ; servavit apud se duos primos codices 4 mensibus : sed re infecta, morbo correptus supremum diem clausit. Hoc vero anno 2a luna Ant. Plickoff, Archimandrita qui Latine scit utcumque, petiit a me codices ut transcriberet addendo linguam Russicam transmitteretque Moscuam, idque se in mandatis habere asseruit. Sed usque nunc nec medietatem perfecit ; si repetiero ut ad te mittam per Cursorem grave feret : si autem hac occasione non misero, nimis tarde ad manus tuas perveniret. Itaque accipiam illud quod sibi transcripsit P. Challier [1] ad usum suum, quia a paucis annis huc pervenit, et quando Archimandrita mihi reddiderit meum, dabo illud P. Challier. Sicque non diutius exspectabis Lexicon et ne forte Cursor recuset deferre omnia inscribam Exmo Comiti Ostermanno Procancellario, etc. Speroque fore ut tantus vir non grave ferat, cum id unice ad cautelam faciam.

De vita Petri Danetii *vide Acta Eruditorum*, A. 1734, p. 331.

Sur le feuillet 2, se trouve le titre de la main de Bayer : PETRI DANETII ‖ *Lexicon Lati-* ‖ *num* ‖ Sinice conversum ‖ in usum Gymnasii Peki- ‖ nensis ‖ a R. P. Dominico PARRENINO ‖ S. J. Missionario Pekinensi. — Sur le feuillet 3, de la main de Parrenin : Illustrissimo Dno ‖ Dno Theophilo Sigefrido BAYER ‖ Petropol. Academiae Socio, Graecarum ‖ Romanarumque antiquitatum ‖ Professori publi. &c. ‖ hoc opusculum offert ‖ Dominicus PARRENNI Soc. J. ‖ Missionarius in Sinis. Ce manuscrit se compose de pp. 1-877 à 2 colonnes + 17 pp. blanches.

Outre ce dictionnaire latin, Parrenin avait composé un lexique chinois-latin resté également manuscrit et dont un exemplaire se trouve aussi au *Hunterian Museum* (U. 2. 15.). Sur la première feuille volante : Dominici PARRENINI S. J. *Lexicon Sinico-Latinum* ; sur la deuxième feuille volante, de l'écriture de Bayer :

In principio haec scripta erant.

Pour

Monseigneur le Comte Sava Vladislaviche,[1] embassadeur plénipotentiaire de l'Empr de Russie à la Cour de Pékim, par son très-humble et très-obéissant serviteur, Dominique PARRENIN, Jésuitte, Missionnaire à la Chine.

A la page suivante, d'une autre main :

AVERTISSEMENT.

Il faut remarquer que les Caractères Chinois, sous lesquels il n'y en a point d'européens, doivent se lire comme celui qui les précède. Par exemple, le premier caractère de ce livre est *ça* et ceux qui suivent doivent aussi être lus *ça*, jusqu'à celuy qui est écrit *çam*, et de même de tout le reste du livre.[2]

T. S. Bayer.

Regiomontanus ex autographo descripsi.

P. 1 du texte : *Incepi 12 Aug. s. v. 1781* et page 562 : *Finivi 23 Sept. 1781.*

Cf. H. Cordier, *Fragm. Hist. Et. chinoises*, pp. 64/6.

BERLIN :

— Vocabulario de letra China con la explicacion castellana hecho con gran propriedad y abvndancia de palabras por el Padre F. Francisco Diaz de la orden de Predicadores ministro incansable en esto Reyno de China.

Voir la description de ce Ms. dans l'article suivant de La Croze et dans le *Verzeichniss* de Klaproth, p. 129 :

— M. V. la Croze, De Libris Sinensibus Bibliothecae Regiae Berolinensis : ubi praecipue de insigni Lexico Sinico-Hispanico R. P. Francisci Diaz, Ordinis Fratrum Praedicatorum. (*Miscellanea Berolinensia*, Berolini, 1710, I, in-4, pp. 84-88.)

Nous l'avons nous-même examiné à la Bibliothèque de Berlin : C'est un in-fol. de 598 pages chiffrées ; on lit à la fin du vocab. page 598 : « Todas as Letras son 7169 ». Il est sur papier européen et d'une belle écriture mais une note au recto du f. prél. dit : « La ortografia castellana de este diccionario es defectuosa. El copista era ò un escolar ordinario, ò fraile, ò hombre del vulgo... » Suit une série de fautes commises par le copiste.

— *Lexicon sinicum.*

Mentzel a laissé un travail qui, par ses proportions et son inachèvement, rappelle les entreprises mort-nées de Fourmont. Il se compose de neuf volumes in-fol. reliés en veau plein. Chaque vol. possède le titre suivant imprimé : Chinensium Lexici characteristici, inscripti *çù guéi* h. e. De Literarum generibus & speciebus, Sive literis radicalibus, & earum compositis : primò Characteristicè, Sinicè & Latinè verbotenus explicati, & novis Lexici chim, çu, tum, & aliis necessariis literis plurimis aucti & correcti Volumen VI. Continens [ici à la main le contenu du vol. ; pour le vol. en question par exemple : *Hoa cie, h. e. Formationes literarum ex lineis VII.*] opus Manu-factum & — SS. a Christiano Mentzelio, D.

---

1. Valentin Chalier, † à Pe-king, 12 avril 1747.

1. Le comte Sava Vladislavitch, signataire du traité avec la Chine du 20 août 1727.

2. Haenel (*Cat. Lib. Ms.*, Lipsiae, MDCCCXXX, col. 792-794) cite les ms. suivants :

Glossarium Sinicum.

Petri Davetii [*sic*] Lexicon Sinicum, Sinice conversum in usum Gymnasii Pekinensis a domino Parrenini, missionario in Sinis, et Bayero dedicatum.

Parenini lexicon sinico-latinum ; in-fol.

Grammatica-sinica, Auct. G. S. Bayero ; in-12.

Descriptio Idoli Tangutani auct. Bayer.

De Musica Sinica auctore tertio filio principe imperatoris Cam Hi, etc.

Dans l'intérieur un squelette de dictionnaire.

Le Musée Guimet, à Paris, possède un autre squelette de dict. in-folio dans le genre de ceux de Berlin dont presque toutes les pages sont blanches. — Voir col. 1632.

— *Clavis sinica.*

Autre travail Ms. de Mentzel; également in-fol. relié en veau plein. Le titre et la préf. seuls sont imprimés : Clavis Sinica, ad Chinensium scripturam et pronunciationem mandarinicam, Centum & vigenti quatuor Tabulis accuratè Scriptis praesentata, Qua Aperitur modus evolvendi eorum LEXICA vasta merè Characteristica, praesertim *çù goèi* dicta, fabrefacta à Christiano Mentzelio, D. Sereniss. & Potentiss. Elector. Brandenburgici Consil. & Archiatro Seniore. Berolini, Ex officina Salfeldiana. CIↃ.IↃC.IIC. [La date écrite à la main.]

Ouvrage terminé; composé du titre et de la préf. [2 ff. imprimés], et de 124 tables ms.

—Vocabularium Characteristico Sinico-Latinum ad Chrestomathiam Sinicam quem Gramaticae meae Sinicae subjunxi Heinricus Julius Klaproth. [1800.]

Enorme in-fol. relié en vélin plein; se compose de ce titre ms. de Klaproth et de feuilles de papier n'ayant en tête qu'un radical; le reste de la feuille restant immaculé; les dernières ff. sont absolument blanches. Ce Ms. et ceux de Mentzel que nous venons de décrire n'offrent absolument aucun intérêt.

— Vocabulario de la lengua Mandarina con el estilo y vocablos conq. se habla sin elegancia, compuesto por el Pe. fr. Franco. Varo ord. Pred. ministro de China consumado en esta lengua escriuese guardando el orden del A.B.c.do.

Ms. de la Bib. royale de Berlin; petit in-4 sur papier de Chine; 114 ff. simples non chiffrés.

Voir *supra*, col. 1632-3.

— Breue Compendio del Vocabrio. de cõpuestos en lengua Mandna.

Ms. de la Bib. royale de Berlin; pet. in-8 sur papier de Chine.

— Bocabulario de lengua Mandarina.

Ms. de la Bib. roy. de Berlin; petit in-4 sur papier de Chine; 138 ff. simples non chiffrés : au verso du f. prél. une préface au lecteur par l'auteur qui signe : « Fr. Juan de Jesus Maria alias de Albarete Mission. indign. Ordin. Min. » A la fin du Voc. on lit : Finis. Hoc scripsit Fr. Juan de Jesus Maria aliàs de Albaret. Mission. Ordin. Min. Le Voc. est suivi de 4 ff. de phrases.

Voc. plus étendu que celui de Varo dont le P. de Albaret a intercalé le travail presque en entier dans le sien.

— Dialogues chinois-espagnols.

Ms. de la Bib. royale de Berlin; petit in-4 sur papier de Chine; 17 ff. simples non chiffrés; même écriture que le Ms. précédent.

Stockholm :

La bibliothèque royale de Stockholm renferme six dictionnaires manuscrits dont nous devons l'indication à l'obligeance de M. August Strindberg, attaché à cet établissement :

1° *Dictionnaire Chinois-Latin* (avec qq. ind. françaises).

Tonique. — Sans registre ni clefs. — In-fol. de pp. 1854. — 18,540 caractères; relié en cuir; ff. à la chinoise. — Du XVIIIe S. — Un morceau de papier placé entre les pages contient ces fragments de mots : « Du... Superieur Compagnie »; probablement « Du Gad, Supérieur de la Compagnie de Jésus ».

2° *Dictionnaire Chinois-Portugais* (et Latin).

Tonique. — Sans registre ni clefs. — In-fol. — Pp. 880; 7,000 caractères. — Relié en cuir; ff. à l'européenne. — Main chinoise fort belle.

3° *Dictionnaire Latin-Chinois.*

Deux vol. gr. in-4; pap. chine; ff. à l'européenne; relié en bois et cuir. Le 1er volume contient 936 pages; le 2e presque autant; chacune a dix mots ou phrases; sur la première page de chaque vol. on lit : « Autheur de ce Dictionnaire le R. P. Julien Placide Hervieu, traduit du latin de Danet ».

Le premier mot est : « *A. Ab.*, prop. régir abl. » Le texte latin est traduit en français par une main différente jusqu'à *Antiquitas*.

« Le P. de Prémare avait collaboré d'une façon active à un dictionnaire latin-chinois entrepris par le P. Hervieu, dont le manuscrit est resté inédit. Le P. Hervieu avait été un homme considérable dans la mission de Chine; deux fois, en 1719 et en 1740, il avait été Supérieur; il avait vécu quarante-cinq ans dans le pays; cela n'empêche pas Fourmont de critiquer son savoir, aussi le P. Foureau répond-il :

« Ce qu'il remarque [Fourmont] au sujet du Dictionnaire latin-chinois auquel le P. de Prémare a travaillé avec le P. Hervieu, et dans lequel ils ont mis en chinois presque tout ce qui se trouve dans Danet, n'est pas assez réfléchi; — il regarde ce Dictionnaire comme inutile, ou du moins incommode, parce qu'on n'y joint pas aux mots chinois leur prononciation; — mais ce Dictionnaire aiant été fait pour apprendre le latin aux Chinois qui sont déjà versés dans la connoissance de leurs caractères, et qui se disposent à devenir Missionnaires dans leur patrie, il n'étoit pas necessaire de mettre à côté de ces caractères leurs prononciations et leurs tons. M. F. n'ignore pas sans doute que les caractères renferment, pour ceux qui les connoissent bien, et leurs prononciations et leurs tons. Sans cela comment liroient-ils leurs livres où les caractères sont nuds, et sans aucun eclaircissement latéral — il faudrait donc aussi dire de ces livres : *quàm incommodum, quòd et pronunciationes et toni ubique divinandi.* Si M. Fourmont avoit vû le Dictionnaire latin-chinois que le P. Parennin a composé à Peking, et que j'ai entre les mains, il n'auroit pas manqué d'en parler de meme que celui des PP. Hervieu et de Prémare, pour les memes raisons. » Bib. Nationale, ms. fr. 12215, p. 9. — On possède divers exemplaires du dictionnaire latin-chinois du P. Hervieu; l'un est conservé dans la bibliothèque royale de Stockholm; *vide supra*. — H. Cordier, *Frag. Hist. Et. Chinoises*, pp. 23/4. — *Ibid.*, p. 55.

4° *Dictionnaire Chinois-Latin.*

Paraît être celui du P. Basile.

5° *Dictionnaire Chinois-Latin* (Portugais).

Tonique avec registre après les clefs. — Gr. in-4, relié en cuir.

6° *Dictionnaire Chinois-Latin.*

Tonique. — Registre tonique en caractères européens. — In-fol. de 425 pages; 5,000 caractères; relié en cuir.

— *Dictionnaire Latin-Chinois.* Par Johan Eric Ringström. In-4, pp. 84, 800 mots.

Ms. inédit. J. E. Ringström, Sinologue, Attaché à la Bibliothèque Royale de Suède. Étudiait à Paris sous le célèbre De Guignes. — Cf. *Kina*, par A. Strindberg, pp. 28/29.

New York :

— *Dictionarium Latino Sinicum.*

Ms. in-4, pp. 1210 à 2 col.; la première col. contient seulement le latin, la seconde seulement les caractères chinois. La première col. p. 1 commence : — Dictionarium ‖ Latino Sinicum ‖ A, vel ab, vel abs, ‖ est proepositio, reg. abl. ‖ Relié en maroquin vert; sur le dos : Dictionarium ‖ Latino ‖ Sinicum ‖

Sur la première page blanche au commencement sont collées les trois notes manuscrites suivantes :

« Je soussigné déclare d'avoir reçu de la part de Mr. le Docteur Montucci la somme de cinquante écus courant de Prusse, en payement pour un Dictionnaire Latin Chinois in quarto que je lui ai vendu et livré.

Fait à Berlin ce 21 d'Avril 1811.

J. H. v. KLAPROTH.

« Après avoir payé la somme ci-dessus pour un exemplaire pitoyable de cet ouvrage, voici un Document du troc qui eut lieu six semaines après.

Antonio MONTUCCI. »

« Je sousigné atteste d'avoir reçu de Mr. le Docteur Antonio Montucci la somme de vingt cinq Fréderic d'or, pour laquelle je lui ai cédé mes exemplaires des ouvrages mentionnées au dessous, contre les siens

Le Dictionnaire Chim-çu-tum relié en quatre volumes gr. 8°

Un Dictionnaire Latin Chinois in Quarto

Le Dictionnaire Chinois Latin de la Mission Française à Peking, petit in folio. (Ce dernier n'a pas été troqué, mais bien acheté A. MONTUCCI, pour les 25. Fred. d'or ci-dessus, dont on compte 20 pour ceci.)

«Je mengage en même temps de lui copier les feuilles qui manquent dans le Chim-çu-tum et dans son Kam-hi. En outre j'ai reçu neuf volumes Chinois qu'il m'a cédé pour ce même troc.

Fait à Berlin le 3 du Juin 1811.

J. H. v. KLAPROTH.»

Sur papier jaune :

«Voyez sur-tout la Quittance générale, signée par M. de Klaproth, et qui est insérée au commencement d'un Manuscrit in-folio avec cette intitulation au dos.

Index Lexico Sinico sub Kang-hi edito cum Miscellaneis.

Antonio MONTUCCI.»

Sur la page blanche suivante les deux notes ci-dessous sont écrites l'une à côté de l'autre :

Ce dictionnaire est vraisemblablement la traduction Chinoise du Danetius faite en 1728 par les R. R. P. P. Jesuites Hervieu et Premare. — Conf. Fourmont. *Gram. Sinic.* Praef. pag. xl. et pag. 512. Et le dictionnaire Latino-Sinico-Mantchou dont M. Langlès a donné une notice est une nouvelle revision du même ouvrage *à laquelle on a ajouté le mantchou.*

Questo volume ha appartenuto al Cardinale Mezzofanti. — D. C. Gudon.

Ce Ms. doit avoir été fait entre les années 1730, 1731, ainsi qu'on peut conjecturer par les phrases Latines Chinoises sur les pp. 210. & 784.

à Berlin ce 20. Juin 1811.

Antonio MONTUCCI.

Au-dessous de ces deux notes se trouve cet extrait du Catalogue III. — Février 1904, de E. Guilmoto, Editeur, successeur de J. Maisonneuve :

2820. *Dictionarium Latino-Sinicum* (par les P. P. Hervieu et Prémare, Soc. Jés.) *Macao*, 1728, in-4, rel. en maroq. vert, 100 frs.

1210 pp. à 2 col. xylographié sur papier de Chine. — *Très rare.*

Impression faite par les Européens en Chine au siècle dernier.

Cet exemplaire a appartenu à l'orientaliste Klaproth qui en a été le premier possesseur. Une note manuscrite de sa main. Ce Dictionnaire est vraisemblablement la traduction chinoise du Danetius faite en 1728 par les R. R. P. P. Jésuites Hervieu et Prémare. — Conf. Fourmont. *Gram. Sinic.* Préf. page XI et page 512.

«N'ayant point trouvé dans la Mission de Dictionnaire Latin-Chinois, nous en avons fait un, le P. *Hervieu* et moi. Nous avons mis en chinois presque tout ce que nous avons trouvé dans Danet : cela fait un grand in-4, par conséquent difficile à copier, et je n'oserais pas garantir qu'il n'y eût aucune faute. *Prémare de Macao*, le 5 octobre 1733.»

Sur ces deux pages blanches, et au commencement et à la fin de l'ouvrage ainsi que dans plusieurs autres endroits, on a imprimé à l'encre noire le petit cachet oval renfermant les armoiries entourées de l'inscription : — EX LIBRIS A. MONTUCCI. Sti. & Philol. SENENSIS. 1813.

Cf. le Dict. du P. Hervieu, conservé à Stockholm, col. 1636.

Ce Ms. appartient aujourd'hui (1905) à M. Wilberforce EAMES, Lenox Librarian, qui a eu la gracieuseté de relever ces particularités pour moi.

NOTES SUR DIVERS DICTIONNAIRES.

— «The 佩文韻府 *Pei wan yun foo*, which was compiled under the special superintendence of the emperor, and published in 1711, is probably the most extensive work of a lexicographical character ever published. It is arranged according to the usual system of 106 finals distributed among the 5 tones. It is usually bound in 110 thick volumes.» (A. Wylie, *Notes on Chinese Lit.*, p. 11.)

— On en trouvera un court compte-rendu dans the *Indo-Chinese Gleaner*, 1820, p. 339, par le Dr. Milne. (*Bib. Sinica*, No. IX.)

— *Chouo wen.* — *Shwoh Wan Kiai-tsz', Sü shi Hi-chuen, Sz'-shih kiuen*; or the Etymologicon [of Hü Shin] with a Supplementary Commentary by Sü, in forty

sections. By Philo. [E. C. Bridgman.] (*Chin. Rep.*, XIX, pp. 169/185.)

DIEGO COLLADO. — Dictionarium linguae sinensis cum explicatione latina et hispanica. Romae, 1632, in-4.

Cette indication d'un ouvrage qui n'existe pas est un des nombreux exemples de la facilité avec laquelle une erreur commise par un bibliographe est reproduite sans contrôle par ses successeurs. Le P. Collado, et non Colladi, comme quelques-uns l'appellent, de l'ordre de St. Dominique, n'est pas un missionnaire à la Chine, mais bien au Japon, et il a publié un dict. de la langue de ce pays. Quétif et Echard commettent, grâce à Allatius, l'erreur comme les autres bibliographes, tout en indiquant aussi le dict. japonais; au surplus, voici les ouvrages qu'ils mentionnent au nom du P. Collado (*Scriptores Ord. Praed.*, II, p. 498) :

«1. *Ars Grammatica Japonicae linguae*, Romae, Propag. 1631 & iterum 1632, in-4, pp. 75.

2. *Dictionarium sive thesauri linguae Japonicae Compendium*, Ibidem, 1632, in-4, pp. 355.

6. *Dictionarium linguae Sinensis cum explicatione Latina & Hispanica charactere Sinensi & Latino*, Romae, Propag. 1632, in-4 : sic Allatius.»

Pinelo, I, col. 147, fait de même : «FR. DIEGO COLLADO, al Misionero Chino, explicado en Chino, i Latin, con Letra correspondiente à ambos Idiomas. *Dicionario* de la Lengua China, con sus Letras, i Explicacion Latina, i Española, en 4.»

Abel-Rémusat, plus sage, écrit (*Mél. As.*, II, p. 65) :

«Le P. Collado, auteur de plusieurs bons livres sur la langue japonaise, est indiqué par *Leo Allatius* comme étant l'auteur d'un *Dictionnaire de la langue chinoise, avec une explication latine et espagnole en caractères chinois et latins*, imprimé à Rome, 1632, in-4. Cette indication est bien certainement fausse, quant à l'impression de l'ouvrage; mais il n'est pas impossible que Collado ait effectivement rédigé un dictionnaire chinois, et l'ait envoyé à la *Propagande* pour y être imprimé. Cependant il me paraît encore plus naturel de supposer qu'Allatius aura pris pour un dictionnaire chinois, le dictionnaire japonais qui parut effectivement cette année 1632, ma[is] sans caractères chinois. Il y a eu une méprise du même genre au sujet d'un dictionnaire en trois volumes, où les caractères étaient ramenés à l'ordre des élémens de notre écriture, et que le P. Trigault avait, dit-on, *fait imprimer* à la Chine, *excusum in Sinis.* On ajoute que l'auteur avait l'intention d'en faire paraître une seconde édition augmentée de quelques volumes, *aliquot voluminum decadibus.* Mais l'ouvrage en question n'est autre chose qu'un syllabaire latin-chinois en trois parties, que ce missionnaire a fait graver à la manière chinoise sous le titre de *Si jou eul mou tseu*, et dont on possède plusieurs exemplaires à la Bibliothèque du Roi. Ce livre ne pouvait être bon que pour des Chinois qui voudraient apprendre à épeler le latin, et l'on peut croire qu'il ne sera jamais d'un grand usage.»

Ternaux-Compans, qui cite le dict. japonais (*Bib. As. et Afr.*, No. 1497), évite de mentionner le dict. chinois, mais les auteurs de la *Bibliotheca Sinologica* commencent leur ouvrage par l'indication du dict. chinois avec la date de 1633. MM. de Möllendorff (*Manual of Chin. Bibl.*, No. 40) reviennent à la date de 1632.

TRIGAULT. — Vocabulaire chinois.

«Cotton (*Typogr. Gazetteer*, p. 186) parle vaguement d'un vocabulaire chinois en trois volumes que le P. Trigaut fit imprimer à Nankin en 1620.»

A cette note de Ternaux-Compans il suffit de répondre ce que nous citons ci-dessus d'après Abel-Rémusat. Le *Si jou eul mou tseu* dont il est ici question a été imprimé en 1626; un ex. a figuré à la vente de Klaproth, 2e partie, No. 192. — Voir *supra*, col. 1588.

— Le P. Semedo travaillait à deux dictionnaires, l'un chinois et portugais, l'autre portugais et chinois; mais la mort l'empêcha de les publier (de Backer, Anc. éd., 2e S., p. 554).

FOURMONT. — Ce sinologue, dont les vastes entreprises n'étaient en rapport ni avec son savoir, ni avec sa bonne foi, avait commencé un grand dictionnaire ou plutôt une série de grands dictionnaires dont l'un a déjà été décrit par nous, col. 594. Ceux, qui voudront avoir à ce sujet d'amples détails, pourront consulter le petit volume assez rare intitulé :

— Catalogue des ouvrages de Monsieur Fourmont l'aîné, Professeur en Langue Arabe au Collège Royal de France, Associé de l'Académie Royale des Inscriptions & Belles-Lettres, Interprète & Sou-Bibliothéquaire du Roy, &c. A Amsterdam, M.DCC.XXXI, petit in-8.

— « M. Fourmont a laissé plusieurs dictionnaires chinois, ou plustôt le même dictionnaire disposé suivant les diverses méthodes à la Chine, & qui ont chacune leur avantage particulier. 1° Un dictionnaire distribué par l'ordre des clefs, ou caractères radicaux; 2° un dictionnaire par tons; 3° un dictionnaire latin-chinois; 4° un autre françois chinois. Il comptoit en joindre un cinquième historique & géographique, où il auroit fait pour la Chine ce que M. d'Herbelot a fait dans sa Bibliothèque orientale pour les pays de la domination Mahométane. Quoiqu'il eût déjà rassemblé beaucoup d'extraits des écrivains chinois, il reste encore bien des choses à ajouter. » P. 428 de l'*Eloge de M. Fourmont l'aisné*, par Fréret (pp. 413/432. — *Hist. de l'Ac. des Insc.*, XVIII, 1753).

Etienne Fourmont, né à Herblay, village peu éloigné de Paris, le 23 juin 1683, est mort le 19 décembre 1745.

— « A la suite de ce nouveau fonds [tartar-mantchoux de la Bibliothèque nationale] vient se placer naturellement le travail immense du savant Fourmont, sur la langue chinoise. Ce travail est renfermé dans une trentaine de porte-feuilles, format grand in-fol. et fort épais. Les matériaux de son *Dictionnaire* remplissent dix-huit à vingt de ces énormes porte-feuilles.

« Le même savant a fait graver sur bois de poirier, aux frais du gouvernement, plus de 50,000 caractères chinois, pour son grand dictionnaire. Quelques-uns ont servi à l'impression de sa *Grammatica Sinica*, de ses *Meditationes sinicae*, et de la *liste des empereurs de la Chine* qui se trouve à la fin du 2° vol. de ses *Réflexions critiques sur les histoires des anciens peuples*. Les autres, et c'est le plus grand nombre, sont encore adhérents aux petites bandes de bois, sur lesquelles on les a taillés. Un léger trait de scie indique les séparations. On a eu soin, en outre, d'écrire sur la tige de chaque caractère sa valeur et son numéro.

« Cette collection de types chinois, absolument unique en Europe, a été déposée à la Bibliothèque nationale, il y a environ cinquante ans; elle est parfaitement conservée. » (L. Langlès, dans le *Magasin Encyclopédique* de Millin, 1800, II, p. 199.)

Consulter également Abel-Rémusat, *Nouv. Mél. As.*, II, pp. 291/304 : « Etienne Fourmont, savant français ».

— Littérature chinoise. Dictionnaire de la langue chinoise; un grand volume in-folio, proposé par souscription, par le docteur Hager, de Vienne.

Pour le prospectus de cet ouvrage mort-né, voir le *Magasin Encyclopédique* de Millin, 1800, II, pp. 183/188.

M. Raper. — A Chinese and English Dictionary, translated from the Latin Macao Dictionary. London, 1807, 4 vol. in-fol.

Indiqué par la *Bibliotheca sinologica* recopiée par MM. de Möllendorff; c'est le Ms. que nous décrivons plus haut, col. 1631.

Arthur Smith. — Vocabulaire français-chinois et chinois-français dans le dialecte vulgaire; par Arthur Smith, membre de la Société asiatique de Paris, conservateur-adjoint de la Bibliothèque de la Sorbonne. — Spécimen. — Paris, Benjamin Duprat... Novembre 1847, Pièce in-8, pp. 3.

Il n'a paru que ce spécimen à ma connaissance. — Voir Dict. du P. d'Incarville, col. 1628.

La Bib. nat., *Cat. des Livres Chinois* 3, renferme les « Papiers Arthur Smith », 5067-5084, 18 vol. Les nos. 5078-5084 contiennent « Matériaux d'un Dictionnaire ».

James Summers. — Complete Thesaurus of the Chinese Language.

Ce trésor était une entreprise dans le genre de celles de Fourmont, voir col. 1639; il n'en a paru que le prospectus en 2 pp. in-4 sur papier bleu dont nous extrayons les renseignements suivants :

Prospectus of a complete Thesaurus of the Chinese Language. In four parts, forming six volumes octavo, compiled and edited by the Rev. James Summers, prof. of the Chinese Language in King's College, &c.; Author of *A Handbook of the Chinese Language, Rudiments of the Chinese Language, &c.* The peculiarities which characterize the Chinese language render the formation of a Dictionary approaching to completeness a work necessarily requiring as many divisions as there are distinct phases of the language, and would, of course, be greatly facilitated by the principle of the division of labour being brought into operation to produce it. Assuming these *desiderata*, Professor Summers proposes to compile, with the assistance of some other sinologues (whose names will be subsequently given), a Complete Dictionary of the Chinese Language — in parts (as explained below) — in a convenient form for the pocket, the desk, or the study, — the whole to comprise a sort of library of linguistic information, as well as geographical and physical knowledge relating to China, and whereon the Chinese language is employed, either as a spoken tongue or a literary language (as it is in Japan and elsewhere).

Before determining the parts into which the work is to be divided, it may be remarked, by way of explanation to those unacquainted with Chinese, that the body or basis of the Chinese language consists of about 40,000 different characters, having purely arbitrary monosyllabic names, — all those names should be stated with their simple and primary significations as briefly as possible; but as 30,000 of these enter very rarely indeed into ordinary Chinese texts, only about 10,000 characters would be required as a lexicographic basis, and of these not more than 4000 would be needed for the beginner and the general student. The *desiderata*, therefore, are—

I. *An Index-Dictionary*, containing *all* the characters, arranged according to the radical forms, with their names, and brief explanations. This would make a volume of 550 pages or so. Vol. I, for occasional reference.

II. *A Lexicon* of 10,000 or 12,000 characters, with their names arranged alphabetically, with full explanations, quotations, &c., &c. This would make two volumes of 500 pages each. Vols. II and III, for students of Chinese books.

III. *A Manual Dictionary*, of 4000 characters, with their names arranged alphabetically, and with the most common combinations and colloquial expressions, but no quotations; and references being given to No. II. This would make a volume of from 400 to 500 pages. Vol. IV, for beginners and students of the Mandarin dialect.

IV. *An English-Chinese Dictionary*, including scientific and local names, defining the English word in Chinese, and giving its equivalent in various senses in Chinese, with quotations and examples. This would probably require two volumes of 500 pages each.

V. *An English-Chinese Vocabulary*, for every day use, especially adapted to mercantile and missionary operations, having a short Grammar prefixed to it. This would make 400 or 500 pages.

VI. *A Dictionary of Chinese Topographical, Geological and Physical Science, &c.*, including an account of productions, and serving as a gazeteer of the empire, references being given to the dictionaries above for some of the characters and for further information. This would make a thick volume of 600 pages.

The above would make eight volumes, which would require several years to carry through the press. The most convenient size (which would be uniform throughout) would be small octavo. The 1st part (Vol. I) would be very simple of construction, and not require anything beyond the existing Chinese dictionaries as a basis. The 2nd part (Vols. I and II) would need division of labour; and during the 1st year the Editor would be collecting from all sources himself, and soliciting contributions from sinologues in China. In order to make this part as complete as possible, and render the work valuable and exhaustive, it is intended to compare the meanings given in the Chinese-Manchu Dictionaries.

The publication of such a work would of necessity be extended over several years, but the subscribers would have the satisfaction of obtaining a complete portion every year.

It is proposed to collate the Dictionaries of Morrison, De Guignes, Medhurst, and Williams, and to incorporate the words with more exact explanations, which are to be found in the translations of Sir John Davis, the Rev. Drs. Medhurst and Legge, Thomas F. Wade, Esq., as well as those in the works of the Rev. Joseph Edkins, Mr. Consul Thom, Pere Gonçalves, Dr. Williams, and others.

But the foundation of Part I will be the native Dictionary of K'anghi, which presents every ancient and modern form of the characters.

For Part II. The Chinese Dictionary *Wu-che-yün-fu* will be employed as the starting-point, and all the words in the *Wu-king* and the *Sz-shu* will be incorporated; portions of the *Ku-wăn*, the *San-k. ŏ-chi*, and the *Hau-k'iu-chuen* will also be read with the same view.

For Part III, the words found in the *San-kwŏ*, the *Hau-k'iu-chuen*, and some other novels will be incorporated; but a series of official documents will be read for modern diplomatic terms.

Part IV will be the reverse of Part II. But in Part V will be inserted a large quantity of Colloquial Mandarin, such as will be found in the *Ching-yin-tsŭi-yau* (Thom's « Speaker »), Mr. Wade's *Hsin-tsing-lŭ*, and, above all, in a large Dictionary of Phraseology, in the Editor's possession, compiled by the Catholic Missionaries in Peking, in two folio volumes, — in French and Chinese.

Part VI will comprehend all the terms in Natural History found in the *Păn-tsau*, and the commercial terms and articles of produce in the native Chinese manuals, with the *Flora* and *Fauna* in tabular lists, the latitude and longitude of all towns and villages in China, with their distances from the capital or the great sea-ports. In the compilation of this *Biot's Dictionnaire*, the native works on Topography and Geography, and the charts and maps, which are existing in the British Museum, will be consulted. The great work of *Ma-twan-lin*, and the various Encyclopædias, will afford matter for notes on the astronomical observations and the physical phenomena, &c., which have relation to China.

Terms of subscription to the *Thesaurus of the Chinese Language*.

FOR THE WHOLE WORK — *Chinese-English*, *English-Chinese*, & *Topographical Dictionaries*	Lst. 10 10 0
Part I. Index-Dictionary of Chinese Characters	1 12 6
II. Chinese Lexicon, 2 vols.	3 3 0
III. Manual Chinese Dictionary	1 12 6
IV. English-Chinese Dictionary, 2 vols.	3 3 0
V. » » Smaller	1 1 0
VI. Topographical Dictionary	1 12 6

Part I will be published as early in 1866 as possible. Part II cannot be ready until the close of 1867. Part III and IV may be issued in 1868; and Parts V and VI in 1869.

Dr. Morrison's Dictionary, which was published in 1817, was sold to subscribers at 20 guineas a copy of six volumes quarto. That magnificent work is, however, very scarce, and still costs from Lst. 8 to Lst. 20. The form and substance of it is open to improvement, after the lapse of 40 years. There is, besides this, no work which can fully afford to merchants and missionaries the linguistic information which they may want about Chinese or China — a country with which Great Britain is becoming year after year more closely connected by the necessities of commerce and the circumstances arising from our political relations.

The subscriptions will not be asked for until an amount sufficient to cover the cost of printing has been promised, when an instalment of the 10 guineas — a fourth — would be applied for.

Dans la *Chine Moderne* de Pauthier, II, pp. 338/9, on trouve une liste des grammaires (13) et des dictionnaires chinois (12) publiés par des Européens.

— « Chinese Lexicography, or a List of the Dictionaries in the Imperial Library at Peking according to the General Catalogue called the *Sz'Fu Ts'iuen Shu*. » (*Chinese Repository*, XVII, pp. 433/459.)

Mention de 218 Dictionnaires.

— Voir sur les Dict. chinois le No. V de l'Appendice au Dict. de Perny, pp. 12-15.

L'auteur, inexact suivant sa coutume, estropie les noms étrangers, par exemple : *Medhurts* pour *Medhurst*, *Ch. Wills Williams* pour *S. Wells Williams*.

— Chinese Dictionaries. By T. W. Kingsmill. (*N. C. Herald*, VII, p. 977.)

— Kanghi's Dictionaries by J. C.[halmers.] (*China Review*, II, pp. 335/341.)

— A Chinese Webster. A Study in Chinese Lexicography. By J. Nacken. (*Ibid.*, pp. 175/182, 215/222, 354/363.)

Manuels de Conversation.

— Dialogues and Detached Sentences in the Chinese Language; with a free and verbal translation in English. Collected from various sources. Designed as an initiatory work for the use of Students of Chinese. Macao : Printed at the Honorable East India Company's Press, by P. P. Thoms. 1816, in-8, pp. VIII-262.

« The Translation of the following Papers was made by the Rev. Robert Morrison, at the commencement of his Chinese Studies. The Text (somewhat altered) of the Pieces marked with a Dagger, were supplied by a gentleman of the Honorable East India Company's Establishment, at China; and the whole Printed under the inspection of James Bannerman Esq. of the same Establishment... » (*Preface*.)

Vend. Rémusat (795), Fr. 22. — Pauthier (239), Fr. 9. — Thonnelier (1553 *bis*), Fr. 22.

— The English and Chinese Student's Assistant, or Colloquial Phrases, Letters, &c., in English and Chinese : the Chinese by Shaou Tih, a native Chinese Student, in the Anglo-Chinese College, Malacca. Mission Press, 1826 [Malacca], in-8, pp. 102, sans l'index.

« This little Book contains sentences and conversations on a great variety of subjects, designed for the use of the Students at Malacca; its Author was government interpreter for several years at Peking in the intercourse with the Russians. » (*Chin. Rep.*, XVIII-407.)

Vend. Klaproth (670), Fr. 26.50.

— A Lexilogus of the English, Malay, and Chinese Languages; comprehending the Vernacular Idioms of the last in the Hokkeen and Canton Dialects. Printed at the Anglo-Chinese College Press. Malacca. 1841, in-4, 3 ff. n. ch. p. l. tit. et l. préf. + pp. 111.

« The groundwork of the following volume is a collection of English and Malay Phrases published, in the end of last year, by Mr. North of the American Mission, Singapore. »

C'est une collection de phrases arrangées sur cinq colonnes parallèles et verticales :

— english;
— malay;
— Chinese;
— Hok-keen colloquial;
— Canton colloquial.

Cet ouvrage anonyme est du Rev. James Legge.

Quaritch, 285, Sept. 1872, br., 12/-.

— Chinese Dialogues-Questions and Familiar Sentences, literally rendered into English, with a View to promote commercial intercourse and to assist beginners in the Language by W. H. Medhurst, Sen. Shanghai Mission Press, 1844, in-8.

Notice : *Chin. Rep.*, XIV, pp. 395/6.

— Chinese Dialogues, Questions and Familiar Sentences, literally rendered into English, with a View to promote commercial intercourse, and to assist beginners in the Language by the late Rev. Dr. Medhurst, revised by his Son. Shanghai, London Mission Press, 1863, in-8, pp. 225.

Thonnelier (1553 *ter*), Fr. 12.

— A Manual ‖ for Youth and Students. ‖ or Chinese ‖ Vocabulary and Dialogues. ‖ Containing an ‖ Easy Introduction to the ‖ Chinese Language. ‖ Ningpo Dialect. ‖ Compiled and Translated into ‖ English by ‖ P. Streenevassa Pelly. 1846.

Ce vol., extrêmement rare, est autographié à la manière chinoise sur doubles feuillets. Il comprend 282 ff. chif. pour le manuel plus 3 ff. c. p. le tit. et la préf. datée *Chusan, May 1846* + 3 ff. c. p. l'index du vocab. + 2 ff. c. + 6 ff. c. = 14 ff. c. prélim. L'auteur d'après la préf. est un Hindou, né à Palaveram, près de Madras; il fit partie de l'expédition de Chine, amené par le Cap. Macauley, commissaire général des Troupes de Madras, était caissier, et demeura à Chousan de 1842 à 1846.

— 習言讀寫中國話 Manuel pratique de la langue chinoise vulgaire contenant un choix de dialogues familiers, de différents morceaux de littérature; précédés d'une introduction grammaticale et suivis d'un vocabulaire de tous les mots renfermés dans le texte; A l'usage des Élèves de l'École royale des Langues Orientales vivantes, des Missionnaires, des Commerçants et des Voyageurs en Chine; par Louis Rochet, Membre des Sociétés Asiatique et Orientale de Paris. — Paris, Marcellin Legrand, 1846, in-8, pp. XIV-216 + 1 f. er.

Notice : *J. As.*, IVe Sér., VIII, pp. 356/364, par Bazin.
Pauthier (232), Fr. 12.

— Phrases in the Shanghai Dialect. (*N. C. Herald*, Nos. 19, 7 Dec. 1850; 23, 4 Jan. 1851; 27, 30, 34, 36, 40, 43, 51, etc., etc.)

— Benj. Hobson. — Dialogues in the Canton Vernacular. Canton, 1850, in-fol., pp. 44.

« This is printed by lithography, on chinese paper, and in the Chinese book fashion. The dialogues are given in English, and in the Chinese character, but without the pronunciation in English letters. » (*Mem. of Prot. Miss.*)

— Chinese Conversations : Translated from native authors. Shanghae : Printed at the Mission Press. 1852, in-8, pp. IV-183, sans les errata. [By J. Edkins.]

Ces dialogues sont extraits de nouvelles chinoises, surtout du *Pi-pa-ki*. P. 1-57, on trouve « *Tseay-heue* 借靴. The Borrowed Boots ». — P. 158 et seq. : « Extract from Chapter 29 of the *San-kwo-che* : The death of Yu Keih the Magician ».

— Phrases in the Canton Colloquial Dialect, arranged according to the number of Chinese characters in a phrase. With an English Translation. By S. W. Bonney. Canton, 1853, in-8, pp. 98.

A second edition was printed. (*Mem. of Prot. Miss.*) — Voir *supra*, col. 1302.

— A Guide to Conversation in the English and Chinese Languages for the use of Americans and Chinese in California and elsewhere by Stanislas Hernisz, M. D. Boston, 1854, in-8 oblong.

Notices : *Jour. Am. Or. Soc.*, Vol. V, No. 1, pp. 218/225. [By M. C. White.] — Pauthier (242), Fr. 8.

— Guide des armées alliées en Chine ou Dialogues sur les reconnaissances militaires en trois langues : français, anglais, chinois avec la prononciation figurée du chinois suivi d'un vocabulaire chinois, français, anglais et précédé de la division des provinces de la Chine et de l'hygiène à observer dans ces contrées par P. Dabry... Vu et corrigé par un lettré chinois... Paris, Henri Plon, 1859, in-12.

— El Intérprete Chino. Coleccion de frases sencillas y analizadas para aprender el idioma oficial de China, arregladas al Castellano por Don José de Aguilar, Cónsul de S. M. en Hongkong. Madrid : Imprenta de Manuel Anoz, 1861, in-8, pp. IV/246.

Trübner, 1876, 10/6. — Livres orientaux (Leroux, 1878), Fr. 5.

— A Collection of Phrases in the Shanghai Dialect systematically arranged, by Rev. John Macgowan of the London Missionary Society. Shanghai : Presbyterian Mission Press. 1862, in-8, pp. VIII-194.

— *Ji-Tch'ang-K'eou-T'eou-Hoa.* Dialogues Chinois à l'usage de l'Ecole spéciale des Langues Orientales vivantes publiés avec une traduction et un vocabulaire chinois-français de tous les mots par M. Stanislas Julien. Paris, B. Duprat, 1863, in-8, pp. 80.

— Dialoghi cinesi. Parte prima. Testo autografato da Paolo Ting cinese, a cura del Prof. S. Julien. Parigi, 1863, in-8, pp. 80.

— — Parte seconda. Trascrizione e doppia versione italiana, letterale e libera. Firenze, Nicolai, 1866, in-8, pp. VIII-76.

— Dialogues français-chinois. Dialogi Latino-Sinenses alumni Seminarii. S. Joseph Tcheli meridio-orientalis Typis mandabant. Ho Kien, 1861. A. M. D. G. Petit in-4 de III-91 pages.

On trouve, pp. 85/88, « Quelques proverbes chinois ».
Il y a eu un nouveau tirage de 1864.

— The Tourists' Guide and Merchant's Manual being an English-Chinese Vocabulary of Articles of Commerce and of domestic use; also all the known Names connected with the Sciences or Natural History, Chemistry, Pharmacy, &c., &c. Hongkong, Daily Press, 1864.

— Select Phrases and Reading Lessons in the Canton Dialect, prepared for the Press by the Rev. W. Lobscheid. Hongkong, 1864, in-8, pp. 69.

— Easy Phrases in the Canton Dialect, of the Chinese Language. Printed at the Canton Customs Press, 1866, in-4, pp. 75. [Making 75 lessons of 22 sentences each.]

— 語雜英華 Chinese and English Phrase Book, with the Chinese Pronunciation indicated in English, specially adapted for the use of Merchants, Travelers and Families. By Benoni Lanctot. San Francisco : A. Roman & Co., 1867, pet. in-8, pp. 80.

— Chinese and English Phrase-book, with the Chinese Pronunciation indicated in English, specially adapted for the use of Merchants, Travelers and Families. By Benoni Lanctot. Second edition revised and enlarged. San Francisco, A. Roman, 1867, in-12, pp. 88.

— Terms used in Diplomatic and Official Intercourse. By W. A. P. Martin, D. D., LL. D. (1) Nations and Governments. (2) Rulers and Nobles. (3) National Officials and Tribunals. (4) Provincial Officers, Civil and Military. (5) International Agents. (6) International Acts and Relations. (7) Public and Official Acts. (8) Public Documents. (9) Public Places. (10) Commerce and Navigation. (11) Public and Municipal Law. (12) Peace and War. (Doolittle's *Voc.*, Part III, No. 3.)

— Dialogues Chinois-Latins, traduits mot à mot avec la prononciation accentuée, publiés par Mgr. Paul Perny, M. A. de la Congrégation des Missions étrangères. Paris, 1872, in-8, pp. 232. Prix : 1 franc.

« Le manuscrit publié par Mgr. Perny n'est pas, du reste, nouveau. Il fut composé par un auteur dont le nom est resté inconnu, vers l'an 1722, dans la ville de Canton. » (H. de Charencey, dans le *Polybiblion*, Nov. 1872.)

— 壁合語常華英客發 Easy Phrases in the Canton Dialect of the Chinese Language. (Second Edition) San Francisco : Bruce's Printing House, 1877, gr. in-8, 4 ff. n. ch. + 72 ff. [Chacun une leçon.]

Préface signée : Donal Bruce.

— Chinese without a Teacher : being a Collection of Easy and Useful Sentences in the Mandarin Dialect. With a Vocabulary. Shanghai, 1872, in-8, pp. 60.

Pub. à 1 Dol. — Notices : *Shanghai Evening Courier*, 26 Dec. 1872 ; réimp. *Shai. Budget*, 31 Dec. 1872. — *China Review*, I, p. 203.

— 無師自明 Chinese without a Teacher, being a Collection of Easy and Useful Sentences in the Mandarin Dialect. With a Vocabulary. By Herbert A. Giles, H. B. M. Consul, Tamsui. — Second & enlarged Edition. — Shanghai : Kelly & Walsh, 1887, in-8, pp. ii + 1 f. n. c. + pp. 65.

On a ajouté les caractères chinois qui ne se trouvaient pas dans la première édition.

Notice : *Chin. Rec.*, XIX, 1888, pp. 44/5. By J. N. B. S.

— 漢言無師自明 Chinese without a Teacher being a Collection of Easy and Useful Sentences in the Mandarin Dialect with a Vocabulary. By Herbert A. Giles, M. A., LL. D. (Aberdeen) Professor of Chinese in the University of Cambridge. — Fifth and revised Edition. Kelly & Walsh, Shanghai, etc., 1901, in-8.

— A Dictionary of English Phrases with illustrative sentences. To which are added some english proverbs, and a selection of chinese proverbs and maxims ; a few quotations, words, and phrases, from the latin and french languages ; a chronological list of the Chinese Dynasties, harmonized with the chronology of western nations and accompanied with an historical account of the rise and fall of the different dynasties ; and short biographical sketches of Confucius and of Jesus. By Kwong Ki Chiu. Late a Member of the Chinese Educational Mission in the United States, and Compiler of an English and Chinese Dictionary. London : Sampson Low, 1881, in-8, pp. xix-914, Portrait.

Kwong Ki Chiu 鄺其照

— Kwong's Educational Series. (In English and Chinese.) The First Conversation-Book, containing common and simple words wrought into illustrative sentences, classified and accented, and many of them defined, with some grammatical information and word analysis. To which are added sections on the English Language, Penmanship, Health, Duties in various relations ; also Sketches of Peter the Great, Presidents Lincoln, Grant, and Garfield. Designed for use in Schools. By Kwong Ki Chiu Late a Member of the Chinese Educational Commission in the United States and Compiler of « English and Chinese Dictionary », and « Dictionary of English Phrases ». Shanghaï : Wah Cheung, 1885, in-8, pp. xxxi-247.

— Kwong's Educational Series. (In English and Chinese.) The Second Conversation-Book, containing a Section on aids to reading ; an illustrated list of important and special words ; also, extended Conversations on one hundred and eighty-nine familiar practical subjects, under the general heads, — the weather, social intercourse, the expression of thought and feeling, education, business, travel, etc., etc. Designed for use in schools. By Kwong Ki Chiu, Late a Member of the Chinese Educational Commission in the United States, and Compiler of « English and Chinese Dictionary », and « Dictionary of English Phrases ». Shanghai : Wah Cheung, 1885, in-8, pp. xv-406.

— 笑談通筆 — Anecdotes, historiettes et bons mots, en chinois parlé, publiés pour la première fois avec une traduction française et des notes explicatives par Camille Imbault-Huart... Péking, typ. du Pei-t'ang [et] Paris, E. Leroux, 1882, in-12, pp. 124.

« Se compose d'anecdotes, d'historiettes et de bons mots extraits pour la plupart de la petite encyclopédie morale et littéraire 家寶 *Tçiâ-paó*, Trésor de la famille, arrangés et mis en bon chinois parlé (mandarin du nord) par le vieux Tch'eng, premier lettré de la Légation de la République Française à Péking. »

— Manuel de la langue chinoise parlée à l'usage des Français. Comprenant : I. Une introduction grammaticale. II. Des phrases et dialogues faciles. III. Un recueil de mots les plus usités. Par Camille Imbault-Huart, Vice-Consul de France. — Peking, typ. du Pé-t'ang. 1885, pet. in-8 carré, pp. III-140.

Notice : *China Review*, XIV, p. 210. Par E. J. E.[itel.]

— Manuel pratique de la langue chinoise parlée à l'usage des Français comprenant : I. Les éléments de la Grammaire. II. Des phrases et dialogues faciles. III. Un recueil des mots les plus usités. Par Camille Imbault-Huart, Consul de France... Seconde édition revue, corrigée et considérablement augmentée. — Hongkong : Noronha [et] Paris : E. Leroux, 1892, in-4, pp. III-337.

Camille Imbault-Huart, né le 3 juin 1857 ; élève de Louis-le-Grand, puis de l'École des Langues orientales, 1876 ; entré au ministère des Affaires étrangères, 1878 ; consul à Canton ; † à Hong-kong, 29 nov. 1897.

Cf. Camille Imbault-Huart. Par G. D.[evéria.] (*Journ. Asiat.*, janv -fév. 1898, pp. 147/8. — H. Cordier, *T'oung Pao*, juillet 1898, p. 234 ; *Études chinoises*, 1895-1898, pp. 23/6.

— A Chinese and English Phrase Book in the Canton Dialect ; or Dialogues on Ordinary and Familiar Subjects for the use of the Chinese resident in America, and of Americans desirous of learning the Chinese Language ; with the Pronunciation of each word indicated in Chinese and Roman Characters. By T. L. Stedman and K. P. Lee. — Copyright 1888. — New York : William R. Jenkins, 1888, pet. in-8, pp. IV-175.

— Progressive and Idiomatic Sentences in Cantonese Colloquial. By Rev. A. A. Fulton, American Presbyterian Mission, Canton. Shanghai : American Presbyterian Mission Press, 1888, in-8, pp. 61.

— Third edition, thoroughly revised and enlarged. 1902, pp. 101.

(MANUELS DE CONVERSATION.)

— Manuel de conversation en trente langues par le Docteur Poussié, Médecin de la Compagnie des Messageries maritimes... Paris, H. Le Soudier, 1890, in-12, oblong, pp. xx-204.

— * Select Phrases in the Canton Dialect. By Dr. Kerr. Third edition.

Notice : *China Review*, XIX, No. 1, 1890, pp. 62/63. By E. J. E.[itel.]

— Select Phrases in the Canton Dialect. By Dr. Kerr. Fifth edition. Revised and classified. Price... 75 Cents. Kelly & Walsh, Limited, Printers,... Hongkong. — Shanghai. — Yokohama. — Singapore. [s. d. = 1898 ?], in-8, tit. + pp. III-66.

— Idiomatic Dialogues in the Peking Colloquial, for the use of Students. By Frederic Henry Balfour. Shanghai : Printed at the « North-China Herald » Office, 1883, in-8, pp. VIII-251.

— 官話 Langue mandarine du Nord. — Guide de la Conversation Français-Anglais-Chinois contenant un vocabulaire et des dialogues familiers par le P. Séraphin Couvreur de la Compagnie de Jésus, Missionnaire au Tcheu li S. E. — 河間府 Ho kien fou, Imprimerie de la Mission Catholique — 1886, in-8, pp. XI-204 + 3 ff. prél. n. c. p. l. tit., l. préf. [anglais et français].

Séraphin Couvreur, 顧賽芬 *Kou Sai-fen*, né le 14 janvier 1835 ; entré dans la Cie. de J., 23 sept. 1853 ; arrivé dans la mission, 30 avril 1870.

— Cinquième édition, 1901.

— F. S. Couvreur, S. J. — Guide de la Conversation français-anglais-chinois — Guide to Conversation in French, English and Chinese. 6e édition. Ho kien fou dans le Tcheu-li, Imprimerie de la Mission catholique, 1903, in-8 oblong, pp. XXVIII-452.

— How to Speak Cantonese : Fifty Conversations in Cantonese Colloquial, with the Chinese character, free and literal english translations, and romanised spelling, with tonic and diacritical marks, &c. — Preceded by five short lessons of one, two, and three words. — By J. Dyer Ball, M. R. A. S., etc.,... Hongkong : printed at the « China Mail » Office. — 1889, in-8, 4 ff. n. c. + pp. 179-XII. Pub. à Dol. 3.

Notice : *China Review*, XVII, No. 6, pp. 362/3. By E. J. E.[itel.]
Il y a une « Third Edition Revised and Corrected », 1904, pp. 229.

— 你噲講唐話唔噲。 (Sprechen Sie Chinesisch ?) — Chinesische Phraseo-

(MANUELS DE CONVERSATION.)

logie nebst ausführlicher Grammatik. Dialect von Canton. (Umgangssprache.) Herausgegeben von Emil Hess. — Leipzig, 1891. C. A. Koch, in-8, pp. IV + 1 ff. n. ch. + pp. 185.

— 讀必語英 — English and Chinese Conversation by Wong Lu hing. — New Edition. — Hongkong, Printed at « Man Yu Tong », 92 & 94 Hollywood Road. 1899, in-8, 1 f. prél. n. ch. + pp. 170.

— Langue chinoise — Petit guide de poche à l'usage des maîtresses de maison par A. Mouillesaux de Bernières Commissaire des Douanes impériales Mandarin civil de second rang. Tours, Alfred Mame, 1899, in-16, pp. 80.

— Methode Gaspey-Otto-Sauer. — Chinesische Konversations-Grammatik im Dialekt der Nordchinesischen Umgangssprache nebst einem Verzeichniss von ca. 1500 der gebräuchlichsten chinesischen Schriftzeichen von A. Seidel... Heidelberg. Julius Groos, 1901, in-8, pp. XVI-304 + pp. 31 pour les 214 clefs et les caractères chinois classés par clefs.

— * Kleine chinesische Sprachlehre im Dialekt der Nordchinesischen Umgangssprache nebst Übungsstücken, Gesprächen und Wörterverzeichniss, von A. Seidel. 1901, 2 vol. in-8, pp. VII-91, 2 pl. et clef.

— Un jugement au Céleste Empire (traduit du Chinois). Par A. Vissière. (*La Semaine Politique et Littéraire*, 21, samedi, 25 mai 1901, pp. 713/721.)

Extrait d'un Manuel de Conversation publié, à Canton, pour enseigner la langue mandarine aux gens de la province qui veulent en joindre la connaissance à celle, plus familière, du dialecte cantonais.

— Chinese, Japanese, Spanish and English Words for American Soldiers. Pet. placard gr. in-8.

A l'usage des soldats. — Compiled by Isaac A. Wright, Kansas City, Mo. — Les mots sont imprimés sur cinq col. (anglais, cantonais, chinois du nord, japonais, espagnol) au recto et au verso. [1901.]

— 德法漢語 Guide de la conversation allemande, française, chinoise. — Konversationsbuch für die Reise und den Selbstunterricht in drei Sprachen : Deutsch, Französisch, Chinesisch. Von 薛錫成 Hsüeh Chi Tschong, Dolmetsch-Attaché bei der kaiserlich chinesischen Gesandtschaft am Wiener Hofe. Wien und Leipzig. A. Hartleben's Verlag, in-16, pp. VIII-160.

Forme le 82. Teil de la collection *Die Kunst der Polyglottie* [1904].

(MANUELS DE CONVERSATION.)

GRAMMAIRES, etc.

— * Grammatica linguae sinensis.

« Petit in-fol. de 15 pages sans titre. L'analogie du papier et des caractères nous fait penser qu'il était destiné à la Collection des voyages de Thévenot. Cette grammaire est tellement rare qu'il n'en est fait mention nulle part, à notre connaissance. » d. rel., dos mar. r.

Cat. Rémusat (475), Fr. 15.95.

— * Grammaire chinoise et espagnole. Fokien. Février de 1682.

Ternaux-Compans qui indique cet ouvrage, No. 2435, ajoute : « Cette grammaire, qui se trouve à la Bibliothèque royale, paraît avoir été composée par un religieux de l'ordre de St. François. »

— M. Martini. — Grammaire chinoise.

N'a pas été publiée. — Voir *infra* dans la liste de Mss. de Glasgow que je dois à l'extrême courtoisie de M. le Dr John Young, conservateur du Hunterian Museum :

MANUSCRITS DU HUNTERIAN-MUSEUM DE L'UNIVERSITÉ DE GLASGOW, RELATIFS AUX LANGUES CHINOISES, TARTARES, ETC.[1]

T. 6. 21. Glossarium sinicum collectore T. S. B. Lexicon inceptum Anno 1713 undecimo ante Cal. Junii. ἐκ διὸς αρχώμεθα ; 1-171 pages.

U. 2. 1. Kiliani Stumpfli ex Soc. J. Visitatoris Compendium Actorum Pekinensium A. 1715, 1716, 1717, et Documenta Actis hisce subiuncta. Descripsi ex Originali. Acta, 1-129 p. + 1 p. blanche + 1-168 p. Documenta.

Le nom de Bayer ne figure pas dans ce manuscrit.

U. 2. 2. Fasciculus Mss. Orientalium.

Il y a seize sujets traités dans cette collection dont le sixième sont les questions faites par Bayer (p. 16-17) et les réponses de Lorentz Langen (p. 18-20).

U. 2. 4. Miscellanea Tartarica in quibus scripta quaedam Mogolica, Tangutica et aliarum gentium congesta inveniuntur à T. S. B. Anno 1719 Regiomonte. 132 p. — P. 68-89 blanches. — P. 3 : Elementa Linguae Tartaricae congesta a Maturino Veyssiere Lacrosse [*sic*] et ex autographo ejus descripta Berolini A. 1717. mense Julii T. S. Bayer. Elementa linguae Tartaricae incoepi describere Berolini die XVII. Septembr. A. D. MDCCXVI. Maturinus Veyssiere La Croze.

Quelques feuilles volantes.

U. 2. 12. Miscella Sinica in quibus scripta quaedam et typis excussa inveniuntur, tum imagines sinicae, quaedam etiam manu Menzelii scripta et talia cetera. Diligenter in uno libro collegit et passim illustravit T. S. B. Regiomonte. 1719.

Ms. curieux ; images chinoises intercalées. — 112 pages.

U. 2. 17. Aucune note manuscrite n'indique la nature de cet ouvrage. Au verso du feuillet 1, la page est remplie de caractères chinois dont quelques-uns plus grands au sommet. Au recto du feuillet 2, portrait d'un homme (Confucius ?) avec une plume dans la main droite et un livre dans la gauche. Verso du feuillet blanc ; les autres feuillets (14) blancs ; impression xylographique.

U. 2. 18. Semblable au précédent. Recto du feuillet 2, figure remplissant toute la page. Ouvrage astronomique ? Éclipse de Peking.

U. 4. 4. Idolum Tangutanum, Mungalicum, Calmucicum, Japanicum, ex septem Palatiis direptum, simul cum variis variarum gentium et nominibus et interpretationibus. T. S. Bayer.

Sur le feuillet suivant, image de l'idole ; des notices sur cette idole sont données sur chaque feuillet, jusqu'à la page 19. Les 8 derniers feuillets sont blancs. — 36 pages.

U. 5. 5. Ex Msto. Bombycino quod hodie in bibliotheca Senatus Lipsiensis extat. Iterum auxilio Dei scribimus Ordinem Baptismatis Sancti Domini Severi Patriarchae Ordo ejus post Clementem. Translatus autem est ex lingua Graeca in linguam Syriacam per Sanctum Dominum Jacobum Rohensem. Descripsi Lipsiae Mense Aprili A. C. N. 1717. G. S. Bayer. P. 64. Commentarius in Psalmos Davidis, auctore Ibnalphadli. P. 119. Homiliae Chrysostomi duae quas Salomon Negri descripserat. P. 143. Homilia Clementis XI Syriacè conversa a Salomone Negri.

U. 6. 17. ΑΓΑΘΗ : ΤΥΧΗΙ. — Grammaticam Sinicam a M. Martinio consignatam Maturinus Veyssiere la Croze immor-

1. Haenel (*Cat. Lib. Ms.*, Lipsiae, MDCCCXXX, col. 792-794) cite quelques ms. — Voir col. 1684, note.

(GRAMMAIRES, ETC.)

talis Vir insigni in me merito describendum concessit mihi Gotlibio Sigefrido Bayero Sept. 1716.

Mentzelius exemplari quod nunc est in Regia Bibliotheca, ac quo ad consignandam clavem suam olim usus est, adscripsit. Hoc Mss. Grammaticae Sinicae Sigillis Sinensium authorisatum et corroboratum transmissum mihi Christiano Mentzelio fuit Batavia ex Insula Java maiore dono a Cl. Dn. Andrea Cleyero 1689.

Grammatica linguae sinicae a Rever. Patre Martino Martinio composita, et a Rev. Patre Coupletio augmentata.

Un autre ouvrage donné à Bayer pour en faire la copie se trouve p. 105. — 216 pages en tout, dont les pages 204-216 blanches. — Il y a en tout 13 Mss. dont les originaux sont pour la plupart à Berlin.

U. 7. 19. Homilia Papae Clementis XI. Anno 1703. Arabice elaborata a... Salomone Negri, Damasceno Descripta a Georgio Jacobo Hehr. Schleusinga-Hennebergico-Franco. Anno 1717. «Ex libris T. S. Bayeri Regiomontani.»

V. 1. 14. Typus solis eclipsis Pekinensis. 1669. — P. Ferdinando Verbiest. S. J. V. Hyde, *Hist. Rel. Vet. Pers.*, p. 231. In Bibliotheca Regia Berolinensi descripsi. (T. S. Bayer.) L'écriture est de Bayer. — Cf. *Bibliotheca Sinica*, col. 1452.

U. 8. 18. P. 1. Après quelques caractères chinois : Grammatica Sinica in qua præceptiones de lingua et litteratura sinica atque rerum aulicarum, astronomicarum et geographicarum voces et eclipsium quarundam descriptiones continentur auctore Theophilo Sigefrido Bayero Regiomontano. Petropoli.

Livre plié en paravent, dont 139 pages écrites.

V. 2. 1. P. 1. Alphabetum seu Syllabarium Tangutanum litteris maioribus et minoribus Schar dictis. — P. 2. Alphabetum Tangutanum litteris maioribus seu sacris et minoribus seu profanis. Ex autographo descripsi T. S. Bayer.

V. 2. 2. Table des matières au recto de la première feuille volante :

1. Tschuva tschuve udschu. Syllabarium Mandgjurense.
2. Elementa Calmucica.
3. Syllabarium Mandgjuricum et Mungalicum. T. S. Bayer.

P. 1. Tschuva tschuve udschu hoc est Duodecim Capita in quibus omnes litterae et syllabae scripturae Mandsurensis continentur.

Descripsi e libro typis edito in Sinis, cui adjecta erat interpretatio manu Ruthenica. A. 1730. Decemb.

Quamquam Ruthenus in quibusdam erravit, tamen eius errores quoque accurate secutus sum.

Librum ipsum Comes de Bruce summus belli dux ad me transmisit. — 27 pages.

P. 29. Elementa Calmucica descripta ex autographo Lobsang Ischi quondam scribae apud Calmucos deinde a Russis capti baptizati nomine Wasili Timofejew. T. S. B. Petropoli mense maio 1731. — 3 pages.

P. 35. Syllabarium Mandgjuricum et Mungalicum a me concinnatum postea curis posterioribus mendatum.

V. 2. 3. Astronomical Tables. April 1734 till March 1735 N. S. « Madras der 11er Ian. St. vet. Ao 1775. An Hr. Prof. Bayer in St Petersburg gesandt. »

V. 2. 15. P. 1. Numophylacius Sinicum Excellentissimi Imp. Russiae Procancellario Comitis Oestermanni numis secundum Dynastias et Imperatores dispositis et utcumque explicatis a T. S. B. Anno 1735. — 218 pages.

— Arte ‖ de la Lengva ‖ Mandarina ‖ cómpuesto por el M, R°, ‖ P^e^, fr. Francisco

2. ſtro puede aprenderle, ſera mui bueno, porq̃ oiendole el chino letrado, conçibira al Religioſo ſer hombre docto; pues le habla con elegançia; mas eſte modo para noſotros es dificultoſiſſimo para la practica, por las circunſtançias, q̃. cadauno con el tiempo experimentara. El 2do modo es un medio, q̃e le entiende la maior parte, y ſe uſa con algunos complexos, aunq̃ no en los terminos, q̃. ex vi narrationis ſe entienden, y en el ſe uſan algunos terminos de letra elegantes, q̃e aunq̃. tales ſe entienden; eſte modo es mui neceſſario de aprender, para quando ſe predica la palabra de Dios, aſſi à los Christianos como à los Gentiles; pues no les canſando por toſco le oien con guſto, y ſiendo claro penetran la razon de la doctrina, q̃e ſe les predica. El terçer modo, es toſco, y groſero, y es para predicar à las mugeres, y aldeanos; eſte modo por ſer el infimo es el que ſe aprende con menos dificultad, y el por donde comenzamos à hablar.

2º. Para q̃. ſe vean en practica eſtos dos modos de hablar, (dexo à parte el primero) pondre exemplo de ellos en una oracion. El q̃. quiſiere ſubir à el çielo, le conviene obrar la virtud, y de no, ſeguiro q̃. no lo conſeguira; 2º. modo; iŏ xīng tiēn chè, kŏ hīng chīn xén lú, jŏ pŏ jén kỳ tĕ taò. 3º. modo. Tān fān jin láo xīng tiēn, kāi tāng goēi xén, jŏ pŏ goēi xén, çhū jén pŏ hóei xīng tiēn. En eſta miſma oracion dicha por los dos modos, ſe ue claram.te la differençia: en el prim.º ſe uſa del iŏ, y del chè, que es claro y elegante modo, y qualquiera medianam.te entendido, o que hable razonablem.te lo entendera: en el 2do ſe uſa del tān fān, con el láo, que es lo mas baxo, y lo entenderà qualquier muger, ò aldeano, q̃e penetre ò ſepa alguna coſa de la lengua mandarina. En el 1º ſe uſa del kŏ, y del chī, y de hí, que es elegante y intelligibile: en el 2º. del kāi tāng por conviene; del tiè, y del hí, que es lo mas baxo, &c.

Adver-

Varo de la sa- ‖ grada Orden de N, P, S, Domi- ‖ go, acrecentado, y reducido a ‖ mejor forma, por N°, H°, fr. Pedro de ‖ la Piñuela P^or^. y Comissario Pror, ‖ de la Mission Serafica de China. ‖ Añadiose un ‖ Confesionario muy vtil. y ‖ provechoso para alivio ‖ de los nueos Ministros. ‖ Impreso en Canton año ‖ de 1703.

Cahier chinois gr. in-8. Collation : 1er feuillet, verso : titre *ut supra* encadré ; la date de l'impression est hors du cadre ; — 3 feuillets doubles chinois numérotés en chinois sur la tranche et avec des astérisques, *, **, ***, au bas des pages : *Prologo* ; — 50 feuillets doubles numérotés en chinois sur la tranche ; les pages sont numérotées en chiffres arabes depuis 1 jusqu'à 99,

(F. Varo.) (F. Varo.)

le verso du feuillet 50 étant blanc ; elles comprennent la grammaire en espagnol ; — le 20ᵉ feuillet est chiffré par erreur 三十 au lieu de 二十 ; nous donnons la p. 2 (verso du feuillet 1) de la *Grammaire*. — 10 feuillets doubles numérotés en chinois sur la tranche et en chiffres arabes au haut du recto de chaque feuillet ; elles comprennent : Brevis Methodvs- ‖ confessionis in- ‖ stitvendae. ‖ Non solum Confessarijs, ad linguam erudien- ‖ dam utilis ; sed & necessaria ; praesertim ‖ noviter intrantibus ; ut eo citius ‖ Poenitenciae Sacramentum ad- ‖ ministrare possint. ‖ Composita à Rº P. Basilio à Glemona Vicario ‖ Apostolico Provinciae Xên si, Ord. Minor. Refor.

Nous reproduisons la dernière page qui termine : *Exhortacion* ‖ *Para hazer un acto de Contriçion*, commencé à la page précédente.

En tout 64 feuillets doubles. — Le 5ᵉ feuillet de la grammaire est broché à l'envers.

L'ex. que nous avons examiné est celui de M. Thonnelier. Renfermé dans une boîte-livre demi-maroquin rouge, il paraît être, sinon le seul, du moins l'un des deux ex. de la grammaire de Varo qui ait paru dans les ventes depuis un siècle. Son histoire mérite donc d'être retracée, car, la bibliothèque de son possesseur défunt ayant été dispersée sous le feu des enchères, nous espérions qu'il terminerait enfin ses pérégrinations en entrant, soit à la Bibliothèque nationale, soit au British Museum, où il ne se trouvait pas alors. Il n'en a rien été malheureusement. Le propriétaire le plus ancien a tracé son nom « Philippi Telli » sur le frontispice (verso du 1ᵉʳ feuillet). Ce Telli était un musicien italien (laïque) appelé en chinois *Tê*, envoyé en Chine en 1720 par la Propagande. Dans son ouvrage *De studiis sinicis*, p. 22, Montucci dit qu'il possède un ex. de cette grammaire ;

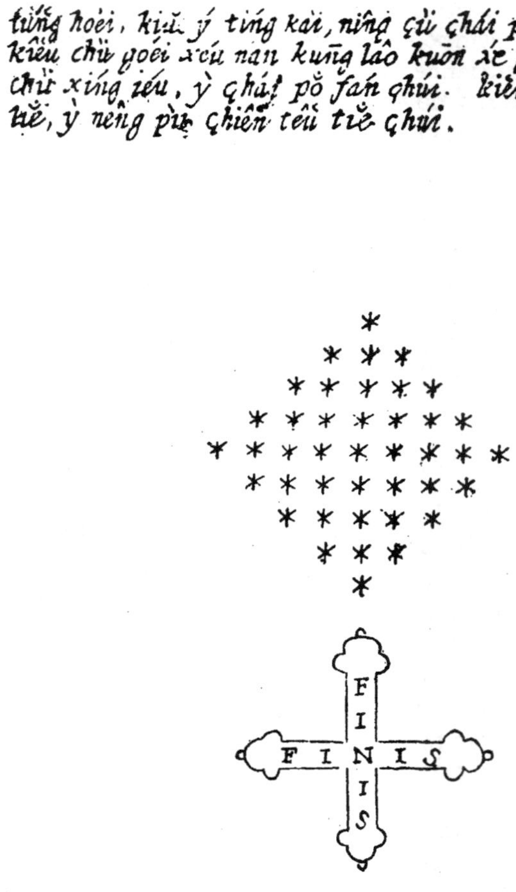
tũ̈ng hoèi. kiũ ý tíng kài, nĩ̂ng çù̈ chái pồ̈ kàn fán chúi,
kiễu chù̈ goéi xcú nan kũng lâo kuõn xé gò chúi; kiễu-
chù̈ xíng iéu, ỳ chát pồ̈ fán chúi. kiễu chù̈ kiáng xîn
tễ, ỳ nêng pù̈ chiến têũ tễ chúi.

FINIS

notre ex. paraît être le sien, car sur la couverture on lit : « Emptum à Dom. A. Montucci, H. J. v. Klaproth, Berolini, 23. Feb. 1812. » D'autre part, l'ex. ne figure pas au catalogue des livres de Klaproth (Paris, 1839), et il porte sur le frontispice également le cachet chinois rouge d'Abel-Rémusat ; il y a donc lieu de supposer que l'ex. de Montucci acheté par Klaproth aura été cédé ou donné par ce dernier à Rémusat. Il n'est pas marqué non plus dans le catalogue de vente de Rémusat (1833) où l'on ne trouve qu'une copie (nº 476) vendue 32 francs. Dans le catalogue de Landresse (1862), on le retrouve au nº 239 ; la description de la reliure demi-mar. rouge dans un étui ne saurait laisser subsister aucun doute à cet égard. Landresse avait collaboré au Catalogue de la Bibliothèque de Rémusat (*Avert.*, p. 4) ; il était élève de ce sinologue, dont il publia après la mort le *Foe koue-ki* (avec Klaproth) ; il est donc permis de supposer que l'ex. passa directement de la collection de Rémusat dans celle de Landresse. De celle de Landresse, il est allé à M. F. Villot, qui a écrit une longue notice historique au verso de la couverture le 23 octobre 1863, et des mains duquel il passa, par l'intermédiaire d'un libraire de Paris, entre les mains de M. Thonnelier. Il a été revendu à la vente de ce savant (1522) au libraire dont nous venons de parler, M. Maisonneuve, de Paris, pour 615 francs. Ce livre, remis en vente par M. M. pour 1500 francs, a été acheté, en 1884, par M. le Dʳ Julius Platzmann, de Leipzig, qui a fait en même temps à la même librairie, pour 80 francs, l'acquisition de la copie de l'ouvrage faite pour Abel-Rémusat (*vide infra*). — A la vente des livres du Dr. Platzmann, après la mort de ce savant, cet exemplaire acquis par le libraire Karl W. Hiersemann, de Leipzig, a figuré dans son Katalog 302, *Ostasien*, sous le no. 1199, au prix de Mark 2400.

M. Charles Leclerc, de la librairie Maisonneuve, avait fait reproduire le titre de cet exemplaire ; nous avons placé ce fac-similé en tête de notre mémoire ; voir *infra*.

(F. Varo.) (F. Varo.)

D'autres exemplaires de cette grammaire ont été connus, mais il nous a été impossible de suivre la trace de tous :

1° Ainsi Fourmont, qui s'est largement servi de la grammaire de Varo pour son propre ouvrage, et lui a consacré une longue notice (*Grammatica duplex*, 1742, p. xxvj-xxx) ; mais l'ex. qu'il a eu entre les mains n'est pas le nôtre, car nous lisons après le titre espagnol de l'*Arte de la Lengua Mandarina*, dans la *Grammatica duplex*, p. xxvij : « In quo etiam ad marginem inveni, sed manuscriptum. *Ad usum R. P. Johannis. P. ab ilice, Mission. Ordinis Minorum Sancti Francisci* », indication qui ne se retrouve pas dans notre exemplaire. Le paragraphe suivant de la *Grammatica* nous apprend que Fourmont avait eu le sien du R. P. Eustache (Augustin), qui l'avait apporté de Rome.

2° Neumann écrit dans une note de la Préface de son *Catechism of the Shamans*, 1831, p. XII : « Only three copies are known of this great literary curiosity ; one is in Rome, one in Paris, and one in my possession. »

L'exemplaire de la grammaire de Varo appartenant jadis à Neumann se trouve maintenant à la Bibliothèque royale de Munich, *L. As.* 279, in-4. Il est relié en demi-veau ; le titre est recollé sur une feuille de papier blanc et l'ex. est piqué des vers, incomplet de plusieurs feuillets, remplacés en manuscrit. On a relié avec et en tête un article de Neumann sur les *Desultory Notes* de Meadows, extrait des *Gelehrte Anzeigen her. v. Mitgl. d. k. Bay. Ak. d. Wiss.*, et une lettre autographe de Neumann, de Munich, oct. 1849.

3° A la vente de la Bibliothèque de M. De Guignes (1845), un ex. *imprimé* a été vendu 50 francs (n° 501). Nous ne croyons pas qu'il soit celui de Rémusat et qu'il ait passé à Landresse par l'intermédiaire de De Guignes. Il est broché comme le nôtre, mais l'étui de demi-maroquin rouge dont celui-ci est revêtu et qui paraît semblable à celui d'une copie de cette grammaire dont nous parlerons plus loin, doit être de l'époque de la Restauration. Il n'est donc guère permis de croire que l'ex. de De Guignes sans étui serait passé à Landresse, qui l'aurait fait enfermer dans cet étui. Il est plus probable que De Guignes, qui avait visité Pe-king avec une ambassade hollandaise et avait été consul de France à Canton, aura rapporté son ex. de Chine.

4° L'université de Kazan possède un exemplaire de la grammaire de Varo dans sa Bibliothèque ; le titre manque, mais on en voit les traces ; le traité du P. Basile se trouve également à la fin. Cet exemplaire a été rapporté de Pe-king par le professeur Kovalevsky, qui l'a cédé à la Bibliothèque de l'Université pour 10 roubles ass.

5° L'exemplaire de la bibliothèque Sunderland, relié en maroquin vert par Zaehnsdorf, acheté par Bernard Quaritch, et remis en vente par ce libraire de Londres (Cat. 368, May 1886, n° 35.462) au prix de 36 liv. ster.

Il y a dans la *Bibliotheca Lindesiana* un ex. qui est peut-être celui-ci.

6° Outre son ex. imprimé de la grammaire de Varo, Rémusat en possédait également une copie manuscrite avec une d.-rel., dos de mar. r., fil. qui a figuré au catalogue de la vente de ses livres (n° 476, vendu 32 francs). Cette copie a depuis appartenu à Landresse (n° 240 du Cat. de ses livres), à la vente duquel elle fut achetée en même temps que l'ex. imprimé, par M. Villot.

7° Nous trouvons également au Cat. de Langlès, 1825, n° 1058, un vol. intitulé : « Arte de lengua mandarina. Addicion al arte de lengua mandarina », vendu 47 francs. La note ajoutée à cette description : « Ms. pet. in-4, sur beau papier de Chine, qui paraît avoir été composé par quelque missionnaire jésuite », semblerait indiquer que ce manuscrit ne portait pas de nom d'auteur. C'est peut-être néanmoins une copie de la grammaire de Varo.

8° Nous avons vu jadis dans la bibliothèque des PP. Jésuites à Siu Ca-wei, un vol. in-24, que nous n'avons pu retrouver depuis, intitulé : — Grammatica linguae Sinensis Auctoribus PP. Varo et De Cremona ex Hispanico in Latinum idioma translata et aucta, Neapoli, 1835. Lithographice impressa.

9° La Bibliothèque nationale de Paris possède un exemplaire de la Grammaire de Varo, qu'elle a acheté (Acquisitions, n° 141.905) en 1894, pour 900 francs, de M. Paul Sicre, contrôleur des Contributions directes. Il porte la cote : Réserve, p. x, 156 ; il est relié en chagrin bleu plein avec deux fermoirs ; les feuillets du prologue ont été coupés et recollés, en sorte que les chiffres chinois de la tranche ont disparu ; le titre est remonté. Je ne connais pas la provenance de cet ex., qui n'est sûrement pas celui de Thonnelier.

10° Ex. de la Bib. Imp. Vienne ; cf. Endlicher, *Verzeich.*, LIV.

Chose curieuse, les PP. Quétif et Echard ne parlent pas de la grammaire de Varo.

— Le P. Francisco Varo par Henri Cordier, Professeur à l'Ecole des Langues Orientales. (*Mém. Soc. Sinico-jap.*, etc., VI, Avril 1887, pp. 117/125.)

Avec une planche. — Voir *supra*.

— La Grammaire chinoise du P. Francisco Varo. Par Henri Cordier. Paris, Maisonneuve et Charles Leclerc. 1887, br. in-8, pp. 11. Avec 1 pl.

Tirage à part de l'article précédent.
Notice : *China Review*, XVI, p. 132. Par E. J. E.[itel.]

— Grammatica Linguae Sinensis Auctoribus PP. Varo et De Cremona ex Hispanico in Latinum idioma translata et aucta. Neapoli, 1835. Lithographice impressa, in-24.

Il y en a un ex. à Siu Ca-wei.

— Theophili Sigefridi Bayeri Regiomontani Academici Petropolitani, Graecarum Romanarumque Antiquitatum Prof. Publ. Ord. Societ. Regiae Berolin. Sodalis Mvsevm Sinicvm In quo Sinicae Linguae et Litteraturae ratio explicatur.

Tomvs primvs Praefationem historicam de progressu litteraturae Sinicae in Europa, Grammaticae Sinicae duos libros, Grammaticam linguae Chincheo, Missionariorum e Tranquebare epistolam, Andreae Mulleri propositionem clauis Sinicae et epistolam ad Io. Heuelium comprehendit.

Tomvs secvndvs Lexicon Sinicum et Diatribas Sinicas comprehendit. Petropoli Ex typographia Academiae Imperatoriae cIↄIↄccxxx, 2 vol. in-8, 11 ff. n. ch. + pp. 145 + 190, 8 pl. ; 372 + 1 f. n. ch., pl.

Vend. Rémusat (478), Vol. I, Fr. 1.60 ; (782), Fr. 21 ; (783), Vol. I, Fr. 3. — Klaproth (737), Fr. 12. — Quaritch, 1872, 10/. — Thonnelier (1524), Fr. 3. — Vaut Fr. 10.

— * Grammatica seu manuductio ad linguam sinicam facilius addiscendam a fratre Carolo Horatio a Castorano, regularis observantiae S. P. Francisci ex provincia Sancti Bernardini de Aquila pro sacrâ congregatione de Propagandâ fide in Sinâ per continuos 33 annos missionario compositum et concinnatum.

Ms. vend. parmi les *Papiers laissés par feu M. G. Pauthier*, Leroux, 1877, à la suite des livres persans de feu M. J. B. Nicolas, No. 75, VII, Fr. 27. — Une autre copie a figuré à la vente des livres d'Abel Rémusat, No. 491 ; voir *supra*. — Sur cette grammaire inédite voir les *Mél. As.*, II, pp. 113/114.

Fourmont.

— Meditationes sinicae, in quibus :

I° Consideratur *Linguae Philosophicae* atque *Universalis* Natura qualis esse, aut debeat, aut possit.

II° Lingua *Sinarum Mandarinica*, tum in

Hieroglyphis, tum in *Monosyllabis* suis, eâ mente inventa ac talis esse ostenditur.

III° Datur eorumdem *Hieroglyphorum*, ac *Monosyllaborum*, atque inde, *Characterum* Linguae Sinicae omnium, quamvis innumerabilium, & *lectio*, & *intellectio*, seu *Ars legendi* & *intelligendi* tota, qualis Pekimi ab ipsis Doctoribus Sinis traditur.

IV° Idque omne, progressu à Libris merè Europaeis (de Sinâ tamen) ad Libros merè Sinicos, facto. Author Stephanus Fourmont... Lutetiae Parisiorum... Ex Typographiâ Josephi Bullot, MDCCXXXVII, in-folio, 4 ff. prél. n. ch. + pp. xxx-152.

Vend. Rémusat (784), Fr. 12; (784 *bis*), en feuilles, Fr. 8. — J. Baur (Paris), br. n. rog., Fr. 15 (1874). — Rochet (591), Fr. 11. — Thonnelier (1525), avec le suivant, Fr. 3.

— Linguae Sinarum Mandarinicae hieroglyphicae GRAMMATICA DUPLEX, Latinè, & cum Characteribus Sinensium. Item Sinicorum regiae bibliothecae Librorum Catalogus, Denuò, cum Notitiis amplioribus & Charactere Sinico, Editus Jussu Ludovici Decimi Quinti Author Stephanus Fourmont... Lutetiae Parisiorum... Ex Typographiâ Josephi Bullot. MDCCXLII, in-folio, 6 ff. n. ch. + pp. xl-IV-516 + 2 ff. à la fin.

Le Catalogue occupe les pp. 343/511. — Le volume se termine, pp. 512/516, par « Excerpta è variis Premari ad amicum suum Fourmontium Epistolis ». — Les deux derniers ff. renferment : Lettre de Monseigneur l'evesque d'Ecriné [Joachim Enjobert de Martillat], vic. ap. du Yun-nan, Tch'eng-tou, Se-tch'ouan, 9 août 1741, reçue par Fourmont en août 1742.

« On a trouvé dans les papiers de Fourmont une lettre du P. Prémare qui renferme un jugement très-sévère et très-fondé sur la grammaire de Fourmont adressée à Fourmont lui-même, laquelle lettre a été imprimée dans les *Annales encyclopédiques* de 1817, T. VIII, p. 13. Cet homme (Fourmont) est en sinologie un type d'orgueil, de vanité et de mauvaise foi qui a fait école. Tout dans ses écrits et dans sa conduite dénote une personnalité tellement vaniteuse qu'elle inspire la pitié. Un seul fait en fera juger. Dans une note de la préface de sa *Grammatica sinica* (p. 5), on y lisait, entre autres choses, cette déclaration qu'il avait exigée de son frère Michel Fourmont : » Je reconnais envers mon frère ce qui s'ensuit, savoir : que c'est mon dit frère qui m'a appris les Langues Latine, Grecque, Hébraïque, Syriaque et Chinoise, etc. «

On ne trouve pas ce passage, avec plusieurs autres de même genre, dans les exemplaires mis dans le commerce. On a remplacé le feuillet *b* (p. 5-6) par un carton. L'exemplaire que je possède provenant de de Guignes le père, celui-ci y a conservé *le feuillet* supprimé en même temps que le carton qui l'a remplacé. » (*Cours comp. de Géog... Disc. d'ouverture prononcé le 16 janvier 1873* par M. G. Pauthier, Note, pp. 33/4.)

Vend. Langlès (1055), Fr. 15. — Rémusat (479), Fr. 15.50. — Pauthier (220), Fr. 9. — Rochet (592), Fr. 11.

— Le Manuscrit Fr. 12215 (Ancien Supp. Fr. 5212) contient un ouvrage du P. Foureau relatif à la grammaire de Fourmont. Cet ouvrage est d'autant plus intéressant que le P. de Backer ne cite aucun écrit du P. Foureau. Nous avons donné ailleurs (Vies des Miss.) deux lettres de ce Jésuite [voir col. 1070] :

« Réflexions sur la grammaire chinoise de M. Fourmont. »

Ces réflexions commencent ainsi :

« Le P. Foureau s'étant trouvé *depuis onze ans* dans la nécessité d'étudier la langue parlée et la langue écrite de Chine, a lu avec empressement cette grammaire chinoise, et, s'il a mis par écrit une partie des réflexions qu'elle lui a donné occasion de faire, c'est moins par un esprit de critique que pour rendre à la vérité un témoignage qu'elle semble attendre de lui dans un pays où les recherches de peu de nos sçavans se sont étendues jusqu'à la langue chinoise.

...Le P. F.[oureau] regrette que M. F.[ourmont] n'ait pas eu de meilleurs principes... p. 1.

...Si M. F.[ourmont] avoit vu le Dictionnaire latin-chinois que le P. Parennin a composé à Peking, et que j'ai entre les mains, il n'auroit pas manqué d'en parler de même que de celui des PP. Hervieu et de Prémare ; pour les mêmes raisons, p. 9. »

Ces réflexions se composent de 34 pages in-4, elles sont suivies d'observations sur le « Catalogus librorum Biblioth. Regiae Sinicorum ».

Ces observations (56 pages) sont suivies de remarques sur l'envoi du Ms. de l'Orphelin de Tchao que nous avons reproduites au chapitre qui traite de cette pièce de théâtre.

Le Ms. suivant contient l'ouvrage complet du P. Foureau :

— Reflexions sur la grammaire chinoise de Mr. Fourmont. Ms. Bib. nat., N. F. Chinois, 3422, in-4, pp. 384, s. le titre et la table : 3 feuillets prél.

« Ces Reflexions qui me paroissent judicieuses et modérées sont du P. Fourreau, Missionnaire Jesuite. Il avoit amené plusieurs chinois avec lui dont un entre autres etoit habile dans la Littérature de son païs. Le Père Fourreau se servit de ses lumières et composa cette critique dont il fit passer une copie à la Bibliotheque du Roi, en 1743 ou 1744. Celle-ci a été transcrite par M. Jault, professeur de syriaque au College Royal de France, et m'a été vendue par son fils en 1779. Deshauterayes.

Les clefs chinoises qui sont à la fin sont extraites des *Meditationes Sinicae* du même M. Fourmont, imprimées en 1737. »

Note de la première page.

Une partie de ce Ms. a été reproduite dans les *Fragments d'une Hist. des Etudes chinoises*, de Henri Cordier, pp. 44/57. Voir également cet ouvrage pour les travaux de Fourmont et sa correspondance avec le duc d'Antin.

La Bibliothèque de l'Ecole des Langues Orientales vivantes possède une copie du Ms. du P. Foureau, faite par M. Georges Maspero.

— Observations critiques sur la *Grammatica sinica* d'Et. Fourmont, par A. Gigue [lisez Guigue], ou examen de cet ouvrage fait en ordre du Gouvernement, copié par moi, d'après un manuscrit autographe à moi prêté par M. de Tersan, le 6 février 1807, achevé le 17 auguste 1807. In-fol., d.-rel.

Manuscrit de la main de A. Rémusat. Cat. Rémusat (480), Fr. 22. — Voir *Mél. As.*, II, p. 116.

— Lettre de Fourmont l'aîné. (*Rev. de l'Ext. Orient*, II, 1883, Nos. 1 & 2, pp. 271/272.)

Sur l'abbé Guigue, etc.

— Some reasons for thinking, that the Greek language was borrowed from the Chinese : in notes on the Grammatica Sinica of Mons. Fourmont. By Mr. Webb. London : Printed for J. Dodsley... M.DCC.LXXXVII, in-8, pp. VI-74.

Mr. Webb = Daniel Webb. — Cf. H. Cordier, *Fragments*, p. 59.

— Grammaire Chinoise, pp. 152, in-4. Par Johan Eric Ringstrôm.

Dédié au Prince Royal Gustaf Adolf [Gustave IV Adolphe].
Ms. inédit de la Bib. royale de Stockholm.

— * Arte del idioma chinico, por el P. Fr. Manuel del Sacramento de la Provincia de S. Pablo. Impreso en Canton el año de 1781.

Marcellino da Civezza.

— Arte de Lengua chinica, que vulgarmente se llama Mandarina, compuesto por el P. Fr. Juan Rodriguez del Orden de San Agustin, Missionero apostólico de China. — Copié par Fr. Pedro Bello, et daté, Manila, 13 de Enero de 1792. 1 vol. Ms. de 162 pages, p. in-4.

Ecrit très nettement et relié en parchemin. — Complet.

— Ritual para administrar los Sacramentos en lengua Chin-chea.

1 vol. Ms. sur papier de Chine, sans nom d'auteur. Conservé en très mauvais état. = 280 pages. Complet.

A la page 124 publié un « Cathecismo Breve » et donné comme auteur le P. Alberto Collares, p. in-4. Daté 1793.

Ces deux livres ont été recueillis des Missions Espagnoles au Foukien et au Hou-pé, et appartiennent maintenant à M. Eduardo Toda, consul d'Espagne.

JOSHUA MARSHMAN.

— Dissertation on the Characters and Sounds of the Chinese Language: including Tables of the Elementary Characters, and of the Chinese Monosyllables. Serampore, November, 1809, in-4.

By Joshua Marshman. — Notice : *Quarterly Review*, V, May 1811.

Cet ouvrage a été publié comme introduction au livre du même auteur : « The Works of Confucius » [voir col. 1404] ; mais il y en a eu des ex. tirés séparément.

— 中國言法 *Clavis Sinica*, or Elements of Chinese Grammar, with a Preliminary Dissertation on the Characters, and the Colloquial Medium of the Chinese, and an Appendix containing the Ta-hyoh of Confucius with a Translation. By J. Marshman, D. D. Serampore : printed at the Mission Press, 1814, in-4, pp. XVI-VIII-566-56.

Preface. — Contents. — Dissertation on the Chinese language. — I. On the Characters. — II. On the Sounds or the Colloquial Medium. — Part II. Elements of Chinese Grammar. — Appendix : Tahyoh, with a translation.

— Les chapitres traitant des *Primitifs* : « Of the Primitives », pp. 83/80, ont été reproduits dans *The Chinese Repository*, IX, pp. 587/616, sous le titre de : « Dissertation on the Chinese language, or a particular and detailed account of the primitives, formatives and derivatives. By J. Marshman, D. D. »

Notices : Par J. Abel Rémusat : *Journal des Savans*, Fév. 1817, pp. 83/9 ; Mars 1817, pp. 160/6. — *Mél. As.*, II, pp. 132/151. — *Quarterly Review*, XV, July 1816.

Vend. Langlès (1056), Fr. 95 [Rel. de Thouvenin]. — Rémusat (481), Fr. 56. — Klaproth (651), Fr. 69. — Heber, Pt. I (4594), £ 1.1/-. — Quaritch, 1872, No. 285, 12/- et 18/-. — Pauthier (221), Fr. 16. — Thonnelier (1527), Fr. 11.

ROBERT MORRISON.

— A Grammar of the Chinese Language by the Rev. Robert Morrison. Serampore : Printed at the Mission Press 1815, in-4, pp. VI-280, sans les Errata.

C'est par erreur que *The Chinese Repository*, XVIII, p. 403, donne 1816 comme date de la publication de cet ouvrage.

« The grammar was sent to the Bengal Government by the Select Committee, that it might be printed ; but from some unknown cause the Ms. was kept nearly three years. At length, however, it was printed at Serampore, in 1815, at the expense of the Honourable East India Company. » (*Memoirs*... of R. Morrison, I, pp. 298/299.) Voir sur cette grammaire, une lettre datée 5 juillet 1811, adressée à l'auteur par Sir G. T. Staunton, imprimée dans les *Memoirs*, I, pp. 299/300.

Il y a une description de la grammaire par le Dr. Kidd dans le Vol. II des *Memoirs*, pp. 74/75.

Vend. Langlès (1057), Fr. 26. — Rémusat (482), Fr. 29. — Klaproth (652), Fr. 27. — Trübner, 1876, £ 2.2/-. — Quaritch, 1876, 20/-. — Thonnelier (1528), Fr. 15.

Notices : Par J. P. Abel Rémusat : *Journal des Savans*, Fév. 1818, pp. 65/70 ; *Mél. As.*, II, pp. 152/156.

— Le manuscrit original de la Grammaire chinoise de R. Morrison a été déposé, en Octobre 1873, dans la City Library de Hongkong : C'est un cahier petit in-fol. de 168 pages sans la Préface (Macao, April 2nd 1811, 3 pages) et la Table des matières (2 pages) qui se trouvent au commencement, et un appendice d'une page.

— A Grammar of the English Language : for the use of the Anglo-Chinese College by R. Morrison, D. D. Macao, China. Printed at the Honorable East India Company's Press, by P. P. Thoms, 1823, in-8, pp. 97.

ABEL RÉMUSAT.

— Elemens de la Grammaire chinoise ou Principes généraux du *Kou-wen* ou style antique, et du *Kouan-hoa*, c'est-à-dire, de la langue commune généralement usitée dans l'empire chinois. Par M. Abel-Rémusat... Paris, Imprimerie Royale, 1822, in-8, pp. XXXII-215.

Préface. — Prolégomènes. — Kou-Wen. — Kouan-hoa. — Appendice. — Table des caractères chinois employés dans ce volume, et dans l'édition du *Tchoung-Young* arrangés suivant l'ordre des 214 clefs. — Table des caractères dont le radical est difficile à reconnaître, arrangés d'après le nombre de traits qui les composent. — Table des mots dissyllabiques et des expressions composées dont l'explication se trouve dans cette grammaire. — Table des abréviations. — Table des Matières.

Dans la préface, Rémusat passe en revue les grammaires qui ont été écrites avant la sienne.

Notices : *Moniteur*, 19 oct. 1822 ; tirage à part, in-8, pp. 7 (par Klaproth). — *J. des Savans*, juin 1822, par Silvestre de Sacy, pp. 329/341. — *Jour. As.*, I, 1822, pp. 32/44, par J. Saint-Martin.

Cette grammaire a été publiée à Fr. 20. — Quelques ex. de format in-4 sur pap. vélin à Fr. 40. — Vend. Rémusat (483), Fr. 15 ; (484), pap. vél., Fr. 34.50. — Klaproth (653), Fr. 15 ; (654), pap. vél., cuir de Russie, Fr. 49. — Thonnelier (1529), Fr. 8. — Ouvrage devenu peu commun ; se vend Fr. 12.

— 漢文啓蒙 Elémens de la Grammaire chinoise, ou principes généraux du *Kou-wen* ou Style antique, et du *Kouan-hoa*, c'est-à-dire, de la langue commune généralement usitée dans l'empire chinois. Par Abel-Rémusat, de l'Académie des Inscriptions et Belles-Lettres, Professeur de Langue et de Littérature chinoises et tartares au Collége de France. Nouvelle édition publiée conformément à celle de l'Imprimerie royale et augmentée d'une table des principales phonétiques chinoises, par L. Léon de Rosny, Membre du Conseil de la Société asiatique de Paris. Paris, Maisonneuve, 1857, gr. in-8, pp. XXXIJ-240.

Le travail de M. Léon de Rosny sur les Phonétiques chinoises occupe les pages 213-235. — Quaritch, 1872 (285), bd. 7/6.

Jean-Pierre-Abel Rémusat né à Paris, le 5 sept. 1788; † 2 juin 1832; consulter sur lui : Notice historique sur la Vie et les Ouvrages de M. Abel Rémusat par Silvestre de Sacy, Sec. perp. Lu dans la séance publique du 25 juillet 1834. (*Hist. de l'Ac. des Insc.*, XII, pp. 375 et seq.) Cette notice est suivie du Catalogue chronologique des ouvrages de M. Abel Rémusat. — *Jour. Asiatic Society*, Feb. 1834 : réimp. dans *The Canton Register*, 20 May 1834. — Son art. biog. dans la *Biog. univ.* est réimp. dans *The Chin. & Jap. Rep.*, Aug. 1863. — Le travail d'Ampère cité plus loin.

— Lettre à M. Abel-Rémusat sur la nature des formes grammaticales en général, et sur le génie de la langue chinoise en particulier, par M. G. de Humboldt. Paris, Dondey-Dupré, 1827, in-8, pp. VIII-122.

Vend. Klaproth (644), Fr. 6.75.

Des passages de cette lettre sont reproduits dans le *J. As.*, IX; 1826, pp. 115/123.

— Notice de l'ouvrage intitulé : Lettre à M. Abel-Rémusat sur la nature des formes grammaticales en général, et sur le génie de la langue chinoise en particulier, par M. G. de Humboldt. Par M. le Baron Silvestre de Sacy. In-8, pp. 40.

Extrait du *Journal des Savans*, Février et Mars 1828, pp. 67/80, 141/151.

— Extrait d'une lettre de M. Abel Rémusat adressée à M. le baron G. de Humboldt. (*N. J. As.*, XI, 1833, pp. 273/282.)

— De la Chine et des travaux d'Abel-Rémusat, par J.-J. Ampère. (*Revue des Deux Mondes*, 15 novembre 1832, 1 et 15 novembre 1833.)

J. A. GONÇALVES.

— 辣丁字文 Grammatica latina ad usum Sinensium Juvenum a J. A. Gonsalves Congregationis Missionis presbytero post longam experientiam redacta et Macao in regali collegio Sancti Joseph Facultate regia typis mandata. Anno MDCCCXXVIII, in-12, pp. 232.

Vend. Pauthier (225), Fr. 5.

— 漢字文法 ARTE CHINA constante de Alphabeto e Grammatica comprehendendo Modelos das differentes composiçoens composta por J. A. Gonçalves Sacerdote da Congregação da Missão. — Impressa com licença regia noreal collegio de *S. Jose*. Macao. Anno de 1829. In-4, pp. VIII-503-48.

Prologo. — I. Alphabeto China. — II. Frases vulgares e sublimes. — III. Grammatica. — IV. Syntaxe. — V. Dialogos. — VI. Proverbios. — VII. Historia e Fabula a que se frequentemente se allude no discurso (1° Nomes; 2° Extractos; 3° Allusoēs). — VIII. Composiçoēs China. — Appendice. — Indice.

Vend. Klaproth (655), Fr. 72. — Pauthier (228), Fr. 50. — Thonnelier (1530), Fr. 50.

— Extracts from Histories and Fables to which Allusions are frequently made in Chinese Literature [translated from the «*Arte China*» of Père Gonçalvès, by Sir John Bowring, late Governor of Hongkong]. (*Chinese Repository*, 1851, XX, pp. 94/105, 122/152, 194/215. — Réimp. dans le *Ch. & Jap. Rep.*, Dec. 1863, pp. 248/254; Jan. 1864, 307/315; Feb., 344/9; March, 391/7; April, 418/424; June, 500/3; Aug., II, 29/32; Feb., III, 85/8; March, 106/110; May, 213/16; June 285/8.)

(J. A. GONÇALVES.)

— Cours graduel et complet de chinois parlé et écrit par le comte Kleczkowski, Ancien Chargé d'affaires de France à Pékin, Professeur de Chinois à l'Ecole nationale, spéciale, des langues orientales vivantes. Volume I. Phrases de la langue parlée Tirées de l'*Arte China* du P. Gonçalves. Paris, Maisonneuve, 1876, gr. in-8, pp. lxxij-102-116.[1]

Notice : *La Patrie*, 17 oct. (par G. de Saint-Valry).

Michel-Alexandre, Comte Kleczkowski, est mort à Paris, le 26 mars 1886, à l'âge de 68 ans; il était né, le 27 fév. 1818, au château de Kleczkow en Galicie. — Notice : *Nouv. Mél. Orientaux*, Paris, 1886, pp. XII-XIV.

— La vérité sur la Chine. Par le Cte Kleczkowski. (*Rev. de géog. int.*, août 1878, pp. 241/3; janvier 1879, pp. 6/12.)

Préf. de la *Grammaire chinoise*.

— Dialogues français-chinois traduits du portugais de J.-A. Goncalvès par A. H.[amelin.] Paris, 1878, in-8 autographié.

— NOTITIA LINGUAE SINICAE. — *Edition de Malacca*. — Notitia Linguae Sinicae. Auctore P. Premare. — Malaccae : cura Academiae Anglo-Sinensis, 1831, in-4, pp. 262-28.

Les vingt-huit dernières pages sont consacrées à l'Index.

Le titre que nous donnons ici est exact: mais des ex. portent aussi : *curâ et sumtibus Collegii anglo-sinici*. On trouvera deux ex. dans le Cat. des livres de Klaproth avec ces titres différents. (Nos. 649 & 650.)

Vend. Klaproth (649), Fr. 39; (650), Fr. 45. — Pauthier (226), Fr. 53. — Callery (8), Fr. 70. — Thonnelier (1523), Fr. 41. Devenu rare; a été vendu jusqu'à Fr. 80.

Envoi du Ms. — Sa réception à la Bib. du Roi.

Le Manuscrit de la «Notice de la Langue Chinoise, en cinq tomes», a été envoyé par Prémare à Fourmont. Il est annoncé dans la lettre du 10 décembre 1728 (*Grammatica Duplex*, p. 513) et il est arrivé à la Bibliothèque du Roi le 11 février 1730. (Lettre de Fourmont à l'abbé Bignon, *Meditationes*, p. 136.)

Voir une lettre de Prémare à Fourmont, datée de Macao, le 5 octobre 1733, insérée dans les *Annales encyclopédiques*, 1817, Vol. VIII, p. 13. Dans cette lettre, Prémare, qui avait connaissance des menées de Fourmont au sujet de sa *Notitia*, écrit à ce savant que la *Notitia* n'avait été «faite que pour rendre l'étude du chinois familière aux missionnaires futurs, et à tous les savans de l'Europe, qui sont, comme vous, curieux des antiquités chinoises».

Le passage de cette lettre qui est relatif à la *Notitia* est reproduit par Rémusat dans sa biographie de Prémare. (*Nouv. Mél. As.*, II, p. 272.)

Fourmont travaillait à sa *Grammaire* lorsque Prémare lui annonça l'envoi de la *Notitia*. On pourra voir de quelles précautions F. s'entoura pour sauvegarder ses propres intérêts dans sa biographie et dans celle du P. de Prémare par Abel Rémusat. (*Nouv. Mél. As.*, II.)

On consultera à ce sujet les documents suivants imprimés dans les *Meditationes Sinicae*, 1737 :

— Acte de la déposition de la Grammaire chinoise de M. Fourmont à la Bibliothèque du Roy, pp. 135/136.

Du 14 septembre 1729 devant le bibliothécaire, Jean-Paul Bignon.

1. Cours libre de chinois vulgaire et pratique. Bâtiment de la Sorbonne, rue Gerson. — Discours d'Ouverture du 7 Décembre 1869 par M. le Comte Kleczkowski, ancien Chargé d'affaires de France à Pékin. Paris, Typographie de A. Pougin, 1870, br. in-8, pp. 30.

(NOTITIA LINGUAE SINICAE.)

— Copie de la lettre de M. Fourmont l'aîné à M. l'abbé Bignon, pp. 136/137.

Du Samedi, 4 février 1730.

— Copie de la lettre de M. l'abbé Bignon à M. Fourmont l'aîné, pp. 137/138.

Du 20 février 1730.

Fourmont a écrit une revue de la *Notitia* dans la IIIe Partie de la Préface de sa *Grammatica Duplex* (1742), pp. XVI-XXIV.

« Mais Fourmont survécut à son ami ; l'ouvrage de celui-ci fut perdu de vue, et il est resté oublié jusqu'à ce que j'aie retrouvé, au Cabinet des Manuscrits orientaux, en dépit du conservateur d'alors, l'original de la Notitia linguae sinicae, et que j'en aie rappelé le souvenir, en publiant les obligations que j'avais au P. Prémare. Le manuscrit autographe que possède la Bibliothèque du Roi, est en trois petits volumes in-4, et non pas en cinq, comme le dit Fourmont, sur papier de Chine plié double : les caractères sont d'une main chinoise ; l'écriture latine en est difficile à lire en plusieurs endroits. Il en a été fait, sur cet original, une copie très exacte, et depuis, sur cette première copie, une seconde, qui a passé en Angleterre, et qu'on disait destinée à l'impression... » (Abel Rémusat, *Nouv. Mél. As.*, II, pp. 272-273.)

Rémusat ajoute en note, *loco citato* : « J'ai joint à ma copie un *Index* des locutions et idiotismes expliqués par Prémare, travail indispensable à raison de la multiplicité des exemples cités par l'auteur. Cet *Index* a été répété dans la deuxième copie qui devait être publiée à Malacca par les soins des missionnaires anglais, mais dont on n'a plus entendu parler depuis qu'elle leur a été envoyée. »

L'ouvrage a été, comme on l'a vu, imprimé en 1831 par les missionnaires anglais.

Description du Ms. original de la Notitia. — Des cinq tomes dont la *Notitia* était composée lorsqu'elle fut envoyée par Prémare à Fourmont (voir la lettre citée ci-dessus), il n'en reste plus que trois. Ces trois cahiers ont été reliés en 1825, ainsi que l'indique une note signée J. P. A. R. [Rémusat] au commencement du volume qui forme un petit in-4, portant le No. 2.229, fonds chinois, dép. des Ms. à la Bib. nationale.

Le Ms. est écrit sur un papier mince, plié en double à la manière chinoise. Une première série comprend 71 pages (p. 71, *Introductionis finis*). Une seconde série (pp. 314) contient la première partie de la *Notitia*. Enfin « *Pars secunda* » remplit les 232 dernières pages du Ms. qui se termine p. 232 : *Paragraphus Quintus. Selectiores Phrases quinque litterarum.* C'est ce qui a été reproduit dans la copie faite par S. Julien, copie d'après laquelle a été imprimée l'édition de Malacca.

On voit que le manuscrit est incomplet. Que sont devenus les deux autres tomes qui ont été envoyés par Prémare, qui ont été vus par Fourmont, mais qui n'ont pas été vus par Rémusat? Ne contiennent-ils pas, entre autres choses, un traité du savant jésuite intitulé « *de urbanitate Sinensium* » ? Nous les avons vainement cherchés à la Bib. nationale ; ils sont au British Museum ; voir *infra*, col. 1667-8.

La note raturée, relative à l'évêque de Rosalie dont nous parlons plus loin, comprend le dernier mot de la 2e ligne, les lignes 3 à 7, et le premier mot de la 8e ligne de la page 6 du second cahier.

On a relié avec le Ms., au commencement du vol. : 1° les approbations manuscrites de la *Notitia* par les Pères Noël, de Gollet (Jean Alexis), Jean Domenge, contresignées par le P. Julien Placide Hervieu.

2° Lettre du P. de Prémare (en latin) du 1er nov. 1728, adressée à l'abbé Bignon : dédicace de la *Notitia* (Datum Cantone apud Sinas Kal. Nov. 1728).

3° Autre lettre du P. de Prémare, du 3 nov. 1728 adressant la *Notitia* à Messieurs les Membres de l'Académie des Inscriptions & Belles-Lettres.

Cette lettre a été imp. par Pauthier, pp. 30/34 de son Discours d'ouv^re prononcé le 16 janvier 1873. *Cours comp. de Géographie à l'Ecole des Lang. Or. vivantes.*

Dans ce Ms. les caractères chinois sont écrits de gauche à droite. Dans la copie faite par Abel-Rémusat que nous allons décrire, les caractères sont marqués de droite à gauche.

1re Copie faite par S. Julien. — La copie de la *Notitia* de Prémare, d'après laquelle on a imprimé l'édition de Malacca, se trouvait dans la Bibliothèque du savant Mr. Alexandre Wylie, à Chang-hai. C'est un volume grand in-folio relié en veau. Nous avons comparé cette copie à l'ouvrage imprimé, et, autant qu'un examen consciencieux quoique rapide puisse nous permettre d'en juger, imprimé et manuscrit sont en tous points semblables.

A la première page du Ms., on lit la note suivante de la main du Dr. Morrison : « This Grammar is presented to the Anglo-Chinese College, through the President Dr. Morrison, by » A Gentleman «. The President engages on the behalf of the college to have this Grammar Printed from Funds provided by the gentleman aforesaid. London, Language Institution 27 Bartlett's Buildings. Feb. 15. 1826. »

Comme on l'aura vu d'après l'extrait que nous donnons plus loin d'une de ses lettres, Lord Kingsborough est le *gentleman* dont il est ici question. S. Julien (*Exposé* dans le *Rapport* de 1867) a donc raison contre Pauthier (*Vindiciae Sinicae Novae*, No. 1) lorsqu'il dit que cette grammaire a été imprimée aux frais de Lord Kingsborough.

A la seconde page, on lit : « Manuscrit de la *Notitia* du P. Prémare, avec *Dix* paquets de Cartes. Contenant l'Index. J. P. A. R. » [J. P. Abel-Rémusat] et, au bas de cette note de Rémusat, une autre du Dr. Morrison : « This Grammar is the Property of the Anglo-Chinese College Malacca. Feb. 15. 1826. »

La *Notitia* occupe 386 pages numérotées de 1 à 386. Au bas de la page 386, au-dessous de « Selectiores phrases quinque litterarum », on lit : « Hanc linguae sinicae grammaticam é codice manuscripto exscripsit Stanislas Julien » ; une autre annotation datée de Paris, 25 août 1825, enfermée dans un petit cadre, également en latin et de la même main, dit que ce travail de transcription a été terminé après 600 heures de travail assidu.

L'Index écrit sur deux colonnes occupe 24 pages. Une note au bas de la page 24 dit : « L'index transcrit des cartes [de Rémusat] par Richd Boswell, Mars 20th 1826. »

2e Copie faite par S. Julien. — Premari Notitia Linguae sinicae ex Apographo ipsius Premari manu emendato quod in Bibliotheca Regiâ Parisiensi servato accurate descripsit Stanislaus Julien.

Ms. in-folio entièrement de la main de S. Julien ; contient la matière du Ms. original décrit *supra* ; caractères chinois écrits de gauche à droite ; dans la collection de M. le Marquis d'Hervey de Saint-Denys.

Copie faite par Rémusat. — « L'exemplaire de la copie que M. Abel-Rémusat avait faite en 1 vol. in-folio de la *Notitia linguae sinicae* du P. Prémare est porté au catalogue de vente de sa bibliothèque (qui eut lieu en 1833) sous le n° 477. Cette même copie s'est retrouvée à la vente des livres de feu Landresse (faite en 1862) où elle figure sous le n° 242 du Catalogue... M. Julien connaît fort bien celui qui s'en est rendu acquéreur... » (Pauthier, *Vindicae Sinicae Novae*, No. 1, p. 12, Note.)

La copie faite par Rémusat appartient aujourd'hui à M. Léon de Rosny, professeur à l'Ecole des langues orientales. C'est un in-folio de 510 pages relié par Ducastin. Il ne contient que la matière du Ms. original décrit *supra*. On a relié avec la copie de la *Notitia* les copies des approbations et de la lettre à l'Académie. On n'a pas reproduit la lettre adressée à Bignon.

Le volume se termine par un « Index Personarum, locorum, vocum difficiliorum, idiotismorum, et omnium denique rerum quae, notatu dignae, apud Premarum occurrunt » de 59 pages, entièrement de la main de S. Julien dont on lit la déclaration au bas de la page 59 : Hunc indicem ordine disposui ac scripsi St. Julien, Parisiis, 7a die 8bris 1825.

La note relative à l'évêque de Rosalie se trouve au bas de la page 62.

Les caractères chinois sont écrits de droite à gauche.

— La phrase raturée qui a causé une nouvelle controverse entre M. Pauthier et M. Julien (*Vindiciae Sinicae Novae*, No. 1, pp. 9 et seq.), se trouve *en note* p. 39, de l'édition de Malacca : « Quinque lineae in originali codice sequuntur, sed liturâ deletae, ita tamen ut facilè legantur ; sic se habent ; *hunc* ultimum opusculum (Yo kiaõ li) tanti faciebat illustrissimus Dominus de Lione Rozaliensis episcopus, ut omnes ejus phrases in modum dictionarioli disposuerit. Non accedit tamen ad pulchritudinem aliorum trium inter quos magis elucet *hoà t'où yuén.* »

Dans la copie manuscrite de Mr. Wylie, cette phrase est écrite *en note* (cinq lignes) au bas de la p. 54.

Publication de la Notitia. — Extrait d'une lettre de Lord Kingsborough au Dr. Morrison (11 Duke Street, St. James's, 8th Mar. 1825) :

« The Notitia Sinica, by Father Premare, the Ms. of which exists in the Royal Library of France is now transcribing ; he (Lord K.) hopes that no accident will befal this copy before it reaches its destination, as it has cost him sixty guineas to have it copied out. M. Abel Remusat was the person who found, among his Chinese pupils, a person qualified for that task. This Ms. consists of 250 leaves, or 500 pages : it is written in Latin, is divised into two parts ; the first of which lays down rules for the composition of Chinese in the Ancient classical style ; the second, for the composition of the modern style. The justness of the rules are verified by innumerable examples taken from the most approved writers, ancient and modern ; hence the book abounds with Chinese Characters. M. Abel Remusat has composed an index for the whole : the labour of making that index required a length of time, and as it will be a great advantage and addition to the work, Lord Kingsborough promised that it should be duly acknowledged in the pages of the work, &c., &c. He ought now to apologize to Dr. Morrison for writing at such a length to him; he has however dispatched the subjects of two or three notes in one: — when completed (in a few months) the copy of Premare's work will be sent to Dr. Morrison; and he thinks the Chinese College, by the publication of a work of this learned Jesuit — confessedly the most profoundly versed in the genius of the Chinese language of the Roman Catholic Missionaries who visited China — will be doing a thing useful to the friends of science, and creditable to themselves.» (Cette lettre est imprimée dans *Memoirs of R. Morrison*, II, pp. 317/318.)

On remarquera que, contrairement à la promesse de Lord K., le nom de l'auteur de l'Index n'est pas indiqué dans l'édition de Malacca de la *Notitia*.

Il est intéressant de suivre l'histoire de la publication de la *Notitia* dans les rapports annuels du collège anglo-chinois de Malacca :

«A copious Chinese and Latin Grammar containing upwards of 400 folio pages, in Manuscript, has been presented to the College by a Nobleman to whom the institution is indebted for the handsome donation of £ 1500 besides a large collection of valuable books, neatly bound. The grammar will go to press as soon as circumstances may permit, and as but a limited number will be printed, those who wish to possess the work will do well to make an early application.» (*Fifth Annual Report*, 1827, p. 10.)

L'année suivante nous lisons :

«The Chinese-Latin Grammar mentioned in the last year's report is going through the Press several pages of it are printed off.» (*Sixth Annual Report*, 1828, p. 10.)

«The Grammatical work, in Latin and Chinese, composed by Catholic Missionaries and presented in Ms. by the Noble Donor of £ 1200, besides Books concerning China, has been unavoidedly delayed. The great number of Chinese Characters required to be engraved, and other circumstances have impeded the completion of the work far beyond the term anticipated by the President; but daily attention is still paid to it, and it will be published with all practicable despatch.» (*Report*, 1829, p. 7.) — Dans les dépenses imprimées à la fin de ce même rapport, il y a *261.60* piastres espagnoles pour la *Notitia*.

Enfin, on lit dans le Rapport de Janvier 1830 à Juin 1831, p. 21 : «The Chinese and Latin Work entitled »Notitia Linguae Sinicae«, is now completed.» Suit une description de l'ouvrage. Dans les dépenses de l'exercice 1er Janvier 1830 – 30 Juin 1831, on lit : «To Printing »Notitia linguae Sinicae« (in part) Spanish Dollars 333.75».

La description de la *Notitia*, publiée dans le rapport de 1831, est réimprimée dans *The Chinese Repository*, I, pp. 152-155, avec le titre : «*Notitia linguae Sinicae*. Auctore P. Premare. Malaccae : Cura et Sumtibus Collegii Anglo-Sinici 1831.»

— *Notitia linguæ sinicæ.*

Nous citions dans notre *Bibliotheca sinica*, première éd., col. 765, cette indication de la 2e partie du Cat. des livres de Klaproth, Paris, 1839 :

«191. *Notitia linguæ sinicæ*, auctore P. Premare. 2 cahiers pet. in-4. [Vend. 100 fr.]

«Manuscrit exécuté en Chine et que l'on croit être l'original même du P. Prémare; il contient des corrections importantes et des variantes nombreuses qui le font différer, en plusieurs points, de la publication de Malacca exécutée d'après une copie incorrecte. On y trouve notamment un *Caput tertium : de sinicâ urbanitate inter loquendum*, de 42 p., qui n'existe pas dans l'imprimé, lequel, comme on sait, n'est pas complet.»

Nous ajoutions :

«N'est-ce pas de ce côté que l'on devait chercher les deux cahiers qui manquaient à la Bibl. du Roi? Ce ms. ainsi qu'une autre copie attribuée à S. Julien qui figurait également à la vente de Klaproth (191), se trouve au British Museum (Fonds chinois).»

Nous avons eu depuis l'occasion d'examiner ce ms. acheté par le British Museum à la vente de Klaproth. Il a été relié en un vol. in-4 (*Add. ms.* 11707) et comprend 320 pages ou 160 ff. pliés à la chinoise. Les pp. 1-278 comprennent la portion de la *Notitia* renfermée dans l'impression de Malacca des pp. 38 à 143, c'est-à-dire la première partie; nous n'avons pas l'introduction. A la p. 279 commence un *Caput tertium. De Sinicâ urbanitate inter loquendum*, qui occupe la fin du volume. Ce chapitre n'existe pas dans l'impression de Malacca qui s'arrête, comme on le sait, aux *Selectiores phrases quinque litterarum*, qui forment le n° 5 (lire *quintus* au lieu de *quartus* dans l'imprimé) du chap. V (*caput quintum*) de la 2e partie de l'ouvrage (*Pars secunda*). Ce nouveau chap. est lui-même incomplet; il devait se composer de deux articles ainsi qu'il est dit au commencement; le premier article : *De urbanis sinicè loquendi modis* est complet; au bas de la p. 320 on lit le mot *Artic*... qui indique que le second article devait commencer à la page suivante. Il est probable que cet article n'est qu'une portion d'un chapitre qui n'est lui-même sans doute qu'une portion d'une troisième partie de la *Notitia* consacrée à *De Sinicâ urbanite* en général : *De sinicâ urbanitate inter loquendum* n'en étant qu'un fragment. Ainsi donc nous sommes toujours en présence d'une seconde partie tronquée; et le nouveau ms. ne nous offre qu'un fragment de la 3e partie et par suite qu'un fragment des deux cahiers du ms. original de la *Notitia* qui en comprenait cinq. Voir notre *Bib. Sinica, supra*, col. 1665. Nous croyons conclure également que l'ex. de la Bibl. nat. est une copie indépendante de celle-ci, qui nous paraît se rapporter exactement à la description de l'exemplaire qui était entre les mains de Fourmont. Quoiqu'il n'y ait que 320 pages, la dernière page est chiffrée à l'encre 322 parce que la première porte le chiffre 3; la nouvelle pagination 1-320 est récente et a été faite au crayon; de plus le 3e chapitre, qui traite de la civilité chinoise, vient en effet après la collection des proverbes; comme le dit Fourmont, ce chap. (il faut lire le 1er art. de ce chap.) comprend bien 8 paragraphes qui occupent 42 pages (les dernières) du ms.

Nous croyons pouvoir dire que ce ms. a appartenu à Fourmont et qu'il est passé de ses mains (comment?) entre celles de Klaproth.

Nous avons reproduit en facsimile une page du *De Sinicâ urbanitate* dans les *Fragm. d'une Hist. des Et. chinoises*, p. 240.

— *Notitia linguæ sinicæ*, in-4.

Ms. de 394 p. contenant la matière de l'édition de Malacca; cet ex. a été acheté par le Brit. Museum (*Add. ms.* 11708) à la vente de Klaproth (2e partie, n° 191); il ne contient pas l'index à la fin; le catalogue du Museum et celui de Klaproth attribuent cette copie à S. Julien; nous croyons qu'elle est d'Abel-Rémusat.

Cf. *Revue de l'Extrême-Orient*, I, No. 1, 1882, pp. 115/116.

— P. Henrici a Premare Notitia Linguae Sinicae, 1830.

Ms. in-fol., pp. 197, Bib. royale, Munich, Chin. Cod. Or. mixt. 109.

Ne contient que ce qui a été imprimé à Malacca; sans intérêt.

— Dans le Catalogue des manuscrits de *Libri* vendus à Londres en Mars et en Avril 1859, nous trouvons les manuscrits suivants :

— 829. Premare (el Padre), Arte del Idioma Sinico (in Spanish and Chinese), 4to, Saec. XIX. on paper. Acheté par Quaritch pour 3/6..

— 830. Premare, Linguae Sinicae Notitia, folio, Saec. XIX. on paper. Acheté par Binda pour 6/-.

— «L'une des particularités, qu'il étoit peut-être assez curieux d'éclaircir, c'est l'existence d'une double copie de la *Notitia*, envoyée dans le temps en Europe par l'auteur. Celle qui a été retrouvée à la bibliothèque du Roi a servi à faire les différentes transcriptions dont il a été parlé, et c'est celle que reproduit fidellement l'édition de Malacca; mais elle ne répond pas tout-à-fait à la description de l'exemplaire que Fourmont avoit eu entre les mains. Celui-ci étoit en cinq cahiers; notre copie n'en avoit que trois. La première partie avoit 322 pages dans le premier; elle n'en a que 314 dans notre manuscrit. A la suite de la collection de proverbes qui termine la grammaire de la langue vulgaire, Fourmont parle d'un 3e chapitre qui contenoit un traité de la civilité chinoise, en huit paragraphes, et où il étoit question de la manière de suppléer aux pronoms de la première et de la seconde personne, de plusieurs termes employés dans les phrases de courtoisie, des visites, des présens, des repas et de différentes formules en usage chez la nation la plus cérémonieuse de l'univers. Tout ce chapitre, qui occupoit 40 pages dans le manuscrit de Fourmont, manque entièrement dans le nôtre, quoique aucune partie n'en ait été détachée. Il paroit donc certain que celui-ci est un duplicata, comme les missionnaires prenoient ordinairement soin d'en faire pour ceux de leurs ouvrages qu'ils envoyoient en Europe; et vraisemblablement il est arrivé à la bibliothèque du Roi postérieurement à la mort de Fourmont. Quant au manuscrit qu'il a décrit, on n'en connaît pas plus la destinée qu'on ne sait ce que sont devenues les grammaires de Varo, de Castorano, de Diaz et de l'abbé de Lionne, que l'auteur de la *Grammatica sinica* avait eues entre les mains, et dont il ne s'est rien trouvé depuis lui.»

Nous extrayons ce passage, pp. 540/1, du compte-rendu consacré par Abel Rémusat à la *Notitia* de Prémare et à l'*Arte China* de Gonçalvez dans le *Journal des savans*, de Sept. 1831, pp. 537/545.

Un Ms. de la Bibliothèque nationale (Lat. Nouv. Acq. 144) du XVIIIe siècle, composé de 30 pages, comprend les 31 premières pages du Ms. original de la *Notitia* de Prémare. *Finit* : Litteras finales [omnes] — ad novem classes revoco et in quâlibet classe terminationes ad marginem noto. [*Caput Tertium Appendix.*]

— The Notitia linguae sinicae of Premare. Translated into English by J. G. Bridgman. Canton : Printed at the Office of the Chinese Repository, 1847, in-8, pp. xxxv-328, s. l. p. et l. table.

— Chinese Proverbs, selected from a collection in the English version of P. Premare's *Notitia Linguae Sinicae.* (*Chin. Rep.*, XV, 1840, pp. 140/144.)

Pauthier (227), Fr. 31. — Devenu rare. — Notice : *Chin. Rep.*, XVI, pp. 266/8.

— Notitia Linguae Sinicae Auctore Josepho-Henrico Prémare, S. J. Hongkong, Imprimerie de la Société des Missions-Étrangères 1893, in-8, pp. 255.

Ne donne que le texte de Malacca.

— P. Premare, Marshman und Abel Remusat; Würdigung der Verdienste dieser Sinologen um die chinesische Grammatik. Von Carl Friedrich Neumann, ordentlichem Professor an der Ludwig-Maximilians Universität zu München. — München, 1834, br. in-4, pp. 14 à 2 col.

Au verso du titre : « Aus den Annalen eigens abgedruckt. »

— 漢文啓蒙 [*Han Wen ki Mung*]. Китайская грамматика par le Rev. Père Hyacinthe [Yakinf] St. Pétersbourg, 1838, in-folio, pp. xxII-241 + 3 ff. n. ch. p. l. table.

Cet ouvrage est lithographié.

Zenker (6693) donne 1835 comme date de la publication de cet ouvrage; M. Pelliot me dit que l'ex. du Musée Roumiantsov porte la date 1835; il n'y a pas deux éditions différentes, mais deux tirages seulement.

— Remarks on the Grammatical Construction of the Chinese language; particles generic and euphonic; formation of nouns; easy flow of expression; in the use of verbs; &c. By *Anglo-Sinicus*. [S. Dyer.]

Réimp. dans le *Chinese Rep.*, VIII, pp. 347 et seq., d'après *The Periodical Miscellany and Juvenile Instructor*, Vol. I.

— Chinese Grammar : introductory remarks respecting the principles and rules on which it is constructed. (*Chinese Repository*, IX, Oct. 1840, pp. 329/333.)

By E. C. Bridgman.

— Notes on Chinese Grammar : additional remarks respecting the principles of this language; with examples and illustrations of the various kinds of nouns. (*Ibid.*, IX, Nov. 1840, pp. 518/530.)

By E. C. Bridgman.

— Notices on Chinese Grammar. Part I. Orthography and Etymology. By Philo-Sinensis. Batavia : Printed at the Mission Press. MDCCCXLII, in-8, pp. 148.

By C. Gützlaff. — Notice : by E. C. Bridgman, *Chin. Rep.*, XI, pp. 317/322. « This little volume of grammatical Notices is a book almost unique in its mode of printing. In 1831 and 1832, Mr. Medhurst, the indefatigable superintendent of the Batavia Mission and its » mission press «, published two vocabularies, Japanese and Corean, which were printed entirely by lithography. The toil and expense of writing out so many words, and writing them too in a Roman text hand, induced Mr. Medhurst to try if he could not use common movable types and lithographic printing in conjunction; and this little book is the result. All the English portion of it was » set up « (as the printers phrase it) in movable types with blanks left for the Chinese characters, and an impression was then taken and transferred to the lithographic stone, on which the blanks for Chinese writing were afterwards filled in with the pencil, — and the whole was then printed together in the same manner as ordinary lithography. » (*Chin. Rep.*, XI, pp. 317/318.)

— Anfangsgründe der Chinesischen Grammatik von Stephan Endlicher. Wien, Carl Gerold, 1845, in-8, pp. xxIV-376.

Vend. Pauthier (231), Fr. 15. — Trübner, 1876, £ 1. — Quaritch, 1876, 15/. — Thonnelier (1531), Fr. 7.

Revue par le Dr. J. Hoffmann, *Algem. Konst- en Letterbode*, No. 50 en 51, 1846; tirage à part, br. in-8, pp. 11.

— Mémoire sur les Principes généraux du chinois vulgaire par M. Bazin, Professeur de chinois à l'Ecole des Langues Orientales. Extrait du *Journal Asiatique*. Paris, Imprimerie royale, MDCCCXLV, in-8, pp. 120.

— Mémoire sur les Principes généraux du chinois vulgaire, par M. Bazin, dans le *Journal asiatique*, IVe Série, V, pp. 346-394, 469/500; VI, pp. 89/128.

— Grammaire mandarine, ou Principes généraux de la langue chinoise parlée, par M. A. Bazin. Paris. Imprimé par autorisation de l'Empereur à l'Imprimerie Impériale, 1856, in-8, pp. xxx-122.

« Cette grammaire est le développement complet du système que j'ai exposé, en 1845, dans la quatrième section de mon *Mémoire sur les principes généraux du chinois vulgaire* », p. 1.

Pub. à Fr. 10. — Trübner, 1876, 9/. — Quaritch, 1876, 7/6. — Se vend Fr. 6.

Notices par T. Pavie, *J. As.*, 5e Sér., IX, pp. 558/567. — Bazin, né à Saint-Brice (Seine & Oise), le 26 mars 1799; † à Paris, en 1863.

— ALPHABETUM ‖ LINGUÆ LATINÆ. ‖ [fleuron.] ‖ Typis missionis Koúy-Tcheou ‖ 1856. In-8 de 76 pages.

Contient outre l'alphabet, les prières latines du matin et du soir; c'est dans ce petit livre que les élèves du petit séminaire de Loû Tchêng kouan apprennent à lire le latin; il a été gravé à Kouei-yang en 1856 et les missionnaires ont encore les planches au Pe-t'ang en très-bon état et on réimprime chaque année les exemplaires dont on a besoin. — Voir facsimile col. 1671-2.

— « Shanghai Prononciation. » Art. signé : E. (*N. C. Herald*, No. 63, 11 Oct. 1851.)

— « Shanghae Tones. » Art. sig. : E (*Ibid.*, No. 65, 25 Oct. 1851.)

— A List of the Syllables in the Shanghai Dialect (by the Rev. C. Taylor). (*Shanghae Almanac for 1854 and Miscellany*, deux pages.)

— A System for the pronunciation of the Shanghai Dialect (by the Rev. C. Taylor). (*Ibid.*, 1 page.)

— Elementa Grammaticae Latino-Sinicae ad usum Alumnorum Sinensium in quaruor [*sic*] partes distributa Cum Appendice de Epistolis. — Victoriae Hong-kong. — Ty-

ALPHABETUM

LINGUÆ LATINÆ.

TYPIS MISSIONIS KOÚY-TCHÉOU

1856.

pis Collegii Romano-catholici, 1853, pet. in-8, pp. x-112-xxxvii.

JOSEPH EDKINS.

— A Grammar of Colloquial Chinese, as exhibited in the Shanghai Dialect, by J. Edkins, B. A. Univ. Coll. Lond. of the London Missionary Society. — Shanghae : London Mission Press, 1853, in-8, pp. viii/248.

Notice : *N. C. Herald*, No. 190, March 18, 1854.

— A Grammar of Colloquial Chinese, as exhibited in the Shanghai Dialect, by J. Edkins, B. A., Univ. Coll. Lond. Of the London Missionary Society. — Second Edition, corrected. — Shanghai : Presbyterian Mission Press. 1868, in-8, pp. viii-225.

Pub. à 4 Dol. — Trübner, 1876, 21/-.

— A Grammar of the Chinese Colloquial Language, commonly called the Mandarin Dialect. — By Joseph Edkins, B. A. Lond. of the London Missionary Society. — Shanghai : London Mission Press. 1857, in-8, pp. viii-264 + 1 f. n. c. d'errata.

— A Grammar of the Chinese Colloquial Language, commonly called the Mandarin Dialect. By Joseph Edkins, B. A. Lond. of the London Missionary Society, Tientsin. Second Edition, revised. Shanghai : Printed at the Presbyterian Mission Press, 1863, in-4, pp. viii/279.

Pauthier (236), Fr. 20. — Trübner, 1876, £ 1.10/. — Quaritch, 28/. — Pub. à 5 Dol.

— * A Simplified Chinese Grammar. By Joseph Edkins, D. D., pet. in-8.

Devait faire partie de *Trübner's Series of Simplified Grammars*, edited by Dr. Rost, Librarian of the India Office.

W. SCHOTT.

— Chinesische Sprachlehre zum Gebrauche bei Vorlesungen und zur Selbstunterweisung von Wilhelm Schott. Berlin, Ferd. Dümmler, 1857, in-4, pp. 169.

Pauthier (234), Fr. 10.

— Zur Chinesischen Sprachlehre. (Aus d. *Abh. d. k. Akad. d. Wiss.*) Berlin, 1868, in-4.

— De indole linguae sinicae dissertatio, — quam annuente amplissimo philosophorum ordine pro venia legendi, linguasque et litteras orientales docendi in Academia Fridericiana publico doctorum examini submittet die xviii. Maii MDCCCXXVI auctor Guilielmus Schott Philos. Doct. Art. Liber. Magister. — Halis Saxonum in officina libraria Rengeriana. Pet. in-8, pp. 25.

— On the extended use of « the Peking system of Orthography » for the Chinese language. (*Notes and Queries on C. & J.*, Vol. I, No. II, pp. 10-12, by W. F. M.[ayers.]

— Classifiers-Chinese Grammar. (*Ibid.*, Vol. I, pp. 51/2.)

— The *P'ing Tsê Pien* or Peking Syllabary, par B. (*Ibid.*, pp. 149/152.)

— The Origin of the Chinese [language] by Deka. (*Ibid.*, pp. 152/154.)

— Curiosities of Chinese Etymology by J. Edkins. (*Ibid.*, Vol. II, pp. 4/8, 50/1, 65/66, 86/88, 101/103.)

— A Handbook of the Chinese Language. — Parts I and II, Grammar and Chrestomathy, prepared with a view to initiate the Student of Chinese in the Rudiments of this Language, and to supply materials for his early studies. By James Summers, Magdalen Hall, Oxford, Professor of the Chinese Language and Literature, King's College, London, late an Assistant in the Library of the British Museum. Oxford : at the University Press. MDCCCLXIII, in-8, pp. xxx-229-103 + 6 ff. n. ch. de chinois + pp. 34 de chinois.

Les parties III et IV devaient renfermer les Exercices et le Dictionnaire.

— The Rudiments of the Chinese Language, with Dialogues, Exercises, and a Vocabulary by the Rev. James Summers, Professor of Chinese in King's College, London. London : Bernard Quaritch, 1864, in-32, pp. ii-159.

Le Rev. J. Summers avait publié le « Prospectus of a complete Thesaurus of the Chinese language. In four parts, forming six volumes octavo. » Ce projet, comparable à celui de Fourmont, n'a pas été mis à exécution. — Voir col. 1639-40.

— 法國話規 Grammaire française, copiée presque entièrement sur celle de Noel et Chapsal, avec la traduction chinoise par un missionnaire lazariste de Pékin. Première partie. Grammaire. Pékin. Imprimerie des Lazaristes, 1864.

Cet ouvrage forme un petit in-8 de 216 pages sans la Préface. Il est imprimé à la manière chinoise, c'est-à-dire sur des feuilles de papier pliées en deux. Il y a eu des exemplaires tirés sur papier fort.

Le père Smoremburg, hollandais, de la Congrégation des Lazaristes, est l'auteur de cet ouvrage qui a été imprimé avec des caractères mobiles en bois. Le Père S. a écrit cette grammaire (voir la *Syntaxe infra*) et un *vocabulaire* [col. 1602] pour faciliter l'étude du français aux élèves chinois de l'*Université de Peking* dont il a été le premier professeur. Mr. E. Lépissier lui a succédé dans la chaire de langue française. Le P. S. ayant quitté la Congrégation de St. Lazare, joignit les Missions Belges. Il est maintenant (1875) en Hollande.

— 法國話規 Grammaire française copiée presque entièrement sur celle de Noel et Chapsal, avec la traduction chinoise par un missionnaire lazariste de Pékin. Seconde partie. Syntaxe. Pékin. Imprimerie des Lazaristes. 1864.

L'impression de cette seconde partie n'a jamais été terminée. On n'a pas été au-delà de la page 50. Cette Syntaxe est rarissime.

Mêmes observations pour l'impression de la *Syntaxe* que pour celle de la *Grammaire* (*vide supra*).

— Grammar of the Chinese Language by the Rev. W. Lobscheid in two parts. Office of the *Daily Press,* Hongkong, 1864, in-8.

— Chinese-English Grammar by the Rev. William Lobscheid. Part I, Hongkong, 1864, in-8, pp. 45.

— Chinese-English Grammar by the Rev. William Lobscheid. Part II, Hongkong, 1864, in-8, pp. 80.

— Die neuesten Leistungen der Englischen Missionäre auf dem Gebiete der Chinesischen Grammatik und Lexicographie. Von

ELEMENTA

GRAMMATICÆ LATINÆ

AD USUM

SEMINARII SANCTI PAULI

MISSIONIS KÓUY-TCHĒOU

EDITIO SECUNDA.

KÓUY-YÂNG-FÒU.

EX TYPIS SEMINARII PROVINCIÆ KÓUY-TCHĒOU.

(Gravé sur bois)

MDCCCLXVII.

Dr. August Pfizmaier... Wien, k. k. Hof- und Staatsdruckerei, 1867, br. in-8, pp. 10.
Sitzb. phil.-hist. Cl. Ak. Wiss. Wien, Mai 1867, Bd. LVI.
Lobscheid's *Grammar*, Hongkong 1864.

— 漢文指南 Syntaxe nouvelle de la Langue Chinoise fondée sur la position des mots suivie de deux traités sur les particules et les principaux termes de grammaire, d'une table des idiotismes, de fables, de légendes et d'apologues traduits mot à mot par M. Stanislas Julien, de l'Institut. — Premier Volume. — Paris, Maisonneuve, MDCCCLXIX, in-8, pp. x-422.
Dédié au Docteur James Legge. Imp. à Vienne.

(DIVERS.)

(STANISLAS JULIEN.)

— Syntaxe nouvelle de la Langue Chinoise fondée sur la position des mots confirmée par l'analyse d'un texte ancien, suivie d'un petit dictionnaire du Roman des Deux Cousines et de Dialogues dramatiques traduits mot à mot par M. Stanislas Julien, de l'Institut. — Second Volume. — Paris, Maisonneuve, MDCCCLXX, in-8, pp. v-438.

Notices : *China Review*, I, pp. 110/116, by Alex. Falconer. — *J. des Savans*, Oct. 1870, par B. St. Hilaire. — 1869, pp. 638/9. — Voir. pp. 409/435 du Vol. II : Jugements de divers savants sur le Tome premier de la *Syntaxe nouvelle de la langue chinoise*.

— ELEMENTA ‖ GRAMMATICÆ LATINÆ ‖ ad usum ‖

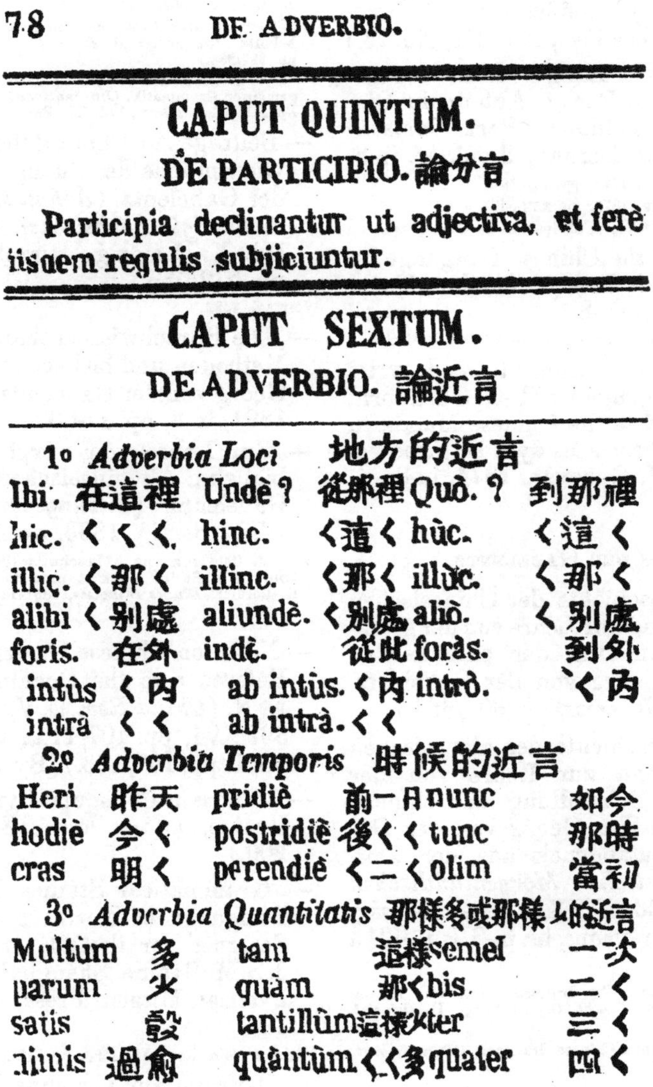

78 DE ADVERBIO.

CAPUT QUINTUM.

DE PARTICIPIO. 論分言

Participia declinantur ut adjectiva, et ferè iisdem regulis subjiciuntur.

CAPUT SEXTUM.

DE ADVERBIO. 論近言

1° *Adverbia Loci* 地方的近言

Ibi.	在這裡	Undè ?	從那裡	Quò. ?	到那裡
hic.	く く く.	hinc.	く這く	hùc.	く這く
illiç.	く那く	illinc.	く那く	illùc.	く那く
alibi	く別處	aliundè.	く別處	aliò.	く別處
foris.	在外	indè.	從此	foràs.	到外
intùs	く內	ab intùs.	く內	intrò.	く內
intrà	く く	ab intrà.	く く		

2° *Adverbia Temporis* 時候的近言

Heri	昨天	pridiè	前一日	nunc	如今
hodiè	今く	postridiè	後くく	tunc	那時
cras	明く	perendiè	く二く	olim	當初

3° *Adverbia Quantitatis* 那樣多或那樣少的近言

Multùm	多	tam	這樣	semel	一次
parum	少	quàm	那く	bis	二く
satis	彀	tantillùm	這樣少	ter	三く
nimis	過愈	quàntùm	くく多	quater	四く

Seminarii Sancti Pauli ‖ Missionis Kóuy-tchēou ‖ Editio secunda. ‖ — Kóuy-yâng-fòu. ‖ Ex typis seminarii provinciæ Kóuy-tchēou. ‖ (*Gravé sur bois*) ‖ MDCCCLXVII. pet. in-8 de pp. 120.

Par Mgr. Faurie ; à l'usage des élèves du Séminaire ; il a dû exister une première édition, mais on n'a pu en retrouver d'exemplaire. — Voir les facsimiles.

(DIVERS.)

— Emmanuelis Alvarez Instituto Grammatica ad sinenses alumnos accomodata. Auctore P. Angelo Zottoli. S. J. 辣丁文字 Chang hai : MDCCCLXIX, in-8, pp. 210.

On lit au bas de la dernière page : « e typographia A. H. de Carvalho ».

— Gramatica Elemental de la Lengua China,

(DIVERS.)

54*

Dialecto Cantones, por B. Castañeda. Hong-kong : Typ. de De Souza y Ca. 1869, gr. in-8, pp. 137 + 1 f. n. ch. + 1 f. chinois.

N'a pas été mis dans le commerce.

— Grammar. By Rev. T. P. Crawford. (1) Orthography. (2) Etymology. (3) Syntax. (4) Elocution. (5) Versification. (6) Punctuation. (Doolittle's *Voc.*, Part III, No. 13.)

— Grammaire de la Langue chinoise orale et écrite par Paul Perny, Auteur du Dictionnaire français-chinois. Paris, Maisonneuve [et] Ernest Leroux, 2 vol. gr. in-8.

Tome premier. Langue orale, 1873, pp. VII-248.

Tome second. Langue écrite, 1876, pp. XVI-547.

Notice : *Polybiblion*, Fév. 1874, p. 83 (par H. de Charencey).

— A Grammar of the Chinese Language by Professor Léon de Rosny. London, Trübner, 1874, in-8, pp. 48.

Ne contient que les Préliminaires. — Dédié à Samuel Birch.

— A new Method of learning to read, write and speak a language by H.-G. Ollendorff, Ph. Dr., adapted to the Chinese Mandarin Language by Charles Rudy... In three volumes. Volume I. Geneva... 1874, in-8.

Extrait du *Ban zai sau*.

GEORG VON DER GABELENTZ.

— Beitrag zur Geschichte der Chinesischen Grammatiken und zur Lehre von der grammatischen Behandlung der chinesischen Sprache. Von Georg von der Gabelentz. (*Zeit. d. D. M. G.*, XXXII, pp. 601/664.)

— Beitrag zur Geschichte der chinesischen Grammatiken und zur Lehre von der grammatischen Behandlung der chinesischen Sprache. Von Georg von der Gabelentz. (Separatabdruck aus der *Zeitschrift der Deutschen Morgenländischen Gesellschaft*, Bd. XXXII.) — Leipzig, Druck von G. Kreysing, br. in-8, [pp. 601 à 664].

— On a new Chinese Grammar by Professor Georg von der Gabelentz, Leipzig. (*Abh. des V. Int. Orient. Cong.*, II. *Ostasiat. Sect.*, pp. 81/6.)

— Professor Gabelentz on a new Chinese Grammar. (*China Review*, XI, pp. 127/130.)

— Chinesische Grammatik mit Ausschluss des niederen Stiles und der heutigen Umgangssprache von Georg von der Gabelentz. Mit drei Schrifttafeln. Leipzig, T. O. Weigel, 1881, gr. in-8, pp. XXX-552.

Literarisches Centralblatt, 1882, pp. 119/120. — *Deutsche Literaturzeitung*, 1882, pp. 318/319. — *Academy*, 1882, pp. 159/160. — *Beilage zur allgemeinen Zeitung*, 2 avril 1882. — *Jour. N. C. B. R. As. Soc.*, XVII. Par F. Hirth. — *Zeitschr. d. D. Morgenl. Ges.*

— Anfangsgründe der Chinesischen Grammatik mit Übungsstücken, von Georg von der Gabelentz. Mit einer Schrifttafel. — Leipzig, T. O. Weigel, 1883. In-8, pp. VIII-150.

Notices : *China Review*, XIV, pp. 52/54. [Par E. F.] — *Literatur-Blatt für Orientalische Philologie*, Nov.-Dec. 1883, pp. 43/47, par le Dr. Max Uhle. — *Göttingische gelehrte Anz.*, 15 Aug. 1884, pp. 634/655, par K. Himly.

— Some additions to my chinese grammar, by Georg von der Gabelentz. (*Journ. C. B. R. A. S.*, XX, N. S., 1885, Art. X, pp. 227/234.)

— G. v. d. Gabelentz. — Zur Chinesischen Sprache und zur Allgemeinen Grammatik. (*Internationale Zeitschrift für Allgemeine Sprach-Wissenschaft*, Vol. III, Part I. Leipzig, 1886.)

— Beiträge zur Chinesischen Grammatik. — Die Sprache des Cuang-tsï von Georg von der Gabelentz. (*Abhand. d. Phil.-Hist. Cl. d. Königl. Sächsischen Ges. d. Wissen....* Bd. X. Leipzig, Hirzel, 1888, gr. in-8, pp. 579/638.)

Voir col. 1422.

— Die Sprachwissenschaft, ihre Aufgaben, Methoden und bisherigen Ergebnisse. Von Georg von der Gabelentz. Leipzig, Weigel, 1891, in-8, pp. XX-502.

— Zur Lehre vom vergleichenden Adverbialis im Altchinesischen. Von G. von der Gabelentz. (*Sitzungsber. k. preuss. Ak. Wiss. Berlin*, 1893, pp. 465/470.)

G. v. d. Gabelentz, né à Poschwitz (Saxe-Altenbourg), 16 mars 1840 ; † à Berlin, dans la nuit du 10 au 11 déc. 1893. Cf. H. Cordier, *Etudes chinoises*, 1891-1894, pp. 8/11.

— Notes on Chinese Grammar, with special Reference to the Documentary Style. By N. N. (*China Review*, V, pp. 282/286, 386/392 ; VI, pp. 107/114 ; VII, pp. 120/124 ; VIII, pp. 157/163.) [By F. Hirth.]

— Mandarin Colloquial Syntax. By J. S. Mc Ilvaine. (*Chin. Rec.*, IX, 1878, pp. 194/200.)

— Grammatical Studies in the Colloquial Language of Northern China, especially designed for the use of missionaries, by J. S. McIlvaine. Shanghai : American Presbyterian Mission Press, 1880, in-8, pp. II-104.

Notice : *Chin. Rec.*, XI, 1880, pp. 316/7.

— Beiträge zur Grammatik des Vorklassischen Chinesisch. I. Die Partikel 惟 *Wêi* im Schu-king und Schi-king von Dr. Max Uhle. Mit autographirten Schrifttafeln. Leipzig, T. O. Weigel, 1881, in-8, pp. X-106 et 18 pl. de texte chinois.

— Die Sprachgeschichtliche Stellung des Chinesischen. Von Dr. Wilhelm Grube,

Docenten der ostasiatischen Sprachen an der Universität zu Leipzig. — Leipzig, T.O.Weigel, 1881, in-8, pp. 20.

— De pronominum primae personae in libris 書經 et 詩經 usu. Ad summos honores a facultate philosophica universitatis Lipsiensis capessendos tradidit Constantinus Merz Wohlbachiensis. Vindobonae, 1882. Impressit A. Holzhausen, br. in-8, pp. 38.

— Chinese Grammar. By E. H. Parker. (*China Review*, XIV, p. 359.)

— Trübner's Catalogue of Dictionaries and Grammars of the principal languages and Dialects of the World. Second edition considerably enlarged and revised, with an alphabetical index. A guide for students and booksellers. London, Trübner, 1882, in-8, pp. VIII-170.

— Trübner's Catalogue of Oriental Dictionaries and Grammars. — Fourth Edition. — Being Oriental Catalogue No. XVI of New & Second-hand Books on sale by Kegan Paul, Trench, Trübner & Co.... London, W. Issued January 1904, br. in-8, pp. 154.

— Praktische Grammatik der chinesischen Sprache für den Selbstunterricht. — Mit Lesestücken, einem chinesisch-deutschen und deutsch-chinesischen Wörterbuch und 10commentirtenSchrifttafeln.Von C.Kainz. Wien. Pest. Leipzig. A. Hartleben's Verlag... In-16, pp. VIII-191 + 10 tables.

Fait partie de la collection *Die Kunst der Polyglottie*.
Zweite Auflage. 1900.
Notice : *T'oung Pao*, Mars 1901, pp. 87/8, par G. Schlegel.

— Ed. Vitale. — Grammatica Cinese, con Temi, Letture e piccolo Vocabolario, nonchè tavola delle 214 chiavi. Fasc. I. Napoli, Gargiulo, 1888, in-4, pp. 32.

— Grammatica Cinese con Temi, Letture, e piccolo Vocabolario nonchè Tavola delle 214 *chiavi* — Il tutto compilato dall' Avv. Cav. Eduardo Vitale Professore di Lingue Orientali nel R. Istituto tecnico e nautico di Napoli Giovan Battista della Porta... Napoli, Luigi Gargiulo, 1888, in-4, pp. 114 + 2 ff. n. ch.

— 集糙句採 Recueil d'expressions et phrases choisies du style chinois écrit tirées de divers auteurs et disposées par ordre alphabétique suivi d'un précis de Grammaire chinoise et des Sinicismes les plus fréquents par J. B. Chouzy des Missions Étrangères. Hongkong, Imprimerie de la Société des Missions Étrangères, 1894, in-8, pp. VI-152.

— 範規文法 Grammaire française à l'usage des élèves chinois. Par A. Bottu, ancien Professeur de Français et de Droit international à l'École impériale de l'Arsenal du Kiang-nan, Assisté de M. Ouann Tsoung-Yuen (萬鍾元) Lettré Chinois. Shanghaï : Imprimerie de Noronha and Sons. — 1894, in-8, 2 ff. prél. n. c. + pp. 248.

— Alphonse Robert Conrad Bottu. Nécrologie. [Par Henri Cordier.] (*T'oung Pao*, IIe Série, Vol. V, N° 4, Octobre 1904, p. 467.)
Né à Paris en 1855; † à Chang-Haï, 27 juin 1904.

— 法文初階 — Chinese & English Grammar for Beginners : being an Introduction to Allen and Cornwell's English School Grammar. Translated by Kwok Chan sang. Second Edition. — Printed by Man Yu tong, Hongkong, 1895, in-16, pp. 254.

— Has Chinese a Grammar, and, if so, is it worth being studied ? By Prof. C. Arendt. (*Actes XIIe Congrès int. Orient.*, Rome, 1899, II, pp. 41/47.)

— 範初文法 Grammaire française élémentaire à l'usage des élèves chinois par L. Tsang S. J. — Seconde édition. Chang-Hai Imprimerie de la Mission Catholique à l'Orphelinat de T'ou-se-wè. — 1900, in-8, 3 ff. n. ch. + pp. 216.

La Préface est datée 10 Oct. 1898.

— 馬氏文通. Grammaire de M. Ma. 馬建忠. — Chang Haï. — 24e année Kouang Siu.

Notice : *T'oung Pao*, Sér. III, Vol. I, No. 4, Oct. 1900, pp. 363/374.

— Mr. Ma Kien-Chung's Chinese Grammar. By E. H. Parker. (*China Review*, XXIV, No. 1, pp. 8/12; *ibid.*, No. 6, pp. 258/261; *ibid.*, XXV, No. 1, pp. 25/30; *ibid.*, No. 5, pp. 252/253.)

— Ma Kien-tchong 馬建忠. Nécrologie par Henri Cordier. (*T'oung Pao*, 2e Sér., I, No. 5, Déc. 1900, p. 492.)
† à Chang-Haï, 3 sept. 1900.

— 南指語法 Guide du Débutant dans l'étude de la langue française à l'usage des Chinois. Première Partie. — Grammaire. Ho kien fou, Imprimerie de la Mission catholique, 1901.

Grammaire du P. Emile Becker.

— П. Шмидтъ. — Опытъ Мандаринской Грамматики съ текстами для упражненій.

Пособіе къ изученію разговорнаго китайскаго языка Пекинскаго нарѣчія. — Владивостокъ, 1902, in-8, pp. VIII-208.

Chrestomathies. — Manuels.

— Annonce d'un Recueil de pièces utiles pour faciliter l'étude et l'intelligence de la Langue Chinoise. Ouvrage rédigé par un littérateur. A Rouen, de l'imprimerie-librairie, rue de l'Hôpital, n° 16, près la Place du nouvel Hôtel-de-Ville. L'an XI de la République. Br. in-4, pp. 8.

Par l'abbé Dufayel.

— *Horae Sinicae* : Translations from the popular literature of the Chinese. By the Rev. Robert Morrison, Protestant Missionary at Canton. A new edition, with the Chinese Text, of above 1000 Characters, to the Chinese Primer San-tsi-King. In-4, pub. pp. 115/174 du *Parallel* de Montucci. London, 1817.

La première édition est de Londres, 1812, in-8. — Elle ne contient pas le texte chinois du San-tseu-king.

Vend. Rémusat (790), éd. de 1812, Fr. 16.50. — Thonnelier (2036), Fr. 2.50.

Notice : *Quarterly Review* (*Progress of Chinese Literature in Europe*), XI, July 1814.

— « Besides these various labours, religious and literary, noticed with his characteristic modesty, Mr. Morrison also published this [1817] year, his *Horae Sinicae*, and Chinese Primer, besides a Parallel between his own, and Dr. Montucci's Dictionary. » (*Memoirs... of R. Morrison*, I, p. 479.)

— Chinese Miscellany; consisting of Original Extracts from Chinese Authors, in the Native Character; with Translations and Philological Remarks. By Robert Morrison, D. D., M. R. A. S. London : Printed by S. Mc Dowall, Leadenhall Street, for the London Missionary Society. 1825, gr. in-4, pp. 52 et 12 pl.

Vend. Rémusat (791), Fr. 20. — Thonnelier (2037), Fr. 5. Rare.

— Chrestomathie chinoise, publiée aux frais de la Société Asiatique [par J. Klaproth]. Paris, MDCCCXXXIII, in-4, pp. VII et 185-15 pl. de texte chinois et 1 d'errata.

Vend. Klaproth (845), Fr. 11. — Se vend Fr. 9.

∴

— 意拾喻言 Esop's Fables written in Chinese by the learned Mun Mooy Seen-shang, and compiled in their present form (with a free and a literal translation) by his pupil Sloth... Printed at the Canton Press Office, 1840, in-4, pp. XXI + 2 ff. n. c. p. l. tab. des mat. &c. + pp. IV + pp. 104 + 4 ff. prél. n. c. p. le tit. &c.

Sloth = R. Thom.

Notice : *Chin. Rep.*, IX, pp. 201 et seq. (by E. C. Bridgman).

— * Esop's Fables; as translated into Chinese by R. Thom Esqr. rendered into the Colloquial of the Dialects spoken in the Department of Chiang-chiú, in the province of Hok-kien : and in the department of Tie-chiú, in the province of Canton. Part first. — Hok-kien, in-8, pp. ii-39/40. Singapore, 1843.

« The first part of this work, in the Hok-kien (or Fuh-keen) dialect, is the joint production of Messrs. S. Dyer and J. Stronach; the second, in the Tie-chiu dialect, is entirely the work of Mr. Stronach. » (*Mem. of Prot. Miss.*, p. 106.)

— Æsop's Fables. Compiled for the use of Chinese studying English; and English studying Chinese. In three Parts. — Part I. — Price 50 cents. — Hongkong : Printed at the « China Mail » Office. — 1891, in-8, 2 ff. n. ch. + pp. 104.

Arrangé d'après Thom par Alfred J. May, pour servir de livre de classe dans l'Ecole centrale du Gouvernement à Hongkong.

— Æsop's Fables. Compiled for the use of Chinese studying English. In Two Parts. By Alfred J. May,... 2nd Master, Queen's College. — Part I. Second and revised edition. Third Thousand. — Price 25 cents. — Printed by Man Y... Tong, Hongkong, 1899, in-8, pp. 49.

— — Part I. Third edition. Fifth Thousand. — Price 25 cents. — Ibid., 1903, in-8, pp. 49.

— — Part II. Price 25 cents. Ibid., 1898, in-8, pp. 61.

∴

— Lessons in the Chinese Language.

Cette brochure in-8 a été imprimée sans titre et n'a pas été mise dans le commerce. Elle se compose de vingt-quatre pages, chacune étant consacrée à une leçon. Le Dr. Medhurst qui est l'auteur de ce petit travail l'a composé, je crois, peu de temps après son arrivée à Chang-hai.

— A Chinese Chrestomathy in the Canton Dialect. By E. C. Bridgman. Macao, S. Wells Williams, MDCCCXLI, gr. in-8, pp. XXXVI-698 sans la Préf. et la t. d. m.

Preface. — Contents. — Introduction. — I. Study of Chinese. — II. The Human Body. — III. The kindred Relations. — IV. Classes of men. — V. Domestic Affairs. — VI. Commercial Affairs. — VII. Mechanical Affairs. — VIII. Architecture. — IX. Agriculture. — X. The Liberal Arts. — XI. Mathematics. — XII. Geography. — XIII. Mineralogy. — XIV. Botany. — XV. Zoology. — XVI. Medicine. — XVII. Governmental Affairs. — General Index. — Index of Chinese Proper Names.

Cet ouvrage est le second qui ait été imprimé par S. W. Williams; le premier avait été le Hokkëèn Dict. de Medhurst (*vide supra*); Mr. Williams a non-seulement imprimé l'ouvrage, mais il en a écrit à peu près la moitié.

— First Lessons in the Tie-chiw Dialect. 潮州話 By W. Dean. Bankok : Siam 1841, in-4, pp. 47 + 2 ff. n. c. p. le tit. et la préf.

« Tie-chiw is one of the ten counties constituting the province of

Canton, and borders on the Hok-këèn province on the east, and the China sea on the south...

«The Chinese population of Bankok has been variously estimated at from two hundred and fifty to four hundred thousand. Probably two thirds of this number speak the Tie-chiw dialect... » (Preface.)

«This is the dialect spoken by the natives of Chaou-chow foo, in the province of Kwang-tung, the Ancestral country of most of the Chinese settlers at Bankok. » (*Mem. of Prot. Miss.*, p. 87.)

Notice : *Chin. Rep.*, XI, p. 389.

— Easy Lessons in Chinese : or progressive exercises to facilitate the study of that language, especially adapted to the Canton dialect. By S. Wells Williams. Macao : Printed at the Office of the *Chinese Repository*. 1842, in-8, pp. IX-287.

— Premiers rudiments de la langue chinoise à l'usage des Elèves de l'Ecole des Langues Orientales. Paris, Benjamin Duprat, 1844, br. in-12, pp. VI-38.

— *Han Tseu Thso-Yao*. Sinensium Litterarum Compendium. Exercices progressifs sur les Clefs et les Phonétiques de la Langue chinoise, suivis de phrases familières et de dialogues. Texte autographié, à l'usage des élèves de l'Ecole des Langues Orientales. Paris, chez Benjamin Duprat... 1845, gr. in-8.

Fait partie de la collection des *Chrestomathies Orientales*.

— * *Tsz-Po*, ou 214 Clefs chinoises en quelques tableaux mnémoniques, suivis d'un tableau classé d'après le nombre des traits qui les composent, des phrases formées de clefs, des chiffres chinois, de notes, &c., à l'usage des Elèves de l'Ecole spéciale des Langues Orientales. Paris, 1853, in-8.

— Tableau des 214 clefs et de leurs variantes. Marcellin Legrand, éditeur du Manuel pratique de la langue chinoise vulgaire ; Duprat, libraire des Sociétés asiatiques de Paris et de Londres, s. l. n. d., une f. volante.

— The Chinese Speaker or Extracts from works written in the mandarin Language, as spoken at Peking. Compiled for the use of students, by Robert Thom, Esq. H. M. Consul at Ningpo. Part I. Ningpo : Presbyterian Mission Press. 1846, in-8, 102 ff.

Addenda : Extract from the *Hung-Low-Mung*. Chap. VI. ff. 62-89.

Extract from the *Kea-Paou Tseuen-Tseih* [家寶全集].

On the Harmony which ought to exist between Husbands and Wives, ff. 90 et seq.

Le texte chinois est imprimé sur une page, tandis que la prononciation et la traduction anglaise sont données sur la page en face. Cet ouvrage est imprimé à la manière chinoise, c'est-à-dire que chaque page est pliée en deux. Le Dr. E. C. Bridgman a donné un compte-rendu de cet ouvrage dans *The Chinese Repository*, XVI, pp. 236/242. La Préface et le chap. III du *Chinese Speaker* sont reproduits dans ce compte-rendu qui est suivi, pp. 242/245, d'une notice biographique sur Mr. Thom. Cette notice avait déjà paru dans *The Chronicle*.

Mr. Robert Thom, qui était né à Glasgow, le 10 août 1807, est mort à Ningpo, le 14 sept. 1846.

— Rapport fait à la Société Asiatique sur une Chrestomathie chinoise [*Chinese Speaker*], publiée à Ningpo, en 1846, par Bazin. (*Jour. As.*, 4e Sér., XI, 1848, pp. 86/92.)

— The Chinese Speaker or Extracts from works written in the Mandarin Language, as spoken at Peking. Compiled for the use of Students, by Robert Thom, Esq. H. M. Consul at Ningpo. — Reprinted at the Canton Customs Press. — 1865, in-8, 61 ff.

— 華英說部撮要 The Chinese Speaker or Extracts from Works written in the Mandarin Language, as spoken at Peking compiled for the use of Students, by Robert Thom, Esq. H. M. Consul at Ningpo. — Re-published by the Tien-Shih-Chai, Shanghai, January 1880, pet. in-8, 83 ff. pliées à la manière chinoise = pp. 166.

D'un côté l'anglais, en face le chinois.

— * Rev. Thomas T. Devan. The Beginner's First Book in the Chinese Language (Canton Vernacular). Hongkong, 1847, in-8, pp. 161.

— The Beginner's First Book, or Vocabulary of the Canton Dialect. By the Rev. T. T. Devan, M. D., Of the American Baptist Missionary Union. Revised, corrected, enlarged, and toned, by the Rev. Wilhelm Lobscheid. Hongkong : Printed at the « China Mail » Office, 1858, in-8, pp. VIII-123.

— The Beginner's First Book, or a Vocabulary of the Canton Dialect. By the Rev. T. T. Devan, M. D., American Baptist Missionary Society. Revised, corrected, enlarged, and toned, by the Rev. Wilhelm Lobscheid. Third edition. Hongkong : A. Shortrede & Co. 1861, in-12, 4 ff. p. l. tit., etc. + pp. 148.

— The Household Companion and Student's first Assistant by Dr. Devan with many additions, corrections, and Dr. Williams' Orthography by the Rev. W. Lobscheid. Hongkong, 1867, in-8, pp. 140.

— Exercices de traduction de la langue chinoise et mandjoue, en langue russe et latine, par Kamensky ; reliés à l'européenne, 1 vol. in-fol. Ms. (*Cat. des Ms. et Xylog. de St. Pétersb.*, 1852, No. 841.)

— Anglo-Chinese Manual with Romanized Colloquial in the Amoy Dialect. By Rev. E. Doty. Canton, S. Wells Williams, 1853, in-8, pp. XII-III-214.

— Table of the Chinese radicals or keys exhibiting their pronunciation, figure and meaning. — Lithographed under the direction of the Corresponding Secretary of the Western foreign Missionary Society, by P. Haas, Washington. D. C.

In-8, 8 pages numérotées (sans la couverture). Le tout en lithographie. — La page 8 finit par le signe, 214, 龠.

— Chinese Manual. *See Tse ouen tsien-tchou* 四字文箋註 Four words literature (*with*) Commentary (*or*) Explication. Recueil de Phrases chinoises composées de quatre caractères, et dont les Explications sont rangées dans l'ordre alphabétique français. London : Printed by Harrison and Sons, 1854, in-folio, pp. VIII-75.

Cet ouvrage se compose de phrases chinoises avec la prononciation figurée dessous les caractères. Une traduction française et une traduction anglaise sont placées en regard de la phrase chinoise. La version anglaise remplace une trad. latine qui avait été ajoutée à l'ouvrage.

Cet ouvrage est de l'abbé de Lionne, évêque de Rosalie, de la Congrégation des Missions étrangères. Ce Ms. provient de la Bibliothèque de Deguignes fils (No. 497 du Cat. de sa Bibliothèque) et c'est lui qui a ajouté le titre français. (Pauthier, *Vindiciae Sinicae Novae*, p. 14, Note.)

L'ouvrage est lithographié sur papier bleu. L'éditeur est, comme l'indique la préface, Mr. H. Stanley, devenu Lord Stanley of Alderley, le 16 juin 1869.

Vend. Thonnelier (1552), Fr. 8.

— Proverbs and Phrases in Five Languages. The Chinese, French and Latin of these Sentences taken chiefly from Perny's Chinese Proverbs, and from Stanley's Chinese Manual. Translation in German by Rev. F. Ohlinger. (Doolittle's *Voc.*, Part III, No. 42.)

— 100 Phrases in Four Languages. The Chinese, French and English Sentences selected from Stanley's Manual by Rev. F. Ohlinger, and translated from the Chinese into German by him. (*Ibid.*, No. 43.)

— * Léon de Rosny. — Table des principales Phonétiques chinoises, disposées suivant une nouvelle méthode. Paris, 1858, in-8.

— Table des principales Phonétiques chinoises disposée suivant une nouvelle méthode permettant de trouver immédiatement le son des caractères quelles que soient les variations de prononciation, et adaptée spécialement au *Kouan-hoa* ou dialecte mandarinique ; précédée de notions élémentaires sur les signes phonétiques de la Chine ; par L. Léon de Rosny,... Seconde édition. Paris, Maisonneuve, 1857, in-8, pp. 27. Table des 214 clefs

— Graduated Reading ; comprising a Circle of Knowledge, in 200 lessons. Gradation I. 智環啓蒙塾課初步 Hongkong : Printed at the London Missionary Society's Press. 1856. pet. in-8, 56 ff.

By Dr. James Legge. — « This is the translation of an elementary educational work by Mr. Baker. The English Text is given at the top, and under it the Chinese translation. The Chinese, without the English was published at Canton in 1859, in 51 leaves. A new edition of the original, revised by D. Legge, was published at Hongkong, in 1864, uniform with the first. » (*Mem. Prot. Miss.*, p. 120.)

THOMAS FRANCIS WADE.

— 尋津錄 The *Hsin Ching Lu*, or Book of Experiments ; being the first of a series of Contributions to the study of Chinese by Thomas Francis Wade, Chinese Secretary. Hong kong, MDCCCLIX, in-folio.

1 page. — Dedication to Thomas Taylor Meadows.
1 page. — Preface (dated Hong kong, 13th May, 1859).
2 pages. — Errors and Omissions in the English Text.
1 page. — Errors and Omissions in the Chinese Text.
— Part I. Of the Hsin Ching Lu. — T'ien-lei ; or, the Category of T'ien, heaven, the heavens, &c., pp. 1/43.
— Part II. First Chapter of the Shêng Yü Kuang Hsün ; or, Amplification of the Sacred Edict of K'ang Hsi, pp. 47/59.
— Part III. Exercises in the Tones and Pronunciation of the Peking Dialect, pp. 63/86.
Section I. Exercises in the Tones and Pronunciation of the Peking Dialect, pp. 63/74.
Section II. Exercises in the tones phonetically arranged, pp. 74/81.
Section III. On the Tones and Pronunciation of the Peking Dialect, pp. 82/86.
— Contents.
— Les pages suivantes sont consacrées au texte chinois des trois parties du *Hsin Ching Lu* et à :

The Peking Syllabary, being a collection of the characters representing the Dialect of Peking ; arranged after a new orthography in Syllabic Classes, according to the four tones ; designed to accompany the *Hsin Ching Lu*, or Book of Experiments, by Thomas Francis Wade, Chinese Secretary. Hong kong : MDCCCLIX, in-folio, pp. 84, sans l'errata et la Préface.

Le *Hsin Ching Lu* a été tiré à 250 exemplaires.

B. Quaritch, 1872, No. 285, br. 16/-, rel. 24/-. Rare. Vaut de 80 à 100 Fr.

— 語言自邇集 *Yü-yen Tzu-erh Chi*, A Progressive Course designed to assist the Student of Colloquial Chinese, as spoken in the Capital and the Metropolitan department ; In Eight Parts ; with Key, Syllabary, and Writing Exercises ; by Thomas Francis Wade C. B. Secretary to H. B. M. Legation at Peking. London ; Trübner, MDCCLXVII, in-folio, pp. 295 s. l. p. et les app. (pp. 15).

Colloquial Series :
Part I. Pronunciation.
Part II. Radicals.
Part III. The Forty Exercises (Chinese Text).
Part IV. The Ten Dialogues (Chinese Text).
Part V. The Eighteen Sections (Chinese Text).
Part VI. The Hundred Lessons (Chinese Text).
Part VII. The Tone Exercises (Chinese Text).
Part VIII. Chapter on the Parts of Speech (Chinese Text) with Supp.
Colloquial Series : Appendices to Parts III, IV, V & VI.

— Key to the *Tzu erh Chi*. Colloquial Series. Part III. The Forty Exercises, with Translation and Notes. Part IV. Translation, with Notes, of the Ten Dialogues. Part V. Translation, with Notes, of the Eighteen Sections. Part VI. Translation, with Notes, of the Hundred Lessons. Part VII. Translation, with Notes, of the Tone Exercises. Part VIII. Chapter on the Parts of Speech. London : Trübner. MDCCCLXVII, in-folio.

Notice : *Sup. Court. & Cons. Gazette*, 6 juin 1867.

— 平仄編 *P'ing-Tsê Pien*, a new edition of the Peking Syllabary, designed to accompany the Colloquial Series of the *Tzŭ erh Chi*; being a revised collection of the characters representing the dialect spoken at the Court of Peking, and in the Metropolitan Prefecture of Shun-t'ien Fu, arranged in the order of their Syllables and Tones; with an Appendix.

— 漢字習寫法 *'Han Tzu Hsi Hsieh Fa*, A set of writing exercises designed to accompany the Colloquial Series of the *Tzu erh Chi*. London : Trübner. MDCCCLXVII, in-folio.

— 文件自邇集 *Wên-chien Tzu erh Chi*, A Series of Papers selected as specimens of Documentary Chinese, designed to assist students of the Language as written by the Officials of China; In Sixteen Parts, with key, by Thomas Francis Wade C. B. Secretary to H. B. M. Legation at Peking. London : Trübner, MDCCCLXVII, in-folio.

Part I. Despatches. — II. Semi-official Notes, 1864-5. — III. Petitions presented at Hongkong, 1845-9. — IV. Forms. — V. Documents taken from the printed correspondence of K'ueilien, Prefect of Pao-ching Fu in 'Hu Nan, at the commencement of the T'ai P'ing Insurrection, 1852. — VI. Documents taken from the printed correspondence of Ch'en 'Hung-mou, an official of the reign Ch'ien Lung, 1735-1796. — VII. Memorials taken from the printed correspondence of 'Han Wen-chi, an official of the reigns Chia Ch'ing and Tao Kuang, 1797-1836. — VIII. Memorials presented to the Throne by Lin Tsê-hsü (subsequently Commissioner Lin), 1832-35, with replies from the Emperor. — IX. Selections from the published papers of Lan Yü-lin, an official of the reign K'ang Hsi, 1661-1722. — X. Selections from a volume of unpublished private letters of Ch'ien Ch'ang-ling, styled Ch'ien T'ien-chai, some time a Provincial Commissioner of Finance, in the reign Chia Ch'ing, 1796-1820. — XI. Selections from the published papers of Li Mu-t'ang, an official of the reign K'ang Hsi. — XII. Selections from the published papers of T'ao Shu, a distinguished official of the reigns Chia Ch'ing and Tao Kuang. — XIII. Selections from the published papers of Wu Wên-yung, a distinguished Chinese official of the reigns Tao Kuang and Hsien Fêng. — XIV. Miscellaneous Papers. — XV Commercial Forms. — XVI. Supplementary.

— Key to the *Tzu erh Chi*. Documentary Series. Volume I. Containing Translations of Papers 1 to 75, and Notes to Papers 1 to 65, inclusive. London : Trübner, MDCCCLXVII, in-folio.

— 語言自邇集 (*Yü yen tzŭ êrh chi*). A Progressive Course designed to assist the Student of Colloquial Chinese as spoken in the Capital and the Metropolitan Department. In three volumes. — Second edition. — Prepared by Thomas Francis Wade, Sometime H. B. M.'s Minister in China. And Walter Caine Hillier, Chinese Secretary to H. B. M.'s Legation, Peking. Shang-hai : Published at the Statistical Department of the Inspectorate General of Customs, 1886, 3 vol. gr. in-4 pp. XXVIII-349 + 1 f. n. c., 523 et 245.

— The *Tzu erh chi* : Past and Present. By Herbert A. Giles. (*China Review*, XVI, pp. 214/225.)

— — A Progressive Course... In two volumes. — Third edition (abridged). — Prepared by Thomas Francis Wade... And Walter Caine Hillier, Sometime Chinese Secretary to H. B. M.'s Legation, Peking. Shanghai... Kelly and Walsh, 1903, 2 vol. in-4, pp. 155, 248.

— Sir Thomas Francis Wade. By Henri Cordier. (*Jour. R. As. Soc.*, Oct. 1895, pp. 911/6.)

— Thomas Francis Wade. Nécrologie par Henri Cordier. (*T'oung Pao*, VI, Oct. 1895, pp. 407/412.) Rep. from *Jour. R. As. Soc.*

Né vers 1818 ; † à Cambridge, 31 juillet 1895.

— Méthode pour déchiffrer et transcrire les noms sanscrits qui se rencontrent dans les livres chinois, à l'aide des règles d'exercices et d'un répertoire de onze cents caractères chinois idéographiques employés alphabétiquement, inventée et démontrée par M. Stanislas Julien. Paris, Imp. imp., 1861, in-8, pp. VI-235.

Notice de Barthélemy St. Hilaire, *Journal des Savans*, 1861, mai, pp. 307/320 ; juin, pp. 364/376.

— Appendice à l'ouvrage intitulé Méthode pour déchiffrer et transcrire les mots chinois qui se rencontrent dans les livres chinois, etc. inventée et démontrée par M. Stanislas Julien, Membre de l'Institut,... Paris, Imprimerie de W. Remquet,... 1861, br. in-8, pp. 41.

On lit, p. 3, en note : « Le présent Appendice n'existe qu'en épreuves, l'auteur en ayant fait détruire la composition pour ne point paraître abuser de la victoire que lui a assurée la publication de sa Méthode ».

JOSEPH EDKINS.

— Progressive Lessons in the Chinese spoken Language ; with lists of common words and phrases, and an appendix containing the laws of tones in the Peking Dialect. By Joseph Edkins, London Missionary Society, Tientsin. Shanghai : London Mission Press. 1862, in-8, pp. v-102 + 1 f. n. c. d'errata.

— Progressive Lessons in the Chinese spoken Language ;... Second Edition. Shanghai : Presbyterian Mission Press, 1864, in-8, pp. v-103.

— Progressive Lessons in the Chinese spoken Language... By J. Edkins, B. A. Univ. Coll. Lond. Of the London Missionary Society, Peking. Third Edition, revised. Shanghai : Presbyterian Mission Press, 1869, in-8, pp. v-114.

— Progressive Lessons in the Chinese spoken Language with Lists of common Words and Phrases and an Appendix containing the Laws of Tones in the Peking dialect. By J. Edkins, D. D., Peking. Fourth Edition, revised. — Shanghai : American Presbyterian Mission Press. 1881, in-8, pp. VII-104.

— Progressive Lessons in the Chinese spoken Language... By J. Edkins, D. D., Peking. Fifth Edition, revised. — Shanghai : American Presbyterian Mission Press. 1885, in-8, pp. VII-104.

La couverture extérieure porte la date 1886.

— Deutsch-Chinesisches Conversationsbuch nach Joseph Edkins' « Progressive Lessons in the Chinese Spoken Language », übersetzt, erläutert und theilweise umgearbeitet von Joseph Haas. — Shanghai, Presbyterische Missions-Presse. 1870, in-8, pp. IV-197-III.

— * Deutsch-Chinesisches Conversationsbuch. — Nach Joseph Edkins' « Progressive Lessons in the Chinese Spoken Language ». Von Joseph Haas. Zweite Auflage. Shanghai : Druck und Verlag von Kelly & Walsh. 1885, pp. VII-374.

Notice : *China Review*, XIV, pp. 54/6. Par E. J. E.[itel.]

— Joseph Haas. Nécrologie. Par Henri Cordier. (*T'oung Pao*, VII, N° 4, Oct. 1896, pp. 427/428.)

Né en 1847, à Pilsen ; noyé accidentellement à Pou-tou, le 26 juillet 1896.

— The Analytical Reader a short Method for learning to read and write Chinese, by Rev. W. A. P. Martin, D. D. of the American Presbyterian Mission. Shanghai : Presbyterian Mission Press. Published by the Mission. 1863, gr. in-8, pp. 141.

Suivi de :

— A Vocabulary of two thousand frequent characters with their most common significations, and the sounds of the Peking Dialect, pp. 56.

Notices : *J. As.*, VIe Sér., Vol. III, 1864, pp. 206/7 (par J. Mohl). — *N. C. Herald*, No. 677, July 18, 1863. — Pub. à 4 Dol.

— The Analytical Reader : A Short Method for learning to read and write Chinese, by W. A. P. Martin, D. D., LL. D., President Emeritus of the Imperial Tung-wen College. — Shanghai : Printed at the Presbyterian Mission Press. 1897, in-8, 2 ff. prél. n. ch. + 204.

Notice : *China Review*, XXIII, pp. 181/2, par E. W. T.

— Phonetic Alphabet, for the Canton dialect of the Chinese Language. By Rev. D. Vrooman A. M., in-8, pp. 8. (Canton, China, November, 1863.)

— Textes faciles en Langue chinoise publiés à l'usage des élèves de l'Ecole spéciale des langues orientales, par Léon de Rosny. Prix : 1 fr. Paris chez Chauvin, lithographe, 1864, in-12, 24 pl. de textes chinois.

(Joseph Edkins. — Divers.)

— *Tchoung-hoa Kou-Kin Tsaï* — Textes chinois anciens et modernes traduits pour la première fois dans une langue européenne, par Léon de Rosny, professeur à l'Ecole spéciale des Langues Orientales. Paris, Maisonneuve et Cie, — 1874, in-8, pp. 118 et pp. 79 de textes chinois.

Préface, p. 5. — La Doctrine des Taosse en Chine [*Yin-tchi-wen*], p. 7. — L'Ecole de Confucius [*Tchoung-King*], p. 17. — Le Bouddhisme [*Miao-fah Lien-hoa King*], p. 51. — Les Philosophes Chinois [*Siao-yao-yeou*], p. 71. — Les Géographes [*Tchu-fan-tchi*], p. 83. — Les Sciences naturelles [*San-tsaï-tou-hoeï*], p. 101. — Les Sciences industrielles [*Tiao-tchang. — Mouh-mien*], p. 105. — Postface, p. 113. — Errata, p. 115.

— * L. de Rosny. First Elements of the Chinese Language. A second edition. London, 1887, in-8.

— Enseignement élémentaire. — Textes faciles en langue chinoise publiés par la Société Sinico-Japonaise. Paris, Maisonneuve, 1888, in-8, pp. 48.

— Recueil de Textes faciles et gradués en Chinois moderne avec un Tableau des 214 clefs chinoises et un Vocabulaire de tous les mots compris dans les exercices, publié à l'usage des élèves de l'Ecole spéciale des langues orientales par le marquis d'Hervey-Saint-Denys. Paris, Maisonneuve, MDCCCLXIX, in-8, lith., pp. VIII-114.

Vasiliev.

— Les phonétiques chinois disposés d'après le système graphique par W. Wassilieff, Professeur de la langue Chinoise à l'Université de St.-Pétersbourg. Saint-Pétersbourg, 1857, in-8, 23 ff.

Voir col. 1603.

— Опытъ Китайскій Хрестоматій. Essai d'une Chrestomathie chinoise. Par le Prof. Vasiliev. 1868, in-8, lithog.

Accompagné d'un abrégé d'histoire et de géographie de la Chine.

— Примѣчанія на третій выпускъ Китайской Хрестоматіи Профессора Васильева. — Переводъ и толкованія Ши Цзина. — С.-Петерб., 1882, gr. in-8, pp. XI-160.

— Примѣчанія къ Первому выпуску Китайской Хрестоматіи Профессора В. Васильева. — С.-Петерб., 1883, gr. in-8, pp. 143 + 162 p. de texte chinois.

— Примѣчанія къ Первому выпуску Китайской Хрестоматіи. Профессора В. Васильева. — С.-Петерб., 1897, gr. in-8, pp. II-143.

Préface datée : St. Pétersbourg, 17 mars 1897 et signée А. О. И. [Ivanovsky.]

— Китайская Хрестоматія изданная для

(Vasiliev.)

руководства студентовъ Профессоромъ В. П. Васильевымъ. Т. I. 1890, gr. in-8, pp. 166 texte chinois + 1 p. n. ch. p. l. tab.

— Китайская Хрестоматія, выпускъ второй Лунь-юй. — С.-Пет., 1894, in-8, pp. 94 texte chinois + 1 p. n. ch.

Forme le Vol. 2 de la Chrestomathie. — 論語. — Voir col. 1405.

— A Manual of the Foochow Dialect by Rev. C.C. Baldwin, Of the American Board Mission. Foochow : Methodist Episcopal Mission Press. 1871, in-8, pp. VIII-256.

Notice : *Chin. Rec.*, July 1871, pp. 45/46.

— A Manual of the Amoy Colloquial, by Rev. J. Macgowan, of the London Missionary Society. Second Edition. — Amoy : Printed by Man Shing, 1880, in-8, pp. iii + 1 f. n. c. + pp. 206.

Voir col. 259. — Première éd., 1871. — Third ed., corrected and enlarged, 1892.

— 中西譯語妙法 — First Lessons in Chinese. By Rev. M. T. Yates, D. D. Shanghai : American Presbyterian Mission Press. 1871, in-8, pp. VII + 2 ff. n. c. dont 1 car. chinois + pp. 224.

Notice : *Shanghai Budget*, Jan. 11, 1872. — Pub. à Dol. 3.50. Revised ed., 1899.

— 寗波土話初學 — Nying-po T'u-wô. Ts'u-'oh. — Zông-hæ. Me-wô Shü-kwun. — 1871, in-12, pp. 79.

The Ningpo Primer, prepared by the Rev. H. V. Rankin.

— ʽAng-tse Tʽu-wa. Z-ii Len-twen : Fen Dzun sö we in. 1876, in-8, pp. 21.

Suivi de :

— Hangchow Primer. Translation and Notes. London : Society for Promoting Christian Knowledge sold at the Depositories, 1876, in-8, pp. 34.

— First Lessons in the Swatow Dialect. By A. M. Fielde. Swatow : Printed by the « Swatow Printing Office Company ». 1878, in-8, pp. 427.

Notice : *Chinese Recorder*, X, 1879, p. 314.

— *Kim çin hio hôa.* Saggio di un corso di lingua Cinese per Giuseppe M. Kuo Alunno del Collegio Cinese. Nozioni preliminari allo studio della lingua Cinese. Napoli, 1872, br. in-8, pp. 36. (Imp. à la manière chinoise, doubles ff.)

— Saggio... Parte quinta Crestomazia fascicolo primo. Napoli, 1869, br. in-8, pp. 127. (Imp. à la manière chinoise.)

— English and Chinese Lessons. By Rev. A. W. Loomis. American Tract Society, 150 Nassau Street, New York, s. d. [1873], in-12, pp. 188.

Mal imprimé sur mauvais papier.

— 初學階 *Ch'o Hok Kai.* — A Hand-book of the Canton Vernacular of the Chinese Language. Being a Series of Introductory Lessons, for Domestic and Business Purposes. By N. B. Dennys, M. R. A. S., &c. — London : Trübner & Cº. — Hong-kong : « China Mail » Office, 1874, gr. in-8, pp. II-4-195-31.

Preface : I-II. — Introduction, 1/4. — Pronunciation, 1. — Lessons (I-IX), 2/195. — Appendix : Vocabulary of Words used in foregoing lessons, 1/31.

Notices : *The North China Herald* (by Thos. W. Kingsmill) ; *The Athenaeum*, No. 2498, Aug. 7, 1875. — Pub. à 6 Dol.

— Mandarin Primer : being Easy Lessons for Beginners, Transliterated According to the European Mode of Using Roman Letters. By Rev. John Ross, Newchwang. Missionary from the United Presbyterian Church of Scotland. — Shanghai : American Presbyterian Mission Press. — 1876. — In-8, pp. VIII-122.

— Mandarin Primer : Being Easy Lessons for Beginners. Transliterated according to the European Mode of Using Roman Letters, by Rev. John Ross, Newchwang... Shanghai, American Presb. Mission Press, 1877, in-8, pp. VIII-122.

Pub. à 1 Dol. 25. — Notice : *Chin. Rec.*, VIII, pp. 270/1.

— Handbook of the Swatow Dialect, with a Vocabulary. By Herbert A. Giles. Shanghai : 1877, in-8, pp. 57. — Pub. à 1 Dol.

— Parva rerum sinensium Adumbratio scholasticis ad Sinas recens appulsis accommodata. Chang-hai ex authographia Missionis Catholicae in Orphanotrophio Tou-chan-wan, 1879, in-8, pp. 68 autog.

A été retiré de la circulation. — Voir col. 853.

Angelo Zottoli.

— Cursus litteraturae sinicae neo-missionariis accommodatus auctore P. Angelo Zottoli S. J. e Missione Nankinensi.

Volumen *primum* pro infima classe *Lingua familiaris.* Chang-hai ex typographia Missionis catholicae in orphanotrophio Tou-sè-wè (Tou-chan-wan). MDCCCLXXIX, in-8, pp. VIII-819.

Proemium. — Dedicatio. — Introductio. — Tabella Clavium, etc. — Instructiones familiares. — Dialogi comici. — Parvae narrationes. — Descriptiones Romanenses. — Selectae dictiones, etc.

Volumen *secundum* pro inferiore classe *Studium Classicorum. Ibid.*, M DCCC LXXVIII, in-8, pp. VII-655.

Proemium. — Notae praeviae. — *San Tse-King.* — *Pe Kia sing.* — *Tsien tse wen.* — *Cheng Tong che.* — *Ta hio.* — *Tchong yong.* — *Luen-yu.* — *Mong tse.* — Classicorum characteres ex radicum ordine dispositi.

Ce 2e vol. a paru le premier; on a fait des cartons avec un nouveau titre portant la date de 1879. Le P. Zottoli a donné ainsi le plan de son ouvrage qui devait comprendre 6 volumes dans la préface de son premier volume, pp. VI/VII.

« Cursus quinque annis absolvitur : in primo, pro infima classe, erit lingua familiaris, et expendentur *Instructiones familiares, Dialogi comici, Parvæ narrationes, Romanenses descriptiones, Selectae dictiones*, quibus omnibus vulgaris aut humilis passim stylus continetur. In secundo, pro inferiore classe, erit studium classicorum, seu post *Elementarios libellos, Magna scientia, Immutabile medium, Confucii sententiæ* et *Liber Mentsii*. In tertio, pro media classe, erit studium canonicorum, quo *Libris Carminum* et *Annalium* ex integro explanatis, *Liber Mutationum* et *Memoriale rituum*, ex parte, ut passim fit, *Chronica* vero *Confucii* vix ad specimen delibabuntur. In quarto, pro suprema classe, erit stylus rhetoricus, et agetur de *Particulis, Selectis prosis, Selectis memoriis, Stylo epistolari*, et *Allusionibus litterariis*. In quinto, pro rhetorices classe, erit pars oratoria et poetica, ageturque de *Compositionibus antiquis* et *recentibus, de Versibus, de Lucubrationibus poeticis* et *de Inscriptionibus*. Quinque ergo erunt volumina, quibus sextum accedet, continens totius cursus adminiculum, *Vocum Syntagma*. »

Notice par Henri Cordier dans la *Revue critique*, 18 Oct. 1879.

Volumen *tertium* pro media classe *Studium Canonicorum. Ibid.*, M DCCC LXXX, in-8, pp. XXIV-768, 10 pl.

Proemium. — Animalium Plantarum Mineraliumque in libro Carminum Nomenclatio. — Geminatae Carminum Voces. — Omnium Odarum Tituli. — Planches. — 詩經 Liber Carminum. — 書經 Liber Annalium. — 易經 Mutationum Liber. — 禮記 Rituum Memoriale. — 春秋 Ver et Autumnus.

Volumen *quartum* pro suprema classe *Stylus rhetoricus. Ibid.*, M DCCC LXXX, in-8, pp. XIX-820.

Proemium. — Prosarum auctores. — Epistolarum auctores. — *Tres Memoriae.* — *Antiquae Prosae.* — *Stylus epistolaris.* — *Allusiones litterariae.* — *Orationis Particulae.*

Volumen *quintum* pro rhetorices classe *Pars oratoria et poetica. Ibid.*, M DCCC LXXXII, in-8, pp. XI-840.

Proemium. — In litterariam amplificationem praeviae notiones. — Celebratae Amplificationes. — Recentiores Amplificationes. — Versus et Cantus. — Descriptiones et Cantiones. — Parallelae Inscriptiones.

Au lieu de se terminer par un index des caractères formant le Vol. VI, ce grand ouvrage sera complété par un dictionnaire en plusieurs volumes qui est sous presse.

— Cursus litteraturae sinicae neo-missionariis accommodatus auctore P. Angelo Zottoli S. J. e missione Nankinensi. — Traduction française du premier volume par le P. C. de Bussy, S. J. Zi-ka-wei, imprimerie de la Mission catholique à l'orphelinat de T'ou-sé-wè. — 1891, in-8, pp. VI-304.

Charles de Bussy, 宣 *Siouen*, né le 4 sept. 1823; entré dans la Cie. de J., 25 avril 1878; arrivé dans la Mission, 5 nov. 1879; † 6 avril 1902, à Zi-ka-wei.

JÉSUITES.

— A. M. D. G. Ecole Saint François Xavier. — Introduction à l'étude de la langue française à l'usage des élèves chinois. 階進語法 Zi-ka-wei, Imp. de la Mission Catholique à l'orphelinat de Tou-sè-wè. 1884, in-8, pp. II-VII-108.

— 法話進階 Introduction à l'étude de la langue française à l'usage des élèves chinois. Quatrième édition. Zi-Ka-wei Imprimerie de la Mission Catholique Orphelinat de T'ou-se-wè. — 1899. in-8, 2 ff. n. ch. + pp. VII + pp. 108.

Le titre intérieur porte *troisième* édition; la préface de la première édition est datée 31 juillet 1884. — Cet ouvrage anonyme est du P. H. Boucher.

— St. Francis Xavier's School. Shanghai. — A Method of learning to read, write and speak English for the use of Chinese Pupils. Part I. 訣捷文英. Zi-ka-wei, Printed at the Catholic Mission Press, 1882, in-8, pp. 245 + 1 f. n. c.

— Part II. *Ibid.*, 1883, in-8, pp. 147.

— * 英文捷訣 A Method of learning to read, write and speak English for the use of Chinese Pupils. Zi-ka-wei Imprimerie de la Mission catholique Orphelinat de T'ou-sè-wè, 1898-1899, 2 parties in-8, pp. 250, 143.

— 官話指南 *Boussole du langage mandarin.*

Cet ouvrage, *Kouan-houa Tche-nan*, fut publié par les soins de la Légation japonaise à Pe-king, pour les Japonais qui étudiaient le chinois dans cette ville. — Voir col. 1703.

— A. M. D. G. — 官話指南 *Koan-hoa Tche-nan.* Boussole du langage mandarin traduite et annotée par H. Boucher, S. J. Missionnaire au Kiang-nan. Zi-ka-wei, Imp. de la Mission catholique à l'Orphelinat de T'ou-sè-wè, 1887, 2 vol. in-8.

Notice : *China Review*, XVI, pp. 190/1. Par E. J. E.[itel.]

Le P. Boucher reproduit le texte chinois, en y joignant, outre la traduction, la romanisation complète du texte, de nombreuses notes explicatives et un vocabulaire de tous les mots employés dans l'ouvrage qui se compose de quatre parties : I. Formules de conversation; II. Mandarins et marchands parlant de leurs affaires; III. Style ordinaire des Commandements; IV. Dialogues entre mandarins.

En 1889, l'Académie des Inscriptions et Belles-Lettres a décerné au P. Boucher une récompense de 1000 frs. sur le prix Stanislas Julien.

— 官話指南 *Koan-hoa Tche-nan.* Boussole du langage mandarin traduite et annotée par le Père Henri Boucher, S. J. Missionnaire au Kiang-Nan. Troisième édition. Zi-ka-wei. Imprimerie de la Mission catholique à l'Orphelinat de T'ou-sè-wè, 1900-1901, 2 vol. in-8, pp. V-247, II-236.

— Choix de Documents, lettres officielles, proclamations, édits, mémoriaux, inscriptions,... Texte chinois avec traduction en français et en latin par S. Couvreur S. J. — Ho kien fou, Imprimerie de la Mission catholique. 1894, in-8, pp. IV-560.

Divisé en cinq parties : Ire *Lettres officielles*. — IIe *Proclamations*. — IIIe *Edits et mémoriaux*. — IVe *Gazette de Pékin*. — Ve *Mélanges*. — Troisième éd., 1901.

Notice : *Miss. Cath.*, XXVI, 17 août 1894, pp. 399/400.

L. Wieger.

Ouvrage commencé en 1893 ; devait comprendre 12 vol. ; ont paru :

I

— A. M. D. G. 漢話漢文入門 Rudiments de parler et de style chinois par le P. Léon Wieger S. J. Premier volume, première moitié. 河間府 Imprimerie de la Mission catholique 1895, in-16, 1 f. n. ch. + pp. 748.

Notice : *Miss. Cath.*, XXVII, 21 juin 1895, pp. 299/300.

— — 1er volume. Seconde moitié. Ibid., 1896, in-16, pp. 749 à 1513.

Ce premier volume comprend : les Préfaces ; I. De la Prononciation ; II. Mécanisme du langage ; III. Phraséologie.

— — Rudiments de parler chinois. Dialecte du 河間府... 2e volume. *Catéchèses*. Ibid., 1897, in-16, pp. 894.

Le texte développé dans ce vol. est celui du petit catéchisme usuel dans la mission du Tche-li S. E., 要理問答四本 *Yao-li wen ta seu peun*.

La première partie du Vol. III devait paraître en 1898.

— — 3e volume, seconde partie. *Sermons de Mission*. Ibid., 1897, in-16, pp. 879.

— — 4e volume. *Mœurs et usages populaires*. Ibid., 1894, in-16, pp. 968.

Ce volume contient la somme des notions morales que les trois sectes 儒釋道 *jôu chéu tào* ont jugé devoir suffire au vulgaire.

— — 5e volume. *Narrations vulgaires*. Ibid., 2e éd. 1895, in-16, pp. 693.

63 narrations mises en langage parlé tirées du 家寶集 *Kiao pao tsi*, du 今古奇觀 *Kin kou ki kouan*, du 聊齋誌異 *Liao Tsai che i* et la 32e du 官話指南 *Kouan-houa Tche-nan*.

— — 6e volume. *Narrations vulgaires*. Ibid., 1895, in-16, pp. 697 + 1 f. n. ch.

Renferme dix contes tirés du 今古奇觀 *Kin kou ki kouan*.

II.

La seconde partie de la collection consacrée à la langue écrite doit comprendre :

Vol. 7 et 8. Demi-style. Morale en action. Scènes de mœurs tirées de romans d'intérieur inédit.

Vol. 9. Concordance des livres classiques. Textes philosophiques et moraux, avec commentaires de diverses époques, groupés pour la controverse, arguments prévus.

Vol. 10. Concordance des philosophes non classiques, Confuciistes dissidents, bouddhistes, taoistes.

Vol. 11. Bréviaire historique. Marche générale de l'histoire, en français, d'après les traités 通鑑綱目 *t'oung-kien kang-mou* et 綱鑑易知錄 *Kang-kien yi-tche-lou*, avec insertion intégrale du texte des paroles et faits intéressant les missionnaires, et de pièces anciennes et modernes tirées des grandes collections historiques et littéraires.

Ont paru les volumes :

— A. M. D. G. Parler et Style chinois Rudiments par le P. Léon Wieger, S. J. Douzième volume, Première Partie. *Caractères* 河間府 Imprimerie de la Mission catholique 1900, in-16, pp. 431.

— — Douzième volume, Seconde Partie. *Lexiques*. Ibid., 1900, in-16, pp. 223, 206, 197.

— Dr. L. Wieger S. J. *Textes historiques* 1. 1903, in-16, pp. 770.

Couverture intérieure : L. Wieger S. J. Rudiments 10. Textes historiques. 河間府 Imprimerie de la Mission catholique. 1903.

Notice : *Bul. Ec. franç. Ext. Orient*, III. No. 3, 1903, p. 491, par P. P.[elliot.]

— L. Wieger S. J. Rudiments. *Textes historiques* 2. Ibid., 1904, in-16, pp. 775 à 1553.

Notice : *T'oung-Pao*, IIe Sér., V, Oct. 1904, pp. 481/3, par Ed. Chavannes.

— L. Wieger, S. J. Rudiments 11. *Textes historiques* 3. Ibid., 1905, in-16, pp. 1555 à 2004.

— Curriculum of Chinese Studies for the use of Young Missionaries. By Rev. W. A. P. Martin. (*Chin. Rec.*, 1894, pp. 365/7.)

— Méthode pour apprendre les principes généraux de la langue chinoise à l'usage des élèves européens par Richard Laming, Ancien Professeur au collége de Chang-Haï, Chine. — Ancien Elève de l'Ecole spéciale des langues orientales vivantes. — Membre de l'Association internationale de Professeurs : Institut Rudy — Professeur de français de la Mission chinoise à Paris. — Paris, Ernest Leroux, 1889, in-12, pp. VIII-132.

Richard Laming, 郎 *Lang*, né en Angleterre, 11 mars 1853 ; entré dans la Cie. de Jésus, 2 oct. 1877 ; arrivé en Chine, 5 nov. 1879 ; rentré en Europe, mars 1884.

J. Dyer Ball.

— Cantonese made easy : a Book of simple sentences in the Cantonese Dialect with free and literal translations, and directions for the rendering of english grammatical forms in Chinese. — By J. Dyer Ball,

M. R. A. S., etc. of Her Majesty's Civil Service Hongkong... Hongkong : Printed at the « China Mail » Office. 1883, in-8, pp. xx-86. Pub. à Dol. 3.

— * Cantonese Made Easy. Second Edition.

Notice : *China Review*, XVI, pp. 248/251. Par E. H. P.[arker.]

— Third ed., 1904.

— The Tung-Kwún (東莞) Dialect. By J. Dyer Ball. (*Ibid.*, XVIII, No. 5, pp. 284/299.)

— The Tung-Kwún Dialect : A comparative Syllabary of the Tung-kwún and Cantonese pronunciations, with observations on the variations in the use of the Classifiers, Finals, and other Words, and a Description of the tones, &c., &c. Reprinted from the « China Review ». By J. Dyer Ball... Hongkong, « China Mail » Office, 1890, br. in-8, pp. 16-xv. Pub. à 50 cents.

— The San-Wúi (新會) Dialect. By J. Dyer Ball. (*China Review*, XVIII, No. 3, pp. 178/195.)

— The San-wûi Dialect : a comparative Syllabary of the San-wúi and Cantonese pronunciations, with observations on the variations in the use of the Classifiers, Finals and other Words, and a Description of the tones, &c., &c. — Reprinted from the « China Review ». — By J. Dyer Ball, M.R.A.S., M.China Branch R.A.S., etc.... Hongkong : printed at the « China Mail » Office. — 1890, br. in-8, pp. 18-xii. Pub. à 50 cents.

— The Höng Shán or Macao Dialect. By J. Dyer Ball. (*China Review*, XXII, N° 2, pp. 501/531.)

Tirage à part : 1897, in-8, pp. 31.

— The Shun Tak Dialect : A Comparative Syllabary of the Shun Tak and Cantonese Pronunciations, with Observations on the Variations in the use of the Classifiers, Finals, and other Words, and a Description of the Tones, &c. &c. By J. Dyer Ball. (*Ibid.*, XXV, N° 2, pp. 57/69 ; *ibid.*, N° 3, pp. 121/140.)

— Primary Lessons in Swatow Grammar [Colloquial] by Rev. William Ashmore D.D. English Presbyterian Mission Press. Swatow. 1884, in-4, tit. et 3 ff. prél. + pp. x-155.

Pages 125-155 contiennent une : « List of Syllables representing the sounds used in pronouncing the Tie Chiu dialect, prepared by Rev. S. B. Partridge.

Kwong.

— Kwong's Educational Series. (In English and Chinese.) First Reading-Book. Illustrated with Cuts. By Kwong Ki Chiu, Late Member of the Chinese Educational Commission in the United States ; and Author of « English and Chinese Dictionary » ; « Dictionary of English Phrases » ; « Series of Conversation Books » ; « Manual of Correspondence and Social Usages » ; « Comprehensive Geography », etc. Shanghai : Wah Cheung, 1885, in-8, pp. x-162.

— Kwong's Educational Series... — II. The First Conversation-Book, pp. xxxi-247. — III. The Second Conversation-Book, pp. xv-406. — Voir col. 1646 *supra*.

Notice : *China Review*, XIV, pp. 111/116. [Par E. F.]

— Manual of Correspondence and Social Usages. Containing instruction and examples in all branches of Letter-Writing, Forms of Business-papers, Notes of invitation, Cards, inscriptions for presents, selections for albums, epitaphs, etc. ; also, rules of etiquette and social intercourse, — to which are added sections on punctuation and the use of capitals ; with some pages on grammar and spelling, and a chapter on the Chinese method of reckoning time. Specially adapted to self-instruction. By Kwong Ki Chiu, Late Member of the Chinese Educational Commission in the United States, and Author of English and Chinese Dictionary, Dictionary of English Phrases, First Reading Book, Series of Conversation Books, Comprehensive Geography, etc. Shanghai : Wah Cheung, 1885, in-8, pp. xxii + 2 ff. n. ch. + pp. 276.

Avec la collaboration du Rev. C. S. Sylvester.

F. Hirth.

— 新關文件錄 *Hsin-Kuan Wên-chien-lu.* Text book of Documentary Chinese, with a Vocabulary, for the special use of the Chinese Customs Service. Edited by F. Hirth, Ph. D., Deputy Commissioner and Assistant Statistical Secretary, Inspectorate General of Customs, Shanghai. — Published by Order of the Inspector General of Customs. — Shanghai : Published at the Statistical Department of the Inspectorate General of Customs, 1885-1888, 2 vol. in-4, pp. viii-272, 299.

Notices : *China Review*, XIV, p. 299. Par E. J. E.[itel.] — *Ostasiatischer Lloyd*, 10. Feb. 1888. — *Shanghai Mercury*, 28 April 1888. — *Zeitschr. d. Deutschen Morg. Ges.*, xlii, 1888, pp. 686/691. [K. Himly.]

— Index of the Characters in Dr. Hirth's « Text Book of Documentary Chinese ».

Arranged by their Radicals. With a List giving the Tones. By E. Ruhstrat, I. M. Customs. — Shanghai : Printed by Kelly & Walsh, 1892, in-4, pp. 41.

Notice by J. Chalmers, *China Review*, XX, No. 2, pp. 131/2.

— 文件字句入門 *Wên-Chien Tzŭ-Chü Ju-Mên*. Notes on the Chinese Documentary Style. By F. Hirth, Ph. D., Deputy Commissioner and Assistant Statistical Secretary, Inspectorate General of Customs, Shanghai. Kelly & Walsh, 1888, in-8, pp. VI-150 + 1 f. n. c.

Notices : *China Review*, XVI, p. 386. [E. J. Eitel.] — *Shanghai Mercury*, 28 Apr. 1888. — *Zeit. d. D. Morg. Ges.*, XLII, 1888, p. 686. [K. Himly.] — Voir col. 1680.

— Über Sinologische Studien von Friedrich Hirth. (*T'oung Pao*, VI, Oct. 1895, pp. 364/8.)

— Die sinologischen Studien und Professor Hirth von A. Franke. (*Ibid.*, VII, Juillet 1896, pp. 241/250.)

— Die sinologischen Studien und Professor Hirth. (*Ibid.*, Oct. 1896, pp. 397/407.)

P. G. von Möllendorff.

— Praktische Anleitung zur Erlernung der Hochchinesischen Sprache, herausgegeben von P. G. von Möllendorff. Shanghai : American Presbyterian Mission Press. 1880, in-8, pp. 126.

— Praktische Anleitung zur Erlernung der Hochchinesischen Sprache von P. G. von Möllendorff. — Dritte Auflage. — Shanghai : Kelly and Walsh,... 1900, in-8, 2 ff. n. ch. + pp. 188.

Suivi d'une bibliographie, pp. 181-188, à la fin de laquelle M. annonce la publication d'un Dict. chinois-allemand et allemand-chinois.

— P. G. von Möllendorff 穆麟德 Nécrologie par H. C.[ordier.] (*T'oung Pao*, 2e Sér., II, No. 3, Juill. 1901, p. 198.)

Né en 1848, à Görlitz ; † 19 avril 1901, à Ning-Po,

Camille Imbault-Huart.

Né le 3 juin 1857 ; † à Hong-kong, 29 nov. 1897.

— 京話指南 — Cours éclectique graduel et pratique de langue chinoise parlée par C. Imbault-Huart, Vice-Consul de France... Péking, Typographie du Pei-t'ang [et] Paris, E. Leroux, 1887 à 1889, 4 vol. in-4.

Tome premier comprenant : I. Une introduction à l'étude de la langue chinoise. II. Les principes généraux de la langue chinoise parlée. III. Six appendices se rapportant à ces deux parties de l'ouvrage. 1887, pp. XXVII-291.

Tome II. Phrases faciles et dialogues mélangés. 1888, pp. 353.

Tome III. Conversations (Traduction et notes). 1889, pp. X-451.

Tome IV. Textes chinois. 1888, pp. 296.

Notices : *China Review*, XVI, pp. 245/8 ; *ibid.*, XVIII, pp. 131/3. By E. H. P.[arker.] — *North-China Daily News*, 12 août 1887. — *Le Temps*, 27 sept. 1887. — *Le Courrier d'Haiphong*, 9 sept. 1888. — *North-China Herald*, 2 nov. 1888. — *The Chinese Times*, 11 août 1888. — *Bul. Soc. Et. Col. & Mar.*, XI, 1887, pp. 286/7, par A. Bouinais.

— Camille Imbault-Huart. Par G. D.[evéria.] (*J. As.*, I, 1898, pp. 147/8.)

— C. Imbault-Huart. Nécrologie. (*T'oung Pao*, IX, No. 3, Juillet 1898, p. 234.)

— Notice par Henri Cordier, *Bul. de Géog. hist. et desc.*, 1898, pp. 360/3.

— *Kung Yü So T'an* 公餘瑣談 — Leçons progressives pour l'étude du Chinois parlé et écrit. Cent chapitres où les usages de la Chine sont sommairement décrits par le lettré Yü Kuan (裕觀) de l'inspectorat général des douanes, à Pékin. Par A. Mouillesaux de Bernières, Directeur des Douanes, Secrétaire-Chinois à l'Inspectorat Général. — Péking, Typographie du Pé-t'ang — 1886, gr. in-4, pp. VIII-231.

Notice : *China Review*, XV, pp. 192/3. Par E. J. E.[itel.]

— First English Reading-Book for the use of Chinese Students of the English Language. By Theophilus Sampson. Shanghai... Kelly & Walsh, s. d., in-12.

— * A Primer in the Mandarin Dialect containing Lessons and Vocabularies, and Notes on Chinese Constructions and Idioms ; also a Dialogue on Christianity ; translations of Passports, Leases, Boat Agreements, etc. Interleaved, and with large map of China. Prepared for the use of Junior Members of the China Inland Mission. Shanghai : China Inland Mission, 1887, gr. in-8, pp. 250.

Notice : *Chin. Rec.*, XIX, 1888, pp. 42/3. By E. F.

— A Handbook of the Swatow Vernacular by Lim Hiong Seng, An Interpreter in the Police Courts of the Straits Settlements. Singapore. — Singapore, Printed at the « Koh yew hean » Press. 1886, pet. in-4, pp. IV + 1 f. n. ch. + pp. 110.

Préface chinoise.

— 蒙啓畫以 Teachings from Pictures for Young and Old by Janet Byrne. Translated into Chinese by Yung kwai. Cassell & Co., New York, s. d. [1886], in-4, pp. 30.

— Elementary Lessons in Chinese by the Rev. Arnold Foster, B. A. London Missionary Society, Hankow. — London, Henry Frowde, 1887, pet. in-8, pp. 32.

Notices : *Revue critique*, 16 avril 1888, par M. J.[ametel.] — *China Review*, XVI, pp. 130/131 [par John Chalmers]. — *Chin. Rec.*, XIX, 1888, pp. 43/4, by J. N. B. S.

— Documents à l'usage des Elèves de l'Ecole des Langues Orientales Vivantes recueillis, traduits et annotés par Maurice Jametel lauréat de l'Institut Chargé du Cours de Langue Chinoise à l'Ecole des Langues Orientales Vivantes. 1re Partie, Documents commerciaux. Ernest Leroux... Paris, br. in-8, 2 ff. n. c. + pp. 7 + 40 de texte chinois autog.

La préface est datée Paris, 22 nov. 1886.

La préface des premiers exemplaires de cet opuscule était autographiée en 8 pages, mais elle était la même que dans l'édition imprimée en 7 pages.

Maurice-Louis-Marie Jametel, né à Montrouge, près Paris, 11 juin 1856; chargé de cours, 16 mai 1886, puis professeur à l'Ecole des Langues orientales de Paris, 23 janvier 1889; † 17 mai 1889.

Notice par Charles Schefer, *Recueil de l'Ecole des Langues orientales*, 1889, I, pp. VIII-XII. — Réimp. dans le *T'oung Pao*, I, No. 1, avril 1890, pp. 70/72.

— 漸進文集 Manuel de la langue chinoise écrite destiné à faciliter la rédaction des pièces dans cette langue par Abel Des Michels, professeur à l'école spéciale des langues orientales vivantes. Paris, Ernest Leroux, 1888, gr. in-8, pp. XVI-439.

— * Learning to Read in South China. Being a plea for the use of Romanized Vernacular in Mission Work. By John C. Gibson, M.A., Mission of the Presbyterian Church of England, Swatow, China. London, 1888.

Notice : *China Review*, XVII, No. 2, pp. 118/122, par E. J. E.[itel.]

— The Guide to Kuan Hua 官話指南. A Translation of the *Kuan Hua Chi Nan*, with an Essay on Tone and Accent in Pekinese and a Glossary of Phrases. By L. C. Hopkins, H. M. Consular Service, China. Shanghai, Kelly and Walsh, 1889, gr. in-8, pp. 230.

Notice : *China Review*, XVIII, No. 2, p. 129. By E. J. E.[itel.] — Voir col. 1696. — Third ed., 1900.

— An Exposition of the Construction and idioms of Chinese Sentences, as found in Colloquial Mandarin. For the use of Learners of the Language. By A. Sydenstricker. Shanghai : American Presbyterian Mission Press. — 1889, br. in-8, pp. II-88.

— A Chinese Manual, comprising a Condensed Grammar with Idiomatic Phrases and Dialogues. By Robert K. Douglas,... London. W. H. Allen, 1889, pet. in-8, pp. XII-376.

— A Chinese Manual comprising a Condensed Grammar with Idiomatic Phrases and Dialogues by Sir Robert K. Douglas Keeper of the Department of Oriental Printed Books and M. S. S. in the British Museum, and Professor of Chinese at King's College, London. New Edition. London, Crosby Lockwood, 1904, pet. in-8, pp. XII-376.

Printed by Gilbert & Rivington, Clerkenwell.

— Liste des 214 radicaux de l'écriture chinoise groupés dans l'ordre actuellement adopté en Chine Avec, au verso de chaque caractère, la prononciation annamite du nom chinois, la signification annamite et la traduction française par Edmond Nordemann Instituteur... — Prix... $ 0.25 — Hà-nội 1891, pet. in-12 allongé, pp. 104.

(DIVERS.)

— Mandarin Primer prepared for the use of Junior Members of the China Inland Mission, by F. W. Baller. Second Edition Enlarged. Shanghai, American Presbyterian Mission Press, 1891, in-8, pp. XXX + 1 f. tab. of sounds + 1 f. blanc + pp. 326 + 1 carte de la Chine.

« Medical Lists have been kindly furnished by Dr. Douthwaite of Chefoo. » En partie, interfolié de papier blanc. — 4th ed., enlarged, 1900.

CARL ARENDT.

— Handbuch der Nordchinesischen Umgangssprache mit Einschluss der Anfangsgründe des Neuchinesischen Officiellen und Briefstils von Prof. Carl Arendt, Lehrer des Chinesischen am Seminar. Erster Theil. Allgemeine Einleitung in das Chinesische Sprachstudium mit einer Karte. Stuttgart & Berlin, W. Spemann, 1891, in-8, pp. XXI-535.

Lehrbücher des Seminars für Orientalische Sprachen zu Berlin. Band VII.

Notice par G. Schlegel, *T'oung Pao*, III, mai 1892, pp. 196/199. — Réponse de C. Arendt, *ibid.*, déc. 1892, pp. 564/568.

— Einführung in die Nordchinesische Umgangssprache. Praktisches Uebungsbuch zunächst als Grundlage für den Unterricht am Seminar von Prof. Carl Arendt, Lehrer des Chinesischen am Seminar. I. Abtheilung. Laufender Text. Stuttgart & Berlin, W. Spemann, 1894, in-8, pp. XX-625 + 1 p. n. c.

— — II. Abtheilung. Chinesischer Text der Uebungsbeispiele. Stuttgart & Berlin, W. Spemann, 1894, in-8, pp. 188.

Lehrbücher des Seminars für Orientalische Sprachen zu Berlin. Band XII, 1 & 2.

Notices par G. Schlegel, *T'oung Pao*, V, mai 1894, pp. 164/169; — par Ed. Chavannes, *Revue critique*, 16/23 juillet 1894, pp. 25/7.

— Professor Carl Arendt. Nécrologie par H. C.[ordier.] (*T'oung Pao*, 2e Sér., III, No. 1, Mars 1902, pp. 37/38.)

Né à Berlin, 1er déc. 1838; † dans cette ville dans la nuit du 29 au 30 janvier 1902.

— Merklinghaus : Nekrolog auf Professor Carl Arendt, Lehrer des Chinesischen am Orientalischen Seminar [Berlin] 1887-1902. (*Mitth. des Seminars für Orient. Sprachen*, Berlin, Jahrg. V, Erste Abth., 1902, pp. 174/176; Portrait.)

— Zur Persönlichkeit Carl Arendt's. Einige Erinnerungen. Von Karl Foy. (*Ibid.*, Berlin, Jahrg. V, Erste Abth., 1902, pp. 177/182.)

— A Course of Mandarin Lessons, based on Idiom, by Rev. C. W. Mateer, D.D., LL.D. — Shanghai : American Presbyterian Mis-

(CARL ARENDT.)

sion Press. — 1892, in-4, pp. XLIX-714 + 1 f. d'errata.

Notice : *Chin. Rec.*, XXIII, Nov. 1892, pp. 535/6.

— A Course of Mandarin Lessons, based on Idiom, by Rev. C. W. Mateer, D. D., LL. D. — Revised Edition. — Shanghai : American Presbyterian Mission Press. — 1898, 2 vol. in 4, pp. lv-376, et pages 377 à 781 + 1 f. n. ch.

3rd revised ed., 1903.

— * C. W. Mateer. — A short Course of primary Lessons in Mandarin. 1901, in-4, pp. 55-79.

Réimp. de l'introd. et des 36 premières leçons de l'ouvrage précédent.

— Introduction to the Wênchow Dialect. By P. H. S. Montgomery, Imperial Maritime Customs. — Shanghai, etc., Kelly and Walsh, Lt., 1893, in-8, 3 ff. n. ch. + pp. 294 + ii p. l'er.

Notice : *Chinese Recorder*, XXIV, Nov. 1893, pp. 544/545. Par J. Edkins.

— 三州府文件修集 A Text Book of Documentary Chinese Selected and designed for the special use of Members of the Civil Service of the Straits Settlements and the Protected Native States —. Part I Volume I — Chapters I & II — Edited by G. T. Hare, Civil Service, Straits Settlements — Singapore : Printed at the Government Printing Office, 1894, gr. in-4, pp. XI-164.

— — Part I Volume II — Chapters III & IV... Ibid., 1894, gr. in-4, pp. VII-148.

— — Part I Volume III — Chapters V, VI & VII... Ibid., 1894, gr. in-4, pp. v-100.

— Die chinesische Sprache zu Nanking. Von Dr. Fr. Kühnert, Privatdocent an der k. k. Universität in Wien. (Mit zwei Tafeln.) (*Sitzungsberichte der Philosophisch-historischen Classe Kaiserlichen Ak. d. Wiss.*, Bd. CXXXI, Wien, 1894, VI. Abt., p. 38.)

Notice : *Jour. Roy. As. Soc.*, Jan. 1896, pp. 237/8, par T. W. [atters.]

— Syllabar des Nanking-Dialectes oder der correcten Aussprache (正音) sammt Vocabular zum Studium der Hochchinesischen Umgangssprache von Dr. Franz Kühnert. Gedruckt mit Subvention der Kais. Akademie der Wissenschaften. — Wien 1898. Alfred Hölder, in-8, pp. VII-472.

— A new Book by Dr. Kühnert. By E. von Zach. (*China Review*, XXIII, No. 4, pp. 229/231.) — Cf. G. Schlegel, *Ibid.*, p. 361.

— Premières Études de la langue mandarine parlée par F. Gourdin, Missionnaire Apostolique. Hongkong, Imprimerie de la Société des Missions Étrangères, 1896, in-12, pp. 291 s. l. tit. et l. préf.

— An Elementary Manual of the Pekinese Dialect, For the use of Officers preparing for the Preliminary Examination. Arranged by Captain Charles M. Ducat, Poona Horse. — First Edition. — Rangoon : American Baptist Mission Press, 1898, pet. in-8, pp. 24.

Sans caractères chinois.

— An Elementary Manual of Colloquial Chinese With a Vocabulary of 700 words. By Lieutenant W. H. F. Basevi, 6th Burma Battalion. — Allahabad : Printed at the Pioneer Press, 1899, pet. in-8, pp. II-53.

Sans caractères chinois.

— Commandant Lagarrue. — Eléments de Langue chinoise dialecte cantonais Notation Quôc Ngũ'. A l'usage des Officiers, Fonctionnaires et Colons. Paris, Ernest Leroux, 1900, in-18, pp. 290.

Notice par Ed. Huber, *Bul. Éc. Ext. Orient*, Juillet 1901, pp. 265/6.

— Shanghai Syllabary arranged in Phonetic Order. By J. A. Silsby. Shanghai : American Presbyterian Mission Press. S. d. [1900], in-8, pp. VIII + 31 ff. + pp. 32 à 42.

Une première édition avait paru en 1897. « This Syllabary is designed to be a companion to the *Syllabary of the Shanghai Vernacular*, prepared by three Chinese scholars [1891?] »... « To this edition there is added a description of the *Pronunciation of Shanghai Syllables as represented by the Union System of Romanization*, adopted by the Vernacular Society of Shanghai and used in this *Syllabary...* »

Notice : *N. C. Herald*, 2 mai 1900, par E. P. A.

— The Radicals for Shanghai Students with Description of the Shanghai Union System of Romanization and the Radical Ode. By J. A. Silsby. Shanghai : American Presbyterian Mission Press. 1900, br. in-8, pp. XX.

— Chinese-English Elementary Reader and Arithmetic. 原淂語英學算兼 by Paul Lee Gyim. Published and printed by Taylor & Moriya, New York, 1901, pet. in-8, pp. VII-184, mappemonde.

— Anglo-Chinese Phrase-Book and Vocabulary. Yunnanese Dialect. C. W. Bentley. Rangoon : Printed at the American Baptist Mission Press, 1901, in-8 étroit, pp. IV + 1 f. n. ch. + pp. 74.

Sans caractères chinois.

— 編新論談 Chats in Chinese A Translation of the *T'an lun hsin pien* by C. H. Brewitt-Taylor, Chinese Imperial Maritime Customs. — Printed and Published by the Pei-t'ang Press, Peking, in-12, pp. IV-253 [s. d., 1901].

Préface datée : Swatow, China, april 1901. Le Ms. avait été remis à l'imprimeur en oct. 1899, mais le travail fut retardé par les évènements de 1900 ; le ms. du vocabulaire anglais-chinois qui avait été détruit a été reconstitué par Mr. N. A. Konovaloff.

— Peking Dialect T'an Lun Hsin P'ien. In-8, pp. 135.

— 訪蜀西 Western Mandarin, or the Spoken Language of Western China; with Syllabic and English Indexes. Compiled by Adam Grainger, China Inland Mission. Shanghai : American Presbyterian Mission Press, 1900, in-8, pp. VI p. l'int., ind. rad. + 803.

Contents. — Introduction and radical Index, pp. VI. — Words (and Phrases) with characters arranged according to the Radicals, pp. 1-596. — Words without characters, pp. 597-616. — Table of relationships, pp. 617-628. — Syllabic Index, pp. 629-708. — English Index, pp. 709-802. — Errata, p. 803.

« Scope : — The name of the book, » The Spoken Language of Western China, « indicates pretty clearly the scope of the work. It is difficult to draw a line between what is spoken and what is written only. Many phrases used by scholars have been rejected as too » bookish «, but, on the other hand, nothing has been regarded as too common for insertion. The work contains 3,786 characters, 112 duplicate characters, 191 words without characters, and 13,484 examples, including 401 proverbs. The examples have been taken in every case from the lips of the natives. No phrases of foreign origin — religious or otherwise — have been collected, as students can easily obtain such from other sources. » — *Introduction.*

Notice : *Chinese Recorder*, XXXII, Feb. 1901, pp. 97/8, par S. R. C.

— * English and Chinese Complete Letter Writer and Guide to the Writing of Private, Commercial, and Official Documents. By the Commercial Press Book Depôt. Shanghai. For sale at the Mission Press, pp. 188.

Notice : *Chinese Recorder*, XXXII, June 1901, pp. 309/310.

— A first Reading Book for Students of Colloquial Chinese. — Chinese Merry Tales collected and edited by Baron Guido Vitale Chinese Secretary to the Italian Legation. — Peking, Pei-t'ang Press, 1901, in-8, pp. 8 + 118 de texte chinois.

— Cours pratique de Langue chinoise (Langue mandarine de Pékin). Par A. Vissière. (*Chine et Sibérie*, Mai 1901, pp. 195/7, 230/2, 304/309, 325/7.)

Avait été annoncé en tête de la 1re liv. de mars 1901. — Cinq leçons seulement ont paru. — *Chine et Sibérie* a cessé de paraître avec le n° 40, août 1901.

— * P. Kranz. — Deutsch-chinesische Lectionen. I. herausg. von R. Wilhelm, 1901.

— Recueil de Textes chinois à l'usage des élèves de l'Ecole spéciale des Langues orientales vivantes — Texte en langue orale, Extraits de journaux, Pièces administratives et commerciales, Correspondance épistolaire, Documents officiels, Traités, Lois, Réglements, etc. Réunis par A. Vissière, Professeur à l'Ecole spéciale des Langues orientales. Première livraison. Paris, Imprimerie nationale — MDCCCCII, in-8, pp. 16.

Publié en feuilles de 16 pages ; 9 feuilles ont paru au moment où nous mettons sous presse.

— Rudiments de la langue chinoise — Prononciation Écriture, Grammaire, Syntaxe — par A. Vissière, Professeur à l'Ecole spéciale des Langues Orientales vivantes — Extrait des *Guides Madrolle* : PÉKIN. Paris, Comité de l'Asie française, 1904, pet. in-8, pp. 36.

— Progressive Exercises in the Chinese Written Language by T. L. Bullock, Professor of Chinese in the University of Oxford. London, Sampson Low, 1902, in-8, pp. VI + 1 f. n. ch. + pp. 256.

I. Introductory Chapter. — II. The Radicals. — III. Exercises and Notes. — IV. Index of Characters.

Notice : *J. R. As. Soc.*, April 1903, p. 383, by S. W. B.[ushell.]

— * Hung Chung. — Deutsche Lektionen für chinesische Anfänger. I. Buch. 1902, pet. in-8, pp. 94.

— English and Chinese Reader, by Rev. I. M. Condit, Missionary to the Chinese. American Tract Society, 150 Nassau Street, New York, in-12, pp. 144.

— English and Chinese Second Reader by Rev. Ira M. Condit, D. D. Missionary to the Chinese. American Tract Society, 150 Nassau Street, New York, s. d. [1902], in-4, pp. 188.

— * K. Hemeling. — The Nanking Kuanhua. Chang-hai, Statistical department of the Inspectorate General of Customs, 1902, in-8, pp. 107.

Notice : *Bull. Ecole franç. Ext. Orient*, III, n° 3, Juill.-Sept. 1903, pp. 486/491. Par P. Pelliot.

— Китайскiе тексты, выбранные П. С. Поповымъ. С.-Пет., 1903, in-8, pp. 64 lithog.

Forme le No. 12 des Publications de la Faculté des Langues Orientales de l'Université imp. de St. Pétersbourg.

— Chinese Made Easy by Walter Brooks Brouner, A. B., M. D. of Columbia University in the City of New York, and Fung Yuet mow Chinese Missionary in the City of New York. With an Introduction by Herbert A. Giles, M. A., L. L. D. (Aberd.) Professor of Chinese in the University of Cambridge, England and late H. B. M. Consul at Ningpo. 1904 New York The Macmillan Company, in-4, pp. XV-351.

Press of Late E.-J. Brill, Leiden (Holland). — Notice : *Lond. & China Express*, 21 Oct. 1904.

— 階初語華 Первоначальный учебникъ китайскаго разговорнаго языка съ указаніемъ интонаціи и ударенія составленъ Куа-фаномъ... 1904, in-8, pp. 48 autog.

Forme le No. 17 des Publications de la Faculté des Langues Orientales de l'Université imp. de St. Pétersbourg.

Ouvrages divers. — Dissertations.

— Thresor de l'histoire des Langves de cest Vnivers. Contenant les Origines, Beautés, Perfections, Decadences, Mutations, Changemens, Conuersions, & Ruines des langues Hebraique, Chananeenne,... Chinoise,... Indienne des Terres neuues, &c. Les Langves des Animaux & Oiseaux, par M. Clavde Dvret Bovrbonnois, President à Moulins. Nous auons adiousté Devx Indices : L'vn des Chapitres ; L'autre des principales matieres de tout ce Thresor. Imprime a Cologny, par Matth. Berjon, Pour la Société Caldorienne. clɔ .lɔc. xiii. Auec Priuilege du Roy Tres-Chrestien, in-4, pp. 1030, s. la tab., la préf., &c.

Chap. lxxvii, pp. 900/909 : De la langue des Chinois en général ; — lxxvi, pp. 909/912 : De la grande isle du Iapan ou Giapan. — Alphabet de la Chine & du Gyapon, pp. 913/916.

On a cru que cet ouvrage était le premier dans lequel on ait employé en Europe des caractères chinois ; c'est une erreur ; des caractères chinois se trouvent sur la page 72 *b* de *Cartas que los Padres*... Alcala, 1575, in-4 ; dans le *Theatrum Orbis* d'Ortelius, Anvers, 1584 et dans le Mendoça de 1585.

— Le Même. — Yverdon, M.DC.XIX, in-4, 16 ff. n. ch. + pp. 1030.

— De Invento Sinico Epistolae nonnullae Amoebaeae Inventoris & quorundum Soc. Iesu Patrum, aliorumque Literatorum. I. Epistola A. Kircheri. II-III. Epistolae A. Kircheri. IV-V. Ep. Ad. Adamandi. VI. Ep. A. Mulleri. VII. Ep. Ad. Adamandi. VIII. Ep. A. Mulleri, etc. IX. Ep. A. Adamandi. X. Ep. A. Mulleri. XI-XVII. Excerpta. [32 pages.]

— Sur la Langue chinoise. (*Recueil de l'Ac. des Insc.*, Hist., V, 1729, pp. 303/312), par Fréret.

— Dissertatio gradualis, de Praerogativis imaginariis literarum Chinensium, Quam annuente ampl. Fac. Philos. in Regia Acad. Carol. Praeside Dno. Sven Bring, Hist. Prof. Reg. et Ord. bonorum censurae exponit concionator societ. ostind. Bengt Svenonius, die Jan. A. MDCCXLVIII. L. H. Q. S. Typis Caroli Gustavi Berling, Directoris officinae Typographici Londini Gothorum, in-4, pp. 24 + 2 ff. prél. pour le t. et la dédicace.

Contient quelques caractères chinois.

(Ouvrages divers. — Dissertations.)

— Mémoire historique et critique sur les langues orientales. Par M. de Guignes. Lû le 9 Janv. 1767. (*Rec. de l'Ac.*, Mém., XXXVI, 1774, pp. 113/163.)

— Syntagma Dissertationum quas olim auctor doctissimus Thomas Hyde S. T. P. separatim edidit. accesserunt nonnulla ejusdem opuscula hactenus inedita ; necnon de ejus vita scriptisque, ΠΡΟΛΕΓΟΜΕΝΑ. cum appendice de lingua sinensi, aliisque linguis orientalibus una cum quamplurimis tabulis aeneis, quibus earum characteres exhibentur. Omnia diligenter recognita a Gregorio Sharpe LL. D.... Oxonii, e typographeo Clarendoniano. MDCCLXVII, 2 vol. in-4.

— Appendix de Lingua Sinensi, aliisque linguis Orientalibus una cum quamplurimis tabulis aeneis, quibus earum characteres exhibentur. Auctore G. S.

Cet essai de G. Sharpe est imprimé dans le *Syntagma* de Hyde, Vol. II, pp. 505/530.

— Etwas von meinem Versuche, die sinesischen Charaktere zur Universalsprache zu gebrauchen. (*Journal* de C. G. von Murr, IV, 1777, pp. 151 et seq.)

— Essai sur la langue et les caractères des Chinois. (*Mém. conc. les Chinois*, VIII, pp. 133/266 ; IX, pp. 282/430.)

Par le P. Cibot.

— Bemerkung über die Chinesische Sprache. Par C. J. P. (Klaproth, *Asiat. Mag.*, II, pp. 79/82.)

— Mithridates oder allgemeine Sprachenkunde mit dem Vater Unser als Sprachprobe in bey nahe fünfhundert Sprachen und Mundarten, von Johann Christoph Adelung,... Berlin, in der Vossischen Buchhandlung, 1806/1817, 4 vol. in-8.

I, 1806, *Sinesisch*, pp. 34/64 :
Geschichte, pp. 34/40 ;
Sprache, pp. 40/46 ;
Schrift, pp. 46/49 ;
Mangelhafte Cultur, pp. 49/50 ;
Mandarinen-Sprache, pp. 50/1 ;
Litteratur der Sprache, pp. 51/64.
Liste de grammaires chinoises, etc.
Tibetanisch, pp. 64/72.
Mongolischer Sprach- und Völkerstamm, pp. 497 et seq.
Mantschurischer Sprach- und Völkerstamm, pp. 514 et seq.
IV, 1817, pp. 11 et seq.

— De la langue chinoise, morceau extrait de l'allemand, du *Mithridates* d'Adelung. Par J. D. Lanjuinais. A Paris. de l'Imprimerie bibliographique, 1807, in-8, pp. 37.

Extrait du *Magasin Encyclopédique*, juin 1807.

(Dissertations.)

55*

— Réflexions sur la langue chinoise, par M. de Guignes, Résident de France à la Chine, attaché au Ministère des Relations extérieures et Correspondant de la première et troisième Classes de l'Institut. In-8, s. d. [Paris, 1807.]

L. à M. A. L. Millin sur le *Pantheon Chinois*, ext. du *Magasin Encyclopédique*, mars 1807.

— De studiis sinicis in imperiali Athenaeo Petropolitano recte instaurandis Dissertatio Isagogica amplissimo praesidi doctissimisque sociis ejusdem Athenaei reverenter oblata ab auctore Antonio Montucci Senensi J. U. D., etc. Excudebat Berolini Ludovicus Quien, Impensis Caroli Quien. MDCCCVIII, in-4, pp. 27.

Suivi d'une let. de Geo. Tho. Staunton, Devonshire Street, May 8th 1804. — Montucci donne, p. 22, des détails sur les ouvrages qu'il se propose de publier.

— Remarques philologiques sur les Voyages en Chine de M. de Guignes, Résident de France à la Chine, attaché au Ministère des Relations extérieures, correspondant de la première et de la troisième classe de l'Institut. *Veritas odium parit*, par Sinologus Berolinensis. A Berlin, aux frais de l'auteur, 1809, in-8, pp. 168.

Sinologus Berolinensis = *Montucci*. — Vend. Rémusat (972), Fr. 4.95.

— Réflexions sur la langue chinoise et sur la composition d'un dictionnaire chinois, français et latin. (Tirées du XXIXe Cahier des *Annales des Voyages*, publiées par M. Malte-Brun.) In-8, pp. 20.

Par De Guignes. Paris, ce 15 janvier 1810.

— *Audi Alteram Partem*, ou Réponse de M. Montucci[1] à la Lettre de M. de Guignes, insérée dans les *Annales des Voyages* publiées par M. Malte-Brun. IIIme Souscription. Tom. II. Cah. II. In-8, pp. 46. S. l. n. d. [Berlin, 30 Mai 1810.]

1. *Antonio Montucci* donne cette liste de ses publications dans son *Parallel*, pp. 4/5 [voir col. 1594] :

1. *Proposals* for publishing an elementary work on the Chinese Language, with an Answer to the *Critical Reviewers*, in-4, 1801, London.

2. A full account of a *Chinese Evangelical* Ms. in the British Museum, with a Specimen and Table of its contents, *Gentleman's Magazine* for Oct. and Nov. 1801.

3. An illustrative and historical Catalogue of a Chinese library, *ibid.* for February 1804.

4. An Account of a Ms. Chinese Dictionary, with Latin and Portuguese interpretation. *Monthly Magazine* for April 1804.

5. A Complete history of Chinese *Caligraphy*, from the earliest records down to the present times. *Universal Magazine*, No. III, IV, V & VI, 1804.

6. De Studiis Sinicis, Dissertatio Isagogica, Berolini, 1808, in-4.

7. Remarques philologiques sur les Voyages en Chine de M. de Guignes, à Berlin, 1809, in-8.

8. *Audi Alteram Partem*, ou Réponse à la Lettre de M. de Guignes, insérée dans les *Annales des Voyages* publiées par M. Malte-Brun, à Berlin, in-8, 1810.

— *Siao çu lin* or A small collection of Chinese Characters, analysed and decompounded, with the English prefixed In the order of the Alphabet, By way of Introduction to the Language of China, Also The Elementary characters as they are pronounced at Pekin & Canton with a preface & notes of Construction. To which Is added the Chines [*sic*] Genesis & its agreement with the Mosaic account. *Contentus paucis.* Hor. By Stephen Weston, BD. FRS.SA.RLH. In-8, s. d., gravé sur cuivre. [1812.]

— Grande exécution d'automne. No. I, Weston. Pe-king. Vingtième année Kiā-king, huitième lune, jour malheureux, in-8, pp. 22.

Vend. Rémusat (473), Fr. 8.05.

— * Stephen Weston. The Englishman abroad. Part I. Greece, Latium, Arabia, Persia, Hindostan, and China. Part II. Russia, Germany, Italy, France, Spain and Portugal, with Specimens of the Languages of those countries. London, 1824, in-8.

Bohn's Lowndes, IV, 2882.

ABEL RÉMUSAT.

— Essai sur la Langue et la Littérature chinoises, Avec cinq Planches, contenant des Textes Chinois, accompagnés de traductions, de remarques et d'un commentaire littéraire et grammatical. Suivi de Notes et d'une Table alphabétique des mots chinois. Par J. P. Abel-Rémusat. A Paris, Treuttel et Wurtz, 1811, in-8, pp. x-160, et 4 Pl. et 1 Frontispice gravés.

Notice : par J. D. Lanjuinais, Paris, 1811, in-8, pp. 8. [Extrait du *Moniteur*, No. 154, an 1811.] — Vend. Rémusat (467), Fr. 7.50 ; (468), pap. hol., Fr. 13.95. — Klaproth (642), Fr. 7.

— Utrum Lingua Sinica sit vere monosyllabica ? Disputatio philologica, in qua de Grammatica Sinica obiter agitur ; autore Abelo de Remusat. (*Mines de l'Orient*,[1] III, 1813, pp. 279/288, et 1 Pl.)

Trad. en français dans les *Mél. As.*, II, pp. 47/61. — Elle avait paru dans le *Mercure de 1814*, et on en fit un tirage à part : 1814, br. in-8, pp. 12.

— Discours prononcé à l'ouverture du Cours de langue et de littérature chinoises, au Collège royal, le 16 janvier 1815 ; sur l'origine, les progrès et l'utilité de l'étude du chinois en Europe. (Abel-Rémusat, *Mél. As.*, II, pp. 1/18.)

Ce discours avait déjà paru dans la brochure suivante :

1. *Mines de l'Orient*, exploitées par une Société d'amateurs, [sous les auspices de M. le Comte Wenceslaus Rzewusky]. A Vienne, 1809-1818, 6 vol. in-folio

— Programme du Cours de Langue et de Littérature chinoises et de Tartare-Mandchou ; précédé du Discours prononcé à la première Séance de ce Cours, dans l'une des salles du Collége royal de France, le 16 Janvier 1815. Par M. Abel-Rémusat, Docteur en Médecine de la Faculté de Paris, Lecteur et Professeur royal. A Paris, chez Charles, 1815, in-8, pp. 32.

— Collége royal de France. Ouverture des cours de Samskrit et de Chinois. (Extrait du *Moniteur*, n° 32, an 1815), br. in-8, pp. 16.

Signé : Silvestre de Sacy.

— Seconde Lettre adressée à la Société Asiatique de Paris, par M. Louis de L'Or, ancien officier de cavalerie. Paris, Dondey-Dupré, 1823, in-8, pp. 45.

Paris ce 13 Février 1823. — Par Klaproth.

— De indole linguae sinicae Dissertatio, — quam annuente amplissimo philosophorum ordine... Auctor Guilielmus Schott... Halis Saxonum... — Voir col. 1673.

— W. Schott. — Über Invectiven und Verwünschungen bei den Chinesen. (*Sitz. k. preuss. Ak. Wiss. Berlin*, 1857, pp. 384/7.)

— W. Schott. — Über linguistische und ethnographische Fehler in geographischen Lehrbüchern. (*Ibid.*, 1879, pp. 793/803.)

— An Essay on the Nature and Structure of the Chinese Language ; with suggestions on its more extensive study. By Thomas Myers, of Trinity College, Cambridge. London : Printed by J. Hill... 1825, pièce in-8, pp. 32.

Vend. Rémusat (470), Fr. 1.50. — Klaproth (643), Fr. 11.

Notices par Klaproth : *J. As.*, VII, 1825, pp. 370/3 et *Mém. relat. à l'Asie*, III, 1828, pp. 109/112.

— Méprises singulières de quelques sinologues, par W. Lauterbach. Paris, Dondey-Dupré père et fils, 1827, in-8, pp. 15.

Extrait du *Journal Asiatique*.

C'est une critique de la traduction du *Lun-yu* par Marshman, du dictionnaire de Morrison et de l'ouvrage de Titsingh sur le Japon. — W. Lauterbach est un pseudonyme de J. Klaproth.

— Vindiciae philologicae in linguam sinicam. Dissertatio prima de quibusdam litteris sinicis quae nonnunquam, genuina significatione deposita, accusandi casum mere denotant. Conscripsit et exemplis sinice impressis instruxit et illustravit Stanislaus Julien, Philosophi Meng tseu editor et interpres. Parisiis, Dondey-Dupré, MDCCCXXX, in-8, pp. 23.

— Brevis Tractatus in quatuor litteras sinicas quae apud Mencium ejusque interpretes officio maxime notabili funguntur (pp. 65/84 de la dernière partie du *Mencius* de S. Julien). — Voir col. 1406.

— A Short Tract respecting four Chinese characters, which perform a very remarkable office in the writings of Mencius and his commentators, published at Paris, A. D. 1830. Translated from the Latin of Stanislaus Julien, by S. R. (Brown). (*Chinese Rep.*, X, pp. 222/231).

— Ueber einige der neuesten Leistungen in der Chinesischen Litteratur Sendschreiben an Herrn Professor Ewald in Göttingen von Dr. Heinrich Kurz. Paris, in der Königlichen Druckerei. 1830, in-4, pp. 19.

Critique de travaux de Neumann.

Notices : *Nouv. J. As.*, VII, 1831, pp. 373 et seq. par Klaproth. — *Asiatic Journal*, New Series, III, pp. 17/18.

— Sprache und Schrift der Chinesen (Langue et Ecriture des Chinois). (*Asiatische Studien* von C. F. Neumann,[1] 1837, pp. 1/34.)

— Die Chinesische Sprache in ihren Rechten als Sprache ; oder : Die Chinesische Sprache ihrer allgemeinen Bildung nach, in Vergleich zu der einiger andern Sprachen verschiedener Stämme, dargestellt von Emil Rautenbach. Darmstadt. Verlag von Ludwig Pabst. 1835, in-8, pp. VIII-64.

— « Letters on the Chinese Language » signed J. J. J. (*Asiatic Journal*, N. S., Vol. I, pp. 29/36.)

— The Chinese language ; its antiquity, extensive use, and dialects ; its character, and value ; attention paid to it by Europeans ; and the aids and inducements to study it at the present time. By E. C. Bridgman. (*Chin. Rep.*, III, 1834, pp. 1-14.)

— The Chinese Oral language ; marked distinction between it and the written language ; degree of affinity which exists between them ; origin of different dialects ; general character of several of these dia-

---

1. Voici la description exacte de ce vol. que nous avons plusieurs fois cité :

— *Asiatische Studien* von Carl Friedrich Neumann. — Erster Theil. — Leipzig, 1837, Ambrosius Barth, in-8, pp. VII-254 :

Sprache und Schrift der Chinesen, pp. 1-34.

Die Urbevölkerung einiger Provinzen des chinesischen Reiches, pp. 35-120.

Zur Geschichte der Schrift bey den tatarischen Völkerschaften, pp. 121-144.

Die Siapusch (Schwarzröcke) oder Ungläubigen, eine autochthone Völkerschaft Mittelasiens, pp. 145-151.

Persien, Thabarestan und Tocharestan nach chinesischen Quellen, pp. 152-186.

Handelsstrassen von China nach dem Westen ; nach einem chinesischen Werke aus dem sechsten Jahrhundert unserer Zeitrechnung, pp. 187-202.

Der Zwist zwischen den Engländern und Chinesen, pp. 203-254.

Neumann, né en 1793, à Reichmannsdorf près Bamberg ; † à Munich, le 17 mars 1870.

lects. By J. R. Morrison. (*Ibid.*, III, pp. 480/485.)

Réimp. dans *The Cycle*, 28 Jan. 1871.

— Ueber die Schinesische Sprache, vom Oberl. Gladisch, p. 3 à 10 dans « Zu der öffentlichen Prüfung der Zöglinge des königl. Marien-Gymnasiums, welche am Montag, Dienstag und Mittwoch, den 28., 29. und 30. September d. J. veranstaltet werden soll, ladet ehrerbietigst ein der Direktor Stoc. Posen, 1840. Gedruckt in der königl. Hofbuchdruckerei von W. Decker & Comp., br. in-4, pp. 26 + 1 pl. de caract. chinois.

∴

— On the meaning and use of the Character 夷 *E.* (*Barbare* ou *Etranger.*)

(*Canton Register*, X, 1837, pp. 128/9. — See the same periodical, pp. 136/138, etc.)

— Remarks on rendering the Chinese word *Man* « Barbarian », showing that the Chinese do not call Europeans *Barbarians*. By P. P. Thoms.

And

— Strictures on Mr. P. P. Thoms' Remarks on rendering the Chinese Word 蠻 *Man*, « Barbarians ». By W. H. Medhurst. (*N. C. Herald*, No. 87, March 27, 1852.)

Also

— Observations on Mr. P. P. Thoms rendering of the Chinese word by *Man.*

Extracted from Mr. H. Parke's Pamphlet in the *N. C. Herald*, No. 105, July 31, 1852 et seq.

— On the meaning of the word *E*, used by the Chinese Government to designate Foreigners. (By Thos. Taylor Meadows, British Consular Interpreter at Shanghae.)

Reprinted from the *N. C. Herald* in the *Shanghae Almanac for 1854 and Miscellany.*

— Remarks on rendering the Chinese word *man* « Barbarian », showing that the Chinese do not call Europeans *Barbarians*; contradicted! with remarks by a Correspondent; and Strictures by Dr. Medhurst.

Article de P. P. Thoms imprimé dans the *North China Herald*, No. 87, March 27, 1852 et réimprimé dans le *Shanghae Almanac for 1853 and Miscellany.*

— Answer to Mr. Thoms' Paper on the word 蠻 *Man*, in which he endeavours to show that the Chinese do not call Europeans « Barbarians ». (By Thos. Taylor Meadows.)

Reprinted from the *N. C. Herald* in the *Shanghae Almanac for 1854 and Miscellany.*

∴

— Lecture on the Nature and Structure of the Chinese Language, delivered at University College. By the Rev. Samuel Kidd. Professor of the Chinese Language and Litterature in that Institution. London: Printed for Taylor and Walton... 1838, in-8, pp 37.

— Il y a dans *Notes & Queries*, Series I, X, p. 29, une question faite par L. H. Watters au sujet de la meilleure manière d'apprendre la langue chinoise. Il y est répondu dans le même vol., pp. 167/168, par Thomas Bellot, Surgeon, R. N., dans une Note pleine de fautes.

— Philological Diversions, illustrating the word *Fung* 風 or *Wind*, in its various meanings and uses, as they are exhibited by Chinese Lexicographers, Poets, Historians, and the Common People. Communicated to the Editor of the *Chinese Repository*, with the following note, by Philo. [E. C. Bridgman.] (*Chin. Rep.*, XVIII, pp. 470/484.)

— Chinese Local Dialects reduced to writing. By Rev. Moses C. White, Missionary of the Methodist Episcopal Missionary Society at Fuhchau. (Read October 26, 1853) to which is appended an outline of the System adopted for romanizing the Dialect of Amoy. By Rev. Charles W. Bradley, late Consul of the United States at Amoy. (*Jour. Am. Or. Soc.*, Vol. IV, No. II, Art. X, pp. 327/340.)

— Chinese Spoken Language, by Rev. M. C. White, M. D. — (From *Methodist Quarterly Review.*) Br. in-8, chif. pp. 352 à 381.

July 1856. — The Chinese Language spoken at Fuh-chau.

— The Interpretation of some remarkable words in the Chinese Language by the Rev. T. R. Brown Vicar of Southwick, M.DCCCLIII, br. in-8.

Tiré à très petit nombre.

— Lecture on the Chinese Language and Literature, delivered in King's College, London, April 13, 1853, by James Summers, Professor of the Chinese Language in that Institution. London: John W. Parker, 1853, in-12, pp. 38, front., 7 pl. autog.

— Sketch of the Chinese Language and Literature. By the Editor. [Summers.] (*Chin. & Jap. Rep.*, Sept. 1865, pp. 401/8.)

— Zur Linguistik der Heidenvölker. *a.* Ueber die Chinesische Sprache mit Bezug auf das Lepsius'sche Allgemeine Linguistische Alphabet. Von Missionär Ph. Winnes in Pukak, im Dienst der Basler Missionsgesellschaft. Pukak, den 4. Februar 1856. — *b.* Entgegnung auf die Winnes'sche Abhandlung über die chinesische Sprache. Von Dr. R. Lepsius in Berlin. Berlin, den 20. Mai 1856. (*Magazin für die neueste Geschichte der evangelischen Missions- und Bibel-Gesellschaften*, Jahrgang 1856. Basel. Im Verlag des Missions-Institutes. Druck von Felix Schneider, pp. 142/171.) Pet. in-8.

JOSEPH EDKINS.

— On ancient Chinese Pronunciation : By the Rev. Joseph Edkins, of the London Missionary Society, Shanghae. Read to the Society, 11th October, 1853. (*Trans. of the China Br. R. As. Soc.*, Part IV. — 1853-54, Art. III & IV, pp. 51/85.)

— On diphthongs in the Chinese language. By the Rev. Joseph Edkins, Missionary at Peking. [Written at Peking, August 1872.]

Conférence faite devant la Philological Society of London en 1874 et publiée en brochure.

— Introduction to the Study of the Chinese Characters. By J. Edkins, D. D. Peking, China. London, Trübner, 1876, in-8.

Notices : *Chin. Rec.*, VII, pp. 386, 459/460. — *The Celestial Empire*, 8 Sept. 1877 (by John S. Roberts). — *Goettingische Gelehrte Anzeigen*, 14. März 1877 (par le Prof. Pott, de Halle).

— On the Syllabic Spelling. By Joseph Edkins. (*China Review*, VII, pp. 73/74.)

— Notes on some Chinese Words. By J. Edkins. (*Ibid.*, XI, pp. 248/252, 313/318.)

— The Chinese old Language. By Joseph Edkins. (*Ibid.*, XIII, pp. 1/5.)

— Note in reference to Mr. Parker's article on the old Language. By J. Edkins. (*Ibid.*, pp. 297/298.)

— Chinese Word studies. By Joseph Edkins. (*Ibid.*, pp. 324/331.)

— Phonetic value of a Circle or Oval. By J. Edkins. (*Ibid.*, XIV, pp. 212/213.)

— Note on 忍 *Jen* and 梁 *Liang*. By J. Edkins. (*Ibid.*, pp. 214/215.)

— Note on 旨 *Ham*. By Joseph Edkins. (*Ibid.*, pp. 228/229.)

— Evolution of the Chinese Language. By Joseph Edkins. (*Ibid.*, XV, pp. 243/244.)

— On certain Phonetics. By Joseph Edkins. (*Ibid.*, p. 244.)

— The Old Initials. By J. Edkins. (*Ibid.*, p. 311.)

— Twan Yu ts'ai's Fifteenth Class. By J. Edkins. (*Ibid.*, pp. 312/318.)

— All Roots labial. By Joseph Edkins. (*Ibid.*, XVI, pp. 48/49.)

— Evolution of the Pronoun. By Joseph Edkins. (*Ibid.*, pp. 49/53.)

— Notes on Words. By J. Edkins. (*Ibid.*, pp. 53/54.)

— Expression of the Conditional. By J. Edkins. (*Ibid.*, p. 54.)

— The Word 該 *Kai*. By J. Edkins. (*Ibid.*, p. 120.)

— The Word for *chin*. By J. Edkins. (*Ibid.*, p. 121.)

— Words for the Head and Palate. By J. Edkins. (*Ibid.*)

— On some words in the departing tone. By J. Edkins. (*Ibid.*, pp. 181/182.)

— Relative Pronoun. By Dr. Edkins. (*Ibid.*, p. 305.)

— The Character 眞 true. By Dr. Edkins. (*Ibid.*, p. 306.)

— Monosyllabism. By Dr. Edkins. (*Ibid.*, pp. 306/7.)

— The Origin of Shang sheng. By J. Edkins. (*Ibid.*, pp. 374/5.)

— To practise an Art. By J. Edkins. (*Ibid.*, p. 376.)

— Notes on Words. By J. Edkins. (*Ibid.*, XVII, No. 1, pp. 49/50.)

— The Transition from the lip to the throat letters. By J. Edkins. (*Ibid.*, pp. 50/51.)

— The Genesis of *S* and *Sh*. By J. Edkins. (*Ibid.*, No. 2, p. 113.)

— Lan-cheu Dialect. By J. Edkins. (*Ibid.*, No. 3, pp. 173/174.)

— Dialect of Kansu. By J. Edkins. (*Ibid.*, pp. 174/175.)

— Chinese words ending in *P*. By Joseph Edkins. (*Ibid.*, pp. 176/184.)

— Tones. By J. Edkins. (*Ibid.*, XVIII, No. 1, p. 61.)

— To fly and to float. By J. Edkins. (*Ibid.*, XIX, 1890, No. 3, pp. 189/190.)

— Priority of Labial Letters illustrated in Chinese Phonetics. By the Rev. J. Edkins, D. D., Peking, Hon. Member R. A. S. (*Journ. R. As. Soc.*, N. S., Vol. XIX, Art. VII, April, 1887, pp. 207/222.)

— Priority of Labial Letters illustrated in Chinese Phonetics. By The Rev. J. Edkins... [From the « Journal of the Royal Asiatic Society of Great Britain and Ireland », Vol. XIX, Part 2.] Br. in-8, pp. 16.

— Physiology in the Shanghai Dialect. By J. Edkins. (*Journ. C. B. R. A. S.*, XXI, N. S., 1886, pp. 106/108.)

— Chinese Term for Bar. By J. Edkins. (*Ibid.*, pp. 108/109.)

— Evolution of final *K* and *T* out of *P*, and of *T* out of *K*. By Rev. J. Edkins, D. D. (*Chin. Recorder*, XVII, March 1886, pp. 90/93.)

— Proofs of Ancient Chinese Sounds. By J. Edkins. (*China Review*, XXI, No. 5, pp. 350/51.)

— The old Chinese Language. By J. Edkins. (*Ibid.*, No. 6, pp. 413/5.)

En réponse à E. H. Parker, *Ibid.*, p. 276.

— Defence of the old Chinese Pronunciation. By J. Edkins. (*Ibid.*, XXII, No. 5, pp. 729/733.)

— Variety of Meaning to Characters. By J. E. (*Ibid.*, No. 3, p. 608.)

— Forms of human speech. By J. Edkins. (*Ibid.*, XXIV, No. 2, p. 110.)

— Monosyllabism as represented in Chinese. By J. Edkins. (*Ibid.*, No. 6, pp. 274/276.)

— The Connection of Voice and Gesture. By J. Edkins. (*Ibid.*, p. 292.)

— Debt and the Interjection would that. By J. Edkins. (*Ibid.*, XXV, No. 2, p. 90.)

— Explanation. By J. Edkins. (*Ibid.*, pp. 90/91.)

— Meine Stellung zum Chinesischen Alterthume und die Stellung meiner Gegner, der Professoren Schott und Neumann von Dr. Gottfried Otto Piper. Bernburg, 1857, F. W. Gröning, in-8, pp. 16.

— J. H. Plath. Die Tonsprache der alten Chinesen. Mit 1 (lith.) Tafel. [Aus den *Sitzungsber. d. k. Akad. d. Wiss.*] München, 1862, gr. in-8, pp. 52.

— Du système des intonations chinoises et de ses rapports avec celui des intonations annamites par M. Abel Des Michels.... Paris, Imprimerie Impériale, M DCCC LXIX, br. in-8, pp. 19.

Extrait No. 11 de l'année 1869 du *Journal Asiatique*.

— Chinese Slang. (*Shanghai Evening Courier*, 7 Janvier 1869.)

— On Chinese « Numerals », voir *Notes and Queries on C. & J.*, Vol. IV, Art. 7, by S. — Art. 103, by S. W. Bushell.

— De la langue chinoise et des moyens d'en faciliter l'usage, 1869, br. in-8.

Tirage à part de la *Revue moderne*; par Pierre Jannet. — Voir dans le *Bibliophile français*, Oct. 1873, une notice sur cet éditeur par Maurice Tourneux.

— Remarks on the Style of Chinese Prose, by Pres't W. A. P. Martin, of Peking, China; presented by the Corresponding Secretary.

Communication faite à l'*Am. Or. Soc.*, Oct. 1871. — *Journal*, Vol. X, No. 1, p. XXXIII.

— Analysis of Chinese Characters. (*Chin. Rec.*, IV, pp. 90/3, 119/123.)

— Simplification du sens de la particule *tchi*. Par le Dr. Aug. Pfizmaier. (*Compte-rendu de la 1re session du Cong. des Orient.*, 1873, I, pp. 374/5.)

— Sur le monosyllabisme de la langue chinoise antique. Par M. Léon de Rosny. (*Ibid.*, pp. 363/370.)

T. Watters.

— Tao 道 : An Essay on a Word by T. Watters Esq. (*Chin. Rec.*, IV, pp. 1/4, 33/35, 100/102.)

— Essays on the Chinese Language. By T. Watters. (*China Review*, IV, pp. 207/212, 271/278, 335/343; V, pp. 9/13, 75/83, 145/152, 209/216.)

— Essays on the Chinese Language, by T. Watters. — Shanghai, Presbyterian Mission Press. — 1889, in-8, pp. VI-496 + iii + ii + III.

Contents : I. Some Western Opinions. — II. The Cultivation of their Language by the Chinese. — III. Chinese Opinions about the Origin and Early History of the Language. — IV. On the Interjectional and Imitative Elements in the Chinese Language. — V. The Word *Tao*. — VI. Terms relating to Death and Burial. — VII. Foreign Words in Chinese. — VIII et IX. The influence of Buddhism on the Chinese language.

Notice : *China Review*, XVIII, No. 2, pp. 130/131. By E. J. E.[itel.]

— Thomas Watters. Nécrologie par Henri Cordier. (*T'oung Pao*, 2e Sér., II, No 1, Mars 1901, pp. 92/93.)

† 10 janvier 1901, à Ealing.

— Thomas Watters, 1840-1901. By S. W. B.[ushell.] (*Jour. R. As. Soc.*, April 1901, pp. 373/375.)

Herbert A. Giles.

— 隅舉學字 Synoptical Studies in Chinese Character. By Herbert A. Giles, of H. B. M.'s Consular Service. — Shanghai : Printed by A. H. de Carvalho, and sold by Kelly & Co., 1874, in-8, pp. 118 + 3 ff. prél.

Pub. à 2 Dol.

— The Book Language of China. By Herbert A. Giles. (*The Nineteenth Century*, Nov. 1879, pp. 904/914.)

— Notes on Chinese Composition. By Herbert A. Giles, H. B. M.'s Consular Service. (*Journ. N. C. B. R. A. S.*, N. S., XVII, 1882, Pt. I, pp. 1/21.)

— The character 番 or 畨. By Herbert A. Giles. (*China Review*, VII, pp. 24/32.)

— A difficult Passage. By H. A. Giles. (*Journ. C. B. R. A. S.*, XX, N. S., 1885, p. 280.)

— Translation of two Chinese Familiar Letters. By H. A. Giles. (*Ibid.*, pp. 280/282.)

— Critical Notes on some Translations from the Chinese, by Mr. Parker. By Herbert A. Giles. (*Ibid.*, XXI, N. S., 1886, pp. 113/116.)

— Examen critique des jugements portés sur la valeur des monuments philosophiques, littéraires, scientifiques des Chinois. Structure de la langue envisagée sous le rapport de sa capacité scientifique. Par le Dr. E. Martin. (*Rev. de Linguistique*, VII, juillet 1874, pp. 16/44.)

Robert K. Douglas.

— The Language and Literature of China. Two Lectures delivered at the Royal Institution of Great Britain in May and June, 1875. By Robert K. Douglas, of the British Museum, and Professor of Chinese at King's College, London. London, Trübner, 1875, pet. in-8, pp. 118.

Notices : *China Review*, IV, pp. 301/306, by E. J. Eitel. — *Chin. Rec.*, VII, 1876, p. 80. — *The Athenaeum*, No. 2508, 20 Nov. 1875.

— Chinesische Sprache und Litteratur. — Nach den Vorlesungen von Robert Douglas, Professor für Chines. Litt. am King's College, London. Frei bearbeitet von Dr. Wilhelm Henkel, L. am Grossherzogl. Gymnasium in Jena. Jena, Verlag von Hermann Dufft. 1877, in-8, pp. III-103.

Autographié.

— The Social and Religious Ideas of the Chinese, as Illustrated in the Ideographic Characters of the Language. By Professor R. K. Douglas, M. A. (*Journal Anthrop. Inst. of Gt. Brit. and Ireland*, XXII, 1892-93, pp. 159/173.)

Read 26th April, 1892.

— The Social and Religious Ideas of the Chinese, as Illustrated in the Ideographic Characters of the Language. By Professor R. K. Douglas, M. A. — London : Harrison, 1893, br. in-8, pp. 172.

Rep. from *The Journal of the Anthropological Institute*, February, 1893.

E. H. Parker.

— The Hankow Dialect. By E. H. Parker. (*China Review*, III, pp. 308/312.)

— The Pekingese *Ju-Shêng*. By Edward Harper Parker. (*Ibid.*, VII, pp. 117/120.)

— The Pekingese Syllables *Ssŭ*, *tzŭ*, *shih*, *jih* and *chih*. By E. H. Parker. (*Ibid.*, pp. 408/412.)

— New Foochow Colloquial Words. By E. H. Parker. (*Ibid.*, pp. 415/418.)
— New Cantonese Words. By E. H. Parker. (*Ibid.*, VIII, pp. 18/22.) Jabez. (*Ibid.*, pp. 255/256.)
— Canton Syllabary. By Edward Harper Parker. (*Ibid.*, pp. 363/382.)
— Foochow Syllabary. By Edward Harper Parker. (*Ibid.*, IX, pp. 63/82.)
— Characterless Chinese Words. By E. H. Parker. (*Ibid.*, pp. 85/88.)
— The Dialect of Eastern Sz ch'uan. By E. H. Parker. (*Ibid.*, XI, pp. 112/120.)
— The Dialect of Yangchow. By E. H. Parker. (*Ibid.*, XII, pp. 9/17.)
— The Wênchow Dialect. By E. H. P. (*Ibid.*, pp. 162/175, 377/389.)
— More about the old Language of China. By E. H. Parker. (*Ibid.*, XIII, pp. 114/117.)
— The Ningpo Dialect. By E. H. Parker. (*Ibid.*, pp. 138/160.)
— Precision of the Chinese Language. By E. H. Parker. (*Ibid.*, XIV, p. 110.)
— Foreign Languages in China. By E. H. Parker. (*Ibid.*)
— The Mandarin Dialects. By E. H. Parker. (*Ibid.*, p. 171.)
— Models of Style. By E. H. Parker. (*Ibid.*, p. 172.)
— Chinese Terms. By E. H. Parker. (*Ibid.*, p. 216.)
— Sanskrit Terms. By E. H. Parker. (*Ibid.*)
— Dialectic Changes. By E. H. Parker. (*Ibid.*, p. 223.)
— Local Terms. By E. H. Parker. (*Ibid.*, p. 224.)
— Tartar Terms. By E. H. Parker. (*Ibid.*)
— Idiomatic Phrases. By E. H. Parker. (*Ibid.*, pp. 227/228 ; XV, p. 51.)
— Verbs in suspension. By E. H. Parker. (*Ibid.*, XV, p. 54.)
— The terms Shen-k'i, Kuh-Shen, Kiah-yuh, T'iao-chi, Yueh-chi, Tartar, Tugh, Tengri, Khatun, Beg, Protest, and Seven Arts. By E. H. Parker. (*Ibid.*, pp. 185/186.)
— Phonetic Changes. By E. H. Parker. (*Ibid.*, p. 188.)
— Mana Books. By E. H. Parker. (*Ibid.*, p. 251.)
— Terms for Temple and City. By E. H. Parker. (*Ibid.*, p. 253.)
— The terms *I* and *Tih*. By E. H. Parker. (*Ibid.*)
— Peculiar Terms. By E. H. Parker. (*Ibid.*, XVI, p. 126.)
— Idiomatic Phrases. By E. H. Parker. (*Ibid.*, pp. 127/128, 183/186.)
— The Term *Igi*. (*Ibid.*, p. 378.)
— Systems of Spelling. (*Ibid.*)
— Letter Changes. (*Ibid.*, pp. 378/9.)
— Typhoon Mother. By E. H. Parker. (*Ibid.*, XVII, No. 1, p. 51.)
— Words in the entering tone. By E. H. Parker. (*Ibid.*)
— Idiomatic Phrases. By E. H. Parker. (*Ibid.*, pp. 52/53.)
— Monsoon. By E. H. Parker. (*Ibid.*, p. 54.)
— Strange Terms. By E. H. Parker. (*Ibid.*, No. 2, p. 114.)
— Bad Language. By E. H. Parker. (*Ibid.*)
— Unauthorized Characters. By E. H. Parker. (*Ibid.*, XVII, No. 2, p. 114 ; XVIII, No. 1, p. 54.)
— Chinese idiomatic expressions. By E. H. Parker. (*Ibid.*, XVIII, No. 4, p. 264.)
— A Tientsin Saying. By E. H. Parker. (*Ibid.*, No. 5, p. 320.)
— A Soundless Character. By E. H. Parker. (*Ibid.*)
— The Term 邸報. By E. H. Parker. (*Ibid.*)
— Idiomatic Phrases. By E. H. P. (*Ibid.*, pp. 320/321.)
— Dialect forms. By E. H. Parker. (*Ibid.*, XXIV, pp. 82/84.)

— On the best method of representing the unaspirated mutes of the Mandarin Dialect. By Rev. John Gulick. (*Chin. Rec.*, III, pp. 152/155.)

— On the Mandarin Mutes. By Rev. John T. Gulick. (*Ibid.*, VI, 1875, pp. 414/418.)

— Matériaux pour servir à l'histoire des études orientales en Italie par Angelo de Gubernatis, prof. ord. de sanscrit à l'Institut des Études supérieures à Florence, délégué officiel du gouvernement italien au troisième congrès international des Orientalistes. Ouvrage présenté le 1er Sept. 1876 au Congrès de St. Pétersbourg. Paris, Ernest Leroux, 1876, in-8, pp. 446, s. l. t.

VII. Langues monosyllabiques et altaïques, pp. 367 et seq.

JAMES LEGGE.

— Inaugural Lecture, on the constituting of a Chinese Chair in the University of Oxford; delivered in the Sheldonian Theatre, October 27, 1876. By Rev. James Legge, M. A. Oxford, LL. D. Aberdeen, Professor of the Chinese Language and Literature. Oxford and London : James Parker and Co., London : Trübner, 1876, br. in-8, pp. 27.

— Principles of Composition in Chinese, as deduced from the Written Characters. By the Rev. Dr. Legge, Professor of Chinese at Oxford. (*Journ. R. As. Soc.*, N. S., Vol. XI, Art. X, April 1879, pp. 238/277.)

— Principles of Composition in Chinese, as deduced from the Written Characters. By the Rev. Dr. Legge, Professor of Chinese at Oxford. Br. in-8, pp. 40.

Tirage à part de l'article précédent.

— Present State of Chinese Studies; what is still wanted towards a complete analytic exhibition of the Chinese Language. By J. Legge. (*Atti del IV Cong. int. degli Orient.*, 1881, II, pp. 255/267.)

— Oratio Dominicalis quammultilingua. L'Oraison dominicale en plus de 1200 langues et dialectes. — Specimen Praecursorium, Oratio dominicalis sinica. — L'Oraison dominicale en langue chinoise ou Kouan 官 hoa 話... Dédié au Souverain-Pontife Léon XIII. — Post Andream Mullerum Greiffenhagium Pomeranum aliosque compilatores recentiores sollertissimos denuo collegit emendavit et auxit Andreas Borel, typothetarius. — Condate-Rhedonum typis Oberthurianis. MDCCCLXXVIII, in-4, pp. XX + 80.

— Sur la Morphologie des syllabes chinoises comparée à celle des langues ariennes et sémitiques, par M. Chavée. (*Bul. Soc. Anthrop.*, 1862, pp. 346/352.)

— De la transcription des mots chinois au moyen des lettres latines. Par Ch. Cauvin. (*Rev. géog. int.*, nov. 1878, pp. 326/7 ; déc. 1879, pp. 273/4.) — A propos de l'abbé Perny.

— Discorso filologico-critico intorno alla lingua cinese del Canonico Prof. D. Gaetano Ferrari. Seconda edizione. Modena, Per G. T. Vincenzi e Nipoti, 1880, br. in-8, pp. 29.

Première éd., 1876.

— Deutsche Bücherei. — Sprache und Schrift der Chinesen. Von M. von Brandt. Breslau, S. Schottlaender, br. in-8, pp. 41.

Forme le No. 32 de la collection *Deutsche Bücherei.* — Pub. à 60 Pfg.

— K. Himly. — Ueber die einsilbigen Sprachen des süd-östlichen Asiens. (*Int. Zeitsch. f. allg. Sprachwiss.*, herausg. v. F. Techmer, Vol. I, No. 2, Leipzig, J. A. Barth, 1884, pp. 281 à 294.)

— Ueber Sprache und Schriftthum der Chinesen. Von Georg von der Gabelentz. — Separatabdruck aus « Unsere Zeit », 1884, XI. (Leipzig, F. A. Brockhaus), br. in-8, pp. 24.

— The Greek New Testament Words *Kreas* and *Sarx* with *Sarkikos* and *Sarkinos* as translated into Chinese. — Printed by A. A. Marcal, Amoy, 1885, br. in-8, pp. 20.

La *Note* prél. est signée W. C.[ampbell.]

— F. Misteli. — Studien über die Chinesische Sprache. (*Internationale Zeitschrift für allgemeine Sprachwissenschaft*, Vol. III, Part I, Leipzig, 1886.)

— Tonic and vocal Modification in the Foochow Dialect. (*China Review*, VII, pp. 182/187.)

— The Book Language. By Rev. C. Leaman. (*Chinese Recorder*, XI, 1880, pp. 103/119.)

— « Ten thousand » how translated. By Critic. (*China Review*, IX, p. 192.)

— The Ju shêng considered in its relation to the remaining tones. By L. C. H. (*Ibid.*, pp. 226/228.)

— The Chinese Character « Seven ». By H. K. (*Ibid.*, p. 322.)

— Canton Syllabary. By J. H. Stewart Lockhart. (*Ibid.*, X, pp. 312/326.)

— Spelling and pronunciation. By Frederic H. Balfour. (*Ibid.*, p. 353.) Ch. Piton. (*Ibid.*, XI, p. 61.)

— A Chinese exposition of the four Tones. By E. (*Ibid.*, X, p. 354.)

— 天 Conceived as having Individuality. (*Ibid.*, XI, p. 62.)

— The Llin-nen 亲 寧 variation of Cantonese. By A Don. (*Ibid.*, pp. 236/247 ; XII, pp. 474/481.)

— Chinese Numerals over thousand. By A Don. (*Ibid.*, XVII, No. 6, pp. 352/353.)

— New Chinese Terms. (*Ibid.*, XI, p. 260.)

— A curious Use of the Word 氏. By J. D. B. (*Ibid.*, p. 402.)

— On some Chinese words. By J. M. (*Ibid.*, XII, pp. 371/372.)

— The Chinese « Sir » or « Yes Sir ». By J. M. (*Ibid.*, p. 437.)

— Adjustment of Embossed Characters. By J. M. (*Ibid.*, pp. 511/512.)

— Finals. (*Ibid.*, XIII, p. 226.)

— Enigmatic Parallelisms of the Canton Dialect. By T. W. Pearce and J. H. Stewart Lockhart. (*Ibid.*, XV, No. 1, pp. 40/46 ; *ibid.*, No. 2, pp. 119/123 ; *ibid.*, No. 3, pp. 168/175 ; *ibid.*, No. 5, pp. 277/284 ; *ibid.*, No. 6, pp. 357/366 ; *ibid.*, XVI, No. 5, pp. 287/300 ; *ibid.*, No. 6, pp. 348/359 ; *ibid.*, XVII, No. 1, pp. 37/45.)

— The Theory of old Sounds applied to Onomatopoetica. By Onomatopoeticon. (*Ibid.*, XVI, p. 47.)

— Uses of 有. By W. J. (*Ibid.*, XVIII, No. 2, p. 129.)

— Dr. Faber and the Analysis of Chinese Characters. By X. Y. Z. (*Ibid.*, No. 6, pp. 374/5.)

A propos de *Prehistoric China.* (*Jour. Ch. B. R. A. S.*, XXIX, 1889-90.) — Voir col. 577.

— The meaning of the character 中. (*Journ. C. B. R. A. S.*, XX, N. S., 1885, p. 57.)

— The Advisability, or the Reverse, of endeavouring to convey western knowledge to the Chinese through the medium of their own language. (*Ibid.*, XXI, N. S., 1886, art. I, pp. 1/21.)

— Chinese Equivalents of the letter « R » in foreign names. By F. Hirth, Ph. D. (*Ibid.*, art. XIII, pp. 214/223.)

— Fried. Hirth. — Die chinesische Sprache in Wort und Schrift. (*Beil. z. Allgem. Ztg.*, 1902, No. 120 u. 121.)

— Friedrich Hirth. — Umschreibung chinesischer Schriftzeichen in dem für Schriftzwecke modifizierten Dialekt von Peking. — Tabelle für die Laute des Chinesischen im Mandarin-Dialekt. (*Verhandl. XIII. Intern. Orient.-Kongresses*, Hamburg, Sept. 1902, pp. 177/186.)

— The Colloquial Analysis of Chinese Surnames. By 夏. (*Journ. C. B. R. A. S.*, XXI, N. S., 1886, pp. 226/227.)

— Variations in the spoken language of Northern and Central China. By Rev. A. Sydenstricker. (*Chin. Rec.*, XVIII, No. 3, March 1887, pp. 105/108.)

— Southern Mandarin. By Rev. A. Sydenstricker. (*Ibid.*, pp. 154, 155.)

— The Dialect of the River and Grand Canal. By Rev. A. Sydenstricker. (*Ibid.*, pp. 226/7.)

— « Romanizing the Official Dialect. » Rev. A. Sydenstricker. (*Ibid.*, XIX, 1888, pp. 36/8.)

— General Mandarin. A Table of Sounds. By A. Sydenstricker. (*China Review*, XVI, No. 6, May-June 1888, pp. 365/368.)

— « The Official Dialect. » By Rev. A. Sydenstricker. (*Chin. Rec.*, XIX, No. 7, July 1888, pp. 300/1.)

G. Schlegel.

— Over het belang der Chineesche Taalstudie. — Redevoering bij de aanvaarding van het hoogleeraarsambt aan de hoogeschool te Leiden uitgesproken den 27sten October 1877, door Dr. G. Schlegel. Leiden, E. J. Brill, 1877, in-8, pp. 25.

— Secret Languages in Europe and China. By G. Schlegel. (*T'oung Pao*, II, Juin 1891, p. 161.)

Réimp. dans le journal allemand *Am Urquell*, Vol. II, fasc. XI, p. 188.

— On the Causes of Antiphrasis in Language, by G. Schlegel. (Read before the 9th International Congress of Orientalists held in London 1 to 10 Sept. 1891.) (*T'oung Pao,* II, Nov. 1891, pp. 275/287.)

Lettre sur le même sujet et en réponse, par le Dr. Carl Abel, *Ibid.*, II, Janv. 1892, pp. 458/9.

Deuxième édition, Leide, E. J. Brill, 1892, in-8.

— The word « Good Faith » (信) in Commissioner Lin's Proclamation of 18th March 1839. By G. Schlegel. (*T'oung Pao,* III, Mars 1892, pp. 67/73.)

— Coining of New Chinese Terms. (*Ibid.*, III, mai 1892, pp. 183/184.)

— On the extended use of « The Peking system of ortography » for the Chinese language by G. Schlegel. (*Ibid.*, VI, N° 5, Déc. 1895, pp. 499/508.)

— Loi du Parallélisme. — Voir HIOUEN TSANG.

— The Secret of the Chinese Method of transcribing foreign sounds by G. Schlegel. (*T'oung Pao,* 2e Sér., I, N° 1, Mars 1900, pp. 1/32 ; *ibid.*, N° 2, Mai 1900, pp. 93/124 ; *ibid.*, N° 3, Juill. 1900, pp. 219/253.)

Voir col. 1583.

— On Alphabetical Spelling by the ancient Chinese. By G. S.[chlegel.] (*Ibid.*, Mai 1900, pp. 186/7.)

— The Pronunciation of Chinese Names. By F. Porter Smith. (*Nature*, XXXI, 1884-5, p. 173.)

FRANZ KÜHNERT.

— Ueber einige Lautcomplexe des Shanghai-Dialektes. Von Dr. Franz Kühnert. Wien, 1888, F. Tempsky, br. in-8, pp. 17.

(*Sitzb. d. kais. Akad. d. Wiss. Wien, phil.-hist. Cl.*, Bd. CXVI, 1. Heft, p. 235.)

— Das Geistesleben der Chinesen in deren Schrift und Sprache. Von Dr. Franz Kühnert. (Vortrag, gehalten im Wissenschaftlichen Club am 29. März 1888), br. in-8, pp. 13 à 2 col.

Separat-Abdruck d. ausserord. Beil. zu No. 9 der *Monatsblätter des Wissenschaftlichen Club* vom 15. Juni 1888.

— Zur Kenntniss der älteren Lautwerthe der Chinesen, von Dr. Franz Kühnert. (*Sitzber. d. kais. Akad. d. Wiss. in Wien, phil.-hist. Cl.*, Bd. CXXII.) Wien, F. Tempsky, 1890, br. in-8.

Notice par G. Schlegel, *T'oung Pao*, I, Fév. 1891, pp. 420/430.

— Ueber einige Klippen bei Uebersetzungen aus dem Chinesischen. Von Dr. Fr. Kühnert. (*Wiener Zeit. f. d. K. d. Morg.*, VIII, 1894, pp. 211/223.)

— Einige Bemerkungen über die Shĕng im Chinesischen und den Nanking-Dialect. Von Dr. Fr. Kühnert. (*Ibid.*, VII, 1893, pp. 302 et seq.)

Cheng 聲. — Cf. K. Himly, *Z. D. M. G*, Bd. XXIV, p. 176.

— Ein Geschichtscapitel auf einer chinesischen Theekanne. Von Fr. Kühnert. (*Wiener Zeit. f. d. K. d. Morg.*, X, 1896, pp. 36/40.)

— Die Theekanne des Freiherrn von Gautsch. Von Dr. A. von Rosthorn. (*Ibid.*, pp. 299/300.)

— Die Theekanne des Freiherrn von Gautsch. Von Dr. Friedrich Hirth. (*Ibid.*, pp. 301/308.)

— Noch einmal die Theekanne des Freiherrn von Gautsch. Von Dr. Friedrich Hirth. (*Ibid.*, XI, 1897, pp. 125/133.)

— Über den Rhythmus im Chinesischen, von Dr. Fr. Kühnert, Privat-Docent an der Universität Wien. (*Sitzber. d. kais. Akad. d. Wiss. in Wien, phil.-hist. Cl.*, Bd. CXXXIV.) Wien, 1896, pp. 54.

Notice : *T'oung Pao*, VII, 1896, pp. 285/7, par G. Schlegel.

— F. Kühnert. — Das Wesen der Chinesischen Sprache. (*Oest. Monats. f. d. Orient*, Wien, 1897, pp. 121/6.)

— On the best medium for instructing Chinese deaf-mutes. By John Wherry. (*China Review*, XVI, No. 5, March-April 1888, pp. 302/4.)

JOHN CHALMERS.

Voir ÉCRITURE.

— The Structure of Chinese characters. By John Chalmers. By J. H. Stewart Lockhart. (*China Review*, XII, pp. 1/4.)

— The Character 井. By J. Chalmers. (*Ibid.*, XIV, pp. 296/297.)

— Final Consonants in Chinese. By J. Chalmers. (*Ibid.*, XV, pp. 133/134.)

— Dr. Chalmers v. Giles and Playfair. By John Chalmers. (*Ibid.*, XVI, No. 5, March-April 1888, pp. 312/3.)

— Société Sinico-japonaise et océanienne. (Extrait des Mémoires, t. VII.) L'argot pékinois et le Kin-ping-meï par Maurice Jametel... Paris, Maisonneuve, 1888, br. in-8, pp. 18.

Imp. sur papier de Chine, à la chinoise sur f. double.

Notice : *China Review*, XVIII, No. 1, pp. 63/64. By E. H. Parker.

— Vowel Changes in Chinese. By R. H. Graves. (*Ibid.*, XX, No. 3, p. 202.)

— The Chinese term for « Queen ». By L. (*Ibid.*, pp. 204/6.)

— Les formules épistolaires des Chinois (*Le Temps*, 30 juin 1891 ; réimp. *T'oung Pao*, II, sept. 1891, pp. 247/8.)

— Letter to a Friend on Wen-li v. Vernacular. By Jonathan Lees. (*Chin. Rec.*, XXIII, April 1892, pp. 178/181.)

— A Graphic Method of Representing Tones. By David W. Stevenson, M. D., Canadian Methodist Mission. (*Ibid.*, Nov. 1892, pp. 515/517.)

— How to learn the Chinese Language. By Rev. Chauncey Goodrich, D. D. (*Ibid.*, XXIV, Jan. 1893, pp. 1/7.)

Read before the Peking Missionary Association, Nov. 14, 1892.

— Characters under the wrong Radical. By G. M. H. Playfair. (*China Review*, XVI, p. 241.)

— The names of Chinese numbers over ten. By G. M. H. Playfair. (*Ibid.*, XVII, No. 2, p. 116.)

— Curious Names. By G. M. H. Playfair. (*Chin. Rev.*, No. 4, p. 240.)
— Bad language. By G. M. H. Playfair. (*Ibid.*, 1889, p. 240.)
— The Colloquial Analysis of Chinese Surnames. By G. M. H. P. (*Journ. C. B. R. A. S.*, XXI, N. S., 1886, pp. 224/226.)
— The Chinese for the Bar of a River. By G. M. H. P. (*Ibid.*, p. 229.)
— Chinese Letter-writing. (*Saturday Review*, LXXI, No. 1849, p. 410.)
— Popular Designation of Chinese Radicals. By G. M. H. P.[layfair.] (*Journ. C. B. R. A. S.*, N. S., XX, 1885, p. 185.)
— The Mandarin a modern form of Speech. By O. Franke. (*China Review*, XXI, No. 3, pp. 203/204.)
— Some Thoughts on the Study of Chinese. By Rev. O. F. Wisner, American Presbyterian Mission, Canton. (*Chin. Rec.*, XXIV, May 1893, pp. 203/211; June 1893, pp. 260/263.)

Read before the Canton Missionary Conference, Feb. 8th, 1893.

— Phonetic Representation of Chinese Sounds. By Rev. J. A. Silsby (*Chin. Rec.*, XXIV, Oct. 1893, pp. 472/9.)

— Zur Geschichte des Chinesischen von Hans Schnorr v. Carolsfeld. (Pp. 299/304 de *Commentationes Wœlfflinianae*, Lipsiae, 1891, in-8.)

— Letter Changes. By W. E. (*China Review*, XXI, pp. 349/50.)
— A New System of Indexing Chinese Characters. By W. Ebert. (*Ibid.*, XXV, pp. 297/298.)
— The Tungkwun Dialect of Cantonese. By C. J. Saunders. (*Ibid.*, XXII, pp. 465/476.)
— A Suggestion concerning the Graphic Classification of Chinese Characters. By Z. K. W. (*Ibid.*, p. 612.)
— On the Phonetic Study of Chinese. By R. H. Graves. (*Ibid.*, XXIII, pp. 32/37.)
— Rules for the use of the variant tones in Cantonese. By K. H. Ch'an Chan Sene. (*Ibid.*, XXIV, pp. 209/226.)

— Migrations of Tones in Modern Chinese. By A. von Rosthorn, Ph. D. (*China Review*, XXII, No. 1, pp. 447/452.)

— Eine Chinesisische Darstellung der Grammatischen Kategorien von Arthur von Rosthorn. (*Actes Xe Cong. Int. Orient.*, Genève — 1894, 4e Partie, pp. 95/105.)

— Ku Yen-wu's [顧炎武] Dissertation über das Lautwesen. Von Dr. A. von Rosthorn. (Mit einer Reimtafel.) (*Wiener Zeit. f. d. K. d. Morg.*, IX, 1895, pp. 145/162.)

— 1200 Mandarin Syllables in five Systems of Spelling with explanation and notes by Chas. Leaman, Presbyterian Mission, Nanking. — Shanghai : American Presbyterian Mission Press. — 1894, in-8, pp. 96.

Sans caractères chinois.

— Les langues monosyllabiques. Par C. de Harlez. (*Actes Xe Cong. Int. Orient.*, Genève — 1894, 4e Part., pp. 65/88.)

— La reproduction des textes chinois en Europe au commencement du siècle. Dufayel-Schilling-Levasseur. Par Henri Cordier. (*T'oung Pao*, VII, No. 5, Déc. 1896, pp. 586/588.)

— The Inventor of the Numeral Type for China. By Constance F. Gordon-Cumming. (*East Asia*, 1, July 1897, pp. 22/28.)

(DIVERS.)

— The Inventor of The Numeral-Type For China by the use of which illiterate Chinese both blind and sighted can very quickly be taught to read and write fluently. — By Constance F. Gordon-Cumming... A New Edition. — Downey & Co., London, 1899, in-8, pp. XII-189.

The Rev. W. H. Murray, Inventor of the System for the Blind. — Voir col. 1240/1.

La première éd. est de 1898, pp. 161.

P. G. von Möllendorff.

— Classification des Dialectes chinois par P. G. von Möllendorff, Commissioner of Customs, Ningpo — Imprimé pour l'Exposition Universelle de Paris 1900 par ordre de l'Inspecteur général des Douanes. Ningpo, 1899 — Imprimerie de la Mission catholique, in-8, pp. 34.

Outre sa classification, Möllendorff donne le texte chinois, la traduction française et la prononciation dans 16 dialectes du morceau de T'ao Yüan-ming (365—427) *le Retour au Foyer*, morceau qui a été enregistré par le Graphophone.

Classification de Möllendorff : I. Vieux chinois, la langue des classiques. — II. Les Dialectes du Kouang-Toung. (1. Le Cantonais et ses variétés; 2. le Hakka.) — III. Les Dialectes *Minn*. (3. Le Tsiang-Tsiou [Tchang-tcheou] [Amoy, Foukien]; 4. le T'ie-tchou [Swatao, Hoklo 福老]; 5. Fou-tcheou.) — IV. Les Dialectes *Ou* [ancien Etat de Wou]. (6. Wen-tcheou; 7. Ning-po et ses variétés; 8. Sou-tcheou et Chang-Hai. [Variété : Houi-tcheou.]) — V. Le *Kouan-houa*. (9. Du Nord, du Centre et de l'Ouest. [Variété : Yang-tcheou.])

— On the Foreign Languages spoken in China and the Classification of the Chinese Dialects. By P. G. von Möllendorff. (*China Mission Hand-Book*, 1896, pp. 46/58, carte.)

Voir col. 1587.

— Het Loeh-foęng-dialect door S. H. Schaank, Controleur bij het Binnenlandsch Bestuur. Boekhandel en drukkerij voorheen E. J. Brill, Leiden — 1897, in-8, pp. 38 et 12 tables.

— Die Chinesische Umgangssprache im XIII Jahrhundert. Von A. Forke. (*Actes XIIe Cong. Int. Orient.*, Rome, 1899, II, pp. 49/67.)

Voir col. 1587.

Maurice Courant.

— Notes sur l'Enseignement de la langue chinoise (Leçon faite au Collége de France le 12 décembre 1898). Par Maurice Courant. (*Revue internationale de l'Enseignement*, XXXVII, pp. 289/298.)

— De l'utilité des Etudes chinoises par Maurice Courant. (Extrait de la *Revue Internationale de l'Enseignement*.) Paris, Marescq, 1899, br. in-8, pp. 8.

Réimp., pp. 1/9, de *En Chine*, voir col. 106.

(P. G. von Möllendorff. — Maurice Courant.)

— L'enseignement colonial et les cours de Chinois à Lyon par Maurice Courant... Paris, Marescq, 1901, br. in-8, pp. 8.

Ext. de la *Revue Internationale de l'Enseignement*. Leçon d'ouverture faite au Palais du Commerce, à Lyon, 25 janvier 1900. Réimp. *Ibid.*, pp. 246/259.

— Les Cours de Chinois à Lyon. Extrait du vol. de M. Maurice Courant : *En Chine*. (Pp. 255-267, Office social de renseignements et d'études de Lyon... 1901. *Le mouvement économique et social dans la région lyonnaise* publié sous la direction de Paul Pic et Justin Godart. Tome I. A. Storck, Lyon 1902.)

A. Vissière.

— Traité des caractères chinois que l'on évite par respect. Par M. A. Vissière, Consul de France — Extrait du *Journal Asiatique*. Paris, Imprimerie nationale — MDCCCCI, in-8, pp. 54.

Journ. Asiatique, sept.-oct. 1901, pp. 320/373.

— Une particularité de l'écriture chinoise. Les Caractères renversés, par A. Vissière. (*Jour. Asiat.*, janv.-fév. 1904, pp. 97/114.)

— De la chute du ton montant dans la langue de Pékin par A. Vissière. (*T'oung Pao*, IIe Série, Vol. V, No. 4, octobre 1904, pp. 448/460.)

———

— The «Chinese Alphabet» — Four Thousand most frequent Characters according to their Frequency — In four series of one thousand characters each, and subdivided into Nine Classes. For private study and self-examination, and for use in Chinese Schools — Arranged by Pastor P. Kranz. — Volume I. The first Two Thousand Characters. — Shanghai : Printed at the American Presbyterian Mission Press, 1903, pet. in-fol., pp. III-83.

— **Studien zur Grammatik** und Lexikographie der modernen Nordchinesischen Umgangssprache. Von A. Seidel. (*Beiträge zur Kolonialpolitik und Kolonialwirtschaft*, 1901/2, Heft 5, pp. 129/137.)

— Chinesische Sprache, Schrift und Litteratur von Ferd. Heigl. Voir col. 106.

— L'enseignement du Chinois. (*Mémorial de la librairie française*, 18 sept. 1902, pp. 516/8.)

— To Beginners in the Study of Mandarin Chinese. By C. S. Champness, Hankow. (*Chin. Rec.*, XXXIII, No. 12, Dec. 1902, pp. 604/608.)

∴

— Barrow, *Travels*, Chap. VI.

— T. T. Meadows, *Desultory Notes*, 1847 (col. 83-84).

(Divers. — A. Vissière.)

Transcription et Romanisation.

— On the application of the Roman Alphabet to the Languages and Various Spoken Dialects of China and Japan. By the Editor. [Summers.] (*Ch. & Jap. Rep.*, Sept. 1863, pp. 112/124.)

— Escayrac de Lauture, voir col. 91.

— Lepsius. — Über die Anwendung des lateinischen Universal-Alphabets auf den chinesischen Dialekt von Canton. — Über die Berufung auswärtiger Gelehrter an eine in Peking zu gründende kaiserliche Lehranstalt. (*Sitz. k. preuss. Ak. Wiss. Berlin*, 5. März 1868, pp. 168/177.)

— Propagation des Sciences européennes dans l'Extrême Orient — Nouveau Syllabaire et Alphabet chinois phonétique — Transcription chinoise de tous les noms étrangers, et correction des traductions de la bible Par M. Ferdinand Schütz. (*Mém. Acad. de Stanislas*, Année 1856, Nancy 1857, p. 139 à p. 198.)

En anglais, à partir de la p. 182. — Suivi de :

— Propagation des Sciences européennes dans l'extrême Orient. — Etude réciproque des peuples. (Système graphique) Transcription Alphabet chinois phonétique par Mr. Ferdinand Schütz. — Nancy, Grimblot & Vve Raybois 1856-7. Lith. L. Christophe Nancy, in-8, pp. 25 textes lithog. ainsi que le titre.

— Propagation des Sciences européennes dans l'extrême Orient. — Etude réciproque des peuples 字法 (Système graphique) Transcription Alphabet chinois phonétique par Mr. Ferdinand Schütz. — Nancy, Grimblot et Vve Raybois, 1856-7, in-8, pp. 60 + 25 pl. lith.

Ext. des *Mémoires de l'Académie de Stanislas*.

— The Translation and Transliteration of Chinese Geographical Names. By F. Porter Smith, M. B. London (seven years a resident in Central China). (*Proc. Roy. Geog. Soc.*, XXI, 1877, pp. 580/582.)

— On some points connected with the orthography of Place-Names. By G. G. Chisholm. (*Report Sixth Int. Geog. Cong.*, London, 1895, pp. 483/492.)

Chinese Names variously spelt by Different Authorities, p. 485.

— * Ch. Leaman. — General Romanization of the Mandarin Dialect. A Primer for schools and self-instruction. 1897, gr. in-8, pp. 100.

— A propos du « Système unique de transcription en lettres latines des caractères

(Transcription et Romanisation.)

du dictionnaire de K'ang-hi ». Par Maurice Courant. (*T'oung Pao,* X, N° 1, Mars 1899, pp. 53/67.)

— Comment doivent s'écrire les noms chinois. (*Belgique Coloniale,* 20 Août 1899, p. 401.)

— Romanizing. By Rev. J. E. Walker, Foochow. (*Chin. Rec.,* XXXI, Feb. 1900, pp. 80/6.)

— The Radicals for Shanghai Students with Description of the Shanghai Union System of Romanization and the Radical Ode. By J. A. Silsby. Shanghai : American Presbyterian Mission Press. 1900, pet. in-8, pp. xx.

— Essai de réforme orthographique internationale en 40 langues par le Dr E.-J. Studer. Paris, Ch. Delagrave, 1902, in-8, pp. xvi-266.

Le groupe mongol, p. 189.

— *Novae Literae Asiae Orientalis.* A new alphabet for China and Japan. By J. G. H. Kinberg Jubilee Doctor of Philosophy and Medicine, M. of Surg., Prof. em. R. N. O., S : t St. O. 2 cl. *Juventuti et posteritati.* Stockholm, C. E. Fritze's Royal Library. In-8, pp. 16, et couv. imp.

In distribution [*On back of title* :] Stockholm 1901 Printed by Hasse W. Tullberg.

— Ministère des Affaires étrangères — Tables de Transcription française des Sons chinois comprenant : 1° Une liste de noms géographiques. 2° Un répertoire alphabétique de noms de personnes. 3° Une liste des syllabes de la langue mandarine de Pékin. — Angers, Imprimerie orientale de A. Burdin, 1901, pet. in-fol., pp. 17.

— Méthode de Transcription française des Sons chinois adoptée par le Ministère des Affaires étrangères. — Extrait du *Bulletin du Comité de l'Asie Française* — Paris, Comité de l'Asie française, in-12, pp. 22.

— Transcription française des mots chinois. (*Rev. Indo-chinoise,* 185, 5 Mai 1902, pp. 395/6.)

— Transcription officielle française des noms géographiques chinois. Par Charles Rabot. (*La Géographie,* 15 Janvier 1902, p. 78.)

— Notre transcription du Chinois. (*Bull. Ecole française Ext. Orient,* II, N° 2, Avril 1902, pp. 178/184.)

— Romanizing the Official Dialect. By a Purist. (*Chin. Rec.,* XIX, pp 133/5.)

— The English Language in Chinese Educational Work. By C. D. Tenney, M. A. (*Ibid.,* Oct. 1889, pp. 469/471.)

— A System of Phonetic Symbols for writing the Dialects of China. By Rev. T. P. Crawford, D. D. (*Ibid.,* XIX, 1888, pp. 101/110.)

— Another Chinese Phonotypy. By Rev. Harlan P. Beach. (*Ibid.,* No. 7, July 1888, pp. 293/298.)

— Dr. Crawford's Phonetic Symbols. By Mr. Duncan Kay. (*Ibid.,* pp. 298/300.)

— Another Phonography. (*Ibid.,* XX, No. 4, April 1889, pp. 171/172.)

— A Plea for the Romanizing of Local Dialects. By W. A. P. Martin, D. D., LL. D., President of the Imperial University, Peking. (*Ibid.,* XXXIII, Jan. 1902, pp. 18/19.)

— A Uniform System of Romanization for Mandarin. (*Ibid.,* No. 3, March 1902, pp. 138/9.)

— Romanization in Japan. (*Ibid.,* pp. 139/140.)

— René Martin-Fortris. Tableau des sons mandarins des caractères chinois. (*Verhandl. XIII. Internat. Oriental. Kongresses,* Hamburg, Sept. 1902, pp. 174/176.)

— Phonetic Representation of Mandarin. By Rev. John Darroch. (*Chin. Rec.,* XXXIII, Oct. 1902, pp. 521/523.)

— Some Thoughts About Romanized Chinese. Rev. Geo. M. Hubbard, Missionary of the American Board, Foochow. (*Ibid.,* XXXIV, No. 5, May 1903, pp. 244/6.)

— Mandarin Romanization. (*Ibid.,* July 1903, pp. 347/9.)

— Shanghai Romanization. (*Ibid.,* August 1903, pp. 401/404.)

— Ningpo Romanization. (*Ibid.,* Sept. 1903, pp. 457/460.)

— Translitération du Chinois. Note de M. Martin-Fortris. (*T'oung Pao,* Série II, Vol. IV, No. 5, Décembre 1903, p. 384.)

— T'ai-chow Romanized. By Rev. W. D. Rudland, C. I. Mission. (*Chin. Rec.,* XXXV, Feb. 1904, pp. 89/91.)

— Cantonese Romanization. By Rev. Wm. Bridie. (*Ibid.,* June 1904, pp. 309/311.)

— The Practicability and Utility of Romanization. By A. R. Kepler. (*Ibid.,* August 1904, pp. 410/412.)

— The Kien-ning Romanised Dialects. By Rev. Hugh Stowell Phillips. (*Ibid.,* Oct. 1904, pp. 517/519.)

— Amoy Romanization. Its History, Purpose, and Results. By Rev. P. W. Pitcher, M. A. (*Ibid.,* Nov. 1904, pp. 567/573.)

CONTROVERSES DE MM. S. JULIEN, G. PAUTHIER, &c.

— Examen critique de quelques pages de chinois relatives à l'Inde, traduites par M. G. Pauthier, accompagné de discussions grammaticales sur certaines *règles de position,* qui, en chinois, jouent le même rôle que les inflexions dans les autres langues. Par M. Stanislas Julien, de l'Institut. Paris, Imprimerie royale, M.DCCCXLI, in-8, pp. 156.

Journal Asiatique, Mai 1841, pp. 401/556. — Extr. n° 8 (1841). Réimp. en tête du Vol. II de la *Syntaxe nouvelle* de S. Julien.

— Réponse à l'Examen critique de M. Stanislas Julien inséré dans le numéro de Mai 1841 du *Journal Asiatique,* par M. G. Pauthier. Paris, Imprimerie royale. MDCCCXLII, br. in-8, pp. 88.

Avait paru dans le *J. As.,* 3e Sér., Vol. XII, août 1841, pp. 97/148, et sept.-oct. 1841, pp. 350/385.

— Exercices pratiques d'analyse, de syntaxe et de lexigraphie chinoise. Ouvrage où les sinologues trouveront la confirmation des principes fondamentaux, et où les personnes les plus étrangères aux études orientales puiseront des idées exactes sur les procédés et le mécanisme de la langue chinoise, par Stanislas Julien... Paris, Benjamin Duprat, 1842, in-8, pp. xxiv-270.

L'int. à ces *Exercices* a été trad. en anglais par Henry Piddington :

— M. Stanislas Julien on the Study of the Chinese Language. Translated for the *Journal of the Asiatic Society.* By Henry Piddington, Sub-Secretary, Asiatic Society. (*Jour. As. Soc. Bengal,* XII, Pt. II, 1843, pp. 816/821.)

L'Avertissement des *Exercices pratiques* est reproduit pp. 134 et seq. du Vol. II de la *Syntaxe nouvelle* de S. Julien.

— *Vindiciae Sinicae.* — Dernière Réponse à M. Stanislas Julien ; suivie d'un parallèle de sa nouvelle traduction de Lao-tseu avec une traduction précédente, par G. Pauthier. Paris, 1842, br. in-8, pp. VIII-110.

Datée 25 Sept. 1842.

— Simple Exposé d'un Fait honorable odieusement dénaturé dans un libelle récent de M. Pauthier, suivi de la réfutation de sa dernière réponse, du résumé analytique de plus de six cents fautes (commises dans la traduction de douze pages de chinois), qu'il n'a pas su justifier, et de l'examen de certains passages, à l'aide desquels il a prétendu prouver que des Egyptiens ont porté, en Chine, l'invention de l'écriture, 2353 ans avant J.-C. Par Stanislas Julien. Paris, B. Duprat, Décembre 1842, br. in-8, pp. 215.

— Supplément aux *Vindiciae Sinicae*, ou dernière Réponse à M. Stan. Julien. Br. in-8, pp. 40.

Datée 11 Mars 1843. — En réponse au *Simple Exposé*.

— Réponse obligée à un prétendu ami de la justice qui se cache sous le voile de l'anonyme suivie de barbarismes et de solécismes latins d'un candidat qui a toutes ses sympathies. Par M. Stanislas Julien... Paris, Maisonneuve et Cie., 1871, br. in-8, pp. 16.

— *Vindiciae Sinicae Novae* No. 1. J.-P. Abel-Rémusat, Premier Professeur de Langue et de Littérature Chinoises et de Tartare mandchou au Collège de France, Défendu contre les imputations mensongères de M. Stanislas Julien, son élève et son successeur dans sa chaire de Chinois audit collège, etc. Par G. Pauthier Ancien élève de M. Rémusat. Paris, Ernest Leroux, 1872, br. in-8 de 24 pages.

Réponse à un article du *Journal Asiatique* (Numéro de Mai-Juin 1871, p. 341) et à l'*Exposé historique des Etudes chinoises* rédigé par S. Julien et inséré dans les *Rapports sur les progrès des Etudes relatives à l'Egypte et à l'Orient* (1868).

— Mémoire de M. G. Pauthier, homme de lettres, demandeur, contre M. J. M. Callery, interprète attaché au Ministère des Affaires étrangères, défendeur. Br. in-8, pp. 20.[1]

— Mémoire d'un Bibliophile présenté à la Cour impériale de Paris sur la question de savoir si un ouvrage imprimé, vendu comme complet, ayant été reconnu incomplet à la livraison, le vendeur est en droit de le faire accepter complété par des feuillets manuscrits, suivi d'un autre mémoire sur la question de savoir s'il est défendu de contester historiquement l'existence de l'ordre chinois du *Grand Collier Tartare*, par G. Pauthier. Paris, Imprimerie Simon Racon et Cie, 1859, br. in-8, pp. 32.

∴

— Le Charlatanisme littéraire dévoilé ou la vérité sur quelques professeurs de langues étrangères à Paris. Dédiée à MM. les Professeurs du Collége de France... — Versailles, G. Beaugrand et Dax, 1874, in-8, pp. 23.

Cette brochure signée Léon Bertin (*pseud.* de M. Perny), est dirigée contre MM. Abel Des Michels et le Mis d'Hervey de Saint-Denys.

— Projet d'une Académie européenne au sein de la Chine. Paris, Jules Boyer, 1874, pet. in-8, pp. 12.

Par l'abbé Paul Perny, des Miss. Etrangères.

— Examen des faits mensongers contenus dans un libelle publié sous le faux nom de Léon Bertin avec le jugement du tribunal correctionnel de Versailles du 30 septembre 1874, confirmé par Arrêts de la Cour de Paris des 16 décembre 1874 et 29 janvier suivant. Note adressée à MM. les Professeurs du Collége de France. Saint-Germain, Imprimerie Eugène Heutte et Cie., 1875, br. in-8, pp. 48.

Réponse de M. le Mis d'Hervey de Saint-Denys au pamphlet le *Charlatanisme littéraire*.

Censay. Paris. Chez F. M. Maurice... MDCCCXXVI, in-12, 4 ff. n. ch. + pp. 244 + 1 f. n. ch. p. l. tab.

— Lettres adressées à l'Académie des Inscriptions et Belles-Lettres, par M. G. Pauthier. Paris, Ad. R. Lainé et J. Havard. Octobre 1862, br. gr. in-8, pp. 20.

— Discours de M. Hauréau, Président de l'Académie des Inscriptions et Belles-Lettres, prononcé aux funérailles de M. Stanislas Julien Membre de cette Académie le samedi 15 février 1873. — Discours de M. Elie de Beaumont secrétaire perpétuel de l'Académie des Sciences au nom du Collège de France. — Discours de M. Alfred Maury Directeur général des Archives nationales, Membre de l'Académie. In-4, pp. 13.

— Notice historique sur la vie et les travaux de Stanislas Julien, lue par M. Wallon, secrétaire perpétuel de l'Académie des Inscriptions et belles lettres à la séance publique annuelle de cette académie le 5 novembre 1875.

Insérée dans le *Journal Officiel*, 8 nov. 1875 ; et imprimée en un cahier in-4 pour l'Académie. — Réimp. dans les *Eloges Académiques*, par H. Wallon, Paris, 1882, 2 vol., pet. in-8, 1, pp. 141/202.

Aignan-Stanislas, ou plus exactement *Noël* Julien, né à Orléans, 13 avril 1797 ; † 14 février 1873.

— Professor Stanislas Julien. By « Old Mortality » [Henri Cordier]. (*N. C. Daily News*, 16 April 1873.)

— Works of Professor Stanislas Julien. By A. W.[ylie.] Avec une addition de « Old Mortality » [Henri Cordier]. (*Shai. Budget*, 26 April 1873.)

— Stanislas Julien. Par M. Léon de Rosny. (*Compte-rendu de la 1ère session du Cong. des Orient.*, 1873, I, pp. 385/389.)

---

1. Pierre-Guillaume Pauthier est né à Momirolle, près Besançon, le 4 oct. 1801 ; † 11 mars 1873. — Notices : G. Dugat, *Hist. des Orientalistes de l'Europe*, II, pp. 212/258. — *Bul. de Bibliographie*, de Leroux, No. 2, avril 1873. — Notice par L. X. de Ricard, en tête du Cat. des livres de sa Bibliothèque, Paris, E. Leroux, 1873. — Liste de ses ouvrages par A. Wylie dans l'*Evening Courier*, Shanghai, May 1873.

— Mélodies poétiques et Chants d'Amour par G. Pauthier de

Écriture.

Ouvrages divers.

— Andr. Mülleri Greiffenhagii Besser Unterricht von der Sineser Schrift und Druck als etwa in Herrn Doct. Eliae Brebnitzen Unterricht... Berlin... 1680. — Andreae Mülleri Greiffenhagii Unschuld wieder Hn. Dr. Elias Brebnitzen Beschuldigungen... Stettin, 1683.

— Recherches sur les Caractères chinois [Lettre du Père de Mailla, adressée au Père Souciet, Péking, 1er janvier 1725]. Insérée dans le *Chou king* de De Guignes, pp. 380/398 ; et dans celui de Pauthier (1841), pp. 8/13.

— Réflexions sur les Principes généraux de l'Art d'écrire, et en particulier sur les fondements de l'écriture chinoise. Par M. Freret. (6 de xbre. 1718, *Mém. de l'Ac. R. des Insc.*, VI, 1729, pp. 609/635.)

— Essai sur les Hieroglyphes des Egyptiens... Trad. de l'Anglois de M. Warburthon... Paris... 1744... voir col. 562.

Voir, II, pp. 533/597 : Remarques sur la première Écriture des Chinois.

— Mémoire dans lequel, après avoir examiné l'origine des lettres Phéniciennes, Hébraïques, &c., on essaye d'établir que le caractère épistolique, hiéroglyphique & symbolique des Égyptiens se retrouve dans les caractères des Chinois, & que la nation Chinoise est une colonie Egyptienne. Par M. de Guignes. Lû le 18 Avril 1758. (*Rec. de l'Ac. des Insc.*, Mém., XXIX, 1764, pp. 1/26 avec 3 tables de caractères.)

— Voir le Mémoire dans lequel De Guignes veut prouver que les Chinois sont une Colonie Egyptienne (1759) [col. 571-2].

— Essai sur le moyen de parvenir à la lecture et à l'intelligence des Hiéroglyphes Egyptiens. Par M. de Guignes. [Assemblée publique de Pâques 1766.] (*Rec. de l'Ac. des Insc.*, Mém., XXXIV, pp. 1/55.)

— Lettre de Pekin, sur le génie de la Langue chinoise, et la nature de leur écriture symbolique, comparée avec celle des anciens Egyptiens ; En réponse à celle de la Société Royale des Sciences de Londres, sur le même sujet : On y a joint l'Extrait de deux Ouvrages nouveaux de Mr. de Guignes, de l'Académie des Inscriptions & Belles-Lettres de Paris, relatifs aux mêmes matières. Par un Pere de la Compagnie de Jesus, Missionnaire à Pekin. A Bruxelles, Chez J. L. de Boubers... M.DCC.LXXIII, Avec Approbation & Permission, in-4, pp. XXXVIII-53 et 27 planches.

Par le P. Cibot. — Contient :

Avis préliminaire par Mr. Needham, de la Société royale des Sciences & de celle des Antiquaires de Londres, pp. III-IX.

Premier Extrait du Journal des Savans, sur le Chou-king, pp. IX-XXVIII.

Second Extrait du Journal des Savans, sur les Moyens de parvenir à la lecture & à l'intelligence des Hieroglyphes Egyptiens, pp. XXVIII-XXXVIII.

Lettre sur les Caractères Chinois, par le Reverend Père ****, de la Compagnie de Jesus, Avec Figures. A. Bruxelles, Chez J. L. de Boubers... M.DCC.LXXIII, pp. 36.

(Lettre datée « à Peking, ce 20 Octobre 1764 »). [Extraits dans les *Philosophical Transactions*.]

Notes pp. 37-49.

Approbation. — Traduction des mots Anglais qui se rencontrent dans les Planches.

Cf. *Correspondance* de Grimm, II, pp, 487/9. — *Nouvelles ecclés.*, 14 fév. 1774, pp. 25/8 ; 21 fév., pp. 29/31.

Vend. Rémusat (466), Fr. 8. — Klaproth (641), Fr. 10. — Dondey-Dupré, s. d. (156), Fr. 12. — Thonnelier (1515), Fr. 1.50.

M. Needham, étant à Turin en 1761, avait cru trouver une ressemblance entre certains caractères marqués sur la figure et la poitrine d'un ancien Buste d'Isis et les caractères chinois. M. Needham recueillit pour faire des comparaisons différents caractères égyptiens, etc., dont l'exactitude est confirmée par un certificat imprimé, pp. V-VI de son *Avis préliminaire*. L'original de ce certificat se trouvait, — il est passé dans ma collection, — dans la bibliothèque de Mr. Wylie à Chang-hai relié avec la dissertation suivante dans laquelle M. Needham expose ses vues :

— De Inscriptione quadam aegyptiaca Taurini inventa et Characteribus Aegyptiis olim et Sinis communibus exarata idolo cuidam antiquo in regia universitate servato ad utrasque Academias Londinensem et Parisiensem rerum antiquarum investigationi et studio praepositas data epistola. Romae. MDCCLXI. Ex Typographia Palladis, pet. in-8, pp. 69 sans l'app., 1 Pl.

[Datum Romae septimo Idus Septembris anno 1761. — T. Needham.]

Le certificat est signé : Thos. Le Seur. — François Jacquier. — Ridolfini. — Venuti. — Le Baili de Bretueil. — R. Smith. — R. Lyttleton. — John Hinckliffe, M. A. — Grafton. — F. Tavistock. — Roxburgh. — H. James.

Reproduit en fac-simile dans *Fragments d'une Hist. des Ét. chinoises*, par Henri Cordier, p. 61.

On trouvera des détails intéressants sur cette question dans les *Mémoires concernant les Chinois*, I, pp. VII-X.

— La lettre du 20 Oct. 1764 est réimprimée dans les *Mémoires concernant les Chinois*, 1776, I, pp. 275-323.

Dans la préface de ces *Mémoires*, p. X, 1765 est l'année indiquée comme étant celle pendant laquelle a été faite la publication à Bruxelles, chez Boubers. De Backer reproduit cette date, I, col. 136. L'édition de 1773 que nous avons vue est, nous croyons, la seule qui ait été donnée.

Voici ce que le P. Amiot écrit à la date de Péking, le 28 Sept. 1777, au Ministre Bertin. (Institut, Ms. D. M. 167, Vol. 1) :

« Je ne suis pas l'auteur de l'*Essai sur l'antiquité chinoise* [voir col. 571], je ne l'ay même pas vû, et je ne connois cet ouvrage que par ce qu'en dit votre grandeur, et par ce que m'en a écrit Mr. de Guignes à qui j'ay dit tout naturellement ce que j'en pensois. j'ay tout lieu de croire, vû la connoissance que j'ay du local et de la capacité en fait de chinois de ceux qui m'environnent, j'ay tout lieu de croire, dis-je, que cet essay n'est autre chose qu'une compilation peut-être mal digérée de quelques mémoires déjà faits par nos anciens missionnaires des Provinces qui les envoyèrent icy pour être examinés et qui y furent mis au rebut par ce qu'on jugea qu'ils ne méritoient pas d'être produits. Celui qui les a tirés de l'oubli au quel ils etoient condamnés, n'a eû garde d'y mettre son nom. Il a eû ses raisons pour en agir ainsi, et ses raisons sont bonnes parce qu'il ne se rend nullement responsable de ce qu'il avance. Cependant malgré le soin qu'il prend de se cacher, il est très-aisé de le reconnoitre quand on connoit celui à qui on a remis tout ce fatras d'écrits laissés par ceux qui nous ont précédés. Si cet ouvrage est imprimé et qu'il parvienne jusqu'à moi, je pourrai mieux l'apprécier encore. Il y a grande apparence que le titre d'essay que le compilateur lui a donné lui convient dans toute l'étendue du terme. Mon mémoire intitulé *Antiquité des Chinois prouvée par les monuments* que j'ay adressé à votre grandeur en forme de lettre se trouvera peut-être en contradiction sur bien des articles avec ce qui est avancé dans l'essay. La bonté et la multitude des preuves mises dans la balance de l'impartialité fixeront le jugement de votre grandeur qui n'en porta jamais que de très-équitables.

« Je ne suis pas l'auteur de la *lettre sur le génie de la langue chinoise et la nature de leur écriture symbolique comparée avec celle des anciens Egyptiens et adressée à la Société de Londres.* Elle a été faite par celui là même qui a fait l'essay. Je ne l'ay point lue, et il est probable que ce qu'elle contient a été puisé dans des sources dont quelques unes sont assez éloignées de Peking. Il ne seroit pas encore impossible de déterrer ces mêmes sources dans la bibliothèque du Roi, si elle possède certains manuscrits du P. Laffiteau, et des PP. de Prémare et Golet. Je prens cette occasion pour assûrer à votre grandeur que tout ce qui est allé ou ira dans la suite de Chine en France sans être signé de mon nom n'est pas sorti ou ne sortira pas de moi. »

— ***Pièces relatives à l'inscription sur le buste d'Isis à Turin***, in-folio.

British Museum, *Add.*, 21416. Cf. *Revue de l'Extrême Orient*, II, No. 4, 1884, p. 579.

Contient :

1. Pièce relative à certaines revendications de De Guignes contre Needham.
2. Lettre de R. Sanches.
3. 5 lettres authographes de Needham.

Puis des certificats ; des lettres de Bartoli ; un extrait d'une lettre de M. Yang, missionnaire en Chine, datée de Canton, 29 décembre 1767, adressée à Bertin ; let. autog. de Deshauterayes à De Guignes ; Copie de la lettre sur les caractères chinois du P. Cibot et non du père Amiot comme le dit le manuscrit, des pl. de caractères, publié à Bruxelles, 1773, in-4.

C'est le dossier le plus complet qui existe sur la question.

— Essai sur le passage de l'Ecriture hiéroglyphique à l'écriture alphabétique, ou sur la manière dont la première a pu conduire à la seconde. (*Mém. conc. les Chinois*, VIII, pp. 112/132.)

Par le Père Cibot.

— An Explanation of the Elementary Characters of the Chinese ; with an Analysis of their ancient Symbols and Hieroglyphics, by Joseph Hager, D. D. London, Richard Phillips, 1801, in-folio, pp. lxxxii-44.

Vend. Langlès (1054), Fr. 36. — Rémusat (472), Fr. 10. — Klaproth (647), Fr. 13.

Voir Barrow's *Travels*, 2d ed., Chap. VI, pp. 239 et seq.

— Leichenstein auf dem Grabe der chinesischen Gelehrsamkeit des Herrn Joseph Hager, Doctors auf der Hohen Schule zu Pavia. Gedruckt in diesem Jahre, br. in-8, pp. 56, s. l. n. d.

Par Klaproth, 8/20 Avril 1811. — Vend. Rémusat (821), Fr. 1.95.

— The Title-Page reviewed. The characteristic merits of the Chinese Language, illustrated by an investigation of its singular mechanism and peculiar properties ; containing Analytical Strictures on Dr. Hager's Explanation of the Elementary Characters of the Chinese. By Antonio Montucci, LL. D. Occasional Chinese Transcriber to His Majesty and to the Honourable the East-India Company. London : Printed for the Author, by W. and C. Spilsbury, Snowhill ; and sold by Messrs. Cadell and Davies, 1801. Pièce in-4, pp. 2 [Prospectus].

— The Answer of A. Montucci, LL. D. to the Conductors of the *Critical Review* and *Monthly Magazine*, concerning their review of a Title-Page and Prefatory Letter, accompanying proposals for a Treatise on the Chinese Language. Pièce in-4 [1801], pp. 9.

Voir : *The Monthly Magazine*, Aug. 1801, and *The Critical Review*, July 1801.

— Letters to the Editor of the *Universal Magazine*, on Chinese Li-erature ; including Strictures on Dr. Hager's two Works, and the Reviewers' Opinions Concerning them. Collected and edited by Antonio Montucci, LL. D. Occasional Chinese Transcriber to His Majesty, and to the Honourable the East-India Company.... London : Printed for the Editor, By Knight and Compton, 1804, in-8, pp. 26 à 2 col. en double à la chinoise.

Sur les *Elementary Characters* et le *Monument de Yu.*

— Descrizione delle carte Cinesi che adornano il palazzo della villa Valenti poi sciarra presso Porta Pia dedicata da Francesco Cancellieri agli ornatissimi sposi Perugini il sig. barone Fabrizio della Penna Crispolti e la signora contessa Terdelinda Cesarei. Roma, per Luigi Perego Salvioni, MDCCCXIII, in-12, pp. 44.

— Ganz neuer Versuch auch freien Denkern aus der Chinesischen Schriftsprache eine symbolische Ansicht zu eröffnen unter welcher das Gemüth empfänglicher wird für das Geheimnisz der christlichen Dreieinigkeit, von J. C. F. Meister,... Leipzig... 1816, in-8, pp. x-52.

— Recherches sur l'Origine et la Formation de l'Ecriture chinoise. Par M. Abel-Rémusat. Premier Mémoire : Sur les Signes figuratifs qui ont formé la base des Caractères les plus anciens. (*Mém. Acad. Insc. et B. Let.*, VIII, pp. 1 et seq.)

Lu le 11 août 1820. — Vend. Rémusat (469), Fr. 16.

— Sur les caractères figuratifs qui ont servi de base à l'écriture chinoise. (*Mél. Asiat.*, II, pp. 33/46.)

Voir *J. As.*, II, 1823, pp. 129/142.

— Remarques sur quelques écritures syllabiques tirées des caractères chinois, et sur le passage de l'Ecriture figurative à l'Ecriture alphabétique. Par M. Abel-Rémusat. (*Mém. Acad. Insc. et B. Let.*, VIII, pp. 34 et seq.)

Lu le 7 janvier 1820. — Ces deux mémoires ont été tirés à part en une br. in-4, pp. 59.

— *Eugraphia Sinensis*; or, the Art of Writing the Chinese Character with Correctness : contained in Ninety-two Rules and Examples. To which are affixed, Some Observations on the Chinese Writing. By John Francis Davis, Esq., M. R. A. S., F. R. S., &c. Read June 18, 1825. (*Trans. Royal Asiatic Society,* pp. 304 à 312 + xi pl.)

— Notizie riguardanti i geroglifici ebraici e Chinesi dal dilettante David Luzzati. Firenze, 1828, in-4.

— Sur les Clefs chinoises, par M. Klaproth. (*Nouv. J. As.*, I, 1828, pp. 233/6.)

— Sur l'introduction de l'usage des Caractères chinois au Japon, et sur l'origine des différens Syllabaires japonais, par M. Klaproth. (*Ibid.*, III, 1829, pp. 19/48.)

— 韻字目錄 Tableau des Élemens vocaux de l'Ecriture chinoise. Divisé en 2 Parties, par J.C.V. Levasseur et H. Kurz, Membres de la Société Asiatique de Paris. Paris, chez V. Ratier, 1829, br. in-8 de 32 p. lith. sans les errata.

Pub. à Fr. 3.

— The Chinese Written Language : Origin of Chinese Writing; Six Classes of Symbols or Characters; various modes of writing; names of characters in the national language, and the orthography best adapted for representing the sounds in English; modern divisions of the characters into tribes; list of the heads of tribes, commonly called radicals or Keys. By J. R. Morrison. (*Chin. Rep.*, III, 1834, pp. 14/37.)

— 新增字林玉篇 *Sin zoo zi lin gjŏk ben,* Novus et auctus literarum ideographicarum Thesaurus, sive Collectio omnium literarum Sinensium secundum radices disposita, pronuntiatione Japonica adscriptâ, opus Japonicum in lapide exaratum a Sinensi 郭成章 Ko tsching dschang, et redditum curante Ph. Fr. de Siebold. Lugduni Batavorum, Ex officina Editoris, 1834, in-4.

Tirage à 100 exemplaires.

— A Dissertation on the Nature and Character of the Chinese System of Writing, in a Letter to John Vaughan, Esq. By Peter S. Du Ponceau, LL. D. President of the American Philosophical Society,... to which are subjoined, a Vocabulary of the Cochinchinese Language, By Father Joseph Morrone, R. C. Missionary at Saigon, with References to Plates, containing the characters belonging to each word, and with notes, showing the degree of affinity existing between the Chinese and Cochinchinese Languages, and the use they respectively make of their common system of writing, By M. de la Palun, Late Consul of France at Richmond, in Virginia; and a Cochinchinese and Latin Dictionary, in use among the R. C. Missions in Cochinchina. — Published by order of the American Philosophical Society, by their Historical and Literary Commitee. — Philadelphia, M'Carty and Davis, 1838, in-8, pp. xxxii-376.

L'Introduction à cet ouvrage (pp. ix-xxxii, par Du Ponceau, porte la date de Philadelphie, 12 Février 1838. Elle est reproduite dans *The Chinese Repository*, VII, pp. 336/353.

— Review of Du Ponceau's « Dissertation on the Nature and Character of the Chinese System of Writing ». — From the North American Review, No. CII. — Cambridge : Folsom, Wells, and Thurston, 1839, in-8, pp. 42.

— Obituary Notice of Peter S. Du Ponceau, LL. D. [By John Pickering, LL. D.] (*Jour. Amer. Orient. Soc.*, Vol. I, No. II, 1844, pp. 161 et seq.)

Du Ponceau, né le 3 juin 1760 à l'île de Ré, arriva à Portsmouth, New Hampshire, le 1er déc. 1777. Il est mort à Boston, le 1er avril 1844.

— American Literature. Chinese and Egyptian Writing. — From the *Foreign Quarterly Review,* No. XLII. London : Printed by C. Roworth and Sons, in-8, pp. 45.

— *Sinico Ægyptiaca.* — Essai sur l'Origine et la Formation similaire des Ecritures figuratives chinoise et égyptienne, composé principalement d'après les écrivains indigènes, traduits pour la première fois dans une langue européenne; par G. Pauthier. Paris, Typographie de Firmin Didot frères, 1842, in-8, pp. viii-149, + 1 f. n. ch. pr la table.

La base de cet ouvrage est l'article de Pauthier intitulé *Ecriture*, inséré dans l'*Encyclopédie nouvelle*, d'après lequel ce savant publia aussi une dissertation dans le Vol. II de la *Chine Moderne*, pp. 278 et seq.

L'ouvrage devait comprendre trois parties dont celle-ci, la première, a été seule publiée [voir col. 1580].

Leroux, 1873, *Bull.* No. 2, Fr. 10.

Léon de Rosny.

— Calligraphie chinoise. Modèles de Caractères Chinois pour servir de sujet d'exercices à ceux qui veulent apprendre à tra-cer élégamment les Caractères de cette langue. Paris, Benjamin Duprat [et] Maisonneuve et Cie., s. d., in-8, pp. 16.

Paris, Impr. Orientale Callet, rue de Seine, 53. — Le nom de M. de Rosny ne figure pas sur le titre. — Cette brochure est une table des 214 clefs.

— Notice sur l'Ecriture chinoise et les principales phrases de son histoire, comprenant une suite de spécimen de caractères chinois de diverses époques, de fragments de textes et d'inscriptions, de facsimile, de tables, etc. Accompagnés d'un texte explicatif par L. Léon de Rosny... Paris, Benjamin Duprat [et] Maisonneuve, 1854, in-8, pp. 80.

Les pp. 25-80 sont lithographiées. — La date se trouve seulement sur la couverture extérieure.

— Les Écritures figuratives et hiéroglyphiques des différents peuples anciens et modernes par Léon de Rosny. Paris, Maisonneuve, 1860, in-4, pp. VIII-75.

Chap. I. — Ecritures chinoises.

Comprend aussi les écritures annamique, japonaise, coréenne, Khitan et Yu-tchi.

— Vocabulaire chinois-coréen-aino expliqué en Français et précédé d'une Introduction sur les écritures de la Chine, de la Corée et de Yéso — par Léon de Rosny. Paris, Maisonneuve, M.D.CCC.LXI, in-8, pp. 24.

Les pp. 9-24 sont autographiées.

— Dictionnaire des signes idéographiques de la Chine avec leur prononciation usitée en Chine et au Japon et leur explication en français, accompagné d'un vocabulaire des caractères difficiles à trouver rangés d'après le nombre de traits, d'une table des signes susceptibles d'être confondus, de la liste des signes idéographiques particuliers aux Japonais, d'un index géographique et historique, d'un glossaire japonais-chinois des noms propres de personnes, etc., par Léon de Rosny, Chargé du cours de japonais à l'Ecole spéciale des Langues orientales. Paris, Benjamin Duprat, 1864, in-8, pp. VIII-240.

Les pp. 240 sont lithographiées.

— Dictionnaire des signes idéographiques de la Chine avec leur prononciation usitée au Japon accompagné de la liste des signes idéographiques particuliers aux Japonais, d'une table des caractères cycliques et numériques, d'un index géographique et historique, d'un glossaire japonais-chinois des noms propres de personnes; par Léon de Rosny Professeur chargé du cours de Japonais à l'École spéciale des Langues orientales. Paris, Maisonneuve, 1867, in-8, pp. VIII-226.

Les pp. 226 sont lithog. comme les 226 premières pages de l'éd. précédente; il manque à celle-ci les pp. 227-240 de l'éd. de 1864. — La préf. de 1864 a été imprimée à Sèvres, Typ. Lefèvre; celle de 1867 semblable l'a été à Paris, Imp. de Moquet.

— Discoveries in Chinese or the Symbolism of the Primitive Characters of the Chinese System of Writing as a Contribution to Philology and Ethnology and a Practical aid in the acquisition of the Chinese Language. By Stephen Pearl Andrews. New York, published by Charles B. Norton, 1854, in-12, pp. 137.

Notice : *Jour. Am. Or. Soc.*, Vol. V, No. 1, pp. 224/5, by M. C. White.

— Propagation des Sciences Européennes dans l'Extrême Orient. — Nouveau Syllabaire et Alphabet chinois phonétique par Mr. Ferdinand Schütz. Nancy, 1856/7, in-8.

Extrait des *Mémoires de l'Académie de Stanislas*. — Voir col. 1730.

— A Manual of Chinese Running-Handwriting, especially as it is used in Japan, compiled from Original Sources by R. J. de St. Aulaire and W. P. Groeneveldt — Printed for the Authors. — Sold by G. M. van Gelder, Amsterdam, 1861, in-4, pp. IV-113-60.

— Zur Geschichte der Erfindung und des Gebrauches der Chinesischen Schriftgattungen. — Von Dr. A. Pfizmaier... Wien, 1872. Karl Gerold's Sohn, br. in-8, pp. 62.

Sitzb. phil.-hist. Cl. Ak. Wiss. Wien, Bd. LXX, p. 9, Jänner 1872.

— Ueber einige Chinesische Schriftwerke des Siebenten und Achten Jahrhunderts n. Chr. Von Dr. A. Pfizmaier... Wien, 1879, Karl Gerold's Sohn, br. in-8, pp. 82.

Sitzb. phil.-hist. Cl. Ak. Wiss. Wien, Bd. XCIII, Jänner 1879.

— Voir les ouvrages sur l'Inscription de Yu, col. 681-2.

— Kircher, *Chine illustrée*, VIe partie.

— *Eloge de la Ville de Moukden*, Paris, 1770 : Origine des différentes sortes de Caractères Chinois, dont on voit le modèle dans les trente-deux volumes de l'édition chinoise, pp. 127/197.

— Pauthier, *Chine moderne*, II, liste des deux-cent-quatorze radicaux, pp. 303/316.

JOSEPH EDKINS.

— Introduction to the Study of the Chinese Characters. By J. Edkins, D. D. Peking, China. London : Trübner & Co. 1876, in-8, pp. XVI + 2 ff. n. c. + pp. 211 + pp. III pour l'*English Index* + pp. 103 pour l'*app.*

L'ouv. est imprimé par Stephen Austin and Sons, Hertford, sauf l'app. imp. à Genève par F. Turrettini.

— On the ancient Form of Chinese Characters. By J. Edkins. (*China Review*, XVI, pp. 179/181.)

— Cuneiform Writing in China. By J. Edkins. (*Ibid.*, XIX, 1890, No. 1, pp. 56/57.)

— The ancient Tadpole Writing was Cuneiform. By J. Edkins. (*China Review*, XIX, 1891, No. 4, pp. 255/6.)

JOHN CHALMERS.

— An Account of the Structure of Chinese Characters Under 300 Primary Forms; After the *Shwoh-wan*, 100 A. D., and the *Phonetic Shwoh-wan*, 1833. By John Chalmers, M. A., LL. D., Ab. — London: Trübner & Co. China: Kelly & Walsh, Hongkong and Shanghai. Aberdeen: John Avery & Co. 1882, in-8, pp. x-199.

— Chinese Running Hand. By John Chalmers. (*China Review*, VII, pp. 301/305.)

— The Six Modes of Development of the Chinese written language — 六書. By J. Chalmers. (*Ibid.*, XVI, pp. 10/18.)

— On the term 轉注 *Chuan chu* as applied to Chinese Characters. Translated from the Introduction to the Phonetic *Shuo-wên* (1833). — Perhaps the latest and best native Exposition of the Question. By John Chalmers. (*Ibid.*, pp. 25/31.)

TERRIEN DE LACOUPERIE.

— On the History of the Archaic Chinese Writing and Texts. (Extracted from « The Oldest Book of the Chinese and its Authors » in the *Journal of the Royal Asiatic Society*, Vol. XIV, Pt. IV, pp. 798-806.) By Terrien de La Couperie, M. R. A. S. London, 1882, br. in-8, pp. 11.

— Did Cyrus introduce Writing into India? By Dr. Terrien de Lacouperie, Professor of Indo-Chinese Philology, (University College, London). London: Published at 51, Knowle Road, Brixton; and by D. Nutt, br. in-4.

[Reprinted from *The Babylonian & Oriental Record*, Vol. I, No. 4.]

— A New Writing from S. W. China. By A. Terrien de Lacouperie. (*Academy*, 9th Feb. 1887.)

— The Non-Chinese Writings of China and Central Asia. Abstract of a Lecture before the Philological Society, 6th March 1891, by Prof. Terrien de Lacouperie. (*T'oung Pao*, II, Avril 1891, pp. 89/90.)

— Beginnings of Writing in Central and Eastern Asia, or Notes on 450 Embryo-Writings and Scripts. By Terrien de Lacouperie... London: D. Nutt, 1894, in-8, 3 ff. prél. n. c. + pp. 208.

INTRODUCTORY: « The present work is made up of several parts, which have been printed successively since 1885. The pages 1-67 are reprints from the *Journal of the Royal Asiatic Society* for 1885, vol. XVII, pp. 415-482. Pages 68-144, printed in 1887, have never been published; and pages 145-189, long left in type, were as much as possible re-cast in January of the present year, thanks to the kindness of Messrs. Stephen Austin and Sons, the long famous Oriental printers of Hertford. The result in the work is a great inequality, which a complete alphabetical index of the writings referred to is intended to obviate to a certain extent. »

CONTENTS: Chapter I. *Embryo Writings.* — Chap. II. *Writings Impeded and Decayed.* — Chap. III. *Mo-So Hieroglyphical Writing or Tibeto-China.* — Chap. IV. *Alphabet in Tibet.* — Chap. V. *Short-Lived Writings in Central Asia.* (The K'itan Writing; The Tangut or Si-Hia Writing; The Jutchih Writing; The Bagspa.) — Chap. VI. *Deflected Writings.* — Chap. VII. *Lost, Forgotten, and Recovered Writings.* — Chap. VIII. *Some More Facts* (Supplement). — *Additions and Emendations.* — *Alphabetical Index.*

Notice par Isaac Taylor, *The Academy*, Nov. 24, 1894, pp. 425/6.

— The Alphabet An Account of the Origin and Development of Letters By Isaac Taylor, M. A., LL. D. In two volumes. London, Kegan Paul, 1883, 2 vol. in-8.

Vol. I. Semitic Alphabets... The Chinese Characters, pp. 25/33. — The Japanese Syllabaries, pp. 33/8... Mongolian, pp. 297/312.

— Tableau synoptique en 33 langues des dix premiers nombres cardinaux par l'abbé Louis Martin, prêtre du diocèse de Saint-Brieuc, élève titulaire de l'Ecole pratique des hautes études d'histoire et de philologie de la Sorbonne. CHINOIS, JAPONAIS, MALAIS, feuillet in-4.

— * Sieblist. — Die Schrift der Chinesen. (*Archiv für Post und Telegraphie,* 1887, pp. 369/376.)

— The Nüchens in China. By E. H. Parker. (*China Review*, XVI, pp. 242/243.)

— Chinese current Li Hand. By E. H. Parker. (*Ibid.*, XIX, 1891, No. 5, p. 326.)

— How to write Chinese. Part I. Containing General Rules for Writing Chinese, and Particular Directions for Writing the Radicals. By J. Dyer Ball... Kelly & Walsh, Hongkong,... 1888, in-8, pp. 25-76-4-VIII-VI + 5 ff. de caractères chinois. Pub. à Dol. 2.

— How to write the Radicals, by J. Dyer Ball, M.R.A.S., etc., of Her Majesty's Civil Service, Hongkong. Hongkong: Printed by Kelly & Walsh, 1888, in-12, pp. 40 + 7 + XI. Pub. à 75 cents.

Abrégé de *How to write Chinese.* — Les 7 pp. supp. renferment *Practical Use of a Chinese Dictionary.*

— Prehistoric China. By Ernst Faber, Dr. Theol. (*Jour. China Br. R. As. Soc.*, XXIV, N. S., 2, 1889-1890, pp. 141/220.)

— A System of Chinese Short-hand. By the Rev. Alex. Gregory, M. A., Amoy.. (*Chin. Rec.*, XXIII, Jan. 1892, pp. 20/22.)

— Ministère de l'Instruction publique et des beaux-arts — *Histoire de l'Ecriture dans l'Antiquité* par M. Philippe Berger. Paris, Imprimerie Nationale. — MDCCCXCI, in-8, pp. XVIII-389.

Il y a une 2e édition, in-4, de cet ouvrage.

— T. W. Kingsmill. — Traces of the Origin of Chinese Writing. (*Jour. China Br. R. As. Soc.*, N. S., XXXI, No. 2, 1896-97, pp. 146/151.)

— 二百十四部漢字習圖... Les

214 radicaux chinois En modèle d'écriture Suivis d'une liste de 237 caractères décomposés contenant tous ces radicaux et leurs variantes par Edmond Nordemann Professeur au Collége des Interprètes Fondateur de la Société tonkinoise d'Enseignement mutuel... Hà-nội — 1898, in-12, ff. doubles à la chinoise, caractères rouges.

— Cahier d'écriture chinois par Edmond Nordemann Directeur du Quôc-học Collége national Primé pour la connaissance de la langue annamite et des caractères chinois. N° 1 — Prix $ 0.10 — Hué 1899, cahier gr. in-8, ff. doubles à la chinoise, caractères rouges.

— Tập Han Tu' Thuc — Cahier d'écriture chinois... N° 2 — $ 0.10 — Hué 1899, cahier gr. in-8, ff. doubles à la chinoise, caractères rouges.

— Une particularité de l'Ecriture chinoise Les caractères renversés par A. Vissière — Extrait du *Journal Asiatique.* Paris, Imprimerie nationale, M DCCCC IV, in-8, pp. 18.

Ext. du numéro de Janvier-Février 1904, pp. 97/114.

Essais pour représenter les caractères chinois.

1° *IMPRIMERIE.*

— Essai historique sur la typographie orientale et grecque de l'imprimerie royale. Par M. de Guignes. 1787, in-4, pp. 94.

— Principes de composition typographique, pour diriger un compositeur dans l'usage des Caractères Orientaux de l'Imprimerie Royale. Par M. de Guignes. 1790, in-4, pp. 78.

— Exemplvm Typographiae Sinicae Figvris Charactervm e typis mobilibvs compositvm. a Ioh. Gottlob Imman. Breitkopf. Lipsiae e typographeo Avtoris M DCC LXXXIX. Pièce in-4 de 4 ff.

— Grosier, livre IV, chap. V, de l'Imprimerie.

— Abel-Rémusat, *J. des Savans*, sept. 1820, pp. 556/7, à propos du ministre Foung tao, † vers 960.

— Weiss, art. sur le même ministre, *Biog. univ.*, Vol. XIV, pp. 507/508.

— Chinese Method of Printing. (Milne's *Retrospect*, section XVII, pp. 222 et seq.)

— Chinese Method of Printing. (*Chin. Courier & Canton Gazette*, Vol. I, No. 38.)

— Chinese Printing. (*Canton Miscellany*, No. 2, pp. 107/108.)

— Chinese Printing. By E. C. Bridgman. (*Chin. Rep.*, I, pp. 414/422.)

— Le Rév. E. C. Bridgman a donné, dans le *Chin. Rep.*, les renseignements suivants sur les presses en Chine à son époque :

« There are now *five* English presses in China; two are in Macao, and three in Canton. Three of these presses are from England, and two are from America. The Honorable E. I. Company's press with a printer arrived in China in 1814. Morrison's Dictionary of the Chinese language, his Vocabulary of the Canton dialect, and his View of China; the translation of a novel by Mr. Thoms; and the Canton Miscellany, in a series of numbers published in 1831, — are the principal works which have appeared from that press. A Chinese dictionary of the Fuhkeēn dialect by Mr. Medhurst of Batavia, is now being printed. The next press arrived here in 1825; from which the first number of the *Canton Register* appeared in November 1827. We have before us a complete series of this paper up to the present time. In addition to a full register of the mercantile transactions of Canton, it contains a great variety of notices of the manners, customs, etc., of the Chinese and other eastern nations. Almost every page of the Register has been filled with original matter; and it is this which has given it particular value abroad, where it has done much to direct public attention to the Chinese. A third press arrived in 1831, and a second periodical, the *Chinese Courier*, appeared shortly after. The Courier has pursued a course different from that of its » cotemporary «. Its pages have been occupied partly with European intelligence, and partly with local news and notices of mechanical arts, manufactures, and such like, among the Chinese. — The two other presses reached China during last year. All these presses are in operation, and are supported solely by foreigners. » (*Chinese Repository*, Vol. II, 1833, pp. 6 et 7.)

Puis, plus tard, il écrivait :

« *European presses in China.* — With respect to the foreign presses in China, but few changes worthy of notice have taken place during the last twelve months. The Honorable Company's press continues in operation at Macao, being chiefly employed, we believe, with Mr. Medhurst's Dictionary of the Fuhkeēn dialect. The Albion Press, which was interdicted last June by Portuguese authority in Macao, has been removed to Canton, and is at present employed on a commercial guide. The oldest press in Canton, which has sent forth six volumes of the » Register «, has not only maintained its own ground, but has united with itself that of the late » Courier «. This latter paper was discontinued early last summer; and the » Register «, since the commencement of the current year, has appeared every week, instead of semi-monthly as formerly. Our own establishment continues in *statu quo*, except some small additions to the fonts of type, which in Chinese words will enable us to mark the intonations, etc. Thus in the course of the year five printing establishments have been reduced to four, one of which is in Macao, and three in Canton. There are also two lithographic presses in Canton; at Macao, and connected with the College of St. Joseph, there is also a Portuguese Press, which is furnished with a font of Chinese moveable types. From these presses several small publications have been issued during the year. » (*Ch. Rep.*, Vol. III, May 1834, pp. 43/4.)

— A Selection of Three Thousand Characters being the most important in the Chinese language. For the purpose of facilitating the cutting of Punches and casting Metal type in Chinese. Malacca : Printed at the Anglo-Chinese College, 1834, in-12 de 8 pages et 24 feuilles de caractères chinois. [by Samuel Dyer].

— Dyer's Circular respecting preparation of metal types. (*Chin. Rep.*, II, pp. 477/478.)

— Lettre de Robert Morrison. (*As. Jour. & Month. Reg.*, XV, 1834, pp. 48/49.)

— Estimate of the proportionate expense of Xylography, Lithography, and Typography, as applied to Chinese printing; view of the advantages and disadvantages of each. By *Typographus Sinensis.* [W. H. Medhurst.] (*Chin. Rep.*, III, Oct. 1834, pp. 246/252.)

— Notice sur la fonte des types mobiles d'un caractère chinois, gravé sur acier par

Marcellin-Legrand, graveur des nouveaux types de l'imprimerie royale; sous la direction de M. Pauthier. Paris, 1836, br. in-8, 8 pages.

— Specimen... 4 pages et 13 pages de texte chinois [1836].

— Chinese Metallic types: propcsals for casting a font of Chinese types by means of steel punches in Paris; attempt made in Boston to stereotype from Wooden blocks. (*Chin. Rep.*, III, pp. 528 et seq.)

— Spécimen de caractères chinois gravés sur acier et fondus en types mobiles par Marcellin Legrand. Paris, Marcellin Legrand, rue Lepeletier, 22. 1859, in-8, pp. 56, sans la table.

— Consulter: China: its State and Prospects by Medhurst, Chap. XXII, sur l'imprimerie en Chine. On trouvera dans le même ouvrage, pp. 576/578: *List of Books printed at Canton and Malaca*, pp. 579/580, *at Batavia*, p. 581, *at Penang and at Singapore*. — Voir col. 74.

— Chinese Metallic types. (*Missionary Magazine*, February 1840, pp. 96/98.)

— Specimen of the Chinese Type belonging to the Chinese Mission of the Board of Foreign Missions of the Presbyterian Church in the U. S. A. Macao: Presbyterian Mission Press, 1844, in-8, pp. 41 [by W. M. Lowrie].

Chin. Rep., XIV, pp. 124/129.

— Specimen of Chinese Type, made by the London Missionary Society. Victoria, London Mission Press, 1849, in-8, pp. 38 [by Richard Cole].

— Specimen of three line diamond Chinese type, made by the London Missionary Society. Victoria: London Mission Press, 1850, in-8, pp. 21 [by Richard Cole].

Voir Note by S. W. Williams, *Chin. Rep.*, XX, pp. 282/4.

— Specimen of the Chinese Type (Including also those cut at Ningpo) Belonging to the Chinese Mission of the Board of Foreign Missions of the Presbyterian Church in the U. S. A. Ningpo: Presbyterian Mission Press, 1852, in-8, pp. 38 [by W. M. Lowrie].

— Bezeichnungen des Welt- und Lebensanfanges in der Chinesischen Bilderschrift. Von Dr. Gottfried Otto Piper. Berlin. G. Reimer, 1846. In-8, pp. VIII-168 et 1 pl.

— Documents sur l'Art d'imprimer à l'aide de Planches en bois, de planches en pierre et de types mobiles, inventé en Chine, bien longtemps avant que l'Europe en fît usage; extraits des livres chinois, par M. Stanislas Julien. Imprimerie Royale, 1847. Br. in-8, pp. 16.

— *Journal Asiatique*, Extrait No. 12 (1847). — Réimp. dans la *Chine Moderne*, de Bazin, IIe Partie, pp. 626/631.

— Movable Metallic Types among the Chinese. By S. W. Williams. (*Chin. Rep.*, XIX, pp. 247/253.)

— Mededeeling van J. Hoffmann, aangaande de Chinesche Matrijzen en Drukletters, krachtens magtiging van Z. M. den Koning en op last van Z. E. den Minister van Staat, minister van Koloniën J. J. Rochussen, vervaardigd onder toezigt van den Hoogleeraar, translateur van het Nederlandsch-Indisch Gouvernement voor de Japansche en Chinesche Talen, Dr. J. Hoffmann. Amsterdam, C. G. van der Post, 1860, br. in-8, pp. 16.

— Catalogus van Chinesche Matrijzen en Drukletters, krachtens magtiging van Z. M. den Koning en op last van Z. E. den Minister van Staat, Minister van Koloniën J. J. Rochussen vervaardigd onder toezigt van den Hoogleeraar, translateur van het Nederlandsch Indisch Gouvernement voor de Japansche en Chinesche Talen Dr. J. Hoffmann. 1860. Lettergieterij van N. Tetterode te Amsterdam. Gedrukt bij A. W. Sythoff te Leiden. In-4.

— Letterproeven. — Chinesche Tekst in verbinding met Japansche Letterschrift Katakana. Leiden, Gedrukt bij A. W. Sythoff, 1860. Gedrukt 50 Exemplaren. Pièce in-8, pp. 8.

— Chinesche Drukletters vervaardigd in Nederland. — Nieuw overzigt, met opgave van de nieuw bijgekomen karakters door Dr. J. Hoffmann, Hoogleeraar. 1864. Lettergieterij van N. Tetterode te Amsterdam. Gedrukt bij A. W. Sythoff te Leiden. In-4.

Titre et préface en anglais et en hollandais.

— Catalogus van Chineesche Matrijzen en Drukletters vervaardigd in Nederland op last van den Minister van Koloniën en onder leiding van Dr. J. J. Hoffmann. Derde Druk. 1876. Leiden, E. J. Brill. In-4, pp. XIII-24.

Titre et préface en anglais et en hollandais.

— Two lists of selected Characters containing all in the Bible and twenty seven other books with introductory remarks by William Gamble. Shanghai: Presbyterian Mission Press, 1861, 1 *peun* chinois.

Au Musée Guimet. — Notice: *N. C. Herald*, No. 677, July 18, 1863.

— List of Selected Characters. From a List by Wm. Gamble, Esq. 14 groups, comprising 2285 different Characters. (Doolittle's *Voc.*, Part III, No. 9.)

— List of Printer's terms. By Rev. C. W. Mateer. (*Ibid.*, No. 16.)

(IMPRIMERIE.)

— Specimen of a new Font of Chinese Movable Type, belonging to the Printing Office of the American Presbyterian Mission. By William Gamble Esq. (*Jour. N. C. Br. R. As. Soc.*, N. S., No. 1, Dec. 1864, p. 145.)

William Gamble, † 18 mai 1886, à York, Penn., U. S. A.

— History of Printing in China and Europe. By Hon. Robert Curzon. (*Miscellanies of the Philobiblon Society*, VI, London : Whittingham and Wilkins, 1860-1, pp. 1-33.)

— Catalogue des Caractères chinois de l'Imprimerie royale gravés en Chine 1838 — Paris, Imprimerie Royale — MDCCCXLI, in-fol., pp. 417.

Catalogue des caractères chinois gravés à Li-ming-fou, province du Ssé-tchouen, par les soins de M. Stanislas Julien, Membre de l'Institut de France, et par l'entremise de MM. les Directeurs des Missions étrangères 1838. — 42718 caractères arrangés par clefs.

— Spécimen des types divers de l'imprimerie nationale. Types étrangers. Paris, Imprimerie nationale, MDCCCLXXVIII, gr. in-4, 138 ff.

— Imprimerie nationale. — Catalogue des signes chinois corps 10. Paris, Imprimerie nationale, MDCCCLXXXIX, in-8, pp. 115.

— Movable types for printing Chinese. By S. Wells Williams, LL. D. (*Chin. Rec.*, VI, 1875, pp. 22/30.)

— Saggi di Caratteri della Tipografia Orientale del R. Istituto di Studi Superiori. Firenze, 1878, br. in-4, oblong.

— Western Appliances in the Chinese Printing Industry. By F. Hirth, Ph. D. (*Journ. C. B. R. A. S.*, N. S., XX, 1885, art. VII, pp. 163/177.)

— L'Imprimerie en Chine et au Japon. (*Mém. Soc. Et. jap. et chin.*, IV, 1885, pp. 79/80.)

— Les origines de l'imprimerie dans l'Extrême-Orient, par Ach. Peuvrier. (*Mém. Soc. Sinico-jap.*, etc., VI, Juillet 1887, pp. 181/186.)

— The inventor of Printing. By E. H. Parker. (*China Review*, XV, p. 184.)

— E. H. Parker, *China Review*, XIX, 6, p. 395.

— Tchong-kit, the inventor of Letters, and Tchoy-chung, the inventor of Printing. (*Lond. & China Express*, Jan. 27, 1888, pp. 89/90.)

— Die Buchdruckerkunst in China. (*Archiv f. Post u. Tel.*, 1890, 22, pp. 700-2 ; d'après l'*Ostasiat. Lloyd.*)

— Edg. Alston. — Literature and Typography in China. (*Book-Lore*, No. 31, pp. 15/20.)

— The Chinese Type-Writer, its practicability and value, by D. Z. Sheffield. (*Actes Onz. Cong. Int. Orient.*, Paris, 1897, IIe Sect., pp. 49/65.)

— Chinese Printing Blocks. (*Kew Bulletin*, 1899, pp. 216/9.)

— La composition Chinoise-Japonaise dans l'Imprimerie. (*Chine et Sibérie*, Janv. 1900, pp. 34/6.)

Trad. par Mlle. M. Baugniet d'*Ost-Asien* qui a résumé un article du 14 juillet 1896 de la revue de Berlin, *Archives des postes et télégraphes*.

— Ein Vorgänger von Gutenberg in China. [Von] Cohn-Antenorid. (*Globus*, LXXVIII, 1900, pp. 33/5.)

∴

— Mode d'estampage usité en Chine. Par G. Devéria. (*Rev. de l'Ext. Orient*, I, 1882, No. 1, pp. 142/144.)

American Presbyterian Mission Press.

— A Descriptive Catalogue of the Publications of the Presbyterian Mission Press. Shanghai. 1861, br. in-8, pp. 10.

— Catalogue of the Publications of the American Presbyterian Mission Press. — Shanghai : — 1871, br. in-8, pp. 8.

— Catalogue of Books in the Depository of the American Presbyterian Mission Press at Shanghai, October 1, 1871. Shanghai : American Presbyterian Mission Press. 1871, in-8, pp. 15.

— The American Presbyterian Mission Press Price List and Specimen Book of Types, comprising Chinese, Japanese, Manchu, English and Music. Shanghai : 1872, br. in-8.

— Catalogue of Books in the Depository of the Presbyterian Mission Press at Shanghai, May 1, 1874. Shanghai : American Presbyterian Mission Press. 1874, br. in-8.

— Specimens of Cuts at Presbyterian Mission Press, in-4, s. l. n. d. [Shanghai].

— Visit to the Presbyterian Mission, Chinese Printing Establishment, in Shanghai. (*N.-C. Herald*, No. 668, May 16, 1863.)

— The American Presbyterian Mission Press at Shanghai, Feb. 10, 1873. (*Shai. Budget*, 13 March 1873.)

— Catalogue of Books in the Depository of the Presbyterian Mission Press at Shanghai, May 1, 1876. — Shanghai : Presbyterian Mission Press. — 1876, br. in-8, pp. 16.

— Catalogue of Books printed at the Ningpo Mission Press, and for sale at the Depository of the Presb. Mission Shanghae. — Specimens of Chinese Type in use at the Printing Office of the Presbyterian Mission Ningpo. Pièce in-fol. de 2 ff. n. c. papier bleu, s. l. n. d.

— The Annual Report of the Presbyterian Mission Press at Shanghai, for the year ending 30th September 1868. Shanghai : 1868, br. in-8, 5 ff. n. ch., couv.

— Annual Report of the Presbyterian Mission Press, at Shanghai, for the year ending September 30, 1873. — 1873, br. in-8, pp. 15.

— Annual Report of the Presbyterian Mission Press, at Shanghai, for the Year ending December 31, 1874. — 1874, br. in-8, pp. 25.

— Annual Report of the Presbyterian Mission Press, at Shanghai, for the Year ending December 31, 1875. 1875, br. in-8.

— The Mission Press in China. By Rev. W. S. Holt. (*Chinese Recorder*, X, 1879, pp. 206/219, 270/275.)

2° *TÉLÉGRAPHIE.*

— Note sur Dr. Macgowan's *Philosophical Almanac*, by S. W. Williams. (*Chin. Rep.*, XX, pp. 284/5.)

— V. [Not printed for sale.] Aerial Telegraph to Hong-kong and the open Ports of China, and a new Commerce with the vast West of that Empire, across Eastern-Pegue, from Rangoon. By Captain Richard Sprye and Reynell-Hele-Fowell Sprye, Esq. London : 1862, br. in-8, pp. 25.

— Telegraphy in China. (*N. C. Herald*, Mars 30, 1869.)

Correspondance du Dr. Macgowan adressée à Mr. G. F. Seward, Consul des Etats-Unis, et à Mr. Medhurst, Consul d'Angleterre.

— Remarks on the Mode of Applying the Electric Telegraph in connection with the Chinese Language by William A. Macy. (Read Oct. 22, 1851.) (*Jour. Am. Or. Soc.*, Vol. III, No. 1, Art. III, pp. 195 et seq.)

— De la transmission télégraphique et de la transcription littérale des caractères chinois par le Cte d'Escayrac de Lauture. Première Partie, Paris, Avril 1862. — Deuxième Partie, Application. — Paris, Mai 1862. In-4, pp. 16 et 12.

Voir du même auteur : *Langage, son histoire, ses lois*, in-4, pp. 83 [col. 91].

— A. E. Reynolds, † 22 août 1883, âgé de 65 ans ; il était arrivé à Chang-Haï en 1839 ; c. fut lui qui établit en 1865 entre Pou-toung et Wou-soung une ligne télégraphique, la première de Chine et qui éleva la tour en bois de Pou-toung.

Septime A. Viguier.

— 電報書籍 *T'een piao shu tsieh* Tableau servant à la transmission télégraphique des dépêches écrites en Chinois et contenant tous les caractères usuellement employés dans les correspondances officielles, commerciales et particulières de la Chine, et leur représentation en nombres. Dressé par S. A. Viguier, Inspecteur divisionnaire du Service des Ports. Shang-hai, 1871, in-folio oblong.

Cet ouvrage se compose de 7 planches et d'un tableau explicatif en français, en chinois et en anglais.

Il en a été fait un tirage (in-folio) dont les planches sont pliées en deux au lieu d'être in-plano. Les planches de ce tirage (7) sont numérotées avec des chiffres arabes au lieu de chiffres romains et on lit au bas du tableau explicatif « Printed at the American Presbyterian Mission Press, Shanghai ».

Ces tables contiennent 6,389 caractères et 511 cases blanches = 6,900.

Une édition complétement chinoise de ce code a été imprimée à l'aide de planches stéréotypées en 1875 à l'American Presbyterian Mission Press. Elle forme un cahier chinois in-4 de 39 pages.

Une édition complétement chinoise de ce code avait été imprimée à l'American Presb. Mission Press à l'aide de planches stéréotypées en 1872. Elle forme un cahier chinois in-8 de 51 pages. Cette édition diffère des précédentes en ce que les chiffres qui accompagnent les caractères sont *chinois* au lieu d'être *arabes*.

— Note sur la Télégraphie chinoise. (Pour accompagner l'édition Chinoise du Code.) [Par S. A. Viguier] Shanghai, Avril 1872, 2 pages in-folio [Imprimerie de A. H. de Carvalho].

— Memo. on Chinese Telegraphy (Relative to the Chinese edition of the « Code »), Shanghai, April 1872, 2 pages in-folio.

C'est la traduction anglaise du précédent.

— Mémoire sur l'établissement de lignes télégraphiques en Chine par S. A. Viguier Auteur du Code de Télégraphie chinoise. Shang-hai. Imprimerie Carvalho & Cie., 1875, petit in-8, 26 pages de texte français, 63 pages de texte chinois et 2 cartes (une française, une chinoise).

C'est la traduction d'un Mémoire publié en chinois cette même année formant un cahier chinois de 63 pages (avec une carte). Ce Mémoire chinois est réimprimé à la suite de la traduction française qui a été tirée à 120 exemplaires et n'a pas été mise dans le commerce.

— Proclamation du Tao-tai de Formose au sujet de l'introduction de la télégraphie dans cette île, trad. en anglais dans le *N. C. Herald*, July 14, 1877.

— S. A. Viguier 威基謁 Nécrologie par Henri Cordier. (*T'oung Pao*, X, No. 5, Déc. 1899, pp. 488/489.)

Septime-Auguste Viguier, né à Limeil, près Paris, le 9 juin 1837 ; † à Paris, 26 août 1899.

— 津滬電綫地圖 Telegraphic Route from Shanghai to Tientsin. Distance 2814 li. (*Ret. of Trade* for 1881, p. 24.)

— Le télégraphe en Chine et au Japon. Par C. G.[rémiaux.] (*Annales de l'Ext. Orient*, 1881-1882, IV, pp. 230/233.)

— Telegraphs in China. (*Nature*, XXV, 1881-2, pp. 178/9.)

— Telegraphs in China. By J. M. (*Ibid.*, XXXVII, 1887-88, pp. 564/5.)

— Dr. Macgowan on alleged Chinese Telephons. By X. Y. Z. (*China Review*, XIV, pp. 164/166.)

— Chinese Despatch Style adopted in Modern Telegraphy. (*Ibid.*, XIII, p. 429.)

— Telegraphy in China. By Rev. Chas. Leaman. (*Chin. Rec.*, XVIII, 1887, pp. 409/413.)

— Les Télégraphes en Chine. Par A. A. Fauvel. (*Revue française de l'Etranger*, 1891, pp. 205/7, carte.)

— Carte des communications télégraphiques du régime extra-européen dressée d'après des documents officiels par le Bureau International des Administrations Télégraphiques. Berne 1892, 4 feuilles.

Dessinée et gravée par C. v. Hoven, Berne. — Lith. Lips, Berne.
— Telegraph und Telephon in China. (*Oest. Monats. f. d. Orient.*, Wien 1899, p. 107.)

∴

— Electro-Telegraphy by Carl K.O. Poulsen, Teacher at the Imperial Chinese Telegraph College, adapted for the Use of Chinese Students, Tientsin 1884. Shanghai, Printed at the « Celestial Empire » Office, 1885, in-8.

Pref., 1 f.; Contents, 1 f.; Telegraphic Terms, I à X; pp. 1/205. — Grav. et pl.

— Appendix to Carl K.O. Poulsen's Electro-Telegraphy. Tientsin Printing Company. In-8, pp. 16.

Note préliminaire datée de Décembre 1886.

— Poulsen's Simplified Chinese Telegraph Code. Tientsin Printing Company. 1889, pet. in-4.

Disposé à la chinoise (en chinois et en anglais). — Titre chinois, 1 f.; titre anglais, 1 f.; Préface signée Carl K. O. Poulsen, Tientsin, October 1887, 2 f.; Avertissement et préface chinois, 2 ff.; Pagination du code en chinois, pages 1 à 284.

— A Historical Sketch of the Development of the Science of Electricity, compiled by C. K. O. Poulsen. Tientsin Printing Company. Pet. in-8 carré, pp. 25, s. d.

— List of Telegraph Stations in China. November 1890. S. l., in-4, pp. 24, carte.

En chinois et en anglais.

∴

— Le câble américain des Philippines. (*Bul. Comité Asie franç.*, Juillet 1903, p. 306.)

— * Map showing the Telegraph Lines of China. By W. P. Chow and C. Chr. Sonne Shanghai : Oriental Press, 1903.

LITTÉRATURE.

Ts'ai-tseu-chou 才子書.

On a traduit *Ts'ai tseu* par écrivain de génie, écrivain distingué, bel esprit. D'après Bazin (*Chine moderne*, II, 1853, pp. 467 seq.), les anciens *Ts'ai tseu* sont :

Dynastie des TCHEOU : Tso che ou Tso K'ieou-ming 左邱明; Tchouang tseu 莊子.

HAN : Se-ma Ts'ien 司馬遷.

T'ANG : Tou Fou 杜甫; Li T'ai-po 李太白; Han Yu 韓愈; Lieou Tsoung-youen 柳宗元.

SOUNG : Se-ma Kouang 司馬光; Wang Ngan-che 王安石; Ngeou-yang Sieou 歐陽修; Sou-che 蘇軾.

YOUEN : Hiu Heng 許衡; Wou Tch'eng 吳澄.

Les *Ts'ai tseu* 才子 modernes sont au nombre de dix :

1° *San kouo tche* 三國志

2° *Hao k'ieou tchouan* 好逑傳

3° *Yu kiao li* 玉嬌梨

4° *P'ing chan ling yen* 平山冷燕

5° *Choui hou tchouan* 水滸傳

6° *Si siang ki* 西廂記

7° *Pi-pa ki* 琵琶記

8° *Houa tsien ki* 花箋記

9° *P'ing kouei tch'ouan* 平鬼傳

10° *San Ho tsien* 三合劍.

1° SAN KOUO TCHE 三國志.

— San-Koué-Tchy *Ilan kouroun-i pithé* Histoire des Trois Royaumes Roman historique traduit sur les textes chinois et mandchou de la Bibliothèque royale par Théodore Pavie. Paris, Benjamin Duprat, MDCCCXLV-MDCCCLI, 2 vol. in-8, pp. LXII + 1 f. n. ch. + pp. 350, XV-428.

Cette traduction n'a pas été terminée; elle comprend : Vol. I, une introduction de Pavie et les trois premiers livres; Vol. II, une préface de Pavie et les Livres IV-VII du *San kouo tche*.

— Théodore Pavie. Nécrologie. Par Henri Cordier. (*T'oung Pao*, VII, No. 4, Oct. 1896, pp. 417/423.)

Né à Angers, 16 août 1811; † 29 avril 1896.

∴

« It has been translated (*San kouo tche*) into Spanish, the whole or in part, by Padre Segui, many years resident in China, and now Archbishop of Luconia. There is, besides, an old latin translation belonging to the Royal Asiatic Society » Davis, *Poetry of the Chinese*, 1834, pp. 156/7. — Voir col. 1791.

— La Mort de Tong-tcho, épisode tiré du roman historique intitulé *San-koué-tchi*, ou Histoire des Trois Royaumes.

A la suite de l'*Orphelin de la Chine*, de S. Julien, 1834, pp. 135/192, et dans les *Avadânas*, du même, II, 1859, pp. 223/251, III, 3/61.

— W. F. Mayers, *Notes & Q. on C. & J.*, I, pp. 102/4.

— *San kuo chih*. By X. Z. (*China Review*, III, pp. 191/205.)

— A Deep-laid Plot and a Love Scene — from the San-Kuo. By C. H. Brewitt-Taylor. (*China Review*, XX, No. 1, pp. 33/35.)

— A Chinese Historical Novel. By the Rev. F. L. Hawks Pott. (*N. C. Herald*, April 27, 1894, pp. 653/4.)

Conférence sur le *San Kouo Tchi*.

— Selections from « The Three Kingdoms ». — Rev. F. L. Hawks Pott, D.D. (*East of Asia*, I, No. 2, pp. 122/8.)

— Aus den « Drei Königreichen ». Von Dr. F. L. Hawks Pott. (*Der Ferne Osten*, Bd. I, Heft 2, pp. 176/181.)

— Le *San Kouo Tchi* a été traduit en malais.

— * The 43rd Chapter of the Three Kingdom Novel, « The Logomachy ». With map, introduction, biographical index, vocabulary, etc. By the Rev. John Steele, B. A. The American Presbyterian Mission Press, 80 cents.

Notice par J. D., *Chin. Rec.*, Oct. 1905, p. 524.

2° Hao k'ieou tchouan.

— *Hau Kiou Choaan* or the Pleasing History, a Translation from the Chinese Language to which are added,
I. The Argument or Story of a Chinese Play,
II. A Collection of Chinese Proverbs, and
III. Fragments of Chinese Poetry, in 4 vol. in-8.
London, Dodsley, 1761.

« The Author of this translation is not certainly known. The Manuscript was found among the papers of a Gentleman named Wilkinson, who occasionally resided much at Canton, and was a Student of Chinese. The date of the papers, 1719, was the last year he spent in China; and he died in 1736. The three first volumes were in English and the fourth in Portuguese. Dr. Percy, Bishop of Dromore, translated the last volume into English, and edited the work. » (Wylie, *Notes on Chinese Literature*, p. xxiii.)

Fonthill, 3514, £ 2.1/-. — Roxburghe, 8892, £ 1.5/-. (Bohn's Lowndes, I, 438.) — Rémusat (731), Fr. 2.60.

— *Hau Kiou Choaan*, ‖ Histoire ‖ chinoise, ‖ Traduite de l'Anglois, ‖ Par M*** ‖ (A. Eidous). A Lyon, ‖ Chez Benoit Duplain,... ‖ M.DCC.LXVI, 4 vol. in-12, 4 fig., pp. xxxii-224, 263, 263 et 243 + 2 ff. n. ch. p. l'app.

On trouve à la fin du roman, Vol. IV, pp. 43 et seq. : Argument d'une comédie chinoise, jouée à Canton en 1719. — Fragmens de poésie chinoise avec une dissertation. — Recueil de Proverbes et d'Apophthegmes chinois.

Vend. Rémusat (732), Fr. 2. — Klaproth (768), Fr. 4. — Thonnelier (2042), Fr. 3.50.

— Voir une analyse dans la *Bibliothèque des Romans*, Juin 1778.

— *Haoh Kjóh Tschwen*, d. i. die angenehme Geschichte des Haoh Kjóh. Ein chinesischer Roman, in vier Büchern. Aus dem Chinesischen in das Englische, und aus diesem in das Deutsche übersetzet. Nebst vielen Anmerkungen, mit dem Inhalte eines Chinesischen Schauspiels, einer Abhandlung von der Dichtkunst, wie auch von den Sprüchwörtern der Chineser, und einem Versuche einer Chinesischen Sprachlehre für die Deutschen. Leipzig, bey Johann Friedrich Junius, 1766, in-8, pp. xxx-660 s. la table.

— Chineesche Geschiedenis, behelzende de gevallen van den heer Tieh-Chung-U en de jongvrouw Shuey-Ping-Sin. Nevens het Kort Begrip van een Chineesch Tooneelspel, eenige Chineesche Dichtstukjes, en eene Verzameling van Spreekwoorden der Chineezen. Oorspronglyk in de Chineesche Taale beschreeven. Daar uit in't Engelsch overgezet, en met breedvoerige Aantekeningen, vervattende zeer veele Byzonderheden wegens de Zeden en Gewoonten der Chineezen, verrykt. Nu in't Nederduitsch vertaald en met koperen Plaaten versierd. Te Amsterdam, By de Erven van F. Houttuyn, 1767, in-8, pp. xxviii-628, s. la table.

— 好逑傳 The Fortunate Union, a Romance, translated from the Chinese Original, with Notes and Illustrations. To which is added, a Chinese Tragedy. By John Francis Davis, F.R.S., &c. London: Printed for the Oriental Translation Fund... 1829, 2 vol. in-8.

Pub. à 16/. — Vend. Klaproth (772), Fr. 18. — Rémusat (734), Fr. 15.50. — Thonnelier (2044), Fr. 6.

Notice : A. Rémusat, *J. des Sav.*, Oct. 1830, pp. 579/592.

Voir « The Sorrows of Han » de Davis [*infra*, col. 1785].

— On Translation of Chinese Poetry. (*Asiatic Journal*, New Series, II, pp. 32/37.)

— *Hau-kiou-choaan*, ou l'Union bien assortie, Roman chinois. Paris, Moutardier, 1828, 4 vol. in-12.

« La traduction qu'on publie aujourd'hui a été faite sur celle d'un anglais qui a été au service de la Compagnie des Indes, et qui a longtemps résidé à Canton », I, p. iii.

Vend. Rémusat (733), Fr. 7. — Thonnelier (2043), Fr. 6.

— *Hao-Khieou-tchouan*, ou la Femme accomplie. Roman chinois, Traduit sur le texte original par M. Guillard d'Arcy, Membre de la Société asiatique de Paris. Paris, Benjamin Duprat, 1842, in-8, pp. x-558.

Thonnelier (2045), Fr. 12.50.

— A Little History of China and A Chinese Story by Alexander Brebner. London, T. Fisher Unwin, M DCCC XCV, pet. in-8, pp. vi + 1 f. n. ch. + pp. 182.

A Little History of China, p. 1. — Japan, p. 101. — Korea, p. 115. — The Pleasing History, p. 123.

L'auteur oublie de nous prévenir que cette dernière partie est le *Hao K'ieou tch'ouan* et qu'il a été maintes fois traduit.

— A Chinese Romance. Chapter I. How the Hero Starts for the Capital and on the Way Meets a Young Scholar in Distress.

(Translated from the Chinese.) By Rev. E.W. Thwing. (*China Review*, XXV, N° 6, pp. 279/288.)

— *Shueypingsin*. A Story made from the Chinese Romance *Haoukewchuen* by an Englishman. London, Kegan Paul,... 1899, pet. in-8, pp. VI-97.

Rédigé d'après *The Fortunate Union* de Sir J. Davis.

— The Fortunate Union. Chapter I. Translated by Robert K. Douglas. London : Kegan Paul, 1900, pet. in-4, 1 f. n. ch. p. l. préf. + pp. 59.

Contient le texte, la prononciation et la traduction du chap. I du 好逑傳, pour servir de texte aux Commençants.

Notice : *China Review*, XXV, pp. 143/7, par J. Dyer Ball.

— * The Fortunate Union 好逑傳 Chinese Text, edited with Notes by F.W. Baller. Shanghai, American Presbyterian Mission Press, 1904, pp. 260.

Notice : *Chin. Recorder*, by S. I. Woodbridge.

3° YU KIAO LI.

— Abstract of the Four First Chapters of a Chinese Novel, entitled *Yu-kiao lee* ; with a concluding Note, respecting the Contents of the remaining Chapters. (App. I, pp. 227/242, Staunton's *Narrative of a Chinese Embassy*, Lond., 1821.)

— *Iu-kiao-li*, ou les deux Cousines ; Roman Chinois, traduit par M. Abel-Rémusat ; précédé d'une préface où se trouve un parallèle des romans de la Chine et de ceux de l'Europe. Paris, Moutardier, 1826, 4 vol. in-12, pp. 256, 172, 196, 239.

Chaque vol. est orné d'une gravure.

Notice par Raynouard dans le *J. des Savans*, 1827, pp. 24/40. — Vend. Rémusat (737), Fr. 21.05. — Klaproth (767), Fr. 16. — Thonnelier (2046), Fr. 8.50.

— *Iu-kiao-li*, roman chinois. Traduit par Mr. Abel-Rémusat, Professeur de langue chinoise au Collége de France. Texte autographié et publié par J.C.V. Levasseur Ingénieur Géomètre du Cadastre, Membre de la Société asiatique de Paris. Edition dans laquelle on donne la forme régulière des caractères et des variantes. Paris, 1829. Lithographie de V. Ratier, in-8.

Klaproth (766), Fr. 1.

— *Iu-kiao-li* : or, the Two Fair Cousins. A Chinese Novel. From the French Version of M. Abel-Remusat. — In two volumes. — London : Hunt and Clarke, MDCCCXXVII, 2 vol. in-12, pp. XXXV-259, 290.

L'ex. du British Museum C. 60. K. 5 porte sur le faux-titre : «This book was given by Leigh Hunt to Charles Kent his friend». Il renferme des notes de Leigh Hunt dans les deux vol. et de Thomas Carlyle dans le second.

— The Two Fair Cousins. A Chinese Novel from the French of M. Abel-Rémusat. — In two volumes. — London : Hunt and Clarke, 1830, 2 vol. in-12, pp. XXXV-259, 290.

— * *Iu-kiao-li*, ou les Deux Cousines, roman chinois traduit en français par M. Abel Rémusat, et du français en allemand (par Geib). Stuttgart, 1827, 4 vol. in-12.

Vendu Rémusat (739), Fr. 13.05.

— *Iu-kiao-li*, of de Twee Nichten, een oorspronkelijk sinesche roman. Naar het Fransch. — Te Leiden, bij C. C. Van der Hoek. 1829-1830, 2 vol. in-8, 2 ff. n. ch. + pp. 377, 107.

— Les Deux Cousines. Roman chinois traduction nouvelle accompagnée d'un commentaire philologique et historique par Stanislas Julien... Deuxième Edition. Paris, Didier, 1864, 2 vol. in-12, pp. XXXII-363.

Notice par E. Egger, *Le Correspondant*, 25 Nov. 1864.

— Dictionnaire des locutions les plus remarquables du roman *Yu-kiao-li* (les Deux Cousines). (S. Julien, *Syntaxe nouvelle*, II, pp. 140/308.)

— Rhymes from the Chinese done into English by Alfred Lister. (*China Review*, I, pp. 96/104.)

Les vers sont tirés du *Iu-kiao-li*.

— An hour with a Chinese Romance. By Alfred Lister. (*Ibid.*, pp. 284, 352.)

A Lecture delivered in S. Andrew's Hall, Hongkong, Jan. 7, 1873.

— The Two Fair Cousins, A Chinese Romance. By Sir David Wedderburn, Bart. (*The Fortnightly Review*, 1 Oct. 1878, pp. 493/508.)

4° P'ING CHAN LING YEN.

— 平山冷燕 *P'ing-chan-ling-yen*. — Les Deux Jeunes Filles lettrées. Roman Chinois traduit par Stanislas Julien. — Paris, Didier & Cie, 1860, 2 vol. in-12.

Vol. I (dédié au Baron Gros), pp. XVIII-361. — Vol. II, pp. 331. — Ce roman avait paru dans la *Bibliothèque choisie* (du *Constitutionnel*), I, pp. 3/34, 80/120 et 337/388 [1845].

Notice de Barthélemy St. Hilaire, *Journ. des Savans*, mars 1861, pp. 129/148.

— Contes chinois. — Les Hirondelles blanches — les Pivoines avec étude sur la littérature chinoise. Paris, Henri Gautier, s. d., br. in-12, pp. 32.

Forme le No. 77 de la *Nouvelle Bibliothèque Populaire à 10 Centimes.*

Les Hirondelles blanches sont tirées des *Deux jeunes filles lettrées*, voir col. 1758 ; et *les Pivoines* ont été traduites par T. Pavie, voir col. 1764.

5° Choui hou tchouan.

— 水滸傳 *Chouï-hou-tchouen* ou « l'Histoire des Rivages ».

On trouve une analyse détaillée et des extraits étendus de ce roman dans Bazin, *Siècle des Youen*, pp. 108-198, et *Chine moderne*, pp. 500/519. — Voir aussi l'*Histoire de Wou-song, infra*, col. 1772.

— The Adventures of a Chinese Giant. (Translated by H. S. from the *Shui Hu chuen* ; voir sur cet ouvrage 水滸傳 Wylie, *Notes*, p. 162.) (*China Review*, I, pp. 13/25, 71/86, 144/151, 220/228.)

— 佛牙記 — Il dente di Budda racconto estratto dalla *Storia delle Spiagge* e letteralmente tradotto dal cinese da Alfonso Andreozzi. Firenze, Giovanni Dotti, Editore, 1883, in-8, pp. 114.

Trad. du *Sciui-hu-ciuen*, dit la préface.

— 佛牙記 — Il Dente di Budda racconto estratto dalla *Storia delle Spiagge* e letteralmente tradotto dal Cinese da Alfonso Andreozzi. Milano, Edoardo Sonzogno, 1885, pet. in-8, pp. 94 + 1 f. n. c.

Forme le vol. 142 de la *Biblioteca universale*.

— W. F. Mayers, *Notes & Q. on C. & J.*, I, pp. 119/120.

6° Si siang ki.

— W. F. Mayers, *Notes & Q. on C. & J.*, I, pp. 138/9.

— *Si-siang-ki* ou l'Histoire du Pavillon d'Occident. (*Atsume Gusa*, I, II, III, IV, V, 1873-1878) [par S. Julien].

Le *Si-siang-ki* comprend 16 actes ; 7 avaient été traduits déjà par Julien et publiés dans l'*Europe littéraire*.

7° Pi-pa ki.

— Le *Pi-pa-ki* ou l'Histoire du Luth Drame chinois de Kao-tong-kia représenté à Péking, en 1404 avec les changements de Mao-tseu traduit sur le texte original par M. Bazin aîné Membre du Conseil de la Société Asiatique de Paris Traducteur du Théâtre chinois. — Paris, Imprimé par autorisation du Roi à l'Imprimerie royale MDCCCXLI, in-8, pp. xx-275.

« Le *Pi-pa-ki*, ou l'Histoire du Luth, fut composé, vers la fin du XIVe siècle de notre ère, par un écrivain chinois appelé Kao-tong-kia, dont le surnom était Tsé-tching... En 1404, la deuxième année de la période *Yong-lo* des Ming, il fut représenté pour la première fois avec les changements de Mao-tseu. » (Avertissement.)

Notice par Charles Magnin, *Journal des Savans*, mai 1842, pp. 259/272, oct., pp. 577/91 ; janvier 1843, pp. 29/42.

— 借靴 « The Borrowed Boots » translated from the *Pi-pa-ke* 琵琶記, a Chinese Farce. By Miss L. M. Fay. (*China Review*, II, pp. 325 et seq.)

Ce morceau avait déjà été traduit en anglais, pp. 1/57, de *Chinese Conversations*, Shanghae, 1852, in-8, par J. Edkins. [Voir col. 1643.]

— Le *Pi-pa-ki* ou l'Histoire du Luth. Chef d'œuvre du Théâtre chinois. Par Léon Charpentier. (15 gravures.) (*La Revue anciennement Revue des Revues*, 15 Avril 1901, pp. 165/179.)

— *Pi-pa-ki, or, San-pou-tsong!* By Hutcheson Macaulay Posnett. (*Nineteenth Century*, XLIX, Feb. 1901, pp. 307/320.)

D'après Bazin.

8° Houa tsien ki.

— 花箋 Chinese Courtship. In Verse. To which is added, an Appendix, treating of the Revenue of China, etc., etc. By Peter Perring Thoms. London, 1824, in-8, pp. xvi-339.

The *Appendix* occupies pp. 283/339. — Notices : A. Rémusat, *Jour. des Savans*, fév. 1826, pp. 65/74. — *Quarterly Review*, XXXVI, 1827, pp. 496 et seq.

Vend. Rémusat (638), Fr. 17. — Klaproth (811), Fr. 23.50. — Thonnelier (2041), Fr. 13.

Vide : *The Can'on Register*, Vol. II, 1838, No. 37.

— Das Blumenblatt, eine epische Dichtung der Chinesen, aus dem Original übersetzt von Dr. Heinrich Kurz... Nebst einleitenden Bemerkungen über die chinesische Poesie und einer chinesischen Novelle als Anhang. St. Gallen, 1836, in-8, pp. xxiv-180-44.

Les 44 dernières pages renferment : « Der weibliche und der männliche Bruder. Eine Novelle aus dem Chinesischen. »

— Geschiedenis van het gebloemde Brief Papier. Chineesche Roman, uit den oorspronkelijken text vertaald door G. Schlegel. (*Verhand. van het Bataviaasch Gen. v. Kunst. u. Wetensch.*, Deel XXXIII, Batavia, 1866, pp. 102.)

— 花箋記 *Hoa Tsien ki.* — Historien om det blomstrede Brevpapir Chinesisk Roman oversat fra originalen af Dr. G. Schlegel. Fra Nederslandsk ved Viggo Schmidt. — Kjøbenhavn. Otto B. Wroblewskys Forlag, G. S. Wibes Bogtrykkeri, 1871, gr. in-8, pp. 143.

Dédié à Herr Rodolphe de Oppen-Schilden.

— *Hwa tsien ki.* The Flowery Scroll. A Chinese Novel. Translated and illustrated with Notes by Sir John Bowring, LL.D., F.R.S. Late H. B. M. Plenipotentiary in China ; President of the China Branch of the Royal

Asiatic Society; Phra Maha Yesa of Siam, etc., etc. London : Wm. H. Allen & Co., 1868, in-12, pp. VIII-309.

Un critique de la *Saturday Review*, Nov. 21, 1868, pp. 690/1, prouve que la traduction prétendue de Bowring est tout simplement une version anglaise du Hollandais de Schlegel. « As a translation from the Chinese, the *Flowery Scroll* is worse than valueless; as a translation from the Dutch it is imperfect. »

Sir John Bowring, né à Exeter (Devonshire), le 17 oct. 1792, est mort dans la même ville, le 23 nov. 1872.

— Une traduction de la moitié du premier chant de 花箋記 appelé par le Rév. J. Chalmers « The History of the Flowery Billet » a paru dans *Notes and Queries on C. & J.*, Vol. I, pp. 54/6; Vol. II, pp. 8/10.

Ce poëme est composé de cinq chants.

— *Fa-tsien* « les Billets doux », poëme cantonais du VIIIe des *Tsaï-tsze* modernes. Fragments traduits en français par Léon de Rosny. (*Annuaire de la Soc. des Etudes Japonaises*, 1877, pp. 173/182.)

Tirage à part : Paris, Maisonneuve et Cie., 1876, br. in-8, pp. 16.

Romans, Contes et Nouvelles.

— W. F. Mayers. — The Record of Marvels; or Tales of the Genii. (*Notes and Queries on C. & J.*, I, pp. 24/6.) — Chinese Works of Fiction. I. Historical Romances. (*Ibid.*, pp. 86/7.) — II. Historical Romances. (*Ibid.*, pp. 102/104.) — III. Historical Romances. (*Ibid.*, pp. 119/121.) — IV. Romantic Novels. (*Ibid.*, pp. 137/9.) — V. Romantic Novels. (*Ibid.*, pp. 154/6.) — VI. Romantic Novels. (*Ibid.*, pp. 165/169.)

— * Chinese Fiction. By the Rev. George T. Candlin. With Illustrations from original Chinese Works, specimen facsimile reproductions of texts, and translations of representative passages. Giving a clear and vivid résumé of Chinese Romantic Literature. In-8, pp. 51.

Religion of Science Library. Chicago, Open Court Pub. Co. — Renferme une liste de quatorze des plus célèbres romans.

今古奇觀 KIN KOU K'I KOUAN.

Notices par Henri Cordier : *Trois Nouvelles chinoises,...* par le Mis d'Hervey-Saint-Denys, pp. XII-XVII. — *T'oung Pao*, I, No. 3, Oct. 1890, pp. 266/273; il a été fait un tirage à part de ce dernier article, br. in-8, pp. 8.

Recueils.

— Contes Chinois, traduits par MM. Davis, Thoms, le P. d'Entrecolles, etc. et publiés Par M. Abel-Rémusat. A Paris, chez Moutardier, 1827, 3 vol. in-18; grav. en tête de chaque vol. :

I. Avant-propos, pp. V-XI.
L'héroïsme de la piété filiale, pp. 3-129.
Les tendres époux, pp. 133-240.

II. L'Ombre dans l'eau, pp. 7-64.
Les trois Frères, pp. 65-127.
Le Crime puni, pp. 129-147.
La Calomnie démasquée, pp. 151-212.
Histoire de Fan-hi-tcheou, pp. 214-225.

III. San-iu-leou ou les trois étages consacrés, pp. 7-96.
Les deux jumelles, pp. 99-142.
La Matrone du pays de Soung, pp. 144-197.

On trouve des ex. avec *seconde édition* sur la couverture extérieure qui porte également la mention : Imprimerie de Gaultier-Laguionie, hôtel des Termes.

— Chinesische Erzählungen. — Herausgegeben durch Abel Remusat und deutsch mitgetheilt von *r. Leipzig, Ponthieu, Michelsen & Comp. — 1827, 3 vol. in-12, pp. XVI-198, 172, 140.

Mêmes grav. que dans l'éd. française.

— Choix de Contes et Nouvelles traduits du chinois par Théodore Pavie. Paris, Benjamin Duprat, 1839, in-8, pp. VIII-299.

Avertissement. — Les pivoines. — Le Bonze Kai-Tsang, sauvé des eaux, histoire bouddhique. — Le poëte Ly Tai-pe, nouvelle. — Le Lion de Pierre, légende. — La légende du Roi des Dragons, histoire bouddhique. — Les Renards-Fées, conte Tao-sse. — Le Luth brisé, nouvelle historique.

— *Kin-ku Ki-kuan*. Neue und alte Novellen der Chinesischen 1001 Nacht. Deutsch von Eduard Grisebach. Stuttgart, Gebrüder Kröner, 1880, in-16, pp. XV-145.

— Chinesische Novellen. — Die seltsame Geliebte — das Juwelenkästchen — deutsch, mit einer bibliographischen Notiz von Eduard Grisebach. Leipzig, Verlag von Fr. Thiel, 1884, in-16, pp. 121.

Imprimé par W. Drugulin.

— Trois Nouvelles chinoises traduites pour la première fois par le Marquis d'Hervey-Saint-Denys, Membre de l'Institut. Paris, Ernest Leroux, 1885, in-18, pp. XVII-229.

Contient : Avertissement. — Nouvelles du *Kin kou ki kouan* traduites et publiées jusqu'à ce jour. — Les Alchimistes. — Comment le Ciel donne et reprend les richesses. — Mariage forcé.

Forme le Vol. XLV de la *Bibliothèque Orientale Elzévirienne*.

— La Tunique de Perles, un Serviteur méritant, et Tang le Kiaï-youen. Trois nouvelles chinoises traduites pour la première fois par le Marquis d'Hervey-Saint-Denys, Membre de l'Institut. Paris, E. Dentu, 1889, in-12, pp. VIII-247.

Notice par G. Schlegel, *T'oung Pao*, I, No. 1, avril 1890, pp. 79/86.

— Six Nouvelles nouvelles traduites pour la première fois du Chinois par le Marquis d'Hervey-Saint-Denys, de l'Institut de France... Paris, J. Maisonneuve, 1892, pet. in-8, pp. VIII-333 + 1 f. n. c. p. l. tab.

Forme le Tome XXX de *Les Littératures populaires*.

Notices par Henri Cordier, *T'oung Pao*, IV, mai 1893, pp. 233/235; et *Bul. géog. his. et desc.*, 1892, No. 4, pp. 430/2.

Le Marquis Marie Jean Léon d'Hervey-Saint-Denys, né à Paris, 1823; successeur de St. Julien au Collége de France; professeur titulaire 1er juin 1874; remplaça Boutaric à l'Académie des Inscriptions, 8 fév. 1878; mort à Paris, 3 nov. 1892.

Notice par Henri Cordier, *T'oung Pao*, III, No. 5, déc. 1892, pp. 517/520.

— Chinese Stories by Robert K. Douglas. With Illustrations. William Blackwood and Sons. Edinburgh and London, MDCCCXCIII, in-8, pp. XXXVII-348.

Contient : Introduction, p. XI. — A Matrimonial Fraud, p. 3. — Within his Danger, p. 34. — The Twins, p. 82. — A twice-married Couple, p. 125. — How a Chinese B. A. was won, p. 172. — Le Ming's Marriage, p. 202. — A Buddhist Story, p. 231. — A fickle Widow, p. 249. — A Chinese Girl Graduate, p. 265. — Love and Alchemy, p. 321. — A Chinese Ballad, p. 344. — The love-sicken Maiden : a Chinese Poem, p. 347.

Cinq de ces nouvelles sont tirées du *Kin-kou k'i-kouan* 今古奇觀. — Elles avaient paru dans divers recueils périodiques comme *Blackwood's Magazine*, etc.

Notice : *The Athenæum*, No. 3401, Dec. 31, 1892, p. 909.

— Le 6e Vol. des *Rudiments* du R. P. Wieger renferme six des contes du *Kin kou k'i kouan* ; d'autres ont été donnés dans le Vol. 5 ; ils ont été mis en langage parlé ; ce dernier vol. renferme aussi quelques contes tirés du *Kiao pao tsi* et du *Liao Tchai Tche i*.

— * Recueil de Nouvelles curieuses, publié sous la direction de A. Chéon. Hanoi, 1902, in-8, pp. 80.

Texte, avec courtes notices, de six contes du *Kin kou k'i kouan*.

Notice par P. P.[elliot], *Bul. Ec. Fr. Ext. Orient*, II, No. 4, 1902, p. 401.

∴

Voici la liste des quarante contes que comprend le 今古奇觀 :

1° 三孝廉讓產立高名

— Story of the three unselfish Literati. By R. W. Hurst. (*China Review*, XV, pp. 78-90.)

— Piae fraternitatis pagus. (Zottoli, *Cursus litt. sinicae*, I, pp. 412/441.)

2° 兩縣令競義婚孤女

— L'Orpheline.

Expliqué par M. le Mis d'Hervey-Saint-Denys au Collége de France ; n'a pas été publié par lui.

Mr. C. Gardner a traduit et lu ce conte à la deuxième conférence de Ningpo, le 9 oct. 1868, et un extrait de sa traduction est donné dans le *N. C. Herald*, oct. 17, 1868.

— Story of a Chinese Cinderella. [Being a translation of the second tale contained in the *Chin ku Ch'i kuan*.] By R. W. Hurst. (*China Review*, XV, pp. 221-233.)

3° 滕大尹鬼斷家私

— Le Portrait de famille.

Traduit par Stanislas Julien, à la suite de son édition de l'*Orphelin de la Chine*, pp. 195/262 (Paris, 1834) et dans ses *Avadânas*, pp. 62/174 (Paris, 1853, 3 vol. in-16). — Inséré dans la *Gazette littéraire*, 9, 16 et 23 déc. 1830.

— Wieger, *Rudiments*, Vol. VI, No. 1, *Le Testament*, pp. 2/83.

4° 裴晋公義還原配

— Comment le mandarin Tan-pi perdit et retrouva sa fiancée. (*Six Nouvelles nouvelles*... par le Marquis d'Hervey-Saint-Denys, pp. 117/152.)

5° 杜十娘怒沉百寶箱

— The Casket of Gems. — Translated from the Chinese by Samuel Birch Esq., LL. D. (*The Phœnix*, I, pp. 69, 88, 105.)

Tirage à part : London : Published at the Office of the *Phœnix*, 1872, in 12, pp. 44.

— Tu-schi-niang wirft entrüstet das Juwelenkästchen in die Fluten. (*Chinesische Novellen*... von Eduard Grisebach... Leipzig, 1884, pp. 31 et seq.)

6° 李謫仙醉草嚇蠻書

— Le Poète Ly-Tai-Pe, nouvelle.

Dans le recueil de *Contes et Nouvelles* de T. Pavie.

7° 逞多財白丁橫帶

Numéroté 40 dans les anciennes éditions.

8° 灌園叟晚逢仙女

— Les Pivoines.

Dans le recueil de *Contes et Nouvelles* de Théodore Pavie.

La version de Pavie a été mise en anglais par G. T. Olyphant dans *The Chinese Repository*, XX, pp. 225-246.

Publié également dans les *Contes chinois* de la *Nouv. Bibliothèque populaire* à 10 cent., voir *supra* col. 1759.

9° 轉運漢巧遇洞庭紅

10° 看財奴刁買冤家主

— Richesse mal acquise.

Expliqué par M. le Mis d'Hervey-Saint-Denys au Collége de France et publié, pp. 71-139, de *Trois Nouvelles* du Mis d'Hervey-Saint-Denys, sous le titre de : *Comment le Ciel donne et reprend les richesses*.

11° 吳保安棄家贖友

— Véritable amitié. (*Six Nouvelles nouvelles*... par le Marquis d'Hervey-Saint-Denys, pp. 155/193.)

— Geminae virtutis fanum. (Zottoli, *Cursus litt. sinicae*, I, pp. 442/483.)

12° 羊角哀捨命全交

— Yang-kio-ngai fait le sacrifice de sa vie par dévouement pour un ami.

Expliqué par S. Julien au Collége de France ; n'a pas été publié.

— Friends till Death. By Samuel Birch.

Au sujet de cette nouvelle, M. d'Hervey-Saint-Denys m'écrivait : « Sur un exemplaire du *Kin kou ki kouan* ayant appartenu à M. Julien et que je possède, M. Julien a écrit au crayon audessous du titre de cette nouvelle 12 : *Traduit par Julien, lue à la Société Asiatique. Insérée dans*... (malheureusement l'inscription au crayon qui suit est si effacée que je ne parviens à la déchiffrer). » — Au-dessous on lit encore de la main de M. Julien : *J'en ai perdu le manuscrit.*

13° 沈小霞相會出師表

14° 宋金郎團圓破氈笠

— Les tendres époux.

Dans le recueil de *Contes* de Rémusat. I, pp. 133-240.

— The Affectionate Pair, or the History of Sung-kin. — A Chinese Tale. — Translated from the Chinese, by P. P. Thoms, Printer in the Service of the Hon. East

India Company, China. — London: Printed for Black... 1820, in-12, pp. IV-104.

Notice : *Quarterly Review*, XXXVI, 1827, pp. 496 et seq.

Vend. Langlès (1511), Fr. 11. — Rémusat (736), Fr. 5. — Klaproth (771), Fr. 4.50.

— Wieger, *Rudiments*, Vol. VI, No. 3, *La Calotte de Feutre*, pp. 209/305.

15° 盧太學詩酒傲公侯

16° 李汧公窮邸遇俠客

— Wieger, *Rudiments*, Vol. VI, No. 2 : *Le Justicier*, pp. 83/209.

17° 蘇小妹三難新郎

18° 劉元普雙生貴子

19° 俞伯牙摔琴謝知音

— Le Luth brisé, nouvelle historique.

Dans le recueil de *Contes et Nouvelles* de T. Pavie.

— Yu-Pe-ya's Lute. A Chinese tale, in English Verse. By Augusta Webster. London : Macmillan, 1874, pet. in-8, pp. 64 s. le tit. et la préf.

Trad. libre de la version de Pavie. — Pub. à 3s. 6d.
Notice dans *The China Review*, III, pp. 184-6.

— The Broken Lute or Friendship's last Offering. (Translated from the Chinese.) By L. M. F.[ay.] (*The Far East*, Vol. III, 1877.)

20° 莊子休鼓盆成大道

— La Matrone du pays de Soung. Trad. par le P. Dentrecolles.

Dans le recueil de Rémusat, III, pp. 144-197. — Avait d'abord paru dans la *Desc. de la Chine*, de Du Halde, Paris, 1735, III, pp. 324-338. — Voir Grosier, *Desc. de la Chine*, VII, pp. 342 et seq.

— *Journal Etranger*, 1755, avec quelques changements.

— Satire de Pétrone. Par le citoyen D***. Paris, 1803.

— The Chinese Matron. From the French Version published by P. Du Halde, pp. 19-86 de « The Matrons. Six short Histories. London, Dodsley, MDCCLXII », in-16.

Ce petit recueil comprend « The Ephesian, the Chinese, the French, the British, the Turkish, and the Roman Matrons ».

— La Matrone du Pays de Soung. — Les deux Jumelles (contes chinois) avec une préface par E. Legrand, Professeur de l'Enseignement supérieur. Paris, A. Lahure, MDCCCLXXXIV, gr. in-8, pp. XXX-100 + 2 ff. n. c. pour la table.

A la fin, pp. 77 et seq. un app. renferme la *Matrone d'Ephèse*, de Pétrone, la *Matrone d'Ephèse* de La Fontaine, le *Nez*, ext. de *Zadig*. La trad. des contes chinois est celle qui a été donnée dans le recueil de Rémusat. Ce vol. est le 3e de la *Collection Lahure* ; il est illustré de fig. coloriées par Poirson ; il a été tiré 225 ex. sur Japon, à 250, 175 et 100 fr.

— The Chinese Widow. Translated from the Chinese by Samuel Birch, Esq. LL.D. London. Published at the Office of the *Phœnix*, 3 George Yard, Lombard Street, 1872, in-12, pp. 26.

A paru d'abord dans l'*Asiatic Journal*, Vol. I, 1843, p. 607.

— La Veuve, conte chinois. D'après la version anglaise de Mr. le Docteur S. Birch, par F. Chabas de Chalon-sur-Saône. Chalon-sur-Saône, Imprimerie L. Landa, s. d., in-12, pp. V-32.

— Die Treulose Witwe. Eine Chinesische Novelle und ihre Wanderung durch die Weltliteratur von Eduard Grisebach. Wien, Verlag von L. Rosner, 1873, in-16, pp. 137.

Les pp. 37-137 renferment : « Die Wanderung der Novelle von der treulosen Witwe durch die Weltliteratur ».

— Die Treulose Witwe. Eine Chinesische Novelle und ihre Wanderung durch die Weltliteratur von Eduard Grisebach. Dritte umgearbeitete Auflage. Stuttgart, Verlag von A. Kröner, 1877, in-16, pp. 128.

— Grisebach's Study of a Chinese Novel. (*North American Review*, Vol. 125, 1877, pp. 159/161.)

— A Fickle Widow. Adapted from the Chinese. (*Chinese Stories,...* by R. K. Douglas, pp. 249/264.)

— Dans le supplément littéraire du *Figaro* du samedi 31 janvier 1891, Madame Judith Gautier a donné une adaptation de ce conte sous le titre de : *L'éventail de deuil*, Conte chinois.

21° 老門生三世報恩

22° 鈍秀才一朝交泰

23° 誇妙術丹客提金

— Les Alchimistes. (*Trois Nouvelles* du Mis d'Hervey-Saint-Denys, pp. 1/70.) Numéroté 39 dans les anciennes éditions.

— Love and Alchemy. (*Chinese Stories,...* by R. K. Douglas, pp. 321/343.)

Parois classé sous le no 39.

24° 陳御史巧勘金釵鈿

— Une cause célèbre. (*Six Nouvelles nouvelles...* par le Marquis d'Hervey-Saint-Denys, pp. 257/333.)

25° 徐老僕義憤成家

— Un Serviteur méritant. (La Tunique de Perles... Trois nouvelles chinoises... par le Mis d'Hervey-Saint-Denys.) — Avait paru dans les *Mémoires de la Soc. Sinico-Japonaise*, Avril 1887, pp. 65-88 ; Juillet 1887, pp. 154-175.

26° 蔡小姐忍辱報讎

— L'Héroïsme de la Piété filiale. Trad. par S. Julien.

Dans le recueil de *Contes* de Rémusat, I, pp. 3-129.

— Nobilia filia *Ca siao kie* passa verecundiam ad vindicandum posteà. Ms. pet. in-4, sur pap. chinois, composé de 26 feuillets, rel. en carton.

« Nouvelle chinoise extraite du recueil intitulé *Kin-kou-ki-kouan* (ou Histoires merveilleuses anciennes et modernes), traduite en latin par un Chinois converti nommé Abel-yen. Ce manuscrit est autographe, comme on peut le juger d'après la note suivante, qu'on lit sur le dernier feuillet, et qui peut servir à donner une idée des progrès du traducteur dans la langue latine :

Obtuli hunc librum domino Gen... doctori (sic) de la frangata francesa dicta Fils de France, etc.

Amicus intimus Abel-yen filius de Peking de imperio Sinarum.

Cette nouvelle a été traduite en français sur l'original par M. Julien, et se trouve la première du recueil intitulé *Contes Chinois*. Il est question de ce ms. dans la préface de ce recueil. (*Cat. Rémusat*, No. 1681.) »

27° 錢秀才錯占鳳凰儔

— Mariage forcé. (Pp. 141-228, de *Trois Nouvelles* du Mis d'Hervey-Saint-Denys.)

28° 喬太守亂點鴛鴦譜

29° 懷私怨狠僕告主

— Le Crime puni.

Dans le recueil de Rémusat, II, pp. 129-147.

— Within his Danger. (*Chinese Stories,...* by R. K. Douglas, pp. 34/81.)

30° 念親恩孝女藏兒

— La Calomnie démasquée.

Dans le recueil de Rémusat, II, pp. 151-212.

31° 呂大郎還金完骨肉

— Les Trois Frères.

Dans le recueil de Rémusat, II, pp. 65-127.

— Wieger, *Rudiments*, Vol. VI, Nos. 5/6 : *Pris dans leurs propres piéges*, pp. 400/488.

32° 金玉奴棒打薄情郎

— Femme et mari ingrats. (*Six Nouvelles nouvelles...* par le Marquis d'Hervey-Saint-Denys, pp. 3/45.)

— Inhumanus maritus. (Zottoli, *Cursus litt. sinicae*, I, pp. 483/511.)

— The Heartless Husband. — A Chinese story from the collection 今古奇觀 *Chin-ku-ch'i-kuan* « Marvellous Tales, Ancient and Modern ». Translated by Father Henninghaus. (*East of Asia*, I, N° 2, pp. 104/114.)

— Der herzlose Gatte. Erzählung aus der chinesischen Sammlung 今古奇觀 *Chin-ku-ch'i-kuan* (Denkwürdigkeiten aus alter und neuer Zeit). Uebersetzt von A. Henninghaus. (*Der Ferne Osten*, Bd. 1, Heft 2, pp. 126/136.)

33° 唐解元玩世出奇

— Le mariage du licencié Thang.

Même remarque que pour le No. 2 ; publié sous le titre de :

— Tang, le Kiaï-youen. (La Tunique de Perles, etc., Serviteur méritant, et Tang, le Kiaï-youen, par le Mis d'Hervey-Saint-Denys.)

— A twice-married Couple. A Tale from the Chinese. By Robert K. Douglas. (*Blackwood's Mag.*, CXLVIII, Nov. 1890, pp. 637/658.)

— A twice-married Couple. (*Chinese Stories,...* by R. K. Douglas, pp. 125/171.)

34° 女秀才移花接木

— La Bachelière du Pays de Chu.

Même remarque que pour le No. 2.

— Trad. en partie par G. Schlegel, en tête de son volume le *Vendeur d'huile*, voir col. 1769.

— Die seltsame Geliebte. (*Chinesische Novellen...* von Eduard Grisebach,... pp. 5/29.)

— A Chinese Girl Graduate. (*Chinese Stories,...* by R. K. Douglas, pp. 265/320.)

35° 王嬌鸞百年長恨

— 王嬌鸞百年長恨 *Wang keaou lwăn pih nëen chăng hăn* or the lasting Resentment of Miss Keaou Lwan wang, a Chinese Tale : Founded on Fact. — Translated from the Original by Sloth... Canton, 1839. Printed at the Canton Press Office, in-4, pp. VIII + 1 lith. chin. + pp. 66.

Sloth = R. Thom.

— *Wang keaou Lwăn Pih Nëen Chang Hân*, oder die blutige Rache einer jungen Frau. Chinesische Erzählung. Nach der in Canton 1839 erschienenen Ausgabe von *Sloth* übersetzt von Adolf Böttger. Leipzig, Wilhelm Jurany, 1846, pet. in-8, pp. 111.

Notice dans le *Chinese Rep.*, VIII, pp. 54-6.

Il y a un nouveau tirage (*Zweite Auflage*) de cette même année, 1846.

36° 十三郎五歲朝天

37° 崔俊臣巧合芙蓉屏

— Paravent révélateur. (*Six Nouvelles nouvelles...* par le Marquis d'Hervey-Saint-Denys, pp. 197/254.)

— Hibisci tabella. (Zottoli, *Cursus litt. sinicae*, I, pp. 511/555.)

38° 趙縣君喬送黃柑子

— Chantage. (*Six Nouvelles nouvelles...* par

le Marquis d'Hervey-Saint-Denys, pp. 49/114.)

39° 賣油郎獨占花魁

— Le Vendeur d'huile qui seul possède la Reine-de-Beauté ou Splendeurs et Misères des Courtisanes chinoises. Roman Chinois traduit pour la première fois sur le texte original par Gustave Schlegel, Docteur en Philosophie, Professeur de langue et de littérature chinoise. (Tous les droits réservés.) Leyde, E. J. Brill [et] Paris, Maisonneuve, 1877, in-8, pp. xvii-140 et 79 p. de texte chinois.

Numéroté 7 dans les anciennes éditions.

Traduit en danois par Vigo von Schmidt.

Notices : Jan ten Brink, *Zondagsblad van het Nieuws van den Dag*, 29 sept. 1878. — *De Locomotief* (Samarang), 9 oct. 1878. — *Minerva* [Journal des étudiants de Leyde], 22 mai 1878.

— Jan ten Brink. — Een Chineesche roman. De vertolking von Dr. Gustaaf Schlegel. De Chineesche Klaasje Zevenster. (J. ten Brink, *Litterarische Schetsen en Kritieken*, [XII], Leiden, 1884, pp. 1/6.)

40° 蔣興哥重會珍珠衫

— Le Négociant ruiné.

Même remarque que pour le No. 2.

— The Pearl-embroidered Garment. Translated from the Chinese by Charles Carroll Esq., H. B. M. Vice-Consul, Foochow. (*The Phœnix*, N° 3, Sept. 1870, pp. 21/23.)

— La Tunique de Perles. (La Tunique de perles... *Trois nouvelles chinoises* trad. par le Mis d'Hervey-Saint-Denys.)

Numéroté 23 dans les anciennes éditions.

Che eul leou.

— 十二樓 *She-eul-low* : Les Douze Étages. The Shadow in the Water : a Tale. Translated from the Chinese, pp. 51/106 du recueil de *Contes* de Davis.

Trad. en français dans le recueil de Rémusat, II, pp. 7/64.

— The Twin Sisters : a Tale, translated from the Chinese, pp. 107/151 du recueil de Davis.

Trad. en français dans la collection de Rémusat, III, pp. 99/142.

— 三與樓 *San-yu-low* : or the Three Dedicated Rooms. A Tale, translated from the Chinese. By J. F. Davis, Esq. of the Honble. Company's China Establishment. Canton, China : Printed by order of the Select Committee ; at the Hon. E. I. Co's Press, by P. P. Thoms. 1815, in-8, pp. 56.

Cette traduction revue par l'auteur a été réimprimée, pp. 155/224, de ses *Chinese Novels*, Lond., 1822, avec le titre de *The Three Dedicated Chambers*.

« It has also made its appearance, in fragments, through the medium of a periodical journal. » Davis' *Chinese Novels*, p. 12.

Trad. en français par Bruguière de Sorsum, à la suite de *Lao-seng-eul* (Paris, 1819) et dans le recueil de Rémusat, III, pp. 7/96.

— *Yin Seaou low*, or the lost Child ; a Chinese Tale. By B. (*Asiatic Journal*, XXXV, 1841, pp. 33/8.)

Abstracted from the *Shih urh low* « Twelve Apartments ». By S. Birch. — Tirage à part, in-8, pp. 16.

∴

— *Fan-hy-cheu* : a Tale, in Chinese and English : with Notes, and a short Grammar of the Chinese Language. By Stephen Weston, B.D., F.R.S., S.A. London : 1814, in-8, pp. 47.

Cette brochure contient une traduction littérale de Weston, une version libre de Sir George T. Staunton, pp. 21/28.

Trad. en français dans le recueil de Rémusat, II, pp. 214/225.

Vend. Langlès (1510), Fr. 12. — Rémusat (735), Fr. 8.

Stephen Weston né à Exeter en 1747 ; † Edward Street, Portman Square, London, 8 Jan. 1830.

— Chinese Novels, translated from the originals ; to which are added Proverbs and Moral Maxims, collected from their classical Books and other Sources. The whole prefaced by Observations on the Language and Literature of China. By John Francis Davis, F. R. S. London : John Murray, 1822, in-8, pp. 250.

Contents. — Observations on the Language and Literature of China, pp. 1/50. — The Shadow in the Water : a Tale. Translated from the Chinese, pp. 51/106. — The Twin Sisters : a Tale. Translated from the Chinese, pp. 107/151. — The Three dedicated Chambers : a Tale. Translated from the Chinese, pp. 153/224. — Chinese Proverbs, etc., pp. 225/250.

Vend. Langlès (1512), Fr. 14.05. — Rémusat (728), Fr. 8.

Notices : *Journal des Savants*, août 1822, pp. 498/504, par A. Rémusat. — *J. Asiatique*, I, 1822, pp. 168/173, par M***.

龍圖公案 Loung t'ou koung ngan.

— Novelle Cinesi tolte dal *Lung-tu-kung-ngan* e tradotte sull' originale Cinese da Carlo Puini. Piacenza, Tipografia Giuseppe Tedeschi, 1872, in-8, 5 ff. n. ch. p. l. tit., préf., etc. + pp. 80.

I. La Moglie del baccelliere.
II. Il bonzo e la vedova.
III. La riconoscenza di un frate.
IV. La fidanzata del soldato.
V. Un giudice nell' imbarazzo o lo spillone da capelli.
VI. Il pesce d'oro o la fanciulla dalle camelie.
VII. La palla d'avorio.

Le recueil chinois connu sous le nom de *Loung-t'ou-koung-ngan* comprend 100 contes ou nouvelles.

— L'épouse d'Outre-Tombe. Conte Chinois traduit sur le texte original par Léon de Rosny, Chargé du cours de japonais à l'Ecole impériale des Langues orientales,

Officier de plusieurs ordres. Paris, chez Jules Gay, 1864, in-12, pp. 44 et 31 pl. de texte chinois.

La traduction est suivie d'une Notice bibliographique des Romans, nouvelles et contes chinois traduits en français et en anglais.

Tiré à 200 ex. numérotés : 2 sur peau vélin. — 1 sur papier japonais. — 2 sur papier rose. — 10 sur papier de Chine. — Et 185 sur papier de Hollande.

Deux ex. contiennent 2 pages 44 ; la double page est consacrée à un conte extrait du *Siao-li-siao* ; il a pour titre : la servante qui lâche un vent.

— L'épouse d'Outre-Tombe. Conte Chinois traduit sur le texte original par Léon de Rosny... Paris, Maisonneuve, 1875, in-8, pp. 15.

On lit au verso de la page 15 : « Imprimé chez Madame veuve Bouchard-Huzard le treize mars MDCCCLXXV ». [A l'encre bleue.]

Cette éd. ne contient pas la notice bibliographique. Tiré à 98 exemplaires dont : 10 sur pap. rose, 10 sur pap. vert, 30 sur pap. vergé, 48 sur pap. mécanique [plus 1 sur peau de vélin].

C'est le No. 1 de la « Collection des Orientalistes Bibliophiles ».

Ce conte a paru également pp. 93/105 de l'*Annuaire de la Société des études japonaises, chinoises, tartares et indo-chinoises*. Seconde année 1874-75.

Ce conte est le premier du liv. I du *Loung-t'ou-koung-ngan*.

— *Loung-tou-koung-ngan*. Un Mari sous cloche. Conte chinois traduit sur le texte original, par Léon de Rosny... Paris, Maisonneuve, 1874, in-8, pp. 16.

Extrait du *Bulletin de l'Athénée oriental*, t. I, 1868, et t. III, 1873.

— Le Lion de Pierre. Trad. dans la collection de *Contes* de T. Pavie.

C'est le deuxième conte du liv. II du *Loung-t'ou-koung-ngan*.

紅樓夢 Houng leou meng.

Voir Wylie, *Notes*, pp. 162/3. — Il y en a des extraits avec la traduction anglaise sous le titre de « The Dreams of the Red Chamber » dans le *Chinese Speaker* de R. Thom, pp. 62/89.

— The *Hung lou mêng* 紅樓夢 : commonly called the Dream of theRed Chamber. By Herbert A. Giles. (*Jour. China Br. R. As. Soc.*, N. S., Vol. XX, No. 1, 1885, Art. I, pp. 1/23.)

« ... the *Dream of the Red Chamber* was probably composed during the latter half of the 18th century. The name of its author is unknown. It is usually published in 24 vols. 8vo, containing 120 chapters which average at the least 30 pages each, making a grand total of about 4000 pages. »

— The *Hung-lou-Mêng*. (*Jour. China Br. R. As. Soc.*, N. S., Vol. XX, No. 2, 1885, pp. 51/52.)

« With reference to Art. I, upon the *Hung-lou-mêng* 紅樓夢, commonly called the Dream of the Red Chamber, it does not appear to have been before pointed out that the » Dream of the Red Chamber « is a wholly inaccurate translation of the Chinese title. *Hung* means » red «, and *lou* means » an upper chamber «, and *mêng* means » a dream « ; but *Hung-lou-mêng* cannot be rendered by a simple English arrangement of these three meanings.

The author of this novel, whoever he may have been, first chose 石頭記 *Record of the Stone*, as the title of his book, but soon altered it in favour of 情僧錄 *Story of a Lovelorn Priest*, in allusion to Pao-yü. Later on, a Shantung man, named K'ung Mei-ch'i 孔梅溪, of course a remote descendant of Confucius, proposed 風月寶鑑 *The Mirror of Love* ; and Ts'ao Hsüeh-ch'in 曹雪芹, who is regarded by some as the author, said that it should be called 金陵十二釵 *The Twelve Beauties* (lit. Hair-pins) of *Nan-king*. None of these titles however were ever actually adopted. When the book came to be printed it was under the title of the *Hung-lou-mêng*, a term which is not found anywhere in the text, and for the meaning of which we must search beyond. The story contains indeed several *dreams*, but none of these occur either in or about a *red chamber*, which words in fact are here used in a purely figurative sense. They may be compared in some sense with the » marble halls « of the famous song, which by the way also form part of a dream. For when the writer says :

« I dreamt that I dwelt in marble halls there is no stress whatever on the fact that the walls were marble in particular ; — any other costly material would have done equally well. So with the Chinese term. It is a dream of the wealth and grandeur of the two princely establishments in which the action of the story is laid, and would be more correctly translated by some such equivalent as *A Vision of Wealth and Power*. » (Note by H. A. G.[iles.])

— *Hung lou mêng* ; or, The Dream of the Red Chamber. A Chinese Novel. — Book I. — Translated by H. Bencraft Joly, H. B. M. Consular Service, China. — Kelly & Walsh, Hongkong, etc., 1892, in-8, pp. 378.

— 紅樓夢 *Hung lou meng*... Book II... Kelly & Walsh, Hongkong, etc., 1893. Macao : « Typographia Commercial », in-8, pp. 538.

Notice : *China Review*, XX, No. 1, pp. 65/6. By E. J. E.[itel.]

金瓶梅 Kin P'ing Mei.

Un ex. de ce roman, relié en 3 vol. in-4 a été vendu 511 fr. à la vente de Klaproth (2e partie, No. 243) ; le roman en 100 livres était orné d'une double gravure à chaque livre représentant les principales scènes du roman ; le catalogue portait la note suivante : « Dans ce roman, dont le titre fait allusion aux noms des trois principales héroïnes, est racontée l'histoire d'un riche droguiste et de ses intrigues amoureuses. Toute une compagnie d'hommes et de femmes y est présentée dans les différens rapports qui naissent de la vie sociale, et on les voit passer successivement par toutes les situations que l'homme civilisé peut parcourir. La traduction d'un pareil livre rendrait superflu tout autre ouvrage sur les habitudes des Chinois ; malheureusement, il renferme trop de passages qui ne sauraient été reproduits dans notre langue, et une version latine offrirait des difficultés insurmontables, à cause du grand nombre d'expressions chinoises pour lesquelles on ne pourrait pas trouver de termes équivalens en latin. Sous le rapport littéraire, les Chinois regardent le *Kin ping mei* comme un chef-d'œuvre ; mais les scènes que l'on y voit représentées sont d'une nature telle, que l'empereur Khang hi lança un décret de prohibition contre l'ouvrage, lorsqu'il parut pour la première fois en 1695 ; circonstance qui, du reste, n'a fait qu'accroître sa célébrité et, en le rendant plus rare, n'a contribué qu'à le faire rechercher davantage. » Dans cette même collection (720 fr., No 244) il y avait une traduction mandchoue dont on écrivait : « L'auteur de cette traduction, qui, pour la beauté du style, ne le cède en rien, au dire des Chinois, à l'original, est le frère même de l'empereur, dont un décret venait d'interdire la lecture du *Kin ping mei*, comme dangereuse pour les mœurs. La date de sa publication est de la 47e année de Khang hi (1708). »

— Histoire de Wou-song et de Kin-lien. (Extrait du premier chapitre du *Kin-p'hing-meï*.) (Bazin, *Chine Moderne*, 2e partie, 1853, pp. 545/551.)

Voir aussi le *Siècle des Youen* de Bazin et le XXIIIe chap. du *Choui Hou Tch'ouan*.

— W. F. Mayers, *Notes & Q. on C. & J.*, I, p. 165.

— Société Sinico-japonaise et océanienne. (Extrait des Mémoires, t. VII.) L'argot pékinois et le *Kin-ping-mei* par Maurice Jametel... Paris, Maisonneuve, 1888, br. in-8, pp. 18.

Imp. sur papier de Chine, à la chinoise sur f. double. — Voir col. 1726.

聊齋誌異 Liao-Tchai tche-i par 蒲松齡 *P'ou Soung-ling*, du 山東 *Chan-toung* (xviiie s.).

— 聊齋志異 Tales from the *Liao Chai chih yi*. Transl. by C. F. R. Allen (*China Review*) :

The Apotheosis of Sung Chow, II, pp. 364 et seq.
The Fox's Marriage, II, pp. 366 et seq.
The Fortunes of K'ung Hsüeh Li, III, pp. 18 et seq.
Hai lin, pp. 99 et seq.
The pious Tiger of Chao-Ch'eng, pp. 103 et seq.
The Frog God, pp. 105 et seq.
The Taoist Priest of Lao Shan, pp. 142 et seq.
The An Family, pp. 144 et seq.
The Theft of the Peaches, pp. 205 et seq.
The Fairy K'ung, pp. 206 et seq.
The Lord of the West Lake, pp. 210 et seq.
The Country of the Sea Demons, pp. 215 et seq.
The Sturdy Beggar, pp. 284 et seq.
Kung Ming Ti, pp. 286 et seq.
Painting Skins, pp. 290 et seq.
Ch'in Ta Niang, IV, pp. 26 et seq.
The Brothers, pp. 33 et seq.
An Account of the Porcelain Tower, pp. 37/38.

— The Record of Marvels ; or Tales of the Genii. By W. F. Mayers. (*Notes & Q. on C. & J.*, I, pp. 24/6.)

Contient : *The Boon Companion* 酒友.

— Voir Gützlaff, col. 715. (*Chin. Rep.*, XI, pp. 202/210.)

— Strange Stories from a Chinese Studio. Translated and annotated by Herbert A. Giles, of H. M.'s Consular Service. In two volumes. London : Thos De La Rue & Co. 1880, 2 vol. in-8, pp. xxxii-432, 404.

Strange Stories... = *Liao Chai Chih I.*

« The author of » Strange Stories « was a native of Tzu-chou, in the province of Shan-tung. His family name was P'u ; his particular name was Sung-ling ; and the designation or literary epithet by which, in accordance with Chinese usage, he was commonly known among his friends was Liu-hsien, or » Last of the Immortals «. A further fancy name, given to him probably by some enthusiastic admirer, was Liu-ch'üan, or » Willow Spring « ; but he is now familiarly spoken of simply as P'u Sung-ling... » (Introd., p. xvi.)

« Of the whole [of the *Liao Chai Chih I*], I therefore selected one hundred and sixty-four of the best and most characteristic stories, of which eight had previously been published by Mr. Allen in the *China Review*, one by Mr. Mayers in *Notes and Queries on China and Japan*, two by myself in the columns of the *Celestial Empire*, and four by Dr. Williams in a now forgotten Handbook of Chinese. The remaining one hundred and forty-nine have never before, to my knowledge, been translated into English. » (Introd., pp. xxix-xxx.)

— Les Chinois peints par eux-mêmes. — Contes chinois par le général Tcheng-ki-tong. Paris, Calmann Lévy, 1889, gr. in-18, pp. viii-340.

2e et 3e éd., 1889.

Dans une notice fort bien faite de l'adaptation de Tch'en Ki-tong (*T'oung Pao*, I, No. 1, avril 1890, pp. 76/79), le Dr. Schlegel s'est donné la peine d'identifier les contes de ce volume avec le recueil original :

1° La voix du sang	王桂菴	N° 215	du Rec. Chin.
2° Un amour aquatique	白秋練	» 73	» » »
3° Un Dieu complaisant	陸判	» 17	» » »
4° Une femme de cœur	喬女	» 171	» » »
5° Un sacrifice héroïque	青梅	» 107	» » »
6° Les pivoines enchantées	香玉	» 50	» » »
7° Une femme extraordinaire	俠女	» 26	» » »
8° Un bon ennemi	仇大娘	» 85	» » »
9° Le Vampire	畫皮	» 14	» » »
10° La maîtresse légitime	恒娘	» 66	» » »
11° Une princesse de l'onde	羅刹海市	» 109	» » »
12° Chrysanthème	黄英	» 68	» » »
13° Un rêve réalisé	雲蘿公主	» 146	» » »
14° Une jeune rieuse	嬰寧	» 18	» » »
15° Un bonheur dans le malheur	晚霞	» 72	» » »
16° Malheurs dans le bonheur	張鴻漸	» 198	» » »
17° Un nid d'amour	鞏仙	» 119	» » »
18° Un enfant terrible	崔猛	» 211	» » »
19° L'étui merveilleux	聶小倩	» 19	» » »
20° La lune de miel	蓮花公主	» 133	» » »
21° La musique après la mort	宦娘	» 148	» » »
22° Flagrant délit	金生色	» 136	» » »
23° Avatar	珠兒	» 22	» » »
24° La vie n'est qu'un rêve	續黃粱	» 80	» » »
25° Le perroquet	阿寶	» 29	» » »
26° Une avocate	辛十四娘	» 82	» » »

— * Tcheng-ki-tong. — L'Uomo giallo. Romanzo cinese. Trad. di Ebe Colbosin. Roma, Roux, 1900, in-16.

— Conte chinois extrait de la Collection intitulée *Liêu-trai*. — Seules la charité et la mansuétude élèvent l'homme au rang de Bouddha. — Histoire de La-tô. Par Chéon.

(*Bul. Soc. Ét. Indo-chinoises*, 1889, 1er sem., pp. 97/9.)

EUL TOU MEI.

— 二度梅 *Erh-tou-mei* ou les Pruniers merveilleux Roman chinois traduit et accompagné de notes philologiques pär A. Théophile Piry Du Service des douanes impériales de Chine. — Paris, E. Dentu, 1880, 2 vol. in-12, pp. XXI-336, 338.

— Les Pruniers refleuris, poème tonquinois transcrit par M. Phân-Dú c-Hóa lettré de la municipalité de Cholon traduit et accompagné de notes par A. Landes administrateur des affaires indigènes. — Saigon, imprimerie du Gouvernement. 1884, in-8, pp. 156.

On lit dans l'Avertissement :

« La fable n'a rien d'original ; c'est une adaptation quelquefois écourtée d'un roman chinois, dont M. *Piry* a donné, il y a quelques années, une traduction française sous le titre de : *Les Pruniers merveilleux*. (Dentu, 2 vol. in-18.)

« Les notes ont été empruntées pour la plupart à une petite encyclopédie chinoise dont une édition intitulée : AU HỌC CỐ SỰ TẦM NGUYÊN et munie d'un commentaire étendu se trouve partout dans nos provinces. L'excellent *Chinese Reader's Manual* de Mayers m'a été du plus grand secours. »

Charles-Célestin-Antony Landes, né 29 sept. 1850, à St. Laurent les Tours, canton de St. Céré (Lot) ; élève-stagiaire, 6 nov. 1874 ; administrateur de 3e classe, 1er juin 1876 ; de 2e classe, 22 sept. 1878 ; maintenu à la 2e classe, lors de la réorganisation, 1er mai 1882 ; 1re classe, 1er janvier 1886 ; Résident 1re cl. au Tong-king, 12 janvier 1892 ; maire d'Ha-nôi ; noyé dans la rivière de Saïgon, au cap St. Jacques dans la nuit du 23 fév. 1893, étant chef du cabinet du Gouverneur-Général, M. de Lanessan.

Notice par Henri Cordier, *T'oung Pao*, IV, No. 2, mai 1893, pp. 231/232 ; et *Bul. Soc. Géog. hist.*, 1893, No. 1, pp. 20/1.

— Nhị Độ Mai Vãn — Les Pruniers refleuris Poëme Tonquinois. — Tân Định. Imprimerie de la Mission. 1884, in-8, pp. 102.

STANISLAS JULIEN.

— 白蛇精記 *Pé-ché-Tsing-ki*, Blanche et Bleue, ou les deux Couleuvres-Fées ; Roman chinois, traduit par Stanislas Julien... Paris, Charles Gosselin, 1834, in-8, pp. XX-326.

Blanche que ses crimes ont fait transformer en couleuvre blanche par le dieu Fo redevient femme pour donner le jour à l'astre Wen-Sing. Lorsque sa destinée, après de nombreuses vicissitudes, est accomplie, Blanche achève sa punition, puis elle est transportée au séjour des dieux.

Klaproth (773), Fr. 4.50.

— Boekoe tjerita doeloe kala di benoewa negri Tjina di tjerita-in KHOUW HAN BOEN antara « 2 Siloeman Biang oeler » ja-itoe (*Ouwtjoa* dan *Petjoa*) tatkala tempo merk goan tiauw. Tersalin dari boekoe tjerita tjina bagian jang ke-ampat. 4. terbit pada boelan September 1893. Tertjitak di tokonja Toean-Toean Albrecht & Rusche Maart 1886-1893. Betawi. Br. in-12, chif. pp. 81/106, A—F.

Trad. malaise du 白蛇精記.

— Les Avadânas Contes et Apologues indiens inconnus jusqu'à ce jour suivis de fables, de poésies et de nouvelles chinoises traduits par M. Stanislas Julien Membre de l'Institut Professeur de langue et de littérature chinoise Administrateur du Collége de France, etc. Paris, Benjamin Duprat, MDCCCLIX, 3 vol. in-16, pp. XX-240, VIII-251, 272.

Notice par B. St.-Hilaire, *J. des Savans*, juin et juillet 1860, pp. 329/342, 406/421.

Dans le Vol. 2 et le Vol. 3 de ses *Avadânas*, ainsi qu'à la suite de l'*Orphelin de la Chine*, Paris, 1834, S. Julien a publié les nouvelles suivantes :

La Mort de Tong-tcho, épisode tiré du roman historique :

San-koué-tchi (voir col. 1754).

Hing-lo-tou, ou la Peinture mystérieuse (le Portrait de Famille). (No. 3 du *Kin-kou-k'i kouan*, voir col. 1763.)

— *Tsé-Hiong-hiong-ti*, ou les Deux Frères de sexe différent.

A la suite de l'*Orphelin de la Chine*, de S. Julien (1834), pp. 263/322, et dans les *Avadânas*, du même, III, 1859, pp. 175/272.

A également paru à part : br. in-8, pp. 62.

— Apologues indiens traduits sur une ancienne version chinoise ; Par Stanislas Julien. (*Rev. Or. et Am.*, IV, 1860, pp. 461/468 ; V, 1861, pp. 306/308.)

— Le Grand Tambour. Fable chinoise dédiée à M. Stanislas Julien par Victor Roussy. (*Revue de l'Orient*, Oct. 1863, pp. 287/8.)

Imitation poétique d'un des *Avadânas* traduit par S. Julien.

— Contes et bons mots extraits d'un livre chinois intitulé *Siao li Siao*. Traduits par M. S. Julien. (*Jour. Asiat.*, IV, 1824, p. 100.)

— Le Léopard vengeur, histoire tirée du livre intitulé *Sing-chi-heng-yan*, et traduite du chinois par M. Stanislas Julien. (*Journ. As.*, V, 1824, pp. 90/97.)

JAMES LEGGE.

— The Rambles of the Emperor Ching Tĭh in Këang nan. A Chinese Tale. Translated by Tkin Shen, Student of the Anglo-Chinese College, Malacca. With a Preface by James Legge, D. D. President of the College. London, Longman, 1843, 2 vol. in-12, pp. VIII-320, 322.

— Idem : London, Longmans, 1846, 2 vol. in-12.

On trouvera une revue de ce roman qui est plutôt une histoire des aventures de Tcheng Té, empereur au commencement du XVIe siècle, dans le Kiang-nan, dans le *Chinese Rep.*, IX, June 1840, pp. 57/73 (by Ch. Gützlaff).

Réimp. à New York, 1843.

— * De Keizer Tching Tĭh en ziine hovelingen. En oorspronkelijk Chineesch verhaal, op aanbeleving en onder medewerking van James Legge, in het Eng. vert. door Tkin Shen, en daaruit in het Nederd. overgebragt Amersfoort, v.Bommel v.Vloten. (Amst., Klinkert.) 1844, 2 vol. in-8.

— The Late Appearance of Romances and Novels in the Literature of China; with the History of the Great Archer, Yang Yû-chî. By Professor Legge. (*Journal Roy. Asiatic Society*, Oct. 1893, pp. 799/822.)

Carl Arendt.

— Das Schöne Mädchen von Pao. — Eine Erzählung aus der Geschichte China's im 8ten Jahrhundert v. Chr. (Aus dem Chinesischen übersetzt von C. Arendt.) Yokohama. — Buchdruckerei des « Écho du Japon ». In-fol., pp. 10; in-fol., pp. 11-22.

Ces deux fasc. forment la *Beilage* I der *Mitt. Deutsch. Ges. f. Nat. u. Völk. Ostasiens*, Bd. II.

— Episoden aus dem Historischen Roman « Geschichte der Fürstenthümer zur Zeit der Östlichen Chou ». — II. « Chou-Hsü », Der Usurpator von Wê. — III. Der Kaiser in seinem Verhältniss zu den Vasallenfürsten nebst Andeutungen über die Barbarischen (nichtchinesischen) Völkerschaften im jetzigen China. (Aus dem Chinesischen übersetzt, und theilweise bearbeitet), von C. Arendt. Yokohama.—Buchdruckerei des « Écho du Japon ». In-fol., pp. 12.

Beilage der *Mitt. Deutsch. Ges. Nat. u. Völk. Ostasiens*, Bd. II.

— Episoden aus der « Geschichte der Fürstenthümer zur Zeit der Oestlichen Chou ». Aus dem Chinesischen übersetzt, und theilweise bearbeitet von C. Arendt. — IV. Die Schlacht bei Hsüko (707 vor Christo). In-fol., pp. 259 à 267.

Beilage der *Mitt. Deutsch. Ges. Nat. u. Völk. Ostasiens*, Bd. II.

Divers.

— *Yue Laou*, or « The Moon-Light Old Man », a Tale from the Chinese. By B. (*Asiatic Journal*, XXVII, 1838, pp. 25/8.)

Voir Morrison's *Dictionary*, Part I, Vol. I, p. 643.

— The Dragon King's Daughter. (*Ibid.*, XXXII, 1840, pp. 59/61.)

— The *Kwan te Paou heun*. (*Ibid.*, XXXIII, 1840, pp. 25/27.)

— The *She Fa Sih mun*. (*Ibid.*, pp. 27/30.)

— The Magic Flute. — The Disobedient Son. — The Elfin Fox. (*Ibid.*, XXXIV, 1841, pp. 67/71.)

Ces trad. sont du Dr. Birch et font partie, sauf la première, de la série publiée sous le titre d'*Analecta Sinensia*.

— Chinese Romance — The Elfin Foxes. By Samuel Birch Esq., LL. D., &c., Keeper of the Department of Egyptian and Oriental Antiquities, British Museum. (*Ch. & Jap. Rep.*, No. III, Sept. 1863, pp. 91/99.)

— *Hoa thou youan*, ou le Livre mystérieux. Chapitre premier, Traduit du Chinois, par M. Fulgence Fresnel. (*Journ. As.*, I, Oct. 1822, pp. 202/225.)

— Scènes chinoises, extraites du *Hoa-thou-youan*, et traduites du chinois par le même. (*Ibid.*, III, Sept. 1823, pp. 128/153.)

— Etude sur le 西遊眞詮 *Sy-Yéou-tchin-tsuen*, roman bouddhique chinois, par M. Théodore Pavie. (*J. As.*, 5e S., IX, pp. 357/392 : Premier article; *ibid.*, X, pp. 308/374 : Second article.)

— L'Apologue à la Chine et dans l'Inde par Léon de Rosny. Paris, Maisonneuve, br. in-8, pp. 19.

Ext. du *Journal des Orientalistes*. — Avait paru dans la *Presse*.

— 雷峯塔 *Lûi-fung Tã*, « Thunder-Peak Pagoda », or « The Story of Han-wăn and the White Serpent », [translated from the Chinese by H. C., Interpreter in Her Majesty's Civil Service in China]. (*Chin. & Jap. Rep.*, I, 1864, Feb. 3, pp. 357/365; March, pp. 401/410; April, pp. 429/435; May, pp. 461/8; June, pp. 503/513; II, pp. 11/19, 89/97.)

— The Mystery of the White Snake : A Legend of Thunder Peak Tower, from the Chinese. By Samuel I. Woodbridge. Shanghai : *North-China Herald* Office, 1896, in-8, pp. 34 à 2 col.

Notice par J. W. P., *N. C. Herald*, Nov. 27, 1896; avait paru cette même année dans ce journal.

— A Cure for Jealousy. Translated from the Chinese by Charles Carroll Esq., H. M. Vice-Consul, Foochow. (*The Phœnix*, No. 4, Oct. 1870 et seq.)

— Chinese Fables. (*Shanghai Budget*, May 19, 1871.)

Contient 4 courtes fables.

— The Young Prodigy. Translated from the Chinese. By C. F. R. Allen. (*China Review*, II, pp. 20, 65, 135, 197, 261.)

— Le Poirier plante. (C. Imbault-Huart, *J. As.*, Août-Sept. 1880, pp. 281/284.)

— Trois Contes de Fées traduits du Chinois par M. C. Imbault-Huart. (*Rev. de l'Ext. Orient*, II, 1883, No. 3, pp. 281/286.)

Extrait du *Chen-niu tchouan* : I. La déesse de la Vérité. — II. Les Fées du Temple du roi K'ang. — III. La Fée des Vers à soie.

— The *Tang kou chi*. A Modern Chinese Novel. (*China Review*, V, pp. 367/382; VI, pp. 29 et seq., 181 et seq., 311 et seq., etc.)

Par E. L. Oxenham.

— Tin-Tun-Ling, Lettré chinois de la province de Chang-si. La petite Pantoufle, traduction de M. Charles Aubert avec six eaux-fortes originales reproduites par Frédéric Chevalier. — Edition franco-chinoise. — Paris, Librairie de l'Eau-forte. [Mai 1875. — Meaux. — Imprimerie A. Cochet.] — Gr. in-8 broché à la manière chinoise et revêtu d'une toile jaune.

— Monsieur et Mesdames Tin-Tun-Ling. (Portrait-charge) par Henri Mayer. (*Le Sifflet*, 4e année, no. 178, 20 juin 1875.)

Art. relatif au procès de Tin Tun Ling poursuivi comme bigame, signé : *Un geai*.

— The Story of Tit Cheong Yok (translated from the Chinese). (*The Far East*, I, No. 2, 1876, pp. 29/34.)

— The Story of Mow ying, from the Chinese. (*Ibid*.. No. 3, 1876, pp. 53/57; No. 4, pp. 81/6.)

— The Story of Puk Yok-shong, from the Chinese. (*Ibid.*, No. 5, 1876, pp. 116/119; No. 6, pp. 132/139.)

— Recompense, or the Mandarin's Vengeance. Translated from the Chinese. (*Ibid.*, Vol. III, No. 6, pp. 122/132.) By L. M. F.[ay.]

— The flower-fairies, a chinese fairy tale. By Frederic H. Balfour. (*China Review*, VIII, pp. 284/301.)

— The flower-fairies : a taoist fairy-tale. (Balfour, *Chinese Scrap-book*, 1887, pp. 176/215.)

— The double Nail murders. By G. C. Stent. (*China Review*, X, pp. 41/43.)

— Ssŭ-Lang's visit to his mother. By G. C. Stent. (*Ibid.*, pp. 335/339.)

— Some chinese popular Tales. By G. H. Playfair. (*Ibid.*, XI, pp. 171/174.)

— Chinese Fables. (*Ibid.*, XII, pp. 432/433.)

— The restoration of the Jadestone Ring. A tale of unlawful Love. (*Ibid.*, XIII, pp. 247/250.)

— Cynthia. A Chinese Story. Hongkong, 1879.

Notice : *China Review*, VIII, pp. 180/181.

— Budget of historical Tales. Examples of foresight. By R. W. Hurst. (Suite.) (*China Review*, XVII, No. 4, pp. 205/212.)

— * *Ja-z pam*. Le bâton du muet. Nouvelle traduite du chinois avec préface et remarques par G. Barone. Louvain, Peeters, 1882. (Extrait du *Muséon*.)

— Lodovico Nocentini. — Nato-ridendo : Novella trad. dal Cinese. (*Gio. Soc. Asiat. Ital.*, III, pp. 149/153.)

— How Snow inspired Verse, and a rash order made the Flowers bloom! By C. B. T. (*Journ. C. B. R. A. S.*, N. S., XX, 1885, pp. 81/86.)

(Divers.)

Translated from chapter IV of the 鏡花緣 *Ching-Houa-yuan*.

— The Twins. From the Chinese of Wu ming. (*Blackwood's Mag.*, CXLII, July 1887, pp. 49/68.)

Voir Douglas, *Chinese Stories*, col. 1762.

— Chinese Nights' Entertainment. Forty Stories told by Almond-eyed Folk Actors in the Romance of the Strayed Arrow by Adele M. Fielde. Illustrated by Chinese Artists. — G. P. Putnam's Sons, New York [&] London, in-8, pp. VIII + 1 f. n. c. + pp. 194, s. d. [1893], 24 ill.

— *Kürschners Bücherschatz* — Chinesische Novellen. Die beiden Freier. — Schuld und Sühne. — Der Himmel giebt und nimmt. — Eine Advokatin. — Gattentreue. — Chrysanthemen. Deutsch von Wilhelm Thal. Mit Illustrationen von R. A. Jaumann. Berlin. Eisenach. Leipzig. Hermann Hillger Verlag. 215. [1900?], in-12, pp. 120.

No. 215 of *Kürschner's Bücherschatz*. Translated mostly from recent French and English periodicals.

— *The Hokkien Library Series* Vol. I The Celestial Mirror. An English translation by J. A. Maung Gyi and Cheah Toon Hoon of Pó Kàm. Or extracts from Liau Chai, Pau Kong An, or decisions of Pau Kong, &c., &c., &c. First edition. Rangoon January 1894. (All Rights Reserved.) D'Vauz Press, Rangoon, in-12, pp. III-127-VIII.

Titre sur la couverture. — Contient 24 contes.

— Chinese Fiction. By E. W. Thwing. (*China Review*, XXII, N° 6, pp. 758/764; XXIII, pp. 101/5.)

— The Rat's Plaint; an old Legend translated from the Original Chinese by Archibald Little, F. R. G. S. Tokyo, 1892, in-8 oblong, imp. sur crépon. 17 ff. y compris les couvertures.

老鼠告狀 *Lao chou kao tchouang.*

Published by T. Hasegawa, Tokyo.

— *Lo Tong*, een Javaansche reflex van een Chineeschen ridder-roman, door Dr. J. Brandes. (*Tijdschrift Indische*, XLV, Afl. 3, 1902, pp. 263/271.)

Roman chinois de chevalerie en langue javanaise.

— The Story Teller in China. By C. F. Voskamp. (*East of Asia*, Vol. I, N° 1, pp. 12/18.)

— Der chinesische Geschichtenerzähler. Von C. F. Voskamp. (*Der Ferne Osten*, Bd. 1, Heft 1, pp. 13/17.)

(Divers.)

Théâtre.

(OUVRAGES DIVERS.)

— J.-J. Ampère. — Du Théâtre chinois. (*Revue des Deux Mondes*, 15 sept. 1838.)

— *Chine moderne*, 2e partie, pp. 391/466, Bazin donne l'analyse et la traduction de quelques parties de trente-sept pièces.

— Le Théâtre et les représentations dramatiques en Chine, par G. de Bourboulon. (*Le Correspondant*, 25 mai 1862.)

— * Teaou-shin, a Drama from the Chinese, in five Acts. By G. G. Alexander, Major General, C.B., &c. London : Rankin & Co., 1869.

Ce drame n'est pas une traduction du chinois ; c'est un épisode du *San kouo tche* adapté à la scène européenne. — Voir *The Phoenix*, I, pp. 81/82.

— Chinese Theatricals.

Conférence faite par G. C. Stent à la Temperance Hall, Chang-Haï, 1er mai 1874, imprimée dans le *Shanghai Budget*, 9 Mai 1874 et *The Far East*, I, No. 4, 1876, pp. 90/6.

— Acteurs chinois.

Voir dans *N. & Q. on C. & J.*, II, p. 56, un article de W. F. Mayers.

— L'*Illustration*, 21 Nov. 1874, No. 1656, contient un dessin de M. Louis Koenig, lieut. de vaisseau, représentant le théâtre chinois de la Canton Road à Chang-Haï.

— Stage of the Peking Theatre, Canton Road [Shang-hai]. (*The Far East*, I, No. 4, 1876, p. 102, avec une photog.)

— M. A. Perk. — Het Tooneel in China. (*De Gids*, Dec. 1883, No. 12, IV Deel, pp. 389/427.)

— Chinese Theatricals and Theatrical Plots. (*Journ. China Br. R. A. S.*, XX, N. S., Nos 5 et 6, 1885, pp. 193/208.)

F. H. Balfour, G. M. H. Playfair, J. Edkins, H. A. Giles, H. J. Allen, C. H. Brewitt-Taylor, J. Rhein, C. Imbault-Huart, D. J. Macgowan, F. Hirth, etc. — Theatrical Art in China. [Rep. from the *North-China Daily News*, 15 Dec. 1885.]

— Le Théâtre chinois en Amérique. Par A. V. [Henry Burdon Mc. Dowell, *The Century Magazine*]. (*Rev. Brit.*, 1885, I, pp. 459/488.)

Avait paru dans *The Century*, 1884, nov., XXIX, pp. 27.

— Chinese Theater. (*Spectator*, LIX, 1683.) — (*Century*, II, 189, by G. H. Fitch.)

— * H. Vogelsang. Im Chinesischen Theater. (*Vom Fels zum Meer*, Nov. 1885.)

— L'Art dramatique en Chine. Par Castaing. (*Mém. Soc. Et. jap.*, etc., IV, 15 avril 1885, pp. 141/143.)

— * Leopold Katscher. — The Stage and Drama in China. London. 1889.

— L'art dramatique en Extrême Orient. Par le Comte Meyners d'Estrey. (*Ann. de l'Ext. Orient*, 1885-1886, VIII, pp. 5/8, 33/42, 65/74, 97/102.)

— Histrionic notes. By D. J. Macgowan, M. D. (*Journ. C. B. R. A. S.*, XXI, N. S., 1886, Art. II, pp. 22/29.)

— Les Chinois peints par eux-mêmes. — LE THÉÂTRE DES CHINOIS. Etude de mœurs comparées par le général Tcheng-ki-tong.

(THÉÂTRE. — OUVRAGES DIVERS.)

— Troisième édition. Paris, Calmann Lévy, 1886, in-12, pp. XII-324.

C'est à Bazin, *Théâtre chinois*, Paris, 1838, qu'ont été empruntées les traductions renfermées dans ce volume.

— In a Chinese Theatre. By G. W. Lamplough. (*Macmillan's Magazine*, November 1887.)

— Le théâtre en Chine et au Japan par Marceron. (*Mém. Soc. Et. jap.*, etc., VI, Janv. 1887, pp. 42/50.)

— * Playgoing in China. By Hon. Lewis Wingfield. (*Murray's Magazine*, July 1887.)

— Ueber chinesisches Theater. — Von v. Minnigerode. — Oldenburg und Leipzig. Schulze'sche Hof-Buchhandlung und Hof-Buchdruckerei (A. Schwartz), br. pet. in-8, s. d., pp. 47.

— The Drama in Peking. (*Saturday Review*, LXXII, No. 1865, p. 104.)

— Das Theater und Drama der Chinesen von Rudolf von Gottschall. Breslau, 1887, Eduard Trewendt, pet. in-8, pp. 209.

— R. v. Gottschall, das Theater und Drama der Chinesen. (*Literarisches Centralblatt*, n. 41, 8. Oct. 1887.)

— The Chinese Drama. By George Adams. (*Nineteenth Century*, XXXVII, March 1895, pp. 497/515.)

— Le Théâtre en Chine. Par Maurice Courant. (*Revue de Paris*, 15 mai 1900, pp. 328/350.)

— Le Théâtre chez les Chinois. Par Léon Charpentier. (*Revue Britannique*, Mars 1901, pp. 103/113.)

— Le Drame en Chine. Par Victor Delaporte. (*Etudes religieuses...*, T. 83, 1900, pp. 498/517, 653/671.)

— The Chinese Drama. By Archibald Little. (*Nineteenth Century*, LI, June 1902, pp. 1017/1022.)

— Teatri e Spettacoli dei Popoli orientali — Ebrei, Arabi, Persiani, Indiani, Cinesi, Giapponesi e Giavanesi per il Dottor Antonio Paglicci Brozzi. Milano, Fratelli Dumolard, 1887, in-8, pp. XI + 1 f. n. ch. + pp. 278.

A la fin 1 pl. contenant «Arie popolari cinesi (Senza Parole)». — Les chap. XVIII-XXIV sont consacrés aux Chinois, pp. 155/236.

— Le Théâtre chinois au XIIIe siècle. (*Conférences de M. Em. Guimet*, Pub. du Musée Guimet, *Bibliothèque de vulgarisation*, tome XVII.)

PIÈCES DIVERSES TRADUITES DU CHINOIS.

— Argument d'une Comédie chinoise, jouée à Canton en 1719. (*Hau kiou choaan*, Lyon, 1766, IV, pp. 43/68.) — Voir col. 1755.

— *Chon-fon-kau* ou la Fidélité récompensée.

(PIÈCES DIVERSES TRADUITES DU CHINOIS.)

Programme de ce drame publié dans le Vol. II, pp. 427/443, de l'éd. de Philadelphie du voyage de Van Braam.

— Fragment einer Chinesischen Comödie. (Klaproth, *As. Mag.*, I, pp. 91/7.)

— Remarks on the Chinese Theatre; with a Translation of a Farce, entitled « The Mender of cracked China-ware ». By W. C. Hunter. (*Chin. Rep.*, VI, 1838, pp. 575/579.)

— A Chinese Farce. By A. Lister. (*The China Review*, I, pp. 26/31.)

C'est la traduction du canevas d'une pièce jouée le 12 Nov. 1869 à Hong-kong devant le Duc d'Edimbourg.

— Jen Kuei's Return. — A Play. [From the Chinese.] By G. C. Stent. Shanghai. Printed and Published by Da Costa & Co., 1873, br. in-8, pp. 25.

Réimp. dans *The Jade Chaplet*. — Vide le Chap. POÉSIE, col. 1796.

— The Yellow Stork Tower. A Chinese Historical Drama, in two Acts. By G. C. Stent. (*The Far East*, I, No. 3, 1876, pp. 57/66.)

— The Chinese Mother. A Drama. London: Richardson and Son, MDCCCLVII, pet. in-8, pp. 98.

Par le Dr. Tanner, de Bombay.

— 附荐何文秀 The Sacrifice for the Soul of Ho Man-sau, a Chinese play. Dramatis personae. By W. Stanton. (*China Review*, XVII, No. 3, pp. 152/161.)

— 柳絲琴 The Willow Lute, a Chinese Drama in five acts. By W. Stanton. (*Ibid.*, No. 6, pp. 311/330.)

— 金葉菊 The Golden Leafed Chrysanthemum, a Chinese Drama in five acts. By William Stanton. (*Ibid.*, XXII, No. 4, pp. 651/670; *ibid.*, No. 5, pp. 697/709.)

— The Chinese Drama. By William Stanton. Printed by Kelly & Walsh, 1899, in-8, pp. 130.

The Chinese Drama. — 琴絲柳 The Willow Lute. (A Chinese Drama in Five Acts.) — 金葉菊 The Golden Leafed Chrysanthemum. (A Chinese Drama in Five Acts.) — 附荐何文秀 The Sacrifice for the Soul of Ho Man-sau. (A Chinese Play.) — Peng tsou. (A Chinese Legend.) — Muk Lan's Parting. (A Ballad.)

Rep., with slight alterations, from the *China Review*.

Notice: *China Review*, XXIV, No. 1, pp. 5/7, par T. K. Dealy.

— Les deux soles ou-acteur par amour, drame chinois en prose et en vers. (XVIIe siècle.) Par C. Imbault-Huart. (*J. Asiat.*, VIIIe sér., XV, 1890, pp. 483/492.)

La pièce est intitulée *Pi-mou-yu* 比目魚.

(PIÈCES DIVERSES TRADUITES DU CHINOIS.)

— Die Vergeltung. — Schauspiel in vier Akten von Yu-Chih. Uebersetzt von Dr. A. Forke. Mit chinesischen Originalzeichnungen von 徐順寶 Hsü Chung-pao. (*Der Ferne Osten*, Bd. 1, Heft. 1, pp. 24/38.)

— The Cattle — Butcher's Retribution. (*East of Asia*, Vol. 1, No. 1, p. 80.)

元人百種曲 YOUEN JEN PE TCHONG K'IŬ.

C'est un répertoire de cent pièces de théâtre composées sous la Dynastie des Youen. Beaucoup de ces pièces ont été traduites et nous allons donner la liste de ces traductions. On trouvera dans le *Siècle des Youên*, de Bazin, des détails fort intéressants sur cette collection, le titre des cent pièces et une analyse des plus importantes (pp. 198/429.)

— Théâtre chinois ou Choix de pièces de théâtre composées sous les Empereurs Mongols traduites pour la première fois sur le texte original précédées d'une introduction et accompagnées de notes par M. Bazin aîné, Membre de la Société Asiatique de Paris. Paris, imprimé par autorisation du roi à l'Imprimerie royale, MDCCCXXXVIII, in-8, pp. LXIII/411.

Cet ouvrage comprend:

Introduction.

« L'histoire de l'art dramatique chez les Chinois peut se diviser, d'après le témoignage des écrivains les plus recommandables, en trois époques distinctes.

« Dans la première, on range ordinairement les pièces de théâtre composées sous la dynastie des Thang, depuis l'an 720 de notre ère jusqu'à l'avènement des cinq petites dynasties, dites postérieures, vers l'an 905, p. I....

« On appelle les pièces des Thang *Tchhouen-Khi*.

« La seconde époque comprend les pièces de théâtre composées sous la dynastie des Song (960 à 1119 de notre ère) et appelées par les historiens *Hi-Khio*.

« La troisième embrasse toutes les pièces de théâtre qui furent composées sous la dynastie des Kin et celle des Youen (1123 à 1341 de notre ère) et qui sont actuellement connues sous les dénominations de *Youen-Pen* et *Tsa-Ki* », p. II.

Préface de l'Éditeur Chinois.

Liste des Auteurs dramatiques de la Dynastie des Youen: d'après cette liste, le nombre des auteurs 士 se monte à 81, des auteurs-femmes 娼夫 à 4 et des pièces à 564, dont 105 par des auteurs anonymes 無名氏.

Tchao-Meï-Hiang, ou les Intrigues d'une Soubrette, Comédie en prose et en vers composée par Tching-Té-Hoei (pp. 1/134).

Ho-Han-Chan, ou la Tunique confrontée, drame en quatre actes composé par Tchang-Koue-Pin, courtisane chinoise (pp. 135/256.)

Ho-Lang-Tan, ou la Chanteuse, drame en quatre actes (sans nom d'auteur) (pp. 257/320).

Teou-Ngo-Youen, ou le Ressentiment de Teou-Ngo, drame en quatre actes, composé par Kouan-Han-King (pp. 321/409).

Table.

Notices: Par Charles Magnin: *Journal des Savans*, 1842, Mai, pp. 259/272. — Oct., pp. 577/591. — 1843, Janvier, pp. 29/42. — Par S. W. Williams: *Chinese Repository*, XVIII, pp. 113/155.

Aubry, 1874, *Bul. du Bouq.*, (2701), Fr. 5.50. — Thonnelier (2049), Fr. 7.

漢宮秋 *Youen jen pe tchong*, 1re pièce.

— The Sorrows of Han: A Chinese Tragedy.

(YOUEN JEN PE TCHONG K'IU.)

Trad. par J. F. Davis et imprimée à la suite de sa version du *Hao k'ieou tchouan*, Vol. II, pp. 214/262, 1829. — Voir col. 1756.

— *Han koong tsew*, or the Sorrows of Han: a Chinese Tragedy. Translated from the Original, with Notes. By John Francis Davis, F. R. S., &c. London, 1829, Printed for the Oriental Translation Fund by A. J. Valpy,... Sold by J. Murray, in-4, pp. VIII-18 + 1 pl. lith. texte chinois.

Pub. par l'*Orient. Transl. Fund*, 5/-. — Vend. Rémusat (699), Fr. 8.95. — Klaproth (824), Fr. 1.50. — Thonnelier (2051), Fr. 2.50.

Notice par Abel Rémusat : *J. des Savans*, Fév. 1830, pp. 78/89. — *Quarterly Review*, XLI, 1829, pp. 85 et seq.

— Observations critiques sur la traduction anglaise d'un drame chinois, publiée par M. Davis. Par Klaproth. (*Nouv. J. As.*, IV, 1829, pp. 3/21.)

Davis répondit dans la préface de sa trad. du *Hao K'ieou tch'ouan*. Klaproth riposta dans le *Nouv. J. As.*, V, 1830, pp. 97/144 ; on a fait un tirage à part sous le titre de :

— Réponse à quelques passages de la préface du roman chinois intitulé *Hao Khieou Tchhouan*, traduit par M. J. F. Davis [par J. Klaproth], in-8, pp. 48.

Extrait du *Nouveau Journal Asiatique*. — Vend. Klaproth (769), Fr. 1.

— Chinese Literature... by Epiphanius Wilson. — D'après Davis.

金錢記 *Kin ts'ien ki*, 2e pièce.

— On en trouve une analyse dans Bazin, *Siècle des Youên*, pp. 213/229.

— The Chinese Drama. An Extract from the « Siècle des Youên » of the late Professor Bazin : being an Analysis of the *Kin-ts'ien-ki* 金錢記 or « The Love-token », with passages translated. (*Chinese & Jap. Rep.*, April 1864, pp. 435/441.)

鴛鴦被 *Youen yang pi*, 4e pièce.

— On en trouve une analyse dans Bazin, pp. 230/237.

賺蒯通 *Tchan k'ouai t'ong*, 5e pièce.

— On en trouve l'analyse dans Bazin, pp. 237/239.

合汗衫 *Hò han chan*, 8e pièce.

— *Ho-Han-Chan*, ou la Tunique confrontée, drame en quatre actes, composé par Tchang-Koue-Pin, courtisane chinoise, pp. 135/256 du *Théâtre chinois* de Bazin.

— The Compared Tunic. A Drama in Four Acts. Traduit par S. W. Williams, d'après Bazin, dans *The Chinese Repository*, XVIII, pp. 116/155.

來生債 *Laï seng tchaï*, 18e pièce.

— On en trouve une analyse dans Bazin, pp. 249/261.

— Le Savetier et le Financier — Conte chinois, extrait des cent dialogues comiques publiés sous la dynastie des Yuen (1280-1333 de notre ère). Traduction du P. C. de Bussy, S. J. (*Relations de Chine*, Avril 1905, *Kiang Nan*, pp. 518/523.)

(YOUEN JEN PE TCHONG K'IU.)

薛仁貴 *Sié jen koueï*, 19e pièce.

— On en trouve une analyse dans Bazin, pp. 261/268.

老生兒 *Lao seng eul*, 22e pièce.

— *Laou-seng-urh*, or, « An Heir in his old age ». A Chinese drama. London : John Murray, 1817, pet. in-8, pp. XLIX-115 [Trad. par Davis].

Advertisement by the Editor. — A brief View of the Chinese Drama, and of their theatrical exhibitions. — Laou-seng-urh. — Notes.

Vend. Langlès (1384), Fr. 13. — Rémusat (697), Fr. 2. — Klaproth (822), Fr. 3.50.

Notices : Par J. P. Abel Rémusat, *Journal des Savans*, Janvier 1818, pp. 27/35. — *Quarterly Review*, XVI, Janvier 1817.

— *Lao-Seng-Eul*, Comédie chinoise ; suivie de *San-iu-leou*, ou les trois Étages consacrés, conte moral ; Traduits du chinois en anglais, par J. F. Davis, de la factorerie de Canton ; et de l'anglais en français, par A. Bruguière de Sorsum ; avec additions du Traducteur. — A Paris, chez Rey et Gravier. A Londres, chez A. B. Dulau & Cie. 1819, in-8, pp. x-227 + 1 f. n. ch. p. l'er.

Vend. Rémusat (698), pap. vél., Fr. 3 ; (698 *bis*), p. vél., Fr. 3.05. — Klaproth (823), Fr. 3.50. — Thonnelier (2050), Fr. 5.50.

鐵拐李 *Tié k'ouaï Li*, 29e pièce.

— On en trouve une analyse dans Bazin, pp. 276/298.

秋胡戲妻 *Ts'ieou hou hi ts'i*, 32e pièce.

— On en trouve une analyse dans Bazin, pp. 301/309.

倩女離魂 *Ts'ien niu li houen*, 41e pièce.

— On en trouve une analyse dans Bazin, pp. 315/320.

黃粱夢 *Houang liang mong*, 45e pièce.

— On en trouve une analyse dans Bazin, pp. 322/334.

昊天塔 *Hao t'ien t'â*, 48e pièce.

— On en trouve une analyse et des fragments dans Bazin, pp. 336/348.

忍字記 *Jin tseu ki*, 61e pièce.

— On en trouve une analyse et des fragments dans Bazin, pp. 367/376.

灰闌記 *Houeï Lan ki*, 64e pièce.

— 灰闌記 *Hoeï-Lan-ki*, ou l'Histoire du Cercle de Craie, Drame en prose et en vers, traduit du chinois et accompagné de notes ; Par Stanislas Julien. London : Printed for the Oriental Translation Fund of Great Britain and Ireland... M. DCCC. XXXII, in-8, pp. XXXII + 1 f. n. ch. + pp. 149 + 1 f. n. ch.

Dédié à Sir G. T. Staunton, Bart. — Imp. de Cox et Fils, Great Queen Street.

... Nous nous proposons de publier bientôt quatre de ces pièces

(YOUEN JEN PE TCHONG K'IU.)

[de la même collection] que nous venons de traduire : L'*Avare* (91), *Pheng-iu-lan* (100), *Le Ressentiment de Teou-ngo* (86), et *La Chemise confrontée* (8)... Note, Préface, IX.

Raynouard a rendu compte de cette trad. du *Houei Lan Ki* dans le *Journ. des Savans*, Avril et Août 1832.

Pub. à 7/-. — Klaproth (826), Fr. 7. — Thonnelier (2054), Fr. 11.50.

傷梅香 *Tchao mei hiang*, 66e pièce.

— *Tchao-meï-Hiang*, ou les Intrigues d'une Soubrette. Comédie en prose et en vers composée par Tching-Té-Hoei, pp. 1/134, du *Théâtre Chinois* de Bazin.

Avait déjà paru dans le *Nouv. Jour. As.*, Vol. XIV, Nov. & Déc. 1834, pp. 433/469, 509/539, et Vol. XV.

— **傷梅香** *Tchao-mei-hiang*, ou les Intrigues d'une Soubrette, Comédie en prose et en vers, traduite du chinois, précédée d'une préface et accompagnée de notes, par M. Bazin aîné, Membre de la Société Asiatique de Paris. — Paris, de l'Imprimerie royale, MDCCCXXXV, in-8, pp. XVI-115.

Vend. Klaproth (828), Fr. 3. — En voir l'Analyse par Charles Magnin dans le *Journal des Savans*, Oct. 1842.

悞入桃源 *Wou ji t'ao youen*, 78e pièce.

— On en trouve une analyse et des fragments dans Bazin, pp. 394/398.

抱粧盒 *Pao tchouang ho*, 84e pièce.

— On en trouve une analyse et des fragments dans Bazin, pp. 402/419.

趙氏孤兒 *Tchao chi kou eul*, 85e pièce.

— *Tchao chi cou ell*, ou le Petit Orphelin de la Maison de Tchao. Tragédie chinoise.

Cette traduction du P. de Prémare est insérée dans Du Halde, III, pp. 339/378.

Traduit en anglais dans les éditions anglaises de Du Halde et dans « Miscellaneous Pieces relating to the Chinese ». London : Dodsley, 1762, Vol. I — « The Little Orphan of the House of Chao » : a Chinese Tragedy, pp. 101/213. Cette traduction est différente des précédentes. Voir col. 53.

— On trouve dans la *Grammatica* de Fourmont publiée en 1742, parmi les extraits des lettres de Prémare (p. 513) sous la date 4 Décembre 1731 : « Ayant achevé toutes mes lettres, et confié à Mr. du Brossay mes écrits pour vous, j'ai cru avoir encore assez de tems pour vous donner quelque nouvelle connoissance Chinoise, & de peur que vous ne vous imaginiez qu'on ne peut tirer de moi que des hiéroglyphes ou des Koua, je vous envoye un Livre Chinois nommé yuên gîn pĕ tchong, en 40 vol. C'est un recüeil des cent meilleures pièces de Théâtre qu'on ait faites sous la Dynastie des yuên. »

(Narrat deinde Premarus, à se mei gratiâ versam esse Tragicocomoediam 85, quae gallicè inscripsit : *Le petit Orphelin de la Maison de Tchao*. Et paginis sequentibus addit : *Si vous les jugiez digne de paroître, vous pourriez le faire imprimer sous votre nom, sans craindre qu'on vous accuse de larcin, puisqu' entre amis tout est commun, puisque je vous le donne, & puisque vous y aurez la meilleure part si vous vous donnez la peine de le revoir*. Timuitne hoc Duhaldius? Scilicet, Epistolâ subdolè interceptâ, Librum suum, hâcce meâ, et ad me destinatâ Tragicocomoedia, ornare non dubitavit. Atqui eam, si à me petiisset, dedissem ultrò ; & si me de Linguâ Sinicâ interrogasset, monuissem quoque, neque imaginariis, ac omnino falsis notis, pulchrum illud & nobile volumen conspurcari essem passus.)

« Le P. Du Halde ayant vu ces paroles : *timuitne hoc Duhaldius*, &c., en fut d'autant plus surpris qu'il avoit eu cette tragicomédie, de M. du Velaer. il eut donc recours a lui, et voici le témoignage que M. du Velaer a rendu. je le copie sur l'original : « lorsque j'arrivai a Paris en 1732. je presai (presentai) au P. Du Halde plusieurs petits manuscrits que le P. de Premare m'avoit donné à mon départ de la Chine, et parmi lesquels étoit la traduction littérale d'une tragicomédie chinoise, intitulée l'orphelin de la maison de *tchao*. A Paris *le 22 may* 1743. du Velaer.

« Le P. Du Halde ayant ce témoignage écrivit à M. F.[ourmont] la lettre suivante : C'est avec la plus grande surprise, Monsieur, que j'ai lu l'accusation calomnieuse que vous formez contre moi dans la Gram. chin. que vous venez de mettre au jour, et c'est par la grande considération que j'ai pour vous que je vous en porte d'abord mes plaintes a vous meme. A la page 514 vous me traduisez dans le public comme un fourbe qui ai intercepté une lettre qui vous étoit adressée, et qui vous ai dérobé la traduction d'une tragicomédie chinoise qui vous appartenoit, et qui vous avoit été envoiée par le P. de Premare. Voici vos paroles : *Epistola subdolè intercepta librum suum hacce mea et ad me destinata tragicomoedia ornare non dubitavit*. Permettez-moi de vous dire, Monsieur, que ce peu de paroles contient deux faussetés insignes. 1° je n'ai jamais reçu ni eu entre les mains aucune lettre ni aucun écrit qui vous ait été adressé par le P. de Premare ou par quelqu'autre de nos missionnaires. C'est M. du Velaer, l'un des directeurs de la Compagnie des Indes qui me l'a communiqué. Pendant son séjour à la Chine il fut en liaison avec le P. de Premare, qui lui fit présent de quelques manuscrits, et entr'autres de la traduction de cette tragicomédie chinoise. A son retour en France il voulut bien me la preser [présenter], et me permit d'en faire usage. C'est donc uniquement de lui que je la tiens, et il est aisé de vous en éclaircir car heureusement M. du Velaer est à Paris pour quelques mois, et si vous ignorez sa demeure c'est chez M. Tartarin rue de la Verrerie. Cela estant Monsieur, et vous connoissant comme je fais plein d'honneur et de probité, j'ai lieu de m'attendre que vous ne tarderez pas à détruire les impressions odieuses que vous donnés de moi dans un ouvrage public, lesquelles ne peuvent être appuyées que sur des soupçons de votre part très mal fondés. La voye des journaux vous est ouverte, et de plus il vous est aisé de faire mettre un errata à la fin de votre livre, ou vous me rendiez cette justice. — Je suis avec beaucoup de respect Monsieur. Votre très h. et très ob. serv.

DUHALDE J.

« Cette lettre fut remise en main propre à M. Fourmont. L'ayant ouverte, et surpris d'un début ou on lui demandoit justice contre lui-même, il regarda la signature. Dès qu'il eut vu le nom, il referma la Lettre, et dit en riant à celui qui la lui avoit remise : Oh ! le P. Du Halde, c'est un de mes amis, je lui répondrai dans quelques jours. Trois mois cependant se passèrent sans qu'il fit de réponse, et, le P. Du Halde étant mort le *18 Aoust suivant*, il aura cru apparemment être dispensé de faire aucune démarche à ce sujet. Il n'a pas même jugé à propos de voir M. du Velaer et de s'éclaircir avec lui, comme je l'ai sçu il y a quelques jours de M. du Velaer luimême — mais la réputation du P. Du Halde nous est trop chère pour souffrir l'injure que M. F. lui a faite, et c'est ce même public, dans l'esprit duquel il a voulu ternir le P. Du Halde, que nous rendons juge de son procédé. »

[Extrait du Ms. Fr. 12215, Bib. Nat., pp. 56 et suivantes.]

— *Tchao-chi-cou-eulh*, ou l'Orphelin de la Maison de Tchao, tragédie chinoise, traduite par le R. P. de Prémare, Miss. de la Chine, avec des Eclaircissemens sur le Théâtre des Chinois, & sur l'Histoire véritable de l'Orphelin de Tchao. Présentée à Madame *** Par M. Sorel Desflottes. — Le Prix est de 30 sols. — A Peking [Paris] 1755, in-12 de 96 pages.

Dédicace. — Préface (Lettre du P. Du Halde à M. Fourmont l'aîné, &c.) — Essai sur le Théâtre des Chinois. — Lettre du R. P. de Prémare à M. Fourmont l'aîné. — Argument. — L'Orphelin de la Maison de Tchao. — Lettre du Père de Prémare à M. Fourmont l'aîné. — Lettre de L. R. Deshauterayes... à M. Desflottes, ou l'histoire véritable de l'orphelin de Tchao.

Vend. Rémusat (696), Fr. 6.15.

— *Tchao-Chi-Kou-Eul*, ou l'Orphelin de la Chine, drame en prose et en vers, accompagné des pièces historiques qui en ont fourni le sujet, de Nouvelles et de Poésies chinoises. Traduit du chinois, par Stanislas Julien, Membre de l'Institut... Paris, Moutardier, 1834, in-8, pp. XXXII-352.

Dédié au Dr. J. Watson.

Avant-Propos. — Avertissement. — Pièces historiques. — Specimen du texte chinois suivi d'une traduction littérale. — L'Orphelin de la Chine (pp. 1/132). — Nouvelles historiques (pp. 133/322). — Poésies chinoises.

Klaproth (827), Fr. 7. — Thonnelier (2053), Fr. 8.

— L'Orphelin de la Chine, tragédie en cinq actes, composée sous la dynastie des Youen par Ki-kiun-thsiang. Traduction mot à mot des dialogues des trois premiers actes par Stanislas Julien. (*Syntaxe nouvelle*, II, pp. 309/406.)

— The ‖ Chinese Orphan : ‖ an historical ‖ Tragedy. ‖ Alter'd from a Specimen of the ‖ Chinese Tragedy, ‖ in ‖ Du Halde's History of China. ‖ Interspers'd with ‖ Songs, after the Chinese manner. ‖ ... ‖ London : ‖ Printed for Charles Corbett, at Addison's-Head, ‖ opposite St. Dunstan's-Church, in Fleet-street. ‖ M.DCC.XLI. ‖ [Price 1s. 6d.], in-8, pp. VII-75.

Par William Hatchett. — Dédicace au Duc d'Argyle.

— La Lettre du P. Du Halde à Fourmont, que nous signalons col. 1788, a été insérée à la prière de ce Père dans les *Jugemens sur quelques ouvrages nouveaux*, t. V, pp. 45/7.

— *L'Orphelin de la Chine*, tragédie de Voltaire, représentée, pour la première fois, le 20 août 1755, a été inspirée par la traduction par le P. de Prémare de l'*Orphelin de Tchao*.

— Grosier, VII, pp. 327 et seq., a donné une analyse et quelques scènes de l'*Orphelin de la Chine*.

竇娥寃 *Teou-ngo youen*, 86ᵉ pièce.

— *Teou-Ngo-Youen*, ou le Ressentiment de Teou-Ngo, drame en quatre actes, composé par Kouan-Han-King, pp. 321/409 du *Théâtre Chinois* de Bazin.

Dans « Notices of four Chinese Plays, which form part of a collection, entitled *Yuen-jin-pe-tchong* » (App. II, pp. 243/8, *Narrative of a Chinese Embassy*), Staunton a traduit l'argument de cette pièce sous le titre de « The Student's Daughter revenged » ; cette trad. a paru également dans *The Quarterly Review*, CXII, et *The Canton Register*, X, 1837, No. 7. — Les trois autres pièces dont il est question dans ces *Notices* sont : II. The Stratagems of the Generals whose forces the river divided. — III. Leaving a slipper, on the new moon. — IV. Curing fish on the banks of the river, in autumn.

連環計 *Lien houan ki*, 89ᵉ pièce.

Ou la *Mort de Tong tcho* ; un épisode du *San kouo tche*, traduit par S. Julien [voir *supra*, col. 1754] a fourni le sujet de ce drame historique.

看錢奴 *K'an ts'ien nou*, 91ᵉ pièce.

« Cette pièce [l'Avare], dit Bazin, *Siècle des Youên*, p. 423, a été traduite par M. Stanislas Julien. La traduction de M. Julien n'a pas été imprimée ; mais on en trouve une analyse, à la suite de l'*Aulularia*, dans le théâtre de Plaute de M. Naudet. » — Bazin reproduit l'analyse de Naudet dans la *Chine moderne*, II, pp. 434 et seq.

貨郎旦 *Ho lang tan*, 94ᵉ pièce.

— *Ho-Lang-Tan*, ou la Chanteuse, drame en quatre actes (sans nom d'auteur), pp. 257/320 du *Théâtre Chinois* de Bazin.

Poésie.[1]

— SEMEDO, *Hist. univ. de la Chine*, Lyon, 1667, Pt. I, pp. 82/4.

— De la Poésie des Chinois, par Fréret. (*Hist. de l'Ac. R. des Insc.*, III, 1723, pp. 289/291.)

— Fragmens de Poésie chinoise avec une dissertation. (*Hau kiou chaan*, Lyon, 1766, IV, pp. 69/120.)

Reproduit, avec d'autres pièces, le mémoire de Fréret.

— De la Poésie des Chinois [d'après le Mémoire de Fréret, 1714] (pp. 301/304 de la Bibliothèque Académique par A. Sérieys, IX, Paris, 1811).

— Cibot. — Le Jardin de Sée-ma Kouang, poëme. (*Mém. conc. les Chinois*, II, pp. 643/650.) — L'Hirondelle, fable allégorique de See-ma Kouang. (*Ibid.*, IV, pp. 177/8.) [Ces deux morceaux ont été mis en vers français par Madame du Bocage, *ibid.*, XI, pp. XII et seq., et p. XVII.] — Traduction de quelques pièces de poésie chinoise. (*Ibid.*, XIII, pp. 516/534.)

— Éloge de la Ville de Moukden et de ses environs ; poeme Composé par Kien-long, Empereur de la Chine & de la Tartarie, actuellement régnant. Accompagné de Notes curieuses sur la Géographie, sur l'Histoire naturelle de la Tartarie Orientale, & sur les anciens usages des Chinois ; composées par les Editeurs Chinois & Tartares. On y a joint une Pièce de Vers sur le Thé, composé par le même Empereur. Traduit en François par le P. Amiot, Missionnaire à Péking ; Et publié par M. Deguignes. — A Paris, Chez N. M. Tilliard, Libraire... M. DCC. LXX, in-8, pp. XXIV-xxxviij-381 + 1 f. n. ch. p. l'ap., priv. etc.

Notices : *Année littéraire*, VII, pp. 145/174. — *Mémoires de Trévoux*, août 1770, pp. 323/341. — *Correspondance de Grimm*, (article de Diderot), t. I, pp. 97/107.

Vend. Langlès (1383), Fr. 11.05. — Rémusat (687), Fr. 5. — Klaproth (813), Fr. 4.75 ; (814), Fr. 4.50. — Thonnelier (2035), Fr. 1.

— On trouvera dans la *Chrestomathie mandchou*, de Klaproth (1828), pp. 235 et seq., la traduction française de l'*Eloge de la ville de Moukden par l'empereur Khian loung*, dont le texte mandchou est donné dans le même recueil, pp. 63/99.

STEPHEN WESTON.

— * *Ly Tang*, an Imperial Poem in Chinese by Kien Lung, with a translation and Notes. London, 1809, in-8.

1. * Le Code de la Nature, poëme de Confucius, traduit et commenté par le P. Parennin. Paris, Le Roy, 1788, in-8, pp. 127.

Par La Vicomterie.

« On trouve dans le » Journal des Savans « une curieuse analyse de ce poëme, signée Coqueley de Chaussepierre ». (Barbier.)

Inutile de dire que ce livre doit être classé parmi les ouvrages apocryphes.

— The Conquest of the Miao-tse. — An Imperial Poem by Kien Lung, entitled a Choral-song of Harmony for the First Part of the Spring by Stephen Weston, F. R. S., S. A., from the Chinese. London, C. & R. Baldwin, 1810, in-8, pp. 58 + 1 f. n. ch. + 6 pl.

Voir col. 367/370, 640, le chap. consacré aux Miao tseu.

Notice : *Quarterly Review*, IV, Nov. 1810.

Vend. Langlès (1382), Fr. 50. — Klaproth (812), Fr. 9.

— A Chinese Poem, inscribed on Porcelain, in the twenty-third year of the Cycle, A. D. 1776. With a double translation and notes. By S. Weston, F. R. S., F. S. A. London : Printed by C. Baldwin, 1816, in-8, pp. IV-14 + 3 Pl. de chinois.

— * A Specimen of Picturesque Poetry in Chinese, inscribed on a cup in the possession of Lady Banks, and dedicated to her Ladyship, by the translator Stephen Weston.

∴

— Extracts from the *Pih-mei-she-yung* « The Songs of a Hundred Beautiful Women ».

Ces extraits sont publiés dans le volume qui contient *Chinese Courtship*, de Thoms, pp. 249/280. — Voir col. 1760.

JOHN FRANCIS DAVIS.

— 解詩文漢 *Poeseos Sinensis Commentarii.* — On the Poetry of the Chinese. — By John Francis Davis, Esq.,... (From the *Transactions of the Royal Asiatic Society of Great Britain and Ireland*, Vol. II.) — London : Printed by J. L. Cox, 1829, gr. in-4, pp. 71 (chif. 73 par erreur).

Vend. Rémusat (633), Fr. 19.50. — Klaproth (808), Fr. 14.50.

Notice : *Jour. des Savans*, Oct. 1830, pp. 579/592, par Abel Rémusat.

— 解詩文漢 *Poeseos Sinensis Commentarii.* — On the Poetry of the Chinese, (from the *Royal Asiatic Transactions*) to which are added, Translations & Detached Pieces. — By John Francis Davis, F. R. S. &c. President for the East India Company in China. — Macao, China. Printed at the Honorable East India Company's Press, By G. J. Steyn and Brother. MDCCCXXXIV, in-8, 4 ff. n. ch. p. l. tit., tab., etc. + pp. 199.

On the Poetry of the Chinese (1-108). — Extracts from an unpublished Journal of the Embassy to Peking 1816 (109-151.) — 三國志 Translated Extracts from the History of the Three States (153-191). — Note on Homicides in China 1830 (193-198). — Ode (in cavernam ubi Camoens opus egregium composuisse fertur) (199).

Vend. Klaproth (809), Fr. 18.50.

— The Poetry of the Chinese. By Sir John Francis Davis, Bart., K. C. B., &c., late Governor of Hongkong. (*Chin. & Jap. Rep.*, Jan. & Feb. 1864, pp. 291-307, 323-343.)

— *Poeseos Sinicae Commentarii.* — The Poetry of the Chinese. By Sir John Francis Davis, Bart., K. C. B., F. R. S., — &c. New and augmented edition. — London : Asher and Co., 1870, in-4, pp. VII-88.

Cette édition ne contient pas les extraits du *San kouo tche* et l'Ode.

Notices : *Shanghai Evening Courier*, 22 Dec. 1870. — *The Phoenix*, I, pp. 17-19.

« John Francis Davis, the last link between the old and the new school of sinologists, between ancient and modern China, was born on the 16th of July, 1795, his father being an official of the East-India Company and a member of the mission sent to Tibet by Warren Hastings. When eighteen years old, Davis was appointed writer to the Canton Factory of the E. India Company; in 1816 with Robert Morrison, he went to Peking with Lord Amherst's unlucky embassy an account of which he left under the title : *Scenes in China, exhibiting the Manners, Customs, Diversions, and singular peculiarities of the Chinese... including the most interesting particulars in Lord Amherst's recent Embassy* (Lond., s. a., 12mo). In 1832, he became President of the Select Committee of the East-India Company at Canton, and he continued in that office till Lord Napier's Mission. When Napier died, in October 1834, Davis took his place as superintendent of the British trade at Canton. Later on, Davis, who had returned to England during the Opium War, replaced Sir Henry Pottinger (Feb. 1844) as chief superintendent of the British trade in China, and as Governor of Hongkong, which had just been ceded to Great Britain by the treaty of Nanking (29th Aug. 1842). During his administration, the Chusan islands were surrendered by the English to the Chinese. After some troubles with the Celestials (Fat-shan), Davis left China for the last time (1848) and settled near Bristol, where he died on the 13th November 1890 at Hollywood Tower, Westbury-on-Trym. In 1876, Davis was made a Doctor *honoris causa* of the Oxford University, where he founded a Chinese Scholarship the particulars of which I give :

Davis Chinese Scholarship. — « This Scholarship is awarded for proficiency in the Chinese language and literature. The stipend is £ 45 (after 1891 £ 40) a year, payable terminally. The Scholarship is open to all members of the University who, on the day of election, have not exceeded the twenty-eighth Term from their matriculation. The Scholar is elected by the Vice-Chancellor, the President of Corpus Christi College (or, if the President be Vice-Chancellor, the Senior Pro-Vice-Chancellor), and the Professor of Chinese, after an examination held by such persons as they may appoint for that purpose, the Professor himself being always one of the Examiners. The Scholarship is tenable for two calendar years from the day of election, provided the Scholar keep a statutable residence of not less than seven weeks in each term, Easter and Trinity Terms being reckoned as one, and pursue his studies in Chinese under the advice and Supervision of the Professor. If at the time of holding an election, the Electors do not think any of the candidates worthy of the Scholarship, they have power to postpone the election for any period not exceeding two years, and, in such an event, to grant the annual stipend of £ 50, or any less sum, under the name of an Exhibition, to any person who shall be certified to them as desirous of pursuing the Study of Chinese. The Exhibition is tenable during the period for which the election to the Scholarship shall have been postponed, and under the same conditions of residence and study as are applicable to the Scholarship.

Scholars :

1877 Arthur Anthony Macdonell, Corpus.
1879 William Henry Wilkinson, Balliol.
1881 William Coward Bradley, Queen's.
1884 Colin Campbell Brown, non-collegiate Student.
1886 Richard Henry Geoghegan.
1888 Henry Nickson Ross, Ch. Ch.
1890 Ernest Whitby Burt, non-collegiate Student.

Exhibitioners :

1883 Colin Campbell Brown, non-collegiate Student.
1885 Richard Henry Geoghegan, non-collegiate Student. »

Oxford University Calendar for the year 1891.

(JOHN FRANCIS DAVIS.)

(Henri Cordier, *T'oung Pao*, III, Dec. 1892, *Half a Decade*, pp. 535/7, et *Grande Encyclopédie*.) — Voir aussi G. Schlegel. *T'oung Pao*, I, fév. 1891, p. 419.

— Romance de Mou-lān, ou la Fille-soldat. — Ballade Ni-Kou-sse-fan, ou la Religieuse qui pense au Monde. — *Kouan-fou-youan.* Élégie sur la mort d'une épouse. — Le Village de Kiang. (Poésies chinoises, pub. par S. Julien, à la suite de l'*Orphelin de la Chine*, Paris, 1834 et dans le Vol. II des *Avadânas*.)

— Einleitende Bemerkungen über die chinesische Poesie, pp. v-xxiv de *Das Blumenblatt* du Dr. H. Kurz, 1836, in-8. — Voir col. 1760.

— *Pih Jin Ko*, or an Ode on Patience, with a translation and explanatory notes [by S. R. Brown]. (*Chinese Repository*, IX, May 1840, pp. 46/53.)

— The *Chwang yuen Yew heò she.* (*Asiatic Journal*, XXXVII, 1842, pp. 84/86.)

Voir EDUCATION, col. 1430.

離騷 LI SAO.

— Das *Li-sao* und die neun Gesänge. Zwei Chinesische Dichtungen aus dem dritten Jahrhundert vor der Christlichen Zeitberechnung. Von Dr. August Pfizmaier, wirklichem Mitgliede der Kaiserlichen Akademie der Wissenschaften. — (Aus dem III. Bande der Denkschriften der Philosophisch-historischen Classe der Kaiserlichen Akademie der Wissenschaften besonders abgedruckt.) Wien, aus der k. k. Hof- u. Staatsdruckerei, MDCCCLII, in-fol., pp. 32.

— 離騷 — Le *Li-Sao* Poème du IIIe Siècle avant notre ère. Traduit du Chinois accompagné d'un commentaire perpétuel et publié avec le texte original par le Marquis d'Hervey de Saint-Denys. Paris, Maisonneuve, 1870, in-8, pp. LIV-66 sans le texte.

Dédicace à S. Julien. — Table. — Etude préliminaire, pp. IX-XLV. Vie de Kiu-youen extraite des Mémoires historiques de Sse-mathien, pp. XLVII-LIII. — Le Li-sao, pp. 1-66. — Texte chinois.

Ce poëme et la *Visite du Dieu du Foyer à Iu-Kong* (voir col. 727) sont les deux premiers poëmes de la collection dite « Elégies de Tsou ».

Notices : *China Review*, I, p. 60. — *The Phoenix*, I, pp. 178/9.

— The Sádness of Separation, or *Li sao.* By V. W. X. (*China Review*, VII, pp. 309/314.)

— The *Lî Sâo* Poem and its Author. By the Rev. Professor Legge, Oxford. (*Journ. Roy. Asiatic Soc.*, Jan. 1895, pp. 77/92.) — II. The Poem. (*Ibid.*, July 1895, pp. 571/599.) — The Chinese Text and Translation. (*Ibid.*, Oct. 1895, pp. 839/864.)

Il y a eu un tirage à part de chacune des trois parties.

Notice : *T'oung Pao*, VII, 1896, pp. 91/4, par G. Schlegel.

— * Kiu-youen. — Li Sao : grande poema cinese del III secolo a C. Trad. et commenti di Nino De Sanctis. Milano, Sonzogno, 1900, pp. 79.

Biblioteca universale, No. 273.

— Poésies de l'époque des Thang (VIIe, VIIIe et IXe siècles de notre ère) traduites du chinois pour la première fois avec une étude sur l'art poétique en Chine et des notes explicatives par le Marquis d'Hervey-Saint-Denys. Paris, Amyot, MDCCCLXII, in-8, pp. CXII-301,

Notices : Emile Montégut. La Poésie d'une vieille civilisation, *Poésies de l'époque des Thang*, traduites du chinois par M. d'Hervey de Saint-Denys. (*Revue des Deux Mondes*, 15 Mars 1863.) — *J. As.*, 6e Sér., Vol. VI, 1865, pp. 281/8, par Charles de Labarthe. — *J. des Savants*, Oct. 1864, pp. 579/613, par B. St. Hilaire. — *Le Correspondant*, 25 juin 1864, par Victor de Laprade.

— John Bowring. — Some Poems from the Chinese. (*N. C. Herald*, No. 62, 4 Oct. 1851.) — Words of Wisdom from the Chinese. (*Ibid.*, No. 95, May 22, 1852, et *Shanghae Alm., for 1853 & Miscel.* — Some Translations of Chinese Poetry. (*N. C. Herald*, No. 113, Sept. 25, 1852.)

Voir *Fraser's Magazine*, 1852.

— Ueber die Chinesische Verskunst. Von W. Schott. Aus den *Abhandlungen der Königl. Akademie der Wissenschaften zu Berlin 1857*. Berlin 1857, in-4.

— On the various forms in which poetry has been written among the Chinese, pp. 117/126 des *Proleg.* des *Chinese Classics* du Dr. Legge. Vol. IV, Part. I.

— Littérature. — De la Poésie orientale. N° I. Poésie chinoise. Par G. Pauthier, in-8, pp. 26.

Extrait de la *Revue Encyclopédique*, Février 1833. — Imprimerie de Lachevardière, rue du Colombier, n° 30.

— A Chinese Ballad, freely done into English Verse. By the Editor [Summers]. (*Chin. & Jap. Rep.*, Sept. 1863, pp. 129/132.)

— J. H. Plath. — Ueber zwei Sammlungen chinesischer Gedichte aus der Dynastie Thang, 1869, in-8. [Pages 195 à 256, München Akad., *Philos.-philolog. Cl.*]

— Chinese Verse. By C. T. Gardner. (*China Review*, I, pp. 248/254.)

— Die Elegische Dichtung der Chinesen von Dr. August Pfizmaier... Wien, 1887, Carl Gerold's Sohn, br. in-4, pp. 74.

Separatabdruck aus dem XXXVI. Bande der *Denkschriften d. Phil.-hist. Cl. d. kais. Akad. d. Wissenschaften.*

Voir PE LO-T'IEN, col. 675.

— Ein Gedicht Po Chü-i's und seine Uebersetzung durch Pfizmaier. (E. v. Zach, *Lexicog. Beit.*, II, pp. 114/130.)

— Тэнъ-ванъ-гэ, Китайская ода временъ династіи Танъ. Signé О. И. П., Péking, 1871. St. Pétersbourg, Imprimerie du Minist. des Voies de communication, 1874, in-8, pp. 10.

— Chinese Lyrics, by George Carter Stent. Read, June 5th, 1871. (*Jour. N. C. B. R. As. Soc.*, VII, 1871 & 1872, Art. IV, pp. 93/135.)

— Chinese Legends, by G. C. Stent. Read, June 12th, 1872. (*Ibid.*, Art. VIII, pp. 183/195.)

— G. C. S.[tent.] — Fanning the Grave. — The Wife tested. (*Shanghai Evening Courier & Shanghai Budget*, May 24, 1873.) — The Flute of Chang liang. — Crossing the Ferry or Pickaback Love. — Beautiful Snow. (*Ibid.*, June 14, 1873.) — The Enchanted tree. — Yang-kuei-fei (A Chinese Anacreontic). (*Ibid.*, 28 June 1873.) — Silken Meshes. — Dream-Music. (*Ibid.*, July 19, 1873.) — The death of « Yang kuei-fei ». — The Chain Puzzle. (*Ibid.*, July 26, 1873.) — Chang Pan Po or Queen Mi's Devotion. (*Ibid.*, Aug. 9, 1873.) — The Grave of Yang kuei-fei. (*Ibid.*, Aug. 23, 1873.) Buried alive. — The Stone Lions of Lu-kou Bridge. — The Skeleton trees or the Suicides' haunt. (*Ibid.*, Sept. 19, 1874.) — Legend of the Ching Dynasty. (*Ibid.*, Sept. 26, 1874.) — Race for a Throne. (*Ibid.*, Jan. 14, 1875. — Yu-chi's death. — The Emperor's tree. (*Ibid.*, Jan. 28, 1875.) — The Moving Fir. (*Ibid.*, Feb. 18, 1875.) — The Insects' Prophecy or the death of King *Pa*. (*Ibid.*, Feb. 25, 1875.)

— « Fanning the Grave and the Wife tested » by G. C. Stent. Shanghaï. — Printed and Published by Da Costa & Co., at the « Ching-Foong » Printing office, 1873, Price 50 cents Mex. Br. in-8, pp. 12.

Tirage à part de deux pièces *supra*.

— Meng Cheng's Journey to the Great Wall. By G. C. S.[tent.] (*China Review*, III, pp. 114/119, 149/158.)

— The Illness, Death and Funeral Obsequies of Mr. Locust. By G. C. S.[tent.] (*Ibid.*, pp. 312/316.)

— G. C. Stent. Dame Kuo's Visit to Hsi-ting fair. (*The Far East*, I, No. 1, 1876, pp. 15/17.) — Don't marry a Widow. (Freely rendered into English from the Chinese. (*Ibid.*, I, No. 2, 1876, pp. 34/37.) — Inverted Facts. (*Ibid.*, No. 5, 1876, pp. 123/5.) — Murder will out. (*Ibid.*, II, No. I, pp. 9/11.)

— The Jade Chaplet in twenty-four Beads a collection of songs, ballads, &c. (From the Chinese) by George Carter Stent MNCBRAS. London, Trübner, 1874, in-8, pp. VIII-166.

Une partie des morceaux de ce recueil avaient déjà paru : Fanning the Grave (No. 3) ; the Wife tested (No. 4) ; Crossing the Ferry or Pickaback Love (No. 11) dans le *Shai. Courier* & le *Shai. Budget* ; Jen kuei's Return (No. 12) en brochure [Voir au Théâtre] ; the Twelve months many Stories (No. 10) avait été lu à la *N. C. B. R. Asiatic Society*, le 5 juin 1871 [Vide *supra*] ; the Azalea (No. 22) avait paru dans *The China Review*, II, pp. 80 et seq.

— Entombed alive and other Songs, Ballads, &c. (from the Chinese). By George Carter Stent... London, William H. Allen & Co., 1878, in-8, pp. VIII-252.

— Chinese Poetry. A Lecture delivered at Shanghai. By W. H. Medhurst. (*China Review*, IV, pp. 46/56.)

— 廻文詩 *Houei wen chi* of Paardensprong-Doolhof op een stuk zijde gestikt door Sou-Jô-lan echtgenoote van Teou-t'ao, Gouverneur van Ts'in-tcheou, onder de regeering van Fu-Kien, vorst van het Rijk Ts'in (A. D. 357-385). Met eene metrische vertaling en historische Aanteekeningen uitgegeven door G. Schlegel. [Leiden, E. J. Brill], br. in-8, pp. 15.

Ext. *Bijd. T.-L. en Volk. v. Ned. Ind.*, D. XI. 1876, pp. 161/175. — Mayers, *Manual*, 619, SU HWEI, 蘇蕙. — SU JŎ-LAN, 蘇若蘭, *The Phoenix*, II, p. 57.

— Un labyrinthe chinois par le Dr G. Schlegel. — Overgedrukt uit de *Bijdragen tot de taal-, land- en Volkenkunde van Nederlandsch-Indië*, 1883. — S'Gravenhage, Martinus Nijhoff. 1883, br. in-8, pp. 4.

Bijd. Taal-, L. Volk. Ned. Ind., *Zesde Int. Cong. Orient. Leiden*, *Taal en Letterkunde*, 1883, pp. 261/4.

老翁自嘆廻文詩

— Poem of the emperor Han Wu-ti, B. C. 109, and the History of Shang Sheng and Ch'ü sheng. By J. Edkins. (*China Review*, XV, pp. 285/288.)

— On the Poets of China during the Period of the Contending States and of the Han Dynasty by J. Edkins, D. D. (*Jour. Peking Oriental Society*, Vol. III, N. 4, pp. 201/239.)

— Li T'ai-po. By J. Edkins, voir col. 673.

— A Mongol Giant. By Herbert A. Giles. (*Journ. C. B. R. A. S.*, XXI, N. S., 1886, pp. 110/112.)

— The Pleasance of O-Fang. By H. A. Giles Esq. (*Chin. Rec.*, XVII, Nov. 1886, pp. 416/7.)

« Built by the famous » First Emperor «, soon after his accession to power, B. C. 246. The following description is from the pen, and evidently from the imagination, of Tu Mu the poet, who flourished A. D. 803-851. »

— Chinese Matrimony in Poetry. By W. Jennings. (*China Review*, XVI, pp. 99/104.)

— Chinese Riddles and Puns. By W. J. (*Ibid.*, XVIII, No. 2, pp. 128/129.)

— Muk lan's parting. A ballad. By W. Stanton. (*Ibid.*, XVII, No. 3, pp. 171/172.)

Époque des T'ang. — Voir S. Julien, col. 1793.

— Un poëte chinois du XVIIIe siècle. — Yuan Tseu-Ts'ai, sa vie et ses œuvres. Par Camille Imbault-Huart, Vice-Consul de France. (*Journ. C. B. R. A. S.*, N. S., Vol. XIX, Part II, 1884, Art. I, pp. 1/42.)

— La Poésie Chinoise du XIVème au XIXe siècle. Extraits des poètes Chinois, traduits pour la première fois, Accompagnés de notes littéraires, philologiques, historiques et de notices biographiques. Par C. Imbault-Huart, Vice-Consul de France, etc., Paris, Ernest Leroux, 1886, in-18, pp. xxxiii-93.

Forme le Vol. XLVI de la *Bibliothèque orientale elzévirienne*.
Notice : *China Review*, XV, pp. 134/135. Par E. J. E[itel.].

— Poésies modernes traduites pour la première fois du chinois, accompagnées du texte original, et d'un commentaire qui en explique les principales difficultés, par C. Imbault-Huart, Consul de France... Peking, Typ. du Pei-t'ang [et] Paris, E. Leroux, 1892, in-8, pp. viii-167.

Ces poésies sont extraites de l'œuvre poétique de Yuan Tseu-ts'ai.

— Morgenländische Anthologie Klassische Dichtungen aus der sinesischen, indischen, persischen und hebräischen Literatur. Uebersetzt von Ernst Meier. — Leipzig, Bibliograph. Instit., s. d. [1886 ?], in-8, pp. 256.

— Poesi cinesi tradotte da Giovanni Bindi. Pistoia, Fratelli Bracali, 1888, in-16, pp. 40.

— Beiträge zur chinesischen Poesie, in metrischen Uebertragungen, mit Einleitung, Commentaren und den Originaltexten. Von Dr. Carl Adolf Florenz. (*Mitth. d. Deutsch. Ges. f. Nat. u. Völkk. Ostasiens in Tokio*, Heft 42, Juli 1889, pp. 43/68.)

(Divers.)

— La Poésie Chinoise par C. de Harlez, membre de l'Académie royale de Belgique, Bruxelles, F. Hayez — 1892, br. in-8, pp. 51.

Ext. des *Bul. de l'Ac. royale de Belgique*, 3me série, t. XXIV, n° 8, 1892, pp. 161/209.

— La Poésie chinoise. Préceptes et modèles par C. de Harlez. Paris, E. Leroux, 1893, pet. in-8, pp. 120.

Les pp. 1/89 forment les pp. 161/209, 142/178 des *Bulletins de l'Académie royale de Belgique*, 3me série, t. XXIV, n° 8, 1892 et t. XXV, n° 2, 1893.

— Essai de Rythmique chinoise. Par Raoul de la Grasserie. (*Revue de linguistique*, XXVI, 15 juillet 1893, pp. 183/212.)

— Chinese Poet y in English Verse. By Herbert A. Giles. (*Nineteenth Century*, XXXV, 1894, pp. 115/125.)

— 古今詩選 Chinese Poetry in English Verse by Herbert A. Giles M. A.; LL. D. (Aberd.) Professor of Chinese at the University of Cambridge. London, Bernard Quaritch, 1898, in-8, pp. 212.

Imp. par E. J. Brill à Leide. — Depuis les *Odes* (*Chi-king*) jusqu'au 18e siècle.

E. H. Parker.

— Chinese Poetry. By E. H. Parker. (*China Review*, XIV, p. 226.)

— Rhymes. By E. H. Parker. (*Ibid.*, XV, p. 53.)

— Chinese Poetry. By E. H. Parker. (*Ibid.*, pp. 239/240.)

— A Ballad. By E. H. Parker. (*Ibid.*, p. 373.)

— Poems of the T'ang Dynasty. By E. H. Parker. (*Ibid.*, XVI, p. 40.)

— Chinese Poetry. By E. H. Parker. (*Ibid.*, p. 162.)

— Ancient Poems. (*Ibid.*, pp. 286/7.)

— Cantonese Nursery Rhymes. By C. J. S. (*Ibid.*, XXI, No. 5, p. 349.)

— Chinese Nursery Rhymes. By Alfred J. May. (*Ibid.*, XXV, No. 6, pp. 272/9.)

— F. Kühnert. — Über den Rhythmus im Chinesischen. (*Sitzb. k. k. Ak. Wiss. Wien*, Bd. 134.) — Voir col. 1726.

— Zu Kühnert's : Über den Rhythmus im Chinesischen. (E. v. Zach, *Lexicog. Beit.*, II, pp. 109/113.)

— Blüthen Chinesischer Dichtung mit 21 reproducirten chinesischen Original-Pinselzeichnungen. Aus der Zeit der Han- und Sechs-Dynastie II. Jahrhundert vor Christus bis zum VI. Jahrhundert nach Christus aus dem Chinesischen metrisch übersetzt von A. Forke. Magdeburg, 1899, A. & R. Faber, in-8, pp. xvi-148.

Divisé en quatre parties : I. *Lieder* ; II. *Volkslieder und Lieder unbekannter Verfasser* ; III. *Balladen und Sagen* ; IV. *Ausgewählte Gedichte Li Tai-po's*.

Notice : *China Review*, XXIV, p. 160, par P. G. von Möllendorff.

(E. H. Parker.)

— The Poetry of the Chinese. By W. A. P. Martin, D. D., LL. D., President of the Imperial University, Peking, China. (*North American Review*, CLXXII, June 1901, pp. 853/862.)

— * Judith Gautier. — Quelques grands poètes chinois et la poétesse Ly-y-Hane. (*La Grande Revue*, 1901, IV, pp. 543/553.)

— * Frühlings-Flucht. Nach dem Chinesischen des Li-tai-po (699-762). Uebers. von Anna Bernhardi. (*Westermanns Mitth.*, XCVI, p. 579.)

— * P. Rheden. — Chinesisch-Deutsche Gedichte. Eine Zusammenstellung aus verschiedenen Quellen. Leipzig, 1903, in-8, pp. 59.

Part I : Literaturverzeichnis ; Allgemeines ; Auszüge aus Tscheng Ti Tong.

— Nächtliche Fahrt auf dem Pei-ho. Vom Prinzen Ch'un, dem Vater des Kaisers Kuang-hsü. Uebersetzt vom W. Cohn-Antenorid. (*Der Ferne Osten*, Bd. 1, Heft I, p. 12.)

Ouvrages divers.

— Principium Libri *Siao vl lvn* 小兒論 seu Origines Sinicae. (Bayer, *Museum Sinicum*, II, pp. 259/266.)

— Fragments of Oriental Literature, with an Outline of a painting on a curious China-Vase... By Stephen Weston... London : Printed for the Author, by S. Rousseau, 1807, in-8, pp. XXVII-152.

— Chinese Tables of Merits and Errors. (*Jour. Ind. Arch.*, Vol. II, N. S., pp. 210/220.)

Extrait de l'*Indo-Chinese Gleaner*, 1821.

— Über einige der neuesten Leistungen in der Chinesischen Litteratur. Sendschreiben an Herrn Professor Ewald in Göttingen von Dr. Heinrich Kurz. Paris, in der Königlichen Druckerei, 1830, in-4, pp. 19.

Voir col. 1714.

— The Great Political and Literary Encyclopaedia of Ma-twan-lin. (*The Asiatic Journal*, Vol. VII, pp. 110, 177 et 301.)

— Notice de l'Encyclopédie littéraire de Ma Touan-lin 考通獻文 *Wen hian thoung khao* par M. Klaproth. (*Nouv. J. As.*, X, 1832, pp. 4/38, 97/137.)

Tirage à part, in-8, Paris, Imp. Roy., 1832, pp. 78.

« Cette notice a paru en anglais dans les cahiers de février, mars et avril de l'*Asiatic Journal* de Londres. Nous la reproduisons ici revue par l'auteur et complétée par l'extrait du sommaire de la neuvième section du *Wen hian thoung k'hao*, qu'on a oublié d'imprimer à Londres. »

Notice : *J. des Savans*, Sept. 1832, pp. 572/3.

— Notice de la grande Encyclopédie chinoise, intitulée : *Kou kin thou chu*, par Klaproth. (*Journ. As.*, IX, 1826, pp. 56/58.)

— *Poo Nang Che tsàng sin* ; a supplementary Sack of Wisdom, new and improved edition, in 10 vols. small octavo. By Scholasticus. [C. Gützlaff.] (*Chin. Rep.*, X, pp. 450 [lire 550]/560.)

— The *Yung Yuen Tsiuen Tsih* 榕園全集 or Complete Collection of the Garden of Banians.

« The Collection of the Garden of Banians is a fancy title given to a collection of essays, prefaces, memoranda, prayers, edicts, and poems, written by Li Lan-king, a native of Fuhchau fu in Fuhkien, and the prefect of Sz'ngan fu 思恩府 in Kwangsi in 1826 », p. 341 de la description de cet ouvrage par S. W. Williams dans le *Chin. Rep.*, XX, pp. 340/341 ; voir aussi *Ibid.*, p. 41.

— J. H. Plath : Ueber die Sammlung Chinesischer Werke der Staatsbibliothek aus der Zeit der D. Han u. Wei (*Han Wei thsung schu*), 1868, in-8, pp. 60.)

Voir Wylie's *Notes*, pp. 209/210.

— J. H. Plath : Die 4 grossen chinesischen Encyclopädien der K. Staatsbibliothek. (*Sitzung der philos. philol. Classe* vom 7. Januar 1871, pp. 83/154.)

— Ueber einige Chinesische Schriftwerke des siebenten und achten Jahrhunderts n. Chr. von Dr. A. Pfizmaier. Wien, 1879, br. in-8, pp. 82.

Sitzb. phil.-hist. Cl. k. Ak. Wiss., XCII. Bd., p. 127 ; Jännerheft 1879.

— Curiosities of Street Literature in China. A Lecture by W. H. Medhurst Esq. Shanghai, 1871. — Printed at the office of « The Shanghai Evening Courier », br. in-8, pp. 38.

Notices : *The Cycle*, 8 April 1871. — *Shanghai News Letter*, 11 April 1871.

— Jules Arène. — La Chine familière et galante. Paris, Charpentier, 1876, in-18, pp. 288.

Il a été tiré de cet ouvrage 17 exemplaires sur papier de Chine.

— Jules Arène. — La Chine familière. Deuxième édition. Paris, Charpentier, 1883, in-18, pp. IV-III-288.

— Jules Arène. Nécrologie par Henri Cordier. (*T'oung Pao*, IIe Sér., Vol. IV, 1903, pp. 256/257.)

Né à Sisteron (Basses-Alpes) 22 mai 1850 ; † dans cette ville 19 juin 1903.

— Inscriptions on red paper, pictures etc. on Chinese Street Doors. From a Work in Manuscript. By J. J. M. de Groot. (*China Review*, IX, pp. 20/28.)

— A Song to encourage thrift. By G. M. H. Playfair. (*Ibid.*, XII, pp. 320/322.)

— Celestial Humour. Selections from the « Hsiao lin Kuang » 笑林廣 [lire *Siáo lin kouang ki* | | | 記] or Book of Laughter, and Reminiscences of personal narrations. By G. Taylor. (*Ibid.*, XIV, pp. 81/90.)

— Heroes and Villains in Chinese Fiction. An Episode from the 粉粧樓. By G. Taylor. (*Ibid.*, XV, pp. 29/37.)

— A Chinese Encyclopaedia. By Herbert A. Giles. (*Time*, A Monthly Magazine, No. 43, Oct. 1882, pp. 753/764.)

— Gustav Schlegel. — Philippica des Chinesen Tan-iok-po gegen den Kapitän der Chinesen Li-ki-thai. (*T'oung Pao*, I, Avril 1890, pp. 29/40.)

— On Chinese Signboards and House-Sentences. By Gustav Schlegel. (*Ibid.*, Août 1890, pp. 118/136.)

— A Discourse on Bad Luck. Translated from the Cantonese Colloquial. By W. G. B. (*Chin. Rec.*, XXI, No. 3, March 1890, pp. 112/118.)

— How a Man's Life was Lengthened. (A Translation from the Cantonese Colloquial.) By G. A. T. (*Ibid.*, XXII, Jan. 1891, pp. 12/14.)

— *Biblioteca Universal* — Coleccion de los Mejores Autores Antiguos y Modernos nacionales y extranjeros — Tomo CXI — *Modelos de Literatura China* — Version castellana de R. Vega Armentero y A. Hidalgo de Mobellan. Madrid, 1886, in-16, pp. 175.

— A Manual of Chinese Quotations, being a translation of the *Ch'êng yü k'ao* (成語考), with the Chinese Text, Notes, Explanations and an Index for easy reference. By J. H. Stewart Lockhart, Registrar General, Chairman of the Board of Examiners in Chinese, Hongkong, F. R. G. S., M. R. A. S. — Hongkong: Kelly & Walsh, 1893, in-8, pp. IV + 1 f. n. c. + pp. 425 + pp. lxxxiii pour l'index.

Notices : *China Review*, XX, pp. 333/4, par E. J. E.[itel.] — *Ibid.*, XXI, No. 3, pp. 205/207, par E. H. P.[arker.] — *Ibid.*, No. 6, pp. 405/412 ; par Herbert A. Giles.

— The Reviewer reviewed or Mr. Lockhart's Reply to Mr. Giles' Review of the *Manual of Chinese Quotations*. By J. H. Stewart Lockhart. (*China Review*, XXII, No. 1, pp. 476/485.)

— Mr. Lockharts' *Manual of Chinese Quotations*. By Herbert A. Giles. (*China Review*, XXII, No. 2, pp. 547/551.)

— Some moot points in the Giles-Lockhart Controversy. By E. H. Fraser. (*Ibid.*, pp. 544/547.)

— Some moot points in the Giles-Lockhart Controversy by G. Schlegel. (*T'oung Pao*, VIII, No. 4, Oct. 1897, pp. 412/430.)

— A Manual of Chinese Quotations being a Translation of the *Ch'êng Yü K'ao* (成語考) With the Chinese Text, Notes, Explanations and English and Chinese Indices for Easy reference by J. H. Stewart Lockhart... H. B. M's Commissioner, Wei-hai-wei — Hongkong, Kelly & Walsh, 1903, in-8, pp. VIII-645-CXVII.

Notice : *Chin. Rec.*, sept. 1903, pp. 464/5, par S. Isett Woodbridge.

— VARIÉTÉS SINOLOGIQUES n° 8. — Allusions littéraires Première Série par le P. Corentin Pétillon, S. J. — Premier fascicule Classifiques 1 à 100 — Chang-hai. Imp. de la Mission catholique à l'Orphelinat de T'ou-sè-wè. — 1895, in-8, pp. v-255 + 1 f. n. ch.

Notices : *T'oung Pao*, VIII, 1897, pp. 223/6, par G. Schlegel. — *China Review*, XXI, No. 6, p. 417, par L. — *China Review*, XXII, No. 1, pp. 491/2, par E. H. Parker.

— VARIÉTÉS SINOLOGIQUES n° 13. — ... Second fascicule Classifiques 102 à 213 — Ibid., 1898, in-8, pp. 257 à 561.

Notices : *T'oung Pao*, IX, 1898, pp. 235/240, par G. Schlegel. — *China Review*, XXIII, No. 2, pp. 116/118, par E. W. T. — *China Review*, XXIII, No. 3, p. 183, par E. H. P.[arker.].

— Notes sur la Littérature en Chine. Par Alexandre Ular. (*La Revue Blanche*, XX, 1899, pp. 13/28.)

— Notes on some Chinese Chap-books. By P. J. Maclagan. (*China Review*, XXII, No. 6, pp. 782/786 ; XXIII, 163/167.)

— Chinese Literature comprising the Analects of Confucius the Shi-king the Sayings of Mencius the Sorrows of Han and the Travels of Fâ-hien with critical and biographical Sketches by Epiphanius Wilson, A. M. Limited edition de Luxe. The Colonial Press London, Paris, New York, s. d. [1902], in-8, pp. VII + 1 f. n. ch. + pp. 302.

Couverture extérieure enluminée, avec le titre : « Literature of the Orient. Byzantine Edition. Edited. Grouped & Classified With Introductions & Translations by Sir Edwin Arnold Max Müller, LL. D. René Basset, Ph. D. Richard Gottheil Ph. D. & other Oriental Scholars. Epiphanius Wilson Literary Editor Clarence Cook Art Editor. The Colonial Press. London. Paris. New York. » — Tiré à 500 exemplaires. — Trois grav. : Confucius, Empress Dowager of China, Page from the Kan-Djouo.

The Analects of Confucius, translated into English by William Jennings, p. 3. — The Sayings of Mencius, translated into English by James Legge, p. 97. — The Shi-king, Metrical translation by James Legge, p. 123. — The Travels of Fâ-hien, translation by James Legge, p. 205. — The Sorrows of Han, translated into English by John Francis Davis, p. 281.

— Pearls from Chinese Literature. (*East of Asia*, I, No. 2, pp. 103 et 114.)

— Cantonese Love-Songs Translated with Introduction and Notes by Cecil Clementi, M. A. Late Demy of Magdalen College, Oxford, Member of the Land Court for the New Territory, Hongkong. Oxford, at the Clarendon Press, 1904, in-8, pp. 151.

« The author of the Cantonese Songs, which were published probably in 1828. A. D., was Chiû Tsz-yung, 招子庸, a prefect of Tsheng-chau 青州, who lived under the present dynasty in the reign of the Emperor Tô Kwong, 道光 (1821-1851 A. D.). But, although the fathers of the present generation of Cantonese were contemporaries of the author, his life is hidden in obscurity. » (Introd.)

— 粵謳, in-8, pp. 201.

Préf. et Texte chinois des chants, pp. 1/138. — Index, pp. 139/201.

Printed by Noronha and Co. Hong-kong.

Notices : *The Athenaeum*, June 17, 1905. — *Lond. & China Express*, May 5, 1905. — *T'oung Pao*, Mai 1905, pp. 240/2, par Ed. Chavannes. — *Jour. Roy. Asiatic Soc.*, April 1905, pp. 427/430, by S. W. B.[ushell.] — *The Times Weekly Ed. Lit. Sup.*, Feb. 23, 1906.

— In Chinese Dreamland. By Herbert A. Giles. (*Nineteenth Century*, April 1904, pp. 576/584.)

— The New Literature in China. By Rev. J. Darroch, Shanghai. (*Chin. Rec.*, XXXV, Nov. 1904, pp. 559/566; Dec. 1904, pp. 610/622.)

Read before the China Student Club of Shanghai, May 1904.

Littérature périodique.

— *Gazette de Peking*, voir col. 538-539.

— Periodical Literature : Chinese Almanacs; Imperial Court Calendar; the provincial Court Circular of Canton; the Peking Gazette; with remarks on the condition of the Press in China. By E. C. Bridgman. (*Chin. Rep.*, V, May 1836, pp. 1/12.)

Consulter cet article sur la Gazette de Peking dont un numéro entier (Janv. 30 et 31, 1836) est traduit.

— The Chinese Almanac. (*N. C. Herald*, No. 71, Dec. 6, 1871.)

— Chinese Newspapers. (*Ibid.*, June 9, 1877.)

En réponse à un article du *Times* publié avec le même titre et réimp. dans le même numéro du *N. C. Herald*.

— Vernacular Newspapers in the East. (*The Far East*, Vol. II, No. 2, pp. 44/45.)

— La Presse Chinoise par Henri Cordier. (*Jour. des Débats*, 15 Sept. 1879.)

— La Presse européenne en Chine. Par Henri Cordier. (*Revue de l'Ext. Or.*, I, 1882, No. 1, pp. 121/128.)

— The European Press in China. [By Henri Cordier.] (*London & China Express*, Vol. XXIV, No. 965, 3 feb. 1882.)

— La Presse européenne en Chine. Par P. de Lucy-Fossarieu. (*Mém. Soc. Et. jap. et chin.*, IV, 1885, pp. 156/8.)

D'après l'article de H. Cordier dans le *London and China Telegraph*.

— Translations from Chinese Newspapers. (*China Review*, XIII, pp. 87/90.)

— Das Zeitungswesen in China. Von F. Hirth. (*Oesterr. Monatsschr. f. d. Orient*, Jan. 1881, pp. 7/8.)

— Die chinesische Presse (1881). (*Chinesische Studien*, von Fried. Hirth, I. Bd., 1890, pp. 209/212.)

— La Presse en Chine. Par A. A. Fauvel, ex-officier des douanes chinoises. (*Moniteur universel*, 23 nov. 1884.)

— Le Journal et le Journalisme en Chine Par M. Imbault-Huart, Consul de France. (*Bul soc. Géog. Com.*, XV, 1892/3, pp. 37/65.)

— Le Journal et le Journalisme en Chine Par M. Imbault-Huart, Consul de France. — Conférence faite à la 1re Section de la Société de Géographie commerciale. (Extrait du Bulletin. Tome XV. N° 1.) Paris, 1893, br. in-8, pp. 31.

Notice par Guillaume Depping, *Journal Officiel*, 28 juillet 1893.

— La Presse chinoise. Par C. Imbault-Huart. (*La Nature*, No. 630, 27 juin 1885.)

— Zeitungswesen in China. (*Oesterr. Monatsschr. f. d. Orient*, 1893, pp. 79/80.) — D'après Huart.

— * The Chinese Newspaper Press. (*The Times of India*, 8 sept. 1885.)

— La Presse chinoise. Par Tcheng-ki-tong. (*Revue illustrée*, Paris, 1er avril 1891.) Avec fig.

— Les Journaux en Chine. Par Ignace Mangin, S. J. (*Études religieuses*, T. 81, 1899, pp. 248/253.)

— The Native Press in Shanghai : Our Relation to it and how we can utilize it. By Rev. A. P. Parker, D. D. (*Chin. Recorder*, Dec. 1901, pp. 578/589.)

Read before the Shanghai Missionary Association.

— Les Journaux chinois. Par J. Shuinling et C. Hsingling. (*Revue des Revues*, 1er fév. 1901, pp. 299/308.)

Facsimilés. — Les auteurs sont fils de Yû-Keng, Ministre de Chine à Paris.

— [Journaux chinois de Chine.] (*Bul. Ecol. franç. Ext. Orient*, II, No. 4, pp. 413/4.)

— [Journaux chinois.] (*Ibid.*, III, No 1, Janv.-Mars 1903, pp. 135/6.)

— L'Affaire du *Sou-Pao*. (*Bul. Comité Asie française*, août 1903, par R. C. [de Caix], pp. 326/330; sept. 1903, p. 391; déc. 1903, pp. 557/8.)

— Il Giornalismo nel Nord della Cina. (Studio del sig. cav. Cesare Poma, R. Vice-Console a Tientsin.) [Roma, 1903 — Tip. Nazionale di G. Bertero e C.] br. in-8, pp. 12, 5 fig.

Estratto dal *Bollettino Ufficiale del Ministero di agricoltura, industria e commercio*.

— Le « Wei-pao », Journal de Zi-ka-wei — Note du F. Van Hée. (*Relations de Chine*, janvier 1906, pp. 31/6.)

Proverbes.

— Voir Cibot, col. 1429.

— *Hao Ki'eou tchouan* (trad. anglaise de 1761, *supra* col. 1755).

— Recueil de Proverbes et d'Apophthegmes chinois. (*Han kiou choaan*, Lyon, 1766, IV, pp. 121/243.) — Voir col. 1755.

Tiré pour la plus grande partie de Du Halde et des écrits des Missionnaires.

— Букварь кѣтаиской состоящей изъ двухъ китайскихъ книжекъ, служитъ у Китайцевъ для начальнаго обученія малолѣтныхъ дѣтей основаніемъ. Писанъ на стихахъ и содержитъ въ себѣ много Китайскихъ пословицъ. Перевелъ съ Китайскаго и Манжурскаго на Россійской языкъ прозою Надворный Совѣтникъ Алексѣй

Леонтїевъ. St. Pétersbourg, 1779, in-8, pp. 49.

— * Proverbes et Apophtegmes chinois comparés avec les proverbes des autres peuples par M. Levesque. A Paris, Didot, 1796, in-18.

Collection des Moralistes anciens. — Voir col. 1429.

— On trouve dans la *Chrestomathie mandchou*, de Klaproth (1828), pp. 195/210, la traduction française de :

— *Ming Hian Dsĭ*, ou Collection de Proverbes et de maximes, traduits du Chinois en mandchou (174 proverbes).

各賢集 — Le texte mandchou est donné, *ibid.*, pp. 5/23.

— *Hien-Wun-Shoo.* — Chinese Moral Maxims, By John Francis Davis. Voir col. 1429.

— Proverbs and Metaphores drawn from nature in use among the Chinese. (*Chinese Rep.*, VII, pp. 321/327.

— R. Thom, *Chinese Speaker*, pp. 90 et seq. : Extrait du *Kea Paou Tseuen Tseih.*

— Sinesische Sprüchwörter und Maximen. (Neumann, *Zeit. f. d. K. d. Morg.*, Vol. II, No. 20, pp. 74/77.)

— Il y a dans « Notes & Queries », Series I, X, p. 294, une liste par F. M. Middleton des qq. (6) proverbes chinois qui étaient exposés à l'exposition de Londres en 1851.

— On trouvera de nombreux proverbes chinois dans *Capt. Pidding's Chinese Olio.*[1]

— Quelques Proverbes Chinois, pp. 85/88 des *Dialogi latino-sinenses*, Hokien, 1864. — Voir col. 1644.

— Chinese Proverbial Philosophy. (*Chinese & Jap. Rep.*, Aug., Sept., Oct., Nov., 1865, pp. 395/8, 444/6, 488/490, 539/540.)

— On trouvera dix-neuf (19) proverbes chinois traduits en anglais dans *The Hankow Times*, Oct. 26, 1867.

— Chinese Proverbs. (*The Cycle*, 30th July 1870.)

— 中國俗語 Proverbes Chinois, recueillis et mis en ordre par Paul Perny, M. A. de la Congrégation des Missions étrangères. Paris, Firmin Didot frères, fils & Cie. 1869, pet. in-12, pp. 135 s. l. préf. et la table.

Notice : *J. des Savans*, 1869, pp. 575/6.

— Chinese Proverbial Philosophy. By Rev. A. E. Moule. (*Chin. Rec.*, V, 1874, pp. 72/77.)

— Chinese Proverbs and their Lessons. By Alfred Lister. (*China Review*, III, pp. 129/138.)

— La troisième partie du *Vocabulary* (Vol. II) de Justus Doolittle contient un grand nombre de proverbes :

II. — 400 Proverbs and Plain or Metaphorical Terms. By Rev. C. C. Baldwin, D. D., p. 178.

XXIX. — Over 200 Proverbs from Ningpo. Rev. Arthur E. Moule, p. 323.

XLII. — Proverbs and Phrases in Five Languages. The Chinese, French and Latin of these Sentences taken chiefly from Perny's Chinese Proverbs, and from Stanley's Chinese Manual. Translation in German by Rev. F. Ohlinger, p. 402.

XLVIII. — Proverbs from Tientsin, p. 438.

LIII. — Proverbs in Chinese and English. Chinese Text from Perny's « Proverbes Chinois ». English Translation from the Chinese by H. J. Allen, Esq. (1) On Heaven. (2) On Study. (3) On the Brevity of Life. (4) Discretion in Words. (5) On Education. (6) On Evil Speaking. (7) On Woman. (8) On Forethought. (9) On Good Counsels. (10) On Friends. (11) On Gratitude. (12) On Goods. (13) On Adversity. (14) On Capital Vices. (15) On Parents. (16) On Judging. (17) On Prudence. (18) On Patience. (19) On Wisdom and Virtue. (20) On Union and Diligence, p. 478.

LIV. — Miscellaneous Proverbs in French, Chinese and English. The French and Chinese Texts are from Perny's Proverbes Chinois. The English Translation is from the Chinese by H. J. Allen, Esq., p. 483.

LV. — Book Phrases and Proverbs used by Preachers. Translated and arranged by C. Schmidt, Esq. I. Classical Phrases. II. Ancient Sayings and Proverbs, p. 491.

LXX. — Metaphorical and Proverbial Sentences. Selected and arranged by the Editor, p. 562.

LXXXV. — Foochow, Shanghai and Tientsin Proverbs. Collected and Translated by the Editor, p. 675.

— A Collection of Chinese Proverbs, translated and arranged by William Scarborough, Wesleyan Missionary, Hankow. With an Introduction, Notes, and Copious Index. Shanghai : American Presbyterian Mission Press. 1875, in-8, pp. XXVI-478.

Notices : *S. Courier & China Gaz.*, 29 July 1875. — *Chin. Rec.*, VI, 1875, pp. 301/2. — Cet ouvrage contient 2,720 proverbes.

— Proverbes [en Chine]. Par Henri Cordier. (*Polybiblion*, Juin 1877.)

Extrait de la *Bibliotheca Sinica.*

— Chinese Proverbs. (*China Review*, IX, p. 255.)

— The Wisdom of many and the Wit of one. (*Ibid.*, X, p. 222.)

— Popular Sayings. (*Ibid.*, XI, p. 57.)

— A few Cantonese Sayings. (*Ibid.*, XIII, p. 118.)

— Chinese Proverbs in the Amoy vernacular, romanized. (*Ibid.*, XV, pp. 298/300.)

---

1. — *Captain Pidding's Chinese Olio, and Tea Talk.* « La Chine seule peut faire connaître la Chine. » — Père Amiot. No. 1. To Trade Subscribers, with Supplement, 10s. per Annum. London, Thursday, May 2, 1844. Price 2d. Stamped for Post, 3d. in-4 à 2 col., pp. 8.

Pub. hebdomadaire. — Ce premier numéro contient :

— Address to Friends and Readers [*sig.* John Rhodes Pidding, Hon. E. I. C.'s late Service] P. 1

— The Chinese Olio :

Chinese Theory of the Creation of the World, and the Origin of Government	2
Chinese Proverbs	2
Government of China, and Order of Succession	3
Medical Science in China	4
Desperation and Ferocity of Chinese Wars	4
Chinese Scriptural Illustrations	5
Translation of an Ink-maker's Shopbill	5
On the China Trade	6

— Tea Talk :

Weekly View of the Tea Markets	7
Comparative Statement of London Imports, Deliveries and Stock	8
To the Tea Trade	8

Le dernier numéro de l'ex. que nous avons examiné, celui du British Museum, porte le No. 57, London, Thursday, May 29, 1845.

On formait des séries de quatre numéros brochés dans une couverture jaune avec titre spécial, par exemple : Part I. Price 8d. Captain Pidding's [*koua*] Chinese Olio and Tea Talk. [Epigraphe — et *Contents* de la série.] London : Published for the Proprietor, by George Berger, 19 Holywell-Street, Strand... May 1844.

Ce recueil a publié quelques articles d'assez longue haleine, par ex. : *Life of Candida Hiu, Memoirs of the Life of Confucius, The Golden Mean, History of the Wars* [against the Eleuths], etc.

— Chinese Proverbs. By M. Schaub. (*China Review*, XX, No. 3, pp. 156/166.)

Voir col. 371.

— Proverbes and dictons chinois. Par Kwong ki chiu. (*Rev. Brit.*, 1882, N. S., V, pp. 404, 436, 498; VI, pp. 386; 1883, I, p. 118.)

Voir col. 1646.

— The Proverbs and Common Sayings of the Chinese. By Rev. Arthur H. Smith. Chinese Prophecies. (*Chin. Recorder*,... Vol. XVI, pp. —/326; XVII, May 1886, pp. 187/191.)

— The Proverbs and Common Sayings of the Chinese. By Arthur H. Smith, North China Mission of the American Board. Shanghai: American Presbyterian Mission Press, 1888, in-8, pp. 2/384.

Sauf les 50 dernières pages, a paru dans le *Chinese Recorder*, de 1882 à 1886. — Tiré à 100 exemplaires.

Notices: *Chin. Rec.*, XIX, No. 10, Oct. 1888, pp. 481/487, by Rev. Y. K. Yen. — *China Review*, XVII, No. 1, p. 55, par E. J. E.[itel.]

— * A. H. Smith. — Proverbs and Common Sayings from the Chinese, together with much related and unrelated matter, interspersed with Observations on Chinese things in general, new and revised edition. Shanghai, 1902, gr. in-8, pp. xxxvi-374.

— A Chinese Proverb about Ship's Crews. By F. H.[irth.] (*Journ. C. B. R. A. S.*, N. S., XX, 1885, p. 187.)

— Chinese Proverbial Sayings. By Wong Fan. (*China Review*, XX, No. 6, pp. 381/391.)

— Cantonese Apothegms. By H. J. Stevens. (*Ibid.*, XXV, No. 6, pp. 290/3.)

— Hsing-hua (Fuh-Kien, China) Proverbs and Sayings by F. Ohlinger. (*T'oung Pao*, 2e Sér., II, No. 4, Oct. 1901, pp. 269/273.)

— Die Weisheit auf der Gasse Chinas (Sprichwörter) und sprichwörtliche Redensarten der Chinesen von Ferd. Heigl. Voir col. 106.

— Chinesische Sinnsprüche 諺語蕞話 Von Bruno Navarra, Verfasser von « China und die Chinesen ». — Heidelberg, Carl Winter, s. d. [1904], in-8, pp. vii-79.

Sur la couverture extérieure: *Chinesische Sinnsprüche* [figure] *Confucius*.

— Proverbes chinois — Dictons populaires sur la pluie et le beau temps recueillis au Kiang-nan. (*Relations de Chine*, juillet 1905, pp. 580/4; à suivre).

Consulter:

— S. W. Williams, *Middle Kingdom*.

— Prémare, *Notitia linguae Sinicae*.

— *Mém. conc. les Chinois*, X, p. 148.

(Proverbes.)

Histoire littéraire proprement dite.

— J. F. Reimanni Hist. lit. Babyloniorum et Sinensium. Voir col. 1411.

— T. Spizelii de re lit. Sin. Commentarius. Voir col. 1412.

— Sur la Littérature chinoise. (*Recueil de l'Ac. des Insc.*, Hist., V, 1729, pp. 312/319.)

Par Fourmont.

— Idée de la Littérature chinoise en général, et particulièrement des historiens et de l'étude de l'histoire à la Chine. Par M. de Guignes. (*Rec. de l'Ac.*, Mém., XXXVI, 1774, pp. 190/238.)

— Abhandlung über die alte Literatur der Chinesen. (Klaproth, *As. Mag.*, II, pp. 90/104, 192/211, 491/557.)

— Bibliotheca Sinica. (*Indo-Chinese Gleaner*, 1820-1822):

To the Editor, pp. 157/160. — No. I. 明心寶鑑 *Ming sin paou këen*, i. e. a precious mirror to reflect light on the heart, or the mirror of the mind, pp. 160/165. (No. V, August, 1818.)

Letter, pp. 200/1. — No. II. 西方公據 *See fang kung keü*, i. e. « Publ'c Proofs from the West »; intimating that the work contains the common evidences of the religion of Fûh, or Buddah, pp. 201/8. (No. VI, Oct. 1818.)

Letter, pp. 28/9. — No. III. 聖諭廣訓 *Shing-yu Kwang-hiun*, i. e. « An Amplification of the Shing-yu », pp. 29/36. (No. VII, Jan. 1819.)

Letter, p. 88. — No. IV. 三字經 *San-tsze-king*, i. e. « the three character Classic ». (No. VIII, April 1819, pp. 88/94.)

Letter, pp. 159/161. — No. V. 征製律曆淵源 *Yu che leüh leih yuen yuen*, or the profound sources of numbers and of music, composed by Imperial auth°rity. (No. IX, July 1819, pp. 161/2.) — No. VI. 三才圖會 *San tsae too hwuy*, a collection of plates, in the three departments of knowledge, viz. Heaven, Earth, and Man. (*Ibid.*, pp. 162/3.)

No. VII. 高厚蒙求 *Kaou how mung kew.* (No. X, Oct. 1819, pp. 219/220.)

Letter, pp. 270/1. — No. VIII. 論語 *Lun-yu*, « Discourses, or Dialogues ». (No. XI, Jan. 1820, pp. 271/279.)

No. IX. 佩文韻府 *Pei-wăn-yun-foo*, Dictionary of Quotations, arranged according to the Chinese Sounds and Tones. (No. XII, April 1820, p. 339.)

Letter, p. 379. — No. X. 中庸 *Chung-yung*, « the due Medium ». (No. XIII, July 1820, pp. 279/391.)

Letter, pp. 453/454. — No. XI. 大學 *Ta-heŏh*, i e. « the great Science ». (No. XIV, Oct. 1820, pp. 455/460.)

Letter, pp. 77/80. — No. XII. 孟子 *Mang-tsze* or the works of the Philosopher Mang. (No. XVI, April 1821, pp. 80/92.)

Letter, pp. 147/8. — No. XIII. 功過格 *Kung-kwo-kih*, i. e. « Merits and Errors scrutinized », or a set of tables in which to record and balance the good and evil actions of every day and year. (No. XVII, July 1821, pp. 148/165.)

Letter, pp. 255/6. — No. XIV. 天然和尙同住訓格 *Teen jen Ho shang Tung chu heun kih*, i. e. « Rules for those who live together ». (No. XIX, Jan. 1822, pp. 256/265.)

(Histoire littéraire proprement dite.)

Nous avons indiqué la plupart de ces ouvrages dans le corps du nôtre, mais nous avons pensé qu'il serait intéressant d'en donner la liste générale ; ils sont du Rév. William Milne qui a rédigé presque en entier l'*Indo-Chinese Gleaner*, et il a signé les lettres du pseudonyme de TOO-YU (ver de livre).

Il y a un ex. complet de l'*Indo-Chinese Gleaner* dans ma Bibliothèque particulière ; celui de l'Ecole des Langues orientales de Paris offre quelques imperfections. Ce dernier a appartenu successivement à Abel Rémusat, 85 fr., à S. Julien, et au Mis. d'Hervey St. Denys.

— Lettre au Rédacteur sur l'état et les progrès de la littérature chinoise en Europe, par J. P. Abel Rémusat. (*Jour. As.*, Nov. 1822, pp. 279/292, et *Mél. As.*, II, pp. 19/32.)

— Origine e Progresso dello Studio delle Lingue Orientali in Italia. Memoria di Francesco Predari. Milano, Tipografia di Paolo Lampato, MDCCCXLII, gr. in-4, pp. 59 + 2 ff. prél. pour la préf., + 1 f. pour la table.

— Le siècle des Youên ou Tableau historique de la Littérature chinoise depuis l'avénement des empereurs Mongols jusqu'à la restauration des Ming par M. Bazin, Professeur de chinois à l'école des langues orientales. Paris, Imprimerie nationale, MDCCCL, in-8, pp. 514.

Avant-Propos. — Première Partie : Langue savante. Notices bibliographiques sur les principaux monuments de la langue savante, extraites du Catalogue abrégé de la Bibliothèque impériale de Peking, et traduites du chinois. — Deuxième Partie : Langue commune. Notices et extraits des principaux monuments littéraires de la dynastie des Youên. — Troisième partie : Notices biographiques sur les Auteurs.

— Cet ouvrage avait d'abord paru dans le *Jour. As.*, 4e Sér., Vol. XV (1850) ; Vol. XIX (1852).

Notice : *N. C. Herald*, No. 363, July 11, 1857, by Anglo-Sinensis.

— Lettre à M. Robert Thom, Consul d'Angleterre, à Ning-po, adressée par Stanislas Julien, Paris, 10 Mai 1844. (*Jour. As.*, IVe S., T. III, pp. 417/423.)

Voir *Jour. As.*, Juillet 1834, pp. 64 et seq., et *Culture de Muriers*, par S. Julien, Avert., pp. XVI-XVII.

— W. Schott. — Entwurf der chinesischen Literaturgeschichte. (*Sitzb. k. preuss. Ak. Wiss. Berlin*, 1849, pp. 377/9.)

— Entwurf einer Beschreibung der chinesischen Litteratur. Eine in der königl. preuss. Akademie der Wissenschaften am 7. Februar 1850 gelesene Abhandlung von Wilhelm Schott. Berlin. Ferd. Dümmler's Verlag. 1854, in-4, pp. 126.

— Einiges Ergänzende zur Beschreibung der chinesischen Litteratur. Von W. Schott. (*Sitzb. k. preuss. Ak. Wiss. Berlin*, 1888, pp. 1045/1051.)

Tirage à part, pp. 7.

— Chinese Authors under the Tartar Dynasty by J. E.[dkins.] (*N. C. Herald*, No. 350, 11 April 1857.)

— Recent Criticism of the Chinese ancient Books by J. E.[dkins.] (*Ibid.*, No. 359, 13 June 1857.)

— On the Present State of Science, Literature, and Literary Criticism. By J. E. [Rev. Joseph Edkins, B. A.] Reprinted from the *North China Herald* of March 1857. (*Ch. & Jap. Rep.*, Nos. 1 et 2, 1863, pp. 29/32, 63/69.)

— Матеріалы по Исторій Китайской Литературы. — Лекцій, читанния заслужится профессоромъ. С. Петерб. В. П. Васильевимъ... gr. in-8, pp. 387 lithog.

— Bibliotheken in China. (*Zeit. f. Allg. Frd.*, Août 1860.)

— G. Schlegel. — Chineesche Letterkunde in England. (*Bataviaasch Handelsblad*, 10 & 24 Dec. 1866.)

— Chinese Libraries, by J. C. (*China Review*, II, pp. 318/9.)

— * Chinese Libraries. By Axon. (*The Library Journal*, New-York, —.)

— Libraries in the Far East by Professor R. K. Douglas Assistant Keeper of Printed Books, British Museum. Read at the Ninth Annual Meeting of the Library Association, held in London, 1886, and Reprinted from the *Library Chronicle* for May-June 1887. London : Dryden Press, 1887, pièce in-4, pp. 8.

— Encyclopédies chinoises. (Perny, *Dict.*, App. VIII, pp. 94/95.)

— Les Principaux Historiens chinois. (*Ibid.*, App. XI, pp. 111/124.)

— Beiträge zur Kenntniss der neuesten Chinesischen Literatur. Von C. Arendt. (*Mitt. Deutsch. Ges. Nat. u. Völkk. Ostasiens*, Bd. I, Heft 8, Sept. 1875, pp. 37/39; Bd. II, p. 25.)

— Parallels in Greek and Chinese Literature. By C. Arendt. (*Journ. Peking Orient. Soc.*, I, No. 2, 1886, pp. 29/60.)

— Supplement to Mr. Arendt's Paper on Parallels in Greek and Chinese Literature. (*Ibid.*, No. 5, pp. 199/202.)

Dr. Martin and Dr. Edkins.

— Early Chinese Literature. By A. Terrien de Lacouperie. (*Academy*, 28th July, 1888.)

— Chinese Books and Book-Makers. (*Book-Lore*, III, 133.)

HERBERT A. GILES.

— Gems of Chinese Literature. By Herbert A. Giles H. B. M. Vice-Consul, Shanghai.... London : Bernard Quaritch. Shanghai :

Kelly & Walsh. — 1884, pet. in-8, pp. xv-254.

Chou and Ch'in Dynasties (6th to 2nd Century B. C.) : K'ung Fu-Tzŭ. — Tso-Ch'iu Ming. — Lieh Tzŭ. — Ku-liang Shu. — Yang Tzŭ. — Chuang Tzŭ. — Ch'ü P'ing. — Sung Yü. — T'an Kung. — History of the Contending States. — Meng Tzŭ-Hsün Tzŭ. — Li Ssŭ. — *Han Dynasty* (200 B. C. to 200 A. D.) : Ssŭ-ma Ch'ien. — Kao Ti. — Wên Ti. — Ch'ao Ts'o. — Wu Ti. — Tung-fang So. — Ssŭ-ma Hsiang-ju. — Prince of Chung-shan. — Li-ling. — Lu Wên-shu. — Shu Kuang. — Ku-Yung. — Ma Yüan. — Pan Chieh-Yü. — *Six Dynasties, &c.* (200 A. D. to 600 A. D.) : Wei Ming Ti. — Liu Ling. — T'ao Yüan-ming. — *T'ang Dynasty* (600 A. D. to 900 A. D.) : Chang Yuëh. — Chang Chi. — Li T'ai-Pŏ. — Tu Fu. — Han Wên-Kung. — Liu Tsung-Yüan. — Wang Ch'ang-ling. — Li Hua. — Liu Yü-hsi. — Pŏ Chü-yi. — P'ei Lin. — T'ang Wu Tsung. — *Sung Dynasty* (960 A. D. to 1200 A. D.) : Ssŭ-ma Kuang. — Ou-yang Hsiu. — Su Tung-P'o. — Wang An-shih. — Chou Tun-I. — Huang T'ing-Chien. — Yo Fei. — Chu Hsi. — Wên T'ien-hsiang. — *Yüan and Ming Dynasties* : Liu Yin. — Liu Chi. — Fang Hsiao-Ju. — The Lady Chang. — The Lady Chang. — Tsung Ch'ên. — Wang Tao-K'un. — Hsü Hsieh. — *Miscellaneous* : Proverbs, Household Words, &c. — *Index*.

Notices : *Academy*, Nov. 3, 1883. — *Derby Mercury*, Nov. 14, 1883. — *Glasgow Herald*, Nov. 27, 1883. — *London & China Telegraph*, Nov. 22, 1883. — *The Tablet*, Dec. 1, 1883. — *The World*, Dec. 5, 1883. — *The Scotsman*, Dec. 13, 1883. — *Morning Post*, Jan. 10, 1884.

— An attempt to burn Books during the T'ang dynasty. By H. A. Giles. (*Journ. C. B. R. A. S.*, XX, N. S., 1885, p. 279.)

— A History of Chinese Literature by Herbert A. Giles, M. A., LL. D. (Aberd.) Professor of Chinese in the University of Cambridge, and late H. B. M. Consul at Ningpo — London, William Heinemann, MCMI, in-8, pp. VIII-448.

Forme le Vol. X de *Short Histories of the Literatures of the World*, Edited by Edmund Gosse, LL. D.

Notices : *T'oung Pao*, Oct. 1901, pp. 292/4, par Henri Cordier. — *Revue des Deux Mondes*, 15 avril 1901, pp. 937/946, par T. de Wyzewa. — *Jour. R. As. Soc.*, July 1901, pp. 587/592, par S. W. Bushell. — *China Review*, XXV, pp. 207/210, par J. Dyer Ball. — *Lond. & China Express*, Jan. 25, 1901.

— The Never-ending Wrong And Other Renderings of the Chinese from the Prose Translations of Professor Herbert A. Giles Author of « The History of Chinese Literature », etc. By L. Cranmer-Byng. London Grant Richards 1902, in-8, pp. 133.

Traduit pour la majeure partie des *Gems* et de la *Hist. of Chinese Lit.* de Giles.

HENRI CORDIER.

— Notes pour servir à l'histoire des études chinoises en Europe, jusqu'à l'époque de Fourmont l'aîné par Henri Cordier. (*Nouveaux Mélanges orientaux...* par les Prof. de l'Ecole des Langues orientales... Paris, 1886, pp. 397/429.)

— Mourier Amateur-Sinologue Danois par Henri Cordier Professeur à l'Ecole des Langues Orientales Vivantes, à Paris. (*Mélanges Charles de Harlez*, Leyde, 1896, pp. 239/250.)

Correspondance avec Klaproth (1801-1804). — Tirage à part, in-4.

— Fragments d'une Histoire des Études chinoises au XVIIIe siècle par Henri Cordier Professeur à l'École des langues orientales vivantes. — Extrait du *Centenaire de l'École des langues orientales vivantes*. — Paris, Imprimerie Nationale — MDCCCXCV, gr. in-4, pp. 75, pl.

Tiré du *Centenaire*, pp. 223-293.

Notice : *Jour. Roy. As. Soc.*, Jan. 1896, pp. 236/7, par T. W. [atters.]

— La littérature chinoise contemporaine. Par Henri Cordier. (*Revue Encyclopédique Larousse*, 17 Mars 1900, No. 341, pp. 214/217.)

(HERBERT A. GILES. — HENRI CORDIER.)

— Edouard Chavannes. — Du rôle social de la littérature chinoise. — Leçon d'ouverture faite au Collège de France le 5 décembre 1893. Paris, aux bureaux de la *Revue Bleue*, 1893, br. in-8, pp. 31.

On lit au verso du faux-titre : « Extrait de la *Revue bleue* du 16 décembre 1893. »

Voir *Revue bleue*, 16 déc. 1893, pp. 774/782.

— Les livres chinois avant l'invention du papier par Édouard Chavannes. — Extrait du Journal Asiatique (Janvier-Février 1905). Paris, Imprimerie nationale — MDCCCCV, in-8, pp. 75.

— Les livres chinois avant l'invention du papier, par Edouard Chavannes. (*Journal Asiatique*, Xe Sér., t. V, Janv.-Fév. 1905, pp. 5/75.)

— Pratique des examens littéraires en Chine... par Etienne Zi. — Voir col. 546.

— The Literature of China. By John Fryer. (*The University Chronicle*, University of California, Berkeley, Vol. IV, 1901, pp. 164/175.)

Read before the Philological Association of the Pacific Coast, at Mark Hopkins Institute, Dec. 28, 1900.

— W. Grube. — Die klassische Litteratur der Chinesen. (*Deutsche Rundschau*, 1901, Vol. C, pp. 348 seq.)

— Geschichte der chinesischen Litteratur. Von Dr. Wilh. Grube. Leipzig, C. F. Amelang, 1902, in-8, pp. XII-467.

Forme le Vol. VIII de : *Die Litteraturen des Ostens in Einzeldarstellungen*.

Notices : *Revue Critique*, 20 avril 1903, pp. 301/3, par Ed. Chavannes. — *T'oung Pao*, sér. II, Vol. IV, No. 4, Oct. 1903, pp. 355/7, par Henri Cordier.

— Die wichtigsten chinesischen Reformschriften vom Ende des neunzehnten Jahrhunderts. Vortrag, gehalten in der Sektion für Central- und Ostasien des XIII. internationalen Orientalisten-Congresses zu Hamburg am 6. September 1902 von Dr. O. Franke. (*Bul. Ac. Imp. Sc. St. Pétersb.*, 1902, Oct., T. XVII, No. 3), gr. in-8, pp. 13.

Notice : *Bul. Ecole franç. Ext. Orient*, Oct.-Déc. 1903, pp. 718/720, par P. Pelliot.

∴

(DIVERS.)

— ACADÉMIE, Bazin, col. 211.

— Projet d'une Académie européo-chinoise. Lettre adressée à M. Drouyn de Lhuys, Prés. de la Soc. d'Acclim. Par Paul Perny, Ancien provicaire apostolique de Chine. (*Bull. Soc. Zool. Acclim.*, IIIe Sér., I, 1874, pp. 726/727.)

St. Cloud, 26 nov. 1874. — Cf. *App.* du Dict. de Perny, col. 1609.

Bibliographie.

— * Variorum Librorum Chinensium Bibliotheca sive libri, qui nunc primum ex China seu regno Sinarum advecti sunt. Amstelodami, C. Nicolai, 1605.

Ternaux-Compans, No. 934.

— Adrien Baillet écrit dans les *Jugemens des Savans*, MDCCXXII, Vol. II, dans le chapitre consacré à « quelques Catalogues de Livres tant de Libraires que des Bibliothèques particulières », à la page 137 : De la Chine. « On imprima à Amsterdam en 1605, le Catalogue des livres qu'on avoit transporté pour la première fois du Royaume de la Chine avec leur Encre et leur grand Papier. Ceux qui croyent s'y connoître prétendent que c'est quelque chose de fort curieux. »

— Catalogue des autheurs qui ont faict l'histoire de la Chine.

« Ivan de Barros. En ses Decades Orientales.

Dom Iuan de Torrès. Du Royaume de Mogor.

Iuan de la Cruz. Histoire de la Chine.

Gaspar de la Cruz. La mesme histoire.

Fr. Iuan de Mendoça. L'histoire de la Chine.

Diego de Pantoia. *Narratio sociorum in Sinam penetrantium.*

Idem. *De religionis processu apud Sinenses.*

Nicolaus Trigaucius. *De Christiana expeditione apud Sinas à societate Iesu suscepta.* »

(P. 459 de l'*Histoire* de Maldonado, 1622.) [Voir col. 20.]

— Catalogue des livres chinois apportés de la Chine, par le P. Foucquet Jesuite en l'Année 1722.

Bib. nat., Ms. latin 17175 : 50 pages in-folio chiffrées, formant les ff. 93/117 du Ms. — Voir col. 1069.

— Copie d'une partie de ce même Catalogue, à la suite du précédent, ff. 118/139 du Ms. 17175.

La lettre suivante du P. Foucquet forme le f. 140 du Ms.

Lettre du R. P. Fouquet jesuite du 8 Avril 1723, aujourd'huy Evêque d'Eleutheropolis, demeurant en la Maison *de Propaganda fide* à Rome.

« J'ay lu, Monsieur, ce Catalogue avec soin, et j'y ai corrigé une trentaine de noms chinois qui n'étoient pas écrits exactement, à la 48e Page *Tcien kaia* est un nom erré, *kaia* n'est point un mot chinois, je l'ai marqué d'un [*sic*] croix ; ne pouvant à ce moment me rappeller la correction qu'il y faut faire ; si la chose en valoient la peine, je l'écrirois de Rome : je voudrois pouvoir trouver en ce pays, quelque occasion de repondre à vos bontez ; honorez m'y de vos ordres. Oserois je vous supplier de presenter mes profonds respects à Mr. l'Abbé Bignon, et vous assurer vous meme que je suis avec la plus respectueuse reconnoissance, Monsieur, vostre tres humble et tres obeissant serviteur en N. S.

Fouquet de la Compagnie de Jesus.

Maison Professe, le 8 Avril 1723.

Apres midy. »

Le British Museum possède également un Catalogue de ces livres ; voir le Cat. de R. K. Douglas, p. 332 et notre chap. *Religion*, col. 1069.

— Pinelo. — Epitome de la Bibliotheca oriental y occidental. (Voir notre Préf., p. VIII, note 7.)

— Catalogus librorum Bibliothecae regiae sinicorum.

A la suite de la *Grammatica* de Fourmont, voir col. 1659.

— Gottlieb Heinrich Stuck's K. P. Kommissionsraths und Kämmerers der Stadt Halle Verzeichnis von ältern und neuern Land und Reisebeschreibungen. Ein Versuch eines Hauptstücks der geographischen Litteratur mit einem vollständigen Realregister, und einer Vorrede von M. Iohann Ernst Fabri. Halle, 1784, in-8, pp. XVI-504.

— Meusel. *Bibliotheca historica.* (Voir notre Préface, p. IX, note 1.)

— Notice des ouvrages élémentaires manuscrits, sur la langue chinoise, que possède la Bibliothèque nationale. Par L. Langlès, conservateur des Manuscrits orientaux. Br. in-8, pp. 13 s. l. n. d.

Ext. du *Magasin Encyclopédique*, 1800, II, pp. 189/199.

— Mémoire sur les livres chinois de la bibliothèque du roi, et sur le plan du nouveau catalogue dont la composition a été ordonnée par S. Ex. le Ministre de l'Intérieur ; Avec des Remarques critiques sur le Catalogue publié par E. Fourmont, en 1742. Par M. Abel-Rémusat. Paris, Le Normant, 1818, in-8, pp. 60.

Extrait des *Annales Encyclopédiques*, 1817.

— Sur les livres chinois de la bibliothèque du Roi. (*Mél. As.*, II, pp. 372/426.)

Critique du Catalogue de Fourmont, voir *supra*.

— Abel-Rémusat, bibliographe par Henri Cordier. (*T'oung Pao*, 2e Sér., III, No. 2, Mai 1902, pp. 109/118.)

Cat. du fonds chinois de la Bibliothèque du Roi.

— Dans le IIIe Vol. de l'*Historical Account of Discoveries* de Hugh Murray (1820), il y a pp. 487-513 un Appendice contenant une liste de travaux relatifs à l'Asie. On y trouvera les titres plus ou moins inexacts de quelques ouvrages sur la Chine.

— Verzeichniss der Chinesischen und Mandshuischen Bücher und Handschriften der Königlichen Bibliothek zu Berlin verfasst von Julius Klaproth. — Herausgegeben auf Befehl Seiner Majestät des Königes von Preussen — Paris, in der Königlichen Druckerei, 1822, in-folio, pp. VIII-188-68.

Abel-Rémusat, *J. des Savans*, Mai 1824, pp. 276/288 et *Mél. As.*, II, pp. 352/371. — Vend. Langlès (1052), Fr. 45.

— Verzeichniss der Chinesischen und Mandschu-Tungusischen Bücher und Handschriften der Königlichen Bibliothek zu Berlin. Eine Fortsetzung des im Jahre 1822 erschienenen Klaproth'schen Verzeichnisses. Von Dr. Wilhelm Schott... Berlin. Gedruckt in der Druckerei der

Königlichen Akademie der Wissenschaften, 1840, in-8, pp. IV-120.

«La collection de livres chinois qui existe à la Bibliothèque royale de Berlin, se compose d'acquisitions faites à différentes époques. Le premier fonds d'ouvrages de cette espèce, formé d'environ trois cents volumes, fut acheté dans les établissemens de la Compagnie hollandaise des Indes orientales, et particulièrement à Batavia, d'après les ordres de l'électeur Frédéric-Guillaume-le-Grand, et par l'entremise de G.-E. Rumpfius, et d'André Cleyer. A. Müller en a rédigé un petit catalogue, ou plutôt une simple liste, qui a été imprimée en une feuille, mais qui est devenue très-rare, et dont on ne possède pas d'exemplaires à la Bibliothèque de Berlin. Le même auteur donna, en 1683, une deuxième partie de ce catalogue.» (Abel Rémusat, *Mél. As.*, II, p. 352.)

— Catalogue des livres, imprimés et manuscrits, composant la Bibliothèque de Feu M. Louis-Mathieu Langlès, Chevalier des Ordres de la Légion-d'Honneur et de St.-Waladimir, Administrateur-Conservateur des Manuscrits orientaux de la Bibliothèque du Roi... Dont la vente se fera le jeudi 24 mars 1825 et jours suivants, 6 heures de relevée, Maison Silvestre, rue des Bons-Enfants, n° 30... Prix 3 francs. A Paris, chez J.-S. Merlin, libraire, 1825, in-8, pp. xviij-558-LXXXIX-31.

Langlès, né à Péronne près de Mont-Didier, le 23 août 1763, † à Paris, le 28 janvier 1824.

— Notice historique sur la Vie et les Ouvrages de M. Langlès par M. Dacier, Sec. perp. — Lue dans la séance publique du 29 juillet 1825. (*Hist. de l'Ac. des Insc.*, IX, pp. 100/116.)

— Abel-Rémusat, *Nouv. Mél. As.*, II, pp. 316/324.

— Catalogue des livres, imprimés et manuscrits, composant la bibliothèque de feu M. J.-P. Abel-Rémusat. A Paris, chez J. S. Merlin. 1833, in-8, pp. 4-196.

Il y a des ex. en grand papier.

— Voir à la suite du Catalogue des médailles chinoises du Cabinet des antiques de Vienne, in-8, 1837 [col. 688] :

Eine Übersicht der Chinesischen und Japanischen Bücher der K. K. Hofbibliothek von Stephan Endlicher, pp. 115-138.

— Catalogue of the Chinese Library of the Royal Asiatic Society by the Rev. S. Kidd. London : Printed by John W. Parker, M.DCCC.XXXVIII, in-8, pp. 58.

500 Copies printed.

— Catalogue des Livres imprimés, des manuscrits et des ouvrages chinois, tartares, japonais, etc., composant la Bibliothèque de feu M. Klaproth. Prix 4 francs. Paris, R. Merlin, 1839, in-8, en deux parties, pp. XII-308. XII-80.

— Catalogue des livres et manuscrits Chinois, Mandchous, Polyglottes, Japonnais et Coréens, de la bibliothèque du Musée Asiatique, de l'Académie Impériale des Sciences, rédigé par M. Brosset, acad. extraord. 1840.

Ms. in-folio relié en veau; se trouve dans la Bib. du Musée asiatique de l'Ac. des Sciences de St. Pétersbourg. Le Cat. est divisé par classes et la prononciation des noms est donnée mais sans les caractères chinois. — La Bib. du Musée asiatique possède également un Cat. Ms. en plusieurs cahiers de ses livres en langues européennes; il y en a parmi eux quelques-uns relatifs à la Chine. Cette Bib. comprenait [Oct. 1880] 2983 volumes chinois et japonais.

— Rapport à l'Académie Impériale des Sciences, sur la Bibliothèque chinoise du Musée asiatique; par M. Brosset (lu le 27 novembre 1840), br. in-8, pp. 22.

Tiré du *Bulletin scientifique publié par l'Ac. Imp. des Sciences de St.-Pétersbourg*, T. VIII. No. 15.

«L'origine de cette bibliothèque remonte aux premières années de la fondation de l'Académie des Sciences. Un article inséré dans le *Journal von Russland*, de I. H. Busse, T. II, pp. 128/134, et continué pp. 216/221, 277/280, nous apprend que dès 1730, le résident russe envoyé près la cour de Pékin par l'Empereur Pierre Ier, transmit à St. Pétersbourg quelques livres chinois qu'il avait reçus des jésuites. Depuis lors les envois continuèrent, et se multiplièrent au point qu'en 1794, époque où parut l'article en question, le catalogue de nos livres chinois se composait de 202 ouvrages, formant 421 volumes et un total de 2800 cahiers. Ce catalogue, rédigé par Alexeï Léontief, parut en langue latine dans l'ouvrage intitulé *Museum Imperiale petropolitanum*, Pétersbourg, 1741, dont la plupart des exemplaires se perdirent dans l'incendie de 1747 : c'est de là que M. Busse fit la traduction allemande accompagnant son article.»

Voir sur la collection du Colonel Ladijenski un article de M. Frähn dans la *Petersburgische Zeitung* de 1853, no. 144.

— Каталогъ книгамъ, рукописямъ и картамъ, на китайскомъ, маньчжурскомъ, монгольскомъ, тибетскомъ и санскритскомъ языкахъ, находящимся въ Библіотекѣ Азіатскаго Департамента. St. Pétersbourg, 1843, in-8, pp. 102 s. la table.

Transcription russe des titres chinois, etc., avec des notes, par le Père Avvakoum.

— Le Père A. est † à St. Pétersbourg, le 10 mars 1866. Cf. H. Cordier, *Exp. de Chine 1857-58*, p. 405, note.

— Каталогъ книгамъ и рукописямъ на китайскомъ, маньчжурскомъ, монгольскомъ, тибетскомъ и санскритскомъ языкахъ, находящимся въ Библіотекѣ Азіатскаго Департамента. St. Pétersbourg, 1844. (Catalogue de livres, manuscrits, en langue chinoise, mandjoue, mongole, tibétaine et sanscrite, qui se trouvent à la bibliothèque du Département Asiatique du Ministère des Affaires étrangères.) St. Pétersbourg, 1844, in-8, lithogr.

Titres en chinois, mandchou, etc., correspondant aux titres du catalogue précédent.

— Ueber einen Katalog Ost-Asiatischer Bücher. Von W. Schott. (Erman, *Arch. f. Wiss. Kunde v. Russl.*, III. Bd., 1843, pp. 613/629.)

— Catalogue des Manuscrits et Xylographes Orientaux de la Bibliothèque Impériale de St. Pétersbourg. St. Pétersbourg, Imprimerie de l'Académie Impériale des Sciences. 1852. In-8, pp. XLIV-748. [Par B. Dorn.]

Ch. X : Manuscrits et Livres mandjoux, pp. 579/592. — XI : Manuscrits Chinois, pp. 593/619. — XX : Livres et Manuscrits mongols, pp. 619/620.

— Notice sur les ouvrages en langues de l'Asie orientale, qui se trouvent dans la Bibliothèque de l'Université de Saint-Pétersbourg, par M Wassiliev. (*Bul. Cl. hist.-phil. Ac. Imp. Sc. St. Pét.*, XIII, 1856, col. 226/236, 241/256, 290/298.)

Aussi *Mél. As.*, II, St. Pét., 1856, pp. 562/607.

— Livres et documents chinois et livres russes relatifs à la Chine des Bibliothèques et Musées de Saint-Pétersbourg et Moscou. Par G. Cahen. (*Bull. Ec. française Ext. Orient*, II, N° 3, Juillet 1902, pp. 288/293.)

— Notice des livres français, anglais, arabes, persans, sanscrits, chinois, etc., etc., composant la bibliothèque de feu M. le Contre-Amiral Dumont-d'Urville, dont la vente aura lieu les Jeudi 5, Vendredi 6 et Samedi 7 Janvier 1843... Paris, H. Labitte, 1842, in-8.

— *Bibliotheca Orientalis.* Manuel de Bibliographie Orientale. I. contenant : 1. Les livres arabes, persans et turcs imprimés depuis l'invention de l'imprimerie jusqu'à nos jours, tant en Europe qu'en Orient, disposés par ordre de matières ; 2. Table des auteurs, des titres orientaux et des éditeurs. [1859 articles.] Leipzig, Guillaume Engelmann, 1846. — II. contenant : 1. Supplément du premier volume ; 2. Littérature de l'Orient chrétien ; 3. Littérature de l'Inde ; 4. Littérature des Parsis ; 5. Littérature de l'Indo-Chine et de la Malaisie ; 6. Littérature de la Chine ; 7. Littérature du Japon ; 8. Littérature mantchoue, mongole et tibétaine ; 9. Table des auteurs, des titres orientaux et des éditeurs. [6972 articles.] Par J. Th. Zenker, Dr. Leipzig, Guillaume Engelmann, 1861, 2 vol. in-8.

Littérature de la Chine. I. Lexicographie : A. Dictionnaires (6637-6669). — B. Manuels de Conversation (6670-6676). — II. Grammaire (6677-6711). — III. Chrestomathies et Livres d'Instruction (6712-6721). — IV. Philosophie morale et politique (6722-6763). — V. Histoire et Géographie (6764-6805). - VI. Productions poétiques (6806-6835). — VII. Traductions de la Bible et Catéchismes (6836-6846). — VIII. Mélanges (6847-6867). — *Littérature Mantchoue, Mongole et Tibétaine.* I. Ouvrages Mantchous (6919-6931). — II. Ouvrages Mongols (6932-6956). — III. Ouvrages tibétains (6957-6972).

On lit p. VI de la Préf. du 2e Vol. : « Le troisième volume de mon ouvrage, que je prépare maintenant pour la presse, contiendra un catalogue des ouvrages relatifs à l'histoire, à la géographie, à la philosophie, etc., de l'Orient, et ceux que j'ai omis dans les deux premiers volumes comme n'appartenant proprement ni à la philologie, ni à la littérature de l'Orient. »

Zenker est mort le 28 juin 1884.

— Bibliographia historica portugueza ou Catalogo methodico dos auctores portuguezes, e de alguns estrangeiros domiciliarios em Portugal, que tractaram da historia civil, politica e ecclesiastica d'estes reinos e seus dominios, e das nacoes ultramarinas, e cujas obras correm impressas em vulgar ; onde tamben se apontam muitos documentos e escriptos anonymos que lhe dizem respeito por Jorge Cesar de Figaniere, Official da Secretaria de Estado dos Negocios Estrangeiros... Lisboa, Na Typographia do Panorama. 1850, in-8, pp. VIII-349.

— *Chinese Repository* : List of Works upon China. (Voir notre Préf., p. VII, note 3.)

— Bibliographie. Catalogue des principaux ouvrages relatifs à la Chine. (Bazin, *Chine moderne*, II, pp. 657/672.)

Ce travail, peu digne de Bazin ordinairement fort exact, comprend une liste de 316 ouvrages arrangés chronologiquement de 1477 à 1852 qui paraît avoir été compilée sans soin, à la hâte. (Voir notre Préf., p. VIII, note 5.)

— Catalogus van Boeken, Plaatwerken en Kaarten, over de Nederlandsche Bezittingen, zoo vroegere als tegenwoordige in Azie, Afrika en Amerika, en over de landen, die daarmede in betrekking staan, als : Japan, China, enz... Frederik Muller, te Amsterdam. (October 1854), br. in-8.

— Bibliothèque des Ecrivains de la Compagnie de Jésus... par Augustin de Backer. (Voir notre Préface, p. IX, note 7 et col. 849.)

— Catalogue des livres français, allemands, anglais, italiens, grecs, latins et orientaux imprimés et manuscrits de la collection de livres chinois et des peintures et dessins faits en Chine et dans l'Inde composant la bibliothèque de feu M. Charles Henry Bailleul ancien inspecteur en chef de l'imprimerie et de la librairie de France dont la vente aura lieu le lundi 30 Juin et les jours suivants jusqu'au 19 juillet, à 7 1/2 du soir. Paris, H. Labitte, 1856, in-8.

— Catalogue of the London Mission Library. Shanghai, 1857, in-8, pp. 102. [By A. Wylie.]

Presque tous les articles sont annotés ; on trouvera, pp. 23/81, le Catalogue des « Chinese Books presented to the London Missionary Society by W. Lockhart Esq. » — Rare.

Voir *infra*, col. 1830.

— The Bibliographer's Manual of English Literature containing an account of rare, curious and useful books, published in or relating to Great Britain and Ireland, from the invention of Printing ; with bibliographical and critical notices, collations of the rarer articles, and the prices at which they have been sold by William Thomas Lowndes. New edition, revised, corrected and enlarged; with an appendix relating to the Books of Literary and Scientific Societies by Henry G. Bohn. In Six volumes. London, Henry G. Bohn, 1864, 6 vol. in-8.

Cette éd. de Lowndes ne contient guère plus de 75 ouvrages sur la Chine dispersés sous les titres : *Chine, Weston, Morrison, &c.*

— Chinese Bibliography : By D. J. Macgowan, M. D., Ningpo. Letter to the Secretary, read before the Society, March 16th, 1858. (Art. III, *Journ. of the N. C. B. R. A. S.*, No. II, May 1859, pp. 170/175.)

— Notice de bons livres français, anglais, allemands, persans, indiens et chinois dont la vente aura lieu le lundi 15 Octobre 1860 et jours suivants, à 7 heures du soir rue des Bons-Enfants, 28, Maison Silvestre. Par le Ministère de Me Peynaud... Paris, H. Labitte, 1860, in-8, pp. 32.

Livres appartenant à G. Pauthier.

— Catalogue des livres de linguistique et d'histoire relatifs à l'Orient (Arabes, persans, sanskrits, indiens et chinois), la plupart rares et précieux, provenant de la bibliothèque de M. G. Pauthier membre de la Société asiatique de Paris dont la vente aura lieu le mardi 7 Juin 1870 et les quatre jours suivants à huit heures précises du soir Rue des Bons-Enfants, 28 (maison Silvestre) Salle N° 1 par le ministère de Me Delbergue-Cormont... Paris, Adolphe Labitte, 1870, in-8, pp. 67.

— Bibliothèque chinoise. — Catalogue des livres chinois composant la bibliothèque de feu M. G. Pauthier. Paris, Ernest Leroux, 1873, in-8.

Ce catalogue de vente est précédé d'une notice biographique sur M. G. Pauthier par L.-X. de Ricard.

— Catalogue des livres imprimés et manuscrits des ouvrages chinois, tartares, japonais, etc., et des chartes du XIIe au XVe siècle composant la bibliothèque de feu M. Ern. Clerc de Landresse, Bibliothécaire de l'Institut. Paris, J.-F. Delion, 1862, in-8.

— 漢字文法書廣總目 *Han-tsé-wên-fă-chōu-kouang-tsòng-mōu.* — Bibliotheca Sinologica. Uebersichtliche Zusammenstellungen als Wegweiser durch das Gebiet der sinologischen Literatur von Dr. med. V. Andreae und John Geiger. — Als Anhang ist beigefügt : Verzeichniss einer grossen Anzahl ächt chinesischer Bücher nebst Mittheilung der Titel in chinesischen Schriftzeichen. — Frankfurt a. M., Verlag von K. Theodor Völcker. MDCCCLXIV, in-8, pp. x + 1 f. n. ch. + pp. 108-31-16.

Notice par J. Mohl. (*J. As.*, 6e Sér., Vol. III, 1864, pp. 370/1.)

— *Chinese & Japanese Repository* : The Names of Works on Chinese and China. (Voir notre Préf., p. VIII, note 1.)

— Trübner's American and Oriental Literary Record. A Monthly Register of the most important Works published in North and South America, in India, China, and the British Colonies : with occasional Notes on German, Dutch, Danish, French, Italian, Spanish, Portuguese, and Russian Books. In-8.

Vol. I et II, pp. 424 : No. 1, March 16, 1865. — 2, April 15, 1865. — 3, May 16, 1865. — 4, June 20, 1865. — 5, July 20, 1865. — 6, Aug. 21, 1865. — 7, Sept. 21, 1865. — 8, Oct. 21, 1865. — 9, Nov. 21, 1865. — 10, Dec. 21, 1865. — 11, Jan. 22, 1866. — 12, Feb. 26, 1866. — 13, March 26, 1866. — 14, April 30, 1866. — 15, May 31, 1866. — 16, July 2, 1866. — 17, Aug. 1, 1866. — 18, Sept. 1, 1866. — 19, Oct. 1, 1866. — 20, Nov. 2, 1866. — 21, Dec. 4, 1866. — 22, Jan. 31, 1867. — 23 & 24, March 30, 1867.

Vol. III, IV et V, pp. 816 : No. 25, May 15, 1867. — 26, June 15, 1867. — 27, Aug. 1, 1867. — 28, Sept. 2, 1867. — 29, Oct. 15, 1867. — 30, Nov. 15, 1867. — 31, Jan. 1, 1868. — 32, Feb. 25, 1868. — 33, March 31, 1868. — 34, April 30, 1868. — 35, June 20, 1868. — 36, July 31, 1868. — 37, Aug. 31, 1868. — 38, Sept. 30, 1868. — 39, Oct. 31, 1868. — 40, Dec. 5, 1868. — 41, Jan. 15, 1869. — 42, Feb. 15, 1869. — 43, March 15, 1869. — 44, April 15, 1869. — 45, May 15, 1869. — 46, June 15, 1869. — 47, July 15, 1869. — 48, Aug. 16, 1869. — 49, Sept. 16, 1869. — 50, Oct. 16, 1869. — 51, Nov. 16, 1869. — 52, Dec. 24, 1869. — 53, Jan. 24, 1870. — 54, Feb. 24, 1870. — 55, March 24, 1870. — 56, April 25, 1870. — 57, May 25, 1870. — 58, June 25, 1870. — 59, July 25, 1870. — 60, Aug. 25, 1870.

Vol. VI, pp. 196 : No. 61 [Vol. VI, No. 1], Sept. 26, 1870. — 62, Oct. 25, 1870. — 63, Nov. 25, 1870. — 64, Dec. 31, 1870. — 65, Jan. 31, 1871. — 66, 67, Feb. 28, 1871. — 68, 69, March 31, 1871. — 70, 71, May 31, 1871. — 72, June 30, 1871.

Vol. VII, pp. 272 : No. 73, Aug. 15, 1871. — 74, Sept. 16, 1871. — 75, Oct. 31, 1871. — 76, Nov. 30, 1871. — 77, Jan. 15, 1872, — 78, March 7, 1872. — 79, April 30, 1872. — 80, May 31, 1872. — 81, June 29, 1872. — 82, July 31, 1872. — 83, Sept. 30, 1872. — 84, Oct. 31, 1872.

Vol. VIII, pp. 204 : Nos. 85, 86, Jan. 1, 1873. — 87 & 88, Feb. & March 1873. — 89, 90 & 91, April, May & June 1873. — 92 & 93, July & August 1873. — 94 & 95, Sept. & Oct. 1873. — 96 & 97, Nov. & Dec. 1873.

Vol. IX, pp. 184 : No. 98, Jan. 1874. — 99, 100, Feb. & March 1874. — 101, April 1874. — 102, 103, May & June 1874. — 104, 105, July & Aug. 1874. — 106 & 107, Dec. 1874. — 108, 1875. — 109 & 110, 1875.

Vol. X, pp. 176 : No. 111, 1875. — 1876, 112 & 113, 114 & 115, 116 & 117, 118 & 119, 120, 121 & 122.

Vol. XI, pp. 152 : 1877, Nos. 123 & 124, 125 & 126, 127 & 128, 129 & 130. — 1878, 131 & 132, 133, 134.

Vol. XII, pp. 164 : 1879, Nos. 135-6-7, 138-9-40, 141-2, 143-4, 145-6.

NEW SERIES. — *Vol. I.* Nos. 1-2 (147-8), etc. — THIRD SERIES. — *Vol. I.* Part 1. (No. 243.)

Cette nouvelle série a été interrompue après le *Vol. II.* Part 3. (No. 251.)

— Bibliographie historique de la Compagnie de Jésus ou Catalogue des ouvrages relatifs à l'Histoire des Jésuites depuis leur origine jusqu'à nos jours par le P. Auguste Carayon de la même Compagnie. Paris, Auguste Durand, MDCCCLXIV, in-4 à 2 col., pp. VIII-612.

— Catalogue of Books on China (other than philological) published on China and Japan in the English language.

Ce Catalogue forme un cahier de 26 pages sous le titre d'*Appendix C.* à la suite de « The Treaty Ports of China and Japan... by Wm. Fred. Mayers, N. B. Dennys and Chas. King. » 1867. — On en a fait un tirage à part sous le titre de « Catalogue of Books on China (other than philological) published on China and Japan in the English language compiled by N. B. Dennys ». Br. in-8.

— Il y a dans *Notes and Queries on China and Japan* des articles bibliographiques de Mr. Wm. Frederick Mayers : (1867).

1° Chronicle of the Fall of the Tang Dynasty. (Vol. I, No. 2, pp. 14/15.)

2° Works of Travel. (Vol. I, No. 4, pp. 41/42.)

3° The Record of Marvels ; or Tales of the Genii (*Liao Chai Chih Yi*). Vol. I, pp. 24/26.)

4° Chinese Biographical Dictionaries. (Vol. I, pp. 72/74.)

5° Chinese Works of Fiction.

— I. Historical Romances. (Vol. I, pp. 86/7.)

— II. San Kwo Chih 三國志. (Vol. I, pp. 102/104.)

— III. Shuei Hu Chwan 水滸傳. (Vol. I, pp. 118/121.) Etc.

— IV. Romantic Novels. (Vol. I, pp. 137/139.) (Si Siang ki.)

— V. Hao k'iu Chwan, etc. (Vol. I, pp. 154/156.)

— VI. Kin Ping Mei-Pin Hwa Pao-Kien.

— Hung Low Meng (Dreams of the Red Chamber). Vol. I, pp. 165/169.)

Ces notes intéressantes ont été reproduites dans *The Phoenix* (London), 1872-1873.

— Notes on Chinese Literature : with introductory remarks on the progressive advancement of the Art ; and a List of translations from the Chinese, into various European languages. By A. Wylie, Agent of the British and Foreign Bible Society in China. Shanghae : American Presbyterian Mission Press, 1867, in-4, pp. VIII-XXVIII-260.

Pub. à 5 Dol.

Notices : *Supreme Court & Cons. Gazette*, II, 215, by T. W. Kingsmill. — *N. C. Herald*, Nov. 16, 1867.

— Notes on Chinese Literature : with Introductory Remarks on the Progressive Advancement of the Art ; and a List of Translations from the Chinese into various European Languages. — By A. Wylie, Agent of the British and Foreign Bible Society in China. — New edition. — Shanghai : Printed at the American Presbyterian Mission Press. — 1901, in-8, pp. XXXIX-307.

Cette éd. n'est qu'une reproduction verbatim de la première ; elle est in-8 au lieu d'être in-4 et comprend 307 p. au lieu de 260.

Notice par Henri Cordier, *T'oung Pao*, Déc. 1902, pp. 310/1.

— Memorials of Protestant Missionaries. [Voir col. 1300.]

— Bausteine zu einer Geschichte der chinesischen Literatur als Supplement zu Wylie's « Notes on Chinese Literature » von Friedrich Hirth. (*T'oung Pao*, VI, No. 3, Juillet 1895, pp. 314/332 : *ibid.*, VI, No. 4, Oct. 1895, pp. 416/446 ; *ibid.*, VII, No. 3, Juillet 1896, pp. 295/322 ; *ibid.*, VII, No. 4, Oct. 1896, pp. 481/507.)

— Classified Catalogue of the Library of the Royal Geographical Society to December 1870. London : John Murray, 1871.

— Catalogue of the Library of the Royal Geographical Society. Containing the Titles of all works up to December 1893. Compiled by Hugh Robert Mill, D. Sc. London : John Murray, 1895, in-8, pp. VIII-833.

— *Bibliotheca Orientalis.* — Catalogue of Oriental Literature, and of Books relating to the East, Africa & Polynesia, offered for Cash at the affixed nett Prices by Bernard Quaritch. No. 285, London, Sept. 1872, br. in-8.

Chine : No. 7571/7637. — 9136/9253.

— Catalogue de la collection précieuse de livres anciens et modernes formant la bibliothèque de feu M. Serge Sobolewski (de Moscou)... dont la vente se fera le Lundi 14 Juillet 1873 et jours suivants à Leipzig... In-8, pp. XVIII-314-11.

— Bibliography of the Chinese Imperial Collections of Literature. By W. F. Mayers. (*China Review*, VI, pp. 213/223, 285/299.)

— Bibliothèque Chinoise. — Catalogue des livres chinois provenant de la Bibliothèque de feu M.-J.-M. Callery, Membre de l'Académie de Turin, interprète du gouvernement francais. Paris, Ernest Leroux, 1876, in-8.

— Bibliothèque Rochet. — Catalogue de livres sur l'anthropologie, l'ethnographie, les voyages, les beaux-arts, les langues et littératures chinoise, mandchoue, mongole, etc., provenant de la bibliothèque de MM. Rochet frères après décès de Louis Rochet... Paris, Ernest Leroux, 1878, in-8, pp. VIII-108.

— Manual of Chinese Bibliography, being a list of works and essays relating to China. By P. G. & O. F. von Möllendorff, Interpreters to H. I. G. M.'s Consulates at Shanghai and Tientsin. Shanghai : Printed at the « Celestial Empire » Office. 1876, in-8, pp. VIII-378.

Notices : *China Review*, V, pp. 199/200. — *Chinese Recorder*, VIII, pp. 114/115. — *Revue Critique* (par Henri Cordier), No. 16, 20 Avril 1878.

— Die Weltliteratur. Eine Liste mit Einleitung von P. G. von Möllendorff. Schanghai. — MDCCCXCIV. In-8, pp. 70.

HENRI CORDIER.

— A Catalogue of the Library of the North China Branch of the Royal Asiatic Society (including the Library of Alex. Wylie Esq.) Systematically classed. By Henri Cordier, Hon. Librarian. Shanghai : Printed at the « Ching-foong » General Printing Office, 1872, gr. in-8, pp. VIII-86.

Notice : *China Review*, I, p. 270.

— *Bibliotheca Sinica.* — Dictionnaire bibliographique des ouvrages relatifs à l'Empire chinois par Henri Cordier... Paris, Ernest Leroux, 1881-1885, 2 vol. in-8, pp. XIV + 1 f. n. ch. + col. 1-873, 875-1408.

Forment les vols. X et XI des *Publications de l'Ecole des Langues Orientales vivantes.*

Notices : *London & China Express*, 20 juin 1879 (par A. Wylie); *ibid.*, 18 juin 1880; *ibid.*, 3 juin 1881. — *Trübner's Record*; réimp. *China Review*, VII, pp. 339/342 (par A. Wylie). — *The Athenaeum*, No. 2694, 14 juin 1879; No. 2734, Saturday, 20 mars 1880, pp. 374/5. — *Journal Asiatique*, juillet 1879, p. 58 (par Ernest Renan). — *Journal de la Librairie*, Chronique, No. 39, 27 Sept. 1879, pp. 159/160 (par A. A.[lcan]). — *Etudes religieuses*, sept. 1879, pp. 477/9 (par C. Sommervogel). — *Journal des Débats*, 11 juillet 1886, par D. [James Darmesteter.]

— Chinese Bibliography. By O. F. von Möllendorff (*China Review*, X, pp. 396/402.)

Cet article est une amère critique par un concurrent malheureux du Vol. I de notre *Bibliotheca Sinica*. Nous avons laissé au temps et aux libraires le soin de répondre : la *Bib. Sinica* est épuisée; publiée à 50 francs, elle a été cotée jusqu'à 250 Mark. Suivant le précepte de l'illustre maître Littré, si la critique en vaut la peine, il faut en savoir profiter; si elle est mauvaise, la passer sous silence est le meilleur parti à prendre. C'est ce que nous avons fait. H. C.

— *Bibliotheca Sinica...* Par Henri Cordier. Supplément. — Paris, Ernest Leroux, 1895, in-8, col. 1409-2243.

Notice : *China Review*, XXI, No. 1, p. 59. Par E. J. E.[itel.]

— Essai d'une Bibliographie des ouvrages publiés en Chine par les Européens au XVIIe et au XVIIIe siècle par Henri Cordier. Paris, Ernest Leroux, 1883, in-8, pp. 52.

Extrait des *Mélanges orientaux*... par les prof. de l'Ecole des Langues orientales... Paris, 1883, pp. 493/546.

Il y a des exemplaires sur papier de Hollande.

Notice : *China Review*, XIV, p. 117. Par E. J. E.[itel.]

— L'Imprimerie Sino-européenne en Chine. — Bibliographie des ouvrages publiés en Chine par les Européens au XVIIe et au XVIIIe siècle par M. Henri Cordier Professeur à l'École des Langues orientales vivantes. Paris, Imprimerie nationale — Ernest Leroux, MDCCCCI, gr. in-8, pp. IX-73 + 1 f. n. ch. + 1 pl.

Forme le T. III de la Ve Série des *Publications de l'Ecole des Langues orientales vivantes.* — Seconde Ed. de l'ouvrage précédent. — Il y a 10 ex. sur papier de Hollande et 10 ex. sur papier du Japon.

Notice : *Bull. Ecole franç. Ext. Orient*, III, Janv.-Mars 1903, pp. 108/116, par P. Pelliot.

— Manuscrits relatifs à la Chine. Notes bibliographiques. Par Henri Cordier. (*Revue de l'Extrême Orient*) :

I. Londres : *British Museum.* (I, n° 1, Jan.-Mars 1882, pp. 113/120.)

II. Vienne : *Bibliothèque Palatine* (impériale). (I, n° 2, Avril-Mai-Juin 1882, pp. 311/315.)

III. Londres : *British Museum* (suite). (I, n° 3, Juillet-Août-Sept. 1882, pp. 479/488.)

IV. Londres : *Royal Asiatic Society.* — Genève : *Bibliothèque publique* (Université). (I, n° 4, Oct.-Nov.-Déc. 1882, pp. 626/629.)

V. Kasan. (II, n° 3, Juil.-Août-Sept. 1884, pp. 399/413, par J. Gottwaldt.)

VI. Londres : *British Museum* (suite). (II, n° 4, Oct.-Déc. 1884, pp. 573/581.)

VII. Londres : *India Office.*

— Bibliographie [des années] 1881 par Henri Cordier. (*Revue de l'Extrême Orient*, I, pp. 161/171.) — 1882 (*ibid.*, I, pp. 653/666). — 1889 (*T'oung Pao*, I, pp. 87/94).

— Half a Decade of Chinese Studies (1886-1891) by Henri Cordier, Professor at the Ecole des Langues Orientales vivantes, Paris. (*T'oung Pao*, III, No. 5, déc. 1892, pp. 532/563.)

— Half a Decade of Chinese Studies (1886-1891) by Henri Cordier, Professor at the Ecole des Langues Orientales vivantes, Paris. — Reprinted from the *T'oung Pao*, Vol. III, No. 5. — Read at the Ninth International Congress of Orientalists, held in London in 1891. Leyden, E. J. Brill, 1892, br. in-8, pp. 36.

Tirage à part du précédent; il y a des ex. sur papier de Hollande.

Notice by L., *China Review*, XX, pp. 332/3.

— Les Etudes chinoises (1891-1894) par Henri Cordier, Professeur à l'Ecole des Langues Orientales vivantes, Paris. « Extrait du *T'oung Pao* », Vol. V, No. 5 et Vol. VI, No. 1. — Leide, E. J. Brill, 1895, br. in-8.

Cent ex. sur papier de Hollande.

— Les Etudes Chinoises (1891-1894) par Henri Cordier, Professeur à l'Ecole des Langues Orientales Vivantes, Paris. (*T'oung Pao*, V, No. 5, Déc. 1894, pp. 420/458.)

— Bibliographie. — Les Etudes Chinoises (1891-1894) par Henri Cordier, Professeur à l'Ecole des Langues Orientales Vivantes, Paris. (*T'oung Pao*, VI, No. 1, Mars 1895, pp. 99/147.)

Notice : *Jour. R. As. Soc.*, July 1895, pp. 706/7, by T. W.[atters.]

— Supplément au Volume IX du *T'oung Pao.* — Les Etudes chinoises (1895-1898) par Henri Cordier, Professeur à l'Ecole des Langues Orientales Vivantes,... — Librairie et Imprimerie ci-devant E. J. Brill. Leide. In-8, pp. 141.

Cent ex. sur papier de Hollande.

— Les Etudes Chinoises (1899-1902) par Henri Cordier, Professeur à l'Ecole des Langues Orientales vivantes, Paris. (*T'oung Pao*, Sér. II, Vol. IV, No. 1, Mars 1903, pp. 23/52; No. 2, Mai 1903, pp. 146/62; No. 4, Oct. 1903, pp. 324/42; No. 5, Déc. 1903, pp. 371/383.)

— Les Etudes Chinoises (1899-1902) par Henri Cordier, Professeur à l'Ecole des Langues Orientales Vivantes, Paris. — Extrait du *T'oung Pao*, Série II, Vol. IV. — E. J. Brill, Leide — 1903, in-8, pp. 78.

Cent ex. sur papier de Hollande.

— Quelques impressions sino-européennes au Kouei-tcheou 貴州 par Henri Cordier 高 — Extrait du *T'oung Pao*, Série II, Vol. VI, No. 3. — E. J. Brill, Leide, 1905, in-8, pp. 8.

25 ex. papier ordinaire. — 25 ex. Papier Van Gelder.
Tirage à part du *T'oung Pao*, juillet 1905, pp. 324/331.

— Descriptive Catalogue of the Chinese, Japanese, and Manchu Books in the Library of the India Office. Compiled by the Rev. James Summers, Professor of Chinese in King's College, London. Printed by order of the Secretary of State for India in Council. London : 1872, in-8, pp. VII-70.

170 numéros.

— A Catalogue of Chinese Works in the Bodleian Library by Joseph Edkins. Oxford, at the Clarendon Press, M.DCCC.LXXXVI. Price Two Shillings and Six pence, br. in-4, pp. 46 à 2 col.

— Catalogus librorum venalium in orphanotrophio Tou sai-vai, prope Chang-hai ex typographia Missionis Catholicae, 1876, in-8, pp. II-99.

Par le P. Laurent Li, S. J. — Voir col. 1038.

— *Bibliotheca Orientalis* or a Complete List of Books, Papers, Serials and Essays published in 1876 in England and the Colonies, Germany and France on the History, Languages, Religions, Antiquities, Literature and Geography of the East compiled by Charles Friederici. Leipzig, Otto Schulze, in-8, pp. 86.

Comprend huit années (1876-1883). — Continué par :

— Literatur-Blatt für Orientalische Philologie unter Mitwirkung von Dr. Johannes Klatt in Berlin herausgegeben von Prof. Dr. Ernst Kuhn in München. I. Band. 1. October 1883. 1. Heft. Leipzig, Otto Schulze, in-8.

Ce recueil a fini avec le Vol. IV pour 1886. — Continué par :

— Orientalische Bibliographie unter Mitwirkung der Herren Prof. Dr. A. Bezzenberger, Königsberg... u. a., und mit Unterstützung der Deutschen Morgenländ. Gesellschaft herausgegeben von Professor Dr. A. Müller in Königsberg. I. Jahrgang (Band I). Berlin, H. Reuther, 1888, in-8.

Depuis plusieurs années, c'est le Dr. Lucian Scherman, de Münich, qui dirige cette intéressante publication avec le plus grand zèle.

— Catalogue of Chinese Printed Books, Manuscripts and Drawings in the library of the British Museum. By Robert Kennaway Douglas. Printed by order of the Trustees of the British Museum. London : Sold by Longmans & Co,... 1877, in-4, pp. VIII-344.

Notices : *The Academy*, No. 279, N. S., 8 sept. 1877. — *Lond. & China Express*, 14 sept. 1877. — *London & China Telegraph*, 17 sept. 1877. — *Indian Antiquary* (by S. Beal), Dec. 1881, pp. 373/4.

— Supplementary Catalogue of Chinese Books and Manuscripts in the British Museum by Robert Kennaway Douglas, Keeper of the Department of Oriental Printed Books and MSS. at the British Museum. — By order of the Trustees of the British Museum. — Sold at the British Museum... London, 1903, gr. in-4, 2 ff. n. ch. p. l. tit. et l. préf. + pp. 224.

Notice : *Bul. Ecole Ext. Orient*, V, Janv.-Juin 1905, pp. 219/224, par P. Pelliot.

— British Museum. — A Guide to the Chinese and Japanese illustrated books exhibited in the King's library. Printed by order of the Trustees. 1887, br. in-8, pp. 16.

Par Robert K. Douglas.

— Der Stand der chinesischen Geschichtsschreibung in dem Zeitalter der Sung. — Von Dr. A. Pfizmaier... Wien, 1878. Karl Gerold's Sohn, gr. in-4, pp. 98.

Denkschrift. phil.-hist. Cl. Ak. Wiss. Wien, Bd. XXVII.
Voir col. 619.

— Catalogue of scientific and valuable Books and Instruments, belonging to the Estate of the late E. C. Taintor, to be sold by Public Auction, on Tuesday, the 20th August 1878... Foochow Road. In-4, pp. 16.

Beaucoup de ces livres provenaient de la bibliothèque de Von Gumpach. Les titres des ouvrages chinois sont donnés en caractères chinois.

— Catalogue of the Private Library of the late Hon. Caleb Cushing, of Newburyport, Mass. To be sold by auction On Wednesday & Thursday, October 22d & 23d, 1879, at the Library Salesroom, No. 2 Beacon Street, Boston... Sullivan Bros. & Libbie, Auctioneers... Boston: W. F. Brown, 1879, in-8, pp. 68.

1297 numéros. — Par C. A. Nelson.

— Catalogue de la Bibliothèque orientale de feu M. Jules Thonnelier, Orientaliste, Membre de la Société asiatique et de la Société de l'histoire de France. Paris, Ernest Leroux, 1880, in-8, pp. VIII-564.

50 ex. ont été tirés sur grand papier.

— An Account of the Department for the Translation of Foreign Books at the Kiangnan Arsenal Shanghai. With various lists of publications in the Chinese language, by John Fryer. — Shanghai : American Presbyterian Mission Press. — 1880, br. in-8, pp. 32.

Reprinted from the *North China Herald*, January 29th, 1880.

Voir col. 1565.

— Les Indes Orientales. Catalogue de livres sur les possessions néerlandaises aux Indes, avec des divisions sur les Indes anglaises, la Chine et le Japon, Siam, la Perse, Sibérie, l'Afrique, spécialement la Côte de Guinée et le Cap de Bonne-Espérance, Surinam, Guyana et l'Australie. A la fin un Atlas de cartes, de planches historiques et topographiques et de portraits. En vente aux prix marqués chez Frederik Müller & Co. Amsterdam, Doelenstraat 10, 1882. [Pub. en novembre 1881], in-8, pp. 238.

Possessions Néerlandaises aux Indes Orientales, Nos. 1-1786. — Les Indes Anglaises, Indoustan, etc., Nos. 1787-2101. — Les Philippines, Nos. 2102-2105. — Ceilan, Nos. 2106-2144. — La Chine, le Japon, Siam, Cambodge, Formosa, Thibet, Mongolie, etc., Nos. 2145-2355. — Les autres parties de l'Asie (La Perse, Afghanistan, Sibérie, Tartarie, etc.), Nos. 2356-2459. — Afrique, etc. — En tout, 3480 numéros.

— * J. M. Armstrong. Catalogue of valuable and rare books and pamphlets on China, Japan, and the East generally, including a select library of Chinese Standard Works. Hongkong, 1882.

— Catalogue des livres chinois qui se trouvent dans la bibliothèque de l'Université de Leide. Hommage aux Membres de la Section de l'Asie centrale et de l'extrême Orient du sixième Congrès des Orientalistes. Leide. — E. J. Brill. 1883, in-4, pp. IV-28.

Par G. Schlegel.

— Supplément au Catalogue des livres chinois qui se trouvent dans la bibliothèque de l'Université de Leyde. Leide. — E. J. Brill, 1886, in-4, pp. 11.

Livres de Mr. J. J. M. de Groot qui a dressé le catalogue ; préf. de G. Schlegel.

— Catalogue d'une petite collection importante de livres chinois en vente chez E. J. Brill. Leide. — E. J. Brill. 1889, br. in-8, pp. 11.

Imprimé à la chinoise sur papier double. — Par G. Schlegel.

Voir col. 600.

— Les Bibliophiles et les livres rares de l'Extrême-Orient. Par Léon de Rosny. (*Journal officiel*, 9 juin 1884 ; réimp. dans la *Bibliographie de la France*, Nos. 34, 36 et 37, 23 août, 6 et 13 sept. 1884.)

— Les livres rares de l'Extrême Orient. Par Léon de Rosny. (*Ann. de l'Ext. Orient*, 1884-1885, VII, pp. 33/40.)

— Le Livre en Chine. — Bouquins et Bouquinistes chinois. Souvenirs de l'Empire du Milieu. Par Maurice Jametel. (*Le Livre*, 10 sept. 1884, pp. 273/289.)

— La Chine des Bouquins. (*La Chine inconnue* par M. Jametel, pp. 97/154.)

— Sur le prix des livres chinois. (*Mém. Soc. Et. jap. et chin.*, IV, 1885, pp. 149/152.)

— A List of Works, Essays, etc., relating to Japan. — Compiled by Carlo Giussani. — [Yokohama, March, 1886.] (*Trans. As. Soc. Japan*, XIV, 1886, pp. 87/118.)

— Catalogue de la collection de livres et de manuscrits japonais de feu le Dr Mourier. Rédigé par Ch. Leclerc, de la librairie Maisonneuve frères et Ch. Leclerc, à Paris. (*Mém. Soc. Et. jap., etc.*, IV, 15 avril 1885, pp. 161/176 ; juillet 1885, pp. 257/272 ; V, janvier 1886, pp. 69/80 ; avril 1886, pp. 145/152...)

— Catalogue de la Bibliothèque japonaise de M. Mourier en vente aux prix marqués chez Maisonneuve frères et Ch. Leclerc. — Première partie : *Textes imprimés au Japon*. Nos. 1-358. — Deuxième partie : *Ouvrages européens relatifs au Japon*. Nos. 359-524. Paris, Maisonneuve frères & Ch. Leclerc, 1887, in-8, pp. 88.

A la fin se trouve, pp. 80/88 : Concordance des dates chinoises et japonaises pour les XVIIe, XVIIIe et XIXe siècles par Alfred Millioud, élève de l'Ecole des Hautes-Etudes.

Tirage à part du précédent.

— Catalogue des livres et manuscrits chinois collectionnés par A. Lesouëf. (*Mém. Soc. Et. jap., etc.*, VI, Janv. 1886, pp. 33/41 ; avril 1887, pp. 103/116.)

— Catalogue des livres et manuscrits chinois collectionnés par A. Lesouëf, Membre de la Société des études japonaises et chinoises. Leide, Imprimerie orientale de E. J. Brill, 1886, br. in-8, pp. 39.

On lit au verso du faux-titre : « Tiré, pour une distribution privée, à *cent exemplaires* numérotés, sur papier vergé de Hollande. »

Tirage à part du précédent.

— Bibliography : List of Books and Papers on China, published since 1st January, 1884. Compiled by F. Hirth, Ph.D. (*Journ. C. B. R. A. S.*, XX, N. S., 1885, art. XI, pp. 235/274.)

— Old Chinese Books. By F. H. (*Ibid.*, No. 2, pp. 53/4.)

— Chinese Books. By F. H.[irth] [&] J. Edkins. (*Ibid.*, XXI, N. S., 1886, No. 5 et 6, pp. 321/5.)

— Chinese Books. By F. Hirth. (*Ibid.*, XXII, N. S., 1887, pp. 109/112.)

The *P'ing-tzŭ-lei-p'ien*.

— Book Trade in China. (*Ibid.*, XX, N. S., 1885, No. 2, p. 57.)

— Ancient Books. By E. H. Parker. (*China Review*, XVII, No. 4, p. 241.)

— F. Kühnert. — Übersetzungsschwierigkeiten bei Büchertiteln. (*Wiener Zeitschft. f. d. K. Morgenl.*, —.)

— Catalogue des Livres japonais de feu M. le docteur A. J. C. Geerts par le docteur L. Serrurier, Directeur du Musée national d'Ethnographie à Leide. — Leide. — E. J. Brill. 1887, in-8, pp. 64.

— Кит. Катал. Библ. Импер. Рос. Д. Миссіи въ Пекинѣ. — Дозволено Цензурою Спб. 10 Октября 1889 г. — Спб. Типо-литографія брат. Пантелѣевыхъ. Казанская 33. — In-8, pp. 33 lith.

A la suite de : Китайская библіотека и Ученые Труды par Alexis (Виноградовъ). St. Pét., 1889.

— Catalogue de la Bibliothèque de feu M. Maurice Jametel Professeur de Chinois à l'École des Langues orientales vivantes. Paris, Ernest Leroux, 1890, in-8, pp. 48.

— A Catalogue of the Chinese Manuscripts in the Library of the Royal Asiatic Society. (*Jour. R. Asiat. Soc.*, Jan. 1890, pp. v-117.)

On lit dans la préface : « The following Catalogue was compiled between 1879 and 1881 by Henry F. Holt, then Joint-Secretary to the Royal Asiatic Society, with a view to afford greater facilities of reference to the valuable Chinese Library of this Society. The Council having decided to print the Catalogue, Mr. Giles, of the Chinese Consular Service, has been kind enough to correct the proofs. »

Contient 562 numéros ; environ 5000 volumes. — Les pp. 97-117 sont consacrées à l'Index.

Tirage à part, in-8, pp. v-117. — Voir S. Kidd, col. 1815.

— Livres Chinois à Angoulême. Par J. Beauvais. (*T'oung Pao*, III, mai 1892, pp. 181/2.)

— Catalogue de la Bibliothèque chinoise de feu M. le Marquis d'Hervey de Saint-Denys, Membre de l'Institut, Professeur au Collège de France. — La vente aura lieu les Lundi 19 et Mardi 20 Mars 1894, Hôtel des Commissaires-Priseurs... Paris, Ernest Leroux. — 1894, in-8, pp. VIII-72.

454 numéros.

M. E. Specht qui avait acheté un certain nombre de manuscrits de Stanislas Julien à la vente du Mis d'Hervey les a présentés à la Bibliothèque de l'Institut à la séance du 18 mai 1894 de l'Académie des Insc. et Belles-Lettres :

— Note sur les Manuscrits de Stanislas Julien par M. Specht. (Séance du 18 mai 1894.) (Acad. des Insc. et B.-L., *Comptes rendus*, 1894, pp. 219/228.)

— Les papiers de Stanislas Julien par Edouard Specht. — Extrait des *Comptes rendus de l'Académie des Inscriptions et Belles-Lettres* (Séance du 18 mai 1894). Paris, Imprimerie nationale — MDCCCXCIV, br. in-8, pp. 16.

— Papiers d'Abel Rémusat. Par L. Feer. (*Jour. Asiat.*, Nov.-Déc. 1894, pp. 550/565.)

Description des papiers de Rémusat achetés par la Bibliothèque nationale.

— *Bibliotheca Lindesiana.* — Catalogue of Chinese Books and Manuscripts Privately Printed MDCCCXCV, pet. in-4, pp. XI-90.

100 Copies printed.

Collection de Lord Crawford, à Haigh Hall, Wigan, cataloguée par J. P. Edmond, bibliothécaire. La base de cette collection est la bibliothèque chinoise de Pierre Léopold Van Alstein, vendue à Gand en 1863 ; les vol. achetés ont été catalogués par John Williams, Sec. de la Royal Astronomical Society ; Lord Crawford a acheté d'autres vol. à la vente Pauthier, à des libraires et à Peking ; le présent cat. a été rédigé d'après celui de Williams et celui du British Museum de Douglas. Imprimé par Stephen Austin & Sons, Hertford.

Bib. nat. 4°Q 669.

— Essex Institute Special Catalogue, No. 1. — Books on China in the Library of the Essex Institute — Salem Printed for the Essex Institute 1895, gr. in-8, pp. 19 à 2 col.

— Bibliothèque de feu Monsieur Camille Imbault Huart Consul de France à Canton, 2 br. in-8, s. l. n. d. [Hongkong], pp. 7, 13.

La première brochure renferme les livres chinois ; la seconde les livres européens.

— List of Works on China — Comprising in part the Library of « Tank kee », Marshalltown, Iowa, U. S. A. [s. d., 1896], pet. in-8, pp. 35.

By G. W. Bailey. — Livres conservés à Newbury.

— No. 1. October 1895. Koninklijke Bibliotheek. [La Haye.] China en Japan, in-8, pp. 16.

— Chinese Illustrated Books. By Robert K. Douglas. (*Bibliographica*, Volume II, London, Kegan Paul, 1896, pp. 452/478, grav. et pl.)

— University of the State of New York — New York State Library Bulletin 59 March 1901. Bibliography 25 *China and the Far East 1889-99.* Contribution toward a Bibliography. In-8, chif. 563 à 679.

By Margaret Windeyer. — « This list includes those books treating of China and the Far East published in English from the first time from 1889-99. »

— Catalogue of Books contained in the Lockhart Library and in the General Library of the London Missionary Society. Part I. — Lockhart Library : — Books relating chiefly to China and the Far East, in European and Oriental Languages. *pp.* 1-138. Part II. — Lockhart Library : — Chinese Printed Books, with a few Japanese Works and Reprints. *pp.* 139-172. Part. III. — General Library : — European and Oriental Books related to Foreign Missionary Spheres, Subjects, and Operations, other than in China and the Far East. *pp.* 173-320. By Goodeve Mabbs. London : London Missionary Society, 14, Blomfield Street, E. C. — 1899, gr. in-8, 2 ff. n. ch. + pp. 320.

Printed by Stephen Austin and Sons, Hertford.

William Lockhart [voir col. 1315] donna sa collection à la London Miss. Soc., quatre ans avant sa mort en 1896 ; elle comprend environ 3800 livres et brochures. — Voir *supra* col. 1818.

— A Modern Bibliography of China. [Compiled by E. A. Reynolds-Ball.] (*Literature*, July 21, 1900, Lond., Vol. VII, pp. 42/44.)

— Books on China at the City Library. [New York, 1900], placard.

— Catalogue de la Bibliothèque de feu M. Gabriel Devéria Membre de l'Institut, Consul Général, Secrétaire-interprète du Gouvernement, Professeur à l'École des Langues orientales vivantes. — Vente le Samedi 10 février 1900, 28, Rue des Bons-Enfants, Salle N° 3... Paris, Ernest Leroux, 1900, br. in-8, pp. 24.

— Vente Devéria Le Vendredi 8 Décembre 1899 Hôtel Drouot, Salle N° 11... Objets d'art et de curiosité de l'Extrême-Orient et Européens Tapis de Perse à fond de métal — Exposition publique le jeudi 7 décembre 1899 de 1 heure 1/2 à 5 heures 1/2, br. in-8, pp. 16.

— Gabriel Devéria. — Nécrologie par Henri Cordier. (*T'oung Pao*, X, No. 5, Déc. 1899, pp. 481/486.)

Né à Paris 7 février 1844 ; † 12 juillet 1899, au Mont-Dore.

— Notice sur Gabriel Devéria, par Ed. Chavannes. (*Journ. Asiat.*, 9e Sér., XIV, Nov.-Déc. 1899, pp. 375/387.)

— Notice sur Gabriel Devéria par Éd. Chavannes. — Extrait du *Journal Asiatique*. Paris, Imprimerie nationale — MDCCCC, in-8, pp. 17, port.

— The late Gabriel Devéria. By E. H. Parker. (*China Review*, XXIV, No. 4, pp. 183/184.)

— Institut de France — Académie des Inscriptions et Belles-Lettres. — Notice sur la vie et les travaux de M. Gabriel Devéria par M. Edmond Pottier Membre de l'Académie. Lue dans la séance du 2 mars 1900. Paris, Firmin-Didot, MDCCCC, in-4, pp. 23.

— Bibliothèque nationale Département des Manuscrits — Catalogue des Livres chinois, coréens, japonais, etc. Par Maurice Courant. — Premier fascicule Nos 1-2496. Paris, Ernest Leroux, 1900, in-8, pp. VII-148 à 2 col.

Notices par Ed. Chavannes, *Revue Critique*, 5 nov. 1900, pp. 343/4. — *Bul. Ec. franç. Ext. Orient*, I, 2, avril 1901, pp. 145/6 ; III, oct.-déc. 1903, pp. 720/1, par P. Pelliot.

— — Deuxième fascicule Nos 2497-3469. Ibid., 1901, in-8, pp. 149 à 314. — Troisième fascicule Nos 3470-4423. Ibid., 1902, in-8, pp. 315 à 499.

Forment le Volume premier.

— — Quatrième fascicule Nos 4424-5664. Ibid., 1903, in-8, pp. 192.

— Birmingham Free Libraries. — Occasional Lists. No. 1. — Books, Pamphlets, Parliamentary Reports and Magazine Articles on CHINA in the Reference & Lending Libraries. Birmingham : Allday Ltd., Printers, 1901, in-8, pp. 20.

(DIVERS.)

— Catalogue of Literature relating to China Contained in the Raffles Library, Singapore. — Singapore : Printed at the American Mission Press, 1901, in-8, pp. 52.

By Kong Tian Cheng, Chief Clerk of the Library ; appeared originally in the *Straits Chinese Magazine*.

— Note on four Chinese Volumes sent for identification. By Herbert A. Giles. Pièce in-8, pp. 8.

Cambridge, 7 October 1901.

— Présentation de manuscrits et de livres chinois anciens, par M. P. Pelliot. (*Prem. Cong. Intern. Études Ext. Orient*, Hanoi, [1902], pp. 105/107.)

— Notes de Bibliographie chinoise Par M. Paul Pelliot. (*Bul. Ec. franç. d'Ext. Orient*, II, No. 4, 1902, pp. 315/340.)

I. Le *Kou yi ts'ong chou* 古逸叢書.

— Verzeichniss der Schriften über China von Friedrich Hirth, pp. 294/301, *Beiträge zur Kenntniss des Orients*. Bd. I, 1902/3.

— Friedrich Hirth Schriften-Verzeichniss 1869-1899 als Manuskript gedruckt. Br. in-8, pp. 8.

Au recto de la 2e f. de la couverture : Druck von Knorr & Hirth in München.

— Liste chronologique des ouvrages et opuscules publiés par le Dr. G. Schlegel, Professeur de Langue et de Littérature Chinoises à l'Université de Leide 1862-1901. — En vente chez la Maison ci-devant E. J. Brill... à Leide, 1902, br. in-8, pp. 24.

— Catalogue de la Bibliothèque Orientale, Chino-Japonaise de feu M. le Dr. Gust. Schlegel... ajouté la bibliothèque de M. le Dr. H. I. E. Tendeloo... et d'autres successions. — Vente du 9-11 mai 1904 chez MM. Burgersdijk & Niermans... Leyde, Burgersdijk & Niermans. — E. J. Brill, libraires, 1904, in-8, pp. 95.

685 *a* numéros. — Voir col. 1616.

— Books in the Brooklyn Public Library on the Far East China, Japan, Korea, Manchuria, Russia and Siberia. — Brooklyn, April 1904, Pièce in-8, pp. 8 à 2 col.

— Library of Congress — Select List of Books (with References to Periodicals) relating to the Far East Compiled under the Direction of Appleton Prentiss Clark Griffin Chief Bibliographer. Washington, Government Printing Office, 1904, in-8, pp. 74.

Russia : History, Politics, etc. ; Russian Expansion ; Trans-Siberian Railroad ; Tibet ; Manchuria ; Japan ; Korea ; Russo-

(DIVERS.)

Japanese Relations ; Far East : American Relations ; Far East : European Relations ; Anglo-Russian Relations ; and China.

— Trübner's Oriental Catalogue No. XVII. (New Series, No. 1.) — *The Far East* (Including the largest portion of the late Prof. Gustav Schlegel's Library) — Kegan Paul, Trench, Trübner & Co., London, 1905 [February 1905, Price 1s. 6d.], in-8, pp. 175.

1889 numéros.

— Consulter la préface de notre ouvrage pour les titres d'ouvrages de bibliographie que nous ne reproduisons pas ici.

XIV. — MŒURS ET COUTUMES.

Ouvrages divers.

GÉNÉRALITÉS.

(*Voir le chap. des* OUVRAGES GÉNÉRAUX.)

— * Het ellendigh Leven der Turcken, Moscoviters en Chinesen, aende Christenheyt vertoont. Ofte korte Beschryvinge van yder in't bysonder zijn Regeringh, Handel en Wandel etc. en wat wreetheydt zy ontrent haer selfs en andere Natien gebruycken. Beschreven door een Liefhebber die deselve Landen heeft bereyst... S'Gravenhage, Joh. Tongerloo, 1664, in-4, pp. VIII-94.

Tiele. — Cf. Saeghman, dans le *Mémoire* de Tiele, p. 285.

— * Museum Adolpho-Fridericianum, quod s. præs. C. Linnæi publ. exam. subm. Laurentius Balk. Stockholm, 1746, in-4, pp. 50, 2 Gravures.

— Specimina vestitus Sinici virilis & muliebris ; virilis quidem in Xun Chi, Tartarorum ac Sinarum Rege, item in Cl. ac R. Viro Joanne Adamo Schall, Coloniensi, Regis Chinensis Monitore, e S. J. muliebris autem in illustri quapiam matrona Sinensi, potionem ex herba Thée decoquente ; adstante puella & focum stabello excitante. (*Analecta Monvmentorvm omnis aevi Vindobonensia opera et studio* A. F. Kollarii... Vindob., I, 1761, in-fol., col 1293/1302.)

— Relation des mœurs, inclinations, et coûtumes des Idolatres de la Chine & de Tunquin. Pièce in-4, s. l. n. d.

— Grosier, Vol. V, pp. 270/465.

— Encyclopédie des Voyages... par J. Grasset S.-Sauveur,... Asie. 1796, in-4.

Habitans de la Chine, pp. 1/18, et 10 Pl. coloriées et dessinées par Labrousse.

— Mœurs et usages des Chinois.

Articles des *Mém. conc. les Chinois* réimprimés par Delatour dans son Recueil de 1803, pp. 373/552. [Voir col. 59.]

— * W. W. Wood. Sketches of China with Illustrations from Original Drawings. Philadelphia, 1830, in-12.

« A tolerably good account of life in Canton, under the old regime » (*Chin. Rep.*). — Mr. Wood avait été éditeur du *Canton Courier*.

— Notices of China. Translated and abridged from the *Annales de la Propagation de la Foi*. By S. R [Brown.] (*Chinese Repository*.)

Comprend :

I. Of the Character of the Chinese, their virtues and vices. (Vol. IX, 1840, pp. 284/288.)

II. Face of the country, its populousness, and climate ; agriculture ; food of the people. (*Ibid.*, pp. 399/401.)

III. Architecture, roads, inns, and commerce. (*Ibid.*, pp. 483/486.)

IV. Theft, robbery, and funerals. (*Ibid.*, pp. 617/620.)

V. Marriage ceremonies. (*Ibid.*, X, 1841, pp. 65/71.)

Les quatre premiers articles sont traduits des *Annales de la Propagation de la Foi*, VII, 1834, pp. 640/663. — Le cinquième article est la traduction d'une lettre du P. Bohet, datée de Hing-hoa-Fou (Fo-kien), 4 mars 1832, insérée dans le même recueil, VI, 1833, pp. 506/517, et reproduite dans la *Revue de l'Orient*, VI, 1845, pp. 313/9 :

— Antiquité du Peuple. Population, pp. 637/640.

— Du caractère du peuple chinois, de ses usages, de ses vertus et de ses vices, pp. 640/647.

— De la nourriture des Chinois, et des produits de leurs terres, pp. 647/649.

— De la nature du sol chinois, et de sa température, pp. 649/651.

— De l'Agriculture, pp. 651/652.

— De l'Architecture, pp. 652/655.

— Des voyages, routes et auberges, pp. 655/657.

— Du commerce, pp. 657/658.

— Des vols et des escroqueries, pp. 658/660.

— Des funérailles, pp. 660/663.

Ces articles ont été écrits par l'abbé Antoine Marie François Bohet, de la Congrégation des Missions étrangères, miss. apost. au Fou-kien et dans la presqu'île de Malacca (parti 27 janvier 1828 ; † à Pinang, le 16 sept. 1847, à 47 ans). — Ils ont été reproduits sous le nom de l'abbé Voisin dans la *Revue de l'Orient*, VI, 1845, pp. 263/277.

— Illustrations of men and things in China [by S. Wells Williams, in *The Chinese Repository*] :

Mode of burning lime ; passion for autographs ; a beggar. (IX, pp. 366/368.)

A Mistake ; a Tartar cheese ; tracts of the Budhists ; an idolater's oath ; an opium smoker. (IX, pp. 506/513.)

Substitute for soap ; conveyance of letters ; modes of fishing ; use of tobacco. (IX, pp. 635/639.)

Popular notions and allusions to the powers of nature. (X, pp. 49/51.)

Priest collecting paper; uses of blood; mode of cutting glass; a « Chinaman ». (X, pp. 104/108.)
Mode of making walls and walks; a lampoon; a worshiper. (X, pp. 172/173.)
Angling for frogs; trials of strength; economy of Chinese workmen; quadrating cash. (X, pp. 472/475.)
Picture of the battle in the rear of Canton, and drawing of a steamer and ship of war. (X, pp. 519/522.)
A Chinese toy-book, the Tung Yuen Tsa-tsze, or Eastern Garden's Miscellany. (X, pp. 613/618.)
Manufacture of lanterns; an ode arranged in squares, with some account of its reputed author, Soo Hwuy; Chinese portable writing apparatus. (X, pp. 662/667.)
The term Fan-kwei; mode of sharpening edge tools; bean curd; sonnets of Yuen Yuen; military medals. (X, pp. 325/328.)
Popular opinions and proverbs, relating to times and seasons, &c., with explanatory notes. (X, pp. 434/437.)
Religious education of children; gambling on the price of cash; seals; leaf pictures. (XVII, pp. 591/594.)

— Китайская живопись. — О. П. — (*Записки* Soc. Géog. d'Irkoutsk, 1867, pp. 592/598.)

— Mosaïque chinoise. (Récits et documents publiés dans les *Missions Catholiques*) :

I. Les salines de Tou-menten (Kiang-nan), par le P. Palatre, S. J. (IV, pp. 613 et seq.)
II. Appareil à élever l'eau. Extrait d'une lettre inédite du P. Hélot, S. J., du 4 janvier 1852. (IV, pp. 628/9.)
III. Crépi chinois. Ext. d'une lettre inédite du même, du 14 mai 1856. (IV, p. 629.)
IV. Le Kien-sé et ses trois merveilles. Par le P. Palatre, S. J., 4 sept. 1868. (IV, pp. 637/8.)
V. La Godille. Ext. d'une lettre inédite du P. Hélot, S. J., du 5 déc. 1856. (IV, pp. 652/3.)
VI. La digue de l'empereur Yong-tsen. Par le P. Palatre. (IV, pp. 689/690.)
VII. Fang-Tou-ti, divinité chinoise d'origine française. (IV, pp. 701/2.) [Voir col. 1068.]
VIII. Cerfs-volants et Pigeons. (V, pp. 23/24.)
IX. Mendiants garnisaires. (V, p. 24.)
X. Le Mo-u. Par le P. Colombel, S. J., avec 3 dessins. (V, p. 47.)
XI. Une Sécularisation. (V, p. 47.)
XII. Industrie Séricicole. Par le P. Palatre, S. J., Si-ca-wei, 12 août 1872. (V, pp. 116, 177, 190, 202.)
XIII. Le Tsieu-ia (matière alcoolisante). Ext. de notes inédites envoyées par le P. Hélot, S. J., aux Conseils de l'Œuvre de la Prop. de la Foi, le 14 mai 1856. (V, pp. 238/9.) — Voir col. 1549.
XIV. Les Œuvres de Bienfaisance. Par le P. Ferrand, 10 janvier 1873. (V, pp. 250/1.)
XV. Les Sociétés secrètes. (V, pp. 262/4.)
XVI. Un mariage. (V, pp. 284/7.)
XVII. Le Tsai-chen ou Dieu des richesses, par le P. A. Vasseur, S. J. (V, pp. 489/490.)
XVIII. L'Agriculture. (V, p. 587.) 1° Le Semoir mécanique; 2° Van et herse, aménagement et monture du grain, par le P. Couvreur, S. J.
XIX. Les Mandarins. (V, pp. 598/9.) Ext. de l'*App.* du *Dict.* de Perny.
XX. Thé et Riz. (VII, pp. 9/10, avec fig.)
XXI. Le Repos. (*Ibid.*, p. 10.)
Ces deux notices sont extraites des *Notes de voyage* de M. Jacques Scurati, ancien miss. de Chine, aujourd'hui directeur des *Missioni cattoliche.*
XXII. Le Palais de l'Académie à Hang-tcheou-fou. (*Ibid.*, p. 10, avec un plan, p. 6.)
XXIII. Le Fumeur d'Opium. (*Ibid.*, pp. 23/24.)
Ext. de l'*Empire chinois* du P. Huc, I, pp. 32/33.
XXIV. Les Supplices. (*Ibid.*, pp. 35/6, 47/48, 59/60.)
D'après *France et Chine* de l'abbé Girard. [Voir col. 94.]
XXV. Suen hoa fou. (*Ibid.*, VIII, p. 492.)
Notes du P. Delemasure, laz., sur cette ville, avec des gravures d'idoles d'une des pagodes.
XXVI. Les Droits d'enregistrement. (*Ibid.*, pp. 503/504.)

(OUVRAGES DIVERS.)

Notes du P. Pfister, S. J.
XXVII. Rituel des sacrifices aux Ancêtres. (*Ibid.*, pp. 515/516.)
Trad. par le P. Ravary, S. J.
XXVIII. La Piastre du Diable. (*Ibid.*, p. 527.)
XXIX. Le Fom choué. (*Ibid.*, p. 527.)
XXX. Les queues coupées. (*Ibid.*, p. 539.)
Notes du P. Ravary.
XXXI. Le Pont des âmes. (*Ibid.*, pp. 551/2.)
Notes du P. Ravary.
XXXII. Echenilloir mécanique. (*Ibid.*, p. 575.)
Avec 1 grav. par le P. Edel, S. J.
XXXIII. Fabrication du papier *Tse-kien.* (*Ibid.*, p. 575.)
Par le P. Royer, S. J. — Voir col. 1547
XXXIV. Les Tombeaux. (*Ibid.*, p. 599.) Avec 1 grav.

— Mœurs chinoises au Kiang sou, par le P. Desjacques. [Voir col. 238.]

— Manners and Customs in the Far East. (*The Far East.*)

No. I : Marriage Ceremonies of the Chinese at Macao. (Vol. I, No. 3, 1876, pp. 67/69) [par R. F. Martins d'après l'ouvrage « Os Chins de Macao », 1867]. — No. 2. Ceremonies observed on the occasion of Deaths and Funerals in Macao. (No. 4, 1876, pp. 77/81.) [Par R. F. Martins.] — No. 3. Various superstitions of the Chinese at Macao. — No. 4. Processions. — (No. 5, 1876, pp. 103/106.) — No. 5. Feasts and Festivals of the Chinese in Macao (par R. F. Martins). (No. 6, 1876, pp. 129/132.) — No. 6. Chinese Medical Practice at Macao (Vol. II, No. 1, 1877, pp. 3/4. — No. 7. Principal Ceremonies of worship and religious Acts. (*Ibid.*, pp. 4/5.) — No. 8. Chinese Dress in Macao. Opium Smoking. Compression of the feet of females; and other characteristics (1 phot. du pied d'une chinoise). (Vol. II, No. 2, pp. 27/8.) — No. 9. On the food of the Chinese at Macao. (*Ibid.*, pp. 28/29.) — No. 10. The floating population. Domestic usages in Macao. (*Ibid.*, p. 29.)
Ces articles par Martins ont été réimprimés en 1 petit volume.

— Recherches sur les mœurs des anciens Chinois, d'après le *Chi-king*, par M. Edouard Biot. (*Journal Asiatique*, IVe S., T. II, pp. 307-355, pp. 430-447.)

— Traduit en anglais dans les *Chinese Classics* du Dr. Legge, Vol. IV, Part. I, pp. 142/171 des *Prolégomènes.*
Voir les travaux du même auteur, col. 599 et 1407.

— Chinese Culture : or Remarks on the Causes of the Pecularities of the Chinese. By Rev. Samuel R. Brown, Late Principal of the Morrison School at Hongkong, China. (Read October 17, 1850.) (*Jour. Am. Or. Soc.*, Vol. II, Art. VIII, pp. 167 et seq.)

— Mœurs et Mythologie des Chinois. Pièce in-8 de 4 pages. s. l. n. d. [Tarbes. Imp. Perrot-Prat, rue des Grands-Fossés.] 1857.

Contient des extraits d'une lettre de Mgr. Rizzolati, U-Cham-Fu, 25 novembre 1842, et d'une lettre du P. Estève. — Voir col. 962.

— Домашніе обряды китайцевъ. Par Tsvetkov, pp. 213/380. (*Trav. de la Mission eccl. de Peking*, III, 1857, voir col. 1351.)

— Chinese at Home. (*Cassell's Family Illustrated Press*, 1861.)

— Chinese Whims and Ways By Sir Walter Medhurst. (*Cassell's Family Magazine*, Dec. 1878.)

— Il a paru dans *The Hankow Times*, 1867-1868, une série d'ar-

(OUVRAGES DIVERS.)

ticles intéressants sur les mœurs et les coutumes des Chinois sous le titre de *Chinese Odds and Ends*.

— L'Extrême Orient par le Dr. Martin. (*Bul. Soc. Géog.*, 6e Sér., V, 1873, pp. 38/53.)

— Quelques compositions et Recettes pratiquées chez les Chinois, ou consignées dans leurs Livres, & que l'auteur a crues utiles ou inconnues en Europe. Par le P. Cibot. (*Mém. conc. les Chinois*, IV, pp. 484 et seq.)

— Notice sur les Plumails chinois, par feu M. Cibot, Miss. (*Ibid.*, XI, pp. 355/360.)

— Parallèle des Mœurs et Usages des Chinois, avec les Mœurs & Usages décrits dans le Livre d'Esther; Extrait d'un Commentaire sur ce Livre, par feu M. Cibot, Missionnaire à Peking. (*Ibid.*, XIV, pp. 309 et seq.; XV, pp. 1 et seq.)

— Ueber die Magie bey den Chinesen. (Ausgezogen aus der Parallele... par M. Cibot, in den *Mém. conc. les Chinois*, t. 14 et 15.) (Klaproth, *As. Magazin*, II, pp. 224/8.)

— Punishing Dead Men's Bones (A. D. 1100). (*The Canton Register*, Vol. IV, 1831, p. 139.)

— A description and translation of a *Shau Ping* or Longevity Screen. By S. W. Williams. (*Chin. Rep.*, XIII, pp. 535/537.)

— Industrias de la China. (*El Correo del Ultramar*, XII, 1858, No. 292, avec grav.)

— Présent de bottes à un mandarin sortant d'office.

Voir sur cette coutume des articles dans *Notes and Queries on C. & J.*, Vol. I, p. 77; pp. 85/86 en francais par d'Ampsech (de Champs).

— Chinesische Zustände. — Leben und Treiben in China, mit humoristisch-satyrischen Rückblicken auf deutsche Verhältnisse von A. P. — Grimma, Druck und Verlag des Verlags-Comptoirs. 1847, pet. in-8, pp. 196.

Forme le 156e volume de la collection de la *Europäische Bibliothek der neuen belletristischen Literatur Deutschlands, Frankreichs, Englands, Italiens, Hollands und Skandinaviens.* Grimma, Druck und Verlag des Verlags-Comptoirs. 1847.

— Chinesische Bräuche und Spiele in Europa. Inaugural-Dissertation der philosophischen Facultät der Universität zu Jena zur Erlangung der Doctorwürde in der Philosophie, vorgelegt von Gustav Schlegel, Interpret der chinesischen Sprache beim Niederl. Ostind. Gouvernement zu Batavia. Breslau, Druck von Robert Nischkowsky, 1869, br. in-8, pp. 32.

Une trad. hollandaise de cette dissertation a été donnée par C. P. Winckel, *Bataviaasch Handelsblad*, Oct. 20, 23 et 27, 1869.

— Easter Eggs in China (by G. Schlegel). (*N. & Q. on C. & J.*, Vol. II, pp. 21/22.)

— Paasch-eieren in China. (*Batav. Handelsblad*, 28 janv. 1868.)

— Christmas-trees in China by G. Schlegel. (*T'oung Pao*, II, Janv. 1892, pp. 401/3.)

— Les peuples étranges par Judith Gautier. Paris, G. Charpentier, 1879, in-12, pp. 333.

On lit au verso du faux-titre : « Il a été tiré 3 exemplaires sur chine. »

Contient : I. *Les premiers hommes.* — II. *Les Chinois* (I. Musique. — II. Poésie et Poëtes. — III. La Loi. — IV. La Médecine légale. — V. La Médecine et les Médecins. — VI. Les Comédiens et la Comédie. — VII. La Peinture. — VIII. Un mariage à Peking. — IX. Cérémonies funèbres. — X. L'Enfer.) — III. *Une journée dans le royaume de Siam.* — IV. *Douze heures dans la baie de Tourane en Cochinchine.* — V. *Le Yo-San-Fi-Rok.* — VI. *Les Poëtes persans.* — VII. *Une ville retrouvée.*

— Charles Piton. — La Chine, voir col. 1321.

— Miscellanées chinois, par M. Camille Imbault-Huart. (*Journal Asiatique*) :

I. — Un épisode de l'insurrection des Toanganes dans le Turkestan chinois en 1865. — II. Une cérémonie bouddhiste en Chine. — III. Une visite au temple de Confucius à Changhaï. — IV. Une visite à l'établissement religieux et scientifique de Si Ka oué, près Changhaï. — V. Pensées et maximes inédites traduites du chinois. (VIIe Sér., XVI, oct.-déc. 1880, pp. 521/545.)

I. — Une visite à un établissement charitable indigène près Changhaï. — II. Notice sur la vie et les œuvres de Oueï Yuann. (VIIe Sér., XVIII, août-sept. 1881, pp. 255/277.) — III. Historiettes morales. — IV. Anecdotes et bons mots. — V. Nouvelle. — VI. Les ponts suspendus au Yun nann. — VII. Pensées et maximes inédites. (VIIe Sér., XVIII, oct.-déc. 1881, pp. 534/553.)

I. — La mort d'une impératrice régente en Chine (coutumes chinoises et page d'histoire contemporaine). — II. Anecdotes du temps de la dynastie mongole. — III. Apologue : le renard qui emprunte la force du tigre. (VIIe Sér., XIX, Fév.-Mars 1882, pp. 252/269.)

Fragment d'un voyage dans la province du Kiang-sou. — Les collines, près Changhaï, et la route de Sou-tchéou, capitale de la province. (VIIIe Sér., II, Août-Sept. 1883, pp. 284/303.)

I. — Détails rétrospectifs sur la mort de l'impératrice de l'Est : 1. pétition des barbiers de Changhaï; 2. instructions du gouverneur de la province du Kiang-sou au sujet du deuil provisoire à observer jusqu'à l'arrivée du testament de l'impératrice. — II. Coutumes et superstitions : 1. Origine de la fête du double-neuf; 2. la légende de la fileuse et du berger. — III. Une révolte des troupes chinoises à Vou-tchâng-fou. (VIIIe Sér., III, Janv. 1884, pp. 80/94.)

I. — Le pèlerinage de la montagne du pic mystérieux près de Peking. — II. La fête de la mi-automne et le mythe du lapin lunaire. — III. De la condition du paysan dans le nord de la Chine. (VIIIe Sér., V, Janv. 1885, pp. 62/77.)

I. — Les deux soles ou acteur par amour, drame chinois en prose et en vers. (XVIIe siècle.) — II. Les génies des portes. Légende chinoise. (VIIIe Sér., XV, Avr.-Juin 1890, pp. 483/495.)

— La Chine. Cours fait par le Père Perny. (Tong-Ouen-Zieng), missionnaire en Chine. — 14 déc. 1882. (*Soc. Géog. Lille, Bull.*, II, 1883, pp. 181/5.)

— Quelques traits de la vie du Céleste Empire. La composition de l'histoire en Chine. Décrets civils et militaires; par Ch. de Harlez. Membre correspondant de l'Académie royale de Belgique. Pièce in-8, pp. 8.

Extrait des *Bulletins de l'Académie royale de Belgique*, 3e série, tome VI, nos 9-10; sept.-oct. 1883.

— International Health Exhibition, London, 1884. — China. Public Health. National Education. Diet, Dress, and Dwellings of the Chinese. Printed and Published for the Executive Council of the International Health Exhibition and for the Council of the Society of Arts by William Clowes... 1885, in-8, pp. 294.

Contient : Remarks on certain points relating to public health in

China. By Surgeon-General C. A. Gordon. — National Education in China. By Alfred Hippisley. — Diet, Dress, and Dwellings of the Chinese in relation to health. By John Dudgeon.

— Souvenirs d'un collectionneur. — La Chine inconnue par Maurice Jametel... Paris, lib. de l'Art, J. Rouam, 1886, in-18, pp. 250.

4e édition, 1886. — 25 ex. sur Hollande.

Contient : I. La Chine des Potiches. — II. La Chine des Bibelots. — III. La Chine des Bouquins. — IV. La Chine des Poissons. — V. La Chine des Viveurs.

Notice : *Revue d'Ethnographie*, V, No. 1, 1886, p. 86, par E. H.[amy.]

— China. By Rev. J. T. Gracey. — Voir col. 1236.

— * Pagoda Shadows, or Studies from Life in China, by Adele M. Fielde. Introduction by Joseph Cook. Fifth Edition. Boston; W. G. Corthell. For sale at the Presbyterian Mission Press, Shanghai.

Notice : *Chin. Rec.*, XVII, Dec. 1886, p. 478.

— Pagoda Shadows : Studies from Life in China. By Adele M. Fielde. With an Introduction by J. Oswald Dykes, D. D. — T. Ogilvie Smith, 1887, pet. in-8, pp. XVI-208.

— Pagoda Shadows. Studies from Life in China. By Adele M. Fielde. Introduction by Joseph Cook. Sixth edition. Boston : W. G. Corthell. 1890, pet. in-8, 1 f. n. c. + pp. 285.

— A Corner of Cathay Studies from Life among the Chinese by Adele M. Fielde... Illustrated by Artists in the Celebrated School of Go leng, at Swatow, China. New York, Macmillan, 1894, in-8 carré, pp. XI-286.

Gravures en couleur.

— **Bilder** aus dem Häuslichen und Familien**leben** der Chinesen. Von Prof. C. Arendt, vormals Dolmetscher der Kaiserlich Deutschen Gesandtschaft in Peking. Mit einem Plane. — Berlin. H. Reuthers Verlagsbuchhandlung, 1888. Br. in-8, pp. 48.

Notice : *China Review*, XVII, 5, p. 301, par E. J. E.[itel.]

— * Ueber sociale Verhältnisse in Ost-Asien. Vortrag im k. k. Handels-Museum zu Wien, gehalten von Dr. J. Singer, Privatdocent an der Universität. Wien, 1888.

Traduit en Anglais :

— Conditions of social life in Eastern Asia. By Dr. J. Singer, lector of the university of Vienna. (*China Review*, XVII, No. 1, pp. 14/26.)

— Les Chinois chez eux. Par J.-B. Aubry, Missionnaire apostolique au Kouy-Tchéou. Société Saint-Augustin. — Desclée, De Brouwer et Cie, Lille. — MDCCCLXXXIX, in-4, pp. 300.

Voir col. 1109.

Notices : *Miss. Cath.*, XXIII, 1891, p. 60; *ibid.*, XXVI, 1894, p. 412.

— Bilder aus dem Leben des Chinesischen Volkes. — Von W. Preiswerk. Basel, Verlag der Missionsbuchhandlung, 1890, br. in-12, pp. 24.

— Ein Bild aus dem chinesischen Leben. (*Oest. Monats. f. d. Orient*, 1890, pp. 79/80.)

Tch'en Ki-tong.

— Général Tcheng-ki-tong. — Les Plaisirs en Chine. — Paris, G. Charpentier et Cie. — 1890, in-12, pp. III-307.

Contient : Préface, p. 1. — L'Intérieur, p. 3. — Fêtes religieuses et nationales, p. 15. — Plaisirs Champêtres, p. 85. — L'éternel féminin, p. 133. — Plaisirs sérieux, p. 165. — La table, p. 201. — Jeux d'adresse, p. 235. — Jeux de hasard, p. 269. — Plaisirs publics, p. 287. — Conclusion, p. 301.

— Général Tcheng-ki-tong. — Mon Pays. — La Chine d'aujourd'hui. — Paris, Charpentier. 1892, in-12, pp. 294.

Contient : L'Organisation de la Chine, pp. 1/67. — Une Jeanne d'Arc chinoise, pp. 68/78. — L'écolier chinois, pp. 79/94. — L'histoire de la duchesse Nien, pp. 95/119. — Voyage en Chine, pp. 120/160. — Les insectes utiles de la Chine, pp. 161/183. — L'éducation commerciale en Chine, pp. 184/218. — Les Juifs en Chine, pp. 219/229. — De l'utilisation des eaux en Chine, pp. 230/265. — Les parlements du monde le « Tou-tcha-yang » ou censure de Chine, pp. 266/279. — Le pavillon chinois, pp. 280/294.

— * Tcheng Ki-tong. La China contemporánea. Madrid, Agustin Avrial, 1894, pp. 342.

— Félix Régamey. — Le Japon vu par un artiste. (*Revue politique et litt.*, XLVI, 21, pp. 648/658.)

— Tcheng Ki-tong. — La Chine vue par un artiste. Réponse à M. Félix Régamey. (*Ibid.*, XLVI, 22, pp. 685/8.)

— I Jour de l'an scientifique Réponse au général Tcheng-ki-tong par Russologus. — Extrait de la *Nouvelle Revue* du 15 décembre 1888. — Paris, Georges Chamerot, 1889, gr. in-8, pp. 8.

Par Ces. Tondini de Quarenghi.

Arthur H. Smith.

— Chinese Characteristics by Arthur H. Smith. — Shanghai : Printed and published at the « North-China Herald » Office. — 1890, in-8, pp. II-427 + II.

— Chinese Characteristics by Arthur H. Smith. — London, Kegan Paul, Trench, Trübner & Co. 1892, in-8, pp. II-427 + II.

Même édition que la précédente avec un titre différent.

— Second Edition, revised. New York, Chicago, etc., F. H. Revell Co., [1894], in-8.

— London, 1895, in-8.

— Fifth Edition, revised. Edinburgh and London, Oliphant, Anderson and Ferrier, 1900, in-8, ill.

— * Arthur H. Smith. — Chinesische Charakterzüge. Deutsch frei bearbeitet von F. C. Dürbig. Mit Illustr. Würzburg, A. Stuber (C. Karbitsch), 1900, in-8, pp. 210.

— * Charakteristiki Kitajcev. Sočinenie Artura G. Smita. Perevod s anglijskago V. Normana. (*Izv. Vostočnago Instituta*, X, pp. 250/286.)

— Caractéristiques Chinoises. Par Arthur H. Smith. (*Chine et Sibérie*, Janv. 1901, p. 36; continué dans les numéros suivants.)

— L'économie des Chinois. (*Bull. Com. Asie française*, Juillet 1903, pp. 303/306.)

Tiré de *Chinese Characteristics*, du Dr Arthur H. Smith.

— * The Natural History of the Chinese Boy and of the Chinese Girl : a study of Sociology. By the Author of « Chinese Characteristics ». Shanghai, « North China Herald », 1890, br. in-8, pp. 27.

— Village Life in China A Study in Sociology by Arthur H. Smith, D. D.... With Illustrations. New York, Chicago, Toronto, Fleming H. Revell Co. s. d. [1899], in-8, pp. 360.

— Village Life in China A Study in Sociology by Arthur H. Smith, D. D.... With Illustrations. Edinburgh and London, Oliphant, Anderson and Ferrier, 1899, in-8, pp. 360.

Même éd., que celle de New-York avec un titre différent.

∴

— Z činské Domácnosti. Obraz z kulturní historie činské podává R. Dvořák. V Praze, 1891, br. in-8, pp. 62.

Přednášky spolku « Domácnost » (Česká škola kuchařská. Čis. 5.)

— Modern China : thirty-one short Essays on Subjects which illustrate the present Condition of the Country. By Joseph Edkins, D. D. — Shanghai : Kelly & Walsh. 1891, br. in-8, 2 ff. n. c. + pp. 55 à 2 col.

Contient : Numeral Increase of the Chinese Race, p. 1. — The Temple of Heaven, p. 2. — Need of Tree Planting in North-China, p. 4. — The Chinese Language, p. 5. — Foot Binding, p. 7. — The Art of China and Japan, p. 9. — Change in the Chinese Climate, p. 11. — Chinese Views on Science, p. 12. — A Museum at Peking, p. 14. — The Migration of Industries, p. 16. — China's Turkish Province, p. 18. — Medicine in China, p. 20. — Changes in the Agriculture of North-China, p. 21. — Chinese Accounts of the Mammoth, p. 24. — Rice, p. 25. — Industrial Missions, p. 27. — Pawn Brokers, p. 29. — Chinese Opinions on Novels, p. 30. — The Yangtsze River, p. 32. — Fêng-shui, p. 34. — Irrigation, p. 36. — The Floods in the North, p. 37. — The Chinese Treatment of Cholera, p. 39. — The Climate of China, p. 40. — Chinese Educational Colleges, p. 42. — The Mariner's Compass a Chinese Invention, p. 43. — The Use of Cotton Yarn, p. 46. — Chinese and Foreign Medicine, p. 47. — The Chinese *Queue*, p. 49. — Tartars as Sovereigns, p. 51. — Local Disturbances, p. 53.

— Peeps into China. By the Rev. Gilbert Reid, M. A. Of the American Presbyterian Board Chi-nan-fu. With illustrations. London, The Religious Tract Society, pet. in-8, pp. 191.

Notice : *Chin. Rec.*, XXIII, Sept. 1892, pp. 437/438, by Timothy Richard.

— * Glances at China. By Rev. Gilbert Reid, M. A. Founder of the Mission to the Higher Classes. Illustrated, in-12.

— Giles' Glossary of Reference. — Voir col. 96.

— Things Chinese... by J. Dyer Ball,... — London : Sampson Low, Marston, and Company — 1892, in-8, pp. 2 + 1 f. n. c. + pp. 419 + pp. XIII. — Voir col. 103.

Notice : *China Review*, XX, No. 1, pp. 64/5. By E. J. E.[itel.]

— * Chinese Mandarins and People. By R. K. Douglas. (*English Illustrated Magazine*, Christmas Number, 1894.)

— How to Read the War News from China — A Vade-Mecum of Notes and Hints to Readers of Despatches and Intelligence from the Seat of War, with a coloured War Map and a Glossary of Military technical Terms, Local Titles, Places, Phrases, etc. London, T. Fisher Unwin, 1900, in-16, pp. 142.

— Chinese River Travel. (*Goldthwaite's Geog. Mag.*, IV, Dec. 1892, pp. 961/962.)

D'après le miss. canadien O. L. Kilborn et le *Montreal Witness*.

— Ehrenschulden in China. (*Oest. Monats. f. d. Orient*, 1893, pp. 87/9.)

— Le baiser en Europe et en Chine. Par Paul d'Enjoy. (*Bul. Soc. Anth.*, Paris, 1897, pp. 181/185.)

— L'hospitalité à travers les âges. Par Paul d'Enjoy. (*Rev. scient.*, 38e an., 1901, 2e sem., pp. 143/148.)

— Saving Boxes in the shape of pigs. (*Int. Arch. f. Ethn.*, XI, 1898, pp. 164/5.)

— Les Génies Gardiens des Portes. Par le Dr. Spruyt. (*Chine et Sibérie*, Mai 1901, pp. 193/5.)

— Les cartes de visite en Chine. Par Jacques Faure. (*Mémorial Lib. française*, 23 avril 1903, pp. 233/4.)

— Catalogue de différentes Collections Ethnographiques provenant de la Chine et appartenant à la maison E. J. Brill à Leide, br. in-8, pp. 51.

— Manners and Customs of the Chinese. (*Temple Bar*, LXV, 368; réimp. *Eclectic Magazine*, LXXXXIX, 374 et dans *Popular Science Monthly*, XXI, 679.)

— Peeps into China ; or The Missionary's Children. By E. C. Phillips... Fifth Edition. Cassell & Co., London, s. d. [1894], in-8, pp. 224.

— Vortrag von M. Buchner über Chinesen und Japaner. (*Jahresb. Geog. Ges. München*, 1894/5, pp. lv-lxix.)

— J. Henningsen. — Djung rhua dji. Kinesiske typer og skritser. Kjøbenhavn, 1894, gr. in-8, pp. 224 + 2 ff. n. ch.

— Golden Lilies and the Flowery Land. Glimpses of a Chinese City for English Boys and Girls. By the Rev. W. T. A. Barber, M. A. London : Charles H. Kelly,... 1894, pet. in-8, pp. 32.

— Kinesisk Flod- og Landliv af I. Hoppe. Kjøbenhavn, Ernst Bojesen, 1895, in-8, pp. 29 + 1 f. n. ch.

Fait partie de *Studenter Samfundets Musaeums Skrifter*.

— Wijsheid en Schoonheid uit China door Henri Borel. Amsterdam P. N. Van Kampen & Zoon. s. d. [1896 ?], in-8, pp. 162.

— Compte rendu d'une conférence faite à la Société de Géographie de Nantes par M. le Mandarin Ly-Chao-Péo sur la Chine, sa vie, ses mœurs. (*Soc. Géog. Com. Nantes*, 1896, pp. 112/116.)

— L'abbé Lucien Vigneron — Portraits jaunes (Coréens, Japonais, Chinois) — Scènes de la vie chinoise. Tours, Alfred Mame, MDCCCXCVI, gr. in-8, pp. 158 + 1 f. n. ch. p. l. tab.

— Alone in China and other stories ‖ By Julian Ralph ‖ author of « People we pass » « Dixie » etc. Illustrated by C. D. Weldon ‖ New York ‖ Harper & Brothers Publishers 1897, in-12, pp. XI-282, 62 pl.

Contents : House-boating in China : Alone in China ; Plumblossom Beebe's adventures ; The Story of Miss Pi ; The Boss of Ling-foo ; Little Fairy's Constancy ; The Love-letters of Superfine Gold. — Julian Ralph died Jan. 20, 1903.

— Stories of Everyday Life in Modern China ‖ Told by Chinese and done into English by T. Watters ‖ Late H. M. Consul at Foochow ‖ London ‖ David Nutt, 270-271, Strand ‖ 1896, in-12, pp. IX-226.

— Pictures of Southern China. By Rev. J. Macgowan... With Seventy-seven Illustrations. London : The Religious Tract Society, 1897, pp. 320.

Notice : *Scottish Geog. Mag.*, Jan. 1898, pp. 50/1.

— Tiger majesty. By Edward A. Irving. (*Blackwood's Mag.*, CLXII, 1897, November, pp. 699/710.)

— L'Extrême-Orient. — Résumé d'une conférence faite le 28 Avril 1898 à la Société royale de Géographie d'Anvers par M. Elisée Reclus. (*Bull. Soc. roy. Géogr. Anvers*, XXII, 1898, pp. 143/155.)

— La Chine ancienne et moderne. Conférence de M. Emile Guimet. (*Bul. Soc. normande Géog.*, XX, 1898, pp. 1/17.)

— Vorläufige Notiz über eine neuerworbene chinesische Sammlung. Von W. Grube. (*Ethnologisches Notizblatt herausg. v. d. Direktion d. Königl. Museums f. Völkk. in Berlin*, Bd. II, Heft 1, 1899, pp. 3/5.)

— Chineesche Karaktertrekken door W. Meischke-Smith — Rijk geillustreerd door J. Van Oort naar Schetsen, Photographieën enz. Rotterdam, Nijgh & Van Ditmar, 1895, in-8, pp. 134.

(DIVERS.)

— W. Meischke Smith — Croquis Chinois — Traduction de L. Paul Delinotte. — Illustrations de J. van Oort. Paris, Ernest Flammarion, s. d., pet. in-8, pp. 344.

— Spettacoli diversi dei Cinesi Par Antonio Paglicci-Brozzi. (*L'Universo*, IX, 1899, pp. 269/272.)

— Chinese Mother Goose Rhymes translated and illustrated by Isaac Taylor Headland of Peking University. Fleming H. Revell Co., New York, Chicago, Toronto, in-4, pp. 158 + 2 ff. n. ch., s. d. [copyright, 1900].

Printed with pictorial board covers, with pictorial background in greenish ink on each page, and with numerous illustrations. In Chinese and English. On back of title : The Caxton Press New York.

— The Chinese Boy and Girl ‖ By Isaac Taylor Headland of Peking University ‖ Author of Chinese Mother Goose Rhymes ‖ Fleming H. Revell Company New York Chicago Toronto ‖ [Copyright 1901] in-4, pp. 176.

Printed with pictorial board covers, with illustrated borders in different colors and with numerous illustrations. On back of the title : The Caxton Press New York.

— Budget de la famille Tcheng Par Raymond Rodet, S. J. (*Etudes*,... Tome 84, 5 Août 1900, pp. 399/403.)

— Monographie de la famille Tcheng — Canton de Ngan-hoei — Préfecture de Lou-Ngan-Tcheou. (*Chine et Sibérie*, Août 1900, pp. 374/6.)

Par un Missionnaire jésuite ; tiré de l'*Echo de Chine*.

— Some aspects of the Chinaman. By F. Thorold Dickson. (*Macmillan's Mag.*, LXXXII, Oct. 1900, pp. 411/418.)

— Mœurs et Coutumes en Chine et dans l'Annam. Par L. Crémazy. (*Rev. Indo-Chinoise*, No. 112, 10 déc. 1900, pp. 1183/5 ; No. 113, 17 déc. 1900, pp. 1209/1211.)

— Les Chinois chez eux. (*Bull. Soc. roy. Géogr. Anvers*, XXV, 1901, pp. 350/353.)

Conférence de M. Georges Brabant.

— Chinese Customs, and Superstitions ; or ; what they do at Amoy. By J. Sadler. (*China Review*, XXII, No. 6, pp. 755/758.)

— Tufts and Tails ; or, Walks and Talks with Chinese Children. By the Ven. Archdeacon Moule, of Mid China. With Preface by the Bishop of Durham. London : Church Missionary Society, in-8, pp. VI-72.

— China under the Search-Light By Wm. Arthur Cornaby, Editor of the *Chung-si-chiao-hui-pao*,... London, T. Fisher Unwin, 1901, in-8, pp. XII-250.

Introductory Chapter. — II. Over-crowding. — III. Solidarity. — IV. Humanity in Bundles. — V. Dead Levels. — VI. Ruts. — VII. The « Native Foreigner ». — VIII. Some Actors in the Tragedy of 1900. — IX. Mandarindom. — X. The Land of Æsthetic Traditions. — XI. The Triple Language of China. — XII. A Chinese Bookstall. — XIII. A Daily Newspaper.

Voir col. 1247.

— Chips from China By Will J. Sowden. Reprinted from « the Register » and « the Observer » Newspapers. 1901. Adelaide : W. K. Thomas & Co., br. in-8, pp. 50 à 2 col.

— Some Household Treasures of China. By Harry Hillman. (*The Wide World Mag.*, V, Oct. 1900 — March 1901, pp. 368/374.)

(DIVERS.)

— Letters from John Chinaman. Third Impression. London R. Brimley Johnson, 1902, pet. in-8, pp. 63.

Renferme huit lettres dont les quatre premières ont paru dans la *Saturday Review*. — John Chinaman = Goldsworthy Lowes Dickinson.

— * Chinois et Chinoiseries. Croquis et Parallèles. Par Pol Korigan. Première série. Paris, Arthur Savaète, 1902, in-8, pp. 296.

Notices : *Etudes*, 5 oct. 1902, pp. 137/8, par Joseph Ferchat ; *Miss. Cath.*, XXXIV, 17 oct. 1902, p. 504 ; *Annales Sc. Polit.*, 15 sept. 1903, pp. 664/5 ; *Petermanns Mitt.*, 50 Bd., 1904, VII, p. 123, par M. v. Brandt.

— Life in China. By the Rev. J.W. Heywood, of Ningpo. (*Jour. Manchester Geog. Soc.*, XVIII, 1902, pp. 38/49.)

— Chinese Social Customs. — By Mrs. Timothy Richard. (*East of Asia*, Vol. I, No. 1, pp. 43/50.)

— « Illustrations » By J. Darroch. (*Chin. Rec.*, XXXIV, Febr. 1903, pp. 51/66 ; March 1903, pp. 131/138 ; April 1903, pp. 159/164.)

Read before the Shanghai Miss. Ass., Dec. 2d 1902.

— Dr. J.-J. Matignon Médecin-major de l'artillerie de la 35e division Ex-attaché à la légation de France à Pékin (1894-1901). — L'Orient lointain Chine, Corée, Mongolie, Japon Impressions et souvenirs de séjour et de tourisme. A. Storck & Cie., Lyon Paris, 1903, pet. in-8, pp. xxiii-304 + 1 f. n. ch.

Préf. de Gustave Donnet. — La sainte routine. — La femme chinoise. — Le Fils du Ciel. — Une audience impériale. — Chez l'impératrice douairière de Chine. — Le chemin de fer. — Un enterrement à Pékin. — L'armée chinoise du Nord. — Au pays du calme matinal. — Le Japon qui disparaît. — Ense et Cruce ! — A la recherche de la peste.

— Chinas Kultur und Literatur. Von Professor Dr. A. Conrady. — Leipzig, Dr. Seele & Co., 1903, in-8.

Forme les nos. 19-22, 29-30 de la collection *Hochschulvorträge für Jedermann*.

— Sittenbilder aus China. — Von Ernst Ruhstrat Assistent im Kaiserlich Chinesischen Seezolldienst. Oldenburg und Leipzig, Rudolf Schwartz, in-8, pp. vi-212.

— * E. J. Hardy. — John Chinaman at Home ; Sketches of Men, Manners and Things in China. New York, 1905, in-8, pp. iv-335.

Mrs. Archibald Little.

— Mother Darling : By A. E. N. Bewicke,... — London : Field and Tuer,... Simpkin, Marshall & Co., Hamilton, Adams & Co., in-12, pp. 175.

Miss Bewicke, depuis Mrs. A. Little, a écrit outre ce roman qui n'a rien de la Chine, *Margery Travers*, *Onwards ! but whither !*, *A noble Army and a Holy War*, etc., qui n'ont rien à faire non plus avec la Chine.

— A Marriage in China by Mrs. Archibald Little (A. E. N. Bewicke). London, F. V. White & Co. 1896, in-8, pp. viii-312.

— China. Curious Customs and Habits of the People. By Mrs. A. Little. (*Jour. Manchester Geog. Soc.*, XIV, 1898, pp. 361/364.)

— My Diary in a Chinese Farm By Mrs. Archibald Little (A. E. N. Bewicke). — Kelly & Walsh, Limited, Shanghai, Hongkong, Singapore & Yokohama, gr. in-8, pp. 74.

Imp. par K. Ogawa, Tokyo, 500 exemplaires.

— Intimate China, 1899. — Voir col. 105.

— Out in China ! By Mrs. Archibald Little London, Anthony Treherne & Co.,... 1902, in-12, pp. 182.

Famille.

— Marriage, Affinity, and Inheritance in China : By W. H. Medhurst, Jun. Read to the Society, 8th Feb. 1853. (*Trans. China Br. R. As. Soc.*, Part IV, Art. I, pp. 1/32.)

Avait paru également dans un *blue book*.

— Consanguinity and Affinity of the Human Family by Lewis H. Morgan. (*Smithsonian Contributions to Knowledge*, XVII, 1871.)

Voir pp. 432/437 de ce travail : Table of Consanguinity and Affinity of the Chinese, in the Mandarin Dialect. By Hon. Robert Hart, of Canton.

— Arbre généalogique. (Perny, *Dict.*, App., No. X.)

— La naissance, le mariage, la mort chez les Chinois. Par O. S. [*Temple Bar.*] (*Rev. Brit.*, 1882, N. S., VI, pp. 353/366.)

O. S. = Octave Sachot.

— La Famille chinoise par G. Eug. Simon. (*Nouvelle Revue*, 15 Mars 1883, pp. 375/415.)

— Chinese Family Life. (*China Review*, XI, pp. 364/366.)

— Consanguinité et Mariage chez les Chinois. Par le Dr. Ernest Martin. (*Journal d'Hygiène*, No. 746, 8 jan. 1891.)

— Chinese Relationships. By Alfred J. May. (*China Review*, XXI, No. 1, pp. 15/39.)

— La Cohésion familiale chinoise. Par Paul d'Enjoy. (*Rev. Int. de Sociologie*, VII, pp. 539/541.)

— Chinese Customs connected with Births, Marriages and Deaths. By Helena von Poseck. (*East of Asia*, Vol. 2, No. 4, Dec. 1903, pp. 387/340.)

Femmes.

— Des avantages attachés à la cloture des femmes, et des inconvéniens inséparables de leur liberté. Ouvrage traduit du Chinois en Russe par le Prince Karikof, et du Russe en Français par A. D. Paris, chez A. La-noe... et chez Crochard, 1816, in-8, pp. XXXII-177.

A. D. = A. Delpla, auteur de l'ouvrage qui n'a été nullement traduit du chinois.

— Etat social des femmes en Chine par A. de Challaye. (*Rev. de l'Or. et de l'Algérie*, I, 1847, pp. 320/5.)

— Les Femmes en Chine. Par Lord Pilgrim. (*L'Artiste*, 1er avril 1870, pp. 5/14.)

— J. J. S. May. Die Chinesischen Frauen. (*Ausland*, 1873, No. 44.)

— Des Vierges-Mères en Chine et chez les autres peuples de l'Asie Orientale. Par M. le Baron Textor de Ravisi (*Compte-rendu de la 1re session du Cong. des Orient.*, 1873, I, pp. 381/385.)

— La donna cinese di Lodovico Nocentini. Estratto della *Rassegna Nazionale* Fascicolo II, Anno 1879. Firenze 1879, br. in-8, pp. 19.

— Sur la condition de la femme en Chine par Ly Chaopée. (*Actes de la Soc. d'Ethn.*, VIII, 1875, pp. 185/187.)

— De la condition de la femme en Chine comme fille, épouse et mère. — Conférence faite à Chartres, le jeudi 6 juin 1878 par M. Ly-chao-pee lettré chinois, sténographiée par M. Emile Pichon. Chartres, Imp. Edouard Garnier. MDCCCLXXVIII, br. in-8, pp. 12.

— The Rights of Woman. — By A. Varus. (*China Review*, VIII, p. 392.)

— Louis-Auguste Martin. — La femme en Chine. — (Œuvre posthume.) — Paris, Sandoz et Fischbacher, 1876, in-12, pp. XI-204.

Les pp. 193/204 ne comprennent que le cat. des éditeurs.

— A. T. Mondière. Monographie de la femme annamite, suivie de recherches sur les femmes chinoises, minh-huongs, cambodgiennes. (*Mém. de la Soc. d'Anthropologie de Paris*, 2e sér., t. II, pp. 437-516, 1882.)

— Le Code des femmes chinoises sous l'empereur Hoti. (*Bul. Soc. Géog. Rochefort*, IX, 1887-1888, pp. 113/121.)

D'après un manuscrit de M. Chapron.

— Captured Brides in Far Cathay. (*Blackwood's Mag.*, CXLII, Nov. 1887, pp. 691/696.)

— Les femmes chinoises. Par le Général Tcheng Ki-tong. (*Revue des traditions populaires*, Juillet 1889, pp. 399/401.)

— Die häusliche und gesellschaftliche Stellung der Frauen in China. — Von Prof. C. Arendt. (*Deutsche Rundschau*, Déc. 1891, pp. 421/441.)

— The Women of China. By F. I. W. V. (*Chin. Recorder*, XXIV, March 1893, pp. 115/117.)

A Chinese Woman. (*Goldthwaite's Geog. Mag.*, II, Dec. 1891, pp. 826/827.)

(FEMMES.)

— La femme chinoise. Par Motoyosi-Saizau. (*Le Figaro*, supp., samedi, 24 nov. 1894.)

— La femme chinoise. Par Gustave Schlegel. (*Actes Xe Cong. Int. Orient.*, Genève — 1894, 4e Partie, pp. 113/139.)

Notices : *Journal de Genève*, 10 sept. 1894. — *Le Temps*, 13 sept. 1894. — *Rheinischer Kurier*, No. 266, 26 sept. 1894, Morgenausgabe. — *Science*, 5 March 1897.

— La Femme en Chine. (*Chine et Sibérie*, Mai 1900, pp. 236/240.) Trad. de Georg-Mar. Stenz.

— La femme chinoise dans la famille et dans la société par Maurice Courant. (*Rev. des Deux Mondes*, 1er mai 1897, pp. 171/204.)

Réimp., pp. 94/140, de *En Chine*, voir col. 106.

— Sur l'âge moyen de la nubilité chez la Pekinoise. Par M. J. J. Matignon. (*Bul. Soc. Anth.*, Paris, 1899, pp. 120/1.)

— La Femme chinoise — Situation morale et condition sociale. (*L'Orient lointain...* par le Dr. J.-J. Matignon, pp. 21/53.)

Leçon faite à l'Institut de médecine coloniale de l'Université de Bordeaux.

— La Chine féminine. Par Un Fils du Ciel. (*Revue Indo-Chinoise*, 30 mars 1903, pp. 283/4.)

D'après l'*Echo de Chine*.

— L'Amour en Chine. Par Un Fils du Ciel. (*Revue Indo-Chinoise*, 20 avril 1903, pp. 345/8.)

D'après l'*Echo de Chine*.

— The Story of a Betrothed Chinese Young Lady. By Miss Wong Jin Ying. (*The Independent*, New York, Vol. 55, 1903, pp. 2167/2170.)

— Woman in Chinese Literature. By Herbert A. Giles (Professor of Chinese at Cambridge). (*Nineteenth Century*, Nov. 1904, pp. 820/832.)

Couvade.

— Traces of « la Couvade » in South China by 老廣東. (*China Review*, XI, pp. 401/2.)

— La Couvade. Par Ern. Martin. (*Revue scientifique*, 24 Mars 1894, pp. 366/369.) Avec une grav.

— De Couvade bij de Volken van den Indischen Archipel. Door Dr. G. A. Wilken. (*Bijd. Taal-, L. Volkk. Ned. Ind.*, 5e Sér., IV, pp. 250/265.)

Notice par Dr. M. d'E. [Meyners d'Estrey.] (*L'Anthropologie*, V, 1894, No. 3, pp. 352/357.)

— On the signification of Couvade. By H. Ling Roth. (*Journ. Anthropological Institute*, XXII, 1893, pp. 204/243.)

— Yule. — Cordier's *Marco Polo*, II, pp. 91/95.

Cf. P. Pelliot, *Bull. Ec. Ext. Orient*, IV, No. 3, 1904, pp. 771/2.

Petits Pieds.

— Small feet of the Chinese females : remarks on the origin of the custom of compressing the feet ; the extent and effects of the practice ; with an anatomical description of a small foot. By E. C. Bridgman. (*Chin. Rep.*, III, pp. 537/542.)

La plus grande partie de cet article est la reproduction d'un mémoire écrit par Bransby Blake Cooper, chirurgien de Guy's

(COUVADE. — PETITS PIEDS.)

Hospital, dans les *Transactions of the Royal Society of London* (1829).

— * Petite note sur les cheveux, les petits pieds et les yeux à la chinoise par M. Natalis Rondot. Reims, 1846, br. in-8, pp. 6.

— De l'usage de la déformation des pieds chez les femmes chinoises, principalement au point de vue medico-chirurgical; par M. Fuzier, médecin-major de 2e cl. de l'artillerie du corps exp. (*Rec. de Mém. de méd.... milit.*, IIIe Sér., VII, 1862, pp. 28/52, avec 6 fig.)

— Notice sur le moule d'un pied de femme chinoise présenté par M. Bourot, médecin aide-major de 1re classe au 65e régiment de ligne. (*Ibid.*, IX, 1863, pp. 164/6.)

— Note sur la déformation du pied chez les femmes chinoises; par M. Morache, médecin aide-major de 1re classe, attaché à la légation de l'Empereur à Pékin. (*Ibid.*, XI, 1864, pp. 177/189.)

— H. Welcker. Ueber die künstliche Verkrüppelung der Füsse der Chinesinnen. (*Archiv für Anthropologie*, Bd. IV, 1870, in-4, pp. 221/232, Fig. 22-33.)

— W. Stricker. Der Fuss der Chinesinnen. (*Archiv für Anthropologie*, Bd. IV, 1870, in-4, pp. 241/243.)

— Small feet and prohibition of the practice (by W. F. Mayers). (*N. and Q. on C. & J.*, Vol. II, pp. 27/28.) — (by G. M. C., *Ibid.*, II, p. 43).

— *Chinese Recorder*, I, pp. 232, 259; II, pp. 93, 130 (By J. Dudgeon), 230; III, pp. 21, 24.

Une partie de l'art. de sept. 1869 est reproduit dans le *Shanghai News-Letter*, Sept. 18, 1869.

— Considérations sur la valeur ethnique de la mutilation des pieds de la femme chinoise par le Dr. E. Martin. (*Bull. Soc. d'Anthropologie* de Paris. Nov. 1871, pp. 304/313.)

Tirage à part, in-8, Paris, 1872, pp. 12.

— Compression of the feet of females. (*The Far East*, Feb. 1877, pp. 27/8.)

— De kleine voeten der vrouwen in China. Eene Bijdrage tot de kennis van Chinesche Gewoonten door M. Schaalje. (*Tijdschft. v. Ind. Taal...*, XX, 1873, pp. 31/57.)

— De kleine voeten der vrouwen in China. Eene bijdrage tot de kennis van Chinesche Gewoonten door M. Schaalje, br. in-8, s. l. n. d. [Batavia, 1870.]

— Les petits pieds des Chinoises. (*Science et Nature*, IV, 1885, pp. 395/6.)

— Die kleinen Füsse der Chinesinnen. (*Oest. Monats. f. d. Orient*, 1890, pp. 15/16.)

— Sur la déformation des pieds chez la Chinoise au point de vue ethnographique, par le Dr. Eugène Verrier. (*Soc. d'Ethnog.*, *L'Alliance scientifique*, 21 Août 1889, pp. 200/208.)

— La Chinoise aux petits pieds. Par le Dr. Verrier. (*Rev. française*, XX, 1895, pp. 703/8.)

— Lecture Notes on Foot-binding. By a Native Christian. (*Chin. Rec.*, XXI, No. 8, Aug. 1890, pp. 378/9.)

Delivered by a Native Christian in Wesley Chapel, Tientsin.

(Petits Pieds.)

— Feet-binding. By Rev. E. Faber. (*Chin. Rec.*, XXIV, April 1893, pp. 155/159.)

— A propos d'un pied de chinoise. Par le Dr. J.-J. Matignon. (*Arch. d'Anth. criminelle*, 15 juillet 1898. — *Crime, Superstition et Misère*. Par J.-J. Matignon, pp. 311/325.)

Avait d'abord paru très résumé, sous le titre *le Pied de la Chinoise* dans le journal *La Nature*, 14 oct. 1897.

— A propos d'un pied de Chinoise. Par le Dr. J.-J. Matignon. (*Arch. d'Anth. crim.*, 76, pp. 410/8. — *Rev. Scientifique*, 22 oct. 1898, pp. 522/5.)

— Les petits pieds des Chinoises. Par le P. Louis Gaillard. (*Etudes religieuses*, T. 78, 1899, Variétés chinoises, pp. 541/552.)

— La mode féminine chinoise des petits pieds. Par le Dr. Spruyt. (*Chine et Sibérie*, avril 1900, pp. 151/154.)

— Les pieds des Chinoises. (*Bull. Soc. d'Et. Col.*, VII, pp. 335/343.)

— Le rapport du Dr. John D. Thomson sur Han-K'eou (*Medical Reports*, Customs, 60, 1900) contient, p. 25, une pl. du pied d'une Chinoise.

— A. Duval. — Radiographie de pied de chinoise. (*La Nature*, No. 1638, 15 oct. 1904.)

— Hans Virchow: Das Skelett eines verkrüppelten Chinesinnen-Fusses. (*Zeitschr. für Ethnologie*, 35. Jahrgang, 1903, pp. 266/316, avec 5 planches hors texte.)

Notice: *T'oung Pao*, IIe Série, Vol. IV, No 5, Décembre 1903, pp. 419/421. Par Edouard Chavannes.

∴

— The Tien Tsu Hui. (*N. C. Herald*, Dec. 11, 1899, p. 1181; Jan. 10, 1900, p. 57.)

Feet-bound women; Mrs. Archibald Little, Secretary.

— Tien Tsu Hui. Third Report for 1899. 1900, br. in-8, pp. 38.

— H. E. Chang Chih-tung and the Anti-footbinding Movement. (*N. C. Herald*, 19 May 1900.

Noms.

— Les noms en Chine. (*Ann. de l'Ext. Orient*, 1886-1887, IX, pp. 348/349.)

— Surnames. By E. H. Parker. (*China Review*, XV, p. 187.)

— Curious Names. By G. M. H. Playfair. (*Ibid.*, XVII, No. 4, 1889, p. 240.)

— Le nom des Chinois. (*Science et Nature*, IV, 1885, pp. 158/9.)

Eunuques, etc.

— Chinese Eunuchs. By G. Carter Stent. (*Journ. N. C. B. R. As. Soc.*, New Series, No. XI, 1877, pp. 143/184.)

— Chinesische Eunuchen oder der Ursprung, Charakter, Habitus, Obliegenheiten und Zurichtung der Hämmlinge Chinas nach G. Carter Stent. Leipzig, Otto Schulze, br. in-8, pp. 47.

Notice par Henri Cordier dans la *Revue critique*, No. 50, 13 Déc. 1879.

— Eunuchs Rearing Sons. (*China Review*, XIII, p. 123.)

— Castration. By E. H. Parker. (*Ibid.*, XIV, p. 226.)

— Self-mutilation. By E. H. Parker. (*Ibid.*, XV, p. 52.)

— Peking Eunuchs. By R. Coltman. (*China Medical Journal*, VIII, March 1894.)

— Les Eunuques du Palais impérial à Pekin. Par M. le Dr. J.-J. Matignon. (*Bull. Soc. Anth.*, Paris, 1896, pp 325/336.)

Crime, Superstition et Misère... Par J.-J. Matignon, pp. 253/273.

(Noms. — Eunuques, etc.)

Associations, etc.

— Political Associations, Feuds, &c., in China. (*Chin. & Jap. Rep.*, June 1865, pp. 272/280.)

— Chinese Clans and their Customs &c. (*Ibid.*, June 1865, pp. 281/4.)

— Guilds. (*China Overland Trade Report.* — Réimp. *N. C. Herald*, June 16, 1877, p. 601.)

— Les œuvres de bienfaisance en Chine. Par le R. P. Seckinger, S. J. (*Miss. Cath.*, XII, 1880, pp. 141/3, 177/179.)

— Chinese Guilds and their Rules. By K.... (*China Review*, XII, pp. 5/9.)

— Les associations en Chine. Par Maurice Jametel. (*Economiste français*, samedi, 11 fév. 1882, pp. 170/1.)

— Le Travail chez les Chinois. Par G. Eug. Simon. (*Nouvelle Revue*, XXII, 1er juin 1883, pp. 528/567.)

— Eene Chineesche Begrafenis- en Huwelijks-Onderneming. Door G. Schlegel. (*Bijd. Taal-, L. Volkk. Ned. Ind.*, 1884, VIII, 4e Sér., pp. 517/559.)

Voir col. 1864.

— La question ouvrière chez les Chinois. Par Baudouin. (*Bull. Soc. Géog. com.*, VIII, 1885/6, pp. 491/2.)

— Les asiles de nuit en Chine. Par A. Certeux. (*Revue des traditions populaires*, V, 1890, p. 57.)

— Chinese and Mediaeval Gilds. A Paper by Frederick Wells Williams. [Reprinted from the *Yale Review* for August and November 1892], br. in-8, [pp. 200 à 233.]

Réimp. dans *The Chinese Recorder*, XXIV, March 1893, pp. 101/106; April 1893, pp. 151/155.

Notices : *China Review*, XX, No. 5, p. 331, par L. — *T'oung Pao*, IV, pp. 99/101, par G. Schlegel.

— Des Associations et des Corporations de l'Extrême Orient comparées aux Institutions similaires de l'Empire romain d'Auguste à Justinien par M. Paulus. Extrait du Bulletin du Comité des Travaux historiques et scientifiques. (Section des Sciences économiques et sociales, n° 1, 1892.) Paris, Ernest Leroux, 1893, br. in-8, pp. 19.

— Serment d'amitié chinois par Henri Borel. (*T'oung Pao*, IV, Déc. 1893, pp. 420/426.)

— Arbeiter-Associationen in China. (*Oest. Monats. f. d. Orient*, 1887, pp. 13/15.)

D'après le *Bull. Soc. Géog. comm. Paris.*

— L. Nocentini. — Lo spirito di associazione fra i Cinesi. (*Nuova Antologia*, 16 nov. 1895.)

— Les Associations en Chine. Par Maurice Courant. (*Ann. des Sciences politiques*, Janvier 1899, pp. 68/94.)

Réimp., pp. 51/93, de *En Chine*, col. 106.

— Les Associations en Chine. Par J. Giraud. (*Le Journal*, 7 sept. 1900.)

— Les Associations bizarres en Chine. Par J. Servigny. (*Rev. française*, 1901, pp. 150/154.)

D'après Guimet.

— Les Associations bizarres en Chine. Par J. Servigny. (*Rev. Indo-Chinoise*, 132, 29 avril 1901, pp. 375/6; d'après la *Rev. française*.)

(Associations, etc.)

— Chinese Provident Clubs. By James Ware. (*East of Asia*, Vol. 2, No. 3, Oct. 1903, pp. 253/258.)

— Regeln der Kantoner Kaufmannsgilde in Pakhoi. Übersetzt von Missionsinspektor A. H. Bach, Pakhoi. (*Mitth. Semin. Orient. Sprachen*, VIII, *Ostasiat. Studien*, 1905, pp. 263/268.)

— Associations, congrégations et sociétés secrètes chinoises par M. Paul d'Enjoy. (*Bulletins et mémoires de la Société d'Anthropologie de Paris*, Ve série, tome V, fasc. 4, pp. 373-386.)

— Voir aussi le chap. Sociétés secrètes.

Esclavage.

— Mémoire sur la condition des esclaves et des serviteurs gagés en Chine, par M. Edouard Biot. (*Journal Asiatique*, IIIe Série, T. III, Mars 1837, pp. 246/299.)

Tirage à part.

— Memoir on the condition of slaves and hired servants in China, by M. Edward Biot. [Translated and abridged from the *Journal Asiatique* for March 1837.] (*Canton Register*, Vol. XI, 1838, No. 8 et seq.)

Traduit aussi dans le *Chin. Rep.*, XVIII, pp. 347/363.

— Mandarin Servants. (*Canton Register*, Vol. III, 1830, No. 8.)

— Serfdom in ancient China. By A. Varus. (*China Review*, VIII, p. 321.)

— Slavery in China. By E. J. Eitel. (*Ibid.*, X, pp. 283/284.)

— Expatriation and Slavery in China. Message from the President of the United States. 46th Congress, 2d Session — House of Representatives. — Ex. Doc. No. 60 [1880], in-8, pp. 31.

— Slavery in China. [H. Latham.] (*Overland Monthly*, new series, III, 175.)

— Is Slavery as practised among the Chinese Immoral? By Rev. Thomas McCloy, S. B. M., Canton. (*Chin. Rec.*, XXII, Dec. 1891, pp. 567/573.)

— Chinese Slavery. By Edward H. Parker. (*New Century Review*, III, Jan.-June 1898, pp. 10/19.)

— Ida Kahn. — Girl Slavery in China. (*Independent*, LIII, pp. 1605-8.

Tabac.

— Snuff in China. By F. H. (*Journ. C. B. R. A. S.*, N. S., XX, 1885, No. 2, p. 55.)

— Snuff in China. By F. H.[irth.] (*Ibid.*, pp. 95/6.)

— Tobacco. By E. H. Parker. (*China Review*, XVIII, No. 3, p. 198.)

— Tobacco. By Rev. Jas. Gilmour. (*Chin. Rec.*, XX, No. 5, May 1889, pp. 204/208.)

— Come Brothers, let us smoke. By Rev. J. E. Walker. (*Ibid.*, No. 12, Dec. 1889, pp. 553/558.)

— Smokiana. Historical. Ethnographical. — R. T. Pritchett. 1890, pet. in-4, 102 pages lith., avec 47 ill. dont plusieurs en couleur.

Sur le cartonnage extérieur : Ye « Smokiana ». By R. T. Pritchett. Publisher, Bernard Quaritch.

(Esclavage. — Tabac.)

Emblèmes, Couleurs, etc.

— Yellow as an Imperial Colour. (*Notes and Queries on C. & J.*, Vol. I, p. 30; — p. 52, par E. de Champs; — p. 143, par W. F. Mayers.)

— The Imperial Colour of China. (*Notes and Queries*, 3rd S., III, p. 467, Note sig. *Sp.*)

— Les Jou-y, ou sceptres symboliques chinois, par G. Dev[éria]. (*Magasin pittoresque*, N° 16, 31 août 1885, pp. 271/2.) Avec grav.

— On the Ju Yi. By J. Edkins. (*China Review*, XV, pp. 308/309.)

— Ancient national flags. By E. H. Parker. (*Ibid.*, XIII, p. 432.)

— Imperial Yellow. By E. H. Parker. (*Ibid.*, XIV, p. 51.)

— National colours. By E. H. Parker. (*Ibid.*, XV, p. 52.)

— National colours. By E. H. Parker. (*Ibid.*, p. 253.)

Divers.

— Essai sur la longue vie des Hommes dans l'antiquité, spécialement à la Chine. Par feu M. Cibot, Missionnaire à Pékin. (*Mém. conc. les Chinois*, XIII, pp. 309/375.)

— Chinese Domestic Romance. (Balfour, *Waifs and Strays*, 1876, pp. 153/201.)

— Fairs in China. By C. Alabaster. (*Notes and Queries on C. & J.*, III, pp. 109/110.)

— Democracy of the Chinese. (Harper's *New Monthly Magazine*, 1869.)

Notice : *N. C. Herald*, July 15, 1869.

— Les Véhicules Chinois. (*Missions Catholiques*, IV, pp. 378/9.)

Art. extrait de O. Girard [col. 94] et de lettres des PP. de Carrère et Croullière ; avec des vers du P. Tinguy, S. J., miss. à Hai men, et le dessin d'une brouette.

— Remarks by R. A. Jamieson Esq. made upon exhibiting a *To-lo pall* to the Society. (*Journ. N. C. B. R. As. Soc.*, N. S., No. 11, Dec. 1865, pp. 178/181.)

— The Chinese and Civilization. (*Cassell's Family Magazine*, June 1878.)

— Does Public Opinion exist in China? By R. K. (*Journ. C. B. R. A. S.*, N. S., XX, 1885, Nos. 5 & 6, p. 287.)

— Chinese Jottings. (*Lond. & China Express.*)

— Feather-brushes (Balfour, *Scrapbook*, 1887, pp. 163/7).

— China's greatest Tyrant. (Balfour, *Chinese Scrapbook*, 1887, pp. 171/175.)

— The Chinese an Integral Part of Humanity. By Rev. Samuel I. Woodbridge. (*Chinese Recorder*, March 1889, pp. 107/110.)

∴

— Chaldean Grammamancy. By F. Warrington Eastlake. (*China Review*, IX, pp. 120/122.)

— Curious Custom. By J. J. (*Ibid.*, p. 397.)

— Housewarming. (*Ibid.*, X, p. 71.)

— Customs of the Ming dynasty. (*Ibid.*, p. 73.)

— A fantastic Trick. (*Ibid.*, p. 73.)

— An Odious Comparison. (*Ibid.*, XII, p. 136.)

— Cries of animals. By J. Edkins. (*Ibid.*, XVI, pp. 128/129.)

— Mouth-watering. By C. H. Brewitt-Taylor. (*Ibid.*, XVII, No. 6, p. 359.)

∴

— Human Sacrifices. (*Ibid.*, X, p. 71.)

— Human Sacrifices. By E. H. Parker. (*Ibid.*, XVIII, No. 4, p. 261.)

— Self-Immolation by Fire in China. By D. J. Macgowan, M. D. (*Chin. Rec.*, XIX, No. 10, Oct. 1888, pp. 445/451 ; *ibid.*, No. 11, Nov. 1888, pp. 508/521.)

∴

— Sedan chairs. By F. H. (*China Review*, XIX, 1890, No. 1, p. 58.)

— 天下路程 *T'ien-hia Lu-ching*, a Chinese « Murray » for 1694. By G. Schlegel. [Leyde, 1891], br. in-8, pp. 10.

Tirage à part du *T'oung Pao*, Juin 1891, pp. 140/8.

— [From the *T'oung Pao*.] 天下路程, *T'ien-hi Lu-ching*. A Chinese « Murray » for 1694. (3 vols. 8vo. ff. 72, 78 and 91.) By G. Schlegel. (*Chin. Rec.*, XXIII, Nov. 1892, pp. 519/524.)

— La voiture à voile des Chinois. Avec gravures. Par le Dr. Ern. Martin. (*La Science moderne*, 28 fév. 1893.)

— Notes sur les principales fourrures qu'on trouve actuellement à Peking et à Tientsin par M. le Docteur Ernest Martin. (*T'oung Pao*, IV, No. 3, juillet 1893, pp. 298/302.)

∴

— Puns. By E. H. Parker. (*China Review*, XIV, p. 223.)

— Boot removal. By E. H. Parker. (*Ibid.*, XV, p. 184.)

— Slicing the ear. By E. H. Parker. (*Ibid.*, p. 253.)

— Manners and Customs. By E. H. Parker. (*Ibid.*, XVI, p. 125.)

— Shinra. By E. H. Parker. (*Ibid.*, pp. 182/183.)

— Manners and Customs. By E. H. Parker. (*Ibid.*, p. 183.)

— Cart tents. By E. H. Parker. (*Ibid.*, XIX, 1890, No. 1, p. 60.)

— Chinese Contributions to the Kaaba Question. By E. H. Parker. (*Imp. & As. Quart. Rev.*, 3rd Ser., VIII, 1899, pp. 169/174.)

∴

— Chinese Rudeness. By H. A. G. (*Journ. C. B. R. A. S.*, N. S., XX, 1885, p. 87.)

— Gardening as a Blind. By C. H. Brewitt-Taylor. (*China Review*, XVII, No. 6, p. 359.)

— Literary Merit. By E. H. Parker. (*Ibid.*, XVIII, No. 5, p. 320.)

— Chinese Calendar Pride. By E. H. Parker. (*Ibid.*, No. 6, pp. 379/380.)

— Pipalo. By F. H. (*Ibid.*, XIX, 1890, No. 1, p. 58.)

— The Human Beast of Burden. By Otis T. Mason. (*Smithson. Rep.*, 1887, *U. S. Nat. Mus.*, pp. 237/295.)

— Seals. By J. Edkins. (*China Review*, XVI, 1888, pp. 372/4.)

— Writing Brushes. By J. Edkins. (*Ibid.*, p. 376.)

— Le suicide chez les Célestes. (*Revue scientifique*, 37e année, 1900, 2e sem., pp. 219/221.)

Extrait de notes de M. Matignon, envoyées à la *Médecine moderne*.

— Dans le pays des suicides (Chine). Par le Dr. Matignon. (*Rev. des Revues*, XVI, pp. 360/8.)

— Le suicide en Chine. Lettre du R. P. Florent Robberecht. (*Miss. Cath.*, 25 déc. 1903, pp. 615/619.)

— Die Pekinger Läden und ihre Abzeichen. Von A. Forke. (Mit 10 Tafeln.) (*Mitt. Deutsch. Ges. f. Nat. u. Völkk. Ostasiens*, Tokyo, Bd. VIII, Th. 1, 1899, pp. 1/22.)

— War, — — Adjutant General's Office. — No. XXX. — Notes on China. — August 1900. — Washington : Government Printing Office. 1900, in-8, pp. 90, cartes.

— Le point de vue scientifique en sociologie. Par L. de Saussure. (*Revue scient.*, 38e année, 1er Sem. 1901, pp. 34/44.)

— The Biography of a Chinaman. By Lee Chew. (*The Independent*, New York, Vol. 55, 1903, pp. 417/423.)

— The Biography of a Chinaman. By Lee Chew. (*Chin. Rec.*, XXXIV, No. 5, May 1903, pp. 221/230.)

From the *New York Independent*.

— Ueber gemeinnützige Anstalten in China. Von Friedrich Hirth, pp. 1/25.[1]

Anhang. Kinderhort. *Pao-ying-hui-kui-t'iau* — Regulativ für die Leitung eines Kinderhorts für das Land bei Wu-si [am Nordufer des Grossen See's von Su-tsch'ou], pp. 16/25.

— Les neuf neuvaines de la diminution du froid. Par M. Edouard Chavannes Membre de l'Institut. (*Bull. Ecole française Ext. Orient*, IV, Nos. 1 et 2, Janvier-Juin 1904, pp. 66/74.)

Stèle de 1488.

— Extrait du *Bulletin de l'Ecole française d'Extrême Orient* (Janvier-Mars 1904). — Les neuf neuvaines de la diminution du froid par M. Edouard Chavannes. Hanoi, F.-H. Schneider, 1904, in-8, pp. 9.

— Institut de France — Académie des Inscriptions et Belles-Lettres. — Les Prix de Vertu en Chine par M. Edouard Chavannes Lu dans la séance publique annuelle du 18 novembre 1904. Paris, Firmin-Didot, M DCCCC IV, in-4, pp. 31.

— Les prix de vertu en Chine. Par M. Édouard Chavannes. (*Ac. Insc. et Belles-Let.*, *Ctes. rendus*, 1904, pp. 667/691.)

Oeuvres d'imagination.

Parmi les ouvrages qui traitent des mœurs et des coutumes, il faut placer les ouvrages de fiction ou satiriques qui ont la Chine pour théâtre, ou les livres à clefs, tels que :

— Lettres chinoises. [Par le marquis J.-B. de Boyer d'Argens.] La Haye, Paupie, 1739-1742, 6 vol. in-12. — Nouv. édition, augmentée de nouvelles Lettres et de quantité de remarques. *Ibid.*, *id.*, 1735, 6 vol. in-12.

« A la page 84 et dernière du t. VI, il y a une réclame pour les » Songes philosophiques «. — *Berlin, suivant la copie d'original.* 1746. La dernière page est chiffrée 187 au lieu de 271. — *La Haye*, 1779, 8 vol. in-12.

« Cet ouvrage a été mis à l'index le 28 juillet 1742.

« M. Damiron, p. 76 (note) de sa » Notice sur le marquis d'Argens «, dit que ces » Lettres « sont bien de Frédéric II ; témoin plusieurs lettres du marquis, celle-ci entre autres, où il est dit : » Si vous voulez, sire «, me céder ces six » Lettres Chinoises «, je les troque contre dix volumes des » Lettres juives «. » (Barbier.)

— Lettres chinoises, indiennes et tartares, à monsieur Pauw, par un Bénédictin [Par Voltaire]. Avec plusieurs autres pièces intéressantes. *Londres*, 1776, in-8, 2 ff. de tit., pp. 182 et 1 f. de table.

« Cet ouvrage est de 1776 ; Voltaire en parle dans sa lettre à d'Argental, du 6 Mars. Les » Mémoires secrets « en font mention dès le 12 avril.

« Les *Lettres chinoises*, etc., ne remplissent que 144 pages. Les autres pièces contenues dans le volume sont :

a) Dialogue de Maxime de Madaure, qui n'est que de 1776, quoique M. Beuchot l'ait d'abord rangé parmi les écrits de 1766.

b) Lettres de M. le chevalier de Boufflers à madame sa mère.

1. — Beiträge zur Kenntniss des Orients. Band I. Jahrbuch der Münchner Orientalischen Gesellschaft 1902/3. Herausgegeben vom derzeitigen Generalsekretär Dr. phil. et jur. Hugo Grothe. Berlin, Hermann Paetel, in-8, pp. 308.

c) Lettres de Voltaire à l'abbé d'Olivet, du 5 janvier 1767.

d) Fragment d'une autre lettre au même.

e) Le Mois d'Auguste, épître (en vers) à M. de Voltaire par François de Neufchâteau.

f) Sentiment d'un académicien de Lyon.

g) Vers sur un bref attribué au pape Clément XIV ; par Borde.

h) Les Finances, satire en vers.

i) Fragment d'une Lettre sur les Dictionnaires satiriques et Réponse de M. de Morza. » (Quérard.)

— La Balance chinoise, ou lettres d'un Chinois lettré sur l'éducation, contenant un Parallèle de celle de la Chine avec celle de l'Europe. A Londres, chez Jean Nourse, s. d., pet. in-8, pp. VIII-291, front. grav.

— La Fête du roi de Lu. Pékin [Paris], 1821, pièce in-8, pp. 25.

— * Ching-Kong, gouverneur du jeune prince Kou-Koul. Lettres chinoises. [Par le Comte René de Bouillé.] Paris, A. Dupont, 1827, in-12, pp. 81.

— L'Aspirant en Chine ou Conversations sur l'industrie, sur les mœurs et sur le gouvernement des Chinois. — Traduit librement de l'Anglais. — Toulouse, Delhorbe, [et] Paris, Librairie protestante, 1850, in-12, pp. 191.

— La Fille du Mandarin, ou la foi chrétienne aux prises avec l'idolatrie chinoise, Hommage à l'œuvre de la Propagation de la Foi, par l'Abbé Charvoz. Se vend à Tours, chez Bonnamy-Chiron, 1840, in-8, pp. XII-348.

— Anglais et Chinois par Méry. Paris, Michel Lévy Frères, 1853, pet. in-12.

— Le Fils du Ciel, Roman chinois par Pierre Zaccone. Paris, Hte Boisgard, 1857, in-12.

— Contes Chinois précédés d'une histoire pittoresque de la Chine par Charles Richomme. Paris, Vve Louis Jannet, in-8.

— Un amour naïf ou trois jours en Chine par René de Fayelles. Paris, E. Dentu, 1872, in-18, pp. 330.

— Le Dragon impérial par Judith Mendès. Paris, A. Lemerre, M.DCCC.LXIX, in-18, pp. 314.

Il y a des ex. sur papier de Chine.

Une nouvelle édition revue de ce roman a été donnée (1893) dans la *Bibliothèque de romans historiques* publiée par Armand Colin, Paris, in-18 jésus, 3.50 ; sur papier de Hollande, 8 fr.

— Les Voyages extraordinaires. — Les Tribulations d'un Chinois en Chine par Jules Verne. J. Hetzel, in-18, pp. 316.

— Édition du *Figaro*. — Le Fleuve des Perles (l'Araignée-rouge) par René de Pont-Jest. — Avec une lettre-préface du Général

Tcheng Ki-tong et Cent quatre-vingt-dix-sept dessins d'après nature par Félix Régamey. Paris, E. Dentu, s. d., pet. in-8, pp. xiv-419.

50 ex. sur papier impérial du Japon.

L'Araignée rouge avait paru à Paris, 1875, in-18.

— Trois Contes chinois par S.-E. Robert. — Illustrations par H. Scott, H. Valentine, etc. Paris, Delagrave, 1886, in-8, pp. 123.

∴

— Les Voyages de Kang-hi. Voir col. 639.

— Lettres de Lien Chi Altangi dans *Letters of a Citizen of the World to his Friends in the East.* (Vol. III, Miscel. Works of Oliver Goldsmith... Edited by Washington Irving, Paris : Galignani, 1837.)

— Les Avantures merveilleuses du mandarin Fum-Hoam, Contes chinois, Ornées de figures en Taille douce. A Paris, chez Jean Baptiste Mazuel, sur les degrez de la Sainte Chapelle, au Voyageur. — M.DCC.XXIII. Avec privilège du Roy, 2 vol. in-12.

Barbier cite : Paris, Prault, 1723, 2 vol. in-12.

— Contes chinois ou les Avantures merveilleuses du mandarin Fum-Hoam. A la Haye, Chez Pierre Gosse & Compagnie. — MDCCXXVIII, 2 vol. in-12.

Réimp. dans le *Cabinet des Fées*, t. XIX. Par Thomas Simon Gueulette, né à Paris, 2 juin 1683 ; † à Charenton, 22 déc. 1766.

— Chinese Tales : or, the Wonderful Adventures of the Mandarin Fum-Hoam. Related by Himself To divert the Sultana, upon the Celebration of her Nuptials. — Written in French by M. Gueulette. Translated by the Rev[d]. Mr. Stackhouse, Author of the *History of the Bible,* and *Body of Divinity.* — With some Thoughts concerning Transmigration, by the late Mr. Secretary Addison. — The Second Edition. — London : Printed for J. Hodges, at the Looking-Glass, on London-Bridge. M.DCC.XL. in-12, pp. VII + 2 ff. n. ch. p. l. tab. + 236, grav.

— Chinese Tales ; or, the Wonderful Adventures of the Mandarin Fum-Hoam : related by himself, to divert the Sultana, upon the Celebration of her Nuptials. Written in French by M. Gueulette. Translated by the Rev. Mr. Stackhouse. London : Printed for Harrison and Co.... MDCCLXXXI, in-8, pp. 115.

— Chinese Tales ; or the Marvellous Adventures of the Mandarin Fum-Hoam. Translated from the French of Thomas Simon Gueulette. — Orientale Tales Translated from the French of the Comte de Caylus. — London : Printed for Walker and Edwards ;... 1817, in-24, pp. XI-485.

— * L. C. Smithers. — The Transmigrations of the Mandarin Fum Hoam. Chinese Tales. In-8, 1894, pp. 258.

Stackhouse = Thomas Stackhouse, Minister of St. Magdalene, Bridgworth.

∴

— Viajes del Chino Dagar-Li-kao por los paises bárbaros de Europa, España, Francia, Inglaterra y otros. Traducido del Chino al Castellano por el Ermitaño de las Peñuelas. Madrid, Imprenta de Manuel Minuesa de los Rios,... 1880, in-8, pp. 240.

— Las dinastías Chinas (Hipótesis histórico-novelesca) y Lluvia tempestuosa (drama histórico en dos actos) por Eduardo Arias J. Bogotá, Imprenta de Lleras, 1893, br. in-8, pp. 30.

— Called out ; or the Chung Wang's Daughter an Anglo-Chinese Romance. By Chas. J. H. Halcombe,... Hongkong : The Hongkong Daily Press Office. 1894, in-4, pp. 96 à 2 col.

— Die chinesische Mauer. Roman von Marie Bernhard. Berlin, Alfred Schall, s. d. [1900], pet. in-8, pp. 510.

Costume.

— L'Estat present de la Chine, en figures dedié à Monseigneur le Duc & à Madame la Duchesse de Bourgogne. A Paris, Chez Pierre Giffart... MDCXCVII. Avec permission. In-folio.

Une Pl. coloriée représentant le duc de Bourgogne. — A Mgr. le Duc de Bourgogne ; sig. J. Bouvet [2 pages]. — Avertissement [1 page]. — Idée du gouvernement de la Chine [3 pages]. — 43 Pl. gravées. [Double suite, l'une au trait, l'autre coloriée.]

— The Costume of China, illustrated by Sixty Engravings : with Explanations in English and French. By George Henry Mason Esquire, major of His Majesty's (late) 102d Regiment. London : Printed for W. Miller, Old Bond Street MDCCC. gr. in-4.

Le titre est également imprimé en français.

Pub. à £ 6.6/. — Lowndes (Bohn's ed.) cite les prix : Roxburghe, 8894, £ 3.8/. — White Knights, 2727, mar. £ 5. — Dowdeswell, 612, mar. £ 3.3/. — Beckford, en 1817, 153, £ 2.11/. — Une autre éd., 1804, gr. in-4.

Voir *The Punishments of China*, col. 549.

— The Costume of China, illustrated in forty-eight coloured engravings. By William

Alexander. London : Published by William Miller, Albemarle Street. 1805, gr. in-4.

W. Alexander, F. S. A., was Draftsman to Macartney's Embassy. — Cet ouvrage a été publié en livraisons dont la première a paru en 1797. — Lowndes (Bohn's ed.) cite les prix : Earl of Kerry, 179, £ 2.12/6. — Roxburghe, 8893, £ 2.2/. — Fonthill, 1099, avec une triple suite de grav., £ 4.16/.

— Picturesque Representations of the Dress and Manners of the Chinese illustrated with fifty coloured Engravings with descriptions by William Alexander. London, Printed for James Goodwin, 239 Upper Thames Street, by W. Lewis, Finch Lane. Cornhill, s. d., pet. in-4.

— Même titre. London : Printed for John Murray, Albemarle Street, by W. Bulmer & C°, 1814, in-4.

— Costumes et Vues de la Chine, gravés en taille-douce par Simon, d'après les dessins de W. Alexandre ; avec des explications traduites de l'anglais. A Paris, Nepveu... 1815. 2 vol. in-18.

Voir Breton, col. 64/5. — Borget, col. 79/80.

— Mœurs et Coutumes des Chinois et Leurs costumes en couleur d'après les tableaux de Pu-Qùa peintre a Canton pour servier [*sic*] de suite aux Voyages de Macartney et de Van Braam. 60 Planches avec le texte français et allemand par le Prof. Jean Godefroi Grohmann éditeur dù Magasin d'idées pour les amateurs des jardins. Leipcig, au Comptoir d'industrie. In-4.

L'ouvrage est en français et en allemand. Le titre allemand est le suivant : *Gebräuche und Kleidungen der Chinesen* dargestellt in bunten Gemälden von dem Maler Pu-Qua in Canton als Zusatz zu Macartneys und Van Braams Reisen. 60 Kupfer mit Erklärung in deutscher und französischer Sprache herausgegeben von Prof. Johann Gottfried Grohmann, Herausgeber des Ideenmagazins. Leipzig, im Industrie-Comptoir.

Vend. Thonnelier (3464), Fr. 24.

— Trajes civiles y militares de la China. — Estudio hecho con relacion á los que se conservan en la seccion etnográfica del Museo Arqueológico nacional, por Don Juan Sala, Jefe de la Misma. (*Museo Español de Antigüedades*,... Madrid, 1872, Vol. I, pp. 325/338.)

— Dress of Chinese Ladies.

Articles dans *Notes and Queries on C. & J.*, Vol. I, pp. 76, 107, 143.

— The Buddhist Rosary and its place in Chinese official Costume. By W. F. Mayers. (*Ibid.*, Vol. III, pp. 26/28.)

— The « Button » in Chinese Official Uniform. By W. F. Mayers. (*Ibid.*, Vol. III, p. 44.)

— The Meaning of the Chinese Button. By Alfred J. Bamford, B. A. (*Cassell's Magazine*, Dec. 1894.)

— Chinese Umbrellas. (*The Cycle*, 1 Oct. 1870.)

— Ueber einige Kleidertrachten des Chinesischen Alterthums. — Von Dr. A. Pfizmaier... Wien, 1872, Karl Gerold's Sohn, br. in-8, pp. 78.

Sitzb. phil.-hist. Cl. Ak. Wiss. Wien, Bd. LXXI, Juni, p. 567.

— Sur les ongles chinois, annamites et siamois ; par M. E. T. Hamy. (*Bull. Soc. Anthrop.*, 1876, pp. 80/85.)

— On Chinese Fans. By H. A. Giles. (*Fraser's Mag.*, May 1879.)

— Le barbier chinois. (*Ann. de l'Ext. Orient*, 1886-1887, IX, p. 348.)

— Manchu Queue. By E. H. Parker. (*China Review*, XIV, p. 49.)

— A false Beard worn by an Empress. By C. B. T. (*Journ. C. B. R. A. S.*, N. S., XX, 1885, p. 286.)

— L'art capillaire dans l'Inde, à la Chine et au Japon. Par Sp. Blondel. (*Revue d'ethnographie*, VII, N° 5, 1888, pp. 422/448.)

— Über Augenbrauen und Brauenschminke bei den Chinesen. (*Chinesische Studien*, von Fried. Hirth, I. Bd., 1890, pp. 243/258.)

Avait paru, pp. 495/505, *Verhandlungen der Berliner Anthropologischen Gesellschaft.* Sitzung vom 22. Juni 1889.

— Chinesche Mouches. Door G. Schlegel. (*Tijdschrift voor indische taal-, land- en volkenk.*, Batavia, D. XIV, 1864, pp. 569/572.)

— Hennins or Conical Lady's Hats in Asia, China and Europe by G. Schlegel. (*T'oung Pao*, III, Oct. 1892, pp. 422/429.)

— The Wedding Garments of a Chinese Woman. By J. J. M. de Groot. (*Int. Arch. f. Ethnog.*, IV. Bd., IV. Heft, Leiden, 1891, pp. 182/4, 1 grav.)

Voir col. 1864.

— Les anciennes coiffures chinoises d'après un manuscrit coréen du Musée Guimet. Conférence faite à la Société académique indo-chinoise de France par Henri Chevalier. (*Ibid.*, XI, 1898, pp. 189/193, 2 Pl.)

Tirage à part, br. in-4, pp. 5.

— Collection d'objets de toilette et autres du Sud de la Chine — offerte par M. Beauvais — présentée par M. Zaborowski. (*Bulletins et mémoires de la Société d'Anthropologie de Paris*, V^e série, tome V, fasc. 6, pp. 632-633.)

— Die Schmuck- und Edelsteine bei den Chinesen von T. Wada in Tōkyō. (*Mitt. Deutsch. Ges. Nat- u. Völkk. Ostasiens*, Tokyo, 1905, X. Bd., 1. Teil, pp. 1/16.)

— The Fur Trade... by S. W. Williams. Voir *Commerce*.

— Fourrures... Par E. Martin. Voir col. 1854.

— The Olunch'un. (*China Review*, X, p. 78.)

(COSTUME.) (COSTUME.)

Alimentation.

— Mémoire sur l'Usage de la Viande en Chine. (*Mém. conc. les Chinois*, XI, pp. 78/182.)

— Diet of the Chinese. By S. Wells Williams. (*Chin. Rep.*, III, pp. 457/471. — Réimp. dans *The Cycle*, 4 et 25 mars 1871.)

— Notes on some Chinese Condiments obtained from the Xanthoxylaceae. By W. F. Daniell, M. D.... (*Annals Nat. Hist.*, 3d S., X, 1862, pp. 195/202.)

— Conservation des œufs en Chine. Par M. Paul Champion. (*Bull. Soc. Zool. Acclim.*, IIe Sér., III, 1866, pp. 342/3.)

— Sur la fabrication du fromage de pois en Chine et au Japon. Par M. Paul Champion. (*Ibid.*, pp. 562/565.)

— China in our kitchens. By C. C. Coffin. (*Atlantic Monthly*, Vol. XXIII [1869], pp. 747/752.)

— « Cost of living among the Chinese » by Cantoniensis. (*Notes and Queries on C. & J.*, Vol. II, pp. 11/12, 26/27.)

— List of Dishes. By Mrs. M. F. Crawford. (Doolittle's *Vocab.*, Part III, No. XVIII.)

— Alte Nachrichten und Denkwürdigkeiten von einigen Lebensmitteln China's. Von Dr. A. Pfizmaier... Wien, 1871, Karl Gerold's Sohn, br. in-8, pp. 56.

Sitzb. phil.-hist. Cl. Ak. Wiss. Wien., Bd. LXVII, Feb., p. 413.

— On the « Mutton Wine » of the Mongols and analogous preparations of the Chinese, by Dr. Macgowan. (*Journ. N. C. B. R. As. Soc.*, N. S., 1871/2, No. VII, Art. XII, pp. 237/240.)

— Quelques généralités sur l'alimentation en Chine ; par M. le docteur Ch. E. Martin, br. in-8, pp. 14. [Paris, 1872, imp. Martinet.]

Extrait du *Bulletin de la Société d'acclimatation*, Oct. 1872, pp. 609/622.

— Dr. Hoffmann. — Ueber die Bereitung von Schoju, Sake und Myrin. (*Mitt. Deutsch. Ges. Nat. u. Völkk. Ostasiens*, I. Bd., 6. Heft, Dec. 1874, pp. 8/10.)

— Ueber die Bereitung der Shoyu-Sauce. Von Dr. O. Loew. Prof. der Agrikulturchemie an der Kais. Universität, Tokyo. (*Mitt. d. Deutsch. Ges. f. Nat. u. Völkk. Ostasiens in Tokio*, Heft 60, Juli 1897, pp. 474/6.)

— L'Alimentation en Chine. Par Henri Cordier. (*Jour. des Débats*, 19 nov. 1879.)

— Nouvelle composition de pickles. Par M. Paillieux. (*Bull. Soc. Zool. Acclim.*, IIIe Sér., X, 1883, pp. 235/246.)

— * Milk, a forbidden food in China. [*Foochow Herald*] (*Michigan M. News*, Detroit, 1880, III, 51.)

— Diet, Dress, and Dwellings of the Chinese in relation to Health. By John Dudgeon, M. D., Peking. (Intern. Health Exhib., London, 1884. — *The Health Exhibition Literature*, XIX, pp. 253/495.)

— The English-Chinese Cookery Book. Containing 200 receipts in English and Chinese, by J. Dyer Ball... Hongkong : Kelly & Walsh, 1890, gr. in-8, pp. XVI-149.

— * Chinese Cookery. (*Temple Bar Magazine*, Sept. 1891.)

— The Etiquette of a Chinese Dinner. By Gadabout. (*China Review*, IX, pp. 396/397.)

— Chinese Dinner. (*Leisure Hour*, XII, 606.)

— * A Tiffin with a Taotai. By E. Bedloe. (*Lippincott's Monthly Magazine*, Oct. 1891.)

— Om Chinesiska Soyan, Af Carl Gustaf Ekeberg, Capitaine vid Ostindiska Companiet. (*Kongl. Svenska Vetenskaps Academiens Handlingar*, Fôr Månaderne Januarius, Februarius, Martius, 1764, Vol. XXV, pp. 38/40.)

— Chinesiska Soyans berednings-sätt. Af Michael af Grubbens. (*Kongl. Vetenskaps Academiens Nya Handlingar*, XXIV, 1803, pp. 1/7.)

— Sur les œufs pourris comme aliment en Chine. Par M. Mathias Duval. (*Bull. Soc. Anthrop.*, Paris, 1885, pp. 299/303.)

— L. Bonnemère. — De l'usage des œufs conservés chez les Chinois. (*Ibid.*, Paris, 1891, I, 3, pp. 413/5, 447/451.)

D'après *Plaisirs de la Chine*, par Tcheng-ki-tong.

— Ketchup, Catchup, Catsup. By T. de L. [Terrien de Lacouperie.] (*Babylonian & Oriental Record*, III, No. 12, Nov. 1889, pp. 284/286.)

— The Etymology of Ketchup. By T. de L. [Terrien de Lacouperie.] (*Ibid.*, IV, No. 3, Feb. 1890, pp. 71/72.)

Cf. Hilderic Friend, *The Academy*, Nov. 30, 1889.

— Mare's-milk. By E. H. Parker. (*China Review*, XV, p. 185.)

— Wine. By J. Edkins. (*Ibid.*, p. 309.)

— The Lily Flower. By C. W. Mason. (*Ibid.*, XIX, No. 3, 1890, pp. 179/182.)

— Une Chrysalide comestible. Par A. Wallès. (*Bull. Soc. Accl.*, 1894, 2e Sem., pp. 91/92.)

Ext. de l'*Apiculteur*. — Chrysalides des Vers à soie. — Par le R. P. Favaud.

— The Beverages of the Chinese. By John Dudgeon, M. D. (*Jour. Peking Oriental Soc.*, III, No. 4, 1895, pp. 275/340.)

— Chine. — Les Boissons. (*Soc. Roy. Belge Géog., Bull.*, 1898, pp. 505/9 ; d'après *Missions en Chine et au Congo*, 1898, n° 116.)

— Bulletin No. 68. U. S. Department of Agriculture, Office of Experiment Stations. A. C. True, Director. — A Description of Some Chinese Vegetable Food Materials and their Nutritive and Economic Value by Walter C. Blasdale, Instructor in Chemistry, University of California. Washington : Government Printing Office. 1899. In-8, pp. 48.

— At a Chinese Dinner-Party. (*Blackwood's Mag.*, CLXVIII, Dec. 1900, pp. 851/855.)

— Trepang. By a Ship Surgeon. (*East Asia*, 3, Jan. 1898, pp. 119/121.)[1]

— Les nids d'Hirondelles. Par J. P. (*Bull. Soc. Zool. Accl.*, IVe Sér., VI, 1889, pp. 977/978.)

— Sur quelques sujets d'histoire et d'érudition chinoise. Par l'Amiral 周懋琦 Tcheou Meou-ki. (*Le Lotus*, IX, Janv. 1890, pp. 5/15.)

I. — Sur le Thé. — II. — Sur le Vin.

— A. G. Vorderman. — Catalogus van eenige Chineesche en Inlandsche Voedingsmiddelen van Batavia. Analecta op Bromotologisch Gebied. Overgedrukt uit het Geneeskundig *Tijdschrift van Nederlandsch Indië*, Deel XXXIII, Aflevering 3, Batavia en Noordwijk, Ernst & Co., 1893.

— Beschrijvende Catalogus van Chineesche en Inlandsche Voedingsmiddelen van Batavia. Door A. G. Vordeman, 3de stadgeneesheer van Batavia. (*Bijd. Taal-, L. Volkk. Ned. Ind.*, 1884, VIII, 4e Sér., pp. 123/150.)

— La viande de Chien en Chine Par L. Furet, Missionnaire apostolique. (*Bull. Soc. Accl.*, 1890, p. 132.)

— Le Chien comestible chinois. (*Ibid.*, 1890, p. 1159.)

Ext. de *Le Chenil*.

— Tulipes et Lis comestibles. Par J. L. (*Ibid.*, 1891, 2e sem. p. 316.)

— Wie China isst und trinkt. Von M. von Brandt. (*Oest. Monats. f. d. Orient*, 1894, pp. 120/125.)

D'après le *Lond. & China Telegraph*.

— Chinezices... — Notas para os « barbaros » occidentaes. I. Jantares e comezainas. (*Ta-ssi-yang-kuo*, pp. 293/304.)

— Le repas chinois, par M. Paul d'Enjoy. (*Revue Scientifique*, 19 déc. 1903, pp. 779/783.)

Bul. Soc. Anth., Ve Sér., IV, pp. 474/483.

— Mets favoris des Chinois. Trépangs et Choux de mer. Par P. L. (*La Vulgarisation scientifique*, 1905, II, pp. 318/9.)

Mariage.

— Lettre du P. B*** à Mme la comtesse de Forben (à Pékin, le 9 septembre 1765, *Let. éd.*, éd. de Mérigot, XXIII, pp. 444 et seq.; éd. de Grimbert, III, pp. 73 et seq.).

— Description of a Chinese Wedding; containing notices of the ceremonies performed on the occasion. Extracted from a Journal at Singapore. By Ira Tracy. (*Chin. Rep.*, IV, April 1836, pp. 568/572.)

— Chinese Marriages. By O. P. Q. [B. Jenkins.] (*N. China Herald*, No. 107, Aug. 14, 1852; avec une grav., — réimp. dans le *Shai. Almanac for 1853 and Miscel.*)

— « Chinese Wedding Rings » by Dr. G. Schlegel. (*Notes and Queries on C. & J.*, Vol. IV, Art. 17.)

— Eene Chineesche Begrafenis- en Huwelijks-Onderneming. Door G. Schlegel. (*Bijd. Taal-, L. Volkk. Ned. Ind.*, 1884, VIII, 4e Sér., pp. 517/559.)

Voir col. 1851.

— « Marriage Customs of Chinese Residents in the Straits of Malacca » by Geo. Minchin. (*Notes and Q. on C. & J.*, Vol. IV, Art. 91, pp. 81/86.)

— The Marriage of the Emperor of China. 1872. [Voir col. 645.]

— Un mariage en Chine. (*Ann. de l'Ext. Orient*, 1883/1884, VI, pp. 286/287.)

— Curious Marriage Customs. — By Kent. (*China Review*, VIII, p. 184.)

— Chinese Marriages and Betrothals. (*Ibid.*, X, p. 221.)

— Marriage Ceremonies in France and China. By Amyntas. (*Ibid.*, XI, p. 332.)

— Wife pawning. By E. H. Parker. (*Ibid.*, XIV, p. 360.)

— Nuptials of the Emperor. (*Leisure Hour*, XXII, 246.)

— Positivism and Hindu and Chinese widowhood. By D. J. Macgowan. (*China Review*, XVII, No. 2, pp. 106/109.)

— Oriental Widowhood and M. Laffitte. By J. C. Hall. (*Ibid.*, No. 3, pp. 184/185.)

— The Wedding Garments of a Chinese Woman. By J. J. M. de Groot. (*Int. Arch. f. Ethnog.*, Bd. IV, Heft IV, Leiden, 1891, pp. 182/4, 1 grav.)

Traduit dans le *Globus*, LX, pp. 181/3, 1 pl. — Voir col. 1860.

— Consanguinité et mariage chez les Chinois. Par le Dr. Ern. Martin. (*Journal d'Hygiène*, No. 746, 8 janv. 1891.)

— Le mariage en Chine dans ses rapports avec l'hygiène. Par le Dr. Ern. Martin. (*Ibid.*, No. 806.)

— Le Mariage en Chine il y a 25 siècles. (*Le Muséon*, Août 1891, pp. 449/464.)

Extrait de la trad. de l'*Ili* par C. de Harlez. — Col. 1408.

— Le mariage de l'empereur de la Chine. (Extrait du Rituel Impérial) par C. de Harlez. — Louvain, J.-B. Istas, 1892, br. in-8, pp. 21.

Voir col. 645.

— The Betrothal and Marriage Customs of China (Foochow). By Miss Ella J. Newton, A. B. C. F. M. (*Chin. Rec.*, XXIII, Aug. 1892, pp. 376/379.)

Read before the Foochow Missionary Union, May 19th, 1892.

— A Pair of Chinese Marriage Contracts by B. A. J. Van Wettum, Dutch Chinese Student-interpreter. (*T'oung Pao*, V, n° 5, Déc. 1894, pp. 371/385.)

— Social Customs; Marriage in China. By R. C. Temple. (*Ind. Antiq.*, XX, 1891, p. 90.)

1. — *East Asia* — A Quarterly Journal of Far Eastern Lore and Literature for the General Reader. — Conducted by Henry Faulds. Publishers : Hughes & Harber, Lougton, Staffordshire. Vol. I. No. I. July 1897, in-8, pp. 56.

A ma connaissance ce périodique n'a eu que 3 numéros : 1, July 1897; 2, Oct. 1897; 3, January 1898.

— VARIÉTÉS SINOLOGIQUES n° 14. — Le Mariage chinois au point de vue légal par le P. Pierre Hoang. — Chang-hai. Imp. de la Mission catholique Orphelinat de T'ou-sè-wé. — 1898, in-8, pp. 54-259-46 + 9 tableaux.

— Francesco Cerone — Il Matrimonio in Cina — Seconda Edizione — Napoli, Aurelio Tocco, 1900, pet. in-8, 2 ff. prél. n. ch. + pp. 126.

— Voir Medhurst, col. 1846.

Infanticide.

— Le P. Amiot dans les *Mém. conc. les Chinois*, VI, pp. 320 et seq.

— Infanticide : Translation [by E. C. Bridgman] of an essay warning people against the practice of drowning their female children : By Kwei Chung fu of Hu nan. (*Chin. Rep.*, XVIII, pp. 11/16.)

— Notices of infanticide collected from the people of Fu Kien. By the Rev. David Abeel. (*Ibid.*, XII, pp. 540/548.)

— Exposition, abandon et destruction en Chine des enfants nouveaux-nés. Œuvre de la Sainte-Enfance par A. H. (*Revue de l'Orient*, I, 1843, pp. 212/216.)

— Note sur l'infanticide en Chine, par M. Natalis Rondot. Paris, 1850, br. gr. in-8, pp. 8.

Ext. du *Journal des Économistes*, No. 111, Juin 1850.

— W. Schott. — Über den Kindermord in China. (*Sitzb. k. preuss. Ak. Wiss. Berlin*, 1859, pp. 714/7.)

— Zur Ethnographie China's. Von H. (*Zeitschrift für Allg. Erdkunde*, Nouv. Sér., X, 1861, pp. 394/395.)

— Infanticide et exposition des enfants en Chine. — Rapport de Monseigneur Danicourt, Evêque en Chine, à Monseigneur Parisis, Evêque d'Arras, Président du Conseil central de l'Œuvre de la Sainte Enfance. Amiens, Lemer aîné, 1863, in-8, pp. 40.

— *Infanticide in China*. (*Notes and Queries on C. & J.*, Vol. I, pp. 109/110), by J. D.[udgeon] = « Laws against Infanticide », *Ibid.*, Vol. I, p. 4 (1867), by W. F. M.[ayers] reproduit dans *The Hankow Times*, March 30th 1867.

— Voir sur le même sujet une longue lettre signée *C-t*, adressée « To the Editor of the Hankow Times » (*Hankow Times*, Saturday, Dec. 1st, 1866) en réponse à un article de ce journal (Nov. 24th, 1866). — Un nouvel article du *Hankow Times* (Dec. 8, 1866) a donné lieu à une nouvelle lettre de *C-t*. (*Hankow Times*, Dec. 15, 1866) qui est combattu by *J. D.* (probablement Dr. Dudgeon) dans la correspondance datée de Peking, 17th February 1867 (*Hankow Times*, March 9, 1867). Une nouvelle lettre de *C-t* en réponse à J. D. est insérée dans le même journal (23 March 1867). — J. D. sous la date de Peking, 24th April 1867, continue la discussion (*H. Times*, June 8th, 1867).

— L'infanticide en Chine par le Dr. Martin. (*Notes and Queries on C. & J.*, Vol. III, pp. 156/157, 172/173.)

— Etude médico-légale sur l'infanticide et l'avortement dans l'empire Chinois par M. E. Martin, médecin de la légation de France à Pékin. Paris, 1872, br. in-8.

Avait paru dans la *Gazette hebdomadaire de médecine et de chirurgie*.

— *The Foochow Herald*, 10 août 1876, publie deux proclamations des magistrats du Fou kien contre l'infanticide ; elles sont traduites dans les *Missions Catholiques*, 1876, p. 590.

— Edit du préfet de Fou-tcheou. (*Foochow Herald*, 16 nov. 1877 ; trad. dans les *Miss. Cath.*, X, pp. 146/7 ; Cf. aussi *Miss. Cath.*, 15 déc. 1876, p. 589.)

— L'infanticide et l'Œuvre de la Sainte-Enfance en Chine, par le P. Gabriel Palatre, de la Compagnie de Jésus. Changhai. Autographie de la Mission catholique, à l'orphelinat de Tou-sè-wè. 1878, gr. in-4, pp. XIII-203 et 74 pl. de textes chinois [preuves justificatives], sans la tab. des mat.

L'ouvrage est entièrement autographié et la préface est consacrée à une réfutation générale du journal le *XIXe siècle*.

— Société de géographie de Lyon. — Séance mensuelle du 8 janvier 1885. — L'infanticide et l'œuvre de la Sainte-Enfance en Chine par le Père Palatre, Rapport par le docteur Chappet Médecin honoraire des hôpitaux de Lyon. — Imp. gén. de Lyon... 1885, br. in-8, pp. 15, 1 pl.

Avait paru dans le *Bull. Soc. Géog. Lyon*, V, 1884, pp. 377/391.

— The Prevalence of Infanticide in China. (*Journ. C. B. R. A. S.*, N. S., XX, 1885, pp. 25/50.)

Discussion par R. A. Jamieson, F. H. Balfour, T. W. Kingsmill, C Imbault-Huart, Rev. Dr. Martin, C. F. R. Allen. T. L. Bullock, F. Hirth, Archdeacon Moule, W. M. Cooper, Dr. Edkins, C. Alabaster, P. J. Hughes, etc.

— Prevalence of Infanticide in China. By D. J. Macgowan. (*China Review*, XIV, pp. 205/208.)

— L'infanticide en Chine d'après les documents chinois par C. de Harlez. — Extrait du *Muséon*. — Louvain, typographie de Ch. Peeters, 1885, br. in-8, pp. 24 et pl. de texte chinois.

— Infanticide in China, according to Chinese Documents. By C. de Harlez. (*Dublin Review*, July 1892, pp. 117/143.)

— L'infanticide en Chine, par le Père Largent, Prêtre de l'Oratoire, Professeur à l'Institut catholique de Paris. Paris, aux bureaux de l'œuvre de la Sainte-Enfance, 97 Rue du Bac, 1885, in-12, pp. 172.

Notice : *Etudes religieuses*, partie bibliographique, 23 déc. 1893, pp. 914/5. Par F. Biesse, S. J.

— * L'Infanticide en Chine. Par Charles Piton, ancien missionnaire. Bâle, 1887.

Notice : *China Review*, XVI, pp. 189/190. Par E. J. E.[itel.]

— L'Infanticide en Chine. (Charles Piton, *La Chine*,... [1902], pp. 110/122.)

— * Vasseur, S. J. — Un orphelinat chinois de la Sainte-Enfance à l'exposition d'imagerie de Rouen, et l'infanticide en Chine prouvé à M. Tchen-Ki-tong par ses compatriotes, br.

Réponse à un article de Tch'en Ki-tong paru dans la *Revue des Deux Mondes*.

Notice : *Miss. Cath.*, XVI, 1884, p. 363.

— Baby Towers at Ningpo. By « Indignation ». (*N. C. Herald*, Dec. 18, 1891, p. 846.)

— Infanticide et Avortement. (*Crime, Superstition et Misère*, par J. J. Matignon, pp. 157/186.)

Funérailles.

— Voir les Chapitres XII-XVII de l'*Histoire de la Chine* de Maldonado (Paris, 1622) [col. 20].

— Mort et Funérailles de l'impératrice Mère (en 1777). (*Mém. conc. les Chinois*, VI, pp. 346 et seq., par le P. Amiot.)

— A rapprocher des cérémonies accomplies à la mort de l'Impératrice le 16 Juin 1833, dans le *Chin. Rep.*, II, pp. 142/143, 212/214.

— Chinese Funeral Rites. (*The Chinese Courier*, Vol. I, No. 40.)

— Suttee in China. By C. C., Interpreter in Her Majesty's Civil Service in China. (*All the Year Round*, Sept. 1861; réimp. dans *The Chin. & Jap. Rep.*, May 1864, pp. 457/461.)

— Notes on the Funeral Rites performed at the obsequies of Takee. Contributed by Rev. Chas. H. Butcher. (*Journ. N. C. B. R. As. Soc.*, No. II, Déc. 1865, pp. 173/6.)

— Burial in China, by Theos. Sampson. (*Notes and Queries on C. & J.*, II, pp. 109/111.)

— Cremation in China by Viator. (*Ibid.*, II, pp. 152/153.)

— Chinese State Mourning. (Translated by W. R. Gingell.) (*Siam Repos.*, April 1870, Vol. 2, Art. 85, pp. 185/7.)

— « Une procession païenne en Chine » par le P. Palatre, S. J. (*Miss. Cath.*, II, pp. 386/7, 395/7, 405/6.)

— Les funérailles chrétiennes en Chine, par le même. (*Ibid.*, III, pp. 333/5.)

— Un enterrement chrétien au Kiang-nan, par le P. Desjacques, S. J. (*Ibid.*, IV, pp. 430/432.)

— On aura une idée des cérémonies observées à l'enterrement d'un riche Chinois par le long Compte-rendu des obsèques de Paou Nyuen-Tsiang, ancien comprador de Dent & Co., inséré dans le *Shanghae Evening Courier*, du 11 janv. 1871, et réimp. dans *The Shanghae Budget and Weekly Courier*, I, 2, p. 11.

— On the Stone Figures at Chinese Tombs and the Offering of Living Sacrifices. By W. F. Mayers. (*Journ. N. C. B. R. As. Soc.*, XII, 1878, pp. 1/17.)

— The « Fu » or Death Announcement of a Parent. By Charles Schmidt. (*The Far East*, Vol. II, No. 3, pp. 63/5.)

— Hien Foung. Voir col. 644.

— Les funérailles d'une impératrice de Chine. Par le Dr Ern. Martin, Ex-médecin de la Légation de France à Pékin. (*Revue d'Ethnographie*, tome I, N° 3, 1882, pp. 230/234.)

Hiao chen, veuve de Hien foung, † 8 avril 1881 ; avec un portrait par G. Devéria. — Vide *infra*.

— Funérailles de l'impératrice orientale de la Chine. (*Miss. cath.*, XIV, 1882, pp. 52/54.)

Deuxième femme de Hien foung, † à Peking, 8 avril 1881. — Détails d'après le *N. C. D. News*. — Vide *supra*.

— Miscellanées chinois, par C. Imbault-Huart, voir col. 1838.

— A Cremation in China. By H. A. Giles. (*Cornhill Mag.*, March 1879.)

— Eene chineesche Begrafenis- en Huwelijks-Onderneming. Door Dr. G. Schlegel, br. in-8, pp. 43.

Overgedrukt uit de *Bijdragen tot de Taal-, Land- en Volkenkunde van Nederlandsch-Indië*, 4e volgr. Dl. VIII.) [1884], pp. 517/559.

— 泗水媽祖宮功德禮法教條 Chineesche Begrafenis- en Huwelijksonderneming (gevestigd te Soerabaya) door Dr G. Schlegel. — (Overgedrukt uit de *Bijdragen tot de Taal-, Land- en Volkenkunde van Nederlandsch-Indië*, 4e Volgr., Dl. VIII.) — Tweede, verbeterde Druk. — Leiden. — E. J. Brill. 1885, br. in-8, pp. 43.

Cette nouvelle éd. a été tirée à 500 ex. pour la Société chinoise des pompes funèbres et des mariages à Sourabaya.

— Iets over chineesche Doodkisten door Prof. G. Schlegel. Leiden. (Met Tafel XII.)

[Separat-Abdruck aus : « Internationales Archiv für Ethnographie », Bd. IV, 1891], br. in-4, pp. 5.

— Mourning Etiquette. By Bidens. (*China Review*, VII. pp. 351/352.)

— Rites performed for the Dead. By J. (*Ibid.*, IX, p. 397.) D. G. (*Ibid.*, X, pp. 145/146.)

— A Caution. (*Ibid.*, p. 221.)

— Chinese Notions as to the moment of Death. By A. L. (*Ibid.*, p. 431.)

— Burial Societies. (*Ibid.*, XIII, pp. 429/430.)

— Animals in Funeral Processions. By E. H. Parker. (*Ibid.*, XIV, p. 171.)

— Animals at Funerals. By E. H. Parker. (*Ibid.*, XVII, No. 2, p. 114.)

— Funeral Rites. By E. H. Parker. (*Ibid.*, XIV, p. 225.)

— Phraseology of mourning. By E. H. Parker. (*Ibid.*, XV, p. 188.)

— Funereal Notices. « Friends will please accept of this intimation. » By G. M. H. Playfair. (*Ibid.*, XV, pp. 46/49.)

— Mourning Days at the Court of Peking. By J. M. (*Ibid.*, XV, pp. 181/182.)

— Days of official Mourning in China. By G. M. H. Playfair. (*Ibid.*, XVII, No. 1, pp. 47/48.)

— T'i Memorials. By E. H. Parker. (*Ibid.*, No. 2, pp. 113/114.)

— Self Immolation by Fire in China. By D. J. Macgowan, M. D. (*Chin. Rec.*, Oct. 1888, pp. 445/451 ; Nov. 1888, pp. 508/521.)

— L'Auto-Crémation des Prêtres bouddhistes. Par le Dr. J. J. Matignon. (*Archives d'Anth. criminelle*, 15 janvier 1898. — *Crime, Superstition et Misère*, pp. 143/156.)

— Cérémonies funèbres et deuils. (C. de Harlez, *Siao-hio*, p. 344.) Col. 1434. — Voir du même *Kia-li*, col. 1424.

— Voir J. J. M. de Groot, col. 703-4 : *The Religious System of China*.

— De lijkbezorking der Emoy-Chineezen. Door Dr. J. J. M. de Groot. (*Bijd. Taal-, L.-, Volkk. Ned.-Ind.*, XLI, 1892, pp. 1/114.)

— Ethnographical Sketches. I. The Demise of an Amoy Gentleman. By J. J. M. de Groot. (*China Review*, XIX, No. 5, 1891, pp. 281/284.)

— Sépultures chinoises. Par Maurice Paléologue. (*Revue des Deux Mondes*, 15 oct. 1887, T. 83, pp. 918/932.)

— Dr W. Eatwell. Chinese Burials. (*Journal of the Anthropological Institute*, vol. I, pp. 207/210.)

— Chinese Epitaphs. By Rev. H. P. Perkins. (*Chin. Rec.*, XIX, No. 6, June 1888, pp. 245/250.)

— Chinese Funeral. (*Chambers' Journal*, LX, 221; réimp. dans *Littell's Living Age*, CLVII, 377.)

— Chinese Funerals; Offerings of the Dead. By C. F. G. Cumming. (*British Quarterly Review*, LXXXI, 47.)

— Les ensevelissements de personnes vivantes et le *loess* dans le nord de la Chine par M. Ch. Piton, ancien missionnaire en Chine. (*Bul. Soc. neuchâteloise de Géographie*, VII, 1892-3, pp. 52/62.)

— Das Lebendigbegraben in China. (*Oest. Monats. f. d. Orient*, 1893, pp. 66/8.)

— Les sépultures dans l'Extrême-Orient. Par Ern. Martin. (*Revue Scientifique*, 9 déc. 1893, pp. 753/756.)

— The Ceremony of Disintering in China. By L. C. Arlington. (*China Review*, XXV, No. 4, pp. 176/178.)

— China's Tribute to the Dead. Communicated by the Rev. F. Galpin. (*Jour. Manchester Geog. Soc.*, XI, 1895, pp. 209/216.)

— Pekinger Todtenbräuche von Dr. Wilhelm Grube. (*Journ. Peking Or. Soc.*, IV, 1898, pp. 79/142.)

— Le respect des morts en Chine. Par Paul d'Enjoy. (*Revue scientifique*, 1900, II, pp. 305/307.)

— Le Culte des Morts en Chine. Par Paul d'Enjoy. (*Rev. Int. de Sociologie*, III, pp. 210/214.)

— Culte et cérémonies en l'honneur des morts dans l'Extrême-Orient. Par L. de Milloué. (*Conférences au Musée Guimet*, 1899-1900 et 1900-1901, pp. 135/159.)

— Emile Guimet. Miroirs funéraires en bronze de l'époque des Han. (*Ctes. rendus Ac. Insc. et B. Let.*, 1901, p. 283.)

— La fête des Morts à Canton. Lettre d'un missionnaire [E. P.] (*Miss. Cath.*, XXXIV, 31 Oct. 1902, pp. 517/520.)

— Funérailles paiennes en Chine Par le R. P. Pacifique-Marie, d'Aingreville. (*Miss. Cath.*, XXXVI, 19 Août 1904, pp. 406/408; 26 Août 1904, pp. 417/419; 2 Sept. 1904, pp. 429/431; 9 Sept. 1904, pp. 442/444.)

— Un enterrement à Pékin. (*L'Orient lointain...* par le Dr. J.-J. Matignon, pp. 127/151.)

— Some Chinese Funeral Customs. By Rev. W. Gilbert Walshe, B. A. (*Journ. C. B. R. A. Soc.*, XXXV, 1903-1904, pp. 26/64.)

Culte des Ancêtres et Piété filiale.

— Voir *Hiao-king*, col. 1408-9.

— The Worship of Ancestors among the Chinese: a Notice of the 家禮帖式集成 *Kia-Li Tieh-shih. Tsih-ching* or Collection of Forms and Cards used in Family Ceremonies. By S. W. Williams. (*Chin. Rep.*, XVIII, pp. 361/384.)

— Ancestral Worship and Fung-Shuy, by Rev. M. T. Yates. Read at the Missionary Quarterly Meeting, Shanghai, September 16th, 1867. Shanghai: Printed at the « Shanghai Recorder » Office.

Brochure in-12, pp. 25. — Avait paru dans le Vol. I du *Chinese Recorder*, pp. 23 et seq., 37 et seq.

Notices: *The Shanghai News-Letter*, January 16th, 1868. — *Supreme Court & Cons. Gazette*, Dec. 14, 1867. — *N. China Herald*, Dec. 24, 1867.

— Les tablettes des ancêtres et leurs registres de la famille en Chine par le R. P. Ravary, S. J. (*Etudes religieuses*, 18e année, Ve Sér., VI, 1874, pp. 762/8.)

— Ancestral Worship by J. G. K. (*China Review*, IV, pp. 296/8.)

— La Piété filiale en Chine par P. Dabry de Thiersant consul de France. Ouvrage orné de vingt-cinq vignettes chinoises. Paris, Ernest Leroux, 1877, in-18, pp. III-226.

Forme le Vol. XVI de la *Bibliothèque Orientale Elzévirienne*.

— A Critique of the Chinese notions and Practice of Filial Piety. Read before the Conference of Canton Missionaries April 1878 (enlarged). By Rev. Ernest Faber of the Rhenish Mission. (*Chinese Recorder*, IX, pp. 329/343, 401/418; X, pp. 1/18, 83/96, 163/174, 243/253, 323/329, 416/428; XI, pp. 1/12.)

— * E. Faber. — Seventeen Paragraphs on Ancestral Worship. (*Records of Shanghai Missionary Conference*, 1890.)

— Bulletin critique des Religions de la Chine. (La Piété filiale en Chine.) Par Henri Cordier. (*Revue de l'Histoire des Religions*, 1881, III, No. 2, pp. 218/227.)

— Du culte des ancêtres en Chine sous la dynastie de Tcheou par M. Ymaïzoumi. (*Congrès provincial des Orientalistes*, Lyon, 1878. II, Lyon, 1880, pp. 68/79.)

— * The Worship of Ancestors in China. By Rev. W. A. P. Martin, D. D., L. L. D.

Read before the American Oriental Society, New-York, Oct. 28. Tiré de *Hanlin Papers*, Voir col. 98.

Notice: *Chin. Rec.*, II, 1881, pp. 145/7.

— Ancestral Worship in China. By J. Edkins. (*Academy*, XXVIII, 187.)

— Mr. Nye on Filial Piety. By Gideon Nye. (*Journ. C. B. R. A. S.*, N. S., XX, 1885, p. 286.)

— Kindliche Pietät in China. (*Ostasiat. Lloyd*, VI, 42, p. 672.)

— Le culte des ancêtres, le culte des morts et le culte des funérailles chez les Chinois. Par le Dr Ernest Martin. (*Journal d'Hygiène*, Jeudi 2 et 9 juillet 1891, pp. 313/320, 325/332.)

— Ancestral Worship in the *Shu King* by Rev. H. Blodget, D. D. (*Journ. Peking*

Orient. Soc., III, No. 2, 1892, pp. 123/157.)

— Lieutenant-Colonel Bouinais et A. Paulus. — Le Culte des Morts dans le Céleste Empire et l'Annam comparé au Culte des Ancêtres dans l'Antiquité occidentale avec une préface par C. Imbault-Huart Consul de France à Canton. Paris, Ernest Leroux, 1893, in-18, pp. XXXIII-267.

Forme le Vol. VI de la *Bibliothèque de vulgarisation* du Musée Guimet. — Pub. à 3 fr. 50.

Notice par Jean Réville, *Rev. Hist. des Religions*, XXVIII, No. 2, sept.-oct. 1893, pp. 198/207.

— Une imitation de la famille chinoise. — Le Major Poore et les villages du Wiltshire. Par Eugène Simon, ancien consul de France. (*La Réforme Sociale*, liv. du 16 août et 1er sept. 1893, pp. 304/321.)

— Ancestral Worship in China and « Family Worth-ship » in England, as a practical Basis of efficient State Administration. By Major R. Poore. (*Imp. and Asiatic Quart. Review*, July 1894, pp. 141/149.)

— F. Kühnert. — Der chinesische Todtencult. (*Ost-Asiat. Lloyd*, Juin 1893.)

— Le Culte des Ancêtres en Chine et dans l'Annam. Par L. Crémazy. (*Rev. Indo-Chinoise*, No. 107, 5 Nov. 1900, pp. 1066/1068; No. 108, 12 Nov. 1900, pp. 1088/9.)

— Les morts qui gouvernent (A propos de l'immobilisme de la Chine). Par le Dr. J.-J. Matignon. (*Arch. d'Anthrop. criminelle*, XV, 1900, pp. 457/484.)

— Les Morts qui gouvernent. (A propos de l'immobilisme de la Chine.) Par le Dr. J. J. Matignon. (*Crime, Superstition et Misère*, pp. 337/374.)

— Ancestral Worship. By Rev. C. A. Stanley. (*Chin. Rec.*, XXXIII, No. 6, June 1902, pp. 268/270.)

— The Worship of Ancestors. By P. F. Price. (*Chin. Rec.*, May 1902, pp. 253/5.)

— Quelques particularités du Culte des Ancêtres en Chine, par Fernand Farjenel. (*Jour. As.*, juillet-août 1903, pp. 85/96.)

— Ancestral Worship. By J. E. Walker. (*Chin. Rec.*, April 1903, p. 199.)

— The Teaching of the Chinese Classics on Ancestral Worship. By Pastor P. Kranz. (*Chin. Recorder*, XXXV, May 1904, pp. 237/245.)

— The Worship of Ancestors. How Shall we Deal With It? By W. A. P. Martin, D. D., LL. D. (*Ibid.*, June 1904, pp. 301/308.)

— What is Filial Piety? (H. A. Giles, *Adversaria Sinica*, No. 1, 1905, pp. 20/5.

(Culte des Ancêtres et Piété filiale.)

Folk-Lore, Légendes, Animaux monstrueux, Superstitions, etc.

Divers.

— A Chinese Mythological writer's account of Christ. (*Indo-Chinese Gleaner*, May 1818, pp. 104/108.)

— Légende de Yê sou, selon le *Chin siân thoung kian* [鑑通仙神] par E. Jacquet. (*Nouv. J. As.*, VII, 1831, pp. 223/228.)

— Superstitions and Customs of the Chinese. (*Jour. Ind. Archip.*, N. S., Vol. II, 1858, pp. 349/363.)

From the *Indo-Chinese Gleaner*.

— Cinderella-Hephaestus-Kuvera. By Rev. S. Beal. (*Ind. Antiq.*, IX, 1880, pp. 203/4; d'après the *Academy*, July 3, 1880, p. 11.)

— Chinese Fox-Myths. By T. Watters. Read before the Society on the 18th April 1873. (*Journ. N. C. B. R. As. Soc.*, N. S., No. VIII, 1873, Art. IV, pp. 45/65.)

— Chinese Demoniacs. (*Shanghai Budget*, Sept. 13, 1873.)

Art. signé « Liu ».

— Théodore Pavie. — Yu-ki le magicien, légende chinoise. (*Revue des Deux Mondes*, 15 mars 1851.)

— La Vision de Pao-ly, légende chinoise. (*Ibid.*, 15 décembre 1858.)

— Moudouri le chasseur, légende tartare. (*Ibid.*, 15 novembre 1862.)

— Fables of Beasts and Birds in Chinese, with a Notice of Professor Julien's « Les Avadânas. Contes et Apologues Indiens ». By Reinhold Rost, Esq., Ph. D., &c., Professor of Oriental Languages at St. Augustine's College, Canterbury. (*Chin. & Jap. Rep.*, Nov. 1863, pp. 214/217.)

— Chinese Version of the Legend of St. George and the Dragon by W. F. M.[ayers.] (*N. and Q. on C. & J.*, Vol. I, p. 148.)

— Chinese Version of the Story of Rip van Winkle by Fan-kwai. (*Ibid.*, Vol. II, pp. 20/21.)

— The Chinese Sea-Serpent. (*The Cycle*, 22 Oct. 1870.)

— The Folk-lore of China, and its affinities with that of the Aryan and Semitic Races. By N. B. Dennys, Ph. D. London, Trübner. Hongkong: « China Mail » office, 1876, in-8, pp. IV-156-VII.

— Réimp. d'une série d'articles commencée dans la *China Review*, III, p. 269.

Notices : Par Elie Reclus dans the *Academy*, No. 337, 19 oct. 1878. — *The Athenaeum*, No. 2595, July 21, 1877.

— N. B. Dennys. Nécrologie par Henri Cordier. (*T'oung Pao*, 2e Sér., II, No. 1, Mars 1901, pp. 91/92.)

Nicholas Belfield Dennys, † à Hongkong, 5 déc. 1900.

— The late Dr. N. B. Dennys. By J. Dyer Ball. (*China Review*, XXV, No. 2, pp. 94/95.)

— De quelques peuples fabuleux selon les Chinois. (*Magasin pittoresque*, 1858, pp. 40, 96.)

D'après le *San-tsaï-tou-houeï*.

(Folk-Lore, Légendes, etc. — Divers.)

— Das Ereigniss des Wurmfrasses der Beschwörer. Von Dr. August Pfizmaier... Wien. Aus der k. k. Hof- und Staatsdruckerei, 1862, in-8, pp. 57.

Sitzb. phil.-hist. Cl. k. Ak. Wiss. Wien, Bd. XXXIX, 1862, Jännerheft.

— Die Anwendung und die Zufälligkeiten des Feuers in dem alten China. Vom w. M. Dr. A. Pfizmaier. (*Sitzb. phil.-hist. Cl. Ak. Wiss. Wien*, Bd. LXV, Heft IV, pp. 767/812.)

— Der Geisterglaube in dem alten China. — Von Dr A. Pfizmaier... Wien, 1871. Karl Gerold's Sohn, br. in-8, pp. 70.

Sitzb. phil.-hist. Cl. k. Ak. Wiss. Wien, Bd. LXVIII, Juni, p. 641.

— Zur Geschichte der Wunder in dem alten China. Von Dr. A. Pfizmaier... Wien, 1871. Karl Gerold's Sohn, br. in-8, pp. 58.

Sitzb. phil.-hist. Cl. k. Ak. Wiss. Wien, Bd. LXVIII, Juli, p. 809.

— La flèche de Nemrod en Perse et en Chine, par M. J. Darmesteter. (*Journ. Asiat.*, VIIIe sér., V, Févr.-Mars-Avril 1885, pp. 220/228.)

D'après Mailla et le *Livre du Juste* ספר הישר.

— * Euphemism and Tabu in China by Rev. Hilderic Friend. (*The Folk-Lore Record*, Vol. IV.)

— * The Euphemism and Tabu in China. By the Rev. Hilderic Friend, late of Canton, China. Reprinted from the « Folk-lore Record ».

Notice : *China Review*, X, p. 282.

— Modes of consulting the Oracles. By L. M. N. (*Ibid.*, VII, p. 134.)

— Legends on Soapstone and China ware. By E. J. Eitel. (*Ibid.*, pp. 138/140.)

— Legends on Chinese Porcelain. By E. J. E.[itel.] (*Ibid.*, pp. 204/206.)

— Alchemy in China. By W. A. P. (*China Review*, VII, pp. 242/255.)

— Lions and Bears : A Strange Story. (*Ibid.*, X, p. 70.)

— The Characteristics of an Animal being transmitted to a Human Being. (*Ibid.*, XI, pp. 399/400.)

— A curious Superstition. By M. (*Ibid.*, XII, p. 511.)

— Contributions to the Folk-Lore of China. By J. H. Stewart Lockhart. (*Ibid.*, XIV, pp. 352/355.)

— Contributions to the Folk-Lore of China. By J. H. Stewart Lockhart. (*Ibid.*, XV, pp. 37/39.)

— Contributions to the Folk-Lore of China. By W. Stanton. (*Ibid.*, pp. 123/125.)

— *Deus ex machina*. One Phase of Chinese Superstition. By G. M. H. Playfair. (*Ibid.*, XVI, pp. 225/232.)

— A famous Horse and how he was measured. By C. H. Brewitt-Taylor. (*Ibid.*, XVII, No. 6, p. 359.)

— Conjuring. By C. H. Brewitt-Taylor. (*Ibid.*, XIX, No. 2, 1890, pp. 126/8.)

— Mythical Monsters. By Charles Gould, B. A.,... With Ninety-three illustrations. London : W. H. Allen, 1886, gr. in-8, pp. 407.

— The Mythical Zoology of the Far East. (*Nature*, XXXV, 1886-7, pp. 591/2.)

— Superstitions chinoises. *Revue des Traditions populaires*, I, 1886, pp. 292/297.)

D'après *l'Estafette*, du 10 août 1886, où ces croyances ont été données sous ce titre : *Lettre de Chine*. — L'article n'était pas signé.

(Divers.)

— * M. T. Mansfield. — Chinese Legends. (The Bird Ko Ko-o-o. — The Bird Tee tai tai.) (*Folk-Lore Journal*, V, 2, pp. 124/7.)

— * E. Sidney Hartland. — Dafydd William Dafydd and the Fairies. (*Ibid.*, VI, 1888, 3, pp. 191/3.)

— Le Phénix chinois. Par Un Fils du Ciel. (*Revue Indo-Chinoise*, 30 mars 1903, pp. 282/3.)

D'après l'*Echo de Chine*.

— Le Dragon chinois. Par Un Fils du Ciel. (*Ibid.*, 6 avril 1903, pp. 304/5.)

D'après l'*Echo de Chine*.

— Idols and Spirits. By Rev. E. Z. Simmons. (*Chin. Rec.*, XIX, No. 11, Nov. 1888, pp. 500/507.)

— Review of the Imperial Guide to Astrology. [欽定協紀辦方書 *Hieh ki Pien Fang Shú.*] By Rev. A. P. Parker. (*Chin. Rec.*, XIX, N° 11, Nov. 1888, pp. 493/499; N° 12, Dec. 1888, pp. 547/554.)

— Chinese Superstitions. (*Leisure Hour*, XXIX, 645.)

— A first Reading Book for Students of Colloquial Chinese — Chinese Merry Tales collected and edited by Baron Guido Vitale Chinese Secretary to the Italian Legation. — Peking, Pei-t'ang Press, 1901, in-8, pp. 8 + 118 de texte chinois.

— Chinese Folklore — Pekinese Rhymes first collected and edited with Notes and Translation by Baron Guido Vitale Chinese Secretary to the Italian Legation. — Peking. Pei-t'ang Press — 1896, in-8, pp. xvii-220.

— Le « De Monstris » Chinois et les Bestiaires occidentaux. Par F. de Mély. (*Revue archéologique*, Nov.-Déc. 1897, pp. 353/373.)

Voir col. 516/7.

— Chinese Mythology. By L. C. Arlington. (*China Review*, XXV, N° 4, pp. 178/180.)

— The Chinese Tree of Life. By the Rev. Tan Tek Soon. (*The Monist*, Chicago, July 1900, p. 625.)

— La Mythologie populaire chez les Chinois. Par Léon Charpentier. (*Nouvelle Revue*, 1er déc. 1900, pp. 359/372.)

— * Dr. Georg Jacob : Die türkische Volkslitteratur. Berlin, Mayer und Müller, 1901.

Notice : *T'oung Pao*, 2e Sér., II, N° 3, Juillet 1901, pp. 199/203. Par G. Schlegel.

— Du sauvetage du Soleil ou de la Lune dans une éclipse. (*Relat. de Chine*, I, 1903, pp. 76/7.)

Ext. des *Mél. sur l'Administration*, par le P. Pierre Hoang.

— De quelques superstitions. (Par J. J. Matignon, *Crime, Superstition et Misère*, pp. 1/65.)

— La Sainte Routine. (*L'Orient lointain*... par le Dr. J.-J. Matignon, pp. 1/20.)

Avait paru dans *La Revue d'Asie*, 1902.

— Chinese Folklore and some Western Analogies. By Frederick Wells Williams. (*An-*

(Divers.)

nual Rep. Smiths. Inst... year end. June 30, 1900, pp. 575/600.)

— Légendes historiques de l'Annam et du Tonkin, traduites du chinois et accompagnées de notes et de commentaires, par G. Dumoutier... Hanoï, Imp. typ. F.-H. Schneider, 1887, in-8, pp. 98.

— Choix de légendes historiques de l'Annam et du Tonkin. Traduites du Chinois et accompagnées de commentaires. Par M. G. Dumoutier, Directeur de l'Enseignement au Tonkin. (*Revue d'Ethnographie*, VIII, N° 2, 1889, pp. 158/191.)

— La dispute du tigre et du dragon. (Traduit du chinois.) Par G. Dumoutier. (*Annales de l'Ext. Or.*, XIII, 151, pp. 200/7.)

— Indian Myths or Legends, Traditions, and Symbols of the Aborigines of America Compared with Those of Other Countries including Hindostan, Egypt, Persia, Assyria, and China by Ellen Russell Emerson. Illustrated. Boston, James R. Osgood and Co., 1884, in-8, pp. XVIII-677.

— * Indian Myths; or, Legends, Traditions and Symbols of the Aborigines of America compared with those of other Countries, including Hindostan, Egypt, Persia, Assyria and China by Ellen Russell Emerson. London, Trübner, 1889, in-8, grav.

— Chinese Superstition. By Rev. Arthur Elwin. (*Chin. Rec.*, XXI, No. 7, July 1890, pp. 314/320.)

— A Modern Shantung Prophet. By Rev. Henry D. Porter, M. D. (*Ibid.*, XVIII, 1887, pp. 12/21.)

— Trois Contes de Fées... par C. Imbault-Huart, voir col. 1778.

— Miscellanées chinois... par C. Imbault-Huart, voir col. 1838.

— * Les douze perles du Collier, simples légendes des Écoles chinoises, par Michel Masson. (*Revue pittoresque*, 3e sér., III, pp. 193/205.)

— Dragon Myths of the East. By E. M. Clerke. (*As. Quart. Review*, IV, July-Oct. 1887, pp. 98/117.)

— Superstitions of the Chinese. By Rev. Dr. E. R. Jellison, Methodist Episcopal Mission. (*Chin. Rec.*, XXIV, Aug. 1893, pp. 373/9.)

— Bezold. — Blutaberglauben in China. (*Globus*, No. 15, 1892.)

— Folk-lore. By M. A. Fraser. (*China Review*, XXII, No. 6, p. 796.)

— Folk-lore. — Account of some Customs observed in the first Moon in the village of 玉路鄉潮州府揭陽縣 By P. J. Maclagan. (*Ibid.*, XXIII, No. 2, p. 120.)

— Zauberei und Hexenkünste, Spiritismus und Shamanismus in China. Von Freiherrn von der Goltz. (*Mitt. Deutsch. Ges. f. Nat. u. Völkk. Ostasiens*, Heft LI, Juni 1893, pp. 1/36.)

— De Mandragora Naschrift op het tweede hoofstuk der verhandeling over de leer der Signatuur. — P. J. Veth. (*Int. Archiv. Ethn.*, VII, 1894, pp. 199/205.)

— The Mandrake. (*Nature*, LI, 25th April 1895, p. 608, by Kumagusu Minakata; *T'oung Pao*, VI, 1895, p. 342.)

— The Mandrake. By Kumagusu Minakata. (*Nature*, LIV, Aug. 13, 1896, pp. 343/4.)

— The Mandrake. By Kumagusu Minakata. (*Ibid.*, LVII, 1897/8 p. 412.)

— Shansi Folk-lore. By Rev. G. B. Farthing. (*N. C. Herald*, Jan. 4, 1895, pp. 14/16.)

H. A. Giles.

— Chinese Allegory. By Herbert A. Giles. (*China Review*, VI, pp. 380/385.)

— Mesmerism, Planchette and Spiritualism in China. By H. A. Giles. (*Fraser's Mag.*, Feb. 1879.)

— Palmistry in China. By Herbert A. Giles. (*Nineteenth Century and After*, Dec. 1904, pp. 985/8.)

— Who was *Si Wang Mu*. (Herbert A. Giles, *Adversaria Sinica*,[1] No. 1, 1905, pp. 1/19.)

Cf. Chavannes, *Se-ma Ts'ien*, V, pp. 480/489.

F. H. Balfour.

— A Chinese «Planchette» Seance. By Frederic H. Balfour. (*China Review*, IX, pp. 362/370.)

— The Peach and its Legends. (Balfour, *Chinese Scrapbook*, 1887, pp. 145/148.)

— Portents. (Balfour, *ibid.*, pp. 158/162.)

C. Arendt.

— Chiang-yi's Apologues of the Fox and the Tiger, and the Dog. By C. Arendt. (*China Review*, XII, pp. 322/324.)

— Su tai's Apologue of the Bittern and the Mussel. By C. Arendt. (*Ibid.*, pp. 362/363.)

Cf. Mayers' *Chinese Reader's Manual*, No. 933 et No. 626.

— On Chinese Apologues. By C. Arendt. (*China Review*, XII, pp. 407/412; XIII, pp. 23/41.)

— C. Arendt. — Moderne chinesische Tierfabeln und Schwänke. (*Zeitschrift des Vereins für Volkskunde*, 1891, I, 3, pp. 325/334.)

— C. Arendt. — Aus dem Aber- und Geisterglauben der Chinesen. (*Ibid.*, II, 3, 1892.)

F. Warrington Eastlake.

— Quarles «Emblems» and the Lok Ü. By F. W. Eastlake. (*China Review*, X, pp. 285/286.)

— Cantonese Superstitions about Infants. By F. Warrington Eastlake. (*Ibid.*, IX, pp. 301/306.)

— Dragon or Crocodile. By F. W. Eastlake. (*Ibid.*, X, pp. 350/352.)

— The Kirin. By F. Warrington Eastlake. (*Trans. As. Soc. Japan*, XIII, 1885, pp. 211/223.)

E. H. Parker.

— Folklore. By E. H. Parker. (*China Review*, XIV, p. 51.) L'homme dans la lune.

— Twelve Tartar Beasts. By E. H. Parker. (*Ibid.*, XV, p. 252.)

— Snake Races. By E. H. Parker. (*Ibid.*, XVII, No. 6, p. 356.)

1. Adversaria Sinica by Herbert A. Giles... Professor of Chinese in the University of Cambridge. With Illustrations. Shanghai, Kelly & Walsh, 1905, in-8.

Printed by E. J. Brill, Leyden (Holland). No. 1, 1905, pp. 25 : Who was *Si Wang Mu*?, pp. 1/19. — What is Filial Piety? pp. 20/25.

No. 2, 1906, p. 27 à p. 54 :

Art thou the Christ?, pp. 27/44. — Echoes of Orpheus, pp. 45/47. — The Weak Water, pp. 48/9. — *China and Religion*, by E. H Parker, pp. 50/4.

Notice : *Lond. and China Express*, Jan. 26, 1906.

— Sea-Monsters. By E. H. Parker. (*Ibid.*, XVIII, No. 4, p. 262.)

— Conjurors in China. By E. H. Parker. (*Ibid.*, XIX, 1890, No. 1, p. 61.)

— Simple Simon in China. By E. H. Parker. (*Ibid.*, XVI, No. 6, May-June 1888, p. 376.)

Joseph Edkins.

— Astrology in Ancient China. By Joseph Edkins. (*China Review*, XIV, pp. 345/351.)

— The Introduction of Astrology into China. By J. Edkins. (*Ibid.*, XV, pp. 126/128.)

— The Parsee five Elements. By J. Edkins. (*Ibid.*, XVI, p. 121/122.)

— Ancient Symbolism among the Chinese by Joseph Edkins, D.D. London : Trübner & Co. — Shanghai : Society for the Diffusion of Christian and General Knowledge among the Chinese, 1889, in-12, pp. 26.

Au recto du dern. f. n. c. : The foregoing paper was read before the Shanghai Y. M. C. A., and stereotyped from the columns of the « Messenger », Vol. 2, Nos. 7, 8 and 9.

G. Taylor.

— What the Cock crows. By G. T. (*China Review*, XIV, p. 164.)

— What Doctors ought to learn first. By G. T. (*Ibid.*, p. 164.)

— A Silvery Plateau. By G. Taylor. (*Ibid.*, p. 296.)

— A Mystic Grave. By G. Taylor. (*Ibid.*, p. 296.)

— Short Stories. By G. Taylor. (*Ibid.*, XV, pp. 306/307.)

— Chinese Folk-lore. By G. Taylor. (*Ibid.*, XVI, pp. 163/177.)

— The Adventures of an Emperor in Hell. By G. Taylor. (*Ibid.*, XVIII, No. 4, pp. 248/261.)

J. Dyer Ball.

— Banian Sap for bad eyes. By J. D. B. (*China Review*, XV, p. 177.)

— «Waste not». By J. D. B. (*Ibid.*, p. 177.)

— A Chinese Version of « I think your Coat Tails are on fire ». By J. D. B. (*Ibid.*, p. 177.)

— Children's Smiles. By J. D. B. (*Ibid.*, pp. 177/178.)

— Bats. By J. D. B. (*Ibid.*, p. 178.)

D. J. Macgowan.

— Table-moving and spiritual manifestations in China. By Dr. Macgowan. (*N. C. Herald*, No. 196, April 29, 1854; réimp. dans *The Shae. Alm. for 1855 and Miscel.*, et dans *The China Mail*, No. 484, May 25, 1854.)

— Alleged avenging Habits of the Cobra in India and China Folklore. By D. J. Macgowan. (*China Review*, XVII, No. 3, pp. 145/151.)

— Child-lore of China. By D. J. MacGowan. (*Ibid.*, XVIII, No. 1, pp. 58/59.)

— Sociedade de Geographia de Lisboa. — Sociologia chinesa. — Autoplastia transformação do homem em animal estiolamento e atrophia humana, casos de teratologia pelo Dr. Macgowan. — Nota destinada à X sessão do Congresso internacional dos Orientalistas pelo traductor Demetrio Cinatti. Lisboa, Imprensa nacional, 1892, br. in-8, pp. 9.

Traduit du *Daily Press*, de Hong kong, 28 juin 1892.

— Medical Superstitions an incentive to anti-foreign Riots in China. By D. J. Macgowan. (*N. C. Herald*, July 8, 1892, pp. 60/2.)

Henri Cordier.

— La légende de Didon. I. La légende de Didon dans l'Extrême Orient. Par Henri Cordier. (*Revue des Traditions populaires*, II, 1887, pp. 295/6.)

— Les Monstres dans la légende et dans la nature. — Nouvelles études sur les traditions tératologiques. Par Henri Cordier. (*Revue des Traditions populaires*, V, 1890, pp. 71/89.)

I. Les Cynocéphales.

Réimp. en partie dans : Congrès international des Traditions populaires. — Première Session. Paris, 1889. — Compte-rendu des séances, Paris, 1891, cf. pp. 115/122.

— Études sur les Traditions tératologiques. — Les Monstres dans la légende et dans la nature par Henri Cordier. Paris, 1890, br. in-8, pp. 23.

Tirage à part à petit nombre ; quelques exemplaires sur papier du Japon.

Cf. Odoric de Pordenone, par Henri Cordier.

Girard de Rialle.

— Un poteau divinisé. Comm. de M. Girard de Rialle. (*Revue des Traditions populaires*, III, 1888, p. 59.)

Extrait du *Shi Pao* (Journal chinois) du 4 oct. 1887.

— Les taches de la lune. Par Girard de Rialle. I. Les figures de la lune en Chine. (*Revue des traditions populaires*, III, 1888, pp. 129/136.)

D'après J. J. M. de Groot, *Fêtes à Emoui*. — Voir col. 703.

— Extraits et lectures. — Superstitions chinoises. Par Girard de Rialle. (*Revue des Traditions populaires*, VI, 1891, p. 117.)

D'après le *Chinese Times*, du 1er oct. 1887.

Tch'en Ki-tong.

Voir col. 1773/4.

— Contes populaires chinois. Par le Général Tcheng Ki-tong. Maîtres et domestiques. (*Revue des Traditions populaires*, III, 1888, pp. 366/370.)

— Les Chinois et les médecins. Par le Général Tcheng Ki-tong. (*Ibid.*, Mars 1889, pp. 144/145.)

Terrien de Lacouperie.

— The Negrito-Pygmies of Ancient China. By Terrien de Lacouperie. (*Bab. & Oriental Record*, V, N° 8, Aug. 1891, pp. 169/174.)

— The Silk Goddess of China and her Legend. By Terrien de Lacouperie. (*Ibid.*, Vol. IV, N° 12, Nov. 1890, pp. 270/290; V, N° 1, January 1891, pp. 5/10.)

Tirage à part, br. in-8, pp. 28.

— Several Tutelary Spirits of the silkworms in China : A Supplement to a Paper on the Silk Goddess of China and her Legend.

By Terrien de Lacouperie. (*Ibid.*, Vol. V, No. 4, April 1891, pp. 89/96.)

— Several Tutelary Spirits of silkworms. By Prof. Terrien de Lacouperie, Ph. & Litt. D. London : D. Nutt ; 1892, br. in-8, pp. 8.

— On the Ancient History of Glass and Coal and the legend of Nü-Kwa's coloured Stones in China by Terrien de Lacouperie. (*T'oung Pao,* II, Sept. 1891, pp. 234/243.)

— Le Coco du roi de Yueh et l'arbre aux enfants. Note de mythologie populaire en Extrême-Orient. Par Terrien de Lacouperie. (*Trans. Ninth Oriental Congress,* London (1892), Vol. II, 1894, pp. 897 à 905.)

Choui Yang 水羊.

— The Vegetable Lamb of Tartary : A Curious Fable of the Cotton Plant. To which is added a Sketch of the History of Cotton and the Cotton trade. By Henry Lee, F. L. S., F. G. S., F. Z. S., sometime Naturalist of the Brighton Aquarium, and author of « the Octopus, or the Devil-fish of fiction and of fact », « Sea monsters unmasked », « Sea fables explained », etc. Illustrated. London : Sampson Low, Marston, Searle & Rivington. 1887, in-8, pp. xi-112.

Notice : *Nature*, XXXVII, 1887-88, p. 176.

— The Tartarian Lamb. By E. H. Parker. (*China Review,* XVII, No. 4, 1889, pp. 240/241.) 水草 *Shui ts'ao.*

— The Shui-yang or Watersheep in Chinese accounts from Western Asia and The Agnus Scythicus or Vegetable lamb of the European mediaeval travellers. By Gustav Schlegel. (*Actes Huit. Cong. Int. Orient.*, Stockholm - Christiania, 1889, 4ᵉ Part., pp. 17/32.)

— The Shui-yang or Watersheep in Chinese Accounts from Western Asia and The Agnus Scythicus or Vegetable Lamb of the European mediæval travellers. By Gustav Schlegel. Tiré des Actes du 8ᵉ Congrès International des Orientalistes, tenu en 1889 à Stockholm et à Christiania. Leide. — E. J. Brill, 1890, br. in-8, pp. 16.

Cf. Odoric de Pordenone, par Henri Cordier.

Gustave Schlegel.

— Alt-Indische Fabeln in Germanischem und Chinesischem Gewande. Von Prof. Dr. G. Schlegel. (*Bijd. Taal-, L.-, Volkk. Ned.-Ind.,* 1884, VIII, 4ᵉ Sér., pp. 560/9.)

Tirage à part, in-8, pp. 12.

— La Langouste géante dans les récits Chinois et Arabes. Par G. Schlegel. (*T'oung Pao,* III, Mars 1892, pp. 65/66.)

Voir du même auteur, *Uranographie chinoise*, col. 1448/9, et plus loin *Choui-yang*, col. 1879.

— Parallèles en Folklore par G. Schlegel Professeur à l'Université de Leyde. (*Mélanges Charles de Harlez,* Leyde, 1896, pp. 271/277.)

— Der Todtenvogel bei den Chinesen. Von G. Schlegel. (*Int. Arch. f. Ethn.*, XI, 1898, pp. 86/7.)

— Proben von chinesischer Folklore. (*Urquell*, Jan. 1898.)

J. J. M. de Groot.

Voir col. 1878 et 703.

— A Bit of Folk-lore about Candles, Lamps and Fire. By J. J. M. de Groot. (*Ibid.*, pp. 202/204.)

— On Chinese Divination by dissecting written Characters, by J. J. M. de Groot. (*T'oung Pao*, I, Oct. 1890, pp. 239/247.)

— De weertijger in onze Koloniën en op het Oost-Aziatische Vasteland. Door Prof. Dr. J. J. M. de Groot. (*Bijd. Taal-, L.-, Volkk. Ned.-Ind.,* 1898, pp. 549/585.)

— Iets naders omtrent het bijgeloof der haarwervels op het paard in Oost-Azië. (Met platen.) Door Prof. Dr. J. J. M. de Groot. (*Ibid.,* 1899, pp. 201/212.)

Kumagusu Minakata.

Voir *supra* col. 1876.

— Some Oriental Beliefs about Bees and Wasps. By Kumagusu Minakata. (*Nature*, L, 1894, p. 30.)

— On Chinese Beliefs about the North. By Kumagusu Minakata. (*Ibid.*, LI, 1894-95, p. 32.)

— Chinese Beliefs about Caves. By Kumagusu Minakata. (*Ibid.*, p. 57.)

— Chinese Theories of the Origin of Amber. By Kumagusu Minakata. (*Ibid.*, p. 294.)

— The Invention of the Net. By Kumagusu Minakata. (*Ibid.*, LII, 1895, p. 197.)

— The Story of the « Wandering Jew ». By Kumagusu Minakata, (*Ibid.*, LIII, 1895-96.)

— On Augury from Combat of Shell-fish. By Chas. A. Silberrad. (*Nature*, LVI, 1897, p. 494.)

— On Augury from Combat of Shell-fish. By Kumagusu Minakata. (*Ibid.*, LVI, 1897, pp. 30/31.)

— Mu Wang und die Königin von Saba. Von A. Forke. (*Mitt. Sem. Orient. Sprachen zu* ***Berlin,*** **Jahrg. VII,** ***Ostasiat. Studien,*** **1904, pp. 117/172.)**

Cf. **Chavannes,** *Mém. hist.*, II, pp. 6/8, note.

Notice : *Bull. Ecole française Ext. Orient*, IV, No. 4, Oct.-Déc. **1904, pp.** 1127/1131. Par Ed. Huber.

Voir H. A. Giles, *supra*; col. 1876.

— René Basset. — Contes et légendes de l'Extrême-Orient. (*Rev. des Trad. populaires,* passim.)

— Peng Tsu — A Chinese Legend. By W. Stanton. (*China Review*, XXII, No. 3, pp. 591/593.)

— Vier Fabelwesen chinesischer Zoologen. Von E. M. Köhler in Gera. (*Der Zoologische Garten,* XXXVIII, Feb. 1897, pp. 33/44.)

— Die Schwalbe in Volksglauben und Dichtung der Chinesen. Von E. M. Köhler in Gera. (*Ibid.*, pp. 292/3.)

— Почему китайцы рисуютъ демоновъ рыжеволосыми? (Къ вопросу о народахъ бѣлокурой расы въ Средней Азіи.) — Изслѣдованіе Г. Е. Грумъ-Гржимайло. — С.-Пет., 1899, in-8, pp. 60, fig.

Журн. Минист. Народнаго Просвѣщенія, іюнь 1898.

— L'astrologie et les différentes formes de la divination dans l'Inde, en Chine et au Tibet. Par L. de Milloué. (*Conférences au Musée Guimet*, 1899-1900 et 1900-1901, pp. 179/205.)

— Costumes e crenças da China. — Callado Crespo, Consul de Portugal em Cantão. I. O Inferno Taoista. (*Ta-ssi-yang-kuo*, Ser. I, Vol. II, 1900-1, pp. 597/603.) — II. Amuletos, e objectos e expressões de bom e mau agouro. (*Ibid.*, pp. 675/681.)

— Shanghai Folk-lore. By Ernest Box. (*Jour. China B. R. As. Soc.*, XXXIV, 1901-1902, No. 2, pp. 101/135.)

— Shanghai Folk-lore. By Rev. Ernest Box, M. A. (*Ibid.*, XXXVI, 1905, pp. 130/156.)

— Léon Charpentier. — La Magie chez les Chinois. (*Nouv. Revue*, N. S., IX, 1901, pp. 523/536.)

— Une version populaire chinoise d'un Conte indo-européen, par M. E. Huber. (*Prem. Cong. Intern. Etudes Ext. Orient*, Hanoi (1902), pp. 83/85.)

Conte de M. Kin Ha-ma 金蝦蟆. — Cf. le chap. XXX du *Kathâsaritsâgara* qui contient à la fin l'histoire du brahmane Hariçarman. — Mongol, dans le *Siddhi Kür*. — « Doctor Allwissend », collection de Grimm.

— Etudes de Littérature bouddhique. Par M. Ed. Huber. (*Bull. Ecole franç. Ext. Orient*, IV, 1904, pp. 698/726.)

Notice : *T'oung Pao*, Mai 1905, pp. 252/3, par Sylvain Lévi.

— Fables et Contes de l'Inde extraits du Tripiṭaka chinois par Édouard Chavannes... — Extrait du tome I des *Actes du XIV*e *Congrès International des Orientalistes*: — Paris, Ernest Leroux, 1905, in-8, pp. 63.

— Chinese Anecdotes. By Helena von Poseck. (*East of Asia*, II, Oct. 1903, p. 288.)

— The Weighing of the Elephant or how Kan lo became prime minister. (Translated from the Chinese by Ardsheal.) (*Ibid.*, Dec. 1903, pp. 357/364.)

— Bits of Chinese Humour. By Frank H. Chalfant. (*Ibid.*, pp. 379/380.)

— The Five — Dragon Cave. By J. Griffith. (*Ibid.*, pp. 381/383.)

— Die Kuchenwette 賭餅 « Gutmann und Gutweib » in chinesischer Version von F. W. K. Müller. (*T'oung Pao*, Sér. II, Vol. V, N° 5, Décembre 1904, pp. 597/600.)

(DIVERS.)

— * Chinese Superstitions. By J. Vale. China Inland Mission.

Notice : *Lond. and China Express*, March 30, 1906.

— H. Hackmann. — Schlangenkultus in China. (*Der Ferne Osten*, II, pp. 186/9.)

FOUNG CHOUI 風水.

— Fengshui. By Rev. J. Edkins. (*Chinese Recorder*, Vol. IV, 1871-1872. — Réimp. dans le *Shai. Budget*, April 27, June 15, July 6 & 13, 1872.)

— Feng-shui : or The Rudiments of Natural Science in China by Ernest J. Eitel, M. A., Ph. D., of the London Missionary Society. London, Trübner & Co, 1873, in-8, pp. 84.

Contents : I. Introductory. — II. The Laws of Nature. — III. The Numerical Proportions of Nature. — IV. The Breadth of Nature. — V. The Forms and Outlines of Nature. — VI. The History and Literature of Feng-shui. — VII. Conclusion.

Notices : *N. China Daily-News*, 14 & 16 Aug. 1873. — *Supreme Court and Consular Gazette*, II, 236. [By T. W. Kingsmill.]

— Le Feng-Shoui, par M. Ernest Eitel. (Lecture faite par M. E. Milsom.) (*Congrès provincial des Orientalistes*, Lyon, 1878. II, Lyon, 1880, pp. 45/52.)

— Feng-shoui ou Principes de Science naturelle en Chine par Ernest J. Eitel, M. A. Ph. D. of the London Missionary Society traduit de l'anglais. Par M. L. de Milloué, directeur du Musée Guimet. (*Annales du Musée Guimet*, I, Paris, Ernest Leroux, 1880, pp. 203/253.)

— Passage dénonçant le Foung-choui dans le *Sacred Edict*, Section VIII de la paraphrase de Young-Tcheng, punissable de mort.

Indicated in the *N. C. Herald*, June 19, 1868, from *Notes and Queries*.

— Feng-shui. (*Cornhill Magazine*, March 1874.)

— Vide Yates, *supra*, col. 1870.

— Role du Foung-choei et de la Sorcellerie dans la vie privée et publique des Jaunes. Par le Dr Jules Regnault. (*Revue Polit. et Parlem.*, 10 nov. 1905, pp. 353/373.)

Étude ext. en grande partie d'un rapport présenté par le Dr. Regnault au Congrès colonial de 1905, sous le titre : *Hystérie, hypnose et sorcellerie en Chine et en Indo-Chine*.

Prostitution.

— Etude historique et médicale sur la Prostitution dans l'Empire Chinois par le Dr. E. Martin. Paris, 1872, br. in-8.

Extrait de la *Gazette hebdomadaire de médecine et de chirurgie*.

— Iets over de Prostitutie in China. Door G. Schlegel. Batavia, Lange & Co., 1866, in-4, pp. 25.

Voir le Vol. XXXII des *Verhand. Batav. Genootschap v. Kunsten en Wetensch.*

Trad. en allemand par M. von Scherzer dans *Ausland*, Nos. 2/3, 34/9, 57/61.

— Histoire de la Prostitution en Chine traduite fidèlement du hollandais par le Doc-

(FOUNG CHOUI. — PROSTITUTION.)

teur Schlegel. Rouen, chez J. Lemonnyer, 1880, pet. in-8, pp. 46.

Tirage : 10 ex. sur pap. de couleur ; 50 ex. sur papier Whatman ; 440 ex. sur pap. vélin teinté ; cet ouvrage fait partie de la collection des *Curiosités bibliographiques*, de Lemonnyer.

— A Report on Prostitution in Shanghai ; drawn up for « the Council for the foreign Community of Shanghai », by Edward Henderson, M. D., Surgeon to the Municipality and Officer of Health. Shanghai : Printed at the « North-China Herald » Office, 1871, br. in-8, pp. 28.

— La Vie irrégulière et la Condition des femmes en Chine, par le Docteur Durand-Fardel. Paris, Germer-Baillière, 1876, br. in-8, pp. 16.

Extrait de l'*Union Médicale* (troisième série), année 1876.

Fêtes diverses. — Cérémonial, etc.

Les principales fêtes chinoises sont :

— Le nouvel an, 1er jour de la 1re lune 元旦 *Youen tan.*

— Fête des Lanternes, 15e jour de la 1re lune 上元節 *Chang youen tsié.*

— Fête des Bâteaux-dragons, 5e jour de la 5e lune 天中節 *T'ien tchoung tsié.*

— Fête du milieu de l'automne, 15e jour de la 8e lune 中秋節 *Tchoung tsieou tsié.*

— Naissance de Confucius, 4e jour de la 11e lune 孔子聖誕 *Kong-tseu cheng tan.*

— * James Christie. — Disquisition upon Etruscan Vases, displaying their probable connection with the Shows at Eleusis and the Chinese Feast of Lanterns. London, 1806, in-fol.

— Chinese Kotow. (*Chin. Rep.*, II, pp. 374/6 ; réimp. dans *The Cycle*, 29 Oct. 1870.)

— Account of two festivals given to the old men of China by the emperors Kanghe and Kéënlung [by S.W.Williams]. (*Ch. Rep.*, IX, pp. 258/277.)

La relation de la fête de K'ien-loung (50e année, 1re lune, 1er quartier, 4 Fév. 1785) est abrégée et traduite d'une lettre du Père Amiot du 15 Oct. 1785, insérée dans les *Mémoires concernant les Chinois*, Tome XII, pp. 509/530.

— Bazin dans la 2e partie de la *Chine Moderne*, pp. 649/654, donne le tableau des fêtes religieuses et civiles observées pendant l'année par les Chinois d'après S. W. Williams' An Anglo-Chinese Calendar for 1850, Canton 1850.

— Feast of Lanterns. By the Rev. C. Taylor. (*N. C. Herald*, No. 85, March 13, 1852 ; réimp. dans *The Shae. Alm. for 1853 and Miscel.*)

Cette fête se célèbre le 15e jour de la 1re lune et existe depuis A. D. 627 environ, sous le règne de Tai-tsoung, second empereur de la dynastie T'ang.

— Francisco Pereira Marques. — Costumes e crenças da China — A festa do « Bate-pan » ou das « lanternas ». (*Ta-ssi-yang-kuo*, Ser. II, Vol. III, 1902, pp. 392/7.)

— La fête des Lanternes. Par Un Fils du Ciel. (*Rev. Indo-Chinoise*, 6 avril 1903, pp. 303/4.)

D'après l'*Echo de Chine*.

— The Chinese Ceremony of Welcoming the Spring. By the Rev. C. Taylor. (*N. C. Herald*, No. 134, 1853 ; réimp. dans *The Shae. Alm. for 1854 and Miscel.*)

— Welcoming the God of Joy. By the Rev. C. Taylor. (*Ibid.*, No. 135, 1853 ; réimp. *ibid.*)

— Het Chinesche Feest *Tshit-njet-pan* [七月半] en het genootschap *Thien-Thy-Foey*. Door J. J. Langenhoff. (*Tijdschft. v. Ind. Taal...*, VII, 1858, pp. 473/485.)

— Cérémonial observé dans les fêtes et les grandes réceptions à la cour de Khoubilaï-Khaân traduit du chinois par M. G. Pauthier. Extrait de la *Revue de l'Orient, de l'Algérie et des Colonies*. Paris, Benjamin Duprat, 1862, br. in-8, pp. 15.

— Etiquette to be observed by officials in mutual intercourse, as prescribed and sanctioned by Imperial Authority. Translated by K. (*Notes and Queries on C. & J.*, Vol. 1, pp. 23/24, 36/37, 68/69.)

— Chinese Modes of Address : A Chapter in Native Etiquette. By Rev. W. Scarborough. (*Chinese Recorder*, X, pp. 187/197, 261/9, 337/348.)

— Native Fete and Natal Days observed at Canton and Foochow. By F. H. Ewer Esq., and the Editor. (Doolittle's *Vocab.*, Part III, No. XXX.)

— La fête du Reboutan en Chine. (*Ann. de l'Ext. Orient*, II, pp. 154/155.)

— Greeting the Spring. By J. J. the Elder. (*China Review*, VII, p. 281.)

— Family Festivals. By Jones. (*Ibid.*, VIII, pp. 391/392.)

— Posturing. By E. H. Parker. (*Ibid.*, XIV, p. 357.)

— The Prayer of the Viceroy. By J. Chalmers. (*Ibid.*, XV, pp. 175/176.)

— A Chinese Jubilee. By Robert K. Douglas. (*Asiatic Quart. Review*, July 1887.)

— Chinesische Etiquette. (*Ostasiat. Lloyd*, VII, 7, p. 105.)

— Léon Charpentier. — Les fêtes du Nouvel An et du renouveau en Chine. (*Nouv. Revue*, N. S., VIII, 1901, pp. 161/176.)

— Reform in Etiquette Called For. By Rev. W. A. P. Martin, D. D., LL. D. (*Chin. Rec.*, XXXVI, March 1905, pp. 141/3.)

— La fête du Printemps. Par Un Fils du Ciel. (*Revue Indo-Chinoise*, 27 juillet 1903, pp. 682/3.)

D'après l'*Echo de Chine*.

— Notes on Chinese Etiquette. By Dr. Christie, Moukden. (*Chin. Rec.*, XXXIV, Nov. 1903, pp. 547/556.)

— The Feast of the Seventh Moon. By F. J. Dymond. (*East of Asia*, Vol. 2, No. 4, Dec. 1903, pp. 376/378.)

— Il capo d'anno in Cina. (*L'Universo*, VII, 1897, p. 382.)

— Jaarlijksche Feesten en Gebruiken van de Emoy-Chineezen. — Een vergelijkende bijdrage tot de Kennis van onze Chineesche medeburgers op Java. Met uitgebreide monographieën van godheden, die te Emoy worden vereerd door J. J. M. de Groot, Tolk voor de Chineesche Taal te Pontianak. — Eerste Deel. (*Verh. Batav. Genoot. Kunst. en Wetensch.*, Deel XLII, 1e Stuk, 1881, pp. XIII-242.)

— — Tweede Deel. (*Ibid.*, Deel XLII, 2e Stuk, 1881, pp. 243 à 644.)

Voir col. 703.

— De Feestdagen der Chineezen door *Tshoà Tsoe Koàn* [蔡珠貫]. Naar den Maleischen tekst bewerkt door J. W. Young, Tolk voor de Chineesche Taal. (*Tijdschft. v. Ind. Taal...*, XXXII, pp. 1/88.)

— La fête de fouler le feu (踏火 *tah ho*) célébrée en Chine et par les Chinois à Java, le treize du troisième mois, anniversaire du « grand dieu protecteur de la vie » (保生大帝 *Pao chîng Ta Ti*) par G. Schlegel. (*Int. Arch. f. Ethn.*, IX, 1896, pp. 193/5, 1 pl.)

Cf. *Uranographie chinoise*, pp. 139/145; col. 1448/9.

— Chinesische Prunkwaffen von Dr. K. Hagen. (*Int. Arch. f. Ethn.*, IX, 1896, pp. 161/175, grav. et 3 pl.)

— The Cha-no-yu, or Tea Ceremony. By W. Harding Smith. (*Trans. and Proc. Japan Soc.*, Vol. V, Pt. I, pp. 42/72.)

— Etiquette in Chinese Official Intercourse. By Mr. Li Mou-hsun. (*Chin. Rec.*, XXXVI, Jan. 1905, pp. 1/13.)

Tirage à part.

— Das chinesische Neujahr und seine Feier. (*Ostasiat. Lloyd*, XVIII, I, pp. 267/9.)

Jeux.

Voir Echecs, col. 1461-2.

— Danses chinoises.

Voir dans Grosier, VII, pp. 378 et seq. des détails extraits d'une trad. inédite du P. Amiot des « Commentaires de Ly-koan-ty sur l'ancienne musique chinoise » envoyée en France en 1754.

— *Chou king* de Gaubil, p. 329.

— Mémoire sur les danses chinoises, d'après une traduction manuscrite de quelques ouvrages de Confucius. (*Variétés littéraires*, I, A Paris, 1804, pp. 414/440.)

— Mémoire sur les danses chinoises, d'après une traduction manuscrite de quelques ouvrages de Confucius. Paris, Lacombe, 1768, in-18.

— Games and Sports of Chinese Children. (*The Cycle*, 11 June 1870.)

— How the Chinese amuse themselves. By Sir Walter Medhurst. (*Cassell's Magazine*, Oct. 1878.)

— Beschrijving van drie Chineesche Kaartspelen door M. von Faber. (*Tijdschft. v. Ind. Taal...*, XXVI, 1881, pp. 413/422.)

— Wrestlers. By Pugilist. (*China Review*, VIII, p. 399.)

— Dice. By J. N. J. (*Ibid.*, IX, pp. 55/57.)

— The Tug-of-war a Chinese Game. (*Ibid.*, XIII, p. 356.)

— Game of draughts. (*Ibid.*, p. 431.)

— Wiskundige verpoozingen door Dr. P. H. Schoute. De Chineesche Ringen. (*Eigen Haard*, pp. 428/431, Haarlem, 1883, No. 35, avec une fig.)

— « Chai Mui », (Hok-kien, « Hoah-koon »). By W. A. P. (*Straits Branch of the Roy. As. Soc.*, Notes and Queries, N° 2, issued with N° 15 of the Journal, 1885, pp. 54/56.)

— A Description of the Chinese Lottery known as *Hua-Hoey*. By C. W. Sneyd Kynnersley. (*Ibid.*, Dec. 1885, pp. 205/246.)

花會, jeu des 36 bêtes.

— Bijdrage tot de kennis der Chineesche hazard- en kaartspelen, door J. W. Young. (*Tijdschrift voor Indische Taal-, Land- en Volkenk.*, Batavia, D. XXXI, 1886, pp. 269/302.)

— Chinese Games with Dice. By Stewart Culin. — Read before The Oriental Club of Philadelphia, March 14, 1889. — Philadelphia, 1889, br. in-8, pp. 21.

— Publications of the University of Pennsylvania. Series in Philology, Literature and Archaeology. Vol. I, No. 4. — The Gambling Games of the Chinese in America. *Fán t'án*: the Game of Repeatedly Spreading Out. and *Pák Kòp Piú*, or The Game of White Pigeon Ticket. By Stewart Culin, Secretary of the Museum of Archaeology and Palaeontology in the University of Pennsylvania. Philadelphia: University of Pennsylvania Press, 1891, in-8, pp. 17.

— Chinese Games with Dice and Dominoes. By Stewart Culin. (*Smiths. Report*, 1893, *U. S. Nat. Mus.*, pp. 491/537.)

— Chess and Playing-Cards. — Catalogue of Games and Implements for Divination exhibited by the United States National Museum in connection with the Department of Archaeology and Paleontology of the University of Pennsylvania at the Cotton States and International Exposition, Atlanta, Georgia, 1895. By Stewart Culin. (*Ann. Rep. Smithson. Inst.*, 1896, *U. S. Nat. Mus.*, pp. 665/942.)

Notice : *T'oung Pao*, X, Mai 1899, pp. 228/233. Par G. Schlegel.

— J. J. M. de Groot. — Fêtes... à Emoui, voir col. 703 et 1885.

— Sammlung chinesischer Volksgötter aus Amoy. Von W. Grube. (*Ethnologisches Notizblatt, herausg. v. d. Direktion d. königl. Museums f. Völk. in Berlin*, Heft 2, 1895, pp. 27/33.)

— Origine des jeux. — Le Kouen-gen chinois. Par le Dr. Ern. Martin. (*La Nature*, 1893, I, pp. 211/212) [gravure].

Cf. G. Schlegel, *Chin. Bräuche*, col. 1837.

— G. Schlegel. — Een Chineesche Speelclub. (*Notulen Bat. Gen. voor Kunsten en Wetenschappen*, 1866, T. IV, p. 238.)

— G. Schlegel. — Allerlei Spielzeug: (*Int. Archiv f. Ethnog.*, Bd. VI, 1893, pp. 197/8.)

— A Canton Flower-Boat by G. Schlegel. (*Int. Archiv f. Ethn.*, VII, 1894, pp. 1/9, 1 pl.)

Notices : *L'Anthropologie*, V, 1894, p. 256. — *Nederl. Spectator*, XVII, Maart 1894. — *The National Observer*, 24 March 1894, p. 486, by John O'Neill.

— Mededeeling omtrent de chineesche Poppenkast door J. Rhein, Secretaris-tolk der Nederl. Legatie te Peking. Met Plaat XIV en XV. (*Int. Archiv f. Ethnog.*, Leiden, Bd. II, 1889, pp. 277/282.)

— The Wei-Sing Lotteries. (*N. C. Herald*, Jan. 11, 1888, pp. 33/4.)

— * *Tsz' Fa*; or «Word Blossoming». A Lottery among the Chinese in America. (*Overland Monthly*, Sept. 1894.)

— * Chinese Games and Sports. By Mr. E. H. Parker. (*Badminton*, 1897.)

— The Game of Khanhoo. By W. H. Wilkinson, B. A. — Entered at Stationers' Hall. London : Charles Goodall, 1891, in-32, pp. 31.

— Chinesische Artisten. Von W. Cohn-Antenorid. (*Globus*, LXXVIII, 1900, pp. 169/173.)

— Le Jeu des trente-six bêtes. Par Gustave Lejeal. (*Revue Universelle Larousse*, 7 sept. 1901, pp. 852/3, 1 pl.)

— La Prestidigitation en Chine. Par Un Fils du Ciel. (*Revue Indo-Chinoise*, 9 fév. 1903, pp. 126/7.)

D'après l'*Echo de Chine*.

— Football and Polo in China. By Herbert A. Giles. (*Nineteenth Century*, March 1906, pp. 503/13.)

Monnaies, Poids et Mesures, Sociétés d'argent.

(*Voir le chap. de la Numismatique*, col. 688-694.)

— Responce à quelques Questions proposées de Paris sur les poids, les mesures et les habits des Anciens Chinois.

Ms. in-4, de pp. 28 qui nous a été signalé par le R. P. C. Sommervogel. Il n'est pas signé, mais on lit à la fin de la dernière page :

« Mon Reverend Pere

Ces deux Cayers sont du P. demailla, à qui j'avois communiqué vos Questions : ce Pere n'a pu repondre aux autres articles, parce que l'Empereur l'a choisi pour travailler cette année à la Carte des Provinces de *Honan* et de *Kiangnan* : en partant il m'a envoyé ces deux cayers pour vous les faire tenir, me chargeant en même temps de vous assurer de ses respects : il est de la Province de Lyon et nous soẽs bons amis. Je vous ay parlé de ces deux Cayers dans une Lettre de nouvelles, que je vous ay adressée separement, datée d'aoust 1712. Je vous salüe encore une fois et me recommande à vos SS. PP.

Tout a vous

Sept. 1712. Estienne LE COUTEULX S. J. »

La suscription porte : *A mon Reverend Pere Le Reverend Pere Estienne Souciet de la Compagnie de Jesus a Paris.*

— De la Monnoye qui en différens tems a eu cours à la Chine. (Du Halde, II, pp. 163/169.)

— Epistola de mensuris et ponderibus Serum seu Sinensium. Ubi etiam de ingenti illo muro qui apud eos, eorumque novo anno, necnon de Herbae *Cha* collectione superstitiosa. Omnium Nomina exhibentur Lingua Serica, subjunctis Characteribus propriis. Autore Thoma Hyde S.T.D. Oxoniæ, E theatro Sheldoniano An. Domini cIↄIↄCLXXXVIII, pièce in-8 de 40 pages (sans pagination), et 1 planche.

Cette lettre avait déjà paru dans le *Syntagma* de Hyde, Vol. II, pp. 409/432, 1767.

— Mémoire sur le *Li*, mesure itinéraire des Chinois. Par M. d'Anville. (*Rec. de l'Ac. des Insc., Mém.*, XXVIII, 1761, pp. 487/502.)

— Sur les Sociétés d'argent. Par le P. Jacquemin. (*Let. édif.*, XVIII, pp. 177/233.)

— Mémoire sur l'intérêt de l'argent en Chine. Par le P. Cibot. (*Mém. conc. les Chinois*, IV, pp. 299 et seq.)

— Mémoire de feu M. Collas, Miss., sur la valeur du Tael d'argent en monnoie de France. (*Ibid.*, IX, pp. 371/387.)

— Métrologie. Note sur les poids des Chinois, lue à la Société philomatique par le citoyen Charles Coquebert. (*Magasin Encyclopédique*, 1797, I, pp. 155/157.)

— Sur l'origine du papier-monnaie ; par M. Klaproth. (*Jour. As.*, I, 1822, pp. 257/267.)

Tirage à part. Paris, Dondey-Dupré, 1822, in-8, pp. 15. — Réimp. dans les *Mém. rel. à l'Asie*, I, pp. 375/389.

— Origin of Paper Money. By J. Klaproth. London. Printed for Treuttel and Wurtz, 1823, in-8, pp. 23.

A paru également en anglais dans *The Jour. of the Am. Or. Soc.*, Vol. I, No. II, 1844, pp. 136 et seq.

— Notice sur l'usage des cauries en Chine, par M. Klaproth. (*N. J. As.*, XIII, 1834, pp. 146/155.)

Cauries, petits coquillages dont on se sert en guise de monnaie.

— On the use of Cowries in China. By M. Klaproth. (*Asiat. Jour.*, Vol. VIII, pp. 129/132.)

— Métrologie chinoise. Note sur une mesure linéaire chinoise, par M. de Prony. (*N. J. As.*, X, 1832, pp. 539 et seq.)

— Mémoire sur le système monétaire des Chinois, par M. Edouard Biot. (*Journal Asiatique*, IIIe Série, T. III, Mai 1837, pp. 422/465; IV, pp. 97 et seq., 209 et seq.; 441 et seq.)

— Système monétaire des Chinois. (Perny, *Dict.*, App., No. XVI, pp. 217/220.)

Analyse succincte du mémoire précédent.

— Inquiries and Calculations respecting the Chinese Long Measure. (*Chin. Rep.*, X, pp. 649/653.)

— Monnaies, poids et mesures chinois. Renseignements sur les numéraires chinois et étrangers ayant cours en Chine, sur les poids et mesures chinois et leurs rapports avec les monnaies, poids et mesures français, par C. de Montigny. (*Revue de l'Orient*, IX, 1846, pp. 324/335.)

— Paper-money among the Chinese : Description of a bill; historical notices of the issues of notes. By S. Wells Williams. (*Chin. Rep.*, XX, pp. 289/296.)

Réimp. dans *The N. China Herald*, Nos. 57 & 65, 30 Aug. & 25 Oct. 1851.

— An Account of the Paper Currency and Banking System of Fuhchowfoo. By H. Parkes, Esq. (*Journ. Roy. As. Soc.*, XIII, M. DCCC. LII, Art. X, pp. 179/189.)

— Traduction d'un rapport présenté à l'Empereur Hien Foung par le comité siégeant sous la présidence du Prince Kong, etc., concernant le papier-monnaie par le Rév. Père Eulampius. [En russe.] (*Trav. de la Miss. eccl. russe de Peking*, III, 1857, voir col. 1351.)

— E. François Jomard. — Recherche de la valeur du « li » d'après la carte chinoise de l'île Formose. (*Bull. Soc. de Géog.*, XVIII, 1859, pp. 5/21.)

— Chinese Commercial Guide. 1863. Chap. V.

— Péking et la Chine. Mesures, Monnaies et Banques chinoises par M. Natalis Rondot, Ancien Délégué du Commerce attaché à la Mission de France en Chine. — (Extrait du *Dictionnaire du Commerce et de la Navigation*.) — Paris, Guillaumin, 1861, gr. in-8, pp. 19 à 2 col.

Voir col. 213.

— * Les éphémérides du papier-monnaie en Chine, par M. Natalis Rondot. Paris, 1850, br. gr. in-8, pp. 6.

— Questions économiques. Le Papier-monnaie en France et en Chine, par M. Lacroix, Professeur à la Faculté des Lettres de Nancy, Membre de l'Académie de Stanislas. Imp. Impériale, 1866, in-8, pp. 38.

— Copper Cash and the Tea Trade. Being an Attempt to show the Effect of the Debasement of the Currency of China on the Foreign Trade of the Country. By Thos. W. Kingsmill... Shanghai. Printed at the « Shanghai Recorder » Office, MDCCCLVIII [lisez] MDCCCLXVIII.

These « pages are the substance of a paper read before the N. C. B. of the Roy. As. Soc., on the 5th of Dec. 1867 ».

— Weights and Measures. Selected and arranged by the Editor. (*Doolittle's Vocab.*, Part III, No. LXXIII.)

— Des Sociétés pécuniaires en Chine. (Perny, *Dict.*, App., No. XVII, pp. 221/223.)

— Note sur les petites Sociétés d'argent en Chine. Par M. Eug. Simon, Consul de France à Ningpo. (*Jour. N.C.B.R.A.Soc.*, No. V, N. S., Dec. 1868, pp. 1/23.)

— Sur les Institutions de Crédit en Chine, par Mons. G. Eug. Simon, Consul de France à Fou-Tcheou. (*Ibid.*, No. VI, N. S., 1869/70, pp. 53/71.)

— Geschichtliches Ueber Maass- und Gewichtssysteme in China und Japan, nach Mittheilungen des Herrn Ninagawa Noritane, von Dr. G. Wagener. (*Mitth. d. deutsch. Gesellsch. f. Nat. u. Völkerk. Ostas.*, 12tes Heft, Mai 1877. Yokohama, Buchdruckerei des « Echo du Japon », pp. 35/42, 61.)

— * Memorandum on the Currency of China by George F. Seward. Peking, February 20th, 1878, br. in-fol., pp. 14.

— Chinese Bank Notes. By S. W. B. (*China Review*, VII, pp. 134/136; *N. C. Daily News*. (*Ibid.*, IX, p. 257.)

— A new Mint in Chinese Turkestan. By S. W. Bushell. (*China Review*, XI, pp. 261.)

— A new Silver Coinage for Chinese Turkistan. By S. W. Bushell. (*Ibid.*, XIII, pp. 86/87.)

— Porcelain Coins. By M. E. Rogers. (*Ibid.*, X, pp. 352/3.)

— Introduction of Paper Money. (*Ibid.*, XI, p. 200.)

— The Derivation and Meaning of the Word « Delhe ». By J. M. (*Ibid.*, XII, p. 435.)

— A Chinese Fathom. By J. M. (*Ibid*, p. 512.)

— A Chinese rendering for « Fathom ». By J. M. (*Ibid.*, XIII, pp. 226/227.)

— A Chinese Fathom. By F. H. (*Ibid*, pp. 117/118.)

— Chinese Cash. By Monetus. (*Ibid.*, pp. 225.)

— The Chinese *Ch'ih* measure. By John Chalmers. (*Ibid.*, pp. 332/337.)

— Coinage. (*Ibid.*, p. 297.)

— Coinage. By E. H. Parker. (*Ibid.*, XIV, p. 226.)

— Land-Measures. By E. H. Parker. (*Ibid.*, XV, p. 53.)

— Hundred-Weight. By E. H. Parker. (*Ibid.*, p. 250.)

— Paper money. By E. H. Parker. (*Ibid.*, pp. 252/253.)

— Cash. By E. H. Parker. (*Ibid.*, XVII, No. 1, p. 53.)

— The Short Li of Antiquity. By J. Edkins. (*Ibid.*, XVIII, No. 2, pp. 127/128.)

— Voir sur le papier-monnaie chinois : Henry Harrisse, *Christopher Columbus and the Bank of Saint George*. 1888, in-4 : Notes and Additions, pp. 109/112; à propos de la communication de Kouo Song-tao au Congrès provincial des Orientalistes (1878), Lyon, 1880, I, in-4, p. 89.

— La Monnaie en Chine et le commerce européen dans l'Extrême-Orient par Maurice Jametel. (*L'Economiste français*, Samedi 8 Octobre 1881, pp. 451/452.)

— The Chinese Imperial Government, « 1885, Dollar Loan », issued through the Hongkong Branch of the Chartered Bank of India, Australia, and China. — Copies Imperial Decrees and Correspondence relative to this Loan with Form of Bond. — Printed by Noronha & Co. — Hongkong, 10th March, 1885, in-8, pp. 21.

With the Manager's Compliments.

— Chinese Land Measures. By T. W. K.[ingsmill.] (*Journ. C. B. R. A. S.*, N. S., XX, 1885, pp. 91/94.)

— La Monnaie dans l'Extrême-Orient. Par A. Corre. (*Science et Nature*, II, 1884, pp. 321/324, fig.)

— Weights and Measures of China. — Despatch from Her Majesty's Chargé d'Affaires at Peking, enclosing a Table of the Weights and Measures in use in China, together with a *Report* thereon. (Consular, No. 69.) Peking, 6 October 1885, br. pet. in-fol., pp. 9.

Rapport par W. H. Wilkinson.

— Le crédit et les banques en Chine. Par E. Juge. (*Ann. de l'Ext. Orient*, 1885-1886, VIII, pp. 48/51.)

— Une banque impériale en Chine. (*Ibid.*, pp. 285/286.)

D'après le *Journal des Débats*.

— The Chinese Li. (*Journ. C. B. R. A. S.*, N. S., XX, 1885, No. 2, p. 57.)

— On Two Jade-handled Brushes. By J. P. O'Reilly. (*Nature*, XXXV, 1886-7, pp. 318/319.)

— Die Einnahmequellen und der Credit Chinas nebst Aphorismen über die Deutsch-ostasiatischen Handelsbeziehungen von A. H. Exner, s. Zt. Delegirter des Deutschen Eisenbahn-Consortiums für China. — Berlin, A. Asher, 1887, in-8, pp. 71.

— Circular on Currency and Measures in China. (*Journ. C. B. R. A. S.*, N. S., XXIV, 1889-90, No. 1, pp. 46/135.)

Réponse de divers : Mgrs. Hamer, Volonteri, MM. H. B. Morse, E. H. Parker, etc.

— A Handful of Cash. By C. H. Brewitt-Taylor. (*China Review*, XVII, No. 6, pp. 357/359.)

— The Copper Cash current in Amoy. By W. J. Clennell. (*Ibid.*, XX, No. 5, pp. 292/296.)

— Les monnaies chinoises. Par le Dr. Ern. Martin. (*La Science moderne*, Paris, Didot, 9 déc. 1893, pp. 375/8, fig.)

— Report on the Effect of the Fall in value of Silver on Prices of Commodities in China, in-8, pp. 25.

Par G. Jamieson. — Foreign Office, 1893. Miscel. Series. — No. 305 *Reports on Subjects of General and Commercial Interest.*

— Chinese Currency. — By J. Edkins, D. D. — London : Kegan Paul. — Shanghai : Kelly & Walsh, 1890, br. in-8, pp. 29 à 2 col.

— Chinese Currency by J. Edkins, D. D. — Shanghai : Printed at the Presbyterian Mission Press... 1901, in-8, pp. XI-151-V.

— Joseph Edkins. — The Relations of Copper and Silver in China. (*Jour. China Br. R. As. Soc.*, N. S., XXXI, No. 2, 1896-97, pp. 136/146.)

— * The Eastern Bimetallic League (Established 1894).

Recueil des pièces suivantes imprimées : Shanghai, Printed at the « North-China Herald » Office, 1894 :

I. A Protest. By W. S. Wetmore, President, July 1894.

II. The Adverse Influence of Gold Appreciation upon the Trade of Gold-Standard Countries with the East exemplified in China. By W. H. Talbot, 20th August 1894, br. in-8.

III. The Appreciation of Gold : Notes illustrative of the disastrous effect upon Foreign Commercial Interest in the Far East and upon the Industries and Wage-earners of the West. By H. Kopsch, F. R. G. S., 3rd September 1894.

IV. Appreciation of Gold the cause of Industrial Depression in England. By George Jamieson, F. S. S. Consul at Shanghai, October 1894.

V. An illustration of some of the evils inflicted upon Gold Standard Countries by their attempt to demonetize Silver. By W. H. Talbot, November 1894.

VI. Gold monometallism and its effects upon wages. By W. S. Wetmore, December 1894.

VII. Monometallism Perplexities. By W. S. Wetmore, January 1895.

VIII. Why Gold Prices continue to decline. March 1895.

[*Cat. China Br. R. As. Soc.*]

— The Currency of China. (A Short Enquiry.) — By James K. Morrison. London : Effingham Wilson, 1895, pet. in-8, pp. 40.

Notice : *China Review*, XXI, p. 421, par E. J. E.[itel.]

— Banking, Currency and Land Tenure in the Chinese Empire. By Hon. Thomas R. Jernigan. (*A History of Banking in all the Leading Nations...* — Edited by the Editor of the *Journal of Commerce and Commercial Bulletin*. New York, 1896, gr. in-8.)

— Memorandum on the Scarcity of Copper Cash and the rise in Prices. By F. E. Taylor. (*Jour. China Br. R. As. Soc.*, N. S., XXXI, No. 1, 1896-97, pp. 75/80.)

— Silver in China : and Its Relation to Chinese Copper Coinage. By Talcott Williams, LL. D., O. C. L. — A Paper submitted to the American Academy of Political and Social Science. — Philadelphia : American Academy of Pol. and Social Science, in-8, pp. 43 à 63.

Pub. No. 199, May 18, 1897.

— M. Tillot et Emil S. Fischer — Notes sur la monnaie et les métaux précieux en

Chine. Shanghai : La Presse Orientale (L'Imprimerie Française), 23 rue du Consulat, 1898, in-8, 2 ff. n. ch. + pp. 41.

— La Monnaie en Chine. Par M. Tillot. (*Chine et Sibérie*, Juillet 1901, pp. 320/2.)

D'après la *Revue de l'Extrême-Orient*.

— The Development of Currency in the Far East. By Lieut.-Col. R. C. Temple, C. I. E., Chief Commissioner, Andamans and Nicobars. (*Imp. & As. Quart. Rev.*, 3rd Ser., VII, 1899, pp. 299/317.)

— Chinese Banking. By J. E. (*Ibid.*, VIII, 1899, pp. 413/414.)

— La piastre en Extrême-Orient et la crise monétaire. Par Alfred Schreiner. (*Rev. française*, XXI, 1896, pp. 417/425, 525/534.)

— Monnaies, poids et mesures en usage en Chine. (*Belgique Coloniale*, 19 août 1900, pp. 391/392.)

Extrait d'un rapport de M. E. Francqui, consul de Belgique à Shanghai.

— Die Schwierigkeiten einer Münzreform in China. (*Oest. Monats. f. d. Orient*, Wien, 1901, p. 131.)

— Le Système monétaire de la Chine. (*Le Mouv. géog.*, 1900, col. 115-116.)

— Le système monétaire de la Chine. (*Rev. Indo-Chinoise*, No. 84, 28 mai 1900, pp. 530/2.)

Ext. d'un rapport de la Légation de Belgique à Peking.

— Louis Blancard. — Unions monétaires chez les Grecs et les Chinois. (*Mém. de l'Ac. Sc., Let. et Beaux-Arts de Marseille*, 1899-1901, Marseille, 1901, pp. 521/7.)

— The Chinese System of Banking. By Charles Denby. (*The Forum*, XXX, Sept. 1900-Feb. 1901, pp. 412/9.)

— De l'énonciation du taux d'intérêts, en chinois. Par A. Vissière. (*T'oung Pao*, 2e Sér., II, N° 5, Déc. 1901, pp. 378/385.)

— Le Commerce et la Monnaie en Chine. Par Ch. Letourneau. (*Rev. Int. de Sociologie*, IV, pp. 241/8.)

— Memorandum on Chinese Currency. By F. Anderson. Shanghai : « North-China Herald » Office. 1903, br. in-8, pp. 6 à 2 col.

— The Currency Question. A Plea for Immediate Action with a view to the Establishment of the Gold Standard in China. — By Edward S. Little. — Shanghai : Printed at the « North-China Herald » Office. — 1903, br. in-8, pp. 7 à 2 col.

— La question monétaire en Chine. Par Edward S. Little, Shanghai. (*Revue Indo-Chinoise*, 1903, 23 mars, pp. 256/7.)

Trad. du *Hongkong Telegraph*.

— La question monétaire en Extrême-Orient et les Etats-Unis. Par J. F. (*Bull. Com. Asie française*, février 1903, pp. 63/65.)

— La question monétaire en Chine. (*Revue Indo-Chinoise*, 6 avril 1903, pp. 298/9.)

Trad. du *North China Herald*.

— Les propositions de la commission monétaire américaine. Par J. F. (*Bull. Com. Asie française*, Juillet 1903, pp. 300/303.)

— Une roupie chinoise pour le Tibet. Par Pierre Bons d'Anty. (*La Géographie*, 15 sept. 1903, pp. 152/3.)

— Une roupie chinoise pour le Tibet. Par Pierre Bons d'Anty. (*Rev. Indo-Chinoise*, 23 nov. 1903, pp. 1062/3.)

— Standard weights and measures of the Ch'in dynasty. By Rev. F. H. Chalfant. (*Journ. C. B. R. A. Soc.*, XXXV, 1903-1904, pp. 21/25.)

Cf. Chavannes, *Se-ma Ts'ien*, II, p. 549.

— La crise de l'argent en Chine. (*Bull. Com. Asie française*, Janvier 1903, p. 42.)

— C. Poma. — Il nuovo sistema monetario cinese. Appunti numismatici sul dollaro cinese. (*Riv. it. di num.*, 1904, pp. 109/120, 1 tab.)

— * On Monetary Reform in China. By J. W. Jenks. (*Wan Kwoh Kung Pao*, June 1904, Vol. XVI, No. 5.)

— * Zur Geschichte d. chines. Münzreform. (*Asien*, III, p. 192.)

— * H. N. Stuart. Catalogus der Munten en Amuleten van China, Corea en Annam, behoorende tot de numismatische Verzameling van het Bataviaasch Genootschap van Kunsten en Wetenschappen. Batavia, 1904, gr. in-8, pp. xxiv-227.

Notice : *Globus*, LXXXVI, p. 384.

— China's New Silver Coinage. (*Times Weekly Edition, Fin. and Comm. Supp.*, Feb. 5, 1906.)

— La réforme monétaire en Chine. Par Edmond Spalikowski. (*Europe Coloniale*, 27 fév. 1906.)

— Questions monétaires d'Extrême-Orient. Par J. Francoaie. (*Bul. Comité Asie française*, Mars 1906, pp. 114/9.)

— Joseph Dubois. — L'Empire de l'Argent Étude sur la Chine financière Préface de M. Henri Bamberger. E. Guilmoto, Paris, s. d. [1906], in-8, pp. vii-143 + 1 f. n. ch. p. l. tab.

Sociétés secrètes.

(*Voir aussi le chap. de la guerre des T'ai-P'ing*, col. 645-664.)

— Voir sur une Société Secrète nommée *Tsin-Lién-kiao* (les jeûneurs) dont les membres étaient répandus dans le Yunnan et le Se-tch'ouan diverses lettres de Mgr. Fontana et des Abbés Imbert et Voisin dans le Tome IV des *Annales de la Prop.* — Lire aussi dans le même recueil une note (IV, pp. 420/421) extraite des Nouvelles Lettres édifiantes. Cette Société est probablement une branche de celle qui est connue sous le nom de *Pe-Lien-kiao*, doctrine du Nenuphar-Blanc. Une autre lettre de Mgr. Fontana sur le même sujet est insérée dans le Tome VI, pp. 501/506.

— Of the Tea Sect, translated from the Peking Gazette. (*Indo-Chinese Gleaner*, No. 1, May 1817, pp. 19/22.)

清茶門教 *Tsing-tcha men kiao.*

— Some account of a Secret Society in China entitled « The Triad Society ». By the late Dr. Milne Principal of the Anglo-Chinese College. Communicated by the Rev. Rob. Morrison. Read Feb. 5, 1825. (*Transactions R. A. S. of Great Brit. and Irel.*, Vol. I, 240.)

— A Transcript in Roman Characters, with a Translation, of a Manifesto in the Chinese language, issued by the Triad Society. By the Rev. R. Morrison. Read 4th of April 1829. (*Journal of the R. A. S.*, Vol. I, pp. 93/5.)

— The Chinese secret Triad-Society of the *Tien-ti-huih*. By Lieutenant Newbold,

A. D. C., and Major-General Wilson, C. B., Madras Army. Read Jan. 18, 1840. (*Journal of the R. A. S.*, Vol. VI, pp. 120/158.)

— On the Secret Triad Society of China, chiefly from Papers belonging to the Society found at Hong Kong. By the Rev. C. Gützlaff. (*Ibid.*, VIII, M . DCCC . XLVI, Art. XXI, pp. 361/367.)

— Oath taken by Members of the Triad Society, and notices of its origin. By S. Wells Williams. (*Chin. Rep.*, XVIII, pp. 280/295.)

— Origin of the Triad Society. Letter to the Editor of the *China Mail*, 27th July 1853 signed « Enquirer ». (*The China Mail*, No. 441, July 28, 1853.)

— Secret Societies in China. By A. Wylie. (*N. C. Herald*, No. 165, Sept. 24, 1853, et seq. — Réimp. dans *The Shanghae Almanac for 1854 and Miscel.*)

Réimp. dans *Chinese Researches*, de Wylie, pp. 110/146.

— *Thien, Ti, Hoih* 天地會 *Himmel, Erde, Brüderschaft.* Geschichte der Brüderschaft des Himmels und der Erden der communistischen Propaganda China's von E. H. Röttger gegenwärtig Prediger zu Lengerich in Westphalen, früher Missionsprediger im Indischen Archipel. — Der Ertrag ist für den Missions-Verein für China bestimmt. — Berlin 1852, Wilhelm Hertz, in-8, pp. 16.

— Het Hemel-aarde-verbond, *T'ien-Tí-hoeí*, 天地會 een geheim genootschap in China en onder de Chinezen in Indië. (Milne's en Morrison's mededeelingen dienaangaande herzien, aangevuld en gehandhaafd tegen E. H. Röttger's *Geschichte der Brüderschaft des Himmels und der Erden*, Berlin, 1852.)

Par le Dr. J. Hoffmann. — Overgedrukt uit het *Tijdschrift van het Koninklijk Instituut voor de Taal-, Land- en Volkenkunde van Neerlandsch Indië.* No. 3. 1853.

— Bijdragen tot de kennis der Geheime Genootschappen van de Chinezen bepaaldelijk het *Tiên-Tí-Hoeí.* Door J. Hoffmann. (*Bijd. Taal-, L.-, Volkk. Ned.-Ind.*, II Deel, 1854, pp. 292/329.)

Deuxième article du Dr. Hoffmann « Containing the most information and compiled with much discernment by the learned professor, from a Manuscript of Abraham Betting van Campen, the August numbers of the *Overland China Mail*, 1853, and the *Chinese Repository*, Vol. XVIII, June 1849. (Schlegel's *Hung League*, note, p. VI.)

— Bijdragen tot de kennis der Geheime Genootschappen van de Chinezen bepaaldelijk het *Tien-Tî-Hoei.* Door J. P. Gz. (*Ibid.*, pp. 127/147.)

— Voir sur les sociétés secrètes les chap. XVII et XVIII de *The Cross and the Dragon*, de Kesson. (Voir col. 769.)

— Voir dans *Notes and Queries*, Series I, XII, pp. 232/33, une note du D. P. G. M. of British Masonry in China sur la Société Triade.

— The Chinese and their Rebellions, viewed in connection with their National Philosophy, Ethics, Legislation, and Administration. To which is added, An Essay on Civilization and its present state in the East and West. By Thomas Taylor Meadows, Chinese Interpreter in H. M. Civil Service. London, Smith Elder & Co, 1856, in-8, pp. lx-656.

Preface. — Contents. — I. Political Geography and Administrative Machinery. — II. Theory and Practical Working of the Normal Chinese Autocracy. — III. Accession, Abnormal Policy, and Weakness of the Manchoo Dynasty. — IV. Rise and Progress of the Chinese People, Causes of its Unity and General Homogeneity, and of Certain Pecularities in the South Eastern Chinese. — V. M. Huc's Opinion of the Chinese. — VI. Hung Sew Tseuen, the Originator of the Rebellion, his early Biography and his adoption of Christianity. — VII. Hung Sew Tseuen's Establishment of a New Sect of Christians in Kwang se, and causes of his success. — VIII. Origin of the grosser fanaticisms of the new Sect of Christians. — IX. Retrospective Account of the Establishment of the Manchoo Power in China. — X. Formation of Chinese Political Societies against the Manchoo Domination, and Origin of Chinese Insurrections and Rebellions generally. — XI. Conversations of the old Emperor Taou-kwang with a high Mandarin respecting British Projects and the State of Southern China. — XII. Measures of the Imperial Authorities against the Kwang se Christians; and the transformation of these into religious political Rebels. — XIII. Military and Political Proceedings of the Tae-ping Rebels from their first rising till after their occupation of Nanking. — XIV. Military History of the Tae Pings, after the occupation of Nanking, up to the present time. — XV. State of the Sea-board population at the Mouth of the Great River, on the approach of the Tae Pings. — XVI. Excursion on the Grand Canal to obtain information respecting the Rebels. — XVII. Intercourse of the Tae Pings with Western Foreigners. — XVIII. Notice of the Philosophy, Morality, and Polity of the Chinese, and of the Religion of the Governing Class. — XIX. Christianity and Prospects of the Tae Pings. — XX. The best Policy of Western States towards China. — On Civilization (pp. 493/638). — Appendix : App. A. On military Dress. — App. B : Form for official Letters. — App. C : Execution at Canton.

L'ouvrage contient 3 cartes : au commencement, *Map of China proper*; p. 1, *Map of the Chinese Empire*; p. 6, *Sketch Map of Kwang Tung.*

Notices : *N. C. Herald*, No. 320, Sept. 1856 (by Philo-sinensis). — *Zeitschr. f. allg. Erdk.*, II, 1857, pp. 86/94, par W. Schott.

— The Chinese and their Rebellions, &c., By T. T. Meadows, Esq., Chinese Interpreter to Her Majesty's Government in China. (*Proc. Roy. Geog. Soc.*, I, 1857, pp. 100/104.)

Analyse.

— Forecast of Russian Aggression, and Proposed Triple Alliance for China made in 1856. By H. Kopsch. (*Lond. & China Express*, Supp., Dec. 25, 1903.)

D'après le chap. *The Best Policy of Western States towards China* dans *The Chinese and their Rebellions* de T. T. Meadows.

— The Antiquity of Freemasonry in China. By Chaloner Alabaster. (*N. C. Herald*, Feb. 5, 1860, pp. 100/1.)

— La Franc-maçonnerie chez les Chinois par Léon de Rosny. (Extrait du *Bulletin du Grand Orient de France*). Paris, Typ. du F.·. Alexandre Lebon, 1864, br. in-8, pp. 8.

Réimp. dans les *Variétés orientales*, 3e éd., pp. 142/148.

— 天地會 *Thian Ti Hwui.* The Hung-League or Heaven-Earth-League. A Secret Society with the Chinese in China and India. By Gustave Schlegel, Interpreter for the Chinese Language to the Government of Netherlands-India... With an Introduction and numerous cuts and illustrations. Batavia, Lange & Co, MDCCCLXVI, in-4, pp. XL-253 et XVI tables.

Ext. du Vol. XXXII des *Verhand. v. h. Batav. Genootschap v. Kunst. en Wetenschappen.*

Preface. — Introduction. — Part I. History of the Hung-League. — II. Description of the Lodge and its appurtenances. — III. Government of the Society. — IV. Affiliation of New Members. — V. Laws and Statutes of the Brotherhood. — VI. Secret Signs of the Hung-League. — Additions and Exegetical Notes. — Analytical Table of Contents. — Illustrations. — Errata. — XVI Tables.

Notices : *Notes and Q. on C. & J.*, II, pp. 79/80. — *Nieuw Bataviaasch Handelsblad*, 2 juin 1866 ; Mail-Editie du même journal, 14 juin 1866. — *Singapore Free-Press*, 28 june 1866.

— G. Schlegel. — Antwoord aan Veritas. (*Javabode*, 8 Aug. 1866.)

— The Origin of the T'ien Ti Hwui. By G. M. C. (*Notes and Q. on C. & J.*, I, pp. 55/58.)

— Military Secret Societies. (*The Cycle*, 12 Nov. 1870.)

— Bijdrage tot de kennis der Chinesche Geheime Genootschappen door M. Schaalje. (*Tijdschrift v. Ind. Taal...*, XX, 1873, pp. 1/6.)

— Secret Societies. (*Siam Repos.*, April 1870, Vol. II, pp. 203/4.)

— Secret Societies. (*N. China Herald & S. C. & C. Gazette* ; réimp. *Siam Repos.*, III, 1871, Art. 9, pp. 32/5.)

— Les Sociétés secrètes en Chine. District de X***, Province de Tche ly, 27 février 1875. (*Etudes religieuses*, 19e année, Ve Sér., VIII, 1875, pp. 197/220.) — Les Sociétés religieuses en Chine. Tche ly Sud-Est, village de Iam-kia-sé, 1er mars 1875. (*Ibid.*, pp. 641/664), par le P. Leboucq, S. J.

— Associations de la Chine. Lettres du P. Leboucq missionnaire au Tché-ly-sud-est, Publiées par un de ses amis. Paris, F. Wattelier et Cie, pet. in-8, pp. XIII-312.

— The Secret Societies of all Ages and Countries by Charles William Heckethorn. London, Bentley, 1875, 2 vol. in-8.

Chine, Vol. I, Ch. VI, pp. 87 seq. ; II, p. 328.

— Secret Societies and their Political Significance. (Balfour, *Waifs and Strays*, 1876, pp. 23/38.)

— La magie et le nénuphar blanc au Kiang-nan (Chine). Par le P. Palatre. (*Miss. Cath.*, X, 1878, pp. 434/441, 446/450, 458/465.)

— Chinese Secret Societies and their Origin. By Mr. W. A. Pickering. Read at a Meeting of the Society, held on the 6th May, 1878. (*Journ. of the Straits Branch of the Roy. As. Soc.*, Part I, July 1878, pp. 63/84 ; Part II, *ibid.*, July 1879, pp. 1/18.)

— Freemasonry in China. By Herbert A. Giles, W. M. Ionic, No. 1781, E. C. and District Grand Senior Warden, Hongkong. Amoy : 1880, in-4, pp. 34 + 4 ff. prél. n. c. p. le titre, etc. et 1 f. n. c. à la fin.

On lit sur le faux-titre : *With the Compliments of the Ionic Lodge of Amoy, No. 1781, E. C.* et au verso du dernier f. : *Printed by A. A. Marcal, Amoy.*

17 fig. — Tiré à 100 exemplaires. — B. Quaritch, Cat. 53, 1881, £ 1.

Une seconde édition a paru, Shanghai, 1890, in-4, pp. 38. Cette éd. contient un feuillet d'addenda et les termes chinois pour diverses expressions maçonniques.

— Secret Society. By E. H. Parker. (*China Review*, XVI, p. 124.)

— Free-Masonry. By E. H. Parker. (*Ibid.*, p. 183.)

— Chinese Rebellions. By E. H. Parker. (*Ibid.*, XVII, No. 1, pp. 4/13.)

— Secret Societies. By E. H. Parker. (*Ibid.*, No. 1, p. 51.)

— Bijdrage tot de kennis der Chineesche geheime genootschappen, door J. W. Young. (*Tijdschr. voor Ind. Taal-, L.- en Volkk.*, d. XXVIII, 1883, pp. 546/577.)

— Les sociétés secrètes en Chine. (*Ann. de l'Ext. Orient*, 1883-1884, VI, pp. 209/211.)

— The Kolao 哥老. — Secret Society. By G. M. H. Playfair. (*China Review*, XV, pp. 129/130 ; avec une fig.)

— Les Sociétés secrètes chinoises. Par M. H. Cordier, Professeur à l'Ecole nationale spéciale des langues orientales vivantes. (*Revue d'Ethnographie*, VII, N° 1-2, 1888, pp. 52/72.)

Tirage à part : Paris, Ernest Leroux, 1888, br. in-8, pp. 21.

Voir *La Réforme sociale*, 1er avril 1888, pp. 424/6.

— Les Sociétés secrètes chinoises. Par M. Henri Cordier. (*Revue Bleue*, Mars 23, 1901, pp. 365/9.)

Voir Henri Cordier, *Hist. des Rel. de la Chine*, I, pp. 170/192.

— La Franc-Maçonnerie en Chine. Morc.·. d'arch.·. présenté le 13 Février 1891, (E.·. V.·.) au chapitre Etoile Polaire par le F.· S. A. Viguier Membre actif de la R.·. L.·. Etoile des mers, Or.·. de Tréport. Mars 1891, br. in-8, pp. 8.

— Ferd. Boyle. — Chinese Secret Societies. (*Harper's Mag.*, sept. 1891.)

— The Present Troubles in China and their Cure. A translation of some ideas expressed by a Chinese Preacher. (*Chin. Rec.*, XXII, Nov. 1891, pp. 525/6.)

— Among the Highbinders. An Account of Chinese Secret Societies. By Frederic J. Masters, D. D. (*Ibid.*, XXIII, June, 1892, pp. 268/273 : *ibid.*, July 1892, pp. 305/315.)

From *the Californian Illustrated Magazine*, holiday number, Jan. 1892, pp. 62/74.

— Guild Terrorism. By G. M. H. P.[layfair.] (*Journ. C. B. R. A. S.*, N. S., XX, 1885, pp. 181/182.)

— The Triad Society, or Heaven and Earth Association. By William Stanton. (*China Review*, XXI, No. 3, pp. 159/181 ; No. 4, pp. 217/230 ; No. 5, pp. 311/335 ; *ibid.*, No. 6, pp. 378/399 ; *ibid.*, XXII, No. 1, pp. 429/447.)

— Mr. William Stanton on the Triad Society, or Heaven and Earth Association, the White Lotus and other secret societies. By J. Dyer Ball. (*Ibid.*, XXV, No. 1, pp. 21/25.)

— The Triad Society or Heaven and Earth Association. By William Stanton. Printed by Kelly & Walsh, Hongkong, 1900, in-8, pp. 124.

Reprinted from Vol. XXI and XXII of the *China Review*.

— Secret Societies in China. By Mr. F. H. Balfour. (*Jour. Manchester Geog. Soc.*, VII, 1891, pp. 40/56.)

— * A. H. Bach. — Die Triasgesellschaft. (*Der Ferne Osten*, II, pp. 268/283.)

— Secret Societies in China. By F. H. Balfour. (*Goldthwaite's Geog. Mag.*, IV, Oct. 1892, pp. 775/782.)

D'après le *Journ. Manchester Geog. Soc.*

— The *Í Hing* or « Patriotic Rising ». A Secret Society Among the Chinese in America. (Separate print from « The Report of the Proceedings of the Numismatic and Antiquarian Society of Philadelphia », 1887-89.) — Chinese Secret Societies in the U. S. (Separate print from « The Journal of American Folk-lore », February-March 1890.) — Customs of the Chinese in America. (Separate print from « The Journal of American Folk-lore », July-September 1890.) By Stewart Culin. — 1890, br. in-8.

— Secret societies in China. Sun Wên's arrest. (*Blackwood's Mag.*, CLX, 1896, Dec., pp. 793/799.)

— The Secret Sects of China. By T. Richard. (*China Mission Hand-Book*, 1896, pp. 41/5.)

— Secret Societies in China. By Herbert Baynes, M. R. A. S. (*Imp. and As. Quart. Rev.*, 3rd Ser., VI, 1898, pp. 318/321.)

— Chinesische Geheimgesellschaften. Von Leopold Katschen in Budapest. (*Deutsche Rundschau f. Geog. u. Stat.*, XXII, 1899-1900, pp. 250/254.)

— Les Sociétés secrètes en Chine. Par Charles Saglio. (*Rev. Encyclop. Larousse*, 1er sept. 1900, pp. 686/9.)

— Les sectes chinoises. (*Rev. Indo-Chinoise*, 118, 21 janvier 1901, pp. 66/7.)

— Les Sociétés secrètes et le Gouvernement chinois. Par Francis Mury, Ancien Commissaire de la Marine. (*Revue des Revues*, 15 juillet 1900, pp. 117/134, 17 gravures.)

— Boxeurs et Sociétés secrètes en Chine, par le Comte Boni de Castellane. (*Rev. des Deux Mondes*, 1er août 1900, pp. 689/700.)

— Les Boxeurs dans le Tché-li Sud-Est par le P. Ignace Mangin. Tchang-kia-tchouang, 25 mars 1900. (*Études... par des Pères de la Cie. de Jésus*, 5 Août 1900, pp. 366-399.)

— Origine des Boxeurs. [Avec une lettre de Mgr. Favier.] (*Rév. franç. de l'ét. et des Col.*, Août 1900, pp. 464/471.)

— The Associated Fists. The Society which caused the Riots, and led to War in China. By the Rev. George F. Candlin. (*The Open Court*, Sept. 1900, pp. 551/561.)

— La Société des Boxeurs en Chine au commencement du XIXe siècle. Par Ed. Chavannes. (*Jour. Asiat.*, Janv.-Fév. 1901, pp. 164/168.)

— Voir Rel. Étrangères.

— Freemasonry in Shanghai and Northern China by Bro. F. M. Gratton (30°) P. M., P. Z., P. D. S. G.W. of N. C., &c. (Second Edition.) *Extendit Palmites suos usque ad mare.* Shanghai. In the Year of Our Lord 1900. A.·. L.·. 5900, pet. in-8, 3 ff. n. ch. + pp. 167 + 1 f. p. l'er.

La première éd. est de 1895. — Entièrement consacré aux Francs-maçons étrangers. — Planche montrant la Masonic Hall.

— La secte du Lotus blanc et la secte du Nuage blanc. Par P. Pelliot. (*Bull. Ecole française d'Extrême-Orient*, III, N° 2, Avril-Juin 1903, pp. 304/317.)

— Notes additionnelles sur la secte du Lotus blanc et la secte du Nuage blanc Par Paul Pelliot. (*Ibid.*, IV, Nos. 1 et 2, Janvier-Juin 1904, pp. 436/440.)

— Congrégations et Sociétés secrètes chinoises. Par Paul d'Enjoy. (*La Revue*, 1er nov. 1904, pp. 75/89.)

— A Study of the Rebellions of China. By Rev. Frank Rawlinson. (*Chin. Rec.*, XXXVI, March 1905, pp. 107/117.)

— Sociétés secrètes en Chine. — La secte des Trois-Points au Kouang-si par M. Rué, des Missions étrangères de Paris. (*Missions Cath.*, 20 avril 1906, pp. 190/1.)

(Sociétés secrètes.)

Pirates.

— Memoria sobre a destruição dos Piratas da China, de che era chefe o celebre Campau sai : e o desembarque dos Inglezes na cidade de Macao e sua retirada. Escripta por Jose Ignacio Andrade. Lisboa, na Impressão Regia. Anno 1824. Com Licença da Meza do Desembargo do Paço. Pet. in-8, pp. 83.

— Memoria dos Feitos Macaenses contra os Piratas da China : e da entrada violenta dos Inglezes na cidade de Macáo : auctor José Ignacio Andrade. Segunda Edição. Lisboa : Na Typographia Lisbonense, 1835. A. C. Dias, in-8, pp. 161 + 1 f. à la fin.

Voir Macao.

— 靖海氛記 *Tsing Hai Fun ki.* A Record of the Pacification of the Seas. (By Yuen Yung sun, of Heun-tih heën.)

Translated by John Slade. (*Canton Register*, Vol. XI, 1838, Nos. 8, 9, 11, 13, 14, 17, 20, 24, 25, 26, etc.)

— 靖海氛記 History of the Pirates who infested the China Sea, from 1807 to 1810. Translated from the Chinese Original, with Notes and Illustrations, by Charles Fried. Neumann. London : Printed for the Oriental Translation Fund... 1831, in-8.

Dans *Translations from the Chinese and Armenian...*, by Charles Fried. Neumann, London, 1831. [1]

1. — Translations from the Chinese and Armenian with Notes and Illustrations by Charles Fried. Neumann. London : Printed for the Oriental Translation Fund... 1831, in-8.

Cet ouvrage comprend :

I. History of the Pirates who infested the China Sea, from 1807 to 1810.

II. The Catechism of the Shamans ; or the Laws and Regulations of the Priesthood of Buddha, in China.

III. Varham's Chronicle of the Armenian Kingdom of Cilicia during the time of the Crusades.

(Pirates.)

— Dans l'ouvrage de Macfarlane sur *The Chinese Revolution*, 1853 [col. 646] il y a un appendice sur les « Chinese Pirates », pp. 171-207, qui est une réimpression de la relation publiée dans l'ouvrage de Mac Farlane intitulé « Lives and Exploits of Banditti and Robbers ». Cette relation a elle-même pour bases la narration de Mr. Glasspoole (imprimée d'abord dans les « Travels in China » de Wilkinson) et la traduction (*Royal Asiatic Society*) de « History of the Pirates who infested the China Sea from 1807 to 1810 » by Yuen-Tsze.

— Chinese Pirates; Ching Che-lung; his son Ching Ching-kung; combination of gangs in 1806; narratives of J. Turner and Mr. Glasspoole; Chinese and Portuguese join their forces against the pirates; divisions among them, and their submission to Government by E. Stevens. (*Chinese Repository*, III, June 1834, pp. 62/83.)

Voir sur cet article des Remarques dans l'ouvrage de Ljungstedt, pp. 112 et seq.

— Notices of Modern China: Banditti in the northern and middle and southern provinces; in Whampoa, Hëangshan, and Macao: Pirates on the coast of Fuhkeën, and the coast and rivers of Kwang tung; imperial fleet: Feuds of Clans. By B. Inglis. (*Ibid.*, IV, April 1836, pp. 557/567.)

— An Account of the Destruction of the Fleets of the celebrated Pirate Chieftains Chui-Apoo and Shap-Ng-Tsai, on the Coast of China, in September and October 1849, By Her Majesty's Sloop « Columbine » Commander John C. Dalrymple Hay; Steam Sloop « Fury », Commander J. Willcox; and Hon. E. I. Co's Armed Steam Vessel « Phlegethon », G. J. Neblett, Esq., Commander. Collected principally from the Press, Colonial and British as published at the time, By Beresford Scott, Paymaster and Purser of H. M. S. « Columbine ». To which is appended, The Account of the First Encounter with Shap-Ng-Tsai, By H. M. S.V. « Medea », Commander W. N. Lockyer. To be had of the Proprietor only... S. l. n. d. [1851], in-18, pp. 255 s. l. p.

— The Suppression of Piracy in the China Sea, 1849. By Admiral the Right Hon. Sir John C. Dalrymple Hay, Bart., K. C. B., D. C. L., F. R. S., &c., &c. London: Edward Stanford, 1889, in-8, pp. 44. Carte.

— Suppression of Piracy by British Men of War. (*Chin. Rep.*, XVIII, pp. 558/560, 609/616.)

— * Battle of Wilo-wilo; a Conflict with Chinese pirates. (*Putnam's Monthly*, Sept. 1856.)

— Fanny Loviot. — Les Pirates chinois. — Ma captivité dans les mers de la Chine. Paris, Vanier, 1858, in-18.

(PIRATES.)

Pub. à Fr. 2.

— Nouvelle édition revue et augmentée avec portrait de l'auteur. Paris, *Lib. Nouv.*, 1860, in-18, pp. 233.

— Fanny Loviot. A Lady's Captivity among Chinese Pirates in Chinese Seas. Translated from the French by Amelia B. Edwards. London, Routledge, 1858, in-12, pp. 140.

— * De Chinesiske Sjörõfvarne. Reseminnen of Mme Fanny Loviot. Stockholm, 1865, in-8, pp. 126.

Trad. du Français.

— Voir sur les pirates le supp. du *N. C. Herald*, No. 470, 30 July 1859.

— Attack on Mr. Thos. Taylor Meadows, H. B. M.'s Consul, on the Yangtsze. (*N. C. Herald*, No. 535, Oct. 27, 1860.)

— Cochin-China, and my experience of it. A Seaman's Narrative of his Adventures and Sufferings during a Captivity among Chinese Pirates, on the Coast of Cochin-China, and afterwards during a Journey on foot across that country, in the years 1857-8, by Edward Brown, Amoy, China. London, Charles Westerton, 1861, pet. in-8, pp. xi-292.

Pub. 8/6.

— A Seaman's Narrative of his Adventures during a Captivity among Chinese Pirates, on the coast of Cochin-China, and afterwards during a journey on foot across that Country, in the years 1857-8, by Edward Brown, Amoy, China. London, Charles Westerton, 1861, pet. in-8, pp. xi-292.

Même éd. que la précédente, avec un titre légèrement différent.

— A Year in China; and a Narrative of Capture and Imprisonment, when homeward bound, on board the rebel Pirate *Florida*. Mrs. H. Dwight Williams... with an Introductory Note by William Cullen Bryant. New York: Hurd and Houghton, 1864, pet. in-8, pp. xvi-362.

Mrs. H. D. Williams = Martha Noyes.

— Canton and the Bogue. — A Narrative of an Eventful Six Months in China. By Walter William Mundy. London, Samuel Tinsley, 1875, in-8, pp. 261.

— A fight with Pirates in the China Seas. By J. D. B. (*Colburn's United Service Mag.*, 1878, Part II, pp. 318/322.)

— Notes and Sketches from the Wild Coasts of Nipon with Chapters on cruising after Pirates in Chinese Waters. By Captain H. C. St. John, R. N. Edinburgh: David Douglas MDCCCLXXX, in-8, pp. XXIII-392, carte et gravures.

— Honour amongst Thieves. By H. A. G.[iles.] (*China Review*, XVII, No. 5, p. 298.)

— Honour amongst Thieves. By E. H. Parker. (*Ibid.*, No. 6, p. 355.)

(PIRATES.)

61*

Opium.

— De ‖ Opii Natura, ‖ Et medicamentis opiatis ad omnes to- ‖ tius corporis affectus probatissimis, & ‖ rectâ, rationali, hactenusq ; inexplicatâ ‖ iis utendi methodo ‖ *Liber singularis.* ‖ Cui de nova phthisin curandi ratione consili- ‖ um, & diversae consultationes medicinales ‖ sub finem accessere ‖ auctore ‖ Johanne Freitagio ‖ Med. Doctore, ejusdemque facultatis in celeber- ‖ rimâ Illustrium & potentium Groningae & ‖ Omlandiae Ordinum academiâ pro- ‖ fessore primario. ‖ Groningae, ‖ Ex Officina Ioannis Sas, Ordinum & ‖ Academiae Typographi Anno 1632. In-8.

— Georgii Wolffgangi Wedelii, Med. Doctoris, Professoris Publici, et Medici Ducalis Saxonici, Opiologia ad mentem. Academiae Naturae Curiosorum. Jenae, Sumptibus Johannis Fritschii, Bibliopolae Lipsiensis. Tipis Samuelis Krebsii. Anno m.dc.lxxiv, in-4, pp. 170 + 4 ff. n. c. p. l. tit., etc. + 1 f. n. c. à la fin.

Grav. sur le titre.

— Réflexions sur l'usage de l'Opium, des calmants et des narcotiques, Pour la guerison des Maladies. En forme de Lettre... A Paris, chez Guillaume Cavelier fils... m.dcc.xxvi, in-12, pp. 374 + 4 ff. prél. n. chif. p. le tit., priv., etc. + 7 ff. n. ch. à la fin p. l. table.

— Observations on the Use of Opium in Diseases supposed to be owing to morbid Irritability. By Alexander Grant, senior Surgeon of His Majesty's military Hospitals during the late War in North America. London, Printed by J. Nichols, for the Author, m dcc lxxxv, in-8, pp. 41.

— Mémoire sur l'Opium; Par Michel Attumonelli, Médecin de Naples, Professeur de Physiologie, membre de la Société de Médecine de Paris. (Lu par l'Auteur à la Société de Médecine de Paris.) A Paris, chez la Ve Panckoucke. An x. — 1802, in-8, pp. 70 + 1 f. n. ch. + pp. iv.

— William Alexander. An Essay, physiological and experimental, on the effects of Opium on the living System. [1799.] (*Memoirs of the Manchester Lit. & Phil. Soc.*, I, 1805, pp. 1/97.)

— Confessions of an English Opium-Eater. Fourth Edition. London : printed for John Taylor, Waterloo Place, Pall Mall, 1826.

(Opium.)

Par Thomas de Quincey. — Avait d'abord paru en 1821 dans l'ancien *London Magazine*, puis en vol. en 1822. Nous n'avons pas besoin d'ajouter que cet ouvrage célèbre a été souvent réimprimé.

Notice par B. Hobson dans le *Chin. Rep.*, IX, pp. 425/436.

— Chinese Method of preparing opium for smoking. (*Chinese Courier*, Vol. I, No. 38.)

— A few words upon opium. (*Ibid.*, Vol. II, No. 35.)

— De l'emploi de l'Opium dans les Phlegmasies des membranes muqueuses, séreuses et fibreuses, par J.-L. Brachet,... suivi d'un mémoire sur les fièvres intermittentes... A Paris, chez Gabon... 1828, in-8, pp. vii-404.

— On the Package of Valuable Drugs, and especially of Opium. (*Gleanings in Science*, 1830, II, Calcutta, 1830, pp. 58/60.)

— An Account of the Varieties of East Indian Opium. By G. Smyttan, M. D. — Presented 7th Jan. 1831. (*Trans. Medical and Phys. Soc. Calcutta*, VI, 1833, pp. 76/123.)

— Memorials of Choo-Tsun and Heu kew on Opium and Imperial Edict referring to these Memorials. (*Chin. Rep.*, V, Jan. 1837, pp. 390/406.)

— On the Preparation of Opium for the Chinese Market : written in March 1835, and then communicated to the Benares and Behár Agencies. By D. Butter, M. D., Surgeon 63d B. N. I., late Opium Examiner of the Benares Agency. (*Jour. As. Soc. Bengal*, No. 51, March 1836, pp. 165/179. — Réimp. dans le *Chin. Rep.*, V, pp. 495/507, March 1837.)

— The Chinese Method of preparing Opium for smoking, described in a series of experiments; the requisite apparatus specified; and the several stages of the process detailed. By E. C. Bridgman. (*Canton Courier*, 21 April 1832. — Réimp. dans le *Chin. Rep.*, VI, pp. 197/201, Aug. 1837.)

— * The Iniquities of the Opium trade with China; being a development of the main causes which exclude the merchants of Great Britain from the advantages of an unrestricted commercial intercourse with that vast empire. With extracts from authentic documents. By the Rev. A. S. Thelwall, M. A., of Trinity College, Cambridge. Drawn up at the request of several gentlemen connected with the East-India trade. London, W. H. Allen & Co, Leadenhall Street, 1839, in-8, pp. 178.

Notice : *Chin. Rep.*, VIII, pp. 310/317, by E. C. Bridgman.

— Edit de Lin et de E contre les fumeurs d'opium du 27 Sept. 1840, traduit en anglais dans *The Chinese Repository*, IX, pp. 404/408, par E. C. Bridgman.

(Opium.)

— Crisis in the Opium Traffic : being an Account of the Proceedings of the Chinese Government to suppress that Trade, with the Notices, Edicts, &c., relating thereto. — Printed at the Office of the *Chinese Repository*, China... 1839, br. in-8, pp. IV-107.

— Opium Crisis. — A Letter addressed to Charles Elliot, Esq., Chief Superintendent of the British Trade with China. By An American Merchant Resident at Canton. London : Edward Suter, MDCCCXXXIX, in-8, pp. 82.

By Mr. King.

— The Opium Question. — By Samuel Warren, Esq. F. R. S. of the Inner Temple, Barrister-at-Law. — Fourth Edition. — London : James Ridgway, MDCCCXL, in-8, pp. IV-130.

— The Chinese vindicated, or another View of the Opium Question; being in reply to a pamphlet, by Samuel Warren, Esq. F. R. S. barrister at law in the Middle Temple. By Captain T. H. Bullock, H. H. The Nizam's army. London : Wm. H. Allen & Co., 1840, br. in-8, pp. VII-120.

— *Portfolio Chinensis* : or a Collection of authentic Chinese State Papers illustrative of the History of the present position of Affairs in China with a translation, notes and introduction. By J. Lewis Shuck. Macao, China : Printed for the Translator at the New Washington Press of F. F. de Cruz, 1840, in-8, pp. XVI-191.

— Contents, p. V.

— Preface, pp. VII-VIII.

— Introduction. — I. The Poppy. — Its localities; mode and extent of its cultivation, pp. IX-XI. — II. The Preparation and use of the drug, pp. XI-XII. — III. Brief Outline of the History and Extent of the importation of the drug into China, pp. XIII-XV. — IV. Epitome of the High Commissioner's Efforts for the suppression of the traffic in 1839, pp. XV-XVI.

— Chinese State Papers. — Prohibitory Regulations against Opium, proposed by the high imperial commissioner, and sanctioned by the Court, pp. 1/174.

1° Paper relating to the Internal policy of the country, pp. 1/79. (March 1839.)

2° Proclamation of Lew, Chief Magistrate of Nanhae relating to an Opium depôt, pp. 80/83. (March 1839.)

3° The first proclamation of the High Commissioner to foreigners demanding the surrender of their opium, pp. 84/99. (March 1839.)

4° Proclamation by the Commissioner to foreigners detailing four Reasons why they should at once surrender their Opium, pp. 100/117. (March 1839.)

5° Proclamation by the high Authorities containing the Imperial decree declaring the English Trade for ever at an end, pp. 118/127. (January 1840.)

6° Letter from the high Commissioner to the Queen of Great Britain, pp. 128/149. (February 1840.)

7° Memorial of Tsang Wang yen to the Emperor, recommending plans for the entire suppression of all foreign intercourse, and the extermination of foreigners. With a Supplement relating to the Portuguese of Macao, pp. 150/174. (March 1840.)

— Notes, pp. 175/183.

8° Appendix : Offering rewards for the arrest and murder of the English, pp. 184/190. (July 1840.)

— Note, p. 191.

— Il y a un compte-rendu de cet ouvrage dans *The Chinese Repository*, Sept. 1840, pp. 267/274, Vol. IX, dans lequel parurent les mémoires formant le *Portfolio Chinensis*.

— Ten Regulations, drawn up and published by Lin the late High Commissioner for the removal of the evils arising from opium. (Réimprimé du *Portfolio* dans *The Chinese Repository*, IX, pp. 560/572.)

— Les bateaux chinois employés à la contrebande de l'opium par C. A. de Challaye. (*Rev. de l'Orient*, V, 1844, pp. 198/202.)

— Opportunité de la légalisation du commerce d'opium en Chine. Par M. C.-A. de Challaye, ancien gérant des consulats de France en Chine et à Venise. Extrait du *Portefeuille*, Revue diplomatique. Paris. Imprimerie Edouard Proux et Cie, 1847, pièce gr. in-8 à 2 col., pp. 7.

— Is the Opium Trade in China one in which a Christian Merchant can engage? (*Jour. Ind. Archip.*, III, 1849, pp. 456/7.)

— A Voice from China and India, relative to the Evils of the Cultivation and smuggling of Opium : in four Letters to the Right Hon. Lord John Russell, First Lord of Her Majesty's Treasury. By James Pegg, late Missionary at Cuttack, Orissa. Author of « India's Cry to British Humanity », &c., &c. London : Harvey and Darton, 1846, in-8, pp. 90.

— An Essay on the Opium Trade. Including a Sketch of its history, Extent, Effects, etc., as carried on in India and China. By Nathan Allen, M. D. Boston : Published by John P. Jewett & Co., 1850, in-8, pp. 68.

Notice par S. Wells Williams, *Chin. Repos.*, XX, pp. 479/485.

— The Opium Trade; including a Sketch of its History, Extent, Effects, etc. as carried on in India and China. By Nathan Allen, M. D. Second Edition. — Lowell : James P. Walker, MDCCCLIII, in-8, pp. 80.

— The Opium Trade as carried on between India and China, with a History of the Insurrection in China. Bombay : Duftur Ashkara Press, 1854, in-8.

— * J. Lecocq. — Notice sur l'opium. (*Annales agricoles*, etc., 2e Sér., IX, 1851 [St. Quentin, 1852]), p. 139.

— Note on Chinese Opium : By D. J. Macgowan, M. D. — Read before the Society, 18th June, 1856. (*Transactions China Branch R. As. Soc.*, Part VI, Art. II, pp. 41/52.)

— What is the Opium Trade. By Donald Matheson, Esq. formerly of China. Edinburgh : Thomas Constable and Co. — Hamilton Adams and Co., London. MDCCCLVII, br. in-8, pp. 20.

— What is the Opium Trade. By Donald Matheson, Esq. formerly of China. Second Edition. Edinburgh : Thomas Constable and Co. — Hamilton, Adams and Co., London. MDCCCLVII, in-8, pp. 27.

— J. F. A. Albers. Über das Opium, seine Arten und Bestandtheile. (*Verhand. d. Naturhist. Vereins d. Preuss. Rheinlande u. Westphalien*, Bonn, Sitz.-Ber. XVIII, 1861, pp. 110/111.)

— Les Fumeurs d'Opium en Chine. — Etude médicale par le Docteur H. Libermann... Paris, Victor Rozier, 1862, br. in-8, pp. 82.

— Recherches sur l'usage de la fumée d'opium en Chine et sur les effets pathologiques que détermine cette habitude ; par M. H. Libermann, médecin aide-major de 1re classe. (*Rec. de Mém. de méd... milit.*, 3e Sér., VIII, 1862, pp. 287/310, 352/373, 440/455.)

Henri Libermann, † à Boulogne-sur-Mer en juin 1890.

— Native Opium. Published by order of the Inspector General of Customs. Shanghae, November, 1864. [A. H. de Carvalho, printer.] Br. in-8, pp. 16.

— With Opium to Hongkong. (*All the Year round*, June 16, 1866, pp. 537/540.)

— On the extent and some of the evils of opium smoking. By J. Dudgeon. (*Chin. Rec.*, I, p. 203 ; II, p. 46.)

Une partie de cet article est reproduit dans le *Shanghai News-Letter* du 20 mars 1869.

— The East. Opium in China. (*Siam Repository*, April 1870, Vol. 2, Art. 93, pp. 202/3.)

Extrait de *G. W. Herald*.

— L'Opium en Chine. — Etude statistique et morale par le Docteur E. Martin, Médecin de la Légation de France à Pékin, médecin-major des armées, Membre de la Soc. d'Acclimatation, Chevalier de la Légion d'honneur, de l'ordre impérial d'Autriche et de Charles III d'Espagne. Paris, Germer Baillière, 1871, br. in-8, pp. 28.

— Les abus de l'opium. Morphinomanie. — Opiophagie. — Fumage. Par Ernest Martin. (*Revue scientifique*, 16 juillet 1892, pp. 75/81.)

— Les fumeurs d'Opium. Par le Dr. Ern. Martin. (*La Nature*, 21e année, No. 1054, 12 août 1893, pp. 167/170.)

— Bibliothèque générale de physiologie. — L'OPIUM, ses abus, Mangeurs et fumeurs d'opium, Morphinomanes, par le Docteur Ernest Martin Ex-Médecin-Major de l'Ecole Polytechnique et de la légation de France à Pékin, Lauréat de l'Académie de médecine. — Paris, Société d'éditions scientifiques. — 1893, pet. in-8, pp. 175.

(OPIUM.)

Notices : *China Review*, XX, No. 6, pp. 395/8, par E. H. P.[arker.] — *Etudes religieuses*, 30 juin 1893, pp. 421/2, par A.-A. Fauvel.

— La Morphinomanie en Extrême-Orient. Par le Dr. Ern. Martin. (*Journal d'Hygiène*, No. 894, 9 nov. 1893, pp. 529/532.)

— Progression de l'Opium dans le Monde. Par Ernest Martin. (*Rev. scientifique*, 16 mai 1896, pp. 624/6.)

— The Opium question, its political and economic aspects. [By T. W. Kingsmill.] (*Supreme Court & Consular Gazette*, Vol. IX, pp. 188, 236.)

— The ruling and trading Classes of China and the Cultivation of Rice and Opium. [By the Same.] (*N. China Herald*, VII, pp. 914/915.)

— Fernand Papillon. — Les Fumeurs et les mangeurs d'opium en Chine. (*Revue des Deux Mondes*, 1er mai 1873.)

— The Poppy-Plague and England's Crime. By J. F. B. Tinling, B. A. — London : Elliot Stock, 1876, in-8, pp. VIII-192.

— The Opium Revenue. Sir William Muir's Minute and other Extracts from Papers published by the Calcutta Government. — Compiled for the information of Members of Parliament. — Issued by The Anglo-Oriental Society for the Suppression of the Opium Trade, Canada Building, King Street, Westminster. 1875, br. in-8, pp. 30.

— British Opium Policy and its Results to India and China. By F. S. Turner, B. A.,... Secretary of the Anglo-Oriental Society for the Suppression of the Opium Trade. London, Sampson Low, 1876, in-8, pp. xv-308.

— Opium. (Balfour, *Waifs and Strays*, 1876, pp. 102/112.)

— The Opium Question. A Review of the Opium Policy of Great Britain, and its Results to India and China. Dedicated to the Earl of Chichester. By the Rev. Arthur E. Moule, of the Church Missionary Society, Ningpo. With a Preface by Edward B. Cowell, M. A. Fellow of Corpus Christi College, and Professor of Sanskrit in the University of Cambridge... Seeley, Jackson, & Halliday, London, MDCCCLXXVII, in-8, pp. VIII-86.

— The Use of Opium and its Bearing on the Spread of Christianity in China. A paper Read before the Shanghai Missionary Conference 19th May, 1877. By The Rev. A. E. Moule, of the Church Missionary Society. Shanghai : Printed at the « Celestial Empire » office, 1877, in-8, pp. 23 + 1 f. n. c. à la fin.

(OPIUM.)

— Our Opium Trade with China. By Samuel S. Mander. With Appendix. London: Simpkin, Marshall & Co., 1877, in-8, pp. 72.

— 覆同社戒勸城羊 Reply of the K'euen Keae Shay, An Association of Chinese Inhabitants of the City and Province of Canton, for the Promotion of Abstinence from Opium, to the Address of the Anglo-Oriental Society for the Suppression of the Opium Trade. London : Published by the Anglo-Oriental Society for the Suppression of the Opium Trade. 1877, br. in-8, pp. 22.

— Self-cure of Love of Liquor and the Opium Habit, being a full and practical Guide to the best, surest and safest Methods of Self-treatment. To which is added some Notes on the abuse of Chloral, Ether and other Drugs. New-York : Jesse Haney & Company, publishers, in-8, pp. 90 [1877].

— England, China, and Opium. Three Essays, Reprinted, with slight alterations, from the *Contemporary Review*. By the Hon. Sir Edward Fry, one of the Judges of the High Court of Justice. London : Edward Bumpus, MDCCCLXXVIII, in-8, pp. 61.

— Sir Thomas Wade and the Prince of Kung on the Chefoo Convention. (Reprinted from *The Friend of China*, with an Introduction.) Pièce in-8, pp. 14.

— Der indobritische Opiumhandel und seine Wirkungen. Eine Ferienstudie von Theodor Christlieb, Doctor der Theologie und Philosophie, der ersteren ord. Professor an der Universität Bonn. Neue Ausgabe. Gütersloh. Druck und Verlag von C. Bertelsmann. 1878, br. in-8, pp. 64.

— The Indo-British Opium Trade and its effect. A Recess Study by Theodore Christlieb, D. D., Ph. D. Professor of Theology and University Preacher, Bonn, Prussia. Authorised Translation from the German by David B. Croom, M. A. London, James Nisbet & Co., 1879, pet. in-8, pp. VII-102.

— A fresh Word on the Opium Question in China and the false Ideas held on the subject refuted. — Reprinted from the « Inverness Courier ». Shanghai : 1878, br. in-8, pp. 7.

Signé WANDERER et daté : Chefoo, June 1878.

— England and the Opium Trade with China. 1880. London : Dyer brothers, Price One Penny, in-12, pp. 14.

— Report of the Opium Refuge at Peking for 1878-79. (*Chin. Rec.*, XI, 1880, No. 3, pp. 196/207.)

— Our National Responsability for the Opium trade. A Sketch prepared for the use of Members of, and Candidates for, Parliament. Published by the Anglo-Oriental Society for the Suppression of the Opium trade, 8 Buckingham Street, Strand, London, W. C. 1880, br. in-8, pp. 38.

— The Opium Traffic between India and China. — The Debate in the House of Commons, on the resolutions introduced by J.W. Pease, Esq., M. P. Friday, April 29, 1881. — Extracted from « Hansard's Parliamentary Debates », Vol. CCLX. — Published for the Society for the Suppression of the Opium trade, by Dyer Brothers,... Price Six Pence, in-8, pp. III-33-VIII.

— The Opium Traffic between India and China. — The Debate in the House of Commons on Mr. J. W. Pease's Motion, Friday, June 4, 1880. — Extracted from « Hansard's Parliamentary Debates », Vol. CCLII. — London : Cornelius Buck, 1880, in-8, pp. 30.

— Reply to the Defence of the Opium Trade by the Shanghai Correspondent of the « Times ». By F. Storrs Turner, Secretary of the Society for the Suppression of the Opium Trade. London : Dyer Brothers, 1881, br. in-8, pp. 12.

∴

Anglo-Oriental Society for the Suppression of the Opium Trade.

— Anti-Opium Tracts : br. in-8.

I. The Opium Monopoly, pp. 7.
II. The Opium Smoker, pp. 7.
III. The Opium Revenue of India. By Mr. Alderman R. N. Fowler, pp. 7.
IV. Appeal to the Clergy, pp. 3.
V. What the Chinese think about Opium. (Rep. from *The Times* of July 6th, 1875), pp. 10.
VI. Our Opium Trade with China, and England's Injustice towards the Chinese. By W. E. Ormerod.
VII. Alcohol and Opium, pp. IV.
VIII. Our National Opium Trade : its Character and Effects described by Extracts from Bluebooks, pp. 14.
IX. The Facts of the Opium Trade, pp. 4.

— *The Friend of China.* The Organ of the Society for the Suppression of the Opium Trade. Published once in Two Months [London], in-8.

— The Opium War (1839-42). Chap. VIII, Vol. I of « A History of Our Own Times, from the Accession of Queen Victoria to the Berlin Congress ». By Justin McCarthy, M. P. Reprinted by kind permission of the Author for the Anglo-Oriental Society for the Suppression of the Opium Trade. Dyer Brothers, London, in-8, pp. 15.

— International Christianity. By the Rev. John Llewelyn Davies... Reprinted by permission from the *Contemporary Review*... Dyer Brothers, London, in-8, pp. 14.

— Our Opium Trade with China. By W. E. Ormerod. Published by the Society for the Suppression of the Opium Trade... Dyer Brothers, in-8, pp. 18.

— Opium in British Burma. By Max Henry Ferrars, Esq. Director of Public Instruction, British Burma. (Rep. from *The Friend of China*, Dec. 1880), pièce in-8, pp. 10.

— Society for the Suppression of the Opium Trade. Fifth Annual Report, and Proceedings of the Annual Public Meeting, 1881. Dyer Brothers, London, br. in-8, pp. 48.

∴

— The Egyptian Question, India, and the Opium Question, pièce in-4, pp. 8.

Edinburgh, 22d december 1881.

— The Opium Trade and Sir Rutherford Alcock. By B. Fossett Lock. Reprinted from « The Contemporary Review » for April, 1882, and published for the Society for the suppression of the Opium trade by Ward, Lock & Co., br. in-12, pp. 24.

Rép. à Alcock, *Nineteenth Century*, Dec. 1881.

— Le Tabac et l'Opium en Chine. Par A. A. Fauvel. (*Journal de la Société contre l'abus du Tabac*, No. 8, avril 1881, pp. 178 à 181.)

Conférence faite à la Société contre l'abus du tabac, 7 avril 1881.

— The Truth about Opium-Smoking. With Illustrations of the Manufacture of Opium, etc. Second Edition. — Sixth Thousand. London : Hodder & Stoughton, 1882, in-8, pp. 124.

— Opium-smoking in America and China a study of its prevalence, and effects, immediate and remote on the individual and the nation by H. H. Kane, M. D. New-York, G. P. Putnam's sons, 1882, in-8, pp. XIII-156.

— The Opium Question solved. By Anglo-Indian. Edited by Lester Arnold. With illustrations. London : S.W. Partridge & Co., 1882, in-8, pp. 88.

— Opium and common Sense. By Rutherford Alcock. (*Nineteenth Century*, X, 1881, pp. 854/868.)

— The Opium Controversy. By Alexander J. Arbuthnot. (*Ibid.*, XI, 1882, pp. 403/413.)

— The Truth about Opium. Being the substance of three Lectures delivered at St. James's Hall on the 9th, 16th, and 23rd February last. By William H. Brereton, late of Hong kong, solicitor. London : W. H. Allen & Co., Publishers to the India office, 1882, in-8, pp. VIII-275.

— The other Side of the Opium question by W. J. Moore, L. R. C. P. Edin., M. R. C. S. Eng., L. S. A. Lond. Deputy Surgeon-general H. M. forces, Presidency division, Bombay, Honorary Surgeon to the Viceroy of India. London, J. & A. Churchill, 1882, in-8, pp. 95.

— Poppies : a Talk with English Boys and Girls about opium, in-12, pp. 14 [1882].

— Sur l'emploi de l'opium, dans les accès de fièvre. Note transmise par les missionnaires du vicariat apostolique des Deux Guinées. (*Miss. Cath.*, XIV, 1882, p. 432.)

— The History of Opium in China. (*The Academy*, Dec. 2, 1882, p. 398.)

Lettre du Rév. Joseph Edkins, datée Peking, sept. 2, 1882.

— China. — Imperial Maritime Customs. — II. — Special Series :

No. 1. — Native Opium, 1864. (Voir col. 1907.)

No. 4. — Opium, 1881.

Voir Douanes Impériales.

No. 9. — Native Opium, 1887, 1888, in-4.

No. 10. — Opium crude and prepared. — Published by order of the Inspector General of Customs. — Shanghai : Published at the Statistical Department of the Inspectorate General of Customs,... 1888, in-4, pp. IV-81.

No. 13. — Opium : Historical Note ; or the Poppy in China. — *Ibid.*, 1889, in-4.

No. 14. — Opium Trade : March Quarter, 1889. — *Ibid.*, 1889, in-4, pp. 56.

Notice par Henri Cordier, *Rev. de l'Ext. Orient*, I, No. 2, pp. 320/321.

— Opium (Negociations with China). — Correspondence with the Government of India respecting the Negociations with China on the Subject of Opium. Presented... 1882. London, 1882 [C. — 3378], *Price 6d.*, in-fol., pp. 47.

— Importation of Opium [into the United Kingdom, 1860-1881]. [1882] (391), 1 p. in-fol.

— Le commerce de l'opium, par Maurice Jametel. (*Economiste français*, samedi 25 mars 1882, pp. 357/8.)

— Les fumeurs d'opium en Chine. (*Revue d'Ethnographie*, II, N° 5, 1883, p. 476.)

Statistiques des Douanes chinoises.

— All about Opium. — Edited by Hartmann

Henry Sultzberger, merchant. London : 1884, in-8, pp. xv-207.

— A Vindication of England's Policy with regard to the Opium Trade. By C. R. Haines. London : W. H. Allen & Co. 1884, in-8, pp. iv-140.

— Observations in China, with especial reference to Chinese colonization, the French, the Opium Question, and English Colonies. By Fortescue Fox, M. B. Lond. [Reprinted, with additions, from the « Friends' Quarterly Examiner ».] London : Edward Stanford... 1884, br. in-8, pp. 56. 1/-.

— The Indo-Chinese Opium Trade considered in relation to its history, morality, and expediency, and its influence on christian missions. By J. Spencer Hill, B. A.,... Being the Essay which obtained the Maitland prize of the University for 1882. — With prefatory note by the Right Hon. Lord Justice Fry. London : Henry Frowde, 1884, in-8, pp. vii-95.

— The Opium Question; or, is India to be sacrificed to China? By Robert Needham Cust. London : Trübner... 1885, br. in-8, pp. 32.

— The Opium Habit and Alcoholism a Treatise on the Habits of Opium and its compounds; Alcohol; Chloral-Hydrate; Chloroform; Bromides Potassium; and Cannabis Indica : Including their therapeutical Indications : with suggestions for treating various painful complications. By Dr. Fred. Heman Hubbard. A. S. Barnes, New-York, in-8, pp. viii-259.

— Opium Smokers in prisons. (*Journ. C. B. R. A. S.*, N. S., XX, 2, 1885, p. 52.)

— Opium in China. By S. L. Baldwin. (*Methodist Quarterly Review*, xlv, 698.)

— Opium Consumption in China. — By X. Y. Z. (*China Review*, VIII, p. 64.)

— Opium and Opium-smoking. By Hugh McCallum. (*Ibid.*, XI, pp. 278/282.)

— Remedies in Cases of Opium suicide. By E. H. Parker. (*Ibid.*, XIV, p. 171.)

— Opium and the smoking Extract. By J. G. Kerr, M. D. (*Ibid.*, XII, pp. 41/47.)

— Tobacco, Whisky and Opium. By Rev. Jas. Gilmour. (*Chin. Rec.*, XIX, No. 4, April 1888, pp. 158/165.)

— Die Genussmittel des Orients. Von Gustav Troll. (*Oest. Monatsschrift f. d. Orient*, Mai 1890.)

— The Cure of Opium Smokers. By Rev. G. King. (*Chin. Rec.*, XXI, Oct. 1890, pp. 458/461.)

— Opium des fumeurs — I. — Sa préparation. — II. — L'analyse chimique appliquée au contrôle des échantillons par E. Lalande, pharmacien de première classe de la marine. (*Arch. Méd. navale*, LIV, 1890, pp. 33/76, 121/158, 200/221.)

(Opium.)

— History of Opium, Opium Eating, and Smoking. (*Journ. Anthrop. Inst. of Gt. Brit. and Ireland*, Vol. XX, 1890-91, pp. 329/332.)

— The Opium Question. Report of Committee on Opium traffic. Canton Conference, June 3rd, 1891. Committee : Dr. J. G. Kerr (Chairman), Rev. E. Z. Simmons and G. Hargreaves. (*Chin. Rec.*, XXII, No. 8, Aug. 1891, pp. 371/373.)

— * The Opium Question. A Rejoinder. By C. S. Addis, Hongkong and Shanghai Bank, Calcutta. Reprinted from the *Indian Evangelical Review*, Oct. 1891.

— Le ferment de l'opium des fumeurs et la fermentation artificielle des chandoos par le Dr. A. Calmette. (*Arch. Méd. navale*, LVII, 1892, pp. 132/8.)

— Die Uebel des Opiumrauchens. (*Ostasiat. Lloyd*, VII, 4, p. 58.)

— The Opium Question. A Paper read before the East India Association, by Surgeon-General Sir William Moore, K. C. I. E., on Wednesday, June 1st, 1892. (*Jour. East India Association*, XXIV, July 1892, pp. 209/245.)

— Note on the Opium Question, and brief Survey of our Relations with China. By H. N. Lay, C. B., Chinese Secretary to the Earl of Elgin's Special Mission to China, afterwards Inspector-general of Chinese Customs. — Price one shilling. — Printed by M. S. Rickerby, Walbrook, E. C. — 1893. Published by Effingham Wilson & Co., Royal Exchange, E. C., pièce in-fol., pp. 23.

— Des Fumeurs d'Opium. Traduit de l'Anglais par le Dr. Ambiel. (*Arch. Méd. navale*, LX, 1893, pp. 357/366.)

D'après le Dr. Ayres, de Hongkong.

— The Opium question. From a Chinese Official Standpoint. By X. (*Imp. and As. Quart. Rev.*, N. S., V, 1893, pp. 47/49.)

— * Captive Cathay : an Historical Poem narrating the resistance of China to the Opium Trade and her sad defeat : 1775-1860. By Rev. Geo. L. Mason. Shanghai, American Presb. Mission, 1893, br. in-8, pp. 8.

— A Letter to the Opium Commission. By G. W. Des Vœux. (*Nineteenth Century*, XXXV, 1894, pp. 323/329.)

— * China and the Opium Traffic. (*India*, April 1894.)

— Increase in the Cultivation of Opium in China. By L. (*China Review*, XXI, No. 4, pp. 270/1.)

(Opium.)

— The Rev. Griffith John, D. D., on Opium in China. (*Chin. Rec.*, XXV, April 1894, pp. 194/200.)
Rep. from the *Shanghai Mercury*.

∴

— Opium Commission. — First Report of the Royal Commission on Opium; with Minutes of Evidence and Appendices. — Presented to both Houses of Parliament by Command of Her Majesty. — London : Printed for Her Majesty's Stationery Office, by Eyre and Spottiswoode,... 1894. [C. — 7313.] Price 1*s*. 6*d*., in-fol., pp. 176.

— Royal Commission on Opium. — Minutes of Evidence taken before the Royal Commission on Opium between 18th November and 29th December 1893; with Appendices. — Vol. II. — Presented... — London... 1894. [C. — 7397.] Price 6*s*. 3*d*. In-fol., pp. 666.

— — — from 3rd to 27th January 1894. — Vol. III. — Presented... — London... 1894. [C. — 7419.] Price 2*s*. 6*d*. In-fol., pp. 300.

— — — from 29th January to 22nd February 1894; with Appendices. — Vol. IV. — Presented... — London... 1894. [C. — 7471.] Price 4*s*. 3*d*. In-fol., pp. 524.

— Royal Commission on Opium. — Proceedings. — Vol. V. — Appendices; together with Correspondence on the Subject of Opium with the Straits Settlements and China, &c. — Presented... — London... 1894. [C. — 7473.] Price 3*s*. In-fol., pp. 376.

— — Vol. VI. Final Report of the Royal Commission on Opium. — Part I. The Report with Annexures. — Presented... — London... 1895. [C. — 7723.] Price 1*s*. 6*d*. In-fol., pp. 184.

— — Vol. VII. Final Report... — Part II. Historical Appendices; together with an Index of Witnesses and Subjects, and a Glossary of Indian Terms used in the Evidence and Appendices. — Presented... — London... 1895. [C. — 7723. — 1.] Price 2*s*. 6*d*. In-fol., pp. 324.

— — Supplement to the Report... — Note by the Hon. Maharaja Bahadur of Durbhanga, K. C. I. E. — Presented... — London... 1895. [C. — 7751.] Price 1*d*. In-fol., pp. 6.

∴

— Die Geschichte des Opiums nach chinesischen Quellen. (*Oest. Monats. f. d. Orient*, 1895, p. 59; d'après le *Globus*.)

— Personal reminiscences touching opium-smoking. By Edward Harper Parker. (*Blackwood's Mag.*, CLIX, 1896, April, pp. 570-581.)

— The Historical Aspects of the Opium Question. By E. H. Walsh. (*Calcutta Review*, Vol. CII, April 1896, pp. 258/272.)

— The Poppy Growth about Amoy. By J. S. (*China Review*, XXII, No. 5, p. 735.)

— Effects of Opium smoking. By J. Edkins. (*Ibid.*, XXIV, No. 1, p. 56.)

— *N. C. D. News*, 12 Oct. 1899.

— Opiumrauchen in China. Von E. M. Köhler in Leipzig. (*Deutsche Rundschau f. Geog. u. Stat.*, XXII, 1899-1900, pp. 68/73.)

— L'Opium. Ce qu'on en dit en Chine. Par Louis Gaillard. (*Etudes... par des Pères de la Cie. de Jésus*, T. 82, 1900, pp. 652/668.)

— The Indo-Chinese Opium Trade. (*Chin. Rec.*, XXXIV, Febr. 1903, pp. 84/90.)

— L'opium. Sa taxation fiscale en Indo-Chine et dans les Indes Anglaises et Néerlandaises. Par M. de Marville. (*Rev. Indo-Chinoise*, 1903, 2 mars, pp. 205/7; 23 mars, pp. 261/2.)

— The Imperial Drug Trade. A Restatement of the Opium Question in the light of recent evidence and new developments in the East. By Joshua Rowntree. Methuen & Co., London. W. C.

Notice : *Chin. Rec.*, XXXVI, Nov. 1905, pp. 579, by S. Isett Woodbridge.

∴

— Bibliothèque Impériale. — Département des Imprimés — Catalogue des Sciences Médicales. [Voir col. 1462.]

II, 1873, Opium, p. 726.

— Index Catalogue of the Library of Surgeon General's Office, United States Army. Washington. [Voir col. 1462.]

Contient une Bibliographie.

— Voir *Relations étrangères* : Grande Bretagne.

DEUXIÈME PARTIE

LES ÉTRANGERS EN CHINE

I. — CONNAISSANCES DES PEUPLES ÉTRANGERS SUR LA CHINE.

Temps anciens et moyen âge.

NOTES DIVERSES.

— Hypomnemata de Imperio 中國 *Tchong-koué* Graecis atque Romanis Serico vocato. — Quae venia ampl. facult. Philos. Upsal. Praeside Doct. Gustavo Knös litt. orient. Prof. reg. et ord. reg. societ. scient. Gotting. litter. comm. conjuncto p. p. auctor Franciscus Nicolaus Changuion Anglus, in audit. Gust. die XXIV. Maji MDCCCXXIII. H. A. M. S. Upsaliae Excudebant Regiae Adademiae [sic] typographi, in-4, pp. 26.

— Notes on the Intercourse of China and the Western Nations previous to the discovery of the Sea-route by the Cape.

I. Earliest Traces of Intercourse. — Greek and Roman knowledge of China.

II. Chinese knowledge of the Roman Empire.

III. Communication with India.

IV. Intercourse with the Arabs.

V. Intercourse with Armenia and Persia, etc.

VI. Nestorian Christianity in China.

VII. Literary information regarding China previous to the Mongol era.

VIII. China under the Mongol Dynasty, known as Cathay.

IX. Cathay passing into China. — Conclusion. — Supplementary Notes. — Yule, *Cathay*, I, pp. XXXIII-CCLIII.

(NOTES DIVERSES.)

— Notes on the Oldest Records of the Sea-Route to China from Western Asia. By Colonel H. Yule, C. B., R. E. (*Proc. R. Geog. Soc.*, N. S., Vol. IV, 1882, pp. 649/660.)

A paper read at the Geographical Section, British Association, Southampton Meeting, revised and augmented by the author for the *Proc. R. G. Soc.*

— Notes on the Oldest Records of the Sea-Route to China from Western Asia. By Colonel Yule, C. B., R. E. From Proceedings of the Royal Geographical Society and Monthly Record of Geography : November No., 1882, br. in-8, pp. 12.

— Les voies commerciales avant Gama. Par Achille Mercier. (*Ann. de l'Ext. Orient*, 1884-1885, VII, pp. 353/366.)

— Les premiers voyages des Européens dans l'Asie Centrale et au Pays des Sères, la Chine du Nord. Par le Professeur E.-F. Berlioux. (*Bul. Soc. Géog. Lyon*, XV, 1898, pp. 5/81.)

BIBLE.

— « *Sinim*, a land very distant from Palestine. From the context of Isa. XLIX. 12, it appears to have been situated towards the south or east. Some expositors have supposed it to be Pelusium or Syene ; but these are only cities, and not sufficiently remote. It were better (says Gesenius) to understand it of an eastern country, perhaps *China* ; of the name of which the Hebrews *may* have heard, as well as of Scythia and India. » — (T. H. Horne, *Int. to the Crit. Study and Knowl. of the Holy Scriptures*, 9th ed., 1846, III, *Geographical Index*, p. 653.)

Le passage d'Isaïe (XLIX. 12) auquel il est fait allusion est celui-ci :

(BIBLE.)

« Voici, ils viendront de loin ; voici, ceux-ci viendront d'Aquilon, et de la mer, et ceux-là du pays des Siniens. »

Selon toute probabilité, c'est bien de la Chine qu'il s'agit dans le passage : Isaïe XLIX, 12. Il faut noter d'abord que les chapitres XL-LXVI du livre qui porte ce nom, et dans lesquels se trouve le passage en question, n'ont point pour auteur le prophète Isaïe, qui vivait au VIIIe siècle avant notre ère. Ces chapitres forment un ouvrage de date beaucoup plus récente, dont l'auteur anonyme vivait en Babylonie pendant la captivité, dans la seconde moitié du VIe siècle avant J.-C. (M. Reuss fixe, pour la composition du livre, la date de 536). Le passage XLIX, 12, parle des exilés d'Israël qui reviendront de tous côtés en Palestine lorsque Jahveh, leur dieu, prendra pitié de son peuple et le rétablira dans sa splendeur première :

Ils viendront de pays lointains,
Ceux-ci du Nord et de la Mer [l'Occident],
Ceux-là du pays de Sinim.

Cf. un passage analogue, XLIII, 5, 6. D'après le contexte, le pays de Sinim doit donc être un pays éloigné, situé au Sud ou à l'Est. La dernière hypothèse a été adoptée de bonne heure, car déjà la traduction grecque des Septante remplace « le pays de Sinim » par « le pays des Perses » (ἐκ γῆς Περσῶν). C'est aussi l'avis des commentateurs les plus récents. Au point de vue philologique le mot *Sinim* s'explique très bien lorsqu'on entend par là la Chine ou les Chinois (cf. Gesenius, *Thesaurus*, s. v. *Sinim*) ; et, historiquement, rien ne s'oppose à ce qu'un auteur hébreu, vivant à Babylone ou près de cette ville dans la seconde moitié du VIe siècle, ait entendu parler de l'empire chinois, comme d'un pays fort éloigné. Peut-être même quelques colonies juives s'étaient-elles déjà dirigées de ce côté, quoique l'entrée des Juifs en Chine soit généralement considérée comme ayant eu lieu au premier siècle de notre ère.

— Voir Lowrie, *Land of Sinim*, col. 768-9.

— The Sinim of Isaiah not the Chinese by Terrien de Lacouperie, Ph. & Litt. D. Professor of Indo-Chinese Philology. (University College, London.) [Reprinted from No. 3 of the *Babylonian Record*, Jan. 7, 1887.] London : pièce in-4, 2 ff. n. ch.

— The Land of Sinim, not China. By Terrien de Lacouperie. (*Babylonian & Oriental Record*, I, No. 11, September, 1887, pp. 183/191.)

— The Land of Sinim in Isaiah. By T. K. Cheyne. (*Ibid.*, p. 182.)

— Notes on Missionary Subjects. — No. 4. By Rev. J. Edkins, D. D. THE LAND OF SINIM. (*Chin. Rec.*, XIX, No. 10, Oct. 1888, pp. 479/481.)

GRECS ET ROMAINS. [1]

STRABON Στράβων. *Liv. XV*, Chap. I, § XXV :

Ce même historien [Onésicrite] fait un grand éloge du pays de *Musicanus*, et raconte, au sujet de ses habitans, bien des choses dont cependant quelques-unes leur sont communes avec d'autres Indiens. Telle est, entre autres, la longévité ; il en cite pour exemple des hommes qui vivent jusqu'à cent trente ans : mais, au rapport de quelques-uns, les Seres vivent encore plus longtemps.

Voir la note de l'éd. de 1805, Vol. V, p. 46.

— *Liv. XV*, § XXVIII :

— On convient que tout le pays situé au delà de l'*Hypanis* est très-fertile ; mais la description qu'on en donne, n'est rien moins qu'exacte. Soit ignorance, soit difficulté d'obtenir des renseignements certains sur des lieux aussi éloignés, on parle de tout avec emphase, on cherche en tout le merveilleux plutôt que le vrai.

Il faut mettre au nombre de ces exagérations ce qu'on raconte de fourmis qui tirent l'or des entrailles de la terre ; d'animaux et d'hommes ayant une figure singulière et des propriétés extraordinaires ; de la longévité des Sères, qui vivent jusqu'à deux cents ans.

(Edition de l'Imp. royale, 1805-1819, 5 vol. in-4.)

1. Voir la IVe Partie de cet ouvrage : LES CHINOIS CHEZ LES PEUPLES ÉTRANGERS. — I. *Connaissances des Chinois sur les Peuples étrangers.*

PUBLIUS VIRGILIUS MARO.

Georg., *lib. II*, v. 120-121 :

Quid nemora Æthiopum, molli canentia lana ?
Velleraque ut foliis depectant tenuia Seres ?

QUINTUS HORATIUS FLACCUS.

— *Lib. I, Ode XII : Ad Caesarem Augustum.*

....
Ille seu Parthos Latio imminentes
Egerit iusto domitos triumpho,
Sive subiectos Orientis orae
Seras et Indos.
....

— *Lib. I, Od. XXIX : Ad Iccium.*

....
Doctus sagittas tendere Sericas
Arcu paterno ?...
....

— *Lib. III, Od. XXIX : Ad Maecenatem.*

....
Tu, civitatem quis deceat status,
Curas, et Urbi sollicitus times,
Quid Seres, et regnata Cyro
Bactra parent, Tanaisque discors.
....

— *Lib. IV, Od. XV : Caesaris Augusti laudes.*

....
Non, qui profundum Danubium bibunt,
Edicta rumpent Iulia, non Getae,
Non Seres, infidive Persae,
Non Tanain prope flumen orti.
....

POMPONIUS MELA. *De Situ Orbis.*

— *Lib. I, Cap. II* : In ea [Asia] primos hominum ab oriente accipimus Indos, et Seres et Scythas. Seres media ferme eoae partis incolunt, Indi et Scythae ultima : ambo late patentes, neque in hoc tantum pelagus effusi...

— *Lib. III, Cap. VII : Oceanus eous, et India* : Ab iis in Eoum mare cursus inflectitur, inque oram terrae spectantis orientem. Pertinet haec a Scythico promontorio ad Colida : primumque omnis est invia ; deinde ob immanitatem habitantium inculta. Scythae sunt androphagi et Sacae, distincti regione, quia feris scatet, inhabitabili. Vasta deinde iterum loca belluae infestant, usque ad montem mari imminentem, nomine Tabim. Longe ab eo Taurus attollitur. Seres intersunt ; genus plenum justitiae, et commercio quod rebus in solitudine relictis absens peragit, notissimum.

— Une dissertation intéressante sur les Sères est donnée dans les *Notes Supplémentaires*, pp. 662/665, de l'éd. de Pomponius Mela publiée dans la *Collection des Auteurs Latins* de M. Nisard, Paris, 1845, gr. in-8.

CAIUS PLINUS SECUNDUS. *Naturalis Historia.*

— *Lib. VI, XX.* A Caspio mari Scythicoque Oceano, in Eoum cursus inflectitur, ad orientem conversa littorum fronte. Inhabitabilis ejus prima pars, a Scythico promontorio, ob nives : proxima inculta, saevitia gentium. Anthropophagi Scythae insident, humanis corporibus vescentes. Ideo juxta vastae solitudines, ferarumque multitudo, haud dissimilem hominum immanitatem obsidens. Iterum deinde Scythae ; iterumque deserta cum belluis, usque ad jugum incubans mari, quod vocant Tabin. Nec ante dimidiam ferme longitudinem ejus orae quae spectat aestivum orientem, inhabitatur illa regio.

Primi sunt hominum, qui noscantur, Seres, lanicio silvarum nobiles, perfusam aqua depectentes frondium canitiem : unde geminus feminis nostris labor redordiendi fila, rursumque texendi. Tam multiplici opere, tam longinquo orbe petitur, ut in publico matrona transluceat. Seres mites quidem, sed et ipsis feris persimiles coetum reliquorum mortalium fugiunt, commercia exspectant. Primum eorum noscitur flumen Psitaras, proximum Cambari : tertium Lanos, a quo promontorium Chryse : sinus Cyrnaba : flumen Atianos : sinus, et gens hominum Attacorum, apricis ab omni noxio afflatu seclusa collibus, eadem, qua Hyperborei degunt, temperie. De iis privatim condidit volumen Amometus, sicut Hecataeus de Hyperboreis. Ab Attacoris gentes Phruri, et Tochari ; et jam Indorum Casiri, introrsus ad Scythas versi, humanis corporibus vescuntur. Nomades quoque Indiae vagantur. Sunt qui ab Aquilone contingi ab ipsis et Ciconas dixere, et Brysanos.

— *Lib. XII, I.* — ... Quo magis ac magis admirari subit, ab iis principiis caedi montes in marmora, vestes ad Seras peti : unionem in Rubri maris profundo, smaragdum in ima tellure quaeri.

— *Lib. XII, XLI.* — ... Verum Arabiae etiamnum felicius mare est : ex illo namque margaritas mittit : minimaque computatione millies centena millia sestertium annis omnibus India et Seres, peninsulaque illa imperio nostro adimunt.

— Allusions to China in Pliny's Natural History by J. Edkins, D. D. (*Journ. Peking Oriental Society*, Vol. I, No. 1, 1885, pp. 1/16.)

L. Annaeus Florus. *Lib. IV, XII.* — Omnibus ad Occasum et Meridiem pacatis gentibus, ad Septemtrionem quoque, duntaxat intra Rhenum atque Danubium, item ad Orientem intra Cyrum et Euphratem, illi quoque reliqui, qui immunes imperii erant, sentiebant tamen magnitudinem, et victorem gentium populum Romanum reverebantur. Nam et Scythae misere legatos, et Sarmatae, amicitiam petentes. Seres etiam, habitantesque sub ipso sole Indi, cum gemmis et margaritis, elephantes quoque inter munera trahentes, nihil magis, quam longinquitatem viae imputabant, quam quadriennio impleverant; et tamen ipse hominum color ab alio venire cœlo fatebatur. [Sous Auguste.] — (Yule cite et traduit ce passage en anglais : *Cathay*, I, Note, p. xliii. — Voir la trad. de F. Ragon, Collection Panckoucke, 1833, p. 365.)

Ammianus Marcellinus. *Lib. XXIII, VI.* — Ultra haec utriusque Scythiae loca, contra orientalem plagam in orbis speciem consertae celsorum aggerum summitates ambiunt Seras, ubertate regionum et amplitudine circumspectos : ab occidentali latere Scythis adnexos : a septemtrione et orientali, nivosae solitudini cohaerentes : qua meridiem spectant, adusque Indiam porrectos et Gangem. Adpellantur autem ibidem montes, Anniva, et Nazavicium, et Asmira, et Emodon, et Opurocarra. Hanc itaque planitiem undique prona declivitate praeruptam, terrasque lato situ distentas, duo famosi nominis flumina, Œchardes et Bautis lentiore meatu percurrunt. Et dispar est tractuum diversorum ingenium : hic patulum, alibi molli devexitate subductum : ideoque satietate frugum, et pecoribus, et arbustis exuberat. Incolunt autem fecundissimam glaebam variae gentes, e quibus Alitrophagi, et Annibi, et Sizyges, et Chardi Aquilonibus objecti sunt et pruinis. Exortum vero solis suspiciunt Rabannae, et Asmirae, et Essedones omnium splendidissimi : quibus Athagorae ab occidentali parte cohaerent, et Aspacarae : Betae vero australi celsitudine montium inclinati. Urbibus licet non multis, magnis tamen celebrantur et opulentis : inter quas maximae Asmira, et Essedon, et Asparata, et Sera, nitidae sunt et notissimae. Agunt autem ipsi quietius Seres, armorum semper et proeliorum expertes : utque hominibus sedatis et placidis otium est voluptabile, nulli finitimorum molesti. Caeli apud eos jucunda salubrisque temperies, aeris facies munda, leniumque ventorum commodissimus flatus : et abunde silvae sublucidae : a quibus arborum fetus aquarum adsperginibus crebris, velut quaedam vellera mollientes, ex lanugine et liquore mistam subtilitatem tenerrimam pectunt : nentesque subtemina, conficiunt sericum, ad usus antehac nobilium, nunc etiam infimorum sine ulla discretione proficiens. Ipsi praeter alios frugalissimi, pacatioris vitae cultores, vitantes reliquorum mortalium coetus. Cumque ad coemenda fila, vel quaedam alia fluvium transierint advenae, nulla sermonum vice, propositarum rerum pretia solis oculis aestimantur : et ita sunt abstinentes, ut apud se tradentes gignentia, nihil ipsi comparent adventicium.

Ariani vivunt post Seras, Boreae obnoxii flatibus :...

— Remarks on the Sequel to the Periplus of the Erythrean Sea, and on the country of the Seres, as described by Ammianus Marcellinus : By James Taylor, Esq., Civil Surgeon, Dacca. (*Jour. of the As. Soc. of Bengal*, XVI, 1847, pp. 1/78.)

Ptolémée.

— The Sêrica of Ptolemy and its Inhabitants. By Thos. W. Kingsmill. (*Journ. C. B. R. A. S.*, N. S., XIX, Part II, 1884, Art. II, pp. 43/60.)

— Ptolemy's Serica. By Thos. W. Kingsmill. (*China Review*, XV, pp. 254/255.)

Theophilacte Simocatta. — Mention de la Chine donnée par Théophylacte Simocatta (610 ap. J.-C.), par Klaproth. (*Jour. As.*, VIII, 1826, pp. 227/230.)

— Voir également St. Martin, *Mém. sur l'Arménie*, II, pp. 41/43.

Cosmas. — Parlant de l'isle de Taprobane, Cosmas dit : « Les Insulaires traittent avec les Chinois des soyes de bois d'Aloë, ou d'Aquila, de clou de Girofle, de bois de Girofle, de bois de Sandale & d'autres Marchandises. » Et plus loin il ajoute : « Les autres marchandises viennent du Tsin : au delà du Tsin, il n'y a point de terre habitée ; car l'Océan l'entoure du costé de l'Orient. » (Relation publiée dans le *Recueil* de Thévenot, 1re Partie, 1663, pp. 20/21.)

Dans un autre endroit, Cosmas dit : « Le Pays d'où vient la soye est dans la partie la plus éloignée des Indes, à la main droite de ceux qui entrent dans la Mer Indique, beaucoup au delà du Golphe Persique & de l'Isle que les Indiens appellent Selediba, et les Grecs Taprobane. On appelle ce Pays Tsin. Le Pays du Tsin est fermé à la main droite par l'Océan, de mesme que la Barbarie, qui en est aussi fermée d'vn costé ; les Philosophes Indiens qu'on appelle Brachmanes, disent que si l'on tiroit vn cordeau depuis le Tsin iusques en Grece, il passeroit iustement par le milieu du Monde ; & ils ne s'éloignent pas de la vérité ; car il y auroit encore bien des Pays au costé droit de ce cordeau ou ligne imaginaire, tellement qu'on transporte en peu de temps en Perse la soye par terre, en changeant de plusieurs mains des peuples qui sont entre deux ; mais le chemin par mer est bien plus long ; car depuis l'Isle de Taprobane iusqu'au Tsin, il y a aussi loing que du fonds du Golphe Persique iusqu'à l'Isle de Taprobane ; ainsi ceux qui vont par terre abregent de beaucoup le chemin, & c'est de cette facilité de porter des Marchandises en Perse que vient cette abondance de Soyrie qu'on y trouve tousiours ; ce qui est au delà du Tsin n'est point habité, & l'on n'y nauige point ; & qui mesureroit l'étendüe de ce cordeau tiré de là vers l'Occident, trouueroit à peu près la distãce de quatre cent stations ou journées ; & voila, comme ie croy, qu'il la faudroit mesurer : depuis le Tsin iusques aux frontières de la Perse se trouue l'Ounia, l'Inde, & la Bactriane, l'on trauerse ces pays en 150 stations... » Pp. 22/3. (*Recueil* de Thévenot, Première Partie, 1663.)

— Sur Cosmas, voir également : Montfaucon, *Collectio Nova Patrum et Script. Graec.*, ii. — St.-Martin, *Mém. sur l'Arménie*, II, pp. 38/40. — Charton, *Voy. anc. et mod.*, II, pp. 1/30.

— Réflexions générales sur les liaisons & le commerce des Romains avec les Tartares & les Chinois. Par M. de Guignes. Lû le 19 Août 1763. (*Rec. de l'Ac. des Insc., Mém.*, XXXII, pp. 355/369.)

— Mémoire dans lequel on entreprend de fixer la situation de quelques peuples Scythes, dont il est parlé dans Hérodote. Et de rechercher si du temps de cet Historien on connoissoit la Chine. Par M. de Guignes. Lû le 22 Avril 1766. (*Ibid.*, XXXV, 1770, pp. 539/572.)

— Voir Lettre du P. Gaubil, Pekin, 12 août 1752. (*Let. édif.*, *Pant. litt.*, IV, pp. 57/58.)

— De Guignes (*Chou king*, de Gaubil, Préface, p. v) cite un passage de la *Préparation Evangélique* (Livre VI, ch. X, p. 274) où Eusèbe, d'après Bardessanes, parle des Seres.

— Recherches géographiques et historiques sur la Sérique des Anciens. Par M. d'Anville. Lû le 7 Juillet 1761. (*Rec. de l'Ac. des Insc., Mém.*, XXXII, 1768, pp. 573/603.)

— Recherches sur la Sérique des Anciens, et sur les limites de leurs connoissances dans la Haute-Asie. Par P. F. J. Gosselin. Lu à l'assemblée publique du 17 Avril 1792. (*Ibid.*, XLIX, 1808, pp. 713/749.)

— Panthéon Chinois, par Joseph Hager. Voir col. 697.

— Origine de l'un des noms sous lesquels l'Empire romain a été connu à la Chine.

Par E. Jacquet. (*Nouveau J. As.*, IX, 1832, pp. 456/464.)

— Relations politiques et commerciales de l'Empire romain avec l'Asie orientale (l'Hyrcanie, l'Inde, la Bactriane et la Chine) pendant les cinq premiers siècles de l'ère chrétienne, d'après les témoignages latins, grecs, arabes, persans, indiens et chinois, avec quatre cartes, par M. Reinaud, Membre de l'Institut... Paris, Imprimerie Impériale, MDCCCLXIII, in-8, pp. 339.

Avait paru dans le *Jour. Asiatique*, 1863, Vol. I.

Devenu peu commun.

— Lettre au rédacteur du *Journal Asiatique*, par N. de Khanikoff. (*Jour. As.*, 6e Sér., Vol. II, 1863, pp. 299/303.)

— On trouvera dans Yule, *Cathay*, Vol. I :

Note I. Extract from the Periplus of the Erythraean Sea (Circa A. D. 80-89), pp. CXLIV-VI, From *Müller's Geogr. Gr. Minores*, I, pp. 303-5.

Note II. Extracts from the Geography of Ptolemy (Circa A. D. 150), pp. CXLVI-CLIII.

Note III. From Pomponius Mela *de Situ Orbis* (Supposed about A. D. 50), i, 2-iii, 7, p. CLIII.

Note IV. Extracts from *Pliny's Natural History*, pp. CLIII-CLVII.

Note V. From the itinerary of Greece of Pausanias. (Circa A. D. 174), pp. CLVII-CLVIII.

Note VI. From the History of Ammianus Marcellinus (Circa A. D. 380), pp. CLVIII-IX.

Note VII. The Introduction of the Silk-worm into the Roman Empire, from Procopius, *de Bello gothico*. (Anno D. 500-565), pp. CLIX.

Note IX. Extracts from the *Topographia Christiana* of *Cosmas the Monk*. (Circa 545), pp. CLXVII-CLXXXI.

— Sur les Seres et la Serique voir l'*Encyclopädie des Classischen Alterthums*, de Pauli.

— Relations politiques et commerciales entre l'ancien Empire Romain et la Chine. Par Werdmüller van Elgg. (*Giornale della Società Asiatica Italiana*, Vol. I, 1887.)

— * Der Verkehr zwischen China und dem Römischen Reiche. Vortrag zur Winckelmannsfeier am 9. December 1893 in Bonn. Von H. Nissen. Bonn, 1894.

Notice par G. Schlegel, *T'oung Pao*, V, Oct. 1894, pp. 365/369.

Indes.

— Antiquity of the Chinese Trade with India and the Indian Archipelago, by J. R. Logan Esq. (*Jour. of the Ind. Arch.*, II, 1848, pp. 603-610.)

Dans «An Essay on the Sacred Isles in the West, with other essays connected with that Work», Major F. Wilford dit (*As. Res.*, Vol. XI, p. 109)... «The *Chinese*, who lied originally on the banks of the *Oxus* according to the *Puranas*, have preserved a great many *Sanscrit* vocables in their language, which are engrafted upon another, unknown to us.»

Voir Yule, *Cathay*, I, pp. LXVI et seq.

Les Arabes.

LES DEUX VOYAGEURS.

— Anciennes relations des Indes et de la Chine de deux Voyageurs Mahometans, qui y allerent dans le neuvième siècle; traduites d'arabe : avec des Remarques sur les principaux endroits de ces Relations. A Paris, Chez Jean-Baptiste Coignard, MDCCXVIII, in-8, pp. XL-397 + 8 ff. n. ch.

Preface. — Anciennes Relations. — Eclaircissement touchant la Predication de la Religion Chrestienne à la Chine. — Eclaircissement touchant l'entrée des Mahometans dans la Chine. — Eclaircissement touchant les Juifs qui ont esté trouvez à la Chine. — Eclairc. sur les Sciences des Chinois. — Table des Matieres. — Privilege du Roy.

On voit par ce privilége que «le Sieur Eusebe Renaudot,[1] Prieur de Frossay et de Chasteaufort, l'un des Quarante de l'Académie françoise», est l'auteur de cet ouvrage.

Voir dans les *Lettres édifiantes*, XXI, pp. 183-217, une réfutation des erreurs de Renaudot écrite par le Père de Prémare.

Langlès (1981 *bis*) avec des corrections et des notes de la main de L., Fr. 9.05. — Klaproth (1075) Fr. 6.

— Ancient Accounts of India and China, by two Mohammedan Travellers who went to those parts in the 9th Century; translated from the Arabic, by the late Learned Eusebius Renaudot, with notes, illustrations and inquiries by the same Hand. London, Sam. Harding, 1733, in-8, pp. XXXVIII-272.

Notices : E. C. Bridgman, *Chinese Repository*, I, pp. 6, 42/45; réimp. dans *The Cycle*, 21 May 1870. — Staunton, *Miscel. Notices*, 1822, pp. 111/112.

Quaritch, 1872 : 12/6.

— An Account of the Travels of two Mohammedans through India and China, in the ninth Century. Translated from the Arabic by the Abbé Renaudot. (*Pinkerton*, VII, p. 179, d'après *Harris*, I, 521.)

— Antiche Relazioni dell' Indie, e della China di due Maomettani che nel secolo nono v' andarono. Tradotte dall' Araba nella lingua Francese, Ed illustrate con Note, e Dissertazioni dal Signor Eusebio Renodozio Ed insieme con queste aggiunte fatte italiane per un' anonimo. In Bologna MDCCIL. Per Tommaso Colli, a S. Tommaso d'Acquino. Con licenza de' Superiori. Pet. in-4, pp. VIII-376.

Imprimatur die 5. Decembris 1748. — Anonimo = Abondio Collina?

— Relation des Voyages faits par les Arabes et les Persans dans l'Inde et à la Chine dans le IXe siècle de l'ère chrétienne, texte arabe imprimé en 1811 par les soins de feu Langlès publié avec des corrections et additions et accompagné d'une traduction française et d'éclaircissements par M. Reinaud, Membre de l'Institut. Paris, imprimé par autorisation du Roi à l'Imprimerie royale, 1845, 2 vol. in-24.

I. Discours préliminaire. — Chaîne des Chroniques.

II. Notes de la Traduction. — Remarques sur quelques passages de cet ouvrage relatifs à l'histoire naturelle [par le Dr. Roulin].

1. Né à Paris, le 21 juillet 1648; † 1er Sept. 1720; on trouvera dans le *Mercure* de Janvier 1731, pp. 98/106, la liste de ses écrits inédits. — L'épître XII de Boileau lui est adressée.

— Additions et Corrections. — Errata pour le texte de la relation. — Texte Arabe.

Le texte imprimé par les soins de Langlès n'avait jamais été publié; il était resté à l'Imprimerie royale. (I, p. v.)

Articles de M. Quatremère dans le *Journal des Savans*, I, Sept. 1846, pp. 513/531. — II, Nov. 1846, pp. 677/690. — III, Déc. 1846, pp. 733/750. — IV, Avril 1847, pp. 235/249.

Etudes, par M. Ed. Dulaurier, *Jour. As.*, IVe Sér., VIII, pp. 131/215.

— Mémoire géographique, historique et scientifique sur l'Inde, antérieurement au milieu du XIe siècle de l'ère chrétienne, d'après les écrivains arabes, persans et chinois par M. Reinaud. (*Mém. de l'Ac. des Insc. et Bel. Let.*, XVIII, 1849, pp. 1/400.)

— Examen de certains points de l'itinéraire que les Arabes et les Persans suivaient au IXe siècle pour aller en Chine, d'après la relation dont Renaudot a donné anciennement la traduction et que M. Reinaud a retraduite récemment avec plus de fidélité, en l'accompagnant d'un travail géographique; par Alfred Maury. Br. in-8, pp. 36.

Extrait du *Bul. de la Soc. de Géog.*, Avril 1846.

— Hugh Murray, *Hist. Account of Discoveries and Travels in Asia*, I, pp. 60 et seq.

— Yule, *Cathay*, I, pp. CI et seq.

— *Biog. univ.*, Art. de Saint-Martin :

« En publiant son livre, l'abbé Renaudot ignorait que l'original arabe qu'il avait traduit n'était qu'un fragment du célèbre ouvrage de Masoudy, intitulé *Moroudj-eddheheb*, fragment qui ne contenait qu'une copie lacérée du chapitre dans lequel cet auteur fait la description de la Chine et des régions de l'Inde qui l'avoisinent dans les mers du Midi. C'est ce que l'auteur de cet article a découvert, en comparant le manuscrit dont Renaudot s'est servi avec l'ouvrage même de Masoudy. C'est la même rédaction. Comme en publiant sa traduction le savant théologien avait négligé de faire connaître avec précision le manuscrit qu'il interprétait, se contentant de dire vaguement qu'il faisait partie de la bibliothèque du comte de Seignelay, fils de Colbert, les savants doutèrent assez longtemps de l'authenticité de ces relations, sinon pour la totalité, au moins pour quelques parties. Ils étaient d'autant plus fondés à concevoir cette opinion, que la préface et les longues notes du traducteur laissaient voir trop évidemment qu'il n'était pas fâché de trouver dans ce livre des renseignements qui semblaient démontrer la fausseté ou l'exagération des relations données par les missionnaires jésuites sur la Chine. Ces doutes subsistèrent jusqu'en 1787, quand Deguignes parvint enfin à retrouver le texte traduit par Renaudot, dans un manuscrit arabe de la bibliothèque de Paris du fonds de Colbert, qui porte actuellement le n° 597. Il inséra une notice à ce sujet dans le premier volume des *Notices et extraits des manuscrits de la bibliothèque du roi*. Le savant académicien n'eut pas de peine à se convaincre de la fidélité du travail de Renaudot; mais il ne reconnut pas que ce texte n'était qu'un fragment de l'ouvrage de Masoudy, sur lequel il avait donné une notice dans le même volume. »

— Charton, *Voy. anc. et mod.*, II, pp. 94/153.

ابن خرداذبه Ibn Khordâdhbeh.

— Die Post- und Reiserouten des Orients. — Mit 16 Karten nach einheimischen Quellen von A. Sprenger. Erstes Heft. — Leipzig 1864, F. A. Brockhaus. In-8, pp. XXVI + 1 f. n. ch. + pp. 159.

— Le Livre des Routes et des Provinces par Ibn-Khordabeh, publié, traduit et annoté par C. Barbier de Meynard. — Paris, Imprimerie Impériale. — M DCCC LXV, in-8, pp. 283.

— *Kitâb al-Masâlik wa'l-Mamâlik* (Liber Viarum et Regnorum) Auctore Abu'l-Kâsim Obaidallah ibn Abdallah Ibn Khordâdhbeh et excerpta e Kitâb al-Kharâdj auctore Kodâma ibn Dja'far quae cum versione gallica edidit, indicibus et glossario instruxit M. J. de Goeje. — Lugduni — Batavorum, apud E. J. Brill. 1889, in-8, pp. XXIII-216 + texte arabe, pp. 308.

Forme la 6e Partie de la *Bibliotheca Geographorum Arabicorum* edidit M. J. de Goeje.

Divers.

— Let. éd. *Pant. litt.*, IV, pp. 25/6.

— Extracts of Alhacen his Arabike Historie of Tamerlan, touching his Martiall Trauels, done into French by Iean dv Bec, Abbat of Mortimer. (Purchas, *His Pilgrimes*, III, lib. I, c. 8, pp. 160 [140] et seq.)

— La *Géographie* d'Edrisi est citée par le Col. Yule, *Cathay*, I, pp. CXII-CXIII.

— Abstract of the Travels of Ibn Muhalhal. (*Cathay*, by Yule, I, Note XII, pp. CLXXXVI-CXCIII.)

— Extracts regarding China from Abulfeda (A. D. 1273-1331). (Yule, *Cathay*, I, pp. CXCIII-CXCIV.)

Le Colonel Yule dit dans une note, p. CXCIII : « My friend Mr. Badger was kind enough to make a literal translation of these extracts for me. I have slightly smoothed the ruggedness of a literal version from Arabic, whilst trying not to affect the sense. »

— Géographie d'Aboulféda traduite de l'arabe en français et accompagnée de notes et d'éclaircissements par M. Reinaud... Tome I. Introduction générale à la Géographie des Orientaux avec trois planches. Paris, Imprimerie nationale — M DCCC XLVIII, in-4, pp. VIII-CDLXIV.

— — Tome II. Première Partie contenant la première moitié de la traduction du texte arabe. Ibid., — M DCCC XLVIII, in-4, pp. VI + 1 f. n. ch. + pp. 327.

— Géographie d'Aboulféda traduite de l'arabe en français et accompagnée de notes par M. Stanislas Guyard... Tome II. Seconde Partie contenant la fin de la traduction du texte arabe et l'index général. Paris, Imprimerie nationale — M DCCC LXXXIII, in-4, pp. VIII-320.

— On the knowledge possessed by the Ancient Chinese of the Arabs and Arabian Colonies, and other Western Countries, Mentioned in Chinese Books by E. Bretschneider, M. D. Physician of the Russian Legation at Peking. London, Trübner, 1871, brochure in-8, pp. 27.

Voir col. 1362.

— Das Chinesische Reich nach dem Türkischen *Khatai nameh.* Von Dr. J. Th. Zenker. (*Zeit. Deut. Morg. Ges.*, Bd. XV, Heft 3 u. 4, pp. 785/805.)

Voir col. 1362, Ch. Schefer.

— كتاب عجايب الهند *Livre des Merveilles de l'Inde,* par le capitaine Bozorg Fils de Chahriyâr de Râmhormoz. — Texte arabe publié d'après le manuscrit de M. Schefer, collationné sur le manuscrit de Constantinople, par P. A. Van der Lith. Traduction française par L. Marcel Devic. — Avec quatre planches coloriées tirées du manuscrit arabe de Harîri de la collection de M. Schefer, et une carte. — Publication dédiée au sixième Congrès des Orientalistes. Leide. — E. J. Brill. 1883-1886, gr. in-4, pp. xiv-310.

— Quelques communications au sujet du *Livre des Merveilles de l'Inde* (كتاب عجايب الهند). Par P. A. Van der Lith. (*Actes Huit. Cong. Int. Orient.*, Stockholm-Christiania, 1889, 4e Part., *Sect. Malaisie,* pp. 1/13.)

— Pieter Anthonie Van der Lith. Nécrologie par G. S.[chlegel.] (*T'oung Pao*, 2e Sér., II, No. 2, Mai 1901, p. 149.)

Né le 31 mai 1844 à Utrecht ; † 17 mars 1901.

— Société Asiatique. — Maçoudi. — Les Prairies d'Or. Texte et Traduction par C. Barbier de Meynard et Pavet de Courteille. — Tome Premier. Paris, Imprimerie Impériale. — mdccclxi, in-8. — Tome Neuvième. Ibid. — mdccclxxvii, in-8.

L'ouvrage entier, 9 vol., 1861-1877, a été continué et terminé par M. Barbier de Meynard.

— Ancient Imaus, or Bam-i-Dunia, and the Way to Serica. By Robert Michell. (With a Map.) (*Scot. Geog. Mag.*, VIII, 1892, Nov., pp. 591-605; Dec., pp. 643-654.)

Voir plus loin : Ibn Batouta, etc.

— Remarks concerning the situation of Canfu, formerly the chief resort of Arabian and other foreign merchants in China by J. R. Morrison. (*The Chinese Repository,* III, June 1834, pp. 115/118.)

Réimp. dans *The Canton Register*, pp. 123/124, 1834, et dans *The Cycle*, 17 Dec. 1870.

— Excerpta ex Quazvînii Opere geographico. Indiam et Sindiam spectantia, pp. 193 et seq., de « Scriptorum Arabum De Rebus indicis loci et opuscula inedita... rec. et ill. Ioannes Gildemeister ». Bonnae, 1838, in-8.

— Voir Yule, *Cathay*, I, pp. lxxvii et seq.

— Arabic inscription from China. (*Journ. Roy. As. Soc.*, V, m.dccc.xxxix, Art. XVIII, pp. 272/279.)

— Une ligne de navigation chinoise au ixe siècle. Par A. Pauchont. (*Revue Indo-Chinoise,* 15 juillet 1904, pp. 49/57.)

— Notice sur les relations des peuples musulmans avec les Chinois depuis l'extension de l'Islamisme jusqu'à la fin du xve siècle par M. Ch. Schefer. (*Centenaire de l'École des Langues orient. viv.*, pp. 1/43.)

Voir col. 1363-4.

— Osteuropäische und ostasiatische Streifzüge — Ethnologische und historisch-topographische Studien zur Geschichte des 9. und 10. Jahrhunderts (ca. 840-940) von J. Marquart — Mit Unterstützung der Königl. Akademie der Wissenschaften zu Berlin. — Leipzig, Theodor Weicher, 1903, in-8, pp. l-557.

Das Itinerar des Mis'ar b. al Muhalhil nach der chinesischen Hauptstadt, pp. 79-95.

Notice : *T'oung Pao*, Mai 1904, pp. 214/6, par Ed. Chavannes.

— Inscriptions arabes et persanes des mosquées chinoises de K'ai-fong-fou et de Si-ngan-fou publiées et traduites par M. Cl. Huart. (*T'oung Pao,* Série II, Vol. VI, Juill. 1905, pp. 261/320.)

Six estampages rapportés par M. Ph. Berthelot.

— Voir Devéria, col. 1364.

Arménie et Perse.

— Mémoires historiques et géographiques sur l'Arménie, Suivis du texte Arménien de l'Histoire des Princes Orpélians, par Etienne Orpélian, archevêque de Siounie, et de celui des Géographies attribuées à Moyse de Khoren et au docteur Vartan, avec plusieurs autres pièces relatives à l'histoire d'Arménie ; le tout accompagné d'une traduction Françoise et de notes explicatives, Par M. J. Saint-Martin. Paris, de l'Imprimerie royale, 1818/1819, 2 vol. in-8, pp. xii-450, 519.

Voir particulièrement, II, pp. 15/55 : « Dissertation sur l'origine de la famille des Orpélians, et de plusieurs autres colonies Chinoises établies en Arménie et en Géorgie. »

∴

— « XV. Nome distinto si acquistò Geremia detto Cielebi, e dal cognome della sua famiglia detto anche Kiomurgian, nato in Costantinopoli nel 1635 ; uomo dotto e peritissimo delle lingue europee, perchè Dragomano, ed amico intimo di tutti gli ambasciatori europei presso la sublime Porta ottomana. Morto egli nel 1695, nella età di 60 anni ci lasciò le seguenti opere. 1°..5°. una Topografia della Persia, della *China*, della Notolia, e dell' Armenia ; composta a richiesta dell' Internunzio austriaco. Di quest' opera però tanto importante non esiste se non se un frammento della prefazione alla carta geografica. » (*Quadro della storia letteraria di Armenia estesa da Mons. Placido Sukias Somal.* Venezia, tipografia Armena di S. Lazzaro, 1829, in-8, pp. 159/160.)

Cf. : Versuch einer Geschichte der Armenischen Literatur nach den Werken der Mechitaristen frei bearbeitet, von Carl Friedrich Neumann. Leipzig, 1836, pp. 251/2.

∴

— Voir Yule, *Cathay*, I, pp. lxxxii et seq.

— Khitay Namèh. — Voir col. 1362 et 1927.

— Early Western Traders in China. (*China Review*, XI, p. 132.)

— Vambery. By Hafiz. (*Ibid.*, XVII, No. 2, p. 115.)

— Persian Sacrifices in China. By J. Edkins. (*Ibid.*, XIX, No. 1, 1890, pp. 55/56.)

— The Persians in the Far East. By J. Edkins. (*Korean Reposit.*, I, July 1892, pp. 197/205.)

— Mentions de la Chine dans les anciens livres des Parsis, par M. Shams-ul-Ulma Jivanji Jamshedji Modi. (*Prem. Cong. Intern. Etudes Ext. Orient*, Hanoï [1902], pp. 76/77.)

— Ērānšahr nach der Geographie des Ps. Moses Xorenacʻi. — Mit historisch-kritischem Kommentar und historischen und topographischen Excursen von Dr. J. Marquart, Privatdozenten der alten Geschichte in Tübingen. Berlin, Weidmann, 1901, in-4, pp. 358.

Abh. d. König. Ges. d. Wiss. zu Göttingen, Phil.-hist. Klasse, N. F., Bd. III, Nr. 2.

Notices : *T'oung Pao*, Déc. 1901, pp. 389/394, par G. Schlegel. — *Keleti Szemle*, 1902, pp. 230/241, par W. Bang. — *Wiener Zeitschr. f. d. K. d. Morg.*, XVI. Bd., 2. Heft, 1902, pp. 189/197, par M. J. de Goeje. — *Jour. Asiat.*, Nov.-Déc. 1901, par Ed. Chavannes, pp. 550/8.

— Untersuchungen zur Geschichte von Eran. Heft I. Von J. Marquart. — Göttingen, Dieterich, 1896, in-8.

Sonderabdruck aus dem « Philologus », Bd. 54, 489-527 ; Bd. 55, 212-240.

— — Zweites Heft. [Schluss.] Leipzig, Dieterich, 1905, in-8, pp. viii-258.

Notice : *T'oung Pao*, Série II, Vol. VI, Oct. 1905, pp. 512/515. Par Ed. Chavannes.

Rachid Eddin.

— Voir les notes à la fin du Vol. II de l'*Histoire des Mongols* de C. d'Ohsson.

— *Biog. univ.*, art. de Saint-Martin.

— Description de la Chine sous le Règne de la Dynastie Mongole traduite du Persan de Rachid-Eddin et accompagnée de notes par M. Jules Klaproth. Paris, Inprimerie Royale. mdcccxxxiii. In-8, pp. 52.

Extrait du *Nouveau Journal Asiatique* (XI, 1833, pp. 335/358, 447/470). — C'est une nouvelle version faite pour montrer les erreurs de la traduction par de Hammer (insérée dans le *Bulletin de la Société de Géographie* de Paris, No. 98, juin 1831, pp. 265 et suiv.) d'une description du *Khataï*, ou de la Chine sous les Mongols, extraite de l'histoire générale intitulée *Djema'a et-tewarikh*, rédigée en persan par *Rachid eddin*, vizir d'Oldjaïtou khan, roï mongol de la Perse, et terminée l'an 706 de l'hégire (1307 de J.-C.).

C'est de la traduction française de Klaproth que s'est servi principalement le Col. Yule pour sa version anglaise : *Cathay under the Mongols. Extracted from Rashiduddin* dans *Cathay and the Way thither*, II, pp. 253/275.

— Rashid-ud-deen's Description of China under the Mongols. Translated from the Persian, with notes, by M Klaproth. (*Asiat. Journal*, VIII, pp. 97/107.)

— Histoire des Mongols de la Perse écrite en Persan par Raschid-eldin publiée, traduite en français accompagnée de notes et d'un mémoire sur la vie et les ouvrages de l'auteur par M. Quatremère... Tome I. Paris, Imp. royale, m dccc xxxvi, in-fol., pp. clxxv-450.

Ce vol. (seul paru de l'ouvrage) est le premier de la *Collection orientale, manuscrits inédits de la bibliothèque royale traduits et publiés par ordre du Roi*.

Nous avions appris [1893] avec plaisir que l'Imprimerie nationale préparait pour la presse le Vol. II ; le travail semble être abandonné.

— Сборникъ лѣтописей. — Исторія Монголовъ сочиненіе Рашидъ-Эддина. — Введеніе : О Турецкихъ и Монгольскихъ Племенахъ. — Переводъ съ персидскаго, съ Введеніемъ и примѣчаніями, И. Н. Березина. 4 vol. in-8. St. Pétersbourg, 1858-1888.

Forme les Vol. V, 1858 ; VII, 1861 ; XIII, 1868 ; XV, 1888 des *Труды восточнаго отдѣленія Импер. Археол. Общества.*

— An Endeavour to elucidate Rashiduddin's Geographical Notices of India. By Col. H. Yule, C. B. Br. in-8, pp. 17.

Ext. du *Jour. Roy. Asiatic Soc.*, Nov. 1869. — N. S. IV, 1870, pp. 340/356.

Chemin de la Chine et de la Tartarie au Moyen Âge.

Collections générales de voyages, etc.

(Moyen âge et Temps modernes.)

— LHystore merueilleuse ‖ Plaisante et Recreatiue du grād Empereur de Tar ‖ tarie seigneur des Tartres nōme le grād Can. Cōte= ‖ nāt six liures ou parties : Dont le ¶ Premier traicte ‖ des singularitez ꝛ conditions des .XIIII. Royaulmes de ‖ Asya subiectz audict grand Chan. ¶ Le second parle des empereurs qui ‖ depuis Lincarnation nostre seignr ont regne et encore a ꝑsent regnent en ‖ Asie. Et aussi dont premier proceda le nom du grād Chan Et la seigneu ‖ rie des Tartres | Et cōment. ¶ Le tiers descript qlle chose on doibt faire ‖ auāt que commencer la guerre. ¶ Le quart parle du voyaige qfist vng ‖ Religieux des freres ꝑscheurs allant ꝑ le commādement du pape oultre ‖ mer prescher les mescreās. Et sont en ceste ptie cōtenuz les royaulmes ‖ Les gens | Les prouinces | Les loix | Les sectes | Les heresies | Et les nou= ‖ uelles que le dit frere trouua es parties doriēt. ¶ Le cinqesme cotiēt com= ‖ mēt vng aultre religieux des freres mineurs alla oultre mer pour pres= ‖ scher les infidelles | Et fust

Hystoire merueilleuse

Plaisante et Recreatiue du grād Empereur de Tartarie seigneur des Tartres nōme le grād Can. Cōtenāt six liures ou parties: Dont le ¶ Premier traicte des singularitez ꝛ conditions des. viii. Royaulmes de Asye subiectz audict grand Chan. ¶ Le second parle des empereurs qui depuis Lincarnation nostre seigñr ont regne et encore a p̄sent regnent en Asie. Et aussi dont premier proceda le nom du grād Chan Et la seigneurie des Tartres/ Et cōment. ¶ Le tiers descript q̄lle chose on doibt faire auāt que commencer la guerre. ¶ Le quart parle du voyaige q̄fist vng Religieux des freres p̄scheurs allant p̄ le commādement du pape oultre mer prescher les mescreās. Et sont en ceste p̄tie cōtenuz les royaulmes/ Les gens/ Les prouinces/ Les loix/ Les sectes/ Les heresies/ Et les nouuelles que ledit frere trouua es parties doriēt. ¶ Le cinqesme cōtiēt commēt vng aultre religieux des freres mineurs alla oultre mer pour prescher les infidelles/ Et fust iusques en la terre prebstre Jan ou il vit plusieurs aultres choses fort admirables Et dignes de grand memoire/ cōme il racōpte cy dedans. ¶ Le sixiesme p̄le du pays de surye/ et des villes sur mer/ degipte/ du desert du mōt de Synay/ darabe/ Et des sainctz lieux q̄ sont entre le fleuue Jourdain ꝛ Hierusalē. Et signāment des choses mōstrueuses q̄l a veues selon la diuersite des pays/ cōtrees/ et regiōs Et plusieurs aultres choses cōme on pourra veoir par la table cy apres.

Auec Preuilege.

¶ On les vēd a paris en la rue neufue nr̄e dame a lēseigne. S. Nicolas Et au pallays en la gallerie cōe on va a la chācellerie pour Jehā S. denys.

DEla veismes en la cite de gest q̃ est vne iournee pres de la mer sablõneuse q̃ est vne moult merueilleuse chose ⁊ moult pilleuse. En ceste cite a moult grãt habõdãce de tous biẽs. Et speciallement la treuue lon figues et raisins tous vertz et meurs et secz plus que en nulle partie du monde ⁊ sest la meilleure cite que lẽpereur ait en tout son royaulme. De ceste cite dient les sarrazins que nul chrestien ny peult viure.

¶ De la cite de conan. v.

DE ceste cite men partiz ie passay maites terres et citez. Si vins a vne cite nõmee canan ou eust iadiz tresgrande cite et portoit iadiz tresgrãt dommaige aux rõmains. Les murs de celle cite ont biẽ cinquãte mille de tour. En celle cite a plusieurs palays encores estãs: mais nul ny demeure. Elle habonde de tous viures.

¶ De la cite de thus. vi.

DE canam passay maintes terres si vins en th⁹ le pays dont fut Job la ou on treuue de tous viures en grant habondance. En ce pays il ya montaignes plaines de pasturaiges pour les bestes la treuue on la manne meilleure ⁊ en plus grãt habondãce que en nulle partie du monde. En celle cite a on quatre p̃drix pour moins dung gros ceste terre respond au chief de caldee vers la tremontarie.

¶ De caldee. vii.

DEla vins en caldee qui est vng grant royaulme. Si passay p̃ la terre de bapel qui est a quatre iournees de caldee. En ceste caldee ont le ꝓpre lãgaige des gẽs du pays. Les gẽs y sont beaulx et les femmes laydes et la vont les hommes aornez ainsi que cy vont noz femmes et portent sur leurs chefz derdoreours et chappeaulx de ples. Leurs femmes ne portent fors vne poure ⁊ meschant toillette pendant iusques a terre aux genoulx ⁊ les manches viennent iusques a terre. Les femmes vont deschaussez ⁊ portẽt iusques a terre pendẽt sarabules en caldien sont brayes en francoys. Elles ne portẽt point de treces: mais vont escheuellees ainsi cõme icy les varletz vont deuant leurs dames: ainsi vont les femmes deuãt les hommes plusieurs aultres choses y vis que point ne racompte.

¶ De la haulte indie ⁊ dune cite qui a nom orenes. viii.

DE caldee veinsmes en indie la maiour q̃ est moult belle: mais estrange terre moult est destruicte par les tartres. En celle indie sont gens qui ne mengent cõmunement fors q̃ dates desquelles on a la quarãte deux liures pour moins dung gros et ainsi de plu-

62*

iusques en la terre prebstre Jan ou il vit plu= ‖ sieurs aultres choses fort admirables Et dignes de grand memoire | cō= ‖ me il racōpte cy dedans. ¶ Le sixiesme ple du pays de surye | et des vil= ‖ les sur mer | degipte | du desert du mōt de Synay | darabe | Et des sainctz ‖ lieux q̄ sont entre le fleuue Jourdain ⁊ Hierusalē | Et signā-ment des cho ‖ ses mōstrueuses q̄l a veues selon la diuersite des pays | cōtrees | et regiōs ‖ Et plusieurs aultres choses cōme on pourra veoir par la table cy apres. ‖ [Vignette.] ¶ Auec Preuilege. ‖ ¶ On les vēd a paris en la rue neufue nr̃e dame a lēseigne. S. Nicolas ‖ et au pallays en la gallerie cōe on va a la chācellerie pour Jehā. S. denys.

Petit in-folio de 82 feuillets numérotés et de 4 feuillets préliminaires pour le titre, le permis d'imprimer et la table. Le permis porte la date du 15 février 1528. L'ouvrage a été imprimé en 1529, le 15 avril, comme il est dit au verso du dernier feuillet. — Le titre est encadré; il est orné d'une marque dont Brunet donne le fac-similé dans le *Manuel du Libraire*, II, col. 1373. — Nous donnons de grandeur naturelle le fac-similé du titre, sur lequel on retrouvera la marque. — Outre le frontispice reproduit ci-contre, nous donnons aussi le fac-similé d'un feuillet.

Le savant bibliographe écrit, III, col. 67/8 : « Ce volume précieux n'a été vendu que 10 fr. *mar. citr.* La Vallière, et 5 fr. Duquesnoy, mais le même exemplaire (mal annoncé sous la date de 1524) a été revendu 70 fr. Thierry; autres, 67 fr. vente Chaillou, 1817; 9 liv. 5 sh. Hibbert; 99 fr. 50 c. (riche reliure de Mackenzie), St. Mauris, 1840. » L'ouvrage vaudrait infiniment plus cher aujourd'hui; il n'y en a qu'un petit nombre d'ex. connus; M. Schefer en possédait un exemplaire; il y en a un également à la Bibliothèque du Muséum d'Hist. nat., à Paris, provenant du couvent des Minimes, relié à leurs armes, veau plein.

Les exemplaires que nous avons examinés sont ceux de la Bibl. nationale (O. 1200 Réserve; O $^2/_{17}$ R) et de l'École des Langues orientales, jadis à M. Defrémery; ce dernier est en mauvais état, et les ff. de la fin sont refaits.

Cet ouvrage reproduit les relations contenues dans le manuscrit Fr. 1380 (ancien 7500 C) de la Bibliothèque nationale dont voici la description :

Petit in-folio, vélin; XVe siècle; à 2 colonnes; provient de Bigot, 165; au recto du f. I, dessin colorié; place des autres dessins laissée en blanc.

La Table occupe 3 feuillets préliminaires.

1° *Commence recto f. 1* : Ci commence vn traittie de l'estat et des condicions de xiiij. royaumes dayse et des empereurs qui puis lincarnacion de ñre seigneur ont regne en y ceulx et regnent encore et du passage doultre mer a la terre sainte, et de la puissance du souldam de egypte que nous appelons le souldam de babilone. Et fut ce traittie fait premierement en latin par tres hault et tres noble hōme monseigneur Aycon seigneur de courcy cheualier et nepueu du roy darmenie...

2° *Commence verso f. 58* : Ci cōmence la itinerance de la peregrinacion & du voiage que fist vn bon preudome des freres prescheurs qui ot nom frere Bicult...

3° *Commence recto f. 95* : Ci cōmence le chemin de la peregrinacion et du voiaige que fist vns bons home de lordre des freres mineurs qui ot nom frere Odric de foro julii...

4° *Commence recto f. 119* : Cy commence vn traictie de lestat de la terre sainte et aussi en partie de la terre de Egypte & fut fait a la requesté de tres Reuerent seigñr mons. Talairāt de pierregort...

5° *Commence verso f. 138* : Cest la copie des lettres que li empereres souverains des tartres le grant caan de cathay envoya au pape Benoit XIj^e de ce nom...

6° *Commence recto f. 142* : De la gouūnance du grant caan de cathay...

Le manuscrit finit au verso du feuillet 146. Ces traductions sont de Jehan Le Long.

∴

(Chemin de la Chine et de la Tartarie, etc.)

Le manuscrit in-folio relié aux armes de France qui porte à la Bibliothèque nationale le No. 2810 Fr. (ancien fonds 8392) contient les ouvrages suivants : Marco Polo. — Odoric. — Taleren de Pierreguort. — L'Estat du grand Kaan. — Lettres du Pape. — Mandeville. — Hetoum et Ricold.

Voici d'ailleurs la description de ce superbe manuscrit écrit en caractères gothiques exécuté par ordre du duc de Bourgogne et donné par ce prince à son oncle le duc de Berry au commencement du XVe siècle. L'une des vignettes au commencement de l'histoire de Hetoum, Fol. 226, représente le duc de Bourgogne recevant le livre. L'écu de Jean Sans Peur est indiqué dans la vignette : *Ecartelé, au 1. & 4. semé de France, à la bordure componnée d'azur et de gueules, qui est* BOURGOGNE MODERNE. *Au 2. & 3. bandé d'or et d'azur de six pièces à la bordure de gueules qui est* BOURGOGNE ANCIEN. *Et sur le tout, d'or au lion de sable armé, & lampassé de gueules, qui est* FLANDRE. Il porte pour titre :

— Ce Liure Est Des ‖ Merueilles Du Monde. Cest assavoir de la Terre ‖ Saintte. Du Grant Kaan. Empereur Des tartares. ‖ Et Du Pais Dinde. LeQuel ‖ Liure Jehan Duc de Bourgoingne. Donna ‖ a son Oncle Jehan Fils De Roy de ‖ France. Duc de Berry Et d'Auviergne. Conte ‖ de Poitou Detampes. de Bouloingne. et Dauvergne. ‖ Et Contient ce dit Liure Six ‖ Liures. Cest assavoir. Marc Pol. Frere Odric de lordre des ‖ Freres meneurs. Le Liure fait à la Requeste du Cardinal Taleran de ‖ Pierregort. ‖ L'Estat du Grant Kaan. Le Liure de Messire Guillaume ‖ de Mandeuille. Le Liure de Frere Jehan Hayton de lordre de premonstre ‖ Le Liure de Frere Bicul De lordre des Freres Prescheurs — ‖ Et sont en ce dit Liure Deux cens soixante six ‖ Hystoires.

Signé par N. FLAMEL.

Puis viennent :

1° *Marco Polo* : Cy apres commence le liure de Marc Paule des merveilles daise la grant et dinde la maiour et mineur Et des diuerses regions du monde. — *Commence* : Pour sauoir la pure uerite de diuerses regions du monde. Si prenez ce liure cy et le faictes lire. Si y trouuerez les grandismes merueilles qui y sont escriptes...

Fini (Fol. 96 verso) : Et a tant fine messire marc pol son liure de la diuision du monde et des merueilles dicelluy.

2° *Odoric* (Folio 97) : Cy cōmence le liure Frere audric de lordre des Freres meneurs. Cy commence le chemin de la peregrinacion et du voyaige que fist vn bon homme de lordre des freres meneurs. nomme frere Odric de fore iuiii. ne de vne terre que on appelle port de Venisse qui par le cōmāt du papa ala oultre mer pour preschier aux mescreans la foy de Dieu. Et sont en ce liure contenu les merueilles que li dis freres vit presentement. et aussy de plusieurs autres lesquelles il oy compter en ces parties sus dittes de gens disgnes de foy. mais celles quil oy racompter et quil ne vit point. ne racompte il point pour uerite fors pour oir dire, et le sōne en son langaige quant a ce vient. Et fut ce liure fait en latin par ce frere deuant nomme en lan de grace mil .ccc. xxx. pfais le .xiiij^e. iour de ianuier Et fu cilz liures translatez de latin en francois par frere Iean le lonc. dit et ne dyppre moisne de saint bertin en saint Aumer. en lan de grace M. CCC. lj.

Fini (Folio 115 recto et verso) : Explicet le yteneiraire Odric de Foro Julij de lordre des freres meneurs qui fist cest liure en lan de grace mil trois cens et trente. Et puis la mort dieux a fait par lui maint miracle. Et fit cilz liures translatez par frere iehan le lonc ne dyppre et moisne de saint bertin en saint aumer. En lan de grace mil .iij^e. lj. acomplis.

3° Folio 116 : Cy commence Le Liure de Taleren de Pierreguort...

Fini au folio 132, verso.

Par Guillaume de Bouldeselle.

4° Folio 135 : Cest la coppie des lettres que ly empereres souuerains des tartars le grant kaan de katay ennoya au pappe benoit le .xij^e. de ce nom en lan de grace mil trois cens.

(Chemin de la Chine et de la Tartarie, etc.)

XXX VIII. enuiron la pentecouste et furent par le commandemēt dudit pappe translatees en latin. et furent translatees du latin en francois par frere iehan le lonc dit et ne de yppre moisne de saint bertin en saint aumer : en lan de grace. M. iijc. lj.

Finissant par : Escript en Cambalec en lan du rat. le sisiesme mois. le tiers iour de la lunison.

Suivi d'un Commentaire.

5° Folio 134 : Cest la teneur des lettres et de la responce que ly pape renuoya a ses principaux amis demourans en Cambanlech, dessoubz lempereur desus dit.

Fini (Fol. 136) : Donne en avignon. le XIIj. iour de Juing. le. Ve annee de n're regnacion de n're pappa. Explicit, etc.

6° *Estat du grant Caan* (Folio 136 au verso) : Cy̆ commence le Liure de lestat du grant Caan. Cy̆ commence de lestat et de la gouuernance du grant kaan de cathay souuerain empereur des tartares. et de la disposicion de son empire. et de ses autres princes. Interprété par vn arceuesque que on dist larceuesque Saltensis. au commant du pappe iehan. XXIJe de ce nom. Translate de latin en francois p frere iehā le lōc dyppre moisne de s'. b'tī en s'. aumer.

Fini (Folio 140 verso) : Explicit de la gouuernance et de lestat du grant kaan souuerain empereur des Tartars.

7° *Mandeville* (Folio 141) : Cy̆ commence le liure mesire guillaume de mandeuille — Comme il soit ainsi que la terre doultre mer cest assauoir la sainte terre de promission. entrestoutes les autres terres cest la plus excellente. et la plus digne et dame souueraine de toutes autres terres. Et benoite et saintefie et consacree du precieux corps et du precieux sang ñre seigneur Jesu Crist.

Fini au verso du Folio 225.

8° *Hayton* (Folio 226) : Cy̆ commence le liure frere Iehan hayton de lordre de premonstre cousin germain du roy darmenie qui parle des merueilles des .XIIIj royaulmes dasie. Le royaume de cathay est tenu pour le plus noble royaume et le plus riche qui soit ou monde et est sur le riuage de la mer occeane.

Fini (Folio 267) : Cy̆ fine le liure des hystoires des parties dorient compile par religieux hōme frere hayton frere de lordre de premonstre iadis seigneur de core. cousin germain du roy darmenie sur le passaige de la terre sainte. p. le commandement du souuerain pere ñre seigneur lapostole clement quint en la cite de poytiers. Le quel liure ie nicole Falcon escrips premierement en frācois. si comme le dit frere hayton le ditoit de sa bouche. sans note ne exemplaire. et de romans le translatay en latin. En lan ñre seigneur. M. CCÇ. sept ou mois daoust. Deo gracias.

9° Cy̆ cōmence Le Liure de Frere Bicul : de lordre des Freres prescheurs.

Commence (Folio 268) : Ci cōmence le itineraire de la peregrinacion et du voiage que fist ung bon preudōme des freres precheurs qui ot nom frere bicul. qui par le cōmant du saint pere ala oult mer por prechier aux mescreans la foy de dieu.

Fini au verso du folio 299 : Explicit le ytineraire de la peregrinacōn frere ricold de lorde des freres precheurs et sont en ce liure contenu par sobriesce les royaumes et les gens lez prouinces lez loys lez sectes lez heresies, lez monstres et les merueilles que li dis freres troua es pties dorient. et fu cilz liures t'rlastes de latin en françoys par frere ihan de yppre moisne de saint bertin en saint omer. En lan. mil. ccc. li. acomplis.

Les lettres indiquées sous les Nos. 4 et 5 ont été publiées par M. E. Jacquet dans le *Nouv. Jour. As.*, VII, 1831, pp. 417 et seq., avec le titre de :

Notice sur quelques relations diplomatiques des Mongols de la Chine avec les Papes d'Avignon.

G. Pauthier s'est servi de ce ms. pour sa belle édition de Marco Polo ; c'est celui qu'il marque *B*. M. de Backer, depuis, en a extrait Odoric, Hetoum, Ricold, les lettres du Pape et l'*Etat du grand Khan* sous le titre de :

— Louis de Backer. L'Extrême Orient au Moyen Age d'après les manuscrits d'un Flamand de Belgique Moine de Saint-Bertin à Saint-Omer et d'un Prince d'Arménie Moine de Prémontré à Poitiers. Paris, Ernest Leroux, 1877, in-8, pp. 502.

Nous avons publié un compte-rendu très défavorable de cet ouvrage dans la *Revue critique*, 19 mai 1877 et dans notre éd. d'ODORIC. — Voir également *The Athenaeum*, No. 2598, 11 août 1877, pp. 174/5, art. de Henry Yule. — Le ms. 2810 Fr., dont il est ici question, est indiqué au No. 116 du catalogue de la bibliothèque de Jean, duc de Berry, au château de Mehun-sur-Yèvre, 1416.[1] Le comte A. de Bastard a commencé, mais non achevé la publication des 266 miniatures ;[2] il a donné, entre autres, le titre et le f. représentant le Duc de Bourgogne recevant le Ms.

∴

— Novvs Orbis regionvm ac insvlarvm veteribus incognitarum, unà cum tabula cosmographica, & aliquot aliis consimilis argumenti libellis, quorum omnium catalogus sequenti patebit pagina. His accesit copiosus rerum memorabilium index. Parisiis apvd Ioannem Paruum sub flore Lilio, uia ad sanctum Iacobum, in-folio.

— Le même : Parisiis apvd Galeotvm à Prato, in aula maiore regii Palatii ad primam columnam, in-folio.

Même édition que la précédente. Frontispices et libraires différents.

On lit au recto du dernier feuillet (508) : Impressum Parisiis apud Antonium Augerellum, impensis Ioannis Parui & Galeoti à Prato. Anno M.D.XXXII. VIII. Calend. Nouembris.

— Novvus Orbis Regionvm ac Insvlarvm veteribvs incognitarvm... Basileae apvd Io. Hervagivm, 1537, in-folio.

Quaritch, liv. 4/4 avec la carte du Monde de Sébastien Münster.

— Novvs Orbis Re- ‖ gionvm ac Insvlarvm vete- ‖ ribus incognitarvm vna cvm tabvla cos- | ‖ mographica, & aliquot alijs consimilis argumenti libellis, nunc no- | ‖ uis nauigationibus auctus, quorum omnium catalogus ‖ sequenti patebit pagina. ‖ Hic accessit copiosus rerum memorabilium index. ‖ [Vig.] ‖ Adiecta est hvic postremae editioni ‖ Nauigatio Caroli Caesaris auspicio in comi- | ‖ tijs Augustanis instituta. ‖ Basileae apvd Io. Hervagivm, ‖ Anno M.D.LV. In-fol.

Au bas de la dernière page 677 : Basileae per Ioannem Hervagi | ‖ vm anno M.D.LV. mense ‖ Septembri.

— Die New Welt der landschaften vnnd Insulen... gedruckt zu Strassburg durch Georgen Vlricher... An. M.D.XXXIIII, in-folio.

Ff. 103/133 : Marr Paulen des Venedigers Erst Buch | von den Morgenlandern. — Ff. 134/152 : Haithon des Armeniers Premonstratensis orden | von den Tartern.

∴

---

1. La Librairie de Jean, duc de Berry, au château de Mehun-sur-Yèvre (1416), publiée en entier pour la première fois d'après les inventaires et avec des notes par Hiver de Beauvoir. A Paris, Aubry, 1860, in-8.

2. Librairie de Jean de France, duc de Berry, Frère du Roi Charles V, publiée en son entier pour la première fois ; précédée de la vie de ce prince, illustrée des plus belles miniatures de ses manuscrits : accompagnée de notes bibliographiques ; et suivie de recherches pour servir à l'histoire des arts du dessin au moyen âge. Le comte Auguste de Bastard, éditeur. Paris, MDCCCXXXIV. 5 liv. gr. in-folio.

Ramusio, † 10 juillet 1557. — Primo volume, & Terza editione delle Navigationi et Viaggi raccolto gia da M. Gio. Battistà Ramvsio, & con molti & vaghi discorsi, da lui in molti luoghi dichiarato & illustrato... In Venetia nella stamperia de Givnti. L'anno MDLXIII, in-fol.

Secondo volume della Navigationi et Viaggi... In Venetia, Appresso i Giunti. MDLXXXIII, in-fol.

Terzo volume... In Venetia, nella stamperia de Givnti. L'anno M.DLXV, in-fol.

Vend. Thonnelier, mar. r. (2178), Fr. 200.

— Delle Navigationi et Viaggi raccolte da M. Gio. Battista Ramvsio, in tre Volvmi divise... In Venetia, MDCVI. Appresso i Givnti. 3 vol. in-folio.

Nous sortirions du cadre de notre ouvrage en donnant une bibliographie de Ramusio qui est d'ailleurs déjà suffisamment bien faite par Camus dans son *Mémoire sur la collection des Grands et Petits Voyages*, pp. 7 et seq. — Voir également la *Relation des Mongols* de M. d'Avezac, pp. 39/41.

∴

— Reineri Reineccii Polyhistoris clarissimi Historia Orientalis : Hoc est Rerum in oriente à Christianis, Saracenis, Turcis & Tartaris gestarum diuersorum Auctorum. Totum opus in duas partes tributum est, contenta in singulis sequens pagina indicat. Helmaestadii, Typis Iacobi Lucij, impensis heredum Ludolphi Brandes. Anno 1602, in-4.

On lit au verso du titre :

Primus Tomus continet :

— Chronicon Hierosolomytanum, cum appendice Reineri Reineccij & Chronologia Henr. Meibomij.

In Altero sunt :

— Vita Henrici VII. Imp. auctore Conrado Vecerio.

— Vita Caroli IIII. Imp. ab ipso Carolo conscripta.

— Historia Orientalis Haythoni Armenij.

— Pauli Veneti Itinerarium.

— Fragmentum de reb. orientalibus ex Speculo Historiali Vincentij Beluacensis.

— Appendix ad Expositiones Haythoni auctore Rein. Reineccio.

Le colophon porte, à la fin de la première partie, la date de 1584 ; à la fin de la seconde, celle de 1585.

Richard Hakluyt.

— The Principal Navigations, Voiages, Traffiqves and Discoueries of the English Nation, made by Sea or ouer-land, to the remote and farthest distant quarters of the Earth, at any time within the compasse of these 1500. yeeres : Deuided into three seuerall Volumes, according to the positions of the Regions, whereunto they were directed... By Richard Haklvyt, Master of Artes, and sometime Student of Christ-Church in Oxford. ¶ Imprinted at London by George Bishop, Ralph Newberie, and Robert Barker. 1598-1600, 3 vol. in-folio.

La première éd. est de G. Bishop and Ralph Newberie, 1589 en un vol. in-folio. — De l'édition dont nous transcrivons le titre, le premier volume parut en 1598 ; on y ajouta un frontispice portant la date de 1599 destiné à supprimer la mention d'une expédition à Cadix par le Comte d'Essex : « And lastly, the memorable defeate of the Spanish huge Armada, Anno 1588. and the famous victorie atchiued at the citie of Cadiz, 1596. »

— Hakluyt's Collection of the early Voyages, Travels, and Discoveries, of the English Nation. — A New Edition, with Additions. — London ; Printed for R. H. Evans, 26, Pall Mall ; J. Mackinlay, Strand ; and R. Priestley, Holborn. — 1809-1812, 5 vol. gr. in-4.

Of this edition there are 250 copies printed on Royal Paper and 75 on Imperial Paper. Printed by G. Woodfall.

— The Principal Navigations, Voyages, Traffiques, and Discoveries of the English Nation. Collected by Richard Hakluyt, Preacher, and Edited by Edmund Goldsmid, F. R. H. S. — Edinburgh : E. & G. Goldsmid, 1884-1890, 16 vol. in-8.

The Second Edition (London, G. Bishop, R. Newberie, and R. Barker), 1598, 1599, 1600, 3 vols. in 2, is the basis of our present edition.

— The Principal Navigations Voyages Traffiques & Discoveries of the English Nation. Made by Sea or Over-land to the Remote and Farthest Distant Quarters of the Earth at any time within the compasse of these 1600 Yeeres By Richard Hakluyt Preacher, and sometime Student of Christ-Church in Oxford. Glasgow, James MacLehose and Sons Publishers to the University. MCMIII-MCMV, 12 vol. in-8.

Le dernier vol. renferme un essai par le Prof. Walter Raleigh sur les voyages des Anglais au XVIe siècle, et un index de la collection, ainsi que des navires. — « The text of this edition is an exact reprint of that of 1598-1600. »

« Extra Series » de l'Hakluyt Society.

S. Purchas.

— Haklvytvs Posthumus or Pvrchas His Pilgrimes. Contayning a History of the World, in Sea voyages. & lande-Trauells, by Englishmen & others. Wherein Gods Wonders in Nature & Prouidence, The Actes, Arts, Varieties. & Vanities of Men, wth a world of the Worlds Rarities, are by a world of Eywitnesse-Authors, Related to the World. Some left written by Mr Hackluyt at his death More since added, His also perused, & perfected. All examined, abreuiated, Illustrated wth Notes. Enlarged wth Discourses. Adorned wth pictures, and Expressed in Mapps. In fower Parts. Each containing fiue Bookes. By Samvel Pvrchas. B. D. Imprinted at London for Henry Fetherston at y[e] signe of the rose in Pauls Churchyard. 1625-6, 5 vol. in-folio.

— Hakluytus Posthumus or Purchas His Pilgrimes. Contayning a History of the World in Sea Voyages and Lande Travells by Englishmen and others. By Samuel Purchas, B. D. Glasgow, James MacLehose and Sons, MCMV, in-8.

Comprendra 20 vol. — « Extra Series » de l'Hakluyt Society.

PIERRE BERGERON.

— Relation des Voyages en Tartarie de Fr. Gvillavme de Rvbrvqvis, Fr. Iean dv Plan Carpin, Fr. Ascelin, & autres Religieux de S. François & S. Dominique, qui y furent enuoyez par le Pape Innocent IV. & le Roy S. Louys. Plvs vn traicté des Tartares, de leur origine, mœurs, Religion, conquestes, Empire, Chams, Hordes diuerses, & changemens iusqu'auiourd'huy. Avec vn Abrégé de l'histoire des Sarasins et Mahometans ; De leur pays, peuples, Religion, guerres ; suite de leurs Califes, Roys, Soudans ; Et de leur diuers Empires & Estats establis par le Monde. Le tout recueilly par Pierre Bergeron, Parisien. A Paris, Chez Michel Soly, ruë Sainct Iacques, au Phoenix. M.DC.XXXIV. Avec Privilege dv Roy, in-8, 6 ff. prél. p. l. tit. etc. + pp. 466 + 9 ff. n. ch. p. l. tab. + 6 ff. n. ch. p. l. tit. (*Traicté des Tartares*) et l. tab. + pp. 240 + 4 ff. n. ch. p. l. tit. (*Hist. des Sarasins*) et l. tab. + pp. 119.

Le Traité des Tartares et l'histoire des Sarasins ont un titre et une pagination différents.

Cette collection a paru également à Paris et à la même date sous le nom des libraires L. de Heuqueuville, et G. Josse.

— Recueil de divers voyages curieux, faits en Tartarie, en Perse et ailleurs. Enrichi de Cartes géographiques & de Figures en Taille douce. *On a mis au devant*, le Traité de la Navigation, & des Voiages de Découverte & Conquête Modernes. Divisez en deux tomes [in-4]. A Leide, aux dépens de Pierre van der Aa. MDCCXXIX. Avec Privilége.

L'édition suivante est la même que celle-ci ; on s'est contenté de changer le titre et l'avertissement.

— Voyages faits principalement en Asie dans les XII, XIII, XIV et XV Siècles, par Benjamin de Tudele, Jean du Plan Carpin, N. Ascelin, Guillaume de Rubruquis, Marc Paul Venitien, Haiton, Jean de Mandeville, et Ambroise Contarini : accompagnés de l'histoire des Sarasins et des Tartares, et précédez d'une introduction concernant les voyages et les nouvelles découvertes des principaux voyageurs, par Pierre Bergeron. A la Haye, Chez Jean Neaulme, M.DCC.XXXV, 2 vol. in-4.

On lit à la fin de l'avertissement du Vol. I :

« Ce Recueil étoit imprimé depuis 4 ans ; mais, à peine a-t-il vû le jour, à cause de la mort de P. van der Aa son imprimeur, ce qui en a empêché le Débit jusqu'à présent : & c'est de ses héritiers, que le Libraire, qui le publie aujourd'hui, vient d'en acheter la Copie & les Exemplaires. »

— Voyages de Benjamin de Tudelle, autour du monde, commencé l'an 1173, de Jean du Plan Carpin, en Tartarie. du frère Ascelin et de ses compagnons vers la Tartarie. de Guillaume de Rubruquin, en Tartarie et en Chine, en 1253. suivis des additions de Vincent de Beauvais et de l'histoire de Guillaume de Nangis, pour l'éclaircissement des précédents voyages. Paris, Imprimé aux frais du gouvernement pour procurer du travail aux ouvriers typographes. Aout 1830, in-8, pp. IV-496.

Contient : Voyage du célèbre Benjamin autour du monde, commencé l'an 1173, pp. I/IV-5/109.

Voyages très curieux faits et écrits par les RR. PP. Jean du Plan Carpin, Cordelier, et N. Ascelin, Jacobin, Envoyés en qualité de légats apostoliques et d'ambassadeurs de la part du pape Innocent IV, vers les Tartares et autres peuples orientaux, pp. 111/235.

Voyage remarquable de Guillaume de Rubruquis, envoyé en ambassade par le roi Louis IX en différentes parties de l'Orient, principalement en Tartarie et à la Chine, l'an de notre Seigneur, M.CC.LIII ; Contenant des récits très singuliers et surprenants, écrits par l'ambassadeur même. Traduit de l'Anglois par le Sr. Bergeron, pp. 237/469.

Additions tirées du *Miroir historique* de Vincent de Beauvais et de l'histoire de Guillaume de Nangis, pour l'éclaircissement des précédents voyages, pp. 471/484.

Raisons au lecteur de M. de Bergeron pourquoi il a publié ces voyages, pp. 485/490.

Table des Matières, pp. 491/496.

PIETER VAN DER AA.

— Naaukeurige versameling der gedenkwaardigste Zee en Land Reysen na Oost- en West-Indiën, mitsgaders andere Gewesten gedaan ; sedert de Jaaren 1246 tot op desen tijd. Te Leyden, door Pieter van der Aa, 1707, 28 tom. en 29 vol. in-8. Cartes et Pl.

Les voyages sont arrangés par ordre chronologique. — Le voyage de J. Jz. de Roy à Bornéo et Atchin, forme la continuation, sans titre général.

— De Aanmerkenswaardigst en Alomberoemde Zee- en Land Reizen der Portugeezen, Spanjaarden, Engelsen en allerhande Natiën : Oost- en West-Indiën, midsgaders andere Verafgelegene Gewesten des Aardryks... Voormaals alleen ten deele verzaameld en in het Hoogduits uitgegeven

d. Johan Lodewyk Gottfried... maar nu vermeerdert..., zijnde yeder Reysbeschrijving onlangs uit sijn Oorspronkelyke taal overgeset. Leyden, P. v. d. Aa. (1727) (1706/7), 8 vol. in-fol., Cartes et Pl.

Même collection que la précédente, mais arrangée d'après les nations : Voyages des Portugais, 2 vol. — des Espagnols, 2 vol. — des Anglais, 2 vol. — des Français, Italiens. Danois et Allemands, 2 vol.

∴

— Een kort Beskriffning Uppå Trenne Resor och Peregrinationer / sampt Konungarijket Japan : I. Beskrifwes een Reesa som genom Asia / Africa och många andra Hedniska Konungarijken / ... aff Nils Matson Kiöping. II. Förstelles thet stoora och machtiga Konungarijke Japan / III. Beskrifwes een Reesa till Ost-Indien / China, och Japan giordhoch beskrefwen aff Oloff Erickson Willman. IV. Vthföres een Reesa ifrån Musscow till China, genom Mongul och Cataija etc. Wisingsborgh, Johann Kankel, anno 1667, in-4, pp. 257 + 1 f. prél.

Première édition très rare de cette collection intéressante (Cat. Sobolewski, No. 1627).

— Een kort Beskrffning Vppå Trenne Reesor och Peregrinationer / sampt Konungarijket Japan : I. Beskrifwes een Reesa / som genom Asia / Africa och många andra Hedniska Konungarijken / sampt öijar : Med flijt är förrättat aff Nils Matson Kiöping, fördetta Skepz Lieutnat. II. Beskrifwes een Reesa till Ost Indien, China och Japan : III. Med Förtälliande. Om förbenembde stoora och mächta Konungarijketz Japan Tillstand / sampt thesz Inwanares Handel och Wandel : Förrättat och Beskrefwin aff Olof Erickson Willmann / Kongl : Mayst : tz Skepz-Capitaien. IV. Vthföres een Reesa ifrån Musscow till China / genom Mongul och Cataïa / öfwer Strömen Obij : Förrättat aff een Rysk Gesandt / som till then stoore Tartaren Niuki war skickad... Tryckt på Wijsingzborg / aff Hans Hög Greffl : Nåd : Rijkz Drotzens Booktryckare Johann Kankel. Anno MDCLXXIV. In-4, pp. 304 et 2 ff. prél. pour le titre et la préface.

La page 304 contient une notice que la première édition de cette collection a été imprimée en 1667 et qu'on ajoute à cette nouvelle édition les traités suivants, ayant chacun un titre et une pagination spéciale :

Mart. Martinj, S. J., Historia om thet Tartariske Krijget uthi Konungarijket Sina... forswenskat aff Ambr. Nidelberg. *Joh. Kankel*, 1674 [voir col. 626].

Mich. Hemmersam, West-Indianisk Reese-Beskriffning, fran ahr 1639 till 1645. ifran Amsterdam till St Joris de Mina. *Ibid.*, 1674.

Kort Berättelse om Wäst Indien eller America, som elliest kallas Nya Werlden. *Ibid.*, 1675.

Jobst Schouten, Sanfärdig Beskrijffning. Om Konungarijket Siam... uthi Holländska Språket åhr 1636 forfattat. *Ibid.*, 1675.

Un ex. avec ces suppléments marqué 200 flor. dans la col. de Müller, Amst., 1882 ; sans les supp. la collection vaut de 70 à 80 fr., ce qui est peu, car elle est excessivement rare, même en Suède, et vient de l'imprimerie privée du comte P. Brahe.

— D. D. Dissertatio de Libris in typographia Wisingsburgensi impressis, quam consent. ampliss. ord. philos. Ups. publico examini offerunt Mag. Samuel Gestrin, ad Biblioth. Acad. Amanuensis extraord. atque Daniel Axner, Gestricii. In audit. Gust. Maj. Die XI Dec. MDCCXCIII : H. A. M. S. — Upsaliae, Litteris Viduae Direct. Joh. Edman. Br. in-4, pp. 27.

— Nils Mathson Köping. (*Litteratur der älteren Reisebeschreibungen*... von Johann Beckmann... Göttingen, I, 1807, pp. 61/69.)

∴

— Il Genio Vagante Biblioteca curiosa di cento, e più Relazioni di Viaggi Stranieri de' nostri tempi Raccolta dal Signor Conte Avrelio degli Anzi Ed estratta da diverse Lettere private, Informazioni particolari, e Libri di varij Scrittori Italiani, Francesi, Spagnuoli, Alemani, Latini, ed altri Autori del corrente Secolo. *Al merito sublime dell' Illustriss. e Reverendiss. Monsignore Tomaso Saladini Vescovo di Parma.* In Parma, per Giuseppe dall' Oglio, & Ippolito Rosati, MDCXCI-III, 4 parties in-12.

Chaque vol. est dédié à une personne différente :

II. à D. Giovanni Abbiati. Visitatore Generale, e Priore della Regia Certosa presso a Pavia. — III. Francesco Rossi. — IV. Francesco Baistrochi, Gentiluomo Parmigiano.

Collection rare. — Anzi, anagramme de Zani.

M. Thévenot.

— Relations de divers Voyages curieux, qui n'ont point esté publiées, Et qu'on a traduit ou tiré des Originaux des Voyageurs François, Espagnols, Allemands, Portugais, Anglois, Hollandois, Persans, Arabes & autres Orientaux, données au public par les soins de feu M. Melchisedec Thevenot. Le tout enrichi de figures, de plantes non décrites, d'Animaux inconnus à l'Europe, & de Cartes Géographiques, qui n'ont point encore été publiées. Novvelle Edition, Augmentée de plusieurs Relations curieuses. Tome premier. Contenant la I. et II. Partie. A Paris, Chez Thomas Moette, MDC.XCVI, in-folio.

— — Tome second. Contenant la III. et IV. Partie, *Ibid.*, in-folio.

— Mémoire sur la collection des Grands et Petits Voyages, et sur la collection des

Voyages de Melchisedech Thevenot; Par A. G. Camus, membre de l'Institut national. Imprimé par l'ordre et aux frais de l'Institut. Paris, Baudouin, Frimaire an XI. (1802), in-4, pp. IIJ-401 et 2 pages d'errata.

N. Witsen.

— Noord en Oost Tartaryen : behelzende eene Beschryving van verscheidene Tartersche en Nabuurige Gewesten, in de Noorder en Oostelykste Deelen van Aziën en Europa; Zedert naauwkeurig onderzoek van veele Jaaren, en eigen ondervinding ontworpen, beschreven, geteekent, en in't licht gegeven, door Mr. Nicolaas Witsen. Burgemeester te Amsterdam, &c... Te Amsterdam, By M. Schalekamp. MDCCLXXXV, 2 parties in-folio, pp. 968 s. la préf. et la table; Cartes et Fig.

Les frontispices gravés pour chacune des parties portent : In Amsterdam. By François Halma, Boekverkoper, MDCCV. — Cette date est celle de la 2e éd.; la 1re éd. est d'Amsterdam, 1692, in-folio. On ne connaît qu'un seul exemplaire complet de cette dernière, celui de la Bibliothèque impériale de St. Pétersbourg.

— * О рѣдкой книгѣ биргермейстера Витзена : *Noord en Ost-Tartarye.* Историч., генеалог. и географ. примѣчанія къ Вѣдомостямъ. 1732. Vol. 32, p. 153; Vol. 33, p. 157.

Mejov.

Churchill.

— A Collection of Voyages and Travels, some Now first printed from *Original Manuscripts*, others Now first published in English. In Six Volumes. With a General Preface, giving an Account of the Progress of Navigation, from its Beginning. Illustrated with a great Number of useful Maps and Cuts, Curiously engraven. London, Printed by Assignment from Messrs. Churchill... 6 vol. in-folio, MDCCXXXII.

La première édition, publiée en 4 vol. in-folio, est de 1704.

— A Collection of Voyages and Travels, some Now first Printed from Original Manuscripts, others Now first Published in English. In Six Volumes. To which is prefixed. An Introductory Discourse (supposed to be written by the Celebrated Mr. Locke) intitled, *The whole History of Navigation from its Origin to this Time.* Illustrated with near Three Hundred Maps and Cuts, curiously engraved on Copper. The Third Edition. London : Printed by Assignment from Messrs. Churchill, for Henry Lintot; and John Osborn, at the Golden Ball in Pater-noster Row, 6 vol. in-folio.

Les Vol. I et II sont de 1744; III & IV, de 1745; V et VI, de 1746. Au commencement du Vol. I. il y a un portrait de Confucius. — Le Vol. VI se termine par : A General Index to the Six Volumes. — An Account of the Books contained in this Collection. — The Catalogue and Character of most Books of Voyages and Travels.

Harris.

— *Navigantium atque Itinerantium Bibliotheca* : or, a Compleat Collection of Voyages and Travels : Consisting of above Four Hundred of the most Authentick Writers; beginning With *Hackluit, Purchass,* &c. in English; *Ramusio* in Italian; *Thevenot,* &c. in French; *De Bry,* and *Grynoei Novus Orbis* in *Latin*; the *Dutch East-India* Company in *Dutch* : And Continued, with Others of Note, that have Publish'd Histories, Voyages, Travels, or Discoveries, in the *English, Latin, French, Italian, Spanish, Portuguese, German or Dutch* Tongues; relating to any Part of Asia, Africa, America, Europe, or the *Islands* thereof to this present Time... by John Harris, A. M. Fellow of the *Royal Society.* In two Volumes, London, MDCCV, in-folio.

« La Collection de Harris a été réimprimée en 1744-48, 2 vol. in-fol. avec de grandes additions, mais aussi avec des altérations considérables. Le choix primitif en était fort judicieux » *Bibliog. univ.*, III, p. 498. — Une autre éd. *revised* est de London, 1764, 2 vol. in-fol.

∴

— Recueil de Voyages au Nord contenant divers Mémoires très utiles au Commerce et à la Navigation. Amsterdam, Jean Frédéric Bernard, 1731-1738, 10 vol. in-12.

Les premiers vol. avaient déjà paru en 1715.

— Mosheim, *Historia Tart. Ecclesiast.*, voir col. 765.

Oxford.

— A Collection of Voyages and Travels, consisting of Authentic Writers in our own Tongue, which have not before been collected in *English*, or have only been *abridged* in other Collections. And continued with others of Note, that have published Histories, Voyages, Travels, Journals or Discoveries in other Nations and Languages, relating to any Part of the Continent of Asia, Africa, America, Europe, or the Islands thereof, from the earliest Account to the present Time. Digested according to the Parts of the World, to which they particularly relate : with Historical Introductions to each Account, when thought necessary, containing either the Lives of their Authors, or what else could be discovered and was supposed capable of entertaining and informing the curious Reader. And with great Variety of Cuts, Prospects, Ruins, Maps, and Charts. Compiled from the curious and valuable Library of the late Earl of Oxford. Interspersed and Illustrated with Notes. London : Printed for and sold by Thomes Osborne of Gray's-Inn, MDCCXLV, 2 vol. in-folio.

ASTLEY.

— A New General Collection of Voyages and Travels : Consisting of the most Esteemed Relations, which have been hitherto published in any Language : Comprehending every Thing remarkable in its Kind, in Europe, Asia, Africa, and America, With respect to the Several Empires, Kingdoms, and Provinces ; their Situation, Extent, Bounds and Division, Climate, Soil and Produce ; their Lakes, Rivers, Mountains, Cities, principal Towns, Harbours, Buildings, &c., and the gradual Alterations that from Time to Time have happened in each :

Also the Manners and Customs of the Several Inhabitants ; their Religion and Government, Arts and Sciences, Trades and Manufactures : So as to form A Compleat System of Modern Geography and History, exhibiting the Present State of all Nations ; Illustrated... Published by His Majesty's Authority. — London : Printed for Thomas Astley, 1745-1747, 4 vol. in-4.

PRÉVOST.

— Histoire générale des Voyages, ou Nouvelle Collection de toutes les Relations de Voyages par mer et par terre, qui ont été publiées jusqu'à présent dans les différentes langues de toutes les Nations connues. *Paris, Didot,* 1746-1761. (15 vol. in-4 et 1 table.) — 16 vol. in-4.

Suite de l'Hist. générale des Voyages. — Tome XVII pour servir de Supplément à l'édition de Paris. *Amsterdam, Arkstée et Merkus,* 1761.

Continuation de l'Hist. générale des Voyages. — Tome XVIII formant le 1er vol. de la continuation. *Paris, Rozet,* 1768.

(ASTLEY. — PRÉVOST.)

Tome XIX formant le dernier vol. des Voyages de Mer, *Paris, Panckoucke,* 1770.

Tome XX. *Bruxelles* et *Paris,* an X.

— Histoire générale des Voyages... A La Haye, chez Pierre de Hondt, 1747-80. 25 vol. in-4.

Edition meilleure que la précédente ; considérablement augmentée ; le vol. XVII (1763) contient les voyages des Hollandais vers les Indes Orientales ; les vol. XVIII-XXIII contiennent une histoire complète des voyages vers l'Amérique, depuis Colomb jusqu'à l'année de la publication de l'ouvrage.

— * Historische Beschrijiving der Reizen. Verzameling van de allerwaardigste (*sic*) zee- en landtogten. U. h. F.'s Hage, 1747. 21 Vol. in-4.

Les 8 derniers vol. n'ont pas été traduits.

— Abrégé de l'histoire générale des Voyages... par J. F. Laharpe.

VI, à Paris, Etienne Ledoux, 1820 :

Livre quatrième contenant la *Chine* :

Chap. I : Précis de différens Voyages à la Chine, depuis le treizième siècle jusqu'à nos jours, pp. 194/278.

Chap. II : Voyages, négociations et entreprises des Hollandais à la Chine, pp. 279/316.

Chap. III : Voyages de Navarette ; missions des Jésuites, pp. 317/365.

Chap. IV : Ambassade Russe. Observations tirées de Gémelli Carreri et autres voyageurs, pp. 366/375.

Chap. V : Description des quinze provinces de la Chine, pp. 376/435.

VII, *ibid.*, 1820 :

Chap. VI : Mœurs des Chinois, pp. 1/84.

Chap. VII : Division de la nation chinoise en différentes classes : commerce, arts, manufactures, pp. 84/225.

Chap. VIII : Sciences des Chinois : Astronomie, Médecine, Musique, Poésie, Histoire, Morale, Langage : Confucius ou Confut-tsé, pp. 226/312.

Chap. IX : Religion, pp. 313/358.

Chap. X : Gouvernement, pp. 359/473.

VIII, *ibid.*, 1820 :

Histoire naturelle de la Chine. Description de la grande muraille, pp. 1/74.

Chap. XII : De la Corée, pp. 75/138.

Chap. XIII : Iles Lieou-Kieou, pp. 139/162.

Livre cinquième : Asie centrale et Tibet :

Chap. I : Mantchourie-Mongolie, pp. 163/229.

Chap. II : Kalmoukie, ou pays des Eleuths, pp. 230/291.

Chap. III : Tibet, pp. 292/408.

Chap. IV : Petite Boukharie, pp. 409/438.

Chap. V : Tartarie indépendante, pp. 439/475.

Verewkine a traduit cet ouvrage en russe (1782-1787).

— Geschichte der Schiffahrten und Versuche, welche zur Entdeckung der Nordöstlichen Wege nach Japan und China von verschiedenen Nationen unternommen worden. Zum Behufe der Erdbeschreibung und Naturgeschichte dieser Gegenden entworfen von Johann Christoph Adelung Herzoglich Sächsischem Rath. Halle, bey Johann Justinus Gebauer, 1768, in-4, pp. 8-740, grav. et cartes.

FORSTER.

— * Geschichte der Entdeckungen und Schiffahrten im Norden. Mit neuen Origi-

(FORSTER.)

nalkarten versehen. Frankfurt an der Oder, 1784, in-8.

— Le même. Berlin, [1784], in-8.

Même éd. que la précédente avec un titre différent.

— History of the Voyages and Discoveries made in the North. Translated from the German of John Reinhold Forster, I.U.D. and elucidated by several new and original Maps. London : Printed for G. G. J. and J. Robinson, M.DCC.LXXXVI, in-4, pp. XVI-489, sans la Table des matières et l'Index.

— Histoire des Découvertes et des Voyages faits dans le Nord, Par M. J. R. Forster : Mise en Français par M. Broussonet. Avec trois Cartes Géographiques. A Paris, Chez Cuchet, M.DCC.LXXXVIII, 2 vol. in-8.

∴

— Geschichte der wichtigsten geographischen Entdeckungen bis zur Ankunft der Portugiesen in Japan 1542, von Matthias Christian Sprengel, Professeur der Geschichte in Halle. Zweite vermehrte Auflage. Halle, 1792, pet. in-8, pp. 420, s. la tab. et les ff. prél.

— A General Collection of the best and most interesting Voyages and Travels in all Parts of the World; many of which are now first translated into English. Digested on a new Plan. By John Pinkerton. Illustrated with Plates. London, Longman, 1808/1814, 17 vol. in-4.

Le vol. XVII contient un « Catalogue of B oks of Voyages and Travels », pp. 1/255.

— Historical Account of Discoveries and Travels in Asia, from the earliest ages to the present time. By Hugh Murray F. R. S. E.... Edinburgh, 1820, 3 vol. in-8.

Notices par Abel Rémusat : *Jour. des Savans*, pp. 3/11, et *Nouv. Mél. As.*, I, pp. 413/426.

— Recueil de Voyages et de Mémoires, publié par la Société de Géographie. 7 vol. in-4.

Tome premier, Paris, de l'Imprimerie d'Everat... MDCCCXXIV, in-4, pp. LIV-568 plus 1 f. table.

[Publié à 15 fr.]

Avant-Propos [par Malte-Brun]. — Introduction aux Voyages de Marco Polo. — Voyage de Marc Pol. — Table du Texte français. — Peregrinatio Marci Pauli. — Table du Texte latin. — Glossaire des mots hors d'usage. — Errata. — Variantes des noms propres et des noms de lieux. — Liste des Membres de la Société de Géographie, depuis sa fondation.

Tome deuxième, Paris, de l'Imprimerie d'Everat... MDCCCXXV, in-4, pp. 526 et planches.

[Publié à 18 fr.]

Ce volume ne contient rien sur la Chine.

Tome troisième, Paris, chez Arthus Bertrand, MDCCCXXX, in-4, pp. 528 et planches.

[Publié à 20 fr.]

Orographie de l'Europe, par M. Louis Bruguière.

Tome quatrième, Paris, chez Arthus Bertrand, MDCCCXXXIX, in-4, pp. IV-868.

[Publié à 30 fr.]

Relation des Merveilles d'une partie de l'Asie par le P. Jordan ou Jourdain Catalani. — Relation d'un voyage à l'île d'Amat ou Taiti et aux îles voisines... — Vocabulaires appartenant à diverses contrées ou tribus de l'Afrique. — Voyage en Orient du frère Guillaume de Rubruk... — Relation des Mongols ou Tartares par le Frère Jean du Plan de Carpin... — Voyage de Bernard et de ses Compagnons en Egypte et en Terre Sainte. — Relation des voyages de Sæwulf, à Jérusalem et en Terre-Sainte, pendant les années 1102 et 1103.

Les autres vol. de cette collection ne contiennent rien de relatif à notre sujet.

— * Bibliothèque universelle des voyages effectués par mer ou par terre dans les différentes parties du monde, depuis les premières découvertes jusqu'à nos jours, revus et traduits par Albert de Montémont. Paris, A. Aubrée, 1833-1836, 46 vol. in-8 et atlas in-folio.

— An Analysis of one hundred voyages to and from India, China, etc., performed by ships in the Honble. East-India Company's service ; with Remarks on the Advantages of Steam-Power applied as an auxiliary to Shipping ;... to which is added an Appendix, containing a Description of Melville's Patent Propellers..., by Henry Wise. London : Printed for the Author, by J.W. Norie & Co. ; and W. H. Allen & Co., 1839, in-8, pp. XXV-120.

— Relazioni di Viaggiatori. Venezia, co' tipi del Gondoliere. MDCCCXLI, 2 vol. pet. in-8.

Forme les Vol. I et II de la Classe XI de la *Biblioteca classica italiana di Scienze, Lettere ed Arti disposta e illustrata da Luigi Carrer.*

— Early Travels in Palestine, comprising the narratives of Arculf, Willibald, Bernard, Saewulf, Sigurd, Benjamin of Tudela, Sir John Maundeville, de la Brocquière, and Maundrell. Edited, with Notes, by Thomas Wright, Esq., M. A., F. S. A., &c. London : Henry G. Bohn, MDCCCXLVIII, pet. in-8, pp. XXXI-517.

Ce volume est le No. 7 de la collection dite « Bohn's Antiquarian Library », composée de 38 volumes à 5 shillings.

— Etudes sur le commerce au Moyen age. Histoire du commerce de la Mer Noire et des Colonies génoises de la Krimée par F. Elie de la Primaudaie. Paris, Comptoir des Imprimeurs-unis, Comon et Cie, 1848, in-8, pp. XIII-404.

Chap. IX : Grandes routes commerciales de la Chine. — Commerce de Tauris.

— Voyageurs anciens et modernes ou Choix des Relations de Voyages les plus intéressantes et les plus instructives depuis le cinquième siècle avant Jésus-Christ jusqu'au dix-neuvième siècle, avec biographies, notes et indications iconographiques par M. Edouard Charton, Rédacteur en chef du *Magasin pittoresque*. Paris, aux bureaux du *Magasin pittoresque*, 1854-1857, 4 vol. gr. in-8.

Tome premier : *Voyageurs anciens* depuis le cinquième siècle avant Jésus-Christ jusqu'à la fin du quatrième siècle de notre ère. 1854.

Tome deuxième : *Voyageurs du moyen âge* depuis le sixième siècle de l'ère chrétienne jusqu'au quatorzième. 1855.

Tome troisième : *Voyageurs modernes*. Quinzième siècle et commencement du seizième. 1855.

Tome quatrième : *Voyageurs modernes*. Seizième, dix-septième et dix-huitième siècles. 1857.

On a fait plusieurs tirages de cet ouvrage, portant les dates 1861, 1869, 1876. — L'ouvrage a été couronné par l'Académie française dans sa séance du 20 août 1857.

— Peregrinatores medii aevi quatuor. Burchardus de Monte Sion, Ricoldus de Monte Crucis, [Pseudo] Odoricus de Foro Julii, Wilbrandus de Oldenborg. Quorum duos nunc primum edidit duos ad fidem librorum manuscriptorum recensuit J.C.M. Laurent. Lipsiae, J.C. Hinrichs Bibliopola, 1864, in-4, pp. VIII-199.

∴

— Cathay and the Way thither; being a collection of Medieval Notices of China, translated and edited by Colonel Henry Yule, C. B., late of the Royal Engineers (Bengal), with a preliminary essay on the intercourse between China and the western nations previous to the discovery of the Cape Route. London : Printed for the Hakluyt Society, MDCCCLXVI, 2 vol. in-8.

Volume I, pp. CCLIII-250.

Dedication and Preface to Sir Roderick Impey Murchison, pp. III-VIII. — Errata. — List of Illustrations, p. IX. — Table of Contents, p. XI. — Preliminary Essay on the Intercourse of China and the Western Nations previous to the Discovery of the Sea-Route by the Cape : I. Earliest Traces of Intercourse. Greek and Roman knowledge of China. — II. Chinese knowledge of the Roman Empire. — III. Communication with India. — IV. Intercourse with the Arabs. — V. Intercourse with Armenia and Persia, etc. — VI. Nestorian Christianity in China. — VII. Literary Information regarding China previous to the Mongol Era. — VIII. China, known under the Mongol Dynasty as Cathay. — IX. Cathay passing into China. Conclusion. — Supplementary Notes, pp. XXXIII-CCLIII. — I. Odoric de Pordenone, pp. 1-162. — II. Letters and Reports of Missionary Friars from Cathay and India, pp. 163-250.

Volume II, pp. (251-596)-XCVIII.

III. Cathay under the Mongols, pp. 251-276. — IV. Pegolotti's Notices of the land Route to Cathay, pp. 277-308. — V. Marignolli's Recollections of Eastern Travel, pp. 309-394. — VI. Ibn Batuta's Travels in Bengal and China, pp. 395-526. — VII. The Journey of Benedict Goës from Agra to Cathay, pp. 527-596. — Appendix, I-LXVI. — Index, LXVII-XCVIII.

Avec des Cartes et des Illustrations.

Cet ouvrage forme les Vol. XXXVI et XXXVII de la collection de l'*Hakluyt Society*.

Notice · « Mediaeval Notices of China » : *Saturday Review*, June 8, 1867.

Ouvrage devenu rare ; se vend de 125 à 150 francs. — Une nouvelle éd. est en préparation pour l'Hakluyt Society par M. Henri Cordier.

— Notices of Cathay. By Colonel H. Yule. (*Proc. Roy. Geog. Soc.*, X, 1866, pp. 270/8.)

∴

(DIVERS.)

— Les Voyageurs Belges du XIIIe au XVIe siècle par le baron Jules de Saint-Génois. Bruxelles, A. Jamar, éditeur, pet. in-8, pp. 227.

Guillaume de Ruysbroek, etc.

— Les Voyageurs Belges du XVIIIe et du XIXe siècle... *Ibid.*, pp. 210 + 1 f. n. c.

Auger Busbecq, etc.

∴

— Bibliografia dei Viaggiatori Italiani ordinata cronologicamente ed illustrata da Pietro Amat di San Filippo Membro della Società geografica italiana. Roma, Coi tipi del Salviucci, 1874, in-8, pp. XXII-145. Prezzo, Lire 7.

— Studj bibliografici e biografici sulla Storia della Geografia in Italia Pubblicati per cura della Deputazione ministeriale istituita presso la Società Geografica Italiana. Roma, Tipografia Elzeviriana, 1875, in-4.

Reproduit avec des additions et des corrections la bibliographie d'Amat di San Filippo. — Planches.

— Società geografica italiana. — Studi biografici e bibliografici sulla Storia della Geografia in Italia pubblicati in occasione del III°. Congresso geografico internazionale. — Vol. I. Biografia dei Viaggiatori italiani colla bibliografia delle loro opere per P. Amat di S. Filippo. Edizione seconda. Roma, alla Sede della Società, 1882, in-8, pp. XI-742 + 1 f. n. c. et 3 pl.

— — Volume II. — Mappamondi, Carte nautiche, Portolani ed altri monumenti cartografici specialmente italiani dei secoli XIII-XVII per G. Uzielli e P. Amat di S. Filippo. — Ed. seconda. Ibid., 1882, in-8, pp. XXVI-325 + 1 f. n. c. d'er.

— — Appendice agli Studi biografici e bibliografici sulla Storia della Geografia in Italia per P. Amat di S. Filippo pubblicata in occasione del primo Congresso geografico nazionale. Ibid., 1884, in-8, pp. XIII-85.

— Gli illustri Viaggiatori italiani con una Antologia dei loro scritti per Pietro Amat di S. Filippo... Roma, tip. dell' Opinione, 1885, in-8, pp. VIII-548.

Je note parmi les voyageurs qui nous intéressent : Giovanni Piano Carpini, 1246-47, pp. 1 et seq. — Marco Polo, 1271-1295, pp. 11 et seq. — Oderico da Pordenone, 1314-1330, pp. 19/31. — Giovanni de Marignolli, 1339-1353, pp. 13 et seq. — Nicolò dei Conti, 1404-1444, pp. 61 et seq. — Lodovico de Varthema, 1502-1508, pp. 125 et seq. — Antonio Pigafetta, 1519-1522, pp. 171 et seq. — Cesare Fedrici, 1563-1581, pp. 197 et seq. — Matteo Ricci, 1577-1610, pp. 203 et seq. — Gasparo Balbi, 1579-1588, pp. 207 et seq. — Filippo Sassetti, 1583-1588, pp. 217 et seq. — Basilio da Gemona, 1683-1704, pp. 295 et seq. — Francesco Gemelli Careri, 1693-1698, pp. 299 et seq. — Carlo Horatio da Castorano, 1698-1733, pp. 319 et seq. — Ippolito

(DIVERS.)

Desideri, 1712-1727, pp. 341 et seq. — Francesco Orazio da Pennabilli, 1719-1747, pp. 349 et seq.

— Storia dei Viaggiatori Italiani di Gaetano Branca. — 1873, G. B. Paravia, Roma, etc., in-12, pp. VIII-500, fac-similes.

Marco Polo, etc.

— Storia dei Viaggiatori italiani nelle Indie Orientali compilata da Angelo de Gubernatis con estratti d'alcune Relazioni di Viaggio a stampa ed alcuni documenti inediti. Pubblicata in occasione del Congresso geografico di Parigi. In Livorno, Franc. Vigo, 1875, in-8, pp. VIII-400.

— Hist. du Commerce du Levant au Moyen-âge par W. Heyd. — Voir COMMERCE.

BENJAMIN DE TUDÈLE (XIIe Siècle).

— Itinerarivm ‖ Beniamini ‖ Tvdelensis ; ‖ in qvo ‖ res memorabiles, qvas ‖ ante qvadringentos ‖ annos totum ferè terrarum orbem notatis itineribus di ‖ mensus vel ipse vidit vel à fide dignis suae aetatis hominibus ‖ accepit, breuiter atque dilucidè describuntur ; ‖ Ex Hebraico Latinum factum ‖ Bened. Aria Montano ‖ interprete. ‖ Antverpiae, ‖ Ex officina Christophori Plantini, ‖ Architypographi regij. ‖ M.D.LXXV, pet. in-8, pp. 114 + 6 ff. n. c. à l. fin p. l'ind. et la perm.

— בנימין מסעות של רבי Itinerarium D. Beniaminis, Cum Versione & Notis Constantini L'Empereur ab Oppyck, S.T.D. & S.L.P. in Acad. Lugd. Batava. — Lvgd. Batavorvm, Ex Officinâ Elzeviriana. — clɔ Iɔ CXXXIII, pet. in-8.

— * Itinerarium Benjamini T. ex versione B. Ariae Montani. Subjectae sunt Descriptiones Mechae et Medinae-Alnabi ex itinerariis Ludovici Vartomanni et Johannis Wildii. Praefixa vero Dissertatio ad lectorem, qvam svae editioni praemisit Constantinvs l'Empereur, et nonnvllae eivsdem notae. Helmestadii, 1636, in-8.

— Beniamini Tvdelensis Itinerarivm ex versione Benedicti Ariae Montani. Svbiectae svnt Descriptiones Mechae et Medinae-Alnabi ex itinerariis Lvdovici Vartomanni et Iohannis Wildii. Praefixa vero Dissertatio ad lectorem, qvam svae editioni praemisit Constantinvs l'Empereur, et nonnvllae eivsdem notae. Lipsiae apvd Ioann. Michael. Lvdov. Tevbner. MDCCLXIV, in-8, pp. lxiv-160 sans l'index.

— De Reysen van R. Benjamin Jonasz Tudelens, In de drie Deelen der Werelt, als Europa, Asia en Afrika... In't Nederduyts overgeschreven door Jan Bara. Amsterdam voor Josua Rex, 1666, in-12, pp. 117.

— Reize van Benjamin van Tudela in de Jaren 1160-1173 door Europa, Azië en Afrika, Vertaald en met aantekeningen voorzien door S. Keyser. Leyden, H. W. Hazenberg, 1846, in-8, pp. 103 + 2 ff. prél.

— Voyages de Rabbi Benjamin fils de Jona de Tudele, en Europe, en Asie & en Afrique, depuis l'Espagne jusqu'à la Chine. Où l'on trouve plusieurs choses remarquables concernant l'Histoire & la Géographie & particulièrement l'état des Juifs au douzième siècle. Traduits de l'Hébreu, & enrichis de Notes & de Dissertations Historiques & Critiques sur ces Voyages. Par J. P. Baratier, Etudiant en Théologie. A Amsterdam, Aux dépens de la Compagnie. MDCCXXXIV, 2 vol. in-8.

— Voyage du celebre Benjamin, Au tour du Monde, Commencé l'an MCLXXIII... Ecrit premierement en Hebreu par l'Auteur de ce Voyage ; traduit ensuite en Latin, Par Benoit Arian Montan ; & Nouvellement du Latin en François. Le tout enrichi de Notes, pour l'explication de plusieurs passages. (Dans le *Recueil* de Bergeron, 1735, I.)

« Pour aller de ces Isles (Isles *Chéreray*, adorateurs du Feu) à *Sin* dans la *Chine* aux extremitez de l'Orient, il faut être quarante jours sur la Mer. Quelques-uns assurent que cette Mer est un Détroit sujet à de violentes tempêtes que la Planette *Orion* y excite avec tant de furie, qu'il est impossible à aucun Navigateur de les surmonter, ou d'en échapper ; par ce qu'elles entrainent les Navires dans les endroits les plus reserrez de cette Mer, d'où il est impossible de les retirer, & les Vaisseaux y demeurent si long tems, que les Hommes, aiant consumé leurs Vivres, y perissent ; danger auquel on est souvent exposé. Cependant l'industrie des Hommes a pourvû à cet inconvénient. On a trouvé un moien de l'éviter qui pourra faire plaisir à ceux qui auront la curiosité de le savoir. Voici de quelle manière on s'y prend. On a la précaution d'aporter dans le vaisseau des Peaux de Veau, en aussi grand nombre qu'il y a d'hommes ; qui dans le tems que le vent les jette dans les endroits les plus perilleux de cette mer, se renferment avec leur épée chacun dans une de ces Peaux qu'ils cousent d'une manière que l'eau n'y puisse entrer ; après quoi ils se roulent dans la mer. Les Aigles, qui sont fort fréquens en cette Région, & qu'on apelle des Grifons, ne les ont pas plutôt aperçus, que les prenant pour quelque bête se lancent dessus & les transportent à terre, soit dans quelque Vallée ou sur quelque Montagne. Mais lorsqu'ils sont prets à arracher & manger leur proie, l'Homme renfermé dedans la Peau, tûe sans tarder le Grifon de son épée. C'est de cette façon qu'une grande quantité se sauve. De là, après un chemin de trois jours, on se met sur mer, où l'on est 15. jours pour arriver à *Gingalan*, qui est la demeure de 1000. *Juifs* ; mais il n'y en a point à *Cholan* qui en est éloignée de sept jours de Navigation. En 12. jours je vins à *Zébid* où il y en a fort peu. » (Col. 55 et 56.)

— Voyage du célèbre Benjamin autour du monde, commencé l'an 1173, pp. I-IV, 5/109 des « Voyages... Paris, Imprimé aux frais du gouvernement... août 1830 », *supra*, col. 1942.

— The Travels of Rabbi Benjamin, the son of Jonas of Tudela, through Europe, Asia, and Africa, from Spain to China, from the year of our Lord 1160 to 1173. From the Latin Versions of Benedict Arias Montanus, and Constantine L'Empereur compared with other translations into different Languages. (*Pinkerton*, VII.)

— The Travels of Rabbi Benjamin of Tudela A. D. 1160-1173 (pp. 63/126, de la collection des *Early Travels in Palestine*, publiée en 1848 par Thos. Wright).

Le passage de la narration de Benjamin qui est relatif à la Chine, pp. 116/117, est reproduit par le colonel Yule, dans *Cathay...* I, p. CXIV.

La version d'Asher de 1840 est celle qui est donnée, avec quelques corrections, par Mr. Wright.

— Examen géographique des courses et de la description de Benjamin de Tudèle, 1160-1173. Plusieurs lettres adressées à M. Carmoly. (*Géographie du Moyen Age*, étudiée par Joachim Lelewel. Vol. IV. Bruxelles, 1852.)

— Notice historique sur Benjamin de Tudèle, par E. Carmoly. Nouvelle édition, suivie de l'examen géographique de ses voyages, par J. Lelewel. Bruxelles, 1852, in-8. Avec 2 cartes, pp. 36 et 41.

— L. Abrahams. — Joseph Sambary and Benjamin of Tudela. (*Jewish Quart. Review*, 1889, II, 107.)

— The Travels of Benjamin of Tudela, in the Twelfth Century. By the Rev. Dr. Jacob Voorsanger. (*Bul. Geog. Soc. California*, Vol. II, May 1894, pp. 77/96.)

— Itinéraire juif d'Espagne en Chine au IXe siècle par M. Moïse Schwab... 1891. Voir Judaïsme, col. 1358.

Voyage de fantaisie inspiré par celui de Benjamin de Tudèle qui eut lieu trois siècles plus tard.

— R. Luria, Sull' Itinerario di Beniamino da Tudela. (*Vessillo Israelitico*, XXXVI, 56.)

— The Itinerary of Benjamin of Tudela. By Marcus N. Adler. (*Jewish Quart. Rev.*, April 1904, pp. 453/473.)

A suivre.

— Harris, *Navigantium*, 1744, I.

— Charton, *Voy. anc. et mod.*, II, pp. 156/222.

— Major, *India in the Fifteenth Century*, Introduction.

— Benjamin of Tudela. By W. B.[acher.] (*The Jewish Encyclopedia*, III, pp. 34/5.)

« Benjamin's itinerary, published in Constantinople in 1543, has been reprinted as follows : Ferrara, 1556 ; Freiburg in Breisgau, 1583 ; Leyden, 1633 (with Latin translation) ; Amsterdam, 1697 ; Altdorf, 1762 ; Sulzbach, 1783 ; Zolkiev, 1805 ; Lemberg, 1859 ; Warsaw, 1884... A new edition has been prepared (1902) by Grünhut in Jerusalem. » (*Jewish Encyclopedia.*)

Jean du Plan de Carpin,

de l'ordre des Frères mineurs, Légat du Saint Siége apostolique, Nonce en Tartarie pendant les années 1245, 1246 et 1247, Archevêque d'Antivari ; † 1er Août 1252.

— Sa relation résumée a paru dans le liv. xxxij' du *Speculum historiale* de Vincent de Beauvais, et nous en donnons l'ordre d'après l'éd. franç. du *Speculum* imprimée par Antboine Verard (*Le quint volume, vide infra*, Frère Simon de St. Quentin, col. 1960).

De la premiere commission des freres preschrs et mineurs daller aux tartarins. Liv. xxxii, c.ii, ff. ccxlv verso.

Ce chapitre finit : Et doncques se frere Jehan escripuit vng liure hystorial tant des choses quil vit auecque les tartarins de ses propres youlx comme de celles qu'il oyt de eulx | ou q̄l aprint des crestiens dignes de foy qui estoient prisonniers entre eulx | Lequel liure est venu entre noz mains | duquel ainsi comme par epylogation ie vueil cy mettre aucunes choses au remplaige des choses qui sont trop briefuemēt narrees en lystoire dudit frere Symon.

De la cituation ꝛ qualité de la terre des tartarins	c.iii
De leur forme & habit et de leur manière de viure	c.iiii
De leurs meurs bonnes ꝛ mauvaises	c.v
De leurs loys ꝛ lers coustumes	c.vi
De leurs tradicions superstitieuses	c.vii
Du commencement de leur empire | ou de leur principat et seq.	c.viii

La relation finit au verso du feuillet cclvi par cet avis : Lacteur, Les choses de la situacion de la terre ꝛ des meurs & gestes des tartarins ꝛ du voiage dudit frere Jehan iusques à la court de leur empereur nous les auons extraictes du liure dudit frere en adioustant a cest œuure les choses q̄ defailloient ou liure de frere Simon. Doresenauant en poursuiuant nous auons voulu proceder ordonneemēt et de lun ꝛ de lautre liure entrelacer aucunes narracions selon le temps | et selon lordre de lhystoire.

Vincent de Beauvais, en continuant son histoire des Tartares, donne le nom de l'auteur des chapitres qu'il cite, tantôt frère Jehan, tantôt frère Symon.

— Opera dilettevole da intendere, nel- ‖ la qual si contiene doi Itinerarij in Tartaria, per alcuni Frati dell' ordine Minore, ‖ è di. S. Dominico, mandati da Papa Innocentio IIII. nella detta Prouincia ‖ de Scithia per Ambasciatori, Non più uulgarizata.

Au-dessous du titre, tel que nous venons de l'indiquer, se trouve une grossière gravure sur bois représentant un homme à l'aspect farouche portant un turban, couvert d'une peau de mouton, le carquois et les flèches jetés sur l'épaule ; c'est la figure d'un Tartare.

Ce volume fort rare se trouve à la Bibliothèque de l'Arsenal (No. 1078, H). Une note manuscrite au titre indique sa provenance. « Collegii Parisiensis Societatis Jesv. » Le relieur en a coupé les marges sans endommager le texte, mais en prenant une partie du titre. — Un autre ex. se trouve à la Bib. de l'École des Langues Orientales, Paris ; le cahier M a été relié après le cahier N ; il porte l'ex-libris *Ex bibliotheca Karajan* ; il provient de la librairie Maisonneuve, sans doute l'ex. Sobolewski, cité *infra*.

Pet. in-8 sans pagination : 56 feuillets, signatures A-O × 4.

On lit au recto du 56e feuillet : *Stampata in Vinegia per Giouan' Antonio ‖ de Nicolini da Sabio. Ne l'Anno del ‖ Signore. MDXXXVII. ‖ Adi 17 Ottobrio.* ‖

» Première édition italienne de cette relation de Jean du Plan Carpin ou Carpini. L'édition de 1537, dit Brunet, que nous citons, est un livre fort rare ; elle n'a été vendue que 9 fr. chez La Vallière, et 1 liv. 11sh. 6d. Crofts ; mais l'exemplaire de Stanley a été payé 19 liv. et 13 liv. 10sh. White Knights ; un autre 47 fr. salle Silvestre, en 1842, et annoncé sous la date de 1538 ; 112 fr. Libri, en 1857 ; et sous sa vraie date, 6 liv. Libri, en 1859. » — Un ex. a paru à la vente Sobolewski, No. 3223, 20 th. — Cet ex. se trouvait (Nov. 1881) à la librairie Maisonneuve, à Paris. — Un troisième ex. de ce rare vol. se trouvait, croyons-nous, dans la bibliothèque de M. le comte Riant. — Un ex. a figuré (819) à la vente du comte Crawford (Londres, juin 1887). — Quaritch, *Rough List*, No. 62, Jan. 15, 1883, £ 18. 18/-, provient de la Bibliothèque Beckford.

— Fragmentvm de Rebvs orientalibvs, è Speculo historiali Vincentij Beluacensis. (Reineri Reineccii, *Historia Orientalis*, voir *supra*, col. 1939.)

— Dve Viaggi in Tartaria, per alcvni Frati dell' ordine Minore, e di San Dominico, Mandati da Papa Innocentio IIII. nella detta prouincia per Ambasciatori l'anno 1247. (Ramusio, II, 1606, f. 233 B.)

Jean du Plan Carpin et Simon de St. Quentin.

— Libellus historicus Iohannis de Plano Carpini, qui missus est Legatus ad Tartaros anno 1246. ab Innocentio quarto Pontifice maximo. (*Hakluyt*, I, 1599, pp. 21/37. — D'après un Ms. de la Bib. de Lord Lumley.)

Pp. 37/53, *Ibid.*; Extraits en latin du liv. XXXII de Vincent de Beauvais.

— The voyage of Johannes de Plano Carpini vnto the Northeast parts of the world, in the yeere of our Lord, 1246. (*Ibid.*, pp. 53/71.)

Réimp., pp. 213 et seq. de A. W. Pollard's *Mandeville*, 1900.

— Voyages tres curieux, Faits & Ecrits, par les RR. PP. Jean du Plan Carpin, Cordelier, & N. Ascelin, Jacobin : Envoiez en qualité de Légats Apostoliques & d'Ambassadeurs de la part du Pape Innocent IV. Vers les Tartares, et autres peuples orientaux... (Dans les Recueils de Bergeron, Paris, 1634, pp. 313/466, et La Haye, 1735, Vol. I.)

— Voyages au Nord, Amsterdam, J.-F. Bernard, Vol. VII. — Voir col. 1946.

— Dans la Collection des « Voyages... Paris, Imprimé aux frais du gouvernement... Août 1830 », *supra*, col. 1942.

— Seer Aanmerkelyke Reys-Beschryvingen van Johan du Plan Carpin, En Br. Ascelin, Beyde als Legaten van den H. Apostolischen Stoel, en voor Gesanten van den Paus Innocentius de IV. afgesonden na Tartaryen, En andere Oostersche Volkeren. Door de Afgesanten selfs, op ordre van den Paus beschreven : Alwaar zy naaukeurig en getrouw beschrijven, het Land en Gebied der Tartaren, desselfs Stand, hunne Huwelijken, Kleedingen, Wooningen, Godsdienst en Plegtigheden, Wichelaryen, Gewoontens, Spijs en Drank, manier van Oorlogen, Begraaffenissen, enz. Met al het geene verders aanmerkenswaardig, hun op dese Voyagien is voorgekomen. Nu aldereerst getrouwelijk na het egte handschrift vertaald, Door Salomon Bor, Predikant tot Zeyst. Met nodige Registers en Konst-Printen verrijkt. Te Leyden, By Pieter Van der Aa, Boekverkoper / 1706. Met Privilegie, pet. in-8, pp. 87. s. 1 f. prél. et la table.

Fait partie de la collection de P. V. d. Aa, col. 1942. — Le même in-folio, dans la collection, VII du même, col. 1942.

— The Travels of John de Plano Carpini, and others Friars, into Tartary, in the Year 1246. (Astley's *Coll.*, Vol. IV, pp. 544 et seq.)

— Johann de Plano Carpini und anderer Mönche Reisen nach der Tartarey im Jahre 1246. (*Allgemeine Historie der Reisen,...* VII, Leipzig, 1750, pp. 356 et seq.)

— Любопытнѣйшее ‖ путешествіе ‖ монаха Францисканскаго Ордена ‖ жана дю Планъ Карпини, ‖ посыланнаго ‖ въ 1246 году ‖ въ достоинствѣ Легата и Посла ‖ отъ Папы Кинокентія IV ‖ къ ‖ Татарамъ ; ‖ имъ самномъ Писанное, ‖ ... Москва, 1800. ‖ Въ Университетской Типографіи ‖ у Фидигера и Клаудія ‖ In-8, pp. v-126.

— Собраніе путешествій къ татарамъ и другимъ возточнымъ народамъ, въ XIII, XIV и XV столѣтіяхъ. I. Плано-Карпини. — II. Асцелинъ. St.-Pétersbourg, 1825, in-4.

— Собраніе путешествій по Татаріи Плано Карпини. *Москов. Телегр.*, 1826, Vol. 7, No. 1, pp. 95/7.

Mejov.

— Relation des Mongols ou Tartares par le Frère Jean du Plan de Carpin de l'ordre des Frères Mineurs, Légat du Saint-Siége apostolique, Nonce en Tartarie pendant les années 1245, 1246, 1247, et Archevêque d'Antivari. Première édition complète publiée d'après les manuscrits de Leyde, de Paris, et de Londres, et précédée d'une Notice sur les anciens Voyages de Tartarie en général, et sur celui de Jean du Plan de Carpin en particulier, par M. d'Avezac... Paris, Arthus Bertrand... 1838, in-4, pp. 392 sans l'errata.

On lit à la suite de l'errata : « Ce volume, imprimé aux frais de la Société de Géographie de Paris, pour son Recueil de voyages et de mémoires, n'a été tiré qu'à un petit nombre d'exemplaires, pour être distribué aux amis de l'auteur. »

A la suite de la relation de Jean du Plan de Carpin, il y a, pp. 378 et seq., un Appendice : « De Itinere Fratrum Minorum ad Tartaros quae Frater Benedictus Polonus viva voce retulit. »

Cet ouvrage fait partie du tome IV, pp. 397/779, du *Recueil de Voyages et de Mémoires de la Société de Géographie*, 1839.

Notice par G. Libri, *Journal des Savans*, Juin 1842, pp. 321/332.

— Paravey. — Quelques observations sur le commentaire qui accompagne la relation de Plan de Carpin insérée dans le *Recueil de Voyages de la Soc. de Géog.* Paris, *Soc. Géog. Bull.*, XVI, 1841, pp. 100/120.

— * Frate Giovanni dal Plano di Carpini, Epistola dei costumi dei Tartari cavata nel secolo XIV dalla Storia dei Mongoli. Livorno, 1871, tip. Vigo, in-8, pp. XXII-26.

Publicata per nozze in 80 esemplari per cura di Ottav. Targioni Tozzetti. (Amat di S. Filippo.)

— * Franc. Liverani. — Fra Giovanni da Pian di Carpino nel contado di Magione, viaggiatore e descrittore di Tartaria e Mongolia nel sec. XIII. La Magione e i dintorni del Trasimeno all' era etrusca. Perugia, 1876, in-8, pp. 144.

2a ed., Siena, 1878, in-16, pp. 88.

— Randbemerkungen zu Plano Carpini. Von Galsang Gombojew. (*Bul. Cl. hist.-ph. Ac. Imp. Sc. St. Pét.*, XIII, 1856, col. 374/386.)

— Randbemerkungen zu Plano Carpini. Von Galsang Gombojew. (*Mél. Asiatiques... Ac. Imp. Sc. St. Pét.*, II, 1856, pp. 650/660.)

— * О древнихъ монгольскихъ обычаяхъ и сусвѣріяхъ, описанныхъ у Плано-Карпини. Лама Галсанъ Гомбоевъ. (*Записки Имп. Археол. Общ.*, 1859, T. XIII, 4, pp. 235-256. — *Труды Восточн. Отд. Имп. Археол. Общ.*, 1859, 4, pp. 236-556.)

— Podróż Brata Jana de Plano Carpino i Benedykta Polaków 1246 r. (*Sybir-Pamiętniki Polaków z Pobytu na Sybirze.* Tom. I. Chełmno, 1864, in-8, pp. 75/91.)

— The Journey of William of Rubruck to the Eastern Parts of the World, 1253-55, as narrated by himself, with two Accounts of the earlier journey of John of Pian de Carpine. Translated from the Latin, and Edited, with an Introductory Notice, by William Woodville Rockhill, Honorary Corresponding Member of the Royal Geographical Society. London : Printed for the Hakluyt Society. — MDCCCC, in-8, pp. LVI-304.

Forme le No. IV de la Seconde Série des Pub. de l'Hakluyt Society.

— On a hitherto unexamined Manuscript of John de Plano Carpini. By C. Raymond Beazley, M. A. (*Geographical Journal*, XX, No. 6, Dec. 1902, pp. 646/647.)

Library of Corpus Christi College, Cambridge.

— Additional Remarks on new Discoveries in the Text of Carpini. By C. Raymond Beazley. (*Geog. Journal*, April 1903, pp. 441/2.)

— Plan-Carpin. Par Henri Cordier. (*La Géographie*, 15 Juin 1904, pp. 477/478.) — D'après Beazley.

— The Texts and Versions of John de Plano Carpini and William de Rubruquis as printed for the first time by Hakluyt in 1598 together with some shorter Pieces. Edited by C. Raymond Beazley, M. A., F. R. G. S. Fellow of Merton College, Oxford. London : Printed for the Hakluyt Society. M.DCCCCIII, in-8, pp. XX-345.

Notice : *Geog. Journal*, Nov. 1903, pp. 556/7, par Clements R. Markham.

— Mosheim, *Hist. Tart. Eccl.*, pp. 48 et seq.

— Wadding, 1246.

— De Guignes, *Hist. des Huns*, Vol. III, pp. 117 et seq.

— Forster, *Voyages and Discoveries in the North*, pp. 93/95.

— *Hist. gén. des Voyages*, VII, 1749, pp. 250 et seq.

— Hugh Murray, *Hist. Account*, I, pp. 84 et seq.

— *Biog. univ.*, Art. de *La Renaudière*.

— Henrion, *Hist. Gén. des Missions*, Liv. I, Chap. II, pp. 20 et seq.

— D'Ohsson, *Hist. des Mongols*, Vol. II, pp. 207 et seq.

— Rohrbacher, *Hist. de l'Église*, XVIII, pp. 213 et seq.

— Huc, *Hist. du Christianisme*.

— *Dict. de Biog. Chrét.*,[1] Migne, 1851, p. 848.

1. Dictionnaire de Biographie Chrétienne et anti-Chrétienne, publié par M. l'abbé Migne. 1851, 3 vol. gr. in-8.

— Charton, *Voy. anc. et mod.*, II, pp. 223/251.

— Dora d'Istria, *Revue des Deux-Mondes*, 15 fév. 1872.

— M. da Civezza, I, pp. 318/347.

— Henri Cordier, *Grande Encyclopédie*.

— Yule, *Encyclopedia Britannica*.

SIMON DE SAINT-QUENTIN,

dominicain, historien de l'ambassade composée d'Anselme ou Ascelin, d'Albéric, d'Alexandre et de lui-même, envoyée par Innocent IV vers Batchou. XIIIe Siècle.

— La relation du frère Simon de St. Quentin est insérée dans le liv. xxxij du *Speculum historiale* de Vincent de Beauvais. Nous donnons la liste des chapitres dont elle se compose d'après l'édition française du *Speculum* imprimée à Paris par Anthoine Verard, 1495-1496. (*Le quint volume de Vincent Miroir historial nouuellement imprime à Paris*, liv. xxxij.)

De la sollempnite par laquelle il [l'empereur Cuyne] fut intronize. c.xxxij

De ses noms de ses princes ꝛ de la conduite de ses offz c.xxxiiij

— Bergeron, dans son recueil, a placé ces deux chapitres dans la relation de Jean du Plan de Carpin pour la rendre plus complète.

Puis viennent les chapitres qui forment la relation du Voyage d'Ascelin dans le recueil de Bergeron :

Cōment les freres prescheurs furēt receuz deuant baiothnoy prince des tartarins c.xl

Ce chapitre commence au feuillet 262.

Comment les tartarins les enquirent quelz dons ilz apportoient ꝛ de la duenement de françois c.xli

Comment les freres refuserent de aourer baiothnoy c.xlii

Commēt les freres parsuaderent ꝛ induirēt les tartarins a la chrestiente c.xliii

Comment ilz traicterent cōtre les freres de la sentence de la mort c.xliiii

Comment ilz eurent altercation ensemble de la maniere daourer c.xlv

Comment ilz refuserēt dallér au grant chaan c.xlvi

Comment ilz firent enuoyer lectres a nostre saint pere le pape en langaige tartarique c.xlvii

Comment par frauldes et illusions les tartarins retindrent deuant eulx les freres plus quilz ne deuoient c.xlviii

Commēt ilz contraignirent les freres dattendre Anguthan c.xlix

Commēt ilz sen retournerent apres sa venue c.l

Des lettres qui furent enuoyees au pape par le prince des Tartarins c.li

Des lettres qui furent enuoyees de leur empereur au prīce Baiothnoy c.lii

— Voyage de Frere Ascelin, et ses compagnons vers les Tartares. Tiré des Mémoires de Frère Simon de St. Quentin dans Vincent de Beauvais. (Dans les Recueils de Bergeron, de Paris, 1634, et de la Haye, 1735.)

— Dans les « Voyages... Imprimé aux frais du gouvernement pour procurer du travail... Août 1830 », *supra*, col. 1942.

— Voir *Ramusio*, Plan Carpin, *supra*, col. 1956.

— Relations of Vincentivs Belvacensis, the most of which he receiued from Frier Simon de Sancto Quintino, one of the foure Friers sent by Pope Innocent the Fourth to the Tartars : seruing to the illustration of the former. (Purchas, *Pilgrimes*, III, pp. 58 et seq.)

Purchas commence ses extraits au c. xxxij du liv. xxxij de Vincent de Beauvais.

— Voir Hakluyt, I, 1599, pp. 65 et seq.

— Reineri Reineccii, *Hist. Orientalis*, *supra*, col. 1939.

— The Travels of Friar Ascelin, and his Companions, towards the Tartars in 1247.

Dans la collection de Voyages de *Astley*, Vol. IV, pp. 550-552.

Cette relation est écrite d'après *Purchas*, avec quelques additions faites depuis l'édition française.

— Mosheim, *Hist. Tart. Ecc.*, pp. 45 et seq.

— De Guignes, *Hist. des Huns*, Vol. III, pp. 117 et seq.

— Biog. univ., Art. *Ascelin*, de *La Renaudière*.

— Ascelin, nonce du pape vers les Tartares. (Touron, *Hist. des Hommes ill. de S. Dominique*, I, pp. 145/156.)

— Echard, I, p. 122.

— *Hist. gén. des Voyages*, VII, 1749, p. 260.

— D'Ohsson, *Hist. gén. des Mongols*, Vol. II, pp. 207 et seq.

— Hugh Murray, *Hist. Account*, I, pp. 75 et seq.

— Rohrbacher, *Hist. de l'Église*, XVIII, pp. 219 et seq.

— Voir l'éd. russe, col. 1958.

— Paul Meyer. — *Archiv. des Missions*, 1866 B, III, 318-9; *Rapports*, 1871, 72-3.

André de Lonjumel, 1249.

— Vincent de Beauvais, *Spec. Hist.*, Liv. XXXI, cap. XCIV.

— Echard, I, 140-1.

— André de Lonjumeau, Envoyé de S. Louis. (Touron, *Hist. des Hommes ill. de S. Dominique*, I, pp. 157-165.)

— D'Ohsson, *Hist. des Mongols*, Vol. II, pp. 242 et seq.

— A. Rémusat, *Mém. sur les relat. politiques*, pp. 52 et seq.

Guillaume de Rubrouck,

Cordelier, Envoyé en ambassade par St. Louis en Tartarie, 1253.

— Itinerarium fratris Willielmi de Rubruquis de ordine fratrum Minorum, Galli, Anno grat. 1253. ad partes Orientales. (*Hakluyt*, I, 1599, pp. 71/92. D'après un Ms. de la Bib. de Lord Lumley.)

— The iournal of frier William de Rubruquis a Frenchman of the order of the minorite friers, vnto the East parts of the worlde. An. Dom. 1253. (*Ibid.*, pp. 93/117.)

Réimp. pp. 261 et seq. de A. W. Pollard's *Mandeville*, 1900.

— The Iournall of Frier William De Rvbrvquis, a Frenchman, of the Order of the Minorite Friers, vnto the East parts of the World, Anno Dom. 1253. (Samuel Pvrchas, *His Pilgrimes*, III, pp. 1 et seq.)

— Voyage remarquable de Guillaume de Rubruquis, Envoié en Ambassade par le Roi Louis IX. En différentes Parties de l'Orient : Principalement, en Tartarie et a la Chine, L'An de nôtre Seigneur, M.CC.LIII. Contenant des Récits très singuliers & surprenans. Ecrit par l'Ambassadeur même. Le tout Orné d'une Carte du Voyage, de Tailles douces ; & accompagné de Tables. Traduit de l'anglois par le S^{r}. de Bergeron ; Et nouvellement revû & corrigé. (Dans les recueils de Bergeron, de Paris, 1634, et de La Haye, 1735, I.)

Tiré de Purchas. Dans l'avertissement qui précède *l'ordre des Chapitres observé : par Rubruquis*, dans le recueil de 1735, il est dit que l'ouvrage a été fidèlement traduit de l'anglais par Bergeron, après avoir conféré le tout avec *deux* manuscrits latins.

— Voyage remarquable de Guillaume de Rubruquis, envoyé en ambassade par le roi Louis IX en différentes parties de l'Orient, principalement en Tartarie et à la Chine, l'an de notre Seigneur, M.CC.LIII ; Contenant des récits très-singuliers et surprenants, écrits par l'ambassadeur même. Traduit de l'Anglois par le Sr. Bergeron, pp. 237-469 des « Voyages... Paris, Imprimé aux frais du gouvernement... Août 1830 ». Voir col. 1942.

— Aanmerklyke Reys, Gedaan door Willem de Rubruquis ; Voor Ambassadeur van den Koning Lodewyk de IXe. afgesonden nad'oorstersche gedeelten der weereld, insonderheyd na Tartaryen en China, in't Jaar onses Heeren 1253. Vervattende veelerley sonderlinge saken, en voorgekomene gevallen. Door den Afgesant selfs beschreven : Vercierd met schoone kopere Platen, en volkomene Registers. Nu alder-eerst uyt het Engelsch vertaald. Te Leyden, By Pieter Van der Aa, Boekverkoper, 1706. Met Privilegie, in-8, pp. 171, s. les ff. prél. et de la table à la fin.

Fait partie de la collection de P. v. d. Aa, col. 1942.

— Le même, in-folio, dans la collection du même, VII, col. 1942.

— The Journal of William de Rubruquish, a French-man, of the Order of the Minorite Friers, into Tartary and China ; Written to Lewis IX king of France. 1253. (Harris' *Col. of Voyages*, I, pp. 501-556.)

— The Travels of Friar William de Rubruquis, into the Eastern Parts of the World, in the Year 1253.

Dans la collection des Voyages de *Astley*, Vol. IV, pp. 552/579.

On lit p. 553 : « The Travels of *Rubruquis* were originally written by himself, in *Latin*, by Way of Letter to the King, pursuant to his Majesty's Orders at parting. *Hakluyt* published part of it, with an *English* Translation (Vol. I, p. 71, and 93). » Les éditeurs de la version du *Recueil* de la Société de Géographie n'avaient apparemment pas vu ce passage. (Voir leur note, p. 206 du *Recueil*, Tome IV.)

— The Remarkable Travels of William de Rubruquis, a Monk, sent by Louis IX. King of France, commonly stiled St. Louis, Ambassador into different Parts of the East, particularly into Tartary and China, A. D. 1253. Containing Abundance of curious Particulars relating to those Countries. Written by the Ambassador, and addressed to his Royal Master King Louis. (*Pinkerton*, VII, pp. 22 et seq.)

— Die Reisen des Mönchs Wilhelm von Rubruquis in die östlichen Gegenden der Welt im Jahre 1253. (*Allgemeine Historie der Reisen...* Leipzig, 1750, VII, pp. 370 et seq.)

— Voir dans le *Recueil* de la Société de Géographie de Paris, Tome IV, pp. 205/396 :

— Voyage en Orient du Frère Guillaume de

Rubruk, de l'ordre des Frères Mineurs, l'an de grâce M.CC.LIII. [Edité par Francisque Michel et Thomas Wright d'après des Mss. de Londres, Cambridge et Leyde] :

Notice sur Guillaume de Rubruk, pp. 205/212.

Fac-Simile du Commencement de la Relation de Rubruk dans les cinq Manuscrits qui ont servi à l'Édition donnée par la Société de Géographie.

Itinerarium Willelmi de Rubruk, pp. 213-396.

Cet ouvrage a été tiré à part et à 45 exemplaires avec le *Bernard le Sage* et le *Saewulf* du Vol. IV, du Recueil de la Soc. de Géographie : Paris, imprimerie de Bourgogne, 1839, in-4.

— Guillaume de Rubrouck, ambassadeur de Saint Louis en Orient, récit de son voyage traduit de l'original latin et annoté par Louis de Backer. Paris, Ernest Leroux, 1877, in-8, pp. XXVIII-336 et 1 f. d'errata.

Forme le Vol. XIII de la *Bibliothèque Orientale Elzévirienne* de Leroux. — Pub. à Fr. 5.

— Jul. de St. Génois. — Notice historique et bibliographique sur le voyage de Guillaume de Ruysbroek ou de Rubruquis en Tartarie (1252). (*Bul. Acad. Belgique*, 1846, A, XIII, 1, 373, Bruxelles.)

— Über Rubruk's Reise von 1253-1255. Von Franz Max Schmidt. (*Zeit. Ges. Erd. Berlin*, XX, 1885, pp. 161/253.)

— Ergänzungen zu dem Aufsatze von Franz Max Schmidt : Über Rubruk's Reise. Von Hermann Lövinson. (*Ibid.*, XXIII, 1888, pp. 436/441.)

— Über Rubruk's Reise von 1253-55. Inaugural-Dissertation der philosophischen Fakultät der Universität Leipzig zur Erlangung der Doktorwürde, vorgelegt von Franz Max Schmidt. Mit einer Karte. Berlin, Dietrich Reimer, 1885, br. in-8, pp. 93 + 1 f. n. c.

Abdruck aus der *Zeitschrift der Gesellschaft für Erdkunde* zu Berlin, Bd. XX, 1885.

— Rockhill's William of Rubruck. — Voir col. 1959.

— Rockhill's « Rubruquis ». — Review. By C. Raymond Beazley. (*Geog. Journ.*, XVII, March 1901, pp. 298/300.)

— Beazley's Carpini and Rubruquis. — Voir col. 1959.

— *Hist. gén. des Voyages*, VII, 1749, pp. 263 et seq.

— Hugh Murray, *Hist. Account*, I, Chap. II.

— Forster, *Voyages and Discoveries in the North*, pp. 96-112.

— Henrion, *Hist. gén. des Missions*, Liv. I, Chap. II, pp. 28 et seq.

— Rohrbacher, *Hist. de l'Eglise*, XVIII, pp. 560/571.

— De Guignes, *Hist. des Huns*, Vol. III, pp. 126 et seq.

— D'Ohsson, *Hist. des Mongols*, Vol. II, Liv. II, Chap. VI, pp. 283 et seq.

— Weiss, *Biog. universelle.*

— James Augustus St. John, *The Lives of celebrated Travellers*, No. XI de *The National Library*, London, Henry Colburn, 1831.

— H. Yule, *Encyclopedia Britannica*, XXI, 46-47.

— Voir Saint-Génois, *supra*, col. 1952.

(GUILLAUME DE RUBROUCK.)

MARCO POLO (XIIIe Siècle).

I.

ÉDITIONS.

A. — ÉDITIONS ALLEMANDES.

— Nuremberg... 1477.

La plus ancienne traduction de la relation de ce célèbre voyageur a été imprimée en allemand, en 1477, à Nuremberg.

Collation : 58 feuillets in-folio, sans pagination et sans signatures.

Verso feuillet 1 : Frontispice : Portrait de Marco Polo avec cette inscription autour du cadre : [Haut] Das ist der edel Ritter. Marcho polo von [droite] Venedig der grost landtfarer. der vns beschreibt die grossen wunder der welt [bas] die er selber gesehenn hat. Von dem auffgang [gauche] pis zu dem nydergãg der sunnẽ. der gleychẽ vor nicht meer gehort seyn.

Le Col. Yule a donné un fac-simile [réduit] de ce frontispice dans son Marco Polo, I, p. ciii ; il est reproduit dans la 3e éd., II, pp. 555.

Recto feuillet 2, commence :

¶ Hie hebt sich an das puch dés edelñ Ritters vñ landtfarers ‖ Marcho polo. In dem er schreibt die grossen wunderlichen ‖ ding dieser welt. Sunderlichen von den grossen kũnigen vnd ‖ keysern die da herschen in den selbigen landen | vnd von irem ‖ volck vnd seiner gewonheit da selbs.

Verso f. 58 : ¶ Hie endet sich das puch des edelñ Ritters und lañdtfarerz ‖ Marcho polo | das do sagt võ mangerley wunder der landt ‖ vñ lewt | vñ wie er die selbigen gesehen vñ durch faren hat ‖ von dẽ auffgang pisz zu dem nydergang der sũnẽ Seliglich.

¶ Disz hat gedruckt Fricz Creüszner zu Nurñberg Nach cristi ‖ gepurdt Tausent vierhundert vñ im siben vñ sibenczigtẽ iar.

L'exemplaire que nous avons examiné est celui de la Bibliothèque Grenville No. 6787 (*vide Bib. Grenvilliana*, Part. II, p. 305). Lorsque Marsden publia son Marco Polo, Grenville ne possédait pas cette édition. Le seul exemplaire qui en fût connu alors était celui de la Bibliothèque impériale de Vienne qui n'a pas le portrait ; Grenville en fit faire la copie dont parle Marsden, pp. lxx-lxxi et que nous décrivons plus loin. « When Mr. Marsden, dit une note Ms. de Grenville dans ce superbe ouvrage, published his translation of this work, the only known copy of this first German Edition was in the Imperial Library at Vienna, and I had a litteral transcript made from it : Since that time a second copy was found and sold by Payne and Foss to Lord Spencer : and now I have purchased from Leipsick a third [the present] beautiful copy. I know of no fourth copy. The copy at Vienna wants the portrait. »

La copie dont nous avons parlé porte le No. LII dans la collection Grenville au British Museum ; c'est un in-fol. de 114 pages numérotées au crayon, relié aux armes du Rt. Honble. Thos. Grenville. Page 114, la note suivante surmontée d'un cachet certifie l'exactitude de cette copie : « Apographum collatum cum prototypo, quod in Bibliotheca Palatina Vindobonensi adservatur. illo quidem, qui descripsit, recitante ex prototypo, me vero hoc apographum inspectante. Respondet pagina paginae, versui versus & syllaba syllabae. Vindobonae die 29. Augusti 1817. B. Kopitar, Biblioth. Palatinae Vindobon. scriptor. »

Avec ce manuscrit est reliée une lettre adressée à Mr. Grenville par le Chevalier Scotti qui avait fait faire la copie de l'ouvrage de Marco Polo. Elle est en date de « Vienne 20 nmbre 1817 » et se termine par ce post-scriptum : « N. B. Comme cette Edition fort peu connue du 477. est une édition non seulement précieuse, mais à la vérité fort rare aussi, elle avoit été prise par les Francois et portée à Paris la derniere fois qu'ils ont été à Vienne. Elle y a été rendue avec tout le reste qu'on avoit emporté à la suite des heureux succès des Coilisés, auxquels L'immortel Wellington a tant contribué en y mettant la dernière couronne dont les lauriers resteront à jamais infletrissables. »

Vide Bib. Spenceriana, Vol. VI, p. 176.

L'ex. de Vienne relié en veau plein, classé parmi les Incunables au No. 13. G. 2. est complet sauf le portrait qui manque ; mais il est court de marges et plusieurs ff. ont besoin d'être fortement lavés. Somme toute sur les cinq ex. connus de cette éd., celui de Grenville est de beaucoup le plus beau.

La Bib. royale de Berlin possède également un ex. de ce livre

(MARCO POLO : ÉDITIONS ALLEMANDES.)

rarissime. Il est relié avec plusieurs autres pièces, est complet, avec le portrait qui est colorié, mais en assez mauvais état.

Un cinquième ex. (sans portrait), mais en très bon état, a figuré en 1881 dans le catalogue d'un libraire de Bavière pour 900 mark. Il a été acheté par le *Germanisches Museum* de Nuremberg. L'ex. du Germanisches Museum, à Nuremberg, qui appartient en réalité au Handels-Museum, est renfermé dans une vitrine de la salle LXXI et porte le No. 2170. Il est relié en un seul vol. qui a appartenu au commencement du XVIIIe siècle à un dignitaire de l'Ordre Teutonique, suivant une note ms. en tête, avec plusieurs autres pièces dont il est la dernière. Le portrait manque, il ne comprend donc que 57 feuillets. L'ex. est superbe, grand de marges ; l'absence du portrait de Marco Polo est la seule imperfection. Le libraire Albert Cohn de Berlin m'a dit jadis avoir vendu ce vol. 900 mark au Museum de Nuremberg.

Un 6e ex. du Marco Polo, de Nuremberg, 1477, a figuré à la vente Crawford. (Londres, juin 1887, 1359.) Il avait le portrait ; et les lettres initiales coloriées ; maroquin vert, tr. dor. par *Duru*. Il a figuré depuis dans le Cat. n° 375, 25 Aug. 1887, de Quaritch (38262), à £ 70.

— Augsburg... 1481.

La seconde édition allemande de Marco Polo a été imprimée à Augsbourg en 1481 : elle est aussi rare que la première ; l'exemplaire que nous avons examiné est celui de la Bibliothèque impériale de St.-Pétersbourg.

Collation : 60 feuillets in-folio, sans pagination et sans signatures.

Recto f. 1 : Fin du roman de Guillaume d'Autriche à la suite duquel sont imprimés les voyages de Marco Polo.

Verso f. 1 : Frontispice : Portrait de Marco Polo colorié avec cette inscription autour du cadre : [Haut] Das ist der edel ritter Marcho polo von Venedig. [droite] der grőst landfarer. der vns beschreibt die grossen wunder der welt die er selber gese [bas] hen hat. Von dem auffgang biss zu dem nidergang der [gauche] sunnen | der geleich vor nit meer gehőrt seind.

Recto feuillet 2, commence :

Hie hept sich an das buch des edlẽ ritters vñ landtfarers Marcho polo. in dem er schreibt die grossen wunderlichen ding diser welt. sunderlichen võ den grossen künigen vnd keisern | die da herschen in den selbigen landen vnd von jrem volck vnnd seiner gewonheÿt da selbs.

Recto feuillet 60 : Hie enndet sich herczog Wilhalm von österreich vñ das buch des edeln ritters vñ landtfarers Marcho polo | das da sagt von mengerleÿ wunder der land vnd leüt. vnd wie er die selbigẽ gesehen vñ durch faren hat von dem auffgang biss zu dem nÿdergang d'sunnen Seligklich. Diss hat gedruckt Anthonius Sorg zu Augspurg Nach xp̄i gepurt tausent vier hundert vnd jm lxxxj. jare.

Pas de fig. dans le texte ; l'ex-libris collé dans l'intérieur de la couverture de l'ex. de la Bib. imp. de St.-Pétersbourg porte : *Bibliotheca Suchtelen*.

Nous avons depuis examiné l'ex. de la Bib. royale de Berlin. Il comprend 133 ff. n. c. Le Roman de Guillaume d'Autriche finit au recto du f. 74 et le portrait de Marco Polo est au verso du f. 74 ; le texte comprend les ff. 75-133 ; le portrait de M. Polo n'est pas colorié dans cet exemplaire.

Voir : Ebert, 11905. — Hain, 10041.

« Quoique le Roman de Guillaume d'Autriche soit décoré de 52 gravures, il n'y en a pas dans la relation, qui finit au 133e feuillet. » (Ternaux-Compans, No. 14.)

— Die New Welt der landschaften vnnd Insulen... gedruckt zu Strassburg durch Georgen Vlricher... An. M.D.XXXIIII, in-folio.

Ff. 103-133 : Marr Paulen des Venedigers Erst Buch | von den Morgenlandern. — Ff. 134-152 : Haithon des Armeniers Premonstratensis ordens | von den Tartern.

Traduit du *Novus Orbis Regionvm*. — Voir col. 1938.

— * M. Polus. Reise in die Tartarey und zum Grossen Chan von Chatai, uebersetzt. v. H. Megisser. Altenburg, 1609, in-8.

H. Ternaux-Compans, *Bibliothèque asiatique et africaine*, No. 1031. — [Malgré mes recherches, il m'a été impossible de trouver cette éd. en Allemagne, soit dans des Bibliothèques publiques, soit dans des collections particulières. — H. C.]

— Chorographia Tartariæ : ‖ Oder ‖ Warhafftige Beschreibung der ‖ vberaus wunderbahrlichen Reise | ‖ welche der Edle vnd weit erfahrne Venedigi= ‖ sche GENTILHUOMO MARCUS POLUS, mit dem ‖ zunahmen MILLION, noch vor vierthalb hundert Jah= ‖ ren | in die Oriental vnd Morgenlãnder | Sonderlich aber in ‖ die Tartarey | zu dem grossen Can von Cathai | zu ‖ Land vnd Wasser Persönlich verrichtet : ‖ Darinnen ausführlich vnd vmbständ= ‖ lich erzehlet werden | viel zuvor vnbekandte Landschaff= ‖ ten | Königreich vnd Städt | sampt dero Sitten vnd ‖ Gebräuchen | vnd andern seltzamen Sachen : ‖ Die Er | als der erste Erfinder der newen Welt | gegen ‖ Orient | oder den Ost Indien | gesehen vnd erfahren. ‖ In drey vnterschiedliche Bücher abge= ‖ [t]heilet : sampt einem Discurs Herrn Johan Bapti= ‖ stae Rhamnusij | der Herrschafft zu Vene= ‖ dig geheimen Secretarij | von dem ‖ Leben des Autoris. ‖ Alles aus dem Original | so in Italianischer ‖ Sprach beschrieben | treulich vnd mit fleis ver= ‖ teutschet | auch mit Kupfferstücken ‖ geziehret | durch ‖ HIERONYMUM MEGISERUM. — ‖ Anno M. DC. XI. ‖ Leipzig | in vorlegung Henning Grossen des Jüngern. Pet. in-8, pp. 354 (dernière page ch. par erreur 351) + 36 ff. prél. pour le tit., préface, etc., et 7 ff. à la fin pour la table.

Planches. — Voir p. 350 : *Alphabetum Tartaricúm*, et *Oratio Dominica Tartaricè*.

— Die Reisen des Marco Polo, oder Marcus Paulus, eines Venetianers, in die Tartarey, im Jahre 1272. (*Allgemeine Historie der Reisen*, Leipzig, 1750, VII, pp. 423 et seq.)

— Marco Paolo's ‖ Reise in den Orient | ‖ während der Jahre 1272 bis 1295. ‖ — Nach den ‖ vorzüglichsten Original=Ausgaben verdeutscht, ‖ und ‖ mit einem Kommentar begleitet ‖ von ‖ Felix Peregrin. ‖ — Ronneburg und Leipzig, ‖ bei August Schumann, 1802, in-8, pp. VI-248.

On lit, p. 248 : Eisenberg, gedruckt bei Johann Wilhelm Schöne. — Bib. Nat., O²7.

— Die Reisen des Venezianers Marco Polo im dreizehnten Jahrhundert. — Zum ersten Male vollständig nach den besten Ausgaben Deutsch mit einem Kommentar von August Bürck. — Nebst Zusätzen und Verbesserungen von Karl Friedrich Neumann. Leipzig, B. G. Teubner, 1845, in-8, pp. XVI-631.

— Di un frammento inedito di Marco Foscarini intorno ai Viaggiatori Veneziani e di una nuova traduzione in tedesco dei Viaggi di Marco Polo. [Par Tommaso Gar.] (*Archivio Storico Italiano*, Appendice, T. IV, Firenze, 1847, pp. 89 et seq.)

— Die Reisen des Venezianers Marco Polo im dreizehnten Jahrhundert. — Zum ersten Male vollständig nach den besten Ausgaben Deutsch mit einem Kommentar von August Bürck. — Nebst Zusätzen und Verbesserungen von Karl Friedrich Neumann. Zweite unveränderte Ausgabe. — Leipzig, Druck und Verlag von B. G. Teubner, 1855, in-8, pp. xvi-631.

B. — Éditions latines.

— *Commence* : ¶ In nomine dñi nrī ihū xpi filij dei viui et veri amen.

Incipit plogus i libro dñi marci pauli de venecijs de cō= ‖ suetudinibus et cōdicionibus orientaliū regionū.

Puis on lit la déclaration de « Frater Franciscus pepur. de bononia frm̄ pdicatorū » qui a traduit l'ouvrage de la langue vulgaire en latin.

Fini f. 74 recto : Explicit liber dñi marci de venecijs Deo gracias.

Collation : 74 feuillets ou 148 pages ; la dernière est blanche, in-4, pas de titre, pas de pagination ; signatures p. 1, a. 1 — p. 141, k. 3 (*a-h*, par 8 ; *i*, par 4 ; *k*, par 6) ; au maximum 33 lignes par page ; lettres de somme [1485 ?].

— Nous avons examiné un exemplaire au British Museum No. 790. b. 36. — Un autre ex. porte le No. 6728/1 dans la Bib. Grenville. — Bibliothèque nationale O²1, Réserve, deux ex. dont l'un en grand papier ; un troisième, O²g f. Réserve, avec Mandeville et Ludolphe de Suchen ; ces trois ouvrages forment un pet. in-4 de 166 ff. goth. — Cf. *Jean de Mandeville* par Henri Cordier. — Extrait du *T'oung Pao*, vol. II, n° 4. — Leide, E. J. Brill, 1891, in-8, p. 22 et p. 23.

Il est intéressant de noter que Christophe Colomb possédait un exemplaire de cette édition de Marco Polo. L'exemplaire de Christophe Colomb est conservé à la Colombina de Séville. Voici les feuillets dont les marges contiennent des annotations autographes du grand navigateur :

9 v.	31 r. et v.	46 v.	55 r. et v.	66 r. et v.
13 v.	36 v.	47 r. et v.	57 r. et v.	67 r. et v.
15 r. et v.	38 v.	48 r. et v.	59 r. et v.	68 r. et v.
17 v.	39 r.	49 r. et v.	60 r. et v.	69 r. et v.
18 r. et v.	40 r. et v.	50 r. et v.	61 r. et v.	70 r. et v.
19 r.	41 r.	51 r. et v.	62 r. et v.	71 r. et v.
23 r. et v.	42 r. et v.	52 r. et v.	63 r.	72 r. et v.
24 r. et v.	43 r. et v.	53 r. et v.	64 v.	73 r. et v.
25 r.	44 r. et v.	54 r.	65 r. et v.	74 r.

Cf. Simón de la Rosa y Lopéz, pp. XXIII, XLIII-XLIV du Tome II, Sevilla, 1891, in-4 : *Biblioteca Colombina*. — Catálogo de sus libros impresos publicado por primera vez en virtud de acuerdo del Excmo. é Ilmo. Sr. Déan y Cabildo de la Santa Metropolitana y Patriarcal Iglesia de Sevilla bajo la inmediata dirección de su Bibliotecario el Ilmo. Sr. Dr. D. Servando Arbolí y Faraudo Dignidad de Capellán Mayor de San Fernando. — Voir aussi H. Harrisse, *Bibl. americana vetustissima*. — Additions, p. XII.

« Édition fort rare, dit Brunet, et la plus ancienne que l'on ait de cette version latine de Marco Polo, faite par Pipino, vers 1320. Elle est imprimée avec les mêmes caractères que l'*Itinerarium* de Joan. de Mandeville, c'est-à-dire par Gerard de Leeu, à Anvers, vers 1485, et non pas à Rome et à Venise, comme on l'avait supposé. Vend. 4 liv. 14sh. 6d. Hanrott ; 7 liv. Libri en 1859. » (*Choicer portion*, 1562.) Brunet écrit ailleurs (cf. *Mandeville* par H. Cordier) à propos du Mandeville de la même presse : « ...La souscription que nous allons rapporter semble prouver qu'elle a été imprimée à Venise ; cependant Panzer, IX, 200, la croit sortie des presses de Theodoric Martin, à Aloste, et M. Grenville en trouvait les caractères conformes à ceux que Gerard Leeu a employés à Anvers, de 1484-1485. M. Campbell (*Ann. de la typ. néerlandaise*) la donne à Gérard Leeu, et fixe la date de l'impression à la première année du séjour de ce typographe à Anvers, après son départ de Gouda. »

Il est certain, par l'emploi des signatures 𝔄, 𝔞𝔞, 𝔞 et la conformité des caractères pour les trois ouvrages, que le *Mandeville*, le *Ludolphe* et le *Marco Polo* sortent de chez le même imprimeur, probablement ensemble, ainsi que le prouve l'exemplaire de la Sunderland Library qui était complet et renfermait les trois ouvrages. Il a été vendu £ 150 à B. Quaritch.

Lazari, p. 460, écrit : « Jo. de Mandeville itineraria : Dom. Ludolph. de itinere ad Terram Sanctam : M. Paul. Venet. de regionibus orientalibus. Liber rariss. Zwollis, 1483, in-4.

« Leggiamo questa nota nell' opera *Bibliotheca Beauclerkiana or Sale catalogue of the books of Topham Beauclerck's Library*, London, 1781, P. II, p. 15, n. 430. Marsden però ritiene celarsi sotto quell' erronea indicazione la seguente prima edizione [s. a., in-4] latina de' viaggi di M. Polo. Egli istitui molte ricerche per rinvenire in Inghilterra quell' esemplare, ma non gli è stato possibile di averne traccia. »

— Marci Pavli Veneti, de Regionibvs orientalibvs Libri III. (*Novus Orbis Regionvm.*)

Editions de 1532, 1537, 1555. — Voir col. 1938.

— Marci Pavli ‖ Veneti Itinerarivm, ‖ seu de rebus Orientalibus ‖ Libri tres. ‖ Helmaestadii, ‖ M.D.LXXXV, in-4.

Fait partie de la Collection de Reineccius. — Voir col. 1939.

Ce Marco Polo aurait été réimprimé, d'après Lazari, p. 465, en 1602.

— Marci Pauli Veneti, ‖ Historici fidelissimi juxta ac praestantissimi, ‖ de ‖ Regionibus ‖ orientalibus ‖ libri III. ‖ Cum Codice Manuscripto Biblio- ‖ thecae Electoralis Brandenburgicae collati, exq' ; ‖ eo adjectis Notis plurimùm tum suppleti ‖ tum illustrati. ‖ Accedit, propter cognationem materiae, ‖ Haithoni Armeni historia ‖ orientalis : quae & de Tartaris ‖ inscribitur ; ‖ Itemque ‖ Andreae Mulleri, Greiffenhagii, ‖ de Chataja, cujus praedictorum Auctorum uter- ‖ que mentionem facit, Disquisitio ; inque ipsum ‖ Marcum Paulum Venetum Praefatio, & ‖ locupletissimi indices. ‖ Coloniae Brandenburgicae, ‖ — Ex Officina Georgii Schulzii, Typogr. Elect. ‖ Anno M. DC. LXXI. In-4.

Contient :

Frontispice gravé.

Epître dédicatoire, 3 ff. n. ch.

Andreae Mülleri Greiffenhagii, in Marci Pauli Veneti Chorographiam, Praefatio, pp. 26.

Doctorum Virorum De hoc Marci Pauli Veneti Opere Testimonia, ac Judicia... (Franciscus Pipinus, etc.) 8 ff. n. ch.

Marci Pauli Veneti De Regionibus orientalibus Libri III, pp. 167.

Index primus Historicus, Sive alphabetica Recensio omnium eorum, quae Autor passim observavit, atque aliàs memoranda reliquit, 22 ff. n. ch.

Index secundus Chronographicus, qui Annos & cujuslibet anni Notabilia (quae quidem Autor designavit) continet, 1 page.

Index tertius Itinerarius, Ubi Loca recensentur, quae auctor pertransiit, & Distanstantiae Locorum, quas ipse annotavit, 2 ff. n. ch.

Index quartus Glossarius, Estque vocum exoticarum, quas Autor ipse interpretatus est, 1 demi p.

Emendanda in Marco Paulo Veneto, quaeq ; ad hunc pertinent : aut ad eadem Addenda, 1 f. n. ch.

Haithoni Armeni ‖ Historia ori- ‖ entalis : ‖ Qvae eadem & De Tartaris ‖ inscribitur. ‖ Anno ‖ CIↃ. IↃC. LXXI, 2 ff. n. ch. + pp. 107.

[Errata] 2 pp. n. ch.

Index, 7 pp. n. ch.

Andreae MÜLLERI, ‖ Greiffenhagii, DISQUISITIO ‖ Geographica & Historica, ‖ De ‖ CHATAJA, ‖ In Quâ ‖ 1. Praecipuè Geographorum nobilis ‖ illa Controversia : Quaenam CHATAJA sit, & an ‖ sit idem ille terrarum tractus, quem Sinas, & vul- ‖ gò Chinam vocant, aut pars ejus aliqua? ‖ latissimè tractatur ; ‖ 2. Eâdem verò operâ pleraque rerum, quae unquam ‖ de Chataja, deque Sinis memorabilia ‖ fuerunt, atque etiam nunc sunt, compendiosè ‖ enarrantur. ‖ — Ecclesiastae I. v. 15. ‖ : לחסמת חסות לא יוכל ‖ Senec. de Beneficiis VI. I. ‖ *Etiam quod discere supervacuum est, prodest* ‖ cognoscere. ‖ — Berolini, Typis Rungianis. ‖ Anno M. DC. LXX, 2 ff. n. ch. + pp. 115 sur 2 col.

C. — ÉDITIONS ITALIENNES.

— Marco Polo da Venie ‖ sia de le merauegliose ‖ cose del Mondo.

Au-dessous de ce titre la marque de l'imprimeur SESSA : un chat tenant une souris dans sa gueule avec les initiales I et B à droite et à gauche de l'écusson (surmonté d'une couronne ducale) qui porte ce groupe, et S en queue. Verso du f. 83 :

Finisse lo libro de Marco Polo da Venie ‖ sia dele meraueegliose cose del mōdo Im ‖ presso in Venetia per zoanne Baptista ‖ da Sessa Milanese del M. cccc xcvi. ‖ adi. xiii. del mese de Iunio regnā ‖ do lo Illustrissimo Principe Au ‖ gustino Barbadico inclyto ‖ Duce di Venetia.

Recto du f. 84 : « Registro. a b c d e f g h i k l Tutti questi sono quaderni excepto l chie duerno » ; au-dessous le monogramme de l'imprimeur en blanc sur fond noir. — Verso du f. 84 est blanc.

L'ex. que j'ai examiné est dans la Grenville Library, No. 6666. Il est en superbe condition et parfaitement complet quoiqu'en dise une note du Catalogue de la vente Sobolewski (No. 1730) ; c'est un pet. in-8 de 84 ff., chaque cahier comprend ainsi que l'indique le registre, 8 ff., excepté le cahier *l* qui n'en a que quatre.

Grenville a ajouté à son ex. la note suivante : « This appears to be the first edition printed in the original Italian. — The Abbé Morelli who sent me this book from Venice had found great difficulty in procuring a copy for the Library of St. Marc. — Panzer III. 396, refers only to the mention made of it by Denis. Supp. I, p° 415. I know of no other copy in England... »

Lazari, p. 460, dit : « Prima e rarissima edizione del compendio veneziano. Un capitolo che parla di Trebisonda, tratto dal viaggio di Fr. Odorico, precede il testo del Polo mutilo e scorrettissimo : quel capitolo non forma però parte d'esso, come nelle molte ristampe di questo compendio. »

Voir *Odoric de Pordenone*, par Henri Cordier, p. 9.

Ternaux-Compans (29) cite une édition de Sessa de 1486, qui me paraît n'avoir jamais existé que dans l'imagination de ce bibliographe trop souvent inexact.

— Marco Polo da Vene ‖ sia de le maraueliose ‖ cose del Mondo. ‖ Petit in-8 ; 64 ff. non chif., sig. *a-i* : *a-g* par 8 = 56 ff., *h* et *i* par 4 = 8 ff., total 64 ff.

Collation :

Recto 1 f. : encadrement ; vignette ; au-dessus de la vig. titre *ut supra*.

Verso 1 f. com. : Tractato delle più maraueliose cose e delle piu notabile : che si ri ‖ trouano nelle pte del mōdo. Re ‖ dutte & racolte sotto breuita...

Recto f. 64 : Impressa la presente opera per el Venerabile mi ‖ ser pre Batista da Farfengo nella Magnifica cita de ‖ Bressa. adi. XX. December. M. CCCCC. ‖

« Ristampa dell' edizione 1496, leggiermente modificata nella introduzione. Rarissima. » (Lazari, p. 460.) — Facsimile du titre dans *Incunabula typographica*, J. Rosenthal, Cat. XXIV, No. 1174, M. 220. — Dr. Court (225), m. r. comp. à froid et or., dent. int., d. s. t. (*Lortic*), Fr. 180.

— Marco Polo da Veniesia ‖ de le marauegliose co- ‖ se del Mondo. Pet. in-8, 56 ff. n. ch., sig. *a-g* par 8.

Collation : titre *ut supra* : *Marque de l'Imprimeur* : un chat tenant une souris dans la gueule, M. O. de chaque côté ; S. en queue. — Finit *recto* f. 56 ; ¶ *Impresso in Venetia per Melchior Sessa. An* ‖ *no Dñi.* M. CCCCC VIII. *Adi.* XXI. *zugno.*

Bib. Nat. O²3, Réserve.

— Marco Polo ‖ Venetiano ‖ in cvi si tratta le meravi ‖ gliose cose del mondo per lui uedute : del costu- ‖ me di uarij paesi, dello strano uiuere di ‖ quelli ; della descrittione de diuersi ‖ animali, e del trouar dell' o- ‖ ro, dell' argento, e delle ‖ pietre preciose, co- ‖ sa non men uti- ‖ le, che bel- ‖ la. [Vignette.] ‖ In Venetia, pet. in-8 ; 56 ff. n. ch., sig. *a-g* par 8.

A la fin : *Finito é lo libro de Marco Polo da Venetia delle :* ‖ *marauegliose cose del mondo.* ‖ *In Venetia per Matthio Pagan, in Frezaria,* ‖ *al segno della Fede.* 1555.

« Ristampa dell' edizione 1496. La edizione 1555 fu riprodotta dello stesso *Mathio Pagan* senza data. » (Lazari, p. 463.)

Un ex. *s. d.* existe dans la Grenville Library (304. a. 23), en voici le titre :

— Marco Polo ‖ Venetiano. ‖ In cvi si tratta le meravi ‖ gliose cose del mondo per lui uedute, del costu ‖ me di uarij paesi, dello strano uiuere di ‖ quelli ; della descrittione de diuersi ‖ animali, e del trouar dell' oro ‖ dell' argento, e delle pie ‖ tre preciose, cosa ‖ non men utile, ‖ che bel ‖ la. In Venetia. S. d., in-8, 56 ff. n. ch., sig. *a-g* par 8. A la fin : *In Venetia per Mathio Pagan, in Freza* ‖ *ria, al Segno della Fede.*

Sur le titre la marque de M. Pagan. — Il y en a également un ex. à la *Marciana*, Venise.

— ¶ Opera stampata nouamē- ‖ te delle marauigliose co- ‖ se del mondo : comin- ‖ ciādo da Leuante a ponente fin al me- ‖ zo di. El mondo nouo & isole & lo- ‖ chi incogniti & siluestri abondā- ‖ ti e sterili & doue abōda loro ‖ & largento & Zoglie & pie- ‖ tre pciose & animali & ‖ mōstri spaurosi & do- ‖ ue manzano car- ‖ ne humana e ‖ i gesti & vi- ‖ uer & co- ‖ stumi ‖ de quelli paesi cosa certamēte molto cu- ‖ riosa de intendere & sapere.

Pet. in-8, 56 ff. n. ch., sig. *a-g* par 8. Au bas du recto f. 56 : ¶ *Finito lo libro de Marco Polo da Venetia de le* ‖ *marauegliose cose del mondo.* ‖ ¶ *Stampata in Venetia per Paulo Danza Anno.* ‖ *Dñi* M. D. XXXiij. *Adi.* 10 *Febraro.* ‖

Réimp. de l'édition de 1496.

— De i Viaggi di Messer Marco Polo Gentil'hvomo Venetiano (Ramusio, II, 1606).

Voir col. 1939.

— Marco Polo ‖ Venetiano, ‖ Delle Merauiglie del Mondo ‖ per lui vedute ; ‖ Del Costume di varij Paesi, & dello stranio ‖ viuer di quelli. ‖ Della Descrittione de diuersi Animali. ‖ Del trouar dell' Oro, & dell' Argento. ‖ Delle Pietre Preciose ‖ *Cosa non meno vtile, che bella.* ‖ Di nouo Ristampato, & osseruato l'ordine ‖ suo vero nel dire. ‖ In Treuigi, Ad instantia di Aurelio Reghet ‖ tini Libraro. M DXC. In-8, 57 ff. chif. *a-g* × 8 = 56 ff. + *h* × 1 = 57 ff.; vignette sur le titre ; 1 grav. sur bois hors texte.

Cette gravure sur bois ne se trouve pas dans l'ex. du British Museum, G bbb 8.

— Marco Polo Venetiano, Delle Merauiglie del Mondo per lui vedute ; Del costume di varij Paesi, & dello stranio viuer di quelli. Della Descrittione de diuersi Animali. Del trouar Dell' Oro, & dell' Argento. Delle Pietre Preciose. *Cosa non meno vtile, che bella.* Di nouo Ristampato, & Osseruato l'ordine suo vero nel dire. In Venetia, Appresso Marco Claseri, M D XCVII, in-8, pp. 128, pas de grav.

— Marco Polo ‖ Venetiano, ‖ Delle Maraviglie del Mondo ‖ per lui vedute. ‖ Del costume di varij Paesi, & dello stranio viuer ‖ di quelli. ‖ Della Descrittione de diuersi Animali. ‖ Del trouar dell' Oro, & dell' Argento. ‖ Delle Pietre Pretiose. ‖ *Cosa non meno vtile, che bella.* ‖ Di nuouo ristampato, & osseruato l'ordine suo ‖ vero nel dire. ‖ [fleuron] In Venetia, M DCII. ‖ Appresso Paolo Vgolino, pet. in-8, pp. 104 ; pas de grav. hors texte.

Page 104 : *Finito è lo Libro di Marco Polo da Venetia delle ‖ Marauigliose cose del Mondo.*

Édition différente de la suivante de la même date :

— Marco Polo Venetiano, Delle Merauiglie del Mondo per lui vedute. Del costume di varij Paesi, & dello stranio viuere di quelli. Della Descritione de diuersi Animali. Del trouar Dell' oro, & dell' Argento. Delle Pietre Preciose. *Cosa non meno vtile, che bella.* Di nouo Risstampato, & osseruato l'ordine suo vero nel dire. In Venetia. M DCII. Appresso Paulo Vgolino, in-8, pp. 128 ; sur le titre vig. représentant David portant la tête de Goliath ; pas de grav. hors texte.

— Marco Polo Venetiano, Delle Merauiglie del Mondo per lui vedute. Del costume di varij Paesi, & dello stranio viuer di quelli. Della Descrittione de diuersi Animali. Dell trouar dell' Oro, & dell' Argento. Delle Pietre Preciose. *Cosa non meno vtile, che bella.* Di nuouo ristampato, & osseruato l'ordine suo vero nel dire. Con licenza de' Superiori, & Priuilegio. In Venetia, M.DC.XXVI. Appresso Ghirardo, & Iseppo Imberti, pet. in-8, pp. 128 ; 1 grav. sur bois hors texte.

— Marco Polo ‖ Venetiano. ‖ Delle Merauiglie del Mondo per ‖ lui vedute. ‖ Del costume di varij Paesi, & dello stranio viuer di quelli. ‖ De la Descrittione de diuersi Animali. ‖ Del trouar dell' Oro, & de l'Argento. ‖ Delle Pietre preciose. ‖ *Cosa non meno utile, che bella.* ‖ Di nuouo ristampato, & osseruato l'ordine ‖ suo vero nel dire. ‖ In Venetia, & poi in Treuigi per Angelo Righettini. 1267 [lire 1627]. ‖ Con Licenza de' Superiori, pet. in-8, pp. 128 ; 1 grav. sur bois hors texte, au verso de la préf.

Bib. Nat., O²4.

— Marco Polo ‖ Venetiano. ‖ Delle Merauiglie del Mondo per ‖ lui vedute. ‖ Del costume di varij Paesi, & dello stranio viuer di quelli. ‖ De la Descrittione de diuersi Animali. ‖ Del trouar dell'Oro, & de l'Argento. ‖ Delle Pietre preciose. ‖ *Cosa non meno utile, che bella.* Di nuouo ristampato, & osseruato l'ordine suo ‖ vero nel dire. ‖ In Treuigi, Appresso Girolamo Righettini : 1640. ‖ *Con Licenza de' Superiori*, pet. in-8, 128 pages avec une vig. sur le titre, marque de l'imprimeur.

— In Trevigi M. DC. LVII, appresso Girolamo Righettini, in-8, pp. 128, bois de la grandeur de la page.

— Marco Polo Venetiano. Delle Merauiglie del Mondo per lui vedute. I. Del costume di varij Paesi, & dello strano viuer di quelli. II. De la Descrittione de diuersi Animali. III. Del trouar dell' Oro, & dell' Argento. IV. Delle Pietre pretiose. *Cosa non meno vtile, che bella.* Si nuouo ristampato, & osseruato l'ordine suo vero nel dire. In Trevigi, Per il Righettini. M. DC. LXV. Con Licenza de' Svperiori, pet. in-8, 128 pages avec une grav. sur bois.

Examiné l'ex. de la *Marciana*.

— Marco Polo Venetiano Delle Merauiglie del Mondo per lui vedute. I. Del costume di varij Paesi, & dello strano viuer di quelli. II. Della Descrittione di diuersi Animali. III. Del trouar dell' Oro, & dell' Argento. IV. Delle Pietre pretiose. *Cosa non meno vtile, che bella.* Di nuouo ristampato, & osseruato l'ordine suo vero nel dire. In Trevigi, Per il Reghettini. M. DC. LXXII. Con Licenza de' Svperiori, pet. in-8, pp. 128 ; 1 grav. hors texte.

Ces éd. sont des réimp. du texte de 1496.

— Il Milione ‖ di Marco Polo ‖ Testo di lingua ‖ del secolo decimoterzo ‖ ora per la prima volta ‖ pubblicato ed illustrato ‖ dal Conte ‖ Gio. Batt. Baldelli Boni. ‖ Tomo primo ‖ Firenze ‖ Da' Torchi di Giuseppe Pagani ‖ M. DCCCXXVII. ‖ Con approv. e privilegio, in-4, pp. XXXII-CLXXV-234 + 1 f. n. c. p. l'index.

INDICE : Vita di Marco Polo, P. I. — Sommario Cronologico della Vita del Polo, P. XXV. — Storia del Milione, P. I. — Illustrazione della Tela del Salone dello Scudo, P. CV. — Descrizione dell' Atlante Cinese, posseduto dalla Magliabechiana, P. CIX. — Schiarimento relativo all' età dell' Atlante Cinese, P. CXXI. — Notizia dei Manoscritti del *Milione*, di cui si è fatto uso nell' Opera, o veduti, o fatti riscontrare, P. CXXIII. — Della Porcellana. Discorso, P. CXXXVII. — Del Portulano Mediceo, e delle Scoperte dei Genovesi nell' Atlantico. Discorso, P. CLIII. — Voci del Milione di Marco Polo, citate dal Vocabolario della Crusca, P. CLXXIII. — Voci tratte dal Testo del Polo, e da citarsi dal Vocabolario della Crusca, P. CLXXIV. — *Il Milione* di Marco Polo, TESTO DELLA CRUSCA, P. I.

— Il Milione ‖ di ‖ Messer Marco Polo ‖ Viniziano ‖ Secondo la lezione Ramusiana ‖ illustrato e comentato ‖ dal Conte ‖ Gio. Batt. Baldelli Boni ‖ Tomo Secondo ‖ Firenze ‖ Da' Torchi di Giuseppe Pagani ‖ M DCCC XXVII. ‖ Con approv. e privilegio, in-4, pp. XXVI-514 + 2 ff. n. ch.

INDICE : Dichiarazione al Libro Primo, P. 1. — Proemio di Fra Pipino al Milione, P. 3. — TESTO RAMUSIANO del *Milione*. Libro Primo, P. 5. — Dichiarazione al Libro Secondo, per rischiarare le Legazioni di Marco Polo, P. 147. — Libro Secondo, P. 153. — Dichiarazione alla parte seconda del Libro Secondo. Della Lingua Cinese, P. 223. — Libro Terzo, P. 357. — Aggiunte e Correzioni, P. 481.

— Storia ‖ delle ‖ Relazioni vicendevoli ‖ Dell' Europa e dell' Asia ‖ dalla Decadenza di Roma ‖ fino alla ‖ distruzione del Califfato ‖ del Conte ‖ Gio. Batt. Baldelli Boni. ‖ Parte Prima ‖ Firenze ‖ Da' Torchi di Giuseppe Pagani ‖ M DCCC XXVII. ‖ Con approv. e privilegio, in-4, 4 ff. n. c. p. l. tit. et la déd. : « A Sua Altezza Imperiale e Reale Leopoldo Secondo Principe Imperiale d'Austria... » + pp. 466.

— Parte Seconda ‖ Firenze ‖ Da' Torchi di Giuseppe Pagani ‖ M DCCC XXVII. ‖ Con approv. e privilegio, in-4, pp. 467 à 1004 + 1 f. n. ch.

80 ex. de l'ouvrage de Baldelli-Boni, tirés sur grand papier, et 2 sur vélin.

Deux cartes généralement cartonnées à part complètent l'ouvrage.

Notice : *Antologia*, No. 100, Aprile 1820. On en a fait un tirage à part, br. in-8, pp. 39, sig. L. S. D. I.

— I Viaggi in Asia in Africa, nel mare dell' Indie descritti nel secolo XIII da Marco Polo Veneziano. Testo di lingua detto *Il Milione* illustrato con annotazioni. Venezia, dalla tipografia di Alvisopoli, M DCCC XXIX, 2 parties in-8, pp. XXI + 1-189, 195-397.

« Ristampa del Testo di Crusca procurata da B. Gamba il quale vi appose piccole note a pie di pagina. » (Lazari, p. 470.)

« Il en a été tiré 100 exemplaires, in-8, auxquels est jointe la carte géographique qui fait partie de l'ouvrage de Zurla. Il y en a aussi des exemplaires in-8, très grand Pap., et sur des papiers de différentes couleurs. » (Brunet.)

— Il Libro di Marco Polo intitolato il Milione. (*Relazioni di Viaggiatori*, Venezia, co' tipi del Gondoliere, M DCCC XLI, I, pp. 1-231.)

Réimp. du Texte de la Crusca. — Voir Baldelli-Boni, *supra*.

Le recueil de Gondoliere forme les vol. I et II de la classe XI de la *Biblioteca classica italiana di Scienze, Lettere ed Arti disposta e illustrata da Luigi Carrer*.

— I Viaggi in Asia in Africa, nel mare dell' Indie descritti nel secolo XIII da Marco Polo Veneziano testo di lingua detto Il Milione illustrato con annotazioni. Volume unico. Parma, per Pietro Fiaccadori, M DCCC XLIII, pet. in-8, pp. IV-308.

Réimp. du Texte de la Crusca.

— I Viaggi in Asia, in Africa, nel mare dell' Indie descritti nel secolo XIII da Marco Polo Veneziano. Testo di lingua detto Il Milione. Udine, Onofrio Turchetto, Tip. edit. 1851, in-16, pp. X-207.

— I Viaggi ‖ di ‖ Marco Polo ‖ Veneziano ‖ tradotti per la prima volta dall' originale francese ‖ di Rusticiano di Pisa ‖ e corredati d'illustrazioni e di documenti ‖ da Vincenzo Lazari ‖ pubblicati per cura ‖ di Lodovico Pasini ‖ membro eff. e segretario dell' I. R. Istituto Veneto. ‖ Venezia ‖ M DCCC XLVII, in-8, pp. LXIV-484, carte.

Verso du titre : « Coi Tipi di Pietro Naratovitch. »

Voir pp. 447-471, *Bibliografia*. — Pp. 473-484, Indice Alfabetico delle Materie.

— I Viaggi di Marco Polo secondo la lezione del Codice Magliabechiano più antico reintegrati col testo francese a stampa per cura di Adolfo Bartoli. Firenze, Felice Le Monnier, 1863, pet. in-8, pp. LXXXIII-439.

— Il Milione ossia Viaggi in Asia, in Africa e nel Mar delle Indie descritti nel secolo XIII da Marco Polo Veneziano. Torino, Tip. dell' oratorio di S. Franc. di Sales, 1873, in-32, pp. 280.

Biblioteca della Gioventù Italiana.

— Giulio Verne. I Viaggi di Marco Polo unica versione originale fedelmente riscontrata sub codice Magliabeccano e sulle opere di Charton per cura di Ezio Colombo. Volume Unico. Milano, Serafino Muggiani e Comp., 1878, in-16, pp. 143.

Une grav. sur bois commune représentant Marco Polo sert de frontispice à ce vol. qui fait partie d'une collection populaire de Voyages.

— Marco Polo. — I Viaggi secondo la lezione del codice Magliabechiano più antico. Milano, Sonzogno, 1886, in-16.

Voir *supra*, col. 1974.

D. — ÉDITION PORTUGAISE.

— MARCO ‖ PAULO. ‖ ¶ Ho liuro de Nycolao veneto. ‖ ¶ O trallado da carta de huũ genoues das ditas terras. ‖ ¶ Cõ priuilegio del Rey nosso senhor. q̃ nenhuũ faça a impres‖sam deste liuro. nẽ ho venda em todollos se' regnos ⁊ senho= ‖ rios sem liçẽça de Valentim fernãdez so pena cõteuda na car ‖ ta do seu preuilegio. Ho preço delle. Cento ⁊ dez reaes. In-folio de 106 ff.

Collation : 8 ff. prél. n. chiff. (sig. A) et 98 ff. ch.

Recto 1 f. : Titre *ut supra*. — Vignette en tête représentant une sphère.

Verso 1 f. : ¶ Começase a epistola sobre a tralladaça do liuro de ‖ Marco paulo. Feita per Valẽtym fernãdez escudey ‖ ro da excellentissima Raynha Dona Lyanor. Ende ‖ rençada ao Serenissimo ⁊ Inuictissimo Rey ⁊ Sen ‖ hor Dom Emanuel o primeiro. Rey de Portugal ⁊ ‖ dos Alguarues. daquẽ ⁊ alem mar em Africa. Sen ‖ hor de Buynee. E da conquista da naueguaçom ⁊ co ‖ mercio de Ethiopia. Arabia. Persia. ⁊ da India.

Recto 7 f. : ¶ Começase a tauoa dos capitulos do liuro Primeyro.

Recto 1 f. chif. : ¶ Começase ho Liuro Primeiro de Marco paulo ‖ de Veneza das condiçoões ⁊ custumes das gẽtes ‖ ⁊ das terras ⁊ prouincias orientaes. E prime y ra ‖ mente de como ⁊ em que maneyra Dom Marco= ‖ paulo de Veneza ⁊ Dom Maffeo seu irmaão se pas ‖ sarom aas partes do oriente. — Vig. représ. une gallère ; encadrement.

Verso f. 77 : Fin de Marco Polo.

Recto f. 78 : Nicolo Conti.

Verso f. 95 : Fin de Nicolo Conti.

Recto f. 96 : A Carta do genoues.

Verso f. 98 : ¶ Acabase ho liuro de Marco paulo. cõ ho liuro de Nicolao ve= ‖ neto ou veneziano. ⁊ assi mesmo ho trallado de hũa carta de huũ ‖ genoues mercador. que todos escreuerõ das Indias. a seruiço ‖ de d's. ⁊ auisamẽto daquelles q̃ agora vam pera as ditas Indias ‖ Aos quaes rogo ⁊ peço humilmente q̃ benignamẽte queirã emẽ ‖ dar ⁊ correger ho que menos acharẽ no escreuer. s. nos vocabul' ‖ das prouincias. regnos. çidades. ylhas. ⁊ outras cousas muytas ‖ ⁊ nõ menos em a distãcia das legoas de hũa terra pa outra. *Im= ‖ primido per Valentym fernãdez alemaão. Em a muy nobre çida ‖ de Lyxboa. Era de Mil ⁊ quinhentos ⁊ dous annos. Aos. qua ‖ tro dias do mes de Feureyro.* — En tête, marque de l'Imprimeur.

On trouvera une description détaillée de cette éd. dans la *Bibliographia* de Figanière, No. 947.

Bib. Nat. $\frac{O^2}{2}$, Réserve. — Provient du Collége des Jésuites, de J·· ·ain.

E. — ÉDITIONS ESPAGNOLES.

— Cosmographia ‖ breue introdu ‖ ctoria en el libro ‖ d' Marco paulo. ‖

— El libro del famoso Marco paulo ‖ veneciano d'las cosas marauillosas ‖ q̃ vido enlas partes oriẽtales. cõuie ‖ ne saber enlas Indias. Armenia. A ‖ rabia. Persia ⁊ Tartaria. E d'l pode ‖ rio d'l grã Cã y otros reyes. Cõ otro ‖ tratado de micer Pogio florẽtino q̃ ‖ trata delas mesmas tierras ⁊ yslas.

In-folio ; 2 col. ; car. goth. ; 34 ff. ch. et 4 ff. prél. non ch.

Au titre 4 gravures sur bois représentant :

Marc paulo.

Micer pogio.

S. Domingo. ẽla ysla Isabela.

Calicu.

— Les 4 ff. prélim. contiennent :

Recto 1 f. : Titre.

Verso 1 f. : Prologo primero.

F. 2 et 3 : Maestre Rodrigo al lector.

F. 4 : Tabla de los capitulos.

— Marco Polo, ff. 1/26.

— Tratado de Micer Pogio, ff. 27-recto f. 27 [lisez 34].

— Dernier f. *v.* [chiffré xxvij par erreur pour xxxiv].

« Acabase el libro del famoso Marco paulo vene ‖ ciano el q̃l cuẽta de todas las tierras prouĩcias ⁊ islas delas Indias. Arabia ‖ Persia Armenia y Tartaria y d'las cosas marauillosas que enellas se ha ‖ llan assi mesmo el grã señorio y riquezas del gran Can de Catayo se ‖ ñor delos tartaros | añadido en fin vn tratado breue de micer Pogio ‖ florentino el qual el mesmo escriuio por mandado de eugenio papa ‖ quarto deste nombre por relacion de vn Nicolao [Conti] veneciano el ‖ qual assi mesmo auia andado las ptidas oriẽtales ⁊ de otros ‖ testigos dinos d' fe como por el parece fiel mẽte trasladado ‖ en lengua castellana por el reuerẽdo señor maestre Rodri ‖ go de santa ella | Arcediano de reyna y canonigo ẽla sã ‖ ta yglesia de Seuilla. El q̃l se ẽprimio por Lã [?] alao ‖ polono y Jacome Crõberger alemano ẽla muy ‖ noble y muy leal ciudad d'Seuilla. Año de ‖ mil ⁊ q' niẽtos y tres a. xxviij. dias d'mayo. »

Brit. Museum : C. 32. m. 4 ; ex. incomplet : manquent les ff. 13, 18 ; dans le nom de l'imp. à la dernière p., une lettre a été détruite par un ver.

— ¶ Libro del famoso Marco ‖ Polo veneciano delas cosas maraui ‖ llosas q̃ vido enlas partes orien= ‖ tales : conuiene saber enlas ‖ Indias | Armenia | Ara ‖ bia | Persia | ⁊ Tarta ‖ ria. Edel poderio ‖ del gran Can y ‖ otros reyes. ‖ Con otro ‖ tratado ‖ de mi ‖ cer ‖ Pogio Florentino ⁊ trata ‖ delas mesmas tie= ‖ rras ⁊ islas. s. l. n. d., in-fol. ; 2 col. [Logroño, 1529.]

Collation : 4 ff. prél. non chif. + signatures *a-d* × 8 = 32 ff. ; en tout 36 ff.

F. 1 *v.* : Prologo del Interprete. — F. 2 *r.* : Cosmographia introductoria. — F. 3 *v.* : Tabla. — F. 4 *v.* : Fin dela Tabla. — Suivent 32 ff. numérotés : *F. i.* — *Commence* : Libro de Marco Polo Veneciano ‖ (col. 1). ¶ Aqui comiença vn ‖ libro que trata delas cosas marauillosas ‖ que el noble varon micer Marco Polo de ‖ Venecia vido enlas partes de Oriente.

Fini : recto f. xxxij : La presente obra del famoso Marco ‖ Polo veneciano q̃ fue traduzida fielmẽte de lengua veneciana en ‖ castellano por el reuerẽdo señor maestre Rodrigo Arcedia ‖ no de reyna y canonigo enla yglesia de Seuilla. ‖ Fue impressa y corregida de nueuo enla ‖ muy constante y leal civdad de ‖ Logroño en casa d'Mi ‖ guel de eguia ‖ a treze ‖ de junio de mill ⁊ qui ‖ nientos y. xx. ⁊ nueue. ‖

« Cette édition de 1529, dit Brunet, est fort rare : 2 liv. 9 sh. Heber ; 210 flor. Butsch, et 130 fr. en 1859. — Il y en a une plus ancienne de *Séville*, *Cromberger*, 1520, in-fol., que cite Panzer d'après Vogt. »

Lazari dit de cette édition de 1520, p. 461 : « Di estrema rarità. Questa traduzione è tratta da un antico testo italiano : l'autore n'é Maestro Rodrigo de Santaella. »

— Historia ‖ de las Gran- ‖ dezas y Cosas ‖ marauillosas de las Prouin- ‖ cias Orientales. ‖ Sacada de Marco Pavlo ‖ Veneto, y traduzida de Latin en Romance, y añadida en muchas partes por Don Martin de Bolea ‖ y Castro, Varon de Clamosa, ‖ señor de la Villa de ‖ Sietamo. ‖ Dirigida a Don Beltran de ‖ la Cueba, Duque de Alburquerque, Marques de ‖ Cuellar, Conde de Ledesma y Guelma, Lugar- ‖ teniente, y Capitan General por su Ma- ‖ gestad, en el Reyno de ‖ Aragon. ‖ Con Licencia, en Caragoça. ‖ Por Angelo Tauano, Año. M. DCI, in-8, 8 ff. n. ch. + 163 ff. + 8 ff. n. ch. pour la tab. et l'errata. Dernier f. n. ch. *verso* : En Caragoça ‖ Por Angelo Tauano ‖ Año. 1601.

Bib. Nat., O²5.

— Biblioteca universal. — Coleccion de los Mejores Autores antiguos y modernos, nacionales y extranjeros. — Tomo LXVI. — Los Viages de Marco Polo veneciano. — Madrid. Direccion y administracion, 1880, in-16, pp. 192.

« La edicion que hemos tenido principalmente à la vista, para formar este volúmen de nuestra *Biblioteca*, es la de Ludovico Pasini, Venecia 1847. »

— El Libro de Marco Polo. — Aus dem Vermächtnis des Dr. Hermann Knust nach der Madrider Handschrift herausgegeben von Dr. R. Stuebe. — Leipzig, Dr. Seele & Co. 1902, in-8, pp. XXVI-114.

This volume reproduces the old Spanish text of the manuscript Z-I-2 of the Escurial Library from a copy made by Señor D. José Rodriguez for the Society of the Spanish Bibliophiles, which, being unused, was sold by him to Dr. Hermann Knust, who made a careful comparison of it with the original manuscript. This copy, found among the papers of Dr. Knust after his death, is now edited by Dr. Stuebe. The original 14th century MS., written in a good hand on two columns, includes 312 leaves of parchment, and contains several works ; among them we note : 1° a Collection entitled *Flor de las Ystorias de Oriente* (fol. 1-104), made on the advice of Juan Fernandez de Heredia, Grand Master of the Order of St. John of Jerusalem (1377), of which *Marco Polo* (fol. 50-104) is a part; 2° and *Secretum Secretorum* (fol. 254 *r.*-fol. 312 *v.*) ; this MS. is not mentioned in the List, *App. F.*, given in our *Marco Polo*, II, p. 546, unless it be our N°. 60.

The manuscript includes 68 chapters, the first of which is devoted to the City of Lob and Sha-chau, corresponding, in our *Marco Polo*, to Bk. I, ch. 39 and 40 (our vol. I, pp. 196 seqq.) ; ch. 65 (p. 111) corresponds approximatively to our ch. 40, Bk. III (vol. II, p. 451) ; chs. 66, 67, and the last, 68, would answer to our chs. 2, 3, and 4 of Bk. I (vol. I, pp. 45 seqq.). A concordance of this Spanish text, with Pauthier's, Yule's, and the Geographic Texts, is carefully given at the beginning of each of the 68 chapters of the Book. (Henri Cordier, *T'oung Pao*, Juillet 1903, pp. 262/3.)

F. — Éditions françaises.

— La ‖ description geo- ‖ graphiqve des Provinces ‖ & villes plus fameuses de l'Inde Orientale, meurs, ‖ loix, & coustumes des habitans d'icelles, mesme- ‖ ment de ce qui est soubz la domination du grand ‖ Cham Empereur des Tartares. ‖ Par Marc Paule gentilhomme Venetien, ‖ Et nouuellement reduict en ‖ vulgaire François. ‖ [*marque*] A Paris, ‖ Pour Vincent Sertenas tenant sa boutique au Palais en la gallerie par ‖ ou on va a la Chacellerie. Et en larue neuue Nostre dame à ‖ l'image sainct Iehan l'Euangeliste. ‖ 1556. ‖ Avec Privilege dv Roy, ‖ in-4, 10 f. prél. n. ch. + 123 ff. ch. + 1 f. n. ch.

Sommaire dv Privilege dv Roy (verso du titre). — Epistre « A Adrian de Lavnay sei ‖ gneur de sainct Germain le Vieil, Viconte de ‖ sainct Siluain, Notaire & Secretaire ‖ dv Roy. » F. G. L. S. — De Paris ce xviii. iour d'Aoust 1556, 3 pages. — Preface av lectevr par F. G. L., 5 pages. — Table, 8 pages. — Pièces de vers, 2 pages au commencement et un advertissement (1 page) à la fin.

Commence page 1 : « Lors que Bauldoyn Prince Chre ‖ stien tāt fameux & renommé tenoit ‖ l'Empire de Constātinople, assauoir ‖ en l'an de l'incarnation de nostre ‖ Saulueur mil deux cens soixante & ‖ neuf, deux nobles & prudēs citoyēs ‖ de Venise...

Verso du dernier f. n. ch., marque de Vincent Sertenas.

C'est la plus ancienne éd. en langue française.

Marsden et Yule croient qu'elle a été traduite du Latin du *Novus Orbis*.

— Même titre. A Paris, ‖ Pour Estienne Groulleau, demourant en la rue neuue Nostre ‖ dame, à l'image sainct Iehan Baptiste. ‖ 1556. ‖ Avec privilege dv Roy, in-4.

Même éd. que la précédente, avec un nom de libraire différent.

— La Description geographique... de l'Inde Orientale... Par Marc Paule... ‖ A Paris, ‖ Pour Jehan Longis tenant sa boutique au Palais en la gallerie par ‖ ou on va à la Chancellerie. ‖ 1556. ‖ Auec Priuilege du Roy, in-4.

Même éd. que celle de Sertenas dont elle reproduit le privilége. Un ex. figure au *Catalogue des livres... de... James de Rothschild*, II, Paris, 1887, No. 1938. A ce sujet, M. E. Picot remarque que la Préface par F. G. L., ainsi que la devise *Inter utrumque* appartiennent à FRANÇOIS GRUGET, *Lochois*, qui, la même année, publiait chez les mêmes libraires, le *Dodechedron de Fortune*.

— Les ‖ Voiages ‖ très-curieux & fort remarquables, ‖ Achevées par toute ‖ l'Asie, Tartarie, Mangi, Japon, ‖ les ‖ Indes orientales, iles adjacentes, ‖ & l'Afrique, ‖ Commencées l'An 1252. ‖ Par Marc Paul, Venitien, ‖ Historien recommandable pour sa fidelité. ‖ Qui contiennent une Relation très-exacte des Païs Orientaux : ‖ Dans laquelle il décrit très exactement plusieurs Païs & Villes, lesquelles ‖ Lui même a Voiagées & vües la pluspart : & où il nous enseigne brièvement ‖ les Mœurs & Coutumes de ces Peuples, avant ce tems là inconnues aux ‖ Européens ; ‖ Comme aussi l'origine de la puissance des Tartares, quand à leurs Conquêtes ‖ de plusieurs Etats ou Païs dans la Chine, ici clairement proposée & expliquée. ‖ Le tout divisé en III. Livres, ‖ Conferé avec un Manuscrit de la Bibliotheque de S. A. E. de Brandebourg, ‖ & enrichi de plusieurs Notes & Additions tirées du dit Manuscrit, ‖ de l'Edition de Ramuzio, de celle de Purchas, ‖ & de celle de Vitriare.

Forme une partie des col. 43 et 185 du vol. ii des *Voyages faits principalement en Asie...* par Pierre Bergeron. A la Haye, Chez Jean Neaulme, M. DCC. XXXV, in-4.

D'après André Müller Greiffenhag.

Remarquer sur le titre la date marquée du voyage 1252 ! Dans le texte, col. 6, elle est marquée 1272.

— Marco Polo — Un Vénitien chez les Chinois avec étude biographique et littéraire par Charles Simond. Paris, Henri Gautier, s. d. [1888], in-8, pp. 32.

Forme le No. 122 de la *Nouvelle Bibliothèque populaire* à 10 Cent. — Outre une courte notice biographique, contient le texte de Bergeron.

— Voyages de Marco Polo. Première partie. Introduction, Texte, Glossaire et Variantes.

Introduction, pp. xi-liv [par Roux].

Voyage de Marc Pol, pp. 1-288. — Table des Chapitres, pp. 289-296. [Publié d'après le Ms. 7367 de la Bibliothèque nationale.]

Peregrinatio Marci Pauli. Ex Manuscripto Bibliothecae Regiae, N° 3195 f°, pp. 297-494. — Index Capitum, pp. 495-502.

Glossaire des mots hors d'usage, pp. 503-530 [par Méon].

Errata, pp. 531-532.

Variantes et Tableau comparatif des noms propres et des noms de lieux cités dans les voyages de Marco Polo, pp. 533-552.

(Vol. i, 1824, du *Recueil de Voyages de la Société de Géographie de Paris*.)

— Rapport sur la Publication des Voyages de Marco Polo, fait au nom de la section de publication, par M. Roux, rapporteur. (*Bull. de la Soc. de Géog.*. I, 1822, pp. 181/191.)

— Itinéraires à Jérusalem et Descriptions de la Terre Sainte rédigés en français aux xie, xiie, & xiiie siècles publiés par Henri Michelant & Gaston Raynaud. Genève, Fick, 1882, in-8.

Voyage des Polo, pp. xxviii-xxix. — Des Ext. du MS. fr. 1116 sont donnés pp. 201-212, et de la version nommée d'après Thiébault de Cépoy, pp. 213-226.

Le MS. fr. 1116, ancien 7367, a été reproduit par la photographie (y compris la reliure, une médiocre reliure moderne en veau !) en 1902 à Karlsruhe sous le titre de :

— Le divisiment dou monde de Messer March Pol de Venece. — Die Handschrift Fonds Français No. 1116 der Nationalbibliothek zu Paris photographisch aufgenommen auf der Gr. Hof- und Landesbibliothek zu Karlsruhe von Dr. A. Steiner. — Karlsruhe. Hof-Buchdruckerei Friedrich Gutsch. 1902, in-4.

A le No. Impr. 5210 dans la Bibliothèque nationale, Paris.

— Marco Polo. (Charton, *Voy. anc. et mod.*, II, pp. 252-440.)

Texte de la Société de Géographie mis en français moderne. — Notes, bibliographie, etc.

— 忽必烈樞密副使博羅本書 Le livre ‖ de ‖ Marco Polo ‖ citoyen de Venise ‖ Conseiller privé et commissaire impérial ‖ de ‖ Khoubilaï-Khaân ; ‖ rédigé en français sous sa dictée en 1298 ‖ par Rusticien de Pise ; ‖ Publié pour la première fois d'après trois manuscrits inédits de la Bibliothèque impériale de Paris, ‖ présentant la rédaction primitive du Livre, revue par Marc Pol lui-même et donnée par lui, en 1307, à Thiébault de Cépoy, ‖ accompagnée des *variantes*, de *l'explication des mots hors d'usage*, et de *Commentaires géographiques et historiques*, ‖ tirés des écrivains orientaux, principalement chinois, avec une Carte générale de l'Asie ; ‖ par ‖ M. G. Pauthier. ‖ — Paris ‖ Librairie de Firmin Didot... ‖ M. DCCC. LXV, 2 parties gr. in-8. — Pub. à Fr. 40.

Première partie, pp. clvi-351.

Introduction :

1° Notice sur Marc Pol ;

2° Le Livre de Marc Pol ;

3° Aperçu de l'état politique de l'Asie au treizième siècle de notre ère.

Conclusion.

Préface de la copie donnée par Marc Pol à Thiébault de Cepoy.

Prologue.

Le Livre de Marc Pol, citoyen de Venise, chap. I-CIV.

Seconde partie, pp. 351-832.

Le Livre de Marc Pol, citoyen de Venise, chap. CV-CC.

Chapitres historiques supplémentaires tirés du manuscrit publié par la Société de Géographie de Paris, en 1824, chap. CCV-CCXXXII.

Appendice No. 1. Testament de Marc Pol. Copié sur l'original qui est conservé dans la Bibliothèque de Saint-Marc à Venise. Extrait de V. Lazari, *I Viaggi di Marco Polo*, p. 436.

Appendice No. 2. Fragment de la *Chronica libri imaginis mundi* du Frère Jacopo d'Aqui.

Appendice No. 3. Décret de Khoubilaï-Khaân (en caractères *pa'-sse-pa*).

Appendice No. 4. Inscription mongole en caractères *pa'-sse-pa*, de l'année 1314 de notre ère, gravée sur pierre, et conservée dans la ville cantonale de *Tchao-chih* du département de *Si-ngan*, province du *Chen-si*.

Appendice No. 5. Lettre en mongol d'Arghoun-Khan au roi de France Philippe le Bel.

Appendice No. 6. Lettre mongole d'Oeldjaïtou sultan au roi de France Philippe le Bel, pour lui annoncer son avènement.

[Ces deux doc. avaient d'abord été publiés par Abel-Rémusat dans ses *Mém. sur les relat. des Princes chrétiens* et ils ont été de nouveau reproduits par Pauthier dans son *Histoire des relations pol. de la Chine*.] Voir le *Recueil* du Prince Roland Bonaparte.

Table des Chapitres.

Index analytique, historique et géographique.

Table analytique des principales matières.

Index des Auteurs et des Ouvrages cités dans les Notes.

Glossaire des mots et tournures en vieux français expliqués dans les notes.

Table énumérative des divisions administratives de l'empire chinois sous les Mongols.

Errata.

Notices : *J. Asiat.*, 6e Sér., Vol. VII, 1866, pp. 388-429 (par N. de Khanikof) ; tirage à part, in-8, Bibl. Nat. O²17. — *Quarterly Review*, July 1868 (par le Col. Yule). — *Journal des Savans* (5 Art., Janvier-Mai 1869, par Barthélemy St. Hilaire). — *The Phœnix*, I, p. 19.

L'introduction a été tirée à part, s. d. [1865], p. clvi. Bibl. Nat., O²15.

— Le pays de Tanduc et les descendants du Prêtre Jean. Spécimen d'une édition du texte original français du *Livre de Marc Pol* publié pour la première fois d'après trois manuscrits inédits de la Bibliothèque impériale de Paris, accompagné de nombreux commentaires. Par G. Pauthier. (*Revue de l'Orient*, Mai 1862, pp. 287-328.)

— Le Livre de Marco Polo... par M. G. Pauthier. (Extrait du Cahier de février 1866, des *Annales de philosophie chrétienne*.) Br. in-8, pp. 51.

Contient une réponse de G. Pauthier (Paris, 24 novembre 1865) à un article de M. Joseph Bianconi, sur l'éd. de Marco Polo de G. P., publié dans les *Etudes religieuses, historiques et littéraires*, par les PP. de la Compagnie de Jésus, cahier du 15 Nov. 1865 (tome VIII, 394). Bib. Nat., O²16.

— Polo (Marco) par G. Pauthier.

Extrait de la *Nouvelle Biographie générale*, publiée par MM. Firmin Didot frères et fils. Br. in-8 à 2 col.

— A Memoir of Marco Polo, the Venetian Traveller to Tartary and China [translated from the French of M. G. Pauthier]. (*Chin. & Jap. Rep.*, Sept. & Oct. 1863, pp. 124/9, 169/188.)

— Les Récits de Marco Polo citoyen de Venise sur l'histoire, les mœurs et les coutumes des Mongols, sur l'empire Chinois et ses merveilles ; sur Gengis-Khan et ses hauts faits ; sur le Vieux de la Montagne ; le Dieu des idolâtres, etc. Texte original français du XIIIe siècle rajeuni et annoté par Henri Bellenger. Paris, Maurice Dreyfous, s. d., in-18 jésus, pp. IV-280.

— Le Livre de Marco Polo. — Facsimile d'un manuscrit du XIVe siècle conservé à la Bibliothèque royale de Stockholm, in-4, 4 ff. n. c. pour le titre *ut supra* et préface + 100 ff. n. c. [200 pages] de texte facsimile.

On lit au verso du titre : « Photolithographie par l'Institut lithographique de l'Etat-Major — Typographie par l'Imprimerie centrale — Stockholm, 1882. » — Nous apprenons par la préface signée du célèbre A. E. NORDENSKIÖLD, que ce fac-simile est fait d'après l'un des deux MSS. que possède la Bibliothèque royale de Stockholm, et que 200 ex., dont 2 sur parchemin ont été imprimés. Dans la préface a été intercalée une lettre, Paris, 22 Nov. 1881, de M. Léopold Delisle, qui montre que ce MS. de Stockholm faisait partie de la collection du roi de France, Charles V (qui possédait cinq copies du Livre de Marco Polo) et portait le n° 317 dans l'inventaire de 1411 ; il passa au Louvre, à Solier de Honfleur et au XVIIe siècle dans la collection de Paul Petau et fut acheté par la reine Christine.

— Le « Livre de Marco Polo ». Facsimile d'un manuscrit du XIVe siècle conservé à la Bibliothèque royale de Stockholm. Stockholm, 1882, in-4 (Signé : LÉOPOLD DELISLE) — Nogent-le-Rotrou, imp. de Daupeley-Gouverneur [1882], pièce in-8.

Extrait de la *Bibliothèque de l'École des Chartes*, t. xliii, 1882.

Réimp. d'un article par M. Delisle dans la *Bib. de l'Éc. des Chartes*, xliii, 1882, pp. 226-235. — M. G. Raynaud a aussi donné une notice de cette éd. de Stockholm dans *Romania*, XI, 1882, pp. 429-430, et Sir Henry Yule, dans *The Athenæum*, 17th June, 1882, pp. 765-766.

— Il libro di Marco Polo facsimile d'un manoscritto del XIV secolo. Nota del prof. G. Pennesi. (*Bol. Soc. Geog. Ital.*, 1882, pp. 949-950.)

— Un fragment de Marco Polo par Ernest Muret. — Extrait de la *Romania*, t. XXX. (Non mis dans le commerce.) — Paris, 1901, br. in-8, pp. 8.

Fragment d'un Ms. de la fin du XIVe siècle trouvé à Vevey, canton de Vaud, Suisse. — M. Muret, Professeur à l'Université de Genève.

G. — ÉDITIONS ANGLAISES.

— The most noble ‖ and famous trauels of ‖ *Marcus Paulus, one* ‖ of the nobilitie of the state of ‖ Venice, into the East partes ‖ of the world, as *Armenia, Per* ‖ *sia, Arabia, Tartary*, with ‖ many other kingdoms ‖ and Prouinces. ‖ No lesse pleasant, than ‖ profitable, as appeareth ‖ by the Table, or Contents ‖ of this Booke. ‖ Most necessary for all sortes ‖ of Persons, and especially ‖ for Trauellers. ‖ *Translated into English.* ‖ At London, ‖ Printed by Ralph Nevvbery, ‖ *Anno.* 1579. Pet. in-4, pp. [28] + 167 + [1]. Sig. *-**** A-X.

Pp. 167 sans les 28 premières pages qui contiennent le titre (2 p.), the epistle of the translator, Iohn Frampton (2 p.). Maister Rothorigo to the Reader : An introduction into Cosmographie (10 p.), the Table of the Chapters (6 p.). The Prologue (8 p.).

— The first Booke of Marcvs Pavlvs Venetvs, or of Master Marco Polo, a Gentleman of Venice, his Voyages. (Purchas, *His Pilgrimes.* London, Printed by William Stansby for Henrie Fetherstone,... 1625, Lib. I. Ch. IIII, pp. 65-108.)

D'après Ramusio.

— The Travels of Marco Polo, or Mark Paul, the Venetian, into Tartary, in 1272. (Astley's *Collection of Travels*, IV, pp. 580/619.)

Voir la trad. française dans l'*Hist. Gén. des Voyages*.

— Harris's *Navigantium atque Itin. Bib.*, éd. de 1715 et de 1744.

— The curious and remarkable Voyages and Travels of Marco Polo, a Gentleman of Venice who in the Middle of the thirteenth Century passed through a great part of Asia, all the Dominions of the Tartars, and returned Home by Sea through the Islands of the East Indies. [Taken chiefly from the accurate Edition of Ramusio, compared with an original Manuscript in His Prussian Majesty's Library and with most of the Translations hitherto published.] (*Pinkerton*, VII, p. 101.)

— Voyages and Travels of Marco Polo. — Leipzig, Gessner & Schramm, in-16, pp. 192.

L'introduction est signée H. M. — D'après Pinkerton.

— Voyages and Travels of Marco Polo With an Introduction by Henry Morley. Cassell and Co., London, s. d. [1904], in-16, pp. 192.

Fait partie de *Cassell's National Library*. — Texte d'après Pinkerton. — Avait d'abord paru en 1886.

— Marco Polo. Travels into China and the East, from 1260 to 1295. (Robert Kerr, *A General History and Collection of Voyages and Travels...* Edinburgh, 1811-1824, vol. i.)

— The ‖ Travels ‖ of ‖ Marco Polo, ‖ a Venetian, ‖ in the Thirteenth Century : ‖ being a ‖ Description, by that early traveller, ‖ of ‖ remarkable places and things, ‖ in ‖ the ‖ Eastern Parts of the World. ‖ Translated from the Italian, ‖ with ‖ Notes, ‖ by William Marsden, F. R. S. &c. ‖ With a Map. ‖ London : ‖ Printed for the Author, ‖ ... M.DCCC. XVIII, gr. in-4, pp. lxxx-782 + 1 f. n. ch. pour l'er.

Les 80 premières pages sont consacrées à une remarquable Introduction, dans laquelle sont traitées diverses matières énumérées à la p. 782 : « Life of Marco Polo ; General View of the Work ; Choice of Text for Translation ; Original Language, » etc. Index, pp. 757-781.

Notices : par J. P. Abel Rémusat (*Journal des Savans*, sept. 1818, pp. 541/550. — *Nouv. Mél. As.*, I, pp. 381/396). — John Barrow (*Quarterly Review*, XXI, 1819, pp. 177 seq.).

— The Travels of Marco Polo, The Venetian. The Translation of Marsden revised, with a Selection of his Notes. Edited by Thomas Wright, Esq. M. A., etc... London : Henry G. Bohn, 1854, pet. in-8, pp. xxviii-508.

Fait partie de *Bohn's Antiquarian Library*.

— The most noble and famous Travels of Marco Polo one of the Nobility of the State of Venice, into the East Parts of the World, as Armenia, Persia, Arabia, Tartary, with many other Kingdoms and Provinces. The Translation of Marsden revised by Thomas Wright, F. S. A. — London : George Newnes, 1904, pet. in-8, pp. XXXIX-461. Portrait.

— The Travels of Marco Polo... By Hugh Murray... Edinburgh : Oliver & Boyd... M.DCCC.XLIV, in-8, pp. 368.

Vol. 38 of the *Edinburgh Cabinet Library*, published 5s.

— Second Edition,... Edinburgh : Oliver & Boyd... MDCCCXLIV, in-8.

— The Travels of Marco Polo, greatly amended and enlarged from valuable early manuscripts recently published by the French Society of Geography, and in Italy by Count Baldelli Boni. With copious Notes, illustrating the routes and observations of the author and comparing them with those of more recent Travellers. By Hugh Murray, F. R. S. E. Two Maps and a Vignette, New York, Harper, 1845, in-12, pp. vi-326.

4th ed., Edinburg, s. a.

— The Book of Ser Marco Polo, the Venetian, Concerning the Kingdoms and Marvels of the East. Newly Translated and edited, with Notes. By Colonel Henry Yule, C. B., late of the Royal Engineers (Bengal), Hon. Fellow of the Geographical Society of Italy. In two volumes. With Maps, and other Illustrations. London, John Murray, Albemarle Street, 1871, 2 vol. in-8, pp. clxi-409, xviii-525.

Notices : *Edinburgh Review*, CCLXXV, jan. 1872, pp. 1-36. — *Littell's Living Age*, CXIII, p. 771. — *British Quarterly Review*, juillet 1872. — *Shai. Budget*, 19 déc. 1872. — *Ocean Highways* (Major O. St. John), déc. 1872, pp. 285-286. — *All the Year Round*, XXXIII, p. 30. — *Harper's Magazine* (O. M. Spencer), XLVI, p. 1. — *Penny Magazine*, II, pp. 298-349. — Marco Polo and his Travels, *Dublin University Magazine*, LXXXVI, p. 67. — Book of Marco Polo, *Nation* (G. P. Marsh), XXI, pp. 135, 152. — *Christian Observer*, LXXI, p. 921. — A Precursor of Marco Polo (B. Murphy), *Catholic World*, XXII, p. 210. — Recent Editors of Marco Polo, *Quarterly Review*, CXXV, p. 133. — Travels of Marco Polo, *British Quarterly Review*, LVI, p. 98. — *Month* (H. J. Coleridge), XVI, p. 428. — Travels in Footsteps of Marco Polo, *Quarterly Review*, CXXXII, p. 194.

— Marco Polo e il suo Libro del Colonnello Henry Yule, C. B. Por Guglielmo Berchet. (*Archivio Veneto*, II, 1871, pp. 124-174, 259-350.)

Contient une traduction de l'*Introductory Essay*, etc.

— Marco Polo's Description of Madagascar. (*Antan. Ann.*, 1878, pp. 21/6.)

D'après l'éd. de Yule, 1871.

— The Book of Ser Marco Polo, the Venetian, Concerning the Kingdoms and Marvels of the East. Newly translated and edited, with Notes, Maps, and other Illustrations. By Colonel Henry Yule, C. B., late of the Royal Engineers (Bengal)... In two volumes. Second edition, revised. With the addition of new matter and many new illustrations. London : John Murray, 1875, 2 vol. in-8, pp. xl-*139*-444, XXI-606.

Le frontispice colorié porte la date de *1874*.

Notice : *Chinese Recorder*, VI, 1875, pp. 374/6.

— The Book of Ser Marco Polo the Venetian concerning the Kingdoms and Marvels of the East Translated and edited, with Notes, by Colonel Sir Henry Yule, R. E., C. B., K. C. S. I., Corr. Inst. France. Third Edition, revised throughout in the light of recent Discoveries by Henri Cordier (of Paris)... With a Memoir of Henry Yule by his Daughter, Amy Frances Yule, L. A. Soc. Ant. Scot., etc. In two volumes. With Maps and Illustrations. London, John Murray, 1903, 2 vol. in-8, pp. CII-*144*-462, XXII-661.

Vol. I : Dedication to the Memory of Sir Roderick I. Murchison. — Contents of Vol. I. — Note by Miss Yule. — Preface to Third Edition. — Preface to Second Edition. — Original Preface. — Dedication to Her Royal Highness Margherita, Princess of Piedmont. — Memoir of Sir Henry Yule by Amy Frances Yule. — A Bibliography of Sir Henry Yule's Writings. — Synopsis of Contents. — Explanatory List of Illustrations. — Introductory Notices : I. Obscurities in the History of his Life and Book. Ramusio's Statements. — II. Sketch of the State of the East at the Time of the Journeys of the Polo Family. — III. The Polo Family. Personal History of the Travellers till their final Return from the East. — IV. Digression concerning the Mansion of the Polo Family at S. Giovanni Grisostomo. — V. Digression concerning the War-Galleys of the Mediterranean States in the Middle Ages. — VI. The Jealousies and Naval Wars of Venice and Genoa. Lamba Doria's Expedition to the Adriatic ; Battle of Curzola ; and Imprisonment of Marco Polo by the Genoese. — VII. Rusticiano or Rustichello of Pisa, Marco Polo's Fellow-Prisoner at Genoa, the Scribe who wrote down his Travels. — VIII. Notices of Marco Polo's History after the Termination of his Imprisonment at Genoa. — IX. Marco Polo's Book ; and the Language in which it was first written. — X. Various Types of Text of Marco Polo's Book. — XI. Some

Estimate of the Character of Polo and his Book. — XII. Contemporary Recognition of Polo and his Book. — XIII. Nature of Polo's Influence on Geographical Knowledge. — XIV. Explanations regarding the Basis adopted for the Present Translation. — *The Book of Marco Polo.* — Prologue. — Book First. — Book Second.

Vol. II : Contents of Vol. II. — Explanatory List of Illustrations to Vol. II. — Book II (Continued). — Book III. — Book IV. — Appendices. *A*. Genealogy of the House of Chinghiz to the End of the Thirteenth Century. — *B*. The Polo Families. (I. Genealogy of the Family of Marco Polo the Traveller. — II. The Polos of San Geremia.) — *C*. Calendar of Documents relating to Marco Polo and his Family. — *D*. Comparative Specimens of the Different Recensions of Polo's Text. — *E*. Preface to Pipino's Latin Version. — *F*. Note of Mss. of Marco Polo's Book, so far as known : General Distribution of Mss.; List of Miniatures in two of the finer Mss.; List of Mss. of Marco Polo's Book, so far as they are known. — *G*. Diagram showing Filiation of Chief Mss. and Editions of Marco Polo. — *H*. Bibliography : (I.) Principal Editions of Marco Polo's Book; (II.) Bibliography of Printed Editions; (III.) Titles of Sundry Books and Papers treating of Marco Polo and his Book. — *I*. Titles of Works quoted by Abbreviated References in this Book. — *K*. Values of Certain Moneys, Weights, and Measures occuring in this Book. — *L*. Supplementary Notes to the Book of Marco Polo. (1. The Polos at Acre; 2. Sorcery in Kashmir; 3. Paonano Pao; 4. Pamir; 5. Number of Pamirs; 6. Site of Pein; 7. Fire Arms; 8. La Convade; 9. Alacan; 10. Champa; 11. Ruck Quills; 12. A Spanish Marco Polo; 13. Sir John Mandeville.) — Index.

Notices : *Glasgow Herald*, 11 June 1903. — *Scotsman*, 11 June 1903. — *Outlook*, 13 June 1903. — *Morning Post*, 18 June 1903. — *Bul. Comité Asie franç.*, Juin 1903. — *Standard*, 17 June 1903. — *Daily Chronicle*, 20 June 1903. — *Manchester Guardian*, 23 June 1903. — *Pall Mall Gazette*, 15 July 1903. — *Bombay Gazette*, 11 July 1903. — *The Spectator*, 15 Aug. 1903. — *The Guardian* (by C. Raymond Beazley), 2 Sept. 1903. — *Times* (by H. J. Mackinder), 2 Oct. 1903. — *Blackwood's Mag.* (by Charles Whibley), Oct. 1903. — *Illustrated Evening News*, Chicago, 26 Sept. 1903. — *The Sun*, New-York, 4 Oct. 1903 (by M. W. H.). — *Hong Kong Daily Press*, 10 & 11 Sept. 1903. — *The Athenaeum*, 17 Oct. 1903. — *Outlook*, 14 Nov. 1903. — Some New Facts about Marco Polo's Book. By E. H. Parker. (*Imp. & Asiat. Quart. Rev.*, Jan. 1904, pp. 125/149.) — *Saturday Review*, 27 Feb. 1904. — *T'oung Pao*, Oct. 1903, pp. 357/366, reproduit l'art. de l'*Athenaeum*. — *Geographical Journal*, March 1904, pp. 379/380, by C. R. B.[eazley.] — *Bul. École franç. Ext. Orient*, IV, Juillet-Sept. 1904, pp. 768/772, par Paul Pelliot. — Marco Polo and his Followers in Central Asia. By Archibald R. Colquhoun. (*Quarterly Review*, April 1904, pp. 553/575.)

— List of Places mentioned by Marco Polo and identified by Yule. (Giles' *Dict.*, Part III, pp. 1378/9.)

— Marco Polo's Travels. By P. Molesworth Sykes, Major, H. B. M.'s Consulate-General, Meshed. (*Geogr. Journal*, XXVI, Oct. 1905, pp. 462/466.)

I. Did Marco Polo visit Baghdad? — II. Did Marco Polo visit the Tabas.

A propos du Marco Polo de Yule, édité par Henri Cordier.

— Réponse de Henri Cordier. (*Ibid.*, Dec. 1905, pp. 686/7.)

— A Memoir of Colonel Sir Henry Yule R. E., C. B., K. C. S. I., Corr. Inst. France. With a Bibliography of his Writings by his daughter Amy Frances Yule L. A. Soc. Ant. Scot., etc. Reprinted from the third edition of Yule's « Marco Polo » for private circulation. London, John Murray, 1903, in-8, pp. 56.

Avec une Bibliographie par H. Cordier et A. F. Yule. — Tirage à part à petit nombre, sur papier de Hollande, de la biographie du Vol. I du Marco Polo.

— Il existe une contrefaçon japonaise, par procédés mécaniques, de la 2e éd. de Yule; l'exécution matérielle laisse à désirer. La maison qui s'est livrée à cet acte de piraterie littéraire est la 共益商社 « Kyoyekishosha »; le prix des deux vol. parus en 1900, est de 8 *yen*. Cf. *Bul. Ecole Ext. Orient*, IV, p. 769, note.

— Extrait du compte-rendu des Séances de la Société de Géographie (n° 2, 1890). — Notice sur Sir Henry Yule par Henri Cordier. Pièce in-8 de pp. 4, s. l. n. d. [Paris, 1890.]

Tiré à 50 ex. — Communication adressée à la Soc. de Géographie dans sa séance du 17 janvier 1890.

— Colonel Sir Henry Yule. (*T'oung Pao*, No. 1, avril 1890, pp. 66/8.) [Par Henri Cordier.]

— Le Colonel Sir Henry Yule, par M. Henri Cordier. — Extrait du *Journal Asiatique*. Paris, Imprimerie nationale, MDCCCXC, br. in-8, pp. 26.

Notices : *China Review*, XIX, No. 1, 1890, p. 63. By E. J. E.[itel.] — *L'Expansion coloniale*, 13 nov. 1893, pp. 541-542, par Henri Monet.

Henry Yule, né le 1er mai 1820, à Inveresk, Midlothian; † 30 déc. 1889, à Earl's Court.

— Colonel Sir Henry Yule, K. C. S. I., C. B., LL. D., R. E., etc. (With a Portrait.) By E. Delmar Morgan. (*The Scottish Geographical Magazine*, Vol. VI, Feb. 1890, pp. 93/8.)

— Colonel Sir Henry Yule, K. C. S. I., C. B., LL. D., R. E. By General Robert Maclagan, R. E. (*Proc. Roy. Geog. Soc.*, XII, 1890, pp. 108/113.)

— Col. Sir H. Yule, R. E., C. B., K. C. S. I., by Maj.-Gen. T. B. Collinson, R. E. (*Royal Engineers' Journal*, March 1890.)

— E. H. Giglioli. — Sir Henry Yule, K. C. S. I., C. B., LL. D., R. E. Roma, 1890, br. in-8, pp. 8.

Estratto dal *Bollettino della Società Geografica Italiana*, Marzo, 1890.

— Sir Henry Yule. By J. S. C.[otton.] (*The Academy*, 11th Jan. 1890, no. 923, pp. 26/7.)

— Sir Henry Yule. (*The Athenaeum*, No. 3245, 4th Jan. 1900, p. 17; 3426, 11th Jan., p. 53; 3247, 18th Jan., p. 88.)

— *In Memoriam.* Sir Henry Yule. By D. M. (*The Academy*, 29th March 1890, p. 222.)

— Baron F. von Richthofen. (*Verhandl. Ges. f. Erdk. zu Berlin*, XVII, 2.)

— Colonel Sir Henry Yule, R. E., C. B., K. C. S. I. Memoir by General R. Maclagan. (*Jour. Roy. As. Soc.*, 1890.)

— Memoir of Colonel Sir Henry Yule, R. E., C. B., K. C. S. I., LL. D., etc. By Coutts Trotter. (*Proc. Roy. Soc. Edinburgh*, 1891, pp. xliii/lvi.)

— Sir Henry Yule (1820-1889). By Coutts Trotter. (*Dict. of National Biography*, LXIII, pp. 405/407.)

— The Story of Marco Polo. With Illustrations. London, John Murray, 1898, in-8, pp. xiv-247.

Preface by Noah Brooks. « In his comments... the author has made use of the erudite notes of Colonel Henry Yule... »

H. — Éditions hollandaises.

— Die nieuvve vveerelt der Landtschappen ende Eylanden... Gheprint Thantwerpen... Anno M.D.LXIII. In-folio.

Marcus Pauwels, f. xxvii.

— Markus Paulus Venetus ‖ Reisen, ‖ En ‖ Beschryving ‖ Der ‖ oostersche ‖ Lantschappen; ‖ Daar in hy naaukeuriglijk veel Landen en Steden, die hy zelf ten meestendeel ‖ bereist en bezichtigt heeft, beschrijft, de zeden en gewoonten van die Vol- ‖ ken, tot aan die tijt onbekent, ten toon stelt, en d'opkoomst van de Heer- ‖ schappy der Tartaren, en hun ver-vering van verscheide landen in Sina, ‖ met ander namen genoemt, bekent maakt. ‖ Beneffens de ‖ Historie ‖ Der ‖ oostersche Lantschappen, ‖ Door Haithon van Armenien te zamen gestelt. ‖ Beide nieuwelijks door J. H. Glazemaker vertaalt. ‖ Hier is noch by gevoegt *De Reizen van Nicolaas Venetus*, en ‖ *Jeronymus van St. Steven* naar d'oostersche Landen, en ‖ naar d'Indien. Door P. P. *vertaalt.* ‖ Als ook een *Verhaal van de verovering van 't Eilant Formosa, door* ‖ *de Sinezen*; door J.V. K. B. vertaalt. ‖ Met Kopere Platen verciert. ‖ t' Amsterdam, ‖ Voor Abraham Wolfgang, Boekverkoper, aan d'Opgang van de ‖ Beurs, by de Beurstooren, in 't Geloof, 1664, in-4, 6 ff. n. ch. tit., préf. + pp. 99 + 4 ff. n. ch. p. l. tab., etc. de Marco Polo.

Les autres ouvrages ont une pagination spéciale.

I. — ÉDITIONS TCHÈQUES.

— Million Marka Pavlova. Fragment de la traduction tchèque dans le Musée de Berlin. Prague, No. 3 F. 26, xve Siècle, par un Anonyme, Morave ? col. 543-572 (*Výbor z Literatury české,* II, v Praze, 1868.)

— Pohledy do Velkořiše mongolské v čas nejmocnějšího rozkvětu jejího za Kublaje kána.—Na základě cestopisu Marka Polova podává A. J. Vrťátko. (Vyňato z Časopisu Musea král. Českého 1873.) V Praze, J. Otto, 1873, in-8, pp. 71.

M. A. Jarosl. Vrtatko a traduit en entier Marco Polo, mais il n'a publié que ce fragment.

J. — ÉDITIONS RUSSES.

— * Взглядъ на путешествіе Марко Поло. (Изъ I тома собранія путешествій и Записокъ, издав. Париж. Географ. Общ. 1824 Г.; въ 4 д. л.) Соч. Ф. Ру [Roux]. Съ Франц. В. А. Азіятскій Вѣстникъ. 1826. Кн. 7 et 8; pp. 3/25, Кн. 9 et 10; pp. 77/97, Кн. 11 et 12, pp. 153/170.

Mejov, No. 2774. — Voir col. 1979.

— * Путешествіе венеціянца Марко Поло въ XIII ст., напечат. въ 1-й разъ вполнѣ на нѣм. яз, по лучшимъ изд. и съ объясн. Аві. Бюркомъ Съ доповн. и поправками К. Ф. Неймана. Перев. съ нѣм. А. Н. Шемякина. Чтенія въ Общ. Ист. и Древн. Росс. 1861. Кн. III-IV; pp. I-III et 1-100. Съ предисл. А. Б. — 1862. Кн. I-IV; pp. 1-518.

Mejov, No. 2777. — Voir col. 1966.

— * Книга Марко Поло, Гражданина Венеціи и коммисара Монг. повелителя Кубилай-хана, изд. Въ 1-й разъ по рукописямъ Имп. Франц. библіотеки г. Потъе. [Polo, Didot.] *Бирж. Вѣдомостіи.* 1865. No. 127.

Mejov, No. 2778. — Voir col. 1979-1980.

— * Царство велик. хана и путешествіе Марко Поло. *Псковскій Город. Листокъ.* 1882. No. 41.

Mejov, No. 2780.

— Марко Поло путешествіе въ 1286 году по Татаріи и другимъ странамъ востока венеціанскаго дворянина Марко Поло, прозваннаго Милліонеромъ. Три части. — St. Pétersbourg, 1873, in-8, pp. 250.

— И. П. Минаевъ. — Путешествіе Марко Поло переводъ старофранцузскаго текста. — Изданіе Имп. Русскаго Геог. Общества подъ редакціей дѣйствительнаго члена В. В. Бартольда. — St. Pétersbourg, 1902, in-8, pp. xxix + 1 f. + pp. 355.

Vol. xxvi des *Zapiski* de la Soc. Imp. russe de Géog., traduit du français.

K. — ÉDITION IRLANDAISE.

— The Gaelic Abridgment of the Book of Ser Marco Polo. By Whitley Stokes. (*Zeit. f. Celtische Philologie,* I. Bd., 2. & 3. Heft. Halle a. S., 1896-7, in-8, pp. 245-273, 362-438.)

Book of Lismore. — Voir l'Introduction dans la 3e éd. de Yule, I, p. 103, note.

L. — ÉDITIONS DIVERSES.

— L'édition de Marco Polo que préparait Klaproth est annoncée dans le cahier de juin 1824 du *Journal Asiatique,* pp. 380-381 :

« M. Klaproth vient de terminer son travail sur *Marco Polo*, qui l'a occupé depuis plusieurs années...

« La nouvelle édition de *Marco Polo*, que notre confrère prépare, contiendra l'italien de Ramusio, complété, et des Notes explicatives en bas des pages. Elle sera accompagnée d'une Carte représentant les pays visités ou décrits par le célèbre Vénitien. »

— Voir également, sur cette éd. de Klaproth, le *Bulletin des Sciences historiques, antiquités, etc.*, juin 1824, art. 580; le *Jour. des Savans*, juillet 1824, pp. 446-447, et le *Jour. As.*, de 1824-1828 *infra* : *Recherches sur les Ports de Gampou*. Les matériaux que M. K. accumulait pour cette éd. ont été vendus à sa mort Fr. 200 au libraire Duprat; voir *Cat. des Livres composant la Bib. de M. K.*, IIe Partie, No. 292.

— Marco Polos Beskrivelse af det ostlige asiatiske Hoiland, forklaret ved C.V. Rimestad. Forste Afdeling, indeholdende Indledningen og Ost-Turkestan. Indbydelseskrift til den aarlige offentlige Examen i Borgerdydskolen i Kjobenhavn i Juli 1841. Kjobenhavn Trykt hos Bianco Luno. 1841, in-8, pp. 80.

— Marco Polo's Resa i Asien.

Petite plaquette in-32 carré de pp. 16. Au bas de la page 16 on lit : Stockholm, tryckt hos P. G. Berg, 1859. Sur le titre une vignette représentant le voyageur dans un chariot traîné par des éléphants.

II.

BIOGRAPHIES, etc.

— Dissertazione intorno ad alcuni viaggiatori eruditi veneziani, poco noti pubblicata nelle faustissime nozze del nobile uomo il Signore Conte Leonardo Manino con la nobile donna Signora Contessa Foscarina

Giovanelli da Don Iacopo Morelli. In Venezia, nella stamperia di Antonio Zatta, M DCCC III, in-4, pp. XVI-90.

Rare, tiré à petit nombre pour cadeaux.

— Rede des Herrn Professor Dr. Christian Gottfried Daniel Stein (Gesprochen den 29sten Sept. 1819) über den Venetianer Marco Polo. (*Einladung zur Gedächtnissfeier der Wohlthäter des Berlinisch-Köllnischen Gymnasiums*... von dem Director Johann Joachim Bellermann, pp. 9 et seq. [Berlin, 1821.])

— Vies de plusieurs personnages célèbres des temps anciens et modernes par C. A. Walckenaer, Membre de l'Institut. Laon, Melleville, 1830, 2 vol. in-8.

Vol. II, pp. 1-34 : Marco Polo.

— Marco Polo, par M. Delécluze. Extrait de la livraison du 1er juillet 1832 de la *Revue des Deux-Mondes*. Paris. Au bureau de la *Revue des Deux-Mondes*, 1832, br. in-8, pp. 24.

Étienne Jean Delécluze, né à Paris, 20 fév. 1781 ; † à Versailles, 12 juillet 1863.

— О заслугахъ Венецiанца М. Поло. (Le mérite du Vénitien Marco Polo.) Par C. A. Skatchkoff, brochure in-8, 1865.

— Le Vénitien Marco Polo et les services qu'il a rendus en faisant connaître l'Asie par M. Constantin de Skattschkoff. (*J. As.*, 7e Sér., Vol. IV, 1874, pp. 122/158.)

Lu en Séance publique de la Société impériale russe de Géographie, le 6/18 Octobre 1865. — Traduit du russe par Emile Durand.

Tirage à part. — Extrait No. 6 du *Journal As.* (Août-Sept. 1874), br. in-8, pp. 39.

— Marco Polo, il Cristoforo Colombo dell' Asia. — Discorso della Principessa Elena Ghika (Dora d'Istria) gentilmente dedicato alla Società del Gabinetto di Minerva in Trieste e letto nella Società stessa, da uno dei Direttori, nella sera del 14 maggio 1869. Trieste, Tipografia del Lloyd Austriaco, 1869, br. in-8, pp. 39 + 1 f. d'errata.

— Marco Polo. — Orazione commemorativa del dott. Prof. Gaspare Buffa. Letta nel R. Liceo Cristoforo Colombo il 24 marzo 1872. Genova, Tipografia di G. Schenone, br. in-8, pp. 18.

— Stories of Venice and the Venetians by John B. Marsh... illustrated by C. Berjeau. Strahan & Co., London, 1873, pet. in-8, pp. VII-418.

Les chapitres VI, VII et VIII sont consacrés à l'histoire de Marco Polo et de ses oncles.

(Marco Polo : Biographies.)

— Quattro Documenti inediti dell' Archivio degli Esposti in Venezia (Marco Polo e la sua Famiglia — Marin Falier). Por V. Zanetti. (*Archivio Veneto*, XVI, 1878, pp. 95-110.)

Voir *Calendar*, Nos. 6, 19, et 20 pour les trois Documents relatifs à la famille Polo, in Yule's 3rd ed.

— Marco Polo e la sua famiglia. (*Ibid.*, XVII, 1879, pp. 359-362.)

Lettres du Comm. G. Berchet et de Yule au sujet de ces documents.

— K. C. Amrein. — Marco Polo : Oeffentlicher Vortrag, gehalten in der Geographisch-Kommerziellen Gesellschaft in St. Gallen. Zürich, 1879, in-8.

— Bibliothèque des Écoles et des Familles. — Marco Polo, son temps et ses voyages par Paul Vidal-Lablache, Maître de Conférences à l'école normale supérieure. Paris, librairie Hachette et Cie, 1880, in-8, pp. 192.

— La vie et les voyages de Marco Polo par M. Paul Vidal-Lablache. Par Ludovic Drapeyron. (*Rev. de Géog.*, VII, 1880, pp. 302-307.)

Il y a une deuxième éd. du livre de M. Vidal-Lablache.

— G. M. Urbani de Gheltof. III. Congresso Geografico Internazionale in Venezia. — La Collezione del Doge Marin Faliero e i tesori di Marco Polo. Venezia, 1881, in-8, pp. 8.

Ext. du *Bulletino di Arti industrie e curiosità veneziane*, III, pp. 98-103. — Voir *Int.*, p. 79, dans Yule, 3e éd.

— La Casa dei Milioni o l'abitazione di Marco Polo. Par L. Seguso. (*Venezia e il Congresso*, 1881.)

— Maison de Marco Polo. [A Venise. — Par Henri Cordier.] (*Revue de l'Extrême-Orient*, I, No. 1, p. 157.)

— Statue de Marco Polo. (*Ibid.*, pp. 156/7.)

Par Henri Cordier ; fig. chinoise exposée à Venise d'après l'original de Canton.

— Voir *Illustrazione Italiana*, n° 38, 18 sept. 1881.

— Marco Polo. (*Encyclopaedia Britannica*, M DCCC LXXXV, 9th ed., Vol. XIX, pp. 404/9), sig. H. Y. [Henry Yule.]

— Marco Polo, ein Weltreisender des XIII. Jahrhunderts. Von Dr. K. Schumann. Berlin S.W. 1885. Verlag von Carl Habel. (C. G. Lüderitz'sche Verlagsbuchhandlung.) Br. in-8, pp. 32.

Sammlung gemeinverständlicher wissenschaftlicher Vorträge, herausgegeben von Rud. Virchow und Fr. von Holtzendorff. XX. Serie, Heft 46.

— Marco Polo. (*Blackwood's Mag.*, CLXII, Sept. 1887, pp. 373/386.)

Réimp. dans *Littell's Living Age*, Boston, CLXXV, p. 195.

— The Makers of Venice. By Mrs. Oliphant. London, 1887, in-8.

(Marco Polo : Biographies.)

Part II. — Chap. I. The Travellers : Niccolo, Matteo, and Marco Polo, pp. 134-157.

— La Science populaire — Marco Polo, sa Vie et ses Voyages. Par S. Duclau. Limoges, Eugène Ardant, s. d. [1889], in-8, pp. 192.

— Centenaire de Marco Polo — Conférence Faite à la *Société d'Études Italiennes* le mercredi 18 décembre 1895 à la Sorbonne par Henri Cordier... Paris, Ernest Leroux, 1896, in-8, pp. 110 + 3 ff. n. ch. p. l. tab., &c., pl. et grav.

Forme le Vol. III de la *Bibliothèque des Voyages anciens.* — Dédié à Vincenzo Joppi. — En plus du tirage de l'Éditeur, l'auteur a fait tirer 5 ex. sur Japon et 5 sur Van Gelder.

Notices : *London & China Express*, Jan. 22, 1897. — *Rassegna bibliografica della letteratura italiana*, 1897. — *Ctes. rendus Acad. Ins.*, séance du 22 janvier 1897, p. 51, par le Dr. E.-T. Hamy. — *Rev. des Bibliothèques*, Janv.-Fév. 1897, par Léon Dorez. — *Jour. Roy. As. Soc.*, April 1897, pp. 387/8, by T. W. Watters. — *Nuovo Archivio Veneto* (par G. B.[erchet.]) — *Le Globe*, Journ. géog., XXXVI, pp. 190/3, Genève 1897, par Arthur de Claparède. — *Annales de Géog.*, Bibliographie, 15 sept. 1897, par L. G.[allois.] — Marco Polo. (*Oest. Monats. f. d. Orient*, Wien, 1897, pp. 80/1.)

— * Iuming C. Suez. Marco Polo. (*St. John's Echo*, Shanghai, Nov. 1899.)

— Marco Polo. Communication de M. le Professeur Paul Chaix. (*Le Globe.* — Soc. Géog. Genève, fév.-avril 1900, pp. 84/94.)

— *Hist. gén. des Voyages*, VII, 1749, p. 307.

— Hugh Murray, *Hist. Account*, I, Chap. III.

— Forster, *Voyages and Discoveries in the North*, pp. 117/147.

— M. C. Sprengel, *Geschichte der wichtigsten geogr. Entdeckungen*, 1792, pp. 305/340.

— J. A. St. John, *Lives of Celebrated Travellers.*

III.

COMMENTAIRES GÉOGRAPHIQUES, etc.

— Relatione della gran città del Quinsai. Voir col. 252.

Amat di S. Filippo, qui ne connaît pas le Ms. de Paris, cite (*Studi biog. e bibliog.*, I, 2a ed., 1882, p. 354) un autre Ms. du XVIIe S., de la Biblioteca Nazionale de Naples : *Relatione... fatta dal Sig. Contugo Contughi nell' anno 1583* ; après le titre, se trouve une lettre de Contughi, datée 16 juin 1583, « all' Illustr. Sig. Aluigi Gonzaga », qui n'est autre que le futur Saint Louis de Gonzague. Cette relation (qui n'est pas d'un *voyageur*, mais une compilation) a été imprimée en italien avec traduction latine en regard dans : Philippi Honorii I. V. D. Thesauri Politici continuatio, Hoc est : Selectiores Tractatus, Monita, Acta, Relationes et Discursus... Antehac italica lingua conscripti, nunc vero primum... Latine simul et Italice editi. Editio Postrema. Francofurti, typis Nic. Hoffmanni, anno M.DC.XVIII, in-4, pp. 466-483. [Cap. XXXIII. Relatione della gran Citta del Quinsai, et del Re della China, di Contugo Contughi all' illustrissimo Sig. Luigi Gonzaga. Relatio de magna civitate Quinsai, et de Chinae Rege, Contugi Contugii, ad Illustriss. D. Ludovicum Gonzagam...] Le Vol. est le second (des deux) du Thesaurus Pol. — Je dois ces renseignements au R. P. J. Brucker, S. J.

— Specimen commentarii geographici circâ Marci Poli Veneti Historiam Orientalem. (And. Mulleri Greiffenhagii *Hebdomas Observationum de Rebus Sinicis*, No. VI.)

— Marco Polo, aus einer Handschrift ergänzt, und aus einer andern sehr zu verbessern. (*Zur Geschichte und Litteratur...* von G. E. Lessing. II. Beytrag. Braunschweig, 1773, in-8, pp. 259-298.)

— Di ‖ Marco Polo ‖ e degli altri ‖ Viaggiatori Veneziani ‖ più illustri ‖ Dissertazioni ‖ del P. Ab. D. Placido Zurla ‖ con Appendice ‖ sulle antiche mappe idro-geografiche lavorate in Venezia ‖ [e con quattro carte geographiche]. ‖ Vol. I. ‖ In Venezia, ‖ Presso Gio. Giacomo Fuchs co' Tipi Picottiani. ‖ M DCCC XVIII, in-4, pp. VIII-391.

— Di Marco Polo... ‖ Vol. II. ‖ In Venezia ‖ co' Tipi Picottiani. ‖ M DCCC XVIII, in-4, pp. 408.

Notice par Abel Rémusat, *Jour. des Savans*, mai 1823, pp. 287/296, et *Nouv. Mél. As.*, I, pp. 397/412.

— Recherches sur les Ports de Gampou et de Zaithoum, décrits par Marco Polo, par M. J. Klaproth ; suivies de l'annonce d'une nouvelle édition du Voyage de Marco Polo, Par le même Auteur. Paris, Dondey-Dupré Père et fils, MDCCCXXIV, in-8, pp. 14.

Extrait du *Journal Asiatique.*

— Sur le pays de Tenduc ou Tenduch de Marco Polo. Par J. Klaproth. (*Jour. As.*, IX, 1826, pp. 299/306.)

— Remarques géographiques sur les Provinces occidentales de la Chine décrites par Marco Polo, par M. Klaproth. (*Nouv. J. As.*, Fév. 1828, pp. 97/120.)

— Extrait d'une notice sur la relation originale de Marc-Pol, Vénitien, par M. Paulin Paris. (Lu à l'Académie des Inscriptions et Belles-Lettres.) (*Ibid.*, XII, 1833, pp. 244/254.)

Le Mémoire de M. Paulin Paris est inséré en entier dans le *Bulletin de la Société de Géographie*, Ie Sér., XIX, Paris, 1833, pp. 23/31.

— Nouvelles recherches sur les premières rédactions du Voyage de Marco Polo, par M. Paulin Paris... Lues à la séance publique annuelle des cinq académies, le 25 octobre 1850. [Paris, typ. de Firmin Didot frères.] Br. in-4, pp. 13.

— Antiquity of the Chinese Trade with India and the Indian Archipelago, by J. R. Logan. (*Journal Indian Archipelago*, 1848, pp. 603 et seq.)

— Thomas : Zu Marco Polo, aus einem Cod. ital. Monacensis. (*Sitzungsberichte der Königl. Bayer. Akad. der Wiss.*, 1862, I, Heft 4, pp. 261-270.)

— Degli Scritti di Marco Polo e dell' uccello Ruc da lui menzionato. Memoria del Prof. Cav. G. Giuseppe Bianconi letta alla Accademia delle Scienze il 6, e 13 Marzo 1862. Bologna, Tipi Gamberini e Parmeggiani, 1862, gr. in-8, pp. 64. — Memoria seconda. Ibid., 1868, gr. in-8, pp. 40.

Tirages à part des *Memorie dell' Accademia dell' Istituto delle Scienze di Bologna.* (Vol. 2 et 7 de la série 2.)

∴

— Marco Polo and Ibn Batuta in Fookien by Geo. Phillips. (*Chinese Recorder,* III, 1870-1871, pp. 12, 44, 71, 87, 125.)

— Notices of Southern Mangi. By George Phillips, H. M. Consular Service, China; with Remarks by Colonel Henry Yule, C.B. (From the *Journal of the Royal Geographical Society.*)

Notice : *Chin. Recorder,* V, pp. 169-171.

— Zaitun Researches. By Geo. Phillips. (*Chin. Rec.,* V, pp. 327-339 ; VI, pp. 31-42; VII, pp. 330-338, 404-418 ; VIII, pp. 117-124.)

— Changchow, the Capital of Fuhkien in Mongol Times. By Geo. Phillips, F.R.G.S., H.B.M. Consul, Fuchau. (Read before the Society 19th november 1888.) (*Jour. C. B. R. A. S.,* XXIII, N. S., n° 1, 1888, pp. 23-30.)

— The Identity of Marco Polo's Zaitun with Chang chau by Geo. Phillips, F. R. G. S., H.B.M. Consul Foochow. (With a sketch-map of Marco Polo's route.) (*T'oung Pao,* I, Oct. 1890, pp. 218-238.)

— Notices of Southern Mangi. By George Phillips, H. M. Consular Service, China. [Abridgment.] (*Proc. R. Geog. Soc.,* XVIII, 1873-1874, pp. 168-173.)

— Two Mediaeval Fuh-kien Trading Ports, Chüan-chow and Chang-chow. By Geo. Phillips. — Part I. Chang-chow. (*T'oung Pao,* VI, No. 5, déc. 1895, pp. 449/463.) — Part II. Chüan-chow. (*Ibid.,* VII, No. 3, juillet 1896, pp. 223/240, avec 3 photog.)

— George Phillips. Nécrologie. Par G. Schlegel. (*T'oung Pao,* VII, No. 5, Dec. 1896, pp. 593/595.)

Né le 3 oct. 1836 à Lower Walmer, Kent; † 25 oct. 1896, à Brondesbury, Londres.

— Mr. George Phillips. By T. W.[atters.] (*Jour. R. As. Soc.,* April 1897, p. 442.)

∴

— Marco Polo's Route from Yunan. (*Indian Antiquary,* I, 1872, pp. 191/2, d'après l'*Indian Observer,* Jan. 13.)

D'après le rapport du Dr. Anderson.

— Baron F. von Richthofen. — Das Land und die Stadt Caindu von Marco Polo. (*Verhandlungen d. Ges. f. Erdk. zu Berlin,* 1874, No. 1, p. 33.)

(Marco Polo : Commentaires géographiques.)

— Notes on the Topography of some of the Localities in Manji, or Southern China mentioned by Marco Polo. (*Notes and Queries on China and Japan,* vol. I, pp. 52-54.) By Thos. W. Kingsmill.

— Notes on Marco Polo's Route from Khoten to China. By Thos. W. Kingsmill. (*Chin. Recorder,* VII, 1876, pp. 338-343.)

— Itinéraire de Marco Polo à travers la région du Pamir au XIIIe siècle, par J.-B. Paquier. (*Bull. Soc. Géog.,* août 1876, pp. 113-128.)

Tirage à part, in-8.

— G. E. Moule's Quinsay. — Voir col. 252.

— Elucidations of Marco Polo's Travels in North-China, drawn from Chinese sources. By the Rev. Archimandrite Palladius. (*Jour. N. C. Br. R. As. Soc.,* X, 1876, pp. 1-54.)

— Комментарій Архимандрита Палладія Каѳарова на путешествіе Марко Поло по Сѣверному Китаю съ предисловіемъ Н. И. Веселовскаго. — Санктпет., Тип. имп. Акад. Наукъ. 1902, in-8, pp. 46. Port.

Dans les *Isviestiya* de la Soc. Imp. russe de Géog., XXXVIII, 1902, 1.

Original du texte anglais publié à Chang-haï.

— Báseň o pobití Tataruv a « Million » Marka Pavlova. Podává Josef Jireček. (*Časopis Musea království českého,* 1877, pp. 103-119.)

— Ein Beitrag zur Erklärung der Königinhofer Handschrift. (J. Gebauer, dans *Archiv für Slavische Philologie,* Berlin, 1877, II, pp. 143-155.)

— Notes on Marco Polo's Itinerary in Southern Persia (Chapters XVI. to XXI., Col. Yule's Translation). By A. Houtum-Schindler. (*Jour. R. As. Soc.,* N.S., Vol. XIII, Art. XX, Oct. 1881, pp. 490-497.)

— Marco Polo's Camadi. By General A. Houtum Schindler. (*Ibid.,* Jan. 1898, pp. 43/6.)

— Marco Polo's Six Kingdoms or Cities in Java Minor, identified in translations from the ancient Malay Annals. By J. T. Thomson... Commissioner of Crown Lands, Otago, 1875. (*Proc. R. G. Soc.,* XX, 1875-1876, pp. 215-224.)

Translation from the « Salafat al Salatin perturan segala raja-raja », or Malay Annals.

— Kan Fu. By Joseph Edkins. (*China Review,* XV, pp. 310/331.)

∴

— Charchan. By E. H. Parker. (*Ibid.,* XVIII, No. 4, p. 261.)

— Hunting Lodges. By E. H. Parker. (*Ibid.,* p. 261.)

(Marco Polo : Commentaires géographiques.)

— Barscol. By E. H. Parker. (*Ibid.*, p. 261.)
— Life Guards. By E. H. Parker. (*Ibid.*, p. 262.)
— Canfu or Canton. By E. H. Parker. (*Ibid.*, XIV, pp. 221/222.)
— The White City. By E. H. Parker. (*Ibid.*, pp. 358/359.)
— Kaunchis. By E. H. Parker. (*Ibid.*, p. 359.)
— Polo. By E. H. Parker. (*Ibid.*, XV, p. 249.)
— Marco Polo's Transliterations. By E. H. Parker. (*Ibid.*, XVI, p. 125.)
— Canfu. By E. H. Parker. (*Ibid.*, p. 189.)
— The Trade at Marco Polo's Zaitun. By E. H. Parker. (*Ibid.*, XXIV, pp. 243/5.)

— Marco Polo's Tangut. By E. H. Parker. (*Imp. & As. Quart. Rev.*, 3rd Ser., XI, 1901, pp. 128/139, 363/378; *ibid.*, XII, 1901, pp. 156/179.)

∴

— Etudes de Géographie historique sur les anciens itinéraires à travers le Pamir, Ptolémée, Hiouen-Thsang, Song-yuen, Marco Polo. Par le Dr. Nicolas Severtzow. (*Bul. Soc. Géog.*, 1890, pp. 417/467, 553/610.)

Marco Polo, pp. 583 seq.

— Marco Polo und die Texte seiner « Reisen ». — *Programm der Kgl. Studien-Anstalt Burghausen für das Studienjahr 1889-90* von Michael Schaller, Kgl. Studienlehrer f. n. Sprachen. Burghausen, Russy, in-8, pp. 57.

— Marco Polo in Cambaluc : a Comparison of foreign and native Accounts. By W. S. Ament. (*Journ. Peking Orient. Soc.*, III, No. 2, 1892, pp. 97-122.)

∴

— The Early Cartography of Japan. By George Collingridge. (*Geographical Journal*, May 1894, pp. 403-409.)

— Japan or Java? An Answer to Mr. George Collingridge's Article on « The Early Cartography of Japan ». By F. G. Kramp. Overgedrukt uit het « Tijdschrift van het Koninklijk Nederlandsch Aardrijkskundig Genootschap, Jaargang 1894 ». Leiden, E. J. Brill, 1894, in-8, pp. 14.

— The Early Cartography of Japan. By H. Yule Oldham. (*Geographical Journal*, Sept. 1894, pp. 276-279.)

∴

— Ueber den Schiffsverkehr von Kinsay zu Marco Polo's Zeit von Friedrich Hirth. (*T'oung Pao*, V, Déc. 1894, pp. 386-390.)

— Le Retour de Marco Polo en 1295. Cathay et Sypangu. Par Ludovic Drapeyron. (*Revue de Géographie*, Juillet 1895, pp. 3-8.)

Communication faite à la Société de Géographie dans la séance du 7 juin 1895.

— Die Anian-Strasse und Marco Polo. Von Chr. Sandler in München. (*Zeit. Ges. Erdk. Berlin*, XXIX, 1894, pp. 401/408.)

— L'Extrême-Orient dans l'Atlas catalan de Charles V roi de France par M. Henri Cordier. (Extrait du *Bulletin de Géographie historique et descriptive*, 1895.) Paris, Imprimerie nationale, M DCCC XCV, in-4, pp. 48, 2 pl.

Tiré à 50 exemplaires in-8 et 100 ex. in-4. — Avait paru pages 19 à 64 du *Bulletin de Géographie historique et descriptive*, année 1895, n° 1. — Paris, Imprimerie nationale, M DCCC XCV, in-8. — Mémoire lu à l'Académie des Inscriptions et Belles-Lettres dans les séances des 9 et 16 février 1894.

— Marco Polo and the Squire's Tale. By John Matthews Manly. (*Publications of the Modern Language Association of America*, vol. XI, 1896, pp. 349-362.)

Cf. Introduction, p. 128, de la 3e éd. de Yule.

— Recent Journeys in Persia. By Captain P. Molesworth Sykes. (*Geog. Journal*, X, 1897, pp. 568/597, carte.)

— Marco Polo's Travels in Persia. (*Ten Thousand Miles in Persia...*, by Major Percy Molesworth Sykes. London, Murray, 1902, in-8; Chap. XXIII, pp. 260/273.)

— Marco Polo. [Von] W Wolkenhauer. (*Deutsche Rundschau f. Geog. u. Stat.*, XX, 1897-1898, pp. 181/185.)

— Zur Erinnerung an Marco Polo. Vom Dr. Ernst Schäfer, Privatdozenten der Geschichte in Rostock. (*Mitt. Geog. Ges. Hamburg*, XV, 1899, pp. 45/65.)

— Nordenskiöld, A. E. — Om det inflytande Marco Polos reseberättelse utöfvat på Gastaldis kartor öfver Asien. (*ur Ymer, Tidskrift utgifven af Svenska Sällskapet för Anthropologi och Geografi*, Årg. 1899, H. 1, pp. 33 à 42.)

— — The Influence of the « Travels of Marco Polo » on Jacobo Gastaldi's Map of Asia. (*Geog. Journal*, April 1899, pp. 396/406.)

Voir Introduction, p. 137 de la 3e éd. de Yule.

— Intorno alla influenza dei « Viaggi di Marco Polo » sulle Carte dell' Asia di Giacomo Gastaldo Osservazioni di Ad. En. Nordenskiöld. (Traduzione dallo svedese, con appendice, di Giuseppe Di Vita.) (*Rivista geog. italiana*, VIII, 1901, pp. 496/507.)

— The Cities of Kirmān in the time of Hamd-Allah Mustawfi and Marco Polo. By Guy le Strange. (*Jour. R. As. Soc.*, April 1901, pp. 281/290.)

— The Magi in Marco Polo and the Cities in Persia from which they came to worship the Infant Christ, — By A. V. Williams

Jackson, Professor in Columbia University, New York City. (*Jour. Amer. Orient. Soc.*, Vol. XXVI, I, pp. 79/83.)

— The Dry Sea and the Carrenare — John Livingston Lowes. — Printed at the University of Chicago Press, in-8, pp. 46.

Reprinted from *Modern Philology*, Vol. III, No. 1, June 1905.

— Noted Men who have helped China. II. Marco Polo. By Dr. Gilbert Reid. (*N. O. Herald*, April 6, 1906.)

IV.

BIBLIOGRAPHIE.

— Marsden, *The Travels of Marco Polo*, London, 1818 ; voir dans l'Introduction une liste des éditions et des manuscrits.

— Repertorium bibliographicum... Opera Ludovici Hain. Vol. II. Pars II. MDCCCXXXVIII, in-8.

Ne cite 13243-13245 que trois éditions de Marco Polo.

— H. Ternaux-Compans, *Bib. Asiatique et Africaine*, Paris, 1841, Nos. 2, 14, etc.

— *Bibliotheca Grenvilliana*, 1842, II, pp. 436/438.

— Kritisch-literarische Übersicht der Reisenden in Russland bis 1700, deren Berichte bekannt sind, von Friedrich v. Adelung... St. Petersburg, Leipzig, 1846, 2 vol. in-8.

— Lazari, *I Viaggi di Marco Polo*, 1847 :

Bibliografia. Sezione I : Testi a Penna, pp. 447/458. — Sezione II : Testi a Stampa, pp. 459/471.

— Charton, *Voy. anc. et mod.*, II, pp. 438/440.

— Silva, *Diccionario Bibliographico Portuguez*, VI (1862), p. 128.

— Brunet, *Manuel du Libraire*, III, 1862, 1404/1407.

— Col. Yule : *The Book of Ser Marco Polo*, Vol. II, 1903 : App. F. — Note of Mss. of Marco Polo so far as they are known.

App. G. — Diagram showing the Filiation of Chief Mss. and Editions of Marco Polo.

App. H. — Bibliography of Marco Polo's Book.

I. Principal Editions.

II. Bibliography of Printed Editions.

III. Titles of Sundry Books and Papers which treat of Marco Polo and his Book.

— An Index to Periodical Literature by William Frederick Poole, LL. D., etc... Boston, James R. Osgood and Co., 1882, gr. in-8, et les Supp.

— [Bibliothèque nationale. — Catalogue autographié de l'] Histoire de l'Asie, in-4.

Chapitre I. — *Asie en général*, O². — Descriptions générales, pp. 1/3.

— *Bibliotheca Sinica*... par Henri Cordier.

— Répertoire des sources historiques du Moyen-Age par Ulysse Chevalier. — *Bio-Bibliographie*. — Paris, 1877-1886, gr. in-8. Nouvelle éd., 1905-1906.

— Catalogue of the Library of the Royal Geographical Society. Containing the Titles of all Works up to December 1893. Compiled by Hugh Robert Mill, D. Sc. London : Published for the Royal Geographical Society by John Murray, 1895, in-8, pp. viii-833.

SEMPAD (SINIBALD),

Connétable d'Arménie, né en 1208, frère de Hétoum Ier, roi de Petite Arménie, visite Couyouc Khan en 1246 ; † à Sis en 1276.

— Voir dans Mosheim, pp. 49/54 : « Litterae Constabularii Armeniae ad Regem Cypri. » Une partie de cette lettre : « et nos intelleximus pro vero, quod iam quinque anni transierunt ex quo mortuus est Chan pater istius qui nunc est... », pp. 50 et seq., a été traduite en anglais (Yule, *Cathay*, I, Note, pp. CXXVII-VIII).

— Extrait de la Chronique de Sempad, Seigneur de Babaron, Connétable d'Arménie, suivi de celle de son Continuateur comprenant l'histoire des temps écoulés depuis l'établissement des Roupéniens en Cilicie, jusqu'à l'extinction de cette Dynastie. — Traduit pour la première fois de l'arménien, sur les éditions de Moscou et de **Paris**, par Victor Langlois. St. Pétersbourg, 1862, in-4, pp. 38. (*Mém. Ac. I. Sc. St. Pét.*, VIIe Sér., IV, No. 6.)

— Cf. *Recueil des Historiens des Croisades, Doc. Arméniens*, I, 1864, pp. 605 et seq.

HETOUM Ier,

roi de la Petite Arménie,[1] *de la dynastie fondée par Roupen.*

— Saint-Martin, *Mém. sur l'Arménie*.

— Voyage du pieux Roi des Arméniens, Héthoum, auprès de Batou et de Mangou khan, dans les années 703 et 704 de l'ère arménienne, ou 1254 et 1255 de J.-C. Par J. Klaproth. (*Nouv. J. As.*, 2e Sér., XII, pp. 273 et seq.)

— Journey of the Armenian King Hethum to Mangoo Khan, performed in the years 1254 and 1255 and described by the Historian Kirakos Kandtsaketsi. Translated from the Armenian with Notes. (*As. Journal and Month. Reg.*, X, 1833, pp. 137/143.)

— Deux historiens arméniens. KIRACOS de Gantzac, XIIIe S., Histoire d'Arménie ; OUKHTANÈS d'Ourha, Xe S., Histoire en trois parties ; traduits par M. Brosset, Membre de l'Académie. 1re Livraison. St.-Pétersbourg, 1870, gr. in-4, pp. 1 à 276. — 2e Livraison. Introduction ; fin d'Oukhtanès. St.-Pétersbourg, 1871, gr. in-4. pp. lxii, 277 à 351.

Imprimé par ordre de l'Académie des Sciences à St. Pétersbourg, Juillet 1870 et Avril 1871.

Voir HETHOUM, pp. 176 et seq.

— Исторія Монголовъ по Армянскимъ Источникамъ. Выпускъ первый заключающій въ себѣ извлеченія изъ трудовъ Вардана, Стефана Орбеліана и Конетабля Сембата. — Переводъ и объясненія К. П. Патканова. — С. Петербургъ, 1873, in-8, pp. viii-100. — Выпускъ второй заключающій въ

1. Il fit en 1254 un voyage à la Cour de Mangou-Khan. Il abdiqua, en 1269, en faveur de son fils Léon III et se fit moine prémontré sous le nom de Macaire. Il mourut le 12 déc. 1271, à Chypre. Le fils de Léon III, Hetoum II, qui devint roi en 1287, se fit Franciscain après un règne de 4 ans.

HETOUM Ier, 1224

fils de CONSTANTIN, seigneur de Pardserpert

issu de la famille royale (4e dynastie — Race des Roupéniens).

LÉON III

1269

HETOUM II 1289, 1295 et 1300 (troisième et dernière abdication)	THEODORE III 1293	SEMPAD 1296	CONSTANTIN 1298	OSCHIN 1308
	LÉON IV 1305			LÉON V 1320

себѣ извлеченія изъ исторіи Киракоса Гандзакеци... 1874, in-8, pp. VIII-140.

Voir LVI. О томъ, какъ благочестивый чарь Гетумъ отправился къ Батыю и къ Мангу-хану, pp. 80 et seq.

— The Journey of Haithon, King of Little Armenia, to Mongolia and back, A. D. 1254-1255. (E. Bretschneider, *Notices of the Mediaeval Geography and Hist. of Central and Western Asia. — Jour. N.C. B. R. As. Soc.*, X, 1876, pp. 297 et seq.)

« This narrative of the journey was originally written in Armenian, by *Kirakos Kaidzaketsi*, who accompanied king Haithon to Mongolia. A manuscript copy of it, dated 1616, was found in the monastery of Sanahin in Southern Georgia, and was translated into Russian by the Armenian Prince Argutinsky, and published in the Russian periodical *Sibirsky Westnik*, 1822, pp. 69 et seq. Klaproth translated it from the Russian version into French : — see *Nouv. Journal As.*, tome XII, pp. 214, 273 seq. »

Le Dr. B. donne dans ce mémoire des notes géog. très intéressantes sur l'Itinéraire d'Hetoum.

Cf. *Mediaeval Researches*, du même, Lond., 1888, I, pp. 164/172.

— Forster, *Voyages and Discoveries in the North*, pp. 113-117.

— Rohrbacher, *Hist. de l'Église*, XIX, p. 415.

— Yule, *Cathay*, pp. CXXVII et seq.

— D'Ohsson, *Hist. des Mongols*, II, pp. 310 et seq., et III, pp. 100 et seq.

— De Guignes, *Hist. des Huns*, III, p. 125.

— *Biog. universelle*, Vol. XVIII, Art. de St. Martin.

« Un religieux de l'abbaye de Lucques ordre de Prémontré en Moravie, publia en 1609 une vie du roi Hayton, et Aubert le Mire l'a insérée dans sa chronique de cet ordre, p. 143. » (*Ibid.*)

— *Biog. générale*, Vol. XXIV, Art. de E. Beauvois.

RICOLD DE MONTE CROCE,

frère prêcheur florentin, † à Florence, le 31 octobre 1309.

— Voir Quétif et Echard, I, pp. 504b et seq., et une note additionnelle, II, p. 819a.

— Itinerario ai Paesi orientali di Fra Riccoldo da Monte di Croce Domenicano Scritto del XIII. Secolo dato ora in luce da Fra Vincenzio Fineschi sacerdote dello stesso ordine. In Firenze. MDCCLXXXXIII. Nella Stamperia di Francesco Moücke. Con Approvazione. In-8, pp. 78.

— Ricold de Monte Crucis, Voyages en Tartarie, traduits en français en 1351 par Jean le Long d'Ypres. « This narrative (dit H. Murray, *Hist. Account*, III, p. 490) which M. Malte Brun seems to consider as unpublished, and probably as lost, I found with several other curious ones, in the following rare work in the collection of John Rennie Esq. : L'Histoire plaisante et recreative du Grand Empereur de Tartarie nommé le Grand Can. Fol. bl. I. 1528. » [Voir col. 1930-1935.]

— Ricold de Montecroix, Voyageur et Missionnaire en Asie. (Abel-Rémusat, *Nouv. Mél. As.*, II, pp. 199/202.)

— *Peregrinatores medii aevi quatuor*... [*vide supra* col. 1951].

— L. de Backer [*vide supra* col. 1937].

« S'il faut en croire Baldelli, le frère Ricold aurait lui-même exécuté une version florentine de sa relation [*Storia del Millione*, p. 13, note 2]; toujours est-il qu'une édition de cette rédaction italienne a été imprimée à Florence, en 1793, par les soins du frère Vincent Fineschi. La version française se trouve dans les collections manuscrites de Paris, de Berne et de Londres, que nous avons signalées, ainsi que dans le recueil imprimé de 1529, pp. 16/17. » (D'Avezac, *Relation des Mongols.*)

— Viaggio in Terra Santa di Fra Riccoldo da Monte di Croce volgarizzamento del Secolo XIV secondo un manoscritto della Biblioteca Imperiale di Parigi. — Siena. Stab. tip. di A. Mucci, 1864, br. in-8, pp. XIV-27.

Au recto du faux-titre : Per nozze Loreta-Zambrini (Febbraio MDCCCLXIV). — Au verso : Edizione di 150 esemplari ordinatamente numerati. — L'introduction est signée F. L. Polidori, F. Grottanelli, L. Banchi.

« E lo stesso viaggio precedente pubblicato in occasione di nozze a cura di Q. L. Polidori, Grottanelli e Bianchi, sopra un manoscritto più corretto della Biblioteca Nazionale di Parigi. Edizione di 150 esemplari numerati. » (*Studj bibl.*)

— Ricoldi de Monte Crucis ordinis praedicatorum Epistolae V de perditione Acconis 1291 quas ad fidem codicis ms. Vaticani edidit Reinholdus Röhricht. Genuae, Typis surdorum-mutorum, M.D.CCC.LXXX.III, br. gr. in-8, pp. 41.

Extrait des *Archives de l'Orient latin*, tome II, 2, 1883, pp. 258 à 296.)

— * P. Mandonnet. — Fra Ricoldo de Monte-Croce. (*Revue biblique trimestrielle*, 1893; publiée par la mission dominicaine de Jérusalem.)

HETOUM, dit l'HISTORIEN,

prince de Gorigos, neveu de Hetoum Ier, roi de Petite Arménie. — Se fit moine en 1305; † à Poitiers en 1308.

« Cÿ commence le liure frere Jehan Haÿton de lordre d premonstre, cousin germain du roy darmenie qui parle des merueilles, des xiiij royaulmes daise. — *Le royaume de Cathay* est tenu pour le plus noble royaume et le plus riche qui soit ou monde et est sur le riuage de la mer occeane. Tantes isles y a de mer que len nen puet pas bien sauoir le nombre. Les gens qui habitēt en cellui royaume sont appellez Cathains. et se treuvēt entre eulx mains beaux hommes et femmes selonc leur nacion, mais tous ont les yeux moult petis. et ont pou de barbe. Celles gens ont lettres qui de beauté ressemblent à lettres latines, et parlent une langaige qui moult est diverse des autres langues du monde. La creance de ceste gent est moult diuerse. Car aucuns croient au souleil, autres à la lune, autres aux estoiles, autres aux natures, autres au feu, autres aux buefs, autres à l'eaue. Et aucuns n'ont point de loy ne de creance. Ains viuent comme bestes. Cestes gens qui tant sont simples en leur creance et aux choses espirituelles sont plus soubtilz que toutes autres gens aux œuvres corporelles. Et dient les Cathains que ce sont ceulx qui voient de deux yeulx et les latīs voient d'un œuil. Mais les autres nations dient que ce sont avugles, et par ce puet len entendre quilz tiennent les autres gens de gros entendement. Et vraiement len voit venir de cellui pays toutes choses estranges, et merueilleuses et de soubtil labour, que bien semblent estre les plus soubtilz gens du monde d'art et de labour de mains. Les hommes de cellui pais ne sont pas vigueréux aux armes, mais ilz sont moult soubtilz et engineux dont souvent ont desconfis leurs ennemis par leurs engins et ont diuerses manières d'armeures et dengins, lesquelz nont pas autres nations. En ce pays se despent monnoie de pappier en fourme quarée. signe du signet au seigneur Et selonc ce quelle est signée vault elle plus ou moins. Et de celle monnoie achatent et vendent toutes choses. Et quant celle empire p viellesce ou autrement, cellui qui laura l rendra à la cour du seigneur et en prendra de la neufue. En cellui pays luille d'oiliue est tenue a moult chiere chose. Et quant les roys et les seignes en peuet trouuer. ilz la tienēt en grāt chierté et pour medicine la font garder. A ceste terre de Cathay ne marchist nulle terre, fors que le royaume de Tharse vers occident, et li est plus près de lui. Car de toutes autres parties le royaume de Cathay est environnez ou de désers ou de la mer occeane. — *Du royaume de Tharse...* » (D'après le Ms. Fr. 2810 de la Bib. nationale.)

— Les fleurs des hy‖stoires de la terre‖Dorient : Cōpil‖lees par frere Haycon seignr du core ꝛ ‖ cousin germain du roy Darmenie ‖ p le cōmandemēt du pape. Et sōt ‖ diuisees en .v. ptíes. La pmie ‖ re ptie cōtiēt la situation des ‖ royaulmes Dorient. ‖ La .ii. ple des seignrs q en orient ‖ ont regne depuis lıcarna ‖ tiō de nostre seigneur. ‖ La .iii. ptie parle ‖ des Tartaris. ‖ La .iiij. ple des sarrasis ‖ et des turcz depuis le premier ‖ iusqs aux presens q ont conqueste ‖ Rhodes | Hōgrie | Et dernieremēt as‖sailly Austriche. La .v. parle de Sophy ‖ roy de Perse | Et du prince Tamburlan. ‖ ¶ On les vent a Paris en la rue neufue ‖ nostre Dame a lēseigne d'lescu de Frāce. ‖ [1510 ?] Pet. in-4, à 2 col., sans pag. ; signatures A-R × 4, exc. D × 8 et R × 6 = 74 ff. ; lettres gothiques ; gravures dans le texte et au verso de la dernière page.

British Museum et Bib. Nat., O²r, 18 A, Rés.

— SEnsuyuent les ‖ fleurs des histoi ‖ res de la terre do ‖ rient Compillees par frere Haycon seigneur ‖ du Cort : Et cousin germain du roy Dar= ‖ menie par le commandemēt du pa ‖ pe. Et sont diuisees en .v. parties. ‖ La premiere partie contient la ‖ situation des royaulmes do ‖ rient. La .ii. parle des sei= ‖ gneurs qui en Orient ont ‖ regne depuys lincarna= ‖ tiō de nostre seigneur. ‖ La .iii. partie par= ‖ le des tartaris La .iiii. parle des ‖ sarrazins et des turcz depuis le p= ‖ mier iusques aux psens qui ont conque ‖ ste Rhodes. Hongrie ꝛ dernierement assailly ‖ Austriche. La .v. parle de Sophy roy de Per ‖ se Et du prince Tamburlan. ‖ On les vend a Paris par Denys Janot de= ‖ mourāt a Marchepalut a la Corne de Cerf ‖ deuāt la rue neufue. n. d. (Sans date.) Petit in-4 goth., 4 ff. prél. n. ch. et lxx ff. numérotés à 2 col. Gravures sur bois.

Les 4 ff. prél. contiennent un prologue et la table. Bib. nat. O²R 18.

— Le même imprimé sans date, même nombre de feuillets, etc. : par Philippe le ‖ Noir en la rue Sainct Jacques A lensei= ‖ gne de la Rose blanche couronnee. ‖ — Verso du f. lxx, marque de Philippe le Noir.

— Les Flevrs des histoires de la terre d'Orient : divisees en cinq parties. La premiere, traicte de la situation des Royaumes d'Orient. La seconde, des seigneurs qui ont régné en Orient despuis l'Incarnation de nostre Seigneur. La troisieme, des Tartarins. La quatrieme, des Sarrazins & des Turcz, despuis le premier, iusques aux presents qui ont conquiste Rhodes, Hongrie, & dernierement assailly Austriche. La cinquieme, du Sophy roy de Perse, & du prince Tamburlan. A Lion par Benoist Rigavd M.D.LXXXV, in-8, pp. 235 et 5 pages de table.

La dernière page est chiffrée 217 au lieu de 235 : l'ex. que nous avons examiné est celui de M. Charles Schefer qui porte bien la date de 1585 ; M. Brunet s'est montré trop affirmatif en n'admettant qu'une édition de 1595.

— * Les Fleurs des histoires de la terre d'Orient, divisées en cinq parties : la première traite de la situation des royaumes d'Orient ; la seconde, des seigneurs qui ont régné en Orient depuis l'incarnation de N. S. ; la troisième, des Tartarins ; la quatrième, des Sarrasins et des Turcs ; la cinquième, de Sophy, roy de Perse. Lyon, Benoist Rigaud, 1595, pet. in-8 de pp. 240, y compris la table.

12 à 15 fr. — 40 fr. *mar. olive*, librairie Potier.

« Cet ouvrage est le même que le précédent, mais retouché dans le style. La page 235 y est cotée 217. M. Ternaux (*Biblioth. Asiat.*, No. 554), qui lui a bien donné la date de 1595, l'a placé inexactement sous l'année 1585. » [Brunet.]

— Notice du Ms. Nouv. Acq. Franç. 10.050 de la Bibliothèque nationale contenant un nouveau texte francais de la *Fleur des Histoires de la Terre d'Orient* de Hayton par M. H. Omont — Tiré des Notices et Extraits des Manuscrits de la Bibliothèque nationale et autres bibliothèques Tome XXXVIII. Paris, Imprimerie nationale, M DCCCCIII, in-4, pp. 60.

Notice : *T'oung Pao*, Juillet 1903, pp. 263/4, par Henri Cordier.

— Here begynneth a lytell cronycle | translated & imprinted at the cost & charge of Rycharde Pynson. By the cōmaundement of the ryght high and mighty prince | Edwarde duke of Buckingham | y erle of Gloucestre [1] | Stafforde | and of Northamton. In-folio [London 1525 ?].

Collation : 2 feuillets : titre et table — xliiii feuillets — 1 feuillet extra ; on lit au verso, lettres gothiques :

« There endeth a lytell cronicle translated out of french into englysshe at the cost & charge of Richarde Pynson by the commandement of the right high and mighty prince | Edwarde duke of Buckyngham | erle of Gloucestre | Stafforde | & of Northamton. And imprinted by the sayd Richarde Pynson | printer unto the kinges noble grace. Cum privilegio a rege indulto. »

Exemp. exam. au British Museum 148. c. 1.

— The Historie of Ayton, or Anthonie the Armenian, of Asia, and specially touching the Tartars. (Purchas, *His Pilgrimes*, Lond., 1625, III, Lib. I, c. v., pp. 108 et seq.)

— Liber historiarvm partivm Orientis, sive passagium terrae sanctae, Haythono, Ordinis Praemonstratensis, Authore, scriptus anno Redemptoris nostri M.CCC.VII. Haganoae, per Iohan. Sec[erium]. Anno M.D.XXIX, pet. in-4. [Edente Menrado Molthero.]

Cette histoire comprend 60 chapitres dont le premier est consacré au Cathay (2 pages et demie).

1. — De Regno Cathay : *commence* : Regnum Cathay est maximum quod in orbe ualeat inueniri, et est repletum gentibus, & diuitijs infinitis, & in Oceani littore habet situ.

1. Lisez Hereford.

Finit : Ex parte uero meridiei, sunt insulae maris Oceani, de quibus superius est expressum.

— Haithoni Armeni Ordinis Praemonstratensis de Tartaris Liber. (*Novus Orbis Regionum*, éd. de 1532 et suivantes.)

Cette version du *Novus Orbis Reg.* a été traduite en allemand en 1534 dans le *New Welt* de Strasbourg.

— Historia O= || rientalis Haythoni || Armenii : et hvic svbiectvm || Marci Pavli Veneti Itinerarium, || item Fragmentum è Speculo historiali Vin= || centij Beluavencis eiusdem ar= || gumenti. Helmaestadii || M.D.LXXXV, in-4.

Suivi d'un « Appendix ad Expositiones Haythoni ».

Edition de R. Reineccius.

— Haithoni Armeni Historia Orientalis : Qvae eadem & De Tartaris inscribitur. Anno clↄ.Iↄc.LXXI, in-4.

A la suite du Marco Polo de And. Müller.

— Histoire orientale ou des Tartares, de Haiton, Parent du Roi d'Armenie : Qui comprend, Premierement, une succincte & agreable Description de plusieurs Roiaumes ou Païs Orientaux, selon l'Etat dans lequel ils se trouvoient environ l'an 1300. Secondement, une Relation de beaucoup de choses remarquables, qui sont arrivées aux Peuples de ces Païs & Nations. Le tout décrit par la main de Nicolas Salcon, & traduit suivant l'Edition latine de André Müller Greiffenhag. (Rec. de Bergeron, La Haye, 1735, II.)

— Historia || degli imperatori || greci, || descritta da Niceta || Acominato da Chone || Gran Secretario dell' Imperio, & Giudice || di Velo in XIX. Libri : || Li quali seguono, doue lascia il Zonara, dal M.CXVII. fino al M.CCIII. || nel qual tempo si uede la declinatione del Imperio. || A questi sono aggiunti Gli Annali de gli || Imperatori di Constantinopoli || Con l'Historia delle parti dell' Oriente scritta da Haithone || parente del Re d' Armenia || Tradotti in lingua Italiana da M. Ioseppe Horologgi. || Con privilegio. || In Venetia, Appresso Vincenzo Valgrisi. || M.D.LXII. In-4, 28 ff. n. c. + ff. 280 c. + 1 f. n. c.

Hetoum, ff. 244-279.

— Di M. Gio. Battista Ramvsio Discorso sopra il libro del Signor Hayton Armenio. (*Navigationi*, 1606, II, f. 61.)

— Parte seconda dell' historia del Signor Hayton Armeno, che fu figliuolo del Sig. Curchi, parente del Re d' Armenia. (*Ibid.*, f. 62.)

— Historie der Oostersche Lantschappen ; Daar in d'Opkoomst, Voortgang, en Oorlogen, der Tartaren, hun grote Heerschappy, en Verwinningen op verscheide volken, en voornamelijk op de Saracenen ; en hun liefde en genegentheit tot de Christenen, vertoont word. Door Haithon van Armenien, Heer van Kurchus, te zamen gestelt, en nieuwlijks door J. H. Glazemaker vertaalt. t'Amsterdam, Voor Abraham Wolfgang... 1664, in-4, pp. 70 s. l. t. (1 f.)

« L'un des plus savants religieux de l'ordre des Mĕkhitaristes de Venise, feu Jean-Baptiste Aucher [lisez *Haroutiun Aukerian*], revendiquant l'œuvre de Héthoum pour la littérature arménienne, l'a traduite sur le texte latin, et a publié sa version à Venise, in-8, 1842 : il y a joint un opuscule de Héthoum, écrit en arménien et inconnu jusqu'ici : c'est une Table chronologique, où sont inscrits très-succinctement les évènements accomplis en Cilicie et dans la Syrie à l'époque des croisades. » (*Rec. Hist. Croisades, Doc. arméniens*, I, p. 470.)

— Extract from the History of Hayton the Armenian (Written in 1307). *Of the Kingdom of Cathay.* (Yule, *Cathay*, I, Note XIV, pp. CXCV-VI.)

A consulter sur les Mss. de cet historien :

— *Biog. universelle*, Vol. XVIII, Art. de St.-Martin.

— *Biog. générale*, Vol. XXIV, Art. de E. Beauvois.

— Hayton, Prince d'Arménie, historien, par Paulin Paris. (Extrait du tome XXV de l'*Histoire littéraire de la France.*) In-4, pp. 29.

— Huc, *Christianisme*, I, Note, p. 276.

— Voir Centeno, col. 17.

— Cf. *Recueil des Historiens des Croisades*, *Doc. arméniens*, I, 1864, pp. 469 et seq.

M. Ch. Kohler, au moment où je mets sous presse, termine l'impression de l'Introduction qu'il a placée en tête de l'ouvrage de Hetoum publié par M. de Mas Latrie pour le *Rec. des Historiens des Croisades*.

Giovanni da Monte Corvino,

né en 1247 ; † 1333, Archevêque de Khan-Baliq (Peking).

— Voir dans l'Appendix de Mosheim, pp. 114 et seq., divers extraits des Annales de Wadding :

No. XXXXIIII. Ex L. Waddingi *Annal. Minor.* T. VI, p. 69, *s.* : — « Ego frater Iohannes de Monte Corvino de Ordine Fratrum Minorum, recessi de Thaurisio ciuitate Persarum anno Domini MCCXCI. et intraui in Indiam... Data in Ciuitate Cambaliech regni Catan, anno Domini MCCCV. die VIII. mensis Ianuarii ». (Mosheim, App., pp. 114/117.)

— Traduit en anglais dans Yule's, *Cathay*, I, pp. 197/203.

No. XXXXV. *Ex eodem loc. cit.* : « Ordo eximiae caritatis inuitat... Baptizaui ibi circa centum personas cet. Deest finis. » (Mosheim, App., pp. 117/120.)

— Traduit en anglais dans Yule's *Cathay*, I, pp. 203/208. Voir pp. 209/221 du même ouvrage : « Letter from Friar Menentillus, a Dominican, forwarding copy of a letter from John of Monte Corvino. »

— Mosheim, *Hist. Tart. Ecc.*, pp. 93 et seq., 111.

— Rohrbacher, *Hist. de l'Eglise*, XIX, pp. 410/415.

— A. de Gubernatis, *Storia dei Viaggiatori italiani.*

— Marcellino da Civezza, *Storia universale delle Missioni Francescane*, Vol. III. — *Saggio di Bibliografia... Sanfrancescana*, p. 409.

— Abel Rémusat, *Nouv. Mél. As.*, II, pp. 193/198.

André de Pérouse, *Evêque de Zeitoun.*

— Voir une lettre d'André de Pérouse dans Mosheim, *Hist. Tart. Ecc.*, App., pp. 120/123, No. XXXXVI. L. Waddingi *Annal. Minor.* T. VII, p. 53, *s.* : « Nam propter immensam terrarum mariumque distantiam... Data in Cayton anno Domini MCCCXXVI, in mense Ianuarii ».

— Traduit en anglais dans Yule's *Cathay*, I, pp. 222/225.

— M. da Civezza, III, pp. 276/9.

— En voir des extraits en français dans l'*Histoire de l'Eglise* de Rohrbacher, XX, pp. 147/149.

— Huc, I, ch. IX.

Odoric de Pordenone,
† *le 14 Janvier 1331, à Udine.*[1]
— Odorichus de rebus ‖ incognitis. ‖ Pesaro [per Girolamo Soncino], 1513.

Odorichus de rebus incognitis.

Pet. in-4 ; de ff. 23 ou pp. 46 ; sur le f. 1, titre *ut supra*. — Puis suit une préface de pp. 4 avec le titre : *Ponticus Virunius Paulo Danielo Mantuano bene agere* ; dont voici la première. Cette préface se termine par *Ex Isauro idibus. feb. MDXIII.*

¶ Ponticus Virunius Paulo Danielo
Mantuano bene agere.

MVsici anteq̃ ad cantū Sambuca prodirēt popularē Paule Daniele de utrisq; musis bñmerite: cõsueuerunt chordularū digitis hac illac tētare q̃ correspõdētē harmoniā: Et tragici ante introductionē psonarū: nympharū choro ante populū aliquid canere: & graues snias: etiā diuersas a materia: quod & nr̄ Claudianꝰ facit ad excitãdos cõsanguineos motus aiorū: Sic & nos ante impressionem laudū Illustriss. & Amplissimi Dñi nr̄i Sigismūdi Gonzagæ Card. Mãtuani: Cuius nepoti inclyto iter ostendis ad Parnasum: diuersarū nr̄is uoluminibus facultatum quasi prosceniū ante cuniculare sonū theatri bonis auibus sumꝰ auspicati: Id sane est de rebus admirandis naturæ: & incognitis mūdi oriētalis Odorici Virunii conciuis nr̄i. Adq; imprimis uitā illius dicemus ad rerū auctoritatē more græcorū: & notitiā scriptoris gratiorē: Et postea quasi per capita miraculorū discurremus ad præponderandos multos parū copiosos: & ut uno ictu oculi cuncta uideatur. QVo modo autē Vita huiꝰ grauissimi: & sanctissimi uiri quaq̃ ea narratione utatur: ut se credibilissimū reddat auditori: & sentiat esse & religiosum: & senē: & grauē. non erit magnū testimoniū: & amplissima fides: cum eū & doctū: & catholicū Romana ecclesia & celebret: & eius scripta approbēt: & in catalogū sctõꝝ cõnumerrarit in cœnobitas ingressū: nõ. n. fabulę: uel historia Luciani: uel isomnia: est. n. exemplar in Breuiarii folio. cccli. ut facile possis iuenire: & certitudinē his ipsis uerbis habere: Cū Odoricꝰ quæ uidisset: recitaret: cõmoti sunt Berardus: Petrus: Acursius: Adiu-

Après commence le récit en italien du voyage d'Odoric, dont voici la première page : col. 2007.

Enfin, voici la dernière page, col. 2009, et l'on voit à la suite du voyage, une note latine indiquant la provenance du texte qui a été imprimé d'après l'exemplaire de François Olivieri, de Jesi :

1. Je renvoie pour de plus grands détails à mon édition d'Odoric, où l'on trouvera dans l'introduction une bibliographie complète.

(Odoric de Pordenone.)

Cet ouvrage est rarissime, et les bibliographes qui l'ont décrit, ne l'ont point vu :[1]

Haym (*Biblioteca Italiana*, Milano, 1803, I, p. 182, n° *l*) cite seulement : « *Odorichus de rebus incognitis* ; tradotto in italiano da anonimo. Pesaro pel Soncino, 1573, in-4. *E' una traduzione in volgare assai rozzo d'un viaggio del B. Odorico Frate Minore fatto nel 1318 da esso descritto. Sta anche nel Tomo II delle* Navigazioni del Ramusio ».

IN queſto breuiſſimo curriculo de miſerabel tempo del.M.CCC.XVIII.humile:& deuotamente prego el mio ſignore dio:al cui nome tremano le intellegẽtie del celo:che allumine tanto el mio intellecto:chio poſſa in tutto:o in parte narrare le mirabile coſe:che appareno alli occhi mei:lequale:repenſando non ſonno da marauigliare: imperhoche al noſtro ſignore dio ogni coſa e poſſibile:ma pure a coloro:che cio udito:& ueduto nõ hãno : me piace demõſtrare:coſſi me credo che ogni pſona me debbia credere:& prometto:& giuro nella mia conſciẽtia:& per lo ſacramẽto della meſſa:& per lo habito:chio porto indegnamẽte ad doſſo:che io uerificamẽte diro ſenzã alchuna coſa aggiũgere:o minuire le marauiglioſe coſe diuerſe : & in diuerſe parte del mondo:lequale ho trouato: & quelle che in la memoria me tornerãno apertamente monſtraro.

NEl tempo che e de ſopra dicto cum determinato penſiero io frate Odorico de porto magiore de friuli: della prouidentia de padua del meſe de Aprylle cũ bona licentia del nr̃o magiore me parti:& nauigando per mare cum lo aiuto de dio:& cũ li uenti proſperi giũgemmo in Cõſtãtinopoli:& quindi paſſamo el mare magiore:& uẽnemo in Trabiſonda in una cirta metropoli de Põto:nella quale terra giace el corpo del beato Athanaſio : in queſta terra fo la prima marauiglia:che io uiddi:& non temo de dirlo:che in Venetia ho cum molti parlato:chel ſimile dicono hauer ueduto cio uiddi io:uno homo barbuto:& de feroce aſpetto:che menaua cum lui circa doe milia perdice:come fanno li paſtori le pecorelle:& queſte uolando: & andãdo le cõduſſe a donare allo imperatore:el quale ne

Brunet, *Manuel du Libraire*, est plus exact que Haym qui avait marqué cette édition 1573, au lieu de 1513, mais il se trompe lorsqu'il indique une rédaction vers 1318.

« Relation succincte, en langue italienne ancienne (*inculta* et *rozza*, dit Apostolo Zeno), d'un voyage fait dans une grande partie de l'Asie, au commencement du XIVe siècle. Oderico en écrivit d'abord une ébauche en italien (vers l'année 1318), dont le manuscrit est conservé dans la Biblioth. Riccardienne

1. « Da tutto ciò puossi argomentar di leggieri che niuno diessi vedesse giammai quel libro, il quale è talmente raro, che non mi bastarono le sollecitudini usate per più tempo a scovarne un esemplare nè in Italia, nè in Francia, avendomi pur messo all' animo di farne una diligente descrizione. » (*Zambrini*, col. 715.)

(ODORIC DE PORDENONE.)

(ODORIC DE PORDENONE.)

à Florence ; mais en 1330 Guillaume de Solagna rédigea une autre relation plus étendue d'après les communications verbales du pieux voyageur, et l'écrivit en latin. Il existe plusieurs copies de cette dernière version, qui présentent entre elles des différences et dans le titre et dans divers passages du texte ; il en a été fait aussi plusieurs traductions italiennes. Celle que contient l'édit. très rare de 1513, ci-dessus, a été publiée par *Pontico Virunio* d'après le manuscrit que lui communiqua François Olivieri, habitant de Jesi. L'éditeur y a joint une épître dédicatoire en latin adressée à Paul-Daniel de Mantoue. C'est là où on apprend que le livre a été imprimé par Jérôme Soncino, *impressoria arte primarius, et doctissimus rerum reconditarum.* Cette imprimeur célèbre exerça successivement, et même simultanément, à *Fano*, à *Pesaro*, à *Rimini* et à *Orthone*, de

ſaluo che la gloria de uita etherna: nella quale anchor pregamo dio: che in quella ne conduca: & non guardi alli infiniti falli & peccati noſtri.

¶ Finito el memoriale dele mirabel coſe: che trouai per el mundo io Odorico facto del ordine de gli frati menori de Friol: & dela caſa del ponte maore de Ciuidale de belone: lequale uiddi andando parte cũ le naue de mercadati: di quali in ogni loco etiã remotiſſimo per mare ſe troua: & parte aiutato da parenti mei: & da elemoſyne: cum nochieri uolentaroſi del guadagno: & de trouare anchora coſe noue.

Collatione facta cũ exẽplari Frãciſci Oliuerii Eſiatici ciuis ornatiſſimi iam libellũ habes: mox cũ operibus meis exibit inuectiua lycãbæa cõtra quẽdam Gorardũ de ponte impreſſorem Mediolani: de quo tecũ alias locutus: & eius ſequaces: qui me uiuente auſus eſt ex operibus meis per mille uolumina impreſſis nomẽ meũ eximere: & alteri tribuere. Alio in loco agam de quodam auditore meo: in cæteris & docto: & ſtudioſo: ſed corrector par menſis impreſſionis cõmentariis Rezatenſis loca nr̃a non pauca interſeruit ſine honore noſtro: quem cũ corã quandoq; reprẽderemus: dixit ad bonitatẽ doctrinæ feciſſe: ſed hic uanus uir ipſe uident de cadmo: & alibi: quæ facile ſunt inuentu ſi aliæ impreſſiones ultimæ conferantur.

¶ Impreſſus Eſauri, M.D.XIII. idibus Martii.

Laus Deo: & Curiæ cœleſti ſemper.

1504 à 1526 : ainsi Haym est inexact quand il donne la date de 1573 à l'édition d'Odorico, impr. par notre Soncino : c'est aussi par erreur que Tiraboschi, confondant le lieu où se trouvait le manuscrit avec celui de l'impression, rapporte dans une note que ce livre a été imprimé à *Jesi.* »

Les bibliographes ont consulté l'article consacré par A. Zeno à Pontico Virunio,[1] dont nous reproduisons le passage qui nous intéresse :

« Che il *Pontico* fosse *Bellunese*, e non *Trivigiano*, si trae chiaramente dal libro intitolato *Odorichus de rebus incognitis*, pubblicato da lui in *Pesaro* nel 1513 in-4°. senza nome di Stampatore, il quale tuttavia pare che sia espresso nella dedicatoria

1. Pontico Virunio, pp. 293/316 du vol. II de *Dissertazioni* || *Vossiane* || *di* || Apostolo Zeno || *cioè* || *giunte e osservazioni* || *intorno a gli* || *storici italiani* || *che hanno scritto latinamente, rammentati* || *dal* Vossio || *Nel* III. *Libro* DE HISTORICIS LATINIS. || In Venezia, MDCCLII-III || Per Giambatista Albrizzi q. Gir. || 2 vol. in-4.

(ODORIC DE PORDENONE.)

latina, ed è *Girolamo Soncino*, uomo nella sua professione eccelente : ed è notabile quello che in essa dice ; ed è che stampava il detto libro *per amor della patria*. Dipoi al *Soncino* egli dà molte lodi, come ad uomo *impressoria arte primario, et doctissimo rerum reconditarum*. Il *Soncino* ebbe stamperia non solo in *Pesaro*, ma anche in *Rimini*, e in *Fano* : e in *Orthona ad mare* : in tutti que' luoghi impresse molti libri, assai buoni e stimati. Il *Virunio* in essa dedicatoria a Paolo Daniele, Mantovano, ma d' origine Veronese, il quale era precettore del Cardinale Gonzaga, dà al Beato *Odorico*, di cui è quel libro, il titolo di suo *concittadino*, dicendo, *Odorici Virunii concivis nostri* ; e nel fine di essa prega il Beato ad ajutare *Ponticum* CONTERRANEUM *tuum*. Indi nel fine del libro dice, che esso B. Odorico *fu della casa del Ponte maore de Cividale de Belone* : sicchè in sentimento del *Pontico* essendo il B. Odorico suo *concittadino*, viene esso *Pontico* ad essere *Bellunese*, e non *Trivigiano*, benchè sia totalmente falso che il B. Odorico fosse *Bellunese*, come diremo più sotto. In Jesi ebbe il *Pontico* da *Francesco Olivieri*, cittadino di Jesi, una copia in volgare di detto libro, che poi fu da lui divulgato.

« Questo libro del B. Odorico, pubblicato dal *Pontico*, è in lingua volgare inculta, e rozza, e il *Pontico* suppone, che il Beato lo scrivesse in tal lingua : *Vulgari lingua est, non enim debui propriam dialecton scriptori defraudare* : il che però è falso ; imperrochè l'Opuscolo fu scritto in latino...

« Il B. Odorico poi fu di casa Mattiussi da Villanova presso la Terra di *Pordenone* in Friuli, onde è chiamato de *Portunaono*, in italiano di *Pordenone*, secondo la testimonianza di *Jacopo Valvasone* nel libro ms. intitolato *I Successi della Patria del Friuli sotto XIV. Patriarchi*, di cui ne avea un' esemplare Monsign. Fontanini, al quale siamo tenuti della maggior parte di queste osservazioni intorno alla vita del *Pontico*. Ne parla anche *Gianfrancesco Palladio* nella *Storia del Friuli* Tom. I, pag. 324. Egli è mirabile, che il *Pontico* non abbia avvertita questa cosa nel bel principio del volgarizzamento da lui pubblicato, ove si leggono queste parole : *Io Frate Odorico de Porto maggiore* (vuol dir *Portonaone*) de Friuli : dove il *Pontico* o per malizia, o per inavvertenza credette, che volesse dire *Ponte maore*, come apparisce nel fine... » (Zeno, *Diss. Voss.*, II, pp. 297/8.)

Je ne connais que deux exemplaires de cette rarissime plaquette : l'un est conservé à la Reale Biblioteca Palatina de Parme, et je dois à l'extrême obligeance de MM. les bibliothécaires Pietro Perreau et Louis Rossi d'avoir été plus heureux que mes devanciers et de pouvoir donner des fac-similés de trois pages et une description exacte. J'ai déjà attiré, p. LVIII de mon édition d'Odoric, l'attention sur cette version populaire que je rapproche de la deuxième de la collection de Ramusio. — L'autre exemplaire fig. au Cat. de Joseph Baer, de Francfort, M. 400 (No. 431), 1900 qui l'avait acheté du libraire antiquaire J. Halle, de Munich.

— LHystore merueilleuse... du grād Empereur de Tartarie... 1529. Voir col. 1930

— Viaggio del Beato Odorico da Vdine, dell' ordine de' frati Minori, Delle usanze, costumi, & nature, di diuerse nationi, & genti del mondo, & del martirio di quattro frati dell' ordine predetto, qual patirono tra gl' Infedeli. (Ramusio, *Navigationi et Viaggi*, II, Venetia, 1583, f. 245 verso/f. 253 recto.)

Version de G. de Solagna.

« The first [celle-ci] and longest of these is almost certainly a translation from the Ms. used by Venni in his edition as *Udinese*. The coincidence of peculiarities in proper names and other particulars shows this. » (Yule, *Cathay*, I, p. 35.)

Tout en constatant la similitude de la plupart des noms propres, je ne suis pas aussi affirmatif que M. le col. Yule. En effet Venni nous informe (p. 46) que *in Ms. Utinensi ante historiam habetur :*

« *Beati odorici Devotus Hieronymus Montenianus. N. D. Utin. Patr. huius, et sacri Cœnoby Conventual. Franciscanorum. syndicus Itiner., et Mirac. eiusdem Beati.*

Librum hunc Omni ornatu Nudatum, et vetustate Corruptum In hanc pristinam formam Cum omni Cultu sua Impensa restituit Anno Domini M. D. XXXXII. Die XV *Mens. VIIbris.* »

Il est probable que Ramusio eût reproduit cette annonce.

— Viaggio del Beato Frate Odorico di Porto Maggiore del Frivli fatto nell' Anno MCCCXVIII. (Ramusio, *Navigationi et Viaggi*, II, Venetia, 1583, f. 253 verso/256 verso.)

Voir commencement, p. 8, et fin, p. 426, note *f* de notre édition.

— Incipit Itinerarium fratris Odorici fratrum minorum de mirabilibus Orientalium Tartarorum. (Pp. 39/53 de *The Second Volvme of the Principal Navigations, Voyages, Traffiques and Discoueries of the English Nation*... By Richard Hacklvyt Preacher... Imprinted at London by George Bishop, Ralph Newberry, and Robert Barker. Anno 1599, in-folio.)

Commence : « Licet multa & varia de ritibus & conditionibus huius mundi enarrentur a multis, ego tamen frater Odoricus de foro Iulij de portu Vahonis... »

Finit : voir pp. 513/514 de notre édition.

Ce texte a probablement pour base celui du British Museum, Roy. Col. XIV. c. 13.

— Here beginneth the iournall of Frier Odoricus, one of the order of the Minorites, concerning strange things which hee sawe among the Tartars of the East. (Pp. 53/67 du vol. II de R. Hackluyt, *ut supra*.)

Traduction du texte latin de Hackluyt, moins les chap. *De martyrio fratrum* et *De miraculis quatuor fratrum occisorum*.

Réimp., pp. 326 et séq. de A. W. Pollard's *Mandeville*, 1900.

— Elogio storico ‖ alle gesta ‖ del ‖ Beato Odorico ‖ dell' Ordine de' Minori Conventuali ‖ con la storia ‖ da lui dettata de' suoi Viaggj Asiatici ‖ illustrata ‖ da un religioso dell' Ordine stesso ‖ e presentata ‖ agli Amatori delle Antichita. ‖ In Venezia ‖ MDCCLXI. ‖ Presso Antonio Zatta. ‖ Con licenza de' Superiori. ‖ Gr. in-4, pp. VIII-152.

All' Eminentissimo e Reverendissimo Signor Cardinale Fra Lorenzo Ganganelli, F. Giuseppe Venni M. C., p. III. — Approbations, pp. VII-VIII. — Elogio Storico, pp. 1/31. — *Decretum Utinen. Canonizationis Beati Odorici Matthiussi Sacerdotis Professi Ordinis Minorum S. Francisci*, pp. 32/33. — Indice de' Paragrafi, pp. 34/35. — Arca del B. Odorico, p. 36. — Prefazione alla Storia de' Viaggi del B. Odorico, pp. 37/45. — Historia B. Odorici, pp. 46/83. — Illustrazioni a i Viaggi del B. Odorico nell' Indie Orientali, pp. 84/149. — Indice delle illustrazioni, p. 150. — Permis d'imprimer, p. 151. — Errata, p. 152.

Au commencement une grande planche, gravée et signée de Philippus Pilaja, grav. et de Dominicus Scaramuccia, le peintre, représentant Odoric baptisant les infidèles ; on lit au-dessous :

« B. Odoricus Matthiussi Ord. Minorum S. Francisci Conventualium Sacris Missionibus cum ingenti Animarum lucro inter Infideles peractis.

Obiit Utini Die XIV. Januarii MCCCXXXI.

Cultum, quem Concivi suo Utinenses, finitimaeque Gentes perenniter adoleverant.

Sacra Rituum Congregatio sub die XIV. Junii MDCCLV. Decreto suo probavit.

Ac sub die 2. Julii ejusdem Anni Benedictus XIV. P. O. M. confirmavit. »

A la fin une assez mauvaise carte de l'Asie. — Page 36 : une pl. représentant les faces antérieure et postérieure du tombeau d'Odoric au XVIIIe siècle ; son cilice. — Page 2, tableau généalogique de la descendance d'Ottokar, roi de Bohême.

Le texte latin que donne Venni, l'auteur de cet ouvrage, appartenait à Joseph Liruti. « Altra copia scritta settant' anni dopo la morte di Odorico, e presa dall' originale da Filippo Notajo, e scolaro in Padova, figliuolo di Pietro di Fagagna l'anno MCCCCI. è in mano dell' eruditissimo Gentiluomo, e benemeritissimo delle Friulane antichità Giuseppe Liruti de' Signori di Villafredda ricco a dovizia di preziosi apografi ; da lui giudicata migliore e per l'antichità, e per le diverse lezioni dalla copia Montaniana » [p. 39]. Ce dernier ex. fait aux frais de Girolamo Montaniani [G. del Negro dit, p. 46, le comte Girolamo di Montegnacco], sindaco du couvent d'Udine, en sept. 1542 sur un autre ex. copié le 7 sept. 1448 par le frère Albert d'Udine, a servi à Venni pour donner des variantes à son texte de Liruti. « Posti a confronto con replicata diligenza i due Mss. Lirutiano, e Udinese, con permissione benigna del Possessore portatissimo a giovare al Pubblico abbiamo preferito il primo al secondo, come copia più antica, et tratta immediatamente, come supponesi, dall' esemplare, che custodivasi in Padova, ove dettò il Beato la sua storia. L'Udinese poi, sendo copia passata per più mani, ci fa temere della sua identità. Ciò non ostante concordi sono nella sostanza, e soltanto varianti di lezioni, delle quali le più rimarchevoli ponghiamo in veduta, sicchè l'erudito Lettore con il piacere abbia il comodo ancora di rimirare d'ambedue la varietà, e d'ambedue riscontrarne il diligente confronto » [p. 45].

Cette édition de Venni est une des meilleures d'Odoric.

— B. Orderici Peregrinatio ab ipsomet descripta. (*Acta Sanctorum*, XIV Januarii, pp. 986/992.)

Commence : « Licet multa & varia de ritibus hominum, & conditionibus huius mundi, à pluribus enarrentur... »

Finit : voir page 515 de mon édition.

Précédé d'une courte introduction et d'une biographie d'après Wadding. — Extraits de Henri de Glatz.

— B. Fratris Oderici de Foro Julii, Ordinis Minorum, iter ad partes infidelium a Fratre Henrico de Glars ejusdem Ordinis descriptum, nunc vero primo in lucem editum ad fidem Mss. codicis Bibliothecae Regiae Monacensis (Cod. Lat. 903) cura Patris Marcellini a Civetia. (*Storia universale delle Missioni Francescane*, III, Roma, 1859, pp. 739/781.)

« Questa pubblicazione fu da me fatta in fine del III volume della mia *Storia universale delle Missioni Francescane*, con brevi note a piè di pagina, che dichiarano i principali luoghi percorsi dal grande Apostolo nella prodigiosa sua missione in Tartaria, in Cina, e in quasi tutto l'Arcipelago Indiano ; dei quali schiarimenti mi giovai anche nel racconto che feci della sua vita e del suo apostolato nel capitolo XII dello stesso libro, dove in corrispondenza del testo latino diedi una parte del racconto in italiano. L'esemplare di questo Codice da me pubblicato l'ebbi in dono dalla gentilezza del chiaro illustratore dei viaggi di Marco Polo Vincenzio *Lazari* per gentile intramessa del mio amico Cesare *Guasti*. Il Lazari giudicò che fosse completo, e che venisse portato d'Irlanda a Ratisbona il 1539 ; e che fosse affastellamento di Frate Marchesino da Badaion, originalmente transcritto da Frate Enrico da Glars nel 1440. In quanto all' essere venuto in Ratisbona d'Irlanda il Lazari pensava facilmente spiegarsi con osservare, che il compagno di peregrinazione del Beato Odorico fu un tal Frate Giacomo Irlandese...

« In quanto alla vera traduzione italiana del Viaggio del Beato, com' il lettore vede, non è stata ancora pubblicata ; e crediamo che sia nella Biblioteca Marciana di Venezia ; ma non saprei dire se fosse quella del Codice della classe VI, numero 208, cartaceo in-4, che contiene i Viaggi del beato Odorico da Udine, di Marco Polo, di Alvise Cadamosto, di Pietro Sinzia, di Vasco di Gama, di Emmanuele Re di Portogallo, di Cristoforo Colombo, ec..., o l'altro della classe XI, numero 32, cartaceo in foglio, ove il Viaggio del beato Odorico è preceduto dall' altro *Viaggio da Venezia a San Giacomo di Galizia.* » (M. da Civezza, *Saggio di Bib. Sanfrancescana*, n° 465.)

— Louis de Backer. — L'Extrême Orient au Moyen-âge, 1877. — Voir col. 1937.

— Odoric of Pordenone : Biographical and Historical Notices. — The Eastern Parts of the World described, by Friar Odoric the Bohemian, of Friuli, in the Province of Saint Anthony. (Yule, *Cathay and the Way thither*, I, pp. 1-162.)

On trouvera dans l'Appendice qui termine le Vol. II de l'ouvrage du Colonel Yule :

— I. Latin Text of Odoric from a MS. in the Bibliothèque Impériale.

Descriptio Orientalium partium Fratris Odorici Boemi de foro Julii provinciae Sancti Antonii, pp. I-XLIII.

C'est le texte du MS. 2584 du *Fonds latin*.

— II. Old Italian Text of Odoric, from a MS. in the Biblioteca Palatina at Florence, pp. XLIV-LXIII.

Voir col. 1951.

— Dal Viaggio del Beato Oderico (Odorico). (Testo palatino, edito dal Yule.) (A. de Gubernatis, *Storia dei Viag.*, pp. 138 et seq.)

Reproduit une partie du texte de la Palatine de Florence, pp. 138/141 ; le chap. II renferme également quelques notes sur notre voyageur.

— Sopra la vita e i viaggi del beato Odorico da Pordenone dell' ordine de' minori Studi con documenti rari ed inediti del chierico francescano Fr. Teofilo Domenichelli sotto la direzione del P. Marcellino da Civezza. M. O. — In Prato per Ranieri Guasti editore-libraio. — 1881, in-8, pp. 410, 1 carte.

« Al Lettore (Fr. Marcellino da Civezza M. O.). — Viaggiatori Francescani. — Storia del Beato e dei suoi Viaggi. — Bibliografia di quanto finora fu scritto sul Beato Odorico. — Illustrazioni edite ed inedite. — Testo dei Viaggi del Beato Odorico in latino e in italiano. — Descriptio Fratris Oderici de ordine minorum de partibus infidelium. — Viaggio del Beato Odorico del Friuli. — Illustrazioni edite ed inedite al Viaggio del Beato Odorico. — Elenco dei Codici editi ed inediti del Viaggio del Beato Odorico. — Delle lingue indiane. — Altri Documenti e Memorie risguardanti il Beato Odorico. »

Donne le texte latin de Munich, déjà publié par Marcellino da Civezza, voir *supra*, et un texte italien de la Marciana, Cl. VI, 102, voir *supra*. Cet ouvrage n'a aucune valeur géographique, l'autorité suivie par le frère Domenichelli étant Louis de Backer dans sa préface. Seule, une partie des documents de la fin offre un intérêt et le frère D. le doit au Dr Joppi, d'Udine.

Notices : *Tagliamento*, 17 sept. 1881, n° 27. — *Patria del Friuli*, 19 sept., n° 223 ; 16 sept. 1881, n° 221 (V. Joppi). — *Archivio veneto*, N. S., XXV, 1883, pp. 176/178 (C. Franzi). — *Revue historique*, XXI, 2, pp. 386/390 (J. von Zahn).

— Italie. Publications relatives au Frioul. Par J. von Zahn. (*Revue historique*, XXI, Paris, 1883, pp. 383/399.)

Notice sur Domenichelli, pp. 386/390.

L'article de v. Zahn a été traduit par la *Patria del Friuli*, 27, 28 avril ; 1, 3, 5, 11, 14, 15 mai 1883 ; nos 100, 101, 103, 105, 107, 112, 114, 115 (*Bib. Stor. Friul.*, n° 711).

— Les Voyages en Asie au XIVe siècle du bienheureux frère ODORIC DE PORDENONE Religieux de Saint-François publiés avec une introduction et des notes par HENRI CORDIER, Professeur à l'Ecole des Langues Orientales vivantes & à l'Ecole des Sciences politiques. — Ouvrage orné de fac-similés, de gravures et d'une carte. — Paris, Ernest Leroux. M.D.CCC.XCI, gr. in-8, pp. XIV-CLVIII-602.

Contient : Dédicace à Sir Henry Yule. — Table des matières. — Table des illustrations. — Introduction. — Bibliographie. — Texte. — Index. — Carte.

Forme le Vol. X du *Recueil de voyages et de documents pour servir à l'histoire de la géographie depuis le XIIIe jusqu'à la fin du XVIe siècle publié sous la direction de MM.* CH. SCHEFER, *membre de l'Institut, et* HENRI CORDIER. — Cette collection est tirée à 250 exemplaires dont 25 sur papier de Hollande. L'introduction d'ODORIC a été tirée à part à 98 ex., dont 88 papier ordinaire, 5 vergé et 5 japon simili.

Notices : Bibliografia Friulana dans *Pagine Friulane*, Anno IV, Domenica, 14 Giugno 1891, No. 4, [Vincenzo Joppi]. — *La Scintilla*, 28 Giugno 1891. [Vincenzo Joppi.] — *Biblioth. de l'Ecole des Chartes*, LII, juillet-août 1891. [Léopold Delisle.] — *Archivio Storico Italiano*, Serie V, Tomo VIII, 1891. [Eugène Müntz.] — *T'oung Pao*, II, Sept. 1891, pp. 260/268. [G. Schlegel.] — *Revue critique*, No. 11, 13 mars 1893, pp. 197/202. [A. Barth.] — *La Scintilla*, Venezia, 12 nov. 1893, Anno VII, N. 46 et seq. [V. S.]

∴

— * Panegyris de Beato Odorico de Portu Naonis, Ordinis Fratrum Minorum Sancti Francisci, auctore Joanne Baptista Gabello, cum esset in Ecclesia Sancti Uldarici de Villa Nova in Dioecesi Concordiensi servus. Utini, apud Lorium, 1627, in-4.

Valentinelli.

— * Vita del Beato Odorico da Pordenone, scritta da d. Marco da Lisbona. Udine, Schiratti, 1634.

Valentinelli.

— * Giambattista Gabello. Vita del Beato Odorico Mattiuzzi. Udine, Schiratti, 1639, in-8.

Valentinelli, II ed.

— Vita Beati Odorici Foro-Iuliensis, Ordinis Minorum, excerpta ex praeclaris et lucidissimis annalibus Minorum, auctore Reverendo Patre Frate Luca Waddingo Hiberna eiusdem Ordinis, tom. terti. Frater Bernardinus Treus Utinensis Ordinis Minorum Conventualium, Artium et Sacrae Theologiae Doctor et in sua Provincia Divi Antonii de Patavio Diffinitor perpetuus, ex sua peculiari devotione in Beatum Odoricum, anno 1654, existente Guardiano Admod. Reverendo Patre Fratre Francisco Barbana. Utini, Typis Nicolai Schiratti, 1654, in-8.

Domenichelli.

— Vita, e viaggi ‖ del ‖ B. Odorico ‖ da Udine ‖ descritti ‖ da don Basilio Asquini ‖ bernabita, ‖ e dedicati alli MM. RR. PP. ‖ Guardiano, e religiosi tutti ‖ Del Ven. Convento di San Francesco ‖ della stessa Città. ‖ In Udine, MDCCXXXVII. ‖. Nella Stamperia di Giambattista Murero. ‖ Con licenza de' Superiori. Pet. in-8, pp. XVI-260, avec une fig. en tête gravée par Antonio Zuliani.

— * Compendio della vita, virtù, morte e miracoli, del b. Odorico da Udine. Udine, Murero, 1758, in-8.

Valentinelli.

— * Sacra Rituum Congregatio, Eminentissimo et Reverendissimo Domini Cardinali Somalia Praefecto et Ponente Utinensi, seu Ordini Minorum Sancti Francisci, approbat lectiones proprias in officio Beati Odorici Matthiussi, instante Reverendissimo Episcopo Utinensi. Romae, 1822. Ex typis Camerae Apostolicae, in-folio, pp. 16.

Valentinelli.

— * Ragguaglio breve della vita del B. Odorico Mattiuzzi. Udine, Murero, 1824, in-16.

Valentinelli.

— Discorso intorno all' Itinerario del Beato Odorico Matiussi da Udine Missionario Apostolico dell' Ordine de' Minori. Con appendice.

Pub. dans les nos 5 et 6 de l'année V de la *Cronaca delle Missioni Francescane* (Roma, 1865). En réponse au traducteur italien anonyme de l'*Histoire des Missions catholiques* d'Henrion.

M. da Civezza, *Bibl. Sanfrancescana*, n° 194. Voir col. 1188.

— Die Missionen in Indien und China im vierzehnten Jahrhundert. (*G. Phillips' und G. Görres Historisch-Politische Blätter für das katholische Deutschland*, München, 1856, I Bd.) — I. Die Mission in Meliapor und Tana, pp. 25/38. — II. Die Mission in Columbo, pp. 135/152. — III. Die Mission in China, pp. 225/252. — (*Ibid.*, 1856, II Bd.) — IV. Der Missionsbericht des Odoricus von Pordenone, pp. 507/537. — V. Der Reisebericht des Johannes Marignola, pp. 701/719, 793/813. — (*Ibid.*, 1859, I Bd.) Die Mission in China, pp. 677/681.

Par le Prof. F. Kunstmann.

— L'itinerario del beato Odorico Mattiussi, discorso con appendici. (Nello *Stato del Ginnasio arcivescovile di Udine*, alla fine dell' anno scolastico 1865.) Udine, tip. Jacob e Colmegna, 1865, in-8, pp. 54.

Per Luigi Fabris. — Voir *Rivista friulana*, 10 settembre 1865, n° 37. — *Bib. Stor. Friul.*, n° 102.

— Storia di Cambanau, di Taid e d' altri luoghi dell' India, narrata dal Beato Odorico del Friuli, anno MCCCXXX. Bologna, Tipi Fava e Garagnani, 1866, in-24, pp. 48.

« Per le faustissime nozze dell' egregio giovane signor TITO DALLA NOCE colla virtuosa donzella signora ADELAIDE GOLINELLI avvenute nella primavera del MDCCCLXVI. » — Cette petite brochure est extraite des pp. 311/317 de la troisième éd. de la Bibliographie de Zambrini, avec l'addition de quatre nouveaux chapitres. Tiré à 104 exemplaires. Voir Zambrini, 4e éd., p. 718.

— *Madonna delle Grazie*, nos 6, 7 et 8 des 9, 16 et 23 janvier 1869.

Trois courts articles consacrés à Odoric comme franciscain à Udine, missionnaire en Orient, de retour dans sa patrie.

Bib. Stor. Friul., n° 128.

— Cenni sulla vita e sui viaggi del B° Odorico del Friuli, di Dionigio Largaiolli.

(Nella *Cronaca liceale per l'anno 1874-75.*) Catania, tip. Bellini, 1876, in-8, pp. 58.

Réimp. avec quelques variantes, Potenza, tip. Favatà, 1878, in-18, p. 55. — *Bib. Stor. Friul.*, n° 433.

— Il Beato Odorico di Pordenone ed i suoi viaggi : cenni dettati dal Colonello Enrico Yule, Presidente della Società Hakluyt di Londra, quando s' inaugurava in Pordenone il busto di Odorico il giorno 23zo settembre MDCCCLXXXI, br. in-8, pp. 8.

«Inscritto, colla più grata ed amena ricordanza, ai signori Friulani, Vincenzo Joppi di Udine, e Lorenzo Bianchi di Pordenone.»

Trad. italienne du comte Ugo Balzani.

Imp. à Londres : T. Richards, 37, Great Queen Street, W. C.

Patria del Friuli, 16 sept. 1881, n° 221. (V. Joppi.) — *Revue historique*, XXI, 2, p. 388. (Zahn.)

— Odoric. By Henry Yule. (*Encyclopaedia Britannica*, 9th ed., XVII, pp. 728/9.)

Résumé intéressant.

— Il beato Odorico Mattiussi. (*Tagliamento*, 14 maggio 1881, n° 19.) Pordenone, tip. Gatti, 1881, in-fol., 2 col.

Dans le numéro précédent, 7 mai, le *Tagliamento* annonçait que le conseil communal, dans sa séance du 4 mai, avait décidé, à l'unanimité des voix, d'élever un buste à Odoric dans la salle communale et que le travail serait confié au sculpteur Luigi Minisini. — *Bib. Stor. Friul.*, n° 670.

— *Il Tagliamento*, periodico settimanale, Anno XI, Pordenone, 28 settembre 1881, n. 38. Pordenone, tip. Gatti, 1881, in-fol., col. 12.

— *Cittadino Italiano*, 25 settembre 1881, n° 215.

Bib. Stor. Friul., n° 669.

— Il B. Odorico da Pordenone. Cenni storici. (Dal *Cittadino Italiano* del 23 settembre.) Br. in-8, pp. 23, Portrait.

On lit au verso de la brochure : Udine. — Tip. Lit. Patronato. Notice intéressante publiée en 1881, à l'occasion de l'inauguration du buste d'Odoric à Pordenone, due, m'a-t-on dit à *Udine*, au professeur *Giovanni Del Negro*.

— Commentarii dei Fatti di Aquileja di Giovanni Candido [Udine, 1884. — Tip. M. Bardusco], br. gr. in-4, pp. 14.

«Nozze Blum-Levi.» La dédicace à Giulio Blum est signée A. Purasanta, et datée : Udine, li 29 ottobre 1884. Contient une notice sans valeur des voyages d'Odoric. — Tiré de l'ouvrage de Candido, édité à Venise en 1544, par Michiele Tramezino, in-16, pp. 63-68. L'œuvre originale a été publiée sous le titre : *Commentariorum Aquilejensium libri octo*, Joannis Candidi Jurisconsulti. Venetiis, per Alexandrum de Bindonibus, 1521, in-fol. Odoric, ff. XXVI-XXVIII.

— «Pro Patria» Alfred Gummá. Le Dondiin et les Philippines. Lettres à M. le Président de la «Société Géographique de Paris». In-16, pp. 122.

Imprimé à Barcelone.

— Einundzwanzigstes Programm der Realschule mit Progymnasium zu Leisnig als Einladungsschrift zu den öffentlichen Prüfungen am 3. und 4. April 1895. — Inhalt : 1) Abhandlung des Oberlehrers Max Gnauck : Odorich von Pordenone, ein Orientreisender des 14. Jahrhunderts. — 2) Schulnachrichten, verfasst vom Direktor. — Druck von Herrm. Ulrich in Leisnig. 1895. Progr. Nr. 583. In-4, pp. 55.

— G. Valentinelli, *Bibliog. del Friuli*, 1861, pp. 384/5.

— M. da Civezza, *Saggio di Bibliog. Sanfrancescana* [voir col. 1183], pp. 148, 433/4.

— Francesco Zambrini, *Le Opere volgari*, 4ta ed., Bologna, 1884, col. 714/718, 118.

— Amat di S. Filippo, *Studi biog. e bibliog.*, 1882, pp. 85/98.

— Giuseppe Occioni-Bonaffons, *Bibliog. Storica Friulana*, Udine, 1883 et 1887.

Jean de Cora,

Archevêque de Sulthanyeh.

— Recueil de 1529. *Vide supra*, col. 1930.

— Le livre du Grant Caan, extrait d'un manuscrit de la Bibliothèque du Roi, par M. Jacquet. (*Nouv. J. As.*, VI, 1830, pp. 57/72.)

C'est le texte d'une partie du manuscrit No. 2810 Fr. que nous avons décrit plus haut [col. 1936]. Ce texte est précédé d'une *Note préliminaire* sans importance et suivi d'un *Glossaire.*

— «The Book of the Estate of the Great Caan, set forth by the Archbishop of Soltania, circa 1330.»

Traduction anglaise du Col. Yule, *Cathay*, I, pp. 238/250, d'après la publication de M. Jacquet dans le *Journal Asiatique.*

— Louis de Backer. *L'Extrême Orient. Vide supra*, col. 1937.

— Documents relatifs à Guillaume Adam Archevêque de Sultanieh, puis d'Antivari, et à son entourage (1318-1346). Publiés par Ch. Kohler. (*Rev. de l'Orient latin*, X, 1903-4, pp. 20/56.)

Avignon, 9 août 1329, Jean XXII nomme Jean de Core, de l'ordre des frères Prêcheurs, à l'archevêché de Sultanieh devenu vacant par le transfert de Guillaume à l'archevêché d'Antivari, pp. 47/9.

Jourdain de Séverac.

— «Reverendis in Christo Patribus, & Fratribus Praedicatoribus & Minoribus in Thaurisio, Diagorgano, & Merga commorantibus, frater Joardanes Praedicatorum Ordinis, omnium minimus, post salutem, & pedum oscula cum lacrymis seipsum humiliter commendat.

....

Datae in Thana Indiae, in Civitate ubi Sancti mei socii martyrizati sunt, anno Domini MCCCXXIII. M. Jan. in festo sanctorum Martyrum Fabiani & Sebastiani.»

(Wadding, *Annales Minorum*, VI, pp. 359/361, Anno Christi 1321, XIV.)

— On lit, p. 549 du Vol. I des *Scriptores Ordinis Praedicatorum* de Quétif :

«F. Jordanus absque agnomine sed congregationis ex ordine pro fide propaganda in terris infidelium Peregrinantium dictae ardentissimus in Oriente missionarius, sedente Avenione Joanne XXII claruit, & epistolam tum de martyrio quatuor Fratrum Minorum, tum de suis in ea regione pro Christo gestis scripsit. Hanc ut legitur in cod. Ms. Colbert 5496 memb. ejus aetatis hic visum est exscribere additis in margine variis lectionibus Waddinghi, qui alteram quoad initium similem refert in Annal. ad 1321 n. 13. Extat autem dicti cod. Colbert. f. 182 ut sequitur :

Epistola Fratris Jordani de martyrio Fratrum... Datum in Caga die XII. *octob. anno Dñi* MCCCXXI, pp. 549/550.»

Voir également les remarques à la suite de cette lettre.

— Rapport [sur le Ms. de la relation de Jourdain de Séverac] fait à la Commission Centrale, par M. A. Jaubert. (*Bull. de la Soc. de Géog.*, pp. 214/219, II, 1824.)

— Voir dans le *Recueil* de la Société de Géographie de Paris, Tome IV, 1839 :

— Description des merveilles d'une partie de l'Asie, par le P. Jordan ou Jourdain Catalani, natif de Séverac, de l'ordre des Frères Prêcheurs ou Dominicains, évêque à Columbum, dans la presqu'île de l'Inde en deça du Gange. Imprimée d'après un manuscrit du XIVe siècle (pp. 1/68).

(Editée par le baron Coquebert de Montbret, d'après un ms. sur parchemin, à deux colonnes, format in-4, appartenant à M. le baron Walckenaer.)

Eclaircissemens préliminaires, pp. 1/24.

Note sur les Chrétiens de Saint-Thomas, pp. 25/36.

Fac-simile du Titre et de quelques Passages du Manuscrit de l'ouvrage de Jourdain de Séverac.

Mirabilia Descripta per Fratrem Jordanum, ordinis praedicatorum, oriendum de Severaco, in India majori episcopum Columbensem, pp. 37/64.

Note additionnelle à ce qui a été dit du personnel du Père Jordanus, pp. 65/68.

— Mirabilia Descripta. — The Wonders of the East, by Friar Jordanus, of the Order of Preachers and Bishop of Columbum in India the Greater, (circa 1330). Translated from the Latin original, as published at Paris in 1839, in the Recueil de Voyages et de Mémoires, of the Society of Geography, with the addition of a Commentary, by Colonel Henry Yule, C. B., F. R. G. S., Late of the Royal Engineers (Bengal). — London : Printed for the Hakluyt Society. M.DCCC.LXIII, in-8, pp. IV + 2 ff. n. ch. p. l. tab. + pp. XVII + pp. 68.

C'est le trente-unième vol. de la Coll. publiée par l'Hakluyt Society.

— Additional Notes and Corrections to the Translation of the Mirabilia of Friar Jordanus. (*Hak. Soc.*, 1863.)

(Dans Yule, *Cathay and the Way thither*, I, pp. 192/196.)

— Letter of Friar Jordanus of the order of Preachers. « Dated from Caga the 12th day of October; in the year of the Lord 1321. » (Traduite en anglais de l'ouvrage de Quétif & Echard, *Scriptores Ord. praed.*, tome I, pp. 549/550, par Yule, *Cathay*, I, pp. 225/228.)

Voir sur cette lettre que l'on trouve au folio 182 du Ms. No. 5006 et non 5496 de la Bib. Nat., le *Recueil* de la Soc. de Géog., IV, pp. 5/6.

(Voir Note de M. d'Avezac, *Jean du Plan de Carpin*, p. 421.)

— A Second Letter from Friar Jordanus. « Dated in *Thana* of India, the city where my holy comrades were martyred, in the year of the Lord 1323, in the month of January, and in the feast of the holy martyrs Fabian and Sebastian. » (Traduite en anglais de Wadding, *Annal. Minor.*, VI, pp. 359/61, par Yule, *Cathay*, I, pp. 228/230.)

Voir sur cette lettre le *Recueil* de la Soc. de Géog., IV, pp. 6/7.

— Le Vénérable Père Jourdain Cathala de Sévérac Evêque de Coulam (Quilon) sur la côte de Malabar, aux Indes Orientales (1306-1336) par le P. François Balme de l'ordre des Frères-Prêcheurs. Lyon, Imprimerie X. Jevain, 1886, br. in-8, pp. 46.

(Jourdain de Séverac.)

Extrait de l'*Année Dominicaine*, 1886, Bulletin des Frères-Prêcheurs de la Province de France.

— Naga Figures. (*Ind. Antiq.*, IX, 1880, p. 230.)

Pascal de Victoria,

Franciscain espagnol.

— « Reverendis in Christo & dilectis, Guardiano, & Fratribus Conventus Victoriensis, cum totius Custodiae Patribus, & dulcissimis Fratribus, frater Paschalis Ordinis Minorum salutem cum omni benedictione, non etiam immemor aliis nostris parentibus, ac notis, & amicis reverentiam filialem... Data in Armalech, in festo Laurentii, Anno Domini MCCCXXXVIII, in Imperio Medorum. » (Lettre insérée dans Wadding, *Annales Minorum*, VII, pp. 256/7.)

— Voir *Mosheim*, p. 117, et dans l'Appendice No. LXXXXII la lettre de ce frère mineur datée « in Armalech, in Festo Sancti Lavrentii, Anno Domini MCCCXXXVIII, in Imperio Medorum, » reproduite d'après Wadding, t. VII, pp. 256 et seq.

— Traduite en anglais par Yule, *Cathay*, I, pp. 231/237.

Jean dei Marignoli di San Lorenzo,

Cordelier florentin, légat du Pape à Péking (1342-46).

— Johannes von Marignola minderen Bruders und Päbstlichen Legaten Reise in das Morgenland v. J. 1339-1353. Aus dem Latein übersetzt, geordnet und erläutert von J. G. Meinert... Für die *Abhandlungen der k. böhm. Gesellschaft der Wissenschaften*. Prag, 1820, in-8, pp. 108.

Brit. Mus. 10055. bb.

Tirage à part du Vol. VII, *Abhandlungen der königlichen Böhmischen Gesellschaft der Wissenschaften, Historischer Theil.* Prag, 1822.

Parlant de Jean dei Marignoli, M. d'Avezac écrit : « L'empereur Charles IV le nomma son chapelain, et le chargea de faire un résumé des anciennes chroniques de Bohême. Le voyageur trouva le moyen d'insérer, de disséminer dans sa rédaction des lambeaux de son voyage en Orient. Cette chronique, écrite en latin, a été publiée à Prague en 1768, d'après un manuscrit du couvent de Sainte-Croix-la-Grande du Vieux Prague, par Gélase Dobner, dans ses *Monumenta historica Boemiae nusquam antehac edita* [6 vol. in-4, pp. 70-282 ; et les *Observationes praeviae*, ibid., pp. 68-78]. M. Meinert, après avoir collationné le texte donné par Dobner, sur le manuscrit que possède aujourd'hui l'Université de Prague, a extrait, réuni et coordonné tout ce qui est relatif au voyage de Tartarie, et il en a fait une traduction allemande qu'il a accompagnée d'un commentaire ; son travail a été inséré au tome VII des *Abhandlungen* de la Société des Sciences de Bohême, et a d'ailleurs été imprimé à part : Johannes von Marignola minderen Bruders und Päbstlichen Legaten Reise in das Morgenland v. J. 1339-1353. Aus dem Latein übersetzt, geordnet und erläutert von J. G. Meinert, Prague, 1820, br. in-8, pp. 108. » (*Relation des Mongols*.)

— Notice sur la relation du frère Jean de Marignola, par M. le Baron de Férussac. (*Bull. de la Soc. de Géog.*, II, 1824, pp. 115/120.)

— John de' Marignolli and his Recollections of Eastern Travel :

Biographical and Introductory Notices.

Recollections of Travel in the East, by John de' Marignolli, papal legate to the Court of the great Khan, an afterwards Bishop of Bisignano. (*Cathay and the Way thither*, by Yule, II, pp. 309-394.)

— Voir Mosheim, p. 115, et l'Appendix No. LXXXII : Lettre du Pape Benoit XII reproduite de Wadding, T. VII, pp. 214 et seq. : datée « Auenione 11. Kal. Nouembris anno IIII » (1338) et adressée à « Dilectis filiis Nicolao Boneti sacrae Theologiae Professori, Nicolao de Molano, Ioanni de Florentia, et Gregorio de Hvngaria Ordinis Fratrum Minorum ».

— Voir F. Kunstmann, *supra*, col. 2016.

(Pascal de Victoria. — Jean dei Marignoli.)

Il ne faut pas confondre notre Cordelier (Frère mineur) avec le Frère prêcheur du même nom, son contemporain, Jean de Florence, premier évêque de Tiflis en Géorgie, mort à Péra en 1348 dont parle Touron, *Hommes illustres de St. Dominique*, II, pp. 120 et seq.

Franc. Balducci Pegolotti.

— Della ‖ Decima ‖ e delle altre gravezze &c. ‖ Tomo terzo ‖ contenente la pratica ‖ della Mercatura ‖ scritta da ‖ Francesco Balducci Pegolotti ‖ E copiata da un Codice manoscritto esistente in Firenze ‖ nella Biblioteca Riccardiana. ‖ Lisbona, e Lucca. ‖ MDCCLXVI. ‖ E si vende da Giuseppe Bouchard Librajo Francese in Firenze, in-4, pp. XXIV-380.

Voir : Capitolo I. *Avvisamento del viaggio del Gattajo per lo cammino della Tana ad andare, e tornare con mercatanzia.* — Cap. II. *Cose bisognevoli a Mercatanti, che vogliono fare il sopradetto viaggio del Gattajo.* — Cap. III. *Ragguaglio di pesi, e misure del Gattajo, e della Tana.*

— « François Balducci Pegolotti, de Florence, employé d'une compagnie de marchands florentins, résida longtemps en cette qualité dans les comptoirs européens d'Orient, notamment à celui de Tana vers l'embouchure du Don, où il recueillit les renseignements les plus précis sur l'itinéraire des caravanes qui allaient, par l'intérieur de l'Asie, jusqu'en Chine ; ces informations se trouvent consignées dans son *Libro di divisamenti di paesi e di misure di mercatanzie e d' altre cose bisognevoli di sapere a' mercatanti di diverse parti del mondo*, imprimé en 1766 à Florence, sous la fausse rubrique de Lisbonne et Lucques, en un volume in-quarto qui forme le troisième de l'ouvrage de Gian Francesco Pagnini della Ventura, de Volterre, en quatre tomes, intitulé : *Della Decima e di varie altre gravezze imposte dal Comune di Firenze, della moneta et della mercatura de' Fiorentini fino al secolo XVI.* Ce texte de Pegolotti a été fourni à l'éditeur par un manuscrit de la bibliothèque Riccardienne de Florence, que Baldelli y a, depuis, vainement cherché. (*Storia del Milione*, p. 41, note 3.) Le premier chapitre contient un *Avvisamento del viaggio del Gattajo per lo cammino della Tana ad nadare e tornare con mercatanzia*, littéralement transcrit, traduit, et annoté par Sprengel ; Forster a répété cet itinéraire ; Malte-Brun a simplement copié Sprengel sans le citer, et son nouvel éditeur n'a réparé ni l'omission singulière du nom de Sprengel, ni la méprise typographique qui, dans la première édition, avait transformé Balducci Pegolotti en Balduin Pegoletti ; il a de plus ajouté une note où il énonce, sans aucune considération propre à justifier cette assertion, que Pegolotti aurait effectué lui-même en 1345, le voyage de Khithây par la route dont il donne l'itinéraire. » (D'Avezac, pp. 26-28.)

— Voir dans Yule, *Cathay and the Way thither*, II, pp. 279/308 :

— « Notices of the Land Route to Cathay and of Asiatic trade in the first half of the fourteenth Century by Francis Balducci Pegolotti. »

On trouvera dans l'Appendice (No. III, pp. LXIV-LXVI), qui termine l'ouvrage (Vol. II) du colonel Yule le texte des deux premiers chapitres de Pegolotti d'après le manuscrit original conservé à la bibliothèque Riccardienne de Florence.

— * Avvisamento del Viaggio di Gathai per il camino della Tanna ad andare e tornare con Mercatanzia. Lisbon & Lucca, 1755.

« The author of this work, Francisco Balducci Pergoletti [sic], wrote in 1335. » *Pinkerton*, XVII, *Cat.*, p. 147. — Cette indication nous paraît être erronée.

— Forster, *Voyages and Discoveries in the North*, pp. 150-153. (*Forster* donne un extrait de l'ouvrage de *Pegolotti* qu'il appelle *Pegoletti*.)

— 1350. — Le manuscrit de la *Prattica della Mercatura* de B. Pegolotti, par M. le Comte de Mas Latrie, pp. 181/6.

— H. Kiepert. — Über Pegolotti's vorderasiatisches Itinerar. (*Sitzung der phil.-hist. Kl. d. Königl. Akademie. d. W. zu Berlin*, 20 Oct. 1881, pp. 901/913.) Avec une carte.

Il y a un tirage à part. — Bib. Soc. Géog. E $\frac{5}{342}$.

Sir John de Maundeville.

— Maunduyle. — In-4. Goth. S. d.

Au recto du dernier f. : ¶ *Here endeth the boke of John Maunduyle.* ‖ *Knyght of wayes to Jerusalem & of marueylys* ‖ *of ynde and of other countrees.* ‖ *Emprented by Rychard Pynson.* — Au verso la marque de Pynson.

Collation : a-g par 8, h et i par 6, k par 4 ; 72 ff. ; dans l'ex. de Grenville, 6713, le seul connu a_1 et VIII, c_1 et VIII manquent.

L'ex. qui avait appartenu à Sir Francis Freeling avant d'être acheté par Grenville contient en tête sur ff. séparés, des notes de ses deux propriétaires.

« I believe that no other copy of this edition is known to exist — it was unknown to Ames & Herbert. — Dibdin describes it in p. 586, Vol. 2 of his *Typographical Antiquities*, but he is not correct in stating that it was obtained from Ford of Manchester. I purchased it from Dyer of Exeter.

« I rather think this edition of Pynson's must have been the first printed in this country. — W. de Worde published an edition in 1499 & again in 1503 — both with woodcuts — an imperfect copy of the latter is in the possession of Mr. Douce... » [suit une liste d'éd. anglaises]. (*Note ms. de Sir F. Freeling.*)

— Pas de titre. Carte et Vig., in-4.

Bib. Grenville, 6714. « That this book was printed by T. Este appears from Herbert's Ames, II, 1022, and from Douce's *Illustrations of Shakespeare*, I, p. 21. This copy has the last leaf in Ms. and appears to want the title. »

— The Voiage and trauayle of syr John Maundeuile Knight, which treateth of the way toward Hierusalem, and of maruayles of Inde with other Ilands and Countryes. London, 1568, in-4.

A la fin : Imprinted at London in Breadstreat at the nether ende, by Thomas East. an. 1568. The 6 day of october. — Goth. — Vig.

— * The Voyages and Trauailes of Sir Iohn Mandeuille Knight. Wherein is treated of the Way towards Hierusalem, and of the meruailes of Inde, with other Lands and Countries. London, Printed by Thomas Snodham, 1612, in-4.

Goth. — Vig. — Sig. a-u par 4, u_4 blanc. (*Cat. of the Huth Library*, III, p. 896.)

— The ‖ Voyages and ‖ Trauailes of Sir *John Mandeuile* ‖ Knight... London : ‖ Printed by Thomas Stansby ‖ 1618, in-4, vig. sur le titre et dans le texte.

Bib. Grenville, 6715.

— * The Voyages and Travailes, which treateth of the way to Hierusalem. London, 1625, in-4.

Goth. — Vig. (*Cat. of the Lib. at Chatsworth*, III, p. 17.)

— Voyages and Travels... London, 1657, in-4. — Vig.

Bib. Grenville, 6716.

— The Voyages and travels of Sir J. Mandevile. knight, wherein is set down the way to the Holy Land, and tho Hierusalem ;

as also to the lands of the Great Caane, and of Prester John, etc. London, 1670, in-4. Vignettes.

— The Voyages & Travels of Sir John Mandevile... London, Printed for *R. Scot, T. Basset, J. Wright,* and *R. Chiswel.* 1684, in-4, pp. 139 + 1 f. au com. et 2 ff. à la fin.

— The ‖ Voyages & Travels ‖ of Sir *John Mandevile,* Knight... London, ‖ Printed for *Rich. Chiswell, B. Walford, Mat. Wotton,* and ‖ *Geo. Conyers.* 1696, in-4.

Bib. Grenville, 6718. « This edition seems to have been so popular as to have been quite exhausted & to have become scarce. The present copy was bought by Mr. Milner in 1810 for the high price of liv. 7.7.0. » (*Note Ms. de Grenville.*)

— The Voyages and Travels of Sir *John Mandevile,* Knight: Wherein is set down the Way to the *Holy Land,* and to *Hierusalem*: As also to the Lands of the great *Caan,* and of *Prestor John*; to *India,* and divers other Countries: Together with many and strange Marvels therein. London: Printed for *R. Chiswell, B. Walford, M. Wotton,* and *G. Conyers.* 1705. — In-4, pp. 135 + 2 ff. à la fin. — Vig.

— The Voyages and Travels of Sir J. Mandevile... wherein is set down the way to the Holy Land... as also to the lands of the Great Caan, and of Prester John; to India, and divers other countries, etc. London [1710], in-4.

— The Travels and Voyages of Sir J. M. etc. London [1720?], in-12.

— The Voyages and Travels of Sir John Mandevile, Knight: ... London: Printed by A. Wilde, for G. Conyers, in *Little-Britain,* T. Norris, at *London Bridge,* and A. Bettesworth, in *Paternoster-Row,* 1722, in-4, pp. 132 + 2 ff. à la fin.

Vig. — British Museum 10056. c.

— The ‖ Voiage ‖ and ‖ Travaile ‖ of ‖ Sir *John Maundevile,* Kt. ‖ Which Treateth of the ‖ Way to Hierusalem; and of ‖ Marvayles of Inde, ‖ with other ‖ Ilands and Countryes. ‖ Now publish'd entire from an Original Ms. ‖ in the Cotton Library. ‖ London: ‖ Printed for J. Woodman, and D. Lyon, in ‖ *Russel-Street, Covent Garden,* and C. Davis, ‖ in *Hatton Garden,* 1725, in-8, 5 ff. n. c. p. l. tit., etc. + pp. XVI-384 + 4 ff. n. c. p. l. let. de Mandeville au roi d'Angleterre et l'index.

Le Ms. de la Bib. Cott. marqué *Titus. C. XVI*

— Même éd. London: 1727.

(Sir John de Maundeville.)

Mêmes lib. — Le titre seulement est changé.

Vend. Sunderland Library (7925), 2 liv. 5 sh.

— The Voiage and Travaile of Sir John Maundevile, Kt. which treateth of the way to Hierusalem; and of Marvayles of Inde, with other ilands and countryes. Reprinted from the Edition of A. D. 1725. With an introduction, additional notes, and Glossary, By J. O. Halliwell, Esq., F. S. A., F. R. A. S. London: Published by Edward Lumley, M.DCCC.XXXIX, in-8, pp. XVII-XII-326.

Mr. Thos. Wright a reproduit cette version en la « modernisant » dans sa collection des *Early travels in Palestine,* 1848, pp. 127/282.

— The Voiage and Travaile of Sir John Maundevile... By J. O. Halliwell. London: F. S. Ellis, MDCCCLXVI, in-8, pp. XXXI-326.

12 ex. ont été imp. sur papier fort.

— The Voiage and Travaile of Sir John Maundevile, Kt. which treateth of the Way to Hierusalem; and of Marvayles of Inde, with other Ilands and Countryes. Reprinted from the Edition of A. D. 1725. With an Introduction, Additional Notes, and Glossary, by J. O. Halliwell, Esq., F. S. A., F. R. A. S. London, Reeves and Turner, 1883, in-8.

On lit en tête de l'édition:

« The Publisher thinks that it is due to Mr. Halliwell to state that he is in no way responsible for this reimpression of a work to which he contributed a few notes at the commencement of his literary career, more than twenty-five years since. This professes to be no more than a careful and accurate reprint of the edition of 1839. »

— The Travels and Voyages of *Sir* John Mandevile, *Knt.* containing An Exact Description of the Way to *Hierusalem, Great Caan, India,* the Country of *Preston-John,* and many other Eastern Countries: With an Account of many strange Monsters, and whatever is curious and Remarkable therein. Faithfully collected from the *Original Manuscript,* and Illustrated with Variety of *Pictures.* London: Printed for *J. Hodges,* at the *Looking Glass* opposite to *St. Magnut's Church, London Bridge,* and *J. Harris,* at the *Looking Glass* and *Bible,* on *London Bridge.* Price bound, *one shilling.* In-12, pp. 138 + 3 ff. pour la table. [1730.]

British Museum, 435. a. 1.

— The Travels and Voyages [titre *ut supra*]. London: Printed for *J. Osborne,* near *Dock-head, Southwark,* and *James Hodges,* at the *Looking-Glass, on London Bridge.* Price bound, *one shilling.* In-12, pp. 138 + 3 ff. pour la table.

(Sir John de Maundeville.)

Une grav. en bois pour front. — Même éd. que la précédente.
British Museum, 10055, a.

— The Foreign Travels of Sir John Mandeville. Containing, An Account of remote Kingdoms, Countries, Rivers, Castles, &c. Together with a Description of Giants, Pigmies, and various other People of odd Deformities; as also their Laws, Customs, and Manners. Likewise, enchanted Wildernesses, Dragons, Griffins, and many more wonderful Beasts of Prey. &c. &c. &c. Printed and Sold in Aldermary Church-Yard, London, in-12, pp. 24, vig. [1750?]

Chap Book. — British Museum $\frac{1079\text{-i-}14}{23}$.

— Réimp. pp. 405/416 de *Chap Books of the Eighteenth Century...* by John Ashton. London, Chatto & Windus, 1882, in-8.

— The Foreign Travels of Sir John Mandeville [*ut supra*] &c. &c. Printed and Sold in London, in-12, pp. 24, vig.

Chap Book. — British Museum $\frac{12315.\ aaa.\ 6}{3}$.

— The Foreign Travels and Dangerous Voyages Of that renowned English Knight Sir John Mandeville. Wherein He gives an Account of Remote Kingdoms, Countries, Rivers, Castles, and Giants of a prodigious Height and Strength. Together with the People called Pigmies, very small and of a low Stature. To which is added, An Account of People of odd Deformities, some without Heads. — Also dark inchanted Wildernesses, where are fiery Dragons, Griffins, and many wonderful Beasts of Prey, in the Country of Prester John. — All very delightful to the Reader. Printed and Sold in Bow-Church-Yard, in-12, pp. 24, vig. [1785?]

Chap Book. — British Museum $\frac{1076\text{-}1\text{-}3}{12}$.

— Briefe Collections of the Trauels and Obseruations of Sir Iohn Mandeville; written by Master Bale. (Purchas, *His Pilgrimes*, III, Lib. I, Ch. VI, pp. 128 et seq.)

— Cassell's National Library. The Voyages and Travels of Sir John Maundeville Kt. Cassell & Company, Limited; London, Paris, New York & Melbourne. 1886, in-16, pp. 192.

Edited by Henry Morley.

— The Voiage and Travayle of Sir John Maundeville Knight which treateth of the way towards Hierusalem and of marvayles of Inde with other ilands and countreys. Edited, Annotated, and Illustrated in Facsimile by John Ashton... London, Pickering & Chatto, 1887, gr. in-8, pp. XXIV-289.

100 ex. imprimés sur grand papier.

— The Buke of John Maundeuill being the Travels of Sir John Mandeville, knight 1322-1356, a hitherto unpublished english version from the unique copy (Egerton Ms. 1982) in the British Museum edited together with the French text, notes, and an introduction by George F. Warner, M. A., F. S. A. Assistant-keeper of Manuscripts in the British Museum. Illustrated with twenty-eight miniatures reproduced in fac-simile from the additional Ms. 24,189. Printed for the Roxburghe Club. Westminster, Nichols and Sons,... MDCCCLXXXIX, gr. in-4, pp. XLVI + 232 + 28 miniatures.

Notices : par Henri Cordier, *vide infra*, col. 2045. — *The Academy*, Sept. 6, 1890, par Alfred W. Pollard. — *Quarterly Review*, April 1891, pp. 431/450.

— * Sir John Maundevile's Marvellous Adventures, being his Voyage and Travel, which treateth of the Way to Jerusalem, and of the Marvels of Ind, with other Islands and Countries, edited by Arthur Layard, with Preface by John Cameron Gaunt. Numerous Illustrations. London, 1895, in-8, pp. 414.

— The Travels of Sir John Mandeville The version of the Cotton Manuscript in modern spelling With three narratives, in illustration of it, from Hakluyt's « Navigations, Voyages & Discoveries ». London, Macmillan, 1900, in-8, pp. xv-390.

Library of English Classics, Edited by Alfred W. Pollard.

Notices : *T'oung Pao*, Déc. 1900, pp. 503/4, par Henri Cordier. — *The Academy*, No. 1476, 18 Aug. 1900, pp. 129/130.

Texte modernisé de la Cottonienne avec quelques corrections d'après le Ms. Egerton et le texte français.

Voir col. 1957 et 1961.

∴

— Ce liure est apelle mandeuille.

A la vente Crawford (Londres, juin 1887) (1347) figurait un Mandeville français, ainsi décrit : petit in-folio, *sine ulla nota circa* 1480; grav., 89 ff., 33 lignes par page; sign. *a-l* 9 par 8, excepté le dernier auquel il manque probablement le f. blanc de la fin; vieux cuir de Russie doré. Cette éd., qui semble complètement inconnue à Brunet et aux autres bibliographes, est malheureusement incomplète, de 10 ff. à savoir A_4, b_2 et 7, h_4, 5 et 6, K_1 et 6, et l_1 et 2. Sur le recto du f. 1 est une grande gravure d'un jeune homme portant une lance, ayant sur un rouleau au-dessus Johannes de Montavilla et sur la marge intérieure et supérieure de aii se trouve une arabesque. L'ouvrage commence ainsi à aii avec une lettre capitale C ornée : *Ce liure est apelle mandeuille & fut fait | e compose par messiere iehan de man | deuille cheualier natif dangleterre de | la ville de sainct alein et parle de la ter | re de promissiõ cest assauoir de iherusa | lem et de pluseurs autres isles de mer & les diuerses e estranges choses qui sõt | esdictez isles |.*

— Le Cat. de Quaritch, No. 375, 25 Aug. 1887 (38418), indique un Mandeville français qui paraît être de Lyon, 1480; il a au commencement, recto du f. 1, une grande grav. sur bois représentant un jeune homme portant une lance, ayant au-dessus une banderolle avec « Johannes de Montevilla »; sur la marge supérieure et intérieure de aii se trouve un bois représentant une arabesque. L'ouvrage commence à aii ainsi : « Ce liure est apelle mandeuille & fut fait | e compose par messiere iehan de man | deuille cheualier natif dangleterre de | la ville de sainct alein Et parle de la ter | re de promissiõ cest assauoir de iherusa | lem et de pluseurs autres isles de mer & | les diuerses e estranges choses qui sõt | esdictez isles | ».

C'est un pet. in-fol. goth. comprenant les cahiers *a-l* par 8 excepté 1 qui a 9 ff. = 89 ff.; Le 1er f. avec la grav. sur bois seulement; 33 lignes à la page. Manquaient 10 ff. à cet ex. :

a_4, b_2 et 7, h_4, 5 et 6, k_1 et 6, l_1 et 2 ; était marqué dans le cat. £ 15. Cuir de Russie-ancien ; évidemment le même que celui de Crawford.

— Ce liure est eppelle mā ‖ deuille et fut fait i compose ‖ par monsieur iehan de man ‖ deuille cheualier natif dāgle ‖ terre de la uille de saīct aleī ‖ Et parle de la terre de pro- ‖ mission cest assauoir de ieru ‖ salem et de pluseurs autres ‖ isles de mer et les diuerses i ‖ estranges choses qui sont es ‖ dites isles.

Finit au recto du feuillet 88 Cy finist ce tres plaisant ‖ liure nome Mandeville par ‖ lanc moult autentiquement ‖ du pays et terre d'oultre mer ‖ Et fut fait Lā Mil CCCC ‖ lxxx le IIII iour dauril.

S. l. ni nom d'imp., petit in-folio de 88 feuillets ; sig. a (7 feuillets) — l (9 feuillets) ; les autres cahiers ont 8 feuillets.

L'exemplaire que nous avons examiné est celui de Grenville, 6775.

Brunet qui décrit cette édition d'après un exemplaire qu'il a vu chez J. Techener écrit : Cette édition du 4 Avril 1480 paraît avoir été impr. à Lyon, et comme en cette même année Pâques tombait le 2 Avril, elle doit être antérieure à l'édition datée du 8 Février. C'est un livre de la plus grande rareté, et, quoique sans figures, il a une grande valeur.

— F. 1 *recto* : ¶ Ce liure est appelle ‖ mandeuille et fut fait et ‖ compose par monsieur ‖ iehan de mandeuille che ‖ ualier natif dangleterre ‖ de la uille de sainct alein ‖ Et parle de la terre de ‖ promission cest assauoir ‖ de iherusalem et de plu ‖ seurs autres isles de mer ‖ et les diuerses et estran ‖ ges choses qui sont esd' ‖ isles. — *Finit verso* f. 93 : ¶ Cy finist ce tresplay ‖ sant liure nōme Mande ‖ uille parlāt moult antē ‖ tiquement du pays ⁊ tre ‖ doultre mer Jmprime a ‖ lyō sur le rosne Lan Mil ‖ cccclxxx le viii iour de ‖ freuier a la requeste de ‖ Maistre Bartholomieu ‖ Buyer bourgoys du dit ‖ lyon.

Pet. in-fol. ; à 2 col. ; Bibliothèque nationale, réserve $0\frac{2}{3}$ f ; 93 ff. ; sig. ai-piij ; ex. incomplet ; doit avoir probablement 116 ff. car *b* et *c* ne sont représentés que par 3 ff. ; *o* par 6, et *l* manque = *a-o* par 8 = 112 ff. + *p* × 4 = 116 ff. à 30 lignes. Si *l* manque et que *o* n'a que 6 ff. nous aurons 106 ff. comme pour l'ex. de Rothschild.

« L'exemplaire que nous décrivons [le même que nous] n'a que 93 ff. ; mais les cahiers *b.* et *c.* paraissent y manquer. Celui qui a appartenu au duc de La Vallière renferme 113 ff. et, selon la description que nous a communiquée M. Van Praet, il diffère un peu de celui-ci dans l'orthographe des mots de l'intitulé ci-dessus. Par exemple, à la 3e ligne, il y a *mons'* au lieu de *monsieur*, à la 4e *iehā* au lieu de *iehan*, à la 6e *de angleterre* au lieu *dangleterre*, etc. » (Brunet.) L'ex. du duc de la Vallière qui a appartenu ensuite à Benjamin Heywood Bright (Cat. 1845, n° 3614) et à R. S. Turner (Cat. 1878, n° 611) a été acheté à la vente Lacarelle (No. 459, Fr. 4100) pour la bibliothèque du Baron James de Rothschild. Voici comment M. Emile Picot le décrit dans le Vol. III, 1893, pp. 441/2, du *Catalogue des livres composant la bibliothèque de feu M. le Baron James de Rothschild* :

— [Le Livre appelé Mandeville.] — [Fol. 2, signé *ai*a :] Ce liure est appelle ‖ mandeuille Et fut fait et ‖ compose par mous' [*sic*] iehā ‖ de mandeuille cheualier ‖ natif de angleterre de la ‖ ville de sainct alein Et ‖ parle de la terre de pro ‖ missiou [*sic*] cest assauoir De- ‖ iherusalem [*sic*] ⁊ de pluseurs ‖ aultres isles de mer ⁊ les ‖ diuerses et estranges cho ‖ ses qui sont esdictes isles ‖ [C]omme il fust ‖ ainsi que la terre de oult' ‖ mer cest assa ‖ uoir la terre saincte la t̃ ‖ re de promissiō... — [Fol. *piiij*d :] *Cy finist ce tresplay* ‖ *sant liure nōme Mande* ‖ *uille parlāt moult antē* [sic] ‖ *tiquement du pays ⁊ tre* ‖ *doultre mer Imprime a* ‖ *lyō sur le rosne Lan Mil* ‖ CCCC *lxxx* [1481, n. s.] *le viii iour de* ‖ *freuier* [sic] *a la requeste de* ‖ *Maistre Bartholomieu* ‖ *Buyer bourgoys du dit* ‖ *lyon.* In-fol. goth. de 106 ff., impr. à 2 col. de 30 lignes, mar. r. jans., tr. dor. (Thibaron et Joly.)

« Cette édition se compose bien de 106 ff. Le 1er f., qui doit être blanc, manque à l'exemplaire ; les signatures commencent au 2e f. par *ai*. Le 1er cahier a ainsi 7 ou 8 ff., suivant que l'on compte ou que l'on ne compte pas le f. blanc. Les 11 cahiers qui suivent *b-k*, *m*, *n*, ont 8 ff. ; le cahier *o* en a 6 et le cahier *p*, 4. Il n'y a pas de sign. *l*, ou plutôt l'imprimeur a fondu en une seule les signatures *kl* (le 4e f. du cahier porte en effet *KLiiij*). On remarquera que *Baudouin*, imprimé en 1478 sur les mêmes presses (voir le même catalogue, n° 2626), n'a pas de sign. *k*.

« On le voit, la description donnée par M. Brunet (III, 1358) doit être rectifiée. Le présent exemplaire est en effet celui du duc de La Vallière, auquel Van Praet, dans la note citée au *Manuel du libraire*, avait compté 113 ff., parce qu'il réduisait le cahier *a* à 7 ff. et n'avait pas constaté l'absence d'un cahier *l*. Quant à Hain (n° 10641), il n'a pas vu le volume et le mentionne sans le décrire.

« L'exemplaire, d'ailleurs incomplet, de la Bibliothèque nationale, présente avec celui-ci de nombreuses différences, qui donnent lieu de penser que le volume a été, sinon réimprimé, du moins profondément remanié. M. Brunet a déjà relevé les variantes du titre ; on en relève d'autres presque à chaque page. Voici celles que nous avons trouvées dans une seule colonne, fol. *gvij*b :

Exempl. de la Biblioth. nat. :	*Exempl. de la Vallière :*
Babiloine	Babiloyne
pluseurs autres lieux	plusieurs aultres lieux
Neāt moins ie	Neaumoins ie
vous veul parler	vo' vuel parler
dautres pays	dautres pais
de diuerses choses	de bien diuerses chouses

« Sous la même date de 1480 il existe une édition du *Livre de Mandeville* achevée d'imprimer (probablement à Lyon) le 4e jour d'avril. Comme, en 1480, Pâques tombait le 2 avril, M. Brunet (III, 1357) en a conclu que l'édition dont nous parlons appartenait bien à l'année 1480 et qu'elle était, par conséquent, antérieure à la nôtre, qui n'est en réalité que du 8 février 1481 (n. s.). Rien n'est moins sûr que ce raisonnement. Si l'on songe qu'en 1481 la fête de Pâques tombait le 22 avril, on verra que les dates du 2 au 21 avril 1480 (v. s.) peuvent correspondre aussi bien à l'année 1481 qu'à l'année 1480. Or, il n'y a nulle apparence que l'impression du *Livre de Mandeville* ait été terminée le mardi de Pâques, jour férié ; aussi n'est-il pas douteux à nos yeux que le volume soit du mois d'avril 1481. »

— * Jehan de MANDEVILLE TRES PLAISANT LIVRE NOMME MANDEVILLE parlant moult autentiquemente du Pays et Terre doultre Mer et du sainct Voiage de Jherusalem, pet. in-folio.

» 103 *coloured woodcuts (including full-length portrait) wanting a few letters in a iii, marooon morocco extra, leather joints, gilt edges, unique s. l. & d. (circa 1485).* — An excessively rare edition, unknown to Brunet, with signatures a to lvii, having 37 lines to a full page. » B. Quaritch's Rough list, No. 62, Jan. 15, 1883 ; provient de la Beckford Library.

— F. 1 recto : Mandeuille. — F. 2 recto, *commence* : Ce liure est appelle mandeuille et fut faict ‖ et compose par monsieur iehan de mandeuille ‖ cheualier natif dangleterre de lauile de sainct ‖ alein Et parle de la terre de promission cest as ‖ sauoir de iherusalem et de pluseurs aultres is ‖ les de mer ꝛ les diuerses et estranges choses q̄ ‖ sont es dites isles. ‖

F. 123 verso : Cy finist ce tres playsant liure nomme Man- ‖ deuille parlant moult autentitquemēt du pais ‖ et terre doultre mer. Imprime Lan de grace ‖ Mil cccc qutre vingz et sept le .xxvi. iour ‖ de mars. ‖ Jehan cres.

Pet. in-4 goth. de 123 ff. à longues lignes ; 25, 26 et 27 lignes à la page ; les ff. 3 verso et 4 recto ont 20 lignes ; sig. a-qii ; a-p par 8 = 120 ff. ; q, 3 ff. [s. l., Lantenac].

Le titre de départ et l'explicit sont donnés en facsimile dans les *Premiers monuments de l'imprimerie en France au XVe siècle* publiés par O. Thierry-Poux... Paris, Hachette, 1890, in-folio, Pl. XXXIV, 10 et 11. M. Thierry-Poux ajoute, *l. c.*, p. 19, No. 138 : « Le nom de Lantenac ne figure pas sur cette impression, mais le nom de l'imprimeur et l'identité des caractères avec ceux employés plus tard par Jean Crès dans un autre incunable, le *Doctrinal des nouvelles mariées*, daté de Lantenac, 1491, ne laisse aucun doute sur le lieu de l'impression du Mandeville, qui est ainsi le premier livre connu imprimé à Lantenac. » (V. sur ce livre : A. de La Borderie, *Archives du Bibliophile Breton*. T. II, pp. 1-9.)

Exemplaire de la Bibliothèque nationale, Réserve $0\frac{2}{4}$ f., ancien O. 1271, mar. rouge ; sur les plats : *Bibliothèque royale*, à froid.

— * Le même livre appelle Mandeville (*sans lieu ni date*), gr. in-4, goth., fig. en bois.

« Edition à longues lignes, au nombre de 35 sur les pages (qui sont entières), et qui paraît avoir été imprimée à Lyon, vers 1490. Elle se compose de 76 ff. non chiffrés, sous les sign. a-miii. Les deux premiers cah. sont de 8 ff. chacun, et les autres de 6. Au verso du premier f. se voit une grande pl. grav. sur bois, représentant l'auteur, avec l'inscription : *Joannes de Montevilla* ; puis, au commencement du 2e f., se lit le titre suivant, imprimé en 5 lignes : *Ce liure est appelle Mancduille* (sic) *et fut fait et compose par messire / iehan de mandeuille cheualier natif dangleterre de la ville de saint a / lain Et parle de la terre de promission cest assauoir de iherusalem et / de plusieurs aultres i ːs de mer et des diuerses et estranges choses / qui sont esdic.es illes*. La souscription finale est placée au recto du dernier f., après la 31e ligne, et ainsi conçue : *Cy finist ce tres plaisant liure nomme mandeuille parlāt mōlt / autentiquement du pais et terre doultre mer et du saint voyage de / iherusalem*. Dans l'exemplaire ici décrit, et qui a été vend. 2 liv. 1 sh. Hanrott ; 61 fr. 50 c. St.-Mauris, en 1841 ; il manque 3 ff. du cah. b.

Une note sur La Croix du Maine cite une édition des mêmes Voyages, impr. à Lyon (chez Pierre Bouteiller), 1487, in-4. » (Brunet.)

Autre édition de la fin du xve siècle, sous ce titre :

— * Monteuille cōpose par ‖ messire Jehā de mōte ‖ uille cheualier natif dangleter ‖ re de la ville de saint alain. le q̄l ‖ parle de la terre de promission... ‖ de mer.

« Ce titre est impr. en rouge, et il y a dessous un cavalier armé. On lit au recto du dernier f. : *Cy finist le tres plaisant liure nōme Monteuille parlant ‖ moult autentiquement de pays ꝛ terre doultre mer. Jm ‖ prime a Lyon par Barnabe Chaussart*. Au-dessous de la souscription est répétée la même planche qui se voit sur le titre, et plus bas se lit un huitain commençant :

Son me donne peu de louange.

Le volume est un gr. in-4 goth. de 66 ff. à longues lignes, au nombre de 44 par page, signat. a-q, avec fig. en bois.

Un exempl. en *mar. r.* avec quelques racommodages au titre, 300 fr. Coste. En *Mar.* de Koehler, exempl. médiocre, 370 fr. Yéméniz, revendu 401 fr. Potier, et 255 fr. seulement Benzon. » (Brunet et sup.)

(SIR JOHN DE MAUNDEVILLE.)

F. 1 recto : Sensuit le Liure ‖ du noble et puis= ‖ sāt cheualier nō ‖ me maistre Jehā māde= ‖ uille natif du pays dāgleterre. Leq̄l parle d' ‖ la terre doultre mer ꝛ du saīct voyage de ihe ‖ rusalē ꝛ de plusieurs aultres pais Lesq̄lles ‖ uous pourres cōgnoistre en cè p̄sent liure cy ‖ pres desclaires. XX, [vignette sur le titre]. Finit f. 99 verso : ¶ Cy fine le liure cōpose ‖ p maistre Jehan de mandeuille cheualier natif du pays dā ‖ gleterre. Jmprime a paris Par la veufue feu Jehā treppe ‖ rel et Jehan iehānot imprimeur ꝛ libraire iure en luniuer ‖ site de Paris / demourant en la rue neufue Nostre dame a ‖ lenseigne de lescu de France. [Vignette au f. 100 recto.]

Pet. in-4 goth. ; 100 ff. à longues lignes ; 33 lignes par page ; fig. dans le texte ; sig. *a-v* × 4, sauf *b*, *d*, *k*, *m*, *t* × 8. Bib. Nat., Réserve $0\frac{2}{5}$ f ; dans cet ex. les ff. 3 et 4 de la sig. *e* manquent.

— * Le même livre de J. de Mandeville. *Paris, Philippe le Noir*, sans date, in-4, goth.

« Réimpression faite après l'année 1521, mais qui est encore assez précieuse. — Vend. 3 liv. 5 sh. White Knights. » (Brunet.)

— * Maistre Jehan mandeuille Cheualier natif du pays Dangleterre Lequel parle des Aduentures des pays estranges, tant par mer que par terre ou il sest trouue, comme Mōtaignes boys ilsle terre nouuelle, ou il a trouue plusieurs bestes oyseaulx dragōs serpens hommes sauaiges poissōs ꝛ aultres bestes. Ensemble la terre de promission ꝛ du sainct voyage de Hierusalem. *xviij*. a paris Pour Jehan Bonfons... (au verso du dernier f.) : *Cy fine le liure compose par maistre Jehan de mandeuille... Imprime a Paris pour Jehan bonfons libraire demourant en la rue neufue nostre dame a lenseigne Sainct Nicolas*, pet. in-4, goth. de 68 ff. à 2 col., titre en rouge et noir.

« Publié vers 1550. Vend. 21 fr. *mar. r.* La Vallière, et quelquefois plus ou moins cher. » (Brunet.)

— Recueil ou Abrégé des Voiages et Observations, du Sr. Jean de Mandeville, Chevalier et Professeur en Medecine, faites dans l'Asie, l'Afrique, &c. Commencées en l'An MCCCXXXII. Dans lequelles sont compris grand nombre des choses inconnues par Monsieur Bale. (Dans le *Recueil*, de Bergeron, La Haye, 1735, II.)

∴

— F. 1 *recto*. Jtinerarius domí ‖ ni Johānis de mā ‖ deville militis. — F. 2 *recto* : Tabula capitulorum in ‖ itinerarium ad partes Jhe= ‖

(SIR JOHN DE MAUNDEVILLE.)

65*

rosolimitanas. ⁊ ad vlterio ‖ res trāsmarinas domini Jo ‖ hannis de Mandeville mili ‖ tis Jncipit feliciter. — F. 4 *recto* : Jncipit Jtinerarius a ter ‖ ra Anglie in ptes Jherosoli= ‖ mitanas. ⁊ in vlteriores trās ‖ marinas. editus primo in lī ‖ gua gallicana a milite suo, au ‖ tore Anno incarnatōnis dñi ‖ M.ccc.lv. in ciuitate Leodi ‖ ens. ⁊ paulo post in eadē ciui ‖ tate trāslatus in hanc formā ‖ latinam. ‖

Finit f. 71 *verso* : Explicit itinerarius domini ‖ Johannis de Mandeville ‖ militis.

Pet. in-4 goth., de 71 ff. à 2 col. ; de 30 lignes ; sig. *a-iiij* ; *a-h* × 8 = 64 ff. ; *i*, 7 ff.

Vend. 20 fr. Brienne ; 9 liv. 9 sh. White Knights ; 40 fr. 50 c. Eyriès (Brunet). — 6 liv. 10 sh. Sunderland Library (7923), mais inc. d'un f.

Bib. nat., Réserve, $\frac{02}{6}$ f. — Hain, *Repertorium*, No. 10643.

— Itinerarius, pet. in-4 de 116 ff. goth. (dont 62 pour Mandeville), sign. *a-h* par 8 (excepté *g* qui n'a que 6 ff.). — Anvers, Gerard Leeu, vers 1485 ?

L'ex. que nous avons examiné est celui de Grenville (Brit. Museum, 566. f. 6).

1er feuillet blanc.

Commence recto du 2e feuillet : Tabula pñtis libri singula per ordinem capl'a et in eoꝵ quolibet quid agitur notificat euidenter.

Au bas du 4e f., verso : Liber pñis cui' auctor fert iohãnes de mãdeuille militari ordīs | agit de diuers. patrijs | regionibz | puincijs | ⁊ insul' Turchia | armenia maiore ⁊ miōre | egipto | libia bassa ⁊ alta | suria | arabia | psia | caldea | tartaria | india. et de infinit. insul' | ciuitatibz villis castris ⁊ locis q̄ gentes legū morum et rituum inhabitant diuersoꝵ.

Recto du 5e feuillet : Commendacio breuis ire iherosolimitane Capt'm pmū.

Verso f. 62 : Explicit itinerarius a terra anglie I ptes ierosolimitanas et in vlteriores transmarinas editus p̄mo in lingua gallicana a domino iohanne de mandeuille milite suo auctore. Anno incarnacionis dñi MCCClV. in ciuitate Leodiensi ⁊ paulo post in eadē ciuitate trūslatus in dictū formā latinū...

Cet itinéraire est suivi de celui de Ludolphus de Suchen :

Recto folio 63 : Registrū in librum ludolphi de itinerere ad t'ram sanctam.

A la dernière page : Domini ludolphi eccl'ie prochialis in Suchen pastoris libellus de itinere ad terram sanctā Finit feliciter.

Bib. nat., Réserve, $\frac{02}{8}$ f. — British Museum, 566. f. 6.

Brunet écrit : « Autre édition de la fin du xve siècle : la souscription que nous allons rapporter semble prouver qu'elle a été impr. à Venise ; cependant Panzer, IX, 200, la croit sortie des presses de Theodoric Martin, à Aloste, et M. Grenville en trouvait les caractères conformes à ceux que Gerard Leeu a employés à Anvers, de 1484-85.

Mr. Campbell (*Ann. de la typ. néerlandaise*) le donne à Gérard Leeu, et fixe la date de l'impression à la première année du séjour de ce typographe à Anvers, après son départ de Gouda.

Dans une autre édition in-4 goth., sans lieu ni date, mais de la fin du xve siècle, l'auteur est nommé *Montevilla.* »

Il est certain par l'emploi des signatures ꝛ, ꝛꝛ, ꝛ et la conformité des caractères pour les trois ouvrages que le *Mandeville*, le *Ludolphe* et le *Marco Polo* (voir col. 1967/8) sortent de chez le même imprimeur, probablement ensemble, ainsi que le prouve l'ex. de la Sunderland Library qui était complet et renfermait les trois ouvrages. Il a été vendu liv. 150 à Quaritch.

— * Ioh. de Mandeville. Itinerarium. Zwollis, 1483, in-4. (*Forte belgice.*) [Hain, 10645.]

Sans nom d'imprimeur ; cette édition est citée par Maittaire, IV, p. 442, Panzer, III, p. 567, 10, Jansen, p. 268, Freytag, Vogt, Bauer, et même Hain, qui ajoute : *Forte belgice*, « et, malgré tout ce cortége d'autorités, nous la considérons comme fort douteuse, pour ne pas dire apocryphe ». (Brunet, *Supp.*)

— F. 1 *recto* : Johannis de monte vil ‖ la Jtinerari' in partes ‖ Jherosolimitanas. Et in ‖ vlteriores transmarinas. ‖

F. 1 *verso* : ¶ Tabula capituloꝵ in itinerariū ad ptes iherosolimitanas ‖ et ad vlteriores trūsmarinas domini Johãnis de Montevil ‖ la militis Jncipit feliciter.

F. 3 *recto* : Jncipit Jtinerarius Johannis de Montevilla a terra ‖ Anglie in ptes Jherosolimitanas. et in vlteriores trans= ‖ marinas Edit' primo in lingua gallica a milte suo au= ‖ tore anno incarnatiōis dñi M.CCC.lV. in ciuitate Leo ‖ diēsi. et paulo post in eadē ciuitate trūslatus in hāc formā latinā. — F. 48 *recto* : ¶ Explicit itinerarius domini Johan ‖ nis de Montevilla militis.

Pet. in-4 goth., de 48 ff. à longues lignes ; de 37 lignes ; sig. *a-iiiij* × 6 sauf *d*, *f* et *h* × 4 ; s. l. n. d.

Bibliothèque nationale, Réserve, 0$\frac{2}{7}$ f.

Nous supposons que cette éd. que nous avons vue est la même que la suivante :

— * Itinerarius. ‖ Johannis de monte vil ‖ la Itinerarius in partes ‖ Jherosolomitanas. Et in ‖ vlteriores trāsmarinas. ‖ Au f. 3 : Incipit Itinerarius Johañis de Montevilla a terra ‖ Anglie in ptes Jherosolomitanas et in vlteriores transmarinas, etc. *S. l. n. d.* (ca. 1485), in-4, goth.

« Cette édition, non décrite, ne correspond à aucune de celles indiquées par Hain, Dibdin, et autres bibliographes.

Un exemplaire fig. au petit catal. anglais de M. Asher en 1865, et est porté, réuni à d'autres pièces moins importantes, à 150 fr. » (Brunet, *Supp.*)

— * Itinerarius domini Johãnis de Mãdeville militis. (In fine :) Explicit itinerarius domini Iohannis de Mandeville militis. *S. l. n. d.*, in-4, goth., à 2 col.

En *mar. anc.*, 135 fr. Yéméniz. (Brunet, *Supp.*)

— Incipit itinerarius Terrae sanctae et aliarū terrarū edita a dño Johē de Mãdeuille, milite anglicano et ab alio in latino translatus.

A la fin : Explicit itinerarius terrae sanctae et... in gallico et demum translatus ab alio in latinum.

Bib. de Bruxelles, 1163, ms. latin, XVe s., in-fol., vélin, 80 ff. à la suite de trois autres ouvrages. — Il y a f. 34 recto une note étrangère au ms., mais ancienne qui établit un rapprochement entre le texte de Mandeville et le récit d'Odoric ; cette note assez longue est intéressante.

∴

— Reysen. — *Sans indic. de lieu, de typogr. ni de date,* in-fol. de 108 ff. imprimés, goth. à 2 col., à 29 et 30 lignes, sans ch., récl. ni sign.

Au f. 1 recto : Dit is die tafel van ‖ desen boecke ‖ [D]at eerste capittel van ‖ desen boeck is Hoe dat Jan vā ‖ mandauille schyet wt enghe ‖ lāt..., au f. 108 v° 26e ligne : regneert in allen tiden ‖ Amen ‖ ¶ *Laus deo in altissimo.* ‖

Il faut ajouter 1 f. blanc au com. et 1 f. blanc à la fin ; ce qui fait 110 ff. pour l'ouvrage entier.

« Seul ouvrage cité, dit M. Campbell, p. 338, d'une imprimerie néerlandaise, dont on ne connaît ni l'adresse ni le propriétaire ; l'exécution typogr. dénote une enfance de l'art relative ou locale ; la date de cette rare édition (deux exemp. seulement sont connus) doit remonter au moins à 1470. »

Nous avons examiné l'ex. du British Museum : C. 32. m. 5.

(Sir John de Maundeville.)

— Thantwerpen, Govaerdt Back, 1494, in-4.

Au recto du 2e f. : ¶ Hier beghint een genoechlijc boec gemaect ‖ eñ bescreuen bi ceñe edelen ridder eñ notabe ‖ len doctoer in medicinē eñ wel geleert in astro ‖ nomien gehieten heer ian van Mādeuille ge ‖ boren wt enghelant. *A la fin* : ¶ Dit boeck is gheprent Thātwerpen int vo ‖ ghelhuys bij my Gouaerdt Back, int iaer ōs ‖ heeren M.CCCC. ende xciiij. den XIX dach in ‖ Junio.

Au recto du 1er f. une pl. coloriée.

Bib. Grenville, 6707.

— De wonderlijcke Reyse van Jan Mandevijl, beschrijvende eerst de Reyse ende gheschiedenisse van den H. Lande... Daer nà de ghestaltenisse ende zeden van den Lande van Egipten, Syrien,... Persen,... Indien, ende Ethiopien, etc. t'Amsterdam, Gedruckt van Ian Bouman, 1650, in-4.

— De Wonderlijcke Reyse van Jan Mandevyl Naer het H. Landt ‖ ghedaen in't Jaer 1322... T'Antwerpen. By Jacobus de Bodt ‖ ... Anno 1677, in-4 à 2 col., pp. 79.

L'app. se trouve p. 80 qui n'est pas chiff., elle est datée du 22 Août 1623. — Vig. sur le tit. — Brit. Mus., 12410. f. 10.

— * De wonderlijke Reyse, beschrijv. de gestaltenisse en zeden v. Egypten, Perssen, Indien en Ethiopien. Utr., 1707, in-4.

— De wonderlyke Reyse van Jan Mandevyl, naer het H. Land, gedaen in't Jaer 1622 [*sic*] ... Men heeft desen nieuwen Gendschen Druk van alle Fouten gesuyverd... Tot Gend, by Jan Gimblet, in-4 à 2 col., pp. 79 [1780].

A la p. 80 qui n'est pas ch., liste des publications du libraire. — Vig. sur le titre. — Brit. Mus., 1295. c.

Trad. différente des suivantes :

— De wonderlijke Reyze van Jan Mandevyl, etc. t'Amsterdam. By Gysbert de Groot Keur, 1742, in-4, à 2 col., pp. 94 + 1 f. p. la table. — Vig. sur le titre.

— * De wonderlyke Reize van Jan Mandevyl... Amsterdam [1750?], in-4.

— De wonderlyke Reyze... t'Amsterdam [1760]. Gedruckt by de Erven de Weduwe Jacobus van Egmont. In-4, à 2 col., pp. 94 + 1 f. pour la table. — Vig. sur le titre.

— De wonderlyke Reyze... Te Amsterdam. By d'Erve Van der Putte en Bastian Boekheut, 1779, in-4, à 2 col., pp. 78 et 1 f. p. la table. Vig. sur le titre.

∴

— F. 1 *verso* : Tractato de le piu marauegliose cosse e piu notabile che ‖ se trouano in le parte del mōdo redute ⁊ collecte soto bre ‖ uita in el presente cōpēdio dal strenuissimo caualeř sperō ‖ doro Johanne de Mandauilla anglico nato ne la Citā ‖ de sancto albano el quale secōdo dio prñcialmente uisi ‖ tato quali tute le parte habitabel de el mōdo cossi fidelm̄ ‖ te a notato tute quelle piu degne cosse che la trouato e ve ‖ duto in esse parte ⁊ chi bene discorre q̃sto libro auerra p ‖ fecta cognitione de tuti li reami puincie natione e popu ‖ li gente costumi leze hystorie ⁊ degne antiquitate cō bre ‖ uitade le quale pte da altri non sono tractate ⁊ parte piu ‖ cōsusamēte dalchū gran ualente homini son state tocate ⁊ amagiore fede el p̃sato auctore in psona e stato nel 1322. in ‖ yerusalem Jn Asia menore chiamata Turchia i Arme ‖ nia grande e in la picola. Jn Scythia zoe in Tartaria in ‖ persia Jn Syria o uero suria Jn Arabia in egipto alto ‖ ⁊ in lo inferiore in libia in la parte grande de ethiopia in ‖ Caldea in amazonia in india mazore in la meza ⁊ in la ‖ menore in div'se sette de latini greci iudei e barbari chri ‖ stiani ⁊ infideli ⁊ i molte altre prouincie como appare nel ‖ tractato de sotto.

Finit f. 114 *verso* : Explicit Johannes d' Mādeuilla impressus Medio ‖ lani ductu ⁊ auspicijs Magistri Petri de corneno pri ‖ die Callendas augusti M.CCCCLXXX. Joha ‖ ne Galeazo Maria Sfortia Vicecomitte Duce no ‖ stro inuictissimo ac principe Jucondissimo.

Pet. in-4 à longues lignes ; 114 ff. ; F. 1 ; recto blanc, verso *ut supra* ; sig. *a-o* × 8 = 112 ff. ; 1 f. intercalé entre *a* et *b*.

Bibliothèque nationale, Réserve, O $\frac{2}{10}$ f.

— Tractato dele piu marauc ‖ gliose cose... reducte e colte sotto breuita in lo p̄sente com ‖ pēdio dal strenuissimo caualier... Johā ‖ ne de Mandauilla anglico. A la fin : ¶ *Impssuz bon̄. p Ugonē Ru* ‖ *geriū ān̄o dn̄i.* M.CCCCLXXXVIII. In-4 goth. à 2 col. de 39 lignes, sign. *a-k* ; *a-i* × 8 ; *k* × 10 = 82 ff.

« Vend. 81 fr. en février 1822. — Yéméniz, *mar.*, fr. 230. » (Brunet.)

Il en a paru un ex. à la vente Sobolewski (No. 1724), mais les feuillets 8, 9, 16 et 17 manquaient et les ff. 63 et 64 avaient été endommagés dans la partie supérieure.

British Museum, 789. a. 19.

— Joanne de Mandauilla. Au verso du titre : Tractato de le piu marauegliose cose e piu notabile che si trouino ī le parte del mōdo... à la fin : *Impresso venetia p'mi Nicolo de li ferari de pralormo Piemontese stāpador ne lano 1491 adi. 17. de nouemberio* (sic), pet. in-4, goth. de 70 ff. non chiffrés, à 2 col. de 41 lignes, sig. *A-i*.

British Museum : b. 4. h. 11.

Vend. 14 fr. La Vallière. — Gancia, Fr. 115.

— Tractato bellissimo delle piu marauigliose cose ⁊ piu notabile che si truouino nelle parte del mondo scripte et racolte dallo strenuissimo Caualiere asperondoro Giouanni Mandauilla Frāzese che visito quasi tutte le parti del mondo habitabili ridocto in lingua Thoscana, in-4 à 2 col., sig. *a-k* par 8 = 80 feuillets non chiffrés, gothiques.

Au verso du dernier feuillet : Finito il libro bellissimo di Giouanni Madiuilla ridocto in lingua Toschana Impresso nel la Excelsa Cipta di Firenze per ser Lorēzo de Morgiani ⁊ Giouanni da Maganza. A di. vii. di Giugno. M.CCCC.lxxxxii.

La première page qui porte le titre est ornée d'une gravure sur bois. — Ex. de Grenville examiné, 6705. — Crofts : liv. 1.3.

— Tractato bellissimo delle piu marauigliose cose... In-4 à 2 col., sig. *a-k* par 8 = 80 ff. n. c., goth., s. d.

Au verso du dernier f. : ¶ Finito il libro bellissimo di ‖ Giouanni Mandiuilla ridocto i ‖ lingua Toschana Impresso nella ‖ excelsa cipta di Firenze appeti ‖ tione di Ser Piero da Pescia &c.

Bib. Grenville, 6701. — Vig. sur le titre. — Le Cat. Grenville marque *circa* 1512 ; elle nous paraît plutôt contemporaine de la précédente.

— Johanne de Mandauilla. *A la fin : ¶ Impresse nella nobel cita d' Bolo ‖ gna, p mi Joanne iacobo ⁊ Joanne ‖ antonio di beneditti da Bologna ne ‖ lanno de la christiana gratia* MCCCC ‖ lxxxxij. *adi* XVIII *de Luglio...* In-4 à 2 col., goth., 56 ff., sig. *a-g* × 8.

Bib. Grenville, 6706.

— Johanne de Mandauilla. Tractato de le piu marauegliose cose e piu notabile che si trouino en le parte del mondo redute e colte sotto breuita in lo presente compendio dal strenuissimo caualier a sperõ doro Iohãne de Mandauilla anglico nato ne la cita de Sancto Albano... *A la fin : ¶ Qui fenisse el libro de Zouane de Mandauilla : el quale trata de le cose marauegliose del mondo. Stampado per Maestro Manfredo de Mõferato daStreuo deBonello* MCCCC.lxxxxvi *Adi. ii del mese de Decembrio,* in-4 à 2 col., s. pag., sig. *A-P.*

British Museum : 789. a. 20.

« L'éd. (de Venise) per *Maestro Manfredo de Monteferrato*, 1496, in-4, a été vend. 3 liv. 5 sh. White Knights, et 1 liv. 6 sh. Heber. » (Brunet.)

— Jouanne Mandauilla che tracta de le più marauegliose cose più notabile che si trouyno in le parte del mondo. (In fine) : *Impresso in Bologna, per mi Piero et Iacobo fratelli da Campii. Neli anni* M.CCCC.lxxxxvii. *Laus deo,* in-4, caract. dem. goth., signat. *a-j.*

1 Liv. 12 sh., *mar. v.* Heber. (Brunet.)

— * Johanne de mandauilla. Tractato de le piu marauegliose cose...

Ulderícho Scinzenzeler... XXVII. Agosto 1496. 66 ff. n. ch. à 2 col. et 40 lignes.

Cat. L. Rosenthal, CV, No. 1032, *m. r.*, fil., etc. (*Hardy*), M. 350.

— Johanne de mandauilla. Tractato de le piu marauegliose cose e piu notabile... Pet. in-4 à 2 col., goth.

Sig. *A-M* × 4, exc. *M* qui a 6 ff. = 50 ff., le titre *ut supra* est encadré ; au recto du dernier f. : *Qui finisse el libro d' zouãe de Mãdauilla el q̃le trata de le cose marauegliose del mõdo. Stãpado i Milano p Maestro Ulderícho Scinzenzeler nel ano del. Mccccl xxxxvii. a di. XXI. del mese de octobre.*

Bib. Ambrosiana.

— Johanne de mandauilla. — Même titre. A la fin : *Qui finisse el libro d' zouãe de Mãdeuilla el q̈le trata de le cose marauegliose del mondo. Stãpado ĩ Milão p Maestro Ul[deri]cho scinzẽzeler nel ano del* M.CCCClxxxx *[ ] adi* VI. *del mese de deccembre.* In-4 à 2 col. de 50 ff. n. chiff.

British Museum : 10077. b ; le bas de la dernière p. endommagé ; impossible de lire la date exacte.

(Sir John de Maundeville.)

— Giouãne de mãdauilla, pet. in-4 à 2 col.

Sig. *A-P*, tous × 4, exc. *P* (3 ff.) = 59 ff. Dans l'ex. que j'ai examiné, celui de l'Ambrosiana à Milan, il n'y a que 56 ff., le f. *P* manquant, ainsi que les ff. *A* et *Ajj*. On lit à la fin : *Qui Finisse el libro di Zoãne de Mãdauilla : el q̃le trata d le cose marauegliose dl mõdo. Stãpado in Venexia p Mãfredo da sustreuo : & Zorzi d'ruscõi cõpagni. M.cccc. adi. xxiii. Decembrio.*

— Iohãne de Man ‖ dauilla ‖ Tractato de le piu ma ‖ raviliose cose e piv ‖ notabile, pet. in-8.

Sig. *A-EE* × 4, exc. *EE* qui n'a que 3 ff. — 111 ff. n. c. — Au recto du dernier f. : ¶ *Qui Finisse el libro di Zoãne de mãda ‖ uilla ∴ il q̃le trata dele cose marauеglio ‖ se del mõdo : Stãpato in Venexia ‖ per Manfredo da sustreuo. daca ‖ Bonis. M. CCCCC. V. ‖ adi XXVI Ze ‖ naro :* + D.

British Museum, 280. f. 32.

— Questo · Sie · El Libro · de Johanne · De · Mandauilla. Pet. in-4 à 2 col., goth., de 58 ff.

Sig. *a-g* × 8, exc. *g* qui a 10 ff. — Collation : f. 1 recto : titre *ut supra* et gravure sur bois ; f. 1 verso : *Tractato de le piu marauegliose cose...* Dernier f. verso : *Qui finisse el libro de zouãne de Mandauilla el quale trata de le cose marauegliose del mõdo. Stampato in Milano per Rocho ⁊ Fratelli da Valle ad Instãtia de Meser Nicolo da Gorgonzola. M.CCCCC.XVII. adi Ultimo de zugno.* Au-dessous la marque de N. Gorgonzola.

Bib. Ambrosiana.

« Un bel exemplaire de l'édit. de *Venise, J. Bapt. Sessa,* 1504, in-4, avec une gravure en bois sur le frontispice, a été vend. 6 liv. 8 sh. 6 d. Hibbert. Le même Sessa a donné en 1515 une autre édit. in-4 de cette trad. ;... » (Brunet.)

— Joanne de Man ‖ dauila : Qual tracta de le piu ‖ marauegliose cose e piu no ‖ tabile... In-8, de 128 ff., dont 119 f. c., 1 n. c. à la fin (colophon) et 8 n. c. en tête pour le titre, l'avert. et la table.

On lit à la fin : *Qui finisse el libro... Im ‖ presso i Venetia p Marchio ‖ Sessa & Piero de rauani ‖ compagni. Anno dñi. ‖ 1521. Adi. 26. ‖ de Ago- ‖ sto.* — Au-dessous la marque de M. Sessa.

Bib. Grenville, 6656.

— Tractato de le piu marauegliose cosse e piu notabile ‖ che... in-4, 114 ff.

1 f. prél. tit. + *a* × 9 + *b* — *o* × 8 = 114 ff. — Au verso du dernier f. : *Explicit Johannes d' Mãdeuilla impressus Medio ‖ lani ductu ⁊ auspicis Magistri Petri de corneno pri ‖ die Callendas augusti. M. CCCCXXX. Joha ‖ ne. Galeazio Maria Sfortia Vicecomitte Duce no ‖ stro inuictissimo ac principe Jucondissimo.*

Bib. Nat. $\frac{0^2 f}{10}$.

— Joanne de Mandauilla : Qual tratta delle piu marauegliose cose e piu notabile cħ si trouinote come presentialmente ha cercato tutte le parte habitabile del mõdo : & ha notato alcune degne cose che ha vedute in esse parte. MDXXXIIII, pet. in-8 de 119 ff. chiff. + 8 ff. pour le titre, la table, etc.

A la fin : *Stampato in Venetia per Aluise di Torti nellanno del Signore* MDXXXIIII. *Nel mese di Agosto. Registro A B C D E F G H I K L M N O P Tutti sono Quaterni.*

— Iohanne de Mandauilla. Pet. in-8 de 119 ff. + 8 ff. pour le titre & la table.

A la fin : *Qui finisse el libro de Iohanne de Mandauilla... Stampato in Venetia per Aluise Torti nell anno del Signore. MDXXXVII. Nel mese di Otubrio. Registro A B C D E F G H I K L M N O P Tutti sono Quaterni.*

Bib. Ambrosiana.

(Sir John de Maundeville.)

— Ioanne de Mandavilla Qual tratta de le piu marauegliose cose e piu notabile che se trouino, e como presentialmente ha cercato tutte le parte habitabile del mondo, & ha notato alcune degne cose che ha uedute in esse parte. In Venetia MDLIII, pet. in-8, de 119 ff. c. + 8 ff. pour le titre, la table, etc.

A la fin : *Stampato in Venetia per Nicolo de Bascharini nell ano del Signore* MDLIII. *Nel mese di Ottobrio. Registro A B C D E F G H I K L M N O P Tutti sono Quaterni.* — Examiné l'ex. de la Marciana.

— Ioanne de Mandavilla, nel qvale si contengono di molte cose marauigliose. Con la Tauola di tutti i Capitoli, che nella presente opera si contengono. Nouamente stampato, & ricorretto. In Venetia, MDLXVII, pet. in-8 de 106 ff. Fig. sur le titre.

A la fin : Registro A B C D E F G H I K L M N O. Tutti sono Quaterni, ecceto O, ch'e cartesino.

— I Viaggi di Gio. da Mandavilla volgarizzamento antico toscano ora ridotto a buona lezione coll' aiuto di due testi a penna per cura di Francesco Zambrini. Bologna, Presso Gaetano Romagnoli. 1870, 2 vol. pet. in-8, pp. xxviii/184, 217.

Imola. — Tip. d'I. Galeati e Figlio, Via del Corso, 35. — Tiré à 206 ex. numérotés. — Forme les liv. 113 et 114 de la collection *Scelta di Curiosità letterarie inedite o rare del secolo XIII al XVII in Appendice alla Collezione di Opere inedite o rare.*

∴

— JCh Otto von diemeringen ein ‖ Thům-herre zů Metz in Lothoringen . han dises bůch verwandelt vsz ‖ welschs vnd vsz latin zů tütsch durch das die tütschen lüte ouch mögent ‖ dar inne lesen von mēnigen wunderlichen sachen die dor inne geschribē‖ sind . von fremden landen vn̄ fremden tieren von fremden lüten vnd von ‖ irem glouben . von iren wesen von iren kleidern . vnd vō vil andern wun ‖ deren als hie noch in den capitelen geschriben stat. Und ist das bůch in ‖ fünf teil geteilt vnd saget das erst bůch von den landen vnd von den we ‖ geń vsz tütschen nider landen gen Jerusalem zů varen . vnd zů sant Ka | ‖ therinē grab vnd zů dem berg Synai . vnd von den landen vnd von den ‖ wundern die man vnterwegen do zwischen vinden mag. Jtem von des ‖ herren gewalt vnd herrschafft der do heisset der Soldan vnd von sinem ‖ wesen. Das ander bůch saget ob ymant wolt alle welt vmbfaren was ‖ lands vnd was wunders er vinden möcht. Jn manchen steten vn̄ in vil ‖ insulen dor inne er kame . vnd saget ouch von den wegen vnd von den lā ‖ den vn̄ lüten was in des grossen herrē land ist . 8 do heisset zů latin Ma ‖ gnus canis | das ist zů tütsch der grosz hunt . der ist so gar gewaltig vnd ‖ so rich das im vff erden an gold an edlem gestein vn̄ an anderm richtům | niemant gelichen mag . on allein priester Johann von Jndia. Das drit ‖ bůch saget von des vor genanten herren des grossen hůnds glowben vn̄ ‖ gewonheit vnd wie er von erst her komen ist vnd von andern sachen vil ‖ Das vierde bůch saget von jndia vnd von priester Johann vnd von siner ‖ herschafft . von sinem vrsprung vnd von siner heiligkeit von sinem glou | ‖ ben von siner gewonheit vnd vil andern wundern die in sinem lande sind ‖ Das fünfft bůch saget von manchen heydischen glouben vnd ir gewon | ‖ heit vn̄ ouch von menigerlei cristen glouben die gensit mers sint die doch ‖ nit gar vnsern glouben hand. Jtem von menigerlei Jüden glouben vnd ‖ wie vil cristen land sint vnd doch nicht vnsern glouben haltend noch re | ‖ chte cristen sind.

In-folio gothique, s. l. n. d., sans ch. récl. ni signature ; 102 ff. dont le premier blanc, à 38, 41 et 42 lignes à la page entière, avec 139 gr. sur bois dont quelques-unes ont été reproduites dans l'édition d'*Odoric de Pordenone* de Henri Cordier. C'est l'ex. trouvé par Tross et que Brunet assigne à Bâle ? vers 1475. Il avait figuré à la vente de M. Grant à Nancy en avril 1833.

« Cette édition très ancienne peut être considérée comme la première, ainsi que le croyait M. Tross, qui la découvrit, et demandait 600 fr. d'un exempl. incomplet des ff. 89 et 90 ; ce qui nous a fait mettre au colophon le nom de Bâle, c'est que les armes de la ville figurent au milieu d'un édifice gravé au feuillet 43. » (Brunet, *Supp.*)

1er f. blanc ; f. 2 recto, titre *ut supra* ; f. 7 recto, grande grav. ; f. 7 verso commence :

« Do ich Johann ‖ von Montauíll ‖ ein Ritter geborn vsz Engeland von ‖ einer stat die heisset sant Alban von ‖ heyme zů dem ersten vsz fůre in dem ‖ můte vnd in der meinunge das

(Sir John de Maundeville.)

ich ‖ wolt faren über mere zů dem heilig | ‖ en grab vnd zů dem gesegneten vnd ‖ gebeneditem ertrich das man in lati | ‖ ne nennet terra promissionis . das ist . ‖ das verheissen vnd gelobt land. Und das heisset billich das gesegnet er | ‖ trich vnd das heilig land... »

Le dernier chap. commence au recto du dernier f. et finit au verso, le voici :

« Das . Vij. capitel . im . v. bůch . ‖

Christen lute hant ouch vil vn ‖ derscheid an irem glouben Etlich gloubent an das heilig Sacrament ‖ Etliche hand einen sunderen sitten mesz zů lessent . vnd haltend sunst vil ‖ andere stuck deñ die anderen christen . Als die kriechen thůnd als man ‖ dar von in dem . XViij. Capitel . des ersten bůchs geschriben vindet. ‖

Etlich gloubent nit an die heiligē dryuåltickeit etlich nit an das fegfürr ‖ noch an die helle Etlich nit an die heiligen eo Etlich nit an gottes heili ‖ gen wan sie hant der heiligen leben vnd ander christene recht nit gelich ‖ geschriben an iren bůchern. Etlich gloubent nit an den bapst vnd einer ‖ sunst der ander so . vnd heissent doch all christen vnd gloubē doch an dē ‖ besten got iesum christum vnd an sin gotheit vnd bittent vñ begerent all ‖ siner gnaden vnd zů Jm in sin ewig rich zů koment . vnd das selbe bitte ‖ ouch ich Johans von Montauil Doctor in der artznye vnd Ritter ge ‖ born vsz Engelland von der stat heisset sant alban der des ersten disz bůch ‖ got zů lob gemacht hat. ‖

Hie hat ein end das . v. bůch. »

Au-dessous une gravure.

— Iohannes de montevilla : hie hebt sich an das buch des ritters herr hannsen von montevilla. (A la fin) : *Das buch hat gegedruckt vnd volenndet Anthoni Sorg zů Augspurg an der mitwochen vor sant marie Magdalene tag.* M.CCCC.lxxxj. *jare,* in-fol. de 91 ff. non chiffr. à 34 et 35 lign. par page, fig. en bois.

« Cette traduction est de Michelfeld ou Michelfelser ; il en a paru une seconde édition à *Augsbourg par J. Schœnsperger*, en 1482, in-fol. de 87 ff. à 34 lignes par page, avec fig. en bois. [Il en existe un ex. dans la Bibliothèque Grenville, 6774.] Une autre traduction allemande de cette relation, par Otto von Demeringen, a été imprimée à Strasbourg, chez *J. Pryss*, en 1484, in-fol., fig. en bois ; en 1488, in-4 ; et aussi dans la même ville par *Barth. Kistler*, 1499, in-fol. de 77 ff., fig. en bois, et réimpr. plusieurs fois depuis. L'édit. de Strasbourg, par Math. Hüffns, pet. in-fol. 31 fr. en novembre 1856. Une traduction hollandaise du même ouvrage a été imprimée à Anvers, par Govaerdt Back, 1494, in-4. » (Brunet.)

L'ex. que nous avons examiné — celui de la Bib. roy. de Berlin — est incomplet ; il n'a que les 80 ff. [dont le dernier blanc] de la fin. — Voir Hain, *Rep. Bib.*

— Johannes Von Mon- ‖ teuilla. Ritter. Sig. miij : *ICH Otto von Diemeringen Thůherre zů Metze in Lothringen ‖ han dises bůch verwandelt vssz Latin vnd welhischer sproch ‖ in teutsch.* ‖ (A la fin) : *Getruckt zů Straszburg ‖ Johannes Prüssz. Anno ‖ Domini* M.CCCC.lxxxiij [1483]. In-fol. de 86 ff. ; 150 grav. sur bois.

Ce vol. relié avec 4 autres pièces rares imprimées à Strasbourg : *Ritter Stauffenberg, Mélusine, Griseldis, Alexander* a figuré dans le cat. 179, *Elsass-Lothringen*, de la librairie Joseph Baer de Francfort sur le Mein, 1886 ; il est maintenant dans la Bib. grand-ducale de Karlsruhe.

— (*Recto 1er f.*) : Johannes Von Mon- ‖ teuilla Ritter. — (*Recto 2e f. sig. aii*) : *Do ich Johan von Monteuilla Ritter Geborn vssz En ‖ geland, etc.* — *Sig. miii : Ich Otto von Demeringen Thumherre zu Metz in Lothringen ‖ han dises buch usz Latin vñ welscher sproch in teutsch, etc.* ‖ (A la fin du dernier f.) : *Gedruckt zu Straszburg ‖ Johannes Prüssz. Anno Domini* M.CCCC.lxxxiiij [1484], in-fol.

Bib. Grenville, 6773.

Un ex. en mar. vert, fil., tr. dor. a paru à la vente Sobolewski, No. 1726 avec la note suivante : « Belle reliure janséniste de Duru. Cette traduction allemande quoiqu'elle ne soit pas la première, est un livre de la plus grande rareté. Elle se compose de 87 feuillets non chiffrés, sig. a-m, ornés d'un grand nombre de figures sur bois fort bizarres. Brunet, Graesse et d'autres bibliographes citent une édition de 1484, mais point celle de 1483. Ils ont probablement commis une erreur. L'exemplaire a quelques raccommodages, très habilement faits du reste, dans les marges. Sans cela, il est en bel état. »

Un ex. de l'éd. Strassburg, Prüssz, 1484, a figuré à la vente Crawford (Londres, juin 1887, 1348).

La Bib. nat. possède un ex., incomplet au commencement et à la fin, d'une éd. allemande que l'on a cataloguée à la date 1484 ; il commence au f. a-iiij et comprend 73 ff. — Réserve $O\frac{2}{1\,1}$ f.

Les sig. doivent être : a, b, e, g, i, k, l, m × 8 ; et c, d, f et h × 6 ; voir *Cat. of the Huth Library*, III, p. 896.

— Von . der . erfarüng . ‖ des . strengen . Ritters ‖ iohannes . vō . mon ‖ tauille.

Titre *ut supra* recto 1er f. — s. pag. — 70 ff. — sig. Ajj-Mjjjj — Grav. sur le titre et dans le texte. — Trad. d'Otto von Demeringen. — Finit recto f. 70 : ¶ *Gedruckt vnnd volendt durch Johannem Knoblouch Bürger vnnd ‖ inwoner der keyserlichen fryen stat Strassburg . nach Cri ‖ sti geburt fünffzehe hundert vñ sybenn jor ‖ In dez XXI. tage des Mo ‖ nes Octobris.*

Excessivement rare. — British Museum, 148. c. 3.

— Reysen vnd Wanderschafften durch das Gelobte Land, Indien vnd Persien, dess Hocherfahrnen, vnd Weitfahrenden Doctors vnd Ritters Johannis de Monteuilla auss Engelland von ihm in Frantzösischer vnnd Lateinischer Sprach, vor zwey hundert vnnd sechtzig Jaren, selbst beschrieben. Nachmals durch Otto von Demeringen Thumbherrn zu Metz in Lothringen, verteutscht... auffs neuw corrigieret und mit schönen Figuren gezieret. Gedruckt zu Franckfurt am Mayn, MDLXXX, pet. in-8, s. pag., sig. a-d_5 + 6 ff. prél. et 1 f. à la fin.

— Reysen vnd Wanderschafften . Des Hocherfarnen vnd Weitberumpten Herrn Doctors vñ Geborнen Ritters | Johannis de Monteuilla auss Engellandt | so er ins gelobte Land | Indien | vnd Persien | vor 200 . vnd ettlich Jahrn gethan | vnd in Lateinischer vnd Frantzösischer Sprach selbs beschrieben hatt. Allen Teutschen zu gutem | in Teutscher Sprach vbersetzet | durch Herrn Ottho von Demeringen | Thumbherrn zu Metz. Zu Cölln | Bey Wilhelm Lützenkirchen. Im Jahr M.DC. In-8, pp. 266 s. l. t. de ff. 3 à la fin.

Bib. royale de Berlin.

— Reysen vnnd Wanderschafften durch das gelobte Landt, Indien vnnd Persien, den... Johannis de Monteuilla... Nachmals durch Otto von Demeringen... verteutscht. (*Reyss-*

buch dess heyligen Lands... Franckfort am Mayn, 1584, in-folio, ff. 405-432.)

— Reysen unnd Wanderschafften durch das gelobte Landt, Indien und Persien... durch Otto von Demeringen... verteutscht. (*Bewehrtes Reissbuch dess Heiligen Lands*, etc. Nürnberg, Pt. I, 1659, in-folio, pp. 759/812.)

— Reysen... durch das gelobte Landt, Indien und Persien, etc. (Feyerabend [S.], *Reyssbuch dess heyligen Lands*, etc. Franckfort am Mayn, Th. I, 1609, in-folio, pp. 759/812.)

— Des vortrefflich Welt-Erfahrnen... Ritters Johannis de Montevilla, curieuse Reiss-Beschreibung, wie derselbe in das gelobte Land, Palästinam, Jerusalem, Egypten, Türckey, Judäam, Indien, Chinam, Persien... angekommen, und fast den ganzen Erd- und Weltkreiss durchzogen seye... Nunmehr... ins Teutsche übersetzt... jetzt von neuem auferlegt, vermehrt und verbessert, etc. [1700 ?], in-8.

— Des edlen engelländischen Ritters und weltberühmten Landfahrers Johann v. Montevilla wunderbare und seltsame Reis-Beschreibung... Von Neuem an's Licht gestellt durch Ottmar F. H. Schönhuh. Reutlingen [1865 ?], in-8, pp. VI-202.

∴

— Libro d' las marauí ‖ llas del mūdo y d' l ví ‖ aje de la tierra sancta ‖ de jerl'm. y de todas las prouincias y ci ‖ bdades de las Jndias. y d' todos los ō ‖ bres mostruos qay por el mūdo. Cō muchas otras admirables cosas. ‖

In-fol. gothique à 2 col., fig. sur bois ; titre *ut supra* ; à la fin : ¶ *A honor* ⁊ *gloria d' la sanctissima tri* ‖ *nidad Padre* ⁊ *Fijo* ⁊ *Espiritusāto un solo dios verdadero* ‖ *y de la Sacratissima virgen Maria Madre de dios. Fue* ‖ *impremida la presente obra en la metropolitana Ciu* ‖ *dad de Valencia. Por arte* ⁊ *industria de Jorge* ‖ *Costilla Acabose ēnl Año delas discordias* ‖ *de Mill y Quinientos y. xxj.* ‖ *A Quinze de Julio.*

Cette édition de Valence, 1521, appartenait à Salvà (No. 3782) ; elle a depuis paru à la vente Ricardo Heredia, 3e partie (No. 2865) et vendue 4000 fr. — Nous extrayons de ce dernier catalogue (Paris, 1893) les renseignements suivants : « Ce volume se compose de 62 ff. ch. très-régulièrement et sign. a-k par 6 et 1 par 2 ff. C'est donc à tort que Salvà indique 63 ff. et le Supplément au Manuel 63 ff. et 1 f. blanc. — Le titre [*ut supra*] ... imprimé en rouge et noir, est orné de 4 figures et 8 vignettes gravées sur bois en noir et rouge, d'une nature telle que nous ne pouvons les reproduire ici. (Voir le *Catalogue illustré*.) — Le volume est orné de 120 figures sur bois, fort singulières, représentant des monstres, des phénomènes humains, des animaux fantastiques, que l'auteur déclare avoir vus dans ses voyages. — Marque de l'imprimeur au bas du dernier f. »

Aucun bibliographe n'a mentionné cette édition qui figure au cat. Salvà, no. 3782, lequel reproduit quelques-unes des singulières figures sur bois qui décorent ce volume. Barcia ne signale que deux éditions de *Valencia*, 1515, in-4, et 1540, in-fol. ; Salvà ne les a jamais vues ni l'une ni l'autre, et il révoque en doute l'existence de la première ; Antonio mentionne la seconde comme ayant été imprimée par Juan Navarro. » (Brunet, *Supp.*) — Cette édition de Valence, 1540, se trouve au British Museum. H. C.

— Juan de Mandauila. Libro de las Marauillas del mundo y del viage d' la tierra santa de Hierusalē ⁊ de todas las puincias ⁊ hombres monstruosos que hay en las Indias. In-fol. goth. à 2 col., titre rouge, avec encadrement et grande vignette noirs ; fig. sur bois ; 59 ff. chiff., au bas du verso du f. 59 : « ...*Imprimiosse el presente libro de las marauillas del mundo : en la muy insigne ciudad de Valencia por Juan Nauarro. Acabosse a veynte y ocho dias del mes de Enero. Año del nascimiento de nr̃o señor Jesu christo de* M.D.XXXX. »

British Museum : 567. i. 5.

(Sir John de Maundeville.)

— Selua deleytosa. Libro de las marauillas del mūdo llamado Selua deleytosa | que trata del viaje de la tierra santa de Hierusalem y de todas las prouincias y ciudades de las Indias y d' los hōbres mostruos que ay en el mundo : con otras muchas admirables cosas q̄ escriuio el noble cauallero Juan de mandauilla como el lo vio y passeo | agora de nueuo impresso corregido y emendado. Año de M.D.xlvij. In-fol. goth. à 2 col., titre rouge et noir avec encadrement et grande vignette ; fig. sur bois ; 57 ff. chiff., 1 f. à la fin : « ...*Imprimiose en Alcala de Henares* | *a veynte y ocho dias del mes de Março, año del nascimiento de nuestro señor Jesu christo de mil y quinientos y quarenta y siete años.* » 1 f. prél. pour la table.

Brit. Museum, 149. e. 6.

∴

— Mandevilles Rejse. I gammeldansk oversaettelse tillige med en vejleder for Pilgrimme, efter håndskrifter udgiven af M. Lorenzen. København, S. L. Mollers Bogtrykkeri, 1882, in-8, pp. lxxv-225 + 1 f. d'err.

L'ouvrage a paru en 3 fasc. datés 1881 et 1882 ; le dernier fasc. paru en 1882 contient l'introduction et la fin du texte. — Forme le No. VI-2-3 de la collection *Samfund til udgivelse af gammel nordisk litteratur*.

∴

— Ci commence le liure qui parle des diuersités des pais qui sunt par uniūse monde. Le quel liure fut copile fait et ordonne par mesire Jehan mandeuille chlr ne dangleterre de la uille con dit saint Albain. (Au recto du f. 1.)

Finit au verso du f. 73 : Explicit liber dñi iohannis mandeuille militis.

Manuscrit (Grenville XXXIX) du XIVe siècle ; in-folio à 2 col., goth., vélin ; 73 feuillets.

Le monogramme qui est au dos du volume indique qu'il vient d'une Biblioth. franç., sur les plats, armes de Grenville.

— Jean de Mandeville. Ses Voyages, *commençant par ces mots de la table des chapitres :* « Ci commencent les tiltres du livre Iehan de Mandeville, chevalier, et est chascun chapitre en nombre signé selon le feuillet où il chiet. » *Suivent les premiers mots de l'ouvrage.* « Ci commence le livre de Jehan de Mandeville, chevalier, lequel parle l'estat de la Terre sainte et des merveilles qu'il y veues. » *Le ms. finit par :* « Affin que cil qui voudra aler en ces parties que il treuve assés à dire, et pour ce que je vous ay dit et fait mention des diversités d'aucuns païs, vous doit souffire quant à présent. Ci fine le livre Jehan de

(Sir John de Maundeville.)

Mandeville; chi leur prie chascun et chascune que Dieu li veuille faire remission de ses pechiés. Amen. »

Ce Ms. est la 2e pièce d'un recueil de 4 Ms. décrit sous le No. 947, p. 417 du *Cat. des Ms. de la Bib. de Tours* par Dorange. Il est sur vélin, XIVe siècle et provient de l'abbaye de Marmoutier, 86.

— In quarto sur papier. (Recueil.) — 1°. Voyage de Mandeville. — Incipit : « Wan de mir alzit ist zü sinne gewesen fremde lant und wunder zu beschowen. » — Desinit : « Helfft das wir von dir niemer gescheydent. Amen. » — 2°. Gesta Romanorum. — Incipit : « Cesar regnavit in civitate Romana. » — Desinit : « Deus ei miseretur. Amen. » — 1419 et 1421.

Ecrit sur deux colonnes, en cursive. Le n°. 1 contient, après l'introduction de Jean de Mandeville, la table des chapitres. En tête du voyage, on lit la rubrique suivante : « Dis büch het gemachet ein Ritter von Engelant, heisset her Johan Mentaville von Saint-Alban, und het XLV cappitel, etc. » et cette note à la fin : « Heu male finivi, quod non bene scribere scivi. Explicit librum de monstris marinis et alia ibidem universa, finitum ac scriptum per me Velmarum Luczelstein sub anno domini M°CCCC°XIX°, sabato post Gregorii pape... ». *Cat. des Ms. de la Bib. de Schlestadt*, pp. 551-5 du Vol. III du Cat. des Ms. des Bib. des Dép.

— Romant de Mandeville, in-4, envir. 700 p. v. (Delandine, *Ms. de la ville de Lyon*, No. 683, I, p. 444.)

Après l'ouvrage de Mandeville qui tient les deux tiers du volume on trouve cinq autres pièces indiquées par Delandine.

Ce volume, de la Bibliothèque de M. Pierre Adamoli, appartint plus anciennement à messire Charles de Dysimieux, chevalier, seigneur de la Féole. Les armoiries de ce dernier, portées par un dragon ailé, sont coloriées au frontispice.

BIBLIOGRAPHIE, COMMENTAIRES, etc.

— Bibliographische Untersuchungen über die Reise-Beschreibung des Sir John Maundeville. — Dem Herrn Samuel Gottfried Reiche, Rector und Professor des Gymnasiums zu St. Elisabet in Breslau und Vice-Präses der Schlesischen Gesellschaft für Vaterländische Cultur, Ritter des rothen Adlerordens, zur Feier Seines Amts-Jubelfestes am 30. October 1840 im Namen des Gymnasiums zu St. Maria Magdalena gewidmet von Dr. Carl Schönborn, Director, Rector und Professor. — Breslau, gedruckt bei Grass, Barth und Comp., br. in-4, pp. 24.

— Bibliographia geographica Palaestinae. Zunächst kritische Uebersicht gedruckter und ungedruckter Beschreibungen der Reisen ins heilige Land. Von Titus Tobler. — Leipzig, Verlag von S. Hirzel, 1867, in-8, pp. IV-265. = : C. 1336 (1322-1356).

Der englische Ritter John Maundeville, pp. 36/39.

— Bibliotheca Geographica Palaestinae. Chronologisches Verzeichniss der auf die Geographie des Heiligen Landes bezüglichen Literatur von 333 bis 1878 und Versuch einer Cartographie. Herausgegeben von Reinhold Röhricht. — Mit Unterstützung der Gesellschaft für Erdkunde zu Berlin. — Berlin, H. Reuther, 1890, in-8, pp. XX-742 + 1 f. n. c.

— Altenglische Sprachproben nebst einem Wörterbuche unter Mitwirkung von Karl Goldbeck herausgegeben von Eduard Mätzner. Erster Band : Sprachproben. Zweite Abtheilung : Prosa. Berlin. Weidmannsche Buchhandlung. Vol. I. 1869, gr. in-8, pp. 415.

Vol. I : John Maundeville, pp. 152/221.

Renferme une introduction et le texte de Halliwell avec un commentaire.

— MANDEVILLE, Jehan de. [By Edward Byron Nicholson, M. A., and Col. Henry Yule, C. B.] Ext. from the *Encyclopaed. Britan.*, 9th ed., Vol. XV, 1883, pièce in-4, 2 ff.

— Untersuchungen über Johann von Mandeville und die Quellen seiner Reisebeschreibung. Von Albert Bovenschen. (*Zeit. d. Ges. f. Erdkunde zu Berlin*, Bd. XXIII, Heft 3 und 4, 1888, pp. 177/306.)

La seconde partie de ce travail *Die Quellen seiner Reisebeschreibung* a paru sous forme de thèse.

— Curiosités historiques et littéraires. — Sir John Maundeville. Par Emile Montégut. I. L'homme et le Conteur. (*Revue des Deux Mondes*, 15 nov. 1889, pp. 277/312.) — II. Le Philosophe. (*Ibid.*, 1er déc. 1889, pp. 547/567.)

Les articles de M. Montégut ont été réimp. dans le vol. intitulé *Heures de lecture d'un critique*, Paris, Hachette, 1891, in-18. — Cf. *T'oung Pao*, art. de Henri Cordier, déc. 1890, pp. 344/5.

— Die Ungedruckten Lateinischen Versionen Mandeville's. Von Dr. J. Vogels. (Wissenschaftliche Beilage zum Programm des Gymnasiums zu Crefeld, Ostern 1886.) 1886. Druck von Kramer & Baum in Crefeld, br. in-4, pp. 23.

— Handschriftliche Untersuchungen über die englische Version Mandeville's. Herrn Direktor Dr E. Schauenburg zum Andenken an sein 25jähriges Direktor-Jubiläum in Hochachtung zugeeignet von Oberlehrer Dr. J. Vogels. Wissenschaftliche Beilage zum Programm des Realgymnasiums zu Crefeld. Crefeld, 1891, Druck von Gustav Kühler, in-4, pp. 52.

— The Black Book of Paisley and other Manuscripts of the Scotichronicon with a Note upon John de Burdeus or John de Burgundia, otherwise Sir John Mandeville, and the Pestilence by David Murray, M. A., F. S. A. Scot. — Printed for Subscribers. — Paisley : Alexander Gardner 1885, in-4, 1 fasc. + 4 ff. n. c. p. l. tit. etc. + pp. 107.

— John de Burdeus or John de Burgundia otherwise Sir John de Mandeville and the Pestilence by David Murray M. A. LL. D. M DCCC XCI. Printed for private circulation by Alexander Gardner, Publisher to the Queen, Paisley and London, in-8, pp. VI + 1 f. n. ch. + pp. 33.

« Reprint of an article on John de Burdeus, or de Burgundia, and the Pestilence, which originally appeared as a note to an account of the Black Book of Paisley, published in 1885 in the New Club Series. »

— Jean de Mandeville par Henri Cordier. — Extrait du *T'oung Pao*, Vol. II, N° 4. Leide, E. J. Brill, 1891, in-8, pp. 38.

Tiré à 150 exemplaires, dont un certain nombre sur papier de Hollande. — Avait paru dans le *T'oung Pao*, n° 4, Nov. 1891, pp. 288/323.

La portion historique, sans la bibliographie, a paru également dans la *Revue Critique*, No. 43, 26 Oct. 1891, pp. 264/271.

A propos de la publication de G. F. Warner, col. 2026.

Cf. Yule-Cordier's *Marco Polo*, II, pp. 598/605.

— Mandeville, Sir John. By G. F. W.[arner.] (*Dict. of National Biography*, XXXVI, London, 1893, pp. 23/29.)

∴

— Forster, *Voyages and Discoveries in the North*, pp. 148/150.
— Watt, *Bib. Brit.*, II, 639 *v.*, art. sans valeur.
— *Biog. univ.*, Vol. XXVI, Art. de la Renaudière.
— *Retrospective Review*, Vol. III, pp. 269/293.
— L. Hain, *Repertorium Bibliographicum*, II, Pars I, pp. 343/345.
— Halliwell, éd. de Mandeville de 1839, XI-XIV.
— Brunet, III, 1356-1361. et *Supp.*, 931-933, le meilleur art. bib. sur ce voyageur.
— Ebert, *Allg. Bib. Lex.*, II, 27/28.
— Allibone, II, 1212. Article intéressant parce qu'il donne l'opinion de qq. écrivains célèbres sur Mandeville, mais très médiocre au point de vue bibliographique.

Manuscrits : Voir les éd. de Halliwell et le *Cat. des ms. relatifs à la Chine* publié dans la *Revue de l'Extrême Orient*.

IBN BATOUTAH ابن بطوطة ou *Abou Abd Allah Mohammed* ابو عبد الله محمد.

« Il était réservé à un savant allemand, digne précurseur de Burckhardt, d'appeler le premier, avec quelque détail, l'attention de l'Europe sur les voyages d'Ibn Batoutah. Seetzen se procura en Orient, parmi d'autres manuscrits curieux destinés à la bibliothèque de Gotha, un volume composé de 94 pages grand in-8, et contenant un abrégé de la relation d'Ibn Batoutah ; il en donna le précis dans un travail inséré aux Ephémérides géographiques du baron de Zach... » [Zach's *Monatliche Correspondenz*, Bd. XVII, pp. 293-304.]

— De Mohammede Ebn Batuta Arabe Tingitano eiusque itineribus. Commentatio academica,... A. D. VII. Martii CIↃIↃCCCXVIII. Avctor Joannes Gothofredvs Lvdovicvs Kosegarten ; Ienae [1818], in-4, pp. 51.

Texte et trad. de trois fragments du même abrégé d'Ibn Batoutah que Seetzen avait analysé.

M. de Sacy a rendu compte de cet opuscule dans le *Journal des Savants* de Janvier 1820.

— Descriptio Terrae Malabar — Ex arabico Ebn Batutae Itinerario edita, interpretatione et annotationibus instructa, per Henricum Apetz. Jenae, in officina Groeckeriana, M.DCCCXIX, in-4, pp. 24.

Autre fragment du même abrégé.

Notice de Burckhardt dans l'Appendice de ses *Travels in Nubia*, 2d ed., Lond., 1822, in-4, pp. 487-492.

Nous puisons ces renseignements dans la savante préface de la trad. de MM. Defrémery et Sanguinetti.

— The Travels of Ibn Batūta ; translated from the abridged Arabic manuscript copies, preserved in the Public Library of Cambridge. With Notes, illustrative of the History, Geography, Botany, Antiquities, &c., occurring throughout the work. — By the Rev. Samuel Lee, B. D.... London : Printed for the Oriental Translation Committee... 1829, in-4, pp. XIX-243.

Dedication to Lieut.-Col. Fitzclarence, pp. V-VIII. — Preface, pp. IX-XVIII. — Additions and Corrections, p. XIX. — The Travels of Ibn Batūta, pp. 1-243. [Voir sur la Chine le chap. XXIII, pp. 207/221.]

Cette traduction est faite d'après trois manuscrits arabes, copiés du même abrégé, légués à la Bibliothèque de l'Université de Cambridge par Mr. Burckhardt.

Notices par Silvestre de Sacy : *J. des Savans*, 1829, Août, pp. 475/484 ; Sept., pp. 552/559. — *Quarterly Review*, May 1820, p. 238.

— Viagens extensas e dilatadas do Celebre Arabe Abu-Abdallah, mais conhecido pelo nome de Ben-Batuta. Traduzidas por José de Santo Antonio Moura, Ex-Geral da extincta Congregação da Terceira Ordem de S. Francisco, Lente Jubilado, e Interprete Regio da Lingua Arabica, Official da Secretaria de Estado dos Negocios Estrangeiros, e Socio da Academia Real das Sciencias de Lisboa. Tomo I. Lisboa. Na Typografia da Academia. 1840, pet. in-4, pp. VII-533 s. l'errata, 2 ff. n. ch.

Le seul volume publié.

« Cette traduction a été faite sur un manuscrit que le P. Moura avait acheté pendant son séjour à Fez, en 1797 et 1798. Le seul volume publié jusqu'à ce jour correspond à la première partie de l'original, et finit à l'arrivée d'Ibn Batoutah dans le Pendjâb. » (Defrémery et Sanguinetti, I, p. XVII.)

« Plusieurs morceaux importants de la relation originale ont été traduits en français dans ces dix dernières années. Le premier, contenant le voyage dans le Soudân, est dû à M. le baron de Slane, qui y a joint des notes, et l'a fait suivre d'une lettre à M. Reinaud, sur le manuscrit autographe. [*Jour. As.*, mars 1843, pp. 181-246.] Cet extrait a été l'objet de plusieurs observations, de la part de M. Fulgence Fresnel. [*Ibid.*, janvier 1849, pp. 61/63.]

« M. Edouard Dulaurier a donné, dans le *Journal Asiatique* [février-mars 1847], le texte et la traduction, accompagnés de notes savantes, du chapitre relatif aux îles de l'archipel indien.

« L'un de nous a traduit, à plusieurs reprises, des portions étendues de l'ouvrage original. Il a publié, en premier lieu, les Voyages d'Ibn Batoutah dans la Perse et dans l'Asie centrale [*Nouvelles Annales des Voyages*, janvier, avril, juillet 1848] ; puis, le Récit du voyage en Crimée et dans le Kiptchak [*J. As.*, juillet et sept. 1850 ; réimp. dans les *Fragments de géographes* et d'historiens arabes et persans, inédits, relatifs aux anciens peuples du Caucase et de la Russie méridionale, par M. Defrémery, pp. 137-208] ; puis encore, les Voyages dans l'Asie mineure [*Annales des Voyages*, déc. 1850, janvier, mars, avril 1851] ;

et, enfin, le chapitre relatif au sultan mongol des deux Irâks et du Khorâçân, Abou Sa'id. [*J. As.*, fév.-mars 1851. Rép. dans les *Fragments de géographes*, etc., pp. 255-264.] ...

« Enfin, au commencement de l'année dernière, M. Cherbonneau, professeur d'Arabe à Constantine, a donné une traduction libre et un peu abrégée du commencement de l'ouvrage, jusqu'au départ d'Ibn Batoutah pour la Syrie, moins toutefois la préface. » [*Nouv. Ann. des Voyages*, fév.-mars-avril-mai 1852.] [Defrémery et Sanguinetti.]

— Voyage dans le Soudan, par Ibn-Batouta, traduit sur les manuscrits de la bibliothèque du Roi par M. Mac Guckin de Slane. Paris, Imprimerie royale, MDCCCXLIII, in-8, pp. VIII-62.

Ext. N° 5 de l'année 1843 du *Journal Asiatique*.

— Voyages d'Ibn-Batoutah dans la Perse et dans l'Asie centrale. Extraits de l'original arabe, traduits et accompagnés de notes, par M. Defrémery... Paris, E. Thunot, 1848, in-8, pp. 162.

— Voyages d'Ibn Batoutah dans l'Asie mineure traduits de l'arabe et accompagnés de notes historiques et géographiques par M. Defrémery... Paris, E. Thunot, 1851, in-8, pp. 88.

Ext. des *Nouvelles Annales des Voyages*.

— Voyages d'Ibn Batoutah, texte arabe, accompagné d'une traduction par C. Defrémery et le Dr B. R. Sanguinetti. Paris. Imprimé par autorisation de l'empereur à l'Imprimerie Impériale. MDCCCLIII-LVIII. 4 vol. in-8, pp. xlvi-443, xiv-465, xxvi-476, 479; et index alphabétique, in-8, MDCCCLIX, pp. 91 à 2 col.

— Ibn Batoutah. (Ernest Renan, *Mélanges d'histoire et de voyages*. Paris, Calmann Lévy, 1878, in-8, pp. 291/303.)

D'après Defrémery.

— *Ibn Batuta's Travels in Bengal and China.*

Introductory Notice.

Notes (4).

The Travels of Ibn Batuta in China, preceded by extracts relating to Bengal and his Voyage through the Archipelago.

Notes (4). (Yule, *Cathay*, II, pp. 495/526.)

Ces voyages sont extraits et traduits de la version française de MM. Defrémery et Sanguinetti.

— The Geography of Ibn Batuta's Travels in India. By Col. H. Yule, Palermo. (*Indian Antiquary*, III, 1874, pp. 114/117, 209/212.)

— The Geography of Ibn Batuta's Travels. By Col. H. Yule, C. B. (*Ibid.*, pp. 242/4.)

— Reinaud, dans son introduction à la Géographie d'Abou'lféda, I, pp. CLVI-CLXI.

Ruy Gonçalez de Clavijo.

— Historia ‖ del Gran Tamorlan ‖ e ‖ Itinerario y Enarracion del viage, ‖ y relacion de la Embaxada que Ruy Gonçalez de Clavijo le hizo, ‖ por mandado del muy poderoso Señor Rey Don ‖ Henrique el Tercero de Castilla. ‖ Y ‖ vn breve discvrso fecho por ‖ Gonçalo Argote de Molina, para mayor inteligencia ‖ deste Libro, ‖ Dirigido al mvy illvstre señor ‖ Antonio Perez, del Consejo de su Magestad, y su ‖ Secretario del Estado. ‖ Impresso. ‖ Con licencia de sv Magestad. ‖ En Sevilla. ‖ Encasa de Andrea Pescioni. ‖ Año de M.D.LXXX.II. Pet. in-fol. à 2 col., 68 ff. c. et 9 ff. n. c. au commencement + 1 f. pour le titre.

Bib. nat., $\frac{O2}{36}$q. — Brit. Museum, 814. l. 34.

« L'auteur de cet ouvrage, devenu rare, est Ruy Gonzales de Clavijo lui-même, qui mourut en Ambassade près de Tamerlan. Argote n'en a été que l'éditeur.

« Ce volume est de 68 ff. précédés de 10 ff. d'intitulé et de pièces préliminaires du nombre desquelles est la vie de Tamerlan, par Pierre Messie [Mexia], et une autre vie du même, trad. de Paul Jove par Gaspar de Baeça. Vend. 60 fr. Courtanvaux; 44 flor. Meerman; 149 fr. en mai 1826; 3 liv. Heber; 150 fr. Walckenaer; 210 fr. 2e catalogue Quatremère. » (Brunet.) — Vend. Dent., £ 22. — Liv. 29-10/- Beckford Library, Juillet 1882!

— Historia ‖ del Gran Tamorlan, ‖ e itinerario... Segunda Impression, ‖ a que se ha añadido la vida del Gran | Tamorlan sacada de los comentarios, que escribió ‖ Don Garcia de Silva y Figueroa, de su ‖ embajada al Rey de Persia. ‖ En Madrid : En la Imprenta de Don Antonio de Sancha, ‖ Año de M.DCC.LXXXII. In-4, pp. XIV-248.

Dans le 3e vol. de la collection des *Cronicas*. Imprimée par Don Antonio de Sancha. (Madrid, 1782.)

— Narrative of the Embassy of Ruy Gonzalez de Clavijo to the Court of Timour, at Samarcand, A. D. 1403-6. Translated, for the first time, with Notes, a Preface, and an Introductory Life of Timour-Beg, By Clements R. Markham, F. R. G. S. London : Printed for the Hakluyt Society, M.DCCC.LIX. In-8, pp. lvi-200.

Forme le vol. XXVI de la collection de la Société Hakluyt.

— Hugh Murray, *Hist. Account*, I, Chap. v, pp. 203-224.

Murray dit dans une note, p. 204 : « I have been informed that a translation [in English] was made by Lord Valentia; but it has not been published... »

— Le Voyage de Ruy Gonzalez de Clavijo à la cour de Tamerlan (1403-1406) par Ed. Sayous. (*Bull. Soc. de Géog.*, Mars 1878, pp. 268/273.)

— Ruy Gonzales de Clavijo. — Itinéraire de l'ambassade espagnole à Samarcande en 1403-1406. — Texte, traduction russe suivie de notes et rédigée par I. Sreznevski. — St. Pétersbourg. Imprimerie de l'Académie impériale des sciences. 1881, in-8, pp. VII-455. (Рюи Гонзалесъ де Клавихо. — Дневникъ путешествія ко двору Тимура въ Самаркандъ въ 1403-1406 гг.)

Журналъ Минист. Народн. Просвѣщ. 1882. Ч. 224, No. 11, pp. 123-137. (Рец. Н. Веселовскаго.)

M. *Khanikoff* dans sa traduction russe de la Géographie de M. Ritter, Iran, 1874, a donné un commentaire de l'itinéraire de Clavijo.

Hans Schildtberger,

servit dans les armées de Bajazet et de Timour; retourna en Bavière, son pays, en 1427.

— *Commence :* Ich Schildtberger zoche auss von ‖ meiner heimet mit Namen auss der ‖ stat Munchen gelegen in bayern . in ‖ der zeyt als künig Sigmund... *A la fin :* Ein en dhatt der Schiltperger. In-folio, 46 ff. n. c., s. l. n. d., grav. [Augsbourg, A. Sorg, 1475?]

Brit. Mus. $\frac{12403. \text{ c. } 1}{3}$.

— Schildtberger. ‖ Ein wunderbarliche vnnd kurtzweilige ‖ history | Wie Schildtberger | einer auss der Stadt ‖ München in Beyern | von den Türcken gefangen | ‖ in die Heydenschafft gefüret | vnd wider ‖ heimkommen ist | sehr lüstig ‖ zu lesen. S. d. [vers 1540]. Pet. in-4 de 70 ff. avec 37 grav. sur bois.

A la fin : *Gedruckt zu Franckfurdt am Mayn* | ...

Tross, 1869, Fr. 70. — Thonnelier (2207), Fr. 32.

British Museum, 789. a. 7.

— Schildtberger. Ein wunderbarliche... history,... M.D.XLIX. In-4 [Franckfurdt].

Même éd. (réimpression), que la précédente ; le titre ne présente d'ailleurs que des différences insignifiantes : *Stad* pour *Stadt*, *inn die* pour *in die*, avec 1 fig. diff. ; le reste est semblable comme fig. et comme texte.

British Museum, 789. a. 13.

— Schiltberger's aus München von den Türken in der Schlacht von Nicopolis 1395 gefangen, in das Heidenthum geführt, und 1427 wieder heimgekommen, Reise in den Orient und wunderbare Begebenheiten. Von ihm selbst geschrieben. Aus einer alten Handschrift übersetzt und herausgegeben von A. J. Penzel. München, 1814, Bey B. A. Fleischmann, in-8, pp. 206.

Thonnelier (2207 *bis*), Fr. 1.50.

L'édition avait paru en 1813 : *München 1813. Bey M. J. Etger.* On s'est contenté de changer le titre l'année suivante ; il n'y a en réalité qu'une édition avec des titres diff. portant les dates 1813 et 1814.

— Reisen des Johannes Schiltperger aus München in Europa, Asien und Africa von 1394 bis 1427. Zum ersten Mal nach der gleichzeitigen Heidelberger Handschrift herausgegeben und erläutert von Karl Friedrich Neumann, München, 1859, in-8, pp. XVI-166.

— The Bondage and Travels of Johann Schiltberger, a Native of Bavaria, in Europe, Asia and Africa 1396-1427. Translated from the Heidelberg Ms. edited in 1859 by Professor Karl Friedrich Neumann, by Commander J. Buchan Telfer, R. N., F. S. A., F. R. G. S. With Notes by Professor P. Bruun, of the Imperial University of South Russia, at Odessa ; and a Preface, Introduction, and Notes by the Translator and Editor. With a Map. London : Printed for the Hakluyt Society. MDCCCLXXIX, in-8, pp. XXXII-263.

Forme le No. 58 de la collection.

— Hans Schiltbergers Reisebuch nach der Nürnberger Handschrift, herausgegeben von Dr. Valentin Langmantel... Tübingen, 1885, in-8, pp. V-200.

(HANS SCHILDTBERGER.)

Forme le No. CLXXII de la *Bibliothek des Litterarischen Vereins in Stuttgart*.

— Forster, *Voyages and Discoveries in the North*, pp. 153-158.

SCHAH-ROKH شاهرخ.

— Ambassade de S'charok, fils de Tamerlan, Et d'autres Princes ses voisins, à l'Empereur du Khatai. (Thévenot, *Relations de divers Voyages*, IVe Partie.)

— The Embassy of Shâh Rokh, Son of Tamerlan, and other Princes, to the Emperor of Katay, or China. Translated from the Persian into French, and now first done into English.

Dans la Collection de Voyages de *Astley*, Vol. IV, pp. 620-632.

Traduit du Vol. IV de la collection de *Thévenot*.

— Voir dans Murray : *Discoveries*, I, pp. 226/233.

— An account of embassies & letters that passed between the Emperor of China & Sultan Shah Rokh son of Amir Timur. Extracts made from the Matla us Sadeïn by Kamal-ud-din-Rezak — by *William Chambers*, Esq. (*Asiatic Miscellany*, I, 1785, pp. 71 seq., Calcutta.)

Voir aussi à propos de Shah-Rokh, *China Review*, V, pp. 165 et seq., l'article, *Chinese intercourse*, de Bretschneider, voir *Bib. Sin.*, IVe Partie.

— An Embassy to Khata or China. A. D. 1419. From the Appendix to the Rouzat-al-Ṣsafa of Muhammad Khavend Shah or Mirkhond. Translated from the Persian by Ed. Rehatsek, M. C. E. (*Indian Antiquary*, Vol. II, March 1873, Bombay.)

— Narrative of an Embassy from Persia to China ; literally translated from a geographical Treatise of Khondemir ; to which are subjoined Explanatory Notes. (*Asiatic An. Reg.*, 1800, *Miscel. Tracts*, pp. 231/243.)

— Beknopt Verhael, Van't Gezantschap, dat den Vorst Siah-roch, Zoon en Navolger in't Ryk van den Grooten Timoer of Tamurlaen, die mede in't Land der Usbekken heerschte, omtrent het Jaer veertien hondert twintig, uit Heraat, daer hy Hof hield, na Chatay (Sina) aengestelt heeft gehad. Getrokken uit een Persiaensch Boek, Adziájib Elmachloekhaat, dat is, de Wonderen des Waerelds genaemt, door den vermaerden Persischen History-schryver, Amier Choond, beschreven, en door mijn zorg in Persien vertaeld. (Witsen, *Noord en Ost Tartarye*, 1785, pp. 435/452.)

— Mémoires relatifs à l'état de l'Inde, par M. Hastings, traduits de l'Anglois par M. de

(SCHAH-ROKH.)

Lamontagne, & publiés par M. le Chevalier du P. Troisième édition, augmentée des Ambassades réciproques d'un Roi des Indes, de la Perse, &c., et d'un empereur de la Chine, traduites du Persan, avec des notes, &c. Par L. Langlès, officier de NN. SS. les Maréchaux de France. A Londres, et se vend à Paris chez Royez, MDCCLXXXVIII, in-8, pp. 176-viij-58.

— Mémoires historiques sur le sultan Schahrokh, par M. Quatremère... (*Jour. As.*, 3e Sér., II, 1836, pp. 193 et seq., 338 et seq.)

Contient le commencement du morceau suivant :

— Notice de l'ouvrage persan qui a pour titre : *Matla-assaadeïn ou-madjma-albahreïn* مطلع السعدين ومجمع البحرين et qui contient l'histoire des deux sultans Schahrokh et Abou-Saïd. (Manuscrit persan de la Bib. du Roi, No. 106 ; man. persan de la Bib. de l'Arsenal, No. 24.) Par M. Quatremère. (*Not. et Ext. des Ms.*, XIV, Pt. I, 1843, pp. 1 et seq.)

Cette notice intéressante à consulter sur les ambassades envoyées de la Chine est suivie de la traduction d'un morceau important qui comprend le récit de l'ambassade envoyée dans ce pays éloigné par Schah-Rokh :

— Récit de l'arrivée des Ambassadeurs qui avaient fait le Voyage du Khata. Exposition des merveilles et des choses extraordinaires qui concernent ce pays, pp. 387 et seq.

— The Embassy sent by Shah-Rukh to the Court of China A. D. 1419-1422. Abstracted from Quatremère's Translation in *Notices et Extraits*, XIV, Pt. I, pp. 387 seq. ; with Notes.

(Yule, *Cathay*, I, pp. CXCIX-CCXIV, Note XVII.)

— *Hist. gén. des Voyages*, VII, 1749, p. 374.

Josafa Barbaro,

vers 1436. Notes recueillies par lui sur la Chine pendant son ambassade en Perse.

— F. 1, blanc. — F. 2, *commence :* Questo e el Viazo de misier Ambrosio contarin ambasador de ‖ la illustrissima signoria de Venesia al signor Vxuncassam Re de ‖ Persia. ‖ ... In-4 de 24 ff. n. c., sig. a-f par 4 = 24 ff. — *Au bas du verso du dernier f. :* Impressum Venetiis per Hānibalem Fosium parmensem anno ‖ incarnationis domini. M cccclxxxvii . die . xvi . Ianuarii.

— Il Viazo ‖ del clarissimo ‖ Messer Ambrosio Con- ‖ tarini Ambasciator della Illustrissima ‖ Signoria di Venetia ‖ al Signor Vxuncassan ‖ Re de Persia. ‖ Venetia M.D.XLIII. Pet. in-8, pp. 40.

— Viaggi fatti da ‖ Vinetia, alla Tana, in Per ‖ sia, in India, et in Costanti ‖ nopoli : con la descrittione particolare di Città, ‖ Luoghi, Siti, Costumi, et della Porta del ‖ gran Tvrco : & di tutte le Intra- ‖ te, spese, & modo de gouerno ‖ suo, & della ultima Im ‖ presa contra Por ‖ toghesi. In Vinegia, M.D.XLIII, pet. in-8 de 180 ff.

Au recto du dernier f. : In Vinegia, nell' anno M.D.XLIII, nelle case de figlivoli di Aldo.

Contient : J. Barbaro, Ambrogio Contarini, deux ouvrages d'Alvigi di Giovanni et deux sans nom d'auteur. — Réimp. : Vinegia, Aldo, 1545, in-8 de 163 ff.

— Di Messer Iosafa Barbaro Gentil'hvomo Venetiano, Il viaggio della Tana, & nella Persia. (*Ramusio*, II, f. 91 B et seq.)

— Extracts regarding Cathay from the Narrative of Signor Josafa Barbaro. (Written about 1480, but the information acquired about 1436.) (Yule, *Cathay*, Note XVI, pp. CXCVII-IX, from *Ramusio*, ii, f. 106 v et 107.)

— Rervm ‖ Persicarvm ‖ Historia, ‖ initia gentis, mores, ‖ instituta, resque gestas ad haec usque tempora ‖ complectens, ‖ Auctore Petro Bizaro Sentinate. ‖ Cui accessit ‖ Et Appendix,... In eâ Josephi Barbari et Ambrosii Contareni ‖ Legatorum Reipub. Venetae Itineraria Persica : ‖ ... Francofvrti. ‖ Typis Wechelianis apud Claudium ‖ Marnium, & heredes Ioannis Aubrii. ‖ M.DCI, in-fol.

Barbaro, pp. 440 et seq. — Langlès (3275), Fr. 12.

— Lettere al Senato Veneto di Giosaffatte Barbaro, Ambasciatore ad Usunhasan di Persia. Tratte da un codice originale dell' I. R. Biblioteca di Vienna, e annotate per Enrico Cornet. Vienna, Libreria Tendler, 1852, br. in-8, pp. VIII-128 + 2 ff. n. c.

Bib. Soc. Géog. Paris, D $\frac{5}{209}$.

— Travels to Tana and Persia, by Josafa Barbaro and Ambrogio Contarini. Translated from the Italian by William Thomas, Clerk of the Council to Edward VI., and by S. A. Roy, and Edited, with an Introduction, by Lord Stanley of Alderley... London, Hakluyt Society, 1873, in-8. pp. XI-175.

Avec *Italian Travels in Persia...*, Edited by Charles Grey.

Nicolo de' Conti.

— Deux Voyageurs dans l'Extrême-Orient au XVe et au XVIe siècles. Essai bibliographique Nicolò de' Conti — Lodovico de Varthema par Henri Cordier... Extrait du Vol. X du *T'oung Pao*, No. 4. E. J. Brill, Leide, 1899, in-8, pp. 25.

Cent ex. sur Papier Van Gelder. — Avait paru dans le *T'oung Pao*, X, 1899, pp. 380/404.

— Marco Paulo. — Ho liuro de Nycolao Veneto...Lyxboa, 1502. [*Vide supra*, col. 1975.]

— Cosmographia breue introductoria en el libro d' Marco Paulo. Sevilla, 1503. [*Vide supra*, col. 1975-6.]

— Libro del famoso Marco Polo... Logroño, 1529. [*Vide supra*, col. 1976.]

— Discorso di M. Gio. Battista Ramvsio sopra il Viaggio di M. Nicolo Di Conti, Venetiano. (*Navigationi*, 1606, I, f. 338.)

— Viaggio di M. Nicolo di Conti, Venetiano, descritto per Messer Poggio Fiorentino. (*Ibid.*, ff. 338/345.)

— The Voyage of Nicolo di Conti a Venetian, to the Indies, Mangi, Cambalu and Quinsai, with some Obseruations of those places. (Purchas, III, lib. I, C. 7, pp. 158/159.)

D'après Ramusio.

« Nicolo di Conti a Venetian, hauing trauelled quite thorow India, after fiue and twentie yeeres returned home; and because to saue his life he had made denyall of his Faith, hee went to the Pope (then Eugenius the Fourth, an. 1444) being at Florence, to obtayne absolution; who enioyned him in way of penance, truly to make Narration of his Voyage, and whole Peregrination to his Secretarie Poggius, who writ it in the Latine tongue. Ramusio sought for it in Venice and other Cities of Italie in vaine, and at last heard that it was translated into Portugall by the care of king Emanuel, An. 1500, a Copy whereof he procured from Lisbon, but so corrupt, that he doubted to publish it, which yet for want of better he did; and we out of him these Obseruations », p. 158.

— Marcus Paulus Venetus Reisen... door J. H. Glazemaker vertaalt... Amsterdam, 1664. [*Vide supra*, col. 1986-7.]

— Eenige Aanmerkingen uyt de Reys van Nicolo de Conti, Een Venetiaan, na Indiën, Mangi, Cambalu en Quinsay, gedaan 1419 en vewolgens.

Dans le Vol. I du Recueil de P. v. d. Aa, in-8, 1707 et in-folio [col. 1942-3].

— Poggii Bracciolini Florentini Historiae de varietate fortunae libri quatuor, ex ms. codice Bibliothecae Ottobonianae nunc primum editi, & Notis illustrati a dominico Georgio. Accedunt ejusd. Poggii Epistolae LVII. quae nunquam antea prodierunt. Omnia a Joanne Oliva Rhodigino vulgata. Lutetiae Parisiorum, Typis Antonii Urbani Coustelier, Serenissimi Aurelianensium Ducis, Typographi. M.DCC.XXIII. Cum privilegio Regis, in-4, pp. XXVIII-294 et 2 f. n. c., un à la fin, l'autre après les prél.

Le Liv. IV, pp. 123/152, comprend N. Conti.

— Une trad. a été donnée dans *India in the Fifteenth Century*, publié par R. H. Major, en 1857, pour l'Hakluyt Society; la traduction et les notes de Conti sont de Winter Jones.

— Viaggio di Niccolo' di Conti Veneziano, scritto per M. Poggio Fiorentino. (*Relazioni di Viaggiatori*, 1841, I, pp. 233/278.)

— Die Kenntniss Indiens im fünfzehnten Jahrhunderte, von Dr. Friedrich Kunstmann, ordentlichen Lehrer des Kirchenrechtes an der Hochschule zu München. München, 1863, J. G. Weiss, br. in-8, pp. 66.

— Die Reisen des Nicolo Conti. (*Das Ausland*, Augsburg, 1863, Nr. 16, pp. 380/3.)

Art. sig. O. F. P.[eschel.]

— Der Reisende Niccolò de' Conti. Von Wilhelm Heyd. (*Ibid.*, Stuttgart, 20. Juni 1881, No. 25, pp. 481/3.)

— Andanças é Viajes de Pero Tafur por diversas partes del mundo avidos. (1435-1439.) Madrid, Imprenta de Miguel Ginesta, 1874, 1 vol. in-8, en deux parties, pp. XXVII, 1 à 320, 321 à 618.

Forme le tome VIII de la *Colleccion de Libros españoles raros ó curiosos*, de la librairie de Murillo, à Madrid.

La préface est signée M. JIMENEZ DE LA ESPADA.

— Pero Tafur, i suoi Viaggi e il suo incontro col veneziano Nicolò de' Conti pel socio Cornelio Desimoni. (*Atti della Società Ligure di storia patria*, Vol. XV, Genova, 1881, pp. 329/352.)

— Vincenzo Bellemo. I viaggi di Nicolo de' Conti riscontrati ed illustrati con proemio storico, documenti originali e carte geografiche. Milano, A. Brigola &c., Editori [1883], in-12, pp. 336, 1 carte.

— Il Niccolò de' Conti del sig. Bellemo. Relazione di F. Porena. (*Bol. Soc. Geog. ital.*, XX, 1883, pp. 756/764.)

— Dal Viaggio di Niccolò di Conti. (A. de Gubernatis, *Storia dei Viag.*, pp. 161/186.)

— C. Bullo. La vera patria di Nicolò de' Conti e di Giovanni Caboto Studj e Documenti. Chioggia, Tipografia di Lodovico Duse, 1880, in-4, pp. XXXIII-91.

— Voir Zurla, *Di Marco Polo*, II, pp. 187/198.

— Gli illustri Viaggiatori italiani... per Pietro Amat di S. Filippo... Roma, 1885, in-8.

Nicolo dei Conti, 1404-1444, pp. 61 seq.

— Richthofen, *China*, I, pp. 621, 637, 639 a, 644.

TOSCANELLI,

indique une ambassade envoyée par le Grand Khan au pape Eugène IV, 1431-1447.

La lettre de Toscanelli à Fernam Martins parut interpolée dans les *Historie del S. D. Fernando Colombo...* In Venetia, MDLXXI, pet. in-8; mais l'original est en latin et non en italien; c'est à M. Henry Harrisse, le savant bibliographe que l'on doit cette découverte. Cf. *L'Histoire de Christophe Colomb attribuée à son fils Fernand.* Examen critique du mémoire lu par M. d'Avezac, membre de l'Institut de France à l'Ac. des Insc. et B. L. dans ses séances des 8, 13 et 22 août 1873 par M. Henry Harrisse. Paris 1875 (Ext. du *Bul. de la Soc. de Géog.*, Oct. et Nov. 1874) aux pp. 56/57.

Le texte original latin, écrit à Fernam Martins par Toscanelli, et communiqué par ce dernier à Christophe Colomb a été copié entièrement de la main du grand navigateur, et complète un des quatre feuillets de garde à la fin du volume suivant qui se trouve à la Biblioteca Colombina de Séville : *Pii. II. Pontificis maximi. Historia rervm vbique Gestarvm. Cvm locorvm descriptione non finita Asia minor incipit... Impressioni Venitiis dedicta : per Iohannem de colonia sociumque eius Iohannem manthen de Gherretzem anno millesimo : ccccixxvii;* in-fol., 105 f. n. c. en caractères romains.

M. Harrisse, à qui j'adresse mes sincères remerciements pour ces précieuses indications, a publié ce texte latin, pp. 178/180, de son magnifique ouvrage :

— Fernand Colomb, sa vie, ses œuvres. Essai critique par l'auteur de la *Bibliotheca Americana Vetustissima*. Paris, Tross, MDCCCLXXII, gr. in-8.

— Extract from a letter of Paolo dal Pozzo Toscanelli to Fernando Martinez, Canon of Lisbon. (Written 25th June, 1474.) (Yule, *Cathay,* I, Note XV, pp. CXCVI-VII.)

Cette lettre est extraite de *Del Vecchio e Nuovo Gnomone Fiorentino, etc., di Lionardo Ximenes della Comp. di Gesù, Geografo di sua Maestà Imp.*, Firenze, 1757, pp. LXXXI-XCVIII.

Elle a été également traduite en anglais par Henry Harrisse dans *The Discovery of North America,* Paris, 1892, pp. 381/4.

— Ricerche intorno a Paolo dal Pozzo Toscanelli. Ricerca 1. — Della confusione di nomi e di persone fra Marco Polo e Paolo Toscanelli, di Gustavo Uzielli. (*Bol. Soc. geog. ital.*, 1873, IX, pp. 114/123.) — Ricerca 2. — Della grandezza della terra secondo Paolo Toscanelli. (*Ibid.*, X, Part I, 1873, pp. 13/28.)

— G. Uzielli. — Epistolario Toscanelliano e i Danti. Roma, 1889.

— Paolo dal Pozzo Toscanelli e la circumnavigazione dell' Africa secondo la testimonianza di un contemporaneo. In Firenze, pei tipi di Salvadore Landi Direttore dell' Arte della Stampa — 1891, br. pet. in-4, pp. 26.

Par Gustavo Uzielli. — Nozze Carmi-Niemack.

On lit au verso du faux-titre : « Edizione di cento-due esemplari numerati, di cui : 2 in carta azzurra di Pescia, e 100 in carta bianca velina di Fabriano ».

— G. Uzielli. — Paolo Toscanelli iniziatore della scoperta d'America. Firenze, 1892, in-12.

— TOSCANELLI. Notes et Documents concernant les rapports entre l'Italie et l'Amérique. Tome I. — N. 1. — G. Uzielli, Directeur. — Janvier 1893, in-4, pp. 40. [Florence.]

— G. Uzielli. — La Vita e i Tempi di Paolo Dal Pozzo Toscanelli. Roma, 1894, in-fol., pp. 746, cartes et pl.

Dans la *Raccolta Colombiana.*

— Gustavo Uzielli — Toscanelli, Colombo e la Leggenda del Pilota. Firenze, M. Ricci, 1902, in-8, pp. 38.

Est. dalla *Rivista geog. italiana,* Anno IX, fasc. I, 1902.

(TOSCANELLI.)

— Christophe Colomb et Toscanelli. Paris, M DCCC XCIII, br. in-8, pp. 12.

Extrait de la *Revue critique d'histoire et de littérature* (Numéro du 9 octobre 1893). — A propos de *The Journal of Christopher Columbus...* by C. R. Markham. — Art. signé B. A. V. = *Bibliotheca Americana vetustissima* = Henry Harrisse.

— La Lettre et la Carte de Toscanelli sur la route des Indes par l'Ouest adressées en 1474 au Portugais Fernam Martins et transmises plus tard a Christophe Colomb Étude critique sur l'authenticité et la valeur de ces documents et sur les sources des idées cosmographiques de Colomb suivie des divers textes de la lettre de 1474 avec traductions, annotations et facsimilé par Henry Vignaud Premier Secrétaire de l'Ambassade des Etats-Unis... Paris, Ernest Leroux, 1901, in-8, pp. XXIX-319 + 1 f. n. ch.

Forme le Vol. XVIII du *Recueil de Voyages et de Documents...* publié par MM. Charles Schefer et Henri Cordier.

— Henry Vignaud — La Lettre de Toscanelli du 25 juin 1474 sur la route des Indes par l'Ouest Traduction française faite sur la photographie et les transcriptions du texte latin unique de la Colombine données par M. Harrisse et par la *Raccolta Colombiana* accompagnées de notes critiques, historiques et géographiques — Tirage à part de l'Appendice A du volume : *La Lettre et la Carte de Toscanelli,* etc. — Paris, Ernest Leroux, 1901, in-8, br., pp. 22 + 1 f. n. ch.

— Mémoire sur l'authenticité de la Lettre de Toscanelli du 25 juin 1474 adressée d'abord au Portugais Fernam Martins et plus tard a Christophe Colomb par Henry Vignaud... (Extrait du *Compte rendu du Congrès international des Américanistes,* tenu en septembre 1900.) — Précédé d'une réponse a mes critiques (Lettres à MM. G. Uzielli, Hermann Wagner et L. Gallois) — Paris, Ernest Leroux, 1902, in-8, pp. XL-31 + 2 ff. n. ch.

— Toscanelli and Columbus — Letters to Sir Clements R. Markham, C. B., F. R. S. President Royal Geographical Society, etc. and to C. Raymond Beazley, M. A. With an Introductory Note and the Bibliography of this Controversy. London, Sands & Co., 1903, in-8, pp. 31.

— Toscanelli and Columbus — A Letter from Sir Clements R. Markham, K. C. B., F. R. S.... and a Reply from Mr. Henry

(TOSCANELLI.)

Vignaud. London, Sands & Co., 1903, in-8, pp. 40.

— La Route des Indes et les indications que Toscanelli aurait fournies à Colomb Lettre au Dr Jules Mees, de Gand qui pourra intéresser le Dr Sophus Ruge, de Dresde, par Henry Vignaud... Paris, Ernest Leroux, 1903, in-8, pp. 35.

— Notes on the So-called Second Letter of Toscanelli, Supposed to Have Been Addressed to Christopher Columbus, and Its Bearing on the History of the So-called First Letter. By John B. Shipley. In-8, p. 305 à p. 325.

Reprinted from the *Transactions of the International Congress of Americanists*, 1902.

— La Solution de tous les problèmes relatifs à Christophe Colomb et, en particulier, de celui des origines ou des prétendus inspirateurs de la Découverte du Nouveau Monde par M. Gonzalez de la Rosa... (Mémoire extrait du *Compte rendu du Congrès international des Américanistes*, tenu en septembre 1900.) Paris, Ernest Leroux, 1902, br. in-8, pp. 22.

Ces ouvrages sont la base d'une controverse qui a donné lieu à de nombreux écrits que nous ne pouvons tous citer ici, mais dont la liste est imprimée dans le travail suivant :

— Bibliografia della polemica concernente Paolo Toscanelli e Cristoforo Colombo originata dalle comunicazioni di Gonzalez de la Rosa e di Enrico Vignaud al Congresso degli Americanisti tenuto a Parigi nel settembre del 1900. — Saggio compilato da Enrico Vignaud... tradotto con Introduzione e aggiunte da Gustavo Uzielli. Napoli, A. Tocco-Salvietti, 1905, in-8, pp. 36.

Est. dagli *Atti del V. Congresso Geog. Italiano*, Napoli, 1904, Vol. II, Sez. IV (Storica), pp. 479-514. — Tiré à 110 ex., dont 10 sur papier à la main.

Antonio Pigafetta.[1]

— Le voyage et na- ‖ uigation | faict par les Espaignolz es ‖ Isles de Mollucques. des isles quilz ‖ ont trouue audict voyage | des roys ‖ dicelles | de leur gouuernement ꝛ ma- ‖ niere de viure | auec plusieurs aultres ‖ choses. ‖ Cum priuilegio. ‖ ¶ *On les vend a Paris en la maison de ‖ Simon de Colines | libraire iure de lu ‖ niuersite de Paris | demourãt en la rue ‖ Sainct Jehan de Beauluais | a lensei- ‖ gne du Soleil Dor.* Pet. in-8, goth. de 76 ff. c. [les 9 premiers ff. ne sont pas ch., le f. 9 étant le premier ch.] + 4 ff. à la fin.

Ce livre n'est qu'un extrait fait par Ant. Fabre, parisien, d'après le manuscrit italien qu'Amoretti a publié depuis. C'est ce même extrait qui a ensuite été traduit en italien, impr. séparément [*vide infra*] et inséré depuis par Ramusio dans sa collection.

On lit au recto du 2e f. : ¶ *Le voyage ꝛ nauigation aux isles de ‖ Mollucque ‖ descrit ꝛ faict de ‖ noble homme Anthoine Pigaphetta Vin ‖ cẽtin | cheualier de Rhodes | presen ‖ tee a Philippe de Villiers lisle adam ‖ grant maistre de Rhodes. commẽce ‖ le dict voyage lan mil cinq cens dix- ‖ neuf | et de retour Mil. ccccc. xxii. le ‖ huytiesme iour de Septembre.*

Au bas du f. 76 : ¶ *Cy finit lextraict dudict liure | ‖ translate de Italien en ‖ Francois.* Bib. nat., $\frac{O1}{429}$ (Réserve).

«Vend. 14 fr. 50 c. La Vallière ; 30 fr Eyriès, et serait plus cher aujourd'hui.» (Brunet.)

— Il Viaggio fatto da gli Spagniuoli a Torno a'l Mondo. Con gratia per Anni xiiii. *S. l.*, [*Venezia*], mdxxxvi, in-4 de 4 ff. lim., et 48 ff., sig. *a-m* × 4.

Ce précieux volume se compose de 2 parties ; la première est la traduction italienne de la relation faite par Maximilianus Transylvanus du voyage de Magellan autour du Monde, de 1519 à 1522, et la seconde est la traduction italienne de la relation de ce même voyage faite par le compagnon et l'ami de Magellan, Ant. Pigafetta.

La relation de Maximilianus Transylvanus est rédigée sous la forme d'une épître adressée à l'archevêque de Salzbourg et écrite de Valladolid. L'original latin vit le jour à Cologne en 1523. (Harrisse, *Bib. Amer. Vet.*, no. 122.)

La relation de Ant. Pigafetta fut publiée en français, à Paris, vers 1525 (Harrisse, *Bib. Amer. Vet.*, no. 134) ; la traduction italienne est l'œuvre d'Ant. Fabre.

Les 4 ff. prél. comprennent le titre et un avis *A'l lettore* ; le dernier f. contient un vocabulaire de 8 mots brésiliens, 38 mots recueillis d'un géant pris au fleuve San Juliano et de 47 mots de l'île Tidore.

Cf. H. Harrisse sous le no. 215 de la *Bibliotheca Americana*.

— * Le même. Venise, 1534, in-4.

— A briefe declaration of the vyage or navigation made abowte the worlde. Gathered owt of a large booke written hereof by master Antonie Pygafetta Vincentine, knyght of the Rhodes and one of the coompanye of that vyage in the which *Ferdinando Magalianes* a Portugale (whom sum caule *Magellanus*) was generall capitayne of the nauie. (F. 216 et seq. de *The Decades of the newe worlde or west Indie*... Wrytten in the Latine tounge by Peter Martyr de Angleria, and translated into Englysshe by Rycharde Eden. London, In aedibus Guilhelmi Powell, Anno 1555, in-4.)

— Viaggio atorno il Mondo fatto & descritto per M. Antonio Pigafetta Vicentino Caualier di Rhodi, & da lui indrizzato al Reuerendissimo gran Maestro di Rhodi M. Philippo di Villiers Lisle adam tradotto di lingua Francesa nella Italiana. (*Ramusio*, I, 1563, f. 352 B.)

Sur la Chine, f. 369.

— Primo Viaggio intorno al Globo terracqueo ossia Ragguaglio della Navigazione

1. Ne pas confondre notre Pigafetta avec l'auteur du livre suivant :

— Itinerario di Marc'Antonio Pigafetta gentil'huomo Vicentino. All'illustrissimo. Signore Eduardo Seymer Conte d'Hertford, &c. Londra Appresso Giouanni Wolfio Inghilese. 1585, in-4, pp. 141 suivies de 2 pages de table ; 3 ff. prél. de dédicace.

Le titre est entouré d'un encadrement très orné.

alle Indie Orientali per la via d'Occidente fatta dal cavaliere Antonio Pigafetta Patrizio Vicentino Sulla Squadra del Capit. Magaglianes negli anni 1519-1522. Ora pubblicato per la prima volta, tratto da un Codice Ms. della Biblioteca Ambrosiana di Milano e corredato di note da Carlo Amoretti Dottore del Collegio Ambrosiano. Con un Transunto del Trattato di Navigazione dello stesso Autore. In Milano MDCCC. Nella Stamperia di Giuseppe Galeazzi... In-4, pp. LII-237.

— Viaggio attorno il Mondo fatto e descritto per Antonio Pigafetta Vicentino, indrizzato al reverendissimo gran Maestro di Rodi messer Filippo di Villiers de-l'Isle-Adam ; tradotto di lingua francese nella italiana. (*Relazioni di Viaggiatori*. Venezia, 1841, II, pp. 303/414.)

— Premier Voyage autour du Monde, Par le Chev^r Pigafetta, sur l'escadre de Magellan, pendant les années 1519, 20, 21 et 22 ; Suivi de l'extrait du Traité de Navigation du même auteur ; et d'une Notice sur le chevalier Martin Behaim, avec la description de son Globe terrestre. Orné de cartes et de figures. A Paris, chez H. J. Jansen, L'an IX, in-8, pp. LXIV-415, plus 1 f. de table.

Leclerc, *Bib. Am.* (449), Fr. 16.

— Traduit en anglais dans *Pinkerton*, XI, pp. 288/420.

— Magellan's Voyage Around the World by Antonio Pigafetta. The original text of the Ambrosian Ms., with English translation, notes, bibliography, and index by James Alexander Robertson. With portrait, and facsimiles of the original maps and plates. Cleveland, U. S. A. The Arthur H. Clark Company 1906, 2 vol. in-8, pp. 273, 313 + index, in-8, pp. 88.

Publié à 350 exemplaires. — La bibliographie, très complète, occupe les pp. 241/313 du Vol. II ; nous y renvoyons nos lecteurs.

MANUSCRITS. — *Paris* : Bib. nat., Fonds français, 5650-24224. — *Cheltenham* : Bib. de Sir Thomas Philip, ms. franç., avait appartenu à Solar et à Libri. — *Milan* : Bib. Ambrosiana, *Cod. Chart.* L. *108 super* ; c'est le ms. traduit en italien moderne par Amoretti. — *Padoue* : Bib. Univ., XVIII S., version de l'abrégé franç. de Fabre publiée par Ramusio. (Voir H. Harrisse, *Bib. Am. Vetustissima*, Add., pp. XXVIII-XXXIV).

Filippo Sassetti.

— Lettere di Filippo Sassetti. (*Relazioni di Viaggiatori*, Venezia, 1841, II, pp. 127/275.)

— Ces lettres parurent d'abord dans le Vol. III, P. IV, de *Prose Fiorentine*, pp. 1/236.

— Lettere di Filippo Sassetti sopra i suoi viaggi nelle Indie Orientali dal 1578 al 1588. Reggio, dalla stamperia Torreggiani e C., 1844, in-8, pp. XI-239 s. la table et les errata.

— Lettere edite e inedite di Filippo Sassetti raccolte e annotate da Ettore Marcucci. Firenze, Felice Le Monnier, 1855, pet. in-8, pp. XLVII-575.

— Lettere di Filippo Sassetti sopra i suoi viaggi nelle Indie Orientali dal 1578 al 1588. Torino, Tip. dell'Oratorio di S. Franc. di Sales, 1871, in-16, pp. XI-255.

Forme le Vol. XXV de la *Biblioteca della Gioventù Italiana*.

— Lettere di Filippo Sassetti correte, accresciute e dichiarate con note aggiuntavi la vita di Francesco Ferrucci scritta dal medesimo Sassetti rivista ed emendata. Milano, Edoardo Sonzogno, 1874, in-16, pp. 398.

La préface est de Eugenio Camerini. — Ce vol. est le No. 18 de la *Biblioteca classica economica*, publiée par vol. de une lira.

— Dalle lettere di Filippo Sassetti edite da Ettore Marcucci. (A. de Gubernatis, *Storia dei Viag.*, pp. 187/227, 364/372.)

Abraham Farissol,

rabbin plus connu sous le nom de Peritsol.

— * Iggheret orechot olam, *c'est-à-dire*, Petit traité des chemins du monde. — Composé en 1525.

* Publié d'abord en hébreu à Venise, 1587.

— אגרת אורחות עולם Id est, Itinera Mundi, sic dicta nempe Cosmographia, Autore Abrahamo Peritsol. Latinâ Versione donavit & Notas passim adjecit Thomas Hyde, S. T. D. é Coll. Reginae Oxon. Protobibliothecarius Bodlejanus. Texte hébreu et trad. latine.

Dans le Vol. I du *Syntagma Dissertationum* de Hyde, Ox., 1767, pp. XXVIII-244.

Hyde avait déjà publié le texte et cette trad. à Oxford, 1691 ; — * hébreu, à Offembach, 1720 ; Ugolini l'a aussi inséré dans le tomo VII de son *Tesoro delle antichità sacre*.

— *Biog. univ.* : Art. *Farissol*, par Silvestre de Sacy ; et *Hyde*, par Jourdain.

Cette relation n'a d'ailleurs aucun intérêt pour nous, car la seule allusion qu'elle contienne à la Chine et peut-être à Cambalu se trouve dans le chap. XXVIII ; quelques notes intéressantes de Hyde se rapportent plus directement à notre sujet.

Hadji Mahomed.

« Parmi conueniente qui ancora aggiungere vn breue sommario fattomi dal sudetto Chaggi Memet mercante Persiano, auanti il suo partire di questa città, d'alcuni pochi particolari della città de Campion & di quelle genti : li quali si come da lui breuemente & per capi furono referiti, cosi io qui nel medesimo modo gli raccontero a beneficio & vtile de benigni lettori. » (Ramusio, II, 1606, *Espositione sopra Marco Polo*, f. 16.)

— Reports of Chaggi Memet, a Persian of Tabas in the Prouince of Chilan, touching his Trauels and Obseruations in the Countrey of the Great Can, vnto M. G. Baptista Ramvsio. (Purchas, *His Pilgrimes*, III, lib. I, c. IX, pp. 164/166.)

— The Relation of Chaggi Memet, a Persian Merchant, to Baptista Ramusius, and other Eminent Citizens of Venice, concerning the way from Thauris in Persia, to Campion, a City of Cathay, by Land ; which he travel'd himself before with the Caravans. (*Travels of Avril*, Lond., 1693, p. 162.)

— Hajji Mahomed's account of Cathay, as

delivered to Messer Giov. Battista Ramusio. (Circa 1550.)

(Yule-Cathay, I, Note XVIII, pp. CCXIV-CCXX. From the « *Espositione of M. Giov. Batt. Ramusio*, prefixed to the travels of Marco Polo, in the II vol. of the *Navigationi e Viaggi* », f. 14 vers. to f. 16 vers.)

— Voir sur Mahomed la collection d'*Astley* où il est appelé *Haji Mehemet*, Vol. IV, pp. 638/641.

Auger Gislen de Busbeck,

ambassadeur de Charles-Quint près de la Porte, 1551-1562, recueille la relation d'un derviche turc.

Ogier Ghiselin, sr de Busbecq ou Bousbecque, né à Commines en 1522 ; † 28 oct. 1592.

Voir la *Bibliotheca Belgica*, de Ferd. Vander Haeghen.

— Den Kaizarlijkken Gezant, Aug. Gisleen Busbeeq, Aan den Grooten Soliman. Vertaald door Adriaan van Nispen. Tot Dordregt, Voor Abraham Andriessz, Boekverkooper vvonende in't Schrijf-boek, 1652, in-12.

— Lettres du Baron de Busbec, Ambassadeur de Ferdinand I. Roy des Romains, de Hongrie, &c., auprès de Soliman II. Empereur des Turcs. Nommé ensuite Ambassadeur de l'Empereur Rodolphe II. à la Cour de France, sous le regne de Henry III. Traduites en François, avec des Notes Historiques & Géographiques. Par M. l'Abbé De Foy, Chanoine de l'Eglise de Meaux. Dédiées à Monseigneur le Comte d'Argenson, Secrétaire d'Etat, & Ministre de la Guerre. A Paris, Chez Bauche... Laurent d'Houry. M.D.CC.XLVIII, 3 vol. in-12.

Vol. II, pp. 310 et seq. : « Voici ce que m'a dit un certain Turc vagabond, du Royaume de Cataye & de la ville capitale. Cet homme étoit de ceux, qui par un motif de piété parcourent les Pays les plus éloignés, & n'honorent Dieu que sur les montagnes, ou sur des éminences, ou dans des lieux vastes et déserts. Celui-çi avoit voyagé presque dans tout l'Orient, & s'étant associé avec des Portugais Marchands qui alloient en caravane en Cataye, il y étoit allé aussi. Il me dit qu'ils passèrent par des routes peu pratiquées à cause du grand nombre de voleurs qui sont dans ces Pays. Lorsqu'ils eurent quitté les Confins de la Perse, ils trouvèrent deux ou trois Villes, qu'il me dit que l'on appeloit *Sammercanda*, *Borchara & Taschan*, ils entrèrent ensuite dans de grands déserts, dont une partie est habitée par des Peuples féroces & tout-à-fait incapables d'aucune société, même entr'eux, & certains Cantons par d'autres Peuples un peu plus sociables, mais les uns & les autres sont également dépourvûs de vivres. Si les voyageurs n'avoient la précaution d'en charger grand nombre de chameaux, ils coureroient les risques d'en manquer à chaque instant.

« Enfin, après plusieurs mois de marche, ayant couru mille dangers, ils arriverent aux portes du Royaume, où le Roi tient une forte garnison. Là on interroge les Marchands sur ce qu'ils portent, d'où ils viennent, & en quel nombre ils sont. Dès que cette garnison est informée de ce qu'elle veut sçavoir, elle en donne avis la nuit suivante à la sentinelle de la plus proche Garnison, par un fallot qu'elle allume sur une hauteur; celle-çi donne le même signal dans l'instant à la sentinelle suivante, ainsi, comme de bouche en bouche, l'arrivée de tous les Etrangers parvient au Roi dans quelques heures, tandis que le Courier le plus diligent ne pourroit le faire que dans plusieurs jours. Le Roi avec la même promptitude, & avec la même voye, répond ce qu'il juge à propos ; un certain signal, signifie qu'on laisse entrer, un autre, que l'on fasse attendre, un autre, que l'on refuse l'entrée.

« Si l'entrée est permise, ils marchent sous la conduite de certains Officiers, & logent dans des hôtelleries éloignées de distance égale les unes des autres, dans lesquelles ils trouvent à juste prix tout ce qui est nécessaire pour la vie ; arrivés à Mancup, il faut faire une déclaration bien exacte des Marchandises que l'on apporte, ensuite on va faire sa cour au Roi, & lui donner des présens tels qu'on le juge à propos. Il achete ce qui lui plaît, & fixe un prix pour tout le reste qu'il n'est pas permis d'excéder ; il indique ensuite un jour dans lequel on expose en vente toutes les marchandises nouvellement arrivées ; le commerce se fait en échange, ou en espèce ; & dès que les marchands ont vendu ce qu'ils aveient apporté, on leur donne leur audience de congé ; les mêmes officiers, sous la conduite desquels ils étoient arrivés, les reconduisent, & on les fait loger dans les mêmes hôtelleries ; ces Peuples ont des Préjugés si désavantageux sur les mœurs des Etrangers, qu'ils souffrent le moins qu'ils peuvent, qu'ils restent parmi eux de peur de contracter quelques-uns de leurs vices.

« Ils ont tous l'esprit vif et pénétrant, & ont de la douceur dans le caractère : ils se gouvernent dans une grande politique ; leur Religion diffère également du Christianisme, du Judaïsme et du Mahométisme ; aux cérémonies près cependant, elle a plus de rapport avec celle des Juifs, qu'avec les deux autres. Ils ont depuis bien des siècles l'usage de l'impression, ce qu'on voit par quelques-uns de leurs livres qui sont fort anciens, leur papier est de soye, & si fin, que l'on ne peut l'imprimer que d'un côté.

« Le Commerce le plus considérable que l'on y fait est le Musc que l'on y trouve en grande quantité ; ce qu'on peut leur porter de plus précieux, ce sont des Lions. Voilà tout ce que j'ai appris du Royaume de Cataye ; comme je n'ai que ce vagabond de Turc pour garant de ce que je viens de vous en raconter, je ne vous donne pas cette relation comme bien certaine. Je lui demandai ensuite, s'il n'avoit point rapporté de ces Pays si éloignés quelques plantes rares, ou quelques fruits, ou quelques pierres ; rien, me dit-il, si ce n'est cette petite racine que je porte toujours avec moi, pour m'en servir dans un besoin pressant. Quel est donc l'usage que vous en faites ? lui répliquai-je. Lorsque je me trouve faible, me répondit-il, & transi de froid, j'en mache un petit morceau : sur le champ je suis réchauffé, et je recouvre mes forces. C'étoit du napel. »

Les deux premières lettres de Busbeck furent publiées à Anvers en 1581 par Louis Carrion sous le titre d'*Itinera Constantinopolitanum & Amazianum*. En 1590, on ajouta les deux suivantes avec le titre d'*Augerii Gislenii Turcicae legationes epistolae quatuor*. — *Ibid.*, 1592. — En 1632, on ajouta à la collection les lettres de l'empereur Rodolphe

Les éditions des lettres de Busbeck sont assez nombreuses : Utrecht, Nicolas Chevalier, 1716, in-12 ; Amsterdam, Nicolas Chevalier, 1718, in-12.

— Account of Cathay by a Turkish Dervish, as related to Auger Gislen de Busbeck (Circa 1560).

(Cathay by Yule, I, Note XIX, pp. CCXX-CCXXI, From *Busbequii* Epistolae. Amsterdam, 1661, pp. 326/330.)

— * Dupuis. Etudes sur l'embassade d'Auger de Bousbecques en Turquie. *Lille*, 1860, in-8, br., pp. 40 (*extr.*).

— Quelques notes bibliographiques pour servir à l'étude des ouvrages de Philippe de Comines et d'Auger de Bousbecques. *Lille*, 1871, br. in-8, pp. 45, 9 portr. et vue, (*extrait*).

Voyages dans les temps modernes. [1]

Galeotto Pereira.

— Certaine reports of the prouince of China learned through the Portugals there imprisoned, and chiefly by the relation of

1. Il faudra consulter également les chap. : *Ouvrages généraux*. — *Géographie*. — *Missions catholiques*. — *Missions protestantes* — *Relations des Russes*, *des Hollandais*, *des Anglais*, etc., avec les Chinois.

Galeotto Perera, a Gentleman of good credit, that lay prisoner in that Countrey many yeeres. Done out of Italian into English by *Richard Willes.* (Hakluyt, II, 2d. Pt., 1599, pp. 68/80.)

— The relation of Galeotto Perera, a Gentleman of good credit, that lay Prisoner in China. (Purchas, *His Pilgrimes*, Lond., 1625, III, Lib., C.XI.)

GASPAR DA CRUZ.

— Tractado em que se ‖ cōtam muito por estēso as cousas ‖ da China, cō suas particulari ‖ dades, ꝛ assi do reyno dormuz ‖ cōposto por el. R. padre frey ‖ Gaspar da Cruz da ordē ‖ de sam Domingos. ‖ Dirigido ao muito poderoso Rey dom ‖ Sebastiam nosso señor. ‖ Impresso com licença. 1569, pet. in-4, de ff. 88. n. c. — Sig. *a-l* par 8.

Lettres gothiques. Au-dessus du titre précédent un écusson ; le titre encadré. — A la fin : *Foy impresso este tratado da ‖ China, na muy nobre ꝛ sempre leal cidade de Euora ‖ em casa de Andre de Burgos impressor ꝛ caua ‖ lleiro da casa do Cardeal Iffante. Acabou ‖ se aos. xx. dias de feuereiro de mil qui ‖ nhentos ꝛ setenta.*

Très rare. — Bib. nat. O_1^2n.

— Tractado em que se contam muito por estenso as cousas da China, com suas particularidades, e assi do reyno dormuz composto por el R. Padre Frey Gaspar da Cruz da ordem de Sam Domingos. Dirigido ao muite poderoso Rey Dom Sebastiam nosso señor. Impresso com licença. 1569. Segunda ediçao. Lisboa, na Typographia Rollandiana, 1829, in-16 [occupe 195 pages dans le Vol. IV des Voyages de Pinto publiés à Lisbonne en 1829].

— A Treatise of China and the adioyning Regions, written by Gaspar Da Crvz a Dominican Friar, and dedicated to Sebastian King of Portugall : here abbreuiated. (Purchas, *His Pilgrimes*, III, lib. I, C. x, pp. 166 et seq.)

HERRADE (le P. Martin). — MARIN (le P. Hiéronyme).

— Seconde Partie de l'histoire dv Grand Royavme de la Chine, contenant le voyage que P. Martin de Herrade, et F. Hieronyme Marin auec ceux de leur compagnie ont fait deuers ce Royaume en l'an 1577. ensemble leur entree en iceluy, & tout ce qu'ils y ont veu & entendu l'espace de quatre mois, et seize jours qu'ils y ont esté. [Voir la IIe Partie de l'ouvrage de *Mendoza*, Liv. I. — Voir col. 8 et seq.]

ALFARO (le P. Pedro d').

— Seconde Partie de l'histoire dv Grand Royavme de la Chine, contenant le voyage que P. Pedre d'Alfare, Gardien des Philippines, de l'ordre de S. François, de la Prouince, S. Joseph, & trois autres Religieux du mesme ordre ont fait vers ce grand Royaume, en l'an 1579 : ensemble leur entrée miraculeuse en iceluy, & ce qu'ils y ont veu, & entendu, & leur est aduenu en sept mois, qu'ils y ont esté. [Voir la IIe Partie de l'ouv. de *Mendoza*, Liv. II. — Voir col. 8 et seq.]

« Lo scrittore del viaggio non fu veramente il Padre Alfaro ma uno de' suoi compagni, cioè il Padre Agostino de Tordesillas... » (Marcellino da Civezza, No. 18.) [Voir Tordesillas, col. 1205/6.]

IGNACE (le Père).

— Seconde Partie de l'histoire dv Grand Royavme de la Chine, contenant vn itineraire du nouueau monde, ensemble le voyage de P. Martin Ignace, Gardien de l'ordre de S. François, lequel en l'année 1584. est allé depuis Espagne iusques à la Chine, & de la Chine est retourné en Espagne par les Indes orientales, apres, auoir fait le tour de la terre : Auec vn abbregé & epitome des choses plus singulieres & notables, qu'il a veuës & entendues audit voyage. [Voir la IIe. Partie de l'ouvrage de *Mendoza*, Liv. III. — Voir col. 8 et seq.]

Voir Marcellino da Civezza, *Saggio di Bibliografia sanfrancescana*, No. 363.

∴

— The rare Trauailes of *Iob Hortop*, an Englishman, who was not heard of in three and twentie yeeres space. Wherein is declared the dangers he escaped in his voiage to Gynnie, where after hee was set on shoare in a wildernes neere to Panico, hee endured much slauerie and bondage in the Spanish Galley. Wherein also he discouereth many strange and wonderfull things seene in the time of his trauaile, as well concerning wild and sauage people, as also of sundri monstrous beasts, fishes and foules, and also trees of wonderfull forme and qualitie. London. Printed for William Wright. 1591, in-4, goth. de 12 ff. n. chif.

C'est probablement l'ouvrage suivant cité par Ternaux (649); mais Hortop n'a pas été en Chine :

— The travailes of an Englishman containing his sundrie calamities endured for the space of twentie and odd yeres in his absence from his native countrie. Wherein is truly decyphered the sundry shape of wilde beasts, birds, fishes, foules, roots, plants, with a description of a man that appeared in the sea, and also of a huge giant brought from China to the King of Spayne ; dedicated to Queen Elizabeth. London, W. Wright, 1591, in-4.

ANTONIO DE MORGA.

— **Svcesos de las ‖ islas Philipinas ‖ Dirigidos ‖ A Don Christoval Gomez ‖ de Sandoval y Rojas Dvqve ‖ de Cea ‖ Por el Doctor Antonio di Morga ‖ Alcalde del Crimen de la Real ‖ Avdiencia de la Nveva España Cō- ‖ svltor del S^to^ Officio de la Inqvisicion ‖ in-4, 6 ff. n. c. p. l. tit. etc., + ff. 172.**

Le front. *ut supra* et gravé; on lit au coin à gauche : *Samuel Estradanus Antuerpiensis Faciebat* et au coin à droite : *Mexici ad Indos. Anno 1609.* Extrêmement rare. British Museum, 583. e. 11. Traduit par l'Hakluyt Society :

— The Philippine Islands, Moluccas, Siam, Cambodia, Japan, and China, at the close of the Sixteenth Century. By Antonio de Morga. Translated from the Spanish, With Notes and a Preface, and a letter from Luis Vaez de Torres, describing his voyage through the Torres Straits. By Hon. Henry E. J. Stanley. — London : Printed for the Hakluyt Society. M.DCCC.LXVIII, in-8, pp. XXIV-431.

Fernão Mendes Pinto.

— Peregrinacam de Fernam Mendez Pinto. Em qve da conta de mvytas e mvyto estranhas cousas que vio & ouuio no reyno da China, no da Tartaria, no do Sornau, que vulgarmente se chama Sião, no do Calaminhan, no de Pegù, no de Martanão, & em outros muytos reynos & senhorios das partes Orientais, de que nestas nossas do Occidente ha muyto pouca o nenhũa noticia. E tambem da conta de mvytos casos particulares que acontecerão assi a elle como a outras muytas pessoas. E no fim della trata breuemente de algũas cousas, & da morte do Santo Padre mestre Francisco Xauier, vnica luz & resplandor daquellas partes do Oriente, & Reytor nellas vniversal da Companhia de Iesus. Escrita pelo mesmo Fernão Mendez Pinto. Dirigido à Catholica Real Magestade del Rey dom Felippe o III. deste nome nosso Senhor. Com licença do Santo Officio, Ordinario, & Paço. Em Lisboa. Por Pedro Crasbeeck. Anno 1614. A custa de Belchior de Faria Caualeyro da casa del Rey nosso Senhor, & seu Liureyro. Com priuilegio Real. Està taixado este liuro a 600 reis em papel... in-folio, 303 feuillets, sans le titre, priv. et déd. 2 feuillets au commenc., et la table, 5 feuillets à la fin.

Ouvrage fort rare dont Silva, Vol. II, pp. 285/289, écrit :

« D'esta primeira edição existem hoje na Bibl. Nacional não menos de tres exemplares : um pertencente ao antigo fundo do estabelecimento, e os dous provindos das livrarias n'elle incorporadas de Cypriano Ribeiro Freire, e D. Francisco de Mello Manuel. Os poucos exemplares que d'ella apparecem rarissimas vezes á venda, tem corrido pelos preços de 2 : 400 até 3 : 600 réis. »

Nous avons examiné l'ex. de la Bib. Grenville, Fo. 6580.

Vend. 32 fr. *m. r.* la Vallière ; 19 sh., Heber. (Brunet.)

— Peregrinaçam ‖ de ‖ Fernam Mendez ‖ Pinto e por elle escrita : ‖ o qve consta de mvitas, e mvito ‖ estranhas cousas que vio, & ouvio no Reyno da ‖ China, no do Tartaria, no de Pegú, no de Mar- ‖ tavão, & em outros muitos Reynos, & senho- ‖ rios das partes Orientaes, de que nestas nos- ‖ sas do Occidente ha muyto pouca, ou ne- ‖ nhũa noticia. ‖ ... Em Lisboa, Na Officina de Antonio Craesbeeck de Mello, 1678, in-folio, pp. 445 [ch. par erreur 145] à 2 col. + 2 f. prél.

Bib. nat. $\frac{O^2}{25}$.

— Peregrinação de Fernão Mendes Pinto. E agora de novo correcta, e accrecentada com a conquista do Reyno de Pegù feyta pelos Portuguezes, sendo Visorrey da India Ayres de Saldanha no anno de 1600. Lisboa, na officina de José Lopes Ferreira. MDCCXI, in-folio.

— Peregrinação de F. M. P.... Correcta, e acrecientada com o Itinerario de Antonio Tenreyro, que da India veyo por terra a este Reyno de Portugal... no anno de 1529. E com a conquista do Reyno de Pegù feyta pelos Portuguezes... no anno de 1600. Lisboa oriental, na offic. Ferreyriana, MDCCXXV, in-folio.

— Peregrinaçaõ ‖ de ‖ Fernaõ Mendes ‖ Pinto, ‖ e por elle escrita : ‖ ... Lisboa : ‖ Na Officina de Joam de Aquino Bulhoens. ‖ anno de M.DCC.LXII... In-fol., pp. 428 à 2 col., + 5 ff. prél. pour la table.

Bib. nat. $\frac{O^2}{25}$. A. — Vend. 30 fr. (Langlès.)

— Peregrinação de Fernão Mendez Pinto. Nova Edição conformé á primeira de 1614. Lisboa, na Typographia Rollandiana. 1829, 4 vol. in-16.

Le 4e vol. contient : Itinerario de Antonio Tenrreyro, 155 pages. Tractado... da China... por Gaspar da Cruz, 195 pages. — Conquista do Reyno de Pegu, 72 pages.

Quaritch, Sept. 1872, No. 285, 18/-.

Brunet et la *Biog. gén.* citent une édition de Lisbonne, 1833, 2 vol. pet. in-4, ou in-8.

∴

— Historia ‖ Oriental ‖ de las Peregrinaciones ‖ de Fernan Mendez Pinto ‖ ... al Excelentissimo Señor Don Duarte, Marqves ‖ de Flechilla... año [écusson] 1620. ‖ Con Privilegio. ‖ En Madrid, Por Tomas Iunti, Impressor del Rey nuestro Señor. ‖ Impressa a costa de Manuel Rodriguez, Mercader de Libros ... In-fol., à 2 col., pp. 481 + 14 ff. prél. + 4 ff. p. l. tab.

Bib. nat., $\frac{O^2}{23}$. A.

— Historia... A Manvel Severin de Faria, Chantre, y Canonigo de la santa Yglesia Metropolitana de Euora. Año 1620. Ibid., in-fol.

Bib. Nat. $\frac{O^2}{23}$.

Il y a au British Museum deux ex. de l'édition, de Madrid, 1620, avec des titres et des dédicaces différentes.

— Historia ‖ Oriental ‖ de las Peregrinaciones ‖ de Fernan Mendez Pinto ‖ Portvgves, adonde se escriven mvchas, y ‖ muy estrañas cosas que vio, y oyó en los Reynos de la China, Tartaria, Sornao, que ‖ vulgarmente se llama Siam, Calamiñam, Peguu, Martauan, y otros muchos ‖ de aquellas partes Orientales, de que en estas nuestras de Occi ‖ dente ay muy poca, o ninguna noticia. ‖ Casos famosos, acontecimientos admirables ‖ leyes, gouierno, trages, Religion, y costumbres de aquellos ‖ Gentiles de Asia. ‖ Tradvzido de Portvgves en Castellano por el ‖ Licenciado Francisco de Herrera Maldonado, Canonigo de la ‖ santa Iglesia Real de Arbas. ‖ Al Excelentissimo Señor ‖ Ramiro Felipez de Gvzman, Señor de la casa de Gvzman, ‖ ... Con licencia, en Valencia, ‖ En casa de los herederos de Chrysostomo Garriz, por Bernardo Nogues, junto ‖ al molino de Rouella, Año 1645. ‖ ... In-folio à 2 col., pp. 482 sans l'ép., l'Apologia, etc. (11 ff. au comm.), la t. et le colophon. (5 ff. à la fin.)

Exemplaire de Grenville, No. 6591. — Bib. nat., $\frac{O^2}{23}$ C.

Cette traduction de Maldonado a eu de nombreuses éditions.

11 fr. Rodriguez; 18 sh. Heber (Brunet). — Quaritch, 1872, 20/-. — Thonnelier (2370), Fr. 9.

— Historia ‖ oriental ‖ de las Peregrinaciones ‖ de Fernan Mendez Pinto ‖ ... Al Excelentissimo Señor Don Duarte, Marques ‖ de Flechilla... Con Privilegio. ‖ En Madrid, Por Diego Flamenco, año de 1627. ‖ ... In-fol., pp. 481 à 2 col. + 7 ff. prél.

Bib. nat., $\frac{O^2}{23}$ B.

— Historia ‖ Oriental ‖ de las Peregrinaciones ‖ de Fernan Mendez Pinto Portvgves. ‖ ... Tradvcido de Portvgves en Castellano por el Licencia ‖ do Francisco de Herrera Maldonado, Canonigo de la santa ‖ Iglesia Real de Arbas. ‖ Al Señor don Antonio de Vrvtia y Agvirre, Cavalle- ‖ ro del Orden de Calatraua, del Consejo de su Magestad en el Real ‖ de las Ordenes, &c. ‖ Con Licencia. ‖ En Madrid Por Melchor Sanchez. Año de 1664. ‖ Acosta de Mateo de la Bastida Mercader de libros, vendese en su casa frontero da las ‖ gradas de San Felipe. In-fol. à 2 col., pp. 452 à 2 col. + 10 ff. au com., et 4 ff. à la fin pour la table.

Bib. nat., $\frac{O^2}{23}$ D.

∴

— Les ‖ Voyages advantvrevx ‖ de ‖ Fernand ‖ Mendez Pinto. ‖ Fidelement tradvicts de ‖ Portugais en François par le Sieur Bernard ‖ Figvier Gentil-homme Portugais. ‖ Et dediez a Monseigneur ‖ le Cardinal de Richeliev. ‖ Le Contenv de la presente ‖ Histoire se verra à la page suiuante. ‖ A Paris, ‖ Chez Mathvrin Henavlt ruë Clopin, deuant ‖ le petit Nauarre : & à sa boutique en la Cour du ‖ Palais, à costé de la Chappelle sainct ‖ Michel, proche la fontaine. ‖ ... M.DC.XXVIII. ‖ Auec Priuilege du Roy. ‖ In-4, pp. 1193 + 8 ff. prél. p. le tit., + à la fin, 7 ff. n. ch. p. l. tab. l'ép., etc.

Thonnelier (2369), Fr. 16. — Bib. nat., $\frac{O^2}{24}$ (Ex. de Huet, év. d'Avranches, avec l'ex-libris, et des notes à la fin).

— Les Voyages advantvrevx de Fernand Mendez Pinto, fidellement tradvits de Portugais en François par le Sieur Bernard Figvier Gentil-homme Portugais. Dediez à Monseignevr le Cardinal de Richeliev. A Paris, Chez Arnovld Cotinet et chez Jean Roger... M.DC.XLV, in-4, pp. 1020, s l'ép. l. t., &c.

Ternaux-Compans (1943) cite une édition de Paris, 1663, in-4.

— Les Voyages advantvrevx de Fernand Mendez Pinto. Traduit du Portugais. Par B. Figuier. Paris, imprimé aux frais du Gouvernement pour procurer du travail aux ouvriers typographes. Août 1830. 3 vol. in-8.

∴

— De wonderlyke ‖ Reizen ‖ Van ‖ Fernando Mendez Pinto ; ‖ ... Nieuwelijks door J. H. Glazemaker vertaelt ; ... t'Amsterdam, ‖ Door Jan Rieuwertsz en Jan Hendrisz ‖ ... 1652, in-4.

Front. gravé.

— De Wonderlyke Reisen van Fernan Mendez Pinto. Amsterdam, 1653, in-4.

∴

— Wunderliche und Merckwürdige ‖ Reisen ‖ Ferdinandi ‖ Mendez Pinto, ‖ Welche er iñerhalb ein und zwantzig Jah ‖ ren | durch Europa, Asia, und Africa, und deren Königreiche ‖ und Länder ; als Abyssina, China, Japon, Tartarey, Siam, Calamin= ‖ ham, Pegu, Martabane, Bengale, Brama, Ormus, Batas, Queda, ‖ Aru, Pan, Ainan, Calempluy, Cauchenchina, ‖ und andere Oerter verrichtet. ‖ Darinnen er beschreibet ‖ Die ihme zu Wasser und Land zugestossene grosse ‖ Noht und Gefahr ; wie er nemblich sey dreyzehnmal gefangen genom= ‖ men und siebenzehnmal verkaufft worden ; auch vielfältigen ‖ Schiffbruch erlitten habe : ‖ Dabey zugleich befindlich eine gar genaue Entwerffung der ‖ Wunder und Raritäten erwehnter Länder ; der Gesetze | Sitten | und Gewon= ‖ heiten derselben Völcker; und der grosse Macht und Heeres-Krafft ‖ der Einwohner. ‖ Nun erst ins Hochteutsche übersetzet | und mit unter= ‖ schiedlichen Kupferstükken gezieret. ‖ Amsterdam | ‖ Bey Henrich und Dietrich Boom | Buchhändlern | ‖ Im Jahr Christi 1671, in-4, pp. 393 et 3 f. n. c. au com.

Front. gravé. — Thonnelier (2371), Fr. 6.50.

« O Sr. Castilho menciona ainda outra edição, ou traducção diversa ; Argentorati (Strasbourg), 1674, in-4. » (Silva.)

— Ferdinand Mendez Pintos ‖ Abentheuerliche Reise ‖ durch ‖ Ostindien und Sina in den Jahren 1537 bis 1558. Jena, 1809, in-8.

Bib. nat., $\frac{O^2}{26}$. — Forme le Vol. II de *Die Reisenden der Vorzeit. Auszüge aus älteren interessanten Reisebeschreibungen.*

— Bibliothek geographischer Reisen und Entdeckungen älterer und neuerer Zeit. — Zweiter Band : Fernand Mendez Pinto's abenteuerliche Reise durch China, die Tartarei, Siam, Pegu und andere Länder des östlichen Asiens. — Neu bearbeitet von Ph. H. Külb. Jena, Hermann Costenoble. 1868, in-8, pp. XVI-412.

∴

— Obseruations of China, Tartaria, and other Easterne parts of the World, taken out of Fernam Mendez Pinto his Peregrination. (*Purchas*, III, Lib. II, C. 2.)

— The ‖ Voyages ‖ and ‖ Adventures, ‖ of ‖ Fernand Mendez Pinto, ‖ A Portugal : During his ‖ Travels ‖ for the space of one and twenty years in ‖ The Kingdoms of Ethiopia, China, Tartaria, Cauchin- ‖ china, Calaminham, Siam, Pegu, Japan, and a ‖ great part of the East-Indiaes. ‖ With a Relation and Description of most of the Places ‖ thereof; their Religion, Laws, Riches, Customs, and ‖ Government in time of Peace and War. ‖ Where he five times suffered Shipwrack, was sixteen times sold, ‖ and thirteen times made a Slave. ‖ Written Originally by himself in the Portugal Tongue, ‖ and Dedicated to the ‖ Majesty of Philip King of Spain. ‖ Done into English by H. C. Gent. ‖ London, Printed by J. Macock, for Henry Cripps, and Lodowick Lloyd, and are to ‖ be sold at their shop in Popes head Alley neer Lumbarstreet. 1653. In-fol., 7 ff. prél. p. l. tit., ép., tab. etc. + pp. 326.

H. C. = Henry Cogan.

— * The Voyages and Adventures of Fernand Mendez Pinto... done into English by H. C.[ogan.] London, 1663, in-folio.

— — * The third Edition. Done into English by H. C.[ogan.] London, 1692, in-folio.

— * The Voyages and Advêntures of Ferdinand Mendez Pinto. With Introduction by Prof. Arminius Vambéry. Illustrated. London, T. Fisher Unwin, 1891, in-8, 5/-.

Forme le Vol. VII de « The Adventure Series ».

Notice : *Scottish Geog. Mag.*, Sept. 1891, pp. 507/8.

— Fernão Mendez Pinto, cf. *Copia de vnas Cartas*, 1555, col. 789/790.

— Pinto in Corea. By E. H. Parker. (*China Review*, XVI, p. 182.)

— Ein Brief von Fernão Mendez Pinto. Von O. Nachod. (*Festschft. XIII. Int. Orient.-Kong. Hamburg 1902, gewidmet von der Deutsch-japan. Ges. in Berlin*, pp. 28/43.)

Copia de hũa carta do Irmão fernão mendez q'escreueo de Amaqua yunto da China ao p^{e}. Balthesar dias a Goa reçebida em Lix no ano de 1557.

Macao, 20 nov. 1555.

— Voir L.-J. Cros, *Etudes... par des Pères de la Cie. de Jésus*, 20 mars 1905, p. 803.

— Fernão Mendes Pinto — Subsidios para a sua biographia e para o estudo da sua obra Com duas cartas e uma Informação, de Fernão Mendes, ineditas ; a reproducção de um antigo portulano portuguez representando Macau e mais ilhas do mar de Cantão, e de tres cartas geographicas originaes portuguezas do seculo XVII ; e a indicação do roteiro da ultima viagem de Fernão Mendes de Goa ao Japão em 1554-1556. — Memoria apresentada á Academia real das Sciencias de Lisboa por Christovam Ayres Socio effectivo. Lisboa, Typographia da Academia, 1904, in-4, pp. 127.

Extracto da *Historia e Memorias da Academia Real das Sciencias de Lisboa*, nov. ser., Classe de Sciencias Moraes, etc. — Tomo X. — Parte 1.

— « E ainda duvidoso, se existe ou não traducção da *Peregrinação* em italiano, apezar da affirmativa de José Carlos Pinto de Sousa na *Bib. Hist. de Portugal*, pag. 155 da edição de 1801. » (Silva.)

— Sur Pinto, voir la phrase de Congreve.

— Hugh Murray, *Historical Account*, I, Ch. VI, pp. 234 et seq.

— Silva, *Dic. Bibliog.*, Vol. 2, pp. 285/289.

— *Biog. univ.*, Art. de Rossel, Vol. 33, pp. 381/3.

— *Biog. générale*, Art. de F. D.[enis], Vol. 40, col. 280.

— Cat. of the Books of the British Museum, Art. : (Fernando) *Mendes Pinto.*

— Noticia da vida e obra de F. M. P. (A. F. et J. F. De Castilho, *Livraria Classica Portugueza*, etc., T. XI-XVI, 1845, etc., in-16.)

— F. Mendes Pinto, excerptos seguidos de una noticia sobra sua vida e obras... por J. F. de Castilho, 2 vol. Rio de Janeiro, 1865 [imprimé à Paris], in-12. (Vol. 4 et 5 de la *Livraria classica.*)

— Reise nach Ostindien, 1537-58. (J. J. Schwabe, *Allg. Hist. der Reisen*, Bd. 10.)

Anthony Jenkinson.

— The Voyage and Travels of Mr. Anthony Jenkinson, from Russia, to Boghâr, or Bokhara, in 1557. To which are added, some Informations of others, concerning the Road thence to Katay, or China.

Dans la collection d'*Astley*, Vol. IV, pp. 630/638.

— Hakluyt, I, 1599, passim.

— Purchas, III, Lib. II, C. I, § 2 et seq.

— John Harris, *Col. of Voyages*, I.

— Notes collected by Richard Johnson, who was at Boghar with Mr. Anthony Jenkinson, of the Reports of Russes, and other Foreigners, giving an Account of the Roads of Russia to Cathaya, as also of sundry strange People. (*Travels of Avril*, Lond., 1693, pp. 155/159.)

— Voyage d'Anthoine Ienkinson, Pour decounrir le chemin du Cattay par la Tartarie, écrit par luy-mesme aux Marchands Anglois de la Compagnie de Moscovy, qui l'auoient obligé de faire ce voyage. [Précédé de deux pages d'*Avis*, Sur la Nauigation d'Anthoine Ienkinson en la mer Caspienne], pp. 17/28 de la 1re Partie de la *Coll.* de Thévenot (1663).

Trad. d'après la Relation d'Hakluyt.

— The Voyages and Travels of Mr. Anthony Jenkinson, from Russia to Boghar, or Bokhara, in 1557. To which are added, some informations of others, concerning the road thence to Katay, or China. (*General Collection of Voyages and Travels*, by John Pinkerton, London, 1811, IX, pp. 386/394.)

— *Voyages au Nord*, IV, n. éd., 1732.

— *Hist. gén. des Voyages*, VII, 1749, p. 391.

— Reys ‖ van ‖ Anthony Jenkinson, ‖ Op ordre van de *Engelse Moscovise* Maatschappy, om een weg door ‖ Tartarie naar Catay ‖ Te Ontdekken, in het Jaar 1558. ‖ Aanwijsende sijn koers van Astracan door de Caspische Zee, verval aan ‖ de Noord-Kust tegen over Manguslave, en sijne gevaarlijke ‖ ontmoeting van daar over Land tot Boghartoe. ‖ Als mede een Beschrijving van den Aard en Zeden der Tarters, de ‖ Caspische Zee, Steeden en Rivieren in desen Togt doorreyst. ‖ Door den Reysiger selfs beschreven ; ‖ Met seer geleerde aanteekeningen van Michiel Melchisedech Thevenot. ‖ Bibliothecaris van den Koning van Vrankrijk, vercierd. ‖ Nu aldereerst in het Nederduyts vertaald, en met noodig Register verrijkt. ‖ Te Leyden, ‖ By Pieter Vander Aa, Boekverkooper. ‖ — Met Privilegie. (*De aanmerkenswaardigste Zee- en Landreizen,* deel 5, col. 14.)

— Le Voyage d'Anthony Jenkinson dans l'Asie centrale en 1558 par H. Conrad. (*Union géog. Nord France*, XIX, 1898, pp. 57/69, 108/120 fin.)

Jan Huygen van Linschoten.

Nous renvoyons à Tiele; d'autre part, nous croyons devoir citer les principales éditions de Linschot qu'on nous a demandées :

— Itinerario, ‖ Voyage ofte Schipvaert, van Jan ‖ Huygen van Linschoten naer Oost ofte Portugaels In- ‖ dien, inhoudende een corte beschrijvinghe der selver Landen ende Zee-custen, met aen- ‖ wysinge van alle de voornaemde principale Havens, Revieren, hoecken ende plaetsen, tot noch ‖ toe van de Portugesen ontdeckt ende bekent : Waer by ghevoecht zijn, niet alleen die Conter- ‖ feytfels vande habyten, drachten, ende wesen, so vande Portugesen aldaer residerende, als van- ‖ de ingeboornen Indianen, ende huere Tempels, Afgoden, Huysinge, met die voornaemste ‖ Boomen, Vruchten, Kruyden, Speceryen, ende diergelijcke materialen, als ooc die ‖ manieren des selfden Volckes, so in hunnen Godts-diensten, als in Politie ‖ en Huijshoudinghe : maer ooc een corte verhalinge van de Coophan- ‖ delingen, hoe eñ waer die ghedreven eñ ghevonden worden, ‖ met die ghedenckweerdichste geschiedenissen, ‖ voorghevallen den tijt zijnder ‖ residentie aldaer. ‖ Alles beschreven ende by een vergadert, door den selfden, seer nut, oorbaer, ‖ ende oock vermakelijcken voor alle curieuse ende Lief- ‖ hebbers van vreemdigheden. ‖ (Planche grav.) t'Amstelredam. ‖ By Cornelis Claesz. op 't Water, in 't Schrijf-boeck, by de oude Brugghe. ‖ Anno clɔ.lɔ.xcvi [1596], in-fol.

— Navigatio ‖ ac Itinerarivm ‖ Iohannis Hvgonis Lin- ‖ scotani in orientalem sive Lvsitano- ‖ rvm Indiam. Descriptiones eivsdem terrae ac tractvvm ‖ Littoralium. Praecipuorum Portuum, Fluminum, Capitum, Locorumque, Lusita- ‖ norum hactenus navigationibus detectorum, signa & notae. Imagines habi- ‖ tus gestusque Indorum ac Lusitanorum per Indiam viventium, Tem- ‖ plorum, Idolorum, Aedium, Arborum, Fructuum, Herbarum, ‖ Aromatum, &c. Mores gentium circa sacrificia, Poli- ‖ tiam ac rem familiarẽ. Enarratio Mercaturę, quo- ‖ modo & vbi ea exerceatur. Memorabilia ‖ gesta suo tempore iis in partibus. ‖ Collecta omnia ac descripta per eundem Belgicè; Nunc vero Latinè reddita, in vsum ‖ commodum ac voluptatem studiosi Lectoris novarum memoriáque ‖ dignarum rerum, diligenti studio ac operâ. ‖ Hagae-Comitis ‖ — Ex officinâ Alberti Henrici. Impensis Authoris & Cornelii Nicolai, ‖ prostantque apud Aegidium Elsevirum. Anno 1599, in-fol., 4 ff. prél. n. c. p. l. tit., l. préf., l. déd. et le front. + pp. 124.

Suivi de : *Descriptio totivs Gvineae tractvs*, etc.

— Histoire ‖ de la Navi- ‖ gation de Iean Hu- ‖ gues de Linscot Hollandois et de ‖ son voyage es Indes Orientales : contenante diuerses descriptions des ‖ Pays, Costes, Haures, Riuieres, Caps, & autres lieux iusques à présent ‖ descouverts par les Portugais : Obseruations des coustumes des na- ‖ tions de delà quant à la Réligion, Estat Politic & Domestic, de leurs ‖ Commerces, des Arbres, Fruicts, Herbes, Espiceries, & autres ‖ singularitez qui s'y trouuent : Et narrations des choses ‖ memorables qui y sont aduenues de ‖ son temps. ‖ Avec Annotations de Bernard Palu- ‖ danus Docteur en Medecine, specialement sur la matiere des plantes & ‖ espiceries : & diuerses figures en taille douce, pour illu- ‖ stration de l'œuure. ‖ A quoy sont adioustées quelques au- ‖ tres descriptions tant du pays de Guinee, & autres costés d'Ethiopie, ‖ que des nauigations des Hollandois vers le Nord au Vay- ‖ gat & en la nouuelle Zembla. ‖ Le tout recueilli & descript par le mesme ‖ de Linscot en bas Alleman, & nouuellement traduict ‖ en François. ‖ Amstelredam, ‖ De l'Imprimerie de Henry Laurent. ‖ MDC.X [1610], in-fol.

Benoit de Goës.

— Ex India Cataium Lustraturus mittitur è Nostra Societate Benedictus Goësius Lusitanus. (*De Christ. Exp. apud Sinas,* Aug. Vind., 1615, Liber V, Cap. 11, pp. 544 et seq.)

— Reliquum itineris Cataium usque quod Sinarum Regnum esse compertum est. (*Ibid.,* Cap. 12, pp. 551 et seq.)

— Fratris Nostri Benedicti mors intra Sinense

regnum, postquam ad eum excipiendumè Nostris unus Pechino missus aduenisset. (*Ibid.*, Cap. 13, pp. 561 et seq.)

Kircher a tiré de cette relation : « Le chemin qu'a tenu le Père Benoit Goës de la Compagnie de Jesus : pour aller en Cathaie ou la Chine. » (*Chine illustrée*, pp. 85/88. — Dans l'éd. latine, pp. 62/64.)

— Voir dans la « Troisiesme Partie de l'Histoire des Choses plvs memorables advenves tant ez Indes Orientales, qu'autres païs de la descouuerte des Portugais... par le P. Pierre Dv Iarric Tolosain... à Bovrdeavs... CIↃDCXIIII. » In-4.

Liv. V :

Benoist de Goes de la Compagnie de Iesvs, est enuoyé pour faire la descouuerte du Catay : & ce qui lui advint en vne partie du chemin, pp. 145-155.

Benoist de Goes après beaucoup de trauaux & dangers, trouua finalement le Catay n'estre autre païs que la Chine, où il finit son voyage, & le cours de ceste vie, pp. 155-162.

Le P. du Jarric a reproduit dans son travail les renseignements fournis par le P. Guerreiro dans ses *Relations*. (Voir col. 804-805.)

— Vite ‖ Di alcvni religiosi, ‖ fratelli Coadivtori ‖ della Compagnia ‖ di Giesv, ‖ scritte ‖ da diversi avtori, ‖ e nel volgare ‖ italiano. ‖ Tradotte da vn Religioso della medesima ‖ Compagnia. ‖ — In Torino, M.DC.LXIII. ‖ — Per Gio : Giacomo Rustis, ‖ con licenza de' Superiori. In-8, 7 ff. prél. n. c. p. l. front. [Cesare Laurentio Fece], tit. etc. + pp. 364.

Benedetto Goez, pp. 262/309. Né en *1552* dans l'île St. Michel. Par le P. Marius Clément Baratta. Cet ouvrage, dit Sommervogel, contient 17 notices traduites des *Claros Varones* du P. Nieremberg.

— The report of a Mahometan Merchant which had beene in Cambalu : and the troublesome trauell of Benedictvs Goes, a Portugall Iesuite, from Lahor to China by land, thorow the Tartars Countreyes. (Purchas, III, Lib. II, C. 4, pp. 310 et seq.)

— A Long and Dangerous Journey from Lahor, a City of the Great Mogul, to China over Land, by Benedict Goez. (*Travels of Avril*, Lond., 1693, pp. 163/170.)

— The Travels of Benedict Goëz, a Portugueze Jesuit, from Lahor in the Mogol's Empire, to China, in 1602.

Dans la Collection de Voyages de *Astley*, Vol. IV, pp. 642-649. Cette relation est faite principalement d'après l'ouvrage de Trigault.

— The Travels of Benedict Goëz, a Portugueze Jesuit, from Lahor in the Mogol's Empire to China, in 1602. (Pinkerton, VII, p. 577, d'après Astley, IV, p. 642.)

— *The Journey of Benedict Goës from Agra to Cathay.* [Avec une carte spéciale.]

Introductory Notice.

The Journey of Benedict Goës to Cathay ; from Chapters XI, XII, and XIII of the work entitled « De Christiana expeditione apud Sinas, suscepta ab Societate Jesu, ex P. Matthae Ricii commentariis, etc., auctore P. Nicolao Trigautio. » August. Vind., 1615.

Notes. — Yule, *Cathay*, II, pp. 526-596.

— Voir le chap. XXVII du *Traité de la Navigation* dans le Recueil de Bergeron de 1735.

— *Hist. gén. des Voyages*, VII, 1749, p. 410.

— Laharpe, *Abrégé des Voyages*, VI, Livre V, Chap. IV, pp. 420/438.

— *Biog. univ.*, Art. d'Eyriès.

— C. Ritter, *Asien*, I, 1re sect., § 22, p. 218 ; 2e sect., § 29, p. 362 ; V, liv. III, 1re sect., § 5, n° 2, pp. 391, 503/506.

— E. de Guilhermy, *Ménologe de la Compagnie de Jésus*, Assistance de Portugal, 1re partie, 11 Avril.

— Benoit de Goès, Missionnaire voyageur dans l'Asie centrale 1603-1607. Par le R. P. J. Brucker de la Compagnie de Jésus. Extrait des *Etudes religieuses*. Lyon, Imprimerie Pitrat aîné, 1879, br. in-8, pp. 42.

(Benoit de Goës.)

De Feynes.

— An ‖ exact and ‖ cvriovs svrvey ‖ Of all the East Indies, euen to Can- ‖ ton, the chiefe Cittie of China : All ‖ duly performed by land, by Monsieur ‖ de Monfart, the like whereof was ‖ neuer hetherto, brought ‖ to an end. ‖ Wherein also are described the ‖ huge Dominions of the great Mogor, ‖ to whom that honorable Knight, Sir ‖ Thomas Roe, was lately sent ‖ Ambassador from ‖ the King. ‖ Newly translated out of the ‖ Trauailers Manuscript. ‖ London, ‖ Printed by Thomas Dawson, for William ‖ Arondell, in Pauls Church-yard, ‖ at the Angell. ‖ 1615. Pet. in-4, 5 ff. n. ch. p. l. tab., l'ép. et la préf. + pp. 40.

Monsieur de Monfart = Henry Defeynes.

— Il y a un extrait du voyage de Monfart dans le Vol. III, Lib. III, C. 8, pp. 410/411 des *Pilgrimes* de Purchas, 1625.

Cf. Pyrard de Laval, 3e éd., 1616, II, pp. 292/3. — Mocquet, *Voy.*, 1645, p. 353.

— Lowndes écrit : A copy is in the British Museum. [Nous l'avons examinée.] Inglis, 984, 1 l. 11s. 6d. — Gordonstoun, 1633, 3 l. 7s. — Heber, pt. VI, 1 l. 5s. It is reprinted in the third volume of the Somers Collection of Tracts.

— Voyage faict par terre depuis Paris jusques a la Chine. Par le Sr. de Feynes gentilhomme de la maison du Roy, Et ayde de Mareschal de Camp de ses armées. Avec son retour par mer. A Paris. Chez Pierre Rocolet en la gallerie des prisonniers aux armes de la Ville. 1630, in-8, tit. gravé + 8 ff. n. ch. + pp. 212.

Au roy. — Au lecteur. — Table des royaumes où j'ay voyagé. — A Monsieur de Feynes sur ses voyages. — Privilege. — Voyage.

Macao et Canton sont les seuls points de la Chine visités par de Feynes. — Langlès (2118), Fr. 12.50. — Bib. Nat., O²n 8.

— Voyage qui a esté fait par terre de Paris à la Chine : Par le Sieur de Monferran.

Ms. du XVIIe siècle, pet. in-folio de 37 pages. — Bibl. nat. : Fr. 22982 (Fonds de l'Oratoire, 121).

« Premierement partant de Paris alla en pelerinage par deuotion à nostre Dame de Lorette ; d'où il fut à Venise, Et pour commencer le voyage qu'il auoit entrepris, il s'y embarqua...

Et dudit Regne des Mollucques fut à Macquau qui est ville du commencement de la Chine, c'est vn petit lieu qui est au bord de la mer au pied d'vne montagne, où autrefois les Portugais ont eu vne forteresse, mesmes qu'il y en a beaucoup qui y habitent : Ce n'est pas lieu de grande importance. Ce sont Gentils et tiennent la mesme loy susdite ; Et alors l'on cõmence à trouuer des gens plus blancs que l'on n'auoit pas accoustumé ; Dudit Mallaca à Macquau il y a vn mois environ de chemin. De Macquau l'on passe par les Cochinchines sujettes au Roy de la Chine, bien qu'ils se font la guerre, et y a parmi eux beaucoup de Chrestiens...

Et dudit lieu [Cochinchine] s'achemina à Canton qui est la ville principalle qui se peut voir à la Chine et y a de distance enuiron de trois mois de chemin et ne sçauroient aller plus avant quoyque l'on veuille dire. Car jamais personne n'y a esté que six Jesuistes qui demeurèrent vingt ans audit Canton pour apprendre la langue... [mœurs & coutumes, soie, cormoran].

Et de Canton rebroussa chemin à Macquau — et prit son chemin au Royaume de Pegou... »

(De Feynes.)

Un autre ms. de cette relation existe à la Bibliothèque de l'École de médecine de Montpellier, No. 104, dans le Cat. de cette collection. (*Cat. des Ms. des Bib. des Dép.*, I, p. 323.) Publié sous le titre de :

— Le Voyage de Montferran de Paris à la Chine publié d'après un Manuscrit de la Bibliothèque de la Faculté de Médecine de Montpellier par L.-Marcel Devic. Paris, Maisonneuve Frères et Ch. Leclerc, 1884, br. in-8, pp. 36.

Extrait du *Bulletin de la Société Languedocienne de Géographie* (Mars 1884).

Notice par Henri Cordier, *Revue Critique*, 8 déc. 1884, No. 50, pp. 469/471, et *Revue de l'Extrême Orient*, III, pp. 332/334.

Jean Albert de Mandelslo.[1]

— * Albert von Mandelslohe. Schreiben von seiner Ost-Indischen Reise aus der Insel Madagascar anno 1639 abgelassen, samt einen kurtzen Bericht von dem jetzigen Zustand des äussersten orientalischen Königreichs Tzina mit etlichen Anmerkungen. Schleswig, 1645, in-folio. (Ternaux.)

« Cette première édition reparut à la suite des voyages d'Oléarius ; l'ouvrage fut ensuite augmenté d'après les manuscrits de l'auteur et divers matériaux fournis par Olearius. Il fut intitulé *Voyage aux Indes*, etc., Sleswig, 1658, 1 vol. in-folio, avec figures ; *ibid.*, 1668 ; Hambourg, à la suite d'Olearius, 1696, in-fol. Il fut traduit en hollandais, Amsterdam, 1658, in-4. » (*Biog. univ.* — Art. d'Eyriès.)

— Des hoch-Edelgebohrnen Johann Albrechts von Mandelslo Morgenlandische Reise-Beschreibung.

Sur les Chinois, voir p. 97. (*Reise-Beschreibung*, dans Olearius, Hamburg, 1696, in-fol.)

— Beschrijvinghe des ‖ Koninckryckx ‖ Persien. ‖ ... Met een Reyse van daer te Lande naer ‖ Oost-Indien. ‖ Door Johan Albrecht van Mandelslo. ‖ ... In't Hooghduyts beschreven door Adam Olearius... t'Amsterdam, ‖ Door Jan Jansz... ‖ Anno 1651, in-4.

— Beschrijvingh ‖ Vande Nieuwe Parciaensche ofte O- ‖ rientaelsche Reyse, welck door gelegentheyt ‖ van een Holsteynsche Ambassade, aen den ‖ Koningh in Persien gheschiet is. ‖ Waer inne ‖ De ghelegentheyt der plaetsen en Landen, door welcke de ‖ reyse gegaen is, als voornamelijck Ruslant, Tar- ‖ tarien en Persien. ‖ Mitsgaders, ‖ Der selver inwoonders nature, Leven, wesen ‖ en Religie, vlytigh beschreven is. ‖ Item : Een schrijven van den Wel-Edelen, &c. Jo- ‖ han Albrecht van Mandelslo, waer in de Oost-Indische ‖ Reys van den selven over den Oceanus verhaelt wort. ‖ Als oock een Kort bericht van de tegenwoordige gele- ‖ gentheydt van 'tuyterste Orientaelsche Koningh-rijck ‖ China : in 't Hooghduyts beschreven ‖ Door Mr. Adamus Olearius, ‖ Van Aschersleben uyt Saxen, Mathematicus van ‖ 't Vorstelijk Schleswijk Holsteynsche Hof. ‖ Ende nu in onse Tael overgeset, ‖ Door ‖ Dirck van Wageninge. ‖ Met een Register verbetert, en kopere ‖ Platen verciert. ‖ Tot Utrecht, ‖ — Gedruckt by Lambert Roeck, wo- ‖ nende in de Lange-Nieustraet, 1651. Pet. in-12, 7 ff. n. c. p. l. tit., avert., tab. + pp. 924 ; front. gravé et 10 port. ou pl.

Suivi de :

— Hier volght het schrijven van den ‖ Wel Ed. Getrouwen en Vesten ‖ Iohan Albrecht ‖ van Mandelslow, ‖ Welck hy uyt 't Eyland Madagascar ‖ Aen ‖ Mr. Adamus Olearius ‖ Gedaen heeft, in welcken hy sijn Reyse ‖ uyt Persien nae Oost-Indien, door ‖ den Oceanus, Sumarischer ‖ wijse verhaelt. ‖ Tot Utrecht, ‖ — Gedruckt by Lambert Roeck, wo- ‖ nende in de Lange-Nieustraet, 1651, in-12, pp. 66.

— * Beschryvingh van de gedenkwaerdige zee- en landt-reyze deur Persiën naar Oost-Indiën. Uyt het Hoogd. vert. Amst., Jan Hendriksz en Jan Rieuwertsz, 1658, in-4, pl.

Cat. Fred. Müller, 1882 (1970), fl. 2.

— Relation dv Voyage de Moscovie, Tartarie, et de Perse, fait à l'occasion d'vne Ambassade, Enuoyée au Grand-Duc de Moscouie, & du Roy de Perse ; Par le Duc de Holstein : Depuis l'an 1633. iusques en l'An 1639. Traduite de l'Alleman du Sieur Olearivs, Secretaire de la dite Ambassade. Par L. R. D. B. A Paris, chez Francois Clovzier... M.DC.LVI. In-4, pp. 543 sans l'ép. et l'itinéraire.

Pp. 503-543 : Devx Lettres dv Sievr de Mandelslo au sviet de son voyage des Indes :

1° De l'Abaie de S. Augustin dans l'Isle de Madagascar ce 12. Iuillet 1639.

« Il s'y trouve [à Goa] de toutes sortes de Nations, mais plus de Chinois que d'autres. Les Portugais ayans eu assez d'adresse & de bon-heur pour gaigner leur amitié, & d'establir vn bon commerce avec eux, par le moyen d'vne assez belle Ville qu'ils ont bastie sur la riuière de *Contaon*, en terre ferme à 23 degrez de latitude, où les Chinois apportent leurs marchandises en grande quantité.

« Ils sont assez ciuils, mais fins & trompeurs. Ils ont le visage fait comme les Tartares, les yeux petits, noirs & enfoncez, le visage plat, large & bazané, la barbe claire. Leur habit ordinaire, tant aux hommes qu'aux femmes, est vne veste, de celles que l'on appelle Iapponoises. Leur païs est fort grand, & composé de 15 Prouinces, qui feroient autant de royaumes en Europe. Le gouuernement de leur Roy n'est pas si absolu que celuy des autres Roys des Indes. Les Chinois aiment l'argent, & donnent volontiers vn' once d'or fin pour huict onces d'argent. Ils ont de l'affection pour les sciences, mais ils ne les appren-

1. Né en 1616 dans le Mecklembourg ; † à Paris en 1644. Ce voyageur n'a pas visité la Chine, quoiqu'on donne une notice de ce vaste pays dans le récit de ses voyages.

nent que dans leur langue, qui est fort riche, & s'exprime en 60.000 caractères, qui signifient autant de mots.

«Ceux qui ont vû ce païs là, m'ont asseuré qu'il n'y en a point de plus puissant au monde, ny de plus fertile en toutes sortes de fruicts & de viures. On y trouve le meilleur or, la plus belle soye, & les plus belles estoffes de toutes les Indes. La canelle, le sucre, le musc et l'ambre gris y sont en abondance. La Chine n'est plus si inaccessible qu'elle l'estoit autrefois, & mesmes elle ne l'a iamais esté au poinct que les Portugais l'ont voulu faire croire; ce qu'ils faisoient sans doute pour tascher de s'en conseruer le commerce à eux seuls. Il y demeure présentement grand nombre de Portugais, qui ont mesmes obtenu permission d'y bastir des Conuents. Et il y a icy vn Iesuite, qui se doit embarquer auec nous pour Angleterre qui a demeuré 24 ans dans la Chine... »

2° De Londres, ce 3 Mars 1655.

L. R. D. B. = le Résident de Brandebourg = de Wicquefort.

On cite les éd. françaises de : Paris, 1659, in-4; 1666, 2 vol. in-4; 1679, 2 vol. in-4; Leyde, 1719, 2 vol. in-fol., cartes et figures; Amsterdam, 1737, 2 vol. in-fol.

— Voyages Celebres & remarquables, Faits de Perse aux Indes Orientales, Par le Sr. Jean-Albert de Mandelslo, Gentilhomme des Ambassadeurs du Duc de Holstein en Moscovie & Perse. Contenant une Description nouvelle & très-curieuse de l'Indostan, de l'Empire du Grand-Mogol, des Iles & Presqu'îles de l'Orient, des Royaumes de Siam, du Japon, de la Chine, du Congo, &c. Où l'on trouve la situation exacte de tous ces Pays & Etats. & où l'on rapporte assez au long le Naturel, les Mœurs, & les Coutumes de leurs Habitans; leur Gouvernement Politique & Ecclesiastique; les Raretez qui se rencontrent dans ces Pays; & les Ceremonies qu'on y observe Mis en ordre & publiez, après la mort de l'Illustre Voyageur, par le Sr. Adam Olearius, Bibliothecaire du Duc de Holstein, & Mathematicien de sa Cour. Traduits de l'Original Par le Sr. A. de Wicquefort, Conseiller des Conseils d'Etat & Privé du Duc de Brunswick, Lunebourg, Zell, &c. Resident de l'Electeur de Brandebourg, & Auteur de l'Ambassadeur & de ses Fonctions. Divisez en deux Parties. Nouvelle Edition revûe & corrigée exactement, augmentée considérablement, tant dans le corps de l'Ouvrage qu'aux Marginales, & surpassant en bonté & en beauté les précédentes Éditions. On y a encore ajouté des Cartes Géographiques, des Représentations des Villes, & autres Taille-douces très-belles & très-exactes. On y trouve à la fin une Table fort ample & fort exacte. A Amsterdam, Chez Michel Charles Le Cēne, MDCCXXVII, 2 vol. in-folio.

— The Voyages and Travels of Mr. John-Albert de Mandelslo, (a Gentleman belonging to the former Embassy) into the East-Indies, in the years 1638, 1639 and 1640. Containing a Particular Description of the Empire of the Great Mogul, the Kingdom of Decan, Calicut, Cochin, Zeylon... the Chinese Empire... &c. In three Parts. (Harris' *Coll.*, II, pp. 113-176.)

Ces voyages avaient déjà paru en Anglais :

— The Voyages and Travels of the Ambassadors sent by Frederick, Duke of Holstein, to the Great Duke of Muscovy, and the King of Persia, begun in the year MDCXXXIII; and finish'd in MDCXXXIX. Containing a compleat History of Muscovy, Tartary, Persia, and other adjacent Countries... Whereto are added, The Travels of John Albert de Mandelso (a gentleman belonging to the Embassy), from Persia into the East Indies... Written originally by Adam Olearius, Secretary to the Embassy...; Faithfully rendered into English, by John Davies, of Kidwelly. London, 1662, pet. in-folio.

— Jurgen Andersen, 1644-1650. — Jurgen Andersens aus der hertzogthumb Schlesswig gelegenen Stadt Tundern Orientalische Reise-Beschreibung. 140 pages dans la collection d'Olearius, Hamburg, 1696, in-folio.

Voir le 3e livre sur la Chine.

— De Beschryving der Reizen van Georg Andriesz; Deur *Oostindiën* en d'Eilanden, deur *Sina, Tartarijen, Persiën, Turckijen, Arabiën, Syriën, Palestina, Italiën* en *Duitslant* : sedert zijn uytvaart in't Jaar 1644, tot aan zijn wederkering in't 1650 jaar. Door Adam Olearius, in de Hoogduitsche Taal uitgegeven, en van J. H. Glazemaker vertaalt. Met kopere Platen versciert. T'Amsterdam, By *Jan Rieuwertsz.* en *Pieter Arentsz...* In't Jaar 1670, in-4, pp. 164 s. l. p.

Jean Mocquet.

— * Voyages en Afrique, Asie, etc.... Paris, Heuqueville, 1616, pet. in-8. — Ibid., 1617, pet. in-8.

— Voyages en Afrique, Asie, Indes orientales et occidentales faits par Jean Mocquet, garde du cabinet des singularités du Roy, aux thuilleries. Divisés en six livres et enrichis de figures. A Rouen, chés Jacques Caillové dans la court du Palais. — M.DC.XXXXV, pet. in-8.

— Voyages ‖ en ‖ Afriqve, Asie, ‖ Indes Orientales, ‖ & Occidentales. ‖ Faits ‖ Par Iean Mocqvet, Garde ‖ du Cabinet des singularitez ‖ du Roy, aux Thuilleries. ‖ Divisez en six livres, ‖ & enrichis de Figures. ‖ A

Roven, ‖ Chez Antoine Ferrand, aux de- ‖ grez du Palais, ‖ — M.DC.LXV, pet. in-8, 4 ff. n. c. p. l. tit. et l. tab. + pp. 442 + 6 ff. n. c. p. l. tab. [index].

Sur la *Chine et les Chinois*, voir pp. 339-347. — Mocquet n'est pas allé en Chine.

— Voyages en Afrique, Asie, Indes Orientales et Occidentales, faits par Jean Mocquet, garde du cabinet des singularités du Roi, aux Tuileries. Divisés en six livres. Paris, Imprimé aux frais du gouvernement pour procurer du travail aux ouvriers typographes. Août 1830, in-8, pp. 281.

— Reysen ‖ in ‖ Afrique | Asien | Oost- en ‖ West-Indien | gedaen door ‖ Jan Mocquet, ‖ Bewaerder van 't Cabinet der ongemeene Aerdigheden ‖ van den Koninck van Vranckrijck in de Tuillerie binnen Paris. ‖ Gedeylt in ses Boecken | ende verciert met Koopere Platen | ‖ overgeset uyt de Fransche Tale. ‖ Tot Dordrecht, ‖ Voor Abraham Andriessz . Boeck-verkooper, 1656. In-4, 7 ff. n. c. + pp. 153.

— * De grote nieuw-bereisde Wereld : begrypende zes reizen... door J. M.... Den tweden druck... Leeuwarden, Jan Klasen,... 1717, in-4, pp. (XXI)-195.

— Travels and Voyages into Africa, Asia, and America, the East- and West-Indies ; Syria, Jerusalem, and the Holy-Land. Performed by Mr. John Mocquet, Keeper of the Cabinet of Rarities, to the King of France, in the Thuilleries. Divided into Six Books, and Enriched with Sculptures. Translated from the French, By Nathaniel Pullen, Gent. London : Printed for William Newton, Bookseller, in Little-Britain ; and Joseph Shelton ; and William Chandler, Booksellers, at the Peacock in the Poultry, 1696. Pet. in-8, 16 ff. n. c. p. l. t., déd. et préf. + pp. 352.

— Wunderbare ‖ Jedoch ‖ Gründlich- und warhaffte Geschichte ‖ und Reise Begebnisse ‖ In Africa | Asia | Ost- und ‖ West-Indien ‖ von ‖ Jan Mocquet aus Frankreich | ‖ Ihrer Königlichen Majestät Heinrichs des Grossen oder IV. ‖ und Ludwigs des XIII. daselbst gewesnen geheimen Hof- und Cammer- ‖ Apotheckers | wie auch wolbestellten Verwesers | derer daselbst befindlichen fremden | ‖ ausländischen | und in unsern Landen unbekannten Früchten | Gewächsen | Kräutern ‖ und Blumen | in dero königlichen Residenz-Stadt zu Paris | ‖ in der Tuillerie. ‖ Nebst eigentlicher Beschreibung derer Städte | Königreiche | Inseln und ‖ Provinzen | wie selbige itziger Zeit annoch zu befinden | und Er zu verschiednen ‖ malen mit langwirigen Sorgen | Mühe und Beschwernissen zu Wasser und Lande | in Hitz und ‖ Frost | Hunger und Durst | Armuth und Mangel | nach unzehlich erdultetem Elend und ‖ Ungemach | in höchster Lebens-Gefahr | Krankheit und Gefängnissen | auch endlich erlittnen ‖ Schiffbruch | ganzer zwanzig Jahr | durch Gottes Gnade | durchzureisen ‖ über sich genommen | ausgestanden und geendiget. ‖ Allen Liebhabern verwundersamer Begebnissen und Reise-Geschichten ‖ zu angenehmer Ergötzlichkeit in unterschiednen Büchern aus dem Französischen ‖ in Hochteutsche Sprache übersetzet und entdecket ‖ durch ‖ Johann Georg Schochen. ‖ Lüneburg | ‖ In Verlegung Johann Georg Lippers. In-4, 30 ff. n. c. p. l. tit., préf. etc. + pp. 632, front. et grav.

Alexandre de Rhodes.

— Divers voyages et missions dv P. Alexandre de Rhodes en la Chine, & autres Royaumes de l'Orient, auec son retour en Europe par la Perse & l'Arménie. Le tovt divisé en trois Parties. A Paris, chez Sebastien Cramoisy et Gabriel Cramoisy, MDCL.III, in-4.

Epistre à la Reyne. — Table des Chapitres. — Extraict dv Privilege dv Roy. — Permission du Reuerend P. Prouincial. — Première Partie, pp. 1/60 : Le Voyage de Rome jusques à la Chine. — Seconde Partie, pp. 61/276 : Les divers voyages et Missions dans le royaume d'Annam, qvi comprend le Tunquin, & la Cochinchine. — Troisiesme Partie, p. 1/82 : Les divers voyages et Missions.

Au commencement de la 2e partie est insérée une carte du Royaume d'Annam.

Un ex. mar. rouge, fil., tr. dor., aux armes et aux chiffres du Prince Eugène de Savoie, Rouquette, Paris, fév. 1888, (1089), 400 fr.

On complètera les renseignements relatifs au Tong-king avec l'ouvrage suivant :

— Tunchinensis Historiae Libri duo, quorum altero status temporalis huius Regni. Altero mirabiles evangelicae praedicationis progressus referuntur. Coeptae per patres Societatis Iesv, ab anno 1627 ad Annum 1646. Anthore P. Alexandro de Rhodes Auenionensi, eiusdem Societatis Presbytero Eorum quae hic narrantur teste oculato. Lugduni, Sumptib. Ioan. Bapt. Devenet... MDCLII, in-4.

— Sommaire des divers voyages et missions apostoliqves, Du R. P. Alexandre de Rhodes, de la Compagnie de Iesvs, à la Chine, & autres Royaumes de l'Orient, auec son retour de la Chine à Rome. Depuis l'année 1618. jusques à l'année 1653. A Paris, chez Florentin Lambert... M.DC.LIII. Avec Privilege dv Roy. pet. in-8, pp. 114, s. l. déd. etc.

Ternaux-Compans (880) a inventé une édition de 1603. — Carayon indique une réimp. de 1655, même lieu, même format.

— Divers Voiages dv P. Alexandre de Rhodes En la Chine, & autres Roiaumes de l'Orient, Auec son retour en Europe par la Perse & l'Armenie, Le tovt divisé en trois parties. Seconde edition. A Paris, Chez Sebastien Mabre-Cramoisy..., M.DC.LXVI. In-4, pp. 342, s. l. t.

Carayon indique une édition de 1688.

— Divers Voyages de la Chine et autres Royaumes de l'Orient. Avec le retour de l'Autheur en Europe, par la Perse & l'Armenie. Le tout divisé en trois parties. A Paris, Chez Christophe Iournel, M.DC.LXXXI. Avec Priv. de sa Maiesté, in-4, pp. 342, s. l. t.

— Divers Voyages... Paris, 1682, in-4.

Cat. Fred. Muller, 1882 (1374), Fl. 6.

Le P. Sommervogel cite une éd. de 1683.

— Voyages et Missions du Père Alexandre de Rhodes de la Compagnie de Jésus en la Chine et autres royaumes de l'Orient. Nouvelle édition par un Père de la même Compagnie. Paris, Julien, Lanier & Cie., 1854, in-8, pp. VII-448. Pub. à Fr. 4.

On trouvera une courte notice sur le P. de Rhodes et une liste de ses travaux en tête de cette édition.

Le P. Sommervogel cite une éd. de 1862.

— Voyages et Missions du Père A. de Rhodes, S. J., en la Chine et autres royaumes de l'Orient, avec son retour en Europe par la Perse et l'Arménie. — Nouvelle édition, conforme à la première de 1653, annotée par le Père H. Gourdin, de la même Compagnie, et ornée d'une carte de tous les voyages de l'auteur. — Collection des voyages. — Société de Saint-Augustin, Desclée, De Brouwer et Cie., Imprimeurs des Facultés catholiques de Lille. 1884, in-8, pp. VIII-III-366.

— * Des P. Alexander von Rhodes aus der Gesellschaft Jesu Missionsreisen in China, Tonkin, Cochinchina und andern asiatischen Reichen. Aus dem Französischen von einem Priester derselben Gesellschaft. Freiburg im Brisgau, Herder, 1858, in-8, pp. XI-345.

Trad. par le P. Michel Pachtler, S. J. (Sommervogel.)

— Voir *Biog. univ.*, Art. d'Eyriès. — *Biog. gén.*, Vol. XLII.

Thomas Herbert.

— A Relation of some yeares Travaile, begunne *Anno* 1626. Into *Afrique* and the greater *Asia*, especially the Territories of the *Persian* Monarchie : and some parts of the Orientall *Indies*, and Iles adiacent. Of their religion, language, habit, discent, ceremonies, and other matters *concerning them.* Together with the proceedings and death of the three late Ambassadeurs : Sir *D. C.* Sir *R. S.* and the *Persian Nogdi* Beg : As also the two great Monarchs, the King of *Persia*, and the Great *Mogol*. By T. H. Esquier. London, Printed by William Stansby, and Jacob Bloome, 1634, pet. in-fol., fig., pp. 6 + 225 et tab.

D. C. = Dodmore Cotton. — R. S. = Robert Shirley. — T. H. = Thomas Herbert.

China : pp. 206-7.

— Some yeares ‖ travels ‖ into ‖ divers parts of ‖ Asia and Afrique. ‖ Describing especially the two famous Empires, ‖ the *Persian*, and great *Mogull* : weaved with ‖ the History of these later Times ‖ As also, many rich and spatious Kingdomes in ‖ the Orientall INDIA, and other parts of ASIA ; Together with the adjacent Iles. ‖ Severally relating the Religion, Language, Qualities, ‖ Customes, Habit, Descent, Fashions, and other ‖ Observations touching them. ‖ With a revival of the first Discoverer of America. ‖ Revised and Enlarged by the Author. London,... 1638, in-fol., pp. 364 & tabl. fig. & 2 pl.

Dédicace signée : Tho. Herbert.

China : pp. 336-341.

— Some years ‖ travels ‖ into ‖ divers parts ‖ of ‖ Africa and Asia the Great ‖ describing ‖ More particularly the Empires of PERSIA and ‖ INDUSTAN : Interwoven with such re- ‖ markable Occurrences as hapned in those ‖ parts during these later Times ‖ As also, many other rich and famous Kingdoms in ‖ the Orientall INDIA, with the Isles adjacent. ‖ Severally relating their Religion, Language, Customs and Habit : ‖ As also proper observations concerning them. ‖ Third Impression much Enlarged, with many Additions, nigh a third ‖ part more then was in any of the former Impressions, besides the addi- ‖ tion of many new and lively Brass-cuts ; all by the Author now living. London... MDCLXV. In-fol., pp. 420 & tabl., fig., pl. & carte dans le texte.

Dédicace signée : Tho. Herbert.

China : pp. 394-398.

— The Same... In this fourth Impression are added (by the Author now living) as well many Addi ‖ tions throughout the whole work, as also several sculptures, never before printed. London, 1677, in-fol., pp. 399 & tabl. fig. pl.

Dédicace signée : Tho. Herbert.

China : pp. 375-378.

— John Harris, *Col. of Voyages*, I.

— Th. Herbert's Zee- en Lant-Reyse, Na verscheyde Deelen van Asia en Africa : beschryvende Voornamelijck de twee beroemde Rijcken van den Persiaen, en den Grooten Mogul. Als mede | verscheyde Machtige en Groote Koninckrijcken van Oost-Indien | en andere Gedaelten van Asia | te samen met de aenleggende Eylanden : Byzonderlijck verhandelende de Godtsdientst | Tale | Eygenschappen | Gewoonten | Drachten | Afkomsten | Manieren | en andere aenmerckingen omtrent deselve. Beneffens een Verhael van den eersten Vinder van America. Uyt het Engels in de Nederlandtsche Tale overgeset door L. V. Bosch. Tot Dordrecht... 1658. Pet. in-4, pp. 8 de diverses pièces, & 292.

British Museum 10028, df. 3. — Illustrations dans le texte.

Chine : pp. 173-179.

— * Amst. 1665, in-4, pp. (VIII)-183, pl.

Cat. Fred. Müller, 1882 (743 et 744), Fl. 4.50 et 4.

— Relation dv Voyage de Perse et des Indes Orientales. Traduite de l'Anglois de Thomas Herbert. Avec les Revolvtions arrivees au Royaume de Siam l'an mil six cens quarante-sept. Traduites du Flamand de Ieremie Van Vliet. A Paris, chez Iean dv Pvis, ruë S. Iacques, à la Couronne d'or. M.DC.LXIII. Avec Privilege dv Roy. In-4, pp. 632, s. l'ép. au lecteur et la tab.

De la Chine, pp. 527/537. — Vend. Thonnelier (2514), Fr. 3.

BORTS, 1670. — Voir col. 286-7.

JAN JANSZOON STRUYS (J. J. Strauss).

— Drie aanmerkelijke Reizen door Italien, Griekenlandt, Lijflandt, Moscovien, Tartarijen, Meden, Persien, Oost-Indien, Japan, etc. ‖ Met verscheydene curieuse Koopere Platen, door den Auteur selfs na het leven geteekent, verçiert. ‖ Amsterdam, by Jacob van Meurs, 1676, in-4, pp. 377 + 34 & ind., Pl. & cartes.

— * Le même. Amsterdam, 1686, in-4.

— * Le même. Haarl., 1741-2, in-4.

— J. J. Struys Drie aanmerkelyke Reizen, Door Italien, Griekenland, Lyfland, Moscovien, Tartaryen, Meden, Persien, Oostindien, Japan, en verscheiden andere Gewesten. Waar in vertoont werden, behalven een nauwkeurige, en omstandige beschryvinge der gemelde Landen, en't geen tot haar natuur behoort, zeer wonderlyke, en waarachtige toevallen den Schryver overgekomen door Schipbreuken, Plonderingen, Slavernye onder de Turken, en Persiaanen, zwaare Hongersnood, Pyniging, en andere ongemakken. Gedurende den tyd van Zes en Twintig Jaren. Nevens twee Brieven, inzonderheid verhandelende het overgaan van Astracan, en't geene daar omtrent is voorgevallen; als ook een verhaal der elenden, en zwaare ongemakken, uitgestaan by D. Butler, door hem zelfs geschreven uit Ispahan. Laaste Druk. Waar in alle de Kopere Plaaten zyn vernieuwt, die door den Schryver zelfs in zyn tyd na het leven zyn getekent. Hier is noch by gevoegt Frans. Jansz. van der Heiden vervaarlyke Schipbreuk van't Oostindisch Jacht *ter Schelling*, onder het Land van Bengalen. Te Amsterdam, By Steeve van Esveldt, Boekverkooper, 1746, in-4. Front. et Planches gravées.

Vend. Thonnelier (2217), Fr. 10.

— Éd. allemande d'And. Müller, Amsterdam, Jac. van Meurs, 1678, in-fol.

— * Reysen door Lyfland, Moscovien, Tartarien, Persiën en Oost-Indiën. Amst., G. de Groot, 1705, in-4.

— * Le même. Amst. (1713), in-4.

Ces deux dernières éd. sont des éd. populaires du troisième voyage de Struys. — Cat. de Fred. Müller, 1882 (2055-2056), fl. 2 chacune.

— Les ‖ Voyages ‖ de ‖ Jean Struys, ‖ en Moscovie, en Tartarie, en Perse, ‖ aux Indes, & en plusieurs autres païs ‖ étrangers ; ‖ Accompagnés de remarques particulières sur la qualité, ‖ la religion, le gouvernement, les coutumes et le négoce ‖ des lieux qu'il a vus ; avec quantité de figures en ‖ taille-douce dessinées par lui-même ; & deux ‖ lettres qui traitent à fond des malheurs d'Astracan. ‖ A quoi on a ajouté une chose digne d'être suë, la ‖ Relation d'un Naufrage, dont les suites ont produit des effets ‖ extraordinaires. ‖ Par ‖ Monsieur Glanius. ‖ A Amsterdam, chés la Veuve de Jacob van Meurs. M.DC.LXXXI. Titre rouge & noir. In-4, préf., 2 pp., table, 8 pp. texte, pp. 360, autre table pp. 14 & relation du Naufrage, pp. 80, pl. & carte.

Langlès (2096), Fr. 20. — Klaproth (1027), Fr. 15.

— Les Voyages de Jean Struys, en Moscovie, en Tartarie, en Perse, aux Indes, & en plusieurs autres Païs étrangers ; Accompagnez de remarques particulieres sur la Qualité, la Religion, le Gouvernement, les Coutumes & le Negoce des lieux qu'il a vus ; avec quantité de figures en taille douce dessinées par luy-même ; & deux lettres qui traitent à fond des malheurs d'Astracan. A Lyon, chez Tomas Arnaulry. M.DC.LXXXII, 3 vol. in-12.

Struys a visité Formose (Mai 1650) pendant son premier voyage, voir les chap. X et XI dans le Vol. I, pp. 140 et seq.

Le cat. de A. Claudin, de Paris, Sept. 1887, indique (No. 45879) une éd. de Lyon, 1684, 3 vol. in-12.

— Les Voyages de Jean Struys, en Moscovie, en Tartarie, en Perse, aux Indes, & en plusieurs autres Païs étrangers ; Accompagnez de remarques particulieres sur la qualité, la Religion, le Gouvernement, les Coûtumes & le Négoce des lieux qu'il a vûs ; avec quantité de figures en taille douce, dessinées par lui-même ; & deux Lettres qui traitent à fond des malheurs d'Astracan. Par Mr Glanius. A Amsterdam, Aux dépens de la Compagnie, MDCCXVIII, 3 vol. in-12.

— Les mêmes. — Amst., 1720, 3 vol. pet. in-8. (M. Nijhoff, 1877, Cat. No 154.)

— Les mêmes. — Rouen, Robert Machuel, 1724 et Paris, Pierre Ribou, 1719, 3 vol. in-12, fig.

Vend. Thonnelier (2218), Fr. 9.

Brunet et Ebert citent éd. françaises : trad. de Glanius : Lyon, 1684, 3 vol. in-12 ; — Amst. 1718 et 1720, 3 vol. in-12 ; — Brunet donne Lyon, 1683, 3 vol. in-12, mais ne cite pas l'éd. de 1682 que nous avons vue.

— The ‖ VOIAGES and TRAVELS ‖ of ‖ John Struys ‖ through ‖ *Italy, Greece, Muscovy, Tartary, Media, Persia, East-* ‖ *India, Japan,* and other countries in *Europe,* | *Africa,* and *Asia* : ‖ containing ‖ Remarks and Observations ‖ Upon ‖ the Manners, Religion, Politics, Customs and Laws of the Inhabitants ; ‖ and a ‖ Description ‖ of other several ‖ Cities, Towns, Forts and Places of Strength : ‖ Together with ‖ An Account of the Authors many Dangers by Shipvreck, Robbery, ‖ Slavery, Hunger, Torture and the like. And Two Narratives of the Taking of *Astracan* by the *Cossacks*, sent from ‖ Captain D. *Butler*. ‖ Illustrated with Copper plates, designed and taken from the Life ‖ by the Author himself. Done out of *Dutch*, By John Morrison. London... 1684. In-4, pp. 378, mêmes planches & cartes que dans l'édition de 1676.

On cite également une éd. de 1683 que je n'ai pas vue.

— *Biog. universelle* ; art. d'Eyriès ; Ebert, II, 849, p. 24.

PEDRO CUBERO.

— Breve Relacion, de la Peregrinacion qve ha hecho de la mayor parte del Mvndo Don Pedro Cvbero Sebastian, Predicador Apostolico del Asia, natural del Reyno de Aragon ; con las cosas mas singulares que le han sucedido, y visto, entre tan barbaras Naciones, su Religion, Ritos, Ceremonias, y otras cosas memorables, y curiosas que hà podido inquirir ; con el viage por tierra, desde España, hasta las Indias Orientales. Escrita por el mismo Don Pedro Cvbero Sebastian. Dirigida al Rey Nvestro Señor D. Carlos Segvndo, Monarca de las Españas, &c. Con privilegio. En Madrid : Por Iuan Garcia Infançon, Año 1680, in-4, pp. 360 et 9 ff. lim. au com.

Leclerc, *Bib. Am.* (157), Fr. 40.

— Peregrinacion del Mvndo, del Doctor D. Pedro Cvbero Sebastian, Predicador Apostolico. Dedicada Al Excelentissimo Señor D. Fernando Ioachin Faxardo, de Reqvesens, y Zuñiga, Marqves de los Velez, &c. Virrey, y Capitan General del Reyno de Napoles. En Napoles, Por Carlos Porsile 1682. Con licencia de los Superiores, in-4, pp. 451, 2 ff. de t. à la fin. — 5 ff. lim. au com. — Front. gravé et port.

Leclerc, *Bib. Am.* (158), Fr. 40. — Quaritch (1872), Liv. 2.

— Peregrinacion qve ha hecho de la mayor parte del Mundo Don Pedro Cvbero Sebastian, Predicador Apostolico del Asia, natural del Reyno de Aragon ; con las cosas mas singulares que le han sucedido, y visto, entre tan Barbaras Naciones, su Religion, Ritos, Ceremonias, y otras cosas memorables, y curiosas, que ha podido inquirir ; con el viage por tierra, desde España, hasta las Indias Orientales. Escrita por el mismo Don Pedro Cvbero Sebastian. Dedicado al SS. Christo de las Injurias, sita en la Iglesia del Señor San Millan, anexo de S. Iusto, y Pastor desta Coronada Villa de Madrid. Segvnda Impression. En Zaragoza, Por Pasqual Bueno, Impressor del Reyno de Aragon. Año de 1688. In-4, pp. 288 et 7 ff. lim. au com.

Leclerc, *Bib. Am.* (159), Fr. 30. — Quaritch (1872), 18/.

— Peregrinazione del Mondo, del Dottor Don Pietro Cvbero Sebastiano, Predicatore Apostolico. Tradotta dalla lingua Spagnola nell' Italiana Per il Signor D. Francesco de la Serna, y Molina, Nobile del Regno d'Aragona. Dedicata all' eccellentissimo signor D. Gasparo d'Haro, e Gvsmano, Marchese del Carpio, e d'Helicce, &c. Vice Rè, e Capitan Generale nel Regno di Napoli. Impresso à spese del Magnif. Giuseppe Criscolo. In Napoli, Per Carlo Porsile M.DC.LXXXIII. Con licenza de' Superiori. In-4, pp. 339 s. la table (2 ff.) à la fin et 4 ff. prél. pour le titre &c. Front. gravé et portraits de D. G. de Haro e Gusman et de D. Pedro Cubero Sebastian.

Cap. 41. Si descriue breuemente il grande, e potente Impero della Cina.

Cap. 42. Si descriue la Tartaria, il modo di vita, Riti, e Cerimonie de' Tartari.

Cap. 43. Scriuesi l'occasione della sanguinosa guerra frà Tartari, e Chinesi.

— Descripcion general del Mvndo y notables svcessos qve han svcedido en el. Con la Armonia de svs tiempos, ritos, ceremonias, costvmbres, y trages de sus Naciones, y Varones Ilustres que en èl ha avido. Escrita por el Dotor Don Pedro Cvbero Sebastian, Missionario Apostolico, Confessor General, que ha sido, de los Exercitos del Augustissimo Señor Emperador Leopoldo, Primero de este nombre, contra el Turco en Vngria. Dedicala [*sic*] a la Serenissima Reyna de los Angeles, Maria Santissima de los Desamparados, Patrona, y Protectora desta Nobilissima Ciudad de Valencia. En Valencia : Por Vicente Cabrera, Impressor, y Librero de la Ciudad en la Plaça de la Seo. Año 1697. Vendense en la misma Imprenta, in-4, pp. 342 et 6 ff. lim. au com.

M. Leclerc écrit dans la *Bib. Americana*, p. 43 : « Nous devons à l'obligeance de M. le docteur Court d'avoir à signaler une deuxième partie de la relation de Cubero, imprimée à Naples chez Salvador Castaldo, en 1684, sous ce titre : » Descripcion general del Mundo «. C'est un volume in-4 de pp. 446 sans la table ; il est dédié » A la Serenissima Regina de los Angeles «.

Cette deuxième partie est beaucoup plus rare que la première. L'édition de 1684 doit en être la seule imprimée. C'est la première fois qu'on signale l'existence de deux parties de l'ouvrage de ce voyageur. Pinelo qui cite cette date, ne mentionne pas que ce soit ce volume.

L'exemplaire existe dans la riche collection de M. Court. »

— Descripcion ‖ general ‖ del mvndo, ‖ Y notables sucessos dèl. ‖ Compuesto por el Dotor ‖ Don Pedro Cvbero Sebastian ‖ Missionario Apostolico del Asia, Familiar de Su ‖ Santidad, y Canonigo Doctoral de la Santa ‖ Iglesia Catedral de Tarazona. ‖ Dedicalo ‖ a la Serenissima Reyna de los Angeles ‖ Maria ‖ Señora Nvestra, ‖ del Pilar de Zaragoza ; ‖ Vnica Protectora del Reyno de Aragon. ‖ En Napoles, Por Saluador Castaldo ‖ Regio Impressor M.DC.LXXXIV. ‖ Con Licencia de los Superiores. In-4, pp. 446 + 4 ff. n. c. au com. pour le tit. etc.

et 4 ff. n. c. à la fin pour l. tab. — Front. grav., Grav. all. de la Vierge, et Port. de Cubero.

On lit p. 1 : *Breve Relacion de la Peregrinacion... Segvnda Parte.* — British Museum, 493, g. 10. — L'ex. du Dr. Court (No. 97) fait partie de ma collection particulière. H. C.

— Segvnda ‖ Peregrinacion ‖ del Dotor ‖ D. Pedro Cvbero ‖ Sebastian, ‖ Missionario Apostolico ‖ del Asia, y Confessor General Apos- ‖ tolico de los Exercitos del Augustissi ‖ mo Señor Emperador contra el ‖ Turco en Vngria por la Santi- ‖ dad de Innocencio ‖ Papa XI. ‖ Donde refiere ‖ los svcessos mas memorables, ‖ assi en las Guerras de Vngria, en el Assedio de Bu ‖ da, Batalla de Arsan, y otras : como en los vlti ‖ mos tumultos de Ingalaterra, deposicion del Rey ‖ Iacobo, y introducion del Principe Guillel ‖ mo de Nassao ; hasta llegar à Valencia, de ‖ quien refiere la cosas notables. ‖ Valencia : Por Iayme de Bordazar, 1697. ‖ A expensas de Rafael Camañes Librero, y se venden en ‖ su casa junto à San Martin. In-4, pp. 175 + 4 ff. n. c. au com. pour le tit. &c.

British Museum, 10106, e.

— Epitome ‖ de los arduos ‖ viages qve ha hecho ‖ el Doctor Don Pedro ‖ Cubero Sebastian, Presbytero, Mis- ‖ sionario Apostolico, y Confessor ‖ General de los Exercitos Christia- ‖ nos en las quatro partes del mundo, ‖ Asia, Africa, America, y ‖ Europa. ‖ Con las cosas mas memorables, que ha ‖ podido inquirir. ‖ Escrito por el Mismo, ‖ quien lo dedica, y consagra ‖ al M. Ilvstre Sr. ‖ Don Raymvndo ‖ de Saldivar, ‖ Conde de Sauzedilla, Cavallero del ‖ Orden de Alcantara, &c. ‖ Con licencia en Cadiz en la Imprenta de ‖ Christoval de Requena, año 1700. ‖ In-4, pp. 112 + 8 ff. n. c. au com. pour le tit., etc.

British Museum, 10025, bb. 3.

Beryte. — Bourges. — Voir col. 826-828.

Jésuites.

— Route que tinrent les Pères Bouvet, Fontaney, Gerbillon, le Comte, & Visdelou depuis le Port de Ning po jusqu'à Peking, avec une Description très exacte & circonstanciée de tous les lieux par où ils passèrent dans les Provinces de Tche kiang, de Kiang nan, de Chan tong, & de Pe tcheli. (Du Halde, *Description*, I, pp. 61-81.)

Les Pères partirent de Ning po le 26 Novembre 1687.

Voir col. 1057.

— The Travels of Five French Jesuits from Ning-po fû to Peking, in 1687.

Cette version faite d'après Du Halde est imprimée dans la *Collection de Voyages* de Astley, Vol. 3, pp. 513-530. — Voir aussi *Hist. gén. des Voy.* (Prévost), V, pp. 418 et seq.

— Fünf französischer Jesuiten Reisen von Ning po fu nach Peking. Im Jahre 1687. (J. J. Schwabe, *Allg. Hist. d. Reisen*, Bd. V, 1749, pp. 427/453.) — D'après Astley.

— Route que tint le Père de Fontaney depuis Peking jusqu'à Kiang tcheou dans la Province de Chan si, & depuis Kiang tcheou jusqu'à Nan king, dans la Province de Kiang nan. (Du Halde, *Description*, I, pp. 81-94.)

Le Père de Fontaney quitta Peking le 30 mars 1688.

The Journey of Jean de Fontaney, Jesuit, from Peking to Kiang chew, in the Province of Shan si, and thence to Nanking, in 1688.

C'est une version anglaise arrangée ; elle a été imprimée dans la *Collection de Voyages* de Astley, Vol. 3, pp. 530-539. — Voir également l'*Hist. gén. des Voyages* (Prévost), V, pp. 446/460, Chap. IX.

— Johann von Fontaney, eines Jesuiten, Reise von Peking nach Kyang chew, in der Provinz Shan si, und von dar nach Nan king, im Jahre 1688. (J. J. Schwabe, *Allg. Hist. d. Reisen*, Bd. V, 1749, pp. 454/468.) — D'après Astley.

— Route que tint le Père Bouvet depuis Peking jusqu'à Canton, lorsqu'il fut envoyé par l'Empereur Cang hi en Europe en l'année 1693. (Du Halde, *Description*, I, pp. 95-104.)

Le P. Bouvet quitta Peking le 8 juillet 1693.

— The Journey of Joachim Bouvet, Jesuit, from Pe-king to Kanton, when sent by the Emperor Kanghi into Europe, in 1693.

C'est une version anglaise arrangée ; elle a été imprimée dans la *Collection de Voyages* de Astley, Vol. 3, pp. 540-545. — Voir *Hist. gén. des Voyages*, V, pp. 460 et seq.

— Joachim Bouvet, eines Jesuiten, Reise von Peking nach Kanton, da ihn der Kaiser Kang hi im Jahre 1693 nach Europa sandte. (J. J. Schwabe, *Allg. Hist. d. Reisen*, Bd. V, 1749, pp. 469/477.) — D'après Astley.

Philippe Avril.

Né à Angoulême, 21 juillet 1654 ; † en 1698 dans un naufrage. — *Journal des Savans*, 1692, pp. 126/137. — *Acta Eruditorum*, 1694, pp. 60/64. — *Bibliothèque Universelle*, XXIV, pp. 203/222.

— Voyage en divers Etats d'Europe et d'Asie, Entrepris pour découvrir un nouveau chemin à la Chine. Contenant Plusieurs Remarques curieuses de Physique, de Geographie, d'Hydrographie & d'Histoire. Avec une Description de la grande Tartarie, & des differens Peuples qui l'habitent.. A Paris, Chez Claude Barbin... Jean Boudot... George & Louis Josse, M.DC.XCII. Avec Privilege du Roy. In-4, pp. 406 sans l'Epistre et la Préface du commencement et la Table de la fin.

Liv. I. Voyage d'Orient. — II. Voyage de Tartarie. — III. Voyage de Chine. — IV. Voyage de Moscovie. — V. Voyage de Moldavie. — Relation de ce qui s'est passé à Julfa, à la publication du Jubilé, l'an 1691.

Carte et gravures. Par le Père Philippe Avril, de la Compagnie de Jésus.

— Utrecht, 1693, in-12. — Paris, Jean Boudot, 1693, in-12, pp. 342. (De Backer.)

— Travels into divers Parts of Europe and

Asia, undertaken by the *French* King's Order to discover a new Way by Land into China. Containing many curious Remarks in Natural Philosophy, Geography, Hydrography, and History. Together with a Description of *Great Tartary*, and of the different People who inhabit there. By Father Avril, of the Order of the Jesuits. Done out of French, To which is added, A Supplement extracted from *Hakluyt* and *Purchas*; giving an account of several Journeys over Land from *Russia Persia,* and the *Moguls* Country to *China*. Together with the Roads and distances of the places. Imprimatur April 4. 1693. *Char. Heron. London* : Printed for *Tim. Goodwin,* at the *Maidenhead* over-against *St. Dunstan's Church* in *Fleet Street.* MDCXCIII, in-12, 6 ff. prél. n. ch. + pp. 191-178.

Notice par E. C. Bridgman : *Chin. Rep.*, X, pp. 297 et seq.

— An Account of Several Roads into China. (Harris' *Collection of Voyages*, II, pp. 253-8.)

— Father Averil's Travels into some Parts of Tartary. (*Ibid.*, pp. 247 et seq.)

— * Reize Door verscheidene staten van Europa en Asia, als Turkyen, Persien, Armenien, het Zuider-Tartaryen, Muscovien, Poolen, beide de Pruissens en Moldavien. Gedaan zedert den Jaare 1685. tot 1692. Behelzende Veele naaukeurige aanmerkingen, zoo in de Natuurkunde, Land en Zee-beschrijvinge, als in de Historien. Nevens de beschrijvinge van Groot-Tartaryen, en de Volkeren die het zelve bewoonen. Door Phil. Avril, Priester onder de Societeit van Jesus, en Mathematicus van sijn Aller-Christelijkste Majesteit. Met koopere Plaaten verciert. Uit het Frans overgebragt door H. v. Quellenburgh. Tot Utrecht, By Anthony Schouten, 1694, in-4, pp. 191, front. gr. par J. Doesburgh et 4 pl.

— Nachrichten aus Persien, aus der Turcken, aus der grossen Tartaren, aus Siberien / Moscau und Pohlen. Oder Vierfache Reis-Beschreibung R. P. Avril Soc. Jesu.

Vol. XVII des *Neuen Weltbottens* (Stöcklein), Nos. 383/387, pp. 41/97.

— * Podróż do różnych krajów Europy i Azyi przez missionarzów, tłum. Rem. Ladowskiego. Warszawa, Dufour, 1791.

— *Biog. univ.*, Art. de Weiss.

— *Biog. générale.*

∴

— Relation du Voyage fait à la Chine sur le Vaisseau l'Amphitrite, en l'année 1698. Par le Sieur Gio : Ghirardini, Peintre Italien. A Monseigneur le Duc de Nevers. M.DCC, in-12, pp. 80-156.

Ghirardini, peintre italien, partit de la Rochelle pour la Chine, le vendredi 7 mars 1698, avec le Père Bouvet et d'autres missionnaires. De Canton, où il arriva le 2 nov. 1698, il écrivit cette Relation sous forme de lettre au Duc de Nevers. Les 80 premières pages sont consacrées à cette lettre qui est datée « à Canton ce 20 février 1699 ».

Cette lettre est suivie de :

Lettre à Monsieur ** touchant les honneurs que les Chinois rendent au Philosophe Confucius et à leurs ancêtres, pp. 1/103.

Seconde lettre sur le même sujet avec le décret d'Alexandre VII (23 mars 1656), pp. 103/151.

Lettre du Roy de Portugal au Cardinal Barberin Protecteur de cette couronne (à Lisbonne le 31 d'Aoust 1699), pp. 151/156.

Langlès (2364), Fr. 7.

— Relation ‖ du voyage ‖ Fait à la Chine sur le Vais- ‖ seau l'Amphitrite, en ‖ l'année 1698. ‖ Par le sieur Gio Ghirardini, ‖ Peintre Italien. ‖ A ‖ Monseigneur le Duc ‖ de Nevers. ‖ A Paris, ‖ Chez Nicolas Pepie, rue ‖ S. Jacques au grand saint ‖ Basile. ‖ — M.DCC. ‖ Avec permission. Pet. in-8, 5 ff. n. ch. p. l. tit. et l'avert. + pp. 94.

Au bas de la p. 94, sig. : Gio : Gherardini. A Canton, ce 20. Fevrier 1699.

— A Journal of the First French Embassy to China, 1698-1700. Translated from an unpublished Manuscript by Saxe Bannister, M. A. Queen's College, Oxford. With an Essay on the friendly disposition of the Chinese Government and People to Foreigners. London : Thomas Cautley Newby, 1859, in-12, pp. IV-CLIV-254.

C'est la traduction du Journal de l'*Amphitrite*.

— Journal inédit du voyage de la frégate l'*Amphitrite* en Chine fait par ordre du roi Louis XIV, en 1698 sous le commandement du Chevalier de la Roque suivi d'un Examen des rapports diplomatiques des Chinois avec les étrangers Par Saxe Bannister, M. A. du Collége de la Reine à Oxford, Ancien Procureur général de la Nouvelle Galle du Sud. Paris, Benjamin Duprat, 1860.

Je n'ai vu de cette édition française que ce titre imprimé mis en tête de l'éd. anglaise, dans l'ex. du Dépôt des cartes et plans de la marine, à Paris.

Il y avait onze missionnaires à bord de l'*Amphitrite* : les PP. Bouvet, Dolzé, Pernon, de Broissia, de Premare, Regis, Parrenin, Geneix et le frère de Belleville (embarqués à la Rochelle), Domenge et Baborier (embarqués au Cap de Bonne Espérance). Ces derniers pères étaient partis avec l'escadre de M. des Augers qui ne garda que les PP. Foucquet et d'Entrecolles et le frère Frapperie.

Voir sur ce voyage les lettres adressées au P. de la Chaise par le P. de Prémare (A Canton, le 17 février 1699, *Let. éd.*, éd. de Mérigot, XVI, pp. 338 et seq., éd. de Grimbert, II, pp. 180 et seq.) et par le P. Bouvet (A Pékin, le 30 de novembre 1699, *Let. éd.*, éd. de Mérigot, XVI, pp. 372 et seq., éd. de Grimbert, II, pp. 200 et seq.).

— Lettre du P. de Tartre, à M. de Tartre son Père. A Canton, le 17 décembre 1701 (sur le 2e Voyage de l'*Amphitrite*). (*Let. éd.*, 3e Recueil.)

— Ghirardini, voir BEAUX-ARTS, col. 1565 et 1566.

— Voyage à la Chine, fait en 1698, sur le vaisseau l'*Amphytrite*, commandé par le Chevalier de la Rocque. (Dans le vol. I, *la Chine mieux connue, ou les Chinois, tels qu'il faut les voir.* Voir col. 64.)

GEMELLI-CARERI.

— Giro del Mondo del Dottor D. Gio : Francesco Gemelli Careri. In Napoli, Nella Stamperia di Giuseppe Roselli. 1699-1700. 6 vol. pet. in-8.

Parte quarta contenente le cose più ragguardevoli vedute nella Cina. 1700.

Le premier vol. est orné du portrait du Dr. Gemelli-Careri.

Nunnari cite les éd. : Napoli, Giuseppe Roselli, 1708, 7 vol. in-8. — Venezia, Giovanni Malachin, 1719, 9 vol. in-8. — Napoli, Parrino, 1721, 6 vol. in-12. — Venezia, Sebastiano Coleti, 1728, 9 vol. in-8.

— Dal Giro del Mondo del Dottor Gio. Francesco Gemelli Careri. (A. de Gubernatis, *Storia dei Viag.*, pp. 250 et seq.)

— Voyage du Tour du Monde, Traduit de l'Italien de Gemelli Careri, par M. L. N. Enrichi d'un grand nombre de Figures. A Paris, chez Etienne Ganeau, Libraire rue S. Jacques, aux Armes de Dombes, vis-à-vis la Fontaine S. Severin M.DCCXIX. Avec Approbation & Privilege du Roy. 6 vol. in-12.

Tome IV : De la Chine.

Un ex. mar. rouge, fil., dent., tr. dor., aux armes de la comtesse d'Artois, Rouquette, Paris, fév. 1888 (874), 250 fr.

— Voyage du Tour du Monde, Traduit de l'Italien de Gemelli Careri, Par M. L. N. Nouvelle Edition augmentée sur la dernière de l'Italien, & enrichie de nouvelles Figures. A Paris, chez Etienne Ganeau... MDCCXXVII. Avec Approbation & Privilege du Roy. 6 vol. in-12.

Le libraire Martin me paraît être le premier qui, dans le catalogue des livres de Bellanger, publié en 1748, attribua à Le Noble cette traduction, imprimée huit ans après la mort de ce fécond écrivain ; il a été suivi par De Bure dans sa *Bibliographie instructive*, et par tous les rédacteurs de *Dictionnaires historiques*. Mais il est à remarquer que les écrivains du temps les plus exacts laissent cette traduction sous le voile de l'anonyme ; je puis citer Le Clerc, dans sa *Bibliothèque ancienne et moderne* ; le *Journal des Savants* ; l'abbé Lenglet, dans sa *Méthode pour étudier l'Histoire* ; l'abbé Prévost, dans le t. V de son *Histoire générale des Voyages*, éd. in-4. Il est aussi à observer que Grosley, dans ses *Illustres Troyens*, n'attribue pas cette traduction au sieur Le Noble. Sur le frontispice de la seconde édition, publiée en 1727, on lit par M. L. N. Peut-être est-ce cet ordre de lettres initiales qui aura donné à Martin l'idée de présenter Le Noble comme traducteur de ce *Voyage*. Il est plus probable que Dubois de Saint-Gelais est ce traducteur. Voy. son article dans le *Moreri* de 1759. » (A. A. Barbier, dans les *Supercheries littéraires dévoilées*, II, 1870, 800.)

— A Voyage round the World, by Dr. John Francis Gemelli Careri. In Six parts, viz. I. Of Turky. II. Of Persia. III. Of India. IV. Of China. V. Of the Philippine Islands. VI. Of New Spain. Written originally in Italian, Translated into English. (Churchill's *Collection of Voyages*, IV, 1745.)

— Travels of Doctor John Francis Gemelli Careri in China, in 1695. (Astley's *Collection*, III, pp. 546/66.)

Trad. sur la version française.

— *Hist. générale des Voyages*, V, pp. 469 et seq.

— *Biog. univ.*, Art. d'Eyriès.

— Des Doctor Johann Franciscus Gemelli Careri Reisen in China, im Jahre 1695. Aus dem Italienischen übersetzt. (J. J. Schwabe, *Allg. Hist. d. Reisen*, Bd. V, 1749, pp. 478/511.)

— * Dott. Alberto Magnaghi. — Il viaggiatore Gemelli Careri (Secolo XVII) e il suo « Giro del Mondo ». Bergamo, Cattaneo, 1900, br., pp. 60.

— Il « Giro del Mondo » del Gemelli-Careri. Por Attilio Mori. (*Rivista geog. Ital.*, VIII, 1901, pp. 121/123.)

— Dr Filippo A. Nunnari. — Un viaggiatore calabrese della fine del secolo XVII. — Messina, Tip. Mazzini, 1901, in-8, pp. 103 + 1 p. n. ch. p. l. tab.

Notice par Gabriel Marcel, *La Géographie*, 15 août 1903, pp. 119/120.

∴

— Journal du voyage du Pérou en Chine, et retour en France, repassant par le Pérou, et Chily dans le Vaisseau le *S:t Antoine*, du port de 300 thonneaux, armé de 44 canons, et 150 hommes d'Esquipage, et appartenant aux particuliers de France ; commandé par M:r De Frondat.

22 Mars 1708.

Ms. français de la Bib. royale de Stockholm dont nous devons l'indication à M. Strindberg. — In-fol., pp. 95 ; 12 cartes coloriées signées Pierre Moirie. — Sans titre. — Relié en cuir.

— De Franska Sjöfärderna till Söderhafvet i början af adertonde seklet — En Studie i historisk Geografi af E.W. Dahlgren. — Stockholm, P. A. Norstedt & Söner, 1900, in-8, pp. VIII-430, 2 cartes hors texte.

100 ex. tirés à part de *Ymer*, Årg. 13.

ADAM BRAND. — EVERT ISBRAND.

Voir le chap. des *Relations de la Russie*.

— Travels in China, by the Russian Ambassador, Father Navaretti, Father Duhalde, Father Lecompte, &c. (*A new complete collection of Voyages and Travels*... By John Hamilton Moore... London, Alexander Hogg, 2 vol. in-fol., cf. pp. 586/609.)

∴

— A New Account of the East Indies, being the Observations and Remarks of Capt. Alexander Hamilton, Who spent his Time there from the Year 1688 . to 1723. Trading and Travelling, by Sea and Land, to most of the Countries and Islands of Commerce and Navigation, between the Cape of *Goodhope*, and the Island of *Japon*. Edinburgh, Printed by *John Mosman* One of His Majesty's Printers, and sold at the King's Printing-house in *Craig's* Closs. MDCCXXVII, 2 vol. in-8, pp. XXIX-VIII-396/VII-309-10.

— A New Account of the East Indies. Giving An exact and copious Description of the Situation, Product, Manufactures, Laws, Customs, Religion, Trade, &c. of all the Countries and Islands, which lie between the Cape of Good Hope, and the Island of Japon. Interspersed with An entertaining Relation not only of the principal Events, which happened during the Author's Thirty Years Residence in those Parts ; but also of the most remarkable Occurrences and Revolutions in those vast Dominions, for this Century past. Comprehending also Many curious and interesting Particulars relating to our Commerce with those Countries, and the Affairs of the East India Company. Illustrated with Maps and Sculptures. By Captain Alexander Hamilton. In two volumes. London : Printed for C. Hitch... and A. Millar... M.DCC.XLIV, 2 vol. in-8.

JOHN BELL.

— Travels from St. Petersburg in Russia to diverse parts of Asia. In two volumes. By John Bell, of Antermony-Glasgow : Printed for the Author by Robert and Andrew Foulis, Printers to the University, M.DCC.LXIII, 2 vol. in-4.

Volume I. Containing :

A Journey to Ispahan in Persia, in the years 1715, 1716, 1717, and 1718.

Part of a journey to Pekin in China, through Siberia, in the years 1719, 1720, and 1721. With a map of the Author's two routes between Mosco and Pekin.

Volume II. Containing :

The continuation of the journey between Mosco and Pekin. To which is added, a translation of the Journal of Mr. de Lange, resident of Russia at the Court of Pekin, in the years 1721 & 1722.

A journey from Mosco to Derbent in Persia, in the year 1722.

A journey from St. Petersburg to Constantinople, in the years 1737 and 1738.

— Travels from St. Petersburg in Russia, to Diverse Parts of Asia, containing, I. A journey to Ispahan in Persia, in the years 1715, 1716, 1717, and 1718. — II. A journey to Pekin in China, through Siberia, in the years 1719, 1720, 1721. With a Map of the Author's two routes between Mosco and Pekin : To which is added, a translation of the Journal of Mr. de Lange, Resident of Russia at the Court of Pekin, in the years 1721, 1722. — III. A journey from Mosco to Derbent in Persia, in the year 1722. — IV. A journey from St. Petersburg to Constantinople, in the years 1737 and 1738. By John Bell, Esq. ; [Gentleman in several Embassies to the Emperors of China, Persia, &c.] in two volumes [in-12]. London : Printed for W. Homer, in the Strand, 1764.

— Travels from St. Petersburg in Russia, to various parts of Asia, in 1716, 1719, 1722, &c. By John Bell, of Antermony. (*Pinkerton*, VII, p. 271.)

Allibone cite : Dublin, 1764 ; Edin., 1788 ; et 1806.

On a publié dans le *N. C. Herald*, No. 390, 16 Jan. 1858, la portion du voyage de Bell relative aux événements qui se sont passés à Peking pendant l'ambassade russe (Nov. 1720). L'ouvrage de Bell a été traduit en russe.

Voir Lange au chap. des *Relations de la Russie avec la Chine.*

—Voyages depuis St. Petersbourg en Russie, dans diverses contrées de l'Asie ; A Pékin, à la suite de l'Ambassade envoyée par le Czar Pierre I, à Kamhi, Empereur de la Chine ; A Ispahan en Perse, avec l'Ambassadeur du même Prince, A Schah Hussein, Sophi de Perse ; A Derbent en Perse, avec l'Armée de Russie, commandée par le Czar en Personne : A Constantinople, par ordre du Comte Osterman, Chancelier de Russie, & de M. Rondeau, Ministre d'Angleterre à la Cour de Russie. On y a joint une Description de la Sibérie, & une Carte des deux Routes de l'Auteur entre Moscow & Pékin. Par Jean Bell d'Antermony. Traduits de l'Anglois par M***. Avec des Remarques Historiques, Géographiques, &c. A Paris, chez Robin, MDCCLXVI, 3 vol. in-12.

Langlès (2099), Fr. 8.

∴

— Extrait du Journal du Voyage du P. Gaubil et du P. Jacques de Canton à Peking, contenant plusieurs Observations Géographiques sur la situation des Provinces, Villes & Canaux, & qui se sont rencontrez sur la route. Par le P. Gaubil de la Compagnie de Jesus [Décembre 1722 — Mars 1723]. (*Observations*, publiées par le P. Souciet, I, pp. 127/134.)

Cf. Amiot, *Mém. conc. les Chinois*, II, pp. 265 seq.

— The Journey of Anthony Gaubil, Jesuit, from Kanton to Peking, in 1722. Now first translated from the French [des *Observations* de Souciet]. (Astley's *Coll.*, III, pp. 581-584.)

— Voir *Hist. gén. des Voyages*, V, pp. 527 et seq.

— Anton Gaubils, eines Jesuiten, Reise von Kan ton nach Pe king. Im Jahre 1722. Jtzo erstlich aus dem Französischen übersetzt. (J. J. Schwabe, *Allg. Hist. d. Reisen*, Bd. V, 1749, pp. 536/540.)

D'après Astley.

— * Anmärckningar samlade under en Resa till China... af *Israel Reinius*. Dissert., Abo, 1749. In-8, pp. 48.

LE GENTIL. — Voir col. 45.

— Sur les Voyages à Canton, par le Cap de Bonne-Espérance ou par le Nord. (*Rec. de l'Ac. des Sc., Hist.* [Année 1772, Ie Partie], 1775, pp. 94 et seq.)

— Mémoire dans lequel on fait voir que de France à Canton, par le Nord-Est, les voyages seroient presqu'aussi longs qu'ils le sont par le Cap de Bonne-Espérance. Par M. le Gentil. (*Rec. de l'Ac. des Sc., Mém.* [Année 1772, Ie Partie], 1775, pp. 452/5.)

— Nouveau Voyage autour du Monde. Par L. G. de La Barbinais. Enrichi de plusieurs Plans, Vûes & Perspectives des principales Villes & Ports du Perou, Chily, Bresil, & de la Chine, Avec Une Description de l'Empire de la Chine beaucoup plus ample & plus circonstanciée que celles qui ont parues jusqu'à présent, où il est traité des mœurs, religion, politique, éducation & commerce des peuples de cet Empire. Et deux Mémoires sur les Royaumes de la Cochinchine, de Tonquin & de Siam. A Paris, chez Briasson, rue saint Jacques, à la Science. MDCCXXVIII-XXIX. Avec Approbation & Privilege du Roy. 3 vol. in-12, 2 ff. prél. p. l. tit. et l. déd. + pp. 451 + 2 ff. n. ch. p. l. priv., 313, 326 + 14 ff. n. ch. p. l. tab. grav. et cartes.

Ce qui est relatif à la Chine est du P. Laureati.

— * J. H. H. [Joh. Henr. Huusman], En kort Beskrivelse over Skibets *Cron Printz Christian's* lykkelige giorde Reyse baade til og fra China, d. 25 Oct. 1730—25 Junii 1732. Kbh. 1733. [Med. Træsn.] — Sst. 1735. — Sst. 1744. — Sst. 1760.

— * — Kurtze Beschreibung über des Schiffs *Cron-Printz Christians* glücklich gethane Reise nach und von China, d. 25 Octob. 1730—25 Junii 1732. Kph. u. Leipz. 1750. [Med kobberst. Titelvign.]

Chr. V. Bruun, *Bibliotheca Danica.*

— * Boje, Jens. — Journal paa den anden Reyse til China met Skibet *Dronningen af Danmark*, indeh. de merkvaerdigste Ting, som fra Reysens Begyndelse 1742 og til dens Ende 1744 ere arriverede. Kbh. 1745.

Chr. V. Bruun, *Bibliotheca Danica.*

— Journal de la Navigation du Vaisseau de la Compagnie des Indes *Le Jazon* commandé Par Monsieur Defremery pour le Voiage de Chine années 1741, 1742 & 1743.

Ms. du XVIIIe Siècle; Bib. du Dépôt des Cartes et Plans de la Marine, No. 5106; pet. in-folio de pp. 250. — Fig.

P. 6, on trouve comme passagers pour Chine : François Griffé, missionnaire; Cabeüil, 1er subrécargue, Drugeon 2e, idem, Boissierre, commis, à la table; — Joannis, m[e]. d'hotel, Jacques Cantier, 2e Cuisinier, Nicolas Voiselle, domestique de M. Cabeüil, François Vaintelon, domestique de Mr Drugeon, à l'office.

Voir pp. 67 et seq. : Voiage de Pontichéry [sic] à Mahé avec le détail de ce qui sy est passé pendant la guerre qu'on y a faitte : 1741.

Pp. 136 et seq. : Remarques sur la Ville de Canton, Religion, Police et Mœurs des Chinois.

Ce voyage fort intéressant du Capitaine Nicolas De Fremery de Lorient est attribué dans le *Cat. gén. des Livres composant les Bib. du Dép. de la Marine et des Colonies*, Paris, 1840, III, p. 402, soit à Charles-Nicolas Maupin, de St. Germain-en-Laye, soit à Jean-Baptiste Berthelin, de Paris, tous les deux désignés sur le rolle de l'équipage, p. 3 du Ms., comme enseignes *ad honores*.

George Anson.

— A ‖ Voyage ‖ round the ‖ World, ‖ In the Years MDCCXL, I, II, III, IV. ‖ By ‖ George Anson, Esq., ‖ Commander in Chief of a Squadron of His ‖ Majesty's Ships, sent upon an Expedition to ‖ the *South-Seas.* ‖ Compiled ‖ From Papers and other Materials of the Right ‖ Honourable George Lord Anson, and ‖ published under his Direction. ‖ By Richard Walter, M. A. ‖ Chaplain of his Majesty's Ship the *Centurion*, in that ‖ Expedition. ‖ The Second Edition. ‖ With Charts of the Southern Part of *South* ‖ *America*, of Part of the *Pacific Ocean*, and of the ‖ Track of the *Centurion* round the World. ‖ — London : ‖ Printed for John and Paul Knapton, in Ludgate- ‖ Street. MDCCXLVIII, in-8, 12 ff. n. c. p. l. tit., introd., + pp. 548.

— A ‖ Voyage ‖ round the ‖ World, ‖ In the Years MDCCXL, I, II, III, IV. ‖ By ‖ George Anson, Esq.; ‖ Commander in Chief of a Squadron of His ‖ Majesty's Ships, sent upon an Expedition to ‖ the *South-Seas.* ‖ Compiled ‖ From Papers and other Materials of the Right ‖ Honourable George Lord Anson, and ‖ published under his Direction. ‖ By Richard Walter, M. A. ‖ Chaplain of his Majesty's Ship the *Centurion*, in that ‖ Expedition. ‖ The Fourth Edition, ‖ With Charts of the Southern Part of *South* ‖ *America*, of Part of the *Pacific Ocean*, and of the ‖ Track of the *Centurion* round the World. ‖ — London : ‖ Printed for John and Paul Knapton, in Ludgate- ‖ Street. MDCCXLVIII, in-8, 12 ff. n. c. p. l. tit., introd. + pp. 548.

Je note les autres éditions anglaises suivantes : Seventh Ed., Dublin, 1748, in-8. — Sixth ed., Lond., 1749, in-8. — Eighth ed., Lond., 1756, in-8. — Fourteenth ed., Lond., 1769, in-8. — Fifteenth ed., Lond., 1776, in-4. — Ninth ed., Dublin, 1790, in-12. — Ayr, 1790, 2 vol. in-12. — Edinburgh, 1823, in-8.

S. Halkett and... John Laing (*Dict. An. and Pseud. Lit. of Gt. Britain*) : « In reality [au lieu de R. Walter] by Benjamin Robins, F. R. S. »

— A Voyage round the World, in the Years 1740, 41, 42, 43, 44. By George Anson, Esq. Commander in-Chief of a Squadron of His Majesty's Ships, sent upon an Expedition to the South Seas. To which are prefixed, A memoir of Lord Anson, and preface. London : Ingram, Cooke, and Co. 1853. In-8, pp. XII-128.

Fait partie du premier volume de : *The Universal library. — Voyages and Travels.* London : Nathaniel Cooke, 1853.

— Voyage ‖ autour ‖ du monde, ‖ fait dans les années MDCCXL, I, II, III, IV. ‖ Par George Anson, ‖ Présentement Lord Anson, Commandant en Chef d'une Escadre ‖ envoyée par Sa Majesté Britannique ‖ dans ‖ la Mer du Sud. ‖ Tiré des Journaux & autres Papiers de ce Seigneur, ‖ & Publié ‖ Par Richard Walter. ‖ Maître ès Arts & Chapelain du Centurion dans cette Expédition. ‖ Orné de Cartes & de Figures en Taille douce. ‖ Traduit de l'anglois. ‖ A Geneve, ‖ Chez Barrillot et fils Libraires & Imprimeurs. ‖ — M.DCC.L, in-4, pp. XXIV-363; l'avis au relieur n'est pas ch. [p. 364].

Suivi du *Voyage à la mer du Sud.*

Traduit de l'anglais par Elie de Joncourt.

Autres éd. françaises : Amsterdam, 1749, in-4. — Paris, 1764, 4 vol. in-12.

— Voyage ‖ autour ‖ du monde, ‖ fait dans les années MDCCXL, I, II, III, IV. ‖ Par George Anson, ‖ Presentement Lord Anson, ‖ Commandant en chef d'une escadre envoyée ‖ par sa Majesté Britanique dans la ‖ Mer du Sud. ‖ Tiré des Journaux & autres Papiers de ce Seigneur, & publié ‖ Par Richard Walter, ‖ Maître ès Arts & Chapelain du Centurion dans cette Expédition. ‖ Orné de Cartes & de Figures en Taille douce. ‖ Traduit de l'anglois. ‖ Nouvelle edition. ‖ A Amsterdam et a Leipzig, ‖ Chez Arkstée & Merkus. ‖ MDCCLI, in-4, 3 ff. n. c. p. l. tit. + pp. XIV-330.

— « Le même voyage, dit Barbier (de la même traduction, revue par l'abbé de Gua de Malves). Paris, Quillau, 1750, in-4 et 4 vol. in-12. »

— * Reize rondsom de werreld gedaan in de j. 1740 to 1744... opgesteld uit de journaalen enz... van... Lord Anson... door Rich. Walter... Uit het Engelsch vertaalt. Tweede druk. Op nieuws met het orig. vergeleken en merkelijk verbeterd. Amst., Is. Tirion, 1749, in-4.

— Viaggio ‖ attorno ‖ al Mondo ‖ fatto negli anni MDCCXL. I. II. III. IV. ‖ dal signore ‖ Giorgio Anson ‖ Presentemente Lord Anson, allora Comandante in capite ‖ di una Squadra di Navi da Guerra di S. M. B. ‖ Ricavato dal suo proprio giornale ‖ e da altri suoi fogli ‖ da Riccardo Walter ‖ maestro nelle arti ‖ E Cappellano della Nave Centurione in quella Spedizione ‖ Tradotto dall' inglese in italiano ‖ da Hambly Pope. ‖ In Livorno MDCCLVI. ‖ — Per Gio. Paolo Fantechi e Compagni ‖ Con Licenza de' Superiori, in-4, pp. x-428.

— * Amiralen Lord Ansons Resa rundt omkring jorden åren 1740, 41, 42, 43, 44... Stockholm, 1761. In-8, pp. 516.

∴

— * Reichard's (Ioh. Peter). Reisen nach China. Onolzbach, 1755, in-8.

Stuck (1181).

P. Osbeck, etc.

— Dagbok ofwer en Ostindisk Resa Aren 1750 . 1751 . 1752. Med Anmärkningar Uti Naturkunnigheten, frâmmande Folks-lags Sprak, Seder, Hushällning, m. m. På Fleras åstundan Utgifwen Af Pehr Osbeck. Kongl. Sw. Wettenskaps Societetens Ledamok. Jamte 12 Tabeller Och Afledne Skepps-Predikanten Toréns Bref. Stockholm, Lor. Ludv. Grefing, 1757, in-8, pp. 376 s. l. t. etc. (12 planches).

— Andledningar Til Nytig Upmärksamhet Under Chinesiska Resor, upgifne I Kongl. Vet. Academien, Uti Et Inträdes-Tal, Den 25 Februarii, 1758. Af Pehr Osbeck, Hof-Predikant och Ledamot af K. Vet. Societ. i Upsala. *På kongl. Vetenskaps Academiens befallning.* Stockholm, Tryckt hos Direct. Lars Salvius, 1758. Pièce in-8 de 18 pages, sans pagination.

— Herrn Peter Osbeck, Pastors zu Hasslöf und Woxtorp, der Königl. Schwedischen Akademie zu Stockholm und der Kön. Gesellschaft zu Upsala, Mitgliedes, Reise nach Ostindien und China. — Nebst O. Toreens Reise nach Surratte und C. G. Ekebergs Nachricht von der Landwirthschaft der Chineser. Aus dem Schwedischen übersetzt von J. G. Georgi. Mit 13 Kupfertafeln. *Rostock,* verlegts *Johann Christian Koppe,* 1765, in-8, 3 ff. n. c. + pp. xxiv-552 + 13 ff. n. c. pour l'index.

— Reise des Herrn Olof Toree nach Surate und China, nebst einer kurzen Beschreibung von der Chinesischen Feldökonomie, und einer Nachricht von dem gegenwärtigen Zustande der engländischen Colonien in dem nördlichen Amerika. Herausgegeben vom Herrn Linnäus. Leipzig, bey Christian Gottlob Hilschern, 1772. In-8, pp. 238.

— A Voyage to China and the East-Indies by Peter Osbeck... together with a Voyage to Surratte by Olof Toreen... and an Account of the Chinese Husbandry, by Captain Charles Gustavus Eckeberg. — Translated from the German by John Reinhold Forster, F. A. S., to which are added a Faunula and Flora Sinensis. London, B. White, 1771, 2 vol. in-8.

Langlès (2359), Fr. 10.05. — Quaritch, 1872, 12/.

Voir un compte-rendu de ce voyage dans *The Chinese Repository,* I, pp. 209 et seq. by E. C. Bridgman; réimp. dans *The Cycle,* 11th June 1870. — *The Canton Register,* Vol. 3, No. 11, 1830.

— Voyage de Mons. Olof Torée Aumonier de la Compagnie Suedoise des Indes Orientales, fait à Surate, à la Chine &c. depuis le premier Avril 1750. jusqu'au 26. Juin 1752., publié par M. Linnaeus, & traduit du Suedois par M. Dominique de Blackford. A Milan. MDCCLXXI. Chez les Freres Reycends Libraires sous les Arcades de Figini. Avec approbation, in-12, pp. 92.

— Précis historique de l'économie rurale des Chinois, Présenté à l'Académie Royale des Sciences de Suède l'an. 1754, par M. Charles Gustave Eckeberg, Capitaine d'un vaisseau de la Compagnie Suédoise des Indes Orientales, publié par M. Linnaeus, & traduit du Suédois par M. Dominique de Blackford. *Ibid.,* in-12, pp. 47.

Ces deux ouvrages sont suivis d'un autre avec une pagination différente, intitulé « Précis de l'état actuel des colonies angloises dans l'Amérique Septentrionale par M. Dominique de Blackford ».

L'original suédois de l'ouvrage d'Ekeberg a paru à Stockholm, 1757, in-8, pp. 32.

— Capitaine Carl Gustav Ekebergs Ostindiska Resa, åren 1770 och 1771. Beskrefven uti Bref til Kongl. Svenska Vet. Academiens Secreterare. Stockholm, 1773. Tryckt på eget förlag hos Henr. Fougt, Kongl. Boktryckare, in-8, pp. 170 + 3 ff. prél. n. c., cartes et grav. hors texte.

— * Carl Gustav Ekeberg's Ostindische Reise in den Jahren 1770 und 1771. — Nebst einem Anhange geographischer, naturhistorischer und wissenswerther Nachrichten. Schina und die Schinesische Tartarey betreffend. Dresden und Leipzig, 1785, in-8, pp. 271.

Dans l'*Einleitung,* on lit que le livre est une traduction de : Eloge de la ville de Moukden et de ses environs... Accompagné de Notes curieuses... Paris. 1770. — Voir col. 1790.

— Carl Gustav Ekeberg's Königl. Schwedischen Schiffs-Kapitäns Ostindische Reise in den Jahren 1770 und 1771. Aus dem Schwedischen übersetzt. Nebst einem Anhange geographischer, naturhistorischer und wissenswerther Nachrichten Schina und Die Schinesische Tartarey betreffend. Aus dem Französischen übersetzt. Neue Ausgabe. Dresden und Leipzig, 1807, in-8.

— Min Son på Galejan... Stockholm, 1781, 2 vol. in-12.

A eu plusieurs éditions. — N'est pas de C. G. Ekeberg, mais de Jacob Wallenberg, aumônier de la Cie. des Indes orientales.

— Min Son på Galejan, Eller en Ostindisk Resa, Innehållande Allahanda Bláckhornskram, Samlade på Skeppet Finland, som Afseglade ifrån Götheborg i Dec. 1769, och återkom dersammastådes i Jun. 1771. Stockholm, Tryckt hos Peter Sohm, 1805-1806, 2 vol. in-8.

— * En Resa til Africa och Ost-Indien... Hemsãnd... af en Svensk man som fõlgt med Hollãndske Ost-Indiske Comp^s skepp och warit : dess tjenst. Aftryckt efter den numera afledne Tõrf : s egen Handskrift. Stockholm, 1764, in-8, pp. 92.

— * Dissertatio Academica sistens Iter in Chinam, moderante Car. v. Linné, publ. exam. submissa ab Andrea Sparrmann. Upsala, 1768, in-4, pp. 16.

— Osbeck, Toreen, Ekeberg, Sparrmann. Voir : *Early European Researches into the Flora of China, pp. 88-118 et pp. 37-62.* Par E. Bretschneider. — Voir col. 469.

∴

— * Gustaf Fredrik Hjortberg. Minnesteckningar af Trenne till Canton i China gjorda Resor samlade af G. F. H. 1 vol. in-4. (Dat. : 6./XII. 1753.) : Cap. 1. Om Ost-Indiska handelens bõrjan. Skieppen och Capitainers namn, som varit uti Compagniets tjenst. Cap. 2. Om djur och fåglar. Cap. 3. Om Fiskar och Krãk eller Amphibier. Cap. 4. Om Insecter och Matskar. Cap. 5. Om de mãst under en Ost-Indisk resa fõrekommande Vindar, Passader och Moussons. Cap. 6. Om Magnetens Inclination och ett till dess Observationer inventerat instrument med tabeller...

— Tableaux appartenant à l'ouvrage précédent. In vivis par G. F. H. Tab. 1-12. In-4. Coloriés.

— * — Idem Auctor. — Ost-Indisk Resa 1748 och 1749 fõrrãttad och beskrefwen af Gust. Fr. Hjortberg. Pp. 1-80. In-4 av. 5 Cartes. Appendix : Dessins coloriés sur des pays et îles pendant le voyage et sur des objets d'histoire naturelle, des machines et des ustensiles etc. etc. dessinés par G. F. H. in-4. — Tab. 1-45.

G. F. Hjortberg, Aumônier de la Comp. des I. O. — MS. inédit.

— * Carl Johan Gethe. Dagbok hållen på Resan till Ostindien. Begynt den 18 October 1746 och slutad den 20 Juni 1749. In-4, pp. 1-156. 1 carte et 20 tableaux coloriés sur des objets d'histoire naturelle, vues du pays, objets ethnographiques; assez beaux. Relié en cuir.

Fõrsta Delen. Om utresan til China. Ifrån den 18 Octob. 1746 till den 16de Dec. 1747, pp. 1-36.

Andra Delen. Om wistandet i Canton i China ifrån den 10 Octob. 1747. til den 18 Decemb. 1748. (Avec un Dictionnaire Cantonnais.) Pp. 37-118.

Tredje Delen. Om Hemresan till Europa. Pp. 119-156.

[Dédié au Prince Royal Charles (Carl XIII).]

C. G. Geete, né en 1728. Officier de marine ; employé à la Compagnie des I. O. — MS. inédit.

Je dois à M. August Strindberg ces renseignements sur les MSS inédits ci-dessus de la Bib. royale de Stockholm.

∴

— A Voyage to the East Indies in 1747 and 1748. Containing An account of the islands of St. Helena and Java. Of the city of Batavia. Of the government and political conduct of the Dutch. Of the empire of China, with a particular description of Canton ; and of the religious ceremonies, manners and customs of the inhabitants. Interspersed with many useful and curious Observations and Anecdotes ; And illustrated with Copper-plates. London : Printed for T. Becket and P. A. Dehondt, at Tully's Head ; and T. Durham, at the Golden Ball, near Norfolk-Street, in the Strand. M.DCC.LXII, in-8, pp. XV-341 + 1 f. n. c.

Le Cat. du British Museum, 980, I, 21, attribue ce livre à Ch. Fred. Noble.

DELAPORTE. — Voir col. 53-54.

PIERRE POIVRE.

— Voyages d'un philosophe ou Observations sur les mœurs & les arts des peuples de l'Afrique, de l'Asie et de l'Amérique. A Yverdon, M.DCC.LXVIII, in-12, pp. 140 et 1 f. de table.

— Voyages d'un philosophe, ou Observations sur les Mœurs & les Arts des Peuples de l'Afrique, de l'Asie & de l'Amérique. Par M. Poivre, ancien Intendant de l'Isle de France. A Maestricht, Chez Jean-Edme Dufour & Philippe Roux, MDCCLXXIX, in-12, pp. 154.

— Voyages d'un Philosophe, par Pierre Poivre. Troisième Edition à laquelle on a joint une notice sur la Vie de l'Auteur, et deux de ses discours aux Habitans et au

Conseil-Supérieur de l'Isle de France. A Paris, Chez du Pont... L'an II, in-12, pp. XCIV-200.

« Les *Voyages d'un Philosophe* publiés sous son nom [celui de Pierre Poivre], sont un choix de fragments tirés de ses manuscrits, mais imprimés à son insu. Ils ont eu de nombreuses éditions ; la dernière, publiée à Paris en 1797 chez Dupont, est augmentée de plusieurs fragments et précédée d'une notice sur la vie de Poivre par Dupont de Nemours. » (*Biog. univ.*, Art., *Poivre*, par de Gérando.)

— Trad. en Suédois, Götheborg, 1788, in-8.

— The Travels of a Philosopher. Being Observations on the Customs, Manners, Arts, Agriculture, and Trade of several Nations in Asia and Africa. Translated from the French of M. Le Poivre... London : Printed for J. Davidson in the Strand. MDCCLXIX, in-12, pp. 175.

— Travels of a Philosopher : or, Observations on the Manners and Arts of various nations in Africa and Asia. Translated from the French of M. Le Poivre, late Envoy to the King of Cochin-china, and now intendant of the Isles of Bourbon and Mauritius. London : Printed for T. Becket and Co. in the Strand. M.DCC.LXIX, pet. in-8, pp. VIII-191.

Traduction différente de la précédente. — Brit. Museum, 10026, aaa.

— Travels of a Philosopher ; or Observations on the Manners & Arts of various nations in Africa and Asia. By M. Le Poivre, late envoy to the King of Cochin-china, and President of the Royal Society of Agriculture at Lyons. Baltimore : Published by N. G. Maxwell. P. & R. W. Edes, Printers, 1818, in-12, pp. 105.

Reproduit la trad. publiée en 1769 par Becket. — Frontispice.

— Œuvres complettes de P. Poivre, Intendant des Isles de France et de Bourbon, correspondant de l'académie des sciences, etc. ; Précédées de sa vie, et accompagnées de notes. A Paris, Chez Fuchs, libraire, rue des Mathurins, N° 334. 1797, in-8, pp. IV-310.

— Pierre Poivre. — Sa vie & ses voyages par H. Castonnet des Fosses Membre Correspondant, Membre de la Société de Géographie, Président de section de la Société de Géographie commerciale de Paris. — Extrait du Bulletin de la Société de Géographie de Lyon. — Lyon, Imprimerie Vitte et Perrussel. — 1889, br. in-8, pp. 54.

— Lyon voyageur et géographe. Par E. Chambeyron. (*Bul. Soc. Géog. Lyon*, XVI, 1899, pp. 5/17.)

Pierre Poivre, Sonnerat, etc.

∴

— Mémoires de la campagne de découvertes dans les mers des Indes, par M^r le Ch^er Grenier, Enseigne de Vaisseau & de l'Académie Royale de Marine ; Où il propose une Route qui abrege de 800 lieues la traversée de l'Isle de France à la Côte de Coromandel & en Chine. A Brest, Chez R. Malassis, Imprimeur ordinaire du Roi & de la Marine, M.DCC.LXX, in-4, pp. 38 et 1 carte.

— *Antoine de Lasalle.* — Ce philosophe français, né à Paris le 18 Avril 1754, mort dans la plus profonde misère à l'Hôtel-Dieu de Paris, le 21 Nov. 1829, n'est plus connu aujourd'hui que comme le traducteur de F. Bacon (Dijon, 15 vol. in-8, an VIII). Il avait beaucoup voyagé et nous devons le citer parmi ceux qui ont visité la Chine, car nous trouvons l'entrée suivante dans un « Précis historique de la vie d'Antoine Delasalle », ms. de 2 pages in-4, écrit par Lasalle lui-même, relié avec l'exemplaire du « *Désordre régulier* » *à Berne, 1786, in-12*, appartenant à M. Ferdinand Denis, l'excellent administrateur de la Bib. Ste. Geneviève : « De 1774 en 1775 ; l'Orient — Java — Macao — Wampow — Canton en Chine — Sumatra — Ste. Helène (Isle du roman de Cléveland) l'Orient. »

On consultera sur Lasalle les biographies écrites par Gence, l'une publiée en 1837, pet. in-8 ; l'autre dans la *Biog. univ.*, vol. 23, pp. 289/290 ; et le mémoire de M. Ferdinand Denis dans la *Biog. gén.*, vol. 29, col. 730/1.

SONNERAT.

— Voyage aux Indes Orientales et à la Chine, Fait par ordre du Roi, depuis 1774 jusqu'en 1781... par M. Sonnerat... A Paris, MDCC.LXXXII, 2 vol. in-4, fig., pp. XV + 4 ff. n. ch. + pp. 317, VIII-298.

« Pour la beauté des épreuves, cette édition est préférable à celle de 1806 : 20 à 25 fr. ; — fig. color., 36 à 40 f. ; — gr. pap. de Holl., fig. en noir, 40 à 50 fr. Vend. 140 fr. *m. r.* Patu de Mello ; et avec les fig. enlumin. Vend. 140 fr. Morel-Vindé ; 80 fr. 50 c. Labédoyère. » (Brunet.) — Langlès (2360), Fr. 89.95, pap. H., fig. col. Thonnelier (2380), Fr. 7.50.

— Voyage aux Indes Orientales et à la Chine. Fait par ordre du Roi, depuis 1774 jusqu'en 1781 : Dans lequel on traite des Mœurs, de la Religion, des Sciences & des Arts des Indiens, des Chinois, des Pégouins & des Madégasses ; suivi d'Observations sur le Cap de Bonne-Espérance, les Isles de France & de Bourbon, les Maldives, Ceylan, Malacca, les Philippines & les Moluques, & de Recherches sur l'Histoire Naturelle de ces Pays. Par M. Sonnerat, Commissaire de la Marine, Naturaliste Pensionnaire du Roi... A Paris, M.DCC.LXXXII, 3 vol. in-8.

Vol. II, Livre IV, Chap. I, *De la Chine*, pp. 221/284.

Vol. III, Livre V, *Histoire naturelle*, pp. 95/286.

— Le même, Paris, Dentu, 1806, 4 vol. in-8 et Atlas in-4.

— * Sonnerat... Reise nach Ostindien u. China, vom Jahre 1774-81. Aus dem Franz. 2 Bde. Mit 140 Original Kpfrn. Zürich, 1783. Orell, Füssli u. Co., 2 vol. gr. in-4.

— Herrn Sonnerat... Reise nach Ostindien und Ssina [*sic*] auf Befehl des Königs in den Jahren 1774 bis 1781 unternommen. Aus dem französischen Original in einen freien Auszug gebracht. Mit 17 Kupfertafeln. Frankfurt und Leipzig, bey Adam Gottlieb Schneider, 1784, in-8.

— * Reize naar de O.-Indiën en China, 1774-81. U. h. Fr. d. J. D. Pasteur, Leid., 1785, 3 vol. in-8.

— * Voyage to the East Indies and China, between the years 1774 and 1781. Translated from the French by Francis Magnus. Calcutta, 1788-89. 3 vol. gr. in-8.

— Observations de M. Law de Lauriston, sur l'ouvrage intitulé : Voyage de M. Sonnerat aux Indes orientales et à la Chine. (*Mém. conc. les Chinois*, IX, pp. XII et seq.) — Le ms. de ces Observations se trouve dans le Vol. III, No. 37, de la collection de pièces tirées des archives des Affaires étrangères publiée dans notre ouvrage, *La France en Chine*.

Ces observations ne relèvent que les erreurs relatives aux Indes.

— Réponse à des attaques faites par M. de Sonnerat contre les missionnaires de la Chine. (*Let. édif.*, *Pant. litt.*, IV, pp. 509-512.)

— * Lettre à M. Sonnerat, par Charpentier de Cossigny. A l'Ile de France, de l'imp. roy., 1782, in-4, pp. 112 et 7 ff. séparés à la fin.

— * Supplément au Voyage de Sonnerat dans les Indes orientales et à la Chine, par un ancien marin (Foucher d'Obsonville). Amsterdam (Paris), 1785, in-8, pp. 31.

— Lettre d'un Missionnaire à M. l'abbé G***. Contenant une relation de son voyage de Canton à Péking. (*Mém. conc. les Chinois*, VIII, pp. 291/300.)

— Beniowski... voir col. 276-278.

— Voyage from New South Wales to Canton, in the year 1788, with Views of the Islands discovered. By Thomas Gilbert, Esq. Commander of the Charlotte. [Grav. représentant *Matthew's Rock*.] London : Printed by George Stafford, for J. Debrett,... M.DCC.LXXXIX, in-4, pp. x-85.

John Meares.

— Voyages made in the Years 1788 and 1789. From China to the North West Coast of America. To which are prefixed, an introductory narrative of a Voyage performed in 1786, from Bengal, in the Ship *Nootka*; Observations on the probable existence of a North West Passage; and some account of the trade between the north west coast of America and China; and the latter country and Great Britain. By John Meares, Esq. London : Printed at the Logographic Press; and sold by J. Walter... M.DCCXC, in-4.

Langlès (2162), Fr. 29. — 2d ed., 1796, 2 vol. in-8.

— Remarks on the Voyages of John Meares, Esq. In a letter to that Gentleman, by George Dixon, late Commander of the Queen Charlotte, in a Voyage round the World. London : ... MDCCXC, in-4, pp. 37.

— An Answer to Mr. George Dixon, late Commander of the Queen Charlotte in the service of Messrs. Etches and Company; By John Meares, Esq. In which the remarks of Mr. Dixon on the voyages to the North West coast of America, &c. lately published, are fully considered and refuted. London... MDCCXC, in-4, pp. 32.

— Further Remarks on the Voyages of John Meares, Esq., in which several important Facts, misrepresented in the said Voyages, relative to Geography and Commerce, are fully substantiated. To which is added a letter from Captain Duncan, containing a decisive Refutation of several unfounded Assertions of Mr. Meares, and a final Reply to his Answer. By George Dixon, late Commander of the Queen Charlotte in a voyage round the world. London... MDCCXCI, in-4, pp. 80.

British Museum, 454, h, 18.

— Voyages de la Chine à la Côte nord-ouest d'Amérique, faits dans les années 1788 et 1789; Précédés de la relation d'un autre Voyage exécuté en 1786 sur le vaisseau le *Nootka*, parti du Bengale; D'un Recueil d'Observations sur la Probabilité d'un Passage Nord-Ouest; Et d'un Traité abrégé du Commerce entre la Côte Nord-Ouest et la Chine, etc. etc. Par le Capitaine J. Meares, Commandant le Vaisseau la *Felice*. Traduits de l'Anglois par J. B. L. J. Billecocq, Citoyen Français. Avec une Collection de Cartes géographiques, Vues, Marines, Plans et Portraits, gravés en taille-douce. A Paris, chez F. Buisson. An 3e de la République. 3 vol. in-8 et atlas in-4.

Langlès (2162 *bis*), Fr. 15.

— Viaggi dalla China alla Costa Nord-ovest d'America fatti negli anni 1788 e 1789 dal capitano G. Meares. Prima traduzione italiana arricchita di note istoriche, scientifiche, di vedute, marine, ritratti, carta geografica ec. Firenze MDCCXCVI. A spese di Giovacchino Pagani Con Approvazione. 4 vol. in-8.

On a ajouté au titre du t. II : *Estratto della Relazione dell' Ambasciata di Lord Macartney alla China;* du t. IV : *Un breve Vocabolario di Marina.*

— * Tvänne Resor från Ostindien till Americas Nordvästra Kust, åren 1786, 1788 och 1789, af Johan Meares. Sammandrag utur Engelska originalet. Stockholm, 1797, in-8, pp. 404.

Trad. abrégée de l'Anglais.

— * Trad. : Italien, Torino, 1798, 4 vol. in-8. — Allemand, par G. Forster, Berl., 1796, 3 Part. in-4.

∴

— Observations and remarks made during a voyage to the islands of Teneriffe, Amsterdam, Maria's Islands near Van Diemen's Land; Otaheite, Sandwich Islands; Owhyhee, the Fox Islands on the North West Coast of America, Tinian, and from thence to Canton, In the brig *Mercury*, commanded by John Henry Cox, Esq. Illustrated with a sketch of the Island of Amsterdam, a Plan of Oyster Harbour at the Maria Islands, with some views of the Land; a curious medal; and a club accurately engraved. By Lieut. George Mortimer, of the Marines. London : Printed for the author and sold by T. Cadell... MDCCXCI, in-4, pp. VIII + 4 ff. n. c. + pp. 71.

— Voyage de La Pérouse autour du Monde, publié conformément au décret du 22 avril

1791, et rédigé par M. L. A. Milet-Mureau, Général de Brigade dans le Corps du Génie,... A Paris, de l'Imprimerie de la République. An V (1797), 4 vol. in-4 et atlas in-folio.

— * Resa omkring Jorden af Herr De La Perouse. Åren 1785 och följande. Sammandrag. Stockholm, 1799, in-8, pp. 342.

— * Franske Kapitenen Etienne Marchands Resa omkring Jorden Åren 1790, 1791 och 1792. Öfversättning i Sammandrag af A. J. Segerstedt. Vol. 1-2. Strengnäs, 1803, in-8, pp. 122/110.

Sir George Staunton. — John Barrow. — Voir le Chap. des *Rel. des Anglais*.

De Guignes. — Van Braam. — Voir le Chap. des *Rel. des Hollandais*.

— Voyage à Canton, capitale de la province de ce nom, à la Chine ; Par Gorée, le Cap de Bonne Espérance, et les Isles de France et de la Réunion ; suivi d'observations sur le voyage à la Chine, de Lord Macartney et du Citoyen Van Braam, et d'une Esquisse des Arts des Indiens et des Chinois. Par le C. Charpentier Cossigny, Ex-Ingénieur. A Paris, Chez André,... an VII de la République française, in-8, pp. VIII-607.

Avertissement, pp. III-VIII. — Voyage, pp. 1/152. — Observations sur le Voyage à la Chine de Lord Macartney, pp. 153/414. — Observations sur le Voyage de Van Braam, pp. 415/472. — Esquisse, pp. 473/589. — Table, pp. 590/606. — Errata, p. 607.

— Charpentier-Cossigny's Reise nach China. 1801. 22. Bd. (*Magazin von merkwürdigen neuen Reisebeschreibungen*. Berlin, 1790-1839.)

— A short account of a passage from China, late in the season, down the China Seas, Through the Southern *Natuna Islands*, along the West Coast of *Borneo*, through the Straits of *Billitton* (or Clements Straits) to the Straits of *Sunda*. Accompanied with the following Charts, — From the Southern Natunas to the Islands Carimatta and Souroutou ; with those Islands only that were seen by the Fleet and laid down upon the Spot ; — with the Soundings and useful Views of the Islands. — A Particular Chart of the Clements and Gaspar Straits upon a large Scale. — A general Chart, Six Inches to a Degree, comprehending from the Equator to the Straits of Sunda, and Eastward to Batavia, and from the Island Carimatta Westward to Lingin. — A Chart of the Straits of Allass, with Remarks for navigating them. — Dampier's and the Pitt's Straits, upon a large Scale, with Views of the Lands around them. — A Sheet of Views of particular Headlands and Islands. The whole laid down, drawn, and corrected, from the latest observations. By George Robertson. London : Printed by S. Couchman... for Gilbert and Wright... 1802, petit in-fol., pp. 67.

— Wreck and Loss of the ship *Fanny*, Capt. Robertson, on her passage from Bombay to China, November 29, 1803, including particulars of the tremendous hurricanes called Typhons, and the Wonderful Preservation of the greater part of the crew, After remaining near Six Weeks on a Reef composed of sharp Rocks and their surprising Voyage of Eleven Hundred Miles In Two Ill-constructed Rafts ; also escape of three Officers, in an open boat, from the Cannibals of Tate Island. — London : Printed for Thomas Tegg, 111, Cheapside. Price only sixpence, br. in-12, pp. 28, 1 pl.

— An Account of a Voyage to India, China, &c. in His Majesty's Ship *Caroline* performed in the years 1803-4-5, interspersed with Descriptive Sketches and cursory remarks. — By an Officer of the *Caroline*. London : Printed for Richard Phillips... By J. G. Barnard... 1806, in-8, pp. 138 + iii.

Cf. J. Johnson, *infra*.

— The Oriental Voyager ; or Descriptive Sketches and cursory remarks, on a Voyage to India and China in his Majesty's Ship *Caroline*, performed in the years 1803-4-5-6... By J. Johnson, Esq., Surgeon in the Royal Navy. *London, John Asperne*, 1807, in-8.

Langlès (2861), Fr. 9.

— Journal, from 1st January 1814, to 31st December 1817 [of Captain J. Johnson].

British Museum ; Additional ms. No. 29861 ; acheté le 30 Juin 1875.

— Voyage commercial et politique aux Indes orientales, aux îles Philippines, à la Chine, avec des Notions sur la Cochinchine et le Tonquin, pendant les années 1803, 1804, 1805, 1806 et 1807... par M. Félix Renouard de Sainte-Croix, Ancien Officier de Cavalerie au service de la France, chargé par le gouverneur des îles Philippines de l'organisation des Troupes pour la défense de ces îles. Cet ouvrage est accompagné de Cartes géographiques de l'Inde et de la Chine, par MM. Mentelle, Membre de l'Institut, et Chanlaire, l'un des Auteurs de l'Atlas national. Paris, Aux Archives du Droit français, chez Clament frères,... de l'imprimerie de Crapelet, 1810, 3 vol. in-8, pp. x-301, 390, 291.

Les petits-fils de l'auteur, MM. Louis et Ernest Dunoyer de Segonzac, ont continué la tradition de la famille : le premier a visité la Chine d'abord comme officier de marine, puis il y a résidé comme sous-directeur de l'Arsenal de Fou-tcheou ; le second était attaché aux Douanes impériales chinoises.

— Reise nach Ostindien, den Philippinischen Inseln und China, nebst einigen Nachrichten über Cochinchina und Tunkin, von Felix Renouard de Sainte-Croix, ehemaligem Französischen Cavallerie-Offizier. Aus dem Französischen übersetzt von Ph. Chr. Weyland, Herzogl. Sachsen-Weimarischem Legations- und Kriegesrath. Berlin, in der Vossischen Buchhandlung, 1811, in-8, pp. 458.

Forme le Vol. 32 de la collection : *Magazin von merkwürdigen neuen Reisebeschreibungen, aus fremden Sprachen übersetzt und mit erläuternden Anmerkungen begleitet.*

— Relation d'un Voyage fait en Chine en l'an 10 (1802), par l'est de la Nouvelle-Hollande. (*Ann. Marit. et Col.*, Paris, 1817, 2e Part., pp. 673/700 ; 1818, 2e Part., pp. 349/336.)

P. Milius, cap. des vaisseaux du Roi.

— Daniell (Thomas & William). A picturesque Voyage to India by the Way of China. London, 1810-16 ; in-4 oblong ; pl. col.

Langlès (2362), Fr. 300. — Vaut aujourd'hui de Fr. 15 à Fr. 20. — Greppe (Paris), Mai 1888, No. 1574, d. rel. dos et coins cuir de Russie, ex. de la Duchesse de Berry, avec son chiffre frappé en or sur les plats.

— Sketches of Chinese Customs & Manners, In 1811-12, taken on the spot ; and interspersed with a variety of curious occurrences, during A Voyage to the Cape of Good Hope, Pulo Penang, China, Canton, Whampoa, and Saint Helena : with some account of the Ladrones ; in a series of letters to a friend at Palermo, and dedicated to Sir George Staunton, Bart. — By George Wilkinson, Esq. Bath : Printed by J. Browne... 1814, in-8, pp. xvi-370.

Portrait de l'auteur en tête. Voir col. 65.

— Journal of a Voyage, in 1811 and 1812, to Madras and China ; returning by the Cape of Good Hope and St. Helena ; in the H. C. S. *the Hope*, Capt. James Pendergrass. By James Wathen. Illustrated with twenty-four coloured Prints, from Drawings by the Author. London, 1824, in-4, pp. xx-246.

Henry Ellis. — Clarke Abel. — Voir le Chap. des *Rel. des Anglais.*

— Voyage of His Majesty's Ship *Alceste*, along the Coast of Corea, to the island of Lewchew ; with an account of her subsequent shipwreck. By John M'Leod, Surgeon of the *Alceste*. Second Edition. London : John Murray, 1818, in-8, pp. 323 + 2 f. prél.

— Voyage of His Majesty's Ship *Alceste*, to China, Corea, and the Island of Lewchew, with an Account of her Shipwreck. By John M'Leod, M. D., Surgeon of the *Alceste*. The Third Edition. London : John Murray, 1819, in-8, pp. vii-339.

First ed., 1817. — Langlès (2381), Fr. 20.

— Voyage du Capitaine Maxwell, Commandant l'*Alceste*, vaisseau de S. M. B. Sur la mer Jaune, le long des côtes de la Corée, et dans les îles de Liou-tchiou, avec la relation de son naufrage dans le détroit de Gaspar, ayant à bord l'ambassade angloise, à son retour de la Chine. Par John MacLeod, chirurgien de l'équipage. Traduit de l'anglois, Par Charles-Auguste Def.[auconpret.] Avec cinq Planches. Paris, Chez Gide, 1818, in-8, pp. 359.

L'app. sur les îles Liou-tchiou, — pris dans le Mém. du P. Gaubil, — imprimé dans l'éd. ang., n'est pas réimp. dans la trad. française.

— Zeereis van het Engelsche oorlogsfregat de *Alceste*, langs de stranden van Corea, naar het eiland Loochoo ; benevens een Verhaal betreffende de schipbreuk van genoemde fregat. Uit het Engelsch, van John M'Leod, wondheeler op de *Alceste*. Te Rotterdam, by Arbon & Krap, 1818, in-8, pp. ii + 1 f. n. c. + pp. 215.

— * Capitaine Maxwells Resa på Gula Hafvet, längs kusterne af Corea och õarne Liu-tchiu... beskrifven af John Mac-Leod. Ofvers. fr. Franskan. Upsala, 1820, in-8, pp. 168.

— * Tagebuch einer Landreise durch die Küstenprovinzen China's, von Manchao an der Seeküste von Hainan nach Canton. In den J. 1819 u. 1820. Aus dem Engl. von C. F. Leidenfrost. 1822. (XXXI. Bd., 2. Abth., *Neue Bibliothek der wichtigsten Reisebeschreibungen*, Weimar, 1815-35.)

— * — einer in den Jahren 1819-1820 gemachten Fussreise von Manchao auf der Insel Hainan nach Canton. Aus dem Engl. (Aus dem *Ethnogr. Archiv.*) Gr. in-8, Jena, 1823. Bran. [Engelmann.]

Voir : *Journal of a trip overland from Hainan to Canton in 1819*, col. 308.

G. Timkovski. — Voir le Chap. des *Relations des Russes.*

— History of a Voyage in the China Sea. By John White, Lieutenant in the United States Navy. Boston : Wells and Lilly, 1823, in-8, pp. IX-372, avec une carte du Donnai d'après Dayot et Pl.

Notice : *Bull. Soc. de Géog.*, III, 1825, p. 26.

L'ouvrage a été réimprimé sous le titre de :

— A Voyage to Cochin China. By John White... Longman, 1824, in-8, pp. XI-372.

— * Reise durch China. 6 Bde. (*Taschenbibliothek der wichtigsten und interessantesten See- und Landreisen*... Nürnberg, 1827-36.)

— Louis-Domeny de Rienzi. — Essai de Statistique de la Chine [par Rienzi], précédé d'une Notice sur ce Voyageur par le Directeur de la *Revue*.

Extrait de la *Revue des Deux Mondes*, br. in-8, pp. 39.

— Travels in Kamtchatka and Siberia; with a Narrative of a Residence in China, by Peter Dobell, Counsellor of the Court of his Imperial Majesty the Emperor of Russia. London, Henry Colburn & Richard Bentley, 1830, 2 vol. in-12, pp. IX-351, X-341.

Le *Ch. Repos.*, XVIII, p. 424, cite : London, 1823, 2 vol. in-12.

— * Путешествія и новѣйт. наблюденія въ Китаѣ, Манилдѣ и Индо-Китайск. Архипелагѣ, бывш. Росс. генер. консула на Филип. островахъ *Петра Добеля*. Состав. и съ англ. перев. *А. Джунковскій*. — Спб., Тип. Греча, 1833, 2 vol. in-8.

Сбпург. Вѣдомости. 1833. No. 33. — Mejov, No. 1616.

— Sept Années en Chine. Nouvelles Observations sur cet Empire, l'archipel Indo-Chinois, les Philippines et les îles Sandwich, Par Pierre Dobel, Conseiller de Collège au service de Russie, ancien Consul de cette Puissance aux Iles Philippines, Traduit du Russe par le Prince Emmanuel Galitzin. Paris, Gide, 1838, in-8, pp. X-358.

Duprat, 1861, Fr. 5 : Paris, 1842, in-8.

— Reize naar de Oost- en Westkust van Zuid-Amerika en, van daar, naar de Sandwichs- en Philippijnsche Eilanden, China enz. gedaan, in de jaren 1826, 1827, 1828 en 1829. Met het koopvaardijschip *Wilhelmina en Maria*, door J. Boelen, Joh. Zoon, destijds Luitenant ter zee, 1e Klasse en Ridder der Militaire Willems-orde, 4e Klasse, thans Kapitein Luitenant. Te Amsterdam, bij Ten Brink & de Vries. MDCCCXXXV-XXXVI, 3 vol. in-8, cartes et pl.

— Voyage autour du Monde par les mers de l'Inde et de Chine exécuté sur la corvette de l'État *La Favorite* pendant les années 1830, 1831 et 1832 sous le commandement de M. Laplace Capitaine de frégate; publié par ordre de M. le Vice-Amiral Comte de Rigny, ministre de la Marine et des Colonies. Paris. Imprimerie royale. MDCCCXXXIII-XXXV. 4 vol. gr. in-8.

Le Vol. IV contient une table des matières.

— Voyage autour du Monde... Tome V. Paris, Arthus Bertrand, MDCCCXXXIX, gr. in-8.

Ce volume contient la Zoologie :

— 1re partie : Recherches anatomiques et zoologiques sur les mammifères marsupiaux, par MM. Fortuné Eydoux et Laurent.

— 2e partie : Zoologie par MM. Fortuné Eydoux et Paul Gervais.

— Voyage autour du Monde exécuté, pendant les années 1830, 1831 et 1832, sur la corvette *la Favorite* Commandée par M. Laplace, Capitaine de Frégate. Atlas hydrographique. Publié par ordre du Roi sous le Ministère de M. le Comte de Rigny Vice-Amiral, Secrétaire d'Etat au Département de la Marine et des Colonies. Au Dépôt-général de la Marine. 1833. Gr. in-folio.

Onze feuilles, avec la Table des Cartes et Plans qu'elles renferment.

— * Vues pittoresques de l'Inde, de la Chine et des bords de la Mer rouge, d'après les dessins de R. Elliot. Londres, Fisher, s. d., 2 vol. in-4.

62 gravures sur acier. — Publié en 16 livraisons.

— Nouvelles Expéditions anglaises aux îles Falkland et à la côte nord-est de la Chine par Allan Cunningham (traduit de l'*Athenaeum* dans la *Revue des Deux Mondes*, 1er Septembre 1833).

— Rapport préalable fait à l'Académie des Sciences sur un Voyage en Chine entrepris par ordre de S. M. l'Empereur, par M. George Fuss. (Traduit du russe.) (*Rec. des Actes Ac. I. Sc. St. Pét.*, 1833, pp. 63/75.)

K. Gützlaff.

— Voir col. 1308-1310.

— Journal kept during a voyage from Singapore to Siam And while residing nine months in that country. S. l. n. d. [1828], in-8, pp. 67.

— Report of Proceedings on a Voyage to the Northern Ports of China in the ship *Lord Amherst*. Extracted from Papers, printed by order of the House of Commons, relating to the trade with China. London : B. Fellowes, 1833, in-8, pp. 296.

Un compte-rendu de ce voyage a été imprimé dans *The Canton Register*, 4 March 1834; réimp. dans *The N. C. Herald*, No. 463, 11 June 1859.

— Report of Proceedings on a Voyage to the Northern Ports of China in the ship *Lord Amherst*. Extracted from Papers, printed by order of the House of Commons, relating to the trade with China. 2nd ed. London, B. Fellowes, 1834, in-8, pp. 296 + 1 f. prél.

« This Voyage was projected by Mr. Marjoribanks, the late President of the Select Committee of Supra-Cargoes at Canton. The Gentlemen entrusted with the Mission, were Mr. Lindsay, one of the Company's Supra-Cargoes, and the Rev. Charles Gutzlaff, a Prussian missionary (advt.). »

Lindsay's Report, pp. 1-267.

Gutzlaff's Report, pp. 269-296.

Notices : par E. C. Bridgman dans *The Ch. Rep.*, II, pp. 528/553; réimp. dans *The Cycle*, 26 Nov. 1870. — *Asiatic Jour. & Monthly Reg.*, XII, 1833, pp. 94/107, 157/172.

— * The Journal of two Voyages along the coast of China, in 1831 and 1832; the first in a Chinese Junk, the second in the British Ship *Lord Amherst* : with notices of Corea, Lewchew, &c. By Charles Gutzlaff. New York, 1833, in-12, pp. 322.

Notice par E. C. Bridgman dans *The Ch. Rep.*, II, pp. 528/553.

— Journal of Three Voyages along the Coast of China, in 1831, 1832, & 1833, with Notices of Siam, Corea, and the Loo-choo Islands. By Charles Gutzlaff. To which is prefixed, an introductory Essay on the Policy, Religion, etc. of China, By the Rev. W. Ellis, Author of « Polynesian Researches, etc. ». London : Frederick Westley and A. H. Davis, 1834, in-12.

The first voyage was published in the *Chinese Repository*, Vol. I, pp. 16, May 1832, et seq.

The second voyage was made with Mr. Lindsay on board the « Lord Amherst ». *Vide supra.*

The third voyage was made in the « Sylph ». This account of it appeared originally in the *Canton Register*. (*Vide* Note, p. xcii.) It was also published in *The Chinese Repository*, Vol. II, p. 20, May 1833.

Il y a une notice de l'ouvrage complet dans le *Ch. Rep.*, Vol. III, pp. 406/416.

Mrs. Gützlaff mourut le 16 Février 1831 (p. lxxxv).

— Voir *Quarterly Review*, LI, 1834, p. 468.

— * Karl Gützlaff. — Verslag van den driejarig verblijf in Siam en van eene reize langs de Kust van China naar Mantchou-Tartarije. Rotterdam, 1833, in-8.

— Reizen langs de Kusten van China, en bezoek op Corea en de Loo-choo-eilanden, in de jaren 1832 en 1833, door K. Gutzlaff, benevens een overzigt van China en Siam en van de verrigtingen der protestantsche zendelingen, in deze en aangrenzende landen, door W. Ellis, en twee andere historische bijlagen. Met Plaat en Kaart. Te Rotterdam, bij M. Wijt & Zonen. 1835, in-8, pp. vi-354.

— C. Gützlaffs Missionärs der evangelischen Kirche | dreijähriger Aufenthalt im Königreich Siam nebst einer kurzen Beschreibung seiner drei Reisen in den Seeprovinzen Chinas in den Jahren 1831-1833. Im Verlag des evangelischen Missionsinstituts zu Basel | gedruckt bei Felix Schneider. 1835, in-8, pp. 327 + 2 ff. n. c. p. la table, 1 carte.

— Jahrbuch der Reisen für junge Freunde der Länder- und Völker-Kunde. Herausgegeben von E. Wendt und Th. Vockerode. Erster Jahrgang. Gützlaff's Reisen in China. Leipzig, 1843. Carl Friedrich Dörffling, in-16, pp. 342 + viii. Cartes et Planches.

— * Nyaste Underrättelser om Ostra Indien och China eller Missionären C. Gützlaffs treåriga vistelse i Konungariket Siam, jämte hans trenne resor i China, åren 1831, 1832 och 1833. Ofversättning i Sammandrag med Tillägg af J. Ekelund. Stockholm, 1836, in-8, pp. 96. Av. Carte.

Trad. d'après les voyages de Gützlaff. Basel, 1835.

— * Путешествіе прусскаго миссіонера. *К. Гюцлафа* къ сѣв. берегамъ Китая. (*Журн. Мануф. и Торговли.* 1833, No. 5, pp. 85-97.)

Mejov, 1620.

— * Journal of Voyages of D. Tyerman and G. Bennett in the South Sea Islands, China, India, etc. Compiled by J. Montgomery. London, 1831, 2 vol. in-8.

— Wanderings in New South Wales, Batavia, Pedir Coast, Singapore, and China; being the Journal of a Naturalist in those Countries during 1832, 1833, 1834. By George Bennett Esq., F. L. S., F. R. C. S., London, 1834, 2 vol. in-8.

Notice : *Quarterly Review*, LIII, 1835, pp. 1 et seq.

— Voyage of the *Huron*; rounds the promontory of Shantung; transactions in the harbor at Wei-hae-wei, of Keshan so, on the south side of the promontory, at Shanghae, at the Chusan Group, at the Nanjeih (Lamyet) islands, and in Tungshan (Tangsoa Bay). (*Chinese Rep.*, IV, pp. 308/335.)

Par E. Stevens. — Voyages des Missionnaires protestants Stevens et Medhurst pour distribuer des livres religieux aux Chinois.

— Extract from the manuscript Journal of the Reverend W. H. Medhurst in the *Huron*, during her voyage along the eastern coast of China, in the summer and autumn of 1835. (*Chin. Rep.*, IV, pp. 406 et seq.; Jan. 1836. — Réimp. dans *The Canton Register*, Vol. 9, 1836. Nos. 4 & 6. — Résumé dans *The As. Jour. & M. Reg.*, XX, 1836, pp. 17/29.)

— Voyage of the *Huron*, Capt. Winsor, to the East Coast of China. (*Canton Register*, Vol. 8, 1835, p. 179.)

— Travels in South-Eastern Asia, embracing Hindustan, Malaya, Siam, and China; with notices of Numerous Missionary Stations, and a full account of the Burman Empire, by the Rev. Howard Malcom, of Boston,

U. S: *London, Charles Tilt*, MDCCCXXXIX, 2 vol. in-12, pp. XI-324, VIII-364.

Cet ouvrage a eu de nombreuses éditions. La première est de Boston, 1839, 2 vol. in-12; — 1839, in-8; Edin., « People's Edition »; 10th amer. ed., Phil., 1857.

— Travels in the Burman Empire. By Howard Malcom. Illustrated with a Map of South-Eastern Asia, and Wood Engravings. Edinburgh: William and Robert Chambers, 1840, in-8, pp. 82 à 2 col.

People's Edition.

— Journal of a Residence in China and the neighbouring Countries from 1830 to 1833 by David Abeel — revised and reprinted from the American Edition with an introductory Essay by the Hon. and Rev. Baptist Wriothesley Noel, M. A. London, James Nisbet & Co., 1835, in-12.

New York, 1834, in-12. — *Ibid.*, 2d ed., 1836, in-12.

— Magazin für die neueste Geschichte der evangelischen Missions- und Bibel-Gesellschaften. — Jahrgang 1836. Zweites Quartalheft. — Reise des Nordamerikanischen Missionärs Herrn David ABEEL, in den Ländern Hinterindiens in den Jahren 1830-1833. — Im Verlage des Missions-Institutes zu Basel, und gedruckt bei Felix Schneider, Buchdrucker, in-8; pp. 155 à 344.

— James Cunningham's Chusan, voir col. 253.

— A brief Captivity amongst the Chinese. (*The Penny Magazine*, Aug. 1836; — réimp. dans *The Canton Register*, 1837.)

— Embassy to the Eastern Courts of Cochin-China, Siam, and Muscat; in the U. S. Sloop-of-war *Peacock*, David Geisinger, Commander, during the years 1832-3-4. By Edmund Roberts. New York: Harper & Brothers. 1837, in-8, pp. 432.

— A Subaltern's Sick leave, or Rough Notes of a Visit in search of health to China and the Cape of Good Hope. By Lieut. Nicolas Polson, of the Bengal Native Infantry. — Calcutta: G. H. Huttmann, 1837, in-8, pp. 166.

Notice: *Canton Register*, Vol. XI, 1838, No. 26.

Nicolas Polson, *pseud.* de Nicholson.

— Un voyage en Chine par Adolphe Barrot. (*Revue des Deux Mondes*, 1 et 15 Novembre 1839.)

— * Китайскіе нравы и обычаи. Изъ путешествія *Ад. Барро*. (*Виленскія губ. вѣд.* 1839. No. 50 et 51.)

Mejov, 1855.

— Relation d'un Voyage en Chine, par M. Richenet. Lettre à M. — des Missions étrangères à Paris. Macao, 4 Avril 1806. (*Jour. Asiat.*, 3e Sér., VII, 1839, pp. 512/536; VIII, 1839, pp. 97 et seq., 230 et seq., 295 et seq.; IX, 1840, pp. 30 et seq.)

— Manille, Canton, un théâtre chinois; Journal d'un officier de marine. (Article anonyme publié dans la *Revue des Deux Mondes*, 15 Septembre 1840.)

— * De Lurcy Lafond (Cap. G.). Quinze ans de voyages autour du Monde. Iles du Cap Vert, Java, Iles Philippines, Chine, Cap de Bonne-Espérance, Détroit à l'Est de Java, Puissance hollandaise dans la Malaisie, Manille et Iles Philippines; notice géographique et flore. Paris, 1840, 2 vol. in-8. Portrait et planche.

— * Fragments de voyages autour du Monde. Philippines, Chine, Malaisie, Polynésie, Mexique, Amérique centrale, etc., par Gabriel Lafond (de Lurcy). Bureaux du *Siècle*, 1873, in-4 à 2 col., pp. 234.

— Travelling Sketches in Various Countries. By Henry Fulton, M.D. London, Longman, MDCCCXL.

Dans le Vol. II (Asia, in-12), les Chapitres VI-IX sont consacrés à la Chine.

— * James Holman, R. N. Travels in China, New Zealand, etc. London, 1840, in-8.

Notice: *As. Jour. & M. Reg.*, XIX, 1836, pp. 51/54.

— * Kreuz- und Querzüge in China. Mit steter Rücksicht auf die Regierung u. Religion, die Sitten u. Eigenthümlichkeiten seiner Bewohner. Mit 1 Titelkpfr. (4 Th., *Reisen für die Jugend*, Leipzig, Hinrichs, 1840-3, in-8.)

— Sketches of China; partly during an inland journey of four months, between Peking, Nanking, and Canton; with Notices and Observations relative to the present war. — By John Francis Davis, Esq., F. R. S., &c. Late His Majesty's Chief Superintendent in China. London, Charles Knight & Co., 1841, 2 vol. in-12, pp. XII-316, VIII-322.

Ces essais ont été réimprimés comme *Supplementary Volumes*, London, Charles Knight, 1845, in-12, à l'ouvrage de Davis, *The Chinese*, London, Knight, 1844, 3 vol. in-12. — Voir col. 72.

— Schetsen en Tafereelen uit China door J. F. Davis. Groningen, W. Van Boekeren, 1843, 2 vol. in-8.

C'est une traduction de l'ouvrage précédent.

— Sir E. Belcher's Voyage round the World. [Voir le chap. de la *Guerre d'opium*.]

— La troisième Partie de *Life in China*, ouvrage du Rev. W. C. Milne, est consacrée à ses voyages. Elle a pour titre *A Glance at Life in the Interior of China* [1843] et se compose de trois chapitres [col. 88].

— Cartas escriptas da India e da China, nos annos de 1815 a 1835 por José Ignacio de Andrade a sua Mulher D. Marias Gertrudes de Andrade. Lisboa, Na Imprensa Nacional, 1843, 2 vol. in-8, avec portraits.

— Trade and Travel in the Far East; or Recollections of twenty-one years passed in Java, Singapore, Australia and China, by G. F. Davidson. London, Madden & Malcolm, 1846, in-12.

— Campagne dans les mers de l'Inde et de la Chine, à bord de la frégate l'*Erigone* commandée en 1841, 1842 et 1843, par M. Cecille, Capitaine de vaisseau, et en 1843 et 1844, par M. Roy, Capitaine de vaisseau, publiée par ordre du Roi sous le ministère de M. le Bon de Mackau, Ministre de la Marine et des Colonies. Paris, Arthus Bertrand, 1847-1850, 4 vol. in-8.

Les trois premiers volumes contiennent la *Météorologie* et le dernier renferme la fin des observations météorologiques et le *Magnétisme*, par M. A. Delamarche, ingénieur-hydrographe, et M. J. Dupré, lieutenant de vaisseau.

— Voyage en Chine, Cochinchine, Inde et Malaisie par Auguste Haussmann, Délégué commercial, Attaché à la légation de M. de Lagrené, Ministre plénipotentiaire de France, pendant les années 1844-45-46. Paris,... Desessart... G. Olivier. 1847-1848, 3 vol. in-8, pp. xxv-484 [pour 482], 418, 489.

I. (1847) : Première Partie : Voyage. — Du Cap au Nord de la Chine.

II. (1848) : Suite de la première Partie : Voyage.

III. (1848) : Deuxième Partie : Commerce de la Chine.

George Smith.

— A Narrative of an Exploratory Visit to each of the Consular Cities of China, and to the islands of Hongkong and Chusan, in behalf of the Church Missionary Society, in the years 1844, 1845, 1846, by the Rev. George Smith, M. A., of Magdalen Hall, Oxford, and late Missionary in China. London : Seeley, 1847, in-8.

2d ed., Lond., Seeley, 1847, in-8.

— A Narrative of an Exploratory Visit to each of the Consular Cities of China, and to the islands of Hong kong and Chusan, in behalf of the Church Missionary Society, in the years 1844, 1845, 1846. By the Rev. George Smith, M. A., of Magdalen Hall, Oxford, and late missionary in China. New York : Harper & brothers, publishers, 1847, in-12, pp. xv-467.

∴

— Resa till Kap, Ostindien och Kina, åren 1844-1846, berättad af G. W. von Düben. Stockholm, L. J. Hjerta, 1847, in-12, pp. viii-159.

Robert Fortune.

— Three years' Wanderings in the Northern Provinces of China, including a visit to the Tea, Silk, and Cotton Countries : with an Account of the Agriculture and Horticulture of the Chinese, new plants, etc., by Robert Fortune, Botanical Collector to the Horticultural Society of London. 2nd ed. London, Murray, 1847, in-8.

— * Robert Fortune. Dreijährige Wanderungen in den Nord-Provinzen von China. Nach der 2. Auflage aus dem Englischen übersetzt von Prof. Dr. E. A. W. Himly. Göttingen, Vandenhœck & Ruprecht, 1853, gr. in-8, pp. iv-308. (*Bib. hist. geog.*, 1853.)

— * Три года въ Китаѣ. Соч. англ. путешественника г. *Форчуна*. (*Москов. Вѣдомости*. 1847. No. 139-147. — 1848. No. 30, 31 et 32. — *Сѣв. Пчела*. 1848. No. 77.)

— A Journey to the Tea Countries of China ; including Sung-Lo and the Bohea Hills ; with a short notice of the East-India Company's Tea Plantations in the Himalaya Mountains. By Robert Fortune... With Map and Illustrations. London : John Murray, 1852, in-8, pp. xv-398.

— Two Visits to the Tea Countries of China and the British Tea Plantations in the Himalaya. With a Narrative of Adventures, and a full description of the Culture of the Tea Plant, the agriculture, horticulture, and botany of China. By Robert Fortune. Third Edition. London, Murray, 1853, 2 vol. in-8.

Extrait sur *Hangchow* pub. dans *The N. C. Herald*, No. 106, 7 Aug. 1852.

— Robert Fortunes Wanderungen in China während der Jahre 1843-1845 nebst dessen Reisen in die Theegegenden China's und Indiens 1848-1851. — Aus dem Engl. übers. von Jul. Thdr. Zenker. Mit (13) Kupfern u. Karten. Leipzig, Dyk, 1854, in-8, pp. 413.

— A Residence among the Chinese : inland, on the coast, and at sea, being a narrative of scenes and adventures during a third visit to China, from 1853 to 1856, by Robert Fortune. London, Murray, 1857, in-8.

Pub. at 15/. — *Quarterly Review*, CII, 1857.

— * Новѣйшее путешествіе *Форчуна* въ Китаѣ. (*Вѣстникъ Имп. Русс. Геогр. Общ.* 1858. Ч. 23, No. 2, pp. 1/20.)

Mejov, 1669.

— * Сочиненіе *Р. Форчюна* о Китаѣ. (*Русск. Инвалидъ*. 1857. No. 191.

Mejov, 1667.

— Yedo and Peking. — A Narrative of a Journey to the Capitals of Japan and China. With Notices of the Natural Productions, Agriculture, Horticulture, and Trade of those Countries, and other things met with by the way. By Robert Fortune, Hon. Member of the Agri-Hort. Society of India. With Map and Illustrations. London : Murray, 1863, in-8, pp. xvi-395.

— Leaves from my Chinese Note Book. No. I : Howqua's Garden ; II : Grafting of Trees ; III : Method of taking Honey from Beehives. (*Gardener's Chronicle*, Oct. 1853 ; réimp. dans *The China Mail*, 1854, No. 473, 9 March — 477, 6 April — 483, 18 May.)

— Voyage agricole et horticole en Chine extrait des publications de M. Robert Fortune; traduit de l'Anglais par M. le Baron de Lagarde Montlezun... Paris, Ve Bouchard-Huzard, 1853, in-8, pp. xv-232.

— Aventures de Robert Fortune dans ses Voyages en Chine à la recherche des Fleurs et du Thé, traduit de l'anglais (1843-50). Paris, Hachette, 1854, in-16.

— Charles Lavollée. Un Botaniste en Chine; Voyages de M. Robert Fortune. (*Revue des Deux Mondes*, 1er juillet 1858.)

— Sketch of a visit to China in search of new plants. (*Hortic. Soc. Journ.*, I, 1846, pp. 208/223.) — A notice of the Tien-ching or Chinese Indigo. (*Ibid.*, pp. 269/271.) — Note upon *Daphne Fortuni*, a new species introduced from China. (*Ibid.*, II, 1847, pp. 34/35.) — Experience in the transmission of living plants to and from distant countries by sea. (*Ibid.*, pp. 115/120.) — Note upon *Azalea ovata*, a new species introduced from China. (*Ibid.*, p. 126.) — *Dielytra spectabilis*, a new plant introduced from China. (*Ibid.*, pp. 178/9.) — Chinese pinnated Berberris. (*Ibid.*, VII, 1852, pp. 225/6.) — [Chinese Method of taking honey from hives.] (*Entom. Soc. Trans.*, II, 1853 [*Proc.*], pp. 139/140.) — Notice of a New Chinese Spiraea (*S. Reevesiana*, fl. pl. ?), discovered at Foo-chow-foo. (*Hort. Soc. Journ.*, IX, 1855, pp. 109/110.) — Some account of the Chinese Green Indigo plant, with specimen of the dye. (*India, Agric. Soc. Journ.*, IX, 1857, pp. 105/106.)

Voir col. 450.

∴

— Notices and Reminiscences of a Voyage from Canton, via Whampoa, Kinsing Mún, and Hongkong, to Wusung and Shanghai, in the Summer of 1847. From a private journal. By E. C. Bridgman. (*Ch. Rep.*, XVI, pp. 398/406.)

— Notices and Reminiscences of a Voyage from Canton, via Whampoa, Kinsing Mun, and Hongkong, to Wusung and Shanghai, in the Summer of 1847. (From a Private Journal.) (*Chin. & Jap. Rep.*, Sept. 1864, pp. 62/69.)

J. C. Bowring.

— Hot Springs of Yong-Măk.

Voir col. 299.

∴

— Letters from a French Traveller : *The China Mail*, 1848 : Letter I, No. 152, 13 January — II, No. 153, 20 January — III, No. 156, 10 Feb.

Ces trois lettres sont les seules qui aient paru d'une série qui devait en comprendre 14 ou 15.

— * F.W. Grube und seine Reise nach China und Indien. Herausgegeben von E. Grube. Crefeld, 1848, in-8.

— Journal d'un Voyage en Chine en 1843, 1844, 1845, 1846 par M. Jules Itier. A Paris, chez Dauvin et Fontaine, 1848-53, 5 vol. in-8. Pub. à 15 fr.

Notice par C. Lavollée dans la *Revue de l'Or. et de l'Algérie*, V, 1849, pp. 296/308.

— *The Chinese Miscellany*. No. 1. A Glance at the Interior of China obtained during a journey through the Silk and Green Tea Districts. Shanghai, 1849, in-8, pp. 192. Pl.

Le titre intérieur porte : A Glance... Taken in 1845.

— A Glance at the interior of China, obtained during a Journey through the Silk and Green Tea Countries. By W. H. Medhurst, D. D. Author of « China, its State and Prospects », etc. « English and Chinese Dictionary », etc. London : John Snow, 1850, in-8, pp. 192.

Même éd. que la précédente; on s'est contenté de substituer au titre imp. à Shanghai un titre imprimé à Londres.

— Interior China. — Medhurst and Fortune. (*North British Review*, Aug. 1857.)

— A Voyage to China; including a Visit to the Bombay Presidency; the Mahratta Country; the Cave Temples of Western India, Singapore, the Straits of Malacca and Sunda, and the Cape of Good Hope by Dr. Berncastle, Member of the Royal College of Physicians, London. In two volumes — London, William Shoberl, 1850, 2 vol. in-12.

— *Idem*, 1851, 2 vol. in-12.

Inscribed to Lady Franklin.

— An extract of the Journal of Mr. J. W. Norman M. D. (from Hungary) of a voyage from Bombay to Bassora on the Euphrates, thence into Persia, and thence to Shanghai, in the North of China. (*N. C. Herald*, 1851, No. 52, July 26 — 55, Aug. 16, etc.)

— La Chine et la presqu'île Malaise. Relation d'un voyage accompli en 1843, 1844, 1845 et 1846, par le Dr. Melchior Yvan. Paris, Boulé, 1850, in-8, pp. 158.

— * Souvenirs de l'Ambassade française en Chine. Macao et ses environs. Par le Dr. M. Yvan. Paris, 1852, br. gr. in-8, pp. 56.

— * Voyages et Récits. Par le Dr. M. Yvan. Bruxelles, Méline et Cans, 1853, 2 vol. in-18.

— De France en Chine par le Dr. M. Yvan. Paris, Hachette, 1855, in-12, pp. 388, s. l. t.

Canton, voir col. 304.

— Dépôt général de la Marine. Rapport sur la campagne de la corvette *la Bayonnaise* dans les mers de Chine, par M. E. Jurien de Lagravière, Capitaine de vaisseau. 75 centimes. Annales hydrographiques (1851). 1re Partie, Revue et mise en ordre par B. Darondeau, ingénieur hydrographe. Paris, Paul Dupont, 1851, in-8, pp. 36.

Ce rapport est daté de la « Rade de Cherbourg, 6 décembre 1850 ». 3 cartes. — Voir col. 181.

— Amiral Jurien de la Gravière. Souvenirs d'une station dans les mers de l'Indo-Chine : III. La colonie européenne en Chine, Macao, Canton, Hongkong. (*Revue des Deux Mondes*, 1er décembre 1851.) — IV. Les Côtes de Chine, avec une carte gravée. (*Ibid.*, 15 janvier 1852.) — V. Le Port de Shanghaï et les Chinois du nord. (*Ibid.*, 15 mars 1852.) — VI. Les Ports de la Chine. (*Ibid.*, 1er mai 1852.) — XII. Amaral et les Pirates chinois. (*Ibid.*, 1er mai 1853.)

— Voyage en Chine et dans les mers et archipels de cet empire pendant les années 1847-1848-1849-1850 par Jurien de la Gravière Capitaine, commandant la corvette *La Bayonnaise*, expédiée par le Gouvernement francais dans ces parages, avec une belle carte gravée sur acier. Paris, Charpentier, 1854, 2 vol. in-18.

« Le 24 avril 1847, la corvette *La Bayonnaise* quittait la rade de Cherbourg pour se rendre dans les mers de Chine, où elle devait transporter le personnel du nouveau poste diplomatique créé à Canton. »

Le même : 2e édition, Paris, Hachette, 1864, 2 vol. in-18.

Le même : 3e édition. Paris, H. Plon, 1872, 2 vol. in-18.

— Voyage en Chine. Ténériffe. — Rio-Janeiro. — Le Cap. — Ile Bourbon. — Malacca. — Singapore. — Manille. — Macao. — Canton. — Ports chinois. — Cochinchine. — Java. Par M. C. Lavollée, Membre de la Mission de France en Chine (1843-1846). Paris, Just Rouvier... A. Ledoyen. Octobre 1852. In-8, pp. 466. Pub. à 6 fr.

Voir col. 804.

— * Lavollée, Reise i China, tilligerned beskrivelse af Michel Novarros fangenskab i det indre af China. Kjøbenhavn, Steen, 1858, in-8, pp. 170. (*Bib. hist. geog.*, 1858.)

— Recollections of a Three years' Residence in China; including Peregrinations in Spain, Morocco, Egypt, India, Australia, and New Zealand. By W. Tyrone Power. London, Richard Bentley, 1853, in-8, pp. xv-380.

Huc et Gabet.

— Souvenirs d'un voyage dans la Tartarie et le Thibet pendant les années 1844, 1845 et 1846. Par M. Huc, Ancien missionnaire apostolique. Cinquième édition. — Paris, Gaume, 1868, 2 vol. in-12.

1re éd., Paris, A. Le Clère et Cie., 1850, 2 vol. in-8. — 2e éd., *Ibid.*, 1853, 2 vol. in-12. — 3e éd., Paris, Gaume Frères, 1857, 2 vol. in-8, pp. xv-430, 524.

Notice par C. Lavollée dans la *Rev. de l'Or. et de l'Algérie*, 1850 : VII, pp. 367/375 ; VIII, pp. 88/98.

— E. Huc. Excursion dans la Tartarie mongole. (*Rev. de l'Orient*, IX, pp. 110/125.) — Voyage en Mongolie et au Thibet, avec des notes géographiques de O. MacCarthy. (*Rev. de l'Orient et de l'Algérie*, III, 1848, pp. 1/40.)

Ce voyage est réimp. des *Annales de la Propagation de la Foi* (juillet 1847) [voir col. 963-4].

— Travels in Tartary, Thibet, and China during the years 1844-5-6, by M. Huc, translated from the French by W. Hazlitt. 2nd ed., *Nat. illust. Library*, s. a., 2 vol. in-12.

— Travels in Tartary... from the French, by W. Hazlitt. Reprint ed. Chicago, The Open Court Pub. Co., 1898, 2 vol., pp. 15-326, 10-342, cartes.

— Recollections of a Journey through Tartary, Thibet, and China during the years 1844, 1845 and 1846, by M. Huc ; a condensed Translation by Mrs. Percy Sinnet. London, Longman, 1852, pet. in-8.

— Recollections of a Journey through Tartary, Thibet, and China, during the years 1844, 1845, and 1846. By M. Huc, Missionary Priest of the Congregation of St. Lazarus. New York : D. Appleton, MDCCCLII, 2 vol. in-12, pp. 245, 248.

Font partie de « Appleton's Popular Library of the Best Authors ».

(Divers. — Huc et Gabet.)

— Wanderungen durch die Mongolei nach Thibet zur Hauptstadt d. Tale Lama. Von Huc und Gabet. In deutscher Bearbeitung herausgegeben von Karl Andree. Neue (Titel-) Ausg. Leipzig, 1855, pp. xxxii-360, gr. in-8. (*Bib. geog.*, 1865.)

— Ueber Huc und Gabet's Reisen in Ost-Asien. Von Dir. Prof. Dr. Meinicke. (*Zeit. f. Allg. Erdk.*, 1856, pp. 221/237.)

— Wanderungen durch die Mongolei nach Thibet zur Hauptstadt der Tale Lama. Von Huc und Gabet. In deutscher Bearbeitung herausgegeben von Karl Andree. — Neue Ausgabe. — Leipzig, 1867, G. Senf, in-8, pp. xxxii-360.

— Omzwervingen door Mongolie en Thibet tot naar de hoofdstad van den Tale Lama door Huc en Gabet. Naar de bewerking van Dr. Karl Andree door J. J. A. Goeverneur. Groningen, Wolters, J. B. 1856, in-8, pp. xvi/394.

— Recuerdos de un viaje a la Tartaria y el Thibet, por Mr. Huc. (N. Fernandez Cuesta, *Nuevo Viajero Universal*, II, Madrid, 1860, pp. 69/247.)

— Erläuternde Bemerkungen zu den in Huc's *Souvenirs d'un Voyage dans la Tartarie* vorkommenden tibetischen Wörtern und Namen. Von H. A. Jäschke. (*Zeit. d. M. G.*, XXIV, 1870, pp. 628/631.)

— * Resa i Mongoliet och Tibet af M. Huc. Ofversättning. Stockholm, 1862, in-8, pp. 443.

[*Familje-Bibliotek*, I.]

— * Путешествіе миссіонеровъ *Хюка* и *Габе* по Монголіи и Тибету. (*Современникъ*. 1849. T. 18, pp. 109/120.)

Mejov, 2784.

— L'Empire chinois faisant suite à l'ouvrage intitulé *Souvenirs d'un Voyage dans la Tartarie et le Thibet* par M. Huc, ancien missionnaire apostolique en Chine. Paris. Imprimé par autorisation de l'Empereur à l'Imprimerie Impériale. M.DCCCLIV, 2 vol. in-8.

2e édition, Paris, Gaume Frères, 1854, 2 vol. in-8.

3e édition, Paris, Gaume, 1857, 2 vol. in-8.

— L'Empire chinois faisant suite à l'ouvrage intitulé Souvenirs d'un Voyage dans la Tartarie et le Thibet par M. Huc ancien missionnaire apostolique en Chine. Ouvrage couronné par l'Académie française. Quatrième édition. Paris, Gaume frères, 1862, 2 vol. in-12, pp. xxviii-463, 479.

Notices : *The Athenaeum*, 1855, No. 1421, pp. 78/9. — *Quarterly Review*, CII, 1857. — *Le Correspondant*, 25 oct. 1854, par F. de Champagny.

— The Chinese Empire : forming a sequel to the work entitled « Recollections of a Journey through Tartary and Thibet ». By M. Huc, formerly missionary apostolic in China. London : Longman, 1855, 2 vol. in-8.

(Huc et Gabet.)

— The Chinese Empire. A Sequel to Recollections of a Journey through Tartary and Thibet. By M. Huc, formerly missionary apostolic in China. New Edition. London, Longman, 1859, pet. in-8, pp. XXVIII-556.

— Wanderungen durch das Chinesische Reich. Von Huc und Gabet. In deutscher Bearbeitung herausgegeben von Karl Andree. Leipzig, Carl B. Lorck, 1855, in-8, pp. xxxII-364.

Forme le Vol. 8 de la *Hausbibliothek für Länder- und Völkerkunde*. Herausgegeben von Dr. Karl Andree.

— Das Chinesische Reich von Huc. Deutsche Ausgabe. Leipzig, Dyk, 1856, 2 vol. in-8, pp. XX/243, VI/276.

— Due Milioni distrutti romanzo di Francesco Viganó preceduto da una conversazione sul Viaggio nella China di Huc, sull' Emilio e Giulitta, altro romanzo dell' autore, in genere sui romanzi editi e inediti di lui ; con altre particolarità. Milano, Volpato, 1855, in-8, pp. lxvIII-282.

— * Huc, Resa i Kina. Öfversättning. (Med hufvudtitel : Familje-Bibliotek.) Stockholm, Axel Hellsten. 1864, in-8, pp. 6, xIII & 390. (*Bib. hist.*)

— Imperio chino, por M. Huc, antiguo misionero apostolico en China. (N. Fernandez Cuesta, *Nuevo Viajero Universal*, II, Madrid, 1860, pp. 248/289.)

— Charles Lavollée. Un Missionnaire français en Chine. (*L'Empire chinois*, par M. Huc.) (*Revue des Deux Mondes*, 15 Octobre 1854.)

— Meadows' *Chinese and their Rebellions*, Chap. V.

— Divers passages de l'*Empire chinois* ont paru en anglais en 1856 dans le *N. C. Herald*.

— Voir *Annales Prop. Foi*, col. 961 *passim* et seq. — *Annales de la Cong. de la Mission*, col. 982 et seq.

— Les derniers jours de la Chine fermée par Frédéric Baudry. — Extrait de la *Revue de Paris*. — Paris, A. Durand, 1855, br. in-8, pp. 48.

D'après le P. Huc.

— Voir la Préface de Yule à l'ouvrage de Prejvalsky, *Mongolia*, Lond., 1876, sur l'ouvrage de Huc.

— Le Père Huc et ses Critiques par Henri Ph. d'Orléans. Paris, Calmann Lévy, 1893, in-12, pp. 65 + 1 f. n. c.

Réimpression des articles suivants, sans la planche du *T'oung Pao* :

— Le père Huc et ses Critiques. Par Henri d'Orléans. (*Revue française*, XIV, 1er Oct. 1891, pp. 353/368.)

Carte.

— A propos du Père Huc, par le Prince Henri d'Orléans. (*T'oung Pao*, IV, Mai 1893, pp. 115/136.)

Avec une planche.

Notice : *Miss. Cath.*, XXV, 8 déc. 1893, p. 588.

∴

— * W. H. Macaulay. Kathay, a Cruise in the China seas. New York, 1852, in-12.

(Huc et Gabet.)

— Путешествіе въ Китай Е. Ковалевскаго. Часть I. St. Pétersbourg, 1853, in-8, pp. III-199. 2 grav. hors texte.

— China in den Jahren 1849 und 1850. (Erman, *Arch. f. wiss. Kunde v. Russl.*, XIII, 1854, pp. 587/594.)

Aus Kowalewski's *Reisenotizen*.

— Notes on a Trip from Shanghae to Chusan and Ningpo. By Dr. J. Murray. (*N. C. Herald*, No. 150, 11 Juin 1853 et seq., réimp. dans le *Shae. Miscel.*, I.)

— Voyage à la frontière Russo-Chinoise, par Jules Rivière, Architecte, membre de la Société Orientale. (*Rev. de l'Orient et de l'Algérie*, XV, 1854, pp. 415/423.)

— A Visit to India, China, and Japan, in the year 1853. By Bayard Taylor. New York, G. P. Putnam & Co., 1855, in-12.

— A Visit to India... London : Sampson Low, 1855, in-12, pp. xvII-539.

— A Visit to India, China, and Japan, by Bayard Taylor, newly revised and edited by George Frederick Pardon. London, James Blackwood, [1859], pet. in-8.

Cette édition est beaucoup moins complète que celle de 1855, mais elle contient un appendice qui donne des détails manquant au récit de Taylor.

Notice : *The Athenaeum*, 1856, No. 1473, pp. 70/71.

— Voyage en Chine du Capitaine Montfort avec un Appendice historique sur les derniers événements par Georges Bell. Paris, Victor Lecou, M DCCC LIV, in-16, pp. 360.

— Diary of an Overland Trip between Foo-Chow-foo and Ningpo by P. Q. Way. (*N. C. Herald*, Nos. 294 & 295, March 1856 ; réimp. dans le *Shae. Miscellany*, I.)

— A Woman's Journey round the World, from Vienna to Brazil, Chili, Tahiti, China, Hindostan, Persia, and Asia Minor. An unabridged Translation from the German of Ida Pfeiffer. 6th ed., Ward & Lock, 1856, pet. in-8.

— Voyage d'une femme autour du Monde par Mme Ida Pfeiffer... Traduit de l'allemand avec l'autorisation de l'auteur par W. de Suckau. — Paris, Hachette, 1858, in-12, pp. xII-616.

— Narrative of the Expedition of an American Squadron to the China Seas and Japan, performed in the years 1852, 1853, and 1854, under the command of Commodore M. C. Perry, United States Navy, by order of the Government of the United States. Compiled from the Original Notes and Journals of Commodore Perry and his Officers, at his request, and under his supervision, by Francis L. Hawks, D. D. L. L. D. With numerous Illustrations. — Published by Order of the Congress of the United States. Washington : A. O. P. Nicholson, 1856, in-4, pp. xvII + 1 f. n. ch. + pp. 537.

Notice : *The Athenaeum*, 1856, No. 1499, p. 889.

— Voir *Relat. ét.* : ETATS-UNIS.

— 33d Congress 2d Session. — House of Representatives — Ex. Doc. No. 97. — Nar-

(Divers.)

68

rative of the Expedition of an American Squadron... by order of the Government of the United States. — Volume II — With Illustrations. — Washington : A. O. P. Nicholson, 1856, in-4, pp. 414-14.

Rapports et Mémoires.

— United States Japan Expedition. — Observations on the Zodiacal Light, from April 2, 1853, to April 22, 1855, made chiefly on board the United States Steam-frigate *Mississipi*, during her late Cruise in Eastern Seas, and her Voyage homeward : with Conclusions from the data thus obtained ; by Rev. George Jones, A. M., Chaplain United States Navy. — Volume III. — Washington : A. O. P. Nicholson, 1856, in-4, pp. XLIII-705.

— The North Pacific Surveying and Exploring Expedition ; or my last cruise. Where we went and what we saw : being an Account of Visits to the Malay and Loo-choo Islands, the Coasts of China, Formosa, Japan, Kamtschatka, Siberia, and the mouth of the Amoor River. By A. W. Habersham, Lieut. U. S. Navy, and late of the North Pacific Surveying and Exploring Expedition. Philadelphia : Lippincott, 1857, in-8, pp. 507.

— Die Expedition in die Seen von China, Japan und Ochotsk unter Commando von Commodore Colin Ringgold und Commodore John Rodgers, im Auftrage der Regierung der Vereinigten Staaten unternommen in den Jahren 1853 bis 1856, unter Zuziehung der officiellen Autoritäten und Quellen. Deutsche Original-Ausgabe von Wilhelm Heine... Leipzig, Hermann Costenoble, 1858-59, 3 vol. gr. in-8.

— * Geo. Francis Train. The Merchant abroad in Europe, Asia, and Australia, a Series of Letters from Java, Singapore, China, Bengal, the Crimea, Melbourne, Sydney, England, &c. 1857, in-8.

— * Vassiliev. Auszüge aus einem in Peking geführten Tagebuch. (*Russki Vjästnik*, Nos. 10, 12, 1857.)

— Voyages to India, China and Australia, with an Account of the Swan River Settlement, by W. S. Bradshaw. London, J. F. Hope, 1857, pet. in-8.

— Les derniers voyages en Chine, à Siam, en Cochinchine et au Japon. (*Revue Britannique*, Juin-Juillet 1857.)

— China, Australia and the Pacific Islands, in the years 1853-56, by J. d'Ewes, Esq. London, R. Bentley, 1857, in-12.

— Observations de météorologie et de botanique faites pendant le voyage de la frégate la *Sibylle* ; par M. Barthe. (*Ctes. rend. Ac. Sciences*, XLVI, 1858, pp. 733/5.)

— Observations médicales prises à bord de la frégate la *Sibylle*, pendant la campagne de cette frégate dans l'Inde, la Chine, le Japon, la Manche de Tartarie, etc. ; par M. Barthe. (*Ibid.*, pp. 778/780.)

— Ningpo to Shanghai in 1857. [Via the borders of An-whui Province, Hoo-chow-foo and the Grand Canal.] Canton : Printed at the « Friend of China » Office, s. d. [1862], in-8, pp. 112 + 3 f. prél. pour l. p. et l'index, une carte et 1 pl. représentant Buddha.

Par William Tarrant.

— Travelling in China. (*Dublin University Magazine*, Fév. 1857.)

— Théodore Aube. La Chine à la veille de la guerre ; notes et souvenirs d'une croisière dans les mers de Tartarie, de Chine et du Japon. (*Revue des Deux Mondes*, 15 janvier 1858.)

— Dr. K. Neumann. — Reise von Shanghai über Hangtschau nach Ningpo. Nach einem Englischen Bericht. (*Zeit. Allg. Erdk.*, IV, Jan. 1858, pp. 36/59.)

— K. L. Biernatzki. Eine Reise über Land von Ningpo nach Canton. (*Ibid.*, V, 1858, pp. 11/43.)

— * G. G. Alexander. Reminiscences of a Visit to the Celestial Empire and rough notes on China and the Chinese. (*Colburn's United Service Mag.*, Jan.-March 1858.)

— From New York to Delhi, By way of Rio de Janeiro, Australia and China. By Robert B. Minturn, Jr. Second edition. — New York : D. Appleton, 1858, in-12, pp. 488.

— Personal Narrative of a Voyage to Japan, Kamtschatka, Siberia, Tartary, and various parts of coast of China ; in H. M. S. *Barracouta*, by J. M. Tronson, R. N., with Charts and Views. London, Smith Elder & Co., 1859, in-8.

— Fankwei ; or the San Jacinto in the Seas of India, China, and Japan. By William Maxwell Wood, M. D., U. S. N., London, Sampson Low, Son & Co. — New-York, Harper, 1859, in-8, pp. VIII-545.

Les chapitres 22-39 (pp. 263-545) sont consacrés à la Chine.

— * Borta ãr bra, men hemma ãr bãst. Berãttelse om en fãrd till Ostindien, Nord-Amerika, Kalifornien,... åren 1852-1857. Af C. Ax. Egerstrõm. Sõderkõping, 1859, in-8, pp. 326.

C. A. E., Officier de marine.

— Notes, Geographical and Commercial, made during the Passage of H. M. S. *Furious*, in 1858, from Shanghai to the Gulf of Pecheli and back. By Capt. Sherard Osborn, R. N., C. B., F. R. G. S., &c. With Sailing Directions by Mr. S. Court, R. N. (*Proc. Roy. Geog. Soc.*, III, 1859, pp. 55 seq.)

(DIVERS.) (DIVERS.)

Novara.

— Reise der österreichischen Fregatte *Novara* um die Erde in den Jahren 1857, 1858, 1859, unter den Befehlen des Commodore B. von Wüllerstorff-Urbair — ... Wien, k. k. Hof- u. Staatsdruckerei, 1864 seq., pub. en vol. gr. in-4.

— Statistisch-Commercieller Theil von Dr. Karl von Scherzer. Wien, 1864-5, 2 vol.

— Zoologischer Theil.

I. Band. Wien, 1869. *Säugethiere* (Johann Zolebor). — *Vögel* (August von Pelzeln). — *Reptilien* (Dr. Franz Steindachner). — *Amphibien* (par le même). — *Fische* (Dr. Rudolf Kner).

II. Band, I. Abtheilung, A. Wien, 1868. 1. *Coleoptera* (Dr. Ludwig Radtenbacher). — 2. *Hymenoptera* (Henri de Saussure). — 3. *Formicidae* (Dr. Gustav L. Mayr). — 4. *Neuroptera* (Friedrich Brauer).

II. Band, I. Abtheilung, B. Wien, 1868. 1. *Diptera* (Dr. J. R. Schiner). — 2. *Hemiptera* (Dr. Gustav L. Mayr).

II. Band, II. Abtheilung. Wien, 1864-1867. *Lepidoptera* (Dr. Cajetan u. Rudolf Felder). — *Rhopalocera* (Text).

II. Bd., II. Abth. Wien, 1864-1867. Atlas.

II. Band, III. Abtheilung. Wien, 1868. 1. *Crustaceen* (Dr. Camil Heller). — 2. *Anneliden* (Prof. Ed. Grube). — 3. *Mollusken* (Georg Ritter v. Frauenfeld).

— Linguistischer Theil von Dr. Friedrich Müller. Wien, 1867.

— Anthropologischer Theil.

I. Abth. *Cranien der Novara-Sammlung* (Dr. E. Zuckerkandl). Wien, 1875. — II. Abth. *Körpermessungen an Individuen verschiedener Menschenracen*, vorgenommen durch Dr. Karl Scherzer u. Dr. Eduard Schwarz, bearbeitet von Dr. A. Weisbach. Wien, 1867. — III. Abth. *Ethnographie*, auf Grund des von Dr. Karl v. Scherzer gesammelten Materials bearbeitet von Dr. Friedrich Müller. Wien, 1868.

— Geologischer Theil.

I. Band, I. Abtheilung. Geologie von Neu-Seeland. Wien, 1864. — II. Abtheilung. Paläontologie von Neu-Seeland.

II. Band, I. Abtheilung. *Geologische Beobachtungen.* — II. Abtheilung. *Paläontologische Mittheilungen.* Wien, 1866.

— Botanischer Theil.

I. Band. Wien, 1870. *Algae* (A. Grunow). — *Fungi, Hepaticae* und *Musci Frondosi* (Dr. H. W. Reichardt). — *Cryptogamae vasculares* (Dr. Georg Mettenius). — *Ophioglosseae* und *Equisetaceae* (Dr. Julius Milde).

— Nautisch-Physicalischer Theil. Wien, 1862-65.

— Medizinischer Theil.

I. Band von Dr. Eduard Schwarz. Wien, 1861.

— Bericht an die Kais. Akademie der Wissenschaften in Wien über einige während des Aufenthaltes S. M. Fregatte *Novara* im Hafen von Hongkong erzielte Resultate. Von Herrn Dr. Karl Scherzer. (*Sitzungsber. d. phil.-hist. Cl. d. Akad. d. Wiss. zu Wien*, XXIX, 1858, pp. 17/25.)

— Georg Frauenfeld. Reiseskizzen von Manila, Hongkong und Shanghai, gesammelt während der Weltreise der österr. Fregatte *Novara*. (*Mitth. der k. k. Geog. Ges. zu Wien*, 1860, pp. 50/60.)

— Instructionen für die Fachmännischen Begleiter der k. k. Mission nach Ostasien und Südamerika. Wien, 1868, pet. in-8.

— Fachmännische Berichte über die österreichisch-ungarische Expedition nach Siam, China und Japan (1868-1871). Im Auftrage des k. k. Handelsministeriums redigirt und herausgegeben von Dr. Karl von Scherzer, Ersten Beamten der Expedition. Mit einer Karte von Indien, einer Weltkarte und Holzschnitten. Stuttgart. Verlag von Julius Maier, 1872, in-8, pp. IV-XVI-494.

— Dr. Karl Ritter von Scherzer. Von Karl Krupitz. (*Mitt. k. k. geog. Ges. Wien*, Bd. XLVI, 1903, pp. 161/6.)
Né 1er mai 1821, à Vienne; † 19 fév. 1903, à Görz.

(Novara.)

∴

— Utazás Kelet-Indiákon, Ceylon, Java, Khina, Bengal. Gróf Andrásy Manó. Pesten, in-fol., pp. 166 à 2 col.

Au v. du dernier f. on lit : *Pesten, 1853. Emich Gusztáv könyvnyomdája.*

— Reise des Grafen Emanuel Andrásy in Ostindien, Ceylon, Java, China und Bengalen. Aus dem Ungarischen übersetzt. Mit Holzschnitten und 16 colorirten Gemälden nach den Originalskizzen in lithographischem Farbendruck ausgeführt. Pest, Hermann Geibel, 1859, in-fol., pp. v-107.

— * W. F. Gragg. Cruise in the U. S. Steam Frigate *Mississippi* to China and Japan, 1857-60. Boston, 1860, in-8.

— * Resa omkring verlden. En Familjebok af Fredrik Gerstäker. Ofversättning från andra originalupplagan af C. D. (Dans Vol. 6. Stockholm, 1860, in-8, pp. 136, avec grav.)

— Reise von Tien-tsin nach Mukden, der Hauptstadt der Mandschurei. *Mittheilungen*, de Petermann, 1862, No. 4. (Tiré du *N. C. Herald.*)

— China : Notes of a Cruise in the Gulf of Pe-che-li and Leotung in 1859. By Mr. Mickie. Communicated by H. Hamilton Lindsay, Esq., F. R. G. S. (*Proc. Roy. Geog. Soc.*, IV, 1860, pp. 58/62.)

— Narrative of a Journey from Tientsin to Moukden in Manchuria in July, 1861, By A. Michie. (*J. R. Geog. Soc.*, vol. XXXIII, 1863, pp. 153/166.)

— The Siberian Overland Route from Peking to Petersburg, through the deserts and steppes of Mongolia, Tartary, &c. By Alexander Michie. London : John Murray, 1864, in-8, pp. XIII-402, Grav. et Cartes.

Notice : *N. C. Herald*, 762, 4 March 1865. [By S. M.]

— Journal of a Commercial Trip from Tientsin through the provinces of Shansi and Pechili. By Messrs. Richards and Slossin. (*Proc. Roy. Geog. Soc.*, VI, 1862, pp. 218/226.)

— The Overland Journey from St. Petersburg to Pekin.

C'est une espèce de guide pour les voyageurs, inséré dans *The N. C. Herald*, 720, May 14, 1864 — et 721, May 21, 1864.

— The Overland Journey from St. Petersburg to Pekin. By A. Wylie Esq. (*Journal N. C. B. R. A. S.*, N. S., No. I, Art. IV, 1864, pp. 1/20.)

— Itinerary of a Journey through the Pro-

(DIVERS.)

vinces of Hoo-pih, Sze-chuen and Shen-se by A. Wylie. (*Ibid.*, No. V, Dec. 1868, pp. 153/258.)

— Notes of a Journey from Ching-too to Hankow by Alexander Wylie. (*Proc. Geog. Soc.*, XIV, 1870, pp. 168/185. — Réimp. dans *The Cycle*, 17 Sept. 1870.)

— * Mrs. H. Dwight Williams. A year in China; and a narrative of Capture and Imprisonment when Homeward Bound, on board the Rebel Pirate « Florida ». With an Introduction by William Cullen Bryant. New York, 1864, in-8, pp. xvi-362.

— Beretning om Corvetten Galathea's Reise omkring Jorden 1845, 46 og 47. — Ved Steen Bille, Chef for Expeditionen. — Kjöbenhavn, C. A. Reitzel, 1849-50, 2 vol. in-8, pp. xii-495, viii-465 + 1 f. n. ch.

— * S. Bille. — Min Reise til China 1864. Kjøbenhavn, Reitzel, 1865, in-8, pp. 276 et 2 cartes.

— Notes of a Trip from Shanghai to Ningpo *Via* Soochow and Hangchow. By Z. (*N. C. Herald*, 789, 9 Sept. 1865.)

Voir *Chin. & Jap. Rep.*, Dec. 1865, pp. 577/580.

— Notes de Voyage sur Aden, Pointe-de-Galles, Singapore, Tché-fou, par Mr Henri Jouan. (Extrait des *Mémoires de la Soc. Imp. des Sc. nat. de Cherbourg*, T. XV), in-8, pp. 30 [Janvier 1865-fin 1867].

— Henri Jouan. — Notes de voyage sur Aden, Pointe-de-Galles, Singapore, Tché-fou. (*Mém. Soc. Sc. Nat.*, Cherbourg, XV, 1870, pp. 169/198.)

— Stray Notes of a Trip to Chang-kia Pass. By the Rev. Jos. Edkins. (*Ch. & Jap. Rep.*, July 1865, pp. 346/7.)

— Souvenirs du séjour d'un horloger neuchatelois en Chine. Par Aug. Jeanneret-Oehl. Neuchatel. Imprimerie G. Guillaume fils. 1866, in-8, pp. 136.

— Cartas a J. M. Pereira Rodrigues. De Macau a Fu Chau. Recordações de Viagem por Gregorio José Ribeiro, Capitão-Tenente da Armada... Lisboa, 1866 (com uma introducção por E. A. Vidal), pet. in-8, pp. 77.

— Viaje de Nueva Granada a China y de China a Francia por Nicolas Tanco Armero con una introduccion por Pedro Maria Moure. Paris, Simon Raçon, 1861, in-8, pp. L-568.

— Canton to Hankow (overland). Letter dated Shanghai, 14th June 1861, to the *N. C. Herald*, 1861, June 15 & 22, No. 568 & 569.

— Narrative of an overland trip, through Hunan, from Canton to Hankow. By Dr. W. Dickson. Read before the Society, 20th August 1861. (*Journal N. C. B. R. A. S.*, N. S., No. I, 1864, pp. 159/173.)

Le Dr. Dickson était accompagné de Mr. R. F. Thorburn et des Rev. Beach (William Roberts) et Bonney (Samuel William).

— Diary of an overland Journey from Tientsin to Chefoo. (*N. C. Herald*, No. 583, Sept. 28, 1861.)

— Notes sur le Japon, la Chine et l'Inde. Par M. le Bon de Chassiron. — 1858-1859. — 1860. Paris, E. Dentu [et] Ch. Reinwald, 1861, in-8, pp. xi-356 + 2 ff. n. ch. p. l. tab. et les er.

Chassiron, parti de Marseille le 12 mai 1858; arrivé à Hongkong dans la soirée du 19 juin; porteur de dépêches pour Alexandrie, Maurice, Singapore, Padang, Batavia, MM. le Baron Gros, de Montigny et de Bourboulon.

— Niphon and Pe-che-li; or, two years in Japan and Northern China. By Edward Barrington de Fonblanque. London: Saunders, Otley & Co. 1862, in-8, pp. 287.

Quarterly Review, CXIV, 1863, p. 449.

— * Delaville-Dedreux. La Navigation aérienne en Chine. Relation d'un voyage accompli en 1860 entre Fout-cheou et Nant-chang. Paris, Desloges, 1863, in-18, pp. 71. (*Bib. hist.*)

— A Lady's Visit to Manilla and Japan by Anna d'A.[lmeida.] London, Hurst & Blackett, 1863, pet. in-8.

— Journey from Pekin to St. Petersburg across the Desert of Gobi. By C. M. Grant. (*Jour. R. Geog. Soc.*, Vol. XXXIII, 1863, pp. 167/177.)

— Die Preussische Expedition nach Ost-Asien. Voir : Werner, Spiess, Kreyher, Maron, etc., au chap. des *Relations de la Chine avec la Prusse*.

— Een vlugtige Blik op Java, Saigoen, Zuidelijk China en Bombay, door Mr. R. W. J. C. Bake. — Te Arnhem, bij H. A. Tjeenk Willink. 1863, br. in-8, pp. 45.

— * Resan kring verlden. För barn af M. Castillon Professor vid Collége Sainte-Barbe. Ofvers. från Fransyskan. Stockholm, 1864, in-8, pp. 206. Avec 12 grav. color.

— Travels and Adventures of an Officer's wife in India, China, and New Zealand. By Mrs. Muter, wife of Lieut.-Colonel D. D. Muter, thirteenth (Prince Albert's) Light Infantry. London : Hurst and Blackett... 1864, 2 vol. in-8.

— * Le comte Henri Russell-Killough. Seize mille lieues à travers l'Asie et l'Océanie, voyage exécuté pendant les années 1858-1861. Sibérie, désert de Gobi, Péking, fleuve Amour, Japon, Australie, Nouvelle-Zélande, Inde, Himalaya. Paris, 1864, 2 vol. grand in-18, pp. 423, 427, avec une carte et une vue panoramique.

— Чревъ сибирь въ Австралію и Индію. — Руссель-Киллуга... С.-Пет., 1875, in-8, pp. IV-616.

— Notes for Tourists in the North of China. By N. B. Dennys. Hongkong : Printed by A. Shortrede & Co. 1866, in-8, pp. 61-v et 2 ff. prél. pour la préf. et la table ; plans.

Ces notes avaient d'abord paru sous forme d'articles dans la *China Mail*.

— Relation de voyage de Shanghaï à Moscou, par Pékin, la Mongolie et la Russie asiatique, rédigée d'après les notes de M. de Bourboulon, ministre de France en Chine, et de Mme. de Bourboulon par M. A. Poussielgue. 1859-1862. Texte et dessins inédits. (*Le Tour du Monde*, 1864, I, pp. 81/128 ; II, pp. 33/96, 289/336 ; 1865, I, pp. 234/272.)

— Voyage en Chine et en Mongolie par M. de Bourboulon ministre de France et de Madame de Bourboulon 1860-1861 par M. Achille Poussielgue. Paris, Hachette, 1866, in-18.

— * Путешествіе въ Китай г. *де Бурбулона*. (*Всемірн Путешественникъ*. 1869. Вып. 33, 34, 35, 36, 37 & 38.)

Mejov, 1694.

— * Путешествіе въ Китай. Изъ записокъ г-жи *Бурбулонъ* и *Треве*. (*Вѣстникъ Россійск. Общества Красн. Креста.* 1885, No. 38/40.)

Mejov, 1785.

— Notes of a Journey from Peking to Chefoo viã Grand Canal, Yen-chow-foo, etc. By Rev. A. Williamson. (*Jour. N. C. Br. R. As. Soc.*, No. III, Dec. 1866, pp. 1/25.)

— Account of an Overland Journey from Peking to Shanghai, made in February and March 1866. By Rev. W. A. P. Martin, DD. (*Ibid.*, pp. 26/39.)

— Un Parisien en Asie. — Voyage en Chine, au Japon, dans la Mantchourie russe et sur les bords de l'Amoor par M. Camille de Furth. Paris, Lib. générale des Auteurs, 1866, in-12, pp. 311.

— Notes by the way : taken during a Journey by the so-called Overland Route to China. London : Printed by Williams and Strahan... 1866, in-8, pp. 32.

By J. H. Dudgeon.

— Die Voelker des Oestlichen Asien. — Studien und Reisen von Dr. Adolf Bastian. 1866-1871, 6 vol. in-8.

Erster Band :

Die Geschichte der Indochinesen. — Aus einheimischen Quellen von Dr. Adolf Bastian. Leipzig 1866. Otto Wigand, pp. XVI-576.

Birma — Pegu — Siam — Kambodja.

Zweiter Band :

Reisen in Birma in den Jahren 1861-1862. — Von Dr. Adolf Bastian. *Ibid.*, pp. XIII-521.

(DIVERS.)

Dritter Band :

Reisen in Siam im Jahre 1863. — Von Dr. Adolf Bastian. Jena, Hermann Costenoble, 1867, pp. XX-530 + 1 f. n. ch.

Vierter Band :

Reise durch Kambodja nach Cochinchina. — Von Dr. Adolf Bastian. Jena, Hermann Costenoble, 1868, pp. IX-436.

Fünfter Band :

Reisen im Indischen Archipel. Singapore, Batavia, Manila und Japan. — Von Dr. Adolf Bastian. *Ibid.*, 1869, pp. LIX-552.

Sechster Band :

Reisen in China, von Peking zur Mongolischen Grenze, und Rückkehr nach Europa. — Von Dr. Adolf Bastian. *Ibid.*, 1871, pp. CXIV-664.

— Phil. Wilh. Adolf Bastian Nécrologie par H. C.[ordier.] (*T'oung Pao*, Mai 1905, p. 238.)

— Adolph Bastian. By A. H. Keane. (*Geographical Journal*, XXV, N° 5, May 1905, pp. 571/3.)

Nécrologie.

— A Sketch of the New route to China and Japan by the Pacific Mail S. S. Co. San Francisco, 1867, br. in-12.

— Journal d'un voyage dans l'Inde anglaise, à Java, dans l'Archipel des Moluques, sur les côtes méridionales de la Chine, à Ceylan (1864) par Fr. Devay. Paris, Firmin Didot, 1867, 2 vol. in-8.

Voir sur la Chine, Vol. II, chap. 18-25.

— La Chine et le Japon au temps présent par Henry Schliemann (de Saint-Pétersbourg). Paris, Librairie centrale, 1867 [lisez 1866]. In-12, pp. 221.

A. S. BICKMORE.

— Sketch of a Journey from Canton to Hankow through the Provinces of Kwangtung, Kwangsi, and Hunan with geological notes by Albert S. Bickmore. Read before the Society February 17th 1867. (*Jour. N. C. B. R. As. Soc.*, Art. I, No. IV, N. S., Dec. 1867, pp. 1/20.)

— Sketch of a Journey from Canton to Hankow, through China. By Albert S. Bickmore... [From the American Journal of Science, July, 1868.] New Haven : Tuttle, Morehouse & Taylor, br. in-8, pp. 19.

— Voyage dans l'intérieur de la Chine. (*Bul. Soc. Géog.*, Août 1867, pp. 173/181.)

— Sketch of a Journey from Canton to Hankow. By Albert S. Bickmore, M. A. Read Dec. 9, 1868. (*Jour. Royal Geog. Soc.*, XXXVIII, 1868, pp. 50/68. — *Proc. R. Geog. Soc.*, XII, 1868, pp. 51/4.)

Voir col. 510-511.

∴

— Cuthbert Collingwood. — Rambles, 1868, voir col. 388.

— The Overland Route to China. (*Colburn's New Monthly Magazine*, Juillet 1868.)

BEAUVOIR.

— Australie. — Voyage autour du Monde par le Comte de Beauvoir. — Ouvrage

(DIVERS.)

enrichi de deux grandes cartes et douze gravures-photographies par Deschamps. Douzième édition. Paris, E. Plon, 1878, in-18, pp. IV-364.

La 1re éd. est de 1869.

— Java, Siam, Canton. — Voyage autour du Monde par le Comte de Beauvoir. — Ouvrage enrichi d'une grande carte spéciale et quatorze gravures-photographies par Deschamps. Paris, Henry Plon, 1870, in-18, pp. 452.

La 1re éd. est de 1869.

— Pékin, Yeddo, San Francisco. — Voyage autour du Monde par le Comte de Beauvoir. — Ouvrage enrichi de quatre cartes et de quinze gravures-photographies par Deschamps. Onzième édition. Ouvrage couronné par l'Académie française. Paris, E. Plon, 1878, in-18, pp. 360.

La 1re éd. est de 1872.

— Le même. Édition illustrée, gr. in-8, 1872, Paris, Plon, Fr. 16.

— Le même. 10e édition, gr. in-8, avec 100 grav. et 7 cartes, 1874. *Ibid.*, Fr. 20.

Trad. en anglais et en italien.

— The Count de Beauvoir in China. (*Lippincott's Magazine*, Philad., Sept. 1873.)

— Souvenirs d'un Voyage en Chine. Conférences faites à Montbéliard de 1864 à 1867, par L. F. Juillard, ancien aumonier de l'armée d'expédition de Chine, Chevalier de la Légion d'honneur et Pasteur à Valentigney. Montbéliard, Imp. et lith. de Henri Barbier, s. d. [1869], in-12, pp. 244 + 1 f. d'errata.

— Seize mois autour du monde (1867-1869) et particulièrement aux Indes, en Chine et au Japon. Ouvrage accompagné d'une carte. Par Jacques Siegfried. Paris, Hetzel, MDCCCLXIX, in-18, pp. 360.

— Notes of a Journey from Ningpo to Shanghai. By Chr. T. Gardner, H. B. M. Consular Service, China. (*Proc. R. Geog. Soc.*, XIII, 1869, pp. 170/182.)

— Notes to the « Journey from Ningpo to Shanghai ». By Christopher T. Gardner, Esq., F. R. G. S. (*Ibid.*, pp. 249/251.)

— Notes of a Trip overland from Canton to Kiukiang. (*Shanghai News-Letter*, May 18, 1869. — *N. C. Herald*, May 29, 1869. — *Sup. Court & Cons. Gaz.*, Vol. V, May 29, 1869.)

Ce voyage a été fait par MM. E. D. Barbour et E. W. Stevens, de la maison américaine Russell & Co. Le compte-rendu a été écrit par Mr. Barbour.

(BEAUVOIR. — DIVERS.)

— Mr. Alabaster's Overland Trip from Chefoo to Chinkiang. (*Sup. Court & Cons. Gaz.*, Vol. VI, 1869, pp. 194/5, 208/210. — *N. C. Herald*, Sept. 23, 1869.)

— Our New Way round the World by Charles Carleton Coffin — Sold by Subscription only — Boston : James R. Osgood & Co., in-8, pp. XVIII-524.

Les chap. 30-51 (pp. 253-419) sont consacrés à la Chine.

— A Trip to Kalgan in the Autumn of 1868. By R. Swinhoe, H. B. M. Consul, Amoy. (Communicated by the Foreign Office.) (*Proc. Roy. Geog. Soc.*, XIV, 1870, pp. 83/85.)

Takow, Formosa, Jan. 18, 1869.

T. T. COOPER. — Voir col. 332-333.

— Изъ дневника піонера торговли, par Б., in-8, pp. 31.

Extrait des *Извѣстія* de la Soc. Imp. Russe de Géographie, t. VIII, n° 7.

— Route from Tientsin to Kiachta. By W. A. Whyte. (*Proc. R. Geog. Soc.*, XIV, 1870, pp. 243/250. — Réimp. dans *The Cycle*, 12 Nov. 1870.)

Dans ce même numéro du *Cycle* il y a une notice défavorable de ce mémoire sous le titre de *Papers on China*.

— Abbé Armand David, voir col. 412-416.

— * Ett besök i Japan och Kina... Af *Anton Backström*. Stockholm, 1871, in-8, pp. 391. Avec 63 gravures.

∴

— Journeys in North-China, Manchuria, and Eastern Mongolia ; with some account of Corea by the Rev. Alexander Williamson... London : Smith Elder & Co., 1870, 2 vol. in-8 :

— Vol. I, pp. XX-414 with a Map of North-China and Corea.

Le Rev. Jonathan Lees, de Tientsin, a écrit les pp. 250-341.

— Vol. II, pp. VIII-442 with a Map to accompany the Notes on Manchuria.

Le chap. XV (Vol. II, pp. 295-312) est consacré à la Corée que le Rev. Williamson n'a jamais visitée et qu'il décrit d'après les renseignements qu'il a pu obtenir.

Le chap. XVI (Vol. II, pp. 312-392) est A Description of « Peking, By the Rev. Joseph Edkins, B. A., London University » (col. 214).

Appendix A (Vol. II, pp. 393-428) contient un « Journey of Mr. Oxenham from Peking to Hankow, through Central Chih-li, Honan, and the Han River ».

Appendix D contient : « List of Plants from Shan-Tung » — « List of Plants from North China and Mandchuria », collected by the Rev. A. Williamson.

Notices : *The Phoenix*, No. 4, 1870. — *Chinese Recorder*, III, pp. 194/196. — *Edinb. Review*, Oct. 1872. — *Shanghai Evening Courier*, Monday, 12 December 1870. Voir aussi le même journal, Tuesday, 7 Feb. 1870.

— Overland Trip from Kiu-kiang to Foochow. (*Chinese Recorder*, III, 1870, pp. 15, 37, 64.)

Voyage de MM. H. G. Hollingworth, A. K. Cunningham et F. M. Youd.

BARON VON RICHTHOFEN.

Letters to the *Shanghai General Chamber of Commerce*, sept brochures in-folio :

(DIVERS. — BARON VON RICHTHOFEN.)

— Letter from Baron Richthofen on the Province of Hunan. Printed at the « Shanghai Evening Courier » office 1870, pp. 12.

— Reprinted at the « Ching-foong » printing office, 1872.

Voir *Zeit. d. Ges. f. Erdk. zu Berlin*, 1870, No. 28, pp. 331/9.

Voir col. 298.

— Letter from Baron von Richthofen on the Province of Hupeh. Printed at the « Shanghai Evening Courier » office 1870, pp. 5.

— Printed by F. & C. Walsh... 1874.

Voir col. 297.

— No. III. Report by Baron von Richthofen on the Provinces of Honan and Shansi. Shanghai : Printed at the « North-China Herald » office 1870, pp. 25.

— Reprinted at the « Lee Nam » office, 1875.

Voir col. 236.

— No. IV. Letter by Baron von Richthofen on the Provinces of Chekiang and Nganhwei. Shanghai : Printed at the « North-China Herald » office, 1871, pp. 19.

Voir col. 247.

— No. V. Letter by Baron von Richthofen on the Regions of Nanking and Chinkiang. Shanghai : Printed at the « Evening Courier » office, 1871, pp. 19.

Voir col. 240.

— No. VI. Letter by Baron von Richthofen, from Si-ngan-fu, on the Rebellion in Kansu and Shensi. Shanghai : Printed at the office of the « North-China Herald ». 1872, pp. 6.

Voir col. 350.

— No. VII. Letter by Baron Richthofen on the Provinces of Chili, Shansi, Shensi, Sz'-chwan, with notes on Mongolia, Kansu, Yünnan and Kwei-chau. Shanghai : Printed at the « Ching-foong » Printing office, and at the office of the « North-China Herald », 1872, pp. 86 sans l'Appendice (3 pages).

— Voir *Petermann's Mitth.*, 1873, pp. 137/146, 216/224, 293/306.

— Voir sur les voyages de Richthofen des remarques du Prof. J. D. Whitney, Cambridge, dans le *Jour. of the Am. Or. Soc.*, Vol. X, No. 1, 1872, p. VIII.

— Baron Richthofen's Letters, 1870-1872. — Shanghai : Printed at the « North-China Herald » Office, s. d. [1900 ?], in-fol., pp. 149.

Réimpression des Lettres originales de Richthofen ; voir ci-dessus.

— Land Communication between Europe and China. By Baron Richthofen. (*The Geog. Mag.*, July 1st, 1874, pp. 144/6.)

Mémoire lu à la Soc. de Géog. de Berlin le 11 Avril 1874.

— Aus brieflichen Nachrichten des Freiherrn Ferdinand v. Richthofen. (*Zeit. der Ges. f. Erdk. zu Berlin*, VI. Bd., 1871, 2. Heft, pp. 151/8.)

— * Richthofen's Travels in China (E. Cunningham). (*Nation*, XVI, 282, 299, 314.) — (R. Pumpelly.) (*Ibid.*, XXVI, 231, 243.) — (*Nature*, XVI, 206.)

— Gedächtnisfeier für Ferdinand Freiherr von Richthofen. Ansprache des stellvertretenden Vorsitzenden G. Hellmann. Gedächtnisrede. Von E. von Drygalski. Mit Portrait. (*Z. Ges. E. Berlin*, 1905, pp. 673/697.)

— Ferdinand von Richthofen. Von Dr. E. Tiessen. (*Asien*, Nov. 1905, pp. 19/21.)

— Le Baron Ferdinand de Richthofen. Par A. de Lapparent. (*La Géographie*, 15 déc. 1905, pp. 424/6.)

— Ferdinand Freiherr von Richthofen. By E. G. Ravenstein. [Nécrologie.] (*Geogr. Journal*, XXVI, No. 6, Dec. 1905, pp. 679/682.)

— Baron Ferdinand de Richthofen. Nécrologie par Henri Cordier. (*T'oung Pao*, Déc. 1905, pp. 644/647.)

† 6 oct. 1905, à Berlin. — Voir col. 512-513.

— Journey from Tien tsin to Peking. By Fräulein Margaretha Weppner. Translated from the German by Dr. Dudgeon. (*Chinese Recorder*, III, 1870, pp. 178/181.)

— * The Antipodes and round the World. By Alice M. Frere. (Mrs. Godfrey Clerk.)

Notice : *Shanghai Evening Courier*, 26 Mars 1870.

— Séance publique de la Société impériale d'acclimatation 4 mars 1870. — Récits d'un Voyage en Chine par G. Eugène Simon, Consul de France en Chine. Extrait du *Bulletin de la Société impériale d'Acclimatisation* (Numéro de mars 1870). Paris, Imprimerie de E. Martinet, 1870, br. in-8, pp. 18.

Voir *N. C. Herald*, No. 691, Oct. 24, 1863.

— Récits d'un voyage en Chine, Par M. G. Eug. Simon. (*Bull. Soc. Zool. Acclim.*, IIe Sér., VII, 1870, pp. LVIII/LXXII.)

— Across America and Asia. Notes of a Five Years' Journey around the World, and of Residence in Arizona, Japan and China. By Raphael Pumpelly, Professor in Harvard University, and sometime Mining Engineer in the employ of the Chinese and Japanese Governments. New York, Holt & Williams, 1870, gr. in-8.

— — New York, Leypoldt & Holt, 1871, pet. in-8, pp. XVI-454.

Notice : *Atlantic Monthly*, XXV (1870), pp. 382/3. — Voir col. 511.

— Palladius, voir col. 1352-1353.

— Дорожныя замѣтки на пути отъ Пекина до Благовѣщенска, черезъ Маньчжурію, въ 1870 году. Архимандр. *Палладій*. (*Записки Имп. Русск. Геог. Общ.* 1871, T. IV, pp. 329/463.)

— St. Pétersbourg, 1872, in-8, pp. 130, carte.

Voir col. 1353.

— * Cardwell. Boat excursions in Central China. (*Illustr. Missionary News*, London, 1st Nov. 1871, pp. 124/5.)

Voir col. 249.

— * Overland through Asia, by Thomas W. Knox. London, Trübner, 1871.

Notice : *Shanghai Budget*, 6 Dec. 1871.

— De Pékin à Shanghai. — Souvenirs de Voyages par Eugène Buissonnet. Paris, Amyot, 1871, in-12, pp. xv-335.

Pub. à Fr. 3.50.

— Eugène Buissonnet. Nécrologie. (*La Géographie*, 15 Juillet 1902, p. 68.)

— Eugène Buissonnet. Nécrologie par H. C.[ordier.] (*T'oung Pao*, 2e Sér., III, No 4, Oct. 1902, p. 248.)

† à Saint-Vallier (Drôme), le 7 juin 1902, à 68 ans.

— Notes of a Walk through parts of Hupeh, Honan, Shansi, and Chihli in 1871. [By James Henderson, of Tientsin.]

Shanghai Evening Courier, puis dans le *Shanghai Budget*, 1871, Sept. 29 ; Oct. 4, 18, 25 ; Nov. 8, 15, 22, 29 ; Dec. 6, 28 — 1872, Jan. 11 & 18.

— Incidents of a Journey from Hankow to Szechuen. Reprinted from the « North-China Herald ». Br. in-8, pp. 20 à 2 col. S. l. n. d. [Shanghai].

— E. Plauchut. Le Tour du Monde en cent-vingt jours. (*Revue des Deux Mondes*, 1er et 15 Sept. 1871.)

Notice : *Shanghai Budget*, 1st Feb. 1872.

— Edmond Plauchut. Le Tour du Monde en 120 jours. — Un Naufrage aux Iles du Cap Vert. Paris, Lévy, 1873, in-18.

— Alexis Clerc, marin, jésuite et otage de la Commune. Fusillé à la Roquette, le 24 Mai 1871. — Simple biographie par le R. P. Charles Daniel de la Compagnie de Jésus. Paris, J. Albanel et Ed. Baltenweck, in-12, pp. IX-562.

Né à Paris, le 12 déc. 1819 ; Alexis Clerc, avait visité la Chine en qualité d'officier de marine.

— * H. Annerstedt. Bilder från fjerran länder.

Dans le Journal *Framtiden*. Stockholm, 1871. [H. A., officier de marine.]

— * Bernáth (G.), Kelet-ázsiai utazás. (Ost-Asiatische Reise.) Budapest, 1872, in-8, pp. 234.

— Iu-Chien-Tchou-Iom. — Trois entretiens illustrés sur la Chine donnés à Québec, Avril 1872 par le R. P. Vasseur, S. J. Miss. apostolique en Chine, Directeur de l'œuvre chinoise de St. Luc pour la Propagation de la Foi. In-4 à 2 col., pp. 56.

— Cte de Gabriac. Course humoristique autour du Monde. — Indes, Chine, Japon. — Illustrée de huit gravures sur bois. Paris, Lévy, 1872, in-8.

— Mers de Chine par Paul Brandat. Paris, Pichon, 1872, in-18, pp. 224.

Lettre à M. Frédéric Passy. — Che-fou. — Pei-ho. — En Mer. — Woo-song. — Hong-kong. — En Mer. — Saïgon. — Saïgon (1861). — Saïgon (1862). — Vinh-luong (1862). — Mithô (1862). — Insurrection. — Kernévès, etc.

Pub. à Fr. 2.50.

— * A. D. Carlisle. — Round the World in 1870, an account of a brief tour made through India, China, Japan, California and America. London, 1872, in-8.

Notice : *Shanghai Budget*, 25 May 1872.

— A. D. Carlisle. Autour du Monde. Inde, Chine, Japon, Californie, Amérique du Sud. Ouvrage traduit de l'anglais par Gabriel Marcel. Paris, Decaux, 1877, gr. in-18.

— * Dr. E. Bretschneider. Briefe eines Kurländers auf einer Reise nach Indien und China. (*Riga'sche Zeitung*, 1872, Feuilleton.)

— From Gotham to Cathay. Via the Great West. (*The China Review*, I, pp. 45/50, 105/110, 190/195, 256/260.)

Gotham = New-York.

— * A Seven Months' Trip, Up and Down and Around the World. By Hon. James Brooks, M. C. New York, D. Appleton & Co., 1872, in-12, pp. 375.

— * De Paris à Pékin, ou les Joies du Foyer, par A. C. Bouyer et E. Faucon. 1872, in-8.

Doudart de Lagrée. — Francis Garnier. — L. de Carné. — J. Dupuis, etc. — Voir col. 329-332.

— William H. Seward's Travels around the World, Edited by Olive Risley Seward. With numerous illustrations. New York : D. Appleton & Co., 1873, in-8, pp. XII-788.

I. United States, Canada, and Pacific Ocean. — II. Japan, China, and Cochin-China. — III. The Eastern Archipelago, Straits of Malacca and Ceylon. — IV. British India. — V. Egypt and Palestine. — VI. Europe.

Ouvrage criblé d'erreurs.

Notices : *Shanghai Budget*, 1873, 14 June & 5 July.

Baron de Hübner.

— Promenade autour du Monde 1871 par M. le Baron de Hübner, ancien Ambassadeur, ancien Ministre, auteur de Sixte-Quint. Paris, Hachette, 1873. 2 vol. in-8.

Vol. I. 1re Partie : Amérique ; 2e Partie : Japon.

Vol. II. 2e Partie : Japon (suite et fin) ; 3e Partie : Chine.

2e éd., 1873. — 4e éd., 1875.

Publié en allemand en 1874.

On en a fait une éd. en un vol. in-4, avec 318 gravures sur bois, Paris, Hachette.

Notices : *Le Temps*, par D. Bernard, 17 Mai 1874. — *The Athenaeum*, No. 2457, Nov. 28, 1874. — *Paris-Journal*, par L. Dommartin, 14 Mai 1873. — *Le Siècle*, par L. Jourdan, 10 Mai 1873. — *Journal des Débats*, par Cuvillier-Fleury, 4 Mai 1873. — *Revue générale*, par L. Arendt, Avril 1874. — *Le Correspondant*, par Xavier Marmier, 10 Juillet 1873. — *Journal des Savants*, par Caro, 1874, 1er Fév. et 2 Avril, pp. 159/173, 231/245. — *Missions Catholiques*, par l'abbé X. M., VII, 1875, pp. 105/107, 117/119, 130/132.

— A Ramble round the World, 1871. By M. Le Baron de Hübner, formerly ambassador and minister, and author of « Sixte Quint ». Translated by Lady Herbert. In two volumes. London : Macmillan and Co., 1874, in-8, pp. XI-463, 491.

— A Ramble round the World, 1871. By M. Le Baron de Hübner,

Formerly Ambassador and Minister, and author of « Sixte Quint ». Translated by Lady Herbert. London : Macmillan and Co. 1878, in-8, pp. XV-657.

— Ein Spaziergang um die Welt von Alexander Freiherrn von Hübner. Deutsche Ausgabe vom Verfasser. In zwei Bänden. Leipzig, T. O. Weigel. 1874, in-8, pp. 396, 433.

— Ein Spaziergang um die Welt von Alexander Freiherrn von Hübner, vorm. k. k. Österreichischen Botschafter in Paris und am päpstlichen Stuhle etc. etc. — Mit 317 Abbildungen und dem Porträt des Verfassers. Leipzig, Heinrich Schmidt & Carl Günther, 1882, gr. in-4, pp. 459 + 4 ff. prél. n. c.

— * Hübner. — Passeggiata intorno al mondo, 1871, trad. del prof. Michele Lessona. Torino, Unione tip., 1873, gr. in-8.

— Biblioteka Najnowszych Podróży. — VI. Przechadzka Naokoło Ziemi odbyta w roku 1871 przez Barona Hübnera... Przekład z Francuzkiego. Warszawa. Drukiem Józefa Ungra... 1874, 3 vol. in-8.

— Thomas-Anquetel — Aventures et Chasses dans l'Extrême-Orient — Première Partie *Hommes et Bêtes.* — Paris, Charpentier, 1874, pet. in-8, pp. LI-340.

— — Deuxième Partie *Le Sport de l'Eléphant.* — Ibid., 1875, pet. in-8, pp. 496.

— — Troisième Partie *La Chasse au Tigre.* — Ibid., 1876, pet. in-8, pp. 430 + 1 f. n. ch.

Notice : *Bull. Soc. Zool. Acclim.*, 1874, p. 664 ; 1875, pp. 275/6 ; 1876, pp. 656/7.

PRJEVALSKY. — Voir le chap. des *Relations russes*, MONGOLIE, etc.

— Meeting the Sun : a Journey all round the World, through Egypt, China, Japan, and California, including an account of the Marriage Ceremonies of the Emperor of China. By William Simpson, F. R. G. S.... London : Longmans, 1874, in-8, pp. XII-413.

Les chapitres XI-XXII sont consacrés à la Chine.

Notices : *Lond. & China Express*, Feb. 20, 1874. — *The Athenaeum*, No. 2418, Feb. 28, 1874.

— Voyage en Asie par Théodore Duret. Le Japon — la Chine — la Mongolie — Java — Ceylan — l'Inde. Paris, Michel Lévy frères, 1874, gr. in-18, pp. III-367. Prix 3 fr. 50 c.

La seconde partie, pp. 65-161, composée de onze chapitres est consacrée à la Chine et à la Mongolie. L'auteur était le compagnon de voyage de M. Henri Cernuschi.

— Teresina Peregrina ; or Fifty Thousand Miles of Travel round the World. By Thérèse Yelverton (Viscountess Avonmore). London, Richard Bentley, 1874, 2 vol. in-8.

Dans le premier volume, il y a quelques chapitres consacrés à la Chine : V. China. VI. Kin loong at Hongkong. VII. Canton : Chinese Interiors. VIII. Macao : New year's Day.

(BARON DE HÜBNER. — DIVERS.)

— Notes of a Journey outside the Great Wall of China. By S. W. Bushell, B. S. C., M. D., London University Scholar ; Physician to H. B. M. Legation, Peking. (*Proc. Roy. Geog. Soc.*, XVIII, 1874, pp. 149/168.)

Voir MONGOLIE.

— * P. Bocca. — L'Estremo Oriente. Impressioni di viaggio. Boscomarengo, tip. del Riformatorio dei Giovinetti, 1875, in-8.

— * E. K. Laird. — The Rambles of a Globe-Trotter in Australasia, Japan, China, Java, India and Cashmere. With Map and 40 illustrations. London, 1875, in-8.

— The Straits of Malacca Indo-China and China or Ten Years' Travels, Adventures and Residence abroad by J. Thomson, F. R. G. S. Author of « Illustrations of China and its people ». Illustrated with upwards of Sixty wood engravings by J. D. Cooper from the Author's own sketches and photographs. London, Sampson Low, Marston, Low & Searle. 1875, in-8, pp. XV-546.

Notices : *The Athenaeum*, No. 2459, Dec. 12, 1874. — *The Bookseller*, Christmas Number, 1874, pp. 34 et seq. — *Nature*, XI, 1874-5, pp. 207/8.

— Bibliothèque des Ecoles et des familles. — J. Thomson. L'Indo-Chine et la Chine. Récits de Voyages abrégés par H. Vattemare. Paris, Hachette, 1879, in-8, pp. 190 + 1 f. n. c. p. l. tab.

— — Deuxième édition. *Ibid.*, 1885, in-8, pp. 190 + 1 f. n. c. p. l. tab.

— Thomson's Malacca. By W. L. Distant. (*Nature*, XI, 1874-75, p. 248.)

— Ein Ausflug in Nord-China. (Von Dr. von Möllendorf.) (*Mitth. der Deutschen Ges. für Natur- und Völkerkunde Ostasiens*, Yokohama, Bd. I, 7. Heft, Juni 1875, pp. 17/20.)

— Letters from China & Japan. By L. D. S. Henry S. King & Co., London, 1875, pet. in-8, pp. VI-210.

L. D. S. = Mrs. H. G. Swainson.

— An Overland Tour from Foochow to Kiukiang. By Rev. F. Ohlinger. (*Chin. Recorder*, V, 1874, pp. 152/166.)

— The Eastern Seas, being a Narrative of the Voyage of H. M. S. « Dwarf » in China, Japan and Formosa, with a Description of the coast of Russian Tartary, and Eastern Siberia from Corea to the River Amur ; by Captain R. W. Bax, R. N., with map and illustrations. London, John Murray, 1875, in-8.

Notices : *The Athenaeum*, No. 2511, Dec. 11, 1875. — *Saturday Review*, 1875, p. 718. — *Nature*, XIII, 1875-6, p. 185.

SOSNOVSKY. — Voir *Relations russes*.

(DIVERS.)

—Aus den Reiseberichten S. M. Kbt. « Cyclop », Capt.-Lieutenant v. Reiche. (*Annalen der Hydrographie*, 1875, pp. 365, 392, 419; 1876, pp. 95, 149, 309, 500.)

— Aus den Reiseberichten S. M. S. « Ariadne », Capt. z. See Kühne. (*Ibid.*, 1876, pp. 175/181.)

— Meteorologische Beobachtungen an Bord S. M. S. « Ariadne », Capt. z. See Kühne, angestellt in den Monaten Juli bis October 1875 zu Tschifu (Chefoo), im Gelben Meer, zu Niuschwang, Nagasaki und Shanghai. (*Ibid.*, pp. 111/2.)

— Aus den Reiseberichten S. M. S. « Louise », Corv.-Capt. Ditmar. (*Ibid.*, pp. 59, 495.)

— Notes made on a tour through Shan-hsi and Shen-hsi. By Rev. C. Holcombe. (*Jour. N. C. Br. R. As. Soc.*, X, 1876, pp. 55/70.)

Le Rev. C. Holcombe avait pour compagnon de route le Rev. A. Smith qui a publié le récit de son voyage dans le *Celestial Empire*. Les articles de ce dernier ont été réunis sous le titre de : *Glimpses of Travel in the Middle Kingdom*, Shanghai, 1875, br. in-8.

— De Paris à Pékin par terre. Sibérie-Mongolie par Victor Meignan. — Ouvrage enrichi d'une carte et de quinze gravures dessinées par L. Breton d'après des croquis de l'auteur et des photographies. Paris, E. Plon, 1876, in-12, pp. x-394 + 1 f. n. c.

L'ouvrage a eu une seconde et une 3e éd., 1877.

— De Paris à Pékin par terre. (*Ann. de l'Ext. Orient*, 1882-1883, V, pp. 307/311.)

D'après Meignan.

— From Paris to Pekin over Siberian Snows. A Narrative of a Journey by sledge over the snows of European Russia and Siberia, by caravan through Mongolia, across the Gobi Desert and the Great Wall, and by mule palanquin through China to Pekin. By Victor Meignan, edited from the French by William Conn. With supplementary notes not contained in the original edition. With a Map and numerous illustrations from sketches by the author and others. London : W. Swan Sonnenschein and Co. 1885, in-8, pp. xix-428.

Notice : *Nature*, XXXIII, 1885-6, p. 218.

∴

— Journey through Hunan, Kweichow and Szechuen Provinces. By Chas. H. Judd. (*Chin. Rec.*, VIII, 1877, pp. 498/516.)

— The Way to Ichang. By G. (*The Far East*, Vol. III, No. I, pp. 1/4.)

— A travers la Chine par Léon Rousset, ancien professeur à l'Arsenal de Fou-tcheou, Membre de la Société de Géographie. Paris, Hachette, 1878, in-18, pp. 429 et 2 ff. prél. et 1 carte.

— Excursions autour du monde. Pékin et l'intérieur de la Chine par le Cte Julien de Rochechouart, Ministre plénipotentiaire. Ouvrage orné de gravures. Paris, E. Plon, 1878, in-18, pp. 355 et 1 f. table.

— Excursions autour du monde. Les Indes, la Birmanie, la Malaisie, le Japon et les Etats-Unis par le Cte Julien de Rochechouart, Ministre plénipotentiaire. Ouvrage orné de gravures. Paris, E. Plon, 1879, in-18, pp. III-282 et 1 f. table.

(Divers.)

— * Новѣйшія франц. сочиненія о Китаѣ. — 1. Pékin, par le Comte J. de Rochechouart, Paris, 1878 ; voir *Bib. Sinica*, col. 2139. — 2. Pékin, Yeddo, San Francisco, par le Comte de Beauvoir, Paris, 1884 ; voir *B. Sin.*, col. 2131. — 3. Le Fleuve Bleu, par G. de Bezaure, Paris, 1879 ; voir *B. Sin.*, col. 2140. — 4. Voyage en Chine de la *Bayonnaise*, par Jurien de la Gravière, Paris, 1872 ; voir *B. Sinica*, col. 2118/9. — Сборникъ геогр., топогр. и статистич. матеріаловъ по Азіи. Изд. воен.-учен. Комитета. Гл. Шт. Спб., 1884. Вып. 14 ; pp. 177-178.

Mejov, *Библіог. Азіи*, 1805.

— Sketches of Excursions to Chusan... By R. S. Gundry... 1876. [Voir col. 255.]

— Aus den Reiseberichten S. M. Kbt. « Nautilus », Corv.-Capt. Valois. 1) Segelanweisung für die Reise von Hongkong nach Pak-hoi, durch Anlaufen der Taya-Inseln. Von Corv.-Capt. Valois. 2) Beschreibung der Insel Guie-chow oder Why-chow mit der Bucht von Nam-wan. Von Capt.-Lieut. Claussen von Finck. 3) Bemerkungen über die Insel Guie-Chow (Tcheou-toune). Von Corv.-Capt. Valois. (*Ann. d. Hydrog.*, V, 1877, pp. 467/476.)

— * W. G. Palgrave. Three Cities. (*Cornhill Mag.*, March 1878.)

Hongkong, Canton, Macao.

— * Homeward ; or Travels in the Holy Land, China, India, Egypt and Europe. By J. M. W. Farnham, A. M. With numerous illustrations. Shanghai, 1878.

Notice : *China Review*, VII, p. 337.

— De Marseille à Shanghaï et Yedo. Récits d'une Parisienne par Mme Laure D. F. [Durand Fardel.] Avec une carte. Paris, Hachette, 1879, in-18, pp. III-436.

Notice : *Le Temps*, 23 Août 1879, par Jules Loiseleur. — La préf. de l'ouvrage est de Prosper Blanchemain.

— De Marseille à Shanghaï et Yedo. Récits d'une Parisienne par Mme Laure Durand-Fardel. Deuxième édition. — Avec une carte. Paris, Hachette, 1881, in-18, pp. XII-424.

— — Une 3e éd. a paru : Paris, Challamel, in-12.

— Le Fleuve Bleu. — Voyage dans la Chine occidentale par Gaston de Bezaure Interprète Chancelier en Chine. Ouvrage orné de gravures et d'une carte. Paris, E. Plon, 1879, in-12, pp. 312 et 1 f. table.

Notices : *Gazette du Midi*, Samedi, 7 Juin 1879, par H. Olive. — *Gazette de France*, 25 Mai 1879, par Armand de Pontmartin. — *Le Français*, 23 et 30 Avril 1879, par le Dr. Fabius. — *Ann. de l'Extr. Orient*, II, pp. 214/216.

— * La Chine chinoise, par Gaston de Bezaure.

No. 32 de la *Biblioth. ill. des Voyages autour du Monde*, Paris, Plon.

(Divers.)

— * Le Pays du Fleuve Bleu, par Gaston de Bezaure. Paris, Plon, 1899, in-8, pp. 32.

No. 66 de la *Biblioth. ill. des Voyages autour du Monde.*

— * Gastone di Bezaure. — La Cina Cinese. Milano, Sonzogno, 1899, in-8, pp. 32.

Biblioteca illustrata dei viaggi intorno al mondo per terra e per mare, No. 5.

— Auf dem « Blauen » Flusse. — Reise in das Westliche China. Von Gaston de Bezaure. — Autorisirte deutsche Uebersetzung von Th. Schwarz. Mit 5 Holzschnitt-Illustrationen und einer Karte in Lithographie. Leipzig, Paul Frohberg, 1880, in-8, pp. IV-132.

Voir col. 2140.

— * Reizen door Chinesche zee en het westelijk gedeelte van Noord-Pacific, en ondersoekingen aangaande winden, zeestroomingen enz. Sec. ed., grav. Utrecht, 1879, in-4, pp. 8-154.

Notice : *China Review*, IX, p. 119.

— A Journey round the World, in the years 1875-1876-1877. By the Venerable John Henry Gray, M. A., LL. D.,... Archdeacon of Hongkong. London : Harrison, 1879, in-8, pp. XV-612.

Notice : *Lond. & China Express*, 28 Mars 1879.

— The Flight of the *Lapwing*. A Naval officer's Jottings in China, Formosa and Japan. By the Hon. Henry Noel Shore, R. N. London : Longmans, 1881, in-8, pp. XV-549, grav. et carte.

— Notes and Sketches from the Wild Coasts of Nipon with Chapters on cruising after Pirates in Chinese Waters. By Captain H. C. St. John, R. N. Edinburgh : David Douglas, M DCCC LXXX, in-8, pp. XXIII-392.

Carte et gravures. — Voir col. 1902.

— An Itinerary of the Siberian overland Route. By James Acheson. (*China Review*, XII, pp. 455/468.)

— Across Europe and Asia, by John Milne. (*Trans. Asiatic Society Japan*, Vol. VII, Pt. I, Feb. 1879.)

— Mr. Hillier's Journey in North-China. (*Proc. R. Geog. Soc.*, N. S., Vol. I, 1879, pp. 517/519.)

Edward Colborne Baber.

— Voir col. 343.

Notices : *Jour. China Br. R. As. Soc.*, XXIV, N. S., No. 2, 1889/90, pp. 221/2. — *T'oung Pao*, I, 1890, p. 164 [par Henri Cordier].

.·.

— Piasetsky, voir *Relations russes*.

— A Journey Overland from Amoy to Hankow in 1879. By E. Fitzgerald Creagh. (*J. R. Geog. Soc.*, L, 1880, pp. 275/306, carte.)

— Mr. George King's Journey in Western China. (*Proc. R. Geog. Soc.*, N. S., Vol. II, 1880, pp. 188/9.)

— Un voyage en Chine. (*Ann. de l'Extr. Orient*, II, pp. 347/348.)

Voyage du Cap. Unterberger du Peiho au Yang tseu kiang.

— Journeys in the Interior of China. By G. James Morrison, C. E. (*Proc. R. Geog. Soc.*, N. S., Vol. II, 1880, pp. 145/166.)

Avec carte, p. 208.

— Gabriel James Morrison. By W. R. C. (*Geographical Journal*, XXV, No. 4, April 1905, pp. 466/7.)

Nécrologie ; † à Londres, 11 fév. 1905, à 64 ans.

— Hankow to Canton Overland. By G. James Morrison. (*N. C. Herald*, April 20, 1878, pp. 406/9.)

— Notes of Travel from Hankow to Kai-fung foo. By G. Clark. (*Ibid.*, 22 June 1878, pp. 647/8.)

— Notes of a Journey from Chinkiang to Tientsin. By G. James Morrison. (*Ibid.*, 29 June 1878, pp. 673/7.)

— Rejse i China, Japan og Indien. — Af V. Hoskiaer. Med 5 Kort. Kjøbenhavn, Wilhelm Priors Hof-Boghandel. 1880, in-8, pp. 415.

— William J. Gill, 1880. — Voir col. 342.

Béla Széchenyi.

— Die Wissenschaftlichen Ergebnisse der Reise des Grafen Béla Széchenyi in Ostasien 1877-1880. Erster Band. *Die Beobachtungen während der Reise.* Mit 175 Figuren, 10 Tafeln und einer geologischen Übersichtskarte. Nach dem im Jahre 1890 erschienenen ungarischen Originale. Wien, Ed. Hölzel, 1893, gr. in-8, pp. CCLIII-851 + 1 f. n. ch., carte.

— Count Széchenyi's Travels in Eastern Asia. By Baron F. von Richthofen. (*Geographical Journal*, III, April 1894, pp. 311/318.)

— — Zweiter Band. *Die Bearbeitung des gesammelten Materials.* Nach dem im Jahre 1896 erschienenen ungarischen Original. Mit sechs zinkographirten und siebzehn lithographirten Tafeln. Wien, Ed. Hölzel, 1898, gr. in-8, pp. XIII-780 + 2 ff. n. ch.

— — Dritter Band. *Die Bearbeitung des gesammelten Materials.* Nach dem im Jahre 1897 erschienenen ungarischen Original. Mit 14 lithographirten und 1 zinkographirten Tafel, 37 zinkographirten Figuren im Text und 7 Tabellen, ferner mit dem Generalindex zu dem ganzen Werke. Wien, Ed. Hölzel, 1899, gr. in-8, pp. VII-523.

— Im fernen Osten. Reisen des Grafen Béla Széchenyi in Indien, Japan, China, Tibet und Birma in den Jahren 1877-1880. Von Gustav Kreitner, k. k. Oberlieutenant und

Mitglied der Expedition. Mit zweihundert Original-Holzschnitten und drei Karten. Wien, 1881. Alfred Hölder, k.k. Hof- und Universitäts-Buchhändler, in-8, pp. VIII-1013.

Notice : *Nature*, XXVII, 1882-3, pp. 170/2, par A. H. Keane.

Gustav Kreitner, né à Odrau (Silésie autrichienne), 2 août 1843 ; † 21 nov. 1893 ; consul d'Autriche à Chang-haï, 1883 ; consul à Yokohama, 1884. — Notices : *T'oung Pao*, No. 1, 1894, par G. S.[chlegel.]

— Langt Mod Øst. Rejseskildringer fra Indien, Kina, Japan, Tibet og Birma, af G. Kreitner. Deltager i Grev Béla Széchenyis Expedition i Aarene 1877-80. Med 194 Illustrationer og i Kort. Forlagsbureauet i Kjøbenhavn. (O. H. Delbanco. G. E. C. Gad. F. Hegel. C. C. Lose.) 1882, in-8, pp. 851.

— Die Reise des Grafen Széchenyi in China. Vortrag von Prof. L. von Lóczy aus Budapest. (*Cte. rendu Ve Cong. inter. Sc. géog.*, Berne — 1891, pp. 397/408.)

— Eene Reis om de Wereld in vier honderd en tachtig dagen door G.Verschuur. Haarlem, H.D.Tjeenk Willink, 1882, in-8, pp. VII-424.

— * Pioneering in the Far East, and Journeyings to California in 1849, and the White Sea in 1878. By Ludwig Verner Helms. Illustrations. London : Allen and Co., 1882.

Notice : *Nature*, XXVI, 1882, p. 476.

Cambodge, Siam, Chine et Japon.

— A Cruise in Chinese Waters. Being the Log of « The Fortuna », containing tales of adventure in foreign climes by land and sea. By Captain Augustus F. Lindley, author of « Ti-ping-tien-kwoh', the History of the Ti-ping revolution », &c. &c. Fourth edition. Cassell, Petter, Galpin & Co. : London, Paris & New-York, in-8, pp. 256 [1882].

— Aus den Reiseberichten S. M. S. « Hertha », Kapt. z. See von Kall. 1) Bemerkungen über die Ansegelung von Apia. 2) Wind- und Stromverhältnisse während der Reise von Apia nach Yokohama (Mai und Juni 1881). 3) Die Wusung-Barre. 4) Reise von Amoy nach Foochow (Dezember 1881). 5) Segelanweisung für die Route von Ping-hai nach Hai-Head und für die Einfahrt in den Min-Fluss. 6) Reise von Foochow nach Nagasaki (Dez. 1881 bis Jan. 1882). (*Ann. d. Hydrog.*, X, 1882, pp. 290/5.)

— * Reise S. M. S. *Stosch* nach China und Japan 1881-83. Herausgegeben von Riemer. Bd. I. See- und Schiffsbilder. 58 Photog. mit erklär. Text.

— Francis Garnier. De Paris au Tibet, notes de voyage. Ouvrage contenant 40 gravures et une carte. — La Méditerranée, Suez — la Mer rouge, Aden, la Cochinchine française, Saigon, la côte orientale de la Chine, Shanghai — la Chine du Nord, Pekin — la Chine centrale, le Yang-tse — le lac Tong-ting — le Yuen kiang, le Wou-kiang — Tchong-kin-fou. — Retour à Saigon — départ pour le Tong-king. Paris, librairie Hachette et Cie, 1882, pet. in-8, pp. XLIII-422.

L'article de Garnier, *Le Rôle de la France en Chine*, voir FRANCE, *Rel. ét.*, est réimp. à la fin de ce vol., pp. 365 et seq. — La notice en tête du vol. est de Léon Garnier, frère de Francis.

— Giappone e Siberia. Note di Viaggio del conte Luchino dal Verme Ten^te^. Colonnello di Stato Maggiore con una carta geographica della Siberia. Milano, Ulrico Hoepli, 1882, in-8, pp. IX-552.

— Giappone e Siberia. Note d' un Viaggio nell' Estremo Oriente al seguito di S. A. R. il Duca di Genova del Conte Luchino dal Verme, colonnello di stato maggiore. — Opera illustrata da 229 incisioni e 12 carte. Milano, Treves, 1885, gr. in-4, pp. 487 + 4 ff. prél. n. c.

— Le « Note di Viaggio » del conte dal L. dal Verme. (*Bol. Soc. geog. Ital.*, 1885, pp. 776/8.)

— Luchino dal Verme — Cina e Giappone nello scorcio del secolo XIX (Estr. « N. Ant. » 1898) — Roma, Forzani, in-8, pp. 59.

— Eine Weltumsegelung. Reise der Corvette « Erzherzog Friedrich » in den Jahren 1874 bis 1876. — Von Josef Ritter von Lehnert, k. k. Linienschiffs-Lieutenant. Mit 7 Original-Illustrationen und einer Karte. Wien, 1882, Alfred Hölder, pet. in-8, pp. 161 + 1 f. n. c.

— Journal of a Lady's Travels round the World. By F. D. Bridges... With Illustrations from Sketches by the Author. London, John Murray, 1883, in-8, pp. XI + 1 f. n. c. + pp. 413.

... Burmah... Rangoon... Canton... Japon... Pekin, etc.

— Gaspar, Editores. — Los Paises del extremo Oriente por el Excmo. Sr. D. Juan Manuel Pereira, Enviado extraordinario y Ministro Plenipotenciario que fué de España en el Imperio de la China y en los reinos de Annam y de Siam — Obra adornada con profusion de grabados que representan tipos, costumbres, personajes y edificios de los paises recorridos por el autor y reproducidos con arreglo à fotografias sacadas en los mismos sitios visitados Por D. Enrique Alba Gaspar, editores Madrid, 1883, in-4, pp. 235 à 2 col. + 3 ff. n. c.

— A. Hosie. — Voir col. 353.

Notices : *China Review*, XIX, No. 6, pp. 400/402. By N. N. — *Nature*, XLIII, 1890-1, pp. 290/2.

— *China*. No. 5 (1904). — Report by Consul-General Hosie on the Province of Ssŭ-ch'uan. [With two Maps.] — *Presented to both Houses of Parliament by Command of His Majesty*, October 1904. — London : Printed by Harrison and Sons. [Cd. 2247.] Price 1*s*. 10*d*. In-fol., pp. 101.

— Mr. Hosie's Journey in Western China. (*Geog. Jour.*, Oct. 1905, p. 452.) [*China*. No. 1 (1905).]

Mrs. J. F. Bishop.

Voir col. 106.

— The Golden Chersonese and the Way thither. By Isabella L. Bird (Mrs. Bishop)... With Map and Illustrations. London, John Murray, 1883, in-8, pp. xvi + 1 f. n. ch. + pp. 384.

— The Yang tze Valley and Beyond. — Voir col. 355.

— Mrs. Bishop's travels in China. (*Geog. Journ.*, XV, Feb. 1900, pp. 149/150.)

— Mrs. Bishop. (*Ibid.*, Nov. 1904, pp. 596/8.)

Miss Isabella Lucy Bird, fille du Rev. Edward Bird, Recteur de Tattenhall, Cheshire ; épouse en 1881 Dr. John Bishop, d'Edimbourg ; † dans cette ville, le 7 Oct. 1904, à 71 ans.

∴

— Fragmens d'un voyage dans l'intérieur de la Chine. Par C. Imbault-Huart, Interprète du Gouvernement Français. (*Journ. N. C. B. R. A. S.*, N. S., XVIII, 1883, Art. IV, pp. 55/139) :

I. — Excursion à la ville de Sou-tchéou, capitale de la province du Kiang-sou, pp. 55/99.

II. — Les environs de Sou-tchéou, pp. 100/139.

— Von Californien bis zur Chinesischen Mauer. — Aus dem Reisetagebuche eines Wieners von H. D. Schmid. Wien, Druck und Verlag von L. W. Seidel & Sohn, 1883, in-8, pp. 222.

— De Paris au Japon à travers la Sibérie, voyage exécuté du 6 mai au 7 août 1881 par Edmond Cotteau... Contenant 28 gravures et 3 cartes. Paris, Hachette, 1883, in-18, pp. 450.

— Un touriste dans l'Extrême Orient, Japon, Chine, Indo-Chine et Tonkin (4 août 1881-24 janvier 1882) par Edmond Cotteau... Contenant 38 gravures et 3 cartes. Paris, Hachette, 1884, in-18, pp. 448.

(Divers.)

— Quatre semaines sur la côte de Chine. Notes d'un touriste par Arthur de Claparède. — Genève, Imprimerie Charles Schuchardt, 1884, in-12, pp. 100.

Tiré à 50 exemplaires.

— A travers le Monde — De ci de là par Arthur de Claparède, Docteur en Droit, Ancien Secrétaire du Département politique (Affaires étrangères) de Suisse, Président de la Société de Géographie de Genève, etc. — Genève, Georg et Cie. — Paris, Librairie Fischbacher. 1894, in-12, pp. x-419.

— Old Highways in China. By Isabelle Williamson of Chefoo, North China. The Religious Tract Society, 1884, in-8, pp. 227.

— Talofa. Letters from foreign parts by C. E. Baxter. London : Sampson Low, Marston, Searle & Rivington, 1884, pet. in-8, pp. 195.

China. — Australia, New-Zealand, and the Pacific. — Egypt.

— Von Hankau nach Su tschou. Reisen im mittlern und westlichen China 1879-81. Von Hermann Michaelis. — Mit drei Karten und zwölf Skizzen im Text. (Ergänzungsheft No. 91 zu « Petermanns Mitteilungen ».) Gotha : Justus Perthes. 1888, in-4, pp. 58, 3 cartes.

Notice : *Lond. & China Express*, Dec. 7, 1888.

Michaelis avait été engagé par le Vice-roi Tso Tsong-tang pour étudier les richesses minérales du Kansou, et l'or en particulier.

— * Francesco Saverio Rondina. — Viaggio nell' India e nella Cina. Flora, Fauna, Costumi e Avventure. Prato, Giachetti, 1884, 2 vol. in-16.

— Souvenirs de notre Tour du monde par Hugues Krafft. — Ouvrage illustré de 24 phototypies et contenant 5 cartes. Paris, Librairie Hachette et Cie — 1885. Droits de propriété et de traduction réservés, gr. in-8, 3 ff. prél. p. le tit., f. tit., et préf. + pp. 399.

50 ex. ont été imprimés sur papier du Japon.

— English Life in China. By Major Henry Knollys Royal Artillery... London, Smith, Elder & Co., 1885, in-8, pp. ix-333.

— * Eine Weltreise. Plaudereien aus einer Zweijährigen Erdumsegelung von Dr. Hans Meyer. Leipzig, Verlag des Bibliographischen Instituts, 1885.

Notice : *Nature*, XXXI, 1884-5, pp. 502/3.

— A. Salles. — A bord de l'*Eclaireur* en escadre de l'Extrême-Orient (Novembre 1884-Octobre 1885). Extrait de l'*Annu-*

(Divers.)

aire du Club Alpin Français, 12e volume. — 1885. Paris, typ. Georges Chamerot, 1886, pp. 40.

Avait paru dans l'*Annuaire du Club Alpin Français*, XIIe année, pp. 298/385 ; signé A. Salles, Aide commissaire de la Marine.

— Ling-nam or interior views of Southern China including explorations in the hitherto untraversed island of Hainan by B. C. Henry, A. M. author of « the Cross and the Dragon ». London, S.W. Partridge and Co. 1886, in-8, pp. 511.

Notice : *Nature*, XXXIV, 1886, pp. 591/3.

— Wanderings in China by C. F. Gordon Cumming... With illustrations. In two volumes. William Blackwood and Sons, Edinburgh and London, MDCCCLXXXVI, 2 vol. in-8, pp. VI + 1 f. n. c. + pp. 382, VI + 1 f. n. c. + pp. 370.

— Some eventful voyages. By C. F. Gordon Cumming. (*Blackwood's Mag.*, CXLVII, March 1890, pp. 372/383.)

— * J. Henningsen. Det Himmelske Rige. Skitser fra China. Kjøbenhavn, 1887, gr. in-8.

Voir col. 1842.

— * Извлеченіе изъ датскаго соч. мандарина *Хеннинісена.* « Небсная Имперія. » (*Сборникъ геогр., топогр. и статист. Матеріаловъ по Азіи Изд. воен.-учен. Комитета Гл. Шт. Спб.* 1884. Вып. 26, pp. 32/41.)

Mcjov, 1807.

— Exploration in Southern and South-Western China. By Archibald R. Colquhoun, C. E. (*Roy. Geog. Soc., Supplementary Papers,* Vol. II, Part I, 1887, pp. 1/40.)

Avec carte, p. 126.

1. Wuchau to Pe-sê. — 2. Pe-sê to Ssŭ-mao. — 3. Ssŭ-mao to Ta li.

Voir col. 345-6.

— Potanin's Journey in North-Western China and Eastern Tibet. (*Proc. R. Geog. Soc.*, N. S., Vol. IX, 1887, pp. 233/235.)

Voir col. 355.

— Potanins letzte Reise in West-China und im osttibetanischen Grenzgebiete im Jahre 1893. Mit Anmerkungen von Dr. E. Bretschneider. (*Petermanns Mitt.*, 1900, pp. 12/18, carte.)

— De Shanghaï à Peking. (Souvenirs de voyage.) Par L. H. Courvoisier-Guinand. (*Bul. Soc. neuchâteloise de Géographie*, III, 1887, pp. 15/34.)

— De Shanghai à Péking. Souvenirs de voyage. Par L.-H. Courvoisier-Guinand. (*Bul. de l'Ass. des anciens élèves de l'école sup. de commerce et de tissage de Lyon*, No. 28, janvier 1888, pp. 81/92.)

— Ulysses or Scenes and Studies in Many Lands by W. Gifford Palgrave, H. M. Minister Resident in Uruguay... London, Macmillan, 1887, in-8, 3 ff. n. c. + pp. 385 :

...

Phra-Bat, pp. 169/199. [Siam, Buddha.] — The Three Cities, pp. 200/216. [Hongkong, Canton, Macao.] — Avait paru dans *Cornhill Mag.*, March 1878. — Kioto, pp. 217/245. — Avait paru dans la *Fortnightly Review*, Dec. 1881....

— China. Travels and investigations in the « Middle Kingdom ». A Study of its civilization and possibilities with a glance at Japan by James Harrison Wilson, late Major-General United States Volunteers, and Brevet Major-General United States Army. New York, D. Appleton, 1887, in-12, pp. xx-376. Carte.

— China. Travels and investigations in the « Middle Kingdom ». A Study of its civilization and possibilities with a glance at Japan by James Harrison Wilson, late Major-General United States Volunteers, and Brevet Major-General United States Army. New York, D. Appleton, 1888, in-12, pp. xx-376.

Notice : *The London and China Telegraph*, Febr. 20, 1888.

— Around the World on a Bicycle by Thomas Stevens. From San Francisco to Teheran. With over one hundred Illustrations. London, Sampson Low, 1887, in-8, pp. XVII-547.

Rien de la Chine.

Notice : *Lond. & China Express*, Dec. 28, 1888.

— De Chang-hai à Brindisi par Calcutta et Aden par Dr. Anger. (*Revue française*, V, févr. 1887 ; VI, août 1887 ; X, 1er nov. 1889, 15 nov. 1889.)

— Through the Yang-tse Gorges or Trade and Travel in Western China by Archibald John Little, F. R. G. S. London, Sampson Low, 1888, in-8, pp. xv-368.

Voir col. 124.

Notice : *Nature*, XXXVII, 1887-8, p. 556.

— Between two Capitals. By Archibald Little. (*N. C. Herald*, 1904, sept. 23, pp. 701/4, 722/4 ; sept. 30, pp. 760/2.)

— Turbans and Tails ; or, Sketches in the Unromantic East. By Alfred J. Bamford, B. A. London : Sampson Low, Marston, Searle, & Rivington, 1888, pet. in-8, pp. VI-322.

Notice : *Chin. Rec.*, XIX, pp. 388/9. By J. N. B. S.

— Bericht über seine erste Reise von Amoy nach Kiu-kiang. Von Dr. Merz. (*Zeit. Ges. Erdk. Berlin*, XXIII, 1888, pp. 401/418.)

— A Visit to T'ai Shan 泰山. By Rev. Paul D. Bergen. (*Chin. Rec.*, XIX, No. 12, Dec. 1888, pp. 541/546.)

— A Trip round the World in 1887-8, by W. S. Caine, M. P. Illustrated by John Pedder, H. Sheppard Dale, Geo. Bickham, and the Author. London, George Routledge, 1888, in-8, pp. XXIV-398 + 1 f. n. c.

... Yokohama — Nikko — Japan — Hongkong — Singapore...

— China. — Skizzen von Land und Leuten mit besonderer Berücksichtigung kommerzieller Verhältnisse. Von A. H. Exner, vormaligem Delegierten der deutschen Bank im deutschen Eisenbahn-Konsortium für China. Mit einem Portrait in Stahlstich, 6 in lithographischem Farbendruck ausgeführten Bildern, 17 autotypischen Illustrationen, einem Plane der Stadt Peking, usw. Leipzig, T. O. Weigel Nachfolger (Chr.) Herm. Tauchnitz. 1889, in-8, pp. VIII + 1 f. n. c. + pp. 298.

— Voyage en Chine. Conférence faite devant la Société, le 23 Novembre 1889, par M. le Général Tcheng-ki-tong. (*Bul. Soc. Géog. commerciale du Hâvre*, 1889, pp. 326/347.)

— Notes of my Journey round the World by Evelyn Cecil, B. A. With fifteen full-page Illustrations. London, Longmans, 1889, in-8, pp. VI + 1 f. n. c. + pp. 207.

... Japan — Hongkong — Singapore — Java...

— Report of a journey overland from St. Petersburg to Peking. By P. E. O'Brien-Butler. (*China Review*, XVII, No. 2, pp. 83/105.)

— The Land of the Dragon. My boating and shooting excursions to the Gorges of the Upper Yangtze. By William Spencer Percival, H. B. M.'s Civil Service, China. With Map of the Author's Route. London: Hurst and Blackett, 1889, in-8, pp. VII-338.

— Notes of Travel from Shanghai to St. Petersburg. By J. M. Molesworth, C. E. (*Jour. Manchester Geog. Soc.*, V, 1889, pp. 36/58.)

— * W. H. Barneby. — The New Far West and the Old Far East, being Notes of a Tour in China, Japan, Ceylon, and North America. Maps and illustrations. London, 1889, in-8.

— Auf gebahnten Pfaden im fernen Osten. Auf dem Jangtsekiang von Schanghai bis Hankau. Von Jobst von Gundlach. (*Globus*, LVII, 1890, pp. 129/136, 147/153.)

— De Yokohama à Pékin, par L. B. (*Mém. Soc. Bourguig. Géog.*, 1890, pp. 133/161.)

— La Chine par M. Geo. Andelsman, voyageur ottoman. (*Bull. Soc. roy. Géogr. Anvers*, XIV, 1890-91, pp. 151/166.)

— From Tongking to Canton. (*Nature*, XLIII, 1890-91, pp. 403/404.)

A propos du voyage de Mr. A. R. Agassiz en 1890.

— Briefe aus dem Fernen Osten von E. Haffter. — Vierte Auflage. Mit dem Porträt des Autors. Frauenfeld, J. Hubers Verlag, 1890, pet. in-8, pp. VIII-312.

Lettres adressées à la *Thurgauer Zeitung*.

— Up the Yangtse. — By E. H. Parker. — (Reprinted from the « China Review ».) — With Sketch Maps. Hongkong. Printed at the « China Mail » Office. 1891, in-8, pp. 308-VI.

(DIVERS.)

Contents : The Yang-tse Gorges and Rapids in Hu-pei. — The Rapids of the Upper Yang-tse. — A Journey in North Sz Ch'uan. — Nan-Ch'uan and the Kung-t'an River. — Up the Kia-ling River. — The Great Salt Wells. — North Kwei Chou. — The Wilds of Hu-peh. — Sz Ch'uan Plants. — Index.

— Up the Yang-tse. — By E. H. Parker, H. B. M. Consul, Hoihow. With Sketch Maps. Shanghai : Kelly & Walsh, 1899, in-8, tit. + 2 ff. + pp. 308-VI, 8 cartes.

— New China and old Personal recollections and observations of thirty years by the Ven. Arthur E. Moule, B. D. C. M. S. missionary in Ningpo, Hangchow, and Shanghai, and Archdeacon in Mid China. With thirty-one Illustrations. London, Seeley and Co. 1891, pet. in-8, pp. XII-312.

Voir *Chin. Rec.*, XXIII, Aug. 1892, pp. 367/369. — Cf. col. 1319.

— China. — Imperial Maritime Customs. — II. — Special Series : No. 17. — ICHANG to CHUNGKING : 1890. — Published by order of the Inspector General of Customs... Shanghai, 1892, in-4, pp. 46.

Voyage de H. E. Hobson, par bateau, et de A. E. von Rosthorn, par terre. — Voir col. 354.

— From Ichang to Chungking by Land. (*N. C. Herald*, May 19, 1893, pp. 722/5.)

— To the Snows of Tibet through China. By A. E. Pratt, F. R. G. S. Gill Memorialist, 1891. With Illustrations and a Map. London, Longmans, Green and Co., 1892, in-8, pp. XVIII-268.

« Mr. Pratt conceived the bold plan of taking his wife and family with him up the Yangtse River and leaving them in the westernmost treaty port of Ichang, while he penetrated for an indefinite period into the byways of Western China and Tibet. At Ichang, which is 1100 miles up the river, he procured a boat in which a large part of the year 1887 was spent in the pursuit of birds, insects, plants, and fishes. Then, leaving his family, he went to Chung-Yang in order to collect specimens in the mountain forests there, and constructed a house for the accommodation of himself and collections. Here he stayed several months, at some risk from the natives, who tried to boycott him, and who threatened to beat him if he did not go away. The remainder of 1888 was spent in expeditions on the Yangtse and in building a house-boat for an ascent of the river towards Tibet. Then, after despatching his wife and family down the river *en route* for home, he started away up the famous gorges. The navigation is risky, but Chung-King was safely reached at last. At Kia-Ting-Fu the boat was left in charge of a trustworthy Chinese, and, adopting the Chinese dress, Mr. Pratt and his assistant started overland towards Tibet — reversing the routes usually taken. Away up in the remote city of Tatsien-lu, where the population is a mixture of all the nations of Asia, Tibetan predominating, he found an American, attached to the Legation at Pekin, who had been exploring the Tibetan boundary. He found also, and was much indebted to, French missionaries, of whom he speaks in terms of strong commendation. A stay of some time was made at this interesting town, as a centre for sport, collecting, and exploring. He returned to Ichang at the end of the year, and then made a second journey into Tibet in 1890. On this occasion he met Prince Henri of Orleans and M. Bonvalot, who had just crossed Tibet from Kuldja on their way to Tonquin. The object of the journey being mainly scientific, Mr. Pratt gives the following details in an Appendix. — CONTENTS. 1. List of Birds collected in China by A. E. Pratt. — 2. List of the Species of Reptiles and Fishes collected by Mr. A. E. Pratt on the Upper Yang-tze-kiang and in the province Sze-chuen, with description of the new species. By Albert Günther, M. A. M. D. Ph. D. F. R. S. — 3. List of Lepidoptera collected by the Author at Kiu-kiang. Extracts from a Paper by J. H. Leech, Esq. B. A. F. L. S. &c. Trans. Ent. Soc. Lond. March 1889. » — (Longman's *Notes on Books*, May 31, 1892.)

— A Journey in South-West China. (*Nature*, XLIII, 1890-91, pp. 570/571.)

(DIVERS.)

A propos de l'ouvrage de Mr. A. E. Pratt : *Two Journeys to Ta-tsien-lu on the Eastern borders of Tibet.*

Voir col. 481.

— Mr. Pratt and His Travels in China. Ten Thousand Miles in Four Years. By P. D. Kenny. (*The Wide World Mag.*, V, Oct. 1900-March 1901, pp. 322/7, 492/7.)

— Voyage autour du Monde. Inde et Ceylan — Chine et Japon 1887 — 1890 — 1891. Texte et dessins par M. Albert Tissandier... 88 gravures et 24 planches. Paris, G. Masson, MDCCCXCII, gr. in-4, pp. VIII-298.

— A Winter in North China by the Rev. T. M. Morris of Ipswich... with an Introduction by the Rev. Richard Glover, D. D. of Bristol. With a Map. Fleming H. Revell Co., New York [and] Chicago, 1892, pet. in-8, pp. 256.

— Lieutenant-Colonel Bouinais de l'Infanterie de Marine. — De Hanoï à Pékin. — Notes sur la Chine avec une préface de M. A. Rambaud, professeur à la Faculté des Lettres de Paris. Berger-Levrault et Cie, éditeurs Paris & Nancy, 1892, pet. in-8, pp. xlv-376.

— Souvenirs d'un voyage de Hanoi à Pékin en 1887. Par A. Bouinais. (*Bul. Soc. normande Géog.*, X, 1888, pp. 410/438; XI, 1889, pp. 29/47, 86/128.)

— * Harry de Windt. — From Pekin to Calais by Land. Second Edition. Illust. and Maps. London, Chapman & Hall, 1892, gr. in-8, pp. 365.

First ed., 1889.

— Un Voyage au Yunnan par Le Dr Louis Pichon (de Shanghaï). — Avec une carte. Paris, librairie Plon. — 1893, in-12, pp. VII-286.

Il a paru une deuxième éd. la même année.

— Le Yunnan, par le Dr. Louis Pichon.

No. 72 de la *Biblioth. ill. des Voyages autour du Monde*, Paris, Plon.

— Lodovico Nocentini. — Nell' Asia Orientale. Impressioni e Note di Viaggio. Firenze, Successori Le Monnier, 1894, in-8, pp. 312 + 1 f. n. ch. p. l. tab.

Eliza Ruhamah Scidmore.

— Westward to the Far East A Guide to the principal Cities of China and Japan with a Note on Korea. By Eliza Ruhamah Scidmore. — Fourth Edition. — Issued by The Canadian Pacific Railway Company. 1893, in-8, pp. 76, carte.

— Westward to the Far East by Eliza Ruhamah Scidmore. Tenth Edition. Issued by the Canadian Pacific Railway Co. 1902, in-8, pp. 61.

— Eliza Ruhamah Scidmore. — Cruising up the Yangtsze. (*Century Mag.*, Sept. 1899, pp. 668/679.)

— China The Long-Lived Empire By Eliza Ruhamah Scidmore... London, Macmillan, 1900, in-8, pp. xv-466.

Notices : *Lond. & China Express*, Aug. 31, 1900. — *T'oung Pao*, Oct. 1900, pp. 359/361, par Henri Cordier.

∴

— Von Hongkong nach San Francisco. Von W. v. Malein. (*Deutsche Rund. f. Geog. u. Stat.*, XVI, 1893-1894, pp. 108/117, 165/173, 213/221.)

— From the Arctic Ocean to the Yellow Sea. The Narrative of a Journey in 1890 and 1891, across Siberia, Mongolia, the Gobi Desert, and North China. By Julius M. Price, F.R.G.S., Special Artist of the «Illustrated London News». With one hundred and forty-two illustrations from Sketches by the Author. New and cheaper edition. London : Sampson Low, 1893, in-8, pp. XIII-XXIV-384.

— Exposé d'une communication sur Tientsin — Peking. — La grande muraille de Chine. — Résidence impériale de Djehol (Mongolie intérieure). — Les tombeaux des Mings. — La passe de Nan-Koou — faite à la Société de Géographie de Genève le 6 Janvier 1893 par Alfred Bertrand, Membre de la Société de Géographie de Genève, Membre de la Société royale de Géographie de Londres, Membre de la Société de Géographie de Paris. — Souvenirs de Voyage. — Genève, Imprimerie Aubert Schuchardt 1893, br. in-8, pp. 32.

Extrait du *Globe*, Journal géographique, Organe de la Société de Géographie de Genève, Tome XXXII, fév. 1893, pp. 79/108.

— Voyage d'un Missionnaire de Paris au Su-tchuen oriental (Chine) par L'abbé J.-M. Serre des Missions étrangères Avec Introduction, Sommaires, Notes et Épilogue par L'abbé Lesmarie Chanoine honoraire de Saint-Flour. Deuxième édition. Tours, Alfred Cattier, 1893, gr. in-8, pp. 352.

Voir col. 354.

— D.-V. Poutiata. — Expeditsiia v Khingan 1891 g. *Opisanie pouti sliédovaniia.* St. Pétersbourg, 1893, in-8, pp. 67.

Carte 20 verstes = 1 pouce : 1/840.000. — Voir col. 103.

— Le Monde pittoresque et monumental — L'Extrême Orient par Paul Bonnetain — Ouvrage illustré de nombreux dessins d'après nature et accompagné de trois cartes dressées d'après les monuments les plus récents. Paris, Quantin, s. d. [1887], in-4, pp. 613.

— Um die Erde. — Eine Reisebeschreibung von Dr. J. Hirschberg, a. o. Prof. a. d. Univ. zu Berlin. — Leipzig. Verlag von Georg Thieme, 1894, in-8, 4 ff. n. c. p. l. tit., &c. + pp. 531.

— Sporting Notes in the Far East. By Lieutenant C. Cradock, Royal Navy. With Illustrations and Maps. London, Griffith Farran, s.d. [1889], in-8, pp. v + 1 f. n. ch. + pp. 213.

— China to Peru over the Andes A Journey through South America by Mrs. Howard Vincent... With Reports and Letters on British Interests in Brazil, Argentina, Chili, Peru, Panama and Venezuela. By Col. Howard Vincent, C. B., M. P. With Numerous Illustrations. London, Sampson Low, 1894, in-8, pp. x + 1 f. n. ch. + pp. 333.

En réalité, il n'y a rien sur la Chine.

— Newfoundland to Cochin China by the Golden Wave, New Nippon, and the Forbidden City by Mrs. Howard Vincent... With Reports on British Trade and Interests in Canada, Japan, and China By Col. Howard Vincent, C. B., M. P. With numerous Illustrations. London, Sampson Low, 1892, in-8, pp. xii-374.

— De Pékin à Paris. Par M. Charles Vapereau. (*Le Tour du Monde*, 1894, LXVII, pp. 177, 193, 209, 225, 241, 257; LXVIII, pp. 193, 209, 225.)

— Vingt-huit jours en Chine. Par Félix Régamey. (*Revue bleue*, 13 oct. 1894, pp. 449/456; 20 oct. 1894, pp. 496/499; 3 nov. 1894, pp. 559/563, 596/599.)

V. A. Obroutchev.

— Краткій геологическій очеркъ караваннаго пути отъ Кяхты до Калгана. — В. А. Обручева. (*Извѣстія имп. рус. геог. общества*, XXIX, 1893, pp. 347/390.)

— Краткій геологическій очеркъ пути отъ Фынъ-чжоу-фу до Ланъ-чжоу. — В. А. Обручева. (*Ibid.*, pp. 391/407.)

— Aus China. — Reiseerlebnisse, Natur- und Völkerbilder Von W. Obrutschew... Leipzig, Duncker & Humblot, 1896, 2 vol. in-8, pp. vii-262, viii-235, carte.

— Obrutschews Reise von Peking nach Ordos. Von H. H. (*Globus*, LXV, 1894, No. 2, pp. 37/8.)

— Geographische Skizze von Centralasien und seiner südlichen Umrandung. Von W. Obrutschew. (*Geog. Zeitschft.*, I, 1895, pp. 257/285.)

— Изданіе Императорскаго Русскаго Географическаго Общества. Подъ редакціей проф. И. В. Мушкетова. — Центральная Азія, Сѣверный Китай и Нань-шань. — Отчетъ о Путешествіи, совершенномъ по порученію Импер. Русс. Геог. Общества въ 1892-94 годахъ, горнаго инжинера В. А. Обручева... Томъ I. Путевые дневники, касающіеся Восточной Монголіи, провинцій Чжи-ли, Шань-си, Шень-си и Гань-су, Ордоса, Алашаня и Восточнаго Нань-шаня. — С. Пет., Тип. М. М. Стасюлевича, 1900, in-4, pp. xxxviii-631, 8 cartes, 39 photot. et 112 fig. dans le texte.

— — Томъ II. Путевые дневники, касающіеся центральной Монголій, Джунгарій и горныхъ системъ Бей-шаня, Нанъ-шаня, Восточнаго Тянъ-шаня и Цзинъ-линъ-шаня. — С.-Пет., 1901, in-4, pp. xxvi-686 + 1 f. n. ch., 6 cartes, 40 photot., 2 tab. proj. et 93 fig. dans le texte.

— Voyage d'Obroutchev en Asie centrale. Par J. Deniker. (*La Géographie*, 15 Nov. 1900, pp. 391/394.)

— Obrutchews Expedition nach Zentralasien. Von C. Diener. (*Petermanns Mitt.*, XLVII, 1901, pp. 287/289.)

— Die wichtigsten geographischen und geologischen Ergebnisse der Reisen W. Obrutschews im zentralen und westlichen Nanschan. Von Prof. Dr. C. Diener. (*Ibid.*, 1902, pp. 97/106, carte.)

∴

— La Cina e il Giappone. Per Francesco Scialletti. (*Geogr. per tutti*, IV, 1894, pp. 326/327.)

— Voir Géographie, Ta-Kiang, *Reise S. M. Schiffes « Zrinyi »*. — Col. 126.

— Eine Reise im westlichen China von Arthur von Rosthorn. Vortrag, gehalten am 23. October 1894 in der k. k. Geographischen Gesellschaft in Wien. (*Mitth. d. k. k. Geog. Ges. in Wien*, 1895, pp. 285/320.)

Carte. — Tirage à part, in-8, pp. 36.

— A Journey in Western China. (*The Geog. Journal*, Feb. 1896, p. 201.)

A. v. Rosthorn. — Voir col. 354 et 2150.

— An Australian in China being the Narrative of a quiet Journey across China to British Burma. By G. E. Morrison, M. B., C. M. Edin., F. R. G. S. London : Horace Cox, mdcccxcv, in-8, pp. xii-299, carte.

Notice : *Jour. R. As. Soc.*, Oct. 1895, pp. 962/5, by T. W.[atters.]

— — Third edition. London, Horace Cox, 1902.

— The Peoples and Politics of the Far East Travels and Studies in the British, French, Spanish, and Portuguese Colonies, Siberia, China, Japan, Korea, Siam and Malaya. By Henry Norman... With Sixty Illustrations and Four Maps. London : T. Fisher Unwin, mdcccxcv, in-8, pp. xvi-608.

Notice : *Edinburgh Rev.*, July 1895, pp. 132/155.

— A Trip from Hangchow through Southern Anhui. By L. A. Lyall. (*China Review*, XXIII, N° 2, pp. 90/98; *Ibid.*, N° 3, pp. 153/162.)

— Choses d'Asie — Le Japon et la Chine — Conférence par M. A. Merchier. (*Soc. Géog. Lille, Bull.*, XXIII, 1895, 1er sem., pp. 285/308.)

— * My Holidays in China : an account of

three houseboat tours from Shanghai to Hangchow and back, viâ Ningpo ; from Shanghai to Leyang, viâ Soochow and the Tah-hu; and from Kiukiang to Wuhu; with twenty six illustrations (from original photographs); by William R. Kahler, Member of the Institute of Journalists, and Editor of the *Temperance Union*. Shanghai 1895. In-4.

Notice : *N. C. Herald*, 8 March 1895, p. 347.

— Rambles in Central China. By W. Arthur Cornaby... London : Charles H. Kelly, 1896, in-8, pp. 96.

— Aus China und Japan — Reise-Erinnerungen von Rudolf Lindau. Berlin, F. Fontane, 1896, pet. in-8, pp. VIII-405.

— * Tagebuch meiner Reise um die Erde. 1892-93. Wien : Alfred Hölder, 1896, pp. 566.

Von Erzherzog Franz Ferdinand.

— The Mystic Flowery Land... by Charles J. Halcombe. London, 1896. [Voir col. 104.]

— * Im Osten Asiens. Von Otto E. Ehlers. Dritte Auflage. Berlin, Allgemeiner Verein für Deutsche Litteratur, 1896, in-8, pp. VIII-392, 2 cartes et ill.

4. Aufl., 1900.

— * W. Coucheron-Aamot. — Gjennem de Gules Land og Krigen i Ostasien. Christiania, Malling, 1896, in-8, pp. 539; 90 ill. et 4 cartes.

Voir col. 126 et 2158.

— Enrico Mangili. Par Lodovico Corio. [Du Journal de Voyage de Enrico Mangili.] (*L'Universo*, VI, 1896, pp. 21/23, 41/42, 51/52, 67, 83/84, 100/103, 118/120, 134/135, 150, 172/173, 186/188, 194/195, 216/218, 232/235, 251, 258/259, 275/279, 290/292, 313/317, 328/333, 346/350, 355/361.)

— Enrico Besana. (*L'Universo*, VII, 1897, pp. 303/4.)

— Prince Henri d'Orléans. — Voir col. 347.

— Voyage du Tonkin aux Indes Anglaises par le Prince Henri d'Orléans. Par J. Janssen, de l'Institut. (*Lectures académiques discours*, pp. 285/288.)

— Ein Zug nach Osten. — Reisebilder aus Indien, Birma, Ceylon, Straits Settlements, Java, Siam, China, Korea, Ostsibirien, Japan, Alaska und Canada von Moritz Schanz. Hamburg. W. Mauke Söhne, 1897, 2 vol. in-8.

Erster Band. — Reisebilder aus Indien, Birma, Ceylon, Straits Settlements, Java, Siam, pp. VIII-423.

Zweiter Band. — Reisebilder aus China, Korea, Ostsibirien, Japan, Alaska und Canada, pp. VI-424 + 1 f. n. ch.

Charles Eudes Bonin.

— Voir col. 347, 351, 358.

— A travers le Yun-Nan, le Thibet et la Mongolie. Exploration de M. Ch. E. Bonin. (*A travers le Monde*, 1897, pp. 81/4.)

— Note sur les résultats géographiques de la Mission accomplie au Tibet en Mongolie en 1895-1896 par Charles Eudes Bonin. (*Bul. Soc. Géog.*, Paris, 1898, pp. 389/403.)

— Mission Bonin en Chine et en Asie Centrale. (*La Géographie*, 15 Janv. 1900, pp. 57/58.)

Lettre de Leang-tcheou, Kan-sou, 15 août 1899.

— Mission Bonin en Asie Centrale. (*Ibid.*, 15 Mars 1900, pp. 235/236.)

Lettre de Karachar, 31 déc. 1899.

— La traversée de la Chine par la mission Bonin. Par P. B. (*Rev. française*, 1901, pp. 289/298.)

— De la Chine à la Mer Noire à travers l'Asie par M. Charles-Eudes Bonin. (*Bul. Soc. Géog. com.*, XXIII, 1901, pp. 284/302.)

∴

— Pictures of Southern China. By Rev. J. Macgowan, Author of « A History of China »... With Seventy-seven Illustrations. London, The Religious Tract Society, 1897, in-8, pp. 320.

— Journal d'un Commandant de la *Comète* Chine-Siam-Japon (1892-1893) par le Commandant Louis Dartige du Fournet — Ouvrage accompagné de gravures. Paris, Plon, 1897, in-12, pp. 301.

— Sur les Cotes de Chine. Par D. Lièvre, Sous-Commissaire de la Marine. (*Soc. Géog. com. Havre*, 1897, pp. 1/48.)

— Relation sommaire d'un voyage à travers l'Asie, par M. J. Chaffanjon. (*Bul. Mus. Hist. Nat.*, III, 1897, pp. 116/121.)

— A travers le Turkestan Russe, la Mongolie, la Mandjourie et la Sibérie méridionale. Par J. Chaffanjon. (*Rev. de Géog.*, XLI, 1897, pp. 433/440 ; XLII, 1898, pp. 5/13.)

Claudius Madrolle.

— Voyage de M. Cl. Madrolle en Chine, au Tibet et à Hai-nan. Supp. ill. spécial de janvier 1897 de l'*Indo-Chine française*, journal quotidien publié à Hanoi. Carte.

— A travers la Chine. Le Tibet. — L'île d'Hai-nan. Par Claudius Madrolle. (*Soc. Géog. Lille, Bull.*, XXVIII, 1897, 2e sem., pp. 25/36, 65/80.)

— Voyage dans l'Ouest de la Chine (1895-1896) et dans l'île de Hai-nan (1896).

Texte et 2 cartes, dans l'*Année cartographique* de 1898, de Hachette.

— De Marseille à Canton — Guide du Voyageur par Cl. Madrolle Publié par le Comité de l'Asie Française — Indo-Chine, Canal de Suez, Djibouti et Harar, Indes, Ceylan, Siam, Chine méridionale. Paris, Comité de l'Asie française, 1902, in-12, pp. VI + 1 f. n. ch. + pp. VI + 133 + XIII + 185 + ff. n. ch. p. les services maritimes, cartes, etc.

Notices : *Bull. École franç. Ext. Orient*, III, Janv.-Mars 1903, pp. 86/8, par L. F.[inot.] — *La Géographie*, 15 Mars 1903, p. 231, par Ch. R.[abot.]

— Madrolle — Chine du Sud et de l'Est — *Voyageurs chinois*, par Ed. Chavannes. — *Notices historiques des cités de Chine*, par A. Vissière. — *L'Art chez les Chinois*, par R. de Marguerye. — *Histoire de la Chine*, par Cl. Madrolle, etc. Publication du Comité de l'Asie française. — Paris, Comité de l'Asie française [et] Hanoï, Schneider, 1904, in-12, pp. XII-12-CVIII-156-XXXII.

Notice : *Petermann's Mitt.*, 50. Bd., 1904, VII, p. 125, par M. v. Brandt.

— Sud de la Chine — Hong-kong, Canton, Macao, le Si-kiang — Extrait des *Guides Madrolle : Chine du Sud*. Paris, Comité de l'Asie française, 1904, in-16, pp. 39.

— Madrolle — Chine du Nord et de l'Ouest — Corée — Le Transsibérien. *Rudiments de la langue chinoise*, par A. Vissière. — *La Corée*, par Maurice Courant. — *Notices historiques des cités de Chine*, par A. Vissière. — *Le Transsibérien*, par Paul Labbé, etc. Publication du Comité de l'Asie française. Paris, Comité de l'Asie française, 1904, in-12, pp. XII-36-144-38-68-XXVIII.

— Voyage de M. Madrolle en Chine. (*La Géographie*, 15 Nov. 1904, p. 332.)
Lettre à M. Henri Cordier.

— China und Japan. Erlebnisse, Studien, Beobachtungen auf einer Reise um die Welt von E. von Hesse-Wartegg. Mit 44 Vollbildern, 132 in den Text gedruckten Abbildungen, Beilagen und einer Generalkarte von Ostasien. J. J. Weber in Leipzig, 1897, gr. in-8, pp. VIII-567 + 1 f. n. ch.

— — 2te vermehrte Auflage. Leipzig, J. J. Weber, 1900, gr. in-8, pp. X-658.

— E. von Hesse-Wartegg — Cina e Giappone — Il Celeste Impero e l' Impero del Sol nascente — Versione i riduzione con note originali per il Capitano Manfredo Camperio... con 168 illustrazioni, 72 tavole colorate e facsimili, 1 carta dei possedimenti, delle zone d' influenza e delle strade ferrate concesse e progettate nell' Asia Orientale. Ulrico Hoepli, Milano, 1900, in-8, pp. XIV-535.

Notices : *La Géographie*, 15 Avril 1900, p. 343. Par J. D. — *Nature*, LXI, 1899-1900, pp. 513/4.

— * E. von Hesse-Wartegg. — Kitaj i kitajcy. Zizn', nravy i obyčai sovremennago Kitaja. St. Péters bourg, A. Devrient, 1900.

— The Journey from Shanghai to Peking and back. By Major A. C. Yate, 2nd Baluch Battalion. (*Scottish Geog. Jour.*, XIV, 1898, pp. 643/648.)

— A recent Business tour in China. By C. A. Moreing. (*Nineteenth Century*, XLIV, Sept. 1898, pp. 386/399.)

— Itinéraire de Ch'ung-ch'ing à Yun-nan-fu par M. Rocher. (*Bul. Soc. Géog.*, 1877, pp. 602/623 ; 1878, pp. 247/267.)

— Notes de voyage en Chine centrale — D'Amoy à Han-kao. — A travers le Fou-kien, le Kiang-si, le Hou-nan et le Hou-pé. Par M. Rocher, consul de France. (*Bul. Soc. Géog. com.*, XX, 1898, pp. 317/338, 465/513.)

— Notes de Voyage en Chine centrale — D'Amoy à Han-kao. — A travers le Fou-kien, le Kiang-si, le Hou-nan et le Hou-pé. (Avec itinéraire.) Par M. Rocher Consul de France. Br. in-8, pp. 71.

— Une promenade en Chine par M. le Commandant Fitte, lieutenant de vaisseau. (*Bul. Soc. Géog. Toulouse*, 1898, pp. 1/5, 35/58.)

— Durch das Land der Chinesen von W. Coucheron-Aamot, Leutnant zur See. — Autorisierte Uebersetzung aus dem Norwegischen von K. Robólsky. — Neue Ausgabe. — Leipzig, 1898, Robert Baum, in-8, pp. 198.

— * Van Scheut naar Midden Mongolië. Reisebeschrijving uit het dagboek van den eerw. heer J. Sintobin, zendeling in Midden Mongolië. Verzameld en uitgegeven door Cl. Sintobin. Ypres, Callewaert — De Meulenaere, 1899, in-8, pp. VIII-367.

Voir col. 848.

Karl Futterer.

Voir col. 517.

— Herr Prof. Dr. Futterer. — Eine Forschungsreise durch Zentralasien, Nordosttibet und China. (*Jahresb. Württemb. Ver. Handelsgeog.*, XVII/XIX, 1898/1900, pp. 293/6.)

— Die allgemeinen wissenschaftlichen Ergebnisse einer Forschungsreise durch Central-Asien, Nordost-Tibet, und Inner-China. Von Prof. Dr. K. Futterer. (*Verh. d. Sieben-ten Intern. Geog. Kong.*, Berlin, 1899, II. Theil, pp. 781/807.)

— Dritter Bericht über die Reise durch Central-Asien und China von Prof. Dr. K. Futterer und Dr. Holderer. Von Liang-tschou zum Kukunor, durch das nordöstliche Tibet zum oberen Tao-Thal, und über Min-tschou, Si-ngan, Han-kou nach Schanghai. (*Verhand. Ges. Erdk. Berlin*, XXVI, 1899, pp. 139/150.)

— K. Futterer. — Forschungsreise durch Zentral-Asien, Nordost-Tibet und China (1898-1899). (*Hamburg. Mitt. geogr. Ges.*, XVII, 1901, pp. 226/7.)

— K. Futterer. — Ueber die Erosionsphänomene der Wüste Gobi. (*Verh. Ges. D. Natf.*, Leipzig, LXXIII, 1901, II, 1, 1902, pp. 227/9.)

— Durch Asien Erfahrungen, Forschungen und Sammlungen während der von Amtmann Dr. Holderer unternommenen Reise. — Mit Unterstützung des Grossherzoglich Badischen Ministeriums der Justiz, des Kultus und Unterrichts und des Naturwissenschaftlichen Vereins in Karlsruhe herausgegeben von Dr. K. Futterer Professor an der Grossherz. Technischen Hochschule in Karlsruhe. — Band I. *Geographische Charakter-Bilder.* Mit 203 Illustrationen im Texte, 40 Tafeln, Panoramen und Profilen nach photographischen Aufnahmen des Verfassers, 2 bunten Tafeln, 1 Uebersichtskarte von Asien. Berlin 1901 Dietrich Reimer (Ernst Vohsen), in-8, pp. XXII-545.

Notice : *Belgique Coloniale*, 21 Juillet 1901, p. 342. Par A.W.

— Durch Asien... von Dr. K. Futterer... fortgesetzt von Dr. Fritz Noetling, Grossherzog. Bad. Hofrat. — Band II. *Geologische Charakter-Bilder.* Erster Teil. Das Alai-Gebirge. Das nördliche Tarimbecken. Der östliche Thien-schan. Die Wüste Gobi zwischen Hami und Su-tschou. Mit 166 Illustrationen im Texte, 40 Lichtdrucktafeln nach photographischen Aufnahmen von Professor Futterer, 3 Profiltafeln und 4 geologischen Karten. — Berlin 1905 Dietrich Reimer (Ernst Vohsen), gr. in-8, pp. XV-394.

— Professor Futterers Reise durch Asien. Von Dr. Max Friedrichsen. (*Globus,* LXXIX, 1901, pp. 188/194.)

— Durch Asien... von Dr. K. Futterer... — Band III. *Naturwissenschaftliche, astronomische und meteorologische Ergebnisse...* Lieferung 1. Berlin 1903, in-8, pp. 174, 11 pl.

I. *Botanik.* L. Diels und K. Futterer. — II. *Zoologie.* Dr. Andreae. — III. *Palaeontologie.* Dr. J. Böhm, Dr. H. Potonié, Dr. E. Schellwien.

— Durch Asien... von Dr. K. Futterer... — Band III... Lieferung 3. Berlin 1903, in-8, pp. 161.

Meteorologie, Erdbodentemperaturen und Höhenmessungen. G. von Elsner.

Lief. 2 contiendra *Ueber die Gesteine vom Ost-Su-tschôu* (Thien-schan-System), Prof. Dr. A. Sauer, et *Ueber die Gesteine vom Su-tschôu* (Kuen-lun-System), Prof. Dr. Schwarzmann.

— Voyage en Asie Centrale de MM. Holderer et Futterer (1897-1899). Par F. Grenard. (*La Géographie*, 15 Avril 1902, pp. 279/281.)

— Der Pe-schan als Typus der Felsenwüste. Ein Beitrag zur Charakteristik der Felsenwüsten Zentralasiens. Von Prof. Dr. K. Futterer in Karlsruhe. (*Geog. Zeitschft.*, VIII, 1902, pp. 249, 323.)

— Geographische Skizze der Wüste Gobi zwischen Hami und Su-tschôu. Von Prof. Dr. K. Futterer. — Mit einer Karte. — (Ergänzungsheft No. 139 zu « Petermanns Mitteilungen ».) — Gotha : Justus Perthes, 1902, in-4, pp. 35.

(KARL FUTTERER.)

— Geographische Skizze von Nordost-Tibet. — Begleitworte zur Kartenaufnahme des Reiseweges vom Küke-nur über den oberen Hoang-ho und durchs Thao-Tal nach Min-tschôu. Von Dr. K. Futterer,... — Mit zwei Karten. — (Ergänzungsheft No. 143 zu « Petermanns Mitteilungen ».) — Gotha : Justus Perthes, 1903, in-4, pp. 66.

— Fortschritte der geographischen Forschungen und Reisen im Jahre 1904. 1. Asien. Von Dr. J. M. Futterer. (*Deutsche Rundschau f. Geog.*, XXVII, Juli 1905, pp. 433/446.)

MISSION LYONNAISE.

— Chambre de Commerce de Lyon — La Mission lyonnaise d'exploration commerciale en Chine — 1895-1897 — avec cartes, plans et gravures d'après les documents rapportés par la Mission. Lyon, A. Rey, 1898, gr. in-8, pp. XXXVI-473.

Introduction. — Note sur l'orthographe adoptée pour la transcription des noms chinois. — Notes sur les poids, mesures et monnaies en usage en Chine. — Éphémérides de la Mission. — Itinéraires parcourus.

Première Partie. — *Récits de Voyages.* — Livre I. — Du Tonkin au Se-tchouan. — Livre II. — L'exploration du Se-tchouan. — Livre III. — Les voyages de retour. — Contribution à l'ethnologie des races autochtones de la Chine méridionale et occidentale, par le Dr P.-R. DEBLENNE.

Deuxième Partie. — *Rapports commerciaux et Notes diverses.* — Première Série. — *Rapports et Notes sur les Pays et Provinces visités par la Mission.* Rapport sur le Tonkin et Notes sur quelques points d'intérêt commercial en Indo-Chine, par M. Henri BRENIER. — Notes sur le Tonkin considéré comme voie de pénétration en Chine. Les voies concurrentes, par MM. A. PERRE, P. DUCLOS et H. BRENIER. — Rapport sur le Yun-nan, par M. H. BRENIER. — Rapport sur Hong-Kong, par M. L.-M. RABAUD. — Notes sur le commerce de Canton et sur Pak-hoi et la province du Kouang-si, par M. Henri BRENIER. — Rapport sur le Koui-tcheou, par M. H. BRENIER. — Rapport sur le Se-tchouan, par le même. — Notes sur le commerce de Han-k'eou, par MM. A. VIAL, L. RABAUD, A. GROSJEAN et H. BRENIER. — Deuxième Série. *Rapports spéciaux.* Rapport sur les Mines et la Métallurgie, par M. P. DUCLOS. — Rapport sur la soie, par MM. R. ANTOINE et C. MÉTRAL. — Rapport sur le coton et les cotonnades, par MM. RIAULT, A. WAELES et A. VIAL. — Rapport sur les corps gras et leurs dérivés, par M. A. GROSJEAN. — Rapport sur la circulation monétaire en Chine et les conséquences de la baisse de l'argent, par M. L. SCULFORT.

Appendice. — *Notes diverses.* I. Note sur les opérations de banques chinoises de Tchoung-king, par M. L. SCULFORT. — II. L'organisation commerciale de Chang-hai, par M. L. RABAUD. — III. Importations des vins à Chang-hai, par M. L. RABAUD. — IV. Notes sur les droits de douane et les « likin » intérieurs, par M. H. BRENIER.

Conclusions. Le mouvement commercial du port de Chang-hai et le commerce général de la Chine. Rôle actuel et possible de la France, par M. H. BRENIER.

Table des cartes et des gravures. — Index alphabétique.

Notices : *Revue Critique*, 13 fév. 1899, pp. 121/4, par Ed. Chavannes. — *Miss. Cath.*, XXX, 16 déc. 1898, p. 599.

— La situation commerciale des Principales Puissances en Chine. Par M. Henri Brenier. (*Bul. Soc. Géog. Lyon*, XIV, 1896, pp. 693/709.)

Ext. du vol. de la *Mission lyonnaise*.

— La mission lyonnaise d'exploration en Chine et le développement de notre commerce extérieur. Par Ulysse Pila. (*Questions diplomatiques et coloniales*, 1er sept. 1897, pp. 129/143.)

— Mission lyonnaise d'Exploration commerciale en Chine — Rapport d'ensemble de M. Riault Délégué de la Chambre de Commerce de Roanne sur son voyage en Extrême Orient — Roanne, Imp. M. Souchier, 1897, br. in-8, pp. 15.

— Ministère de l'Instruction publique et des Beaux-Arts — Co-

(MISSION LYONNAISE.)

mité des Travaux historiques et scientifiques Section des Sciences économiques et sociales. — Compte rendu de la Mission lyonnaise en Chine — Rapport présenté au Comité par M. Charles Tranchant... Paris, Imprimerie Nationale, MDCCCCI, br. in-8, pp. 8.

Ext. du *Bul. des Sciences écon. et sociales du Comité des travaux hist. et scientif.*, année 1900, pp. 107/110.

— La Chine économique d'après les travaux de la Mission lyonnaise 1895-1897. Par Louis Raveneau. (*Ann. de Géog.*, VIII, 1899, pp. 62/73.)

∴

— Report of the Mission to China of the Blackburn Chamber of Commerce 1896-7 — F. S. A. Bourne's Section. — Blackburn : The North-East Lancashire Press Co., 1898, in-8, pp. XII-386.

— George B. Assan. — Din China. (*Bul. Soc. Geog. Română*, Bucuresti, XIX, 1898, pp. 171/175.)

Shanghai, 19 Feb. 1898.

— China und Japan. Von M. Clotten. Mit Illustrationen. Leipzig, Wilhelm Friedrich, s. d. [1898], in-8, pp. VIII-146.

— Ostasiatische Wanderungen. Skizzen und Erinnerungen aus Indien, China, Japan und Korea von Ernst Oppert... Stuttgart, Strecker & Moser, in-8, pp. 221. S. d. [1898].

— Through China with a Camera. By John Thomson, F. R. G. S.... With nearly 100 Illustrations. Westminster, A. Constable, 1898, in-8, pp. XIV-284.

Notice : *Nature*, LVII, 1897-8, pp. 539/540. — Voir col. 94/5 et 2138.

— Von Peking nach Ch'ang-an und Lo-yang. Eine Reise in den Provinzen Chihli, Shansi, Shensi und Honan. Von A. Forke. (*Mitth. d. Sem. f. Or. Spr.*, I, 1898, pp. 1/126.)

— * M. von Brandt. — Von Hongkong nach Peking. (*Westermanns Illustr. D. Monatshefte*, Braunschweig, 1898, LXXXIV, pp. 24/42.)

— * E. Walin. — Impressions d'un voyage en Chine. (*A. Ass. des Ingénieurs sortis des Écoles sp. de Gand*, 1898, XXI, No. 2.) — Bruxelles, J. Goemare, 1898, pp. IV-18.

— Meine Erlebnisse an der Ostküste Chinas. Vortrag von Emil S. Fischer, Beamten der Deutsch-Asiatischen Bank in Shanghai. (*Mitt. k. k. geog. Ges. Wien*, 1899, pp. 210/234.)

— * Richard, Freiherr von und zu Eisenstein. — Reise über Indien und China nach Japan. Tagebuch mit Erörterungen, um zu überseeischen Reisen und Unternehmungen anzuregen. Mit vier Figuren im Text und einer Reisekarte. Wien, Carl Gerolds Sohn, 1899, in-8, pp. 192.

— From Peking to Petersburg by Arnot Reid. With Frontispiece and Map. London, Edward Arnold, 1899, pet. in-8, pp. VI + 1 f. n. ch. + pp. 300.

— * Charles E. D. Black. — A Trip in Northern China. (*Westminster Rev.*, Lond., 1899, CLII, pp. 523/532.)

MARCEL MONNIER.

— Le Tour d'Asie * Cochinchine, Annam, Tonkin par Marcel Monnier — Ouvrage accompagné de 38 gravures d'après les clichés de l'auteur et d'une carte-itinéraire. Paris, Plon, 1899, in-8, pp. V-333.

Notices : *La Géographie*, 15 fév. 1900, p. 169, par J. Deniker. — *Dublin Review*, April 1900, pp. 489/490, by A. G. O.

— Les Chinois jugés par un Français. (*Soc. Géog. com. Nantes*, 1900, pp. 129/144.)

— Le Tour d'Asie ** L'Empire du Milieu par Marcel Monnier — Ouvrage accompagné de 60 gravures d'après les clichés de l'auteur, d'un plan et d'une carte-itinéraire. Paris, Plon, 1899, in-8, pp. 373.

Un troisième vol. est en préparation.

— La Chine de demain. Par J. S. (*Rev. française*, XXV, 1900, pp. 274/6.)

Les lettres de Marcel Monnier ont paru dans le journal *Le Temps*.

— Marcel Monnier — Itinéraires à travers l'Asie levés au cours du voyage accompli durant les années 1895, 1896, 1897, 1898 sur l'initiative et pour le compte du journal *Le Temps* publiés sous le patronage de la Société de Géographie avec le concours du Ministère de l'Instruction publique et des Beaux-Arts. Paris, Plon, 1900, pet. in-8, pp. 248.

— Marcel Monnier — Itinéraires... Paris, Plon, s. d. [1901]. Atlas de 28 ff. pet. in-fol.

— Itinéraires de M. Marcel Monnier à travers l'Asie. Par J. Deniker. (*La Géographie*, 15 mars 1902, pp. 203/5.)

— La Chine — Le Péril jaune — M. Marcel Monnier et le Tour d'Asie. Par Paul Laurencin. (*Cosmos*, 1900, XLII, N. S., pp. 332/337.)

∴

— A Pilgrim Voyage in the 19th Century. (By the late James Gordon, M. A., M. B., New College, Oxford.) (*Calcutta Review*, CIX, July 1899, pp. 98/119 ; *ibid.*, Oct. 1899, pp. 262/277.)

E. VON CHOLNOKY.

— Herr Eugen von Cholnoky : Kurze Zusammenfassung der wissenschaftlichen Ergebnisse meiner Reise in China und in der Mandschurei in den Jahren 1896-1898. (*Verh. Ges. Erdk. Berlin,* XXVI, 1899, pp. 251/261.)

— Vorläufiger Bericht über meine Forschungsreise in China. Von Eugen v. Cholnoky in Budapest. (*Petermann's Mitt.*, Vol. 45, 1899, pp. 8/13.)

— * A Sárkányok országából (Le Pays des Dragons). Veszprém 1900, Köves és Boros, gr. in-8, pp. xx-365, 197 illustrations et une carte du delta du Yang-tseu-kiang.

— Voyage de M. E. de Cholnocky en Chine et en Mandchourie, 1896-1898. Par L. de Lóczy. (*La Géographie*, 15 février 1901, pp. 151/152.)

— Voyage de M. E. de Cholnocky en Chine et en Mandchourie, 1896-1898. (*Le Mouv. géog.*, 1901, col. 117-118.) D'après *La Géographie*.

— * Réglement des rivières et amélioration du sol en Chine. Par le Dr. E. Cholnoky [en hongrois]. Budapest, 1905, pp. 100.

Cartes et ill. — *Vizügyi Közlemények*, XXI. Füzet.

— L. v. Lóczy. — E. v. Cholnoky über Flussregulierung und Bodenmeliorationen in China. (*Petermanns Mitt.*, IV, 1906, pp. 90 2.)

— Cholnoky Jenő dr. — A khinai nagy alföld. (*Földr. Közl.*, XXXIII, 1905, pp. 224/239. — *Abrégé Bul. Soc. Géog. Hongroise,* XXXIII, 1905, pp. 67/75.)

∴

— La conférence du 5 Mars au Musée national de Budapest par le célèbre explorateur comte Eugène de Zichy sur sa troisième expédition en Asie Centrale. (*Revue d'Europe,* 5 Mai 1899, pp. 188/197 ; 5 Juin 1899, pp. 241/252.)

— Zichy Jenő Gróf Harmadik Ázsiai Utazása... — Dritte Asiatische Forschungsreise des Grafen Eugen Zichy.

Band I, Erste Hälfte. *Herkunft der Magyarischen Fischerei* von Dr. Johann Jankó. — Mit einem vorläufigen Berichte des Grafen Eugen Zichy. Budapest, Leipzig 1900.

Band I, Zweite Hälfte. Ibid.

Band II. *Zoologische Ergebnisse der dritten Asiatischen Forschungsreise des Grafen Eugen Zichy,* redigirt von Dr. G. Horváth. Mit 28 Tafeln und 22 Textfiguren. Ibid., 1901.

Band III. *Archäologische Studien auf Russischem Boden* von Béla Posta. Erster Theil. Ibid., 1905.

Band IV. *Archäolog. Studien auf Russischem Boden* von Béla Posta. Zweiter Theil. Ibid., 1905.

(E. von Cholnoky. — Divers.)

Band VI. *Forschungen im Osten zur Aufhellung des Ursprunges der Magyaren.* Geschichtliche Übersicht und meine Wahrnehmungen, Erfahrungen, mit besonderer Berücksichtigung der Ergebnisse meiner Expeditionen, von Graf Eugen Zichy. — Mit 106 Abbildungen. Ibid., 1905.

6 vol. gr. in-4 parus jusqu'ici.

— Notes de voyage en Sibérie du Comte Eugène de Zichy. (*Revue d'Europe*, Janvier 1900, pp. 5/20 ; Mars 1900, pp. 161/170 ; [De la Sibérie en Chine par la Mongolie], Mai 1900, pp. 321/330 ; [A travers la Mongolie], Juin 1900, pp. 414/420 ; [La vérité sur la Chine], Juillet 1900, pp. 1/10 ; Oct. 1900, pp. 241/249.)

— André Bellessort — *En Escale* Une promenade à Ceylan. — Singapour. — Saïgon. — Hong-kong. — Macao. — Canton. — Une Semaine aux Philippines. Paris, Perrin et Cie., 1900, in-16, pp. VIII-310 + 1 f. n. ch. p. l. tab.

— Série d'Orient, No. 2 — A. Raquez — Au Pays des Pagodes — Notes de Voyage — Hongkong, Macao, Shanghai, le Houpé, le Hounan, le Kouei-tcheou avec préface par le général Tcheng Ki-tong — Ouvrage illustré de 56 gravures et photogravures — Shanghai, Imprimerie de la Presse orientale, 1900, pet. in-4, pp. VII-429.

Publié en feuilleton dans le journal français de Chang-Haï, *L'Echo de Chine*, du 12 juin au 6 novembre 1899.

Notice : *Bul. École franç. Ext. Orient*, I, Janv. 1901, pp. 37/8.

— La traversée de l'Asie par la Mission Fivé. (*Le Mouv. géog.*, 1900, col. 606-7.)

— A Bicycle of Cathay. By Frank R. Stockton. (*Harper's New Monthly Mag.*, CI, June-Nov. 1900, pp. 109, 177, 459, 619, 757.)

— By Rail to Peking. By Mary H. Krout. (*The Chautauquan*, Cleveland, Ohio, 1900, pp. 490/8.)

— * Mary A. Krout. — Two Girls in China. With Illustrations and Maps. New-York, 1903.

— G. Verschuur. — Aux Colonies d'Asie et dans l'Océan Indien. Paris, Hachette, 1900, pet. in-8, pp. 409.

Notice : *La Géographie*, 15 Nov. 1900, p. 423. Par G. Regelsperger.

Voir col. 2143.

— En croisière — Deux ans dans les mers de Chine. (*Soc. Géog. Lille, Bull.*, XXXIII, 1900, 1er sem., pp. 408/418 ; XXXIV, 1900, 2e sem., pp. 42/52, 105/114.)

— Notes and Impressions from a Tour in China. By Henry A. Blake. (*Nineteenth Century*, XLVIII, Oct. 1900, pp. 557/568.)

— The Attaché at Peking by A. B. Freeman-Mitford, C. B.... London, Macmillan, 1900, pet. in-8, pp. LVIII-386.

Notice : *T'oung Pao*, Déc. 1900, pp. 504/6, par Henri Cordier.

— Ein Sommer in China. — Reisebilder von Paul Goldmann. — Frankfurt a. M., Rüt-

(Divers.)

ten & Loening, 1899, 2 vol. in-8, pp. 261, 291.

2. Aufl., 1900, 2 vol.

— The « Overland » to China. By Archibald R. Colquhoun... With Frontispiece, Illustrations, and Maps. London and New York, Harper, 1900, in-8, pp. xii-465.

Notice : *Quarterly Review*, Oct. 1900, pp. 542/564.

— Eug. Lagrillière-Beauclerc — Voyages pittoresques à travers le Monde De Marseille aux Frontières de Chine — 90 Illustrations d'après les Photographies rapportées par l'Auteur. Paris, Charles Tallandier, s. d. [1900], gr. in-8, pp. iii-367 + 1 f. n. ch.

— Les Indes et l'Extrême-Orient — Impressions de voyage d'une Parisienne par Mme Louise Bourbonnaud Officier d'Académie Membre de la Société de Géographie, Médaillée et Diplomée. — Paris, En vente chez l'Auteur, 35 Boulevard Barbès, in-8, pp. vii-304.

Imp. Pezous, Albi.

— * Journal d'une promenade autour du monde en 148 jours. Paris, Fayard, 1900. In-8, pp. 406.

Orné de 96 vues photographiques prises par les princes au cours de leur voyage.

[Le Comte d'Eu et son fils aîné, Don Pedro d'Alcantara, d'Orléans et de Bragance, prince du Grand Para (Brésil).]

Notice : *Etudes*..., Tome 86, 5 février 1901, p. 423. Par Yves de La Brière, S. J.

— Le Commandant de Pimodan. — Promenades en Extrême-Orient (1895-1898). — De Marseille à Yokohama, Japon, Formose, Iles Pescadores, Tonkin, Yézo, Sibérie, Corée, Chine. — Paris, Honoré Champion, in-8 carré, pp. viii-377.

Notices : *Bull. Ecole française d'Extr. Orient*, I, No. 4, Oct. 1901, pp. 371/372, par P. Odend'hal. — *Etudes*..., Tome 87, 5 Mai 1901, p. 429, par Joseph Burnichon, S. J. — *Miss. Cath.*, XXXIII, 29 Mars 1901, p. 156.

— Impressions of a Voyage to China and Japan. By Mr. F. Hoyle. (*Jour. Manchester Geog. Soc.*, XVI, 1900, pp. 212/217.)

— * Charles Tytgat. — Un Reportage en Chine. Le Tour du Monde par le Transsibérien. Bruxelles, Polleunis & Ceuterick, 1901, in-8, pp. 260.

— Eugen Wolf. — Meine Wanderungen. I. Im Innern Chinas. — Mit 67 Illustrationen, einer Karte und dem Bildnis des Verfassers. Stuttgart und Leipzig, Deutsche Verlags-Anstalt, 1901, in-8, pp. 298.

Notice : *Belgique Coloniale*, 13 Janvier 1901, p. 18. Par A.W.

— En Chine, du Kouang-si au Pe-tche-li. Souvenirs de Voyage et de Campagne. Par Gaston Donnet. (*Bul. Soc. Géog. com.*, XXIII, 1901, pp. 562/578.)

— Gaston Donnet. — En Chine. (*Le Congo Belge*, Bruxelles, 1901, VI, pp. 27/9.)

— En Chine (1900-1901) par Gaston Donnet. Paris, Ollendorff, in-16, pp. 380.

Notice : *Etudes*..., 5 janvier 1902, p. 132, par Pierre Suau.

— What a Foreigner Saw in China. By W. Hopkyn Rees. (*The Wide World Mag.*, V, Oct. 1900-March 1901, pp. 114/121.)

— * O. Felsing. — Gert Janssens China-Fahrten. Reise- und Kriegserlebnisse eines jungen Deutschen. Illustr. von A. Hoffmann. München, 1901, J. F. Lehmann, pp. 400.

— Relation du voyage d'un Belge à Pékin après le Siège. (D'un correspondant occasionnel.) (*Chine et Sibérie*, Juillet 1901, pp. 290/300.)

— Notes de voyage sur l'Extrême-Orient. Par M. (*Soc. Géog. Tours, Revue*, 1901, pp. 44/7.)

— La Vallata del Yang-tse-kiang Appunti e Ricordi di Giovanni Gaggino ordinati e pubblicati dal Conte Edoardo del Mayno con proemio di Angelo de Gubernatis. — Roma, Fratelli Bocca, 1901, in-8, pp. 293.

— A Year in China 1899-1900 with some account of Admiral Sir E. Seymour's Expedition by Clive Bingham, C. M. G. (Late Hon. Attaché to H. M. Legation in Peking.) With Illustrations and Maps. London, Macmillan, 1901, in-8, pp. xii-234.

Notice : *T'oung Pao*, Oct. 1901, pp. 290/2, par Henri Cordier.

— * Tanera. — Von Hongkong über Kanton und Schanghai nach Tsingtau. Vortrag. (Metz, *Jahresber. Ver. Erdk.*, XXIII (1900-01), 1901, pp. 34/8.)

— Macao. Par L. Jacqmin. (*Bull. Soc. roy. Géog. Anvers*, XXV, 1901, pp. 354/359.)

— G. H. Monod. — En Chine. (*Bul. Soc. Géog. Marseille*, XXV, 1901, pp. 20/40.)

— * G. H. Monod. — A travers la Chine méridionale, Récit de voyage fait à l'Union chrétienne des jeunes gens. Marseille, Typ. Barlatier, 1901, in-8, pp. 30.

— De Nanning-Fou à Pak-hoy. Par A. J. H. Charignon. (*Rev. Indo-chinoise*, 150, 2 sept. 1901, pp. 794/796 ; 151, 9 sept. 1901, pp. 818/819 ; d'après l'*Echo de Chine*.

— * Augusto Piccioni. — Attraverso la Cina in automobile. Milano-Palermo, R. Sandron, 1901, pp. 168.

— The Land of the Blue Gown By Mrs. Archibald Little... London, T. Fisher Unwin, 1902. In-8, pp. xx-370.

— In the Wild West of China. By Alicia Bewicke Little. (*Nineteenth Century*, XXXIX, Jan. 1896, pp. 58/64.)

— * L. Valera. — Sombras Chinescas. Recuerdo de un Viaje al Celeste Imperio. Madrid, 1902, 2 vol. in-8, pp. 251, 287.

— * Chr. A. Morgan. — From China by Rail. An Account of a Journey from Shanghai to London via the Trans-Siberian Railways. With 4 Plates. Edinburgh, 1902, in-8, pp. 139.

Privately printed.

— * Dr. Hagen. — Au Pied de la Grande Muraille, notes d'un Lorrain. Journées d'hiver. Nancy, Imprimerie coopérative, 51 rue Saint-Dizier, 1902.

— An 19. Jahrhunderts Neige in Japan, China und Java von Globetrott — Zweiter Band — Braunschweig, 1902. George Westermann, gr. in-8, pp. VI-416.

— Through Hidden Shensi. By Francis H. Nichols. 1902. [Voir col. 350.]

Notice : *Chin. Recorder*, XXXIV, June 1903, pp. 307/8.

— Peking-Urga. Ein Reisebericht von Faupel, Oberleutnant im Feldartillerie-Reg. No. 41. (*Asien*, Juli 1902, pp. 149/152 ; Sept. 1902, pp. 186/190.)

— G. Weulersse... — Chine ancienne et nouvelle. — Impressions et Réflexions. — Armand Colin, Paris, 1902. In-16, pp. xv-366.

Lettre-Préface de Pierre Foncin.

Notice : *Bull. Com. Asie française*, Sept. 1902, pp. 423/424.

— Travels in North and Central China by John Grant Birch. Illustrated. London : Hurst and Blackett, 1902, in-8, pp. xvi-379.

M. Birch s'est noyé le 24 juin 1901 et son compagnon, le cap. Watts-Jones, a été assassiné à Kouei-houa tch'eng.

Notice : *Geog. Journal*, XXI, Jan. 1903, pp. 64/5.

— Notes of a Journey round the World. By Alderman Sir Bosdin Leech. (*Jour. Manchester Geog. Soc.*, XVIII, 1902, pp. 1/37.)

— Voyage dans les provinces du Nord de la Chine (1898-1899) par F. Leprince-Ringuet. (*Tour du Monde*, 1902, pp. 313/372.)

— * Dr. March. — Kina, Japan och Indien ; vara dagar. Stockholm, 1902.

— Glimpses of China and Chinese Homes By Edward S. Morse Formerly Professor of Zoölogy in the Imperial University, Tōkyō... Illustrated from Sketches in the Author's Journal. Boston, Little, Brown, and Co., 1902, pet. in-8, pp. xv-216.

— Von Hongkong nach Moskau. — Ostasiatische Reisen von Johannes Wilda. — Mit 53 Illustrationen, einem facsimilierten Brief des Freiherrn von Ketteler und einer Karte der Reiseroute des Verfassers. — Altenburg, S.-A. Stephan Geibel, 1902, in-8, pp. 312.

Notices : *Deutsche Kolonialzeitung*, 2 Jan. 1902, p. 6, par Dr. Georg Wegener. — *Jena Mitt. geog. Ges.*, XIX (1900-01), 1901, pp. 95/6.

— From the Yang-tse Kiang to the China Sea. By Wm. Barclay Parsons, C. E. (*Geog. Journ.*, XIX, June 1902, pp. 711/735.) Voir col. 12^n.

(Divers.)

Pierre Bons d'Anty.

Voir col. 355-356.

— De Paris à Port Arthur par le Transsibérien. Extrait d'une lettre de M. Bons d'Anty. (*La Géographie*, 15 Septembre 1902, pp. 172/173.)

— Chine : Voyages de M. Bons d'Anty, Recherches ethnologiques. (*Ibid.*, 15 Février 1904, pp. 150/151.)

— Lettre de M. Bons d'Anty, consul de France, de Tcheng-tou, 23 Décembre 1903. (*Ibid.*, 15 Avril 1904, pp. 307/8.)

— Voyageurs en Chine [M. Pierre Bons d'Anty]. (*Ibid.*, 15 Oct. 1904, p. 258.)

— Voyageurs en Chine. Par M. Bons d'Anty. (*Ibid.*, 15 Nov. 1904, pp. 331/2.)

— Voyage de M. Bons d'Anty. (*Ibid.*, 15 Février 1905, pp. 140/143.)

.·.

— * Aus dem Osten. Reisen in Sachalin, Ostsibirien, der Mandschurei, China und Korea. Von Dr. K. Hefele. (*M. Deutschen Ges. Natur- u. Völkerkunde Ostasiens*, IX, 1903, pp. 169/172.)

— Vándor-utam Ázsia Szivébe, írta Dr. Almásy György — 226 szövegközti képpel, 18 táblával, 3 szines képpel és térképvázlattal. — Budapest, Kiadja a K. M. Természettudományi Társulat, 1903, in-8, pp. XII-737.

Természettudományi Könyvkiadó-Vállalat a M. Tud. Akadémia segitkezésével kiadja a K. M. Természettudományi Társulat. LXXII.

— Une exploration hongroise dans le Tian-chan. Par De Lóczy. (*La Géographie*, 15 Janvier 1905, pp. 51/52.)

— Capt. C. H. D. Ryder, 1903. — Voir col. 356.

— Joseph Halkin, Chargé de Cours à l'Université de Liége. En Extrême-Orient. Récit et notes de voyage (1900-1901). Ceylan, Java, Siam, Indo-Chine, Ile de Haï-nan, Chine, Japon, Corée, Sibérie. Avec quarante-huit photogravures d'après les clichés de l'auteur. Bruxelles, O. Schepens & Cie., et Paris, Charles Amat, 1903. In-8, pp. 446.

6 ex. sur Japon. — Notice : *La Géographie*, Août 1905, p. 138, par Charles Rabot.

— * F. Dammert. — Nach dem Fernen Osten. Reiseskizzen. Berlin, 1903, in-8.

— * Trawick. — China and Japan. With Illustrations. Louisville, 1903, in-12.

— Östliche Streiflichter — Kritische Beobachtungen und Reiseskizzen von C. Waldemar Werther Hauptmann a. D. Berlin, Hermann Paetel, 1903, in-8, pp. 8 n. ch. + 154.

— Ctesse du Bourg de Bozas. — Mon Tour du Monde. Les Indes — La Chine — Le Japon — Paris, Plon, 1903, in-8, pp. 524, grav. et carte.

Notice : *La Géographie*, 15 Mars 1903, pp. 228/229. Par Charles Rabot.

— * In the Uttermost East! By Charles H. Hawes. With Illustrations and Maps. Lon-

(Pierre Bons d'Anty. — Divers.)

don and New York : Harper Brothers. 1903. Pp. xxx, 478.

Notice : *Geogr. Journal*, XXIII, March 1904, pp. 373/374. By C. R. B.

— * Chiminelli (Alga marina), Eugenio. — Nel paese dei Draghi e delle Chimere. Castello, S. Lupi, 1903, in-8, pp. VIII-660, 129 ill. et 4 pl.

Notice : *Petermanns Mitt.*, 50. Bd., 1904, VII, p. 124, par M. v. Brandt.

— La Chine pittoresque. Par Un Fils du Ciel. (*Revue Indo-Chinoise*, 2 mars 1903, pp. 199/201.)

D'après l'*Echo de Chine*. — Hang-tcheou et Sou-tcheou.

— Briefe aus China von Dr. Georg Perthes Privatdozent für Chirurgie an der Universität Leipzig. Nebst fünfundzwanzig Bildern nach Originalaufnahmen. Gotha : Justus Perthes, 1903, pet. in-8, pp. VII-147.

— Au Laos du Thibet en Chine de Chine au Thibet par deux Missionnaires. Tours, Alfred Mame, gr. in-8, pp. 188 + 1 f. n. ch. [1903].

— The Story of a Modern Voyage, or « Across Lots » to China. By James H. Williams. (*The Independent*, New York, Vol. 55, 1903, pp. 2790/6.)

— Shanghaied. By James H. Williams. (*Ibid.*, pp. 3102/7.)

— A Pilgrimage in a Peking Cart. By D. C. Rankin. (*East of Asia*, Vol. 2, No. 3, Oct. 1903, pp. 259/264.)

— The Hamlet Amidst the Hills. By George A. Clayton. (*Ibid.*, No. 4, Dec. 1903, pp. 305/308.)

— * Life and Sport in China. By Oliver G. Ready, B. A. London : Chapman and Hall.

Notice : *Lond. & China Telegraph*, Supp., Nov. 2, 1903.

— * Narrative of part of a Journey from Peking to S'such'uan. By Lieut.-Colonel C. C. Manifold and Captain C. G. W. Hunter. With Map. (*Jour. United Service Inst. India*, XXXII, 1903, pp. 1/23.)

— Recent Exploration and Economic Development in Central and Western China. By Lieut.-Colonel C. C. Manifold, I. M. S. (*Geogr. Journal*, XXIII, March 1904, pp. 281/313.)

— The Problem of the Upper Yang-tze Provinces and their communications. By Lieut.-Colonel C. C. Manifold, I. M. S. (*Ibid.*, XXV, N° 6, June 1905, pp. 589/620.)

— Surveys in China. (*Ibid.*, May 1903, pp. 552/3.)

Lieut.-Col. Manifold.

— Le Sseu-tch'ouan et les voies de pénétration dans cette province. Par D. Aitoff. (*La Géographie*, Août 1905, pp. 119/120.)

A propos du livre du lieut.-col. C. C. Manifold, *The Problem of the Upper Yang-tze Provinces and their communications*.

Lieutenant Grillières.

— La Mission Grillières en Asie. Par G. Grillières. (*Bul. Soc. Géog. Com. Paris*, XXV, 1903, p. 431.)

Lao-Kay, 9 février 1903.

— Voyage au Yunnan et au Thibet. Par le Lieutenant Grillières. (Avec croquis.) (*Ibid.*, pp. 570/582.)

— La Mission Grillières. [Lettres du lieut. Grillières.] (*Ibid.*, pp. 682/5.)

— Réception du lieutenant Grillières. (*Bull. Com. Asie française*, Juin 1904, pp. 266/272.)

— Voyage au Yun-nan et aux régions tibétaines. But de voyage, par M. le lieutenant Grillières. Par Frédéric Lemoine. (*La Géographie*, 15 Juin 1904, pp. 493/495.)

— Voyage au Yun-nan et au Thibet oriental. Par G. Grillières. (*Ibid.*, 15 Avril 1905, pp. 285/292.)

— Mission du lieutenant Grillières. (*Ibid.*, 15 Novembre 1905, pp. 356/7.)

— Grillières. — Nécrologie. Par le Secrétaire Général de la Société [de Géographie]. (*Ibid.*, pp. 357/8.)

— Lieutenant Grillières. Nécrologie par H. C.[ordier.] (*T'oung Pao*, Série II, Vol. VI, Déc. 1905, pp. 647/8.)

— Le lieutenant Grillières. (*Bull. Comité Asie française*, Août 1905, pp. 297/301.)

— La mort du lieutenant Grillières. (*Ibid.*, Oct. 1905, p. 370.)

— Le dernier itinéraire du lieutenant Grillières. (*La Géographie*, 15 Mai 1906, pp. 392/3.)

— Le lieutenant Grillières du 4me zouaves (1868-1905). S. l. n. d., br. in-8, pp. 23.

Louis-Joseph-Georges Grillières, né à Mende (Lozère), 27 juin 1868 ; † à Ssc-mao, 14 juillet 1905.

∴

— Journal de route vers Chang-haï et la Chine. Par M. Henri Maitre. (*Bul. Soc. Géog. Lille*, Janvier 1904, pp. 30/44.)

— The Back Blocks of China A Narrative of Experiences among the Chinese, Sifans, Lolos, Tibetans, Shans and Kachins, between Shanghai and the Irrawadi by R. Logan Jack, F. G. S. Hon. LL. D., Glasgow, Late Government Geologist of Queensland, and formerly of H. M. Geological Survey of Scotland. London, Edward Arnold, 1904, in-8, pp. XXII-269.

Notices : *Times Weekly Ed. Lit. Sup.*, Feb. 12, 1904 ; *Geog. Journ.*, XXIV, Aug. 1904, par W. R. C. ; *Athenaeum*, 1904, I, p. 693.

— * W. E. Geil. — A Yankee on the Yangtze : being a Narrative of a Journey from Shanghai through the Central Kingdom to Burma. New York, Armstrong, 1904, in-8, pp. XV-312.

Aussi : London, Hodder, 1904.

— Reisen... Von Dr. Karl Vogelsang. [Voir col. 209.] — II. Teil. Reise durch das Gebirgsland des Ta-pa-shan (Prov. Hupeh, Shensi und Szechuan). (*Petermanns Mitt.*, 1904, pp. 11/19.)

Carte 1/400.000.

Notice : *T'oung Pao*, IIe Série, V, No. 2, Mai 1904, pp. 216/217 Par Ed. Chavannes.

— Auf der sibirischen Bahn nach China Von Eugen Zabel Mit 36 Illustrationen und einer Karte. Berlin, Allg. Verein für Deutsche Litteratur, 1904, in-8, pp. 294.

Zweite Auflage.

Notice : *Petermann's Mitt.*, 50. Bd., 1904, VII, pp. 118/119, par Immanuel.

— * Salvatore Minocchi. — Gli Italiani in Siberia e in Manciuria. Conferenza detta in Roma, nel Collegio Romano, il 18 febbraio 1904, in presenza di S. M. la Regina Madre. (*Rassegna Nazionale*, 16 maggio 1904.)

— Salvatore Minocchi — Per la Manciuria a Pechino (Ottobre 1903) illustrato da 58 incisioni. Firenze, Bernardo Seeber, 1904, in-18, pp. 360.

Notice par Attilio Mori, *Riv. Geog. Ital.*, XI, 1904, p. 493.

— Seconde Mission Hourst — Dans les Rapides du Fleuve Bleu — Voyage de la première canonnière française sur le haut Yang-tse-kiang par le L^t de vaisseau Hourst — Préface de M. Jules Lemaitre — Dessins originaux de l'enseigne de vaisseau Térisse, membre de la mission. Paris, Librairie Plon, 1904, in-8, pp. III-368 + 1 f. n. ch. p. l. tab.

Notices : *Etudes*, 20 déc. 1904, p. 881, par X. — *T'oung Pao*, mars 1905, pp. 113/4, par Henri Cordier. — *Bul. Ec. franç. Ext. Or.*, V, janv.-juin 1905, pp. 226/8, par P. Pelliot. — Voir col. 128.

— Le Commandant Hourst. Par E. Judet. (*Correspondant*, 20 sept. 1904.)

— Far Eastern Impressions By Ernest F. G. Hatch, M. P. Japan — Korea — China. With three Maps and eighty eight illustrations. London : Hutchinson & Co., 1904, in-8, pp. XIII-257.

— My Chinese Note Book by Lady Susan Townley With Sixteen Illustrations and Two Maps. Methuen & Co., London, s. d. [1904], in-8, pp. XIII-338.

Notice : *Lond. & China Express*, Oct. 21, 1904.

— * Wander-Years Round the World. By J. Pinnock. London : T. Fisher Unwin, 1904... Pp. XVI-350. Maps and Illustrations.

— Gervais-Courtellemont — Voyage au Yunnan — Ouvrage accompagné de 23 gravures et de deux cartes. — Paris, Plon, 1904, in-18, pp. XIII-298.

Avait paru dans la *Revue Hebdomadaire*, 1904.

Notice : *Bul. Soc. Géog. Lyon*, 1905, pp. 94/5, par M. Z.[immermann.]

— Exploration du Haut Yang-tsé. Par H. Gervais-Courtellemont. (*Revue Géog.*, 1904, pp. 261/9.) Cartes et grav.

— M. Gervais-Courtellemont in Western China. (*Geographical Journal*, XXIV, N° 6, December 1904, pp. 676/7.)

— Voyageurs en Chine [M. le Consul Général François]. (*La Géographie*, 15 Oct. 1904, pp. 258/9.)

— * Une Croisière en Extrême-Orient, par le Comte de Marsay. Paris, Delagrave, 1904, in-16, pp. 272.

— * Aubé. — De Tientsin à Paris en wagon. Paris, 1904, in-8, pp. 24.

— En Chine par le Transsibérien. Par Séraphin Rivat. (*Etudes... par des Pères de la Cie. de Jésus*, 20 juillet 1904, pp. 230/251.)

(DIVERS.)

— De Marseille à Chang-hai. (*Relations de Chine*, Kiang Nan, juillet 1904, pp. 292/303 ; oct. 1904, pp. 339/350 ; janv. 1905, pp. 427/438 ; avril 1905, pp. 490/508.)

Par le P. Jean Aucler, du diocèse de Paris, S. J., embarqué le 29 nov. 1903 à bord du *Polynésien*.

— Eine Winterreise durch Schantung und das nördliche Kiang-su. Von Walter Anz. (*Petermanns Mitt.*, 50. Bd., 1904, VI, pp. 131/140, carte 1/1.000.000.)

Notice : *T'oung Pao*, Oct. 1904, pp. 502/3, par Ed. Chavannes.

— Lettres de Chine. Par Jacques Faure. (*Soc. Géog. com. Nantes*, 1902, pp. 33/41.)

— Vers Pékin par la Sibérie. Par Jacques Faure. (*Bul. Soc. Géog. Com. Paris*, XXVI, 1904, pp. 113/5.)

— Impressions et choses vues en Extrême-Orient. Par E. Gallois. (*Ibid.*, pp. 621/4.)

— * On the Outskirts of Empire in Asia. By the Earl of Ronaldshay. Blackwood & Sons. 1904. Pp. XXII, 408. With two Maps.

Notice : *Geographical Journal*, XXV, No. 4, April 1905, p. 446.

— G. J. Litton. — Voir col. 355.

— Voyage de M. Litton, dans l'Ouest du Yünnan. Traduit par Ed. Clavery. (*Annales Coloniales*, 1er Mai 1904, pp. 209/214.)

— Les possibilités commerciales du Yunnan. (*Bull. Com. Asie française*, Décembre 1903, pp. 554/5.)

Extrait d'un rapport de M. G. Litton, faisant fonctions de consul britannique à Yunnan-fou, publié dans le *Board of Trade Journal*.

— *China*. No. 3 (1903). — Report of Acting Consul Litton on a Journey in North-West Yünnan. — *Presented to both Houses of Parliament by Command of His Majesty*, November 1903. — London : Printed by Harrison and Sons. [Cd. 1836.] *Price* $10\frac{1}{2}$ *d*, in-fol., pp. 23.

— Routes from America to Eastern Asia. (*Geographical Journal*, XXIV, N° 4, Oct. 1904, p. 485.)

A. J. Roewade dans la *Post Intelligencer*, Seattle, 15 May 1904.

— Sur le Yang-Tse Journal d'une double exploration pendant la campagne de Chine (1900-1901) par Félix Hémon Commissaire de la Marine et par MM. Bouteiller, de Carné, Delage, Evin, de Kergorre, Maire, Millot, Paqué, Perrette, Rousseau, Sauerwein, Varcollier, Winter, officiers de la Marine française ; Félix Hémon, inspecteur général de l'Instruction publique. Avec préfaces par A. Gerard, ancien ministre de France en Chine et le Commandant Baëhme — Ouvrage orné de 30 illustrations. Paris, Ch. Delagrave, s. d. [1905], in-8, pp. XV-346.

Voir une Bibliographie étendue, pp. 279/301.

Notices : *Bul. Ecole Ext. Orient*, V, Janv.-Juin 1905, pp. 224/5, par P. P.[elliot.] — *T'oung Pao*, Mai 1905, pp. 239/240, par Henri Cordier.

— Notes of a land journey from Fu-chau to Kiu-Kiang. By Major A. B. Hamilton. (*Geographical Journal*, XXVI, No. 1, July 1905, pp. 69/74, carte.)

— Unter Chinesen und Tibetanern von

(DIVERS.)

A. Genschow Leutnant und Dolmetscher-Offizier im Ostasiatischen Expeditionskorps, jetzt Leutnant im Infanterie-Regiment von Alvensleben (6. Brandenburgisches) No. 52 — Mit 189 Abbildungen, Initialen und Zierstücken im Text nach Originalaufnahmen und Zeichnungen des Verfassers nebst 5 lithographischen Spezialkarten in Farbendruck, 1 Uebersichtskarte u. Porträt des Verfassers. — Zweite Auflage. — Rostock i. M., C. J. E. Volckmann, 1905, in-8, pp. VI + 1 f. n. ch. + pp. 385.

On a tiré 100 ex. de luxe.

— Vom Omi bis Bhamo Wanderungen an den Grenzen von China, Tibet und Birma von Lic. H. Hackmann. Illustriert von Alfred Wessner. Halle a. S., Gebauer-Schwetschke, 1905, in-8 carré, pp. 382.

— Pauline Gräfin Montgelas Ostasiatische Skizzen — Mit einer Ansicht des Himmels-Tempels zu Peking. — München, Theodor Ackermann, 1905, in-8, pp. 103.

— Pauline Gräfin Montgelas Bilder aus Südasien Mit sechs Abbildungen und einer Kartenskizze. München, Theodor Ackermann, 1906, in-8, pp. 146.

Cochinchina und Cambodja. — Siam. — Java. — Birma. — Indien.

— Jean de Nettancourt-Vaubecourt — En zigzag de Singapour à Moscou Notes de route. Paris, Plon, 1905, in-18, 1 f. n. ch. + pp. 320 + 1 f. n. ch.

— F. W. Carey. — Voir col. 318.

— Notes of a Journey Overland from Szemao to Rangoon. By Fred. W. Carey. (*Journal C. B. R. A. Soc.*, XXXVI, 1905, pp. 1/35.)

— La Mission de M. Maximilien Foy en Extrême-Orient. — Projets de voies ferrées en Chine. (*A travers le Monde*, 1905, pp. 69/70, carte.)

— Mission Comby en Extrême-Orient. (*La Géographie*, 15 Octobre 1905, p. 278.)

— Voyage de M. Comby. (*Ibid.*, 15 Novembre 1905, p. 357.)

— * My Travels in China, Japan, and Java, 1903. By H. H. the Raja-i-Rajgan Jagatjit Singh of Kapurthala. London : Hutchinson & Co., 1905, pp. XII and 226. Map and Illustrations.

Notice : *Geog. Journ.*, May 1906, pp. 495/6.

— Von Ichang über Land nach Chungking. Von Dr. Betz. — Mit zwei Tafeln. (*Mitt. Semin. Orient. Sprachen*, VIII, *Ostasiat. Studien*, 1905, pp. 269/292.)

— Expedition zum Oberlauf des Hwangho in Osttibet. Von Leutnant W. Filchner. (*M. G. Ges. München*, 1, 1905, pp. 496/99.)

— * John Chinaman at Home. Sketches of Men, Manners, and Things in China. By the Rev. E. J. Hardy. London : T. Fisher Unwin, 1905, pp. 336. Illustrations.

— G. Le Roy Liberge — Impressions d'Extrême-Orient Transsibérien. — Japon. — Indo-Chine. — Java. — Indes Anglaises. — Paris, Oudin, 1905, in-16, pp. 420.

Notice : *Bul. Comité Asie franç.*, Oct. 1905, pp. 415/6.

— Félicien Challaye. — Au Japon et en Extrême-Orient. Paris, Colin, 1905. In-12, pp. VI-272.

Notices : *Etudes*, 20 oct. 1905, pp. 276/7. Par Joseph Burnichon. — *La Géographie*, 15 déc. 1905, pp. 444/5, par Gabriel Rouy.

— French Expeditions in Eastern and Central Asia. (*Geogr. Journal*, XXVII, No. 1, Jan. 1906, p. 87.)

Grillières, Comby, Pelliot, etc.

— Journey from China to India. (*Geographical Journal*, XXVII, N° 6, June 1906, p. 628.)

Extrait de l'*Englishman* de Calcutta, 17 avril. Voyage de M. E. C. Young, ingénieur

— Trois mois au Kouang-Si Souvenirs d'un Officier en mission — 16 Photographies hors texte. Paris, Ch. Delagrave, s. d. [Mars 1906], pet. in-8, pp. IV-247, carte.

Par F. François, ancien officier d'ordonnance de M. Doumer, Gouverneur général de l'Indo-Chine française, lieutenant au 1er bataillon de Chasseurs, Troyes, Aube.

— Mission au Kouang-si, par M. le lieutenant François. (*La Géographie*, 15 juin 1906, pp. 476/480.)

— * Reise-Erinnerungen aus Ost-Asien von Rupprecht Prinz von Bayern. Mit 33 Abbildungen. München 1906. C. H. Beck'sche Verlagsbuchhandlung.

— Ostasien nach den Reiseberichten eines deutschen Prinzen. Von C. v. Zeppelin. (*Asien*, Feb. 1906, pp. 65/68.)

— Erinnerungen an die ostasiatischen Kaiserreiche und Kaiser. — Russland — China — Korea — Japan. — Von Mgr. Graf Vay de Vaya Ap. Pr. HP. S. H. — Berlin, Gebrüder Paetel, 1906, in-8, pp. 314.

A été traduit en anglais.

— * M. Huber. — Tagebuchblätter aus Sibirien, Japan, Hinter-Indien, Australien, China, Korea. Zürich, 1906, gr. in-8, pp. XIX-504, ill. et carte.

II — COMMERCE.

Ouvrages divers.

— Voir ANGLETERRE, *Blue Books*; FRANCE : *Rapports commerciaux* : Ambassade de LAGRENÉ : NATALIS RONDOT, ISIDORE HEDDE, etc.

— Voir Captain Pidding's *Chinese Olio*, col. 1805.

— * Brunel. — Observations sur le commerce en général, et sur celui de la Chine en particulier, 1791, in-8.

Quérard, *France littéraire*. — On l'a vainement cherché à la Bib. nationale.

— A Voyage to Madagascar and the East Indies. By the Abbe Rochon, Member of the Academies of Sciences of Paris and Petersburgh, Astronomer of the French Navy... &c. To which is added, M. Brunel's Memoir on the Chinese Trade. Illustrated with an Original Map of Madagascar, drawn by M. Robert. Translated from the French, By Joseph Trapp, A. M. London : Printed for Edward Jeffery... M,DCC,XCIII. In-8.

Le mémoire de Brunel occupe les pp. 336/394. — Il ne se trouve pas dans les éd. françaises de Rochon, Paris, 1791, in-8, et Paris, an X, 3 vol. in-8. — Alexis-Marie de Rochon, né le 21 février 1741 au château de Brest; † 5 avril 1817.

— Idée générale du commerce et des liaisons que les Chinois ont eus avec les nations occidentales. Par M. de Guignes. Lû le 4 Mai 1784. (*Rec. de l'Ac. des Insc.*, XLVI, 1793, pp. 534/579.)

— Notice sur les objets de commerce à importer en Chine. [Par le P. Cibot.] (*Mém. conc. les Chinois*, VIII, pp. 267-270.)

— Manuel du Commerce des Indes orientales et de la Chine; Par Pierre Blancard, ancien Navigateur, Membre du Conseil d'Agriculture, Arts et Commerce de la ville de Marseille. Dédié a S. M. l'Empereur et roi d'Italie. A Paris, chez Bernard...; à Bordeaux, chez Bergeret; à Marseille, chez Sube et Laporte. 1806, in-folio, pp. lxxiij-544-72 sans la Table. — Une carte.

Chapitre IX, pp. 387/474 : = Macao (387-388). — Chine (389-438). — Canton (439-454). — Plan d'une expédition directe pour la Chine (454-458). — Plan d'une expédition indirecte (458-466). — État des marchandises de la Chine propres p. la France (466).

— Observations sur le Manuel du Commerce des Indes Orientales, et de la Chine, par J. F. Charpentier Cossigny, Ex-Ingénieur... A Paris, Gagnard, Juin 1808, in-4, pp. 71.

— Oriental Commerce; containing a geographical Description of the principal places in The East Indies, China and Japan, with Their Produce, Manufactures, and Trade, including the coasting or country trade from port to port; also the rise and progresse of the trade of the various European Nations with the Eastern World, particularly that of the English East India Company, from the discovery of the passage round the Cape of Good Hope to the present period; with An Account of the Company's Establishements, Revenues, Debts, Assets, &c. At Home and Abroad. Deduced from authentic Documents, and founded upon practical Experience obtained in the Course of Seven Voyages to India and China. By William Milburn, Esq. Of the Honourable East India Company's Service. London : Printed for the Author, and published by Black, Parry & Co., 1813, 2 vol. in-4.

— Oriental Commerce; or the East India Trader's Complete Guide; containing a Geographical and Nautical Description of the Maritime Parts of India, China, Japan and neighbouring countries, including the Eastern Islands, and the trading Stations on the Passage from Europe; With an Account of their respective commerce, productions, coins, weights, and measures; their port regulations, duties, rates, charges, &c. And a Description of The Commodities imported from thence into Great Britain, and the Duties payable thereon; together with a mass of miscellaneous information, collected during many years' employment in the East India Service, and in the course of seven voyages to India and China. Originally compiled by the late William Milburn, of the Honourable East India Company's service : A careful Digest having been made from the Papers left with his Executor, and the whole incorporated with much additional and valuable Matter, by Thomas Thornton, M. R. A. S. London : Printed for Kingsbury, Parbury, and Allen,

Leadenhall Street, 1825, gr. in-8, pp. 586 + 2 f. prél., préf. — Cartes.

— Gedachten over den Chinahandel en den Theehandel, strekkende ten Betoge, dat alle belangen zich vereenigen tot de oprigting van eene Sociëteit, Op Vereenigd Kapitaal handelende, aan welke bij uitsluiting die takken van commercie overgedragen worden. Te Rotterdam, bij Arbon en Krap, 1824, in-8, pp. 95.

— Facts relating to Chinese Commerce in a Letter from a British Resident in China to his friend in England. — London : J. M. Richardson, 1829, in-8, pp. VIII-66.

— Sir James B. Urmston, late President of the H. E. I. Co's Factory at Canton. Observations on the China Trade and on the Importance and advantages of removing it from Canton to some other part of the coast of that Empire. London, George Woodfall, 1833, in-8, pp. 149.

Printed for private circulation.

— Gützlaff. — Sketch of Chinese History. App. [Voir col. 589.]

∴

— A Chinese Commercial Guide consisting of a Collection of Details respecting foreign trade in China. By John Robert Morrison. Canton : Printed at the Albion Press, and sold at the Canton Register Office, No. 4 Danish Hong. 1834, in-8, pp. XII-116.

Notice : *Chin. Rep.*, III, p. 386.

Ce *Guide* peut être considéré comme la continuation du *Companion to the Anglo-Chinese Calendar*, 1832. — Voir col. 564-565.

— A Chinese Commercial Guide, Consisting of a Collection of Details and Regulations respecting foreign trade with China. By the late Hon. J. R. Morrison. Second Edition. Revised throughout, and made applicable to the trade as at present conducted. Macao : S. Wells Williams, 1844, in-8, pp. VIII-280.

— A Chinese Commercial Guide, consisting of a Collection of Details and Regulations respecting foreign trade with China. By the late Hon. J. R. Morrison. Third Edition, revised throughout, and made applicable to the trade as at present conducted. Canton. Printed at the Office of the *Chinese Repository*, 1848, in-8, pp. VIII-311.

La seconde et la troisième éd. du *Guide* ont pour auteur S. W. Williams. La troisième éd. n'est d'ailleurs qu'une réimpression de la seconde, faite pendant un voyage du Dr. Williams aux États-Unis.

— A Chinese Commercial Guide, consisting of a Collection of Details and Regulations respecting Foreign trade with China, Sailing Directions, Tables, &c. By S. Wells Williams. Fourth Edition. Revised and enlarged. Canton : Printed at the Office of the *Chinese Repository*, 1856, in-8, pp. VIII-376.

Au commencement il y a une « Map of the Chinese Empire, compiled from Native and Foreign authorities by S. W. Williams, 1847 ».

— The Chinese Commercial Guide, containing Treaties, Tariffs, Regulations, Tables, etc., useful in the Trade to China & Eastern Asia ; with an Appendix of Sailing Directions for those seas and Coasts. By S. Wells Williams, LL. D. Fifth Edition. Hongkong ; Published by A. Shortrede & Co., 1863, in-8, pp. XVI-388-266.

Preface-Contents : I. Four Treaties with China. II. Articles of Trade with China. III. Foreign Commerce with China. IV. Foreign Commerce with Japan. V. Moneys, Weights, &c. in China. VI. Western Moneys, Weights, &c. VII. Tables on Prices, Exchanges, &c. — Index. — Appendix.

This work is inscribed to Edward Cunningham Esq.

Notice : *N. C. Herald*, No. 697, 5 Dec. 1863.

— The Fur Trade : Animals which produce fine furs; those producing hairy skins; the progress of the fur trade in Asia, America, and Europe ; imports into China. By S. W. Williams. (*Ch. Rep.*, III, pp. 548/558.)

Voir Martin, col. 1854.

— Considerations respecting the trade with China. By Joseph Thompson, late of the East-India House. London : Wm. H. Allen, 1835, in-12, pp. 177.

Notice par A. S. Keating, *Chin. Rep.*, IV, pp. 537/550.

— The Present Position and Prospects of the British Trade with China ; together with an outline of some leading occurrences in its past history. By James Matheson, Esq. of the firm of Jardine, Matheson and Co., of Canton. London : Smith, Elder & Co., 1836, in-8, pp. 135 + 6 p. de tables à la fin et 2 ff. prél.

Notice : *Chin. Rep.*, V, Oct. 1836, p. 243.

— A Practical Treatise on the China and Eastern Trade : comprising the Commerce of Great Britain and India, particularly Bengal and Singapore, with China and the Eastern Islands, including much useful information, and many interesting particulars relative thereto ; with Directions, and numerous Statements and Tables, adapted to the use of merchants, commanders, pursers, and others, connected with the Trade of China and India. By John Phipps. London, Wm. H. Allen & Co. ; Calcutta, W. Thacker & Co., 1836, gr. in-8, pp. XX-338-LXVI.

— Statement of the exports of tea in British and American bottoms, with the amount of silk to England, and the number of vessels reported to the Chinese for 1836-37-38. (*Chinese Repository*, IX, p. 191.)

— Question Chino-Parisienne [1843]. Pièce in-4 de 2 ff. (4 pages) : Imprimerie Dondey-Dupré, rue Saint-Louis, 46, au Marais.

Lettre de Paris, le 4 septembre 1843, adressée aux membres de la réunion chino-parisienne par le bureau composé de D. Potonié, président, J. Mader, secrétaire, E. Levillain, trésorier. Cette réunion avait été formée dans le but de faciliter aux commerçants parisiens les relations avec la Chine, relations qui devaient être commencées par les délégués, adjoints à l'ambassade Lagrené.

— Note sur le Commerce des livres en Chine

et sur leur prix de revient en Europe. Pièce in-8, pp. 4.

Extrait du *Journal de la Librairie*, 27 mai 1843.

— Remarks on China and the China Trade. By R. B. Forbes. Boston: Samuel N. Dickinson, Printer, 1844, in-8, pp. 80.

— Annales du Commerce extérieur, publiées par le Département de l'Intérieur, de l'Agriculture et du Commerce (3e série des Avis divers). Chine et Indo-Chine. (Faits commerciaux. — Nos. 1 à 9.) Avril 1843 à Octobre 1845. Paris, Paul Dupont, 1852, in-8.

— *Ibid.* (No. 10), Mars et Avril 1846. Paris, Paul Dupont, 1852, in-8.

— *Ibid.* (Nos. 11 et 12), Juillet 1846 à Août 1847. *Ibid.*, 1852, in-8.

— *Ibid.* (Nos. 13 à 20), Mai 1848 à Décembre 185[illegible]. *Ibid.*, 1852, in-8.

— *Ibid.* (Nos. 21 à 39), Février 1855 à Juillet 1867. *Ibid.*, 1868, in-8.

— Instructions générales [remises aux Délégués du Commerce, Mission de Chine]. (*Ann. du Comm. ext.*, No. 5, Chine, *Faits commerciaux*, 3e Série des Avis divers, No. 140. — Voir également les Nos. 31, 54, 82, 83, 84, 85, 103, 114, 115, 140 et 141 de cette collection.)

— Commerce avec le littéral japonais et les îles Liou-Tcheou, spécialement au point de vue des intérêts français. (Extrait de deux rapports de M. Auguste Heurtier, délégué du Ministère de l'Agriculture, du Commerce et des Travaux publics, dans les mers de la Chine et du Japon.) (*Ann. du Com. ext.*, *Faits com.*, No. 24, Mars 1857.)

— Iles Liou-Tchou. (*Ibid.*, No. 35, Nov. 1863.)

— Manuel du Négociant français en Chine, ou Commerce de la Chine considéré au point de vue français. Par M. C. de Montigny, Attaché à l'Ambassade du Roi en Chine. 1846, gr. in-8, pp. 185 à 502.

Forme la IIe Partie des *Documents sur le commerce extérieur*, publiés par le Ministère de l'Agriculture et du Commerce; 3e série des Avis divers, No. 319; *Faits commerciaux*, No. 10.

— Etude pratique du Commerce d'exportation de la Chine, par Isidore Hedde, Ed Renard, A. Haussmann, et N. Rondot, délégués commerciaux attachés à la Mission de France en Chine; revue et complétée par Natalis Rondot, Délégué de l'industrie lainière en Chine. Paris, à la librairie du commerce, chez Renard, 1848, gr. in-8, pp. 280.

Duprat, 1861, Fr. 6. — Leroux, 1873, Fr. 12.

(Divers.)

— Chambre de commerce de Lyon. Commerce de la France avec la Chine. Délibération prise sur le rapport de M. Rondot, délégué de la Chambre. Lyon, 1860, br. gr. in-8, pp. 26.

Duprat, 1861, Fr. 3. — Leroux, 1873, Fr. 2.

— Chinas Handel, Industri och Statsförfattning, jemte underrättelser om Chinesernes folkbildning, seder och bruk, samt Notiser om Japan, Siam M. Fl. Orter. af C. F. Liljevalch. Stockholm, Beckman, 1848, in-8, pp. VIII-407.

Portrait col. de Tai-Yeng, Vice-Roi de Canton. — Voir col. 86.

— * *Tio Tusen Chinesiska Ting.* Beskrifvande Förterning åfver En Chinesiskt Målningsgalleri samt en stor samling af Chinesiska Konst-, Industri- och Naturalster. Stockholm, 1849, in-8, pp. 42.

— Tables of the Foreign Trade at the Five Ports for the year ending 31st Dec. 1845,... (*Chin. Rep.*, XV, pp. 291/297.)

— Tables of the Foreign Trade with China at the Five Ports during the years 1847 and 1848. Compiled from the British Consular Returns and other sources. (*Ibid.*, XVIII, pp. 295-303.)

— Consular Returns of the British and Foreign trade with China for the year 1849. (*Ibid.*, XIX, pp. 513/523.)

— Chambre de Commerce de Rouen. Exploration commerciale dans les mers du Sud et de la Chine, par M. Marc Arnaudtizon, Délégué de la Chambre de Commerce de Rouen. Rapport de ce délégué. Rouen Imprimerie de Alfred Péron, 1854, in-8, pp. 115 s. l. t.

— * Die Indische und Chinesische Handels-Bilanz. Nach amtlichen Quellen. (*Ausland*, Nr. 13, 1857.)

— Rodolphe Lindau. — Le Commerce étranger en Chine. (*Revue des Deux Mondes*, 1er Octobre 1861.)

— Наши торговыя дѣла въ Китаѣ. (Notre Commerce avec la Chine.) Par C. A. Skatschkov. St. Pétersbourg, 1863, br. in-8.

— Berichte über Chinesische Handels-Verhältnisse. (Herausgegeben vom Königl. dänischen Ministerium.) Aus dem Dänischen in's Deutsche übertragen von Dr. C. Resensmith. Hamburg, Verlag von F. H. Nestler und Melle. (Hermann Hülsemann.) 1865, in-8, pp. 164.

— On modes of Banking in America, Manchooria, and China. By Colonel Sykes. (*British Ass. for the Advancement of Science*, 1866, *Trans.*, pp. 134/5.)

— Commercial Words and Phrases. (1) List of terms used in Commerce. By Rev. John McGowan. (2) Kiukiang Commercial List. Originally compiled by E. B. Drew. (3) Silk Goods. (4) Names of Silks. (5) Piece Goods. Gathered and Arranged by the Editor. (Doolittle's *Dict.*, Part III, No. XX.)

— Compradore, Shroff, Godown-Keeper, and Coolie. (*Ibid.*, No. LXXIX.)

— Il Commercio Chinese nel 1865 — Cenni geografici, statistici e commerciali raccolti da G. B. Beccari Membro del Consiglio della Società geografica italiana. S. Giovanni Valdarno, Michele Righi, 1869, gr. in-8, pp. 104.

(Divers.)

— La Chine les Warrants & l'avenir du Commerce des Soies par A. Lapareille, Rédacteur de la Sériciculture pratique. Valréas. — Imprimerie séricicole de Jabert. Br. in-8, pp. 47, s. date.

— France et Chine. Compagnie d'exportation et d'importation et transports à vapeur de voyageurs et marchandises sur les Fleuves de la Chine. Paris, typ. Morris, 1877, br. in-8, pp. 58.

Prospectus d'une compagnie créée par M. Schaedelin.

— The Extension of Foreign Trade. (Balfour, *Waifs and Strays*, 1876, pp. 88/97.)

— Foreign Trade During the Sung. (*China Review*, XI, p. 59.)

— The Foreign Trade of China during 1880. By Hongkong. (*Ibid.*, X, pp. 1/18.)

— Chine. — Commerce extérieur en 1876. (*Soc. belge Géogr.*, *Bull.*, 1877, pp. 628/631.)

D'après un rapport de M. Edmond Serruys.

Maurice Jametel.

— Le commerce extérieur de la Chine en 1881 ; son présent et son avenir. Par Maurice Jametel. (*Economiste français*, 1882.)

— Le commerce extérieur de la Chine en 1882. Par Maurice Jametel. (*Ibid.*, 1883.)

— Les débouchés nouveaux du commerce européen en Chine. Par Maurice Jametel. (*Ibid.*, 1882.)

— L'industrie des transports maritimes dans l'extrême Orient. Par Maurice Jametel. (*Ibid.*, 1883.)

F. Hirth.

— Handel und Kunstindustrie in China. Ein Vortrag von F. Hirth. Veröffentlicht vom Centralverein für Handelsgeographie und Förderung deutscher Interessen im Auslande zu Berlin. Berlin. Gedruckt bei Julius Sittenfeld, 1882, br. in-8, pp. 14.

— China's Handel im Jahre 1882. (*Oesterr. Monatsschrift f. d. Orient*, Aug. 1883, pp. 142/3.)

— China's Aussenhandel 1883. (*Ibid.*, Juli 1884, pp. 182/184.)

— Zur Geschichte des antiken Orienthandels. (*Verhandlungen der Gesellschaft f. Erdkunde*, Berlin, 1889, Vol. XVI, p. 46.)

Réimp. dans les *Chinesische Studien*, de Hirth, pp. 1/24.

— Contributions to the History of ancient Oriental Trade. A Lecture delivered before the Geographical Society at Berlin. On 8th December, 1888, by Dr. Friedrich Hirth. (*China Review*, XVIII, No. 1, 1889, pp. 41/54.)

Trad. des *Verhand. d. Ges. f. Erdk. zu Berlin*, 1889, No. 1.

— Zur Geschichte des Orienthandels im Mittelalter. Von Dr. Friedrich Hirth. (*Globus*, Bd. LVI, 1889, No. 14, pp. 209/211 ; *Ibid.*, No. 15, pp. 236/239.)

Réimp. dans les *Chinesische Studien*, de Hirth, pp. 25/43.

— Contributions to the History of the Oriental Trade during the Middle Ages. By F. Hirth. (*China Review*, XVIII, No. 5, pp. 307/318.)

Notice : *Ibid.*, pp. 318/319. By E. J. E.[itel.]

— China's Handelsverhältnisse. (*Chinesische Studien*, von Fried. Hirth, I. Bd., 1890, pp. 102/117.)

— The Hoppo Book, voir CANTON, port ouvert.

— Wissenschaftliche Rundschau. Friedrich Hirth's sinologische Forschungen. Von Karl Himly. (*Münchner Neueste Nachrichten*, 26. u. 29. Oktober 1889.)

— China und sein Auszenhandel. Nach einem Vortrage des Herrn Professor Friedrich Hirth, gehalten am 10. Februar in der Abteilung Frankfurt a. M. (*Deutsche Kolonialzeitung*, 24 Februar 1898, pp. 68/70.)

∴

— Der Handel und das Verkehrswesen Chinas. Von W. K. (*Deutsche Rund. f. Geog. u. Stat.*, IV, 1881-1882, pp. 127/9.)

— 呢 *Ni*, Broadcloth. By G. M. H. P.[layfair.] (*Journ. C. B. R. A. S.*, XXI, N. S., 1886, pp. 229/230.)

— C. Derossi & M. Rottini. — Il Commercio della Cina. Relazione a S. E. il ministro di agric., ind. e comm. — Roma, Perino, 1883, in-8, pp. VI-243.

— Le progrès économique dans l'Extrême Orient. Expansion internationale. — Système colonial. — Libre échange, protection. Par M. Louis Desgrand. (*Bul. Soc. Géog.*, Lyon, V, 1884, pp. 305/334.)

— Sur le prix des livres chinois. (*Mém. Soc. Et. jap., etc.*, IV, 15 avril 1885, pp. 149/152.)

— Histoire du commerce du Levant au Moyen-Âge par W. Heyd Bibliothécaire en chef à la Bibliothèque royale de Stuttgart. Edition française refondue et considérablement augmentée par l'auteur, publiée sous le patronage de la Société de l'Orient latin par Furcy Raynaud. Leipzig, Otto Harrassowitz, 1885-1886, 2 vol. in-8, pp. XXIV-554, 799.

Notice : *Journ. C. B. R. A. S.*, XXII, N. S., 1887, pp. 106/109. By F. Hirth.

— Chinese Guilds or Chambers of Commerce and Trades Unions. By D. J. Macgowan, M. D. (*Journal C. B. R. A. S.*, XXI, N. S., 1886, Art. VIII, pp. 133/192.)

— * Verkehrswege in China. (*Ostasiat. Lloyd*, IX, pp. 342/4.)

— Die Verkehrswege im Dienste des Welthandels. — Eine historisch-geographische Untersuchung samt einer Einleitung für eine « Wissenschaft von den geographischen Entfernungen » von Dr. Wilh. Götz, Dozent der Technischen Hochschule München. — Mit fünf Karten in Farbendruck.

— Stuttgart, Ferdinand Enke, 1888, in-8, pp. xv-806.

— Vortrag von Wilh. Götz über die Verkehrsweise in China und dessen Zukunftsbahnen. (*Jahresb. Geog. Ges. München*, 1887, pp. XLVI/XLIX.)

— La Chine industrielle et commerciale. Par M. H. Castonnet Des Fosses. (*Bul. Soc. Géog.*, Lyon, VII, 1887, pp. 331/365.)

— Die Einnahmequellen und der Credit Chinas nebst Aphorismen über die Deutsch-ostasiatischen Handelsbeziehungen von A. H. Exner, s. Zt. Delegirter des Deutschen Eisenbahn-Consortiums für China. — Berlin. Verlag von A. Asher & Co. 1887, in-8, pp. 71.

— Les routes commerciales de la Chine. (*Bul. Soc. Géog. Est*, 1888, pp. 242/263.)

— The P. and O. Company. By Demetrius Boulger. (*As. Quart. Review*, VII, Jan.-April 1889, pp. 241/258.)

— Sherriff's Illustrated Route Charts and Travellers' Hand-book. — Routes from London, Liverpool and Plymouth, The Mediterranean, Egypt and Suez Canal, including Gravesend to the North Foreland. — Views and Plans of London, Plymouth and Plymouth sound, Gibraltar Rock and harbour, Valetta and harbour, Alexandria and harbour, Cairo, Town of Suez and Docks, Sketches of various places of interest on the Route, visible from the Deck of the Steamer. And Including a Traveller's Diary, Descriptive Notes, and General Information for the Guidance of Travellers to and from the East. — Sherriff's Illustrated Route Charts, London, in-8 oblong.

— L'éducation commerciale en Chine. Par le général Tcheng-ki-tong. (*Bul. Soc. Géog. com. Paris*, XII, 1889/90, pp. 436/447.)

— La Mer — A bord du Courrier de Chine par Hacks. — Dessins et Illustrations de Fillol. Paris, Marpon & Flammarion, s. d. [1891], in-12, pp. 288.

Reproductions par la Glyptographie Silvestre. — La dédicace à M. Paul Lecat, Directeur de la « Compagnie des Messageries Maritimes », est signée : Dr. Charles Hacks.

Ce livre est l'historique de la Cie. des Messageries et d'une façon générale le récit des voyages ordinaires sur les bâtiments de cette Compagnie. A ce titre il appartient au chap. COMMERCE.

— Die Kommercielle Entwickelung Chinas in den letzten 25 Jahren. Von Dr. Joseph Grunzel. Leipzig 1891. Verlag von Wilhelm Friedrich, K. R. Hofbuchhändler, in-8, pp. IV-97 + 1 f. n. ch.

(DIVERS.)

— Commerce. (*T'oung Pao*, II, Janvier 1892, pp. 418/425.)

— Our Commercial Relations with China. By Prof. Robert K. Douglas. (*Scottish Geog. Mag.*, VII, 1891, pp. 11/26.)

— Le commerce anglais et européen avec la Chine. (*Soc. roy. belge Géogr., Bull.*, 1891, pp. 150/151.)

— Une compagnie maritime chinoise. Par L.-B. Rochedragon. (*Bul. Soc. Géog. Lyon*, X, 1891, pp. 372/380.)

— Conférence de M. Haas, Consul de France à Hangkéou à la Chambre de Commerce de Lyon. — Le Tonkin et le commerce de la Chine méridionale. (*Ibid.*, XI, 1892, pp. 115/123.)

— Les grandes Compagnies de Commerce. — Etude pour servir à l'histoire de la colonisation par Pierre Bonnassieux. — Ouvrage récompensé par l'Académie des Sciences morales et politiques. Paris, E. Plon — 1892, in-8, pp. 562 + 1 f. d'errata.

— * Wright's Australia, India, China, and Japan. Trade Directory and Gazetteer, including Canada, South and Central America, Mexico, West Indies, and South Africa. A Handbook of Trades, Professions, Commerce, and Manufactures in the Australian Colonies, India, China, and Japan, Canada, South America, Central America, West Indies, Mexico, and South Africa. Fourth Edition. New York : Geo. Wright. London : Thos. Cook and Son, 1893-94, pp. CXXIV-3035.

— Le commerce des Ports nord de la Chine, Niéou-tchouang, Tien-tsin, Tché-fou par Albert Fauvel. (*Bul. Soc. Géog. Com. Paris*, XVII, 1895, pp. 336/352.)

Tirage à part : Paris, Au Siège de la Société..., 1895, br. in-8, pp. 17.

— New British Markets. I. Western China. By Holt S. Hallett. (*Nineteenth Century*, XXXVIII, Aug. 1895, pp. 236/246.)

— New British Markets. II. Tibet. By C. E. D. Black. (*Ibid.*, pp. 247/260.)

— Our Trade with China. By the Chief of the Bureau of Statistics at Washington. (*North-American Review*, CLX, Jan. 1895, pp. 63/71.)

By Worthington C. Ford.

— Department of Commerce and Labor Bureau of Statistics — Commercial China in 1904 — Area, Population, Production, Railways, Telegraphs, and Transportation Routes and Foreign Commerce and Com-

(DIVERS.)

merce of United States with China — [From the Monthly Summary of Commerce and Finance for January, 1904]. — O. P. Austin, Chief of Bureau. Washington, Government Printing Office, 1904, gr. in-4, pp. IV-2325 à 2446, carte.

Le premier de ces rapports a paru en mars 1899; celui-ci est le quatrième.

— Future Trade in the Far East by C. C. Wakefield, F. R. G. S. Member of the London Chamber of Commerce, etc. With Maps, Illustrations, Appendices, Glossary and Index. Whittaker & Co., London, 1896, in-8, pp. XII-184.

— Der zukünftige Handel Chinas. Von Dr. Anatol Markow. (*Mitt. Geog. Ges. Hamburg*, XI, 1896, pp. 80/95.)

— Le commerce de la Chine avec l'étranger par M. F. Dujardin-Beaumetz. (*Bul. Soc. Géog. com. Paris*, XIX, 1897, pp. 477/511.)

— Le Commerce de la Chine avec l'étranger. Par J. Dujardin-Beaumetz. (*Jour. Soc. de Statistique*, XXXVIII, 1897, pp. 52/5.)

— Le commerce de la Chine et les besoins de ses habitants. Par Paul Barré. (*Rev. française*, XXII, 1897, pp. 533/8.)

— La concorrenza industriale dell' Asia. (*L'Universo*, VII, 1897, pp. 90/91.)

Avec renseignements pris dans un article de M. John Barrett, ministre des Etats-Unis à Siam, dans le *North-American Review*.

— Commercial trend of China. By Thomas R. Jernigan, United States Consul-General to China. (*North-American Review*, CLXV, July 1897, pp. 63/69.)

— China's Business Methods and Policy by T. R. Jernigan Ex Consul General of the United States of America at Shanghai, China. London, T. Fisher Unwin, 1904, in-8, 3 ff. n. ch. p. l. tit., tab., etc. + pp. 439.

Shanghai : Kelly & Walsh, Limited, Printers.

Notices : *The Times Weekly Ed. Lit. Sup.*, 21 Oct. 1904. — *Lond. & China Express*, 11 Nov. 1904.

— Ministère de l'Instruction publique et des Beaux-Arts — Mémoire sur l'Organisation et le Rôle des Associations ouvrières et marchandes en Chine par M. Henri Fromageot Membre de la Société de Législation comparée — (*Ext. du Bul. des Sciences économiques et sociales du Comité des travaux historiques et scientifiques*, année 1897). Paris, Imprimerie nationale, MDCCCXCVII, br. in-8, pp. 19.

Voir col. 1851-1852.

— C. Busley. — Der Kampf um den ostasiatischen Handel. Berlin, Dietrich Reimer, 1897, in-8, pp. 195/244, carte.

Deutsche Kolonial-Ges.-Verh. 1896-97, Heft 6.

(DIVERS.)

— Chinas Industrie und Handelsverkehr. (*Archiv für Post und Telegraphie*, 1898, pp. 19/22.)

— Les grandes puissances commerciales de l'Europe et la Chine. Par J. Peltzer. (*Soc. Roy. Belge Géog., Bul.*, 1898, pp. 159/165.)

— Trade of Central and Southern China, by Consul Bourne. — Price 75 Cents. — Shanghai : Printed at the « Shanghai Mercury » Office, 1898, gr. in-8, pp. 68 à 2 col., 2 cartes.

— Le commerce de la Chine centrale et méridionale. Traduit de l'Anglais par Jules Guénot. (*Bul. Soc. Géog. Toulouse*, 1898, pp. 506/526.)

— The Trade of Central and Southern China. (*Scottish Geog. Mag.*, XV, 1899, pp. 13/28.)

D'après F. S. Bourne, *Trade of Central and Southern China*, Foreign Office, No. 458.) — Voir col. 2161.

— Le Développement économique et commercial de la Chine. (*Belgique Coloniale*, 21 Mai 1899, pp. 244/245.)

— Le commerce étranger en Chine. Par M. Bard. (*Bul. Soc. Géog. com.*, XXI, 1899, pp. 98/105.)

— Die Wirthschaftsverhältnisse Ostasiens. Vom kais. Rath A. Wiesenburg. (*Oest. Monats. f. d. Orient*, Wien, 1899, pp. 25/31.)

— Chinas Handelsbilanz. (*Ibid.*, pp. 54/5.)

— Die Entwicklung des Handels mit China. (*Ibid.*, pp. 73/4.)

— Handels- und Geschäftsverhältnisse in Ostasien. Von Vice-Consul Nicolaus Post. (*Ibid.*, Wien 1899, pp. 121/2, 133/140 ; 1900, pp. 1/10, 13/22, 25/33, 37/46, 49/58.)

— Le commerce extérieur de la Chine en 1899. (*Revue scient.*, 37e année, 1900, 2e sem., pp. 443/445.)

— L'Empire chinois. (*Ibid.*, 2e sem., p. 315.)

Extrait de l'*Economiste*.

— Commerce et Navigation de la Chine en 1899. (*Belgique Coloniale*, 13 Mai 1900, pp. 219/220.)

— Le Commerce extérieur de la Chine en 1899. (*Ibid.*, 24 Juin 1900, pp. 291/292.)

— Le Peking Syndicate. Par M. Charles Didier. (*Chine et Sibérie*, Avril 1900, pp. 145/150.)

— La Chine économique par Charles Saglio. (*Revue Encyclop. Larousse*, 7 Juillet 1900, pp. 531/536 ; 21 juillet 1900, pp. 566/572.)

— Note sur le commerce de la Mongolie chinoise par Ning-hsia-fou (Kansou). Par Ch.-E. Bonin. (*Rev. coloniale*, 1900, pp. 1168/1172.)

— The Chinese as Business Men. By Sheridan P. Read, Ex-Consul of the United States at Tientsin, China. (*The Century Ill. Mag.*, LX, 1900, pp. 864/8.)

— Die Warenausfuhr aus den chinesischen Vertragshäfen im Jahre 1899. Von Ws. (*Deutsche Kolonialzeitung*, 29 November 1900, pp. 555/556.)

— Bulletin No. 18. U. S. Department of Agriculture. Section of Foreign Markets. — Our Trade with Japan, China, and Hongkong, 1889-1899. By Frank H. Hitchcock, Chief, Section of Foreign Markets. Wash-

(DIVERS.)

70

ington : Government Printing Office, 1900, in-8, pp. 168.

— Coup d'œil sur la Chine économique. Par A. Vissière. (*Chine et Sibérie,* Fév. 1901, pp. 51/6.)

— China and her Foreign Trade. By Sir Robert Hart. (*North American Review,* Vol. 172, 1901, pp. 59/71.)

— * Die Stellung Chinas im Welthandel im Jahre 1900. Von Dr Paul Neubaur. Berlin, 1901, Wilhelm Süsserott.

Notice : *Deutsche Kolonialzeitung,* 1 August 1901, p. 306. Von Moritz Schanz.

— Commerce et navigation sur le Yang-tsé. Par Charles Rabot. (*La Géographie,* 15 décembre 1901, pp. 464/465.)

D'après le *Lond. and China Telegraph,* 6 août 1901.

— Conférence de M. A. Hauchecorne — La Classe marchande et le Commerce indigène en Chine. Br. in-8, pp. 24.

Extrait du *Bulletin de la Soc. de Géog. commerciale du Havre,* 1901.

— Le commerce extérieur du nord de la Chine de 1899 à 1901. Par P. Bons d'Anty. (*La Géographie,* 15 février 1902, pp. 125/126.)

— Les relations commerciales entre l'Indo-Chine et la Chine. (*Bull. Com. Asie française,* Mai 1902, pp. 221/223.)

— Le Commerce extérieur de la Chine. (*Belgique Coloniale,* 8 Juin 1902, pp. 267/268.)

Ext. de l'*Economist.*

— Coutumes commerciales. — Le Comprador. (*Le Mouv. géog.,* 1902, col. 384-5.)

— Schiffahrt auf dem Yangtse und in Nordchina. (*Oest. Monats. f. d. Orient,* Wien. 1902, pp. 142/3.)

— Syndicat du Yunnan, limited. — Directors' Report & Accounts to 30th September, 1902. — With Extract from Report of the Agent-General of the Syndicate in China, M. Emile Rocher, Consul-General, and Map of the Territories embraced by the Concession belonging to the Syndicate. S. l. n. d. [London, 1902], in-4, pp. 14, carte.

— Impediments to Trade. By C. T. Gardner. (*China Review,* XXIII, No. 2, pp. 114/115.)

— The Trade of China. [From the *China Mail.*] (*China Review,* XXV, No. 2, pp. 96/97.)

— Les nouveaux services des Compagnies de navigation. (*Bull. Com. Asie française,* Nov. 1902, pp. 500/501.)

— Der chinesische Theehandel. Wirtschafts-geschichtliche Studie von Dr. phil. P. Kräusel. (*Asien,* 1902, 2, pp. 24/6 ; 1903, 5, pp. 79/82.)

— Mouvement du commerce et de la navigation dans les ports ouverts du Yang-tseu. Par Ch. R.[abot.] (*La Géographie,* 15 février 1903, pp. 125/126.)

D'après le *Board of Trade Journal.*

— Handelsnotizen von der sibirisch-chinesischen Grenze. Von Freiherrn von Stauffenberg, Leutnant im 1. k. b. Schw.-Rt.-Rgt. (*Asien,* 1903, No. 9, pp. 142/4.)

— Der Widerstreit der kommerziellen und fiskalischen Interessen in China. Von Dr August Etienne. (*Ibid.,* pp. 146/7.)

— Commerce de la Chine en 1902. (*Bull. Com. Asie française,* août 1903, pp. 340/342.)

D'après les rapports des Douanes.

— Ein chinesisches Handelsamt. (*Asien,* 1903, No. 11, pp. 178/9.)

(DIVERS.)

— Le commerce de transit de la Chine méridionale. Par Ed. Clavery. (*Annales coloniales,* 15 juillet 1903, pp. 214/9.)

— Der Jangtse. Von D. Kürchhoff. (*Asien,* 1903, No. 12, pp. 183/186.)

— Die Erschliessung des oberen Jangtsegebietes. (*Ibid.,* 1905, No. 5, pp. 65/7.)

— Le commerce en Chine. (*Relations de Chine,* Kiang-Nan, Juillet 1904, p. 338.)

— Le Commerce extérieur de la Chine en 1903. Par C. B. (*Bull. Com. Asie française,* Juillet 1904, pp. 348/9.)

— The Registration of Trade Marks in China. (*N. C. Herald,* 16 Sept. 1904, pp. 642/3.)

— Chinas handelspolitische Stellung zur Aussenwelt. Von H. von Bülow. Wilhelm Süsserott, Berlin, 1904, in-8, pp. 163.

— Le commerce extérieur de la Chine. (*Bull. Com. Asie française,* Janvier 1906, p. 37.)

Extrait d'un rapport de M. Dubail, ministre de France à Peking.

— Mission lyonnaise, Voir VOYAGES, col. 2160-2161.

— Blackburn Chamber of Commerce, Voir VOYAGES, col. 2161.

Douanes impériales.

(Imperial Maritime Customs.)

Les Publications des Douanes impériales forment quatre séries distinctes :

I. — STATISTICAL SERIES.
II. — SPECIAL SERIES.
III. — MISCELLANEOUS SERIES.
IV. — SERVICE SERIES.

I. — STATISTICAL SERIES.

No. 1. — *Shanghai Daily Returns.*

Leur publication a commencé en 1866.

No. 2. — *Customs' Gazette.*

Leur publication a commencé en 1869. — Trimestriel.

— Customs' Gazette. Published by order of the Inspector General of Customs. Shanghai, Printed at the Customs' Press. Brochures in-4 :

No. I, January-March 1869, Pub. June 24, 1869-1869. — II, April-June 1869, Pub. Aug. 20, 1869-1869. — III, July-Sept. 1869, Pub. Dec. 9, 1869-1869. — IV, Oct.-Dec. 1869, Pub. Feb. 14, 1870-1870. — V, Jan.-March 1870, Pub. June 7, 1870-1870. — VI, April-June 1870, Pub. Sept. 15, 1870-1870. — VII, July-Sept. 1870, Pub. Jan. 31, 1871-1871. — VIII, Oct.-Dec. 1870, Pub. March 10, 1871-1871. — IX, Jan.-March 1871, Pub. June 10, 1871-1871. — X, April-June 1871, Pub. Sept. 11, 1871-1871...

Depuis 1886, Part III. — *Fines and Confiscations,* est publiée séparément à la fin de chaque année.

No. 3. — *Returns of Trade.*

Leur publication a commencé en 1859.

— Returns of Trade at the Treaty Ports in China, for the year 1875. Part I. — Abstract of Trade and Customs Revenue Statistics, from 1865 to 1875. Published by order of the Inspector General of Customs. Shanghai : Statistical Department of the Inspectorate General of Customs. MDCCCLXXVI, in-4.

(DOUANES : STATISTICAL SERIES.)

— — Part II. — Statistics of the Trade at each Port. Published... Shanghai : ... MDCCCLXXVI, in-4.

Se composent de deux parties in-4 annuelles, formant 2 cahiers.

No. 4. — *Reports on Trade.*

Leur publication a commencé en 1864.

— Reports on Trade at the Treaty Ports in China, for the year 1870. Published by order of the Inspector General of Customs. Shanghai, Printed at the Customs' Press, 1871, in-4.

Forme un cahier in-4 annuel. — Les années 1871-2 ne forment qu'un cahier.

No. 3 et 4. — *Returns of Trade.*

— China. — Imperial Maritime Customs. I. — Statistical Series : No. 3 and 4. — Returns of Trade and Trade Reports for the year 1892. — Part II. — Reports and Statistics for each Port. With the Reports and Statistics for Corea. 34th-28th Issue. Published by order of The Inspector General of Customs. Shanghai, 1893, in-4.

Cette année 1892 renferme en appendice, pp. 611/630 : *Index to Annual Trade Reports*, 1864-92.

— ... — Returns of Trade (47th Issue) and Trade Reports (41st Issue) 1905. — Part I. — Abstract of Statistics and Report on the Foreign Trade of China ; with Report on the Working of the Post Office. — Published... Shanghai : 1906, in-4, carte, et 5 pl.

— ... — Part II. — Port Trade Statistics and Reports. — Vol. I. — *Northern Ports* (Newchwang to Kiaochow). — Published... Shanghai : 1906, in-4.

— ... — Part II. — Port Trade Statistics and Reports. — Vol. II. — *Yangtze Ports* (Chungking to Chinkiang). — Published... Shanghai : 1906, in-4.

— ... — Part II. — Port Trade Statistics and Reports. — Vol. III. — *Central Ports* (Shanghai to Wenchow). — Published... Shanghai : 1906, in-4.

— ... — Part II. — Port Trade Statistics and Reports. — Vol. IV. — *Southern Coast Ports* (Santuao to Pakhoi). — Published... Shanghai : 1906, in-4.

— ... Part II. — Port Trade Statistics and Reports. — Vol. V. — *Frontier Ports* (Lungchow to Yatung). — Published... Shanghai : 1906, in-4.

(Douanes : Statistical Series.)

Ces Statistiques (Part II) formeront à l'avenir cinq volumes annuels : I. *Northern Ports* (Newchwang to Kiaochow) ; II. *Yangtze Ports* (Chungking to Chinkiang) ; III. *Central Ports* (Shanghai to Wenchow) ; IV. *South Coast Ports* (Santuao to Pakhoi) ; V. *Frontier Ports* (Lungchow to Yatung).

— ... — Part III. — Analysis of Foreign Trade. — Vol. I. — *Imports.* — Published... Shanghai : 1906, in-4.

— ... — Part III. — Analysis of Foreign Trade. — Vol. II. — *Exports.* — Published... Shanghai : 1906, in-4.

No. 5. — *Returns of Trade, Chinese Version.*

Leur publication a commencé en 1875.

Reports of Trade, Chinese Version.

Leur publication a commencé en 1889.

No. 6. — *Decennial Reports* (1882-91).

— China — Imperial Maritime Customs. — I. — Statistical Series : No. 6. Decennial Reports on the Trade, Navigation, Industries, etc., of the Ports open to Foreign Commerce in China and Corea, and on the Condition and Development of the Treaty Port Provinces, 1882-91. — First Issue. — With Sundry Maps and a Sketch Plan of each Port ; also Statistical Tables relating to the Foreign Trade of China. — Published by Order of The Inspector General of Customs. — Shanghai, Published at the Statistical Department of the Inspectorate General of Customs, 1893, in-4, pp. XII-694-LXXXIV.

— China : Imperial Maritime Customs. — I. — Statistical Series : No. 6. — Decennial Reports on the Trade, Navigation, Industries, etc., of the Ports open to Foreign Commerce in China, and on the Condition and Development of the Treaty Port Provinces, 1892-1901, With Maps, Diagrams, and Plans. — Second Issue. — Vol. I. — *Northern and Yangtze Ports.* — Published by Order of The Inspector General of Customs. — Shanghai,... 1904, in-4, pp. XI-568.

— — Vol. II. — *Southern Ports, with Appendices.* — Published... Shanghai,... 1906, in-4, pp. XIII-601-LXXIV.

No. 7. — *Native Customs Trade Returns.*

— No. 1. — Foochow : Kuang Hsü, 29th Year, Published 1904.

— No. 2. — Tien-tsin, 1902, Published 1904.

(Douanes : Statistical Series.)

70*

II. — SPECIAL SERIES.

No. 1. — *Native Opium.*

Rapport publié en 1864.

No. 2. — *Medical Reports.*

Leur publication a commencé en 1871 ; avant de former le n° 2 de cette série, ils composaient la VIe partie de la *Customs' Gazette.* — Ils sont semi-annuels.

— Customs' Gazette. No. X, April-June 1871 ; Part VI, MEDICAL REPORTS for the Half Year ended 31st March 1871 (Published September 11, 1871). Shanghai, 1871, br. in-4.

C'est le premier rapport.

— No. XI, July-September 1871. Part VI, Medical Reports for the Half Year ended 30th September 1871 being No. 2 of the Series. Shanghai, 1871, br. in-4.

— No. XIII, January-March 1872. Part VI, Medical Reports for the Half Year ended 31st March 1872 being No. 3 of the Series. Shanghai, 1872, br. in-4.

— Medical Reports for the half year ended 30th September 1872 ; forwarded by the Surgeons to the Customs at the Treaty Ports in China ; Being No. 4 of the Series, and forming the sixth part of the *Customs' Gazette* for July-September 1872. Published by order of the Inspector General of Customs. — Shanghai : Printed at the Customs' Press, 1873, br. in-4, pp. 105.

— Med. Rep. for the half year ended 31st March 1873 ; forwarded... ; being No. 5 of the Series, and forming the sixth part of the *Customs' Gazette* for January-March 1873. Published by order... Ibid., 1873, br. in-4.

— Med. Rep. for the half year ended 30th September 1873 ; forwarded... ; being No. 6 of the Series and forming the sixth part of the *Customs' Gazette* for July-September 1873. Published by order... Shanghai : Imperial Maritime Customs Statistical Department, 1874, br. in-4, pp. 69.

. . . .

— China. Imperial Maritime Customs. II. — Special Series : No. 2. Medical Reports, for the half-year ended 31st March, 1878. 15th Issue. Published by order of the Inspector General of Customs. Shanghai : Statistical Department of the Inspectorate General. MDCCCLXXVIII, in-4.

. . . .

— — — Medical Reports for the year ended 31st March 1904. 66th and 67th Issues... 1905, in-4.

∴

— An Epitome of the Reports of the Medical Officers to the Chinese Imperial Maritime Customs Service, from 1871 to 1882. With Chapters on the History of medicine in China ; Materia Medica ; Epidemies ; Famine ; Ethnology ; and Chronology in relation to Medicine and public health. Compiled and arranged by Surgeon-General C. A. Gordon, M. D., C. B., Honorary Physician to Her Majesty the Queen, author of « China from a medical point of view ; our trip to Burmah,... ». London : Baillière, Tindall, and Cox, 1884, gr. in-4, pp. XVI-435.

No. 3. — *Silk.*

— China. Imperial Maritime Customs. II. — Special Series : No. 3. SILK. Published by order of the Inspector General of Customs. Shanghai : Statistical Department of the Inspectorate General. MDCCCLXXXI, in-4.

No. 4. — *Opium.*

— China. — Imperial Maritime Customs. II. — Special Series ; No. 4. OPIUM. Published by order of the Inspector General of Customs. Shanghai : Statistical Department of the Inspectorate General. MDCCCLXXXI, in-4.

No. 5. — *Notices to Mariners.*

— China. — Imperial Maritime Customs. — II. — Special Series : No. 5. NOTICES TO MARINERS : Second Issue (First Issue, 1883)... Shanghai... 1884, in-4.

No. 6. — *Chinese Music.*

— China. — Imperial Maritime Customs. — II. — Special Series : No. 6. — CHINESE MUSIC. By J. A. Van Aalst (Chinese Imperial Customs Service). Published by order of the Inspector General of Customs. Shanghai : Statistical Department of the Inspectorate General... 1884, in-4.

No. 7. — *Instructions for making Meteorological Observations, and the Law of Storms in the Eastern Seas.* 1887.

— China. — Imperial Maritime Customs. — II. — Special Series : No. 7. — Instructions for making Meteorological Observations, prepared for use in China; and the Law of Storms in the Eastern Seas. By W. Doberck. — Published by order of The Inspector General of Customs. Shanghai... 1887, in-4, pp. 38.

Voir col. 379.

No. 8. — *Medicines, etc., exported from Hankow and the other Yangtze Ports, with Tariff of approximate Values.* 1888.

— China. — Imperial Maritime Customs. — II. — Special Series : No. 8. — List of Medicines exported from Hankow and the other Yangtze Ports; compiled by R. Braun, Assistant Examiner, Chinese Customs Service, and Tariff of approximate Values of Medicines, etc., exported from Hankow. — Published by order of The Inspector General of Customs. Shanghai : ... 1888, in-4, pp. XIII-82.

Voir pp. 79/82 : List of Furs. — Voir col. 1477.

No. 9. — *Native Opium,* 1887. — 1888.

— China. — Imperial Maritime Customs. — II. — Special Series : No. 9. — Native Opium, 1887. With an Appendix : Native Opium, 1863. — Published by order of The Inspector General of Customs. — Shanghai... 1888, in-4, pp. IV-70.

No. 10. — *Opium : Crude and prepared.* 1888.

— China. — Imperial Maritime Customs. — II. — Special Series : No. 10. — Opium : Crude and prepared. — Published by order of The Inspector General of Customs. Shanghai : Statistical Department of the Inspectorate General. — 1888, in-4, pp. IV-81.

No. 11. — *Tea,* 1888. — 1889.

No. 12. — *Silk : Statistics,* 1879-88. — 1889.

— China. — Imperial Maritime Customs. — II. — Special Series : No. 12. — Silk : Statistics, 1879-88. — Published by order of The Inspector General of Customs. — Shanghai : Statistical Department of the Inspectorate General. — 1889, in-4, pp. 21.

No. 13. — *Opium : Historical Note, or the Poppy in China.* 1889.

— China. — Imperial Maritime Customs. — II. — Special Series : No. 13. — Opium : Historical Note, or the Poppy in China. — Published by order of The Inspector General of Customs. — Shanghai... 1889, in-4, pp. IV-50-XXVII.

Par le Dr. Edkins.

No. 14. — *Opium Trade : March Quarter,* 1889. — 1889.

— China. — Imperial Maritime Customs. — II. — Special Series : No. 14. — Opium Trade : March Quarter, 1889. — Published by order of The Inspector General of Customs. — Shanghai : Statistical Department of the Inspectorate General. — 1889, in-4, pp. 56.

No. 15. — *Woosung Bar.* 1890.

— China. — Imperial Maritime Customs. — II. — Special Series : No. 15. — Woosung Bar : Dredging Operations. — Published by order of The Inspector General of Customs. — Shanghai : Statistical Department of the Inspectorate General. — 1890, in-4, pp. 26.

No. 16. — *Chinese Jute.* 1891.

— China. — Imperial Maritime Customs. — II. — Special Series : No. 16. — Chinese Jute. — Published by order of The Inspector General of Customs. — Shanghai : Statistical Department of The Inspectorate General. — 1891, in-4, pp. 8.

By Augustine Henry.

No. 17. — *Ichang* to *Chungking.* 1892.

— China. — Imperial Maritime Customs. — II. — Special Series : No. 17. — Ichang to Chungking : 1890. — Published by order of The Inspector General of Customs. — Shanghai : ... 1892, in-4, pp. 46.

Voir col. 2150 et 2154.

No. 18. — *Chinese Life-Boats.* 1893.

— China. — Imperial Maritime Customs. — II. — Special Series : No. 18. — Chinese Life-Boats, etc. — Published by order of The Inspector General of Customs. — Shanghai : ... 1893, in-4, pp. VI-68-CXVII.

No. 19. — *Report on Sound Trials of Sirens.* 1895.

— China. — Imperial Maritime Customs. — II. — Special Series : No. 19. — Report on the Sound Trials of the Sirens at the South-east and North-east Shantung Promontories. — Published... — Shanghai,... 1895, in-4, pp. 7.

No. 20. — *Chungking : Business Quarter and Mooring Grounds,* 1896.

— China. — Imperial Maritime Customs. — II. — Special Series : No. 20. — Chungking : Business Quarter and Mooring Grounds : 1896. — Published... — Shanghai,... 1896, in-4, pp. 8, 1 pl.

No. 21. — *China's Defective Currency : Mr. Woodruff's Remedial Suggestions,* 1897.

No. 22. — *Railways and Inland Taxation : Mr. Bredon's Memoranda concerning,* 1897.

No. 23. — *Outward Transit Pass Procedure at Canton : Provisional Rules,* 1897.

No. 24. — *International Marine Conference, Washington, 1889.*

Publié 1898.

No. 25. — *West River : Report on Trade Conditions, etc., in 1897.*

Publié 1901.

No. 26. — *Land Tax,* 1904.

— China. — Imperial Maritime Customs. — II. — Special Series : No. 26. — LAND TAX : The Inspector General's Suggestions *re* Collection, Appropriation, etc. 1904. — Published... — Shanghai,... 1904, in-4, pp. 9-XI [texte chinois].

No. 27. — *An Inquiry into the Commercial Liabilities,* 1904.

— China. — Imperial Maritime Customs. — II. — Special Series : No. 27. — AN INQUIRY into the Commercial Liabilities and Assets of China in International Trade. — Published... — Shanghai,... 1904, in-4, pp. 15.

Par H. B. Morse.

III. — MISCELLANEOUS SERIES.

No. 1. — *The Tariff Tables.*

— A Set of Tables showing the Bearing of the Chinese Customs' Tariff of 1858, on the Trade of 1866 & 1867 ; compiled from the returns of Imports and Exports, and of Native Goods carried in foreign vessels for native consumption. Published by order of the Inspector General of Customs. Office of Customs, Shanghaï, September, 1868, in-4.

No. 2. — *Ten Years' Statistics.*

Publiée en 1873.

No. 3. — *Exposition de Vienne.*

— China. — Port Catalogues of the Chinese Customs' Collection at the Austro-Hungarian Universal Exhibition, Vienna, 1873 : to illustrate the international exchange of products. Published by order of the Inspector General of Chinese Maritime Customs. Shanghai : Printed at the Imperial Maritime Customs' Press. MDCCCLXXIII, in-4, pp. XVI-518.

I. Introductory Remarks. — II. Extracts from Inspector General's Circulars. — III. Official Programme of the Vienna Exhibition, 1873. — IV. Port Catalogues [14 Ports]. — V. Index.

— China. — Trade Statistics of the Treaty Ports, for the period 1863-1872. Compiled for the Austro-Hungarian Universal Exhibition, Vienna, 1873 : to illustrate the international exchange of products. Published by order of the Inspector General of Chinese Maritime Customs. Shanghai : Printed at the Imperial Maritime Customs' Press. MDCCCLXXIII, in-4.

Table of Contents. — I. Introduction prefixed to copies issued in China ; with synopsis, &c. — II. Introductory remarks prefixed to copies issued in Europe. — III. Names of Commissioners and Examiners by whom the collections sent to Vienna were formed. — IV. Scheme of the general table of Statistics. — V. General Tables. — VI. Port Statistics [14 Ports].

Pagin. diff. pour chaque port.

— China. — Handels-Statistik der Vertrags-Häfen f. die Periode 1863-1872. Zusammengestellt für die österreichisch-ungarische Welt-Ausstellung. Wien 1873. Zur Erläuterung d. internationalen Austausches der Producte. Veröffentlicht auf Veranlassung d. General-Inspectors der Chines. See-Zollverwaltung. Wien, Gerold, gr. in-4, pp. 336.

No. 4. — *Exposition de Philadelphie.*

Catalogue publié en 1876.

No. 5. — *Exposition de Paris.*

— Chine. Douanes maritimes impériales. III. — Série générale : No. 5. Catalogue spécial de la collection exposée au Palais du Champ de Mars, Exposition universelle de 1878. Publié par ordre du Directeur général des Douanes. Shanghai : ... MDCCCLXXVIII, in-4.

Il y a aussi un tirage du titre en anglais.

No. 6. — *Lighthouses.*

— China. — Imperial Maritime Customs. III. — Miscellaneous Series : No. 6. List of the Chinese Lighthouses, Light-Vessels, Buoys and Beacons on the Coast and Rivers of

China for 1906. (Corrected to 1st December 1905.) Thirty-fourth Issue. Published by order of the Inspector General of Customs. Shanghai : Statistical Department of the Inspectorate General. 1906, in-4.

No. 7. — *Lighthouses, Chinese Version.*

First Issue 1877.

No. 8. — *General Tariff List.*

1879.

No. 9. — *Berlin Fishery Exhibition Catalogue.*

Catalogue publié en 1880. — Voir col. 1537.

No. 10. — *Names of Places.*

— China. — Imperial Maritime Customs. — III. — Miscellaneous Series : No. 10. — Names of Places on the China Coast and the Yangtze River. First Issue. — Published by order of The Inspector General of Customs. — Shanghai : Statistical Department... MDCCCLXXXII, in-4.

Second Issue, 1904.

No. 11. — *London Fisheries Exhibition.*

Voir PISCICULTURE, col. 1537.

— China. — Imperial Maritime Customs. — III. — Miscellaneous Series : No. 11. — Special Catalogue of the Chinese Collection of Exhibits for the International Fisheries Exhibition, London, 1883. — Published by order of The Inspector General of Customs. Shanghai : Statistical Department... MDCCCLXXXIII, in-4.

No. 12. — *Notarial Acts.*

— ... III. — Miscel. Series : No. 12. — Rules regarding Notarial Acts to be performed by Commissioners of Customs, and Forms of Protest...

Second Issue, 1883 (First Issue, 1882 : Circular No. 187).

No. 13. — *London Health Exhibition Catalogue.*

— China. — Imperial Maritime Customs. — III. — Miscellaneous Series : No. 13. — Illustrated Catalogue of the Chinese Collection of Exhibits for the International Health Exhibition London, 1884. — Published by order of The Inspector General of Customs. — London : William Clowes and Sons, 1884. Price One Shilling. In-8, pp. 189.

No. 14. — *New Orleans Exposition Catalogue.*

— China. — Imperial Maritime Customs. — III. — Miscellaneous Series : No. 14. Catalogue of the Chinese Collection of Exhibits for the New Orleans Exposition, 1884-5. — Published by order of the Inspector General of Customs. Shanghai : Statistical Department of the Inspectorate General. — MDCCCLXXXIV, in-8, pp. XVIII-119, carte.

No. 15. — *English-Chinese Glossary of Technical (« Lights », etc.) Expressions.*

First Issue, 1885.

No. 16. — *Catalogue of Customs Publications, with Prices.*

— China. — Imperial Maritime Customs. — III. — Miscellaneous Series : No. 16. — Catalogue of Customs Publications, with Prices. — First Issue. — Published by order of The Inspector General of Customs. — Shanghai : Statistical Department of the Inspectorate General. — MDCCClxxxvii. In-8, pp. 10.

No. 17. — *List of Chinese Medicines.*

Pub. 1889. — Voir col. 1477.

No. 18. — *The Tariff Tables.*

Pub. 1885 ; Second Issue, 1889.

No. 19. — *Treaties, Regulations, etc., between Corea and other Powers,* 1876-89.

— China. — Imperial Maritime Customs. — III. — Miscellaneous Series : No. 19. — Treaties, Regulations, etc., between COREA and other Powers. — 1876-1889. — Published by order of The Inspector General of Customs. — Shanghai : ... 1891, in-4, pp. VIII-386.

No. 20. — *Typhoon Anchorages,* 1893.

— China. — Imperial Maritime Customs. — III. — Miscellaneous Series : No. 20. — TYPHOON ANCHORAGES. — Published by order of The Inspector General of Customs. — Shanghai : ... 1893, in-4, pp. 17.

No. 21. — *Chart of Amoy Inner Harbour.*

Pub. 1893.

No. 22. — *Woosung Inner Bar.*

Pub. 1894.

No. 23. — *Chinese Lighthouse Chart.*
Pub. 1895.

No. 24. — *Paris Exhibition, 1900, Catalogue.*

— Chine — Catalogue spécial des Objets exposés dans la section chinoise à l'Exposition Universelle de PARIS, 1900. Paris, Charles Noblet, 1900, in-8, pp. 149.
Il y a des ex. sur papier du Japon.

No. 25. — *Regulations : General and Local, Customs, Harbour, etc.*, 1859-99.
Pub. 1901.

No. 26. — *Hanoi Exhibition Catalogue.*
Pub. 1903.

No. 27. — *Alphabetical Index of Imperial Post Offices.*
Pub. 1904.

No. 28. — *Louisiana Purchase Exposition Catalogue.*
Pub. 1904.

No. 29. — *Liége Exhibition Catalogue.*

— China. — Imperial Maritime Customs. — III. — Miscellaneous Series : No. 29. — Catalogue of the Collection of Chinese Exhibits at the LIÉGE Universal and International Exhibition, 1905. — Published by order of the Inspector General of Customs. — Shanghai : Statistical Department... 1905, in-8, pp. x-277-xxxiv-*a/h* + 3 ff. n. ch.
Portraits de Yang Tsao-yun, Sir Robert Hart, Jules Van Aalst, Shen Sœu-ling, Shu Kia-sian, Liou Sy-tchang, D. Percebois et 4 vues. — Texte français.

IV. — SERVICE SERIES.

No. 1. — *Service List.*

— Service List of the Imperial Maritime Customs. Shanghai : ... 1875, in-8.

— China. — Imperial Maritime Customs. Service List. *Second Issue* : 1st August 1876. Shanghai : ... 1877, in-8.

— *Third Issue* : 1st August 1877. Shanghai : ... 1877, in-8.

— China. — Imperial Maritime Customs. IV. — Service Series : No. 1. Service List. *Fourth Issue.* (Corrected to 31st July 1878.) Published for the use of the Customs service : by order of the Inspector General of Customs. Shanghai : ... MDCCCLXXVIII, in-8.

— *Fifth Issue.* (Corrected to 31st July 1879.) ... Shanghai : ... MDCCCLXXIX, in-8.

— Service List. — *Tenth Issue.* (Corrected to 1st July 1884.) ... MDCCCLXXXIV, in-8.
First Issue, 1875 ; Twenty-Seventh Issue, 1901. — Se continue.

No. 2. — *Instructions for Out-Door Staff.*
First Issue, 1876. — Second Issue, 1883.

No. 3. — *Instructions for Lighthouse-Keepers.*
Second Issue, 1877. (First Issue, 1870, Circular No. 23.) — Third Issue, 1884.

No. 4. — *Instructions for Lightship-Keepers.*
Second Issue, 1877. (First Issue, 1870, Circular No. 23.) — Third Issue, 1884.

No. 5. — *Instructions for In-Door Staff.*
First Issue, 1877. — Second Issue, 1883.

No. 6. — *Instructions for keeping and rendering Accounts.*
Third Issue, 1877. (First Issue, 1868, Circular No. 31 ; Second Issue, 1870, Circular No. 7.) — Fourth Issue, 1883.

— Memorandum explanatory of the system of official accounts adopted by the Inspectorate General of Imperial Maritime Customs, China. — Shanghai, A. H. de Carvalho, s. d., br. in-fol., pp. 20.

No. 7. — *Inspector General's Circulars.*
First Series, 1861-75.

No. 8. — *Instructions for preparing Returns of Trade and Revenue, etc.*
Second Issue, 1883. (First Issue, 1879.)

No. 9. — *Inspector General's Circulars.*
Second Series (Nos. 1-200), 1876-82.

No. 10. — *The Working of the Shanghai Office.*
Second Issue, 1883. (First Issue, 1881.)

No. 11. — *Alphabetical Arrangement of Tariff and practice Questions settled*, 1881-1886.

No. 12. — *Inspector General's Circulars.*
Second Series (Nos. 201-317), 1882-85.

No. 13. — *Ibid.*
Second Series (Nos. 318-450), 1885-89.

∴

— General Tariff for the Trade of China under the cognizance of the Foreign Customs Inspectorate. Third Issue. (Pocket Edition.) 1897. — Compiled and revised for the sole use of the Customs Service by order of the Inspector General. — Shanghai, Statistical Department of the Inspectorate General of Customs, 1897, pet. in-8, pp. 45.

— Revised Export Tariff for the Trade of China. — 31st October 1902. — Published by order of the Inspector General of the Chinese Imperial Maritime Customs. Shanghai 1902, in-8, pp. 50 + 1 f. n. ch.

∴

— Letters, &c., from the Imperial Commissioner Ho, and other Chinese Authorities, relating to the Foreign Customs Establishment. [Shanghai : Printed at the *North-China Herald* office. 1860.] Br. in-8, pp. 20.

— Regulations of the Chinese Maritime Customs ; and Customs' and Harbor regulations for the port of Shanghai. Compiled by Thomas Dick. Office of Maritime Customs, Shanghai, August, 1864. Shanghai : A. H. de Carvalho, in-folio.

I. General Trade and Customs' Regulations... II. List of Contraband Goods... III. Customs' Regulations for the Port of Shanghai. IV. Harbor Regulations for the Port of Shanghai — Appendix [contains Anson Burlingame's letter to Geo. F. Seward, dated Peking, 15th June, 1864]. — Notes.

— Returns of the Native Charges, as far as they can be ascertained, levied on the principal imports and exports, at and near the different Treaty Ports in China ; and of the quantities of Goods on which such charges are levied as compared with the quantities paying the Transit Dues specified by Treaty. Published by order of the Inspector General of Customs. Shanghaï — Printed at the Customs' Press, December 1869, br. in-4.

— Chinese Emigration. The Cuba Commission. Report of the Commission sent by China to ascertain the condition of Chinese Coolies in Cuba. Shanghai : Printed at the Imperial Maritime Customs' Press. MDCCCLXXVI, in-4, pp. 236.

Les commissaires étaient Tchen Lan-pin et MM. A. MacPherson et A. Huber.

∴

— Memorial from the British Chamber of Commerce, Shanghai, to Her Majesty's Principal Secretary of State for Foreign Affairs, relative to the Administration of the Imperial Maritime Customs of China. Pièce in-fol., 4 ff.

Réimp. dans le *N. C. Herald*, No. 584, Oct. 5, 1861. — Voir le chap. de *Changhai* : Chambre de Commerce.

— Ex-territoriality as applied to the China Customs. As provided for by Treaty, and legislated for by Statute and Order in Council. A Series of arguments proving that British Consuls have the right to adjudicate on Customs Cases. Also Correspondence between the British Consul at Canton and the Hongkong General Chamber of Commerce, Relative to the seizure and confiscation of Wyhing's Fire Crackers. Also, Code of Ordinances for the Government of H. M. Subjects in China, Under an Order in Council dated 13th June, 1863. Printed at the Office of the « Daily Press », Hongkong, April 1863, gr. in-8 à 2 col., pp. 31.

— China. No. 1 (1865). — Foreign Customs Establishment in China. Presented to both Houses of Parliament by Command of Her Majesty. 1865. London. Printed by Harrison and Sons, in-fol., pp. 13.

Par Robert Hart, Shanghae, November 1864.

— Custom House and Tariff Terms. (1) Custom House Officials, supplied by E. B. Drew. (2) General Terms and Tariff Rules. By F. H. Ewer. (3) Dialogue between Custom House Official and Merchant. By F. H. Ewer. (Doolittle's *Dict.*, Part III, No. XVII.)

— R. *v.* Richard Webb Halket. (*Shanghai Budget*, June 7, 1873.)

— Les Ports de la Chine. — Analyse des rapports médicaux publiés dans le n° XIII de la *Gazette des Douanes*, publiée à Shanghai. Par le Dr. E. Rochefort. (*Arch. Médecine Navale*, XIX, 1873, pp. 241/260.)

— The Chinese honors at the Vienna Exhibition. (*Siam Repository*, Vol. 6, Jan. 1874, p. 73.)

— Die Verwaltung der chinesischen Seezölle (1881). (*Chinesische Studien*, von Fried. Hirth, I. Bd., 1890, pp. 189/208.)

— The Administration of the Chinese Maritime Customs. By Hirth du Frenes, translated from the *Oesterreichische Monatschrift für den Orient*. (*N. C. Herald*, Dec. 13, 1881, pp. 639/640 ; Dec. 20, 1881, pp. 668/670.)

— Les douanes intérieures et le commerce étranger en Chine. Par Maurice Jametel. (*Economiste français*, samedi, 17 déc. 1881, pp. 761/3.)

— Les douanes chinoises et l'Annam. Par Maurice Jametel. (*Ibid.*, 1883.)

— Le commerce, en 1880, des ports de la Chine, ouverts aux navires étrangers. (*Ann. de l'Ext. Orient*, 1882-1883, V, pp. 26/27.)

— Le commerce extérieur de la Chine. Par Pierre Christi. (*Ibid.*, pp. 36/45.)

— Le commerce étranger en Chine pendant 1883. (*Ibid.*, 1884-1885, VII, pp. 366/369.)

— Les douanes en Chine. (*Ibid.*, 1885-1886, VIII, p. 191.)

— Inspectorate of Customs in Peking. By H. A. G.[iles.] (*Journ. C. B. R. A. S.*, N. S., XX, 1885, p. 95.)

— Chinas Aussenhandel im Jahre 1896. Von A. Supan. (*Petermanns Mitt.*, XLIV, 1898, pp. 81/86.)

— The I. M. Customs Service of China. (*The Times*, Tuesday, Jan. 10, 1899.)

— Les Télégraphes, la Poste et les Phares en Chine par A.-A. Fauvel Ancien Officier des Douanes chinoises. — Extrait des «Questions Diplomatiques et Coloniales». Paris, F. Levé, 1899, br. in-8, pp. 17, carte.

— Douanes de la Chine. (*Belgique Coloniale*, 29 Juillet 1900, p. 351.)

Ext. de la *Revue Encyclopédique*.

— * Europäische Zollbeamte in China und ihr Einfluss auf die Förderung unseres Aussenhandels von Karl Schuemacher, Revisor bei der Grossherz. Badischen Zolldirektion. Verlag von J. J. Reiff. Karlsruhe, 1901.

Notice : *Asien*, 1904, No. 4, p. 68, par W. Kolshorn.

— Mouvement de la navigation dans les ports ouverts de la Chine en 1901. Par Ch. R.[abot.] (*La Géographie*, 15 Août 1902, pp. 120/121.)

— Université de Paris — Faculté de Droit — Les Douanes Impériales chinoises par Philippe Delmas — Thèse de Doctorat Présentée et soutenue le Mardi 17 juin 1902 à 1 heure — Président : M. Léveillé, Professeur. Suffragants : MM. Estoublon, Bourguin, Professeurs. Paris, A. Chamion, 1902, in-8, pp. 171.

Notice par Henri Cordier, *T'oung Pao*, Oct. 1902, p. 252.

∴

— La carrière des Douanes impériales chinoises. (*Bull. Com. Asie française*, Février 1902, pp. 71/72.)

— Les Douanes impériales maritimes chinoises. Par Henri Cordier. (*Ibid.*, Mai 1902, pp. 199/204.)

Tirage à part : Paris, au Siége du Comité de l'Asie française, 1902, br. in-8, pp. 20. — 300 exemplaires.

— Les Douanes Impériales maritimes chinoises. Par Henri Cordier. (*T'oung Pao*, 2e Sér., III, N° 4, Oct. 1902, pp. 222/240.)

Réimp. avec l'addition des ports ouverts du *Bull. du Comité de l'Asie française*.

— Les Douanes impériales maritimes chinoises. (*Le Mouv. géog.*, 1902, col. 275-7.)

D'après Henri Cordier.

— Les Douanes impériales maritimes chinoises. Par Henri Cordier. (*Bull. Com. Asie française*, Février 1905, pp. 72/78.)

— Les Douanes Impériales Maritimes Chinoises par Henri Cordier Professeur à l'Ecole des Langues Orientales — Extrait du *Bulletin du Comité de l'Asie Française*. — Deuxième Édition revue et corrigée. Prix : 1 franc. Paris, au Siége du Comité de l'Asie française, 1905, br. in-8, pp. 28.

— Les Douanes Impériales Maritimes Chinoises. Par Henri Cordier. (*Le Temps*, 15 et 16 août 1906.)

Réimp. dans le *T'oung Pao*, Oct. 1906.

(Douanes.)

— *China*, No. 1. 1906. — Correspondence relating to the Decree issued by the Chinese Government on May 9, 1906, respecting the Chinese Imperial Maritime Customs. [Cd. 3089.]

— Memorandum of the China Association. (*Lond. & China Express*, Sept. 14, 1906.)

Par R. S. Gundry. — Au sujet du décret chinois du 9 mai 1906.

∴

Sir Robert Hart, 赫德, Bart., G. C. M. G.

Robert Hart, fils de Henry Hart, de Portadown, comté d'Armagh, né en fév. 1835; élevé à Queen's College, Belfast; M. A., 1875; épouse, 1866, Hester Jane, fille d'Alexander Bredon, de Portadown; entré dans le service consulaire anglais en Chine, 1854; secrétaire de la commission des Alliés à Canton, avril 1858; entré en 1859 dans les Douanes chinoises en qualité de Député-Commissaire. Nommé Inspecteur général en nov. 1863. Nommé C. M. G., 1879; K. C. M. G., 1882; G. C. M. G., 1889. Nommé Ministre d'Angleterre à Peking, 1885, à la mort de Sir Harry Parkes, mais donna sa démission; Baronet en 1893.

— Mr. Robert Hart, Inspector General of Imperial Customs, China. (*The Far East*, No. 4, 1876, pp. 98/99, avec une phot.)

On trouvera des renseignements dans divers procès, tels que :

— Johannes von Gumpach *v.* Robert Hart. (*Shanghai Evening Courier*, 1870, April 13, 14, 16, 20.)

— Sir Robert Hart et les Douanes impériales chinoises. Par A.-A. Fauvel. (*Samedi Revue*, 16 mars 1889, pp. 166/171.)

Albert-Auguste Fauvel, né à Cherbourg, 7 nov. 1851; arrivé en Chine, 2 déc. 1872; quitte les Douanes impériales chinoises en 1884; devient inspecteur des Messageries Maritimes.

— Le Céleste Empire et Sir Robert Hart. Par Lionel Radiguet. (*Revue Française*, XIV, No. 127, 1er Oct. 1891, pp. 378/382.)

— Sir Robert Hart at Peking. By Julius M. Price. (*Illustrated London News*, Sept. 19, 1891; *T'oung Pao*, II, Nov. 1891, pp. 330/4.)

— Robert Hart. (*London & China Express*, June 9, 1893, p. 519.)

— * Sir Robert Hart. By H. C. Whittlesey. (*Atlantic Monthly*, LXXXVI, Nov. 1900, p. 699.)

— Sir Robert Hart et les douanes chinoises. Par Henri Cordier. (*La Semaine Politique et Littéraire*, 1er sept. 1900, pp. 881/890.)

— *American Review of Reviews*, Sept. 1906.

— James H. Hart. Nécrologie par H. C.[ordier.] (*T'oung Pao*, 2e Sér., III, N° 5, Déc. 1902, p. 339.)

† à Hove, Brighton, 13 nov. 1902, à 55 ans.

Postes.

— Voir col. 544.

— Les Postes en Chine. (*Annales de l'Ext. Orient*, 1881-1882, IV, pp. 39/43.)

Par le Comte Dilhan. — Facsimile des timbres-poste.

— L'établissement d'une poste française du Tonkin au Setchouan. (*Bull. Com. Asie française*, Mars 1902, p. 131.)

— Postalisches aus China. (*Asien*, Juli 1902, pp. 161/2.)

La première poste allemande en Chine fut ouverte en 1886 à Chang-haï.

— * Postal Working Map of China. Compiled in the Postal Secretary's Office, Inspectorate General of Customs and Post, Peking, May 15, 1903, Shanghai : Oriental Press, 1903.

— Chinese Imperial Postal Route Map. (*Chin. Rec.*, Jan. 1904, front.)

(Sir Robert Hart. — Postes.)

— Alphabetical Index of Imperial Post Offices. 1904. — Voir col. 2199.

— * Der Brief- und Postkartenverkehr Asiens im Jahre 1902. Von G. Webersik. [Carte.] (*Deutsche Rundschau G.*, XXVII, 1905, pp. 225/6.)

— Le service des postes en Chine. Par Charles Rabot. (*La Géographie*, 15 Novembre 1905, pp. 342/3.)

D'après les *Returns of Trade*, 1904, Part I.

— Report on the Working of the Post Office. (Pages XXXI-LXXIV des *Returns of Trade*, 1905, China Imp. Maritime Customs.)

Renferme une grande carte des bureaux de poste et 4 planches de facsimiles de timbres-poste.

— Voir Decennial Reports, II, 1906, App. II.

Tables de change, pour faciliter ou abréger les Calculs, etc.

— Comparative Tables. Rates for Sterling Bills as compared with Drafts on Canton. Extended to 9*s.* per Dollar and 50 per Cent Discount. also, equivalent of £ 1 to £ 1.000.000 Sterling in Dollars, at from 4*s.* to 9*s.* per Dollar. Shanghai, J. H. de Carvalho [April 1857], long in-8.

Par Pedro Loureiro. « A portion has been previously published, and will be found in Mr. Henry Rutter's » Calculations of Exchange «, printed at Canton in 1856. » (Preface.)

— Tables shewing the Exchange given by remittance of Silver and Gold Bullion from Shanghaï to India (minus charges). Printed at the « North China Herald » Office. Shanghaï [September 1858], br. in-8, pp. 15.

Par F. M. Page.

— Tables showing the approximate Cost of Tea (minus Freight), laid down in New-York. Bought in China by the Pecul For Taels of Sycee or Dollars, and sold in New-York by the pound avoirdupois for U. S. Currency. Exchange between China and London from 4*s.* to 9*s.* Tea from 1 to 70 Taels or Dollars. Compiled by P. Loureiro. — New-York : George F. Nesbitt & Co., 1858, in-8, pp. 51.

— Exchange Tables or an Assistant to checking Calculations of Exchanges between England, India, and China also a Guide to indirect exchanges between China and England through India extended to meet the requirements of Shanghae Rates with comparative Tables of Exchange between Hongkong and Shanghae, and Hongkong and Manila by Henry Rutter late Agent of the Commercial Bank of India, Hongkong. — Second Edition — revised and enlarged, s. d. [1860], in-8, pp. 328.

Edinburgh : T. Constable, Printer.

— Shanghai Exchange Tables for the conversion of Taels into Dollars and vice-versa, to which are added Tables used in British Consular Accounts, by C. Treasure Jones, of H. M. Consular Service, China. Shanghai, A. H. de Carvalho [July 1865], br.

— Shanghai Exchange Tables for the conversion of Taels into Dollars and vice-versa compiled by C. Treasure Jones, Editor of the *Shanghai Evening Express*. Condensed Edition. Price one Dollar and a half. Shanghai : *Evening Express* Office, 1870, in-12, pp. 43.

— Shanghai Exchange Tables for the Conversion of Taels into Dollars and Dollars into Taels From 71.5 to 79.9. Shanghai : Kelly & Walsh, 1898, pet. in-8.

— Tables for ascertaining the cost per lb. of China Raw and Waste Silk, laid down in London, all charges paid, at rates of exchange from 5*s* 6*d* to 7*s* 5*d* per Tael, for Raw Silk, and from 5*s* 0*d* to 7*s* 6*d* per Tael, for Waste Silk. By Edward Holdsworth. Shanghaï, Printed at the « North China Herald » Office, 1867, in-8.

— Silk Tables showing the cost of Silk per Pound avoirdupois and kilo as purchased in Shanghai and laid down in London and Lyon. — Calculated with various rates of charges and at different rates of exchange per tael. By August H. Maertens, Silk Inspector. Shanghai, June 1870, gr. in-8.

Notice : *Moniteur des Soies*, No. 620, 11 juillet 1874.

— * The Merchants' and Bankers' Companion, or, Tables for Calculating Interest, Commission, Freight, and Exchanges, &c., by Mánekji Kávasji Todiválá. Shanghai : Kelly & Walsh.

Notice : *N. C. Herald*, Aug. 3, 1880, pp. 107/8.

— Voir le chap. VII du *Chinese Commercial Guide*, 1863. — Voir col. 2177-8.

III. — PORTS OUVERTS AU

	NOMS en français	en anglais (usités dans les douanes)	chinois	PROVINCES	DATE DE L'OUVERTURE	ANNÉES de l'ouverture du bureau des douanes maritimes
	I. — Ports du Nord					
1	Nieou-tchouang	Newchwang	牛莊	Cheng-king (Mandchourie)	Traité anglais de T'ien-tsin, 1858	9 mai 1864
2	Ts'in-wang-tao	Chinwangtao	秦王島	Tche-li	Décret imp., 31 mars 1898	15 décembre 1901
3	T'ien-tsin	Tientsin	天津	do.	Conventions anglaise et française de Pe-king, 1860	mai 1861
—	Ta-kou	Taku	大沽	do.		
4	Tche-fou (Yen-t'ai)	Chefoo	芝罘	Chan-toung	Traités anglais et français de T'ien-tsin, 1858	mars 1862
5	Kiao-tcheou	Kiaochow	膠州	do.	Convention allemande, 6 mars 1898	1er juillet 1899 (Tsing-tao) Conv. spéciale Pe-king, 17 avril 1899
	II. — Ports du Yang-tseu.					
6	Tch'oung-k'ing	Chungking	重慶	Se-tch'ouan	31 mars 1890	novembre 1890
7	I-tch'ang	Ichang	宜昌	Hou-pé	Convention de Tche-fou, 1876	1er avril 1877
8	Cha-che	Shasi	沙市	do.	Traité de Shimonoseki, 17 avril 1895	1er octobre 1896
9	Tch'ang-cha	Changsha	長沙	Hou-nan	7 octobre 1903	1er juillet 1904
10	Yo-tcheou	Yochow	岳州	do.	Décret imp., 31 mars 1898.	13 novembre 1899
11	Han-k'eou	Hankow	漢口	Hou-pé	Règlements provisoires de 1861	janvier 1862
12	Kieou-kiang	Kiukiang	九江	Kiang-si	do.	do.
13	Wou-hou	Wuhu	蕪湖	Ngan-houei	Convention de Tche-fou, 1876	1er avril 1877
14	Nan-king (Kiang-ning)	Nanking	南京 (江寧)	Kiang-sou	Traité français de T'ien-tsin, 1858	1er mai 1899
15	Tchen-kiang	Chinkiang	鎮江	do.	Traité anglais, 1858	avril 1861
	III. — Ports du Centre.					
16	Chang-haï	Shanghai	上海	Kiang-sou	Traité de Nan-king, 1842	1854; ouverture *officielle 17 nov. 1843*
—	Wou-soung	Woosung	吳淞	do.	1898	24 mai 1898
17	Sou-tcheou	Soochow	蘇州	do.	Traité de Shimonoseki	26 septembre 1896
18	Hang-tcheou	Hangchow	杭州	Tche-kiang	do.	do.
19	Ning-po	Ningpo	寕波	do.	Traité de Nan-king, 1842	mai 1861
20	Wen-tcheou	Wenchow	温州	do.	Convention de Tche-fou, 1876	avril 1877

COMMERCE ÉTRANGER.

	NOMS en français	NOMS en anglais (usités dans les douanes)	NOMS chinois	PROVINCES	DATE DE L'OUVERTURE	ANNÉES de l'ouverture du bureau des douanes maritimes
	IV. — Ports de la Côte méridionale.					
21	San-tou-ngao	Santuao	三都澳	Tche-kiang	Décret impérial, 31 mars 1898	1er mai 1899
22	Fou-tcheou	Foochow	福州	Fou-kien	Traité de Nan-king, 1842	juillet 1861
23	Amoy (Emoui) (Hia-men)	Amoy	厦門	Fou-kien	do.	avril 1862
24	Chan-t'eou	Swatow	汕頭	Kouang-toung	Traités anglais, français et américain de T'ien-tsin, 1858	janvier 1860
25	Canton	Canton	廣州	do.	Traité de Nan-king, 1842	octobre 1859
26	Kao-loun (Kieou-long)	Kowloon	九龍	do.		avril 1887
27	Lappa (Kong-pé)	Lappa	拱北	do.		27 juin 1871
28	Kiang-men	Kongmoon	江門	do.	Février 1904	7 mars 1904
29	Sam-choui	Samshui	三水	do.	Convention anglo-chinoise frontière birmane, 4 fév. 1897	4 juin 1897
30	Wou-tcheou	Wuchow	梧州	Kouang-si	do.	do.
31	Kioung-tcheou (Hai-k'eou)	Kiungchow (Hoi-how)	瓊州 海口	Kouang-toung	Traités anglais et français de T'ien-tsin, 1858	avril 1876
32	Pak-hoi (Pe-haï)	Pakhoi	北海	do.	Convention de Tche-fou, 1876	avril 1877
	V. — Ports de frontière.					
33	Loung-tcheou	Lungchow	龍州	Kouang-si	Traité français, 26 juin 1887	1er juin 1899
—	Nan-ning	Nanning	南甯	do.	Décret impérial, 3 février 1899	pas ouvert
—	Ho-k'eou	Hokow	河口	Yun-nan	20 juin 1895	1er juillet 1897
34	Moug-tseu	Mengtsze	蒙自	do.	Traité français, 26 juin 1887	30 avril 1889
35	Se-mao	Szemao	思茅	do.	Convention française, 1895; anglaise, 1896	2 janvier 1897
36	Teng-yué ou Momein	Tengyueh	騰越	do.	Convention, 4 février 1897	8 mai 1902
37	Ya-toung	Yatung		Tibet	5 déc. 1893	1er mai 1894

Ports cédés à des Étrangers.

Macao. — Voir Portugal.
Hong-kong. — Voir Grande-Bretagne.
Kiao-tcheou. — Voir col. 229-236 et Allemagne.
Ta-lien-wan (Dalny). — Voir Russie.
Port Arthur. — Voir Russie.
Kouang-tcheou-wan. — Voir col. 307-308 et France.
Wei-hai-wei. — Voir col. 228-229 et Grande-Bretagne.

(Ports ouverts.)

Ouvrages divers.

— Quelques ports de la Chine. I. Ting-Haë, capitale de l'île de Chusan (établissement anglais). — II. Shang-Haï. — III. Ning-Po. — IV. Retour à Chusan. Bateaux à vapeur. Commerce de l'opium. — V. Amoy. — VI. Hong-Kong. Par L.-A.-R. Grivel. (*Rev. de l'Orient,* VII, 1845, pp. 201/9.)

— George Smith. — A Narrative of an Exploratory Visit... (Voir col. 2115.)

— Alex. Bowers. — The Yang-tze-kiang... (Voir col. 122.)

— Die Seehäfen des nördlichen China. (*Preuss. Handels-Archiv,* 21. März 1862, pp. 225/7.)

— Souvenirs de campagne. — Les Ports de l'Extrême Orient Débuts de l'occupation française en Cochinchine par le Dr. A. Benoist de la Grandière... ancien médecin de la Marine. Paris, Le Chevalier, 1869, in-12, 4 ff. n. ch. + pp. 232 + 1 f. n. ch. p. l. tab.

— The Treaty Ports of China and Japan. A complete Guide to the Open ports of those Countries, together with Peking, Yedo, Hongkong and Macao. Forming a Guide Book & Vade Mecum for travellers, merchants, and residents in general. With 29 maps and plans. By Wm. Fred. Mayers, F. R. G. S., H. M.'s Consular Service, N. B. Dennys, late H. M.'s Consular Service and Chas. King, Lieut. R. M. A. Compiled and edited by N. B. Dennys. London : Trübner & Co., — Hongkong : A. Shortrede & Co., 1867, in-8, pp. viii-668-xlix-26.

Les 26 dernières pages contiennent le « Catalogue of Books » indiqué col. 1821.

Notice : *N. C. Herald,* 18 May 1867.

— Hongkong-Macao-Canton. Par Henri Jouan. (*Mém. Soc. Sc. nat. de Cherbourg,* XIII, 1868.)

— Die neu eröffneten Häfen in China : Ichang, Wuhu, Wenchou u. Peihai (Pak-hoi). (*Annalen der Hydrog.,* IV. Jahrg., 1876, Berlin, pp. 515/518.)

— Les établissements maritimes de l'Extrême Orient. Par Cabany, Sous-ingénieur de la marine. (*Rev. mar. et col.,* Vol. 66, 1880, pp. 540/598.)

— Note sur les ports ouverts de la Chine par le traité de Nanking, 1842, par Ch. Antoine, lieut. de vaisseau. (*Bul. Soc. Géog. de l'Est,* III, 1881, pp. 432/453.)

— Le commerce dans les ports du sud de la Chine. Par M. Haïtce. (*Bul. Soc. Géog. comm.,* VI, 1883/4, pp. 321/329.)

— Le commerce étranger en Chine (Voie des ports ouverts et de Sibérie). Par M. R. Haïtce. (*Ibid.,* VII, 1884/5, pp. 137/143.)

— Ministère de la Marine et des Colonies. (Service des Colonies.) — Note sur les ports chinois ouverts au commerce étranger. Pièce in-4, s. l. n. d., pp. 28.

Au bas de la dernière page : « Paris — Imp. du *Journal Officiel* .. ». — En tête une lettre imprimée du Sous-Sec. d'État de la marine et des colonies Félix Faure, datée Paris, 14 août 1884, dans laquelle je lis : « Le document que j'ai l'honneur de vous adresser est extrait d'un travail que M. Lacôte, administrateur des affaires indigènes en Cochinchine, vient de faire parvenir au Département. — J'y joins le tableau des importations et exportations par les ports chinois pendant les années 1881 et 1882. »

Bib. nat., $\frac{O^2n}{819}$.

— La Société étrangère en Chine. Par A.-A. Fauvel, Ancien fonctionnaire des Douanes chinoises. (Extrait de *Samedi Revue.*) — Paris, Imprimerie de la société de typographie, Noizette, directeur — 1889, br. in-12, pp. 35.

Tiré à part 50 ex.

— La Presse européenne en Chine. (*Mém. Soc. Et. jap., etc.,* IV, 15 avril 1885, pp. 156/160.)

Trad. de l'article publié en anglais par Henri Cordier dans le *London & China Telegraph.* — Voir col. 1803.

— Liste des publications périodiques en Extrême-Orient. Par Henri Leduc. (*T'oung Pao,* IV, No. 4, Oct. 1893, pp. 371/2.)

— Voir A.-A. Fauvel, col. 1803. — Imbault-Huart, col. 1803-1804. — C. Poma, col. 1804, etc.

— Les Douanes maritimes chinoises. Par M. Camille Gauthier. Avec carte. (*Bul. Soc. Géographie commerciale,* Paris, 1891, pp. 380/431.)

— Tchungking, Hangtchéou, Soutchéou et Shatszé ou les Quatre nouveaux ports chinois ouverts au commerce étranger. Mémoire de M. Fouque, exposé par M. C. Vincent. (*Bul. Soc. Géog. Toulouse,* 1896, pp. 350/362.)

— Life in China. By Edward H. Parker. (*New Century Review,* III, Jan.-June 1898, pp. 269/280.)

— Sur les côtes de Chine par Daniel Lièvre sous-commissaire de la Marine — Extrait du *Bulletin de la Société de Géographie commerciale du Havre* — Havre au Siége de la Société... 1897, br. in-8, pp. 48.

— Wie die Chinesen ihre Freihäfen eröffnen. Von Dr. E. Tiessen. (*Deutsche Kolonialzeitung,* 31. August 1899, p. 318.)

— Nochmals die chinesischen Freihäfen. Von Dr. E. Tiessen. (*Ibid.,* 7. September 1899, pp. 329/330.)

— La région du Yangtze-Kiang. (*Belgique Coloniale,* 22 Juillet 1900, p. 339.)

— European Settlements in the Far East China, Japan, Corea, Indo-China, Straits Settlements, Malay States, Siam, Netherlands, India, Borneo, The Philippines, etc. With Map and Illustrations. New York, Charles Scribner's Sons, 1900, pet. in-8, pp. xii-331.

— Drei neue chinesische Traktathäfen. Von Dr. Emil Jung. (*Deutsche Kolonialzeitung,* 31. Mai 1900, p. 248.)

— Les villes chinoises ouvertes au commerce. Par F. C. (*Le Mouv. géog.,* 1900, col. 195-7.)

— Sam-choui — Lappa — Koun-loun — Packoi — Hoi-hao. (*Rev. Indo-Chinoise*, No. 99, 10 sept. 1900, pp. 879/880.)

— Deutsche Seewarte — Die wichtigsten Häfen Chinas. Ein Handbuch für Kapitäne und Rhedereien. Herausgegeben von der Direktion. Mit 11 Tafeln. Berlin, 1901, E. S. Mittler & Sohn, gr. in-8, pp. xi-282.

— La Vallata del Yang-tse-kiang appunti e ricordi di Giovanni Gaggino ordinati e pubblicati dal conte Edoardo del Mayno con proemio di Angelo de Gubernatis. — Roma, Fratelli Bocca, 1901, in-8, pp. 293.

— Die chinesischen Vertragshäfen. Von Ws. (*Deutsche Kolonial-zeitung*, 27. Juni 1901, p. 255.)

— Die fremdländische Bevölkerung in den chinesischen Vertragshäfen. (*Oest. Monats. f. d. Orient*, Wien, 1902, p. 59.)

— Liste des ports ouverts en Chine au commerce étranger, par ordre de date d'ouverture. (*Nankin Port ouvert* par le P. L. Gaillard, pp. 435/446.)

— I « Settlements » europei e i privilegi degli Stranieri nell' Estremo Oriente del prof. Enrico Catellani. (*Atti del Reale Istituto Veneto di Scienze, Lettere ed Arti*, 1902, pp. 859 à 913 ; 1903, pp. 395 à 559.)

Notice : *Revue critique*, 2 mai 1904, p. 358, par Maurice Courant.

— Hongkong — Hoihao — Shanghai. Par A. Raquez. (*Rev. Indo-chinoise*, 2 mars 1903, pp. 191/3.)

— Vallée du Yang-tsé — Les trois villes de l'Embouchure du Han par Le Capitaine Gadoffre — (Extrait de la *Revue des Troupes coloniales*). Paris, Henri Charles Lavauzelle, s. d. [1904], in-8, pp. 61 + 1 f. n. ch., cartes.

— Die wichtigsten Hafen- und Handelsplätze Ostasiens. Von Marinepfarrer Klein. (*Asien*, 1904, No. 11, pp. 161/3.)

— Die Fremdenkonzessionen in China. Nach der « Revue coloniale ». Von D. Kürchhoff. (*Ibid.*, No. 1, pp. 5/6.)

— Zur Geschichte Eurasiens Von Martin Hartmann. — Sonderabdruck aus der *Orientalischen Litteratur-Zeitung*, No. 8, vom 15. August 1904. Berlin, Wolf Peiser, 1904, pet. in-8, pp. 28.

— Voir les Rapports des Consuls anglais. (*Blue Books.*)

Listes de Résidents étrangers.

— Alphabetical List of Foreign Residents in China. (*Chinese Rep.*, 1836, V, p. 426 ; 1841, X, p. 58 ; 1842, XI, p. 55 ; 1843, XII, p. 15 ; 1844, XIII, p. 3 ; 1845, XIV, p. 3 ; 1847, XVI, p. 3 ; 1848, XVII, p. 3 ; 1849, XVIII, p. 3 ; 1850, XIX, p. 3 ; 1851, XX, p. 3.

— List of Commercial Houses, Agents &c. — With Names of Partners, Assistants, &c. (*Ibid.*, XV, Jan. 1846, pp. 3/8.)

— Voir à l'art. HONGKONG : *Chronicle and Directory for China...* ; CHANGHAI : *Desk Hong List, Shanghai Almanac*, &c.

Pidgin English.

— Jargon spoken at Canton. (*Chin. Rep.*, IV, pp. 428 seq., Jan. 1836.)

Voir CANTON, Port ouvert.

— Pidgin-English Sing-Song or Songs and Stories in the China-English Dialect. With a Vocabulary. By Charles G. Leland. London : Trübner & Co., 1876, pet. in-8, pp. viii-139.

— Pidgin English und sein Verhältniss zu anderen Mischsprachen. Von Charles G. Leland. (*Actes VIIIe Cong. Int. des Orientalistes, 1889, Sect. Asie centrale et Ext. Orient*, pp. 97/103.)

— « Pidgin » English. By N. B. Dennys, Ph. D. Read at a Meeting of the Society held on the 9th Dec. 1878. (*Journ. of the Straits Branch of the Roy. As. Soc.*, Dec. 1878, pp. 168/174.)

— English « as she is spoke » in China. By L. (*China Review*, XX, No. 3, pp. 203/4.)

— Chinese English. (*T'oung Pao*, IV, mai 1893, p. 240.)

— Note on Pidgin English. By W. T. Dobson. (*Argosy*. — *Jour. Manchester Geog. Soc.*, XVI, July/Sept. 1900, p. 217.)

— L'Anglais Pidgin. (*Bul. Soc. Géog. Com. Paris*, XXV, 1903, pp. 58/61.)

D'après le *Bul. de la Soc. pour la propagation des langues étrangères*.

Nieou-tchouang 牛莊 (*Ying k'eou* 營口).

Ouvert officiellement par l'arrivée du Consul anglais, T. T. Meadows, en Mai 1861.

— T. T. Meadows. — Report on the Consular District of Newchwang. (*Nautical Magazine*, Oct. 1864, pp. 505/514.)

Voir *Changhai*, Chambre de commerce.

— Notes on a visit paid to the Coal Districts of Huatzuling and Pen-hsi-hu in the neighbourhood of Newchwang. (*North-China Daily News*, 10 June 1872.)

— Roads and Harbour of Newchwang. By E. C. Taintor. (*Customs' Trade Reports*, 1871-1872. — Réimp. dans *The Shai. Budget*, Aug. 29, 1874.)

— Beschreibung des Hafens von Niuchwang in der Mandschurei und Klima desselben. (*Hydrographische Mittheilungen*, II. Jahrgang, Berlin, 1874, pp. 92/97.)

— *Chinese Commercial Guide*, 1863, pp. 215/217.

— Francis Parkman Knight, † à Chang-hai, 8 nov. 1880, à 49 ans.

— Newchwang (Mandchourie) (D'après des documents fournis par M. Edouard Vialla, capitaine du navire français *Marianne* du Havre et coordonnés par M. Georges Langlade, 2me capitaine). (*Bul. Soc. Géog. com. Havre*, 1888, pp. 222/8.)

— [Three Maps of Newchwang and neighbouring Manchuria.] (*Ret. of Trade for 1898*, II, p. 6.)

— Nieou-tchouang. (*Rev. Indo-chinoise*, No. 91, 16 juillet 1900, pp. 693/5.)

— Decennial Report, 1892-1901, By Cecil A. V. Bowra. (*Decen. Reports*, I, 1904, pp. 1/45.)

Plan 1 : 4.000.

Ts'in-wang-tao 秦王島.

Arrondissement de Fou-ning hien, Tche-li. — Ouvert par dépêche du Tsong-li Yamen du 31 mars 1898.

— From Shanghai to Chinwangtao. By J. Dudgeon. (*N.C. Herald*, 21 fév. 1900, pp. 327/8.)

— Un nouveau port chinois. Tching-ouan-tao et Pei-tai-ho. Par A.-A. Fauvel. (*Rev. française*, Janvier 1901, pp. 35/47, carte.)

— Un nouveau port chinois. Tching-ouan-tao et Pei-tai-ho. Par A.-A. Fauvel. (*Rev. indo-chinoise*, 127, 25 mars 1901, pp. 252/5; 130, 15 avril 1901, pp. 331/2; d'après la *Revue française*.)

Pei-tai-ho 北戴河.

— Voir *supra* : A.-A. Fauvel.

— A China Sanatorium : Peitaiho. Br. in-8, pp. 13 à 2 col., s. l. n. d. [Shanghai, « North-China Herald ».]

Ta-kou 大沽.

(Entrée du Pei-ho.)

— Local Consular Regulations for Taku (John Gibson, Acting Consul). (*North China Herald*, 702, Jan. 9, 1864. — Réimp. dans le No. 703.)

— Sketch Map of Taku Bar, Showing New Lights, etc., and Proposed Bar Channel. (*Returns of Trade*, 1905, p. 32.)

T'ien-tsin 天津.

— Voir col. 223.

— Pagode du Traité 海光寺 *Hai kouang Sse*.

Voir *Relations étrangères*, Elgin.

— Massacre de T'ientsin : Voir *Relations politiques*.

— Consular Regulations for the Port of Tientsin — Local Consular Regulations for Tientsin. (Tientsin 7th December 1863; John Gibson, Acting Consul.) (*N. C. Herald*, 702, Jan. 9, 1864. — Réimp. dans le No. 703.)

— John Gibson. — The Trade of Tientsin. (*Naut. Magazine*, January 1865, pp. 18/24.)

— *Chinese Commercial Guide*, 1863, pp. 212 et seq.

— Concession française à Tien-tsin. — Réglements Municipaux 1894. — Péking, Typographie du Pé-t'ang. — 1894. In-8, pp. 38 + 1 plan et 1 pl. de réglement.

— Tien-tsin. (*Rev. Indo-chinoise*, No. 90, 9 juillet 1900, pp. 657/660.)

— Ta-kou — Tien-tsin — Pe-kin. Par E. Giret. (*Ibid.*, No. 97, 27 août 1900, pp. 825/830.)

— Le commerce de Tien-tsin. (*Bull. Com. Asie française*, Juin 1901, pp. 119/120.)

— Il censimento della Concessione inglese di Tien-tsin. Nota del socio C. Poma, R. Console d'Italia a Tien-tsin. (*Soc. Geog. Ital., Boll.*, Feb. 1903, pp. 118/9.)

— Les progrès de Tien-tsin. (*Bull. Com. Asie française*, Avril 1904, pp. 202/4.)

D'après un rapport de M. J.-W. Jamieson, attaché commercial britannique en Chine.

— Tientsin. — Decennial Report, 1892-1901. By Lewis S. Palen. (*Decennial Reports*, 1892-1901, II, 1906, pp. 509/601.)

Cartes : Operations against Taku Forts, 17th June 1900. — Operations around Tientsin. — Map illustrating Routes of Seymour, Relief, and Punitive Expeditions. — Plan of Hai-ho. — Map showing Postal Routes in Chihli and neighbouring Provinces. — Plan of Residential Concessions at Tientsin. — Map to illustrate railways in North China and Trade Routes converging upon Tientsin.

∴

— *The Chinese Times.*

Premier numéro publié à T'ien-tsin, 6 nov. 1886. — Tientsin Printing Co. — Hebdomadaire. — A cessé de paraître le 28 mars 1891. — Le 時報 *Shih Pao*, journal chinois quotidien, a cessé de paraître en même temps que le *Chinese Times*. Il est depuis réédité dans les mêmes conditions.

— *Peking & Tientsin Times.*

Commence en mars 1894 ; hebdomadaire ; depuis le 1er oct. 1902, publie aussi une éd. quotidienne.

William Bellingham venu en Chine en 1892 ; premier éditeur et propriétaire du *P. & T. Times* ; † 23 février 1895, à 60 ans.

— *China Times.*

Premier numéro 21 janvier 1901, Pe-king ; a été publié dans cette ville jusqu'en avril 1901 ; deux pages rédigées en anglais, à l'exception d'une colonne en japonais. — Devenu journal quotidien à T'ien-tsin, pub. par J. Brewer, pour le propriétaire, J. Cowen.

— *Tientsin Daily Shipping Report and Customs Return.*

Organe des Douanes. — Quotidien.

— *Tientsin Young Men.*

Hebdomadaire. — Y. M. Christian Association. — Date du commencement de 1902.

— *Bollettino Italiano dell' Estremo Oriente.*

Printed at the *Chih Pao* Printing Office, Detring Road, Tientsin. — Un feuillet in-fol. rédigé en italien, chinois et anglais. — A ma connaissance, le dernier numéro paru est le n° 5, Tientsin, 11 novembre 1902.

— *Wochenblatt für die Angehörigen der ostasiatischen Besatzungs-Brigade.*

Feuille in-fol., hebd., publiée par la brigade allemande d'occupation tous les dimanches depuis le commencement de 1902.

— * *Tageblatt für Nord-China.*

Commencé en 1904, 1er octobre.

— * *China Review.*

Journal du soir, 1904.

Tche-fou 芝罘 (*Yen t'aï* 烟臺).

— Voir col. 227/8.

— Winds and Weather at Chefoo, during seven months of the year 1859. (*Journal N. C. B. R. A. S.*, Vol. II, No. I ; Art. IX, pp. 97/104.)

By Mr. J. H. Hendry, Chief officer of the *Swallow*.
— *Chinese Commercial Guide*, 1863, pp. 211/212.

— Topographie médicale de Tché-foo. Par M. le Dr. Lagarde. (*Arch. Médecine navale*, I, 1864, pp. 188/198.)

— Chart showing Places where Junks trade to and from Chefoo. (*Ret. of Trade for 1898*, II, p. 58.)
— Marie Pignatel, † à Tche-fou, d'apoplexie, 3 avril 1878, 44 ans.
— J. Pignatel, † à Chang-hai, 24 juillet 1878.
— Tche-fou. (*Rev. Indo-chinoise*, No. 92, 23 juillet 1900, pp. 713/5.)

— Chefoo. — Decennial Report, 1892-1901. By James W. Carrall. (*Decen. Reports*, I, 1904, pp. 46/85.)

Plan of Chefoo. — Map showing districts flooded in Shantung from 1892 to 1901. — Chart showing places where junks trade to and from Chefoo.

∴

— *Chefoo Express*. 1894.

Publié par H. Sietas & Co. — Dura peu de temps en 1897; reparaît depuis sept. 1902; hebdomadaire.

— * *Chefoo Daily News*.

Kiao-tcheou 膠州.

Voir col. 229 et ALLEMAGNE.

Wei-hai-wei 威海衛.

— Voir col. 228 et GRANDE-BRETAGNE.

Tcheou-ts'ouen 周村.

— Organisation du port commercial de Tchéou-ts'ouën [周村]. Par A.V.[issière.] (*T'oung Pao*, Mars 1905, p. 134.)

D'après le 同文滬報 *T'ong wen Hou-pao* de Chang-hai. — Tcheou-ts'ouën, dans la sous-préfecture de 長山縣 Tch'âng-chan-hien.

Chang-hai 上海.

Voir col. 243-247.

OUVRAGES DIVERS.

— *What I have seen in Shanghai :* (by E. C. Bridgman)

Position of the city; character of the inhabitants; mercantile interests; special enterprises; Mr. Fortune; open and secret excursions into the country; bad policy of the late plenipotentiaries; reasons for their conduct; christian missions; Committee of Delegates now engaged in revising the Chinese version of the New Testament, &c. (*Chinese Repository*, XVIII, pp. 384 et seq.)

Protestant Missions : (1) the London Missionary Society; (2) the Church (of England) Missionary Society; (3) the American Protestant Episcopal Church; (4) the American Baptist Sabbatarian Church; (5) the American Southern Baptist Convention; (6) the American Methodist Episcopal Church. Second letter to the Editor, by E. C. B. (*Ibid.*, pp. 515 et seq.)

Missions of the Romish Church : the Jesuits; Institution for the Propagation of the Faith; its Annals; number of Vicarages and Christians; the style of the Pope, Bishops and Priests; the Bible, Commentaries, and ten Commandments; Prayer-book; Bishop of Kiangnan; site of the new cathedral; chapel; religious services; other sites; Sû-kia Hwui; ways and means of conducting their missions, illustrated by extracts from their annals; results; character of their system; circumstances of its agents, &c. (*Ibid.*, pp. 574 et seq.)

— Plants and Gardens of the English at Shanghae... by R. Fortune. Voir col. 450.

— Plan of the English Settlement at Shanghai. 2d ed., 1864-66, 1 feuille.

— Plan of the Hongkew or American Settlement at Shanghai, 1864-66, 1 feuille.

— Catalogue of Austrian and Hungarian Products exhibited in the Shanghai Club published by Victor Schönberger. Shanghai, July 1869, br. in-8.

— The Battle of Sik-a-wei. Reprinted from the *Shanghai Evening Courier*. Shanghai, 1871, br. in-8, pp. 24.

A été également réimp. dans le *Shanghai Budget*, 25 Août 1871. — Cette imitation de la célèbre *Battle of Dorking*, écrite pour montrer les vices de la politique anglaise en Chine, a été écrite par le Rév. C. H. Butcher et Mr. Walter Pearson, Secrétaire de la Chambre de commerce; Mr. Ney Elias, le voyageur, en avait donné l'idée.

— Ελευθεριομαχια. — The Battle of Freedom : A Valedictory Poem. (A Greek Poem written in 1863.) By E. C. Taintor. Shanghai, 1874, in-8, pp. 8.

Tiré à 80 exemplaires non mis dans le commerce. — Edward Coe Taintor, † à Chang-hai, 16 mai 1878, 36 ans.

— Shanghaï et les intérêts européens en Chine. Par A. Kleczkowski. (*Revue de France*, 15 Mai 1878, pp. 331/360.)

— Sketches in the Foreign Settlements and Native City of Shanghai. — By W. Macfarlane. Reprinted from the *Shanghai Mercury*. — Shanghai : 1881, in-4, pp. 113 à 2 col.

— * The Celestial « Boulevards » of Shanghai, or Foochow Road by Day and Night. By B. R. A. Navarra. Reprinted from the *Shanghai Mercury*.

Notice : *Chin. Rec.*, XVII, Jan. 1886, p. 38.

— La Vie réelle en Chine (Chang-haï) par Paul Antonini. Paris, Letouzey et Ané, s. d. [1887], in-12, pp. 348.

Bib. nat., $\frac{O^2n}{821}$. — Pub. à 3.50.

— Le Chang-hai chrétien et le Chang-hai payen par le R. P. Ravary, de la Compagnie de Jésus, missionnaire au Kiang-nan. (*Miss. Cath.*, XXIV, 1892, pp. 16/18, 28/30, 45/47, 56/9, 64/6, 75/77, 88/90, 100/102, 116/118, 124/8, 139/142, 148/152, 163/165, 177/9, 190/2, 196/7, 214/5, 219/221.)

— Views of Shanghai during the great Snowfall of 1893 (Jubilee Year). — Kelly & Walsh, Shanghai,... Album in-4 oblong, pp. III, 12 pl.

Préface signée : A. E. M.

— * Sketches in and around Shanghai.

Shanghai : *Shanghai Mercury* Office, 1894, in-4, pp. 183.

By J. D. Clark. — Notice : *Lond. & China Express*, Dec. 14, 1894.

— The Future of the Port of Shanghai. — A Geological Study. By Sydney B. J. Skertchly, F. G. S. Late of H. M. Geological Survey. (*N. C. Herald*, 1894, Jan. 19, pp. 97/9 ; Feb. 2, pp. 183/184 ; 16, pp. 247/8 ; 23, pp. 290/2 ; March 2, p. 333 ; 9, pp. 374/375.)

— The Future of the Port of Shanghai, A Geological Study by Sydney B. J. Skertchly, F. G. S., M. A. I., late of H. M. Geological Survey,... — Shanghai : Printed and Published at the « North-China Herald » Office. — 1894, br. in-8, pp. 22 à 2 col.

— * Public Indignation Meeting, August 5th, 1895, respecting the Kucheng Massacre ; Report in the *North China Daily News*. Shanghai, 1895, in-8.

Voir col. 1323.

— Shanghai, by Night and Day. *Shanghai Mercury* Office, 2 vol. in-8.

— Schanghai. (*Ann. der Hyd.*, XXVIII, 1900, pp. 422/8.)

— Shanghai. Aus dem Bericht des Kapt. P. Albrand über die Reise des Vollschiffes « Osorno » von New-York nach Shanghai. Mai 1899. (*Ibid.*, pp. 60/2.)

— Une escale à Shanghai. Par Nichevo. (*Rev. de Géog.*, LI, 1902, pp. 171/6.)

— Chang-haï et Zi-ka-wei — 1901 — Carte dressée par le Capitaine Gadoffre avec la collaboration des Lieutenants Muselli et Ringue et du soldat Bouat — 16e Régiment d'Infanterie Coloniale — Brigade d'occupation en Chine (Général Sucillon) — Détachement de Chang-haï (Lieutenant-Colonel Valette). — Lithographié par le soldat Lorinet — Mis au net par le soldat Bouat — Tiré par le soldat Bérard. Echelle : 1 : 20.000. Une feuille.

— Shanghaï, la Métropole chinoise par M. Emile Deschamps. (*Le Tour du Monde*, 10 juin 1905, pp. 265/276.)

— * The Model Settlement. Personal Reminiscences of thirty years' residence in Shanghai. By C. M. Dyce. London : Chapman and Hall, in-8, pp. 238.

Notices : *Lond. & China Express*, 8 June 1906. — *N. C. Herald*, Aug. 3, 1906.

— Shanghai. — Decennial Report, 1892-1901. By H. Elgar Hobson. (*Decen. Reports*, I, 1904, pp. 465/541.)

Plan showing development of Foreign Settlements during Decade 1892-1901.

Histoire.

— Storming of the Entrenched Imperialist Camps by the British and Americans — at Shanghae on Tuesday the 4th April. (*North China Herald*, 193, 8th April 1854.)

List of Killed and Wounded in attack, &c. on 4th April.

H. M. Str. *Encounter* :

Lieut. N. Dew, slightly.
M. Tupman, Naval Cadet, do.
W. Blackman, Carpt., killed.
Am. Hevens, ordinary I., slightly.

H. M. Brig *Grecian* :

Geo. Bailey, Capt. Foretop, very severely.
John Budge, A. B., do.
Henry Thursby, midship., severe contusion.
Hen. Willcox, Quar. Master, do.
Hen. Nicoll, do.
In. Little, Asst. Surgeon, slightly.

U. S. Sloop *Plymouth* :

Geo. M'Corkle, killed — 4 wounded (most of them severely).

Shanghae Volunteers.

Mr. J. E. Brine, dangerously if not mortal.
Mr. Gray, loss of thigh.
Capt. Pearson, American Merchant Ship *Rose Standish*, very severely wounded (died since).

Total 2 killed, 16 wounded.
Guns found mounted in camps — 2. 12, 4. 6 and 4. 3 pounders, and a number of wall-pieces.
Force engaged about 300.

Réimp. sous le titre de *The Battle of Muddy Flat, Tuesday, 4th April 1854* dans le *N. C. Herald*, April 12, 1882, pp. 402/3.

— Attaque du *Colbert* et de la *Jeanne d'Arc* contre la ville chinoise, le 6 janvier 1855. (*N. C. Herald*, 232, 6 Jan. 1855, & 233, 13 Jan. 1855.)

— Sur l'enterrement des marins du *Colbert* et de la *Jeanne d'Arc*, et le mausolée construit à leur mémoire, voir le *N. C. Herald*, 242, 17 Mars 1855.

— Explosion of the *Union Star*. (*Daily Shipping & Commercial News*, June 20 & 21, 1862 ; réimp. dans the *N. C. Herald*, No. 621, June 21, 1862.)

— Arthur Millac [Camille Imbault-Huart]. Voir France.

— Reminiscences of the opening of Shanghae to Foreign Trade. By W. H. M.[edhurst.] (*Chin. & Jap. Rep.*, Oct. 1864, pp. 79/88.)

— The Story of Shanghai from the Opening of the Port to foreign Trade. — By J. W. Maclellan. — Shanghai : *North-China Herald* Office. 1889, in-8, pp. II-124.

John Wharton Maclellan, fils aîné de J. Maclellan, de Greenock, pendant trois ans Editor du *N. C. Herald* ; rentré en Europe en 1889 ; † à Edinburgh, 13 Pilrig Street, 26 juin 1894, 61 ans.

— * Recollections of Life in the Far East. By W. S. Wetmore. Shanghai, « North-China Herald » Office, 1894, br. in-8, pp. 60.

William S. Wetmore, né aux Etats-Unis ; † à Brighton, 17 Second Avenue, 21st July 1898, à 70 ans.

— The Shanghai Jubilee. (*N.-C. Herald*, 24 Nov. 1893, pp. 812/831.)

— The Jubilee of Shanghai, 1843-1893. — Shanghai : Past and Present, and a full Account of the Proceedings on the 17th and 18th November, 1893. (With Photograph.) — Shanghai : Revised and Reprinted from the « North-China Daily News ». — 1893, br. in-8, pp. 45 à 2 col.

— Twenty-five years in East and West A Paper read before the Shanghai Literary and Debating Society November 13, 1885. By the Ven. Archdeacon Moule, B. D. — Shanghai — 1885, br. in-8, pp. 12.

— Personal Recollections of the T'ai-P'ing Rebellion, 1861-63. By the Ven. Archdeacon

Moule. Shanghai : Printed at the « Shanghai Mercury » Office. 1898, in-8, pp. 28.

Lecture read before the Shanghai Literary and Debating Society, on Tuesday, Dec. 4th, 1883. — Rep. from the *Shanghai Courier*.

— China. No. 3 (1902). — Correspondence respecting the Evacuation of Shanghae. Presented to both Houses of Parliament by Command of His Majesty, December 1902. London... [Cd. 1369.] Price $2\frac{1}{2}$ *d*, in-fol., pp. IV-16.

Voir Grande-Bretagne.

— The Rise of Shanghai. By C. A. Montalto de Jesus. Shanghai : Printed at the Shanghai Mercury, Limited. 1906, br. in-8, pp. 28. Ill.

Préface de T. W. Kingsmill.

Population.

— List of Foreign Residents at Shanghai and Amoy, August 1846. (*Chin. Rep.*, XVI, pp. 412/413.)

— A List of the Foreign Residents in Shanghai, 1850. (*North China Herald*, Vol. I, No. 1.)

— Census taken at Shanghai of the British Population, 31 March 1851. (*Ibid.*, No. 40, Mai 3, 1851.)

218 Males
38 Females = total 256.

— Voir *Shanghae Almanac and Miscellany*.

— Census of the English and Hongque Settlements, 1865. (Voir col. 2225.)

— Population des Concessions anglaise et américaine. Recensement de 1870. (Voir à la fin de *Shanghai considered socially*, de Lang.)

— Population of Shanghai. (*Shai. Budget*, Jan. 23, 1873.)

— Census of Shanghai, 1900. (*N. C. Herald*, 1900, June 27; July 4, 11, 18.)

Foreign Settlement : Native Population, 345,276 ; étrangers, 6774, dont Anglais, 2691 et Portugais, 978 ; Concession française, 15 juin 1900, étrangers, 622, dont Français, 218, et Japonais, 95 ; indigènes 56, 373 et dans l'Extension, 24.153 = 80.526.

— North China and Japan Desk Hong List.

Pub. annuelle faite par le *North China Herald*, renfermant en un volume long et étroit la liste des résidents étrangers et divers renseignements sur le départ des courriers, l'administration, etc.

— The Desk Hong List ; a General and Business Directory for Shanghai and the Northern and River Ports, &c. — 1903 — Shanghai : « North-China Herald », 1903, 8 ff. n. ch. + 451.

— « Domus et placens uxor. » The Ladies Directory for Shanghai. 1873. Shanghai : Printed at the « North China Herald » Office, pet. in-8.

. . . .

— The Ladies Directory or Red Book for Shanghai, for the year 1876. Printed at the « North China Herald » Office, 1876, pet. in-8.

Climat et Météorologie.

Voir col. 375.

— Abstract of Observations at Shanghai in the open air for 1847 and 1848. (*Chin. Rep.*, XVIII, p. 514.)

— Atmospherical Changes. (*N. C. Herald*, No. 9, 28 Sept. 1850.)

— Meteorology and Climate of Shanghae deduced from observations made during the years 1848, 1849 and 1850. (*Ibid.*, No. 74, 27 Dec. 1851. — Réimp. dans *The Shae. Almanac for 1852*.)

Voir pour l'année suivante le *N. C. Herald*, No. 125, 12 Dec. 1852, et le *Shae. Almanac for 1853*, etc., etc.

— Sicawei Observatory — J. de Moidrey, S. J. — Notes on the Climate of Shanghai 1873-1902 — Shanghai, Oriental Press 1904 — Sold by Kelly & Walsh, Shanghai, in-8, pp. 39 + 1 f.

Hygiène.

— * Shanghai Hygiene or Hints for the preservation of health in China. By J. Henderson. Shanghai, 1863, in-8.

Extraits dans le *N. C. Herald*, No. 674, 27 June 1863.

— Correspondence respecting the Insalubrity of *Shanghai*. 1863, in-fol.

Blue Book, P. 466.

— Account of the Visit to Pootoo by the Sanatory Commission (24 Feb. 1863). (*N. C. Herald*, No. 659, 14 March 1863.)

Voir col. 255.

— Sanitaria for Shanghai : Letter addressed to the Editor of the *North China Herald*, by J. Henderson, No. 713, March 26, 1864.

— Relation médicale d'une campagne au Japon, en Chine et en Corée. Thèse présentée et publiquement soutenue à la Faculté de médecine de Montpellier le 12 juin 1868. Par Cheval (Elisée-Julien), né à La Gacilly (Morbihan), Docteur en médecine, Médecin de deuxième classe de la Marine impériale. Montpellier, Boehm et fils, 1868, br. in-4, avec une carte de Corée. — Voir col. 1493.

— Shang-haï au point de vue médical. Contribution à la Climatologie médicale par Paul Edouard Galle, Docteur en médecine de la Faculté de Paris,... Paris, Adrien Delahaye, 1875, br. in-8, pp. 80.

Dr Galle, né à Sisteron (Basses Alpes), 7 oct. 1835 ; † 20 août 1879, à Chang-hai.

Eau.

— Remarks on the Water we use in Shanghai by Dr. Lamprey, Surgeon H. M.'s 67th Reg. (*Jour. N. C. B. R. A. S.*, N. S., No. II, Dec. 1865, pp. 177/8.)

— Shanghai Water by Edward Henderson, M. D. (*N. C. Daily News*. — Réimp. dans *The Shai. Budget*, I, No. 7, etc., et dans *The Cycle*, 14 Jan. 1871.)

— Municipal Council of Shanghai. Appendices to Report for the year ended 31st March, 1871. Shanghai : Printed at the « North-China Herald » Office, 1871, br. in-8.

Contient le premier rapport du Dr. Edward Henderson comme Officier de Santé, le rapport du Professeur E. Frankland (14 Oct. 1870) sur 12 échantillons de l'eau de Shanghai et des environs, et différents rapports de police.

— The Water Supply.

Rapport du Dr. E. Henderson dans le *Municipal Report for the year ended 31st March 1875*, pp. 84/87.

— Shanghai Water. Reprinted from the *North-China Herald* and *S. C. & C. Gazette*, br. in-8 à 2 col., pp. 10.

Contient les rapports de Henderson et de Frankland.

— Report on proposed Water Works for

Shanghai. Shanghai : F. & C. Walsh, 1875, br. in-8, pp. 11.

PROSTITUTION. Voir col. 1882-1883.

— Voir *Sciences médicales*, col. 1481-1482, 1483.

CONSEIL MUNICIPAL ANGLO-AMÉRICAIN.

— Official Papers on the Administration of affairs at the Port of Shanghae, 1854. Port, Custom-House & Land Regulations, and Proceedings of Public Meeting, of July 11th; also, Election of Municipal Council, together with the Joint Consular Notifications of the Three Treaty Powers. Printed at the « Herald » office, Shanghae, 1854, in-8.

1° [The] Land Regulations settled and agreed upon by Capt. Balfour, H. B. M.'s Consul, and *Kung-moo-Keu*, Intendant of Circuit, on the 24th day of September, 1846, and further defined in the agreement entered into between Rutherford Alcock, Esq., H. B. M.'s Consul, and *Lin*, Intendant of Circuit, on the 27th day of November, 1848.

2° [Lands] described in a proclamation issued by *Lin*, Taoutae, bearing date the 6th day of April, 1849, in consequence of an arrangement entered into between H. E. on the one part and M. de Montigny, the Consul of France, on the other part... — an arrangement subsequently approved and confirmed by the Minister of France, M. de Forth-Rouen, and the Imperial Commissar Seu.

The consuls of the Three Treaty Powers :

Rutherford Alcock, anglais,
Robert C. Murphy, américain,
B. Edan, français,

et Woo, le Taotai, approuvent les New Land Regulations (1854). A public Meeting of the Foreign renters of Land is held at H. B. M.'s Consulate on the 11th of July 1854 : The Committee of Roads and Jetties, tend their resignation and the first municipal Council is elected :

William Kay, Chairman,
Edward Cunningham, Treasurer,
Rev. Dr. W. H. Medhurst,
David Olyphant King,
Charles A. Fearon,
John Skinner,
William Seton Brown.

Quoique le Consul de France ait signé les *Land Regulations* de 1854, le gouvernement français ne les a **pas ratifiées**. (Voir meeting du 10 Mars 1866, *N. C. Herald*, Supp., 17 Mars 1866 ; et extrait d'une lettre de M. de Bourboulon, ministre de France, à M. Edan, Consul de France *p. i.* à Changhai, insérée par M. le Vte. Brenier de Montmorand, dans le *N. C. Herald*, 1825, 19 Mai 1866.)

— P. [1792.] — Correspondence respecting Foreign Settlements at Shanghae. 1854, 3 *d.*

— The Shanghae Land Regulations, (Original and Present Codes) and Sundry Documents relating thereto. Published by order of the Municipal Council for 1861. Printed by A. H. de Carvalho, Shanghae, 1861, br. in-12, pp. 36.

The first Regulations (pp. 1-11) are « dated Taou-kwang, 25th year, 11th month, 1st day. November 29th, 1845 » they were agreed to by Kung Mookew, Intendant of Circuit, etc. and Superintendant of Customs in the Province of Keangnan, and Capt. Balfour, British Consul, and they were translated by W. H. Medhurst. — A new Set of Land Regulations was framed by Rutherford Alcock, H. B. M.'s Consul, Robert C. Murphy, Consul U. S. A., B. Edan, H. I. M.'s Consul *ad interim*, in July 1854 (pp. 12-21), and Woo, the Chief local authority, and examined at the Public Meeting of Foreign Renters of Land, held at H. B. M.'s Consulate, on the 11th day of July 1854 (Minutes, pp. 22-34).

— Proposed Revised Land Regulations for the Foreign Settlement of Shanghai, br. in-fol.

A committee had been appointed at the Land Renters' Meeting of April 15th, 1865, to consider as to the method of government best adapted to the requirements of the settlements.

— Land Renters' Meeting. Minutes of a Special Meeting of Land Renters, held at H. B. M.'s Consulate, on Friday the 9th, Monday the 12th, Tuesday the 13th, and Saturday the 17th March 1866. To consider, discuss, and amend the code of « Proposed Revised Land Regulations » for the foreign settlement of Shanghai prepared by the Committee appointed at the Meeting of Land Renters of the 15th April 1865, br. in-8.

— Land Regulations and Bye Laws for the Foreign Settlements of Shanghai North of the Yang-King-Pang. *Shanghai*, 1870, br. in-8, 1860-1870, 2 parties in-8.

— Revision of Land Regulations. Remarks by Council's legal Adviser. Shanghai : Printed at the « North China Herald » office, Pièce in-8, pp. 4.

Daté : May 17th 1875 — et sig. : W. V. Drummond.

— Land Regulations and Bye Laws for the Foreign Settlements of Shanghai, North of the Yang-King-Pang. Shanghai : Far East Printing and Publishing Company, 1879, br. in-8, pp. 50.

∴

— Meeting of Ratepayers. Debates, Proceedings and Votes of the Shanghai Ratepayers, in Public Meeting assembled on Friday, 25th February, 1876, at the Board Room of the Municipal Council. Shanghai : Printed at the « North China Herald » office, 1876, br. in-8.

Le compte-rendu des réunions, soit annuelles, soit extraordinaires des contribuables est publié régulièrement sous forme de brochures et dans les journaux locaux.

— Annual Meeting and Special Meeting. — Debates, Proceedings, and Votes of the Shanghai Ratepayers, in Public Meeting assembled on Tuesday, the 13th March, 1906, at the Town Hall. — Shanghai : Printed at the « North-China Herald » Office, 1906, br. in-8, pp. 28 à 2 col.

∴

— Municipal Report for the year ending 31st March — br. in-8.

Les Rapports du conseil municipal anglo-américain ont été publiés chaque année ; l'année municipale courant du 1er avril d'une année jusqu'au 31 mars de l'année suivante jusqu'en 1875, époque à laquelle la fin de l'année municipale fut reportée au

31 décembre. Nous ne signalons que les rapports les plus intéressants :

— Municipal Report for the year ending 31st March 1864, br. in-8.

— Municipal Report for the year ending 31st March 1864 [lisez 1865], br. in-8.

Annexé à ce rapport : *Census of the English and Hongque Settlements* ; nous notons : 18 Nationalities, 5129 inhabitants of which 1319 Army, 532 Royal Navy.

— Appendices to Report for the year ended 31st March, 1871. Shanghai : Printed at the « North China Herald » office, 1871, br. in-8.

— Report for the year ended 31st March, 1875. Shanghai : Carvalho & Co., 1875, br. in-8.

— Report for the nine months ended 31st December, 1875. Shanghai : Carvalho & Co., 1876, br. in-8.

∴

— Municipal Budget. Estimate for the year commenced 1st April, 1870, and ending 31st March, 1871, with Remarks by Municipal Council, and Sub-Committees of 1869-1870. Br. in-8.

Publication annuelle comme le Rapport.

∴

— Municipal Council Shanghai — Report for the year ended 31st December 1904 and Budget for the year ending 31st December 1905 — Shanghai, Printed by Kelly & Walsh, 1905, in-8, pp. VII-432-37, ill.

∴

— Rules and Instructions for the Municipal Police of Shanghai. Printed by order of the Municipal Council 1856 [by J. H. de Carvalho], br. in-8.

Sig. : Samuel Clifton, Superintendent of Police.

Voir les autres rapports de Police dans les rapports annuels du Conseil Municipal.

— The Municipal Council of Shanghai. Reports from Assessment Committees of 1867. Revised Assessments, &c. made under authority of Land Renters Meeting of 25th February, 1867, together with rates of taxation, proposed by the Municipal Council, to be levied for the remainder of the Municipal year — beginning from 1st October, 1867. Shanghai : Printed at the « North China Herald » office, 1867, br. in-8, pp. 18.

— Shanghai Land Assessment Schedule. Directed to be made under Resolution IV, passed at the Special Meeting of Rate-Payers, held at the Lyceum Theatre, on the 7th and 9th September, 1875. English Settlement, 1876. Shanghai : Carvalho, in-4, pp. 51.

— Hongkew, 1876. Shanghai : Carvalho, in-4, pp. 25.

— Shanghai House Assessment Schedule. Directed to be made under Resolution IV, passed at a Special Meeting of Rate-Payers, held at the Lyceum Theatre, on the 7th and 9th September, 1875. For the Settlements North of the Yang-king-pang. 1876. Shanghai : Printed at the « Celestial Empire » office, in-4, pp. 25.

— * Shanghai Land Assessment Schedule... English Settlement. 1890. Shanghai, 1890, in-4.

— * The Shanghai Land Assessment Schedule, English Settlement. 1896. In-4, pp. 32.

With cadastral Plan of the English Settlement.

— Drainage of the Settlements. Shanghai : A. H. de Carvalho, 1870, Pièce in-fol., pp. 16.

A. H. de Carvalho, † à Chang-hai, 8 août 1876, à 62 ans.

— The Shanghai Volunteer Artillery. Howitzer Drills and Exercises. Shanghai : Printed at the « North China Herald » office, 1871, br. in-8, pp. 8.

Voir les rapports du *Defence Committee* dans les rapports annuels du Conseil municipal.

— Tariff of Dues leviable on Merchandise imported to, and exported or transhipped from the port of Shanghai revised by the Council for the Foreign community of Shanghai 1st June 1871. Shanghai : Printed at the « North China Herald » office, 1871, br. in-8.

∴

— Second Report of the Fire Commission, to the 30th September, 1872, upon the working of the Shanghai Fire Department, 1871-2. Shanghai : Printed at the « North China Herald » office, br. in-8, pp. 15.

— Report of the Fire Commission, for the year ended 31st March, 1874, upon the working of the Shanghai Fire Department. Shanghai : Printed at the « North China Herald » office, br. in-8, pp. 11.

— Report of the Fire Commission upon the working of the Shanghai Fire Department, for the year ending 31st March, 1875. Shanghai : Carvalho & Co., br. in-8, pp. 8.

. . . .

— Constitution of the Shanghai Fire Department. (*Siam Repository*, V, July 1873, pp. 285/7.)

∴

— Report by the Special Committee of Rate-Payers appointed to consider the Plans and Proposals of the Woosung Road Company, Shanghai, August 1873. A. H. de Carvalho, Printer & Stationer, Shanghai, br. in-8, pp. 15.

— Special Report on proposed Municipal Buildings. Shanghai : Printed by F. & C. Walsh,... 1874. Pièce in-8, pp. 7.

— Returns called for by Mr. J. P. Bisset at Special Meeting of Rate-Payers held on 8th June, 1874. Published for the information of Rate-Payers North of the Yang-king-Pang. Shanghai : Carvalho, [1875], Pièce in-8, pp. 6.

John Petrie Bisset, né à Inverurie, 31 Janvier 1838 ; rentré en 1877 ; ex-Provost de Banenory ; † 17 Avril 1906, à Wynndun, 68 ans. — Cf. *Lond. & China Express*, April 20, 1906.

∴

— Health Officer's Report for the year ended 31st December, 1875. Published for the information of the Rate-Payers. Shanghai : Carvalho & Co., 1876, br. in-8, pp. 18.

C'est le sixième rapport du Dr. E. Henderson et le seul imprimé à part ; le premier rapport a été publié dans l'app. au Rapport de 1871 [voir col. 2225] ; les autres rapports ont été insérés soit dans les Rapports du Conseil municipal, soit dans leurs appendices.

— Shanghai Municipal Council. Health Department. Annual Report 1905. Arthur Stanley, M.D., B.S.Lond., D.P.H., Health Officer... Shanghai : Printed by Kelly & Walsh,... 1906, in-4, pp. 57.

— Proposed Alteration in the Names of the Streets (of Shanghai). (*N. C. Herald*, Supp., 617, May 24, 1862.)

— Correspondence on the Better Government of Shanghai : Extracted from the *North China Herald*. Shanghai : Printed at the *North China Herald* office, September 1862, br. in-8.

— Amalgamation of the English and Hongque Settlements. (*N. C. Herald*, 690, 17 Oct. 1863.)

Letter of Residents in the British Settlement.

— Letter of Mr. E. Cunningham, Chairman of the Hong-que Assessment Committee to R. F. Gould, Secretary Municipal Council. (*N. C. Herald*, 696, 28th Nov. 1863.) — The Hongkew district was incorporated with the British Settlement by the resolutions taken at the Public Meetings of the 31st March 1862, and 4th April 1863 : *Vide* Meeting of the 31st March 1862. (*Ibid.*, 610, 5th April 1862.) — Meeting of the 4th April 1863. (*Ibid.*, 663, 11th April 1863.) — Meeting of the 30th Nov. 1863. (*Ibid.*, 697, 5th Dec. 1863.)

— Letter by Sir Rutherford Alcock regarding Municipal Government in Shanghai. (*North-China Daily News*, 14 Aug. 1866.)

Peking, 16th July 1866 ; addressed to C. A. Winchester Esq., H. B. M.'s Consul, Shanghai.

— The Browett Foreshore Case. (From the *North-China Daily News*, 15th, 18th, and 19th July, 1899.) Br. in-8, pp. 14 à 2 col.

Soochow Creek Bridge.

— Translation of the Soochow Bridge Charter, dated Tung Che, 2nd year, 6th month, 3rd day (July 1863). (*N. C. Herald*, May 6, 1869.)

— Soochow Creek Bridge Company. Extracts from the Proceedings of Land Renters, and Rate-Payers Meetings, having reference to the Soochow Creek Bridge Company. Br. in-8, pp. 13, s. d. [1872 ?].

— Notes *in Re Messrs H. Fogg & Co.'s Wall.* — Correspondence with Soochow Creek Bridge Company, and Memoranda relating thereto. Issued for the information of Rate-payers by Municipal Council of Shanghai, north of Yang-king-pang, October 1872. A. H. de Carvalho,... Shanghai. Br. in-8, pp. 33.

— Ratepayers' Meeting, August 12th, 1872. Proposal from Soochow Creek Bridge Company. Estimates for the New Bunding Scheme. Shanghai : Printed at the « North China Herald » office, 1872, br. in-8, pp. 11.

Li-kin.

Voir col. 544.

— Notes sur les droits de douane et les « li kin » intérieurs, par M. H. Brenier. (*Mission lyonnaise*, p. 428.)

Eau. — Voir Hygiène, col. 2222.

Prostitution. — Voir col. 1882-1883.

Shanghai General Hospital. — Voir col. 2234.

— Voir *Conseil Municipal français.*

Conseil Municipal Français.

— Sur l'obtention d'un « French Consular Ground at Shanghai ». (*Chin. Rep.*, XVIII, pp. 332/333.)

— Procès Verbal de la réunion des propriétaires fonciers de la Concession française, tenue au Consulat Général le 10 Février 1866.

« L'objet de la réunion indiqué à l'avance dans les journaux était de délibérer sur une demande de la Compagnie des Messageries Impériales relative à l'établissement d'un Wharf, et de décider, à cette occasion, s'il y avait lieu ou non de modifier les restrictions votées dans l'assemblée annuelle du 30 Avril 1864 pour l'établissement des Wharfs sur la Concession française. »

Ce Procès verbal est inséré dans *The North China Herald*, 813, Feb. 24, 1866.

— Report of the Committee [Messrs Hogg, Dixwell, Viault, Bernard, Wignall] appointed on the 10th of February 1866, by the meeting of Land Renters upon the French Concession, for the purpose of considering in what respect the existing regulations as to Wharves may be advantageously changed. (*Ibid.*, 814, March 3, 1866.)

La réunion des propriétaires pour considérer ce rapport eut lieu au Consulat de France le 10 mars 1866. (Procès verbal en anglais dans *Ibid.*, March 17, 1866.)

— Voir dans la *Supreme Court and Consular Gazette*, 4 mai 1867, la traduction en anglais d'une lettre sur la concession française, datée de Paris, 18 juin 1866, et écrite par M. Drouyn de Lhuys à M. de Bellonet, chargé d'affaires de France à Peking.

— Réglement d'Organisation municipale de la Concession francaise de Shanghai publié par le Vte. Brenier de Montmorand, Consul Général de France à Shanghai.

Le texte français en dix-huit articles a été publié officiellement dans le *North China Daily News* du 12 Juillet 1866 et réimprimé dans *The North China Herald*, 833, July 14, 1866.

— Remarks on the French Municipal Regulations of Shanghai. (*N. C. D. News*, 15 Juillet 1869.)

— Correspondence with French Municipal Council regarding the width of the Yang-King-Pang Creek. Issued for the information of the Rate-Payers by the Council for the Foreign Community of Shanghai north of the Yang-King-Pang, March 1873. Shanghai : Printed at the Mercantile Printing Office... 1873, br. in-8, pp. 19.

∴

— Rapport fait aux Propriétaires Fonciers de la Concession française par le Conseil d'Administration Municipale pour l'année commencée le 1er Avril 1863 et terminée le 31 Mars 1864, br. in-8, pp. 15.

Président : E. Buissonnet.

« Il y a aujourd'hui un an Messieurs, que votre Conseil d'Administration municipale a eu l'honneur de vous rendre compte de sa première année de gestion... »

. . . .

— Conseil d'Administration municipale de la Concession française, à Shanghai. Compte-rendu de la gestion pour l'exercice 1867-68. Budget, 1868-69. Shanghai : F. & C. Walsh, 1868, br. in-8, pp. 28 + 1 tableau.

. . . .

— Conseil d'Administration municipale de la Concession française à Shanghai. Compte-rendu de la gestion pour l'exercice 1876. Budget, 1877. Shanghai : Imprimerie Carvalho & Cie., 1877, br. in-8.

. . . .

— Conseil d'Administration... — Compte-rendu de la gestion pour l'exercice 1905 — Budget 1906. — Shanghai, Presse Orientale, in-8.

. . . .

Ces Rapports continuent à être publiés annuellement.

— Ville de Shanghai. Concession française. Plan cadastral. Présidence de Mr. E. G. Vouillemont. Août 1881.

Photographié en 5 sections.

Emeute du 3 mai 1874.

— Rapport du Conseil d'Administration Municipale sur l'Affaire des Rues de Ningpo et de Saigon adressé à Messieurs les Electeurs de la Concession Française. Br. in-8, pp. 16 + 3 plans. [1874.] [Printed at the « North China Herald » office.]

— Conseil d'Administration municipale de la Concession française à Shanghai. Compte-rendu de l'affaire des rues de Ningpo et de Saigon, et correspondance échangée à ce sujet. Shanghai : Imprimerie « North China Herald » office. 1874, br. in-8, pp. 85 + 3 Plans.

— *Moniteur des Soies*, No. 623, Lyon, 1er Août 1874.

— Voir H. Cordier, *Hist. Rel. de la Chine*, I, pp. 496/507.

∴

— Société académique indo-chinoise... Extrait No. 3 du *Bulletin...*, avril 1881. La France dans l'Extrême Orient. — La Concession française de Chang-hai. — Conférence faite à la Société académique indo-chinoise dans sa séance du 31 mars 1881 par Ernest Millot... Deuxième édition. Paris, Challamel aîné, 1882, br. in-8, pp. 23 et 1 grav.

— Conseil d'Administration Municipale de la Concession française à Shanghaï. Extrait du Compte-rendu de la Séance Générale du Conseil : du 24 Juillet 1882. — : du 31 Juillet 1882. — Compte-rendu de la Séance Spéciale du Conseil du 16 Août 1882. Shanghaï, Imprimerie Fonceca & Silva. 1882, br. in-8, pp. II-37.

— La France dans l'Extrême-Orient. — La Concession française de Shang-haï. — Réponse de M. Ernest Millot, ancien président du conseil d'administration municipale de la concession française de Shang-haï, chevalier de la légion d'honneur, à MM. P. Brunat, J. Chapsal et E. G. Vouillemont, membres actuels de ce Conseil. Paris, Challamel, 1882, br. in-8, pp. 30.

— Le 14 Juillet à Shanghai. (*Revue française du Japon*, 4e année, Nouv. Sér., Juillet-Août 1895, pp. 354/358.)

∴

— Les Origines de Deux Etablissements français dans l'Extrême-Orient Chang-Haï — Ning-po —. Documents inédits publiés avec une introduction et des notes par Henri Cordier... — Paris, 1896, gr. in-8, pp. XXXIX-76.

[Imprimerie Marchessou, le Puy.] — Tiré des Archives du Ministère des Affaires étrangères.

Notice : *Journ. R. Asiat. Soc.*, 1897, p. 388, par T. W.[atters.]

Emeute de 1898.

— Emeute de 1898 et Thomas Hanbury. (*Lond. & China Express*, Aug. 26, 1898.)

— Henri Cordier, *Hist. des Relations*, III, pp. 438/446. — *Livre jaune* : CHINE, 1898-1899.

∴

— Sur la Concession française de Chang-Haï, voir *Livre jaune*, CHINE, 1898-1899.

— Histoire de la Concession française de

Chang-Haï (Chine) par A.-A. Fauvel Ancien Officier des Douanes chinoises. — Extrait du *Correspondant*. Paris, L. de Soye, 1899, br. in-8, pp. 31.

TRIBUNAUX. — PRISONS.

— The Supreme Court of China and Japan (opened 4th September 1865). [Voir *Pub. périodiques*.]

Charles Wycliffe Goodwin, Acting Judge of H. B. M.'s Supreme Court for China & Japan, égyptologue, † à Chang-haï, 17 janvier 1878, 60 ans.

Sir Richard Temple Rennie, † à 66 ans, à Sidmouth, 14 avril 1905.

— Nicholas J. Hannen. Nécrologie par Henri Cordier. (*T'oung Pao*, 2e Sér., I, N° 3, Juill. 1900, p. 257.)

† à Chang-Haï, le 26 avril 1900.

— Memorandum on the Mixed Court. By Chal. Alabaster. Pp. 8.

— Sur le même sujet voir le *N. C. Herald*, 832, July 7, 1866.

— *China*. No. 1 (1881). Report on the Mixed Court at Shanghae. Presented to both Houses of Parliament by Command of Her Majesty. 1881. London : Printed by Harrison and Sons. [C. — 2881.] *Price 1 d.* Pièce in-fol., pp. 5.

Par Mr. C. F. R. Allen.

— *China*. No. 2 (1903). — Provisional Rules defining the respective jurisdiction of the Mixed Courts of the International and French Settlements at Shanghae. — Presented... March 1903. — London, [Cd. 1469], ½ *d*, in-fol., 2 ff.

Tchen, le magistrat de la Cour mixte de 1863 à 1883, est mort à Chang-Haï, le 7 mars 1893 ; il avait reçu Sir G. Balfour en 1843.

AMUSEMENTS DIVERS.

— Rules and Regulations of the Shanghai Race Club, and List of the Members. 1864. A. H. de Carvalho, printer and stationer, Shanghai, br. in-8, pp. 35.

— The Committee of the Shanghai Race Club *v.* the Shanghai Cricket Club. (*Shanghai Budget*, 1874, June 6, 13, 20 & July 18.)

Voir également la correspondance sur le même sujet dans le *Shanghai Budget*, 25 July 1874. — Voir le *N. C. Herald*, de la même époque.

Fives' Court.

— Histoire de Fives' Court et du terrain adjacent. (*N. C. Herald*, 857, Dec. 29, 1866.)

— E. Hogg *v.* Ah-yow et Ah-chun.

Voir les journaux de Janvier et de Février 1867.

The New Racquet Court (opened in June 1867).

— Voir une notice historique dans le *N. C. Herald*, June 22, 1867. The old Racquet Court était près de The Fives' Court dans le Ma-lou.

∴

— Sport at Shanghai.

Relation d'une excursion de chasse publiée dans *Land and Water*, reproduite dans le *Shanghai Evening Courier*, 16 Mars 1869.

— The first Bachelors' Ball was given on Tuesday the 26th of Nov. 1850 and it is noticed in the *N. C. Herald*, No. 18. In Aug. 1850 there were about thirty residents and their families in Shanghai. See list *Ibid.*, 3 August.

— Report upon the Foreign and Native Theatres in the English Settlement. (*Ibid.*, June 16, 1877, p. 596.)

By Henry Lester and C. B. Clark. — Shanghai, 15th May 1877.

AMATEUR DRAMATIC CORPS.

— *2 Février 1866* : Meeting du *Shanghai Rangers Theatrical Corps*. Election d'un nouveau comité. On décide que l'on continuera les représentations. On annonce que *Jardine Matheson & Co.* reprendront à la fin du mois le godown (magasin) qu'ils prêtaient aux *Rangers*. — *3 Février 1866*. Meeting des mêmes pour savoir si l'on jouera une pièce dans le godown de *Jardine* avant la fin du mois. *Dent & Co.* proposent de louer aux *Rangers* pour leur théâtre deux de leurs godowns dans Hongkong Road pour Tls. 1200 par an et d'avancer les fonds pour faire les arrangements nécessaires estimés à Tls. 2500. Les *Rangers* proposent de demander à l'*Infantry Dramatic Corps* de se joindre à eux en cette affaire et de ne former à l'avenir qu'une seule troupe. Dans le cas où l'*Infantry* refuserait la proposition de Dent, les *Rangers* l'accepteraient pour leur compte.

— Meeting of a provisional theatrical Committee 10th November 1866 (R. W. Little, Temporary Secretary). (*N. C. Herald*, 851, Nov. 17, 1866.)

— Minutes of a Meeting of the Dramatic Corps of the Infantry and Rangers, Shanghai, 15th Nov., 1866. (*Ibid.*)

Proposed by Mr. A. C. Westall, seconded by Mr. Little « that a Dramatic Society be formed ».

Committee elected : Mess. Alabaster, Groom, Little, Merry, Tate, Underwood.

— Meeting held at the Club 16th Nov. 1866. (*Ibid.*, 852, Nov. 24, 1866.)

— Meeting of the 22d Nov. 1866. (*Ibid.*)

Proposed by Mr. Groom and seconded by Mr. Underwood : « That instead of fitting up a godown, a temporary theatre on the plans submitted to the meeting be built and fitted up. »

Pièces jouées par The Amateur Dramatic Corps.

1867 March 1st. 1. Whitebait at Greenwich. — Faust and Marguerite.
March 28th. 2. Taming the Truant. — To Paris and back for Pounds 5.
April 25th. 3. Lending a Hand. — Still Waters run deep.
May 31st. 4. An ugly Customer. — Ivanhoe.
Nov. 19th. 5. The Overland Route.
Dec. 19th. 6. A Regular Fix. — Fra Diavolo.

1868 Jan. 17th. 7. Plot and Passion. — A Blighted Being.
Feb. 17th. 8. The twelve labours of Hercules. — Fra Diavolo.
April 13th. 9. The Ticket-of-leave Man.
Sept. 29th. 10. Plot and Passion.
Oct. 29th. 11. The Maid and the Magpie. — The little Sentinel.
Dec. 2d. 12. Model of a Wife. — The Rivals.

1869 March 5th. 13. Found in a Four-Wheeler. — Ruy Blas.
April 2d. 14. Head or Tails. — The Critic.
May 11th. 15. Slasher and Crasher. — Bombastes Furioso.
May 25th. 16. Ein Berliner in Wien. — The Critic.
Représentation donnée par les amateurs allemands et anglais en aide de la Bibliothèque de Chang-hai (Shanghai Public Library).
Oct. 22d. 16. London Assurance.
Représentation donnée en l'honneur du duc d'Edimbourg.
Dec. 14th. 17. The Field of the Cloth of Gold.

1870 Jan. 21st. 18. The School for Scandal.
Feb. 25th. 19. My Hearts in the Highlands. — Minstrels. — Box and Cox.
April 6th. 20. Aggravating Sam. — The First Night.
May 10th. 21. Who is who ? — Fair Rosamond.

June 7th. — Don Caesar de Bazan. — The Belle of the Barley Mow.
Rep. en aide du « Rowing Club ».
Oct. 28th. 22. Urgent private Affairs. — The Porter's Knot.
Dec. 1st. 23. Dearest Mamma. — To Parents and Guardians.
1871 January 10th. 24. Jocrisse the Juggler. — The Turkish Bath.
February 7th. 25. Turn Him out. — Ivanhoe.

Pièces jouées par l'Amateur Dramatic Corps au Théâtre Concordia (allemand) après l'Incendie du Lyceum Theatre.

March 10th. 26. Our Wife. — Little Toddlekins.
Dec. 12th. 27. One Touch of Nature. — Minstrels.
1872 Jan. 30th. 28. First Part of King Henry IV. — The Lion Slayer.
March 9th. 29. A wonderful Woman. — A Suit of Tweeds.
April 16th. 30. Woodcock's Little Game. — Grimshaw, Bagshaw, & Bradshaw.
May 8th. 31. The Merchant of Venice. — The two Bonnycastles.
Nov. 27th. 32. Take that girl away. — In the pigskin.
1873 Feb. 11th. 33. Milky White. — B. B.
March 31st. 34. Aladdin.
Rep. donnée en l'honneur du Grand Duc Alexis, de Russie.
May 6th. 35. Orange Blossoms. — The First Night.
June 3rd. 36. A Thumping Legacy. — The Chimney Corner.

Pièces jouées au nouveau Lyceum Theatre.

1874 Jan. 27th. 37. Incompatibility of Temper. — Masks and Faces.
Feb. 27th. 38. A Cup of Tea. — Romulus and Remus.
March 2d. — Répétition de la 38e représentation.
April 8th. 39. The Bells.
April 17th. — Répétition de la 39e représentation.
May 6th. 40. In possession. — Checkmate.
June 9th. 41. Ici on parle français. — A regular Fix. — Villikin and his Dinah.
Dec. 4th. 42. Mr. Drinkwater's Adventure with a Tartar Princess. — Kind to a Fault.
1875 Jan. 30th. 43. One Touch of Nature. — Thespis.
March 12th. 44. I've written to Brown. — The Heir at Law.
March 16th. — Répétition de la 44e représentation.
April 28th. 45. Payable on demand. — Cool as a Cucumber.
June 3rd. 46. Tweedleton's Tail Coat. — Cox and Box. — My Dress Boots.
June 10th. A Cup of Tea. — Cox and Box.
Nov. 23rd. 47. A Bachelor of Arts. — My Uncle's Will.
1876 Jan. 21st. 48. Not a bad Judge. — His own Enemy.
Feb. 22nd. 49. Dearest Mamma. — Trial by Jury.

La 100e représentation de l'A. D. C. a eu lieu à Chang-Haï, le mercredi 22 mars 1893, au Lyceum; on jouait : *The Tale of Tell re-told*; les archives de l'A. D. C. ont été brûlées en 1877.

SHANGHAI CLUB.

— Catalogue of Books in the Library of the Shanghai Club. Shanghai Club, 1875, br. in-8, pp. 24.

— Rules of the Shanghai Club. Shanghai, Printed by Kelly & Walsh, 1884, in-18, pp. 14.

CLUB CONCORDIA.

Le Club allemand de Chang-hai fut inauguré officiellement le Mercredi 10 Janvier 1866. On trouvera un compte-rendu de l'inauguration dans *The North-China Herald*, 808, Jan. 20, 1866.

DIVERSES SOCIÉTÉS DE BIENFAISANCE.

Sailors' Home.

— The Sailors' Home. — A Public Meeting was held at the Shanghai Library, on the 25th February, 1859, at 11 a. m., to consider the practicability of establishing a « Sailors' Home » at this port. Brochure in-8, pp. 10.

Capt. Shadwell, de la marine anglaise, était le Président de cette réunion. Il fut décidé que le comité de Direction serait composé de : « H. B. M. Senior Naval Officer, British Chaplain (both *ex officio*), MM. E. Webb, J. Whittall, J. Thorne, F. D. Williams, R. M. Olyphant » et que le capital nécessaire, Taels 14,000, serait obtenu par des actions (140) de Taels 100.

Shanghai Society for the Relief of distressed Foreigners of all Nationalities.

Formée à un Meeting dans la Bibliothèque, 6 Juin 1865; J. P. Lynill présidait la réunion; compte-rendu dans le *North-China Herald*, 776, 10 Juin 1865.

The Ladies' Bazaar Fund of 1865.

Le Bazar qui avait été établi le 21 Déc. 1865 au Club, a reçu le nom officiel de *The Ladies' Bazaar Fund of 1865* à la réunion tenue le Samedi, 3 Février 1866, au Consulat Général de France. Les « trustees » nommés à cette réunion dont on trouvera le compte-rendu dans *The North-China Herald*, 811, Feb. 10, 1866, étaient : les Consuls de France, des Etats-Unis, de la Grande-Bretagne, de Hollande, des Villes Hanséatiques, et du Juge de la Cour suprême anglaise. L'intérêt de la somme produite par le Bazar devait être payé tous les trois mois à la Supérieure des Sœurs de la Charité.

— *The Bund* : A Miscellany of Prose and Verse, facts and fiction. (To be continued spasmodically.) All rights reserved. Registered at the Supreme Court, 1867. Br. in-8, 1 fig.

— * Third Annual Report of the Thomas Hanbury School and Children's Home to 31st December, 1893. Shanghai, Kelly & Walsh, 1894, br. in-8, pp. 11.

Sur Thomas Hanbury, voir *N. C. Herald*, 16 Nov. 1893, p. 771.

— Die Deutsche Schule in Schanghai. Von Professor Dr. Lenz — Darmstadt. (*Deutsche Kolonialzeitung*, 27. Juni 1901, pp. 250/251.)

HÔPITAUX.

Shanghai General Hospital.

— Report of the Shanghai General Hospital. 31st December 1869. Shanghai, Walsh, 1870, br. in-8, pp. 17.

. . . .

— Report... for the year ending December 31st 1871. Shanghai, Walsh, 1872, br. in-8, pp. 15.

— Report of the Shanghai General Hospital, 31st December, 1875. Instituted January 1st, 1864. Shanghai : Printed at the « Celestial Empire » Office. 1876, br. in-8, pp. 14.

— Correspondence with the Trustees of the Shanghai General Hospital respecting a loan from the Municipality. Published by order of the Council for the information of the Rate-Payers. Printed at the « North-China Herald » Office. 1875, br. in-8, pp. 14.

— Report of the Shanghai General Hospital 31st December 1905. — Instituted 1st January 1864. — Shanghai : Printed at the « North-China Herald » Office, 1906, br. in-8, pp. 15.

CHINESE HOSPITAL. — AMERICAN EPISCOPAL HOSPITAL. — GÜTZLAFF NATIVE HOSPITAL. Voir col. 1339-1360.

TEMPERANCE SOCIETY.

Conférences.

— Biography. A Lecture by C. H. Butcher. (*North-China Herald*, May 20, 1869.)

— Chemistry of the Skies, or Spectrum Analysis applied to the heavenly bodies. A Lecture by D. J. Macgowan, 16 April 1869. (Abrégé dans le *North-China Herald*, May 6, 1869.)

— The Tai-ping Rebellion. By M. T. Yates. Voir col. 653.

— The Iliad. By E. C. Taintor. Voir plus loin.

— British Policy and Chinese Obstructiveness. By C. S. Churton. (*N. C. D. News*, Jan. 25, 1876.)

New Masonic Hall
(opened Sept. 1867).

Un compte-rendu de la cérémonie d'inauguration et du banquet qui l'a suivie se trouve dans *The N. C. Herald*, Sept. 28, 1867.

— Voir F. M. Gratton, col. 1899.

Églises protestantes.

Trinity Church.

Notice. — During the restoration of Trinity Church, Divine Service is held in the Godown of J. White Esq., *Wei-kee.* Hours of Service 11 o'clock A. M. and 3 P. M.

John Hobson,
Officiating Minister.

N. C. Herald, Vol. I, No. 1, Saturday 3rd August 1850, 2d page.

— On the 3rd page of the same paper, same number, we see that the roof of the Church fell on with a great crash on the morning of the twenty-fourth June, about half-past five. a. m. and a great deal of rain had fallen throughout the preceding day, (Sunday), much thunder and lightning accompanied it and some of the claps were very heavy. The span of the roof was very wide between the walls, and it appears that a waterspout had poured its stream just over the beam in the centre, and had so injured it and the surrounding brickwork, that the continued deluge of rain caused the walls to bulge out, and give way « ...it is supposed that it will cost four thousand dollars to repair the damage done ».

— In the number of 24 Aug. 1850, appears the list of contributions towards the repairs of the Church — the list amounts to Dol. 4394.

— In No. 11, 12 Oct. 1850, « A Contributor to the Church Fund » writes a long letter saying that the trustees intend erecting a tower at a cost of Dol. 1500 and that they are not rich enough to incur such expenses.

— We see in No. 55 of the *N. C. Herald*, August 16, 1851, a list of subscription for building a wall estimated Dol. 1000 — round the Church property.

— *Vide* an obituary Notice of the Revd. J. Hobson M. A. in the *N. C. Herald*, No. 66, May 17, 1882, by W. H. C.

He died 30th April 1862 at Nagasaki.

— A Charge delivered to the Anglican Clergy in Trinity Church at Shanghae, On March 16th, 1860. By the Right Reverend George Smith, D. D. Bishop of Victoria. Shanghae: Printed at the *North-China Herald* Office. 1860, br. in-8, pp. 19.

New Trinity Church.

— Laying the Foundation Stone, Thursday, 24th May 1866. (Account of the Ceremony in the *North China Herald*, 826, May 26, 1866.)

— Trinity Church. (*Ibid.*, Aug. 5, 1869.)

Notice historique à l'occasion du premier service célébré dans cette église le 1er août 1869.

Il y a un dessin de cette église dans *The Illustrated London News*, No. 1965, Vol. LXX, 10 March 1877.

The Seamen's Church, P'ou-toung, opened August 1867.

— Voyez *The N. C. Herald*, Aug. 31, 1867.

— Report Seamen's Church Pootung. 1875. Shanghai : Carvalho, br. in-8, pp. 15.

Missions protestantes.

Voir col. 1256 et 1339.

— Catalogue of the London Mission Library. 1857. — Voir col. 1818.

— * Address on leaving the Old Mission House at Hongkew. — Dr. Nelson. — Shanghai, 1879, in-8.

— * Directory of Shanghai Missions for 1890. In-8.

Sermons.

— Discourse to a Christian Congregation in a Heathen Land, by the Rev. John Hobson, British Chaplain at Shanghaï, China. London, Hatchard [and] Nisbet & Co., 1858, in-8, pp. VII-336.

— Christian Joy. A Sermon preached in the London Mission Chapel, Shanghai 25th November 1858. The last Thursday in the Month usually observed in the United States of America as Thanksgiving-day, by the Rev. John S. Burdon. Published by request. Shanghai, 1858, in-8, pp. 25.

— A Sermon preached in Trinity Church, Shanghai, Sunday, 18th of May, 1862, on the death of the Rev. John Hobson, M. A., (British Chaplain, and Pastor of the Congregation;) by the Right Rev. William J. Boone, D. D., (Missionary Bishop of the Episcopal Church of the United States to China). To which are appended Extracts from a Sermon by the Lord Bishop of Victoria, preached in the above Church on Sunday, the 8th of June 1862. Pet. in-8, pp. 28.

At the end, pp. 23 et seq. there is an Obituary Notice from the *North-China Herald.*

— *Christian Missions.* A Sermon preached in Trinity Church October 11th, 1863. By the Rev. William Muirhead of the London Missionary Society. Printed by Special Request. Shanghae, London Mission Press, 1863, br. in-12, pp. 22.

— * W. Muirhead. — Sin discovered. A Sermon preached on Sunday evening, 18th September, 1864. In Union Chapel, Shanghae. Shanghae, 1864, in-12, pp. 16.

— The Four Consolers. A Sermon preached at the Church of our Saviour, Hongque, on

Sunday evening, Aug. 19th, 1866, on the occasion of the Death of Commander Townsend, U. S. N. By Charles H. Butcher, M. A. British Consular Chaplain, Shanghai : Printed by request. Printed at the A. P. M. Press, Shanghai, 1866, br. in-8, pp. 6.

— The Lessons of the Burial Service and the Change of the Body. — Two Sermons preached in Trinity Church Shanghai, on Sunday, October 15th 1871, Being the Sunday after the funeral of John Markham, Esq., H. B. M.'s Consul, By Charles Henry Butcher, M. A. Canon of St. John's Cathedral, Hongkong, and British Consular Chaplain, Shanghai.

Diverses Sociétés savantes.

— Rules of the Shanghai Debating Society. Shanghai, A. H. de Carvalho, br. in-12, pp. 4.

— — Printed at the « Shanghai Recorder » Office, br. in-8, pp. 4.

Officers : P. A. Myburgh, *President* ; Rev. C. H. Butcher, *Vice-President* ; E. Lawrance, *Vice-President* ; C. Alabaster, *Secretary* ; W. Dunlop, *Treasurer* ; Dr. Coghill & A. C. Dulcken, *Councillors*.

Voir Archd. Moule, col. 2220.

— First Annual Report of the Society for the Diffusion of Useful Knowledge in China. (*Shanghai Budget*, Jan. 29, 1874.)

— The Shanghai Public School. — Fourteenth Annual Report of the Educational Committee With Accounts for the year ending 31st December 1905 and Prospectus of School — Boone & Chapoo Roads, Shanghai, January 1906. — Kelly and Walsh, limited, Printers, br. in-8, pp. 14-XIV.

— Proceedings of the Shanghai Society of Engineers and Architects. Vol. V, 1906.

Portrait de Gabriel James Morrison, Premier Président.

— * The Shanghai Society of Engineers and Architects. 1905-1906. Eastern Szechwan : its Structure and Communications. By Thos. W. Kingsmill. Shanghai, 1906, in-8, pp. 24.

Société Asiatique.

(*North-China*, maintenant *China Branch of the Royal Asiatic Society.*)

Journal.

— Journal of the Shanghai literary and scientific Society. No. I. June, 1858. Shanghai : Printed at the Office of the *North-China Herald*. MDCCCLVIII, in-8, pp. 144 sans la Préface et la Table des matières.

Preface. — Contents.

Article I. Inaugural Address, By Rev. E. C. Bridgman, D. D., the President of the Society, Delivered October 16th, 1857, pp. 1/16.

Art. II. On Cyclones, or the Law of Storms. A Paper by Sir F. W. Nicolson, Bart., Captain of H. M. S. *Pique* ; Read October 16th, 1857, pp. 17/43.

Art. III. Coins of the 大清 *Ta-Ts'ing*, or Present Dynasty of China. By Mr. A. Wylie. Laid before the Society, November 17th, 1857, pp. 44/102.

Art. IV. Contribution to the Ethnology of Eastern Asia. By D. J. Macgowan, M. D. Read November 17th, 1857, pp. 103/106.

Art. V. A Buddhist Shastra, translated from the Chinese : with an Analysis and Notes. By the Rev. J. Edkins, B. A. Read November 17th, 1857, pp. 107/128.

Art. VI. Visit to Simoda and Hakodadi in Japan. Extracted, by permission, from a letter from Capt. A. H. Foote, U. S. Ship *Portsmouth*, dated September 15th, 1857. Read before the Society, December 15th, 1857.

Art. VII. Record of Occurrences in China. Prepared by the Editorial Committee, June 1st, 1858, pp. 138/144.

C'est le seul numéro qui ait paru sous le nom de la *Shanghai Literary and Scientific Society* : le journal ayant été continué par la *North-China Branch of the Royal Asiatic Society.*

— Journal of the North-China Branch of the Royal Asiatic Society. No. II. May, 1859. Shanghai : Printed at the Office of the *North-China Herald*. MDCCCLIX, in-8, pp. 145 à 256, s. l. p. et la t. d. m.

Preface.

Contents.

Art. I. Narrative of a Visit to the Island of Formosa ; By Robert Swinhoe, Esq., of H. B. M. Consulate, Amoy. Read before the Society, July 20th, 1858, pp. 145/164.

Art. II. Notices of the Character and Writings of *Meh Tsï* ; By the Rev. Joseph Edkins, B. A. Read before the Society, January 19th, 1858, pp. 165/169.

Art. III. Chinese Bibliography : By D. J. Macgowan, M. D., Ningpo. Letter to the Secretary, read before the Society, March 16th, 1858, pp. 170/175.

Art. IV. On the musical Notation of the Chinese. By the Revd. E. W. Syle, A. M., Read before the Society, February 16th, 1858, pp. 176/179, avec 6 planches.

Art. V. Lecture on Japan. By S. W. Williams, LL. D., U. S. A. Sec. of Legation, &c., &c. Delivered Tuesday evening, October 26th, 1858, pp. 180/210.

Art. VI. On the Study of the Natural Sciences in Japan. By Thr. J. L. C. Pompe van Meerdervoort, M. D. Read before the Society, December 23d, 1858, pp. 211/221.

Art. VII. Memorandum on the present state of some of the Magnetic Elements in China and places adjacent. By Capt. C. F. A. Shadwell, C. B., H. M. S. *Highflyer*. Read before the Society, January 18th, 1859, pp. 222/224.

Art. VIII. Notes on some new species of Birds found on the Island of Formosa. By R. Swinhoe, Esq. (Supplementary to Article I, p. 145), pp. 225/230.

Art. IX. Sailing Directions for the Yang-tze Kiang, from Woosung to Hankow, By Captain John Ward, R. N., H. M. S. *Actaeon*, pp. 231/246.

Art. X. Thermometrical Observations, taken during a passage from Nagasaki to Shanghai : By Capt. J. Fedorovitch of the Russian Steam-ship *Strelock*. Communicated by H. I. M. Consul-general M. C. de Montigny, p. 247.

Art. XI. Record of Occurrences in China. Prepared by the Editorial Committee, April 20th, 1859, pp. 248/256.

— No. III. December, 1859. Shanghai : Printed at the Office of the *North-China Herald*. MDCCCLIX, in-8, pp. 257/368, s. l. p. et la t. d. m.

Preface.

Contents.

Art. I. Sketches of the Miau-tsze. Translated for the Society, By Rev. E. C. Bridgman, D. D. Notes by the Translator, pp. 257/286.

Art. II. The Small Chinese Lark. By Robert Swinhoe, Esq., H. B. M.

Consulate, Amoy. Read before the Society, July 19th, 1859, pp. 287/292.

Art. III. On the Banishment of Criminals in China. By D. J. Macgowan, M. D. Read before the Society, September 21st, 1858, pp. 293/301.

Art. IV. Cotton in China. By D. B. Robertson, Esq., H. B. M. Consul at Shanghai. Read before the Society, July 19th, 1859, pp. 302/308.

Art. V. A Sketch of the Tauist Mythology in its modern form. By the Rev. Joseph Edkins. Read before the Society, May 17th, 1859, pp. 309/314.

Art. VI. Narrative of the American Embassy to Peking. By S. Wells Williams, LL. D. Read before the Society, October 25th, 1859, pp. 315/349.

On a fait un tirage à part de cette relation avec un titre spécial : « Narrative of the American Embassy to Peking, In July, 1859. By S. Wells Williams, LL. D. From the *Journal of the North-China Branch of the Royal Asiatic Society*, Vol. I, No. III, Art VI. Read before the Society, Shanghai, October 25th, 1859. » In-8, pp. 37.

Art. VII. Meteorological Tables, from Observations made in Japan, pp. 350/352.

Art. VIII. Record of Occurrences. Prepared by the Editorial Committee, Dec. 1st, 1859, pp. 353/368.

— Vol. II, No. 1. September, 1860. Shanghai : Printed at the Office of the *North-China Herald*. MDCCCLX, in-8, pp. 128, sans la p. et la t. d. m.

Preface.

Contents.

Art. I. A Sketch of the Life of Confucius. By the Rev. Joseph Edkins, pp. 1/19.

Art. II. The Ethics of the Chinese, with special reference to the doctrines of human nature and sin. By the Rev. Griffith John. Read before the Society, November 15th, 1859, pp. 20/44.

Art. III. On the cosmical phenomena observed in the neighborhood of Shanghai, during the past thirteen Centuries. By D. J. Macgowan, Esq., M. D. Read before the Society, December 23d, 1858, pp. 45/76.

Art. IV. On the ancient Mouths of the Yangtsï Kiang. By the Rev. J. Edkins. Read before the Society, March 18th, 1860, pp. 77/84.

Art. V. Dissection of a Japanese Criminal. By Dr. J. L. C. Pompe Van Meerdervoort. Read before the Society, December 27th, 1859, pp. 85/91.

Art. VI. Notes on the mineral ressources of Japan, &c. By Wm. H. Shock, Chief Engineer in the U. S. Navy. Read before the Society, Sept. 12th, 1858, pp. 92/94.

Art. VII. Supplemental Memorandum on the present state of the Magnetic Elements in China and places adjacent (*vide Journal of the North-China Branch of the Royal Asiatic Society*, Vol. I, No. 2, p. 222), being observations made during the year 1859. By Capt. Shadwell, R. N., C. B., late of H. M. S. *Highflyer*, p. 95.

Art. VIII. Temperature of Hakodadi, from Observations taken at the English Consulate, from October 1858 to September 1859. Communicated by Charles F. A. Courtney, Surgeon, p. 96.

Art. IX. Winds and Weather at Chefoo, during seven months of the year 1859, pp. 97/104.

Art. X. Record of Occurrences. By the Editorial Committee, August 13th, 1860, pp. 105/128.

C'est tout ce qui a paru de la première série du *Journal of the North-China Branch of the Royal Asiatic Society*.

— Journal of the North-China Branch of the Royal Asiatic Society. New Series. No. 1. December, 1864. Shanghai : Printed at the Presbyterian Mission Press. MDCCCLXV, in-8, pp. 129 à 174, 1/148, s. l. p. et la t. d. m.

Preface.

Contents.

Art. I. Notes on the City of Yedo, the Capital of Japan, By Rudolph Lindau, Esq., pp. 129/141.

Art. II. Notes on some of the physical causes which modify climate. By James Henderson, M. D. Read before the Society, May 21st, 1861, pp. 142/158.

Art. III. Narrative of an overland Trip, through Hunan, from Canton to Hankow. By Dr. W. Dickson. Read before the Society, August 20th, 1861, pp. 159/173.

Note, p. 174.

Les articles précédents doivent être reliés à la suite du dernier volume de la première série (Vol. II, No. 1) : La seconde série commence véritablement avec l'article suivant :

Art. IV. The Overland Journey from St. Petersburg to Pekin. By A. Wylie, Esq., pp. 1/20.

Art. V. The Medicine and Medical Practice of the Chinese. By James Henderson, M. D., F. R. C. S. E., pp. 21/69.

Art. VI. The Sea-bord of Russian Manchuria. By J. M. Canny, Esq. Read before the Society on Sept. 5th and Nov. 29th, 1864, pp. 70/108.

Art. VII. Retrospect of Events in the North of China during the years 1861 to 1864. By R. A. Jamieson, Esq., pp. 109/132.

Miscellaneous : pp. 133/145.

I. Remarks on some impressions from a Lapidary Inscription at Keu-yung-kwan, on the Great Wall near Peking. By A. Wylie, Esq. Fac-similes exhibited, May 6th, 1864, pp. 133/136.

II. Extracts from a Report upon the present condition of the Sea wall at the head of Hang-chow bay. By Major Edwards, R. E. Read before the Society, August 5th, 1864, pp. 136/139.

III. Report on the appearance of the Rugged Islands. By Edward Wilds, Esq. Master commanding H. M.'s Surveying Ship *Swallow*. Read before the Society, August 5th, 1864, pp. 139/143.

IV. Barometric and Thermometric Observations taken during the month of September 1864, with a view to determining the height of the Lew Shan. By Messrs. Hollingworth and Piry, of H. I. M.'s Customs, Kiukiang. Laid before the Society, December 13th, 1864, pp. 143/144.

V. Specimen of a new Font of Chinese Movable Type belonging to the Printing Office of the American Presbyterian Mission. By William Gamble, Esq., p. 145.

Summary of Proceedings, pp. 146/148.

— New Series. No. II. December, 1865. Shanghai : Printed at the Presbyterian Mission Press. MDCCCLXVI, in-8, pp. 187, s. l. p. et la t. d. m.

Preface.

Contents.

Art. I. Notes on the Geology of the Great Plain. By Dr. Lamprey, Surgeon H. M.'s 67th Regt., pp. 1/20.

Art. II. A Sketch of the Geology of a Portion of Quang-tung Province. By Thos. W. Kingsmill, pp. 21 [ch. 1 ainsi que les pages suiv. 2, 3, etc. par erreur] 38.

Art. III. 鳥獸 *Neau-show*. Birds and Beasts (of Formosa). From the 18th Chapter of the revised edition of the 臺灣府志 *Tai-wan foo-che*, Statistics of Taiwan. Translated by Robert Swinhoe, Esq. H. B. M. Consul at Taiwan : with critical Notes and Observations, pp. 39/52.

Art. IV. 西洋紀聞 *Sei yo ki-bun*, or Annals of the Western Ocean. Translated by the Rev. S. R. Brown, pp. 53/84. (Parts I & II.)

Art. V. Sorgo, or Northern Chinese Sugar-Cane. By Varnum D. Collins, Esq., pp. 85/98.

Art. VI. A Visit to the Agricultural Mongols. By the Rev. Joseph Edkins, pp. 99/111.

Art. VII. The Hieroglyphic Character of the Chinese written language. By R. A. Jamieson, Esq. Read before the Society on November 13th, 1865, pp. 113/123.

Art. VIII. The Remains of Ancient Kambodia. By Dr. Bastion (lisez Bastian), pp. 125/133.

Art. IX. Retrospect of Events in China and Japan during the year 1865. By Thos. W. Kingsmill, Treasurer, pp. 135/170.

Miscellaneous, pp. 171/181 :

I. Respecting *China Grass*. By Robert Jarvie, Esq., Shanghai, pp. 171/173.

II. Notes on the Funeral Rites performed at the obsequies of Takee. Contributed by Rev. Char. H. Butcher, A. M., British Consular Chaplain at Shanghai, pp. 173/176.

III. Traces of the *Judicium Dei*, or Ordeal in Chinese Law, Contributed by W. T. Stronach, Esq., p. 176.

IV. Remarks on the water we use in Shanghai. By Dr. Lamprey, Surgeon H. M.'s 67th Regiment, pp. 177/8.

V. Remarks by R. A. Jamieson, Esq., made upon exhibiting a *To-lo Pall* to the Society, pp. 178/181.

Robert Alexander Jamieson, M. D., † 9 Hongkong Road, Changhai, 26 juillet 1895, à 53 ans. — *N. C. Herald*, July 26, 1895, pp. 126/7.

Summary of Proceedings, pp. 182/187.

— New Series. No. III. December, 1866. Shanghai : Printed by C. do Rozario, at the Mercantile Printing Office. MDCCCLXVI, in-8, pp. 121, s. l. p. et la t. d. m.

Preface.

Contents.

Art. I. Notes of a Journey from Peking to Chefoo viâ Grand Canal, Yen-chew-foo, etc. By Rev. A. Williamson. Read before the Society, March 13th & April 16th, 1866, pp. 1/25.

Art. II. Account of an Overland Journey from Peking to Shanghai, made in February and March 1866. By Rev. W. A. P. Martin, D. D., pp. 26/39.

Meeting of the 29th March, 1866.

Art. III. *Sei-yoŏ ki-bun* (Annals of the Western Ocean). An Account of a Translation of a Japanese Manuscript. By Rev. S. R. Brown, pp. 40/62. (Part III.)

Art. IV. 廣東貢院 Description of the Great Examination Hall at Canton. By J. G. Kerr, A. M., M. D., pp. 63/70. Read before the Society, on the 13th Nov., 1866.

Art. IV *a*. Notes on the opinions of the Chinese with regard to Eclipses. By Rev. A. Wylie, pp. 71/74. Read Oct. 13th, 1866.

Art. V. On some wild silkworms of China. By D. B. McCartee, A. M., M. D., of Ningpo, pp. 75/80. Read April 13th, 1866.

Art. VI. Political intercourse between China and Lewchew. By S. Wells Williams, LL. D., pp. 81/93. Read October 13th, 1866.

Art. VII. Notes on some outlying Coal-Fields in the South-Eastern Provinces of China. By Thos. W. Kingsmill, pp. 94/106. Read Nov. 13th, 1866.

Art. VIII. A short sketch of the Chinese game of Chess, called 棋 *Kh'e* also called 象棋 *Seang-Kh'e*, to distinguish it from 圍棋 *Wei-Kh'e* another game played by the Chinese. By H. G. Hollingworth, pp. 107/112. Read Oct. 13th, 1866.

Art. IX. Retrospect of Events in the North of China during the year 1866. Compiled by Chas. H. Butcher, M. A., pp. 113/118. Read March 13th, 1867.

Supplementary Notes, pp. 119/121.

— New Series. No. IV. December, 1867. Shanghai : A. H. de Carvalho,... 1868, in-8, pp. 266, s. la t. d. m.

Contents.

Art. I. Sketch of a Journey from Canton to Hankow through the Provinces of Kwangtung, Kwangsi, and Hunan, with geological Notes. By Albert S. Bickmore, A. M., pp. 1/20. Read Feb. 17th, 1867.

Art. II. Translation of Inscription on Tablet at Hang chow, recording the changing the T'ien chu tang (Roman Catholic Church) into the T'ien hao kung. By Christopher T. Gardner, Esq. H. B. M.'s Consular Service, pp. 21/31.

Art. III. Notes on the North of China, its Productions and Communications. By Rev. A. Williamson, Chefoo, pp. 33/63. Read March 13th & April 18th, 1867.

Art. IV. Notes on the Productions, chiefly mineral of Shantung. By the Rev. A. Williamson, pp. 64/73.

Art. V. Entomology of Shanghai. By W. B. Pryer, Esq., pp. 74/79.

Art. VI. Notes on a Portion of the Old Bed of the Yellow River and the Water Supply of the Grand Canal. By Ney Elias, F. R. G. S., pp. 80/86.

Art. VII. Eclipses recorded in Chinese Works. By A. Wylie, pp. 87/158.

Art. VIII. Chinese Chronological Tables. By Wm. Fredk. Mayers, Esq., pp. 159/183.

Art. IX. The Christianity of Hung tsiu tsuen, a Review of Taeping Books. By Robert James Forrest, Esq., H. B. M.'s Acting Consul, Ningpo, pp. 185/208.

Art. X. Carte agricole générale de l'Empire chinois. Texte, préface, légende et répertoire. Par Monsieur G. Eug. Simon, Consul de France à Ning-Po, pp. 209/224.

(Chang-hai : Société Asiatique : Journal.)

Art. XI. Chinese Notions about Pigeons and Doves. By T. Watters, Esq., pp. 225/242.

Art. XII. The Bituminous Coal Mines west of Peking. By Rev. Joseph Edkins, pp. 243/250.

Art. XIII. Retrospect of Events in China and Japan during the year 1867. By Thos. W. Kingsmill, Esq., Corresponding Secretary, pp. 251/265.

Miscellaneous, p. 266 [Han River].

— New Series. No. V. December 1868. Shanghai : A. H. de Carvalho... 1869, in-8, pp. XVII-285, s. la t. d. m.

Report of the Council for the Year 1868, pp. I-XVII.

Contents.

Art. I. Note sur les petites Sociétés d'Argent en Chine. Par Mr. G. Eug. Simon, Consul de France à Ning-Po, pp. 1/23.

Art. II. Notes on the Coal Fields and General Geology of the Neighbourhood of Nagasaki. By Thos. W. Kingsmill, Esq., Corresponding Secretary, pp. 24/29.

Art. III. Notions of the Ancient Chinese respecting Music. A complete Translation of the *Yok-kyi*, or Memorial of Music, according to the Imperial Edition. By Dr. B. Jenkins, pp. 30/57. Read June 9th, 1868.

Art. IV. Some Remarks on recent Elevations in China and Japan. By Albert S. Bickmore, Esq., pp. 58/66. Read Nov. 5th, 1867.

Art. V. Notices of 駱秉章 *Lok Ping Cheung* late Governor General of 四川 Sze Chuen. By Rev. C. F. Preston, pp. 67/77. Read Nov. 13th, 1868.

Art. VI. The Tablet of *Yü*. By W. H. Medhurst, Esq., H. B. M.'s Consul at Hankow, pp. 78/84.

Art. VII. Note sur quelques-unes des recherches que l'on pourrait faire en Chine et au Japon au point de vue de la Géologie et de la Paléontologie. Par G. Eug. Simon, Consul de France à Ning-Po, pp. 85/152.

On a fait un tirage à part de cette Note avec titre spécial, br. in-8, de pp. 68 : Note sur les recherches que l'on pourrait faire en Chine et au Japon au point de vue de la Géologie et de la Paléontologie par G. Eug. Simon, Consul de France à Fou-Tcheou. Shanghai : Imprimerie de A. H. de Carvalho, 1869.

Art. VIII. Itinerary of a Journey through the Provinces of Hoopih, Sze-chuen and Shen-se. By A. Wylie, pp. 153/258.

Art. IX. Report of an Exploration of the new Course of the Yellow River. By N. Elias, Jr., F. R. G. S., pp. 259/279.

Art. X. Retrospect of Events in China and Japan during the year 1868, pp. 280/285.

— for 1869 & 1870. New Series. No. VI. Shanghai : A. H. de Carvalho... 1871, in-8, pp. XV-200, s. la t. d. m. et les errata.

Contents.

Report for the year 1869, pp. I-VII.

Report for the year 1870, pp. IX-XV.

Art. I. Notes on the Shantung Province, being a Journey from Chefoo to Tsiuhsien, the City of Mencius. By John Markham, Esquire, H. B. M.'s Consul, Chefoo, pp. 1/29.

Art. II. On Wên-ch'ang, the God of Literature, his history and worship, pp. 31/44.

Art. III. The Fabulous source of the Hoang-ho. By E. J. Eitel, Esq., pp. 45/51.

Art. IV. Sur les Institutions de Crédit en Chine. Par Mons. G. Eug. Simon, Consul de France à Fou-Tcheou, pp. 53/71.

Art. V. On the Introduction and use of gunpowder and firearms among the Chinese. With notes on some ancient Engines of Warfare, and illustrations. By W. F. Mayers, Esq., F. R. A. S., F. R. G. S., etc. Of H. B. M. Consular Service, China, pp. 73/104. Read May 18th, 1869.

Art. VI. The Chinese Game of Chess as compared with that practised by Western Nations. By K. Himly, Esq. Of the North-German Consular Service, pp. 105/121. Read March 16th, 1870.

Art. VII. Note on the Chihkiang Miautsz'. By D. J. Macgowan, M. D., pp. 123/127.

Art. VIII. Notes on the Provincial Examination of Chekeang of 1870, with a Version of one of the Essays. By Rev. G. E. Moule. Of the Church Missionary Society, pp. 129/137. Read December 16th, 1870.

(Chang-hai : Société Asiatique : Journal.)

Art. IX. Chinese Chemical Manufactures. By F. Porter Smith, M. B., pp. 139/147. Read January 25th, 1871.

Art. X. Journal of a Mission to Lewchew in 1801. By S. Wells Williams, Esq., LL. D., pp. 149/171. Read February 27th, 1871.

Art. XI. Translation of the Inscription upon a Stone tablet commemorating the repairs upon the Ch'eng Hwang Miau or Temple of the Tutelary Deity of the City. By D. B. McCartee, A. M., M. D., pp. 173/177. Read April 11th, 1871.

Art. XII. Retrospect of Events in China and Japan during the years 1869 and 1870. By J. M. Canny, Esq., pp. 178/199.

Note, p. 200.

Errata.

— for 1871 & 1872. New Series. No. VII. Shanghai : A. H. de Carvalho... 1873, in-8, pp. IX-260, s. la t. d. m. et les errata.

Contents.

Report for 1872, pp. I-IX.

Art. I. A historical and statistical Sketch of the Island of Hainan. By Wm. Frederick Mayers, Esq., F. R. G. S., etc., H. B. M.'s Acting Consul at Chefoo, pp. 1/23. Read October 13th, 1871.

Art. II. The Aborigines of Hainan. By Robert Swinhoe, F. R. G. S., F. Z. S., H. B. M.'s Consul at Ningpo, pp. 25/40. Read March 25th, 1872.

Art. III. Narrative of an exploring Visit to Hainan. By Robert Swinhoe, Esq., F. R. G. S., F. Z. S., H. B. M. Consul at Ningpo, pp. 41/91. Read May 13th, 1872.

Art. IV. Chinese Lyrics. By George Carter Stent, pp. 93/135. Read June 5th, 1872.

Art. V. The Mythical Origin of the Chow or Djow Dynasty, as set forth in the Shoo-king. By Thos. W. Kingsmill, pp. 137/146. Read February 7th, 1872.

Art. VI. The Obligations of China to Europe in the matter of physical science acknowledged by eminent Chinese; being Extracts from the Preface to Tsang Kwo-fan's edition of Euclid with brief introductory observations. By Rev. G. E. Moule, pp. 147/164. Read June 12th, 1872.

Art. VII. The Life and Works of Han yü or Han Wên-kung. By T. Watters, pp. 165/181. Read April 17th, 1872.

Art. VIII. Chinese Legends. By G. C. Stent, pp. 183/195. Read June 12th, 1872.

Art. IX. The Antiquities of Cambodia. By J. Thompson, F. R. G. S., pp. 197/204. Read January 11th, 1872.

Art. X. Quelques renseignements sur l'histoire naturelle de la Chine septentrionale et occidentale. Par le R. Père Armand David, Missionnaire Lazariste. Lettre à M. — [F. B. Forbes] à Shanghai, pp. 205/234.

Art. XI. Chinese use of Shad in consumption and iodine plants in Scrofula. By D. J. Macgowan, Esq., M. D., pp. 235/236. Read June 12th, 1872.

Art. XII. On the « Mutton Wine » of the Mongols and analogous preparations of the Chinese. By Dr. Macgowan, pp. 237/240. Read March 23rd, 1872.

Art. XIII. Retrospect of Events in China, etc. during the years 1871 & 1872, pp. 241/250.

Meteorological Observations for 1872, pp. 251/260.

Errata.

— New Series. No. VIII. Shanghai : A. H. de Carvalho... 1874, in-8, pp. XII-187, s. la t. d. m.

Contents.

Report for 1873.

Art. I. Recollections of China prior to 1840. By S. W. Williams, LL. D., pp. 1/21. Read January 13th, 1873.

Art. II. The Legend of Wên Wang, Founder of the Dynasty of the Chows in China. By Thos. W. Kingsmill, pp. 23/29. Read March 26th, 1873.

Art. III. Extracts from the history of Shanghai. By the Rev. C. Schmidt, pp. 31/43. Read March 26th, 1873.

Art. IV. Chinese Fox-Myths. By T. Watters, pp. 45/65. Read April 18th, 1873.

Art. V. Brief Account of the French Expedition of 1866 into Indo-China. By S. A. Viguier, pp. 67/77. Read June 2nd, 1873.

Art. VI. A Visit to the City of Confucius. By the Rev. J. Edkins, B. A., pp. 79/92. Read June 2nd, 1873.

Art. VII. Short Notes on Chinese Instruments of Music. By N. B. Dennys, pp. 93/132. Read October 21st, 1873.

Art. VIII. The Stone Drums of the Chou Dynasty. By S. W. Bushell, B. Sc., M. D., pp. 133/179. Read November 18th, 1873.

Art. IX. Retrospects of Events in China for the Year 1873, pp. 181/187.

Ce dernier article contient pp. 185/7 un mémoire sur le Lieutenant Francis Garnier (par Henri Cordier).

— New Series. No. IX. Shanghai : Carvalho & Co.... 1875, in-8, pp. XXXIII-219, s. l. t. d. m.

Contents.

Report for the Year 1874. Ce rapport comprend également : Rules of the North-China Branch of the Royal Asiatic Society, pp. XVII-XX.

Introduction. President's [F. B. Forbes] Address, delivered, February 13th, 1874, pp. XXV-XXXIII.

Art. I. Notes on Col. Yule's Edition of Marco Polo's « Quinsay ». By the Rev. G. E. Moule, pp. 1/24. Read December 8th, 1873.

Art. II. Legends of the Ancient Mazdayaçnian Prophets and the Story of Zoroaster. By D. N. Camajee, pp. 25/52. Read May 20th, 1874.

Art. III. The Aborigines of Northern Formosa. By E. C. Taintor, A. M., F. R. G. S., pp. 53/88. Read June 18th, 1874.

Art. IV. Notes on the *Miao-fa-lien-hua-ching* (妙法蓮華經), a Buddhist Sûtra in Chinese. By T. Watters, H. B. M. C. S., pp. 89/114. Read November 23rd, 1874.

Art. V. Narrative of Recent Events in Tong-king. By Henri Cordier, pp. 115/172. Read December 14th, 1874.

Cette Relation a été également imprimée à 200 ex. en une brochure gr. in-8 de pp. 74 : « A narrative of the Recent Events in Tong-king by Henri Cordier, Honorary Librarian of the North-China Branch of the Royal Asiatic Society. *Sic in Asia versatus est*... Shanghai : American Presbyterian Mission Press. January, 1875. » [Voir col. 334.]

Art. VI. Notes on Chinese Toxicology. No. I. — Arsenic. By D. J. Macgowan, M. D., pp. 173/182. Read December 14th, 1874.

Art. VII. Retrospect of Events in China and Japan for the year 1874. By Rev. James Thomas, pp. 183/200.

Art. VIII. A classified Index to the Articles printed in the Journal of the North-China Branch of the Royal Asiatic Society, from the foundation of the Society to the 31st of December, 1874. [By Henri Cordier], pp. 201/219.

Cet Index comprend les 130 mémoires ou articles publiés dans le Journal de la Soc. As. depuis sa fondation en 1858 jusqu'au 31 Déc. 1874.

— New Series. No. X. Shanghai : « Celestial Empire » Office... 1876, in-8, pp. XII-324-15-147-22 et tables.

Contents.

Report for the Year 1875.

Art. I. Elucidations of Marco Polo's Travels in North-China, drawn from Chinese sources. By the Rev. Archimandrite Palladius, pp. 1/54. Read January 20th, 1875.

Art. II. Notes made on a tour through Shan-hsi and Shen-hsi. By Rev. C. Holcombe, pp. 55/70. Read June 7th, 1875.

Art. III. Short notes on the identification of the Yuè-ti and Kiang Tribes of ancient Chinese History. By T. W. Kingsmill, pp. 71/73. Read June 7th, 1875.

Art. IV. Notices of the Mediaeval Geography and History of Central and Western Asia. Drawn from Chinese and Mongol writings, and compared with the observations of Western Authors in the Middle Ages. By E. Bretschneider, M. D., pp. 75/307. Read November 29th, 1875.

Art. V. Retrospect of Events in China, for the year 1875. By Archibald J. Little, pp. 309/324.

Appendix I. List of the principal Tea Districts in China. [By H. G. Hollingworth], pp. 15.

App. II. Observatoire météorologique et magnétique, des pères de la Compagnie de Jésus, à Zi-ka-wei, pp. 147-22 et tableaux.

— New Series. No. XI. Shanghai : Printed

(CHANG-HAI : SOCIÉTÉ ASIATIQUE : JOURNAL.)

at the « Celestial Empire » Office... 1877, in-8, pp. xvi-184.

Contents.

Report for the year 1876.

Inaugural Address by the President delivered on the 20th of February, 1877. The Border Lands of Geology and History, pp. 1/31.

Art. I. Fort Zelandia, and the Dutch Occupation of Formosa. By H. E. Hobson, Esq., pp. 33/40. Read April 3rd, 1876.

Art. II. The Vertebrata of the Province of Chihli with Notes on Chinese Zoological Nomenclature. By O. F. von Möllendorff, Ph. D., pp. 41/111. Read January 20th, 1877.

Art. III. On the Style of Chinese Epistolary Composition. A Review. By the Rev. W. A. P. Martin, D. D., pp. 113/122. Read December 8th, 1876.

Art. IV. On Chinese Names for Boats and Boat Gear with Remarks on the Chinese Use of the Mariner's Compass. By J. Edkins, D. D., Peking, pp. 123/142. Read December 8th, 1876.

Art. V. Chinese Eunuchs. By G. Carter Stent, pp. 143/184. Read March 26th, 1877. [Voir col. 1850.]

— New Series. No. XII. Shanghai : Printed at the « Celestial Empire » Office. 1878, in-8, pp. 335 + 3 ff. prél. et 2 pages n. c. + 18 pl. à la fin.

Contents.

List of Members.

Art. I. On the Stone Figures at Chinese Tombs and the Offering of living Sacrifices. By William Frederick Mayers, p. 1/17. Read March 12th, 1878.

Art. II. The Comparative Study of Chinese Dialects. By E. H. Parker, pp. 19/50.

Art. III. Droughts in China, A. D. 620 to 1643. By Alex. Hosie, M. A., H. B. M.'s China Consular Service, pp. 51/89.

Art. IV. Sunspots and Sunshadows observed in China, B. C. 28—A. D. 1617. By Alex. Hosie, M. A., pp. 91/95.

Art. V. The Ancient Language and Cult of the Chows : Being Notes Critical and Exegetical on the *Shi-king*, or Classic of Poetry of the Chinese. By Thos. W. Kingsmill, President, pp. 97/125 + 8 ff. de texte chinois.

Art. VI. The Climate of Eastern Asia. By Dr. H. Fritsche, Director of the I. Russian Observatory at Peking, pp. 127/335.

Errata in Art. II, 2 pages n. c.

— New Series. No. XIII. Shanghai : Printed at the « Celestial Empire » Office. 1879, in-8, pp. xxxi-132.

Contents.

Report for the Year 1878 and President's [T. W. Kingsmill] Address, pp. I/XXXI.

Art. I. Alligators in China. By A. A. Fauvel, Esq., pp. 1/36 f. Read Dec. 13th, 1878.

Cet article avait déjà paru sous forme de brochure in-8 : Shanghai : Printed at the « Celestial Empire » Office. 1879, pp. 36 f.

Art. II. Periodical Change of Terrestrial Magnetism. By F. W. Schulze, pp. 37/98 et 1 f. d'errata.

Art. III. The Family Law of the Chinese, and its comparative relations with that of other nations. By P. G. von Möllendorff, Esq., pp. 99/121.

Art. IV. The Story of the Emperor Shun. By Thos. W. Kingsmill, pp. 123/132.

— 1879. New Series. No. XIV. Printed at the « Celestial Empire » Office, Shanghai. In-8, pp. xv-64.

Contents.

Report for the year 1879, pp. I/XV.

Art. I. The intercourse of China with Central and Western Asia in the 2nd Century B. C. By T. W. Kingsmill, Esq., pp. 1/29.

Art. II. Rock Inscriptions at the North side of Yentai Hill. By J. Rhein, Esq., pp. 31/34.

Art. III. Siamese Coinage. By Joseph Haas, pp. 35/64.

— 1880. New Series. No. XV. American

Presbyterian Mission Press, in-8, pp. xliii-316.

Contents.

Report for the year 1880, pp. I/XLIII.

Art. I. Early European Researches into the Flora of China. By E. Bretschneider, M. D., pp. 1/194. Read Nov. 19th, 1880.

Art. II. Coins of the present Dynasty of China. By S. W. Bushell, M. D., pp. 195/308. Read June 7th, 1880.

Art. III. The « Naturalistic » Philosophy of China. By Frederic H. Balfour, F. R. G. S., pp. 311/316. Read Sept. 21th, 1880.

Ce numéro est suivi de la brochure suivante :

— North-China Branch of the Royal Asiatic Society. (Founded 1857.) List of Publications. Shanghai : Printed by Kelly & Walsh, The Bund, 1881, in-8, pp. 8.

— — 1881. New Series, Vol. XVI, Part I... Printed by Noronha & Sons, Shanghai, in-8, pp. 247.

Contents.

Art. I. Notes on the Hydrology of the Yang-tse, the Yellow River and the Pei-ho, by H. B. Guppy, M. B., Surgeon H. M. S. *Hornet*, pp. 1/12. Read Sept. 21th, 1880.

Art. II. Some Notes on the Geology of Takow, Formosa. By H. B. Guppy, M. B., H. M. S. *Hornet*, pp. 13/17. Read Sept. 21th, 1880.

Art. III. Botanicon Sinicum, Notes on Chinese Botany from Native and Western Sources. By E. Bretschneider, M. D., pp. 18/229.

Art. IV. The Climate of Shanghai. Its Meteorological Condition. By the Rev. Father M. Dechevrens, S. J., Director of the Zi-ka-wei Observatory, pp. 231/246. Read Oct. 28th, 1881.

Miscellaneous. — List of Ferns found in the Valley of the River Min, Foochow. By G. C. Anderson, p. 247.

— — Ibid., Part II. (Concluding the volume.) Shanghai : Printed by Noronha & Sons... 1882, in-8, pp. xix-A/U.

Contents.

Report for the year 1881, etc.

— — 1882. New Series, Vol. XVII, Part I. Printed by Noronha & Sons, Shanghai, in-8, pp. 246.

Contents.

Art. I. Notes on Chinese Composition. By Hebrert A. Giles, pp. 1/21. Read before the Society on the 28th October, 1881.

Art. II. Notes on the Geology of the Neighbourhood of Nagasaki. By H. B. Guppy, M. B., Surgeon R. N., pp. 23/34. Read before the Society on the 31st March, 1882.

Art. III. Notes on the South Coast of Saghalien. By Geo. C. Anderson, pp. 35/39. Read before the Society on the 26th September, 1881.

Art. IV. Annam and its minor Currency. By Ed. Toda, pp. 41/220. Read before the Society on the 15th December, 1881.

Art. V. The Hoppo-book of 1753. By F. Hirth, Ph. D., pp. 221/235. Read before the Society on the 29th August, 1882.

Bibliography, pp. 237/246. By F. Hirth.

— — Ibid., Part II. (Concluding the volume.) Shanghai : Printed by Noronha & Sons... 1884, in-8, pp. xviii + 5 ff. n. c.

Report for the year 1882, etc.

— — 1883. New Series, Vol. XVIII. Shanghai : Printed by Noronha & Sons. 1884, in-8, pp. xxix-197.

Contents.

Report for the year 1883, pp. I-VIII.

List of Birds represented in the Shanghai Museum, pp. XI-XXIX.

Art. I. What did the ancient Chinese Know of the Greeks and Romans. By Joseph Edkins, D. D., pp. 1/23. Read Jan. 9th, 1883.

Art. II. Corea. Extracts from Mr. F. Sherzer's French Translation of the *Chao-hsien-chih*, and Bibliographical Notice. Translated into English by Charles Gould, pp. 25/36. Read Feb. 27th, 1883.

Art. III. Researches into the Geology of Formosa. By George Kleinwächter, Esq. Of the Chinese Imperial Maritime Customs Service, pp. 37/53. Read April 17th, 1883.

Art. IV. Fragmens d'un voyage dans l'intérieur de la Chine. Par C. Imbault-Huart, Interprète du Gouvernement français, pp. 55/139.

Art. V. Some Notes on a Trip to Corea, in July and August, 1883. By G. James Morrison, Esq., pp. 141/157.

Art. VI. Notes on some Dikes at the Mouth of the Nankow Pass. By H. B. Guppy, M. B., Surgeon, R. N., pp. 159/161.

Art. VII. Samshu-brewing in North China. By H. B. Guppy, M. B., Surgeon, R. N., pp. 163/4.

Art. VIII. Notes on Szechuen and the Yangtse Valley. By Archibald J. Little, Esq. Read December 3rd, 1883, pp. 165/182.

App. I. List of Members, Corrected up to September 30th, 1884, pp. 185/188.

App. II. Members of the Council. September 30th, 1884, p. 189.

App. III. Revised Rules of the China Branch of the Royal Asiatic Society. Instituted September 24th, 1857. Passed at a General Meeting held on the November 7th, 1882, pp. 190/195.

App. IV. Rules for the Issue of Books from the Library, pp. 196/197.

— Journal of the China Branch of the Royal Asiatic Society, for the year 1884. New Series, Vol. XIX, Part I. Shanghai : Published by the Society. 1885, in-8, pp. x-115.

Contents.

Report for the year 1884, pp. I/IX.

Art. I. Animal, Fossil, Mineral, and Vegetable Products of the Ichang Consular District. By C. T. Gardner, Esq., H. B. M.'s Consul, pp. 1/26.

Art. II. A Journey in Chêkiang. By E. H. Parker, Esq., Of H. B. M.'s Consular Service, pp. 27/53. Read March 28th and April 16th, 1884.

Art. III. A Journey in Fukien. By E. H. Parker, Esq., Of H. B. M.'s Consular Service, pp. 54/74.

Art. IV. A Journey from Foochow to Wênchow, through Central Fukien. By E. H. Parker, Esq., pp. 75/93.

Art. V. A Buddhist Sheet-Tract, Containing an Apologue of Human Life. Translated with Notes, by Bishop Moule of Hangchow, pp. 94/102. Read Jan. 22th, 1884.

Art. VI. Trade Routes to Western China. By Alex. Hosie, Esq., Of H. B. M.'s Consular Service, pp. 103/114. Read March 25th, 1884.

Errata, p. 115.

— — Ibid., Part II. Shanghai : Published by the Society. 1886, in-8, pp. 60.

Contents.

Art. I. Un poète chinois du XVIIIe siècle. Yuan Tseu-ts'ai, sa vie et ses œuvres. Par Camille Imbault-Huart, Vice-Consul de France, pp. 1/42.

Art. II. The Sêrica of Ptolemy and its Inhabitants. By Thos. W. Kingsmill, pp. 43/60.

— — 1885. New Series, Vol. XX, No. 1. — Issued at Shanghai : 11th June, 1885, in-8, pp. 23.

Contents.

Art. I. The 紅樓夢 *Hung Lou Mêng* commonly called the Dream of the Red Chamber. By Herbert A. Giles, President, pp. 1/23. Read April 16th, 1885.

— — Ibid., No. 2. — Issued at Shanghai : 4th July, 1885, in-8, pp. 25 à 68.

Contents.

Art. II. The Prevalence of Infanticide in China, pp. 25/50. Open Meeting of the Society, 14th May, 1885.

Notes and Queries, pp. 51/57.

In Memoriam, pp. 58/62.

Items, pp. 63/64.

Literature, pp. 64/68.

— — Ibid., Nos. 3 & 4. — Issued at Shanghai, in-8, pp. 69 à 192.

Contents.

Art. III. The Mystery of Ta-Ts'in. By G. M. H. Playfair, pp. 69/80.

Art. IV. How Snow inspired Verse, and a rash order made the Flowers bloom.! By C. B. T., pp. 81/86.

From the 鏡花緣 *Ching-Hua-yuan*

Notes and Queries, pp. 87/98.

Chinese Rudeness. [H. A. G.] — Prefectures, Districts and Chief towns of Japan in Chinese and Romanised Japanese. [G. M. H. P.(layfair.)] Ginger in China. [G. M. H. Playfair.] — Chinese Land Measures. [T. W. K.(ingsmill.)] — Extinct Title. [G. M. H. P.(layfair.)] — A Mistranslation. [G. M. H. P.(layfair.)] — Chinese Characters as Dress Ornaments. [G. M. H. P.(layfair.)] — Inspectorate of Customs in Peking. [H. A. G.(iles.)] — Snuff in China. [F. H.(irth.)] — Derivation of the word Hoppo. [F. H.(irth.)] — South Pointing Needle. [C. B. T.] — Rekem-Petra-Likan. [E. W. G.] — In Memoriam. [Th. McClatchie.] By T. W. K.[ingsmill], pp. 98/100.

Literary Items, pp. 101/104.

List of Officers and Members, pp. 105/114.

Art. V. What is Filial Piety, pp. 115/144.

Art. VI. Is China a Conservative Country? By Moromastix, pp. 145/154.

Art. VII. Sinology in Italy. By L. Nocentini, pp. 155/162.

Art. VII [*sic*]. Western Appliances in the Chinese Printing Industry. By F. Hirth, Ph. D., pp. 163/177.

Notes and Queries, pp. 178/191.

Foreign Art in China. [Gideon Nye.] — Guild Terrorism. [G. M. H. P.(layfair.)] — Hereditary Jurisdiction in the South-west of China. [G. M. H. P.(layfair.)] — Were the *K'i-tan* (契丹) Fire Worshippers? [C. I.-H.(uart.)] — Birth of Tsêng Kuo-fan. [C. I.-H.(uart.)] — *Kung* (公) used as a personal Pronoun by Han Kao-Tsu. [C. I.-H.(uart.)] — Popular Designation of Chinese Radicals. [G. M. H. P.(layfair.)] — Rekem-Petra-Likan. [F. H.(irth.)] — The German word « Hühnerauge ». [F. H.(irth.)] — A Chinese Proverb about Ships' Crews. [F. H.(irth.)] — Ancient China in America. [F. H.(irth.)] — The New Star in *Nebula Andromedae*. [H. D. F.] — Early Foreign Coins in China. [H. D. F.] — 神仙雜記 [*Shen-hsien-tsa-chi*]. By C. Imbault-Huart.

— — Ibid., Nos. 5 & 6. — Issued at Shanghai : May 1886, in-8, pp. 193 à 316.

Contents.

Art. VIII. Chinese Theatricals and Theatrical Plots, pp. 193/208. Read Dec. 22nd, 1885.

Art. IX. The Seaports of India and Ceylon, described by Chinese Voyagers of the Fifteenth Century, together with an Account of Chinese Navigation. By George Phillips, Esq., H. B. M.'s Consul at Swatow, pp. 209/226.

Art. X. Some Additions to my Chinese Grammar, by Georg von der Gabelentz, pp. 227/234.

Art. XI. Bibliography : List of Books and Papers on China, published since January 1st, 1884. Compiled by F. Hirth, Ph. D., pp. 235/274.

Notes and Queries, pp. 275/287.

In Memoriam. By C. A., pp. 287/8.

Notices on new Books & literary notes, pp. 289/291.

Proceedings, pp. 292/316.

— — 1886. New Series, Vol. XXI, Nos. 1 & 2. — Issued at Shanghai : August 1886, in-8, pp. 131.

Contents.

Art. I. The Advisability, or the Reverse, of endeavouring to convey western Knowledge to the Chinese through the Medium of their own language, pp. 1/21.

Art. II. Histrionic Notes by D. J. Macgowan, M. D., pp. 22/29.

Art. III. The Seaports of India and Ceylon, described by Chinese Voyagers of the Fifteenth Century, together with an account of Chinese Navigation from Sumatra to China. By George Phillips, Esq., H. B. M.'s Consul at Swatow. Part II. Pp. 30/42.

Art. IV. Roadside Religion in Manchuria. By Rev. John Macintyre, pp. 43/66.

Art. V. Alphabetical List of the dynastic and reign-titles of Chinese emperors (compiled from Mayers' *Chinese Readers' Manual*). Dates are after Christ, unless otherwise indicated. By G. M. H. Playfair, pp. 67/88.

Art. VI. Where was Ta-ts'in? By Herbert J. Allen, pp. 89/97.

Art. VII. Reply to Mr. H. J. Allen's Paper «Where was Ta ts'in?». By F. Hirth, Ph. D., pp. 98/104.

Notes and Queries, pp. 105/112.

Literary Notes, pp. 113/122.

Proceedings, pp. 123/131.

— — Ibid., Nos. 3 & 4. — Issued at Shanghai : March 1887, in-8, pp. 133 à 254.

Contents.

Art. VIII. Chinese Guilds or Chambers of Commerce and Trades Unions. By D. J. Macgowan, M. D., pp. 133/192.

Art. IX. Is Confucius a Myth? By Herbert J. Allen, pp. 193/198.

Art. X. Philological importance of Geographical Terms in the *Shi-ki*. By Joseph Edkins, pp. 199/203.

Art. XI. Ta-ts'in and Dependent States. By Herbert J. Allen, pp. 204/208.

Art. XII. Reply to Mr. H. J. Allen's paper «Ta-ts'in and Dependent States». By F. Hirth, Ph. D., pp. 209/213.

Art. XIII. Chinese equivalents of the letter *R* in foreign names. By F. Hirth, Ph. D., pp. 214/223.

Notes and Queries, pp. 224/232.

Literary Notes, pp. 233/236.

Correspondence, pp. 237/240.

Proceedings, pp. 241/254.

— — Ibid., Nos. 5 & 6. — Issued at Shanghai : July 1887, in-8, pp. 255 à 370.

Contents.

Art. XIV. The Family Names. By Herbert A. Giles, pp. 255/288.

Art. XV. Manchu Relations with Tibet, or Si-tsang. By E. H. Parker, pp. 289/304.

In Memoriam, pp. 305/313.

Notices of new Books & Literary Notes, pp. 314/325.

Proceedings, pp. 326/359.

Appendix, p. 361.

List of members, pp. 363/370.

— — 1887. New Series, Vol. XXII, Nos. 1 & 2. — Issued at Shanghai : January 1888, in-8, pp. 128.

Contents.

— The Military Organization of China prior to 1842, As described by Wei Yüan. Translated by E. H. Parker, pp. 1/14. Read Nov. 18th, 1887.

— Appendix, pp. 15/21.

— Notes on the mineral Ressources of Eastern Shantung. By H. M. Becher, Assoc. M. Inst. C. E., F. G. S., pp. 22/38. Read Oct. 25th, 1887.

— Chinese Partnerships : Liability of the individual members, pp. 39/52. Read Nov. 18th, 1887.

— Notes on the early History of the Salt Monopoly in China. By F. Hirth, Ph. D., pp. 53/66.

— The Salt Revenue of China. By E. H. Parker, pp. 67/80.

— Remarks on the Production of Salt in China. By the late Archimandrite P. Zwehtkoff. Retranslated from the German by W. R. Carles, pp. 81/89. (Voir col. 545.)

— Names of the Sovereigns of the Old Corean States, and Chronological Table of the present Dynasty. Compiled by Ludovico Nocentini, pp. 90/99.

— Notes and Queries, pp. 100/105.

— Notices of new books and literary Notes, pp. 106/112. By F. Hirth.

— Correspondence, pp. 113/115.

— Proceedings, pp. 116/128.

— — Ibid., Nos. 3 & 4. — Issued at Shanghai : April 1888, in-8, pp. 129 à 231.

Contents.

— Ancient Porcelain : A Study in Chinese Mediaeval Industry and Trade. By F. Hirth, Ph. D., pp. 129/202.

— The Chinese Oriental College. By F. Hirth, Ph. D., pp. 203/223. With two Appendix.

— Notes and Queries, pp. 224/229.

— Literary Notes. By J. Edkins, pp. 230/1.

— — Ibid., No. 5. — Issued at Shanghai : July 1888, in-8, pp. 233 à 283.

Contents.

— Chinese Names of Plants. By Augustine Henry, M. A., L. R. C. P. Ed., pp. 233/283.

— — Ibid., No. 6. — Issued at Shanghai, in-8, pp. 284 à 328.

Contents.

— Proceedings, etc., pp. 284/328.

— — 1888. New Series, Vol. XXIII, No. 1. — Issued at Shanghai : January 1889, in-8, pp. 58.

Contents.

— A Corean Monument to Manchu Clemency. By W. R. Carles. Read before the Society October 22nd, 1888, pp. 1/8.

— A Guide to True Vacuity. By Yuen-Yang-tsze. Translated by G. E. Moule, D. D. Read in abstract before the Society October 22nd, 1888, pp. 9/22.

— Changchow, the capital of Fuhkien in Mongol Times. By Geo. Phillips, F. R. G. S., H. B. M. Consul, Fuchau. Read before the Society November 19th, 1888, pp. 23/30.

— The Porcelain Pagoda of Nanking. Translation of the Historical portion of a Pictorial sheet engraved and published by the Buddhist High Priest in charge of the Pao-ên Temple. By H. E. Hobson. Read before the Society November 19th, 1888, pp. 31/38.

— Notes and Queries, pp. 39/41.

— Proceedings, pp. 42/48.

— Appendix, pp. 49/58.

— — Ibid., No. 2. — Issued at Shanghai : May 1889, in-8, pp. II, 59 à 183.

Contents.

— Tenure of Land in China and the Condition of the Rural Population. By George Jamieson, President of the Society, pp. 59/174.

— Proceedings, pp. 175/183.

— — Ibid., No. 3. — Issued at Shanghai : September 1889, in-8, pp. II, 185 à 336.

Contents.

— The Bore of the Tsien-tang Kiang. (Hang-chau Bay.) By Commander Moore, R. N., H. M. S. *Rambler*, pp. 185/247.

— Chinese Chess. By Z. Volpicelli, pp. 248/284.

— Addendum, p. 285.

— Notes and Queries. By E. L. Oxenham, pp. 286/7.

— Proceedings, pp. 288/327.

— Appendix, p. 328.

— List of Members, pp. 329/336.

— — 1889-90. New Series, Vol. XXIV, No. 1. — Issued at Shanghai : May 1890, in-8, pp. 140.

Contents.

— Essay on Manchu Literature. By P. G. von Möllendorff, pp. 1/45.

— Abstract of Information on Currency and Measures in China, p. 46.

— Table of Contents, p. 47.

— Introduction. By H. B. Morse, pp. 48/9.

— Circular on Currency and Measures in China. By J. J. Keswick, Chairman, pp. 50/107.

— Appendix, pp. 108/135.

— Correspondence, pp. 136/9.

— — Ibid., No. 2. — Issued at Shanghai : August 1890, in-8, pp. 141 à 251.

Contents.

— Prehistoric China. By Ernst Faber, Dr. Theol., pp. 141/220.

— Obituary, pp. 221/223.

— Review. — An Expounder of Dark Sayings. « Chuang Tzŭ, Mystic, Moralist and social Reformer » ; Translated from the Chinese by Herbert A. Giles, H. B. M.'s Consul at Tamsui. London : Bernard Quaritch, 1889. By G. M. H. Playfair, pp. 224/233.

— Proceedings, pp 234/251.

— — Ibid., No. 3. — Issued at Shanghai : October 1890, in-8, pp. 253 à 350.

Contents.

— Chinese Architecture. By J. Edkins, D. D., pp. 253/288.

— Notes on the Nestorians in China. By E. H. Parker, pp. 289/302.

— The « Tent theory » of chinese architecture. By S. Ritter von Fries, pp. 303/306.

— Note on the comparative Longevity of Males and Females in Japan. By T. E. Hallifax, pp. 307/8.

Proceedings, pp. 309/339.

Obituary, pp. 340/1. By J. Edkins.

List of Officers of the Society for 1890-91, pp. 342.

List of Members, pp. 343/350.

— — 1890-91. New Series, Vol. XXV, No. 1. — Issued at Shanghai : February 1892, in-8, pp. 468.

Contents.

— BOTANICON SINICUM. Notes on Chinese Botany, from Native and Western Sources. By E. Bretschneider, M. D., pp. 1/468.

Voir col. 469.

— — Ibid., No. 2. — Issued at Shanghai : January 1893, in-8, pp. 469 à 509.

Contents

— Proceedings, pp. 469/500.

— List of Members, pp. 501/509.

— — 1891-92. New Series, Vol. XXVI, No. 1. — Issued at Shanghai : December 1892, in-8, pp. 128.

Contents.

— The Fish-skin Tartars. By M. F. A. Fraser, pp. 1/43.

— A Comparative Table of the ancient Lunar Asterisms. By T. W. Kingsmill, pp. 44/79.

— Wei-ch'i. By Z. Volpicelli, pp. 80/107.

— Militant Spirit of the Buddhist Clergy in China. By J. J. M. de Groot, Ph. D., pp. 108/120.

— Notes and Queries, pp. 121/128.

— — Ibid., No. 2. — Issued at Shanghai : December 1893, in-8, pp. 129 à 297.

Contents.

— Proceedings, pp. 129/236.

— List of Members, pp. 236/245.

— A Classified Index to the Articles printed in the *Journal of the (North) China Branch of the Royal Asiatic Society*, from the Foundation of the Society, 1858, to the end of 1893. (Compiled by Joseph Haas, Hon. Librarian), pp. 246/297.

Cf. Index by H. Cordier, col. 2244.

— — Ibid., No. 3. — Issued at Shanghai : August 1894, in-8, pp. XVIII + 281 + II.

Contents.

— Catalogue of the Library of the China Branch of the Royal Asiatic Society (Including the Library of Alex. Wylie, Esq.) systematically classed. — Third edition. — Shanghai : Printed by Kelly and Walsh, limited. — 1894.

Edition publiée par Joseph Haas. — Voir 1re éd. par H. Cordier, col. 2256.

— — 1892-93. New Series, Vol. XXVII, No. 1. — Issued at Shanghai : May 1894, in-8, pp. 69.

Contents.

— The Salt Administration of Ssŭch'uan. By Arthur von Rosthorn, pp. 1/32.

— Early Portuguese Commerce and Settlements in China. By Z. Volpicelli, pp. 33/69.

— — Ibid., No. 2. — Issued at Shanghai : December 1895, in-8, pp. 71/287.

Contents.

— The Coinage of Corea. By C. T. Gardner, H. B. M. Consular Service, pp. 71/130.

— The Family Law of the Chinese. By P. G. von Möllendorff, pp. 131/190.

— Proceedings, pp. 191/278.

— Synopsis of « How to Awaken Faith in the Mahayana School ». By the Rev. Timothy Richard, pp. 263/278.

— List of Officers of the Society, 1893-94, p. 279.

— List of Members, pp. 280/287.

— — 1893-94. New Series, Vol. XXVIII, No. 1. — Issued at Shanghai : January 1895, in-8, pp. v-232.

Contents.

— Inland Communications in China, by T. W. K.[ingsmill], pp. 1/213.

— Stray Notes on Corean history and literature, by James Scott, H. B. M. Consular Service, pp. 214/232.

Notice : *China Review*, XXI, pp. 421/2, by E. J. E.[itel.]

— — Ibid., No. 2. — Issued at Shanghai : May 1898, in-8, pp. 233/400 + XI.

Contents.

— The Yü-li or Precious Records. Translated by the Rev. Geo. W. Clarke, pp. 233/400.

— List of Members, p. XI.

— — 1894-95. New Series, Vol. XXIX, No. 1. — Issued at Shanghai : February 1896, in-8, pp. 623.

Contents.

— BOTANICON SINICUM... By E. Bretschneider, M. D.,... Part III. Botanical Investigations into the Materia Medica of the ancient Chinese, pp. 1/623.

Voir col. 469.

— — 1895-96. New Series, Vol. XXX, No. 1. — Issued at Shanghai : July 1897, in-8, pp. 1/101.

Contents.

— Le voyage de l'Ambassade hollandaise de 1656 à travers la province de Canton, par C. Imbault-Huart, Consul de France, pp. 1/73.

— The Financial Capacity of China, by E. H. Parker, pp. 74/101.

— — Ibid., No. 2. — Issued at Shanghai : January 1899, in-8, pp. 102/184.

Contents.

— Chinese Revenue, by E. H. Parker, Esq., pp. 102/141.
— The Hsi Hsia Dynasty of Tangut, their money and peculiar script, by S. W. Bushell, C. M. G., M. D., pp. 142/160.
— A Manchu Ukase, by M. F. A. Fraser, Esq., pp. 161/176.
— Notes and Queries, pp. 177/181.
— Correspondence, pp. 182/184.

— — Ibid., No. 3. — Issued at Shanghai : March 1899, in-8, pp. 1/79.

Contents.

— List of Additions to the Catalogue of the Library of the China Branch of the Royal Asiatic Society [Since publishing the Catalogue in 1894], pp. 79.

— — 1896-97. New Series, Vol. XXXI, No. 1. — Issued at Shanghai : November 1899, in-8, pp. 1/115.

Contents.

— Inscriptions de l'Orkhon, Déchiffrées par Vilh. Thomsen, Professeur de Philologie comparée à l'Université de Copenhague. By E. H. Parker, pp. 1/39.
— Wang-Chung and Plato on Death and Immortality. By A. Forke, Dr. Jur., pp. 40/60.
— The Chinese system of family relationship and its aryan affinities. By Thos. W. Kingsmill, pp. 61/72.
— Scarcity of copper cash and the rise in prices, pp. 73/80.
— On the limitations of comparative philology. By P. G. von Möllendorff, pp. 81/101.
— The Grand Canal of China, by W. R. Carles, pp. 102/115.

— — Ibid., No. 2. — Issued at Shanghai : March 1900, in-8, pp. 117/209.

Contents.

— Proceedings, pp. 117/209.
— Notes on the *Tao Teh King*. By T. W. Kingsmill, pp. 206/9.

— — 1897-98, Vol. XXXII, No. 1. — In-8, pp. 93.

Contents.

— The Chinese Calendar : its Origin, History and Connections. By Thos. W. Kingsmill, pp. 1/35.
— The Office of District Magistrate in China. By Byron Brenan, C. M. G., pp. 36/65.
— On the Chinese Coins and Small Porcelain Bottles found in Egypt. By Natalis Rondot, pp. 66/78.
— Sealing and Whaling in the Northern Pacific. By E. Brass, pp. 79/93.

Pas de No. 2.

— — 1899-1900, Vol. XXXIII, No. 1. — In-8, pp. 1/83.

Contents.

— Possible and Impossible Reforms. By F. S. A. Bourne, pp. 1/10.
— Some Popular Religious Literature of the Chinese, by Mrs. E. T. Williams, pp. 11/29.
— Additional Coins of the present Dynasty, by Dr. S.W. Bushell, C. M. G., pp. 30/45.
— Siün King, the Philosopher, and his Relations with Contemporary Schools of Thought. By J. Edkins, D. D., pp. 46/55.
— Review. — *The Heart of Asia*, a History of Russian Turkestan and the Central Asian Khanates from the Earliest Times,... pp. 56/66.
— Proceedings, pp. 67/83.

— — Ibid., No. 2. — In-8, pp. 1/152.

Contents.

— Social life of the Miao Tsi. By Geo. Edgar Betts, pp. 1/21.
— Irrigation of the Ch'eng Tu Plain. By Joshua Vale, China Inland Mission, pp. 22/36.

— Notes on the Ting-Chi, or Half-Yearly Sacrifice to Confucius. By the Right Rev. G. E. Moule, D. D., Bishop in Mid-China, pp. 37/73.
— The Philippine Chinese Labour Question. By Juan Mencarini, pp. 74/101.
— Tableau chronologique de la dynastie mandchoue-chinoise 大清 *Ta-ts'ing* par le Père P. Hoang, mis en français par le P. Jérôme Tobar, S. J., pp. 102/152.

— — Ibid., No. 3. — In-8, pp. 1/103 + IX.

Contents.

— Mencius and some other Reformers of China. By Rev. W. E. Macklin, pp. 1/25.
— The Ancient City of Shaohing (Province of Cheh-Kiang). By the Rev. W. Gilbert Walshe, B. A., pp. 26/48.
— Review. — *China, her History, Diplomacy and Commerce from the Earliest Times to the Present Day*. By E. H. Parker... London : John Murray, 1901, pp. 49/59.
— Review. — *Mythologie des Buddhismus in Tibet und der Mongolei. Führer durch die Lamaistische Sammlung des Fürsten Uchtomsky*, von A. Grünwedel. Leipzig : F. A. Brockhaus, 1900 (pp. 244). By A. F.[orke], pp. 60/64.
— Obituary. — Mr. Paul Ge z von Möllendorff, by T.W. K.[ingsmill], pp. 65/67. — The Rev. William Muirhead, D. D., by T. W. K., pp. 67/69. — Dr. Emile Vasilievitch Bretschneider, by T. W. K., pp. 69/72.
— Proceedings, pp. 73/103.
— List of Members, pp. I-IX.

— — 1901-1902, Vol. XXXIV, No. 1. — In-8, pp. 141.

Contents.

— The Chinese Sophists. By A. Forke, Ph. D., pp. 1/100.
— Shanghai Folk-lore. By Ernest Box, pp. 101/135.
— Review. — *Dr. F. Hirth and the Hiung-nu*. By Thos. W. Kingsmill, pp. 136/141.

— — 1903-1904, Vol. XXXV. — In-8, pp. 101 + XXIV.

Contents.

— Kwo Tsï Yi, an Eminent Military Commander of the T'ang Dynasty. By J. Edkins, D. D., pp. 1/20.
— Standard Weights and Measures of the Ch'in Dynasty. By Rev. F. H. Chalfant, pp. 21/25.
— Some Chinese Funeral Customs. By Rev. W. Gilbert Walshe, B. A., pp. 26/64.
— *Wang-an-shih* (王安石). By John C. Ferguson, Ph. D., pp. 65/75.
— The Mantses and the Golden Chersonese. By T. W. Kingsmill, pp. 76/101.
— Proceedings, pp. I-XXIV. [45th Anniversary — Address by Dr. J. Edkins — Letter by Prof. Henri Cordier.]

— — 1905, Vol. XXXVI. — In-8, pp. 173.

Contents.

— Notes of a Journey Overland from Szemao to Rangoon. By Fred. W. Carey, pp. 1/35.
— Irrigation of the Chen-tu Plain and beyond. By Joshua Vale, C. I. M., pp. 36/50.
— Journey to Sungp'an. By W. C. Haines Watson, pp. 51/102.
— The History of the Loochoo Islands. By Charles S. Leavenworth, M. A., pp. 103/119.
— Java. By Juan Mencarini, pp. 120/129.
— Shanghai Folk-lore. By Rev. Ernest Box, M. A., pp. 130/156.
— In Memoriam. Rev. Joseph Edkins, D. D., pp. 157/159.
— Proceedings, etc., pp. 160/173.

— — 1906, Vol. XXXVII. Shanghai, in-8, pp. 243.

Contents.

— The Jewish Monument at Kaifungfu. By W. A. P. Martin, pp. 1/20.
— Ancient Tibet and its Frontagers. By Thos. W. Kingsmill, pp. 21/54.

— Notes on Chinese Banking System in Shanghai. By John C. Ferguson, pp. 55/82.
— Notes on Chinese Law and Practice preceding Revision. By Ernest Alabaster, pp. 83/149.
— Chinese Children's Games. By Isaac Taylor Headland, pp. 150/184.
— Notes and Queries, pp. 185/201.
— Literary Notes, pp. 202/215.
— Recent Books on China, pp. 216/7.
— In Memoriam — Freiherr Ferdinand von Richthofen — Robert W. Little, pp. 218/221.
— Proceedings, pp. 222/235.
— List of Members, pp. 236/243.

— North-China Branch of the Royal Asiatic Society. (Founded 1857.) List of Publications. Shanghai : Printed by Kelly & Walsh, The Bund, 1881, in-8, pp. 8.

Rapports.

— Report of the Council of the North-China Branch of the Royal Asiatic Society, for the Year 1864, Presented at the General Meeting held January 10th 1865. With an Appendix containing the revised Rules, and List of Members and Office Bearers for 1865. Shanghai : Presbyterian Mission Press. MDCCCLXV, br. in-8, pp. 9.

— — For the Year 1865. Presented at the General Meeting held January 18th, 1866. Shanghai : A. H. de Carvalho, br. in-8, pp. 16.

— — For the Year 1866. Presented at the General Meeting held January 17th, 1867. Shanghai : Mercantile Printing Office, br. in-8, pp. 12.

— — For the Year 1867. Presented at the General Meeting held February 10th, 1868. Shanghai : Printed by A. H. Carvalho, br. in-8, pp. 11.

— — For the Year 1868. Shanghai : Printed by A. H. de Carvalho, br. in-8, pp. 17.

Ce rapport est également imprimé au commencement du No. V du *Journal*.

Les rapports des années suivantes sont publiés avec le *Journal* et n'ont pas été tirés à part.

Règlements.

— Rules of the North-China Branch of the Royal Asiatic Society. Shanghai : A. H. de Carvalho, 1874, br. in-8, pp. 4.

Tiré à 20 exemplaires.

Réimp. dans le Rapport de 1874. (*Journal*, No. IX, pp. XVII à XX.)

Voir Appendix au Rapport de 1864, pp. 7/9 : *Rules of the North-China Branch of the Royal Asiatic Society, passed at the Annual Meeting of the Society held January 10th 1865.*

Bibliothèque.

— Catalogue of Books relating to China and the East. Br. in-8, pp. 29, sans titre et s. l. n. d. [Shanghai, 1868.]

C'est le catalogue des livres appartenant à la bibliothèque particulière de Mr. Alexander Wylie. Ce cat., imprimé par William Gamble, contient beaucoup de fautes, et les titres ne sont pas donnés en entier. La plus grande partie des livres de Mr. A. Wylie ont été achetés par la Société Asiatique.

— List of Books, Papers, Charts, etc. in the Society's Library (pp. 10/16 of the *Report for 1865*).

— A Catalogue of the Library of the North China Branch of the Royal Asiatic Society (Including the Library of Alex. Wylie, Esq.), Systematically classed. By Henri Cordier, Hon. Librarian. Shanghai : Printed at the « Ching-Foong » General Printing Office. 1872. Gr. in-8, pp. VIII-86.

Ce Catalogue (tiré à 500 ex.) comprend 826 numéros.

— A Catalogue of the Library of the North China Branch of the Royal Asiatic Society (Including the Library of Alex. Wylie Esq.), Systematically classed. Shanghai : Printed at the « Shanghai Mercury » office. 1881, in-8, pp. 67.

Pub. à Dol. 0.50. Nouv. éd. augmentée du précédent.

— Catalogue of Chinese Books in the Library of the China Branch of the Royal Asiatic Society. (*Jour. C. B. R. As. Soc.*, XXI, N. S., Nos. 5 & 6, 1886, pp. 358/9.)

— Catalogue of the Library of the China Branch of the Royal Asiatic Society (including the Library of Alex. Wylie, Esq.), Systematically classed. — Third Edition. — Shanghai : Kelly & Walsh, 1894, in-8, pp. XVIII-281-II.

By Joseph Haas. — Forme le Vol. XXVI, No. 3 du *Journal*, voir col. 2252.

— List of Additions to the Catalogue of the Library of the China Branch of the Royal Asiatic Society [Since publishing the Catalogue in 1894]. — Shanghai : Kelly & Walsh, 1899, in-8, 3 ff. n. ch. + pp. 79.

Pref. by Emil S. Fischer, Hon. Librarian.

Museum.

— Catalogue of Animals [*read* Mammals] and Birds in the Shanghai Museum on the 31st December, 1875. Shanghai. Printed at the « North-China Herald » Office, 1876, gr. in-8, pp. 15. [By W. B. Pryer.]

Consulter sur le Museum le *Curator's Report*, pp. XI-XIV du Rapport du Conseil de la Société Asiatique pour 1874. — Voir les rapports des années suivantes dans les Rapports du Conseil.

— List of Birds represented in the Shanghai Museum. By F. W. Styan. (*Jour. N. China Br. R. As. Soc.*, N. S., XVIII, 1883, pp. XI-XXIX.)

.·.

— The North-China Branch of the Royal Asiatic Society.

Histoire de cette Société donnée par *Old Mortality* [Henri Cordier] dans le *North-China Daily News*, 25 Oct. 1873; cet article a été réimp. *in extenso* dans le *North-China Herald*, 30 Oct. 1873 et en abrégé dans la *China Review*, Vol. II, No. 6, June 1874.

— « Old Mortality's » Views on the Secret of Progress. (Letter signed *Clovis* to the Editor of the *Shanghae Evening Courier*; réimp. dans le *Shanghai Budget*, 20 Nov. 1873.)

— Sur les travaux de la Société royale asiatique de Shanghai. Par M. Henri Cordier. (*Atti del IV Congresso internazionale degli Orientalisti*, 1881, Vol. II, pp. 269/272.)

— Letter by Prof. Henri Cordier, 8th August 1902. (*Jour. China B. R. A. S.*, Vol. XXXV, *Proc.*, pp. XI-XX.)

Shanghai Library.

— Catalogue of the Shanghai Library. Comprising all Books included in the Collection up to December, 1861. London, Printed, for the Library, by Smith, Elder & Co.,... M.DCCC.LXII, in-8.

— Supplement to the Catalogue of the Shanghai Library. Comprising all books added to the Library from January, 1862, to May, 1865. London : Printed for the Library by Lucy and Gregory... In-8.

— Catalogue of the Shanghai Library. Comprising all books included in the Collection up to March, 1867. London : Printed for the Library, by Porter & Gregory... MDCCCLXVII, in-8.

— Catalogue of the Shanghai Library. Comprising all books included in the Collection up to October, 1872. Shanghai : Printed for the Library by the « North-China Herald » Office. 1872, in-8.

— Local History, and the Shanghai Library. By *Old Mortality* [Henri Cordier]. (*North-China Daily News*, 8 Mars 1873; réimp. dans le *North-China Herald*, 13 Mars 1873.)

Conférences.
(Lectures.)

— Shanghai considered socially. A Lecture by H. Lang. (*Shanghai Evening Courier*, 1870, June 3, 7, 10, 17, 27 & July 5.)

Cette conférence a été réimprimée deux fois sous forme de brochure in-8; une première fois en 1870; la seconde fois en 1875 :

— Shanghai considered socially. A Lecture by H. Lang. Second Edition. Shanghai : American Presbyterian Mission Press. 1875, in-8, pp. 60 + 2 ff. à la fin.

— M. T. Yates. — Ancestral Worship. Voir col. 1870. — Tai-ping Rebellion. Voir col. 653.

— Lecture on some Phases of Interaction between the East and the West, and how the West has influenced China. By the Rev. C. Kreyer. Shanghai, Printed at the « North-China Herald » Office. 1871, in-8, pp. 10.

— The Iliad and the recent Discoveries at Troy. A Lecture, delivered in the Masonic Hall, under the auspices of the Shanghai Temperance Society, on Monday evening, the 25th January. By E. C. Taintor Esq.

A d'abord paru dans le *Shanghai Evening Courier*, puis dans le *Shanghai Budget*, 4 Feb. 1875. — Imprimé à 85 ex., Shanghai, 1875, in-4, pp. 38.

— On the Religious Beliefs of Ancient Greece. A Lecture delivered to the Young Men's Christian Association, of Shanghai, on the 18th of December 1876. By Dean Butcher. (*The Far East*, Vol. II, No. 1, pp. 14/21, Jan. 1877.)

— The Literati of China and how to meet them. By the Rev. A. Williamson. (*N. C. Herald*, 1887, June 17, pp. 673/6; July 1st, pp. 21/3.)

Read at the Shanghai Missionary Association.

— The Shanghai Vernacular. Address of the Rev. Y. K. Yen at the annual meeting of the Christian Vernacular Society of Shanghai. (*Chin. Rec.*, XXIII, Aug. 1892, pp. 386/388.)

Publications périodiques.

— *The North-China Herald.* — Vol. I, No. 1. Shanghae, Saturday 3rd August 1850, Price 15 dollars per annum. Printed and published by the Proprietor, Henry Shearman, Shanghae.

Ce premier numéro contient :

— A la première page : Advertisements. — List of Foreign Residents in Shanghae, 1850 (56 names).

— A la deuxième page : ...Address to the Public. — Consideration of our present and future relations with China.

— A la troisième page : Present prices of ship stores at Shanghai. — Falling in of the roof of Trinity Church.

— A la quatrième page : ...Shipping intelligence (14 ships in port — and 10 receiving ships).

On trouve également dans ce premier numéro une table des dernières dates d'Europe et d'Amérique (Angleterre, 24 Mai! — San Francisco, 12 Mai!!).

Vol. I. No. 1, Saturday, August 3rd, 1850—52, Saturday, 26th July, 1851, pp. 1/208.

Vol. II. No. 53, Saturday, 2d August, 1851—105, Saturday, 31st July, 1852, pp. 1/212.

Vol. III. No. 106, Saturday, August 7, 1852—157, Saturday, July 30, 1853, pp. 1/208.

Vol. IV. No. 158, Saturday, Aug. 6, 1853—209, Saturday, July 29, 1854, pp. 1/208.

Vol. V. No. 210, Saturday, Aug. 5, 1854—261, Saturday, July 28, 1855, pp. 1/210.

Vol. VI. No. 262, Saturday, Aug. 4, 1855—313, Saturday, July 26, 1856.

Nous lisons à la 4e page du journal depuis le :

— No. 296, March 29, 1856 : Edited, Printed and Published every Saturday by the Executors of the late Henry Shearman, Shanghai.

Henry Shearman est mort âgé de 53 ans, à Chang-hai, le 22 Mars 1856, et son décès est annoncé dans le No. 295 du *N. C. Herald*.

— No. 304, May 24, 1856 : Mr. Charles Spencer Compton, éditor, etc.

Vol. VII. No. 314, Saturday, August 2d, 1856—365, July 25, 1857, pp. 1/208.

Le prix de la souscription est élevé de Dol. 15 à Taëls 12 par an à partir du No. 363, July 11, 1857.

Vol. VIII. No. 366, Saturday, August 1st, 1857—418, Saturday, July 31st, 1858, pp. 1/212.

Vol. IX. No. 419, Saturday, August 7, 1858—470, Saturday, July 30, 1859, pp. 1/208.

On lit dans le No. 468, July 16, 1859 : « *Official Notification.* — It is hereby notified that from and after the 13th instant and until further orders, the *North-China Herald* is to be considered the official Organ of all Notifications proceeding from Her Majesty's Legation and Superintendency of trade in China. Sgd. Horace Rumbold Secretary of Legation. H. M.'s Legation, Shanghai 13th June 1859. »

Vol. X. No. 471, Saturday, August 6, 1859—492, Saturday, December 31st, 1859, pp. 1/88.

Vol. XI. No. 493, Saturday, January 7, 1860—544, Saturday, December 29, 1860, pp. 1/208.

Vol. XII. No. 545, Saturday, January 5, 1861—596, December 28, 1861, pp. 1/208.

A partir du No. 585, le *Herald* est édité par Samuel Mossman.

Vol. XIII. No. 597, Saturday, January 4, 1862—648, Saturday, December 27, 1862, pp. 1/208.

Vol. XIV. No. 649, Saturday, January 3rd, 1863—700, Saturday, December 26, 1863, pp. 1/208.

A partir du No. 675, 4 Juillet 1863, le *Herald* est édité par R. Alexander Jamieson.

Vol. XV. No. 701, Saturday, January 2d, 1864—753, Saturday, December 31st, 1864, pp. 1/212.

Vol. XVI. No. 754, Saturday, January 7, 1865—805, Saturday, December 30, 1865, pp. 1/208.

Vol. XVII. No. 806, Saturday, January 6, 1866—857, Saturday, December 29, 1866, pp. 1/208.

A partir du No. 828, 9 Juin 1866, le *Herald* est édité par R. S. Gundry.

Vol. XVIII. No. 858, Saturday, January 5, 1867—870, Saturday, March 30, 1867, pp. 1/52.

Le *N. C. Herald* était depuis sa fondation un in-folio imprimé sur 5 colonnes. Au mois d'Avril 1867 il change de titre et de format (in-folio à 4 col.) et devient :

— *The North-China Herald and Market Report* : Vol. I, No. 1, Shanghai, Monday, April 8th 1867. Price Taels 12 per annum. — No. 37, Tuesday, December 31st 1867, pp. 1/444.

[Edited by R. S. Gundry, Printed and Published at the « North-China Herald Office », Shanghai.]

Vol. II. No. 38, Shanghai, Wednesday, January 8, 1868—88, Monday, December 28, 1868, pp. 1/646.

Vol. III. No. 89, Shanghai, Tuesday, January 5, 1869—139, Wednesday, December 29, 1869, pp. 1/682.

La *Supreme Court and Consular Gazette* ayant (voir col. 2262) été réunie au *N. C. Herald*, ce dernier journal fut publié sous le nom de :

— *The North-China Herald and Supreme Court & Consular Gazette* : Vol. IV. No. 140, Shanghai, January 4, 1870—No. 165, Shanghai, June 30, 1870, pp. 1/494.

Ce journal est publié dans le format des revues hebdomadaires anglaises : *The Spectator, The Saturday Review*, etc.

Vol. V. No. 166, Shanghai, July 7, 1870—191, December 28, 1870, pp. 1/474.

Vol. VI. No. 192, Shanghai, January 4, 1871—217, June 30, 1871, pp. 1/494.

Vol. VII. No. 218, Shanghai, July 7, 1871—243, December 28, 1871, pp. 495/1012.

Vol. VIII. No. 244, Shanghai, January 4, 1872—269, June 29, 1872, pp. 1/536.

Vol. IX. No. 270, Shanghai, July 6, 1872—295, December 26, 1872, pp. 1/570.

Vol. X. No. 296, Shanghai, January 2d, 1873—321, June 28, 1873, pp. 1/584.

Vol. XI. No. 322, Shanghai, July 5, 1873—347, December 25, 1873, pp. 1/566.

Vol. XII. No. 348, Shanghai, January 1st, 1874—373, June 27, 1874, pp. 1/606.

Vol. XIII. No. 374, Shanghai, July 4, 1874—399, December 31st, 1874, pp. 1/654.

Le *N. C. Herald* édité par R. S. Gundry (1866-1878) l'a été depuis par George William Haden pendant six ans († à Changhaï, le 14 mars 1880, à 52 ans); Frederic Henry Balfour, le 1er sept. 1881, retiré depuis en Europe; J. W. Maclellan (voir col. 2220); plus récemment Robert William Little, † 20 avril 1906, 17 the Bund, dans sa 67e année, fils du Dr. William John L., London Hospital, et frère d'Archibald L., et du Dr. Louis S. Little.

— In Memoriam Robert William Little. — The Funeral. (*N. C. Herald*, April 27, 1906.)

J. Broadhurst Tootal qui en était l'administrateur est mort à Chang-haï à 59 ans le 3 février 1878.

Edwin Pickwoad, propriétaire du *N. C. Herald*, est † à Southampton, 31 août 1866; il fut remplacé par sa veuve Janet, † 2 oct. 1883, à Harrogate.

∴

— Shanghai Almanac for 1852, and Commercial Guide. Printed at the *Herald* Office. Shanghai. In-8.

Cet almanac contient outre un calendrier : des observations météorologiques, le traité de Nanking, une notice sur Seu Kwangke, une liste des résidents dans les différents ports, etc. en tout 21 articles. — C'est la première année de cette publication.

— Shanghae Almanac for 1853, and Miscellany. The Port of Shanghae is in North Latitude 31° 15′ 41″, and East Longitude 121° 29′ 6″. Variation of the needle 20′ easterly. Printed at the *Herald* Office, Shanghae, in-8.

Le *Miscellany* se compose de 16 articles réimprimés du *N. C. Herald*, d'une liste des membres du Parlement et d'un calendrier anglo-chinois. — Notice dans le *N. C. Herald*, Oct. 3, 1868.

— Shanghae Almanac for 1854, and Miscellany. The Port of Shanghae is in North Latitude 31° 15′ 41″, and East Longitude 121° 20′ 6″. Variation of the needle 20′ easterly. Printed at the *Herald* Office. Shanghae. In-8.

Le *Miscellany* se compose d'articles réimprimés du *N. C. Herald*.

— Shanghae Almanac for 1855, and Miscellany. The Port of Shanghae... China New Year falls on the 17th February. Printed at the *Herald* Office. Shanghae, in-8.

Le *Miscellany* se compose d'articles réimprimés du *N. C. Herald*.

— Shanghae Almanac for the Bissextile or Leap year 1856, and Miscellany. The Port... China New Year, falls on the 6th February. Printed at the *N. C. Herald* Office, Shanghae. In-8.

Le *Miscellany* se compose d'articles réimprimés du *N. C. Herald*.

— Shanghai Almanac for the year 1857... Printed at the *N. C. Herald* Office, Shanghai, in-8.

— Miscellany or Companion to the Shanghai Almanac for 1857. Printed and Published at the *N.-C. Herald* Office, Shanghai. In-8.

C'est, croyons-nous, la dernière année des *Miscellanies*.

— Shanghai Almanac for the year 1858... Print. at the *North-China Herald* Office, Shanghai, in-8.

— Shanghai Almanac for the Bissextile or Leap Year 1860... Print. at the *North-China Herald* Office, Shanghai, in-8.

— Shanghai Almanac for the year 1861... Print....

— Shanghai Almanac for the year 1863... Shanghai : Printed at the *North-China Herald* Office.

∴

— Shanghae Almanack and Diary. A.D. 1869 (First after Leap Year). The 8th year of Tung-Che, Commences 11th February. Shanghae : Printed and Published for the Proprietor, at the « Cosmopolitan Printing Office » Canton Road, in-8.

Publié par W. T.[arrant.]

— *The Shanghae Almanack and Directory*, for the year 1856. Shanghae : J. H. de Carvalho. Price two dollars, pet. in-8, pp. 126.

— *The Shanghai Chronicle of Fun, Fact and Fiction*, March 1859. Printed for the Editor at the « North-China Herald ». Price five mace.

Nous lisons dans le *N. C. Herald*, No. 464, June 18, 1859, p. 182 :

OBITUARY.

Died from exhaustion and neglect, on the 10th inst. the *Shanghai Chronicle of Fun, Fact and Fiction*, aged 3 months, regretted by a limited number of friends and admirers.

— *The Daily Shipping & Commercial News*. Published every morning. Grand in-folio.

« Printed at the *North-China Herald* Office. » — Édité par Samuel Mossman, remplacé en 1863 par R. Alex. Jamieson. — Le 1er Juillet 1864 devient :

— *The North-China Daily News.*

Existe encore sous ce nom. C'est l'organe le plus important du Nord de la Chine.

— *The North-China and Japan Market Report*. [Published on the Day the Overland Mail for Europe closes.] In-fol.

Pub. pendant les années 1861 et suivantes ; n'existe plus.

— *Shanghai Daily Times.*

Dans le *N. C. Herald*, No. 579, Aug. 31, 1861, nous voyons un avis daté Shanghai, Aug. 30, 1861 et signé W. Wynter & Co., annonçant qu'un journal serait établi le 15 Sept., 1861 : *Shanghai Daily Times*, même format que le *N. C. Herald*, 30 Taels par an. — [et] *Shanghai Weekly Times*, réimp. du *Daily Times*, 15 Taels par an. — Nous n'avons jamais vu d'ex. de ces feuilles. — Le *N. C. Herald*, No. 612, April 19, 1862, contient un procès de A. Silverthorne *v.* Wynter & Co., proprietors of the *Shanghai Times*.

— *Supreme Court and Consular Gazette, and Law Reporter for H. B. M. Supreme and Provincial Courts, and the Consular Courts of China and Japan.*

Journal hebdomadaire, grand in-8, imprimé sur deux colonnes.

— Vol. I. January 5th to June 29th 1867. Shanghai : Printed and Published at 23 Kiangse Road, MDCCCLXVII.

Contient les Nos. 1-26 (Saturday, June 29th 1867) — 326 pages sans le titre et la table.

No. 1 : Shanghai, Saturday, January 5th 1867. — Printed and Published at No. 2 Tientsin Road, Shanghai. [14 pages.]

A partir du No. 9 on lit : Printed and Published at No. 23, Kiangse Road, Shanghai.

— Vol. II. July 6th to December 28th 1867. Shanghai : Printed and Published at 23 Kiangse Road, MDCCCLXVII.

Contient les Nos. 27, Saturday, July 6th 1867—52, Saturday, December 28th 1867. 268 pages sans le titre, la table et la feuille d'annonces.

Le No. 27 est marqué Vol. II, No. 1.

— Vol. III. January 4th to June 27th 1868. Shanghai : Printed and Published at 23 Kiangse Road, MDCCCLXVIII.

Contient les Nos. 53, Saturday, January 4th 1868—78, Saturday, June 27th 1868. 290 pages sans le titre et la table.

— Vol. IV. July 4th to December 1868... MDCCCLXVIII.

Contient les Nos. 79, Saturday, July 4th 1868—104, Saturday, December 26th 1868. 268 pages sans le titre et la table.

— Vol. V. January 2nd to June 26th, 1869... MDCCCLXIX.

Contient les Nos. 105, Tuesday, January 5th 1869—130, June 26th 1869. 312 pages sans le titre et la table.

— Vol. VI. July 3rd to December 25th 1869... MDCCCLXIX.

Contient les Nos. 131, Saturday, July 3rd 1869—156, Saturday, December 25th 1869. 371 pages sans le titre et la table.

Ce journal fut alors incorporé à *The North-China Herald and Market Report* dont le No. 140, 4 Janvier 1870, parut sous le titre de *The North-China Herald and Supreme Court and Consular Gazette*. [Voir col. 2259.]

— *The Shanghai Recorder.*

Quotidien ; gr. in-fol. ; n'existe plus. — « Its stock was sold by auction on the 19th January 1857. » (Maclellan, p. 92.)

— *The Shanghae Evening Express*. No. 1. Vol. I. Shanghae, Tuesday, October 1, 1867. Price Dollar 1 per Month. In-fol., imp. sur 3 col.

On lit au bas de la p. 4 : Edited by C. Treasure Jones. Printed and Published for the Proprietors at the *Mercantile Printing Office*, No. 13, Shantung Road, Shanghae.

Format plus grand à partir du No. 154, Vol. II, April 1st, 1868. N'existe plus.

— *The Shanghai News-Letter for California and the Atlantic States.*

Journal mensuel, pet. in-folio, imprimé sur trois colonnes.

Vol. I. No. 1 : Shanghai, October 16, 1867. Terms : Single Copies 25 cts. — Dollars 2.50 per annum. — No. 24, Shanghai, December 21st, 1869. Pp. 1/148.

Les pages ne sont numérotées que depuis le No. 15, March 20th, 1869, p. 66.

Vol. II. No. 25, Shanghai, January 11th, 1870. Dollars 3 per annum. — No. 49, Shanghai, December 11th, 1871. Pp. 1/194.

A partir du No. 15, on lit au bas de la dernière page du journal : Printed for the Proprietors, by F. & C. Walsh...

Ce journal, organe des intérêts américains à Chang-hai, fut édité jusqu'au mois de Décembre 1871 par Mr. John Thorne. Il passa à cette époque dans les mains de Mr. Hugh Lang, éditeur du *Courier*. Le titre devint simplement *The Shanghai News-Letter* et l'abonnement fut élevé à Dollars 6 par an. Le *News-Letter* n'était plus alors en réalité qu'un résumé du *Weekly Courier* préparé pour les malles américaines. Il continua à paraître pendant les années 1872 et 1873, et au commencement de Janvier 1874 il fut incorporé au *Shanghai Budget and Weekly Courier* dont le No. 157 parut le 8 Janvier 1874 avec le titre de *The Shanghai Budget and Weekly News-Letter*. (Voir col. 2264.)

— * *Aquilão.*

Journal portugais, 1867.

— *The Shanghae Evening Courier.* Journal quotidien, in-folio, abonnement trimestriel, 4 Dollars.

Vol. I. No. 1 (Thursday, October 1st, 1868)—113 (Saturday, February 13, 1869), pp. 1/452.

No. 1 : Printed and Published by C. do Rozario, at the Mercantile Printing Office, 31 Keangse Road, Shanghai.

Devise : *Per mare, per terras.*

Vol. II. No. 114 (Monday, February 15, 1869)—384 (Friday, December 31st, 1869), pp. 453/1536.

Vol. III. No. 385 (Monday, January 3rd. 1870)—1002 (Saturday, December 30, 1871), pp. 1537/3988.

No. 460 : Printed and Published at the *Shanghai Evening Courier*, Commercial Bank Buildings, Nankin Road.

Avec ce numéro le format est agrandi et la devise devient : *Vires acquirit eundo.*

No. 698 : Printed and Published by H. Lang at the *Shanghai Evening Courier* Office, Commercial Bank Buildings, Nankin Road.

No. 917 : Printed and Published at the *Shanghai Evening Courier* Office, No. 6, Foochow Road.

Vol. IV. No. 1003 (Tuesday, January 2nd, 1872)—1310 (Tuesday, December 31st, 1872), pp. 3989 (No. 1003) à 3996 (No. 1004) et pp. 9 (No. 1005) et 1230 (No. 1310).

No. 1072 : Printed for the Proprietors by Da Costa & Co., and Published at the Office of the *Shanghai Evening Courier.*

New Series. Vol. V. No. 1 (Friday, January 3rd, 1873)—147 (Monday, June 30, 1873).

A partir de la page 472 (No. 119) on a cessé la pagination.

No. 122 : Printed at the Mercantile Printing Office.

No. 128 : Printed at the *Shun Pao* Printing Office.

New Series. Vol. VI. No. 148 (Tuesday, July 1st, 1873)—272 (Wednesday, Dec. 31st, 1873), pp. 1/628.

New Series. Vol. VII. No. 273 (Friday, January 2nd, 1874)—474 (Tuesday, September 1st, 1874).

A partir de la page 124 (No. 317) on a cessé la pagination.

Vol. VIII. No. 475 (Wednesday, Sept. 2nd, 1874)—580 (Friday, January 8, 1875). Pas de pagination.

No. 475 : Printed and Published at the *Courier* Printing Office, 5 Foochow Road, Shanghai, by H. Lang, Editor and Proprietor.

Vol. IX. No. 581 (Saturday, January 9, 1875)—620 (Saturday, February 27, 1875). Pas de Pagination.

No. 591 : Printed and Published at the *Courier* Printing Office, 5 Foochow Road, Shanghai, by the Executors of H. Lang, late Editor and Proprietor.

Mr. Hugh Lang est mort le 19 Janvier 1875, à l'âge de 43 ans, de la rupture d'un anévrisme de l'aorte. Son journal a été acheté par le propriétaire de l'*Evening Gazette* et les deux publications réunies en une seule ont paru sous le titre de *The Shanghai Courier & China Gazette, published every evening*, No. 621, Vol. IX, New Series, Monday 1st March 1875.

Nous ne croyons pas qu'il existe d'exemplaire complet du *Courier*. L'exemplaire que nous avons consulté appartenait à Mr. Lang. Depuis la mort de ce dernier il a été dépareillé et les volumes qui en restent (Vol. III-VIII et partie des Vol. I et II) ont été déposés dans la bibliothèque de la *North-China Branch of the Royal Asiatic Society.*

— *The Shanghai Budget and Weekly Courier.*

Journal hebdomadaire, imprimé pour le départ des malles d'Europe, reproduisant les articles du *Shanghai Evening Courier.* — Petit in-folio.

Vol. I. No. 1 (Wednesday, 4 January 1871) à No. 52 (Thursday, 28 December 1871), pp. 1/776.

No. 1 : Shanghai, Wednesday, January 4th 1871. — Price Dollars 3 per Quarter.

Printed and Published by H. Lang, at the Office of the *Shanghai Evening Courier*, Shanghai.

Vol. II. No. 53 (Thursday, January 4th 1872) à No. 104 (Tuesday, December 31st 1872), pp. 1/834.

March 28, 1872 : Printed for the Proprietors by Da Costa & Co.; and Published at the Office of the *Shanghai Evening Courier.*

Vol. III. No. 1 [105] (Thursday, January 9, 1873) à No. 156 (Wednesday, December 31, 1873), pp. 1/812.

No. 128 (June 14, 1873) : Edited by H. Lang. — Printed and Published for the Proprietors, by C. do Rozario, at the Mercantile Job Printing & Newspaper Office, 8, Honan Road, Shanghai. — It was printed there from No. 127.

Vol. IV. No. 157 (Thursday, January 8, 1874) à No. 209 (Thursday, December 31, 1874), pp. 1/870.

No. 163 (February 19, 1874) : Printed and Published at the *Courier* Printing Office. — 5 Foochow Road, Shanghai, by H. Lang, Editor and Proprietor.

Vol. V. No. 209 (Thursday, January 7, 1875) à No. 216 (Thursday, February 25, 1875), pp. 1/132.

No. 212 (21 January 1875) : Printed and Published at the *Courier* Printing Office, 5 Foochow Road, Shanghai, by the Executors of H. Lang, late Editor and Proprietor.

Ce volume se compose de 8 numéros, mais on remarquera qu'il y a deux Nos. 209 (l'un au commencement du Vol. V; l'autre à la fin du Vol. IV); le No. 210 n'existe pas; il y a également deux Nos. 216 : celui du 18 Février et celui du 25; ce dernier numéro aurait dû porter le chiffre 217. La pagination est d'ailleurs exacte. Le numéro du 25 Février 1875 est le dernier du *Budget*. Lorsque le *Shanghai Evening Courier* fut réuni à l'*Evening Gazette* (voir col. 2263), le *Shanghai Budget* cessa d'exister et ses abonnés reçurent *The Celestial Empire* à sa place.

L'exemplaire que nous avons examiné appartenait à Mr. Lang; il se trouve maintenant dans la bibliothèque de la North-China Branch of the Royal Asiatic Society.

Le *Shanghai News-Letter* ayant été incorporé au *Budget*, le titre de ce dernier journal fut changé en celui de *The Shanghai Budget and Weekly News-Letter* à partir du No. 157, Vol. IV. Shanghai, Thursday, January 8, 1874.

— *The Cycle*, a Political and Literary Review. First Series. May 1870 to June 1871. Shanghai : C. do Rozario. 1871.

Journal hebdomadaire, petit in-folio, imprimé sur deux colonnes.

The Cycle. Vol. I, No. 1. Shanghai, 7th May, 1870. Ten Taels per annum, à Vol. I, No. 60, Shanghai, Saturday, 24th June 1871. — Pp. 1/720.

No. 1 : Printed and Published for the Proprietors, by C. do Rozario, at the Mercantile Printing Office, Shanghai, Saturday, 7th May, 1870.

Au bas de la page 720 on lit : « End of the First Series ».

Ces soixante numéros sont les seuls qui aient paru.

— *Le Nouvelliste de Shanghai*; Journal hebdomadaire. Première année. No. 1, Lundi, 5 Décembre 1870.

In-fol. à 4 col. — Imprimerie cosmopolite : Canton Road — Shanghai. H. A. Béer, Rédacteur-Gérant. — Le dernier numéro de ce journal est le No. 182, Mardi, 31 décembre 1872.

— *Le Progrès.* Journal de l'Extrême Orient. Vol. I. Shanghai, 21 mars 1871, No. 1.

In-fol. à 4 col., hebd. — Imprimerie du *Progrès*. Rédacteur-Gérant, Emile Lépissier.

Le dernier numéro de ce journal est le : Vol. I, Shanghai, 23 janvier 1872, No. 45.

— *Le Courrier de Shanghai.* Journal de la Malle. Paraissant une fois par semaine. Première année, No. 1. Jeudi, 16 janvier 1873.

Ce journal qui devait remplacer le défunt *Nouvelliste* n'a eu que trois numéros; le dernier est le No. 3, Jeudi, 6 février 1873. — Imprimerie F. & C. Walsh; A. Virmaitre, rédacteur.

— *Puck, or the Shanghai Charivari.*

In-4, imprimé sur deux colonnes, illustré de gravures sur bois.

No. 1. Shanghai, April 1st, 1871 — No. 2, July 1st, 1871 — No. 3, October 2nd, 1871 — No. 4, January 1st, 1872 — No. 5, May 1st, 1872 — No. 6, July 1st, 1872 — No. 7, November 15th, 1872.

Ces 7 numéros forment le Vol. I de ce journal qui a 104 pages. — Les premiers numéros ont été réimprimés.

Vol. II. No. 1, March 3rd, 1873 — No. 2, August 18th, 1873, pp. 1/32.

C'est tout ce qui a paru de ce journal comique qui a été projeté par MM. Peter Robertson et E. H. Grimani (dessinateur), auxquels se joignit Mr. Frederic Henry Balfour, depuis éditeur du *Celestial Empire* et du *N. C. Herald.*

Le 1er numéro a été publié à Dollar 1 ; les autres à 50 cts.

Du numéro 5 on a fait un tirage de cinq ou six exemplaires imprimés avec des caractères d'or sur papier de couleur (vert ou rose).

Ce journal était imprimé par F. & C. Walsh, 3 Canton Road.

— *The China and Japan Sporting Magazine,* published monthly under the patronage of the Stewards of the Shanghai Race Club. — Shanghai, Da Costa & Co., Dollars 12 per annum ; in-4, imprimé sur deux colonnes.

Vol. I. No. 1 : Saturday, May 3, 1873 — No. 2, Tuesday, June 3, 1873.

— *The Evening Gazette,* Vol. I, No. 1, Shanghai, Monday 2 June 1873.

Pub. by Da Costa & Co., in-fol., quotidien, Dollars 5 par trimestre. A partir du No. 57 nous lisons en tête du Journal que Frederic Henry Balfour est l'éditeur de la *Gazette* qui continue à être publiée et imprimée par Da Costa & Co. [Maison montée par Pedro Loureiro.] — Le dernier numéro est daté : Vol. I, No. 80, Tuesday 2 September 1873 ; la publication de ce journal ayant été interrompue par l'incendie de l'imprimerie de Da Costa & Co. (Ching foong Printing Office) dans la nuit du 2 au 3 septembre 1873, la publication du journal ne fut reprise par Mr. Frederic H. Balfour que le 15 janvier 1874 ; il fut incorporé au *Shanghae Evening Courier* en 1875, voir *supra* col. 2263/4.

— *The Chinese Recorder and Missionary Journal.*

Voir *Fou tcheou,* col. 2279.

— *The Commonwealth.*

Hebd. — Pub. anonyme [par John Thorne et J. P. Roberts]. — N'a eu que quatre ou cinq nos. en 1875 ou 1876.

— *The China and Japan Pocket Diary,* Almanac and Navigating Directory for 1875. Calculated to the Meridian of Shanghai. By R. H. Bergman, Master C. N. Co's Steamer « Tunsin ». Lane Crawford & Co. — Shanghai, Hongkong and Yokohama, in-32, pp. VII-202.

— *The Far East.* A monthly Journal, illustrated with photographs. Published simultaneously in Tokio, Japan ; Shanghai, China ; and in Hongkong. New Series. Vol. I, No. 1 [July 1876]. Proprietor and Editor, J. R. Black. Shanghai, Printed at the « Celestial Empire » Office.

Depuis Juillet 1876, cette publication paraissait en livraisons mensuelles in-4 de 28 pages imprimées sur deux col. et ornées de photographies.

Vol. I, July to December 1876, pp. II-152. — Vol. II, January to June 1877, 1 f. n. ch. + pp. 138. — Vol. III, July to December 1877, 1 f. n. ch. + pp. 140. — Vol. IV, January to June 1878, 1 f. n. ch. + pp. 144. — Vol. V, July to December 1878, 1 f. n. ch. + pp. 140 à 2 col.

Une note accompagne ce dernier numéro annonçant le mauvais état de la santé de l'éditeur et propriétaire, J. R. Black, et que le numéro de janvier 1879 est presque terminé et qu'une portion de celui de février est composé ; je ne les ai pas vus.

Ce recueil avait été fondé au Japon et le premier numéro de la première série parut le 31 Mai 1870 ; d'abord publié tous les quinze jours comme un journal, en juin 1873, c'est-à-dire avec le No. 1 du Vol. IV, le *Far East* changea de forme et devint une publication mensuelle ; il cessa de paraître en Octobre 1875.

— *The Celestial Empire.*

Journal hebdomadaire fondé par Pedro Loureiro. — Edité par Frederic Henry Balfour.

— *The Shanghai Mercury.*

Commencé le 17 avril 1879 ; quotidien, le soir. — Fondé en 1879, avec J. D. Clark et Mr. Black, par Charles Rivington, aussi son premier éditeur, † à Chang-haï, 2 août 1886.

— *The Shanghaï Courier.*

« Was published in the morning as well as in the evening in 1879, and continued its early issue for a year or so. » (Maclellan, p. 92.)

— *L'Écho de Shanghai.*

« A French paper, was published in the morning for a few months in 1885 and 1886. » (Maclellan)

— *Der Ostasiatische Lloyd.*

Commencé en 1886 ; tous les Samedis.

« Has been issued in German, at first as a separate sheet in the morning, but latterly as a part of the *Shanghai Courier* in the evening. » (Maclellan, p. 92.)

— *Temperance Union Weekly Newspaper* 成酒新聞紙.

« Represents the party to which it owes its name. » (Maclellan.) — Hebdomadaire.

— * *The St. John's Echo.* Published every month by the Students of St. John's College, Shanghai. 50 cents a year.

Notice : *Chin. Rec.,* XXII, July 1891, p. 332.

— *Cathay Post.*

Editor F. Essex.

— F. Essex *v.* R. de Malherbe. (*N. C. Herald,* 28 Oct. 1885, p. 502.)

— *L'Écho de Chine.* Journal des intérêts français en Extrême Orient.

8 p. in-fol. — Avait atteint sa Onzième année, 2769, jeudi 13 sept. 1906.

— *China Gazette.* Published every Evening.

In-fol. ; pp. 8. — Avait atteint le Vol. XXIV, No. 3715, Tuesday. Sept. 11th 1906.

— *Union.*

Journal hebdomadaire.

— *Sport and Gossip.*

— *Mesny's Chinese Miscellany.* Published every Sunday. Vol. IV. Shanghai, Sunday, 1st January, 1905. No. 1. In-4, pp. 26 à 2 col.

Portraits de Tso Tsung-tang et de Mesny. — William Mesny, né paroisse de la Trinité, Jersey, 9 oct. 1842 ; arrivé en Chine à la fin de la guerre de 1860 ; Brevet Lieutenant-General, Armée chinoise ; voir son *Cursus vitae,* p. 8.

Voir col. 104.

— *The East of Asia* Magazine. January, 1902. Part I. Vol. I. A non-political illustrated quarterly. — Price $ 1.50. — Shanghai : « North-China Herald » Office, gr. in-8.

Contient :

— To Our Readers, pp. I-II. — The New Peking. By Arthur H. Smith. (*Author of «Chinese Characteristics»*), pp. 3/11. — The Story Teller in China. By C. F. Voskamp, pp. 12/18. — Chang Chih-Tung and the Reform Movement in China. By L. Odontins. (*Translated from the German by E. Zillig*), pp. 19/42. — Chinese Social Customs. By Mrs. Timothy Richard, pp. 43/50. — Russia, Great Britain and Germany in North China. — The German Kiaochou territory. By Von Rochus Tutein, pp. 51/63. — Port Arthur. By Hansa, pp. 64/72. — Weihaiwei. By an Englishman, pp. 73/79. — The Cattle-Butcher's Retribution, p. 80.

— — 1902. Part II. Vol. I.

Contient :

Lama Temples in Peking. By Ernst Ludwig, pp. 81/103. — Pearls from Chinese Literature, p. 103. — The Heartless Husband. — A Chinese story from the collection 今古奇觀 *Chin-Ku-ch'i-kuan* «Marvellous Tales, Ancient and Modern». Translated by Father Henninghaus, pp. 104/114. — Pearls from Chinese Literature, p. 114. — Siam. By Dr. Frankfurter, pp. 115/121. — Selections from «The Three Kingdoms». Rev. F. L. Hawks Pott, D. D., pp. 122/128. — Character Sketches from Chinese History. By Theodor Metzelthin. — I. — Tsin-Shih-Huang-ti, pp. 129/141. — Li-sze's Memorial on the Burning of the Classics, pp. 142/143. — Chinese Coins. By Rev. H. Hackmann, pp. 144/154. — Pearls from Chinese Literature, p. 154. — The «Three Character Classic» (三字經 *San Tsü Ching*). By Rev. R. Wilhelm, pp. 155/162. — Seoul. By Esson Third, pp. 163/179. — Pearls from English Literature, p. 180.

— — September 1902. Part III. Vol. I.

Contient :

— The Imperial Tombs West of Peking. By A. von Borch, pp. 181/191. — Hung Hsiu-ch'üan — One of the people. By Charles G. Roberts, pp. 192/198. — From the Centre of the Middle Kingdom. — Shasi. By Dr. Phil. C. C. Stuhlmann, pp. 199/206. — Pearls from Chinese Literature, p. 206. — The Story-Teller in Japan. By Francis McCullagh, pp. 207/220. — Cliff Coffins. By Rev. S. Pollard, pp. 221/224. — Two Historic Grave Mounds. By Rev. W. Nelson Bitton, pp. 225/229. — Pearls from Chinese Literature, p. 229. — The Floating Population of China. By Rev. C. Bone, pp. 230/238. — Buddhist Monastery Life in China. By Lic. H. Hackmann, pp. 239/261. — Pearls from Chinese Literature, p. 261. — Morning Walks around Hanyang. By Rev. W. Arthur Cornaby, pp. 262/268. — Pearls from Chinese Literature, p. 268. — Book Reviews, pp. 269/272.

— — December, 1902. Part IV. Vol. I.

Contient :

— Ode In honour of H. M. Kuang Hsu on the occasion of His last birthday, composed by H. E. Chang Kung-pao (Chang Chih-tung), the Hukuang Viceroy. (Translated by K. Hemeling), pp. 273/277. — Chinese Jews. By Edward Isaac Ezra, pp. 278/296. — Antitheses, p. 296. — Yu's Tablet. By John Archibald, pp. 297/300. — Chinese Music. By Mrs. Timothy Richard, pp. 301/314. — Character Sketches from Chinese History. II. — Kublai Khan. By Theodor Metzelthin, pp. 315/325. — The song of Anuruddha, p. 325. — The Kwangnga University, Canton. By Rev. C. Bone, pp. 326/332. — T'ai Hu. By Rev. C. E. Darwent, M. A., pp. 333/349. — The Sicawei Observatory. By C. Fink, pp. 350/377. — Book Review, p. 378.

Se continue.

— *Der Ferne Osten,* Illustrirte Zeitschrift zur Verbreitung der Kenntniss ostasiatischer Kultur und Verhältnisse. Band I, Heft 1. — Herausgegeben von C. Fink, Chefredakteur des «Ostasiatischen Lloyds». — Shanghai 1902 — Druck und Verlag : Deutsche Druckerei und Verlagsanstalt, gr. in-8.

Contient : Was wir wollen, pp. 1/2. — Gruss aus Japan an den deutschen Winter. Von Ad. Wendt, Tokyo, p. 2. — Das neue Peking. Von Arthur H. Smith (Verfasser der «Chinese Characteristics»), pp. 3/12. — Nächtliche Fahrt auf dem Pei-ho. Von Prinzen Ch'un, dem Vater des Kaisers Kuang-hsü. Uebersetzt von W. Cohn-Antenorid, p. 12. — Der chinesische Geschichtenerzähler. Von C. F. Voskamp, pp. 13/17. — Die tönende Laute. Eine musikalische Geschichte aus dem alten China um 300 vor Christi Geburt. Nach dem chinesischen Urtext erzählt von C. F. Voskamp, pp. 17/23. — Taifun. Von M. H., p. 23. — Die Vergeltung. Schauspiel in vier Akten von Yu-Chih. Uebersetzt von Dr. A. Forke. Mit chinesischen Originalzeichnungen von 徐順寶 *Hsü Chung-pao*, pp. 24/38. — Mondschein. Von M. H., p. 38. — Goethes und Schillers Anklänge an Brahmanismus und Buddhismus. Von Professor Dr. Brunnhofer, pp. 39/40. — Chang Chih-tung und die Reformbewegung in China. Von L. Odontius, pp. 41/66. — Russland, Grossbritannien und Deutschland in Nord-China. — 1. Port Arthur. Von «Hansa», pp. 67/76. — 2. Wei-hai-wei. Von «Englishman», pp. 76/85. — 3. Das deutsche Kiautschou-Gebiet. Von Rochus Tutein, pp. 86/101. — Aus unserer Skizzenmappe. — Und werde dich lieben in Ewigkeit, pp. 101/102. — Die Pekinger astronomischen Instrumente. Von A. F., pp. 102/103.

— — Band I, Heft 2.

Contient :

— Lamaserails in Peking. Von Ernst Ludwig. I. Yun-hô-kung, pp. 105/125. — Frühling in Yedo. Von Ad. Wendt, Tokyo, p. 125. — Der herzlose Gatte. Erzählung aus der chinesischen Sammlung 今古奇觀 *Chin-Ku-ch'i-kuan* (Denkwürdigkeiten aus alter und neuer Zeit). Uebersetzt von A. Henninghaus, pp. 126/136. — Der glückliche Baum — Aus dem kanonischen Liederbuch der Chinesen, dem «Shi-king». Uebersetzt von Victor von Strausz, p. 136. — Siamesisches. Von Dr. Frankfurter, pp. 137/143. — Charakterbilder aus der chinesischen Geschichte. Von Theodor Metzelthin. — I. Tsin-Shih-Huang-ti, pp. 144/155. — Der Antrag Li-szes zur Verbrennung der Heiligen Bücher, pp. 156/157. — Der Bau der grossen Mauer. Aus «Blüthen chinesischer Dichtung». Von A. Forke, p. 157. — Zur chinesischen Münzgeschichte. Von Lic. H. Hackmann, pp. 158/168. — *San-Tzu-Ching*, der Drei-Zeichen-Klassiker. Von R. Wilhelm, pp. 169/175. — Aus den «Drei Königreichen». Von Dr. F. L. Hawks Pott, pp. 176/181. — Söul, die Hauptstadt Koreas. Von Esson Third, pp. 182/199. — Aus unserer Skizzenmappe. — Nochmals Goethes und Schillers Anklänge an Brahmanismus und Buddhismus, pp. 199/200. — Dörfer in China, p. 200.

Finit avec le Vol. III.

— *The Cosmopolitan.*

— *Eastern Sketch.*

Sunday Paper. — Cf. *N. C. Herald*, April 6, 1906, p. 8.

— *Social Shanghai.*

Journal de Dames. 1906.

∴

— The European Press in China. By Henri Cordier. (*The London & China Express,* Vol. XXIV, No. 965.)

Traduction de l'article suivant paru plus tard :

— La Presse européenne en Chine. Par Henri Cordier. (*Revue de l'Extrême Orient,* I, 1882, pp. 121/128.)

Voir col. 1803-1804.

COMMERCE.

— Notes on the Silk Trade of Shanghai. (*North-China Herald,* Vol. I, No. 2, Aug. 10, 1850.)

Voir col. 1511-1515.

— Review of the Trade of Shanghai 1850. Br. in-8, 50 cents.

Tirage à part du *North-China Herald,* No. 33, 15 Mars 1851.

— Returns of Foreign Shipping, and of the Import and Export Trade at the Port of Shanghae, From 1st July to 31st December,

1855. Shanghae : Printed for the Custom House, J.H. de Carvalho, br. in-8, 9 ff. n. ch.

— Handelsbewegung des Hafens von Schanghai.

Bremer Handelsblatt, October 1855 ; réimp. dans *Petermann's Mittheilungen*, I, 1855, p. 304.

— The Great Currency Question, or, the Rise and Fall of Mexico ; by Philo-Carolus. Shanghai. 1856, br. in-8, pp. 35.

Avait paru ainsi que d'autres articles sur le même sujet dans le *North-China Herald* de 1856 et particulièrement dans les numéros de février et de mars. — Philo-Carolus = Jas. McDonald.

— The Currency of Shanghae. — Its inconveniencies and the remedy for them. (*North-China Herald*, 17 June 1854, No. 203.)

— Copper Cash and the Tea trade, Being an Attempt to show the Effect of the Debasement of the Currency of China on the Foreign trade of the Country. By Thos. W. Kingsmill, Corresponding Secretary N. C. B. Royal Asiatic Society. Shanghai : Printed at the « Shanghai Recorder » Office, MDCCCLVIII, br. in-8, pp. 15 et 1 table.

— Art. *Shanghai*, dans le *Dictionnaire du Commerce et de la Navigation*, II, pp. 1489/1490.

— Foreign Industries of Shanghai : I. Old Dock, Foundry, &c. (*Shanghai Budget*, 1873, July 19.) — II. Kaou Chang Meaou Arsenal. (*Ibid.*, Aug. 2.)

— * Manual of Customs' Practice at Shanghai. — Shanghai, 1894, in-8, pp. 228.

— * Six Essays on the Trade of Shanghai ; reprinted from « the Celestial Empire ». Shanghai, « Gazette » Office, br. in-8, pp. 73.

— L'organisation commerciale de Chang-hai, par M. L. Rabaud. (*Mission lyonnaise*, 1898, p. 424.)

— Importation des vins à Chang-hai, par M. L. Rabaud. (*Ibid.*, p. 426.)

— Le mouvement commercial du Port de Chang-hai et le commerce général de la Chine. Rôle actuel et possible de la France, par M. H. Brenier. (*Ibid.*, p. 431.)

— Le commerce de Changhaï. (*Bull. Com. Asie française*, Juillet 1903, pp. 311/312.)

— * Schanghai. — Berlin, 1903, in-8, pp. 39.

Réimp. Handelsberichte über das In- und Ausland, herausgegeben im Reichsamt des Innern. Serie II. Asien. No. 37.

— Notes on Chinese Banking System in Shanghai. By John C. Ferguson, Ph. D. (*Journal N. C. B. R. A. Soc.*, XXXVII, 1906, pp. 55/82.)

— Currency in China. [From the *Journal of the North-China Branch of the Royal Asiatic Society*.] H. B. Morse. — Kelly & Walsh, Shanghai, [1906], in-8, pp. 60, pl.

Ext. du Vol. XXXVIII du *Journal*.

SOCIÉTÉS COMMERCIALES.

— The Brick and Saw-Mill Company.

Le compte-rendu de la réunion (24 Avril 1867) dans laquelle il fut décidé de dissoudre cette Compagnie, ainsi qu'une notice historique, se trouvent dans le *N. C. Herald*, April 27, 1867, pp. 39 et 40.

— Report of the Chinese Merchants S. N. Company for period extending from the beginning of the Seventh Moon of the 13th year of Tung Chi to end of Sixth Moon of the 1st year of Kwang Su. Pièce in-4, 3 ff.

Translation for private circulation. — S. d. [1875].

— Shanghai Waterworks Company.

On en trouvera les prospectus dans les journaux de 1875. — Voir *N. C. Daily News*, 31 Mars 1875.

On trouvera dans les journaux locaux, et en particulier dans le *N. C. Daily News*, les pièces relatives aux autres Sociétés.

— Les filatures de coton de Chang-haï. (*Bull. Com. Asie française*, Juin 1901, pp. 120/121.)

Rapport de M. L. Gayat, consul-suppléant de France à Chang-haï.

IMPRIMERIE. Voir col. 1746-1750.

CHAMBRE DE COMMERCE.

On peut diviser les publications de la Chambre de Commerce en trois séries :

1° *Lettres du Baron von Richthofen.*

Voir le chap. des *Voyages*, col. 2133-4.

2° *Publications diverses.*

Ces publications se composent de circulaires, de rapports commerciaux et même politiques ; voici l'indication des plus intéressants :

— Report on the Tariff and General Relations. British Chamber of Commerce, Shanghae, 2d October, 1857. Printed at the *North-China Herald* Office, Shanghae, Pièce in-fol., 8 ff. + 1 t.

— Report of the Deputation appointed by the British Chamber of Commerce, Shanghai, on the Commercial Capabilities of Ports and Places on the Yang tsze-kiang visited by the expedition under Vice-Admiral Sir James Hope, K. C. B., in February and March 1861, Pièce in-fol., 2 ff. à 2 col.

— Minutes of Annual Meeting of the British Chamber of Commerce, Shanghai, held on 27th July, 1861, and Copies of Sundry Cases connected with the Administration of the Imperial Maritime Customs sent in to the Committee of the Chamber. Pièce in-8, pp. 15 à 2 col.

— Memorial from the British Chamber of Commerce, Shanghai, to Her Majesty's Principal Secretary of State for Foreign Affairs, relative to the Administration of the Imperial Maritime Customs of China. [20th Aug. 1861.] Pièce in-folio, 4 ff.

Réimp. dans le *N. C. Herald*, No. 584, Oct. 5, 1861.

— Correspondence on Custom House Matte...

and Foreign Trade in China. [Aug.-Oct. 1861.] Pièce in-fol., 2 ff.

— John Clark's (Engineer M. C.) Report on the Shore line of the Settlements. [30th Sept. 1864.] Pièce in-fol., 1 f. et 2 dessins.

Voir *Port de Changhai, infra*, col. 2272.

— Memorandum respecting the Silk Region in the Newchwang Consular District. [By T. T. Meadows, 24th Oct. 1864.] Pièce in-fol., 1 f.

Voir *Nicou tchouang, supra*, col. 2214.

— Memorial of the Shanghai General Chamber of Commerce addressed to Sir Rutherford Alcock, K. C. B., H. B. M.'s Minister Plenipotentiary and Chief Superintendent of Trade, on the subject of the Revision of the Treaty of Tientsin. Shanghai : Printed at the « Shanghai Recorder » Office. Pièce in-fol., pp. 12.

— Shanghai General Chamber of Commerce. Treaty Revision. — Copies of Despatches from Sir Rutherford Alcock to Mr. Consul Medhurst, and the British Government, on differential duties, transit dues & sale of transit passes, Read to the Committee by H. M. Consul, 20th August, 1869. — Memorandum by Mr. F. B. Johnson thereon, Dated 13th September, 1869. — Chamber's Letter to Sir Rutherford Alcock's, replying to the Despatches, Dated 11th November 1869. — Sir Rutherford Alcock's Reply, Dated 24th November, 1869. — Printed for the private perusal of the Members of the Chamber, 30th December, 1869. — Printed by F. & C. Walsh... Pièce in-fol., pp. 28.

— Report on the Trade of the Upper Yangtsze. 1869.

Voir col. 122, Rapport de A. Michie et R. Francis. — Robert Francis, † 10 Peking Road, Chang-haï, 12 mars 1895, dans sa 69e année.

— Lettre de la Chambre de Commerce de Shanghai à Lord Clarendon. [Shanghai, 31 décembre, 1869.] Pièce in-4, pp. 10.

— The Same, in english, in-fol., pp. 11.

— The Chamber of Commerce to Earl Granville upon the Defence of the Settlement. [Shanghai, 30th September 1870.] Pièce in-fol., 2 ff.

— Letter on Mildewed Shirtings from the Shanghai General Chamber of Commerce to the Manchester Chamber of Commerce. [Shanghai, 17th December 1872.] Pièce in-fol., 2 ff.

— The Woosung Bar. [Letter from Robert Hart, Peking, 5th March, 1874], with a Map. Pièce in-fol., 3 ff.

Réimp. dans le *N. C. D. News*, 19 avril 1875.

— Shanghai General Chamber of Commerce. Letter on the Chefoo Convention to the Chamber's London Committee. Shanghai, June 15th, 1877. Pièce in-fol., pp. 9.

Voir Lettre à Lord Derby dans le *Lond. & China Express*, Déc. 7, 1877.

— Letter to the Ministers of Treaty Powers on the Conservation of the River Wangpu. [Shanghai 7th August, 1877.] Pièce in-fol., 2 ff.

3° *Rapports annuels.*

— Shanghai General Chamber of Commerce. Minutes of Annual Meeting and Report. 1867. Printed by F. & C. Walsh... Pièce in-fol., pp. 7.

. . . .

— Shanghai General Chamber of Commerce. Minutes of Annual Meeting and Report. 1873. Printed by F. & C. Walsh... Pièce in-fol., pp. 36.

— Shanghai General Chamber of Commerce. Minutes of Annual Meeting and Report. 1873-4. Printed by F. & C. Walsh... Pièce in-fol., pp. 34.

— Shanghai General Chamber of Commerce. Minutes of Annual Meeting and Report. 1875. Pièce in-fol., pp. 11.

. . . .

. . . .

PORT DE CHANG-HAI ET BARRE DE WOU-SOUNG 吳淞.

Voir col. 129.

— Yangtsze kiang : sailing directions by Capt. Bethune. [Voir col. 120.]

— Sailing directions to accompany seven charts. [Voir col. 137.]

Consulter p. 427 : *Square Island to Shanghai*, pp. 427 et seq., by Com. George Wellesley.

— Directions for entering the port of Shanghai. (*North-China Herald*, No. 3.)

Réimp. dans le *Chin. Rep.*, Nov. 1850, XIX, pp. 621/623.

— A few Brief particulars respecting the Wúsung Custom-house Register. By G. T. Lay. (*Chin. Rep.*, XII, pp. 144/145.)

— Port Regulations of Shanghai, drawn up by Her Britannic Majesty's Consul, Rutherford Alcock Esq., and dated November 6th 1846. (*Ibid.*, XV, pp. 566/567.)

Réimp. de la *China Mail*.

— Statements of the number, tonnage, &c., of the merchant vessels of different nations in the port of Shanghai, for the year 1846. (From the *China Mail*, Feb. 11th, 1847.) (*Chin. Rep.*, XVI, pp. 356/361.)

— Regulations for the anchoring of British Shipping at the port of Shanghai. (From the *China Mail*, May 6, 1847.) (*Chin. Rep.*, XVI, pp. 361/363.)

Taúkwáng, 27th year, 2d month, 6th day (4th April 1847).

— Lettre de John Clark, C. E., Engineer M. C. sur la Bund line. — Engineer's Office, 16th January 1865. To the Municipal Council. (*N.C. Herald*, 756, Jan. 21, 1865.)

Voir le Rapport de 1864, *supra*, col. 2271.

— Voir Lettres de Mr. Robert Hart et de la Chambre de Commerce, *supra*, col. 2271/2.

— Regulations for preventing Collisions on the Water, in English and Chinese. Published by the Harbour Master. [S. A. Viguier.] Shanghai : Printed at the Custom's Press, 1870, br. in-8, pp. 10.

— Obstructions to entering the harbour of Shanghai. (*Shanghai Evening Courier*, Nos. 653 & 659, 14 & 21 Nov. 1870.)

— Consular Documents on the Woosung Bar. (*Ibid.*, 7 Mars 1871.)

— Our Waterways. (*Shanghai Budget*, May 26, 1871, avec 1 fig.)

— The Tonnage-Dues Fund, the Harbor of Shanghai, and the Wu-sung Bar by Baron von Gumpach. (*Ibid.*, 1872, June 8, 15, 22.)

— The Tonnage-Dues Fund, the Harbour of Shanghai, and the Wu-sung Bar by Johannes von Gumpach. (Reprinted from the « Shanghai Evening Courier »). Shanghai. « Chingfoong » Printing Office, 1872, br. in-4, pp. 46.

— Memorandum on the Harbour of Shanghai and its approaches. (*Shanghai Budget*, Nov. 21, 1872.)

— Dépêche du Prince Kong sur la Barre de Wou song. (Toung tche, 13e année, 3e lune, 25e jour [11 Mai 1874]). (*N. C. D. News*, 24 June 1874.)

— The Hwang poo. (*N. C. Herald*, Dec. 20, 1877.)

Lettre de G. James Morrison, Shanghai, 13 Dec., à l'éditeur du journal.

— *Chinese Commercial Guide*, 1863, pp. 161 et seq.

— Voir les *Blue Books* au Chap. des *Rel. de l'Angleterre ;* en particulier *China*, No. 3 (1874).

— Voir col. 2194, Imp. Maritime Customs, Special Series, No. 15.

— Report on Woosung Bar. (*N. C. Herald*, Dec. 13, 1877, pp. 559/560.)

Prepared by Captain S. T. Bridgford, R. M. A., and forwarded to the Shanghai Municipal Council, at the request of Admiral Ryder.

— The Semaphore and Electric Light at Shanghai. (*Nature*, XXXI, 1884-5, pp. 603/4.)

— Diagram showing depth of water at low water of Spring tides on the inner and outer Woosung Bar during the years 1897-1902. (*Ret. of Trade... for... 1902*. Pt. II, p. 365.)

— The Conservancy of the Huangpu. II. (*N. C. Herald*, Sept. 2, 1904, pp. 549/550.)

— Protocole, 7 sept. 1901, Article XI, et Annexe 17.

— The Huangpu Conservancy. (*N. C. Herald*, Aug. 31, 1906.)

Établissements chinois dans les Concessions étrangères.

— Minutes of First Meeting of Committee of Chinese Reading Room held at British Consulate on 6th April 1874. (*Shanghai Budget*, June 20, 1874.)

— First Report of the Chinese Polytechnic Institution and Reading Rooms. Shanghai : 1875, in-8.

— Second Report of the Chinese Polytechnic Institution and Reading Rooms, Shanghai. From October, 1875 to March, 1878. Shanghai : Printed at the « Celestial Empire » Office, 1878, br. in-8, pp. 21.

— The Chinese Polytechnic and Reading Room. [By John Fryer.] (*Celestial Empire*, Vol. III, p. 178.)

— Correspondance entre le Ministre de Belgique et le Secrétaire du Polytechnic. (*N. C. Herald*, June 30, 1877.)

— The Custom House, Shanghai. (*The Far East*, Vol. II, No. 3, p. 70, une phot.)

Recreation Fund.

— Minutes of a Meeting of the Recreation Fund Shareholders, held at the Club, March 20th, 1866. (*N. C. Herald*, 817, March 24, 1866.)

New Committee appointed : E. F. Duncanson — J. P. Tate — A. A. Hayes — A. J. How — E. P. Hogg.

— General Report of the above Committee to the Shareholders, and the Treasurer's (H. W. Dent) account dated Shanghai 20th June 1865 [from March 1863]. (*Ibid.*, 820, April 14, 1866.)

Tirage à part, pièce in-fol., pp. 2.

— Minutes of a Meeting of the Committee held at Paou-shun, on Tuesday, the 24th July. (*Ibid.*, 836, Aug. 4, 1866.)

— Meeting on the 18th October 1866. (*Ibid.*, 847, Oct. 20, 1866.)

New Committee ; Mess. Bell, Turing, Probst, Hargreaves and Groom.

— Report dated Shanghai, June 8, 1871. Pièce in-fol., pp. 2.

Signé : John Dent, F. B. Johnson, F. B. Forbes, Francis A. Groom, *Trustees*.

— Report of the Trustees of the Shanghai Recreation Fund. — Statement showing Financial Position of the Recreation Fund Trust on 30th April 1872. (*Shanghai Budget*, May 11, 1872.)

Trustees : John Dent, F. B. Johnson, David Reid, Frank B. Forbes and Francis A. Groom. — Le premier était président du Conseil municipal anglo-américain, les quatre autres avaient été nommés trustees par un ordre de H. B. M.'s Supreme Court, daté 18 février 1870.

Le rapport entier du 18 Février 1870 au 30 Avril 1872 forme une brochure in-fol., de pp. 8.

— Report of the Honorary Secretary (Francis A. Groom) of the Recreation Fund dated 14th Oct. 1873 with a Statement showing the position of the Fund on the 31st of Dec. 1873. (*Shanghai Budget*, 31 Dec. 1873.)

Le rapport entier du 1er mai 1872 au 14 oct. 1873 a été tiré à part en une br. in-folio. Il est signé de : Robt. I. Fearon, David Reid, F. B. Forbes, F. B. Johnson.

— Shanghai Recreation Fund. Report of the Honorary Secretary, from 14th October 1873, to 31st December 1875. Published as an Appendix to the Report of the Municipal Council for the nine months ended 31st December, 1875. Shanghai : Carvalho & Co., 1876, br. in-8, pp. 11.

— * History of the Shanghai Recreation Fund, from 1860 to 1882, with an account of the

Shanghai Driving Course of 1862 (now the Bubbling Well Road) and of the Public Garden. Shanghai, « Celestial Empire », 1882, in-8.

Sou-tcheou 蘇州.

— Soochow University. (*Chin. Rec.*, XXXVI, Dec. 1905, pp. 626/8, photog.)

Tchen-kiang 鎮江.

Voir col. 243.

— Minutes of a Public Meeting held at the Custom House, Chinkiang, 1st October, 1866, for the purpose of considering the advisability of erecting a Public Wharf and Godowns on the South bank of the River. (*N. C. Herald*, 846, Oct. 13, 1866.)

— Address of the merchants of Chinkiang to Sir Rutherford Alcock presented during his visit to the port (Chinkiang, 30th May, 1867). (*Ibid.*, June 15, 1867.)

— * C. Taylor. — Visit to Chin-keang Foo. 1853, br. in-8.

Nan-king 南京.

Voir col. 241.

Devait être ouvert par le traité français de T'ien-tsin de 1858. — Ouvert 1er mai 1899.

— Louis Gaillard. — Nankin. 1901 et 1903. — Voir col. 241.

Notice : *Bull. Ecole franç. Ext. Orient*, III, N° 3, Juill.-Sept. 1903, pp. 481/486. Par P. Pelliot.

Kieou-kiang 九江.

Voir col. 249.

— Regulations for the port of Kewkiang. (Kewkeang, March 11th, 1864, P. J. Hughes, Vice-Consul). (*N. C. Herald*, 712, March 19, 1864.)

— Mr. Hughes. Nécrologie par H. C.[ordier.] (*T'oung Pao*, Mai 1903, p. 163.)

Patrick Joseph Hughes, † à Nice, 9 mars 1903 ; né à Newry, le 29 mars 1833.

— The Foundation Stone of the Protestant Episcopal Church of Kiukiang was laid on the 25th January 1867. *Vide* an account of the ceremony in the *N. C. Herald*, Feb. 2, 1867.

— A Trip from Kiukiang to the Lushan Hills. By J. Neumann. (*China Review*, XVII, No. 4, pp. 212/216.)

Han-k'eou 漢口.

— *The Hankow Times.*

Journal hebdomadaire, in-folio, abonnement Taëls 15 par an.

Vol. I, No. 1, Hankow, 6th January 1866.

Une annonce à la première page indique que F. W. Thomson est le *Manager* de ce Journal. Au bas de la quatrième page du second numéro (13th January, 1866) on lit : *Printed the at « Hankow Times Printing Press Office » for the Proprietors by F. W. Thomson.* — No. 52, Hankow, December 29th, 1866, pp. 1/208.

Vol. II, No. 1, Hankow, 5th January 1867—No. 52, Hankow, December 1867.

Vol. III, No. 1, Hankow, January 4th 1868—No. 13, Hankow, March 28th 1868, pp. 1/52.

C'est le dernier numéro de ce journal qui ait été publié.

C'est par erreur que les auteurs du Catalogue qui se trouve à la fin de l'ouvrage intitulé *Treaty Ports of China and Japan* disent (p. 12) que le *Hankow Times* était un journal paraissant trois fois par semaine (tri-weekly).

∴

— The first rules of the Hankow General Chamber of Commerce will be found in *The Hankow Times*, March 10, 1866.

— On trouvera les *Land Regulations* dans le même journal, June 15th, 1867.

— The Hankow Church (*St. John the Evangelist*).

Voir *N. C. Herald*, June 10, 1869 ; cet édifice a été commencé en Janvier 1868.

— Eglise St. Joseph, à Han-keou. (*Miss. Cath.*, X, 1878 ; vues, pp. 264, 270, 271 ; inauguration, p. 267.)

Première pierre posée, 8 déc. 1874 ; dédiée 19 mars 1877.

— The Banks of the Yang-tse at Hankow. By H. B. Guppy. (*Nature*, XXIII, 1880-81, pp. 507/508.)

— * Home for Eurasian Girls — First Annual Report. Hankow, 1889, in-8.

— * Proceedings of a Public Meeting, held July 17th, respecting the Sing-pu Massacre. Hankow, 1893, in-4.

— * Report of a Meeting of the Missionary Body *re* the Anti-Foreign Riots in Szchuan. Hankow, 1895, in-8.

— Notes sur le Commerce de Han-k'eou par MM. A. Vial, L. Rabaud, A. Grosjean et H. Brenier. (*Mission lyonnaise*, 1898, pp. 271/281.)

— Le Cercle Belge de Hankow. Par le Dr. Spruyt. (*Chine et Sibérie*, Mai 1901, pp. 220/222.)

— Der Handel von Hankow. (Aus einem deutschen Consularberichte.) (*Oest. Monats. f. d. Orient*, Wien, 1901, pp. 125/7.)

— La Situation de Hankow. Par Em. Cammaerts. (*Belgique Coloniale*, 3 Août 1902, pp. 361/363.)

— Plan of Hankow. January 1903. By J. L. Lutz. (*Ret. of Trade... for... 1902*. Pt. II, p. 225.)

— Hankow. By C. Wilfrid Allan. (*East of Asia*, Vol. 2, No. 3, Oct. 1903, pp. 265/273.)

— Morning Walks Around Hanyang. II. By W. Arthur Cornaby. (*Ibid.*, pp. 279/283.)

— Hankéou. Par Georges Weulerse. (*Revue de Géographie*, 1er février 1905, pp. 50/52.)

Cha-che 沙市.

— From the Centre of the Middle Kingdom. — Shasi. By Dr. Phil. C. C. Stuhlmann. (*East of Asia*, I, N° 3, pp. 199/206.)

Yo-tcheou 岳州.

Au Hou-nan. — Dépêche du Tsong-li Yamen à M. Dubail, Chargé d'affaires de France, 31 mars 1898. — Par une dépêche aux ministres étrangers du 11 nov. 1899, le T.-li Yamen a fixé l'ouverture au 13 nov. 1899.

— Ouverture du port de Yao-tchéou et ressources du Hounan. (*Rev. Indo-chinoise*, No. 96, 20 août 1900, p. 822.)

Par Rocher, Consul de France.

— Yochow (Chenglin) Harbour. — Surveyed in February 1900. By W. J. Mason. Scale 1 inch = 400 feet. (*Ret. of Trade for 1900*, II, p. 138.)

Tch'oung-k'ing 重慶.

— Ciungking nuovo porto cinese aperto agli Europei. Nota del Prof. L. Nocentini. (*Bol. Soc. geog. Ital.*, 1891, pp. 502/505.)

— Notes sur Tchoung-king. Par H. Brenier. (*Mission lyonnaise*, 1898, pp. 259/268.)

— Note sur les opérations de banques chinoises de Tchoung-king. Par M. L. Sculfort. (*Ibid.*, pp. 417/424.)

— L'avenir de Chung-King par M. Bard. (*Bul. Soc. Géog. com.*, XX, 1898, pp. 388/392.)

Hang-tcheou 杭州.

Voir col. 252-253.

— Sketch of Hangchow Settlement. Scale, about 1.000 feet to 1 inch. (*Ret. of Trade for 1897*, II, p. 335.)

— * Hangchow, the « City of Heaven ». With a Brief Historical Sketch of Soochow. — By Frederick D. Cloud, Vice-Consul, U.S.A. Shanghai : Kelly & Walsh.

Notice : *N. C. Herald*, July 13, 1906.

Ning-po 寧波.

Voir col. 253.

— Notes of a Seven months' residence in the City of Ningpo, from December 7th 1842, to July 7th 1843. Communicated by the Rev. W. C. Milne. (*Chinese Repository*, XIII [1844] et XVI [1847].)

Le même sujet est traité par M. Milne dans la seconde partie de *Life in China*. Lond. 1857, pp. 73 et seq. [Voir col. 88.]

— *Chinese Commercial Guide*, 1863, pp. 188 et seq.

NINGPO BOOK CLUB.

Les conférences suivantes ont été faites en aide du *Ningpo Book Club* :

Première conférence : Ningpo : Historical and Topographical, by Dr. McCartee, Tuesday, 24th March 1868. Résumé.

Deuxième conférence : The Poetry of Tennyson, by Rev. A. E. Moule, Friday, 24th April 1868. Résumé.

Troisième conférence : Population of China, by Rev. M. J. Knowlton, Friday, 9th May 1868. Résumé. — On la trouvera imprimée *in extenso* dans *N. & Queries for C. & J.*, II, pp. 88/92—103/106—117/120. [Voir col. 530.]

Quatrième conférence : A Campaign with Garibaldi, by E. C. Bowra, Friday, 22 May 1868. Résumé.

Cinquième conférence : Nineveh, by the Rev. James Bates, Wednesday, 3rd June 1868. Résumé.

Sixième conférence : The War in the United States, by Rev. J. Butler, Tuesday, 16 June 1868. Résumé.

Septième conférence : The Drama, by C. T. Gardner, 30th June 1868. Résumé.

Cette Conférence a clos la première série de conférences.

Huitième conférence : Chinese Mendicity, by Rev. A. E. Moule, 25 September 1868. Résumé. — *N. C. Herald*, 3 Oct. 1868.

Neuvième conférence : Chinese Novels, by C. T. Gardner, 9th October 1868. Résumé.

Dixième conférence : The Founder of Jesuitism, by E. C. Bowra, October 28, 1868. On n'a publié aucun résumé de cette conférence.

Onzième conférence : Certain Gods of the Chinese Pantheon, by Dr. D. B. McCartee, Nov. 10th 1868. Résumé.

Douzième conférence : Gavazzi, the Patriot Priest, by the Rev. John Mara, 25th Nov. 1868. Résumé.

Treizième conférence : The Rebel Occupation of Ningpo, by E. C. Lord, 16th Dec. 1868.

Quatorzième conférence : Sur le même sujet, by E. C. Lord, 30th Dec. 1868. On n'a publié aucun compte-rendu de cette seconde conférence.

Quinzième conférence : Lecture d'un choix de pièces en vers et en prose, 13th January 1869. Résumé.

Seizième conférence : The Mountain Tribes of the Chekiang Province, by Rev. M. J. Knowlton, 27th January 1869. Résumé. [Voir col. 250.]

Dix-septième conférence : Reminiscences of Twenty Five Years' Residence in China, by Dr. D. B. McCartee, 3rd ? 1869. Résumé.

? *conférence* : The times of Charles V of Spain and Germany, by the Rev. J. Leyenberger, 2nd April 1869. Notice : *N. C. Herald*, 13 April 1869.

? *conférence* : Hangchow and its surroundings, by the Rev. Mr. Green, 14th April 1869. [Voir col. 252.]

Une nouvelle série de *conférences* a été inaugurée le 13 Octobre 1869 par « Personal Reminiscences of Ningpo, coupled with reflections upon the position of Foreigners in China » by Rev. Thomas Hudson. Résumé *N. C. Herald*, Oct. 20, 1869.

— The Rivers of China, by Rev. M. J. Knowlton. [Voir col. 115.]

∴

— Les ports ouverts de Chine — Ning-Po. Par E. Giret. (*Rev. indo-chinoise*, 128, 1er avril 1901, pp. 273/5.)

— * W. Wilshusen. — Ningpo und seine Umgebung. (*Der ferne Osten*, II, pp. 219/235, ill.)

— Ningpo : Ancient and Modern. By Archdeacon A. E. Moule, B. D. (*East of Asia*, Vol. 4, Pt. 2, June 1905, pp. 128/138.)

Wen-tcheou 溫州.

Voir col. 253.

— Wenchow. (*N. C. Herald*, 26 Oct. 1876.)

— Lekin Regulations for the Wenchow District. (*Ibid.*, 1st Sept. 1877.)

— Ethnographie chinoise. Wenchow. — L'île de la Pagode. — Le Commerce français. Par le Dr E. Martin. (*Magasin pittoresque*, 15 nov. 1894, pp. 363/4, 1 grav.)

San-tou-ngao 三都澳.

— Le nouveau port de San-tou-ao. Par A.-A. Fauvel. (*La Géographie*, 1900, N° 5, 15 mai, pp. 385/8, carte.)

San-tou-ngao 三都澳 (port des trois districts) dans la baie de Sam-sa 三沙, et le district de Fou-ning ouverts par décret impérial du 31 mars 1898. « San-tou, appelé aussi dans les documents officiels chinois Fou-ning-fou 福寧, du nom de la ville préfectorale située à l'embouchure d'une rivière, dans la partie nord de la baie de Sam-sah, est proprement le nom de deux îles de ce bassin, à savoir : San-tou supérieure (*Chang-San-tou*) ; San-tou inférieure (*Hsia-San-tou*) et celui du port (*Ao*) situé à l'ouest. » ... « Ce ne fut que le 28 février 1899 que le commissaire des douanes impériales, M. Mac-Callum, prit possession du terrain. » (*Tchong-ouai-je-pao* [gazette quotidienne de la Chine et de l'Etranger] du 16 mars 1899.) La douane était installée officiellement le 8 mai 1899.

Baie de San-tou-ngao, port de Fou-ning-fou ; cette ville San-tou-ngao « est située à 80 milles environ de Fou-tchéou et à pareille distance de Wen-tchéou. La localité ne se trouve pas dans la baie même de Sam-sha, mais sur une petite île, de l'autre côté de l'éperon qui ferme le Nord-Est, ce vaste bassin ». ... « M. von Tanner, Commissaire des Douanes, est parti samedi dernier pour procéder à l'ouverture du port. » (Lettre de Fou-tchéou, 8 mai 1899, du Consul de France, M. Claudel, au Ministre des Af. Etr.) — (Dépêche du Tsong l. Y. du 31 mars 1898, à M. Dubail, Chargé d'Affaires de France.)

Fou-tcheou 福州.

Voir col. 257-258.

— *Chinese Commercial Guide*, 1863, pp. 184 et seq.

— Notes médicales et topographiques sur Foochow (Chine). Par le

Dr. John Rose, de la marine royale. (*Arch. Médecine navale*, II, 1864, pp. 88/9.)

Du *Pacific Medical and Surgical Journal*, Oct. 1862.

— Early Reminiscences of Foochow. By Rev. Stephen Johnson. (*Chin. Rec.*, XI, 1880, No. 2, pp. 94/103.)

ARSENAL. Voir col. 1563-1565.

PUBLICATIONS PÉRIODIQUES.

— *The Foo-chow-foo Courier*. No. 1. Tuesday, October 12, 1858.

Feuille lithographiée, « entirely an amateur production », and « published by the *Courier* Committee ».

— *Foochow Advertiser*.

— *The Missionary Recorder* : A Repository of Intelligence from Eastern Missions, and a Medium of General Information. Volume I. 1867. American M. E. Mission Press : Foochow. In-8. [Avec un index.]

Le premier numéro du *Missionary Recorder* parut à « Foochow, China, January, 1867 ». Il se composait de 2 feuillets (4 pages) in-folio ; chaque page comprenant quatre colonnes de texte ; les nos. 2 et 3 parurent en février et mars 1867 sous la même forme ; mais le no. 4, avril 1867, fut publié dans le format in-8 et se composait de 16 pages à 2 col. ; il continua à paraître de la sorte régulièrement tous les mois au prix de 1 dol. par an. — Les articles des trois premiers numéros in-folio furent réimprimés dans le format in-8 et forment un cahier de pp. I à XVI qui se relie avec le Vol. I.

Le *Missionary Recorder* est remplacé par le périodique suivant dont le premier numéro parut en mai 1868, en cahiers mensuels in-8 :

— *The Chinese Recorder and Missionary Journal*. Rev. S. L. Baldwin, Editor. Volume I. May, 1868, to April, 1869. Foochow, Printed by Rozario, Marçal & Co. 1869, in-8, pp. 264 et index.

— — Rev. Messrs. S. L. Baldwin, & Justus Doolittle. Vol. 2. June 1869 to May 1870. Foochow. Printed by Rozario, Marçal & Co., 1870, in-8, pp. 347, s. l'index.

— — Rev. Justus Doolittle, Editor. Vol. 3. June 1870 to May 1871. Foochow. Printed by Rozario, Marçal & Co. 1871, in-8, pp. 364, s. l'index.

— — Vol. 4. June 1871 to May 1872. Foochow. Printed by Rozario, Marçal & Co. 1872, in-8, pp. 336, s. l'index.

La publication du *Chinese Recorder* un moment interrompue, est reprise à Chang-hai en Janvier 1874 sous la direction du savant Mr. Wylie. C'est l'époque brillante de ce périodique, époque pendant laquelle le Dr. Bretschneider et l'Archimandrite Palladius, de Peking, donnèrent des articles remarquables et remarqués.

— — Volume V. Shanghae : American Presbyterian Mission Press. 1874, in-8, pp. II-376.

Depuis plusieurs années, Mr. A. Wylie a quitté la direction du *Recorder* qui continue à paraître à Chang-hai en cahiers bimensuels, mais qui a perdu le caractère scientifique qui en faisait presque toute la valeur.

— Dans le numéro de Mai-Juin 1880, le Rev. A. P. Happer, pp. 229/231, prend possession de la direction (Editor) du *Chinese Recorder*, XI.

— Dans le numéro d'avril 1890, p. 191, nous apprenons que le Dr. Gulick cesse de diriger le *Chin. Recorder*. Nous notons en avril 1893, que publié depuis longtemps à Chang-hai, il a maintenant (1906) atteint son Vol. XXXVII : il avait pour éditeur le Rev. L. N. Wheeler, D. D.

— Index to the *Chinese Recorder*. Vols. I-XX. — 1867-1889. — By Henry Kingman. Shanghai : American Presbyterian Mission Press. 1893, in-8, 2 ff. prél. n. c. p. l. tit. et l. préf. + pp. 70.

— *The Foochow Daily Echo*.

Foochow Printing Press, proprietors. — Dorindo do Rozario, publisher, † à Fou-tcheou, 19 sept. 1894, 52 ans.

— *The Foochow Herald* combined with the *Daily Advertiser and Shipping Report*. No. 1. Thursday, 11th September 1873. Printed at the « Foochow Herald » Office. Foochow, in-fol., pp. 8.

Emoui (*Amoy, Hia-men*) 厦門.

Voir col. 259-260.

— A Short History of Koolangsu. 1878. Br. in-8, pp. 38.

Par H. A. Giles. — Printed by A. A. Marçal, Amoy.

— *The Amoy Gazette*.

Journal quotidien. — Paraît le soir. — Cf. *N. C. Herald*, July 16, 1902, p. 114.

— *Waffles' Bi-Monthly*.

Journal comique, paraissant l'hiver à intervalles irréguliers.

— *Chinese Commercial Guide*, 1863, pp. 182/4.

— Survey of the Harbor of Amoy. By Commander R. Collinson From the *Nautical Magazine*. (*Chin. Rep.*, XII, pp. 121/126.) [Voir col. 137.]

— Amoy — General Geographical Description, &c. By S. Julien Hugh Edwards. (*China Review*, XXII, N° 3, pp. 571/577.)

— Sport in Amoy. By R. H. Bruce. (*China Review*, XXII, N° 5, pp. 718/9.)

— The Trade of Amoy. By T. A. W. S. (*Ibid.*, N° 6, pp. 768/771.)

Chan-t'eou (*Swatow*) 汕頭.

Voir col. 306-307.

— The New Port of Swatau by Dr. Macgowan. (*China Mail* ; réimp. dans le *N. C. Herald*, No. 256, June 23, 1855, et dans le *Shanghai Miscellany*, 1856, No. 19.)

— *Chinese Commercial Guide*, 1863, pp. 180/1.

— Jahresbericht des Konsuls zu Swatow (China) für 1872. (*Preuss. Handelsarch.*, 1873, N. 35.)

— Die Handelsverhältnisse in Swatow. (*Oest. Monats. f. d. Orient*, Wien, 1900, pp. 92/3.)

— Soua-téou (Swatow). Canton. (*Rev. Indo-chinoise*, No. 98, 3 sept. 1900, pp. 853/5.)

Canton (*Kouang-tcheou*) 廣州.

— List of Foreign Residents in Canton.

July, 1845. (*Chin. Rep.*, XIV, p. 347.)

August, 1846. (*Ibid.*, XV, p. 426.)

July, 1847. (*Ibid.*, XVI, p. 346.)

August, 1848. (*Ibid.*, XVII, p. 419.)

— Goods imported, by Junks, at Canton, 1767. (Dalrymple, *Oriental Repertory*, pp. 281/2.)

— Goods exported, by Junks, from Canton, 1767. (*Ibid.*, pp. 283/6.)

— Remarks on the Trade of Canton, by Frederick Pigou, Esq. (Dalrymple, *Ibid.*, II, pp. 301/316.)

— Some Notes concerning the Trade to China. By Dalrymple. 1790. (*Ibid.*, pp. 317/322.)

— Account of the Emperor's Customs, on Bohea-tea, and of

Sundry Charges at the Port of Canton, taken in 1756. (Dalrymple, *Ibid.*, pp. 325/332.)

— Notices concerning China, and the Port of Canton. Also a Narrative of the Affair of the English Frigate *Topaze*, 1821-22, with Remarks on Homicides, and an Account of the Fire of Canton. Malacca : Printed at the Mission Press. 1823, in-8, pp. xiv-97 [sans nom d'auteur].

Cet ouvrage est attribué à Robert Morrison dans les *Memorials of Protestant Missionaries*, p. 9. On trouve d'ailleurs quelques-unes de ces *Notices* dans les *Memoirs of the life of... Robert Morrison*. — Voir GRANDE-BRETAGNE.

— Biographie de Jouàn Yuân, Homme d'Etat, lettré et mathématicien. (1764-1849.) 阮元. Traduite du chinois et annotée par A. Vissière. (*T'oung Pao*, Déc. 1904, pp. 561/596.)

— On the Climate of Canton as a resource for Invalids from India. By A. Pearson, M. D. — Presented 2nd February, 1832. (*Trans. Medical and Phys. Soc. Calcutta*, VI, 1833, pp. 345/374.)

— An Account of the Proceedings of the Government Metropolitan Police in the City of Canton. By James Henry, Esq. M. D.... Dublin : Hardy & Walker, 1840, in-12, pp. 79.

Fig. « etched by J. Kirkwood ». — N'a rien à faire avec la Chine ; c'est une satire.

— Jargon spoken at Canton : how it originated and has grown into use ; mode in which the Chinese learn English ; examples of the language in common use between foreigners and Chinese. (*Ch. Rep.*, IV, pp. 428/435, Jan. 1836.)

Pidgin English. — Voir col. 2214.

— Empire Chinois : Canton et Macao par C. de Montigny. (*Rev. de l'Orient*, X, 1846, pp. 3/40.)

— A Reminiscence of Canton (June 1859). (*N. C. Herald*, 1862 : I, No. 639, Oct. 25 ; II, 640, Nov. 1 ; III, 641, Nov. 8 ; ... VI & last, 643, Nov. 22.)

— The Morning of my Life in China. Comprising an Outline of the History of Foreign Intercourse from the last year of the Regime of Honorable East India Company, 1833 : to the imprisonment of the Foreign Community in 1839. By Gideon Nye Jr.... Canton, 1873, pet. in-4, pp. 73.

Conférence faite à Canton le 31 Janvier 1873.

Notices dans le *Shanghai Budget*, 17 Avril 1873, et dans le *North-China Daily News*, à la même date.

— Peking the Goal, — The Sole Hope of Peace. Comprising an Inquiry into the origin of the pretension of Universal Supremacy by China and into the causes of the first war : With incidents of the Imprisonment of the Foreign Community and of the First Campaign of Canton. 1841. By Gideon Nye Jr. Corresponding Member of the Am. Geog. and Statistical Society ; Author of Rationale of the China Question ; The Memorable Year, &c., &c. Canton, 1873, pet. in-4, pp. 104.

Conférence faite à Canton le 14 Avril 1873.

— Inaugural Address at Concordia Hall, Canton, December 15th, 1873. By Mr. Nye. [Canton], s. d., br. in-8, pp. 7.

Réimp. dans le *Shanghai Evening Courier*, 27 Mars 1874, et dans le *Shanghai Budget*, 2 Avril 1874.

— The Opium Question and the Northern Campaigns : Including Notices of some Strictures by Reviewers of the Former ; and Indications of the salient Points of the Latter, down to the Treaty of Nanking : With remarks upon its Preliminaries and Provisions and Notices of Incidents of the hostile Protest of the Canton People Against it. And an Appendix including the Inaugural Address at Concordia Hall, Canton. By Gideon Nye, C. M. A. G. S. Author of The Rationale of the China Question ; The Memorable Year ; &c. Canton. 1875, pet. in-4, 8 ff. prél. + pp. 68 + 7 ff. n. ch.

Gideon Nye est mort à Canton le 25 janvier 1888.

— Recollections of China prior to 1840. By S.W. Williams, LL. D. (*Jour. N. C. B. R. As. Soc.*, N. S., VIII, 1874, pp. 1/21.)

Réimp. dans le *Shanghai Evening Courier*, 1873, Jan. 15, 16 et 20, et dans le *Shai. Budget*, Jan. 23, 1873.

— Imports and Exports of Canton. [By S.W. Williams.] (*Chin. Rep.*, II, Feb. 1834, pp. 447/472.)

— Statement of tonnage dues, import and export duties, paid by British vessels in the port of Canton from 1st Jan. to 31st Dec., 1845. (From the *China Mail*, Feb. 12th 1846.) (*Chin. Rep.*, XV, pp. 150/154.)

— Statements of the number, tonnage, &c., of the merchant vessels of different nations in the port of Canton, for the year 1845. (From the *China Mail*, Feb. 5th, 1846.) (*Chin. Rep.*, *ibid.*, pp. 165/172.)

— The Same..., for the year 1846. (From the *China Mail*, Feb. 25th, 1847.) (*Chin. Rep.*, *ibid.*, pp. 314/320.)

— Notices of the Cotton trade and of the imports of the principal European and American Manufactures into Canton. By Yen-chong. (*Chin. Rep.*, XVI, pp. 47/50.)

— Remarks on the Cotton trade, as it is at present carried on by foreigners in China. Communicated for the *Chinese Repository*, by H. R. (*Ibid.*, pp. 134/136.)

— Document from the Hoppo, containing a memorial from the Canton Governement to the Emperor, with eight regulations restrictive of foreign trade. [Trad. par J. R. Morrison.] (*Ibid.*, III, pp. 579/584.)

Taoukwang, 15th year, 2d moon, 10th day [March 8th, 1835].

— The thirteen Factories. (*The Friend of China*, 20th Dec. 1856.)

Voir également *The Chin. Rep.*, XV.

— Question of Entry into the city of Canton, and papers relating thereto. (*Chin. Rep.*, XVIII, pp. 216/224.)

— Auguste Haussmann. — Canton et le Commerce européen en Chine. (*Revue des Deux Mondes*, 15 Octobre 1846.)

— Canton General Chamber of Commerce : its regulations, with brief remarks respecting its origin, object and labors. (*Chin. Rep.*, VI, May 1837, pp. 44/47.)

— First annual Report of the General Committee of the Canton Chamber of Commerce, to which are subjoined the decisions of the Committee, approved at a public meeting of the Chamber on Saturday, November 4th, 1837. (*Ibid.*, pp. 327/333.)

— Second annual Report of the Committee of the Canton General Chamber of Commerce, presented at a general meeting held the 3d of November, 1838. (*Ibid.*, VII, pp. 386/389.)

— Rules and Regulations of the Canton British Chamber of Commerce, established January 8th 1847. With a prefatory note. (*Ibid.*, XVI, pp. 87/92.)

— Sur le pavillon français élevé à Canton en 1853, voir les vers : *The Battle of the Flag Staff*, dans la *China Mail*, 17 Mars 1853, et la *China Overland Mail*, 28 Mars 1853. — Voir également diverses lettres dans la *China Mail* du 31 Mars et la *China Overland Mail* du 11 Avril 1853. — *Mémoires du Marquis de Courcy.*

— Arrest of Messrs. Still and Taylor. (*China Mail & China Overland Mail*, 5 Mai 1853.)

— Allocution de Monsieur le Consul de France, à l'occasion de la pose de la première pierre de l'Église de Canton. [Canton, 8 dec. 1863.] Hongkong, Shortrede, br. in-4, pp. 8.

— Allocution de Monseigneur Guillemin, à l'occasion de la pose de la première pierre de l'Église de Canton. Hongkong, Shortrede, br. in-4, pp. 9.

— Allocution de Monseigneur Guillemin à l'occasion de la pose de la première pierre de l'église de Canton. Paris, Imp. de A. Guyot et Scribe, s. d. [1864], br. in-4, pp. 8.

Bib. nat. $\frac{O^{2}n}{650^{*}}$

— Le Cimetière catholique de Canton. (*Missions Cath.*, XI, 1879, pp. 64/68, grav.)

— The Hoppo Book of 1753. By F. Hirth. (*Jour. China Br. R. A. S.*, N. S., XVII, Part I, Shanghaï, 1882, pp. 221/235.)

— Derivation of the Word Hoppo. By F. H.[irth.] (*Ibid.*, XX, 1885, pp. 96/97.)

— Hoppo. By E. H. Parker. (*China Review*, XVIII, [illegible], p. 55.)

— The word *Qua* [家]. By E. H. Parker. (*Ibid.*, XVII, No. 1. pp. 53/54.)

— The Use of 蒙 for 奉. By E. H. Parker. (*Ibid.*, XVIII, No. 5, p. 320.)

— Canton Trade in the Tenth Century. By E. H. Parker. (*Ibid.*, No. 6, p. 379.)

— A Cat. of the Library of the British Factory at Canton was published in 1832. The library was scattered when the factory broke up in 1834. *Vide* the *Ch. Rep.*, IV, June, 1835, p. 97.

— The Canton Chinese, or the American's Sojourn in the Celestial Empire. — By Osmond Tiffany, Jr. — Boston and Cambridge : James Munroe and Co. MDCCCXLIX, in-8, pp. 271.

— The « Fan kwae » at Canton before Treaty Days 1825-1844 by an Old Resident. London, Kegan Paul, 1882, pet. in-8, pp. 158.

Photographie de Houqua.

Old Resident : William C. Hunter.

Notice : *The Athenaeum*, No. 2882, Jan. 20, 1883.

— Bits of Old China by William C. Hunter Author of « Old Canton ». London, Kegan Paul, 1885, pet. in-8, pp. VIII-280.

— Map illustrating the Traffic under Transit Passes issued by the Canton Custom House during the years 1890 and 1891. (*Decen. Reports*, 1882-1891, p. 547.)

— Notes commerciales sur Canton. Par C. Imbault-Huart. (*Bul. Soc. Géog. Com. Paris*, XVIII, 1896, pp. 769/787.)

— Notes sur le Commerce de Canton et sur Pak-hoi et la province du Kouang-si, par M. Henri Brenier. (*Mission lyonnaise*, 1898, pp. 191/195.)

— Notes on the Commerce of Canton. By W. B. (*China Review*, XXII, N° 6, pp. 748/750.)

— Les Marchands hanistes de Canton par Henri Cordier... Extrait du « T'oung-pao », Série II, Vol. III. E. J. Brill, Leide, 1902, in-8, pp. 37.

25 sur papier ordinaire. — 100 sur papier Van Gelder. — Avait paru dans le *T'oung Pao*, Déc. 1902, pp. 281/315.

— Canton. By C. Bone. (*East of Asia*, Vol. 2, No. 3, Oct. 1903, pp. 195/211.)

— Une Chambre de Commerce chinoise à Canton. (*Bul. Com. Asie française*, Mars 1906, pp. 125/6.)

SOCIETY FOR THE DIFFUSION OF USEFUL KNOWLEDGE IN CHINA.

Voir col. 2237.

— Formation of the Society for the Diffusion of Useful Knowledge in China. (*Chin. Rep.*, III, pp. 378-384.)

— First Report of the Society for the Diffusion of Useful Knowledge in China, with the minutes of the first annual meeting, held at Canton, October, 19th, 1835. (*Ibid.*, IV, pp. 354-361, Dec. 1835.)

— Second Report of the Society for the Diffusion of Useful Knowledge in China. March 10th 1837. (*Canton Register*, X, 1837, No. 11. — *Chin. Rep.*, V, pp. 507/513.)

PUBLICATIONS PÉRIODIQUES.

— *Canton Register*. Vol. I. Canton, November 8th 1827. No. I, pet. in-folio à 2 col., 4 pages.

Devient au 2e numéro :

— *The Canton Register*. Vol. I. Thursday, November 15th 1827. No. 2.

Ces deux premiers numéros sont d'un format un peu moins grand que les suivants.

L'exemplaire que nous avons examiné, celui de la Chambre de Commerce de Hongkong est incomplet ; nous avons complété nos renseignements à l'aide de l'ex. également imparfait du British Museum.

Vol. 2, Saturday, 3rd January 1829, No. 1—Tuesday, 22nd December 1829, No. 24.

Ce journal qui paraissait au commencement tous les quinze jours, est devenu ensuite hebdomadaire. Le format a été augmenté depuis le No. 22 du Vol. 10 (1837).

Dans le Vol. 4, 1831 on remarquera un Numéro spécial publié avec le titre de « Canton Register Extraordinary », May 26th, 1831, publié pour annoncer que les relations entre l'Angleterre et la Chine cesseront le 1er Août « if evils are not remedied ». Un ex. de ce numéro existe au British Museum $\left(\frac{1850.\ c}{66}\right)$ avec une lettre autographe de John Francis Davis.

En 1843 le journal devient :

— *The Hongkong late Canton Register*, Vol. 16, No. 25, Tuesday, June 20th 1843. No. 653.

Le nom de John Slade, l'éditeur, disparaît avec le numéro 28 (1843) et nous lisons au No. 29, July 18th 1843 : Edited, Printed and Published by John Cairns, at the *Canton Register* Office.

Ce journal devient un grand folio à 4 col. avec le No. 1, du Vol. 17, Victoria, Tuesday, January 2nd 1844, No. 681.

The Hongkong Register, édité par Robert Strachan, cesse de paraître à la fin de 1859 et est remplacé par le journal quotidien suivant :

The China Chronicle, Hongkong Register, and Daily Eastern Advertiser. New Series, Vol. I, No. 1, Victoria, Monday, January 2, 1860. In-folio à 4 col., Malcolm McLeod, Editor and Proprietor.

Le supplément commercial du *Canton Register* se nommait *Canton General Price Current* (commencé à la fin de 1833) ; celui du *Hongkong Register : The Overland Register and Price Current*. No. 1, Hongkong, 30th August 1845.

— Opinion du Dr. Morrison sur le *Canton Register* : — (*Memoirs... of R. Morrison*, II.)

« Nov. 7th [1827]. The '*Canton Register*' is a new thing in the world. Nothing like it has ever before appeared in China. The Macao Paper in Portuguese was a liberal attempt ; but the restoration of legitimate power has suppressed it. This paper shows the zeal of the Merchants — they are not afraid to print about their smuggled drug : there is so much 'price current', the paper will not be very *current* any where but with the traders », pp. 383/384.

« Dr. Morrison's aid was earnestly solicited to support this new publication, and it was promised upon condition that he should have full liberty to express his opinions on those moral and religious subjects which it was his object to promote : this privilege was readily granted, with an offer of 300 dollars a year, to be bestowed on any benevolent institution he chose. From this time, Dr. Morrison contributed essentially to its support, till the last number that was published previous to his decease ». P. 384.

« Nov. 10th [1827]. Evening. — To-day I have written about three sheets for the *Canton Register*. Mr. W— and Mr. — have no knowledge of Chinese ; nor do they seem to have any talent in collecting information from the natives. I have nothing to do with the paper beyond sending a paragraph. I think it right to encourage the thing », p. 384.

« The first foreign newspaper published at Canton was in 1827 ; it was called the *Canton Register*, and was printed on a small-hand-press lent for the purpose by Mr. Alexander Matheson, of the then house of Magniac and Co. Its size was but a little more than that of a large sheet of foolscap. The editor, who himself was the first compositor, was a young American gentleman named Wood, of Philadelphia, and son of the celebrated tragedian. He was a person of great versatility, mentally and materially ; he abounded in wit, was well read, and of no fixed purpose. Having ceased to be connected with the *Register*, he entered the office of Messrs. Russell & Co.... Not very long after, Wood took up his quarters in the French Factory, and established a second newspaper, called the *Chinese Courier*, which had but a short existence. » (*The « Fankwae » at Canton by an Old Resident*, pp. 109, 110.)

— *Chinese Courier and Canton Gazette*. No. I. Thursday 28th July 1831. Pet. in-fol. à 2 col., 4 pages.

Plus tard le format est augmenté et le journal devient :

— *The Chinese Courier*. Vol. I. Canton, Saturday, April 14, 1832, No. 37. In-fol. à 3 col.

Le numéro précédent était le No. 36, Thursday, 5th April 1832, du *Chinese Courier and Canton Gazette*. L'ex. du British Museum que nous avons examiné va jusqu'au Vol. III, Canton, Monday, September 23, 1833, No. 6.

« Between my arrival at Canton and 1840, there were two foreign newspapers published. The first of these was the Canton *Register* ; the other was the Canton *Courier*. The latter, however, had rather a short life. It criticised somewhat severely certain measures of the East India Company, the Company stopped taking the 12 copies for which it had subscribed, and the *Courier* collapsed. For, in those days, there were few or no advertisements to supplement the income from subscriptions. » (S. W. Williams' *Recollections of China*, *Jour. N. C. B. R. As. Soc.*, N. S., No. VIII, p. 17.)

— *The Canton Miscellany*. No. I. « Nullius addictus jurare in verba magistri ‖ Quo me cunque rapit tempestas deferor hospes » — China. Published by the Editors. MDCCCXXXI, in-8, pp. XII-66 + 1 f. n. ch. er.

L'article le plus long de ce numéro est le premier, pp. 1/10 : « Extracts from an unpublished Journal of the Last Embassy to Peking in 1816 ».

Ce magazine n'a eu que cinq numéros, tous publiés en 1831.

— *The Chinese Repository*. Vol. I. From May, 1832, to April, 1833. Canton : Printed for the Proprietors... 1833.

La collection complète de cette publication périodique célèbre forme vingt vol. in-8. Le premier numéro porte la date de mai 1832, le dernier de déc. 1851 ; il paraissait par cahier mensuel ; chaque vol. était accompagné d'un index et on a donné à la fin de la publication :

— A General index of subjects contained in the twenty volumes of the *Chinese Repository* ; with an arranged list of the articles, in-8, pp. CLXVIII.

Le tout est imprimé sur papier de Chine ; environ 1000 ex. de chaque vol. ont été imprimés ; les trois premiers volumes ont eu une seconde édition. Les éditeurs ont été Elijah Coleman Bridgman et S. Wells Williams.

En août 1836, le Dr. Bridgman écrivait dans le *Chin. Rep.*, Vol. V : « of the first volume [of the *Repository*] there were printed 400 copies ; of the second 400 ; of the third 800 ; of the fourth 1000 ; and thus far one thousand of the fifth. The number of pages in the first was 512 ; of the 2nd 576, and of the 3d and 4th, each, 584 ; giving a total of 2256 closely printed octavo pages ; each volume has been accompanied with an index. The price of the first and second volumes was dol. 6 a copy, unbound ; the price of the subsequent ones has been one half that sum. Of volume 1st, no copies remain on hand ; of the 2d, there are 13 ; of the third 219 ; and of the fourth 500. The present circulation in China is 200 copies ; in Manila 15 ; in Sandwich Islands 13 ; in Singapore 18 ; in Malacca 6 ; in Penang 6 ; in Batavia 21 ; in Siam 4 ; in Sydney, New South Wales 6 ; in Burmah 3 ; in Bengal, Nipál and A's'am 7 ; in Ceylon 2 ; in Bombay 11 ; in Cape Town, South Africa 4 ; in Hamburg 5 ; in England 40 ; in America 154 copies ; this gives a total of 515 now sent out from the office monthly ; about one fifth of them, however sent gratuitously to Public Institutions, Journals, &c.

P. S. Since writing the foregoing, new demands have been received for the *Repository*, not only for back volumes, but also for the present; these demands will increase the circulation to more than 800 copies, monthly. »

« During the last seven years of its existence there was an annual deficit of from 300 to 400 dollars. In the last year of its existence it had only 300 subscribers at 3 dollars each, which hardly paid the workmen's wages. » (S.W.Williams' *Recollections of China*, *Jour. N. C. Br. R. As. Soc.*, N. S., VIII, p. 18.)

Le Dr. S. W. Williams nous écrivait le 3 Mai 1873 : « In all there were about 21000 vol. of the *C. R.* struck off in 20 years, of which I think 2 or 3 thousand only ever left China; about 6500 vol. were burned. »

On trouvera à Paris des ex. complets à l'Ecole des Langues Orientales vivantes, à la Société de Géographie et à la Bib. Nat., O²n 524.

— *The Canton Press.* Vol. I, Canton, Saturday, September 12th, 1835, No. 1. Printed and Published every Saturday at No. 3rd British Hong.

In-4 à 2 col., hebdomadaire.

Le format de ce journal devient un in-4 à 3 col., puis un petit in-folio à 4 col.

A partir du No. 40 (No. 196 de la collection complète) du Vol. 4, Saturday, 6th July 1839, l'impression est faite à Macao.

Le No. 443 (Vol. 9, No. 13, Macao, Saturday, 30th March 1844) est ainsi que l'indique un article inséré à la première page, le dernier de ce journal qui était édité par Edmund Moller.

— *Commercial Price Current.* No. I. Vol. I. Canton, Saturday, September 12th 1835.

Publié comme supplément à la *Canton Press*.

— *Anglo-Chinese Calendar.* Voir col. 564/5.

— *Chinese Commercial Guide.* Voir col. 2177.

— European Periodicals beyond the Ganges : *Prince of Wales' Island Gazette; Malacca Observer; Periodical Miscellany; Singapore Chronicle; Singapore Free Press; Chronica de Macao; Macaista Imparcial; Canton Register; Canton Press,* and *Chinese Repository.* [By E. C. Bridgman.] (*Chin. Rep.*, V, Aug. 1836, pp. 145/160.)

The Malacca Observer and Chinese Chronicle commença sa carrière en Septembre 1826 et la termina en Octobre 1829; bimensuel.

(Canton : Publications périodiques.)

Le prospectus d'un ouvrage qui devait s'appeler l'*Indo-Chinese Repository*, trimestriel, et être imprimé à l'Anglo-Chinese College, parut dans le *Malacca Observer* du 29 Nov. 1827. (Voir *Indo-Chinese Gleaner*, col. 1296/7.)

— *The Canton Directory,* compiled by J. G. Kerr, M. D. — Canton : Printed by James Parker, Canton Printing Office. 1873, in-12, pp. 16, 3 plans.

Pak-hoi (*Pe-haï*) 北海.

— Pakhoi and its Trade. (*N. C. Herald*, 22 June 1878, pp. 648/652.)

— Pak-hoï et Hoï-how entre Chine et Tongking. Par Charles Labarthe. (*Rev. de Géog.*, XIV, 1884, pp. 8/15.)

— Le Port de Pakhoï et les Produits chinois qui en sont exportés. Par Camille Gauthier. (*Bul. Soc. Géog. com. Paris*, XVI, 1894/5, pp. 343/6.)

— Note sur Pak-hoi et la province de Kouang-si. Par M. Henri Brenier. (*Mission lyonnaise*, 1898, pp. 195/206.)

Nàn-ning 南甯.

A été déclaré port à traité par décret impérial, 3 fév. 1899, mais n'a pas été encore ouvert.

Ho-k'eou 河口.

— Ouverture du port de Hokeou (Avec croquis de carte). Par Ch. Dupont. (*Bul. Soc. Géog. com. Paris*, XIX, 1897, pp. 619/625.)

Ya-toung.

— Le marché thibétain de Ya-tung. Par Ch. Jambon. (*Bul. Soc. Géog. Com. Paris*, XVII, 1895, pp. 60/5.)

— Yatung et les relations commerciales de l'Inde avec le Tibet. Par Ed. Chavannes. (*Ann. de Géog.*, VI, 1897, pp. 183/5.)

— Report, 1894-1901. By Vincent C. Henderson. (*Decen. Reports*, 1892-1901, pp. 499/507.)

(Pak-hoi — Ya-toung.)

TROISIÈME PARTIE

RELATIONS DES ÉTRANGERS AVEC LES CHINOIS

I. — OUVRAGES DIVERS.

— History of the Intercourse of Foreign Nations with China, from a topographical account of Canton. (*Indo-Chinese Gleaner*, No. X, Oct. 1819, pp. 186/191.)

Traduit en français dans la *Chine* de Pauthier, Didot, in-8, pp. 472/474.

— Intercourse of the Chinese with Foreign Nations [by E. C. Bridgman]. (*Chin. Rep.*, I, pp. 364/370.)

— Early foreign intercourse with China, as described by Arrian, Ptolemy, the Arabian Travelers, Ibn Batuta, Rubruquis, Marco Polo, Oderic, Clavijo, Mendez Pinto, Anthony Jenkinson, and others [by J.R. Morrison]. (*Ibid.*, III, pp. 107/115.)

Réimp. dans *The Cycle*, 10 Dec. 1870.

— Intercourse with China. (From a Correspondent in China.) (*Asiatic Journal*, 1834, Vol. 13, pp. 101/108.)

Donne une liste des principales villes commercantes au N. de Canton.

— China and the English : or the Character and Manners of the Chinese, as illustrated in the History of their intercourse with Foreigners. By Jacob Abbott, author of the *Young Christian*. London : T. Allman, 42, Holborn Hill, 1837, in-16, pp. VI-219.

— L'Europe et la Chine, par Michel Chevalier. (*Revue des Deux Mondes*, 15 juillet 1840.)

Tirage à part : Paris, H. Fournier, 1840, in-8, pp. 51.

— La Chine et l'Europe, ou Considérations politiques commerciales sur l'invasion prochaine des produits asiatiques dans les marchés européens ; et sur les mesures administratives à prendre pour neutraliser les effets que produira, vraisemblablement, la dite invasion, par Monsieur Guillaume Lobé ;... A Amsterdam, chez F. Canongette & Cie. 1843, in-8, pp. 40.

Publié d'abord dans le *Journal de la Haye*.

GUILLAUME PAUTHIER.

— Documents officiels chinois sur les ambassades étrangères envoyées près de l'empereur de la Chine, traduits du Chinois par G. Pauthier. Extrait de la *Revue de l'Orient*. Paris, Rignoux, 1843, in-8, pp. 24.

Extrait de la *Revue de l'Orient*, II, 1843, pp. 1/22.

Cet ouvrage est, en quelque sorte, l'ébauche du suivant :

— Histoire des Relations politiques de la Chine avec les Puissances occidentales depuis les temps les plus anciens jusqu'à nos jours suivie du Cérémonial observé à la

Cour de Pé-king pour la réception des ambassadeurs. Traduit pour la première fois dans une langue européenne par G. Pauthier. Paris, Firmin Didot, 1859, in-8, pp. xx-239.

Introduction. — I. Préambule. — II. Relations anciennes. — III. Relations pendant le moyen âge. — IV. Relations modernes. — Ambassades portuguaises. — V. Ambassades hollandaises. — VI. Ambassades russes. — VII. Ambassades anglaises. — VIII. Traités de 1842, 1843 et 1844. — IX-X. Cérémonial. — Appendices : Lettre d'*Argoun* à Philippe le Bel. — Lettre d'*Oeldjaïtou* au même.

La « Traduction du Cérémonial chinois observé à la cour de Péking pour la réception des envoyés et ambassadeurs étrangers (Édition officielle de 1824) 賓禮 », publié, pp. 185 et seq., de l'ouvrage de P., avait paru pour la première fois en 1843 dans la *Revue de l'Orient*, et dans le tirage à part, *supra*, *Documents officiels*, pp. 16 et seq.

— Cérémonial observé dans les fêtes et les grandes réceptions de Khoubilaï-Khaân, traduit du chinois par M. G. Pauthier. Extrait de la *Revue de l'Orient, de l'Algérie et des Colonies*. Paris, Benjamin Duprat, 1862, br. in-8, pp. 15.

Tirage à part de la *Revue de l'Orient*, Sept.-Oct. 1862, pp. 224/236.

— 中國 La Chine en 1868. Son Ambassade envoyée aux Etats-Unis et près des puissances européennes pour réviser les traités de 1858 ; discours inaugural du premier ambassadeur à une assemblée de New-York. Par G. Pauthier. Extrait de l'*Annuaire encyclopédique*, Tome VIII. Paris, Imprimerie H. Carion, 1868, in-12, pp. 30.

— Sur les Ambassades en Chine, par Klaproth. (*J. Asiatique*, III, 1823, pp. 361/4.)

— Situation actuelle des Européens en Chine. — Les cinq ports. Par C. Lavollée. (*Revue nouvelle*, II, 1846, pp. 537/576.)

— Situation actuelle... Paris, imprimé par Plon frères, 1846, in-8, pp. 40.

Tirage à part du précédent.

— Charles Lavollée. — Mission de la Chine et du Tonkin. (*Revue des Deux Mondes*, 15 août 1858.)

— A.-D. de Jancigny. — Situation de l'Extrême Orient. (*Ibid.*, 15 Octobre 1848.)

— The Past and Future of China. (*Blackwood's Magazine*, Janv. 1854.)

Extraits dans le *N. C. Herald*, 190, 10 mars 1854.

— La Conquête de la Chine. Londres, Williams et Norgate. — Bruxelles & Leipsig, C. Muquardt, 1856, br. in-8, pp. 78 + 1 f. p. l. tab.

— Remarks on Chinese Foreign Relations in four Parts. By D. J. Macgowan. (*N. China Herald.*)

Pt. I, 385, 12 déc. 1857. — II, 386, 19 déc., et 387, 26 déc. 1857. — III, 387, 26 déc. 1857. — IV, 388, 2 janv. 1858.

Voir dans le même journal, fév.-mars 1858, *Notes on Embassies*.

(Guillaume Pauthier. — Divers.)

Gideon Nye Jr.

— The Rationale of the China Question : comprising an Inquiry into the repressive Policy of the Imperial Government, with Considerations of the duties of the Three Treaty Powers, England, France, & America, in regard to it ; and a glance at the Origins of the First and Second Wars with China, with incidental Notices of the Rebellion. — By an American. — Second Edition... Macao, 1857, in-4, pp. (4)-41 à 2 col.

Couverture imprimée : The Rationale of the China Question. By an American. Second Edition. Macao, 1857.

P. 41 : End of Part First.

Note. — Part *Second* in the form of a Letter to a friend, will treat of the subject as illustrated by the incidents of the interval since the Introductory letter of November 14th last was written ; and with an Appendix, including Remarks and Notes upon the *Religious Question* and upon the *Revolutionary Government at Nanking*, will soon be printed.

Il y a des ex. portant : Third Edition.

— The Memorable Year. — 1858.

Voir Grande-Bretagne : *Lord Elgin*.

— The Gage of the Two Civilizations... 1860.

Voir Grande-Bretagne : *Lord Elgin*.

— The Morning of my Life in China. 1873.

— Peking the Goal. 1873.

— The Opium Question. 1875.

Voir Canton, col. 2281/2282.

— La Chine devant l'Europe par le Marquis d'Hervey-Saint-Denys du Conseil de la Société asiatique. Paris, Amyot, mdccclix, in-8, pp. iii-164 + 1 f. p. l. t.

Avec un plan de l'embouchure du Pei-ho.

— L'Europe devant la Chine par Charles Gay. Paris, Henri Plon, 1859, in-8, pp. 156.

Réponse au Mis d'Hervey-Saint-Denys.

— La Chine et les Puissances chrétiennes par D. Sinibaldo de Mas, Ancien envoyé extraordinaire et Ministre plénipotentiaire de la Reine d'Espagne en Chine, etc. Paris, Hachette, 1861, 2 vol. in-12, pp. xii-358, carte, xx-480.

— Considérations générales sur l'ensemble de la civilisation chinoise et sur les relations de l'Occident avec la Chine. Par M. Pierre Laffitte. *Ordre et Progrès.* Prix de ce volume : trois francs. Paris, Dunod, Juin 1861, 73e année de la grande crise, in-8, pp. xi-158 + 1 f. à la fin.

— A General View of Chinese Civilization, and of the Relations of the West with China.

(Gideon Nye Jr. — Divers.)

From the French of M. Pierre Laffitte. (Director of Positivism.) Translated by John Carey Hall, M. A., Assistant Japanese Secretary to H. B. M.'s Legation, Tōkyō. London : Trübner & Co., in-8, pp. x-127-2.

A la fin : R. Meiklejohn & Co., Printers,... Yokohama...

— Public Notification for the Province of Hoonan.

Contre les étrangers ; trad. du chinois dans le *N. C. D. News*, 29 sept. 1866.

— Notes on Chinese Matters by Robert Hart, Inspector General of Maritime Customs. Peking 30th June 1869. — Remarks on the foregoing by J. Ross Browne. (*Sup. Court & Cons. Gazette*, Vol. VI, Nov. 6, 1869, pp. 277/283.)

— La Chine et l'Europe... par Joseph Ferrari. [Voir col. 93.]

— Retrospect of the year 1863. (*N. C. Herald*, 1864 : 701, Jan. 2 ; 702, Jan. 9 ; 703, Jan. 16.)

— Retrospect of Events in the North of China during the year 1864. (*Ibid.*, 754, Jan. 1865, etc.)

— Retrospect of Events which occurred in the North of China during 1865. (*Ibid.*, 1866 : 806, Jan. 6 ; 807, Jan. 13 ; 809, Jan. 27 ; et 811, Feb. 10.)

— Retrospect of Events in China during 1866. (*Ibid.*, 858, Jan. 5, 1867.)

— Retrospect of 1869. Reprinted from the *North China Herald and S. C. & C. Gazette*. S. d., br. in-8, pp. 33.

— A Retrospect of Political and Commercial Affairs in China during the five years 1868 to 1872. Reprinted from the « North-China Herald ». Shanghai : « North-China Herald » Office. 1873, in-8, pp. 170.

— Events in Hongkong and the Far East. 1875 to 1884. — Hongkong : « Daily Press » Office, 1885, in-8, pp. 163.

— A Sketch of our Relations with China during three and a half centuries 1517-1869. By Baron de Méritens, Knight of the Légion d'Honneur, formerly Chinese Secretary to the French Legation at Peking, late Commissioner of Chinese Customs at Foochow. Foochow. Printed by Rozario, Marcal & Co. MDCCCLXXI, br. in-8, pp. II-91.

— Ecole libre des sciences politiques. Relations des peuples de l'Europe avec l'Extrême-Orient. Cours de M. Léon Rousset. La Chine. (*Revue politique et littéraire*, No. 47, 25 mai 1878.)

— Ecole spéciale des Langues Orientales vivantes. Cours complémentaire de Géographie, d'histoire et de législation des Etats de l'Extrême Orient. Discours d'ouverture prononcé le mercredi 30 novembre 1881 par M. Henri Cordier. Paris, Ernest Leroux, 1881, gr. in-8, pp. 16.

— Gützlaff's *Sketch of Chinese History*, 1834, Vol. II. [Voir col. 589.]

— De la réception des ambassadeurs européens à la cour de Chine, par M. Gabriel Devéria. (*Magasin pittoresque*, No. 12, 30 juin 1883.)

— La civilisation européenne en Chine depuis le XIIIe siècle par M. Valérien Groffier. (*Bul. Soc. Géog.*, Lyon, V, 1884, pp. 278/303.)

— Early Foreign Coins in China. By H. D. F. (*Journ. C. B. R. A. S.*, N. S., XX, 1885, pp. 189/191.)

∴

— The Character 夷. By E. H. Parker. (*China Review*, XVI, 1888, pp. 377/8.)

— Foreign Ships in China. By E. H. Parker. (*Ibid.*, XVII, No. 1, p. 51.)

— A White Barbarian. By E. H. Parker. (*Ibid.*, XVIII, No. 1, p. 56.)

— Tributary States. By E. H. Parker. (*Ibid.*, p. 56.)

— Foreign literature in China. By E. H. Parker. (*Ibid.*, N° 4, pp. 262/263.)

— * China's Intercourse with Europe. (*The Pagoda Library*, No. 2.) By E. H. Parker, 1890. Kelly and Walsh, Limited.

Transl. from the *Si-Chung Ki-shi*. — Voir *infra* col. 2294.

Notices : *Chin. Rec.*, XXII, March 1891, pp. 134/137. — *China Review*, XIX, pp. 331/2, par E. J. E.[itel.]

— Translation from the « *King Sz Ven* ». Book III. Foreign Affairs. Chap. II. The Gradual Entrance of Disturbing Influences into China (From 中西紀事). By Rev. D. L. Anderson. (*Chin. Rec.*, XXII, Oct. 1891, pp. 470/474; *Ibid.*, Nov. 1891, pp. 510/518; *Ibid.*, Dec. 1891, pp. 559/567.)

∴

— Communication sur les relations de la Chine avec l'Occident avant la dynastie des Tai-Thsing, par M. Castonnet des Fosses. (*IVe Cong. int. des Sc. géog.*, Paris, 1889, I, pp. 502/507.)

— Juridiction et Exterritorialité en Chine, par J. Helenus Ferguson, Ministre des Pays-Bas en Chine, Associé de l'Institut de Droit International. Bruxelles, P. Weissenbruch ; La Haye, Cremier et Cie., 1890, pet. in-8, pp. 46.

— Jan Helenus Ferguson. (*Tijdschrift voor Ned.-Indië*, 22e Jaarg., April 1893, pp. 317/8.)

— La Cina e gli Stranieri. Memoria di Ugo Ojetti. (*Bol. Soc. geog. Ital.*, 1892, pp. 167/187.)

— Name of Europeans. By J. Edkins. (*China Review*, XIX, No. 1, pp. 57/58.)

— Syrian Products. By Thos. W. Kingsmill. (*Ibid.*, No. 4, 1891, pp. 258/9.)

— China and Her Neighbours France in Indo-China, Russia and China, India and Thibet. By R. S. Gundry. With Maps.

London : Chapman and Hall, 1893, in-8, pp. xxiv-408.

— Le Antiche Relazioni della Cina. — L. Nocentini. (*L'Oriente*, I, N. 1, 1 Gennaio 1894, pp. 3/12.)

— La Chine, son gouvernement, ses relations avec les nations européennes. — Conférence par le Général Chanoine. (*Soc. Géog. Lille, Bull.*, XXI, 1894, 1er sem., pp. 260/8.)

— Diplomatic Missions to the Court of China. The Kotow Question by William Woodville Rockhill reprinted from the *American Historical Review*. Vol. II, Nos. 3 and 4. April and July 1897, in-8.

Pages 427-442, 627-643.

— The Peoples and Politics of the Far East Travels and Studies in the British, French, Spanish and Portuguese Colonies, Siberia, China, Japan, Korea, Siam and Malaya. By Henry Norman... With Sixty Illustrations and Four Maps. London : T. Fisher Unwin, MDCCCXCV, in-8, pp. XVI-608.

— La Chine dans ses rapports avec l'Europe. Par F. Dujardin-Beaumetz. (*La Réforme sociale*, 1er mars 1897, pp. 355/381.)

Conférence faite, le 25 janvier 1897, à la réunion mensuelle des Unions de la paix sociale.

— La Chine et l'Europe. Par le P. Louis Gaillard. (*Études...*, 20 mars, 5 et 20 avril 1898.)

— Nankin Port Ouvert. Par le P. Louis Gaillard. Voir col. 241.

— De l'esprit des traités avec la Chine et de leur mise en pratique. Par Bard. (*Bul. Soc. Géog. comm.*, Paris, XX, 1898, pp. 197/201.)

D'après un rapport de Byron Brenan, Consul d'Angleterre à Canton.

— L'Europe et la Chine. Par Urbain Gohier. (*T'oung Pao*, IX, N° 3, Juillet 1898, pp. 226/229.)

Extrait du *Soleil* du 16 Avril.

— China in Decay a Handbook to the Far Eastern Question by Alexis Krausse. With Six Maps and Twenty-one Illustrations. London : Chapman & Hall, 1898, in-8, pp. IX + 1 f. n. ch. + pp. 400.

3rd ed., Ibid., pp. XIV-418.

— Intercourse in the past between China and foreign countries. By T. L. Bullock, Professor of Chinese in the University of Oxford. (*Imp. & As. Quart. Rev.*, 3rd Ser., VIII, 1899, pp. 92/113.)

— The Story of China with a Description of the Events relating to the Present Struggle by Neville P. Edwards... With over seventy illustrations and maps from photographs taken by the Author and others, and original Drawings. London : Hutchinson & Co. Philadelphia : J. B. Lippincott Co., 1900, gr. in-8, pp. 128 à 2 col.

Henri Cordier.

— Histoire des Relations de la Chine avec les Puissances occidentales 1860-1900 * *L'Empereur T'oung tché* (1861-1875) par Henri Cordier. Paris, Félix Alcan, 1901, in-8, pp. 570.

Notices : *Bul. Comité Asie franç.*, fév. 1902, pp. 95/6. — *The Spectator*, June 7, 1902, pp. 881/2, rep. *T'oung Pao*, oct. 1902, pp. 255/260. — *La Géographie*, 15 juillet 1901, p. 78, par Ch. R.[abot.]

— Histoire... 1860-1900 ** *L'Empereur Kouang-siu*. Première Partie : 1875-1885 par Henri Cordier. Ibid., 1902, in-8, pp. 650.

Notices : *La Géographie*, 15 Janvier 1902, pp. 80/1. — *Bul. Comité Asie franç.*, Mai 1902, p. 240. — *English Historical Review*, 1902, pp. 805/8, par S. Lane-Poole ; rep. *T'oung Pao*, Mars 1903, pp. 75/9. — *Bulletin critique*, 5 Août 1902.

— Histoire... 1860-1902 *** *Ibid.* Deuxième partie : 1888-1902 par Henri Cordier. Ibid., 1902, in-8, pp. 598.

Notice : *Bul. Ecole franç. Ext. Orient*, III, Oct.-Déc. 1903, pp. 684/715, par P. Pelliot.

— La France et l'Allemagne en Chine d'après un ouvrage récent. Par Maurice Courant. (*Ann. Sciences polit.*, 15 juillet 1903, pp. 514/524.)

Henri Cordier, *Hist. des Relat. de la Chine*.

— La Politique des grandes puissances en Extrême-Orient. Par Jean de la Peyre. (*Questions Diplom. et Col.*, 16 janvier 1904, pp. 113/131.)

D'après Henri Cordier.

— La Chine et les Étrangers. Par Joseph Brucker. (*Etudes... par des Pères de la Cie. de Jésus*, 5 mars 1904, pp. 702/709.)

Sur l'*Hist. des Relat. de la Chine* de H. Cordier et *Nankin* du P. Gaillard.

— Relations de la Chine avec l'Europe. Conférence de M. Henri Cordier. (*Bul. Soc. normande Géog.*, XXIII, 1901, pp. 265/278.)

Tirage à part : Rouen, Imp. E. Cagniard, 1901, in-4, pp. 16, Portrait.

— Les Marchands hanistes de Canton par Henri Cordier. (*T'oung Pao*, 2e Sér., III, N° 5, Déc. 1902, pp. 281/315.)

Voir col. 2284.

— Henri Cordier — Aperçu sur l'Histoire de l'Asie en général et de la Chine en particulier. E. Guilmoto, Paris, [1904], in-8, pp. 52.

Conférence faite en anglais, le mercredi 21 sept. 1904, à Saint-Louis, Missouri, au Congrès des Arts et des Sciences, tenu à l'occasion de l'Exposition internationale.

— A General Survey of the History of Asia, with special reference to China and the Far East by Henri Cordier. (*Congress of Arts and Science*, Universal Exposition St. Louis 1904, II, 1906, pp. 86/108.)

— * W. Coucheron-Aamot. — Die Geschichte Ostasiens nach dem Frieden von Shimonoseki. Autorisierte Übersetzung aus dem Norwegischen von K. Robolsky. Leipzig, Robert Baum, 1900, in-8, pp. 160, illustr.

— Chez l'Impératrice douairière de Chine. (*L'Orient lointain...* par le Dr. J.-J. Matignon, pp. 111/6.)

Avait paru dans l'*Illustration*, 27 juillet 1900.

— La Domesticité en Chine. Par M. le Dr. Spruyt. (*Chine et Sibérie*, Janv. 1901, pp. 1/6.)

— Ueberblick über China's Volkswirthschaft,

Verwaltung und Handel. Von Theodor Metzelthin (Berlin). — Sonderabdruck aus der Beilage zur « Allgemeinen Zeitung » Nr. 85, 86, 92, 93, 97 und 98 vom 15., 16., 23., 24., 29. und 30. April 1901. München. Druck der Buchdruckerei der « Allgemeinen Zeitung », 1901. In-8, 3 ff. prél. + pp. 92.

— * Die Fremdenfrage in chinesischer Beleuchtung von Cohn-Antenorid. (*Die Kritik*, 1. Sept. 1901.)

— Les Forces navales des différentes puissances en Extrême-Orient. Par Jean de la Peyre. (*Bull. Com. Asie française*, Juin 1902, pp. 256/263.)

— Le nom chinois des zones neutres. Par A. Vissière. (*Jour. Asiat.*, Maï-Juin 1901, pp. 545/9.)

Alleyne Ireland.

— China and the Powers Chapters in the History of Chinese Intercourse with Western Nations By Alleyne Ireland, F. R. G. S. Special Commissioner of the Colonial Commission of the University of Chicago... Boston, Privately Printed for Laurens Maynard, 1902, in-8, pp. x-140.

Tiré à 150 exemplaires.

— The Far Eastern Topics Studies in the Administration of Tropical Dependencies Hong Kong, British North Borneo, Sarawak, Burma, the Federated Malay States, the Straits Settlements, French Indo-China, Java, the Philippine Islands by Alleyne Ireland, F. R. G. S.... Westminster, Archibald Constable, 1905, in-8, pp. vii + 1 f. n. ch. + 339.

On conserve dans la Boston Public Library, Barton Room, une série de 550 cartes environ écrites à la machine réunie par Walter Alleyne Ireland formant un index des documents relatifs à la Chine publiés dans les « Sessional papers » du Parlement anglais 1801-1898.

Une fiche en tête de la collection porte la note manuscrite suivante :

« Note. — These cards give a reference to every single separate document and to many portions of documents relating to China published in the Sessional Papers of the British Parliament from 1801-1898.

At the top of each card is a general description of the document. Under this is the year, volume and official number of the document, and beneath this is the full title of the document. Alleyne Ireland. »

Maurice Courant.

— La Vie politique en Extrême-Orient (1902-1903). Par Maurice Courant. (*Ann. des Sciences polit.*, 15 nov. 1903, pp. 828/848.)

— La Vie politique en Extrême-Orient (1903-1904) par Maurice Courant. (*Ibid.*, 15 nov. 1904, pp. 816/838.)

— La Vie politique en Extrême-Orient (1904-1905) par Maurice Courant. (*Ibid.*, 15 nov. 1905, pp. 812/833.)

— La Vie politique en Extrême-Orient (1905-1906) par Maurice Courant. (*Ibid.*, 15 nov. 1906, pp. 779/812.)

— * The Government of Foreigners in China. By A. M. Latter, barrister-at-law, Shanghai. (*Law Quarterly Review*, 1903.)

— Les Puissances Européennes en Chine. Par L. E. (*Bull. Com. Asie française*, Mai 1903, pp. 196/198.)

Pékin, 5 avril 1903.

— Étude sur les relations économiques des principaux pays de l'Europe continentale avec l'Extrême-Orient par Édouard Clavery, Consul de France. Paris, Léautey, 1903, in-8, pp. 64.

Notice : *T'oung Pao*, Mars 1903, p. 75.

— Europe and the Far East by Sir Robert K. Douglas Keeper of Oriental Printed Books and Mss. at the British Museum ; and Professor of Chinese at King's College, London. Cambridge : At the University Press, 1904, in-8, pp. vii-450.

Fait partie de la collection : « Cambridge Historical Series. Edited by G. W. Prothero, Litt. D. » — Le Chap. X, pp. 169/209, *The Revolution in Japan*, qui avait paru dans la *Quarterly Review* est de M. Prothero. On a reproduit en app. un article : « On Chinese geographical terms », pp. 425/7 qui avait paru dans *The Times*, July 26, 1904.

Notices : *Lond. & China Express*, Nov. 11, 1904. — *Revue Critique*, 17 juin 1905.

— Das Chinesentum und seine Beziehungen zu der europäischen Kultur. Von Stabsarzt Dr. K. Krause. (*Asien*, 1904, No. 12, pp. 177/180 ; No. 3, pp. 33/5 ; No. 4, pp. 52/5.)

— Лихунчжанъ или Политическая Исторія Китая за послѣднія 40 лѣтъ. — Сочиненіе Лянцичао. — Перевели съ китайскаго А. Н. Вознесенскій и Чжанчинтунъ. Съ предисловіемъ Чжанчинтуна. — С.-Петер., Березовскій, 1905, in-8, pp. 15 + 2 ff. n. ch. + pp. 346, Portrait.

— * A Contemporary History of the Far East. By Michael J. F. McCarthy, B. A.... London : Hodder and Stoughton.

Notice : *Lond. & China Express*, 2 June 1905.

— * China's Foreign Relations. By T. R. Jernigan. (*Wan Kwoh Kung Pao*, XVII, Nov. 1905.)

∴

— 和約章程. Treaties of Peace, &c., &c., &c. I. Treaty between Her Majesty the Queen of Great Britain and the Emperor of China, Signed in the English and Chinese languages at Nanking, August 29th, 1842. Pages 1-10. II. Supplementary Treaty Signed by their Excellencies Sir Henry Pottinger and Kiying, at the Bogue, October 8th, 1843. Pages 11-27. III. Treaty concluded between the United States of America and the Ta Tsing Empire, Signed in the English and Chinese languages, at Wánghiá, by their Excellencies Caleb Cushing and Kiying, July 23d, 1844. Pages 29-55. IV. Treaty between His Majesty the King of the French and the Emperor of China, Signed in the French and Chinese Languages at Whampoa, October 24th, 1844. Pages 56-86. V. General regulations under which the British trade is to be conducted at the five ports of Canton, Amoy, Fuchau, Ningpo, and Shánghái. Reprinted from the *Chinese Repository*, br. pet. in-8, pp. 101, s. l. n. d. [Canton, 1844?]

— Трактаты Европейскихъ Государствъ съ Китаемъ. Кяхта, 1862, pet. in-8.

— A Hand-book of Treaties with China and Japan. *First Series*. Great Britain with China and Japan, United States of America with China and Japan, and France with China. Shanghae. Printed by A. H. de Carvalho, in-8, pp. xx-153.

Compilé par A. da Silveira.

W. F. Mayers.

— Treaties between the Empire of China and Foreign Powers together with Regulations for the conduct of Foreign Trade, &c., &c., &c. Edited by William Frederick Mayers, Chinese Secretary to Her Britannic Majesty's Legation at Peking. Shanghai : Printed and Published by J. Broadhurst Tootal, « North-China Herald » Office,... 1877, in-8, pp. VIII-225-XI + 1 f. errata.

— Le *N. C. Herald* Office avait publié en 1861 au prix de Taels 5 par ex., un vol. contenant les traités de la Grande-Bretagne, de la France, des Etats-Unis, de la Russie, de la Hollande et du Portugal avec la Chine et le Japon.

— Treaties between the Empire of China and Foreign Powers together with Regulations for the conduct of Foreign Trade, Conventions, Agreements, Regulations, etc., etc., etc. and the Peace Protocol of 1901. — First edition, 1877, edited by William Frederick Mayers, Chinese Secretary to Her Britannic Majesty's Legation at Peking. — Third and enlarged edition issued by Publishers, 1901. — Shanghai : Printed and Published at the « North-China Herald » Office. 1901, in-8, pp. XIV-318.

Fourth Edition. Shanghai : « North-China Herald » Office, 1902, in-8.

Edward Hertslet.

— Treaties and Tariffs regulating the Trade between Great Britain and Foreign Nations : and Extracts of Treaties between Foreign Powers, containing most-favoured-nation clauses applicable to Great Britain. — China. — In force on the 1st January, 1877. — By Edward Hertslet, C. B. (Librarian and Keeper of the Papers, Foreign Office). London : Butterworths [&] Harrison, 1877, in-8, pp. 251, carte.

— Treaties, &c. between Great Britain and China ; and between China and Foreign Powers ; and Orders in Council, Rules, Regulations, Acts of Parliament, Decrees, and Notifications affecting British Interests in China, — in force on the 1st January, 1896. — By Sir Edward Hertslet, K. C. B. London, Harrison, 1896, 2 vol. in-8, pp. v-421, 423 à 768.

∴

— Treaties and Conventions with or concerning China and Korea, 1894-1904, together with Various State Papers and Documents affecting Foreign Interests. — Edited by William Woodville Rockhill, Former Assistant Secretary of State of the United States, and Commissioner of the United States to China, 1900-1901. — Washington : Government Printing Office. 1904, in-8, pp. v-555, 5 cartes.

II. — PORTUGAL.

Ouvrages divers.

— Sur la première expédition des Portugais (1514) en Chine, voir une lettre d'André Corsali à Julien de Medicis, datée du 6 Janvier 1515 (*Ramusio*, i, ff. 180, 181) citée par le Col. Yule, *Cathay*, I, p. CXII. — C'est donc par erreur que l'on considère (comme Mr. W. F. Mayers, dans *Notes & Q. on C. & J.*, Vol. 2, No. 9 : *The Portuguese in China*) 1517 (expédition d'Andrade) comme la date de l'arrivée des Portugais en Chine.

— Lettre d'Andre ‖ Corsal florentin, ‖ a tres illvstre signevr ‖ Ivlian de Medicis : ‖ ecritte en Cochin, ‖ Ville des Indes, le sisiéme Iour de ‖ Ianuier, eu l'an M.D.XV. ‖ Touchant ses Voyages faitz es dites ‖ parties.

— Historiale ‖ description ‖ de l'Ethiopie, ‖ contenant vraye relation des terres, & païs du ‖ grand Roy, & Empereur Prete-Ian, l'assiette de ses ‖ Royaumes & Prouinces, leurs coutumes, loix, & ‖ religion, auec les pourtraits de leurs temples & au- ‖ tres singularitez, cy deuant non cogneues. ‖ Auec la table des choses memorables conte- ‖ nues en icelle. ‖ En Anvers, ‖ De l'Imprimerie de Christofle Plantin ; ‖ à la licorne d'or. ‖ 1558. ‖ Auec privilege royal, in-12.

— Duarte Barbosa. — Livro em que dá relação do que viu e ouviu no Oriente.

A paru d'abord dans une trad. italienne dans la collection de Ramusio. — A été publié depuis dans le Vol. II de la *Collecção de Noticias para a Historia e Geographia das Nações Ultramarinas*. Lisboa, na Typographia de Academia Real das Sciencias, 1813, in-4. — Voir Silva, II, p. 206. — Trad. en anglais d'après un ms. espagnol de Barcelone, par le Hon. E. J. Stanley en 1866 dans les publications de la Hakluyt Society, No. 35.

Fernão Lopes de Castanheda.

— Historia do ‖ descobrimento & conqui- ‖ sta da India pelos Por- ‖ tugueses. ‖ Feyta per Fernão Lopez ‖ de Castanheda. ‖ E aprouada pelos senhores deputa- ‖ dos da sancta Inquisição.

In-4 de 267 p. ch. + 2 ff. n. c. au com. pour le titre *ut supra* et le *Prologo*. — Au bas de la page 267 : Foy Impresso este pri- ‖ meiro liuro da historia da ‖ India em a muyto nobre ꝛ leal cidade de Coimbra, ‖ por Iohão da Barreyra ꝛ Iohão Aluarez, ‖ empressores del Rey na mesma vniuer- ‖ sidade. Acabouse aos seys dias do ‖ mes de Março. De ‖ M.D.LI.

Edition originale du premier livre de cet ouvrage. — Extrêmement rare. — Maisonneuve, 1881, fr. 700. — British Museum 582, e, 34.

— Ho Livro primeiro ‖ dos dez da historia do descobri- ‖ mento & conquista da India pelos Portugueses. Agora emmẽdado & ‖ acrecentado. E nestes dez liuros se contẽ todas as milagrosas façanhas que ‖ os Portugueses fizerão em Ethiopia, Arabia, Persia, E nas Indias, dentro ‖ do Ganges & fora dele, & na China & nas Ilhas de Maluco, do tempo q̃ ‖ dom Vasco da Gama conde da Vidigueira & almirante do Mar Indico ‖ descobrio as Indias, ate a morte de dom Ioão de Castro que la foy gouer ‖ nador & visorey. Em que se contem espaço de cinquoenta annos, ‖ Com priuilegio Real.

In-fol. de ccij pages c. à 2 col., goth. + 2 ff. n. c. pour le titre *ut supra* avec les Armes au-dessus ; le privilége et le prologue.

Réimpression de l'éd. de 1551. A la fin : Foy impresso este pri- ‖ meiro livro da historia da ‖ India em a muyto nobre & leal cidade de Coim- ‖ bra, por Ioão de Barreyra impressor del rey ‖ na mesma vniuersidade. Acabouse aos ‖ vinte dias do mes de Iulho. De ‖ M.D.LIIII.

Bib. nat., Oy, 66.

— Histo- ‖ ria do liuro se- ‖ gundo do des cobrimẽto & ‖ conquista da India pelos Portugueses. ‖ Feyta per Fernão lopez de ‖ Castanheda. ‖ Com priuilegio Real.

In-fol. de pp. 239 à 2 col. + 4 ff. prél. n. c. pour le tit. *ut supra* encadré, le privilége, le prologue et la table. — Fig. sur bois. Au bas de la page 239 : Foy impresso este segundo liuro ‖ da historia da India em a muyto nobre & leal cidade de Coymbra ‖ por Ioão de Barreyra, & Ioão aluarez empressores del rey na ‖ mesma vniuersidade. Acabouse aos vinte dias do ‖ mes de Ianeyro. De ‖ MD.LII.

Ed. originale de ce livre. — Bib. nat., Oy, 66.

— Ho ter- ‖ ceiro liuro da ‖ historia do descobrimento & con- ‖ quista da India, polos Portugue- ‖ ses Feito por Fernão lopez de ‖ Castanheda. ‖ Com priuilegio Real. ‖ Em Coimbra. ‖ M.D.LII.

In-fol. de pp. 311 c. [la dern. c. par erreur 303] à 2 col. + 2 ff. n. c. au com. pour le titre encadré, le priv. et le prol. et 2 ff. n. c. à la fin pour la table. Au bas de la page 311 : Colophon *ut supra*... Acabouse aos doze dias ‖ do mes Doutubro. De ‖ MDL.II.

Ed. orig. de ce livre. — Bib. nat, Oy, 66. — Maisonneuve pour ces deux livres, fr. 450.

— Os liuros ‖ quarto & quĩ- ‖ to da historia ‖ do descobrimento & cõquista ‖ da India pelos Portu- ‖ gueses. ‖ Com privilegio Real. ‖ M.D.LIII.

In-fol. de ccx pp. c. à 2 col., goth. + 1 f. à la fin pour le privil. et 4 ff. au com. pour le titre *ut supra* encadré, la table, le prol. et des vers latins. A la fin, p. ccx : Acabouse de empremir a presen ‖ te obra per João da barreira ꝛ Joã ‖ aluares em a muyto nobre ꝛ sempre ‖ leal cidade de Coimbra. Aos xv. ‖

Ed. orig. de ce livre.

— Ho sex- ‖ to Liuro da ‖ historia do descobri- ‖ mento & conqui- ‖ sta da India ‖ polos ‖ Portugueses. Feyto por ‖ Fernão Lopez de ‖ Castanheda. ‖ Impresso em Coymbra. ‖ Com privilegio Real. ‖ M.D.LIIII.

In-fol. de pp. cxcviij c., goth., à 2 col. + 2 ff. n. c. pour le titre encadré *ut supra*, le privil. et les armes. A la p. 198 : A qui faz fim ho seysto libro da hi- ‖ storia do descobrimẽto ꝛ cõquista da India pelos portugueses. Feyto por ‖ Fernão lopez de Castanheda. E impresso em a muyto nobre ꝛ ‖ sempre leal cidade de Coymbra per João de barreira ‖ empremidor da vniuersidade. Acabouse aos ‖ iij. dias do mes de Fenereiro de ‖ M.D.LIIII.

Ed. orig. de ce livre.

— Ho ‖ seitimo ‖ liuro da histo- ‖ ria do descobrimento ꝛ con- ‖ quista da India pelos ‖ Portugueses. ‖ Feyto por Fernã Lopez de ‖ Castanheda. Com privilegio Real. ‖ 1554.

In-fol. de clxvi pp. n. c., goth., 2 col. + 2 ff. n. c. au com. pour le titre encadré *ut supra*, le priv. et le prologue.

Ed. orig. de ce livre.

— Ho Octavo ‖ liuro da historia do ‖ descobrimẽto & cõ- ‖ quista da India pelos ‖ Portugueses. ‖ Feyto por Fernão Lopez de ‖ Castanheda, que ‖ Deos tem. ‖ Impresso em Coimbra. ‖ Com Real Privilegio. ‖ M.D.LXI.

In-fol. de pp. 283 c. à 2 col. + 2 ff. au com. pour le titre *ut supra* encadré et le prologue des fils de Castanheda. A la p. 283 : Foy impresso este Octavo liuro da historia da India em ‖ a muyto nobre & leal cidade de Coimbra, por ‖ Ioão de Barreyra impressor del Rey ‖ na mesma vniversidade. Aca- ‖ bouse aos vintaseys dias ‖ do mes Dagosto de ‖ 1561. annos.

Ed. orig. de ce livre. — Bib. nat., Oy, 66, Réserve.

Nous avons consulté pour ces 8 livres l'ex. du British Museum relié en 2 vol. in-fol. C. 33 m.

Castanheda, né à Santarem ; † à Coimbre, le 23 mars 1559.

— Le Cat. 375, 25 Aug. 1887, de Quaritch, mentionne deux ex. complets des huit premiers vol. de Castanheda en éd. originales, Coimbra, Barreyra. (38458) relié en 3 vol. in-fol., exemp. du Duc de Sunderland, veau, armes du duc sur les plats ; autog. de Castanheda à la fin du 1er et du 5e livre. £ 150. — (38459) relié en 5 vol. in-fol., ex. de Lord Crawford (No. 632, Lond., Juin 1887), en veau. Cet ex. incomplet avait appartenu à Colbert, au Chevalier de Fleurieu (200 fr.) et Heber (£ 19). En 1835 il passa entre les mains du Earl of Crawford (alors Lord Lindsay) qui le compléta ; autog. de l'auteur sur la p. blanche à la fin du livre V. £ 100. — Le premier vol. était cependant de la réimpression de 1554.

— Historia do Descobrimento Conquista da India pelos Portugueses por Fernão Lopez de Castanheda. Lisboa, na Officina de Simão Thaddeo Ferreira, 1797, 2 vol. in-8.

Publié par le professeur Francisco José dos Santos Marrocos.

Maisonneuve, 1871, fr. 12.

— Historia ‖ do ‖ Descobrimento ‖ e ‖ Conqvista da India ‖ pelos ‖ Portvgveses ‖ por ‖ Fernão Lopez de Castanheda. ‖ Nova Edição. ‖ Lisboa. M.DCCC.XXXIII. ‖ Na Typographia Rollandiana. ‖ Por Ordem superior, 8 vol. in-4.

Contient l'ouvrage entier de Castanheda.

Maisonneuve, 1881, fr. 80.

∴

— Historia del des: ‖ cvbrimiento y con= ‖ quista dela India por los Portugueses, ‖ compuesta por Hernan Lopez de Casta= ‖ ñeda en lenguaje Portugues, y tra= ‖ duzida nueuamente en Ro= ‖ mance Castellano ‖ Dirigida al muy ilustre señor don Luys ‖ de Auila y Çuñiga Comendador ‖ mayor de Alcantara, &c. ‖ En Anvers. ‖ En casa de Martin Nucio. ‖ M.D.LIIII. ‖ Con Preuilegio Imperial. Pet. in-8, ff. 220 c. + 6 ff. n. c. à la fin pour la table.

Trad. du premier livre. — British Museum, 800, d, 25.

— Historia ‖ dell' Indie ‖ Orientali, ‖ Scoperte, & conquistate da' Portoghesi, di com- ‖ missione dell' Inuittissimo Re Don ‖ Manuello, di gloriosa memoria. ‖ Nella quale, oltre alle strane vsanze, maniere, riti e costumi di ‖ quelle genti ; si uiene anco in nótitia di molte Guerre fatte in ‖ quei paesi ; & di molte Prouincie, Isole, Città, Castelli, Fiumi, ‖ Monti, Laghi, Mari, Minere di metalli, Perle, Gioie, Ani- ‖ mali, droghe di specierie, & di molte altre cose degne di me- ‖ rauiglia. ‖ Distinta in Libri VII. ‖ Composti dal Sig. Fernando Lopes ‖ di Castagneda. ‖ Et nuouamente di lingua Portoghese in Italiana tradotti ‖ dal Signor' Alfonso Vlloa. ‖ Parte prima. ‖ [et Parte seconda] con le sve Tavole copiosissime. ‖ Con privilegio. ‖ In Venetia, Appresso Giordano Ziletti. MDLXXVII. 2 vol. in-4.

British Museum, 582, g, 13. — Bib. nat., Oy, 70.

— Le même... MDLXXVIII. 2 vol. in-4.

British Museum, 279, d, 28.

— ¶ The first Booke ‖ of the Histo- ‖ rie of the Discouerie and Con- ‖ quest of the East Indias, enterprised by ‖ the Portingales, in their daungerous ‖ Nauigations, in the time of King ‖ Don Iohn, the second of that ‖ name. ‖ Which Historie conteineth ‖ much varietie of matter, very profitable ‖ for all Nauigators, and not vnplea- ‖ saunt to the Readers. ‖ Set foorth in the Por- ‖ tingale language, by Hernan ‖ Lopes de Castaneda. ‖ And now trans- ‖ lated into English, by ‖ N. L. Gentleman. ‖ ¶ Imprinted at London, by ‖ Thomas East. 1582.

In-4 de 164 ff. c. + 6 ff. n. c. au com. pour le tit., la dédicace du traducteur, Nicholas Lichefild [Lichfield], à Sir Fraunces Drake, et le Prologue au Roi de Portugal. — Au recto du f. 164 : Imprinted at London by ‖ Thomas East, dwelling betweene ‖ Paules Wharf and Bay- ‖ nards Castle. 1582.

British Museum, 582, e, 4. — Quaritch, 1883, m. b., Livres 16 — (Ex. Beckford).

— Le premier livre ‖ de l'histoire de l'Inde, ‖ contenant commẽt l'Inde a esté decouuerte ‖ par le commãdement du Roy Emanuel : ‖ & la guerre que les capitaines Portu- ‖ galois ont menee contre Samorin ‖ Roy de Calecut : faict par Fernãd ‖ Lopes de Castagneda : & tra- ‖ duit de Portuguès en

Frã- ‖ çois par Nicolas de ‖ Grouchy. ‖ De l'imprimerie de Michel de Vascosan, demou- ‖ rant à l'enseigne de la Fontaine, rue S. Iaques. ‖ M.D.LIII. ‖ Avec privilege. In-4, 173 ff. c. pour le tit., priv., etc., et le texte.

British Museum, 582, g, 17. — Bib. nat., Oy, 67.

— L'histoire ‖ des Indes de Por- ‖ tvgal contenant comment l'Inde a este de- ‖ couverte, par le commandement du Roy Ema- ‖ nuel, & la guerre que les capitaines Portugalois ‖ ont menee pour la conqueste dicelles, faict par ‖ Fernand Lopez de Castañeda, & traduict ‖ de Portuguès en François par Ni- ‖ colas de Grouchy. ‖ En Anvers ‖ Par Iehan Steelsius à lescu de Bourgoigne. ‖ Lan M.D.LIIII. ‖ Avec priuilege Imperialle. Pet. in-8 de 211 ff. n. c. + 4 ff. n. c. au com. pour le tit., le priv., l'epitre de Grouchy à Charles Martel, Seigneur de Baqueville, et celle au lecteur de Pierre Delamare, viconte du duché de Longueville.

Trad. du premier livre. — British Museum, 583, a, 39.
Maisonneuve, 1871, fr. 50.

Osorio.

— Histoire ‖ de Portvgal, ‖ contenant les entreprises, ‖ nauigations, & gestes memorables des Portugallois, tant ‖ en la cõqueste des Indes Orientales par eux descou- ‖ uertes, qu'és guerres d'Afrique & autres exploits, depuis ‖ l'an mil quatre cens nonãte six, iusques à l'an mil cinq cens ‖ septante huit, sous Emmanuel premier, Iean troisiesme, & ‖ Sebastian premier du nom. ‖ Comprinse en vingt livres, dont les ‖ douze premiers sont traduits du latin de Ierosme Osorivs, ‖ Euesque de Sylues en Algarve, les huit suiuans prins de ‖ Lopez de Castagnede & d'autres historiens. ‖ Nouuellement mise en François par S. G. S. Auec un discours du fruit qu'on ‖ peut recueillir de la lecture de ceste histoire, & ample Indice des ‖ matieres principales y contenues. ‖ De l'Imprimerie de François Estienne, ‖ Pour Antoine Chuppin ‖ M.D.LXXXI. In-fol., pp. 762 + 6 ff. n. c. au com. et 10 ff. n. c. à la fin pour la généal. d'Emmanuel et la table.

British Museum, 182, g, 6.

— Histoire ‖ de Portvgal, ‖ contenant les entre- ‖ prises, nauigations, & gestes memorables des ‖ Portugallois, tant en la conqueste des Indes ‖ Orientales par eux descouuertes, qu'ès ‖ guerres d'Afrique & autres exploits, depuis ‖ l'an mil quatre cens nonante six, sous Emma- ‖ nuel I. Iean III. & Sebastian I. du nom. ‖ Comprinse en vingt Liures, dont les douze premiers sont traduits ‖ du Latin de Ierosme Osorivs, Euesque de ‖ Sylues en Algarve, les huit suyuans prins de Lopez ‖ Castagnede & d'autres Historiens. ‖ Nouuellement mise en François, par S. G. S. Auec vn ‖ discours du fruict qu'on peut recueillir de la lecture de ‖ ceste histoire, & ample Indice des matieres principales ‖ y contenuës. ‖ A Paris, ‖ chez Abel l'Angelier, au premier pillier ‖ de la grand' salle du Palais. ‖ M.D.LXXXVII. ‖ Auec priuilege du Roy. In-8, 680 ff. c. + 8 ff. n. c. au com. pour le titre, S. G. S. à Nicolas Pithou, le discours au lecteur, et le répertoire des années de cette histoire + 22 ff. n. c. à la fin pour la généal. d'Emmanuel, roi de Portugal, et l'Indice.

S. G. S. = Simon Goulard, Senlisien.

João de Barros.

— Asia de Joam de Barros | dos ‖ fectos que os Portugueses fize- | ram no descobrimento ⁊ ‖ conquista dos ma- ‖ res ⁊ terras do ‖ Oriente. ‖ Impressa per Germão Galharde em ‖ Lixboa : a. xxviij. de Junho ‖ anno de . m . $^{\text{c}}_{\text{v}}$. lij. Gr. in-fol. goth. 128 ff. c. + 4 ff. n. c. au com. pour le titre, l'errata et la table.

— Segunda decada da Asia de Joã ‖ de Barros dos feitos que os ‖ Portugueses fizeram no ‖ descobrimẽto ⁊ cõqui- ‖ sta dos mares ⁊ ter- ‖ ras do oriente. ‖ Impressa per Germão Galharde em ‖ Lixboa. aos. xxiiij. dias de ‖ Março de M.D.L.iij, gr. in-fol. goth. de 143 ff. c. + 2 ff. n. c. au com. pour le tit., et la table.

British Museum, 150, i, 4.

— Terceira ‖ decada da Asia de ‖ Ioam de Barros : ‖ Dos feytos que os Portugueses ‖ fizeram no descobrimento ‖ & conquista dos mares ‖ & terras do ‖ Oriente. ‖ Em Lisboa ‖ Por Ioam de Barreira. ‖ M.D.LXIII, in-fol. de ff. 266 c. + 8 ff. n. c. au com. pour le tit., la tab. et le prol.

A la fin : Foy impressa a presente obra em Lixboa, por Ioam de Barreira ‖ impressor del Rey nosso senhor. Acabouse aos ‖ xviij. dias do mes de Agosto. De ‖ M.D.LXIII.

Bib. nat., Oy, 72.

« Em um dos exemplares que examinámos lê-se tamben, por omissão typographica, M.D.LIII. » (Figaniere.)

— Qvarta Decada ‖ da Asia ‖ de Ioão de Barros ‖ Dos feitos que os Portugueses ‖ fizerão no descobrimento, e con- ‖ quista dos mares, é terras ‖ do Oriente. ‖ Em Madrid na Impressão Real. ‖ M.DC.XV. In-fol. de pp. 711 + 11 ff. n. c. pour le titre gravé, les priv., déd. de l'éditeur Ioão Baptista Lavanha, l'appologia de Barros et 6 ff. n. c. à la fin pour les tables.

On lit au bas du dernier f. : Em Madrid, MDCXV. Por Anibal Falorsi.

Sur le f. qui suit le front. gravé avec le titre *ut supra*, on lit : Qvarta decada da Asia de Ioão de Barros. Dedicada a el Rei Dom Philippe II. Nosso Senhor. Reformada accrescentada e ilvstrada com notas e taboas geographicas por Ioão Baptista Lavanha.

British Museum, 582, i, 8.

— Decada primeira ‖ da Asia de ‖ Ioão de Barros ‖ dos feitos qve os Por- ‖ tvgveses fezerão no descobri- ‖ mento & conquista dos mares & terras ‖ do Oriente. ‖ Dirigida ao Senado da cama- ‖ ra desta cidade de Lisboa. ‖ Em Lisboa ‖ Com todas as licenças necessarias. ‖ Impressa per Iorge Rodriguez. Anno de 1628. ‖ Aa custa de Antonio Gonçaluez mercador de liuros. In-fol.

— Decada segvnda... Anno de 1628. In-fol.

— Decada terceira... Anno de 1628. In-fol.

On complète ces trois décades par la décade IV de Madrid, 1615.

British Museum, 582, i, 11.

— * Decada primeira da Asia de João de Barros... novamente dada á luz, e offerecida ao Senhor João Britow's. Lisboa, na Offic. da Pedro Ferreira, 1752, in-fol., ff. VI/208.

Cité par R. Pinto de Mattos.

∴

— Trad. en holl. dans la coll. de Van der Aa (voir col. 1942) et en italien dans celle de Ramusio (voir col. 1938-9).

— L'Asia del S. Giovanni di Barros, Consigliero del Christianissimo Re di Portogallo de' fatti de' Portoghesi nello scoprimento, & conquista de' Mari & Terre di Oriente. Nella quale oltre le cose appartenenti alla militia, si ha piena cognitione di tutte le Città, Monti, & Fiumi delle parti Orientali, con la descrittione de' paesi, & costumi di quei popoli. Nuouamente di lingua Portoghese tradotta, dal S. Alfonso Vlloa. Con priuilegio dell' illustrissimo Senato Veneto. In Venetia, Appresso Vincenzo Valgrisio. MDLXII, 2 vol. in-4.

Trad. des deux premières décades de Barros.

British Museum, 280, k, 16.

— L'Asie de Barros, ou l'histoire des Conqvestes des Portvgais avx Indes Orientales. Partie premiere, pp. 16. (*Relations de divers Voyages curieux... par M. Melchisedec Thevenot...* II, Paris, M.DC.XCVI, in-fol.)

— Geschichte der Entdeckungen und Eroberungen der Portugiesen im Orient, vom Jahr 1415 bis 1539 nach Anleitung der Asia des João de Barros. Von Dietrich Wilhelm Soltau. In Fünf Theilen. Braunschweig, bey Friedrich Vieweg, 1821, 5 vol. in-8.

— Die Asia des Joao de Barros in wortgetreuer Uebertragung von Dr. E. Feust. Ersten Bandes erste Hälfte. Nürnberg, Verlag von Theodor Cramer. 1844, in-4, pp. XIV-191 + 1 f. n. c. pour les errata.

Diogo do Couto.

— Decada qvarta da Asia... por Diogo do Covto... Em Lisboa. Impresso por Pedro Crasbeeck... Anno M.DCII. In-fol.

— Decada qvinta... Pedro Crasbeeck... Anno 1612, in-fol.

— Decada sexta... Pedro Crasbeeck... Anno 1614. In-fol.

« Os poucous exemplares d'esta Decada, que escaparam ao incendio em que se consumiu grande parte da edição, andam sem folha de rostos ; vimos porém alguns que a trazem de impressão mais moderna, e em que se acha estampado o titulo supra. » (Figaniere.)

— Decada setima... Pedro Crasbeeck... Anno 1616, in-fol.

British Museum, 582, i, 13.

— Decada ovtava ‖ da Asia ‖ dos feitos qve os Portvgvezes ‖ fizerão no descobrimento dos mares, & conquistas ‖ das terras do Oriente : em quanto gouernarão a ‖ India Dom Antão de Noronha, & Dom ‖ Luis de Ataide. ‖ Por Diogo do Covto ‖ Chronista, & Guarda mõr da Torre do Tombo do Estado ‖ da India. ‖ Lisboa. ‖ A custa de Ioam da Costa, & Diego Soarez. ‖ M. DC.LXXIII. ‖ Com todas as licenças necessarias. In-fol., pp. 247 + 4 ff. n. c. au com. pour la déd., le prol., etc.

British Museum, 148, e, 19.

— Cinco Livros ‖ da decada doze ‖ da historia da India ‖ por ‖ Diogo do Covto ‖ Chronista & Guarda mór da Torre do ‖ Tombo do Estado da India. ‖ Tirados a luz pello Capitão M^el^ Frz de Villa Real Cavalleiro ‖ fidalgo da casa do serenissimo Dom Ioao IV. Rey de ‖ Portugal nosso senhor, Residente na Corte de Pariz ‖ e Consul da Nação Portugues a nos ‖ Reynos de França. ‖ Com licença e Previlegio. ‖ Em Pariz. ‖ Anno M.DC.XLV, in-fol. à 2 col.

British Museum, 582, i, 19.

— * Decadas da Asia, que tractam dos mares que descobriram, armadas que desbarataram, exercitos que venceram, e das acções heroicas e façanhas bellicas que obraram os Portuguezes nas conquistas do Oriente. Lisboa Occidental, na Officina de Domingos Gonçalves, 1736, 3 vol. in-fol.

« O 1. contém as Decadas IV. e V. O 2. a Decada VI. O 3. a VII. a VIII. e a IX. até ahi inedita. » (Figaniere.)

— Da Asia de João de Barros e de Diogo de Couto. Nova edição offerecida a sua Magestade D. Maria I. Rainha fidelissima &c. &c. &c. Lisboa, Na Regia Officina Typografica, Anno MDCCLXXVIII., Com Licença da Real Meza Censoria, e Privilegio Real. 24 vol. pet. in-8 (1778-1788).

British Museum, 978, c, 1/24.

Manuel de Faria e Sousa.

— Asia ‖ Portvgvesa. ‖ Tomo I. ‖ de Manvel de Faria y Sovsa ‖ Cauallero de la Orden de Christo, ‖ y de la Casa Real. ‖ Dedicala su hijo el Capitan Pedro de ‖ Faria y Sousa. ‖ Al Rey N. S. ‖ Don Alonso VI. ‖ de Portugal, &c. ‖ Lisboa. ‖ En la Officina de Henrique Valente de ‖ Olíueira Impressor del Rey N. S. ‖ Año 1666. In-fol, 396 pp. c. + 16 ff. n. c. au com. pour le tit. encadré, la déd., &c.; et 21 ff. n. c. à la fin pour la table.

Réimp. en 1703, Lisboa, por Bernardo da Costa Carvalho.

— Asia ‖ Portvgvesa. ‖ Tomo II. ‖ ... ‖ Dedicala... ‖ al Principe N. S. ‖ D. Pedro Regente, ‖ y gobernador destos ‖ Reynos de Portvgal, &c. ‖ Lisboa ‖ En la Officina de Antonio Craesbeeck ‖ de mello Impressor de sua Alteza ‖ año 1674. In-fol., pp. 968 c. dont 883 pour le texte et le reste pour la table + 4 ff. n. c. au com. pour le titre encadré, etc. et 1 à la fin pour la fin de la table et les errata.

— Asia ‖ Portvgvesa. ‖ Tomo III. ‖ ... Lisboa... Año 1675. In-fol. de pp. 564 c. + 4 ff. n. c. au com., et 3 ff. n. c. à la fin pour la table et les errata.

— The Portugues Asia : ‖ or, the ‖ History ‖ of the ‖ Discovery and Conquest ‖ of ‖ India ‖ by the ‖ Portugues ; ‖ containing ‖ All their Discoveries from the Coast of ‖ Africk, to the farthest Parts of China and ‖ Japan; all their Battels by Sea and Land, ‖ Sieges and other Memorable Actions ; a ‖ Description of those Countries, and many ‖ Particulars of the Religion, Government ‖ and Customs of the Natives, &c. ‖ In Three Tomes. ‖ Written in Spanish by Manuel de Faria y Sousa, ‖ of the Order of Christ. ‖ Translated into English by Cap. John Stevens. ‖ London, Printed for C. Brome, at the Sign of ‖ the Gun, at the West-End of St. Pauls. 1695. 3 vol. in-8.

British Museum, 582, e, 6.

A. Ljungstedt.

— Contribution to an historical sketch of the Portuguese Settlements in China, principally of Macao, of the Portuguese envoys & ambassadors to China, of the Roman Catholic Missions in China and of the papal legates to China. By A. L. Knt. Macao : China, 1832, pet. in-8, pp. XII + 1 f. n. ch. p. l. tab. + 174 + 1 f. n. ch. er.

Imprimé à 100 exemplaires.

De nombreux extraits de cet ouvrage sont donnés dans le *Chinese Repository* avec un compte-rendu du Rev. E. C. Bridgman : Vol. I, pp. 398/408 et 425/446. — Cet article du *Chinese Repository* a été réimprimé dans *The Cycle* du 16 Juillet 1870.

— Portuguese in China : Contribution to an historical sketch of the Roman Catholic Church at Macao ; and the Domestic and Foreign Relations of Macao. By A. L. Knt. Canton, China : 1834, pp. 53.

C'est la continuation de l'ouvrage précédent. Il y en a un compte-rendu dans le *Chinese Repository* par le Rev. E. C. Bridgman : Vol. III, pp. 289 et seq.

— Contribution to an historical sketch of the Roman Catholic Church at Macao ; and the Domestic and Foreign Relations of Macao. — By A. L. Knt. — Canton — China. 1834, br. in-8, pp. 53.

— An Historical Sketch of the Portuguese Settlements in China ; and of the Roman Catholic Church and Mission in China. By Sir Andrew Ljungstedt, Knight of the Swedish Royal Order Waza. — A supplementary Chapter, Description of the City of Canton, Republished from the *Chinese Repository*, with the Editor's permission. Boston : James Munroe & Co., MDCCCXXXVI. In-8, pp. XV-323-XVIII ; pl.

Preface. — Preface [de l'ouvrage de 1832]. — Works consulted. — Contents. — I. Temporary Settlements. — II. Fixed Settlements at Macao. — III. Suburban Settlements. — Roman Catholic Church and Missions in China. — Appendix. — Description of the City of Canton. — Index to the « Historical Sketch of the Portuguese Settlements in China ».

On trouvera dans l'Appendice (No. VIII, pp. 212 et seq.) : « Twelve Articles in Chinese, of a Convention, dated Këenlung's XIVth year, corresponding to 1749, by which the Mandarins rule. » — And « Eleven Articles of a Convention, dated 9th November, 1749 : to them the Portuguese Government of Macao adhere. »

La portion de l'ouvrage, relative à Macao, qui s'étend de la p. 10 à la p. 16 a été réimp. dans le *Shai. Budget*, 12 fév. 1874.

Le prospectus de l'ouvrage a été imprimé dans le *Ch. Rep.*, III, 1835, pp. 533 et seq.

« To a great extent the *Historical Sketch* is the outcome of painstaking researches on the part of two Portuguese scholars : from Professor Miranda e Lima, who once projected writing a history of Macao himself, Ljungstedt obtained valuable papers ; and from Bishop Saraiva, access to a mass of documents of great historic interest. » (*Historic Macao*, by Montalto de Jesus, pp. 22/3.)

Notice étendue dans *Portugal e os Estrangeiros*, I, 1879, No. 767.

L'ouvrage a été traduit en portugais en 1893 dans le journal de Macao : *Echo Macaense*, sous le titre de :

— Esboço historico dos estabelecimentos portuguezes na China, por Sir Andrew Ljungstedt, publicado em Boston no anno de 1836. (Vertido do inglez.)

Ljungstedt, né à Linköping (Suède), en 1759, ancien employé de la Cie. suédoise des I. O., était consul de sa nation à Canton. — Voir ses lettres à l'archevêque d'Upsal, J. A. Lindblom, insérées dans *Brefväxling* [Correspondance] par Gjörwell, Vol. VI, p. 101 et p. 152 : *a*) Canton, 4 janvier 1807 (relation de l'état présent de la religion chrétienne en Chine) ; *b*) Canton, 24 février 1809 (relation des luttes entre l'Angleterre et la Chine). — Andrew Ljungstedt est mort à l'âge de 76 ans et demi, le 10 novembre 1835.

Divers.

— *Papers relating to Portugal, etc.* 16th and 17th cent. Span. and Portug.

British Museum, Ms. *Add.* 28461, Cf. *Revue de l'Extrême-Orient*, II, No. 4, 1884, p. 580.

Le premier mémoire de ce vol. in-fol., occupe 3 ff. 1/2 et a pour titre :

Breue informação sobre algu'as cousas das Ilhas da China.

Voir ff. 164/170 : Relação da fortalesa poder etrato com os Chinas, que os Olandeses tem na Ilha fermosá dada por Saluador Diaz natural de Macaó, que la esteue Catius efugio em hũa soma em Abril do anno de mil e seis centos e vinte seis.

— * Prodigieux événements de notre temps arrivés à des Portugais dans un voyage extrêmement dangereux du côté de la Chine par J. B. Maldonade. Mons, 1693.

Portugal e os Estrangeiros, No. 301 : Jean-Baptiste Maldonado, S. J., né à Mons, 15 oct. 1634 ; † au Cambodge, 5 août 1699.

— Résumé des Voyages, découvertes et conquêtes des Portugais en Afrique et en Asie, aux XVme et XVIme siècles, par Mme H. Dujarday. Paris, H. Fournier jeune, 1839, 2 vol. in-8, pp. II-400, 331.

— Indice chronologico das Navegações, Viagens, Descobrimentos, e Conquistas dos Portuguezes nos Paizes ultramarinos desde o principio do seculo XV. Lisboa, Na Imprensa nacional, 1841, in-8, pp. VIII-283.

— Ensaios sobre a Statistica das possessões Portuguezas na Africa occidental e Oriental ; na Asia occidental ; na China, e na Oceania : escriptos de ordem do governo de sua Magestade fidelissima a Senhora D. Maria II. por José Joaquim Lopes de Lima... Ordenados em seis Livros. Lisboa, na imprensa Nacional, 1844, in-4.

— Voir dans le *N. C. Herald* du 28 juillet 1871 la Convention entre le Commissaire impérial de Canton et le Portugal, 13 avril 1845, et le traité du 13 août 1872.

— Expéditions portugaises aux Indes Orientales par M. L. Candau, ancien chef d'institution. Tours, Mame, 1857, in-12, pp. 140 ; 1 grav.

Autres éditions : 1858 et 1860. — Ce n'est qu'un résumé des voyages de Pinto. — Cet ouvrage fait partie de la *Bibliothèque des écoles chrétiennes approuvée par Mgr. l'Evêque de Nevers. 3e Série.* — Bib. nat., Oy, 103.

— Concordat entre le Saint Siége et le Portugal sur le patronat des Indes et de la Chine. (Lisbonne, 21 février 1857 — Camillo, cardinal Di Pietro, pro-nonce apostolique, Rodrigo de Fonseca Magalhaes.)

Trad. franç. dans les *Annales eccl.* de Chantrel, pp. 501/504 [série pub. en 1861].

— Une question catholique aux Indes et en Chine. — Le Portugal et le Concordat avec le Saint Siége par Léon Pagès, ancien attaché à la Légation de Chine. — Extrait de l'*Ami de la Religion.* Paris, De Soye et Bouchet, 1858, br. in-8, pp. 23.

— Memorias sobre as Possessões Portuguezas na Asia. Escriptas no anno de 1823 por Gonçalo de Magalhães Teixeira Pinto. Desembargador da Relação de Goa. e Agora publicadas com breves notas et additamentos de Joaquim Heliodoro da Cunha Rivara. Nova-Goa. 1859. Na imprensa Nacional. In-16, pp. VI-194 + 1 f. d'errata.

— The Life of Prince Henry of Portugal, surnamed the Navigator ; and its results : comprising the discovery, within one century, of half the World. With new facts in the discovery of the Atlantic Islands ; a refutation of French Claims to priority in discovery ; Portuguese knowledge (subsequently lost) of the Nile Lakes ; and the History of the Naming of America. From Authentic Cotemporary Documents. By Richard Henry Major... Illustrated with Portraits, Maps, etc. London, A. Asher, 1868, in-8, pp. LII-487.

Voir Chap. XX, pp. 389/419 : RESULTS EASTWARD, 1487-1517... Discovery of Coast of China in 1517. French Claims to first discovery of China disproved.

— The Discoveries of Prince Henry the Navigator, and their results ; being the Narrative of the discovery by sea, within one century, of more than half the World. By Richard Henry Major, F. S. A. Keeper of the Department of maps and charts in the British Museum, Hon. Sec. of the Royal Geographical Society. Illustrated with Portraits, Maps, etc. Second edition. London : Sampson Low, Marston, Searle, & Rivington, 1877, in-8, pp. X + 1 f. n. c. + pp. 326.

— Authorities for the History of the Portuguese in India. By T. W. H. Tolbort, B. C. S. (*Jour. As. Soc. of Bengal*, XLII, No. 3, 1873.)

— Os Portuguezes em Africa, Asia, America e Oceania ou Historia chronologica dos Descobrimentos, Navegacões, Viagens e

Conquistas dos Portuguezes nos Paizes ultramarinos Desde o principio da Monarchia até ao seculo actual Obra classica e ornada de estampas. Segunda edição. Lisboa, Antonio Maria Pereira, 1877, 7 vol. in-8.

A d'abord paru sous le titre :

— Os Portuguezes em Africa, Asia, America, e Oceania. Obra classica. Lisboa, Typographia de Borges, 1849-1850, 7 vol. in-8.

— Supplemento á Collecção dos Tratados, Convenções, Contratos e Actos publicos celebrados entre a Corõa de Portugal e as mais potencias desde 1640 coordenados pelo Visconde de Borges de Castro e continuação por Julio Firmino Judice Biker primeiro official, Chefe de Repartição, Archivista e Bibliothecario do Ministerio dos Negocios estrangeiros. Lisboa, Imprensa nacional, 1878, in-8, pp. 446.

Ce Vol. XV est le Vol. VII du Supplément de la Collection. — Il contient des documents de 1799 à 1839 et est particulièrement intéressant pour les agissements des Anglais à Macao sous le premier Empire. Le Mémoire de M. de Santarem sur Macao, réimp. en 1879, occupe les pp. 236 et seq. Voir col. 2323.

— Portugal e os Estrangeiros. Estudos de Manoel Bernardes Branco... Lisboa, 1879, 2 vol. in-8.

Contient quelques notices bibliographiques, peu importantes d'ailleurs, sur la Chine.

— Malaca l'Inde méridionale et le Cathay. — Manuscrit original autographe de Godinho de Eredia, appartenant à la Bibliothèque royale de Bruxelles reproduit en fac-simile et traduit par M. Léon Janssen, membre de la Société de Géographie de Bruxelles avec une préface de M. Ch. Ruelens, Conservateur à la Bibliothèque royale, membre du Comité de la Société de Géographie de Bruxelles. — Bruxelles, C. Muquardt, 1882, gr. in-4.

Tiré à 120 exemplaires.

La préface de Ruelens est reproduite dans les *Annales de l'Ext. Orient*, 1881-1882, IV, pp. 337/347.

— Les possessions portugaises dans l'Extrême-Orient. Par C. G. (*Ibid.*, 1882-1883, V, pp. 321/339, 353/369.)

C. G. = Ch. Grémiaux. — Tirage à part, Paris, 1883, in-8, pp. 36.

Notice : *Revue d'Ethnographie*, III, No. 1, 1884, pp. 82/83. (Par J. M.[ontano].)

— Portuguese Nomenclature in China. By E. H. Parker. (*China Review*, XVIII, No. 4, p. 261.)

— Early Portuguese Trade in Fuhkien. By Geo. Phillip. — Voir col. 2330.

— Carta chorographica das Possessões Portuguezas ao sul do imperio da China feita e desenhada pelo tenente Ramiro da Roza S. S. G. L. 1891. 1891. — Lithographia da Imprensa Nacional. 1 feuille in plano.

— Early Portuguese Commerce and Settlements in China. By Z. Volpicelli. (*Journ. C. B. R. A. S.*, XXVII, N. S., No. 1, 1892/93, pp. 33/69.)

— Portuguese Discoveries Dependencies and Missions in Asia and Africa compiled by the Rev. Alex. J. D. D'Orsey B. D. Cambridge... London, W. H. Allen, 1893, pet. in-8, pp. xvi-434.

— A questão do Extremo-Oriente e o Papel de Portugal no «Desconcerto» europeu. (*Ta-ssi-yang-kuo*, Ser. I, Vol. II, 1900-1, pp. 587/595, 639/654, 709/719; Ser. II, Vol. III, 1902, 39/58, 108/120, 326/346, 406/424; Vol. IV, 1903, 429/491, 532/570, 573/599, 637/673.

Les articles ont porté après les premiers parus le titre : «A questão do Extremo-Oriente e a Missão portugueza á China.»

— Un nouveau traité sino-portugais. (*Bull. Com. Asie française*, février 1905, pp. 82/3.)

— Outre les bibliographies de Figaniere (*Relações e noticias da Asia*, pp. 159 et seq., de la *Bibliographia historica Portugueza*, 1851) et de Silva (*Diccionario bibliographico. Portuguez*) déjà cité (Préface, Notes 5 & 6, p. v) on pourra également consulter :

— Bibliotheca historica de Portugal, e seus Dominios ultramarinos : ... Lisboa... Anno m.dccci, in-4.

Par José Carlos Pinto de Sousa.

— Manual bibliographico Portuguez de livros raros, classicos e curiosos coordenado por Ricardo Pinto de Mattos revisto e prefaciado pelo Snr. Camilio Castello Branco. Porto, Livraria Portuense, 1878, in-8, pp. xii-582 + 1 f. n. c. pour les errata.

— F. M. Pinto. Voir col. 2065/2070.

— Voir le vol. de traités publiés par Mayers, etc., et Henri Cordier, *Hist. des Relations*, I, pp. 141/7.

Ambassades.

Thomas Pires.

— Scheeps-Togt door Fernando Perez d'Andrade, als Opperhoofd der Vloot, uit last des Konings Don Manuel van Portugaal, Van *Malacca* afgezonden na de *Golf van* Bengale en Kusten van China, in 't Jaar 1516. Verhaalende (behalven desselfs Ontdekking van 't Eiland Sumatra, en deerlyk verbranden van een zyner ryk-gelaade Schepen en andere Rampspoeden op zyn

Togt na Bengale en elders onder Stormen en Tempeesten geleeden,) zyn Zeldzaame en onverwagte aankomst in China; en Beschryving van dat Koningryk. Als mede zyn Onderhandeling met de Koningen van Ternate en Bantam. Uit d'eyge Berigten en Order des Konings van Portugaal in 't Portugys beschreven, door Joan de Barros, Raadsheer en Histori-schryver der zelve Majesteit. Nu eerst uit d'Oorspronklyke Taal in 't Nederduyts vertaald en met Land-Tafereelen, Konst-printen en noodig Register verrykt. Te Leyden, By Pieter van der Aa, Boekverkoper 1706. — Met Privilegie, in-8.

— F. M. Pinto, Voy. adventureux, ch. XCI, trad. franç., p. 418.

— Thomas Pirès, Voyageur portugais. (Abel-Rémusat, *Nouv. Mél. As.*, II, pp. 203/206; et *Biog. univ.*)

Alexandre Metello de Sousa Menezes.

Arrivé à Peking, le 18 mai 1727; parti le 16 juillet 1727. (João V.)

— Lettre du Père Parennin, Miss. de la Cie. de Jésus, au Rév. Père Nyel, de la même Comp., sous-précepteur de MM. les Infans d'Espagne. A Peking, ce 8 octobre 1727. *Lettres éd.*, anc. éd., XIX, p. 206. — *Mérigot*, XXI, pp. 56/95. — *Pant. litt.*, III, p. 548; trad. en all. dans le *Welt-Bott*, XIX, 412.

— Pauthier, *Hist. des Rel. pol.*, pp. 43/45.

— Voir *infra*, col. 2323 : *Mem. sobre o Estabelecimento de Macau.*

Francisco de Assis Pacheco de Sampaio.

Arrivé à Peking, le 1er mai 1753; parti le 8 juin 1753. (Joseph-Emmanuel.)

— Epître du P. Patouillet. (*Let. édif.*, XVIIIe Rec.)

— Pauthier, *Hist. des Rel. polit.*, p. 46.

— Voir *infra*, col. 2323 : *Mem. sobre o estabelecimento de Macau.*

— Relação ‖ da jornada, que fez ‖ ao ‖ Imperio da China, ‖ e summaria noticia da Embaixada, ‖ que deo na Corte de Pekim ‖ Em o primeiro de Mayo de 1753, ‖ o Senhor ‖ Francisco Xavier ‖ Assiz Pacheco e Sampayo, ‖ Professo na Ordem de Christo : Conselheiro do Con- ‖ selho do Ultramar; e do de Sua Ma- ‖ gestade Fidelissima. ‖ Escrita ‖ a hum Padre da Companhia de Jesus, ‖ Assistente em Lisboa, ‖ Pelo Reverendo Padre Newielhe ‖ Francez, da mesma Companhia; ‖ Assistente no seu Collegio de Macao. ‖ Lisboa : Na Officina dos Herd. de Antonio Pedrozo Galram. — ‖ Anno M.DCC.LIV. ‖ Com todas as licenças necessarias. In-4, 8 ff. n. chiffrés.

Le missionnaire français dont parle le titre n'est pas un P. Newielhe ou Neuville, mais le P. Jean Sylvain de Neuvialle, né le 1er fév. 1696, † 30 avril 1764, en mer. — Silva, IV, 352, nomme le traducteur anonyme : Jose Freire de Monterroyo Mascarenhas.

— * Noticia admiravel, e curiosa Relação do grande Imperio da China. Refere-se a despedida que no mesmo Imperio fez o Embaixador Portuguez, que chegou ao presente a esta Cidade, em a nau proximamente vinda de Macau, em o primeiro de Setembro de 1755. Lisboa, na Officina de Domingos Rodrigues. 1755. In-4. pp. 8. (Figaniere, No. 960.)

∴

— Adresse des résidents portugais de Chang-hai à Son Excellence Joze Rodriguez Coelho do Amaral, ministre plénipotentiaire en Chine, gouverneur de Macao, &c.; insérée avec la traduction anglaise dans *The North China Herald*, 729, July 16, 1864 (Shanghai, 29 de Junho de 1864).

Macao.

Ouvrages divers.[1]

— De Missione ‖ legatorvm Iaponen ‖ sium ad Romanam curiam, rebusq; in ‖ Europa, ac toto itinere animaduersis ‖ Dialogvs ‖ ex ephemeride ipsorvm legatorvm col ‖ lectvs, & in sermonem latinvm versvs ‖ ab Eduardo de Sande Sacerdote Societatis ‖ Iesv. ‖ [Vignette] ‖ *In Macaensi portu Sinici regni in domo* ‖ *Societatis Iesv cum facultate* ‖ *Ordinarij, & Superiorum.* ‖ *Anno* 1590, in-4, pp. 412 + 4 ff. n. c. au com. pour le titre, la perm., etc. + 12 ff. n. c. à la fin pour l'ind. et les errata.

Un exemplaire, C. 24. a, est exposé au Musée Britannique dans la King's Library avec cette mention : « The first book printed by Europeans in China. »

Le traité du P. de Sande se trouve en espagnol et en latin dans les publications suivantes :

— Historia ‖ del reyno de Iapon ‖ y descripcion de aqvella ‖ tierra, y de algunas costumbres, cerimonias, y re- ‖ gimiento de aquel Reyno : Con la relacion de la ‖ venida de los embaxadores del Iapon a Roma... por el Doctor Buxeda de Leyua... *En Caragoca.* ‖ Impressa... Pedro Puig... año 1591, in-8.

— De ‖ trivm regvm ‖ Iaponiorvm legatis, ‖ qui nvper Romam profecti, ‖ Gregorio XIII. Pont. Max. ‖ obedientiam publicè præstiterunt. ‖ Varia ‖ Quæ Lectorem mirificè delectare, & piorum omnium ‖ animos ad maximas Deo gratias agendas vehe- ‖ menter excitare possunt. ‖ Denuo impressa cum extracto quarundam litterarum Roma ‖-missarum de eorum ad suos reditu. ‖ [Vig.] ‖ Lovanij, ‖ Ex officina Ioannis Masij, sub viridi Cruce. ‖ Anno M.D.LXXXV. ‖ Cvm gratia et privilegio. ‖ In-4, pp. 24.

British Museum, 493, h, 24.

— De ‖ trivm regvm ‖ Iaponiorvm legatis, ‖ qui nvper Romam ‖ profecti, Gregorio ‖ XIII. Pont. Max. Obedien- ‖ tiam pvplicè præ- ‖ stitervnt. ‖ Varia ‖ Quæ Lectorem mirificè delectare, & piorum omnium ‖ animos ad maximas Deo gratias agendas vehe ‖ menter excitare possunt. ‖ [Vig.] ‖ Antverpiæ, ‖ Excudebat Martinus Nutius ad insigne dua- ‖ rum Cyconiarum. Anno 1593. ‖ Pet. in-8, ff. 16 n. c.

British Museum, 1369, $\frac{a}{1}$ 47.

Traduit en portugais, en 1862, par Ant. Jos. de Figueiredo, qui le publia, en articles, dans l'*Archivo pittoresco*. (Sommervogel.)

J'ai donné, p. 8, de mes *Fragments d'une histoire des Etudes chinoises au XVIIIe siècle* (voir col. 1811-1812) et dans *L'Imprimerie Sino-européenne en Chine*, p. 45 (voir col. 1828), un fac-simile de l'ouvrage du P. de Sande, d'après l'ex. du British Museum. On le retrouvera ici.

Eduardo da Sande, S. J., 孟三德 *Meng San-té*, né 4 nov. 1531, à Guimaraës (Portugal); arrivé en Chine en 1585; † à Macao, le 22 juin 1600.

— Nota bibliográfica sobre un libro impreso

1. Relatifs à Macao ou publiés à Macao.

en Macao en 1590 por José Toribio Medina. Sevilla, Imprenta de E. Rasco, Bustos Tavera, núm. 1, MDCCCXCIV, br. in-4, pp. 15.

Tirada de cien ejemplares.

Cette plaquette a pour but de prouver que le livre du P. de Sande n'est pas *le premier imprimé à Macao.*

∴

DE MISSIONE
LEGATORVM IAPONEN

sium ad Romanam curiam, rebusq; in
Europa, ac toto itinere animaduersis
DIALOGVS

EX EPHEMERIDE IPSORVM LEGATORVM COL-
LECTVS, & IN SERMONEM LATINVM VERSVS
ab Eduardo de Sande Sacerdote Societatis
IESV.

In Macaensi portu Sinici regni in domo
Societatis I E S V cum facultate
Ordinarij, & Superiorum.
Anno 1590.

— * Arte breve da lingua japoa tirada da arte grande da mesma lingua, pelo presbytero João Rodrigues Girão, da villa de Alcochete. Macau, no collegio da Madre de Deus, 1624, in-4.

(Macao : Divers.)

— Relaçam da viagem, qve por ordem de S. Mg^de^. fez Antonio Fialho Ferreira, deste Reyno à Cidade de Macao na China : e felicissima acclamaçam de S. M. El Rey nosso Senhor Dom Ioaõ o IV. que Deos

(Macao : Divers.)

74*

guarde, na mesma Cidade, & partes do Sul. Pièce in-4 de 6 ff.

Au recto du f. 6 : Na officina de Domingos Lopes Rosa. Anno de 1643. Taxão esta Relação em seis reis. Lisboa 20. de Nouembro 1643. Pinheiro Coelho.

— * João Marquesa Moreir. — Relação da magestosa, mysteriosa e notavel acclamação que se fez á magestade d'el-rei D. João o IV na cidade do Nome de Deus do grande imperio da China. Lisboa, por Domingos Lopes Rosa, 1644, in-4, pp. 40.

I. F. da Silva, 1004.

— * Relacion sincera e verdadera de la justa defension de las regalias e privilegios de la côrona de Portugal en la ciudad de Macao, escripta pelo Dr. Felix Leal de Castro, na dita cidade, en 4 de fevereiro de 1712. Hian-chan, na officina typographica dos jesuitas.

Folhato.

— * João Tavares de Velez Guerreiro. — Jornada que o Senhor Antonio de Albuquerque Coelho, Governador e Capitão Geral na Cidade do Nome de Deus de Macau na China, fez de Goa até chegar á dita Cidade.

« E' impressa em papel chinez, e em folhas dobradas, segundo o uso das impressões da China. (Bibliotheca Nacional de Lisboa, a Real d'Ajuda, e a Livraria das Necessidades.) » (Figaniere, No. 924.)

— Jornada, ‖ que Antonio de Albuquerque ‖ Coelho, ‖ Governador, e Capitaõ General da Cidade do ‖ Nome de Deos de Macao na China, ‖ Fez de Goa atè chegar á dita Cidade no ‖ anno de 1718. ‖ Dividida em duas partes. ‖ Escrita ‖ pelo Capitaõ ‖ Joaõ Tavares ‖ de Vellez Guerreiro, ‖ e dedicada ‖ ao Duque, ‖ por ‖ D. Jayme de la Te, y Sagau. ‖ Lisboa occidental, ‖ Na officina da Musica. ‖ M. DCC. XXXII. ‖ Com todas as licenças necessarias. ‖ Vendese na mesma officina. Pet. in-8, pp. 427 + 7 ff. prél.

— De Goa a Macau em 1717. — Una livro curiosó. [Par] Marques Pereira. (*Bol. Soc. Geog. Lisboa*, 2ª Ser., 1880, pp. 32/34.)

— Goods imported, at Macao, annually; and Goods, exported, 1767. (Dalrymple, *Oriental Repertory*, I, pp. 289/290.)

— * Memoria dos successos de Macau em 1808; do desembarque das tropas britannicas em auxilio d'esta Colonia, e do reembarque das mesmas; parte que tomaram os Chins n'este negocio, e documentos justificativos.

Sahiu no tom. 1, num. 19 a 23, 25 e 26, da *Mnemósine Lusitana*. Lisboa, na Impressão Regia. 1816. In-4 (Figaniere, No. 957).

— First Settlement of the Portuguese in Macao. Extracted from a Chinese Topographical Account of Heang shan, the district in which Macao is situated. (*Indo-Chinese Gleaner*, No. X, Oct. 1819.)

L'*Indo-Chinese Gleaner*, XIV, Oct. 1820, contient une réponse d'un Portugais à cet article, pp. 430/1.

— Bazes da Constituição da Monarchia Portugueza. Macao. Reimpressas na Typographia do Governo. 1823, in-12, pp. 9.

— Copia de diez y siete capitvlos qve Ioseph de Naveda Alvarado, regidor ‖ de la insigne, y leal Ciudad de Manila propuso al Ayuntamiento de aquella Ciudad, en los quales representa los da ‖ ños, y inconuenientes q̄ se siguen, y se han experimentado de q̄ los Portugueses de Macan continuē el trato que tienē em ‖ peçado a introduzir en aquella Ciudad : los quales se presentaron a don Iuan Niño de Tauora, y despues a don Iuan Ce- ‖ rezo de Salamanca Gouernador de aquellas Islas : l qual auiendolos visto escriuio a su Magestad su parecer, y quan ‖ conueniente era que se cerrasse el trato de Macan con la dicha ciudad de Manila, como consta de dicha carta, s. l. n. d., pièce in-fol., de 2 ff. n. c.

British Museum, $\frac{1324,\ i,\ 7}{8}$.

— Memoria sobre a destruição dos Piratas da China, de que era chefe o célebre Campau-sai : eo desembarque dos Inglezes na cidade de Macao e sua retirada. Escripta por Jose Ignacio Andrade. Lisboa, na impressão regia. Anno 1824. Com Licença da Meza do Desembargo do Paço. Pet. in-8, pp. 88.

— Memoria dos Feitos Macaenses contra os Piratas da China : e da entrada violenta dos Inglezes na cidade de Macáo : auctor José Ignacio Andrade. Segunda Edição. Lisboa : Na Typografia Lisbonense, 1835. A. C. Dias, in-8, p. 161 + 1 f. à la fin.

« Do mesmo auctor é tamben a Memoria que sobre este assumpto corre impressa no tom. 2. num. 4. da *Mnemósine Lusitana*. Lisboa, na Impressao Regia. 1817. In-4. » (Figaniere, No. 930.)

Voir col. 1900.

— * José de Aquino Guimarães e Freitas, natural de Minas Geraes. *Memoria sobre Macau.* Coimbra, na Imprensa da Universidade. 1828, gr. in-8. (Figaniere, No. 927.)

— Of the Portuguese Settlements in China, principally of Macao. (*Canton Miscellany*, 1831, No. 4, pp. 222/239, 284/294; No. 5, pp. 307/318, 351/384.)

— * Statement relative to the Burial of C. Orgai, drowned at Macao. Macao, 1833.

— Manual de Juiz de Paz. Para uzo de todos os Cidadaõs, contendo huma grande parte de artigo : de Legislação relativa á esta Magistratura, que facilitão á pratica do Decreto de 16 de Maio de 1832. Seguido de huma Tabella de Regulamento Geral Interino dos Emolumentos dos Officiaes de Justiça. Coordenado, Por J. D. C. dos Santos, Macao A. D. 1834. Na Thhypographia de Manoel Cordova. In-12, pp. IV-53.

— Let. de M. Mouly, lazariste, sur Macao, adressée à M. Légo, Sec. de la Cong., datée Macao, 15 Nov. 1834. (*Pant. lit.*, *Let. éd.*, IV, pp. 11/15; *Ann. Prop.*, IX, 1836, pp. 68/81.)

— Alectorea, poema sobre as gallinhas, em quatro cantos por Jose Baptista de Miranda e Lima. Macao : Na Typographia Feliciana de F. F. da Cruz. 1838. In-4,

52 feuillets sans pag., excepté les 9 derniers, consacrés aux Notes (Notas), qui sont numérotés I-XVIII.

« Republished at Hongkong in 1866 with several other poems of [Miranda e Lima]. » (Montalto de Jesus, p. 242.)

— * Esboço Historico do Estabelecimento de Macau, extrahido dos Registos Officiaes existentes na Torre do Tombo, e Secretarias de Estado.

« Sahiu no tom. 4. p. 559 e seguintes da *Revista Litteraria*, Porto, na Typographia Commercial. 1839. In-8. » (Figaniere, No. 952.)

— Description of the temple of Matsoo po, at Ama kŏ, in Macao [by D. Abeel]. (*Chinese Repository*, IX, pp. 402/404.)

— * Noticias ácerca de Macau.

« Vejam-se os num. 8. 9. e 10. dos *Annaes Maritimos e Coloniaes*. Lisboa, na Imprensa Nacional. 1841. In-8. » (Figaniere, No. 965.)

— Projecto para a extincção da mendicidade nesta cidade. Macao — na typographia « Armenia », 1843. Br. in-32, pp. 16, imprimé sur papier bleu.

— * Description of a View of Macao, now exhibiting in the Panorama, Leicester Square. London, 1847.

— Eustaquio Magnanimo Poema por Joze Baptista de Miranda e Lima. Macao, na Typographia activa de João Joze da Silva e Souza. 1844. In-12, pp. 26.

— * Pauta geral d'alfandega da cidade de Macao.:. Macao : Janeiro de 1844. Broch. in-8, pp. 40.

— Assassination of H. E. João M. F. do Amaral [22 août 1849], governor of Macao and its dependencies, with the papers and correspondence relating thereto. (*Chin. Rep.*, XVIII, pp. 532 et seq., 447/8.)

— * José Manuel de Carvalho e Sousa. — Historia de Macáo, recopilada de authores nacionaes e estrangeiros, com accrescentamento de varias noticias collegidas de documentos officiaes, e manuscriptos antigos. Perspectivas e plantas de todos o seus edificios publicos. Varias pinturas curiosas sobre o costume chinez. Macao, na Typ. de Silva e Sousa, 1845, in-8.

« Devia sahir periodicamente, publicando-se um folheto cada mez : porém só chegaram a imprimir-se os nos. 1° e 2°, contendo aquelle II-30 pag., côm tres estampas ; e este IV-19 pag., com outras tres estampas, todas lithographadas. — Vi exemplares d'estes numeros, por favor do sr. Carlos José Caldeira, que m'os facilitou com alguns outros de obras impressas na referida cidade, dos quaes já tenho feito e farei ainda menção nos logares respectivos. » (I. F. da Silva, 8985.)

— Etablissement portugais de Macao. Par H. de Chonski. (*Rev. de l'Orient et de l'Alg.*, VII, 1850, pp. 355/366 ; VIII, 1850, pp. 31/38.)

— * Carlos José Caldeira. — Apontamentos d'uma viagem de Lisboa à China e da China à Lisboa. — Lisboa, 1852-3, 2 parties in-8.

Brit. Museum, 10025. b.

— Relatorio da Emigração Chinesa do Põrto de Macau, dirigido a S. Exc. o governador geral de Macau, Isidoro Francisco Guimarães por A. Marques Pereira, Superintendente da Emigração chineza em Macau. Macau, Typ. de José da Silva, 1861, br. in-8, pp. 64.

— A. Marques Pereira. — Relatorio acerca das Attribuições da Procuratura dos Negocios Sinicos da Cidade de Macau, etc. — Macau, Typ. de José da Silva, 1867.

— Os Chins de Macau, por Manuel de Castro Sampaio, Hongkong, 1867, in-8.

— Exame do Relatorio sobre o Seminario de S. Jose, apresentado ao exmo. Governador da Provincia de Macao e Timor pelo Rdo. Conego Antonio Luiz de Carvalho, Ex-Reitor interino do Seminario, pelo Pe. F. X. Rondina, Professor no mesmo Seminario, 1868, in-8.

— The « China Mail » in contradiction with itself and the political Status of Macao vindicated from two different points of view. No. 2. Hongkong, October (30th) 1868, pp. 5.

Sig. : C. A. P.

« The *China Mail* in its issue of the 26th inst. replies to the arguments in vindication of the political status of Macao, contained in our brochure dated the 23rd », p. 2.

— Ephemerides commemorativas da Historia de Macau e das Relações da China com os povos christãos por A. Marques Pereira. Macau, José da Silva, 1868, in-8.

Le même auteur annonçait les ouvrages suivants : *Chronologia Macaense. — Bibliographia Macaense. — Portugal e a China.*

— A Verdade Reivindicada ou a Questão dos Jesuitas, publicado por E. J. de Couto, e dedicado aos seus Antigos condiscipulos. Impresso em Shanghae, 1872, br. in-8.

— Um brado pela Verdade ou a questão dos Professores Jesuitas em Macáo e a instrucção dos Macaenses por Leoncio a Ferreira, Macao, 1872, br. in-8.

— * Regulamento da Emigração chineza pelo porto de Macau approvado em Portaria n° 34 de 28 de maio de 1872. Macau, Typographia mercantil, 1872, br. in-18, pp. 49.

Sig. : Secretaria do governo de Macau, 28 de maio 1872. Henrique de Castro Secretario geral.

— Relatorio e Documentos sobre a Abolição da Emigração de Chinas contratados em Macau apresentado ás Cortes na sessão legislativa de 1874 pelo Ministro e Secretario d'Estado dos Negocios da Marinha e

Ultramar. Lisboa, Imprensa nacional, 1874, in-4, pp. 139.

— * Codigo ‖ e ‖ regulamento ‖ para a ‖ Procuratora dos negocios sinicos ‖ de ‖ Macau ‖ approvado em Portaria d'este governo ‖ nº 59 de 11 de Junho de 1877 ‖ Macau ‖ Typographia mercantil ‖ 1877. Br. in-8, pp. 37.

Sig. : Secretaria do governo de Macau, 11 de Junho de 1877. O Secretario geral interino, Jose Maria Teixeira Guimarães.

— 澳門風俗規矩 ‖ Manners & Customs ‖ of the ‖ Chinese at Macao ‖ translated by ‖ Rufino F. Martins ‖ Reprinted from the « Far East ». ‖ Shanghai : ‖ Printed at the « Celestial Empire » office ‖ 1877, in-18, pp. ix/303.

Chaque page est encadrée en violet; le dragon impérial en rouge à la dernière; en tête *In Petri Loureiro memoriam*; dix chapitres.

— Memoria sobre o Estabelecimento de Macau escripta pelo Visconde de Santarem. — Abreviada Relacão da Embaixada que el-Rei D. João V mandou ao Imperador da China e Tartaria. — Relatorio de Francisco de Assis Pacheco de Sampaio a el-Rei D. José I dando conta dos successos da embaixada a que fôra mandado á côrte de Pekim no anno de 1752. — Publicação feita por Julio Firmino Judice Biker, Socio correspondente do Instituto de Coimbra. Lisboa, Imprensa nacional, 1879, in-8, pp. 108.

Le Mémoire de M. de Santarem avait déjà paru dans le Vol. XV de la collection de Traités; voir *supra* col. 2313.

— *Chinese Commercial Guide*, 1863, pp. 229 et seq.

— Macao. (*Miss. Cath.*, XI, 1879, pp. 119/120, 134/5.)

Grav. : Ancienne église des Jésuites; vue générale; jardin et grotte de Camoens.

— The Portuguese Sovereignty over Macao. By C. (*China Review*, VII, p. 140.)

— A curious Fact about Macao, by Historiographer. (*Ibid.*, IX, p. 193.) H. L. D. (*Ibid.*, p. 256.)

— Louis de Camoens. By L. P. Marques. (*Ibid.*, pp. 14/20.)

— Macao. Par J. Peltzer. (*Soc. roy. belge Géogr., Bull.*, 1882, pp. 583/591.)

— Macau e o seu Commercio. (*Bol. Soc. Geog. Lisboa*, 3a Serie, 1882, pp. 740/6.)

— Apontamentos para a Historia de Macau por J. Gabriel B. Fernandes, Bacharel formado em direito pela Universidade de Coimbra, empregado no Ministerio dos negocios da fazenda e natural da cidade de Macau. Lisboa, typ. universal, 1883, in-8, pp. 78 + 1 f. n. c. p. l. tab., carte.

— Relaçao dos Bispos de Macau por Gabriel Fernandes. (*Bol. Soc. Geog. Lisboa*, 6a Serie, 1886, pp. 116/130.)

— Historical Landmarks of Macao... (*Chin. Rec.*, XVIII, 1887, pp. 175/182, 213/219, 264/274, 385/394, 423/434, 474/480; XIX, 1888, pp. 30/36, 74/8, 121/129, 168/177, 317/321, 371/376, 451/457; XX, pp. 84/6, 176/181.)

By Rev. J. C. Thomson, M. D., American Presbyterian Board, Canton.

— Les Portugais à Macao. Par le Dr. Comte Meyners d'Estrey. (*Rev. de Géog.*, XX, 1887, pp. 331/338.)

— * B. da França. — Subsidios para a historia de Macau. Lisboa, 1888, in-8, pp. 234.

British Museum, 10057. e. 2.

— La souveraineté du Portugal à Macao. Par le Conseiller Duarte Gustavo de Nogueira Soares, Ministre Plénipotentiaire, Directeur Général du Ministère des Affaires Etrangères de Portugal, Membre Correspondant de la Société. (*Bull. Soc. Acad. Indo-Chinoise*, 2e sér., III, 1890, pp. 1/56.)

— Macao. (*Deutsche Rund. f. Geog. u. Stat.*, XIV, 1891-2, pp. 561/3.)

— Documentos de Macau. Copia da Correspondencia relativa à Missão do Conselheiro Adrião Accacio da Silveira Pinto, encarregado do negocio com o vice-rei Kiing em 1843. (*Bol. Soc. Geog. Lisboa*, 11a Serie, 1892, pp. 743/808.)

— Album da Gruta de Camões copia enviada á Sociedade de Geographia de Lisboa pelo Governo de Macau por occasião de se preparar a reunião do Congresso internacional dos Orientalistas em Lisboa (1892). (*Ibid.*, 12a Serie, 1892, pp. 81/100.)

— Société de géographie de Lisbonne. — Sur le dialecte portugais de Macao. — Exposé d'un mémoire destiné à la 10ème session du Congrès international des Orientalistes par J. Leite de Vasconcellos, Professeur à la Bibliothèque Nationale de Lisbonne... Lisbonne, Imp. nationale, 1892, br. in-8, pp. 9.

— * As Colonias Portuguezas. Geographia physica, politica e economica. Por Ernesto J. De C. E. Vasconcellos. Lisboa, 1896, pp. 444.

— Macao e o seu Porto — Conferencia feita na Sociedade de Geographia na Sessão de 4 de Novembro de 1895 por Adolpho Loureiro Coronel do Corpo do Estado Major. (*Bol. Soc. Geog. Lisboa*, 15a Serie, 1896, pp. 1/44.)

— Macao. Par C. Imbault-Huart. (*Bul. Soc. Géog. com. Paris*, XIX, 1897, pp. 779/780.)

— * Memoria sobre a Diocese de Macau, pelos Missionarios da mesma Diocese — Macau, Impresso na typographia do Seminario, 1896.

— O 50°. anniversario da Morte de João Maria Ferreira do Amaral e da Victoria de Passaleão — 22-25 de Agosto de 1849. (*Ta-ssi-yang-kuo*, Ser. 1, Vol. I, 1899, pp. 19/30, 105/111, 171/180, 225/238, 283/292, 353/368; II, 1900-1, pp. 443/455, 499/513.)

— Uma resurreição historica — (Paginas inéditas d'um visitador dos jesuitas) (1665-1671). (*Ibid.*, Ser. 1, Vol. I, 1899, pp. 31/41, 113/119, 181/188, 304/310; II, 1900-1, pp. 693/702, 747/763.)

Sur l'histoire de Macao. — Luiz da Gama, voir col. 1071.

— Subsidios para o estudo dos dialectos crioulos do Extremo Oriente — Textos e notas sobre o dialecto de Macau. (*Ibid.*, Ser. I, Vol. I, 1899, pp. 53/66, 121/127, 189/196, 259/263, 323/326; II, 1900-1, pp. 457/460, 517/522, 777/786; Ser. II, Vol. III, 1902, pp. 359/367; Vol. IV, 1903, pp. 515/523, 684/694.)

Sebastião Rodolpho Delgado.

— Hollandezes contra Macau — (Comprovação de duas façanhas). (*Ibid.*, Ser. I, Vol. I, 1899, pp. 79/103, 161/170, 253/257.)

— Um inquerito do Visconde de Santarem. (*Ibid.*, pp. 141/160.)

— Asia Sinica, e Japonica. Macao conseguido, e perseguido — Inédito do Frade Arrabido, José de Jesus Maria, Missionario nos Estados da India. (*Ibid.*, Ser. I, Vol. I, 1899, pp. 203/212, 265/273, 327/337; II, 1900-1901, pp. 389/401, 461/473, 621/630; Ser. II, Vol. III, 1902, pp. 147/170.)

Le Ms. appartient au Ministère de la Marine, Lisbonne.

— As fortalezas de Macau. Por Lima Carmona. (*Ibid.*, Ser. I, Vol. I, pp. 213/223, 369/380; II, 1900-1, pp. 411/435.)

— Mitras Lusitanas no Oriente — Catalogo dos Vigarios Geraes e Visitadores das Missões do Norte e do Sul de Goa, e dos Superiores Ecclesiasticos de Cranganor, Cochim, Meliapor, Macao e Moçambique e suas circumscripções, acompanhado da recopilação das ordenanças por elles publicadas. (*Ibid.*, Ser. I, Vol. I, pp. 245/252, 275/282, 339/346; II, 1900-1, pp. 403/410, 475/482, 545/552, 605/612, 667/674; Ser. II, Vol. III, 1902, pp. 100/7, 181/188, 234/241, 318/325, 398/405; Vol. IV, 1903, pp. 524/531, 695/700.)

— * Mitras Lusitanas no Oriente. — Catalogo dos prelados da Egreja metropolitana e primacial de Goa e das dioceses suffraganeas, com a recopilação das ordenanças por elles emittidas, e summario dos factos notaveis da historia ecclesiastica de Goa por Casimiro Christovão de Nazareth — 2a edição corrigida e augmentada — Lisboa, Imprensa Nacional — 1897, in-8, pp. VIII-64...

— « Folk-lore » macaista. (*Ta-ssi-yang-kuo*, Ser. I, Vol. I, 1899, pp. 319/321; II, 1900-1, pp. 515/6.)

— Max Kutschera. — Macau der erste Stützpunkt europäischen Handels in China. Wien, 1900, Carl v. Hölzl, in-8, pp. 69, Illust.

— Noções da grammatica galoli, dialecto de Timor, pelo missionario Padre Manuel Maria Alves da Silva. — Macau, Typ. do Seminario de S. José, 1900, in-fol., pp. XIV-32.

— Em prol de umas ruinas — (A proposito do frontespicio do Collegio de S. Paulo, em Macau. (*Ta-ssi-yang-kuo*, Ser. I, Vol. II, 1900-1, pp. 483/492.)

— A Gruta de Camões — Impressões e reminiscencias. (*Ibid.*, Ser. I, Vol. II, 1900-1, pp. 525/543, 613/619; Ser. II, Vol. III, 1902, pp. 31/38, 84/91, 383/391; Vol. IV, 1903, pp. 674/683.)

— Colonies portugaises d'Extrême-Orient. Par H. Hauser. (*Questions diplom. et colon.*, 15 avril 1901, pp. 471/7.)

— Antonio de Campos Junior. — Retalhos d'uma Odyssêa — Os Portuguezes na China e no Japão. (*Ta-ssi-yang-kuo*, Ser. II, Vol. III, 1902, pp. 1/6, 65/75, 129/137, 193/201, 273/285, 347/358.)

— Anna Goularte de Sousa Caldas. — Chins vistos de perto (Notas e apontamentos tomados em Macau). (*Ibid.*, pp. 13/21, 210/225.)

— Callado Crespo. — Topographia Macaense — I. Nomes da via publica em Macau. (*Ibid.*, pp. 189/192.)

— L'« extension » de Macao. Par R. C. [Robert de Caix.] (*Bull. Com. Asie française*, Janvier 1902, pp. 22/24.)

C. A. Montalto de Jesus.

— Historic Macao. By C. A. Montalto de Jesus Fellow of the Geographical Society of Lisbon, Member of the China Branch of the Royal Asiatic Society. — Hongkong — Kelly & Walsh, 1902, in-8, pp. VI-358, 12 grav. et 1 carte.

Notices: *Lond. & China Express*, Feb. 13, 1903. — *T'oung Pao*, Juillet 1903, pp. 259/262, par Henri Cordier.

— Macao's Deeds of Arms. By C. A. Montalto de Jesus. (*China Review*, XXI, No. 3, pp. 146/159.)

— Early Portuguese Intercourse with China. By C. A. Montalto de Jesus. (*Ibid.*, XXIII, No. 6, pp. 313/321.)

— Origin of the Colony of Macao. By C. A. Montalto de Jesus. (*Ibid.*, XXIV, No. 3, pp. 137/142.)

— Macao in the Early Days. By C. A. Montalto de Jesus. (*Ibid.*, XXV, No. 4, pp. 183/188.)

— Les Lépreux de Macao. Par Maurice Buret. (*Bull. Com. Asie française*, nov. 1902, pp. 485/486.)

— A Macao. Par Ch. Lemire. (*Ibid.*, février 1903, pp. 70/73.)

— Le Sanatorium de Boa-Vista à Macao. Par Ch. Lemire. (*Ibid.*, juin 1903, pp. 268/269.)

— Voir : Hongkong.

PUBLICATIONS PÉRIODIQUES.[1]

— O Jornalismo em Macau por Gabriel Fernandes. (*Bol. Soc. Geog. Lisboa*, 8ª Ser., 1888-1889, pp. 285/294.)

— *A Abelha da China.*

Ce fut le premier de tous les journaux publiés en Chine; il fut supprimé par le gouvernement portugais. — Hebd. — Le premier numéro a paru le 12 sept. 1822; le dernier numéro est le 67, samedi, 27 déc. 1823. — Voir *J. A.*, 1823, II, p. 62. — C'était le second périodique portugais publié dans l'Extrême-Orient; le premier a été la *Gazeta de Goa*, commencée le 22 déc. 1821; finit en sept. 1826.

— *Macao Directory.*

1830, pet. in-4 à 2 col., pp. 4.

Contient la liste des résidents avec leurs noms en chinois et à la dernière page quelques phrases qui «may be found useful for giving directions to Chair-Bearers».

— *Ta-ssi-yang-kuó.*

Éditeur et imprimeur, José da Silva. — 1er numéro : 8 oct. 1836.

— *O Verdadeiro Patriota.*

Pet. in-fol. à 2 col.; 4 pages = 2 ff. — Num. I. Quarta Feira, 1 de Agosto, Anno 1838.

— *Boletim Official do Governo de Macao.*

Pet. in-fol. à 2 col.; 4 pages = 2 ff., hebd. — Vol. I. Quarta Feira 5 de Septembro de 1838, No. I. — *Macao, Impresso e publicado por M. M. D. Pegado. Na Typographia Macaense,* 1838.

Après le No. 19, 9 janvier 1839, ce journal devient :

— *Gazeta de Macao.*

Il y avait déjà eu un journal de ce nom dont le premier numéro parut le 3 janvier 1824; fini en 1826. — 32 numéros hebd. à 2 col., 17 janvier-29 août 1839; édité par Manuel Maria das Pegado.

— *Chronica de Macao.*

Pet. in-fol. à 2 col.; 4 pages = 2 ff. — Bimensuel. — *Macao, na typographia de Manoel Cordova. Con Licença do Governo.* — Premier numéro est du 12 oct. 1834. — Cessa de paraître 18 nov. 1836. — 45 numéros.

— *O Macaista Imparcial.*

Pet. in-fol. à 2 col.; 4 pages = 2 ff. — Bibebdomadaire. — *Macao; Impresso e publicado por F. F. da Cruz na Typographia Feliciana.* — Le premier numéro a paru le 9 juin 1836. — Fini No. 158, 4 juillet 1838; supprimé par le gouvernement.

Le prospectus a été imprimé dans le *Chin. Rep.*, V, p. 153.

«The *Boletim Official do Governo de Macao* issued its first number under the patronage of the Government. In January, 1839, the name was changed to *Gazeta de Macao* and not long afterwards again to *O Portuguez na China.* [Sept. 1839 à 1842. — Imp. et publié par M. M. Dias Pegado.] It was issued every Friday and took the place of the *Macaista Imparcial* and the *Chronica de Macao*, both of which had ceased publication. A few months after the first issue of the *Boletim Official* the *O Commercial* was commenced, and continued till near the middle of 1842, when it went the way of its predecessor to the tomb of the Capulets (see 1834, 1836, *Repos.*, XII, 110).» (*Hist. landmarks of Macao, Chin. Rec.*, XIX, 1888, p. 77.)

1. Il y a à la Bibliothèque Ste. Geneviève, à Paris, une collection de divers journaux de Macao; elle est marquée : ge, 6, in-fol., et oe, 1844, in-8.

— *O Correio Macaense.*

6 numéros mensuels; in-4; oct. 1838. — Mars 1839. — A. da Silva Telles. — Deuxième du nom; commencé le 2 sept. 1883; hebd.

— *O Commercial.*

1838-milieu de 1842.

— *O Farol Macaense.*

1er numéro : 23 juillet 1840.

— *A Aurora Macaense.*

14 janvier 1843 à 1844. — Macao. Impresso e Publicado por Felix Filiciano da Cruz na Typographia Armena rua Formoza. 1843. Pet. in-fol., à 3 col.

— *O Solitario na China.*

1844-1845. — Impresso na typographia Ciciliana, de F. C. Barradas.

— *O Procurador dos Macaistas.*

Feuille hebd. à 2 col., publiée par M. M. Dias Pegado. — 1844-1845.

— *Boletim do Governo da Provincia de Macao, Timor, e Solor.*

Vol. I, 1846. — Pet. in-fol. à 3 col. — Macao, Na Typographia de Silva e Souza.

— *Boletim da Provincia de Macao e Timor.*

Typographia Mercantil, N. T. Fernandes, 25 Praia Grande.

— *Gazeta de Macau e Timor.*

1872-20 mars 1874. — Impressa na Typographia Mercantil. — Rédigé par Pedro Gastão Mesnier.

— *O Independente.*

José da Silva. — Sept. 1868; suspendu; a reparu depuis le 20 nov. 1882.

— *O Noticiario Macaense.*

1869-1870.

— *O Oriente.*

Créé en janvier 1872.

— *O Imparcial.*

Commençé en 1873; a duré peu de temps.

— *Jornal de Macau.*

1875-1876.

— *O Macaense.*

Hebd. — 28 fév. 1882-28 oct. 1886, No. 22 du Vol. X.

— *O Correio de Macau.*

15 oct. 1882-5 août 1883; 43 nos.; hebd. Directeur-propriétaire : Manuel Joaquim dos Santos.

— *A Voz do Crente.*

Commencé le 1er janvier 1889. — Typographia do Seminario de S. Jose. — Paraît tous les samedis; in-fol., 8 p. à 3 col.

— *Echo Macaense,* Semanario luso-chinez.

Macao. — Hebdomadaire. — No. 1, 18 juillet 1893.

III. — ESPAGNE.

— Spanish Relations with the Chinese, viewed in connection with their eastern possessions. (*Chin. Rep.*, II, pp. 350/355.)

Réimp. dans *The Cycle*, 29 Oct. 1870.

— Sketch of Spanish Colonial History in Eastern Asia. (*Chin. Rep.*, VI, p. 257; VII, pp. 290, 462, 525, & VIII, pp. 101, 170, 246.)

— Voir le Chap. III du Lib. II, Vol. III, des *Pilgrimes*, de Purchas. Ce chapitre contient des extraits de la *Conquista de las Islas Malucas*, Madrid, 1609, de Bartolome Leonardo de Argensola.

— Voir les ouvrages espagnols au chap. RELIGION et le vol. de traités de Mayers.

— Noticia de lo que antes era el comercio de Manila con Acapulco, e aumento actual y perjuicios que ocasiona a las flotas que surgen en la Vera Cruz.

Ms. du XVIIIe siècle, de pp. 26 in-fol. — Signalé dans le Cat. du libraire Dufossé, Paris, avril 1893. — Donne une idée des difficultés de la navigation du Port d'Acapulco à Manille à la fin du XVIIe siècle et une liste des marchandises qui étaient expédiées; il signale, en outre, les visites faites par les navires de la flotte dans les ports de Chine, Canton et Péquin? Aussi le commerce qui se faisait avec Surate et autres ports de l'Inde.

— Ce Manuscrit est aujourd'hui dans ma collection particulière. H. C.

— Spain *v.* China. By E. H. Parker. (*China Review*, XVIII, No. 4, pp. 263/264.)

— Early Spanish Trade with China. By E. H. Parker. (*Ibid.*, XIX, 1891, No. 5, pp. 324/326.)

— Early Spanish Trade with Chin Cheo (Chang Chow). By Geo. Phillips. (*Ibid.*, No. 4, pp. 243/255.)

— Is the Chincheo of Mendoza Chinchew or Changchow? By Geo. Phillips. (*Ibid.*, XX, No. 1, pp. 25/28.)

— Congreso internacional de Orientalistas Lisboa, 1892. — Escritos de los Portugueses y Castellanos referentes a las lenguas de China y el Japón. — Estudio bibliográfico por El Conde de la Viñaza. Lisboa, M. Gomes... Madrid, M. Murillo... Londres, B. Quaritch, in-4, pp. 139.

On lit au verso du faux titre : *Tirada de 150 ejemplares numerados.* — Au verso du dernier f. : *Acabóse de imprimir esta « Memoria » el dia 30 de Octubre de 1892 en la tipografia de « La Derecha » de Zaragoza.*

— Sinibaldo de Mas, voir col. 2292.

(DIVERS.)

IV. — HOLLANDE.

Ouvrages divers.

WYBRANDT VAN WAERWIJCK.

— Historische Verhael || Vande Reyse gedaen inde Oost-Indien, met 15 Sche- || pen voor Reeckeninghe vande vereenichde Ghe- || octroyeerde Oost-Indische Compagnie : || Onder het beleydt van den Vroomen ende Manhaften Wybrandt van Waerwijck, || als Admirael || ende Sebalt de Weert, als Vice-Admirael. || Wt de Nederlanden ghevaeren in den Iare 1602.

Dans le Vol. I de *Begin ende Voortgangh*.

— Kort verhaelt van de twee-jaerige Voyagie ghe || daen door Cornelis van Veen, in de || Oost-Indien.

Dans le Vol. I de *Begin ende Voortgangh*, à la suite du voyage de Wolphardt Harmansen, pp. 26/27. Ces deux navires, détachés à Bantam de l'escadre de Warwijck, étaient allés en Chine.

CORNELIS MATELIEF.

— Historiale || ende ware || Beschrijvinge vande reyse des || Admiraels Cornelis Matelief de Jonghe || naer || de Oost-Indien || wtghetrocken in Mayo 1605. Mitsgaders || de belegheringhe voor Malacca, als ooc den flach ter || Zee teghen de Portugijssche armade || ende andere discourssen. || Tot Rotterdam, || By Jan Janssz. Anno 1608. In-4, en tout 6 ff. n. c.

Sur le titre une grav. sur bois : navires dans le port d'une ville qu'on voit au second plan.

British Museum, T. 1713/23. — Muller, 1882, fl. 12. — Tiele, 165.

— An || Historicall and true || discourse, of a voyage made by the || Admirall Cornelis Matelife the || yonger, into the East Indies, who departed || out of Holland, in May 1605. || With the besieging of Malacca, || and the battaile by him fought at Sea against the || Portugales in the Indies, with other || discourses. || Translated out of the Dutch, according || to the coppie printed at || Rotterdam. || [Fleuron.] || Imprinted at

London for William Barret, and are to be ‖ sold at his shop in Paules Church-yard, at ‖ the signe of the greene Dragon, 1608. In-4, pp. 25, sig. A_3-D_2.

British Museum, 582, e, 35.

— Breeder verhael ende klare be- ‖ schrijvinge van tghene den Admirael Cornelis ‖ Matelief de Jonge inde Oost-Indien voor de Stadt Malacca, ende ‖ int belegh der zelver wedervaren is : als ooc den vreesselijc= ‖ ken strijdt ter Zee | tusschen den Admirael voorsz ‖ ende de Portugijsen | ende andere ghe= ‖ schiedenissen meer. ‖ Overgheschreven by eenen der Commisen inde Vlote. ‖ [Vig.] ‖ Tot Rotterdam, ‖ By Jan Janssz. Anno 1608, in-4, 9 ff. n. c.

Tiele, 166. — Muller, 1882, fl. 8.

— * Breeder verhael...

Même éd., autre tirage. — Tiele, 166.

— Historische Verhael | ‖ Vande treffelijcke Reyse, gedaen naer de Oost-Indien ‖ ende China, met elf Schepen. ‖ Door den Manhaften Admirael ‖ Cornelis Matelief de Ionge. ‖ In den Jaren 1605. 1606. 1607 ende 1608.

Occupe 191 pages dans '*Begin ende Voortgangh*, Vol. II ; voir *Beschrijvinge van China*, pp. 91 et seq. — Planches.

— Journael, ‖ Ende ‖ Historische Verhael | van de ‖ treffelijcke Reyse | gedaen naer Oost-Indien, ende ‖ China, met elf Schepen. ‖ Door den Manhasten Admirael ‖ Cornelis Matelief ‖ de Jonge. ‖ Uyt-ghevaren in den Jare 1605. En wat haer in de volghende Ja- ‖ ren 1606. 1607. ende 1608. wedervaren is. — ‖ Een seer Vreemde en Wonderlijcke Reyse. ‖ [Vig.] ‖ t'Amstelrdam, ‖ Door Joost Hartgers... ‖ 1648, in-4, pp. 142.

Réimp. du précédent sans les suppléments. — Tiele, 167. — Muller, 1882, fl. 5.

— Voir Vol. V et VI de la Collection de Renneville, 1725.

— Zehende ‖ Schiffahrt oder Reyse ‖ der Hollander vnnd Seelander in Ost In- ‖ dien beschehen vnder dem Admiral Cornelis Matelief ‖ dem Jungen | so mit eylff grossen Schiffen Anno 1605. den 12. ‖ Maij ausz Hollandt abgeloffen vnd in Mertzen dieses ‖ 1608. nach gehaltener Schlacht vor Malacca ‖ wider mit zweyen Schiffen wol ist ‖ ankommen. ‖ Zusammen gebracht vnnd beschrieben ausz Ni= ‖ derlandischer Verzeichnusz durch einen Lieb= ‖ haber der Schiffahrten. ‖ [Vig.] ‖ Gedruckt zu Franckfurt am Mayn | durch Mꝛtthis ‖ Bockern : in Verlegung Leuini Hulsij ‖ Wittib | im Jahr ‖ M.DC.VIII. In-4, pp. 52.

British Museum, 1028, d, 32.

(Cornelis Matelief.)

— Le même... M.DC.XIII. In-4, pp. 52.

British Museum, 1028, d, 33.

Tiré des deux publications de Janssz, Rotterdam, 1608.

Willem Ijsbrantsz Bontekoe.

— Iovrnael ‖ ofte ‖ Gedenckwaerdige beschrij- ‖ vinghe vande Oost-Indische Reyse van ‖ Willem Ysbrantsz. Bontekoe van Hoorn. ‖ Begrijpende veel wonderlijcke en gevaerlijcke ‖ saecken hem daer in wedervaren. ‖ Begonnen den 18. December 1618. en vol-eynt den 16. November 1625. ‖ [Planche gravée.] ‖ Tot Hoorn, Ghedruckt by Isaac Willemsz. ‖ Door Ian Iansz. Deutel, Boeck-verkooper op't Oost in Biestkens ‖ Testament | Anno 1646. In-4.

La planche gravée représente au premier plan les armes de la ville de Hoorn entourée de marchands ; au second plan la ville elle-même. 75 pp. c. + 5 ff. n. c. au com.

F. 1 recto : titre ; f. 2 recto et verso : déd. de Deutel aux Directeurs de la Compagnie des Indes orientales de la Chambre de Hoorn, datée du 16 juillet 1646 ; f. 3 recto : *Voor-reden aen den Leser* ; f. 3 verso & f. 4 verso : sonnets, etc. ;

f. 5 recto : portrait gravé de Bontekoe dans un ovale ; le navigateur qui tient un compas s'appuie sur un globe ; son nom est gravé autour de l'ovale ; on lit dessous, gravé :

Dits 't beelt van BONTE-KOE *dien Godt, op sijne vaert*
Tot elckx verwonderingh, heeft wonderlijk bewaert ;
Mits hij de Doodt ontgingh, self midden inde Doodt ;
In't water, vuer in Moordt in Dorst en Hongersnoodt.
J. J. d.[eutel.]

Plus 8 pl. hors texte ; l'indication de ces planches est donnée p. 76 n. c.

On ajoute à ce voyage celui de Dirck Albertsz. Raven, au Spitzberg qui ainsi qu'on le verra est dans beaucoup d'éditions imprimé à la suite de celui de Bontekoe et ne forme pas comme dans le cas présent un ouvrage séparé.

British Museum, $\frac{10057, dd}{1-2}$. — Tiele, 168.

Première édition. — Muller, 1882, fl. 9.

— * Journael ‖ ... Hoorn, Deutel, 1646, in-4, fig.

Autre éd. de la même date, non mentionnée par Tiele ; Muller, 1882, fl. 6.

— Iovrnael ‖ ofte ‖ Gedenckwaerdige Beschry- ‖ vinghe van de Oost-Indische Reyse van ‖ Willem Ysbrantsz Bontekoe van Hoorn, ‖ Begrypende veel wonderlijcke en gevaerlijcke ‖ saken hem daer in wedervaren. ‖ Begonnen den 18. December 1618. en vol.eynt den 16. November 1625. ‖ In-4. [Utrecht, 1647.]

Sur le titre le portrait gravé par H. Wynter de l'éd. de Hoorn, 1646 ; le bas de l'ex. que nous avons examiné était déchiré, mais on lisait p. 72 : t'Vtrecht, Gedruckt by Gillis Bilsteyn, 1647 ; pp. 72 + 4 ff. n. c. au com. pour le tit., etc. — A la suite le voyage de Raven avec une pag. spéciale ; au bas de la dernière page de cette dernière relation l'indication de *sept* pl. de Bontekoe.

British Museum, 10057, dd. — Tiele, 169.

— * Journael... Rotterdam, Isaack van Waesberghe, 1647, in-4.

Tiele, 170.

— Iovrnael ‖ ... 1625. ‖ Waer by ghevoeght is het Iournael van Dirck Albertsz. Raven,

(Willem Ijsbrantsz Bontekoe.)

als ‖ oock verscheyden gedenckwaerdige geschiedenissen, op veel plaetsen ‖ verbetert en een groot deel vermeerdert. ‖ Pl. ‖ Tot Hoorn, Ghedruckt by Isaac Willemsz. ‖ Door Ian Iansz. Deutel, Boeckverkooper op't Oost in Biestkens ‖ Testament | Anno 1648. In-4, pp. 80 + 5 ff. n. c. au com. pour le titre, etc.

British Museum, 1295, c. — Tiele, 171. — Muller, 1882, fl. 5.

— Iournael... Ian Iansz. Deutel... 1648, in-4, pp. 72 + 4 ff. prél.

L'ex. que nous avons examiné, Brit. Mus., n'avait pas de titre; mais on lit au bas de la p. 72 : *t'Haerlem, Gedruckt by Thomas Fonteyn. 1646.*

British Museum, 980, k, 3. — Tiele, 172.

— Journael ‖ ofte ‖ Gedenkwaerdige beschrijvin- ‖ ge... ‖ t'Amstelredam, ‖ Voor Joost Hartgers, Boeck-verkooper in de Gasthuys-Steegh | bezii- ‖ den het Stadthuys | in de Boeck-winckel. 1648, in-4, pp. 76 (ch. 56) + 2 ff. n. c. au com. pour le titre, etc. Pl. en 6 divisions.

British Museum, 1061, g, 18. — Tiele, 173. — Muller, 1882, fl. 5.

— * Journael ‖ ofte ‖ Gedenckwaerdige beschrijving- ‖ ghe... t'Amstelredam ‖ Voor Joost Hartgers, Boeck-ver*k*oper... 1648, in-4, pp. 76 + 2 ff. n. c. au com. pour le titre, etc.

Tiele, 174 : « La page 76 porte le numéro exact. La différence se voit entre autres par la 1re ligne du texte qui finit ici par *Decem-*, & dans l'éd. précédente par *De-*, ainsi que par les deux premières lignes du texte de Raven, qui finissent ici par *voor, Heeren*, & dans l'éd. préc. par *Raven, Hee-*. »

— * Journael... t'Sardam, By Willem Willemsz, 1648, in-4.

Tiele, 175.

— Iournael, ‖ Ofte ‖ Gedenckwaerdige beschrijvinge ‖ van de Oost-Indische Reyse | van ‖ Willem Ysbrantsz ‖ Bonte-koe van Hoorn. ‖ ... ‖ Waer by gevoeght is het Journael van Dirck Albertsz Raven... ‖ [Planche gravée.] ‖ t'Utrecht. ‖ By Lucas de Vries, Boeck-verkooper in de Snippe vlucht | 1649. In-4, pp. 78 + 1 f. n. c. au com. pour le tit. et l'avis au lecteur.

13 Pl. dans le texte; la dernière représente un enterrement au Spitzberg; c'est elle qui est également reproduite sur le titre.
British Museum, 10057, dd. — Tiele, 176. — Muller, 1882, fl. 5.

— Journael ‖ ... ‖ t'Amsterdam, ‖ By Joost Hartgers, Boeck-verkoper op den Dam | bezijden het Stadt- ‖ huys | in de Boeckwinckel | 1650. In-4, pp. 76 + 2 ff. n. c. au com. pour le titre, etc.

A la fin : t'Amsterdam, Gedrukt by Christoffel Cunradus,... Anno 1650. — British Museum, 566, f, 26. — Tiele, 177.

— Iournael, ‖ Ofte ‖ Gedenckweerdige Beschrijvinge van de Oost- ‖ Jndische Reyse van ‖ Willem Ysbrantsz Bontekoe ‖ van Hoorn... t'Utrecht, Gedruckt voor de Weduwe van Esdras Snellaert, 1651, in-4, pp. 72 + 4 ff. n. c. au com.

Quoique la table des pl. à la fin du voyage de Raven en porte le nombre à 8, notre ex. comme celui de M. Tiele n'en contient que 7. — Voir l'éd. d'Utrecht, 1647, *supra*.

British Museum, 10057, dd. — Tiele, 178.

— * Journael... Amsterdam, By Michiel de Groot, 1645, in-4.

Tiele, 179.

— * Journael... Utrecht, Lucas de Vries, 1655, in-4.

Tiele, 180.

— Journael ofte Gedenckwaerdige beschrijvinge van de Oost-Indische Reyse van Willem Ysbrantsz Bonte-koe van Hoorn... Tot Dordrecht... By Abraham Andriessz... 1655, in-4, pp. 76 + 1 f. n. c. au com. pour le tit. et l'avis au lecteur.

Pas cité par Tiele. — Bib. de l'Université de Leyde.

— Journael ‖ ... ‖ t'Amsterdam, ‖ By Abraham de Wees, Boeck-verkooper | in de Lijnbaans-steegh | ‖ in de vier Euangelisten. Anno 1656. In-4, pp. 76 + 2 ff. n. c. au com. pour le titre et l'avis au lecteur.

A la fin : *Tot Steenwijck, Gedruckt by Hendrik Stuyfsant, Boeckdrucker woonende in de Ooster-straet. Anno 1656*

British Museum, 10057, dd. — Tiele, 181.

— Journael, ‖ ... ‖ t'Amsterdam, ‖ By Abraham de Wees... ‖ ... Anno 1659. In-4, pp. 76 + 2 ff. n. c. au com. pour le titre et l'avis au lecteur.

A la fin : *Tot Campen, Gedruckt by Gerrit vander Tollen, Boeckdrucker / voor-nen in de Broeder-straet / naest her Slot van Egmont / Anno 1659.*

British Museum, 10057, dd. — Tiele, 182.

— * Journael... t'Amsterdam, Gedruckt by Jan I. Bouman... 1659, in-4.

Tiele, 183.

— * Journael... Amsterdam, Wed. van Theunis Jacobsz, 1660, in-4.

Tiele, 184.

— Journael, ‖ Van de Acht-jarige, Avontuerlijcke Reyse van ‖ Willem Ysbrantsz. ‖ Bontekoe van Hoorn, ‖ Gedaen nae ‖ Oost-Indien; ‖ Uyt Texel gevaren den 18. December, 1618. ‖ en t'huys gekomen den 16. November, 1625. ‖ Verhalende het opspringen van't Schip | en hoe hy van sijn volck gebergt ‖ wierdt | voorts het ongemack | honger | dorst en andere perijckelen die hem neffens zijn ‖ Volck overgekomen zijn | nevens veele gedenckwaerdige Geschiedenissen. ‖ [Pl. représentant des navires.] ‖ t'Amsterdam, ‖ By Gillis Joosten Zaagman, in de Nieuue-straet | ‖ Ordinaris

Druckervan de Journalen Zee | ende Landt-Reysen. In-4, pp. 60 à 2 col.

Au verso du titre port. de Bontekoe et avis au lecteur ; le vol. ne contient que Bontekoe ; la dernière page est consacrée à un récit de 1646 qui se trouve à la suite du journal de Raven dans d'autres éditions.

British Museum, 10055, bb. — Tiele, 185.

— Journael ofte Beschryvinge || Van de Avontuerlijcke Reyse... t'Amsterdam, Gedruckt || By Gillis Joosten Saeghman, (1663), in-4, fig., pp. 60 à 2 col.

Autre éd. que la préc. ; pas citée par Tiele. — Muller, 1882, fl. 5.

— Journael... t'Amst., || Gedruckt by de Weduwe van Theunis Jacobsz... || 1664, in-4, fig., pp. 76 + 2 ff. n. c. au com.

Pas citée par Tiele. — Muller, 1882, fl. 3.

— * Journal... Amst., Michiel de Groot, 1667, in-4.

Tiele, 186.

— * Journal... Amst., Michiel de Groot, 1672, in-4.

Tiele, 187.

— * Journal... Amst., By de Weduwe van Gysbert de Groot, 1692, in-4.

Tiele, 189.

— * Journael... Amstelredam, C. Lootsman, 1694, in-4.

Cette éd. contient le portrait de Bontekoe et des figures gravées sur bois. — Fred. Muller, 1903, fl. 10.

— Journael, || ... || t'Amsterdam, || By de Weduwe van Gysbert de Groot... || ... || ... | 1696, in-4, pp. 76 + 2 ff. n. c. au com. pour le tit., etc.

British Museum, 10057, dd. — Tiele, 190.

Les éd. de la veuve ou des héritiers Gysbert de Groot, Amsterdam, 1696, 1708, 1730, sont identiques ; le portrait sur bois du titre a été évidemment tiré avec la même pl. ainsi que les gravures du texte, du moins celles qui sont communes aux diff. éd. savoir celles des p. 9, 15, 21, 23, 49 et 61 ; dans les éd. de 1708 et de 1730, la pl. de la p. 23 est reproduite p. 7 ; les éd. de M. de Groot et de 1696 ont une fig. spéciale p. 7 ; chacune de ces éd. a donc 7 pl. dans le texte.

— * Journael... Amst., Wed. v. Gysbert de Groot, 1700, in-4.

Pas citée par Tiele. — Muller, 1882, fl. 2.

— Journael... t'Amsterdam, || By Michiel de Groot, Boeckverkooper | op den Nieuwendijck, s. d., in-4, pp. 76 + 2 ff. n. c. au com. pour le titre, etc.

British Museum, 10057, dd. — Tiele, 188.

— Journael ofte gedenckwaerdige Beschrijvinge, || Van de acht-Jarige | ende seer Avontuerlijcke Reyse | van || Willem Ysbrantsz || Bontekoe van Hoorn, || Gedaen na || Oost-Indien, || Begrijpende veel wonderlijcke ende gevaerlijcke saecken, hem || op deselve Reyse wedervaren. || Oock is hier by gevoeght een verhael, van || Dirck Albertz Raven, || Commandeur op't Schip Spitsbergen, gedestineert na Groenland. || [Port. gravé sur bois.] || Tot Utrecht, || Gedruckt by de Weduwe van J. van Poolsum, Ordinaris || Stads Druckster | woonende op de Plaets | tegen over 't Stadhuys | 1701. In-4, pp. 64.

La pag. comprend le 1er f. (titre et avis au lecteur), Bontekoe, imprimé sur 2 col., pp. 3/54, et Raven, imprimé sur toute la largeur de la page, pp. 55/64.

British Museum, 10057, dd. — Tiele, 191.

— Journaal, || ofte || Gedenkwaardige Beschrijvinge van de Oost- || Indische Reyse van || Willem Ysbrantsz Bontekoe, van Hoorn. || ... || Journal van Dirk Alberts Raven... || t'Amsterdam, || By de Weduwe van Gysbert de Groot, Boek-verkoopster op de Nieuwen-Dijk | || tusschen de twee Haarlemmer sluysen | in de Groote Bybel 1708. In-4, pp. 76 + 2 ff. n. c. au com. pour le titre, etc.

British Museum, 10057, dd. — Tiele, 192.

— * Journael... Amsterdam, By de Wed. van Gysbert de Groot, 1716, in-4.

Tiele, 193.

— Journaal, || ... t'Amsterdam, || By Jacob Brouwer... || 1722, in-4, pp. 76 + 2 ff. n. c. au com.

Pas citée par Tiele. — Muller, 1882, fl. 2.

— Journael... t'Amsterdam, || By de Erve van de Weduwe Gysbert de Groot... | Anno 1730, in-4, pp. 76 + 2 ff. n. c. au com. pour le tit., etc.

British Museum, 10057, dd. — Tiele, 194.

— Journaal, || ... || t'Amsterdam, || Gedrukt by Isaac vander Putte, Papier en Boekverkooper op't Water in de Loots-Man, in-4, pp. 76 + 2 ff. n. c. au com. pour le titre, etc.

British Museum, 10057, dd. — Tiele, 195.

— Journaal,... Tot Amsterdam, By Joannes Kannewet, 1756, in-4, pp. 76 + 2 ff. n. c au com. pour le tit., etc.

Pas citée par Tiele. — Muller, 1882, fl. 2.

— Journael ofte gedenkwaerdige Beschryvinge, || ... Te Dordrecht, || gedruckt by Adriaan Wolpot, Boekverkooper op de Voorstraet || over't Stadhuys | 1766 || in-4, pp. 64.

British Museum, 10057, bbb. — Tiele, 196.

— Journaal, || ... || Tot Amsterdam, || By Joannes Kannewet, Boekverkoper in de Nes || in de Gekroonde Jugte Bybel. 1778. In-4, pp. 76 + 2 ff. n. c. au com. pour le titre, etc.

British Museum, 10057, dd. — Tiele, 197.

— Journael ofte gedenkwaerdige Beschryvinge, ‖ Van de Acht-jarige, ende seer Avontuurlijke Reyse van ‖ Willem Ysbrantsz ‖ Bontekoe van Hoorn, ‖ Gedaen na ‖ Oost-Indien, ‖ Begrypende veel wonderlijke ende gevaerlijke Zaken, hem ‖ op deselve Reyse wedervaren. ‖ Ook is hier bygevoegt een Verhael van ‖ Dirk Albertz Raven, ‖ Commandeur op't Schip Spitsbergen, gedestineert na Groenland. ‖ [Port.] ‖ Te Dordrecht, Gedrukt by Adriaan Walpot en Zoon, Boek- en Konstverkooper, ‖ op de Voorstraet over 't Stadhuys, 1780, in-4, pp. 64.

Même description que l'éd. d'Utrecht, 1701.

British Museum, 10057, dd. — Tiele, 198.

— Journaal, ‖ ... ‖ Te Amsterdam, ‖ By d'Erve Vander Putte, Bybel- Boek- en Papier-Verkopers | op ‖ 't Water | in de Lootsman. 1789, in-4, pp. 76 + 2 ff. n. c. au com. pour le titre, etc.

British Museum, 10057, dd. — Tiele, 199.

— Journaal,... ‖ Gedrukt by de Erven de Weduwe Jacobus van Egmont : ‖ Op de Reguliers Breê-Straat, tot Amsterdam, in-4, pp. 76 + 2 ff. n. c. au com. pour le titre, etc.

British Museum, 10057, dd. — Tiele, 200. — Muller, 1882, fl. 1,50.

— Journaal ofte gedenkwaardige Beschryving, ‖ ... Te Amsterdam, ‖ By S. en W. Koene, Boekdrukkers in de Boomstraat. In-4, pp. 64.

Même description que l'éd. d'Utrecht, 1701.

British Museum, 10057, dd. — Tiele, 201.

— Gedenkwaardige Beschryving, ‖ Van de Achtjarige en zeer Avontuurlyke Reise... ‖ Te Amsterdam, ‖ By B. Koene, Boekdrukker in de Boomstraat. In-4, pp. 64 [181?].

Voir description de l'éd. préc. de Koene. — Préface différente.

British Museum, 10057, dd. — Tiele, 202. — Muller, 1882, fl. 1,25.

— Journaal... Te Haarlem, bij J. J. Weeveringh. [1860], in-4, pp. 92 sur 2 col.

Dans le texte se trouvent 6 gravures sur bois, dont 5 sont dessinées par Ch. Rochussen et gravées par E. Vermorcken. C'est l'édition la plus récente du journal de Bontekoe publiée par M. J.-H. van Lennep dans son recueil populaire intitulé *Jan Davids boekekraam* (Magasin de livres de Jan David). Cette éd. a été publiée en 2 livraisons. — Tiele, 203. — Muller, 1882, fl. 1,25.

∴

— Le ‖ Voyage ‖ de G. Ysbrants ‖ Bontekoe ‖ aux ‖ Indes Orientales, ‖ Où les romps de vent dont il s'est servi ‖ dans les routes qu'il a tenuës, sont ‖ décrits par Journal. ‖ Avec une Clef à la fin, pour l'intelligen ‖ ce des termes de marine. ‖ A Amsterdam, ‖ chez Daniel Du Fresne, ‖ Marchand Libraire dans la porte des vieil ‖ les gens, proche le Heer-logement. ‖ M,DC,LXXXI, in-12, pp. 94 + 1 f. n. c. pour la clef.

Le traducteur, J. Rousseau, dédia le livre à Monseigneur l'abbé de Gravel, Ambassadeur pour Sa Majesté Très-Chrétienne à Bade en Suisse. Ce vol. est très rare; l'ex. de la Bib. royale de Munich, $\frac{\text{It. Sing.}}{\text{107 m}}$, est le seul que j'aie jamais rencontré.

Le Voyage de Bontekoe a été également traduit en français du *Begin ende Voortgangh* (voir col. 2340) dans le Vol. VIII, du *Recueil des Voyages... de la Compagnie des Indes Orientales*, Renneville, T. IV, 2ᵉ partie, éd. de 1754; T. VIII, éd. de 1725 (voir col. 2341 et 2342). — Thévenot, *Coll.*, I, 1696 [No. XVII de Camus]. — Prévost, *Hist. des Voy.*, VIII, p. 417, éd. in-4; XXXI, p. 321, éd. in-12, d'après Thévenot.

— Die Vier und Zwantzigste ‖ Schiffahrt | ‖ In welcher mit wahren Umbstanden beschrieben wird | ‖ Erstlich ‖ Die denckwurdige Reyse nach Ost Indien | S. ‖ Wilhelm Iszbrands Bontekuhe von Horn : ‖ Vorgenommen den 28. Decemb. 1618. vnd vollbracht den 16. Novemb. 1625. ‖ Demnach : ‖ Eine andere Reyse | ‖ durch den Commandeur Turck Alberts ‖ Raven | nach Spitzbergen | im Jahr 1639. verrichtet. ‖ In welchen vnterschiedlich viel merckwurdige Handel vnd Falle ‖ grundlich erzehlet werden. ‖ Beneben darzu nothwendigen Kupfferstucken. ‖ Verlegt vnd zum Druck befordert | durch Christophel le Blon. ‖ [Pl. représentant l'explosion du navire.] ‖ Gedruckt zu Franckfurt am Mayn ‖ bey Philippo Fivet | ‖ Im Jahr 1648. In-4, pp. 81 + 6 ff. n. c. au com. pour le titre, la déd. de C. le Blon et l'avis au lecteur. Port. gravé de Bontekoe en tête, et 8 Pl.

Forme la 24ᵉ partie de la collection de Hulsius.

British Museum, 10028, d, 51.

— Wilhelm Isbrands Bontekoes Reise nach Ostindien. (*Allg. Historie der Reisen*, Bd. VIII, Leipzig, 1751, pp. 378 et seq.)

— De Reis van Kapitein Bontekoe vertaald uit hed nederlandsch in het Javaansch door Raden Kartawinata te Limbangang. — Batavia, 's Lands-Drukkerij, 1873, in-8, pp. 91-IV.

— Le voyage de Bontekoe a été traduit en anglais dans le *China Magazine*, Mars 1869.

Georgius Candidius.

Voir Seyger van Rechteren, *infra*, col. 2339; et le chap. TAI WAN, de notre *Bib.*, col. 292.

Seyger van Rechteren.

— Journael, ‖ Ghehouden door Zeyger van Rechteren : ‖ Op zyne gedane voyagie naer Oost-Indien. ‖ [Portrait.] ‖ Tot Zwolle, ‖ Ghedruckt by Frans Jorrijaensz ende Jan Gerritsz, Boeck- ‖ druckers. Anno 1635. ‖ Met consent der selver Heeren. In-4, pp. 90 + 4 ff. prél.

Le port. sur le titre semblable à celui de l'éd. suivante; poème

Sie hier; ép. déd. aux Etats d'Over Yssel, différente de celle de l'éd. suivante, et les autres pièces de l'éd. suivante, sauf l'avis au lecteur qui diffère. Carte et pl. (voir éd. suivante).

Très rare; l'ex. de Tiele n'avait ni la carte ni la pl. que nous avons dans notre ex. que nous avons acheté de Muller, 1882, fl. 12.50.

— Iournael, ‖ Gehouden op de reyse ende wederkomste ‖ van ‖ Oost-Indien ‖ door ‖ Seyger van Rechteren ‖ Voor desen Kranck-besoecker in de voor-genoemde Lan- ‖ den, ende nu Geweldige Generael van de Landen van ‖ Over-Yssel. ‖ Den tweeden druck | van nieuws verbetert ‖ ende vermeerdert. ‖ t'Zwolle, ‖ Ghedruckt by Jan Gerritsz ende Frans Jorrijaensz ‖ Boeck-druckers | Anno 1639. In-4.

Pp. 111 + 7 ff. prél. n. c. : 1 pour le titre *ut supra*; recto 2e f., port. de S. v. R. en buste comme pour l'éd. préc.; verso 2e f., poésie commençant par *Siet hier dit is de Man*; recto 3e f.— recto 4e f., ép. déd. aux habitants d'Over-Yssel; verso 4e f., poème : *Tot den Berispers ofte spotters*; recto 6e f., poème com. : *Al die nae Rijckdom*; recto et verso 7e f. : *Tot den Lief-hebbende Leser.*

Carte p. 56 : *Af Conterfeijting van Die groote vermaerde Riuier Chincheo ghelegen Int groot Conincryck Chijna.*

Pl. p. 66 : *Af Conterfeijtinge vant fort Zeelandia in taijovang gelegen Op de N breete van 22 graden bijt koninckrijck van China in (ostindien Ao 1629.*

British Museum, 566, b, 31. — Muller, 1882, fl. 10.

— Iournael ‖ Gehouden op de reyse ende wederkomste ‖ van ‖ Oost-Indien ‖ door ‖ Seyger van Rechteren ‖ Voor desen Kranck-besoecker in de voor-genoemde Lan- ‖ den, ende nu Geweldige Generael van de Landen van ‖ Over-Yssel. ‖ Den tweeden druck | van nieuws verbetert ‖ ende vermeerdert. ‖ t'Zwolle, ‖ Gedruckt by Ian Gerritsz ende Frans Iorrijaensz ‖ Boeck-druckers | Anno 1639. In-4.

La description de cette éd. répond tout-à-fait à celle de la précédente quoique le tirage en soit absolument différent. M. Tiele ne cite qu'une éd. de Zwolle, 1639.

British Museum, 10057, dd.

— Journael | ‖ Ghehouden op de Reyse ende weder-komste van ‖ Oost-Indien. ‖ Door ‖ Seyger van Rechteren, Voor desen Kranck-besoecker in de voor- ‖ ghenoende Landen | ende nu Geweldige Generael vande Landen van ‖ Over-Yssel.

Dans le Vol. II de *Begin ende Voortgangh*, à la suite du voyage de Wybrandt Schram, pp. 19/89. — Pl. — Cette éd. est augmentée de différentes pièces sur la Chine : exp. de Cornelis Reyersz, racontée aussi par Bontekoe. Formose par Candidius; une description de Macao; et un mémoire sur les marchandises introduites au Japon par les Portugais, en 1637.

— Seyger van Rechteren était aumônier au service de la Compagnie des Indes Orientales. «L'auteur», dit Tiele, p. 252, «a inséré dans le journal de ses voyages un »court récit concernant la Chine« (*Kort verhael van't groot Koninghrijck van China*), suivi d'un »récit succinct concernant Tayowang« (*Kort verhael van Tayovang*), une petite île près de Formosa, et d'un »court récit« concernant le commerce des Hollandais en Chine et au Japon (1re éd. pp. 45/67, 2e éd. pp. 57/80). Van Rechteren prétend que c'est le résumé d'entretiens fréquents avec des officiers qui avaient été prisonniers en Chine pendant près de cinq années; mais en réalité les deux dernières insertions sont tirées d'un mémoire officiel que Pieter Nuyts, troisième gouverneur de Formosa (1627-1629), présenta au gouvernement des I. O. le 10 février 1629, et qui se trouve dans l'ouvrage de Valentijn (*Oud-en Nieuw Oost-Indien*, IV 2, pp. 63-70).»

(SEYGER VAN RECHTEREN.)

—Voyage de Seyger van Rechteren en 1628 [à Formose en 1630]. (*Rec. des Voy. de la Cie. des Indes*, IX, p. 199.)

Trad. en anglais dans le Vol. III de la Col. des Voyages d'Astley.

— Hendrick Hagenaer (dans la Collection de Commelin).

Voir Tiele, pp. 253 et seq.

— Begin ende Voortgangh | ‖ van de ‖ Vereenighde Nederlantsche Geoctroyeerde ‖ Oost-Indische ‖ Compagnie. ‖ Vervatende ‖ De voornaemste Reysen | by de Inwoonderen der selver ‖ Provincien derwaerts gedaen. ‖ Alles ‖ Nevens de Beschrijvinghen der Rijcken | Eylanden | Havenen | ‖ Revieren | Stroomen | Rheeden | Winden | Diepten en Ondiepten; Mitsga- ‖ ders Religien | Manieren | Aerdt | Politie en Regeeringhe der Volcke- ‖ ren; oock mede haerder Speceryen | Drooghen | Geldt ende ‖ andere Koopmanschappen | met veele Discoursen verrijkt : ‖ Nevens eenighe Koopere Platen verciert. ‖ Nut ende dienstigh alle Curieuse, ende andere Zee-varende Liefhebbers. ‖ Met dry besondere Tafels ofte Registers | in twee Delen verdeelt : ‖ Waer van't eerste begrijpt, ‖ Veerthien Voyagien | den meerendeelen voor desen ‖ noyt in't licht geweest. ‖ Gedruckt in den Jaere 1646. 2 vol. in-4 oblong, front. gravé.

L'auteur de cette collection est Isaac Commelin; elle a d'abord paru sans date en 2 vol., probablement en 1644; puis en 1645 et 1646.

— Of the ‖ Conversion ‖ of ‖ Five Thousand and Nine Hundred ‖ East-Indians, ‖ In the Isle Formosa, ‖ neere China, ‖ To the Profession of the true God, in ‖ Jesus Christ; ‖ By meanes of M. Ro : Junius, a Minister ‖ lately in Delph in Holland. ‖ Related by his good Friend, M. C. Sibellius, Pastor ‖ in Daventrie there, in a Latine Letter. ‖ Translated to further the Faith and Joy of many ‖ here, by H. Jessei, a Servant of ‖ Jesus Christ. ‖ With a Post-script of the Gospels good ‖ Successe also amongst the ‖ West-Indians, ‖ in New-England. ‖ Isai. 49. 12... ‖ Imprimatur, Joseph Caryl. ‖ London, ‖ Printed by Iohn Hammond, and are to be sold at his house ‖ voer-against S. Andrewes Church in Holborne; and ‖ in Popes-Head-Alley, by H. Allen, 1650. In-4, pp. 38 + 4 ff. n. c. au com. pour le titre et la préf. de H. Jessei + 1 f. n. c. à la fin pour les errata.

British Museum, E, 614.

— An Account of Missionary Success in the Island of Formosa published in London in 1650 and now reprinted with copious appendices by Rev. Wm. Campbell, F. R. G. S. English Presbyterian Mission Taiwan foo. In two volumes. London, Trübner, 1889, 2 vol. pet. in-8, pp. 1 à 330*, 331 à 670.

Voir Sibellius, col. 290/1, et Campbell, col. 291.

— Formosa under the Dutch described from Contemporary Records with Explanatory Notes and a Bibliography of the Island by Rev. Wm. Campbell, F. R. G. S. English Presbyterian Mission Tainan. London : Kegan Paul, MDCCCCIII, in-8 carré, pp. XIV-629.

— Kort Verhael | ‖ Van d'Avontuerlicke

(DIVERS.)

Voyagien ‖ en Reysen van ‖ Paulus Olofsz. ‖ Rotman, ‖ Zeylende van *Batavia* na het Eylant *Tywan*, op het Fluyt-‖Schip *De Koe:* waer in verhaelt wordt hoe zy door een schricke- ‖ lijcke *Orkaen* het Schip verlooren | en met acht Mannen ‖ daer af quamen | en veel vreemde toe-vallen in't *Ko-‖ninckrijck van China* hadden | en eyndelijck be-‖houden tot Batavia weder aenquamen. ‖ [Vig.] ‖ t'Amsterdam, ‖ By Gerrit van Goedesbergh, Boeck-verkooper | op't Wa-‖ter | aen de Nieuwe-brugh | in de Delfsche Bybel. 1657. In-4, pp. 34 en tout.

British Museum, 1295, c, 22.

Formose négligée, voir col. 286.

— Borts ‖ Voyagie, ‖ Naer de Kuste van ‖ China ‖ en ‖ Formosa. ‖ By een gestelt, en Berijmt ‖ door ‖ Matthijs Cramer. ‖ t'Amsterdam, ‖ Gedruckt by Pieter Dircksz. ‖ Boeteman, op de Negelantiers ‖ graft, voorden Autheur. 1670, in-8, pp. 132, port. et 13 pl. grav.

Voir col. 286/7. — Voir O. Dapper, col. 2348.

— S. de Vries. — Curieuse Anmerckingen der byzonderste Oost- en West-Ind. verwonderens-waerdige dingen, nevens die van China, Africa... Utrecht, 1682. 4 vol. in-4, cart. et pl. [Voir col. 85.]

— Recueil des voyages qui ont servi à l'établissement et aux progres de la Compagnie des Indes Orientales, Formée dans les Provinces Unies des Païs-bas. A Amsterdam, aux Dépens d'Estienne Roger... M.D.CCII, in-12.

Publié par René-Augustin-Constantin de Renneville.

— A ‖ Collection ‖ of ‖ Voyages ‖ Undertaken by the ‖ Dutch East-India Company, ‖ for the Improvement of ‖ Trade and Navigation. ‖ Containing ‖ An Account of several Attempts to find out the ‖ North East Passage, and their Discoveries in ‖ the East-Indies, and the South Seas. ‖ Together ‖ With an Historical Introduction, giving an ac-‖count of the Rise, Establishment and Pro-‖gress of that great Body. ‖ Translated into English, and Illustrated with se-‖veral Charts. ‖ London, Printed for W. Freeman... 1703, in-8.

British Museum, 979, f, 9.

Traduction de la collection française de 1702.

— Recueil des voyages qui ont servi à l'établissement et aux progrez de la Compagnie des Indes Orientales, formée Dans les Provinces-Unies des Païs-Bas. Nouvelle Edition, revûë par l'Auteur & considérablement augmentée. Enrichie d'un grand nombre de Figures en Taille-douce. A Rouen, Chez Jean-Baptiste Machuel le Jeune, ruë Damiette, vis-à-vis S. Maclou. M.D.CC.XXV. Avec approbation & Privilege du Roi. 10 vol. in-12.

(Divers.)

— Recueil des voiages qui ont servi à l'établissement & aux progrès de la Compagnie des Indes Orientales, Formée dans les Provinces-Unies des Païs-Bas. Seconde Edition revue, & augmentée de plusieurs pièces curieuses. A Amsterdam, chez Isaac Rey. MDCCLIV, 7 vol. in-12.

Les vol. 1/5 ont chacun deux parties avec une pag. spéciale, ce qui fait en réalité 12 vol.

— Pieter van der Aa, voir col. 1942.

— N. Witsen, col. 1945.

— François Valentyn, col. 287.

— Beschryvinge van den Handel, en Vaart der Nederlanders op Tsjina. (Fr. Valentyn, *Oud- en Nieuw Oost-Indiën*, IV Deele, 2e stuk, 1726, Amst., in-folio, 31 pages.)

— * Register (Alphabet) op de Brieven en papieren door de Nederl. O. I. Comp. van 1726-78 naar China afgezonden. 2 dln. in-fol.

Muller, Oct. 1854. No. 886.

— De Reizende Chinees, op bevel en koften van zynen keizer. Amst., Hendrik Bosch, 1727-28, 4 vol. in-8.

— Voyages and Travels into Asia. — Book I. Voyages and Travels in the Empire of China. (Astley's *Col. of Voyages*, Vol. III, London, 1746):

Chap. I. The Embassy of Peter de Goyer and Jacob de Keyzer... by John Nieuhoff, pp. 399/431.

Chap. II. The Embassy of John Van Campen and Constantine Noble to Sing la mong... By Arnoldus Montanus, pp. 431/440.

Chap. III. The Expedition of the Dutch for recovering Formosa, in conjunction with the Tartars, pp. 441/455.

Chap. IV. The Embassy of the Lord Van Hoorn to Kanghi, Emperor of China and Eastern Tartary, pp. 455/483.

Chap. V. A narrative of the Dutch Embassy in 1655 : With the Arts used by the Jesuits to defeat it, pp. 483/491. [Pris d'Ogilby, 1673, I, p. 299.]

Chap. VI. The first Attempts of the Dutch to trade in China, and Settlement at Tay wan. Now first translated from the French, pp. 492/498. [Rechteren, d'après le Vol. V du *Recueil de Voy. aux I. O.*]

Ces voyages ont été traduits de la collection d'Astley en allemand dans celle de Schwabe.

— Der Seezug der Holländer, das Eyland Formosa in Vereinigung mit den Tartarn wieder zu erobern. (J. J. Schwabe, *Allg. Hist. d. Reisen*, Bd. V, 1749, pp. 300/324.)

— Eine Erzählung von der Gesandtschaft der Holländer im Jahre 1655, und von denen Kunstgriffen, welche die Jesuiten gebrauchet haben, die Absichten derselben zu hintertreiben. Aus den Briefen zwoer Personen genommen, welche in diese Händel mit eingeflochten gewesen. (*Ibid.*, pp. 378/393.)

— Erste Versuche der Holländer, nach China zu handeln, und ihr Handelssitz zu Taywan. Jetzo zuerst aus dem Französischen übersetzt. (*Ibid.*, pp. 393/403.)

— Vies des Gouverneurs généraux, avec l'abrégé de l'histoire des établissemens hollandois aux Indes Orientales ; Ouvrage où l'on trouve l'Origine de la Compagnie des Provinces Unies, ses premiers Traités de Commerce, la Fondation de Batavia, les deux Siéges mémorables de cette Ville, les Conquêtes des Hollandois aux Moluques, à Amboine, Banda, Macassar, Ceylan, Malabar &c. leurs Guerres, leurs Alliances, leurs Progrès, leurs Désastres, la Perte de Formose, les Rebellions des Insulaires d'Amboine, de Macassar & de Java, les Différends de la Compagnie avec d'autres Nations Européenes, le Soulevement & le Massacre des Chinois à Batavia, & en général tous les Evénemens, publics ou particuliers, dignes de remarque, relatifs aux Affaires des Indes, arrivés depuis un Siécle & demi, jusqu'à nos jours, & rapportés, année par année, sous l'Administration de

(Divers.)

chacun des Chefs de la Nation Hollandoise en Asie ; Orné de leurs Portraits en Vignettes au naturel, Enrichi de plusieurs Cartes, Plans & Figures nécessaires, & suivi des Considerations sur l'Etat présent de la Compagnie par Monsieur le Baron d'Imhoff, ci-devant son Gouverneur Général aux Indes Orientales. Par J. P. I. Du Bois, Secretaire Privé d'Ambassade de S. M. le Roi de Pologne, Electeur de Saxe, en Hollande. A la Haye, Chez Pierre de Hondt, MDCC.LXIII, in-4.

Voir col. 289.

— * *Ordre du Roi de Hollande*, en hollandais et Chinois, publié à Batavie en 1669 ; sur papier européen. Ms. (*Cat. des Ms. et Xylog. de St. Pétersb.*, 1852, No. 727.)

— Fastes militaires des Indes-Orientales néerlandaises, par A. J. A. Gerlach, capitaine d'artillerie au service de S. M. le Roi des Pays-Bas. Avec Cartes, portraits et planches. Zalt-Bommel, Jean Noman, 1859. — Paris, C. Borrani, gr. in-8, front. lith., 4 ff. n. c. + pp. IV-VIII-IV-720-40-20-VIII-II, port., cartes, etc.

— Mémoire bibliographique sur les Journaux des navigateurs néerlandais réimprimés dans les collections de De Bry et de Hulsius, et dans les collections hollandaises du XVIIe siècle, et sur les anciennes éditions hollandaises des Journaux de navigateurs étrangers ; la plupart en la possession de Frederik Muller a Amsterdam. Rédigé par P. A. Tiele, Conservateur à la Bibliothèque de l'Université de Leide. Avec tables des voyages, des éditions et des matières. Amsterdam, Frederik Muller, 1867, in-8, pp. XII-372.

Il y a des ex. sur grand papier.

— Nederlandsche Bibliographie van Land- en Volkenkunde door P. A. Tiele. — Amsterdam, Frederik Muller, 1884, in-8, pp. VII-288.

Bijdragen tot eene Nederlandsche Bibliographie, uitgegeven door het Frederik Muller-Fonds. — Eerste Deel. *Land- en Volkenkunde* bewerkt door P. A. Tiele. — Amsterdam, Frederik Muller, 1884, in-8.

— Levensbericht van Dr. Pieter Anton Tiele door Martinus Nijhoff. Leiden. — E. J. Brill. 1889, br. in-8, pp. 55.

Overgedrukt uit de *Levensberichten van de Maatschappij der Nederlandsche Letterkunde te Leiden*, 1888-1889.

· Pieter Anton Tiele. Par G. Schlegel. (*T'oung Pao*, Vol. I, avril 1890, pp. 69/70.)

Tiele, né à Leyde, 18 janvier 1834 ; † à Utrecht, 22 janvier 1889.

— Dutch Trade in Formosa in 1629. Printed at the « Celestial Empire » office, Shanghai, br. in 8, pp. 26 avec 1 phot.

Par Geo. Phillips.

— Notes on the Dutch Occupation of Formosa. By Geo. Phillips. (*China Review*, X, pp. 123/128.)

— Fort Zelandia, and the Dutch occupation of Formosa. By H. E. Hobson. (*Jour. N. C. B. R. As. Soc.*, N. S., No. XI, 1877, pp. 33/40.)

— Conquêtes et découvertes de la République des Pays-Bas par Jules Geslin d'après des documents hollandais de l'époque. Première Partie. — Dans l'Archipel Indien. Paris, Maurice Dreyfous, s. d. [1883], in-18 jésus. — Deuxième Partie. En Asie, en Afrique, en Amérique. *Ibid.*, in-18 jésus.

— Archief voor de Geschiedenis der Oude Hollandsche Zending. Utrecht, C. van Bentum, 1884-1890, 5 vol. in-8.

Voir col. 290.

— Biographisch Woordenboek van Oost-Indische Predikanten door C. A. L. van Troostenburg de Bruijn Predikant te Heeze (nabij Eindhoven). Nijmegen, P. J. Milborn, 1893, in-8, pp. VII-521.

Voir col. 290.

— De Betrekkingen tusschen Nederland en China volgens Chineesche Bronnen. Door Prof. G. Schlegel. — Overgedrukt uit de *Bijdragen tot de Taal-, Land- en Volkenkunde van Ned.-Indië*, 5e volgr., VIIIe deel., br. in-8, pp. 32.

Notice : *Deutsche Wochenzeitung in den Niederlanden*, 11 fév. 1893, p. 5.

— Nalezing op mijn stuk over de Betrekkingen tusschen Nederland en China. Door G. Schlegel. — Overgedrukt uit de *Bijdragen tot de Taal-, Land- en Volkenkunde van Ned.-Indië*, 5e volgr., VIIIe deel. 1 page in-8.

— Nalezing op mijn stuk over de Betrekkingen tusschen Nederland en China. Door G. Schlegel. (*Bijd. Taal-, L.-, Volkenk. Ned.-Ind.*, XLII, 1893, p. 188.)

— Notes sur quelques Français d'Extrême-Orient au XVIIe siècle. (Commerçants, soldats, etc. au service de la Compagnie Hollandaise des Indes.) Par Jacques Pannier, Pasteur de l'Eglise protestante du Tonkin. (*Revue Indo-Chinoise*, 1904, pp. 601/8.)

— The Dutch and Dutch Missions in Formosa. By Rev. G. H. Bondfield. (*Chin. Rec.*, XXXV, April 1904, pp. 161/171.)

D'après Campbell.

— *Hamel* : Voir CORÉE.

— *Massacre des Chinois à Batavia*, voir LES CHINOIS CHEZ LES PEUPLES ÉTRANGERS.

Ambassades.

Pieter van Goyer et Jacob van Keyser.

NIEUHOF.

— Het ‖ Gezantschap ‖ Der Neêrlandtsche Oost-In- ‖ dische Compagnie, ‖ ... ‖ door ‖ Joan Nieuhof ; ‖ t'Amsterdam, ‖ By Jacob van Meurs, Boekverkooper en Plaatsnijder, ‖ op de Keyzers-graft, schuyn over de Wester-marct, ‖ in de Stadt Meurs. Anno 1665, in-fol., pp. 258 + 3 ff. n. c. au com. pour le tit., le priv., la déd. ; + 5 ff. n. c. à la fin pour la table et la disp. des pl., Front. grav. et portr. de J. Nieuhof.

British Museum, 568, g, 5.

— Het ‖ Gezantschap ‖ Der Neêrlandtsche Oost-In- ‖ dische Compagnie, ‖ aan den ‖ Grooten ‖ Tartarischen Cham, ‖ Den tegenwoordigen ‖ Keizer van China : ‖ waar in ‖ De gedenkwaerdighste Ceschiedenissen [*sic*], die onder het Rei- ‖ zen door de Sineesche Landtschappen, Quantung, Kiangsi, Nanking, Xan- ‖ tung en Peking, en aan het Keizerlijke Hof te Peking, sedert den jare 1655. ‖ tot 1657. zijn voorgevallen, op het bondigste verhandelt worden. ‖ Beneffens ‖ Een Naukeurige Beschrijving der Sineesche Steden, Dorpen, Regee- ‖ ringh, Wetenschapen, Hantwercken, Zeden, Godsdiensten, Gebouwen, Drachten, ‖ Schepen, Bergen, Gewassen, Dieren, &c. en Oorlogen tegen de Tarters. ‖ Verçiert met over de 150. Afbeeltsels, na't leven in Sina ‖ getekent : En beschreven ‖ door ‖ Joan Nieuhof; ‖ Toen eerste Hofmeester des Gezantschaps, tegenwoordig ‖ Opperhooft in Coylan. ‖ t'Amsterdam, ‖ By Jacob van Meurs, Boekverkooper en Plaetsnijder, ‖ op de Keyzers-graft, schuyn over de Westermarct, ‖ in de Stadt Meurs. Anno 1670, in-fol., pp. 258 + 3 ff. n. c. au com. pour le titre, le priv., la déd. + 5 ff. n. c. à la fin pour la table et la disp. des pl., Front. grav. et port. de J. Nieuhof.

British Museum, 147, h, 7.

— Het ‖ Gezandtschap ‖ Der Neêrlandtsche Oost-Indi- ‖ sche Compagnie, ‖ ... ‖ door ‖ Joan Nieuhof, ‖ ... ‖ Tot Amsterdam, ‖ By Wolfgang, Waasberge, Boom, van Someren, ‖ en Goethals. 1693, in-fol., pp. 258 + 3 ff. n. c. au com. pour le tit., le priv., la déd. + 5 ff. n. c. à la fin pour la table et la disp. des pl., Front. grav. et port. de J. Nieuhof.

British Museum, 567, k, 18.

— Le manuscrit de la relation de l'ambassade de P. de Goyer et de J. de Keyser par J. Nieuhof est indiqué dans le cat. 27, *Orientalia*, 1887, de E. J. Brill, de Leyde :

« Journaal van zommige voorvallen, in de voyagie van de Heeren *Pieter de Goyer* en *Jacob Keyzer*, ambassadeurs aan de grootmachtige Keizer van Chyna en Tartaryen in de jaaren 1655, 56 en 57. In-4, obl. d. veau dos orné, florins 120.

Beau Manuscrit de 229 pages, écrit par *J. Nieuhof*, auteur de la célèbre relation de l'ambassade, envoyée en 1655 à l'empereur de la Chine par le Gouverneur-Général des Indes Néerlandaises, *J. Maatsuyker*.

J. Nieuhof, plus tard gouverneur de Ceilan, était attaché à cette ambassade comme maître d'hôtel et composa l'ouvrage mentionné sous le numéro suivant sur ce manuscrit qui forme la première partie de l'ouvrage complet.

Le volume est orné de 81 jolis dessins au lavis représentant les mêmes vues, etc. de l'édition imprimée ; il est intact et excepté deux pet. taches, très bien conservé. »

— Peters von Goyer und Jacobs von Keyzer Gesandtschaft, von der holländischen ostindischen Compagnie, an den Kaiser in China, im Jahre 1655. Beschrieben durch Johann Neuhof. Aus dem Holländischen übersetzt. (J. J. Schwabe, *Allg. Hist. d. Reisen*, Bd. V, 1749, pp. 229/283.)

— L'Ambassade ‖ de la ‖ Compagnie orientale ‖ des ‖ Provinces Unies ‖ vers ‖ l'Empereur ‖ de la ‖ Chine, ‖ ou ‖ Grand Cam ‖ de Tartarie, ‖ faite par les ‖ Srs. Pierre de Goyer, & Jacob de Keyser, ‖ Illustrée d'une tres-exacte Description des Villes, Bourgs, Villages, ‖ Ports de Mers, & autres Lieux plus considerables de la Chine : ‖ Enrichie d'un grand nombre de Tailles douces. ‖ Le tout recueilli par le ‖ Mr. Jean Nieuhoff, ‖ Mre. d'Hostel de l'Ambassade, à présent Gouverneur en Coylan : ‖ Mis en François, ‖ Orné, & assorti de mille belles Particularitez tant Morales que Politiques, par ‖ Jean le Carpentier, Historiographe. ‖ Premiere Partie. ‖ [Pl. gravée *Invidiae Prudentia Victrix*.] ‖ A Leyde. ‖ Pour Jacob de Meurs, Marchand Libraire ‖ & Graveur de la Ville d'Amsterdam, 1665. In-fol., pp. 290 + 7 ff. n. c. au com. pour le titre, l'ép. à Colbert, la préf. au lecteur, la table et le priv. Front. grav. ; port. de Colbert.

La seconde partie comprend la *Description générale de l'Empire de la Chine*, pp. 134 + 1 f. n. c. pour la description des Pl.

— Voir l'abbé Prévost, col. 1947/8.

— Extrait dv Voyage des Hollandois, enuoyez ès années 1656. & 1657. en qualité d'Ambassadeurs vers l'Empereur des Tartares, maintenant Maistre de la Chine, traduit du Manuscrit Hollandois. (*Coll. de Thévenot*, 1re Partie, 1696, pp. 29 et seq.) [No. V de Camus.]

C'est un abrégé de la relation suivante :

— Voyage des Ambassadevrs de la Compagnie hollandoise des Indes Orientales, enuoyés l'an 1656. en la Chine, vers l'Empereur des Tartares, qui en est maintenant le Maistre, traduit d'un Manuscrit hollandois. (*Ibid.*, II, 1696.) [No. XXXII de Camus.]

— Rovte des Hollandois à Pekin. (Thévenot, *Col.*) [No. XXXIII de Camus.]

Cette route d'après l'avis inséré par Thévenot à la tête du Voyage est également de Nieuhof.

— Relation de l'Estat present dv Commerce des Hollandois & des Portugais dans les Indes Orientales, où les places qu'ils tiennent sont marquées, & les lieux où ils traffiquent. (*Recueil de Thévenot*, I, 1696.) [No. XX de Camus.]

Thévenot dit à la fin de cette relation qu'il l'a traduite sur le Ms. original qui lui avait été envoyé de Hollande.

— Le Voyage de l'Ambassade hollandaise de 1656 à travers la province de Canton. Par C. Imbault-Huart, Consul de France. (*Jour. China Br. R. As. Soc.*, N. S., XXX, No. 1, 1895-96, pp. 1/73.)

— * Die Gesandtschaft der Ost-Indischen Gesellschaft in d. Verein. Niederländern, an den Tartarischen Cham, etc. Mit 150 Kupfertafeln. Amst., 1669, in-fol.

— Stuck cite des trad. all. : Amst. 1666, in-4 ; Amst. 1669, in-fol. ; Amst. 1675, in-fol.

— Legatio Batavica ‖ ad ‖ Magnum Tartariae Chamum ‖ Sungteium, ‖ Modernum Sinae Imperatorem. ‖ Historiarum narratione, ‖ quae ‖ Legatis in Provinciis Quantung, Kiangsi, Nanking, Xantung, ‖ Peking, & Aula Imperatoriâ ab Anno 1655 ad annum 1657 obtigerunt, ‖ ut & ardua Sinensium in bello Tartarico fortunâ, Provinciarum ‖ accurata Geographia, urbium delineatione, ‖ nec non ‖ Artis & Naturae miraculis ex Animalium, Vegetabilium, ‖ Mineralium genere per centum & quinquaginta aeneas figuras passim ‖ illustrata & conscripta vernacule ‖ per ‖ Joannem Nieuhovium, ‖

Primum Legationis Aulae magistrum, jam Coylanae Praefectum. ‖ Latinitate donata ‖ Per Clarissimum Virum ‖ Georgium Hornium, ‖ Historiarum in celeberrimâ Lugd. Batav. Acad. Prof. ‖ [Pl. grav. *Invidiae Prudentia Victrix.*] ‖ Amstelodami, ‖ Apud Jacobum Meursium, in Fossâ Imperatoriâ. ‖ Cum S. Caesareae Majestatis, Christianissimi Galliarum Regis, & Praepotentum ‖ Foederate Belgii Ordinum Privilegio. Anno dɔlɔcLxvIII, in-fol., pp. 184 et 172 + 5 ff. n. c. au com. pour le titre, la déd., etc. + 4 ff. n. c. à la fin pour la tab. et la disp. des pl.; front. grav., port. de Nieuhof.

British Museum, 568, g, 6.

— An ‖ Embassy ‖ from the ‖ East-India Company ‖ of the ‖ United Provinces, ‖ to the ‖ Grand Tartar Cham ‖ Emperour of ‖ China, ‖ Delivered by their Excell^cies ‖ Peter De Goyer, and Jacob De Keyzer, ‖ At his Imperial City of ‖ Peking. ‖ Wherein ‖ The Cities, Towns, Villages, Ports, Rivers, &c. ‖ In their Passages from Canton to Peking, ‖ Are Ingeniously Described by Mr. John Nieuhoff, Steward to the ‖ Ambassadours. ‖ Also ‖ an Epistle of Father John Adams their Antagonist, concerning the whole ‖ Negotiation. ‖ With ‖ an Appendix of Several Remarks taken out of Father Athanasius Kircher. ‖ Englished and set forth with their Several Sculptures, by John Ogilby, Esq.; Master of ‖ his Majesties Revels in the Kingdom of Ireland. ‖ London, ‖ Printed by John Macock for the author, MDCLXIX. In-fol., pp. 327/18/106 + 2 ff. n. c. au com. pour le titre et le priv., Front. et gravures.

British Museum, 152, i, 3.

— An ‖ Embassy ‖ from the ‖ East-India Company ‖ of the ‖ United Provinces, ‖ to the ‖ Grand Tartar Cham ‖ Emperor of ‖ China, ‖ Deliver'd by Their Excellencies ‖ Peter de Goyer and Jacob de Keyzer, ‖ At His Imperial City of ‖ Peking. ‖ Wherein ‖ The Cities, Towns, Villages, Ports, Rivers, &c. ‖ In their Passages from ‖ Canton to Peking, ‖ Are Ingeniously Describ'd, ‖ By Mr John Nieuhoff, Steward to the ‖ Ambassadors. ‖ Also ‖ An Epistle of Father John Adams their Antagonist, ‖ Concerning the Whole Negotiation. ‖ With an Appendix of several Remarks taken out of ‖ Father Athanasius Kircher. ‖ English'd, and set forth with their several Sculptures, ‖ By John Ogilby Esq.; ‖ His Majesties Cosmographer, Geographick Printer, and Master of the Revels in the ‖ Kingdom of Ireland. ‖ The Second Edition. ‖ London, ‖ Printed by the Author at his House in White-Friers. M.DC.LXXIII. Gr. in-fol., pp. 431 + 2 ff. n. c. au com. pour le titre, et la disp. des grav., front. gravé par Hollar et daté 1668.

British Museum, 568, i, 7.

— The Embassy of Peter de Goyer and Jacob de Keyzer from the Dutch East India Company to the Emperor of China in 1655. By John Nieuhoff, Steward to the Embassadors. [Translated from the Dutch.] (Pinkerton, VII, p. 231.)

Jan van Campen et Constantin Nobel.

OLFERT DAPPER.

— Gedenkwaerdig bedryf Der Nederlandsche Oost-Indische Maetschappye, op de Kuste en in het Keizerrijk van Taising of Sina : Behelzende het tweede Gezandschap Aen den Onder-koning *Singlamong* en Veldheer *Taising Lipoui*; Door Jan van Kampen en Konstantyn Nobel. Vervolgt met een verhael van het voorgevallen des jaers zestien hondert drie en vier en zestig, op de Kuste van *Sina*, en ontrent d'Eilanden *Tayowan, Formosa, Ay* en *Quemuy*, onder't gezag van Balthasar Bort : En het derde Gezandschap Aen *Konchy*, Tartarsche Keizer van Sina en Oost-Tartarye : onder beleit van zijne Ed. Pieter van Hoorn. Beneffens een Beschryving van geheel *Sina*. Verçiert doorgaens met verscheide kopere platen. Beschreven door Dr. O. Dapper. t'Amsterdam, By Jacob van Meurs, op de Keisersgracht, in de Stadt Meurs. 1670. Met Privilegien. In-folio, 3 ff. n. ch. + pp. 504/264 à 2 col. + 3 ff. n. ch. p. l'index.

Frontispice gravé avec le titre : Tweede en Derde Gesandschap na het Keyserryck van Taysing of China, met Previligien A° 1671.

Voir *Bib. Sinica*, col. 27/28.

Sur Olivier Dapper, voir la Biog. de Michaud, Vol. 10, pp. 125/6 (art. d'Eyriès). — *Allgemeine Encyclopädie* (Ersch und Gruber), 23, pp. 104/5.

— Gedenkwürdige Verrichtung ‖ Der Niederlandischen ‖ Ost-Indischen Gesellschaft ‖ in dem Kaiserreich ‖ Taising oder Sina, ‖ durch ihre ‖ Zweyte Gesandtschaft ‖ an den Unter-könig *Singlamong* ‖ und Feld-herrn *Taising Lipoui.* ‖ Ausgeführet durch *Joan van Kampen*, und *Constantin Nobel*; ‖ Woben alles das jenige was aus dem Sinischen See-Strande ‖ und ben *Tajowan, Formosa, Aimuy*, und *Quemuy*, unter dem ‖ Befehlhaber Balthasar Bort, im 1662. und ‖ folgenden Jahre vorgefallen | erzählet wird. ‖ Alls auch die ‖ Dritte Gesandtschaft ‖ an *Konchi*, Sinischen und Ost-Tartarischen Kaiser ‖ verrichtet durch *Pieter van Hoorn.* ‖

Hierbey ist gefüget || Eine Ausführliche Beschreibung des gantzen Sinischen Reichs; || Und ist durchgehends das gantze Werck mit viel schönen Küpferstücken gezieret. || Mit Freyheit | nicht nach zu drucken. || Amsterdam ||| Bey Jacob von Meurs | ... 1675, in-fol., à 2 col., pp. 336/76/164 + 3 ff. n. c. pour le titre, l'ép., etc. + 2 ff. n. c. à la fin de la 2e p., et 4 ff. n. c. à la fin de la dernière partie.

Le frontispice est semblable à celui de l'édition holl., mais les épreuves en sont moins bonnes; il porte le titre : Zweyte und Dritte Gesantschaft nach dem käiser-reich von Taysing oder China, mith. Previl. Ao. 1675.

Ce vol. se compose de trois parties ayant chacune son titre :

— Titre *ut supra*. Zweyte Gesandschaft, pp. 1/208.

— Die || Dritte Gesandschafft || an den || Kayser von Sina oder Taising, || und || Ost-Tartarien. || Verrichtet auf befehl des hohen Indischen Rahts von Batavia || int 1666. und folgenden zwey Jahren | durch den Edlen Herr || Peter von Hoorn. || Darinnen die vornehmste Begebenheiten die auf der hin- || und Widerreyse durch die Landschafften Fokien, Chekiang, Xantung, || Nanking, Peking, und an dem kayserlichen Tartarischen Hoff vorgefallen | || aus dem Tagregister zu lesen vorgestelt werden. || Gedruckt zu Amsterdam ||| Bey Jacob von Meurs | ... | Anno 1674, pp. 209/336, 1/76 + 2 ff. n. c. pour la table.

— Beschreibung || des || Keyserthums || Sina... || Beschrieben || durch Dr. O. Dapper... || Amsterdam. || ... Jacob von Meurs... || Anno 1676, pp. 164 + 4 ff. n. c. [Voir *Bib. Sinica*, col. 27/8.]

British Museum, 568, g, 7.

— Die Gesandtschaft Johann von Campen und Constantin Nobles an den Unterkönig von Fo Kyen Sing la mong. Herausgegeben von Arnold Montanus. (J. J. Schwabe, *Allg. Hist. d. Reisen*, Bd. V, 1749, pp. 283/299.)

— Atlas Chinensis : || Being a Second Part of || A Relation || of || Remarkable Passages || in two || Embassies || from the || East-India Company || of the || United Provinces, || to the Vice-Roy || Singlamong || and general || Taising Lipovi, and to || Konchi, || Emperor of || China and East-Tartary. || With || A Relation of the Netherlanders Assisting the Tartar against Coxinga, || and the Chinese Fleet, who till then were Masters of the Sea. || and || A more exact Geographical Description than formerly, both || of the whole Empire of China in general, and in particular of every || of the fifteen Provinces. || Collected out of their several Writings and Journals, || By Arnoldus Montanus. || English'd, and Adorn'd with above a hundred several Sculptures, || By John Ogilby Esq.; || Master of His Majesty's revels in the Kingdom of Ireland. || London, || Printed by Tho. Johnson for the Author, and are to be had at his || House in White-Fryers. M.DC.LXXI. In-fol., pp. 723 + 2 ff. n. c. au com. pour le tit., déd. à Charles II et disp. des pl.; grav. et front. gravé.

British Museum, 568, i, 8.

Pieter van Hoorn.

Voir *supra* : DAPPER.

— Die Gesandtschaft des Herrn van Hoorn an Kang hi, Kaiser in China und der östlichen Tartarey. (J. J. Schwabe, *Allg. Hist. d. Reisen*, Bd. V, 1749, pp. 325/377.)

Titsingh.

VAN BRAAM.

— Voyage de l'Ambassade de la Compagnie des Indes orientales hollandaises, vers l'Empereur de la Chine, dans les années 1794 & 1795 : Où se trouve la Description de plusieurs parties de la Chine inconnues aux Européens, & que cette Ambassade a donné l'ocasion de traverser : Le tout tiré du journal d'André Everard Van Braam Houckgeest, chef de la Direction de la Compagnie des Indes Orientales Hollandaises à la Chine, et Second dans cette Ambassade... Et orné de Cartes et de Gravures — Publié en Français par M. L. E. Moreau de Saint-Méry. A Philadelphie, 1797-1798, 2 vol. in-4.

Tome Premier — 1797 — pp. lxxx-437. Dédicace à George Washington — Avertissement de l'éditeur — Notice des objets qui composent la Collection de dessins chinois de M. Van Braam — Avant-Propos — Itinéraire — Indications pour le Plan de la Ville de Peking — Notes et explications par ordre alphabétique... pour former... un supplément à la Table Générale des Matières — Voyage de l'Ambassade.

Tome Second — 1798 — pp. xii-520. Indications pour le Plan de la Ville de Macao — Notes et Explications — Errata — Voyage de l'Ambassade — Supplément à la Relation du Voyage de l'Ambassade en Chine contenant plusieurs pièces relatives à cette ambassade et aux détails insérés dans cet ouvrage [pp. 355 et seq.] — Table générale des matières.

Ouvrage rare, mais il s'en trouve des ex. à la Bibl. nationale, $\frac{O^2n}{66}$, au British Museum, 148, d, 12/13, chez M. Léon Pagès, aux lib. Maisonneuve (Paris) et Brill (Leyde), chez nous (ex. Thonnelier), à l'India Office, Londres, à la Bib. Royale de Munich.

— Voyage de l'Ambassade de la Compagnie des Indes Orientales Hollandaises, vers l'empereur de la Chine, en 1794 et 1795; Où se trouve la description de plusieurs parties de cet Empire inconnues aux Européens; Tiré du Journal d'André Everard Van-Braam Houckgeest, Chef de la Direction de cette Compagnie, et Second dans l'Ambassade. Publié par M. L. E. Moreau de Saint Méry. A Paris, chez Garnery..., A Strasbourg, chez Levrault... An 6 de la République (1798 v. st.), 2 vol. in-8.

— Reise || der Gesandtschaft || der holländisch-ostindischen Gesellschaft || an den || Kaiser von China, || in den Jahren 1794 und 1795; || worinn man eine Beschreibung von mehrern den Europäern || unbekannten Theilen dieses Reiches findet. || Aus dem Tagebuche || des || Herrn André Everard Van-Braam Houckgeest, || Chefs der Direktion dieser Gesellschaft und zweyten Person || bey der Gesandtschaft || ausgezogen und herausgegeben || von || M. L.

E. Moreau von Saint-Méry. ‖ Aus dem Französischen. ‖ Mit Anmerkungen von dem Uebersetzer. ‖ Leipzig, ‖ bey Johann Samuel Heinsius 1798-1799, 2 vol. in-8, pp. xxxii-320, iv-252.

Uebers. J. Ad. Bergk.

— Reize van het Gezantschap der Hollandsche Oostindische Compagnie, naar den Keizer van China, in den Jaare 1794 en 1795. Waarin gevonden wordt eene beschrijving van verscheidene, aan de Europeaanen nog onbekende, gedeelten van dat Keizerrijk. Getrokken uit het dagverhaal van A. E. Van Braam Houckgeest. Opperhoofd der Nederlandsche Directie in China en Tweede bij gemelde Gezantschap. Door M. L. E. Moreau de Saint-Mery. Haarlem, François Bohn, mdccciv-mdcccvi. 2 vol. in-8 — gravures.

— An Authentic Account of the Embassy of the Dutch East-India Company, to the Court of the Emperor of China, In the Years 1794 and 1795; (subsequent to that of the Earl of Macartney.) containing a description of several parts of the Chinese Empire, unknown to Europeans; taken from the Journal of André Everard Van Braam, Chief of the Direction of that Company, and Second in the Embassy. Translated from the original of M. L. E. Moreau de Saint-Méry. With a correct Chart of the Route. London : Printed for R. Phillips... 1798, 2 vol. in-8.

— « Observations sur le Voyage de Van Braam », pp. 415/472 du *Voyage* de Charpentier-Cossigny, an VII (voir col. 2105).

De Guignes.

— Voyages a Peking, Manille et l'île de France, faits dans l'intervalle des années 1784 à 1801, par M. de Guignes, Résident de France à la Chine, attaché au Ministère des Relations extérieures... A Paris, de l'Imprimerie impériale mdcccviii. 3 vol. in-8.

Tome Premier : Avant-Propos — Préface — Table des Empereurs de la Chine depuis 2953 avant J. C., jusqu'à l'année 1736 après — Itinéraire depuis Quanton jusqu'à Peking — Tableau de l'histoire ancienne de la Chine — Table Chronologique, contenant les Evénements relatifs à l'Histoire et à l'Astronomie de la Chine, depuis l'an 1122 avant J. C. jusqu'à l'ère chrétienne, mis en parallèle avec ceux des autres nations — Voyage à Peking pendant les années 1794 et 1795.

Tome Second : Retour de Peking, 15 Fevrier 1795 — Observations sur les Chinois.

Tome Troisième : Observations sur les Chinois — Observations sur les îles Philippines et sur l'île de France (Voyage à l'île de France et à Manille) — Retour en Europe — Table des Articles — Table alphabétique des Matières.

Cet ouvrage est accompagné d'un Atlas petit in-folio. « A Paris, de l'Imprimerie Impériale, MDCCCVIII » contenant 97 planches.

Not. : *Quarterly Review*, II, Nov. 1809, pp. 255/275.

Un ex. de cet ouvrage avec les planches en deux états (noires et coloriées), relié en demi mar. rouge, non coupé, a paru à la vente de la bibliothèque Beckford, Hamilton Palace. Les planches en noir étaient avant la lettre. Une lettre autographe de De Guignes reliée avec l'atlas, marquait que c'était le seul ex. avec ces pl. avant la lettre. — Voir Cat. B. Quaritch, 89, avril 1888, £ 12.

Charles Louis Joseph de Guignes, fils de Joseph de Guignes, né à Paris en 1759, est mort en 1845.

— « Réflexions critiques sur le Voyage à Pé-kin, de M. de Guignes fils » par l'Abbé Grosier dans sa *Description de la Chine*, 3e éd., Vol. I, pp. xv et seq. ; ces réflexions sont suivies d'une lettre de Klaproth sur le même sujet.

— Voir dans le Vol. X des « Mémoires pour servir à l'histoire ancienne du globe », publiés par M. de Fortia d'Urban, Paris, 1809 :

Art. 466. Sur le Yu-kong et le voyage de M. de Guignes, pp. 33/39.

Art. 467. Premier Article de M. l'Abbé Grosier, pp. 39/54. (Réimp. de la *Gazette de France*, Samedi, 18 Février.)

Art. 468. Second Art. de M. l'Abbé Grosier, pp. 55/69. (*Ibid.*, Dimanche, 26 Février.)

Art. 469. Troisième Art. de M. l'Abbé Grosier, pp. 69/82. (*Ibid.*, Lundi, 6 Mars.)

Art. 470. Quatrième et dernier Art. de M. l'Abbé Grosier, pp. 82/94. (*Ibid.*, Dimanche, 19 Mars 1809.)

Art. 471. Défense de M. de Guignes, pp. 95/97.

Art. 472. Réponse de M. de Guignes, pp. 97/106. (Réimp. de la *Gazette de France*, Mardi, 21 Mars 1809.)

Art. 473. De la certitude historique et des peuples antédiluviens, par Fortia d'Urban. (Réimp. du *Publiciste*, 29 Mars 1809, pp. 106/114.)

Art. 474. Réplique de M. de Guignes à M. Fortia d'Urban, pp. 114/116.

Art. 475. Réponse à M. de Guignes, pp. 117/118.

Art. 476. Réponse du père Amiot aux objections tirées du père de Prémare, pp. 118/124.

Art. 477. Conclusions du père Amiot sur l'antiquité des Chinois, pp. 124/136.

Art. 478. Nouvelles objections de M. de Guignes contre l'antiquité des Chinois, pp. 136/142 (Paris, 8 Avril 1809).

Art. 479. Réponse à M. de Guignes. Paris, 13 Avril 1809, pp. 142/146.

Art. 480. Du père Parennin et de son opinion sur l'antiquité de la Chine, pp. 146/154.

∴

— Remarques philologiques sur les voyages en Chine de M. de Guignes, Résident de France à la Chine... par Sinologus Berolinensis. A Berlin, aux frais de l'auteur, 1809, in-8, pp. 168.

Not. : *Magasin Encyclopédique*, de Millin, II, 1810, pp. 210/211.

Sinologus Berolinensis = Antonio Montucci.

— Lettre sur les remarques faites par M. Montucci, sur le Voyage à Péking, de M. de Guignes. (*Annales des Voyages*, X, 1810, pp. 229/248) par de Guignes. — Paris, ce 15 janvier 1810.

— *Audi alteram partem*, ou Réponse de M. Montucci à la lettre de M. de Guignes insérée dans les *Annales des Voyages*, publiées par M. Malte-Brun. IIIme Souscription Tom. II. Cah. II. In-8, pp. 46 [Berlin, 1810].

Voir sur cette querelle, la col. 1711.

— Coup d'œil sur l'empire chinois, son antiquité, ses forces et sa civilisation ; d'après le Voyage à Péking par M. de Guignes fils, comparé aux Relations des Missionnaires. (*Annales des Voyages*, publiées par M. Malte-Brun, VII, 1810, pp. 191/245.)

— Réflexions sur les anciennes observations astronomiques des Chinois, et sur l'état de leur empire dans les temps les plus reculés, lues à l'Institut de France ; par M. de Guignes fils. (*Ibid.*, VIII, 1810, pp. 145/189.)

Les Voyages de De Guignes ont été traduits :

— * Trad. en anglais. London, 1809, in-4.

— * De Guignes..., Reisen nach Peking, Manila u. Isle de France in den Jahren 1784 bis 1801. Aus dem Franz. von K. L. Mths. Müller. Mit Kpf. u. Karte. Leipzig. Hinrichs, 1810. 2 Bde. in 3 Theilen. [Engelmann.]

— Viaggi a Pekino, a Manilla ed all' isola di Francia fatti negli anni 1794 al 1801 da M. De Guignes versione dal Francese di F. C. Con rami colorati. Milano, Presso l'editore Lorenzo Sonzogno, 1829-1830, 4 vol. in-12.

∴

(De Guignes.)

— Deux Documents inédits tirés des papiers du Général Decaen par Henri Cordier. I. L'ambassade hollandaise dirigée par Titsingh à Peking, d'après un missionnaire contemporain à la Chine (1794-1795). II. Récit par un Hollandais d'une mission russe au Japon (1804). (*T'oung Pao*, 2e Sér., I, No. 5, Déc. 1900, pp. 451/467.)

Tirage à part : Leide, 1900, br. in-8, pp. 19 ; 25 ex. sur papier ordinaire ; 100 ex. sur papier Van Gelder.

— Voir le Vol. de Traités de Mayers, etc.

(De Guignes.)

V. — GRANDE-BRETAGNE.

Premières relations avec la Chine. — East-India Company. — Ouvrages divers.

— A short History of the East India Company : exhibiting a state of their affairs, abroad and at home, political and commercial ; The nature and magnitude of their commerce, and its relative connection with the government and revenues of India ; and a Discussion on the Question of Right to the Conquered Territories in India ; also Remarks on the Danger and Impolicy of Innovation, and the Practical Means of ensuring all the good Effects of a Free Trade to the Manufacturers of Great Britain and Ireland, by Matter of Regulation, without disturbing the Established System. The Second Edition, with some Additions. To which is added an Abridgment of the New Act. F. R. — London : Printed for John Sewell, 1793, in-4.

— British intercourse with China, since the reign of Queen Elizabeth ; details of the Recent War, and treaties with England. (Montgomery Martin, *China*, Vol. II, Chap. I.)

— Hugh Murray, *Historical Account*, III, Chap. IV.

— John Phipps' Practical Treatise on the China and Eastern Trade, 1836. [Voir col. 2178.]

— Extracts from the early records of the East-India Company's Factory in China. (*Canton Register*, 1839, Vol. 12, No. 20, pp. 95/7.)

C'est une série de faits relatifs à l'E.-I. Co., en Chine, arrangés par ordre chronologique de 1637 à 1800.

— Chinese Official Account of Portuguese and English Embassies translated from the 禮部則例 *Li-pu-tse-li* published in 1844. (*Chinese Rep.*)

(Divers.)

— The Dawn of British Trade to the East Indies as recorded in the Court Minutes of the East India Company 1599-1603 Containing an account of the formation of the Company. The first Adventure and Waymouth's Voyage in search of the North-West Passage now first printed from the original Manuscript by Henry Stevens of Vermont. With an introduction by Sir George Birdwood Kt CSI. MD. London, Henry Stevens & Son, 115 St. Martin's Lane Over against the Church of St. Martin in the Fields, MDCCCLXXXVI, in-4, pp. XXIV-331.

∴

— Calendar of State Papers, Colonial Series, East-Indies, China and Japan, 1513-1616, Preserved in Her Majestys's Public Record Office, and elsewhere. Edited by W. Noël Sainsbury, Esq., of the Public Record Office,... London : Longman,... 1862, gr. in-8, pp. lxxvii-553 + 1 f. n. c. er. + pp. 11.

— — 1617-1621... 1870, gr. in-8.

— — 1622-1624... 1878, gr. in-8.

— Calendar of State Papers, Colonial Series, East-Indies, China and Persia, 1625-1629. Preserved in Her Majesty's Public Record Office, and elsewhere. Edited by W. Noël Sainsbury, of the Public Record Office... London : Longman... 1884, gr. in-8.

— — 1630-1634... 1892, gr. in-8.

— Report on the Miscellaneous Old Records of the India Office. November 1, 1878. Br. in-fol.

(Divers.)

Préparé par G. Birdwood en 1878. — Henri Cordier a réimprimé, *Revue de l'Extrême-Orient*, III, pp. 571/642, une partie de ce rapport. — Réimp. en 1889 par F. C. Danvers.

— Report on The Old Records of the India Office, with supplementary Note and Appendices, by Sir George Birdwood, M. D., K. C. I. E.,... Second Reprint. London : W. H. Allen & Co. — 1891, in-8, pp. xii-316.

— Report to the Secretary of State for India in Council on the Records of the India Office. By Frederick Charles Danvers, Registrar and Superintendent of Records. — Records relating to Agencies, Factories, and Settlements not now under the Administration of the Government of India. London : Printed for Her Majesty's Stationery Office, by Eyre and Spottiswoode. — 1888, in-8, pp. 296-xxxvii.

Une grande partie (pages 190-xxxvii) de ce volume forme un volume parlementaire de 1887, sous la cote C. — 5055.

Frederick Charles Danvers, 74 ans, † 17 mai 1906 à Addlestone, Surrey.

∴

— The letters of the Queenes most excellent Maiestie sent in the yere 1596 vnto the great Emperor of *China* by M. *Richard Allot* and M. *Thomas Bromefield* marchants of the citie of London, who were embarqued in a fleet of 3 ships, to wit, *The Beare, The Beares Whelp,* and the *Beniamin*; set forth principally at the charges of the honourable knight *Sir Robert Duddeley*, and committed vnto the command and conduct of M. *Beniamin Wood*, a man of approued skill in nauigation : who, together with his ships and company (because we haue heard no certaine newes of them since the moneth of February next after their departure) we do suppose, may be arriued vpon some part of the coast of *China*, and may there be stayed, by the said Emperour, or perhaps may haue some treacherie wrought against them by the Portugales of *Macao*, or the Spaniards of the *Philippinas*. (Hakluyt, *Voyages*, III, pp. 852/854.)

En latin et en anglais. — Purchas, I, pp 110/113. — Astley, I, pp. 252/4.

Cf. *Calendar of State Papers*, *supra*, p. 98.

— The Unhappy Voyage of Mr. Benj. Wood, into the East-Indies. (*Collection of Voyages*,... by John Harris, London, 1705, I, p. 47.)

— Imports at Chusan and Limpo, 1767. (Dalrymple, *Oriental Repertory*, I, p. 287.)

∴

— Letters of K'ien-lung (sept. 1793) to King George III, translated by E. H. Parker. (*North-China Daily News*, 4 sept. 1896.)

Voir Gaillard, *Nankin*, *Var. Sin.*, No. 23, pp. 250/2.

— Une lettre de George III roi d'Angleterre à Kia K'ing, empereur de Chine (1804) par M. Henri Cordier. (*Annales intern. d'Histoire* — Congrès de la Haye — No. 6, pp. 571/6.)

— Un message de l'empereur K'ia-K'ing au roi d'Angleterre Georges III, retrouvé à Londres, par M. A. Vissière, Premier interprète de la légation de France en Chine... (*Bul. de Géog. hist. et descriptive*, Année 1895. — No. 2, pp. 460/471.)

— From the Emperor of China to King George the Third (Translated from the *Tung-hwa luh*, or published Court records of the now reigning Manchu Dynasty) By E. H. Parker. (*Nineteenth Century*, XL, July 1896, pp. 44/55.)

∴

— Considerations on the danger and impolicy of laying open the trade with India and China; including an examination of the objections commonly urged against the East-India Company's commercial and financial management... London : Printed for Longman... 1812, in-8, pp. 212 + 2 ff. n. c. au com. pour le titre et la préf.

« The following Sheets contain the substance of a series of Letters which appeared in the *Morning Chronicle* in the course of last summer, under the signature of COSSIM. The author finding the subject too extensive to be fully discussed within the limits of a newspaper, resolved to submit his thoughts to the Public in their present shape : London, December, 1812. » (Pref.)

British Museum, 8245, b.

— Facts relative to the China Trade, shewing its Importance to this Country and the Inexpediency of its remaining exclusively in the Hands of the East-India Company. Edinburg, 1813, in-8.

— A delicate inquiry into the Embassies to China, and a legitimate conclusion from the premises. London : Printed for Thomas and George Underwood... 1818, in-8, pp. 31.

— Biographie de Jouàn Yuân, Homme d'Etat, lettré et mathématicien (1764—1849) 阮元 Traduite du chinois et annotée par A. Vissière. (*T'oung Pao*, Sér. II, Vol. V, N° 5, Décembre 1904, pp. 561/596.)

Notice : *Bul. Éc. franç. Ext. Orient*, V, 1-2, 1905, p. 218, par P. P.[elliot.] — Voir Canton, affaire de la *Topaze*, col. 2281.

— Facts relating to Chinese Commerce; in

a letter from a British Resident in China to his friend in England. London : J. M. Richardson... 1829, in-8, pp. VIII-66.

— East-India and China Trade. — A Review of the Arguments and Allegations which have been offered to Parliament against the renewal of the East-India Company's Charter. London : Effingham Wilson... 1829. Price Two Shillings, in-8, pp. 74.

— A Series of Letters on the East-India Question. Addressed to the Members of the two Houses of Parliament. By Henry Ellis, Third Commissioner of the last Embassy to China. Letter I. Second Edition. London : John Murray... MDCCCXXX, in-8, pp. 80.

— Remarks on Free Trade to China. London : C. J. and F. Rivington... 1830, in-8, pp. 20.

— Chinese Monopoly examined. London : James Ridgway, MDCCCXXX, in-8, pp. 96.

By John Crawfurd.

— Report from the Select Committee of the House of Commons on the Affairs of the East-India Company. China Trade. London : Parbury, Allen & Co., 1830, in-8, pp. 51.

— China Trade : containing the entire substance of the evidence laid before the House of Commons, In the Session of 1830; extracted and condensed, from the Report of the Committee; for commercial and political uses. By Thomas John Buckton, Honorary Secretary of the Hull Committee on the India and China Trades. Hull : Printed and published by I. Wilson... 1831, br. in-8, pp. VIII-106.

— Notice. *Com^ce* : Several recent acts of the Chinese Government have compelled the President... *Sig.* R. Hudleston, Secretary. — British Factory. Macao 20th. May, 1831. Pièce in-fol., 1 f.

British Museum, 717, $\frac{m, 19}{158}$.

— Address of the British Merchants, to His Excellency the Foo-yuen of Canton (and the Hoppo) etc. [1831.] Pièce in-fol., 2 ff. n. c.

Do/159.

— Notice. *Com^ce* : The President &c. Select Committee on the 20th ultimo gave public notice that « Several recent acts... » *Sig.* H. H. Lindsay, Secretary. — British Factory. Macao, June 10th. 1831. Pièce in-fol., 2 ff. n. c.

Do/160.

— Resolutions of the British Merchants of Canton. Canton, 30th May, 1831. Pièce in-fol., 1 f. n. c.

Do/161.

— Observations on the influence of the East-India Company's Monopoly on the price and supply of Tea; and on the commerce with India, China, etc. Reprinted, (by permission of the publishers), with corrections and amendments, from the *Edinburgh Review*, No. CIV. London : Printed for Longman... 1831, in-8, pp. 41.

— Our Relations with China. (*Asiatic Journal*, Vol. VII, N. S., 1832, pp. 161/175.)

— A Letter to Lord Althorp, on the China Trade. Occasioned by an Article in the « Edinburgh Review », No. CIV... London : James Ridgway, Piccadilly, MDCCCXXXIII, in-8, pp. 46.

« A considerable portion of this Letter was written immediately on the appearance of the Article to which it refers, in January, 1831, and published in the *Asiatic Journal*, in the following May. »

— Letter to the Right Hon. Charles Grant, President of the Board of Controul, on the present state of British intercourse with China. By Charles Marjoribanks, Esq. M. P. late President of the Select Committee in China. London : J. Hatchard and Son... 1833, in-8, pp. 66.

— Substance of the Speech of Charles Mackinnon, Esq. At the East India House, 16th April, 1833, on the China Trade, br. in-8, pp. 8.

— British Relations with the Chinese Empire in 1832. — Comparative Statement of the English and American Trade with India and Canton. London, Parbury Allen & Co., 1832, in-8, pp. 148.

— Free intercourse with China : present situation of the country; remarks on it, by Staunton, Marjoribanks, Auber, and by writers in the *Quarterly and Westminster Reviews, Spectator (London newspaper)*, and Alexander's *East-India Magazine*. By E. C. Bridgman. (*Ch. Rep.*, III, pp. 128/138.)

— British Authorities in China (Canton). By E. C. Bridgman. (*Ibid.*, pp. 324/363.)

— Sur William John, Lord Napier of Merchiston, mort à Macao, le samedi, 11 octobre 1834, consulter :

The Canton Register, Oct. 14, 1834 et seq.

The Chinese Repository, III, Oct. 1834, pp. 280/284.

A funeral Sermon, occasioned by the death of the Right Honorable William-John, Lord Napier, his Britannic Majesty's chief Superintendent in China. Preached at Canton, on Lord's Day, the 26th instant, by the Reverend E. C. Bridgman. (*Ibid.*, pp. 271/280.)

∴

— Sir James B. Urmston, 1833, voir col. 2177.

— Remarks on British Relations and intercourse with China. By an American Merchant. London, 1834.

Not. par E. C. Bridgman, *Ch. Rep.*, III, pp. 406/416.

— Joseph Thompson, 1835, voir col. 2178.

— Letter to the Right Honourable Viscount Palmerston, on British Relations with China. By H. Hamilton Lindsay (late of the Honourable East-India Company's Service in China), Author of « the Report of the Amherst's Voyage to the North East Coast of China ». Third Edition; London: Saunders and Otley, 1836, in-8, pp. 19.

Not.: *Ch. Rep.*, V, p. 246, Oct. 1836.

— Remarks on the British relations with China, and the proposed plans for improving them. By Sir George Thomas Staunton, Bart. Second Edition, with notes and illustrations. London: Edmund Lloyd, Harley Street; and Simpkin & Marshall, Stationers' Hall Court, MDCCCXXXVI, in-8, pp. VII-70.

Not.: *Ch. Rep.*, V, p. 248, Oct. 1836.

— British Intercourse with Eastern Asia. — By a Resident in China. — London: Edward Suter, 1836, in-8, pp. 56.

— Address to the People of Great Britain, explanatory of our commercial relations with the Empire of China, and of the course of Policy by which it may be rendered an almost unbounded field for British Commerce. By a Visitor to China. London: Smith, Elder & Co., 1836, in-8, pp. 127.

Not. par E. C. Bridgman, *Chin. Rep.*, V, July, 1836, p. 123.
Visitor to China = G. J. Gordon.

— James Matheson, 1836, voir col. 2178.

— * Remarks on the late Lord Napier's Mission to Canton; in reference to the present state of our relations with China. By James Goddard Esq., late of Canton. London, 1836, pp. 21.

Not.: *Ch. Rep.*, V, p. 250.

— Relations of Great Britain with China. By E. C. Bridgman. (*Chinese Rep.*, V, pp. 123 et seq.)

— Observations on our Chinese Commerce; including remarks on the proposed reduction of the tea duties, our new settlement at Hongkong and the Opium Trade. By

(DIVERS.)

Sir George Thomas Staunton, Bart. M. P. John Murray, London, 1850, in-8, pp. 52.

— Der Zwist zwischen den Engländern und Chinesen (La dispute entre les Anglais et les Chinois). [*Asiatische Studien* von C. F. Neumann, 1837, pp. 203/254.]

— Trade with China. — A Letter addressed to the British Public on some of the advantages that would result from an occupation of the Bonin Islands. By G. Tradescant Lay, Naturalist in Capt. Beechey's Expedition; (Now Agent of the British and Foreign Bible Society for Eastern Asia). London: Published by Royston & Brown,... 1837, br. in-8, pp. 17.

— Narrative of the late Proceedings and Events in China. By John Slade, Editor of the *Canton Register*. — China. Printed at the *Canton Register* Press. 1839, in-8, pp. VI-183-75.

— Memoranda of a visit to Chun how, the temporary residence of the imperial commissioner, who in person there superintended the destruction of the opium, recently surrended to the Chinese government. June 17th, 1839. (*Canton Register*, Vol. 12, No. 29, July 16th, 1839.)

— The Iniquities of the Opium Trade with China; being a developement of the main causes which exclude the Merchants of Great Britain from the advantages of an unrestricted commercial intercourse with that vast Empire. With extracts from authentic Documents. By the Rev. A. S. Thelwall, M. A., of Trinity College, Cambridge. Drawn up at the request of several Gentlemen connected with the East-India Trade. London: Wm. H. Allen... 1839, in-8, pp. x-178.

Ch. Rep., VIII, pp. 310/317, par E. C. Bridgman. — *Quart. Rev.*, Vol. 65, 1840. — Voir col. 1904.

— Opium Crisis. A Letter addressed to Charles Elliot, Esq., Chief Superintendent of the British Trade with China. By an American Merchant [King], Resident at Canton. London: Edward Suter,... MDCCCXXXIX, in-8, pp. 82.

Not.: *Quart. Rev.*, vol. 65, 1840. — *Ch. Rep.*, IX, by E. C. Bridgman. — Voir col. 1905.

— * The Rupture with China, and its causes; including the Opium question, and other important details; in a Letter to Lord Viscount Palmerston, Secretary to Foreign Affairs. By a Resident in China. London, 1840, in-8.

Not.: *Quart. Rev.*, vol. 65, 1840. — *Ch. Rep.*, IX, by E. C. Bridgman.

— A Voice for China to my countrymen, the government, and my church. By a Minister of the Established Church, M. A., Cantab... London, Nisbet, 1840, in-8, pp. 37 + 1 f. n. c.

— The Opium Question. By Samuel Warren, Esq. F. R. S. of the Inner Temple, Barrister-at-law. Fourth edition. London: James Ridgway, MDCCCXL, in-8, pp. IV-130.

Cette édition est précédée d'une note datée « *20th February, 1840* ». La « notice » de la 1re édition est datée du « *14th January, 1840* ». — La 3e édition est de Janv. 1840. — Voir col. 1905.

Voir un compte-rendu dans le *Ch. Rep.*, IX, pp. 156/165, par E. C. Bridgman.

— The Chinese Vindicated, or another View of the Opium Question; being in reply to a pamphlet, by Samuel Warren, Esq. F. R. S. Barrister at Law in the Middle Temple. By Captain T. H. Bul-

(DIVERS.)

lock, H. H. the Nizam's Army. London : Wm. H. Allen & Co., 1840 [March], in-8, pp. VIII-120.

Voir un compte-rendu dans le *Ch. Rep.*, IX, pp. 311/321, par E. C. Bridgman. — Voir col. 1905.

— Review of the Management of our Affairs in China, since the opening of the trade in 1834; with An Analysis of the Government Despatches from the assumption of Office by Capt. Elliot, on the 14th December, 1836, to the 22d of March, 1839. London : Smith Elder & Co., 1840, in-8, pp. 217.

— An irregular Dissertation, Occasioned by the Reading of Father Du Halde's Description of China. Which may be read at any Time, except in the present Year 1740. London : Printed for J. Roberts, near the Oxford Arms in Warwick-Lane. MDCCCXL, in-12, pp. 108.

— La position des Anglais aux Indes, et de l'expédition contre la Chine. Par H. Ternaux-Compans. (Extrait des *Nouvelles Annales des Voyages*, octobre 1840.) — Paris. Arthus Bertrand, 1840, br. in-8, pp. 19.

— Is the War with China a just one? By H. Hamilton Lindsay, late of the Honourable East India Company's Service in China. London : James Ridgway, 1840, in-8, pp. 40.

— * Brief Observations respecting the pending disputes with the Chinese, and a proposal for bringing them to a satisfactory conciliation. London, 1840.

Quart. Rev., Vol. 65, 1840.

— Some *Pros* and *Cons* of the Opium Question; with a few suggestions regarding British Claims on China. « Ratione non irâ. » — London : Smith, Elder & Co., 1840, in-8, pp. 43.

— War with China and the Opium Question. (*Blackwood's Magazine*, Mars 1840.)

Probablement par T. de Quincey : Voir une lettre de Jno. G. W. Sykes dans *The Athenaeum*, No. 2385, July 12, 1873.

— The right, obligation, & interest of the Government of Great Britain to require redress from the Government of China, for the late forced surrender of British-owned opium at Canton. By Alexander Graham, Esq.... Robert Stuart & Co., Glasgow... MDCCCXL, in-8, pp. 35.

— Peace with China! or, the Crisis of Christianity in Central Asia : a Letter to the Right Honourable T. B. Macaulay, Secretary at war. By Robert Philip, author of « Open China », and « No Opium » (in 1835), and of « the Life and Opinions of Dr. Milne, the second Protestant Missionary in China », etc.... London : John Snow, 1840, in-8, pp. 15.

— Remarks on occurrences in China since the opium seizure in March 1839 to the latest date. By a Resident in China. London : Sherwood, Gilbert, and Piper, Paternoster Row, 1840, in-8, pp. 103.

— The English in China. By William Curling Young. London : Smith, Elder & Co., 1840, pet. in-8, pp. XII-147.

Avec une carte.

— La Chine, l'Opium et les Anglais. Documents historiques sur la compagnie anglaise des Indes Orientales, sur le commerce de la Grande-Bretagne en Chine, et sur les causes et les événements qui ont amené la guerre entre les deux nations, Extraits des rapports officiels adressés au gouvernement anglais, des édits et actes du gouvernement chinois, et des publications de résidents anglais en Chine. Orné de figures, et d'une carte géographique... par M. Saurin. Paris, Roret, 1840, in-8, pp. III-113.

— England and China : their future duty, interest, and safety. In a letter to the Right Hon. Sir R. Peel, Bart. &c. &c. &c. By an Englishman. London : Smith, Elder, & Co.,... 1842, in-8, pp. 23.

— Reports, Minutes and Despatches, on the British Position and Prospects in China. — S. l. n. d., in-8, pp. XII-132.

London, Harrison and Co., Printers. — By R. M. Martin. — Private and Confidential.

— A Voice from China and India... By James Pegg... 1846. [Voir col. 1906.]

— Chusan and Hong-kong : with remarks on the treaty of peace at Nankin in 1842, and on our present position and relations with China. By Sir James B. Urmston, formerly President of the Honourable East India Company's Affairs at China. London : James Madden, MDCCCXLVII, in-8, pp. 57.

— English Embassies to China. (*Blackwood's Mag.*, LXXXIX, 42.)

— Our national Relations with China, Being two Speeches delivered in Exeter Hall and in the Free-trade Hall, Manchester, by the Bishop of Victoria. London : T. Hatchard, 1857, br. in-8, pp. 23.

— Colonel Sykes : Notes on the Progress of the Trade of England with China since 1833, and its present Condition and Prospects. Read before the British Association at Manchester, Sept. 1861, in-8, pp. 17.

— The Foreign Office and our Policy in China. Br. in-8, s. l. n. d., pp. 26.

Lettres de H. N. Lay, etc., relatives à la flottille de Sherard Osborn.

— Digest of British Orders in Council relating to China and Japan (with exception of the China and Japan maritime Order in Council 1874). The China and Japan maritime Order in Council 1874, and the rules of H. B. M.'s Supreme Court and other Courts in China and Japan, including the scale of professional and court fees sanctioned by the Chief Judge. Published by « *Japan Gazette* Office », Yokohama. In-4, pp. 152.

— Les marines de France et d'Angleterre sur les côtes de la Chine. Par Ch. Chabaud-Arnauld, Lieut. de vaisseau. (*Rev. mar. et col.*, 1876, Vol. 48, pp. 5/25.)

— English influence in China. An additional Chapter to « Greater Britain ». By Charles Wentworth Dilke. (*Macmillan's Mag.*, Vol. XXXIV. May 1876, to Oct. 1876, pp. 557/568.)

— China and her Apologist. — A short Rejoinder to Sir Charles Dilke's article in « Macmillan's Magazine », on English influence in China. By N. B. Dennys, Ph. D., F. R. G. S., etc., etc. Hongkong : Printed at the « China Mail » Office, 1876, br. in-8, pp. 20.

— England and China — Two Episodes of Recent Anglo-Chinese History illustrating British Policy in China by « Justum » Respectfully addressed to Members of Parliament and all who are interested in the maintenance of friendly relations between Great Britain and China. James Bain, London, 1877, in-8, pp. 119.

— England and China. — I. Historical view of the Relations of England with China. II. Chinese civilisation and history. — Conclusion. — Notes. By John Henry Bridges.

Cet essai occupe les pp. 221/305 d'un vol. d'essais dans lequel il porte le No. V, vol. intitulé : International Policy. Essays on the Foreign Relations of England. Second Edition. London : Chapman and Hall, 1884, pet. in-8. — Les autres essais sont : I. The West. By Richard Congreve. II. England and France. By Frederic Harrison. III. England and the Sea. By E. S. Beesly. IV. England and India. By E. H. Pember. VI. England and the uncivilised communities. By Henry Dix Hutton.

(Divers.)

— Civil Service Commission Open Competition for Student Interpretership in China and Japan : February 1884. Regulations, Examination Papers, and Table of Marks. London : 1884, br. in-8, pp. 27.

— « Where Chineses drive ». English Student-Life at Peking. By a Student Interpreter. — With examples of Chinese Block-printing, and other illustrations. — London : W. H. Allen & Co., 1885, in-8, pp. 275. (Voir col. 217.)

∴

— Early English Enterprise in the Far East. By Demetrius Boulger. (*The Asiatic Quarterly Review*, January 1886. Vol. I. No. 1, pp. 180/199.)

— The Meeting of India and China. By Demetrius Boulger. (*Ibid.*, April 1886. Vol. I. No. 2, pp. 275/296.)

— England's two Allies in Asia. By Demetrius Boulger. (*Ibid.*, October 1886. Vol. II. No. 4, pp. 283/299.)

— The first English Settlement in Chusan. By Demetrius Boulger. (*Ibid.*, April 1887. Vol. III. No. 6, pp. 292/330.)

— Early English Voyages to Chusan. Edited by Demetrius Boulger. (*Ibid.*, IV, July-Oct. 1887, pp. 142/212.)

∴

— English Policy in the Far East. Being The Times special Correspondence. By Archibald R. Colquhoun, F. R. G. S., &c. 1885. London : Field & Tuer, br. in-8, pp. 32, 6*d.*

— The Development of Asiatic Countries with English Capital. (*As. Quart. Rev.*, IX, Jan.-April 1890, pp. 241/256.)

— England and China in the Far East. By General A. R. MacMahon. (*Imp. & As. Quart. Rev.*, N. S., VIII, 1894, pp. 283/293.)

— Sir Harry Smith Parkes.

Né à Birchill's Hill, Staffordshire, 1828 ; † 22 mars 1884.

Notice : *Journ. China Br. R. As. Soc.*, N. S., XX, No. 2, 1885, pp. 60/62. By P. J. H.[ughes.]

— The Life of Sir Harry Parkes, K. C. B., G. C. M. G., sometime Her Majesty's Minister to China & Japan. In Two Volumes. By Stanley Lane-Poole. With a Portrait and Maps. London, Macmillan and Co., 1894, 2 vol. in-8.

Vol. I. — Consul in China, pp. XXVI-512.

Vol. II. — Minister Plenipotentiary, pp. XXI-477.

By Stanley Lane-Poole and F. Victor Dickins.

Notices : *London and China Express*, March 9, 1894. — *China Review*, XXI, No. 4, pp. 282/286. By E. J. E.[itel.]

(Divers.)

— Sir Walter Medhurst.

Notice : *Journ. China Br. Roy. As. Soc.*, N. S., XX, Nos. 5 & 6, 1885, pp. 287/88. By C. A.

— Note on the Opium Question... by H. N. Lay... 1893. Voir col. 1914.

∴

— A. Michie. — The Alliance of China and India. (*Imp. and Asiatic Quart. Review*, Oct. 1893.)

— Our interest in China. By A. Michie. (*Ibid.*, 3rd Ser., I, 1896, pp. 41/54.)

— The Burma-China Trade Convention. By E. H. Parker. (*Ibid.*, July 1897, pp. 27/34.)

— Sir Rutherford Alcock and the Far East. (*Blackwood's Mag.*, CLXII, 1897, Dec., pp. 834/852.)

— Alexandre Michie. Nécrologie par H. C.[ordier.] (*T'oung Pao*, 2e Sér., III, no 5, Déc. 1902, p. 338.)

— Mr. Alexander Michie. Nécrologie. (*Geographical Journal*, XX, No. 3, Sept. 1902, p. 348.)

Né à Earlsferry, Fifeshire, 1833 ; † 7 août 1902 à l'Hotel Cecil à Londres, à 69 ans.

— The Englishman in China during the Victorian Era as illustrated in the Career of Sir Rutherford Alcock, K. C. B., D. C. L. many years Consul and Minister in China and Japan By Alexander Michie... William Blackwood and Sons, Edinburgh and London, MDCCCC. In two vols. in-8, pp. XII + 1 f. n. ch. + pp. 442, VI + 1 f. n. ch. + pp. 510, grav., pl., carte.

Notices : *Jour. R. As. Soc.*, July 1901, pp. 592/4, par S. W. B.[ushell.] — *Lond. & China Express*, Dec. 21, 1900.

∴

— Six British Ministers in China. By an Old Resident in China. (*Imp. & As. Quart. Rev.*, 3rd Ser., II, 1896, pp. 381/87.)

Lord Elgin — Sir Frederick Bruce — Sir Rutherford Alcock — Sir Thomas Wade — Sir Harry Parkes — Sir John Walsham [né à Cheltenham, 1830 ; † à «The Ryelands», près Stroud, 10 déc. 1905].

— Portrait of Sir Ernest M. Satow. (*East Asia*, 3, Jan. 1898.)

— Great Britain's opportunity in China. By C. A. Moreing. (*Nineteenth Century*, XLIII, Feb. 1898, pp. 328/335.)

— British Interests in the Far East. (*Blackwood's Mag.*, CLXIII, 1898, May, pp. 718/728.)

— Lord Salisbury's score in China. By Holt S. Hallett. (*Nineteenth Century*, XLIII, June 1898, pp. 890/898.)

— England in China. Von L. (*Oest. Monats. f. d. Orient*, Wien 1898, pp. 1/3.)

— The Yangtze Valley- and the British Sphere. By Archibald J. Little. (*Trans. Liverpool Geog. Soc.*, 1899, pp. 15/20.)

— A. B. Freeman-Mitford. — The Attaché at Peking, 1900. — Voir col. 2164.

— Our Vacillation in China and its consequences. By Henry Norman. (*Nineteenth Century*, XLVIII, July 1900, pp. 4/16.)

— La Chine et les intérêts anglais. (*Rev. Britan.*, Juillet 1900, pp. 74/95.)

— L. Nocentini. — L'Azione inglese in China. (*Rivista d'Italia*, Anno III. Vol. II, 1900, pp. 432/459.)

— Note sur la possibilité d'une action militaire anglaise au Yunnan. Hanoi, F.-H. Schneider, 1900, in-8, pp. 11.

Pub. de la *Revue Indo-Chinoise*, No. 109, 8 oct. 1900.

— Note sur l'expansion anglaise au Yunnan. Par ***. Paris, Chapelot, 1901, in-8, pp. 32.

(DIVERS.)

— The English in China. (*Blackwood's Mag.*, CLXIX, Jan. 1901, pp. 64/83.)

— L'Angleterre et la vallée du Yang-Tsé. (*Bull. Com. Asie française*, Octobre 1901, pp. 297/299.)

— Affairs in China, British and Chinese. By B. in C. (*Imp. & As. Quart. Rev.*, 3rd Ser., XII, 1901, pp. 407/8.)

— The Blackburn Commercial Mission. Voir col. 2161.

— Relations économiques entre l'Angleterre et l'Extrême-Orient — Notes résumées — par Edouard Clavery Consul de France. (Extrait du *Bulletin du Comité de l'Asie française.*) Paris, Léautey, 1902, br. in-8, pp. 32.

Notice : *T'oung Pao*, Oct. 1902, pp. 251/2.

— Angleterre & Extrême-Orient. Relations économiques. Par Ed. Clavery. (*Bull. Com. Asie française*, Mai 1902, pp. 212/216.)

— Our naval position in Eastern Seas. By Andrew Clarke (Lieut.-General). (*Nineteenth Century*, LI, Jan. 1902, pp. 1/10.)

Traité, Chang-hai, 5 sept. 1902.

(Sir James Lyle Mackay.)

— Rockhill, p. 102.

— Foreign Office *Treaty Series*, No. 17, 1903.

— Un traité anglo-chinois. (*Bull. Comité Asie française*, août 1902, pp. 341/3.)

— Anglo-Chinese Treaty. (*T'oung Pao*, déc. 1902, pp. 324/335.)

— Un traité anglo-chinois. (*Bull. Comité Asie française*, sept. 1902, pp. 399/403.)

— Le traité de commerce anglo-chinois. Par R. V. (*Belgique coloniale*, pp. 481/3.)

— L'article 8 du Traité anglo-chinois. (*Ibid.*, 12 oct. 1902, pp. 488/6.)

— La «China Association» de Chang-haï et le traité anglo-chinois. Par René Moreux. (*Bull. Comité Asie française*, déc. 1902, pp. 518/519.)

— Le traité de commerce anglo-chinois. (*Le Mouvement géog.*, 1902, col. 475/480.)

— *China*. No. 2 (1902). — Despatch from His Majesty's Special Commissioner inclosing the Treaty between Great Britain and China, Signed at Shanghae, September 5, 1902. — Presented... October 1902. — London [Cd. 1079], 2*d*, in-fol., pp. 13.

— Der britisch-chinesische Vertrag. Von M. v. Brandt, Kaiserl. Gesandten a. D. (*Asien*, Okt. 1902, pp. 3/7.)

— Der englisch-chinesische Vertrag von September 1902. Von M. v. Brandt, Kaiserl. Gesandter a. D. (*Ibid.*, Jan. 1903, pp. 53/5.)

∴

— British Commercial Prospects in the Far East. By Byron Brenan, C. M. G., Late H. B. M. Consul-General at Shanghai. (*Jour. Soc. of Arts*, Feb. 10, 1905, pp. 289/306.)

— * The British Empire in the Far East. By A. Ireland. (*J. R. Colon. I.*, XXXVI, 1905, pp. 509/539.)

— * Henry Keppel. Memoir of Sir Henry Keppel, G. C. B. By Sir Algernon West, G. C. B. London, Smith, Elder.

Notice : *Lond. & China Express*, Dec. 29, 1905.

Sir Henry Keppel, G. C. B., O. M., Admiral of the Fleet, fils du

(DIVERS.)

quatrième comte d'Albemarle, né le 14 juin 1809; † 17 déc. 1904, Albany Chambers, Piccadilly, London.

— L'Angleterre et le commerce de l'opium. (*Bull. Com. Asie française*, Mai 1906, pp. 209/210.)

Guerre d'opium.

— Hints for collecting information compiled for the expedition to China, s. l. n. d., in-8, pp. 66-XVIII.

William Kushton & Co., Printers, Calcutta.

Calcutta, 1st May 1840.

— La Chine et l'Angleterre, ou Histoire de la déclaration de guerre faite par la Reine d'Angleterre à l'Empereur de la Chine. Par M. le Marquis de Fortia d'Urban, de l'Académie des Inscriptions et Belles-Lettres... Paris, chez l'auteur... 1840, in-12, pp. IV-336.

Le commencement de cet ouvrage a paru dans trois feuilletons imprimés dans les numéros des 11, 12 et 13 Mai 1840 de l'*Echo français*.

Ce vol. contient, pp. 309/328, une « Notice sur Singapour », extraite du *Moniteur Universel*, du Dimanche, 23 Janvier 1842.

— A.-D. de Jancigny. *Les Indes anglaises*. — I. Affaires de l'Afghanistan. Expédition anglaise au delà de l'Indus. (*Revue des Deux Mondes*, 1er janvier 1840.) — II. Système fluvial de l'Indus. Le Scinde, 15 février 1840. — III. L'Afghanistan, Mœurs des Afghans, 15 mars 1840. — IV. L'Hindoustan. Expédition de Khiva. Affaires de Chine, 15 mai 1840. — V. Progrès de la Puissance anglaise en Chine et dans l'Inde. Expédition de Chine (1840). L'Inde britannique en 1840, 15 avril 1841.

— On trouvera dans *The Chinese Repository* de nombreux articles sur cette guerre :

Vol. VIII. Proclamations de Lin, pp. 167, 212, 426. — Articles divers par E. C. Bridgman et J. R. Morrison, pp. 180, 216, 221, 264, 269, 378, 489, 441, 619, 107, 241, 321.

Vol. IX. Hostilities with China : communication for the emperor's ministers ; the queen's plenipotentiaries ; British forces ; the white flag ; and the occupation of Chusan [by E. C. Bridgman] (Aug. 1840, pp. 219/233).

Cet article reproduit : le compte-rendu de la visite de Mr Thom à Amoy (en Juillet 1840), pp. 222/228, datée « On board H. B. M. frigate *Blonde*, 7th July, 1840 » — et des lettres adressées au *Canton Register* et à la *Canton Press*.

Attack on the Barrier at Macao (Aug. 1840, pp. 238/239) [by E. C. Bridgman].

War with China : order in Council, presented to Parliament by Her Majesty's command, April 4th ; parliamentary debate on its policy, with remarks on the same from the *Friend of China* (Sept. 1840, pp. 241/257).

Sur l'occupation de Chousan, etc. Voir Oct. 1840, pp. 408 et seq.

Foraging on Tsungming — Chusan — Negotiations off the Bogue ; etc. Armistice... (by E. C. Bridgman). (Dec. 1840, pp. 639 et seq.)

Vol. X. Battle at Chuenpe : the position and number of the respective forces engaged in the action, with details of its progress and effects (by E. C. B.). (Jan. 1841, pp. 37 et seq.)

Proclamations of Charles Elliot (Macao, 20th January 1841). (Jan. 1841, pp. 63/4.)

Memorial from Keshen, concerning the attack on Chuenpe ; with Replies thereto from the Emperor (Feb. 1841, pp. 108/115). (By J. R. Morrison.)

Perfidy with interruption of negotiations ; battle at the Bogue ; rewards for Englishmen ; detention of prisoners at Chusan ; imperial edict declaring war of extermination ; present state of affairs (Feb. 1841, pp. 116/118).

Rewards for British ship and British subjects, offered by Eleäng, the lieut. governor of Canton, in a proclamation dated February 27th, 1841 (March 1841, pp. 174/175).

Progress of the War ; battle of the Bogue and destruction of the forts there and on the river up to Canton ; armistice and arrangements for trade agreed on [by E. C. Bridgman]. (March 1841, pp. 176/183.)

Loss of the Ship *Kite*, and Mrs. Noble's narrative of her captivity and sufferings in prison in China, in 1840-41 ; in a letter to a friend (April 1841, pp. 191/204).

Return of British Merchants to Canton ; Keshen's Memorial on the defenses of the province (by J. R. Morrison). (April 1841, pp. 233/240.)

Le mémoire de Keshen est également traduit dans *The Hongkong Gazette*, No. 1.

Attack on the English Ships at Canton (by E. C. Bridgman). (May 1841, pp. 290 et seq.)

Notices of the bombardment of Canton by the British forces under Sir Hugh Gough, on the 25th of May, 1841 (by E. C. Bridgman). (June 1841, pp. 340 et seq.)

A brief account of the assault and capture of the heights and forts above the City of Canton, &c., &c. By an eyewitness (Dr. Macpherson). (July 1841, pp. 390/401.)

Memorial from Yihshan and his colleagues to the emperor concerning the capture of the forts and heights above Canton (from the *Canton Press*). (By R. Thom.) (July 1841, pp. 402/407.)

Memorials and Edicts relating to the military operations on the coast, during the visit of the first English expedition (by R. Thom). (Aug. 1841, pp. 438/448.)

Arrival of Sir Henry Pottinger, in the Sesostris, 10th Aug., 1841 (Aug. 1841, pp. 475 et seq.).

Capture of Capt. Anstruther at Tinghae (Sept. 1841, pp. 506/510).

Progress of H. B. M.'s second expedition, from Canton to Amoy, with particulars of the Capture of Amoy on the 26th of August (Sept. 1841, pp. 522/527).

Two papers relating to the present position of affairs between the English and Chinese. Written by Chinese, and translated by J. L. S.[huck.] (Oct. 1841, pp. 529/535.)

Progress of H. B. M.'s second expedition ; losses of the Chinese at Amoy ; Keshen's trial ; Lin's recall and new appointment on the Yellow river ; affairs at Canton and Hongkong. (Oct. 1841, pp. 587/592.)

Narrative of Events since the battle above Canton ; sickness at Hongkong ; tyfoons of 21st and 26th of July ; the fall of Amoy, Chusan, Chinhae, and Ningpo. By a Correspondent (D. Macpherson).

The Trial and condemnation of his excellency, commissioner Elepoo. Translated from the *Peking Gazette*, by J. L. S.[huck.] (Nov. 1841, pp. 633/635.)

A Memorial addressed by his imperial majesty, by Lew Yunko, the lieutenant-governor of Che keang, and his colleagues, respecting the fall of Ningpo, and the state of the defences in the province. Dated Oct. 27th 1841, and forwarded by express (Dec. 1841, pp. 675/682). By J. R. Morrison.

. . . .

— Capture of Wusung and Shanghai in 1842. The Despatches of Admiral Sir William Parker, K. C. B. (Réimp. dans the *Chin. & Jap. Rep.*, Jan. 1865.)

∴

— Note sur la guerre entre l'Angleterre et la Chine, par Ed. B.[iot.] (*Journal Asiatique*, Janvier 1841, pp. 92/96.)

— Narrative of a recent Imprisonment in China after the wreck of the *Kite*. By John Lee Scott. London : W. H. Dalton, 1841, pet. in-8, pp. XI-131.

The *Kite* was wrecked on the 15th of Sept. 1840.

— Origin and Progress of the War between England and China. A Lecture ; Delivered before the Newburgh Lyceum, Dec. 11, 1841. — By John W. Edmonds. — Published by the Lyceum. — New York : Narine & Co., 1841, br. in-8, pp. 24.

— The Fall of the City of Chin-kiang-Fu. (An incident in the Chinese Opium War [1840-1].) Translated from the Japanese by E. M. S.[atow.] (*Ch. & Jap. Rep.*, Oct. 1865, pp. 449/452.)

Ernest Mason Satow, né 30 juin 1843.

— Six months with the Chinese Expedition ; or, Leaves from a Soldier's Note-book. By Lord Jocelyn, late military Secretary to the China Mission. Sixth edition. London :

John Murray, MDCCCXLI, pet. in-8, pp. XIII + 1 f. n. ch. + pp. 155.

Lord Jocelyn est arrivé à Chousan, le 2 Juillet 1840. Il est parti le 24 Octobre.

— — Second edition : London, John Murray, MDCCCXLI.

Not. : *Ch. Rep.*, X, pp. 510 et seq., par E. C. Bridgman.

— La Campagne de Chine ou six mois avec l'expédition anglaise par Lord Jocelyn, Secrétaire militaire de la Mission envoyée en Chine avec l'expédition par Xavier Raymond. Deuxième édition. Carte et dessins. Paris, H. Delloye, 1841, in-12, pp. VII-200.

— Die Chinesische Expedition in den Jahren 1840 und 1841. Von Lord Jocelyn und Lieut. Mackenzie. Braunschweig, Gebrüder Meyer, 1843, 2 Th., in-12 :

Comprend :

— Sechs Monate bei der chinesischen Expedition, oder Blätter aus dem Tagebuche eines Soldaten. Von Lord Jocelyn, Secretair der Militair-Angelegenheiten bei der chinesischen Expedition. Aus dem Englischen von E. Olfermann, Capitain. — Braunschweig, Gebrüder Meyer, 1843, in-12, 1 f. n. ch. + pp. 159.

— Zweiter chinesischer Feldzug von Keith Stewart Mackenzie Esq., Secretair der Militair-Angelegenheiten bei der chinesischen Expedition. Aus dem Englischen, nebst Fortsetzung bis zum Friedensschlusse zu Nanking, von E. Olfermann, Capitain. — Mit einem lithographirten Plane. — Braunschweig, Gebrüder Meyer, 1843, in-12, pp. XX-248.

— * Jocelyn. — Campagna in China ; o Sei mesi colla spedizione inglese. Traduzione di G. B. Milano, P. Lampato, in-12.

— * Jocelyn. — La Guerra della China, o Sei mesi colla spedizione inglese. Versione di Luigi Masieri. Milano, in-8.

— Narrative of the Second Campaign in China by Keith Stewart Mackenzie, Esq. Late military Secretary to the Commander-in-chief. London : Richard Bentley, 1842, in-12, pp. x-253 et une carte. Pub. à 10 *s.* 6 *d.*

— Seconde Campagne de Chine par K. S. Mackenzie, Lieutenant au 90e régiment d'infanterie, faisant suite au récit de la première campagne par Lord Jocelyn. Traduit par Xavier Raymond. — Plans. — Raymond-Bocquet, [Paris], 1842, in-12, pp. XII-200.

— Narrazione della seconda campagna nella China di Keith Stewart Mackenzie, Esq. Gia' Segretario militare del Comandante in Capo... Corfu' Nella tipografia del Governo 1844, in-8, 8 pp. n. ch. p. l. tit., etc. + pp. 207 + 2 p. n. ch. p. l. table.

Traduit par Aristide Chiappini.

— John Lemoinne. — Des Affaires de la Chine et de l'Afghanistan. (*Revue des Deux Mondes*, 15 Décembre 1842.)

— Narrative of the Expedition to China, from the Commencement of the War to its termination in 1842, by Commander J. Elliot Bingham, R.N. 2nd ed. London, Henry Colburn, 1843, 2 vol. in-12.

La première édition est de 1842.

Not. : *Asiatic Journal*, XL, 1843, pp. 38/41.

— Der Krieg mit China von seinem Entstehen bis zum gegenwärtigen Augenblicke. — Nebst Schilderungen der Sitten und Gebräuche dieses merkwürdigen, bisher fast noch unbekannten Landes vom Comm. J. Elliot Bingham... Nach dem Englischen von Dr. V. F. L. Petri. Braunschweig, George Westermann, 1843. 2 Thle., avec une carte, gr. in-12, pp. 324-56, 356-32.

— The War in China. Narrative of the Chinese Expedition from its formation in April 1840, to the Treaty of Peace in August 1842. By D. McPherson, M. D. Madras Army, attached to the service of His Highness the Nizam, and lately with the 37th Grenadier Regiment in China. 3rd edition. London, Saunders and Otley, 1843, in-8.

First edition, 1842.

(GUERRE D'OPIUM.)

Deux articles de McPherson qui avaient paru dans le *Ch. Rep.* sont compris dans ce volume. — Voir col. 2368.

Not. : *J. des Savans*, 1844, pp. 577/594, par Biot.

— Der Krieg in China, nach geschichtlichen Mittheilungen der Brittischen Offiziere M'Pherson, Elliot Bingham u. A., von C. Richard. Zweite Ausgabe. Aachen und Leipzig, Verlag von Jacob Anton Mayer, 1845, in-8, pp. XVI-372.

British Museum, 9056, gg, 3.

La première édition de cette trad. est de 1843, in-8. Elle est identique à la seconde. — Voir *supra*.

— The Closing Events of the Campaign in China : the Operations in the Yang-tze-kiang, and the Treaty of Nanking, by Capt. Granville G. Lock, R. N. London, John Murray, 1843, in-12.

— Letzte Ereignisse des Feldzuges in China, mit statistischen und sittenschildernden Beobachtungen, von Captain Granville G. Lock, R. N. Nachtrag zu dem « Krieg in China », von C. Richard. — Aachen und Leipzig, Jacob Anton Mayer, 1844, in-8, pp. VII-176.

— Doings in China. Being the personal Narrative of an Officer engaged in the China Expedition from the recapture of Chusan in 1841 to the Peace of Nankin in 1842, by Lieut. Alexander Murray. London, Richard Bentley, 1843, in-8.

— An Aide-de-Camp's Recollections of Service in China, a Residence in Hongkong, and Visits to other Islands in the Chinese Seas, by Captain Arthur Cunynghame. London, Saunders & Otley, 1844, 2 vol. in-12.

Réimp. à Philadelphie.

— An Aide-de-Camp's Recollections of Service in China, a Residence in Hong-kong, and visits to other islands in the Chinese Seas. By Colonel Arthur Cunynghame,... London : Richard Bentley, 1853, pet. in-8, pp. x-374.

— The Chinese War : an Account of all the Operations of the British Forces from the commencement to the Treaty of Nanking by Lieutenant John Ouchterlony, F. G. S. London, Saunders & Otley, 1844, in-8.

— The last year in China to the Peace of Nanking : as sketched in letters to his friends, by a Field Officer, actively employed in that country. With a few concluding remarks on our past and future policy in China. London : Longman, 1843, pet. in-8, pp. VIII-197.

— Narrative of a Voyage round the World, performed in Her Majesty's Ship *Sulphur*, during the years 1836-1842, including details of the naval operations in China, from Dec. 1840, to Nov. 1841. Published under the Authority of the Lords Commissioners of the Admiralty. By Captain Sir Edward Belcher, R. N.... Commander of the Expedition. London : Henry Colburn, 1843, 2 vol. in-8.

(GUERRE D'OPIUM.)

— Journals kept by Mr. Gully and Capt. Denham during a captivity in China in the year 1842. Edited by a Barrister. London: Chapman & Hall, 1844, in-8, pp. 198 + 1 f. n. c. à la fin.

Not. : *Asiatic Journal*, 3rd Ser., II, 1844, pp. 352/360.

— Geschichte des englisch-chinesischen Krieges von Karl Friedrich Neumann. Leipzig, Teubner, 1846, in-8, pp. VIII-358.

— — Zweite vermehrte Auflage. Leipzig, Teubner, 1855, in-8, pp. x-374.

— Narrative of the voyages and services of the *Nemesis*, from 1840 to 1843; and of the combined naval and military operations in China: comprising a complete Account of the Colony of Hongkong, and remarks on the character and habits of the Chinese. From Notes of Commander W. H. Hall, R. N. With personal observations by W. D. Bernard, Esq., A. M., Oxon. London: Henry Colburn, 1844, 2 vol. in-8.

1845, in-8.

— The *Nemesis* in China, comprising a History of the late War in that Country; with a complete Account of the Colony of Hongkong from the Notes of Captain W. H. Hall, R. N., and the personal Observations of W. D. Bernard, Esq., A. M., Oxon. Henry Colburn, 1846, 3rd ed., in-8.

— The *Nemesis* in China, comprising a History of the late War in that Country; with an Account of the Colony of Hongkong. From Notes of Captain W. H. Hall, R. N., F. R. S., and personal observations by W. D. Bernard, Esq., A. M., Oxon. Third Edition, with a new introduction. London: Henry Colburn. 1847, in-8, pp. XXIX + 1 f. n. ch. + pp. 399.

— Five Years in China; from 1842 to 1847, with an Account of the Occupation of the Islands of Labuan and Borneo by Her Majesty's Forces by Lieutenant F. E. Forbes, R. N. London, Richard Bentley, 1848, in-8.

— * Martin's Operations in the Canton River in April 1847, under the Command of Gen. d'Aguilar and Capt. MacDougall. 1848, in-fol. de 11 pl. coloriées.

— Question anglo-chinoise. Lettres de Chine : I. Portée morale et politique de la guerre (*Revue des Deux Mondes*, 15 février 1842). — II. Préliminaires de la crise (1er mars 1842). — III. L'Expédition anglaise et la Diplomatie chinoise : capitulation de Canton (1er juin 1842). — IV. Seconde expédition anglaise ; Prise d'Amoy, Chusan, Chin-haë, Ning-po ; ouverture du Céleste-Empire au Commerce européen (1er juillet 1842). Par Adolphe Barrot.

— Charles Lavollée : La Guerre de Chine (1840 à 1841), d'après les documens chinois. (*Revue des Deux Mondes*, 1er janvier 1853.)

— China during the War... By Sir John Francis Davis. [Voir col. 73.]

Not. : *China Mail*, No. 401, Oct. 21, 1852 et No. 411, Dec. 30, 1852.

(Guerre d'Opium.)

— China. By Thomas de Quincey. A Revised Reprint of Articles from « Titan » with preface and additions. Edinburgh : James Hogg, 1857, in-8, pp. IV-152.

— China. (From « Titan », Vol. XXIV, 1857.) (De Quincey's *Works*, Vol. XVI. Edinb., A. & C. Blacks, 1871, pp. 227/254.)

— The Opium Question and the Northern Campaigns : Including Notices of some strictures by Reviewers of the former; and indications of the salient points of the latter, down to the Treaty of Nan-king : With remarks upon its preliminaries and provisions and notices of incidents of the hostile protest of the Canton people against it. And an Appendix including the Inaugural Address at Concordia Hall, Canton. By Gideon Nye, C. M. A. G. S.... Canton, 1875, in-4.

Cet ouvrage a pour second titre :

The Opium Question and the Northern Campaigns. A Lecture in two parts : being the third of the Series designed to present a view of Forty years of Foreign Intercourse with China : 1833-74. Part. I. The Opium Question. Read before a portion of the Canton Community July 1st, 1874.

Voir Canton, col. 2282.

— Journal during the Chinese Expedition in 1841 and 1842. By an Officer of the Royal Artillery. (*Colburn's United Service Mag.*, 1878, Part I, pp. 105/9, 224/236, 506/511; Part II, 99/105, 352/8, 502/8; Part III, 102/112.)

— Chinese Account of the Opium War. By E. H. Parker. Shanghai : Kelly & Walsh, 1888, in-8, pp. II-82.

« The following story of the Opium War is to all intents and purposes a translation of the last two chapters of the *Shêng Wu-Ki*, or » Military Operations of the present Dynasty «. The author is Wei Yüan... » (Preface.)

Forme le No. 1 de *The Pagoda Library*. — Voir col. 633.

— The Word « Good Faith » (信) in Commissioner Lin's Proclamation of 18th March 1839. By G. Schlegel. (*T'oung Pao*, III, No. 1, Mars 1892, pp. 67/73.)

— * Caged in China. By Lane-Poole. (*English Illustrated*, Nov. 1894.)
Capt. Anstruther, Mrs. Noble, &c. &c. pendant la guerre d'Opium.

— * The Life and Campaign of Hugh, First Viscount Gough, by Robert S. Raft, 2 vol. in-8.

Poole's *Index to Periodical Literature* cite les articles suivants sur cette guerre (1840-42) :

(F. Wharton) *Hunt's Merchants' Magazine*, IV, 9. — (E. W. Sloughton) *Hunt*, II, 386. — *Foreign Quart.*, XXIV, 106; XXV, 188; XXXIV, 482. — *Brit. & For. Rev.*, X, 341. — *Quart. Rev.*, LXV, 294. — *Westminster Review*, XL, 123. — *Fraser's Mag.*, XXVII, 108. — *Edinb. Rev.*, LII, 281. — *American Eclectic*, I, 111, 288. — *Democratic Rev.*, VII, 516. — *Blackwood's Mag.*, XLVII, 368, 717, 847. — *Eclectic Mag.*, IV, 382. — *Dublin. Univ.*, XXI, 125. — *Christ. Exam.*, XXX, 223. — (W. Adams) *Ibid.*, XXXII, 281. — *Ibid.*, XXXIII, 385. — *Fraser's Mag.*, XXI, 365. — *Eclectic Rev.*, LXXI, 699. — *Chamber's Journal*, VII, 155. — *Museum of For. Lit.*, XL, 221; XLI, 237. — *Tait's Edinb. Mag.*, n. s., VII, 135; VIII, 66-745; IX, 820; X, 525; *Fraser's Mag.*, LV, 239.

(Guerre d'Opium.)

Traité de Nan-king, 29 août 1842.

— Treaty between her Majesty the Queen of Great Britain and the Emperor of China, signed in the English and Chinese languages, Nanking, August 29th, 1842, pet. in-8 de 101 p., s. l. n. d.

Egalement publié en chinois et en anglais dans le *N. C. Herald*, No. 69, Nov. 22, 1851; réimp. dans le même journal, No. 378, Oct. 24, 1857; en anglais et en français avec le traité supp. dans *The Shanghai Almanac for 1852*; etc.

— Supplementary Treaty signed by their Excellencies Sir Henry Pottinger and Kiying, respectively on the part of the sovereigns of Great Britain and China at the Bogue, 8th October 1843.

Textes anglais et chinois dans le *N. C. Herald*, No. 71, 6 Dec. 1851.

— General Regulations under which the British Trade is to be conducted at the Five Ports of Canton, Amoy, Fuchau, Ningpo and Shanghai.

Textes anglais et chinois dans le *N. C. Herald*, No. 74, 27 Dec. 1851.

Voir les Collections de Mayers, Hertslet, etc.

Lord Elgin et les expéditions de 1858 et de 1860.

— The War with China. (*Fraser's Mag.*, Feb. 1857.)

— British Relations with China. (*Edinb. Rev.*, April 1857.)

— * China, wie es war u. wie es ist. Nebst e. Hinblick auf den Thee- u. Opium-Handel u. e. Beschreibg. der fünf Häfen, welche nunmehr dem Brittischen Handel geöffnet sind. Aus d. Engl. v. A.W. Quedlinburg, Ernst, in-12, 1855, pp. VII-111. (*Bib. hist.-geog.*, 1855.)

— Bowring, Cobden, & China : a Memoir. By Lammer Moor. Edinburgh : John Menzies, 1857, in-8, pp. 32.

— What is Lord Elgin to do? The Canton Dispute and our Relations with China considered. By Joseph Beaumont, Esq., of Lincoln's Inn. London : Longman, MDCCCLVII, in-8, pp. 53.

— Questions of the Day. No. 1. — INDIAN Revenue from Indian OPIUM; CHINESE Money at the Expense of Chinese LIFE; BRITISH honour or British DISGRACE; Questions which should be considered in the TREATY to be concluded with CHINA. By Captain Tyler, R. E. London : James Ridgway, 1857, br. in-8, pp. 45.

— The Lorcha « Arrow ». (Justin McCarthy, *A History of Our Own Times*, III, 1880, pp. 1/25.)

— « Martello Tower » in China and The Pacific in H. M. S. « Tribune » 1856-60 by Francis Martin Norman Commander, R. N.... With numerous illustrations. London, George Allen, 1902, in-8, pp. xv + 1 f. n. ch. + pp. 299.

Affaire de l'*Arrow*; Prise de Canton, etc.

— The « China Question » dispassionately considered. By an Asiatic. London : Edward Stanford, 1857, br. in-8, pp. 52.

— Commodore Armstrong's War in China, A. D. 1856 and 1857. Hongkong : Printed by J. M. da Silva, 1858, br. in-12, pp. 26.

Tiré sur papier bleu.

— Sir George Grey and the China Expedition of 1857. By R. Garnett. (*English Historical Review*, Oct. 1901, pp. 739/742.)

A propos du chap. *The Indian Mutiny and the China Army* dans *Life and Times of Sir George Grey*, K. C. B., by W. L. and L. Rees, 1892, Vol. I, ch. XXVII.

— Rationale of the China Question. — Voir col. 2292.

— The Memorable Year : — of the War in China; The Mutiny in India; The Opening — up of the Resources of Siam; The projected movement upon Cochin-China; and the Monetary Crisis in Europe and America : — being a Record of periodical Reflections and Comments elicited by the course of Events in the East, with incidental Notices of Political and Commercial Affairs in the West and some special Papers upon Political and Geographical Topics of the Period; and including a Sketch of the Inflation and Collapse of Mr. High — Commissioner Yeh. By a Corresponding Member of the American Geographical and Statistical Society — Author of the « Rationale of the China Question ». [Mr. G. Nye.] Macao, 1858, in-4, pp. 360.

— The new Quarrel in China. A Statement drawn from the official Documents. London : Ward & Co., 1859, br. in-8, pp. 24.

— L'Angleterre, la Chine et l'Inde, par Don Sinibaldo de Mas, Envoyé extraordinaire et Ministre plénipotentiaire de la reine d'Espagne en Chine. Paris, Jules Tardieu, 1858, in-8, pp. 288.

— China : being « The Times » special Correspondence from China in the years 1857-58. Reprinted by permission. With corrections and additions by the author, George Wingrove Cooke... London : G. Routledge, 1858, in-8, pp. XXXII-457.

— China : being « The Times » special Correspondence from China in the years 1857-58. Reprinted with permission. With corrections and additions by the author, George Wingrove Cooke,... A New ed. London, Routledge, 1859, in-8, pp. XXXII-457.

— China and Lower Bengal. Being « The Times »... by the author, George Wingrove Cooke,... Fifth Edition. London : Routledge, 1861, in-8, pp. XXXIII-495.

— Charles Lavollée. — Un Historiographe de la presse anglaise dans la guerre de Chine, M. G. Wingrove Cooke. (*Revue des Deux Mondes*, 1er juillet 1859.)

— G. W. Cooke. Par H. C.[ordier.] (*T'oung Pao*, IV, No. 4, Oct. 1893, p. 388.)

George Wingrove Cooke, † 18 juin 1865.

— A Foreigner's Evidence on the China Question. Second Edition. With a Preface. London : Smith, Elder and Co., M.DCCC.LIX, br. in-8, pp. 16.

Par Robert S. Sturgis. La préface est datée, Paris, Oct. 20, 1859.

— Une Caricature Chinoise. (*Miss. Cath.*, XIII, 1881, pp. 282/3, 287/8.)

Sur l'attaque du Pei-ho, 25 juin 1859.

— [Letter on Mr. Bruce's Mission.] Pièce in-8, s. l. n. d., pp. 48.

En tête : (Private.) China, 15th August, 1859. — Signée : T. F. W.[ade.]

Sir Frederick William Adolphus Bruce, troisième et dernier fils de Thomas Bruce, septième Comte d'Elgin, né à Broomhall, Fifeshire, 14 avril 1814 ; † à Boston, Mass., 19 sept. 1867 ; 2 déc. 1858, envoyé extraordinaire et ministre plénipotentiaire en Chine ; nommé à Washington, le 1er mars 1865.

— The Past and Future of British Relations in China by Captain Sherard Osborn, C.B., R. N. William Blackwood, Edinburgh & London, MDCCCLX, in-8, pp. VI-184, 2 cartes.

Not. : *Tait's Edinb. Mag.*, n. s., XXVII, 619.

— In the river Pei-Ho. *June 25*, 1859. A Naval Pensioner's Story. By Wm. Laird Clowes. (*Blackwood's Mag.*, CLV, June 1894, pp. 856/859.)

— Charles Lavollée. — Affaires de Chine. La Diplomatie anglaise depuis la dernière guerre, lord Elgin. (*Revue des Deux Mondes*, 1er décembre 1859.)

— Another Treaty with China, but not another Chinese War. Three Letters by T. Chisholm Anstey, Esq., of the Middle Temple, Barrister-at-Law, and late Her Majesty's Attorney-General in Hong-kong, and Counsel to Her Majesty's Plenipotentiary in China. With An Appendix, Notes, and Additions... London : James Allen... S. d. [1859], in-8, pp. 24.

— British Policy in China. — Is our War with the Tartars or the Chinese ? By John Scarth, author of « Twelve Years in China : the People, the Rebels, and the Mandarins »... London : Smith, Elder & Co.,... M.DCCC.LX, in-8, pp. 47.

— England's Policy in China by Andrew Wilson. Hongkong, A. Shortrede & Co., 1860, br. in-8, pp. 32.

— Sketch to illustrate the movements of the Allied Forces in China, from the landing at Pehtang on the 1st August to the capture of the Taku Forts on the 21st, 1860. By Capt. L. Brabazon. [London, 1860.]

∴

John Bowring, né à Exeter, le 17 oct. 1792 ; † dans cette ville, 23 nov. 1872 ; avril 1852 à fév. 1853 à la place de Bonham, à Hongkong ; 1854, plénipotentiaire, puis gouverneur de Hongkong ; Elgin le remplace comme Plénipotentiaire.

(LORD ELGIN.)

LAURENCE OLIPHANT.

— Narrative of the Earl of Elgin's Mission to China and Japan in the years 1857, '58, '59. By Laurence Oliphant, Private Secretary to Lord Elgin. William Blackwood, Edinburgh & London, MDCCCLIX, 2 vol. in-8, pp. XIII-492, IX-496, grav., cartes.

Notices : *Edinburgh Review*, CXI, 96, Jan. 1860 ; cet art. est reproduit dans l'*Eclectic Mag.*, XLIX, 439. — *Bentley*, XLVII, 136. — *Blackwood's Mag.*, LXXXVII, 255.

— Narrative of the Earl of Elgin's Mission to China and Japan in the years 1857, '58, '59. By Laurence Oliphant, Esquire, Private Secretary to Lord Elgin. New York, Harper & Brothers, 1860, in-8, pp. XVI-645. Pub. à dollars 3.50.

« L'expédition en Chine et au Japon du baron Gros et de Lord Elgin, 1857-58. » Compte-rendu des ouvrages de Mr. Oliphant et du Mis. de Moges publié dans les *Variétés Orientales*, pp. 132/141, par Léon de Rosny.

— La Chine racontée par Laurence Oliphant. Traduction nouvelle — Précédée d'une introduction par M. Guizot. Nouvelle édition illustrée par les principaux artistes. Paris, Michel Lévy frères, 1875, grand in-8, pp. 403.

Cette traduction avait d'abord paru en 1860 sous le titre de :

— La Chine et le Japon, Mission du Comte d'Elgin pendant les années 1857, 1858 et 1859, racontée par Laurence Oliphant. Traduction nouvelle. Précédée d'une introduction par M. Guizot. Paris, 1860, 2 vol. in-8.

— De Zending van Graaf van Elgin naar China en Japan in 1857, 1858, 1859, beschreven door Laurence Oliphant, Bijzonder secretaris van Lord Elgin,... vertaald door Mr. J. van der Leeuw, Naar de tweede Engelsche uitgave. Utrecht, Nolet & Zoon, s. d., 2 vol. in-8, pp. XII-382 + 3 ff. n. c. p. la tab. — 361.

— * Le même : Reis door China en Japan. Bijdragen tot de kennis van den aard, de zeden, gewoonten en gebruiken dezer landen. Uit het Eng. vertaald door Mr. J. van der Leeuw. 2 deelen. Amsterdam, K. H. Schadd, 1865, gr. in-8.

— La Cina e il Giappone. Missione di Lord Elgin negli anni 1857, 1858 e 1859 raccontata in inglese da Lorenzo Oliphant. Milano, Corona e Caimi, editori, 1868, 2 vol. in-16, pp. 307, 441.

Forme les vol. 40 et 41 de la série *Collana di Storie e Memorie contemporanee diretta da Cesare Cantù.*

Laurence Oliphant, fils de Sir Anthony Oliphant, C. B., pendant longtemps Chief Justice de Ceylan, né en 1829 dans cette île ; † 23 déc. 1888, à York House, Twickenham, chez Sir Mountstuart Grant-Duff ; enterré le 27 déc. 1888, à Twickenham New Cemetery.

Notice : *Lond. & China Express*, Dec. 28, 1888.

— Charles Lavollée. — Une Mission diplomatique en Chine et au Japon. (*Narrative of Earl of Elgin's Mission to China and Japan*, par Laurence Oliphant, traduction française avec une Introduction de M. Guizot.) (*Revue des Deux Mondes*, 1er Décembre 1860.)

∴

— Les Européens en Chine — Les explorations anglaises du Yang-tsze-kiang. Par Léon Renard. (*Revue des Deux Mondes*, 15 août 1863, pp. 515/541 ; 31 août 1863, pp. 652/673.)

— The Gage of the two Civilizations : Shall Christendom waver? Being an Inquiry into the Causes of the Rupture of the English and French Treaties of Tien-tsin : and comprising a general Review of our Relations with China : with Notices of Japan, Siam, and Cochin-China. Supplemental of the « Rationale of the China Question » and the « Memorable Year ». Printed, not Published, at Macao, 1860, in-4, pp. 325,

(LAURENCE OLIPHANT. — DIVERS.)

sans la Préface et l'Appendice qui contient le texte anglais du traité de Tien-tsin, etc.

— From Calcutta to Pekin ; being Notes taken from the Journal of an officer between those places. By J. H. Dunne, Captain Ninety-ninth Regiment. London : Sampson Low, MDCCCLXI, pp. 159, in-12.

— Narrative of the North China Campaign of 1860; containing personal experiences of Chinese character, and of the moral and social condition of the country; together with a Description of the interior of Pekin by Robert Swinhoe, of H. M.'s Consular Service in China, Staff Interpreter during the Campaign to H. E. Sir Hope Grant. — With Illustrations. — London, Smith Elder & Co., 1861, in-8, pp. VIII-391.

— How we got to Pekin. A Narrative of the Campaign in China of 1860. By the Rev. R. J. L. McGhee, Chaplain to the Forces, and to His Excellency the Earl of Carlisle. With Illustrations. London : Richard Bentley, 1862, in-8, pp. XII-368.

— Narrative of the War with China in 1860 to which is added the Account of a short residence with the Taiping Rebels at Nankin and a voyage from thence to Hankow by Lieut.-Colonel G. J. Wolseley. London, Longman, 1862, in-8.

— The Story of a Soldier's Life by Field-Marshal Viscount Wolseley... With Photogravure Portrait and Plans. Westminster, Archibald Constable, 1903, 2 vol. in-8, pp. XI-398, XI-383.

Wolseley, né 4 juin 1833. — Notice : *Lond. & China Express*, Dec. 4, 1903.

— Niphon and Pe-che-li ; or, two years in Japan and Northern China. By Edward Barrington de Fonblanque. London : Saunders, Otley & Co., 1862, in-8, pp. 287.

— Army Medical Department. Statistical Sanitary, and Medical Reports for the year :

— 1861. — London, Harrison, 1863, in-8.

No. XI. On the Health of the Troops serving in China, pp. 99/107.
Sanitary Report for 1861 : China, pp. 282/3.

— 1862. — London, Harrison, 1864, in-8.

Statistical Report for 1862 : No. IX. On the Health of the Troops serving in China, pp. 113/122.
Sanitary Report for 1862 : China Command.
Shanghai, pp. 269/274.
Kowloon, pp. 274/275.
Hongkong, p. 275.

— 1863. — London, Harrison, 1865, in-8.

Stat. Rep. for 1863 : No. XI. On the Health of the Troops serving in China, pp. 111/119.

Sanit. Rep. for 1863 : China-Report on the sanitary condition of Shanghai, and on the epidemic of cholera, which visited that station in 1863. By Deputy Inspector-General Home, M. D., pp. 352/360 (with a plan of Shanghai).
Extract from a Report on the Sanitary condition of Hongkong and Kowloon, by Surgeon Snell, 99th Regiment ; and Chart by Deputy Inspector-General Home ; with proceedings of a Medical board, pp. 360/373.

— 1864. — London, Harrison, 1866, in-8.

— Stat. Rep. for 1864 : No. IX. On the Health..., pp. 106/115.
— San. Rep. : China, p. 288.
— Report on a Hospital at Tientsin for the Treatment of sick Chinese : established by the British Army of Occupation, Jan. 11, 1861. Shanghai : *North China Herald* Office, July 1861.
— The Half yearly and concluding Reports on the Chinese Hospital at Tientsin ; established and supported by the British Army of occupation. J. Lamprey, M. B. Surgeon 67th Regiment.
Not. : *N. C. Herald*, 657, 28 Feb. 1863.

— China from a Medical point of view in 1860 and 1861 to which is added a chapter on Nagasaki as a Sanitarium. By Charles Alexander Gordon, M. D., C. B., Deputy-Inspector-general of Hospitals, Army Medical Department. London : John Churchill, MDCCCLXIII, in-8, pp. X-464.

Sur 13 chapitres dont se compose l'ouvrage, sept sont consacrés à Tien-tsin principalement.

— Remarks on a proposed System of Sea Transport for Troops employed in India and China. By Charles Alexander Gordon, M. D., C. B., Deputy Inspector General of Hospitals, Army Medical Department. — Serampore : 1864, in-8, pp. 26.

— Résultats médicaux des dernières guerres de Chine, par T. Nelson, M. D., Chirurgien-Major de la Marine royale, traduit par le Dr. A. Le Roy de Méricourt. (*Arch. Médecine navale*, I, 1864, pp. 128/134, 283/297.)

D'après *The British and Foreign Medico-Chirurgical Review*, No. LXIII, July 1863.

— Personal Narrative of Three years' service in China. By Lt.-Colonel Fisher, C B., Royal Engineers. London : Richa Bentley, 1863, in-8, pp. VI-420 ; 3 Cartes.

— Charles Lavollée. — L'expédition de Chine en 1860 : I, La Prise des forts de Takou (*Revue des deux Mondes*, 15 juillet 1865). — II. Les Traités de Pékin (1er août 1865).

— The British Arms in North China and Japan : Peking, 1860 ; Kagosima, 1862. By D. F. Rennie, M. D., Senior Medical officer of the Force in the North of China... London : John Murray... 1864, in-8, pp. XVI-408.

— Peking and the Pekingese during the first year of the British Embassy at Peking. By D. F. Rennie, M. D., Staff-Surgeon,... London, John Murray, 1865, 2 vol. pet. in-8, pp. XIX + 1 f. n. ch. + pp. 351, X + 1 f. n. ch. + pp. 332.

Not. : *N. C. Herald*, No. 810, 3 Fév. 1866.
— On consultera le *N. C. Herald*, surtout le Vol. XI, Janv.-Déc. 1860, et particulièrement les articles suivants :

Account of Yeh's Journey to Calcutta ; his portrait : Nos. 414/418, July 3, 10, 17, 24, 31, 1858.

Trad. anglaise du *texte chinois* du Traité de Tien-tsin : No. 422, Aug. 28, 1858.

Trad. du Décret impérial condamnant Ki-ying à mort, publié dans la *Gazette de Peking* du 1er Juillet 1858 : No. 430, Oct. 23, 1858.

Désastre du « Pei-ho ». Le *N. C. Herald* dans ses numéros de Déc. 1859, reproduit les articles publiés à ce sujet par les journaux anglais.

Compte-rendu du désastre du « Pei-ho » par le commodore américain Josiah Tatnall, 4th July 1859 : No. 492, Déc. 31, 1859.

Correspondance de l'hon. F. W. A. Bruce, C. B. : Nos. 491 et 492, Déc. 1859.

Cette correspondance avait déjà paru dans la *London Gazette*. Le *N. C. Herald* en a fait un tirage à part en Janvier 1860.

Notice sur le mandarin Hwa-sha-na : No. 497, Fév. 4, 1860.

Ce mandarin mongol et membre de la Bannière jaune avait avec Kouei-liang négocié les traités de Tien-tsin en Juin 1858. Il est mort le 30 Décembre 1859.

Letters to the « Times », réimp. : No. 502, Mars 10, 1860.

Texte de la Convention de Tien-tsin, le 20 Nov. 1860 : No. 541, Déc. 8, 1860.

Narrative of the Captivity of Mr. Parkes (Statement of Mr. Parkes : British Head-Quarters, Pekin, Oct. 20th, 1860) : Nos. 556, 557 et 559, Mars et Avril 1861.

Voir également *The Times*.

Trad. des documents trouvés au Palais de Yuen-ming-yuen, le 8 Octobre 1860 [par M. M. C. Morrison] : No. 562, Mai 4, 1861.

— Personal Narrative of occurences during Lord Elgin's Second Embassy to China, 1860. By Henry Brougham Loch, Private Secretary to the Earl of Elgin. Second Edition. London, John Murray, 1870, pet. in-8, pp. XII-298.

Not. : *The Phœnix*, No. 7, Jan. 1871. — *The Cycle*, 19 Nov. 1870.

— Personal Narrative of Occurences during Lord Elgin's Second Embassy to China in 1860 by the late Henry Brougham Loch (Lord Loch) Sometime Private Secretary to the Earl of Elgin. Third Edition. With Illustrations, and a Preface by Lady Loch. London, John Murray, 1900, in-8, pp. XII-185.

— Henry Brougham Loch. Nécrologie par Henri Cordier. (*T'oung Pao*, 2e Sér., I, No. 4, Oct. 1900, p. 345.)

Né le 23 mai 1827 dans le Midlothian ; † à Londres, le 20 juin 1900.

— Letters and Journals of James, Eighth Earl of Elgin, Governor of Jamaica, Governor-General of Canada, Envoy to China, Viceroy of India edited by Theodore Walrond, C. B., with a Preface by Arthur Penrhyn Stanley, D. D. Dean of Westminster. — Second Edition. — London, John Murray, 1873, in-8, pp. XII-467.

Consulter les Chap. VII-XIV sur les affaires de Chine.

Notices : *Christ. Obser.*, LXXIII, 599. — *Edinb. Rev.*, CXXXVII, 38. — *Month*, XVII, 144. — *Eclectic Mag.*, L, 428. — *Canadian Monthly*, II, 211.

James, 8e Comte d'Elgin et 12e Comte de Kincardine, né à Londres, le 20 Juillet 1811. — Membre du Parlement pour Southampton 1841. — Gouverneur de la Jamaïque, Mars 1842. — Gouverneur général du Canada, 1846. — Première Mission en Chine, 1857. — Postmaster general, 1859. — Seconde Mission en Chine, 1860. — Vice-Roi des Indes, 1861. — Mort le 20 Nov. 1863.

— The Flight of Hsien Feng to Jehol. By G. C. S.[tent.] (*Shanghai Budget*, Sept. 12, 1874.)

Satire politique.

(DIVERS.)

— Incidents in the China War of 1860 compiled from the private journals of General Sir Hope Grant G. C. B. Commander of the English Expedition. By Henry Knollys Captain Royal Artillery... Blackwood... Edinburgh and London, MDCCCLXXV, pet. in-8, pp. XIV-263. Avec 3 cartes.

— Life of General Sir Hope Grant, with Selections from his Correspondence. Edited by Henry Knollys, Colonel (h. p.) R. A., his former A. D. C.... With Portraits of Sir Hope Grant, and Maps and Plans. In two Vols. William Blackwood and Sons, Edinburgh and London, MDCCCXCIV, 2 vol. in-8, pp. XI-359, IX-362.

— * Days of a Soldier's Life. Being Letters written by the late General Sir C. P. Beauchamp Walker, K. C. B., during active service in the Crimean, Chinese, Austro-Prussian (66), and Franco-German (70-71) Wars. With Portrait. London : Chapman and Hall, 1894, in-8, pp. 412.

— The Arrow War with China by Charles S. Leavenworth M. A. Professor of History Nanyang College, Shanghai. London, Sampson Low, 1901, pet. in-8, pp. XIV-232.

Notice : *T'oung Pao*, Oct. 1901, p. 295, par Henri Cordier.

— Etude sur la guerre de 1860 entre la Chine et les puissances européennes, par M. Ch. Leavenworth. (*Prem. Cong. intern. Etudes Ext. Orient*, Hanoi [1902], pp. 109/110.)

— China War 1860 Letters and Journal by Major-General G. Allgood, C. B. Formerly Lt. G. Allgood D. A. Q. M. G. 1st Division China Field Force With Numerous Illustrations, Maps, and Plans. Longmans, 1901, in-8 oblong, pp. VIII-107.

— * The Earl of Elgin. By George M. Wrong, M. A. With nineteen Illustrations and a Map. London, Methuen, 1905, in-8.

Notice : *The Times Weekly Ed. Lit. Sup.*, June 16, 1905.

— * Reminiscences of a Retired Diplomat. By Sir Frederick St. John, K. C. L. Chapman and Hall.

Notice : *Lond. & China Express*, Dec. 29, 1905.

Poole's *Index to Periodical Literature* cite sur cette guerre les articles suivants :

Quart. Rev., CVII, 85. — (W. B. Reed) *North Amer.*, LXXXX, 25. — *Blackwood's Mag.*, LXXXVII, 480, 535 ; LXXXIX, 373. — Battle on the Peiho : *Blackwood's Mag.*, LXXXVI, 647 ; cet article est reproduit dans l'*Eclectic Mag.*, XLIX, 375.

Traité de T'ien-tsin, le 26 juin 1858; ratifié à Pe-king, le 24 octobre 1860.

Textes anglais et chinois dans *The Chinese Commercial Guide*, 5th ed., pp. 1 et seq.

Texte anglais dans les journaux de l'époque (*N. C. Herald*, etc. *vide supra*) et dans les recueils de Mayers, etc.

— Voir FRANCE.

(DIVERS.)

FIN DU TROISIÈME VOLUME.

Paris, 8 rue de Siam (XVIe), le 25 avril 1924.

Fin.

QUATRIÈME PARTIE

LES CHINOIS CHEZ LES PEUPLES ÉTRANGERS

CINQUIÈME PARTIE

LES PAYS TRIBUTAIRES DE LA CHINE

TROISIÈME PARTIE

RELATIONS DES ÉTRANGERS AVEC LES CHINOIS

DEUXIÈME PARTIE

LES ÉTRANGERS EN CHINE

BIBLIOTHECA SINICA

PAR

HENRI CORDIER.

BIBLIOTHECA SINICA

DICTIONNAIRE BIBLIOGRAPHIQUE

DES OUVRAGES

RELATIFS A L'EMPIRE CHINOIS

PAR

HENRI CORDIER

PROFESSEUR A L'ECOLE SPÉCIALE DES LANGUES ORIENTALES VIVANTES,
MEMBRE DU COMITÉ DES TRAVAUX HISTORIQUES ET SCIENTIFIQUES, MEMBRE DU CONSEIL DE LA SOCIÉTÉ ASIATIQUE
ANCIEN PRÉSIDENT DE LA COMMISSION CENTRALE DE LA SOCIÉTÉ DE GÉOGRAPHIE,
HONORARY MEMBER OF THE ROYAL ASIATIC SOCIETY OF GREAT BRITAIN AND IRELAND
HONORARY CORRESPONDING MEMBER OF THE ROYAL GEOGRAPHICAL SOCIETY,
HONORARY MEMBER OF THE CHINA BRANCH OF THE ROYAL ASIATIC SOCIETY
SOCIO DELLA R. DEPUTAZIONE VENETA DI STORIA PATRIA

Cet ouvrage a obtenu à l'Institut le prix Stanislas Julien en 1880.

DEUXIÈME ÉDITION, REVUE, CORRIGÉE ET CONSIDÉRABLEMENT AUGMENTÉE.

VOLUME IV

ORIGINAL EDITION PUBLISHED

PARIS

LIBRAIRIE ORIENTALE & AMÉRICAINE

E. GUILMOTO, Editeur

Successeur de J. MAISONNEUVE

6, Rue de Mézières et 26, Rue Madame.

1907—1908.

TROISIÈME PARTIE

RELATIONS DES ETRANGERS AVEC LES CHINOIS

V. — GRANDE-BRETAGNE. *(SUITE.)*

Ambassades.

VESTALE.

Voir une lettre du Sr. De Guignes, gérant du Consulat de France à Canton, au Ministre de la Marine, Macao, du 20 Décembre 1788, dans le Vol. V, No. 77 des Papiers tirés des Archives des Affaires Etrangères, cités dans l'Introduction de la *France en Chine*, p. LXI, 6 Vol. in-fol. : INDES ORIENTALES, CHINE, COCHINCHINE.

Un grand nombre des pièces de cette Collection offrent le plus grand intérêt pour l'histoire des relations des Anglais avec les Chinois. Voir par exemple dans le Vol. VI, No. 37, une lettre de Canton, 25 Février 1809, dans laquelle est racontée l'expédition anglaise contre Macao en 1808.

— Mission du Col. Cathcart, 1787, voir Saxe Bannister, VOYAGES, col. 2090, pp. 209 et seq.

Lord Macartney.

SIR GEORGE LEONARD STAUNTON.

— An authentic account of an Embassy from the King of Great Britain to the Emperor of China; including cursory observations made, and information obtained, in travelling through that ancient empire, and a small part of Chinese Tartary. Together with a Relation of the Voyage undertaken on the occasion by His Majesty's Ship *the Lion*, and the Ship *Hindostan*, in the East India Company's service, to the Yellow Sea, and Gulf of Pekin; as well as of their return to Europe; with Notices of the several places where they stopped in their way out and home; being the islands of Madeira, Teneriffe, and St. Jago; the port of Rio de Janeiro in South America; the islands of St. Helena, Tristan d'Acunha, and Amsterdam; the Coast of Java, and Sumatra, the Nanka Isles, Pulo Condore, and Cochin-China. Taken chiefly from the papers of His Excellency the Earl of Macartney, Knight of the Bath, His Majesty's Embassador Extraordinary and Plenipotentiary to the Emperor of China; Sir Erasmus Gower, Commander of the Expedition, and of other Gentlemen in the several departments of the Embassy. By Sir George Staunton, Baronet... In two volumes, with engravings [in-4]; beside a folio Volume of Plates. London : Printed by W. Bulmer and Co. For G. Nicol... MDCCXCVII [quelques-uns 1798].

Vol. I, pp. XXXIV-518 :

Advertisement. — Table of Contents of the First Volume. — A List of the Plates contained in the folio volume. — A List of the Engravings contained in the two quarto volumes. — I. Occasion of the Embassy. II. Preparations for the Embassy. III. Passage to Madeira. Notices of that Island. IV. Passage to Teneriffe; To St. Jago. Notices of those islands. V. Passage of the Line. Course across the Atlantic. Harbour, City, and Country of Rio de Janeiro. VI. Passage to the Southern Part of the Atlantic, and of the Indian Ocean. View of the Islands of Tristan d'Acunha in the former, and of those of St. Paul and Amsterdam in the latter. VII. Entrance into the Straits of Sunda. Visit to Batavia and Bantam in the Island of Java. View of the Southern extremity of the Island of Sumatra. Passage through the Straits of Banka to Pulo-Condore. VIII. Cochin-China. IX. Passage to the Ladrone Islands near Macao; and thence to Chusan. Transactions and observations there. X. Navigation through the Yellow Sea. Embassador's entrance into the River leading to Tien-Sing.

Vol. II, pp. XX-626 :

Table of Contents. — I. Progress of the Embassy along the River Peibo, towards the Capital of China. Departure of the Ships from the Gulf of Pe-che-lee. II. Embassy lands near Tong-choo-foo; proceeds through Pekin to a palace in its neighbourhood. Returns to the Capital. III. Journey to the Northern frontier of China. View of the Great Wall. Visit to the Emperor's Court at his summer's residence in Tartary. IV. Return to Pekin. Observations and occurrences there, and at Yuen-Min-Yuen. V. Departure from Pekin. Journey to Han-choo-foo, partly upon the Imperial Canal. VI. Han-choo-foo. Journey from thence to Chu-san; and also to Canton. Passage of the *Lion* and *Hindostan* from the former to the latter. VII. Residence of the Embassy at Canton, and at Macao. VIII. Passage to St. Helena; Notices of that Island. Return Home. — Appendix.

L'Atlas (in-folio) contient 44 planches (cartes, plans et vues).

Notice par E. C. Bridgman dans *The Chinese Repository*, II, pp. 337/350, réimp. dans *The Cycle*, 22 Oct. 1870.

Le compte-rendu de la réception à Péking de Lord Macartney est réimprimé d'après l'ouvrage de Staunton dans *The N. C. Herald*, No. 476, Sept. 10, 1859.

— An authentic Account of an Embassy from the King of Great Britain to the Emperor of China; including cursory observations made, and information obtained, in travelling through that ancient empire, and a small part of Chinese Tartary. Together with a Relation of the voyage undertaken on the occasion by His Majesty's ship *the Lion*, and the ship *Hindostan*... with notices of the several places where they stopped... taken chiefly from the papers of His Excellency the Earl of Macartney... Sir Erasmus Gower... and of other Gentlemen in the several departments of the Embassy. By Sir George Staunton, Baronet,... London, G. Nicol, MDCCXCVII, 3 vol. in-8.

Il y a une carte au commencement de chaque volume.

Il y a une seconde édition, *corrected*, MDCCXCVIII, 3 vol. in-8, pp. XVI-429, XV-383, XVII-490.

— A Journal of His Majesty's Ship *Lion* beginning the 1st of october 1792 and ending the 7th september 1794. British Museum, Ms. *add.* 21106; cf. *Revue de l'Extrême-Orient*, II, No. 4, 1884, p. 578.

C'est le journal de sir Erasmus Gower qui commandait le *Lion*, l'un des navires qui portaient lord Macartney et sa suite dans la première ambassade anglaise en Chine. Ce Ms. est un gr. in-folio de 157 ff. c. et on y a ajouté 29 dessins ou aquarelles.

Nous extrayons cette petite note caractéristique à la date du samedi, 15 juin 1793, dans la baie de Tourane :

« There is no attempting to give the Prices of any of the Productions that we met with, for the Chinese are the most notorious cheats, and the most difficult to deal with of any people in the world, they at first asked 25 spanish dollars, for a buffaloe, which we afterwards got for nine, the animal weighing when ready to be dressed from three to four hundredweight, and we latterly got 12 ducks for a dollar which at first we paid the same price for four, everything else in proportion, except Pine Apples, which never exceeded a dollar for 100. and they were extremely good, their other fruits are Water Melons, Jacks, Cocoa Nuts, Limes and Bananas; there are very few vegetables, the sweet Potatoe, a very small Onion, Garlic, Cucumbers and Pumkins were the only ones we knew. »

— An Historical Account of the Embassy to the Emperor of China, undertaken by order of the King of Great Britain; including

The Manners and Customs of the Inhabitants; and preceded by an account of the causes of the Embassy and Voyage to China. Abridged principally from the Papers of Earl Macartney, as compiled by Sir George Staunton, Bart. Secretary of Embassy to the Emperor of China, and Minister Plenipotentiary in the absence of the Embassador. Embelished with the following Plates : [33]. — London, Printed for John Stockdale, 1797, in-8, pp. XV-477..

Cet ouvrage a été publié en 10 numéros hebdomadaires à un shilling.

Front. gravé portant la date *12th Octr. 1797* et *Embellished with 25 plates*. Allibone, II, 1228, cite : Dublin, 1798, 2 vol. in-8; Philadelphia, 1799, 2 vol. in-8; 2d ed., corrected, Lond., 1798, 3 vol. in-8; again 1802, 3 vol. in-8.

— An abridged account of the Embassy to the Emperor of China, undertaken by order of the King of Great Britain; including the Manners and Customs of the inhabitants; and preceded by an account of the causes of the Embassy and Voyage to China. Taken principally from the Papers of Earl Macartney, as compiled by Sir George Staunton, Bart. Secretary of Embassy to the Emperor of China, and Minister Plenipotentiary in the Absence of the Embassador. Embellished with a Frontispice by Stothard, and a Map of China, with the Track of the *Lion*, and Route of the Embassy. London : Printed for John Stockdale... 1797. Price 3 *s* 6 *d* in Boards. Pet. in-8, pp. XII-288.

— Voyage dans l'intérieur de la Chine, et en Tartarie, Fait dans les Années 1792, 1793 et 1794, par Lord Macartney, Ambassadeur du Roi d'Angleterre auprès de l'Empereur de la Chine; Avec la relation de cette Ambassade, celle du Voyage entrepris à cette occasion par les Vaisseaux le *Lion* et l'*Indostan*, et des détails très-curieux sur les Colonies Espagnoles, Portugaises et Hollandaises, où ces Vaisseaux ont relâché : Rédigés sur les Papiers de Lord Macartney, sur ceux de Sir Erasme Gower, Commandant de l'expédition, et des autres Personnes attachées à l'Ambassade; Par Sir George Staunton, de la Société royale de Londres, Secrétaire de l'Ambassade d'Angleterre, et Ministre plénipotentiaire auprès de l'Empereur de la Chine : Traduit de l'Anglais, avec des Notes, par J. Castéra. Avec des Figures et Cartes gravées en taille-douce. A Paris, Chez F. Buisson... An 6 de la République (1798). 4 vol. in-8, pp. VIII-515, 412, 399, 526.

Le quatrième volume se termine par une « Table générale et raisonnée des Matières », pp. 257/326.

Not. sig. : A. J. D. B. dans le *Mag. Enc.*, 1798, I, pp. 466/9.

— Une seconde édition du voyage de Macartney a été publiée en 5 volumes in-8 à Paris, chez F. Buisson... An 7.

Le cinquième volume de cette seconde édition (qui sert de supplément à la première édition en 4 vol. in-8) contient :

Avertissement du libraire. — Préface de la seconde édition. — Précis de l'Histoire de la Chine. — Voyage de J. C. Hüttner en Chine et en Tartarie. — Notes que le traducteur a ajoutées à la seconde édition du Voyage en Chine, et qui s'adaptent à la première édition en 4 vol. de cet ouvrage, avec les renvois à cette première édition. — Table des Articles du 5e vol. — Table gén. et rais. des Matières du 5e vol.

La seconde édition contient 32 nouvelles planches : les pl. 31 et 32 se relient avec le vol. V ; les pl. 1/30 qui doivent être intercalées dans les quatre premiers volumes de la première édition du voyage sont quelquefois réunies en un volume ou atlas grand in-8 avec un « Avis au Relieur » et un titre spécial : Voyage dans l'intérieur de la Chine, et en Tartarie, fait dans les années 1792, 1793 et 1794, par Lord Macartney, Ambassadeur du Roi d'Angleterre auprès de l'Empereur de la Chine ; Par Sir Georges Staunton, de la Société royale de Londres. Traduit de l'Anglais, avec des Notes, par J. Castéra. Seconde édition. Collection des Nouvelles Planches. A Paris, chez F. Buisson... An 7 de la République.

Pub. à 28 fr., br. ; 56 fr. sur pap. vél. — Notice dans le *Mag. Enc.*, 1799, V, pp. 271/3.

— Le même. — Troisième Edition, revue, corrigée, et augmentée d'un Précis de l'Histoire de la Chine, par le Traducteur, et du Voyage en Chine et en Tartarie de J. C. Huttner, traduit de l'allemand par le même Traducteur. Avec 37 Planches et 1 Cartes gravées en taille-douce par Tardieu l'aîné. A Paris, chez F. Buisson... An XII (1804). 5 vol. in-8.

Toutes les gravures et les cartes de cette édition ont été réunies en un atlas in-4 avec un titre spécial.

— Reis van Lord Macartneij, naar China. Door George Staunton. Uit het Engelsch. Met Plaaten en Kaarten. Te Amsterdam, bij Johannes Allart. MDCCXCVIII-MDCCCI, 7 vol. in-8.

— Reise der brittischen Gesandtschaft unter dem Lord Macartney an den Kayser von China, beschrieben von Sir George Staunton. Aus dem Englischen übersetzt von M. C. Sprengel. Halle, 1798, 2 vol. in-8, pp. 328, 349 et 1 carte.

Cette trad. forme les vol. X et XI de *Auswahl der besten ausländischen geographischen und statistischen Nachrichten zur Aufklärung der Völker- und Länderkunde von M. C. Sprengel.*

— Des Grafen Macartney Gesandtschaftsreise nach China. Aus dem Englischen des Sir George Staunton. Berlin, 1798, in-8, pp. 424, 1 carte et grav.

— Reise der englischen Gesandtschaft an den Kaiser von China, in den Jahren 1792 und 1793. Aus den Papieren des Grafen von Macartney, des Ritter Erasmus Gower und andrer Herren zusammengetragen von Sir George Staunton Baronet, königl. Sekretare bey der chinesischen Gesandtschaft. Aus dem Englischen übersetzt von Johann Christian Hüttner, Mitgefährten dieser Gesandtschaftsreise. Zürich, bey Heinrich Gessner, 1798-1799, 2 vol. in-8.

— * Reise der Engl. Gesandtschaft an den Kaiser von China. 2 Bde. Vol. 3 et 4 de *Länder- u. Reisebeschreibungen, kleinere...* Leipzig, 1798-1800. [Engelmann.]

— * Trad. en italien. Firenze, 1799.

— * G. Staunton. — Viaggio nella Cina e nella Tartaria di Lord Macartney negli anni 1792, 1793 e 1794. Palermo, Gabinetto tipografico all' insegn. di Meli, 1832, 2 vol. in-12.

— * О нѣкоторыхъ обыкновеніяхъ китайскихъ. Отрывокъ изъ путешествія въ Китай англійскаго посла графа Макартнея. *Вѣстникъ Европы.* 1805, Ч. 22; No. 15; pp. 195/206.

Mejov, 1848.

Memoir of the Life and Family of the late Sir George Leonard Staunton, Bart. — With an Appendix, consisting of illustrations and authorities ; and a copious selection from his private correspondence. Havant-Press, Printed by H. Skelton,... 1823, Printed for private circulation only, in-8, pp. XIII-400 et un Port.

Sir George-Leonard Staunton, né en Irlande, dans le Comté de Galway, le 19 Avril 1737, est mort le 14 Janvier 1801.

— * Wypis z podróży do Chin i Tartaryi w orszaku poselstwa angielskiego pod naczelnictwem Lorda Macartney odbytej. Wilno, nakładem i drukiem Manesa i Zymela, 1829, in-8.

(Redagował M. N. Aleksander. Przekład tłomaczenia francuskiego Holmesa z objaśnieniami L. Langlèsa.) (Estreicher, *Bib. Polska.*)

Æneas Anderson.

— A Narrative of the British Embassy to China in the years 1792, 1793, and 1794; containing the various circumstances of the Embassy, with accounts of Customs and Manners of the Chinese ; and a Description of the country, towns, cities, &c. &c. By Æneas Anderson, then in the service of His Excellency Earl Macartney, K. B. Ambassador from the King of Great Britain to the Emperor of China. London : Printed for J. Debrett... 1795. In-4, pp. XXIV-278. Sans l'Appendix de 22 pages qui se trouve à la fin de l'ouvrage. L'appendice est suivi de « Glossary of Chinese Words », 3 pages.

L'appendice a pour titre : Appendix : containing an account of the transactions of the Squadron during the absence of the Embassy, till their return on board His Majesty's Ship *the Lion*, at Whampoa.

— A Narrative of the British Embassy to China, in the years 1792, 1793, and 1794 ; containing the various circumstances of the Embassy, with accounts of Customs and Manners of the Chinese ; and a Description of the country, towns, cities, &c. &c. By Æneas Anderson, then in the service of His Excellency Earl Macartney, K. B. Ambassador from the King of Great Britain to the Emperor of China. Dublin : Printed by William Porter... 1795, in-8, pp. XXIV-278, sans l'Appendix.

— A Narrative of the British Embassy to China, in the years 1792, 1793, and 1794 ; containing the various circumstances of the Embassy, with accounts of Customs and Manners of the Chinese ; and a Description of the country, towns, cities, &c. &c. By Æneas Anderson, then in the service of His Excellency Earl Macartney, K. B. Ambassador from the King of Great Britain to the Emperor of China. Basil : Printed and sold by J. J. Tourneisen, MDCCXCV, in-8, pp. XVI-336, sans « Appendix, containing an Account of the transactions of the Squadron during the absence of the Embassy, till their return on board his Majesty's ship *the Lion*, at Wampoa », 20 pages, et « Glossary of Chinese Words », 2 pages.

— An accurate account of Lord Macartney's Embassy to China ; carefully abridged from the original work : with alterations and corrections, by the editor, who was also an attendant on the embassy. Embellished with a striking likeness of the present emperor, From an Original Drawing in the Possession of the Editor. London : Printed for Vernor and Hood, Birchin lane, Cornhill, 1795, in-12, pp. XII-144.

— Erzählung der Reise und Gesandtschaft des Lord Macartney nach China und von da zurück nach England in den Jahren 1792 bis 1794, von Æneas Anderson. Aus dem Englischen, mit Anmerkungen und Zusätzen. Erlangen, in der Waltherschen Buchhandlung, 1795, in-8, pp. xvi-190.

— * Reise der britischen Gesandtschaft nach China 1792-94. Aus dem Engl. von Mthi. Ch. Sprengel. Halle, 1796. Renger, in-8.

— * Geschichte der britischen Gesandtschaft; nebst einer Nachricht von dem Lande u. den Sitten der Chinesen. Hamburg, 1796, Hoffmann, gr. in-8 [Engelmann].

— Relation ‖ de l'ambassade ‖ du Lord Macartney ‖ a la Chine, ‖ dans les années 1792, 1793 et 1794. ‖ Contenant ‖ Les diverses particularités de cette Ambassade, ‖ avec la description des mœurs des Chinois, et ‖ celle de l'intérieur du pays, des villes, etc. etc. ‖ Traduite de l'anglais, ‖ Sur la seconde Édition d'Æneas Anderson, Employé à ‖ la suite de Son Excellence le Comte de Macartney, ‖ Ambassadeur du Roi de la Grande Bretagne auprès de ‖ l'Empereur de la Chine. ‖ A Paris, ‖ Chez ‖ Denné le jeune,... ‖ Bocquillon,... ‖ Et Poisson,... ‖ L'An iv. 2 vol. in-8, pp. xxiv-255, vii-227.

On lit à la fin : A Paris, de l'imprimerie de N. F. Beauvais, Rue de Sorbonne, N° 379.

La dédicace adressée « Au Citoyen Truguet, ministre de la marine et des colonies » est signée du traducteur LALLEMANT.

— Récréation instructive. — Voyage en Chine, Costumes, monuments, notes curieuses, tableau de mœurs, pris sur nature, par Sir And***, employé à la suite de S. Exc. le comte Macartney, ambassadeur du roi de la Grande-Bretagne auprès de l'empereur de la Chine; recueillis et mis en jeu par Charles Letaille. Paris, Chez l'éditeur et chez les principaux marchands de nouveautés pour étrennes et cadeaux, in-16, s. d. [183?], pp. 32.

Samuel Holmes.

— The Journal of Mr. Samuel Holmes, serjeant-major of the XIth light dragoons, during his attendance, as one of the guard on Lord Macartney's Embassy to China and Tartary. 1792-3. Printed without addition, abridgment, or amendment, from the original diary, kept during that Expedition. London : Printed by W. Bulmer and Co. 1798, in-8, pp. viii-256.

— Voyage en Chine et en Tartarie, à la suite de l'ambassade de Lord Macartney, par M. Holmes, sergent-major de sa garde; Auquel on a joint les Vues, Costumes, etc., de la Chine, par M. W. Alexandre, les Planches de l'Atlas original de cette Ambassade, omises dans la traduction française, et leur Explication. Ouvrage traduit de l'anglais par MM***, revu et publié Avec des Observations sur les relations politiques et commerciales de l'Angleterre et de la France avec la Chine, et quelques Notes, par L. Langlès, de l'Institut national, etc. A Paris, de l'Imprimerie de Delance et Lesueur. An xiii-1805, 2 vol. in-8, pp. xlv-171, 188.

T. I, 25 grav.; T. II, 27 grav.

Not., pp. 465/7, du *Mag. Enc.*, III, 1805.

Pub. à 15 fr., pap. ord.; 24 fr., pap. vél.

— Observations sur les relations politiques et commerciales de l'Angleterre et de la France avec la Chine par Langlès, membre de l'Institut national, etc. A Paris, Delance et Lesueur. An xiii-1805, in-8, pp. 37.

Ces observations ont été composées pour servir d'introduction au *Voyage en Chine* de Holmes.

— * Podróż Lorda Makartneya, Posla w. Brytanii do Chin, w roku 1792, 1793 i 1794, zawierająca wiadomość o kraju, Rządzie i narodzie chińskim, tudzież o części Tartaryi chińskiéj i t. d., zebrana i wydana przez..., Sekretarza Poselstwa, a teraz na język polski przeł. przez Romana Markiewicza. Kraków, druk Jana Maja, 1801 à 1802, 2 vol. in-8.

Estreicher, *Bib. Polska*.

— Samuel Holmes's vormals Leibgardist bei dem Brittischen Gesandten Lord Macartney Tagebuch einer Reise nach Sina und die Tatarei mit der Brittischen Gesandtschaft, in den Jahren 1792 und 1793. Nach dem Französischen. Weimar, 1805, in-8, pp. xii-200.

— * Trad. en italien, Milano, 1817.

— * S. Holmes. — Viaggio eseguito negli anni 1792 e 1793, versione dal francese con tav. in rame, colorate. Milano, Raccolta di viaggi Sonzogno, 1860, in-16.

John Barrow.

— Travels in China, containing Descriptions, observations, and comparisons, made and collected in the course of a short residence at the Imperial Palace of Yuen-Min-Yuen, and on a subsequent journey through the country from Pekin to Canton, in which it is attempted to appreciate the rank that this extraordinary empire may be considered to hold in the scale of civilized Nations. By John Barrow Esq. Late Private Secretary to the Earl of Macartney, and one of his suite as Ambassador from the King of Great Britain to the Emperor of China.

— Illustrated with several engravings. — London, Printed by A. Strahan, Printers' Street, For T. Cadell and W. Davies, in the Strand, 1804, in-4.

Cette édition a le même nombre de pages et de gravures que la suivante. — Pub. à Livres 3.13/6.

— Travels in China, containing Descriptions, observations and comparisons, made and collected in the course of a short residence at the Imperial Palace of Yuen-Min-Yuen, and on a subsequent journey through the country from *Pekin to Canton*. In which it is attempted to appreciate the rank that this extraordinary empire may be considered to hold in the scale of civilized nations... By John Barrow, F. R. S. Late Private Secretary to the Earl of Macartney, and one of his suite as Ambassador from the King of Great Britain to the Emperor of China. — Illustrated with several Engravings. — The Second Edition. — London : Printed for T. Cadell and W. Davies, in the Strand, 1806, in-4, pp. xii-632.

I. Preliminary Matter. II. Occurrences and Observations in the Navigation of the Yellow Sea, and the Passage up the Pei-ho, or White River. III. Journey through the Capital to a Country Villa of the Emperor. Return to Pekin. The Imperial Palace and Gardens of Yuen-Min-Yuen, and the Parks of Gehol. IV. Sketch of the State of Society in China. Manners, Customs, Sentiments, and Moral Character of the People. V. Manners and Amusements of the Court. — Reception of Ambassadors. — Character and private Life of the Emperor. — His Eunuchs and Women. VI. Language. — Literature, and the fine Arts. — Sciences. — Mechanics, and Medicine. VII. Government. — Laws. — Tenures of Land and Taxes. — Revenues. — Civil and Military Ranks, and Establishments. VIII. Conjectures on the Origin of the Chinese. — Their Religious Sects. — Tenets, — and Ceremonies. IX. Journey from Tong-choo-foo to the Province of Canton. — Face of the Country, and its Productions. — Buildings and other Public Works. — Condition of the People. — State of Agriculture. — Population. X. Journey through the Province of Canton. — Situation of Foreigners trading to this Port. — Conclusion. — Index.

— Travels in China, containing Descriptions, Observations, and comparisons, made and collected in the course of a short residence at the imperial palace of Yuen-Min-Yuen, and on a subsequent journey through the country, from Pekin to Canton : in which it is attempted to appreciate the rank that this extraordinary empire may be considered to hold in the scale of civilized nations. «Non cuivis homini contigit adire *Corinthum*.»

It is the lot of few to go to Pekin.

By John Barrow Esq.... The First American Edition. Philadelphia : Printed and sold by W. F. M'Laughlin... 1805, in-8, pp. 8-422.

— Voyage en Chine, formant le complément du voyage de Lord Macartney ; Contenant des Observations et des Descriptions faites pendant le séjour de l'Auteur dans le Palais Impérial de *Yuen-Min-Yuen*, et en traversant l'Empire Chinois, de *Peking à Canton* : Par John Barrow, Attaché à l'Ambassade Anglaise en Chine, en qualité d'Astronome et de Mécanicien ; et depuis Secrétaire particulier de Lord Macartney, au Cap de Bonne Espérance. Suivi de la Relation de l'Ambassade envoyée, en 1719, à Peking, par Pierre Premier, Empereur de Russie : Traduits de l'Anglais, avec des notes, par J. Castéra, Traducteur du Voyage de Lord Macartney en Chine et en Tartarie. Avec un Atlas in-4, de 22 Planches, dessinées sur les lieux et gravées en taille-douce. A Paris, chez F. Buisson... An xiii (1805). 3 vol. in-8, pp. xvi-464, 400, 392, et Atlas.

Notice, pp. 213/4, du *Mag. Enc.*, V, 1805. — Pub. avec l'Atlas, à 20 fr. br., 40 fr. pap. vél.

(Lord Macartney : John Barrow.)

— Barrow's Reisen in China. Aus dem Englischen übersetzt. Hamburg, 1805, bei Benjamin Gottlob Hoffmann, 2 vol. in-8.

Voir aussi dans la «Bibliothek der neuesten u. wichtigsten Reisebeschreibungen u. geog. Nachrichten», Weimar, 1800-14, 50 vol. in-8 :

— * XIV. John Barrow's Reise durch China von Peking nach Canton, in den Jahren 1793 u. 1794. Aus dem Engl. von J. C. Hüttner. 1 Thl. Mit Kupfern. 1804.

— * XVI. J. Barrow's Reise durch China von Peking nach Canton, im Gefolge der Grossbritannischen Gesandtschaft in den Jahren 1793 u. 1794, mit Anmerkungen. Aus dem Engl. von J. C. Hüttner. 2 Th. Mit Kupfern. 1805.

— Reizen in China, inhondende : Beschrijvingen, Aanmerkingen en Verjelijkingen gemaakt en verzameld, geduurende het verblijf in het Keizerlijk Paleis, van Yuen-Min-Yuen en in eene daar op gevolgde reis door het land van *Pekin tot Canton* Waarin men getracht heeft den rang daar te stellen, welke dit zonderling Rijk moet toegekend worden, onder de beschaafde Natien. Door John Barrow... Uit het Engelsch. Te Haarlem, Bij François Bohn, 1807-8-9, 3 vol. in-8.

C'est la traduction de l'édition anglaise, in-4.

— «Barrow's Travels in China». An investigation into the Origin and Authenticity of the «Facts and Observations» related in a work entitled «Travels in China, by John Barrow, F. R. S.» (Afterwards Sir J. Barrow, Bart.) preceded by a preliminary inquiry into the nature of the «powerful motive» of the same author, and its influence on his duties at the Chinese Capital, as Comptroller to the British Embassy, in 1793, by William Jardine Proudfoot. London, George Philip and Son... 1861, in-12, pp. 176.

— A Voyage to Cochinchina, in the years 1792 and 1793 : containing a general view of the valuable productions and the political importance of this Flourishing Kingdom ; and also of such European Settlements as were visited on the voyage : with sketches of the manners, character, and condition of their several inhabitants. To which is annexed an account of a journey, made in the years 1801 and 1802, to the residence of the chief of the Booshuana nation, being the remotest point in the interior of Southern Africa to which Europeans have hitherto penetrated. The Facts and Descriptions taken from a Manuscript Journal, with a Chart of the Route. By John Barrow, Esq. F. R. S. Author of «Travels in Southern Africa», and «Tra-

(Lord Macartney : John Barrow.)

vels in China ». — London : Printed for T. Cadell and W. Davies in the Strand, 1806, in-4, pp. xx-447.

The Island of Madeira. — The Island of Teneriffe. — The Island of St. Jago. — Rio de Janeiro. — General Observations on the Brazils. — The Islands of Tristan da Cunha and Amsterdam. — The Strait of Sunda and Island of Java. — Batavia. — Cochinchina. — General Sketch of the Manners, Character, and condition of the Natives of Turon. — Advantages of a Commercial intercourse with Cochinchina. — An account of a Journey to Leetakoo.

Dédié à Sir George Thomas Staunton.

— Voyage à la Cochinchine, par les iles de Madère, de Ténériffe et du Cap Verd, le Brésil et l'ile de Java, contenant des Renseignements nouveaux et authentiques sur l'Etat naturel et civil de ces divers Pays ; Accompagné de la Relation officielle d'un Voyage au Pays des Boushouanas, dans l'intérieur de l'Afrique australe ; par John Barrow, Membre de la Société royale de Londres ; traduit de l'anglais, avec des notes et additions, par Malte-Brun. Avec un Atlas de 18 Planches gravées en taille douce par Tardieu. A Paris, chez François Buisson... 1807, 2 vol. in-8, pp. xiv-406 + 1 f. n. ch. p. l. tab., 408, et Atlas in-4, de 18 pl.

Not. : *Quart. Rev.*, III, Feb. 1810.

— Some Account of the Public Life, and a Selection from the unpublished writings, of the Earl of Macartney. The latter consisting of Extracts from an account of the Russian Empire : a Sketch of the Political History of Ireland : and a Journal of an Embassy from the King of Great Britain to the Emperor of China : With an Appendix to each volume. By John Barrow, F. R. S.... In two volumes. London : Printed for T. Cadell and W. Davies in the Strand. 1807, 2 vol. in-4.

— An auto-biographical Memoir of Sir John Barrow, Bart., late of the Admiralty ; including reflections, observations, and reminiscences at home and abroad, from early life to advanced age. London : John Murray, 1847, in-8, pp. xi-515.

— Memoir of Sir John Barrow, Bart., and description of the Barrow monument, erected on the Hill of Hoad, Ulverston, In the neighbourhood of his Birth-place, A. D. 1850. *Vivit Post Funera Virtus*. Price One Shilling and Six pence, in-8, pp. 56 avec 1 Pl.

« The following pages will be found to contain a brief memoir of Sir John Barrow, the greater part of which appeared in the *Times*, written by Sir George Staunton, his long tried faithful friend ; together with a description of the Tower, written by Mr. Timen, the able Architect, upon whose design, which is remarkable for its taste and elegance, the Tower was erected... » (from the Preface).

British Museum, 10825, c.

J. C. Hüttner.

— J. C. Hüttners Nachricht von der Brittischen Gesandtschaftsreise durch China und einen Theil der Tartarei. Herausgegeben von C. B. — Berlin, in der Vossischen Buchhandlung, 1797, pet. in-8, pp. 190 + 1 f. à la fin. — Vig. sur le titre.

Notice, pp. 417/8, du *Mag. Enc.*, 1798, VI.

— Voyage à la Chine ; Par J. C. Hüttner, Gentilhomme d'Ambassade. Traduit de l'allemand ; avec une Carte de la Chine gravée par Tardieu, et de la Musique chinoise. A Paris, chez J. J. Fuchs... An VII, in-12, pp. xvj-295 sans les errata.

Cet ouvrage édité par Charles Böttiger a été traduit en français par Winckler. On trouvera à la suite du voyage, pp. 258 et seq., la traduction d'une chanson chinoise... Paris, Pillot, 1800, in-18.

Notice dans le *Mag. Enc.*, sig. A. J. D. B., 1799, V, pp. 433/459.

Une autre traduction française du Voyage de Hüttner a été publiée, pp. 185 et seq., du Vol. V de la seconde édition de la traduction du Voyage de Macartney par Castéra (Paris, an 7), et pp. 77 et seq. du Vol. V de la troisième édition du même ouvrage.

John Christian Hüttner, né à Guben, Lusace ; † à 82 ans, 24 mai 1847, à Westminster. Cf. G. T. Staunton's *Memoirs*, p. 201

W. Alexander.

Voir *Costume*, col. 1858-1859.

Ouvrages divers.

— An Historical, Geographical, and Philosophical View of the Chinese Empire; comprehending a Description of the fifteen provinces of China, Chinese Tartary, Tributary States ; Natural History of China ; Government, Religion, Laws, Manners and Customs, Literature, Arts, Sciences Manufactures, &c. By W. Winterbotham. To which is added a copious account of Lord Macartney's Embassy, compiled from original communications. London, J. Ridgway... and W. Button, 1795, in-8, pp. 435-114, sans les notes préliminaires.

La pagination est spéciale pour la relation de l'ambassade à laquelle les 114 dernières pages sont consacrées.

— A Complete View of the Chinese Empire exhibited in a geographical Description of that country, a dissertation on its antiquity, and a genuine and copious account of Earl Macartney's Embassy from the King of Great Britain to the Emperor of China. London. Printed and Published by G. Cawthorn... 1798, in-8, pp. lxxii-456.

— A Complete view of the Chinese Empire exhibited in a geographical description of that country, a dissertation on its antiquity, and a genuine and copious account of Earl Macartney's Embassy from the King of Great Britain to the Emperor of

China. London : Published by J. S. Pratt, MDCCCXLII, in-16, pp. 414.

Les pp. 71-352 sont consacrées à l'ambassade. Il y a un appendix à la fin du volume (pp. 353-414) contenant des extraits des Voyages de Malcolm, etc.

C'est une reproduction (avec l'appendice en plus) de l'édition in-8 publiée en 1798 par Cawthorn.

— * W. Winterbotham. — Ausführliche Darstellung von China und seinen zinspflichtigen Staaten. Giess, 1798, 2 Bde. in-8. (Aus dem Englischen übersetzt.) [Oettinger, *Arch. hist.*, 14953.]

— * Lord Macartney, Gesandtschafts-Reise nach China. Aus dem Engl. frei übers. 3 Bdchen. Mit Kupfern. Berlin, 1798-1800. Haude u. Spener. In-12.

— * Reise nach China ; nach dem Engl. frei bearb. für die deutsche Jugend, von... Hirschmann. Neue Aufl. Mit 6 ausgemalten Kupfern. Berlin, 1801 (Förstner), gr. in-8.

— Die Gesandtschaftsreise nach China, von C. F. van der Velde. Wien, 1826, Anton v. Haykul, in-12, pp. 194.

On lit sur le f. 2 : Die Gesandtschaftsreise nach China. — Eine Erzählung aus der letzten Hälfte des achtzehnten Jahrhunderts.

— * Lord Makartney's Gesandtschaftsreise nach China, bearb. von Phil. Körber. Mit 1 Stahlstich. (*Jugend-Bibliothek*, Jahrg. 1847, 3 u. 4.) [Engelmann.]

∴

— Voir dans l'édition in-4 (Philadelphie) de l'ambassade de Van Braam, Vol. II, p. 415, l'« Extrait d'une lettre de M. J. de Grammont, Miss. apostolique à Péking, au sujet de l'ambassade anglaise » [Lord Macartney].

— Voir également le voyage de Charpentier Cossigny, col. 2105.

— Art. Macartney : *Biog. univ.*, XXV, pp. 598/602, par Eyriès. — *Biog. gén.*, XXXII, pp. 464/468, par A. de Lacaze.

— A Burning Lens sent to China. By F. & E. T. (*Journ. C. B. R. A. S.*, XX, N. S., 1885, Nos. 5 & 6, pp. 286/7.)

— Extract from Notes upon the Passage up the Peiho with Lord Macartney in 1793. By Captain Parish, R. A. With a Chart of the course of the river, printed on a reduced scale in Sir George Staunton's Account of the Embassy, and lately republished by the Hydrographical Department. Communicated by Sir Woodbine Parish, K. C. H., F. R. G. S. (*Proc. Roy. Geog. Soc.*, II, 1858, pp. 362/363.)

Lord Amherst.

Henry Ellis.

— Journal of the Proceedings of the late Embassy to China ; comprising a correct narrative of the Public Transactions of the Embassy, of the voyage to and from China, and of the Journey from the Mouth of the Peiho to the return to Canton. Interspersed with Observations upon the face of the country, the polity, moral character, and manners of the Chinese nation. The whole illustrated by Maps and Drawings. By Henry Ellis, third Commissioner of the Embassy. London : Printed for John Murray, 1817, in-4, pp. VIII-526 + 1 f. n. ch. er. — Port., cartes, 7 pl.

Advertisement. — IX. Chapters. — Appendix of Official Papers. — Itinerary of the Route of the Embassy from Ta-koo to Pekin, and from thence to Canton. — Index.

L'édition en 2 vol. in-8 publiée en 1818 ne contient pas les gravures coloriées qui se trouvent dans celle-ci.

Not. : *Quart. Rev.*, XVII, July 1817.

— Voir sur Ellis' Account of *The Embassy to China*, S. Smiles' *Memoir and Correspondence of the late John Murray*, Lond., 1891, II, p. 63.

— Journal of the Proceedings of the late Embassy to China ; comprising a correct narrative of the public transactions of the Embassy, of the voyage to and from China, and of the Journey from the Mouth of the Pei-ho to the Return to Canton. By Henry Ellis, Third Commissioner of the Embassy. — Second Edition. — London, John Murray, 1818, 2 vol. in-8.

Vol. I, pp. XII-442. Advertisement. — Advertisement to Second Edition. — Contents. — Chapters I-V.

Avec une carte et le portrait de Lord Amherst.

Vol. II, pp. VIII-359. Contents. — Chapters VI-IX. — Appendix of Official Papers. — Itinerary. — Index.

Avec une carte.

L'ambassade quitta l'Angleterre avec l'*Alceste* le 8 Février 1816. — Page 93 il y a une liste des personnes composant l'ambassade : Sir George Staunton était le second membre de la Commission. L'ambassade arriva à Peking en Août 1816 ; elle était de retour à Spithead le 17 Août 1817.

Le 9ᵉ chapitre contient des remarques sur la Corée et les îles Lieou-kieou.

— Journal of the Proceedings of the late Embassy to China : comprising a correct Narrative of the Public Transactions of the Embassy, of the voyage to and from China, and of the Journey from the mouth of the Pei-ho to the return to Canton. Interspersed with Observations upon the face of the country, the polity, moral character, and manners, of the Chinese Nation. Illustrated by a large map. By Henry Ellis, Third Commissioner of the Embassy... Philadelphia : Printed and Published by A. Small... 1818, in-8, pp. 382.

— Journal of the Proceedings of the late Embassy to China ; comprising a correct narrative of the public transactions of the Embassy, of the voyage to and from China, and of the Journey from the mouth of the Peiho, to the return to Canton. By the Right Hon. Henry Ellis, third Commissioner. A new edition. London, Edward Moxon, 1840, in-8, pp. XVI-128.

Au commencement du volume il y a une *notice* datée *July 1840* ; mais l'Index des éditions précédentes n'est pas réimprimé.

— Voyage en Chine, ou Journal de la dernière ambassade anglaise à la Cour de Pékin, Contenant le Détail des Négotiations qui ont eu lieu dans cette circonstance ; la Relation de la traversée à la Chine, et du retour en Europe, et enfin celle du Voyage par terre de l'Ambassade, depuis l'embouchure du Pei-ho jusqu'à Canton ; mêlé d'Observations sur l'aspect du pays, sur la Politique, sur le Caractère moral, et sur les Mœurs de la nation chinoise ; orné de cartes et de gravures ; Par Mr. H. Ellis, Secrétaire et troisième Commissaire de l'Ambassade. Traduit de l'Anglais, Par J. MacCarthy, Chef de Bataillon d'infanterie, Chevalier de la Légion-d'honneur. Paris, Delaunay [et] P. Mongie... 1818, 2 vol. in-8.

Notices : Par J. P. Abel-Rémusat, *Journal des Savans*, Janvier 1819, pp. 3/15, et *Mélanges Asiatiques*, I, pp. 431/451. — Dennie's *Portfolio*, XX, 358.

Le *N. C. Herald*, No. 475, Sep. 3, 1859, donne (d'après le *Ch. Rep.*, qui, lui-même, l'a copié dans *The Chinese* de Davis) un compte-rendu de la réception de Lord Amherst à Peking.

— * Lord Amhersts Ambassad till Kina.

Dans *Bibliothek för de nyaste Resbeskrifningar*, Stockholm, 1828, in-8, Vol. 3, pp. 73/113.

— * H. Ellis. — Viaggio di lord Amherst alla China, o giornale dell' ultima Ambasciata inglese alla Corte di Pekin. Milano, Sonzogno G. B., 1819, 3 vol. in-16.

Raccolta de' Viaggi piu interessanti... Milano, 1818-21, 48 vol. — Voir AMHERST, *Grande Encyclopédie*, par Henri Cordier.

CLARKE ABEL.

— Narrative of a Journey in the Interior of China, and of a voyage to and from that country, in the years 1816 and 1817; containing an account of the most interesting transactions of Lord Amherst's Embassy to the Court of Pekin, and Observations on the countries which it visited. By Clarke Abel, F. L. S. and Member of the Geological Society, Chief Medical Officer and Naturalist to the Embassy. Illustrated by Maps and other engravings. London : Longman, 1818, in-4, pp. XVI-420.

Preface. — Table of Contents. — XII Chapters. — Appendix : A. Additional Notes. B. Description of Three new Species of China Plants by Robert Brown. C. Official Documents issued by the Government of China. D. Itinerary of the Route of the Embassy through China. E & F. Meteorological Tables.

Il y a un tirage avec la date 1819. — Voir col. 446.

Un ex. avec les aquarelles originales, des notes ms. de Beckford, *m. r.* par C. Lewis, a été vendu au libraire Sotheran, liv. 6, 10/-, à la vente Beckford, 1882.

Notices : *Gentleman's Magazine*, Vol. 88, Dec. 1818, pp. 518/520. — *Quart. Rev.*, XXI, 1819, pp. 67 et seq.

SIR GEORGE THOMAS STAUNTON.

— Notes of Proceedings and Occurences, during the British Embassy to Pekin, in 1816. Havant Press : Printed by Henry Skelton, West Street. [For private circulation only.] 1824, in-8, pp. VIII-480.

By Sir George Thomas Staunton.

— Memoirs of the Chief Incidents of the Public Life of Sir George Thomas Staunton, Bart. Hon. D. C. L. of Oxford; one of the King's Commissioners to the Court of Pekin, and afterwards for some time member of Parliament for South Hampshire, and for the borough of Portsmouth. Printed for Private Circulation. London : L. Booth, 1856, in-8, pp. VII-232.

Avec un portrait d'après Sir George Hayter.

George Thomas Staunton, né 26 mai 1781, à Milford, près Salisbury.

— Select Letters written on the occasion of the Memoirs of Sir G. T. Staunton, Bart. by his private friends. London, 1857, in-8, pp. 77.

Privately printed.

ROBERT MORRISON.

— A Memoir of the principal occurences during an Embassy from the British Government to the Court of China in the year 1816. By the Rev. Dr. Robert Morrison, Author of the Chinese Dictionary, Grammar, &c., &c. and attached to the Embassy. London : 1819, in-8, pp. 68.

Avait paru dans *The Pamphleteer*, périodique.

— A Memoir of the Principal Occurences during an Embassy from the British Government to the Court of China in the year 1816. By the Rev. Dr. Robert Morrison, Author of the Chinese Dictionary, Grammar, &c., &c. and attached to the Embassy. London : Printed for the Editor; sold by Hatchard and Son... 1820. Price Three Shillings and Six-pence, in-8, pp. 96.

La préface est signée : John Morton.

J. F. DAVIS.

— Scenes in China, exhibiting the Manners, Customs, Diversions, and singular peculiarities of the Chinese, Together with the Mode of Travelling, navigation, &c. in that vast empire. Taken from the latest Authorities, and including the most interesting particulars in Lord Amherst's recent embassy. London : Printed for E. Wallis, 42, Skinner-street, and J. Wallis, Marine Library, Sidmouth, in-12, pp. VI-181. Grav.

∴

— * J. Wolcott (olim Peter Pindar, Esq.) A most solemn and important Epistle to the Emperor of China on his uncourtly and impolitic Behaviour to the sublime Ambassadors of Great Britain. 1817, in-4, pp. 22.

— Observations on the Expediency of opening a Second Port in China, addressed to the President and Select Committee of Supracargoes for the management of the Affairs of the Honourable East India Company in China, by Samuel Ball, Esq., Inspector of Teas. (*Journ. Roy. As. Soc.*, VI, M.DCCC.XLI, Art. IX, pp. 182/221.)

Dated 2nd July 1816. « Was written on the occasion of Lord Amherst's Embassy to Pekin. A few copies were printed at the Company's Press, at Macao, early in the year 1817, for private circulation only. »

— Hudibrastic History of Amherst's embassy to China by Wm. A. Kentish... London : published by Davis & Co., s. d. [1840 ?], in-8, pp. 180.

Illustré par R. Cruikshank.

Hong-kong (*Hiang-kiang*) 香港.

GOUVERNEMENT.

— « Insolvent Debtor's Act. » Hongkong. (*The China Mail*, No. 68, 4 Juin 1846.)

— Hongkong Colonial Ordinances. 1844. By

Authority. Printed and Published at the Office of the *China Mail*, 1847, in-fol.

— The Same. 1845. *Ibid.*, 1847. — 1846. *Ibid.*, 1847. — 1847. *Ibid.*, 1848. — 1848. *Ibid.*, 1849. — 1849. *Ibid.*, 1850. — 1850. *Ibid.*, 1851. — 1851. *Ibid.*, 1852.

— Hongkong Consular Ordinances. 1844. By Authority. Printed and Published at the Office of the *China Mail*, 1846, in-fol.

— The Same. 1845-46. *Ibid.*, 1847. — 1847. *Ibid.*, 1848. — 1849. *Ibid.*, 1850. — 1850. *Ibid.*, 1851.

— A Digest and Index of All the Ordinances of the Hongkong Government (to the close of 1849). By William Tarrant. Hongkong : Printed by D. Noronha, MDCCCL. Price one guinea, pp. XI-191-CCXXVI, in-8.

— The Ordinances of Hongkong. — By Authority. — London : Printed by George E. Eyre and William Spottiswoode, 1866, in-8, pp. x-600.

Depuis 1844 jusqu'au 30 juin 1865.

— The Ordinances of Hongkong. — By Authority. — Hongkong : Printed by Noronha & Sons, printers to Hongkong Government. — 1868, etc., in-8.

Depuis le 1er juillet 1865 jusqu'au 9 déc. 1873.

— The Ordinances of the Legislative Council of the Colony of Hongkong. — Concise Edition from the year 1844 to the end of 1890. Compiled for the government of Hongkong, by A. J. Leach, Barrister-at-Law. — By Authority. — Hongkong : Printed by Noronha & Co., Government Printers. — Vol. I, 1891. — Vol. II, 1892. 2 vol. in-8.

— The Ordinances of the Legislative Council of the Colony of Hongkong, commencing with the year 1844. — Vol. I. Containing Ordinances No. 1 of 1844 to No. 13 of 1864, together with Regulations, Rules and Orders in Force on the 31st October, 1890. — Compiled for the Government of Hongkong, by A. J. LEACH, Of Lincoln's Inn, Barrister-at-Law, under the general supervision of the Law Revision commission. — By Authority. — Hongkong : Printed by Noronha & Co., Government Printers. — 1890. — Vol. II. Containing Ordinances No. 1 of 1865 to No. 18 of 1873, together with Regulations, Rules and Orders in Force on the 31st December, 1890. — ... Hongkong... 1890. — Vol. III. Containing Ordinances No. 1 of 1874 to No. 22 of 1884, together with Regulations, Rules and Orders in Force on the 31st December, 1890. — ... Hongkong... 1891. — Vol. IV. Containing

(HONG-KONG : GOUVERNEMENT.)

Ordinances No. 1 of 1885 to No. 24 of 1887, together with Regulations, Rules and Orders in Force on the 31st March 1891. — 4 vol. in-4.

— * B. Shepherd. — Companies' Ordinances of Hongkong. Hongkong, 1891, in-8, pp. 110.

— * Index to the Hongkong Ordinances up to June 1895. Hongkong, 1895, in-8, pp. 105.

— * Reports of Meetings of the Legislative Council. Hongkong, 1893, etc., in-8.

— A few Notices on the extent of Chinese Education, and the Government Schools of Hongkong; with remarks on the History and Religious Notions of the Inhabitants of this Island. By the Rev. W. Lobscheid, Missionary, and Inspector of the Government Schools. Hongkong, Printed at the « China Mail » office, MDCCCLIX, br. in-8, pp. 48 et un tableau.

— Crime and Government at Hongkong. A Letter to the Editor of the « Times » Newspaper; offering reasons for an enquiry, into the disgraces, brought on the British Name in China, by the present Hongkong Government. By T. Chisholm Anstey, Esq., of the Middle Temple, Barrister-at-Law, late Her Majesty's Attorney-General for Hongkong. London : Effingham Wilson,... 1859, in-8, pp. 115.

N'a pas été insérée dans le *Times*.

— A Vindication of the character of the undersigned from the aspersions of Mr. T. Chisholm Anstey, ex-Attorney general of Hongkong. As contained in his charges, his pamphlet, and his letter to the Secretary of State for the Colonies. By Daniel Richard Caldwell, Registrar general and Protector of Chinese, Hongkong. Hongkong : Noronha's Office,... 1860, in-8, pp. 70.

— Laws of the Colony of Hongkong 1841-1854, gr. in-8 de 490 pages.

— Documents connected with the Hongkong Stamp Act, passed in the Legislative Council, Sept. 5th. Printed and Published at the « Daily Press » office, Hongkong, 1866, br. in-8, pp. 45.

— Statute Law in Hongkong by Q. B. (*Notes and Queries on China and Japan*, Vol. I, pp. 30-32, 59.)

Voir BLUE BOOKS, *infra*.

(HONG-KONG : GOUVERNEMENT.)

— * The Rights of Aliens in Hongkong. Hongkong, 1895, in-8, pp. 95.

— The History of the Laws and Courts of Hongkong, tracing Consular Jurisdiction in China and Japan and including Parliamentary Debates, and the Rise, Progress, and successive Changes in the various Public Institutions of the Colony from the earliest Period to the present Time. With Illustrations. By James William Norton-Kyshe, of Lincoln's Inn, Esquire, Barrister-at-Law, Registrar of the Supreme Court of Hongkong. — In two volumes. — London : T. Fisher Unwin. Hongkong : Noronha and Co., MDCCCXCVIII, 2 vol. in-8, pp. XXVIII-740 + 1 f. n. ch. er., IX-637.

∴

Voir Blue Books : 1846, P. 264. — 1847, P. 261, P. 497. — 1847-8, P. [928]. — 1857, Sess. I, P. 148, P. [2166]. — 1857, Sess. II, P. 101, P. 115, P. 155. — 1857-58, P. 166, P. 481. — 1860, P. 161. — 1862, P. 427. — 1863, P. 113. — 1864, P. 281. — 1865, P. 214. — 1866, P. 59, P. 60, P. 93, P. 120, P. 149, P. 181, P. 182. — 1867-68, P. [3987]. — 1868-9, P. 409. — 1871, P. [379].

— Colonial Reports. — Annual.

— — No. 29. — Hongkong, 1890. 1½ *d.*

— — No. 85... 1892. 1 *d.*

Se continue.

— Her Majesty's Colonial Possessions.

— — No. 77. — Hongkong. — Report on the Blue Book for 1888. 1½ *d.*

— — No. 84... 2 *d.*

— — No. 117... Blue Book for 1889. ½ *d.*

— Correspondence relating to the Complaints of the Mercantile Community in Hong Kong against the action of Chinese Revenue Cruizers in the neighbourhood of the Colony. — Presented... April 1875. — London : Harrison. [C. — 1189.] 7 *d.* In-fol., pp. 50.

— Further Correspondence... (In continuation of C. 1189 of April 1875.) — Presented... August 8, 1876. — London : Harrison, 1876. [C. — 1628.] 6 *d.* In-fol., pp. 40.

— *Hong Kong.* — Papers relating to the Flogging of Prisoners in Hong Kong. Presented... August 1879. — London : Eyre & Spottiswoode, 1879. [C. — 2438.] 7 *d.* In-fol., pp. 49.

— *Hong Kong.* — Return to an Address of the House of Lords, dated 22nd March 1880, for Copy of Report of the Commissioner appointed by the Governor of Hong Kong to inquire into the Working of the Contagious Diseases Ordinance of 1867, and Copy of the Despatch of the Secretary of State for the Colonies in reply thereto. Colonial Office, May 1880. (The Lord Stanley of Alderley.) — Ordered to be printed 21st May 1880 (67). In-fol., pp. 64.

— *Hong Kong.* — Correspondence relating to the Working of the Contagious Diseases Ordinances of the Colony of Hong Kong. Presented to both Houses of Parliament by Command of Her Majesty. August, 1881. Lond., Eyre & Spottiswoode, 1881. [C. — 3093.] 9 *d.* In-fol., pp. 61.

— *Hong Kong.* (Restrictions upon the Chinese.) Ordered by The House of Commons to be Printed, 25 August 1881 (426). In-fol., pp. 114.

— *Hong Kong.* Sanitary Condition of Hong Kong and alleged Restrictions upon the Chinese (in continuation of H. C. 426). Ordered... 28 February 1882 (79). In-fol., pp. 39.

— *Hong Kong.* — Correspondence respecting the alleged existence of Chinese Slavery in Hong Kong. Presented... March 1882. London, 1882, in-fol., pp. 123 [C. — 3185], 1 *s.* 4 *d.*

— *Hong Kong.* — Further Correspondence on the Sanitary Condition of Hong Kong. (In continuation of H. C. 426, August 1881, and H. C. 79, February 1882.) Presented... August 1882. London, 1882 [C. — 3387]. Price 6 *s.* 2 *d.* In-fol., pp. 88.

∴

— Thirty years of Colonial Government a selection from the despatches and letters of the right hon. Sir George Ferguson Bowen, G. C. M. G., Hon. D. C. L. Oxon., Hon. Ll. D. Cantab. Governor successively of Queensland, New Zealand, Victoria, Mauritius, and Hongkong edited by Stanley Lane Poole. With Portrait. Two vol. London, Longmans, Green & Co. 1889, 2 vol. in-8, pp. VIII-460, VIII-467.

— * My Colonial Service : British Guiana, St. Lucia, Trinidad, Fiji, Australia, Newfoundland, Hongkong By Sir G. William des Vœux, G. C. M. G., with portraits and illustrations. London, Murray, 1903, 2 vol. in-8.

Notice : *Lond. & China Teleg.*, July 20, 1903.

CHINA BRANCH OF THE ROYAL ASIATIC SOCIETY.

Cette Société a été fondée le 5 Janvier 1847 sous le nom de « Philosophical Society of China ». Son premier président était le Major H. P. Burn. Le 19 du même mois, le nom fut changé en celui de « The Asiatic Society of China », les règlements furent adoptés, les officiers furent nommés (la liste du 5 ayant été annulée) et Sir John F. Davis fut élu président. La séance d'inauguration eut lieu le vendredi 15 Février 1847. La Société asiatique de Hong-kong n'existe plus depuis longtemps. Elle a publié six volumes ou cahiers de mémoires :

— Transactions of the China Branch of the Royal Asiatic Society. 1847. Hongkong : Printed at the office of the *China Mail*, MDCCCXLVIII, in-8, pp. 14-78.

Contents. — Preliminary Address. — I. Land Tenure in China. Remarks on the acquisition, common-tenure, and alienation of Real Property in China, accompanied by a Facsimile and Translation of a Deed of Sale : By Thomas Taylor Meadows, Interpreter to H. M.'s Consulate at Canton. — II. Hot Springs of Yong-Māk. A short account of a visit to the Hot Springs of Yong-Māk : By J. C. Bowring. — III. Chinese Anatomy and Physiology. A Treatise on the Chinese System of Anatomy and Physiology : by Dr. W. A. Harland. — IV. Chinese Copper coinage. Notes on the *Tsien*, or Copper Cash of the Chinese : Extracted from a native publication, the *Ta-tsing Hwuy-tien*, by Mr. C. B. Hillier, and communicated by the President. — V. The Mines in China. On the Mines of the Chinese Empire : by the Rev. C. Gutzlaff, Principal Chinese Secretary to the British Government in China. — Journal of Proceedings. — Report of the Council. — Appendix : Suggestions for future discussion by the Rev. Charles Gutzlaff. — Members of the Society in 1847.

— Transactions... Part II. — 1848-50. Hongkong : Printed at the Office of the *China Mail*, MDCCCLII, in-8, pp. 172, sans la préface (1 p.).

Prefatory Notice. — Office Bearers for 1852. — I. Chinese Coinage. A brief notice of the Chinese work 錢志新編 (Chronicles of Tsien ; a new arrangement) and a Key to its 329 Wood-cuts of the Coins of China and neighbouring nations by C. B. Hillier Esq. (pp. 1-162). — II. Manufacture of Magnetic needles and Vermilion. Extracts from the 通天曉 *Tung-Teen-Shaŏu*, by Dr. W. A. Harland. — Journal of Proceedings.

— Transactions... Part III. — 1851-52. Hongkong : Printed at the Office of the *China Mail*, MDCCCLIII, in-8, pp. VIII-116.

Preface. — Office Bearers for 1853. — I. The Madjicosima Islands. A short notice of the Madjicosima (Meia-co-shi-ma, or Meiakoon-koomah) Islands : by Dr. Bowring. — II. The Ta-heŏ. — « The Great lesson of life. » Translation of the Ta-heŏ classic, 大學. « The Great lesson of life » ; by C. B. Hillier. — III. Leprosy in China and the East ; by Benjamin Hobson, M. B. — IV. The Rice-Paper Plant of China. The Rice-Paper Plant and its uses, by J. C. Bowring. — V. Inscriptions on Porcelain Bottles found in ancient Egyptian Tombs. Remarks upon Facsimiles, sent by Messieurs Julien and Rondot of Paris, of twelve inscriptions on Porcelain Bottles, alleged to have been found in ancient Egyptian Tombs : by W. H. Medhurst, Junior. — VI. Public Executions at Canton. Description of Proceedings in the Criminal Court of Canton : By Harry S. Parkes. With an account of an execution at Canton : By Frank Parish. — VII. Life and Writings of Commissioner Lin. On the Character and Writings of Commissioner Lin Tsih-seu : By Dr. Bowring. — VIII. The Kingdom of Siam. A brief description of the present state of Siam, with its inhabitants, products, trade, &c. : By the Rev. W. Dean, D. D. — IX. Tablet in the Polo Temple. Translation of an inscription on a Tablet in the Polo Temple near Canton, erected by Commissioner Seu and Governor Yĕ : Translated by Harry S. Parkes. — Journal of Proceedings.

— Transactions... Part IV. — 1853-54. Hongkong : Printed at the office of the *China Mail*, MDCCCLV, in-8, pp. 106, sans le titre, la table, la préface et les errata.

Contents. — Preface. — List of Office-Bearers for 1855. — I. Marriage, Affinity, and Inheritance in China : By W. H. Medhurst, Jun. — II. On the Eagre of the Tsien-Tang : By D. J. Macgowan, M. D. — III. On ancient Chinese pronunciation : By the Rev. Joseph Edkins, of the London Missionary Society, Shanghae (Part I). — IV. Ancient Chinese Pronunciation (Part II). — V. Chinese Medical Jurisprudence. Notice of a Chinese Work on Medical Jurisprudence, entitled *Se-yuen-luh* (洗寃錄), or « Records of the Washing away of injuries », with a collection of cases in illustration, a new edition, with additional notes and explanations : By W. A. Harland, M. D. — VI. Chinese Porcelain Bottles found in the Egyptian Tombs. — Their antiquity and uses : By Harry Parkes. — Journal of Proceedings. — Errata.

— Transactions... Part V. — 1855. Hongkong : Printed at the office of the *China Mail*, in-8, pp. VI-156.

Contents. — List of Office-Bearers for 1856. — Preface. — I. The Population of China. A Letter on the Population of China, addressed to the Registrar General, London : By Sir John Bowring. — II. A General Description of the Pagodas in China. By the Rev. William Charles Milne. — III. On an Ancient inscription in Chinese and Mongol, from a Stone Tablet at Shanghae : by Mr. A. Wylie, printer to the London Missionary Society, Shanghae. — IV. Phases in the Development of Tauism : By the Rev. Joseph Edkins, Shanghae. — V. An account of Sanscrit and Mongolian characters found in Chinese Books : By the Rev. Joseph Edkins, Shanghae. — VI. Notes on some places visited during a surveying expedition round the coast of Japan and Korea, in the summer of 1855 : by John Richards, Commanding H. M. Surveying Sloop *Saracen*. — VII. On the Topography and Natural History of Turon, in Cochinchina : by W. A. Harland, M. D. — VIII. Notes on recent physical phenomena in Japan and China : By D. J. Macgowan, M. D. — Journal of Proceedings.

— Transactions... Part VI. — 1859. Hongkong : Printed at the office of the *China Mail*, MDCCCLIX, in-8, p. 164, sans le titre, la table et l'introduction.

Contents. — Office-Bearers for 1858. — Introductory Note. — I. Remarks on Yezo and the Temples of Hakodadi : By the Rev. S. Beal, of H. M. S. *Sybille*. — II. Note on Chinese Opium : By D. J. Macgowan, M. D. — III. Account of the Shui lui, or Infernal Machine, described in the 58th Volume of the *Hoi Kwak To Chi*. By the Rev. S. Beal, of H. M. Ship *Sybille*. — IV. Notice of the Wu-wei-kiau, a reformed buddhist sect : By the Rev. J. Edkins. — V. A notice of the Sanon district, 新安城. By the Rev. Mr. Krone. — VI. Some Observations on the Ghilack or Ghailack Race : their manners, customs, and the regions they inhabit : By John Mortlock Tronson, R. N. — VII. Some Observations on the Coast Tartars, and their homes : By J. M. Tronson, R. N. — VIII. On an ancient inscription in the Neu-Chih language : By the Rev. A. Wylie, Shanghae. — Journal of Proceedings.

PUBLICATIONS DIVERSES.

— Voir *Nemesis*, col. 2371.

— Hongkong, possession anglaise. (*Rev. de l'Or. et de l'Algérie*, II, 1847, pp. 81/103.)

Ext. par O. MacCarthy, de W. D. Bernard's *Narrative of the Nemesis*, Lond. 1844.

— Letters from Hongkong and Macao, 1843 (A. R. Ridgway). (*Colburn N. Monthly Mag.*, LXX, 153, 353.)

— The Memory of the Righteous. — A Sermon preached September 10, 1843, on the occasion of the death of the Hon. John Robert Morrison, Member of the Legislative Council of Hongkong, and Chinese Secretary to her Majesty's Government in China. By the Rev. S. R. Brown, Tutor in the school of the Morrison Education

Society, at Victoria, Hongkong. London : W. H. Allen and Co., 1844, in-8, pp. 18.

— Description of a view of the Island and Bay of Hongkong ; now exhibiting at the Panorama, Leicester Square. Printed by the Proprietor, Robert Burford ; the figures by H. C. Selous ; From Drawings, taken by Lieut. F. J. White, Royal Marine, In 1843. London : Printed by J. Mitchell and Co. (late Brettell)... 1844, in-8, pp. 12, avec 1 Pl.

British Museum, $\frac{10058, ccc, 12}{3}$.

— Flora Hongkongensis. — Voir col. 461 et 462.

— Rev. G. Smith's Report on Hongkong, more especially in reference to missionary facilities there and in the contiguous parts of Canton Province. London : Church Missionary House, Salisbury Square. 1845, br. in-8, pp. 28.

For private circulation only.

— Report on the Island of Hongkong, by R. Montgomery Martin. (Blue Book, 1847, App. No. 3, pp. 445 et seq.)

— Notice on the Coleoptera of Hong Kong, by Capt. Champion, 95th Regt. Communicated by Dr. J. McLelland. (*Jour. As. Soc. Bengal,* XVII, pt. II, 1848, pp. 206/209.)

— * Hongkong illustrated in a Series of Views. By M. Bruce, Architect. Lithographed, London, 1849.

— Logicae institutiones quae in collegio urbano de Propaganda fide traduntur nec non documenta rationis editum in gratiam alumnorum collegii generalis missionum gallicarum ad exteras gentes A. J. L. Taberd, episcopo Isauropolitano edita. Hongkong : ex typis Delfini Noronha. 1849, in-8, pp. 187 — III pour l'index.

— Replies to Queries in relation to China, Proposed by Sir G. T. Staunton, Bart., M. P., in the year 1846. By Dr. C. Gutzlaff. (*Journ. Roy. As. Soc.,* XII, M.DCCC.L, art. IX, pp. 386/400.)

— * Statements and Suggestions regarding Hongkong, addressed to the Hon. F. Scott, M. P. London, 1850.

— * Further Suggestions. London, 1851.

— Report regarding the Chinese Union at Hongkong. Printed at the « Hongkong Register » Office. 1851, br. in-8, pp. 22.

Le *brief report* en tête est signé T. HAMBERG.

— A Letter to the Archbishop of Canterbury, containing the Annual Report of St. Paul's College and Mission at Hongkong. By George Smith, D. D., Bishop of Victoria. Printed at the « Hongkong Register » Office. 1852, br. in-12, pp. 26.

— Хонконъ. — I. Гошкевича. (*Труды членовъ Росс. Духовной Миссiи въ Пекинѣ.* III, 1857, pp. 393/409.)

— Remarks on the Cause and Character of the Civil War in America, and on the attitude of England towards the same. By a Conservative. Hongkong : Printed by A. Shortrede & Co., 1861, br. in-8, pp. 17.

— Colony of Hongkong. (*Chinese Commercial Guide,* 1863, pp. 217 et seq.)

— Iets over het Protestantsche Vondelinghuis te Hongkong. Met een woord ter inleiding van J. P. Hasebroek, Predikant te Amsterdam. Uitgegeven door de Zutphensche Vrouwen-vereeniging voor Evangelisatie in China. Te Zutphen, bij A. E. C. van Someren, 1862, br. in-12, pp. 22.

British Museum, 4765, aa.

— Hongkong, Canton and Macao. (W. G. Palgrave.) (*Cornhill Mag.,* XXXVII, 278.)

— * Value of British Produce and Manufactures exported to Hongkong, from 1834 to 1863 inclusive. London, 1864, in-fol.

— Memorandum and Articles of Association of the Hongkong Hotel Co. limited. Hongkong, 1866, in-8.

— Under the Peak ; or, Jottings in Verse, written during a lengthened Residence in the colony of Hongkong. By William T. Mercer, M. A. Oxon... London : John Camden Hotten, Piccadilly. 1869, in-8, pp. x-305.

— Hongkong. Par Mgr. Raimondi.

I. L'Église de Tei-chea-ha. — II. Les religieuses canossiennes. (*Miss. Cath.,* X, 1878, pp. 394/5.) — III. Le Cimetière Catholique. (*Ibid.,* pp. 406/7.) — IV. Victoria. (*Ibid.,* pp. 418/9.)

— The so-called Blockade of Hongkong. (*China Review,* XI, pp. 267/278.)

— Annual Report of the Roman Catholic Schools in Hongkong for the year 1869. Hongkong, de Souza & Co., 1870, br. in-8.

— Public Garden of Hongkong. (*Siam Repository,* Vol. 2, Oct. 1870, Art. 160, pp. 453/454.) — By **.

— The Cemetery of Hongkong. (*Ibid.,* Art. 161, pp. 454/455.) — By **.

— Schools in China. By **. (*Ibid.,* Art. 157, pp. 446/8.)

— Catalogue of Works in the City Library, City Hall, Hongkong. Including also a synoptical Index. Hongkong : Printed at the *China Mail* Office, 1874, in-8, pp. 111.

— * Catalogue of the Articles in the City Hall Museum, Hongkong. 1883, br. in-8, pp. 40.

— The Blockade of the Port & Harbour of Hongkong, by the Hoppo, or farmer in Canton of Customs duties levied upon Chinese vessels. Proceedings at a Public Meeting held at the City Hall, Hongkong, on the 14th September, 1874. With an Appendix, Index, and Map. London : Kent & Co., s. d., in-8, pp. 67 + III pour l'index.

British Museum, 8022, ee.

— L'île de Hongkong. (*Miss. Cath.*, VI, 1874, pp. 10/11.)

Avec une carte dressée par Mgr. Volonteri.

— * C. R. Thatcher. — Hongkong Distillery; a rum burlesque. Hongkong, 1874.

— 幼學初階 [Premier Livre de Lecture à l'usage des écoles publiques à Hongkong par Ch. Piton, missionnaire évangélique. — 3e édition. — Hongkong, Imprimé pour le compte du Gouvernement anglais de la Colonie, 1878.] 1 *peun* chinois, in-8.

— *Hongkong.* — Report of the Commissioners appointed by His Excellency John Pope Hennessy, C. M. G., Governor and Commander-in-Chief of Hongkong... to enquire into the working of « The Contagious Diseases Ordinanee, 1867 », together with an Appendix... Hongkong, 1879, in-fol. — (Voir col. 2400.)

— The Hongkong Dragon Feast, by A. L.[ister.] (*Notes and Queries on C. & J.*, II, pp. 156/7.)

— Note on the Island of Hongkong by A. R. Johnston Esq. (*Jour. R. G. Soc.*, XIV, p. 12.)

— Hongkong. Par E. Avalle, chef de bureau au ministère de la marine et des colonies. (*Rev. mar. et col.*, Vol. 74, 1882, pp. 282/4.)

— * Sir Charles Dilke. — Greater Britain. With Additional Chapters on Hongkong. London, 1885, in-8, pp. 633.

— * C. P. Chater. — The Praya Reclamation Scheme. Hongkong, 1888, in-8, pp. 21.

— * C. de Jesmont. — Hongkong : its inadequacy. Hongkong, 1889, in-8, pp. 9.

— Travels in a strange Land. — By J. Dyer Ball, M. R. A. S., &c. of H. M.'s Civil Service, Hongkong, China. Author of « Cantonese Made Easy », and « Easy Sentences in the Hakka Dialect ». — Published for the Author by the National Temperance Publication Depot, 337, Strand, London, W. C. — Price one penny, in-12, pp. 15.

Lecture made at Hongkong.

— Young Collector Series. Coins and Tokens of the English Colonies and Dependencies by Daniel F. Howorth F. S. A. Scot. With An Introductory Chapter by Samuel Smith Jun., Member of the Numismatic Society of London. Second Edition. London, Swan Sonnenschein, 1890, in-8, pp. 94.

Hong-Kong, pp. 35/36.

— * Flores historiae ecclesiasticae seu sanctorum historicae lectiones e variis breviariis excerptae, nec non juxta ordinem chronologicum dispositae. — Hongkong, typis Societatis missionum ad exteros, 1891. — In-12, pp. 480.

Publié par M. Cosserat, provic. apostolique du Tong-king occidental. — Notice : *Miss. Cath.*, XXIII, 1891, p. 480.

— Fifty Years of Progress. — The Jubilee of Hongkong as a British Crown Colony, being an Historical Sketch. To which is added an Account of the Celebrations of 21st to 24th January, 1891. — Reprinted from « Hongkong Daily Press ». Hongkong : « Daily Press » Office, MDCCCXCI, in-8, pp. 47 à 2 col.

— Materials for a History of Education in Hong-Kong. By E. J. E.[itel.] (*China Review*, 1891, XIX, No. 5, pp. 308/324; No. 6, pp. 335/368.)

— Select Chapters from an unpublished History of Hongkong, by E. J. Eitel, Ph. D. (*Ibid.*, XX, No. 3, pp. 173/201 ; No. 4, pp. 211/245 ; No. 5, pp. 273/292 ; No. 6, pp. 346/371 ; XXI, No. 1, pp. 1/14 ; No. 5, pp. 301/310 ; No. 6, pp. 359/377.)

— Supplementary Notes on the History of Hongkong, 1882 to 1890, by E. J. Eitel, Ph. D. (*Ibid.*, XXII, No. 2, pp. 532/543.)

— Europe in China The History of Hongkong from the beginning to the year 1882 by E. J. Eitel, Ph. D. (Tubing.) Inspector of Schools, Hongkong. London, Luzac, [and] Hongkong, Kelly & Walsh, 1895, in-8, pp. VII + 1 f. n. ch. + pp. 575 + pp. XIII.

Printed by Kelly & Walsh, limited, Hongkong.

— * F. F. — Account of the Visit of the Duke and Duchess of Connaught to Hongkong. Hongkong, 1890, in-4, pp. 36.

— Mr. Alexander Falconer — In Memoriam. (*China Review*, XVII, No. 1, pp. 1/4.)

— La colonisation de l'Indo-Chine. L'expérience anglaise par J. Chailley-Bert. Armand Colin et Cie, [Paris, 1892], in-12, pp. xvi-398.

Préface (à M. Léon Say). — Introduction. — Les Anglais à Hong-Kong. — Les Anglais en Birmanie. — Table des matières.

— * The Colonization of Indo-China. Translated from the French of J. Chailley-Bert. By Arthur Baring Brabant. London, A. Constable & Co., 1894, in-8, pp. xxiv-389-12, cartes, 7/6.

— Karte der zur Provinz Canton gehörigen Kreise Tun, kon', Sin, on, und Kwui, šen, einschliesslich der britischen Kolonie Hongkong. — Verlag der Missionsbuchhandlung Basel. (Zu haben bei F. Kircher, Basel Missionhouse, Hongkong.) — Druck der geograph. Anstalt v. Wagner & Debes, Leipzig. 1 feuille.

— Cérémonial du Séminaire des Missions Etrangères. *Célébrant.* Hongkong, Imprimerie de Nazareth, 1892, pièce in-18, pp. 39.

Voir col. 1106.

— Hongkong, Canton & Macao Steam-boat Company, limited, and China Navigation Company, limited. — Information of general interest to travellers visiting Canton and Macao by the Steamers of the above Companies. — Office : 18, Bank Buildings, Queen's Road, Hongkong. (Opposite Hongkong Hotel. Entrance from Wyndham Street.) — Hongkong : Noronha & Co. — 1893, pièce in-8, pp. 21.

— A Hand-book to Hongkong. Being A Popular Guide to the various Places of Interest in the Colony, for the Use of Tourists. — Hongkong : Kelly & Walsh,... 1893, in-8, pp. ii-ii-137.

Notice : *China Review*, XX, No. 6, p. 400. Par E. J. E.[itel.]

— Our Island. A Naturalist's Description of Hongkong. By Sydney B. J. Skertchly, F. G. S., M. A. I. (Late of H. M. Geological Survey). Hongkong, Kelly and Walsh, 1893, pet. in-8, pp. ii-56-xxxii.

Notice : *China Review*, XX, No. 6, pp. 399/400. Par E. J. E.[itel.]

— * W. Legge. — Guide to Hongkong. Hongkong, 1893, in-8, pp. 77.

— Photographic Views of Hongkong. Kelly & Walsh, 1893, plaquette in-4 de 12 ff. pliés en éventail.

Notice : *China Review*, p. 400. Par E. J. E.[itel.]

— Hongkong. (*The Times*, 20 oct. 1894.)

— * B. Shepherd. — Index to the Streets, Houses, and Leased Lots in Victoria. Hongkong, 1894, in-8, pp. 135.

— Hong-Kong. By Ex-Official. (*Imp. & As. Quart. Rev.*, 3rd Ser., II, 1896, pp. 338/344.)

— Hong-Kong and China — Li Hung Chang and the Customs' tariff. By an Old China Merchant. (*Ibid.*, pp. 345/348.)

— * Plan of Victoria City, Hongkong. Scale 60 ft. to an inch. Public Works Department, Hongkong, 1897, 28 feuilles.

— * R. C. Hurley. — Tourist's Guide to Hongkong. Hongkong, 1897, in-8, pp. 94.

— Rapport sur Hong-kong, par M. L.-M. Rabaud. (*Mission lyonnaise*, 1898, pp. 157/189.)

— The Crown Colonies in Asia in 1898. By G. R. Badenoch, LL. D. (*Imp. & As. Quart. Rev.*, 3rd Ser., VI, 1898, pp. 91/97.)

— Die Schiffsbewegung von Hongkong 1898. Von Dr. E. Tiessen. (*Deutsche Kolonialzeitung*, 7. Dezember 1899, pp. 501/502.)

— India Ceylon Straits Settlements British North Borneo Hong-Kong. With two Maps. London, Kegan Paul, 1899, in-8, pp. xxvii-536.

Forme le Vol. I de *The British Empire Series.*

Hongkong by Dr. James Cantlie (late of Hongkong), pp. 498/531.

— Das neue Territorium der Britischen Colonie Hongkong. (Bericht des k. u. k. Consulates in Hongkong.) (*Oest. Monats. f. d. Orient*, Wien, 1900, pp. 87/90.)

— A Lady's Impressions of Hong-kong. By Mrs. Unsworth. (*Jour. Manchester Geog. Soc.*, XVI, July/Sept. 1900, pp. 218/224.)

— * Hong Kong : a Successful Colonial Experiment. By Poultney Bigelow. (*Harper's Mag.*, XXXIX, April 1900, p. 712.)

— André Bellessort. 1900. — Voir col. 2164.

— Le Développement de Hong-Kong. (*Belgique Coloniale*, 17 Juin 1900, p. 282.)

— Hongkong. Von Dr. Emil Jung-Eisenach. (*Deutsche Kolonialzeitung*, 18. Oktober 1900, pp. 485/486.)

— Le commerce de Hongkong en 1900 et le développement de ce port depuis 1867. (*Bull. Com. Asie française*, Nov. 1901, pp. 353/354.)

— Le Mouvement maritime de Hongkong. (*Belgique Coloniale*, 2 février 1902, p. 52.)

— La situation de Hong-Kong. (*Bull. Com. Asie française*, Mai 1902, p. 227.)

— Hong-Kong. Son Commerce en 1901. (*Belgique Coloniale*, 7 Décembre 1902, pp. 580/581.)

— A Hand-Book to Hongkong. Hongkong, Kelly & Walsh, 1902, in-8.

— Université de Poitiers Faculté de Droit — Hongkong Colonie anglaise de la Couronne — Étude politique et économique — Thèse pour le Doctorat présentée et soutenue le Mardi 10 Novembre 1903, à 3 heures, dans la salle des Actes publics de la Faculté par André Roux Avocat à la Cour d'Appel de Poitiers Lauréat de la Faculté de droit. — Poitiers, Imprimerie du « Courrier de la Vienne », 1903, in-8, pp. ii-189.

— Hongkong. Eine englische Musterkolonie.

Von A. von Janson. (*Deutsche Rundschau*, Sept. 1903, pp. 359/376.)

— Le rôle économique de Hong Kong. (*Bull. Com. Asie française*, Octobre 1903, pp. 451/455.)

— Climate and Vital Statistics of Hongkong. (*Geog. Journal*, Feb. 1904, p. 254.)

D'après un rapport du Colonial Office.

— Un plébiscite à Hongkong sur la politique de M. Chamberlain. Par Georges Nessler. (*Revue Indo-Chinoise*, 1904, pp. 90/4.)

— Supplément au *Moniteur officiel du Commerce* du 9 Août 1906. — Rapports commerciaux des Agents diplomatiques et consulaires en France — Année 1906 — N° 535 — Possessions anglaises d'Asie Hongkong — Mouvement général de la navigation et des transactions commerciales du port de Hongkong pendant l'année 1904. — Office du Commerce extérieur, 3 rue Feydeau, Paris, 20 cent., in-8, pp. 32.

Par Gaston Liébert, Consul de France.

— Hong Kong Le Passé et le Présent Par Edouard Clavery Consul de France. Paris, Chevalier et Rivière, 1905, in-8, pp. 57 + 1 f. n. ch. p. l. tab.

— Hongkong and Wei-hai-wei. (*Our Empire past and present* by the Earl of Meath, M. H. Cornwall Legh and Edith Jackson. Vol. II. *Great Britain in Asia*, Lond., 1905, chap. XXVII; pp. 725/742.)

— * Map of Hongkong and of the territory leased to Great Britain under the Convention between Great Britain and China, signed at Pekin on June 9, 1898. Scale 1:84,480 or 1 inch to 1·3 stat. mile. London : Topographical Section, General Staff, War Office, 1905. 2 s. 6 d.

— Five Thousand Years of John Chinaman, by J. Dyer Ball, M. R. A. S., &c. Hongkong : Kelly & Walsh, Ld., 1906, in-8, pp. 33-v.

« This lecture was first delivered to the Odd Volumes Society, in the City Hall, Hongkong, on the 22nd November 1904. After which it was repeated at the Literary Club, Union Church, Hongkong, on the 9th Feb. 1905 ; and again at the Y. M. C. A. on the 11th October 1905. »

— The Celestial and his Religions : or the Religious Aspect in China : Being a Series of Lectures on the Religions of the Chinese. By J. Dyer Ball, M. R. A. S., &c., of His Majesty's Civil Service, Hongkong. — Hongkong : Messrs. Kelly and Walsh, Ld. — 1906, in-8, pp. 240-xviii.

Lectures delivered at the Young Men's Christian Association in Hongkong.

∴

— Hongkong Chamber of Commerce : Rapport sur le Sikiang [Moss], voir col. 116 et 300.

Voir les rapports du Comité :

. . . .

— Report of the Committee of the Hongkong General Chamber of Commerce, for the half year ending November 1863, « Mercantile Printing office », Hongkong, br. in-8, pp. 27.

. . . .

Morrison Education Society.

Voir col. 1330.

Hôpitaux.

Voir col. 1349.

Peste, 1894.

— Voir les journaux de Hong-kong et de Chine, et le *London & China Express*.

— A rapprocher de :

— E. C. Baber, *China* (No. 3), 1878, voir *infra*, Blue Books.
— Yun-nan par L. Rocher, col. 316.
— Epidémies au Yun-nan, col. 317.
— A. P. Happer, Junr., Customs Report, 1889.
— Voyage au Yun-nan par L. Pichon, col. 2151.

— La peste bubonique à Hong-kong. D'après le Dr. Yersin. (*Revue scientifique*, No. 15, 13 oct. 1894, pp. 475/7.)

— *Hongkong*. — Correspondence relative to the Outbreak of Bubonic Plague at Hongkong. — Presented to both Houses of Parliament by Command of Her Majesty. 13 July 1894. — London : Printed for Her Majesty's Stationery Office, by Eyre and Spottiswoode... 1894. [C. — 7461.] Price $2\frac{1}{2}$ *d*, in-fol., pp. 19.

— *Hongkong*. — Further Correspondence relative to the Outbreak of Bubonic Plague at Hongkong. (*In continuation of* [C. — 7461] July 1894.) — Presented... August 1894. — London : Printed... 1894. [C. — 7545.] Price $2\frac{1}{2}$ *d*, in-fol., pp. 16.

— *Hongkong*. — Report on the Causes and Continuance of Plague in Hongkong and Suggestions as to remedial Measures. By W. J. Simpson, M. D., F. R. C. P. — London : Waterlow and Sons, 1903, in-fol., pp. 125.

Observatoire.

Voir col. 379-380.

— The last typhoon at Hong Kong. (*Nature*, XI, 1874-75, pp. 168/9.)

— The Hong Kong Observatory. By W. Doberck, Government Astronomer. (*Ibid.*, XXIX, 1883-84, pp. 596/7.)

Hong Kong Observatory, March 11.

— Le *Hongkong Daily Press* a publié sous forme de brochure une description du grand typhon de 1906, avec des illustrations. Dans ce typhon a péri l'évêque Hoare, successeur de John Shaw Burdon, né en 1826, fils de James Burdon, de Glasgow, qui s'était retiré en 1895 et mourut soudainement le 5 janvier 1907 ; les prédécesseurs de Burdon à Hong-kong avaient été G. Smith et Alford.

Publications périodiques.

— *The Hongkong Gazette.* Vol. I, Saturday, May 1st 1841, No. I, in-8, à 2 col.

Journal paraissant tous les quinze jours; a été réuni au suivant :

— *The Friend of China.* No. I, Vol. I, Hongkong, Thursday, March 17th 1842, pet. in-folio à 3 col. Réuni au précédent, ce journal a paru sous le titre de :

— *The Friend of China and Hongkong Gazette.* Vol. I, Hongkong, Thursday, March 24th 1842, No. I, in-folio à 3 col.

Une annonce à la page 1, signée « J. Robt. Morrison Acting Secretary and Treasurer », apprend que la *Hongkong Gazette* a cessé de paraître le 23 Mars 1842.

Le nouveau journal est hebdomadaire.

Vol. I. No. 1—No. 52, Hongkong, Thursday, March 16th, 1843, pp. 1/208.

Vol. II. No. 53, Hongkong, Thursday, March 23d, 1843—No. 93, Thursday, December 28th, 1843.

Vol. III. No. 94—No. 197, Victoria, Saturday, December 28th, 1844.

A partir du No. 94, le journal devient bi-hebdomadaire. Le format est augmenté depuis le No. 130, May 8th, 1844 ; in-folio à 4 col.

The Friend of China parut sans interruption jusqu'à l'année 1859 :

Vol. XVII. No. 1, Victoria, Saturday, January 2nd, 1858—No. 104, Victoria, Wednesday, December 29th, 1858, pp. 1/416.

William Tarrant en était alors l'éditeur-propriétaire. Ayant eu des démêlés avec les autorités de Hong-kong, il fut obligé d'arrêter la publication de son journal pendant plusieurs mois ; Tarrant transféra alors son établissement à Canton :

— *The Friend of China. Published every Saturday,* No. 1 of New Series, Vol. XIX, Canton, Saturday, October 6th 1860—No. 13, Saturday, December 29th, 1860, pp. 1/160.

Hebdomadaire, pet. in-folio à 3 col.

No. 14 of New Series, Vol. XX, Canton, Saturday, January 5th, 1861—No. 65 of New Series, Vol. XX, Canton, Saturday, December 28th, 1861, pp. 165/791.

Dans le numéro 65, Tarrant annonce qu'il cesse la publication de son journal qui n'est reprise que deux ans plus tard à Chang-hai :

— *The Friend of China. Published every evening,* Saturday excepted.

Grand in-folio à 5 col., éd. par W. Tarrant, dont la publication est commencée en Janvier 1864. No. 1 of Third Series, Vol. XXII, Shanghai, January 1864—No. 183 of Third Series, Vol. XXII, Shanghai, Saturday, 31st December 1864, pp. 1/704.

— *The Friend of China.* No. 1 of Fifth (lisez Fourth) Series, Vol. XXIV, Shanghai, Tuesday, 2nd January, 1866—No. 104 of Fourth Series, Vol. XXIV, Shanghai, Friday, 28th December, 1866, pp. 1/824, in-folio à 4 col.

Publié le mardi et le vendredi.

— *The Friend of China. Published every Tuesday and Friday.* No. 1 of Vol. XXVI (Fifth Series), Shanghai, Friday, 3rd January, 1868—No. 99 of Vol. XXVI (Fifth Series), Shanghai, Tuesday, 29th December, 1868, pp. 1/280.

Grand in-folio à 5 col.

Le nom de Tarrant comme éditeur disparaît à partir du No. 67. — On lit à la dernière page du No. 68 : Printed and Published for the Proprietor at the Office of the Cosmopolitan Printing Co. Depuis le No. 82 ce journal a été « Edited by C. Treasure Jones, Printed and Published at the Office of the Cos. Print. Co. »

— *The Friend of China and Shipping Gazette. Published every evening.* No. 1 of Vol. XXVII (Sixth Series), Shanghai, Saturday, 10th April, 1869—No. 85 of Vol. XXVII (Sixth Series), Saturday, 17th July, pp. 1/342.

— *The Overland Friend of China.* No. I, Victoria, Saturday, August 30th 1845, Vol. I, in-folio à 4 col.

Résumé du *Friend of China* publié pour le départ des courriers d'Europe. A cessé de paraître avec la première série du *Friend of China*.

Le *Shanghai Budget*, 28 Mars 1872, a donné un article sur William Tarrant, éditeur du *Friend of China*, dont nous extrayons le passage suivant : « Now the *Friend of China* and its last proprietor are both defunct, this is perhaps a not inappropriate occasion to give a *résumé* of its editors in chief, of whom, from its establishment in 1841 until Mr. Tarrant's death [26th January 1872], there have been in all but six, some of whom have been men of note in their time and generation :

1841. — John Robert Morrison, founder of the *Hongkong Gazette*, with which the *Friend of China* was incorporated.

1842. — James White, afterwards a leading merchant and landowner in Shanghai, now M. P. for Brighton and constant referee in Parliament on China matters. With him as sub-editor was the Rev. J. L. Shuck.

1843-4. — Dr. Satchell, assisted by Dr. Richard Jones. These gentlemen were the first to establish a civil Hospital in the colony of Hongkong.

1844. — John Carr, assisted by Mr. Edwards and others.

1850. — William Tarrant.

1868. — C. Treasure Jones (son of Dr. Jones who in 1843-4 assisted in editing the paper), then editor and proprietor of the *Shanghai Evening Express*, and now editing the *European Budget*.

1869. — William Tarrant again took charge of the *Friend* for a few months, until compelled, by failing health and want of support, to allow it to die a natural death. »

— *The China Mail.* No. I, Hongkong, Thursday, February 20th, 1845.

C'était un journal in-folio à 5 col. publié par Andrew Shortrede. — Hebdomadaire.

L'*Evening Mail* ayant été réunie à la *China Mail*, ce dernier journal est devenu quotidien depuis le 1er Février 1867 sous le nom de :

— *The China Mail. Published every evening, and with which is incorporated the « Hongkong Evening Mail and Shipping List ».* Vol. XXIII, No. 1146, Hongkong, Friday, 1st February 1867.

Pet. in-folio à 6 col.

Ce journal continue à paraître.

— *Overland China Mail.* Vol. I, No. I. Hongkong, Saturday, 29th January, 1848. Price Dol. 4 per annum. — Printed and Published by Andrew Shortrede, in-folio. — Mensuel.

Publié pour le départ des malles d'Europe. Devient bi-mensuel en 1853 (Vol. IX, No. 61, Hongkong, 11th January 1853, No. 1).

— *China Overland Trade Report*, in-4 à 3 col.

A atteint son 20e vol. en 1876.

— *The Hongkong Almanack and Directory* for 1846 with an Appendix. Hongkong, 1846, in-8.

Pub. par W. Tarrant.

— *The Hongkong Almanack and Directory* for the Year of our Lord 1849, and of the Reign of Her Majesty Queen Victoria the thirteenth with an Appendix containing Lists of the British and Foreign Consular, Clerical, Mercantile and other Establishments, at those Ports on the Coast of China open to Trade, Tables of Exchange, Postage, and arrival and departure of the P. & O. S. N. Co.'s Steamers with the Overland Mails, List of Insurance Offices, &c., &c. Hongkong : Printed at Noronha's Office, MDCCCXLVIII, in-8.

La Préface est signée William Tarrant.

— The Hongkong Almanack, 1888. — Hongkong, 1888, in-8, etc.

— *The Victoria Almanack and Chinese Directory* for MDCCCXLVII. With an Appendix. Hongkong : Published by Mackay & Co., Queen's Road. 1847, in-8, 2 ff. prél. p. l. tit. et l. tab. + pp. 26 + 64, 1 pl. de pavillons col.

— *Dixson's Hongkong Gazette. Published every Monday, Wednesday, and Friday.* Specimen Copy, Hongkong, Monday, 17th June 1850. Gratis. In-4 à 3 col. — No. I. Hongkong, Wednesday, 19th June 1850.

Edited by Andrew Scott Dixson.

A partir du No. 3 devient *Dixson's Hongkong Recorder*.

Le format est augmenté au No. 314 (3e année) et au No. 1152 (8e année : in-folio à 4 col.).

Devient : *The Hongkong Recorder, published every morning, Sunday excepted.* Nine year. No. 1339, Hongkong, Saturday, 10th January 1859, gratis, in-folio à 5 col.

— *The Hongkong Government Gazette*. No. I, Victoria, Hongkong, Saturday, September 24, 1853, gr. in-8 à 2 col., hebdomadaire.

Une nouvelle série de ce journal, avec le format pet. in-folio qu'il a gardé jusqu'à ce jour (Vol. XXII, 1st January 1876), a été commencée le 7 Juillet 1855.

— *The Evening Mail and Hongkong Shipping List.*

Journal quotidien, in-folio. Après douze années d'existence, a été réuni à la *China Mail*. Le dernier numéro de l'*Evening Mail* est daté de Hongkong, Thursday, 31st January 1867.

— *The Hongkong Shipping List*. Hongkong, August 1st, 1855, une feuille.

Devient : *Hongkong Shipping List, and Commercial Intelligencer*. Third year. Hongkong, Saturday, 25th July 1857. Une feuille in-folio à 5 col.

— *Hongkong Register.*

Voir *Canton Register*, col. 2385.

— *The Daily Press. Ships, Commerce and Colonies*. No. I. Hongkong, Thursday, 1st October 1857. Printed and Published by Luiz J. Jesus... for Geo. M. Ryder, Editor and Proprietor, pet. in-folio à 3 col.

Le format est graduellement augmenté jusqu'au 1er Janvier 1864 ; le *Daily Press* est depuis cette époque un grand in-folio à 7 col. ; il porte depuis 1864 (?) le nom de *The Hongkong Daily Press* et il était imprimé et publié par Mr. William H. Bell ; ce dernier est mort à Marseille, le 16 Mai 1877, à l'âge de 46 ans.

— *The China Directory* for 1861. Second Annual Publication. Hongkong: Printed by A. Shortrede & Co., 1861. Price two dollars, in-8.

— Китайскіе товары вывозимые чрезъ порты. [Par le Père I. Исаія.] Signé du 27 nov. 1868. Petit in-12, plié à la chinoise, pp. 11.

Cette liste alphabétique russo-chinoise (avec caractères chinois et transcription) des produits exportés de Chine est basée sur le *China Directory* de 1867.

— * *The Hongkong Monthly Magazine.* No. 1. Edited by Mrs. Annie E. Beecher.

Cité par le *N. C. Herald*, No. 366, Aug. 1st, 1877.

— *Notes and Queries : on China and Japan.* A Monthly Medium of inter-communication for Professional and literary men, missionaries and residents in the East generally, etc.

Journal mensuel, format in-8, imprimé sur deux colonnes :

— Vol. I. January to December, 1867 [imp. par erreur *1687*]. — Hongkong : Charles A. Saint, 1867. — No. 1, Thursday, January 31, 1867, price Dol. 4 per annum—No. 12, Tuesday, December 31, 1867, pp. 1/176 (sans le titre et l'index).

Edited by N. B. Dennys.

— Vol. II. January to December, 1868. — Hongkong : Charles A. Saint, 1868. — No. 1, Hongkong, January 1868, price Dol. 6 per annum—No. 12, December 1868, pp. 1/192 (sans le titre et l'index).

Edited by N. B. Dennys.

— Vol. III. January to December, 1869. — Hongkong : Charles A. Saint, 1869. — No. I, Hongkong, January 1869, price Dol. 6 per annum—No. 12, Hongkong, December 1869, pp. 1/184 (sans le titre et l'index).

Edited by N. B. Dennys.

Mr. Dennys ayant cessé d'être l'éditeur, et Mr. Saint ayant vendu en Janvier 1870 la propriété de cette publication périodique ainsi que celle de *Papers on China* à Mr. C. Langdon Davies, *propriétaire* du *China Magazine*, *Papers on China and Notes and Queries* réunis en un seul journal parurent sous le titre de :

— *Notes and Queries on China and Japan.* A Monthly Medium of inter-communication for professional and literary men, missionaries, and residents in the East generally (with which is incorporated *Papers on China*) conducted by C. Langdon Davies. Subscription six dollars per annum. Hongkong: Published at the *China Magazine* Office, 7 Pedder's Wharf.

Journal mensuel, même format que le précédent, imprimé sur toute la largeur de la page. Chaque article est numéroté.

Vol. IV. New Series. — No. 1 (15 Feb. 1870)—No. 9/10 (November 29th, 1870), pp. 1/148.

Ce volume comprend 128 articles. Le dernier numéro 9/10 est rare, car il n'a pas été distribué à tous les souscripteurs, aussi en donnons-nous la description : Il comprenait les pages 129/148, articles 117/128 :

117. Papers on China.
118. The Miau Tsze.
119. Whistling Pigeons.
120. The Colonised Tract of S. E. Mongolia, &c.
121. The Authorship of the Ch'un Ts'eu.
122. Chinese Anti-Liquor Traffic Mandate.
123. Chinese Names for « Saffron ».
124. Coolie-Chinese for « Mistress ».
125. Kin Satsz or Japanese Paper Money.
126. Etymologies from Chinese Rootwords.
127. Products of Western Asia and Eastern Africa.
128. On the use of Cowries in China.

Un amateur a fait imprimer une table de ce Vol. IV.

Mr. N. B. Dennys a repris *Notes and Queries* sous la forme de *The China Review : or Notes and Queries on the Far East. Published every two months*, dont le premier numéro est daté : Juillet-Août 1872.

— *Papers on China.*

No. I. (Pp. 14-16.) S. d. n. l.

Notes on Formosa, by R. Swinhoe. — The Mahommedans in China (*N. C. Daily News*). — A Leaf from Chinese History. — A Chinese Execution (*Recorder*). — How Mandarins came to be allowed to smoke. — A Chinese Almanac (*Hankow Times*) — The Nienfei (*N. C. Herald*).

No. II. (Pp. 17-32.) S. d. n. l.

The « Peking Gazette » (*N. C. Daily News*). — The Governors of the Eighteen Provinces of China (W. T. Lay ; *Missionary Recorder*). — The Grand Canal (*N. C. Daily News*). — Review of Loomis' Confucius and the Chinese Classics. — Philology (*China Mail*). — Coal in the North. — A Reminiscence of the North, five years ago (by E. C. Bowra). — Ancestral Worship (*Sup. Court & Cons. Gazette*).

No. III. (Pp. 33-48.) S. d. n. l.

Formosa (*China Mail*). — Coal and Railways at the North. — Chinese Tribunals (*N. C. Herald*). — Effect of the Study of Chinese upon Europeans (*Hankow Times*). — Knowledge of Chinese (*Sup. C. & C. Gazette*). — Labuan Coal (*N. C. Herald*). — Cremation Services at Bangkok (*Siam Monitor*). — Passiette (*China Mail*). — Effect upon officials of the study of Chinese (*Ibid.*). — Religion in China (*N. C. Herald*).

No. IV. Dec. 1867 (pp. 49-64). S. d. n. l.

Formosa-Treaty with the Savages by the U. S. Consul at Amoy (*China Mail*, Nov. 11). — The Salt Trade (*Hankow Times*). — The late Sir F. Bruce (*Sup. C. & C. Gazette*). — Railways in the North of China (A Chefoo Merchant). — Chinese Odds and Ends (*Hankow Times*). — The Northern Ports (*Sup. C. & C. Gazette*, Nov. 16). — Customs' officials (*Ibid.*, Nov. 23). — The right of distraint (*Ibid.*). — History of Foochow (*Customs' Reports on Trade*). — Chinese literary examinations (*Hankow Times*). — Chinese Pawn-Brokers (*Ibid.*, Nov. 9). — Formosa (*N. C. Daily News*). — A new race (*Free Press*).

No. V. Jan. 1868 (pp. 65-80).

A Mandarin's Journey across China in the twelfth Century by Wm. Frederick Mayers (from *Fraser's Magazine*). — Calcutta to China (*Friend of India*, Nov. 9). — The Capital of China (*Shanghai Recorder*, Dec. 12). — An interesting Journal. The « Rover » Tragedy at Formosa (by James Horn). — The Chinese Language (*Hankow Times*, Sept. 9). — Chinese Odds and Ends (*Hankow Times*).

No. VI. Feb. 1868 (pp. 81-96).

Notes on Southern and Central Manchuria by the Rev. C. Williamson, Chefoo (*N. C. Daily News*). — The Royal Geographical Society (*China Mail*, Jan. 18). — Mr. Cooper's Journey (*N. C. Daily News*). — Rebellions in China (*Sup. C. & C. Gazette*, Jan. 18). — Trades' Unionism in China (*Sup. C. & C. Gazette*). — Chinese Honesty (*Recorder*). — Chinese Taxation (*N. C. Herald*).

No. VII. March 1868 (pp. 97-112).

The Study of Chinese (*Hankow Times*). — Trans-Himalayan Explorations (*Friend of India*, Jan. 23). — The Romance of Great Tibet (*Ibid.*, Jan. 30). — State of Agriculture around Nankin (*Sup. C. & C. Gazette*, Feb.). — Notes on Chinese Literature (*China Mail*. — It is a Review of Mr. Wylie's work). — Doing Honor to a popular Governor (*China Mail*). — Native and Foreign Merchants (*Shanghai Recorder*). — The Rival Missions (*Ibid.*). — Chinese Life at Shanghai (*Ibid.*). — Chinese Odds and Ends (*Hankow Times*).

No. VIII. May 1868 (pp. 113-128).

Review of the Rev. W. Lobscheid's Dictionary, Part III (*China Mail*). — A Trip to Wai Chau (*Ibid.*, May 10), by K. G. J. — India to China (*Friend of India*). — A Voyage home via China, Japan, California, and across the Continent of America to New York and Liverpool by Geo. Sibbey (*Pioneer*). — Disarmament of Junks by Chinese Authorities (*China Mail*). — The Hongkong Gambling Houses (*Ibid.*). — Decoration of Foreigners (*Ibid.*). — Chekeang Rivers (*N. C. Daily News*). — Chinese Progress (*Hankow Times*).

No. IX. July 1868 (pp. 129-144).

Chinese Currency (*N. C. Daily News*, May 12). — Corea (*China Mail*). — Russian Privileges for Trade in the Interior (*Sup. C. & C. Gazette*). — The Yellow River (*N. C. Herald*). — Mr. T. T. Cooper's expedition (Cooper's letter to the *N. C. Daily News*, dated Tai-tsian-loo, Western Border of China, 26th April 1868) Hangchow (*N. C. Daily News*). — A Chinese literary sketch (*Ibid.*). — Travelling in Siam (*China Mail*). — Japan and Christianity (*Evening Express*). — The Chefoo Gold mines (*Recorder*). — Jottings from the Java papers (*Straits Times*).

C'est tout ce qui a paru de cette publication périodique qui avait pour but de reproduire les meilleurs articles qui paraissaient dans les journaux de la Chine et du Japon. *Papers on China* étaient publiés par cahiers de 16 pages format in-8 au bureau de la *China Mail*. Chaque cahier coûtait 25 cents. On ajoute à la collection :

— Summary of Events in China and Japan during 1867. (Reprinted from the *China Mail*, and issued gratis to subscribers to *Papers on China*, brochure de 12 pages in-8.).

On trouvera quelques exemplaires de cette publication périodique reliés avec un titre et une table des matières. Ce titre et cette table ont été imprimés à petit nombre aux frais d'un bibliophile [E. C. Taintor] qui les a distribués à ses amis.

Papers on China furent réunis à *Notes and Queries on China and Japan* par Mr. C. Langdon Davies, successeur de Mr. C. A. Saint, propriétaire de ces deux journaux et le premier numéro de la nouvelle publication qui forme le Volume IV de *Notes and Queries* parut le 15 Février 1870 sous le titre de *Notes and Queries on China and Japan. A Monthly Medium of intercommunication for professional and literary men, missionaries, and Residents in the East generally* (with which *is incorporated Papers on China*). [Voir *supra*.]

— *The China Magazine.*

Hebd. — Commencé le 7 Mars 1868.

— *The China Review :* or, Notes and Queries on the Far East. Published every two months. Edited by N. B. Dennys, M. R. A. S. & M. N. C. B. R. A. S. Vol. I, July, 1872, to June 1873. Hongkong : *China Mail* office, No. 2, Wyndham Street, in-8.

Paraît en cahiers in-8, tous les deux mois; Prix dol. 6.50 par an; le Dr. E. J. Eitel avait remplacé le Dr. Dennys comme éditeur; il s'est lui-même retiré; cf. XXII, pp. 619/621. La publication s'est terminée avec le Vol. XXV.

— Index to the *China Review* from Volumes I to XII. — 1. — List of Contributors. — 2. — Articles. — 3. — Reviews of Books. — 4. — List of Authors reviewed. —

Hongkong : Printed at the *China Mail* Office. — 1886, br. in-8, pp. 28 à 2 col.

— *The Chronicle & Directory for China, Japan & the Philippines for 1863.* Hongkong : Printed, Published, and Sold at the *Daily Press* Office, in-8.

Cet ouvrage contenait une liste des résidents étrangers en Chine, au Japon et aux îles Philippines, et quelques tables. En 1866, on lui ajouta la traduction des différents traités, et divers renseignements utiles dont le nombre a augmenté chaque année : c'est devenu :

— *The Chronicle & Directory for China, Japan & the Philippines,* (with which is incorporated the *China Directory*), for the year 1876. Corrected at the different Banks, Offices, and Institutions. Hongkong : Printed and Published at the *Daily Press* Office, in-8.

Dont deux éditions sont imprimées : l'une qui ne contient que la liste des résidents, et quelques renseignements ; l'autre complète avec les traités, etc.

— *The Chronicle & Directory for China, Japan, the Philippines, &c.,* (with which is incorporated the *China Directory*), for the year 1881. Corrected at the different banks, offices, and institutions. Hongkong : Printed and published at the *Daily Press* Office, Wyndham Street, in-8.

— *The Chronicle & Directory for China, Japan, Corea, Indo-China, Straits Settlements, Malay States, Siam, Netherlands India, Borneo, the Philippines, &c.* (With which is incorporated « the China Directory » and « the Hongkong Directory and Hong List for the Far East ») for the year 1900 — Thirty eighth year of Publication — Hongkong, Printed and Published at the « Daily Press » Office Wyndham and d'Aguilar Streets, MCM, in-8.

Se continue.

— *The Daily Advertiser.* In-folio à 5 col.

Commencé à Hong-kong, November 1st, 1869. H. P. C. Lassen, Proprietor.

Format augmenté, au No. 631 (Nov. 20, 1871), in-folio à 6 col.

Devient le 1er Mai 1873 : *The Hongkong Times, Daily Advertiser and Shipping Gazette,* in-folio à 6 col. Printed and Published by William Curtis.

Ce journal est édité par Mr. Thomas Preston depuis le 31 Juillet 1875. — N'existe plus.

— *China Punch.*

Le No. 10 a été publié le 2 Août 1873.

— *The Hongkong Catholic Register*, a fortnightly paper.

Fondé et publié par Mgr. Raimondi, vic. ap. de Hong-kong. — Pet. in-folio à 2 col. ; le premier numéro est du 22 Sept. 1877.

— * *Our Boys.* Dec. 1885 to Nov. 1886. New Series. Vol. I, nos. 1-7. Hongkong, 1885-1886.

— *Hongkong Telegraph.*

Quotidien. — Robert Fraser Smith, editor and proprietor.

— * *South China Weekly Post.*

Journal illustré paraissant le dimanche à Hong-kong. Commencé en 1903. Editor : Douglas Story, late of the *Standard and Diggers' News*, de Johannesburg.

— * Who's Who in the Far East. Hongkong, « China Mail » Office, in-8, pp. 384.

Notice : *N. C. Herald*, July 27, 1906.

— * *The New Weekly.*

Publié par la *China Mail*, 1906.

— *South China Morning Post.*

∴

— *A Voz do Macaista.*

Hebd. — Imp. en 1846, par M. M. Dias Pegado.

— *O Amigo do Progresso.*

1850 ?

— *Verdade e Liberdade.*

1852. — Typ. de Noronha.

— *O Echo do Povo.*

Hebd. — 1858-1869.

— *O Impulso as Lettras.*

12 Nos. — 1er Oct. 1865-1er Sept. 1866.

— *O Noticiario Macaense.*

1869.

— *O Independente.*

1869-1870.

— *Catholico.*

1873.

— *O Echo da China.*

Hebd. — 19 juillet 1884-déc. 1885. — Pub. par Florindo Duarte Guedes.

— *O Extremo Oriente.*

Hebdomadaire, le samedi, depuis le 12 déc. 1885. — F. D. Guedes, rédacteur-en-chef et propriétaire.

— *O Hongkong Alegre.*

Hebdomadaire.

Wei-hai-wei 衞海威.

Voir col. 228-229.

— *The Wei-hai-wei Gazette.*

Quotidien.

— Wei-hai-wei. Let. signée A. A. au *Times.* (*Lond. & China Telegraph*, April 24, 1900, Supp., p. 8.)

— Wei-Hai-Wei. By Poulteney Bigelow. (*Harper's New Monthly Mag.*, CI, June-Nov. 1900, pp. 645/657.)

— * C. E. Bruce-Mitford. — The Territory of Wei-Hai-Wei. A descriptive Guide and Handbook with maps and illustrations, a historical note and appendix. Shanghai, Kelly & Walsh, 1903, in-8, pp. 51.

Notice : *Petermanns Mitt.*, 50. Bd., 1904, VII, pp. 125/6, par M. v. Brandt.

— The neglected Estate of Wei-hai-wei. By Tai Foo. (*Fortnightly Review*, March 1904, pp. 406/414.)

— The Case of Wei-hai-wei. By David Fraser. (*Ibid.*, Feb. 1905, pp. 272/281.)

— La question de Oueï-hai-Oueï. (*Bull. Com. Asie française*, Mai 1906, p. 209.)

— Colonial Reports – Annual — No. 419. Weihaiwei. — Report for 1903. (For Report for 1902, see No. 388.) — Presented to both Houses of Parliament... July 1904. London : 1904, [Cd. 1768-24]. Price 3 *d*, in-8, pp. 59.

Se continue.

— Voir pour les relations depuis la dernière guerre, le chap. des *Questions contemporaines*.

Parliamentary Papers.[1]

(Blue Books.)

1837.

B. 431. *Courts in China.* — Bill to authorise the establishment of . . . . 1/2 *d.*

1837-1838.

B. 335. *Courts in China.* — Bill to establish, with Criminal, and Admiralty, and Civil Jurisdiction . . . . 1/2 *d.*

P. [128]. *Court of Judicature in China.* — Papers relative to the establishment of . . . . 1 1/2 *d.*

1840.

R. 359. *China Trade.* — Report from the select Committee . . . . 2 *s.* 4 *d.*

P. 143. *China Produce.* — Directions for admission of, in Foreign vessels . 1/2 *d.*

P. 150. *China.* — Papers respecting Bills for Opium surrendered . . . . 2 *d.*

P. 157. *China Trade.* — Exports to China in 1828 to 1832, and 1834 to 1839 1/2 *d.*

P. 200. *China.* — Further Return respecting Opium Certificates . . . . 1 *d.*

1. Cette liste est compilée à l'aide de — List of Parliamentary Papers for Sale, from Session 1836 to Session 1872, inclusive, with the prices affixed ; and alphabetical List... 1874, in-8, pp. 709 ; — et les listes publiées, régulièrement chaque année au No. 13, Great Queen Street, Lincoln's-Inn-Fields, Londres, etc.
R. = Report. — B. = Bill. — P. = Paper by Command.

P. 204. *Ship Volage.* — Letter relative to the action with the Chinese War Junks 1/2 *d.*

P. 241. *China.* — Expense of the Armament preparing for service in . . . . . . 1/2 *d.*

P. 255. *China.* — Measures adopted on the interruption of Commerce with . 1/2 *d.*

P. [223]. *China.* — Correspondence relating to . . . . 5 *s.*

P. [224]. *China.* — Additional Correspondence . . . . 2 *d.*

P. [230]. *China.* — Additional Papers relating to . . . . 2 *d.*

P. [234]. *China.* — Additional Papers relating to [No. IV] . . . . 7 *d.*

P. [236]. *China.* — Paper relating to . 1/2 *d.*

P. [237]. *China.* — Order in Council respecting, dated 3 April 1840 . . . 1/2 *d.*

P. [239]. *China.* — Order in Council relating to, dated 4 April 1840 . . . . 1/2 *d.*

P. [262]. *Trade with China.* — Memorials by British Merchants . . . . . . 3 1/2 *d.*

1841.

P. 246. *China.* — Sum expended by the East India Company . . . . 1/2 *d.*

P. 274. *China.* — Expenditure on account of the Expedition to . . . . 1/2 *d.*

P. 357-2. *Canada and China.* — Estimate of Sums required for expenses in 1/2 *d.*

1842.

P. 321. *China.* — Monies repaid to the East India Company on account of the War 1/2 *d.*

P. 335. *China.* — Sum required to be voted for the Expedition to . . . . 1/2 *d.*

P. 487. *China and India.* — Supplementary Estimate 1842-43 . . . . 1/2 *d.*

P. [364]. *Monies received from Chinese Authorities.* — Papers relating to . 2 1/2 *d.*

P. [366]. *China.* — Extract of a Letter from Captain Elliot, respecting . . . . . 1/2 *d.*

1843.

B. 555. *China Government Bill* . . . . 1/2 *d.*

P. 257. *Cinnamon-Cassia-China-Tea, &c.* — Returns relating to . . . . 1 *d.*

P. 264. *China.* — Sums paid and received on account of the War . . . . . . 1/2 *d.*

P. 468. — II. *China.* — Estimate of Sum required to be voted in the year 1843 1/2 *d.*

P. 468. — III. *China* (Opium). — Estimate of Compensation due to the holders of Opium . . . . 1/2 *d.*

P. 596. *China.* — Correspondence relative to Military Operations . . . . 5 1/2 *d.*

1844.

P. [521]. *China.* — Treaty between Her Majesty and the Emperor of China 2 *d.*

P. [534]. *China.* — Supplementary Treaty between Her Majesty and the Emperor of China . . . . 2 1/2 *d.*

P. [552]. *China.* — Despatches relative to the late J. R. Morrison . . . . . . 1/2 *d.*

P. [556]. *China.* — Commissions and Instructions respecting . . . . 1 1/2 *d.*

P. [570]. *China.* — Foreign Trade, Inland or Transit, Duties of . . . . 2 *d.*

1845.

P. [637]. *China.* — Ordinances passed in 1844, by the Chief Superintendent of British Trade . . . . 2 *d.*

P. [647]. *Trade at the Ports of Canton, Amoy, and Shanghai.* — Returns of, for the year 1844 . . . . 4 1/2 *d.*

1846.

P. 264. *Hongkong.* — Annual Receipts and Expenditure of . . . . 1 *d.*

P. 318. *East India and China.* — Bullion imported and Opium sold . . . . 1/2 *d.*

P. 323. *Chinese Labourers, &c.* — Papers relating to . . . . 3 *d.*

P. 541. *China.* — Accounts relating to Debts due by Chinese Merchants . . . 2 1/2 *d.*

P. [743]. *China.* — Ordinance passed by the Chief Superintendent of British Trade 1/2 *d.*

1847.

P. 654. *Commercial Relations with China.* — Report from Select Committee (*with Plans*) . . . . 6 *s.* 6 *d.*

P. 261. *China.* — Receipts and Disbursements of Hongkong . . . . 1/2 *d.*

P. 497. *China* (Hongkong). — Memorandum by Robert Montgomery Martin . . 1/2 *d.*

P. [794]. *Trade of China.* — Returns of 1 *s.* 6 *d.*

P. [795]. *Ditto.* — Orders, Ordinances, Rules and Regulations . . . . 8 *d.*

(Parliamentary Papers.)

P. [808]. *Riot at Canton.* — Papers relating to . . . . 1 *s.* 6 *d.*

P. [812]. *China.* — Return of the Trade of the various Ports of, for 1846 . . . 6 *d.*

P. [813]. *Trade in China.* — Rules and Regulations concerning . . . . 1 1/2 *d.*

P. [845]. *Canton River.* — Correspondence relative to . . . . 6 *d.*

1847-1848.

P. [928]. *Canton and Hongkong.* — Returns of the Trade at . . . . 2 1/2 *d.*

P. [929]. *China.* — Papers relative to Commercial Relations with . . . . 1 *d.*

P. [930]. *Canton.* — Papers relative to the murder of six Englishmen in the neighbourhood of . . . . 1 *s.*

P. [947]. *China.* — Rules and Regulations concerning the Trade in . . . . . . 6 *d.*

P. [948]. *China.* — Ordinances issued in 1847, by the Authorities in . . . . 6 *d.*

1849.

P. [1119]. *China Trade.* — Returns of, in 1847 and 1848 (*with a Map*) . 1 *s.* 6 *d.*

1850.

P. [1252]. *China.* — Ordinances issued in 1849 by the Authorities in . . . . . 1 *d.*

P. [1286]. *China.* — Returns of Trade of various Ports in (1849).

1852.

P. [1513]. *China.* — Ordinances issued by the Authorities in 1850 and 1852 . 1 *d.*

1852-1853.

P. 804. *China.* — Property captured, and detained in . . . . 1/2 *d.*

P. 986. *Chinese Immigration.* — Despatches relating to (*with fac-similes*) . 2 *s.* 6 *d.*

P. [1666]. *China.* — Order in Council 2 1/2 *d.*

P. [1667]. *Civil War in China.* — Papers respecting

P. [1686]. *Emigration from China.* — Correspondence with the Superintendent of British Trade.

1854.

P. 247. *China Expedition.* — Correspondence respecting . . . . 2 1/2 *d.*

P. [1792]. *Foreign Settlements at Shanghae.* — Correspondence respecting . . . 3 *d.*

(Parliamentary Papers.)

1854-1855.

B. 208. *Chinese Passenger Ships.* — Bill to regulate . . . . $1^1/_2$ *d.*

B. 293. *Chinese Passenger Ships.* — Bill [as amended by the Lords] . . . . . . 2 *d.*

1857. — Sess. 1.

P. 147. *Chinese Emigrants.* — Papers respecting Mortality among . . . . $2^1/_2$ *d.*

P. 148. *Hongkong.* — Papers relating to (*with Plans*) . . . . 1 *s.*

P. [2163]. *Canton.* — Papers relating to Naval Forces at (*with Plans*) . . . . 4 *s.*

P. [2164]. *Canton River.* — Correspondence relative to Operation in . . . . . . 1 *d.*

P. [2166]. *Colonial Vessels at Hongkong.* — Correspondence respecting . . . . . 2 *d.*

P. [2172]. *Canton River.* — Further Correspondence . . . . $^1/_2$ *d.*

P. [2173]. *Canton.* — Correspondence respecting Entrance into, 1850-1855 5 *d.*

P. [2175]. *China.* — Correspondence respecting insults in . . . . 2 *s.* 6 *d.*

P. [2189]. *Smuggling in China.* — Correspondence . . . . 1 *d.*

P. [2192]. *Canton.* — Proceedings of Naval Forces at (*with a Plan*) . . . . 1 *s.* 4 *d.*

1857. — Sess. 2.

P. 101. *Hongkong.* — Correspondence relative to . . . . 2 *d.*

P. 115. *Hongkong.* — Correspondence respecting the Defence of . . . . . . 1 *d.*

P. 149. *China Surveys.* — Return relating to $^1/_2$ *d.*

P. 155. *Hongkong.* — Papers respecting Chinese Prisoners in . . . . 5 *d.*

P. 168. *China.* (Military Operations.) — Estimate of Sum to be voted in 1857 $^1/_2$ *d.*

P. 191. *East India Company* (War in China). — Correspondence relating to . . . 1 *d.*

P. [2276]. *Canton.* — Further *Papers* . 1 *d.*

1857-1858.

P. 23. *China.* — Instructions to the Military Auditor . . . . $^1/_2$ *d.*

P. 166. *Chinese Prisoners* (Hongkong). — Despatch relative to the confinement of 1 *d.*

B. 193. *Chinese Passenger Act* (1855) *Amendment.* — Bill [from the Lords] . . $^1/_2$ *d.*

P. 481. *Hongkong.* — Correspondence on the subject of Emigration from . . 1 *s.*

P. 251. *Chinese, &c. Emigrants.* — Papers relating to Mortality in British Ships 5 *d.*

1859. — Sess. 2.

P. [2571]. *China and Japan.* — Correspondence relative to the Earl of Elgin's special Missions . . . . 6 *s.*

1860.

P. 94. *China.* — Correspondence relative to Affairs in . . . . 2 *d.*

P. 97. *Chinese Expedition,* 1859-1860. — Vote of Credit : Estimate . . . . . $^1/_2$ *d.*

P. 161. *Hongkong.* — Correspondence, &c. relative to . . . . 4 *s.* 8 *d.*

P. 423. *China* (Vote of Credit). — Estimate $^1/_2$ *d.*

P. 453. *China.* — Estimate of Grant to Marine Forces . . . . $^1/_2$ *d.*

P. 609. *China.* — Grants to meet the expenses of Hostilities in . . . . . . $^1/_2$ *d.*

P. [2587]. *China.* — Correspondence with Mr. Bruce . . . . 8 *d.*

P. [2606]. *China.* — Further Correspondence with Mr. Bruce . . . . 1 *d.*

P. [2618]. *China.* — Correspondence respecting Affairs in . . . . $4^1/_2$ *d.*

P. [2641]. *China.* — Further Correspondence with Mr. Bruce . . . . 1 *d.*

P. [2677]. *China.* — Further Correspondence with Mr. Bruce . . . . 2 *d.*

P. [2685]. *China.* — Correspondence respecting Christianity in . . . . . $1^1/_2$ *d.*

P. [2695]. *France.* — Convention respecting the Joint Captures in China. . . $1^1/_2$ *d.*

P. [2714]. *China.* — Correspondence respecting Emigration from Canton . 1 *s.* 6 *d.*

1861.

P. 62. *East India* (China War). — Sums claimed on account of. . . . . $^1/_2$ *d.*

P. 449. *China War* (Vote of Credit). — Estimate for 1861-62 . . . . $^1/_2$ *d.*

P. 452. *East India* (China War). — Payments for, and Estimate to 1st May 1861 $^1/_2$ *d.*

P. [2754]. *China.* — Correspondence respecting Affairs in 1859-60 . . . . 3 *s.*

P. [2755]. *China.* — Treaties between Her Majesty and the Emperor . . . . $3^1/_2$ *d.*

P. [2777]. *China* (Expedition up the Yang-tze-kiang). — Correspondence . . 1 *d.*

P. [2832]. *China.* — Memorial respecting Canton Claims . . . . 1 *d.*

P. [2840]. *China.* — Correspondence respecting opening of Yang-tze-kiang River . . . . $4^1/_2$ *d.*

1862.

P. 427. *Hongkong.* — Papers relating to 4 *d.*

P. [2919]. *Canton.* — Correspondence respecting the Evacuation of . . . . 1 *d.*

P. [2976]. *China.* — Papers respecting the Rebellion in . . . . 2 *s.*

P. [2976-I]. *China.* — *Ditto (Maps)* 1 *s.* 6 *d.*

P. [2992]. *China.* — Further Papers relating to the Rebellion in . . . . . . $2^1/_2$ *d.*

P. [3057]. *China* (Employment of British Officers). — Correspondence . . . 1 *d.*

P. [3058]. *China.* — Further Papers respecting the Rebellion . . . . 7 *d.*

1863.

P. 15. *China.* — Yearly Cost of Troops stationed in, &c. . . . . $1^1/_2$ *d.*

P. 113. *Hongkong.* — Papers relating to $1^1/_2$ *d.*

P. 175. *China War* (Votes of Credit). — Accounts relating to . . . . 1 *d.*

P. 341. *China.* — Orders in Council relating to . . . . 1 *d.*

P. 456. *China.* — Accounts relating to Debts due by Chinese Merchants . . . . $^1/_2$ *d.*

P. 466. *Shanghai.* — Correspondence respecting the insalubrity of . . . . . 3 *d.*

P. 513. *China Indemnity.* — Sums received on account of . . . . $^1/_2$ *d.*

P. [3104]. *China.* — Further Papers relating to the Rebellion . . . . . . 2 *s.* 3 *d.*

P. 536. *Navy (China Seas).* — Officers and Seamen.

1864.

P. 281. *China and Hongkong.* — Annual Value of Exports to, 1834-63 . . $^1/_2$ *d.*

P. 314. *China* (Votes of Credit). — Account of, since 1857 . . . . $^1/_2$ *d.*

P. 525. *China.* — Orders in Council relative to 3 *d.*

P. 525-I. *Ditto.* — Further Return . . $^1/_2$ *d.*

P. [3240]. *China.* — Correspondence respecting Statements in Mr. Lay's Memorandum . . . . 3 *d.*

P. [3271]. *China,* No. 2 (1864). — Correspondence respecting the Fitting Out, &c., of the Anglo-Chinese Fleet . . 6 *d.*

P. [3295]. *China,* No. 3 (1864). — Papers relating to the Affairs of . . . . 2 *s.* 3 *d.*

P. [3302]. *China,* No. 4 (1864). — Reports from Her Majesty's Consuls, for 1862 10 *d.*

P. [3315]. *China,* No. 5 (1864). — Memorials, &c., relative to a Direct Commerce from the Port of Rangoon . 3 *d.*

P. [3345]. *China,* No. 6 (1864). — Extract of Despatch respecting Treaty Rights 1 *d.*

P. [3406]. *China,* No. 8 (1864). — Prince Kung's Answer to Sir F. Bruce's Memorandum . . . . 1 *d.*

P. [3408]. *China,* No. 7 (1864). — Correspondence relative to Lieut.-Colonel Gordon's Position in the Chinese Service . . 5 *d.*

1865.

94. *Opium.* — Return to an Address of the Hon. The House of Commons, dated 25 July 1864 ; — for, Return of Opium exported to China from Central India viâ Bombay since the Year 1830... and from Bengal... Ordered... to be printed 2 March 1865.

199. *Telegraphic Communication* (India, &c.). — ... Copy of Correspondence and Papers relating to the Establishment of Telegraphic Communication between *India, Singapore, China,* and *Australia,* since the 5th day of April 1864 (in continuation of the Papers communicated last Session... Ordered, by the House of Commons to be Printed 7 April 1865.

P. 214. *Hongkong.* — Papers relating to 8 *d.*

350. *Copy of a Letter from Captain Richard Sprye...* Voir col. 156 et 1488.

373. *Memorandum on Railway Communication with Western China* by Capt. J. M. Williams... Voir col. 156 et 1488.

P. [3497]. *China and Japan.* — Order in Council for the Exercise of Jurisdiction in (in-8) . . . . 3 *d.*

P. [3509]. *China*, No. 1 (1865). — Foreign Customs Establishment in . . . . . 2 *d.*

P. [3510]. *China and Siam.* — Commercial Reports from Her Majesty's Consuls, 1864 (in-8) . . . . 3 *d.*

P. [3576]. *China.* — Further Commercial Reports from Consuls in . . . . . . 6 *d.*

P. [3579]. *China*, No. 2 (1865), *Rangoon, &c.* — Correspondence . . . . 1 *s.* 1 *d.*

1866.

P. 58. *Mortality in Troops* (China and Japan). — Correspondence relative tc . . . 6 *d.*

P. 59. *Army* (Hongkong and Kowloon). — Return. — Accommodation for . 1/2 *d.*

P. 60. *Army* (Hongkong). — Return relating to 1/2 *d.*

P. 93. *Army* (Hongkong and Kowloon). — Monies expended on Fortifications, &c. 1 *d.*

P. 120. *Hongkong.* — Papers relating to 2 *d.*

P. 149. *Army* (Hongkong and Kowloon). — Report on the Sanitary Condition of, for 1864 . . . . 4 *d.*

P. 181. *Army* (Hongkong and Kowloon). — Return in continuation of No. 93 1/2 *d.*

P. 182. *Army* (Hongkong). — Letter relative to th Garrison of . . . . 1/2 *d.*

P. 262. *Chinese Pirates.* — Return relative to 1/2 *d.*

P. 442. *Mortality of Troops* (China). — Report from the Select Committee (*with Plans*) . . . . 6 *s.*

P. 442-I. *Ditto.* — Index to the Report 11 *d.*

P. [3587]. *China.* — Commercial Reports, 1864 (in-8) . . . . 8 *d.*

P. [3707]. *China, Japan, and Siam.* — Commercial Reports from Her Majesty's Consuls, 1865 (in-8) . . . . . . 1 *s.* 2 *d.*

P. [3740]. *China and Japan.* — Commercial Reports from Her Majesty's Consuls, 1865 (in-8) . . . . 6 *d.*

1866-7.

41. *Civil Services.* — 1866-7 — Supplementary Estimate — Class VII. Vote No. 16. — Anglo-Chinese Flotilla. — Compensation.

1867.

233. *Rangoon and Western China*... Voir col. 156 et 1488.

— Contract of 19th November 1867. — East India, China and Japan Mails. — Presented to the House of Commons by Command of Her Majesty.

312. *Postal Services* (India and China), May 1867.

R. [3823]. *China.* — Report from Foreign Commissioners for 1865 (in-8) . . 10 *d.*

1867-1868.

P. 1. *Mail Services* (India and China). — Correspondence relating to . . . 4 1/2 *d.*

P. 28. *Rangoon and Western China.* — Memorials, &c., respecting Communication between . . . . 4 1/2 *d.*

P. 28-I. *Ditto.* — Survey Report and Correspondence (*with a Plan*) . . 1 *s.* 6 *d.*

P. 192. *Ditto.* — Papers on the subject of direct Commerce with . . . . 1 1/2 *d.*

P. 315. *China and Japan.* — Papers relating to the Legation and Consular Buildings in 4 *d.*

P. 367. *East India* (Rangoon and Western China). — Papers relative to proposed Communication between (*with a Plan*) 6 *d.*

P. [3960]. *Mails* (East India, China and Japan). — Copy of Contract . . . 2 *d.*

P. [3987]. *Heligoland and Hongkong.* — Agreement under which Play Rooms are held, &c. . . . . 1 *d.*

P. [3976]. *China.* — Reports on Trade for 1866 (in-8) . . . . 1 *s.*

P. [3996]. *China* (Treaty of Tien Tsin). — Memorials respecting the Revision of 5 1/2 *d.*

P. [4079]. *China, Japan, and Siam.* — Commercial Reports from Consuls, 1866 to 1868 (in-8) . . . . 1 *s.* 9 *d.*

1868.

[328.] *Coolie Emigration* (Memorial to the Governor of Hongkong).

1868-1869.

P. 133. *Army* (China and Japan). — Correspondence relative to Allowances for Officers . . . . 3 1/2 *d.*

P. 409. *Hongkong* (Gambling Houses). — Papers respecting . . . . 1 *s.*

P. 420. *McLeod and Richardson's Journey.* — Papers relating to . . . . . 2 *s.* 6 *d.*

P. [4097]. *China* (No. 1) (1869). — Correspondence respecting the Relations between Great Britain and . . . . $1^1/_2$ *d.*

P. [4097-I]. *Ditto* (No. 2). — Correspondence respecting Attack on British Protestant Missionaries at Yang-Chow-Foo 10 *d.*

P. [4097-II]. *Ditto* (No. 3). — Correspondence on the Disturbances at Chee-Foo and Taiwan . . . . $7^1/_2$ *d.*

P. [4097-III]. *Ditto* (No. 4). — Correspondence on the engagement of the *Algerine* with Pirates of Namoa . . . . 1 *d.*

P. [4097-IV]. *Ditto* (No. 5). — Correspondence on the Suppression of Piracy in the Han . . . . $1^1/_2$ *d.*

P. [4097-V]. *Ditto* (No. 6). — Correspondence on Outrage on British Merchants at Banca . . . . 2 *d.*

P. [4097-VI]. *Ditto* (No. 7). — Correspondence on the Attack on the *Cockchafer*'s boats near Swatow . . . . . . 5 *d.*

P. [4097-VII]. *Ditto* (No. 8). — Correspondence on Missionaries at Hankow and on the Ports of China . . . . 1 *d.*

P. [4097-VIII]. *Ditto* (No. 9). — Papers on the proceedings of the *Janus* at Sharp Peak Island, near Foo-Chow-Foo . 1 *d.*

P. [4097-IX]. *Ditto* (No. 10). — Further Correspondence on the attack on Missionaries at Yang-Chow-Foo . . . . 3 *d.*

P. [4097-X]. *Ditto* (No. 11). — Abstract of Trade and Customs Revenue Statistics, 1848 to 1868 . . . . 2 *d.*

P. [4097-XI]. *Ditto* (No. 12). — Correspondence respecting the Revision of the Treaty of Tien Tsin . . . . $1^1/_2$ *d.*

P. [4187]. *China and Japan.* — Reports of Journeys in (*with a Plan*) . . . . $5^1/_2$ *d.*

P. [4192]. *Commercial Reports from Her Majesty's Consuls in China,* 1869 (in-8) 8 *d.*

P. [4216]. *China and Siam.* — Commercial Reports from Consuls . . . . . . $4^1/_2$ *d.*

1870.

P. [23]. *China,* No. 1 (1870). — Despatch respecting Supplementary Convention to Treaty of Tien Tsin . . . . 3 *d.*

P. [28]. *China,* No. 2 (1870). — Reports by Consul Swinhoe of his Special Mission up the River Yang-tsze-Kiang, &c. (*with a Plan*) . . . . 10 *d.*

P. [44]. *China,* No. 3 (1870). — Reports on Consular Establishments in . . 1 *s.* 4 *d.*

P. [59]. *China,* No. 4 (1870). — Memorials respecting the China Treaty Revision Convention . . . . 4 *d.*

P. [69]. *China,* No. 5 (1870). — Correspondence respecting Diplomatic and Consular Expenditure in . . . . . . 1 *s.* 2 *d.*

P. [80]. *China,* No. 6 (1870). — Further Memorials respecting the China Treaty Revision Convention . . . . . . $3^1/_2$ *d.*

P. [84]. *China,* No. 7 (1870). — Commercial Reports from Consuls, 1869 (in-8) 7 *d.*

P. 175. *China,* No. 8 (1870). — Report on the Trade of the Upper Yangtsze River (*with Plans*) . . . . 1 *s.* 8 *d.*

P. [89]. *China,* No. 9 (1870). — Correspondence respecting Inland Residence of English Missionaries . . . . 6 *d.*

P. [134]. *China,* No. 10 (1870). — Letter respecting the China Treaty Revision Convention . . . . 2 *d.*

P. [159]. *China,* No. 11 (1870). — Further Correspondence respecting the China Treaty Revision Convention . . . . 1 *d.*

P. [212]. *China,* No. 12 (1870) . . . 1 *s.* 4 *d.*

P. 381. *China, &c.* (Legation Buildings.) — Details of Estimate for . . . . 1 *d.*

1871.

P. [248]. *China* (No. 1). — Papers relating to the Massacre of Europeans at Tien Tsin 2 *s.* 8 *d.*

P. [317]. *China* (No. 2). — Commercial Reports from Consuls, 1869-70 (in-8) 6 *d.*

P. [366]. *China* (No. 3). — Circular of the Chinese Government communicated by the French Chargé d'Affaires . . $2^1/_2$ *d.*

P. [367]. *Ditto* (No. 4). — Despatches respecting the State of Affairs in . . 1 *d.*

P. [389]. *China* (No. 5). — Correspondence respecting the Revision of the Treaty of Tien Tsin (*with Plans*) . . . 7 *s.* 6 *d.*

P. [457]. *China.* — Return relative to claims for Indemnity under Convention of Peking, 1860 . . . . $1^1/_2$ *d.*

P. [379]. *Hongkong* (Gambling Houses). — Papers relating to . . . . 10 *d.*

P. [430]. *China* (No. 6). — Commercial Reports from Her Majesty's Consuls, 1871 (in-8) . . . . 9 *d.*

1872.

P. [468]. *China* (No. 1). — Correspondence respecting the Circular of the Chinese Government relating to Missionaries 5 *d.*

P. [504]. *Chinese Coolies from Macao.* — Correspondence respecting the Emigration of . . . . 4 *d.*

P. [532]. *Student Interpreters* (China, Japan, and Siam). — Return of, 1847 to 1872 1 *d.*

R. [567]. *China* (No. 2). — Commercial Reports from Her Majesty's Consuls, 1870 (in-8) (*with Plans*) . . . . . . 1 *s.*

R. [638]. *China* (No. 3). — Commercial Reports from Consuls, 1871 . . . . 10 *d.*

1873.

P. 190. *Chinese Indemnity.* — Correspondence relating to . . . . $1^1/_2$ *d.*

P. [773]. *China* (No. 1). — Report on the Fluctuation of Foreign Trade between 1864 and 1871 (in-8) . . . . 1 *d.*

P. [825]. *China* (No. 2). — Returns relative to Trade with, 1872 (in-8) . . 1 *s.* 3 *d.*

P. [862]. *China* (No. 3). — Commercial Reports from Consuls, 1872 (in-8) . . 6 *d.*

1874.

P. [902]. *China* (No. 1). — Correspondence respecting the Audience granted to Her Majesty's Minister, and other Foreign Representatives at Peking . . . . . 2 *d.*

P. [908]. *China* (No. 2). — Correspondence respecting the Macao Coolie Trade 2 *d.*

B. [950]. *China* (No. 3). — State of the Woosung Bar, near Shanghai. — Correspondence respecting . . . . . . 2 *d.*

P. [1013]. *China* (No. 4). — Report of the Expedition to Nang-chang-foo, by Mr. Mayers . . . . 1 *d.*

P. [1048]. *China* (No. 5). — Returns relative to Trade with, 1873 (in-8) . . . $2^1/_2$ *d.*

P. [1080]. *China* (No. 6). — Commercial Reports from Consuls, 1873 . . . . 1 *s.*

1875.

P. [1189]. *Chinese Revenue Cruizers.* — Correspondence relative to complaints from Hongkong against . . . . . . 7 *d.*

P. [1130]. *China* (No. 1). — Commercial Reports from Consuls, 1873 (in-8) $4^1/_2$ *d.*

P. [1164]. *China* (No. 2). — Island of Formosa. — Correspondence respecting the Settlement of the difficulty with Japan, in regard to . . . . $1^1/_2$ *d.*

P. [1212]. *China* (No. 3). — Macao Coolie Trade. — Correspondence respecting, 1874-75 . . . . 4 *d.*

P. [1241]. *China* (No. 4). — Returns relative to Trade with, 1874 (in-8) . $2^1/_2$ *d.*

P. [1243]. *China* (No. 5). — Commercial Reports from Consuls, 1874 (in-8) 6 *d.*

P. [1243-I]. *Ditto.* — (Part II) (in-8) . 6 *d.*

P. [1289]. *China* (No. 6). — Island of Formosa. — Further Correspondence respecting the Settlement of the Difficulty with Japan . . . . 1 *d.*

1876.

P. [1422]. *China* (No. 1). — Attack on Indian Expedition to Western China and Murder of Mr. Margary. — Correspondence respecting . . . . 1 *s.* 2 *d.*

B. [1456]. *East India* (British Burmah and Western China). — Papers connected with the Development of Trade, between, and the Mission to Yunnan of 1874-5 . . . . 10 *d.*

P. [1556]. *China* (No. 2). — Report by Sir B. Robertson respecting his visit to Haiphong and Hanoi, in Tonquin . 2 *d.*

P. [1602]. *China* (No. 3). — Part I. — Commercial Reports from Consuls, 1875 (in-8) 8 *d.*

P. [1602-I]. *Ditto.* — Part II. — Returns relative to Trade, 1875 (in-8) . . . 2 *d.*

P. [1605]. *China* (No. 4). — Murder of Mr. Margary. — Further Correspondence.

P. [1628]. *Hongkong* (Revenue Cruisers). — Further Correspondence relating to the Complaints against the Action of . 6 *d.*

1877.

P. [1665]. *China* (No. 1). — Commercial Reports by Consuls, 1875-6 (in-8) . 5 *d.*

P. [1712]. *China* (No. 2). Yunnan Mission. — Report by Mr. Davenport on the

Trading Capabilities of the Countries traversed by (in-8) . . . . $2^1/_2$ d.

P. [1832]. *China* (No. 3). — Attack on the Indian Expedition to Western China, and the Murder of Mr. Margary. — Further Correspondence respecting (*with a Plan*) 2 s. 1 d.

P. [1856]. *China* (No. 4). — Returns relative to Trade with, 1876 (in-8) . . . . . 3 d.

P. [1857]. *China* (No. 5). — Commercial Reports by Consuls, 1876 (in-8) . . 7 d.

1878.

R. [1901]. *China* (No. 1). — Commercial Reports by Her Majesty's Consuls, 1876 (in-8) . . . . 5 d.

P. [1957]. *China* (No. 2). — Report on the Famine in the Northern Provinces of China (*with Map*) . . . . 9 d.

P. [1994]. *China* (No. 3). — Report on the Route followed by Mr. Grosvenor's Mission between Tali-fu and Momein (*with Maps*) . . . . 4 s. 6 d.

P. [2052]. *China* (No. 4). — Further Papers respecting the Famine in . . . . . 1 d.

P. [2058]. *China* (No. 5). — Returns relative to Trade with, 1877 (in-8) . . . . . 3 d.

P. [2107]. *China* (No. 6). — Further Papers respecting the Famine in . . . . . 1 d.

P. [2109]. *China* (No. 7). — Commercial Reports from Consuls, 1877 (in-8) (*with a Plan*) . . . . 2 s. 1 d.

1878-1879.

R. [2231]. *China* (No. 1). — Commercial Reports by Her Majesty's Consuls, 1877-1878 (in-8) . . . . 5 d.

P. [2393]. *China* (No. 2). — Report by Mr. Baber of his Journey to Ta-Chien-Lu 1 d.

P. [2426]. *China* (No. 3). — Commercial Reports by Her Majesty's Consuls, 1878 (in-8) (*with a Plan*) . . . . . . 1 s. 7 d.

P. [2438]. *Hongkong*. — Papers relating to the Flogging of Prisoners in . . . . 7 d.

1880.

P. 118. *Hongkong*, 1878 (Contagious Diseases Ordinance). — Papers relating to . 8 d.

P. [2475]. *China* (No. 1). — Commercial Reports by Consuls, 1878 (in-8) . . . 6 d.

P. [2716]. *China* (No. 2). — Correspondence respecting the Agreement signed at Chefoo on 13 September 1876 . . . 2 d.

P. [2718]. *China* (No. 3). — Commercial Reports from Consuls, 1879 (in-8) 1 s. 6 d.

1881.

P. [2881]. *China* (No. 1). — Report on the Mixed Court at Shanghae . . . . . 1 d.

P. [2943]. *China* (No. 2). — Despatch inclosing Copy of Supplementary Convention with Germany . . . . 1 d.

P. [3009]. *China* (No. 3). — Commercial Reports from Consuls, 1878 and 1880 (in-8) (*with a Map*) . . . . 1 s. 9 d.

P. [3054]. *China* (No. 4). — Commercial Reports from Consuls, 1880 (in-8) . $9^1/_2$ d.

1882.

P. [3134]. *China*. No. 1. — Treaty between Russia and China . . . . 3 d.

P. [3185]. *Hongkong*. — Correspondence respecting the alleged Existence of Chinese Slavery in . . . . 1 s. 4 d.

P. 79. *Hongkong*. — Further Correspondence regarding the Sanitary Condition of 5 d.

[C. — 3395.] *China*. No. 3 (1882). — Correspondence respecting the Agreement between the Ministers plenipotentiary of the Governments of Great Britain and China, signed at Chefoo, September 13, 1876. [In continuation of « China No. 2 (1880) »] 1 s. 1 d.

[C. — 3348.] *China*. No. 2 (1882). (Trade Reports.) — Commercial Reports by Her Majesty's Consuls in China : 1881. Part I (in-8) . . . . $8^1/_2$ d.

[C. — 3348-I.] ... Part II (in-8) . . . $5^1/_2$ d.

[C.—3378.] *Opium* (Negotiations with China). — Correspondence with the Government of India respecting the Negotiations with China on the Subject of Opium . . 6 d.

1883.

[C. — 3457.] *China*. No. 1 (1883). — Despatch from Her Majesty's Chargé d'Affaires at Peking, forwarding a Report by Mr. A. Hosie, Student Interpreter in the China Consular Service of a Journey through the Provinces of Kueichow and Yünnan 5 d.

[C. — 3458.] *China*. No. 2 (1883). (Trade

Reports.) — Commercial Reports by Her Majesty's Consuls in China : 1881-82 (in-8) . . . . $1^1/_2$ *d.*

[C. — 3594.] *China.* No. 4 (1883). (Trade Reports.) — Commercial Reports by Her Majesty's Consuls in China : 1882. Part II (in-8) . . . . $2^1/_2$ *d.*

[C. — 3626.] *China.* No. 5 (1883). (Trade Reports.) ... Part III (in-8) . . . $2^1/_2$ *d.*

[C. — 3667.] *China.* No. 6 (1883). (Trade Reports.) ... Part IV (in-8) . . . $1^1/_2$ *d.*

[C. — 3730.] *China.* No. 7 (1883). (Trade Reports.) ... Part V (in-8) . . . . $2^1/_2$ *d.*

1884.

[C. — 3830.] *China.* No. 1 (1884). (Trade Reports.) — Commercial Reports by Her Majesty's Consuls in China : 1882-83. Part I (in-8) . . . . $4^1/_2$ *d.*

[C. — 3833.] *China.* No. 2 (1884). — Report by Mr. Hosie of a Journey through the Provinces of Ssu-ch'uan, Yünnan, and Kueichou : February 11 to June 14, 1883 1 *s.* 1 *d.*

[C. — 3846.] *China.* No. 3 (1884). — Correspondence respecting the Co-operation of Neutral Powers for the Protection of their Subjects in China in Case of Necessity $2^1/_2$ *d.*

[C. — 4029.] *China.* No. 4 (1884). (Trade Reports.) — Commercial Reports by Her Majesty's Consuls in China : 1883. Part II (in-8) . . . . 10 *d.*

[C. — 4134.] *China.* No. 5 (1884). (Trade Reports.) ... Part III (in-8) . . . . 7 *d.*

[C. — 4174.] *China.* No. 6 (1884). (Trade Reports.) ... Part IV (in-8) . . . . 1 *d.*

[C. — 4174-I.] *China.* No. 6 A (1884). (Trade Reports.) ... Appendix to Part IV [with 20 Illustrations] (in-8) . . . . . . 2 *s.* 2 *d.*

1885.

[C. — 4245.] *China.* No. 1 (1885). — Correspondence respecting the State of Affairs in China . . . . $10^1/_2$ *d.*

[C. — 4247.] *China.* No. 2 (1885). — Report by Mr. Hosie of a Journey through Central Ssu-ch'uan in June and July, 1884 5 *d.*

C. — 4248.] *China.* No. 3 (1885). — Report by Mr. L. C. Hopkins on the Island of Formosa, dated October 12, 1884 (in-8) 7 *d.*

(PARLIAMENTARY PAPERS.)

[C. — 4440.] *China.* No. 4 (1885). (Trade Reports.) — Commercial Reports by Her Majesty's Consuls in China : 1884. Part I (in-8) . . . . $5^1/_2$ *d.*

[C. — 4448.] *China.* No. 5 (1885). — Correspondence respecting the Duties on Opium in China . . . . $2^1/_2$ *d.*

[C. — 4594.] *China.* No. 6 (1885). (Trade Reports.) — Commercial Reports by Her Majesty's Consuls in China : 1884. Part II (in-8) . . . . 1 *s.* 1 *d.*

[C. — 4595.] *China.* No. 7 (1885). (Trade Reports.) ... Part III (in-8) . . . $3^1/_2$ *d.*

1886.

[C. — 4655.] *China.* No. 1 (1886). — Correspondence respecting the French Treaty with Annam, and Negotiations between France and China . . . . 8 *d.*

[C. — 4658.] *China.* No. 2 (1886). (Trade Reports.) — Commercial Reports by Her Majesty's Consuls in China : 1885. Part I (in-8) . . . . $2^1/_2$ *d.*

[C. — 4735.] *China.* No. 3 (1886). — Agreement between the Governments of Great Britain and China for the Settlement of the Yünnan Case, official Intercourse, and Trade between the two countries. Signed in the English and Chinese languages, at Chefoo, September 13, 1876. With an additional article thereto for regulating the traffic in opium. Signed in London, July 18, 1885 . . . . $1^1/_2$ *d.*

[C. — 4762.] *China.* No. 4 (1886). (Trade Reports.) — Commercial Reports by Her Majesty's Consuls in China : 1885. Part II (in-8) . . . . 6 *d.*

1887.

[C. — 4991.] — *China.* No. 1 (1887). — Correspondence respecting the temporary Occupation of Port Hamilton by Her Majesty's Government . . . . 6 *d.*

[C. — 5048.] — *China.* No. 2 (1887). — Despatch from Her Majesty's Minister at Peking, forwarding a Report by Mr. H. E. Fulford, student interpreter in the China Consular Service, of a Journey in Manchuria . . . . $5^1/_2$ *d.*

1888.

[C. — 5371.] *China.* No. 1 (1888). — Report by Mr. F. S. A. Bourne of a Journey in South-Western China . . . . . 4 *s.* 6 *d.*

(PARLIAMENTARY PAPERS.)

[C. — 5374.] *China.* No. 2 (1888). — Return of Clauses in Treaties between Great Britain and China relating to the Treatment of Immigrants . . . . 1 *d.*

1890-91.

[C. — 6216.] *China.* No. 1 (1890-91). — Additional article to the Agreement between Great Britain and China of September 13, 1876. Signed at Peking, March 31, 1890 $^1/_2$ *d.*

[C. — 6208.] *Commercial.* No. 2 (1890-91). — Convention between Great Britain and China relating to Sikkim and Tibet. Signed at Calcutta, March 17, 1890 $^1/_2$ *d.*

1891.

[C. — 6366.] *China.* No. 2 (1891). — Report by Mr. C. W. Campbell of a Journey in North Corea in September and October 1889 . . . . 9 *d.*

[C. — 6431.] *China.* No. 3 (1891). — Correspondence respecting anti-foreign Riots in China . . . . 4 *d.*

1892.

[C. — 6585.] *China.* No. 1 (1892). — Further Correspondence respecting anti-foreign Riots in China. [In continuation of « China No. 3 (1891) » : C. — 6431] . . 1 *s.* 5 *d.*

[C. — 6814.] *China.* No. 2 (1892). — Report by Mr. Clennell of an overland Journey from Amoy to Fochow and back . 9 *d.*

[C. — 6816.] *China.* No. 3 (1892). — Report by Consul Parker on Annam . . . 6 *d.*

1893.

[C. — 7104.] *Commercial.* No. 11 (1893). — Report by Mr. Hosie on the Island of Formosa with special reference to its Resources and Trade. [With a Map] . 9 *d.*

1896.

[C. — 7922.] *Commercial.* No. 1 (1896). — Report on Formosa, by Mr. N. Perkins... [In continuation of « Commercial No. 11 (1893) » : C. — 7104] . . . . . . $2^1/_2$ *d.*

1897.

[C. — 8397.] *China.* No. 1 (1897). — Reports from Her Majesty's Consular Officers in China on the Trade in Textile Goods. — Part I. — In-8 . . . . 2 *d.*

1898.

[C. — 8814.] *China.* No. 1 (1898). — Correspondence respecting the Affairs of China . . . . $7^1/_2$ *d.*

Notice : *Edinburgh Rev.*, 188, July 1898, pp. 252/272.

[C. — 8940.] *China.* No. 2 (1898). — Despatch from Her Majesty's Minister at Peking, forwarding Copies of the Notes exchanged with the Chinese Government respecting the Non-Alienation of the Yang-tsze Region . . . . $^1/_2$ *d.*

[C. — 9083.] *China.* No. 3 (1898). — Despatch from Her Majesty's Minister at Peking, forwarding a Report by the Acting British Consul at Ssŭmao on the Trade of Yünnan . . . . 2 *d.*

1899.

[C. — 9131.] *China.* No. 1 (1899). — Correspondence respecting the Affairs of China . . . . 3 *s.*

[C. — 9329.] *China.* No. 2 (1899). — Correspondence between Her Majesty's Government and the Russian Government with regard to their respective railway interests in China . . . . $9^1/_2$ *d.*

1900.

[Cd. 93.] *China.* No. 1 (1900). — Further Correspondence respecting the Affairs of China. [In continuation of « China Nos. 1 and 2 (1899) »] . . . 3 *s.* $7^1/_2$ *d.*

[Cd. 94.] *China.* No. 2 (1900). — Correspondence with the United States' Government respecting Foreign Trade in China $1^1/_2$ *d.*

[Cd. 257.] *China.* No. 3 (1900). — Correspondence respecting the Insurrectionary Movement in China . . . . . . 1 *s.* 1 *d.*

[Cd. 364.] *China.* No. 4 (1900). — Reports from Her Majesty's Minister in China respecting Events at Peking . . . . 6 *d.*

[Cd. 365.] *China.* No. 5 (1900). — Correspondence respecting the Anglo-German Agreement of October 16, 1900, relating to China . . . . $1^1/_2$ *d.*

1901.

[Cd. 486.] *China.* No. 1 (1901). — Correspondence respecting the Disturbances in China. [In continuation of « China No. 3 (1900) »] . . . . 1 *s.* 9 *d.*

[Cd. 439.] *China.* No. 2 (1901). — Despatch

from His Majesty's Ambassador at St. Petersburgh respecting the Russo-Chinese Agreement as to Manchuria 1/2 *d.*

[Cd. 442.] *China.* No. 3 (1901). — Further Correspondence respecting Events at Peking. [In continuation of « China No. 4 (1900) »] . . . . 3 1/2 *d.*

[Cd. 443.] *China.* No. 4 (1901). — Plans referred to in « China No. 3 (1901) ». — Further Correspondence respecting Events at Peking . . . . 1 *s.* 6 *d.*

[Cd. 589.] *China.* No. 5 (1901). — Further Correspondence respecting the Disturbances in China. [In continuation of « China No. 1 (1901) »] . . . . 1 *s.* 6 *d.*

[Cd. 675.] *China.* No. 6 (1901). — Further Correspondence respecting the Disturbances in China. [In continuation of « China No. 5 (1901) »] . . . . 1 *s.* 6 *d.*

[Cd. 770.] *China.* No. 7 (1901). — Correspondence respecting the Imperial Railway of North China . . . . 1 *s.* 2 *d.*

1902.

[Cd. 1005.] *China.* No. 1 (1902). — Correspondence respecting the Affairs of China. [In continuation of « China No. 6 (1901) » : Cd. 675] . . . . 2 *s.* 4 *d.*

[Cd. 1079.] *China.* No. 2 (1902). — Despatch from His Majesty's Special Commissioner inclosing the Treaty between Great Britain and China, Signed at Shanghae, September 5, 1902 . . . . 2 *d.*

[Cd. 1369.] *China.* No. 3 (1902). — Correspondence respecting the Evacuation of Shanghae . . . . 2 1/2 *d.*

1903.

[Cd. 1402.] *China.* No. 1 (1903). — Despatch from His Majesty's Minister at Peking, forwarding a Report by Mr. W. J. Clennell, His Majesty's Consul at Kiukiang, respecting the Province of Kiangsi 5 1/2 *d.*

[Cd. 1469.] *China.* No. 2 (1903). — Provisional Rules defining the respective jurisdiction of the Mixed Courts of the International and French Settlements at Shanghae 1/2 *d.*

[Cd. 1836.] *China.* No. 3 (1903). — Report by Acting Consul Litton on a Journey in North-West Yünnan . . . . 10 1/2 *d.*

(PARLIAMENTARY PAPERS.)

1904.

[Cd. 1874.] *China.* No. 1 (1904). — Report by Mr. C. W. Campbell, His Majesty's Consul at Wuchow, on a Journey in Mongolia. [With a Map] . . . . 10 1/2 *d.*

[Cd. 1936.] *China.* No. 2 (1904). — Correspondence respecting the Russian Occupation of Manchuria and Newchwang . . 11 *d.*

[Cd. 1954.] *China.* No. 3 (1904). — Despatch from His Majesty's Minister at Peking, inclosing a Report by Mr. George J. Kidston on a Journey in Mongolia . . 6 *d.*

[Cd. 2096.] *China.* No. 4 (1904). — Map to accompany Despatch from His Majesty's Minister at Peking, inclosing a Report by Mr. George J. Kidston on a Journey in Mongolia. [« China. No. 3 (1904) »] 6 *d.*

[Cd. 2247.] *China.* No. 5 (1904). — Report by Consul-general Hosie on the Province of Ssŭch'uan. [With two maps] 1 *s.* 10 *d.*

1905.

[Cd. 2586.] *China.* No. 1 (1905). — Report by Mr. A. Hosie, Her Majesty's Consul-General at Chengtu, on a Journey to the Eastern Frontier of Thibet. [With a Map] 1 *s.* 3 *d.*

[Cd. 2762.] *China.* No. 2 (1905). — Report by Mr. Walter J. Clennell, His Majesty's Consul at Kiukiang on a Journey in the Interior of Kiangsi. [With a Map] 8 1/2 *d.*

1906.

[Cd. 3089.] *China.* No. 1 (1906). — Correspondence relating to the Decree issued by the Chinese Government on May 9, 1906, respecting the Chinese Imperial Maritime Customs . . . . 1 *d.*

[Cd. 3263.] *China.* No. 2 (1906). — Further Correspondence relating to the Decree issued by the Chinese Government on May 9, 1906, respecting the Chinese Imperial Maritime Customs . . . . 1 *d.*

∴

— Commercial Reports from Her Majesty's Consuls in China. 1862-64. — Presented... 1865. — London : Harrison, 1865, in-8, pp. 187.

— — — Consuls in China and Siam. 1864. — Presented May 22, 1865. Ibid., 1865, in-8, pages 188 à 223.

(PARLIAMENTARY PAPERS.,

— — — Consuls in China and Japan. 1864. — Presented July 1st, 1865. Ibid., 1865, in-8, pages 225 à 304.

Ces rapports furent alors compris dans le numérotage général des *Blue Books*, *vide supra*, jusqu'à 1885, puis publiés comme suit par port séparé.

Foreign Office. Annual Series.

DIPLOMATIC AND CONSULAR REPORTS ON TRADE AND FINANCE : CHINA.

In-8, one penny.

1886.

No. 12. — Canton, 1885.
13. — Newchwang, 1885.
14. — Shanghai, 1885.
15. — Tientsin, 1885.
40. — Chefoo, 1885.
41. — Foreign Trade of China, 1885.

1887.

No. 112. — Kewkiang, 1886, etc.

1888.

— — Shanghai, 1887, etc.

1889.

No. 539. — Tientsin, 1888.
566. — Newchwang, 1888.
574. — Canton, 1888.
579. — Shanghai, 1888, etc.

1890.

No. 679. — Tamsui, 1889.
704. — Kewkiang, 1889.
716. — Newchwang, 1889.
717. — Chinkiang, 1889.
725. — Tientsin, 1889.
755. — Shanghai, 1889.

1891.

No. 838. — Wênchow, 1890.
850. — Swatow, 1890.
858. — Ichang, 1890.
864. — Wuhu, 1890.
875. — Tainan (Formosa), 1890.
876. — Pakhoi, 1890.
880. — Kiukiang, 1890.
888. — Hankow, 1890.
890. — Amoy, 1890.
897. — Foochow, 1890.
898. — Kiungchow, 1890.
905. — Chinkiang, 1890.

No. 920. — Tamsui, 1890.
926. — Chefoo, 1890.

1892.

No. 1010. — Wênchow, 1891.
1012. — Amoy, 1891.
1013. — Kiukiang, 1891.
1026. — Kiungchow, 1891.
1034. — Swatow, 1891.
1036. — Ichang, 1891.
1037. — Pakhoi, 1891.
1038. — Foochow, 1891.
1044. — Hankow, 1891.
1048. — Wuhu, 1891.
1061. — Tainan, 1891.
1066. — Chefoo, 1891.
1093. — Tamsui, 1891.
1101. — Shanghai, 1891.
1107. — Canton, 1891.

1893.

No. 1187. — Chefoo, 1892.
1192. — Tainan, 1892.
1193. — Amoy, 1892.
1197. — Pakhoi, 1892.
1199. — Kiungchow, 1892.
1202. — Swatow, 1892.
1211. — Ichang, 1892.
1212. — Wênchow, 1892.
1216. — Foochow, 1892.
1217. — Wuhu, 1892.
1228. — Chinkiang, 1892.
1229. — Newchwang, 1892.
1231. — Hankow, 1892.
1258. — Tientsin, 1892.
1266. — Shanghai, 1892.
1280. — Foreign Trade of China, 1892.
1284. — Canton, 1892.
1287. — Foreign Trade of China, 1892 (Supplement).

Se continue.

∴

[C. — 7160.] *Commercial.* No. 14 (1893). — Index to Reports of Her Majesty's Diplomatic and Consular Representatives abroad on Trade and Subjects of General Interest. (With Appendix.) — 1886-1893. Presented... Sept. 1893. — London, 1893, in-8, pp. 402 . . 1 *s.* 7 *d.*

China, pp. 56-8.
Voir CORÉE.

[C. — 7899.] *Commercial.* No. 9 (1895). — Index... — 1886-1895. Presented... Sept., 1895. — London, 1895, in-8, pp. 521 2 *s.* 2 *d.*

Foreign Office. Miscellaneous Series.

REPORTS ON SUBJECTS OF GENERAL AND COMMERCIAL INTEREST : CHINA.

In-8.

1886.

No. 19. — Report on the NATIVE CLOTHS in use in the *Amoy* consular district . 1 *d.*

No. 20. — Report on the NATIVE COTTON FABRICS manufactured in the *Shanghai* consular district . . . . 1 *d.*

No. 21. — Report on the NATIVE COTTON MANUFACTURES of *Hankow* . . . . . 1 *d.*

No. 22. — Report on the NATIVE COTTON MANUFACTURES of the district of *Ningpo* 1 *d.*

1887.

No. 38. — Report on the manufactures of NATIVE CLOTH in the consular district of *Pakhoi* . . . . 1 *d.*

1892.

No. 247. — Report on PUBLIC WORKS in the consular district of *Hankow* . . . 1/2 *d.*

1893.

No. 305. — Report on the effect of the fall in value of SILVER on prices of commodities in China . . . . 2 *d.*

No. 330. — Summary of *First Decennial Report on the Chinese Imperial Maritime Customs* . . . . 2 1/2 *d.*

1898.

No. 457. — China. — Diplomatic and Consular Reports. — *Report of a Journey to North Ssu-ch'uan.* — Presented... May 1898. — London, 1898. [C. 8649-28], 8 1/2 *d.*, in-8, pp. 48, 4 cartes.

By G. J. L. Litton.

No. 458. — — — *Report on the Trade of Central and Southern China.* — Presented... May 1898. — London, 1898. [C. 8649-29], 1 *s.* 5 1/2 *d.*, in-8, pp. 99, 3 cartes.

By F. S. A. Bourne. — Voir Blackburn Chamber of Commerce, col. 2161, et Commerce, col. 2186.

(REPORTS ON SUBJECTS OF GENERAL, ETC.)

No. 473. — — — Report on a *Journey from Hong-kong to Ssŭmao.* — Presented... August, 1898. — London, 1898. [C. 9045-1], 1 *d.*, in-8, pp. 10.

By Acting-Consul J. W. Jamieson.

No. 475. — — — Notes of a *Journey to Tachienlu.* — Presented... September, 1898. — London, 1898. [C. 9045-3], 2 1/2 *d.*, in-8, pp. 15, carte.

By G. J. Litton.

∴

— Treaty Series. No. 19. — 1894. Convention between Great Britain and China, giving effect to Article III of the Convention of July 24, 1886, relative to Burmah and Thibet. Signed at London, March 1, 1894. [Ratifications exchanged at London, August 23, 1894.] — Presented to both Houses of Parliament by Command of Her Majesty. August 1894. — London : Printed for Her Majesty's Stationery Office, by Harrison and Sons,... [C. — 7547.] 7 *d.*, in-8, pp. 9, carte.

— Treaty Series. No. 7. — 1897. Agreement between Great Britain and China, modifying the Convention of March 1, 1894, relative to Burmah and Thibet. [With a Map.] Signed at Peking, February 4, 1897. [Ratifications exchanged at Peking, June 5, 1897.] Presented... Sept. 1897. — London... [C. — 8654], 3 1/2 *d.*, in-8, pp. 6, carte.

— Treaty Series. No. 5. — 1904. Accession of China to the Convention signed at Geneva, August 22, 1864, for the amelioration of the condition of the Wounded in Armies in the Field. — July 29, 1904. — Presented... August 1904. — London... [Cd. 2167], 1/2 *d.*, in-8, pp. 2.

. .

— Statutory Rules and Orders, 1904. No. 1656. — Foreign Jurisdiction. — The China and Corea Order in Council, 1904. — At the Court at Buckingham Palace, the 24th day of October, 1904. [A la fin.] Printed by Darling & Son, 4 *d.*, in-8, pp. 61.

(REPORTS ON SUBJECTS OF GENERAL, ETC.)

VI. — RUSSIE.

Ouvrages divers.

— Voyage du Moscovite Evesko Petlin en Tartarie & Cathai, ou Chine, en 1620. (Dans le *Traité des Tartares* de Bergeron, Paris, 1634, pp. 192 et seq., et La Haye, 1735, pp. 105 et seq.)

Traduit de l'allemand par Godefroi, Historiographe du Roi.

Ivan Petlin, cosaque de Tomsk, envoyé en 1620, par le tsar Michel Fedorovitch, en Chine par la Mongolie. Son récit, dont Bergeron a estropié les noms, a été publié exactement dans le Сибирскій Вѣстникъ, 1818.

— A Description of the Empires of Catay and Labin, and other Dominions as well inhabited, as places of Pastures called Vlusses and Hords, and of the great River Ob, and other Rivers and Land passages. (Purchas, III, liv. IV, c. XI.)

— A Relation of two Russ Cossacks Travels out of Siberia, to Catay, or China, and other Countries thereunto adjoyning. (*Travels of Avril*, Lond., 1693, p. 171.)

— Erste Eroberung Sibiriens. (*St. Petersburgische Zeitschrift*, herausg. v. August Oldekop,[1] V, 1822, pp. 3, 49, 97.)

— Unternehmungen des Bojaren-Sohnes Jerofei Chabarow und Niederlassung der Russen an den Ufern des Amur. (Auszug aus der Geschichte der geographischen Entdeckungen der Russen von H. Berg.) (*Ibid.*, IV, 1822, pp. 241 et seq. ; V, 1822, pp. 13 et seq., 68, 172.)

— Entdeckung des Oestlichen Oceans durch den Kosaken Mosskwitin, und Reise des Schrifts-Hauptes Wassilij Pojarkow. (*Ibid.*, XVI, 1824, pp. 191/195.)

D'après Сынъ Отечества, 1823, No. 35.

Gerhard Friedrich Müller.

— Sammlung Russischer Geschichte. St. Petersburg, Bey der Kayserl. Academie der Wissenschaften. 1732-1764, 9 vol. in-8.

I. Bd. *Erstes Stuck*, 1732, IV. Chinesische Gesandten-Ceremonielle am Kayserl. Russischen Hofe zu Moscau und St. Petersburg in denen Jahren 1731 und 1732, pp. 34/74.

Viertes Stuck, 1734, II. Von der Stadt Albaszin und denen darüber erregten Russischen und Chinesischen Streitigkeiten, pp. 315/326.

— — III. Auszug einer Chinesischen Reise-Beschreibung von Peking durch Sibirien nach der Astrachanischen Chalmucken, pp. 327/348.

Sechstes Stuck, 1735, II. Russische und Chinesische Friedens-Handlungen im Jahre 1689, den 27. Augusti in der Gegend von Nerschinski, zu Stande gebracht, pp. 495/515.

II. Bd. *Funftes u. Sechstes Stuck*, 1758. Geschichte der Gegenden an dem Flusse Amur | von der Zeit, da selbige unter Russischer Oberherrschaft gestanden.

III. Bd. *Erstes, Zweytes u. Drittes Stuck*, 1758. Nachrichten von Seereisen...

IV. Bd. *Viertes Stuck*, 1760. Nachricht von den Ajuckischen Calmucken, aus dem Schwedischen übersetzt. (IV. Cap. Von der Chinesischen Gesandtschaft, und wie dieselbe im Jahre 1714 den 2. Julius von den Calmucken beehret und aufgenommen worden, p. 339.)

Sechstes Stuck, 1760. Von den ersten Reisen, die von Russen nach China geschehen sind.

VI. Bd. *Zweytes Stuck*, 1761. — *Drittes Stuck*, 1761. — *Viertes Stuck*, 1762. — *Funftes Stuck*, 1762. — *Sechstes Stuck*, 1762. — Sibirische Geschichte.

VIII. Bd. *Erstes, Zweytes, Drittes, Viertes, Funftes Stuck*, 1763.

1. *St. Petersburgische Zeitschrift*. Herausgegeben von August Oldekop. St. Petersburg, 1822-24, 16 vol. in-8.
British Museum, PP, 4850.

— Sibirische Geschichte (*suite*). (Voir pp. 504 et seq., Nachricht von der Russischen Handlung nach China.)
British Museum, 281, h, 33.

— Voyages from Asia to America, for completing the Discoveries of the North West Coast of America. To which is prefixed, a summary of the Voyages made by the Russians on the Frozen sea, in search of a North East Passage. Serving as an Explanation of a Map of the Russian Discoveries, published by the Academy of Sciences at Petersburgh. Translated from the High Dutch of S. Muller, of the Royal Academy of Petersburgh. With the Addition of three new Maps : 1. A Copy of Part of the Japanese Map of the World. 2. A Copy of De Lisle's and Buache's fictitious Map. And 3. A large Map of Canada, extending to the Pacific Ocean, containing the New Discoveries made by the Russians and French. By Thomas Jefferys Geographer to His Majesty. London : Printed for T. Jefferys... 1761, in-4, pp. VIII-XLIII-76.

British Museum, $\frac{566, h, 4}{8}$.

— Voyages... The Second Edition. London : Printed for T. Jefferys... M.DCC.LXIV, in-4, pp. VIII-120.

British Museum, 981, e, 17.

— Voyages et découvertes faites par les Russes le long des côtes de la Mer Glaciale & sur l'Océan Oriental, tant vers le Japon que vers l'Amérique. On y a joint l'histoire du fleuve Amur et des pays adjacens, depuis la conquête des Russes ; avec la nouvelle Carte qui présente ces découvertes & le cours de l'Amur, dressée sur des Mémoires authenthiques, publiée par l'Académie des Sciences de S. Pétersbourg, & corrigée en dernier lieu. Ouvrages traduits de l'Allemand de M. G. P. Muller, Par C. G. F. Dumas. A Amsterdam, Et se vend a Paris, chez Rozet, libraire... M.DCC.LXVIII, 2 vol. in-12.

— Conquest of Siberia, and the History of the transactions, wars, commerce, &c. &c. carried on between Russia and China, from the earliest period. Translated from the Russian of G. F. Muller, historiographer of Russia, and of Peter Simon Pallas, M.D., F. R. S. Counsellor of the Board of Mines to the Empress of Russia, Member of the Imperial Academy of Sciences at Saint Petersburgh, etc. etc. London : Smith, Elder & Co... 1842, in-8, pp. v-153.

British Museum, 1437, f, 19.

— « Вѣдомость о Китайской землѣ и о глубокой Индѣи », publié par С. О. Долговъ dans les *Памятники древней письменности и искусства*, n° cxxxiii, St. Pétersbourg, 1899, in-8, pp. 14-35.

Notice sur la Chine tirée du mss. F IV, n° 595, pp. 716-728, de la Bibl. impér. publique de St. Pétersbourg. Elle fut rédigée vraisemblablement à Tobolsk, en 1668 ou au plus tard en 1669, par les soins du voiévode Pierre Ivanovitch Годуновъ. Müller la publia, assez fautivement, sur un mss. des archives des affaires étrangères de Moscou, dans la 7e partie du *Продолженіе древней Россійской Вивліоѳики*. Cette notice avait été traduite en grec moderne à la fin du xviie siècle. — Pelliot.

— Beschreibung des Flusses Amur. (*Nordische Nebenstunden*,[1] I, 1776, pp. 13/17.)

British Museum, 278, d, 32.

William Coxe.

— Account of the Russian Discoveries between Asia and America. To which are added, the Conquest of Siberia, and the History of the Transactions and Commerce between Russia and China. By William Coxe, A. M. Fellow of King's College, Cambridge, and Chaplain to his Grace the Duke of Marlborough. London, Printed by J. Nichols, for T. Cadell, in the Strand. MDCCLXXX, in-4, pp. xxii-344 + 7 ff. n. c. pour l'index.

British Museum, 792, k, 17.

— Account of the Russian Discoveries between Asia and America. To which are added, the Conquest of Siberia, and the History of the transactions and commerce between Russia and China. By William Coxe, A. M. Fellow of King's College, Cambridge, and Chaplain to his Grace the Duke of Marlborough. The second edition, revised and corrected. London, Printed by J. Nichols for T. Cadell, in the Strand. MDCCLXXX, in-4, pp. xxiii-344 + 7 ff. n. c. pour l'index.

Il faut ajouter :

— A Comparative View of the Russian Discoveries with those made by Captains Cook and Clarke ; and a Sketch of what remains to be ascertained by future navigators. By Williame Coxe, A. M... London, Printed by J. Nichols, for T. Cadell, in the Strand, MDCCLXXXVII, in-4, pp. 31.

British Museum, 983, f, 3.

Heath, 2824, 18/6. — Coxe, 981, *m.*, 13/-. — Duke of York, 1454, gr. pap., *m.*, 1 liv. 2/- (Lowndes).

— — Third edition, 1787.

— Account of the Russian Discoveries between Asia and America. To which are added, the Conquest of Siberia, and the history of the transactions and commerce between Russia and China. By William Coxe, A. M... Canon residentiary of Sarum, and Rector of Bemerton. The fourth edition, considerably enlarged. London : Printed for Messrs. Cadell and Davies, in the Strand, 1804, in-8, pp. xxiv-500 + 1 f. pour la disp. des pl.

British Museum, 981, d, 11.

7*s.* 6*d.* — Drury, 1351, gr. pap., *c. d. Russie*, 2 liv. 4/-. — Sir M. M. Sykes, pt. I, 747, 2 liv. 12/6*d.* — Coxe, 589, 1 liv. 1/- (Lowndes).

— Les nouvelles découvertes des Russes, entre l'Asie et l'Amérique, avec l'Histoire de la conquête de la Sibérie, & du commerce des Russes & des Chinois. Ouvrage traduit de l'Anglois de M. Coxe. A Paris, Hôtel de Thou, M.DCC.LXXXI, in-4, fig., pp. xxij-314.

— Die neuen Entdeckungen der Russen zwischen Asien und America nebst der Geschichte der Eroberung Siberiens und des Handels der Russen und Chineser, aus dem Englischen des Herrn Coxe übersetzt. Mit Kupfern. Frankfurt und Leipzig, bey Johann Georg Fleischer, 1783, in-8, pp. xi + 2 ff. n. c. + 409 + 4 ff. n. c. pour la tab.

L'ouvrage forme 2 parties dont la première va jusqu'à la p. 308.

British Museum, 10028, e, 18.

William Coxe, archidiacre de Wilts, né à Londres en 1747 ; fellow de King's College, Cambridge, 1768 ; curé de Denham, près d'Uxbridge, 1771 ; précepteur du Marquis de Blandford, puis de Lord Herbert, fils du Comte de Pembroke ; recteur de Bemerton, 1788 ; chapelain de la Tour de Londres ; chanoine de Salisbury, 1803 ; archidiacre, 1805 ; † 1828.

∴

— Translation of a Chinese Dispatch sent to Russia, the 21st January 1789, pp. 89/94, Staunton's *Miscel. Notices*.

— *Jul. von Klaproth. — Reise durch Russland und Sibirien nach der Mongolischen Tartarei. Tübingen, Cotta, 1815, in-8 [Engelmann].

— On Russian Embassies to China. (*China Mail*, No. 188, Sept. 21, 1848.)

— Russia in Central Asia. (*New York Tribune*, May 20, 1852 ; réimp. dans le *N. C. Herald*, 117, Oct. 23, 1852.)

— The latest acquisition of Russia : The River Amoor. (*Fraser's Magazine*, LI, Jan. 1855 ; réimp. dans *Littell's Living Age*, XLIV, et dans le *N. C. Herald*, 254, June 9, 1855.)

— Китайскій чай. Подробное описаніе : ... Составилъ И. Ржановъ. Москва, 1856, in-8, pp. vi-59.

— History of the Treaty between China and Russia. — From the *Shing-woo-ke*, or « Wars of the Manchus » ; by Wei yuen of Shau-yang. [By A. Wylie.] (*N. C. Herald*, 293, 8 March 1856 et seq. ; et dans le *Shae. Miscel.*)

— Supplementary Remarks on Russian affairs from the *Shing-woo-ke* or « Wars of the Manchus ». (*Ibid.*, 302, 10 May 1856 et dans le *Shae. Miscel.*)

Voir col. 632-633.

— Notes on the late expedition against the Russian Settlements in Eastern Siberia ; and of a visit to Japan and to the shores of Tartary, and of the Sea of Okhotstk.

1. *Nordische Nebenstunden* : Das ist : Abhandlungen über die alte Geographie, Geschichte und Alterthümer Nordens. Herausgegeben von J. B. Scherer... Erster Theil. [Le seul paru.] Frankfurt und Leipzig, bey Johann Georg Fleischer, 1776, in-8, pp. xxvi-270.

By Capt. Bernard Whittingham, Royal Engineers. London : Longman, 1856, in-8, pp. xv-300.

— Die neuesten Russischen Erwerbungen im Chinesischen Reiche. Von A. Petermann. (Petermann's *Mitth.*, 1856, pp. 175/186.)

— Der Amur-Strom. Nach den neuesten Russischen Forschungen zusammengestellt von A. Petermann. (Petermann's *Mitth.*, 1857, pp. 296/315.)

— * Das Chinesische Reich, sein Länder-Gebiet, seine Grenzstellung zu Gross-Britannien und Russland. (*Unsere Zeit*, Heft 7, 1857.)

— * Историко-статистическое обозрѣніе торговыхъ сношеній Россіи съ Китаемъ. Par A. Korsak. 1858.

— Извѣстіе о китайскомъ, нынѣ манджуро-китайскомъ, государствѣ. Сочиненіе Архимандрита Софронія, Начальника Русской Миссіи въ Китаѣ въ началѣ нынѣшняго столѣтія. Москва. 1861, in-8, pp. 97.

Gén. Venioukov.

— Очеркъ старыхъ и новыхъ Договоровъ Россіи съ Китаемъ, составленный М. Венюковымъ. St. Pétersbourg, 1861, in-8, pp. 57, s. la tab.

Réimprimé sous le titre de :

— Старые и новые договоры Россіи съ Китаемъ, собралъ М. Венюковъ. St. Pétersbourg, 1863, pet. in-8, pp. 95 s. 1 f. prél.

Réimprimé une 3e fois, pp. 300 et seq. de :

— Путешествія по окраинамъ Русской Азіи и записки о нихъ. М. Венюкова,... St. Pétersbourg, 1868, in-8, pp. ii-526 s. l. tab.

— Опытъ военнаго обозрѣнія русскихъ границъ въ Азіи. Артиллеріи полковника М. Венюкова,... St. Pétersbourg, 1873, in-8, pp. iv-487/79 et 2 cartes.

— Progrès de la civilisation dans l'Asie centrale dus aux conquêtes de la Russie. Par M. Venukoff. (*Rev. de Géog.*, XVI, 1886, pp. 338/342.)

— Aperçu historique des découvertes géographiques faites dans la Russie d'Asie depuis les temps les plus reculés jusqu'à nos jours. Par M. Venukoff. (*Ibid.*, V, 1879, pp. 58/64, 199/205, 359/365; VI, 1880, pp. 40/44, 197/202.)

— Général Venioukov. Nécrologie par Henri Cordier. (*T'oung Pao*, 2e Sér., II, n° 4, oct. 1901, p. 278.)

† à Paris, juillet 1901.

— Le Fleuve Amour Histoire, Géographie, Ethnographie Par C. de Sabir... Paris Imprimerie de Georges Kugelmann — 1861, in-4, pp. viii-160. Cartes et Pl.

Tiré à 150 ex. ; cf. Ravenstein, note, p. 439.

Not. : *Nouv. Ann. des Voyages*, 1861, II, pp. 225/229 (par V. A. Malte-Brun).

— Les Orotchones et les Ghiliakes. Notes ethnographiques extraites de l'ouvrage : *Le Fleuve Amour*, par M. C. de Sabir. (*Nouv. Ann. des Voyages*, 1861, II, pp. 323/343.)

— Report on Russian Caravan Trade with China. By Harry Parkes, Esq. (*Jour. R. Geog. Soc.*, XXIV, p. 306.)

E. G. Ravenstein.

— Russians on the Amur. By E. G. Ravenstein. (*Bentley's Miscellany*, XLI, p. 551, June 1857.)

— The Russians on the Amur; its Discovery, Conquest, and Colonisation. With a Description of the Country, its inhabitants, productions, and commercial capabilities; and Personal accounts of Russian Travellers. By E. G. Ravenstein. Illustrated by Three Maps, Four Plates and Fifty Eight Wood Engravings. London, Trübner, 1861, in-8, pp. xx-467.

Preface. — List of Illustrations. — *Part I. Historical.* — I. Mantchuria and the Amur previous to the appearance of the Russians. — II. First News of the Amur, 1636 ; Poyarkoff's Expedition, 1643 to 1646. — III. Khabarof, 1647-1652. — IV. Stepanof, 1652-1661. — V. Discovery and Occupation of the Shilka, 1652-1669. — VI. Renewed Enterprizes on the Amur. Albazin, 1666 to 1682. — VII. War with China, 1683 to 1687. — VIII. The Treaty of Nerchinsk, 1689. — IX. The Amur since the Treaty of Nerchinsk, 1689 to 1848. — X. The Romish Missionaries in Manchuria. — XI. Recent History of the Amur. — *Part II. Geographical, Statistical and Commercial.* — Chap. XII to XXI. — *Appendix* : Historical Authorities. — Historical Sketch of Recent Geographical Explorations. — Notes on the Navigation of the Channel of Tatary, Castries Bay and the Gulf of the Amur by Captain Prütz. — Addenda and Errata.

Not. : *N. C. Herald*, 622, June 28, 1862. — *Nouv. Ann. des Voyages*, 1862, II, pp. 46/86 (par Adolphe de Circourt).

Sous le titre de *Historical Authorities*, Ravenstein a donné, pp. 431/434 de son ouvrage, une liste de travaux dont nous extrayons quelques indications que nous ne fournissons pas ailleurs :

— *Büsching's Magazin für Historie und Geographie*, II, 1768. Information about the Amur, by Müller, written 1741.

— *Monthly News, Instructive and Entertaining*, 1757. On the regions of the Amur, by Müller.

— *Monthly Papers (Ephemiestyachnia Sochinenya)*, 1756. History of the Amur under the Dominion of Russia. — 1755. Paper on the frontier of, 1689.

— *New Monthly Papers.*

1795. Description of the Amur.

— *The Siberian Messenger (Viestnik)* by Grigory Spassky. 1824. Historical and Statistical information on the Amur.

— *The Son of the Fatherland (Sin Otechestva)*, 1848. Conquest of the Amur in the 17th Century by Shchukin.

— *Journal for the Cadets of the Imperial Military Schools*, 1840-49.

27. Khabarof's Adventures.

29. Albazin destroyed by the Chinese.

38. Nerchinsk Expedition to the Amur.

77. The Russians on the Amur in the 17th century, from Documents in the Archives of Irkutsk and Nerchinsk.

The Documents which Müller consulted have lately been published.

— *Historical Documents (Akti Istoricheskskiĭ)* collected and published by the Archæological Commission of the Russian Academy, Vol. IV, 1842.

Supplements, Vol. III, 1848.

— *The Muscovite.*

1843. Historical Documents on the Amur. (Milovanof), etc.

— *The Son of the Fatherland.*

1840. Documents on Khabarof's Expedition, also published by the Archæological Commission.

— *The Moscow Telegraph.* Edited by Polevoi.

1833. Documents from the Yakutsk Archives.

— *The Russian Library.* Edited by Polevoi. Moscow, 1833. Documents from the Albazin Archives.

— *Viestnik* of the Russian Geographical Society, 1853. Two Documents. Edited by Spassky.

— Russia on the Amoor. (*Quart. Rev.*, CX, p. 179, 1861.)

D'apres Ravenstein, Atkinson, etc.

— Русско-китайскіе трактаты. Par Vassiliev. St. Pétersbourg, 1862, br. in-8, pp. 61.

Extrait de l'*Abeille du Nord.*

— О торговлѣ Русскихъ въ Чугучакѣ. Par К. А. Скачковъ. Moscou, in-8, pp. 29.

Extrait du *Вѣстникъ Промышленности* de 1860.

— Наши торговыя дѣла въ Китаѣ. К. А. Скачкова. С. Петербургъ, 1863, in-8, pp. 44.

Notre Commerce avec la Chine, par C. A. Skatchkov.

— Записка К. А. Скачкова о нуждахъ въ дѣлѣ русской торговли въ Китаѣ. Moscou, 1875, pp. 34.

— The Russians in Central Asia : their occupation of the Kirghiz Steppe and the line of the Syr-Daria : their political relations with Khiva, Bokhara, and Kokan : also descriptions of Chinese Turkestan and Dzungaria. By Capt. Valikhanof, M. Veniukof, and other Russian Travellers. Translated from the Russian by John and Robert Mitchell. London : Edward Stanford, 1865, in-8, pp. xvi-552, carte et grav.

— Dr. F. Marthe. Die Wege des Landhandels zwischen Russland und China. (*Zeitschrift der Gesellschaft für Erdkunde zu Berlin*, Tome II, 1867, Nr. 10, pp. 305-324.)

— Наша китайская торговля. St. Pétersbourg, 1868, in-8, pp. 14.

— О Русской торговлѣ съ Китаемъ. Сочиненіе Н. Н. St. Pétersbourg, 1867, in-8, pp. 20.

— * Alex. Bonneau. Relations de la Russie avec la Chine. (*Revue contemporaine*, 15 Juillet 1869.) ??

— Правила для сухопутной торговли, заключенныя съ китайскимъ правителствомъ чрезвычайнымъ посланникомъ и полномочнымъ министромъ генералъ-маіоромъ Влангали, 15 Апрѣля 1869 года. Hank'eou, 15 octobre 1869, in-8, pp. 15.

— О мѣрахъ къ поддержанію Русской торговли внутри Китая. Par И. Носковъ. 1875, in-8, pp. 5.

(Divers.)

Fried. von Hellwald.

— Die Russen in Centralasien. Eine geographisch-historische Studie. Mit einer Übersichtskarte. Von Friedrich v. Hellwald... Wien, 1869, in-8, pp. 121.

— Die Russen in Centralasien. — Eine Studie über die neuere Geographie und Geschichte Centralasiens von Friedrich von Hellwald. Neue Ausgabe. Augsburg, Lampart, 1878, in-8, pp. vii-233.

— The Russians in Central Asia. A critical examination down to the present time of the geography and history of Central Asia. By Frederick von Hellwald... Translated from the German by Lieut.-Col. Theodore Wirgman, LL. B.... With a Map. Henry S. King & Co. [London], 1874, in-8, pp. xx-332.

— Историческій очеркъ сношеній Русскихъ съ Китаемъ и описаніе пути съ границы Нерчинскаго округа въ Тянь-дзинъ. Статья братьевъ Вутиныхъ. Иркутскъ, 1871, in-8, pp. 39 et carte.

Avait déjà paru dans le *Bull. de la Soc. de Géog. imp. d'Irkoutsk.* 1871.

— Historical Sketch of the Ecclesiastical, political, and commercial relations of Russia with China. Drawn chiefly from original sources by John Dudgeon, M. D. Peking, 1872, br. in-8, pp. iv-54-23.

Série d'articles parus d'abord sous le titre de «Russian Ecclesiastical Mission», puis sous le titre de «Sketch of Russian intercourse with, and the Greek Church in China» dans le *Chinese Recorder*, Vol. III et IV. L'appendice qui occupe les 23 dernières pages de la brochure comprend «Journal of Lange's Residence at Peking in 1727-28 (Third Journey)». [Voir col. 1351.]

— A Russian Embassy in Kashgar. (*Ocean Highways*, 1872, p. 235.)

— History of Russian Progress in China. (*Pall Mall Gazette*, 2498, 15 Feb. 1873.)

— Russia on the Pacific Seaboard. (*Shai. Budget*, I, July 19; II, July 26, 1876.)

∴

— Colonel Sosnoffsky's Expedition to China in 1874-5. Abridged and tabulated from the Russian by Capt. F. C. H. Clarke, R. A. (*Journ. of the R. Geog. Soc.*, XLVII, 1877, pp. 150/187.)

— Путешествіе по Китаю въ 1874-1875 гг. [черезъ Сибирь, Монголію, восточный, средній и сѣверо-западный Китай] изъ дневника члена экспедиціи П. Я. Пясецкаго. Въ двухъ томахъ. С. Петербургъ. 1880, 2 vol. in-8, pp. 1 à 560, pp. iii-561 à 1122-xviii; fig. et une carte.

— Voyage en Chine, par le docteur P. Piassetzky. 1874-75. — Texte et dessins inédits. (*Tour du Monde*, 1882, II, pp. 1/128.)

Trad. de M. Kuscinzki.

(Hellwald. — Divers.)

— Un mandarin chinois d'après le docteur Piassetzky (1874). Par Ludovic Drapeyron. (*Rev. de Géog.*, XI, 1882, pp. 295/304.)

— P. Piassetsky. — Voyage à travers la Mongolie et la Chine. Traduit du Russe avec l'autorisation de l'auteur par Aug. Kuscinski et contenant 90 gravures d'après les croquis de l'auteur et une carte. Paris, Hachette, 1883, gr. in-8, pp. 563.

Le Dr. P. Piassetsky accompagnait Sosnovsky.

— Russian Travellers in Mongolia and China. By P. Piassetsky. Translated by J. Gordon-Cumming. In two vol. London : Chapman & Hall, 1884, 2 vol. in-8, pp. vi-321, vi-315.

— Неудачная экспедиція въ Китай 1874-1875 гг. Въ отвѣтъ на защиту г. Сосновскаго по поводу книги « Путешествіе по Китаю ». Par П. Я. Пясецкій. St. Pétersbourg, 1881, in-8, pp. 298-II.

∴

— Дипломатическое собраніе дѣлъ между россійскимъ и китайскимъ государствами съ 1619 по 1792-й годъ. Составленное по документамъ, хранящимся въ Московскомъ Архивѣ Государственной Коллегіи Иностранныхъ дѣлъ, въ 1792-1803 году, НИКОЛАЕМЪ БАНТЫШЪ-КАМЕНСКИМЪ. Издано въ память истекшаго 300 лѣтія Сибири В. М. ФЛОРИНСКИМЪ съ прибавленіями издателя. — Казань. Типографія Императорскаго Университета, 1882, in-8, pp. XII-565.

Pub. à 5 roubles.

Affaire de Kouldja.

— * Чонгъ-Хоу, китайскій посолъ при Спбургскомъ дворѣ, и члены кит. посольства. (*Всемірн. Иллюстрація*, 1879, No. 531. — *Голосъ*, 1880, No. 70.)

Mejov, 1585.

— * Маркизъ Ценгъ, китайскій посолъ въ Парижѣ и Лондонѣ. (*Нива*, 1880, No. 25.)

Mejov, 1582.

— * Тценгъ-Ки-Ци, маркизъ И-іунгъ, чрезвычайный китайскій посолъ въ С. Петербургѣ. (*Всемірн. Иллюстрація*, 1880, No. 588.)

Mejov, 1584.

— Le conflit entre la Russie et la Chine, ses origines, son développement et sa portée universelle. Etude politique par F. Martens, Professeur à l'Université impériale de Saint-Pétersbourg,... Bruxelles, C. Muquardt, 1880, in-8, pp. 75.

Extrait de la *Revue de Droit international et de Législation comparée*, t. XII, Nos. V & VI.

— Russie et Chine. Par Henri Cordier. (*Journal des Débats*, 10 & 28 juin, 1880.)

— Traité entre la Chine et la Russie. (*Soc. belge géogr.*, *Bull.*, 1880, pp. 453/455.)

Traité de Livadia, oct. 1879; Tch'oung-Heou, d'après le *N. C. Herald*.

— The Russo-Chinese Question. — Description of the Districts of Kuldja, Manchuria, The Amoor, and Fergana or Khokand, with the Substance of the Treaty of Livadia. — Reprinted from the « Shanghai Courier » and « Celestial Empire ». — In illustration of the above are published three coloured Maps, with wood mounts, showing the treaty and other boundaries. — Shanghai : Printed at the « Celestial Empire » Office, August, 1880, in-8, pp. 24 + 1 f. n. ch.

— Rapport de Tchang Tche-t'oung. (H. Cordier, *Hist. des Relat.*, II, pp. 197/202.

En anglais : *N. C. Herald*, 18 mai et 1er juin 1880.

— Russia and China — Important Memorial to the Throne. — The Marquis Tseng's Instructions. — The Nature of the Russo-Chinese Treaty explained. — Warlike Attitude of China. — Translated exclusively for the « Shanghai Courier ». — Price 25 Cents. — Printed at the « Celestial Empire » Office, br. in-8, pp. 16.

Mémoire de Tchang Tche-toung.

— * Россія и Китай. Историко-политич. изслѣдованіе. Ф. Ф. Мартенсъ. Съ измѣн. и дополн. автора. Перев. Вл. Телесницкій. Спб. (Изд. Эмиля Гартое.) Тип. И. Габермана, 1881, in-8, pp. 87.

Mejov, 1536.

— *China*. No. 1 (1882). — Despatch from Mr. Wyndham, Her Majesty's Chargé d'Affaires at St. Petersburgh, inclosing copy of a Treaty between Russia and China, signed at St. Petersburgh, February 12, 1881, with Documents relating thereto. Presented... 1882. London, in-fol., pp. 20, 3 *d*. [C. — 3134.]

— La Chine pendant le conflit russo-chinois. (*Rev. Brit.*, 1881, N. S., V, pp. 5/64.)

— Traité entre la Russie et la Chine Concernant le rétablissement de l'autorité du gouvernement chinois dans le pays d'Ili. (*Rev. de l'Extr. Orient*, I, 1882, No. 1, pp. 129/142.)

— Le traité entre la Russie et la Chine. 1881. (Texte, *Annales de l'Extr. Orient*, 1881-1882, IV, pp. 119/121.)

— La Chine et les puissances européennes : le traité de 1881 avec la Russie. Par Maurice Jametel. (*Economiste français*, 1882.)

— L'Affaire de Kouldja. (H. Cordier, *Hist. des Relat.*, II, pp. 162/241.)

∴

— Посольскія и торговыя сношенія Россіи

съ Китаемъ. Par X. Трусевичъ. Moscou, 1882, in-8, pp. 299.

— «M. Kh. Trousevitch vient de publier à Moscou (librairie Mamontov) une histoire des relations diplomatiques et commerciales entre la Russie et la Chine (vol. in-8 de 304 p.). L'ouvrage est fait avec soin d'après les sources. Il se divise en dix chapitres : I. Commencement des relations diplomatiques avec la Chine. II. Histoire des relations diplomatiques avec la Chine. III. Routes qui menaient en Chine ; leur état. Prix des transports. IV. Commerce officiel ; ses objets. V. Organisation des caravanes aux frais de l'État. VI. Commerce privé. VII. Histoire des objets de commerce. VIII. Histoire des prix. IX. Avantages du commerce russe-chinois. X. Obstacles qui s'opposent à son développement. Conclusions et Appendice. — Cet ouvrage intéressant est malheureusement imprimé sur un mauvais papier qui en rend la lecture presque impossible. Deux juges compétents, M. de Vogüé, dans la *Revue des Deux-Mondes*, M. Jean Fleury, dans la *Nouvelle Revue*, ont signalé récemment l'état d'infériorité de la librairie russe vis-à-vis des autres industries. Nous n'exagérons rien en déclarant que certaines parties du livre de M. T. sont absolument illisibles. Ce défaut tient non pas à la nature des caractères, mais à la détestable qualité du papier.» (*Revue historique*.)

— Les Ghiliaks d'après les derniers renseignements par J. Deniker. Paris, Ernest Leroux, éditeur, 1884, br. in-8, pp. 22.

Bib. Soc. Géog. Paris, C $\frac{5}{228}$.

— La Russie en Extrême-Orient. (*Ann. de l'Ext. Orient*, 1886-1887, IX, p. 94.)

— Institut de France. — Séance publique annuelle des cinq Académies du jeudi 25 Octobre 1888. — Discours de M. le Marquis d'Hervey de Saint-Denys, président. Paris, Typographie de Firmin-Didot et Cie. MDCCCLXXXVIII, br. in-4, pp. 18.

— Сборникъ Договоровъ Россіи съ Китаемъ. 1689-1881 гг. — Изданіе Министерства иностранныхъ дѣлъ. St. Pétersbourg, 1889, gr. in-4, pp. 270 + 2 ff. prél. et 1 f. à la fin n. c.

— Матеріалы по вопросу объ измѣненіи торговыхъ правилъ заключенныхъ съ Китаемъ 15-го Апрѣля 1869 года. St. Pétersbourg, 1870, in-8, pp. 22. (Publié par l'*Общество для содѣйствія русской промышленности и торговли*.)

Cf. p. 211, du précédent.

— [From the *New Englander and Yale Review* for May, 1891.] — A Sketch of Russo-Chinese Intercourse. By F. Wells Williams, br. in-8.

Forme l'art. III de la *New Englander ... Review* for May 1891, pp. 403/430.

Pseudo-Convention Cassini.

— *N. C. Daily News*, 28 oct. 1896. — *North-China Herald*, 30 oct. 1896, pp. 739/741.

— The alleged Cassini Russo-Chinese Convention. Se non è vero, è ben trovato. By Ex-Official. (*Imp. & As. Quart. Rev.*, 3rd Ser., III, 1897, pp. 183/187.)

— Henri Cordier, *Hist. des Relat.*, III, pp. 339/348.

— Russia in the Far East. A Statement to the «North American Review» by Comte Cassini, the Russian Ambassador. (*North American Review*, May 1904, pp. 681/689.)

— Weale, *Re-Shaping of the Far East*. — Beveridge, *Russian Advance*, App. — Asakawa, *Russo-Japanese Conflict*. — Rey, *Rev. Gén. Droit Int.*, 1905, p. 225. — Amos S. Hershey, *Int. Law... of the Russo-Japanese War*, 1906, pp. 10/14.

.·.

— The Apotheosis of Russia. (*Blackwood's Mag.*, CLX, July 1896, pp. 135/148.)

— Criticism on a Work by the late Chinese Minister to Russia. (*Jour. China Br. R. As. Soc.*, N. S., XXX, No. 2, 1895-6, pp. 177/181.)

Translation by E. H. Parker of an answer made by the Shanghai Catholic organ, The *Yih-wên-Luh*, to some statements by the late Chinese Minister to Russia, Wang Shoh-t'ang, in his book just published entitled «Sketch of My Mission to Russia».

— China and Russia : the Earliest relations between the Romanoff and Aisinghioro houses. By E. H. Parker. (*Imp. & As. Quart. Rev.*, 3rd Ser., II, 1896, pp. 12/22.)

— France and Russia in China. By Holt S. Hallett. (*Nineteenth Century*, XLI, March 1897, pp. 486/502.)

— La Russia e la Cina. (*L'Universo*, VIII, 1898, p. 34.)

— * The Story of Russia and the Far East, being a Series of Papers contributed to the « Shanghai Mercury » during the latter part of the year 1899. Pp. 99, carte.

General von Krahmer.

— Russland in Asien :

— — Band I. — Das Transkaspische Gebiet Von Krahmer Königl. Preussischer Generalmajor z. D. — Mit einer Übersichtskarte und zwei Skizzen. — Berlin, 1905, Zuckschwerdt, in-8, pp. VIII-232.

— — Band II. — Russland in Mittel-Asien Von Krahmer... — Mit 9 Autotypien. — Leipzig, Zuckschwerdt, 1898, in-8, pp. IV-181.

— — Band III. — Sibirien und die grosse Sibirische Eisenbahn Von Krahmer Königl. Preussischer Generalmajor z. D. Mit zwei Karten. Zweite verbesserte und vollständig umgearbeitete Auflage. Leipzig, Zuckschwerdt & Co., 1900, in-8, pp. VI-286.

— — Band IV. — Russland in Ost-Asien (mit besonderer Berücksichtigung der Mandschurei) Von Krahmer... — Mit einer Skizze. Leipzig, 1899, in-8, pp. VI-221.

— — Band V. — Das Nordöstliche Küstengebiet (Der Ochotskische, Gishiginskische, Petropawlowskische und Anadyr-Bezirk)

Von Krahmer... — Mit zwei kolorirten Karten. — Leipzig, Zuckschwerdt, 1902, in-8, pp. VII-295.

— — Band VI. — Die Beziehungen Russlands zu Persien Von Krahmer... — Leipzig, Zuckschwerdt, 1903, in-8, pp. IV-126.

— — Band VII. — Die Beziehungen Russlands zu Japan (mit besonderer Berücksichtigung Koreas) Von Krahmer... — Leipzig, Zuckschwerdt, 1904, in-8, pp. VIII-221.

— — Band VIII. — Der Ferne Osten Seine Geschichte, seine Entwicklung in der neuesten Zeit und seine Lage nach dem russisch-japanischen Kriege Von C. von Zepelin Generalmajor a. D. I. Teil : Zur Geschichte des Fernen Ostens bis 1906. Port Arthur und Dalnij unter russischer Herrschaft. Die Verbindungen der Mandschurei und des Amur-Bezirks mit Europa und die Verkehrsverhältnisse im Innern. — Mit zwei Skizzen im Texte und einer Karte von Port Arthur mit seinen Umgebungen und den vor dem Kriege und den beim Beginn der Belagerung vorhandenen Befestigungen und seinen Hafenanlagen. Berlin 1907 [1906], Zuckschwerdt, in-8, pp. VI-276.

— Transkaspien und seine Eisenbahn. — Nach Acten des Erbauers Generallieutenant M. Annenkow bearbeitet von Dr. O. Heyfelder, Staatsrath in St. Petersburg, ehemals Chefarzt der Skobelew-Achal-Teke-Expedition. Hannover 1888, in-8, pp. x-159.

Il y a une 2e éd., formant Bd. I de *Russland in Asien*.

— Die Beziehungen Russlands zur Mongolei. Von Krahmer, Generalmajor z. D. (*Asien*, 1903, No. 2, pp. 25/8.)

∴

— По поводу наименованія недавно возникшей въ южной Маньчжуріи русской области. Par Э. Бретшнейдеръ. (*Isviestiya*, XXXVI, 1900, No. 1, pp. 1/17.)

— Э. Бретшнейдеръ. — По поводу наименованія недавно возникшей въ южной Маньчжуріи русской области. — С.-Петерб., 1900, br. in-8, pp. 17, 1 carte.

Ext. des *Isviestiya* de la Soc. Imp. de Géog.

Kouan-toung 關東.

Notice : *T'oung Pao*, Oct. 1900, p. 363, par Henri Cordier.

— E. Bretschneider. — Das russische Pachtgebiet in der südlichen Mandschurei. (*Petermanns Mitt.*, 1900, pp. 197/203, carte ; 1901, pp. 43/7.)

— Une province russe en Chine. Par J. D. (*La Géographie*, 15 Juin 1900, pp. 466/467.)

D'après le *Pravitelstvennyi Viestnik* du 17 mars 1900.

— La province russe de Kouantoung en Mandchourie. Par J. Deniker. (*La Géographie*, 15 Nov. 1900, pp. 404/407.)

— La presqu'île de Liao-tung. (*Le Mouv. géog.*, 1901, col. 140-1.)

∴

— E. H. Parker. — « Russia's Sphere of Influence ; or, a Thousand Years of Manchuria. » (*Imp. & Asiat. Quart. Review*, April 1900.)

— La Politique russe en Chine. Par B. de Zenzinoff. (*Le Correspondant*, 25 août 1900, pp. 662/9.)

— Les Relations russo-chinoises depuis leurs origines jusqu'à nos jours. Par B. de Zenzinoff. (*Revue d'Europe*, février 1901, pp. 100/111.)

— Das Vordringen der Russischen Macht in Asien. — Von Maximilian Graf Yorck von Wartenburg, Oberst und Abtheilungschef im grossen Generalstabe. — Zweite Auflage. Mit einer Karte in Steindruck. — Berlin 1900, E. S. Mittler & Sohn, in-8, pp. 67.

Notice : *La Géographie*, 15 avril 1900, p. 343. Par Ch. R.[abot.]

— China and Russia. By Josiah Quincy, formerly First Assistant United States Secretary of State. (*North American Rev.*, Vol. 171, 1900, pp. 528/542.)

— F. Pila. — La politique russe en Extrême-Orient. (*Questions diplom. et colon.*, No. 10.)

— Russian Trade in China. By G. Calderon. (*Contemporary Review*, Sept. 1900, pp. 389/396.)

— Notice sur la Carte de la Russie d'Asie et des Pays limitrophes par E. Koverski. Saint-Pétersbourg, Imprimerie de l'Académie impériale des Sciences, 1900, in-8, pp. VIII-230 + 1 f. n. ch. er.

— Carte de la Russie d'Asie et des Pays limitrophes. [En russe.] Echelle 1/8.400.000.

— Мелетій, Епископъ Рязанскій и Зарайскій. — Православіе и Устройство церковныхъ дѣлъ въ Дауріи (Забайкальѣ), Монголіи и Китаѣ въ XVII и XVIII столѣтіяхъ. — Историческое изслѣдованіе. — Рязань. Тип. Братства св. Василія. 1901, in-8, pp. III-219, photog.

— *China*. No. 2 (1901). — Despatch from His Majesty's Ambassador at St. Petersburgh respecting the Russo-Chinese Agreement as to Manchuria. — Presented... March 1901. — London, [Cd. 439], ½ *d.*, in-fol., pp. 3.

— Russia and the « open door ». A Russian Publicist. (*Contemporary Review*, LXXIX, Feb. 1901, pp. 188/194.)

— Russia's aims. (*Blackwood's Mag.*, CLXIX, April 1901, pp. 548/562.)

— La pénétration russe en Chine. Par Henry Bidou. (*Bull. Com. Asie française*, Avril 1901, pp. 28/36.)

— Le port de Dalny. (*Ibid.*, Août 1901, pp. 215/216.)

— Le commerce de la Russie et de la Chine en 1900. (*Ibid.*, Sept. 1901, pp. 258/259.)

— L'expansion russe en Asie orientale. Par Georges Demanche. (*Rev. française*, 1901, pp. 257/269.)

— La flotte commerciale russe dans l'Extrême-Orient. (*Bull. Com. Asie française*, Janvier 1902, pp. 33/34.)

— La décadence de Kiakhta. (*Ibid.*, p. 34.)

— Le traité russo-chinois. Par R. C.[aix.] (*Ibid.*, Avril 1902, pp. 149/151.)

— Le traité russo-chinois sur la Mandchourie. (*T'oung Pao*, 2e Sér., III, N° 2, Mai 1902, pp. 119/121.)

— Les premières relations diplomatiques et commerciales russo-chinoises par André Tridon. (*Le Monde économique*, 1902, Mars 8, 22.)

— Das russische Küstengebiet in Ostasien (Primorskaja Oblastj) von C. von Zepelin König. Preuss. Generalmajor a. D. Mit zwei Karten des Küstengebietes und einem Plane von Wladivostok. — Berlin, 1902, Siegfried Mittler, in-8, pp. 60.

— Алфавитный Указатель географическихъ именъ Мукденьской Провинціи въ южной Маньчжуріи, нанесенныхъ на 20-верстную карту, составленную 10-го Восточно-Сибирскаго стрѣлковаго полка подполковникомъ *Хвостовымъ* и Корпуса Военныхъ Топографовъ поручикомъ *Любицкимъ*. — Составилъ 10-го Восточно-Сибирскаго стрѣлковаго полка капитанъ Горскій 2-й. — 1902 г, in-8, pp. 140, titre et en-têtes imp., texte autog.

— Rapport de M. Vitte sur son Voyage en Extrême-Orient. (*Bull. Com. Asie française*, Mai 1903, pp. 204/218.)

— La Russie en Chine. Par Pène-Siefert. (*Rev. Géog.*, Mai 1903, pp. 408/420.)

— Russland auf dem Wege zur Vorherrschaft in Ostasien. Nach dem Bericht des Finanzministers Witte über seine Reise nach dem fernen Osten. Von Hauptmann H. Toepfer. (*Asien*, 1903, No. 6, pp. 85/90.)

— * Dalni, Russlands wirtschaftspolitischer Stützpunkt in der Mandschurei. Von E. Corbach. (*Kolon.-Z.*, IV, 1903, pp. 261/4.)

— Oukase de S. M. l'Empereur de Russie et Statuts du Comité spécial de l'Extrême-Orient. (*Bull. Com. Asie française*, Oct. 1903, pp. 457/8.)

— * The Expansion of Russia. By F. H. Skrine. Second Edition. Cambridge : University Press, 1903.

— Paul Labbé — Un bagne russe l'île de Sakhaline — Ouvrage illustré de 51 gravures. Hachette, Paris, 1903, in-16, pp. 276.

— Paul Labbé — Les Russes en Extrême-Orient — Ouvrage illustré de 28 gravures et 1 carte. Paris, Hachette, 1904, in-16, pp. 277.

Notices : *Bul. Comité Asie franç.*, Août 1904, p. 407, par E. P. — *La Géographie*, 15 Sept. 1904, p. 184, par Charles Rabot.

— Une lieutenance générale russe en Extrême-Orient. Par Paul Labbé. (*Bul. Com. Asie française*, Août 1903, pp. 325/326.)

— Alexandre Ular — Un Empire Russo-Chinois. Paris, Félix Juven, s. d., [1903], in-18, pp. 356.

Notice : *Petermanns Mitt.*, 50. Bd., 1904, VII, pp. 124/5, par M. v. Brandt.

— * A Russo-Chinese Empire. An English Version of « Un Empire Russo-Chinois ». By Alexander Ular. London, A. Constable & Co., 1904, in-8, pp. xx-336.

— Russia, Manchuria and Mongolia. By A. Ular. (*Contemporary Rev.*, LXXXIV, Aug. 1903, pp. 189/208.)

Extraits : *Lond. & China Express*, Aug. 7, 1873.

— Russian Affairs. By Geoffrey Drage. London : John Murray, 1904, in-8, pp. xvi-738, cartes.

— Les Origines de la Russie moderne — Ivan le Terrible par K. Waliszewski. Paris, Plon, 1904, in-8, pp. vi-568.

— * Russland und China bis zum Vertrage von Nertschinsk. Georg Henning. (*Grenzboten*, 63. Jahrgang, Fév. 25, 1904, pp. 441/449 ; Mars 3, 1904, pp. 503/511.)

— Die ersten hundert Jahre russisch-chinesischer Politik — Von Dr. Bogdan Krieger Königlicher Hausbibliothekar — Berlin, Carl Heymann, 1904, in-8, pp. 72.

— B. L. Putnam Weale. — Manchu and Muscovite. Letters from Manchuria written during autumn 1903. Historical Sketch entitled « Prologue to the crisis ». New York : The Macmillan Co., 1904, in-8, pp. 572.

Notice : *N. C. Herald*, Sept. 2d, 1904, pp. 516/8.

— Dangerous journalism. By Rev. S. Isett Woodbridge, Editor of the « Chinese Christian Intelligencer ». (*Chin. Rec.*, XXXV, March 1904, pp. 112/116.)

— Über die wirtschaftliche Bedeutung der russisch-asiatischen Eisenbahn und der Mandschurei für Russland. Von Hauptmann H. Töpfer. (*Asien*, 1904, No. 6, pp. 84/7 ; No. 7, pp. 103/5 ; No. 8, pp. 119/121.)

— Le commerce russo-chinois par route de Kiakhta. (*Bull. Com. Asie française*, Oct. 1904, pp. 489/490.)

Extr. de la *Revue des Etudes franco-russes*.

— Россія на Дальнемъ Востокѣ. Par П. Головачевъ. Saint-Pétersbourg, Е. Д. Кусковой, 1904, pp. 216.

— Paul Mikhailovitch Lessar. Nécrologie par H. C.[ordier.] (*T'oung Pao*, Mai 1905, p. 238.)

— La mort de M. Lessar. (*Bull. Com. Asie française*, Mai 1905, pp. 201/2.)

— Obituary. — Paul Lessar. By T. H. H. et P. K. (*Geographical Journal*, XXV, No. 6, June 1905, pp. 680/683.)

— * Willibald Stavenhagen. — Wladiwostok. (*Danzer's Armee-Zeitung*, 1905, No. 16, pp. 4-6.) Wien, 1905, in-4, pp. 3.

— C. René — Russland und die Ostasiatische Frage. Berlin 1905. Puttkammer & Mühlbrecht, in-8, pp. 135.

— The Sea-route to Siberia. (*Geog. Journal*, XXVII, Febr. 1906, p. 196.)

A propos de la Communication d'Edouard Blanc à la séance de Novembre 1905 à la Soc. Géog. Paris.

— Ник. Вячеслав. Богоявленскій бывшій консулъ въ Западномъ Китаѣ. — Западный Застѣнный Китай — Его прошлое, настоящее, состояніе и положеніе въ немъ русскихъ подданныхъ. — С.-Пет., Тип. А. С. Суворина, 1906, in-8, pp. vi-418.

(Divers.)

CHEMIN DE FER SIBÉRIEN.[1]

— Exposé de la question relative au Chemin de fer de la Sibérie et de l'Asie centrale par le Colonel Eugène Bogdanovitch — Lu par l'auteur au Congrès international des Sciences Géographiques le 6 Août 1875 — Paris, Paul Dupont, 1875, br. in-8, pp. 14.

— [Henri Cordier.] — Сибирская транзитная желѣзная дорога. — St. Pétersbourg, 1890, br. in-fol.

Extrait d'un rapport fait, sur la demande du Lieutenant-général Michel Annenkov, sur les relations commerciales et les moyens de transport entre la Russie et la Chine.

— * Edgar Boulangier. — Notes de voyage en Sibérie; le chemin de fer trans-sibérien et la Chine. Paris, Société d'éditions scientifiques, 1891, in-4, pp. XII-397 + 2 pp. n. ch., ill., cartes.

— * The Siberian Railroad. (*Railroad Gazette*, XXIII, July 10, 1891, p. 476.)

Review of Report of Nicolai Woloshinow.

— * The Western Section of the Trans-Siberian Railroad. Michel Nicolaevich Ghercevanof. (*Ibid.*, XXV, Feb. 17, 1893, pp. 132/3.)

— * Siberia and the Great Siberian Railway. Editor of the English translation, John Martin Crawford. St. Petersburg [Trenke & Fusnot, printers], 1893, in-4, pp. XII-265, carte.

Forme le Vol. 5 de *The Industries of Russia*.

— * John Martin Crawford. — The great Siberian Railway. *United States Consul Reports*, Vol. 45, No. 166, July 1894, pp. 425/434, carte.

— * The Siberian Railroad [Progress of the Enterprise]. (*Railroad Gazette*, XXV, Dec. 8, 1893, p. 890.)

— * The Political and economic importance of the great Siberian Railway. Hermann Schönfeld. (*Engineering Magazine*, VII, July 1894, pp. 467/473.)

— * The Climate along the Route of the Trans-Siberian Railroad. — Frank Valdo. (*Railroad Gaz.*, XXVIII, April 10, 1896, pp. 256/7.)

— * The Siberian Railroad. Herbert H. D. Peirce. (*Ibid.*, Aug. 7, 1896, pp. 553/4.)

— * The Siberian Railroad. (*Ibid.*, Oct. 23, 1896, pp. 737/8.)

« A list of Articles relating to the Siberian Railroad which have appeared in the *Railroad Gazette*. »

— * The great Siberian Railway. (*Engineer*, LXXXII, Lond., Nov. 6, 1896, p. 459.)

— * The Trans-Siberian Railway. (*Engineering News*, XXXVI, Nov. 19, 1896, pp. 322/4.)

— * Robert L. Jefferson. — Roughing it in Siberia; with some account of the Trans-Siberian Railway, and the gold mining Industry of Asiatic Russia. London, Sampson Low, 1897, in-12, pp. (8)-252, grav., portrait, carte.

— G. Krahmer. — Sibirien und die grosse sibirische Eisenbahn. Leipzig, Zuckschwerdt & Co., 1897, in-8. [*Russland in Asien*, Bd. III; voir col. 2456.]

— Paul Labbé. — La situation des provinces traversées par le Transsibérien. (*Bul. Soc. Géog. com.*, Paris, XXIII, 1901, pp. 514/529.)

— * From London to the Far East by railway. (*Engineering*, LXIII, May 14, 1897, pp. 649/650.)

— * Siberian railway extension in China. (*Engineer*, Lond., LXXXIII, June 4, 1897, p. 562.)

— * The Manchurian Extension of the Trans-Siberian railway. With map. (*Engineering News*, XXXVIII, Nov. 11, 1897, pp. 308/9.)

— * Paul Gourdet. — Le chemin de fer en Asie centrale jonction du Transcaspien avec le Transsibérien. (*Congrès nat. des Soc. franç. de Géog.*, XIXe session, *Marseille*. — Sept. 1898, pp. 256/274. — Marseille, 1899, in-8.)

— * James Young Simpson. — Side-lights on Siberia. Some account of the great Siberian Railroad, the Prisons and the Exile System. William Blackwood and Sons, Edinburgh and London, 1898, in-8, pp. XVI-383, grav., carte.

— * La Sibérie et le Transsibérien. Le pays et ses habitans. Le chemin de fer. Pierre Leroy-Beaulieu. (*Revue des Deux Mondes*, CXLVI, 15 Mars 1898, pp. 324/358; CXLVIII, 15 Août 1898, pp. 808/844.)

— * The Trans-Siberian Railway : its new Terminus in China. Clarence Cary. (*Forum*, XXV, May 1898, pp. 285/299.)

— * The Trans-Siberian Railway. [Details from the Report of the Imperial Commission to the Tsar.] (*Engineer*, Lond., LXXXV, June 3d, 1898, pp. 519/520; LXXXVI, July 8, 1898, pp. 25/26; July 29, 1898, pp. 99/100.)

— * Quinquennial Report of the Committee for building the Siberian Railroad. (*Railroad Gaz.*, XXX, Sept. 16, 1898, pp. 663/4.)

— * United States. — *Bureau of Statistics*. The Russian Empire and the Trans-Siberian Railway. (*Monthly Summary of Commerce and Finance*, n. s., VI, April, 1899, pp. 2501/2599, carte, Washington, 1899, in-4.)

— * Vladimir [*pseud.*]. — Russia on the Pacific, and the Siberian Railway. London, Sampson Low, 1899, in-8, pp. XII-373, grav. et cartes.

— * The Trans-Siberian Railway and the Coal Resources of Siberia. (*Iron and Coal Trades Review*, LVIII, Jan. 27, 1899, pp. 151/3.)

— * The Trans-Siberian Railway. (*Engineer*, Lond., LXXXVII, April 7, 1899, p. 331.)

— * The Trans-Siberian Railway. William Durban. (*Contemporary Review*, LXXVI, Aug. 1899, pp. 261/271.)

— * The Trans-Siberian Railroad. Henry Michelsen. (*Scientific American*, LXXXXV, Aug. 26, 1899, pp. 136/7; *Ibid.*, *Supplement*, XLVIII, Aug. 26, 1899, pp. 19784/5.)

— * Russian Railway Policy in Asia. R. E. C. Long. (*Fortnightly Review*, N. S., LXVI, Dec. 1899, pp. 914/925.)

— * Die Transsibirische Eisenbahn. Josef Grunzel. (*Deutsche Rundschau für Geog.*, XXIII, 1900, pp. 27/31.)

— * Die wirtschaftliche Bedeutung der sibirischen Bahn. Kurt Wiedenfeld. (*Archiv für Eisenbahnen*, XXIII, Mars-Avril 1900, pp. 341/397; Mai-Juin 1900, pp. 693/756; Juillet-Août 1900, pp. 895/943; Sept.-Oct. 1900, pp. 1095/1124.)

— * Kurt Wiedenfeld. — Die sibirische Bahn in ihrer wirtschaftlichen Bedeutung. Berlin, Julius Springer, 1900, in-8, pp. (2)-202, carte.

— * The Marine Department of the Trans-Siberian Railroad. Waldon Fawcett. (*Scientific American*, LXXXXVI, March 31st, 1900, p. 200.)

— * The Great Siberian Railway. With map. M. Mikhailoff. (*North American Review*, CLXX, May 1900, pp. 593/608.)

— Foreign Office. — Diplomatic and Consular Reports [1900]. — Miscellaneous

1. Ce chapitre a été rédigé principalement d'après : *Trans-Siberian Railroad*, pages 17-21 de la *Select List of Books... relating to the Far East...* of A. P. C. Griffin, voir col. 1832.

Series, No. 533. — Russia. *Report on the Trans-Siberian Railway*, in-8, pp. 29.

— * The Opening up of Siberia by the Trans-siberian Railway. (*Board of Trade Journal*, XXX, Aug. 2d, 1900, pp. 237/240.)

Foreign Office, Miscellaneous Series, 533.

— * The Trans-Siberian-Manchurian Railway. With two maps. Archibald R. Colquhoun. (*Monthly Review*, I, Nov. 1900, pp. 40/55.)

— * The great Trans-Siberian-Manchurian Railway. With two maps. Archibald R. Colquhoun. (*Royal United Service Institution Journal*, XLIV, Dec. 1900, pp. 1408/1430.)

— The great Trans-Siberian-Manchurian Railway. (A. R. Colquhoun, *Overland to China*, pp. 117/150; voir col. 2165.)

— * Russia of to-day. II. The great Siberian Railway. Henry Norman. (*Scribner's Mag.*, XXVIII, Nov. 1900, pp. 515/541.)

— * Institut colonial international. — Bruxelles. — Les chemins de fer aux colonies et dans les pays neufs.

Institut colonial international, Bruxelles, 1900, 3 vol. in-8, plans, diagrammes. (*Bibliothèque coloniale internationale.*)

Transsibérien, II, pp. 721/733.

— Guide du grand chemin de fer transsibérien — Édité par le Ministère des Voies de Communication, sous la rédaction de A. I. Dmitrief-Mamonof et de l'ingénieur A. F. Zdsiarsky, traduit du russe par P. Tacchella. — Contenant 2 phototypies, 363 photo-typogravures, 4 cartes de la Sibérie et 3 plans de ville. — St. Pétersbourg, « Société d'Impression Artistique », 1900, in-8, pp. VIII-572.

Notice : *La Géographie*, 15 Mars 1902, p. 232. Par Charles Rabot.

Il y a des éd. anglaise, trad. par Miss L. Kúkol-Yasnopólsky, rev. by John Marshall, et allemande, trad. par A. Lütschg.

— Exposition Universelle de 1900 à Paris. — Comité du Chemin de fer transsibérien. — Aperçu des Explorations géologiques et minières le long du transsibérien. Publié par le Comité Géologique de Russie — St.-Pétersbourg, 1900, in-8, pp. XIII-200, 2 cartes.

— L'achèvement du Transsibérien. Par Henry Bidou. (*Bull. Com. Asie française*, Déc. 1901, pp. 366/375.)

— The Great Siberian Railway from St. Petersburg to Pekin by Michael Myers Shoemaker. G. P. Putnam's Sons, New York and London, 1903, in-8, pp. VIII-243.

— * La Sibérie et le grand Transsibérien. Léon Vallée. (*Revue de Géog.*, XLVIII, 1901, pp. 181/200.)

— * Die wirtschaftliche Bedeutung der sibirischen Eisenbahn. (*Koloniale Zeitschrift*, II, Jan. 3, 1901, pp. 13/14.)

— * The great Siberian railroad. With map. Arthur Montefiore Brice. (*Journ. Manchester Geog. Soc.*, XVII, Jan.-March 1901, pp. 37/45.)

— * Trade and the Siberian Railway. With map. A. Kinloch. (*Monthly Review*, II, March 1901, pp. 60/71.)

— * The Progress of the Siberian Railway. (*Scientific American, Supp.*, LI, March 9, 1901, 21059-21060.)

— * From Peking to St. Petersburg by Rail. Alfred Stead. (*American Monthly Review of Reviews*, XXIV; Dec. 1901, pp. 682/5.)

— * Sophus Ruge. — Die sibirische Eisenbahn. Vortrag, gehalten in der Gehe-Stiftung zu Dresden am 12. Oktober 1901. Dresden, Zahn & Jaen, 1901, in-8, pp. 52.

Jahrbuch der Gehe-Stiftung zu Dresden, Bd. 8, Heft 1.

— * Clarence Cary. — The Trans-Siberian Route; or, Notes of a Journey from Pekin to New York in 1902. New York, The Evening Post Job Printing House, 1902, in-8, pp. 53, grav., carte.

— * Dalny, a flat-city. Clarence Cary. (*Scribner's Mag.*, XXXIII, April 1903, pp. 482/493.)

— * A. F. Stahl. — Entlang der sibirischen Bahn. (*Geog. Zeitschrift*, Leipzig, 1902, VIII, pp. 81/92.)

— * From Japan to Europe by the Trans-Siberian Route. H. A. Bonar. (*Journ. Roy. United Service Inst.*, XLVI, Jan. 1902, pp. 18/38.)

— * The great Siberian Railroad. Arthur M. Brice. (*Cassell's Mag.*, N. S., XXIV, Feb. 1902, pp. 357/364.)

— * The Trans-Siberian Railway. (*Geog. Journal*, XXI, May 1903, p. 553.)

— * The great Russian Railway across Asia. J. M. Maclean. (*Magazine of Commerce*, II, May 1903, pp. 281/3.)

— * Exécution complète du chemin de fer transsibérien. F. Le Beschu. (*Monde illustré*, LXXXXIII, Août 29, 1903, pp. 204/6.)

— * Transsibérien-Transmandchourien. André Brisse. (*Revue de Géog.*, XXVII, Août 1903, pp. 97/111; Sept. 1903, pp. 215/228.)

— * La Sibérie et le transsibérien. S. Litman. (*Annales des Sciences politiques*, XVIII, Sept. 15, 1903, pp. 573/589.)

— * America's Part in the completion of the Trans-Siberian Railway. Alexander Hume Ford. (*Collier's Weekly*, XXXI, Sept. 5, 1903, pp. 19/20; *Pacific Monthly*, X, Dec. 1903, pp. 380/2.)

— * En route pour Wladivostock : croquis du Transsibérien. A. Debibert. (*Correspondant*, CCXIV, Fév. 25, 1904, pp. 714/724.)

— * The Cost of the Siberian Railroad. (*Railroad Gaz.*, XXXVI, March 4, 1904, p. 161.)

— * De Moscou à Port-Arthur et Vladivostock. Clavedy. (*Vie illustrée*, VII, Mars 18, 1904, pp. 388/393.)

— * The great Siberian Railway. James W. Davidson. (*Century*, LXVII, April 1904, pp. 940/950.)

— * An Engineer's Views of the Trans-Siberian. L. Lodian. (*Harper's Weekly*, XLVIII, April 9, 1904, pp. 548/9, 563.)

— * Military Aspects of the Trans-Siberian Railway. (*Scientific American*, LXXXX, April 16, 1904, pp. 308/9.)

— * The Siberian Railway in War. (*World to-day*, VI, May 1904, pp. 607/615.)

— A. N. de Koulomzine, Secrétaire d'Etat, Membre et Chargé d'affaires du Comité du Transsibérien. *Le Transsibérien.* Traduit du russe par Jules Legras. Paris, Hachette, 1904, in-8, pp. VIII + 326 et 6 ff. de diagrammes, un graphique et 2 cartes.

— Through Siberia to China. By E. H. Edwards, M. B., C. M. (*East of Asia*, Vol. 4, Pt. 2, June 1905, pp. 175/182.)

Ambassades.

Feodor Isakovich Baikov. 1653.

— Relatio ablegationis quam Czarea Majestas ad Catayensem Chamum Bogdi destinavit, ann. cIↃ.IↃCC.LIII.

Dans le Tome II de la Collection de M. Thévenot, à la suite du récit de l'Ambassade de Schakh Rokh.

— Land-Reys ‖ Van ‖ Saedor Jacowits ‖ Boicoof, ‖ Uytgesonden voor Ambassadeur van den ‖ Czaar van Moscovien, ‖ Na ‖ China; ‖ Gedaan in het Jaar 1653, ‖ Behelsende den Aart der Tarters en Cathayers; als me- ‖ de hunne Woon-plaatsen, Kleedingen, &c. ‖ Nu aldereerst uyt sijn Oorspronkelijke Taal overgeset, ‖ Met noodig Register verrijkt. ‖ [Vig.] ‖ Te Leyden, ‖ By Pieter Vander Aa, Boekverkooper, 1707. ‖ Met Privilegie. ‖ Pièce in-8, pp. 13; le verso du d. f. pour la tab.

— Bernard, *Recueil de Voyages au Nord*, Vol. IV, Amst., 1732.

— An account of two voyages : The First of

Feodor Iskowitz Backhoff, the Muscovite Envoy, into China. The Second of Mr. Zachary Wagener, a Native of Dresden in Misnia, thro' a great part of the World, as also in China. Translated from the High Dutch Original printed at Berlin. (Churchill's *Collection of Voyages*, II, 1744, pp. 467/78.)

Ces relations avaient été publiées par And. Müller à la suite de l'histoire de Beidavi (Berolini et Jenae, 1689). [Voir col. 30.] — Les éditions de Churchill de 1732 et de 1752 le donnent également dans le Vol. II.

— Mailla, *Hist. gén. de la Chine*, XI, p. 42.

— Backhoff (F. I.), Account of Two Voyages into China. Folio tract. London, N. D.

Cité p. 32 de « A Supplement to the Catalogue of the Library of the Hon. East-India Company. London, 1851, in-8. »

— Notes of a Journey from Moscow to China in 1654, by J. Dudgeon, M. D. (*Chin. Recorder*, V, 1874, pp. 28/32.)

Voyage de Baikov.

Nicolas Spatar Milescu.

« Dans les annales russes on l'appelle *Nikolaï Gavrilovitch Spafary*. Spafary était interprète au Ministère des Affaires Étrangères. Il fut envoyé, en 1675, comme ambassadeur à la cour de l'empereur de Chine. Il arriva à Péking le 15 Mai 1676. Le célèbre historien russe, Soloviev, dans son *Histoire de Russie*, XIIe vol., donne des détails très intéressants sur l'ambassade de Spafary et son audience chez l'empereur Kang hi d'après des documents officiels russes. »

(Note MS. du Dr. E. Bretschneider.)

— Relation curieuse, et nouvelle de Moscovie. Contenant, L'état present de cet Empire. Les Expeditions des Moscovites en Crimée, en 1689. Les causes des dernieres Revolutions. Leurs Mœurs, & leur Religion. Le Recit d'un Voyage de Spatarus, par terre à la Chine. A Paris. Chez Pierre Aubouyn, Libraire de Messeigneurs les Enfans de France. Et Charles Clouzier, Quay des Augustins à la Croix d'Or. Avec Privilege du Roy, M.D.C.XCVIII, in-12, pp. 231 + 7 ff. prél. pour l'ép. + 1 f. à la fin n. c. pour la table et le priv.

L'ép. au Roy est signée De la Neuville. — La relation du Spatar occupe les pp. 206/231.

— Relation curieuse et nouvelle de Moscovie. Contenant L'état present de cet Empire. Les Expeditions det [*sic*] Moscovites en Crimée, en 1689. Les causes des dernieres Revolutions. Leurs Mœurs, & leur Religion. Le Recit d'un voyage de Spatarus, par terre, à la Chine. A la Haye, chez Meyndert Uytwerf, Marchand Libraire près de la Cour. M.DC.XCIX, in-12, pp. 231 + 5 ff. prél. pour l'ép.

— Le Fleuve Amour. Par M. C. de Sabir, *vide supra*, pp. 17/18.

— * B. P. Hăşdeu, dans le journal : *Traianŭ*, II (1870), Nos. 7, 8, 9, 11, 13 et 14.

— Bibliothèque grecque vulgaire publiée par Emile Legrand... Tome III. Paris, Maisonneuve, 1881, in-8. *Introduction.*

— Nicolas Spatar Milescu, Ambassadeur du tsar Alexis Mihajlovič en Chine. Par Emile Picot. (Mélanges Orientaux. Textes et traductions publiés par les Professeurs de l'Ecole spéciale des Langues orientales vivantes à l'occasion du sixième Congrès international des Orientalistes réuni à Leyde [septembre 1883]. Paris, Ernest Leroux, 1883, gr. in-8, pp. 433/492.)

Cet article, dont il a été fait un tirage à part, contient une bibliographie du sujet.

— Путешествіе чрезъ Сибирь отъ Тобольска до Нерчинска и границъ Китая русскаго посланника Николая Спаѳарія въ 1675 году. Дорожный дневникъ *Спаѳарія*, съ введеніемъ и примѣчаніями д. чл. Ю. В. Арсеньева. (*Записки имп. русс. геогр. общества. — Этног.* — X, 1882-1888, pp. 3/214 + 1 f. n. ch.)

— Academia Romana. — De la Tobolsk pânǎ în China — Note de cǎlatorie de Spǎtarulŭ Nicolae Milescu 1675. — Traduse dupǎ textu grecescŭ de G. Sion Membru alŭ Academieĭ Române. — Ext. din *Analele Academiei Romane* Seria II, Tom. X. Memoriile Secţiunei Istorice. — Bucuresci, Tip. Acad. Române, 1888, in-4, pp. 93.

— Primul Cǎlǎtor Român prin Siberia şi China. De Miron Nicolescu. (*Bul. Soc. Geog. Românǎ*, XXV, 1904, pp. 80/135.)

Fedor Alex. Golovin. 1688.

Traité de Nertchinsk, 27 août 1689.

— Du Halde, *Description de la Chine*, Tome IV, relation du P. Gerbillon. [Voir col. 47.]

— Mailla, *Hist. gén. de la Chine*, XI, p. 110.

— Hostilities between Russia and China ; embassadors and plenipotentiaries appointed ; conferences and negotiations ; treaty of perpetual peace and union concluded and ratified, September 7th, 1689, being the 28th year, 7th month of the reign of Kanghe. [Par E. C. Bridgman, d'après Gerbillon.] (*Chin. Rep.*, VIII, pp. 417 et seq.)

— Послѣдня осада Албазина Маньчжу-китайцами въ 1687 году. (Изъ древнихъ свитковъ Восточной Сибири и китайскихъ источниковъ.) — И. Сельскаго. — (*Записки* Soc. Géog. d'Irkoutsk, V, 1858, pp. 101/118.)

— Texte dans le Recueil des Traités russes publiés en 1889, voir col. 2455 ; et dans H. Cordier, *Hist. des Relat.*, I, pp. 81/4.)

Evert Isbrand Ides.

Voir col. 2092.

— Beschreibung ‖ der ‖ Chinesischen Reise ‖ Welche vermittelst ‖ Einer Zaaris. Gesandschaft ‖ Durch Dero ‖ Ambassadeur | Herrn Isbrand ‖ Ao. 1693, 94 und 1695. von Moscau über ‖ Grosz-Ustiga | Siberien |

Dauren und durch ‖ die Mongolische Tartarey ver- ‖ richtet worden : ‖ Und ‖ Was sich dabey begeben | aus selbst ‖ erfahrner Nachricht mitgetheilet ‖ Von ‖ Adam Brand. ‖ Hamburg ‖ Bey Benjamin Schillern | Buchhandlern ‖ im Dohm 1698. ‖ Gedruckt bey Fried. Conr. Greflingen, in-12, pp. 215 + 8 ff. n. c. à la fin pour la table. Port.

British Museum, $\frac{1051, b, 23}{1}$.

Stuck cite également : Frf. 1697, in-8 ; Lübeck, 1723, in-8.

— Kurtze Chinesische Chronologia... von Christiano Mentzelio... 1696. Voir col. 559-560.

— Dreyjährige Reise | Nach | China ‖ Von | Moscau ab zu lande durch gross | Ustiga | Siriania | Permia | Sibirien ‖ Daour | und die grosse Tartarey ; | gethan durch den | Moscovitischen Abgesandten | Hrn. E. Yssbrants Ides : | Nebst einr landcharte und vielen kupffer= | stichen | so von dem abgesandten selbst auff der | reise auffgezeichnet worden ; | Wie auch | Einer beschreibung von China durch einen | Chineser in seiner sprache geschrieben. | Alles aus dem Holländischen übersetzet. | Franckfürt ‖ bey Thomas Fritschen | 1707. | Petit in-8, pp. 466 + 17 pp. n. c. p. l. tab. ; front., carte in-fol. et 27 grav.

— Adam Brands, ‖ Seiner Königl. Majestät in Preussen ‖ Commercien-Rahts | ‖ Neu vermehrte ‖ Beschreibung ‖ Seiner grossen ‖ Chinesischen Reise | ‖ Welche er Anno 1692. ‖ In der Suite des Herrn Eberhard Is- ‖ brands | Ihro Czaarischen Majestät ‖ Abgesandtens nach China ‖ Von Moscau aus | über Gross-Ustiga, ‖ Siberien, Dauren und durch die grosse Tar- ‖ tarey bis in Chinam, und von dar wieder zurück ‖ nach Moscau innerhalb drey Jahren ‖ vollbracht. ‖ Samt einer Vorrede ‖ Herrn Paul Jacob Marpergers, ‖ Mitglied der Königl. Preuss. Societät der Wissenschafften, ‖ Von ‖ Denen Reisen insgemein | sonderlich aber ‖ der Orientalischen | und was vor Nutzen beydes ‖ die Europäer als Asiatische Völcker davon zu ‖ gewarten haben. ‖ Berlin ‖ Gedruckt bey Johann Lorentz | 1712, in-8, pp. 336 + 24 ff. n. c. au com. pour le tit., la déd., l'avis au lect., et la préface + 4 ff. n. c. à la fin pour la tab.

— Adam Brands, ‖ Seiner Königlichen Majestät in Preussen ‖ Hof- und Commercien-Raths, ‖ Neu-vermehrte ‖ Beschreibung ‖ Seiner grossen ‖ Chinesischen Reise | Welche er Anno 1692. ‖ Von Moscau aus, ‖ über Grosz-Ustiga, Siberien, Dauren, ‖ und durch die grosse Tartarey bis in Chinam, ‖ und von da wieder zuruck nach Moscau, innerhalb drey Jahren vollbracht ; ‖ Samt einer Vorrede ‖ Herrn Paul Jacob Marpergers, ‖ Mitglied der Königl. Preuss. Societat der Wissenschaften. ‖ Von denen Reisen insgemein, ‖ Sonderlich uber der Orientalischen ‖ und was vor Nutzen beydes die Europæer als Asiatische Völcker ‖ davon zu gewarten haben. ‖ Dritter Druck. ‖ Lubeck, in Verlag Peter Bockmanns, 1734, pet. in-8, pp. 336 + 24 ff. n. c. au com. pour l'avis et la dissertation de Marpergers et 4 ff. n. c. à la fin pour la table.

British Museum, 978, d, 11.

— Eberhard Isbrand Ides, russischen Gesandten, Reise nach China, im Jahre 1693. Aus dem Holländischen übersetzt. (J. J. Schwabe, *Allgem. Hist. d. Reisen*, Bd. V, 1749, pp. 512/526.)

— Voir Corneille Le Brun. — Voyages en Moscovie... Amsterdam, 1718, 2 vol. in-fol.

— The Mammoth. By F. W. Mayers [*sic*]. (*China Review*, VII, pp. 136/137.)

— A ‖ Journal ‖ of an ‖ Embassy ‖ From Their Majesties ‖ John and Peter Alexowits, ‖ Emperors of Muscovy, &c. ‖ into ‖ China, ‖ Through the ‖ Provinces of Ustiugha, Siberia, Dauri, and ‖ the Great Tartary, to Peking, the Capital ‖ City of the Chinese Empire. ‖ Performed by Everard Isbrand, Their Ambassado ‖ in the Years 1693, 1694, and 1695. ‖ Written by Adam Brand, Secretary of the Embassy ‖ Translated from the Original Printed at Hamburgh 1698. ‖ With Some Curious Observations ‖ concerning the Products of Russia. ‖ By H. W. Ludolf. ‖ London : Printed for D. Brown at the Black Swan and ‖ Bible without Temple-Bar ; and T. Goodwin at the Queen's Head ‖ over-against St. Dunstan's Church, Fleet-street. 1698, pet. in-8, pp. 134.

Port. de Peter Alexiowitz.

British Museum, 1048, a, 30.

— A ‖ Journal ‖ of the ‖ Embassy ‖ From Their Majesties ‖ John and Peter Alexievitz, ‖ Emperors of Muscovy, &c. ‖ Over Land into ‖ China, ‖ ... Empire. ‖ By Everard Isbrand, Their Ambassador in the ‖ years 1693, 1694, and 1695. ‖ Written by Adam Brand, Secretary of the Embassy. ‖ Translated from the Original in High-Dutch, Printed at ‖ Hamburgh, 1698. ‖ To which is added, Curious Observations ‖ ... 1698 pet. in-8, pp. 134.

Même édition que la précédente avec un titre différent.

British Museum, $\frac{1049, c, 2}{3}$.

— Three Years Travels from Moscow overland to China through Great Ustiga, Siriania, Permia, Sibiria, Daour, Great Tartary, &c., to Peking... written by his Excellency E. Ysbrants Ides, Ambassador from the Czar of Muscovy to the Emperor of China... to which is annex'd an accurate Description of China done originally by a Chinese Author... printed in Dutch by the direction of Burgomaster Witzen, formerly Ambassador in England ; and now faithfully done into English. London, 1706, in-8.

Un extrait sous le titre de « The Travels of Everard Isbrand Ides, the Russian Ambassador, in China, 1693 » est donné dans la Col. de Astley, III, pp. 566-575.

Notice par S. W. Williams, *Chin. Rep.*, VIII, pp. 520/9.

— A Journal of an Embassy from their Majesties Iwan and Peter Alexiowitz, Czars of Muscovy, &c. over Land into China... Collected by Adam Brand, Secretary to the said Embassy, and translated from the High-Dutch Original, Printed at Hamburgh, 1698. (Harris' *Col.*, II, pp. 229/237.)

— Relation ‖ du ‖ Voyage ‖ de Mr. Evert Isbrand ‖ Envoyé de Sa Majesté ‖ Czarienne ‖ a l'Empereur ‖ de la Chine, ‖ En 1692, 93, & 94. ‖ Par le Sieur Adam Brand. ‖ Avec une Lettre de Monsieur ***, ‖ sur l'Etat Présent de la Moscovie. ‖ A Amsterdam, ‖ Chez Jean-Louis de Lorme... ‖ M.DC.XCIX. ‖ Pet. in-8, pp. 249 + 2 ff. prél. pour le tit. et la préf. ; une carte d'après celle de N. Witsen.

— Voir Prévost, *Hist. gén. des Voyages*, VII, 1749, pp. 297 et seq.

— Seer aenmercklijcke ‖ Land- en Water- ‖ Reys, ‖ Onlanghs gedaen van't Gesantschap sijner tegen- ‖ woordigh-regeerende Czaarsche Majesteyt uyt ‖ Muscouw na China, onder desselven Ambassadeur ‖ de Heer Isbrand, door Groot-Ustiga, ‖ Siberien, Dauren, Mongalisch Tattaryen, &c. ‖ Bevattende ongemeen-wonderlijcke bysonderheden ‖ eeniger onbekende van haer aengetroffene Vol- ‖ keren ; seldsame Voorvallen, en veelerley ‖ andere gedenckwaerdige Saecken. ‖ Beschreven door ‖ Adam Brand ; ‖ eenen uyt't Gevolgh de Heer Ambassadeur. ‖ Met byvoegingh van een ‖ Curieuse Beschrijvingh der Natuerlijcke ‖ dingen van Rusland. ‖ Nu eerst vertaeld ‖ En seer bequaem, om gevoeghd te worden by de ‖ Religie ‖ der ‖ Muscoviten, ‖ Oud-tijds en hedensdaeghs, onlanghs uytgekomen. ‖ Tot Tyel, ‖ By Jan van Leeuwen, Boeckverkooper. ‖ En te bekomen t'Utrecht by Antony Schouten. ‖ 1699, in-8, pp. 201 + 10 ff. n. c. au com. pour le tit., l'avis au lect., etc. + 1 f. n. c. à la fin pour les livres imprimés par A. Schouten.

— Driejaarige Reize naar China, te lande gedaan door den Moskovischen Afgezant, E. Ysbrants Ides, van Moskou af, over Groot Ustiga, Siriania, Permia, Sibirien, Daour, Groot Tartaryen tot in China. Waar in, behalven de gemelde Landstreeken, de Zeden dier woeste Volken, ten aanzien van hunnen Godtsdienst, Regeeringen, Huwelyken, dagelykschen Handel, Kleedinge, Woningen, Onderhoud, Dood en Begraafnissen naaukeuriglyk beschreven worden... Hier is bygevoegt, eene beknopte Beschryvinge van China, door eenen Chineeschen Schryver t'zamengestelt, nu eerst in 't Neêrduitsch vertaalt, en met verscheide Aanteekeningen verrykt. T'Amsterdam, Gedruckt by François Halma... 1704, in-4, pp. 243, s. la préf., &c. Front. grav., grav.

— Driejaarige Reize ‖ naar ‖ China, ‖ te lande gedaan door den Mos- ‖ kovischen Afgezant, ‖ E. Ysbrants Ides, ‖ Van Moskou af, ‖ Over ‖ Groot Ustiga, Siriania, Perm a, ‖ Sibirien, Daour, Groot Tartaryen ‖ Tot in ‖ China. ‖ Waar in, behalven de gemelde Landstreeken, de Zeden ‖ dier woeste Volken, ten aanzien van hunnen Godtsdienst, ‖ Regeeringen, Huwelyken, dagelykschen Handel, Klee- ‖ dinge, Woningen, Onderhoud, Dood en Be- ‖ graafnissen naaukeuriglyk beschreven worden. ‖ Met eene Landkaart, door den Gezant op zyne Reize, naar de waare ‖ gelegenheit der plaatzen getekent, en met veele schoone Printverbeeldingen versiert. ‖ Hier is bygevoegt, eene beknopte ‖ Beschryvinge van China, ‖ Door eenen Chineesen Schryver t'zamengestelt, nu eerst in ‖ 't Neêrduitsch vertaalt, en met verscheide Aantekeningen verrykt. ‖ T'Amsterdam, ‖ Gedrukt by Pieter de Coup, Boekverkoper in de ‖ Kalverstraat, in Cicero. ‖ MDCCX, in-4, pp. 243 + 15 ff. n. c. au com. pour le tit., la déd., etc. + 2 ff. n. c. à la fin pour un sup. et les er. Carte et front. grav., et pl.

— Die Verhandlungen der russischen Gesandtschaft 1693/94 am Hofe zu Peking. Eine Episode aus der Geschichte der russisch-chinesischen Beziehungen. Von Dr. Georg Henning. (*Asien*, 1904, No. 5, pp. 68/71.)

L. V. Ismailov.

Entre à Peking le 29 nov. 1720 ; quitte 2 mai 1721.

John Bell, of Antermony.

— Travels from St. Petersburg... Glasgow, 1763, 2 vol. in-4. [Voir col. 2093.]

— Travels from St. Petersburg... London, 1764, 2 vol. [Voir col. 2093.]

— Travels from St. Petersburg in Russia, to diverse parts of Asia. Containing, I. A journey to Ispahan in Persia, in the years 1715, 1716, 1717, and 1718. II. A journey to Pekin in China, through Siberia, in the years 1719, 1720, 1721. With a map of the Author's two routes between Mosco and Pekin : To which is added, a translation of the Journal of Mr. de Lange, Resident of Russia at the court of Pekin, in the years 1721 and 1722. III. A journey from Mosco to Derbent in Persia, in the year 1722. IV. A journey from St. Petersburg to Constantinople, in the years 1737 and 1738. By John Bell, Esq ; [Gentleman in Several Embassies to the Emperors of China, Persia, &c.] In two volumes. Dublin : Printed for Robert Bell, Bookseller and Auctionier, in Stephen-street, opposite Aungier-street. M.DCC.LXIV, 2 vol. in-8.

British Museum, 979, k, 28.

— Travels from St. Petersburgh in Russia, to various parts of Asia. Illustrated with maps. In two volumes. By John Bell, of Antermony. Edinburgh : Printed for William Creech, and sold by Geo. Robinsons and Co. London. M.DCC.LXXXVIII. 2 vol. in-8.

British Museum, 1046, c, 2.

— Travels from St. Petersburgh in Russia, to various parts of Asia. Illustrated with Maps by John Bell, of Antermony. A new edition, in one volume. Edinburgh : Printed for William Creech, and sold by John Murray, 32, Fleet Street, London, 1806, in-8, pp. XVI-616.

— Pinkerton, VII [col. 2093].

— Voyages depuis St. Pétersbourg [col. 2093].

— Voyage de Pétersbourg à Péking, par la Sibérie, fait en 1719, par ordre de Pierre Ier, pp. 161/332 de la traduction française du *Voyage* de Barrow, III, Paris, 1805.

Voyage de Bell, médecin de l'ambassade d'Ismailov.

— A été traduit en russe avec le journal de Lange, par Popov, en 1776, 3 vol.

— L'ambassade moscovite entra à Péking le 29 Nov. 1720; on trouvera des notes basées sur une lettre du P. Kögler, datée du 2 Déc. 1720, p. xxiij de l'ép. du P. du Halde en tête du XVe Recueil des *Lettres édifiantes*.

Lorenz Lange.

— Nouveaux Memoires sur l'Etat present de la Grande Russie ou Moscovie... Tome second. A Paris, chez Pissot, M.DCC.XXV, in-12.

Journal du Voyage de Laurent Lange à la Chine, pages 89/144.

« A son retour, en 1718, il communiqua [son journal] à l'auteur des *Nouveaux Mémoires sur la Russie*, 2 vol. in-12; celui-ci l'inséra dans son second volume. On dit que Lange fut mécontent de cette publication, faite sans son aveu. » (*Biog. Univ.*)

— Bernard, *Recueil de Voyages au Nord*, Amst., 1715, Vol. VIII, in-12.

— Bernard, *Ibid.*, 1731, Vol. V.

— Bernard, *Ibid.*, 1731, Vol. VIII.

— Prévost, *Hist. gén. des Voyages*, VII, 1749, pp. 312 et seq.

— Lorenz Langens, russischen Bothschafters, Reise nach China, im Jahre 1717. Aus dem Hochdeutschen. (J. J. Schwabe, *Allgem. Hist. d. Reisen*, Bd. V, 1749, pp. 526/535.)

— Die | Gesandschafft | Ihro Kâyserl. Majest. | von | Gross-Russland | an den | Sinesischen Kâyser ‖ Wie solche Anno 1719. aus St. Pe- | tersburg nach der Sinesischen Haupt- und | Residentz-Stadt Pekin abgefertiget; Bey dessen Er- | zehlung die Sitten und Gebräuche der Chineser, Mon- | galen (*sic!*) und anderer Tartarischer Vôlcker zugleich be- | schrieben, und mit einigen Kupffer-Stûcken | vorgestellet werden, | Von | Georg Johann Unverzagt. | Lûbeck, | Bey Johann Christian Schmidt. 1725. | Pet. in-8, 4 ff. n. c. p. l. préf. + pp. 168; front.; 9 grav.

Stuck, p. 306.

— Journal of Laurence Lange's Travels to China. (Pp. 3/36 dans le Vol. II de : *The Present State of Russia*... London, W. Taylor... MDCCXXIII-1722, 2 vol. in-8.)

British Museum, 150, d, 7/8.

— The Travels of Laurence Lange, the Russian Envoy, in China, in 1717. Translated from the High Dutch. (*Astley's Col.*, III, pp. 575/581.)

— Journal de la résidence du sieur Lange, agent de Sa Majesté impériale de la Grande Russie à la Cour de la Chine; dans les Années 1721. & 1722. A Leyde, Chez Abraham Kallewier. 1726. Aux dépens de l'Auteur, in-8, pp. 243 + 6 ff. prél. pour le tit. et l'avis au lecteur.

British Museum, 1048, a, 31.

Sava Vladislavitch.

Traité du 21 octobre 1727.

La relation originale de l'ambassade de Sava Vladislavitch forme un manuscrit en 2 gros vol. in-fol., conservés aux Archives de Moscou.

Vladislavitch est resté à Pe-king depuis le 21 octobre 1726 jusqu'au 23 avril 1727.

(Ismailov : Lange. — Vladislavitch.)

— On trouve dans : la *Chrestomathie mandchou*, de Klaproth (1828), pp. 222 et seq. la traduction française du *Traité de Paix entre la Chine et la Russie* (21 oct. 1727 — ratifié 14 juin 1728); la *China Mail*, No. 188, 21 sept. 1848, les trad. franç. et angl.; *N. C. Herald*, 295, 22 mars 1856, trad. angl.

Voir le recueil russe de 1889, col. 2455.

Lange.

« Lange accompagna Léon Vasiliavitz Ismaïlof, capitaine des gardes du tsar, et son envoyé extraordinaire auprès de Khang-hi, pour aplanir les difficultés relatives au commerce des Russes avec la Chine. Quand Ismaïlof partit de Péking, en 1721, Lange resta dans cette capitale pour veiller aux intérêts des caravanes russes; mais de nouvelles difficultés, survenues entre les deux nations, le forcèrent de quitter Péking, le 12 août 1722. Après que les frontières des deux empires eurent été fixées par un traité conclu en 1726, il fut de nouveau envoyé en Chine, avec une caravane de deux cents personnes. Le 26 décembre 1727, on entra dans Péking, et Lange y resta jusqu'au 13 juillet de l'année suivante. Ses services furent récompensés par la dignité de conseiller de chancellerie. En 1736, il fut encore envoyé à la Chine avec une caravane, qui partit de Selinginsk, et arriva le 10 novembre à Péking. Malgré les tracasseries continuelles des Chinois, les marchands russes firent des affaires assez lucratives. Lange partit le 10 mai 1737, et prit sa route par le désert de Kobi. Il fut ensuite nommé vice-gouverneur d'Irkoutsk. » (*Biog. Univ.*)

— Tagebuch einer in den Jahren 1727 und 1728 über Kiachta nach Peking unter Anführung des Agenten Lorenz Lange gethanen Karawanenreise. (Pp. 83/159, VII, dans le Vol. II des *Neue Nordische Beyträge*,[1] St. Petersburg und Leipzig, 1781.)

— Tagebuch einer im Jahr 1736 unter Anführung des Kanzleyraths Lange und des Commissars Firsof von Zuruchaitu durch die Mongolen nach Peking verrichteten Karawanenreise. (Pp. 159/207, VIII, dans le Vol. II, *Ibid.*)

— Tagebuch zwoer Reisen, welche in den Jahren 1727, 1728 und 1736 von Kiachta und Zuruchaitu durch die Mongolen nach Peking gethan worden von Lorenz Lange, ehemaligem Russ. Kays. Kanzleyrath. Nebst einer geographisch-historischen Beschreibung der Stadt Peking. Mit Kupfern. Aus ungedruckten Quellen mitgetheilt vom Herrn Prof. Pallas. Leipzig, Johann Zacharias Logan, 1781, in-8, pp. 152.

Voir *Jetziger Staat von Russland*, II, 1780.

Kropotov.

— Suppl. au traité de paix du 21 Octobre 1727, conclu et signé le 18 Octobre 1768.

Texte dans le recueil de 1889, voir col. 2455.

Golovkin. 1805.

Ne pas confondre avec Golovin, 1688.

— Extrait du Journal d'une personne attachée à l'ambassade russe à Pékin au mois de juillet 1805, traduit de l'allemand. (*Mag.*

1. Neue Nordische Beyträge zur physikalischen und geographischen Erd- und Völkerbeschreibung, Naturgeschichte und Oekonomie. St. Petersburg und Leipzig, bey Johann Zacharias Logan, 1781-1796, 7 vol. in-8.

Pub. par P. S. Pallas.

British Museum, 964, i, 15.

(Lange. — Kropotov. — Golovkin.)

Encyclopédique de Millin, IV, 1807, pp. 340/363.)

— * (v. Golowin). — Die Russische Gesandtschaft nach China im J. 1805. Neue Ausgabe. Elberfeld, 1817, Büschler. In-8. [Engelmann.]

EGOR FEDOROVITCH TIMKOVSKI.

— * Сунъ, Кит. министръ и военачальникъ. (Сообщ. отъ Е. Ф. Тимковскаго.) (*Сибир. Вѣстникъ*, 1823, No. 1, pp. 1/6.)

Mejov, 1432.

— Отрывокъ изъ новѣйшаго путешествія въ Китай чрезъ Монголію въ 1820 и 1821 годахъ. (*Сѣверный Архивъ*,[1] 1823, No. 5 et suivants, p. 440.)

Ces morceaux ont été traduits en allemand :
British Museum, PP, 3914, d.

— Bruchstück aus der neuesten Reise nach China durch die Mongolei in den Jahren 1820 und 1821. (*St. Petersburgische Zeitschrift*, herausg. v. Aug. Oldekop, XI, 1823, pp. 173/195, 289/309.)

— G. F. Timkowskij's Tagebuch während seines Aufenthalts in Pekin vom 1. Decbr. 1820 bis zum 15. Mai 1821. (*Ibid.*, XII, 1823, pp. 196, 310 ; XV, 1824, pp. 169, 329 ; XVI, pp. 145, 196, 310.)

— Путешествіе въ Китай чрезъ Монголію, въ 1820 и 1821 годахъ. Съ картою, чертежами и рисунками. Печатано по Высочайшему повелѣнію, иждивеніемъ казны. St. Pétersbourg, 1824, 3 vol. in-8.

British Museum, 1046, k, 20.

— * J. v. Timkowsky. — Reise nach China durch die Mongolei, in den Jahren 1820 u. 1821. Aus dem Russischen übersetzt von J. A. E. Schmidt. Leipzig, E. Fleischer, 1825-1826. 3 Thle. Mit 11 Kpfrn. und Karten, gr. in-8.

— Reis naar China door Mongolije gedurende de Jaren 1820 en 1821 van Georg Timkowski. Te Haarlem, bij de Erven François Bohn, MDCCCXXVI, 3 vol. in-8.

— Voyage à Péking, à travers la Mongolie, en 1820 et 1821, Par M. G. Timkovski ; traduit du russe par N********, Revu par M. J.-B. Eyriès ; Publié, avec des Corrections et des Notes, Par M. J. Klaproth ; Ouvrage accompagné d'un atlas qui contient toutes les planches de l'original, et plusieurs autres inédites. Paris, Dondey-Dupré père et fils, MDCCCXXVII, 2 vol. in-8, 3 ff. n. ch. tit. et déd. + pp. XII + 480, 459, et Atlas in-fol.

Notices par Abel-Rémusat, Juillet 1827, pp. 392/402. — *Bul. Soc. Géog.*, III, 1828, p. 26.

— Travels of the Russian Mission through Mongolia to China, and residence in Peking, in the years 1820-1821. By George Timkowski. With corrections and notes by Julius von Klaproth. Illustrated by maps, plates, &c. &c. In two volumes. London : Printed for Longman,... 1827, 2 vol. in-8.

British Museum, 1046, c, 13.
Not. : *Chinese Courier*, Canton, II, No. 9, 10 et 12.

— Podróż do Chin przez Mongoliją w latach 1820 i 1821 przez Jérzego Tymkowskiego odbyta, z rossyjskiego zaś na polski język przez T. W. Kochańskiego, członka towarzystwa jeograficznego w Paryżu, Przełożona. We Lwowie, drukiem Piotra Pillera. 1827, 2 vol. in-8.

British Museum, 10057, bbb.

— Podroż do Chin przez Mongolija w latach 1820 i 1821 przez Jérzego Tymkowskiego odbyta z rossyjskiego zaś na polski język przez T.W. Kochańskiego... We Lwowie, drukiem Piotra Pillera, 1828, 2 vol. in-8.

Bib. nat., $\frac{O^2n}{786}$.

NICOLAS MOURAVIEV.

— Traité d'Aïgoun, 16 mai 1858.
Texte dans le Recueil de 1889, col. 2455.

COMTE POUTIATINE.

— *Traité signé à T'ien-tsin, le 1/13 juin 1858.*

Trad. anglaises dans : *Home News*, Jan. 1859 ; *N. C. Herald*, 451, March 19, 1859 ; 479, Oct. 1st, 1859 ; *Daily News*, 1859 ; *Chinese Commercial Guide*, pp. 56 et seq.
— Texte dans le recueil russe de 1889, col. 2455.

— * Трактатъ, заключенный 1-го Іюня 1858 г. въ Тянь-цзинѣ, между Имп. Всероссійскимъ и Богдыханомъ Китайскимъ. (*Русскій Инвалидъ*, 1859, No. 151. — *Тоже Сѣв. Пчела.*, 1859, No. 151.)

Mejov, 2053.

— Souvenirs de l'Ambassade du Comte Poutiatine en Chine. (Extrait du Journal de Voyage d'un des Membres de l'Ambassade.) Br. in-4, pp. 12 à 2 col.

On lit à la fin : Extrait du *Journal de St.-Pétersbourg*, Nos. 94, 95, 96 [de l'année 1896]. Par le baron Fred. d'Osten-Sacken.
— Henri Cordier, *Hist. des Relat.*, I, pp. 79/97.
— Henri Cordier, *L'Expéd. de Chine de 1857-58.*

NICOLAS IGNATIEV.

— *Convention signée à Pe-king, le 2/14 Nov. 1860*, par le général Ignatiev et le Prince Kong.

Trad. anglaise : *N. C. Herald*, Janv. 26, 1861.
— Texte dans le recueil russe de 1889, col. 2455.

1. Сѣверный Архивъ, журналъ исторіи, статистики и путешествій, издаваемый О. Булгаринымъ. St. Pétersbourg, 1823-1828, 36 vol. in-8.

— Henri Cordier, *Hist. des Relations*, I, pp. 79/97.
— Henri Cordier, *L'Expéd. de Chine de 1860.*

∴

— Société impériale russe de Géographie. — Aperçu des Travaux géographiques en Russie par le Baron Nicolas Kaulbars. St.-Pétersbourg, Imp. Trenké et Fusnot, 1889, in-8, pp. IV-292.

— Библіографія Азіи. — Указатель книгъ и статей объ Азіи на русскомъ языкѣ и однѣхъ только книгъ на иностранныхъ языкахъ, касающихся отношеній Россіи къ Азіатскимъ государствамъ. Составилъ В. И. Межовъ. С.-Петербургъ. 1891. — Т. II, 1892. — 2 vol. in-8.

I. — L'Orient en général. La Chine, la Mandchourie, la Mongolie, la Djoungarie, la Corée, le Thibet, le Japon, l'Inde, la Perse, le Bélouchistan, la Turquie, l'Arabie, l'Afghanistan, l'Asie centrale.

— Travaux géographiques des Russes. Par P. Lemosof. (*Annales de Géog.*, 15 janvier 1895, pp. 225/232.)

— Russische Arbeiten über Ostasien. Von W. Barthold. (*Mitth. des Seminars für Orient. Sprachen*, I, 1898, pp. 187/210.)

— Russische Arbeiten über Ostasien. Jahresbericht für 1898. Von W. Barthold. (*Ibid.*, Berlin, Jahrg. II, Erste Abth., 1899, pp. 140/151.)

— Russische Arbeiten über Ostasien. Jahresbericht für 1899. Von W. Barthold. (*Ibid.*, Jahrg. III, Erste Abth., 1900, pp. 233/238.)

— Russische Arbeiten über Ostasien. Jahresbericht für 1900. Von W. Barthold. (*Ibid.*, Jahrg. IV, Erste Abth., 1901, pp. 247/260.)

— Russische Arbeiten über Ostasien. Jahresbericht für 1901. Von W. Barthold. (*Ibid.*, Jahrg. V, Erste Abth., 1902, pp. 155/162.)

— Кяхтинскій Листокъ.

Journal hebdomadaire in-4, publié à Kiakhta, et occupé principalement par des nouvelles de Chine et de Mongolie. Le n° 1 est du 3 mai 1862. Il y a un bon nombre de traductions russes de documents chinois ; ainsi le n° 13, du 26 juillet 1862, publie le décret impérial sur la mort de l'amiral Protet. Au Musée Roumiantsov, N $\frac{18}{55}$, se trouvent les nos 1-13, 15, 18. (Pelliot.)

— Восточный Сборникъ. — Томъ первый. — Санктпет., Тип. Минист. Путей Сообщенія (А. Бенке), 1877, in-8, 1 f. n. ch. p. l. tab. + pp. III-448.

Contient :

1° Старинные слѣды Христіанства въ Китаѣ, по китайскимъ источникамъ, par l'archimandrite Палладій, pp. 1-49 ; suppl. I, pp. 50-60 ; suppl. II, pp. 60-62 ; remarques (примѣчанія) de В. В. Григорьевъ, pp. 62-64 ;

2° Записки Китайца объ Аннамѣ, trad. du chinois par le Р. Евлампій, comprenant : α) Предъувѣдомленіе редакціи Сборника, pp. 67-68 ; β) Предисловіе китайскаго издателя, p. 69 ; γ) Переводъ дневника, pp. 70-123 ; δ) Краткія свѣдѣнія о государствѣ Юэнань (Аннамъ), pp. 124-145 ;

3° Старинное Китайское сказаніе о Чингисханѣ, trad. du chinois par l'archimandrite Палладій, pp. 149-202 ;

4° Очеркъ внѣшней торговли Азербайждана за 1870-1871 гг., par Ѳ. А. Бакулинъ, pp. 205-266 ;

5° Очеркъ русской торговли въ Мазандеранѣ и въ Астерабадѣ въ 1871 году, par le même, pp. 267-327 ;

6° Черногорія и Черногорцы, par К. Нетковичъ, pp. 331-448.

Les trois premiers articles avaient paru en une livraison en 1872 ; l'édition de 1877 renferme un nouveau titre, une nouvelle table, une préface et trois autres articles.

— Новый Край.[1]

Journal publié à Port-Arthur. — Après la prise de Port-Arthur, les trois rédacteurs, Colonel Artemiev, propriétaire du journal, M. Veroshkin et M. Tchernikovsky allèrent à Chang-hai. Artemiev partit pour St. Pétersbourg en mai 1905 et obtint une audience du Tsar. Veroshkin retourna à Kharbin pour faire paraître le journal ; il fut rejoint par ses deux autres collaborateurs et les trois disparurent en mars 1906, probablement arrêtés. — Cf. *N.-C. Herald*, March 16, 1906.

∴

Voir :

— *Travaux de la Mission russe de Pe-king*, col. 1350-1353.
— *Mongolie.*
— *Mandchourie.*
— *T'ien chan Pe-lou ; T'ien chan Nan-lou.*
— *Observatoire russe de Pe-king*, col. 214, 1458.

---

1. Ouvrages publiés par la librairie du Новый Край (П. А. Артемьевъ) à Port-Arthur :

— Временное положеніе объ управленіи Квантунской Области, 1899, 50 коп.

— У стѣнъ недвижнаго Китая, par Дмитрій Янчевецкій.

— Библіотека газеты «Новый Край» :

1° Воспоминаніе о Сеймуровскомъ походѣ 1900 г., 50 коп. ;

2° 12-й полкъ во время событій боксерскаго возстанія, 1re partie, 1900, 1 rouble ;

3° Ченцза. Разсказъ изъ русско-маньчжурскаго быта, par М. Ф. Черниховскій, 50 коп. ;

4° И. С. Левитовъ. Первый номеръ желтой опасности, 35 коп.

— Collection Русскій Китай :

1° Очерки занятія Квантуна и быта туземнаго населенія, par П. Россовъ, 2 roubles ;

2° Очерки дипломатическихъ сношеній Россіи съ Китаемъ. Пекинскій договоръ, par le baron Буксгевденъ, 1 rouble, 50 коп.

— Sous presse en 1903 :

1° Литературно-художественный Альбомъ «Квантунъ, Печили и Маньчжурія» ;

2° Кауфманъ. Китайско-русскій словарь ;

3° Краткій путеводитель на Дальній Востокъ по сплошному желѣзно-дорожному пути.

Cette liste m'a été remise par M. Paul Pelliot.

Le Matin, journal quotidien de Paris, a publié des articles intéressants sur ce journal dans les nos. du 17 et du 18 janvier 1905.

VII. — FRANCE.

Ouvrages divers.

— Mémoires sur les relations politiques des Princes chrétiens, et particulièrement des Rois de France, avec les Empereurs Mongols. Par M. Abel-Rémusat *(Mém. de l'Ac. des Insc. et B.-L.)* :

Premier Mémoire. Rapports des Princes chrétiens avec le grand Empire des Mongols, depuis sa fondation sous Tchinggis-khan, jusqu'à sa division sous Khoubilaï (VI, pp. 396 et seq.).

Lu le 13 Septembre 1816.

Second Mémoire. Relations diplomatiques des Princes chrétiens avec les Rois de Perse de la Race de Tchinggis, depuis Houlagou, jusqu'au règne d'Abousaïd (VII, pp. 335 et seq.).

Lu le 6 Septembre 1822.

Il y a un extrait succinct de ces deux mémoires dans les *Mélanges Asiatiques*, I, pp. 401/412. — Le *Journal Asiatique*, Sept. 1822, pp. 128/141, donne un extrait du second mémoire.

Cet ouvrage a été l'objet d'une notice de Reinaud dans le *Journal Asiatique*, VI, 1825, pp. 372/380.

Il y a un tirage à part de cet ouvrage :

— Memoires sur les relations politiques des princes chrétiens, et particulièrement des Rois de France, avec les Empereurs Mongols. Par M. Abel-Rémusat. A Paris, de l'imprimerie royale, 1822, in-4, pp. 180 et 7 pl.

— Philologisch-kritische Zugabe zu den von Herrn Abel-Rémusat bekannt gemachten, in den Königlich französischen Archiven befindlichen, zwei mongolischen Original-Briefen der Könige von Persien Argun und Öldshäitu an Philipp den Schönen ; von Isaac Jacob Schmidt. — St. Petersburg, Karl Kray, 1824, in-8, pp. 31.

Sr. de Feynes.

Voir col. 2074-2075.

∴

— Les navigations françaises et la révolution maritime du XIVe au XVIe siècle. D'après les documents inédits tirés de France, d'Angleterre, d'Espagne et d'Italie par Pierre Margry. Paris, Librairie Tross, 1867, in-8, pp. 443.

Le Chemin de la Chine et les pilotes de Jean Ango, pp. 181/222.

— Les grandes Compagnies de Commerce — Etude pour servir à l'histoire de la Colonisation par Pierre Bonnassieux... Paris, Librairie Plon, 1892, in-8, pp. IV-562 + 1 f. d'er.

Compagnie de la Chine, pp. 340/4.

— Cl. Madrolle — Les premiers voyages français à la Chine *La Compagnie de Chine* 1698-1719 — Ouvrage orné de cartes — Paris, Augustin Challamel, 1901, gr. in-8, pp. LXXXI-287.

Tiré à cent exemplaires.

Notices : *T'oung Pao*, Oct. 1902, par Gabriel Marcel, pp. 252-5. — *Bul. Comité Asie franç.*, Mars 1902, pp. 143/4, par R. de Marguerye.

— Les Premières Navigations des Français à la Chine à propos d'un livre récent. Par Henri Froidevaux. (*Questions diplom. et col.*, No. 158, 1903 ; *Rev. Indo-Chinoise*, 2 nov. 1903, pp. 1011/6 ; 14 déc. 1903, pp. 1100/2 ; 21 déc., pp. 1127/8 ; 28 déc., pp. 1142/1144.)

COMPAGNIE DES INDES ORIENTALES.

(Supprimée en 1719.)

— Articles de la Compagnie povr le voyage de la Chine, dv Tonqvin, & de la Cochinchine, &c. A Paris. M.DC.LX, pièce in-4, pp. 12.

Bib. nat., $\frac{O^2n}{241}$.

— Voir Religion, col. 826-829.

— Articles et conditions sur lesquelles les Marchands Negotians du Royaume supplient tres-humblement le Roy de leur accorder sa Declaration, & les graces y contenuës pour l'établissement d'vne Compagnie pour le commerce des Indes Orientales. A Paris, M.DC.LXIV, in-4, pp. 21.

— Articulen en Conditionen. Op welcke de Kooplieden en Negotianten de Koningh van Vranckrijck, ootmoedigh versoght hebben om sijn Majesteyts Declaratie en toestemminge te hebben, aengaende 't oprechten van een Oost-Indische Compagnie in Vranckrijck. Gedruck nae de Copye van Parijs. 1664, in-4, pp. 12.

— Discovrs d'vn fidele sviet dv Roy, tovchant l'establissement d'vne compagnie françoise Pour le Commerce des Indes Orientales. Adressé à tous les François. A Paris. M.DC.LXIV, in-4, pp. 57.

— Declarations du Roy, Portant établissement d'une Compagnie pour le Commerce des Indes Orientales. L'autre en faveur des Officiers de son Conseil & Cours Souveraines interessées en ladite Compagnie, & en celle des Indes Occidentales. Registrées en la Cour de Parlement le premier Septembre 1664. En la Chambre des Comptes le 11. dudit mois & an. Et en la

Coür des Aydes le 22. ensuivant. A Paris, M.DC.LXIV. Avec Privilege de Sa Majesté, in-4, pp. 36.

— Relation de l'establissement de la Compagnie francoise, povr le commerce des Indes Orientales. Dediée av Roy. Avec le Recveil de tovtes les pieces concernant le mesme Establissement. A Paris, Chez Sebastien Cramoisy, & Sebastien Mabre Cramoisy... M.DC.LXVI. Avec privilege dv Roy, in-4, pp. 364 + 9 ff. prél. n. c. pour le tit., déd., etc.

— Der In Franckreich mit Königlicher Verwilligung Neu-auffgerrichteten Ost-Indianischen Compagnie Absehen | Gesätze | vnd Freyheiten zu jedermans benothigter nachricht | ausz dem Frantzösischen in vnsere deutsche Muttersprache übersetzet durch Johan Christof Wagenseil von Nuremberg. Gedruckt im Jahr M.DC.LXV, in-4, pp. 96-38 + 1 p. n. c.

— Articles et conditions convenus entre les Directeurs de la Compagnie Royale des Indes Orientalles & Messieurs Jourdan, Decoulange & Compagnie de la Chine. Pièce in-4, pp. 5 + 2 [Fontainebleau, 23 Oct. 1700].

AMPHITRITE.

Voir col. 2089-2091.

— A Journal of the First French Embassy to China, 1698-1700, translated from an unpublished Manuscript by Saxe Bannister, M. A. with an Essay of the friendly Disposition of the Chinese Government and people to foreigners. London, Newby, 1859, in-12.

∴

— Lettres patentes du Roy. Portant établissement d'une Compagnie Royale pour le Commerce de la Chine. Registrées en la Cour de Parlement le 1er Fevrier 1706. A Paris, Chez Pierre Gissey, Imp.-Lib., sur le Pont S. Michel, du costé du Marché-Neuf, à l'Ecrevisse Royale. M.DCCVI, pièce in-4, pp. 8.

— Lettres patentes du Roy, portant établissement d'une Compagnie Royale pour le Commerce de la Chine. Données à Fontainebleau au mois d'Octobre 1705. Registrées en Parlement le premier Fevrier 1706, pièce in-4, pp. 4.

Au bas de la p 4 : A Paris, Chez la Veuve Saugrain et Pierre Prault, à l'entrée du Quay de Gêvres, au Paradis.

∴

— Arrest du Conseil d'Estat du Roy, qui fait défenses à tous Negocians, Marchands & autres Personnes de quelque qualité & condition qu'elles soient, de faire commerce, exposer en vente, vendre ni acheter en gros ou en détail aucunes Etoffes des Indes, de la Chine ou du Levant, tant les Etoffes de soye pure, que celles mêlées d'Or & d'Argent; celles d'Ecorce d'arbre, Laine, Fil ou Cotton, & generalement toutes autres sortes d'Etoffes provenant du cru & fabrique desdits Pays, neuves ou vieilles, à peine de confiscation & de 3000. liv. d'amende. Du 27. Aoust 1709. De l'Imprimerie de Frederic Leonard, seul Imprimeur ordinaire du Roy pour la Guerre, les Finances & la Monoye, & de la Ville. Pièce in-4, pp. 8.

— Arrest du Conseil d'Etat du Roy, Faisant défenses de porter aucunes Robbes & vestemens de Toile peinte, Furies, & Etoffes des Indes; & d'en faire aucun commerce, sur les peines y contenuës. De l'Imprimerie de Denis Thierry. 1711, pièce in-4, pp. 8.

Du 22 août 1709.

— Arrest du Conseil d'Estat du Roy, qui ordonne, que toutes les Toiles peintes, Etoffes de la Chine & du Levant, Mousselines, &c. seront brûlées; mesme la moitié qui devoit estre envoyé à l'Estranger, & les Dénonciateurs payez de la totalité aux dépens du Roy. Extrait des Registres du Conseil d'Etat. Du 28. Février 1716. A Paris, Chez Jean de la Caille, Imprimeur de la Police, M.D.CCXVI, pièce in-4, pp. 7.

— Arrest du Conseil d'Estat du Roy, Qui Renouvelle les Deffenses d'introduire dans le Royaume ou faire aucun Commerce ni Usage de Toiles Peintes ou Etoffes des Indes, de la Chine ou du Levant, même des Toiles de Coton blanches & Mousselines, autres que les Mousselines & Toiles de Coton blanches provenant des Ventes faites par les Directeurs de la Compagnie des Indes. Du 27. Septembre 1719. A Paris, de l'Imprimerie royale, M.DCCXIX, pièce in-4, pp. 12.

— Ordonnance de Sa Majesté Qui défend l'usage & le Commerce des Toiles peintes, Etoffes des Indes, & autres Marchandises de Contrebande. Du vingt-un Juin 1721. Chez Jean de la Caille, Imprimeur de la Police, pièce in-4, 2 ff. n. ch.

— Arrest du Conseil d'Estat du Roy, Du 1. Février 1724. Portant Nouveau Reglement, pour empêcher l'Entrée, l'Usage & le Port, des Etoffes des Indes, de la Chine & du Levant; Et fixe les Récompenses accordées aux Employés des Fermes, sur les Saisies qui seront faites desdites Etoffes, &c. A Paris, De l'Imprimerie de la Veuve & M. G. Jouvenel, seuls Imprimeurs des Fermes du Roy, au Bureau General des Aydes, MDCCXXIV, pièce in-4, pp. 11.

∴

— Memoire instructif concernant la saisie faite dans une Salle des Grands Augustins. S. l. n. d. [Paris, 1720], pièce in-4, pp. 11.

Saisie de la cargaison du Vaisseau le *Comte de Toulouse*.

« Louis XIV... donna une déclaration au mois d'Août 1664; il est dit dans le préambule que le seul Commerce peut attirer l'abondance dans le royaume.

« Il établit ensuite une Compagnie Royale appellée les Indes Orientales, qu'il voulut être composée de ceux de ses Sujets qui voudroient y entrer, de quelque rang, qualité & condition qu'ils puissent être, sans déroger à leur Noblesse, & sans donner aucune atteinte aux honneurs & prérogatives attachées à leur rang, charges & dignités.

« L'Art. 27 de cette Déclaration accorde à la Compagnie le Privilege exclusif de naviger & négocier depuis le Cap de Bonne-Esperance, jusques dans toutes les Indes & Mer Orientales, même depuis les détroits de Magellan & le Maire, dans toutes les Mers du Sud, pour le temps de cinquante années consécutives.

« Par Lettres Patentes du mois d'Octobre 1705, enregistrées au Parlement au mois de Fevrier 1706, il fut établi une autre Compagnie pour le Commerce de la Chine; cette deuxième Compagnie ne fit ce Commerce que foiblement, & avec perte; de sorte que sur la fin de son Privilege, le Roy, par Arrest du Conseil d'Etat du 28 Novembre 1712 en établit une nouvelle, pour tenir son Privilege immediatement de Sa Majesté, & la nomma Compagnie Royale de la Chine.

« Le Chevalier Landais, Negociant & Armateur demeurant à S. Malo, un des Directeurs de cette Compagnie, fut chargé seul des Armemens.

« Le Privilege de cette Compagnie ne devoit commencer qu'au premier Mars 1715 ; cependant elle envoya avec permission un Navire à la Chine,. dés l'année 1714, elle a continué avec la même exactitude.

« En 1717, le Chevalier Landais arma le Vaisseau appellé le *Comte de Toulouse.* »

COMPAGNIE DES INDES.

1719. — Absorbe en mai 1719, la Cie. de Chine. — Suspension du Privilége par arrêt du Conseil du 13 août 1769 ; dissoute 6 avril 1770.

— Arrest du Conseil d'Estat du Roy, Concernant la Réünion des Compagnies des Indes Orientales & de la Chine, à la Compagnie d'Occident. Du 17. Juin 1719. A Paris, de l'Imprimerie royale, MDCCXIX, pièce in-4, pp. 15.

— Arrest du Conseil d'Etat du Roy, Qui fixe à six mois pour tout délai, le *Visa* de tous les effets concernant l'ancienne Compagnie Royale de la Chine. Du 27 Janvier 1750 Extrait des Registres du Conseil d'État. Pièce in-4, pp. 3.

A la fin : A Paris, de l'Imprimerie royale. 1750.

— Arrest du Conseil d'État du Roy, Qui fixe à six mois pour toute préfixion & délai, par grace & sans espérance d'aucun autre délai, le Visa de tous les effets concernant l'ancienne Compagnie royale de la Chine. Du 13 Octobre 1750. Extrait des Registres du Conseil d'État. Pièce in-4, pp. 4.

A la fin : A Paris, de l'Imprimerie royale. M.DCCL.

— Arrest du Conseil d'État du Roi, Qui fixe par dernière grace, & sans espérance d'aucun autre délai, à trois mois, pour le *Visa* de tous les effets concernant l'ancienne Compagnie Royale de la Chine. Du 12 Septembre 1752. Extrait des Registres du Conseil d'État. Pièce in-4, pp. 4.

A la fin : A Paris, de l'Imprimerie royale. M.DCCLII.

— Mémoire sur la situation actuelle de la Compagnie des Indes ; Par M. l'Abbé Morellet. Seconde édition. Se trouve A Paris, Chez Desaint, Libraire, rue du Foin-Saint-Jacques. M.DCC.LXIX, in-4, pp. 260-XXVII.

— Réponse au mémoire de M. l'abbé Morellet, sur la Compagnie des Indes, Imprimée en exécution de la Délibération de M[rs.] les Actionnaires, prise dans l'Assemblée générale du 8 Août 1769. A Paris, de l'Imprimerie royale. M.DCC.LXIX, in-4, pp. 50.

Par Necker.

— Examen de la réponse de M. N** au Mémoire de M. l'Abbé Morellet, sur la Compagnie des Indes ; Par l'Auteur du Mémoire. Septembre 1769. Se trouve A Paris, Chez Desaint, Libraire, rue du Foin-Saint-Jacques. M.DCC.LXIX, in-4, pp. 151.

(COMPAGNIE DES INDES.)

.˙.

— Arrêt du Conseil d'Etat du Roi, Concernant le Commerce de la Chine. Du 2 Février 1783. A Paris, de l'Imprimerie royale, MDCCLXXXIII, pièce in-4, pp. 3.

Grandclos-Meslé.

— Arrêt du Conseil d'Etat du Roi, Concernant l'expédition de Commerce à faire à la Chine, de 1783 à 1784. Du 21 Juillet 1783. A Paris, de l'Imprimerie royale. 1783, pièce in-4, pp. 7.

Trois vaisseaux fournis par le Roi.

— Arrest du Conseil d'État du Roi, Concernant l'expédition de Commerce à faire à la Chine, de 1783 à 1784. Du 21 Juillet 1783. Extrait des Registres du Conseil d'État. Pièce in-4, pp. 4.

A la fin : A Paris, chez P. G. Simon, & N. H. Nyon, Imprimeurs du Parlement, rue Mignon. 1783.

Trois vaisseaux fournis par le Roi.

— Arrêt du Conseil d'État du Roi, Concernant l'Expédition d'un Vaisseau pour la Chine. Du 27 Février 1785. A Paris, chez P. G. Simon, & N. H. Nyon, Imprimeurs du Parlement, rue Mignon. 1785, pièce in-4, pp. 3.

Gourlade, Berard & Perrier.

NOUVELLE COMPAGNIE DES INDES.

Créée par Arrêt du 14 Avril 1785. — Supprimée par Décret 3 Avril 1790.

— Arrêt du Conseil d'État du Roi, Portant Établissement d'une nouvelle Compagnie des Indes. Du 14 Avril 1785. A Paris, de l'Imprimerie royale. 1785. Pièce in-4, pp. 18 + 1 f. n. ch.

— Arrêt du Conseil d'État du Roi, Pour la nomination des Administrateurs de la nouvelle Compagnie des Indes. Du 15 Mai 1785. A Paris, de l'Imprimerie royale, MDCCLXXXV, pièce in-4, pp. 2.

— Arrêt du Conseil d'État du Roi, Qui nomme le sieur de Boullongne, Conseiller d'État ordinaire, & Conseiller au Conseil royal des Finances & au Conseil royal du Commerce, pour être chargé, en qualité de Commissaire de Sa Majesté, de la suite des affaires concernant la Compagnie des Indes, établie par arrêt du 14 avril dernier. Du 15 mai 1785. A Paris, de l'Imprimerie royale. 1785, pièce in-4, pp. 2.

(NOUVELLE COMPAGNIE DES INDES.)

80*

— Arrêt du Conseil d'État du Roi, Portant cession & transport à la nouvelle Compagnie des Indes, en toute propriété, du Vaisseau le *Dauphin*, expédié en Chine pour le compte de Sa Majesté, le 27 Février dernier; à charge par elle de rembourser au Trésor royal les frais d'armement. Du 20 Mai 1785. Extrait des Registres du Conseil d'État. Pièce in-4, pp. 3.

A la fin : A Paris, de l'Imprimerie royale. M.DCCLXXXV.

— Arrêt du Conseil d'État du Roi, Portant cession & transport à la nouvelle Compagnie des Indes, en toute propriété, du Vaisseau le *Dauphin*, expédié en Chine pour le compte de Sa Majesté, le 27 Février dernier; à charge par elle de rembourser au Trésor royal les frais d'armement. Du 20 Mai 1785. A Paris, de l'Imprimerie royale, MDCCLXXXV, pièce in-4, pp. 3.

— Arrêt du Conseil d'État du Roi, Portant homologation des Statuts & Réglemens de la Compagnie des Indes. Du 19 juin 1785. A Paris, de l'Imprimerie royale, 1785, pièce in-4, pp. 16.

— Arrêt du Conseil d'État du Roi, Qui porte à Quarante Millions les Fonds de la Compagnie des Indes; & qui prolonge à Quinze années de paix, la durée de son privilége, fixé à Sept années, par l'arrêt du Conseil du 14 avril 1785. Du 21 septembre 1786. A Paris, de l'Imprimerie royale. 1786, pièce in-4, pp. 7.

— Mémoire pour les Actionnaires de la Compagnie des Indes. A Paris, Chez J.-R. Lottin de S.-Germain, Imprimeur Ordinaire de la Ville & de la Compagnie. — MDCCXC, in-4, pp. 28.

— Précis pour les Actionnaires de la Compagnie des Indes, en réponse à l'Adresse présentée à l'Assemblée Nationale, par les Députés extraordinaires des Manufactures & du Commerce du Royaume. M.DCC.XC, in-4, pp. 27.

— Rapport fait a l'Assemblée nationale, au nom du Comité d'Agriculture et de Commerce, Par M. Hernoux, Député de Dijon, sur Le Privilége de la Compagnie des Indes. Le 18 Mars 1790. Imprimé par ordre de l'Assemblée. A Paris, Chez Baudouin, Imprimeur de l'Assemblée nationale, rue du Foin Saint-Jacques, N° 31. — 1790, in-8, pp. 34.

— Rapport fait au nom du Comité central de liquidation, Par M. Camus, Sur l'affaire de MM. Haller & le Couteulx de la Norraye, relative à la liquidation des actions de la Compagnie des Indes. Imprimé par ordre de l'Assemblée Nationale. De l'Imprimerie Nationale, in-8, pp. 59.

(NOUVELLE COMPAGNIE DES INDES.)

∴

— Missions archéologiques françaises en Orient au XVIIe et XVIIIe siècles — Documents publiés par Henri Omont Membre de l'Institut et du Comité des Travaux historiques et scientifiques. Paris, Imprimerie nationale, MDCCCCII, 2 parties in-4, pp. XVI-662, et pp. 663 à 1237.

Voir : Chap. XIV. Missions en Chine et dans l'Inde. Fourmont aîné, les PP. Fouquet et de Prémare, Signard et le P. Le Gac. (1684-1737), p. 806. — App. : XXVIII. Catalogue des livres chinois, apportés de la Chine par le Père Fouquet, jésuite, en l'année 1722, p. 1155.

Notice : *Bul. Éc. franç. Ext. Orient*, III, No. 2, avril-juin 1903, p. 356, par P. P.[elliot.]

— Voyage de la *Favorite*, Com^t^ Laplace, voir col. 2109-2110.

— Voyage de l'*Erigone*, Com^t^ Cécille, voir col. 2114-2115.

— Relations of France with China. [By E. C. Bridgman.] (*Chin. Rep.*, V, pp. 132 et seq.)

— John Lemoinne. — La Russie en Grèce, O'Connell, les Agens français en Chine. (*Revue des Deux Mondes*, 15 oct. 1843.)

— Loi relative à la Juridiction des Consuls de France en Chine et dans les Etats de l'Iman de Muscate. (*China Mail*, 3 fév. 1853, d'après le *Journal du Hâvre*, texte français et trad. anglaise.)

— La Chine depuis le traité de Nankin. Paris, Typographie Panckoucke, 1853, br. gr. in-8, pp. 63.

On lit, p. 63 : Extrait du *Moniteur Universel* des 21, 22, 23, 28, 29 et 30 juillet 1853.

Bib. nat., $\frac{O^2n}{143}$.

— Prince de Joinville. — La Question Chinoise. (*Revue des Deux Mondes*, 1er juin 1857.)

— Etudes sur la Marine. Paris, Michel Lévy, 1859, in-8, pp. 385.

La Question Chinoise, pp. 153/293.

— Etudes sur la Marine et récits de guerre par M. le Prince de Joinville. Paris, Michel Lévy, 1870, 2 vol. gr. in-18.

La Question Chinoise, Vol. I, pp. 151/286.

Ces volumes font partie de la *Bibliothèque contemporaine*.

— Charles Lavollée. — De la Politique de la France en Asie à propos de la Guerre de Chine. (*Revue des Deux Mondes*, 1er mars 1858.)

— Marquis de Courcy — Souvenirs — Tome Deuxième 1852-1855. Paris, Plon, 1900, in-8, pp. 469. — Tome Troisième 1855-1857. Paris, Plon, 1901, in-8, pp. 484.

Ces deux vol. sont consacrés à la Chine où M. de Courcy a été chargé d'affaires de France. — L'ouvrage n'a pas été mis dans le commerce.

— Prosper Giquel. — La France en Chine, le commerce français dans le Céleste-Empire, le Corps Franco-Chinois et les Missions en 1863. (*Revue des Deux Mondes*, 15 juin 1864.)

(DIVERS.)

— Prosper Giquel. — La véritable politique de la France en Chine depuis les traités de 1858 et de 1860. (*Ibid.*, 1er mai 1872.)

— La politique française en Chine depuis les traités de 1858 et de 1860; par Prosper Giquel, lieutenant de vaisseau, directeur de l'arsenal de Fou tcheou (Chine). Paris, Guillaumin, 1873, br. in-8, pp. 74.

— La Rôle de la France en Chine et en Indo-Chine, par Francis Garnier. (Article daté de Shanghai, le 9 août 1873, en réponse à l'article de M. Giquel, dans la *Revue Scientifique de la France et de l'Etranger*, No. 15, 9 oct. 1875.)

Cet article est reproduit dans le vol. *De Paris au Tibet*, voir col. 2144.

— Maurice d'Irisson. [Voir col. 92.]

— A. Poussielgue. — Voyage de M. de Bourboulon... Paris, 1866. [Voir col. 2129.]

M. Poussielgue, † à Washington, juillet 1869.

— * Замѣтки о Китаѣ. — Бурболонъ. — Спб., 1885, Тип. П. Шмидта, in-8, pp. 317.

Русская Мысль. 1885. No. 12, pp. 11. — Mejov, 1552.

— Les Régions nouvelles. Histoire du Commerce et de la Civilisation au Nord de l'Océan pacifique par Hippolyte Rouhaud, Chancelier de Consulat. Paris, E. Dentu, 1868, in-8.

Voir : P. 223. Texte du traité de Tien-tsin, 27 juin 1858. — P. 246. Procès-verbal de l'échange des ratifications du traité de Tien-tsin — P. 248. Tarif de douane, etc. le 24 novembre 1858. — P. 268. Extraits du livre de M. Ach. Poussielgue : *Voyage en Chine et en Mongolie de M. de Bourboulon.*

— Le *Polybiblion* de Juin, 1873, p. 333, parlant de l'Amiral Rigault de Genouilly, † à Paris, le 4 mai 1873, dit : « Il laisse, paraît-il, trois ouvrages achevés, mais encore inédits... *l'Avenir de la Chine...* »

— Mission de M. de Roquette au Se tchouan. (*Miss. Cath.*, VII, 1875, pp. 228, 309, 417, 441, 474; VIII, pp. 93, 110, 151.)

— Le Fleuve Bleu... par Gaston de Bezaure [col. 2140].

M. G. de B. accompagnait comme interprète M. de Roquette.

Henri Cordier, *Hist. des Relat.*, I, p. 529.

HENRI CORDIER.

— La France en Chine au dix-huitième siècle. Documents inédits publiés sur les Manuscrits conservés au dépôt des Affaires Etrangères avec une Introduction et des Notes par Henri Cordier, Chargé de Cours à l'Ecole des langues orientales vivantes, Directeur de la *Revue de l'Extrême-Orient*. Tome Premier. Paris, Ernest Leroux, 1883, in-8, pp. LXV-298.

Ainsi qu'il est dit dans l'Introduction : « Cette Collection dont le titre : *Documents pour servir à l'histoire des Relations politiques et commerciales de la France avec l'Extrême-Orient*, indique suffisamment le contenu, est la base d'une *Histoire générale de ces Relations*, histoire qui n'est elle-même qu'un fragment d'un ouvrage plus considérable sur l'ensemble des *Relations des peuples d'Occident avec ceux de l'Extrême-Orient*. Un semblable travail n'avait pas encore été entrepris.

M. Pauthier a publié, à l'époque de la guerre de 1860, une *Histoire des Relations politiques de la Chine avec les Puissances Occidentales*, qui n'avait que le mérite de l'actualité. Elle est pleine d'erreurs, insuffisante à tous les points de vue; elle ne saurait même être présentée comme une esquisse destinée à servir à un travail plus important.

C'est, à part un chapitre du *Middle Kingdom* du Dr. *S. Wells Williams*, dans lequel il n'est parlé d'ailleurs que d'une manière fort brève d'un certain nombre de puissances occidentales, le seul ouvrage général sur la matière.

Quand nous disons que l'ouvrage de M. Pauthier est le seul qui existe sur la matière, nous ne parlons naturellement que des ouvrages imprimés, car il existe au Département asiatique du Ministère des Affaires Étrangères à St Pétersbourg, un manuscrit inédit de *Timkovski*, qui fut ambassadeur à la Chine en 1822, sur les relations de son pays avec cet empire éloigné. Nous-mêmes possédons aux Archives de notre Département des Affaires Etrangères, un mémoire manuscrit considérable d'un sieur *P. P. Darrac Capitaine* sur les établissements français en Asie et principalement au Bengale. Ce manuscrit, qui forme un volume grand in-folio, est le premier tome d'une série de quatorze concernant les *Indes Orientales*, et ne comprend pas moins de 574 pages consacrées au mémoire du sieur *Darrac*, daté de Chandernagor le 26 décembre 1822. Il est suivi d'une courte notice sur le Comptoir de *Mahé*, par le même auteur. Ce ne fut qu'en mai 1840 que le sieur *Darrac* adressa son mémoire au Ministre des Affaires Etrangères.

. . . .

Parmi les documents conservés aux Archives des Affaires Etrangères se trouvent six volumes in-folio, reliés en veau plein brun, ayant pour titre général : *Indes Orientales*, *Chine*, *Cochinchine*. Ces volumes renferment des documents relatifs aux possessions françaises des Indes Orientales, à l'Ile de France et quelques pièces sur la Cochinchine (Evêque d'Adran). Le plus grand nombre des pièces concernent la Compagnie des Indes Orientales et le Consulat de Canton. Ce sont ces dernières qui sont publiées dans la *France en Chine* qui aura 2 volumes. Ils s'étendent depuis le mois d'octobre 1770 jusqu'au mois de septembre 1814. »

— Le Conflit entre la France et la Chine. Etude d'histoire coloniale et de droit international par Henri Cordier, Directeur de la *Revue de l'Extrême-Orient*. Paris, Léopold Cerf, 1883, br. in-8, pp. 48.

La plus grande partie de cette brochure avait paru dans le journal le *Temps*.

Voir col. 333/337 : *Dupuis et le Tongking*.

— Les Origines de Deux Etablissements français dans l'Extrême-Orient Chang-hai — Ningpo — Documents inédits publiés avec une introduction et des notes par Henri Cordier — Paris, 1896, gr. in-8, pp. XXXIX-76, Plan et facsimile.

[Imprimerie Marchessou, Le Puy.]

— Mémoire sur la Chine adressé à Napoléon Ier par F. Renouard de Ste Croix, publié par Henri Cordier. (*T'oung Pao*, 2e Sér., II, N° 2, Mai 1901, pp. 139/145.)

— La France et l'Angleterre en Indo-Chine et en Chine sous le Premier Empire par Henri Cordier, Professeur à l'Ecole des Langues Orientales Vivantes, Paris. (*Ibid.*, Vol. IV, N° 3, Juill. 1903, pp. 201/227.)

Tirage à part, br. in-8, pp. 29; il y a des ex. sur papier de Hollande.

— Voir H. Cordier, *Hist. des Relat.*, col. 2295/2296.

∴

— Les Français à Changhaï en 1853-1855. Episodes du siége de Changhaï par les Impériaux par M. Arthur Millac. (*Revue de l'Extrême-Orient*, Tome II, 1883, pp. 1/53.)

Il a été fait un tirage à part de ce travail : Paris, Ernest Leroux, 1884, in-8, pp. 53. — Arthur Millac, *pseud.* de Camille Imbault-Huart.

— La politique coloniale sous l'ancien régime d'après des documents empruntés aux archives coloniales du ministère de la marine et des colonies par Louis Pauliat. Paris, Calmann Lévy, éditeur, ancienne maison Michel Lévy frères, 1887, in-18, pp. xv-328.

— * Les grands négociants bordelais au XVIIIe siècle. Esquisses biographiques. Bordeaux, Vve Moquet, 1888, in-8, 6 frcs.

— Nos intérêts commerciaux en Chine. Par un Français qui connaît ce pays. (*Bull. Soc. Géog. comm.*, Paris, XIII, 1890-91, pp. 184/189.)

Réponse à un article de la *Nouvelle Revue* du 1er nov. 1890.

— France and China. By Demetrius Charles Boulger. (*Nineteenth Century*, XIII, 1883, pp. 886/895.)

— France, China and the Vatican. By Rutherford Alcock. (*Ibid.*, XX, 1886, pp. 617/632.)

— La France et la Chine. — I. Les échanges entre les deux pays. Par Albert Perquer. (*Le Correspondant*, 25 Oct. 1894, pp. 346/377.)

— Souvenirs de Chine. Par C. Mouchez, enseigne de vaisseau. (*Questions diplomatiques et coloniales*, 1er sept. 1897, pp. 144/156, etc.)

Visite au lac du Tong-Ting du *Lutin*, commandant de Gueydon, en août 1895.

— * Ulysse Pila. — Nécessité de l'expansion française en Chine. Le marché Chinois. (*Ibid.*, No. 8.)

— Le commerce français du Tonkin avec la Chine. (*Bul. Soc. Géog. Est*, 1890, pp. 361/5.)

— Les intérêts français dans l'Extrême-Orient. Conférence de M. Félix Faure. (*Bull. Soc. normande Géog.*, X, 1888, pp. 248/263.)

— A. Testis. — Les Français dans la Chine centrale. (*Rev. Franç. de l'Et. et des Colonies*, Paris, 1895, XX, pp. 689/694.)

— De l'expansion commerciale française dans la Sibérie orientale et le Nord de la Chine, par le général Serge de Solomko. (*Bul. Soc. Géog. Com. Paris*, XVII, 1895, pp. 368/373.)

— Chambre de Commerce de Lyon — Rapport général sur l'origine, les travaux et les conclusions de la Mission lyonnaise d'exploration commerciale en Chine présenté par M. Henri Brenier, Directeur de la Mission. Lyon, Alexandre Rey, 1897, in-4, pp. 67, Carte.

— Die französische Handelsexpedition nach China. (*Oest. Monats. f. d. Orient*, Wien, 1898, pp. 22/3.)

Voir col. 2160-2161.

— Le protectorat français en Orient et en Extrême-Orient. Par Ch. Lemire. (*Revue d'Europe*, 20 Janv. 1899, pp. 168/178.)

— Les conventions franco-chinoises. Par Ch. Lemire. (*Ibid.*, 5 Juin 1899, pp. 264/272.)

— Du développement possible du commerce entre la France et la Chine par M. E. Frandon, Consul de France. (*Bul. Soc. Géog. com.*, XXII, 1900, pp. 575/620.)

— Henri d'Orléans — Politique extérieure et coloniale. Paris, Ernest Flammarion, s. d. [1900], in-18, pp. xviii-292.

Voir les chap. : La France en Chine. — La Question du Mékong. — Les droits de la France sur le Haut-Mékong. — Lettres à M. Gauthiot. — Au Tonkin, lettre à M. Gauthiot. — Piraterie au Tonkin.

— Robert Maillard — De l'influence française en Chine aux points de vue historique et économique — Ecole libre des Sciences politiques 1899-1900 — Paris, Imp. Chaix, 1900, in-8, pp. 122.

Travail d'un jeune élève de l'Ecole des Sciences politiques.

— La Chine et le Gouvernement français. Par le Bon Denys Cochin, Député de Paris. (*Le Correspondant*, 25 juillet 1900, pp. 216/224.)

— Le Docteur Depasse. Nécrologie. (*T'oung Pao*, Mars 1901, p. 96.)

— La France au Tche-kiang par un Français. 1901. — Voir col. 251.

— Au Tché-kiang : Chine (Vieux souvenirs français) Par A.-A. Fauvel. (*Revue de Géog.*, 1904, pp. 278/282.)

— Notre marine marchande en Extrême-Orient. Par Edouard Payen. (*Bull. Com. Asie française*, Mai 1901, pp. 57/59.)

— La politique de la France dans la Chine méridionale. Par Robert de Caix. (*Ibid.*, Avril 1901, pp. 13/22.)

— Les concessions françaises en Chine. (*Ibid.*, Juin 1901, p. 121.)

— La pénétration française dans la Chine méridionale. (*Ibid.*, Nov. 1901, pp. 341/343.)

Extrait de *Un siècle d'Expansion coloniale*, de MM. Marcel Dubois et Auguste Terrier.

— La France et l'indemnité chinoise. (*Bull. Com. Asie française*, Nov. 1901, pp. 352/353.)

— La marine marchande française en Extrême-Orient. Par E. P. (*Ibid.*, Déc. 1901, pp. 383/384.)

— Le commerce de la Chine avec la France. (*Revue scient.*, 38e ann., 1901, 2e sem., p. 817.)

Extrait du *Livre Jaune* paru en novembre 1901.

— * Eugène Ballero. — Ouverture de la Chine à l'influence française au cours des xixe et xxe siècles. Paris, A. Pédone, 1902, in-8, pp. 141.

— Quatre Ans de Politique extérieure, par ***. (*Rev. Pol. et Parlem.*, No. 100, 10 oct. 1902.)

Par M. René Millet, ancien ambassadeur.

— La Chine méridionale et centrale et la pénétration française. Par Pierre Bons d'Anty. (*Bull. Comité Asie française*, Mars 1902, pp. 102/106).

— La force navale des Mers d'Orient et son rôle en Extrême-Orient à propos d'un récent décret. Par Jean de La Peyre. (*Ibid.*, Mai 1902, pp. 216/220).

— Une ligne de navigation française sur le Yang-tseu. (*Ibid.*, Juin 1902, p. 281).

— Les intérêts français en Chine. Par Robert de Caix. (*Ibid.*, Mai 1903, pp. 182/189.)

Chang-hai, 25 Avril 1903.

Réimp. dans la *Revue Indo-chinoise*, 27 Juillet 1903, pp. 668/674.

— L'enseignement français en Orient et en Chine par A.-A. Fauvel Ancien Officier des Douanes chinoises — Extrait de la *Revue Politique et Parlementaire* (Février 1903). Paris, Bureaux de la *Revue Politique et Parlementaire*, 63 rue de l'Université, in-8, pp. 28.

— Hourst, 1904. — Voir col. 2171.

— Mission Hourst sur le Fleuve Bleu. Premier Voyage d'une canonnière française sur le Yang-tseu et ses rapides par M. le lieutenant de vaisseau Hourst. (*Bul. Soc. Géog. Com. Paris*, XXV, 1903, pp. 373/381).

— Les Français sur le Haut-Yang-Tsé. Par Pierre Bons d'Anty. (*Ibid.*, pp. 429/431).

Tchong-King, 6 Février 1903.

— Les intérêts français en Chine. (*Ibid.*, pp. 170/4).

Analyse d'une communication de M. Haas.

— Deux inaugurations françaises à Canton. (*Bull. Com. Asie française*, Janvier 1904, pp. 33/36.)

Hotel des Postes, 13 déc. 1903. — Hopital franco-chinois, 16 déc. 1903.

— Le Far-West chinois — Deux années au Setchouen Récit de voyage Étude géographique, sociale et économique par Le Dr A.-F. Legendre, Médecin-major de 1re classe des troupes coloniales Directeur de l'École de Médecine impériale de Tchentou (Setchouen) — Ouvrage accompagné d'une carte et de gravures — Deuxième édition. — Paris, Plon, 1905, in-16, pp. XVI-546 + 1 f. n. ch.

— Les établissements français en Orient et en Extrême-Orient. (*Bull. Com. Asie française*, Mars 1906, pp. 119/120.)

Extrait du *Journal Officiel*.

— La navigation française du Yang-tseu. (*Bull. Com. Asie française*, Juin 1906, pp. 258/259).

— La ligne française du Yang-tseu. (*Ibid.*, Juillet 1906, pp. 285/6.)

— Ernest Godeaux. Nécrologie par Henri Cordier. (*T'oung Pao*, Octobre 1906, p. 526.)

Ernest-Napoléon-Marie Godeaux, né à Paris, le 11 juin 1833 ; à la retraite 31 déc. 1884 ; † à Paris, 1er oct. 1906.

— No. 6 — Collection Arthur Savaète à 3 fr. 50. — La Chine supérieure à la France par Tong Ouen Hien 童文獻 Lettré chinois. Paris, Arthur Savaète, s. d. [1907], in-8.

Par Paul Hubert Perny.

Ambassades.

T. de Lagrené.

Théodose-Marie-Melchior-Joseph de Lagrené, né en Picardie, le 14 mars 1800 ; † 27 avril 1862.

L'ambassade se composait de :

1° M. de Lagrené, ministre plénipotentiaire, chef de la mission.
[Mdme. et Mlles. Gabrielle et Olga de Lagrené.]
MM. de Ferrière-Le-Vayer, premier secrétaire.
Callery, interprète.
Bernard d'Harcourt, second secrétaire.
Xavier Reymond, historiographe.
Melchior Yvan, médecin.
De Montigny, chancelier.
Macdonald de Tarente, attaché libre.
Marey-Monge, attaché payé.
Fernand Delahante, attaché payé.
De la Guiche, attaché libre.
De Charlus, attaché libre.

2° Délégués du ministère du commerce, désignés par les chambres de commerce de Reims, de Mulhouse, de St Etienne, de Lyon et de Paris :
MM. Auguste Haussmann, cotons.
Natalis Rondot, laines.
Isidore Hedde, soies.
Renard, articles dits de Paris.

3° Représentants du ministère des finances :
MM. Jules Itier, inspecteur des douanes, chargé d'étudier la question des tarifs et de la navigation.
Charles Lavollée, employé des finances.

— Programme d'une Mission en Chine fait et adressé par A. S. Bellée, Avocat à la Cour Royale de Paris, à M. Thiers, Ministre des Affaires Étrangères, Président du Conseil des Ministres, les 19 mars et 16 avril 1840, pet. in-8, pp. 15, s. l. n. d. [1842].

On lit, p. 15 : Imprimerie de Guiraudet Jouaust, 315, rue Saint-Honoré.

Le programme est suivi, p. 8, d'une : Note complémentaire adressée à M. Mignet, aux Affaires Etrangères, pour être jointe au *Programme* qui précède d'une *Mission en Chine*, envoyé à M. Thiers.

Bib. nat., $\frac{O^2n}{119}$.

— Exposé des Négociations au moyen desquelles la France a obtenu le rétablissement du libre exercice de la Religion catholique dans l'empire de la Chine par Ch. Lenormant, Membre de l'Institut. Extrait du *Correspondant*, des 10 février et 25 mars 1846. Paris, A. René, 1846, in-8, pp. 68.

— Th. de Ferrière le Vayer. — Une Ambassade française en Chine. Journal de Voyage. Paris, Librairie d'Amyot, MDCCCLIV, in-8, pp. VI-386.

Des extraits en ont été donnés dans la *Revue de l'Or. et de l'Alg.*, XVI, 1854, p. 50/56.

— De Ferrière-le-Vayer. Souvenirs de la mission de Chine en 1844. Un Diplomate chinois. (*Revue des Deux Mondes*, 15 janvier 1854.)

— Cte Bernard d'Harcourt. — La première Ambassade de France en Chine, mission de M. de Lagrené en 1844, liberté religieuse. (*Ibid.*, 1er juin 1862.)

— Journal des Opérations diplomatiques de la Légation française en Chine, rédigé par J. M. Callery Secrétaire-Interprète de la Légation — Macao, 1845, in-4, pp. 260.

Ouvrage inachevé, l'impression ayant été interrompue par ordre de M. de Lagrené. — Le Ms. autographe de Callery, daté de Macao, le 1er février 1846, existe en entier dans ma collection. — H. C.

— Correspondance diplomatique chinoise relative aux négociations du traité de Whampoa conclu entre la France et la Chine le 24 Octobre 1844. Traduite du Chinois en Français et du Français en Chinois par J.-M. Callery, Secrétaire-Interprète du Gouvernement français. Membre de l'Académie des Sciences de Turin, etc., etc. Paris, 1879. Tiré à cent exemplaires, in-8, pp. 306.

Malgré le titre, le texte de l'ouvrage a dû être imprimé certainement à Canton à l'époque de la mission Lagrené.

— Voir : *N. C. Herald*, 76 et 78, 10 et 24 janv. 1852. — Recueil de traités de Mayers.

Le traité a été traduit en anglais : *China Mail*, 19 et 26 juin 1845.

— Charles Lavollée Ancien Membre de la Mission de Chine-France et Chine I. Traité de Whampoa (1844) Correspondance diplomatique de M. de Lagrené Ministre de France II. Expédition de 1860 contre la Chine. Paris, Plon, 1900, in-8, pp. XIV-424.

— Le Traité d'Amitié et de Commerce avec la Chine en 1844 et l'Expédition de Basilan. Par le Docteur Gestin. (*Nouvelle Revue,* 1er juillet 1906, pp. 62/84 ; 15 juillet 1906, pp. 198/218 ; 1er août 1906, pp. 393/409.)

Ext. des *Mémoires* du Dr. Gestin. — Voyage de l'*Archimède.*

MELCHIOR YVAN.

Voir *Canton*, col. 304. — *Voyages*, col. 2118.

∴

— Instructions générales données aux délégués du commerce de la Mission française en Chine. (*Revue de l'Orient*, III, 1844, pp. 289/96.)

Voir col. 2179.

— Ministère de l'Agriculture et du Commerce (Direction du commerce extérieur). Mission commerciale de Chine. — Exposition des échantillons et modèles rapportés de la Chine et de l'Inde, par les délégués commerciaux. Du 21 juillet au 20 août, les mardi, mercredi, jeudi et vendredi, de 10 heures à 4. Salles de l'Ecole Supérieure de la ville de Paris, rue Neuve-Saint-Laurent, 17. Paris, Imprimerie administrative de Paul Dupont, 1846, br. gr. in-8, pp. 100.

Sommaire : I. Articles de l'industrie *cotonnière.* — Délégué, M. Haussmann. — II. Articles de l'industrie *lainière.* — Délégué, M. N. Rondot. — III. Articles de l'industrie des *soies et soieries.* — Délégué, M. I. Hedde. — IV. Articles généraux d'art et de curiosité concernant l'*industrie parisienne.* — Délégué, M. Renard. — V. *Vins, Eaux-de-Vie, Sucres, Tabacs*, etc. — Délégué, M. N. Rondot.

— Voir *Annales du Commerce extérieur*, etc., col. 2179 ; surtout le numéro suivant :

— Documens sur le commerce extérieur. Chine. — Faits commerciaux. No. 12. Suite des communications de la mission commerciale en Chine, in-8, 1847, pp. 436.

Sommaire : Observations préliminaires. — Historique de la Mission. — I. Note sur les premières relations commerciales en Chine. — II. COTON (Délégué, M. *A. Haussmann*). — III. SOIE (Délégué, M. *I. Hedde*). — IV. LAINE (Délégué, M. *N. Rondot*). — V. INDUSTRIE PARISIENNE (Délégué, M. *E. Renard*).

MONTIGNY.

Voir *Commerce*, col. 2179.

AUGUSTE HAUSSMANN.

Voir *Voyages*, col. 2115. — *Commerce*, col. 2179.

— * Mission commerciale en Chine. Rapport sur les échantillons de l'industrie cotonnière de France, qui ont été confiés au délégué de cette industrie, lors du départ de la mission en Chine (par M. A. Haussmann). Paris, 1846, br. in-fol., pp. 16 (autog.)

— Bibliothèque illustrée. Voyage en Chine, d'après M. le Comte Bonacossi et M. Haussmann, Attaché à la Légation de M. de Lagrené. — Série des Voyages. — I. Bruxelles, V. Devroede, 1847, pet. in-8, pp. IV-232, Carte.

NATALIS RONDOT.

Voir *Agriculture*, col. 1499. — *Vert de Chine*, col. 1529-1530. — *Industries diverses*, col. 1546. — *Commerce*, col. 2179/2180.

— * Mission commerciale en Chine. Rapport sur les échantillons de la fabrique de Reims, (par M. Natalis Rondot). Paris, 1846, in-fol., pp. 198 (autog.).

— * Notice sur quelques-unes des plantes textiles de Chine, par M. Natalis Rondot, Reims, 1846, br. in-8, pp. 18.

— * Mission commerciale de Chine. Rapports sur les étoffes de laine française convenables pour la Chine, l'Archipel indien et l'Afrique, par M. Natalis Rondot, délégué des industries des laines et des vins, attaché à la mission en Chine. Paris, 1847, in-fol., pp. 300 (autog.).

— Etude pratique des tissus de laine convenables pour la Chine, le Japon, la Cochinchine et l'Archipel indien, par M. Natalis Rondot, délégué de l'Industrie lainière, attaché á la Mission de France en Chine. Paris, chez Guillaumin & Cie., 1847, in-8, pp. VIII-284.

— * Note sur le *Khé-seu* et le *Mao-tcheñ,* tissus espolinés de fabrique chinoise, par M. Natalis Rondot. Paris, 1860, br. in-12, pp. 10.

ISIDORE HEDDE.

Voir *Agriculture*, col. 1499-1500.

— Mission commerciale en Chine. Industrie des soies et soieries. Catalogue des produits de l'Inde et de la Chine rapportés par M. Isidore Hedde... et composant l'exposition publique faite à Lyon, sur la demande et aux frais de la Chambre de commerce de la même ville. Prix : 50 centimes. Lyon, Imprimerie de Barret, 1847, br. in-8, pp. 120.

Bib. nat., V.

— * Mission commerciale en Chine. Rapport sur les échantillons des soies et des soieries de France, (par M. Isidore Hedde). Paris, 1846, br. in-fol., pp. 14 (autog.).

— Chambre de commerce de Saint-Etienne.

— 解物萬 Description méthodique des produits divers recueillis dans un voyage en Chine; par Isidore Hedde, délégué du ministère de l'Agriculture et du commerce, de 1843 à 1846, et exposés par la Chambre de commerce de Saint-Etienne, aux frais de l'administration municipale de la même ville. Saint-Etienne, Imprimerie de Théolier aîné, 1848, gr. in-8, pp. IV-400.

— Description méthodique des produits de l'industrie sérigène de la Chine, recueillis par Isidore Hedde, délégué du ministère de l'Agriculture et du Commerce, de 1843 à 1846, et exposés par la Chambre de Commerce de Saint-Etienne, aux frais de l'administration municipale de la même ville. Saint-Etienne, Imprimerie de Théolier aîné, 1848, in-8, pp. 216.

C'est un tirage à part de la *Deuxième partie* de la *Description* précédente avec l'addition d'un *Supplément à la Description de l'Industrie de la Soie en Chine*, pp. 193/216.

RENARD

— * Mission commerciale en Chine. Rapport sur les échantillons de l'industrie parisienne (par M. Édouard Renard). Paris, 1846, br. in-fol., pp. 36 (autog.).

JULES ITIER.

Voir *Voyages*, col. 2117. — *Agriculture*, col. 1499. — *Industries diverses*, col. 1538.

CHARLES LAVOLLÉE.

Voir *Voyages*, col. 2119.

— Commerce européen en Chine, par C. Lavollée. (*Rev. de l'Or. et de l'Alg.*, IV, 1848, pp. 257/70; V, 1849. pp. 129/143.)

Résumé des rapports de MM. I. Hedde, Haussmann, Renard et Rondot.

Première Légation (1847).

M. Forth Rouen.

Sophie-Elie-Alexandre, baron Forth Rouen, né en mai 1809 ; † à Paris, 13 déc. 1886.

— La première légation de France en Chine (1847) Documents inédits publiés par Henri Cordier. — Extrait du « *T'oung-pao* », Série II, Vol. VII, N° 3. — E. J. Brill, Leide — 1906, in-8, pp. 20.

25 sur papier ordinaire. — 50 sur papier Van Gelder. — avait paru dans le *T'oung pao*, Juillet 1906, pp. 351/368.

— Voyage de *la Bayonnaise*, comt. Jurien de la Gravière, voir col. 2118/2119.

Expédition de 1858.

Jean-Baptiste-Louis, Baron Gros, né le 8 février 1793, à Ivry-sur-Seine ; † à Paris, août 1870.

1856, 29 février.	—	Meurtre de l'abbé Chapdelaine.
— 8 octobre	—	Saisie de l'*Arrow*.
— 27 —	—	Bombardement de Canton.
— 28 et 29 —	—	Second Bombardement de Canton.
1857, 24 février	—	Séance du Parlement anglais.
— 28 avril	—	Baron Gros, ambassadeur.
— mai	—	Rébellion aux Indes.
— 29 déc.	—	Prise de Canton.
1858, 20 mai	—	Prise des forts de Ta-kou.
— 26 juin	—	Traité anglais, T'ien-tsin.
— 27 —	—	Traité français, T'ien-tsin.

— Expédition des Mers de Chine Rapports adressés à S. Exc. le Ministre de la Guerre par le Capitaine Labbe Chef du Génie du Corps français Publiés par les soins du Dépôt de la Guerre. Paris, Imprimerie Impériale — MDCCCLVIII, gr. in-8, pp. 25, 3 pl.

— Souvenirs d'une Ambassade en Chine et au Japon en 1857 et 1858 par le Mis de Moges. Paris, Hachette, 1860, in-12, pp. 350.

— Voyage en Chine et au Japon, 1857—1858. Texte par M. de Moges. Dessins d'après M. de Trévise. (*Tour du Monde*, 1860, I, pp. 129/176.)

— Recollections of Baron Gros's Embassy to China and Japan in 1857—58. By The Marquis de Moges, attaché to the Mission. [Authorized translation.] With coloured illustrations. London and Glasgow : Richard Griffin & Co., 1860, in-8, pp. VIII-368.

— Recollections of Baron Gros's Embassy to China and Japan in 1857—58. By The Marquis de Moges, attaché to the Mission. [Authorized translation.] 2nd edition. London, Griffin, Bohn & Co., 1861, in-8.

— L'Expédition de Chine de 1857—58 — Histoire diplomatique Notes et Documents par Henri Cordier... — Paris, Félix Alcan, 1905, in-8, pp. 478.

Notices : *Lond. & China Express*, Nov. 11, 1904. — *Bul. Soc. Géog. Lyon*, XX, 1905, pp. 95/6, par M. Z.[immermann.]

— L'Expédition de Chine en 1857 et 1858. Par R. (*Rev. d'Hist. diplom.*, XIX, 1, 1905, pp. 96/112.)

Par le Marquis de Courcy. — A propos du livre de H. Cordier.

Le Baron Gros et l'Expédition de 1860.

1859, 25 juin	—	Affaire de Ta-kou.
1860, 21 août	—	Prise des forts de Ta-kou.
— 18 sept.	—	Guet-apens de T'oung-tcheou.
— 21 sept.	—	Pa-li k'iao.
— 6 oct.	—	Prise du Youen-ming-youen.
— 18 oct.	—	Incendie du Wan-cheou-chan.
— 24 oct.	—	Convention anglaise, Peking.
— 25 oct.	—	Convention française, Peking.

— Notes sur le Japon, la Chine et l'Inde, Par M. le B^on^ Ch. de Chassiron. — 1858. — 1859. — 1860. Paris, E. Dentu [et] Ch. Reinwald, 1861, in-8, pp. xj-356 + 2 ff. n. c. pour la tab. et les er.

— Expédition de Chine. Lettres d'un Volontaire au 102me, recueillies et mises en ordre par Emile Maison. Paris, Benjamin Duprat, 1861, in-12, pp. XII-208.

— Souvenirs de l'expédition de Chine. — Un Voyage à Pékin par Georges de Kéroulée attaché à l'ambassade extraordinaire de France en Chine (1860—1861). Paris, Brunet, 1861, in-12.

— Souvenirs de Voyages. Lettres intimes sur la campagne de Chine en 1860. — Armand Lucy. — [Médaille de Chine.]

Marseille, Imprimerie et lithographie Jules Barile, 1861, in-8, pp. 204.

Port. du Gén. Montauban. — Plan chinois de Peking. — Sur le titre : *Expédition de Chine, 1860. — Lettres intimes par Armand Lucy*, Marseille... 1861.

— Instruction médicale et scientifique pour les officiers de santé attachés au corps expéditionnaire de Chine, approuvée par le Ministre Secrétaire d'État de la Guerre sur la présentation du Conseil de Santé des Armées. s. l. n. d., br. in-8, pp. 64.

— Itinéraire médico-topographique du corps expéditionnaire en Chine, depuis son débarquement jusqu'à Pékin, par M. Castano, méd. princ. de 2e cl., chef du service médical en Chine. (*Rec. de Mém. de médecine... milit.*, 3e Sér., V, 1861, pp. 88/92.)

— L'expédition de Chine. Relation physique, topographique et médicale de la campagne de 1860 et 1861. Accompagnée de deux cartes. Par le Docteur F. Castano. Paris, Victor Rozier, 1864, in-8, pp. 316.

Bib. nat., $\frac{L^4h}{1481}$. — Notice : *Arch. Médecine navale*, III, 1865, pp. 283/4, par Berchon.

— Sur le service pharmaceutique du corps expéditionnaire en Chine, par M. Lapeyre, pharmacien major de 1re classe. (Extrait d'un rapport adressé de Hongkong le 20 Juin 1861, au Conseil de santé des armées.) (*Rec. de Mém. de médecine... milit.*, 3e Sér., VI, 1861, p. 413/418.)

— Rapport sur le service médical de la frégate la *Vengeance* du 22 novembre 1859 au 15 septembre 1862. Transport de troupes de Lorient en Chine, et séjour dans le Nord de la Chine. Par M. le Dr. Lagarde, Chirurgien de 1ère classe, avec un tableau des courbes thermométriques. (*Arch. Médecine navale*, I, 1864, pp. 161/198.)

— Les Français devant Pékin, actualité chinoise mêlée de couplets en deux actes et deux tableaux. Représentée dans la salle de l'Alcazar à Lyon le 14 mars 1861. Au profit de l'œuvre des petites filles des soldats. Lyon, Imprimerie d'Aimé Vingtrinier, 1861, in-8, pp. 32.

— Les Expéditions de Chine et de Cochinchine D'après les Documents officiels par le Baron de Bazancourt — Première Partie 1857-1858 — Paris, Amyot, MDCCCLXI, in-8, pp. III-426. — Deuxième Partie. Paris, Amyot, MDCCCLXII, in-8, pp. VIII-413.

— Notice biographique sur M. Charles Foullon-Grandchamps, Colonel d'artillerie, mort dans l'expédition de Chine, par M. H. Corne, ancien député. 2e édition. Caen, A. Hardel, 1861, br. in-8, pp. 22.

On lit au verso du titre : « *Extrait de l'Annuaire de l'Association normande pour 1862.* » — Charles Foullon-Grandchamps, né à Caen, 11 nov. 1808 ; victime du guet-apens de Toung-tcheou.

— Journal de la Campagne de Chine 1859-1860-1861 par Charles de Mutrécy. Précédé d'une préface de Jules Noriac. Paris, Librairie nouvelle, 1861, 2 vol. in-8, pp. III-387 et 412.

— Expédition de Chine, par Paul Varin. Paris, Michel Lévy, 1862, in-8.

Paul Varin, pseud. de M. Dupin

— Catalogue d'une jolie réunion d'objets d'art et de curiosité de la Chine provenant en grande partie du Palais d'Été... dont la vente aux enchères publiques aura lieu Hotel Drouot Salle No 7, au 1er étage Les Vendredi 25 et Samedi 26 Avril 1862 à deux heures. — Par le ministère de Me J. Boulland, Comre-Priseur, Assisté de MM. Mannheim, Experts... 1862, br. in-8, pp. 15.

— Catalogue des Objets précieux provenant en grande partie du Palais d'Été de Yuen-Ming-Yuen et composant le Musée japonais et chinois de M. le Colonel Du Pin. — La vente aux enchères publiques aura lieu Hotel Drouot, Salle No 5 Les Mercredi 26, Jeudi 27, Vendredi 28 Février et Samedi 1er Mars 1862 à une heure... Me Baudry, Commissaire-Priseur,... M. Dhios, Expert... Paris, 1862, br. in-8, pp. 44.

331 numéros.

— Almanach de la guerre de Chine pour 1862. Nancy, Imprimerie Hinzelin & Cie., in-8 à 2 col., pp. 79, pp. 80, grav.

Bib. nat., $\frac{L^{22}_c}{339}$.

— Relation de l'expédition de Chine en 1860 rédigée au dépôt de la guerre d'après les documents officiels sous le ministère de S. E. le maréchal Comte Randon étant directeur le général Blondel. Paris, Imprimerie Impériale, MDCCCLXII, in-4, pp. 202.

— Relation de l'Expédition de Chine en 1860 rédigée par le lieutenant de vaisseau Pallu d'après les documents officiels avec l'autorisation de S. Exc. M. le Comte P. de Chasseloup-Laubat, Ministre de la Marine et des Colonies. Paris, Imprimerie Impériale, MDCCCLXIII, in-4, pp. 235.

Ce volume est accompagné d'un :

Atlas dressé d'après les documents officiels sous la direction du lieutenant de vaisseau Pallu publié par ordre de S. E. Mr. le Comte P. de Chasseloup-Laubat, Sénateur, Ministre de la Marine et des Colonies. Dépôt de la Marine, 1863, in-folio.

— Examen critique et réfutation d'une relation de l'expédition de Chine en 1860 rédigée par le lieutenant de vaisseau Pallu. — Publié avec l'autorisation de Son Excellence le Maréchal Ministre de la Guerre. Paris, E. Dentu, 1864, pet. in-8, pp. 35.

Signé à la fin : J. Chanoine, Capitaine à l'État-major général du corps expéditionnaire de Chine.

— Souvenirs d'une campagne en Chine par le Bon E.-V. Deslandes. — Nantes, impri-

(Le Baron Gros et l'Expédition de 1860.)

merie Henri Charpentier, rue de la Fosse, Nos. 32 & 34. — 1863, in-folio, pp. 33.

Expéditions de 1858-1859.

Voici la préface :

« A mon retour d'une campagne en Chine et en Cochinchine, qui n'avait pas duré moins de quatre ans, j'avais rapporté quelques croquis dont l'originalité était le seul mérite. Je n'ai point voulu y ajouter un récit de voyages, toujours dangereux par les redites obligées, mais je me suis borné à faire un extrait, sans prétention, de la correspondance que j'avais à cette époque et qui n'a d'autre but que de servir d'explication aux dessins qui précèdent. »

Ce livre a été fait évidemment pour être distribué à des parents ou à des amis. Le texte est précédé des 48 photographies des croquis de l'auteur; les légendes sont écrites à la main, ainsi que dans le texte les références aux planches. Je n'ai vu qu'un exemplaire de ce livre qui est plutôt un keepsake qu'un ouvrage de renseignements.

— Notre situation en Chine. — Paris, le 1er Juillet 1863. — Souvenir du Japon. Br. in-fol., pp. 103 autographiées.

Signée Ate Trève, Capitaine de Vaisseau, Ancien Capitaine du *Kienchan*. N'a pas été mis dans le commerce. — S. l. n. d., Lith. Merckel, 18 r. St. Placide [Paris, 1883?]. — Auguste Hubert Stanislas Trève, né le 1er nov. 1829; † à Paris, 28 nov. 1885. Sa brochure a été faite pour être distribuée lors de sa candidature à l'Académie des Sciences.

— Négociations entre la France et la Chine, en 1860. Livre jaune du Baron Gros, Ambassadeur extraordinaire et Haut Commissaire de l'Empereur, en Chine, en 1858 et en 1860. Extrait de sa Correspondance et de son Journal, pendant la seconde mission qu'il a remplie dans l'extrême Orient. Paris, J. Dumaine, 1864, in-4, pp. 248.

— L. F. Juillard. Souvenirs [col. 2131].

— Lettres de l'Expédition de Chine par le Docteur Adolphe Armand, Médecin-major de 1re classe aux ambulances... — Extrait de la *Gazette Médicale* de Paris. Paris, Imprimé par E. Thunot et Ce — 1859-1860, in-8, pp. 368.

Un second titre porte :

— Lettres de l'Expédition de Chine et de Cochinchine par Adolphe Armand Ex-médecin du quartier général en Chine, et médecin-chef de l'hopital militaire de Saigon en Cochinchine ;... Paris, Victor Rozier, 1864.

Voir pp. 158 et seq. : Du livre Si-yuen ou lavage de la fosse.
Notice : *Arch. Médecine navale*, III, 1865, pp. 279/283, par Berchon.

— Souvenirs de la campagne de Chine par M. J. L. de Negroni, Capitaine démissionnaire, chevalier de la Légion d'honneur. Détails sur sa collection. Paris, Imprimerie Renou et Maulde, 1864, in-8, pp. 231.

— Expédition des Français et des Anglais en Chine 1860. Coup d'œil sur la Chine. Causes de la guerre. Traversée des troupes. Opérations militaires. Conclusion de la paix. Paris, Librairie populaire des villes et des campagnes, rue d'Ulm, 48, in-16 carré, pp. 128 et carte.

Livre de colportage.

— Sur le tombeau élevé à Peking à la mémoire des Français † pendant l'exp. de 1860 voir : *Miss. Cath.*, IV, p. 421 ; grav., *Ibid.*, p. 423. — Col. 1036.

— Souvenirs de l'expédition de Chine en 1860. Par **H. de Mondy**. (*Revue Contemporaine Mensuelle*, 25 avril 1865, pp. 612/638 ; 25 mai 1865, pp. 62/90.)

— L'Expédition de Chine d'après la Correspondance confidentielle du Gal Cousin de Montauban Comte de Palikao publiée par Le Comte d'Hérisson Interprète-secrétaire particulier du général de Montauban. Paris, E. Plon et Cie., 1883, in-8, pp. LI-339.

Un ex. de ce livre, hommage de l'auteur, a été vendu d. mar. r. jans., coins, dor. en tête, n. rog. (Allô), 38 fr. à la Salle Silvestre, le lundi 21 déc. 1885. — Cet ouvrage a été saisi au nom de M. le Ministre de la Guerre. Cf. *Rev. de l'Extrême-Orient*, I, No. 3, pp. 493/4 ; II, Nos. 5 & 6, p. 276. — Voir H. Cordier, *Exp. de Chine*, 1860, passim.

— Journal d'un interprète en Chine par le Comte d'Hérisson. Paris, Paul Ollendorff, 1886, gr. in-18, pp. 442.

A été réimp. en sept. 1900 dans *La Lecture hebdomadaire*.

— A French Military Sinologue. By G. M. H. Playfair. (*China Review*, XV, pp. 130/131.)

A propos du *Journal* de M. d'Hérisson.

— * M. v. Hérisson. — Tagebuch eines Dolmetschers in China. Deutsch von A. Ruhemann. Augsburg, 1886, 2 vol.

— The Loot of the Imperial Summer Palace at Pekin. By Count d'Hérisson, Secretary and interpreter to General Montauban. (*Annual Rep. Smiths. Inst...* year end. June 30, 1900, pp. 601/635.)

Trad. du *Journal d'un Interprète en Chine*.

— Vte H. Begouen. La France et l'Angleterre pendant la campagne de Chine en 1860, d'après la correspondance inédite du général Cousin de Montauban. Paris, 1891, br. in-8, pp. 19.

Extrait du *Correspondant*.

— Le 2e Bataillon de Chasseurs à pied par le Lieutenant Paul Delagrange. — Berger-Levrault, Paris-Nancy, 1889, pet. in-8, pp. 232.

— L'expédition de 1860 et les difficultés de la campagne actuelle. Par Gabriel Vasco. (*Rev. française*, XXV, 1900, pp. 449/464.)

— L'Amiral Charner — Campagnes de Chine et de Cochinchine. — (Extrait des *Mémoires de la Société d'Emulation des Côtes-du-Nord.*) Saint-Brieuc, L. Prud'homme, 1865, in-8, pp. 24, Croquis.

Par Albert Geslin de Bourgogne.

Léonard-Victor-Joseph Charner, né à Saint-Brieuc, 13 fév. 1797.

— * Campagne de Chine, 1859-1861, journal du capitaine Béziat (Comm. du vic. de Grouchy). (*Nouvelle revue retrospective*, No 106, 10 avril 1903).

— L'Expédition de Chine de 1860 — Histoire diplomatique Notes et Documents par Henri Cordier... — Paris, Félix Alcan, 1906, in-8, pp. 460.

(Le Baron Gros et l'Expédition de 1860.)

Notices : *Revue Critique*, 18 juin 1906, par A. C.[huquet.] — *Petermanns Mitt.*, 1906, Hft. VII, Lbt., p. 123, par M. von Brandt. — *Bul. Soc. Géog. Lyon*, 1906, XXI, pp. 158/160, par le Dr. E. Ch.

— L. de Rosny, *Variétés orientales*, 3ᵉ éd., 1872, XII.

∴

— Le traité de Tien-tsin du 27 juin 1858. Texte français : *Chinese Commercial Guide*, 5th ed., pp. 41 et seq.

— Convention de Peking, 25 octobre 1860 :

Trad. anglaise : *N. C. Herald*, 543, Dec. 22, 1860.

— Traité de 1858. (*Choix de Documents...* par S. Couvreur, 1894, pp. 35/41.)

Textes chinois et traduction.

— Décret impérial portant promulgation de la Convention conclue le 22 février 1860 entre la France et la Grande Bretagne relativement aux prises pendant l'Expédition contre la Chine. Paris, Typographie E. Panckoucke et Cie., 1860, pet. in-8, pp. 16.

La France, l'Annam et la Chine.

— Voir col. 333-337. — *Formose*, col. 293.

Nous n'avons pas l'intention de donner ici une bibliographie de la Cochinchine et du Tongking ; elle trouvera place dans notre *Bibliotheca Indo-Sinica*. Nous indiquons seulement les ouvrages les plus importants et les articles qui paraissent offrir plus particulièrement de l'intérêt.

On pourra d'ailleurs consulter les travaux bibliographiques suivants :

— Bibliographie annamite. Livres, recueils périodiques, manuscrits, plans par M. V.-A. Barbié du Bocage... Ext. de la *Revue maritime et coloniale* (février, mai et août 1866). Paris, Challamel ainé, 1867, in-8, pp. 107.

— Liste bibliographique des travaux relatifs au Tong-king publiés de 1867 à 1883 (juillet) dressée par P. Lemosoff. (*Revue de Géog.*, sept. 1883, pp. 210/219.)

On ajoutera à ce dernier travail les bulletins publiés par L. Delavaud dans le *Bul. de la Soc. de Géog. de Rochefort*.

— Bibliographie de l'Indo-Chine orientale depuis 1880 par A. Landes, Résident-Maire d'Hanoi et A. Folliot, Professeur. Saigon, Imp. Rey & Curiol, 1889, br. in-8, pp. 87.

Nous avons cru faciliter l'intelligence de ce chapitre en donnant le court résumé chronologique que voici :

1874.	15 mars.	Traité entre l'Annam et la France,
—	31 août.	Traité de Saigon entre l'Annam et la France. (Commerce.)
1883.	19 mai.	Mort de Henri Rivière. Harmand, commissaire.
—	20 août.	Prise des forts de Thuan-An par l'amiral Courbet.
—	25 août.	Traité de Hué (Harmand).
—	16 déc.	Prise de So'n-tây par Courbet.
1884.	mars.	Prise de Bac Ninh.
—	11 mai.	Traité entre la France et la Chine à T'ien-tsin (Fournier).
—	6 juin.	Traité de Hué (Patenôtre).
—	23 juin.	Affaire de Bac-Lé.
—	23 août.	Bombardement de l'arsenal de Fou-tcheou par l'amiral Courbet.
—	1 oct.	Prise de Kilong.
1885.	13 fév.	Prise de Langso'n.
—	3 mars.	Levée du siège de Tuyen-Quan.
—	28 mars.	Affaire de Langso'n.
—	29 mars.	Prise des Pescadores, par Courbet.
—	4 avril.	Protocole Billot-Campbell.
—	9 juin.	Traité de T'ien-tsin (Patenôtre) avec la Chine.
—	11 juin.	Mort de l'amiral Courbet.
—	5-6 juillet.	Guet-apens de Hué (Général de Courcy).
1886.	25 avril.	Convention commerciale de T'ien-tsin (F. G. Cogordan).

— Nécrologie. — Mort de M. Cogordan. (22 Mars (*Questions diplomatiques et coloniales*, 1ᵉʳ avril 1904, pp. 523/4).

—	11 nov.	Mort de Paul Bert à Hanoi.
1887.	26 juin.	Convention additionnelle (Ernest Constans).

— La question du Tong-king, par H. Cordier. (*Bul. Soc. Hist. et Cercle St. Simon*, 1883, N° 2, pp. 80/97.)

Conférence faite au Cercle St. Simon, 9 déc. 1883.

— Le Conflit entre la France et la Chine. Etude d'histoire coloniale et de droit international, par Henri Cordier, Directeur de la *Revue de l'Extrême-Orient*. Paris, Léopold Cerf, 1883, br. in-8, pp. 48.

La plus grande partie de cette brochure avait paru dans le journa 'e *Temps*.

— H ri Cordier, *Hist. des Relat. de la Chine*, II, 1902, Cha XIII-XXVI.

— La guerre avec la Chine — la politique coloniale et la question du Tonkin, par Armand Rivière. Paris, Auguste Ghio, — 1883, br. in-8, pp. 24.

— Le conflit franco-chinois (la guerre et les traités) d'après les documents officiels, par E. Guillon, Agrégé de l'Université, Rédacteur en chef du *Réveil du Dauphiné*. Grenoble, Librairie Maisonville, Alexandre Gratier successeur, éditeur, 1885, br. in-8, pp. 71.

— Foochow et la rivière Min. (*Bul. Soc. Géog. Rochefort*, VI, 1884-5, pp. 249/270).

— [Account of the Battle in the Min River, 23rd Aug. 1884, Admiral Courbet.] by Deputy Commissioner Carrall. (*Decen. Reports*, 1882-1891, p. 418, carte).

— Section of the Min River Showing the positions of the Chinese, French and Neutral Vessels at Pagoda Anchorage, Foochow, immediately before the Naval Engagement of the 23rd August 1884, also showing the positions of sunken Chinese vessels after the action. (*Ibid.*, p. 418).

— France and China. — Map of China Tonquin and Cochin-China with a Chart extending from China to Western Europe and Statistical Notes. — W. & A. K. Johnston, Edinburgh, 1883, 1 feuille.

— 福州地理形圖 Plan et Description de la Bataille de Fou-tcheou.

Image chinoise.

— 基隆囚形圖 Plan de la Bataille de Ki loung.

Image chinoise.

— The French at Foochow, by James F. Roche, L. L. Cowen, U. S. Navy. Shanghai : Printed at the « Celestial Empire ». Office, 1884, in-8, pp. 49, fig.

— Combat de Fou-tchéou (23 août) ; d'après une image vendue en Chine le lendemain de la bataille. (*Miss. Cath.*, XVI, 1884, p. 547.)

— Les combats de la rivière Min, 1884. Par Ch. Chabaud-Arnault, Capitaine de frégate. (*Rev. mar. et col.*, Vol, 84, 1885, pp. 517/547.)

— Affaire de Sheipoo. Rapport adressé à M. le vice-amiral, commandant en chef l'escadre de l'Extrême-Orient, par M. le cap. de vaisseau Gourdon, sur l'attaque des frégate et corvette chinoises le *Yu-Yuen* et le *Tcheng-king*, dans la nuit du 14 au 15 fév. 1885. (*Ibid.*, Vol. 86, 1885, pp. 56/68.)

— Prise des îles Pescadores. Rapport de l'amiral Courbet, Makung 8 avril 1885. (*Ibid.*, pp. 218/223.)

— A.-A.-P. Courbet, Vice-Amiral (1827-1885.) (*Ibid.*, pp. 182/192.) Notice nécrologique, état de services, etc.

— Discours de l'amiral Galiber à Abbeville. (*Ibid.*, Vol. 87, 1885, pp. 174/175.)

— L'Amiral Courbet d'après les papiers de la marine et de la famille, par Émile Ganneron, secrétaire-rédacteur au sénat. Paris, librairie Léopold Cerf, 1885, in-18, pp. VI-372.

Amédée-Anatole-Prosper Courbet, né à Abbeville, 26 juin 1827 ; † 11 juin 1885, à bord du *Bayard* à Makong (Pescadores).

— L'amiral Courbet, par un ami de la famillle. Abbeville, A. Retaux, imprimeur-éditeur, 84, chaussée Marcadé, 1885, in-18, pp. 110.

— L'escadre de l'amiral Courbet. Notes et souvenirs, par Maurice Loir, Lieutenant de vaisseau à bord de la *Triomphante*... Paris, Berger-Levrault, 1886, pet. in-8, pp. 370 + les ff. prél. et 1 f. n. c. à la fin.

— Les héros du Tonkin — L'amiral A. Courbet, par A Gervais, ancien officier. Charavay frères, libraires-éditeurs, Paris, s. d., in-18, pp. 160.

— Dick de Lonlay. — La marine française en Chine. — L'amiral Courbet et le *Bayard*. — Récits anecdotiques illustrés de 40 dessins, par l'auteur. Paris, Garnier frères, 1886, in-12, pp. VIII-163 + 1 f. n. c.

— Dick de Lonlay. — L'Amiral Courbet et le « Bayard ». Récits souvenirs historiques — Illustrés de 40 dessins par l'auteur. — Paris, Garnier frères, 1886, in-12, pp. VIII-163 + 1 f. n. c.

Même éd. avec un titre différent.

— Oraison funèbre de l'amiral Courbet, prononcée le 1er Août 1885, à Poitiers dans l'église de Montierneuf devant les Représentants et les Délégués du département de la Vienne, par L'Abbé Frémont, Ancien aumônier de l'Ecole normale de la Seine, Vicaire à S.-Philippe-du-Roule (Paris). Paris, Berche et Tralin, 1886, in-8, pp. 62.

— Félix Julien. — L'Amiral Courbet d'après ses Lettres. Paris, V. Palmé, 1889, in-12, pp. II-314.

— L'Amiral Courbet, d'après ses lettres. Par Henry de Gaillard. (*Le Correspondant*, 25 janv. 1889, pp. 333/339.)

A propos du livre de F. Julien, voir col. 2501.

— Mgr. Freppel. — L'Amiral Courbet. Le général Lamoricière. La révolution et le militarisme. Henri Gautier, Paris, s. d., br. in-12, pp. 36.

Forme le No. 239 de la *Nouvelle Bibliothèque Populaire* à 10 Cent.

— La maladie et la mort de l'Amiral Courbet. Observation recueillie par le Dr. A. Doué, Médecin en chef de la Marine, Médecin de l'Escadre de l'Extrême Orient. (*Arch. Médecine navale*, XLIV, 1885, pp. 161/165.)

— Le Mé-kong. Par M. de Villemereuil, cap. de vaisseau en retraite. (*Bul. Soc. Géog. Rochefort*, XIII, 1891-2, pp. 88/95.)

— Le *Volta* en Chine et au Tonkin (1883-1885). Par Paul Brière Sous-Commissaire de la Marine. (*Rev. mar. et col.*, Vol. 124, 1895, pp. 66/109, 477/528.)

— La guerre du Tonkin d'après les Chroniques générales du Yunnan, par Papyrus. (*T'oung Pao*, 2e Sèr., I, N° 5, Déc. 1900, pp. 481/490).

— Lucien Huard. — La guerre illustrée. — Chine-Tonkin-Annam. L. Boulanger, éditeur, Paris, s. d. [1886], gr. in-8, pp. 1216.

— Exploits et aventures des Francais au Tonkin, en Chine, en Annam. — Histoire illustrée de l'expédition du Tonkin. — Le Pays. — Les causes de la Guerre. — Les Opérations au Tonkin. — Les Représailles contre la Chine. — La Paix. — La Pacification de l'Annam. — Le Retour des Troupes en France. — Fécamp, lib. Vve. P.-L. Ebran, Rue du Hâvre, gr. in-8, pp. 376, s. d. [1886.]

— The Bombardment of Pakhoi. An unrecorded Episode of 1882. By G. M. Playfair. (*China Review*, XV, pp. 100/104, 139/143.)

— L'Affaire du Tonkin — Histoire diplomatique de l'établissement de notre Protectorat sur l'Annam et de Notre Conflit avec la Chine. 1882-1885 Par un Diplomate. Paris, J. Hetzel, s. d., in-8, pp. VI-430.

Par Albert Billot, directeur des Affaires politiques au Ministère des Affaires étrangères.

Un ex. spécial est ainsi décrit dans le cat. (139) du libraire Lucien Gougy, Paris, Juin 1901, d. rel. maroq. rouge, coins (*Raparlier*), 50 fr. :

Bel exemplaire dans lequel on a intercalé une carte de lettré et une carte d'invitation en chinois, une photographie des tranchées de Bac Ninh, un croquis des terrains parcourus pendant l'opération de Nam Dinh, un rapport autographe du général Bouet sur la nécessité d'augmenter les effectifs d'occupation, un brevet de chevalier de l'ordre de l'Annam signé de Paul Berl, un rapport autographe du colonel Bichot, 4 ordres généraux du général Brière de l'Isle relatifs aux combats de Kep et de Loch-Nam, un rapport autographe du résident à Haïphong sur l'affaire de Langson, et 17 lettres autographes de MM. Billot, J. Ferry, Harmand, G. Casse, général Bouet, Schœlcher, Thomson, J. Dupuis, Blancsubé, Lemaire, de Champeaux, Aymonier, Haitce, Bouinais et colonel Dugenne.

— Journal d'un Mandarin. Lettre de Chine et documents diplomatiques inédits par un fonctionnaire du Céleste empire. Paris, E. Plon, Nourrit & Cie, 1887, in-12, pp. VII-310.

Réunion de lettres parues dans le *Journal des Débats*.

Foucault de Mondion, † 14 juin 1894.

— La vérité sur Foucault de Mondion. — Sa vie, ses missions politiques, sa mort. Par René de Pont-Jest. (*Le Figaro*, mercredi 11 juillet 1894.)

Voir col. 678.

— France and China. By D. C. Boulger. (*The Nineteenth Century*, May 1883, pp. 886/895.)

— Le différend franco-chinois. Par Maurice Jametel. (*Economiste français*, 1883.)

— La France dans l'Extrême Orient et le traité de Tien-Tsin. Par Maurice Jametel. (*Ibid.*, 1884.)

— Les intérêts économiques de la France en Chine. Par Maurice Jametel. (*Ibid.*,).

— L'alliance française en Afrique et en Extrême Orient. Par Charles Grémiaux. (*Ann. de l'Ext. Orient*, 1884-1885, VII, pp. 257-262.)

— Les Préliminaires de la paix avec la Chine. — I. Du 11 janvier au 19 mars 1885. (*Revue Bleue*, No. 24, 10 déc. 1887.) — II.

Mars 1885 ; retraite de Lang-Son. (*Ibid.*, No. 25, 17 déc. 1887.) — III. Les préliminaires de la paix avec la Chine en 1885. (*Ibid.*, No. 26, 24 déc. 1887.)

— *Sinicae res.* — Les délimitations de frontières et les traités avec la Chine. Paris, librairie militaire de L. Baudoin et Cie, 1889, br. in-8, pp. 51.

— Guerre contre la France. (*Choix de Documents...* par S. Couvreur, 1894, pp. 243/289.)

Textes chinois et trad. de pièces relatives aux événements de 1884-5.

— Henri Cordier, *Hist. des Relat. de la Chine*, II, *passim*.

Protectorat des Missions.

— Voir col. 861, 862.

— Henri Cordier, *Hist. des Relat. de la Chine*, I, Chap. IV et V, pp. 51 seq., 68 seq. — II, Chap. XXVIII-XXX, pp. 591 seq., 605 seq., 625 seq. — III, Chap. V, pp. 72 seq., Chap. XXV, pp. 463 seq.

— Un Légat du Pape à Pékin. Par le Contre-Amiral Hri Martineau des Chesnez. (*Soc. Bretonne Géog.*, V, 1886, pp. 186/206.)

— Le Protectorat catholique de la France en Orient et en Extrême-Orient (Article traduit de la *Civiltà cattolica* du 5 Novembre 1904) Par un Prélat romain. (*Etudes*, CI, 20 Nov. 1904, pp. 465/483.)

— Convention Berthemy réglant l'acquisition de terrains et de maisons par les Missions catholiques dans l'intérieur de la Chine. — Documents officiels. Correspondance échangée à ce sujet entre la Légation de France en Chine et le Tsong-li Ya-men. s. l. n. d. [Pe-king, 1895], gr. in-8, pp. 23.

— Convention Berthemy réglant l'acquisition de terrains et de maisons par les Missions catholiques dans l'intérieur de la Chine. — Documents officiels. Correspondance échangée à ce sujet entre la Légation de France en Chine et le Tsong-li Yamen. — Deuxième recueil. — s. l. n. d. [Pe-king, 1895], gr. in-8, pp. 25.

Cf. H. Cordier, *Hist. des Relat.*, I, pp. 68 seq. — Texte définitif de la Convention, 14 avril 1895.

— Jules François Gustave Berthemy. Nécrologie par H. C[ordier.] (*T'oung Pao*, Sér. II, Vol. IV, No. 1, Mars 1903, p. 73).

Né le 1er déc. 1826, à Paris ; † 21 nov. 1902, au château de Barbey, près Montereau (Seine & Marne.)

Traités.

— Conventions complémentaires de Commerce et de Frontière entre la France et la Chine du 20 juin 1895 — Réglement de Police mixte sur la Frontière Sino-annamite. (1896). s. l. n. d. [Pe-king, 1896], br. in-8, pp. XIII—11.

— L. de Reinach, Ancien Administrateur des services civils de l'Indo-Chine — Recueil des Traités conclus par la France en Extrême-Orient (1684-1902) — Paris, Ernest Leroux, 1902, in-8, pp. 442.

Notice : *T'oung Pao*, oct. 1903, pp. 352/3, par Henri Cordier.

Livres jaunes.

— Ministère des Affaires étrangères. — Documents diplomatiques. — *Affaires du Tonkin.* — Première partie. 1874 — Décembre 1882. Paris, Imprimerie nationale, — MDCCCLXXXIII, in-fol., pp. 327.

— — — *Affaires du Tonkin.* — Deuxième partie. Décembre 1882-1883. Ibid., in-fol., pp. 268-VI-VII-VII-VII.

— *Affaires du Tonkin.* — Exposé de la Situation. — Octobre 1883. Paris, Imprimerie nationale. — MDCCCLXXXIII, in-fol., pp. 31.

— Ministère des Affaires étrangères. — Documents diplomatiques. — *Affaires du Tonkin.* — Convention de Tien-tsin du 11 mai 1884. Incident de Lang-son. Ibid. — MDCCCLXXXIV, in-fol., pp. 76.

— — — *Affaires de Chine et du Tonkin.* — 1884-1885. Ibid. — MDCCCLXXXV, in-fol., pp. XV-330.

— — — *Affaires de Chine.* — Ibid. — MDCCCLXXXV, in-fol., pp. VI-51.

— Ministère des Affaires étrangères — Documents diplomatiques — *Chine* — 1894-1898. Paris, Imprimerie nationale MDCCCXCVIII, in-fol., pp. VII-56.

— — — *Chine* — 1898-1899. Ibid. — MDCCCC, in-fol., pp. XIII-163, carte de Kouang-tchéou-wan.

— Le Livre jaune sur les Affaires de Chine. Par Jean de la Peyre. (*Quest. diplom. et colon.*, 15 avril 1900, pp. 475/486.)

— Ministère des Affaires étrangères — Documents diplomatiques — *Chine* — 1899-1900. Paris, Imprimerie nationale, MDCCCC, in-fol., pp. XVIII-281, 4 plans et carte.

— — — *Chine* — 1900-1901. Ibid., MDCCCCI, in-fol., pp. IX-82.

— — — *Chine* — Juin-Octobre 1901. Ibid., MDCCCCI, in-fol., pp. 31.

Rapports commerciaux.

— (Annexe au *Moniteur Officiel du Commerce* du 22 Septembre 1892... etc.) — Rapports commerciaux des Agents diplomatiques et consulaires de France publiés

Par le Ministère des Affaires étrangères et le Ministère du Commerce et de l'Industrie :

— Année 1892. — No. 53. — Chine. — Mouvement commercial de *Shanghaï* en 1891. 10 centimes, br. in-8, pp. 10.

[Par Wagner.]

— Année 1892. — No. 77. — Chine. — Commerce de *Foutchéou* en 1892. 10 cent., br. in-8, pp. 11.

[Par T. Frandon.]

— Année 1893. — No. 92. — Chine. — Mouvement de la Navigation dans les *ports ouverts de la Chine*. 20 cent., br. in-8, pp. 27.

[Par Maurice Dejean de la Batie.]

— Année 1893. — No. 118. — Chine. — Mouvement commercial de *Longtchéou* en 1892. 10 cent., br. in-8, pp. 14.

[Le Consul de France.]

— Année 1893. — No. 129. — Chine. — Situation commerciale de *Mongtze* et de la province du *Yunnan* pendant l'année 1892. 10 cent., br. in-8, pp. 12.

[Par Rocher.]

— Année 1893. — No. 139. — Chine. — Commerce et navigation de *Canton* en 1892. 10 cent., br. in-8, pp. 16.

[Par Imbault-Huart.]

(Rapports commerciaux.)

— Année 1894. — No. 215. — Chine. — Commerce et navigation du port de *Canton* en 1893. 10 cent., br. in-8, pp. 14.

[Par C. Huart.]

Direction. Ministère du Commerce... Abonnements et vente au numéro : Paul Dupont, 4 Rue du Bouloi.

Kouang-tcheou wan 廣州灣.

Voir col. 307-308.

— J. Silvestre. — La France à Kouang-Tchéou-Ouan (avec une carte). (*Ann. Sc. Pol.*, 15 juillet 1902, pp. 473/493.)

— Notice sur l'Hinterland de Quan-chéou-wan par L. Cauquil Capitaine d'artillerie coloniale. In-8, pp. 66, carte. [S. d., Hanoi, 1903.]

— Notes de Séjour à Quang-Tchéou-Wan. Par Pierre Darlu. (*Revue G.*, 55 (1905), pp. 371/375).

— La Politique Française à Kouang-tchéou-ouan. Par R. [de] C[aix.]. (*Bull. Com. Asie française*, Nov. 1905, pp. 425/7).

— L'amélioration des communications rapides dans le territoire de Kouang-tcheou-ouan. (*Ibid.*, février 1906, pp. 71-2).

∴

Voir :

Formose, col. 293-294.

Missions catholiques : Ouvrages divers.

Chang-hai : Concession française.

Corée : Expédition.

Questions contemporaines : Massacre de T'ien-tsin.

(Kouang-tcheouwan.)

VIII. — SUÈDE ET NORVÉGE.

— P. Osbeck, col. 2097.
— Olof Torée, col. 2098.
— C. J. Ekeberg, col. 2098.
— J. Wallenberg, Min Son på Galejan, col. 2099.
— C. F. Liljevalch, col. 86 et 2180.

— Resa till Kap, Ostindien och Kina, åren 1844-1846, berättad af G. W. von Düben. Stockholm, Tryckt hos L. J. Hjerta, 1847, in-12, pp. VIII-159.

Sur le faux-titre : *Resa till Kap, Ostindien och Kina*, et cet épigraphe tiré de Byron :

T'is plea[illegible]t, sure, to see ones name in print
A book's a book, although there's nothing in't.

G. W. v. D. était médecin, à bord du *Prins Carl* en 1844-46. col. 2115.

— Loggboks. Anteckningar under en jordomsegling med Fregatten *Eugenie* åren 1851-53, gjorda och Fäderneslandets ungdom tillegnade af En Jungman; bearbetade och utgifna af C. M. Ekbohrn. Med många färglagda afbildningar, träsnitt och en karta. Stockholm. P. A. Huldbergs Bokhandel, s. d., in-8, pp. 256.

— Fregatten *Eugenies* Resa omkring Jorden åren 1851-1853, under befäl af C. A. Virgin. Utgifven af C. Skogman. Med litografier, träsnitt och Kartor. Stockholm, Adolf Bonnier, s. d., 2 vol. in-8, pp. VI + 1 f. n. c. + 250, et V + 1 f. n. c. + 224 + 1 f. n. c.

C. Skogman était premier lieutenant chargé des observations nautiques et astronomiques.

— * Erdumsegelung der Königl. Schwedischen Fregatte *Eugenie*... Übers. v. Anton von Etzel. Berlin, 1856, 2 vol. in-8, grav. color.

— * Reise um die Erde vermittelst der Schwedischen Fregatte *Eugenie*. Aus d. Schwed. nach den durch A. v. Etzel gel. Ueber-

(Divers.) (Divers.)

setzungen für die Jugend bearbeitet von Hübner-Trams. Berlin 1856, in-8, pp. 379, grav. color.

— * Dagbok hållen å Hans Maj:ts Fregatte *Eugenies* Jordomsegling åren 1851, 52 och 53. Af en ombord varande Båtsman. Sölvesborg. 1854. In-12, brochure anon.

— * Kongliga Svenska Fregatten *Eugenies* Resa omkring Jorden Under befäl af C. A. Virgin. Åren 1851-1853. Vetenskopliga iakttagelser... utgifna af K. Svenska Vetenskopsakademien. Stockholm, in-4. [12 Cahiers parus depuis 1857.] Avec cartes et grav.

— * Voyage autour du Monde sur la Frégate Suédoise l'*Eugénie*... 1851-53. Physique I-III. Stockholm, in-4, 1858-74.

— * En verldsomsegling skildrad i bref af N. J. Andersson. Stockholm, 1853-54. 3 vol. in-8. Avec une carte.

N. J. Andersson. Professeur de Botanique. Accompagnait en botaniste la Frégate *Eugenie* dans son tour du monde 1851, 52, 53.

— * En Verdensomseiling. Uddrog af... N. J. Anderssons Optegnelser paa en Reise rundt Jorden med den Svenske Fregat *Eugenie* i Aarene 1851-1853. Christiania, 1854. In-8, pp. 506.

— * J. A. C. Hellstenius. — Bidrag till den Svenska Ost-Indiska Compagniets Historia 1731-1766. Dissertation. Upsala, 1860, in-8, pp. 49.

— Manuscrits relatifs à la Compagnie Suédoise aux Indes Orientales :

Collection *Nordin*. Bibliothèque de l'Académie d'Upsal.

Collection *Braad*. Ibidem.

Documents de la *Comp.* a. I. O. Archive Royale à Stockholm.

(Divers.)

Sur la Compagnie aux Indes Orientales. Voir : *Magazin* de Büsching. 1776.

Je dois ces renseignements à M. August Strindberg.

— De Svenska Ostindiska Kompanierna. Historisk-statistisk Framställning af Joh. Fr. Nyström. — Belönad med Göteborgs K. Vetenskaps och Vitterhets Samhälles guldmedalj. S. l. n. d., in-8, pp. 161.

— * B. Christjernsson. Konsulsrapporter. [Rapports donnés au Ministère des affaires étrangères.] Dans le Journal : *Svenskt Handelsarkiv*, 1876, 77. Imprimé à Stockholm. [B. C., Vice-Consul à Chang-hai.]

— Bref och minnen från fjerran länder. (Dans le No. 2, Déc. 1869, de *Strödda Skrifter* af H. Annerstedt. Stockholm, Joseph Seligmann, in-8.)

— Kina, br. in-8, s. l. n. d., pp. 33.

A la fin on lit : Stockholm, Central-Tryckeriet, 1878 : l'ouvrage est signé *August Strindberg*, qui était amanuens à la Bib. royale de Suède. Cette brochure est un tirage à part, 1877, du journal *Framtiden*, publié à Stockholm. Les caractères chinois qui se trouvent dans ce mémoire sont calqués sur ceux de la grammaire chinoise d'Abel-Rémusat.

— Notice sur les relations de la Suède avec la Chine et les Pays tartares depuis le milieu du XVIIe Siècle jusqu'à nos jours. Par August Strindberg. (*Revue de l'Extrême-Orient*, Vol. I, 1882, pp. 499/522.)

Il a été fait un tirage à part de cette notice : Paris, Ernest Leroux, 1884, br. in-8, pp. 24.

— Traité signé à Canton le 20 mars 1847 par C. F. Liljevalch et Kiying; confirmé le 28 octobre 1847.

— Les Débuts de la Compagnie royale de Suède dans l'extrême Orient au XVIIIe siècle, par Henri Cordier. (*Recueil de l'École des Langues Orientales*, 1889, II, pp. 301/343.)

Il a été fait un tirage à part : Paris, MDCCCLXXXIX, in-8, pp. 45.
Notice : *China Review*, XVIII, No. 3, p. 199. By E. J. E.[itel.]

(Divers.)

IX. — DANEMARK.

— * Fr. Thaarup — Historiske og statistiske Efterretninger om det Kgl. octr. Danske Asiatiske Compagnie ; forbundet met Korte Efterretninger om de danske ostindiske Etablissementer, saavelsom om China, og om fremmede Staters asiatiske Handel ; samt de vigtigste Love og Anordninger, de danske ostindiske Besiddelser, og den danske asiatiske Handel vedkommende.

(Divers.)

I. Hefte [det eneste, som udkom]. Kbh., 1824.

Chr. V. Bruun, *Bibliotheca Danica*.

— * H. Randulff. — Tordenrøsten ! Noget om den chinesiske Handel til det asiatiske Compagnies Interessentere, og i den Anledning Tanker om hvad der for dem maatte vaere at foretage. Kbh., 1825.

— Chr. V. Bruun, *Bibliotheca Danica*. — On trouvera dans cette

(Divers.)

excellente bibliographie, Copenhague, 1886, col. 1050/1062, tout ce qui est relatif à la *Asiatiske Kompagni*.

— Treaty between Denmark and China, including Tariff and Trade Regulations. Signed in Tien tsin on the 13th of July, 1863, By Colonel Raasloff, H. D. M.'s Chargé d'Affaires at Washington, &c. &c. &c. for Denmark. — Hang-ki and Chung-how, High Imperial Commissioners of the Ta-Tsing Dynasty, &c. &c. &c. for China.

Exchanged in Shanghai on the 29th of July, 1864, by Steen-Bille, H. D. M.'s Vice-Admiral and Chamberlain, &c. &c. &c. for Denmark. — Li-Hêng-Sung, General, &c. &c. &c. and Liu-Hsün-Kao, Commissioner of Finance, &c. &c. &c. for China. Shanghai. Printed by F. & C. Walsh, 1864, br. in-folio, pp. 13.

Ce traité a été signé en anglais et en chinois.
— H. Cordier, *Hist. des Relat. de la Chine*, I, pp. 147/148.

X. — ÉTATS-UNIS.

Ouvrages divers.

— Relations between the United States of America and China. (*Chin. Rep.*, V, pp. 218/231, Sept. 1836.) [Par E. C. Bridgman.]

Voir aussi the *North American Review*, Oct. 1834. — Jan. 1835.

— R. B. Forbes. Remarks on China, 1844. [Voir col. 2179.]

— The Journals of Major Samuel Shaw, the first American Consul at Canton. With a Life of the Author, by Josiah Quincy. Boston : Wm. Crosby and H. P. Nichols, 111 Washington Street. 1847, in-8, pp. XIII-360. Port.

« Soon after the close of the war between Great Britain and America, several merchants in New York and Philadelphia being desirous of opening a commerce with Canton, in China, a ship was purchased and loaded principally with ginseng, in order to exchange it for teas and the manufactures of that country. My friend, Daniel Parker, Esq., agent for those concerned, having offered me the appointment of supercargo, I followed the advice of my friends in accepting it ; and finding that Thomas Randall Esq., my intimate friend had an inclination to go the voyage, we agreed to try our fortunes together, and sailed from New York on Sunday, 22d February, 1784, in the ship *Empress of China*, commanded by John Green Esq. »...

« The ship's Company were as follows : JOHN GREEN Esq., Captain. Mr. PETER HOGDKINSON, Second Captain. Messrs. ROBERT MC CAVER and ABEL FITCH, Mates. Mr. JOHN WHITE SWIFT, Purser. ROBERT JOHNSON Esq., and Mr. ANDREW CALDWELL, Surgeon and Mate. Messrs. JOHN GREEN JR., and SAMUEL CLARKSON, Midshipmen. Mr. FREDERICK MOLINEAUX, Captain's Clerk. Also, thirty four persons before the mast, including the gunner, two carpenters, a cooper, and our boys. The ship was three hundred and sixty tons, carpenter's measurement », pp. 133/4.

Voir *Hunt's Merch. Mag.*, XVIII, 31 (by C. H. Glover) ; *Hunt's Amer. Merchants*, vol. II.

— Establishment of American Trade at Canton. By S. W. Williams. (*China Review*, V, pp. 152/164.)

D'après le Journal de Samuel Shaw.

— Journal de la Société des Américanistes de Paris. — Henri Cordier — Américains et Français à Canton au XVIIIe siècle. —

Paris, Hotel des Sociétés savantes, 1898, in-4, pp. 13.

— The Treaty between the United States of America and China, with the Chinese Tariff of Duties, &c. With some Papers from the Report of the Select Committee of the British House of Commons, of July 12th, 1847, and a Chart thereto annexed. — (Printed for Gideon Nye Jr., for Private Circulation.) — New-York : George F. Nesbitt, 1849, in-8, pp. 31.

— Regulations for the Consular Courts of the United States of America in China. (*The China Mail*, No. 218, April 19, 1849.)

— Rules and Regulations for Masters, Officers, and Seamen, of Vessels of the United States of America, at the Free Ports of China. (*N. C. Herald*, No. 83, 28 February 1852.)

— Correspondence between the Legation of the United States of America, and the Government of China, relative to the adoption of measures for guarding the Imperial Revenue, and the non-exportation of grains, the produce of China. (*Ibid.*, No. 84, 6 March 1852.)

— Our Commercial and Political Relations with China, by an American Resident in China. [*A la fin :* Washington, February, 1855.] S. l. n. d., pièce in-8, pp. 8.

By Edward Cunningham. — Pub. dans *Hunt's Merchant's Magazine*, Sept. 1855 et réimp. dans the *Friend of China*, No. 51, Supp., June 25, 1856.

— Opinion of the Attorney General concerning the Judicial Authority of the Commissioner or Minister and of Consuls of the United States in China and Turkey. Washington, Nicholson, 1855, in-8, pp. 36.

Imp. aussi dans le *Shanghae Miscellany*, I.

MATTHEW CALBRAITH PERRY.

— A Paper by Commodore M. C. Perry, U. S. N., read before the American Geographical and Statistical Society, at a

Meeting held March 6th, 1856. New York : D. Appleton, M.DCCC.LVI, in-8, pp. 31.

British Museum, 8177, e.

— Narrative of the Expedition of an American Squadron to the China Seas and Japan, performed in the years 1852, 1853, and 1854, under the command of Commodore M. C. Perry, United States Navy, by order of the Government of the United States. Compiled from the original notes and journals of Commodore Perry and his officers, at his request, and under his supervision, By Francis L. Hawks, D. D. LL. D. With numerous illustrations. Published by order of the Congress of the United States. Washington : A. O. P. Nicholson, Printer, 1856, in-4, pp. XVII-537.

North American Review, April 1856, pp. 559/562; July 1856, pp. 233/260.

L'édition complète du gouvernement comprend 4 vol. in-4. Voir col. 2122-2123.

— Narrative of the Expedition of an American Squadron to the China Seas and Japan performed in the years 1852, 1853 and 1854, under the command of Commodore M.C. Perry, U.S.N., compiled... by Francis L. Hawks. New York, Appleton, 1856, in-8, pp. VII-624.

— * J. Willett Spalding. — Japan, and around the World ; an Account of Three Visits to the Japanese Empire, &c. New York, 1855, in-12.

« Mr. Spalding's work was severely censured in Lon.[don] *Athenaeum*, 1855, 1523, (same art. in *Liv. Age*, XVIII, 395). It is stated that a german translation has been published at Leipsic ». (Allibone.)

— The Americans in Japan : an abridgment of the Government Narrative of the U. S. Expedition to Japan, under Commodore Perry. By Robert Tomes. New York : D. Appleton, 1857, in-12, pp. VIII-415.

— Documents and Facts illustrating the Origin of the Mission to Japan, authorized by the Government of the United States, May 10th, 1851 ; and which finally resulted in the Treaty concluded by Commodore M. C. Perry, U. S. Navy, with the Japanese Commissioners at Kanagawa, Bay of Yedo, on the 31st March, 1854. To which is appended a list of the Memoirs, &c., prepared and submitted to the Hon. John P. Kennedy, late Secretary of the Navy, by his order, on the 26th February, 1853, for the use of the projected U. S. exploring expedition to Behring's Strait, &c., under the command of Commander Cadwallader Ringgold, U. S. Navy, by Aaron Haight Palmer. Washington, Henry Polkinhorn, 1857, br. in-8, pp. 22.

— Japan opened, compiled chiefly from the narrative of the American Expedition to Japan, in the years 1852-3-4. London : The Religious Tract Society, 1858, in-12, pp. VIII-296.

— Voir W. Heine, col. 2123.

— Die Expedition in die Seen von China, Japan und Ochotsk unter Commando von Commodore Collin Ringgold und Commodore John Rodgers, im Auftrage der Regierung der Vereinigten Staaten unternommen in den Jahren 1853 bis 1856, unter Zuziehung der officiellen Autoritäten und Quellen. — Deutsche Original-Ausgabe von Wilhelm Heine... Gera, C. B. Griesbach, 1867, 2 vol. gr. in-8, pp. XX-330, VIII-391.

Grav., cartes, etc.

Cet ouvrage qui fait partie de la *Bibliothek neuerer Reisen und Entdeckungen in Original-Ausgaben*, a été publié en six fascicules.

— Die Expedition in die Seen von China, Japan und Ochotsk unter Commando von Commodore Calw. Ringgold und Commodore John Rodgers, und die Erforschung des Amurgebietes durch Dr. P. Collins, im Auftrage der Regierung der Vereinigten Staaten unternommen in den Jahren 1853 bis 1857, unter Zuziehung der officiellen Autoritäten und Quellen. — Deutsche Original-Ausgabe von Wilhelm Heine... Dritter oder Supplement-Band. Zugleich Fortsetzung der Reise um die Erde nach Japan... Leipzig. Otto Purfürst, gr. in-8, pp. VIII-424.

Grav., cartes, etc.

— * Le Japon. — Expédition du Commodore Perry pendant les années 1853, 54 et 55. Trad. de l'allemand de W. Heine, par A. Rolland. Bruxelles, 1859, in-8, pl.

— Fankwei ; or, The *San Jacinto* in the Seas of India, China, and Japan. By W. M. Wood. 1859, voir col. 2124.

— A Cruise in the U. S. Steam Frigate *Mississipi*, Wm. C. Nicholson, Captain, to China and Japan from July, 1857, to February, 1860. — By William F. Gragg. — Boston : Damrell & Moore, 1860, in-8, pp. 76.

— China and Japan : being a Narrative of the Cruise of the U. S. Steam-Frigate *Powhatan*, in the years 1857, '58, '59, and '60. Including an Account of the Japanese Embassy to the United States. Illustrated with Life Portraits of the Embassadors and their Principal Officials. By Lieut. James

D. Johnston, U. S. N., of Kentucky, late Executive Officer of the *Powhatan*. — Philadelphia : Charles Desilver, 1861, pet. in-8, pp. 448.

— * Commodore Perry's Landing in Japan; from the « Narrative of the Expedition of an American Squadron to the China Seas and Japan, performed in the Years 1852, 1853 and 1854, under the Command of Commodore M. C. Perry » ; published by Order of Congress, 1856. Boston, 1906, in-8, pp. 28.

∴

— Regulations for the Consular Courts of the United States of America in China, issued by Anson Burlingame, Peking, April 22d & 23rd, 1864. (*N. C. Herald*, 745, Nov. 5, 864.)

— A Statement of the Needs of the United States Consulates in China, pp. 17.

Lettre de Geo. F. Seward à Anson Burlingame, Boston, Massachussets, datée Shanghai, 16th September, 1865.

— The United States Consulates in China. A Letter with inclosures of the Consul-general in China to the Secretary of State. Printed for Private Circulation. — 1867, in-8, pp. 74.

By Geo. F. Seward.

— Consular Jurisdiction over Persons on board Ships, in the waters of China, pp. 6.

Circular letter No. 7 of Geo. F. Seward to U. S. Consuls in China, dated Shanghai, August 3rd, 1868.

— The Legislative Authority of the Minister and Consuls of the United States in China, pp. 11.

Cette brochure est composée des dépêches de Mr. Geo. F. Seward, No. 324 (to the Hon. William H. Seward), No. 155 (to S. Wells Williams), No. 161 (to the Hon. J. Ross Browne).

— Correspondence Concerning American Commercial Rights in China. S. l. n. d. [Washington, 1900], in-fol., pp. 19.

— The Revision of the British Treaty with China. A Letter [dated Shanghai February 16th, 1869, No. 345] from the U. S. Consul General at Shanghai [Geo. F. Seward] to the Secretary of State [William H. Seward]. Shanghai, 1869, in-8, pp. 13.

— An Act to amend an Act, entitled « An Act to carry into effect provisions of the Treaties between the United States, China, Japan, Siam, Persia, and other Countries, giving certain judicial power to Ministers and Consuls and other Functionariès of the United States in those Countries, and for other purposes », approved June twenty-second, eighteen hundred and sixty.

Approved, July 1st, 1870.
Texte imprimé dans *The Shanghai News Letter*, Dec. 13, 1870.

(DIVERS.)

— American Interests in Asia. By Celso Cesare Moreno. New York : C. S. Westcott, 1869, br. in-8, pp. 40.

Bib. Soc. Géog. Paris. C $\frac{5}{56}$.

— How to deal with China. A Letter to De B. Rand. Keim, Esquire, Agent of the United States by General Chas. W. Le Gendre, U. S. Consul at Amoy. Amoy. Printed by Rozario, Marcal & Co. MDCCCLXXI, gr. in-8, pp. 141.

Contient :
Letter to the Hon. First Assistant Secretary of State Washington, D. C. — Contents. — Letter to Mr. Keim. — *Memorandum No. 1*. — The Literati, and their influence in the government in China. — *Ibid., No. 2*. — The Twenty First of June and the Diplomacy in Peking. — *Ibid., No. 3*. — A trip overland from Foochow to Amoy 3rd to 9th January 1871 (by W. Lee Sibbald, Imp. Mar. Customs). — *Ibid., No. 4*. — The disturbances in the Amoy District previous to the Massacre of Tientsin, and how they were dealt with. — *Ibid., No. 5*. — A Plan for the better transaction of foreign affairs in the interior of the Empire between the Consuls and the Chinese. — Conclusions. — Appendix.

100 Copies printed : 40 sent to the Ass. Sec. of State, 1 to the Consul General, 1 to the Minister, 1 to the Admiral.

— Life of Andrew Hull Foote, Rear-Admiral United States Navy. By James Mason Hoppin, Professor in Yale College With a Portrait and Illustrations. New York : Harper & Brother, 1874, in-8, pp. x + 1 f. n. ch. + pp. 411.

Né 12 sept. 1806, à New Haven, Connecticut ; † 26 Juin 1863.

— Hon. W. H. Seward on China. By Hon. John Allison, Washington, D. C. (*Siam Rep.*, Vol. 6, Jan. 1874, pp. 23/7.)

Ext. de *Presbyterian Banner*. — Voir col. 2136.

— Samuel Wells Williams, LL. D. (*The Far East*, I, No. 6, 1876, pp. 140/142, avec une phot.)

— Samuel Wells Williams. — Voir col. 1327.

— Diplomatic Relations of China and the United States. By J. B. Angell. (*American Journal Social Science*, XVII, 24.)

— A Century of American Commerce with China. By Gideon Nye.

Extrait *Jour. C. Br. R. As. Soc.*, XX, N. S., Nos. 5 & 6, 1885, pp. 290/1.

— The China Mail-Service in Congress. — The American Flag on the Pacific. — The Delaware vs. the Clyde. — The Contest for the Commerce of Asia. — Shall the Men who built and sent out the Alabama to sweep our ships from the Atlantic be allowed to control the Pacific? Washington : Government Printing Office, 1874, in-8, pp. 14.

— China Mail Service. — Brief and Argument of Clark Bell, Attorney and Counsel for the Pacific Mail Steamship Company, Before the Judiciary Committee of the Senate, February 11, 1875. — Washington,

(DIVERS.)

81*

D. C. Chronicle Publishing Co. Print. 1875, in-8, pp. 98.

— The Centennial Celebration of American Independence at Canton, China, on the 4th July, 1876. — Canton : Printed and Published at the Office of the « Daily Advertiser » 1876, in-8, pp. 60.

— * T.W. John Knox ; or, our Chinese Relations. New York, 1879.

— Commodore R. W. Shufeldt's Observations upon the Chinese [An open letter to the Hon. A. A. Sargent, of California.] Tientsin, 1st January 1882. (*N. C. Herald*, May 12, 1882, pp. 516/518.)

— American influence in China. By the Hon. John Russell Young, ex-minister to China. (*North American Review*, CLI, Aug. 1890, pp. 192/200.)

— Our little War with China. Some hitherto unwritten history. By Rear-Admiral Peirce Crosby, U. S. N. (*Ibid.*, CLIX, Sept. 1894, pp. 321/326).

— The United States in China. By Josiah Quincy. (*The Contemporary Rev.*, No. 416, pp. 183/195).

— America's Interest in Eastern Asia. By the Hon. John Barrett, United States Minister to Siam. (*North American Review*, CLXII, March, 1896, pp. 257/265).

— Amerikanische Unternehmungen in China. (*Oest. Monats. f. d. Orient*, Wien, 1897, p. 12 ; d'après *The Board of Trade Journal* et *Railway Age* de Chicago).

— America's Opportunity in Asia. By Charles Denby, Jr., Secretary of the United States Legation in China. (*North American Review*, CLXVI, Jan. 1898, pp. 32/39).

— America's Interests in China. By General James H. Wilson. (*Ibid.*, Vol. 166, 1898, pp. 129/141).

— Our Policy in China. By Mark B. Dunnell, Formerly Deputy Consul-General of the United States at Shanghai. (*Ibid.*, Vol. 167, 1898, pp. 393/409).

— America in the Far East. By W. E. Griffis. (*Outlook*, LX, nov. 26, 1898, pp. 761/6; dec. 10, 1898, pp. 902/907 ; dec. 24, 1898, pp. 1004-1011 ; dec. 31, 1898, pp. 1051/1057 ; LXI, jan. 14, 1899, pp. 110/113.)

— * The Political Relations of the United States with the Far East. Addresses and Discussion by Hon. John B. Moore, Columbia University ; His Excellency the Chinese Minister Wu Ting-fang ; Lindley M. Keasbey, Bryn Manor College ; Frederick Wells Williams, Yale University. [A paper submitted to the American Academy of Political and Social Science. Philadelphia 1899.]

Notice par G. Schlegel, *T'oung-Pao*, Déc. 1899, pp. 491/3.

— American Interests in the Far East. By John Foord. (*Anglo-American Magazine*, I, Jan. 1899, pp. 1/14.

— The Commercial Future. The new Struggle for life among Nations. By Brooks Adams. (*Fortnightly Rev.*, N. S., LXV, Feb. 1899, pp. 274/283.

— The new Struggle for life among Nations. By Brooks Adams. (*McClure's Mag.*, XII, April 1899, pp. 558/564).

— America and England in the East. By the Right Honorable Sir Charles W. Dilke, Bart., M. P. (*North American Review*, CLXIX, Oct. 1899, pp. 558/563).

— Ex oriente Lux ! A Plea for a Russo-American Understanding. By Vladimir Holmstrem. With an Introduction by Prince E. Ookhtomsky... (*Ibid.*, Vol. 169, 1899, pp. 6/32).

— « Ex Oriente Lux ! » A Reply. By Archibald Little. (*Ibid.*, pp. 129/348).

— The Paramount Power of the Pacific. By John Barrett, formerly United States Minister to Siam. (*Ibid.*, pp. 165/179).

(Divers.)

— America's Duty in China. By John Barrett, formerly United States Minister to Siam. (*Ibid.*, Vol. 171, 1900, pp. 145/157).

— Mutual Helpfulness between China and the United States. By His Excellency, Wu Ting-fang, Chinese Minister to the United States. (*Ibid.*, Vol. 171, 1900, pp. 1/12).

— Mutual Helpfulness between China and the United States. By His Excellency Wu Ting-fang, Chinese Minister to the United States. (*Annual Rep. Smiths Inst...* year end. June 30, 1900, pp. 565/574.)

Rep. from the *North American Review*, No. DXXIV, July 1900.

— America's Share in a Partition of China. By Demetrius C. Boulger. (*North American Review*, Vol. 171, 1900, pp. 171/181).

— America's Treatment of the Chinese. By Charles F. Holder. (*Ibid.*, pp. 214/220).

— The United States and the Future of China. By William Woodville Rockhill. (*The Forum*, XXIX, March-Aug. 1900, pp. 324/331.)

— The Attitude of the United States towards the Chinese. By Ho Yow. (*Ibid.*, pp. 385/396.)

— An American Consulate in China. By Mary H. Krout. (*The Chautauquan*, Cleveland, Ohio, 1900, pp. 559/568.)

Chang-Hai.

— * American Relations in the Pacific and the Far East, 1784-1900, by James Morton Callahan. Baltimore, the « John Hopkins Press », 1901, in-8, pp. 177.

John Hopkins University Studies in Historical and Political Science, Series XIX, nos. 1-3.

— Les Etats-Unis et l'indemnité chinoise. (*Bull. Com. Asie. française*, Janvier 1902, p. 30.)

— The Duties of a Minister to China. By Hon. Charles Denby. (*The Forum*, March 1902, pp. 27-32.)

— * China and Her People, being the Observations, Reminiscences and Conclusions of an American Diplomat. By the Hon. Charles Denby, LL. D., thirteen years U.S. Minister to China. Boston, L. C. Page & Co., 1906, 2 vol. in-8, pp. VIII-256, VIII-276, Ill.

Notice : *London & China Express*, Jan. 26, 1906. — *Petermanns Mitt.*, 1906, *Liter.*, p. 122, par M. von Brandt.

— American Diplomacy in the Orient by John W. Foster. Boston and New York, Houghton, Mifflin and Co., 1904, in-8, pp. XIV + 1 f. n. ch. + pp. 498.

— American Opportunities in an intimate Knowledge of China. By F. Hirth. (*The World's Work*, Vol. VI, No. 1, New York, May 1903, p. 3454.)

— Commercial China. — Trade with China, voir col. 2184-5, 2186.

— Le boycottage des marchandises américaines en Chine et l'éveil du nationalisme chinois. (*Bull. Com. Asie. franç.*, Sept. 1905, pp. 349/351.)

— Le Marché Chinois Action économique des grandes puissances en Chine. Par Fernand Pila. (*Ibid.*, Juin 1905, pp. 245/256).

I. — Les Etats-Unis.

— Le boycottage des marchandises américaines. (*Ibid.*, Oct. 1906, pp. 399-400.)

— China and the United States. By Sir Chentung Liang-Cheng, K. C. M. G., Envoy Extraordinary and Minister Plenipotentiary from China to the United States. (*National Geog. Mag.*, Dec. 1905, pp. 554/557.)

An address to the Commercial Club of Chicago, Nov. 11, 1905.

Correspondance diplomatique.

— Voir *Corée.*

— Voir *Emigration*

(Divers. — Correspondance diplomatique.)

— Senate Executive Documents, No. 58, 2d session, 28th Congress, contains C. Cushing's dispatches ; & No. 67 contains a removal of Injunction of Secresy.

— Senate Executive Documents, No. 22, of 2d session, 35th Congress, contains MCLANE & PARKER's correspondence.

— Senate Executive Documents, No. 30 & 39 of 1st session, 36th Congress, contains REED's et WARD's correspondence ; and the instructions of PARKER, in Feb. 1857 ; elle forme un volume :

— Chinese Correspondence 1857-1859, in-8, pp. 624.

— H. of Rep. Ex. Doc. No. 29, 3d session, 40th Congress contains report on American Claims for losses up to Nov. 1858 ; and Senate. Report No. 230, 2d session, 41st Congress, contains a report of E. Sumner of June 24, 1870, about the Disposal of the Surplus Fund.

— La correspondance de MARSHALL fut imprimée par le Congrès vers 1854, mais nous ne l'avons pas vue.

— La *Diplomatic Correspondence*, contient tout ce qui touche aux relations des Etats-Unis avec la Chine depuis 1862 ; le dernier vol. que j'ai reçu est le suivant :

— Papers relating to the Foreign Relations of the United States, with the Annual Message of the President transmitted to Congress December 6, 1904. Washington : Government Printing Office, 1905, in-8, pp. LXXXVII-894.

Le volume suivant a été publié comme Appendice à l'année 1901 :

— Appendix. — Foreign Relations of the United States, 1901 — Affairs in China. Report of William W. Rockhill, late Commissioner to China, with accompanying Documents. Washington : Government Printing Office, 1902, in-8, pp. 391.

— A Descriptive Catalogue of the Government Publications of the United States, September 5, 1774-March 4, 1881. — Compiled by order of Congress by Ben: Perley Poore. Clerk of Printing Records. — Washington : James Anglim & Co. 1885, in-4, pp. IV-1392.

— Les ministres plénipotentiaires des Etats-Unis en Chine. Par Henri Cordier. (*T'oung Pao*, VII, N° 4, Oct. 1896, pp. 414/416.)

CALEB CUSHING.

— Full instructions of Caleb Cushing with a letter from Daniel Webster in regard to his mission are to be found in *Senate Executive Documents*, 28th Congress, Second Session, No. 138 in vol. 8, 1844-45. — *Vide supra*.

— Treaty of Peace, Amity, and Commerce between the United States of America and the Chinese Empire. Signed at Wanghia (near Macao) in the English and Chinese Languages, 3rd July, 1844. Ratifications exchanged at Canton, 31st December, 1845.

Signataires : Caleb Cushing. — Ki ying.

Texte dans : *N. C. Herald*, No. 177, Dec. 17, & No. 179, Dec. 31, 1853. — Mayers' *Treaties*, pp. 76/83.

HUMPHREY MARSHALL.

— Art. du *New York Herald*, Sept. 28, 1852 ; réimp. dans la *China Mail*, 410, Dec. 23, 1852.

— Voir ses dépêches dans le *N. C. Herald* de 1855.

ROBERT M. MCLANE.

— Vide in the *N. C. Herald*, No. 227, Dec. 2, 1854, the U. S. Minister's (Mr. Robert M. McLane) decree regarding the back duties due by American Citizens to the Chinese Superintendent of Customs.

The Decree is dated 23rd November 1854 :

	T	m	c	c
Russell & Co.	39095	5	1	9
Smith King & Co.	29497	5	2	3
Bull Nye & Co.	20983	5	7	6
Aug. Heard & Co.	18494	0	4	7
Wetmore & Co.	9498	4	3	8
Hiram Fogg & Co.	346	6	7	0
Wm. G. Pierce	50	0	0	0
Frank Foster	84	1	6	5
	118049	9	4	0
F. D. Williams	75	9	0	1
Total	118125	8	4	1

WILLIAM B. REED.

— Treaty between the United States of America and the Chinese Empire. Signed, in the English and Chinese Languages, at Tientsin, 18th June, 1858. — Ratifications exchanged at Pehtang, 16th August, 1859.

Signataires : William B. Reed. — Kweiliang et Hwashana.

Texte dans : *N. C. Herald*, No. 485, Nov. 12, 1859. — *Chinese Commercial Guide*, 5th ed., pp. 31 et seq. — Mayers' *Treaties*, pp. 84/92.

— By Authority. — The Statutes at Large and Treaties of the United States of America, passed — at the Second Session of the Thirty-Fifth Congress ; 1858-9 carefully collated with the originals at Washington. Edited by George P. Sanger. — To be continued annually. — Boston, Little Brown & C., 1859, in-8.

Voir p. 408, March 3, 1859, Chapter 77 : « An Act to carry into Effect the Convention between the United States and China concluded on the 8th of November, 1858 at Shanghai. »

— Henri Cordier, *Exp. de Chine*, 1857-58.

JOHN E. WARD.

— Narrative of the American Embassy to Peking. By S. Wells Williams, LL.D. Read before the Society, October 25th, 1859. (Art. VI, *Journal N.C.B.R.A.S.*, No. III, Dec. 1859, pp. 315/349.)

On a fait un tirage à part de cette relation avec un titre spécial : « Narrative of the American Embassy to Peking, In July, 1859. B. S. Wells Williams, LL. D. From the Journal of the North China Branch of the Royal Asiatic Society. Vol. I. — No. III. — Art. VI. Read before the Society, Shanghai, October 25th. 1859 », in-8. pp. 37.

Mr. John E. Ward était le ministre américain — les secrétaires de la légation étaient le Dr. S. Wells Williams et Mr. W. Wallace Ward. L'ambassade arriva à Pe-king le 28 juillet 1859. — Elle était arrivée à Chang-hai à bord du *Powhatan* le 28 mai 1859.

Cette même relation, un peu abrégée, avait paru dans *The N. C. Herald*, No. 474, August 27, 1859.

— Henri Cordier, *Exp. de Chine*, 1860.

ANSON BURLINGAME.

Voir : QUESTIONS CONTEMPORAINES.

— Notification of the Hon. Anson Burlingame to the Chinese Government about the Rebellion of the Southern American States, and Reply of the Prince of Kung (March 16th 1864 — Tung-chi, 3rd year, 2d moon, 9th day).

Printed in the *N. C. Herald*, 714, April 2d, 1864.

— Letter of the United States Minister at Peking. Containing Opinions on various disputed points and also Remarks concerning the co-operative policy, pp. 6.

Addressed by Anson Burlingame to Geo. F. Seward, U. S. Consul General at Shanghai and dated Peking, June 15th, 1864.

Cette lettre est aussi imprimée dans l'Appendice de «Regulations of the Chinese Maritime Customs», août 1864 — dans *The N. C. Herald*, 728, July 9, 1864.

— Additional Articles to the Treaty between the United States of America and the Ta Tsing Empire of 18th of June, 1858. Signed, in the English and Chinese Languages, at Washington, 28th July, 1868. Ratified at Peking, 23rd November, 1869.

Signataires : W. H. Seward. — Anson Burlingame, Chih-Kang et Sun Chia-ku.

Texte dans : *N. C. Herald*, Sept. 11, 1868. — Mayers' *Treaties*, pp. 93/95.

JOHN ROSS BROWNE.

Il est arrivé à Chang-hai le 5 septembre 1868.

— Letter addressed by Mr. J. Ross Browne to Prince Kung on Material Progress in China. (*N. C. Daily News*. — *Shai. News-Letter*, July 19, 1869.)

La lettre de Mr. Browne est datée de Peking, Nov. 23, 1868.

— The Address of the Citizens of the United States, resident in Shanghai, Presented to the Hon. J. Ross Browne, Envoy Extraordinary and Minister Plenipotentiary of the United States at Pekin, on his departure from China (dated Shanghai, 14th July, 1869).

Imprimée dans : *The Shanghai News-Letter*, July 19, 1869. — *N. C. Herald*, July 29, 1869. — *Sup. Court & Cons. Gaz.*, Vol. VI, July 31, 1869.

— Address of the British Community of Shanghai to the American Minister, upon his departure from China (dated Shanghai, 17th July 1869).

Imprimée dans : *The Shanghai News-Letter*, July 19, 1869. — *N. C. Herald*, July 29, 1869. — *Sup. Court & Cons. Gaz.*, Vol. VI, July 31, 1869.

— Mr. Browne's Reply, (dated Shanghai, 17th July, 1869).

Imprimée dans : *The Shanghai News-Letter*, July 19, 1869. — *N. C. Herald*, July 29, 1869. — *Sup. Court & Cons. Gaz.*, Vol. VI, July 31, 1869.

Ces documents ont été publiés à part sous le titre suivant :

— Addresses presented by the English and American Communities of Shanghai to the Hon. J. Ross Browne, U. S. Minister at Peking, and His Excellency's Reply; together with a Letter addressed by Mr. Browne to Prince Kung regarding Material Progress in China. Shanghai. Printed at the office of the *N. C. Herald*, 1869, br. in-8, pp. 16.

— Une lettre du général américain James L. Kiernan, ancien consul des Etats-Unis à Tchin-kiang, adressée au *New York Herald* et datée de New York, le 30 août 1869, a été réimprimée dans *The Shanghai News-Letter*, November 20, 1869.

Les principales maisons américaines de Chang-hai ont répondu à cette lettre, très injurieuse pour Mr. Browne et les Anglais, par une autre datée Changhai, 15 Nov. 1869, et adressée « To the Editor of the *Shanghai News-Letter* ». Elle a été insérée dans le numéro de ce journal du 20 Nov. 1869.

— Letter of Mr. Edward Cunningham on China Affairs.

To the « Editor of the *Nation*, dated Shanghai, November 20th, 1869, reprinted in the *Shanghai Evening Courier* », 8 March 1870.

Elicited by the exposition of China affairs made in the *Nation*, Sept. 2nd and 9th 1869, and by the attacks of General Kiernan in the New-York papers, and of the *Pall Mall Gazette*.

— Under the Dragon's Footstool. By J. Ross Browne. (*Overland Monthly*, 1871.)

FREDERICK F. LOW.

Il est arrivé à Chang-hai le 7 mars 1870; † 21 juillet 1894, 66 ans.

∴

Benjamin P. Avery. — George F. Seward. — James B. Angell. — John F. Swift and Wm H. Trescot. — John Russell Young. — Charles Denby. — E. H. Conger. — William Woodville Rockhill.

(CORRESP. DIPL. : BURLINGAME. — BROWNE.) (CORRESP. DIPL. : BROWNE. — LOW.)

XI. — ALLEMAGNE.

— *Quos Deus bene vortat.* Octroy accordé par Sa Majesté le Roy de Prusse pour faire commerce à Bengale, et aux côtes voisines. Du consentement de la Royale Compagnie de la Chine, établie à Embden. Pièce in-4, s. l. n. d. [Berlin, 21 janvier 1753], pp. 10.

— « The Autographs of M. P. de Saint-Romain sold last week in Paris, by auction, under the direction of M. Charavay, were mostly collected by a French Protestant minister, M. P. H. Marron, who settled in Holland during the French Restoration.

(DIVERS.) (DIVERS.)

Among them are to be found twenty-three French letters of Frederick the Second, King of Prussia to chevalier de la Touche, relating to a German Society for trading with China and the East Indies; »... *The Athenaeum*, No. 2378, May 24, 1873.

— Die Geschichte der See- und Kolonialmacht des grossen Kurfürsten Friedrich Wilhelm von Brandenburg in der Ostsee, auf der Küste von Guinea und auf den Inseln Arguin und St. Thomas, aus archivalischen Quellen dargestellt von Dr. P. F. Stuhr, Professor an der Friedrich-Wilhelms-Universität zu Berlin. — Berlin, 1839. Bei A.W. Hayn, in-8, pp. VI-174.

∴

— Ost-Asien 1860-1862 in Briefen des Grafen Fritz zu Eulenburg, Königlich Preussischen Gesandten, betraut mit ausserordentlicher Mission nach China, Japan und Siam. Herausgegeben von Graf Philipp zu Eulenburg-Hertefeld, Kaiserlich Deutschem Botschafter. Mit einem Bildnisse in Lichtdruck und einem Facsimile der Handschrift. Berlin 1900 Ernst Siegfried Mittler und Sohn, gr. in-8, pp. XXV-428.

Frédéric Albert, Comte d'Eulenbourg, né à Königsberg le 29 juin 1815; † 2 juin 1881 à Schöneberg, près Berlin.

Notices : *Deutsche Rundschau*, Aug. 1900, pp. 314/6, par L. B. — *T'oung Pao*, Oct. 1900, pp. 374/381, par Henri Cordier. — *Deutsche Kolonialzeitung*, 22. Feb. 1900, p. 84, par le prof. Dr. A. Kirchhoff.

— * China. Die Expedition des Preussischen Geschwaders in den Ost-Asiatischen Gewässern. (*Illustrirte Zeitung*, 16. & 23. Nov. 1861.)

— Japan und China. Reiseskizzen entworfen während der Preussischen Expedition nach Ost-Asien von dem Mitgliede derselben Dr. Hermann Maron. Berlin, 1863, 2 vol. pet. in-8.

Notice : *Quart. Rev.*, Vol. CXIV, 1863, p. 449.

— Die Preussische Expedition nach China, Japan und Siam in den Jahren 1860, 1861 und 1862. Reisebriefe von Reinhold Werner, Lieutenant zur See I. Klasse. Mit sieben Abbildungen in Holzschnitt und einer lithographirten Karte. Leipzig : F. A. Brockhaus, 1863, 2 vol. in-8.

Le même; 2e éd., Leipzig : F. A. Brockhaus, 1873, in-8.

— * Китай и Китайцы. Природа и землевѣд. 1863, T. 2. No. 9-11; pp. 270-322.

Mejov, 1876.

— Beiträge zur Kenntniss des Klimas und der Krankheiten Ost-Asiens, gesammelt auf der Preuss. Expedition in den Jahren 1860, 1861 und 1862 von C. Friedel, D.M., Assistenz-Arzt in der Königlich Preussischen Marine. Berlin, 1863, Georg Reimer, in-8, pp. 183 + 2 ff. prél. pour le tit. et la préf.

— Die Preussische Expedition nach Ostasien in den Jahren 1859-1862. Reisebilder aus Japan, China und Siam. Aus dem Tagebuche von J. Kreyher, ehemal. Schiffsprediger an Bord S. M. S. « Arcona ». Hamburg, Agentur des Rauhen Hauses, s. d. [1863], pet. in-8, pp. XVI-428.

— Die Preussische Expedition nach Ostasien während der Jahre 1860-1862. Reise-Skizzen aus Japan, China, Siam und der indischen Inselwelt von Gustav Spiess, K. S. Kommissär an Bord Sr. preuss. Majestät Schraubenkorvette « Arcona ». Mit 8 Tonbildern, mehreren Porträt-Tableau's, sowie zahlreichen in den Text gedruckten Illustrationen. Verlag Otto Spamer. Berlin [und] Leipzig, 1864, gr. in-8, pp. X-428.

— Literatur über die Preussische Expedition nach Ost-Asien. (*Petermann's Mitth.*, 1864, III, pp. 113/114.)

— Die Preussische Expedition nach Ost-Asien. Nach amtlichen Quellen. Erster Band. Mit XII Illustrationen und II Karten. Berlin MDCCCLXIV. Verlag der königlichen geheimen Ober-Hofbuchdruckerei (R. v. Decker), in-8.

Zweiter Bd., mit XII Illust., 1866. — III. Bd., mit 1 Karte, 1873. — IV. Bd., mit XXIV Illust. und 1 Karte.

— Die Preussische Expedition... Zoologischer Theil bearbeitet von Prof. Dr. E. v. Martens.

I. Bd. — I. Heft. Berlin, MDCCCLXV.

I. Bd. — II. Heft. Berlin, MDCCCLXVI.

II. Bd. — Die Landschnecken. Mit XXII Ill. Bearbeitet von Dr. Eduard v. Martens. Berlin, MDCCCLXVII.

— Die Preussische Expedition.. Botanischer Theil. Die Tange. Mit VIII Illustrationen. Bearbeitet von Georg v. Martens. Berlin, MDCCCLXVI.

— Die Preussische Expedition nach Ost-Asien. Ansichten aus Japan, China und Siam. Berlin, MDCCCLXIV. Verlag der königlichen geheimen Ober-Hofbuchdruckerei. (R. v. Decker.) Grand Album in-plano, avec un texte explicatif des Pl. en allemand, français et anglais.

La publication de cet album a été faite en 8 livraisons de 1864 à 1872.

— Aus vier Welttheilen. Ein Reise-Tagebuch in Briefen von Max Wichura, Botanisches Mitglied der Preussischen Expedition nach Ost-Asien. Mit dem Portrait des Verfassers. Breslau, 1868. Verlag von E. Morgenstern, in-8, pp. VII-456.

British Museum, 10027, bb.

— Traité signé en allemand, en français et en chinois à T'ien-tsin, le 2 sept. 1861, par le Comte d'Eulenbourg, au nom de la Prusse, de la Bavière, de la Saxe et des autres membres de l'association de douanes et de commerce allemande, et Tchoung-lun et Tchoung-heou. — Ratifié à Chang-hai, le 14 janv. 1863.

(DIVERS.) (DIVERS.)

— Voir le *Recueil de Traités* de Mayers, et H. Cordier, *Hist. des Relat.*, I, pp. 134/141.

∴

— L'Allemagne et l'Extrême Orient. Par C. G.[rémiaux.] (*Annales de l'Ext. Orient*, 1881-1882, IV, pp. 34/39.)

— La nouvelle convention commerciale de 1881 entre la Chine et l'Allemagne. Par Maurice Jametel. (*Économiste français*, 1882.)

— *China*. No. 2 (1881). — Despatch from Sir John Walsham, Bart., Her Majesty's Chargé d'Affaires at Berlin, inclosing copy of a Supplementary Convention between Germany and China, signed at Peking, March 31st, 1880; with Documents relating thereto. — Presented... 1881. Lond., Harrison, [C. — 2943] 1 *d.*, in-fol., pp. 7.

— Das Deutschthum in China. (*Deutsche Kolonialzeitung*, 6. Februar 1892, pp. 23/25.)

— Deutschlands Stellung in Ostasien. Von *. (*Ibid.*, 28. September 1895, pp. 306/307.)

— La Germania in China. (*L'Universo*, VII, 1897, p. 367.)

— Die Anfänge des modernen Verkehrs Hamburgs mit Vorderindien u. Ostasien. Von Dr. Ernst Baasch. (*Mitt. Geog. Ges. Hamburg*, XIII, 1897, pp. 92/130.)

— Germany in China. By A. Michie. (*Imp. & As. Quart. Rev.*, 3rd. Ser., V, 1898, pp. 56/64.)

— Les Allemands en Chine. Par A.-A. Fauvel. (*Bul. Soc. Géog. com.*, XX, 1898, pp. 374/377.)

Voir col. 231.

— La mission commerciale allemande en Extrême-Orient. (*Rev. française*, XXIII, 1898, pp. 604/606.)

— Amalek and China. A Sermon by the Emperor of Germany. (*The Independent*, New-York, Aug. 30, 1900, pp. 2080-2.)

Trad. du sermon prêché à Heligoland à bord du *Hohenzollern* le 29 juillet 1900.

— Dreiunddreissig Jahre in Ost-Asien. Erinnerungen eines deutschen Diplomaten. Von M. von Brandt, Wirkl. Geheimen Rath, Kaiserlichem Gesandten a. D. In drei Bänden. Leipzig, Georg Wigand, 1901, 3 vol. in-8.

I. Die preussische Expedition nach Ost-Asien. Japan, China, Siam. 1860-1862. Zurück nach Japan. 1862. pp. XI-319, Port. de M. v. Brandt.

II. Japan 1863-1875. — 1866. — In und durch Amerika. 1871. 1872. pp. XV-386, Port. de Mutsuhito.

III. China. 1875 bis 1893. pp. XVII-333, Port. de l'Empereur Kouang-siu.

— Les Allemands en Chine. Par Edouard Lockroy. (*Le Temps*, 2 avril 1901.)

— *China*. No. 5 (1900). — Correspondence respecting the Anglo-German Agreement of October 16, 1900, relating to China. — Presented... December 1900. — London, [Cd. 365], $1^1/_2$ *d.*, in-fol., pp. 8.

— Zur Lage in China. (*Deutsche Kolonialzeitung*, 5. Juli 1900, pp. 293/4.)

Baron Clément de Ketteler, né à Potsdam le 22 nov. 1853; se destine d'abord à la carrière militaire; il appartint successivement au 109e régt. des gardes du corps badois et au 41e régt. d'infanterie de la Prusse orientale; en nov. 1879 il sort du service militaire et est envoyé en déc. 1879 comme interprète à l'ambassade d'Allemagne à Pe-king; on lui confie en avril 1883 le poste de Canton, où il se distingue le 10 nov. 1883 par la protection qu'il accorde à ses nationaux, lors de l'abandon de Chamin par les étrangers. Décoré de la 4e classe de l'Aigle rouge. En juillet 1884, est nommé secrétaire de légation à Peking... De mai 1890 à mars 1892, sur sa demande est chargé de la partie coloniale du Ministère des Affaires étrangères; entre temps, remplace de juin 1891 à janvier 1892 le ministre résident de Tanger en congé. Nommé secrétaire de Légation à Washington en mars 1892; 1894, premier secrétaire; janvier 1896, chancelier et en avril Envoyé impérial à Mexico; avril 1899, nommé à Pe-king; † 20 juin 1900.

— La Question chinoise au point de vue de l'Allemagne. Par M. von Brandt. (*Chine et Sibérie*, Avril 1901, pp. 160/4.)

Trad. par Mlle. Andrée Commolet.

— La Chine et ses Relations commerciales avec l'étranger avec considérations particulières aux relations allemandes par M. von Brandt, Ancien ministre d'Allemagne à Pékin. (*Ibid.*, 1900, pp. 248, 303, 320, 341, 366, 418, 443, 497, 545.)

Trad. par Mlle. Andrée Commolet.

— L'expiation du prince Tchoun. (*Bull. Com. Asie française*, Sept. 1901, pp. 255/257.)

— L'Allemagne en Extrême-Orient. Par André Brisse. (*Revue Géographie*, Nov. 1901, pp. 401/421.)

— Rudolf Zabel — Deutschland in China. Georg Wigand, Leipzig, 1902, in-8, pp. VI-138 + 1 f. n. ch.

— Rudolf Zabel — Deutschland in China. Georg Wigand, Leipzig, 1902, in-8, pp. XVI-433.

— Deutsches Kabel nach Ostasien. Von Major a. D. Max Schlagintweit (München). (*Asien*, Jan. 1902, pp. 57/60.)

— L'action allemande en Extrême-Orient en 1902. Par René Moreux. (*Bull. Com. Asie française*, Juillet 1902, pp. 303/305.)

— Die deutschen Interessen in Hongkong und Kanton. Von Klein, Geschwaderpfarrer des ostasiatischen Kreuzergeschwaders (Tsingtau). (*Asien*, 1903, No. 1, pp. 11/12.)

— Deutsche Schiffahrt nach Ostasien. Von Major Max Schlagintweit-München. (*Ibid.*, Jan. 1903, pp. 55/58.)

— Die deutschen Interessen in Shanghai. Von Klein, Geschwaderpfarrer des ostasiatischen Kreuzergeschwaders (Tsingtau). (*Ibid.*, 1903, No. 11, pp. 165/8.)

— Deutsche wirtschaftliche Interessen in den Vertragshäfen Chinas. (*Deutsche Kolonialzeitung*, XX, 29. Januar 1903, pp. 42/43.)

— Les interêts allemands en Chine. (*Bull. Com. Asie française*, Mars 1903, pp. 121/122.)

Extr. de la *Gazette Coloniale allemande* du 27 Janvier 1903.

— Deutsche wirthschaftliche Interessen in den Vertragshäfen Chinas. (*Oest. Monats. f. d. Orient*, Wien, 1903, p. 5.)

— Deutsche kommerzielle Interessen in China. (*Ibid.*, Juni 1903, pp. 69/70.)

— Progès de la navigation allemande en Chine. (*Bull. Com. Asie française*, Janvier 1903, p. 43.)

— Le monument du Baron de Ketteler. (*Ibid.*, février 1903, p. 79.)

— Un emprunt allemand au Kouang-Si. [Lettre de Chang-hai.] (*Ibid.*, Sept. 1903, p. 392.)

— Geld und Währung in Ostasien und Deutsch-Ostafrika. Von Kontre-Admiral z. D. Strauch. (*Deutsche Kolonialzeitung*, 19. März 1903, pp. 114/116; *ibid.*, 26. März 1903, pp. 125/126.)

— L'action allemande en Chine en 1902. (*Union géog. Nord France*, Douai, 1903. pp. 80/1.)

— L'activité des Allemands [en Chine.] (*Bull. Com. Asie franç.*, Mars 1904, pp. 156/7.)

— Les Allemands au Chan-toung. (*Ibid.*, février 1905, p. 83.)

Extrait du Dr Morrison.

— Une nouvelle politique allemande en Chine. Par R. C. (*Ibid.*, Oct. 1905. pp. 412/3.)

— Les Allemands en Chine. Par Fernand Pila. (*Ibid.*, Nov. 1905, pp. 418/9.)

— La pénétration allemande en Chine. Par Jacobs. (*Mouv. géog.*, 1905, col. 43.)

— Deutsche Zeitungen in Ostasien. (*Asien*, Mai 1905, pp. 116/8.)

Kiao-tcheou 膠州.

Voir col. 226/7. — 229/236.

— Ancora della Germania in Cina. La Baia di Kiao-ciu. (*L'Universo*, VII, 1897, p. 378.)

— La Cessione di Kian-Ciau. (*Ibid.*, VIII, 1898, pp. 1/2.)

— Kiautschou. (*Archiv f. Post u. Teleg.*, 1898, pp. 145/155.)

— Kiaochou : A German Colonial Experiment. By Charles Denby Jr. (*The Forum*, XXIX, March-Aug. 1900, pp. 572/580.)

— Deutschland und China. (*Deutsche Kolonialzeitung*, 28. Juni 1900, pp. 281/282.)

— Deutsche Unternehmungen in Ostasien. Von Ws. (*Ibid.*, 6. Dezember 1900, p. 571.)

— Les Allemands en Chine. (*Revue scientifique*, 38e année, 1901, 1er sem., p. 668.)

Renseignements sur Kiaoutschou empruntés par le *Génie Civil* aux *Annalen für Gewerbe und Bauwesen.*

— Die Denkschrift, betreffend die Entwickelung des Kiautschougebietes in der Zeit vom 1. 10. 1901 bis 30. 9. 1902. Von Maercker, Hauptmann im Inf.-Regt. von Boyen. (*Asien*, 1903. No. 6, pp. 92/3.)

— Maercker, Hauptmann. — Produkten- und Verkehrskarte der Provinz Schantung. (*Deutsche Kolonialzeitung*, XX, 1903, pp. 230/231, carte.)

— * Die hauptsächlichsten Ausfuhrartikel Schantungs. Von Hauptmann Maercker. (*Beiträge Kolonialpolitik*, V, 1903-1904, pp. 10/17.)

— * Die Grundlagen der wirtschaftlichen Entwicklung in Kiautschou von Dr. Schramier, Admiralitätsrat. Vortrag, gehalten in der *Abteilung Berlin-Charlottenburg der Deutschen Kolonial-Gesellschaft* am 13. Januar 1903. Berlin, D. Reimer, 1903, pp. 26/60.

— * Album von Kiautschau. Enthaltend 12 verschiedene Postkarten mit Ansichten in künstlerisch gezeichnetem festem Umschlag. Hamburg, 1903.

— Le rayonnement commercial de Kiaô-tchèou. (*Bull. Com. Asie française*, Sept. 1903, p. 393.)

— Denkschrift, betreffend die Entwicklung des Kiautschougebietes in der Zeit vom Oktober 1903 bis Oktober 1904. Von Oberstleutnant von Mülmann. (*Asien*, April 1905, pp. 101/3.)

— * Die wirthschaftliche Bedeutung und Entwickelung des Kiautschougebietes. Von Walter Kolshorn. (*Deutsche G. Blätter*, XXVIII, 1905, pp. 87/112.)

— Schantung-Bergbau-Gesellschaft. Aus dem Geschäftsbericht für das sechste Geschäftsjahr (1. April 1904 bis 31. März 1905.) (*Asien*, Dez. 1905, pp. 41/3.)

— Une province chinoise en progès. — Le Chantoung. Par Fernand Pila. (*Bull. Com. Asie française*, Juillet 1904, pp. 331/336.)

— Une province chinoise en progrès — Le Chantoung — Chinois et Allemands — Articles extraits du *Bulletin du Comité de l'Asie Française* — Avec deux Cartes — par Fernand Pila — Lyon, A. Rey, 1904, in-8, pp. 73 + 1 f. n. ch.

Etude écrite d'après des notes prises au cours d'un voyage effectué en sept.-oct. 1903.

— Führer durch Tsingtau und Umgebung. Von Dr. Fr. Behme und Dr. M. Krieger. — Dritte Auflage, mit 12 Karten, einem Stadtplane und 120 Abbildungen, auch in englischer Sprache erschienen. Wolfenbüttel 1906 Heckners Verlag, pet. in-8, pp. 222 sans les annonces.

1re éd., 1904. — 2e éd., 1905.

— Les Allemands à Kiao-Tchéou. Par Maurice Muret. (*Bull. Com. Asie française*, Mars 1906, pp. 111/114.)

— La « Deutsch-Asiatische Bank ». (*Ibid.*, Juin 1906, p. 259.)

∴

— *Der Ostasiatische Lloyd.*

Voir col. 2266.

— *Deutsch-Asiatische Warte.*

— *Tsingtauer Neuesten Nachrichten.*

Quotidien. — 1er Nov. 1904.

— *Amtsblatt für das deutsche Kiautschougebiet.*

1er Jan. 1900.

— *Ostasiatische Rundschau.*

— Heft 1. Jahrgang I. *Ostasiatische Rundschau.* — *Konfuzius und das heutige China.* — Vortrag gehalten in Tsingtau im März 1900 von C. Voskamp. Druck und Verlag der Deutschen Druckerei und Verlagsanstalt Shanghai-Tsingtau, in-8, p. 18.

— Heft 2. Jahrgang I. *Ibid.* — *Chinesische Schriftzeichen.* — Von Lic. H. Hackmann, Shanghai. Ibid., pp. 19 à 42.

— Heft 3. Jahrgang I. *Ibid.* — *Mit dem Dampfer über die Yangtze-Schnellen.* Von C. Ebbecke, Shanghai. — Nebst Mittheilungen des Kapitäns Breitag. Ibid., pp. 43 à 61.

— Heft 4. Jahrgang I. *Ibid.* — *Chinesische Federzeichnungen.* Von H. A. Bach. 1. Herr Li. 2. Gerechtigkeit. 3. Tong-Fangs Brautfahrt. 4. Hofi mit dem gelben Gürtel. Ibid., pp. 63 à 92.

— Heft 5. Jahrgang I. *Ibid.* — *Die Belagerung von Peking.* Auszüge aus dem Tagebuch des Herrn Hermann Bismarck, Beamten im kaiserl. Chinesischen Zolldienst. Ibid., pp. 93 à 143.

— Heft 6. Jahrgang I. *Ibid.* — *Ein Ausflug nach den Yangtze-Grotten.* Von Dr. H. Betz, Hankow. Ibid., pp. 145 à 161.

(Kiao-tcheou.)

(Kiao-tcheou.)

XII. — AUTRICHE-HONGRIE.

— Circumnavigation de la frégate autrichienne *Novara*, du 30 avril 1857 au 26 août 1859. Par V. A. Malte-Brun. (*Nouv. Ann. des Voy.*, 1860, I, pp. 183/203.)

Voir col. 2125-6.

— * A. Kanitz. — Expeditio austriaco-hungar. ad oras Asiae orientalis, 10 pp. (*Ung. Nat.-Museum*, Budapest, II, 2.)

— Traité signé en allemand et en chinois, à Peking, le 2. sept. 1869 par le Contre Amiral Baron de Petz, Tong-Sun et Tchoung-heou. — Ratifié à Chang-hai le 27 nov. 1871.

Voir le *Recueil de Traités* de Mayers.

(Divers.)

(Divers.)

Compagnie d'Ostende.

Cf. Bonnassieux [col. 2184], pages 428-435. — Harris, *Navigantium*, I, 1744, in-fol.

— Lettres patentes d'octroy accordées par Sa Majesté Imperiale et Catholique Pour le terme de trente années à la Compagnie generale à établir dans les Pays-bas Autrichiens pour le Commerce & la Navigation aux Indes. A Bruxelles, Chez Eugene Henry Fricx, Imprimeur de Sa Majesté Imperiale & Catholique. 1723, in-4, pp. 32.

En hollandais : 's Grav., 1723, in-4.

— Declaration du Roy, Donnée à Versailles le 16 Aout 1723. Portant défenses à tous Sujets du Roy de s'interesser dans la Compagnie de commerce nouvellement établie à Ostende. A Paris, Chez la Veuve Saugrain & Pierre Prauly, à l'entrée du Quay de Gesvres au Paradis 1723, pièce in-4, pp. 4.

— * Défense du droit de la Compagnie hollandaise des Indes orientales contre les nouvelles prétentions des habitants des Pays-Bas Autrichiens et les raisons ou objections des avocats de la Compagnie d'Ostende par Jean Barbeyrac, professeur en droit à Groningue. La Haye, 1725, in-4, pp. 131.

— The Importance of the Ostend Company consider'd ; Wherein is fully proved, from the State of our Trade with Holland, and, vice versa, that I. It is the Interest of each other ever, to stand by, and support one another. II. That their Trade is reciprocally advantageous. III. That the Ostend Company is destructive to the Trade of Great Britain and Holland ; and, in time, if let alone, will entirely ruin that ; and enable the House of Austria to become Mistress of the British Seas. IV. Means to prevent these Misfortunes... — The Second Edition, corrected. — To which is added, a Letter from a Merchant in Holland, to a Friend in London, concerning his Majesty's Guaranteeship, &c. — London : Printed by E. Say, for J. Roberts, at the Oxford Arms in Warwick Lane. MDCCXXVI. Price 1 *s.*, in-8, pp. 64.

— * Verhandelingen, daarin ontdekt worden : I. De rampzalige gevolgen, die de Engelsche en Hollanders van de oprechtingen der Compagnie van Ostende te vreesen hebben. II. Werdt beweesen, indien men deze Compagnie in wezen laat, dat deselve niet alleen den koophandel, maar ook het huis van Oostenrijk in staat stellen, om zich 't zij vroeg of laat, eens van de Britsche zee meester te maken, en de rust van geheel Europa te komen stooren. III. Worden de middelen voorgesteld, waarvan men zich behoorde te bedienen, en dat men het recht heeft, om deselve daadelijk in 't werk te stellen, opdat deze Compagnie vernietigt mag worden. Uit h. Eng. in 't Fransch, overgez. door J. Bion en in 't Nederd. d. Is. le Long. 2e dr., Amst., 1726. In-4.

M. Nijhoff, 326/327.

— J. Ker v. Kersland. — Besondere Staats-Nachrichten. Sammt Bericht v. Ursprung u. Fortgang der zu Ostende angelegten Ost-Indischen Handels-Comp. Aus dem Engl. übers. Freystadt, 1727. In-4.

M. Nijhoff, 326/327.

— * J. Ker de Kersland. — Memoires. Rotterdam, 1727-1728, 3 vol. pet. in-8, carte et portrait.

— Papiers divers du Lieutenant Feld Maréchal Comte de Calenberg vers Sa Majesté Impériale et Royale la très auguste Impératrice et Reine d'Hongrie et de Bohême [1752], etc.

Bibliothèque royale de Bruxelles, 14893/5, in-fol., mar. r. plei.

Ces dépêches relatives à la Cie. d'Ostende renferment des renseignements fort intéressants dont nous extrayons ces quelques notes : « Mais il est connu à tout l'univers que le traité conclu à Vienne dès l'année 1731 et 1732 ne fut jamais accompli que par l'empereur seul, dont la guerre qu'on luy fit en 1733 sçavoir immédiatement après la conclusion du dit traité et la perte des royaumes et états que l'on fut obligé de sacrifier à la maison de Bourbon sont des preuves non équivoques. »

« Il paroit aussi que Sa Majesté Impériale et Catholique [Charles VI] d'immortelle mémoire, s'est crûe des lors libre des dits engagements en ce qui regardoit le commerce du Pays Bas aux Indes, puisqu'en date du *2 d'avril de l'année 1735*, elle fit ordonner au soussigné [Comte de Calenberg] par lettres de l'un de ses principaux ministres, de se transporter en Hollande, ou à l'occasion des conférences pour la paix à conclure sous la médiation des deux puissances, le soussigné devoit entamer une Négotiation *pour le rétablissement limité de la Navigation d'Ostende*, mais les dites conférences pour la paix n'ayant pas eu lieu, parce que la France désiroit traiter avec Sa Majesté Impériale et Catholique sans médiateur, le Soussigné reçut immédiatement après un second ordre daté du 4 May de la dite année sçavoir de suspendre son voyage avec la promesse qu'on remettroit cette affaire sur le tapis, après que la paix aurait été finalement conclue avec la France, mais comme les articles de cette paix ne furent parfaitement consolidés et signés que seulement en 1738, pendant qu'une nouvelle guerre ruineuse, survenue en Hongrie, avoit donné de nouveaux embarras à S. M. I. & C., et cet illustre monarque étant, pour le malheur de l'Europe et de ses peuples subitement décédé en 1740, lorsqu'à peine cette fatale guerre était finie, l'affaire de la navigation d'Ostende et conséquemment le rétablissement de la fortune et de la prospérité du Pays Bas a demeuré ainsi malheureusement suspendue... »

« C'est du reste comme on vient de le dire, cette même suppression du commerce d'Ostende et la raison de n'avoir pu employer utilement leurs fonds chez nous, qui a déterminé nos capitalistes du Brabant et de la Flandre de les placer particulièrement en *Suede*, en *Danemarck* et en dernier lieu à *Embden*, ce qui est d'une telle conséquence, que si nos dits capitalistes, par un prochain rétablissement de la Compagnie d'Ostende, viendroient à retirer leurs fonds de la Cie. suédoise, celle-çy seroit obligée, faute d'argent, de stater absolument sa navigation ; et la Compagnie d'Embden, malgré l'autorité de son établissement, n'auroit jamais pu remplir ses souscriptions ni entreprendre son commerce, sans les capitaux que les sujets de Sa Majesté aux Pays Bas y ont fourni faute d'occasion à pouvoir les employer chez eux... »

« Il est à remarquer ici que la situation de la Cie. suédoise des Indes orientales a changé notablement de face et de crédit depuis le temps que ce mémoire est dressé puisque la resolution qu'on a prise en Suède d'accorder de nouveaux avantages à la Compagnie, pour favoriser les souscriptions pour un fond fixe et ferme pour le rendre stable et perpétuelle ; cette arrangement fait depuis peu rendra sans doute cette Cie. très solide et luy assurera un commerce constant et lucratif, sans qu'elle aye besoin de chercher dorénavant des fonds au dehors, mais comme on sçait, que les souscriptions actuellement remplies a Gothenbourg le sont presqu'entièrement par les sujets des Pays Bas autrichiens, il demeure toujours vrai de dire que le défaut d'occasion chez nous a contraint les sujets de Sa Majesté de placer un bon nombre de millions dans la Cie. suédoise... »

(Compagnie d'Ostende.)

— Pièces diverses relatives au commerce d'Ostende et de Bruges.

Bib. de Bruxelles, 13141, Recueil in-folio.

— * C. M. Blankenheym. — Geschiedenis van de Compagnie van Ostende. Leiden, 1861, in-8.

— La Compagnie d'Ostende par M. Louis Mertens. (*Bul. Soc. Roy. Géog. Anvers*, VI, 1881, pp. 381/419.)

— * Michel Huisman. — La Belgique commerciale sous l'empereur Charles VI. La Compagnie d'Ostende. Bruxelles, Lamertin, 1902, in-8, pp. xii-556.

(Compagnie d'Ostende.)

XIII. — BELGIQUE.

— Saint-Génois, col. 1952.

— *Compagnie d'Ostende*, col. 2527-2530.

— Recherches historiques sur le commerce des Belges aux Indes pendant le XVIIe et le XVIIIe siècle, précédées d'une lettre à M. le Ministre de l'intérieur, et suivies de documents relatifs à la Société générale des Pays-Bas, par Ad. Leval, ex-représentant, administrateur du Fonds spécial. (Extrait du *Trésor national*.) Bruxelles, Wouters, Raspoet et Cie., 1842, in-8, pp. xvi-253.

— Etude politique et militaire sur la Chine précédée de considérations sur l'industrie et le commerce extérieur de la Belgique et sur la nécessité pour elle de créer des établissements dans les pays transatlantiques. Paris, Ch. Tanera, 1860, in-8, pp. 219, avec 1 carte de l'Asie.

— Mission diplomatique et commerciale dans l'Indo-Chine et l'Extrême-Orient. Malines, Typ. de A. Steenackers-Klerx. 1860, br. in-8, pp. 40.

Par le Vte Eugène de Kerckhove de Varent (alias Kirckhoff).

Bib. nat. Paris, Pièce $\frac{8^oM}{534}$.

— Un arrangement entre la Chine et la Belgique a été signé à Canton le 25 juillet 1845 par le Consul général Lannoy et Ki-ying. — Un traité a été signé en français et en chinois, à Peking, le 2 nov. 1865 par Auguste T'Kint, Tong-sün et Tchoung-heou. — Ratifié à Chang-hai, le 27 octobre 1866.

— Voir le texte français de la convention de 1845 donné par Callery dans les *Archives diplomatiques*, Paris, 1861, Vol. I, p. 319. — Voir le *Recueil de Traités* de Mayers, — et la *Revue consulaire belge*, pour les rapports de M. de Serruys et autres agents belges en Chine.

(Divers.)

— Le commerce de la Chine. — Rapport adressé à M. le Ministre des Affaires étrangères par M. Auguste T'Kint, Envoyé ad hoc en mission extraordinaire en Chine. Bruxelles, Deltombe, 1868, 2 parties in-8, pp. 193 + 1 p. n. ch.

— The Chinese-Belgian Contract. By X. (*Imp. & As. Quart. Rev.*, 3rd Ser., IV, 1897, pp. 193/195.)

— * Van der Heuvel. — Le siége de la Chine. Bruxelles, 1898, br.

— F[d] de Bray, Cap[e]-Comd[t] d'état-major. — La Chine et ses besoins au point de vue de l'utilisation des Belges, de leurs capitaux et de leur industrie avec un croquis des principaux Chemins de fer à construire dans l'Empire chinois. — Louvain, Polleunis & Ceuterick, 1898, in-8, pp. xvi-60.

— * F[d] de Bray. — Entreprises en Chine avec des croquis relatifs à ces entreprises. Bruxelles, Lesigne, 1899, in-8, pp. 52.

— Un Voyage en Extrême-Orient-Conférence donnée par M. Jules Duckerts, Consul général de Belgique, devant la Société belge des Ingénieurs et des Industriels à Bruxelles, le 31 mai 1900. (*Chine et Sibérie*, Mai 1900, pp. 220/236.)

Sténog. de M. Louis Desmarteau.

— La Chine en 1899. — Extrait du Rapport de la Mission commerciale de M. Jules Duckerts, Consul général, Chargé d'Affaires de Belgique. (*Ibid.*, 1900, p. 283, Juillet 1900, pp. 323/9 ; Août 1900, pp. 349/353, 378/383 ; Sept. 1900, pp. 400/402 ; Oct. 1900, pp. 463/472 ; nov. 1900, pp. 516/528 ; Déc. 1900, pp. 540/5 ; 563/567 ; Janvier 1901, pp. 13/20.)

— * J. Duckerts, consul général, chargé d'affaires de Belgique. La Chine en 1899. Verviers, Ch. Vinche.

— Légation de Belgique en Chine. — Pékin, le 28 janvier 1900.

(Divers.)

[Rapport.] (*Recueil Consulaire*, 1900, T. 108, 2e liv., *Chine*, Bruxelles.)

— Rapport du Consulat de Belgique à Tientsin. (*Chine et Sibérie*, Janv. 1900, pp. 21/24, 45/48; Fév. 1900, pp. 71/2, 90/4; Mars 1900, pp. 110/118.)

Par M. Pierre Bure, premier Consul de Belgique à T'ien-tsin.

— La Chine et la Belgique. (*Belgique Coloniale*, 12 Août 1900, pp. 376/377.)

D'après le *Recueil Consulaire*, rapports de MM. Francqui, consul à Chang-hai, Bure, consul à Hongkong, et Ketels, vice-consul gérant le consulat à T'ien-tsin.

(Divers.)

— Le retour de la mission Five. Par R. V. (*Belgique Coloniale*, 16 Décembre 1900, pp. 589/590.)

— * C. Tytgat. — Un reportage en Chine. Bruxelles, 1901, in-8.

— La Belgique et le Marché asiatique par A.-J. de Bray... Bruxelles, Polleunis & Ceuterick, 1903, in-8, pp. xii-384, cartes et diagrammes.

(Divers.)

XIV. — ITALIE.

Voir Carli, Nocentini, etc. col. 251, *Tche-kiang*.

Voir *San-tou-ngao*, col. 2278.

— V. Arminjon. — La China e la Missione Italiana del 1866. Firenze, Uffizio della *Rassegna Nazionale*, 1885, coi tipi di M. Cellini e c. In-8, pp. 116 + f. d'er. n. ch.

— Traité signé en italien et en chinois à Pe-king, le 26 oct. 1866 par le capitaine de frégate Vittorio Arminjon, Tan Ting-siang et Tchoung-heou. — Ratifié à Chang-hai, le 12 nov. 1867.

— Voir le *Recueil de Traités* de Mayers. — H. Cordier, *Hist. des Relat.*, I, pp. 150/1.

— — Viaggio intorno al Globo della R. Pirocorvetta italiana *Magenta* negli anni 1865-66-67-68 sotto il comando del Capitano di Fregata V. F. Arminjon. — Relatione descrittiva e scientifica pubblicata sotto gli auspici del Ministerio di Agricoltura, Industria e Commercio dal Dottore Enrico Hillyer Giglioli, Professore di Zoologia ed Anatomia comparata dei Vertebrati nel Regio Istituto di Studj Superiori di Firenze già membro della Commissione Scientifica imbarcata su quella nave. Con una Introduzione Etnologica di Paolo Mantegazza. — Milanese, V. Maisnere Ca., Editori, in-4, pp. xxxviii-1031.

Singapore... Malaisie anglaise... Cochinchine... Japon... Chine...

— Rapport médical sur la campagne de la corvette de S. M. la *Fasana* dans l'Asie orientale — 1871-1873. Par le Dr. Charles Potocnik, médecin de la Marine R. I. autrichienne. (*Arch. Médecine navale*, XXIV, 1875, pp. 237/277.)

Trad. par Gabriel Walther.

— Voir L. dal Verme, col. 2144.

— Relazioni commerciali fra la China e l'Italia. (*Geogr. per tutti*, V, 1895, p. 23?.)

— L'Italia in Cina. (*L'Universo*, VIII, 1898, pp. 298/299.)

— L'Italia nella China. (*Ibid.*, IX, 1899, p. 77.)

— L'Italie au Tché-kiang (Chine) par A.-A. Fauvel Ancien Officier des Douanes chi-

(Divers.)

noises — Extraits du *Correspondant* et de la *Revue française de Géographie*, etc. Paris, De Soye, 1899, br. in-8, pp. 21-8.

— Chine — La Baie de San-Men. Par A. A. Fauvel. Br. in-8, pp. 8.

Tirage à part des 8 dernières pages du précédent.

— Guido Cora. — L'Italia in China La Baia di San-mun. (*Nuova Antologia*, 16 mars 1899.)

— La baja di San Mun. (*L'Universo*, IX, 1899, pp. 97/98.)

D'après un article de Guido Cora, dans la *Nuova Antologia*.

— Prof. G. Ricchieri — L'Italia in Cina. Roma, Società editrice Dante Alighieri — 1899, br. in-8, pp. 27.

Estratto dalla *Rivista d'Italia*, Fasc.

— Atti Parlamentari Legislatura XXI — Sessione 1900-1901 — Camera dei Deputati N. XXXI — (Documenti) — Documenti diplomatici presentati al Parlamento Italiano dal Ministro degli Affari Esteri (Prinetti) — Avvenimenti di Cina — Prima Parte (dal gennaio al dicembre 1900) — Presentati alla Presidenza della Camera il 10 luglio 1901. — Roma, tip. della Camera dei Deputati 1901, gr. in-8, pp. xxii-200.

— — Seconda Parte (dal gennaio al settembre 1901) — Presentati... l'8 settembre 1901. Roma... 1901, gr. in-8, pp. xii-106.

— L'Italie et le protectorat catholique. (*Bull. Com. Asie française*, Juin 1901, pp. 118/119.)

Voir col. 861-862.

— * Lodovico Nocentini. — L'Europa nell' Estremo Oriente e gli Interessi dell' Italia in Cina. — Milano. U. Hoepli, 1904, in-8, pp. 312.

Notices : par Attilio Mori, *Riv. Geog. Ital.*, XI, 1904, p. 432. — *Petermanns Mitt.*, 1906, *Litb.*, p. 121, par Karl von Bruchhausen.

Collége des Chinois (Naples).

Voir col. 844.

Voir Ripa, col. 1220.

(Divers. — Collége des Chinois.)

— Sinology in Italy. By L. Nocentini. (*Journ. C. B. R. A. S.*, N. S., XX, 1885, Art. VII, pp. 155/162.)

— Programma del Collegio asiatico di Napoli. Napoli, Fratelli de Angelis, 1868, br. in-8, pp. 23.

Signé : Prof. Napoleone La Cecilia Segretario del Collegio Asiatico, Napoli 24 novembre 1868.

— Discorso inaugurale pronunziato in occasione della solenne apertura del collegio asiatico di Napoli addì 25 Novembre 1868 dal R. P. Galiano, Superiore della Congregazione de Cinesi. Napoli, Fratelli de Angelis, 1868, br. in-8, pp. 24.

— III. Congresso geografico internazionale (Settembre 1881). — Italia e China Collegio dei Cinesi (Regio Collegio Asiatico di Napoli). — Relazione del Professore Alberto Errera dell' Università e dell' Istituto Tecnico di Napoli. Roma, Giuseppe Civelli, 1881, br. in-8, pp. 19.

(Collége des Chinois.)

— Intorno al R. Collegio Asiatico (dei Cinesi) in Napoli e ai nuovi studi diplomatici-consolari presso l'Università di Napoli nel 1881. Monografia del prof. Alberto Errera. (*Bol. Soc. Geog. ital.*, XVIII, 1881, pp. 648/663.)

Avec un app. sur l'industrie sérigène.

— L' Istituto dei Gesuiti e quello dei Frati Ripa o padri cinesi Contribuzione agli studi per la legge richiesta dalla camera (ordine del giorno Bonghi dei 9 dicembre 1881) sul cosidetto real collegio asiatico di Napoli per Vincenzo Gioberti (partenopeo). Napoli, Comm. G. de Angelis e Figlio, 1884, br. in-8, pp. 119.

Vincenzo Gioberti = Gherardi di Vicentiis.

(Collége des Chinois.)

XV. — SUISSE.

— La participation des Suisses dans les études relatives à l'Extrême-Orient par Henri Cordier, Vice-Président de la Ve section (Extrême-Orient). — Lu au Xe Congrès international des Orientalistes, le lundi 10 septembre 1894. Genève, MDCCCXCIV, br. in-8 carré, pp. 26.

Tiré à cent ex. non mis dans le commerce ; dédié à Edouard Naville ; imprimé pour l'auteur, en oct. 1894, par W. Kündig & fils, à Genève.

XVI. — PÉROU.

— Traité signé en espagnol, anglais et chinois, à T'ien-tsin le 26 juin 1874 par le capitaine de vaisseau Aurelio Garcia y Garcia et Li Houng-tchang. — Ratifié à T'ien-tsin le 7 août 1875.

— Voir le *Recueil de Traités* de Mayers, etc. — Le texte anglais est aussi imprimé d'après le *Daily Press* dans le *Shai. Budget*, 8 août 1874.

— Tratado de Amistad, Comercio y Navegacion, entre la República del Perú y Su Magestad el Emperador de la China. Tientsin, 26 de Junio, 1874. — Treaty of Friendship, Commerce and Navigation, between the Republic of Peru and His Majesty the Emperor of China. Tientsin, June 26th 1874, in-fol., 10 ff. n. ch.

Hongkong, Printed at the « Daily Press » Office.

(Divers.)

— Convencion entre el Perú y la China. Tientsin, 26 de Junio 1874. — Special Agreement between Peru and China. Tientsin, June 26th 1874, in-fol., 4 ff. n. ch.

— Tratado y Convencion entre el Perú y la China. — Firmados en Tientsin, 26 de Junio, 1874, por Aurelio Garcia y Garcia, Capitan de Navio, Enviado Extraordinario y Ministro Plenipotenciario en la China y el Japon, de parte del Perú y Li Hung Chang, Gobernador General de la Provincia de Chih-li, Comisario Imperial, &c., &c.

(Divers.)

de parte de la China. — Canjeados en Tientsin, 7 de Agosto, 1875, por Juan Federico Elmore, LL. D., Encargado de Negocios en la China y el Japon, de parte del Perú. y Ting Jih Chang Comisario Imperial, &c., &c. de parte de la China. In-fol., 9 ff.

Au verso du dernier feuillet : Shanghai : Printed at the « North-China Herald » Office. Texte espagnol et traduction anglaise.

— Peru and China. (*Siam Rep.*, Vol. 6, Oct. 1874, pp. 571/2.)

Ext. du *Hongkong Times*.

XVII. — BRÉSIL.

Traité signé par cette puissance avec la Chine, 5 sept. 1880 et 3 oct. 1881. — Cf. Henri Cordier, *Hist. des Relat.*, II, pp. 324/329.

XVIII. — PEUPLES DE L'ASIE.[1]

Japon.

— Die Geschichte der Mongolen — Angriffe auf Japan. — Von Dr. Aug. Pfizmaier... Wien, 1874, in-8, pp. 98.

Sitzb. phil.-hist. Cl. k. Ak. Wiss., Bd. LXXVI, p. 105, Februarheft 1874.

Marco Polo, Yule-Cordier, II, pp. 253/263. — Titsingh, *Annals*, pp. 264/5. — *Mailla*, IX, 409, 418, 428. — *Gaubil*, 195. — *Deguignes*, III, 177. — *Korea Review*, II, pp. 37, 38, 82. — B. H. Chamberlain, *Things Japanese*, 3rd ed., 1898, pp. 208/9.

— The Attempt made by Kublai Khan to conquer Japan. By E. H. Parker. (*Imp. & Asiat. Quart. Rev.*, July 1904, pp. 140/155.)

— Un mémoire sur cette expédition a été lu par le Dr. Murakawa au Congrès des Orientalistes d'Alger, le 22 avril 1905.

— Sande, E. da. [Voir col. 2316.]

— Recentissima de Amplissimo Regno Chinae... Mogvntiae, 1601, in-12. [Voir col. 798.]

— Iaponica, Sinensia, Mogarana... Leodii, 1601, in-12. [Voir col. 798.]

— De rebus Iaponicis, Indicis, et Pervanis epistolae recentiores. A Ioanne Hayo Dalgattiensi Scoto Societatis Iesv in librum unum coaceruatae. Antverpiae, Ex Officina Martini Nutij, ad insigne duarum Ciconiarum, Anno M.DC.V, in-8, pp. 968, sans l'*Index* et l'*Ordo Epistolarum*.

On trouvera pages 344-383 une lettre de Ludovicus Frois [ou Froës] datée de Nagasaki 28 Déc. 1596 « De Legatione Regis Cinensivm ad Taicosamam ».

— Embassies from China to Japan. (*Indo-Chinese Gleaner*, vol. II, pp. 131-136.)

— Diplomatic intercourse [of the Japanese] with China. (*As. Jour. & M. Reg.*, XXXII, 1840, pp. 240/251.)

— Traité de T'ien-tsin, 13 sept. 1871, et convention de Pe-king, 31 oct. 1874. En anglais dans Mayers et dans le *N. C. Herald*, 7 mars 1872.

— Traité de commerce entre la Chine et le Japon.

Texte français dans le *Nouvelliste de Shanghai*, 1872, 18 & 21 mars; anglais dans Mayers.

— Traité entre le Japon et la Corée, 26 fév. 1876.

Dans Mayers et dans le *N. C. Herald*, 21 mars 1872.

— The Japanese and China by Geo. Hughes. (*China Review*, II, pp. 369/375, III, pp. 28/29.)

— Chinese Notice of the Shogun Taïkosama. By Herbert J. Allen. (*Ibid.*, III, pp. 172 à 176.)

— An Introduction to a Retrospect of forty years of foreign intercourse with China, and a review of her relations with Japan. By G. Nye. (*China Review*, IV, pp. 191 à 199, 233/243.)

Conférence faite à Concordia Hall, Canton, Déc. 8, 1874.

— Early Japanese Invasions of China. (Balfour, *Waifs and Strays*, 1876, pp. 70/74.)

— Japanese Influence on China. (*Ibid.*, pp. 75/87.)

— The Japanese make a Raid on Che kiang. (*China Review*, X, p. 72.)

Ming Dynasty.

— Japanese Terms for China. By E. H. Parker. (*Ibid.*, XV, p. 250.)

— Extracts from the P'ei-Wen Yun-Fu. By E. H. Parker, Esq. (*Chin. Recorder*, XVII, April 1886, pp. 137/138.)

— Japanese in China. — The Wei-yüan Fort on the Chao-pao Hill (Ningpo River) was built by the Ming Dynasty as a defence against the Japanese. (Note by E. H. Parker, *China Review*, XVII, No. 1, July & Aug. 1888, p. 54.)

— Japanese Notes. By E. H. Parker. (*Ibid.*, XVIII, No. 1, pp. 57/58.)

— Japanese Invasions. By E. H. Parker. (*Ibid.*, XIX, 1890, No. 1, p. 60.)

— The ancient Relation between the Japanese and Chinese Languages and Peoples. By E. H. Parker. (*Ibid.*, XVIII, No. 2, pp. 82/117.)

1. Voir aussi dans la quatrième partie le chapitre consacré aux Connaissances des Chinois sur les peuples étrangers.

— Diplomatic Relations of China and Japan with the Western Powers. [J. B. Angell.] (*Bibliotheca Sacra*, XLII, 101.)

— China und Japan. Von M. Clotten. — Mit Illustrationen. Leipzig, Wilhelm Friedrich, in-8, pp. VIII-146.

— Chinese Refugees of the Seventeenth Century in Mito. — By Ernest W. Clement, M.A. (*Trans. As. Soc. Japan*, XXIV, 1896, pp. 12/40.)

— Les Japonais à Haï-nan sous la dynastie des Ming 明 (1368-1628) par M. Feray, Médecin major des troupes coloniales. (*T'oung-pao*, juillet 1906, pp. 369/380, carte.)

D'après le *Kioung-tcheou fou tche* 瓊州府志.

GUERRE SINO-JAPONAISE.

1894, 28 mars	—	Assassinat de Kim-ok Kyoum, par Hong Tjyong-ou, à Chang-haï.
— 25 juillet	—	Affaire du *Kowshing*.
— 29 —	—	Bataille de Sei kouan.
— 1er août	—	Déclaration de guerre.
— 26 —	—	Convention entre la Corée et le Japon.
— 16 sept.	—	Bataille de Ping-yang.
— 17 —	—	Bataille du Ya-lou kiang.
— 24 oct.	—	Passage du Ya-lou.
— 21 nov.	—	Prise de Port-Arthur.
1895, 30 janv.	—	Prise de Wei Hai Wei.
— 6 mars	—	Occupation de Nieou-tchouang.
— 23 —	—	Débarquement des Japonais à Formose.
— 3 juin	—	Prise de Ki-loung.
— 24 mars	—	Attentat contre Li.
— 17 avril	—	Traité de Shimonoseki.
— 8 mai	—	Échange des ratifications.
— 8 nov.	—	Convention avec la Chine : rétrocession du Liaotoung.

Cf. H. Cordier, *Hist. des Relations*, III, pp. 213/300.

— Der Conflict in Korea. (*Die Gegenwart*, 28. Juli 1894.)

— The Corean Difficulty. (*The Statist*, 28 July 1894.)

— Chine et Japon. (*Mémorial diplomatique*, 28 juillet 1894.) — Le conflit sino-japonais. (*Ibid.*, 4, 11, 18 août 1894.)

— La question coréenne, par M. Toru-Terao, professeur de droit à l'Université de Tokio. (*Revue Politique et Parlementaire*, No. 3, sept. 1894.)

— Les effets de la guerre Sino-Japonaise. (*Rev. du Commerce extérieur*, 22 sept. 1894, pp. 261/265.)

— The Question of Korea. By Henry Norman. (*Contemporary Review*, No. 345, sept. 1894, pp. 305/317.)

— Die koreanische Frage. Von M. von Brandt. (*Deutsche Rundschau*, Sept. 1894, pp. 459/463.)

— Herr von Richthofen : Der Schauplatz des Krieges zwischen Japan und China. (13. Oktober 1894.) (*Verhandlungen der Ges. für Erdkunde zu Berlin*, Bd. XXI, 1894, No. 8, pp. 456/476.)

— China, Japan, and Korea. By Baron F. von Richthofen. (*The Geographical Journal*, Dec. 1894, pp. 556/561.)

Abstract of paper read before the Berlin Geographical Society, Oct. 13, 1894.

— La guerre de Corée. Par Aimé Etienne. (*Revue du Monde Catholique*, 1er oct. 1894.)

— A propos de la guerre de Corée. Par Léo Dex. (*Revue scientifique*, No. 17, 27 oct. 1894, pp. 520/526.)

— War in Korea. A Brief Treatise upon the Campaign now in Progress : its Origin, and probable Results. By J. Morris, (Long Resident in the East)... with Map of the Seat of War and sixteen full-page Illustrations. Second Edition. Ward, Lock and Bowden, London, 1894, in-8, pp. 108.

— Advance Japan : A Nation thoroughly in earnest. By J. Morris Formerly of the Imperial Public Works Department, Tokio... ; Illustrations by R. Isayama, Military Artist of the Buzen Clan, Southern Japan. London : W. H. Allen, 1895, in-8, pp. XIX-443.

— Het geschil tusschen China en Japan in Korea. Door G. Schlegel. — Overgedrukt uit de Verslagen en Mededeelingen der Koninklijke Akademie van Wetenschappen, Afdeeling *Letterkunde*, 3de Reeks, Deel XI. — Amsterdam, Johannes Müller, 1894, br. in-8, pp. 16.

Notices : *Nieuwe Rotterdamsche Courant*, 15 nov. 1894. — *Nederl. Spectator*, 17 nov. 1894. — *Vaderland*, 13 nov. 1894. — *Amsterdamsche Courant*, 13 nov. 1894. — *Nieuws van den Dag*, 14 nov. 1894.

— Korea. Door G. Schlegel. (*Nieuwe Rotterdamsche Courant*, 18 nov. 1894.) [Réponse.]

— Corea, China and Japan. By R. S. Gundry. (*Fortnightly Review*, Nov. 1894, pp. 618/635.)

— Burning Questions of Japan. By A. Henry Savage-Landor. (*Ibid.*, pp. 636/650.)

— The Corea Crux. A Word for China. By Demetrius C. Boulger. (*Nineteenth Century*, Nov. 1894, pp. 781/789.)

— Portraits jaunes : Coréens, Japonais, Chinois. Par un ancien Chinois. (*Revue du Monde Catholique*, 1er nov. 1894.)

— The Chino-Japanese Conflict — and After. A Conversation With Sir Thomas Wade. (*Contemporary Review*, No. 347, Nov. 1894, pp. 609/625.)

— Le Japon moderne et la question coréenne, par M. Motoyosi Saizau. (*Revue Politique et Parlementaire*, No. 5, nov. 1894.)

— * The Case of Japan. By T. Ourakami. (*United Service Mag.*, Dec. 1894.)

— La Corée et les Coréens par R. d'Aunis. (*Revue Encyclopédique*, 15 nov. 1894, pp. 493/7 ; 1er déc. 1894, pp. 518/524.)

— The Position of Japan, by an Ex-Diplomatist. (*Blackwood's Mag.*, No. 950, Dec. 1894.)

— La guerre Sino-japonaise aujourd'hui et demain par Albert A. Fauvel, Ancien fonctionnaire des Douanes chinoises. — Extrait du *Correspondant* (10 décembre 1894). — Paris, De Soye et fils, imprimeurs, 1894, br. in-8, pp. 29.

∴

— Sketch Map of Korea. Lithd at the I. D. W. O. Nov. 1892. Completed July 1894. 2nd Edition Aug. Published on behalf of the War Office by Edward Stanford... London... 1/6.

Scale 1/2.914.560 = 46 miles = 1 inch.
Based on the Map published in the *Proceedings R. G. S.*, 1886.

— Outline Map of Countries adjoining Korea. Lithographed at I. D. W. O. July 1894.

3rd Edition Aug. 1894. Published on behalf of the War Office by Edward Stanford... London... 1/-. 1 feuille.

Scale 1/15.000.000 = 1 inch = 236.74 Miles.

— Stanford's Map of Eastern China, Japan, and Korea, the Seat of War in 1894. London : Edward Stanford, 1 feuille.

Scale of Map 110 Miles = 1 inch.
Avec cartouche, carte spéciale *Korea*.

— Payne's Perspective View of Japan, Korea, China & Adjacent Territories. Martynne & Co., 12, Walbrook, E.C., 1 feuille.

— Special War Map of China, Corea and Japan. — Compiled from the most Recent and Authentic Sources. — London : George Philip & Son, 1 feuille, s. d. [1894]. Price 1/-.

— 朝鮮輿地圖 Corea. — Shanghai. Septbr. 1894, 1 feuille en chinois et en anglais.

Carte générale de la Corée avec petites cartes : Seoul City. — Environs of Seoul — Yuensan — Fusan — Jenchuan. — Chart of Reference.

— Bartholomew's Special War Map of China, Japan and Korea. John Bartholomew & Co., The Edinburgh Geographical Institute. 1 feuille, 1/-.

Scale 1 : 6.000.000.

— The fight off the Yalu River. By the Hon. Hilary A. Herbert, Secretary of the Navy. (*North American Review*, CLIX, Nov. 1894, pp. 513/528.)

— The Oriental War. By His Excellency the Japanese Minister at Washington, S. Kurino. (*Ibid.*, pp. 529/536.)

— Military Lessons of the Chino-Japanese war. By the Hon. Hilary A. Herbert, Secretary of the Navy. (*Ibid.*, CLX, June 1895, pp. 685/698.)

— Der Friede von Schimonoseki in seinen geographischen Beziehungen von F. von Richthofen. (*Geog. Zeitschft.*, I, 1895, pp. 19/39.)

— Recollections of the Chinese War. By W. Hill James. (*Macmillan's Mag.*, LXXI, February 1895, pp. 241/251.)

— Der japanisch-chinesische Friedensvertrag. Von *. (*Deutsche Kolonialzeitung*, 27 April 1895, p. 129.)

— La bataille navale du Yalu d'après les Renseignements français et étrangers les plus récents. Par J. Lephay, Lieutenant de vaisseau. (*Rev. mar. et col.*, Vol. 124, 1895, pp. 5/24.)

— La Guerre Sino-Japonaise. Le Conflit, les Armées et les Marines. Par E. Prampain. (*Etudes... par des Pères de la Cie. de Jésus*, 14 déc. 1895, pp. 583/595.)

— The Chinese Soldier and other Sketches with a Description of the Capture of Manila by Alfred Cunningham, Special Correspondent in China-Japan War and Spanish-American War... — Hongkong : The « Daily Press » Office, pet. in-8, pp. 143, fig.

Voir col. 1561.

— Le Théatre de la guerre au Chan-toung (Chine) Par Albert Fauvel Ancien fonctionnaire des douanes chinoises de Tché-fou — Extrait du *Moniteur Universel* Janvier-Février 1895 — Paris, Société anonyme de publications périodiques, 13 quai Voltaire — 1895, br. in-4, pp. 18 à 2 col. + 3 pages de planches.

— Résumé des nouvelles de la guerre (mois de Janvier 1895). (*Revue française du Japon*, 4e année, N. S., Janvier 1895, pp. 20/21.)

— Chinois et Japonais. Lettres de Chine. (*Miss. Cath.*, XXVII, 29 Mars 1895, pp. 147/148.)

Pékin, Janvier 1895.

— Nouvelles de la guerre. (*Revue française du Japon*, 4e année, Nouv. Sér., février 1895, pp. 80/83.)

— Nouvelles de Mandchourie. (*Ibid.*, pp. 83/85.)

— Tentative d'assassinat sur Li Hung-chang. (*Ibid.*, Mars 1895, pp. 147/148.)

— Jugement de Koyama Toyotarō auteur de l'attentat du 24 Mars (*Ibid.*, pp. 148/150.)

— Nouvelles de la guerre. (*Ibid.*, pp. 150/1.)

— Convention d'armistice. (*Ibid.*, pp. 151/153.)

— Rescrit impérial (*Ibid.*, Avril 1895, pp. 199/200.)

— The Battle of Ping Yang. How the News was told at Dragon Valley. By E. A. Irving. (*Blackwood's Mag.*, CLVII, Jan. 1895, pp. 138/140.)

— The Naval War in the East. By W. Laird Clowes. (*Ibid.*, February 1895, pp. 282/296.)

— The Japanese imbroglio, (*Ibid.*, CLVIII, 1895, September, pp. 309/332.)

— The Chinese navy. — I. The battle of the Yalu. (*Ibid.*, 1895, October, pp. 457/471; II. The siege of Wei-hai-wei; *Ibid.*, November 1895, pp. 609/633.)

— Proclamation de S. M. l'Empereur aux armées de terre et de mer. (*Revue française du Japon*, 4e année, Nouv. Sér., Avril 1895, pp. 201/202.)

— L'indemnité de guerre. Par T. Ouéda. (*Ibid.*, 5e livr., Mai 1895, pp. 230/236.)

Tokio le 1er Juin 1885.

— Traité de paix sino-japonais. (*Ibid.*, Mai 1895, pp. 237/246.)

— Cession et prise de possession de Formose. Par P. F. (*Ibid.*, 5e livr., Mai 1895, pp. 247/252.)

— Nouvelles de Formose. Par P. F. (*Ibid.*, 7 et 8e livr., Juillet-Août 1895, pp. 344/351.)

— Images chinoises. (*Ibid.*, 9e livr., Septembre 1895, pp. 406/7.)

— Nouvelles de Formose. (*Ibid.*, pp. 408/414.)

— L'expédition japonaise aux îles Pescadores. [Par P. F.] (*Ibid.*, 10e livr., Oct. 1895, pp. 448/456.)

— Der Krieg zwischen China und Japan 1894/5. — Auf Grund authentischer Quellen bearbeitet von von Müller Lieutenant im 1. Hanseatischen Infanterie-Regiment Nr. 75 — Mit Skizzen und Karten. — Erster Teil : Das Jahr 1894. — Vierte Auflage. — Berlin 1895. Verlag der Liebelschen Buchhandlung... In-8, pages 1 à 40. — Zweiter Teil. Die Kämpfe in den Provinzen Ljao Tong und Schantung bis zum Waffenstillstand März 1895. — Zweite Auflage. — Berlin 1895... In-8, pages 41 à 71. — Dritter Teil : Waffenstillstand. Operationen gegen Formosa und den Kaiserkanal. Der Frieden. Politische und militärische Bedeutung des Krieges. — Berlin 1895... In-8, pp. 72 à 116.

— Der Koreakrieg in seinen natürlichen Beziehungen zu den Witterungs- und Bevölkerungsverhältnissen Ostasiens. — Von Wilhelm Krebs in Berlin. — Mit 5 Karten. — Hamburg, Richter, 1895, in-8, pp. 47.

— La Corée. — Les conséquences de la guerre Sino-Japonaise. Par Ly Chao Pee. (*Bul. Soc. Géog. Toulouse*, 1895, pp. 110/118.)

— Der japanisch-chinesische Krieg. Erster Teil. Eine kurze Darstellung der Ursachen und des Verlaufes des Feldzuges bis Ende 1894. Mit 3 Skizzen von den Operationen auf Korea, gegen Port Arthur und in der Mandschurei, nebst einer schematischen Darstellung des Seegefechtes an der Jalu-Mündung. Bearbeitet von von Kunowski und Fretzdorff, Premier-Lieutenants im Inf.-Regt. von Courbière, kommandiert zur Kriegs-Akademie. Zweite Auflage. Leipzig, Zuckschwerdt & Möschke, 1895, in-8, pp. 70.

— Documentary History of the Peace Negociations between China and Japan. (*Peking & Tientsin Times*, Supp. — Vol. II, No. 63, May 18th 1895.)

Ces documents ont été reproduits en grande partie dans le *N. C. Herald*, May 31, 1895, pp. 834-839.

On a fait un tirage à part des documents à T'ien-Tsin avec le texte du traité de paix qui a eu deux éditions :

— Documentary History of the Peace Negociations between China and Japan, March-April, 1895. — With Text of the Treaty of Peace. — Officially revised. — 1st edition. — The Tientsin Press. — 1895, gr. in-8, pp. 29 à 2 col.

— The Japan-China War : The Naval Battle of Haiyang. — Compiled from Official and other Sources by Jukichi Inouye — With Numerous Collotype Plates by K. Ogawa. — Kelly and Walsh, Yokohama, s. d. [27e année Mei-dji], in-8, pp. IV + 1 f. n. ch. + pp. 23 + 1 f. n. ch., pl.

— The Japan-China War : on the Regent's Sword : Kinchow, Port Arthur, and Talienwan. — Compiled from Official and other Sources by Jukichi Inouye. — With Numerous Collotype Plates by K. Ogawa. — Kelly and Walsh, Yokohama, s. d. [28e année Mei-dji], in-8, 3 ff. n. ch. + pp. 37 + 1 f. n. ch., pl.

Printed at The Tokyo Tsukiji Type Foundry, Tokyo, Japan.

— The Fall of Wei-hai-wei. — Compiled from Official and other Sources, by Jukichi Inouye. — With Numerous Collotypes by K. Ogawa. — Kelly and Walsh, Yokohama, s. d. [28e année Mei-dji], in-8, pp. 31 + 1 f. n. ch., pl.

— Der Japanisch-chinesische Krieg in kurzgefasster Darstellung von Jukichi Inouye. — Deutsch von C. Birndt. Dresden und Leipzig, Carl Reissner, 1895, in-8, pp. IV-132.

— La guerre sino-japonaise (1894-1895) Par M*** — Extrait du *Journal des Sciences militaires* (Juillet 1895). Paris, L. Baudoin, 1895, in-8, pp. 16.

— Sinicae Res — La guerre du Japon contre la Chine et ses conséquences éventuelles. Paris, L. Baudoin, 1895, in-8, pp. 67.

— The War between China and Japan. By Sir Ellis Ashmead Bartlett, M. P. (*Imp. & As. Quart. Rev.*, N. S., IX, 1895, pp. 1/20.)

— Les conséquences possibles du conflit sino-japonais. Par M. Ch. Gachet. (*Bul. Soc. Géog. Com.* Paris, XVII, 1895, pp. 57/60.)

— Les résultats de la guerre entre la Chine et le Japon. Par Ed. Chavannes. (*Annales de Géog.*, V, 1895-6, pp. 216/233.)

— Le Développement économique de la Chine et du Japon. La guerre sino-japonaise de 1895. — La pénétration commerciale de la Chine. Par M. Ulysse Pila. (*Bul. Soc. Géog. Lyon*, XIV, 1896, pp. 293/308.)

— Nouvelles de Formose. [Par P. F(ouque.)] (*Revue française du Japon*, 4e année, Nouv. Sér., Octobre 1895, pp. 469/471.)

(18 Octobre 1895.)

— Nouvelles de Formose. [Par P. F.] (*Ibid.*, Novembre 1895, pp. 517/521.)

(20 Novembre 1895.)

— Rétrocession du Liaotung. [Par P. F.] (*Ibid.*, Décembre 1895, pp. 553/555.)

— Nouvelles de Formose. [Par P. F.] (*Ibid.*, pp. 556/560.)

(16 Décembre 1896.)

— Nouvelles de Formose. [Par P. F.] (*Ibid.*, 5e année, Nouv. Sér., Janvier 1896, pp. 26/29.)

(20 Janvier 1896.)

— Notes médicales sur la guerre sino-japonaise par le Dr. Delisle. (*Arch. Méd. navale*, LXIII, 1895, pp. 453/467.)

— Documents médicaux sur la guerre sino-japonaise par le Dr. Jourdan. (*Ibid.*, LXIV, 1895, pp. 276/288.)

— The China-Japan War compiled from Japanese, Chinese, and Foreign Sources by Vladimir Lately of the **** Diplomatic Mission to Corea. — Illustrated — London, Sampson Low, 1896, in-8, pp. x-449.

— La guerre sino-japonaise au point de vue du Droit international par Nagao Ariga Professeur de Droit international à l'École supérieure de guerre de Tokio Ouvrage accompagné d'une Préface par M. Paul Fauchille Directeur de la *Revue générale de droit international public*. — A Paris, A. Pedone, 1896, in-8, pp. XIII-310.

— * A. Desjardins. — La guerre sino-japonaise au point de vue du droit international. Paris, 1906, in-8.

Tirage à part.

— Précis de quelques Campagnes contemporaines Par E. Bujac Chef de bataillon breveté au 144e Régiment d'infanterie. — II La guerre sino-japonaise. Paris, Henri Charles-Lavauzelle, s. d. [1896], in-8, pp. 328.

Le premier vol. est *Dans les Balkans*, 1893.

— Le Japon victorieux par le comte H. G. C. de Villers. Paris, Librairie Cerf, 1897, in-8, pp. 45 + 1 f. n. ch.

Les pp. 41 seq. comprennent : Voyage en Europe de S. E. Li-Hung-Tchang.
Extrait de la *Revue de la France moderne*, mai-juin-juillet 1897.

— Müller-Beeck : Die geographischen Errungenschaften und neuen geographischen Aufgaben in Ost-Asien nach dem japanisch-chinesischen Krieg. (*Verhand. Ges. Erdk. Berlin*, XXIV, 1897, pp. 387/397.)

— Le Service de Secours de la Société de la Croix-rouge du Japon pendant la guerre de la 27e-28e année de Meiji (1894-1895) — Paris, A. Pedone, 1897, in-8, pp. 195.

— Heroic Japan A History of the War between China & Japan by F. Warrington Eastlake, Ph. D. and Yamada Yoshi-aki, LL. B. Principal of the Chautauquan Association of Japan. London, Sampson Low, 1897, in-8, pp. IV-III-IX-556 + 1 f. n. ch., 5 cartes.

— Les pertes en hommes dans les dernières guerres navales. Par H. Nimier. (*Revue scient.*, 37e année, 1900, 2e sem., pp. 717/720.)

— * The Surgical History of the Naval War between Japan and China during 1894-95, translated from the Original Japanese Report under the Direction of Baron Y. Saneyoshi by J. Suzuki. Tokio, 1900.

— Chinas Kriege seit 1840 und seine heutigen Streitkräfte. — Mit vier Karten in Steindruck und vier Skizzen im Text. — Berlin 1900. Ernst Siegfried Mittler, in-8, pp. IV + 1 f. n. ch. + pp. 98.

— Drei Jahre Ostasiatischer Politik 1894-1897. Beiträge zur Geschichte des chinesisch-japanischen Krieges und seiner Folgen. Von M. von Brandt, Kais. Gesandter a. D. Stuttgart. Verlag von Strecker & Moser, in-8, pp. 263.

Inhaltsverzeichnis. — I. Chinesisch-japanische Beziehungen. April bis Juli 1894. Bis zum Ausbruch des chinesisch-japanischen Krieges. — II. Chinesisch-japanische Beziehungen. August 1894 bis April 1895. Von der Kriegserklärung bis zum Frieden von Shimonoseki. — III. Chinesisch-japanische Beziehungen. Mai 1895 bis Oktober 1896. Bis zum Austausch der Ratifikationen des chinesisch-japanischen Handelsvertrages. — IV. Die Beziehungen der fremden Mächte zu den Kriegführenden. Mai 1894 bis Mai 1895. Bis zur Retrocession von Liaotung. — V. Japan und Russland in Korea. Juni 1894 bis zum Februar 1897. Vom Einfall der Japaner bis zum Verlassen der russischen Gesandtschaft durch den König von Korea. — VI. Spolia opima. — VII. Schluss. — Anhang: Diplomatische Dokumente.

— The largest Cheque in the World. (*The Bankers' Insurance Managers' & Agents' Magazine*, Vol. LXV, Jan.-June 1898, London, pp. 863/8.)

Cheque de £ 11.008.857.16.9 tiré par la Hongkong and Shanghai Banking Corporation sur la Banque d'Angleterre en faveur du Gouvernement chinois, paiement final de l'indemnité de guerre due au Japon. — Facsimiles.

— Applications of International Law during the Chino-Japanese War. By Professor Sakuyé Takahashi. (*Trans. and Proc. Japan Soc.*, Vol. V, Pt. I, 1900, pp. 2/21.)

— How Peace was made between China and Japan. By Charles Denby. (*The Forum*, XXIX, March-Aug. 1900, pp. 713/719.)

— Japan's Attitude toward China. By D. W. Stevens. (*Ibid.*, XXX, Sept. 1900-Feb. 1901, pp. 76/85.)

— La guerra chino-japonesa de 1894-1895 por D. Gaspar Tenorio y Rebollo Teniente Coronel de E. M. del Ejército — ... Madrid, Imp. y lit. del Depósito de la Guerra 1901, in-8, pp. 203, 7 cartes.

— * The War between Japan and China. By T. Baba. «Meiki-Sha», br. in-8, pp. 30.

— Amedeo Alberti Tenente di Vascello — La Guerra Cino-Giapponese 1894-95. Con illustrazioni, piani e carte. Napoli Melfi & Joele 1904, gr. in-8, pp. 576.

— History of the War between Japan and China, compiled by the Imperial General Staff and translated by Major Jikemura and Rev. Arthur Lloyd. Vol. I. — The Kiukodo Publishing Co. Tokyo, Japan, 1904. All rights reserved, in-fol., 2 ff. n. ch. + pp. 93 + pp. 26 + 1 f. n. ch.

Se continue.

Voir : *Expédition de Formose*, col. 294/296.
Voir : *Iles Lieou k'ieou*, dans la Cinquième Partie, de la *Bib. Sinica*.
— Guerre SINO-JAPONAISE, voir CORÉE, dans la Cinquième Partie, de la *Bib. Sinica*.

— * The Future of Japan in its Relations with China and Russia. By Benjamin Smith Lyman. Philadelphia, Sherman & Co., 1897, br. in-8, pp. 8.

— Deutschland und Japan in China. Von Hans Gerstenberg. (*Deutsche Kolonialzeitung*, 17. August 1899, p. 295.)

— Projets des Japonais en Chine. (*Le Mouv. géog.*, 1900, col. 296-8.)

— The Japanese View of the Situation in China. By a Japanese Diplomat. (*North American Rev.*, Vol. 171, 1900. pp. 198/207.)

— Japan to the Front. By Rev. H. Loomis, Agent A. B. S. (*Chin. Rec.*, XXXII, Feb. 1901, pp. 88/90.)

— A New Japanese Invasion of China. By Rev. A. P. Parker, D. D. (*Ibid.*, July 1901, pp. 356/359.)

— La politique japonaise en Chine et en Corée. (*Bull. Com. Asie française*, Oct. 1901, pp. 300/302.)

— Alliances franco-russe et anglo-japonaise. Par R. C. (*Ibid.*, Mars 1902, pp. 100/101.)

— Les progrès des Japonais en Chine. (*Ibid.*, Mars 1902, pp. 133/134.)

— Japan's Mission in the Far East. By T. Iyenaga. (*The Forum*, June 1902, pp. 459-468.)

— * Japanisation of China. By George Lynch. (*The Nineteenth Century*, Aug. 1903.)

— Un traité de commerce sino-japonais. (*Bull. Com. Asie française*, Décembre 1903, pp. 556/7.)

— L'opinion publique japonaise avant la guerre. Par M. E. (*Ibid.*, Mars 1904, pp. 146/148.)

— Le Japon et la Chine. (*Ibid.*, Oct. 1904, pp. 456/7.)

— R. Castex, Enseigne de vaisseau — Le Péril japonais en Indo-Chine — Réflexions politiques et militaires — Paris, Henri Charles-Lavauzelle, s. d. [1904], in-8, pp. 36, carte.

— Japan and Asiatic Leadership. By Paul S. Reinsch. (*North American Review*, Jany 1905, pp. 48/57.)

— La défense de l'Indo-Chine. Par R. C.[aix.] (*Bull. Com. Asie française*, Février 1905, pp. 57/59.)

— Japanese Educational Influence in China. By Rev. J. Harada. (*Chin. Rec.*, XXXVI, July 1905, pp. 356/361.)

— Sympathies sino-japonaises. (*Bull. Com. Asie française*, Juillet 1906, p. 285.)

— Les Japonais et le commerce étranger en Mandchourie. (*Ibid.*, Juillet 1906, p. 286.)

— Les Japonais et la porte ouverte en Mandchourie. (*Ibid.*, Août 1906, pp. 319/320.)

— Observatoires météorologiques créés en Chine par le Japon. Par Charles Rabot. (*La Géographie*, 15 Octobre 1906, p. 217.)

— Le bouddhisme japonais en Chine. (*Bull. Com. Asie française*, Oct. 1906, p. 399.)

∴

— Traité entre la Grande Bretagne et le Japon. Londres, 12 août 1905. (*T'oung Pao*, Série II, Vol. VI, Déc. 1905, pp. 623/626.)

— La nouvelle alliance anglo-japonaise. Par R. C. (*Bull. Com. Asie française*, Sept. 1905, pp. 344/348.)

— Un traité japonais relatif à la Mandchourie. (*Ibid.*, Déc. 1905, pp. 481/2.)

— Le traité sino-japonais [du 22 déc. 1905]. (*Ibid.*, Janvier 1906, pp. 35/37.)

Texte in-extenso publié le 12 janvier par l'Agence Reuter.

— Le Traité Sino-Japonais [Conclu à Pékin, le 22 Décembre 1905]. (*T'oung Pao*, Série II, Vol. VII, Mars 1906, pp. 138/143.)

— Traité entre la Chine et le Japon [22 déc. 1905]. Texte chinois reproduit d'après le *Che pao*. (*Ibid.*, 2e Série, Vol. VII, Mars 1906.)

Voir le texte français dans le *T'oung Pao*, *supra*, pp. 138/143.

— Traité entre la Chine et le Japon [22 déc. 1905]. Texte japonais reproduit d'après le *Jiji Shimpō* du 10 Janvier 1906. (*Ibid.*, 2e Série, Vol. VII, Mars 1906.)

Voir le texte français dans le *T'oung Pao*, *supra*, pp. 138/143.

∴

— Louis Aubert — Paix japonaise Le Japon et la Paix de l'Extrême-Orient Le Japon et la Chine — Japonais et Américains La lutte pour le Pacifique Le paysage japonais — Routes Japonaises L'Inkyo Paris, Armand Colin 1906, pet. in-8, pp. xii-351.

Notice : *T'oung Pao*, Mai 1906, pp. 296/300, par H. Cordier.

Annam.

— Giornale d'un Ambasciatore chinese spedito in Cocincina dall' Imperatore Tac-kwang (1840-41). (*Bol. Soc. geog. ital.*, I, 1868, pp. 277/294.)

Tac-kwang pour Tao-kwang.

Dalla traduzione manoscritta (versione francese fatta sul testo chinese) dal Fontanier, volta in italiano dal prof. Filippo De Filippi, con note del prof. C. Puini.

— Une mission chinoise en Annam (1840-1841) traduit du chinois par feu Henri Fontanier + Relation inédite publiée par Henri Cordier. (*T'oung Pao*, Mai 1903, pp. 127/145.)

Tirage à part : Leide, E. J. Brill, 1903, in-8, pp. 21 ; 100 ex. papier Van Gelder ; 25 ex. papier ordinaire.

Notice : *Bul. Éc. franç. Ext. Orient*, III, No. 3, 1903, pp. 472/3, par P. P.[elliot.]

— Histoire des relations de la Chine avec l'Annam-Viêtnam du XVIe au XIXe Siècle d'après des documents chinois traduits pour la première fois et annotés par G. Devéria, premier interprète de la légation de France en Chine, correspondant de l'Ecole spéciale des langues orientales vivantes. Ouvrage accompagné d'une carte. Paris, Ernest Leroux, 1880, in-8, pp. x-102.

Ce Vol. forme le Vol. XIII des *Publications de l'École des Langues Orientales Vivantes*.

— Le conflit entre la France et la Chine... par Henri Cordier [voir col. 2500]. Voir : II. *La Chine et l'Annam*, pp. 13/22.

— Les rapports de la Chine & de l'Annam par M. H. Castonnet Desfosses... — Extrait de la *Revue de Droit international*. Bruxelles & Leipzig, C. Muquardt, br. in-8, pp. 70.

— Les relations de la Chine et de l'Annam, Par H. Castonnet des Fosses Avocat à la Cour d'Appel, Membre du Conseil de la Société. (*Bull. Soc. Acad. Indo-Chinoise*, 2e sér., III, 1890, pp. 205/264.)

— Les Chinois en Annam. (*Rev. Brit.*, 1883, IV, pp. 273/308.)

— De la conciliation de la Suzeraineté chinoise avec le protectorat français sur l'Annam. (L'*Union*, 8 juin 1883.)

Lettre de F. Romanet du Caillaud, Limoges, 6 juin 1883.

Bib. Soc. Géog. Paris, $C\frac{5}{199}$.

— La Chine et l'Annam. (*Ann. de l'Ext. Orient*, 1883-1884, VI, pp. 176/179.)

— La suzeraineté de la Chine sur l'empire d'Annam. Par H. Castonnet-Desfosses. (*Moniteur Universel*, 30 août et 5 sept. 1883.)

Bib. Soc. Géog. Paris, $C\frac{5}{211}$.

— Manchu Relations with Annam. By E. H. Parker. (*China Review*, XVIII, No. 1, 1889, pp. 36/39.)

— Tribut du Roi d'Annam. (*Choix de Documents...* par S. Couvreur, 1894, pp. 207/215.)

Textes chinois et traduction.

— *Ngann-nann-tche-luo* 安南志畧 Mémoires sur l'Annam Traduction accompagnée d'un lexique géographique et historique par Camille Sainson élève-interprète.

— Péking. Imprimerie des Lazaristes au Pé-t'ang. — 1896, in-8, pp. VII-581.

Siam.

— Siam's Intercourse with China. (Seventh to nineteenth centuries). By Major G. E. Gerini, M. R. A. S. (*Imp. & As. Quart. Rev.*, 3rd Ser., X, 1900, pp. 365/394; *Ibid.*, XI, 1901, pp. 155/170; *Ibid.*, XI, 1901, pp. 379/385; Jan. 1902, pp. 119/147; April 1902, pp. 361/8; July-Oct. 1902, pp. 291/407.)

— Siām's Intercourse with China Seventh to Nineteenth Centuries by Lieut.-Colonel G. E. Gerini, M. R. A. S. — [Reprinted from the *Imperial and Asiatic Quarterly Review.*] — Oriental Institute, Woking, 1906, in-8, pp. IV-106.

Birmanie.

— Some Account of the Chinese Caravans which annually visit Ava. [From a letter from Major Burney.] (*Gleanings in Science*, 1831, III, pp. 182/4.)

— Some Account of the Wars between Burmah and China, together with the journals and routes of three different Embassies to Pekin by the King of Ava; taken from Burmese documents. By Lieutenant-Colonel H. Burney, Resident in Ava. (*Jour. As. Soc. of Bengal*, VI, Feb. 1837, pp. 121/149; June 1837, pp. 405/451; July 1837, pp. 542/9.)

Réimp. dans l'*Asiatic Journal & Monthly Reg.*, Vol. XXVI, 1838, pp. 185/194, 324/328; XXVII, 1838, pp. 62/68.

— War between Burmah and China, described by Marco Polo, and by Burmese historians [by E. C. Bridgman] (*Chinese Repository*, Vol. IX, (and not VIII as marked in the *Gen. Index* of Vol. XX):

July 1840, pp. 134/142.

Aug. 1840, pp. 169/190: Narrative of a four [1765/9] years' war between Burmah and China: translated from the Burmese Chronicle [29th and 30th Vol. of the Chronicles of the Kings of Ava] by Colonel Burney.

Nov. 1840, pp. 437/483: Embassies between the court of Ava and Peking: translated from Burmese Chronicles, by lieut.-colonel H. Burney, late resident in Ava.

Consulter, pp. 472/481: « Route of a journey from the City of Ava to the City of Peking, traveled by a mission deputed by the King of Ava to the emperor of China in the year 1833. »

— 乾隆征緬甸記. — Histoire de la Conquête de la Birmanie par les Chinois, sous le règne de Tç'ienn Long̃ (Khien long), traduite du Chinois par M. Camille Imbault-Huart. (*Jour. Asiatique*, Sér. VII, XI, Fév.-Mars 1878, pp. 135/178.)

Extrait du *Cheng wou ki* 聖武記. — Voir col. 632.

— La Birmanie et la Chine méridionale d'après les documents anglais, par A. R. Havet, Secrétaire de la Société Académique Indo-Chinoise,... Avec deux notices générales sur le commerce de la Birmanie anglaise par L. Vossion, Vice-Consul de France à Rangoon,... Paris, au Siége de la Société, 1885, br. in-8, pp. 59.

Ext. du *Bull. Soc. Acad. Indo-chinoise*, 2e sér., t. 1er, 1881, pp. 284/291.

— China and Burmah. By Professor Robert K. Douglas. (*The Asiatic Quarterly Review*, January, 1886, Vol. I, No. 1, pp. 141/164.)

— Conventions anglo-chinoises relatives à la Birmanie. (*Ann. de l'Ext. Orient*, 1886-1887, IX, pp. 65/69.)

— La Birmanie et la Chine. Par M. d'E. (*Ibid.*, pp. 169/174.)

— China and Burmah. By E. H. Parker. (*China Review*, XVI, pp. 122/123.)

— Burmah *v.* China. By E. H. Parker. (*Ibid.*, XVIII, No. 4, p. 264.)

— Burma with special Reference to her Relations with China by Edward Harper Parker, H. M. Consul, Kiung chow, officiating Adviser on Chinese Affairs in Burma. — Printed and published at the « Rangoon Gazette » Press. — 1893, in-12, pp. 3, 103.

— A Sketch of Burmese History. By E. H. Parker. (*China Review*, XXI, N° 1, pp. 40/53.)

— The Burma-China trade Convention. By E. H. Parker. (*Imp. & As. Quart. Rev.*, 3rd Ser., IV, 1897, pp. 27/34.)

— Burma's supposed « tribute » to China. By E. H. Parker. (*Ibid.*, 3rd Ser., VI, 1898, pp. 152/173.)

Voir col. 317.

— The Anglo-Chinese Convention and the Burmese frontier, By General A. R. MacMahon. (*Ibid.*, N. S., IX, 1895, pp. 349/362.)

— Une ambassade chinoise en Birmanie en 1406. Par Ed. Huber. (*Bull. École française Ext. Orient*, IV, Nos. 1 et 2, Janvier-Juin 1904, pp. 429/432.)

— Voir *Marco Polo*, Yule-Cordier, II, pp. 98 seq. — Visdelou, *Mien*, dans la IVe Partie.

Tibet.

— Histoire de la Pacification du Tibet sous le règne de l'Empereur Kien-long, traduite du chinois par M. Maurice Jametel. (*Revue de l'Extrême-Orient*, T. I, No. 4, 1882, pp. 572/595.)

Tiré du *Cheng wou ki*, col. 632.

— Voir les chap.: TIBET p. p. d. et PÈLERINS BOUDDHISTES.

Nepal.

— Route of two Nepalese Embassies to Pekin with remarks on the Water-shed and Plateau of Tibet. — By B. H. Hodgson, Esq. (*Jour. As. Soc. Bengal*, XXV, 1856, pp. 473/497.)

— History of Nepāl, translated from the Parbatiyā by Munshī Shew Shunker Singh and Pandit Shrī Gunānand: With an Introductory Sketch of the Country and People of Nepāl by the Editor, Daniel Wright, M. A., M. D., Late Surgeon-Major H. M.'s Indian Medical Service, and Residency Surgeon at Kāthmandū. Cambridge: At the University Press, 1877, gr. in-8, pp. XV-324.

— Histoire de la Conquête du Népâl par les Chinois, sous le règne de Tç'ie lon̄g (1792), traduite du chinois par M. Camille Imbault-Huart. (*Jour. Asiatique*, Sér. VII, XII, Oct.-Déc. 1878, pp. 348/377.)

Avec une note de M. Léon Feer. — Ext. du *Cheng wou ki*, col. 632.

— Un épisode des relations diplomatiques de la Chine avec le Népâl en 1842 par Camille Imbault-Huart, Vice-consul de France à Hankeou. (*Rev. de l'Extr. Orient*, III, No. 1, Janv.-Mars, 1885, pp. 1/23.)

— The Relations between China and Nepaul. (*Times* Weekly Edition, July 29th, 1887.)

— Manchu Relations with Nepaul. By Bonnet-Rouge. (*N. C. Herald*, Jan. 12, 1887, pp. 34/40.)

— Un coin des Himalayas. — Le royaume de Nepal par M. Saleure, des Miss. étrangères de Paris, missionaire au Thibet. (*Miss. Cath.*, xx, 1888, pp. 550/1, 560/2, 572/4, 583/4, 593/6, 605/8.)

Voir col. 1148, Saleur.

— Le Népal Étude historique d'un royaume hindou par Sylvain Lévi Professeur au Collège de France. — Ouvrage illustré de Photographies. — Volume I. — Paris, Ernest Leroux, 1905, in-8, pp. 394 + 1 f. n. ch. p. l. tab.

— — Volume II. — Ibid., 1905, in-8, pp. 410 + 1 f. n. ch. p. l. tab.

Forment les T. XVII et XVIII de la *Bibliothèque d'Études des Annales du Musée Guimet*. — Il y a un 3e vol. sous presse.

Voir : *Les documents chinois et tibétains*, pp. 149/192 du Vol. I.

Notice : *Bul. Éc. franç. Ext. Orient*, V, Nos. 1-2, Janv.-Juin 1905, pp. 207/8, par A. F.[oucher.]

Divers.

— The Rájá of China : with notices of the early intercourse between the Malays and the Chinese. From a Malay author, translated by the late Dr. John Leyden. London, 1821. (*Ch. Rep.*, V, p. 553 et seq., April 1837.)

— Notice of Chinese Intercourse with Borneo proper prior to the Establishment of Singapore in 1819. (*Jour. Ind. Archip.*, II, 1848, pp. 611/615.)

— Relations of China with Badakhshan and the Afghans. By W. F. Mayers. (*The Phœnix*, No. 32, Feb. 1873, pp. 121/122.)

— China. Relations of China with Badakhsan and the Afghans. By W. F. Mayers, Esq. Chinese Secretary, H. M. Legation, Peking. (*Siam Repository*, V, July 1873, Art. 46, pp. 375/376.)

Ext. du *Phœnix*.

— Recueil de Documents sur l'Asie centrale, I. Histoire de l'insurrection des Tounganes sous le règne de Tao-kouan̄g (1820-1828) d'après les documents chinois. — II. Description orographique du Turkestan chinois, traduite du *Si yu t'ou tché*. — III. Notices géographiques et historiques sur les peuples de l'Asie centrale, traduite du *Si yu t'ou tché*. Par Camille Imbault-Huart... Ouvrage accompagné de deux cartes chinoises. Paris, Ernest Leroux, 1881, gr. in-8, pp. xi-225.

La première partie de cet ouvrage est extraite du *Cheng wou ki*. — Ce vol. forme le Vol. XVI des *Publications de l'École des Langues Orientales Vivantes*.

— China's Relations with foreign Tribes. By E. H. Parker. (*China Review*, XIV, pp. 12/14.)

— More about Chinese Relations with Tartar Tribes. By E. H. Parker. (*Ibid.*, XIV, pp. 281/284.)

— Chinese Relations with Tartars. By E. H. Parker. (*Ibid.*, XIV, pp. 339/345.)

— Chinese and Tartars, Tibetans, &c. By E. H. Parker. (*Ibid.*, XV, pp. 23/29.)

— Turkestan Influences on China. By E. H. Parker. (*Ibid.*, XVIII, No. 6, pp. 377/378.)

— The early Laos and China. By E. H. Parker. (*Ibid.*, XIX, 1890, No. 2, pp. 67/106.)

— Siamese Royal Family. — The *Repository* for 1834, page 534 says that as late as 1850 «one of the descendants of an Amoy man ascended the throne of Siam». Perhaps this is the 鄭 Dynasty mentioned in a previous note, and, if so, is probably one of the Koxinga family. — (Note by E. H. Parker, *China Review*. XVII, No. 1, July & Aug. 1888, p. 54.)

— * India and Chinese Central Asia. (*Times* Weekly Edition, Dec. 25th, 1887.)

— Malais et Chinois. Coup d'œil sur leurs relations mutuelles antérieurement à l'arrivée des Portugais dans les Indes Orientales par Aristide Marre. Paris, A. Picard, 1892, br. in-8, pp. 12.

Ext. du *Compte-rendu de l'Académie des Sciences morales et politiques*.

— Notes on the Malay Archipelago and Malacca. Compiled from Chinese Sources by W. P. Groneveldt. (*Verh. Batav. Gen. v. Kunst. en Wetensch.*, Deel xxxix, 1e stuk, 1877, pp. x-144.)

Voir IVe Partie de la *Bib. Sinica*.

— India and China. By A. Michie. (*Imp. & As. Quart. Rev.*, N. S., III, 1892, pp. 1/12.)

— The Alliance of China and India. By Alexander Michie. (*Ibid.*, N. S., VI, 1893, pp. 274/283.)

— Sur le commerce de l'Inde avec le Turkestan chinois et le Khorasan. Par K. (*Bul. Soc. Géog. comm.*, Paris, XX, 1898, pp. 201/206.)

— Indischer Einfluss in China im 4. Jahrhundert v. Chr. (Akademische Antrittsrede.) Von A. Conrady. (*Zeitsch. Deutsch. Morg. Gesellsch.*, Sechzigster Bd., II. Heft, 1906, pp. 335/351.)

Notice : *T'oung Pao*, Juillet 1906, pp. 401/3, par Ed. Chavannes.

XIX. — QUESTIONS CONTEMPORAINES.

Ouvrages divers.

— Chine. De quelques faits qui se lient à l'histoire, à la Géographie, et à l'économie politique de l'Empire chinois, par O. MacCarthy. (*Rev. de l'Orient*, II, 1843, pp. 23/36.)

— Charles Lavollée. — La Politique européenne en Chine; Relations de l'Angleterre et de la France avec le Céleste-Empire. (*Revue des Deux Mondes*, 15 février 1851.)

— Le Commerce de l'Extrême Orient et la Question du Tonkin, par M. Charles Lavollée. (*Ibid.*, 1er Sept. 1883, pp. 183/205.)

— * La Chine depuis le traité de Nankin. Paris, Panckoucke, 1853, br. in-8, pp. 63.

Opuscule, tiré à 40 ex., pour l'auteur M. C. de Mickelberg.

— Les derniers jours de la Chine fermée par Frédéric Baudry. Extrait de la *Revue de Paris*. Paris, A. Durand, 1855, in-8, pp. 48.

— La Question Chinoise. 1857-1858. Par L. Léon de Rosny. (*Revue de l'Orient et de l'Algérie*, Nlle. Sér., VII, 1858, pp. 193/201.)

— La Question Chinoise. Par G. Pauthier. (*Ibid.*, Nlle. Sér., X, 1859, pp. 419/431.)

— V. de Mars. — Lettre de Chine; les Traités de 1860. (*Revue des Deux Mondes*, 15 janvier 1861.)

— Considérations sur le passé et l'avenir de la Chine. Examen de la rébellion actuelle par le Cte d'Escayrac de Lauture. Mémoire lu à l'Académie des Sciences morales et politiques dans la séance du 21 juin 1862. Offert par l'auteur, ne se vend pas. Paris, 1862, br. in-8, pp. 32.

Ext. du *Compte-rendu de l'Ac. des Sciences morales et politiques*, rédigé par M. Ch. Vergé, avocat, docteur en droit.

— Thoughts on the Past and the Future of China. [Translated from the French of Count d'Escayrac de Lauture.] (*Ch. & Jap. Rep.*, Nos. I & II, 1863.)

— Notice sur les Voyages et les Travaux de M. le Comte Stanislas d'Escayrac de Lauture... par V. A. Malte-Brun. — Paris, E. Martinet, MDCCCLXIX, in-8, pp. 20, Portrait.

Ext. du *Bul. de la Soc. de Géog.*, Fév. 1869. — Sur papier fort. — Voir col. 91.

— A. des Varannes. — La Chine depuis le Traité de Pékin, les Anglo-Français, les Impériaux et les Tai-pings. (*Revue des Deux Mondes*, 15 Avril 1863.)

— The Position of Affairs in China. From the « Friend of China », (a Shanghai Newspaper) of the 19th July, 1863, and following numbers. s. l. n. d., br. in-4, pp. 6 à 2 col., pap. bleu.

∴

— *China.* — Correspondence respecting Statements in Mr. Lay's Memorandum dated January 11, 1862. — Presented... 1864. — London, Harrison and Sons, [3240], in-fol., pp. 21.

— Letter of the Hongkong Chamber of Commerce to Earl Russell (Victoria, Oct. 22, 1863).

Insérée dans *The N. C. Herald*, 718, Avril 30, 1864.

— Letter of the Chairman (Edward Webb) of the Shanghai Chamber of Commerce to Earl Russell.

Insérée dans *The N. C. Herald*, 719, May 7, 1864.

En réponse au Memorandum de Mr. Lay dans le livre bleu intitulé « Further Papers relating to the Rebellion in China ». [Voir col. 2425.]

∴

— Our Interests in China. A Letter to the Right Hon. Earl Russell, K. G., Her Majesty's Principal Secretary of State for Foreign Affairs. By Horatio N. Lay, C. B. late Inspector-General of Chinese Customs. London, Robert Hardwicke, [1864], br. in-8, pp. 71, Price 1/—.

Contents. — The Authority under which the naval force was organized. — Proceedings at Pekin: Reasons for the dissolution of the Force. — Attitudes of Sir F. Bruce, and my communications with him. — General Remarks upon our Policy. — Appendix.

— The Lay-Osborn Expedition to China. By the Editor [J. Summer]. (*Ch. & Jap. Rep.*, Jan. 1864, pp. 321/2.)

— Sur le licenciement de la flottille de Sherard-Osborn, la circulaire de ce dernier, la réponse de la flottille à la circulaire, voir le *N. C. Herald*, No. 710, 12 Mars 1864.

— *China*, No. 2 (1864). — Correspondence respecting the fitting out, dispatching to China, and ultimate withdrawal of the Anglo-Chinese Fleet under the command of Captain Sherard Osborn and the Dismissal of Mr. Lay from the Chief Inspectorate of Customs. — Presented... in pursuance of their address of February 9, 1864. — London, Harrison and Sons [3271], in-fol., pp. 40.

Sherard Osborn, fils du Col. Edward Osborn, de l'armée de Madras; né le 25 avril 1822; contre-amiral, 29 mars 1873; † 6 mai 1875, à Londres. — Cf. H. Cordier, *Hist. des Relat.*, I, pp. 152/158.

∴

— Regulations under which Chinese subjects may purchase steamers and sailing vessels of a foreign model. (*N. C. Herald*, Sept. 14, 1867.)

— Duchesne de Bellecourt. — L'état politique et commercial de la Chine et du Japon, l'exposition chinoise et japonaise au Champ de Mars. (*Revue des Deux Mondes*, 1er août 1867.)

REVISION DU TRAITÉ DE T'IEN TSIN.

¶ *Supreme Court and Consular Gazette*: Vol. II, 1867:

Memorials addressed by:

— Amoy Community.

Amoy, 18th Oct. 1867, to Robert Swinhoe, pp. 197 et seq.

— Foochow.

Foochow, 14th Sept. 1867, to Sir R. Alcock, pp. 145 et seq.

— Hongkong General Chamber of Commerce, 16th July, 1867, to the Duke of Buckingham and Chandos, Sec. of State for the Colonies.

— Jardine Matheson & Co.

Hongkong, 28th Nov. 1867, to Sir Richard Graves Macdonnell, Governor of Hongkong, pp. 248 et seq.

— Kewkiang Community.
Kewkiang, 2nd July 1867, to Sir R. Alcock, pp. 212 et seq.
— Shanghai General Chamber of Commerce, to Sir R. A., pp. 168 et seq.
— Tientsin Community, to Sir R. A., pp. 227 et seq.
Vol. III, 1868 :
— Hankow General Chamber of Commerce to Sir R. A., pp. 6/7.
— Chefoo Residents to Chaloner Alabaster, H. B. M.'s Vice-Consul, Chefoo, 23rd Dec. 1867, pp. 28/30.
— Correspondence between Sir Rutherford Alcock and the Shai. Chamber of Commerce, pp. 162/3.
— Circular from Sir R. A. in reply to the Memorials on the Revision of the Treaty (Peking, Feb. 17, 1868), pp. 177/181.
Vol. V, 1869 :
— Private Memorials :
1° J. M. Canny, to W. H. Medhurst Esq., H. B. M.'s Consul, Shanghai. (Chinkiang, 25 Jan. 1869), pp. 121/2.
2° E. Cunningham to the Same. Shai., 31 Jan. 1869, pp. 133/5.
3° Edward Cunningham to Geo. F. Seward, U. S. Consul General, Shanghai, February 8th 1869, pp. 172/173.
4° R. Francis & Co. to W. H. Lay, H. B. M.'s Acting Consul, Kiukiang (Kiukiang, 15th January 1869), p. 144.
5° James Barr Robertson to W. H. Medhurst (Shanghai, 13th February 1869), pp. 144/6.
6° Thos. W. Kingsmill, C. E. to W. H. M.[edhurst] (Shanghai, 25th February 1869), pp. 160/163.
— Answer of Sir R. Alcock to the Private Memorials (Peking, March 23rd 1869), pp. 171/2.
Vol. VI, 1869 :
— Supplementary Convention to the Treaty of Commerce and Navigation of June 1858 between Great Britain and China (Peking, 24th October 1869), pp. 363 et seq.
¶ Shanghai General Chamber of Commerce, voir col. 2271.

— Memorials addressed to H. E. the British Minister at Peking, on the approaching revision of the Treaty of Tien tsin, and Sir Rutherford Alcock's reply. Shanghai : Printed at the Office of the *N. C. Herald*, 1868, br. in-8.

— Revision of the British Treaty with China. — Chinese Official Memorial to the Emperor in favour of native education in foreign arts and sciences. March 1867. *China Mail* Office, Hongkong, br. in-8, pp. 15.

Réimp. de la *China Mail*.

— Memorials addressed by Chambers of Commerce in China to the British Minister at Peking, on the subject of the Revision of the Treaty of Tien tsin. — Presented to the House of Commons... Feb. 24, 1868, in-fol.

— *China*. No. 8 (1869). Correspondence with Sir Rutherford Alcock respecting Missionaries at Hankow, and State of Affairs at various Ports in China. — Presented... 1869. London, in-fol.

— *China*. No. 12 (1869). Correspondence with the Chamber of Commerce at Shanghae respecting the Revision of the Treaty of Tien-tsin. — Presented... 1869. — London, in-fol.

— *China*. No. 1 (1870). Despatch from Sir Rutherford Alcock respecting a Supplementary Convention to the Treaty of Tien-tsin signed by him on October 23, 1869. — Presented... 1870. — London, in-fol.

Cf. *Hansard's Debates*, vol. 202, p. 1624.

— *China*. No. 4 (1870). Memorials respecting the China Treaty Revision Convention. — Presented... 1870. London, in-fol.

— *China*. No. 6 (1870). Further Memorials respecting the China Treaty Revision Convention. — Presented... 1870. — London, in-fol.

— *China*. No. 10 (1870). Letter to Chambers of Commerce, etc. respecting the China Treaty Revision Convention. — Presented... 1870. — London, in-fol.

— *China*. No. 11 (1870). Further Correspondence with Chambers of Commerce, etc., respecting the China Treaty Revision Convention. — Presented... 1870. — London, in-fol.

Cf. H. Cordier, *Hist. des Relat.*, I, pp. 305/316.
— Texte anglais de la Convention. Révision du Traité anglais (non ratifiée) de Pe-king, 23 Oct. 1869, dans le recueil de Mayers, et dans le *N. C. Herald*, 21 Déc. 1869, etc.

AFFAIRE DE YANG TCHEOU, 22 août 1868, etc.

— P. [4097-I]. *China* No. 2 (1869). — Correspondence respecting Attack on British Protestant Missionaries at Yang-Chow-Foo 10 *d.*

Blue Book, 1868-1869 [voir col. 2429].

— P. [4097-IX]. *Ditto* No. 10 (1869.) — Further Correspondence on the attack on Missionaries at Yang-Chow-Foo . . . . 3 *d.*

Blue Book, 1870 [voir col. 2429].
— Correspondence on the Yangchow Outrage. (*Sup. Court & Cons. Gaz.*, V, pp. 174/177.)

— *China* No. 3 (1869). — Correspondence respecting Missionary Disturbances at Chefoo, and Taiwan (Formosa). — Presented... 1869. London, in-fol. (Voir col. 2429.)

— *China* No. 9 (1870). — Correspondence respecting Inland Residence of English Missionaries. (Voir col. 2430.)

Voir *Sup. Court & Cons. Gaz.*, Aug. 21, 1869, et *N. C. Herald*, Aug. 19, 1869.

∴

— The Claims of China; also a letter to the «Times». By the Rev. Alex. Williamson, LL. D., Edinburgh : William Oliphant & Co., in-32, pp. 62.

ANSON BURLINGAME.

† à St. Pétersbourg, 11 février 1870.

— The Chinese Embassy to Christendom. (*The Nation*, Feb. 20, 1868.)

— *Shanghai News-Letter* : Supp. Feb. 24, 1868 ; c'est un résumé de différents articles qui avaient paru dans les journaux de Chine.

— Correspondence between Lord Clarendon and Mr. Burlingame. (*Sup. Court & Cons. Gaz.*, Vol. V, pp. 173/4.)

— Mr. Burlingame's Speech at Boston. (*Ibid.*, Vol. VI, July 10, 1869.)

Les faits et gestes de l'ambassade à Boston ont été l'objet d'une brochure spéciale :

— * Reception and Entertainment of the Chinese Embassy by the City of Boston. Boston, 1868.

— Banquet to His Excellency Anson Burlingame, and his Associates of the Chinese Embassy, by the Citizens of New York, on Tuesday, June 23, 1868. — New York : Sun Printing House, 1868, in-8, pp. 65.

— * T. W. Knox. — Chinese Embassy to the Foreign Powers. (*Harper's Magazine*, Oct. 1868.)

— Note on Chinese Matters. By Robert Hart, Peking, 30th June 1869. (*N. C. Herald*, Nov. 9, 1869.) — Voir col. 2556.

— *N. C. Herald*, Nov. 19, 1869 : Chinese Version of Burlingame's Credentials, Tung-chi, 6th year, 12th month, 6th day ; et trad. officielle anglaise, etc.

— A Memorandum on the Chinese Text of the Burlingame Credentials. (*N. C. Herald*, Nov. 30, 1869.)

— The China Question. — Mr. Robert Hart, Inspector General of Imperial Maritime Customs on the Present Situation. — Origin of the Chinese Embassy. — Remarks by J. Ross Browne. (*Daily Alta California*, Sunday, Sep. 19, 1869.)

— Official Papers of the Chinese Legation. Berlin. Printed for S. Calvary & Co., Booksellers. Br. in-8, pp. 56 + 2 ff. prél. n. c. pour le tit. et la table.

Au verso de la couverture ext. : Printed by C. Salewski. Cette brochure est fort rare.

— 中國 La Chine en 1868 Son Ambassade envoyée aux États-Unis et près des Puissances européennes pour réviser les traités de 1858 ; Discours inaugural du premier ambassadeur à une assemblée de New-York par G. Pauthier. — Extrait de l'*Annuaire encyclopédique*, Tome VIII. — Paris, Imprimerie H. Carion — 1868, in-16, pp. 30.

— Papers relating to Foreign Affairs, accompanying the Annual Message of the President. Washington, Government Printing Office, 1869, in-8.

— *China.* No. 1 (1869). Correspondence respecting the Relations between Great Britain and China. Presented to both Houses of Parliament by Command of Her Majesty, 1869. London, in fol., pp. 6.

— The Burlingame Mission : a Political Disclosure, supported by Official Documents, mostly unpublished, to which are added : Various Papers and Discourses on The Claim of the Emperor of China to Universal Supremacy ; the true nature of actual diplomatic relations between China and Western Powers ; the Position and Influence in China of Robert Hart, Esq., as Confidential Adviser of the Tsung-li Yamen ; the Hart-Alcock Convention ; the Dispersion of the Lay-Osborn Flottilla ; the « New Chinese University » ; the Policy of the United States in China ; the New China Policy of England ; the Western Policy, and the Diplomacy, of the Chinese Government ; the Massacre of Tientsin ; the Chung-'Ho Mission ; the Audience Question ; and the Coming War. By Johannes von Gumpach. With two Illustrations. Shanghai, London, and New-York. 1872, in-8, pp. xxii-891.

Contents : Dedication. — Preface. — Introductory Remarks. — Origin of the Burlingame Mission. — Official Appointment of the Principal Members of the Mission. — The Principal Members of the Mission. — The Hon. Mr. Burlingame's Letters of Credence. — Insulting Character, and Principle of Vassalage involved in the acceptance, of the Letters of Credence. — Falsified quasi-official Translation of the Letter of Credence. — Objects of the Mission. — The Mission, as based on diplomatic Fraud and a Plot against the Sovereign Dignity of Western Potentates. — The Mission and the Hon. Mr. Burlingame. — The Mission and Sir Rutherford Alcock. — The Mission and Mr. Wade. — Debut of the Mission. Truth *versus* Fiction. — Reception of the Mission at Washington. — The China Policy of the United States. — Reception of the Mission in England. — The New China Policy of England. — The Western Policy, and the Diplomacy, of the Chinese government. — Practical Measures involved in the Burlingame Mission. — Concluding Remarks (1-591). *Appendix* I, The New University of China. II. Mr. Hart's Note on Chinese Matters. III. Mr. Robertson's Letter to the *Daily News*. IV. « The News from the North » (*The Cycle*).

— Henri Cordier, *Hist. des Relat.*, I, pp. 282/304.

∴

— Three Letters addressed to « the Daily News » on the Political Situation in China ; by James Barr Robertson. Shanghai, 1869, br. in-8, pp. 12.

— Our Policy in China. Parliamentary Papers. China. Nos. I to X. London : 1869. (*Westminster Review*, Jan. 1870, Art. VI.)

Par James Barr Robertson.

— Paul Merruau. — La Chine depuis le traité de 1860 et le prince Kong. (*Revue des Deux Mondes*, 1 Août 1870.)

— Mr. Wade on China. (*The China Review*, I, pp. 38/44, 118/124.)

Mémoire adressé par Mr. Wade aux Ministres d'état chinois au sujet des affaires en Chine et traduit en anglais par H. E. Wodehouse.

— The China Question. I. The Commercial Convention of 1869. 2. Lord Clarendon's China Policy. 3. The Missionaries ; and Opium Cultivation. 4. Notes. China and the Chinese. By James Mac Donald, F. R. G. S.,

Formely of Shanghai. London : Effingham Wilson, 1870, br. in-8, pp. VII-75.

Notices : *Shai. Evening Courier*, 2 juillet 1870. — *The Cycle*, 2 juillet 1870.

Voir également sur cette broch. une lettre signée *Save us from our Friends* et pub. dans le *Shai. Ev. Courier*, du 26 juillet 1870.

— The present condition of China. By a Resident. (*Fraser's Magazine*, New Series, 1870, II, pp. 554 et seq.)

— Chinese Statesmen and State Papers. (*Ibid.*, 1871, III, pp. 328, 503, 613.)

— What the Chinese really think of Europeans. By a Native Literate [transl. from the Chinese]. (*Ibid.*, 1871, Mars, p. 395.)

MASSACRE DE T'IEN-TSIN, 21 juin 1870.

— *The Shanghai News-Letter* : July 11, 1870 — A letter to the Editor dated T'ien-tsin, July 23rd, 1870, du Rev. C. A. Stanley, imprimée dans le Numéro du 11 Août.

— Voir tous les journaux de Chine contemporains et en particulier le *N. C. Herald* et le *Shai. Evening Courier* dont les articles ont été réunis en brochures. Les missionnaires protestants des différents ports adressèrent des épîtres de condoléance aux miss. cath. Celle des miss. de *Shanghai* se trouve dans le *Shai. Ev. Courier*, 5 juillet ; de *Ningpo*, 11 juillet ; de *Hankeou*, 27 juillet 1870.

— The Tientsin Massacre, being Documents published in the *Shanghai Evening Courier*, From June 16th to Sept. 10th, 1870, with an Introductory Narrative. — Second Edition. — Shanghai : A. H. de Carvalho, s. d. [1870], in-8, pp. XIX-129.

— A Month after the Massacre. (*The Nation*; réimp. dans le *Shai. Ev. Courier*, 7 Dec. 1870.)

— Chinese Proposals regarding T'ien-tsin. (*Shai. Evening Courier*, Saturday, 5 Nov. 1870.)

— Dépêches du Comte de Rochechouart et du Prince Kong [en anglais]. (*The Cycle*, 5 Nov. 1870.)

— [Letter of the Shanghai General Chamber of Commerce, A. Michie, *Chairman*.] To the Chairman of the London Committee of China Merchants. Pièce in-fol., pp. 4. [Shanghai, November, 15th, 1870.]

Mr. Thomas Hanbury a répondu à cette lettre par une autre lettre datée de Shanghaï, 6 Déc. [1870] et adressée au *Times*. La lettre de Mr. T. H. a été réimprimée dans le *Shanghai Evening Courier* (17 mars) et dans le *Cycle* (18 mars 1871.)

— The Hongkong Funeral Address. (*Siam Repository*, Vol. 2, Oct. 1870, pp. 542/3.)

— A Visit to Tien tsin five months after the Massacre. (*Shanghai Even. Courier*, 28 Nov. 1870.)

— The Tientsin Massacre. The Causes of the late disturbances in China and how to secure permanent peace by George Thin, M.D. — Blackwood, Edinburgh and London, MDCCCLXX, petit in-8, pp. IX-100.

— Memorandum sur les Affaires de Tien tsin. S. l. n. d. [Chine, 1871], br. in-8, pp. 14.

Bib. Soc. Géog., Paris, $\frac{5}{68}$.

— P. [248]. *China* (No. 1). — Papers relating to the Massacre of Europeans at Tien Tsin 2 *s.* 8 *d.*

Blue Book, 1871. — Voir col. 2430.

— France, the Jesuits, and the Tien tsin Massacre. (*Westminster Review*, April 1871, Art. VI.)

Par James Barr Robertson. — Notice dans le *Shai. Budget*, 9 Juin 1871.

— Voir dans le *Shanghai Budget*, 1871 : 2 juin, la correspondance relative au paiement de l'indemnité aux missionnaires protestants ; 9 juin, deux lettres, trad. en anglais, du Cte. de Rochechouart à Tseng Kouo-fan.

— Réception de l'ambassade chinoise à Versailles. (*Journal Officiel*, 24 Nov. 1871 ; réimp. dans les *Missions Catholiques*, IV, 1872, pp. 78/9.)

— Lettre de M. de Rémusat au Prince Koung, Versailles, 6 Nov. 1871. (*Nouvelliste de Shanghaï*, 29 fév. 1872.)

— Déposition de M. Coutris. (*Le Progrès*, Shanghaï, 18 avril 1871.)

— Le Massacre de Tien-tsin et nos intérêts dans l'empire chinois par P. Dabry de Thiersant. Extrait du *Correspondant*. Paris, Charles Douniol, 1872, br. in-8, pp. 39.

A paru dans le no. du 10 fév. 1872, du *Correspondant*.

— The Massacre of Tien-tsin. (*The Month*, Nov.-Dec. 1873.)

— Promenade autour du Monde... Par M. le Baron de Hübner. Paris, 1873, 2 vol. in-8 [voir col. 2136].

Le vol. II de cet ouvrage contient un récit très détaillé du massacre.

— Notes sur le massacre de Tien-tsin. Par le Dr. Ch. E. Martin. (*Revue de l'Extrême-Orient*, II, 1883, pp. 89/138.)

Il a été fait un tirage à part de cet article : Paris, Ernest Leroux, 1884 br. in-8, pp. 50.

— Troubles de Tien tsin. (*Choix de Documents...*, par S. Couvreur, 1894, pp. 119/139.)

Textes chinois et traduction.

— Der Mordfächer aus Tientsin. (*Globus*, LXXVIII, 1900, pp. 112/3.)

Rep. un éventail avec le massacre de 1870.

— Henri Cordier, *Hist. des Relat.*, I, pp. 324/390.

LE MEMORANDUM CHINOIS (1871).

— Le Memorandum Chinois.

Publié *in extenso* dans le *Nouvelliste de Shanghai*, 18 août 1872 ; les *Missions Catholiques*, IV, 1872, pp. 44/48 ; la *Revue de l'Extrême-Orient*, T. II, 1883, pp. 132/138. — Cf. *Nouvelliste de Shanghai*, 25 mars 1872 ; *N. C. Herald*, Peking Gazette, 1872, p. 132 ; *N. C. Herald*, I, 1872, pp. 243 et 263. — A paru également dans *la Politique française en Chine*, par Prosper Giquel, Paris, Déc. 1872, in-8, pp. 57/65 avec la réponse de M. de Rochechouart, au Tsoung-li Yamen, pp. 67/70. — La réponse de M. Low a été trad. dans le *Nouvelliste de Shanghai* du 31 déc. 1872.

A été trad. en anglais dans le *Blue Book*, *China* (No. 3), 1871 [voir col. 2430 et *infra*] ; *The Chinese Recorder*, Vol. 4, Nov. 1871, pp. 141/148 ; *Shanghai News-Letter*, Aug. 11, 1871.

Voir la correspondance signée W. M. dans le *Shai. Budget*, 8 Sept. 1871.

— Le Memorandum chinois ou violation du Traité de Peking. Exposé et réfutation par un missionnaire de Chine [F. Gennevoise]. Rome, Imprimerie de la Propagande adm. par le Ch. Marietti. 1872, pet. in-8, pp. 74.

Il y a de longs extraits de cette brochure dans les *Missions catholiques*, IV, pp. 185 et seq. ; pp. 197 et seq.

— Dépêche du Comte de Rochechouart au Tsong-li-yamen en réponse à la circulaire concernant les Missionnaires. Peking, 14 nov. 1871. (Trad. en anglais dans le *N. C. Daily News* ; retrad. en français dans le *Nouvelliste de Shanghai*, 9 déc. 1871 ; et réimp. dans les *Missions catholiques*, IV, pp. 220 et seq.)

— *China*. No. 3 (1871). Circular of the

Chinese Government communicated by the French Chargé d'Affaires. Presented.. 1871. London, in-fol. [C. — 366.]

— *China*. No. 1 (1872). — Correspondence respecting the Circular of the Chinese Government of February 9, 1871, relating to Missionaries. Presented... 1872. London, in-fol. [C. — 468.]

— Les lettres de Mr. Wade à Wen siang, de Peking, le 8 juin 1871 et de Lord Granville à Mr. Wade, du 21 août 1871, ont été trad. en français dans les *Missions catholiques*, IV, pp. 131 et seq., et pp. 415 et seq.

— Henri Cordier, *Hist. des Relat. de la Chine*, I, pp. 416/445.

— British Policy in China by a Shanghai Merchant. London, Henry S. King & Co., 1871, br. in-8, pp. 51.

Par Frank B. Johnson, de la maison Jardine, Matheson & Co.

Not. : *Shanghai Budget*, May 19, 1871.

— Notes upon Mr. Wade's Memorandum regarding the revision of the Treaty of Tientsin by Baron de Méritens, Knight of the Legion of Honour; formerly Chinese Secretary to the French Legation at Pekin; and, later, Commissioner of Customs at Foochow. Hongkong. Printed by de Souza & Co., 1871, br. in-8, pp. II-38.

— H. Blerzy. — Les Affaires de Chine et la question chinoise en 1871 (*Revue des Deux Mondes*, 1 juillet 1871.)

La quatrième partie de cet article a été traduite en anglais dans le *Shai. Budget*, 13 Déc. 1871.

∴

— L'Europe et la Chine par M. P. Cave, lieutenant de vaisseau. Paris, Dupont, 1872, in-8.

Extrait de la *Revue maritime et coloniale*, janvier et février 1872.

— Transit Passes, Drawbacks, and Exemption Certificates. (*Shanghai Budget*, May 4, 1872.)

Lettre adressée par Johannes von Gumpach au journal.

— Fortschritt und Barbarei in China. (*Globus*, XXIII, 1873, No. 6-8, p. 105.)

— The Affairs of China.

Deux articles sur la politique anglaise publiés en Nov. 1871 dans le *Globe*, de Londres, et réimp. dans le *Shai. Budget*, Jan. 4, 1872.

— The Attack on Mr. E. C. Baber (H. B. M.'s Acting Vice-Consul at Kiukiang) at Nan chang. (*Shai. Budget*, May 25, 1872.)

— P. [1013]. *China* (No. 4). — Report of the Expedition to Nan-chang-foo, by Mr. Mayers . . . . 1 *d*.

Blue Book, 1874 [voir col. 2431].

AUDIENCE IMPÉRIALE, 29 juin 1873.

— The Imperial Audience. A minute account of the first audience granted by the Emperor of China to the Foreign Ministers accredited to the Court of Peking. (Translated from the « Norddeutsche Allgemeine Zeitung ».) (*N. C. Daily News*, 23 March 1874 & *N. C. Herald*, XII, p. 272.)

— Réception des ministres plénipotentiaires par l'empereur de la Chine. (*Miss. Cath.*, V, pp. 620/1.)

— Voir dans le *Monde Illustré*, une note et un dessin de M. Gabriel Devéria.

— Audiences granted by the Emperors of China to Western Envoys. (*China Review*, III, pp. 67/83.)

— Applicabilité du droit des gens européens à la Chine, par le Dr. A. Krauel, Consul de l'Empire d'Allemagne à Shanghae. (*Revue de Droit international*, Gand, 1877, 9ᵉ vol. — No. III, pp. 387/401.)

— Appendice à l'article qui précède. La diplomatie européenne à Péking. — Réception des ministres étrangers par l'empereur de la Chine, le 29 juin 1873. Par G. Rolin-Jacquemyns. (*Ibid.*, pp. 401/404.)

— P. [902]. *China* (No. 1). — Correspondence respecting the Audience granted to Her Majesty's Minister, and other Foreign Representatives at Peking . . . . 2 *d*.

Blue Book, 1874. — Voir col. 2431.

— Une Audience impériale. (*L'Orient lointain... par le Dr. J.-J. Matignon*, pp. 87/109.)

Avait paru dans *Le Monde moderne*, 15 août 1900.

— Henri Cordier, *Hist. des Relat.*, I, pp. 464/486.

— Memorandum sur le Cérémonial à suivre dans les Audiences solennelles. (Annexe, No. 19, au Protocole du 7 sept. 1901, Art. XII; cf. Rockhill, *Treaties*, p. 95.)

∴

— Aperçu de la Situation en Chine 1861 à 1873. Londres, Trübner, [et] Bruxelles & Leipzig, C. Muquardt, 1874, br. in-8, pp. 52.

Par Thomas Fergusson, négociant de Tche fou. — Cette brochure a été tirée à 1000 ex. Les 500 premiers ex. ayant été imprimés sans nom d'auteur, la br. fut attribuée à M. A. T' Kint de Roodenbeck, ancien ministre de Belgique en Chine et au Japon, et Mr. Fergusson fit imprimer par suite son nom sur les 500 derniers exemplaires. — Voir col. 567.

— A Sketch of the Situation in China 1861 — 1873. (*Shai. Budget*, Jan. 15, 1874, pp. 25/30.)

Trad. de la br. précédente de T. Fergusson.

Notice : *Missions Catholiques*, VI, 1874, pp. 30/32, 41/43.

— The Treaty-Rights of the Foreign Merchant, and the Transit-System, in China; Considered with special reference to the views and opinions of Her Majesty's Board of Trade, Her Majesty's late and present Representatives in Peking, the Tsung-li Ya-mên, the Foreign Inspectorate-General of Chinese Maritime Customs, and the Shanghai General Chamber of Commerce. Supported throughout by official documents, partly unpublished. By Johannes von Gumpach. In-8, pp. XVIII-421. S. l. n. d. [Shanghai, May, 1875.]

On lit au verso du titre : Printed at *The Celestial Empire* Office.

— Asien, seine Zukunftsbahnen und seine Kohlenschätze. Eine geographische Studie von Ferdinand von Hochstetter, Präsident der k. k. Geographischen Gesellschaft in Wien. (Mit einer Karte). Wien, 1876, Alfred Hölder, in-8, pp. x-188.

— Sir Thomas F. Wade, K. C. B. (*The Far East*, I, No. 2, 1876, pp. 37/41, avec une phot.)

— Walter Henry Medhurst. (*Ibid.*, II, No. 1, Jan. 1877, pp. 22/4.)

— A. R. Margary.

Voir : *Yunnan*, col. 338-339. — *Blue Books*, 1876, col. 2432/3.

La trad. anglaise de la lettre d'excuses présentée pour le meurtre de Margary par Kouo Soung-tao à la Reine d'Angleterre a été imp. dans le *N. C. Herald*, Vol. XIX, No. 544, 18 Oct. 1877, pp. 346/7.

— Letter to the Ministers of Treaty Powers on the Conservation of the River Wangpu. [Shanghai, 7th August, 1877.] Pièce in-fol., 2 ff.

Réimp. dans le *Celestial Empire*, Sept. 8, 1877, et dans le *N. C. Herald*, Sept. 8, 1877.

Voir col. 2272/3 et col. 2194.

— Chinese Foreign Policy. By Rev. John Ross, Newchwang. Shanghai : Printed at the « Celestial Empire » Office. 1877, br. in-8, pp. 51.

— Le *Lorcha* « Mandarin ».

N. C. Herald, June 30, 1877 ; le *Mandarin* fut retrouvé par C. Schmidt, à Wen-tcheou ; cette découverte a été mentionnée par le *N. C. Herald*, du 9 Juin 1877.

— The Treaty Illegality of the Coast Trade Duties levied by the Chinese Government on British and Foreign Shipping. By a British Merchant, Chefoo. Shanghai : Printed at the « North-China Herald » Office. 1877, br. in-8, pp. 21.

— China, England and Opium : the Chefoo Convention. By the Hon. Mr. Justice Fry. (*The Contemporary Review*, Jan. 1, 1878.)

— Europäische Einflüsse auf die Entwicklung Ostasiens. Von A. Woeikof. (*Mitt. k. u. k. geog. Ges. Wien*, 1878, pp. 220/236.)

— The Future of China. By Sir Walter H. Medhurst. (*The Contemporary Review*, Sept. 1879, pp. 1/12.)

— Present State of Affairs in China. By Herbert A. Giles. (*The Fortnightly Review*, Sept. 1, 1879, pp. 362/384.)

— Residence in the interior and the transit trade. By Hongkong. (*China Review*, X, pp. 265/272.)

— Voir l'*Annuaire Encyclopédique*, Années 1860-1869, Article *Chine*.

(Divers.)

— The Future of China. By Demetrius Charles Boulger. (*Nineteenth Century*, VIII, 1880, pp. 266/274.)

— The Foreigner in China. By L. N. Wheeler, D. D. with introduction by Prof. W. C. Sawyer, Ph. D. Chicago : S. C. Griggs and Company. 1881, in-12, pp. 268.

— Chine. (*Soc. roy. belge Géog.*, *Bull.*, 1882, pp. 445/451.)

Ext. du *Bul. cons. français*.

— La Politique religieuse de l'Occident en Chine... par Maurice Jametel... Paris, Ernest Leroux, 1883, br. in-8, pp. 41.

Ext. de la *Philosophie positive*, mars-avril 1883.

Notice par Henri Cordier, *Rev. de l'Ext. Orient*, II, No. 4, p. 585.

— Observations in China, with especial reference to Chinese Colonization, the French, the Opium Question, and English Colonies. By Fortescue Fox, M. B. Lond. [Reprinted, with additions, from the « Friends' Quarterly Examiner ».] London : Edward Stanford, 1884, br. in-8, pp. 56.

— The Opening of China. Six Letters reprinted from *The Times* on the Present Condition and Future Prospects of China. By A. R. Colquhoun... With an Introduction by S. H. Louttit. London : Field & Tuer, s. d. [1884], in-8, pp. xi-102.

— The Meeting of India and China. By Demetrius Boulger. (*Asiatic Quarterly Review*, Vol. I, Jan.-April 1886, pp. 275/296.)

— Waifs and Strays from the Far East ; *Being a Series of Disconnected Essays on Matters relating to China*. By Frederic Henry Balfour, Honorary Member of the International Congress of Orientalists. — London : Trübner & Co., 1876, in-8, 4 ff. n. c. + pp. 223.

Voir col. 96.

— Different Views of the Chinese. (Balfour, *Waifs and Strays*, 1876, pp. 1/4.)

— The Doctrine of Previous Rights. (*Ibid.*, pp. 98/101.)

— Chinese Views of Foreign Culture. (*Ibid.*, pp. 130/133.)

— * The *Wu-Shih-Shan* Affair impartially considered, with the Original Agreements, and Counsel's opinion thereon, by « Fair Play ». Hongkong, 1878.

— A plea for « Fan-Kwai ». By Theos. Sampson. (*China Review*, VII, pp. 194/197.)

— The term *Kwai*. By Satan. (*Ibid.*, p. 282.)

— Residence in the Interior and the Transit Trade. By Hongkong. (*Ibid.*, X, pp. 265/272.)

— An international Court for China, by James Joseph Henderson, LL. B., Counsellor at Law. Shanghai : American Presbyterian Mission Press. MDCCCLXXIX, in-8, pp. 27.

Notices : *China Review*, VIII, pp. 126/7. — *Chin. Recorder*, X, 1879, p. 478.

— Le Progrès en Chine par Ly-Chao-pee, Lettré chinois. — Extrait du *Journal des*

(Divers.)

Economistes (Novembre 1881). Paris, Guillaumin, 1881, br. in-8, pp. 11.

— Le Progrès en Chine. Par Ly-Chao-Pee. (*Bul. Soc. Géog. com. Bordeaux*, 1882, pp. 56/8, 108 et seq.) — Voir col. 2566.

— A Treaty Phrase. (*China Review*, XI, p. 400.)

— The Tributary Nations of China. By G. Jamieson. (*Ibid.*, XII, pp. 94/109.)

— L'Europe tributaire de la Chine. (*Ann. de l'Ext. Orient*, 1883-1884, VI, pp. 283/284.)

D'après G. Jamieson.

— The Memorial of Chang-Chih-tung. By Behindhand. (*China Review*, VIII, p. 392.)

— Chine & Japon. Le privilège d'exterritorialité. (*Ann. de l'Ext. Orient*, 1880-1881, III, pp. 161/164.)

— La civilisation chinoise. (*Ibid.*, 1883-1884, VI, pp. 360/365.)

— Chine. (*Ibid.*, 1885-1886, VIII, p. 349.)

— La Chine et l'Occident. Par Emile Delbard. (*Ibid.*, 1886-1887, IX, pp. 138/147.)

— Le socialisme en Chine. Par Emile Delbard. (*Ibid.*, pp. 211/216.)

— Is China a Conservative Country? By Moromastix. (*Journ. C. B. R. A. S.*, N. S., XX, 1885, Art. VI, pp. 145/154.)

— Foreign Art in China. By Gideon Nye. (*Ibid.*, pp. 178/180.)

— Modern China. By J. N. Jordan. (*Nineteenth Century*, XX, 1886, pp. 40/50.)

— China and its foreign Relations in two chapters. Chapter I. By Sir Rutherford Alcock, K. C. B. Chapter II. By William Lockhart, M. D. (*The Asiatic Quarterly Review*. April, 1887. Vol. III. No. 6, pp. 443/460, 460/466.)

— *Sinicae Res.* — Les Délimitations de frontières et les traités avec la Chine. Paris, Baudoin, 1889, br. in-8, pp. 51.

— Etude sur la Chine et sa Civilisation. Par M. Merlant. (*Soc. Bretonne Géog.*, IV, 1885, pp. 373/406.)

— The Political Geography of Asia. By Major-General Sir F. J. Goldsmid, K. C. S. I., C. B. (*The Asiatic Quarterly Review*, April 1886. Vol. I. No. 2, pp. 354/371.)

— La rencontre de l'Inde et de la Chine. (*Rev. Brit.*, 1886, IV, pp. 37/54.)

— The March of the Mongol. By William B. Dunlop. (*As. Quart. Review*, VII, Jan.-April 1889, pp. 19/45.)

∴

— Troubles in Chinkiang. By Rev. G. W. Woodall. (*Chinese Recorder*, XVII, May 1886, pp. 197/200.)

— The Chinkiang Riot. By Rev. R. T. Bryan. (*Ibid.*, XX, No. 3, March 1889, pp. 129/132.)

— Riots in China. By D. W. N. (*Ibid.*, XXII, Oct. 1891, pp. 468/470.)

— Concerning Missionaries and the Troubles in China. By the Hon. Charles K. Tuckerman. (*The New Review*, Nov. 1891.)

— The Chinese Atrocities. By R. S. Gundry. (*The National Review*, Nov. 1891.)

— Correspondance sur les émeutes de Ouhou, etc., 1891. (*T'oung Pao*, II, 5, janv. 1892, pp. 447/558.)

Voir col. 1075.

(Divers.)

— * The Anti-Foreign Riots in China in 1891. Their Causes and their Remedies. With an Appendix. Shanghai : Printed at the « North-China Herald » Office. 1892, in-8, pp. 304.

Notices : *Chin. Rec.*, XXIII, Nov. 1892, p. 533. — *N. C. Herald*, Nov. 4, 1892, pp. 672/3. — *Réimp. du N. C. Herald.*

— The Cause of the Riots in the Yangtse Valley. A « Complete Picture Gallery ». Hankow 1891.

Album oblong de feuillets pliés à la chinoise; l'introduction comprend 4 ff. à 3 col. numérotés 1-27 + $1\frac{1}{2}$ f.; les autres ff. au nombre de 32 comprennent au recto une image chinoise et au verso une explication en anglais; l'auteur probable Tcheou Han 周漢; sur lui, voir *N.-C. Herald*, 30 oct. et 18 déc. 1891.

— The Riots in China. (*Blackwood's Mag.*, cl, Nov. 1891, pp. 736/748.)

— The Scene of the Riots in China; twelve hundred miles on the Yangtze-Kiang. By Walter B. Harris. (*Blackwood's Mag.*, cl, Dec. 1891, pp. 787/807.)

∴

— L'audience de congé du Marquis Tseng à Pékin (1878) par A. Vissière — Extrait de la « Revue d'histoire diplomatique ». Paris, Plon-Nourrit, 1902, br. in-8, pp. 15.

— China. The Sleep and the Awakening. By the Marquis Tseng. (*The Asiatic Quarterly Review*. January 1887, Vol. III. No. 5. pp. 1/10. — *London & China Express*. — *Chinese Recorder*, XVIII, 1887, pp. 146/153.)

— China, sein Schlaf, sein Erwachen. Von Marquis Tseng. (*Oest. Monats. f. d. Orient*, 1887, pp. 61/4.)

D'après l'*Asiatic Quarterly Review*.

— * Letter from H. E. the Marquis Tsêng to Mr. Giles. Republished and circulated in China.

Notice : (Par St. Jeames), *China Review*, VIII, p. 314.

∴

— Contemporary Life and Thought in China. By « A Resident in Peking ». (*Contemporary Review*, July, 1887, pp. 137/152.)

— China und sein Fortschritt. Von Friedrich v. Hellwald. (*Oest. Monats. f. d. Orient*, 1888, pp. 11/14, 21/24, 43/46.)

— Japan and the Pacific, and a Japanese View of the Eastern Question. By Manjiro Inagaki, B. A. (Cantab.) With Maps. London, T. Fisher Unwin M DCCC XC, in-8, pp. 265.

— La Cina nuova. Par G. Rosa. (*Geografia per tutti*, I, 1891, p. 107.)

— Rinnovamento arabo-chinese. Par G. Rosa. (*Ibid.*, pp. 198/199.)

— New Life in China. By the Hon. John Russell Young, former-

(Divers.)

ly United States Minister to China. (*North American Review*, CLIII, Oct. 1891, pp. 420/431.)

— The Chinese Question again. By the Hon. John Russell Young. (*Ibid.*, CLIV, May 1892, pp. 596/602.)

— Il Problema della China. (*Geografia per tutti*, II, 1892, p. 71.)
Ext. de *La Geografia*.

— China and foreign Countries. By A Looker-on. (*Imp. & As. Quart. Rev.*, N. S., III, 1892, pp. 13/16.)

— Neutral Zone. By E. H. Parker. (*China Review*, XVIII, No. 1, p. 55.)

— Audience. Décret du 12 déc. 1890. (*T'oung Pao*, II, Juin 1891, pp. 164/5.)

— The Ch'eng Kwang Tien. By E. H. Parker. (*China Review*, XIX, No. 6, pp. 396/7.)

承光殿. — Audience autrichienne, 1892.

— [Audience de M. O'Conor; discours.] (*T'oung Pao*, IV, mars 1893, pp. 89/90.)

— *Le Temps*, 28 mars 1893; réimp. *T'oung Pao*, IV, mai 1893, pp. 219/220.
Voir *supra*.

— China's Place in Sociology. By E. T. C. Werner. (*China Review*, XX, No. 5, pp. 305/310.)

— Westländische Einrichtungen in China. (*Oest. Monats. f. d. Orient*, 1893, pp. 108/110.)

— « Those foreign Devils! » A Celestial on England and Englishmen, by Yuan Hsiang-fu. Translated by W. H. Wilkinson, Of H. M. Consular Service in China; Davis Chinese Scholar, Oxford, 1879: Author of « Where Chineses drive ». — 1891. London: The Leadenhall Press,... Simpkin, Marshall... & Co. — New York: Charles Scribner's Sons, pet. in-8, pp. XXII-191.

— Lettre du Prince Henri d'Orléans à M. Edouard Hervé, sur la situation actuelle en Chine. (*Le Soleil*, 15 sept. 1891; *T'oung Pao*, II, nov. 1891, pp. 335/340.)

— * A Critical Digest of « Indulgent Treatment of Foreigners ». By China's True Friend. Shanghai: Printed and Published at the « Shanghai Mercury Office ».

Notice : *Chin. Rev.*, XXIII, July 1892, p. 341.

— China and her Neighbours. — France in Indo-China. — Russia and China. — India and Thibet. By R. S. Gundry... With Maps. London : Chapman and Hall, 1893, in-8, pp. XXI-408, 9/—.

Notice : *The Athenaeum*, No. 3443, Oct. 21, 1893. — Voir col. 2294/5.

— China Present and Past Foreign Intercourse Progress and Resources The Missionary Question etc. By R. S. Gundry... With Map London : Chapman and Hall, Ld. 1895, in-8, pp. XXXI-414.

Notice : *Journ. Roy. As. Soc.*, July 1895, pp. 702/6, by T. W.[atters.]

— Onveiligheid van Europeanen in China. (*Tijdschrift voor Ned.-Indië*, 22e Jaarg., Oct. 1893, pp. 317/320.)

— England and France in Asia. By Lepel Griffin. (*Nineteenth Century*, XXXIV, 1893, pp. 673/687.)

— China's Position in the World. By Demetrius C. Boulger. (*Calcutta Review*, XCVI, April 1893, pp. 316/323.)

— Lettre adressée à l'Empereur par Sie, ministre représentant la Chine auprès des gouvernements européens (1890). (*Choix de Documents*..., par S. Couvreur, 1894, pp. 411/417.)

Texte chinois et traduction.

— La Chine d'aujourd'hui par M. Ly-chao-pee. Par M. Etienne Charles. (*Bul. Soc. Géog. Lyon*, XII, 1893, pp. 326/331.)

Conférence du 25 fév. 1894.

— Die Reform Chinas. Ein historisch-politischer und volkswirthschaftlicher Beitrag zur Kenntniss Ostasiens. Von Oscar Münsterberg. Berlin 1895, Hermann Walther, br. in-8, pp. 78.

— Prüfungs-Reformen in China. Von Dr. Oscar Münsterberg. (*Asien*, Sept. 1902, pp. 179/181.)

— Problems of the Far East by the Hon. George N. Curzon, M. P.... — Japan — Korea — China — London, Longmans, 1894, in-8, pp. XX-441.

Chap. I. The Far East. — *Japan*. II. The Evolution of Modern Japan. — III. Japan and the Powers. — *Korea*. — IV. Life and Travel in Korea. — V. The Capital and Court of Korea. — VI. Political and Commercial Symptoms in Korea. — VII. The Political Future of Korea. — *China*. VIII. The Country and Capital of China. — IX. China and the Powers. — X. The so-called Awakening of China. — XI. Monasticism in China. — *The Prospect*. — XII. The Destinies of the Far East. — XIII. Great Britain in the Far East. — Index.

— — New and revised edition [4th ed.]. Westminster, A. Constable & Co., 1896, in-8, pp. XXIV-444, ill., pl., cartes, etc.

Notices : *Edinb. Rev.*, July 1895, pp. 132/155. — *China Rev.*, XXI, pp. 352/4, by E. J. E.[itel.]

— China's Reputation-bubble. By Henry Knollys, *Col.* (h. p.) *R. A.* (*Blackwood's Mag.*, CLVI, Nov. 1894, pp. 714/726.)

— Les Progrès en Chine depuis 1860 par M. Ly-chao-pee. (*Bul. Soc. normande Géog.*, XVI, 1894, pp. 181/5.) — Voir col. 2563.

— China's Extremity. (*Blackwood's Mag.*, 1895, April, pp. 501/516.)

— The Crisis in China. (*Ibid.*, 1898, Feb., pp. 295/312.)

— The Chinese Imbroglio. (*Ibid.*, April, pp. 552/8.)

— The Yellow Peril. (*Ibid.*, June, pp. 877/890.)

— Pioneers of Commerce. (*Ibid.*, July, pp. 132/145.)

— Between two Stools. (*Ibid.*, Oct., pp. 567/574.)

— A heathen Chinee. By Edward A. Irving. (*Ibid.*, Nov., pp. 617/628.)

— A Year's Diplomacy in Peking. (*Ibid.*, 1899, pp. 773/780.)

— Primitive Socialists. By Edward A. Irving. (*Ibid.*, July 1900, pp. 42/57.)

— Distracted China. (*Ibid.*, July, pp. 149/154; Aug., pp. 287/294.)

— China. (*Ibid.*, Sept., pp. 405/415.)

— The rival « Foreign Devils ». By Henry Knollys, Col. late R. A. (*Ibid.*, Nov., pp. 719/728.)

— The Chinese oyster. By A. Michie. (*Ibid.*, CLXI, 1897, February, pp. 280/296.)

— La Chine et les puissances occidentales par M. Léopold de Saussure. Communication faite à la Soc. de Géog. de Geneve, séance du 28 Déc. 1894. (*Le Globe*, XXXIV, 1895, Mémoires, pp. 23/65.)

— Propos de Chine. Par L. Gaillard. (*Etudes... par des Pères de la Cie. de Jésus*, 1895, 15 avril, pp. 680/692; 15 mai, pp. 96/116; 15 juin, pp. 223/237; 15 juillet, pp. 494/512.)

— La Chine. Impressions personnelles. Par S. de Goudourvielle. (*Le Monde moderne*, Juillet 1895, Vol. II, No. 1, pp. 25/39.)

— Die Lage in Ostasien. Von *. (*Deutsche Kolonialzeitung*, 17. August 1895, p. 257.)

— Chinas Erwachen. Von M. Rees Davies. (*Oest. Monats. f. d. Orient*, 1895, pp. 84/7.)

Cf. *Fortnightly Rev.*, Sept. 1895.

— China's Future: A Study. By Colonel Mark Bell, V. C., C. B. (*Imp. & As. Quart. Rev.*, N. S., IX, 1895, pp. 326/348.)

— A History of the Szechuen Riots (May-June, 1895). By Alfred Cunningham, Sub-Editor « Shanghai Mercury »... — Shanghai: « Shanghai Mercury » Office. North China, in-8, pp. 38-xxx.

Chinese Map of Cheng-tu. — Voir col. 354.

— Der neue Mongolensturm. *Caveant Europae Populi.* — Stimme eines Predigers in der Wüste über die Vorgänge in Ostasien. Von Dr. C. Spielmann. Braunschweig, C. A. Schwetschke und Sohn, 1895, in-8, pp. 80.

— Ostasiatische Probleme. Von M. von Brandt. (*Deutsche Rundschau*, Nov. 1894, pp. 241/273.)

— Die Zukunft Ostasiens Ein Beitrag zur Geschichte und zum Verständnis der ostasiatischen Frage von M. von Brandt Kaiserl. deutscher Gesandter a. D. Stuttgart Verlag von Strecker & Moser 1895, in-8, pp. 80.

— — 3., umgearb. und verm. Auflage. Stuttgart, Strecker & Schröder, 1903, in-8, pp. IV-118.

— Ostasiatische Fragen. China. Japan. Korea. — Altes und Neues von M. von Brandt. Berlin. Verlag von Gebrüder Paetel (Elwin Paetel). 1897, in-8, pp. 359.

Inhaltsverzeichnisz. — I. Die Entdeckung Japans und die Einführung des Christenthums. (1874.) — II. Japan. (1873.) — III. Zwei Episoden der japanisch-koreanischen Beziehungen: 1. Die japanische Invasion nach Korea in 1592. 2. Die Ermordung der Königin von Korea in 1895. — IV. China und seine politische Stellung zur Auszenwelt. (1879.) — V. China und seine Beziehungen zu Hinterindien und den Vertragsmächten. (1894.) — VI. Ostasiatische Probleme. (1894.) — VII. Ein englischer Consul und Diplomat in Ostasien. (1895.) — VIII. Die koreanische Frage. (1894.) — IX. Was in Ostasien geschehen musz. (1894.) — X. Der chinesisch-japanische Conflict. (1895.) — XI. Zur ostasiatischen Frage. (1895.) — XII. Das Cabinet Salisbury und die ostasiatische Frage. (1895.) — XIII. Zwei asiatische Staatsmänner. Ito Hirobumi. — Li Hung Chang. (1896.) — XIV. Li Hung Changs Weltreise und die chinesische Diplomatie. (1896.) — XV. Der französisch-siamesische Friedensschlusz. (1893.)

— The Celestial Empire of the West. By Augustus Jessopp. (*Nineteenth Century*, XXXVII, June 1895, pp. 961/967.)

— Extrait de la *Revue générale*, avril 1896 — Le Péril jaune Le Caractère — la Cause — le Remède par Alphonse Allard Directeur honoraire de la Monnaie de Belgique. Bruxelles, Société belge de Librairie, 1896, in-8, pp. 24.

— Digest of news from native sources in China. By E. H. Parker. (*Imp. & As. Quart. Rev.*, 3rd Ser., II, 1896, pp. 416/422.)

— Chinese Notes. By J. Edkins. (*Ibid.*, pp. 422/24.)

(Divers.)

— Die Erschliessung von China von R. Jannasch... — Vortrag gehalten in der Gesellschaft für Erdkunde zu Leipzig. (Mit Karte.) Preis 1 Mark. Charlottenburg. Allgemeine Verlags-Agentur 1896, br. in-8, pp. 29.

— The Far Eastern Question by Valentine Chirol. London, Macmillan, 1896, in-8, pp. VIII + 2 ff. n. ch. + pp. 196.

V. Chirol, Correspondant du *Times*.

Notice : *Quarterly Rev.*, Jan. 1900, pp. 1/29.

— The Far Eastern Question. By « Behind the Scenes ». (*Imp. & As. Quart. Rev.*, 3rd Ser., II, 1896, pp. 1/11.)

— Interview avec le Chargé d'Affaires à Berlin. Par G. Schlegel. (*T'oung Pao*, VII, 1896, pp. 54/55.)

— Some Peking Politicians. By Robert K. Douglas. (*Nineteenth Century*, XL, Dec. 1896, pp. 896/906.)

— Judicial Reform in China. By Dr. Sun Yat Sen, in collaboration with Edwin Collins. (*East Asia*, 1, July 1897, pp. 3/13.)

— Sun Yat sun, General Gordon, and Li Hung-chang. By Ex-Official. (*Imp. & As. Quart. Rev.*, 3rd Ser., III, 1897, pp. 51/62.)

— * Sun Yatsen. — Kidnapped in London: being the story of my capture by and release from the Chinese Legation, London. Bristol, Arrowsmith, 1897, in-8, pp. 134.

— Sun Yat-sen. — The true solution of the Chinese Question. S. l. n. d., in-32.

— The Awakening of China. By Robt. A. Moody, LL. B. (*East Asia*, 1st July 1897, pp. 36/7.)

— René Pinon. — Qui exploitera la Chine. (*Rev. des Deux Mondes*, Sept. 1897.)

Cf. *Etudes*, 20 mars 1898.

— La pénétration en Chine. Par Houdang. (*Rev. française*, XXIV, 1899, pp. 146/156, 228/235, 286/295.)

— Décrets impériaux, 1898, Tobar, etc., voir col. 664/5.

— Suggested reforms for China. By Taw Sein Ko, M. R. A. S. (*Imp. & As. Quart. Rev.*, 3rd Ser., IV, 1897, pp. 35/42; 265/273.)

— Suggested Reforms for China. By Taw Sein ko, M. R. A. S. (Reprinted from the *Imperial and Asiatic Quarterly Review* July and October, 1897, and January, 1898.) Second edition. Publishing Department: Oriental University Institute, Woking. 1898. Br. in-8, pp. 32.

— Western Education in China. By Taw Sein Ko, M. R. A. S. (*Imp. & As. Quart. Rev.*, 3rd Ser., V, 1898, pp. 65/71.)

— New China. By Taw Sein Ko, M. R. A. S. (*Ibid.*, VI, 1898, pp. 69/79.)

— The Chinese Problem and its Solution. By Taw Sein Ko, M. R. A. S. (*Ibid.*, XI, 1901, pp. 78/81.)

— Reformed China and Her Destiny. By Taw Sein Ko. (*Ibid.*, July-Oct. 1903, pp. 93/100.)

— The Partition of China. By Holt S. Hallett. (*Nineteenth Century*, XLIII, Jan. 1898, pp. 154/164.)

— L'Extrême-Orient. Par R. V. (*Belgique coloniale*, 9 Janvier 1898, pp. 13/15.)

— Questions d'Extrême-Orient. Par F. Cattier. (*Ibid.*, 16 Janvier 1898, pp. 25/27.)

— Le développement futur de la Chine. (*Ibid.*, 24 Juillet 1898, pp. 349/351.)

— Die gegenwärtige Lage in China. Begleitworte zu einer Karten-

(Divers.)

skizze von Dr. E. Tiessen. (*Deutsche Kolonialzeitung*, 28. Juli 1898, pp. 268/272.)

— Ueber Politik, Handel und Kunst in Ostasien. (*Ibid.*, 27. Oktober 1898, pp. 384/386.)

Dresdener Anzeiger.

— La Cina e l'Europa. (*L'Universo*, VIII, 1898, pp. 33/34.)

Au sujet de l'art. de Vigna del Ferro dans la *Nuova Antologia.*

— La spartizione della Cina. (*L'Universo*, VIII, 1898, pp. 275/276.)

— * Etta de Viti de Marco. Rivalità internazionali in Cina. (*Giornale degli Economisti*, Dic. 1898.)

Notice : *Rivista ital. di Sociologia*, Anno III, 1899, pp. 121/3.

— * The Chinese Question : how it may affect our Imperial Interests. By Archibald Colquhoun. With map. (*J. R. United Service*, I, 42, 1898, pp. 406-437.)

— China in Commotion. By A. Michie. (*Imp. & As. Quart. Rev.*, 3rd. Ser., V, 1898, pp. 301/308.)

— The Far Eastern Question. By «Behind the Scenes». (*Ibid.*, pp. 275/300.)

— China, England, and Russia. By «Behind the Scenes». (*Ibid.*, VI, 1898. pp. 300/317.)

— China in Transformation By Archibald R. Colquhoun... With frontispiece, Maps and Diagrams. London and New York, Harper, 1898, in-8, pp. VIII + 2 ff. n. ch. + pp. 398.

Notice : *Quarterly Review*, 191, Jan. 1900, pp. 1/29.

— La Chine en transformation et les prétentions anglaises. Par A. Salaignac. (*Rev. française*, XXIII, 1898, pp. 625/637.)

— Le premier partage de la Chine. Par A. Montell. (*Rev. française*, XXIII, 1898, pp. 221/225; 276/283.)

—Interview with Dr. Dudgeon. (*Lond. & China Express*, 1 July 1898, p. 577.)

— Dr. F. Hirth. — Asiatische Kulturwanderungen in chinesischer Beleuchtung. (*Jahresb. Württemb. Ver. Handelsgeog.*, XVII-XIX, 1898/1900, pp. 246/7.)

— The Far Eastern Question. By Edward H. Parker. (*New Century Review*, III, Jan.-June 1898, pp. 457/473.)

— Le Péril jaune par Louis Vignon Professeur à l'École coloniale — Extrait de la *Revue Politique et Parlementaire* (Décembre 1897) — Paris, Augustin Challamel, 1897, in-8, pp. 35.

— L'illusion jaune. Par Henri Brenier. (*Ann. des Sc. polit.*, 15 mars 1898, pp. 249/262.)

— Die Chinesen als Träger des Aussatzes. (*Oest. Monats. f. d. Orient*, Wien, 1898, pp. 47/8.)

— Neue Reformen in China. *N. Post* in Shanghai. (*Ibid.*, pp. 53/4.)

— Die Aufstände in China. (*Ibid.*, pp. 99/104, 113/119.)

— Der kaiserliche Gefangene in China. (*Ibid.*, pp. 119/120.)

— The Far Eastern Crisis. By Archibald R. Colquhoun. (*North American Review*, CLXVII, Nov. 1898, pp. 513/526.)

— The Awakening of China. By the Rev. Ju..son Smith, D. D., foreign Secretary of the American Board of Commissioners for Foreign Missions. (*Ibid.*, CLXVIII, Feb. 1899, pp. 229/239.)

— The Dissolution of the Chinese Empire. By Demetrius C. Boulger. *Ibid.*, CLXVIII, March 1899, pp. 257/268.)

— «Ex Oriente lux!» A reply. By Archibald Little. (*Ibid.*, CLXIX, Sept. 1899, pp. 329/348.)

— Simple Truths : the English Version of A Small Treatise on Political Economy For the Information of Chinamen. Written by C. T. Gardner, C. M. G., F. R. G. S., M. R. A. S., H. B. M. Consul at Amoy, And Translated into Chinese by the Rev. J. Sadler. — Second Edition. — London : Harrison and Sons, 1899, in-8, pp. VII-222.

Première éd. : Shanghai, American Mission Press, 1898. — Notice : *China Review*, XXIII, pp. 233/5.

— L'Odyssée d'un Prince chinois — 航海吟草 *Hang hai yin ts'ao.* Essais poétiques sur un voyage en mer, par le Septième Prince, père de l'Empereur Kouang-Siu, traduits et annotés par A. Vissière. (Avec texte chinois.) — Extrait du «T'oung-pao», Série II, Vol. I. — E.-J. Brill, Leide, 1900, in-8, pp. 86.

Voir col. 665.

— Deux chansons politiques chinoises par A. Vissière. (*T'oung Pao*, X, N° 2, Mai 1899, pp. 213/222.)

K'ang Yeou-wei.

— Quelques pensées d'un Homme d'Etat chinois. [Tseng Kouo-fan.] Par A. Vissière, pièce in-8, s. l. n. d., pp. 7.

A la fin : Soc. anon. des Imp. Techn. Francis Laur, 8 r. du Débarcadère, Paris.

— Variétés chinoises — Statistique — I. Les Réformes en Chine. — II. Les petits pieds des Chinoises. — III. Un Sacrifice sur le Canal Impérial. — Par Louis Gaillard. — IV. Nombre des Missionnaires, aujourd'hui et autrefois. Par Joseph Brucker. (*Etudes religieuses*... T. 78, 1899, pp. 541/552.)

— The Dissolution of the Chinese Empire. By Demetrius C. Boulger. (*North American Review*, Vol. 168, 1899, pp. 257/268.)

— China and the Open Door. By Colonel Coates, Retired Pay. — Bristol : T. D. Taylor, 1899, in-8, pp. 99.

— * Charles Waldstein. — The Expansion of Western Ideals and the World's Peace. John Lane, New York and London, 1899, in-16, pp. 194.

— China and its Future In the Light of the Antecedents of the Empire, its People, and their Institutions. By James Johnston, Author of «China and Formosa». With Illustrations. London : Elliot Stock, 1899, in-8, pp. IX-180.

— Ueber Ostasien. (*Deutsche Kolonialzeitung*, 26. Januar 1899, pp. 28/29.) — D'après M. v. Brandt.

— La Chine et les grandes Puissances. (*Rev. mar. et col.*, Vol. 140, 1899, pp. 603/4.)

Ext. de l'*Internationale Revue de l'armée et de la marine*, par C. Dubois, enseigne de vaisseau.

— La Chine entr'ouverte et sa perfectibilité. Par Paul Barré. (*Rev. de Géog.*, XLV, 1899, pp. 347/355, 418/425; XLVI. 1900, pp. 25/33, 107/114.)

— La Politique européenne en Chine. Par A. G. (*Belgique Coloniale*, 9 Avril 1899, pp. 169/171.)

— Chinese Reform and British Interests. By Sinicus. (*Imp. & As. Quart. Rev.*, 3rd Ser., VII, 1899, pp. 318/321.)

— Possible and Impossible Reforms. By F. S. A. Bourne. (*Jour. China Br. R. As. Soc.*, XXXIII, No. 1, 1899-1900, pp. 1/10.)

— La Chine devant les Puissances. Par E. Giret. (*Rev. Indochinoise*, No. 49, 25 sept. 1899, pp. 514/6.)

∴

(DIVERS.) (DIVERS.)

— The Break-up of China with an Account of its Present Commerce, Currency, Waterways, Armies, Railways, Politics and Future Prospects by Lord Charles Beresford With Maps. Harper & Brothers, London and New York, 1899, in-8, pp. xviii-509.

Notice : *Quarterly Review*, 191, Jan. 1900, pp. 1/29.

— « The Break-up of China » — Lord Charles Beresford. By Archibald Little. (*Imp. & Asiat. Quart. Rev.*, 3d. Ser., VIII, 1899, pp. 126/8.)

— * 保華全書 [The Protection of China.]

Four Vol. by Dr. Y. J. Allen, issued by the Society for the Diffusion of Christian and General Knowledge among the Chinese. — Trad. chinoise libre de Beresford. — Notice : *N. C. Herald*, Jan. 3, 1900, pp. 11/12.

— China and the Powers. By Rear-Admiral Lord Charles Beresford, R. N. (*North American Review*, May 1899, pp. 530/8.)

— Lord Charles Beresford. China and the Powers.

Dans *The Crisis in China*, pp. 215/235, New-York, 1900, in-12.

— Le démembrement de la Chine. (D'après le contre-amiral Lord Charles Beresford.) Traduit de l'anglais par d'Auriac, Lieutenant de vaisseau. (*Rev. mar. et col.*, Vol. 149, 1901, pp. 814/877, 1005/1072, 1217/1256.)

∴

— L'empereur de Chine Kouang-hsü, son conseiller Kang-yu-wei et l'impératrice douairière Tze-hsi. Le coup d'état à Pékin (21-22 septembre 1898). Par A.-A. Fauvel. (*Rev. de Géog.*, XLIV, 1899, pp. 1/10.)

Col. 664-665.

— H. I. M. Kuang Hsu's Decree on Reform. By S. T. Laisun. (*The East of Asia*, Vol. 4, Pt. 2, June 1905, pp. 101/5.)

— * Paul Samuel Reinsch. — World Politics at the end of the nineteenth century; as influenced by the oriental situation. New York and London, The Macmillan Co., 1900, in-12, pp. xiii-366, carte.

The Citizen's Library.

— Lettre de l'Empereur de Chine au Souverain Pontife. (*Études religieuses*... T. 83, 1900, pp. 379/380.)

Let. remise à Mgr. Favier [1899] dont le texte chinois a paru dans le *Houei-pao*.

— Chinas Zukunft. Von Liang-Chi-Chao aus Canton. (Aus der Monatsschrift *Ostasien*.) (*Oest. Monats. f. d. Orient*, Wien, 1899, pp. 1/4, 61/3.)

— La Chine au XXe Siècle — Article de Liang-Chi-Chao, de Canton, traduit du chinois en allemand par Kisac Tamai. Publié par l'*Ost-Asien* et traduit de l'allemand. (*Chine et Sibérie*, Fév. 1900, pp. 63/66.)

Liang s'enfuit au Japon le 22 sept. 1898 à la suite de K'ang Yeou-wei.

— The Awakening of China. By Leong Kai Chen. (*The Independent*, New York, 1903, Vol. 55, pp. 1267/8.)

— Western Benefits through China's Development. By Ho Yow. (*The Forum*, XXIX, March-Aug. 1900, pp. 79/91.)

— A Yellow World. By Li Hung Chang III Son of Li Hung Chang. New York, The Frederick Brown Publishing Co., 1900, pet. in-8, pp. 60.

— La Chine, l'Europe et le Saint-Siége. Par Étienne Lamy. (*Le Correspondant*, 25 juillet 1900, pp. 193/215.)

∴

— La situation en Chine et les Perspectives de la Question chinoise. Par Pierre Leroy-Beaulieu. (*La Semaine Politique et Littéraire*, 21 juillet 1900, pp. 689/697.)

— Pierre Leroy-Beaulieu. — La rénovation de l'Asie. — Sibérie, Chine, Japon. — Paris, Armand Colin, 1900, in-16, pp. xxvii-482.

— Ibid., 1901, in-16, pp. xxix-482.

Notices : *Bul. Ecole franç. Ext. Orient*, I, Janv. 1901, pp. 40/1. — *Bul. Comité Asie franç.*, Nov. 1901, p. 363.

— The Awakening of the East — Siberia — Japan — China by Pierre Leroy-Beaulieu Translated by Richard Davey With a Preface by Henry Norman... London, William Heinemann, 1900, pet. in-8, pp. xxvii-299.

— — New York, McClure, 1900, in-12, pp. XXVII-298.

— * P. Leroy-Beaulieu. — Die chinesische Frage. Uebersetzt von A. Südekum. 2d. ed. Leipzig, 1904, in-8, pp. iii-170.

∴

— The present Dynasty and Heaven's Decree. By A. H. Smith. (*China Review*, XXIV, No. 4, 177/179.)

— Raoul Allier — Les Troubles de Chine et les Missions Chrétiennes. Paris, Fischbacher, 1901, in-12, pp. 281 + 1 f. n. ch. p. l'er.

— Les missionnaires catholiques aujourd'hui et autrefois. Par Joseph Brucker, S. J. (*Études*... 5 juillet 1901, pp. 44/71.)

A propos du livre d'Allier.

— « The Troubles in China and Christian Missions » By Rev. Wm. Ashmore D. D. (*Chin. Rec.*, XXXIV, Febr. 1903, pp. 78/82.)

— Die Strafuniversität des Herrn Eugen Wolf in Peking. — Die Reformpläne des Kaisers von China und sein Universitätsprojekt für Peking. Von Prof. Dr. Friedrich Hirth-München. (*Hochschul-Nachrichten*, München, Heft 125, Feb. 1901.)

— * Chester Holcombe. — The Real Chinese Question. New York, Dodd, Mead & Co., 1900, in-8, pp. xx-386.

— * China's Past and Future. By Hon. Chester Holcombe. London, Morgan & Scott.

Revised Reprint of *The Real Chinese Question*.
Notice : *Lond. & China Express*, 16 Dec. 1904.

— * Ch. Holcombe and R. Broomhall. — China's Past and Future, Britain's Sin and Folly, 1905, in-8, pp. xxii-298.

— Political Studies in China. By C. M. Lacy Sites, Ph. D. (*Chin. Rec.*, XXXII, Jan. 1901, pp. 34/38.)

— To the Person sitting in Darkness. By

(Divers.) (Divers.)

Mark Twain. (*North American Review*, Vol. 172, 1901, pp. 161/176.)

— Die christliche Mission und die jetzigen Wirren in China. Von Prof. Adolf Kamphausen. (*Deutsche Revue*, XXVI, 1901, pp. 80/91.)

— La Poussée occidentale en Chine. (*Belgique Coloniale*, 12 Mai 1901, p. 219.)

D'après M. von Brandt. — Extrait de *Chine et Sibérie*.

— Dans la vallée du Yang-tsé. (*Belgique Coloniale*, 24 Novembre 1901, p. 556.)

Extrait d'une correspondance de Hankow au *Times*.

— China revisited. By Alexander Michie. (*Blackwood's Mag.*, CLXX, Oct. 1901, pp. 523/533.)

— * China's Need and China's Hope. By Rt. Rev. F. R. Graves, D. D. Br. Pp. 16. 1901?

— 尊王篇 Papers from a Viceroy's Yamen. A Chinese Plea for the cause of good government and true civilization in China. By Ku Hung-Ming, M. A., Secretary-interpreter to H. E. Chang Chih-tung, viceroy of Hukuang. Printed and published at the *Shanghai Mercury*, Ltd. 1901. In-12, tit. et 2 ff. + pp. xvi-197, errata pp. 3.

Notice : *Bul. Ecole franç. Ext. Orient*, III, avril-juin 1903, pp. 343/4, par P. P.[elliot.]

— La revision des traités de commerce et la question de l'indemnité. (*Bull. Com. Asie française*, Mai 1902, p. 226.)

— La question de l'indemnité et les droits de douane. (*Ibid.*, Juin 1902, pp. 279/280.)

— La revision des tarifs douaniers et des traités de commerce. (*Ibid.*, Juillet 1902, pp. 316/317.)

— An Hour with Chang Chih-tung. By Griffith John. (*Chin. Rec.*, XXXIII, N° 12, Dec. 1902, pp. 631/633.)

D'après le *North-China Daily News*.

— Baron de Contenson — L'Avenir de notre Démocratie égalitaire d'après la Chine. — Extrait de « l'Université Catholique ». Lyon, Emmanuel Vitte, 1902, br. in-8, pp. 15.

— The Settlement with China. By Mark B. Dunnell. (*The Forum*, Feb. 1902, pp. 643-661.)

— Rentrée de la Cour à Pékin. (*Miss. Cath.*, XXXIV, 28 Mars 1902, pp. 145/146.)

— Le Fils du Ciel. (*L'Orient lointain*... par le Dr. J.-J. Matignon, pp. 55/86.)

Avait paru dans *La Lecture hebdomadaire*, 1902.

— Literature as an Element in Chinese Reform. By Isaac Taylor Headland, Ph. D., Peking University. (*Chin. Rec.*, XXXIII, N° 3, March 1902, pp. 103/112.)

Read before Peking Missionary Association, and also printed in the *Methodist Review*.

— Syllabic Language is the Prime Need in the Reformation of China. [By Loo Chuang-chang.] (*Chin. Rec.*, XXXIII, N° 4, April 1902, pp. 194/195.)

— Das Schreckgespenst der « Chinesengefahr ». Von Ludwig Kindt. (*Deutsche Kolonialzeitung*, 31. Juli 1902, p. 303.)

— Une Intrigue obscure. Par Alexandre Ular. (*La Revue Blanche*, XXVII, 1902, pp. 277/283.)

— * The China Crisis from Within, by Wen Ching. Edited by Rev. G. M. Reith, M. A. Edinb., 1901, in-8, pp. xvi-355.

Art. de la *Singapore Free Press*.

Notice : *Imp. & Asiat. Quart. Review*, Jan.-April 1902, p. 188.

— * Progress of India, Japan, and China in the Century, by the late Right Hon. Sir Richard Temple..., 1902, in-8, pp. xxxiv-510.

Notice : *Imp. & Asiat. Quart. Rev.*, July-Oct. 1902, pp. 423/5.

— La restitution de la Chine aux Chinois. (*Bull. Com. Asie française*, Août 1902, pp. 376/378.)

— O. Franke. — Die wichtigsten chinesischen Reformschriften vom Ende des XIX. Jahrhunderts. (Auszug.) (*Verhandl. XIII. Intern. Orient.-Kongresses*, Hamburg, Sept. 1902, pp. 168/173.)

Voir col. 1812.

— Die Gelbe Gefahr als Moralproblem — Von H. von Sanson-Himmelstjerna. Berlin. Deutscher Kolonial-Verlag (G. Meinecke), 1902, gr. in-8, pp. 288.

— * Stephan von Kotze. — Die gelbe Gefahr. 1904?

— Besteht eine gelbe Gefahr? Von Graf v. Wilamowitz-Moellendorff s. Zt. Leutnant im ostasiatischen Reiterregiment. Potsdam, A. Stein, s. d. [1905], in-8, pp. iv-85.

— Les Puissances maritimes en Extrême-Orient. Par Z. (*Ann. des Sciences politiques*, 15 janvier 1903, pp. 1/37.)

— La Réforme et les Réformateurs en Chine. (*Bul. Soc. Géog. Rochefort*, XXV, 1903, 4, pp. 253/273.)

Par Raphaël Réau.

— The Real Rulers of China. By Robert Ellsworth Lewis, M. A. (*The Independent*, New York, Vol. 55, 1903, pp. 3117/3120.)

— Mission Work and Education Reform in China. By H. E. Sir Chentung Liang Cheng Envoy Extraordinary and Minister Plenipotentiary of China to the United States. (*Ibid.*, pp. 1846/1853.)

— The Educational Reformation of China. By Leong Kai Cheu Head of the Chinese Empire Reform Association. (*Ibid.*, pp. 2441/3.)

— Die chinesische Währungsreform. (*Asien*, 1903, No 6, pp. 96/7.)

— Die Nord-Amerikaner im Osten Asiens und ihr « Department of Chinese » an der Columbia-Universität in New York. Von Dr. Hugo Grothe-München. (*Ibid.*, No. 10, pp. 153/5.)

— Kakasu Okakura. — The Ideals of the East, with special reference to the Art of Japan. London, J. Murray, 1903, in-12, pp. xxii-244.

— La situation dans le Sud de la Chine. Par René Moreux. (*Bull. Com. Asie française*, Juin 1903, pp. 243/246.)

— La Mandchourie et les puissances. Par Robert de Caix. (*Ibid.*, Juillet 1903, pp. 278/290.)

— Le Bassin du Yang-tseu. Par Maurice Courant. (*Annales Coloniales*, 15 Novembre 1903, pp. 357/364.)

— Une nouvelle insurrection au Tche-li S.-E. en mai 1902. Par Emile Becker, Missionnaire au Tche-li S.-E. (*Etudes... par des Pères de la Cie. de Jésus*, 5 janvier 1903, pp. 111/119.)

— Affaires du Yunnan, par M. René Millet. (*Rev. Pol. et Parlem.*, No. 104, 10 fév. 1903.)

— Le Mouvement réformiste en Chine — Conférence faite le 20 avril 1903 à la Section de Hanoi de la Société de Géographie Commerciale par M. Paul Pelliot Professeur à l'Ecole française d'Extrême-Orient. Hanoi, F.-H. Schneider, 1903, gr. in-8, pp. 22.

Tiré à 100 exemplaires.

— * The Chinese Question, by H. Crossfield. (*East and West*, Jan. 1904, Vol. III, No. 27.)

— The «Yellow Peril» Bogey. By Demetrius C. Boulger. (*Nineteenth Century*, Jan. 1904, pp. 30/9.)

— The Yellow Peril. By O. Eltzbacher. (*Ibid.*, June 1904, pp. 910/925.)

— The Neutrality of China. By Demetrius C. Boulger. (*Contemp. Rev.*, April 1904, pp. 542/9.)

— The Far Eastern Problem. By Alfred Stead. (*Fortnightly Review*, January 1904, pp. 137/142.)

— Problems of the Far East. By Alfred Stead. (*Ibid.*, May 1904, pp. 817/829.)

— The Crisis in the Far East. By Robert Machray. (*The Monthly Review*, Feb. 1904, pp. 27/42.)

— First Principles in the Far East. By Calchas. (*Fortnightly Rev.*, Feb. 1904, pp. 194/210.)

— Le réveil de l'Asie et le mouvement pan-asiatique. Par Argus. (*Questions diplom. et colon.*, 15 fév. 1904, pp. 265/271.)

— La situation en Extrême-Orient les faits et les perspectives. Par Robert de Caix. (*Ibid.*, 1er mars 1904, pp. 305/311.)

— Un projet de réforme financière [en Chine]. (*Bull. Com. Asie française*, Avril 1904, p. 202.)

— Projet de réforme financière en Chine. Par E. C. (*Annales coloniales*, 1er Mai 1904, p. 216.)

Extrait du *London and China Telegraph*.

— La question du «Péril jaune» au point de vue industriel. Par Ed. Clavery. (*Le Monde économique*, 9 juillet 1904, pp. 38/40; 23 juillet 1904, pp. 103/105.)

— La Chine et les Puissances européennes (1894-1904), par M. René Pinon. (*Rev. des Deux Mondes*, 1er août 1904, pp. 627/666.)

— Dans la Chine centrale. La Révolte au Se-Tchouen. Par E. Hourst. (*Correspondant*, 25 sept. 1904.)

— La situation et les perspectives économiques de la Chine. (*Économiste français*, 15 oct. 1904.)

— L'Anarchisme en Chine. Par Albert Delacour. (*Rev. Blanche*, 102, pp. 304/400.)

— * L'Estremo Oriente. E le Sue Lotte. Per Enrico Catellani, Professore di Diritto Internazionale all' Università di Padova. Milan, Fratelli Treves, in-8, pp. 486.

Notice : *Petermanns Mitt.*, 1906, *Ltbt.*, p. 121, par M. v. Brandt.

— China from within A Study of Opium Fallacies and Missionary Mistakes by Arthur Davenport. London : T. Fisher Unwin, s. d. [1904], in-8, pp. VIII-312.

Notice : *Lond. & China Express*, May 13, 1903.

— * War and Neutrality in the Far East. By Dr. T. J. Lawrence, M. A., LL. D. Second Edition, enlarged. London : Macmillan, 1904. — Voir col. 2599.

Notices : *Lond. & China Express*, Oct. 21, 1904. — *Times Lit. Sup.*, Juillet 22, 1904.

— * New Forces in Old China. An unwelcome but inevitable Awakening. By A. J. Brown. Revell, pp. 382, 1904?

— * Arthur Diósy. — The New Far East. With Illustrations from special designs by Kubota Beisen, of Tokyo, and a reproduction of a cartoon designed by H. M. the German Emperor and a specially drawn map. 3d ed. London, Cassell and Co., 1900, in-8, pp. xx-374.

— Geistige Strömungen im heutigen China. — Vortrag von Dr. O. Franke, br. in-8, pp. 29.

Abteilung Berlin-Charlottenburg der Deutschen Kolonial-Gesellschaft. Verhandlungen 1903/04. Band VIII. Heft 1. — Berlin 1904. Dietrich Reimer.

— * O. Reiniger. — China ist offen. Ein Rückblick, ein Einblick, und ein Ausblick. Berlin, 1904, in-8, pp. 24.

— Der Kampf um Asien von M. von Brandt. (*Deutsche Rundschau*, April 1904, pp. 145/9.)

— Ein Empfang bei dem Vizekönig Waik-ung-tao von Nanking. (*Asien*, 1904, No. 8, pp. 122/3.)

— The International Institute. By Gilbert Reid. (*East of Asia*, Special Number, June 1904, pp. 30/33.)

— What Western Learning has done for China. By Isaac Taylor Headland. (*Ibid.*, pp. 34/45.)

— The Returned Student. By W. W. Yen. (*Ibid.*, pp. 106/118.)

— Chine. Lettre de Tchentou, le 23 juillet 1904. (*Bull. Com. Asie française*, Oct. 1904, pp. 488/9.)

— Memorial of Viceroy Chang, commenting on Sir Robert Hart's Memorandum on Taxation as stated in an Edict of 7th March, 1904. Translated from the «Shenpao» of 2nd instant. (*N. C. Herald*, Nov. 18, 1904, pp. 1137/8.)

Cf. *Ibid.*, p. 1123.

— Henri Moreau — L'Alliance Anglo-Yankee-Japonaise maitresse de l'Indo-Chine — Prix : 1 fr. 50 — Paris Librairie A. Charles — 1904, in-8, pp. 153 + 1 f. n. ch.

— Victor Bérard — La Révolte de l'Asie — L'Asie et l'Europe — Le Japon et l'Europe — La Descente russe — L'expansion japonaise — Le role de l'Angleterre — Paris, Armand Colin, 1904, in-16, pp. II-434 + 1 f. n. ch.

— L'éducation européenne des Asiatiques. Par Maurice Courant. (*Bul. Com. Asie franç.*, Août 1903, pp. 331/8; Sept. 1903, pp. 380/3.)

— Etudes sur l'éducation et la colonisation par Maurice Courant... Paris, F. Pichon et Durand-Auzias, 1904, in-12, pp. 178.

Avant-propos. — L'Européen chez les Asiatiques. — Education asiatique de l'Européen. — L'Asiatique et la civilisation européenne. — Education européenne de l'Asiatique.

Forme le Vol. X de la *Bibliothèque internationale de l'Enseignement supérieur*.

Notice : *Etudes*... 5 avril 1905, p. 132, par Joseph Burnichon.

— Édouard Clavery Consul de France en Mission — Occident et Extrême-Orient à propos d'un livre récent. Berger-Levrault, Paris [et] Nancy, 1906, in-8, pp. 46 + 1 p. n. ch. tab.

— * La réforme de l'Instruction en Chine. Par Maurice Courant. (*Revue pédagogique*, 15 juin 1906.)

Notice : *Bul. Comité Asie franç.*, Août 1906, pp. 327/8.

— Le Chinois et les Idées religieuses. Par Maurice Courant. (*Demain*, Lyon, 20 avril 1906, pp. 2/4.)

— Henri Cordier... — Aperçu sur l'Histoire de l'Asie en général et de la Chine en particulier. E. Guilmoto, Paris, s. d. [1905], in-8, pp. 52.

— A General Survey of the History of Asia, with special reference to China and the Far East. By Henri Cordier. (*Congress of Arts and Science*, Univ. Exposition, St. Louis, 1904, II, 1906, pp. 86/108.)

Lecture delivered on Wednesday, 21 sept. 1904, at St. Louis, Missouri.

— The Yellow Peril. Translated from « Je sais tout ». (*East of Asia*, Vol. 4, June 1905, pp. 168/174.)

— * The Yellow War. By O. (Intelligence Officer). William Blackwood.

Notice : *Lond. & China Express*, 2nd June 1905.

— The Re-Shaping of the Far East by B. L. Putnam Weale... With Illustrations and Map. London, Macmillan, 1905, 2 vol. in-8, pp. xv-548, x-535.

Notices : *Lond. & China Express*, Dec. 29, 1905. — *Bul. Comité Asie franç.*, Déc. 1905, p. 491. — *N. C. Herald*, March 9, 1906. — *Geog. Journ.*, July 1906, pp. 67/8. — *Journal N. C. B. R. A. Soc.*, XXXVII, 1906, pp. 204/5, by A. E. N. L. — *Petermanns Mitt.*, 53. Bd., 1907, *Ltbt.*, p. 42, par M. von Brandt.

— * The Truce in the East and its Aftermath (Sequel of The Re-shaping of the Far East) by B. L. Putnam Weale. With ill. and map. London 1907. Macmillan, in-8, pp. xvi-647.

Notice : *Lond. & China Express*, April 12, 1907.

— * Albert Métin. — L'Extrême-Orient; Chine, Japon, Russie. (Etudes sur la politique extérieure des Etats.) Paris, Librairie de « Pages libres », 1905, in-8, pp. 126.

Notice par M. von Brandt, *Petermanns Mitt.*, 53. Bd., 1907, p. 40, Ltbt.

(Divers.)

— The Coming Power A Contemporary History of the Far East 1898-1905 by Michael J. F. McCarthy... With twenty-three Illustrations and Maps. London, Hodder and Stoughton, 1905, in-8, pp. xv-400.

— Dr. O. Franke — Was lehrt uns die ostasiatische Geschichte der letzten fünfzig Jahre? — Vortrag, gehalten in der Abteilung Berlin-Charlottenburg der Deutschen Kolonial-Gesellschaft am 23. Februar 1905. Berlin 1905 Dietrich Reimer, in-8, ch. 92 à 114.

Abteilung Berlin-Charlottenburg der Deutschen Kolonial-Gesellschaft. — Verhandlungen 1903/05. — Band VIII. Heft 4.

— Conférence [sur la Chine] par M. Paul Pelliot. (*Bull. Com. Asie française*, Avril 1905, pp. 130/136.)

15 Mars 1905.

— * L. J. Swallow. — Education and Reform in China. (*Imp. & Asiat. Quart. Rev.*, July 1905.)

— L'esprit nouveau en Chine. Par R. C.[aix.] (*Bull. Com. Asie française*, Déc. 1905, pp. 465/468.)

— * L'Extrême-Orient. Études d'hier, événements d'aujourd'hui par Alexandre Halot, consul impérial du Japon, avec une préface de M. Michel Revon. Bruxelles, Falk fils, 1905, in-16.

Notices : *Revue critique*, 29 oct. 1906, par A. Biovès. — *Ann. Sc. Polit.*, 15 nov. 1906, pp. 837/8, par Maurice Courant.

— * Alexandre Halot. — L'impératrice Sy-Tay-Heou. Bruxelles (1905).

— With the Empress Dowager of China by Katharine A. Carl Illustrated by the Author and with Photographs. London : Eveleigh Nash 1906, in-8, pp. xxv-306.

Notice : *Lond. & China Express*, 9 fév. 1906.

— What caused the Lien-chow Massacre? By Rev. H. V. Noyes, D. D., Canton. (*Chin. Rec.*, XXXVII, March 1906, pp. 115/120.)

— The Nanchang Massacre. (*N. C. Herald*, March & April 1906, passim.)

— L'affaire de Nan-tchang. Par R. [de] C.[aix.] (*Ibid.*, Juillet 1906, pp. 266/271.)

— The Death of Magistrate Chiang of Nanchang. (*N. C. Herald*, April 20, 1906.)

Report of Dr. C. H. Dawe, H. M. S. *Snipe*. — Chiang, † 1er Mars 1906.

— Foreign Schools and the Chinese Government. (*Chin. Rec.*, XXXVII, March 1906, pp. 147/150.)

— Hsu Ting Fu Science Hall. A Practical Course for the Construction of Electrical Apparatus. By Dr. William Wilson, China Inland Mission. (*Ibid.*, April 1906, pp. 200/205.)

— L'agitation nationaliste en Chine. (*Bul. Comité Asie française*, fév. 1906, pp. 72/3.)

— L'agitation en Chine : son caractère et sa portée au point de vue de l'étranger. Par Pierre Beda. (*Ibid.*, Mars 1906, pp. 123/124.)

— Quelques réflexions sur l'emploi de l'indemnité chinoise. Par J. F. (*Bul. Comité Asie française*, Juillet 1906, pp. 271/2.)

— Illustrations antiétrangères en Chine. (*Ibid.*, p. 285.)

— La réorganisation militaire. (*Ibid.*, Oct. 1906, p. 398.)

— Le programme des examens. (*Ibid.*, p. 398.)

— Les projets de constitution. (*Ibid.*, pp. 398/9.)

— Un édit contre l'opium. (*Ibid.*, p. 399.)

— Les entreprises industrielles de Tchang Tche Tong. (*Ibid.*, pp. 400/1.)

(Divers.)

83*

— Le nationalisme économique en Chine. Canton, 25 Sept. 1906. (*Ibid.*, Nov. 1906, pp. 429/434.)

— L'édit contre l'opium. (*Ibid.*, pp. 449/450.)

— Autres édits réformateurs. (*Ibid.*, pp. 450/1.)

— L'armée chinoise. (*Ibid.*, p. 452.)

— La réorganisation mandchoue. (*Ibid.*, pp. 452/3.)

— La prohibition de l'opium. (*Ibid.*, Déc. 1906, p. 502.)

— Réflexions sur la Chine. Son état d'âme, son armée, son avenir. Par Mac-Ready. Paris, R. Chapelot, 1906, in-8, pp. 40.

— Was das Volk lesen soll. Von Kao Pu Ying und Ch'en Pao Ch'üan verfasst im Auftrage des Provinzialschulkollegiums von Chihli im Übersetzungsamt, im 31. Jahre Kuanghsü = 1905. Übersetzt von Dr. Siebert. (*Mitt. Sem. f. Orientalische Sprachen*, Berlin, *Ostasiat. Studien*, IX, 1906, pp. 147/167.)

— * T. F. Millard. — The new Far East, an Examination into the new Position of Japan and her Influence upon the Solution of the Far Eastern Question with Special Reference to the Interest of America and the Future of the Chinese Empire. New York, 1906, in-8, pp. xii-319.

Notice : *Lond. & China Express*, Oct. 12, 1906.

— The Awakening of China : A Street Placard from Hunan. By Lionel Giles. (*Nineteenth Century*, Oct. 1906.)

— Capitaine d'Ollone — La Chine novatrice et guerrière. Librairie Armand Colin, Paris, 1906, in-16, pp. viii-318 + 1 p. n. ch. tab.

La Chine guerrière. — La Chine novatrice. — La Chine actuelle.
Notice : *Lond. & China Express*, March 1st, 1907.

— Letters from a Chinese Official being an Eastern View of Western Civilization. New York, McClure, Phillips & Co. MCMIII, pet. in-8, pp. xiv-75.

— * W. J. Bryan. — Letters to a Chinese Official being a Western View of Eastern Civilization. New-York, 1906, in-8, pp. ix-96.

— * Shen tun Ho. — Recollections of a Chinese Official, with Sidelights on Recent History. With Portraits and Illustrations. 1906, in-8, pp. 26.

— * Signs and Portents in the Far East. By Everard Cotes. London, Methuen and Co., in-8, pp. xii-308, 35 ill.

Notices : *Lond. & China Express*, March 1st, 1907. — *Bul. Comité Asie française*, Janv. 1907, p. 40.

— Le mouvement réformiste [en Chine]. (*Bul. Comité Asie franç.*, Sept. 1906, pp. 356/7.)

— Le mouvement réformiste en Chine. (*Ibid.*, Janvier 1907, p. 32.)

— Le mouvement réformiste en Chine. (*Ibid.*, Fév. 1907, p. 74.)

(DIVERS.)

— Nouvelles écoles de Pékin. Par A. Vissière. (*Ibid.*, pp. 73/4.)

— Les Grandes Puissances en Extrême-Orient et l'Indo-Chine. Par M. Jules Harmand. (*La Quinzaine coloniale*, 10 déc. 1906, pp. 703/710.)

— Conquête et domination de l'Indo-Chine. — Le but et les moyens. Par M. Jules Harmand. (*Ibid.*, 25 janvier 1907, pp. 50/59.)

— Missionaries and Chinese Officials. Circular addressed by Sir Ernest Satow, late British Minister at Peking. [Peking, 31st August, 1903.] (*Chin. Rec.*, Feb. 1907, pp. 102/3.)

Extrait du *N. C. Daily News*, 1st Nov. 1906.

Cf. Décret impérial. du 15 mars 1899, sur la hiérarchie catholique dans H. Cordier, *Hist. des Relat.*, III, pp. 469 seq.

— Le mouvement réformiste et la nouvelle xénophobie en Chine. Par Jean Rodes. (*Le Correspondant*, 25 mars 1907, pp. 1073/1088.)

∴

— Traité entre la Grande-Bretagne et le Japon, 12 août 1905. (Texte japonais reproduit d'après le *Yomiuri shimbun* du 23 sept. 1905.) (*T'oung Pao*, Sér. II, Vol. VII, mars 1906.)

Voir le texte anglais dans le *T'oung Pao*, Sér. II, Vol. VI, déc. 1905, pp. 623/626.

— Traité entre la Grande-Bretagne et le Japon, 12 août 1905. (Texte chinois reproduit d'après le *Che pao* du 4 octobre 1905.) (*T'oung Pao*, Série II, Vol. VII, mars 1906.)

Voir le texte anglais dans le *T'oung Pao*, Série II, Vol. VI, déc. 1905, pp. 623/626.

Evènements de 1900-1901.

— The Panacea for China. By Mr. G. M. E. Playfair. (*Jour. Manchester Geog. Soc.*, XV, 1899, pp. 65/74.)

— The War-Cloud in the Farthest East. By Holt S. Hallett. (*Nineteenth Century*, XLVI, Dec. 1899, pp. 988/995.)

— La Chine d'aujourd'hui et la Chine de demain. Par M. Marcel Monnier. (*Bul. Soc. Géog. com.*, Paris, XXI, 1899, pp. 294/304.)

— Marcel Monnier. — Le Drame chinois (Juillet-Août 1900). Paris, Félix Alcan, 1900, pet. in-8, pp. 173 + 1 f. n. c.

Ces articles avaient paru dans *Le Temps*.

Notice : *Etudes*..., 20 déc. 1900, pp. 840/1, par A.-A. Fauvel.

— L'action économique des Puissances en Chine. Par Maurice de Coppet. (*Annales Sc. Pol.*, Janvier 1900, pp. 65/96.)

— Les Éléments scientifiques de la transformation de la Chine. Par J. Hess. (*Rev. Indo-chinoise*, 1900, No. 96, 20 août, pp. 822/4 ; No. 97, 27 août, pp. 841/3 ; No. 99, 10 sept., pp. 892/895 ; No. 101, 24 sept., pp. 932/3 ; No. 105, 22 oct., pp. 1027/1029.)

D'après la *Revue des Sciences pures et appliquées*.

— A propos des affaires de Chine. Par A. Nogues. (*Rev. française*, XXV, 1900, pp. 505/518.)

∴

— Nomination du Prince Héritier de Chine. Par *Jérome Tobar*. (*Etudes religieuses... par des Pères de la Cie. de Jésus*, T. 83, 1900, pp. 126/7.)

Décret du 24 janvier 1900.

— Les causes de l'insurrection en Chine. Par Henri Leroy, S. J. (*Ibid.*, Tome 84, 20 Juillet 1900, pp. 145/159.)

— Les Boxeurs dans le Tché-li Sud-Est (Juillet 1899-Avril 1900) Par Ignace Mangin, S. J. (*Ibid.*, 5 Août 1900, pp. 366/398.)

(DIVERS. — EVÈNEMENTS DE 1900-1901.)

— Les Boxeurs dans le Tché-li Sud-Est Lettres des Missionnaires. (*Ibid.*, 5 Sept. 1900, pp. 690/698.)

Lettres du P. Ignace Mangin, du P. Jules Gouverneur, du P. Seneschal, du P. Paul du Cray, S. J.

— Les Boxeurs dans le Tché-li Sud-Est. (*Ibid.*, 20 Sept. 1900, pp. 836/840.)

Lettres du P. Jules Gouverneur, du P. Mangin, du P. Emile Becker, du P. Paul du Cray, S. J.

— Les Boxeurs dans le Tché-li Sud-Est. (*Ibid.*, Tome 85, 20 Novembre 1900, pp. 544/556.)

Lettres des PP. Maquet, Hoeffel, S. J.

— Correspondance de Chine — Un coin de la politique chinoise du 15 Août au 15 Novembre 1900. Par Jerôme Tobar, S. J. (*Ibid.*, Tome 86, 5 Février 1901, pp. 388/405.)

— En Chine Une armée chrétienne improvisée Défense de Wei-tsuen. (Extraits du journal du P. A. Wetterwald.) (*Ibid.*, 5 Mars 1901, pp. 663/693.)

— Siège de Fan-Kia-Kata par les Boxeurs (Juin-Septembre 1900) Par Jules Bataille, S. J. (*Ibid.*, Tome 87, 20 Mai 1901, pp. 433/456.)

— Correspondance de Chine — Décrets impériaux contre les Boxeurs et en faveur des étrangers Par Jérôme Tobar, S. J. (*Ibid.*, 5 Juin 1901, pp. 675/693.)

— Correspondance de Chine — Nouveaux décrets impériaux Grands mandarins chatiés — Conseils de réformes Par Jérôme Tobar, S. J. (*Ibid.*, Tome 88, 5 Juillet 1901, pp. 110/116.)

— Correspondance de Chine — Nouveaux décrets impériaux Par Jérôme Tobar. (*Ibid.*, Tome 89, 5 Octobre 1901, pp. 97/116.)

∴

— Kang Yu-wei's latest work. Translated. (*N. C. Herald*, April 18, 25, May 2, 1900.)

— The Chinese Crisis. (*Statist*, 9, 16, 24 June 1900.)

— Dangerous Situation in China. (*The Economist*, 16 June 1900.)

— Russian Diplomacy in China. (*Ibid.*, 6 June 1900.)

— The Chinese imbroglio. (*Saturday Review*, 9 June 1900.)

— The Peking Problem. (*Ibid.*, 10 June 1900.)

— The intellectual awakening of China. (*Nineteenth Century*, June 1900.)

— The last Palace intrigue at Peking (Gundry). (*Fortnightly Review*, June 1900.)

— Les affaires de Chine. (*Mémorial Diplomatique*, 3, 17, 24 Juin 1900.)

— Japan und Russland in Korea. (*Ost-Asien*, Mai 1900.)

— De chineesche Kwestie door Henri Borel L. J. Veen — Amsterdam 1900. In-8, pp. 36.

— De Oorsprong van den Vreemdenhaat der Chineezen. — G. Schlegel. — Br. in-8, pp. 13.

Overgedrukt uit het *Tijdschrift van het Kon. Nederl. Aardrijkskundig Genootschap* [sept. 1901]. — Lu à Amsterdam, 13 avril 1901.

— La Révolution en Chine. Par Henri Cordier. (*Le Temps*, Supp., 12 juillet 1900.)

Il a été fait un tirage à part à 25 ex. pap. ord. et 100 ex. sur beau papier. — Réimp. dans le *T'oung Pao*, Sér. II, Vol. I, pp. 407/450.

— * Revoljucija v Kitaě. (*Izv. Vostočnago Instituta* 2, vyp. 1, melkija zamětki, pp. 1/17.

D'après H. Cordier.

— Les Chinois. Par le Mis de Nadaillac. (*Le Correspondant*, 25 juillet 1900, pp. 225/241.)

— The Scramble for China. By Demetrius C. Boulger. (*The Contemporary Review*, No. 415, July 1900, pp. 1/10.)

— The Crisis in China. By Arthur Sowerby. (*Ibid.*, pp. 11/15.)

— Who's who in China. By Demetrius C. Boulger. (*Ibid.*, No. 416, Aug. 1900, pp. 254/265.)

— China and the Powers. By Emerson Bainbridge. (*Ibid.*, pp. 172/182.)

— Vengeance and afterwards. By Edward Dicey. (*Nineteenth Century*, XLVIII, Aug. 1900, pp. 339/344.)

— L'imbroglio chinois. Par Auguste Moireau. (*Revue bleue*, 4 août 1900.)

— Die Chinesische Frage. Von M. von Brandt. (*Deutsche Rundschau*, Sept. 1900, pp. 457/460.)

— China : A Missionary's Views. By Mrs. S. L. Baldwin. (*The Outlook*, 8 sept. 1900, pp. 107/111.)

— China. Portraits and Pictures relating to the Present Crisis (*Ibid.*, 1st sept. 1900, pp. 17/24.)

— World-Crisis in China, 1900. — A short account of the outbreak of the War with the « Boxers », and ensuing foreign complications, including also a sketch of events leading up to the distracted situation in the Chinese Empire in the closing year of the century. By Allen S. Will, of the Baltimore Sun. — John Murphy Co., Baltimore [and] New York, in-8, pp. 198, carte [1900].

— The Boxer Rising : A History of the Boxer Trouble In China. — Reprinted from the « Shanghai Mercury ». — *Shanghai Mercury*, Limited. — October, 1900. In-8, pp. VII-XVI-118.

— * The Problem of Asia and its Effect upon international Politics. By Capt. Alfred T. Mahan. London, Sampson Low; Boston, Little, Brown and Co., 1900, in-12, pp. XXVI-233, carte.

Notice : *Belgique coloniale*, 16 déc. 1900, pp. 593/4, par A. W.

— Notes on a Circular in connection with the Chinese Emergency. (For all the Ecclesiastics in the World.) Tōkyō, 1900. By J. D. B. (*China Review*, XXV, N° 3, pp. 147/149.)

— The Revolt of the « Boxers » in China. By E. H. Parker. (*Imp. & As. Quart. Rev.*, 3rd Ser., X, 1900, pp. 57/62.)

— « Intimate Boxers ». By E. H. Parker. (*Contemp. Review*, Sept. 1900, pp. 318/325.)

— * The Chinese Defence. By E. H. Parker. (*The United Service Mag.*, Oct. 1900.)

— The Chinese Imbroglio and how to get out of it. By E. H. Parker. (*Imp. & As. Quart. Rev.*, 3rd Ser., X, 1900, pp. 252/277.)

— Mr. Parker and the mailed fist. By Herbert A. Giles. (*China Review*, XXV, N° 6, pp. 288/290.)

— Origine de la crise des Boxeurs. (*Rev. française*, XXV, 1900, pp. 464/471.)

— Chinese Traits and Western Blunders. By Rt. Rev. Henry C. Potter, LL. D. (*The Century Ill. Mag.*, LX, 1900, pp. 921/930.)

— * The East of to-day and to-morrow. By Henry Codman Potter. New York, The Century Co., 1902, in-12, pp. (8)-190.

— A Plea for Fair Treatment. By Wu Ting Fang, Chinese Minister at Washington. (*The Century Ill. Mag.*, LX, 1900, pp. 951/4.)

— The Revolution in China and its Causes. By R. Van Bergen. (*Ibid.*, pp. 791/4.)

— The Chinese Resentment. By H. H. Lowry. (*Harper's New Monthly Mag.*, CI, June-Nov. 1900, pp. 740/7.)

— [The Crisis in China.] (*The Chautauquan*, Cleveland, Ohio, Aug. 1900, pp. 443-447 ; Sept. 1900, pp. 545-8.)

— A Nineteenth Century Crusade. By Professor H. B. Hulbert. (*The Outlook*, LXVI, New York, 1900, pp. 926/8.)

— The Future of China and the Missionaries. By Charles Denby (*The Forum*, XXX, Sept. 1900-Feb. 1901, pp. 166/171.)

— The Taming of the Dragon. By Llewellyn James Davies. (*Ibid.*, pp. 353/363.)

— * A Plea for the Control of China. By Captain Younghusband. (*National Review*, Oct. 1900.)

— Die Unruhen in China und deren Einfluss auf den Handel dieses Reiches. (*Oest. Monats. f. d. Orient*, Wien, 1900, pp. 133/134.)

— Ce que Le Play pensait de la Chine Extrait d'un Projet de *Dictionnaire de la Science sociale* tiré de ses oeuvres. Par Louis Etcheverry. (*La Réforme sociale*, 16 juillet 1900, pp. 124/139.)

— L'insurrection des Boxeurs et la Politique de la France en Chine. Par le Prince Henri d'Orléans. (*Questions Diplomatiques et Coloniales*, 15 juillet 1900, pp. 65/85.)

— Les évènements de Chine. Par R. V. (*Belgique Coloniale*, 8 Juillet 1900, pp. 313/314.)

— La situation en Chine. Par R. V. (*Ibid.*, 22 Juillet 1900, pp. 337/339.)

— L'Empire des Chines. Par R. V. (*Ibid.*, 7 Octobre 1900, pp. 469/471.)

— L'éclaircie en Chine. Par R.V. (*Ibid.*, 25 Novembre 1900, pp. 553/554.)

— L'état présent de la question chinoise. Par Jean de Bloch. (*Revue scientifique*, 37e ann., 1900, 2e sem., pp. 618/628.)

— The Chinese Revolt. By Frederick Greenwood. (*Nineteenth Century*, XLVIII, Aug. 1900, pp. 330/338.)

— Some Remarks upon the Crisis in China. By the Reverend Frederic Galpin. (*Jour. Manchester Geog. Society*, XVI, July/Sept. 1900, pp. 207/211.)

— What the Chinese Reformers wish by Chuy C. Kain, President Chinese Reform Association of San Francisco. (*The Independent*, New York, Aug. 30, 1900, pp. 2086/8.)

— An Interview [at Shanghai] with Li Hung Chang. By an Official in China. (*Ibid.*, pp. 2085/6.)

— Lettre du Général Türr. La Némésis chinoise. (*Revue d'Europe*, Août 1900, pp. 103/105.)

La même Revue a donné : Cte Eugène Zichy. *La Vérité sur la Chine.*

— La Chine et l'Europe par Pierre Denis. (*Nlle. Revue Intern.*, 15 août 1900, pp. 103/114.)

— *** L'Europe en Chine. (*Revue de Paris*, 1er sept. 1900, pp. 1/17.)

— Der Aufstand der Boxer. Von Hermann Feigl. (*Oest. Monats. f. d. Orient*, Wien, 1900, pp. 73/6, 85/7.)

— What to do with China. By an Old Resident. (*Contemporary Review*, Sept. 1900, pp. 305/317.)

— L'insurrection de Pékin et la sécurité des étrangers en Chine par Francis Mury. (*Le Correspondant*, Sept. 25, 1900, pp. 1046/1057.)

— Les Missionnaires et les Boxers. Par le Dr. A. Banzemont. (*Revue des Revues*, No. 22, 15 Nov. 1900, pp. 385/399.)

— Le Mensonge chinois. Par le Comte Tolstoï. (*Ibid.*, No. 19, 1900.)

Cet article a été traduit en allemand, en anglais et en russe il ne serait pas en réalité de Tolstoï.

— La situation dans le Nord de la Chine. Par Maurice Courant. (*Annales Sc. Polit.*, Juillet 1900, pp. 523/539.)

— Etudiants et Chinois. Par Maurice Courant. (*Revue des Deux Mondes*, 1er janvier 1901, pp. 117/140.)

— En Chine — Les effets de la crise, intentions de réforme. Par Maurice Courant. (*Ann. Sc. Polit.*, Nov. 1901, pp. 708/717.)

— Élisée Reclus — La Chine et La Diplomatie européenne. Paris, Éditions de l'*Humanité Nouvelle*, 15 rue des Saints-Pères, 1900, br. in-8, pp. 16.

— La Chine et la diplomatie européenne. Par Élisée Reclus. (*L'Humanité Nouvelle*, Sept. 1900, pp. 257/270.)

— On égorge en Chine. (Avec illustrations.) Par Félix Régamey. (*Ibid.*, pp. 289/297.)

— Zur gegenwärtigen Lage in China. — Eine politisch-wirtschaftliche Studie von Johann von Bloch. Berlin 1900. Dr. John Edelheim, in-8, pp. 40.

(Evènements de 1900-1901.)

— Ein chinesischer politischer Bilderbogen. [Von] P. St. (*Globus*, LXXVIII, 1900, pp. 388/9.)

— The Problem in China and British Policy. By Archibald R. Colquhoun,... London : P. S. King, 1900, in-8, pp. 50, 1 tableau et 1 carte.

— The Associated Fists. The Society which caused the Riots, and led to War in China. By the Rev. George T. Candlin. (*The Open Court*, XIV, Chicago, 1900, pp. 551/561.)

— Chinese Civilization : The Ideal and the Actual. By D. Z. Sheffield. (*The Forum*, XXIX, March-Aug. 1900, pp. 584/595.)

— The Influence of the Western World on China. Progress, Mistakes, and Responsibilities. By the Rev. D. Z. Sheffield, D. D. (*The Century Ill. Mag.*, LX, 1900, pp. 784/791.)

— An American Engineer in China By Wm. Barclay Parsons 柏生士. New York, McLure, Phillips & Co., pet. in-8, pp. 321, gr. et carte.

Hu-nan, The Closed Province of China, pp. 54/126. — Voir col. 298.

— The Crisis in China. Reprinted by permission from the *North American Review*. New York & London, Harper & Bros., 1900, in-8, pp. v-271, pl., port., cartes.

Contient : G. B. Smyth. Causes of the Antiforeign Feeling in China. — G. Reid. The powers and the partition of China. — C. Johnston. The Struggle for Reform in China. — J. Barrett. Political Possibilities in China. — R. E. Lewis. The Gathering of the Storm. — A. R. Colquhoun. The Far Eastern crisis. — M. Mikhailoff. The great Siberian Railway. — Lord C. Beresford. China and the Powers. — Wu Ting-Fang. Mutual helpfulness between China and the United States. — D. C. Boulger. America's Share in a Partition of China. — J. H. Wilson. America's interests in China. — Sir C. W. Dilke. The American Policy in China.

∴

— The Crisis in China. (*The North American Review*, Aug. 1900.) — The Duty of America. By John Barrett, Formerly United States Minister to Siam (pp. 145/157).

— The Responsibility of the Rulers for the Disturbances in China. By Lieutenant Carlyon Bellairs, R. N. (*Ibid.*, Vol. 171, pp. 158/170.)

— America's Share in the Event of Partition. By Demetrius C. Boulger (pp. 171/181).

— Causes of Anti-Foreign Feeling in China. By George B. Smyth, President of the Anglo-Chinese College, Foochow. (*Ibid.*, pp. 182/197.)

— The Japanese View of the Situation. By A Japanese Diplomat (pp. 198/207).

— The Gathering of the Storm in China. By Robert E. Lewis. (*Ibid.*, pp. 208/213.)

— America's Treatment of the Chinese. By Charles F. Holder (pp. 214/220).

— The Struggle for Reform in China. By Charles Johnston, Bengal Civil Service (Retired). (*North Amer. Rev.*, Vol. 171, 1900, pp. 13/25.)

— The Outbreak in China. (*Ibid.*, Sept. 1900.)

— The Empire of the Dead. By the Rev. Francis E. Clark, President of the United Society of Christian Endeavor. (*Ibid.*, Vol. 171, pp. 375/388.)

— Commercial Aspect of the Yellow Peril. By Alleyne Ireland. (*Ibid.*, pp. 389/400.)

— The Root of the Chinese Trouble, by John Foord, Secretary of the American Asiatic Association. (*Ibid.*, pp. 401/410.)

— What the Chinese think of us. By Stephen Bonsah. (*Ibid.*, pp. 411/432.)

— China and the Western Powers. By F. Crispi, formerly Prime Minister of Italy. (*North American Review*, Vol. 171, pp. 692/703.)

— The Present Situation in China. By Dr. A. H. Smith. (*Mission. Rev.*, XIII, 1900, June, p. 430.)

— Recent Troubles in China. By Rev. J. H. Worley. (*Ibid.*, Aug. 1900, p. 616.)

— Causes of the Troubles in China. By Rev. W. O. Elterich. (*Ibid.*, p. 630.)

(Evènements de 1900-1901.)

— The Clash of Civilization in China. By Dr. J. T. Gracey. (*Ibid.*, p. 623.)

— Chinese Riots and Reparations. By Rev. W. A. Cornaby. (*Ibid.*, p. 620.)

— Treaty Rights and Missions. By Rev. P. W. Pitcher. (*Ibid.*, p. 617.)

— The Anti-Foreign Uprising in China. By Rev. Harlan P. Beach (*ill.* and *maps*). (*Ibid.*, sept. p. 657.)

— The Causes of the Crisis in China. By Rev. J. S. Whitewright. (*Ibid.*, Dec., p. 943.)

— China and the Present Crisis, with Notes on a Visit to Japan and Korea. By Joseph Walton, M. P. London, Sampson Low, 1900, pet. in-8, pp. xII-319, carte.

— Against the Partition of China. By Rev. D. MacGillivray, M. A., B. D. (*Chin. Recorder* XXXII, Jan. 1901, pp. 10/14.)

Speech in a Debate before Union Church Guild, Shanghai, Oct. 31st, 1900.

— As Things are in China. By Rev. Joseph M. Gleason, Peking, China. (*Donahoe's Mag.*, XLV, Jan.-June 1901, pp. 13/28.)

— The Humanitarian View of the British-Boer War of The Chinese Question and of The Restoration and Maintenance of Peace. By Joachim Kaspary, Author of « The Guide of Life ». — Price One shilling. — London : The Humanitarian Publishing Association, 1901, br. in 8, pp. 48.

— Salvador Canals. — Las Potencias en China. (*Nuestro Tiempo*, Madrid, T. I, 1901, I, pp. 15, 106, 305, 404, 743.)

— « Pages libres » — No. 11, 16 mars 1901 — Numéro contre la guerre de Chine. Imprimerie de Suresnes, in-8, pp. 211 à 254.

Paraissant chaque Samedi. — Ce numéro est exceptionnellement mis dans le commerce. — Contient : Les Expéditions coloniales, par Émile Duclaux. — Une page de Montesquieu : Pourquoi la Chine ne sera jamais chrétienne. — La Question chinoise et les missions catholiques, par Paul Boell. — Les Intentions des Missionnaires protestants. — Documents. — « Bienheureux les Pacifiques ! » par R. Périé.

— Faculté de Droit de Paris — Représailles en temps de paix — Blocus pacifique suivi d'une étude sur les Affaires de Chine (1900-1901) — Thèse pour le Doctorat Soutenue le 20 Mars 1901, à 1 heure par Louis Ducrocq Avocat à la Cour d'Appel — Paris, A. Pedone, 1901, in-8, pp. 237.

— Acht Monate in Peking Eindrücke und Studien aus der Zeit nach den chinesischen Wirren — Vortrag gehalten am 5. April 1905 in der Münchner Orientalischen Gesellschaft von Prof. Dr. A. Conrady. Halle a. S., 1905, in-8, pp. 19.

« Der Orient »... Herausgegeben von Hugo Grothe... Erstes Heft.

— The Punishment of Peking By Arthur H. Smith. (*The Outlook*, LXVI, New York, 1900, pp. 493/501.)

— The Remoter Sources of the Troubles in China. By Arthur H. Smith. (*Ibid.*, pp. 879/883.)

— The Contribution of Foreigners to Chinese Discontent. By Arthur H. Smith. (*Ibid.*, pp. 923/926.)

— The Sources of the Troubles in China. By Arthur H. Smith. (*Ibid.*, pp. 1036/1041.)

— The Hand of God in the Siege of Peking. By Rev. A. H. Smith. (*Chin. Rec.* XXXII, Feb. 1901, pp. 83/88.)

— China in Convulsion by Arthur H. Smith... With Illustrations and Maps. Edinburgh and London, Oliphant, Anderson & Ferrier, 1901, 2 vol. in-8, pp. xiv + 2 ff. n. ch. + pp. 364, 365 à 770.

— * Pressing Problems in the Chinese Empire. By the Rev. Arthur H. Smith. (*Missionary Review of the World*, Nov. 1902.)

.˙.

— Die chinesischen Boxer. Von Dr. Emil Jung in Eisenach. (*Deutsche Rundschau f. Geog. u. Stat.*, XXIII, 1900-1901, pp. 157/162.)

— The Fall of Pekin. By Gilbert Reid. (*The Forum*, XXX, Sept. 1900 — Feb. 1901, pp. 578/582.)

— The Chinese Wolf and the European Lamb. By E. J. Dillon. (*Contemporary Rev.*, LXXIX, Jan. 1901, pp. 1/31.)

— Freund und Feind unter den Mandarinen von Friedrich Hirth. (*T'oung Pao*, 2e Sér., II, N° 1, Mars 1901, pp. 68/75.)

— Die Gesellschaft « vom grossen Messer » (Boxer). Von P. Stenz. S. V. D. (*Globus*, LXXIX, 1901, pp. 9/12.)

— Un manifeste des Boxeurs. (*Miss. Cath.*, XXXIII, 8 Nov. 1901, pp. 530/1.)

.˙.

— « These from the Land of Sinim ». Essays on the Chinese Question. By Sir Robert Hart, Bart., G. C. M. G., Inspector General of Chinese Imperial Customs and Posts. With Appendices. London : Chapman & Hall, 1901, in-8, 3 ff. n. ch. + pp. 254.

I. The Peking Legations : A National Uprising and International Episode. II. China and her Foreign Trade. III. China and Reconstruction : November 1900. — IV. China and Non-China. — V. The Boxers : 1900. — App. I. — A Tsungli yamên Circular to Chinese Ministers abroad. — App. II. — The Inspector General's Memorandum concerning Commercial Relations.

Notice : *The Athenaeum*, April 27, 1901. — *Lond. & China Telegraph*, April 15, 1901.

— — Second Edition, 1903, in-8.

Avec l'addition du chap. suivant en anglais :

— Le Caractère chinois. (*Belgique coloniale*, 10 fév. 1901, p. 62.)

D'après Sir Robert Hart, dans la *Fortnightly Review*.

— Die Boxer (1900). Von Sir Robert Hart (Peking). (*Deutsche Revue*, XXVI, 1901, pp. 257/267.)

— La Chine, les Réformes et les Puissances. Par Sir Robert Hart. (*Revue de Paris*, 1er Mai 1901, pp. 1/33.)

.˙.

— La Situation de la Chine 1900-1901, le Soulèvement boxer et l'expansion française par M. Henry Dyé, Lieutenant de vaisseau. (*Bul. Soc. Géog. com.*, XXIII, 1901, pp. 530/552.)

— Looting in China. By John MacDonnell C. B. (*Contemporary Review*, March 1901, pp. 444/452.)

— * China from Within, or the Story of the Chinese Crisis. By Stanley P. Smith, formerly of Trinity College, Cambridge, and of the China Inland Mission. London, 1901.

— China of To-Day. (*Church Quart. Rev.*, April-July 1901, LII, pp. 50/69.)

A propos des ouvrages de Parker et de S. P. Smith.

— Hystérie et « Boxeurs » en Chine. Par J. Matignon. (*Revue Scientifique*, 9 mars 1901, pp. 302/4.)

Notice par H. Mansuy, *L'Anthropologie*, XII, 1901, pp. 217/8.

— L'Hystérie chez les Boxeurs. Par le Dr. J. Matignon. (*La Revue d'Asie*, 1er déc. 1901, pp. 86/92.)

Ext. de *Superstition, Crime et Misère*. — Voir col. 1495.

— Ense et Cruce ! — Boxeurs et Missionnaires en Mongolie. (*L'Orient lointain*... par le Dr. J.-J. Matignon, pp. 243/261.)

— Unsre Beziehungen zu China und zur Islamwelt. Von Prof. H. Vambéry. (*Deutsche Revue*, XXVI, 1901, pp. 155/197.)

— Le protocole de Pékin. (*Bull. Com. Asie française*, Août 1901, pp. 211/212.)

— Der Kampf um den chinesischen Markt. Von D. A. Etienne (Berlin). (*Asien*, Okt. 1901, pp. 11/14 ; Dez. 1901, pp. 45/48.)

— L'emprunt et les indemnités chinoises. (*Bull. Com. Asie française*, Déc. 1901, pp. 384/395.)

— Die chinesische Frage. (Nauticus, *Jahrbuch für Deutschland's Seeinteressen* für 1901.)

— China im Zeichen des Fortschrittes. Von Friedrich Hirth. (*Deutsche Monatsschrift für das gesamte Leben der Gegenwart*, Berlin, Jan. 1902, pp. 511/535.)

— China and the Boxers. A Short History on the Boxer Outbreak, with two chapters on the Sufferings of Missionaries and a closing one on the Outlook. By Rev. Z. Chas. Beals... — M. E. Munson, Publisher, 77 Bible House, New York, in-8, pp. 158.

— The Boxers in Manchuria. By Rev. John Ross. 1901. *N.-C. Herald* Office, Shanghai, br. in-8, pp. 18 à 2 col.

— Origin and Causes of the Chinese Crisis. 1900. By J. Freri. (*The American Catholic Quarterly Rev.*, Vol. XXVII, 1902, pp. 228/238.)

— Le retour de la cour à Pékin. (*Bull. Com. Asie française*, Janvier 1902, pp. 27/29.)

— L'exécution du protocole de Pékin. (*Ibid.*, pp. 29/30.)

Réimp. dans la *Belgique coloniale*, 2 fév. 1902, pp. 53/4.

— La question du gouvernement provisoire de T'ien-tsin. (*Bull. Com. As. fr.*, Mars 1902, pp. 132/133.)

— La rentrée de la Cour à Pékin. Par ***. (*Revue de Paris*, 1er avril 1902, pp. 667/688.)

— A Study of an Incident in the Boxer Rising. By Rev. F. W. S. O'Neill. (*Chin. Rec.*, XXXIII, No. 4, April 1902, pp. 181/185.)

— La question de la restitution de T'ien-tsin. (*Bull. Com. Asie française*, Juillet 1902, pp. 317/319.)

— China and the Powers A Narrative of the Outbreak of 1900 by H. C. Thomson... With thirty Illustrations and two Maps. Longmans, London, 1902, in-8, pp. XII-285.

Notice : *East of Asia*, Vol. 2, Oct. 1903, pp. 289/290.

— * China's Needs. By Clement F. R. Allen. (*The East and the West*, 1902.)

— The Recent Changes at Peking; and Recollections of Peking. — By the Rev. J. Edkins, D. D. — Reprinted from the « Shanghai Mercury » 1902. Printed at the « Shanghai Mercury » Ltd., br. in-8.

— L'évacuation de Changhaï. Par E. P. (*Bull. Com. Asie française*, Déc. 1902, pp. 517/518.)

— У стѣнъ недвижнаго Китая. Дневникъ кореспондента « Новаго Края » на театрѣ военныхъ дѣйствій въ Китаѣ въ 1900 году. Par Дмитрій Янчевецкій. St-Pétersbourg et Port-Arthur, chez П. А. Артемьевъ, 1903, in-8, 2 ff. n. ch. + pp. XII + 3 ff. n. ch. + pp. 618 + 1 f. n. ch. + pp. 12, avec illustr. et plans.

— Le Livre jaune sur l'évacuation de Changhaï. (*Bull. Com. Asie française*, Mars 1903, pp. 106/107.)

Voir col. 2504 et 2439.

— Reminiscences of China after the recent Troubles. By W. B. Mainprise, R. E. (*Scottish Geog. Mag.*, XIX, 1903, pp. 480/3.)

— Le Mouvement de Réforme en Chine. (*Rev. Indo-Chinoise*. 23 mars 1903, pp. 257/8.)

Trad. de la *China Mail*.

— A Thousand Miles of Miracle... by Rev. A. E. Glover. 1904. — Voir col. 1255.

— Boxer Massacres in Taiyuenfu. By E. H. Edwards, M. D. (*East of Asia*, Special Number, June 1904, pp. 4/6.)

— Der ostasiatische Markt vor und nach dem Kriege. Von Dr. Vosberg-Rekow. (*Asien*, 1904, No. 7, pp. 97/100; No. 10, pp. 145/8; No. 11, pp. 164/7.)

— China. By Hon. J. W. Foster. [With Maps.] (*National G. Mag.*, XV, 1904, pp. 463/478.)

— Le paiement de l'indemnité de 1901 [Chine]. (*Bull. Com. Asie française*, février 1905, p. 82.)

— Décret relatif aux Douanes, 9 Mai 1906, voir col. 2203 et 2204 ; 2440.

Siège des Légations (1900).

— A Woman's Diary of the Siege of Pekin. By Mrs. E. K. Lowry (*plans*). (*McClure's Mag.*, XVI, Nov. 1900, p. 65.)

— Martyrologe de Peking. Par Henri Cordier. (*T'oung Pao*, 2e Sér., I, N° 5, Déc. 1900, pp. 494/497.)

— * The Struggle on the Peking Wall : an Episode of the Siege of the Legations. By W. N. Pethick. (*Century Mag.*, LXI, Dec. 1900, p. 308.)

— Über die Ziele Russlands in Asien. — Von Hauptmann Joseph Schön des k. und k. Generalstabscorps eingetheilt im k. und k. Infanterie-Regimente Fiedler Nr. 30. — Zweite Auflage — Mit einer Karte. — Wien, L. W. Seidel & Sohn, 1900, in-8, pp. 96.

— Le Siège des Légations de Pékin. Rapport de M. Pichon. (*Rev. française*, XXV, 1900, pp. 689/707.)

— China against the World — Reprinted from *The North American Review* — I. — Causes of Anti-Foreign Feeling in China. George B. Smyth. — II. — The Struggle for Reform in China. Charles Johnston. — III. — Missions and Missionaries in China. Poultney Bigelow. — IV. America's Treatment of the Chinese. Charles F. Holder. — V. — America's Duty in China. John Barrett. — New York : *The North American Review* Publishing Co., s. d. [1900], in-8, 33 ff. n. ch. p. l. tit. et l. texte.

Voir col. 2584.

— René Bazin — L'enseigne de vaisseau Paul Henry — A. Mame et Fils à Tours, s. d. [1901], in-12, pp. 319 + 1 p. n. ch. tab., Port.

Paul Henry, né à Angers, le 11 nov. 1876 ; tué à Peking, 30 juillet 1900.

Nouveaux tirages : 1902, 1905 (dixième mille).

— René Bazin — L'enseigne de vaisseau Paul

Henry Défenseur de la Mission de Pékin. Tours, Maison Alfred Mame et fils, s. d. [1902], in-4, pp. 286 + 1 f. n. ch. tab., Portrait.

Nouveaux tirages : 1903, 1905.

— * Story of the Siege Hospital in Peking, and Diary of Events from May to August 1900. By Jessie Ransome, Deaconess, Church of England Mission. London, 1901.

— La Défense de la Légation de France à Pékin — Par Eugène Darcy, Lieutenant de vaisseau, Commandant du Détachement français. — Paris, Augustin Challamel, 1901, in-16, pp. VIII-248.

Notices : *Bull. Com. Asie française*, Sept. 1901, pp. 262/264. — *Etudes*, 5 Oct. 1901, pp. 135/6, par Paul Dudon.

— La défense de la Légation de France à Pé-king par M. le lieutenant de vaisseau Darcy (*Rev. des Deux Mondes*, 15 juin 1901, pp. 799/839.) — Extraits du vol. publié chez Challamel.

— Journal d'un bourgeois de Pékin du 29 Mai au 16 Août 1900. (*Miss. Cath.*, XXXIII, 6 Déc. 1901, pp. 579/580; 13 Déc., pp. 591/593; 20 Déc., pp. 603/605; 27 Déc., pp. 620/621.)

— Le siège du Pei-tang. (*Rev. française*, 1901, pp. 77/87.)

Rapport de M. Pichon. — Journal de Mgr. Favier.

— The Siege in Peking China Against the World — By an Eye Witness W. A. P. Martin, D. D., LL. D. President of the Chinese Imperial University... Edinburgh and London, Oliphant Anderson & Ferrier 1900, pet. in-8, pp. 190.

Notice : *Lond. & China Express*, 8 Feb. 1901.

— The Siege in Peking : its Causes and Consequences. An Address by Dr. W. A. P. Martin. (*Bul. Am. Geog. Soc.*, XXXIII, No. 1, 1901, pp. 19/30.)

— * Roland Allen, acting Chaplain to H. B. M.'s Legation. — The Siege of the Peking Legations : a Diary, with maps and plans. London, Smith Elder, 1901, in-8.

— A Diary of the Siege of the Legations in Peking during the summer of 1900 by Nigel Oliphant With a Preface by Andrew Lang. Longmans, Green, and Co. London, 1901, pet. in-8, pp. IX-227. Plans.

— Deutsche Seesoldaten bei der Belagerung der Gesandtschaften in Peking im Sommer 1900. Von Christian Rogge, Marine-Oberpfarrer in Kiel. Mit einem Titelbilde, 28 Abbildungen und zwei Kartenskizzen im Text. Berlin, 1902, Ernst Siegfried Mittler, in-8, pp. IV + 1 f. n. ch. + pp. 75.

Sonderabdruck aus dem « Soldatenfreund », 69. Jahrg., Heft 6 u. 7.

— Les Derniers Jours de Pékin, par Pierre Loti, de l'Académie française. Paris, Calmann Lévy, 1901, in-18, pp. IV-464.

60 ex. Holl., 25 Japon, 15 Chine.

Articles envoyés de Chine au *Figaro*. — Réimp. pages 25-310 du Vol. IX des *Oeuvres complètes* de Pierre Loti... Paris, Calmann-Lévy, 1906, in-8, pp. 676 + 1 p. n. ch. tab.

Notice : *Bull. Com. Asie française*, Avril 1902, pp. 191/192.

— Souvenirs du Siège de la Légation de France à Pékin. Par Jacques du Taurat. (*Rev. Indo-chinoise*, 200, 18 août, 1902, pp. 762/767; d'après la *Revue d'Asie*.)

— Die Belagerung der Pekinger Gesandtschaften. Eine völkerrechtliche Studie Dr. jur. Wolfgang Heinze. Heidelberg, 1901, Carl Winter, in-8, pp. 278.

— * H. Bismarck. — Die Belagerung von Peking. Shanghai.

— La Défense de la Légation de France (Pékin, du 13 juin au 15 août 1900) Conférence de la Croix-Rouge de Bordeaux, le 3 mai 1901 Par le Dr J.-J. Matignon Médecin-major de l'Artillerie de la 35e division... Paris [et] Bordeaux, 1902, in-8, pp. 47, ill.

Ext. de la *Revue Philomathique de Bordeaux et du Sud-Ouest*, 4e année, nos. 8 et 9, 1901.

— La Chine à terre et en ballon. 1902. — Voir col. 220.

— * C. I. Voskamp. — Aus der verbotenen Stadt. Berlin.

— * Robert Coltman, M. D. — The Yellow Crime ; or, Beleaguered in Peking. Philadelphia, 1901, gr. in-8, pp. IV-248, ill.

— Die Schreckenstage von Peking — Eigene Erlebnisse und Beobachtungen nebst Illustrationen und Situationsplan mitgeteilt von Hugo Günther — Gefreiter beim Marine-Detachement « Graf von Soden ». Herausgegeben in Verbindung mit Hermann Lunecke, Lehrer. Hamm i. W., E. Griebach, 1902, in-8, pp. 103.

— Two Famous Modern Sieges. By Arthur H. Smith. (*East of Asia*, Vol. 2, No. 3, Oct. 1903, pp. 230/240.)

— Le Drame de Pékin en 1900 par L. Debroas Ouvrage illustré de nombreuses gravures. — Société Saint-Augustin, Desclée, De Brouwer et Cie, Paris [et] Lille, gr. in-8, pp. 289 + 1 p. n. ch. tab.

Notice : *Petermanns Mitt.*, 50. Bd, 1904, VII, p. 124, par M. v. Brandt.

— * Siege Days. Personal Experiences of American Women and Children during the Peking Siege. By Mrs. A. H. Mateer. Chicago, Fleming H. Revell Co.

Notice : *Chin. Rec.*, Aug. 1904, pp. 425/6, by Chauncey Goodrich.

— * The Perils of Peking. By William Murray Graydon. London : John F. Shaw & Co., 1904, in-8, pp. 294, 3/6.

Notice : *Lond. & China Express*, Oct. 21, 1904. — Roman.

— Siège de Péking Récits authentiques des assiégés S. Pichon, d'Anthouard, C^t Darcy, Matignon, Bartholin, Mathieu, Piot, etc. Avec Photographies de Piry prises pendant le Siège 150 gravures dans le texte & hors texte par Francis Laur. Paris, Soc. des Publications scientifiques et industrielles, 1904-1905, in-8, pp. 442.

Avait paru dans la *Chine Nouvelle*.

Notice : *Bul. Com. Asie franç.*, Avril 1904.

— Indiscreet Letters from Peking being the Notes of an eye-witness, which set forth in some detail, from day to day, the real story of the Siege and Sack of a distressed Capital in 1900 — the year of great tribulation. Edited by B. L. Putnam Weale. London : Hurst and Blackett, s. d. [1907], in-8, pp. xii-310.

Notice : *Lond. & China Express*, March 1, 1907.

Action militaire 1900-1901.

7 Juin	1900	— Pe-king bloqué.
10 —	—	— Départ de la Colonne Seymour.
16 —	—	— Ultimatum aux forts de Ta-kou.
17 —	—	— Prise des forts de Ta-kou.
17 —	—	— Concessions étrangères de T'ien-tsin assiégées.
20 —	—	— Commencement du siège des Légations. Assassinat du Baron de Ketteler.
23 —	—	— Délivrance des Concessions ét. de T'ien-tsin.
14 Juillet	—	— Fin du Bombardement des Concessions ét. de T'ien-tsin.
14 Août	—	— Délivrance des Légations.
16 —	—	— Délivrance du Pe-tang.
7 Sept.	1901	— Protocole final.

— L'Expédition de 1860 et les difficultés de la campagne actuelle. Par Gabriel Vasco. (*Rev. franç. de l'Et. et des Col.*, Août 1900, pp. 449/464.)

— Le corps expéditionnaire de 1900. (*Ibid.*, pp. 474/6.)

— Corps Expéditionnaire du Petchili-Rapport du Colonel de Pélacot commandant le corps expéditionnaire sur les journées des 11, 12, 13 & 14 juillet 1900. Combats autour de T'ien-tsin et Prise de la Cité chinoise. (*Rev. Indo-Chinoise*, No. 111, 3 déc. 1900, pp. 1145/1156.)

— Le Colonel de Pélacot de l'infanterie coloniale, breveté d'état-major Commandeur de la Légion d'honneur Ancien Commandant du corps expéditionnaire de Chine — Expédition de Chine de 1900 jusqu'à l'arrivée du Général Voyron. Paris, Henri Charles-Lavauzelle, s. d. [1903], in-8, pp. 285.

Notices : *Ann. Sc. Pol.*, 15 sept. 1903, pp. 665/7, par Louis Dop. — *Bul. Ec. franç. Ext. Orient*, III, Oct.-Déc. 1903, p. 722, par P. Pelliot.

— Publication du « Comité d'Action Socialiste contre la Campagne de Chine » — Les Atrocités de la guerre de Chine par Pierre Bertrand — Paris, Soc. nouvelle de librairie et d'édition, 1901, in-8, pp. 43.

— La campagne de Chine 1900-1901. Par U. C. (*Rev. française*, 1901, pp. 645/650.)

— M. C. Curey Capitaine d'artillerie — Russie et Chine en 1900 — Avec 6 figures et 1 carte hors texte — Extrait de la *Revue d'artillerie.* — « Mars 1901 » — Berger-Levrault, Paris [et] Nancy, 1901, in-8, pp. 39.

— Général Voyron — Rapport sur l'Expédition de Chine 1900-1901 — (Extrait de la *Revue des Troupes coloniales*). Paris, Henri Charles-Lavauzelle, s. d., in-8, pp. 514, gravures.

Publié dans les No. 11/18 de la *Revue des Troupes Coloniales*.

— Le retour du Général Voyron. (*Bul. Com. Asie franç.*, Oct. 1901, pp. 272/4.)

— La Croix rouge en Chine Par *** (*Revue de Paris*, 1er janvier 1902, pp. 143/154).

Préface du vol. qui doit être consacré par la Société française de Secours aux Blessés militaires sur la part prise par elle à la campagne de Chine.

— Les événements militaires en Chine. Par J. Cheminon Capitaine d'artillerie breveté de l'État-Major de l'Armée [et] G. Fauvel-Gallais Capitaine d'artillerie breveté de l'État-Major de l'Armée. Avec 8 cartes et plans. Paris, R. Chapelot & Cie, 1902, in-8, pp. 196.

Publication du 2e Bureau de l'État-Major de l'Armée.

— Souvenirs de la guerre de Chine. Par L.-Cel Vidal. (*Bul. Com. Asie française*, Janvier 1902, pp. 3/13; Février 1902, pp. 57/69.)

— La Croix-Rouge Française pendant l'Expédition de Chine. Par A. Marcel. (*Rev. de Géog.*, L, 1902, pp. 357/360.)

— Journal d'un Officier du Corps expéditionnaire de Chine. (*Tour du Monde*, 1902, pp. 61/84 ; 1903, pp. 265/300.)

— La Campagne de Chine (1900-1901) et le Matériel de 75 Par V. Tariel Lieutenant-Colonel d'Artillerie — Avec douze figures et une carte spéciale hors texte. Berger-Levrault Paris [et] Nancy, 1902, pet. in-8, pp. 109.

— La Chine contre l'étranger — Les Boxeurs par Le Baron d'Anthouard — Ouvrage accompagné de vingt-deux gravures et de plans. Paris, Plon, 1902, in-16, pp. xi-361 + 3 ff. n. ch.

Journal d'un bourgeois de Pékin, pp. 294/343. — Voir col. 2589.

Notice : *Etudes*, 20 juillet 1902, pp. 275/7, par Joseph Desmarquest.

— La santé des troupes alliées en Chine. Par Maurice Buret. (*Rev. Indo-Chinoise*, 1er sept. 1902, pp. 803/7.)

D'après les *Questions dipl. et coloniales*.

— Journal du siège de Tien-tsin. Par ***. (*Revue de Paris*, 15 janvier 1902, pp. 221/256.)

— * A. Douglas. — Le Siége de Tien-tsin, 15 juin-15 juillet 1900. Paris, 1903, in-12, pp. 400.

— Les événements de Chine (1900) d'après les récits de quelques témoins. Par Maurice Courant. (*Ann. Sc. polit.*, 15 mai 1903, pp. 369/382.)

— * M. S. — La Chine et les Alliés 1900-1901, 20 reproductions en simili-gravure. R. Chapelot et Cie., 1903, in-8, 1 fr. 50.

— * Jean de Ruffi de Pontevès. — Les Marins en Chine Souvenirs de la Colonne Seymour. Paris, Plon, 1903.

— Un officier des troupes de Chine — Le lieutenant Contal 1876-1900. Par Jules Humbert. (*Bul. Soc. Géog. com. Bordeaux*, 15 juin 1903, pp. 221/232.)

— Le Génie en Chine 1900-1901 par E. Legrand-Girarde, Colonel du Génie — Avec 140 gravures et 11 planches hors texte. — Berger-Levrault, Paris [et] Nancy, 1903, in-8.

— Amiral Courrejolles. Nécrologie par Henri Cordier. (*T'oung Pao*, Juill. 1903, p. 257.)

Né 5 fév. 1842 ; † à Paris, 29 mars 1903.

— Amiral Pottier. Nécrologie par H. C.[ordier.] (*T'oung Pao*, Oct. 1903, p. 351.)

Né 6 juillet 1839 ; † 3 août 1903, à Rochefort.

— Général Henri Frey. — Au Pé-tchi-li : Francais et Alliés (1900-1901). (*Revue des Deux Mondes*, 1er juillet 1903, pp. 83/117.)

Notice : *Bul. Ec. franç. Ext. Orient*, III, Oct.-Déc. 1903, p. 722, par P. Pelliot.

— Général H. Frey ancien Commandant en chef des forces françaises, au Pé-tchi-li de juillet à septembre 1900 — Français et Alliés au Pé-tchi-li Campagne de Chine de 1900. — Avec 5 cartes en couleur et 1 carte dans le texte. — Paris, Hachette, 1904, in-8, pp. XII-407.

— Huit mois de guerre en Extrême-Orient. Par le Général Baron Rebillot. (*Le Carnet*, Déc. 1904, pp. 272/8.)

— Lieutenant-Colonel Guillot Ancien Commandant du Génie de la 1re Brigade du Corps Expéditionnaire de Chine Ancien Chef du Génie à Pékin — Pékin pendant l'occupation étrangère en 1900-1901. Paris, Henri Charles-Lavauzelle, s. d. [1904], in-8, pp. 94 + 1 f. n. ch. p. l. tab.

Plan au 1/15.000, réduction d'un plan à l'échelle de 1/10.000 levé au printemps de 1901.

∴

— How to Read Chinese War News — A Vade-Mecum of Notes and Hints to Readers of Despatches and Intelligence from the Seat of War, with a coloured War Map and a Glossary of Military Technical Terms, Local Titles, Places, Phrases, etc. London, T. Fisher Unwin, 1900, in-16, pp. 142, carte.

Notice : *Toung-pao*, Déc. 1900, pp. 502/3, par Henri Cordier.

— * With the Peking Relief Column. By Frederick Palmer. (*Century Mag.*, LXI, Dec. 1900, p. 308.)

— The Indian Contingent in China. By Henry Newman. — Calcutta : W. Newman, 1900, pet. in-8, pp. 90.

Lettres adressées au *London Daily Telegraph*, the *Times of India*, and the *Englishman*.

— On Active Service with the Chinese Regiment. — A Record of the Operations of the First Chinese Regiment in North China from March to October, 1900, by Captain A. A. S. Barnes. London : Grant Richards, MCMII, pet. in-8, pp. XV-225.

Notice : *Imp. & Asiat. Quart. Rev.*, July-Oct. 1902, pp. 216/7.

— * The Fighting in North China, up to the Fall of Tientsin City. By G. Gipps, Midshipman H. M. S. *Orlando*. Shanghai, 1901, in-4, pp. 65, vues et plans.

— * W. McLeish. — Tientsin besieged and after the Siege ; from the 15th of June to the 16th of July 1900. Shanghai, 1901.

— China and the Allies. By A. Henry Savage-Landor... With Illustrations and Maps by the Author. London, William Heinemann, 1901, 2 vol. in-8, pp. XXIV-382, XX-446.

— * Report on the Medical History of the Campaign, China Field Force, 1900-1901, (*Army Medical Dept. Rep.*, XLIII [1901], pp. 381/410.)

— * From Tientsin to Peking with the Allied Forces. By the Rev. F. Brown. London, C. H. Kelly, 1902, pp. 126.

— Peking under the Allies. By Captain Richard Steel, 17th Bengal Lancers, late A. D. C. to General Sir A. Gaselee. (*Scottish Geog. Mag.*, XIX, 1903, pp. 147/153.)

— The Land of the Boxers or China under the Allies by Captain Gordon Casserly Indian Army With 15 Illustrations and a Plan. Longmans, Green, and Co., 1903, in-8, pp. XIV + 1 f. n. ch. + pp. 307.

Notices : *Lond. & China Teleg.*, May 16, 1903. — *Petermanns Mitt.*, 50. Bd., 1904, VII, p. 124, par M. v. Brandt.

— * George Crowe. — From Portsmouth to Peking viâ Ladysmith with a Naval Brigade.

— The Commission of H. M. S. « Terrible » 1898-1902 by George Crowe Master-at-Arms Royal Navy. London : George Newnes, MDCCCCIII, in-8, pp. XVI-370.

Notice : *Lond. & China Express*, Jan. 23, 1903.

— * W. J. Chamberlain. — Ordered to China : Letters written from China while under Commission from « New York Sun » during Boxer Uprising of 1900 and International Complications which followed. In-8, pp. 348, 1904, 6/-.

Notice : *Lond. & China Express*, 21 Oct. 1904.

— * St. George and the Chinese Dragon. An Account of the Relief of the Pekin Legations by an Officer of the British Contingent, Lieut.-Col. H. B. Vaughan. — Pearson, 3/6 *d.*

— * C. C. Dix. — The World's Navies in the Boxer Rebellion (China, 1900). With Illustrations. 1905, in-8, pp. VIII-319.

— Captain W. D. Swiney. (*Geog. Journal*, XXVII, Feb. 1906, p. 205.)

— Dans les *Decennial Reports* 1892-1901 des Douanes impériales, le rapport sur T'ien-tsin, pages 509-601, renferme un long article sur les opérations de 1900, une bibliographie, pp. 599/601, et trois plans ou cartes.

∴

— War Department, — Adjutant general's Office. — No. XXXIII. — Reports on Military Operations in South Africa and China. — July 1901. — Washington : Government Printing Office, 1901, in-8, pp. 600, carte.

Extracts from the Report of Maj. Gen. Adna R. Chaffee, on Military Operations in China, p. 327. — Summary of Military Operations in China and Manchuria, p. 523.

— Some Observations on the Pekin Relief Expedition. By Captain William Crozier, U. S. A., Chief Ordnance Officer on the Staff of General Chaffee... (*North American Rev.*, Vol. 172, 1901, pp. 225/240.)

— * Brigadier-General A. S. Daggett. — America in the China Relief Expedition. Kansas City, 1903.

∴

— Der Weltkrieg um China von Monitor. Berlin 1900 Hermann Walther, in-8, pp. 47.

— Die Wirren in China und die Kämpfe der verbündeten Truppen. Dargestellt von Alfred von Müller Vormals Oberleutnant im 1. Hanseatischen Infanterie-Regiment No. 75, jetzt Oberleutnant in der Schutztruppe für Deutsch-Ostafrika. — Mit Karten, Skizzen, Anlagen und Abbildungen. — Erster Band. Die Ereignisse im Jahre 1900 bis zum Eintreffen des Oberkommandos. Mit einer kurzen Vorgeschichte. Zweite verbesserte Ausgabe. — Berlin 1902 Liebel, in-8, pp. VII-77-13 + pp. 79 à 283 + 4 tab. + pp. 24 + 2 tab.

— — — Zweiter Band. (Zugleich IV. Teil.) Die Thätigkeit des Armee-Oberkommandos, des Ostasiatischen Expeditionskorps und der verbündeten Truppen auf dem Kriegschauplatz in Petschili und in der Mandschurei. — Friedensschluss. Ibid., in-8, pp. VI-285 à 519.

— Die Wirren in China und die Kämpfe der verbündeten Truppen. Dargestellt von Alfred von Müller Oberleutnant im 1. Hanseatischen Infanterie-Regiment No. 75. I. Teil : Inhalt : Vorgeschichte. Deutschlands Interessen in Ost-Asien. Boxerbewegung. Streitkräfte. Die ersten Kämpfe. Rüstungen der Verbündeten. — Berlin 1900 Verlag der Liebel'schen Buchhandlung, in-8, 2 ff. n. ch. + pp. 77-24.

Premier fascicule de la 1re éd. de l'ouvrage précédent.

— Unsere Marine in China. Eingehende Darstellung der Thätigkeit unserer Marine und der See-Bataillone im ersten Abschnitt der « China-Wirren ». Von Alfred von Müller, Oberleutnant im 1. Hanseatischen Infanterie-Regiment Nr. 75. Mit Originalberichten von Mitkämpfern und Augenzeugen: Kühne, Kapitänleutnant, Graf v. Soden, Oberleutnant, Lustig, v. Wolf, Hilmers Oberleutnants z. S., Koslik, Marine-Oberzahlmeister (S. M. S. « Iltis »), Dose, Oberlazarettgast, u. a. m. Mit zahlreichen Abbildungen und Skizzen. Berlin, Liebel, s. d. [1901], in-8, pp. VI + 1 f. n. ch. + pp. 290 et plan.

— Die Kämpfe in China. — In militärischer und politischer Beziehung dargestellt von Asiaticus. — Erstes Heft... Berlin 1900, Richard Schröder, in-8, pp. 57.

Le second no. : *Die Ereignisse bis zur Erstürmung von Tiëntsin am 14. Juli 1900*, pp. 76.

— Preis 20 Pfennig. — Flugbogen No. 1. China [Portrait de Waldersee]. Allstein & Co., Berlin, s. d., Ill.

— * Ernst Schott. — Die Wirren in China und ihre Ursache. Leipzig, 1900.

— * J. Herrings. — Das erste Lorbeerreis des III. Seebataillons. Shanghai.

— Taku — Die deutsche Reichsmarine in Kampf und Sieg — Geschildert von J. Herrings. — Mit 60 Abbildungen, Karten und Plänen nach an Ort und Stelle aufgenommenen Originalen. Herm. J. Meidinger, Berlin, in-8, pp. 160.

— * Die Betheiligung der Deutschen Marine an den Kämpfen in China. Sommer 1900. Nach amtlichen Quellen mit Skizzen und einem Plan von Tientsin. E. S. Mittler & Sohn, Berlin 1901. M. 1.

— * R. Giehrl. — China-Fahrt. Erlebnisse und Eindrücke von der Expedition 1900-01. München, 1903, gr. in-8, pp. VII-198.

— Meine Kriegs-Erlebnisse in China. Die Expedition Seymour. Mitgeteilt von Korvetten-Kapitän Schlieper. Mit Karten, Photographien und zahlreichen nach Skizzen des Verfassers entworfenen Illustrationen von Marinemaler C. Schön. Minden in Westfalen. Wilhelm Köhler. 1901. in-8, pp. VI-138.

— Deutschlands Kämpfe in Ostasien dem deutschen Volke erzählt von Carl Camera Hauptmann a. D. — Illustriert von Ernst Zimmer — Mit einer Übersichtskarte von Ost-China. München 1902, C. H. Beck, in-4, pp. VI + 1 f. n. ch. + pp. 245.

Notice : *Deutsche Kolonialzeitung*, 5. Juni 1902, pp. 227/8, par Schultz-Fürstenwalde.

— George Wegener — Zur Kriegszeit durch China 1900-1901. Mit zahlreichen Abbildungen und einer Karte. Zweite Auflage. Berlin, Allg. Verein für Deutsche Litteratur 1902, gr. in-8, pp. VIII-405.

Notice : *Zeitschft. Ges. f. Erdk. Berlin*, 1902, pp. 566/9, par Felix Lampe.

— * Deutschland in China, 1900-1901; von Teilnehmern an der Expedition. Düsseldorf, 1902.

— * Dose. — Erlebnisse eines Chinakämpfers vom 4. März 1899 bis Weihnacht 1900-1901.

— * Otto Löffler. — Die China-Expedition 1900-1901. Unter besond. Berücksicht. der Thätigkeit des Armee-Oberkommandos u. des deutschen Expeditionskorps. Mit 1 Karte in Steindr. Berlin, E. S. Mittler & Sohn, 1902, in-8, pp. 48.

Aus *Beiheft z. Militär-Wochenbl.*

— * Reinhard. — Mit dem II. Seebataillon nach China, 1900-1901. Berlin, 1902.

— Die Kämpfe des Deutschen Expeditionskorps in China und ihre militärischen Lehren. — Dargestellt vom Kriegsberichterstatter E. Baron Binder-Kriegelstein. Mit 10 Skizzen und 1 Uebersichtskarte in Steindruck. Berlin 1902. Ernst Siegfried Mittler, in-8, pp. x-273.

— Chrysanthemum und Drache — Vor und während der Kriegszeit in Ostasien. Skizzen aus Tagebüchern von Freiherrn Wilhelm von Richthofen Oberleutnant im 3. Garde-Ulanen-Regiment. — Mit 16 Tafeln Illustrationen und einer Karte. — Berlin 1902 Ferd. Dümmler, in-8, pp. VII-288.

— Die kaiserliche Marine während der Wirren in China 1900-1901. — Herausgegeben vom Admiralstabe der Marine. Mit 8 Abbildungen und 20 Plänen und Skizzen in Steindruck. — Berlin 1903 Ernst Siegfried Mittler, gr. in-8, pp. IV-271.

— Berittene Infanterie in China und andere Feldzugs-Erinnerungen von Georg Friederici Hauptmann a. D. — Mit 70 Abbildungen im Text und einer Karte. — Berlin, 1904, Dietrich Reimer (Ernst Vohsen), in-8, 4 ff. prél. n. ch. + pp. 355.

— Aus dem Tagebuche eines Chinakriegers. Von Paul Kamsauer. Wolfenbüttel, Heckner, in-8, pp. 104. [1904.]

— Unter Chinesen und Tibetanern von A. Genschow Leutnant und Dolmetscher-Offizier im Ostasiatischen Expeditionskorps, jetzt Leutnant im Infanterie-Regiment von Alvensleben (6. Brandenburgisches) No. 32. — Mit 189 Abbildungen, Initialen und Zierstücken im Text nach Originalaufnahmen und Zeichnungen des Verfassers nebst 5 lithographischen Spezialkarten in Farbendruck, 1 Uebersichtskarte u. Porträt des Verfassers. Rostock i. M., C. J. E. Volckmann, 1905, gr. in-8, pp. VI + 1 f. n. ch. p. l. tab. + pp. 384 + 1 f. n. ch.

Il y a une édition de luxe tirée à 100 exemplaires numérotés.

.˙.

— Kämpfe in China. — Eine Darstellung der Wirren und der Betheiligung von Österreich-Ungarns Seemacht an ihrer Niederwerfung in den Jahren 1900-1901 von Theodor Ritter von Winterhalder k. und k. Linienschiffs-Lieutenant. — Mit 118 Abbildungen, 26 Croquis und 2 Karten. Wien und Budapest, A. Hartleben, 1902, in-8, 5 ff. n. ch. tit., préf., tab. + pp. 584.

— * Carl Wójcik. — Ursachen und Verlauf der Wirren. Wien, 1902.

.˙.

— Official Report of the Russian Landing Parties from the Battle-Ships « Navarin » and « Sissoi Veliki » in Peking from the 18th (31st) May to 2nd (15th) August, 1900. By Lieutenant Baron von Raden, Imperial Russian Navy, Commanding the Detachments. — Translated from the « Morskói Sbórnik », No. 3, March 1901. (*Journal Roy. United Service Institution*, Vol. XLV, 1901, pp. 594/605.)

— The Capture of the Taku Forts. By Lieut. Myakishev, Flag Gunnery Officer of the Pacific Squadron, Russian Imperial Navy. — Translated from the « Morskói Sbórnik », No. 2, February 1901. (*Jour. Roy. United Service Institution*, Vol. XLV, 1901, pp. 730/744.)

— Alexander W. Wereschtschagin kaiserlich russischer Oberst im Generalstab — Vom Kriegsschauplatze in der Mandschurei Gesammelte Erzählungen von Mitkämpfern bei der Eroberung der Mandschurei 1900/1901 — Uebersetzt von R. Ullrich Leutnant im Inf.-Rgt. von Sparr — Berlin, Karl Siegismund, in-8, pp. 229.

— Die Eroberung der Mandschurei durch die Transbaikal-Kosaken im Jahre 1900 von N. A. Orloff Generalmajor im Grossen

Generalstab. Deutsch von Ullrich Leutnant im Infanterie-Regiment Freiherr von Sparr (3. Westf.) Nr. 16. — Kurze Darstellung der Expedition des Chailar-Detachements, sowie des Lebens in der Mandschurei. — Mit einer Karte und Text-Skizzen. — Strassburg i. E., Wolstein und Teilhaber, 1904, pet. in-8, pp. 203 + 1 f. n. ch. p. l. tab.

Notice : *Petermanns Mitt.*, 50. Bd., 1904, VII, p. 126, par Immanuel.

.˙.

— Une Expédition belge en Chine. (*Le Mouv. géog.*, 1900, col. 361, 379.)

— En Chine. Par F. G. (*Belgique colon.*, 1900, 23 sept., pp. 446/448 ; 30 sept., pp. 458/9.)

Guerre russo-japonaise.

7	fév.	1904.	Les Ministres de Russie et du Japon quittent par ordre, l'un Tokyo, l'autre St. Pétersbourg.
Nuit 8 au 9 fév.		—	Attaque sans déclaration de guerre de la flotte russe de Port Arthur par Togo : *Retvisan* et *Cesarevitch* torpillés.
9	—	—	Notes du Japon et de la Russie.
11	—	—	Déclaration de guerre par la Russie.
23	—	—	Protocole signé à Séoul par le Japon (Hayashi) et la Corée.
13	avril	—	Perte du *Petropavlosk* avec l'amiral Makarov ; l'amiral Skrydlov remplace ce dernier comme Commandant des forces navales russes.
1er	mai	—	La première armée japonaise (Kuroki) force le passage du Ya-lou.
3	—	—	Tentative de Togo contre Port Arthur.
5	—	—	La deuxième armée japonaise (Oku) débarque à Pi-tse-wo (Liao-toung).
6	—	—	Avant-garde de Kuroki entre à Feng-houang-tch'eng.
26	—	—	Oku enlève les lignes de Kin-tcheou.
8	juillet	—	Oku occupe Kai-ping.
—	—	—	La troisième armée japonaise (Nodzu) débarque à Tá-kou-chan et rejoint Oku après avoir occupé la passe de Fen-choui-'in.
—	—	—	La quatrième armée japonaise (Nogi) débarque à la baie Kerr. — Siège de Port Arthur.
24	—	—	Les Russes abandonnent Ta-tchi-kiao, bifurcation des lignes de In-k'eou et de Port Arthur vers Liao-yang.
10	août	—	Bataille navale ; désastre russe.
25 août/3 sept.		—	Bataille de Liao-yang (Kouropatkin – Oyama : Oku, Nodzu, Kuroki).
9 oct./14 oct.		—	Bataille du Cha-ho.
2	janvier	1905.	Départ de Libau de l'escadre de la Baltique.
—	—	—	Reddition de Port Arthur. (Stoessel. — Nogi.)
1er mars/9 mars soir.			Bataille de Moukden. (Oyama : Oku, Nodzu, Kuroki, Nogi.)
21	mars	—	Arrêt de la poursuite des Russes par les Japonais.
27/28	mai	—	Désastre de l'amiral Rojestvensky à Tsoushima.
23 août/5 sept.		—	Traité de Portsmouth (N. H.)

— A. P. C. Griffin's *Select List of Books... relating to the Far East* (col. 1832) : *Russo-Japanese Relations*, pp. 40/8.

— Sidelights on the Russian Army. By Angus Hamilton. (*Fortnightly Rev.*, Nov. 1901, pp. 801/8.)

— * Thomas J. Lawrence. — War and Neutrality in the Far East. London, Macmillan & Co., 1904, in-12, pp. 240.

— — Second edition, enlarged. 1904, pp. XIII-301. — Voir col. 2576.

— * Japan. — Imperial Diet. Translation. Correspondence regarding the negociations between Japan and Russia. (1903-1904.) Presented to the Imperial Diet, March 1904. [Washington, D. C. : Gibson Brothers, 1904], in-8, pp. XII-59.

— Russland und Japan. Von Dr. Vosberg-Rekow. (*Asien*, 1903, No. 1, pp. 2/6.)

— * Russia and Japan. (*Gunton's Mag.*, XXV, July 1903, pp. 16/19.)

— * Russia and the Nations. By W. M. Ivins, jr. (*World's Work*, VI, July 1903, pp. 3642/6.)

— * The Cloud in the Far East. (*Macmillan's Mag.*, LXXXVIII, Sept. 1903, pp. 354/362.)

— * The Far Eastern Problem. (*Gunton's Mag.*, XXV, Oct. 1903, pp. 312/7.)

— * The Storm-Cloud in the Far East. By Charles Johnston. (*Independent*, LV, Oct. 15, 1903, pp. 2446/8.)

— * Russia and Japan. (*Blackwood's Edinb. Mag.*, CLXXIV, Nov. 1903, pp. 585/600.)

— * The Far East. By E. J. Dillon. (*Contemp. Review*, LXXXIV, Dec. 1903, pp. 885/899.)

— * Japan and Russia. (*Nation*, LXXVII, Dec. 31st, 1903, pp. 519/520.)

— * Russia and Japan. (*Spectator*, LXXXXI, Dec. 26, 1903, p. 1116.)

— * Asia in transition. By W. C. Jameson Reid. (*Gunton's Mag.*, XXV, Dec. 1903, pp. 485/494 ; XXVI, 1904, Jan., pp. 29/37 ; Feb., pp. 118/128.)

— La question de Mandchourie et de Corée. (*Bull. Com. Asie française*, 1903, Août, pp. 323/325.)

— La Russie et le Japon. Par R. [de] C.[aix.] (*Ibid.*, Oct., pp. 424/426.)

— La Russie et le Japon. (*Ibid.*, Novembre, pp. 484/486.)

— Russie et Japon. Par R. C. (*Ibid.*, 1904, Janvier, pp. 20/22.)

— La Guerre. Par R. C. (*Ibid.*, Mars, pp. 124/131.)

R. C. = Robert de Caix.

— * Russia and Japan : a grave situation by Albert Shaw. (*American Monthly Review of Reviews*, XXIX, Jan. 1904, pp. 4/8.)

— * The Russo-Japanese Crisis. (*Collier's Weekly*, XXXII, Jan. 9, 1904, pp. 7/8.)

— * The Russian and Japanese Naval Situation. By French E. Chadwick. (*Ibid.*, Jan. 16, 1904, pp. 14/15.)

— * Admiral Alexieff. By William R. Stewart. (*Cosmopolitan*, XXXVI, Jan. 1904, pp. 374/5.)

— * The Far Eastern Problem. By Alfred Stead. (*Fortnightly Rev.*, N. S., LXXV, Jan. 1904, pp. 137/142.)

— * Russia's Movements in the Far East. By A. Maurice Low. (*Forum*, XXXV, Jan. 1904, pp. 336/343.)

— * The Russo-Japanese Imbroglio. By Muhammed Barakatullah. (*Ibid.*, pp. 458/470.)

— * The Complications of an Eastern War. (*Independent*, LVI, Jan. 7, 1904, pp. 45/6.)

— * Russes et Japonais en Extrême-Orient. Par F. Le Beschu. (*Monde illustré*, LXXXXIV, Jan. 16, 1904, p. 48.)

— La Russie et le Japon. Par Michel Mérys. (*Mouvement géog.*, 21e année, 10 Janv. 1904, col. 20/3.)

[D'après le *Bul. Com. Asie franç.*]

— * The Russian and Japanese Forces. (*Nation*, LXXVIII, Jan. 14, 1904, pp. 25/6.)

— * Der russisch-japanische Konflikt. M. Beer. (*Neue Zeit*, XXII. Jahrgang, 2. Jan. 1904, pp. 427/433.)

— * The Russo-Japanese Peril and its bearing on Anglo-French Relations. By Frederic Lees. (*New Liberal Review*, VI, Jan. 1904, pp. 711/721.)

— * The «Yellow Peril» bogey. By Demetrius C. Boulger. (*Nineteenth Century*, LV, Jan. 1904, pp. 30/9 ; *Living Age*, CCXL, Feb. 6, 1904, pp. 321/9.)

— * Japan and Russia. (*Outlook*, LXXVI, 1904, Jan. 9, pp. 102/4.)

— * Russia and Japan face to face. (*Ibid.*, Jan. 16, pp. 161/5.)

— * Japan and Russia. (*Ibid.*, Jan. 23, pp. 193/5.)

— * Etiquette and the East. (*Saturday Review*, LXXXXVII, Jan. 23, 1904, pp. 101/2.)

— * Russia and Japan. (*Spectator*, LXXXXII, Jan. 16, 1904, p. 78.)

— * The Far-eastern Crisis. (*American Monthly Review of Reviews*, XXIX, Feb. 1904, pp. 131/6.)

— * Russia and Japan. John A. Ewan. (*Canadian Mag.*, XXII, Feb. 1904, pp. 385/9.)

— * The War Fleets of Japan and Russia. Archibald S. Hurd. (*Cassier's Mag.*, XXV, Feb. 1904, pp. 287/318.)

— * Appreciations of Conditions in the Russo-Japanese Conflict. Alfred T. Mahan. (*Collier's Weekly*, XXXII, Feb. 20, 1904, pp. 7/8.)

— * Russia's Transportation Problem in Siberia. Chase S. Osborn. (*Ibid.*, p. 11.)

— * The Complete Readiness of Japan. Arthur May Knapp. (*Ibid.*, *extra* p. 2.)

— * The Theatre of War. Cyrus C. Adams. (*Ibid.*, *extra* p. 6.)

— * On the Eve of War in Japan. Arthur May Knapp. (*Ibid.*, Feb. 27, 1904, p. 10.)

— * A Nation calm and self-contained. Frederick Palmer. (*Ibid.*, pp. 11/12.)

— La crise russo-japonaise. Par Robert de Caix. (*Questions diplom. et col.*, 1904, 16 janv., pp. 81/94.)

— La Politique des grandes Puissances en Extrême-Orient. Par Jean de La Peyre. (*Ibid.*, pp. 113/131.)

— La France et la guerre. Par Robert de Caix. (*Ibid.*, 15 fév., pp. 225/232.)

— Le réveil de l'Asie et le mouvement pan-asiatique. Par Argus. (*Ibid.*, pp. 266/271.)

— La guerre russo-japonaise. (*Ibid.*, pp. 272/282.)

— La situation en Extrême-Orient : les faits et les perspectives. Par Robert de Caix. (*Ibid.*, 1er mars, pp. 305/311.)

— La guerre russo-japonaise et ses leçons. Par Jean de La Peyre. (*Ibid.*, pp. 321/336.)

— * The Far East. E. J. Dillon. (*Contemp. Rev.*, LXXXV, Feb. 1904, pp. 281/9.)

— * Les éventualités d'Extrême-Orient ; I. Le Japon, II. Les perspectives actuelles. Paul Leroy-Beaulieu. (*Économiste français*, 1904, Fév. 6, pp. 169/171 ; Fév. 13, pp. 205/8.)

— * La guerre en Extrême-Orient et les bourses européennes. Paul Leroy-Beaulieu. (*Ibid.*, Fév. 20, pp. 237/9.)

— * Les évènements d'Orient et d'Extrême-Orient et les bourses européennes : nécessité d'une période de recueillement. Paul Leroy-Beaulieu. (*Ibid.*, Fév. 27, pp. 273/5.)

— * First Principles in the Far East. Calchas. (*Fortnightly Rev.*, N. S., LXXV, Feb. 1904, pp. 194/210.)

— * Russland und Japan. Karl Schultz. (*Grenzboten*, 11. Feb. 1904, pp. 313/326.)

— * Some Considerations of the Far Eastern Crisis. Colgate Baker. (*Independent*, LVI, 1904, Feb. 4, pp. 239/241.)

— * Some Lessons of the Japanese Torpedo Attack. Park Benjamin. (*Ibid.*, Feb. 18, pp. 353/6.)

— * Circumstances in the Far East. A. J. Herbertson. (*Independent Review*, II, Feb. 1904, pp. 107/116.)

— * La guerre russo-japonaise. F. Le Beschu. (*Monde illustré*, fév. 20, 1904, p. 152.)

— * La guerre russo-japonaise et ses conséquences. Ambroise Rendu. (*Moniteur industriel*, fév. 20, 1904, pp. 113/4.)

— * The Crisis in the Far East. Robert Machray. (*Monthly Review*, Feb. 1904, pp. 24/42.)

— * The Eastern Crisis and its Origin. E. H. Vickers. (*Nation*, 1904, Feb. 11, pp. 105/6.)

— * Japanese and Russian Finances. (*Ibid.*, Feb. 25, pp. 143/4.)

— * Der Krieg. P. Nathan. (*Nation* [Berlin], 13. Feb. 1904, pp. 307/8.)

— * Russia and Japan. By the Bystander. (*New Liberal Review*, 1904, Feb., pp. 62/8 ; April, pp. 335/340.)

— * The Far Eastern Situation. Edwin Maxey. (*Overland Monthly*, Feb. 1904, pp. 110/114.)

— * The Russo-Japanese Conflict. (*Public Opinion* [U. S.], 1904, Feb. 18, pp. 201/3 ; Feb. 25, pp. 233/4.)

— * Europe and the War. (*Ibid.* [London], Feb. 26, pp. 253/7.)

— * Les intérêts français en Extrême-Orient. Henri Lorin. (*Revue commerciale*, 13 fév. 1904, p. 3.)

— * Les finances comparées de la Russie et du Japon. (*Revue de Statistique*, fév. 14, 1904, pp. 50/5.)

— [La Guerre en Extrême-Orient.] Francis Charmes. (*Revue des Deux Mondes*, 15 fév. 1904, pp. 947/958.)

— * Marines russe et japonaise. C. Cilvanet. (*Revue française*, fév. 1904, pp. 97/111.)

— * Le conflit russo-japonais. Alexandre Charlot. (*Revue générale*, fév. 1904, pp. 330/342.)

— * La guerre fatale. B. de Zenzinoff. (*Rev. polit. et litt.*, 20 fév. 1904, pp. 237/241.)

— * Britain and the Far Eastern Question. (*Westminster Review*, Feb. 1904, pp. 117/119.)

— * The Conflict in the Far East. Alfred Stead. (*World's Work* [London], Feb. 1904, pp. 240/4.)

— * Russia, Japan, and who else ? Edwin Maxey. (*Albany Law Journal*, March 1904, pp. 71/3.)

— L'Armée japonaise. B. (*Annales des Sciences polit.*, 15 Mars 1904, pp. 236/252.)

— * The Opening of the War. Active List. (*Blackwood's Mag.*, March 1904, pp. 438/448.)

— * Causes de la guerre russo-japonaise. Comte de Fontaine de Resbecq. (*Carnet*, XIX, Mars 1904, pp. 371/3.)

— * Economic Changes in Asia. Arthur Judson Brown. (*Century Mag.*, March 1904, pp. 732/7.)

— * The Making of the Japanese Soldier. Durham White Stevens. (*Collier's Weekly*, 1904, March 5, pp. 7/8.)

— * Russia calls out her Baltic Fleet. Cyrus C. Adams. (*Ibid.*, extra p. 13.)

— * The Battle of Port Arthur. James F. J. Archibald. (*Ibid.*, March 26, p. 7.)

— * Japan and Russia. E. J. Dillon. (*Contemp. Review*, March 1904, pp. 305/322.)

— Ce que coûtera la guerre russo-japonaise pour une campagne de six mois d'après des documents inédits. (*Le Correspondant*, 25 Mars 1904, pp. 1025/1041.)

— * La guerre russo-japonaise. Ardouin-Dumazet et Paul Fontin. (*France de demain*, 5 Mars 1904, pp. 3/19.)

— * Leaders in the Far eastern Conflict. (*Independent*, March 31st, 1904, pp. 701/8.)

— * Along the Yalu River. Margherita Arlina Hamm. (*Ibid.*, pp. 709/714.)

— * Russia's Plan to exhaust her foe. (*Literary Digest*, 12 March 1904, pp. 374/6.)

— * A Plain Statement about Russia and Japan. Frederick McCormick. (*Metropolitan Mag.*, March 1904, pp. 883/9.)

— * Manchuria and Korea. (*National Geog. Mag.*, March 1904, pp. 128/9.)

— * The Collapse of Russia in the Far East. Ignotus. (*National Review*, March 1904, pp. 29/34.)

— * Some French Opinions on the Russo-Japanese Conflict. Frederic Lees. (*New Liberal Rev.*, March 1904, pp. 181/9.)

— * Why Japan resists Russia. Kogoro Takahira. (*North American Rev.*, March 1904, pp. 321/7.)

— * England and the War. Sydney Brooks. (*Ibid.*, pp. 328/337.)

— * What Defeat would mean to Russia. Wanda Ian-Ruban. (*Outlook*, March 19, 1904, pp. 687/691.)

— * The Struggle over Korea. Robert E. Speer. (*Record of Christian Work*, March 1904, pp. 155/9.)

— * Russo-Japanese War : an authoritative Statement of both sides of the Case. I. The Japanese Case. II. The Russian Case. (*Review of Reviews* [London], March 1904, pp. 231/9.)

— La guerre russo-japonaise. Par ***. (*Revue de Géog.*, 1er Mars 1904, pp. 65/9.)

— Le conflit russo-japonais. Francis Mury. (*Ibid.*, pp. 70/7.)

— * L'attaque de Port Arthur — 8 février 1904. Lieutenant X. (*Revue de Paris*, 15 Mars 1904, pp. 1/14.)

— * Obligation juridique de la déclaration de guerre. H. Ebren. (*Revue gén. de droit intern. public*, Mars-Avril 1904, pp. 133/148.)

— * Les hostilités sans déclaration de guerre. A propos de la guerre russo-japonaise. F. de Martens. (*Ibid.*, pp. 148/150.)

— * La guerre russo-japonaise et l'alliance franco-russe. Jean Jaurès. (*Revue socialiste*, Mars 1904, pp. 305/316.)

— * Le conflit russo-japonais. C. Béguin. (*Revue universelle*, 1er Mars 1904, pp. 121/4.)

— * Vladivostock, Port Arthur, Tchemoulpo. (*Ibid.*, pp. 125/6.)

— * The War in the Far East. P. Kropotkin. (*Speaker*, March 5, 1904, pp. 544/6 ; *Living Age*, April 9, 1904, pp. 121/6.)

— * La guerre russo-japonaise : l'attaque et la défense des côtes. Gaston Jougla. (*Vie illustrée*, 11 Mars 1904, pp. 372/7.)

— * Korea, Japan, and Russia. Robert E. Speer. (*World's Work*, March 1904, pp. 4514/4525.)

— * The War — and after. Henry Norman. (*Ibid.* [London], pp. 323/9.)

— * Japan is prepared for a long war. Frederick Palmer. (*Collier's Weekly*, 1904, April 9, pp. 6/7.)

— * Appreciation of conditions in the Russo-Japanese Conflict. Alfred T. Mahan. (*Ibid.*, April 30, pp. 10/13.)

— * Japan and Russia. [Russia's Prospects of Success.] E. J. Dillon. (*Contemp. Review*, April 1904, pp. 577/591.)

— * The Beginning in the Far East. David Hannay. (*Cornhill Mag.*, April 1904, pp. 523/535.)

— * Les Cosaques. Kto-to. (*France de demain*, 20 Avril 1904, pp. 205/213.)

— * The Case for Japan. D. W. Stevens. (*Frank Leslie's Popular Monthly*, April 1904, pp. 690/6.)

— * The War and the two Civilisations. A. M. Latter. (*Independent Review*, April 1904, pp. 348/359.)

— * The Destiny of the Far East. Alexander Hume Ford. (*Munsey's Mag.*, April 1904, pp. 1/11.)

— * New Stars rise above the Pacific. Peter MacQueen. (*National Mag.*, Boston, April 1904, pp. 79/82.)

— * Sea Power and Strategy. T. Miller Maguire. (*National Review*, April 1904, pp. 263/274.)

— * Russia's Charge against Japan. Sir F. Maurice. (*Nineteenth Cent. and after*, April 1904, pp. 676/684.)

— Port-Arthur. Par H. T. (*Questions Diplomat. et Coloniales*, 1er Mars 1904, pp. 337/340.)

— Port-Arthur. — Son importance stratégique. (*Bul. Soc. Languedoc. Géog.*, 1904, pp. 86/9.)

— La guerre russo-japonaise et ses leçons. Par Jean de la Peyre. (*Questions diplomat. et coloniales*, 1904, 16 Mars, pp. 407/418.)

— * La guerre russo-japonaise et ses leçons. Jean de La Peyre. (*Ibid.*, 1er Mai, pp. 664/674 ; 16 Mai, pp. 725/735.)

— La Guerre russo-japonaise et ses leçons. Par Jean de la Peyre. (*Ibid.*, pp. 489/501 ; 1er Juin, pp. 809/821 ; 1er et 16 Sept. ; 1er et 16 Oct.)

— La Croix-Rouge en Russie et au Japon. Par Maurice Buret. (*Ibid.*, 1er Avril, pp. 502/509.)

— L'Expansion japonaise. Par Henri Cordier. (*Ibid.*, pp. 473/476.)

— * The Causes of the Russo-Japanese War. Frank Brinkley. (*Outlook*, April 16, 1904, pp. 921/7.)

— * Tchemoulpo et Vladivostock. Lieutenant X. (*Revue de Paris*, 1904, Avril, pp. 650/668.)

— * La révolte de l'Asie. Victor Bérard. (*Ibid.*, Avril 15, pp. 867/890 ; Mai 15, pp. 409/448.)

— * The naval Situation in the East. (*Saturday Review*, April 23, 1904, pp. 513/4.)

— * The War and the Chances of Intervention. (*Spectator*, April 30, 1904, pp. 685/6.)

— * What Japan is fighting for. Kogoro Takahira. (*World's Work*, April 1904, pp. 4620/4622.)

— * The Cost of War to Russia and Japan. Frank A. Vanderlip. (*Ibid.*, pp. 4647/4650.)

— * Stories of Russian and Japanese Soldiers. (*Ibid.*, pp. 4658/4675.)

— * The Rebound on Russia. Gilson Willets. (*Ibid.*, pp. 4683/4698.)

— * The Cause of the War. John Foord. (*Ibid.*, pp. 4705/9.)

— * What Russia fights for. Edwin Winthrop Dayton. (*Ibid.*, pp. 4710/2.)

— * Will Russia use the North-east Passage? Frederick T. Jane. (*Ibid.* [London], April 1904, pp. 433/5.)

— * Vice-Admiral Togo : a Type of the Japanese fighting man. Hirata Tatsuo. (*American Monthly Rev. of Reviews*, May 1904, pp. 551/2.)

— * Japan on the American Attitude. (*Ibid.*, pp. 578/580.)

— * The Effect of the War on the International Affairs of Russia. (*Ibid.*, pp. 580/1.)

— * Climatic Features of the Field of the Russo-Japanese War. Frank Waldo. (*Ibid.*, pp. 582/4.)

— * If Japan should win. Harold Bolce. (*Booklovers' Mag.*, May 1904, pp. 579/598.)

— * Torpedo Craft *vs.* Battleships. Alfred T. Mahan. (*Collier's Weekly*, May 21, 1904, pp. 16/17.)

— * Japan, Russia, France. Ivanovich. (*Contemp. Review*, May 1904, pp. 668/685.)

— * Problems of the Far East. Alfred Stead. (*Fortnightly Rev.*, May 1904, pp. 817/829.)

— * Some Questions of International Law arising from the Russo-Japanese War. Amos S. Hershey. (*Green Bag*, May-July 1904, pp. 306, 375, 452.)

— * Russia and Japan. Frank Brinkley. (*National Review*, May 1904, pp. 393/405.)

— * Russia in the Far East. A Statement to the « North American Review ». Comte Cassini. (*North American Review*, May 1904, pp. 681/9.)

— * Japan and Korea : why, in the light of history, Japan is fighting for Korea. Colgate Baker. (*Pearson's Mag.*, May 1904, pp. 470/8.)

(Guerre russo-japonaise.)

— * La crise d'Extrême-Orient. Paul Doumer. (*Revue économique int.*, Mai 1904, pp. 573/597.)

— * The Position of Russia. Henry Norman. (*World's Work* [London], May 1904, pp. 529/532.)

— * Russian Finance : the gold Reserve. Henry Norman. (*Ibid.*, pp. 532/5.)

— * Some of the Issues of the Russo-Japanese Conflict. K. Asakawa. (*Yale Review*, May 1904, pp. 16/50.)

— * International Aspects of the Russo-Japanese War. T. Baty. (*Albany Law Journal*, June 1904, pp. 189/190.)

— * A Question of staying power : the comparative resources of Russia and Japan. N. T. Bacon. (*Booklovers' Mag.*, June 1904, pp. 743/8.)

— * The Conflict of new world-forces in the Far East. Valentine Chirol. (*National Review*, June 1904, pp. 578/596.)

— * The Russo-Japanese War and European Opinion. (*American Monthly Rev. of Reviews*, July 1904, pp. 87/90.)

— * Japan at War. E. Emerson. (*Contemp. Rev.*, July 1904, pp. 6/17.)

— * The War : Korea and Russia. Alfred Stead. (*Fortnightly Rev.*, July 1904, pp. 90/102.)

— * International Questions and the present War. (*Nineteenth Century*, July 1904, pp. 142/151.)

— * The Course of the War. Henry Norman. (*World's Work*, 1904, July, pp. 109/112.)

— La situation économique et financière comparée de la Russie et du Japon. Par J. Franconie. (*Bull. Com. Asie franç.*, 1904, Mars, pp. 133/140.)

— Port-Arthur [Etymologie]. (*Ibid.*, p. 158.)

Extr. du *Journal de St. Pétersbourg.*

— La Guerre. (*Bull. Com. Asie française*, 1904, Avril, pp. 186/192.)

— Les débuts de la guerre russo-japonaise Par X. (*Ibid.*, Mai, pp. 231/236.)

— Les dernières négociations entre la Russie et le Japon. (Juillet 1903-janvier 1904.) Par R. C. (*Ibid.*, pp. 236/241.)

— La guerre [russo-japonaise]. (*Ibid.*, Juin, pp. 275/284.)

— La guerre [russo-japonaise]. (*Ibid.*, Juillet, pp. 317/325.)

— Chine. Lettre de Chang-hai, 27 Mai 1904 [sur la guerre russo-japonaise]. (*Ibid.*, pp. 347/8.)

— La guerre [russo-japonaise]. (*Ibid.*, Août, pp. 361/370.)

— Russia and Japan : the Naval Outlook. By Active List. (*Blackwood's Mag.*, Feb. 1904, pp. 275/293.)

— The Russo-Japanese Imbroglio. By Muhammad Barakatullah. (*The Forum*, Jan.-March 1904, pp. 458/470.)

— Japon, Corée et Mandchourie. (Résumé.) Par le professeur Emile Chaix. (*Le Globe*, Genève, XLIII, Février-Mai 1904, pp. 84/89.)

— Japonais, Coréens et Mandchous. (Résumé.) Par M. Arthur de Claparède. (*Ibid.*, pp. 89/93.)

— Sur le théatre de la guerre en Extrême-Orient. (*Miss. Cath.*, XXXVI, 11 Mars 1904, pp. 128/131.)

— Russia, Japan, and Ourselves. By C. A. W. Pownall. (*Nineteenth Century*, March 1904, pp. 368/374.)

— The War and the Powers. By Calchas. (*Fortnightly Review*, March 1904, pp. 415/430 ; *Living Age*, CCXLI, April 2, 1904, p. 1/13.)

— The War in the Far East. By Alfred Stead. (*Fortnightly Review*, March 1904, pp. 431/444.)

— The Opening of the War. By Active List. (*Blackwood's Mag.*, March 1904, pp. 438/448.)

— L'évacuation et l'Institut des langues orientales de Vladivostok. (*Bul. Comité Asie française*, Avril 1904, pp. 205/6.)

— Russia and Japan. (*Quarterly Review*, April 1904, pp. 576/610.)

— Russia and the War. By Œdipus. (*Fortnightly Review*, April 1904, pp. 547/560.)

— From Harbin to Mukden. By C. E. de la Poer Beresford. (*Ibid.*, pp. 561/571.)

— Port Arthur. — Its Strategic Value. By Angus Hamilton. (*Ibid.*, pp. 662/669.)

— Russia's Charge against Japan. By F. Maurice. (*Nineteenth Century*, April 1904, pp. 676/684.)

— Carte du Japon, de la Corée, de la Mandchourie méridionale et des régions avoisinantes, par MM. Léon Desbuissons et G. Hutine. (*La Géographie*, 15 Avril 1904, p. 310.)

— La Guerre Russo-Japonaise. Par R. R. (*Annales Coloniales*, 1er Mai 1904, p. 220.)

(Guerre russo-japonaise.)

— La guerre russo-japonaise. — Ses Origines, par A.-A. Fauvel. (*Etudes*, 20 juin 1904, pp. 753/785.)

— Japan's Object-Lessons in Naval Warfare. By Excubitor. (*Fortnightly Rev.*, June 1904, pp. 931/945.)

— The War in the Far East. By Alfred Stead. (*Ibid.*, pp. 955/965.)

.˙.

— Russia and Japan. By Baron Suyematsu. (*Imp. & Asiat. Quart. Review*, July 1904, pp. 1/27.)

— Russia and Japan. By Baron Suyematsu... [Reprinted from the *Imperial and Asiatic Quarterly Review*, July, 1904.] London, Probsthain, 1904, in-8, pp. 27.

— La Russie et le Japon. 1904, in-8, pp. 28.

— Russland und Japan. 1904, in-8, pp. 32.

— Japan and the Commencement of the War with Russia. By Baron Suyematsu. (*Nineteenth Century*, Aug. 1904, pp. 173/180.)

— How Russia brought on war — A Complete History. By Baron Suyematsu. (*Ibid.*, Sept. 1904, pp. 341/363; Oct. 1904, pp. 521/542.)

— Comment la Russie amena la guerre. Histoire complète. 1905, in-8, pp. 62.

— Wie Russland den Krieg verschuldete. Eine geschichtliche Darstellung. 1905, in-8, pp. 61.

— The Great Change in Japan. By Baron K. Suyematsu. (*Fortnightly Rev.*, Nov. 1904, pp. 776/782.)

— Baron Suyematsu. — Entgegnung auf den Brief des russischen Staatsmannes. (*Deutsche Revue*, Nov. 1904, pp. 151/4.)

— Les prisonniers et blessés russes au Japon. Par le Baron Suyematsu. (*La Revue*, 1er janvier 1905, pp. 19/29.)

— Russland und Japan. Ein neuer Brief des Baron Suyematsu. (*Deutsche Revue*, Jan. 1905, pp. 40/5.)

.˙.

— * The History of Port Arthur. By J. H. Longford. (*Nineteenth Century*, 1904, pp. 618/629.)

— Le Problème russe Transports et ravitaillements. Par F. Guillotel. (*Bul. Com. Asie française*, Août 1904, pp. 370/375.)

— * La Guerre russo-japonaise et le droit international, par Nagaoka. (*Rev. de Droit Int.*, Sept. 1904.)

— La Guerre [russo-japonaise]. (*Bull. Com. Asie française*, Sept. 1904, pp. 410/420.)

— Episodes historiques des relations russo-japonaises. Par B. de Zenzinoff. (*Ibid.*, pp. 433/436.)

— * Russie et Japon. Par A. Chéradame. (*Correspondant*, 25 sept. 1904.)

— La Guerre [russo-japonaise]. (*Bull. Com. Asie française*, Octobre 1904, pp. 449/456.)

— * Les leçons de la guerre russo-japonaise. Par le Col. Picard. (*Carnet historique*, octobre 1904.)

— * L'effort accompli par la Russie. Etude militaire. (*Correspondant*, 10 oct. 1904.)

— * La guerre russo-japonaise et le mercantilisme. Par A. Favière. (*Réforme sociale*, 16 oct. 1904.)

— * L'escadre de la Baltique. (*Revue de Paris*, 15 Oct. 1904.)

— La guerre [russo-japonaise]. (*Bull. Com. Asie française*, 1904, Novembre, pp. 500/508.)

— Le Problème russe Transports et ravitaillements phase hivernale. Par F. Guillotel. (*Ibid.*, pp. 508/515.)

— La situation économique et financière comparée de la Russie et du Japon après dix mois de guerre. Par J. Franconie. (*Ibid.*, pp. 516/522.)

— * Count Okuma. Japan and the West. (*National Rev.*, Nov. 1904.)

— La guerre [russo-japonaise]. (*Bull. Com. Asie française*, Décembre 1904, pp. 551/558.)

— La guerre russo-japonaise. Par le Capitaine Jaquet. (*Rev. Indo-Chinoise*, 15 juillet 1904, pp. 16/38.)

— Japan's Aspirations and Internationalism. By Alfred Stead (*Fortnightly Rev.*, Aug. 1904, pp. 307/316.)

— French Public Opinion and the Russo-Japanese War. By R. de Marmande. (*Ibid.*, pp. 317/323.)

— Some Lessons of the Japanese War. By Capt. A. Hilliard Atteridge. (*Macmillan's Mag.*, Oct. 1904, pp. 419/423.)

— The Fighting in Manchuria. Why General Kuropatkin has failed by Thomas F. Millard. With Maps by the author. (*Scribner's Magazine*, Oct. 1904, pp. 401/412.)

— The Limits of Japanese Capacity. By Calchas. (*Fortnightly Rev.*, Nov. 1904, pp. 783/800.)

— The Russo-Japanese War fully illustrated. November 1904. No. 5. Kinkodo Co : Tokyo : gr. in-8, pp. 567 à 706.

Forme dix fascicules, 1904-5.

— The « Japan-Russia War ». An Illustrated Monthly Record of Operations between Japan and Russia. No. 1. Published by the Tanuma Publishing Co., Yokohama and Tokyo. Printed by and under the Supervision of The « Japan Gazette » Works. In-4, pp. 50 [March 1904].

Paraissait le 10 de chaque mois.

— La guerre russo-japonaise. Par ***. (*Revue de Géog.*, 1904, pp. 65, 97, 129, 161, 193, 225, 257, 289, 321, 353.)

— Alfred Neymarck — 1904 Année de guerre : Année de hausse La guerre russo-japonaise — Extrait du *Rentier* du 27 Décembre 1904. — Paris, Guillaumin, 1904, in-8, pp. 35.

— Publications du Comité de l'Asie française — Carte du Théâtre de la guerre russo-japonaise Dressée par Emmanuel Barralier 1904. 1 feuille. Echelle 1 : 2.200.000.

— Der russisch-japanische Krieg. Betrachtungen über den Landkrieg. Von v. Lignitz, General der Infanterie z. D., Chef des Füsilier-Regiments von Steinmetz. (*Deutsche Revue*, ... VI, Nov. 1904, pp. 164/170; ... VIII, Jan. 1905, pp. 46/52.)

— The Russo-Japanese War From the Outbreak of Hostilities to the Battle of Liao-yang by Thomas Cowen. With Illustrations, Maps, and Plans. London, Edwin Arnold, 1904, in-8, pp. x-343.

Notices : *Times Lit. Sup.*, Nov. 25, 1904. — *Lond. & China Express*, Nov. 25, 1904.

Cowen était l'un des correspondants du *Daily Chronicle*.

— * With Kuroki in Manchuria. By Frederick Palmer. London, Methuen, 1904, in-8, ill. et 3 cartes.

Notices : *Times Lit. Sup.*, Nov. 25, 1904. — *Lond. & China Express*, Nov. 25, 1904.

Palmer était l'un des correspondants du *Daily Chronicle*. — Second edition, enlarged, pp. 386.

— Under the Care of the Japanese War Office by Ethel McCaul, R. R. C. With Illustrations from Photographs. Cassell and Co., London, MCMIV, in-8, pp. 256.

Notice : *Lond. & China Express*, Dec. 16, 1904.

— The Russo-Japanese Conflict its Causes and Issues by K. Asakawa, Ph. D. Lecturer on the Civilisation and History of East Asia at Dartmouth College;... With an Introduction by Frederick Wells Williams Assistant Professor of Modern Oriental History in Yale University. Illustrated. Westminster, Archibald Constable, 1904, in-8, pp. xiv + 1 f. n. ch. + pp. 383.

— Der russisch-japanische Konflikt. Von H. von Bülow. Wien, L. W. Seidel, 1904, in-8, pp. 96.

— * The Campaign with Kuropatkin. By Douglas Story. London, Werner Laurie, 1904, pp. xii-301.

Notice : *Lond. & China Express*, Nov. 25, 1904.

— Manchu and Muscovite. By B. L. Putnam Weale. Being Letters from Manchuria Written during the Autumn of 1903. With an Historical Sketch entitled « Prologue to the Crisis », Giving a Complete Account of the Manchurian Frontiers from the Earliest Days and the Growth and Final Meeting of the Russian and Chinese Empires in the Amur Regions. London, Macmillan & Co., 1904, in-8, pp. xx/552. Cartes et Ill.

Notices : *Times Lit. Sup.*, 22 July 1904. — *Geog. Journ.*, Jan. 1905, p. 87.

— Der Krieg zwischen Russland und Japan Auf Grund zuverlässiger Quellen bearbeitet von Walter Erdmann von Kalinowski Königlich Preussischer Hauptmann a. D. Mit Karten und Skizzen... Berlin 1904-1905, Militär-Verlag der Liebelschen Buchhandlung, in-8, pp. 565.

Publié en six livraisons avec titres et tables spéciaux.

— * O. von Gottberg. — Mit den Japanern über den Yalu. Spezialberichte vom Kriegsschauplatz. Berlin, 1904, in-8, pp. 33. Ill. et carte.

— Der Kriegsschauplatz in Ostasien. Geographische Beschreibung und Würdigung. Von Major Joseph Schön. — Mit 5 Beilagen. Zweite vermehrte Auflage. — 1904, Berlin und Leipzig, F. Luckhardt — Wien, L.W. Seidel, in-8, pp. 310.

Druck in Wien.

— * L'Akasuki davanti a Port Arthur. Dal giornale di guerra del suo comandante il capitano Nirutaka. Milan, 1904, in-16.

— * K. Ogawa. — Russo-Japanese War. Album of 27 Collotype Illustrations of the War. 1904, in-4 oblong.

— * J. T. Aminoff. — Kriget Japan-Ryssland. Part 9-18. Stockholm, 1904, in-8.

— Guerre russo-japonaise — Lettres de Son Altesse Royale le Prince Don Jaime de Bourbon Capitaine de Dragons russes à l'Etat-Major du Général Kouropatkine en 1904 — Publiées par le capitaine de vaisseau Marquis de Fraysseix-Bonnin dans le *Correspondant*. — Paris, L. de Soye, 1904, in-8, pp. 31.

— Autour de la guerre russo-japonaise. Berger-Levrault, Paris [et] Nancy, 1904, br. in-8, pp. 30.

— * W. A. May. — Commission of H. M. S. « Talbot » 1901-1904. Including full Description of the Battle of Chemulpho, sinking of the « Varyhag », etc., as seen by the Ship's Company. 1904, in-8, pp. 208.

— Conséquences de la guerre russo-japonaise ou Le Réveil de l'Orient par Jean d'Avor. Toulouse, Imprimerie Saint-Cyprien, 1904, in-8, pp. 53 + 1 f. n. ch. tab.

— * Col. H. D. Robson. — Five Lectures on the Russo-Japanese War. 1904, in-8, pp. 41, cartes.

— * J. N. Mookerjee. — A Poem on the Russo-Japanese War 1904-5. In 5 Parts. Calcutta, 1905, in-8.

— * Stanford's Map of the Seat of War in the Far East, 1904, London : Edward Stanford, 1904.

— * The *Times* Map of the Russo-Japanese War. Compiled from sources and telegrams practically exclusive to the *Times*. Scale 1 : 2,217,600 or 5 stat. miles to an inch. London : The *Times* Office, 1904.

— * Environs de Port Arthur et de Dalny d'après la Carte Russe à 1 : 210,000, les croquis du Capitaine d'Amade et les cartes marines. Echelle 1 : 100,000. Paris, Service géographique de l'armée, 1904.

— Krigen mellem Japan og Rusland ved Kommandør B. Münter med talrige illustrationer og kort. — Gyldendalske Boghandel Nordisk Forlag. København og Kristiania, 1905, in-8, pp. xxxii-468 + 2 ff. n. ch. tab. + pp. 96 ff. jaunes (télégrammes).

En réalité publié en 1904.

— Neue Kriegskarte von Ost-Asien. Mit Begleitworten : Ost-Asien vom politisch-militärischen Standpunkte. Bearbeitet von Paul Langhans. — Inhalt : Hauptkarte von Ost-Asien (Russisch-Ostasien und Mandschurei, Japan, Korea, China) mit

Angabe der militärischen Stützpunkte der Mächte, der Verteilung der Landtruppen und Kriegsschiffe, der Eisenbahn- und Telegraphenlinien, der Landungstruppen — Transportwege der Russen oder Japaner usw... 1 : 5.000.000 — Russischer Kriegshafen Port Arthur und Umgebung... 1 : 750.000 — Bai von Tokio mit dem japanischen Haupt-Kriegshafen Yokosuka... 1 : 1.000.000 — Yokohama, Nagasaki, Hiogo-Kobe, Hakodate und Umgebung... 1 : 167.000 — Die Küste des Deutschen Reiches zum Vergleich mit der Hauptkarte... 1 : 5.000.000 — Gotha : Justus Perthes, 1904.

— Russisch-Japanischer Kriegsschauplatz — Karte von Ost-Asien mit Spezialkarte von Korea — Preis 1 Mark — Berlin 1904 Dietrich Reimer (Ernst Vohsen).

— — — Karte II. Süd-Mandschurei Korea Nordost-China im einheitlichen Massstabe von 1 : 2.000.000. — Preis 1 Mark. — *Charbin-Mukden-Port Arthur-Tsingtau* — Ibid.

— — — Karte III. Port Arthur — Mukden im Massstabe von 1 : 850.000. Siebente Auflage. — Preis 1 Mark — Berlin November 1904 Dietrich Reimer (Ernst Vohsen).

— Der russisch-japanische Krieg In militärischer und politischer Beziehung dargestellt von Immanuel Hauptmann und Kompagniechef im 1. Nassauischen Infanterie-Regiment Nr. 87 kommandiert zur Dienstleistung zum Grossen Generalstab. — Erstes Heft — Mit drei Kartenskizzen. — Berlin, 1904, Richard Schröder, in-8, pp. 119.

Zweites Heft. — Mit sieben Zeichnungen und einer Übersichtskarte. Ibid., 1905, in-8, pp. 128.

Drittes Heft. — Mit 8 Kartenskizzen, Ibid., in-8, pp. 125.

Viertes Heft. — Mit 5 Kartenskizzen und einem Plan der Umgebung von Port Arthur. Ibid., in-8, pp. 137.

— La guerre [russo-japonaise]. (*Bull. Com. Asie française*, 1905, Janvier, pp. 8/17.)

— La nourriture du soldat japonais Par Maurice Buret. (*Ibid.*, pp. 17/8.)

— La question de la neutralité chinoise. (*Ibid.*, pp. 18/20.)

— La guerre [russo-japonaise]. (*Ibid.*, fév., pp. 59/65.)

— Les rumeurs de paix. (*Ibid.*, pp. 65/66.)

A propos de la guerre russo-japonaise.

— La question de la neutralité chinoise. (*Ibid.*, pp. 66/7.)

— Les relations franco-japonaises. (*Ibid.*, pp. 67/68.)

— Le budget japonais pour 1905-1906. Par J. Franconie. (*Ibid.*, pp. 68/70.)

— Port Arthur — and After. By Alfred Stead. (*Fortnightly Rev.*, 1905, Feb., pp. 211/223.)

— How Port Arthur fell. By Richard Barry. (*Ibid.*, March., pp. 459/464.)

— * The *Japan Times* War Map No. 3. Seat of Battle of Mukden. Scale 1 : 400,000 or 6·3 stat. miles to an inch. Supplement to the *Japan Times*, March 16, 1905. Tokyo.

— Conférence du Commandant Perreau sur la guerre russo-japonaise. (*Bull. Soc. Géog. Lyon*, XX, 1er trim. 1905, pp. 67/76.)

— En Mandchourie. Par Gustave Raufast. (*Revues des Etudes franco-russes*, 1er avril 1905, pp. 157/166.)

— Mukden and After : (1) Russian Apathy and Insouciance. By Julius M. Price. (*Fortnightly Rev.*, April 1905, pp. 622/630) (2) The Débâcle. By Miles. (*Ibid.*, pp. 631/9.)

— L'influenza della guerra russo-giapponese sulla Cina — Lettera da Pechino — L. N. di Giura. (*Nuova Antologia*, 1° Maggio 1905, pp. 138/146.

Pechino, febbraio 1905.

— Probable Japanese Terms of Peace. By Adachi Kinnosuké. (*North American Review*, May 1905, pp. 681-687.)

— Probable Effects of the Russo-Japanese War on Protestant Mission Work in China. By Rev. A. P. Parker, D. D. (*Chin. Rec.*, XXXVI, May 1905, pp. 236/245.)

— * Le Théatre de la Guerre en Mandchourie d'après la carte militaire russe dressée en 1902 par le Colonel Khvostoff et le Lieut. Lubizky. Croquis publié par le Colonel Camille Favre. Échelle 1 : 853,600. Genève : Librairie Georg. 1905.

— La Guerre [russo-japonaise]. (*Bull. Com. Asie française*, 1905, Mars, pp. 92/99.)

— La situation politique après la bataille de Moukden Par Robert de Caix. (*Ibid.*, pp. 99/103.)

— Conférence de M. Robert de Caix [L'opinion américaine et la guerre russo-japonaise]. (*Ibid.*, avril, pp. 137/140.)

12 Avril 1905.

— La Guerre [russo-japonaise]. (*Ibid.*, pp. 141/147.)

— La guerre [russo-japonaise]. (*Ibid.*, Mai, pp. 175/183.)

— Une conférence sur les campagnes de Mandchourie par M. Reginald Kann. (*Ibid.*, Juin, pp. 219/223.)

13 Juin 1905.

— La guerre [russo-japonaise]. (*Ibid.*, pp. 223/230.)

— Impressions sur la Guerre Russo-japonaise. Paris, Henri Charles-Lavauzelle, s. d. [1905], in-8, pp. 23.

— La Guerre [russo-japonaise]. (*Bull. Com. Asie française*, 1905, Juillet, pp. 273/278.)

— La Mission du Marquis Ito. (*Ibid*, pp. 278/280.)

— Les négociations de paix. Par R. C. (*Ibid.*, Août, pp. 301/3.)

— La Guerre [russo-japonaise]. (*Ibid.*, pp. 303/311.)

— La Guerre [russo-japonaise]. Epilogue. Par Jean de Plamont. (*Ibid.*, Sept., pp. 337/343.)

— Les suites financières de la guerre russo-japonaise. Par J. Franconie. (*Ibid.*, Nov., pp. 427/433.)

— Questions diplomatiques de l'année 1904 par André Tardieu Secrétaire d'Ambassade honoraire... Paris, Félix Alcan, 1905, in-16, pp. 319.

Troisième partie : La guerre russo-japonaise, pp. 209/301.

— Léon Tolstoï — La Guerre Russo-Japonaise traduit du russe Par E. Halpérine-Kaminsky. Paris, Ernest Flammarion, s. d. [1905], in-16, pp. 297 + 1 f. n. ch.

Contient outre *La Guerre russo-japonaise*, *Les deux Guerres*, *Carthago delenda est*, *La Guerre au Transvaal*; *Souvenirs de Sébastopol*.

— Comte L. N. Tolstoï — Dernières Paroles

— La guerre russo-japonaise — Les évènements actuels en Russie — Aux hommes politiques — Du journal intime — Sur la Révolution, etc. Traduit par J.-W. Bienstock avec un portrait du Comte L.-N. Tolstoï. Paris, Société du *Mercvre de France* MCMV, pet. in-8, pp. XVII-337 + 1 f. n. ch.

Collection d'auteurs étrangers.

— Empire of the East or Japan and Russia at war, 1904-5 by Bennet Burleigh War Correspondent « London Daily Telegraph ». London : Chapman & Hall, 1905, in-8, pp. IX-458.

Notice : *Times Lit. Sup.*, 9 June 1905.

— The Siege and Fall of Port Arthur by W. Richmond Smith Correspondent of the Associated Press and Reuter's Telegram Company with the third Imperial Japanese Army in front of Port Arthur Preface by Lieutenant-General Sir W. G. Nicholson, K. C. B. London, Eveleigh Nash, 1905, in-8, pp. XXII-478, cartes et ill. Port. de Nogi.

— The Fighting Man of Japan The Training and Exercises of the Samurai by F. J. Norman Late 11th and 14th Hussars, Late Instructor in Government Colleges of Japan — Civil and Military With 32 Illustrations. London Archibald Constable, 1905, in-8, pp. XII-79.

— From Tokyo to Tiflis Uncensored Letters from the War by Frederick Arthur McKenzie Special Correspondent of « The Daily Mail ». London, Hurst and Blackett, 1905, in-8, pp. X-340, carte.

Jany. 1904-April 1905.
Notice : *The Times Weekly Edition Lit. Sup.*, 9 June 1905.

— * Fr. W. Unger and Ch. Morris. — Russia and Japan, and a complete History of the War in the Far East. 1905, in-8, pp. 480.

— Port Arthur Three Months with the Besiegers A Diurnal of Occurrents by Frederic Villiers... With 35 Illustrations, 2 Facsimiles and a Map. Longmans, Green, and Co., 1905, in-8, pp. VI-176.

Notice : *Times Lit. Sup.*, Feb. 17, 1905.

— A Secret Agent in Port Arthur by William Greener. London, Archibald Constable, 1905, pet. in-8, pp. 316.

Notice : *Lond. & China Express*, Feb. 3, 1905.

— The Siege of Port Arthur Records of an Eye-Witness by David H. James Special War Correspondent of the « Daily Telegraph » with the Third Japanese Army With Maps and Plans and Seventeen Illustrations. London, T. Fisher Unwin, 1905, in-8, pp. XII-308.

∴

— Н. Л. Кладо (Прибой) — Послѣ ухода Второй Эскадры Тихаго океана. — С.-Пет., 1905, in-8, 2 ff. n. ch. + pp. 104.

— Н. Л. Кладо (Прибой) ... подъ редакціей А. Н. Щеглова — Современная морская Война — Морскія замѣтки о русско-японской Войнѣ. — С.-Пет., 1905, in-8, pp. 484-38, pl. et cartes.

— Capitaine de frégate N.-L. Klado de la Marine impériale russe Professeur aux Académies de Marine et de Guerre à Saint-Pétersbourg — « Après le départ de la deuxième escadre du Pacifique » — La Marine russe dans la Guerre russo-japonaise — Traduit avec l'autorisation de l'auteur par René Marchand — Avec portraits et croquis. Berger-Levrault, 1905, in-16, pp. 326.

— « After the Departure of the Second Squadron ». — The Russian Navy in the Russo-Japanese War by Captain N. Klado, of the Imperial Russian Navy, Professor at the Naval and Military Academies of St. Petersburg Translated with Captain Klado's consent, from the French text of M. René Marchand, by L. J. H. Dickinson. London : Hurst and Blackett, 1905, in-8, pp. VI + 1 f. n. ch. + pp. 281, 5 Ill.

— Capitaine de frégate N.-L. Klado de la Marine impériale russe — La Bataille de Tsoushima Avec la réponse de l'auteur à la protestation du contre-amiral Enquist — Traduit avec l'autorisation de l'auteur par René Marchand — Avec 21 schémas. Berger-Levrault & Cie., Paris [et] Nancy, 1905, in-16, pp. VII-322.

Etudes parues dans le *Novoie Vrémya*.

— René Marchand. — *Revue des Etudes franco-russes*, 5e année, no. 8.

∴

— Иллюстрированная Лѣтопись Русско-Японской Войны — (по оффиціальнымъ даннымъ, свѣдѣніямъ печати и показаніямъ очевидцевъ) — Съ картами и планами, портретами, изображеніями боевыхъ эпизодовъ, рисунками изъ военно-походнаго быта — изданіе редакціи *Новаго Журнала Иностранной Литературы* (Ѳ. И. Булгакова). — С.-Пет., Тип. А. С. Суворина, 1904, 3 fasc. in-8, pp. 120, 128, 160 à 2 col.

— Port Arthur — Von Schroeter, Major, Mitglied des Ingenieur-Komitees und der

Studienkommission für die Militärtechnische Akademie — Mit zwei Karten in Steindruck — Berlin 1905 Ernst Siegfried Mittler, in-8, pp. vi-61.

— La bataille de Tsoushima — Rapport de l'Amiral Togo. — Berger-Levrault, Paris [et] Nancy, 1905, in-12, pp. 28.

— Oberst Richard Gädke — Kriegsbriefe aus der Mandschurei — 1904. Berlin und Leipzig, Friedrich Luckhardt 1905, in-8, 4 ff. n. ch. tit. et préf., etc. + pp. 359, carte.

— Villetard de Laguérie Correspondant militaire du *Petit Journal* à la seconde armée japonaise de Mandchourie — Trois Mois avec le Maréchal Oyama. — Les causes de la victoire — Hachette, Paris, 1905, in-16, pp. xii-336.

— Der russisch-japanische Krieg seine Vorgeschichte, sein Ausbruch und seine Folgerungen dargestellt von Dr. phil. Franz Müller. Berlin 1905, Hermann Walther, in-8, pp. 47.

— Japanische Kriegsbanknoten. Von R. Lange. — Mit einer Tafel. (*Mitt. Semin. Orient. Sprachen*, VIII, *Ostasiat. Studien*, 1905, pp. 304/5.)

— Der Russisch-Japanische Krieg bis zum Fall von Port Arthur am 2. Januar 1905 — von Aubert... Mit 8 Skizzen im Text. — Berlin 1905, Ernst Siegfried Mittler und Sohn, in-8, pp. 39.

— Der Russisch-japanische Krieg seit dem Fall von Port Arthur — Von Aubert Hauptmann, aggregiert dem Generalstabe der Armee commandiert beim Grossen Generalstabe. Mit 5 Skizzen. — Berlin, 1906, Ernst Siegfried Mittler und Sohn, in-8, pp. 34.

— Der russisch-japanische Krieg und Solowjew's « kurze Erzählung über den Antichristen » Von Nicolaus Melnikow (Berliner Korrespondent der St. Petersburger Zeitung « Nowoje Wremja ») Erstes Tausend. — Saarbach's News Exchange, Mainz-Leipzig, in-8, pp. viii-54.

— * R. Barry. — Port Arthur : A Monster Heroism. New York, 1905, in-8.

— * E. Brindle. — With Russian, Japanese, and Chunchuse. Experiences of an Englishman during the Russo-Japanese War. With a Map. 1905, in-8, pp. x-210.

— * J. Fox. — Following the Sun-Flag. A Vain Pursuit through Manchuria, 1905, in-8, pp. x-189.

— * E. Sharpe Grew. — War in the Far East. History of Russo-Japanese Struggle. With Illustrations. 1905-1906, 6 vol. gr. in-8.

— Général de Sermet. — Les Enseignements de la Guerre. (*Echo de Paris*, 31 mars 1905.)

(Guerre russo-japonaise.)

— Pierre Lehautcourt — Quelques Enseignements de la Guerre russo-japonaise. Paris, R. Chapelot, 1905, in-8, pp. 19.

— * S. L. Gulik. — White Peril in the Far East. Interpretation of Significance of Russo-Japanese War. 1905, in-8, pp. 192.

— From Tokio through Manchuria with the Japanese. By Louis Livingston Seaman. London, Sidney Appleton, 1905, in-16. pp. xv-268.

— Volontaire. — La guerre russo-japonaise. — ... Волонтеръ. — Русско-Японская Война, причины, ходъ и послѣдствія (Годъ Войны.) — Изданіе « *Искры* ». — Женева, Тип. Партіи, 1905, in-12, pp. 135.

— Les Enseignements de la Guerre russo-japonaise. Par G. Delmas Chef d'escadron d'artillerie breveté. Paris, Henri Charles-Lavauzelle, s. d. [1905], in-8, pp. 25.

— F. Gairal de Sérézin. — Autour du Conflit d'Extrême-Orient — Guerre russo-japonaise. Paris, A. Pédone, 1905, in-8, pp. 98.

— La Guerre Russo-Japonaise & ses causes par A. Sérébrennicov. Nice, s. d. [1905], in-8, pp. 8.

— Étude sur la guerre russo-japonaise au point de vue du Droit international par H. Nagaoka Attaché à la Légation impériale du Japon à Paris Docteur ès Lettres — Extrait de la *Revue générale de Droit international public* — Paris, A. Pedone, 1905, in-8, pp. 36.

— * The Great Siege : The Investment and Fall of Port Arthur. By B.W. Norregaard. London : Methuen, 1906, in-8, pp. 318.

Notice : *Lond. & China Express*, Feb. 2, 1906.

— * Col. O. E. Wood. — From the Yalu to Port Arthur, an Epitome of the First Period of the Russo-Japanese War. Tokyo, 1905, in-8, pp. xiv-252, cartes. 7/6 *d*.

— * Edward Dicey, C. B. — The Fall of Port Arthur. (*Empire Review*, Feb. 1905.)

— With the Russians in Manchuria by Maurice Baring. Methuen, London, s. d. [1905], in-8, pp. xv-205 + 1 f. n ch.

The letters which form the basis of the following chapters are reprinted from the *Morning Post*.

Notices : *The Times Weekly Edition Lit. Sup.*, 9 June 1905. — *Lond. & China Express*, June 2, 1905.

— * A Modern Campaign ; or, War and Wireless Telegraphy in the Far East. By

(Guerre russo-japonaise.)

David Fraser, Special Correspondent to the *Times*. Methuen, 6/-

Notices : *The Times Weekly Ed. Lit. Sup.*, Feb. 17, 1905. — *Lond. & China Express*, Mars 3, 1905.

— * Manchuria — East of the Barrier or, Side Lights on the Manchuria Mission. By J. Miller Graham. With Illustrations and Map. Oliphant, Anderson & Ferrier, 3/6. [1905?]

— F. Smith and N. Sibley. — International Law as interpreted during the Russo-Japanese War (normal relations of Russia, Japan, China, and Turkey — Law governing States in relation of war, in relation of neutrality — appendices). 1905, in-8, pp. XI-494.

— * The War in the Far East 1904-1905. By the Military Correspondent of « The Times ». With Maps and Plans by Percy Fisher. 1905, in-8, pp. 672.

Notice : *Bull. Com. Asie franç.*, Oct. 1905, p. 416.

— * H. A. Giles. — Japan's Debt to China. (*Nineteenth*, Feb. 1905.)

— * Lord Brooke. — An Eye-Witness in Manchuria. 1905, in-8.

— * La Guerra nell' Estremo Oriente fra la Russia e il Giappone. Vol. I. Milano, 1905, in-4.

— Note sulla Corografia del Teatro della Guerra Russo-Giapponese. Pel cap. Luigi Giannitrapani. (*B. S. Geog. Italiana*, Dic., 1905, pp. 1056/1074.) (Con tre tavole fuori testo.)

— Réginald Kann — Journal d'un Correspondant de guerre en Extrême-Orient Japon — Mandchourie — Corée. Paris, Calmann-Lévy, s. d. [1905], in-12, pp. 374+1 f. n. ch. tab., 2 cartes, grav.

Notice : *Bull. Com. Asie française*, Juin 1905, p. 263.

— Reginald Kann. — Les Théories tactiques de la guerre actuelle. (*Revue de Paris*, 15 février 1905.)

— Raymond Recouly, Correspondant de guerre du *Temps*. — Dix mois de guerre en Mandchourie. Impressions d'un témoin. Paris, Félix Juven, s. d. [1905], in-18, pp. XII-340.

— R. Recouly. — Zehn Kriegsmonate in der Mandschurei. Eindrücke eines Augenzeugen. Deutsche Uebersetzung. Bremerhaven, 1905, gr. in-8, pp. VIII-236-IV.

— Capitaine breveté Niessel Officier d'ordonnance de M. le général commandant la 14e division d'infanterie — Enseignements tactiques découlant de la Guerre russo-japonaise. Paris Henri Charles-Lavauzelle, s. d. [1905], in-8, pp. 181.

Il y a une deuxième édition.

Notice : *Journ. des Débats*, 16 fév. 1907, par Charles Malo.

— * F. Wegmann. — Der Ost-Asiatische Krieg und das Völkerrecht. Beleuchtung einiger Fragen des Völkerrechts im Hinblick auf die Ereignisse in Ostasien. Frauenfeld, 1905, in-8, pp. 68.

— Observations on the Russo-Japanese War, in Japan and Manchuria. By Dr. Louis Livingstone Seaman. (*National Geog. Mag.*, 1905, Feb., pp. 80/2.)

— Map showing Seat of War in Manchuria. Supplement, 18 by 44 inches. (*Ibid.*, June.)

— * J. Börresen. — Den russisk-japanske Krig. I. Christiania, 1905, in-8.

— Gaston Donnet — Histoire de la Guerre Russo-Japonaise — * Du 5 Mars au 5 Décembre 1904. Paris, Ch. Delagrave, s. d. [1905], gr. in-8, pp. 400 + 1 f. n. ch.

A paru en livraisons : 1 (5 mars 1904) — 40 (3 déc. 1904).

— G. de la Salle — En Mandchourie. Armand Colin, Paris, 1905, pet. in-8, pp. 274+1 f. n. ch.

Notices : *Etudes*, 20 oct. 1905, par Joseph Burnichon, p. 277. — *Petermann's Mitt.*, 1906, Heft VII, *Ltbt.*, pp. 122/3, par M. von Brandt.

— Georges de La Salle. — En Mandchourie — La Bataille du Cha-kho. (*Revue de Paris*, 1905, 15 janvier, pp. 225/256.)

— En Mandchourie — Liaoyang et Tachitchao — Par Georges de La Salle. (*Ibid.*, 1er mars, pp. 83/120.)

— * Die Schlacht bei Mukden. Echelle 1:168,000. 8 feuilles et texte. Berlin : E. S. Mittler & Sohn, 1905.

— * R. Linthicum — War between Japan and Russia, with historical and descriptive Sketches of Russia, Siberia, Japan, Korea and Manchuria; with Introduction and special Chapters by Trumbull White. With Illustrations. Chicago, 1905, in-8, pp. XIII-448.

— * J. Taburno — The Truth about the War : a Russian Book on the Russo-Japanese War; translated by V. von Kreuter. Kansas City, 1905, in-12.

— La situation financière du Japon après la guerre [russo-japonaise]. (*Bull. Com. Asie française*, Janvier 1906, pp. 88/9.)

— * Lessons from the Battle of Tsushima. (*Blackwood's Mag.*, Feb. 1906.)

— Origines et résultats de la guerre russo-japonaise, par M. René Pinon. (*La Géographie*, 15 Mai 1906, p. 395.)

— La Lutte pour le Pacifique — Origines et Résultats de la Guerre Russo-japonaise par René Pinon — La Question d'Extrême-Orient. — La Japonisation de la Chine. — Le Recul de l'Europe. — La Paix de Portsmouth. — Les grandes routes de l'Asie. — Les Américains aux Philippines. — La question du Siam. — La France dans le Pacifique. — Paris, Perrin, 1906, in-16, pp. XII-512.

Notice : *T'oung-pao*, Mai 1906, p. 305, par Henri Cordier.

— La lutte pour le Pacifique. René Pinon. (*Revue des Deux Mondes*, 15 Fév. 1904, pp. 772/807.)

— * The Struggle for the Pacific. (*American Monthly Rev. of Reviews*, April 1904, pp. 484/5.)

— Visions de Guerre — Six Mois en Mandchourie avec S. A. I. le Grand-Duc Boris de Russie par Ivan de Schaeck — Avec 41 gravures d'après les photographies de l'auteur et une carte. — Paris, Plon, 1906, pet. in-8, pp. x-278.

Notice : *Bull. Com. Asie franç.*, fév. 1906, p. 87.

— Port Arthur The Siege and Capitulation by Ellis Ashmead-Bartlett. William Blackwood MCMVI, in-8, pp. XIV-511, 2 cartes.

Il y a une 2e édition.

Notice : *Lond. & China Express*, April 6, 1906.

— * From Libau to Tsushima : A Narrative of the Voyage of Admiral Rojdestvensky's Fleet to Eastern Seas, including a detailed account of the Dogger Bank incident. By the late Eugène S. Politovsky, Engineer-in-chief to the Squadron. Translated by Major F. R. Godfrey. R. M. L. I. London, Murray, 1906, in-8, pp. 324.

Notices : *Times Lit. Sup.*, Sept. 14, 1906. — *Lond. & China Express*, Sept. 21, 1906.

— * La Guerre navale moderne : De Lissa à Tsoushima. Par Michel Mérys (G. Blanchon). Préface de M. le Vice-Amiral Humann. Paris, Challamel.

Notice : *Times Lit. Sup.*, Sept. 14, 1906.

— * Fighting Ships. 1905-07. Edited by Fred. T. Jane. London, Sampson Low.

Notice : *Times Lit. Sup.*, Sept. 14, 1906.

— * With the Cossacks : Being the Story of an Irishman who rode with the Cossacks throughout the Russo-Japanese War. By Francis McCullagh. London : Eveleigh Nash, 1906, in-8, pp. XII-392, carte et ill. 7/6 *d.*

Notice : *Lond. & China Express*, Mars 23, 1906.

— * The Real Triumph of Japan. The Conquest of the Silent Foe. By Louis Livingston Seaman, M. D., LL. D. London, Sidney Appleton.

Notice : *Lond. & China Express*, April 13, 1906.

— * The Battle of Mukden. A Supplement to the *Militär-Wochenblatt*. Authorised translation by Karl von Donat. London, Hugh Rees, Ltd.

Notice : *Lond. & China Express*, April 13, 1906.

— * J. H. Hare. — A Photographic Record of the Russo-Japanese War ; edited and arranged by J. H. Hare ; With Photographs by V. K. Bulla, R. L. Dunn, J. F. J. Archibald, R. Barry, A. Bartlett, and J. Ricalton, together with an Account of the Battle of the Sea of Japan, by A. T. Mahan. With illustrations. New York, 1906, in-8, pp. 256.

— * In Japanese Hospitals during Wartime ; Fifteen Months with the Red Cross Society of Japan (April, 1904, to July, 1905). By Mrs. Richardson. Blackwood, in-8, pp. XIV-294, ill. 6/-.

Notice : *Lond. & China Express*, Jany. 5, 1906.

— The Japan-Russia War An Illustrated History of the War in the Far East — The Greatest Conflict of Modern Times — By Sydney Tyler War Correspondent and Author of « The Spanish War »,... Etc. Etc. Illustrated by Photographs and Drawings Made by Eye-Witnesses. P. W. Ziegler Co., Philadelphia, in-8 carré, pp. 568.

— Général Pédoya Ancien Commandant du 16e corps d'armée. La Cavalerie dans la guerre russo-japonaise. Paris, Henri Charles-Lavauzelle, s. d. [1906], in-8, pp. 83.

Cf. *Spectateur Militaire*, 1er Avril 1907, pp. 37/51.

— * From the Yalu to Port Arthur, a Personal Record. By William Maxwell. Hutchinson and Co., 1906, in-8, pp. XVI-407, 33 ill. et 3 cartes. 16/-.

Notice : *Lond. & China Express*, March 30, 1906.

— André Chéradame — Le Monde et la guerre russo-japonaise — Ouvrage accompagné de vingt cartes. Paris, Plon, 1906, in-8, pp. VII-561 + 1 f. n. ch.

— Général Niox. — La guerre russo-japonaise. Paris, 1906, in-12.

— * Capitaine Soloviev du 34e régiment de tirailleurs de Sibérie Orientale. — Impressions d'un chef de Compagnie (guerre Russo-Japonaise). Paris, Chapelot, 1906, br. in-8.

Notice : *Revue Critique*, 28 Mai 1906, pp. 393/5, par Henri Baraude.

— J. L. de Lanessan. — Les Enseignements Maritimes de la Guerre Russo-Japonaise. Paris, Félix Alcan, 1905, in-16.

— Capitaine de Cavalerie Breveté Loir Etat-Major de la 6e division de Cavalerie — Étude d'un cas concret de la Guerre russo-japonaise — L'Enlèvement des lignes de Chiouchanpou les 29-30-31 août 1904 par les 3e et 5e divisions japonaises. Paris, Henri Charles-Lavauzelle, s. d. [1906], in-8, pp. 42.

— * E. Reventlov. — Der Russisch-japanische Krieg nebst Beschreibung von Japan, Korea, Russ.-Asien und ihrer Geschichte. Berlin-Schöneberg, 1906, 3 vol. in-8.

— * Masao Kambe. — Der russisch-japanische Krieg und die japanische Volkswirtschaft. (Wirtschafts- und Verwaltungsstudien.) Bd. XXIV. Leipzig, A. Deichert successeur de Georg Böhme, 1906, in-8, pp. 69.

Notices : *Petermann's Mitt.*, 1906, Heft VII, *Litber.*, p. 121, par M. von Brandt.

— * B. Donath. — Heimwärts vom fernen Osten. Erinnerungen eines deutschen Kaufmanns aus Port Arthur. Mit Abbildgn. Strassburg, 1906, in-4, pp. 145.

— * R. Zabel. — Meine Hochzeitsreise durch Korea während des russisch-japanischen Krieges. Mit Karte und 200 Abb. Altenburg, 1906, in-8, pp. xvi-462.

— Mit Kosaken durch die Mandschurei Erlebnisse im russisch-japanischen Kriege von Alexander Spaits Rittmeister im königl. ungar. 7. Honvédhusarenregiment. Mit 132 Illustrationen nach eigenen photograph. Aufnahmen sowie vier Kartenskizzen. — Wien 1906 Carl Konegen, in-8, 2 ff. n. ch. p. l. tit. et l. tab. + pp. 372.

— * V. Carpi. — La guerra russo-giapponese. Vol. I. Turin, 1906, in-8.

— Conférence du Dr. Matignon sur la campagne russo-japonaise en Mandchourie. (*Bull. Com. Asie française*, Mars 1906, pp. 92/95.)

Faite le 28 février 1906 au siège du Comité.

— Les Japonais en Mandchourie. (*Bull. Com. Asie française*, Juin 1906, pp. 259/260.)

— * Japan after the War. By « Dalni Vostock ». (*National Review*, Sept. 1906.)

— Filippo Camperio (Tenente di Vascello, ex addetto militare presso l'Esercito Russo) — Al Campo russo in Manciuria Note di un marinaio. — Con 210 incisioni e 26 tavole in busta separata. — Milano, Pubblicazione della « Tecnografica », 1907, in-8, pp. xi-451.

Les 26 pl. sont dans un étui à part.

— * Lessons of the Russo-Japanese War. By Général de Négrier. Translated by E. Louis Spiers. H. Rees, Limited.

Notice : *Lond. & China Express*, Oct. 26, 1906.

— * The Russo-Japanese War on Land. By Captain F. R. Sedgwick. Foster Groom and Co., Ltd., 1906, in-8, pp. 172.

Notice : *Lond. & China Express*, Oct. 26, 1906.

— * La Bataille de Tsou-shima. Par Vladimir Semenov. St. Pétersbourg, M. O. Wolff. [En russe.]

Notice : *The Times Weekly Ed. Lit. Sup.*, Aug. 17, 1906.

— * The Battle of Tsu-shima between the Japanese and Russian Fleets, fought on May 27, 1905. — By Capt. Vladimir Semenoff. Translated by Capt. A. B. Lindsay. With Preface by Sir George Sydenham Clarke. London, John Murray, 1907, in-8, pp. 198.

Notice : *Lond. and China Express*, Jan. 18, 1907.

— * Die Schlacht bei Tsuschima, von Wladimir Szemenow — Hergg. durch die Schriftleitung der *Marine-Rundschau* — mit 1 Abbild. und Skizzen Berlin 1907 E. S. Mittler u. Sohn. In-8, pp. iv-69.

— * Before Port Arthur in a Destroyer. The Personal Diary of a Japanese Naval Officer. Translated from the Spanish Edition by Captain R. Grant, D. S. O. London, John Murray, 1907, in-8, pp. 252.

Notice : *Lond. and China Express*, Jan. 18, 1907.

— * Le Siège de Port-Arthur, par Clément de Grandprey, colonel du génie breveté. Paris et Nancy, Berger-Levrault, in-8, pp. 152, 11 fig. et 8 pl. hors texte, 5 fr.

Notice : *Bul. Comité Asie franç.*, Janv. 1907, p. 40.

— * La Guerre russo-japonaise. Historique. Enseignements, par le chef d'escadron d'artillerie breveté R. Meunier, professeur à l'Ecole d'application de l'artillerie et du génie. — Paris, Berger-Levrault, 1906, in-8.

19 croquis et 17 pl. hors texte. — Notice : *Journ. des Débats*, 16 fév. 1907, par Charles Malo.

— Comte Marc des Courtis — De Port-Arthur à Tsou-chima Enseignements de la dernière guerre navale — Paris, Perrin, 1907, in-16, pp. 336.

— * La Battaglia di Mukden. Per Luigi Barzini. Milan, Fratelli Treves.

Notice : *Times Weekly Ed. Lit. Sup.*, March 8, 1907.

— * L. Barzini. — Mukden. From the Italian by E. Kerbs. With Illustrations and 15 Plans after Japanese Maps. Leipzig, 1906, in-8, pp. vii-181.

— * Les deux Sièges de Port Arthur 1894-1904. Par M. Boulfray... Paris, Henri Charles-Lavauzelle, s. d.

— * The Battle on the Scha-Ho. Translated from the « Militär-Wochenblatt » by Lieut. Karl von Donat. Hugh Rees, Ltd.

Notice : *Lond. & China Express*, Feb. 8, 1907.

— A Staff Officer's Scrap-Book during the Russo-Japanese War by Lieut.-General Sir Ian Hamilton, K. C. B. With Illustrations, Maps and Plans. Fifth Impression. London, Edward Arnold, 1907, 2 vol. in-8, pp. x-362, xi-387.

Notice : *Times Weekly Ed. Lit. Sup.*, Feb. 22, 1907 (of Vol. II).

— L'allégement du fantassin et l'amélioration de sa subsistance en campagne. D'après les enseignements de la guerre russo-japonaise. Paris, Henri Charles-Lavauzelle, s. d. [1906], in-8, pp. 178 + 1 f. n. ch. tab.

Par le lieutenant-colonel B***.

— The International Law and Diplomacy of the Russo-Japanese War. By Amos S. Hershey, Ph. D., Professor of Political Science and International Law in Indiana University. New York, The Macmillan Co., 1906, in-8, pp. XII-394. 12 *s.* 6 *d.*

Notice : *Lond. & China Express*, March 8, 1907.

— * L. Giannitrapani. — La guerra russo-giapponese. Roma, 1906, in-8, pp. 320. 27 ill., carte.

— * M. Kinai. — Russo-Japanese War. Official Reports, Vol. I. 1906, in-8, pp. XVIII-389.

— The Unveiled East by F. A. McKenzie. With 29 Illustrations and 3 Maps. London, Hutchinson, 1907, in-8, pp. VIII-347.

∴

— Les négociations de paix [guerre russo-japonaise]. Par R. C. (*Bull. Com. Asie française*, 1905, Juillet, pp. 271/3.)

— Le traité de paix entre la Russie et le Japon. Par R. C. (*Ibid.*, Oct., pp. 373/6.)

— The Russo-Japanese Treaty. (*Geogr. Journal*, XXVI, No. 4, Oct. 1905, p. 453.)

— Traité entre la Russie et le Japon. Portsmouth (N. H.), 23 août/5 sept. 1905. (*T'oung Pao*, Série II, Vol. VI, Déc. 1905, pp. 627/633.)

— Traité entre la Russie et le Japon 23 Août-5 Sept. 1905. Texte chinois reproduit d'après le *Tchong wai je pao* des 23 et 24 Oct. 1905. (*T'oung Pao*, Série II, Vol. VII, Mars 1906.)

— Articles additionnels au Traité entre la Russie et le Japon. (Les quatre lignes de droite sont les signatures placées à la fin du Traité lui-même). Texte chinois reproduit d'après le *Tchong Wai je pao* des 23 et 24 oct. 1905. (*T'oung Pao*, Série II, Vol. VII, Mars 1906.)

— Traité entre la Russie et le Japon 23 août-5 sept. 1905. Texte japonais reproduit d'après le *Jiji shimpō* du 17 oct. 1905. (*T'oung Pao*, Sér. II, Vol. VII, Mars 1906.)

Voir le texte français dans le *T'oung Pao*, Série II, Vol. VI, Déc. 1905, pp. 623/626.)

— Articles additionnels au Traité entre la Russie et le Japon. Texte japonais reproduit d'après le *Jiji shimpō* du 17 oct. 1905. (*T'oung Pao*, Série II, Vol. VII, Mars 1906.)

Voir le texte français dans le *T'oung Pao*, Série II, Vol. VI, Déc. 1905, pp. 630/31.

Chemins de fer.

— Voir col. 2461/4.

— Voir *Livre jaune*, CHINE, 1898-1899.

— Henri Cordier, *Hist. des Relat. de la Chine*, III, pp. 379/398.

— Railways in China. Report upon the feasibility and most effectual means of introducing railway communication into the Empire of China. With a Map. By Sir Macdonald Stephenson. London, Printed by J. E. Adlard, 1864, in-fol., pp. 55.

— Railways in the North of China. By A Chefoo Merchant. (*N. China Daily News*, Nov. 11, 1867.)

— Railway in the North of China. (*N. C. Herald*, Nov. 16, 1867.) Letter of « A Chefoo Merchant ».

— Herr v. Richthofen. — Ueber den natürlichsten Weg für eine Eisenbahnverbindung zwischen China und Europa. (*Verhand. Ges. Erdk. Berlin*, 1874, pp. 115/126.)

— Premier Chemin de fer en Chine. (*Science et Nature*, I, 1884, pp. 334/5.) D'après le *N. C. Herald*.

— Le premier chemin de fer chinois. (*Ann. de l'Ext. Orient*, 1885-1886, VIII, pp. 350/351.)

Petit chemin de fer à Peking dans les palais.

— Chine. (*Ibid.*, p. 377.)

Lettre de Sir R. Hart au Chev. de Scherzer sur les chemins de fer.

— Les chemins de fer en Chine. (*Ibid.*, 1886-1887, IX, p. 95.)

— Le premier chemin de fer en Chine. (*Bul. Soc. Géog. com.*, IX, 1886/7, pp. 296/7.)

Lettre de T'ien-tsin, au sujet du chemin de fer de T'ien-tsin à Tching-yang.

— Die Chinesischen Zukunfts-Eisenbahnen. Von G. von Kreitner. Mit einer Karte. (*Revue Coloniale Internationale*, Amst., Tome II, Aug. 1887, pp. 88/108, 145/186, 263/298.)

Il y a eu deux tirages du premier de ces articles; l'un sans, l'autre avec les caractères chinois des noms.

— Chine. — Le premier chemin de fer. (*Soc. roy. belge Géogr., Bull.*, 1887, pp. 731/733.) [*Deutsche Welt-Post.*]

— Railroads in China. (*Saturday Review*, LVIII, 471.)

— Railways — their future in China. By William B. Dunlop. (*Blackwood's Mag.*, CXLV, March 1889, pp. 394/403.)

— A Chinese View of Railways in China. By Fung Yee, Late Secretary of the Chinese Legation in London. (*Nineteenth Century*, XXVII, 1890, pp. 225/239.)

— Les Chemins de fer chinois. Avec une carte. Par Albert Perquer. (*Le Correspondant*, 25 mai 1890, pp. 735/762.)

— Chemins de fer. (*Choix de Documents*... par S. Couvreur, 1894, pp. 321/405.)

Textes chinois et traduction.

— Le ferrovie nella Cina. Par A. Pansa. (*Geog. per tutti*, IV, 1894, pp. 252/256 ; pp. 265/267.)

— Les Chemins de fer chinois. Par Alphonse Humbert. (*Eclair*, 19 janv. 1896. — *T'oung Pao*, VII, 1896, pp. 54/7.)

— Die Eisenbahnfrage in China. Von Hermann Feigl. (*Oest. Monats. f. d. Orient*, Wien, 1897, pp. 61/72.)

— Zum Bau der chinesischen Ostbahn. (*Ibid.*, p. 120.) — D'après les *Priamurskiya Viedomosti*.

— Die Eisenbahn Shanghai-Wusung. (*Ibid.*, p. 148.)

— * Alexis Dufourny. — La Chine. Ses chemins de fer et ses ports maritimes. (Extrait du 6ᵉ fascicule des *Annales des Travaux Publics de Belgique*, Déc. 1897.) Bruxelles, Goemare, 1897, in-8, pp. 78.

— * Les chemins de fer en Chine par A. D. Ext. des *Annales des Travaux publics de Belgique*, Août 1898. Bruxelles, J. Goemare, 1898, in-8, pp. 20, carte.

— The Railway connection of India and China. By Archibald R. Colquhoun, Esq., Gold Medallist, Royal Geographical Society, etc. (*Imp. & As. Quart. Rev.*, 3rd Ser., VI, 1898, pp. 35/61.)

— Die chinesische Ostbahn und ihr Gebiet. Von H. F. (*Oest. Monats. f. d. Orient*, Wien, 1898, pp. 49/53.)

— Le chemin de fer de Pékin. (*Rev. française*, XXIII, 1898, pp. 111/113.)

D'après Pierre Leroy-Beaulieu, dans l'*Economiste français*.

— Le ferrovie nella China. (*L'Universo*, VIII, 1898, pp. 271/272.)

— Les chemins de fer en Chine Dernières concessions par A.-A. Fauvel Ancien Officier des Douanes chinoises. — Extrait des « Questions Diplomatiques et Coloniales » — Paris Imp. F. Levé — 1898, br. in-8, pp. 15.

— Le transsinien et les chemins de fer chinois par A.-A. Fauvel Ancien Officier des Douanes chinoises. — Extrait de la *Revue Politique et Parlementaire* (Septembre 1899). — Paris, s. d. [1899], br. in-8, pp. 44, carte.

— *China*. No. 2 (1899). — Correspondence between Her Majesty's Government and the Russian Government with regard to their respective Railway Interests in China. — Presented... June 1899. — London, [C. — 9329], $9^1/_2$ *d.*, in-fol., pp. VIII-91.

— * J. G. H. Glass. — Report on the concessions of the Pekin Syndicate, limited, in the provinces of Shansi and Hoonan, China, with estimates of cost of railways and other works necessary for their development. Pekin, 1899, pp. 174, in-4, carte.

— Eisenbahnbau in Shantung. (*Oest. Monats. f. d. Orient*, Wien, 1899, pp. 22/3.)

D'après l'*Ostasiatische Lloyd*.

— Eine amerikanische Eisenbahn in China. (*Oest. Monats. f. d Orient*, Wien, 1899, pp. 83/4.) [Canton—Han-k'eou.]

— Les chemins de fer en Chine. Par J. Servigny. (*Rev. française*, XXIV, 1899, pp. 157/164.)

— An all-british railway to China. By C. A. Moreing. (*Nineteenth Century*, XLVI, Sept. 1899, pp. 484/492.)

— Les chemins de fer en Chine. (*Belgique Coloniale*, 10 Décembre 1899, pp. 592/593.)

D'après la *Quinzaine coloniale*.

— M. von Brandt. — Industrielle und Eisenbahn-Unternehmungen in China. Mit einer Kartenskizze. Berlin, Reimer, 1899, in-8, pp. 121/140, *Deutsche Kolonial-Gesellschaft, Verhandlungen*, 1898-99, Heft 4.

— Le Chemins de fer en Chine Conférence donnée à Berlin le 22 Avril 1899 par M. von Brandt, Ministre d'Allemagne en Chine. (*Chine et Sibérie*, Avril 1900, pp. 157/164.)

Trad. de l'Allemand.

— Les Chemins de fer en Chine Par M. G. Bouillard, Ingénieur des Arts et Manufactures. (*Revue générale des Chemins de fer*, Mai 1900, pp. 430/438, avec une carte.)

(CHEMINS DE FER.)

— Les chemins de fer en Chi· (*Revue scientifique*, 37e année, 1900, 2e Sem., p. 60.)

Extrait d'une étude de M. Bouillard, ingénieur en chef de la Cie Pékin—Hankow, dans la *Revue Générale des Chemins de Fer*.

— * A. du Bac. — Question des Chemins de fer (Revue *La Chine Nouvelle*).

* de Marcillac (*Questions dip. et coloniales*, Nos. 57 et 58).

— Die Verkehrsverhältnisse des chinesischen Reiches. Von Schwabe Geheimer Regierungsrath a. D. — I. *Binnenwasserstrassen*. Sonderabdruck aus der « Zeitschrift für Binnenschiffahrt ». — II. *Eisenbahnen*. Sonderabdruck aus der « Zeitung des Vereins Deutscher Eisenbahn-Verwaltungen ». Nebst einer Karte. Berlin 1900 Siensenroth & Troschel, br. in-8, pp. 29.

— Le chemin de fer de la Mandchourie. Par J. Deniker. (*La Géographie*, 15 Mars 1900, p. 233.)

— Les chemins de fer en Chine. Par Villetard de Laguérie. (*Ibid.*, pp. 233/235.)

— Tracé exact du chemin de fer Est-Chinois ou Mandchourien. Par J. Deniker. (*Ibid.*, 15 Nov. 1900, pp. 401/403.)

— Le chemin de fer de Peking à Nieou-tchouang. Par A.-A. Fauvel. (*Ann. de Géog.*, IX, 1900, pp. 373/6.)

— Le chemin de fer du Yunnan. Par E. Nissang. (*Rev. française*, XXV, 1900, pp. 331/5.)

— Le chemin de fer de Hanoi à Yunnan sen. Par E. Giret. (*Rev. Indo-chinoise*, No. 76, 2 avril 1900, pp. 321/3.)

— Les chemins de fer en Chine. Par E. Giret. (*Ibid.*, No. 98, 3 sept. 1900, pp. 849/852.)

— Les chemins de fer de la Chine septentrionale. (*Le Mouv. géog.*, 1900, col. 423-5.)

D'après le rapport du consul anglais à T'ien-tsin.

— Le chemin de fer Hankow-Canton (avec deux cartes). Par A.-J. Wauters. (*Le Mouvement géographique*, Bruxelles, 30 déc. 1900, col. 631-636.)

— Die Eisenbahnen in China. (*Oest. Monats. f. d. Orient*, Wien, 1900, pp. 91/92.)

— * Railway Development in China. By Wm. Barclay Parsons. (*McClure's Mag.*, XV, July 1900, p. 238.)

— * Railway Opportunities in the Orient. By Wm. Barclay Parsons (*ill.*). (*Engineering Mag.*, XIX, May 1900, p. 177.)

— * The Sung-Wu Railway. By George Osborne. (*Railway Mag.*, VI, June 1900, p. 557.)

— Un chemin de fer de Pékin à Kiakhta. (*Bull. Com. Asie française*, Avril 1901, p. 43.)

D'après la *Gazette de Nagasaki* (japonais).

— Le chemin de fer du Yunnan. Par R. C. (*Bull. Com. Asie française*, 1901, Juillet, pp. 141/158.)

— Lord Curzon et le chemin de fer anglais du Yunnan. (*Ibid.*, Déc., pp. 376/378.)

— Le Chemin de fer du Yunnan. (*Belgique coloniale*, 23 Juin 1901, p. 291.)

— Le Chemin de fer de Haiphong à Yunnan-sen. (*Le Mouv. géog.*, 1901, col. 316-317.)

— Le chemin de fer chinois et les concessions minières. Par Ch. Denby Jr. (*Chine et Sibérie*, Juillet 1901, pp. 313/320.)

— Le Chemin de fer. (*L'Orient lointain*... par le Dr. J.-J. Matignon, pp. 117/126.)

Avait paru dans *L'Illustration*, 30 novembre 1901.

— *China*. No. 7 (1901). — Correspondence respecting the Imperial Railway of North China. — Presented... — London, [Cd. 770], 1*s.* 2*d.*, in-fol., pp. XIII-127.

— Le chemin de fer du Yunnan. (*Bull. Com. Asie française*, 1902, Janvier, p. 27.)

— Les chemins de fer du Tchili. (*Ibid.*, Mai, pp. 224/226.)

— La question des chemins de fer du Tchili. (*Ibid.*, Juillet, pp. 319/320.)

— Les Chemins de fer de l'Asie Russe en 1900. (*Ibid.*, Déc., p. 546.)

(CHEMINS DE FER.)

— La ligne birmano-chinoise. (*Belgique coloniale*, 12 Janvier 1902, pp. 18/19.)

— Faculté de Droit de l'Université de Paris — Les chemins de fer de pénétration dans la Chine méridionale — Thèse pour le Doctorat L'acte public sur les matières ci-après sera présenté et soutenu le Vendredi 23 Mai 1902, à 10 heures par Raymond Lefèvre... Paris, V. Giard & E. Brière, 1902, in-8, pp. 132 + 1 f. n. ch. p. l. tab., carte.

— Les chemins de fer chinois. Par Henri Cordier. (*Entretiens économ. et financiers*, 1902, 10 fév., pp. 49/50; 20 mars, pp. 113/114; 10 mai, pp. 193/4.)

— Un train impérial. — Consécration des chemins de fer en Chine. Par Finzag. (*T'oung Pao*, 2e Sér., III, No. 2, Mai 1902, pp. 134/136.)

Extrait du *Journal*, 11 Janvier 1902.

— Die Europäisch-Chinesische Bahnverbindung. (*Oest. Monats. f. d. Orient*, Wien, 1902, pp. 121/2.)

— Les résultats du Transsibérien. Par M. C. (*Revue d'Europe*, Nov. 1902, pp. 381/384.)

— La région traversée par le Chemin de fer de Hankow à Pékin. Par Aug. Slosse. (*Le Mouv. géog.*, 1902, col. 199-203.)

— Le chemin de fer Pékin-Hankow. Par A. J. W.[auters.] (*Ibid.*, col. 334-6.)

— Chemin de fer du Yunnan. (*Bull. Com. Asie française*, 1903, Juillet, p. 310.)

A propos de la loi promulguée le 10 Juillet dans le *Journal Officiel*.

— Le tarif des voyageurs sur le Transsibérien. (*Bull. Com. Asie française*, 1903, Juillet, p. 313.)

D'après le *Messager officiel*.

— Le Chemin de fer du Yunnan. Par R. C. (*Bull. Com. Asie française*, 1903, Août, pp. 318/323.)

Avec carte.

— Le chemin de fer du Yunnan. (*Ibid.*, Novembre, pp. 482/3.)

— Le chemin de fer du Yunnan. (*Ibid.*, Décembre, pp. 522/3.)

— Le chemin de fer du Chansi. (*Ibid.*, pp. 555/556.)

— Eisenbahnen und Eisenbahnbaupläne in China. Von Oberleutnant a. D. Kürchhoff. Mit einer Skizze. (*Asien*, 1903, 4, pp. 58/61; 5, pp. 76/79.)

— Der Vize-König Chang Chi-Tung über Eisenbahnen. Von Klein, Geschwaderpfarrer des ostasiatischen Kreuzer-Geschwaders. (*Ibid.*, No. 5, pp. 82/4.)

— * Die Eisenbahnbauten in China. Von — von Kleist. (*Globus*, LXXXIII, 1903, pp. 383/4.)

— * The Construction of the Lu-Pao District of the Lu-Han Railway. By T. J. Bourne. [With Map and Diagrams.] (*Minutes of P. I. Civil Engineers*, 152, 1903, pp. 157/184.)

— Chemin de fer de Hankeou à Canton. (*Ann. Parlementaires*, Belgique; *Revue Indo-Chinoise*, 248, 20 juillet 1903, pp. 655/660.)

Cte.-rendu de la séance de la Chambre des Représentants du 15 mars 1903.

— Le Transmandchourien. Par Em. Cammaerts. (*Belgique Coloniale*, 22 Mars 1903, pp. 133/135.)

— The Railways at the Seat of War. (*Railway World*, Feb. 20, 1904, pp. 199/200.)

— Les chemins de fer d'Asie Russe. (*Bull. Com. Asie française*, 1904, Janvier, pp. 38/39.)

— Les chemins de fer en Chine. [Extrait du *Times*.] (*Ibid.*, Novembre, pp. 535/8.)

— Le chemin de fer du Yunnan. (*Ibid.*, Déc., p. 580.)

— Les chemins de fer anglais en Chine. (*Ibid.*, pp. 580/582.)

— * The Shanghai-Nanking Railway. By D. C. Boulger. (*Contemporary Review*, LXXXV, 1904, pp. 871/877.)

— Chemins de fer en Extrême-Orient. (*Bul. Soc. Géog. Rochefort*, XXVI, 1904, 2, pp. 164/5.)

— Lettre à M. Henri Cordier, 28 oct. 1904 [sur les chemins de fer du Yun-nan]. (*T'oung-Pao*, Déc. 1904, pp. 634/6.)

— Le chemin de fer du Yun-nan. (*La Géographie*, 15 Janvier 1905, pp. 52/53.)

Extrait d'une lettre adressée à M. Henri Cordier le 28 Oct. 1904.

— *A large-scale map of the Peking Syndicate Railway, showing the density of population along the route. Scale 1:411,840 or 6·5 stat. miles to an inch. London: Edward Stanford, 1905.

— Nouvelles constructions de chemins de fer. (*Bull. Com. Asie française*, 1905, février, pp. 80/1.)

— Les travaux sur la ligne de Lao-kay. (*Ibid.*, p. 81.)

— Chemin de fer du Yunnan. (*Ibid.*, Mars, pp. 108/111, carte.)

— Inauguration du chemin de fer reliant le Hoang Ho et le Yang Tseu Kiang. (*Bull. Soc. Géog. Lyon*, XX, 1er trim. 1905, pp. 85/6.)

— « Kitaiski Vostok » Le Chemin de fer de l'est chinois. Par Pierre Giffard. (*Le Monde Moderne*, Mars 1905, pp. 289/304.)

— Die Fortschritte der Peking-Hankou-Eisenbahn. Von Oberstleutnant v. Mülmann. (*Asien*, Juli 1905, pp. 153/4.)

— Chemin de fer anglais en Chine. (*Bull. Com. Asie franç.*, 1905, juillet, p. 286.)

Province du Ho-nan.

— Le rachat du chemin de fer Hankéou-Canton. (*Ibid.*, Août, pp. 314/5.)

— Chemins de fer chinois. (*Ibid.*, Oct., pp. 376/7.)

— Le chemin de fer de Formose. Par Ch. R.[abot.] (*La Géographie*, 15 Nov. 1905, p. 343.)

D'après le No. 3490, *Trade of Consular District of Tainan*, Foreign office, April 1905.

— Le régime des chemins de fer en Chine. (*Bul. Com. Asie franç.*, Nov. 1905, pp. 420/4; Déc. 1905, pp. 468/472.)

— Le Pékin-Hankéou. (*Ibid.*, Nov., pp. 424/5.)

— Eisenbahnen im chinesischen Reiche. Von W. Krebs. (*Globus*, LXXXVIII, No. 17.)

— La ligne Hanoï-Lao-Kay. (*Bull. Com. Asie française*, 1906, Mars, p. 120.)

— Le chemin de fer de Laokay à Yunnan-sen. (*Ibid.*, Avril, p. 160.)

Extrait du *Journal Officiel*, 14 avril 1906.

— Le chemin de fer de Kao-loung à Canton. (*Bull. Com. Asie française*, 1906, Juin, p. 259.)

— Le chemin de fer de Changhai à Nankin. (*Ibid.*, Juillet, p. 286.)

— The Canton-Hankow Railway. (*N. C. Herald*, Aug. 31, 1906.)

— The Shanghai-Nanking Railway. (*Geographical Journal*, XXVIII, Sept. 1906, p. 289.)

— Note sur les chemins de fer en Chine. Par Ed. C.[havannes.] (*T'oung Pao*, Oct. 1906, pp. 546/551.)

D'après le *Che pao* 時報.

— Projets de Chemins de fer dans la Chine Méridionale. (*Bull. Com. Asie française*, Octobre 1906, pp. 391/394.)

— Le chemin de fer de Mandchourie méridionale. (*Ibid.*, p. 399.)

— Les chemins fer [en Chine]. (*Ibid.*, Nov. 1906, p. 451.)

— Le chemin de fer du Yunnan. (*Ibid.*, Février 1907, p. 53.)

— Les chemins de fer. Note de M. Edmond Bapst, Ministre de France à Pekin. (*Ibid.*, pp. 74/75.)

— La Chine aux Chinois. (*Ibid.*, Sept. 1906, pp. 357/8.)

— Nouveaux Chemins d'Asie. — Chine. Amorce du Chemin de fer Chang-Haï à Nankin. — Corée. Ligne de Fousan à Séoul. — Chemin de fer de Hanoï à Lao-Kaï et Yunnan-Sen. (*Bull. Soc. Géog. Lyon*, XXI, 134-5, 1906, pp. 239/242.)

QUATRIÈME PARTIE

LES CHINOIS CHEZ LES PEUPLES ÉTRANGERS

I. — CONNAISSANCES DES CHINOIS SUR LES PEUPLES ÉTRANGERS.

— Introduction à la connoissance des peuples qui ont été ou qui sont actuellement tributaires de la Chine. (*Mém. conc. les Chinois*, XIV, 1789, pp. 1/238.)

Par le P. Amiot.

— Recueil de suppliques, lettres de créance, et autres pièces, adressées à l'Empereur de Chine, envoyées du pays des Hoei-hoei, des Si-fan, &c. Traduites en François, avec des Remarques, par M. Amyot, Missionnaire à Peking. (*Ibid.*, pp. 239/308.)

— * Relations anciennes concernant les royaumes de la Tsine, de Posu et de Foulin, trad. du chinois, par L.-D.; avec des réflexions du traducteur sur l'histoire et la géographie de ces états.

Ms. in-4, vend. Langlès (3542 *bis*), fr. 28.05. — Voir col. 500.

— De l'étude des langues étrangères chez les Chinois. (1811.) (A. Rémusat, *Mag. Encyclopédique*, de Millin, 1811, V, pp. 318/346; *Mél. As.*, II, pp. 242/265.)

« Cette dissertation, composée il y a long-tems est le premier écrit où l'on ait fait mention de l'étude du samskrit à la Chine,

sous le nom de langue *Fan*. C'était alors une chose entièrement nouvelle que de voir l'idiome des Brahmanes cultivé par les lettrés; car aucun missionaire n'en avait jamais parlé. Cette petite découverte fit recevoir avec indulgence le morceau qui la contenait. En le reproduisant dans ce recueil, *[Mél. As.]* on y a ajouté tous les faits de même genre qu'on a pu découvrir dans l'espace de quatorze années. »

Ce mémoire a paru à part en br. in-8, s. l. n. d., pp. 31.

— Histoire du Collège des Interprètes de Péking. (Fragment) Par G. Devéria, Professeur à l'Ecole Nationale des Langues Orientales Vivantes. (*Mélanges Charles de Harlez*, Leyde, 1896, pp. 94/102.)

— * Description du royaume de Camboge, par un voyageur chinois qui a visité cette contrée à la fin du XIIIe siècle; précédée d'une notice chronologique sur le même pays, trad. du chinois, par M. Abel-Rémusat (avec une carte). Paris, Smith, 1819, in-8.

Tiré à petit nombre. (Cat. Rémusat, 1240.)

Avait d'abord paru dans les *Nouv. An. des Voyages*, Vol. III. — Réimp. dans les *Nouv. Mél. As.*, I, pp. 71/152 sans la carte. Cette trad. est faite d'après le 眞臘風土記 *Tchen la foung tou ki*, du *Pien yi tien* 邊裔典, section du *T'ou chou tsi tch'eng* 圖書集成; le texte chinois du *Pien yi tien* a été reproduit par Klaproth, dans sa *Chrestomathie chinoise* (1833, pp. 21 seq.).

— 眞臘風土記 Mémoires sur les coutumes du Cambodge, par Tcheou Ta-Kouan [周達觀], traduits et annotés par M. Paul Pelliot, professeur à l'Ecole française d'Extrême-Orient. (*Bull. Ecole française Ext. Orient*, II, N° 2, Avril 1902, pp. 123/177.)

— On trouvera dans le *Ma Touan-lin*, de M. d'Hervey de Saint-Denys, II, pp. 476/488, une traduction de la description du *Tchen-la*.

— The Opinion of a Chinese Priest respecting Christ — Extract of a letter from Mr. Morrison, dated 19th March, 1817. (*Indo-Chinese Gleaner*, I, May 1817, pp. 14/15.)

— Notices géographiques et historiques sur Khôkand, Andudjan, Marghilân, Namanghân, Tachkand, Badakhchân et autres pays voisins. Traduit de la 420e section de la nouvelle édition du *Thai thsing y thoung tchi*. (*Mag. As.*, pub. par Klaproth, I, 1825, pp. 81/122.)

— Description de la Russie, traduite du chinois. (J. Klaproth, *Mém. rel. à l'Asie*, I, 1826, pp. 81/115.)

— Eclaircissemens sur une Carte chinoise et japonaise de l'Asie et de l'Inde. (Klaproth, *Ibid.*, II, pp. 411/432.)

— Notice d'une Mappemonde... par M. Klaproth, 1832. — Voir col. 1445.

Cf. l'article suivant :

— Notice of a Chinese Geographical work ; by J.W. Laidlay, Esq. V. P., &c. (*Jour. As. Soc. Bengal*, XVIII, pt. I, 1849, pp. 137/164.)

Hai kouo wan kian lou. 海國聞見錄.

— *Fookoua Siriak*, ou Traité sur l'Origine des Richesses au Japon, écrit, en 1708, par Arraï Tsikougo no Kami sama, autrement nommé Fak Sik Sen See, instituteur du Daïri Tsuna Ioosi et de Yeye mio tsou ; traduit de l'original chinois et accompagné de notes, par M. Klaproth. Paris, Schubart et Heideloff, 1828, in-8, pp. 24.

Extrait du *Nouveau Journal Asiatique*.

— Relation du Pays de Ta Ouan, traduite du Chinois par M. Brosset jeune. Extrait du *Journal Asiatique*. Paris, Imprimerie royale, MDCCCXXIX, in-8, pp. 34.

« Cette relation est le 123e livre du *Ssé-ki* de *Sséma Tsien* ; elle renferme l'histoire de 43 ans (140-97 avant J. C.). » — Ta-ouan, peuples du Fergana. — Cette trad. a paru d'abord dans le *Nouv. Jour. As.*, II, 1828, pp. 418/450. — Cf. Ed. Chavannes, col. 603.

— Description du royaume de Laos et des pays voisins, présentée au roi de Siam en 1687, par des ambassadeurs du roi de Laos. (*Nouv. Jour. As.*, X, 1832, pp. 414/421.)

— Extrait d'une Relation de quatre Chinois transalpins qui, avec vingt ou trente mille individus de la province de Yun nan, s'étaient réfugiés dans l'Ava et dans le Pégu, et ensuite dans le Siam, pour ne pas être forcés à se raser les cheveux, selon l'usage des Tatares. An 1687. (*Ibid.*, pp. 421/438.)

Ces deux mémoires envoyés par le P. Visdelou et publiés par Klaproth sont, ainsi que les notes qui les accompagnent, fort intéressants à cause des renseignements qu'ils renferment sur les fleuves du Yun nan et de la péninsule indo-chinoise.

— Mémoires très intéressantes (*sic*) sur le Royaume de Mien de Mgr. Claude de Visdelou, évêque de (Claudiopolis). Traduction du Chinois. (*Revue de l'Extrême-Orient*, T. II, Nos. 1 & 2, 1883, pp. 72/88.)

Ces mémoires sur le Pegou ont été publiés par M. Henri Cordier d'après le recueil ms. *Add.* 16913 du British Museum. — Voir col. 2547/8.

— Dissertation sur le Ta-tsin et le nom hiéroglyphique donné en Chine à la Judée, par M. de Paravey. (*Ann. de Phil. chrét.*, 1re série, XII.)

— Dissertation abrégée sur le nom antique et hiéroglyphique de la Judée, ou traditions conservées en Chine, sur l'ancien pays de Tsin, pays qui fut celui des céréales et de la croix par M. le Ch^{er} de Paravey. Paris, Chez Treuttel & Wurtz, & Th. Barrois, 1836, in-8, pp. 27.

— Notice of the Vallabhi' Dynasty of Saurashtra ; extracted from the Buddhist Records of the Chinese. By M. Eugène Jacquet, Member of the As. Soc. of Paris. (*Jour. As. Soc. Bengal*, V, Nov. 1836, pp. 685/688.)

— Notice sur le royaume de Sse-tseu ou des *Lions*, c'est-à-dire de Ceylan, traduite du Chinois. Par G. Pauthier. (*Jour. As.*, 3e sér., 1836, I, pp. 400/4 ; II, pp. 36/56 et 10 Pl. de texte chinois.)

Lettre à M. le rédacteur du *Jour. As.*, par S. Julien sur le morceau précédent.

— Chinese account of Ceylon. (*As Journal*, XX, 1836, p. 30.)

— Examen méthodique des faits qui concernent le *Thien-tchu* ou l'Inde, traduit du Chinois par M. Pauthier. (*Jour. As.*, 3e sér., VIII, 1839, pp. 257 et seq., 383 et seq., 433 et seq. ; IX, 1840, pp. 161 et seq.)

Tirage à part : Paris, Imp. royale, 1840, br. in-8, pp. 144.

— Examen critique de quelques pages de chinois relatives à l'Inde traduites par M. G. Pauthier, accompagné de discussions grammaticales sur certaines règles de position qui, en chinois, jouent le même rôle que les flexions dans les autres langues. Par M. Stanislas Julien, de l'Institut. [Voir col. 1732.]

— Réponse à l'Examen critique de M. Stanislas Julien, inséré dans le numéro de mai 1841 du *Jour. As.*, par M. G. Pauthier. Paris, Imprimerie royale. MDCCCXLII, br. in-8, pp. 88. [Voir col. 1732.]

— Chinese Account of India. Translated from the *Wăn-hëen-t'hung-kaou*, or « Deep Researches into Ancient Monuments » ; by Ma-twan-lin ; book 338, fol. 14. (*Jour. As. Soc. Bengal*, VI, Jan. 1837, pp. 61/75.)

— Thien-Chu — India. Extract from Ma-twan-lin, Book CCCXXXVIII. Fol. 14. Translated from the French of M. Stanislas Julien. By Jas. Burgess. (*Ind. Antiq.*, IX, 1880, pp. 14/24.)

D'après :

— *Thien-tchou* [天竺], l'Inde. — Extrait de Ma-touan-lin, liv. CCCXXXVIII, fol. 14. Par Stanislas Julien. (*Jour. Asiatique*, Août 1847, pp. 81/121.) — Voir col. 2633.

— Persien, Thabarestan und Tocharestan nach chinesischen Quellen. (*Asiatische Studien* von C.F.Neumann, 1837, pp. 152/186.)

— Handelsstrassen von China nach dem Westen ; nach einem chinesischen Werke aus dem sechsten Jahrhundert unsrer Zeitrechnung. (*Ibid.*, pp. 187/202.)

C'est une traduction du 隋西域圖記 *Si yu t'ou ki* de la Dynastie des *Soui* (589-618). L'auteur chinois s'appelle 裴矩 *Pei kiu*.

— *Hae Luh* [海錄], or Notices of the Seas, by Yang Pingnán of Keaying in the province of Kwang tung (by E.C. Bridgman). (*Chinese Repository*, IX, May 1840, pp. 22/25.)

— Esquisse du *Sy-yu* ou des Pays à l'ouest de la Chine, traduite et résumée du chinois par Louis Lamiot, Missionnaire Lazariste, in-8, pp. 40.

Extrait du *Bulletin de la Société de Géographie* (Juillet 1832).

— Notices of countries on the west of China proper, extracted and translated from Chinese writings, by M. L'Amiot. Communicated for the *Repository* by R. I.[nglis.] (*Chinese Repository*, IX, July 1840, pp. 113/132.)

« This paper we ought to remark here, was translated from the French by R. I.[nglis.] — M. L'Amiot arrived in Canton in 1820, after a residence of twenty-seven years in Peking, from whence he was expelled by an order from the emperor. See the *Anglo-Chinese Gleaner* for October 1820, p. 414. » (Note, *Chin. Rep.*, IX, p. 113.)

— *Si yu*. (Voir les *Mélanges de Géographie asiatique* de S. Julien, Vol. I, *infra* col. 2633.)

— Chinesische Nachrichten über die Kanggar und das Osmanische Reich. Von Hrn. Schott. [Gelesen in der Ak. der Wiss. am 8. August 1844.] In-4, pp. 147 à 159.

— W. Schott. — Der älteren Chinesen Kenntnisse von den Abendländern. (*Sitz. k. preuss. Ak. Wiss. Berlin*, 1849, pp. 335/7.)

(DIVERS.)

— Essai sur l'histoire de la cosmographie et de la cartographie pendant le Moyen-Age... par le Vicomte de Santarem. Paris, Maulde et Renou, 1849-1852, 3 vol. in-8.

Voir dans le Vol. I. : Des cartes géographiques chez les Chinois, pp. 358/363. — De la cosmographie des Bouddhistes, pp. 366/7.

— Japan, a Chapter from the *Hai Kuo Tu Chih* or illustrated notices of countries beyond the Seas. By Thomas F. Wade. (*Chin. Rep.*, 1850, XIX, pp. 135, 206.)

Il en a été fait une réimpression à part avec des corrections ; cette réimp. n'a pas été mise dans le commerce.

— Géographie historique et descriptive avec cartes des États maritimes par Weï-youen [魏源].

Notice sur le *Hai kouo t'ou tche* [海國圖志] par G. Pauthier, extraite des *Annales de Philosophie chrétienne*, juillet 1869. — Tirage à part, pièce in-8, pp. 8. — Voir col. 2633.

— Записки китайца о Нангасаки. Par Tsvetkov. (*Mém. de la Miss. eccl. de Peking*, III, 1857, pp. 143/182.)

— Mémoire sur le Périple de la mer Erythrée et sur la navigation des mers orientales au milieu du troisième siècle de l'ère chrétienne, d'après les témoignages grecs, latins, arabes, persans, indiens et chinois. Par M. Reinaud. (Lu dans les séances de sept. et oct. 1859, fév. et mars 1860.) (*Rec. de l'Acad. des Insc., Mém.*, XXIV, 1864, 2e partie, pp. 225/277.)

Tirage à part.

— Mémoire sur le commencement et la fin du royaume de la Mésène et de la Kharacène, d'après les témoignages grecs, latins, arabes, persans, indiens et chinois par Reinaud. (*Jour. As.*, Ve sér., Vol. XVIII, pp. 161 et seq.)

Tirage à part.

— Question scientifique et personnelle soulevée au sein de l'Institut au sujet des dernières découvertes sur la Géographie et l'Histoire de l'Inde avec les explications de M. Reinaud... Nouvelle édition, revue et augmentée d'une deuxième partie. — Paris, Cosse et J. Dumaine, 1859, in-8, pp. 36.

— 嘉定通志 (*Gia-Dinh-Thung-Chi*). Histoire et description de la Basse Cochinchine (Pays de *Gia-Dinh*) traduites pour la première fois, d'après le texte chinois original, par G. Aubaret, Capitaine de frégate, publiées par ordre de S. Exc. le Comte de Chasseloup-Laubat, Ministre de la Marine et des Colonies. Paris, Imprime-

(DIVERS.)

rie impériale. MDCCCLXIII, gr. in-8, pp. XIII-359.

— Mélanges de Géographie asiatique et de Philologie sinico-indienne, extraits des livres chinois, par M. Stanislas Julien, Membre de l'Institut, professeur de Langue et de Littérature chinoise au Collége de France. Tome I. Paris, Imprimerie impériale. MDCCCLXIV, in-8, pp. 339.

Extrait du *Jour. Asiatique*.

Contient :

Notices sur les pays et les peuples étrangers tirées des Géographies et des Annales Chinoises. — :

Description de la province d'Ili, extraite du *Thaï-tsing-i-tong-tchi*, ou Géographie universelle de la Chine. P. 1.

I. Aperçu général des limites de la Nouvelle Frontière, traduit du *Kin-ting-sin-kiang-tchi-lio* (Liv. I, Fol. 6). P. 6.

II. Ili. P. 26.

III. Les Oïgours. P. 86.

1. *Kao-tch'ang-hing-ki* 高昌行記 ou relation d'un Voyage (officiel) dans le pays des Oïgours (de 981 à 983), par *Wang-yen-té* 王延德. P. 86.

IV. Oïgours. P. 103.

II. *Kao-tch'ang* (Pays des Oïgours). Extrait de Ma-touan-lin, Liv. 326, Fol. 11 et suiv. — P. 103.

Notice sur un traité chinois de Géographie universelle, publié en 1844, à l'aide de matériaux tirés des auteurs chinois et européens. [*Hai kouo t'ou-tchi*, voir col. 2632.] P. 124.

V. Thien-tchou, l'Inde. P. 138.

I. Extrait de Ma-touan-lin, Liv. CCCXXXVIII, Fol. 14. P. 138.

Observations sur un système de transcription méthodique des mots sanskrits qui se rencontrent dans les ouvrages chinois.

Les articles précédents avaient paru dans le *Jour. As.*, IVe sér., T. VIII, pp. 228/252, 385/425 ; IX, 50/66, 189 et seq. ; X, 1847, 81/121. — L'article sur le *Tien tchou* a été traduit dans *The Asiatic Journal*, July & Aug. 1836, pp. 213/222, 313/316, puis avec des notes de Prinsep dans le *Jour. As. Soc. Bengal*, Jan. 1837, pp. 61/75, enfin dans *The Indian Antiquary*, Jan. 1880, pp. 14/24. — Voir col. 2631.

Renseignements bibliographiques sur les relations de voyages dans l'Inde et les descriptions du *Si-yu*, qui ont été composées en chinois entre le Ve et le XVIIIe siècle de notre ère [avait paru dans le *Jour. As.*, IVe sér., tome X, pp. 265 et seq.] P. 179 :

I. *Fo-koue-ki*, 佛國記 Mémoire sur les royaumes de Bouddha, en un livre. P. 184.

II. *Seng-hoeï-sing-sse-si-yu-ki*, 僧惠生使西域記 Mémoire du Samanéen *Hoeï-seng*, envoyé dans le *Si-yu*. P. 187.

III. *Chi-chi-si-yu-ki*, 釋氏西域記 Mémoire sur le *Si-yu*, par un religieux bouddhiste. P. 188.

IV. *Ta-thang-si-yu-ki* 大唐|| Mémoires sur les contrées du *Si-yu*, composés sous la grande dynastie des Thang, en douze livres. P. 188.

V. 求法高僧傳 *Khieou-fa-kao-seng-tch'ouen*. — P. 191.

VI. 繼業西域行程 *Khi-nie-si-yu-hing-tch'ing*. Itinéraire du voyage de *Khi-nie* dans le *Si-yu*. P. 192.

VII. 釋迦方志 *Chi-kia-fang-tchi*. P. 194.

VIII. 大唐慈恩寺三藏法師傳 *Ta-thang-tse-ngen-sse-san-thsang-fa-sse-tch'ouen*, en dix livres. P. 194.

IX. 皇輿西域圖志 *Hoang-yu-si-yu-thou-tchi*. P. 196.

Ouvrages sur le *Si-yu*, dont l'existence est incertaine. P. 199. (Trad. en anglais par W. A. Macy, *Chin. Rep.*, XVII, pp. 575 et seq.)

Concordance sinico-samskrite d'un nombre considérable de titres d'ouvrages bouddhiques, recueillis dans un catalogue chinois de l'an 1306, publiée, après le déchiffrement et la restitution des mots indiens, par M. Stanislas Julien. P. 210.

Un seul volume a paru ; il est extrêmement rare, n'ayant été tiré qu'à 50 exemplaires.

— Documents historiques sur les Tou-kioue (Turcs), extraits du *Pien-i-tien*, et traduits du chinois par M. S. Julien. (*Jour. As.*, VIe sér., 1864, Vol. 3, pp. 325/367, 490/549 ; Vol. 4, pp. 200/242, 391/430, 453/477.)

Tirage à part, 1877, in-8, 5 fr.

Traduit en anglais dans le *Chinese & Japanese Repository*, Sept. 1864, pp. 45/51 ; n'a pas été continué.

— Ceylon. An Account of the Island, physical, historical, and topographical with Notices of its Natural History, Antiquities and Productions by Sir James Emerson Tennent, K.C.S. LL.D. &c. Illustrated by Maps, Plans and Drawings. Fourth edition, thoroughly revised. London, Longman, 1860, 2 vol. in-8.

Part V. MEDIAEVAL HISTORY. Chap. III. *Ceylon as known to the Chinese*. Vol. I, pp. 607/628. Ce chapitre est rédigé en grande partie d'après des notes fournies par A. Wylie.

— Situation of Heen-too. By A. Wylie. (*Chin. Rec.*, IV, pp. 52/3.)

— Notes on the Western Regions. Translated from the « *Tsëën Han Shoo* ». By A. Wylie Esq.

Ces notes ont paru dans 5 vol. successifs de *The Journal of the Anthropological Institute* depuis Août 1880.

— Ethnography of the After Han Dynasty. By A. Wylie Esq. : History of the Eastern Barbarians. Translated from the How Han Shoo, Book CXV. (*Rev. Extrême Orient*, 1882, T. I, No. 1, pp. 52/83.) — History of the Southern and South-Western Barbarians. Translated from the How Han Shoo, Book CXVI. (*Ibid.*, No. 2, pp. 198/246.) — History of the Western Keang. Translated from the How Han Shoo, Book CXVII. (*Ibid.*, No. 3, pp. 423/478.)

Voir col. 613.

— О географическихъ познаніяхъ Китайцевъ. Par K. A. Скачковъ. In-8, pp. 16. Extrait.

Avait été lu le 4 mai 1866 à l'Assemblée générale [de la Soc. imp. russe de Géographie].

— Die geographischen Kenntnisse der Chinesen von K. A. Skatschkoff. Aus dem Russischen übersetzt von Professor Paul Voelkel. (*Petermanns Mitth.*, 1868, pp. 353/360.)

— Sur les connaissances géographiques des Chinois. Par Jules Gapp. (*Ann. des Voy.*, Sept. 1869.)

D'après le mémoire de M. Skatchkov.

— *San-tsai tou-hoei*. Les peuples de l'Indo-Chine et des pays voisins. Notices ethnographiques traduites du chinois par Léon de Rosny. (*Actes de la Soc. d'Ethn.*, VI [1867-1870], pp. 138 et seq.)

Tirage à part : Poissy, S. Lejay... 1874, br. in-8, pp. 14.

— Les Peuples de l'Archipel Indien connus

des anciens géographes chinois et japonais. Fragments orientaux traduits en français par Léon de Rosny, M. D., 1 Carte, 1 Pl. (*Mém. de l'Athénée oriental*, 1871.)

— Extraits du *Ti-tou Tsoung-yao* relatifs aux peuples étrangers à la Chine, traduits pour la première fois du Chinois, par Léon de Rosny. (*Mém. de la Soc. d'Ethn.*, XII, 1874, pp. 213/223.)

— Les Peuples orientaux connus des anciens Chinois d'après les ouvrages originaux par Léon de Rosny... Mémoire accompagné de IX cartes. Paris, Ernest Leroux, 1881, in-8, pp. VIII-111.

Publié par la Société d'Ethnographie.

— Les Peuples orientaux connus des anciens Chinois par Léon de Rosny. — Mémoire couronné par l'Académie des Inscriptions et Belles-Lettres. — Seconde Edition, revue et augmentée. Paris, Ernest Leroux, 1886, in-12, pp. XII-287.

Forme le Vol. XLIX de la *Bibliothèque orientale elzévirienne*. Sans les cartes de la première édition de 1881.

— 女國 Le Pays des Amazones par Léon de Rosny. (*Mém. Soc. Et. jap. et chin.*, IV, 1885, pp. 234/245.)

D'après le *Pien-i-tien*.

— Les peuples étrangers connus des anciens Chinois. Par M. Irié. (*Cte.-rendu de la 1re session du Cong. des Orient.*, 1873, I, pp. 375/7.)

— Origine de l'un des noms... Empire romain... par E. Jacquet, 1832. [Voir col. 1922/3.]

— Relations... de l'Empire Romain... par M. Reinaud, 1863. [Voir col. 1923.]

— *Ta-Ts'in-Kuo* 大秦國. By E. Bretschneider, M. D. (*Chin. Rec.*, III, July 1870, pp. 29/31.)

— The Chinese Name of the Roman Empire. By Terrien de La Couperie. (*The Academy*, 1st Oct. 1881, pp. 260/1.)

— De l'origine des noms que les Chinois ont donnés à l'Empire romain. Par Henri Cordier. (*Mélanges Graux*, Paris, Ernest Thorin, 1884, pp. 719/721.)

FRIEDRICH HIRTH.

— China and the Roman Orient : Researches into their ancient and mediaeval relations as represented in old Chinese Records. By F. Hirth, Ph. D. Leipsic & Munich : Georg Hirth. Shanghai & Hongkong : Kelly & Walsh. 1885, in-8, pp. XVI-329.

— A Plea for Rome and Byzantium. By Joseph Edkins. (*N. C. Herald*, Aug. 14, 1885, p. 181.)

— The Mystery of Ta-ts'in. By G. M. H. Playfair. (*Journ. C. B. R. A. S.*, N. S., XX, 1885, Art. III, pp. 69/80.)

Notices : *Celestial Empire*, 10 July 1885. — *N. C. Herald*, 15 July 1885. — *Proceedings Amer. Orient. Soc.*, 28 Oct. 1885 [Dr. W. A. P. Martin]. — *China Review*, XIII, p. 425. — *Chinese Recorder*, XVI, Oct. 1885, p. 361 [Dr. J. Edkins].

— The Ta-Ts'in Question. By F. Hirth, Ph. D. (*Chinese Recorder*, Nov. 1885, XVI, p. 413.)

Tirage à part, br. in-8, pp. 8. — Rép. à l'article précédent d'Edkins.

— *Hongkong Daily Press*, 28 Aug. 1885. — *Literaturblatt f. orient. Philologie*, Vol. III, p. 1 [G. v. d. Gabelentz]. — *Revue internationale*, 3e année, t. IX, No. 5, 25 fév. 1885 [L. Nocentini]. — *Oesterr. Monatsschrift f. d. Orient*, 1885, p. 280 [R. von Scala]. — *Scottish Geog. Magazine*, Vol. I (Nov. 1885), p. 585. — *Saturday Review*, 3 July 1886. — *Götting. gelehrte Anzeigen*, 1. Sept. 1886, pp. 709/740 [K. Himly]. — *Deutsche Literaturzeitung* [W. Grube]. — *Archiv der Pharmacie*, Bd. 24, No. 20, 1886, p. 1 [F. A. Flückiger]. — *Zeitschrift des deutschen Palästina-Vereins*, 1887, Bd. X [H. Guthe]. — *Berliner philologische Wochenschrift*, 3. Aug. 1889, p. 1024 [Ferd. Justi].

— Where was Ta-ts'in? By Herbert J. Allen. (*Journ. C. B. R. A. S.*, XXI, N. S., 1886, Art. VI, pp. 89/97.)

— Reply to Mr. H. J. Allen's paper « Where was Ta-ts'in? » By F. Hirth, Ph. D. (*Ibid.*, Art. VII, pp. 98/104.)

— Ta-ts'in and Dependent States. By Herbert J. Allen. (*Ibid.*, Art. XI, pp. 204/208.)

— Reply to Mr. H. J. Allen's paper « Ta-ts'in and Dependent States ». By F. Hirth, Ph. D. (*Ibid.*, Art. XII, pp. 209/213.)

— The Chinese Oriental College. By F. Hirth, Ph. D. (*Ibid.*, XXII, N. S., 1887, pp. 203/223.)

Cf. Terrien de Lacouperie, *The Djurtchen of Manshuria*, *J. R. As. Soc.*, April 1889. — A lost Script. (*St. James's Gazette*, 18 July 1888.)

— The Chinese Oriental College. By E. H. Parker. (*China Review*, XVI, May-June, 1888, pp. 360/5.)

— T'iao-chih and Diar-bekr. By F. H. (*Ibid.*, XIX, 1890, No. 1, p. 58.)

— Rekem-Petra-Likan. By E. W. G. (*Journ. C. B. R. A. S.*, N. S., XX, 1885, pp. 97/98.)

— Rekem-Petra-Likan. By F. H.[irth.] (*Ibid.*, pp. 186/7.)

— The Andaman Cannibals in Chinese Literature. By F. Hirth. (*Ibid.*, XXII, 1887, pp. 103/104.)

— Die Länder des Islam nach Chinesischen Quellen von Friedrich Hirth. — I. — (*T'oung Pao*, Supp. au Vol. V, Déc. 1894, pp. 64.)

— Über den Seeverkehr Chinas im Altertum nach chinesischen Quellen. Nach einem Vortrag von Prof. Dr. Fr. Hirth. (*Geog. Zeitschft.*, II, 1896, pp. 444/449.)

— Vortrag von Fr. Hirth über den Seehandel Chinas im Altertum und Mittelalter. (*Jahresb. Geog. Ges. München*, 1894/5, pp. CXV-CXIX.)

— Ueber die chinesischen Quellen zur Kenntniss Centralasiens unter der Herrschaft der Sassaniden etwa in der Zeit 500 bis 650. Von Friedrich Hirth. (*Wiener Zeit. f. d. K. d. Morg.*, X, 1896, pp. 225/241.)

— Dr. F. Hirth and the Hiung nu. By Thos. W. Kingsmill. (*Jour. China Br. R. As. Soc.*, XXXIV, 1901/2, No. 1, pp. 136/141.)

Voir CINQUIÈME PARTIE, *Bib. Sinica*.

— Das Reich Malabar nach Chao Ju-kua von Friedrich Hirth. (*T'oung Pao*, VI, N° 2, Mai 1895, pp. 149/164.)

— Chao Ju-kua, a new source of Mediaeval Geography. By F. Hirth, Ph. D. (*Journ. R. A. S.*, 1896, Jan., pp. 57/82.)

— Chao Ju-kua's Ethnography : Table of Contents and Extracts regarding Ceylon and India, and some Articles of Trade. By F. Hirth, Ph. D. (*Ibid.*, July, pp. 477/507.)

— Aus der Ethnographie des Tschau Ju-kua. Von Friedrich Hirth. (*Sitz. philos.-philol. u. hist. Kl. k. Ak. Wiss. München*, 1898, Heft III, pp. 487/516.)

— F. Hirth. — Syrisch-chinesische Beziehungen im Anfange unserer Zeitrechnung. (Sonderabdruck aus *Durch Syrien und Kleinasien* von Roman Oberhummer und Dr. H. Zimmerer, Berlin, 1899, pp. 436/449.)

— Chen Ch'üfe's Aufzeichnungen über die fremden Länder mit einer Einleitung und Bemerkungen. Von Tsuboi Kumazo, Bungakuhakushi. (*Actes XII*e *Congrès int. Orient.*, Rome, 1899, II, pp. 69/125.)

TERRIEN DE LACOUPERIE.

— Tin-yût not India. By A. Terrien de Lacouperie. (*Academy* 2nd May 1885.)

Voir Thos. W. Kingsmill, *infra*.

— India from China. By A. Terrien de Lacouperie. (*Ibid.*, 7th Sept., 1885.)

E. BRETSCHNEIDER.

— On the Knowledge possessed by the Ancient Chinese of the Arabs and Arabian Colonies, and other Western Countries, Mentioned in Chinese Books. By E. Bretschneider, M. D.... London : Trübner & Co., 1871, br. in-8, pp. 27.

— Products of Western Asia and Eastern Africa mentioned in Chinese Ancient Historical Works. By E. Bretschneider, M. D. (*Notes and Queries on C. & J.*, Vol. IV; Art. 127 ; pp. 145/146.)

— Chinese Intercourse with the Countries of Central and Western Asia during the Fifteenth Century. By E. Bretschneider, M. D. (*China Review*, IV, pp. 312/317, 385/393 ; V, pp. 13/40, 109/132, 165/182, 227/241.)

— Notices of the mediaeval Geography and History of Central and Western Asia. Drawn from Chinese and Mongol Writings, and compared with the Observations of Western Authors in the Middle Ages. By E. Bretschneider, M. D. (*Jour. N. C. B. R. A. S.*, N. S., No. X, 1876, pp. 757/307.)

« I divide my paper into six parts. In the first, I review the writings of eastern and western authors, to which reference is made in this essay. In the second, I give a full account of the *Kara-khitai* or *Si Liao*, an interesting nation originating in eastern Asia, who in the 12th century dominated over the whole of Central Asia, and was finally destroyed by Chinghiz khan. In the third, I have attempted to bring together the accounts found in Chinese and Mongol mediaeval works with respect to the Mohammedans. The fourth and fifth parts are devoted to the record of the military doings of the Mongols in the far west. The sixth part treats of the above-mentioned ancient map [first half XIVth Cent.] of central and western Asia. » *Introduction*, pp. 76/77.

On a fait un tirage à part de ce mémoire important.

— Mediaeval Researches from Eastern Asiatic Sources. Fragments towards the knowledge of the Geography and History of Central and Western Asia from the 13th to the 17th Century. By E. Bretschneider, M. D. Late Physician to the Russian Legation at Peking ; membre corresp. de l'Institut de France (Académie des Inscriptions et Belles Lettres). London, Trübner, 1888, 2 vol. in-8.

Vol. I. With a Map of Middle Asia, pp. XII-334. — Vol. II. With a Reproduction of a Chinese Mediaeval Map of Central and Western Asia, pp. X-352.

Nouv. édition revue, mais sans caractères chinois, des trois articles : *Notes on Chinese Mediaeval Travellers*, 1875 ; *Notices of the Mediaeval Geography*... 1876 ; *Chinese Intercourse*... 1877. Voir *Bib. Sinica*, col. 2667, 2636 et 2637.

Ces deux vol. font partie de *Trübner's Oriental Series*.

Notice : *Nature*, XXXIX, 1888-89, pp. 170/1.

— The Kaaba or Great Shrine at Mecca. As described by Chinese ; with Notes on the old arab Trade, and Remarks on Mahomedanism in China. By H. Kopsch. (*China Review*, XIV, pp. 95/104.)

Complète E. Bretschneider, *China Review*, V, p. 175. — Voir col. 2637.

GEO. PHILLIPS.

— On what sea was *T'iao-chih* 條支 situated, and how was it reached from China? By Geo. Phillips. (*Chin. Rec.*, III, Oct. 1870, pp. 137/8.)

— The Roads to the *Western Sea* 西海 from China : The Northern Road. By Geo. Phillips. (*Ibid.*, p. 191.) — The Western Sea. By the same. (*Ibid.*, p. 259.)

— Where was *An-si* 安息. (*Chin. Rec.*, III, Nov. 1870, p. 164.)

— Countries and Places adjacent to China on the South and in the Indian Ocean. By Geo. Phillips Esq. (1) Kingdoms in Sumatra. (2) Siamese and Malay States. (3) Islands beyond Acheen in Sumatra. (4) Names mentioned by Marco Polo. (5) Countries mentioned in the *Sin Tang Shoo*. (Doolittle's *Voc.*, Pt. III, No. LXVII.)

— The Seaports of India and Ceylon, described by Chinese Voyagers of the fifteenth Century, together with an Account of Chinese Navigation. By George Phillips, Esq., H.B.M.'s Consul at Swatow. Part I. (*Journ. C. B. R. A. S.*, N. S., XX, 1885, Art. IX, pp. 209/226.) — Part II. (*Ibid.*, XXI, 1886, Art. III, pp. 30/42.)

— The term *K'un lun ts'eng szu*. By Geo. Phillips. (*China Review*, VIII, pp. 188/190.)

Mis d'Hervey de Saint-Denys.

— Mémoire sur l'histoire ancienne du Japon, d'après le *Ouen hien tong kao*, de Ma-touan-lin, par le Marquis d'Hervey de Saint-Denys. (*Journ. As.*, 6e Sér., XVIII, 1871, pp. 386 et seq.)

Lu à l'Ac. des Insc., Séances des 20 Oct., 10 et 17 Nov. 1871. — *Wen hien t'oung k'ao* 文獻通考.

— Ethnographie de Ma-touan-lin. — Le royaume de Piao. Notice traduite pour la première fois du chinois par le marquis d'Hervey de Saint-Denys, Président de la Société d'Ethnographie, pp. 87/94 des *Mémoires de l'Athénée Oriental*. Session de 1871, I.

— Ethnographie des peuples étrangers à la Chine. Ouvrage composé au XIIIe siècle de notre ère. Ma-touan-lin traduit pour la première fois du chinois avec un commentaire perpétuel par le Marquis d'Hervey de Saint-Denys, de l'Institut de France. Genève, H. Georg, 1876-1883, 2 vol. in-4.

Cet ouvrage qui a obtenu le prix Stanislas Julien à l'Académie des Inscriptions et Belles-Lettres a paru en livraisons dans : ATSUME GUSA *pour servir à la connaissance de l'Extrême Orient. — Recueil publié par F. Turrettini.*

∴

— The Obligations of China to Europe in the Matter of Physical Science acknowledged by Eminent Chinese; being extracts from the Preface to Tsang Kwo-fan's edition of Euclid with brief introductory observations. By Rev. G. E. Moule. Read before the Society on 12th June 1872. (Art. VI, *Journal N. C. B. R. A. S.*, N. S., No. VII, 1871/2, pp. 147 et seq.)

— Chinese Explorations of the Indian Ocean during the fifteenth Century. By W. F. Mayers. (*China Review*, III, pp. 219/225, 321/331 ; IV, pp. 61/67, 173/190.)

« The work of which a translation follows below forms the 30th volume of the great collection of reprints produced, about the year 1850, at the expense of the celebrated Hong merchant of Canton Wu Ts'ung-yao, better known by his trading name of Howqua... Not being included in the catalogue of the Imperial library compiled under the auspices of the Emperor K'ien Lung, it has escaped the notice, apparently, of European writers. Mr. Wylie, in his admirable Bibliography of Chinese Literature, has no mention of the book in the body of his work, although its name appears in his appendix, p. 221, as the 26th in the list of the *Che Hai* collection of reprints, issued during the reign of Tao Kwang. Its title is 西洋朝貢典錄, which may be translated Records of the Tribute sent to the Court of China by the Countries of the Western Ocean, or more briefly, The Tributary Nations of the West. The Compiler was named Hwang Sing-tsêng 黃省曾, and from the date appended to his preface it is evident that he lived during the early portion of the sixteenth century. »

W. P. Groeneveldt.

— Notes on the Malay Archipelago and Malacca. Compiled from Chinese Sources by W. P. Groeneveldt. (*Verh. Batav. Gen. v. Kunst. en Wetensch.*, Deel XXXIX, 1e stuk, 1877, pp. x-144.)

Tirage à part, gr. in-8, s. l. n. d., pp. x-144, carte.

Notice : *China Review*, V, p. 199.

Réimp. en 1887 par le Dr. R. Rost dans son Recueil pour la Straits Branch R. As. Society.

— Einige Anmerkungen zu Groeneveldt's : « Notes on the Malay Archipelago and Malacca, compiled from Chinese Sources ». Von F. W. K. Müller. (*T'oung Pao*, IV, 1893, pp. 81/83.)

— Der Ausdruck *So-fu*. Par F. H.[irth.] (*T'oung Pao*, V, No. 5, Déc. 1894, pp. 390/391.)

— Supplementary Jottings to the « Notes on the Malay Archipelago and Malacca, compiled from Chinese Sources » by W. P. Groeneveldt. (*Ibid.*, VII, N° 2, Mai 1896, pp. 113/134.)

Tirage à part, br. in-8, pp. 22.

— De chineesche naam *Ts'e-ts'un* voor *Grèsik*. Door G. P. Rouffaer. (*Bijd. T. L. en Volk. v. Ned.-Indië*, LIX, 1te Afl., 1906, pp. 178/9.)

Thos. W. Kingsmill.

— The intercourse of China with Central and Western Asia in the 2nd Century B. C. By T. W. Kingsmill Esq. (*Journ. N. C. B. R. A. S.*, N. S., No. XIV, 1879, pp. 1/29.)

Une portion avait déjà paru dans le *Celestial Empire*, May 6th, 1876. — L'article a été réimp. dans *The Jour. of the As. Soc. of Gt. Brit.*, Vol. XIV, Pt. I, 1882, pp. 74/104.

— The Migrations and Early History of the White Huns ; principally from Chinese Sources. By Thos. W. Kingsmill. (*Journ. R. As. Soc.*, N. S., Vol. X, Part II, Art. XIV, April 1878, pp. 285/304.)

— The Intercourse of China with Eastern Turkestan and the Adjacent Countries in the Second Century B. C. By Thos. W. Kingsmill. (*Ibid.*, Vol. XIV, Art. VIII, January 1882, pp. 74/104.)

Cf. Terrien de La Couperie : *Tin-yût not India*. (*The Academy*, 2 May 1885.)

— Ta Ts'in and Likien. By Thos. W. Kingsmill. (*China Review*, XIX, No. 3, 1890, pp. 194/5.) — [Voir col. 2635-2636.]

— Relations with the Roman Empire. By T. W. Kingsmill. (*Academy*, XXVI, 12.)

— The Mantses and the Golden Chersonese. By T.W. Kingsmill. (*Journ. C. B. R. A. Soc.*, XXXV, 1903-1904, pp. 76/101.)

— H. Yule. — Notes on the Oldest Records of the Sea-route to China from Western Asia. (*Proc. Roy. Geog. Soc.*, Nov. 1882.) — Voir col. 1918.

Joseph Edkins.

— What did the Ancient Chinese know of the Greeks and Romans. By Joseph Edkins, D. D. (*Jour. N. C. Br. R. As. Soc.*, N. S., Vol. XVIII, 1883, Art. I, pp. 1/16.)

Avec un « Supplementary Statement », pp. 16/19, réimp. du *N. C. Herald*, du 14 mars 1883 et une « Discussion on Dr. Edkins's Paper », pp. 19/23.

— More about Fu-Lin. By J. Edkins. — F. Hirth. (*Journ. C. B. R. A. S.*, XX, N. S., 1885, pp. 283/284.)

— Fu-lin, a Persian Word. By J. Edkins. (*Ibid.*, XXI, N. S., 1886, pp. 109/110.)

— The five Elements in Persia. By J. Edkins. (*China Review*, XVII, No. 1, p. 49.)

— Eastern Barbarians. By J. Edkins. (*Ibid.*)

— Who was Po-to-li? By J. Edkins. (*Journ. C. B. R. A. S.*, XX, N. S., 1885, pp. 282/283.)

— Philological importance of geographical Terms in the *Shi-ki*. By Joseph Edkins. (*Journ. C. B. R. A. S.*, XXI, N. S., 1886, Art. X, pp. 199/203.)

— Ancient Navigation in the Indian Ocean. By the Rev. Joseph Edkins, D.D., Peking, Honorary Member of Royal Asiatic Society. (*Journ. R. As. Soc.*, N.S., Vol. XVIII, Art. I, January, 1886, pp. 1/27.)

Notice : *China Review*, XVI, pp. 191/2 ; E. J. E.[itel.]

— The Yue-ti or Massagetae. By J. Edkins. (*Journ. C. B. R. A. S.*, XXI, N. S., 1886, p. 227.)

— The Getae [月氏]. By J. Edkins. (*China Review*, XVIII, No. 1, p. 60.)

— The Ephthalites. By J. Edkins. (*Journ. C. B. R. A. S.*, XXI, N. S., 1886, pp. 227/228.)

— Note on the Ephthalites A. D. 450. By J. Edkins. (*Ibid.*, XXII, N. S., 1887, pp. 227/9.)

— Areas of Races. By J. Edkins. (*Ibid.*, XXI, N. S., 1886, pp. 228/229.)

— The name 大秦 Ta-ts'in. By J. Edkins. (*China Review*, XIX, 1890, No. 1, p. 57.) — [Voir col. 2635/6.]

Edouard Specht.

— Etudes sur l'Asie centrale d'après les historiens chinois, par M. Edouard Specht. (*Jour. Asiatique*, Oct.-Déc. 1883, VIIIe sér., II, pp. 317/350.)

— Extracts from Chinese Authors concerning the History of the Kushans. By Edward Thomas. (*Ind. Antiq.*, XV, 1886, pp. 19/21.)

— Note sur les Yuĕ-tchi, par M. Edouard Specht. (*Journ. Asiat.*, VIIIe sér., XV, Fév.-Mars 1890, pp. 180/185.)

— Etudes sur l'Asie centrale d'après les historiens chinois par Edouard Specht. — II. Les Indo-Scythes et l'époque du règne de Kanichka — Extrait du *Journal Asiatique*. — Paris, Imprimerie nationale, MDCCCXCVII, in-8, pp. 82.

— Edouard Specht. Nécrologie par Henri Cordier. (*T'oung Pao*, Mars 1906, p. 144.)

Edouard-Prosper-Emmanuel Specht, † à Paris, 2 mars 1906.

G. Schlegel.

— Einige Anmerkungen zu Groeneveldt's : « Notes on the Malay Archipelago and Malacca, compiled from Chinese Sources. » Von F. W. K. Müller. (*T'oung Pao*, IV, Mars 1893, pp. 81/3.)

Voir col. 2640.

— Iets omtrent de betrekkingen der Chinezen met Java voor de komst der Europeanen aldaar door Dr. G. Schlegel. — Batavia, Lands-Drukkerij. 1870, br. in-8, pp. 23-XI.

Tijds. v. Ind. T.-, Land- en Volk., XX, p. 7, Batavia, 1871.

— Note, pièce in-8, 1 f. (*Notulen Bat. Gen. van K. & W.*, 1885.)

— Problèmes géographiques. Les peuples étrangers chez les historiens chinois :

I. Fou-sang kouo 扶桑國 *Le Pays de Fou-sang.* Par Gustave Schlegel, Professeur de Langue et de Littérature chinoises à l'Université de Leide. « Extrait du *T'oung Pao*, Vol. III, No. 2. » Leide, E. J. Brill, 1892, in-8, pp. 68.

Avait paru dans le *T'oung Pao*, III, No. 2, Mai 1892, pp. 101/168.

Notices : F. M. Pasani ; *Globus*, LVII, 5, par Johannes Hoops. — *Bul. American Geog. Soc.*, 30 June 1892, par C. Hurlbut. — *Science* Weekly Newspaper, New York, 9 sept. 1892, p. 148. — *Proc. R. Geog. Soc.*, London, Aug. 1892 ; Soc. Géog. Paris, *Ctes.-rendus*, II, p. 288. — Dr. B. Frescura, *Bull. Sez. Fiorentina della Soc. Africana d'Italia*, 2 Ser., I, 1893. — *Revue critique*, 17/24 juillet 1893, par H. Cordier. — Trad. russe dans le Bul. de la branche de la Sibérie Orientale de la Soc. Imp. de Géog., XXIV, 2, pp. 38-48. — Voir H. Cordier, col. 2657.

II. Wen-chin-kouo 文身國 *Le Pays des Tatoués.* —

III. Niu kouo 女國 *Le Pays des Femmes.* Par Gustave Schlegel... « Extrait du *T'oung Pao*, Vol. III, No. 5. » Leide, E. J. Brill, 1892, in-8, pp. 23.

Avait paru dans le *T'oung Pao*, III, No. 5, Déc. 1892, pp. 490/510.

Notices : *Science*, 24 March 1893, p. 159. — *Globus*, V, 63, No. 22, 1893, p. 358. — *Scott. Geog. Mag.*, IX, 3, p. 161.

IV. Siao-jin kouo 小人國 *Le Pays des Petits Hommes.* — V. Ta-han kouo 大漢國 *Le Pays de Tahan (de l'Est).* — VI. Ta-jin kouo ou Tchang-jin kouo 大人國 ou 長人國 *Le Pays des Hommes Grands ou Longs.* — VII. Kiun-tsze kouo 君子國 *Le Pays des Gentilshommes.* — VIII. Pĕh-min kouo 白民國 *Le Pays du Peuple blanc.* Par Gustave Schlegel... « Extrait du *T'oung Pao*, Vol. IV, No. 4. » Leide, E. J. Brill, 1893, in-8, pp. 42.

Avait paru dans le *T'oung Pao*, IV, No. 4, Oct. 1893, pp. 323/362.

IX. Ts'ing-k'ieou kouo 青丘國 *Le Pays des Collines vertes.* — X. Heh-tchi kouo 黑齒國 *Le Pays aux Dents noires.* — XI. Hiouen-kou kouo 元股國 *Le Pays des Cuisses noires.* — XII. Lo-min kouo ou Kiao-min kouo 勞民國 ou 教民國 *Le Pays du peuple Lo ou du peuple Kiao.* Par Gustave Schlegel... « Extrait du *T'oung Pao*, Vol. IV, No. 5. » Leide, E. J. Brill, 1893, in-8, pp. 15.

Avait paru dans le *T'oung Pao*, IV, No. 5, Déc. 1893, pp. 402/414.

XIII. NI-LI KOUO 泥離國 *Le Pays de Ni-li.* — XIV. PEI-MING KOUO 背明國 *Le Pays des Antihéliens.* — XV. YOUH-I KOUO 鬱夷國 *Le Pays des Barbares puants.* — XVI. HAN-MING KOUO 含明國 *Le Pays Plein-de-lumière.* — XVII. WOU-MING KOUO 吳明國 *Le Pays de Wou-ming.* Par Gustave Schlegel... «Extrait du *T'oung Pao*, Vol. V, No. 3.» Leide, E. J. Brill, 1894, in-8, pp. 57.

Avait paru dans le *T'oung Pao*, V, No. 3, Juillet 1894, pp. 179/233.

XVIII. SAN-SIEN CHAN 三仙山 *Les trois Iles enchantées.* Par Gustave Schlegel... «Extrait du *T'oung Pao*, Vol. VI, No. 1.» Leide, E. J. Brill, 1895, in-8, pp. 66.

Avait paru dans le *T'oung Pao*, VI, Mars 1895, pp. 1/64.

XIX. LIEOU-KIEOU-KOUO 琉球國 *Le Pays de Lieou-kieou.* Par Gustave Schlegel... «Extrait du *T'oung Pao*, Vol. VI, No. 2.» Leide, E. J. Brill, 1895, in-8, pp. 51.

Avait paru dans le *T'oung Pao*, VI, Mai 1895, pp. 165/215.

XX. NIU-JIN-KOUO 女人國 *Le Pays des Femmes* (méridional). Par Gustave Schlegel... «Extrait du *T'oung Pao*, Vol. VI, No. 3.» Leide, E. J. Brill, 1895, in-8, pp. 11.

Avait paru dans le *T'oung Pao*, VI, Juillet 1895, pp. 247/257.

Tous ces tirages à part, au nombre de huit, ont été faits sur papier fort.

∴

— Geographical Notes. — I. The *Nicobar* and *Andaman* Islands by G. Schlegel. (*T'oung Pao*, IX, No. 3, Juillet 1898, pp. 177/190); II. 狼牙修 or 狼牙須 LANGA-GA-SIU or LANG-GA-SU and SIH-LAN SHAN 錫蘭山 *Ceylan.* (*Ibid.*, pp. 191/200.)

— Geographical Notes. — III. HO-LING 訶陵 KALING by G. Schlegel. (*T'oung Pao*, IX, No. 4, Oct. 1898, pp. 273/298.) — IV. MALIUR and MALAYU. (*Ibid.*, pp. 288/292.) — V. TING-KI-GI 丁機宜 TING-GII. (*Ibid.*, pp. 293/8.)

— Geographical Notes. — VI. MA-IT-MA-IT-TUNG-MA-IEP-UNG by G. Schlegel. (*T'oung Pao*, IX, No. 5, Déc. 1898, pp. 365/383.)

— Geographical Notes. — VII. TUN-SUN 頓遜 or TIAN-SUN 典遜 *Tĕnasserim* or *Tānah-Sāri* by G. Schlegel. (*T'oung Pao*, X, No. 1, Mars 1899, pp. 33/52.) — VIII. PA-HOANG 婆皇國 PANG-K'ANG 彭坑國 PANG-HANG 彭亨國 by G. Schlegel. (*Ibid.*, pp. 39/46). — IX. DZIU HUT 柔佛國 *Djohor* (Johore) by G. Schlegel. (*Ibid.*, pp. 47/52.)

— Geographical Notes. — X. TO-HO-LO 墮和羅 or TOK-HO-LO 獨和羅 TAKŪLA or TAKKŪLA by G. Schlegel. (*T'oung Pao*, Mai 1899, pp. 155/158.) — XI. HOLOTAN 呵羅單 or KĪLANTAN 急蘭丹 *Kalatan* or *Kĕlantan.* (*Ibid.*, pp. 159/163.)

— Geographical Notes. — XII. SHAY-PO 闍婆 *Djavā* by G. Schlegel. (*T'oung Pao*, Juillet 1899, pp. 247/306.)

— Geographical Notes. — XIII. TAN-TAN 丹丹 or DAN-DAN 單單 *Dondin?* — XIV. KO-LA 哥羅 or KO-LA PU-SA-LO 哥羅富沙羅 *Kora* or *Kora Bĕsar.* — XV. MOAn-LA-KA 滿剌加 *Malacca.* By G. Schlegel. (*T'oung Pao*, Déc. 1899, pp. 459/478.)

(G. SCHLEGEL.)

— Geographical Notes. — XVI. *The Old States in the Island of Sumatra* by G. Schlegel. (*T'oung Pao*, 2e Sér., II, No. 2, Mai 1901, pp. 107/138; *ibid.*, 2e Sér. II, No. 3, Juillet 1901, pp. 167/182; *ibid.*, 2e Sér., II, No. 5, Déc. 1901, pp. 329/377.)

Notice : *Bul. Éc. franç. Ext. Orient*, II, No. 1, 1902, pp. 94/6, par P. Pelliot.

— Geographical Notes. — XVII. *Java* by G. Schlegel. — I. Notions of the Island from A. D. 414 till the beginning of the 13th century. (*T'oung Pao*, Juillet 1903, pp. 228/250.)

Il a été fait un tirage à part sur le papier ordinaire du *T'oung Pao* de ces articles, sauf le dernier, au nombre de huit.

∴

— The term 撒殿 *Sah tian.* Par G. Schlegel. (*T'oung Pao*, IX, 1898, pp. 87/90.)

— Sangchi-slaves 僧祇奴. By G. Schlegel. (*T'oung Pao*, IX, 1898, pp. 90/92.)

∴

— Les peuples tributaires de l'empire chinois. Par C. Imbault-Huart. (Avec reproduction d'une ancienne peinture chinoise, *Magasin Pittoresque*, 2e série, tome II, 29 fév. 1884.)

— The Tribe of Pu-lu-k'o-pa (布魯克巴) or Bhotan. By C. Imbault-Huart. (*Journ. C. B. R. A. S.*, XX, N. S., 1885, p. 282.)

— Is 夏 Bactria? (*China Review*, XI, p. 61.) — By Ch. Piton. (*Ibid.*, pp. 131/132.)

— 大夏 and 夏 (*Ibid.*, p. 131.)

— Bactria and Parthia. (*Ibid.*, XIII, p. 226.)

— The Term Arsaces. (*Ibid.*)

— Getae... (*Ibid.*, pp. 357/358.)

— Hira. (*Ibid.*, p. 358.)

— Parthian Civilization. (*Ibid.*, p. 361.)

— A Chinese Fragment. Containing an enquiry into the present state of religion in England. With Notes by the Editor. London : Printed by J. Davis, MDCCLXXXVI, in-8, pp. 369.

— Par Ely Bates. — Pub. à 5/-cart.

E. H. PARKER.

— Tunguses and Japanese. By E. H. Parker. (*China Review*, No. 4, p. 263.)

— Scythians. By E. H. Parker. (*Ibid.*, XIV, p. 215.)

— Babylonia, Assyria and Syria. By E. H. Parker. (*Ibid.*, p. 217.)

— Gandhara. By E. H. Parker. (*Ibid.*, p. 218.)

— Egypt and China. By E. H. Parker. (*Ibid.*, p. 219.)

— Yueh-chi. By E. H. Parker. (*Ibid.*)

— T'iao-chi. By E. H. Parker. (*Ibid.*, p. 220.)

— The Lost Tribes. By E. H. Parker. (*Ibid.*, pp. 219/220.)

— Sacae. By E. H. Parker. (*Ibid.*, p. 222.)

— Yavanas. By E. H. Parker. (*Ibid.*, p. 359.)

— Samara. By E. H. Parker. (*Ibid.*)

— Spirit Markets. By E. H. Parker. (*Ibid.*)

— Upper Burmah. By E. H. Parker. (*Ibid.*, XV, p. 187.)

— Cambodja. By E. H. Parker. (*Ibid.*, p. 251.)

— Greece. By E. H. Parker. (*Ibid.*, p. 376.)

— The Royal Family of Siam. By E. H. Parker. (*Ibid.*, XVI, p. 188.)

— Chinese Knowledge of Europe. By E. H. Parker. (*Ibid.*, pp. 243/244.)

— Contributions to Topography. From the *P'ei-wen yün-fu.* By E. H. Parker. (*Ibid.*, pp. 300/2.)

— Kwei-fang [鬼方]. By E. H. Parker. (*Ibid.*, XVIII, No. 4, p. 263.)

— All the Hias [諸夏]. By E. H. Parker. (*Ibid.*, No. 5, p. 320.)

(DIVERS. — E. H. PARKER.)

— K'un-lun. By E. H. Parker. (*Ibid.*, No. 6, p. 378.)
Poulo-Condor.

— T'iao-chi [條支]. By E. H. Parker. (*China Review*, XVIII, No. 6, p. 380.)

— Chinese Knowledge of the West. By E. H. Parker. (*Ibid.*, XIX, 1890, No. 1, p. 61.)

— A few Chinese Observations about Chitral, Hunza, &c. By E. H. Parker. (*Ibid.*, XXIII, pp. 787/9.)

— The Cathayans. By E. H. Parker. (*Imp. & Asiat. Quart. Rev.*, 3rd Ser., X, 1900, pp. 342/364.)

— China, The Avars, and the Franks. By E. H. Parker. (*Ibid.*, April 1902, pp. 346/360.)

Notice : *Bul. Éc. franç. Ext. Or.*, III, 1903, pp. 99/101, par P. Pelliot.

— Chinese Knowledge of Early Persia. By E. H. Parker. (*Ibid.*, Jan.-April 1903, pp. 144/169.)

Notice : *Bul. Éc. franç. Ext. Orient*, III, No. 1, 1903, pp. 99/101 par P. Pelliot.

— * China and the Ancient Cabul Valley. By E. H. Parker. (*English Historical Review*, XX, 1905, pp. 625/636.)

∴

— Description de la Chine occidentale (Mœurs et histoire) par un Voyageur. Traduit du chinois par M. Gueluy, missionnaire. — Extrait du *Muséon* — Louvain, Typ. de Charles Peeters, 1887, in-8, pp. 155, 2 cartes.

Traduit du *Si-yu Wen-kien lou* 西域聞見錄.
Cf. Klaproth et Timkovsky, *Voyage à Peking, à travers la Mongolie*, col. 2473, qui en ont donné des traductions partielles.

— Cartografia dell' estremo Oriente. — Un Atlante Cinese della Magliabechiana di Firenze, per Bernardino Frescura ed Assunto Mori. (*Rivista Geografica Italiana*, I, 1894, Luglio, pp. 417/422 ; Agosto, pp. 475/486.)

Camille Sainson.

— C. Sainson. — *Ngann Nann Tche Luo*, 1896. — Voir col. 2546/7.

Notice : *Jour. Asiat.*, Nov.-Déc. 1899, pp. 564/5, par Ed. Chavannes.

— *Nan tchao ye-che* 南詔野史 Histoire particulière du Nan-tchao Traduction d'une histoire de l'ancien Yun-nan accompagnée d'une carte et d'un lexique géographique et historique par Camille Sainson Vice-Consul de France à Ho-k'eou. Paris, Imprimerie nationale — Ernest Leroux, éditeur, MDCCCCIV, in-8, pp. III-294.

Forme le t. IV de la Ve Sér. des *Publications de l'Ecole des Langues orientales vivantes*.
Notice : *T'oung Pao*, Oct. 1904, pp. 473/481, par Ed. Chavannes.
Voir col. 321.

Sylvain Lévi.

— Deux peuples méconnus par Sylvain Lévi Professeur au Collège de France. (*Mélanges Charles de Harlez*, Leyde, 1896, pp. 176/187.)

I. Les Muruṇḍas. — II. Les Cañcûkas.

— Notes chinoises sur l'Inde Par M. Sylvain Lévi Professeur au Collège de France. (*Bull. Ecole française Ext. Orient*, II, No. 3, Juillet 1902, pp. 246/255.)

I. L'écriture Kharoṣṭrī et son berceau. — II. Une version chinoise de Bodhicaryāvatāra.

— Notes chinoises sur l'Inde. (*Ibid.*, III, No. 1, Janv.-Mars 1903, pp. 38/53.)

III. — La date de Candragomin.

— Notes chinoises sur l'Inde. (*Ibid.*, IV, No. 3, Juill.-Sept. 1904, pp. 543/579.)

IV. — Le Pays de Kharoṣṭra et l'écriture Kharoṣṭrī.

— Notes chinoises sur l'Inde. (*Ibid.*, V, Nos. 3-4, Juill.-Déc. 1905, pp. 253/305.)

V. — Quelques documents sur le bouddhisme indien dans l'Asie centrale (première partie).
— Voir Stein, Kaśmīr, 1899, col. 2663.

∴

— *Sam Po tong* 三寶洞 La Grotte de Sam Po par I. W. Young. (*T'oung Pao*, IX, N° 2, Mai 1898, pp. 93/102.)

— Alcune notizie sulle prime relazioni della Cina co' paesi d' Occidente. Memoria del Prof. Carlo Puini. Firenze, M. Ricci, 1899, br. in-8, pp. 22, carte.

Terzo Congresso geografico italiano.

— * C. Puini. — Il Ta-thsin o l'impero romano negli storici cinesi. (*Atene e Roma*, Maggio-Giugno 1899, col. 115-129.)

— L'époque de Kaniṣka par M. A.-M. Boyer. (*Journ. Asiat.*, 9e Sér., XV, Mai-Juin 1900, pp. 526/579.)

Ed. Chavannes.

— Les deux plus anciens spécimens de la cartographie chinoise, par M. E. Chavannes. (*Prem. Cong. Intern. Etudes Ext. Orient*, Hanoi (1902), pp. 48/50.)

— Les deux plus anciens spécimens de la cartographie chinoise Par M. Ed. Chavannes, Membre de l'Institut. (*Bull. Ecole française Extrême-Orient*, III, No. 2, Avril-Juin 1903, pp. 214/247.)

Les originaux, gravés sur pierre, se trouvent à Si-ngan fou.

— Extrait du *Bulletin de l'École française d'Extrême-Orient* (Avril-Juin 1903) — Les deux plus anciens Spécimens de la Cartographie chinoise par Ed. Chavannes Membre de l'Institut. Hanoi, F.-H. Schneider, 1903, gr. in-8, pp. 35, pl.

— La cartographie chinoise ancienne. Par Charles Rabot. (*La Géographie*, 15 Juin 1904, pp. 476/477.)

D'après Chavannes.

— Сборникъ Трудовъ Орхонской Экспедиціи. — VI. Documents sur les Tou-kiue (Turcs) Occidentaux. — Recueillis et commentés par Edouard Chavannes,... — Avec une carte — (Présenté à l'Académie Impériale des Sciences de St. Pétersbourg le 23 Août 1900). St. Pétersbourg, 1903, gr. in-8, pp. IV-378.

Notices : *Записки*, de Rosen, XV, IV, 1904, pp. 0162/0185, par V. Bartold. — *Bul. École franç. Ext. Orient*, IV, Janv.-juin 1904, pp. 479/483, par P. Pelliot.

— The Services of the Turks in joining the Civilizations of Europe and Asia. By E. H. Parker. (*Imp. & Asiat. Quart. Rev.*, April 1904, pp. 336/354.)

— Notes additionnelles sur les Tou-Kiue (Turcs) Occidentaux par Ed. Chavannes. (*T'oung Pao*, Mars 1904, pp. 1/110.)

— Les pays d'Occident d'après le *Wei lio* par Edouard Chavannes. (*T'oung Pao*, Série II, Vol. VI, Déc. 1905, pp. 519/571.)

Wei lio 魏略. — M. Chavannes ne donne pas la partie relative au *Ta Ts'in* 大秦 traduite par F. Hirth.

— Les Pays d'Occident d'après le *Wei lio* par Edouard Chavannes. — Extrait du « *T'oung-pao* », Série II, Vol. VI, N° 5. — E. J. Brill, Leide — 1905, in-8, pp. 55.

— Les Pays d'Occident d'après le *Heou Han chou* par Edouard Chavannes. (*T'oung Pao*, Mai 1907, pp. 149/234 et 19 p. de texte.)

PAUL PELLIOT.

— *Avalambana* ou *Vilambin* ; les Ouvrages de Mathématiques sous les T'ang ; le Pays des Hommes longs. Par P. Pelliot. (*Bull. Ecole française Ext. Orient*, II, N° 2, Avril 1902, pp. 192/194.)

En réponse à G. Schlegel : *T'oung Pao*, Déc. 1901, p. 394.

— Le Founan, par M. Etienne Aymonier. (*Jour. Asiat.*, Janv.-Fév. 1903, pp. 109/150.)

— Le Fou-Nan Par M. Paul Pelliot Professeur à l'Ecole française d'Extrême-Orient. (*Bull. Ecole française Extrême-Orient*, III, N° 2, Avril-Juin 1903, pp. 248/303.)

— Extrait du *Bulletin de l'Ecole française d'Extrême-Orient* (Avril-Juin 1903) — Documents chinois sur l'Indo-Chine II Le Fou-nan par Paul Pelliot Professeur à l'Ecole française d'Extrême-Orient. Hanoi, F.-H. Schneider, 1903, gr. in-8, pp. 57 à 112.

Notice par Ed. Chavannes, *Jour. Asiat.*, Nov.-Déc. 1903, pp. 528/532.

— Nouvelles Observations sur le Founan. Par Étienne Aymonier. (*Jour. As.*, Sept.-Oct. 1903, pp. 333/341.)

Réponse à M. Pelliot.

— La dernière ambassade du Fou-nan en Chine sous les Leang (539). Par P. Pelliot. (*Bull. Ecole française Ext.-Orient*, III, Oct.-Déc. 1903, pp. 671/672.)

— Le Fou-nan et les théories de M. Aymonier. Par Paul Pelliot. (*Ibid.*, IV, 1904, pp. 385/412.)

— Notes d'épigraphie Par M. L. Finot Directeur de l'Ecole française d'Extrême-Orient. (*Ibid.*, III, Oct.-Nov. 1903, pp. 630/648.)

Pānduraṅga. — Cet article avait d'abord paru dans l'*Album Kern*.

— Textes chinois sur Pānduraṅga Par M. Paul Pelliot. (*Bull. Ecole française Ext.-Orient*, III, Oct.-Déc. 1903, pp. 649/654.)

∴

— George Macartney. — Lau-lan, 1903. — Voir col. 112.

Notice : *T'oung Pao*, Déc. 1903, pp. 425/7, par Ed. Chavannes.

— The Kushān, or Indo-Scythian, Period of Indian History, *B. C.* 165 to *A. D.* 320. By Vincent A. Smith. (*Jour. R. As. Soc.*, Jan. 1903, pp. 1/64.)

Voir en particulier : III. *The Chinese Historians*, pp. 18 seq.

Notice : *Bul. École Ext. Orient*, III, Janv.-Mars 1903, pp. 93/5, par L. F.[inot.]

— Н. Поповъ. — О Тырскихъ памятникахъ. (*Записки восточнаго отдѣленія имп. русс. археол. общества*, XVI, 1, pp. 012-020.)

— Madagascar et les îles Uâq-Uâq, par M. Gabriel Ferrand. (*Jour. Asiat.*, Mai-Juin 1904, pp. 489/509.)

Cf. *Livre des Merveilles de l'Inde* (Devic), p. 285, n. 2.

Notice par Ed. Chavannes, *T'oung-pao*, Oct. 1904, pp. 484/7.

— The Wak-Wak Islands of the Arab Geographers. (*Geographical Journal*, XXV, No. 1, January 1905, pp. 98/99.)

— Beiträge aus chinesischen Quellen zur Kenntnis der Türkvölker und Skythen Zentralasiens. Von O. Franke. (*Abhand. d. Königl. Preuss. Ak. d. Wiss.*, 1904, *Phil.-hist. Abh.*, Abh. I, pp. 1/111.)

Tirage à part : Berlin, 1904, in Kommission bei Georg Reimer, in-4, pp. 111. — Cf. The Sok and Kaniska. By Miss C. Nicholson. (*Ind. Antiq.*, XXXV, 1906, pp. 33/47.)

Notice : *T'oung Pao*, Oct. 1904, pp. 487/498, par Ed. Chavannes.

— Un curieux document — Préface de l'« Abrégé des doctrines religieuses », écrites par S. E. Tcheou-Fou, vice-roi actuel de Nan-Kin. (*Relations de Chine*, Avril 1905, *Kiang-Nan*, pp. 467/469.)

— The Nāgarakretāgama list of countries on the Indo-Chinese Mainland (*circâ* 1380 A. D.). By Colonel G. E. Gerini, M. R. A. S. (*Journ. Royal As. Soc.*, July 1905, pp. 485/511.)

Université de Peking.

— The President of the Peking College and the transit of Venus : A critical sketch. By Johannes von Gumpach. Reprinted from the « Shanghai Evening Courier ». Shanghai, 1874, br. in-18, pp. 21.

— Calendar of the Tungwen College. — First issue. — Published by authority. Peking, 1879, in-8.

(UNIVERSITÉ DE PEKING.)

— Gründung einer Universität in Peking. (*Zeit. D. M. G.*, XXII, 1868, pp. 249/260.)

— Peking University. Organization of the Board of Managers. By L. W. P.[ilcher.] (*Chin. Rec.*, XXIII, Jan. 1892, pp. 28/29.)

— L'Université de Pékin. Par Maurice Courant. (*Revue int. de l'Enseignement*, 15 fév. 1899, p. 140.)

— The Imperial University, Peking. By W. A. P. Martin, Ex-President. (*Chin. Rec.*, March 1902, pp. 143/4.)

Président et Professeurs renvoyés à partir du 7 fév. 1902 (fin de l'année chinoise).

(UNIVERSITÉ DE PEKING.)

II. — VOYAGES ET AMBASSADES.

Pèlerins bouddhistes.

CHI FA-HIAN et SOUNG YUN.

(Fo Kouo ki.)

— Recherches historiques sur la religion indienne. Second mémoire... Par M. de Guignes. (*Mém. Ac. Insc.*, XL, 1780, pp. 284/290.)

— Histoire de la Ville de Khotan... par M. Abel-Rémusat, Paris, 1820, pp. 11 et seq.

— Mémoire sur un voyage dans l'Asie centrale, dans le Pays des Afghans et des Beloutches, et dans l'Inde, exécuté à la fin du IVe Siècle de notre ère, par plusieurs Samanéens de la Chine. Par M. Abel-Rémusat. (*Mém. de l'Ac. R. des Insc. et B.-L.*, XIII, pp. 345 et seq.)

Lu le 13 mai, 1831.

— Abel-Rémusat. — Voyage dans la Tartarie, dans l'Afghanistan et dans l'Inde, exécuté à la fin du IVe siècle par plusieurs Samanéens de la Chine. (*Revue des Deux Mondes*, 1er janvier 1832.)

— 佛國記 *Foĕ kouĕ ki* ou Relation des Royaumes bouddhiques : Voyage dans la Tartarie, dans l'Afghanistan et dans l'Inde, exécuté, à la fin du IVe Siècle, par Chў Fă Hian. Traduit du chinois et commenté par M. Abel Rémusat. Ouvrage posthume revu, complété, et augmenté d'éclaircissements nouveaux par MM. Klaproth et Landresse. Paris. Imprimé par autorisation du Roi à l'Imprimerie royale... MDCCCXXXVI, gr. in-4, pp. LXVIII-424.

Introduction par C. Landresse (pp. 1/LXVI). — Errata. — Foĕ-kouĕ-ki (pp. 1/367). — Appendice (pp. 368/400) : I. Résumé géographique des principaux lieux mentionnés par Chў Fă Hian. II. Itinéraire de Hiuan Thsang. — Index (pp. 401/421). — Table des Chapitres (pp. 422/424).

Dans cet ouvrage se trouvent des cartes et des gravures (cinq planches).

(CHI FA-HIAN ET SOUNG YUN.)

Notices par : Eugène Burnouf, *Journ. des Savans*, 1837, mars, pp. 160/176; juin, pp. 358/366; E. Jacquet, *Jour. As.*, 3e sér., IV, 1837, pp. 141/179; *Zeitschrift f. d. K. d. Morg.*, III. Bd., I. Heft, 1839, pp. 105/151 (par Neumann).

— Suite inédite de l'examen du *Foe-Koue-Ki* par Eug. Jacquet. (Félix Nève, *Mém. sur la vie d'Eug. Jacquet*, 1856, pp. 136/140.)

— Extrait de l'article intitulé : Examen de la traduction du *Foe-koue-ki*, etc. (*Ibid.*, pp. 141/145.)

— J.-J. Ampère. — Histoire du Bouddhisme : *Relation des Royaumes bouddhiques*, traduite du chinois par Abel-Rémusat. (*Revue des Deux Mondes*, 15 juin 1837.)

— Account of the *Foe Kúe Ki*, or Travels of Fa hian in India, translated from the Chinese by M. Remusat. By H. H. Wilson, Director R. A. S. (Read 9th March and 7th April, 1838.) (*Journal of the R. As. Soc.*, Vol. V, 1839, Art. VIII, pp. 108/140.)

Ce compte-rendu de l'ouvrage de Rémusat est reproduit dans *The Chinese Repository*, IX, Oct. 1840, pp. 334/366.

Les deux cartes qui accompagnent le *Journal* ne sont pas données dans le *Repository*.

— Pilgerfahrten Buddhistischer Priester von China nach Indien. — Aus dem Chinesischen übersetzt, mit einer Einleitung und mit Anmerkungen versehen von D. Carl Friedrich Neumann, ordentlichem Professor der allgemeinen Literaturgeschichte und einiger lebenden Asiatischen Sprachen, sowie der allgemeinen Länder- und Völkerkunde an der Universität zu München, Mitgliede der Asiatischen Gesellschaften zu London und Paris, der Armenischen Akademie auf St. Lazaro, der historisch-theologischen Gesellschaft zu Leipzig und correspondirendem Mitgliede der Akademie der Wissenschaften zu Berlin. — Erste Abtheilung. — Aus dem dritten Bande der *Zeitschrift für die historische Theologie* besonders abgedruckt. — Leipzig, 1833, br. in-8, pp. 66.

(CHI FA-HIAN ET SOUNG YUN.)

« The original of this narrative forms nearly the whole of the 5th book of the *Lŏ yang kĕă lân ké.* » (Wylie, *Notes*, p. XVII.)

« The 洛陽伽藍記 *Lŏ yang kĕă lân ke* is a descriptive detail of the various Buddhist establishments in Lŏ yâng, the metropolis during the Northern Wei; written by 楊衒之 *Yâng Hëen-che*, an officer of that dynasty. The 5th and last book contains an interesting narrative of the mission of 惠生 *Hwúy-săng*, a Buddhist priest to Central Asia, in search of the Buddhist canonical works. » (*Ibid.*, p. 44.)

— Notes on the Religious, Moral, and Political State of India before the Mahomedan Invasion, chiefly founded on the Travels of the Chinese Buddhist Priest Fa Hian in India, A.D. 399, and on the Commentaries of Messrs. Remusat, Klaproth, Burnouf, and Landresse. By Lieut.-Colonel W. H. Sykes, F. R. S. (*Jour. R. As. Soc.*, VI, 1841, pp. 248/484.)

— An Account of the Discovery of the Ruins of the Buddhist City of Samkassa. By Lieut. Alex. Cunningham, of the Bengal Engineers, in a Letter to Colonel Sykes, F.R.S. (*Ibid.*, VII, MDCCCXLIII, Art. XXVII, pp. 241/249.)

— The Pilgrimage of Fa hian; from the French edition of the *Foe koue ki* of MM. Remusat, Klaproth, and Landresse with additional Notes and Illustrations. By J. W. Laidlay, Esq. Vice-President and Joint-Secretary of the Asiatic Society. Calcutta : Printed by J. Thomas, Baptist Mission Press, 1848, in-12, pp. VIII-373, avec 5 Cartes et gravures.

Le traducteur a ajouté des notes tirées des ouvrages de Wilson, de Lassen, etc., et de ses propres recherches.

Je possède la même éd. sans le nom de Laidlay.

— Mémoire géographique, historique et scientifique sur l'Inde, antérieurement au milieu du XIe siècle de l'ère chrétienne, d'après les Ecrivains Arabes, Persans et Chinois par M. Reinaud.

1re lecture, 28 mars 1845 ; 2e lecture, 10 février 1846. (*Mém. de l'Ac. des Insc.*, XVIII, pp. 1/399.)

Addition au Mémoire sur l'Inde par M. Reinaud. (*Ibid.*, pp. 565/6.)

— Notes on Places in the Province of Behar, supposed to be those described by Chy-Fa-hian, the Chinese Buddhist Priest, who made a pilgrimage to India, at the close of the fourth century A. D. ; by Capt. M. Kittoe, 6th Reg., N. I. (*Jour. As. Soc. of Bengal*, XVI, Sept. 1847, pp. 953/970.)

— Fa hian, voyageur chinois. (Charton, *Voyageurs anciens et modernes*, I, pp. 356/391.)

— Travels of Fah-hian and Sung-yun, Buddhist Pilgrims, from China to India (400 A.D. and 518 A.D.). Translated from the Chinese. By Samuel Beal, (B. A. Trin. Coll. Camb.). A Chaplain in H.M.'s Fleet... London : Trübner, 1869, pet. in-8, pp. LXXIII-208 + 1 f. p. les errata. Avec une carte.

Preface (pp. VII-XIII). — Introduction (pp. XV-LXXIII). — Records of Buddhist Countries. By Chi Fah hian of the Sung Dynasty [Date 400 A. D.], pp. 1/174. (40 Chapters.) — The Mission of Hwui Seng and Sung yun to obtain Buddhist Books in the West (518 A. D.). [Translated from the 5th Section of the History of the Temples of Lo-yang (Honan Fu)], pp. 175/208. — Note. — Errata.

Notice : *The Phoenix*, I, pp. 65/66.

— Indian Travels of Chinese Buddhists by Rev. S. Beal, B. A. (*Indian Antiquary*, 1881, April, pp. 109/111, July, pp. 192/197, Sept., pp. 246/248.)

— Mr. Carlleyle's Archaeological Report. By S. Beal. (*Ind. Antiquary*, XI, 1882, p. 293.)

— On the Identification of various Places in the Kingdom of Magadha visited by the Pilgrim Chi-Fah-hian (A. D. 400-415). By A. M. Broadley, C. S. Assistant Magistrate in charge of subdivision Bihar, in Patna. (*Ibid.*, I, 1872, pp. 18/21, 69/74, 106/110.)

— 佛國記 Record of the Buddhistic Kingdoms : Translated from the Chinese by Herbert A. Giles, of H. M.'s Consular Service. London : Trübner & Co. — Shanghai : Kelly & Walsh, in-8, pp. x-129.

Avait d'abord paru dans *The Celestial Empire*.

Notices : *N. C. Herald*, July 14, 1877, pp. 33/4. — *China Review*, V, pp. 393/396. — *Chin. Rec.*, VIII, 1877, pp. 447/450. By A. W.[ylie.]

— Fa-hsien and his English translators. By T. Watters. (*China Review*, VIII, pp. 107/116, 131/140, 217/230, 277/284, 323/341.)

— Fah-hian's Kingdom of the Dakshina. By Thomas Foulkes, Chaplain of Saint John's, Bangalore. (*Indian Antiquary*, VII, 1878, pp. 1/7.)

— Some Remarks on the Narrative of Fâ-hien. By the Rev. S. Beal, M. R. A. S. (*Journ. R. As. Soc.*, N. S., Vol. XIX, Art. VI, April 1887, pp. 191/206.)

— A Record of Buddhistic Kingdoms being an account of the Chinese monk Fâ-hien of his Travels in India and Ceylon (A. D. 399-414) in search of the Buddhist books of Discipline. Translated and annotated with a Corean recension of the Chinese Text by James Legge, M. A., LL. D. Professor of the Chinese Language and Literature. Oxford, at the Clarendon Press, 1886, pet. in-4, pp. xv-123 et 45 pp. de texte chinois.

Notices : *China Review*, XV, pp. 57/58. Par E. J. E.[itel.] — *Jour. China Br. R. As. Soc.*, XXI, N. S., Nos. 5 & 6, p. 314. Par Herbert A. Giles.

(CHI FA-HIAN ET SOUNG YUN.)

Réimp. dans *Chinese Literature* de Epiphanius Wilson, 1902. — Voir col. 1802.

— Record of Buddhistic Kingdoms. By Thomas W. Pearce. (*China Review*, XV, pp. 207/213.)

Notice de la trad. de Legge.

— Fa-Hien's Description of the image of Maitreya Buddha (Bodhisattva). By Robert K. Douglas. (*The Athenaeum*, March 12, 1887, p. 359.)

— The Image of Maitreya Bôdhisattva. By James Legge. (*Ibid.*, March 19, 1887, p. 390 et p. 454.)

— Nicolas Severtzow, voir col. 1995.

— A. Foucher. — Note sur la géog. ancienne du Gandhâra. (*Bul. Ec. franç. Ext. Or.*, I, 1901, pp. 322/369.) — Voir col. 2663.

— J. Marquart. — Erānšahr. Berlin, Weidmann, 1901, pp. 211/2, 244/5. — Voir col. 1929.

— Voyage de Song Yun dans l'Udyāna et le Gandhāra (518-522 p. C.) Traduit par M. E. Chavannes, membre de l'Institut. (*Bull. Ecole franç. Ext. Orient*, III, N° 3, Juill.-Sept. 1903, pp. 379/441.)

Voir en appendice, pp. 430 et seq. : Note sur divers ouvrages relatifs à l'Inde qui furent publiés en Chine avant l'époque des T'ang.

— Voyage de Song Yun dans l'Udyāna et le Gandhāra (518-522 p. C.) Traduit par M. E. Chavannes Membre de l'Institut. Hanoi, F.-H. Schneider, 1903, gr. in-8, pp. 63.

Ext. du *Bul. de l'Ecole franç. d'Ext. Orient*, Juillet-Sept. 1903.

Voir en Appendice : Note sur divers ouvrages relatifs à l'Inde qui furent publiés en Chine avant l'époque des T'ang.

— The Lineal Measures of Fa-hian and Yuan Chwang. By Major W. Vost. (*Jour. R. As. Soc.*, Jan. 1903, pp. 65/107.)

— Setavyā, or To-wai. By W. Vost. (*Jour. R. As. Soc.*, July 1903, pp. 513/6.)

— The Five Rivers of the Buddhists. By W. Hoey. (*Ibid.*, January 1907, pp. 41/7.)

— * Karutz. — Von Buddhas heiliger Fussspur. (*Globus*, 11 et 18 Janvier 1906, pp. 21/25, 45/49.)

Notice : *T'oung Pao*, 2e Série, Vol. VII, Mars 1906, pp. 157/8. Par Ed. Chavannes.

HOUEI CHIN 慧深.

(*Question du Fou sang* 扶桑.)

— Voir les passages relatifs aux extraits du *Wen-hian-toung-kao* par De Guignes dans une lettre adressée par le P. Gaubil à M. de l'Isle (Pékin, 28 août 1752. — *Panth. litt.*, IV, p. 64).

— Lettre du P. Gaubil à M. De Guignes, Pékin, le 31 octobre 1755 (*Ibid.*, pp. 71/72).

— Lettre du P. Gaubil à M. de l'Isle, Pékin, 3 novembre 1755 (*Ibid.*, pp. 73/75).

— Recherches sur les Navigations des Chinois du côté de l'Amérique, Et sur quelques Peuples situés à l'extrémité orientale de l'Asie. Par M. de Guignes. (*Rec. de l'Ac. des Insc., Mém.*, XXVIII, 1761, pp. 503/525.) Avec 2 cartes.

Il y a des extraits de ce mémoire dans le *Journal historique sur les matières du tems*, Paris, Juillet 1753, LXXIV, pp. 43/48.

— J. Klaproth. — Recherches sur le pays de Fousang mentionné dans les livres chinois et pris mal à propos pour une partie de l'Amérique. (*Nouvelles Annales des Voyages*, XXI, 2e Sér., 1831, pp. 53/68.)

— Paravey, Chev. de. — Origine asiatique d'un peuple de l'Amérique du Sud. Pièce in-8, s. l. n. d., pp. 7.

Extrait du No. 15, tome III, des *Annales de Phil. chrétienne*.

La lettre de M. de Paravey à la Soc. Asiatique, à laquelle il est fait allusion dans cet article, a été publiée en 1829 par la *Quotidienne*.

— Mémoire sur l'origine japonaise, arabe et basque de la civilisation des peuples du plateau de Bogota, d'après les travaux récens de MM. de Humbold et Siébold. Par M. de Paravey. Paris, Dondey-Dupré, 1835, br. in-8, pp. 33 + 1 Pl.

— Documens hiéroglyphiques emportés d'Assyrie, et conservés en Chine et en Amérique, sur le déluge de Noé, les dix générations avant le déluge, l'existence d'un premier homme, et celle du péché originel : Dogmes qui sont la base du Christianisme, mais qui sont niés en ce jour. Par le Cher. de Paravey,... A Paris, chez Treuttel et Wurtz, 1838, in-8, pp. 56 + 1 f. er. + 2 Pl.

Extrait des *Annales de Phil. chrétienne*.

— L'Amérique, sous le nom de pays de Fou-sang, est-elle citée, dès le 5e siècle de notre ère, dans les grandes annales de la Chine, et, dès lors, les Samanéens de l'Asie centrale et du Caboul, y ont-ils porté le bouddhisme, ce qu'a cru voir le célèbre M. De Guignes, et ce qu'ont nié Gaubil, Klaproth et M. de Humboldt? Discussion ou Dissertation abrégée, où l'affirmative est prouvée, Par M. de Paravey... (Extrait du No. de février 1844 des *Annales de Phil. chrétienne.*) Paris, chez Treuttel et Wurtz,... 1844, br. in-8, pp. 27.

— Nouvelles Preuves que le pays du Fou-sang mentionné dans les livres chinois est l'Amérique, br. in-8, pp. 12 + 1 Pl.

Par le Cher. de Paravey. — On lit à la fin : Extrait du No. 90 (juin 1847) des *Annales de Philosophie chrétienne*.

— Réfutation de l'Opinion émise par M. Jomard[1] que les peuples de l'Amérique n'ont jamais eu aucun rapport avec ceux de l'Asie. (Extrait du numéro de mai 1849 des *Annales de Philosophie chrétienne.*) Br. in-8, pp. 7.

— Ostasien und Westamerika. Nach chinesischen Quellen aus dem fünften, sechsten und siebenten Jahrhundert. Von Karl

1. A la Société de Géographie le 19 janvier précédent.

Friedrich Neumann. (*Zeitschft. f. Allg. Erdkunde*, Berlin, Vol. XVI, 1864, pp. 305/330.)

M. Neumann avait défendu la même thèse dans l'*Ausland* en 1845, à l'occasion du mémoire de M. de Paravey.

— Dans une «Notice ethnographique de l'Encyclopédie japonaise *Wa-kan-san-saï-dzou-yé*» publiée dans ses *Variétés Orientales*, 3e éd., pp. 78/80, M. Léon de Rosny cite un passage sur le «Fou-sang» (p. 80) et ajoute en note «J'ai traduit cette notice pour M. Jose Pérez, qui l'a insérée dans son Mémoire sur les relations des anciens Américains avec les peuples de l'Europe, de l'Asie et de l'Afrique». (Voy. *Revue Orientale et américaine*, t. VIII, p. 191.)

— José Perez. — Mémoire sur les relations des anciens Américains avec les peuples de l'Europe, de l'Asie et de l'Afrique. (*Rev. Orient. et Amér.*, VIII, 1862, p. 162; et *Actes*, IV, p. 162 et 300.)

— Etude sur les Origines Bouddhiques de la civilisation américaine par M. Gustave d'Eichthal. Première Partie. Extrait de la *Revue Archéologique*. Paris, 1865, in-8, pp. 86.

Voir pp. 3 et seq. une analyse du mémoire de De Guignes publié en 1761 (*vide supra*) et pp. 81 et seq., une réponse aux observations de M. Vivien de Saint-Martin dans l'*Année géographique* (*vide infra*) : *Une vieille Histoire remise à flot.*

— Une vieille histoire remise à flot. Le pays de Fou-sang des Chroniques chinoises. (*L'Année géographique*, 3e année, 1865, pp. 253/268.)

Cet article contient la trad. inédite par S. Julien du liv. CCCXXVII, fol. 1 et suiv. de Ma Touan-lin sur le Fou sang.

— Une mission bouddiste en Amérique au Ve siècle de l'ère chrétienne, par le Docteur A. Godron, Doyen de la Faculté des Sciences de Nancy. (*Annales des Voyages*, 1868, IV, pp. 6/20.)

— Sur le Fou-sang et les rapports des Chinois et des Américains dans l'antiquité par le Marquis d'Hervey de Saint-Denys. (*Actes de la Soc. d'Ethn.*, VI, 1869, pp. 171 et seq.)

— Mémoire sur le pays connu des anciens Chinois sous le nom de *Fou-sang*, et sur quelques documents inédits pouvant servir à l'identifier, par M. le Marquis d'Hervey de Saint-Denys. Extrait des Comptes-rendus des Séances de l'Académie des Inscriptions et Belles-Lettres. Paris. Imprimerie Nationale. MDCCCLXXVI, br. in-8, pp. 17.

Voir également le Ma Touan-lin, du même auteur, I, pp. 374/401.

— Les Anciens Chinois ont-ils connu l'Amérique. Par MM. Bille, Madier de Montjau et Adrien de Longpérier. (*Compte-rendu de la 1ère Session du Cong. des Orient.*, 1873, I, pp. 377/381.)

— Lucien Adam. — Du Fousang. — (*Congrès international des Américanistes*) (Comptes-rendus) Nancy et Paris, 1875, 2 vol. in-8, I, pp. 144/163.

— L'ancienne querelle au sujet du *Fou-sang* a été recommencée dans *Notes and Queries on China and Japan* et dans le *Chin. Rec.* Une note signée Y. J. A.[llen] : «*Buddhist Priests in America*» (reproduite p. 161 du *Fusang* de Leland) dans laquelle étaient demandés des renseignements sur la théorie de Neumann parut dans le No. 4, Avril 1869, p. 58 du Vol. III de *Notes and Queries*.

Theos. Simpson répondit à cette note par une lettre (reproduite pp. 162-163 de l'ouvrage de Leland) imprimée, pp. 78/79.

Dans le numéro du *Chin. Rec.* de mai 1870, pp. 344-345 on réimprima un article qui avait paru dans le *Gentleman's Magazine* sous le titre de «Who discovered America. Evidence that the new world was known to the Chinese fourteen hundred years ago».

Dans une note signée S, imprimée dans *N. & Q.*, Vol. IV, p. 19 (Mars 17, 1870), on indique le passage des *Variétés Orientales* de Léon de Rosny, que nous citons plus haut. Une autre note, signée *J. H. G.*, p. 96 (Sept. 1870) du même journal, répond à l'article de S.

— Dans le *Chinese Recorder* d'octobre 1870, pp. 114/120 parut un article du Dr. E. Bretschneider (*Fu-sang, or who discovered America?* — Peking, 13th June 1870) contraire à l'hypothèse de Neumann. Cet article est reproduit dans l'ouvrage de Leland, pp. 165-176.

— Fusang. (*The Cycle*, 16th July, 1870.)

— Fusang or the Discovery of America by Chinese Buddhist Priests in the fifth Century. By Charles G. Leland. London: Trübner, 1875, pet. in-8, pp. XIX-212.

Notices : *The Athenæum*, No. 2480, May 8, 1875. — *The Academy*, VII, 1875, p. 653. [Par R. H. Major.] — *China Review*, IV, p. 57. — *Continental Monthly*, I, 389, 500. — (W. Speer), *Princeton Review*, XXV, 83. — *Penn Monthly*, VI, 603.

— Fu sang. Lettre du Rev. J. Goble. (*Japan Gazette*, Oct. 15, 1875. — *China Review*, IV, p. 204.)

— Ueber das Land *Fu Sang* nach den alten chinesischen Berichten. Von E. Bretschneider. (*Mitt. d. Deutsch. Ges. f. Nat. u. Völk. Ostasiens*, Bd. II, pp. 1/11, Yokohama, 1876.)

Tirage à part.

— Ueber das Land Fu Sang, nach den alten chinesischen Berichten von E. Bretschneider. (*Mitt. k. u. k. geog. Ges. Wien*, 1877, pp. 566/583.)

D'après le 11. Heft des *Mitt. Deutsch. Ges. f. Nat. u. Völk. Ostasiens.*

Notice : *China Review*, V, pp. 401/403.

— Notices of Fu-sang, and other Countries lying east of China, in the Pacific Ocean. Translated from the Antiquarian Researches of Ma Twan-Lin, with notes. By S. Wells Williams, Professor of Chinese Language and Literature in Yale College. New Haven: Tuttle, Morehouse & Taylor... 1881, br. in-8, pp. 30.

From the *Journal of the American Oriental Society*, Vol. XI, 1881.

— An inglorious Columbus; or, Evidence that Hwui shăn and a Party of Buddhist Monks from Afghanistan Discovered America in the Fifth Century, A.D. by Edward P. Vining. New York: D. Appleton, 1885, in-8, pp. XXIII-788.

Voir pp. 711/740, *List of Authorities and References.*

Notice : *China Review*, XIV, pp. 172/4. Par C. G.

— Ancient China in America. By F. H.[irth.] (*Journ, C. B. R. A. S.*, N. S., XX, 1885, pp. 187/8.)

— The Chinese alleged early Voyages to America. [W. H. Dall.] (*Science*, VIII, 402.)

— Ancient Communication with America. By J. Edkins. (*China Review*, XVI, No. 5, 1888, p. 308.)

— * Edmund Naumann. — Geographische Tagesfragen. III. Das fabelhafte Land

Fusan. (*Allg. Zeitg.*, Beil. 1889, 20, pp. 289/290; 21, pp. 298/9.)

— The Chinese Discovery of America. By the Rev. A. Kingsley Glover. (*Mag. of American History*, January 1891.)

— Where is Fusang? (*Korean Reposit.*, I, Dec. 1892, pp. 359/364.)

— The true Foosang. By Dr. J. Edkins in the « Messenger ». (*Ibid.*, Sept. 1892, pp. 287/289.)

— Problèmes géographiques. Les peuples étrangers chez les historiens chinois. — I. Fou-sang Kouo 扶桑國. *Le Pays de Fou-sang*. Par Gustave Schlegel, Professeur de Langue et de Littérature chinoises à l'Université de Leide. — « Extrait du *T'oung-Pao*, Vol. III, No. 2. » — Leide, E. J. Brill, 1892, br. in-8, pp. 68.

Tirage à part, à petit nombre, sur papier fort de l'article paru dans le *T'oung Pao*, III, No. 2, Mai 1892, pp. 101/168.

— Foo-sang. By G. S.[chlegel.] (*T'oung Pao*, IV, No. 4, Oct. 1893, p. 390.)

Notices : *Globus*, LXII, No. 5, par le Dr. Johannes Hoops. — *American Geog. Soc.*, 30 juin 1892, par Geo. C. Hurlbert. — *Proc. R. Geog. Soc.*, Lond., Aug. 1892, p. 570, par H. J. Allen. — *T'oung Pao*, III, Oct. 1892, pp. 447/8, *An inconsiderate Critic*, rép. de G. Schlegel. — *Revue critique*, 17-24 juillet 1893, par Henri Cordier.

— Etat actuel de la Question du « Fou-sang ». Par M. Henri Cordier. (*Jour. Soc. des Américanistes de Paris*, No. 1, 1896, pp. 33/41.)

Tirage à part, 100 ex. br. in-4.

— On the Corean, Aïno and Fusang Writings by Terrien de Lacouperie. (*T'oung Pao*, III, Dec. 1892, pp. 449/465.)

— Zur Amerikanischen Jubelfeier. Von Prof. Karl von den Steinen. (*Deutsche Rundschau*, 1892.)

— L'Amérique a-t-elle été découverte par les Chinois? (*Intermédiaire des Chercheurs et curieux*, XX, 9, 87, 109, 138, 307, 364, 557.)

— La Scoperta dell' America, attribuita ai Cinesi. Relazione di Lodovico Nocentini. (*Atti del primo Congresso geografico italiano tenuto in Genova* dal 18 al 25 settembre 1892... Genova, 1894, II, Parte Prima, pp. 312/323.)

— La scoperta dell' America, attribuita ai Cinesi. Relazione di Lodovico Nocentini, br. in-8, pp. 12.

Estratto dagli Atti del primo Congresso Geografico italiano, Genova 1892. — Genova — Tip. Sordo-muti.

Notice par G. Schlegel, *T'oung Pao*, V, No. 3, juillet 1894, pp. 291/298.

— Rép. de L. Nocentini à G. Schlegel, *L'Oriente*, Anno I. — N. 4, 1 Ottobre 1894, pp. 248/250. — Rép. de G. Schlegel à L. Nocentini, *T'oung Pao*, VI, No. 1, pp. 85/92.

— Il Fusang. Per Dott. Bernardino Frescura. (*Bull. della Sezione Fiorentina della Soc. Africa d'Italia*, IX, 20 giugno 1893, pp. 51/61.)

— Did a Chinaman Discover America? By Rev. Frederick J. Masters, D. D. (*Bul. Geog. Soc. California*, Vol. II, May 1894, pp. 59/76.)

Voir *Overland Monthly*, June 1894.

— Jottings from Canada. Antiquarian and philological researches. By E. H. Parker. (*China Review*, XXI, No. 4, pp. 268/9.)

— The Buddhist Discovery of America a thousand years before Columbus by John Fryer, LL. D. (*Harper's Monthly Magazine*, July 1901, pp. 251/258.)

— Encore le « Fousang ». Par C. I. B.[arnard.] (*T'oung Pao*, 2e Sér., II, No. 3, Juill. 1901, pp. 183/185.) — D'après la *New-York Tribune*.

Shuye Sonoda.

HIOUEN TSANG 玄奘 [元 ǀ].

— Reise des chinesischen Buddhapriesters Hiüan Thsang durch Mittel-Asien und Indien von J. Klaproth. Vorgelesen in der Sitzung der Berliner geographischen Gesellschaft, vom 15. November 1834, pièce in-8, pp. 8.

— Il y a pp. 375/399 du *Foë kouë ki* de Rémusat un *Itinéraire de Hiuan Thsang* dressé par C. Landresse.

— An Attempt to identify some of the places mentioned in the Itinerary of Hiuan-Thsang. By Major William Anderson, C. B. Bengal Artillery. (*Jour. As. Soc. Bengal*, XVI, Dec. 1847, pp. 1183/1211.)

— Verification of the Itinerary of Hwan Thsang through Ariana and India, with reference to Major Anderson's hypothesis of its modern compilation. By Capt. Alex. Cunningham. (*Ibid.*, XVII, June 1848, pp. 476/488.)

— Verification of the Itinerary of the Chinese Pilgrim, Hwan Thsang, through Afghanistan and India during the first half of the seventh century of the Christian Era. By Alex. Cunningham. (*Ibid.*, July 1848, pp. 13/60.)

— Chinese Map of India. (*Ibid.*, XVII, pt. II, 1848, pp. 60/2.)

Pour accompagner le mémoire précédent.

— Voir Severtzov, col. 1995.

∴

— Histoire de la Vie d'Hiouen-Thsang, et de ses voyages dans l'Inde entre les années 629 et 645 de notre ère. Traduite du Chinois. Fragment lu à l'Académie des Inscriptions et Belles-Lettres, par M. Stanislas Julien, membre de l'Institut. Paris, Arthus Bertrand, 1851, br. in-8, pp. 72.

Extrait des *Nouvelles Annales des Voyages*, 1851.
Avec une note du rédacteur : L. Vivien de Saint-Martin.

— * Исторія жизни Гіуэнь Тсанга и его страиствованіи по Индіи, между 629 и 645 годами нашего лѣтосчисленія. Китайск. сочиненіе. Перев. съ фр. В. И. Классовскій. (*Вѣстн. И. Русск. Географ. Общ.*, 1862. Ч. 4, pp. 29/74.)

Mejov, 1573.

— Histoire de la Vie de Hiouen-Thsang et de ses voyages dans l'Inde, depuis l'an 629 jusqu'en 645, par Hoëi-li et Yen-Thsong ; suivie de Documents et d'éclaircissements géographiques tirés de la relation originale de Hiouen-Thsang ; traduite du Chinois par Stanislas Julien... Paris. Imprimé par autorisation de l'Empereur à l'Imprimerie impériale. M.DCCCLIII, gr. in-8, pp. lxxxiv-472.

Voir huit articles de M. Barthélemy St. Hilaire dans le *Journal des Savans* : 1855, mars, 149-161, août, 485-498, sept., 556-566, nov. 677-689. — 1856, fév., 82-94, mars, 161-173, juin, 348-359, juillet, 400-412.

Notice par A. Schiefner, *Bul. Cl. hist. phil. Ac. Imp. Sc.*, St. Pét., XI, 1854, col. 97/112.

— J. J. Hoffmann. — De Chinesche pelgrim Hioeên ts'áng en zijne reizen in Indië van 629-645. (*Gids*, 1853, II, 551.)

— * Путешествіе китайца Гіуэнъ Цаніа въ VII ст. Пантеонъ. 1854. T. 15. No. 6, pp. 28-33. (Mejov, 1662.)

— Chinesische Pilgerfahrten. Histoire de la vie de Hiouen-thsang... par Stanislas Julien... Von Fr. Spiegel. (*Allg. Monatsschr. f. Wiss. u. Lit.*, October 1853, Braunschweig, pp. 789/802.)

— Notice sur le royaume de Tse-kia (Tchêka) par Hiouen-Thsang. Traduit du Chinois par S. Julien. (*Rev. de l'Or. et de l'Algérie*, XX, 1856, pp. 209/216.)

— Extrait du Livre IV [Royaume de Tsekia] des Mémoires de Hiouen-thsang. Translated by M. Julien. (*Jour. Roy. As. Soc.*, XVI, 1856, pp. 340/345.)

— Mémoires sur les Contrées occidentales, traduits du sanscrit en chinois, en l'an 648, par Hiouen-Thsang, et du Chinois en Français, par M. Stanislas Julien... Paris. Imprimé par autorisation de l'Empereur à l'Imprimerie impériale. 2 vol. in-8.

— Tome Premier, contenant les Livres I à VIII, et une carte de l'Asie centrale. MDCCCLVII, pp. LXXVIII-493.

— Tome Second, contenant les Livres IX à XII, un mémoire analytique sur la carte du premier volume, cinq index, et une carte japonaise de l'Asie centrale et de l'Inde ancienne. MDCCCLVIII, pp. XIX-576.

Ces *Mémoires* forment les volumes II et III de la collection des *Voyages des Pèlerins Bouddhistes* dont la *Vie de Hiouen-Thsang* est le premier.

Voir les articles de M. Barthélemy Saint-Hilaire dans le *Journal des Savans* : 1857, juin, pp. 341/352, juillet, 423/437, sept., 584/598. — 1859, janvier, 40/52, février, 94/107.

Notice par le Baron d'Eckstein, *Jour. As.*, 5e sér., X, pp. 475/552.

Tirage à part : Paris, 1858, in-8.

— Léon de Rosny. — Hiouen-tsang, moine bouddhiste. — Sa vie, ses pélerinages. (*Variétés Orientales*, 3e éd., pp. 255/264.)

(Hiouen Tsang.)

— Buddhist Pilgrims [April 1857]. (Max Muller, *Chips from a German Workshop*, I, 2d ed., 1868, pp. 236/279.)

Hiouen-Tsang de Julien.

— Mémoire analytique sur la carte de l'Asie centrale et de l'Inde, construite d'après le *Si-yu-ki* (Mémoires sur les Contrées occidentales) et les autres relations chinoises des premiers siècles de notre ère, pour les voyages de Hiouen-thsang dans l'Inde, depuis l'année 629 jusqu'en 645, par M. Vivien de Saint-Martin. Paris. Imprimé par autorisation de l'Empereur à l'Imprimerie impériale. MDCCCLVIII, in-8, pp. 178 avec une carte.

Extrait du Tome II des *Mémoires* de Hiouen-thsang, traduits du chinois en français par M. Stanislas Julien.

— Summary Review of the Travels of Hiouen Thsang, from the translation of the *Si-yu-ki* by M. Julien, and the Mémoire Analytique of M. Vivien de St. Martin. By Prof. H. H. Wilson. (*Jour. Roy. As. Soc.*, XVII, 1860, pp. 106/137.)

∴

— On an Ancient Inscription of the Neu-chih Language. By A. Wylie, Esq. of Shanghae. (*Ibid.*, pp. 331/345.)

— The Ancient Geography of India. I. The Buddhist Period, including the Campaigns of Alexander, and the Travels of Hwen-thsang. By Alexander Cunningham, Major-General, Royal Engineers (Bengal retired). With thirteen Maps. London : Trübner, 1871, in-8, pp. xx-590.

— Notes on Hwen Thsang's Account of the Principalities of Tokháristán, in which some previous Geographical Identifications are reconsidered. By Colonel H. Yule, C. B. (*Jour. Roy. As. Soc.*, New Series, VI, 1873, pp. 92/120 et p. 278.)

Tirage à part : London, br. in-8, pp. 29.

— On Hiouen-Thsang's Journey from Patna to Ballabhi. By James Fergusson, D. C. L., F. R. S. (*Ibid.*, pp. 213/274 et p. 396.)

— A List of the Principal Buddhist Countries and Places mentioned in the Travels of Fa-hien and Heuen-Chuang. By Geo. Phillips Esq. (Doolittle's *Voc.*, Pt. III, No. LI.)

— Where was the Southern *Charitrapura* mentioned by Hiwen Thsang? By A. C. Burnell. (*Indian Antiquary*, VII, 1878, pp. 39/40.)

— Hiwan Thsang's Account of Harshavardhana. By Jas. Burgess. (*Ibid.*, pp. 196/202.)

— Hiwan Thsang's Account of Pulikeśi II. and Mahârâshṭra. By Jas. Burgess. (*Ibid.*, pp. 290/1.)

— Hwen T'sang. By Col. Yule. (*Encyclop. Britannica*, Vol. XII.)

— Note on Hiouen-Thsang's Dhanakacheka. By Robert Sewell, M. G. S., M. R. A. S.

(Hiouen Tsang.)

(*Journ. R. As. Soc.*, N. S., Vol. XII, Art. III, January 1880, pp. 98/105.)

Avec des remarques de Jas. Fergusson, pp. 105/109.

— On the Identification of Nagarahara, with reference to the Travels of Hiouen-Thsang. By William Simpson, F. R. G. S. (*Ibid.*, Vol. XIII, Art. VII, April 1881, pp. 183/207.)

∴

— Two Sites named by Hiouen-Thsang in the 10th Book of the *Si-yu-ki*. By the Rev. S. Beal. (*Jour. Roy. As. Soc.*, N. S., Vol. XV, Pt. III, July 1883, pp. 333/345.)

— Some further Gleanings from the *Si-yu-ki*. By the Rev. Prof. S. Beal. (*Ibid.*, XVI, Pt. II, April 1884, pp. 247/280.)

— *Si-yu-ki*. — Buddhist Records of the Western World. Translated from the Chinese of Hiuen Tsiang (A. D. 629). By Samuel Beal,... in two volumes. London : Trübner & Co. 1884. 2 vol. in-8, pp. cviii-242, vii-368.

Ces vols. font partie de *Trübner's Oriental Series*. Dans l'introduction, l'éditeur reproduit le *Fo kouo-ki* (Fa hian & Sung-yun); voir la première éd. de cette publication, col. 2651.

— — New [anastatic] Edition, 1906, 2 vol. in-8.

— The Life of Hiuen-tsiang. By the Shamans Hwui li and Yen-tsung. With a Preface containing an account of the works of I-tsing by Samuel Beal... London: Trübner, 1888, in-8, pp. xxxvii-218.

Fait partie de *Trübner's Oriental Series*. — Pub. à 10/-.
Notice : *Lond. & China Express*, Dec. 24, 1888.

∴

— The Shadow of a Pilgrim, or, notes to the *Ta-t'ang Hsi-yü-chi* 大唐西域記 of Yuan-chwang. By T. Watters. (*China Review*, XVIII, No. 6, pp. 327/347 ; *ibid.*, XIX, No. 2, pp. 107/126 ; *ibid.*, No. 3, pp. 182/189 ; *ibid.*, No. 4, pp. 201/224 ; *ibid.*, No. 6, pp. 376/383 ; *ibid.*, XX, No. 1, pp. 29/32.)

— On Yuan Chwang's Travels in India 629-645 A. D. By Thomas Watters M. R. A. S. Edited, after his death, by T. W. Rhys Davids, F. B. A. and S. W. Bushell, M. D. ; C. M. G. — London, Royal Asiatic Society, 1904-1905, 2 vol. in-8, pp. xiii-401, 357.

Oriental Translation Fund. New Series. Vol. XIV et XV. — Vol. II. With two Maps and an Itinerary by Vincent A. Smith.
Notices : *Jour. R. As. Soc.*, April 1905, pp. 412/417, by J. Takakusu. — *Bul. Ecole franç. Ext. Orient*, V, Juillet-Déc. 1905, pp. 423/457, par P. Pelliot.

∴

— On Hiuen-tsang instead of Yüan Chwang, and the necessity of avoiding the Pekinese Sounds in the quotations of ancient proper Names in Chinese. By Dr. Terrien de Lacouperie, professor of Indo-Chinese Philology (late University College). [From the « Journal of the Royal Asiatic Society of Great Britain and Ireland »], br. in-8.

— Sur un passage de la préface du 西域記 *Hsî yü ki* par James Legge, professeur de Chinois à l'Université d'Oxford. (*Mém. Soc. Et. jap., etc.*, V, Nov. 1886, pp. 263/266.)

— The marvellous Genealogy of Hsuen Tseng. By G. Taylor. (*China Review*, XVII, No. 5, 1889, pp. 258/265.)

— Hiouen-tsang, par Sylvain Lévi, *Grande Encyclopédie*, XX, pp. 105/6.

∴

— A propos d'une préface. — Aperçu critique sur le bouddhisme en Chine au 7ᵉ siècle par A. Gueluy. — Extrait du *Muséon*, Tome XIII, Novembre 1894. — Louvain, J.-B. Istas, 1894, br. in-8, pp. 15.

— La loi du Parallélisme en style chinois démontrée par la préface du *Si-yü ki* (西域記) La traduction de cette préface par feu Stanislas Julien défendue contre la nouvelle traduction du Père A. Gueluy par Gustave Schlegel Professeur de Langue et de Littérature chinoise à l'Université de Leide. Leide, E. J. Brill, 1896, in-8, pp. 203.

— Bouddhisme et sinologie — L'insuffisance du parallélisme prouvée sur la préface du *Si-iu-ki* contre la traduction de M. G. Schlegel par A. Gueluy. Louvain, J.-B. Istas, 1896, br. in-8, pp. lvi.

— Schlegel's « Parallelism in Chinese style ». By Professor J. Legge. (*Imp. & As. Quart. Rev.*, 3rd Ser., I, 1896, pp. 353/356.)

— Re Dr. Schlegel. By E. von Zach. (*China Review*, XXIII, No. 5, pp. 294/295.)

— Weitere Beiträge zur Richtigen Würdigung Prof. Schlegel's von E. von Zach. — Peking — 1902, in-8, pp. 15.

Kara-Balgassun Inschrift — *La loi du Parallélisme* — *T'oung-Pao*.

— Einige Worte zu Prof. Gustav Schlegel's « La loi du Parallélisme en style chinois ».

Von E. von Zach. — Peking 1902, br. in-8, pp. 7.

Au verso du dernier f. : Druck von W. Drugulin in Leipzig.

∴

— Discovery of Buddhist Remains at Mount Uren in Mungir (Monghyr) district, and Identification of the Site with a celebrated Hermitage of Buddha. — By L. A. Waddell. (*Jour. As. Soc. Bengal*, Vol. 61, 1892, Pt. I, pp. 1/24.)

— Hiuen Tsiang's Capital of Maharashtra. By J. F. Fleet. (*Ind. Antiq.*, XXII, 1893, pp. 113/116.)

— Kong-kin-na-pu-lo. By J. Burgess. (*Ibid.*, XXIII, 1894, p. 28.)

— Le prince Sou-ta-na des Mémoires de Hiouen-Thsang. Par Léon Feer. (*Actes Xe Cong. Int. Orient.*, Genève — 1894, 4e Part., pp. 175/186.)

— Les Jâtakas dans les Mémoires de Hiouen-Thsang, par M. Léon Feer. (*Actes Onz. Cong. Int. Orient.*, Paris, 1897, 1re Sect., pp. 151/169.)

— Note on Udyāna and Gandhāra. By H. A. Deane. (*Jour. R. As. Soc.*, Oct. 1896, pp. 655/675.)

— Note sur l'itinéraire de Hiuen-Tsang au Gandhâra, par M. Foucher. (*Actes Onz. Cong. Int. Orient.*, Paris — 1897, 1re Sect., pp. 93/97.)

— Notes sur la géographie ancienne du Gandhâra (commentaire à un chapitre de Hiuen-tsang) Par M. A. Foucher Directeur p. i. de l'Ecole française d'Extrême-Orient. (*Bull. Ecole française d'Ext. Orient*, I, N° 4, Oct. 1901, pp. 322/369.)

∴

— Notes on new inscriptions discovered by Major Deane. By M. A. Stein... Part I. (With Plates I-VII.) [Reprinted from the « Journal of the Asiatic Society of Bengal », Vol. LXVII, Part I, No. I, 1898.] Calcutta: Baptist Mission Press, 1898, in-8, pp. 19.

— Memoir on Maps illustrating the Ancient Geography of Kaśmīr by M. A. Stein, Ph. D. Principal, Madrasah College, Calcutta. [Reprinted from the *Journal of the Asiatic Society of Bengal*, Vol. LXVIII, Part I, Extra No. II, 1899.] Calcutta : Baptist Mission Press, 1899, in-8, pp. XI-223.

Chap. II. Section II. — *Chinese Records*. 8. Earliest Chinese notice, p. 13. — 9. Visit of Hiuen Tsiang (A. D. 631), p. 14. — 10. Kaśmīr in T'ang Annals, p. 17. — 11. Ou-k'ong (A. D. 759), p. 18.

— Hsüan-tsang's Notice of P'i-mo and Marco Polo's Pein by Dr. M. Aurel Stein. (*T'oung-pao*, Oct. 1906, pp. 469/480.)

— M. A. Stein. — Report of Archaeological Survey Work in the North-West Frontier Province and Baluchistan for the Period from January 2nd 1904, to March 31st 1905. — Peshawar, Government Press, 1905, in-4, pp. V + 56 + 13 planches ; prix : Roupies 2-4-0 ou 3 shillings.

Notices : *T'oung Pao*, Déc. 1905, pp. 635/7. Par Ed. Chavannes. — *Bul. École franç. Ext. Orient*, Mars-Avril 1906, par L. Finot, pp. 331/5. — *Geog. Journal*, March 1906, by T. H. Holdich.

— Kausambi. By Major W. Vost. (*Jour. Roy. As. Soc.*, April 1904, pp. 249/267.)

— The Position of Kauśāmbī. By Vincent A. Smith. (*Ibid.*, July 1904, pp. 544/5.)

— Saketa, Sha-chi, or Pi-so-kia. By Major W. Vost, I. M. S. (*Ibid.*, July 1905, pp. 437/449.)

— Identifications in the region of Kapilavastu. (With a Map.) By Major W. Vost, I. M. S. (*Ibid.*, July 1906, pp. 553/580.)

— Le *Parinirvâna* d'Ânanda d'après un bas-relief gréco-bouddhique Par J. Ph. Vogel, Superintendent, Archaeological Survey, Panjab and United Provinces. (*Bull. Ecole franç. Ext. Orient*, V, Nos. 3-4, Juill.-Déc. 1905, pp. 417/8.)

— Yuan Chwang's Mo-la-p'o. By G. A. Grierson,... (*Journ. Roy. As. Soc.*, Jan. 1906, pp. 95/105.)

Cf. Vincent Smith, *Early History of India*, 1904, pp. 279/280 ; *Zeitschrift Deutsch. Morg. Ges.*, Vol. LVIII, pp. 787/796. — Sylvain Lévi, *J. des Savans*, Oct. 1905, pp. 534/548.

— *Mo-la-p'o* 摩臘婆 By Jas. Burgess. (*Journ. Roy. As. Soc.*, Jan. 1906, pp. 220/2.)

I TSING 義淨.

— Deux chapitres extraits des mémoires d'I-tsing sur son voyage dans l'Inde, par M. Ryauon Fujishima. (*Journ. Asiat.*, VIIIe sér., XII, Nov.-Déc. 1888, pp. 411/439.)

Chap. XXXII et XXXIV du *Nan-haï khi-kouei-neï-fa-tchouen* (Histoire de la loi intérieure envoyée de la mer du Sud) composée par I-tsing sous les T'ang.

— Index des mots sanscrits-chinois contenus dans les deux chapitres d'I-tsing, par M. Ryauon Fujishima. (*Ibid.*, XIII, Avr.-Mai-Juin 1889, pp. 490/496.)

— Voir S. Julien, col. 2659.

— Voir Samuel Beal, *supra*, col. 2661.

— Voyages des pèlerins bouddhistes. — Les Religieux éminents qui allèrent chercher la loi dans les Pays d'Occident, mémoire composé à l'époque de la grande dynastie T'ang par I-tsing traduit en français par Edouard Chavannes, Professeur au Collége de France. Paris, Ernest Leroux, 1894, in-8, pp. XXI-218.

I-tsing, né en 634 ; † en 713.

Notices : *Revue de l'Hist. des Religions*, XXIX, No. 3. — Mai-Juin 1894, pp. 359/361, par Jean Réville. — *China Review*, XXI, No. 4, pp. 281/2, par E. H. Parker. — *Revue Critique*, No. 1, 7 janv. 1895, pp. 1/3, par Sylvain Lévi. — *Jour. R. Asiatic Soc.*, July 1897, pp. 654/6, par T. W.[atters.]

— I-tsing, par E. Chavannes, *Grande Encyclopédie*, XX, p. 1137.

— A Record of the Buddhist Religion as

practised in India and the Malay Archipelago (A. D. 671-695) By I-tsing Translated by J. Takakusu, B. A., Ph. D. With a Letter from the Right Hon. Professor F. Max Müller With a Map Oxford at the Clarendon Press 1896, in-8 carré, pp. lxiv-240.

Notices : *Jour. R. Asiat. Soc.*, April 1897, pp. 358/364, by T. W.[atters.] — *Imp. & Asiat. Quart. Rev.*, 3d Ser., III, 1897, pp. 202/6.

— I-tsing's Itinerary [at Sumatra]. By G. Schlegel. (*T'oung Pao*, Mai 1901, pp. 107/121.)

— La date de Candragomin, par M. Sylvain Lévi. (*Prem. Cong. Intern. Etudes Ext. Orient*, Hanoi, 1902, pp. 98/99.)

— Itsing and Vāgbhaṭa. By J. Jolly. (*Jour. R. As. Soc.*, Jan. 1907, pp. 172/5.)

— Itsing and Vāgbhaṭa. By A. F. Rudolf Hoernle. (*Ibid.*, April 1907, pp. 413/7.)

WANG HIOUEN-TS'E 王玄策.

(Ep. des T'ang, VIIe S.)

— Les missions de Wang Hiuen-ts'e dans l'Inde, par M. Sylvain Lévi. (*Journ. Asiat.*, 1900, Mars-Avril, pp. 297/341 ; Mai-Juin, pp. 401/468.)

Les pages 332/341, du premier article renferment : Les Inscriptions de Wang Hiuen-ts'e par M. Chavannes.

OU-K'ONG 悟空.

— Voyages des Pélerins bouddhistes. — L'Itinéraire d'*Ou-k'ong* (751-790), traduit et annoté par MM. Sylvain Lévi et Ed. Chavannes. (*Jour. Asiatique*, IXe Sér., VI, No. 2. — Sept.-Oct. 1895, pp. 341/384.)

Voir pp. 371 et seq. : Note additionnelle. — Le Kipin. Situation et Historique. [*Kipin* 罽賓.]

— Note rectificative sur le *Ki-pin*, par M. Sylvain Lévi. (*Ibid.*, VII, No. 1, 1896, pp. 161/2.)

— Notes on Ou-K'ong's Account of Kaçmīr. By M. A. Stein, Ph. D., Principal Oriental College, Lahore. Wien, 1896, Carl Gerold, in-8, pp. 32.

Sitzb. d. K. Akad. d. Wiss. in Wien, Ph.-Hist. Cl. — Bd. CXXXV. Voir Stein, 1899, col. 2663.

WANG NIEH 王業.

— Itinerary to the Western Countries of Wang-nieh in A. D. 964 by G. Schlegel. (*Mém. du Comité Sinico-japonais*, XXI, 1893, pp. 35/64.)

Tirage à part à 25 exemplaires, Paris, Maisonneuve, br. in-8.

— L'itinéraire du Pélerin Ki ye 繼業 dans l'Inde Par M. Edouard Huber. (*Bull. Ecole française Ext. Orient*, II, N° 3, Juillet 1902, pp. 256/259.)

— L'itinéraire de Ki-ye [繼業]. Par M. Edouard Chavannes. (*Ibid.*, Janv.-Mars 1904, pp. 1/7.)

— Un passage d'un édit de Bouiantou Khan (1314). Par M. Edouard Chavannes. (*Ibid.*, pp. 7/8.)

— Extrait du Bulletin de l'Ecole française d'Extrême-Orient (Janvier-Mars 1904) — Notes sinologiques par Edouard Chavannes. — I. — L'itinéraire de Ki-ye — II. — Un passage d'un édit de Bouiantu-Khan — Hanoi, F.-H. Schneider, 1904, in-8, pp. 8.

PÉLERINS BOUDDHISTES (DIVERS).

— Indian Travels of Chinese Buddhists. By Rev. S. Beal, B. A. (*Ind. Antiq.*, X, 1881, pp. 109/111, 192/199, 246/248.)

— On the identification of Kusinara, Vaisali and other places mentioned by the Chinese Pilgrims. — By W. Hoey... (With an edition of a new copper-plate inscription of Jayādityadeva II. — By Dr. T. Bloch.) (*Jour. Asiatic Soc. of Bengal*, Vol. 59, Pt. I, No. 1, 1900, pp. 74-92.)

— Le Voyage de Kanshin au Japon (742-754), par M. J. Takakusu. (*Prem. Cong. Intern. Etudes Ext. Orient*, Hanoi [1902], pp. 56/60.)

Kien-tchen 鑑眞.

— Ceylon and Chinese. By M. Anesaki. [Benares, Feb. 3, 1903.] (*Journ. Roy. As. Soc.*, April, 1903, pp. 368/370.)

— The Middle Country. By U. Wogihara. (*Ibid.*, July, 1904, pp. 538/9.)

— Gunavarman (367-431 p. C.) par Ed. Chavannes. (*T'oung Pao*, IIe Série, V, No. 2, Mai 1904, pp. 193/206.)

Cf. *T'oung Pao*, X, pp. 247/306.

— Jinagupta (528-605 après J.-C.) par Edouard Chavannes. (*Ibid.*, Vol. VI, Juillet 1905, pp. 332/356.)

Divers.[1]

— The pretended advance of the Chinese to the Caspian Sea. By Thos. W. Kingsmill. (*Chin. Rec.*, VII, 1876, pp. 43/50.)

Voir également : A. Wylie, dans le *Chin. Rec.*, II, p. 153.

— P. G. M. Stenz. — General Tschan-t'chien, ein chinesischer Forschungsreisender des zweiten Jahrhunderts. (*Globus*, 1903, LXXXIII, pp. 293/4.)

— Trois généraux chinois de la dynastie des Han orientaux. Pan Tch'ao (32-102 p. C.) ; — son fils Pan Yong ; — Leang K'in († 112 p. C.) Chapitre LXXVII du *Heou*

1. Ne pas prendre l'ouvrage suivant pour un livre sérieux :
— Some Observations upon the Civilization of the Western Barbarians, particularly of the English, made during a residence of some years in those parts. By Ah-Chin-Le, Mandarin of the First Class, Member of the Enlightened and Exalted Calao. Translated from the Chinese into English. By John Yester Smythe Esq., of Shanghai, and now first published out of China and in other than Chinese. London : Published for the Proprietor, 1876, in-12, pp. VII-302.
Notice : *China Review*, V, pp. 200/201.

Han chou traduit par Edouard Chavannes. — Extrait du «*T'oung-pao*», Série II, Vol.VII, No. 2. — E.J.Brill, Leide, 1906, in-8, pp. 61.

班超-班勇-梁慬.

Avait paru dans le *T'oung-pao*, Mai 1906, pp. 210/269.

— Relation de l'expédition d'Houlagou, fondateur de la dynastie des Mongols de Perse, au travers de la Tartarie; Extraite du *Sou-houng-kian-lou*, et traduite du chinois. (*Nouv. Mél. As.*, I, pp. 171/185.)

Voir aussi Pauthier, *Marco Polo*, pp. CXXXIII-CL.

Traduit en anglais par le Dr. Bretschneider dans ses *Mediaeval Travellers*, pp. 57-99.

— The Expedition of the Mongols against Java in 1293, A.D. By W. P. Groeneveldt. (*China Review*, IV, pp. 246/254.)

— *Си ю изи*, или Описаніе путешествія на западъ. Par l'Archimandrite Palladius. (*Trav. de la Mission ecc. russe de Peking*, IV, 1866, pp. 261/436.)

— Relation du Voyage de K'hiéou, surnommé Tchang-Tch'un (long printemps), à l'ouest de la Chine, au commencement du XIIIe siècle de notre ère, par M. Pauthier. (*Jour. As.*, Janvier 1867, pp. 39/86.)

Tirage à part, br. in-8, pp. 48.

— [Chinois à Naples.] (*Ann. Marit. et Col.*, 1821, 2e part., pp. 841/2.)

«Le 1er sept. 1821, sont arrivés à Naples les quatre jeunes Chinois qui étaient à Rome. Ils ont quitté Xan-Si le 2 Nov. 1820, d'où ils se rendirent à Macao. Ils y sont restés depuis le 25 Janv. jusqu'au 5 fév. 1821. Ils arrivèrent à Lisbonne le 24 Juin, à Gènes le 10, et à Rome le 23 Août dernier. Ils jouissent d'une excellente santé, et ils montrent beaucoup de talens. Ils appartiennent à des parens catholiques, et c'est avec le consentement de leurs pères et mères qu'ils sont venus en Europe aux frais de la congrégation chinoise.

Le Supérieur de cette congrégation, jésuite, a eu l'honneur de les présenter à S. M. à Capo di Monte. Le monarque les a accueillis avec une grande bonté; et après avoir fait le Ko-teu (hommage que les Chinois ne rendent qu'à leur empereur), ils ont répondu à plusieurs questions que le roi a daigné leur adresser, et qui ont duré environ trois quarts d'heure. Ils ont demandé et obtenu la permission de se promener dans la *villa*.

Le 13 du mois de Septembre, ces jeunes gens ont été présentés à S. A. R. le duc de Calabre, qui leur a fait préparer un déjeûner.

Le 16, LL. AA. RR. le duc et la duchesse de Calabre se sont rendus à l'église des Chinois, où ces jeunes gens ont pris l'habit de l'ordre des jésuites.»

Voir col. 844 et 2532/4.

— Notes on Chinese Mediaeval Travellers to the West by E. Bretschneider, M. D. Shanghai. American Presbyterian Mission Press, 1875, in-8, pp. ii + 1 f. n. c. + pp. 130.

Ce mémoire dédié à l'Archimandrite Palladius a d'abord paru dans le *Chin. Rec.*, Vol. V, 1874.

Ce volume contient: Preface. — Introduction. — I. *Si yu ki*. Ch'ang-ch'un's travels to the West, A. D. 1221-1224. — II. *Si shi ki*. Record of an embassy to the regions in the west, 1259-60. — III. *Pei shi ki*. Wu-ku-sun's accounts of western countries, 1220-21. — IV. Extract from the *Si yu lu*. Ye-lü-ch'u-ts'ai's travels to the west, 1219-24. — Corrections and additional illustrations. — Appendix: Comparative chronology. — Notes on eclipse, &c.

«The *Si yu ki* has been translated *in extenso* into Russian, by *Archimandrite Palladius*, and published in the 4th volume of the »Record of the Peking Ecclesiastical Mission«, 1366. That article may serve as an example, for the translation of historical or geographical works from the Chinese. Palladius gives not only a very correct version, but he elucidates by numerous notes, various passages and expressions, and exhibits in these commentaries, an immense knowledge of Chinese literature in all its branches.

Another translation of the *Si yu ki* was made in 1867, into French, by *M. Pauthier*. But Pauthier translated only a short and very bad extract of the *Si yu ki*, found in the above-mentioned *Hai kuo t'u chi*. Besides this, his translation contains so many mistakes, that the whole article becomes unintelligible.

The translation of Ch'ang-ch'un's travels which I give in the following pages, is not such a complete one as that of Palladius. I have omitted all the numerous poems composed by Ch'ang-ch'un on different occasions, as well as some conversations on Taouist and other matters. In some instances I give only a resumé of the narrative, when of little interest; but all relating to history and geography is faithfully rendered, and accompanied by such remarks as my acquaintance with the subjects permits. Of course I invariably consult Palladius' excellent translation; and to enable the reader to distinguish my notes from his commentaries, I always mark the latter with his name.»

Réimp. voir *supra*, col. 2638.

— Yeliu-tsou-tsai, voir Abel Rémusat, *Nouv. Mél. As.*, II, pp. 64/88.

— Narrative of the Chinese Embassy to the Khan of the Tourgouth Tartars, in the years 1712, 13, 14, & 24... [Voir col. 637.]

— Le Chinois du P. Foucquet, d'après le manuscrit No. 169 de l'inventaire des papiers du duc de Saint-Simon. (*Revue de l'Extrême Orient*, T. I, No. 3, 1882, pp. 381/422; No. 4, pp. 523/571.)

Ce mémoire fait partie des *Documents inédits pour servir à l'histoire ecclésiastique de l'Extrême Orient*, publiés par M. Henri Cordier.

— Rapport sur le jeune Chinois qui est actuellement à Paris; par le C. Leblond [fait à la Société des Observateurs de l'homme le 18 thermidor an VIII]. (*Mag. Encyclop.*, de Millin, 1800, II, pp. 390/3.)

— Historique de l'instruction du Chinois qui a été présenté au Roi, le 8 Octobre 1821, par M. Philibert, capitaine du vaisseau, et député de l'île de Bourbon à Paris. Par Madame Celliez, née C^sse. de Rossi. Blois, 1822, librairie d'Aucher-Eloy, br. in-4, pp. 20.

Bib. nat. $\frac{0^2s}{91}$.

— Une mission chinoise à Venise au XVIIe siècle par Girard de Rialle. (*T'oung Pao*, I, No. 2, août 1890, pp. 99/117.)

Le Père Boym.

— Le vol. du British Museum 6573 i. 4 est un recueil factice de pièces relatives à la naturalisation comme écossais de William Macao, Accountant of Excise, natif de la Chine [Edinburgh, 1819], in-4.

Notice par L. B. (*Jour. As.*, II, 1823, pp. 45/52.)

Cette brochure a fourni à Abel Rémusat la matière d'un article «Sur les Chinois qui sont venus en France». (*Nouv. Mél. As.*, I, 1829, pp. 258/265.)

Rémusat cite les Chinois suivants :
Michel Chin Fo-tsoung, de Nanking (P. Couplet).
Arcadius Hoang, de Hing hoa (Foukien) (Ev. de Rosalie).
Tchoung Ya-san, Tchang Ya-kin, Kiang hiao } illettrés.

— Note de Fourmont sur le Chinois Hoange, du Foukien († 1er Oct. 1716). (*Jour. As.*, II, 1823, pp. 126/7.)

— La Chine Catholique, ou Tableau des progrès du Christianisme dans cet empire, suivi d'une Notice sur les quatre Chinois présentés à S. M. Charles X, avec leurs portraits et un facsimile de leur écriture. Paris, chez l'Auteur, rue de Sèvres, 92, et chez les marchands de nouveautés. 1829, in-8. [Voir col. 844.]

Par Condurier.

— Fugitive Notes on England and the English. Taken by a Chinaman after a visit to Great Britain in the years 1844, 45 & 46. (*N. C. Herald*, No. 61, Sept. 27, 1851 et seq.)

— The Chinaman abroad : or a desultory account of the Malayan Archipelago, particularly of Java ; by Ong-tae-hae [汪大海]. Translated from the Original. Shanghae : Printed at the Mission Press. 1849, in-8, pp. xv-80.

Forme le No. II du *Chinese Miscellany*.[1]

— Chinesche Aanteekeningen omtrent Nederlandsch-Indië. 'S Gravenhage, Martinus Nijhoff, 1858, in-8, pp. 47, tit. lith. en couleurs.

— Pin's Travels from China to Europe in 1866.

Pin est le commissaire chinois qui accompagna Mr. Robert Hart en Europe en 1866 ; il publia le journal de son voyage et l'on trouvera la traduction de certains extraits dans le *Shanghai Evening Courier* : 1870, Oct. 7 et 24, Déc. 5 ; 1871, Mars 22, 29 et 31. — Cf. H. Cordier, *Hist. des Relat.*, I, pp. 260/1.

— A Chinese Munchausen. (Balfour, *Waifs and Strays*, 1876, pp. 149/152.)

— Voyage d'un lettré chinois dans l'empire d'Annam. Traduit du russe par L. Leger. (*Recueil d'itinéraires et de voyages dans l'Asie centrale et l'Extrême Orient*. Paris, E. Leroux, 1878, pp. 63/161.) [Ce Rec. forme le Vol. VII des *Pub. de l'Ec. des Langues Orientales vivantes*.]

Cette traduction française est faite sur la traduction russe du Père Eulampius qui avait paru en 1872, à St. Pétersbourg dans la *Revue Orientale* (*Восточный Сборникъ*), I, pp. 65/145 sous le titre de :

— Записки Китайца объ Аннамѣ переводъ съ китайскаго іеромонаха Евлампія.

— Die sinesischen, indischen und tibetischen Gesandtschaften am Hofe Nuschirwans. Daniel Haneberg. (*Zeit. f. d. K. d. Morg.*, Vol. I, No. VIII, pp. 185/190.)

— * L. Rousset. — Les Ambassades chinoises en Europe. (*Revue politique*, août 17, 1878.)

— A Chinaman in London. (*Blackwood's Mag.*, Oct. 1901, pp. 492/8.)

Kouo Soung-t'ao.

— Extracts from the Diary of Tseng Hou-yeh, Chinese Minister to England and France. Translated by J. N. Jordan. (*China Review*, XI, pp. 135/146.)

— Le Journal d'un diplomate chinois en Europe. [Par Henri Cordier.] (*Journal des Débats*, mardi 22 mai 1883.)

— Journal du Marquis Tseng. (*Le Figaro*, Supp., Samedi 8 Déc. 1883.)

(Extrait du *Nineteenth Century*.) — Voir col. 679.

— A Version in Chinese, by the Marquis Tseng, of a Poem written in English and Italian by H. W. Freeland, M. A., M. R. A. S., late M. P. Commander of the Order of The Crown of Siam. (*Journ. R. As. Soc.*, N. S., Vol. XIX, Art. III, January, 1887, pp. 136/137.)

— Le marquis Tseng et l'ambassade chinoise. (*Ann. de l'Ext. Orient*, 1883-1884, VI, pp. 112/114.)

— Sir Halliday Macartney. (*Lond. & China Express*, June 15, 1906.)

Fils de Robert Macartney, de Dundrennan, Kirkcudbrightshire, né en 1833, H. Macartney est † 8 juin 1906 à sa résidence de Kirkcudbrightshire, Kenbank, Dalry.

— Sir Halliday Macartney. Par Henri Cordier. (*T'oung-pao*, juillet 1906, pp. 405/6.)

Nécrologie.

— Diary of Liu Ta-jên's Mission to England. By F. S. A. Bourne (translator). (*Nineteenth Century*, VIII, 1880, pp. 612/621.)

— Der Seeverkehr der Chinesen im malayischen Archipel vor 1500. Von F. G. Müller-Beeck. (*Mitt. Geog. Ges. Hamburg*, 1882-3, pp. 26/35.)

— When I was a Boy in China. By Yan Phou Lee. Boston, D. Lothrop Co.... [1887], in-12, pp. 111 comp. front. port.

— Réflexions d'un voyageur Chinois sur l'Europe et les Européens. Traduction d'une brochure chinoise. (*Missions Catholiques*, XXII, 1890, pp. 104/106, 117/119.)

« Le traducteur de cette curieuse relation est un jeune missionnaire parti au mois d'oct. 1885 pour la Chine. Les gravures qui accompagnent ce travail sont l'œuvre d'un jeune Chinois, le maître de langue du missionnaire. — Son auteur est un nommé Fou, *Sien-sien* (secrétaire) d'un mandarin qui, en 1884, fit son tour d'Europe... »

— 安南紀遊 *Ngan-nan ki yeou*. Relation d'un voyage au Tonkin, par le lettré chinois *P'an Ting-kouei* (潘鼎珪), traduite et annotée par A. Vissière, premier interprète de la Légation de France en Chine. (Extrait du *Bulletin de Géographie*

1. — The Chinese Miscellany designed to illustrate the Government, Philosophy, Religion, Arts, Manufactures, Trade, Manners, Customs, History and Statistics of China.

Cette publication entreprise par le Dr. Medhurst comprend quatre livraisons, numéros ou volumes : I. *A Glance at the interior of China*. (Voir col. 2117/8.) — II. *The Chinaman abroad* (*supra*). — III. *Dissertation on the Silk Manufacture*. (Voir col. 1513.) — IV. *Description of Shanghae*. (Voir col. 243.)

historique et descriptive, tome IV, n° 2.) Paris, Ernest Leroux, 1890, br. in-8, pp. 17.

Notice : *T'oung Pao*, IV, p. 99, par G. Schlegel.

— Chinese « Rights » in Africa. By E. H. Parker. (*China Review*, XXIII, pp. 310/3.)

— Mahuan's Account of the Kingdom of Bengala (Bengal). By Geo. Phillips... (*Jour. R. As. Soc.*, July 1895, pp. 523/535.)

— Mahuan's Account of Cochin, Calicut, and Aden. By Geo. Phillips. (*Ibid.*, April 1896, pp. 341/9.)

— Mahuan's Account of Bengal. By John Beames. (*Ibid.*, Oct. 1895, pp. 898/900.)

— Mahuan's Account of Bengal. By Geo. Phillips. (*Ibid.*, Jan. 1896, pp. 203/6.)

— Voyageurs chinois chez les Khitan et les Joutchen, par M. Éd. Chavannes. (*J. As.*, Mai-Juin 1897, pp. 377/442 ; Mai-Juin 1898, pp. 361/439.)

A. Hou kiao 胡嶠. — Wang I 王沂. — Fou Tcheng 富鄭. — Song Hoan 宋綬.

B. I. Relation de *Hiu k'ang-tsong* [許亢宗]. — II. Relation de l'Ambassade envoyée en l'année *I-se* (1125 après J.-C.) de la période *Siuen-ho*.

— *Pei Yuan lou* 北轅錄 Récit d'un voyage dans le Nord. — Ecrit sous les Song 宋 par Tcheou Chan 周煇 Traduit par Ed. Chavannes. (*T'oung Pao*, IIe Sér., V, No. 2, Mai 1904, pp. 163/192.)

— Les Voyageurs Chinois par Éd. Chavannes.

(Divers.)

— Extrait des *Guides Madrolle* : Chine du Sud. Paris, Comité de l'Asie française, 1904, in-18, pp. 23, carte.

— Deux itinéraires de Chine en Inde à la fin du VIIIe siècle par M. Paul Pelliot Professeur à l'Ecole française d'Extrême-Orient. (*Bull. Ecole française Ext. Orient*, IV, Nos. 1 et 2, Janvier-Juin 1904, pp. 131/413.)

— Deux Itinéraires de Chine en Inde à la fin du VIIIe Siècle par Paul Pelliot Professeur à l'École française d'Extrême-Orient. Hanoi, F.-H. Schneider, 1904, gr. in-8, pp. 122 à 403.

Extrait du *Bulletin de l'Ecole française d'Extrême-Orient* (Janvier-Juin 1904.)

Notice : *T'oung Pao*, Oct. 1904, pp. 468/473, par Ed. Chavannes.

— * General Tschan-t'chien, ein chinesischer Forschungsreisender des zweiten Jahrhunderts. Von P. G. M. Stenz. (*Globus*, LXXXIII, 1903, pp. 293/4.)

— An interesting but little-known Chinese Corner of British India. By Pinya. (*Imp. & Asiat. Quart. Rev.*, July-Oct. 1903, pp. 337/349.)

— Une ligne de navigation chinoise — Commerce et moeurs commerciales de la Chine au IXe siècle. Par A. Pauchont. (*Revue Indo-Chinoise*, 1904, pp. 864/871; II, pp. 50/7.)

— The Returned Student. By W. W. Yen. (*East of Asia*, Vol. 3, No. 1, March 1904, pp. 33/45.) [From Japan.]

— L'Extrême-Orient à l'Exposition Universelle de Liège. Par Henri Froidevaux. (*Bull. Com. Asie franç.*, Sept. 1905, pp. 352/3.)

— Une mission chinoise en Europe. Par Francis Mury, Membre du Conseil supérieur des Colonies. (*Ibid.*, 1906, Janvier, pp. 21/30.)

Tsai Tchen.

— Visite d'un haut fonctionnaire chinois au Tonkin. (*Ibid.*, Mars, pp. 122/3.)

Tcheng Yong-tchang.

— La mission chinoise d'étude à Paris. (*Ibid.*, Avril, pp. 162/3.)

(Divers.)

III. — ÉMIGRATION.

Ouvrages divers.

— Die Chinesen in der Zerstreuung. (K. L. Biernatzki, *Beiträge zur Kunde China's*, 1853, pp. 9/26, 108/118.)

Pulo Penang oder Prinz Wales Insel : 1. Chinesisches Quartier und Theater in Georgetown. — 2. Chinesische Sclaven und Wohnungen ausserhalb Georgetown. — *Sincapore* : 1. Chinesische Bevölkerung ; geheime Verbindungen. — 2. Ein Chinesisches Spielhaus und eine Opiumkneipe. — *Chinesen in Californien.*

— Emigration Chinoise. Voir dans les *Ann. du Comm. ext.*, No. 21, Fév. 1855, pp. 30/32 du Rapport de M. Auguste Heurtier, délégué du Département de l'agriculture, du commerce et des travaux publics, dans les mers de Chine et du Japon [présenté le 20 août 1854].

— Note sur l'Emigration des Coolies de Chine, *Ibid.*, pp. 67/71.

— * Landverhuizing der Chinezen. Overzigt van de wijze waarop zij emigreren en de plaatsen van bestemming, 1853-1856 ; alsmede aanbeveling er van voor onze O. I. bezittingen. (*Tijds. voor het Neêrland's Indië*, 18 j. 1856. II. 101.)

Hooykaas, *Rep. op de Kol. Lit.*, 5745.

(Divers.)

— * De Chinezen in de verstrooijing; hunne emigratie en hun toestand buiten China; 1° de Chinesche Koelies; 2° de vrije Chinesche emigratie. (*Vaderlandsche Letteroefeningen*, 1859, II. 149. 153. 159.)

Hooykaas, *Rep. op de Kol. Lit.*, 5744.

— * De Chinesche landverhuizing, hare oorzaken, de wijze waarop zij plaats heeft, haar invloed. (*Sloet, Tijds. v. Staatshuishoudkunde*, XVI. 78.)

Hooykaas, *Rep. op de Kol. Lit.*, 5746.

— Alfred Jacobs. — Les Chinois hors de la Chine. (*Revue des Deux Mondes*, 1er novembre 1858.)

— Essai d'éducation morale et religieuse dans nos colonies du Pacifique et les Sandwich; le Français, le Chinois et l'Américain dans l'Océanie. (*Ibid.*, 1er septembre 1859.)

— * Die Auswanderung der Chinesen zur See. (*Ausland*, No. 35, 36, 1857.)

— * Die Ausführung der Chinesen durch Europäer als Kulis nach West-Indien und Süd-Amerika, und ihre Auswanderung nach Kalifornien und Australien. (*Ibid.*, No. 37, 1858.)

— Ed. du Hailly. — Souvenirs d'une campagne dans l'Extrême Orient : IV. Les Chinois hors de chez eux. (*Revue des Deux Mondes*, 15 novembre 1866.)

— Coolie labour and Coolie immigration. (*Cornhill Magazine*, XVI, 1867, pp. 74/83.)

D'après le rapport du Dr. Hillebrand, envoyé par le gouvernement hawaien pour étudier la question.

— The Chinese from Home. (*All the Year round*, 20 mars 1869, Vol. I, New Series, pp. 367/372.)

— Chief Justice Smale's Judgment « in the matter of Kwoh A-shing on Habeas Corpus ». (*The Cycle*, 15 april 1871, pp. 595 à 600.)

— De l'émigration chinoise par P. Dabry de Thiersant. (Extrait de la *Revue maritime et coloniale*.) Paris, Paul Dupont... Challamel, 1872, br. in-8, pp. 37.

Tirage à part de la *Revue maritime et coloniale*, Décembre 1871, pp. 877/913.

— Edmond Plauchut. — La traite des coulies chinois. (*Revue des Deux Mondes*, 1er juillet 1873, pp. 178/193.)

— De l'émigration des Chinois au point de vue des intérêts européens par Ed. Madier de Montjau, Président de la Société américaine de France... Paris, Maisonneuve, 1873, br. in-8, pp. 15.

Communication faite à la Société des Etudes japonaises, chinoises, tartares et indo-chinoises. Séance de novembre 1873.

— Emigration and the Coolie Trade in China. (*Westminster Review*, July 1873, pp. 75 à 109.)

— The Chinese on the Pacific Coast. (*Siam Rep.*, V, July 1873, pp. 325/6.)

— Chinamen out of China. (*Ibid.*, VI, July 1874, p. 356.)

D'après la *Pall Mall Gazette*.

— Macao and its Slave Trade. (*The China Review*, II, 1873-1874, pp. 9/20.)

— A Reply to « Macao and its Slave Trade ». By P. G. Mesnier. (*Ibid.*, pp. 112/125.)

— Relatorio e documentos sobre a Abolição da Emigração de China. Lisboa, 1874. — Voir col. 2322-3.

Notice : *Geographical Magazine*, Nov. 1874, pp. 343/6.

Voir divers autres documents signalés au chap. *Macao*.

— Die chinesische Auswanderung. Ein Beitrag zur Cultur- und Handelsgeographie von Dr. Friedrich Ratzel, Docent an der Kgl. Polytechnischen Schule zu München. Breslau 1876, J. U. Kern's Verlag (Max Müller), in-8, pp. XII-272.

— * Die chinesische Auswanderung. (*Ausland*, 41, 1876.)

— * F. Ratzel. — L'émigration chinoise. (*Rev. géog. intern.*, 1878, No. 33.)

— * F. Ratzel. — Die chinesische Auswanderung seit 1875. (*Globus*, XL.)

— Friedrich Ratzel. Von Karl Weule. Br. in-8, pp. 29, Port.

Separatabdruck aus den *Mitt. des Vereins f. Erdkunde in Leipzig*, 1905.

— Friedrich Ratzel. Necrology by E. G. R. (*Geog. Journ.*, Oct. 1904, pp. 485/7.)

† 9 août 1904, à Ammerland, Lac de Starnberg.

— Coolie Traffic and Kidnapping. By Don Aldus. London : McCorquodale & Co., 1876, pet. in-8, pp. VIII-236.

— Chinese as Colonists. W. H. Medhurst. (*Nineteenth Century*, IV, Sept. 1878, pp. 517/527.)

— L. Rousset. — Les Chinois hors de chez eux. (*Le Correspondant*, 10 juillet 1878.)

— The Impending Contact of the Aryan & Turanian Races, with special reference to recent Chinese Migrations. A Lecture delivered before the Sunday Lecture Society, on Sunday afternoon, 10th February, 1878, By Matthew Macfie, Esq. — London : Published by the Sunday Lecture Society. — 1878. Price threepence, br. in-8, pp. 32.

— * Ad. F. de Fontpertuis. — L'émigration chinoise, son caractère, son importance et sa distribution. (*Revue Scientifique*, 1er mars 1879.)

— L'émigration chinoise. [Par Henri Cordier.] (*Journal des Débats*, jeudi 12 juin 1879.)

— Alb. Cornu — De l'Immigration chinoise en Cochinchine française — Saigon, A. Nicolier, 1879, in-4, pp. VII-46 + 1 f. n. ch.

— L'Émigration chinoise par M. Léon Couturat, secrétaire de l'administration de la Société. (*Bull. Soc. roy. Géogr. Anvers*, V, 1880, pp. 453/482.)

— L'émigration chinoise par M. F. Leseur, Membre de la Société de Géographie de Lille. — Lille, Imp. L. Danel, 1884, br. in-8, pp. 24.

Bib. nat. $\frac{O^2n}{765}$.

— L'émigration chinoise par M. F. Leseur. (*Soc. Géog. Lille, Bull.*, IV, 1885, pp. 62/82.)

— Le Coolie chinois. — L'Alaska. Par J. Peltzer. (*Soc. roy. belge Géogr., Bull.*, 1884, pp. 569/587.)

— Les Chinois partout (Question de l'Immigration Chinoise) par le Baron Etienne Hulot. (Extrait de la *Revue du Monde latin*, Sept.-Oct. 1888.) Paris, 1888, br. gr. in-8, pp. 46.

Bib. Nat. $\frac{O^2n}{838}$.

— L'immigration chinoise. (*Ann. de l'Ext. Orient*, 1885-1886, VIII, pp. 61/62.)

Extrait du *Novosti*.

— Minister 薛福成 *[Sieh]* on Chinese Emigrants abroad. (*China Review*, XXI, No. 3, pp. 138/141.)

Mémorial à l'Empereur traduit du *Shen Pao*.

— Zur Frage der Verwendung von Chinesen in den deutschen Kolonien. Von Eduard Selzer. (*Deutsche Kolonialzeitung*, 29. März 1890, p. 84.)

West Oakland, Kal., 26. Februar 1890.

— The Chinaman abroad. By Edmund Mitchell. (*Nineteenth Century*, oct. 1894, pp. 612/620.)

— The Chinese as Fellow Colonists. By R. W. Egerton Eastwick. (*The Humanitarian*, London, Dec. 1894.)

— L'émigration chinoise dans les pays de l'Extrême-Orient. Par M. Camille Gauthier. (*Bul. Soc. Géog. Com.*, Paris, XV, 1892/3, pp. 641/8.)

— Die Chinesengefahr in den deutschen Kolonien. Von E. Tappenbeck. (*Deutsche Kolonialzeitung*, 8. Dezember 1894, pp. 166/168.)

— Chine. — Les causes de l'émigration chinoise. (*Soc. roy. belge Géogr., Bull.*, 1891, pp. 658/659.)

D'après les *Proceedings*.

— Der Chinese in den ausserchinesischen Ländern des Ostens. (*Oest. Monats. f. d. Orient.*, 1896, pp. 151/2.)

D'après M. Tokutomi.

— Université de Paris — Faculté de Droit — De l'Intervention des Pouvoirs publics dans l'Émigration et l'Immigration au XIXe siècle — Étude historique — Thèse pour le Doctorat présentée par Gustave Chandèze — L'acte public sur les matières ci-dessus a été soutenu le vendredi 18 février 1898 à une heure... — Paris, Imprimerie Paul Dupont, 1898, in-8, pp. 385.

— L'Émigration — Intervention des Pouvoirs publics au XIXe siècle par Gustave Chandèze Docteur en Droit. — Paris, Imprimerie Paul Dupont, 1898, in-8, pp. 385.

Même éd. avec un titre différent.

— The Sons of Han. By C. de Thierry. (*Macmillan's Mag.*, LXXX, May 1899, pp. 58/66.)

— Chinesische Kulis. (*Oest. Monats. f. d. Orient*, Wien, 1899, pp. 102/3.)

— Emploi de la main d'oeuvre chinoise en Sibérie. Par L. Journolleau. (*Revue sientifique*, 37e année, 1900, 2e sem., pp. 189/190.)

Extrait d'un rapport de M. Lévitov à la Soc. d'encouragement russe.

— L'immigration chinoise en Cochinchine. (*Ibid.*, p. 378.)

Tiré du Rapport de M. Pottecher, chef de l'immigration et de l'identification.

— Ein chinesisches Edict über die Chinesen im Auslande. (*Oest. Monats. f. d. Orient.*, Wien, 1901, p. 106.)

— Die Chinesengefahr in den deutschen Südseekolonien. Von Dr. Augustin Krämer, Marinestabsarzt. (*Deutsche Kolonialzeitung*, 23. Januar 1902, pp. 30/31.)

— Le recrutement de la main d'oeuvre chinoise pour l'Indo-Chine. (*Bul. écon. Indo-Chine*, Avril 1902, pp. 269/272.)

— La Traite au Tonkin et en Nouvelle-Calédonie. Par Jules Durand. (*La Revue blanche*, XXVII, 1902, *pass.*, pp. 200/8.)

— A Chinese Refugee of the Seventeenth Century by Ernest W. Clement, M. A. (*Trans. Asiat. Soc. Japan*, XXX, Pt. I, June 1902, pp. 83/7.)

Notice : *Bull. Ecole française Extrême-Orient*, III, No. 2, Avril-Juin 1903, pp. 350/351. Par Cl. E. Maitre.

戴曼公 *Tai Man-kong*, savant chinois, réfugié au Japon en 1645 ; † en 1672, zélé bouddhiste.

— Chinese Students in Japan. By W. W. Yen. (*East of Asia*, Vol. 4, Pt. 2, June 1905, pp. 194/196.)

— La main-d'oeuvre chinoise dans nos colonies. Par A.-A. Fauvel. (*Rev. Géog.*, Août 1903, pp. 112/127.)

— L'émigration et la main d'oeuvre chinoises — Rapport présenté au Congrès Colonial de 1903. Par le Comte de Jouffroy d'Abbans. (*Bul. Soc. Et. Col. et Mar.*, 31 déc. 1903, pp. 365/375.)

— La main-d'oeuvre chinoise à Madagascar. Par le Général Gallieni. (*Revue Indo-Chinoise*, 1904, pp. 659/670.)

— L'immigration chinoise. Par Henri Tirard. (*Ibid.*, 1904, pp. 764/8.)

— H. Gottwaldt. — Die überseeische Auswanderung der Chinesen und ihre Einwirkung auf die weisse und gelbe Rasse. Eine volkswirtschaftliche Studie. Bremen, Shanghai u. Yokohama, Max Nössler, 1904, in-8, pp. VIII-130.

Notice : *Petermanns Mitt.*, 50. Bd., 1904, VII, p. 126, par M. v. Brandt.

— La main-d'oeuvre chinoise et javanaise. (*Bull. Com. Asie française*, Août 1903, pp. 343/344.)

— * Chinese Labour Question from Within.

By F. H. P. Cresswell. London : P. S. King and Son 1905, 4*d*.

— Les Chinois en Indo-Chine. Par E. P. (*Bull. Com. Asie française*, 1906, Mai, pp. 194/5.)

— L'émigration des coulis et la balance commerciale de la Chine. (*Ibid.*, Juin, pp. 257/8.)

— Statuts de la Société du Ciel et de la Terre. (*Ibid.*, Sept., pp. 340/1.) [Saigon.]

— Réglementation du commerce chinois. (*Ibid.*, février 1907, pp. 69/70.) [Tong-king.]

— Correspondence respecting the Emigration of Chinese Coolies from Macao. Presented... 1871. London, in-fol. [C. — 403.]

— Correspondence respecting the Emigration of Chinese Coolies from Macao. [In continuation of Papers presented on the 14th July, 1871.] Presented... 1871. London, in-fol. [C. — 504.]

— Correspondence respecting the Macao Coolie Trade, and the Steamer « Fatchoy ». Presented... 1873. London, in-fol. [C. — 797.]

— *Hong Kong Coolie Trade*. — Papers relative to the Measures taken to prevent the fitting out of Ships at Hong Kong for the Macao Coolie Trade. Presented... July 1873. London, in-fol. [C. — 829.]

— *China*. No. 2 (1874). Correspondence respecting the Macao Coolie Trade. Presented... 1874. London, in-fol. [C. — 908].

— *China*, No. 3 (1875). Correspondence respecting the Macao Coolie Trade. Presented... 1875. London, in-fol. [C. — 1212].

Etats-Unis.

— Library of Congress — Select List of References on Chinese Immigration — Compiled under the Direction of A. P. C. Griffin Chief of Division of Bibliography — Washington, Government Printing Office, 1904, in-8, pp. 31.

Voir pages 11/23 : *Government Publications*.

— Library of Congress — A List of Books (with references to Periodicals) on Immigration — Compiled under the direction of Appleton Prentiss Clark Griffin Chief Bibliographer. Washington, Government Printing Office, 1904, in-8, pp. VIII-76.

— * The Chinese in California. Letter of the Chinamen to His Excellency, Gov. Bigler. (*Littell's Living Age*, XXXIV, July 1852, pp. 32/4.)

— * China-men in America. (*Ibid.*, pp. 34/5.)

From the *New York Times*.

— Les Chinois en Californie et le gouverneur John Bigler, voir *China Mail*, 1852, June 17 et July 15.

— * Remarks of the Chinese Merchants of San Francisco upon Gov. Bigler's Message and some common objections ; with some explanations of the character of the Chinese Companies and the laboring class in California. San Francisco, 1855.

— Affaire de la *Sultana*. (*China Mail*, July 8, 1852. — *Hongkong Register*, July 20, 1852.)

— *The Golden Hill's News* 金山日新錄.

Journal chinois publié à San Francisco. — Vu No. 16 juin 1854.

— * William Speer. — China and California ; their Relations, past and present. San Francisco, Cal., 1853, in-8, pp. 28.

— An humble plea, addressed to the Legislature of California, in behalf of the Immigrants from the Empire of China to this State. — By the Rev. William Speer. — San Francisco, Cal. : Office of the Oriental, 1856, in-8, pp. 40.

— * Lijst van schepen met landverhuizers van China naar San Francisco, Australië, de West-Indië en Callao vertrokken, van October 1853 tot Junij 1855, met statistische opgaven. (*T. v. N. I.* 18 j. 1856. II. 103.)

Hooykaas, *Rep. op de Kol. Lit.*, 5747.

— * D. R. Hundley. — Traffic in Coolies. (*Hunt's Merchants' Magazine*, May 1857.)

— * J. Archbald. — On the contact of Races considered especially with relation to the Chinese Question. San Francisco, 1860.

— * The Chinese in California. Joseph S. Silver. (*Lippincott's Mag.*, II, July 1868, pp. 36/41.)

— * The Coming of the Barbarian. E. L. Godkin. (*Nation*, IX, July 15, 1869, pp. 44/5.)

— * More Light on the Chinese Question. E. L. Godkin. (*Ibid.*, Oct. 14, 1869, pp. 309/310.)

— * Samuel Bowles. — Our new West. Records of Travel between the Mississipi River and the Pacific Ocean. Over the Plains — over the mountains... to and up and down the Pacific Coast. With details of the wonderful natural Scenery,... ; and of the Life of the Mormons, Indians, and Chinese. Hartford, Conn. : Hartford Publishing Co., New York : J.D.Dennison..., 1869, in-8, pp. 524, ill., portraits, carte.

— Judge Kelley's Views on the Chinese Question, with his remarks on Accepting the Nomination for Congress, s. l. n. d. [Philadelphia, 1870], br. in-8, pp. 8 à 2 col.

— Chinese Labor. — A Lecture, delivered before the San Francisco Mechanics' Institute, by H. C. Bennett, in reply to the

Hon. F. M. Pixley. — San Francisco, May, 1870, br. in-8, pp. 41.

— * J. Swinton. — Chinese-American Problem. New York, 1870.

— * Wo Lee, and his Kinsfolk. S. Andrews. (*Atlantic Monthly*, XXV, Feb. 1870, pp. 223/4.)

— * «The Chinese Invasion.» E. L. Godkin. (*Nation*, XI, July 14, 1870, p. 20.)

— * Chinese Shoe-Makers at North Adams, Mass. (*Harper's New Monthly Mag.*, XLII, Dec. 1870, pp. 137/9.)

— * William Mungen. — The Heathen Chinese. Speech delivered in the House of Representatives, January 7, 1871. Washington, F. & J. Rives & Geo. A. Bailey, 1870, in-8, pp. 22.

— * Amerika und die Chinesische Völkerwanderung. (*Magaz. für die Literatur des Auslandes*, XXXIX, 22.)

— Why and How. — Why the Chinese emigrate, and the Means they adopt for the purpose of reaching America. With Sketches of Travel, Amusing Incidents, Social Customs, &c. By Russell H. Conwell. 商人先生管店 With Illustrations by Hammatt Billings. Boston : Lee and Shepard, 1871, in-16, pp. 283.

— Valedictory Address of Gen. A. M. Winn, President, in the Mechanics' State Council of California, in San Francisco, January 11, 1871. — With an Appendix, containing The Minority Report made by Hon. Philip A. Roach, in the Senate of California, March 1852; and a speech of his made at Oakland, June 30th, 1870. Also, The Celebrated Letter upon the Chinese Question, by Henry George, published May 1st 1877, in the N. Y. Tribune; and a List of Officers and Members of the Mechanics' State Council, January 11th, 1871. — Published by order of the Council, Printed by the San Francisco Co-operative Printing Company, 1871, br. in-8, pp. 20.

— * Our Labor System and the Chinese. Frank H. Norton. (*Scribner's Monthly*, II, May 1871, pp. 61/70.)

— * A Plea for Chinese Labor. A. S. Richardson. (*Ibid.*, July 1871, pp. 286/290.)

— * Chinese skilled Labor. W^m. F. G. Shanks. (*Ibid.*, Sept. 1871, pp. 494/9.)

— * Glimpses of John Chinaman. Prentice Mulford. (*Lippincott's Mag.*, XI, Feb. 1873, pp. 219/225.)

— The Chinese Invasion; revealing the Habits, Manners and Customs of the Chinese, political, social and religious, on the Pacific Coast, Coming in contact with the free and enlightened Citizens of America. Containing careful selections from the San Francisco Press. — Compiled by H. J. West. — San Francisco, Excelsior Office, 1873, in-8, pp. 154, 2 plans.

Sur la couverture ext. : The Chinese Invasion; — they are coming, 900.000 more. — The twenty-three years invasion of the Chinese in California and the Establishment of a Heathen Chinese Despotism in San Francisco [grav. : arrival of the Chinese from Oriental Ports, and the Chinese departing to their new quarters]. — Nations of the Earth, Take Warning.

— * M. B. Starr. — The Coming Struggle; or, What the People of the Pacific Coast think of the Coolie invasion. San Francisco, Bacon & Co., 1873, in-12, pp. 116, pl.

— John Chinaman in San Francisco. By Thomas J. Vivian. (*Scribner's Monthly*, XII, 1876, pp. 862/872.)

— «An Asiatic Invasion.» By Edward L. Burlingame. (*Ibid.*, XIII, 1876-7, pp. 687/694.)

— Immigration of Chinese. — Speech of Hon. Aaron A. Sargent, of California, in the Senate of the United States, May 2, 1876. — Washington. 1876, br. in-8, pp. 27.

— * Aaron A. Sargent. — Chinese Immigration. Speech in the Senate of the United States, March 7, 1878. Washington : [Government Printing Office], 1878, in-8, pp. 31.

— The Chinese Problem. By L. T. Townsend, D. D.,... Boston : Lee and Shepard, 1876, pet. in-8, pp. 86.

— * The Other Side of the Chinese Question in California; or a Reply to the Charges against the Chinese as embodied in the resolutions adopted at the Anti-Chinese mass meeting, held April 5th, 1876, in San Francisco. Respectfully submitted to the unbiassed judgment of the American People, President and Congress, by the Friends of right, justice and humanity. San Francisco, 1876, in-8, pp. 20.

— Facts upon the other side of the Chinese Question : with a Memorial to the President of the U. S. from Representative Chinamen in America. — [San Francisco], 1876, br. in-8, pp. 31.

A reissue with additional material of «The Other Side of the Chinese Question in California». (Griffin.)

— Mongrelism. — Watson F. Quinby, M. D. Wilmington, Delaware. — Wilmington : James & Webb, 1876, in-8, pp. 28.

— California Housekeepers and Chinese Servants. By Sarah E. Henshaw. (*Scribner's Monthly*, XII, 1876, pp. 736/742.)

— * Chinese Immigration; testimony taken before a Committee of the Senate of the State of California. Sacramento, 1876.

— * G. Rohlfs. — Chinesen in Californien. (*Ausland*, 38, 1876.)

— Chinese Immigration. — The Social, Moral, and Political Effect of Chinese Immigration.

— Testimony taken before a Committee of the Senate of the State of California, Appointed April 3d, 1876. Reported by Frank Shay, official Reporter of said Committee, and published under an order of the Senate by F. P. Thomson, State Superintendent of Public Printing. Sacramento : State Printing Office. 1876, in-8, pp. VII-173.

— * The California Disturbance. (*Nation*, XXII, April 13, 1876, pp. 241/2.)

— * The Chinese Problem. Charles W. Wendte. (*Unitarian Review*, V, May 1876, pp. 510/528.)

— * Chinese Question in the United States. Edwin D. Mansfield. (*International Rev.*, III, Nov.-Dec. 1876, pp. 833/841.)

— * William Hepworth Dixon. — White Conquest. London, Chatto and Windus, 1876, 2 vol. in-8.

Our yellow brothers, pp. 198/207 ; Mongol migration, pp. 208/216 ; The Chinese Legend, pp. 217/228 ; « Heathen Chinee », pp. 229/235 ; Chinese Labor, pp. 236/249 ; A Celestial Village, pp. 250/8 ; China Town, pp. 259/269 ; Yellow Agony, pp. 270/282.

— * Walter M. Fisher. — The Californians. London, Macmillan and Co., 1876, in-12, pp. x-236.

« Their Chinese », chap. IV, pp. 50/68.

— * Benjamin E. Lloyd. — Lights and Shades of San Francisco. San Francisco, A. L. Bancroft & Co., 1876, in-8, pp. 523, ill.

Plusieurs chap. consacrés aux Chinois de San Francisco.

— * B. S. Brooks. — The Chinese in California. S. l. n. d. [1876], in-8, pp. 22.

Addressed to the Committee on Foreign relations of the United States Senate.

— — Opening Statement, before joint Committee of Congress on Chinese Immigration. San Francisco, 1876, in-8, pp. 2 n. ch. + 33.

— — Appendix to the Opening Statement and Brief on the Chinese Question. San Francisco, Women's Co-operative Printing Union, 1877, in-8, pp. 160.

— The Chinese in America. By Rev. O. Gibson, A. M. 唐人在金山 *T'ong Yán Chqi Kam Shán*. Cincinnati : Hitchcock & Walden, 1877, in-16, pp. 403.

Bib. Nat. $\frac{O^2n}{645}$.

— Les Chinois en Amérique. Par Justin Améro. (*Revue de France*, juillet 1877.)

— Chinese Immigration. — The Social, Moral and Political Effect of Chinese Immigration. — Policy and Means of Exclusion. — Memorial of the Senate of California to the Congress of the United States, and an Address to the People of the United States. — Prepared by a Committee of the Senate of California... Sacramento : State Printing Office, 1877, in-8, pp. 49.

— Chinese Immigration. — Speech of Hon. Edwin R. Meade, of New York, in the House of Representatives, February 28, 1877. — Washington. 1877, br. in-8, pp. 10.

— Humors of a Congressional Investigating Committee. — A Review of the Report of the Joint Special Committee to Investigate Chinese Immigration. Washington, 1877. — By Samuel E. W. Becker, Secretary to the Bishop of Wilmington, Del., late Professor in The University of Virginia, br. in-8, pp. 36.

— * Chinese Immigration and Political Economy. D. McGregor Means. (*New Englander*, XXXVI, Jan. 1877, pp. 1/10.)

— * The Chinese in California. (*Scribner's Monthly*, XIII, Jan. 1877, pp. 414/5.)

— * Chinese at Beaver Falls, Pa. Albert Rhodes. (*Lippincott's Mag.*, XIX, June 1877, pp. 708/712.)

— * J. G. Kerr. — The Chinese Question analyzed. A Lecture, Nov. 13, 1877. San Francisco, For the Author, 1877, in-8, pp. 24.

— Missions to Chinese in California. By J. G. Kerr, M. D. Read before the Canton Missionary Conference, April 2nd, 1879. (*Chin. Rec.*, X, 1879, pp. 433/444.)

— * Memorial of the six Chinese Companies to the Senate and House of Representatives of the United States. San Francisco, Alta print, 1877, in-8, pp. 4 n. ch. + 53.

— Why should the Chinese Go? — A Pertinent Inquiry from a Mandarin High in Authority. By Kwang Chang Ling. — San Francisco, Bruce, 1878, br. in-8, pp. 16.

— Letters of Kwang Chang Ling. — The Chinese Side of the Chinese Question, by a Chinese Literate of the First Class, communicated to the San Francisco *Argonaut*, of the dates of August 7th, 10th, 17th, and September 7th, 1878. Br. in-8, pp. 16.

By Alex. Delmar.

— Chinese Immigration. By M. J. Dee. (*North American Review*, Vol. 126, 1878, pp. 506/526.)

— * H. Davis. — Chinese Immigration ; speech in the House of Representatives, June 8, 1878. Washington, 1878.

— C. de Varigny. — L'invasion chinoise et le socialisme aux Etats-Unis. (*Revue des Deux Mondes*, 1er oct. 1878, pp. 588/613.)

— * E. S. Atwood. — Address on Chinese Missions in America. (*The American Missionary*, Dec. 1878.)

— * Some Phases of the Chinese Problem. E. S. Todd. (*Methodist Quart. Rev.*, XXXVIII, April 1878, pp. 268/291.)

— * The Chinese Puzzle. (*Internat. Review*, V, July 1878, pp. 449/461.)

— * John Comprador. Thomas Knox. (*Harper's Month. Mag.*, LVII, Aug. 1878, pp. 427/434.)

— * The Chinese Debate. (*Nation*, XXVIII, Feb. 20, 1879, pp. 130/1.)

— The Invalidity of the « Queue Ordinance » of the City and County of San Francisco. — Opinion of The Circuit Court of the United States, For the District of California, in Ho Ah Kow vs. Matthew Nunan, delivered July 7th, 1879. — Printed from a Revised Copy. — San Francisco, J. L. Rice, 1879, in-8, pp. 43.

By B. S. Brooks, cf. Appendix, p. 43.

— Chinese Immigration by S. Wells Williams, LL. D. A Paper Read before the Social Science Association, at Saratoga, September 10, 1879. New York, Charles Scribner's Sons, 1879, in-8, pp. 48.

Notice : *Chin. Rec.*, X, 1879, p. 481.

— * Uncle Sam-ee and his little Chi-nee. Illustrated. New York, Collin & Co., 1879, in-12, pp. 32.

— * Jennett Blakeslee Frost. — California's greatest Curse. San Francisco, Joseph Winterburn & Co., 1879, in-12, pp. 83.

— * Thomas Wallace Knox. — John : or, Our Chinese Relations. New York, Harper & Brothers, 1879, in-24, pp. 2 n. ch. + 121.

Harper's Half-hour Series, Vol. 98.

— * A possible solution of the Chinese Problem. [San Francisco, 1879.] In-8, pp. 7.

Contains « Views of Mr. Justice Field », from the San Francisco *Argonaut*, of Aug. 9th, 1879 ; « Letter of Prof. John Norton Pomeroy, on the same subject, of July 7th, 1879 » ; and an extract from a communication to the State Department from our Minister to China, May 16, 1878. (Griffin.)

— * Sand-lot Ratiocination. E. L. Godkin. (*Nation*, XXVIII, Feb. 27, 1879, p. 145.)

— * A Symposium on the Chinese in America. A. A. Hayes, jr. (*Scribner's Month.*, XVII, Feb. 1879, pp. 491/4.)

— * A Breach of national Faith. (*Harper's Weekly*, XXIII, March 8, 1879, p. 182.)

— * The Chinese Bill. (*Ibid.*, March 15, 1879, p. 202.)

— * « The Heathen Chinee ». John W. Draper. (*Ibid.*, March 29, 1879, pp. 246/7.)

— * Chinese Question. R. Webb. (*Nation*, XXVIII, May 8, 1879, p. 316.)

— * Our Treaties with China. S. Wells Williams. (*New Englander*, n. s., II, May 1879, pp. 301/324.)

— * « The Chinese must go. » David N. Utter. (*Unitarian Review*, XII, July 1879, pp. 48/56.)

— The Chinese and the Chinese Question by James A. Whitney, LL. D. New York, Thompson & Moreau, printers, 1880, br. in-8, pp. VI + 2 p. n. ch. + 87.

« This monograph comprises three lectures delivered by the author be ore the *New York Academy of the Useful Arts* on August 25th, September 29th and October 27th of the present year. Of these the first two (pages 1 to 62 hereof inclusive) have appeared in the *National Quarterly Review* for October ultimo. The third (pages 63 to 87 hereof inclusive) is added in the belief that an exposition of the legal principle involved in the remedy of existing evils, is hardly less necessary or desirable than is the consideration of their nature and tendencies. » (Pref. Note.)

— — Second Edition, Tibbals Book Co., 1888, in-12, pp. VII + 1 p. n. ch. + 198.

— * The Chinese in California. Description of Chinese Life in San Francisco, their habits, morals and manners. [By G. B. Densmore ?] Illustrated by Voetglin. San Francisco, 1880, in-8, pp. 122.

British Museum.

— * O. C. Wheeler. — The Chinese in America. A National Question. Oakland, Cal., Times Publishing Co., 1880, in-8, pp. 27.

— Chinese Immigration, in its social and economical aspects. By George F. Seward, Late United States Minister to China. San Francisco : Printed by Edward Bosqui & Co. 1881, in-8, pp. xv-421.

— L'émigration chinoise aux Etats-Unis à propos d'une publication récente. (*Revue de Géographie*, 1881.)

Compte-rendu de l'ouvrage précédent par Maurice Jametel. — Tirage à part, pièce in-8, pp. 3.

— Seward's Chinese Immigration. W. G. Summer. (*Nation*, XXXII, Feb. 24, 1881, pp. 134/5.)

— * F. Ratzel. — Die Chinesen in Nordamerika seit 1875. (*Monatsschrift für den Orient*, 12, 1881.)

— * Wash-Lo. Frank D. Y. Carpenter. (*Lippincott's Mag.*, XXVII, April 1881, pp. 404/8.)

— * John Chinaman in America. By an American. (*All the Year round*, XLVIII, Dec. 10, 1881, pp. 321/5.)

— The Chinese Question, by One who has found a Home in China for nearly 20 Years, and claims to know the People. Br. in-8, s. d., pp. 15.

Sig. : Esther E. Baldwin, 9 March 1882.

— Chinese Immigration. — Speech of Hon. Geo. F. Hoar, of Massachussetts, delivered in the Senate of the United States, Wednesday, March 1st, 1882. — Washington, 1882, br. in-8, pp. 28.

— * Chinese Immigration. — Speech of Hon. John P. Jones delivered in the Senate of the United States, Thursday, March 9, 1882. — Washington, 1882, br. in-8, pp. 19.

— Chinese Immigration. — Speech of Hon. E. B. Taylor, of Ohio, in the House of Representatives, March 16, 1882. — Washington, 1882, br. in-8, pp. 16.

— * R. Woltor. — Short and truthful history of the taking of California and Oregon by the Chinese A. D. 1879. San Francisco, 1882.

— * United States. President. Message returning the bill entitled « An Act to execute certain treaty stipulations relating to Chinese », with his objections thereto ; with Documents added. Washington, 1882.

— * [Alfred Trumble.] — The « Heathen Chinee » at home and abroad. Who he is ; what he looks like ; how he works and lives; his virtues, vices and crimes. A complete Panorama of the Chinese in America. New York, R. K. Fox [1882], in-8, pp. 83, ill.

— * The Republican Party and the Chinese Bill. E. L. Godkin. (*Nation*, XXXIV, March 16, 1882, pp. 222/3.)

— * The Chinese in the United States. (*American*, IV, April 22, 1882, pp. 23/4.)

— * Chinese Immigration : A Sociological Study. Gerrit L. Lansing. (*Popular Science Monthly*, XX, April 1882, pp. 721/735.)

— * Mongolian Immigration. George F. Seward. (*North American Rev.*, CXXXIV, June 1882, pp. 562/577.)

— * The Chinese Question. J. P. Widney. (*Overland Monthly*, n. s., II, Dec. 1883, pp. 627/631.)

— The Chinese in America. Bryan J. Church. (*American Catholic Quart. Rev.*, IX, Jan. 1884, pp. 57/70.)

— * The Exclusion of the Chinese. John H. Durst. (*North American Rev.*, CXXXIX, Sept. 1884, pp. 256/273.)

— The Chinese at home and abroad. Together with The Report of the Special Committee of the Board of Supervisors of San Francisco, on the Condition of the Chinese Quarter of that City. — By Willard B. Farwell. — San Francisco : A. L. Bancroft, 1885, in-8, pp. III-118-114.

— The Chinese Massacre at Rock Springs, Wyoming Territory, September 2, 1885. — Boston : Franklin Press, 1886, in-8, pp. 92.

Par Isaac H. Bromley.

— * The Wyoming anti-Chinese Riot. A. A. Sargent. (*Overland Monthly*, n. s., VI, Nov. 1885, pp. 507/512.)

— * « The Wyoming anti-Chinese Riot. » — Another View. (*Ibid.*, Dec. 1885, pp. 573/6.)

— * Our Chinese Question. J. H. Allen. (*Unitarian Review*, XXIV, Dec. 1885, pp. 519/536.)

— « The Wyoming anti-Chinese Riot. » — Again. A. A. Sargent. (*Overland Monthly*, n. s., VII, Jan. 1886, pp. 54/60.)

— Governor Wyoming Territory. — Special Report to the Secretary of the Interior concerning Chinese labor troubles. 1885.

In U. S. Report of the Secretary of the Interior, vol. 2, pp. 1223/1234. 49th Congress, 1st Session. House Executive Document, No. 1, part 5. (Griffin.)

— * Thomas G. Cary. — The Vigilance Committee of San Francisco. 1851. The Chinese in California. Clipper Ships and the China Trade. [Cambridge, Mass., 1885], in-4, pp. 60.

Ms. signalé par Griffin.

— The Expulsion of the Chinese What is a Reasonable Policy for the Times ? — A Sermon Delivered by the Rev. Charles D. Barrows, D. D. Pastor First Congregational Church, San Francisco, Sunday Evening, February 14, 1886. — San Francisco : Samuel Carson, 1886, br. in-8, pp. 19.

— Must the Chinese go ? An Examination of the Chinese Question. By Mrs. S. L. Baldwin, Eighteen years a Missionary in China. — Boston : Rand, Avery, and Co. 1886, in-8, pp. 48.

— Must the Chinese go ? An Examination of the Chinese Question. By Mrs. S. L. Baldwin, eighteen years a Missionary in China. — Third edition. — New York : H. B. Elkins, 1890, in-8, pp. 70.

— * Theodor Kirchhoff. — Californische Kulturbilder. Cassel, Theodor Fischer, 1886, in-8, pp. VIII-376.

Die Chinesen in Californien, die Geschichte der Antichinesenbewegung in San Francisco und der gegenwärtige Standpunkt der Chinesenfrage, pp. 336/376.

— Die bevorstehende Revolution in den Vereinigten Staaten von Nord-Amerika. Von Curt A. Musgrave. — Berlin. Verlag von Walther & Apolant. 1886, in-8, pp. 42.

— * W. J. Raymond. — Horrors of the Mongolian Settlement of San Francisco. [1886], in-8.

— La Ville chinoise dans San Francisco. Par O. S. [*Cornhill Mag.*] (*Rev. Brit.*, 1886, IV, pp. 321/333.)

O. S. = Octave Sachot.

— * Observations on the Chinese Laborers. H. Shewin. (*Overland Monthly*, n. s., VII, Jan. 1886, pp. 91/9.)

— * The Chinese Immigration Discussion. Francis E. Sheldon. (*Ibid.*, Feb. 1886, pp. 113/119.)

— * Benefits of Chinese Immigration. John S. Hittell. (*Ibid.*, pp. 120/4.)

— * A strange Doctrine indeed. E. L. Godkin. (*Nation*, XLII, March 4, 1886, p. 206.)

— * The Knights of Labor on the Chinese labor Situation. W. W. Stone. (*Overland Monthly*, n. s., VII, 1886, March, pp. 225/230)

— * The Tacoma Method. George Dudley Lawson. (*Ibid.*, pp. 234/9.)

— * Sequel to the Tacoma Method. (*Ibid.*, pp. 239/240.)

— * A Shoemaker's Contribution to the Chinese Discussion. Patrick J. Healy. (*Ibid.*, April, pp. 414/421.)

— * « The other side of the Chinese question. » E. P. Clark. (*Nation*, XLII, April 1st, 1886, pp. 272/3.)

— * Certain Phases of the Chinese Question. John F. Miller. (*Overland Monthly*, n. s., VII, April 1886, pp. 428/435.)

— * Chinese Immigration. E. W. Gilliam. (*North American Rev.*, CXLIII, July 1886, pp. 26/34.)

— * The Chinese in New York. Wong Chin Foo. (*Cosmopolitan*, V, Aug. 1888, pp. 297/311.)

— China in America : a Study in the Social Life of the Chinese in the Eastern Cities of the United States. By Stewart Culin. Read before the American Association for the Advancement of Science (Section of Anthropology), at the thirty-sixth meeting, New York, 1887. Philadelphia : 1887, br. in-8, pp. 16 + 1 pl.

— La Chine en Amérique. Etude sur la vie sociale des Chinois dans les villes orientales des Etats-Unis. Par Stewart Culin. Résumé par M. B. C. (*Bul. Soc. Anthrop.*, Lyon, VI, 1887, pp. 199/202.)

— The Religious Ceremonies of the Chinese in the Eastern Cities of the United States. By Stewart Culin. An Essay, read before the Numismatic and Antiquarian Society of Philadelphia, at its Hall, April 1st, 1886. — Privately printed. — Philadelphia, 1887, in-4, pp. 23.

— The Í Hing or « Patriotic Rising ». A Secret Society Among the Chinese in America. (Separate print from « The Report of the Proceedings of the Numismatic and Antiquarian Society of Philadelphia », 1887-89) — Chinese Secret Societies in the U. S. (Separate print from « The Journal of American Folk-lore », February-March 1890.) — Customs of the Chinese in America. (Separate print from « The Journal of American Folk-lore », July-September, 1890.) By Stewart Culin. — 1890, br. in-8.

— * Charles S. Capp. — The Church and Chinese Immigration. San Francisco, 1890, in-8, pp. 32.

Voir dans la liste de Griffin l'indication d'un recueil d'articles de Capp.

— Die Chineseneinwanderung in die Vereinigten Staaten. Von Josef Haas. (*Oest. Monats. f. d. Orient*, 1888, pp. 95/6.)

— * Chinese Immigration. (*Public Opinion*, V, Sept. 8, 1888, pp. 465/8.)

— * The Chinese Exclusion Bill. (*Ibid.*, Sept. 22, 1888, pp. 511/512.)

— * Why the Chinese must be excluded. Willard B. Farwell. (*Forum*, VI, Oct. 1888, pp. 196/203.)

— * The Chinese Exclusion Bill approved. (*Public Opinion*, V, Oct. 6, 1888, pp. 553/4.)

— * American Injustice to the Chinese. (*Our Day*, II, Nov. 1888, pp. 395/8.)

D'après le *Times*, de Londres.

— The Chinese must stay. By Yan Phou Lee. (*North American Review*, CXLVIII, April 1889, pp. 476/483.)

— * The Chinese Exclusion Bill. H. L. Dawes. (*Forum*, VI, Jan. 1889, pp. 526/539.)

— * New Phases in the Chinese Problem. William B. Farwell. (*Popular Science Monthly*, XXXVI, Dec. 1889, pp. 181/191.)

— Die heutige Chinesenfrage in Amerika und Australien. Nach englischen und französischen Quellen von Dr. G. Zacher. (*Deutsche Rund. f. Geog. u. Stat.*, XII, 1889-1890, pp. 250/261, 400/410.)

— * Exclusion of Chinese from the United States, and the Immigration Problem. A. Parker. (*Baptist Quart. Rev.*, XII, Oct. 1890, pp. 460/475.)

— * The Chinese Leak. Julian Ralph. (*Harper's Monthly Mag.*, LXXXII, March 1891, pp. 515/525.)

— * The Chinese Question again. John Russell Young. (*North American Rev.*, CLIV, May 1892, pp. 596/602.)

— * Chinese Exclusion. Sidney Dean. (*American Journ. of Politics*, I, Aug. 1892, pp. 130/3.)

— * The Chinaman in America. A. J. Hanson. (*Methodist Review*, LII, Sept. 1892, pp. 712/718.)

(ETATS-UNIS.)

— The Chinaman in America. By Rev. A. J. Hanson. (*Goldthwaite's Geog. Mag.*, IV, November 1892, pp. 836/838.)

— * A new Light on the Chinese. Henry B. McDowell. (*Harper's New Monthly Mag.*, LXXXVI, Dec. 1892, pp. 3/17.)

— Should the Chinese be excluded? By Col. R. G. Ingersoll and Representative Geary of California. (*North American Review*, CLVII, July 1893, pp. 52/67.)

— * Geary on the Geary Law. (Exclusion of Chinese.) R. Ogden. (*Nation*, LVII, July 13, 1893, p. 23.)

— * Celestial Gotham. Allan Forman. (*Arena*, VII, April 1893, pp. 620/8.)

— * The Decision on the Geary Act. E. L. Godkin. (*Nation*, LVI, May 18, 1893, p. 358.)

— * The Geary Act in California. Charles H. Shinn. (*Ibid.*, pp. 365/6.)

— * China's View of Chinese Exclusion. Gilbert Reid. (*Forum*, XV, June 1893, pp. 407/415.)

— * A permanent solution of the Chinese Question. Kurt on Staufen. (*Am. Journ. of Politics*, III, Sept. 1893, pp. 294/304.)

— * China's Method of Restriction. Gilbert Reid. (*Ibid.*, Nov. 1893, pp. 465/470.)

— * Chinatown, San Francisco, Cal. San Francisco, The Bancroft Co., 1893, in-24 obl., pp. (12), 12 pl.

— The Chinese in the United States. (*American*, IV, 23. — *Foster's Monthly Reference Lists*, II, 13.)

— A Chinaman on the Chinese Exclusion Question. (*Chin. Rec.*, XX, No. 12, Dec. 1889, pp. 561/565.)

— L'émigration chinoise. (*Ann. de l'Ext. Orient*, II, pp. 1/5.)

— Les Chinois aux Etats-Unis. (*Revue française*, No. 173, 1er sept. 1893, XVIII, pp. 215/218.)

— The Chinese in California. (*All the Year Round*, XLVIII, 321. — *Leisure Hour*, XXII, 174.)

— Chinese and Japanese Missions in California. By Dr. A. B. Leonard. (*Chin. Rec.*, XXI, No. 1, Jan. 1890, pp. 27/28.)

— Chinese Mythology in San Francisco. By L. A. Littleton. (*Overland Monthly*, new series, I, 612.)

— Les Chinois à Boston. Par G. Schlegel. (*T'oung Pao*, IV, mai 1893, p. 241.)

— Chinoiserie d'Amérique. Par André Chevrillon. (*Figaro*, Supp. litt., 4 nov. 1893.)

— Scènes de la vie chinoise à New-York. Par Mathilde Shaw. (*Nouvelle Revue*, XCI, 15 nov. 1894, pp. 327/360.)

— * A. Lamont. — Bright Celestials ; the Chinaman at home and abroad. By John Coming Chinaman [pseud.]. London, 1894.

— * The Chinese Six Companies. Walter N. Fong. (*Overland Monthly*, n. s., XXIII, May 1894, pp. 518/526.)

— * The United States Chinese Exclusion Act. M. J. Farrelly. (*American Law Review*, XXVIII, Sept.-Oct. 1894, pp. 734/753.)

— * [Charles Rose.] — Chinatown as I saw it. New York, A. W. Knox, 1895, in-24, pp. (17).

Sig. : « Pilgrim ».

— * William [Walter] Bode. — Lights and Shadows of Chinatown. [San Francisco, H. S. Crocker Co., 1896.] In-4, pp. (2), [23] feuillets, ill., 32 pl.

— * The Chinese of New York. Helen F. Clark. (*Century Mag.*, LIII, Nov. 1896, pp. 104/113.)

— * Some Days and Nights in little China. Mabel C. Craft. (*National Mag.*, Boston, VII, Nov. 1897, pp. 99/109.)

— The plain truth about Asiatic Labor. By the Hon. John Barrett, United States Minister to Siam. (*North American Review*, CLXIII, Nov. 1896, pp. 620/632.)

— Chinese slavery in America. By Charles Frederick Holder. (*Ibid.*, CLXV, September 1897, pp. 288/294.)

— The Chinaman in American politics. By Charles Frederick Holder. (*Ibid.*, CLXVI, Feb. 1898, pp. 226/233.)

(ETATS-UNIS.)

— The Farce of the Chinese Exclusion Laws. By J. Thomas Scharf, LL. D., late United States Chinese Inspector at the port of New York. (*Ibid.*, Jan. 1898, pp. 85/97.)

— The Chinese Far-West. By Mrs. Isabella L. Bishop. (*The Photographic Journal*, June 30, 1898, pp. 322/334.)

— * Chinatown in New York. (*Outlook*, LIX, Aug. 20, 1898, pp. 960/3.)

— * Chinaman and the Exclusion Laws. Francis S. Palmer. (*Harper's Weekly*, XLII, Dec. 3, 1898, p. 1177.)

— * Louis J. Beck. — New York's Chinatown : an Historical Presentation of its People and Places. New York : Bohemia Publishing Co., [1898], in-8, pp. xi-332, ill., Portraits.

— * Ten Drawings in Chinatown, by Ernest C. Peixotto. With certain observations by Robert Howe Fletcher. San Francisco, A. M. Robertson, [1898], in-fol., pp. (2)-18, 10 pl.

— Université de Paris. — Faculté de Droit. — La Question chinoise aux Etats-Unis et dans les possessions des puissances européennes — Thèse pour le Doctorat — ... Mercredi 23 novembre 1898... par Édouard Cailleux. Paris, Arthur Rousseau, 1898, in-8, pp. 277.

— Emigration and Immigration A Study in Social Science by Richmond Mayo-Smith, A. M. Professor of Political Economy and Social Science in Columbia College... New York, Charles Scribner's Sons, 1898, in-16, pp. xiv-316.

Chap. XI. Chinese Immigration, pp. 227/265.

— * Chinese Physicians in California. William M. Tisdale. (*Lippincott's Mag.*, LXIII, March 1899, pp. 411/6.)

— * Christian Chinese in America. (*Outlook*, LXIII, Nov. 25, 1899, p. 709.)

— Some Remarks on a Letter contributed to the New York Tribune, Concerning the Chinese Situation. Pièce in-8, pp. 4.

Sig. A. J. Bloor, Stonington, Conn., 19 July, 1900. — En réponse à Lewis Cass Johnson.

— * Will the Chinese migrate? J. M. Scanland. (*Arena*, XXIV, July 1900, pp. 21/30.)

— * Chinese Secret Societies of New York City. John G. Speed. (*Harper's Weekly*, XLIV, July 14, 1900, p. 658.)

Voir col. 1899.

— * Chinese tong wars in San Francisco. John E. Bennett. (*Ibid.*, Aug. 11, 1900, pp. 746/7.)

— America's Treatment of the Chinese. Charles F. Holder. (*North American Rev.*, CLXXI, Aug. 1900, pp. 214/220.)

— Sights in Chinatown. (*Outlook*, LXV, Aug. 11, 1900, pp. 859/860.)

— Chinese Daily Paper. (*Public Opinion*, XXVII, Dec. 21, 1900, pp. 790/1.)

— The Problem of Chinese Immigration in Further Asia. — By Frederick Wells Williams, New Haven, Conn. (*Annual Report of the American Historical Ass.* for 1899, Vol. I, 1900, pp. 171/204.)

— * Western View of the Chinese in the United States. J. T. Connor. (*Chautauquan*, XXXII, Jan. 1901, pp. 373/8.)

(Etats-Unis.)

— Chinese Exclusion, a Benefit or a Harm? By Ho Yow, Imperial Chinese Consul-General. (*North American Review*, CLXXIII, 1901, Sept., pp. 314/330.)

— Why the Chinese should be excluded. By James D. Phelan, Mayor of San Francisco. (*Ibid.*, Nov., pp. 663/677.)

— The Chinese and the Exclusion Act. By Joaquin Miller. (*Ibid.*, Dec., pp. 782/789.)

— * Chinese Labor, a Cure for Strikes. (*Overland Monthly*, N. S., XXXVIII, Sept. 3, 1901, pp. 231/3.)

— * The Chinese Question. Ho Yow. (*Ibid.*, Oct., pp. 249/257.)

— * Shall the Chinese Exclusion Act go? (*Anglo-American Mag.*, VI, Nov. 1901, pp. 388/390.)

— The Chinaman as we see him and fifty years of work for him by Rev. Ira M. Condit, D. D. Fleming H. Revell Co., Chicago New York Toronto, in-8, pp. 233, ill.

Notice : *Chin. Rec.*, XXXII, May 1901, p. 258.

— 57th Congress, 1st Session. Senate. Document No. 137. — Some Reasons for Chinese Exclusion. — Meat *vs.* Rice. — American Manhood against Asiatic Coolieism. — Which shall survive? — Published by the American Federation of Labor, Headquarters, 423-425 G Street N. W., Washington, D. C. Samuel Gompers, President. Frank Morrison, Secretary. — Washington : Government Printing Office, 1902, in-8, pp. 30.

En tête, une grav. tirée du *Philadelphia North American* : The American Gulliver and Chinese Lilliputians.

— * Jeremiah W. Jenks. — Report on certain Economic Questions in the English and Dutch Colonies in the Orient. Washington, Government Printing Office, 1902, in-8, pp. x-176.

U. S. War Department. Bureau of Insular Affairs.
Chinese Immigration, pp. 39/64.

— Some Reasons Why an Exclusion Act Should Not be Passed. Pièce in-8, pp. 16.

A la fin : Patrick J. Healy, San Francisco, January 1st, 1902.

— The Chinese in America. By Sunyowa Pang. (*The Forum*, 1902, Jan., pp. 598-607.)

— Why the Chinese should be Excluded. By Hon. Truxtun Beale. (*Ibid.*, March, pp. 53-58.)

— Why the Chinese should be Admitted. By Hon. R. Hutcheson. (*Ibid.*, pp. 59-67.)

— Should Chinese Labours be excluded? President Gunton's thirteenth lecture in the seventeenth annual course. (*Lecture Bulletin of the Institute of Social Economics*, Vol. V, No. 13, New York, March 15, 1902, pp. 315/332.)

— The Problem of Immigration. I. The Argument for Suspension. By John Chetwood. II. Chinese Exclusion. By Rev. Robert C. Bryant. (*The Arena*, XXVII, 1902, New York, pp. 254/266.)

— John Chinaman in America. Ira M. Condit. (*Missionary Rev.*, XV, Feb. 1902, pp. 95/101.)

— * A Woman's View of Chinese Exclusion. Clara E. Hamilton. (*Independent*, LIV, March 20, 1902, pp. 692/4.)

— * The Chinese Exclusion Problem. F. Lynwood Garrison. (*Protectionist*, XIII, March 1902, pp. 658/662.)

— * The Chinaman in America. (*Independent*, LIV, April 3, 1902, pp. 801/3.)

— Our suicidal Chinese Policy. O. O. Howard. (*Ibid.*, April 10, 1902, pp. 858/860.)

— * Chinese Students and the Exclusion Laws. Luella Miner. (*Ibid.*, April 24, 1902, pp. 974/9.)

(Etats-Unis.)

— * The Chinese Exclusion Bill. O. G. Villard. (*Nation*, LXXIV, April 17, 1902, pp. 303/4.)

— * The new Chinese Exclusion Law. A. Furuseth and Thomas F. Tracy. (*American Federationist*, IX, June 1902, pp. 275/296.)

— * Immigration's Menace to the national health. T. V. Powderly. (*North American Rev.*, CLXXV, July 1902, pp. 53/60.)

— * Chinese Exclusion. Charles Denby. (*Forum*, XXXIV, July-Sept. 1902, pp. 131/7.)

— * American Barbarism and Chinese Hospitality. Luella Miner. (*Outlook*, LXXII, Dec. 27, 1902, pp. 984/8.)

— L'émigration chinoise aux Etats-Unis. (*Bul. Com. Asie franç.*, Janv. 1902, p. 32.)

— Recent dietary Studies. By G. C. Frankland. (*Nature*, LXVII, 1902-3, pp. 185/7.)

— * Why not? [Amendment suggested for Exclusion Law.] (*Outlook*, LXXIII, Jan. 3, 1903, pp. 15/16.)

— * The History of the Chinese in America. H. S. Maxim. (*Fortnightly*, LXXIX, March 1903, pp. 506/511.)

— * China in New England. Herbert Heywood. (*New England Mag.*, XXVIII, June 1903, pp. 473/483.)

— Sieh King King, la Jeanne d'Arc chinoise. (*Rev. Indo-Chinoise*, 3 août 1903, p. 697.)

— * Chinese Labour. By Dr. Macnamara. Reprinted (with Additions) by kind permission from the *Daily News*. The New Age Press. 1904.

— Les Chinois aux Etats-Unis. (*Bull. Com. Asie française*, Avril 1904, p. 205.)

— * The Chinaman in California and in South Africa. By William Maitland. (*Contemporary Review*, Dec. 1905.)

— L'opinion chinoise et la loi américaine contre l'immigration des Chinois. (*Bull. Com. Asie française*, Juin 1905, pp. 259/260.)

— * Reasons for Continued Chinese Exclusion. By George C. Perkins. (*North American Review*, 1906.)

— American Diplomacy in the Orient By John W. Foster Author of « A Century of American Diplomacy ». Boston and New York, Houghton, Mifflin and Co., 1904, in-8, pp. XIV + 1 f. n. ch. + pp. 498.

Chinese Immigration and Exclusion, pages 256-306.
Published February 1903

∴

Poole's *Index* cite les articles suivants :

— The Chinese in California : (A. J. Hanson) *Methodist Quarterly*, XLI, 28. — (J. Hatton) *Belgravia*, XXXII, 221. — (H. A. Hill) *Penn Monthly*, II, 181. — (A. W. Loomis) *Overland Monthly*, I, 360. — (J. A. Palmer Jr.) *Old and New*, II, 692. — *Lippinc.*, XI, 219. — *All the Year Round*, XXI, 367. — *Blackwood's*, LXXII, 98. — *Chambers' Journal*, XVI, 393. — (W. Speer) *Princeton Review*, XXV, 83. — *Nation*, XXII, 241.

— The Chinese in San Francisco : (A. P. Peabody) *American Naturalist*, IV, 660.

— The Chinese in the United States : (J. D. Edgar) *Canadian Monthly*, VI, 389. — (V. B. Denslow) *International Review*, X, 51. — (E. A. Hart) *New Dominion Monthly*, XX, 501. — (J. Ellis) *Presbyterian Review*, I, 247. — *Chambers' Journal*, LVIII, 774. — *Republic*, VII, 17. — (G. B. Bacon) *Hours at Home*, X, 276.

(ETATS-UNIS.)

— Immigration of the Chinese : (J. T. Bixby) *Christian Examiner*, LXXXVII, 183. — (A. D. Richardson) *Atlantic Monthly*, XXIV, 740. — (D. S. Cohen) *Penn Monthly*, X, 930. — (H. N. Day) *New Englander*, XXIX, 1. — (E. Cunningham) *Nation*, X, 9, 139. — (E. L. Godkin) *Ibid.*, IX, 44-309 ; XI, 20. — (G. A. Potter) *National Quarterly Review*, XLI, 303. — (J. H. Preston) *Canadian Monthly*, XX, 81. — (G. M. Grant) *Ibid.*, 207. — (S. W. Williams) *American J. Soc. Sci.*, X, 90. — *Every Saturday*, IX, 482. — (J. Kirkland) *Dial* (Chicago), I, 233. — (D. Ker) *National Quarterly Review*, XXXIX, 250. — (J. A. Kunkleman) *Evangelical Review*, XXI, 77. — (R. Pumpelly) *Galaxy*, VIII, 22. — (F. B. Thurber) *Unitarian Review*, VI, 547.

— Chinese Companies of San Francisco. (A. W. Loomis) *Overland Monthly*, I, 221.

— Chinese Coolie Trade : (W. Ashmore) *Christian Remembrancer*, XXVII, 211.

— Chinese Emigration : *Chambers' Journal*, XXXVI, 9.

— Trade in Chinese Coolies : Tait's *Edinburgh Magazine*, n. s., XXIV, 321.

— Labor of Coolies and Immigration : *Cornhill Mag.*, XVI, 74.

— Traffic in Coolies : (R. Pumpelly) *Nation*, VIII, 449. — (W. W. Wright) *De Bow's Commercial Review*, XXVII, 296.

— Chapter on Coolies : (E. Holden) *Harper's Magazine*, XXIX, 1.

— Immigration of Chinese : (A. Kinney] *Overland Monthly*, new series, I, 449. — *Spectator*, LV, 717.

Canada.

— Commission royale. — Rapport sur l'immigration chinoise. — Rapport et témoignages. Ottawa ; imprimé par ordre de la Commission. — 1885, in-8, pp. ccxlv-532.

— * Canada. Royal Commission on Chinese and Japanese Immigration. Report. Printed by order of Parliament. Ottawa : Printed by S. E. Dawson, 1902, in-8, pp. XIV (2) + 430.

Canada. Parliament. Sessional Paper no. 54, 1902.

— * Anti-Chinese Legislation in British America. Joseph Lee. (*Quart. Journ. of Economics*, III, April 1889, pp. 359/364.)

— Missions to the Chinese. By Captain H. J. May, B. C., R. N., H. M.'s ship *Hyacinth*. (*Chin. Rec.*, XXIV, oct. 1893, pp. 458/461.)

British Columbia.

(ETATS-UNIS. — CANADA.)

Amérique méridionale et Antilles.

— Export of Coolies to Peru.

Lettre datée : China, 26th March 1852. (*Overland China Mail*, No. 51, March 29, 1852.)

— * Opgave van de voornaamste punten van het kontrakt, 11 Junij 1856, door den president van Venezuela met A. L. Guzman gesloten voor de bevordering van de Chinesche landverhuizing naar dat land. (*T. v. N. I.*, 18e j. 1856. II. 111.)

Hooykaas, *Rep. op de Kol. Lit.*, 5748.

— Reglamento para la Introduccion de los Trabajadores chinos en la isla de Cuba. — Habana. — 1860. Imprenta del Gobierno y Capitania general por S. M. Pet. in-4, pp. 19.

— From China to Peru. The Emigration Question. By Clements R. Markham. (*The Geographical Magazine*, Dec. 1st, 1874, pp. 367/370.)

A propos de : Memoria que el Ministro de Estado en el despacho de Relaciones Exteriores presenta al Congreso Ordinario de 1874. (Lima, 1874.)

— The Coolie : A Journey to inquire into his Rights and Wrongs. By the Author of « Ginx's Baby ». (*Good Words*, 1871.)

Par Edward Jenkins, M. P., né en 1838, à Mysore, Indes Orientales. — Réimp. en vol. London, 1871.

— Chinese Emigration. The Cuba Commission. Report of the Commission sent by China to ascertain the condition of Chinese Coolies in Cuba. Shanghai : Printed at the Imperial Maritime Customs Press. MDCCCLXXVI, in-4, pp. 236.

— Aprigio Cesarino — Conferencia realisada em São Carlos do Pinhal Provincia de S. Paulo sobre a Immigração chineza no dia 18 de Março de 1888. — S. Paulo — Typographia do Diario popular, 1888, in-8, pp. 23.

— Henri Cordier, *Hist. des Relat. de la Chine*, I, Chap. XXXIV, pp. 508/525.

Détroit de Malacca, etc.

— State of Education among Chinese Settlers in Malacca. (*Indo-Chinese Gleaner*, No. XI, Jan. 1820, pp. 265/270.)

— Des Chinois émigrés dans les établissements anglais et hollandais. Par Crawfurd. (*Revue de l'Orient*, V, 1844, pp. 293/7.)

— The Rájà of China; with notices of the early intercourse between the Malays and the Chinese. From a Malay Author, translated by the late Dr. John Leyden. London : 1821, in-8.

Notice : *Chin. Rep.*, V, 1837, pp. 553/560. — Voir col. 2549.

— * Karakterschets der Chinesche mijnwerkers op Malaka, alsmede de positie der Chinezen en der Chinesche mijnwerkers, hun loon, en de wijze waarop zij op Malaka verkregen worden. Uittreksel uit een rapport van H. Croockewit Cz. in 1850 aan het Indisch Gouvernement ingediend. (*T. v. N. I.* 13e j. 1851. II. 298. 302.)

Hooykaas, *Rep. op de Kol. Lit.*, 5749.

— Annual Remittances by Chinese Immigrants in Singapore to their families in China. (*Jour. Ind. Arch.*, I, 1847, pp. 35/37.)

— The Chinese in Singapore. No. II. General Sketch of the Numbers, Tribes, and Advocations of the Chinese in Singapore. By Siah U Chin. (*Ibid.*, II, 1848, pp. 283 à 289.)

D'après le cens fait à Singapore sur l'ordre du gouvernement en Novembre et en Décembre 1849, il y avait à Singapore et ses dépendances 27988 Chinois sur une population de 59043 âmes. En voir le détail dans *The Journal of the Indian Archipelago*, February 1850.

— Antiquity of the Chinese Trade with India and the Indian Archipelago. By J. R. Logan. (*Ibid.*, II, 1848, pp. 603 à 610.) — Voir col. 1923.

— Concerning the Tan Tae Hoey in Singapore. (*Ibid.*, VI, 1852, pp. 545 à 555.)

Trad. par T. Braddell du *Hikayat Abdullah bin Abdul Kadir Moonshee*.

— Notes on the Chinese of Pinang. (*Jour. Ind. Arch.*, VIII, 1854, pp. 1/27.)

— Chinese Names of Streets in Penang, by Lo Man Yuk. (*Jour. Straits Br. R. As. Soc.*, No. 33, Jan. 1900, pp. 197/246.)

— Notes on the Chinese in the Straits. (*Jour. Ind. Arch.*, IX, 1855, pp. 109/124.)

— The Chinese in the Straits of Malacca. By W. A. Pickering. (*Fraser's Mag.*, XCIV, p. 438.)

— Chinese Secret Societies and their Origin. By Mr. W. A. Pickering. (*Jour. Straits Branch R. As. Soc.*, 1878, No. 1, pp. 63/84, etc.)

W. Pickering, C. M. G., ancien Protecteur des Chinois des Straits Settlements, † à 66 ans, 14 janvier 1907, à San Remo. — Il est utile de noter que l'Hon. Hoh Ah Cay Whampoa, C. M. G., M. L. C., Consul de Russie, de Chine et du Japon, à Singapore, est mort dans cette ville à 64 ans, le matin du 27 mars 1880.

— The Manners and Customs of the Chinese of the Straits Settlements, by J. D. Vaughan, Barrister-at-Law, Advocate and Solicitor of the Supreme Court of the Straits Settlements. Singapore. Printed at the Mission Press, 1879, gr. in-8, pp. 119-IV.

— A Singapore Streetscene by Professor G. Schlegel, Leiden. (With plate IX.) [Separat-Abdruck aus « Internationales Archiv für Ethnographie », Bd. I, 1888], br. in-4, pp. 9.

— Chinese Mission Work in Singapore. (*Chinese Recorder*, XVII, June 1886, pp. 223/227.)

— Amoy Emigration to the Straits. By Christopher Thomas Gardner. (*China Review*, XXII, No. 4, pp. 621/626.)

— Chinese Immigrants in Malay Mines. (*Times Weekly Ed.*, April 5, 1907.)

Indes Néerlandaises.

— Repertorium op de koloniale Litteratuur, of systematische inhoudsopgaaf van hetgeen voorkomt over de Koloniën, (beoosten de Kaap) in Mengelwerken en Tijdschriften, van 1595 to 1865 uitgegeven in Nederland en zijne Overzeesche Bezittingen door J. C. Hooykaas, in leven Commies bij het Dep. van Koloniën. Ter perse bezorgd door Dr. W. N. du Rieu. Amsterdam, P. N. van Kampen & Zoon, 1877-1880, 2 vol. in-8, pp. XIV-651, XV-751.

— * A. Hartmann. — Repertorium op de Literatuur betreffende de Nederlandsche koloniën, voor zoover zij verspreid is in Tijdschriften en Mengelwerken. I. Oost-Indië, 1866-1893. — II. West-Indië. 1840-1893. 's Gravenhage, 1895, gr. in-8.

Suite de Hooykaas.

∴

— The Chinaman abroad. [Voir *supra*, col. 2669.]

Révolte des Chinois (1740).

— * Verhaal (Omstandig en allernaeuwkeurigst) van het... Verraad gesmeedt tegen d. O. I. Comp. ende alle Europeanen, door de Chineesen zoo in Batavia als in de Bovenlanden, enz. behelz. een Dagverhael van omtr. twee maenden beginn. met 26 Sept. 1740. Utr. (1741), in-4.

Cat. Muller, 1882, No. 76.

— Kort en beknopt verhaal van den Opstand en de daar opgevolgde Massacre der Chineezen binnen Batavia Benevens een omstandig Dagverhaal Vant 't gepasseerde in de Bovenlanden aldaar, onder 't commande van den manhaften kapitein J. G. Crummel, als Mede I. Acte van generale Amnestie. II. Uit-schryving-Brief van den Boet- Dank- en Bedendag. III. Brief van den Chineeschen Mandaryn, Opperhooft der Rebellen. IV. Submissiebrief der Chineezen. Alle Authentique Stukken. In 's Gravenhage, by Ottho en Pieter van Thol, 1741, pet. in-8, pp. 64.

— Verzameling van verscheide echte Stukken, van Batavia herwaards gezonden : Concerneerende den Opstand der Chineezen buiten, en de daar op gevolgde gruwelyke Massacre binnen gemelde Stad ; bestaande in I. Kort Relaas van den Opstand, en 't geen grootdeels binnen de Stad is voorgevallen. II. Dagregister van het Gepasseerde in den Optocht van de Compagnies Krygsmacht, onder Kapitein Jean George Crummel. III. Acte van Amnestie. IV. Naukeurig Verhaal, by wyze van Notul, van de Geweldadige Arresteering der drie Ordinaire Raaden van India, Gustaaf Willem, Baron van Imhof, Elias de Haaze, en Izaak van Schinne, door Adriaan Valckenier, Gouverneur Generaal, enz. V. Droom ; waar in veele aanmerkelyke zaaken voorkomen, tot opheldering van de voorgaande Stukken, enz. — Deeze Verzameling van Stukken zin te bekomen te Dord by *van Braam*, Haarlem by *Bosch*, Delft by *van der Kloot*, te Amsterdam by verscheide *Boekverkoopers*, te Leiden *Kallewier* en *vander Eyk*, Rotterdam *Smithof*, Gouda *Stael*, 's Hage *Iz. vander Kloot*, Alkmaar *Koster*, Hoorn *Duin*, Enkhuizen *Callenbach*, Middelburg *van Hoekke*, en *Meerkamp*, Utrecht *Besseling*, Zaandam *Ketel*, enz. In-8, pp. 172 + 1 f. errata [1743].

— * Beschrijving van Batavia, desselfs casteel en publyke gebouwen... regeeringe, inwoonders, hovaardy der Hollandsche en O. Ind. vrouwen, enz. Met Dagverhaal van de opstand d. Chinesen in 1740. Amst. 1741, in-8.

Muller, Amst., 1882, No. 63.

— * Beschrijving van Batavia, en Dagverhaal v. d. opstand der Chinesen in 1740. Antw., 1741, in-8.

Contrefaçon. — Muller, Amst., 1882, No. 65.
— Voir Dubois, *Vies des Gouverneurs généraux*, pp. 309 et seq., avec une planche. — Voir col. 2342.

∴

— Relation abrégée du Tien-Bing, vulgairement appelé la Fête des Morts, chez les Chinois de Batavia ; par MM. Hooyman et Vogelaar, qui y assistèrent le 4 Avril 1789 ; tirée des *Mémoires de la Société de Batavia*, T. VI, Batavia, 1792, et traduite du Hollandais. (*Jour. As.*, II, 1823, pp. 236/243.)

— * Berigt wegens eene Chinesche volkplanting, gevestigd op de Westkust van Borneo, tusschen Mampawa en Sambas. Getrokken uit de correspondentie van een Engelsch Kapitein, en overgenomen uit het Calcutta Journal, 1819, en de Nouv. Annales des voyages de Malte-Brun et Eyriès. Tom. V. (*Star.*, III, 1821, 49.)

Hooykaas, *Rep. op de Kol. Lit.*, 5764.

— * Mededeelingen betreffende het doel en

de inrichting of zamenstelling alsmede de wetten en instellingen der kongsies of Maatschappijen der Chinezen ter Westkust van Bornéo, in 1832; door E. Francis. (*T. v. N. I.* 4e j. 2e d. Bat. 1842. 19.)

Hooykaas, *Rep. op de Kol. Lit.*, 5766.

— Narrative of a Voyage from Singapore to the West Coast of Borneo, in the Schooner *Stamford*, in the Year 1834, with an Account of a Journey to Montradok, the Capital of a Chinese Colony in possession of the principal Gold Mines, by George Earl, Esq. &c. &c. (*Journ. Roy. As. Soc.*, III, M.DCCC.XXXVI, Art. I, pp. 1/24.)

— * Bijzonderheden nopens de Chinezen, Arabieren, Makassaren op Java, alsmede over de Heidenen op het Tengersche gebergte en over de Badoeïs in het Bantamsche. Uit de Statistiek van 1832. (*T. v. N. I.* 2e j. 1e d. Bat. 1839. 164.)

Hooykaas, *Rep. op de Kol. Lit.*, 5772.

— * Beschrijving van den toestand der Chinezen, alsmede van hunne kongsies in de adsistent-residentiën Pontianak en Sambas op de Westkust van Borneo; door W. L. Ritter. Februarij 1840. (*De Kopiist*, 1e j. 2e d. Bat. 1842. 337.)

Hooykaas, *Rep. op de Kol. Lit.*, 5765.

— * Iets over den oorsprong en de eerste uitbreiding der Chinesche volkplanting te Batavia, tot Junij 1625, door P. M. Cuningham van Alphen. (*T. v. N. I.* 4e j. 1e d. Bat. 1842, 70. — Vgl. *Regt N. I.* 1e j. 1850. II. 340.)

Hooykaas, *Rep. op de Kol. Lit.*, 5782.

— * Opgave door S. G. F. Fraenkel van het getal Chinesche mijnwerkers op Banka in 1841 en 1842. (*T. v. N. I.* 6e j. 2e d. Bat. 1844. 69.)

Hooykaas, *Rep. op de Kol. Lit.*, 5759.

— * Karakterbeschrijving van de Chinesche mijnwerkers op Banka, door S. G. F. Fraenkel. (*T. v. N. I.* 6e j. 2e d. Bat. 1844. 71, 74, 80.)

Hooykaas, *Rep. op de Kol. Lit.*, 5760.

— * Mededeelingen betreffende de inrigting of zamenstelling en de wetten en instellingen der Kongsies of Maatschappijen der Chinezen te Montrado op de Westkust van Borneo in 1844. (*T. v. N. I.* 9e j. Bat. 1844. 3e d. 66.)

Hooykaas, *Rep. op de Kol. Lit.*, 5767.

— Coup d'œil général sur les possessions néerlandaises dans l'archipel archipélagique, par C. J. Temminck... Leide, A. Arnz & Comp., 1846-1849, 3 vol. in-8, pp. XXII-352, VIII-471, VIII-379.

— Notices of Chinese Intercourse with Borneo proper prior to the establishment of Singapore in 1819. By J. R. Logan. (*Jour. Ind. Arch.*, II, 1848, pp. 611/615.)

— The Chinese [in Borneo]. (*Ibid.*, pp. 444 et seq., dans l'art. *The Geographical Group of Borneo.*)

— * Hoe men de Chinezen te Batavia ontzag poogt in te boezemen voor het Gouvernement; door V. R. Over eene wenschelijke fnuiking der Chinezen in Ned. Indië; doch afkeuring hunner doellooze krenking en vernedering te Batavia. (*T. v. N. I.* 1849. 2e d. 176.)

Hooykaas, *Rep. op de Kol. Lit.*, 5781.

— * Aanprijzing door F. Epp van eene kolonisatie van Balinezen en Chinezen in de adsistent residentie Banjoewangie op Java, met mededeeling van grondslagen daarvan. (*T. v. N. I.* 1849. 2e d. 240.)

Hooykaas, *Rep. op de Kol. Lit.*, 5783.

— * Historische schets van de Chinezen in Nederlandsch Oost-Indië van 414 tot 1847; door H. C. Millies. (*Gützlaff, Aan mijne Medechr.*, Amst. 1850. 4.)

Hooykaas, *Rep. op de Kol. Lit.*, 5751.

— De Chinezen in Nederlandsch Oost-Indië en het Christendom. Eene schets door H. C. Millies. Pièce in-8, s. l. n. d., pp. 76.

— * Bedenkingen tegen den tegenwoordigen politieken toestand der Chinezen op Java. Medegedeeld door J. F. W. van Nes. — *A.* Extract uit het Advies van den Raad van N. I., 4 Julij 1837, op het Rapport van A. J. Bick. (*T. v. N. I.* 13e j. 1851. I. 248.) — *B.* Consideratiën en advies eener commissie in 1837 over eenige punten door den Raad van N. I. voorgesteld. (*Ald.* 247, 249.) — *C.* Inhoud van het verslag in 1838 van den Raad van N. I. op bovengenoemd rapport. (*Ald.* 294.) — *D.* Inhoud der voorstellen in 1839 door den Gouverneur-Generaal van N. I. aan den Minister van Koloniën gedaan. (*Ald.* 13e j. 1851. I. 297.) — *E.* Tekst der nota, 6 April 1840, door J. J. van Sevenhoven Z. M. den Koning aangeboden, ter aantooning van de bezwaren tegen de vestiging der Chinezen in het westerkwartier van Batavia. (*Ald.* 13e j. 1851. I. 298.) — *F.* Inhoud der beschouwingen van den Minister van Koloniën, J. C. Baud, op al de bovengenoemde stukken. (*Ald.* 13e j. 1851. I. 300.)

Hooykaas, *Rep. op de Kol. Lit.*, 5773.

— * Opgave door J. F. W. van Nes van de placaten en resolutiën tot verbod van den invoer van Chinesche nieuwelingen op Java, van 1690 tot 1833. (*T. v. N. I.* 13e j. 1851. I. 239.)

Hooykaas, *Rep. op de Kol. Lit.*, 5770.

— * De Chinezen op Java, door J. F. W. van Nes. Geschiedkundige beantwoording der vragen : « In welke betrekking staan de Chinezen tot ons, en welke regten kunnen zij van ons vorderen? » (*T. v. N. I.* 13e j. 1851. I. 239, 292.)

Hooykaas, *Rep. op de Kol. Lit.*, 5775.

— * Inhoud der publicatiën van 6 April 1764 en van 29 Junij 1802, betreffende het toezigt op het verblijf der Chinezen in de binnenlanden van Java. (*T. v. N. I.* 13e j. 1851. I. 250.)

Hooykaas, *Rep. op de Kol. Lit.*, 5771.

— * Over de Chinezen op Java, hun maatschappelijken toestand en karakter, met het oog op de vrees voor een eventueelen opstand tegen ons gezag; door H. C. van der Wijck. (*Beschouwingen over Java.* Arnhem, 1851. 38.)

Hooykaas, *Rep. op de Kol. Lit.*, 5776.

— * Beschrijving van den toestand en de geaardheid van de Dajaks, de Chinezen, de Maleijers en de Europeanen op Borneo. Uittreksel uit het rapport nopens de reis in Nov. 1847-Jan. 1848 van Z.M. schoener Aruba, naar Pontianak en opwaarts de Kapoeasrivier. (*T. v. N. I.* 14e j. 1852. II. 188.)

Hooykaas, *Rep. op de Kol. Lit.*, 5761.

— * Een Chinesche parvenu op Java. Met eene plaat. (*T. v. N. I.* 15e j. 1853. I. 357.)

Hooykaas, *Rep. op de Kol. Lit.*, 5780.

— * Staat aantoonende het getal Chinezen in de residentie Rio in 1849, volgens de eilanden en distrikten, het geslacht en den leeftijd. (*T. v. N. I.* 15e j. 1853. I. 421.)

Hooykaas, *Rep. op de Kol. Lit.*, 5758.

— De Chinesche Feestdagen volgens den Javaanschen Almanak voor het jaar *dal* 1783 (J. C. 1854/55). Toegelicht door Dr. J. Hoffmann. (*Bijd. Taal- L. Volk. Ned. Ind.*, IV Deel, No. 4, 1856, pp. 264/277.)

— Mededeelingen over de Chinezen op het eiland Java. Door Aquasie Boachie, Prins van Ashanti, Ingenieur der Mijnen in Nederlandsch Indië, te Buitenzorg. (*Ibid.*, pp. 278/301.)

— De Chinesche Feestdagen volgens den Javaanschen Almanak voor het jaar dal 1783 (J.C. 1854/55). Toegelicht door Dr J. Hoffmann Overgedrukt uit de *Bijdragen van de Taal-, Land- en Volkenkunde van Neêrlandsch Indië*, Deel IV, bl. 264, br. in-8.

Voir à la suite : Mededeelingen over de Chinezen op het eiland Java door Aquasie Boachi, Prins van Ashanti, Ingenieur der Mijnen in Nederlandsch Indië, te Buitenzorg.

— * Het Chinesche Gouvernement en de Chinezen op Java. Aantooning van het gevaarlijke van het Chinesche element op Java, uit den invloed welken de majoor der Chinezen Beh Ingtjoe, te Samarang zich had weten te verwerven door het voorgeven, dat de Keizer van China hem over al de Chinezen op Java had gesteld. (*T. v. N. I.* 20e j. 1858. I. 50.)

Hooykaas, *Rep. op de Kol. Lit.*, 5777.

— * Een togtje naar Mandor. Extract uit een brief, Pontianak Januarij 1853, door

R. C. van Prehn, over den toestand der Chinezen bij de mijn-etablissementen aldaar. (*Tijds. Ind. T. L. Volk.*, VII. 3e S. I. 1858. II.)

Hooykaas, *Rep. op de Kol. Lit.*, 5769.

— * Plan van D. J. van den Dungen Gronovius, anno 1838, tot Europesche Kolonisatie op de eilanden van den Indischen Archipel, speciaal op Soemba, niet in den eigenlijken zin, maar van Nederlanders als hoofden der onderneming en van inboorlingen van den Archipel en Chinezen als werklieden en arbeiders. Toegelicht door W. R. van Hoëvell. (*T. v. N. I.* 17e j. 1855. I. 308.)

Hooykaas, *Rep. op de Kol. Lit.*, 5750.

— * Ongeregeldheden te Makassar, door Veritas. Het voorgevallene met de Chinesche landverhuizers te Makassar in 1855, met opgave van de oorzaken, welke dit hebben te weeg gebracht. (*T. v. N. I.* 18e j. 1856. I. 449.)

Hooykaas, *Rep. op de Kol. Lit.*, 5784.

— De Thay-păh-koëng der Chinezen. **Door J. J. Langenhoff.** (*Tijds. Ind. T., L. en Volk.*, D. VI, **Batavia, 1857, pp.** 97/9.)

— Het chinesche Feest *Tshĭt-njĕt-pān* [七月半] en het genootschap **Thien-thy**-foey. Door J. J. Langenhoff. (*Ibid.*, **D. VII**, 1858, pp. 473/485.)

— * Bijdrage van J. T. Canter Visscher betreffende de Chinezen in Nederlandsch Indië. Historisch overzigt sedert 1617 van de voornaamste nederzettingen van dat volk, van hunne politieke verhouding tot het Gouvernement, en van de denkwijze van anderen over hun karakter. (*Hand. Ind. Gen.* IV. 1857. 118, 210.)

Hooykaas, *Rep. op de Kol. Lit.*, 5752.

— * Staat aantoonende de sterkte der Chinesche bevolking in de verschillende gouvernementen en residentiën van Nederlandsch Indië, onder ult. Dec. 1855, volgens officieele bescheiden, door J. T. Canter Visscher. (*Hand. Ind. Gen.* IV. 1857. 161.)

Hooykaas, *Rep. op de Kol. Lit.*, 5753.

— * Verslag der discussiën in de vergaderingen van het Indisch Genootschap op 16 Sept. en 5 Oct. 1857, over de vraag : « Hoedanig wordt geoordeeld over de vooren nadeelen van het Chineesch element in Nederlandsch Indië ». (*Hand. Ind. Gen.* IV. 1857. 209.)

Hooykaas, *Rep. op de Kol. Lit.*, 5754.

— * Nadeelen door de Chinezen in de dessa's op Java veroorzaakt. (*T. v. N. I.* 1850. II. 216.)

Hooykaas, *Rep. op de Kol. Lit.*, 5778.

— * Karakterbeschrijving der Chinezen op Borneo. *W. A. van Rees, Montrado*, 's Bosch 1858. 48. — Overgenomen in het *T. v. N. I.* 20e j. 1858. II. 339.

Hooykaas, *Rep. op de Kol. Lit.*, 5762.

— * De Chinezen als geldschieters der Javanen beschouwd. Mededeeling van de verschillende wijzen, waarop de Chinezen zich, door zoogenaamden padihandel, van den oogst des landmans weten meester te maken; maar bepaald in Buitenzorg en in de Batavische omlanden. (*T. v. N. I.* 21e j. 1859. II. 58.)

Hooykaas, *Rep. op de Kol. Lit.*, 5779.

— * Verslag der discussiën in de afdeeling koloniale landbouw van het XIV Nederl. Landhuishoudk. congres, te Winschoten van 21-25 Junij 1859 gehouden, over de vooren nadeelen van het Chineesch element in Nederl. Indië. (*Hand. Ind. Gen.* VII. 1860. 133, 135.)

Hooykaas, *Rep. op de Kol. Lit.*, 5755.

— * Betoog voor eene kolonisatie van Chinezen in de Palembangsche binnenlanden, in het belang der katoenkultuur, door J. E. Teysmann, 11 Julij 1857. (*Nat. Tijds. N. I.* XVII. 4e S. IV. 1859. 63.)

Hooykaas, *Rep. op de Kol. Lit.*, 5757.

— * Bevolkingstaat van het aantal Chinezen in het landschap Landakh, Julij 1857, volgens geslacht, leeftijd en beroep. Medegedeeld door J. J. Peeters. (*Tijds. Nijv. N. I.* VII. N. S. II. 1861. 417.)

Hooykaas, *Rep. op de Kol. Lit.*, 5763.

— * Beschouwingen van H. van Alphen, 9 Aug. 1862, over het Chineesch element en onze eigene stelling in Indië, naar aanleiding van : « Twee brieven over de Chinezen en hun landbezit op Java. Tiel 1861 ». (*Gids.* XXVII j. 3e S. 1e j. 1863. I. 138.)

Hooykaas, *Rep. op de Kol. Lit.*, 5756.

— Schets van Montrado in 1861, door M. von Faber. (*Tijds. Ind. T., L. en Volk.*, D. XIII, Batavia, 1864, pp. 457/491.)

— Geschiedenis van het te Montrado in 1856 onder de Chinezen opgerigte « Genootschap van menschlievendheid en overeenstemming », alsmede tekst van het Reglement van dit genootschap. Medegedeeld door M. von Faber. 1861. (*Ibid.*, 4e S. IV. 1864, pp. 478 et seq.)

— * Iets over de toeneming der Chinesche bevolking op Java. Statistieke opgaven van 1815-1861. (*T. v. N. I.* 1864. N.S. 2e j. II. 373.)

Hooykaas, *Rep. op de Kol. Lit.*, 5774.

— * K. W. van Gorkom. — Die China-Kultur auf Java. Aus dem Holländischen übertragen von C. Hasskarl. Leipzig, Engelmann, 1869, in-8, pp. 61.

— Voir dans « Travels in the Philippines by F. Jagor. With numerous illustrations and a Map. London, Chapman and Hall, 1875, in-8, pp. x-370 » le chapitre XXVI, pp. 343-356, intitulé : « The Chinese ».

— Iets omtrent de betrekkingen der Chinezen met Java voor de komst der Europeanen aldaar door Dr. G. Schlegel. (*Tijdschft. v. Ind. Taal...*, XX, 1873, pp. 7/31.)

— Iets omtrent de betrekkingen der Chinezen met Java voor de komst der Europeanen aldaar door Dr. G. Schlegel. Batavia, Lands-Drukkerij, 1870, br. in-8, pp. 23-xi.

Les neuf dernières pages contiennent un extrait, avec des notes, du Tome XIV, pp. 101/111, des *Mémoires concernant les Chinois.*

— * J. Haupt. — Die Chinesen in Niederländisch-Indien. (*Wiener Abendpost*, Beilage 295-298.)

— Het schoolonderwijs onder de Chineezen op Java. Door J. E. Albrecht. (*Tijdschft. v. Ind. Taal...*, XXV, 1879, pp. 225/241.)

— L'instruction primaire chez les Chinois dans l'île de Java. Mémoire de M. J. E. Albrecht, de Batavia. Traduit du hollandais et annoté par Aristide Marre... Communication faite à la Société académique Indo-Chinoise, dans ses séances des 30 avril et 31 juillet 1880. (*Ann. de l'Ext. Orient*, 1880-1881, III, pp. 225/240.)

— L'instruction primaire chez les Chinois dans l'île de Java. Mémoire de M. J. E. Albrecht, de Batavia, traduit du hollandais et annoté par Aristide Marre... (Extrait des *Annales de l'Extrême Orient.*) Paris, Challamel aîné, 1881, in-8, pp. 16.

— * Soerat Ketrangan dari pada hal Kaädaän Bangsa Tjina di negri Hindia-Olanda, terkarang oleh padoeka toean J. E. Albrecht, dahoeloe President Weeskamer di Batawi. Bijblad 4017.

C'est la traduction malaise publiée par les éditeurs Albrecht et Rusche, de Batavia, du mémoire publié par J. E. Albrecht, président de la Chambre des Orphelins à Batavia, dans le *Bijblad van het Staatsblad van Nederlandsch-Indië*, No. 4017, et republié avec des annotations, jusqu'à l'année 1886 par M. Albrecht à Leyde, chez A. W. Sijthoff.

Le travail d'Albrecht a été traduit en français par Meijer :

— La condition politique des Chinois aux Indes néerlandaises par J. J. Meijer. (*T'oung Pao*, IV, 1893, Mars, pp. 1/32; *ibid.*, Mai, pp. 137/173.)

— * Julius Kögel : Die Chinesen auf den Molukkischen Inseln. (*Ausland*, Nr. 39, 1857.)

— Légendes et traditions historiques de l'archipel indien (Sedjarat Malayou) traduit pour la première fois du malais en français et accompagné de notes par L. Marcel Devic. Paris, Ernest Leroux, 1878, in-12, pp. VIII-149 + 1 f. p. la tab.

Forme le Vol. XXII de la *Bibliothèque Orientale Elzévirienne.*

— Voir col. 2640, Notes on the Malay Archipelago,... by W. P. Groeneveldt.

— Ancient Chinese Colony in North Borneo. By M. S. (*Straits Branch Roy. As. Soc.*, Notes and Queries, No. 2, 1885, pp. 31/32.)

— Lioe A Sin van Mandohr. Door J. J. M. de Groot. (*Bijd. Taal-, L. Volk. Ned. Ind.*, X, 4e Sér., 1885, pp. 34/42.)

— Then Sioe Kim Njong, in de Westerafdeeling van Borneo, bekend als Njonja Kaptai. In Memoriam. Door J. W. Young. (*Ibid.*, XXXVII, 1888, pp. 149/153.)

Then Sioe Kim Njong, veuve de Lioe-a-Sen.

— * Joseph Chailley-Bert. — La concurrence des races à Java. La Question chinoise. Paris, 1890, gr. in-8, pp. 11.

Tirage à part.

— The Chinese in Borneo. (*Illustrated Travels*, ed. by Bates, V, 1873, Part XLIX, pp. 23-26.)

— Het Kongsiwezen van Borneo. — Eene Verhandeling over den Grondslag en den Aard der Chineesche Politieke Vereenigingen in de Koloniën, met eene Chineesche Geschiedenis van de Kongsi Lanfong, door Dr. J. J. M. de Groot,... Uitgegeven door het Kon. Inst. v. de T.-. L.- en Volk. van Ned.-

Indië. 'S Gravenhage, Martinus Nijhoff, 1885, in-8, pp. VIII-193.

Notice : *Revue Coloniale intern.* d'Amsterdam, déc. 1885 [par G. Schlegel].

— Schets der Chineesche vestigingen in de afdeeling Kărimon. Door A. F. P. Graafland. (*Bijd. Land-, T. Volk. Ned. Ind.*, XXXVII, 1888, pp. 505/544.)

— De Kongsi's van Montrado. Bijdrage tot de geschiedenis en de kennis van het wezen der Chineesche vereenigingen op de westkust van Borneo. Met eene schetskaart, door S. H. Schaank, Controleur bij het binnenlandsch bestuur. (*Tijds. voor Ind. Taal-, Land- en Volkenkunde*, Deel XXXV. Batavia, Albrecht & Rusche, 1893, pp. 498/612.)

Notice par G. Schlegel, *T'oung Pao*, IV, No. 3, juillet 1893, pp. 312/4.

— Chinese Oaths in the Colonies. By Java. (*China Review*, IX, p. 397.)

— On chinese Oaths in Western Borneo and Java. By J. J. M. de Groot. (*Ibid.*, X, pp. 212/218.)

— The Chinese in Borneo. (*Ibid.*, VII, pp. 1/11.)

— De Feestdagen der Chineezen door Tshoà tsoe koàn. Naar den Maleischen tekst bewerkt door J. W. Young, tolk voor de Chineesche Taal. (*Tijdschr. voor Ind. Taal-, L. en Volk.*, XXXII, p. 88.) — Voir col. 1885.

— The feast of lanterns at Padang (Sumatra). By W. Young. (*China Review*, IX, pp. 320/321.)

— *Sāng Djie Tjoa* (送字紙). De optocht der Chineezen voor het beschreven Papier te Padang door J. W. Young. (*Tijds. v. Ind. T., L. en V...*, XXVII, 1882, pp. 560/564.)

— 送字紙 Processions for written paper at Padang (Sumatra). By T. W. Young. (*China Review*, X, pp. 428/431.)

— Chinese-Malay and Javanese Literature in Java. By G. Schlegel. (*T'oung Pao*, II, Juin 1891, pp. 148/151.)

— Un calendrier indonésien-chinois. Par G. Schlegel. (*T'oung Pao*, II, Juin 1891, pp. 175/7.)

— J. W. Young. (16 Octobre 1855-7 Septembre 1898.) Nécrologie par G. Schlegel. (*Ibid.*, X, Mai 1899, pp. 223/225.)

Né à Batavia, 16 oct. 1855 ; † 7 sept. 1898.

— Matjan Gadoengan door G. P. Rouffaer. (*Bijd. Taal-, L. Volk. Ned. Ind.*, 1899, pp. 67/75.)

— Bijdragen tot de kennis van het grondbezit in de Chineesche districten. Door H. E. D. Engelhard. (*Ibid.*, 1900, pp. 241/262.)

— De Chineezen in Nederlandsch-Indië door Henri Borel L. J. Veen-Amsterdam 1900, in-8, pp. 116.

(Indes Néerlandaises.)

Iles Philippines.

— Contrat d'engagement d'un coolie chinois traduit de l'espagnol par M. Bernardin, membre correspondant de la société. (*Bull. Soc. roy. Géogr. Anvers*, VI, 1881, pp. 363/369.)

— Los Chinos en Filipinas. — Males que se experimentan actualmente y peligros de esa creciente inmigracion. — Observaciones, Hechos y Cifras que se encuentran en artículos que *La Oceania Española* Periódico de Manila ha dedicado al estudio de este problema social. — Manila. — Establecimiento tipográfico de « La Oceania Española », 1886, in-8, pp. 130 + 1 f. n. c.

— La Inmigración China en Filipinas por D. Ramón Jordana y Morera. — Madrid, Manuel G. Hernández, 1888, br. in-8, pp. 48.

— Die Chinesen Manilas. Frei bearbeitet nach dem Spanischen des Don Isabelo de los Reyes. Von Prof. Ferd. Blumentritt. (*Globus*, LVII, 1890, pp. 97/100.)

— Die Chinesen auf den Philippinen. — Eine historische Skizze von Ferdinand Blumentritt. S. l. n. d., in-8, pp. 33.

— Coleccion de « El Faro administrativo ». — Chinos — Sus reglamentos y sus contribuciones. — Manila, Ramirez, 1892, in-8, pp. 121 + 3 ff. n. ch. p. l'ind.

— Relación de las cosas de las Filipinas hecha por Fr. Domingo de Salazar Primer obispo de dichas islas. (1583.) Publicada ahora por primera vez. Año de 1895, pp. 45. — Carta — Relación de las cosas de la China y de los Chinos del Parian de Manila enviada al rey Felipe II por Fr. Domingo de Salazar, O. P. Primer obispo de Filipinas. — Desde Manila, á 24 de junio, de 1590. Publicada ahora por primera vez. Año de 1897, pp. 34.

Dans le Vol. III, Madrid 1897, de *Archivo del Bibliófilo Filipino...* por W. E. Retana, pet. in-8.

— The Philippine Chinese Labour Question. By Juan Mencarini. (*Jour. China Br. R. As. Soc.*, XXXIII, No. 2, 1899-1900, pp. 74/101.)

— * The Chinese in the Philippines. (*American Monthly Review of Reviews*, XXI, May 1900, pp. 596/7.)

— * Chinese Exclusion from the Philippines. Samuel W. Belford. (*Arena*, XXIII, May 1900, pp. 449/458.)

— * Gabriel García Ageo. — Memorandum on the Chinese in the Philippines.

Dans : United States. Philippine Commission. Report, January 31, 1900, Vol. 2, pp. 432/445. Washington, 1900, in-8.

(Iles Philippines.)

— The Chinese Soldier and other Sketches with a Description of the Capture of Manila, by Alfred Cunningham... London : Sampson Low, s. d. [1902], in-8, pp. 143.

Voir col. 1561.

— * Arthur Judson Brown. — The new Era in the Philippines. New York, etc., Fleming H. Revell Co., [1903], in-12, pp. 314, ill., carte.

The Chinese in the Philippines, pp. 78/91.

— Chinese Exclusion in the Philippines. By James A. Le Roy. (*The Independent*, New York, Vol. 55, 1903, pp. 140/143 ; 264/266.)

Samoa.

— Coulis chinois pour les Samoa. (*Bull. Com. Asie française*, Juillet 1906, p. 286.)

Iles Hawaii.

— Franz Birgham. — Die Chinesen auf Hawaii. (*Globus*, XXXI, 1877, pp. 205/6.)

— * Hawaiian Islands. Department of Foreign Affairs. The Laws and Regulations restricting Chinese Immigration to the Hawaiian Islands. Honolulu, Hawaiian Gazette's Co.'s Print, 1896, in-8, pp. 22.

— — — — Statement on Chinese Immigration, made to the Legislative Assembly, May 17, 1886, by the Minister of Foreign Affairs, in-8, pp. 6.

Voir Griffin, p. 22.

Australie.

— *Colonial Intelligencer*, Janv. 1878.

— Plan proposed for importing Chinese mechanics and laborers from Singapore to New South Wales. By G. F. Davidson. (*Chin. Rep.*, VI, 1837, pp. 299/300.)

— * Bijzonderheden nopens de toegenomen Chinesche landverhuizing naar Australië. (*Sloet, Tijds.* XIII. 428.)

Hooykaas, *Rep. op de Kol. Lit.*, 5785.

— * Over eene kolonizatie op Nieuw Guinea met Chinezen. (*Sloet, Tijds.* XVI. 94.)

Hooykaas, *Rep. op de Kol. Lit.*, 5786.

— J. A. Langford. — John Chinaman in Australia and the West. (*Gentleman's Mag.*, N. S., XVII, Sept. 1876, pp. 330/335.)

— The Chinese Question in Australia, 1878-79. Edited by L. Kong Meng. Cheok Hong Cheong. Louis Ah Mouy. Melbourne : F.F. Bailliere, Publisher in Ordinary to the Victorian Government, 1879, br. in-8, pp. 31.

— The Chinese Question in Australia 1880-81. Edited by J. Hurst, Formerly Secretary to the Mutual Trade Protection Association of South Australia. Sydney : « The Australian » Printing Works, 1880, pièce in-8, pp. 4.

— Work among the Chinese in Victoria, Australia. By Mr. A. Gordon. (*Chin. Rec.*, XII, 1881, pp. 115/118.)

— The Chinese in Australia. By Sir John Pope Hennessy. (*Nineteenth Century*, April 1888, pp. 617/619.)

— Is Australia to the Chinese? (*The Spectator*, 12 mai 1888.)

— Chinese in Australasia. (*Lond. & China Express*, May 18, 1888, pp. 473/5.)

Poole's *Index* cite les articles suivants :

The Chinese in Australia : *All the Year Round*, XIV, 471. — *Littell's Living Age*, LVII, 860.

— Zur Anti-Chinesen-Bewegung in Australien. (*Oest. Monats. f. d. Orient*, 1888, pp. 109/110.)

— Anti-Chinese Legislation in Australasia. Joseph Lee. (*Quart. Jour. of Economics*, III, Jan. 1889, pp. 218/224.)

— 1891-2. New South Wales. — Report of the Royal Commission on alleged Chinese Gambling and Immorality and Charges of Bribery against Members of the Police Force. Appointed August 20, 1891. — Presented to Parliament by Command. — Sydney : Charles Potter, Government Printer, 1892, in-fol., pp. 494.

— Chinese Exclusion in Australia. By Hugh H. Lusk. (*North American Review*, CLXXIV, March 1902, pp. 368/375.)

Afrique du Sud.

— The New Era in South Africa with an Examination of the Chinese Labour Question by Violet R. Markham... London, Smith, Elder, & Co., 1904, in-8, 3 ff. n. ch. + pp. 200.

— Le gouvernement chinois et le travail asiatique dans l'Afrique du Sud. (*Bull. Com. Asie franç.*, Mars 1904, pp. 157/8.)

— The Chinese Labour Question. By Herbert Samuel. (*Contemp. Rev.*, April 1904, pp. 457/467.)

— Chinese Labour for South Africa. (*Quarterly Review*, April 1904, pp. 611/622.)

— The Chinese in South Africa. By John Burns. (*Independent Review*, May 1904.)

— Chinese Labour and Imperial Responsibility. By H. C. Thomson. (*Contemporary Review*, March 1906, pp. 430/7.)

— Chinese Labour in the Transvaal : A Justification. By Sir William Des Voeux. (*Nineteenth Century*, April 1906, pp. 581/594.)

— * The Transvaal (Chinese) Labour Problem. By Æ. Munro. London, H. J. Drane, 1/-.

Notice : *Lond. & China Express*, June 22, 1906.

— Les Chinois au Transvaal par Henri Cordier. (*La Nature*, 34e année, No. 1739, 22 Septembre 1906, pp. 261/263.)

— Henri Cordier. — Le Périple d'Afrique... E. Guilmoto, Paris, s. d. [1906], in-8, pp. 231 + 1 f. n. ch.

L'émigration chinoise au Transvaal, pp. 103/138.

— * Collecting, preparing, and transporting Chinese labourers to the Transvaal Mines. (*Far Eastern Review*, 1906.)

Rapport du Consul général Ragsdale.

— Transvaal. — Correspondence relating to Conditions of Native Labour employed in Transvaal Mines. — Presented... May, 1904. — London : Printed... by Darling &

Son, 1904. [Cd. 2025.] 1 s. 3 d., in-fol., pp. IV-154. — Cf. Cd. 2026.

— Transvaal and Orange River Colony. — Correspondence relating to Affairs in the Transvaal and Orange River Colony. — Presented... July 1904. — London : Printed... by Darling & Son, 1904. [Cd. 2104.] 1 s. 7 d., in-fol., pp. IV-190.

— Transvaal. — Further Correspondence relating to Labour in the Transvaal Mines. (In continuation of [Cd. 2025], [Cd. 2026] and [Cd. 2104].) — Presented... August 1904. — London : Printed... by Darling & Son, 1904. [Cd. 2183.] 4 d., in-fol., pp. IV-34.

— Transvaal. — Further Correspondence relating to Labour in the Transvaal Mines. (In continuation of [Cd. 2183].) — Presented... April 1905. — London : Printed... by Darling & Son, 1905. [Cd. 2401.] 1 s. 7 d., in-fol., pp. VIII-128.

— Transvaal. — Further Correspondence relating to Labour in the Transvaal Mines. (In continuation of [Cd. 2401], April 1905, and [Cd. 2563], July 1905.) — Presented... December, 1905. — London : Printed... by Darling & Son, 1905. [Cd. 2786.] 9 d., in-fol., pp. VII-86.

— Transvaal. — Further Correspondence relating to Labour in the Transvaal Mines. (In continuation of [Cd. 2786] December, 1905.) — Presented... January, 1906. — London : Printed... by Darling & Son, 1906. [Cd. 2788.] 2 d., in-fol., pp. IV-10.

— Transvaal. — Further Correspondence relating to Labour in the Transvaal Mines. (In continuation of [Cd. 2788] January, 1906.) Presented... February, 1906. — London : Printed... by Darling & Son, 1906. [Cd. 2819.] 1 s. 6 d., in-fol., pp. X-178.

Conventions.

— By authority. — The Statutes at Large and Treaties of the United States of America, passed at the Second Session of the Thirty Seventh Congress ; 1861-62... edited by George P. Sanger, Counsellor-at-law — to be continued annually — Boston, Little Brown & Co., 1862, in-8 : pp. 340/1, February 19, 1862, chap. 27 « An Act to prohibit the » Coolie Trade « by American Citizens in American Vessels ».

(Afrique du Sud. — Conventions.)

— Notification No. 8 of 1866 : Convention to regulate the Engagement of China Emigrants by British and French Subjects. Dated Peking, 5th of March 1866 and signed by Sir Rutherford Alcock, M. Henry de Bellonnet and the Prince of Kung. (*N. C. Herald*, 817, March 24, 1866.)

— The Emigration Convention of 1866. (*The China Review*, Vol. I, 1872-1873, pp. 63 à 70, 141/144.)

Legalised coolie emigration from China was first initiated in 1859 by Peh-kwei, Governor of Kwangtung, acting under the influence of the British and French authorities then in military occupation of the city of Canton and was conducted under regulations drawn up by the Allies and the Chinese authorities. This legalisation, however, was only of a local character ; but by the Treaty of 1860 the legality of coolie emigration was rendered national, and it was thereby agreed that the high authorities of every Province should, in concert with Her Britannic Majesty's representative in China, frame such regulations for the protection of Chinese emigrants as the circumstances of the different open ports might demand. After the conclusion of this Treaty, coolie emigration was conducted at the open ports, almost exclusively at that of Canton ; but in the absence of the regulations promised in the Treaty, those of the Allies, *mutatis mutandis*, though never officially promulgated, were practically adopted, and continued to be in force, somewhat loosely however, till they were superseded by the Code of Regulations agreed to by Sir Rutherford Alcock and Prince Kung, which were drawn up in the form of a Convention, and promulgated in March 1866. »

Blue Books.

— P. 148. 1843. Regulations for the protection of Coolies . . . . $1^1/_2$ d.

— P. 323. 1846. Papers relating to Chinese Labourers, &c. . . . . 3 d.

— P. 986. 1852-53. Despatches relating to Chinese Immigration (With facsimiles) 2 s. 6 d.

— P. [1686]. 1852-53. Emigration from China. — Correspondence with the Superintendent of British Trade.

— B. 208. 1854-55. Bill to regulate Chinese Passenger Ships . . . . $1^1/_2$ d.

— B. 293. 1854-55. Chinese Passenger Ships. — Bill [as amended by the Lords] . 2 d.

— P. 147. 1857. — Sess. 1. — Papers respecting Mortality among Chinese Emigrants . . . . $2^1/_2$ d.

— B. 193. 1857-58. Chinese Passenger Act (1855) Amendment. — Bill [from the Lords] . . . . $^1/_2$ d.

— P. 481. 1857-58. Correspondence on the Subject of Emigration from Hongkong 1 s.

— P. 521. 1857-58. Chinese, &c., Emigrants. — Papers relating to Mortality in British Ships . . . . 5 d.

(Conventions. — Blue Books.)

— P. [2714]. 1860. Correspondence respecting Emigration from Canton . . . 1 *s.* 6 *d.*

— P. 124. 1867. Papers relating to Coolie Trade . . . . $3^1/_2$ *d.*

— P. 328. 1867-68. Papers relating to Coolie Emigration . . . . $2^1/_2$ *d.*

— P. [403]. 1871. Correspondence respecting Coolie Emigration (Macao). . . . 3 *d.*

— P. [504]. 1872. Correspondence respecting the Emigration of Chinese Coolies from Macao . . . . 4 *d.*

(Blue Books.)

— P. 293. 1874. Return respecting Coolie Traffic . . . . 1 *d.*

— P. [1282]. 1875. *Consular* (No. 2). — Extracts from Report of French Labour Laws Commission bearing on Coolie Immigration $1^1/_2$ *d.*

— P. [1212]. No. 3. 1875. Correspondence respecting Macao Coolie Trade, 1874 to 1875 4 *d.*

(Blue Books.)

CINQUIÈME PARTIE

LES PAYS TRIBUTAIRES DE LA CHINE

I. — TARTARIE.

OUVRAGES DIVERS.

— Gvilielmi Brvssii Scoti de Tartaris Diarivm, Ad illvstrem Georgivm Talbottum Anglum Serenissimi & optimi Principis Guilielmi, Comitis Palatini Rheni, utriusque Bauariae Ducis &c. familiarem. Francofvrti, Apud heredes Andreae Wecheli, Claudium Marnium, & Ioan. Aubrium. M.D.XCVIII, in-fol., pp. 11.

«Auctor, Scotus, fautorem nactus Ioannem Zamoscium, magnum cancellarium et supremum militiae Polonae praefectum, Antonio Spinolae, Genuensi, ibi innotuit, qui legationem ad Tataros obierat (circa a. 1579), a quo varia de hac gente audivit, eaque litteris breviter consignavit. Idem scripsit *Consilium de bello adversus Tartaros gerendo*. Colon. Agripp. 1595, fol. — Cf. *Hamb. Bibl. hist.*, Cent. X, p. 222. (Meusel.)»

— Q. D. B. V. Dissertatio historica de Tartaris, Quam publicè exqvirendam & excutiendam proponit Praeses M. Andreas Weber | Bojanovâ-Polonus, Respondente Godofredo Peucero, Berolstad. Silesio, in auditorio minori, Ad Diem 23. Martii, An. Chr. 1689. Wittenbergae, Typis Johannis Wilckii. Pièce in-4 de 8 ff. n. c.

— Relations touching the Tartars, taken out of the Historie of R. Wendover, and Mat. Paris : with certayne Epistles of the same subiect. (Purchas, *His Pilgrimes*, III, pp. 60 et seq.)

(DIVERS.)

— Relations touchant les Tartares, tirées de l'histoire de R. Wendhover & de Mat. Paris, avec quelques Lettres sur le même sujet. (*Recueil* de Bergeron, La Haye, 1735, II, pp. 23 et seq.)

— Traité des Tartares, de leur Origine, Païs, Peuples, Mœurs, Religion, Guerres, Conquêtes, Empire, et son Etenduë; de la suite de leurs Chams et empereurs ; Etats & Hordes diverses jusqu'aujourd'hui. Le tout recueilli de divers Auteurs ; Memoires, & Relations antiques & modernes. Par Pierre Bergeron, Parisien. (*Recueils* de Bergeron, Paris, 1634, et la Haye, 1735, I.)

— * Georg Adam Schleissing. — Neuentdecktes Sibyrien oder Siewerien, wie es anietzo populiret u. angebauet ist | mit allen Graentzen | so wohl biss an Kura Kathya u. Chinesische Mauer | als auch an die grosse Asiatische Tartarey etc. worbey der jetzige Zustand derer bisshero auf einem Throne gesessenen bey den Zaaren Jovan u. Peter Alexeoviz als Herren Brüdern u. derer Schwester der Princessin Sophia, geführtes Gouvernement vorgestellet. M. 1 Karte. In-16, 1690.

Calvary 1900.

(DIVERS.)

— * Georg Adam Schleissing. — Derer beyden Czaaren in Reussland, Iwan und Peter Alexewiz,... nebst dero Schwester der Prinzessin Sophia, bisshero dreyfachgeführter Regiments-Stab, und was sich darbey zugetragen,... worbey ein gründlicher Bericht des... ins Elend nach Siewerien ewig verbannten... Knees V. V. Galyczens... mit Kuppfer-Stücken gezieret, etc. [Leipzig ?], 1694, in-8.

British Museum.

∴

— Das Nord- und Ostliche Theil von Europa und Asia, In so weit solches das gantze Russische Reich mit Siberien und der grossen Tatarey in sich begreiffet, In einer Historisch-Geographischen Beschreibung der alten und neueren Zeiten, und vielen andern unbekannten Nachrichten vorgestellet, Nebst einer noch niemahls ans Licht gegebenen Tabula polyglotta von zwey und dreyszigerley Arten Tatarischer Völcker, Sprachen und einem Kalmuckischen Vocabulario, Sonderlich aber Einer grossen richtigen Land-Charte von den benannten Ländern und andern verschiedenen Kupfferstichen, so die Asiatisch-Scythische Antiqvität betreffen ; Bey Gelegenheit der Schwedischen Kriegs-Gefangenschafft in Russland, aus eigener sorgfältigen Erkundigung, auf denen verstatteten weiten Reisen zusammen gebracht und ausgefertiget von Philipp Johann von Strahlenberg. Stockholm, in Verlegung des Autoris, 1730. In-4, pp. 438 s. l. p. l. t., etc. Pl. grav.

« Une édition de Leipzig, Kiesewetter, sans date, in-4, de 13 ff. prél., 438 pp. de texte, suivis de l'index, avec 21 pl., y compris les cartes ; 14 fr. Rémusat. L'épître dédicatoire y conserve la date de 1730. » (Brunet.)

— * An Histori-geographical Description of the North and Eastern Parts of Europe and Asia; but more particularly of Russia, Siberia, and Great Tartary both in their ancient and modern state : together with an entire new Polyglot Table of the Dialects of 32 Tartarian nations... Faithfully translated into English. London, 1736, in-4.

British Museum.

— * An Historico-geographical Description of the North and Eastern Parts of Europe and Asia ; but more particularly Russia, Siberia, and Great Tartary ; both in their Ancient and Modern state, together with an entire new Polyglot Table of the Dialects of thirty-two Tartarian Nations ; and a Vocabulary of the Kalmuk-Mungolian Tongue, as also a large and accurate Map of those Countries, and variety of Cuts representing Asiatick-Scythian Antiquities. Written originally in High German by Mr. Philipp John von Strahlenberg, a Swedish Officer, thirteen years Captive in those parts. Now faithfully translated into English. London, 1738, in-4, pp. IX/463.

« First issued in 1736, afterwards with a supplement and new title in 1738. Roxburghe 7879, 6/. Bishop of Ely, 1394, 7/6 d. Heath, 2548, 14/6. » (Lowndes.)

— Description historique de l'Empire Russien ; Traduite de l'Ouvrage Allemand de M. le Baron de Strahlenberg. A Amsterdam, & se trouve à Paris, Chez Desaint & Saillant, rue Saint Jean de Beauvais, vis-à-vis le College. — M.DCC.LVII, 2 vol. in-12, pp. XX-383, xj-406.

« Le traducteur a fait subir au texte allemand des mutilations assez considérables. Il a ajouté « l'Eloge de Pierre le Grand » par Fontenelle (I, 333-83) et « Projet de réunion de l'Eglise russienne avec l'Eglise romaine, présenté à Pierre Ier par plusieurs docteurs de Sorbonne, lors de son voyage en France, en 1717 » (II, 25-82). (Barbier.)

« On fait peu de cas de [cette] traduction française. » (Brunet.)

∴

— Réponse à M. d'Anville sur le pays de Kamtchatka et de Jeço. Paris, 1737, in-12.

Par le P. Castel.

— Lettre de d'Anville au Père Castel, au sujet des pays de Kamtschatka et de Yeço et réponse du Père Castel. (Paris) 1737, in-12, pp. 46, carte. (*Mém. de Trévoux*, 1733, pp. 357/9.)

— Dissertation sur la célèbre terre de Kamtschatka et sur celle d'Yéço : sur l'étendue de la domination moscovite : sur la Tartarie Moscovite et Chinoise : sur la communication ou non communication des continents de l'Asie et de l'Amérique, et le passage dans les mers d'Orient par les mers du Nord. Par le P. Castel, S. J. (*Mémoires de Trévoux*, juillet 1737, pp. 1156/1226 et une carte.)

— Réponse de M. Bellin, Ingénieur... à la Dissertation du R. P. Castel, Jésuite, imprimée dans le Journal du mois de Juillet de cette année, contre la Carte qu'il a faite du païs de Kamtschatka pour la nouvelle histoire du Japon. Par le P. de Charlevoix D. L. C. D. J. (*Ibid.*; 1737, pp. 1383-96.)

— Lettre de M. Bellin à M. d'Anville (au sujet de la lettre au P. Castel). (*Mercure*, 1738, Mars, pp. 449/64 ; Avril, pp. 613/626.)

∴

— Latitudes et Longitudes observées par les Missionnaires Jésuites, 1710-16, dans la Tartarie orientale et occidentale :

Du Halde, IV : 8 positions dans la province de Leao tong ou Quan tong hors de la grande muraille.

De Mailla, XII, 314, 315 : 36 positions de la Tartarie orientale — 93 positions de la Tartarie occidentale.

De Mailla, XI, 575 ; *Mém. conc. les Chinois*, I, 399 : Position des principaux lieux du royaume des Eleuthes. 43 positions.

Voir aussi : Petermann, *Geogr. Mittheilungen*, 1880, p. 467. Deux lettres inédites des Pères Amiot et Gaubil sur les lat. et long.

(DIVERS.) (DIVERS.)

prises dans la Dzoungarie par les pères d'Espinha et da Rocha en 1756 (Brucker, Lyon, 1880).

— * Nueva Descripcion geographica del imperio Ruso, en particular y en general. Trad. del Francès. Valencia, 1786, in-4.

— Relation de la Grande Tartarie, dressée sur les Memoires originaux des Suedois prisonniers en Siberie, pendant la guerre de la Suede avec la Russie. A Amsterdam, Chez Jean Frederic Bernard, M.DCC.XXXVII, in-12, pp. 301.

Chap. I. Situation, etc. — II. Des Moungales de l'Est ou Nieuchen-Moungales. — III. Des Calcha-Moungales ou Moungales de l'Ouest. — IV. Du Royaume de Tangut ou du Baghargar. — V. Du Royaume de Caschgar ou de la Petite Boucharie. — VI. De la Grande Boucharie. — VII. Du Païs de Charass'm. — VIII. Du Turkestan et des Tartares qui l'habitent. — IX. Des Cosaques en général et en particulier de ceux du Taïck. — X. Des Tartares de Nagaï. — XI. Des Torgáuts, branche des Callmoucks. — XII. Des Callmoucks. — XIII. Des caractères et de la langue tartares.

Cette relation fait aussi partie du *Recueil de Voyages au Nord*, T. X, Amst., J. F. Bernard, MDCCXXXVIII, in-12.

— Voir Aboul-Ghâzi : MONGOLIE.

— Mandelslo. Voyages. [Voir col. 2075-2078.]

— Witsen. Noord en Oost Tartaryen. [Voir col. 1945.]

— Consulter sur la Tartarie, le Vol. IV de la *Description* de Du Halde (pp. 1-74). On trouvera (pp. 30-59) : Observations historiques sur la Grande Tartarie. Tirées des Mémoires du P. Gerbillon.

— A Description of Tartary, subject to China. (Astley's *Collection*, IV, pp. 348 et seq.)

Introduction. — I. The Territories of the Manchew Tartars, commonly called Eastern Tartary. — II. A Journey into Eastern Tartary in 1682, by Ferdinand Verbiest, Jesuit. — III. The Countries belonging to the Mongols, properly so called. — IV. Of the country belonging to the Kalka Mongols. — V. The Natural History of the Mongols and Kalkas. — VI. A Table of Situations in Western Tartary. — VII. The Countries belonging to the Eluths, or Kalmuks. — VIII. The Manners and Customs of the Eluths, or Aluths. — IX. The History and Government of the Eluths. — X. The Origin and History of the Mongols and Tartars. From Abúlghâzi Bahâdur Khân. — XI. The Reign of Jenghiz Khân. From Abúlghâzi Khân. — XII. A farther account of the Conquests of Jenghiz Khân : from the Chinese Annals. By Antony Gaubil, Jesuit, now first extracted from the French.

— Diss. hist. et ecclesiastica de primis Tatarorvm vestigiis victricibvs orbem christianvm terrentibvs atqve adfligentibvs examini pvblico svbmissa MDCCLI ad VIII. IVL. in Carolino Brunsvici ab Ioanne Christoph. Harenbergio D. et praep. ad S. Lavrentii prope Scheningam nvnc a cl. avctore recognita et avcta.

Pages 1-112, et

— Epistola Io. Christoph. Harenbergii D. et Praepos. ad S. Lavrentii ad editorem de Tatarorvm Origine et Genghis-Khani factis gloriosis atqve posteris eivs bellicosis.

Pages 301-324 de

Germaniae litteratae Opvscvla historico philologico theologica emendativs et avctivs recvsa edidit Ioann. Oelrichs... Bremae Apvd Io. Henr. Cramervm, MDCCLXXII, Tomus Primvs, in-8.

— Monument de la transmigration des Tourgouths des bords de la mer Caspienne dans l'empire de la Chine. (*Mém. conc. les Chinois*, I, pp. 401/427.)

Par le P. Amiot. — Voir col. 637 et 640.

— Sur une Ambassade chinoise en Tartarie. (Abel Rémusat, *Mél. As.*, I, pp. 413/430.)

— Io. Eberhardi Fischeri... Qvaestiones Petropolitanae I. de origine *Ungrorum* II. de origine *Tatarorum* III. de diversis *Shinarum* Imperatoris nominibus titulisque IV. de *Hyperboreis*. — Edidit Avg. Ludovicus Schloezer... Gottingae & Gothae, Impensis Dieterichianis, 1770, pet. in-8, pp. 119 + 4 ff. prél. n. c. p. l. tit., etc.

— Histoire de la Tartarie, contenant l'Origine des Peuples qui ont paru avec éclat dans ce vaste pays, depuis plus de deux mille ans; leur Religion, leur Mœurs, Coutumes, Guerres & Révolutions de leurs Empires, avec la suite chronologique & généalogique de leurs Empereurs ; le tout précédé & suivi d'Observations critiques sur plusieurs Titres de la *Bibliothèque Orientale*. [Par le P. Visdelou.] (*Bib. Orientale*, de B. d'Herbelot, *Supp.*, Paris, 1780, pp. 18 et seq.)

— The Fifth Anniversary Discourse, delivered 21 February 1788. By the President [Sir William Jones]. (*Asiatick Res.*, Calcutta, II, 1790, pp. 19/41.)

On the Tartars. — Voir également les œuvres de Sir W. Jones.

— Tartarie chinoise. (Grosier, *Desc. de la Chine*, I, pp. 242 et seq.)

— Carl Friedrich von Ledebour's... Reise durch das Altai-Gebirge und die soongorische Kirgisen-Steppe. Auf Kosten der Kaiserlichen Universität Dorpat unternommen im Jahre 1826 in Begleitung der Herren D. Carl Anton Meyer und D. Alexander von Bunge... Mit Kupfern und Karten. Berlin, 1829/1830, G. Reimer, 2 vol. in-8.

— Vollstaendige uebersicht der aeltesten Tuerkischen, Tatarischen und Mogholischen Voelkerstaemme nach Raschid-uddin's vorgange bearbeitet von Franz von Erdmann. Kasan, In der Universitäts-Typographie, 1841, in-8, pp. 188 + 1 f. errata.

— Memorandum relative to the Storms of Wind experienced in Tartary, with suggestions relative to them, for the Mission proceeding there. — By Henry Piddington, President of Marine Courts. (*Jour. As. Soc. Bengal*, XIX, 1850, pp. 242/250.)

(DIVERS.) (DIVERS.)

— A Journey through some of the Highest Passes in the Ala-tu and Ac-tu Mountains in Chinese Tartary. By T. W. Atkinson, Esq., F. R. G. S. and G. S. (*Proc. Roy. Geog. Soc.*, III, 1859, pp. 127/144.)

— Geographical Names in Tartary and Neighboring Countries. By Geo. Phillips Esq. (Doolittle's *Voc.*, Pt. III, No. LXVI.)

— Notes on Chinese Tartary. By Capt. Sherard Osborn, R. N., C. B. (*Proc. Roy. Geog. Soc.*, XI, 1867, pp. 162/166.)

— Berättelsse om de i Stora Tartariet boende Tartarer som träffats längst nordost i Asien på Ärkebiskop E. Benzelii begäran upsatt af Ambjörn Molin Ryttmästare wid Norra Skånska Cavallerie-Regementet 1725. — Stockholm, Jos. Seligmann & C:i. 1880, pièce in-8, pp. 28.

Imp. à 100 ex. — Pub. par Aug. Strindberg; dédié à Adolf Nordenskiöld et Louis Palander.

— The Northern Frontagers of China. Part I. The Origines of the Mongols. By H. H. Howorth. (*Journ. R. As. Soc.*, N. S., Vol. VII, Art. XI, 1875, pp. 221/242.) Part II. The Origines of the Manchus. (*Ibid.*, Art. XIV, 1875, pp. 305/328.) Part III. The Kara Khitai. (*Ibid.*, Vol. VIII, Art. VII, April 1876, pp. 262/290.) Part II. The Manchus. Supplementary Notice. (*Ibid.*, Vol. IX, Art. IX, July 1877, pp. 235/242.) Part IV. The Kin or Golden Tatars. (*Ibid.*, Vol. IX, Art. X, July 1877, pp. 243/290.) Part V. The Khitai or Khitans. (*Ibid.*, Vol. XIII, Art. VI, April 1881, pp. 121/182.) Part VI. Hia or Tangut. (*Ibid.*, Vol. XV, Art. XVIII, October 1883, pp. 438/482.) Part VII. The Shato Turks. (*Ibid.*, Vol. XVII, Art. XII, April 1885, pp. 293/338.) Part IX. The Muhammedan Turks of Turkestan from the Tenth to the Thirteenth Century. (*Ibid.*, July 1898, pp. 467/502.) Part X. The Uighurs of Kao-chang and Bishbaligh. (*Ibid.*, October 1898, pp. 809/838.)

Voir Mongolie.

Notice : *China Review*, XVIII, No. 1, pp. 62/63, by E. H. P.[arker.]

— On the Turks, Tattars, and Mughals par H. G. Raverty, Major, Bombay Army (retired). (*Travaux de la troisième session du Congrès des Orientalistes*, St. Pétersbourg, 1876, II, pp. 71/124.)

— Khan, Khakan, and other Tartar Titles. — By Prof. Dr. Terrien de Lacouperie. — December 1888. — London : « Babylonian & Oriental Record ». D. Nutt, br. in-8, pp. 15.

— Tartars. By E. H. Parker. (*China Review*, XIV, p. 224.)

— Tartars. By E. H. Parker. (*Ibid.*, XV, p. 187.)

— Hippophagy among the Tartars. (Balfour, *Chinese Scrapbook*, 1887, pp. 79/82.)

(Divers.)

— A Thousand Years of The Tartars by E. H. Parker. Her Britannic Majesty's Consul, Kiungchow. London, Sampson Low, 1895, in-8, pp. II + 1 f. n. ch. + pp. 371.

Shanghai : Printed by Kelly & Walsh..., 1895.

Book I. The Empire of the Hiung-nu. — Book II. The Empire of the Sien-pi. — Book III. The Empire of the Jwen-jwen or Jeujen. — Book IV. The Empire of the Turks or Assena Family. — Book V. The Empire of the Western Turks. — Book VI. The Empire of the Ouigours. — Book VII. The Empire of the Cathayans.

« The following pages are intended to give, in (it is hoped) readable form, the substance of all the Chinese have to say about the nomad Tartars previous to the conquests of Gengis Khan. » (Preface.)

Notices : *N. C. Herald*, July 19, 1895, p. 93, par A. J. L. — *English Historical Rev.*, XI, April 1896, pp. 341/3, par Robert K. Douglas.

LANGUES TARTARES.[1]

— Observationes historicæ Gerardi Frid. Mulleri quartæ relationi itinerariæ ad illustriss. imperii senatum additæ, et anno 1735, in itinere sibirico Jeniseæ collectæ. [Ms.]

« Contenant des vocabulaires comparatifs de vingt-deux dialectes tartares, des pièces historiques et diplomatiques en russe et en latin. Ces différents ouvrages du célèbre académicien de Pétersbourg ne paraissent pas avoir été jamais publiés. Chaque page, collationnée et paraphée par l'auteur, est terminée par ces mots écrits de sa main : « Apographum hoc cum meo autographo convenire testor, *Gerard Fridrich Müller.* »

Ce ms. in-fol. a fait partie de la vente Klaproth, No. 95, et il a été adjugé pour 252 fr.

— Recherches sur les langues tartares ou Mémoires sur différens points de la Grammaire et de la Littérature des Mandchous, des Mongols, des Ouigours et des Tibétains, par M. Abel Rémusat. Vol. I. Paris, Imprimerie royale, 1820, in-4.

Ce volume est le seul qui ait paru. Le Ms. du second volume se trouve dans la bibliothèque particulière d'un lord anglais.

Notice par Silvestre de Sacy, *Journal des Savans*, Juin 1820, pp. 354/363.)

— Zur Geschichte der Schrift bei den tatarischen Völkerschaften. (*Asiatische Studien* von C. F. Neumann, 1837, pp. 121/144.)

Wilhelm Schott.

— Versuch über die Tatarischen Sprachen, von Dr. Wilhelm Schott. Berlin : Verlag von Virt & Comp. 1836, in-4, pp. 81.

— Über das Altai'sche oder Finnisch-Tatarische Sprachengeschlecht von Wilhelm Schott. — Berlin, bei G. Reimer, 1849, in-4, pp. 147.

Berlin, gedruckt in der Akademischen Druckerei.

— Altajische Studien oder Untersuchungen auf dem Gebiete der Altai-Sprachen. Von

1. Nous avons indiqué dans ce chapitre les ouvrages sur les langues tartares qui ne prendront pas place dans les chapitres consacrés aux langues mandchou et mongole (mongol oriental = mongol proprement dit et mongol occidental = kalmouk = eleuth, etc.).

(Langues tartares : Wilhelm Schott.)

Wilhelm Schott. Aus den Abhandlungen der königl. Akademie der Wissenschaften zu Berlin 1859. Berlin. Gedruckt in der Druckerei der königl. Akademie der Wissenschaften, 1860, in-4, ch. 587 à 621.

— — (Zweites Heft.) 1861, in-4, ch. 153 à 176.

— — (Drittes Heft.) 1867, in-4, ch. 89 à 153.

— — (4tes Heft.) 1870, in-4, ch. 267 à 307.

— — (5tes Heft.) 1872, in-4, ch. 1 à 46.

— W. Schott. — Über das älteste historische Vorkommen der Namen Monggol und Tatar. (*Sitz. k. preuss. Ak. Wiss. Berlin*, 1845, pp. 159/160.)

— W. Schott. — Über das altaische oder finnisch-tatarische Sprachengeschlecht. (*Ibid.*, 1847, pp. 425/7.)

— W. Schott. — Über einige Benennungen des Himmels in der altaischen Sprachenclasse. (*Ibid.*, 1855, pp. 695/701.)

— W. Schott. — Über den Stabreim bei Finnen und Tataren. (*Ibid.*, 1877, pp. 232/8.)

— Einiges zur vergleichenden Etymologie von Wörtern des s. g. Altai'schen Sprachengeschlechts im weitesten Sinne. Von W. Schott. (*Ibid.*, 1887, pp. 1029/1037.)

Tirage à part, br. in-8, pp. 9.

Mathias Alexandre Castrén.

Né à Tervola, gouvernement d'Uleaborg, 2 déc. 1813. — † à Helsingfors, 7 mai 1852.

— Dr. A. Castrén's Reise-Berichte aus Sibirien. — (Aus dem Bulletin historico-philologique de l'Académie Impériale des Sciences de St. Pétersbourg.) — St. Petersburg, Bei der Kaiserlichen Akademie der Wissenschaften. 1848, in-8, pp. 135.

— Nordiska Resor och Forskningar af M. A. Castrén. Helsingfors, 1852-1858, 5 vol. in-8 :

I. Reseminnen från åren, 1838-1844. Helsingfors, 1852, in-8, pp. 320 s. l. ff. lim., portrait et pl.

II. Reseberättelser och bref åren 1845-1849. Helsingfors, 1855, in-8, pp. XII-463 + 1 f. n. ch., pl.

III. Föreläsningar i Finsk Mytologi. Helsingfors, 1853, in-8, pp. 332 s. l. ff., prél.

IV. Ethnologiska föreläsningar öfver Altaiska folken; samt Samojediska och Tatariska Sagor. Helsingfors, 1857, in-8, pp. XVIII-284 + 1 f. n. ch.

V. Smärre Afhandlingar och Akademiska Dissertationer. Helsingfors, 1858, in-8, pp. VII-293.

— Nordische Reisen und Forschungen von Dr. M. Alexander Castrén. — I. Versuch einer Ostjakischen Sprachlehre nebst kurzem Wörterverzeichniss. — St. Petersburg, Gedruckt bei der Kaiserlichen Akademie der Wissenschaften, 1849, in-8, pp. IX-102.

— Nordische Reisen und Forschungen von Dr. M. Alexander Castrén. St. Pétersbourg, 12 vol. in-8 :

I. — M. Alexander Castrén's Reiseerinnerungen aus den Jahren 1838-1844 — Im Auftrage der kaiserlichen Akademie der Wissenschaften herausgegeben von A. Schiefner. — Mit dem Bildniss des Verfassers und vier Samojedenporträts. — Ibid., 1853, in-8, pp. XIV-308, 1 pl., Portrait.

II. — M. Alexander Castrén's Reiseberichte und Briefe aus den Jahren 1845-1849. — ... herausgegeben von Anton Schiefner. — Mit drei lithographirten Beilagen. — Ibid., 1856, in-8, pp. X-527.

III. — M. Alexander Castrén's Vorlesungen über die Finnische Mythologie. — ... herausgegeben von Anton Schiefner. — Ibid., 1856, in-8, pp. XII + 1 f. n. ch. + pp. 340 + 1 f. n. ch.

IV. — M. Alexander Castrén's Ethnologische Vorlesungen über die Altaischen Völker nebst Samojedischen Märchen und Tatarischen Heldensagen. — ... herausgegeben von Anton Schiefner. — Ibid., 1857, in-8, pp. XVIII + 1 f. n. ch. + pp. 257 + 1 f. n. ch. er.

V. — M. Alexander Castrén's Kleinere Schriften. — ... herausgegeben von Anton Schiefner. — Ibid., 1862, in-8, pp. VII + 2 f. n. ch. + pp. 382.

VI. — M. Alexander Castrén's Versuch einer Ostjakischen Sprachlehre nebst kurzem Wörterverzeichniss. — ... herausgegeben von Anton Schiefner. — Zweite verbesserte Auflage. — Ibid., 1858, in-8, pp. XIV + 2 ff. n. ch. + pp. 125.

VII. — M. Alexander Castrén's Grammatik der Samojedischen Sprachen. — ... herausgegeben von Anton Schiefner. — Ibid., 1854, in-8, pp. XXIV-608 + 1 f. n. ch. er.

L'édition collective porte la date 1855.

VIII. — M. Alexander Castrén's Wörterverzeichniss aus den Samojedischen Sprachen. — ... bearbeitet von Anton Schiefner, — Ibid., 1855, in-8, pp. XXXIV-404.

IX. — M. Alexander Castrén's Grundzüge einer Tungusischen Sprachlehre nebst kurzem Wörterverzeichniss. — ... herausgegeben von Anton Schiefner. — Ibid., 1856, in-8, pp. XVI + 2 ff. n. ch. + pp. 139.

X. — M. Alexander Castrén's Versuch einer Burjätischen Sprachlehre nebst kurzem

Wörterverzeichniss. — ... herausgegeben von Anton Schiefner. — Ibid., 1857, in-8, pp. xv + 2 ff. n. ch. + pp. 244.

XI. — M. Alexander Castrén's Versuch einer Koibalischen und Karagassischen Sprachlehre nebst Wörterverzeichnissen aus den Tatarischen Mundarten des Minussinschen Kreises. — ... herausgegeben von Anton Schiefner. — Ibid., 1857, in-8, pp. xix + 2 ff. n. ch. + pp. 210.

XII. — M. Alexander Castrén's Versuch einer Jenissei-Ostjakischen und Kottischen Sprachlehre nebst Wörterverzeichnissen aus den genannten Sprachen. — ... herausgegeben von Anton Schiefner. — Ibid., 1858, in-8, pp. xix + 2 ff. n. ch. + pp. 264.

∴

— The Tartar Languages compared with Chinese. By the Rev. Joseph Edkins, B. A., Peking. (*The Phœnix*, I, 1870, pp. 5/6, 12/14.)

— On Tartar and Turk. By S. W. Koelle, Ph. D., Cor. Member of the Roy. Ac. of Sc. in Berlin, and Missionary of the Church Missionary Society. (*Jour. R. As. Soc.*, Vol. XIV, April 1882, pp. 125/159.)

— Der Lautwandel im Mandschu und Mongolischen. Von P. Schmidt. (*Journ. Peking Or. Soc.*, IV, 1898, pp. 29/78.)

— Die Vocalharmonie der altaischen Sprachen. Von Josef Grunzel. Wien, 1888. F. Tempsky, in-8, pp. 42.

Sitzb. d. Kais. Ak. d. Wiss. in Wien, phil.-hist. Cl. — Bd. CXVII.

— Entwurf einer vergleichenden Grammatik der Altaischen Sprachen nebst einem vergleichenden Wörterbuch von Dr. Joseph Grunzel. Leipzig, Wilhelm Friedrich, 1895, in-8, pp. 90.

Notice : *T'oung Pao*, VI, 1895, pp. 235/238, par W. Bang.

— Zum auslautenden *N* im Altaischen von W. Bang. (*T'oung Pao*, VI, No. 2, Mai 1895, pp. 216/221.)

HISTOIRE.

Tartares orientaux.

— Исторія и древности Восточной Части Среднеи Азіи, отъ X до XIII вѣка, съ приложеніемъ перевода китайскихъ извѣстій о Киданахъ, Чжурчженяхъ и Монголо-Татарахъ. — В. Васильева,... — Санктпет., Тип. Имп. Акад. Наукъ, 1857, in-8, pp. 235.

Ext. des Travaux de la section orientale de la Soc. Imp. d'Archéologie.

TOBA 拓跋氏 (Wei du Nord, 北魏紀).

— Tobas and T'ufas. By E. H. Parker. (*China Review*, XVIII, No. 1, pp. 56/57.)

GHILIAKS.

— Some Observations on the Ghilack or Ghailack Race : Their Manners, Customs, and the Regions they inhabit : By John Mortlock Tronson, R. N. Read before the Society, April 15th 1857. (*Trans. China Br. R. As. Soc.*, Pt. VI, Art. VI, pp. 107/119.)

— Some Observations on the Coast Tartars, and their Homes. By J. M. Tronson, R. N. Read before the Society, April 7th 1858. (*Ibid.*, Art. VII, pp. 121/135.)

— Les Ghiliaks d'après les derniers renseignements. Par M. J. Deniker, Membre des Sociétés de Géographie et d'Anthropologie. (*Revue d'Ethnographie*, Tome II, No. 4, 1883, pp. 289/310.)

— The Ghilyak Language. — [Giljakisches Wörterverzeichniss nebst gram. Bemerkungen von Dr. W. Grube. St. Petersburg, 1892, II, pp. 150, in-4.] By P. G. von Moellendorff. (*China Review*, XXI, No. 3, pp. 141/6.)

— Petroglyphs on the Amoor, by Berthold Laufer. (*American Anthropologist*, Vol. I, October, 1899, pp. 746/750.)

Notice : *T'oung Pao*, Sér. II, Vol. I, No. 4, Oct. 1900, pp. 353/357. Par G. Schlegel.

— Preliminary Notes on Explorations among the Amoor Tribes, by Berthold Laufer. (*Ibid.*, Vol. 2, April, 1900, pp. 297/338.)

Notice : *T'oung Pao*, Sér. II, Vol. I, No. 4, Oct. 1900, pp. 353/356. Par G. Schlegel.

— Les populations de la région de l'Amour. (*Bull. Com. Asie française*, Janvier 1904, pp. 40/41.)

WOU SOUN 烏孫.

— Beitrag zur Geschichte und Sprache des Centralasiatischen Wusun-Stammes von Dr Kurakichi Shiratori Professor an der Kaiserlichen Adels-Schule zu Tokio. Budapest, 1902, in-8, pp. 38.

Ext. de la *Revue orientale* (*Keleti szemle*) *pour les Études Ouralo-Altaïques.*

SI HIA 西夏 (Tangout).

— Voir inscription de Kiu-young-kouan, col. 683-684.

— Si Hia. By E. H. Parker. (*China Rev.*, XVIII, pp. 280/1.)

— Die Tanguten. (*Zeit. f. Ethn.*, Berlin, 1875, VII, p. 381.)

Extrait de la Description statistique de la Chine, par H. Bitchourine, II, p. 145.

— The Tangut Script in the Nank'ou Pass. By Dr. S. W. Bushell. (*China Review*, XXIV, No. 2, pp. 65/8.)

— Stèle Si-hia de Leang-tcheou par G. Devéria. 1898. — Voir col. 687.

Notice : *T'oung Pao*, Oct. 1898, pp. 331/2, par W. Bang.

— Une monnaie tangoutaine. Par M. S.-W. Bushell. (*Stèle Si-Hia*, pp. 22/4.)

— Notice sur une nouvelle monnaie tangoutaine. Par le Dr. S. W. Bushell. (*Jour. Asiat.*, Nov.-Déc. 1899, pp. 558/560.)

— L'écriture du royaume de Si-Hia ou Tangout par M. Devéria. — Extrait des Mémoires présentés par divers Savants à l'Académie des Inscriptions et Belles-Lettres, 1re Série, Tome XI, 1re Partie. Paris, Imprimerie nationale — MDCCCXCVIII, in-4, pp. 31 + 2 pl.

— The Hsi Hsia Dynasty of Tangut, their Money and Peculiar Script. By S. W. Bushell. (*Jour. China Br. R. As. Soc.*, N.S., XXX, No. 2, pp. 142/160.)

— Contribution préliminaire à l'étude de l'Écriture et de la Langue Si-Hia, par M. G. Morisse, Interprète de la Légation de France à Pékin. — Extrait des Mémoires présentés par divers Savants à l'Académie des Inscriptions et Belles-Lettres : Ire Série, Tome XI, IIe Partie, pp. 313-379, et 2 pl. hors texte. Paris, Imprimerie Nationale, C. Klincksieck, MDCCCCIV, in-4, pp. 67.

Notices : *J. R. As. Soc.*, July 1904, pp. 560/2, par S. W. B.[ushell.] — *Rev. critique*, 17 Oct. 1904, pp. 262/4, par Ed. Chavannes.

SIEN-PI 鮮卑 *et TOUNGOUSES* 東胡.

— Recherches ethnographiques sur la race toungouse par J. Klaproth. (*Le Lotus*, IX, Déc. 1890, pp. 193/211.)

— Ueber die Stellung des Tungusischen zum Mongolisch-Türkischen. I. — Inaugural-Dissertation zur Erlangung der Doctorwürde von der philosophischen Fakultät der Friedrichs-Universität Halle-Wittenberg verfasst von Eugen Bügen aus Dessau. Halle, [Druck von L. Reiter], s. d. [1887], in-8, pp. 30 + 1 f. n. ch.

— The Fish Skin Tartars. By M. A. Fraser. (*Jour. C. B. R. A. S.*, XXVI, N. S., No. 1, 1891-92, pp. 1/43.)

— Statistics of the Tunguses. (*Geographical Journal*, XXVIII, Sept. 1906, p. 290.)

— Tungusian tribes. (*China Review*, XIII, p. 224.)

— The History of the *Wu-wan* or *Wu-hwan* Tunguses of the first Century. Followed by that of their Kinsmen the *Sien-pi*. By E. H. Parker. (*China Review*, XX, No. 2, pp. 71/100.)

LIAO, 遼 (K'i-tan, 契丹).

— Kitan. By J. (*Chin. Rec.*, IX, 1868, pp. 419/445.)

— Geschichte der grossen *Liao* aus dem Mandschu übersetzt von H. Conon von der Gabelentz. — Herausgegeben von H. A. von der Gabelentz. St. Pétersbourg, 1877, in-8, 4 ff. n. c. + pp. 225.

— Were the *K'itan* 契丹 Fire Worshippers? By C. I. H.[uart.] (*Journ. C. B. R. A. S.*, N. S., XX, 1885, p. 184.)

— The Kitans. By E. H. Parker. (*China Review*, XV, p. 249.)

— Kitan Customs. By E. H. Parker. (*Ibid.*, XIX, 1890, No. 1, p. 60.)

— Khitans ou Ki-tan. Par Ed. Chavannes. (*Grande Encyclopédie*. XXI, pp. 511/3.)

SI LIAO, 西遼 (Kara-k'itaï).

— W. Schott. — Über das Reich Karachatai, nach muhammedanischen und ostasiatischen Quellen. (*Sitz. k. preuss. Ak. Wiss. Berlin*, 1850, pp. 92/101.)

— Kitai, Kara-Kitai und der Priester Johannes. (*Archiv f. wiss. K. v. Russl.*, XXIII, 1865, pp. 517/527.)

— On the Kitai and Kara-Kitai. By Dr. Gustav Oppert. (*Journ. Ethn. Soc.*, New Series, Vol. II, Session 1869-70, pp. 97/106.)

— E. Bretschneider. — Notice of the Kara-Khitai or *Si-Liao* (Western Liao). (*Notices of the Mediaeval Geography, etc., of Central & Western Asia*, I, pp. 22-24.) — Voir col. 2638.

— Замѣчаніе о названіи Харакитай и ордѣ, или резиденціи Харакитайской. — Архим. Палладій. (*Извѣстія Имп. Русс. Геог. Общ.*, 1874, X, pp. 354/355.)

— Kitai und Karakitai, ein Beitrag zur Geschichte Ost- und Innerasiens. Von W. Schott. Aus den Abhandlungen der Königl. Akademie der Wissenschaften zu Berlin 1879. — Berlin, Buchdruckerei der Königl. Akademie der Wissenschaften (G. Vogt), Universitätsstrasse 8. 1879. — In Commission bei F. Dümmler's Verlags-Buchhandlung (Harrwitz und Gossmann).

— Voir Gaubil-Cordier, HOLIN, MONGOLIE.

KIN, 金 (Niu-tchen, 女眞).

— On an ancient inscription in the Neuchih

language : By the Rev. A. Wylie, Shanghae. Read before the Society, March 21, 1859. (*Trans. Ch. Br. R. As. Soc.*, Pt. VI, 1859, Art. VIII, pp. 137/153.)

Réimp. dans le *Jour. of the Roy. As. Soc.*, Vol. XVII, 1860, Art. XVI, pp. 331/345. — Voir col. 686.

— Voir col. 686, DEVÉRIA, Stèle de Yen-t'aï.

— Shang Jing (上京) of Kin (金). (*Chin. Rec.*, IX, 1878, pp. 161/169.)

— The Kin Dynasty of Tungusic Origin. (*China Review*, X, p. 222.)

— The Origin of the Nuchen Tartars. (*Ibid.*, XI, p. 62.)

— Constitution de l'empire de Kin. Livre final de l'*Aisin-Gurun-I-Suduri Bithe* traduit par M. C. de Harlez. (*Journ. Asiat.*, VIIIe sér., VII, Mai-Juin 1886, pp. 469/476.)

Fondé par les Niu-tchi en 1115.

— Histoire de l'Empire de Kin ou Empire d'Or. *Aisin-Gurun-I-Suduri Bithe*, traduite du Mandchou par C. de Harlez, avec une carte. Louvain, Charles Peeters, 1887, in-8, pp. XVI-288.

« L'histoire des Mongols ou plutôt de la dynastie mongole (Yuen), qui régna sur la Chine, est toute entière dans les annales de cet empire ; on l'y trouvera sans peine. Celle du royaume de Tai-liao a été traduite par le savant orientaliste de Leipzig, M. Conon von der Gabelentz. Restaient les annales de l'empire d'Or, qui n'avaient point encore été traduites. Le père de Mailla, dans son *Histoire générale de la Chine* et le P. Visdelou dans la *Bibliothèque orientale d'Herbelot* (t. IV) en ont donné, ce semble, des extraits; mais, en réalité, ils ont suivi généralement les écrivains chinois que les historiographes tartares contredisent fréquemment, ce qui donne un intérêt de plus à ces annales. » (P. VI.)

Notice par L. Feer, *Journ. Asiat.*, VIIIe sér., XI, Avr.-Mai-Juin 1888, pp. 539/542.

— Kin. Par Ed. Chavannes. (*Grande Encyclopédie*, XXI, pp. 587/8.)

— The Language of Golden Tartars. By J. Edkins. (*China Review*, XXII, No. 4, pp. 674/678.)

— Niu-tchis et Mandchous, rapports d'origine et de langage, par M. C. de Harlez. (*Journ. Asiat.*, VIIIe sér., XI, Fév.-Mars 1888, pp. 220/249.)

— Niu-tchis et Mandchous, rapports d'origine et de langage, par M. C. de Harlez. — Extrait du *Journal Asiatique*. Paris. Imprimerie Nationale. — MDCCCLXXXVIII, br. in-8, pp. 32.

— The Djurtchen of Mandshuria : their Name, Language, and Literature. By Prof. Terrien de Lacouperie, Ph. & Litt. D., M. R. A. S. [From the « Journal of the Royal Asiatic Society of Great Britain and Ireland », XXI, April 1889, pp. 433/460], br. in-8.

Cf. F. Hirth, *Chinese Oriental College*, *supra*, col. 2636.

— A Simplified Account of the Progenitors of the Manchus. By E. H. Parker, Esq., H. B. M. Consul, Hoihow. (*Chinese Recorder*, XXIV, Nov. 1893, pp. 502/513.)

(TARTARES ORIENTAUX : KIN.)

— Mr. W. Grube a lu un mémoire intéressant sur ce sujet au Congrès des Orientalistes de Genève. (Sept. 1894.)

— Note préliminaire sur la langue et l'écriture Jou-tchen par W. Grube. (*T'oung Pao*, V, Oct. 1894, pp. 334/340.)

— Die Sprache und Schrift der Jučen von Dr. Wilhelm Grube A. O. Professor an der Königl. Universität zu Berlin. Leipzig, O. Harrassowitz, 1896, in-8, pp. XI-147 (dont 88 autographiées).

Notices : Par T. W.[atters], *Jour. R. As. Soc.*, July 1896, pp. 630/1. — Par G. Schlegel, *T'oung Pao*, VII, 1896, pp. 277/281. — Par W. Bang, *Wiener Zeitschrift f. d. K. d. Morg.*, X, 1896, pp. 252/5.

— Lettre de M. W. Grube à M. G. Schlegel. (*T'oung Pao*, VII, 1896, pp. 611/612.) — Réponse de M. Schlegel. (*Ibid.*, pp. 612/615.)

— Einige weitere Nachträge zum Jucen-Deutschen Glossar Prof. Grube's, von Erwin Ritter von Zach. (*Ibid.*, VIII, No. 1, Mars 1897, pp. 107/108.)

— Vorläufige Mittheilung über die bei Nicolajewsk am Amur aufgefundenen Jučen-Inschriften, von W. Grube. Pièce in-8, pp. 3 [Berlin, 2 Déc. 1896].

Notice : *T'oung Pao*, VIII, 1897, pp. 114/5, par G. Schlegel.

— Inscriptions in the Juchen and allied Scripts, by S. W. Bushell. (*Actes Onz. Cong. Int. Orient.*, Paris, 1897, IIe Sect., pp. 11/35.)

Tartares occidentaux.

HUNS.

— The Χοῦνοι and the 匈奴 *Hsiung Nu* [by E. C. Bowra]. (*Notes and Queries on C. & J.*, No. I, pp. 2/3; No. II, pp. 13/41.)

— History of the Heung Noo in their Relations with China. (Translated from the *Tseen-Han-Shoo.*) [By A. Wylie.] (*Shai. Budget*, 1873, passim.) [Voir col. 613.]

— The White Huns. By E. H. Parker. (*China Review*, XVI, p. 344.)

— Some Notes on the Huns by Henry H. Howorth, F. S. A. (*Actes 6e Cong. Int. Orient.*, Leide, 1883, 4e Part., *Ext. Orient*, pp. 177/195.)

— Ueber Wolga-Hunnen und Hiung-nu. Von Friedrich Hirth. Aus den *Sitzungsberichten der philos.-philol. und der histor. Classe der k. bayer. Akad. der Wiss.* 1899. Bd II. Heft II. München 1900, br. in-8, p. 245 à 278.

— Die Ahnentafel Attila's. Von F. Hirth. (*Actes XIIe Congrès int. Orient.*, Rome 1899, II, pp. 225/236.)

— Sinologische Beiträge zur Geschichte der Türk-Völker. I. Die Ahnentafel Attila's nach Johannes von Thurócz. Von Friedrich Hirth. (*Bul. Ac. I. Sc. St. Pét.*, XIII, Sept. 1900, No. 2, pp. 221/261.)

— Über die Sprache des Hiung-nu-Stammes und der Tung-hu-Stämme von Dr. K. Shi-

(TARTARES OCCIDENTAUX : HUNS.)

ratori, Professor an der Adelsschule zu Tokio. — Tokio : Druck der Kokubunsha. — August 1900, in-8, pp. 64 + 1 f. n. ch.

— Gabriel Bálint. — Die Hunnenfrage. (*Verhandl. XIII. Intern. Orient.-Kongresses*, Hamburg, Sept. 1902, pp. 161/162.)

TURCS 突厥.

— The Turks. By E. H. Parker. (*China Review*, XVI, p. 245.)

— The Turko-Scythian tribes. By E. H. Parker. (*Ibid.*, XX, No. 1, pp. 1/24; No. 2, pp. 109/125; *ibid.*, XXI, No. 2, pp. 100/119; No. 3, pp. 129/137.)

— Voir sur la trad. de E. H. Parker des Turko-Scythian Tribes (*Ibid.*, XX, pp. 1/24, 71/100), Thos. W. Kingsmill (dans le *Jour. C. B. R. A. S.*, XXVI, N. S., No. 1, 1891-92, pp. 121/126).

— Turko-Scythian Tribes. — After Han Dynasty. By E. H. Parker. (*China Review*, XXI, No. 4, pp. 253/267; No. 5, pp. 291/301.)

— The Early Turks (From the *Chou Shu*). By E. H. Parker. (*Ibid.*, XXIV, N° 3, pp. 120/130; (From the *Peh Shi*) (77); *ibid.*, N° 4, pp. 163/173; (From the *T'ang Shu*); *ibid.*, N° 5, pp. 227/234; (From the *Peh Shi* and the *Sui Shu*); *ibid.*, XXV, N° 1, pp. 1/12; *ibid.*, N° 2, pp. 69/79; (From the Old *T'ang Shu*); *ibid.*, N° 4, pp. 163/174; *ibid.*, N° 5, pp. 234/247; *ibid.*, N° 6, pp. 265/271.)

— The Ephthalite Turks. By E. H. Parker. (*Imp. & Asiat. Quart. Rev.*, July-Oct. 1902, pp. 131/159.)

Bul. Éc. franç. Ext. Orient, III, No. 1, 1903, pp. 99/101, par P. Pelliot.

— The Western Branch of the Early Turks. By E. H. Parker. (*Imp. & Asiat. Quart. Rev.*, July-Oct. 1903, pp. 355/368.)

— W. Schott. — Über eine Sammlung tatar-türkischer Lieder. (*Sitz. k. preuss. Ak. Wiss. Berlin*, 1868, pp. 492/501.)

— *Codex Cumanicus* Bibliothecae ad templum divi Marci Venetiarum Primum ex integro edidit prolegomenis notis et compluribus glossariis instruxit Comes Géza Kuun, Acad. Sc. Hung. Sodalis. Budapestini, Editio Scient. Academiae Hung. 1880, gr. in-8, pp. cxxxiv-395.

— Das Türkische Sprachmaterial des *Codex Comanicus*. Manuscript der Bibliothek der Marcus-Kirche in Venedig. Nach der Ausgabe des Grafen Kuun (Budapest 1880). Von Dr. W. Radloff. St. Pétersbourg, 1887, in-4, pp. 7 + 132. (*Mém. Ac. I. Sc. St. Pét.* VIIe Sér., XXXV, No. 6.)

— Bericht über die Ausgabe des Sprachmaterials des Codex Comanicus. Von W. Radloff. (*Bul. Ac. I. Sc. St. Pét.*, XXXI, 1887, col. 121/4.)

— Ethnographische Übersicht der Türkstämme Sibiriens und der Mongolei. — Besonderer Abdruck aus der « Vergleichenden Grammatik der Nördlichen Türksprachen » von Dr. Wilh. Radloff in Kasan. — Leipzig, T. O. Weigel. 1883, in-8, pp. 29.

— Les populations turques en Chine et plus spécialement les Daldes. Par M. Deniker. (*Bul. Soc. Anth.*, 1887, pp. 206/210.)

D'après Potanine.

— Ed. Chavannes. — Voir col. 2647.

— O. Franke. — Voir col. 2648.

MONGOLS, voir MONGOLIE.

OUIGOURS 畏兀兒.

— Voir Tha-tha-toung-'o, voir MONGOLIE.

— Abhandlung über die Sprache und Schrift der Uiguren von J. v. Klaproth... Berlin, 1812, in-8, pp. 96 et 1 Pl.

Voir également le *Verzeichniss der Chin. und Mand. Bücher* de Klaproth, Paris, 1822, pp. 189 et seq.

— Einwürfe gegen die Hypothesen des Herrn Hofr. Klaproth : Ueber Sprache und Schrift der Uiguren (siehe dessen Reise, 2ter Band, Seite 481 und von Halle und Berlin 1814). Von Jos. Jac. Schmidt in St. Petersburg. (*Mines de l'Orient*, VI, Vienne, 1818, pp. 321 et seq.)

— Zur Uigurenfrage von W. Schott. Aus den *Abhandlungen der königl. Akademie der Wissenschaften zu Berlin* 1873. Berlin, 1874, in-4, pp. 102/121.

Abh. der philos.-histor. Kl. 1873. Nr. 5.

— Zur Uigurenfrage... Zweite Abteilung. Berlin, 1875, in-4, pp. 27/57.

Abh. der philos.-histor. Kl. 1875. Nr. 2.

— [illegible] Uigurische Sprachmonumente und das *Kudatku bilik*. Uigurischer Text mit Transscription und Übersetzung nebst einem uigurisch-deutschen Wörterbuche und lithografirten Facsimile aus dem Originaltexte des *Kudatku bilik* von Hermann Vámbéry, o. ö. Professor der orientalischen Sprachen an der königlichen Universität zu Pest. — Gedruckt mit Unterstützung der Ungarischen Akademie der Wissenschaften. Innsbruck. Druck der Wagner'schen Universitäts-Buchdruckerei. — In Commission bei F. A. Brockhaus in Leipzig, 1870, in-4, pp. iv-260 + 1 pl. facs. + 1 f. n. c. p. les errata.

— Das *Kudatku Bilik* des Jusuf Chass-Hadschib aus Bälasagun. — Theil I. Der Text in Transscription herausgegeben von Dr. W. Radloff. — St. Petersburg, 1891. Commissionaire der Kaiserlichen Akademie der Wissenschaften, gr. in-4, pp. xciii + pp. 252 de texte.

— Ueber eine neu aufgefundene uigurische Inschrift. Von W. Radloff. (Lu le 15 avril 1892.) (*Mél. As., tirés du Bul. de l'Ac. Imp. des Sc.*, X.) Gr. in-8, ch. 387 à 389.

— Über eine in Kairo aufgefundene zweite Handschrift des Kudatku Bilik. Von W. Radloff. (*Bul. Ac. I. Sc. St. Pét.*, IX, Nov. 1898, No. 4, pp. 309/319.)

— Note sur un passage du *Kudatku-bilik* par Clermont-Ganneau. (*J. As.*, I, 1898, pp. 334/5 ; 538/9.)

— E. Bretschneider. — The Uigurs (drawn from Chinese writings). 1876. (*Notices of the Mediaev. Geogr. of Central & Western Asia*, pp. 115-132.)

— Alphabet ouïgour. Notice de Thao-tsong-y (XIVe siècle) par M. Gabriel Devéria. (*Rev. de l'Ext. Orient*, II, 1883, No. 3, pp. 287/88.)

— Déchiffrement et interprétation de l'inscription ouïgoure, découverte par M. Pognon. Par J. Halévy. (*Journ. Asiatique*, VIIIe Sér., XX, Sept.-Oct. 1892, pp. 291/2.)

— Uighurs. By E. H. Parker. (*China Review*, XV, p. 187.)

— Un texte ouïgour du XIIième siècle. Par N. A. Balhassan-oglu. (*Keleti szemle*, 1906, pp. 257/279.)

Se trouve dans la Bibliothèque Ste. Sophie, fondée dans l'intérieur de la sus-dite mosquée par le Sultan Mahmoud Ier

Epigraphie.

— Henri Cordier. — *Etudes chinoises* (1891-1894) pages 83-86.
— Henri Cordier. — *Ibid.* (1895-1898) pages 54-58.

— Inscriptions de l'Iénissei recueillies et publiées par la Société finlandaise d'Archéologie. — Helsingfors, Imprimerie de la Société de Littérature finnoise, 1889, in-fol.

Texte rédigé par J. R. Aspelin, archéologue de l'Etat; inscriptions publiées par le Prof. O. Donner.

— Wörterverzeichniss zu den Inscriptions de l'Iénissei. Nach den im Jahre 1889 von der finnischen Expedition an dem oberen Jenissei genommenen neuen Abklatschen und photographischen Aufnahmen zusammengestellt von O. Donner. Helsingfors, Druckerei der finnischen Litteratur-Gesellschaft, 1892, br. in-8, pp. 69.

Suomalais-Ugrilaisen Seuran Toimituksia. IV. — Mémoires de la Société Finno-Ougrienne. IV.

— Предварительный отчетъ о поѣздкѣ съ археологисескою и этнографическою цѣлію въ сѣверную Монголію и вершины Орхона. — Н. М. Ядринцевъ. — (*Извѣстія* Soc. Géog. d'Irkoutsk, XX, 4, 1889, pp. 1/13.)

— Anciens caractères, trouvés sur des pierres de taille et des monuments au bord du Orkhon dans la Mongolie orientale par l'expédition de Mr. N. Jadrintseff en 1889. St. Pétersbourg. 1890, in-4 oblong, de 10 pages autog.

On y ajoute 2 photog. de transcriptions chinoises.

— Памяти Николая Михайловича Ядринцева и Александры Викторовны Потаниной. — И. И. Поповъ. — (*Извѣстія* Soc. Géog. d'Irkoutsk, XXV, 1, 1894, pp. 1/28.)

Yadrintsev † 7 juin 1894.

— Н. М. Ядринцевъ. (Юбилейный сборникъ западно-сибирскаго отдѣла... Имп. Русскаго Геог. Общества. 1902, pp. 22.)

— A Journey to the Upper Waters of the Orkhon and the Ruins of Karakorum. By M. N. Yadruntseff. (*Jour. China Br. R. As. Soc.*, XXVI, N. S., No. 2, 1891-92, pp. 190/207.)

Traduit du Russe par M. F. A. Fraser.

— Inscriptions recueillies à Kara-Koroum. Relevé des différents signes figurant dans les copies rapportées par M. Yadrintzoff. Par G. Devéria. (*T'oung Pao*, I, Oct. 1890, pp. 275/6.)

— Inscriptions sibériennes, par M. G. Devéria. (Séance du 21 nov. 1890.) (*Acad. des Inscriptions et Belles-Lettres*, Comptes-rendus 1890, IVe Sér., XVIII, pp. 448/458.)

— Deux pierres avec inscriptions chinoises par E. Koch. — Traduit du *Bulletin de l'Académie impériale des Sciences de Russie* (Juin 1890) par M. P. Lemosof, de la Société de Géographie de Paris. (*T'oung Pao*, II, Juin 1891, pp. 113/124.)

— Ueber alttürkische Dialekte. — I. Die Seldschukischen Verse im Rebâb-Nâmeh. — Von W. Radloff. — (*Mélanges asiatiques*, T. X, livraison 1.) — St. Pétersbourg, Imp. de l'Ac. imp. des Sciences, 1890, br. gr. in-8, pp. 17 à 77.

— Arbeiten der Orchon-Expedition. — Atlas der Alterthümer der Mongolei. — Im Auftrage der kaiserlichen Akademie der Wissenschaften herausgegeben von Dr. W. Radloff. St. Petersburg. Buchdruckerei der Akademie der Wissenschaften... 1892, in-fol., 10 ff. n. c. p. l. tit., la préf., &c. et 70 pl.

— — Zweite Lieferung. Tafeln VI, XXVII, XXXVI, LIII, LXI, LXIII, LXXI-LXXXII und zwei Marschrouten der

Orchon-Expedition. Ibid.,... 1893, in-fol., 4 ff. n. ch. p. l. tit. etc. + pl.

— — Dritte Lieferung. Taf. LXXXIII-CIV. Ibid.,... 1896, in-fol., 3 ff. n. ch. p. l. tit. etc. + pl.

— Zu den Kök Türk-Inschriften der Mongolei von W. Bang. (*T'oung Pao*, VII, Oct. 1896, pp. 325/355.)

Tirage à part : E. J. Brill, Leiden — 1896, br. in-8, pp. 33.

— Über die Köktürkische Inschrift auf der Südseite des Kül Tägin-Denkmals von W. Bang. Leipzig, Otto Harrassowitz, 1896, in-8, pp. 20.

— Die Inschrift von Karakorum. Eine Untersuchung über ihre Sprache und die Methode ihrer Entzifferung von Dr. Georg Huth, Privatdocent an der Universität Berlin. Berlin. Ferd. Dümmlers Verlagsbuchhandlung. 1892, br. in-8, pp. 25 autog.

— Déchiffrement des inscriptions de l'Orkhon et de l'Iénisséi. Notice préliminaire par Vilh. Thomsen. Extrait du *Bulletin de l'Académie royale des Sciences et des Lettres de Danemark*, 1893. Copenhague, Bianco Luno (F. Dreyer), 1894, br. in-8, pp. 15.

Séance du 15 décembre 1893.

Notices par G. Schlegel, *T'oung Pao*, V, No. 2, Mai 1894, pp. 171/174, et T. de L.[acouperie], *Bab. & Or. Record*, VII, No. 4, Dec. 1893.

— Inscriptions de l'Orkhon déchiffrées par Vilh. Thomsen, Professeur de Philologie comparée à l'Université de Copenhague. — (I. L'Alphabet. II. Transcription et traduction des textes.) — Helsingfors. Imprimerie de la Société de Littérature finnoise, 1894, br. in-8, pp. 54.

Suomalais-Ugrilaisen Seuran Toimituskia. V. — Mémoires de la Société Finno-Ougrienne. V.

Notice : *T'oung Pao*, VII, 1896, pp. 182/191, par G. Schlegel.

— — Seconde livraison — Helsingfors... 1896, pages 55 à 224.

Ces deux livraisons ont été réunies sous le titre de :

— Inscriptions de l'Orkhon déchiffrées par Vilh. Thomsen,. Professeur de Philologie comparée à l'Université de Copenhague. — Helsingfors. Imprimerie de la Société de Littérature finnoise. 1896, in-8, pp. 224.

Suomalais-Ugrilaisen Seuran Toimituskia. V. — Mémoires de la Société Finno-Ougrienne. V.

Voir en : Appendice. L'inscription chinoise du monument I. Nouvelle traduction anglaise par M. E. H. Parker, p. 212.

Notice : par T. W.[atters], *Jour. Roy. As. Soc.*, July 1896, pp. 632/5.

— The Orkhon Inscriptions. By Edward Harper Parker. (*The Academy*, Dec. 21, 1895, No. 1233, pp. 547/551.)

— Memorial Stone to the late *Téghin k'uĕh*. By E. H. Parker. (*China Review*, XXII, No. 1, pp. 458/464.)

(Epigraphie.)

— Mr. Parker as a Translator. By Herbert A. Giles. (*Ibid.*, No. 2, pp. 552/6.)

— Inscriptions de l'Orkhon. Déchiffrées par Vilh. Thomsen,... By E. H. Parker. (*Jour. China Br. R. As. Soc.*, N. S., XXXI, No. 1, 1896-97, pp. 1/38.)

— Notes on Mr. Parker's Paper. By Thos. W. Kingsmill. (*Ibid.*, pp. 38/9.)

— W. Bang. — Zur köktürkischen Inschrift I E 19-21. (Thomsen.) (*T'oung Pao*, VII, 1896, p. 611.)

— Dates chinoises. Par Ed. Chavannes. (*Ibid.*, pp. 108/9.)

— Les peuples retrouvés de l'Asie centrale. Par G. Saint-Yves. (*Revue bleue*, pp. 204/7.)

— Om de fornturkiska inskrifterna från Orkhon och Jenissei samt prof. Vilh. Thomsens dechiffrering och tolkning däraf. Af Karl Ferdinand Johansson. (*Ymer*, Stockholm, XVI, 1896, pp. 151/179.)

— Die Chinesische Inschrift auf dem Uigurischen Denkmal in Kara Balgassun. Übersetzt und erläutert von Dr. Gustav Schlegel, ordentlichen Professor der Chinesischen Sprache an der Universität zu Leiden. — Helsingfors. Imprimerie de la Société de Littérature Finnoise. 1896, in-8, pp. xv-141 + 1 pl. en tête et le texte à la fin.

Suomalais-Ugrilaisen Seuran Tomituksia. IX. — Mémoires de la Société Finno-Ougrienne. IX.

Notice : *Jour. R. A. S.*, Jan. 1897, pp. 142/3, par T. W.[atters.]

— Sur l'origine de l'Alphabet Turc du Nord de l'Asie par O. Donner. — (*Journal de la Société Finno-Ougrienne* XIV. 1.) Helsingfors. Imprimerie de la Société de Littérature finnoise, 1896, br. in-8, pp. 71 + 1 pl.

— The Nüchi and Orkhon Inscriptions. (*N. C. Herald*, 3 May 1895, pp. 673/674.)

Signé C. P., Tien-tsin.

— Note sur les inscriptions Chinoises de Kara Balgasoun par Gustave Schlegel. (*T'oung Pao*, II, Juin 1891, pp. 125/126.)

— Note on the Yenisei Inscriptions. By John Abercromby. (*Babylonian & Oriental Record*, V, No. 2, Feb. 1891, pp. 25/30.)

— The Yenissei Inscriptions. — Part II. By Robert Brown, Jun. (*Ibid.*, No. 3, April 1891, pp. 73/78.)

— La Stèle funéraire de Kiuèh T'eghin. Notice de Ye-lu-tchou (xiiie siècle). Extraite de l'ouvrage intitulé *Choang-ki-tsouei-in-tsi* (雙溪醉隱集) traduction de Gabriel Devéria, Professeur à l'Ecole des

(Epigraphie.)

Langues Orientales. (*T'oung Pao*, II, Sept. 1891, pp. 229/231.)

Avec une planche. — Voir lettre de J. Deniker, pp. 232/3.

— Observations de M. Devéria sur l'écriture turke-altaïque, la stèle de Gueuk Téghin et l'emplacement de Karakoroum, communiquées par M. Hamy. (Séance du 25 sept. 1891.) (*Acad. des Inscrip. et Belles-Lettres*, Comptes-rendus 1891, IVe Sér., XIX, pp. 365/368.)

— Lettre de Iadrintzev à J. Deniker, Irkoutsk, 15 oct. 1891. (*T'oung Pao*, III, Mars 1862, pp. 98/100.)

— Inscriptions de l'Orkhon recueillies par l'expédition finnoise 1890 et publiées par la Société Finno-Ougrienne. Helsingfors, Imp. de la Soc. Littérature finnoise, 1892, in-fol. à 2 col., pp. xlix-48 + 66 tab., 1 pl. et 1 carte.

Sommaire : Voyage jusqu'à l'Orkhon, par A. Heikel. — Les monuments près de l'Orkhon, par A. Heikel. — Antiquités diverses dans la Transbaïkalie, par A. Heikel. — Les Toukioux et les deux premiers monuments, par A. Heikel. — Les Ouïgours et le troisième monum. Kharakorum, par A. Heikel. — L'inscription chinoise du premier monument, par G. v. d. Gabelentz. — Transcription, analyse et traduction des fragments chinois du second et du troisième monument, par G. Devéria. — Les inscriptions en caractères de l'Iénissei. Système d'écriture. Langue, par O. Donner. — Texte typographique du I, II, III monument. — Vocabulaire du I et du II monument, par O. Donner. — Tableaux No. 1-66.

Notice par G. Schlegel, *T'oung-Pao*, III, No. 5, Déc. 1892, pp. 529/531.

— Ueber den Verfasser und Abschreiber der chinesischen Inschrift am Denkmal des Köl Tägin. Von Friedrich Hirth. (*Ibid.*, VII, Mai 1896, pp. 151/7.)

— Tägin et Töre. Par G. Schlegel. (*Ibid.*, pp. 158/161.)

G. Schlegel a traduit le premier monument déjà donné ci-dessus par G. v. d. Gabelentz, sous le titre de :

— La Stèle funéraire du Téghin Giogh et ses Copistes et traducteurs chinois, russes et allemands par Gustave Schlegel, Professeur de Chinois à l'Université de Leide. — « Extrait du *Journal de la Société Finno-Ougrienne* de Helsingfors. » Leide. — E. J. Brill. 1892, br. in-8, pp. 57 et 1 pl.

Notice by J. L.[egge], *The Academy*, 28 Jan. 1893 ; réimp. *T'oung Pao*, IV, mars 1893, pp. 87/89.

— Die Chinesische Inschrift auf dem Gedenkstein des K'üe-T'e-K'in am Orkhon übersetzt und erläutert von K. Shiratori, Professor der Orientalischen Geschichte an der Adelsschule zu Tokio. — Tokio. Druck der Kokubunsha. August, 1899, gr. in-8, pp. 19 + 6 tableaux.

Les tab. donnent dans 7 col. parallèles les traductions de Gabelentz, Schlegel, Vasiliev, Parker (2), Giles et Shiratori.

— Studien zur chinesischen Inschriftenkunde. I. Kültegin. Ein Beitrag zur Erklärung des chinesischen Textes des Kültegin-Denkmals, nebst Bemerkungen über das Verhältniss der koktürkischen zu der chinesischen Grabschrift. Von C. Arendt. (*Mitth. des Seminars für Orient. Sprachen*, Berlin, Jahrg. IV, Erste Abth., 1901, pp. 171/196.)

— Note sur une inscription Persane trouvée sur les bords du fleuve Orkhon en Mongolie par E. Blochet. (*T'oung Pao*, VIII, N° 3, Juillet 1897, pp. 309/321.)

Un facsimile a été publié par Radloff dans son *Atlas der Mongolei*.

— I. — Huns, Ougres, Ouïgours. II. — Inscriptions de l'Iénisséi et de l'Orkhon. Origine de l'alphabet vieux turc. Par M. Zaborowski. (*Bul. Soc. Anth.*, Paris, 1898, pp. 171/180.)

— Der türkische Text der bilingualen Inschriften der Mongolei. — Erstes Heft : Die Schrift ist eine zu wirklicher Buchstabenschrift weiter entwickelte ächt nationale Bilder-(Silben-)schrift. — Mit einer Schrifttafel von Dr. med. Otto Alberts, pract. Arzt. Berlin. — Halle a. S., C. A. Kaemmerer, 1900, in-8, pp. 17.

— Die alttürkischen Inschriften der Mongolei. Von W. Radloff. Erste Lieferung : Die Denkmäler von Koscho-zaidam. Text, Transscription und Übersetzung. St. Petersburg, 1894, br. gr. in-8, pp. 83. — Zweite Lieferung : Die Denkmäler von Koscho-zaidam. Glossar, Index und die Chinesischen Inschriften, übersetzt von W. P. Wassiljew. St. Petersburg, 1894, Comm. der kais. Ak. der Wissenschaften, br. gr. in-8, pp. 83 à 174 et 2 pl. de chinois pour les monuments de Küe-Tegin et de Me-ki-lien.

Remplace la publication provisoire de Radloff : *Die alttürkischen Inschriften der Mongolei. I. Das Denkmal zu Ehren des Prinzen Kül Tegin.*

— Die Alttürkischen Inschriften der Mongolei, von W. Radloff. Dritte Lieferung. St. Petersburg, 1895.

Notice : *T'oung Pao*, VI, 1895, pp. 516/525, par G. Schlegel.

— Указатель Орхонско-турецкихъ словъ и формъ, разобранныхъ въ статвѣ « Памятникъ въ честь Кюль-Тегина ». — P. M. Melioransky. (*Записки*... В. Р. Розена, XII, No. IV, pp. 0171-0174.)

— Die alttürkischen Inschriften der Mongolei. Von Dr. W. Radloff. — Neue Folge. Nebst einer Abhandlung von W. Barthold : Die historische Bedeutung der alttürkischen Inschriften. — St. Petersburg, 1897. Comm. de l'Ac. Imp. des Sciences, br. gr. in-8, pp. vii-181-36.

Notice : *T'oung Pao*, VIII, pp. 533/8, par G. Schlegel.

— Zu den köktürkischen Inschriften von

W. Bang. (*T'oung Pao,* IX, Mai 1898, pp. 117/141.)

— Die alttürkischen Inschriften der Mongolei von Dr. W. Radloff — Zweite Folge. W. Barthold, Die Inschrift des Tonjukuk. Fr. Hirth, Nachworte zur Inschrift des Tonjukuk. W. Barthold, Die alttürkischen Inschriften und die arabischen Quellen. — St. Pétersbourg, 1899, Comm. de l'Ac. Imp. des Sciences, gr. in-8, pp. xxiv-122-140-29.

Notice par E. H. Parker, *English Historical Review,* Jan. 1900, pp. 149/152.

— Progress in old Turkish Discoveries. By E. H. Parker. (*China Rev.,* XXIV, pp. 21/28.)

— Kritische Beiträge zur ural-altaischen Philologie. Von Dr. Graf Geza Kuun (Maros-Némethi). — Sonderabdruck aus der «Westöstlichen Rundschau», Band 3, 1897, br. in-8, pp. 268 à 285.

— Über den Verfasser und Abschreiber der chinesischen Inschrift am Denkmal des Köl Tägin. Von Friedrich Hirth. (*T'oung Pao,* VII, Mai 1896, pp. 151/7.)

— Zur Erklärung der köktürkischen Inschriften von W. Bang. (*Wiener Zeitschrift f. die Kunde d. Morgenl.,* XII, 1898, pp. 34/54.)

Cte.-rendu des deux articles par le Dr. Graf Géza Kuun, *Zeit. d. D. M. G.,* Bd. 53, Heft 3, 1899, pp. 544/9.

— Historische Glossen zu den alttürkischen Inschriften. Von J. Marquart. (*Wiener Zeit. f. d. K. d. Morg.,* XII, 1898, pp. 157/200.) [Voir col. 772.]

— Die Chronologie der Alttürkischen Inschriften. Von Dr. J. Marquart, Privatdozenten der Alten Geschichte an der Universität Tübingen. Mit einem Vorwort und Anhang von Prof. W. Bang in Löwen. Leipzig, Dieterich, 1898, in-8, pp. vii-112.

— Eine neu aufgefundene alttürkische Inschrift: Vorläufiger Bericht. Von Dr. W. Radloff. (*Bul. Ac. Imp. Sc. St. Pét.,* VIII, Jan. 1898, No. 1, pp. 71/6.)

— Система счисленія орхонскихъ надписей въ современномъ Діалектѣ. — В. Бартольдъ. (*Записки Вост. отд. И. Р. Археол. Общ.,* XVII, No. 4, 1907, pp. 0171/0173.)

— Le Nestorianisme et l'inscription de Karabalgassoun, par Ed. Chavannes. (*J. As.,* Janv.-Fév. 1897, pp. 43/85.)

L'inscription de Kara-balgassoun a été signalée pour la première fois par M. Yadrintsev; elle a été publiée par M. Heikel (*Inscriptions de l'Orkhon,* planches 50-61), puis par M. Radloff (*Atlas der Alterthümer der Mongolei,* pl. XXXI-XXXIV).

— Les Mo-ni et l'inscription de Karabalgassoun. Par P. Pelliot. (*Bull. Ecole franç. Ext. Orient,* III, N° 3, Juill.-Sept. 1903, pp. 467/8.)

Cf. Schlegel, *supra,* Helsingfors 1896. — Voir col. 772.

— Une inscription découverte sur une stèle dans les ruines de Chang-tou. Par C. de Harlez. (*T'oung Pao,* X, Mars 1899, p. 73.)

Mandchourie.

OUVRAGES DIVERS.

— Voir *supra* Tartares Orientaux, Kin, col. 2724/6.

— *Chinese Repository,* I, pp. 113 et seq.

— Empire chinois. Notes sur la Mantchourie [Kay-tcheou, au Leao-tong, mai 1843]. Par Mgr. E. J. F. Verroles. (*Revue de l'Orient,* III, 1844, pp. 193/6.)

— Notices of the Sagalien River, and the island of Tarakai opposite its mouth. By S. W. Williams. (*Chin. Rep.,* XIX, June 1850, pp. 289 et seq.)

— Shaghalian Ula. (*N. C. Herald,* No. 305, May 31, 1856. — Réimp. dans le *Shae. Miscel.,* I.)

— Описаніе Маньчжуріи. — В. П. Васильевъ. (*Записки Имп. Русс. Геог. Общества,* XII, 1857, pp. 1-79.)

— Записки о Нингутѣ. — В. П. Васильевъ. [Mémoires d'un Chinois exilé vers 1657. Traduits du chinois par V. Vasiliev.] (*Ibid.,* pp. 79-109.)

Cf. Extraits des publications de la Société Impériale Géographique de Russie en 1856 et 1857. St. Pétersbourg, 1859, in-8.

II Mémoires de la Société Impériale géographique de Russie.

— Description of the Amúr River in Eastern Asia. By M. A. Peschurof, of the Imp. Russian Navy. Communicated by Capt. John Washington, R. N., F. R. G. S., Hydrographer. (*Proc. Roy. Geog. Soc.,* II, 1858, pp. 153/154.)

— Notes on the River Amúr and the adjacent Districts. By MM. Peschurof, Vasilief, Radde, Usoltzof, Pargachefski, &c. (*Ibid,* III, 1859, pp. 92/93.)

— La Vallée de l'Oussouri, sa flore, sa faune, ses habitants. Par J. Veniukoff. (*Nouv. Ann. des Voy.,* 1859, III, pp. 157/165.)

Analyse d'un mémoire présenté à la Soc. imp. géog. de Russie.

— Les nouvelles acquisitions des Russes dans l'Asie orientale. Le Fleuve Amoûr, d'après les documents originaux et les notes publiées par la Société impériale géographique de Russie. Par V. A. Malte-Brun. (*Ibid.,* II, 1860, pp. 266/276.)

Tirage à part : Paris. Arthus Bertrand, 1860, in-8, pp. 78. Carte.

— Notes sur le fleuve Amoûr et sur la nouvelle frontière russo-chinoise. Par V. A. Malte-Brun. (*Ibid.,* 1861, II, pp. 130/136.)

— Le golfe de Pierre-le-Grand dans la mer du Japon. Note sur les dernières reconnaissances des Français, des Anglais et des Russes. 1852 à 1860. Par V. A. Malte-Brun. (*Ibid.,* 1862, I, pp. 129/134.)

— Esquisse ethnographique des Mangounes

d'après des documents russes. Par C[t] de Sabir. (*Rev. Or. et Am.*, V, 1861, pp. 292/299.)

— C. de Sabir. — Le Fleuve Amour, voir col. 2449/2450.

— Поѣздка въ Цицигаръ г. малевича въ 1863 г. (*Записки* Soc. Géog. d'Irkoutsk, VII, 1864, pp. 32/46.)

— Двѣ поѣздки въ Маньчжурію въ 1864 году. I. Описаніе пути изъ Старо-Цурухайтуевсаго карауда чрезъ г. Мергэнъ-на Айгунъ. (*Ibid.* VIII, 1865, pp. 1/57.) — II. Сунгари отъ Гирина до устья. П. Кропоткина. (*Ibid.*, pp. 58/120.)

— Путевая записка о поѣздкѣ въ Китайскій городъ Хайларъ. — Н. Хилковскій. — (*Ibid.*, pp. 149/156.)

— Notes on the Russian Harbours of Possiette, Wladivostock, Nakhodka, and Olga Bay, on the Coast of Manchuria. By the Rev. W. V. Lloyd, R. N., F. R. G. S. (*Proc. Roy. Geog. Soc.*, XI, 1867, pp. 253/255.)

— Fr. Aug. Lühdorf. — Das Amur-Land, seine Verhältnisse und Bedürfnisse. (Petermann, *Mitth.*, 1868, août, pp. 325/332.)

— Notes on Southern and Central Manchuria by the Rev. Alexander Williamson. (*N. C. Herald*, Dec. 31, 1867.)

— Notes on Manchuria. By Rev. Alexander Williamson, B. A. Read, Nov. 23, 1869. (*I. R. Geog. Soc.*, XXXIX, 1869, pp. 1/36.) — Extracts. (*Proc. R. Geog. Soc.*, XIII, 1869, pp. 26/38.)

— Aperçu géographique et commercial sur la Mandchourie, Par M. H. Fontanier. (*Bull. Soc. Zool. Acclim.*, IIe Sér., VII, 1870, pp. 84/91.)

— Russian Manchuria. (*Shai. Budget*, 28 Dec. 1871.)

— Russians in Mantchuria. (*Colburn's New Monthly Magazine*, CXLIII, p. 367.)

— Notes on Manchuria. By Rev. J. Ross. (*Chin. Rec.*, VI, 1875, pp. 214/221.)

— Some Notes on Liao-tung. By Rev. J. Ross. (*Ibid.*, VII, 1876, pp. 99/106.)

— Superstitions of Manchuria. By Rev. John Ross. (*Ibid.*, VIII, 1877, pp. 516/519.)

— The Province of Shing-king. — In Five Parts. — 1. Historical. 2. Geographical. 3. Famous men and women. 4. Antiquities. 5. Commercial. And a short account of Tonquin. — June 1880. — Shanghai : Printed at the « Shanghai Mercury » Office, br. in-4, pp. 37.

— Voir les rapports du Commissaire des Douanes à Nieou tchouang.

— Voir *Nieou tchouang*, col. 2214-5.

— Voir au chapitre RELIGION, les *Annales de la Propagation de la Foi*, etc., ainsi que les *Biographies des Missionnaires*.

(MANDCHOURIE : OUVRAGES DIVERS.)

— Маньчжуры, Дауры и китайцы Амурской области (съ рисунк.) А. Ю. Назарова. (*Извѣстія* Soc. Géog. Irkoutsk, XIV. NN. 1-2. 1883, p. 18.)

— Dergi hese jakôn gôsa de wasimbuhangge. (*Ching-yu pa ki*) 聖諭八旗 Décret suprême adressé aux Huit Bannières. Traduit du mandchou par C. de Harlez. (*Mém. Soc. Et. jap. et chin.*, IV, 1885, pp. 177/191.)

Voir col. 1560.

— La religion nationale des Tartares orientaux Mandchous et Mongols, comparée à la religion des anciens Chinois, d'après les textes indigènes, avec le rituel tartare de l'empereur K'ien-long, traduit pour la première fois par Ch. de Harlez, Correspondant de l'Académie. Bruxelles, F. Hayez, 1887, in-8.

Ext. du tome XL des *Mém. couronnés et autres Mémoires* publiés par l'Acad. roy. de Belgique, 1887.

Notice par L. Feer, *Journ. Asiat.*, VIIIe sér., XI, Avr.-Mai-Juin 1888, pp. 539/542.

— Port Arthur. (*Broad Arrow*, 14 avril 1888 ; trad. *Revue maritime et coloniale*, XCVII, 1888, pp. 569/570.)

— Die amtliche Beschreibung von Schöngking. Besprochen von K. Himly. (*Zeit. f. wissensch. Geog.*, Redaction von J. J. Kettler in Karlsruhe, Jahrg. IV.)

— An extensive Squeezing Ground. (*China Review*, XIII, p. 118.)

— Levies at Kirin. (*Ibid.*, pp. 118/119.)

— * E. Teza. — Mangiurica, note raccolte. Pisa.

— Roadside Religion in Manchuria. By Rev. John Macintyre. (*Journ. C. B. R. A. S.*, XXI, N. S., 1886, Art. IV, pp. 43/66.)

— Extrait des *Bulletins de la Société Royale de Géographie d'Anvers*. — La Mandchourie par M. le Dr L. Delgeur, vice-président de la Société. Anvers, Veuve de Backer, 1888, in-8, pp. 29.

— La Mandchourie par M. le Dr. L. Delgeur, vice-président de la Société. (*Bull. Soc. roy. Géogr. Anvers*, XII, 1887-1888, pp. 205/231.)

— Port-Arthur. (*Bul. Soc. Géog. commerciale du Havre*, 1889, pp. 14/18.)

— La Chine et la Mandchourie. (*Ibid.*, pp. 272/280.)

— Etudes sur la Mandchourie par Henry de Rosny. (*Le Lotus*, IX, Avril 1890, pp. 111/126...)

Henry de Rosny, † 1er juillet 1894, à l'âge de 21 ans.

— The Manchu Race. (*Nature*, XLV, 1891-92, pp. 523/524.)

A propos d'un article du *North-China Herald*, de Chang-hai.

— The Russian Acquisition of Manchuria. (*Blackwood's Mag.*, CLIII, May 1893, pp. 631/646.)

(MANDCHOURIE : OUVRAGES DIVERS.)

88*

— Russian Progress in Manchuria. (*Ibid.*, CLIV, Aug. 1893, pp. 199/214.)

— Balance of Power in Eastern Asia. (*Ibid.*, Sept. 1893, pp. 397/415.)

— A travers la Mandchourie. (*Missions Catholiques*, XXV, n° 1269, 29 sept. 1893, pp. 463/467.)

Communication de l'abbé Marchand, curé-doyen de Delle (diocèse de Besançon), d'après des renseignements du P. Sandrin dont le portrait est donné p. 463.

— Southern Manchuria. A few facts about the Country. (*Lond. & China Express*, Nov. 23, 1894, pp. 991/2.)

D'après une conférence du Cap. John Eccleston, Douanes chinoises, à la Balloon Society, 13 nov. 1894.

— Putjatas Schilderung der Mandschurei. Von Krahmer. Wernigerode. I. (*Globus*, LXV, 1894, No. 7, pp. 114/116.) II. (*Ibid.*, No. 8, pp. 130/133.)

— Our Commercial Relations with Chinese Manchuria. By A. R. Agassiz, of the Imperial Chinese Customs, Shanghai. (*The Geographical Journal*, Dec. 1894, pp. 534/556.)

— The Chinese Viceroyalty of Manchuria. [From the Russian of Lieut. Z. Matusovski's « Sketch of the Chinese Empire ».] Translated by Lt. Colonel W. E. Gowan. (*Imp. & As. Quart. Rev.*, N. S., IX, 1895, pp. 166/182, 425/433.)

Tirage à part : in-8, pp. 26. — Voir col. 193.

— Histoire et description de Moukden. (*Bul. Soc. Géog. com. Havre*, 1895, pp. 47/51.)

— Ten Years in Manchuria... By D. Christie. — Voir col. 1266.

— Manchuria. By the Rev. John Ross, D. D. [With a Map.] (*Scottish Geog. Mag.*, XI, 1895, pp. 217/231, carte.)

Voir col. 1266.

— Maps of Manchuria. By the Rev. Jas. W. Inglis, of Mukden. (*Scottish Geog. Mag.*, XI, 1895, pp. 530/1.)

— The truth about Port Arthur. By Frédéric Villiers. (*North American Review*, CLX, March 1895, pp. 325/330.)

— Chinese Colonisation in Manchuria. (*Dublin Review*, CXIX, July 1896, pp. 167/168.)

— La Mandjourie. Géographie économique. — Le chemin de fer russo-chinois par M. J. Chaffanjon. (*Bul. Soc. Géog. com. Paris*, XIX, 1897, pp. 291/5.)

— Изданіе Министерства Финансовъ. — Описаніе Маньчжуріи (съ Картой). — Составлено въ Канцеляріи Министра Финансовъ подъ редакціей Димитрія Позднѣева. — С.-Пет., Ю. Н. Эрлихъ, 1897, 2 vol. in-8.

— Description de la Mandchourie rédigée par M. Podzneiev, sous la direction de M. Romanov. (Analyse de M. A. Raffalovitch.) (*Bul. Soc. Géog. com. Paris*, XIX, 1897, pp. 822/830.)

— L'avvenire della Manciuria. (*L'Universo*, VIII, 1898, pp. 131/132.)

— Die Mandschurei. Von Herrn Dr. A. Serbin in Friedenau. (*Arch. f. Post u. Teleg.*, 1898, pp. 48/52.)

— Notes on Manchuria by Colonel Browne [Made between July 31 and Dec. 31, 1897]. (*China*. No. 1 [1899], pp. 34/56.)

— Manchuria. By Col. G. F. Browne. (*Supp. Lond. and China Express*, Nov. 13, 1903.)

Conférence faite à Aldershot devant la Réunion des Officiers.

— Geschichte Sibiriens und der Mandschurei. — Von Albrecht Wirth. Bonn a. Rh., Carl Georgi, 1899, in-8, 4 ff. n. ch. tit. etc. + pp. 220.

— Manchuria. By L. Szigetváry, Ass. Examiner. Custom House, Newchwang, 29th January 1900. (*Ret. of Trade* for 1899, II, p. 8.)

Carte montrant les chemins de fer russe et chinois et les bureaux de poste.

— Notes juridiques sur l'administration des territoires nouvellement acquis par la Russie en Mandchourie. Par F. Mallieux. (*Chine et Sibérie*, Janv. 1900, pp. 29/33.)

La Chine ayant cédé à la Russie, le 15/27 mars 1898, le droit de libre passage en Mandchourie pour le chemin de fer et la jouissance de Port Arthur et de Talien wan, un édit du 15 juillet 1899 fait de cette dernière un port libre ; il a paru dans le *Recueil officiel russe*, fasc. 96, No. 1291.

— La presqu'île de Liao-toung. Par Henri Bleton. (*Bul. Soc. Géog. com.*, XXII, 1900, pp. 621/5.)

— Карта Маньчжуріи — Изданіе « Правительственнаго Выстника ». A. Ilinne, s. d. [1900].

Brit. Museum, 60620 (2).

— Brétschneider. 1900. — Voir RUSSIE col. 2457.

— Илинскій. — О новой пограничной линіи Россіи съ Китаемъ и объ островахъ, отошедшихъ во владѣніе Россіи на Корейскомъ и Лядунскомъ Заливахъ. — Бретшнейдеръ. — По поводу статьи Подполковника Илинскаго о Гуанъ-дун'скомъ полуостровѣ. — С.-Пет., 1900, in-8, pp. 26 + 28, carte.

Ext. des *Извѣстій Имп. Русс. Геог. Общ.*, XXXVI, IV, et *Напечатано по распоряженію Имп. Русс. Геог. Общ.*

— La Conquête russe en Mandchourie. (*Belgique Coloniale*, 23 Décembre 1900, p. 604.)

— La Mandchourie grenier de l'Amour. Par J. Servigny. (*Rev. française*, XXV, 1900, pp. 719/723.)

— La Mandchourie. (*Chine et Sibérie*, Janv. 1901, pp. 41/4, 67/72.)

— La question de Mandchourie. (*Bull. Com. Asie française*, 1901, Avril, pp. 39/42.)

— L'or en Mandchourie. (*Ibid.*, Juin, p. 122.)

— Les Russes en Mandchourie. (*Ibid.*, Oct., pp. 302/303.)

Extrait d'Archibald Colquhoun : *Manchuria in transformation*, dans *The Monthly Review*.

— Trades-Routes in Manchuria. By Rev. John Ross of Niuchwang. (*Scottish Geog. Mag.*, XVII, 1901, pp. 303/310.)

— Les routes commerciales de la Mandchourie. (*Le Mouv. géog.*, 1901, col. 433/435, 455/457.)

— Les richesses minières de la Mandchourie. (*Ibid.*, col. 328-9.)

Ext. du *Bull. de la Soc. d'études coloniales.*

— Die Kämpfe der russischen Truppen in der Mandschurei im Jahre 1900 Auf Grund der veröffentlichten Berichte des russischen Generalstabes zusammengestellt von v. C.-M. Major z. D. — Mit drei Beilagen und einer Skizze — Leipzig, Zuckschwerdt, 1901, in-8, pp. 46 sans les Beil.

— Quer durch die Mandschurei in den Kämpfen gegen China 1900/01. — Feldzugserinnerungen und Erzählungen von Alexander Wereschtschagin. — Aus dem Russischen von Ullrich, Leutnant im Infanterie-Regiment Freiherr von Sparr (3. Westf.) Nr. 16. Mülheim am Rhein, C. G. Künstler, 1903, in-16, pp. 209.

— Alexander W. Wereschtschagin... Kriegsbilder aus Ostasien Feldzugserinnerungen — Uebersetzt von R. Ullrich... — Berlin, Karl Siegismund, in-16, pp. 201.

Forme le Vol. II de *Vom Kriegsschauplatze in der Mandschurei.*

— Die Mandschurei Nach dem vom Russischen Grossen Generalstabe herausgegebenen « Material zur Geographie Asiens ». Mit einer Karte übersetzt von R. Ullrich Leutnant im Inf.-Regt. von Sparr. — Berlin, Karl Siegismund, in-8, pp. 51.

— Карта Маньчжуріи. — С. Л. Бородовскій. — 1901. St. Pétersbourg. Echelle 3.360.000.

Cette carte en couleurs de la Mandchourie et de la Chine jusqu'à Péking est accompagnée de l'index suivant :

— Изданіе Канцеляріи Министра Финансовъ. — Алфавитный Указатель Географическихъ Именъ, помѣшенныхъ на Картѣ Маньчжуріи Л. Бородовскаго. 1901 г. St. Petersbourg, 1901, in-8, pp. 33.

— Manchuria. Its People, Resources and recent History by Alexander Hosie, M. A., F. R. G. S. H. B. M. Consular Service, China... With Map, Diagrams and Illustrations Methuen & Co... London 1901, in-8, pp. xii-293.

— La Mandchourie. (*Rev. Indo-chinoise*, 205, 22 sept. 1902, pp. 874/8 ; d'après les *Etudes Coloniales*.)

— L'or en Mandchourie. (*Bull. Com. de l'Asie française*, 1902, Janvier, pp. 32/33.)

— La question de Mandchourie. (*Ibid.*, Mars, pp. 135/137.)

— Muscovite designs on Manchuria. By L. Miner. (*North American Review*, CLXXIV, March 1902, pp. 315/328.)

— Les Russes en Mandchourie. (*Bull. Com. Asie française*, Juillet 1902, pp. 320/321.)

— Dalny Nouveau port commercial russe, sur le golfe du Pechi-li. Traduit de la *Marine Review* du 27 mars 1902 ; par le lieutenant de vaisseau Sérieyx. (*Revue maritime*, Oct. 1902, pp. 2003/2007.)

— La Russie et la Mandchourie. (*Bull. Com. Asie française*, Octobre 1902, pp. 442/444.)

— Les Russes en Mandchourie. (*Rev. française*, 1902, pp. 733/8.)

— La Russie en Mandchourie. (*Belgique Coloniale*, 23 Novembre 1902, pp. 555/557.)

— Die Mandschurei. Von Hauptmann Immanuel in Engers am Rhein. (*Geog. Zeitschft.*, VIII, 1902, pp. 185/204.)

— Карта Южной Маньчжуріи — Мукденьская Провинція и Квантунская область Составили Подполковникъ Хвостовъ и Корпуса Военныхъ Топографовъ Поручикъ Любицкій въ 1902 г. 4 feuilles.

Echelle 20 verstes = 1 pouce.

— * The Persecution in Manchuria. By John Ross, D. D. (*Missionary Review of the World*, Nov. 1902.)

— Les chemins de fer mandchouriens. (*Bul. Soc. Géog.*, Dunkerque, 1902, XIX, pp. 187/192.)

— * Gelbrussland. Von H. v. Samson-Himmelstjerna. (*Kolon. Z.*, III, 1902, pp. 124/6, 141/2, 159/161, 176/9, 198/200, 218/9.)

— Russland, Grossbritannien und Deutschland in Nord-China. — 1. Port Arthur. Von « Hansa ». (*Der Ferne Osten*, Bd. 1, Heft 1, pp. 67/76.)

— Port Arthur, By Hansa. (*East of Asia*, Vol. 1, No. 1, pp. 64/72.)

— La Question mandchourienne. Par Henry Bidou. (*Bull. Com. Asie française*, 1903, Février, pp. 59/63.)

— Mandchourie et Corée. Par Robert de Caix. (*Ibid.*, Septembre, pp. 362/367.)

— Le commerce de la Mandchourie. (*Ibid.*, Octobre, pp. 455/457.)

— Die wirtschaftlichen Verhältnisse der Mandschurei. Von v. Kleist. (*Asien*, II, 1903, pp. 65/6.)

— Transsibérien — Transmandchourien (Colonisation russe) [Fin]. Par André Brisse. (*Rev. Géog.*, Sept. 1903, pp. 215/228.)

— Pruneau. — La Mandchourie. (*Revue des Troupes colon.*, Paris, 1903, II, I, pp. 227/253, 407/427, 516/529, 577/601.)

— Étude sur la Mandchourie par Le Lieutenant Pruneau de l'infanterie coloniale — (Extrait de la *Revue des Troupes coloniales*). Paris, Henri Charles-Lavauzelle, s. d. [1903], br. in-8, pp. 90 + 1 p. n. ch.

— Jules Legras. — Le Transmantchourien. (*Annales de Géog.*, Paris, 1903, XII, pp. 31/46.)

— Les Khounkhouzes. (*Bull. Com. Asie française*, Janvier 1904, pp. 39/40.)

— The Manchurian Question. (*The Times Weekly Edition*, 1904, Jan. 29, p. 70 ; Feb. 5, pp. 84/6.)

Dans ce dernier numéro, à la suite de l'article, une lettre signée *Diplomaticus* contient la note verbale russe du 25 avril 1895 relative à la rétrocession du Liao-toung.

— Carte nouvelle de la Mandjourie méridionale. Par D. Aïtoff. (*La Géographie*, 15 Février 1904, pp. 134/135.)

— Le port de Dalny. Par Paul Labbé. (*Ibid.*, 15 Mars 1904, pp. 210/212.)

— L'ethnographie de la Mandchourie, par M. Louis Marin. (*Ibid.*, pp. 225/231.)

— L'émigration chinoise en Mandchourie. (*Bull. Com. Asie française*, Avril 1904, pp. 204/5.)

D'après le Dr. Morrison, correspondant du *Times* à Péking.

— The Names Manchu and Manchuria. (*Geograph. Journal*, XXIII, No. 5, May 1904, pp. 683/4.)

— Carte chinoise des chemins de fer en

Mandchourie. Par Ed. Chavannes. (*T'oung Pao*, IIe Série, V, 1904, No. 2, Mai, pp. 218/225.)

— Carte chinoise des chemins de fer en Mandchourie (note additionnelle). Par Ed. Chavannes. (*Ibid.*, No. 3, Juillet, pp. 336/338.)

— La Mandchourie. (*Bul. Soc. Géog. Rochefort*, XXVI, 1904, 2, pp. 161/2.)

— Populations de la Mandchourie et de la Corée. Par Francis Mury. (*Revue de Géog.*, T. LIV, 1904, pp. 134/143.)

— Publications du Comité de l'Asie française, 19 rue Bonaparte, Paris. — Carte du théâtre de la guerre russo-japonaise Dressée par Emmanuel Barralier, 1904, 1 feuille.

Imp. Millet. — Echelle 1/2.200.000.

— Japon, Corée et Mandchourie méridionale pour suivre les opérations militaires — Dressée d'après les renseignements les plus récents, par L. Desbuissons, Géographe, & G. Hutin, 1904, 1 feuille.

Imp. Erhard, Paris.

— Mandchourie et Corée de Kharbine à Séoul de Port Arthur à Vladivostok. Traduction de la Carte d'Etat-Major Russe — Augustin Challamel, Editeur, Paris, 1904, 1 feuille.

Traduit, dessiné et gravé par R. Hausermann. — Imp. Monrocq.

— Les charbons du Japon, du Petchili et de la Mandchourie Notes de voyage par M. Ch.-E. Heurteau, Ingénieur au Corps des Mines. — (Extrait des *Annales des Mines*, livraison d'Août 1904.) Paris, Vve Ch. Dunod, 1904, in-8, pp. 64.

— * Manchuria and Port Arthur. By Colonel C. E. de la Poer Beresford. (*J. R. United Service I.*, XLVIII, 1904, pp. 533/540.)

— Geography of Manchuria. Physical and Strategic. By N. M. Fenneman, Professor of Geology, University of Wisconsin. (*Jour. of Geog.*, IV, Jan. 1905, pp. 6/11.)

— * Map of the country round Mukden. Scale 1:420,000 or 6·6 stat. miles to an inch. Revised May, 1905. Map of the country north of T'ieh-ling. Scale 1: 420,000. Revised May, 1905. Map of the country south of Harbin. Scale 1:420,000. May, 1905. London : Topographical Section, General Staff, War Office, 1905. *Price 2 s. each.*

— * Muszynski von Arenhort. — Militärtopographische Beschreibung der Mandschurei. Mit einer Orientierungskarte, Wien, 1905, in-8, pp. III-103.

— Le commerce des instruments agricoles en Mandchourie. (*Soc. Géogr. comm.*, XXVIII, No. 6, Juin 1906, pp. 408/410.)

Extrait de *Daily Consular and Trade Reports*, de Washington.

— The Sikhota Alin. (*Geographical Journal*, XXVII, No. 6, June 1906, p. 628.)

— The Lay of Mukden. By C. A. Montalto de Jesus. (*East of Asia*, Vol. 5, No. 1, March 1906, pp. 38/48.)

— La question douanière en Mandchourie. (*Bull. Com. Asie française*, Sept. 1906, pp. 362/3.)

— Le sol et le climat de la Mandchourie, l'habillement et l'habitation du paysan chinois et du soldat russe pendant la dernière guerre. Conférence de M. le Docteur Follenfant, au Comité de l'Asie française, faite le 28 février 1907. (*Ibid.*, 1907, février, pp. 45/52.)

— Le Chemin de fer Transmandchourien après la guerre. (*Ibid.*, Mars, pp. 93/94.)

— L'évacuation de la Mandchourie. (*Ibid.*, p. 102.)

— Le chemin de fer japonais de Mandchourie. (*Ibid.*, pp. 102/3.)

— Les affaires de Mandchourie. (*Ibid.*, Avril, pp. 144/6.)

Evacuation.

— La situation en Mandchourie. (*Ibid.*, Mai, pp. 183/4.)

— Nouveaux Centres administratifs chinois sur la Soungari par M. A. Vissière Correspondant du Ministère de l'Instruction publique — (Extrait du *Bulletin de géographie historique et descriptive*, N° 1. — 1907). Paris, Imprimerie nationale — MDCCCCVII, in-8, pp. 12.

Voir GUERRE RUSSO-JAPONAISE, col. 2599/2621.

HISTOIRE.

— Voir col. 623 et seq.

— * Одстояте из пое Описаніе пропахоредения и состоянія Маньчжурскаю народа и войска. Description détaillée de l'origine et de l'état actuel du peuple mandchou et de son armée. Par Alexis Léontiev. Avec notes et commentaires [à la fin] écrits par Rossokine. St. Pétersbourg, 1784, 16 vol.

Traduction de l'original mandchou publié en 1739. L'auteur décrit en détail la transformation des Mandchous en peuple indépendant et son organisation politique et militaire. On y trouve aussi les biographies des Mandchous célèbres.

— Geschichte des Östlichen Asiens von Dr. Joh. Heinr. Plath. — *Erster Theil.* — Die Mandschurey. Göttingen, in der Dieterichschen Buchhandlung, 1830, in-8.

Cette première portion de l'ouvrage se compose de deux parties qui ont pour titre : Die Völker der Mandschurey von Dr. Jo. Heinr. Plath, Privatdozenten der Geschichte an der Universität Göttingen. Erster Band. Göttingen, in der Dieterichschen Buchhandlung, 1830.

— — Zweyter Band. *Ibid.*

Pp. XVI + ff. 16 n. c. pour la table des 2 parties + pp. 1 à 498 + 1 f. n. c. p. l. er., pp. 499 à 1036 + 1 f. n. c. p. l. er.

Le Dr. J. H. Plath est mort, à l'âge de 73 ans à Munich, le 16 Nov. 1874.

— Notice sur l'origine de la nation des Mandchoux. (Klaproth, *Mém. rel. à l'Asie*, I, pp. 441/454.)

— W. Gorsky. — Berceau de la dynastie mantchou, etc. [Voir col. 1350 et 633.]

— The Rise and Progress of the Manjows. By the Rev. J. Ross. (*Chin. Rec.*, VII, 1876, pp. 155/168, 235/248, 315/329; VIII, 1877, pp. 1/24, 197/208, 361/380.)

— The Manchus, or the reigning dynasty of China : their Rise and Progress. Maps and illustrations. By Rev. John Ross, Author of « Corea ». Paisley : J. and R. Parlane, 1880, in-8, pp. XXXII-751.

Voir col. 633/4.

E. H. Parker.

— Manchu Relations with Mongolia. By E.H. Parker. (*China Review*, XV, pp. 319/328.)

— Manchu Relations with Russia. By E. H. P.[arker.] (*Ibid.*, XVI, pp. 41/46.)

— Hala. By E. H. Parker. (*Ibid.*, p. 189.)

— Hat'ang. By E. H. Parker. (*Ibid.*)

— Financial. By E. H. Parker. (*Ibid.*, XVII, No. 1, p. 54.)

Province de Tsitsihar 額項.

— Manchu Relations with Tibet, or Si-tsang. By E. H. Parker. (*Journ. C. B. R. A. S.*, XXI, N. S., 1886, pp. 289/304.)

— The Manchu Relations with Corea. By Edward Harper Parker. [Read Dec. 15, 1886.] (*Trans. As. Soc. Japan*, XV, Pt. I, June 1887, pp. 93/95.)

— The Manchus. By Edward Harper Parker. [Read Dec. 15, 1886.] (*Ibid.*, pp. 83/92.)

— The Russians and Manchuria. By E. H. Parker. (*China Review*, XXIII, N° 3, pp. 143/153.)

— Russia's sphere of influence, or a thousand years of Manchuria. By E. H. Parker. (*Imp. & As. Quart. Rev.*, 3rd Ser., IX, 1900, pp. 287/313.)

VOYAGES.

— Verbiest. [Voir col. 635/6.]

— Voyage à la Montagne Blanche, traduit du Mandchou. (Klaproth, *Mém. rel. à l'Asie*, I, pp. 455/460.)

— The *Chang-peh Shán*, or Long White Mountains of Manchuria. By S. W. Williams. (*Chin. Rep.*, XX, pp. 296/298.)

— Voyage dans la Province de la Mandchourie par le P. Venault. Mandchourie, 10 mai 1851. (*Rev. de l'Or. et de l'Alg.*, XI, 1852, pp. 224/237.)

— * 35th Congress, 1st Session. Ex. Doc. No. 98. Exploration of Amoor River. Letter from the Secretary of State, in answer to a resolution of the House, calling for information relative to the Explorations of Amoor River. April 7, 1858. Ordered to be printed.

— Explorations of the Amoor River in Northern Asia. [P. M. D. Collins.] (*Singapore Free Press*, June 24, 1858 ; réimp. *N. C. Herald*, June 24, 1858.)

— Perry Mc D. Collins' Bericht über seine Reise durch das Asiatische Russland, 1856 u. 1857, und über die Handels-Verhältnisse am Amur. (Petermann's *Mitth.*, 1859, No. I, pp. 19/29.)

— Путешествіе на Амуръ, совершенное по распоряженію Сибирскаго отдѣла императорскаго русскаго географическаго общества, въ 1855 году. Р. Маакомъ. St. Pétersbourg, 1859, in-4, pp. VIII + 2 ff. n. c. + 320 + 2 ff. n. c. + 211 p. + VIII + 1 f. n. c. + XIX.

Il y a un compte-rendu étendu de cet ouvrage par Constantin de Sabir dans les *Nouvelles Annales des Voyages*, 1861, I, pp. 46/83, 182/232. « L'expédition à la tête de laquelle se trouvait M. Maack, se composait de MM. Hertsfeld, Sandhagen, Kotchetoff et Furmann ; partie des bords de l'Amoûr en avril 1855, elle ne revint à Irkoutsk qu'en janvier 1856, après avoir parcouru en 9 mois 6000 verstes, c'est-à-dire environ 6402 kilomètres. » P. 47.

— Reise an den Sungari. (Erman, *Archiv Russ.*, XIX, 1860, pp. 515-518.)

— Nachrichten vom Ussuri-Flusse. St. Pétersb. (*Acad. Sc. Bull.*, II, 1860, col. 545 à 567.)

— Nachrichten vom Sungari-Fluss. [1861.] St. Pétersb. (*Ibid.*, IV, 1862, col. 225-245.)

— Nachrichten vom Ssungari-Fluss, aus einer brieflichen Mittheilung des Herrn Maximowicz an Hrn. Leop. v. Schrenck. (*Ibid.*)

— Maximowicz's Reise auf dem unteren Ssungari, 1859. (Petermann, *Mitth.*, 1862, pp. 167/170.)

Voir *Maximowicz*, col. 462/4, *Regel*, col. 465, et en général le chapitre *Histoire naturelle*.

— Le Fleuve Amour. Par F. de Lanoye. (*Tour du Monde*, 1860, I, pp. 97/112.)

I. Exploration de ce fleuve depuis ses sources jusqu'à son embouchure. II. Voyage d'hiver le long de l'Amour, de l'embouchure du fleuve au confluent de la Chilka et de l'Argoun, exécuté en 1856-57 par M. Porgachevski.

— Le fleuve Amoûr. Journal de voyage de M. Permikine. (*Nouv. Ann. des Voy.*, 1860, III, pp. 145/210.)

— Japan, the Amoor, and the Pacific ; with Notices of other Places comprised in a Voyage of circumnavigation in the Imperial Russian Corvette « Rynda », in 1858-1860. By Henry Arthur Tilley. London, Smith, Elder & Co., 1861, in-8.

— Account of a Journey from Tientsin to Moukden, in Chinese Tartary : Letter to the Editor of the *North China Herald*. By M. (*N. C. Herald*, No. 581, Sept. 14, 1861.)

— Narrative of a Journey from Yingtsze-Newchwang to Moukden and Tientsin. By A. M. (*Ibid.*, No. 628, Aug. 9, 1862 ; No. 630, Aug. 23, 1862.)

— Narrative of a Journey from Tientsin to Mukden, in Manchuria. By A. Michie, Esq. (*Proc. Roy. Geog. Soc.*, VII, 1863, pp. 25/26.)

— Travels on Horseback in Mantchu Tartary : being a Summer's ride beyond the Great Wall of China. By George Fleming Esq. London, 1863, in-8.

— The Sea-board of Russian Manchuria. By J. M. Canny Esq. Read before the Society on Sept. 5th and Nov. 29th 1864. (Art. VI, *Journal N. C. B. R. A. S.*, No. I, N. S., pp. 70/108.)

«The following paper on the Russian possessions on the coast of Manchuria is the result of the writer's personal experience while serving in the Russian navy in the years 1862-63.» P. 70.

— Notes of a trip to the coast of Saghalien and the Amoor. (*Shae. Evening Courier*, Nos. 13 & 15 [1868].)

— * Путешествіе въ Уссурійскомъ краѣ. 1867-1869. *Н. Пржевальскаго* (*N. Prjevalsky*. Voyage dans le pays de l'Oussouri [Mandchourie russe] 1867-1869). St. Pétersbourg, 1870, in-8. Avec une carte, pp. 356.

— Prjevalsky. Voir MONGOLIE, et T'IEN CHAN.

— The English Doctor in Southern Manchooria. (*Edinburgh Medical Journal*, Nov. 1869.)

Par le Dr. James Watson, de Nieou tchouang. — Notice : *Shae. Evening Courier*, Jan. 13, 1870.

— Travels of a Naturalist in Japan and Manchuria. By Arthur Adams, F. L. S. Staff-Surgeon, R. N. London : Hurst and Blackett, 1870, in-8, pp. x-334.

— Williamson's Journeys in North-China, 1870. [Voir col. 2132.]

— Eastern Siberia and the Amoor. By Ronald Bridgett Esq. (*Proc. Roy. Geog. Soc.* — Réimp. dans *The Cycle*, 11 June 1870.)

— Journey from Port May to Kiachta. (*Shai. Budget*, 1871, June 23, 30 ; July 7, 14.)

— Travels in Mantchuria. (*Dublin University Mag.*, LXII, p. 95.)

— Дорожныя замѣтки на пути отъ Пекина до Благовѣщенска, чрезъ Маньчжурію, въ 1870 году. — Архимандрита Палладія. — (Изъ записокъ по Общей Географіи, T. IV), br. in-8, pp. 130 et une carte.

— An Expedition through Manchuria from Pekin to Blagoveschensk in 1870. By the Archimandrite Palladius, chief of the Russo-Greek Church Mission at Pekin. Compiled from the Journal of the Archimandrite, and translated by E. Delmar Morgan, F. R. G. S. [Read Feb. 26, 1872.] With a Map. (*Jour. Roy. Geog. Soc.*, Vol. 42, 1872, pp. 142/180.)

— The Recent Journey of the Archimandrite Palladius through Manchuria. Translated from the Russian, and adapted by E. Delmar Morgan, Esq., F. R. G. S. (*Proc. Roy. Geog. Soc.*, XVI, 1872, pp. 204/217.)

— Journal through Eastern Mantchooria and Korea. By Walton Grinnell. Read June 13th, 1871. (*Am. Geog. Soc.*, N. York, Vol. III, No. IX, pp. 283/299.)

— On the island of Saghalin. By Colonel Veniukoff. Translated from the Russian «Voyenni Sbornik», by Captain Spalding, 104th Regiment. With a Map. (*Jour. Roy. Geog. Soc.*, Vol. XLII, 1872, pp. 373/388.)

— A Visit to the Gulf of Tartary and Saghalien [with the *Iron Duke*]. (*Hongkong Times* ; réimp. *Shai. Budget*, Dec. 18, 1873.)

— A new route from Moukden to Kirin. (*N. C. Herald*, Jan. 25, 1888, pp. 97/100 ; Feb. 3, pp. 133/134.) By John Ross.

— Un voyage en Mandchourie par M. de Mailly-Chalon. (*Bull. Soc. Géog. Paris*, VIIe Sér., VI, 1885, pp. 5/24.)

∴

— A Journey in Manchuria, to the Pei-shan Mountains and the sources of the Sungari. (*Proc. R. Geog. Soc.*, VIII, 1886, Dec., pp. 779/80.)

H. E. M. James.

— A Journey in Northern and Eastern Manchuria. (*Proc. R. Geog. Soc.*, N. S., Vol. IX, 1887, pp. 235/239.)

Par MM. James, Younghusband et Fulford.

— A Journey in Manchuria. By H. E. M. James, of the Bombay Civil Service. (*Ibid.*, Sept., pp. 531/567 ; carte, p. 594.)

— The Long White Mountain or a Journey in Manchuria with some account of the History, People, Administration and Religion of that Country by H. E. M. James of Her Majesty's Bombay Civil Service. With Illustrations and a Map. London, Longmans, 1888, in-8, pp. xxiv-202.

長白山.

— Manchuria : Notes of a recent Journey. By H. E. M. James. (*Jour. Manchester Geog. Soc.*, III, 1887, pp. 205/215.)

— [C. — 5048.] — *China.* No. 2 (1887). — Despatch from Her Majesty's Minister at Peking, forwarding a Report by Mr. H. E. Fulford, student interpreter in the China Consular Service, of a Journey in Manchuria. $5\frac{1}{2}$ *d.*

— Chine. — Découverte des sources du Soungari. (*Soc. roy. belge Géogr., Bull.*, 1887, pp. 185/186.)

H. E. M. James, F. E. Younghusband, H. Fulford.

— Seven thousand miles across China. (*Goldthwaite's Geog. Mag.*, II, Dec. 1891, pp. 809/811.)

A propos de Younghusband.

— Captain Younghusband's travels in Asia. (*Geog. Journ.*, VIII, Oct. 1896, pp. 376/77.)

— The Heart of a Continent : A Narrative of Travels in Manchuria, across the Gobi Desert, through the Himalayas, the Pamirs, and Chitral, 1884-1894. By Captain Frank E. Younghusband, C. I. E. Indian Staff Corps, Gold Medallist, Royal Geographical Society. London, John Murray, 1896, in-8, pp. xvii + 1 f. n. ch. + pp. 409, carte en couleurs, cartes et ill.

Younghusband quitta Calcutta le 19 mars 1886 avec H. E. M. James, du Service civil indien, alors Directeur-général des Postes aux Indes ; ils se rendirent à Nieou-tchouang où H. Fulford se joignit à eux.

Notice : *Nature*, LIV, 1896, par Hugh Robert Mill, pp. 130/2.

— — Third Edition. London, John Murray, in-8, pp. xvii + 1 f. n. ch. + pp. 409.

— — Fourth edition : Murray, 1904.

— Among the Celestials. A Narrative of

Travels in Manchuria, across the Gobi Desert, through the Himalayas to India. Abridged from « the Heart of a Continent ». By Captain Francis Younghusband, C. I. E., Indian Staff Corps, Gold Medallist Royal Geographical Society... With Map and Illustrations. London : John Murray, 1898, in-8, pp. VII + 2 ff. n. ch. + pp. 261.

Notice : *Nature*, LIX, 1898/9, p. 367.

— The Future of Manchuria. By F. E. Younghusband. (*Nineteenth Century*, XLIII, March 1898, pp. 480/493.)

Rajputana Agency, Mount Abu, India.

∴

— Excursion aux mines d'or de la Mandchourie. Par E. N. (*Bull. Soc. Géog. Comm.*, Paris, XIII, 1890-91, pp. 256/264.)

Blagovestchinsk, 20 Août 1890.

— Journey through Central Manchuria. By the Rev. J. A. Wylie. (*Geog. Journal*, II, 1893, Nov., pp. 443/451.)

Wylie a été assassiné en Mandchourie par les Chinois, 1894. — Voir col. 1328.

— J. Chaffanjon, 1897. — Voir col. 2156.

— По порученію г. Министра Финансовъ. — Описаніе Амурской Области. — (Съ Картой.) — Составлено Г. Е. Грумъ-Гржимайло подъ редакціей П. П. Семенова. — С.-Пет., Тип. С. М. Николаева... 1894, gr. in-8, pp. V-639-VIII.

— De Pékin à Paris, la Corée — L'Amour et la Sibérie, par M. Charles Vapereau. (*Le Tour du Monde*, 1733 [24 mars 1894] — 1738 [28 avril 1894] — 1760 [29 sept. 1894] — 1762 [13 oct. 1894].)

— De Pékin à la Frontière Russe. — A travers la Mongolie et la Mandchourie. Par M. le Dr. O. Franke. Illustrations. (*A travers le Monde*, 3 [1897], 321/3, 337/340.)

— Reibereien zwischen Mandschuren und Chinesen. (*Oest. Monats. f. d. Orient*, Wien, 1897, p. 107.)

— Манджурская Экспедиція 1896 года Д. чл. В. Л. Комарова. (*Извѣстія Имп. Русс. Геог. Общества*, XXXIV, 1898, pp. 117/184.)

— Russian Explorations in Manchuria. By P. Kropotkin. (*Geog. Journ.*, Jan. 1898, pp. 63/5.)

Explorations faites en 1896 pour le transsibérien par E. E. Anert et I. I. Revyakin, ingénieurs des mines, P. S. Sviaghin, ingénieur des chemins de fer, V. L. Komarov, botaniste. — Abrégé de l'article d'Anert dans les *Isviestia* de la Soc. de Géog. russe, 1897, 11, et du rapport annuel de 1896.

— Mandchourie : son développement économique. (*Ctes.-rendus Soc. Géog.*, Mai 1898, pp. 225/7.)

D'après Levine et Komarov.

(MANDCHOURIE : VOYAGES.)

— A Journey through the Khingan Mountains. By Dr. A. Donaldson Smith. (*Geog. Jour.*, May 1898, pp. 498/509, carte.)

Voyage de Pe-king (départ Mai 19, 1897) par Dolon-Nor (Lama Miao) jusqu'à la rivière Nonni et Tsitsihar avec J. E. et G. L. Farnum.

— A Journey from Kirin, Manchuria, overland to Moscow. By James A. Greig, F. R. C. S. (Edin.) (Read before the Society in Edinburgh, on March 10th). (*Scottish Geog. Mag.*, May 1898, pp. 241/254.)

— Through the Hun Kiang Gorges ; or, Notes of a Tour in « No man's land », Manchuria. By Robert T. Turley. (*Geog. Journ.*, XIV, Sept. 1899, pp. 292/302.)

— A Visit to the Yalu Region and Central Manchuria. By Robert T. Turley. (*Geog. Jour.*, April 1904, pp. 473/481.)

— Some notes on the river system of the Upper Liao, Manchuria. By Robert T. Turley. (*Geographical Journal*, March 1905, pp. 297/300.)

— Some further Notes concerning the Liao Ho. By Lieut.-Colonel A. W. S. Wingate. (*Ibid.*, XXVI, No. 4, Oct. 1905, pp. 421/429.)

— Excursion dans le Sud de la Mandchourie en septembre 1901. (*Revue des Troupes colon.*, Paris, 1902, I, pp. 454/476.)

— The Real Siberia together with an Account of a Dash through Manchuria by John Foster Fraser... Cassell and Co., London, etc., MCMII, pet. in-8, pp. XVI-279, ill.

Notice : *Geog. Journ.*, Sept. 1903, pp. 315/6, by C. R. B.

— Durch die Mandschurei und Sibirien. — Reisen und Studien von Rudolf Zabel. Mit 146 Abbildungen, zumeist nach photographischen Aufnahmen des Verfassers, teilweise gezeichnet von E. Arriens, und dem Porträt des Verfassers. — Leipzig — Verlag von Georg Wigand, 1902, gr. in-8 carré, pp. XII-314.

Notice : *Geog. Journal*, Sept. 1903, pp. 316/7, par C. R. B.
Voir col. 2170.

— A Journey from Peking to Tsitsihar. By Claud Russell, M. A. (*Geographical Journal*, XXIII, N° 5, May 1904, pp. 613/623.)

— G. de la Salle. 1905. — Voir col. 2616.

— П. Красновъ. — По Азіи. — Путевые Очерки Манчжуріи, Дальняго Востока, Китая, Японіи и Индіи... — С.-Петер., 1903, gr. in-4, pp. III-616-VI, ill. et carte.

— Hugo Bohnhof. — Die Mandschurei und die Ussuri-Provinzen. Reiseskizzen. (*M. d f*

(MANDCHOURIE : VOYAGES.)

G. Föreningen i Finland, Helsingfors, 1903, VI, pp. 1/15.)

— Paul Labbé. — Au Japon et en Mandchourie. Souvenirs de l'an dernier. (*Questions diplom. et col.*, 1903, XVI, pp. 198/220.)

— H. Enselme Capitaine d'Artillerie — A travers la Mandchourie Le chemin de fer de l'Est chinois d'après la Mission du Capitaine H. de Bouillane de Lacoste et du Capitaine Enselme — Préface du Comte G. Du Chaylard Ministre plénipotentiaire — Illustré de 26 gravures d'après les photographies du Capitaine De Lacoste de 3 plans et d'une carte — Paris, J. Rueff, 1903, in-12, pp. IX-202.

Notices : *Bull. Ecole française Ext. Orient*, III, Oct.-Déc. 1903, p. 723. Par P. P.[elliot.] — *Petermann's Mitt.*, 50. Bd., 1904, VII, p. 126, par Immanuel.

— Mémoires de la Société impériale russe de Géographie. Section de Géographie générale. Tome XXXV, publié sous la rédaction de M. T. Tchernischef. — Voyage à travers la Mandjourie. — Par M. A. Anert. — Avec deux cartes et 35 photographies. — St. Pétersbourg, Imprimerie de l'Académie impériale des Sciences, 1904, in-8, pp. VII-566, 4 cartes col.

Titre en russe et en français. — Texte en russe.

Notice : *Geog. Jour.*, XXVII, May 1906, p. 496.

— Géologie de la Mandchourie. Par J. Deniker (*La Géographie* 15 Mars 1905, pp. 221/3.)

A propos du travail d'Anert.

— Manchuria, the Coveted Land. Observations of an American traveller in Manchuria before the war. By G.W. Hinman, M. A. (*East of Asia*, Vol. 3, No. 3, Sept. 1904, pp. 208/217.)

— Manchuria and Korea by H. J. Whigham Author of « The Persian Problem » etc. With a Map and Illustrations. London, Isbister, 1904, in-8, 4 ff. n. ch. + pp. 245.

Notices : *The Times Weekly Ed. Lit. Sup.*, April 29, 1904. — *Geog. Jour.*, June 1904, pp. 773/4, by R. T. T.

— * Through Siberia and Manchuria by Rail. By Oliver G. Ready. Chapman and Hall, 1904, in-8, 1/-, pp. 26.

— En Mandchourie et en Corée. — Notes de Voyage, par M. le Comte Vay de Vaya et Luskod. (*Rev. des Deux Mondes*, 1er sept.-15 oct. 1904, pp. 897/922.)

— Notes of a Voyage Across Manchuria. By Count Vay de Vaya. [Translated from the « Revue des Deux Mondes ». By M. M. Birchal.] (*East of Asia*, Vol. 3, No. 4, Dec. 1904, pp. 320/330; *ibid.*, Vol. 4, No. 1, March 1905, pp. 57/69.)

— * Count Vay de Vaya and Luskod. — Empires and Emperors of Russia, China, Korea, and Japan. With Illustrations. 1906, in-8, pp. 432.

Voir col. 2174.

— Экскурсія по Синцзинтинскому, Фынхуанченскому и Ляоянскому Округамъ Шенцзинской Провинціи въ Южной Маньчжуріи. — Я. С. Эдельштейна. — (Съ 1 рисункомъ въ текстѣ, 3 таблицами фототипій и 1 геологич. картою.) — С.-Петерб., Тип. М. М. Стасюлевича, 1906, in-8, 3 ff. n. ch. + pp. 163.

Записки И. Р. Геог. Общ. по Общей Географіи T. XXXVIII, No. 2.

— * Sir K. Jerningham. — From West to East; notes by the way, [Account of Travels from England to India, and thence to Japan, Manchuria and Korea], pl. et fig. 1907, in-8.

LANGUE.

— Consulter une lettre du P. Parrenin, *Lettres édifiantes*, XIX, pp. 257/299.

— Elementa Linguae Tartaricae.

Cette grammaire que l'on attribue généralement au P. Gerbillon, a été insérée par Thévenot dans son Recueil où elle occupe 34 pages (dans le Vol. II, 4e Partie, 1696).

Une traduction française incomplète de cette Grammaire a été publiée dans les *Mémoires concernant les Chinois*, Vol. XIII (*Vide infra*). — Les derniers chapitres, relatifs aux adverbes, aux prépositions et aux conjonctions, ne sont pas donnés dans la version imprimée dans cette collection de *Mémoires*.

« Les PP. Gerbillon et Domenge invitèrent plusieurs savans françois avec lesquels ils entretenoient une correspondance littéraire, à étudier le mantchou, et leur envoyèrent des secours dont l'on ne fit alors aucun usage. Le premier composa en latin une excellente grammaire, intitulée *Elementa linguae tartaricae*, imprimée, sans les caractères originaux, dans la *Collection des voyages de Melchisedech Thévenot*; l'autre rédigea, pour M. *de Fourmont*, un *Essai de méthode pour apprendre la langue des Mantchoux*. Cet ouvrage est resté manuscrit entre les mains de M. *le Roux des Hautes-rayes*, qui a bien voulu me le communiquer : il existe aussi un *Dictionnaire mantchou-latin*, du P. *Verbiest*, que je n'ai pas encore pu déterrer. » Langlès, *Prospectus du Dict.*, p. IX.

— Grammaire tartare mandchou traduite du latin du Père Gerbillon, revue & augmentée par M. Abel-Rémusat.

MS. autog. de Rémusat, in-4, pp. VIII-138 chif. « Cette grammaire est la traduction de celle du *Père Gerbillon*, insérée à la fin du 4e vol. du *Recueil* des Voyages de Thévenot sous le titre d'*Elementa linguae tartaricae* avec plusieurs additions et quelques légers changemens. »

Cod. Or. mixt. 112, Bib. royale de Munich.

— Grammaire Tartare-mantchou, par M. Amiot, Missionnaire à Pékin. Tirée du Tome XIII des *Mémoires concernant l'Histoire, les Arts, les Sciences, &c. des Chinois*. A Paris, Chez Nyon l'aîné,... M.DCC.LXXXVII, in-4, pp. 39.

Cette grammaire avait paru dans le Tome XIII des *Mémoires*, pp. 39/73.

C'est la traduction française des 112 premiers paragraphes de l'ouvrage latin de Gerbillon. (Voir Klaproth, *Lettres sur la lit. mand.* dans les *Mém. rel. à l'Asie*, III, p. 10.)

Mr. Alex. Wylie a traduit cette grammaire en anglais. C'est de cette traduction qu'il parle dans l'introduction (p. LVI) qui précède sa version du *Ts'ing Wang k'e mung*. Cette « *Manchu-Tartar Grammar* » a été imprimée et forme 30 pages in-8, mais comme elle devait faire partie d'une *Chrestomathie mandchoue* qui n'a pas été terminée, elle n'a pas été publiée.

— Le N. F. Chinois 1913, Bibliothèque nationale, Paris, est le ms. d'une traduction avec quelques légers changements et plusieurs additions par Abel Rémusat de la grammaire mandchoue du P. Gerbillon. Ce Ms. forme un petit in-4.

— Du Halde. Description de la Chine... La Haye, 1736, in-4, T. IV, pp. 77/87.

— Des Hauterayes a consacré un mémoire au «Tartare Mancheou» avec une Planche dans le Chap. VI, De l'*Imprimerie*, Tome II, Part. II, pp. 546/584 de l'Encyclopédie élémentaire ou Introduction à l'étude des lettres, des sciences et des arts... Par M. l'Abbé de Petity, Prédicateur de la Reine. Paris, MDCCLXVII, 2 tomes in-4 en 3 Volumes.

— Bayer, dans les *Comm. Acad. Petropolitanae* et les *Acta Erud. Lips.* — Voir surtout :

— De litteratvra Mangivrica. Avctore T. S. B. (*Com. Ac. Scient. Imp. Petropolitanae*, VI, 1738, pp. 325/338.)

— Китайскія Мысли... par Alexis Leontiev. St. Pétersbourg, 1772, in-8.

Voir col. 1428.

— Alphabet tartare-mantchou, dédié à l'Académie royale des Inscriptions et Belles-Lettres, Avec des détails sur les lettres et l'écriture des Mantchoux. Par L. Langlès, Officier de NN. SS. les Maréchaux de France. A Paris, Imprimé par Fr. Ambr. Didot l'aîné, Avec les caractères gravés par Firmin Didot son 2d fils. M.DCC.LXXXVII, in-4.

— Alphabet Mantchou, rédigé d'après le Syllabaire et le Dictionnaire universel de cette langue; par L. Langlès... Troisième édition, augmentée d'une notice sur l'origine, l'histoire et les travaux littéraires des Mantchoux actuellement maîtres de la Chine. A Paris, de l'Imprimerie impériale, 1807, in-8, pp. xvi/208.

— Prospectus du Dictionnaire, des Grammaires et Dialogues tartares-mantchoux, Rédigés & publiés avec des additions considérables. En quatre volumes in-4°. Par L. Langlès, Auteur de l'Alphabet Mantchou. A Paris et à Strasbourg, in-4, pp. xx.

Le titre ci-dessus est celui de la couverture extérieure. On lit sur le titre : Dictionnaire, grammaires et dialogues, etc. *ut suprà*... A Paris. Imprimés par Fr. Ambr. Didot l'aîné, Avec les caractères gravés par Firmin Didot son 2d fils. M.DCC.XC. —. Et sur le faux-titre : Dictionnaire, Grammaires et dialogues tartares-mantchoux françois. Suite des Mémoires chinois.

— Dictionnaire Tartare-Mantchou françois, Composé d'après un Dictionnaire Mantchou-Chinois, par M. Amyot, Missionnaire à Pekin; Rédigé et publié avec des additions et l'Alphabet de cette langue, par L. Langlès, Officier de NN. SS. les Maréchaux de France. A Paris, Imprimé par Fr. Ambr. Didot l'aîné, M.DCC.LXXXIX-XC. 3 vol. in-4, pp. xl-592, 575, xx-249.

Au commencement du 3e vol. il y a des «Détails littéraires et typographiques, sur l'édition du Dictionnaire et des Grammaires tartares-mantchoux».

On lit au bas du faux-titre : «Suite des Mémoires chinois».

(MANDCHOURIE : LANGUE.)

Voir sur ce Dictionnaire les *Remarques* de Klaproth (*2e Lettre sur la litt. mand.*).

Le Ms. du père Amiot porte le No. 1070 dans le *Catalogue* des Livres de Langlès (1825) et il est ainsi décrit, p. 125 : «Dictionnaire mantchou-chinois, trad. en françois et écrit tout entier de la main du P. Amiot, missionnaire à Pékin. Les mots chinois et mantchoux y sont écrits comme on les prononce à la cour. Ils contiennent tous les mots de la langue des Mantchoux jusqu'à la 12e année de Kienlong.»

«Ce superbe manuscrit, exécuté avec la plus grande netteté sur papier de Chine, forme deux grands vol., in-4, rel. en étoffe de soie de la Chine, à fleurs sur fond jaune. Il est signé du P. Amiot, 1784.»

Ce Ms. vendu frcs. 321. — à la vente de Langlès le Mercredi 4 Mai 1825, a été présenté à la Bibliothèque de la Société royale asiatique de Londres le 5 Novembre 1825 par le vicomte Kingsborough.

Voir sur ce Ms. une note de Klaproth (*Lettres sur la litt. mand.* dans les *Mém. rel. à l'Asie*, III, p. 40).

«Je possède l'original chinois de cet ouvrage, dit Klaproth, loc. cit., p. 11 ; il a été publié à Peking en 1752, et il porte le titre de *Mandchou isaboukha bitkhe*, ou Collection de la langue mandchoue ; en Chinois, *Thsing vên wéi choü* 書彙文清.»

— *Dictionnaire Mantchou-chinois-français par le P. Amiot.*

Ms. du dictionnaire publié en 1789 par Langlès. — *Presented by Lord Viscount Kingsborough*, november 5, 1825. — C'est sans doute le ms. qui a figuré en mars 1825 à la vente de Langlès, numéro 1070 du catalogue et qui a été vendu 321 fr. Voici l'avertissement :

«AVERTISSEMENT. — Ce dictionnaire mantchou-chinois, que j'ai traduit en françois et que j'ai écrit tout entier de ma propre main, n'est pas tel qu'il devroit être, et qu'il eût été, sans doute, si j'avois pû prévoir qu'il passeroit, un jour, les mers, pour aller se placer dans un coin de la bibliothèque d'un grand ministre, qui, par manière de délassement, daigne s'occuper quelquefois des productions littéraires des climats éloignés.

Je n'avois d'autre vûe, en me mettant à ce pénible ouvrage, que celle de me mettre en état de pouvoir me passer du secours des lettrés chinois pour lire et entendre leurs livres, parce que ces livres ou presque tous ces livres sont traduits en mantchou. Ainsi sans trop m'arrêter à chercher le mot françois correspondant au mot mantchou, je me suis contenté de traduire l'explication chinoise, quand j'ignorois le mot propre, ou quand ce mot propre ne se présentoit pas sur-le-champ. Le lecteur peut y suppléer aisément. Je le prie de vouloir bien excuser les fautes d'orthographe et autres qu'il pourra rencontrer. Je me suis attaché à traduire exactement l'explication chinoise. Si je n'avois pas travaillé pour moi seul, j'aurois mieux fait. Je crois cependant que tel qu'il en est, ce dictionnaire peut être de quelque utilité. Les mots chinois et mantchoux y sont écrits comme on les prononce à la cour : et l'explication en est sûre, quoiqu'elle soit quelquefois en termes impropres. Il contient tous les mots de la langue des Mantchoux jusqu'à la 12e année de Kien-long. Tous les mots qui ont été ajoutés depuis, ou qui ne sont pas originairement de la langue se trouvent dans le dictionnaire universel dont j'envoie un exemplaire en compagnie de celui-ci. Le dictionnaire universel est d'un usage moins facile, parce qu'il est par ordre des matières, ou par classes, au lieu que celui-ci est par ordre alphabétique.

AMIOT, M. A. à Péking, le 24 avril 1784.»

Il est conservé dans la Bib. de la Royal Asiatic Society, à Londres. — Cf. *Revue de l'Ext. Orient*, I, No. 4, 1882, p. 628.

— Hymne tartare-mantchou, chanté à l'occasion de la conquête du Kin tchouen, Traduit en françois et accompagné de notes pour l'intelligence du texte par M. Amyot, missionnaire à Pékin ; Et publié par L. Langlès, auteur de l'Alphabet tartare-mantchou. A Paris, de l'imprimerie de P. Didot l'aîné. M.DCC.XCII, in-4, pp. xxvj.

— Notice des livres Tatars-Mantchoux de la Bibliothèque nationale. Par le Cen. Langlès.

(MANDCHOURIE : LANGUE.)

(*Not. et Ext. des Ms.*, V, an VII, pp. 581/606.)

Première Partie. *Dictionarium Latino-Sinico-Mantchou* [Dictionnaire Latin, Chinois et Mantchou]; 3 vol. in-fol. (*Tatar*, No. I.)

— Rituel des Tatars-Mantchoux, rédigé par l'ordre de l'empereur *Kien-long*, Et précédé d'un Discours préliminaire composé par ce Souverain; avec Les Dessins des principaux Ustensiles et Instrumens du culte chamanique : Ouvrage traduit par Extraits du tatâr-mantchou, et accompagné des Textes en caractères originaux, par L. Langlès... A Paris, de l'Imprimerie de la République. An XII [1804, v. s.], pp. 74 + 10 Pl.

« La Notice qu'on va lire fait partie du tome VIIe, première partie, page 241-308, des Notices et extraits des Manuscrits de la Bibliothèque nationale. J'en ai fait tirer quelques exemplaires séparément, pour les offrir aux amateurs de la littérature Orientale, et pour exciter quelques-uns d'eux à étudier une langue savante, encore inconnue aujourd'hui en Europe. »... *Avertissement.*

On lit à la fin : Imprimé par les soins de J.-J. Marcel, Directeur de l'Imprimerie de la République.

J. Klaproth.

— Lettres sur la littérature mandchoue :

I. Sur l'utilité de l'étude de la langue mandchoue.

II. Remarques critiques sur le dictionnaire mandchou du père Amiot, publié par M. Langlès.

III. Remarque sur la troisième édition [1807] de l'alphabet mandchou de M. Langlès.

IV. Rituel tartare-mandchou, publié par M. Langlès.

V. Sur quelques autres opuscules du même auteur relatifs au mandchou.

(J. Klaproth, *Mém. rel. à l'Asie*, III, pp. 1/88.)

— Ces lettres avaient paru à part : Paris, 1815, in-8, pp. 76.

Kaulen, *Linguae Mandshuricae Inst.*, écrit, p. 6 : In eo exemplari, quod Berolini asservatur, editor adscripsit titulo : « traduites du Russe de M. Afanasii Larionowitch Leontiew »; deinde « — les lettres mandchoux ne sont tirées qu'à cinquante exemplaires ».

— Chrestomathie mandchou, ou Recueil de textes mandchou, destiné aux personnes qui veulent s'occuper de l'étude de cette langue; par J. Klaproth. Imprimé par autorisation de Mgr. le Garde des Sceaux, à l'Imprimerie royale. M. DCCC. XXVIII, in-8, pp. XII-273 sans l'errata.

Les pages 3/192 comprennent les textes.

On trouve pp. 193 et seq. la « traduction de quelques morceaux contenus dans la Chrestomathie mandchou » :

Ming Hian Dsi, ou Collection de Proverbes et de maximes, traduits du chinois en mandchou, pp. 195 seq. (174 prov.).

Traité des Récompenses et des Peines, de Thaï-chang, pp. 211 seq.

Traité de Paix entre la Chine et la Russie (21 Oct. 1727 — ratifié 14 Juin 1728), pp. 222 seq.

Eloge de la ville de Moukden par l'empereur Khian loung, pp. 235 seq.

— Verzeichniss der Chinesischen und Mandschuischen Bücher... zu Berlin, von J. Klaproth. [Voir col. 1814.]

Conon de la Gabelentz.

— Elemens de la Grammaire mandchoue par H. Conon de la Gabelentz. Altenbourg, Comptoir de la Littérature, 1832, in-8, pp. x-156 sans les errata, et 6 planches lithographiées.

La couverture extérieure porte la date de 1833.

Gabelentz, né à Altenbourg (Saxe), le 13 oct. 1807, est † à Lemnitz (Saxe-Weimar), le 3 sept. 1874. *The Athenaeum*, No. 2459, Dec. 12, 1874, contient une longue notice sur ce savant par le Dr. R. Rost, écrite d'après des souvenirs personnels et des détails fournis dans une note de l'*Altenburger Zeitung*.

— Mandschu-mongolische Grammatik aus dem *Sân-hŏ-piân-làn* übersetzt von H. C. v. d. Gabelentz. (*Zeit. f. d. K. d. Morg.*, 1. Bd., 3. Heft, 1837, pp. 255/296.)

— Mandschu-sinesische Grammatik nach dem *Sân-hŏ-piân-làn* von H. C. v. d. Gabelentz. (*Ibid.*, 3. Bd., 1. Heft, 1839, pp. 88/104.)

— *Sing-li-tchin-thsiouan*, die wahrhafte Darstellung der Naturphilosophie aus dem Mandschu übersetzt von H. C. v. d. Gabelentz. (*Ibid.*, 2. Heft, 1840, pp. 250 et seq.)

Voir col. 1424.

— Beiträge zur mandschuischen Conjugationslehre von H. C. v. d. Gabelentz. (*Ibid.*, XVIII.)

— * Mandschu-deutsches Wörterbuch, zum Sse-schu, Schu-king, u. Schi-king. 1864, in-8, pp. 231.

Caractères romains.

— Expressions servant à rendre l'idée de « pouvoir » en mandchou, par H. Conon de la Gabelentz. (*Compte-rendu de la 1ère session du Cong. des Orient.*, 1873, I, pp. 441/457.)

— Die Ausdrücke für « Sterben » im Mandschuischen. Von H. C. v. d. Gabelentz, br. in-8, ch. 45 à 54.

∴

— Notice sur le Dictionnaire intitulé : *Miroir des Langues Mandchoue et Mongole*, par M. Abel-Rémusat. (*Not. et Ext. des Ms.*, XIII, 1838.)

— Translations from the Manchu, with the original texts, prefaced by an Essay on the Language. By T. T. Meadows, Interpreter to H. B. M.'s Consulate at Canton. Canton, 1849, in-8, pp. 54 et 24 f. de mandchou.

Notice par S. W. Williams, *Chin. Rep.*, XVIII, p. 604; extraits, *ibid.*, pp. 642 et seq.

— Translation of the *Ts'ing Wan ke' mung*, a Chinese Grammar of the Manchu Tartar language; with introductory notes on Manchu literature. — Shanghae : London Mission Press, 1855, in-8, pp. lxxx-310 + pp. 4 pour les er.

Traduit par A. Wylie.

La préface contient une histoire de la littérature des Mandchous. — Une bibliographie des ouvrages imprimés en langue mandchoue est imprimée, pp. XLIX et seq.

Il figurait à la vente Klaproth, 2e partie, No. 202, une traduction ms. russe de la seconde partie du *Ts'ing wen k'i meng*, par Antoine Wladykine, in-fol., 50 fr. — Wladykine a laissé également en ms. une grammaire mandchoue à l'usage de la jeunesse russe, 1804, pet. in-fol. : ce dernier ms. a également appartenu à Klaproth (vente, 1re partie, No. 449, 40 fr. 50).

Rémusat, dans ses *Recherches sur les langues tartares*, I, pp. 98 et seq. écrit que dans son mémoire (*vide supra*, col. 2718) :

« Deshauterayes fait mention de matériaux qu'il possédait, et d'après lesquels, dit-il, on aurait pu rédiger une grammaire trois fois plus étendue que celle de Gerbillon. J'ignore si ces matériaux sont les mêmes que M. Langlès avait intention de faire imprimer avec un autre ouvrage grammatical de M. Raux dans la *Collection de Grammaires* qu'il comptait publier à la suite du Dictionnaire d'Amiot. Suivant ce plan utile et simple, on aurait eu dans un seul volume trois ou quatre grammaires Mandchoues, les *Elementa linguæ Tartaricæ*, du P. Gerbillon, l'*Essai de la Méthode pour apprendre le Tartare*, du P. Domenge, et la première partie de l'ouvrage de M. Raux. Je ne connais ce dernier que par l'indication qu'on en trouve dans la préface de l'*Alphabet Mantchou*; mais d'après cette seule indication je pense qu'il donnerait de la langue une plus juste idée que les autres, puisque c'est la première partie de la traduction d'une grammaire originale Mandchoue. M. Langlès regrette la perte de la seconde partie, qui a été enlevée dans la traversée, et transportée au *British Museum* à Londres. Mais rien n'est plus aisé que de suppléer à cette perte, puisqu'on possède à la Bibliothèque du Roi l'original même d'un ouvrage semblable intitulé

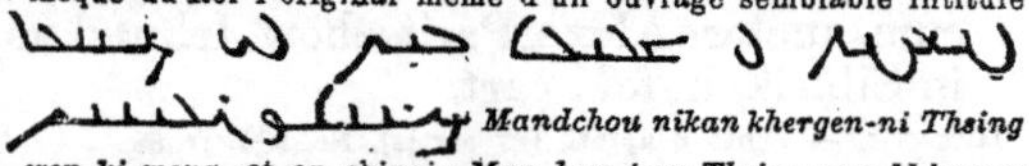

Mandchou nikan khergen-ni Thsing wen ki meng, et en chinois *Man han tseu Thsing wen khi meng* (les Principes de la langue des *Thsing* ou *Mandchous* en mandchou et en chinois). Une courte analyse de cet ouvrage ne sera point déplacée ici ; elle fera connaître la méthode que les Mandchous suivent dans l'enseignement de leur langue ; et servira de base aux réflexions dont cette même langue sera l'objet dans la suite de ce chapitre.

« Le *Thsing wen khi meng*, imprimé, comme l'indique son titre en caractères chinois et mandchous, est réellement une grammaire de la dernière de ces deux langues, composée dans la première. Toutes les règles y sont écrites en chinois, et tous les exemples y sont en mandchou. L'édition dont la Bibliothèque du Roi possède un exemplaire est en quatre volumes, et de l'année *Young-tching, Jin-tseu* (1733). Suivant la préface qu'on lit à la tête du premier volume, elle fut composée par le docteur *Cheou-phing*, dont le nom propre était *Wou-ko*, du pays de *Tchang-pe*, *pour l'usage des Ecoles* ; et l'éditeur nommé *Tchhing-ming-youan* du titre de *Peï-ho*, du pays de *Thsian-thang*, s'annonce dans la préface en question comme s'étant chargé du soin de la publication, en sa qualité d'ami de l'auteur. Il y a probablement eu depuis cette époque un grand nombre d'éditions de cet ouvrage estimé des Mandchous, et je suis très porté à croire que le titre tartare donné par le P. Raux à sa traduction, pourrait bien n'être que celui d'une édition postérieure à celle que j'ai sous les yeux. L'ouvrage lui-même est divisé en quatre *Kiouan*

deptelin, ou livres... [suit la description des quatre livres]... »

— Linguae mandshuricae Institutiones quas conscripsit, indicibus ornavit Chrestomathia et Vocabulario auxit Franciscus Kaulen Rector Puteolanus, Soc. Asiat. Paris. Socius. Ratisbonae, Sumptus fecit G. Josephus Manz. Lipsia, ex officina Niesiana, MDCCCLVI, in-8, pp. VIII-152.

— Les deux frères. Conte Mandchou. Traduit [avec le texte] par Stanislas Julien. (*Rev. Or. et Am.*, V, 1861, pp. 137/147.)

— Маньчжурская христоматія для первоначальнаго преподаванія, составленная Профессоромъ... Васильевымъ. St. Pétersbourg, 1863, in-8, pp. 228.

Texte mandchou.

— Маньчжурско-Русскій Словарь составленный для руковогства Студентовъ Профессоромъ... В. Васильевымъ. С. Петербургъ 1866 л..., in-4, pp. VII-134, à 2 col., autog.

— Note on the Manchu Language. By the Rev. James Summers. (*The Phœnix*, I, Sept. 1870, p. 25.)

— Grammaire de la Langue mandchou par Lucien Adam, Membre titulaire de l'Académie de Stanislas. Paris, Maisonneuve, 1873, in-8, pp. 137.

— Грамматика Маньчжурскаго Языка, изложенная Протоіереемъ А. Орловымъ, учителемъ Монгольскаго Языка въ Иркутской духовной семинаріи. — С.-Пет., Тип. Имп. Ак. Наукъ, 1873, in-8, pp. VI-222.

— Полный маньчжурско-русскій словарь составленный... Ивраномъ Захаровымъ. St. Pétersbourg, 1875, Typ. imp. de l'Ac. des Sciences, in-4, pp. XXX-1129-6.

— History of the Manchu Language, from the Preface to Professor I. Zacharoff's Manchu-Russian Dictionary, 1875. Translated from the Russian. By M. F. A. Fraser. (*Chin. Rec.*, XXII, 1891, No. 3, March, pp. 106/113; No. 4, April, pp. 149/157.)

— Grammatica Mancese pubblicata per cura di Giovanni Hoffmann. — Parte Prima. — Firenze, Successori Le Monnier, 1883, in-8, pp. 37.

Sur la couverture extérieure : Grammatica Mancese compendiata dall' opera cinese *Zing-ven-ki-mung* e pubblicata per cura di Giovanni Hoffmann.

Pubb. del R. Ist. di Studi Sup. — Sez. di Filosofia e Filologia — Accademia orientale. — *Collezione scolastica*.

Voir Wylie, col. 2756/7.

C. DE HARLEZ.

— * C. de Harlez. — Manuel de la langue mandchoue. Grammaire, Anthologie, Lexique. Paris, 1884, in-8, pp. 252.

Caractères romains.

— Etudes mandchoues. — TZE-TONG-TI-KIYÔN. *Butui Sain de Karulame acabure bithe* « Le Livre de la récompense des bonnes œuvres cachées ». — *Manju gisun i buleku bithe.* — *Sivi* « Le Miroir de la langue mandchoue ». Préface de l'empereur Kang-hi. Par C. de Harlez. (*Journ. Asiat.*, VIIIe sér., III, Févr.-Mars 1884, pp. 282/289.)

— Traductions mandchoues d'ouvrages chinois par Stanislas Julien. Article posthume, publié par C. de Harlez. (*Le Lotus*, Janv. 1889, pp. 5/19.)

— Notes de bibliographie tartare-mandchoue. (*Mém. Soc. Et. jap., etc.*, V, 1886, Janv., pp. 61/63 ; Avril, pp. 132/135 ; Juillet, pp. 208/209 ; VI, 1887, Janv., pp. 54/56 ; Avril, pp. 126,...)

— Miscellanées Chinois. Par C. de Harlez. I. La préface impériale du *Manju gisun-i baleku bithe* (Dictionnaire mandchou). (*Wiener Zeit. f. d. K. d. Morg.*, XII, 1898, pp. 249/260.)

∴

— Mandschurica von Willy Bang. (*T'oung Pao*, I, Dec. 1890, pp. 329/334.)

— Essay on Manchu Literature. By P. G. von Möllendorff. (*Journ. C. B. R. A. S.*, XXIV, N. S., 1889-90, No. 1, pp. 1/45.)

— A Manchu Grammar, with analysed Texts, by P. G. von Möllendorff, Chinese Customs Service. — Shanghaï : Printed at the American Presbyterian Mission Press. — 1892, br. in-4, 3 ff. n. c. + pp. 52 + 1 f. n. c.

Notice par W. Bang, *T'oung Pao*, V, No. 1, Mars 1894, pp. 87/9. Réponse à W. Bang, *Ibid.*, Oct. 1894, pp. 361/5. — Rép. à Möllendorff par C. de Harlez, *Ibid.*, Déc. 1894, pp. 416/8 ; par W. Bang, *Ibid.*, pp. 418/9.

— Die Abteilung der Spiele im « Spiegel der Mandschu-Sprache ». Von Karl Himly. (*T'oung Pao*, VI, 1895, N° 3, Juillet, pp. 258/267 ; N° 4, Oct., pp. 345/363 ; VII, 1895, N° 2, Mai, pp. 135/150 ; VIII, 1897, N° 2, Mai, pp. 155/180 ; IX, 1898, N° 4, Oct., pp. 298/327 ; X, 1899, N° 4, Oct., pp. 369/379 ; *ibid.*, 2e Sér., II, 1901, N° 1, Mars, pp. 1/23.)

清文鑑.

E. von Zach.

— Zwei mandschu-chinesische kaiserliche Diplome. Übersetzt und herausgegeben von Gustav Schlegel und Erwin Ritter von Zach. (*Ibid.*, VIII, N° 3, Juillet 1897, pp. 261/308.)

— Why study Manchu? By J. Edkins. (*China Review*, XXIII, No. 6, pp. 358/360.)

— Manchu and Latin. By J. Edkins. (*Ibid.*, XXIV, No. 1, pp. 39/40.)

— Manchu christian literature. By J. Edkins. (*Ibid.*, No. 2, pp. 72/73.)

— The Manchu language. By J. Edkins. (*Ibid.*, p. 110.)

— Manchu Sounds. By J. Edkins. (*Ibid.*, XXV, No. 2, pp. 89/90.)

— Manchuria. By E. von Zach. (*Ibid.*, XXIV, No. 1, pp. 47/48 ; [Manchurica] *ibid.*, No. 4, pp. 196/198 ; *ibid.*, No. 6, pp. 268/269.)

— Manchurica. (E. von Zach, *Lexicographische Beiträge*, III, pp. 96/107.)

(Mandchourie : Langue : Divers. — E. von Zach.)

— Ueber Wortzusammensetzungen im Mandschu. Von Erwin Ritter von Zach. (*Wiener Zeit. f. d. K. d. Morg.*, XI, 1897, pp. 242/8.)

∴

— A. Vissière. — Une langue qui s'éteint. (*Bul. Soc. d'Ethn.*, IX, 1899, pp. 86/9.)

∴

— * Dictionnaire mandchou-russe et russe-mandchou. — Dictionnaire mandchou, russe et chinois. — Dictionnaire chinois et mandchou. 4 vol. in-fol., rel.

« Beau manuscrit sur papier de Chine. M. Klaproth a ajouté des traductions françaises à beaucoup d'articles. La première partie de ce dictionnaire contient de 18 à 19.000 mots, tandis que le dictionnaire du P. Amyot n'en contient pas 14.000. Quant à la partie chinoise et mandchoue, c'est un travail, on pourrait dire unique, car on sait qu'il n'existe pas, même à la Chine, de dictionnaire chinois expliqué en tartare, et que tous ont été faits pour le mandchou. Une note semblerait indiquer que ce précieux ouvrage a appartenu à l'interprète Wladykine, auquel il aurait servi pour ses études, pendant son séjour à Péking en 1781. » Ce ms. figurait sous le No. 210 à la vente de Klaproth (2e partie).

— * Vocabularium sinico-mandshuico-russicum, auctore Alexei Paritschow. Irkutzkae, in Sibiriâ, in-fol., cart.

Manuscrit. — Vente Klaproth (2e partie), No. 209, fr. 59.

Mongolie.

OUVRAGES DIVERS.

— La Grande Muraille, voir col. 199-200.
— J. L. Mosheim, col. 765.
— Bergeron, col. 1941.
— N. Witsen, col. 1946.
— Jean du Plan de Carpin, col. 1955-1960.
— Simon de Saint-Quentin, col. 1960-1961.
— Guillaume de Rubrouck, col. 1961-1963.
— Marco Polo, col. 1964-1997.
— Hetoum, col. 2000-4.
— Odoric de Pordenone, col. 2005-2018.
— Clavijo, col. 2047-8.
— J. Janssen Struys, col. 2083-4.
— Ph. Avril, col. 2088-9.

Depuis 1897, Mr. S. P. Jakoubovitch donne une Bibliographie de la Sibérie, de la Mongolie, de la Mandchourie et de la Corée dans les *Isviestiya* de la Société de Géographie d'Irkoutsk.

— Samlungen historischer Nachrichten über die Mongolischen Völkerschaften durch P. S. Pallas... St. Petersburg, gedruckt bey der Kayserlichen Akademie der Wissenschaften, 1776-1801, 2 vol. in-4.

« Ce livre ne traite pas seulement de l'origine et des caractères physiques de ces peuples mongols, de leurs mœurs et de leurs gouvernements ; une grande partie est consacrée au détail de leur religion. » (Eyriès, dans la *Biog. universelle*.)

— Index mongol-allemand pour l'ouvrage de Pallas intitulé : Recueil de documents historiques sur les peuplades Mongoles.

Ms. in-4, d. rel., m. v., vente Klaproth, 2e partie, No. 97.

« Cet index, qui paraît fait avec le plus grand soin, peut être d'un grand secours pour la lecture souvent difficile de l'ouvrage de Pallas. On a rectifié dans la transcription des mots, les incorrections que Joerig, qui servait d'interprète au savant voya-

(Mongolie : Ouvrages divers.)

geur prussien, a commises. C'est à la fois un vocabulaire assez étendu et une excellente table alphabétique indispensable pour un livre aussi rempli de détails que l'est celui-là. » Ce Ms. a été adjugé pour 150 fr.

— Kurze Beschreibung derjenigen Gebräuche, welche 1729 vom 22. Jun. bis den 12. Jul. in dem Flecken Urga am Fluss Elbina bey Kundthuung der Wiedergeburt des Kutuchta, eines der vornehmsten Götzenpriester in der Mongolen, beobachtet worden. (*Neue Nordische Beyträge*, 1. Bd., 2. St., pp. 314/324.)

— Benjamin Bergmann's Nomadische Streifereien unter den Kalmüken in den Jahren 1802 und 1803. — Riga 1804-1805, bey C.J.G. Harrmann, 4 vol. pet. in-8, pp. 351 + pl., 352, 302, 355.

— Remarques sur les peuples qui habitent la frontière chinoise, sur les Tatars tributaires de la Russie, et sur les Soïoutes et Mongols soumis à la Chine ; recueillies de 1772 à 1781, par Iegor Pesterev. (*Mag. As.*, pub. par Klaproth, I, 1825, pp. 123-171.)

— Uranographie mongole. (Abel Rémusat, *Mél. As.*, I, pp. 212/240.)

— On Mongolia and its inhabitants. (*As. Jour. & Month. Reg.*, Vol. X, 1833, pp. 12-21.)

Iakinf Bitchourin.

— Записки о Монголіи. Сочиненныя Монахомъ Іакинѳомъ. Съ приложеніемъ карты Монголіи и разныхъ костюмовъ. St. Pétersbourg, 1828, 2 vol. in-8, pp. xii-230 + 1 f. n. c., vi-339 + 1 f. n. c.

— Denkwürdigkeiten über die Mongolei, von dem Monck Hyakinth, aus dem Russischen übersetzt von Karl Friedrich von der Borg. Berlin, G. Reimer, 1832, gr. in-8.

— * Историческое обозрѣніе Ойратовъ или Калмысковъ. Examen sur l'histoire des Oïrats ou Kalmouks, par le P. Hyacinthe. St. Pétersbourg, 1837, in-8.

Oirats = Kalmouks = Eleuthes = Dzoungares. Ce traité a été écrit d'après des documents chinois. Le P. H. décrit l'histoire de ce peuple de race mongole qui a longtemps défendu son indépendance contre les Mandchous. On y voit une étude particulièrement intéressante de la migration des Kalmouks, qui, au siècle dernier, se portèrent en masse des bords de la Volga en Chine.

Voir Kien-long, col. 640.

— W. Schott. — Bevölkerung, Verfassung und Verwaltung der heutigen Mongolei, nach Jakinf Bitschurinskij : *Statistitscheskoe Opisanie Kitaiskoi Imperii*. (Erman's *Archiv für wissenschaftliche Kunde von Russland*, 1845, IV, pp. 534/547.)

Ce vol. des Archives d'Erman contient d'autres extraits traduits de l'ouvrage du P. Hyacinthe : Der Handel China's, pp. 572/576 ; Die Bevölkerung China's, pp. 579/583 ; Posten in China, pp. 584, 588 ; Die Einkünfte des Chinesischen Reiches, pp. 608/616.

Voir col. 77.

— Mongolia. (*Chin. Rep.*, I, pp. 117 et seq.)

∴

— Tibet, Tartary and Mongolia... by Henry T. Prinsep... [Voir *Tibet*.]

— Révolutions des Peuples de l'Asie moyenne, influence de leurs migrations sur l'état social de l'Europe, avec carte et tableau synoptique ; par A. Jardot, Capitaine au Corps royal de l'Etat-Major. Paris, Desessart, 1839, 2 vol. in-8, pp. 392 et 440 avec carte et tableau.

Voir col. 82.

— Ein Ausflug nach der Mongolei. Von Alexander von Mordwinow. (Erman, *Arch. f. wiss. Kunde v. Russl.*, XII, 1853, pp. 281/314.)

— Gulick, missionnaire américain. [Note sur les Mongols.] (*Journal des Miss. évangél.*, mars 1868, pp. 96/8.) — Voir col. 1311.

— Desultory Notes on Mongolia. (*The Cycle*, Nos. des 8, 15 et 22 Octobre 1870.)

— Notes on the old Mongolian Capital of Shang tu. By S.W. Bushell, B. Sc., M. D., Physician to H. B. M. Legation, Peking. (*Jour. Roy. As. Soc.*, New Series, VII, pp. 329-338.)

— On the « Mutton Wine » of the Mongols and analogous preparations of the Chinese by Dr. Macgowan. Read before the Society, March 23rd 1872. (*Jour. N. C. B. R. As. Soc.*, N. S., No. VII, 1871/72, Art. XII, pp. 236/240.)

— Fr. Hanemann. — Bemerkungen zur Karte der westlichen Mongolei. (Petermann, *Mitth.*, 1872, No. 9, pp. 326/330, carte.)

— Mongolia's Two Neighbours, Russia and China. (*Chin. Rec.* ; réimp. *Shai. Budget*, July 18, 1874.)

— Recent Russian explorations in Western Mongolia. (*Geogr. Mag.*, II, 196/200.)

— Traces of Christianity in Mongolia and China... By Archimandrite Palladius. [Voir col. 771.]

— Mongolie. Notice. (*Missions Catholiques*, VII, pp. 506/508, avec une carte.)

— Climate and People of Mongolia. (B. St. John.) (*Edinburgh New Philosophical Journal*, XXXVII, p. 255.)

— A question on assimilation and on the eyes of Mongolians. By Hyde Clarke. (*Jour. Anth. Inst.*, VI, Lond., 1877, p. 194.)

— The Country of the White Horde of Kipchak. By H. H. Howorth. (*Geog. Mag.*, July, 1878, pp. 171/175.)

— Mongol and Yuan-Pao. By J. G. Deveria. (*China Review*, VII, pp. 282/283.)

— The Mongols and their Territory. (*Ibid.*, XI, p. 200.)

— The Mongolian Superintendency. By E. H. Parker. (*Ibid.*, XIV, p. 226.)

— The Black Mongols. By E. H. Parker. (*Ibid.*, XVI, pp. 244/245.)

— The Kalmuck. By E. H. Parker. (*Ibid.*, XXIII, pp. 14/21.)

James Gilmour.

— Voir col. 1307.

— For and against Mongolian Buddhism. By Hoinos. (*Chin. Rec.*, V, 1874, pp. 3/17.)

— Mongolian Ruins. By Hoinos. (*Ibid.*, XI, 1880, pp. 57/9.)

— Doctoring the Mongols. By Hoinos. (*Ibid.*, pp. 129/138.)

— Mongols Stories. By Hoinos. (*Ibid.*, pp. 260/272.)

— Mongolian Meteorology. By Hoinos. (*Ibid.*, pp. 342/349.)

— A Mongol Wizard. By Hoinos. (*Ibid.*, XII, 1881, pp. 57/8.)

— Delusions about Mongolia. By Hoinos. (*Ibid.*, pp. 109/113.)

— A Chinese Execution in Mongolia. By Rev. J. Gilmour, M. A. (*Ibid.*, XX, No. 6, June 1889, pp. 248/254.)

— Among the Mongols. By the Rev. James Gilmour, M. A. London Mission, Peking. London : The Religious Tract Society, pet. in-8, pp. xviii-383.

Notice : *Nature*, XXVIII, 1883, pp. 361/4.

— More about the Mongols by James Gilmour Author of « Among the Mongols ». Selected and arranged from the Diaries and Papers of James Gilmour by Richard Lovett, M. A. Author of « James Gilmour of Mongolia », etc. London, The Religious Tract Society, 1893, pet. in-8, pp. 320.

∴

— * A. Pozdniev. — Urginskie chutuchty. Istoritscheskij otscherk ich proschlawo i sowremennawo byta. (Le Clergé d'Ourga. Aperçu historique de son existence passée et présente.) St. Pétersbourg, 1879, in-8.

— Города Сѣверной Монголіи. — А. Позднѣева. — С.-Пет., Тип. В. С. Балашева, 1880, in-8, pp. 115.

— On a Bagspa Legend on Coins of Ghazan. By A. Terrien de Lacouperie. (*Catalogue of Oriental Coins*, *British Museum*, Vol. VI, 1881.)

— The Origin of the word « Tangutan ». By W. W. R. (*Journ. C. B. R. A. S.*, XX, N. S., 1885, pp. 278/279.)

— Unter den Mongolen. — Von J. Hesse. Basel. Verlag der Missionsbuchhandlung. 1885, br. in-8, pp. 22.

— La haute Asie — Climat, moeurs, coutumes. [Conférence faite par M. Alex. Clerbaux, anc. miss. en Mongolie.] (*Soc. Roy. belge Géog., Bull.*, 16e année 1892, pp. 5/26.)

— Le pays de 'Hami ou Khamil. Description, histoire, d'après les auteurs chinois par M. C. Imbault-Huart. (*Bull. de Géog. hist. et descr.*, 1892, No. 2, pp. 121/195.)

— Obroutchev, voir col. 2155.

— Karakorum. (*China Review*, XI, p. 62.)

— Situation de Ho-lin en Tartarie, Manuscrit inédit du Père A. Gaubil, S. J., publié avec une introduction et des notes par Henri Cordier (avec une carte). (*T'oung Pao*, IV, Mars 1893, pp. 33/80.)

Tirage à part, 150 ex. sur Papier de Hollande Van Gelder, br. in-8, Leide, E. J. Brill, 1893, in-8, pp. 50, carte.

— Radloff, *Alt. Mong.*, col. 2730.

— Le Ou-loung Kiang 烏龍江; By G. Schlegel. (*T'oung Pao*, III, Août 1892, pp. 320/1.)

— The Insurrection in Mongolia. (*Blackwood's Mag.*, CLI, June 1892, pp. 894/903.)

— * Al. Iwanowski. — Die Mongolei, ethnographische Skizze. Leipzig, 1895, pp. 27.

G. Huth.

— ཧོར་ཆོས་འབྱུང Geschichte des Buddhismus in der Mongolei. Aus dem Tibetischen des oJigs-med nam-mk'a herausgegeben, übersetzt und erläutert von Dr. Georg Huth. — Erster Teil : Vorrede. Text. Kritische Anmerkungen. — Strassburg, Karl J. Trübner, 1893, in-8, pp. x-296. — Zweiter Teil : Uebersetzung und Erläuterungen. — Ibid., 1894, in-8, pp. x-323.

Notices : *Jour. Asiat.*, IXe sér., II, Sept.-Oct. 1893, pp. 367/368. Par L. Feer. — *T'oung Pao*, VII, 1896, pp. 431, par G. Schlegel.

— Ciñca-Mânavikâ Sundarî, par M. L. Feer. (*J. As.*, Mars-Avril 1897, pp. 288/317.)

— Die Inschriften von Tsaghan Baišin. Tibetisch-Mongolischer Text mit einer Uebersetzung sowie sprachlichen und historischen Erläuterungen, herausgegeben von Dr. Georg Huth, Privatdocent an der Universität zu Berlin. Gedruckt auf Kosten der Deutschen Morgenländischen Gesellschaft. — Leipzig, F. A. Brockhaus, 1894, in-8, 3 ff. prél. + pp. 63.

Notices : par L. Feer, *Jour. As.*, Juillet-Août 1896, pp. 168/170. — Par W. Bang, *Wiener Zeit. f. d. K. d. Morg.*, X, 1896, pp. 255/262.

— Sur les inscriptions en langues tibétaine et mongole de Tsaghan Baisching et sur le rapport de ces monuments avec « l'histoire du Bouddhisme en Mongolie ». Composée en tibétain par 'Jigs-med Nam-mka'. Par Georg Huth. (*Actes Xe Cong. Int. Orient.*, Genève — 1894, 4e Part., pp. 173/180.)

Le monument de Tsaghan Baichin expliqué par Huth et publié par Radloff, pl. LX de son *Atlas der Alterthümer der Mongolei*, est de 1601.

— * Georg Huth : Neun Mahaban-Inschriften. Entzifferung. Übersetzung. Erklärung. (Supplementheft der Veröffentlichungen aus dem Königlichen Museum für Völkerkunde in Berlin. W. Spemann 1901.)

Notice : *T'oung Pao*, 2e Sér., II, No. 4, Oct. 1901, pp. 288/289. Par G. S[chlegel.]

— Dr. Georg Huth. Nécrologie par B. Laufer. (*Ibid.*, Déc. 1906, pp. 702/706.)

Né 25 février 1867 à Krotoschin, Prov. de Posen; † 1er juin 1906.

— Dr. Georg Huth. (*Deutsche Rundschau f. Geog. u. Stat.*, XXI, 1898-1899, pp. 373/5.)

∴

— А. М. Позднѣва. — Новооткрытый памятникъ монгольской письменности временъ династіи Минъ. (*Восточныя Замѣтки*, St. Pétersb., 1895, No. 14, pp. 367/386.)

Voir une Analyse de ce monument de 1580 par Ed. Chavannes, *Jour. As.*, IXe Sér., VII, No. 1, 1896, pp. 173/179.

— Mongolia, with an introduction on « the partition of China ». By Lieut.-Colonel W. E. Gowan (Retd.). (*Imp. & As. Quart. Rev.*, 3rd Ser., V, 1898, pp. 387/400.)

— The Buddhist God of Ourga. (*East of Asia*, Vol. II, No. 1, May 1903, p. 60.)

D'après Valli dans la *Nuova Antologia*. — Voir col. 2790.

— La Mongolie orientale et les Missions belges pendant la révolte de ce pays en 1900. — Conférence du capitaine Eletz Chef d'escadron de la Garde impériale russe faite à la Société de Géographie d'Anvers le 9 octobre 1903. (*Bul. Soc. Roy. Géog. Anvers*, XXVII, 1903, pp. 335/355.)

— Carte de la Mongolie. Vicariat apostolique de Mongolie centrale. (Pays des Tchagars, du Toumet, du Seu-Tze-Wang, par le R. P. Rutten,... 1905.) — Paris, imp. de Monrocq, 1906, 1 flle. 1030 × 660.

Bib. Nat. Ge. B. 770.

— The Lao Ho in Inner Mongolia. By the Rev. John Hedley. (*Geogr. Journal*, May 1907, pp. 545/549.)

HISTOIRE.

Pétis de la Croix.

— Histoire du grand Genghizcan premier empereur des anciens Mogols et Tartares. Divisee en quatre livres. Contenant La Vie de ce Grand Can. Son Elevation. Ses Conquêtes, avec l'Histoire abregée de ses Successeurs qui regnent encore à present. Les Mœurs, les Coûtumes, les Loix des anciens Mogols & Tartares, & la Geographie des vastes Païs de Mogolistan, Turquestan, Capschac, Yugurestan, & de la Tartarie Orientale & Occidentale. Traduite et compilée de plusieurs Auteurs Orientaux & de Voyageurs Européens, dont on voit les noms à la fin, avec un Abrégé de leurs Vies. Par feu M. Pétis de la Croix le pere, Secretaire Interprete du Roy ès Langues Turquesque & Arabesque. A Paris, Dans la Boutique de Claude Barbin. Chez la Veuve Jombert au Palais, sur le second Perron de la Sainte Chapelle. M.DCCX, in-12, pp. 564 + 10 ff. n. c. au com. p. l. tit., l'av., l. tab., l'ap. et l. priv., carte.

— Histoire ‖ du grand ‖ Genchizcan ‖ premier empereur ‖ des anciens Mogols ‖ et tartares. ‖ Divisée en quatre livres. ‖ Contenant ‖ La. Vie de ce Grand Can. Son Elevation. Ses ‖ Conquêtes, avec l'Histoire abregée de ses ‖ Successeurs qui regnent encore à present. Les ‖ Moeurs, les Coûtumes, les Loix des anciens ‖ Mogols & Tartares, & la Geographie des ‖ vastes Païs de Mogolistan, Turquestan, Caps ‖ chac, Yugurestan, & de la Tartarie Orientale ‖ & Occidentale. ‖ Tradvite et compile'e ‖ De plusieurs Auteurs Orientaux & de Voyageurs Euro ‖ péens, dont on voit les noms à la fin, avec ‖ un Abrégé de leurs Vies. ‖ Par feu M. Pe'tis de la Croix le pere, ‖ Secretaire Interprete du Roy és Langues ‖ Turquesque & Arabesque. ‖ A Paris, ‖ Chez Michel Estienne David, fils, Quay ‖ des Augustins, du côté du Pont Saint Michel ‖ au Prophéte Royal. ‖ M.DCCXI. ‖ Avec Approbation & Privilege du Roy, in-12, 10 ff. n. c. p. l. t. tab., etc. + pp. 564.

Même éd. que la précédente, sauf le titre.

— The History of Genghizcan the Great, first Emperor of the Antient Moguls and Tartars, in four Books by the late M. Petis de la Croix *Senior*, and now faithfully translated into English. London. 1722, in-8.

— Istoria del Gran Genghizcan Primo Imperadore degli Antichi Mogoli, e Tartari. Divisa in quattro Libri, Che contiene La Vita di questo Grand Cane. Il suo Ingrandimento. Le sue conquiste, con l' Istoria compendiata de' suoi Successori regnanti ancora oggidi. I Costumi, le Usanze, le Leggi degli antichi Mogoli e Tartari, e la Geografia de' vasti Paesi di Mogolistan, Turquestan, Capschac, Yugurestan, e della Tartaria Orientale o Occidentale. Tradotta e compilata Da` più Autori Orientali, e Viaggiatori Europei, il nome de quali, e la loro vita in compendio veggonsi nel fine. Del Signor Petis della Croix il Padre, Segretario Interprete del Re nelle Lingue Turca e Araba. Tradotta del Francese. In Venezia, MDCCXXXVII. Appresso Francesco

Pitteri, in-12, pp. 609 + 12 ff. n. c. au com. p. l. tit., l'av., l. tab. et l'ap., carte.

— Nouvelle histoire de Genghiskan, Conquerant de l'Asie. A Paris au Palais, Chez Jean-Baptiste Marzuel, sur les Degrez de la Sainte Chapelle, au Voyageur. M.D.CC.XVI, pet. in-8, pp. 241 + 6 ff. au com. p. l. tit., etc.

A. Gaubil.

— Histoire de Gentchiscan et de toute la dinastie des Mongous ses successeurs, Conquérans de la Chine ; tirée de l'histoire chinoise, Et traduite par le R. P. Gaubil de la Compagnie de Jesus, Missionnaire à Péking. A Paris, Chez Briasson, Libraire, rue Saint Jacques. Et Piget, Libraire, sur le Quay des Augustins. M.DCC.XXXIX. Avec approbation et privilege du Roy, in-4, pp. 317 + 4 ff. n. c. p. l. f. tit., l. tit. et l'av. + 1 f. n. c. à la fin p. l'ap. et le priv.

On lit au bas de la dernière page : De l'Imprimerie de Quillau, rue Galande, près la Place Maubert, à l'Annonciation 1738.

L'Avertissement commence ainsi : « Il y a sept ou huit ans que l'on donna un abrégé de l'Histoire qui paroît ici en entier. Cet abrégé fut assez bien reçû pour espérer que l'Histoire entière ne déplaira pas. »

Jour. des Savans, 1739, pp. 152/164. — *Supp. ad Nova Acta Eruditor.*, VI, pp. 241/6.

De Guignes.

— Histoire générale des Huns, des Turcs, des Mogols, et des autres Tartares occidentaux, &c. avant et depuis Jesus-Christ jusqu'à présent; Précédée d'une Introduction contenant des Tables Chronol. & Historiques des Princes qui ont régné dans l'Asie. Ouvrage tiré des Livres chinois, & des Manuscrits Orientaux de la Bibliothèque du Roi. Par M. Deguignes, de l'Académie Royale des Inscriptions & Belles-Lettres, Censeur Royal, Interprète du Roi pour les Langues Orientales, & Membre de la Société Royale de Londres. Suite des Mémoires de l'Académie royale des Inscriptions et Belles-Lettres. A Paris, Chez Desaint & Saillant, MDCC.LVI-VIII. 4 vol. in-4, en 5.

Tome Premier, Première Partie, 1756, pp. CXVIIj-471.

... Cycle Chinois, pp. XLVI-VII. — Cycle Tartare, p. XLVII. — Table des années du Cycle Chinois, réduites à celles de J.-C., pp. XLIX-LXXVIII. — Table des époques des Chinois, des Grecs, des Arabes et des Persans, réduites à l'ère de Jesus-Christ, par Jean Gravius, pp. LXXIX-CXVIII. — Tables chronologiques des princes qui ont régné dans l'Asie ; Livre I, II : Empire de la Chine, pp. 1-131. — Livre III : la Corée, pp. 132-145... le Tibet, pp. 158-168... — Livre IV : Tartares Orientaux, pp. 179-212. — Livre V : Tartares Occidentaux, pp. 213-313...

Tome Premier, Seconde Partie, 1756, pp. 8-XCV-522.

Description de la Grande Tartarie, pp. 1-XCV. — Livre I : Histoire des anciens Huns, pp. 1/124. — Livre II : 1. Les Huns méridionaux, pp. 125/144 ; 2. Les Huns, autrement appelés Han ou premiers Tchao, pp. 145/205. — Livre III : 1. Les Tchao, pp. 206/252 ; 2. Les Hia, pp. 253/265 ; 3. Les Leam septentrionaux, pp. 266/276. — Livre IV : 1. Les Huns occidentaux, pp. 277/324 ; 2. Les Huns Euthalites, pp. 325/333 ; 3. Les Tartares Geougen, ou Awares, pp. 334/366. — Livre V : Les Turcs orientaux, pp. 367/461. — Livre VI : Les Turcs occidentaux, pp. 462/522.

Tome Second, 1756, pp. VIII-272, 1/292.

Livre VII : Histoire des Turcs Hoei-ke, depuis l'an 629 de J. C. jusqu'en 1043, p. 1. — Livre VIII : Histoire des Turcs Cha-to ou Bagargar, depuis l'an 657 de J. C. jusqu'en 979, p. 34. — Livre IX : Passage des Turcs Hoei-ke & autres dans l'Empire des Khalifs, p. 124. — Livre X : Hist. des Turcs Seljoucides de Perse, depuis l'an de J. C. 1029 jusqu'en 1194, p. 185. — Livre XI : Hist. des Turcs Seljoucides d'Iconium, depuis l'an 1081 de J. C. jusqu'en 1294, p. 1. — Livre XII : Hist. des Turcs Seljoucides d'Alep & de Damas, depuis l'an 1078 de J. C. jusqu'en 1154, p. 78. — Livre XIII : Hist. des Atabeks de Syrie, depuis l'an 1084 de J. C. jusqu'en 1250, p. 147. — Livre XIV : Hist. des Turcs kharizmiens, depuis l'an 1097 de J. C. jusqu'en 1246, p. 250.

Tome Troisième, 1757, pp. VIII-542.

Livre XV : Histoire des Mogols sous Genghizkhan & ses successeurs, depuis l'an 1147 jusqu'en 1259, pp. 1-137. — Livre XVI : Histoire des Empereurs Mogols de la Chine, ou de la Dynastie des Yuen, depuis l'an 1260 jusqu'en 1370, pp. 138-233. — Livre XVII : Hist. des Mogols de Perse, depuis 1258, p. 245 ; Hist. des Mogols du Zagatai depuis l'an 1232 jusqu'en 1369, p. 309. — Livre XVIII : Hist. des Mogols du Kaptchac, depuis l'an 1223 jusqu'en 1613, p. 358 ; Hist. des Khans de Crimée, p. 390 ; Hist. des Khans de Kasan, p. 418 ; Hist. des Mogols du Touran, Uzbeks, p. 443. — Livre XIX : Hist. des Khans Uzbeks du Kharizme, p. 449. — Cosaques, p. 519.

Tome Quatrième, 1758, pp. VII-518.

Livre XX : Hist. de l'Empire des Mogols, fondé par Tamerlan, p. 1 ; Abrégé de l'Histoire des Empereurs du Mogol dans l'Inde, p. 97 ; Abrégé de l'histoire des Kalmouks, leurs guerres avec les Chinois..., pp. 102 et seq. — Livre XXI : Hist. des Mameluks Baharites, p. 110. — Livre XXII : Hist. des Mameluks Bordgites, p. 252 ; Origine des Turcs Ottomans, p. 329. — Additions, p. 339. — Lettre à MM. les Auteurs du Journal des Sçavans ; pour servir de réponse à quelques Observations de MM. les Journalistes de Trévoux, sur l'Histoire des Huns. Par M. Deguignes, de l'Académie des Inscriptions & Belles-Lettres, Insérée dans le premier Journal de Décembre 1747, pp. 345-362. — Tables.

L'ouvrage a été publié à 60 livres.

— L'ouvrage de De Guignes a été traduit en allemand par J. Carl Dähnert sous le titre de : Allgemeine Geschichte der Hunnen, Greifswald, 1768-1771, 5 vol. in-4.

— Supplément à l'Histoire générale des Huns, des Turks et des Mogols, contenant un abrégé de l'histoire de la domination des Uzbèks dans la Grande Bukharie, depuis leur établissement dans ce pays jusqu'à l'an 1709, et une continuation de l'histoire du Kharèzm, depuis la mort d'Aboul-Ghazi-Khan jusqu'a la même époque; par M. Joseph Senkowski... Saint-Pétersbourg, Imp. de l'Acad. Imp. des Sciences, 1824, in-4, pp. 132 + 12 ff. de texte.

— Rapport fait par M. Bianchi, sur l'ouvrage intitulé : Supplément à l'Histoire générale des Huns, des Turcs et des Mongols, par M. Senkowski... Pétersbourg, 1824, in-4. (*Bull. de la Soc. de Géog.*, II, 1824, pp. 141/146.)

— Guerres de K'ang hi. — Ambassade de Tou Li-chen, etc., voir col. 637.

— Guerres de K'ien loung. — Voir col. 636/7.

Rachid Eddin.

— Voir col. 1929-1930.

— A Letter to Major-general John Briggs Honorary Secretary to the Royal Asiatic

Society. On the Discovery of part of the second volume of the *Jámi ql Tawáríkh* [جامع التواريخ] of Rashíd al Dín [رشيد الدين]. By William Morley Esq., of the Middle Temple, Barrister at Law. London : 1839, in-8, pp. 24.

From the *Journal of the Royal Asiatic Society*, No. XI.

— A Letter to Richard Clarke... on a Ms. of the Jámi al Tawáríkh of Rashíd al Dín, preserved in the Library of the Honourable East India Company. By William H. Morley, br. in-8, pp. 6.

— Kritische Beurtheilung der vom Hrn. Quatremère herausgegebenen *Histoire des Mongols de la Perse.* Von Franz v. Erdmann. Kasan In der Universitäts-Typographie, 1841, in-8, pp. 62.

— Vollstaendige Uebersicht der aeltesten tuerkischen, tatarischen und mogholischen Voelkerstaemme nach *Raschid-ud-din*'s Vorgange bearbeitet von Franz von Erdmann. Kasan In der Universitäts-Typographie. 1841, in-8, pp. 188 + 1 f. n. ch.

— Сборникъ лѣтописей. — Исторія Монголовъ, сочиненіе Рашидъ-Эддина. Переводъ И. Н. Березина. — Введеніе : О турецкихъ и монгольскихъ племенахъ. (*Труды Восточнаго отдѣленія имп. археол. Общества.* — V, St. Pétersbourg, 1858), in-8, pp. xvi-322; VII, Ibid., 1861, in-8, pp. xxxi-286 (texte).

— Исторія Чингизъ-хана отъ Восшествія его на Престолъ до кончины. (*Ibid.*, XIII, in-8; XV, 1888, in-8, 3 ff. n. ch. + pp. 262 + 231 (texte).

Voir Berezine, *infra*, col. 2772/3.

∴

— Une page de l'histoire des Mongols. — Proemium du *Dai-yuwan Gurun-i suduri bithe.* Traduit du mandchou par M. C. de Harlez. (*Journal Asiatique*, VIIIe Sér., II, Août-Sept. 1883, pp. 309/314.)

— Mémoire sur un ancien document historique sino-mongol, le *Yuen tchao mi chi*, par A. Pozdnieyev [en russe]. (*Mémoires de la Soc. archéologique de St. Pétersbourg*, 1884.)

Voir sur le *Yuen tchao mi chi*, Bretschneider, *Notices on the mediaeval Geogr. etc.*, p. 14. M. Pozdniev a réussi à rétablir l'ancien texte mongol de ce document, qu'il se propose de publier prochainement avec une traduction. — Voir col. 2774.

— * Yoshitsune and Genghis Khan ; a historical thesis on the identity of the Chinese Conqueror with the Chinese Hero. By K. Suyematz. (*Japan Weekly Mail*, 25 Juin-7 Août 1880.)

— Genghis Khan, a Japanese. By E. H. Parker. (*China Review*, XVI, p. 124.)

— Genghiz Khan. By E. H. Parker. (*Ibid.*, p. 188.)

— Поминки по Чингисъ-ханѣ. Соодщилъ Г. Н. Потанинъ. (*Извѣстія Имп. Русс. Геог. Общ.*, XXI, 1885, pp. 303/315, 1 pl.)

Tirage à part, in-8, pp. 14, 1 pl.

— Une Visite au tombeau de Gengis-Khan. Par Charles-Eudes Bonin. (*Revue de Paris*, 15 fév. 1898, pp. 826/835.)

— Cérémonial de Khoubilaï... par G. Pauthier, voir col. 2291.

— Notes sinologiques Par M. Edouard Chavannes Membre de l'Institut. (*Bull. Ecole française Ext. Orient*, IV, Nos. 1 et 2, Janvier-Juin 1904, pp. 75/82.)

I. — L'itinéraire de Ki-ye. — II. — Un passage d'un édit de Bouiantou Khan (1314).

— Inscriptions et pièces de chancellerie chinoises de l'époque mongole par Ed. Chavannes. (*T'oung Pao*, IIe Série, Vol. V, N° 4, Octobre 1904, pp. 357/447.)

— — Deuxième partie. (*Ibid.*, Vol. VI, N° 1, Mars 1905, pp. 1/42.)

Tirage à part : E. J. Brill, Leide, 1905, in-8, pp. 134.

Aboul Ghazi Bahadour Khan.

— Histoire genéalogique des Tatars. Traduite du Manuscript Tartare d'Abulgasi-Bayadur-Chan & enrichie d'un grand nombre de remarques Authentiques & tres-Curieuses sur le veritable Estat present de l'Asie Septentrionale Avec Les Cartes Geographiques necessaires. Par D***. A Leyde Chez Abram Kallewier. 1726. Aux despens du Traducteur..., 2 vol. in-12, pp. 386, s. 8 ff. n. c. au com. p. l. tit., l'ép., etc. et pp. 387 à 814, 5 ff. n. c. à l. f. p. l. tab. des mat. et les er., 2 cartes.

Le Ms. de cet ouvrage a été acheté d'un marchand de Boukhara par des officiers suédois prisonniers à Tobolsk. On lit dans les *Supercheries littéraires dévoilées*, I, col. 836/837 : « C'est à tort que les auteurs de la *France littéraire* de 1769 attribuent cette traduction à un M. de Varennes Dans son *Avis au lecteur*, le traducteur avoue que la langue française n'est pas sa langue maternelle ; j'aime donc mieux croire avec les traducteurs de l'*Histoire universelle*, in-4, t. XVII, p. 270, que ce traducteur a été Bentinck, l'un des officiers suédois (hollandais, suivant M. Pinkerton) faits prisonniers à la bataille de Pultawa. Il l'a faite avec l'approbation et sous la direction du baron Strahlenberg, qui avait apporté le manuscrit de la Sibérie. Les notes de Bentinck furent recueillies à part, et forment la description de la Tartarie dans le *Recueil des Voyages au Nord*, tom. X, et dans l'*Histoire générale des voyages*, tom. VII, édition in-4. »

On trouve quelquefois l'ouvrage relié en deux tomes avec un titre spécial pour le tome II, placé p. 351 après la troisième partie de l'ouvrage.

Parlant de cette édition, Meusel, qui consacre un assez long article à Aboul-Ghâzi (*Bib. historica*, Vol. II, Pars II, pp. 217 à 222) écrit (*l. c.*, p. 220) : « Haec igitur historia e codice manuscripto Tatarico primum sumtibus ducum bellicorum Suecicorum, a Russis proelio Pultaviensi captorum ac in Sibiria detentorum, in quibus Phil. Ioh. de Strahlenberg, in linguam Russicam, et ex hac ab ipsis varias in linguas, v. c. a Strahlenbergio in Theotiscam, translata est. Prima typis vulgata versio fuit Francogallica, quam editor accepisse ab interprete ipso, cuius nomen vero haud tradit, affirmat : alii eandem e Theotisca or-tam dicunt. Editor iste quoque anonymus audit *Varenne de Mondasse*, copiarum Gallicarum olim praefectus. »

Voir Strahlenberg, *supra*, col. 2713/4 et consulter :

— Philipp Johann von Strahlenberg och hans karta öfver Asien. Teckning af August Strindberg. Föredragen i Geografiska Sektionen d. 15 Febr. 1879. (Häyemte en karta.) Br. in-8, pp. 12.

Extrait de Bd. 1, Nr. 6, 1879, de *Svenska Sällskapet för Anthropologi och Geografi Geografiska Sektionens Tidskrift*.

On lit p. 12 de cette brochure :

Philippe-Jean Tabbert, anobli von Strahlenberg, né à Stralsund en 1676, mort en Suède en 1747, officier suédois, fut, après la bataille de Pultava, emmené prisonnier en Sibérie. Il employa les treize années qu'il y passa (1709-1722) à la rédaction de son grand ouvrage « Das Nord-Ostliche Theil von Europa und Asia » Stockholm (Leipzig, Heinsius) 1730, in-4° avec Carte. (Cet ouvrage a été publié également en plusieurs langues.) [Voir col. 2713/4.]

La carte, gravée à Berlin, par P.-J. Frisch, et suivant immédiatement en date celle de Delisle, de l'année 1723, lui est de beaucoup supérieure, principalement pour ce qui concerne la détermination topographique de l'Asie du Nord-Est et des régions intérieures de la Sibérie. Un officier suédois (Hollandais) au service de Charles XII nommé Bentinck, s'est servi d'une manière peu délicate de la carte originale et du manuscrit de Strahlenberg, en publiant à Leyde, en 1726, l'Histoire généalogique des Tartares par Abul-Ghazi, ouvrage qu'à la grande surprise de l'auteur suédois il accompagna d'une carte d'après un premier tracé de Strahlenberg, et des notes tirées du manuscrit de ce dernier.

Déjà l'année auparavant il avait été publié dans le « Recueil de Voyages au Nord », vol. 8, une carte ayant pour titre « la Russie asiatique, tirée de la Carte donnée par ordre du feu Czar ». Ce titre est incorrect et G.-F. Müller indique (Sammlung Russischer Geschichte) que ladite carte avait également été dressée par des prisonniers suédois en Sibérie.

Strahlenberg avait la pleine certitude que l'Asie et l'Amérique étaient séparées par l'eau longtemps avant que Bering en eût fourni la preuve pratique ; c'est ce que montre sa carte, qui porte la légende suivante en dehors des bouches de l'Indigirka et de la Kolyma : « Hic Rutheni ab initio per Moles glaciales quae flante Borea ad Littora flanteque Austro versus Mare itero pulsantur magno Labore et Vitae Discrimine transvecti sunt ad Regionem Kamtszatkam. »

— Notice sur le manuscrit de la première traduction de la Chronique d'Abulghâsi-Behâder — Stockholm 1889 P. A. Norstedt & Söner, in-12, pp. 14.

— Abulgasi Bagadur Chan's Geschlechtbuch der Mungalisch-Mogulischen oder Mogorischen Chanen. — Aus einer türkischen Handschrift ins Teutsche übersetzt von D. Dan. Gottlieb Messerschmid. Aus dem 14, 15, und 16ten Theil des historischen Journals, zusammengedruckt. — Göttingen, im Verlag der Wittwe Vandenhoeck, 1780, in-8, pp. 340.

— * Родословная Исторїя о Татарахъ, переведенная на французкой языкъ съ рукописныя татарскїа книги, сочиненїя Абулгачи-Баядуръ-Хана, и дополненная великимъ числомъ премѣчанїй достовѣрныхъ и любопытственныхъ о прямомъ нынѣшнемъ состоянїи сѣверныя Азїи съ потребными географическими ландкартами а съ французкаго на россїйскїй въ Академїи Наукъ. St. Pétersbourg, 1770, 2 vol.

Zenker, I, 954. — Mejov (2603) cite : 1768, 2 vol. in-8. — Voir Bérézine, *infra*, col. 2772/3.

— Abulghasi Bahadür Chani Historia Mongolorum et Tatarorum nunc primum tatarice edita auctoritate et munificentiâ illustrissimi Comitis Nicolai de Romanzoff Imperii Russici Cancellarii supremi. — Casani MDCCCXXV ex Universitatis Imperialis Typographeo. In-fol. Front. grav.

Préface de pp. IX par C. M. Fraehn. — Voir Mejov, 2614/2616.

— Histoire des Mogols et des Tatares par Aboul-Ghâzi Bèhâdour Khan, publiée, traduite et annotée par Le Baron Desmaisons. — St.-Pétersbourg, Imprimerie de l'Académie Impériale des Sciences, 1871-1874, 2 vol. in-8.

Le Vol. I contient le texte, le Vol. II la traduction, pp. IV-393 + 1 tab. gén.

∴

— Histoire de Tamerlan, Empereur des Mogols et Conquerant de l'Asie. A Paris, chez Hippolyte Guerin, rue S. Jacques, vis-à-vis les Mathurins, à Saint Thomas d'Aquin. M.DCC.XXXIX. Avec Approbation & Privilege du Roy. 2 parties in-12.

L'épître au Comte de Maurepas est signée « MARGAT, M. de la C. de J. ». Le P. J. B. Margat était missionnaire à Saint Domingue.

« Publiée par le P. Brumoy. Picot dit dans ses » Mémoires « que le P. Brumoy fut obligé de quitter Paris après la publication de cette Histoire dans laquelle le Régent était fort maltraité. » (Barbier, II, 1874, col. 736.)

— Ahmedis Arabsiadae Vitae & rerum gestarum Timuri, qui vulgo Tamerlanes dicitur, Historia. Lvgdvni Batavorvm, Ex Typographia Elseviriana clɔ Iɔ c XXXVI, in-4.

Texte arabe précédé d'une étude de Golius (4 pages). L'exemplaire de la Bibliothèque de la Ville de Caen, que j'ai examiné, contient quelques notes manuscrites (principalement des noms de villes et de pays) de Bochart.

— Aperçu des entreprises des Mongols en Géorgie et en Arménie dans le XIIIe siècle. Traduit de l'Arménien. Publié et accompagné de notes, par M. Klaproth. Paris. Imprimerie Royale. MDCCCXXXIII, in-8, pp. 56.

Extrait du *Nouveau Journal Asiatique*.

— Les Mongols d'après les historiens arméniens, fragments traduits sur les textes originaux par M. Éd. Dulaurier, Professeur à l'École impériale des langues orientales vivantes. — Premier fascicule. Extrait de Guiragos. Paris, Imprimerie impériale, MDCCCLVIII, in-8, pp. 139.

Ext. No. 3 de l'année 1858 du *Journal Asiatique*.

— — Deuxième fascicule. Extrait de Vartan. Ibid., MDCCCLXI, in-8, pp. 50.

Ext. No. 10 de l'année 1860 du *Journal Asiatique*.

— Исторія Монголовъ по армянскимъ источникамъ *К. П. Пашканова* (Histoire des Mongols d'après les écrivains arméniens. Par *K. P. Patkanov*), St. Pétersbourg, 1874.

— Geschichte der Mongolen bis zum Jahre

1206. Ein Beytrag zur Berichtigung der Geschichte und Erdbeschreibung des mittlern Asiens. Von Karl Dietrich Hüllmann. Berlin, 1796. Bei Karl Ludwig Hartmann, in-8, pp. xvi-144.

— Библіотека Восточныхъ Историковъ, издаваемая И. Березинымъ, профессоромъ Казанскаго Университета. 1849-1854, 3 vol. in-8.

T. I. Шейбаніада. Исторія Монголо-Тюрковъ на Джагатайскомъ діалектѣ. Казань, 1849.

T. II. Сборникъ лѣтописей. Татарскій Текстъ, съ русскимъ предисловіемъ. Казань, 1854. [Rachid Eddin.]

T. III. — — Исторія Абуль-гази. Казань, 1854. [Trad. russe.]

HENRY HOYLE HOWORTH.

Né à Lisbonne, le 1er juillet 1842.

— The Northern Frontagers of China. By Henry H. Howorth. (*The Phœnix*, I, 1870/1871, pp. 47/48, 69/70, 105/106, 181/183.)

— The Northern Frontagers of China. By H. H. Howorth. Part I. The Origines of the Mongols. (*Jour. Roy. As. Soc.*, N. S., Vol. VII, pp. 221/242.) Part II. The Origines of the Manchus. (*Ibid.*, pp. 305/328.) The Manchus (Supplementary Notice). (*Ibid.*, Vol. IX, pp. 235/242.) Part III. The Kara Khitai. (*Ibid.*, Vol. VIII, pp. 262/290.) Part IV. The Kin or Golden Tatars. (*Ibid.*, Vol. IX, pp. 243/290.) Part V. The Khitai or Khitans. (*Ibid.*, Vol. XIII.) Part VI. Hia or Tangut. (*Ibid.*, Vol. XV, pp. 438/482.) ... Voir col. 2717.

— The Eastern Mongols. By H. H. Howorth. (*The Phœnix*, II, p. 4.)

— Jingis Khan. By H. H. Howorth. (*Ibid.*, pp. 138/143, 182/6, 197/204.)

— Chinghiz Khan and his Ancestors. By Henry H. Howorth, F. S. A. (*Indian Antiquary*, 1880, pp. 89/95, 213/221, 240/247, 274/280; 1881, pp. 12/20, 111/117, 135/143, 171/180, 202/209, 234/242, 264/269, 333/339, 355/362; XI, 1882, pp. 76, 132, 189, 275; XIII, 1884, pp. 108, 139, 196, 215, 291; XIV, 1885, pp. 81, 115, 142, 169, 267; XV, 1886, p. 128; XVI, 1887, p. 192; XVIII, 1888, pp. 112, 132.)

— Two Early Sources for Mongol History. By H. H. Howorth. (*Jour. Roy. As. Soc.*, Vol. XV, 1883, pp. 346/356.)

— History of the Mongols from the 9th to the 19th Century. By Henry H. Howorth... London: Longman, 4 vol. in-8.

Notice: *N. C. Herald*, 29 Nov. 1877.

Part I. The Mongols proper and the Kalmuks. With two maps by E. G. Ravenstein. 1876, in-8, pp. XXVIII-743. — II. The so-called Tartars of Russia and Central Asia. Division I. 1880, in-8, pp. XXXIV-626. — Idem. Division II. 1880, in-8, pp. ch. 627 à 1087. — III. The Mongols of Persia. 1888, in-8, pp. x-776.

∴

— The Life of Jenghiz Khan. Translated from the Chinese. With an Introduction. By Robert Kennaway Douglas... London, Trübner, 1877, pet. in-8, pp. xxxv-105.

— Le Péril jaune au XIIIe siècle. Par René Pinon. (*Revue des Deux Mondes*, 1er mars 1905, pp. 143/175.)

Réimp. dans *La Lutte pour le Pacifique*, col. 2616.

— *Транскрипція палеографическаго текста Юанъ-чао-ми-ши. Lithog. Edition de A. M. Pozdneiev.

Voir col. 2769.

— Монгольская Лѣтопись « эрдэнійнъ эрихэ ». — Поллинный текстъ съ переводомъ и поясненіями, заключающими въ себѣ Матеріалы для Исторіи Халхи съ 1636 по 1736 г. — А. Позднѣева. — С. Пет., Тип. Имп. Ак. Наукъ, 1883, in-8, pp. XXXVIII-421, 1 tableau.

Журн. Мин. Нар. Просв., 1884, No. 6, pp. 237/262. (Н. И. Веселовскаго); No. 12, pp. 269/304 (Поздниева). — *Восточн. Обозрѣніе*, 1883, No. 44.

ISAAC JACOB SCHMIDT.

— Extrait d'une lettre de M. Schmidt, à M***, sur quelques sujets relatifs à l'histoire et à la littérature mongoles. 10 (22) octobre 1820, St. Pétersbourg, Dec. 1822. (*Jour. As.*, I, 1822, pp. 320/334.)

— Examen des extraits d'une histoire des Khans mongols, insérés par M. J.-J. Schmidt dans le VIe volume des *Mines de l'Orient*; par M. Klaproth. A Paris, Dondey-Dupré, 1823, in-8, pp. 24.

Ext. du *Journ. Asiatique*.

Réimp. dans les *Mém. rel. à l'Asie*, I, pp. 172/197.

— Voir l'article de Schmidt, dans les *Mines de l'Orient*: Objections contre les hypothèses de M. Klaproth sur la langue et l'écriture des Ouigours.

— Extrait d'une Lettre de M. Schmidt, de St. Pétersbourg, adressée à M. Klaproth, en réponse à l'*Examen des Extraits d'une Histoire des Khans mongols*, in-8.

Ext. du *Journ. As.*, Vol. II, pp. 193 et seq.

Cette lettre est réimp. avec les remarques de Klaproth, dans les *Mém. rel. à l'Asie*, I, pp. 197/204.

— Forschungen im Gebiete der älteren religiösen, politischen und literarischen Bildungsgeschichte der Völker Mittel-Asiens, vorzüglich der Mongolen und Tibeter; von Isaac Jacob Schmidt. Mit zwei Tafeln in Steindruck. St. Petersburg, gedruckt bei Karl Kray, 1824. — Leipzig, in Commission bei Carl Cnobloch, in-8, pp. xiv + 1 f. n. c. + pp. 287.

— Beleuchtung und Widerlegung der Forschungen über die Geschichte der Mittelasiatischen Völker des Herrn J.-J. Schmidt, in St.-Petersburg ; von J. Klaproth. Mit einer Charte und zwei Schrifttafeln. Paris, Dondey-Dupré, Sept. 1824, in-8, pp. 115.

— Forschungen im Gebiete, etc. Recherches sur l'ancienne histoire religieuse, politique et littéraire de l'intérieur de l'Asie ; principalement sur celle des Mongols et des Tubétains ; par Isaac Jacob Schmidt. In-8, xvi et 287 pag., av. 2 lithog. Pétersbourg, 1824 ; Kray. — In-8, pp. 7.

Notice de Klaproth. — Ext. du *Bulletin des Sciences hist., antiquités, philologie, etc.*, Nov. 1824, art. 297.

— I. J. Schmidt's Würdigung und Abfertigung der Klaprothschen sogenannten Beleuchtung und Widerlegung seiner Forschungen im Gebiete der Geschichte der Völker Mittel-Asiens. Leipzig, 1826, bei Carl Cnobloch, in-8, pp. 118.

— Philologisch-Kritische Zugabe zu dem von Herrn Abel-Rémusat bekannt gemachten, in den Königlich-französischen Archiven befindlichen, zwei Mongolischen Originalbriefen der Könige von Persien Argun und Öldshäitu an Philipp den Schönen ; von Isaac Jacob Schmidt. St. Petersburg, Gedruckt bey Karl Kray. 1824, in-8, pp. 31 + 3.

Voir col. 2477.

— Geschichte der Ost-Mongolen und ihres Fürstenhauses, verfasst von Ssanang Ssetsen Chungtaidschi der Ordus ; Aus dem Mongolischen übersetzt und mit dem Originaltexte, nebst Anmerkungen, Erläuterungen und Citaten aus andern unedirten Originalwerken herausgegeben von Isaac Jacob Schmidt... St. Petersburg, 1829, Gedruckt bei N. Gretsch. Leipzig, bei Carl Cnobloch, in-4, pp. xxiv-509 + 1 f. d'er.

Notices par Abel-Rémusat : *Journal des Savants*, 1831, janv., pp. 27/41 ; fév., pp. 115/122 ; mars, pp. 151/168 ; avril, pp. 216/225. — *Nouv. Journ. As.*, 1831-1832, Vol. VIII et IX. — Analyse de l'histoire des Mongols de Sanang Setsen. (*Mél. Posthumes*, pp. 373 à 458.)

— Fried. Hirth. — Ueber eine chinesische Bearbeitung der Geschichte der Ostmongolen von Ssanang Ssetsen. (*Sitzb. Ak. Wiss. München, phil.-hist. Kl.*, 1900, II, p. 195.)

— Die chinesische Redaktion des Sanang Setsen, Geschichte der Ostmongolen, im Vergleiche mit dem mongolischen Urtexte. Von E. Haenisch. (*Mitt. Sem. Orient. Sprachen*, Jahrg. VII, 1te Abt., *Ostasiat. Studien*, 1904, pp. 173/199.)

蒙古源流. — Cf. F. Hirth, *Sitzb. Kgl. Bayer. Ak. Wiss.*, 1900, pp. 195 seq. *Supra.*

— Bericht über eine Inschrift aus der ältesten Zeit der Mongolen-Herrschaft ; von I. J. Schmidt. (*Mém. Ac. Imp. Sc. St. Pét.*, VIe Sér., II, *Sc. pol.*, 1834, pp. 243/256.)

— Die Volksstämme der Mongolen von I. J. Schmidt. (*Rec. des Actes Ac. I. Sc. St. Pét.*, 1834, pp. 75/94.)

— Die Volksstämme der Mongolen, als Beitrag zur Geschichte dieses Volkes und seines Fürstenhauses ; von I. J. Schmidt. (*Mém. Ac. Imp. Sc. St. Pét.*, VIe Sér., II, *Sc. pol.*, 1834, pp. 409/475.)

Abel Rémusat.

— Sur l'histoire des Mongols d'après les auteurs musulmans. (A. Rémusat, *Nouv. Mél. As.*, I, pp. 427/442.)

— Tha-tha-toung-'o, ministre ouigour. (*Ibid.*, II, pp. 61/63.)

— Yeliu-Thsou-thsai, ministre tartare. (*Ibid.*, pp. 64/88.)

— Souboutai, général mongol. (*Ibid.*, pp. 89/97.)

— Sartak, prince mongol. (*Ibid.*, pp. 98/101. — Voir également le voyage de G. de Rubrouck.)

— Oubouchа, prince des Tourgaouts. (*Ibid.*, pp. 102/105.)

— Mémoires sur les relations politiques des princes chrétiens... avec les Empereurs Mongols. Par M. Abel Rémusat. [Voir col. 2477.]

∴

— The Mongols and their Conquests. [By C. Gützlaff.] (*Chin. Rep.*, III, pp. 441/449 ; réimp. dans *The Cycle*, 28 Jan. 1871.)

— Conquêtes en Asie par les Mogols et les Tartares sous Gengiskan et Tamerlan, par M. de Chavannes. Nouvelle édition. Tours, Mame, mdccclxxvi, in-8, pp. 240.

La première édition de cet ouvrage qui fait partie de la *Bibliothèque de la Jeunesse chrétienne* est de 1855.

Ed. 1856, 1859, 1864, 1870 et 1876.

— Temudschin der Unerschütterliche. — Nebst einer geographisch-ethnographischen Einleitung und den erforderlichen besonderen Anmerkungen und Beilagen. — Von Professor Dr. Franz von Erdmann. — Leipzig : F. A. Brockhaus, 1862, in-8, pp. xiv + 1 f. n. ch. + pp. 647 + 4 ff. n. ch.

— La puissance et la civilisation mongoles au treizième siècle par M. Léon Feer... Paris, Didier, 1867, in-8, pp. 40.

— Старинное монгольское сказанie о Чингисханѣ. Par l'Arch. Palladius. (*Mém. de la Miss. eccl. russe de Peking*, IV, 1866, pp. 1 à 258.)

Traduit du *Yuan tch'ao pi chi* 元朝祕史.

— Voir *Bul. Ec. franç. Ext. Orient*, III, No. 1, Janv.-Mars 1903, p. 137.

— Старинное китайское сказанie о Чингисханѣ. — Переводъ съ китайскаго Архимандрита Палладiя. (*Восточный Сборникъ*, I, St. Pét., 1877, pp. 149/266.)

Traduit du 皇元聖武親征錄.

— Geschichte der Mongolen oder Tataren, besonders ihres Vordringens nach Europa, sowie ihrer Eroberungen und Einfälle in diesem Welttheile, kritisch bearbeitet von O. Wolff... Breslau, 1872. Verlag von Carl Dülfer, in-8, pp. iv-426 + 2 ff. n. c. p. les errata.

— Die Geschichte der Mongolen-Angriffe auf Japan. Von Dr. Aug. Pfizmaier... Wien, 1874, in-8, pp. 98.

(Extrait de *Sitzungsberichte d. phil.-hist. Cl. d. k. Akad. d. W.*, LXXVI. Bd.)

— Histoire des Mongols, depuis Tchinguiz-Khan jusqu'à Timour-Lanc; avec une carte de l'Asie au xiiie Siècle. Tome premier, Paris, Firmin Didot,... mdcccxxiv, 2 parties in-8, pp. xlvi-1/319, 320/727.)

Notice : *Journ. des Savants* (Abel-Rémusat), Déc. 1824, pp. 718 à 726.

— Histoire des Mongols, depuis Tchinguiz-Khan jusqu'à Timour Bey ou Tamerlan, par M. le baron C. d'Ohsson, Membre des Académies royales des Sciences et des Belles-Lettres de Stockholm, de la Société royale des Sciences d'Upsal, etc. Avec une carte de l'Asie au xiiie siècle. Amsterdam, Frederik Muller, 1852, 4 vol. in-8.

Volume I, pp. lxviii-452 : Exposition, pp. 1-lxviii.

Livre I, Chap. I : Nations nomades de l'Asie centrale, etc. — Chap. II : Anciennes traditions des Mongols. — Ancêtres de Tchinguiz-Khan — Evenements de sa jeunesse, etc. — Chap. III : Tchinguiz-Khan proclamé empereur, etc. — Chap. IV : Révolte de Tchinguiz-Khan contre l'empereur de la Chine septentrionale, etc. — Chap. V : Tchinguiz-Khan depuis 1216. — Chap. VI : De l'empire Khorazmien, etc. — Chap. VII : Arrivée de Tchinguiz-Khan sur la frontière de l'empire Khorazmien, etc. — Retour de Tchinguiz-Khan en Mongolie. — Chap. VIII : Victoires sur les Géorgiens, les Alans, les Lezguis, les Russes, les Boulgares, etc. — Chap. IX : Jusqu'à la mort de Tchinguiz-Khan. — Chap. X : Causes de la supériorité de Tchinguiz-Khan à la guerre, etc. — Notes. — Table.

Volume II, pp. 651, Livre II, Ogotaï, Chap. I-III — Couyouc. Chap. IV — Mangou, Chap. V-VII — Livre III, Coubilaï. Chap. I-IV. — Temour. Chap. V — Regences. — Khaïschan Ayour-bali-batra. — Schoudi-bala. — Yissoun-temour — Assoukeba. — Tob-temour. — Rintchenpal. — Avénement au trône de Togan-temour, Chap. VI — Togan Temour, Chap. VII — Notes. — Table.

Volume III, pp. 624, Livre IV, Chap. I-III, le Khorassan, l'Irac, le Mazendéran, la Géorgie, la Perse — Houlagou, Chap. IV-VII. — Livre V — Abaca, Chap. I-III — Tagoudar Ogoul ou Sultan Ahmed, Chap. IV-V. — Table. — Additions et corrections.

Volume IV, pp. 774, Livre VI — Argoun, Chap. I-II — Gaïkhatou, Chap. III — Baïdou, Chap. IV — Gazan, Chap. V-IX — Livre VII. — Oeuldjaïtou, Chap. I-II — Abou-Saïd. Chap. III-IV — Chap. V : Depuis l'élection d'Arpa-Khan jusqu'à l'apparition de Tamerlan — Note — Table.

— Исторiя первыхъ четырехъ хановъ изъ дома Чингисова. Переведено съ Китайскаго Монахомъ Iакинѳомъ. St. Pétersbourg, 1829, in-8, pp. xvi-440 + 1 f. n. c. et une carte.

— Rapport sur les Ouvrages du P. H. Bitchourinski relatifs à l'histoire des Mongols par M. J. Klaproth, in-8, pp. 40.

Extrait du *Nouveau Journal Asiatique*.

Les titres de ces ouvrages sont : *Notes sur la Mongolie* (St. Pétersbourg, 1828, in-8) et *Histoire des quatre premiers khans de la maison de Tchinghiz* (St. Pétersbourg, 1829, in-8).

— Observations sur les traductions et les critiques littéraires de M. de Klaproth. Par le Rév. P. Hyacinthe. Br. in-4, pp. 14. [St. Pétersbourg, 1829.]

— * D. Pokotilov. — Исторiя восточныхъ монголовъ. 1368-1634. С.-Птб., 1893, in-8, pp. 230.

— 蒙古游牧記 *Мэнъ-гу-ю-му-цзи.* Записки о Монгольскихъ Кочевьяхъ. Переводъ съ китайскаго П. С. Попова,... С.-Пет., 1895, in-8, pp. vii-487-92-viii.

Записки Имп. Русс. Геог. Общ., т. XXIV.

Notice : *Nature*, LII, 1895, p. 340.

— Prince Roland Bonaparte. — Documents de l'époque mongole... 1895. — [Voir col. 683/4.]

— Г. Е. Грумъ-Гржимайло. — Матерiалы по этнологiи амдо и области Куку-нора. — С.-Пет., 1903, in-8, pp. 43.

Извѣстiя Имп. Русс. Геогр. Общества, т. XXXIX, pp. 441/483.

— Матерiалы по этнологiи Амдо и области Куку-Нора. — Г. Е. Грумъ-Гржимайло. — (*Извѣстiя Имп. Русс. Геог. Общества*, XXXIX, 1903, v, pp. 437/479.)

— A History of the Great Moghuls or a History of the Badshahate of Delhi From 1398 A. D. to 1789 with an Introduction concerning the Mongols and Moghuls of Central Asia by Pringle Kennedy, M. A., B. L. — Calcutta : Thacker, Spink and Co., 1905, in-8, pp. iv + 1 f. n. ch. p. l. tab. + pp. 319.

— О запрещенiи приношенiя людей въ жертву духамъ. — П. С. Поповъ. (*Записки*

Вост. Отд. И. Р. Археол. Общ., XVII, No. 4, 1907, pp. 0149/0150.)

— Яса Чингисъ-хана и Уложеніе Монгольской династіи *Юань-чао-дянь-чжанъ* [元朝典章]. — П. Поповъ. — (*Ibid.*, pp. 0150/0163.)

— Оффиціальные Документы Династіи Юань на Китайскомъ языкѣ. — А. Ивановъ. (*Ibid.*, p. 0176.)

VOYAGES.

— Voyages en Tartarie du Père Gerbillon, Missionnaire François, de la Compagnie de Jésus, à la Chine. (Du Halde, *Description*, Vol. IV.)

Premier voyage en l'année 1688 (pp. 87-162).

Le P. Gerbillon accompagnait avec le Père Thomas Pereyra les deux ambassadeurs chinois envoyés par l'empereur pour traiter avec les Russes. Ils partirent de Peking le 30 mai 1688.

Second voyage fait par ordre de l'empereur en Tartarie par les Pères Gerbillon et Pereyra, Missionaires de la Compagnie de Jésus, à la Chine (pp. 163-251).

Ils quittèrent Peking le 13 juin 1689.

Troisième voyage du Père Gerbillon en Tartarie, fait à la suite de l'empereur de la Chine (pp. 252-288). En l'année 1691.

Quatrième voyage du Père Gerbillon en Tartarie, fait à la suite de l'empereur de la Chine (pp. 289-303). En l'année 1692.

Cinquième voyage du Père Gerbillon en Tartarie, fait à la suite de l'empereur de la Chine. En l'année 1696 (pp. 304-335.)

L'empereur allait faire la guerre au roi des Eleuths.

Sixième voyage du Père Gerbillon en Tartarie, fait à la suite de l'empereur de la Chine. En l'année 1696 (pp. 336-355).

Septième voyage du Père Gerbillon à Ning Hia, fait à la suite de l'empereur de la Chine (pp. 356-384).

Huitième voyage du Père Gerbillon en Tartarie. En l'année 1698 (pp. 385-422).

Cf. *Histoire générale des voyages* (Paris, 1747-1780), Vol. VII et VIII, abrégé et mis dans un ordre différent.

— Travels into Western Tartary, by order of the Emperor of China, or in his Retinue, between the years 1688, and 1698. By John Francis Gerbillon, Jesuit. (Astley's *Collection*, Vol. IV, pp. 664 et seq.)

A paru également dans la trad. anglaise de Du Halde.

— Schreiben des P. Gerbillon, eines Französischen Jesuiten vom 22. August 1689. (*Mag. f. d. neue Hist. u. Geog.* ang. v. D. Ant. Fried. Büsching, Th. XIV, Halle, 1780, pp. 385/408.)

Le titre seul est en allemand ; le texte de la lettre est en français.

— Auszug aus dem Reise-Journal des Herrn Ober-Kriegs-Commissarii Johann Unkowski von der Calmückey. Betreffend einige besondere Traditiones, Ceremonien u. Gewohnheiten. (Müller, *Samm. Russ. Gesch.*, I, pp. 141-153.)

— Auszug einer Chinesischen Reise-Beschreibung von Peking durch Sibirien nach der Astrachanischen Calmückey. (Müller, *Samm. Russ. Gesch.*, I, pp. 327-348.)

(Mongolie : Voyages.)

— Relation chinoise contenant un itinéraire de Peking à Tobol, & de Tobol au pays des Tourgouts. Traduite par le P. Gaubil, & envoyée au P. E. Souciet de la Compagnie de Jésus en 1726. (*Observations...* publiées par le P. Souciet,... 1729, pp. 148 et seq.)

Voir Tou Li-chen, col. 637.

— Timkovski. — Voir col. 2473-2474.

— Narrative of a Pedestrian Journey through Russia and Siberian Tartary, from the Frontiers of China to the Frozen Sea and Kamtchatka; performed during the years 1820, 1821, 1822 and 1823, by Captain John Dundas Cochrane, R. N. London, Murray, 1824, in-8.

— Journey through the Himma-leh Mountains to the sources of the River Jumna, and thence to the confines of Chinese Tartary, performed in April-October 1827. By William Ainsworth and C. Johnson. (*Jour. Geog. Soc.*, IV, 1834, pp. 41/71.)

— Lettres à mes filles, sur mes voyages en Sibérie et en Chine (1833-1834). Par M. le Comte Camille de Ste. A.*** Paris, Imprimerie de J. A. Boudon, 1835, in-8, pp. 118.

Barbier qui n'indique que l'édition de : Lille, imp. de L. Danel, 1838, in-8, pp. 98, de cet ouvrage, l'attribue au Comte Camille-Joseph-Balthazard de Sainte-Aldegonde.

Le *Journal de la Librairie*, 1838, p. 318, ajoute à l'indication de cette dernière édition : Tiré à 54.

— Huc. — Voir col. 2119/2121.

— Путевыя записки китайца *Чжанъ дэ хой* во время путешествія его въ Монголію въ первой половинѣ XIII столѣтія. — О. Палладій. — (*Записки* Soc. Géog. Irkoutsk, 1867, pp. 582/591.)

— The Journey of the Chinese Traveller Chang-te-hui, from Peking to the Summer Residence of Prince Kublai in Western Mongolia, in the year A. D. 1248. Translated from the Russian version of F. Palladius, by Eugene Schuyler. (*Geographical Magazine*, Jan. 1875, pp. 7/11.)

D'après les Part. IX et X, p. 582, des Mém. de la Section Sibérienne de la Soc. Imp. de Géog. de Russie, Irkoutsk, 1867.

— Дорожныя замѣтки на пути по Монголіи въ 1847 и 1859 гг. — Архимандрита Палладія. Съ введеніемъ доктора Е. В. Бретшнейдера и замѣчаніями профессора, чл. сотр. А. М. Позднѣева. — Санктпетербургъ, Тип. Имп. Акад. Наукъ, 1892, in-8, pp. ix-238, carte.

Voir col. 1352/3.

— Travels in Siberia : including Excursions Northwards, down the Obi, to the Polar Circle, and Southwards to the Chinese Frontier by Adolph Erman, translated from

(Mongolie : Voyages.)

the German, by William Desborough Cooley. London, Longman, 1848, 2 vol. in-8.

— — Philadelphia, 1850, 2 vol.

Notice par S. W. Williams : *Chin. Rep.*, XX, pp. 18/40.

— Замѣтки на пути изъ Кяхты въ Ургу въ 1850 году. — Члена-Сотрудника В. Гаупта. (*Записки* Soc. Géog. d'Irkoutsk, V, 1858, pp. 1/100.)

∴

— Oriental and Western Siberia : a Narrative of Seven Years' Explorations and Adventures in Siberia, Mongolia, the Kirghis Steppes, Chinese Tartary, and Part of Central Asia. By Thomas Witlam Atkinson. With a Map and Numerous Illustrations. London, Hurst and Blackett, 1858, gr. in-8, pp. xii-611.

— Travels in Central Asia. (*Colburn's New Monthly Mag.*, Vol. 112, 1858, pp. 85/94.)

Sur T. W. Atkinson, *Oriental and Western Siberia*.

— Travels in the Regions of the Upper and Lower Amoor and the Russian Acquisitions on the Confines of India China. With adventures among the Mountain Kirghis ; and the Manjours, Manyars, Toungouz, Touzemtz, Goldi, and Gelyaks : the hunting and pastoral Tribes. By Thomas Witlam Atkinson, F. R. G. S., F. G. S. Author of « Oriental and Western Siberia ». With a Map and Numerous Illustrations. London, Hurst & Blackett, 1860, gr. in-8, pp. xiii-553.

— Voyage sur les frontières Russo-Chinoises et dans les steppes de l'Asie centrale, par Thomas Witlam Atkinson. 1848-1854. Traduction inédite. (*Tour du Monde*, I, 1863, pp. 337/384.)

Extrait et traduit par F. de Lanoye.

— La Siberia oriental y occidental, y la Tartaria China, por Tomas Witlam Atkinson. (N. Fernandez Cuesta, *Nuevo Viajero Universal*, II, Madrid, 1860, pp. 3/68.)

— Recollections of Tartar Steppes and their Inhabitants. By Mrs. Atkinson. London, Murray, 1863, in-8.

∴

— A. Michie. The Siberian Overland Route. [Voir col. 2126.]

— Voyage dans la Sibérie orientale, notes extraites de la correspondance d'une artiste (Mlle. Lise Cristiani). 1849-1853. — Texte et dessins inédits. (*Tour du Monde*, 1863, I, pp. 385/400.)

Extrait par F. de Lanoye.

— Route from Pekin to St. Petersburg, viâ Mongolia. By Charles Mitchell Grant, Esq. (*Proc. Roy. Geog. Soc.*, VII, 1863, pp. 27/35.)

— A Visit to the Agricultural Mongols. By the Rev. Joseph Edkins. (*Jour. N. C. B. R. A. S.*, N. S., No. II, Dec. 1865, pp. 99 à 111.)

— Поѣздка отъ города Урги на рѣку Ононъ. — Я. Шишмаревъ. (*Записки* Soc. Géog d'Irkoutsk, VIII, 1865, pp. 138/148.)

— Das Amur-Gebiet und seine Bedeutung. — Reisen in Theilen der Mongolei, den angrenzenden Gegenden Ostsibiriens, am Amur und seinen Nebenflüssen. — Nach den neuesten Berichten, vornehmlich nach Aufzeichnungen von A. Michie, G. Radde, R. Maack u. A. Herausgegeben von Dr. Richard Andree. Mit 80 in den Text gedruckten Abbildungen, vier Tonbildern, sowie einer Karte des asiatischen Russlands und den angrenzenden Theilen von Inner-Asien. — Leipzig. Verlag von Otto Spamer. — 1867, in-8, pp. xii-268.

Dans : *Malerische Feierstunden*. — *Asien*, III. Leipzig, Otto Spamer, 1867.

— Williamson's Journeys in North China, 1870. [Voir col. 2129 et 2132.]

— A Month in Mongolia. By Edward H. Parker Esq., of H. B. M.'s Legation at Peking. (*The Phœnix*, I, 1870/71, pp. 51 à 53, 71/74, 95/9 ; II, pp. 113/115, 120/122.)

— A Trip to Kalgan in the autumn of 1868, by R. Swinhoe. (*Proc. Roy. Geog. Soc.* — Réimp. dans *The Cycle*, 14 May 1870.)

— Viaggio attraverso la Russia e la Mongolia, di Lorenzo Inselvini. (*Bol. Soc. Geog. ital.*, VI, 1871, pp. 86/100.)

— * Overland through Asia. Pictures of Siberian, Chinese, and Tartar life. Travels and Adventures in Kamchatka, Siberia, China, Mongolia, Chinese Tartary, and European Russia, with full accounts of the Siberian Exiles, their treatment, condition, and mode of life, a description of the Amoor River, and the Siberian Shores of the Frozen Ocean. By Thomas W. Knox, Author of « Camp Fire and Cotton Field ». In-8, pp. 608.

Cité dans Trübner's *Record*, No. 75, Oct. 31, 1871. — Voir col. 2135.

— Through Mongolia (T. W. Knox). (*Galaxy*, VI, p. 160.)

— Narrative of a Journey through Western Mongolia, July 1872 to January 1873. By Ney Elias, Jun., Medallist R. G. S. [Read, May 12th, 1873.] (*Jour. Roy. Geog. Soc.*, Vol. XLIII, 1873, pp. 108/156.) With a Map.

— On a Journey through Western Mongolia. By Mr. Ney Elias. [Abstract.] (*Proc. Roy. Geog. Soc.*, XVII, 1873, pp. 184/192.)

— * Ney Elias. — Journey through Western Mongolia. (Illustrated Travels, ed. by

Bates, Vol. V, 1873, Part LVII, pp. 257/261.)

— *Ocean Highways*, June 1873, pp. 126/8.

— Viaggi di Ney Elias in China e Mongolia. (*Cosmos* di Guido Cora, 1873, VI, pp. 253/6.)

— Mr. Ney Elias. Nécrologie. (*Nature*, LVI, 1897, pp. 228/229.)

— Mr. Ney Elias, C. I. E. (*East Asia*, 2, Oct. 1897, pp. 81/2, port.)

— Henri Cordier, *Etudes Chinoises*, 1895-1898, pp. 21/22.

Ney Elias, † à Londres, 31 mai 1897.

— Obituary by J. W. McCrindle. (*Scott. Geog. Mag.*, Feb. 1898.)

Paderin.

— О Каракорумѣ и о другихъ развалинахъ близъ Орхона. — И. Падеринъ. (*Извѣстія Имп. Русс. Геог. Общ.*, 1873, IX, pp. 355/360.)

— Routes of Travel from Urga to Uliasutai. Report of M. Paderin, Secretary to the Russian Consulate at Urga. Translated from the « Journal de St. Pétersbourg », of Jan. 16th, 1874. (*Shanghai Budget*, May 23, 1874.)

— Visit of Mr. F. Paderin to the Site of Karakorum. By H. Yule. With a Map. (*The Geographical Magazine*, July 1st, 1874, pp. 137/139.)

∴

— Recent Russian Explorations in Western Mongolia :

I. Sosnovski and Miroshnichenko on the Upper Irtysh, 1872-1873. — II. Matusovski's journey into the Ektag-Altai. — III. A Russian caravan journey to Kobdo, Uliassutai, and Barkul. — Sketch Map. (*The Geographical Magazine*, July, 1875, pp. 196 à 200.)

— * Notes of a Journey outside the Great Wall of China. Abstract of a paper read before the Royal Geographical Society, February 9th 1874. By S. W. Bushell, B.S.C., M.D., London University Scholar; Physician to H. B. M. Legation, Peking. London : Printed by William Clowes, 1874.

Notice : *Chin. Rec.*, V, pp. 171/2.

Un abrégé de ces notes a paru dans les *Proc. Roy. Geog. Soc.*, Vol. XVIII, No. II, 1874, pp. 149/168. — Voir col. 2138.

— Notes from the Journal of a trip into Mongolia. By L. N. W.[heeler.] (*Chin. Rec.*, IV, Feb. 1872, pp. 231/234.)

— * Neue Reisen in der Mongolei. (*Ausland*, 1873, No. 42, pp. 831/834 ; 43, pp. 848 à 850.)

N. M. Prjevalsky.

— Voir Asie centrale.

— Монголія и страна Тангутовъ. Par le Capitaine d'Etat-major N. Prjevalsky. St. Pétersbourg, gr. in-8.

Извѣстія И. Р. Г. О., Vol. VII, 1871, pp. 139 à 149, 277/283 ; VIII, pp. 159/179, 263/264.

— Mongolia, the Tangut Country, and the Solitudes of Northern Tibet, being a Narrative of Three Years' Travel in Eastern High Asia. By Lieut.-Colonel N. Prejevalsky, of the Russian Staff Corps : Mem. of the Imp. Russ. Geog. Soc. Translated by E. Delmar Morgan, F. R. G. S. With Introduction and Notes by Colonel Henry Yule, C. B. Late of the Royal Engineers (Bengal). With Maps and Illustrations. London : Sampson Low, 1876, 2 vol. in-8, pp. L + 1 f. n. ch. + pp. 287, XII-320.

Pub. à liv. 2. 2/-.

Notice : *Nature*, XIV, 1876, pp. 3/5.

— Viaggi di N. Prejevalski nella Mongolia. (*Bol. Soc. Geog. ital.*, 1876, pp. 322/326.)

— Voyage en Mongolie et au pays des Tangoutes. Par M. le Lieut. Col. de Prjéwalski. 1870-1873. — Extraits d'une trad. inédite. (*Tour du Monde*, 1877, II, pp. 161/192, 193/208.)

Abrégé de la trad. de M. du Laurens par H. Cahun.

— Reisen in der Mongolei, im Gebiet der Tanguten und den Wüsten Nordtibets in den Jahren 1870 bis 1873 von N. v. Prschewalski... Autorisirte Ausgabe für Deutschland. Aus dem Russischen und mit Anmerkungen versehen von Albin Kohn. Mit 22 Illustrationen und einer Karte. Jena, Hermann Costenoble, 1877, in-8, pp. xl à 538.

— Prschewalski's Reise nach Hoch-Tibet 1872. Nach dem Russischen von Albin Kohn. (*Globus*, XXXII, 1877, pp. 337/343, 353/9.)

— Capt. Prjevalski. Physico-geographical sketch of the country between lake Dalai-Nor in Mongolia, and the northern boundaries of the Chinese Province of Kansu. (*Ocean Highways*, Nov. 1872, pp. 250/2.)

D'après les *Isviestiya* de la Soc. de Géog. de Russie, Juillet 1872.

— On Captain Prshewalsky's Explorations in Mongolia and Northern Tibet, 1870-73. By Ney Elias, Gold Medallist R. G. S. (*Proc. Roy. Geog. Soc.*, Vol. XVIII, No. 1, pp. 76/87, 1874.)

— Captain Prshevalski's Travels in Mongolia. (*The Geographical Magazine*, April 1874, pp. 5/7.)

— Die südöstliche Mongolei vom Dalei-noor bis nach Alä-schan. Physikalisch-naturhistorische Skizzen aus den Reisenotizen des Generalstabs-Kapitän N. Prshewalski. Von J. Spörer. (Petermann, *Mitth.*, 1873, pp. 84/95.)

— Weitere Nachrichten vom K. Russ. Generalstabs-Kapitän Prshewalski in der südlichen Mongolei, Vordringen gegen Kukunoor. (*Ibid.*, Notice, pp. 270/271.)

— *Das Ausland*, 1874, Nos. 11, 12, 13 et 14.

— N. M. Prshewalski's Reise durch Kukunoor und das nördliche Tibet bis zum Oberlauf des Jang-tse-kiang, September 1872 bis Juni 1873. (Petermann, *Mitth.*, 1874, pp. 41/49.)

— Geographische, magnetische und hypsometrische Beobachtungen, angestellt von Kapitän Prjewalsky auf seinen Reisen in Central-Asien während der Jahre 1870 bis 1873. Bearbeitet von H. Fritsche. (*Ibid.*, pp. 206/207.)

Voir également : *Verhand. d. Ges. f. Erdk. zu Berlin*, 1874, No. 4, pp. 126/131. — Voir col. 377/8.

— Die Mongolen. (*Zeit. f. Ethn.*, Berlin, 1875, Bd. VII, pp. 353/381.)

Ext. de la trad. all. par F. von Stein de l'ouv. de Prjevalsky sur la Mongolie et le Pays de Tangout.

— Третье Путешествіе въ Центральной Азіи. — Изъ Зайсана черезъ Хами въ Тибетъ и на верховья Желтой Рѣки. *Н. М. Пржевальскаго.* — Съ 2 картами, 108 рисунками и 10 политипажами въ текстѣ. — Изданіе Императорскаго Русскаго Географическаго Общества на Высочайше дарованныя средства. — С.-Пет., Тип. В. С. Балашева,... 1883, gr. in-8, pp. IV-II-473 + 1 f. n. ch.

Notices : *Nature*, XXIX, 1883/4, pp. 593/4. — *Вѣстникъ Европы*., 1888, No. 8, pp. 866/870. — *Историч. Вѣстникъ*, 1883, No. 11, pp. 437/9. — *Журн. Минист. Народн. Просвѣщ.*, 1884, No. 4, pp. 316/351. (А. М. Позднѣева.) — *Отечеств. Записки*, 1883, No. 9, pp. 59/63. — *Восточное Обозрѣніе*, 1883, Nos. 41 et 6 ; 1884, No. 11.

— Untersuchung der von Herrn N. von Przewalski auf seiner zweiten Tibet-Reise 1879-80 geschöpften Wasserproben. Von Prof. Dr. Carl Schmidt in Dorpat. (*Bul. Ac. I. Sc. St. Pét.*, XXVIII, 1883, col. 1/15.)

— Il terzo viaggio di Prscevalski. Relazione del prof. F. Guidi. (Con carta.) (*Bol. Soc. Geog. ital.*, 1884, pp. 133/155.)

— Reisen in Tibet und am oberen Lauf des Gelben Flusses in den Jahren 1879 bis 1880 von N. von Prschewalski, Oberst im Russischen Generalstab. Aus dem Russischen frei in das Deutsche übertragen und mit Anmerkungen versehen von Stein Nordheim. Mit zahlreichen Illustrationen und einer Karte in Farbendruck. — Jena, Hermann Costenoble, 1884, in-8, pp. XIV-281.

— De Zaïssansk au Thibet et aux sources du Hoang-Ho (Fleuve Jaune), Troisième voyage de N. Prjévalsky en Asie centrale. 1879-1880 (*Tour du Monde*, 1887, I, pp. 1/80 ; II, pp. 209/240.)

Condensé par J. Riel, sur la traduction de Mme Jardetsky.

— Prjevalsky's Explorations in Central Asia. (*Nature*, XXXIII, 1885/6, pp. 283/4.)

— Четвертое Путешествіе въ Центральной Азіи. — Отъ Кяхты на Истоки Желтой Рѣки, изслѣдованіе Сѣверной Окраины Тибета и путь черезъ Лобъ-норъ по бассейну Тарима. Н. М. Пржевальскаго — Съ 3 картами, 29 фототипіями и 3 политипажами. — Изданіе Императорскаго Русскаго Географическаго Общества. — С.-Пет., Тип. В. С. Балашева, 1888, gr. in-8, pp. III-536 + 1 f. n. ch.

Notice : *Nature*, XXXIX, 1888/9, pp. 121/3, par P. K.

— Метеорологическія наблюденія Н. М. Пржевальскаго. Обработалъ А. И. Воейковъ... С.-Пет., Тип. И. Акад. Наукъ, 1895, gr. in-4, pp. III-281 + 1 f. n. ch.

— Lettres de M. Prjévalsky. (*Soc. Roy. belge Géogr., Bull.*, 1885, pp. 71/76.)

1re datée d'Ourga, 7 Nov. 1883 ; 2e de Tcheïb-Sen à Han-Sou, 10 Mars 1884 ; 3e dans le Tsaidam Oriental, 8 Août 1884.
Extrait de l'*Invalide Russe*.

— Prjevalski's last Journey. By Charles Johnston. (*Imp. and Asiatic Quart. Review*, July 1894, pp. 133/140.)

∴

— Bemerkungen zur Originalkarte der Reisen von Mantusowski und Pawlinow in der Westlichen Mongolei. (Mit Karte.) (Petermann, *Mitth.*, 1873, p. 59.)

— Путешествіе Г. Фричче по Монголіи. (*Извѣстія И. Р. Г. О.*, IX, 1873, Okt., No. 8, pp. 255/9.)

— *Verh. d. Ges. f. Erdk. zu Berlin*, 1873, No. 4, pp. 78/84.

— Herr Fritsche. — Ergebnisse einer Reise durch die östliche Mongolei. (*Verhand. Ges. Erdk. Berlin*, 1874, pp. 27/32.)

— * E. Hernandez y Fernandez. — Viaje à la Mongolia, aventuras de una familia española en las estepas del Asia central. Madrid, Murcia y Marti, 1874, 2 vol. in-8, pp. 128 et 124.

— Le Pays des Ortous (Mongolie). (*Missions Catholiques*, VII, 1875, pp. 276/8, 289/290, 300/302, 313/315, 326/327, 337/338, — avec une carte.)

Relation du voyage des missionnaires belges, les PP. de Vos et Verlinden au commencement de 1874 chez les Ortous où ils se proposaient d'établir une missson.

Voir col. 847 et 1217.

G. N. POTANIN.

— Gregor N. Potanin's journey through the Altai mountains. (*Geog. Mag.*, May, 1877, pp. 118/119.)

— Очерки сѣверо-западной Монголіи. — Результаты путешествія, исполненнаго въ 1876-1877 годахъ по порученію Императорскаго Русскаго Географическаго Общества членомъ-сотрудникомъ онаго Г. Н. Потанинымъ... С.-Петербургъ, 1881-1883, 4 vol. in-8.

Выпускъ I. Дневникъ путешествія и Матеріалы для Физической географіи и топографіи С. З. Монголіи. Съ картою и 4 таблицами рисунковъ. 1881, in-8, pp. XVI-425 + 1 f. n. ch.

Выпускъ II. Матеріалы этнографическіе съ 26-ью таблицами рисунковъ. 1881, in-8, 4 ff. n. ch. + pp. 181-87 + 1 f. n. ch.

Deux autres vol. ont paru en 1883.

Notice : *Nature*, XXIX, 1883/4, p. 501, par P. K.

— Предварительный отчетъ объ экспедиціи въ Ганьсу. Чл.-сотр. Г. Н. Потанина. (*Извѣстія Имп. Рус. Геог. Общ.*, XXIII, 1887, pp. 290/312.)

Tirage à part, br. in-8, pp. 30.

— Разспросныя свѣдѣнія о странѣ между Наньшанемъ, Хангаемъ, Хами и Утайшанемъ. Чл.-сотр. Г. Н. Потанина. (*Ibid.*, pp. 519/571.)

Tirage à part, br. in-8, pp. 50.

— Разспросныя свѣдѣнія о Восточномъ Тибетѣ. Чл.-сотр. Г. Н. Потанина. (*Ibid.*, pp. 481/519, 2 cartes.)

Tirage à part, br. in-8, pp. 39, 2 cartes. — Voir col. 2147.

— M. Potanin's Journeys in East Tibet and East Gobi. By P. A. K. (*Nature*, XXXVII, 1887/8, pp. 141/2.)

— Ярмарка изюбревыхъ роговъ въ Гуй-хуа-ченѣ. — Г. Потанинъ. — (*Извѣстія* Soc. Géog. d'Irkoutsk, XX, 4, 1889, pp. 16/19.)

— Тангутско-тибетская Окраина Китая и Центральная Монголія — Путешествіе Г. Н. Потанина 1884-1886 — Изданіе Императорскаго Русскаго Географическаго Общества. — С.-Пет., Тип. А. С. Суворина, 1893, 2 vol. in-4, pp. xviii-567-xviii + 1 f. n. ch., 3 cartes et 42 pl. photog., xii-437-xix, photog.

— Г. Н. Потанинъ. — Очеркъ путешествія въ Сы-чуань и на восточную окраину Тибета въ 1892-1893 г. — С.-Пет., 1899, in-8, pp. 74, 2 cartes, photog.

Ext. des *Извѣстія И. Р. Г. О.*, XXXV, 1899, No. 4, pp. 363/436. — Voir pages 57 et 64 les remarques de E. Bretschneider. — Voir col. 355.

— Potanins letzte Reise in West-China und im osttibetanischen Grenzgebiete im Jahre 1893. Mit Anmerkungen von Dr. E. Bretschneider. (*Petermanns Mitt.*, XLVI, 1900, pp. 12/18, carte.) — Voir col. 2147.

— Voyages de M. Potanine en Tibet et en Mongolie. Par J. D.[eniker.] (*La Géographie*, 15 Mars 1900, pp. 238/239.)

Pievtsov.

Voir Asie centrale.

— Pévtsof's Expedition in North-Western Mongolia. By E. Delmar Morgan. (*Proc. R. Geog. Soc.*, N. S., Vol. I, 1879, pp. 701/705.)

— Expédition du Colonel Pevtsof dans le Nord-Ouest de la Mongolie par M. Millot. (*Bul. Soc. Géog. de l'Est*, II, 1880, pp. 267/271.)

Trad. des *Proc. R. Geog. Society.*

— Очеркъ путешествія по Монголіи и Сѣвернымъ Провинціямъ Внутренняго Китая — М. В. Пѣвцова... — Съ Картою Монголіи. — Омскъ. 1883. (*Записки западно-сибирскаго отдѣла И. Р. Геог. Общ.* — Кн. V. Omsk, 1883, pp. iv-260.)

— Voyage en Mongolie et au Tibet. (*Rev. Brit.*, 1879, N. S., IV, pp. 43/70, 375/411.)

∴

— Die Wege von Ansi fan durch die Wüste Gobi nach Hami von Oberlieut. G. Kreitner. (Petermann's *Geogr. Mittheil.*, 1882, p. 416, avec une carte.)

Contient le voyage de M. Mandl en 1880 de Ansi fan à Hami.

— Through Siberia. By Henry Landsdell. With Illustrations and Maps. Second Edition. London, Sampson Low, 1882, 2 vol. in-8, pp. xxiv-376, pp. 377 à 811.

Trad. en allemand : Jena, Hermann Costenoble ; suédois : Stockholm, Albert Bonnier ; danois : Copenhague, O. H. Delbanco.

∴

— Voyages de Bruxelles en Mongolie. Voir col. 847.

— Une promenade à travers la Mongolie. Par M. Louis Roofthooft, des miss. ét. de Scheut-lez-Bruxelles. (*Miss. Cath.*, XV, 1883, pp. 2/5, 14/17, 26/30, 38/41, 50/53, 62/66.)

— Zeereis naar Ili, door Emile Indemans, Apostolisch Missionaris, en Verslag van de Ili-Missie, door Mgr. D. B. Van Koot. — Ten voordeele van de Mongoolsche Missiën uitgegeven door A. H. Potberg, R. K. PR. — Kerkelijk Goedgekeurd. — Utrecht, W. Anton Abels, 1890, br. in-8, pp. iv-79.

— Landreis naar Ili, door Emile Indemans, Apostolisch Missionaris. — Ten voordeele van de Mongoolsche Missiën uitgegeven door A. H. Potberg, R. K. PR. — Kerkelijk Goedgekeurd. — Utrecht, W. Anton Abels, 1891, br. in-8, pp. iv-140.

— A. Verwilghen. — A travers le Désert de Gobi. Relation du Voyage des quinze missionnaires expulsés du Vicariat des Ortos. (*Missions en Chine et au Congo*, 1901, XIII, pp. 73/6, 97/108, 121/131, 145/151.)

— Un Voyage en Mongolie Conférence faite à la Société Royale de Géographie d'Anvers le 15 février 1900 Par le Rév. M. Gueluy, recteur des Missions de Chine. (*Bull. Soc. Roy. Géogr. Anvers*, XXIV, 1900, pp. 214/230.)

— * Mongolie Sud-Ouest (Ortos). Lettre du P. Botty. Un voyage en barque Chinoise sur le Fleuve Jaune. (*Missions en Chine*, XVII, 1905, pp. 272/275.)

Voir col. 847 et Missions Belges, col. 1214/7.

∴

— Kuei-hua ch'eng, Mongolia. (*N. C. Herald*, 1887, 29 April, p. 474 ; 20 May, p. 556.)

Sig. : G. W. C. — From *the Chinese Times*.

— Obrutschews Reise von Peking nach Ordos. Von H. H. (*Globus*, LXV, 1894, No. 2, pp. 37/38.)

— Нѣсколько словъ о геологическомъ строеніи Вост. Монголіи по линіи караваннаго путу отъ Кяхты до Калгана. — В. А. Обручевъ. — (*Извѣстія* Soc. Géog. d'Irkoutsk, XXIV, 3 & 4, 1893, pp. 104/108.)

Voir col. 2153.

— M. Obrutcheff's Explorations in Mongolia. (*Geog. Journ.*, V, March 1895, pp. 260/5.)

— William Woodville Rockhill, 1894, voir Tibet.

— Краткій отчетъ о путешествіи Д. Клеменца по Монголіи за 1894 годъ. (*Bul. Ac. I. Sc. St. Pét.*, Oct. 1895, III, No. 3, pp. 261/274.)

— Замѣтка о потухшихъ вулканахъ въ Хангаѣ. — Д. А. Клеменца. — (*Извѣстія* Soc. Géog. Irkoutsk, XXVIII, 2, 1897, pp. 157/9.)

— Voyages de Dmitri Klementz en Mongolie occidentale de 1885 à 1887. (*Bul. Soc. Géog.*, Paris, 1899, pp. 308/329.)

— Reise an den oberen Orchon und zu den Ruinen von Karakorum. Von Hans Leder. (*Mitt. k. u. k. geog. Ges. Wien*, 1894, pp. 407/436.)

— Eine Sommerreise in der nördlichen Mongolei im Jahre 1892. Von Hans Leder. I. Von der Tola an den Orchon. (*Ibid.*, 1895, pp. 26/57.) — II. Vom Orchon an den Tuin-gol. — Auf dem Rückwege. (*Ibid.*, pp. 85/118.)

— Ueber alte Grabstätten in Sibirien und der Mongolei. Von Hans Leder. (*Mitt. Anth. Ges. Wien*, N. F. XV, 1895, pp. 9/16.)

— Отдѣльная экскурсія въ Восточную Монголію. (*Bul. Ac. I. Sc. St. Pét.*, IV, Janv. 1896, No. 1, pp. 41/51.)

— The Towns of Northern Mongolia. By Dr. Anatolius Markoff. (*Scottish Geog. Mag.*, XII, 1896, pp. 57/68.)

— Монголія и Монголы. — Результаты поѣздки въ Монголію, исполненной въ 1892-1893 гг. А. Позднѣевымъ. — Изданіе Императорскаго Русскаго Географическаго Общества. — С.-Пет., Тип. Имп. Акад. Наукъ, 1896-1898, 2 vol. gr. in-8, pp. xxx-696 + 1 f. n. ch., xxix-517.

Notices : *Nature*, LV, 1896/7, pp. 603/4 ; LXIII, 1900/1, p. 608, par P. K. — *Geog. Journ.*, IX, 1897, pp. 441/3.

— * A two months trip into Mongolia. By Lieut. C. N. Buzzard. (*P. R. Artillery I.*, XXIV, 1897, pp. 49/59.)

— Note sur les résultats géographiques de la Mission accomplie au Tibet et en Mongolie en 1895-1896 par Charles Eudes Bonin. (*Bul. Soc. Géog.*, Paris, 1898, pp. 389/403.)

— Note sur le commerce de la Mongolie chinoise par Ning-hsia-fou (Kansou). Par Ch.-E. Bonin. (*Revue Coloniale*, VI, 1900, pp. 1168-1172.)

— Ein Religionsfest der Mongolen. Reiseerinnerungen von E. M. Köhler. (*Deutsche Rundschau f. Geog. u. Stat.*, XXII, 1899-1900, pp. 539/551.)

— Поѣздка въ юго-восточную Монголію. Н. И. Дамаскина и И. В. Палибина въ 1899 году. (*Извѣстія И. Р. Г. О.*, XXXVI, 1900, No. 1, pp. 131/134.)

— И. В. Палибинъ. — Предварительный отчетъ о поѣздкѣ въ Восточную Монголію и застѣнныя части Китая. (*Ibid.*, XXXVII, 1901, No. 1, pp. 1/57.)

— Voyage de M. Palibine dans la Mongolie orientale. Par le Dr. L. Laloy. (*La Géographie*, 15 Novembre 1901, pp. 367/369.)

— After Wild Sheep in the Altai and Mongolia by E. Demidoff Prince San Donato. With 82 illustrations a coloured frontispiece and map. London, Rowland Ward, 1900, in-8, pp. xii-324.

— Une expédition anglaise dans l'Altaï. Par Ch. Rabot. (*La Géographie*, 15 juillet 1901, pp. 55/6.)

— Voyage en Mongolie par M. le Baron de Batz. (*Tour du Monde*, 1901, pp. 493/528.)

— Ein Ritt durch die östliche Mongolei. Von Werner Schenk Freiherrn von Stauffenberg, Leutnant im k. b. 1. Schweren Rt.-Rgt. Mit 16 Bildern auf Tafel i-viii. (*Jahresb. Geog. Ges. München*, 1901/2, pp. 1/40; *Ibid.*, pp. lvii/lix.)

— Mario Valli. — Attraverso la Mongolia. Note di viaggio. (*Nuova Antologia di Lettere*, Roma, 1902, C, pp. 491/508, 589/612; CI, pp. 41/72, ill.)

— Comte de Lesdain Attaché à la légation de France à Pékin — En Mongolie (15 juin-22 septembre 1902). Paris, Augustin Challamel, 1903, pet. in-8 carré, pp. 201, ill.

— * My Life in Mongolia and Siberia. From the Great Wall of China to the Ural Mountains, by John, Bishop of Norwich. With Illustrations. London, Society for Promoting Christian Knowledge, 1903, pet. in-8, pp. 176.

— Journeys in Mongolia. By C. W. Campbell, C. M. G. (*Geograph. Journal*, Nov. 1903, pp. 485/521, Carte 1/2.000.000.)

— *China.* No. 1 (1904). — Report by Mr. C. W. Campbell, His Majesty's Consul at Wuchow, on a Journey in Mongolia. [With a Map.] Presented... January 1904. London. [Cd. 1874.) Price $10\frac{1}{2}$ *d.*, in-fol., pp. 43.

— *China.* No. 3 (1904). — Despatch from

His Majesty's Minister at Peking, inclosing a Report by Mr. George J. Kidston on a Journey in Mongolia. — Presented to both Houses of Parliament... May 1904. London... [Cd. 1954.] Price 6 *d.*, in-fol., pp. 26, fig.

— *China.* No. 4 (1904). — Map to accompany Despatch from His Majesty's Minister at Peking, inclosing a Report by Mr. George J. Kidston on a Journey in Mongolia. [« China. No. 3 (1904). »] Presented... June 1904, London... [Cd. 2096.] Price 6 *d.*, in-fol.

— A Recent Journey in Mongolia. (*Geographical Journal*, XXIV, No. 4, Oct. 1904, pp. 479/80.)
Mr. George J. Kidston.

— En Mongolie : le Pays des Saïotes. Par Paul F. Chalon. (*Revue de Géog.*, T. LIV, 1904, pp. 99/107, 163/172, 199/206, 227/236.)

— Путевыя замѣтки объ Урянхайской Землѣ. — П. Крыловъ. — Съ Картами и профилями. — Санкт-Пет., 1903. (*Записки И. Р. Геог. О.*, XXXIV, No. 2), in-8, pp. 167.

— North-western Mongolia. (*Geogr. Journal*, XXIII, No. 5, May 1904, p. 684.)
D'après P. Krylov, Vol. XXXIV, Soc. imp. russe de Géog., *Mém.*

— Поѣздка въ Тункинскій край и на озеро Косоголъ въ 1902 году. В. Л. Комарова. (*Извѣстія И. Р. Г. О.*, XLI, 1905, pp. 23/154.)

— Voyage de M. V. L. Komarov au Kosso-gol. Par le Dr. L. Laloy. (*La Géographie*, 15 Mai 1906, pp. 377/380.)

P. K. Kozlov.

— The Russian Tibet expedition, 1899-1901. By Captain P. K. Kozloff. (*Geographical Journal*, XIX, May 1902, pp. 576/598.)

— The scientific results of the russian expedition to Kham. — By Capt. P. Kozloff, St. Petersburg, Russia. (*Report Eighth Intern. Geographical Congress, United States*, 1904, pp. 737/740.)

— Монголія и Камъ. — Труды Экспедиціи Императорскаго Русскаго Географическаго Общества, совершенной въ 1899-1901 гг. подъ руководствомъ П. К. Козлова. — Изданіе Императорскаго Русскаго Географическаго Общества. Томъ I. Часть первая. С.-Пет., Типо-Лит. « Герольдъ », 1905, gr. in-8, pp. x-256.

По Монголіи до Границъ Тибета. — Съ тремя картами, пятнадцатью фототипіями и двадцатью семью политипаками.

— — — Томъ I. Часть вторая. Ibid., 1906, gr. in-8, pp. x-257 à 734.

Камъ и обратный путь. — Съ двумя картами, etc.
Notice : *Geog. Journ.*, Dec. 1906, p. 626.

∴

— On tramp among the Mongols. — Written for the « North-China Daily News ». By The Rev. John Hedley, F. R. G. S.

Série d'articles commencée dans le *N. C. Herald.*, Aug. 10, 1906. Tirage à part. — Notice : *Chin. Rec.*, June 1907, pp. 338/9, par G. M.

— A Visit to Kalgan and a Trip into Mongolia. By Rev. G. H. Bondfield. (*East of Asia*, Vol. 5, No. 2, June 1906, pp. 155/165; *ibid.*, Vol. 5, No. 3, Sept. 1906, pp. 209/218.)

— Le P. Damerval en Mongolie. (*Chine, Ceylan, Madagascar*, Déc. 1906, pp. 193/212.)

LANGUE.[1]

— Grammaire de la Langve des Tartares Monguls ou Mogols, traduite d'un Manuscrit Arabe [de la Bibliothèque de M. Gaumin].

Thévenot n'a publié qu'une page de cette grammaire. (*Recueil*, 1696, T. II, à la suite du Voyage des Hollandois à Pékin.)
— Voir Strahlenberg, Das Nord u. Oest. Th. v. Europa, *supra*, col. 2713, pour le plus ancien dictionnaire kalmouk : Vocabularium Calmucko-Mungalicum, pp. 137/156.

— T. S. Bayer. — Epistolae ad Menckenium de literis Tanguticis & Mogulicis. (*Acta Erud.*, 1731 & Sup., T. IX.)

— Elementa litteratvrae brahmanicae tangvtanae mvngalicae. T. S. Bayer Regiomontanus. (*Commentarii Ac. Scient. Imp. Petropolitanae*, III, 1732, pp. 389/422.)

— Elementa brahmanica, tangvtana, mvngalica. T. S. B. (*Ibid.*, IV, 1735, pp. 289 et seq.)

I. J. Schmidt.

— Grammatik der Mongolischen Sprache ; verfasst von I. J. Schmidt,... — Mit einer Tafel in Steindruck. — St. Petersburg, 1831, in-4, pp. xii-179.

— * Я. Шмидтъ. — Грамматика Монгольскаго языка. Перевелъ съ нѣмецкаго съ литографированнымъ чертежемъ. St. Pétersbourg, 1832, in-4, pp. vii-184.
Traduction du précédent. — Zenker, 6935.

— Grammaire mongole. Par I. J. Schmidt. Traduite de l'Allemand et suivie d'Essais de Traduction Mongole. Par A. M. H.[ame-

1. Nous ne donnons dans ce chapitre que les ouvrages relatifs au mongol oriental = mongol proprement dit et au mongol occidental = kalmouk.

lin.] Rennes 1870 ou MDCCCLXX [*sic*], in-8, pp. 176, autographié.

— Elementi della grammatica mongolica di Carlo Puini. Firenze, successori Le Monnier, 1878, in-8, pp. x-42.

Extrait de la grammaire de Schmidt.

Pubblicazioni del R. Istituto di Studi superiori... in Firenze.

— Bericht ueber eine Inschrift aus der aeltesten Zeit der Mongolen-Herrschaft; von I. J. Schmidt... — Aus den *Mémoires de l'Académie Impériale des Sciences de St. Pétersbourg. VIe Série. Sciences politiques, Histoire et Philologie*, T. II, besonders abgedruckt. — St. Petersburg... MDCCCXXXIII, pièce in-4.

— Монгольско-нѣмецко-россійскій словарь, съ присовокупленіемъ нѣмецкаго и русскаго алфавитныхъ списковъ составленный Я. Шмидтомъ,... Санкт Петербургъ, 1835, in-4, pp. VIII-613 à 3 col. + 1 f. n. ch.

Avec le titre allemand suivant :

— Mongolisch-deutsch-russisches Wörterbuch, nebst einem deutschen und einem russischen Wortregister von I. J. Schmidt,... Herausgegeben von der Kaiserlichen Akademie der Wissenschaften. — St. Petersburg, 1835.

— Подвиги исполненнаго заслугъ героя Богды Гессеръ Хана,... par I. J. Schmidt. St. Pétersbourg, 1836, in-4, pp. 191 + 1 f. n. c.

Texte mongol.

— Die Thaten Bogda Gesser Chan's, des Vertilgers der Wurzel der zehn Übel in den zehn Gegenden. Eine ostasiatische Heldensage, aus dem Mongolischen übersetzt von I. J. Schmidt... 1839. St. Petersburg, bei W. Gräff. — Leipzig, bei Leopold Voss, in-8, pp. XIV + 1 f. n. c. + pp. 287.

Cf. W. Schott. Ueber die Sage von Geser-Chan. (*Mém. de l'Ac. des Sc. de Berlin*, Phil. hist. Gl., 1851, pp. 263/295.) Et B. Jülg, Ueber die griechische Heldensage im Wiederscheine bei den Mongolen. (Mém. de la *Versammlung deutscher Philologen und Schulmänner zu Würzburg*, 1868 [Leipzig, 1869, pp. 58/71].)

— Mongolensia.

« Volume manuscrit contenant divers ouvrages traduits du Mongol en Russe. On y remarque entre autres des notices historiques par le Lama Mongol Tsortsii et surtout le poëme héroïque où sont retracés, en sept chants, les hauts faits du *Destructeur des dix maux dans les dix mondes*, Bogda Gesser Khan. Le Tibet septentrional, la Chine occidentale et les pays voisins du Hoang ho supérieur sont le théâtre des actions de ce héros que la mythologie lamaïque a divinisé. Bergmann a donné plusieurs fragments de ce poëme qui occupe le premier rang dans la littérature des Mongols et des Kalmouks et M. Schmidt en a récemment publié le texte à St. Pétersbourg. Ce manuscrit qui est d'une très belle écriture est en caractères slavons. » Ce ms. in-fol. a fait partie de la vente Klaproth, 2e partie, No. 96 et il a été adjugé pour 162 fr.

J. E. KOVALEVSKI.

— Краткая грамматика Монгольскаго книжнаго языка, составленная Осипомъ Ковалевскимъ... Казанъ, въ Унив. Типогр. 1835, in-8, pp. 197 + 2 ff. n. c. p. la table.

— Монгольская Хрестоматія, изданная... Проф. Осипомъ Ковалевскимъ... Казанъ, 1836-1837, 2 vol. in-8, pp. XVI-591 et 595.

« An excellent work, with a full selection of reading exercises, and an equally excellent commentary to the same. » (Jülg, *J. R. As. Soc.*, Vol. XIV, p. 57.)

— Dictionnaire Mongol-Russe-Français, dédié à Sa Majesté l'Empereur de toutes les Russies, par Joseph Étienne Kovalevski, professeur ordinaire de la littérature mongole à l'Université impériale de Kasan... Kasan, Imprimerie de l'Université, 3 vol. in-4.

Vol. I, 1844, pp. XIII-594.
Vol. II, 1846, pp. 595-1545. } Imprimés sur deux colonnes.
Vol. III, 1849, pp. 1547-2690.

Quaritch, Sept. 1872 (285), Liv. 12.

Notice : *Erman's Archiv*, VIII, 1850, pp. 651-655.

∴

— * Robert Yuille. — Short Mongolian Grammar [en Mongol].

« Xylography from the English mission press before Selenginsk beyond the Baikal, 1838. This book will always remain unique. » (B. Jülg, *J. R. As. Soc.*, Vol. XIV, p. 56.)

— * Alex. Popov. — Монгольская Хрестоматія. Kazan, 1836, 2 vol. in-8, pp. x-318, 1-199.

« A work admirably adapted for beginners. By the same author is *Arithmetika na mongolskom jazykje*, Kasan, 1837. » (Jülg, *Ibid.*, p. 56.)

— * Alex. Popov. — Грамматика Калмыцкаго языка. Kazan, 1847, in-8, pp. IX-390.

H. C. v. d. GABELENTZ.

— Einiges über mongolische Poesie. Von H. C. v. d. Gabelentz. (*Zeitschrift f. d. K. d. Morg.*,[1] 1. Bd., 1. Heft, 1837, pp. 20/37.)

— Versuch über eine alte mongolische Inschrift. Von H. C. v. d. Gabelentz. (*Ibid.*, 2. Bd., 1. Heft, 1838, pp. 1/21.)

— Nachtrag zur Erklärung der altmongolischen Inschrift. (*Ibid.*, 3. Bd., 2. Heft, 1840, pp. 225/227.)

— A Sketch of the Mongolian Language and Literature, [translated from the German of H. Conon von der Gabelentz. By the

1. Zeitschrift für die Kunde des Morgenlandes, herausgegeben von H. Ewald, C. v. d. Gabelentz, J. G. L. Kosegarten, Ch. Lassen, C. F. Neumann, E. Rödiger und F. Rückert. Ersten Bandes erstes Heft. Göttingen, 1837. Druck und Verlag der Dieterichschen Buchhandlung, in-8.

Editor]. (*Chin. & Jap. Rep.*, March 1864, pp. 398/400.)

∴

— Parmi les manuscrits de la 2e partie de la vente Klaproth se trouvait (No. 215, vendu fr. 200) un « précieux recueil contenant les travaux originaux et inédits de Jean Jæhrig, qui accompagna Pallas dans ses voyages en qualité d'interprète, et qui, pendant un séjour de dix années au milieu des hordes tartares, avait acquis une connaissance étendue des différents dialectes qui y sont en usage. Ces pièces rédigées de 1783 à 1793, soit à Irkutsk, soit à Kiakhta même, sont d'une exécution très soignée et accompagnées de caractères originaux. » Elles comprenaient :

Sur le miroir de la langue mongole. — Elémens de l'écriture et de la langue mongole et éleuthe, 2 parties. — Elémens de l'écriture et de la langue tibétaine. — Catalogue de manuscrits et de livres indiens, tibétains et mongols, recueillis chez les peuples de la frontière mongole. — Miroir des mots mongols logiquement disposés, rédigé la 56e année de l'empereur (Khian loung) par une commission composée de 4 Tibétains, 3 Mongols et 7 Chinois, traduits mot à mot en allemand. 2 part. in-fol., dem.-rel.

— * Nawrocki. — Courtes observations sur la différence entre les langues kalmouke et mongole [en russe]. (*Outcheniya Zapiski*, Université de Kasan, 1840, III, pp. 160 à 176.)

— * (Schergin.) — Recueil de maximes, prières, fables, contes, dictons, anecdotes, et dialogues, traduit du russe en mongol, avec un dictionnaire mongol-russe [en russe]. Kasan, 1841, in-8, pp. vi-327.

— Älteste Nachrichten von Mongolen und Tataren, historisch-kritische Abhandlung von W. Schott. Gelesen in der Königl. Akademie der Wissenschaften am 8. Mai 1845. Berlin bei Veit & Co. 1846, in-4.

— Das Zahlwort in der Tschudischen Sprachenclasse, wie auch im Türkischen, Tungusischen und Mongolischen. Eine in der Akademie der Wissenschaften am 17. Februar 1853 gelesene Abhandlung von Wilhelm Schott. Berlin, 1853, in-4, pp. 29 + 1 tab.

— * Грамматика Монгольско-Калмыцкаго языка. Сов. Алексѣя Бобровникова. Kazan, 1849, in-8, pp. xi-400.

Сынъ Отечества, 1850, T. 3; Кн. 5, pp. 1/9. — 20-е *присужд. Демидов. наградъ.*, pp. 159/176 (Ковалевскаго).

— * Alexis Bobrovnikov. — Dschangar. Narodnaja Kalmyckaja skazka. St. Pétersbourg, 1854, in-8, pp. 30.

Traduit en allemand par Franz von Erdmann : Kalmückischer Dschangar. Erzählung der Heldenthaten des erhabenen Bogdo-Chan Dschangar. (*Zeitschft. d. D. Morg. Ges.*, Leipzig, 1857, Vol. XI, pp. 708/730.)

— Памятники Монгольскаго Квадратнаго Письма объясненные А. А. Бобровниковымъ съ дополненіями В. В. Григорьева. — С.-Пет., Тип. Имп. Ак. Наукъ, 1870, in-8, pp. 90.

— Gramatik der West-Mongolischen, das 1st Oirad, oder Kalmückischen Sprache von H. A. Zwick. [1853], in-4, pp. a/d + 1/147 + 1 f. n. c., lith.

— Handbuch der Westmongolischen Sprache. Gesammelt und verdeutscht durch H. A. Zwick. [1853], in-4, pp. 481.

Les pages 1/400 sont lithog. — Les pages suiv. qui sont imprimées comprennent un *Deutsches Wort-Register zum West-Mongolischen Wörterbuch.*

— On the Mongolian Affinities of the Caucasians. By B. H. Hodgson, Esq. (*Jour. As. Soc. Bengal*, XXII, 1853, pp. 26/76.)

— An account of Sanscrit and Mongolian characters found in Chinese Books : By the Rev. Joseph Edkins, Shanghae. — Read before the Society, 24th January, 1855. (*Trans. China Br. R. As. Soc.*, Pt. V, Art. V, pp. 101/108.)

— Examples of Mongol and European common words. By the Rev. Joseph Edkins. (*The Phœnix*, II, March 1872, pp. 149/150.)

— The Mongol Language. By Joseph Edkins. (*China Review*, XXII, No. 3, pp. 605/606.)

— Ein kleiner Beitrag zur Mongolischen Palaeographie ; von A. Schiefner. (*Bul. Cl. hist.-phil. Ac. Imp. Sc. St. Pét.*, XII, 1855, col. 286/8.)

— Die Wurzelsuffixe in den Ural-Altaischen Sprachen. Von dem Prof. Boller, in-8.

Pages 91-180, *Sitz.*, 27 nov. 1856, phil.-hist. Cl. k. Ak. Wiss. Wien.

— Die Übereinstimmung der Tempus- und Moduscharaktere in den Ural-Altaischen Sprachen von Prof. Boller... Wien, k. k. Hof- und Staatsdruckerei, 1857, in-8, pp. 43.

Aus dem Decemberhefte d. Jahrg. 1856 d. *Sitzb. d. phil.-hist. Cl. d. k. Ak. d. Wiss.* [XXII. Bd., S. 223.]

— Nachweis dass das Japanische zum Ural-Altaischen Stamme gehört. Von Prof. Boller. Ibid., 1857, in-8, pp. 91.

Ibid. Jahrg. 1857 [XXIII. Bd., S. 393].

— Die Präfixe mit vocalischem und gutturalem Anlaute in den einsilbigen Sprachen von Prof. Dr. Anton Boller. Ibid., 1869, in-8, pp. 491.

Ibid. Jahrg. 1869 [LXI. Bd., S. 445].

— * Die Pronominalsuffixe des Ural-Altaischen Verbums (1858).

— * Parm. Smirnov. — Kratkij russko-kalmyckij Slovar. Kasan, 1857, in-8, pp. 127.

— * Altan Tobtschi. — Chronique mongole dans l'original, et traduction, avec l'addition du texte kalmouk de l'histoire de l'Ubaschi Chuntaidschi et de sa guerre avec les Oirats. Traduit par le Lama Galsang Gombojew [Russe]. (VIe Partie de *Arbeiten der Orientalischen Abth. d. Kais. Archaeologischen Ges.*, St. Pétersbourg, 1858, in-8, pp. xiv-234.)

— * Ardschi Burdschi. — Mongolskaja powjest. Trad. du mongol en russe par le Lama Galsang Gombojew. St. Pétersbourg, 1858, in-4, pp. 19.

— * Schiddi-Kûr. — Sobranie Mongolskich skazok. Trad. du mongol en russe par le Lama Galsang Gombojew. St. Pétersbourg, 1865, in-8, pp. 102.

Extrait de la gazette ethnographique *Sbornik* de la Soc. de Géog. russe, 1865.

B. Jülg.

— * B. Jülg. — Die Märchen des Siddhi Kûr. Kalmükisch. X. Erzählung. Wien, 1861, in-fol., pp. 6.

Spécimen.

— Die Märchen des Siddhi Kûr. — Kalmükischer Text mit deutscher Übersetzung und einem kalmükisch-deutschen Wörterbuch. Herausgegeben von B. Jülg. (Gedruckt mit Unterstützung der kaiserlichen Akademie der Wissenschaften in Wien.) Leipzig, 1866, F. A. Brockhaus, in-8, pp. xvi-223.

— * B. Jülg. — Kalmükische Märchen. Die Märchen des Siddhi Kûr oder Erzählungen eines verzauberten Todten. Ein Beitrag zur Sagenkunde auf buddhistischem Gebiete. Aus dem Kalmükischen übersetzt. Leipzig, 1866, in-8, pp. vi-69.

— Mongolische Märchen. — Erzählung aus der Sammlung Ardschi Bordschi. Ein Seitenstück zum Gottesgericht in Tristan und Isolde. — Mongolisch und Deutsch, nebst dem Bruchstück aus Tristan und Isolde, herausgegeben von B. Jülg. — Als Probe einer Gesammtausgabe von Ardschi Bordschi und den neun Nachtragserzählungen des Siddhi-Kûr. Innsbruck, Druck und Verlag der Wagner'schen Universitäts-Buchhandlung, 1867, in-8, pp. 37.

« This is the first Mongolian print out of Russia. » (Jülg.)

— *Allgem. Zeitung*, 1868, No. 243. — *Allgem. Liter. Zeitung*, 1867, No. 6. — *Götting. gel. Anzeiger*, 1867, No. 17. — *Heidelb. Jahr.*, 1866, No. 59. — *Lehmann Magazin*, 1867, No. 20. — *Liter. Centralblatt*, 1867, No. 35 ; 1868, No. 50. — *Wiener Zeitung*, 1867, No. 16. — *Revue critique*, 1867, No. 12 ; 1869, No. 37.

— Mongolische Märchen-Sammlung. — Die neun Märchen des Siddhi-Kûr nach der ausführlicheren Redaction und die Geschichte des Ardschi-Bordschi Chan. Mongolisch mit deutscher Uebersetzung und kritischen Anmerkungen herausgegeben von Bernhard Jülg. — (Mit Unterstützung der kaiserlichen Akademie der Wissenschaften in Wien.) Innsbruck, 1868, in-8, pp. xvi-256.

Mongol, avec trad. all. et notes critiques.

— Mongolische Märchen. — Die neun Nachtrags-Erzählungen des Siddhi-Kûr und die Geschichte des Ardschi-Bordschi Chan. Eine Fortsetzung zu den « Kalmükischen Märchen ». Aus dem Mongolischen übersetzt mit Einleitung und Anmerkungen von Prof. Dr. Bernhard Jülg. Innsbruck, 1868, in-8, pp. xvi-132.

— W. Schott. — Über eine deutsche Übersetzung mongolischer Märchen. (*Sitz. k. preuss. Ak. Wiss. Berlin*, 1870, pp. 797/800.)

— On the present State of Mongolian Researches. By Prof. B. Jülg. In a letter to Robert N. Cust, Esq. Hon. Sec. R. A. S. (*Jour. R. As. Soc.*, N. S., Vol. XIV, 1882, pp. 42/65.)

Cette lettre datée d'Innsbruck, 24 juillet, 1881, contient une excellente bibliographie du sujet dans laquelle nous avons largement puisé.

— * Sagas from the Far East : or, Kalmouk and Mongolian Traditionary Tales. With historical preface and explanatory notes. By the Author of « Patrañas ; Household Stories from the Land of Hofer ». London, Griffith & Farran, 1873, in-8, pp. xx-420.

« Contains from page 1/324 a complete verbal, though now and then misunderstood, translation of the Siddhi-Kûr and Ardschi-Bordschi of the present writer. The author does not mention this on the title page, and from page V of the preface it might be naturally inferred that it was her own work. » (B. Jülg, *J. R. As. Soc.*, XIV, p. 59.)

Const. Golstounsky.

— Русско-Калмыцкій Словарь, составленный исправл. должность экстраординарнаго проф... Константиномъ Голстунскимъ. — С.-Пет., Тип. Имп. Ак. Наукъ. 1860, in-8, pp. iv-136.

— Монгольско-русскій Словарь, составленный Профессоромь С. Петербургскаго Университета К. Θ. Голстунскимъ. — С. Петербургь. 1895 г., 1894 г., 1893 г., pp. iv-268, 423, 491, autog.

— Дополненія къ Монгольско-русскому Словарю... С. Пет., 1896 г., pp. 89 autog.

— * К. Θ. Голстунскій. — Монгольско-русскій Словарь. Lithog. in St. Petersburg 1893-95, mit Ergänzungen von Golstunski und von Rudnev. 1901.

— * Const. Golstunskij. — Ubaschi-Chun Taidschijn tüdschi, narodnaja Kalmyckaja poema Dschangara i Siddith Kûryjn-tüli, izdanyja na Kalmyckom jazykje. St. Pétersbourg, 1864, in-fol. oblong.

Autog. en Kalmouk.

— Монголо-Ойратскіе Законы 1640 года, Дополнительные Указы Галданъ-хунъ-тайджія и Законы, составленные для волжскихъ калмыковъ при калмыцкомъ ханѣ Дондукъ-Даши. — Калмыцкій текстъ съ русскимъ переводомъ и примѣуаніями. — ... Проф... К. Ѳ. Голстунскаго. — С.-Пет., Тип. Имп. Ак. Наукъ, 1880, in-8, pp. 16 + pp. 33 texte + pages 34-143 russe.

Texte kalmouk et trad. russe.

∴

— Rapport sur deux médailles en cuivre jaune trouvées à Sourabaya, île de Java, dont les facsimiles lithographiques ont été envoyés à la Société par M. Netscher, de Batavia, par M. G. Pauthier, br. in-8, pp. 17.

Extrait No. 3 de l'année 1860 du *Journal Asiatique*.

— Observations sur l'Alphabet de Pa'-sse-pa, et sur la tentative de Khoubilài-khan, au XIIIe siècle de notre ère, pour transcrire la langue figurative des Chinois au moyen d'une écriture alphabétique par M. G. Pauthier. Paris, Imp. Impériale, 1862, br. in-8, pp. 47.

Extrait No. 1 de l'année 1862 du *Journal Asiatique* (Ve Sér., Vol. XIX, pp. 5 et seq.).

— On an ancient inscription in Chinese and Mongol, from a Stone Tablet at Shanghae: by Mr. A. Wylie, printer to the *London Missionary Society*, Shanghae. Read before the Society, May 21st, 1855. (*Trans. China Br. R. As. Soc.*, Part V, 1855, pp. 65/81.)

— Sur une inscription mongole en caractères Pa'-sse-pa, par M. A. Wylie. Br. in-8, pp. 11.

Jour. As. Extrait No. 4 (1862). — Vol. XIX, pp. 461/471.

Voir dans la *Zeitschrift für die Kunde des Morgenlandes* pour 1838 un article de M. Conon de la Gabelentz, Vol. II, p. 1.

— Tableau de la Grammaire Mongole, suivi de l'Elévation de Gengis-Khan et de la Lettre d'Arghoun Khan à Philippe-le-Bel par M. Léon Feer. Paris,... 1866, in-4, ff. 8.

Autographie.

Ce tableau est, d'après l'avertissement, emprunté à la Grammaire de Schmidt.

— Волшебныя Монгольскія сказки, подоонья Арабскимъ тысячѣ одной ночи. Moscou, 1866, in-12, pp. 72.

— Sur les mots Mongol, Mogul, Tatar, Tartar, voir *Notes and Queries on C. & J.*, Vol. I, pp. 57/58 by E. C. Bowra, pp. 58/59 by Grey Cowl; Vol. II, p. 16 by E. C. Bowra.

— A short vocabulary of the Mongolian Language in the Dialect chiefly used on the Northern Borders of China (By the Editor, N. B. Dennys). (*N. & Q. on C. & J.*, Vol. I, pp. 132/137.)

Cet article a été réimprimé sous forme de brochure in-32, pp. 21: — A Short Vocabulary of the Mongolian Language in the Dialect chiefly used on the Northern Borders of China. Reprinted from «Notes and Queries on China and Japan». By the Editor. Hongkong. Printed at the «China Mail» Office, 1867.

— Translation and Remarks on an ancient Buddhist inscription at Keu-yung kwan, in North China, By A. Wylie. Br. in-8, pp. 31.

Ext. from the *Jour. of the R. As. Soc. of Great Britain and Ireland* for Dec. 1870.

Voir col. 683-4.

— Sentences, maximes et proverbes Mantchoux et Mongols accompagnés d'une traduction francaise, des alphabets et d'un vocabulaire de tous les mots contenus dans le texte de ces deux langues. Ouvrage destiné à servir d'introduction à l'étude comparative des langues tartares de l'Asie centrale par Louis Rochet. Paris, Maisonneuve [et] Ernest Leroux, 1875, in-8, pp. IV-166.

— Sur les écrivains turko-mongols du XVIe siècle par Léon Cahun. (*Annuaire de la Soc. des Etudes Japonaises*, 1877, pp. 106 à 112.)

— * G. Bálint. — Párhuzam a magyar és mongol nyelv terén. Budapest, 1877, pet. in-8, pp. XXX-62.

— Mongolian Folk Lore. (*Dublin University Mag.*, LXXIII, p. 591.)

— * C. Puini. — Elementi della grammatica mongolica. 1878, in-8, pp. 40.

— Грамматика Монголо-Бурятскаго разговорнаго языка, составленная Протоіереемъ А. Орловымъ... — Изданіе Православнаго Миссіонерскаго Общества. — Казанъ, М. А. Гладышевой, 1878, in-8, pp. X-265-IV.

« The book of Orlow is distinguished by the solidity and soundness of the author. It abounds in good examples. Instead of the original Mongolian types, a Russian transcription is used. At all events, the grammar is much more thorough and rich in instructive matter than is the essay of Castrén. » (Jülg, *J. R. As. Soc.*, Vol. XIV, pp. 62/3.)

Иркутскія епарх. вѣд., 1880, No. 29. — *Журн. Мин. Нар. Просв.*, 1879, No. 12, pp. 170/208 (А. Позднѣева).

Al. Pozdniev.

— Образцы народной литературы монгольскихъ племенъ. — Выпускъ первый. — Народныя пѣсни монголовъ собраны и изданы съ приложеніемъ примѣчаній о характерѣ народной пѣсенной поэзіи монгольскихъ племенъ, стихотвореніяхъ литературныхъ и пріемахъ стихосложенія у монголовъ А. Позднѣевымъ. — С. Пет., Тип. Имп. Ак. Наукъ, 1880, in-8, pp. VI-346 + 1 f. er.

Древн. и Нов. Россія, 1881, No. 2, pp. 392/5 (И. Веселовскаго) — *Нива*, 1881, No. 34.

— * А. Позднѣевъ. — Калмыцская хрестоматія. С.-П:бургъ. 1892.

— * А. Позднѣевъ. — Лекціи по исторіи монгольской литературы. Lithog. St. Pétersbourg, I & II.

— Монгольская Хрестоматія для первоначальнаго преподаванія составленная А. Позднѣевымъ... — Съ предисловіемъ профессора Н. И. Веселовскаго. — С.-Пет., Тип. Имп. Ак. Наукъ, 1900, in-8.

No. 7 des Publications de la Faculté des Langues Orientales de l'Université imp. de St. Pétersbourg.

∴

— Mongol Alphabets. By G. D. (*China Review*, VII, p. 353.)

— Prince Roland Bonaparte. — Documents de l'époque mongole. Voir col. 683-684.

— Grammaire & Vocabulaire de la Langue mongole (Dialecte des Khalkas) par le Baron Vitale & le Comte de Sercey. — Péking, Imprimerie des Lazaristes au Pé-tang — 1897, pet. in-8, pp. viii-68.

Préf. du Comte de Sercey. — Sans caractères mongols.

— * N. A. Volashinov. — Русско-Монголо-Бурятскій Переводчикъ. — Спб., 1898, in-16.

— Das Schriftmongolische und die Urgamundart Phonetisch verglichen von G. J. Ramstedt. Helsingfors, Finnische Litteraturgesellschaft, 1902, in-8, pp. 55.

— Über die Konjugation des Khalkha-Mongolischen. — Akademische Abhandlung von G. J. Ramstedt, Mag. Phil. — Wird mit Genehmigung der Philosophischen Fakultät der Kaiserl. Alexander-Universität in Finnland zur öffentlichen Verteidigung den 15ten November 1902 10 Uhr Vorm. im hist.-phil. Auditorium vorgelegt. — Helsingfors, Druckerei der Finnischen Litteraturgesellschaft. 1902, in-8, pp. xv-119.

Notice par Robert Gauthiot, *Rev. Critique*, 4 mai 1903, pp. 346/7.

— * В. Л. Котвичъ. — Лекціи по грамматикѣ монгольскаго языка. Lithog. St. Pétersbourg, 1902.

— Калмыцкія Загадки и Пословицы. — Издалъ Вл. Котвичъ. — С. Пет., Тип. Имп. Ак. Наукъ, 1905, in-8, pp. x + 1 f. n. ch. + 110 + 1 f. n. ch. p. l. tab.

No. 16 des Publications de la Faculté des Langues orientales de l'Université imp. de St. Pétersbourg.

— Eléments de Grammaire mongole (dialecte Ordoss) par M. G. Soulié Membre de la Société asiatique. Paris, Imprimerie nationale, Ernest Leroux, éditeur, MDCCCCIII, in-8, pp. vii-87.

— Proben der mongolischen Umgangssprache. Von Wilhelm Grube. (*Wiener Zeitschft. f. d. K. d. Morg.*, XVIII. Bd., 4. Heft, pp. 343/378; XIX. Bd., 1.-2. Heft, 1905, pp. 29/61.)

— А. Д. Рудневъ. — Лекціи по грамматикѣ монгольскаго письменнаго языка, читанныя въ 1903-1904 академическомъ году. — Выпускъ I. — (Съ картой и рисункомъ на одномъ листѣ.) — С.-Петер., 1905, in-8, pp. xi-96 lith.

No. 19 des Publications de la Faculté orientale de l'Université imp. de St. Pétersbourg.

Notice : *Bull. Ecole franç. Ext. Orient*, V, Nos. 3-4, Juill.-Déc. 1905, pp. 460/2. Par G. Cahen.

— Матеріалы къ изученію устной литературы Монгольскихъ племенъ. — Ц. Жамцарановъ. (*Записки Вост. Отдѣленія И. Р. Археол. Общ.*, XVII, No. 4, 1907, pp. 0109/0128.)

— Voir au chapitre RELIGION, les *Annales de la Propagation de la Foi*, etc., ainsi que les *Biographies des Missionnaires*.

(MONGOLIE : LANGUE : POZDNIEV. — DIVERS.)

(MONGOLIE : LANGUE : DIVERS.)

11. — T'IEN CHAN PE LOU. — T'IEN CHAN NAN LOU.[1]

— 西域水道記 *Si yu choui tao ki.* Mémoire sur les Cours d'eau de l'Asie centrale. Par Siu Song, surnommé Sing-po. Avec préfaces de Teng T'ing-tcheng, non datée, et de Long Wan-yu (1823). Texte et cartes. — Bib. nat., 1868. — Cité par Hirth, *Nachworte zur Inschrift des Tonjukuk* (St. Pét. 1899). [Col. 2735.] — Voir Ouspensky, col. 2828, et Himly, col. 2830.

— 西域聞見錄 *Si yu wen kien lou.* Mémoires sur l'Asie centrale.

Bib. nat. 1830-1831. — A été écrit en 1777 par Tch'ouen-yuen, alors âgé de 71 ans, ce qui a fait dire à Wylie (*Notes*, p. 52) que l'auteur de ce livre s'appelait *Ts'i-che-i* = 71. (Chavannes, *Rev. Critique*, 5 nov. 1890, p. 344). A été analysé par M. Guéluy (*Description de la Chine occidentale*, Louvain, 1887) et par M. Ch. Denby (*The Chinese Conquest of Songaria, Jour. Peking Or. Soc.*, III, pp. 159-181) [Chavannes, *ibid.*]. — Voir Bitchourin, col. 2805.

— Carte de la Dzoungarie dressée par le Suédois Renat pendant sa captivité chez les Kalmouks de 1716-1733 — Edition de la Société impériale russe de Géographie. — St. Pétersbourg, Trenké & Fusnot, 1881, gr. in-4, pp. 43.

Jean-Gustave Renat, sergent à l'artillerie suédoise fut fait prisonnier par les Russes à Pultava ; sa carte a été trouvée par M. A. Strindberg à la Bibliothèque royale de Linköping dans l'été de 1879.

— Relation de la Grande Tartarie... 1737. [Voir col. 2715.]

— Beschreibung des altaischen Gebürges aus dem chinesischen Buche : *Daizyn-itun Dschi*, übersetzt durch den 1759 zu Petersburg bey der Akademie verstorbnen, aus Nertschinsk gebürtigen Translateur Rossochin. (*Neue Nordische Beyträge*, 1. Bd., 2. St., pp. 223/230.)

— A Description of Little Bukharia, or the Kingdom of Kashgar. (Astley's *Coll.*, Vol. IV, pp. 526 et seq.)

— Position des principaux lieux du royaume des Eleuths. (*Mém. conc. les Chinois*, I, pp. 399/400.)

1. Quoique nous ayons étendu ce chapitre vers l'O. en dehors des 天山, nous renvoyons pour une bibliographie plus complète, en dehors de ce que nous donnons, aux bibliographies citées plus loin de Lansdell et de Curzon et surtout à :

— Recueil du Turkestan comprenant des livres et des articles sur l'Asie centrale en général et le (*sic*) province du Turkestan en particulier. Composé sous les auspices du général gouverneur du Turkestan K. P. von Kaufmann par V. J. Méjow. — Tomes 1-150. L'indicateur systématique et alphabétique. — St. Pétersbourg. — 1878, gr. in-8, pp. VIII-184.

V. E. Mejov est † 1894. — Cf. H. Cordier, *T'oung Pao*, V, 1894, pp. 287/8.

(DIVERS.)

— Notices du Royaume de Ha-Mi. (*Ibid.*, V, pp. 486 et seq.) Par le P. Cibot.

— Introduction à la connoissance des peuples qui ont été ou qui sont actuellement tributaires de la Chine. [Par M. Amiot.] (*Ibid.*, XIV, pp. 1/238.)

Cet écrit «est tiré d'un ouvrage composé par ordre de l'empereur Kang-hi, d'après les nombreux Mémoires qu'il avoit fait rassembler, & achevé sur la fin de l'an 1696. C'est une Topographie historique des pays qui se sont reconnus feudataires de l'Empereur de Chine... »

— Recueil de suppliques, lettres de créance, et autres pièces, adressées à l'Empereur de Chine, envoyées du pays des Hoei-hoei, des Si-fan, &c. Traduites en François, avec des Remarques, par M. Amyot, Missionnaire à Peking. (*Ibid.*, pp. 239/308.)

Cette pièce sert, en quelque façon, de preuves justificatives à la précédente ; elle est due également au P. Amiot.

— Accounts of independent Tatary. (*General Collection of Voyages and Travels*, by John Pinkerton, London, 1811, IX, pp. 320/385.)

— * Обозрѣніе Зюнгаріи. — С. Липовцовъ. (*Сибирск. Вѣстникъ.* 1821, Ч. 13, pp. 89/110, 113/148; Ч. 14, pp. 193/208; Ч. 16, pp. 360/383.)

Mejov, 2963.

∴

— Histoire de la ville de Khotan, tirée des Annales de la Chine et traduite du chinois ; Suivie de Recherches sur la substance minérale appelée par les Chinois *Pierre de Iu*, et sur le *Jaspe* des Anciens, par M. Abel-Rémusat. A Paris, de l'imprimerie de Doublet,... 1820, in-8, pp. XVI-239 et une note.

Pub. à 5 fr. — Pap. vél. 7 fr. 50.

Notices : Silvestre de Sacy, *Journ. des Savans*, septembre 1820, pp. 526/534. — Klaproth, *Mém. rel. à l'Asie*, II, pp. 281/300.

— Mémoires sur plusieurs questions relatives à la géographie de l'Asie centrale, par M. Abel-Rémusat. A Paris, de l'Imprimerie royale. 1825, in-4, pp. 130.

Contient : Recherches sur la ville de Kara-Koroum, avec des éclaircissemens sur plusieurs points obscurs de l'histoire et de la géographie de la Tartarie pendant le moyen âge, pp. 1/58. — Remarques sur l'extension de l'empire chinois du côté de l'occident, pp. 59/129. — Table. — Voir HOLIN, col. 2763/4.

— Lettre à M. L. Cordier, Membre de l'Académie des Sciences, sur l'existence de deux volcans brulans dans la Tartarie centrale. (Abel Rémusat, *Mél. As.*, I, pp. 209 à 211.)

— Ta ouan (Fergana), voir Brosset, col. 2629.

— * О возмущеніяхъ бывшихъ въ Джунгаріи

(DIVERS.)

и Малой Бухаріи. (Перев. съ кит. изъ книги назыв. *Си-юй-вынь-дзянь-лу*, т. е. Записки о земляхъ лежащихъ близъ зап. границы Китая.) (*Сибирск. Вѣстникъ.* 1823, Ч. 3, pp. 101/122; Ч. 4, pp. 123/130.)

Mejov, 2966.

∴

— Voyage à Khokand, entrepris en 1813 et 1814, par Philippe Nazarov, interprète au service du gouvernement russe. (*Mag. As.*, pub. par Klaproth, I, 1825, pp. 1/80.)

— Voyage de Boukhtarminsk à Gouldja ou Ili, Capitale de la Dzoungarie Chinoise. Entrepris en 1811 par M. Poutimstev, interprète du gouvernement russe. (*Ibid.*, pp. 173/229.)

— Notice sur les Amazones de l'Asie Centrale. (*Ibid.*, pp. 230/5.)

— Voyage dans l'Asie Centrale par Mir I'zzet-ullah, en 1812. (*Ibid.*, II, 1826, pp. 1/51, 161/186.)

— Relation des troubles de la Dzoungarie et de la petite Boukharie; traduite du Chinois. (*Ibid.*, pp. 187/208.)

∴

— Описаніе Чжуньгаріи и восточнаго Туркистана въ древнемъ и нынѣшнемъ состояніи. Переведено съ Китайскаго Монахомъ Іакинѳомъ. St. Pétersbourg, 1829, in-8, pp. xlvi-270 + 1 f. n. c.

L'ouvrage est en deux parties, mais la pagination se suit; grav. col. de costumes.

C'est la traduction de l'ouvrage chinois *Si yu wen kien lou* 西域聞見錄. — Voir *supra*, col. 2803.

— Pater Hyacinth's Beschreibung der Djungarei und des östlichen Turkestan. Von W. Schott. (Erman, *Archiv für wiss. Kunde v. Russl.*, I. Bd., 1841, pp. 164/177.)

— *Chin. Repository*, I, pp. 170/179.

— Memoir on the U'sbeck State of Kokan, properly called Khokend, (the Ancient Ferghana) in Central Asia. By W. H. Wathen, Esq. Persian Sec. to the Bombay Government, &c. (*Jour. As. Soc. Bengal*, III, No. 32, Aug. 1834.)

— Memoir on Chinese Tartary and Khoten. By W. H. Wathen, Esq., Persian Secretary to the Bombay Government. (*Ibid.*, IV, No. 48, Déc. 1835, pp. 653/664. — Réimp. *Chin. Rep.*, XII, pp. 225/235, et *Chin. & Jap. Rep.*, Aug. 1865, pp. 380/8.)

— Carte de l'Asie centrale, dressée d'après des cartes levées par ordre de l'empereur Khian-loung, par les missionnaires de Pékin et d'après un grand nombre de notions extraites et traduites de livres chinois, Paris, 1835, 4 feuilles grand aigle.

«Elle représente les pays de l'Asie entre 25 et 52 degrés de lat. N. et entre 62 et 119 de longitude à l'est de Paris; elle jette un grand jour sur ces contrées peu connues. Depuis qu'il avait conçu le projet de cette carte, Klaproth n'avait pas cessé de comparer les renseignements que lui fournissaient les livres chinois avec ceux que les missionnaires avaient communiqués à d'Anville, et dont ce grand géographe avait fait usage pour les cartes qu'il a jointes à l'*Histoire de la Chine* de Duhalde. Par ce moyen il avait découvert la cause des erreurs de d'Anville, qui sont assez nombreuses pour les régions occidentales et voisines de l'Himalaïa. Il avait recueilli beaucoup de notes qui eussent fait la base d'un mémoire où il aurait exposé, discuté les motifs d'après lesquels il s'était décidé dans ses déterminations. Il a aussi donné : *Carte de la Mongolie, du pays des Mandchoux, de la Corée*, et *du Japon*. Paris, 1833.» (Eyriès, Art. *Klaproth*, *Bib. univ.*)

Voir Brucker, col. 2828.

— * Der Telezkische See und die Teleuten im östlichen Altai. (Mit 1 Karte u. 2 Ansichten.) St. Petersburg, 1838 (Eggers u. Co.), gr. in-8.

Engelmann.

— Beiträge zur Kenntniss des Russischen Reiches und der angrenzenden Länder Asiens... Auf Kosten der kaiserl. Akademie der Wissenschaften herausgegeben von K. E. v. Baer und Gr. v. Helmersen. St. Petersburg :

2. Bd. Nachrichten über Chiwa, Buchara, Chokand und den nordwestlichen Theil des Chinesischen Staates, gesammelt von dem Präsidenten der Asiatischen Grenz-Commission in Orenburg, General-Major Gens, bearbeitet und mit Anmerkungen versehen von Gr. v. Helmersen. Mit 1 Karte. 1839. In-8.

— Travels in the Himalayan Provinces of Hindustan and the Panjab; in Ladakh and Cashmir; in Peshawar, Kabul, Kunduz and Bókhara; by Mr. William Moorcroft and Mr. George Trebeck from 1819 to 1829. Prepared from the Press, from Original Journals and Correspondence by Horace Hayman Wilson, M. A., F. R. S. London, Murray, 1841, 2 vol. in-8.

— Asie centrale. Notice sur quelques contrées du Tibet et du Turkestan, sujets ou seulement tributaires de l'empire chinois, etc., par O. MacCarthy. (*Rev. de l'Orient*, II, 1843, pp. 124/134, 308/316.)

— Asie centrale. — Recherches sur les chaînes de montagnes et la climatologie comparée; Par A. de Humboldt. Paris, Gide, 1843, 3 vol. in-8, cartes et tableaux.

* Trad. en allemand par W. Mahlmann. Berlin, 1844, 2 vol. in-8.

— Asie centrale. — Recherches sur les chaînes de montagnes et la climatologie comparée, par le baron Alexandre de Circourt. (*Le Correspondant*, II, 1843, pp. 223/249.)

— P. de Tchihatcheff. — Sur une nouvelle édition de l'Asie centrale d'Alex. de Humboldt. (*Bul. Soc. Géolog.*, XXVII, 1870, p. 222.)

— Voyage scientifique dans l'Altaï oriental et les parties adjacentes de la frontière de

Chine. Fait par ordre de S. M. l'Empereur de Russie par Pierre de Tchihatcheff, Gentilhomme de la Chambre de S. M. I. Membre de plusieurs Académies et Sociétés savantes. Paris, chez Gide, 1845, 2 parties en un vol., gr. in-4, pp. XIV + 2 ff. n. c. + pp. 466, et Atlas in-4 de 35 Pl.

— Bericht über Pierre de Tchihatcheff : *Voyage scientifique dans l'Altaï oriental fait par ordre de Sa Majesté l'Empereur de Russie.* Erstattet von K. C. von Leonhard. Aus den *Heidelberger Jahrbüchern der Literatur* mit Zusätzen besonders abgedruckt. — Heidelberg. Akademische Verlagsbuchhandlung von J. C. B. Mohr. 1846, in-8, pp. II-140.

— Ueber P. v. Tschichatschews Beiträge zur geologischen Kenntniss des Altai und seiner Umgebungen. Von A. Erman. (Erman, *Arch. f. wiss. Kunde v. Russl.*, V, 1847, pp. 333/352.)

— Eine Karawanreise nach Kuldja. (Aus dem Strantswowatel po Susche i Morjam.) (Erman, *Ibid.*, III. Bd. 1843, pp. 704/725.)

— Notes on Mahommedan Tartary. (*N. C. Herald*, No. 72, 13 Dec. 1851 et seq. — Réimp. *Shae. Alm. for 1854 and Miscel.*, I.)

— Собранie свѣдѣнiй о народахъ, обитавшихъ въ средней Азiи въ древнiя времена. Въ трехъ частахъ съ картою на трехъ больщихъ листахъ, сочиненie монаха Iакинеа. St. Pétersbourg, 1851, 3 vol. in-8, pp. XXXIV-484, IV-179, V-273.

Suivi de :

— Географическiй указатель мѣстъ на картѣ къ исторiи древнихъ средне азiйскихъ народовъ. Сочиненie Монаха Iакинеа. St. Pétersbourg, 1851, in-8, pp. 115 et table pp. VII.

C'est l'ouvrage le plus remarquable du P. Hyacinthe, ouvrage qui a valu à son auteur le prix Demidov à l'Académie des Sciences de St. Pétersbourg. L'auteur a traduit textuellement tout ce qui se trouve dans l'histoire officielle de la Chine concernant les peuples de l'Asie centrale et les relations qu'ils ont eues avec les Chinois pendant les dix siècles antérieurs au IXe. Ce travail contient une foule de renseignements ethnographiques. Il est toutefois regrettable que l'auteur ait négligé de consulter d'autres ouvrages historiques chinois qui lui auraient permis de compléter ses recherches et qu'il ait arrêté son ouvrage au IXe siècle.

— Das Reich Kokand in seinem heutigen Zustande. (Erman, *Arch. f. wiss. Kunde v. Russl.*, XI, 1852, pp. 580/607.)

— Der Balkasch-See und der Fluss Ili. (*Ibid.*, XVI. Bd., 1857, pp. 491/500.)

— Abstract of a Journal kept by Mr. Gardiner during his travels in Central Asia — with a Note and Introduction. — By M. P. Edgeworth, Esq., B. C. S. (*Jour. As. Soc. Bengal*, XXII, 1853, pp. 283/305.)

(DIVERS.)

SCHLAGINTWEIT.

— Journey across the Kuen-luen from Ladák to Khotan. By the Brothers Schlagintweit. Communicated by Col. W. H. Sykes, V. P. R. G. S., etc. (*Proc. Roy. Geog. Soc.*, I, 1857, pp. 273/277.)

— Despatch from Captain Henry Strachey, Gold Medallist R. G. S., respecting the fate of Adolphe Schlagintweit. Communicated by the Right Hon. Lord Stanley, M. P., F. R. G. S., Secretary of State for India. (*Ibid.*, III, 1859, pp. 144/146.)

— Results of a Scientific Mission to India and High Asia, undertaken between the years MDCCCLIV. and MDCCCLVIII., by order of the Court of Directors of the Honourable East-India Company, by Hermann, Adolph, and Robert de Schlagintweit, with an Atlas of Panoramas, Views and Maps. Leipzig, Brockhaus, [and] London, Trübner, MDCCCLXI-MDCCCLXVI, 4 vol. in-4.

I. Astronomical and Magnetic Observations. — II. Hypsometry. — III. Route Book. — Glossary.

— Atlas. In-folio.

— * Reisen in Indien und Hochasien... Basirt auf die Resultate der wissenschaftlichen Mission von H., A. und R. von Schlagintweit ausgeführt in den Jahren 1854-1858. Leipzig, Jena, 1869-80, 4 vol. in-8.

— Observations on the Astronomical points determined by the Brothers Schlagintweit in Central Asia. By Capt. Golubief. (*Jour. As. Soc. Bengal*, 1866, Pt. 2, No. 1, pp. 46-50.)

D'après le *Journal de la Soc. de Géog. de Pétersbourg.*

— Comparative, hypsometrical and physical Tableau of High Asia, the Andes, and the Alps. By Robert de Schlagintweit. (*Ibid.*, pp. 51/72.)

— H. von Schlagintweit. — Untersuchungen über die Salzseen im westlichen Tibet und in Turkistán, etc. I. Theil : Rúpchu und Pangkóng ; das Gebiet der Salzseen im westlichen Tibet. München, 1871, in-4, pp. 74.

— Topographische Skizze der Vegetationsgebiete Hochasiens. (Nebst Bericht über Anlage des Herbariums.) Von Hermann von Schlagintweit-Sakünlünski. (*Globus*, XXXI, 1877, pp. 122/5, 134/7.)

— Die Völker Ost-Turkistans. Von Emil Schlagintweit. (*Ibid.*, pp. 236/8, 251/4, 263/5.)

— Emil Schlagintweit. — Bericht über das Denkmal für Adolf Schlagintweit in Kaschgar. (*Sitz. philos.-philol. u. hist. Kl. k. B. Ak. Wiss. München*, 1890, Heft 3, pp. 457/472.)

∴

(SCHLAGINTWEIT.)

— Исторія и древности Восточной части Средней Азіи отъ X до XIII вѣка. В. П. Васильевъ. (*Записки Археол. Общ.*, 1859, Т. XIII, pp. 1-/235; Тоже. *Труды вост. Отд. Археол. Общ.*, 1859, Ч. 4, pp. 1-235.)

— Notes on Kokán, Kashgár, Yárkand, and other places in Central Asia. — By Lieut. H. G. Raverty, 3rd Regt. Bombay, N. I., Assistant Commissioner, Multán. (*Journ. of the As. Soc. of Bengal*, Vol. XXVI, N°4, 1857, pp. 257/266.)

Major Henry George Raverty, d'origine irlandaise, né 31 Mai 1825; † à Grampound Road, entre St. Austell et Truro, le 20 Oct. 1906, à 81 ans.

Notice : *J. R. As. Soc.*, Jan. 1907, pp. 251/3, par H. B.

— Der Fluss Ili als künftige Wasserstrasse nach dem westlichen China. (Petermann's *Mitth.*, 1858, pp. 407/408.)

— Wilhelm Radloff. — Briefe aus dem Altaï. (*Arch. f. wiss. Kunde v. Russl.*, XX, 1861, pp. 556/597; XXI, 1862, pp. 179/223, 641/662; XXII, 1862, pp. 1/46.)

— Reise durch den Altai nach dem Telezker See und dem Abakan. Von Wilhelm Radloff. (*Ibid.*, XXIII, 1865, pp. 1/55, 218/316.)

— Das Ili-Thal in Hoch-Asien und seine Bewohner. Von Dr. W. Radloff. (Petermann, *Mitth.*, 1866, No. 3, pp. 88/97; No. 7, pp. 250/264.)

— Aperçu des récentes explorations des Russes dans l'Asie centrale. — Le Pays des Sept Rivières et la contrée transilienne par C. de Sabir... Mémoire lu à l'Assemblée générale de la Société de Géographie le 29 novembre 1861. Paris, Imprimerie de L. Martinet, 1862, br. in-8, pp. 30.

— Ili. (Voir les *Mélanges de Géographie asiatique* de S. Julien, Vol. I, *supra* col. 2633.)

— Russia, Central Asia, and British India. By a British Subject. London : Trübner, 1865, br. in-8, pp. 48.

Valikhanov.

Voir col. 2451.

— Ost-Turkestan oder die Chinesische Provinz Nan-lu. Aus dem Reiseberichte des Stabscapitains Walichanow. (*Arch. f. wiss. Kunde v. Russl.*, XXI, 1862, pp. 605/636.)

— [Valikhanov.] Zur Geschichte Ost-Turkestan's. Der Aufstand in Kaschgar im Jahr 1857. (*Ibid.*, XXII, 1863, pp. 71/82.)

— Die Reise Walichanof's nach Kaschgar, ergänzt durch neuere russische Reiseberichte. Von F. Marthe. (*Zeit. d. G. f. Erdk.*, V, 1870, pp. 151/180.)

(Divers. — Valikhanov.)

∴

— * Lost among the Affghans : being the Adventures of John Campbell (otherwise Feringhee Bacha), amongst the wild tribes of Central Asia. Related by himself to H. O. Fry. London, 1862, in-8.

— — New edition. London, 1865, in-8.

— * J. Campbell. — Wanderungen und Abenteuer unter den wilden Stämmen Centralasiens. Leipzig, 1864.

— * О Дчунгарскомъ ханствѣ. (См. статью Н. Абрамова : « Нѣск. свѣдѣній изъ жизни Ф. И. Сойманова ».) Тобольскія губ. вѣд. 1857. No. 27.

Mejov, 2969.

— On Lake Nor Tsai-san and its Neighbourhood. By M. A. Abramof, Fellow of the Imperial Geographical Society of Russia. (*Proc. Roy. Geog. Soc.*, IX, 1865, pp. 40/41.)

— Djungaria and the Celestial Mountains, by P. P. Semenof; being the Preface to the second volume of his russian translation of Ritter's « Erdkunde von Asien ». Translated from the russian by John Michell. (*Jour. Roy. Geog. Soc.*, XXXV, pp. 213/231.)

— Notes on Central-Asia. By M. Semënof. (Communicated by Lieut. J. T. Walker, R. E.) (*Jour. As. Soc. Bengal*, XXXIV, 1865, pt. II, pp. 113/134.)

Rémp. du même mémoire.

Sir Henry Creswicke Rawlinson.

— Observations on two Memoirs recently published by M. Veniukof on the Pamir Region and the Bolor Country in Central Asia. By Major-Gen. Sir H. C. Rawlinson, K. C. B., M. P., &c. (*Proc. R. Geog. Soc.*, X, 1865-66, pp. 134/153.)

— On Trade Routes between Turkestan and India. By Major-General Sir H. C. Rawlinson, K. C. B., &c. (*Ibid.*, XIII, 1868-69, pp. 10/23.)

— England and Russia in the East. A Series of Papers on the political and geographical condition of Central Asia. By Major-Gen. Sir Henry Rawlinson... With Map. London : John Murray, 1875, in-8, pp. xvi-393.

— The Russian Advance in Central Asia. By H. C. Rawlinson. (*Nineteenth Century*, XVII, 1885, pp. 557/574.)

(Divers. — Sir Henry Creswicke Rawlinson.)

— The Dragon Lake of Pámir. By Major-General Sir Henry C. Rawlinson, K. C. B. (*Proc. R. Geog. Soc.*, N. S., Vol. IX, 1887, pp. 69/71.)

∴

— Report on his Journey to Ilchí, the Capital of Khotan, in Chinese Tartary. By Mr. Civil-Assistant W. H. Johnson. Read Nov. 12th, 1866. (*Jour. Roy. Geog. Soc.*, XXXVII, pp. 1/7.)

— On the recent journey of M. W. P. Johnson from Leh in Ladakh to Ilchi in Chinese Turkistan. By Sir Henry C. Rawlinson. (*Proc. Roy. Geog. Soc.*, Vol. XI, No. 1, pp. 6/14.)

— On the geographical position of Yarkund, and some other places in Central Asia. By Capt. T. G. Montgomerie, R. E., Astronomical Assistant Great trigonometrical Survey of India. (*Jour. Roy. Geog. Soc.*, Vol. XXXVI, pp. 157/172, carte.)

— Capt. T. G. Montgomerie. — On the geographical position of Yarkund and other places in Central Asia. (*Proc. R. Geog. Soc.*, X, No. 4, pp. 162/165.)

— The Russians in Central Asia. (*Quarterly Review*, No. 236, Oct. 1865, pp. 529/581.)

— Central Asia. (*Ibid.*, Oct. 1866, pp. 461 à 503.)

∴

— Die Russen in Centralasien. Eine geographisch-historische Studie. Mit einer Übersichtskarte. Von Friedrich v. Hellwald. Wien... 1869, br. in-8, pp. 121.

— Die Russen in Centralasien. Eine Studie über die neuere Geographie und Geschichte Centralasiens von Friedrich von Hellwald. Neue Ausgabe. Augsburg, Lampart, 1878, in-8, pp. VII-233.

— The Russians in Central Asia. A critical examination down to the present time of the geography and history of Central Asia. By Frederick von Hellwald... Translated from the German by Lieut.-Col. Theodore Wirgman, LL. B... With a Map. Henry S. King, London, 1874, in-8, pp. XX-332.

— Centralasien. Landschaften und Völker in Kaschgar, Turkestan, Kaschmir und Tibet. Mit besonderer Rücksicht auf Russlands Bestrebungen und seinen Kulturberuf. Von Friedrich von Hellwald. Mit 70 Text-Abbildungen, in den Text gedruckten Karten, einem Tonbilde und einer Uebersichtskarte. Leipzig, Verlag von Otto Spamer, 1875, in-8, pp. VIII-446.

Voir col. 2452.

— Die Erforschung des Tian Schan. Von Friedrich von Hellwald. (*IV^ter u. V^ter Jahr. Geog. Ges. München*, 1875, pp. 220/236.)

∴

— Journey from Leh to Yarkand and Kashgar, and Exploration of the Sources of the Yarkand River. By G. W. Hayward. Read, December 13, 1869. (*Jour. Roy. Geog. Soc.*, XL [1870], pp. 33/166.)

Proc. Roy. Geog. Soc., XIV, pp. 41/74.

— * G. Hayward. — Statement of Routes between Yarkand, Kashgar, Khotan, and British Territory. 1869, in-8.

— Dictionnaire Géographique de l'Asie centrale offrant par ordre alphabétique, les transcriptions en caractères mandchoux et chinois, des noms géographiques donnés en langue nationale de chaque contrée, accompagnées de notices extraites ou traduites des ouvrages chinois et autres ouvrages originaux de l'Orient musulman ; le tout publié, annoté et orné de cartes levées sur les originaux, par les soins de M. Jules Thonnelier, Membre de la Société asiatique de Paris. Prolégomènes. Pays en dehors de la domination chinoise. Paris, Maisonneuve, 1869, in-4, pp. 53 (lithographié).

I. Description du Khanat de Khokand (Turkestan).

Tout ce qui a paru.

— An Ethnographical Table of Central Asia. By Geo. Phillips, Esq. (1) Tungusic Nations. (2) Sian Pi Nations. (3) The Corean Branch of the Sian Pi. (4) Turkish Nations. (5) Thibetan Nations. (6) Alani and Gothic tribes with fair hair in Central Asia. (7) Unknown Races inhabiting Central Asia. (8) Kingdoms of the Indus and the Western Provinces of Persia. (Doolittle's *Vocab.*, Pt. III, No. IV.)

— Изъ Кокана. сводeнія о путешествіи по Кокандскому ханству А. П. Федченковъ 1871 г. Ташкентъ, 1871, br. in-8, pp. 33 + 1 f. n. c.

THOMAS DOUGLAS FORSYTH.

Né à Birkenhead, 7 Oct. 1827 ; † à Eastbourne, 17 Déc. 1886.

— * Sir T. D. Forsyth. — Trade Routes between Northern India and Central Asia. [Exeter, 1869], in-8.

— Progress of Mr. Forsyth's Mission to Eastern Turkistan. (*Proc. R. Geog. Soc.*, XVIII, 1873-74, pp. 222/226.)

— Extracts of Letters from Members of Mr. Forsyth's Mission to Kashgar relating to the Geographical Results of the Mission. With Remarks by Major-General Sir H. C. Rawlinson, K. C. B., &c. (*Ibid.*, pp. 414/444.)

— * Forsyth's und seiner Begleiter Reise nach Jarkand. (*Globus*, XXIV, 1873, pp. 90, 105, 121, 191.)

— Report of a Mission to Yarkund in 1873, under command of Sir T. D. Forsyth, K. C. S. I., C. B., Bengal Civil Service, with historical and geographical information regarding the possessions of the Ameer of Yarkund. Calcutta : Printed at the Foreign Department Press. 1875, in-4, pp. iii-2-573.

Voir pp. 106/213, History of Kashgar, By H. W. Bellew.

— Lahore to Yārkand. Incidents of the Route and Natural History of the Countries traversed by the Expedition of 1870, under T. D. Forsyth, Esq., C. B. by George Henderson, M. D.,... Medical Officer to the Expedition, Officiating Superintendent of the Botanic Gardens, Calcutta ; and Allan O. Hume, Esq., C. B., F. Z. S. Secretary to the Government of India, for the Department of Agriculture, Revenue and Commerce. London : L. Reeve & Co., 1873, in-8, pp. xiv-370.

— Spedizione di Forsyth sugli altipiani asiatici da Leh a Yarkand. (*Bol. Soc. Geog. ital.*, XI, 1874, pp. 224/232.)

— The Yarkund Mission. Communicated by Colonel Biddulph. (*Brit. Ass.*, Belfast, 1874, pp. 181/2.)

— The Watershed of Central Asia, East and West. By Lieut.-Col. T. E. Gordon, R. E. (*J. R. Geog. S.*, XLVI, 1876, pp. 381/396.)

Lu à la Section géog. de la British Association à Bristol, Août 1875.

— On the Buried Cities in the Shifting Sands of the Great Desert of Gobi. By Sir T. Douglas Forsyth. (*Proc. R. G. Soc.*, XXI, 1876/7, pp. 27/46.)

— Ueber die vom Wüstensande verschütteten Städte Ost-Türkistans. Nach Sir T. Douglas Forsyth bearbeitet von Dr. W. Erman. (*Globus*, XXXI, 1877, pp. 217/223.)

— On the Geographical Results of the Mission to Kashgar, under Sir T. Douglas Forsyth, in 1873-4. By Capt. H. Trotter, R. E. (*Proc. R. G. Soc.*, XXII, 1877/8, pp. 287/291.)

— On the Geographical Results of the Mission to Kashghar, under Sir T. Douglas Forsyth in 1873-74. By Capt. H. Trotter, R. E. (*J. R. Geog. Soc.*, XLVIII, 1878, pp. 173/234, Carte.)

— Ost-Turkestan und das Pamir-Plateau nach den Forschungen der Britischen Gesandtschaft unter Sir T. D. Forsyth 1873 und 1874. Bearbeitet nach dem offiziellen « Report of a Mission to Yarkund in 1873, under command of Sir T. D. Forsyth, K. C. S. I., C. B., Bengal Civil Service, with historical and geographical Information regarding the Possessions of the Ameer of Yarkund. Calcutta, 1875. » Mit einer Karte. (Ergänzungsheft No. 52 zu Petermann's « Geographischen Mittheilungen ».) Gotha : Justus Perthes. 1877, in-4, pp. 76.

— Souvenirs d'une ambassade anglaise à Kachgar (Asie centrale), par MM. Chapman et Gordon, membres de l'ambassade. 1873-1874. — Texte et dessins inédits. (*Tour du Monde*, 1878, I, pp. 65/80, 81/96, 97/112, 113/128.)

Extrait et trad. par Em. Delerot.

— Kashmir and Kashgar. A Narrative of the Journey of the embassy to Kashgar in 1873-74. By H. W. Bellew, C. S. I. Surgeon-Major, Bengal Staff Corps,... London : Trübner & Co., 1875, in-8, pp. xix-419.

— The History of Kashgaria, by Dr. H. W. Bellew, a member of the late Yarkund mission. — Calcutta : Printed at the foreign Department Press. 1875, in-4, pp. ii-107-18.

— Autobiography and Reminiscences of Sir Douglas Forsyth, C. B., K. C. S. I., F. R. G. S. Edited by his Daughter. London : Richard Bentley and Son, 1887, in-8, pp. v-283.

Yarkund. — Kashgar. — Narrative of a Mission to Mandalay in 1875, etc.

∴

— * Scientific Results of the Second Yarkand Mission ; based upon the Collections and Notes of the late Ferdinand Stoliczka, Ph. D., now publishing under the Editorship of Allen O. Hume Esq., C. B., F. Z. S. Calcutta, by order of the Government of India, 1878, gr. in-4.

Les parties suivantes ont été publiées et se vendent séparément :

MOLLUSCA, by G. Neville, 1 pl.

REPTILIA and AMPHIBIA, by W. T. Blandford, 2 pl.

GEOLOGY, par le même.

ICHTHYOLOGY, by Francis Day, 5 pl.

MAMMALIA, by W. T. Blandford, 29 pl. (dont 19 col.), et texte.

NEUROPTERA, by R. McLachlan, grav.

HYMENOPTERA, by F. Smith, pl. col.

LEPIDOPTERA, by F. Moore, 18 pp. de texte et 1 pl. col.

SYRINGOSPHERIDAE, by Prof. M. Duncan, 3 pl.

RHYNCOTA, by Distant.

Notice : *Nature*, 1879-80, pp. 389/391.

— A brief Account of the Geological Structure of the Hill-Ranges between the Indus Valley in Ladak and Shah-i-dula on the Frontier of Yarkand Territory, by Dr. F. Stoliczka, Geological Survey of India, Naturalist attached to the Yarkand Embassy. (*Records Geolog. Survey of India*, Vol. VII, Pt. 1, 1874, pp. 12/15.)

— Geological Notes on the route traversed by the Yarkand Embassy from Shahi dula to Yarkand and Kashgar, by Dr. F. Stoliczka, Naturalist attached to the Embassy. (*Ibid.*, Pt. 2, 1874, pp. 49/51.)

— Note regarding the occurence of jade in the Karakash valley, on the southern borders of Turkistan, by Dr. Ferd. Stoliczka, Naturalist attached to the Yarkand Embassy. (*Ibid.*, pp. 51/53.)

— Geological Observations made on a visit to the Chaderkul, Thian Shan range, by Dr. F. Stoliczka, Naturalist attached to the Yarkand Embassy. (*Ibid.*, Pt. 3, 1874, pp. 81/86.)

— The Altum-Artush considered from a geological point of view, by F. Stoliczka, Ph. D. (*Ibid.*, Vol. VIII, Pt. 1, 1875, pp. 13/16.)

— List of Mammalia collected by the late Dr. Stoliczka. (*Jour. As. Soc. Bengal*, Vol. 44, 1875, Pt. 2, pp. 105/112.) — Voir col. 423.

— List of Reptilia and Amphibia collected by the late Dr. Stoliczka in Kashmir, Ladák, Eastern Turkestán, and Wakhán, with descriptions of new Species. By W. T. Blanford. (*Ibid.*, pp. 191/196.)

— Description of Felis Shawiana, a new Lyncine Cat from Eastern

Turkestan. By W. T. Blanford. (*Ibid.*, Vol. 45, 1876, Pt. 2, pp. 49/51.)

— On an apparently undescribed Weasel from Yarkand. By W. T. Blanford. (*Ibid.*, Vol. 46, 1877, Pt. 2, pp. 259/261.)

— Preliminary diagnoses of new Coleopterous Insects belonging to the families *Dytiscidae*, *Staphylinidae*, and *Scarabaeidae* obtained by the late Dr. F. Stoliczka, during the 2d Mission to Yarkand under Sir Douglas Forsyth. By D. Sharp. (*Ibid.*, Vol. 47, 1878, Pt. 2, pp. 169/174.)

Robert Barkley Shaw.

— A Visit to Yarkand and Kashgar. By R. B. Shaw. [Extracts.] (*Proc. Roy. Geog. Soc.*, Vol. XIV, 1870, pp. 124/137.)

— Results of the Observations taken by Mr. R. B. Shaw during his journey to Yarkand in the year 1870. Calculated by William Ellis, F. R. A. S., of the Royal Observatory, Greenwich. (*Jour. Roy. Geog. Soc.*, XLI [1871], pp. 373/392.)

— Visits to High Tartary, Yârkand, and Kâshghar (formerly Chinese Tartary), and return journey over the Karakoram Pass. By Robert Shaw, British Commissioner in Ladâk. With Map and Illustrations. London : John Murray, 1871, in-8, pp. XVI-486.

— * R. Shaw. — Reise nach d. Hohen Tartarei, Yârkand u. Kâshghar u. Rückreise üb. d. Karakoram-Pass. Deutsch v. J. C. A. Martin. Mit 14 Illustr. u. 2 Karten. Jena, 1872, in-8.

— Robert Shaw über die Gebirgssysteme Central-Asiens. (Petermann, *Mitth.*, Bd. XIX, 1873, pp. 1/4.)

— On the Position of Pein, Charchand, Lob Nur, and other Places in Central Asia. By Robert B. Shaw, Esq. F. R. G. S. (*Proc. Roy. Geog. Soc.*, XVI, 1872, pp. 242/253.)

— A Prince of Kâshgar on the Geography of Eastern Turkistan. By R. B. Shaw. (*Jour. R. G. Soc.*, XLVI, 1876, pp. 277/298.)

— A Prince of Kâshgar on the Geography of Eastern Turkistan. By R. B. Shaw. [Abrégé.] (*Proc. R. G. Soc.*, XX, 1875/6, pp. 482/492.)

— On the Hill Canton of Sálár — the most Easterly Settlement of the Turk Race. By Robert B. Shaw. (*Journ. R. As. Soc.*, N. S., Vol. X, Part III, Art. IV, July, 1878, pp. 305/316.)

— A Grammar of the Language of Eastern Turkistan. By R. B. Shaw. (*Jour. As. Soc. Bengal*, Vol. 46, 1877, Pt. 1, pp. 242/368.)

— The History of the Khōjas of Eastern-Turkistān summarised from the *Tazkira-i-Khwājagān* of Muḥammad Ṣādiq Kāshgarī, by the late Robert Barkley Shaw,... Edited with Introduction and Notes by N. Elias. [Published as Supplement to the *Journal of the Asiatic Society of Bengal*, Vol. LXVI, Part I, 1897.] Calcutta : Superintendent of Government Printing, India, 1897, in-8, pp. VI-67.

∴

— A Month's Journey in Kokand in 1873. By Eugene Schuyler, Esq. (*Proc. R. Geog. Soc.*, XVIII, 1873-74, pp. 408/418.)

— Turkistan. Notes of a Journey in Russian Turkistan, Khokand, Bukhara, and Kuldja by Eugene Schuyler, Phil. Dr... With three Maps and Numerous illustrations. In two volumes. London, Sampson Low, 1876, 2 vol. in-8, pp. XII-411, VIII + 1 f. n. ch. + pp. 463.

— An American in Turkistan. [E. Schuyler.] (*Scribner's Monthly*, XIII, 1876/7, pp. 211/223.)

Voir col. 2780.

∴

— Russian Exploration in Central Asia. (*Proc. R. Geog. Soc.*, XIX, 1874-75, pp. 422/429.)

— Баронъ Каульбарсъ. — Поѣздка на Мусартъ, осенью 1870 г. (*Извѣстія И. Р. Геог. Общ.*, 1872, T. VIII, pp. 17/22.)

— A Russian Embassy in Kashgar. (*Ocean Highways*, Nov. 1872, pp. 235/6.)

Baron Kaulbars.

— Александръ Шепелевъ. — Рекогносцировка Музартскаго прохода въ Тянь-Шанѣ. (*Извѣстія И. Р. Геог. Общ.*, 1872, T. VIII, pp. 113/136.)

— Le défilé et les glaciers de Mouzarte dans la chaîne du Tian-chan explorés en automne de 1871 par M. Chépélew, officier d'Etat-Major. Br. in-4 à 2 col., pp. 16.

Extrait du *Journal de St.-Pétersbourg*, du 13, 15 et 20 juillet 1872.

Arminius Vámbéry.

— Travels in Central Asia being the Account of a Journey from Teheran across the Turkoman Desert on the Eastern Shore of the Caspian to Khiva, Bokhara, and Samarcand performed in the year 1863 by Arminius Vambéry... London, John Murray, 1864, in-8, pp. XVII-443.

— Arminius Vambéry — Voyages d'un Faux Derviche dans l'Asie centrale de Téhéran a Khiva, Bokhara et Samarcand par le grand Désert Turkoman Traduit de l'anglais selon le voeu de l'auteur par E. D. Forgues Illustré de 34 gravures sur bois et accompagné d'une carte. Paris, Hachette, 1865, in-8, pp. 402 + 1 f. n. ch.

— Edition abrégée par J. Belin de Launay. Paris, Hachette, 1867, in-18 ; 2e éd., 1868 ; 3e éd., 1874 ; 4e éd., 1877 ; 5e éd., 1881 ; 6e éd., 1884.

— Skizzen aus Mittelasien. — Ergänzungen zu meiner Reise in Mittelasien. — Von Hermann Vámbéry, Professor der orientalischen Sprachen und Literaturen an der K. Universität zu Pesth. — Deutsche Originalausgabe. Leipzig : F. A. Brockhaus. — 1868, in-8, pp. vi + 1 f. n. c. + pp. 358.

— Sketches of Central Asia. Additional Chapters on my Travels, Adventures, and on the Ethnology of Central Asia. By Arminius Vambéry, professor of oriental languages in the University of Pesth. London : Wm. H. Allen & Co., — 1868, in-8, pp. viii-444.

— Geschichte Bochara's oder Transoxaniens von den frühesten Zeiten bis auf die Gegenwart. — Nach orientalischen benützten und unbenützten handschriftlichen Geschichtsquellen. Zum erstenmal bearbeitet von Hermann Vámbéry... — Deutsche Originalausgabe. Stuttgart, J. G. Cotta, 1872, 2 parties in-8.

— History of Bokhara from the earliest period down to the present composed for the first time after oriental known and unknown historical manuscripts by Arminius Vámbéry... London, Henry S. King, 1873, in-8, pp. xxxv-419.

— Bokhara Története a legrégibb idöktöl a jelenkorig. Ismert és ismeretlen keleti kézirati kútfők után irta Vámbéry Ármin,... Pest, F.-Nél, 1873, 2 vol. petit in-8, pp. xxxvi + 2 ff. n. ch. + pp. 247, 232.

— England and Russia in Asia. By A. Vámbéry. (*Nineteenth Century*, VII, 1880, pp. 917/928.)

— Reise in Mittelasien von Teheran durch die Turkmanische Wüste an der Ostküste des Kaspischen Meeres nach Chiwa, Bochara und Samarkand. Von Hermann Vambéry... — Mit zwölf Abbildungen in Holzschnitt und einer lithographirten Karte. — Deutsche Originalausgabe Zweite vermehrte und verbesserte Auflage. Leipzig : F. A. Brockhaus, 1873, in-8, pp. xiv-384.

— Centralasien und die English-Russische Grenzfrage. Gesammelte politische Schriften von Hermann Vámbéry... Leipzig : F. A. Brockhaus, 1873, in-8, pp. viii-351.

— The Coming Struggle for India. Being an account of the encroachments of Russia in Central Asia, and of the Difficulties sure to arise therefrom to England. By Arminius Vambery. — Cassell & Co., 1885, in-8, pp. viii-214.

(Arminius Vámbéry.)

— La lutte future pour la possession de l'Inde. Aperçu des progrès de la Russie dans l'Asie centrale Et des difficultés qui en découleront pour l'Angleterre. Par Arminius Vambéry — Ouvrage accompagné d'une carte — Paris, E. Dentu, in-12, pp. vi-294 + 1 f. n. c.

— The Geographical Nomenclature of the disputed country between Merv and Herat. By Arminius Vambéry. (*Proc. R. Geog. Soc.*, VII, 1885, Sept., pp. 591/596.)

— Die geographische Nomenklatur Zentralasiens. Von H. Vambéry. (*Petermann's Mitt.*, 37. Bd., 1891, pp. 263/272.)

— Central Asian Politics. By A. Vambéry. (*Asiatic Quart. Review*, IV, July 1887, pp. 42/60.)

— The Future of Russia in Asia. By Arminius Vambéry. (*Nineteenth Century*, XXVII, 1890, pp. 196/212.)

— Russia and Northern Asia. By A. Vambéry. (*Imp. & Asiatic Quart. Review*, Second Series, I, Jan.-Apr. 1891, pp. 13/27.)

— The Situation in Central Asia. By A. Vambéry. (*Nineteenth Century*, XXXII, 1892, pp. 104/117.)

— The Turco-Tatars. An ethnographical Sketch. By Professor Armenius Vambéry. (*Journ. Manchester Geog. Soc.*, VIII, 1892, pp. 1/18.)

∴

— Matussowski's Bereisung des Emil-Thales in der Dschungarei. (Petermann, *Mitth.*, 1873, p. 150.)

— Khiva oder Kharezm. Seine historischen und geographischen Verhältnisse. Von P. Lerch. — Mit einer Karte von Khiva. — St. Petersburg, 1873, Verlag der Kaiserlichen Hofbuchhandlung H. Schmitzdorff (Carl Röttger), in-8, pp. 55, carte.

Cf. de P. Lerch (Petr Ivanovitch Lerkh) son voyage archéologique dans le Turkestan, publié en 1867 par la commission archéologique à St. Pétersbourg, 1870.

— * Nos voisins dans l'Asie centrale, la Chine et le pays des Turcomans. St. Pétersbourg (Devrient), 1873, in-8 [en russe].

— Central Asia, and its question : being a Paper read in the Speech-room of Harrow School, on the 18th March 1873. By Col. Sir Frederic John Goldsmid... London, Stanford, br. in-8, pp. 64.

— Das Reich Kaschgar oder Tschity Schehr. Von Dr. Otto Delitzsch. (*Aus allen Welttheilen*, IV, 1873, pp. 122/126.) — Die Centralasiatische Frage. (*Ibid.*, pp. 181/182.)

(Arminius Vámbéry. — Divers.)

N. Sievertsov.

— Н. Сѣверцовъ. — Краткій очеркъ орографіи Высокой Азіи, по новѣйшимъ изслѣдованіямъ, съ картой распредѣленія высотъ свыше 9000 фут. (*Извѣстія И. Р. Геог. Общ.*, 1872, T. VIII, pp. 330/9.)

— Путешествія по туркестанскому краю и изслѣдованіе горной страны Тянъ-шаня, совершенныя по порученію императорскаго русскаго географическаго общества Докторомъ зоологіи, членомъ Императорскаго Русскаго Географическаго и другихъ ученыхъ обществъ Н. Сѣверцовымъ. St. Pétersbourg, 1873, in-8, pp. vi-461, 1 carte.

— N. Sewerzow's Erforschung des Thian-schan-Gebirgs-Systems 1867. Nebst kartographischer Darstellung desselben Gebietes und der Seenzone des Balkasch-Alakul und Siebenstromlandes nach den Originalen und offiziellen russischen Aufnahmen von A. Petermann. Erste Hälfte, mit einer chromolithographirten Karte. (Ergänzungsheft No. 42 zu Petermann's « Geographischen Mittheilungen ».) Gotha : Justus Perthes. 1875, in-4, pp. vi-50.

— — Zweite Hälfte, mit einer chrom. Karte. (Erg. No. 43...) Gotha : Justus Perthes, 1875, in-4, pp. 102.

— Herr v. Richthofen. — Vorlage von Herrn Sewertzow's Höhenschichtenkarte des Tiān-shan. (*Verhand. Ges. Erdk. Berlin*, I, 1873, pp. 14/17.)

— Russian Expedition to the Alais and Pamir. By Robert Michell. (*Geog. Mag.*, June, 1878, pp. 154/156.)

— M. Severtsof's Journey in Ferghana and the Pamir in 1877-8. (*Proc. R. Geog. Soc.*, N. S., Vol. II, 1880, pp. 499/506.)

— Dr. N. A. Sewertzow. — Ornithologie du Turkestan et des Pays adjacents. (Partie N. O. de la Mongolie, steppes Kirghiz, contrée Aralo-Caspienne, partie supérieure du bassin d'Oxus, Pamir). Par M. le Docteur M. A. Menzbier, Professeur à l'Université de Moscou... Tome deuxième. Moscou, Publiée par l'Auteur avec le concours de la Société Impériale Géographique de Russie 1888-1893, gr. in-4, pp. ii-iii-391.

Pub. en 4 livraisons. — Cf. N. A. Sewertzow, *J. f. Orn.*, 1875, pp. 164-171 — Pleske, Rev. Turkest. *Orn.* 1888.

— Etudes de géographie historique sur les anciens itinéraires à travers le Pamir : Ptolémée, Hiouen-thsang, Song-yuen, Marco-Polo par Le Dr Nicolas Severtzow. (*Bull. Soc. Géogr.*, 7e Sér., XI, 1890, pp. 417/467, 553/610.)

Sievertzov est mort, dans la nuit du 9 au 10 février 1885, à la suite d'un accident de voiture dans la rivière Ironetz, affluent du Don.

∴

(N. Sievertsov.)

— Astronomische Ortsbestimmungen am Thian-schan. Von C. Scharnhorst. (Petermann's *Mitth.*, 1873, pp. 392/3.)

Trad. des Mém. de la Soc. Imp. de Géog. de Russie, 1873, No. IV.

— Ethnographie de l'Asie orientale, d'après les Chinois par le Marquis d'Hervey de Saint-Denys. (*Actes de la Soc. d'Ethn.*, VII, 1873, pp. 37/41.)

— On the Valley of the Ili and the Water-System of Russian Turkistan. By Ashton W. Dilke. (*Proc. Roy. Geog. Soc.*, Vol. XVIII, No. III, 1874, pp. 246/253.)

— The Chinese in Yarkund. (*Siam Repository*, Vol. 6, Oct. 1874, pp. 569/571.)

Extrait du *Spectator*.

— Mémoire sur l'Asie centrale, son histoire, ses populations par Girard de Rialle... Deuxième édition. Paris, Ernest Leroux, 1875, in-8, pp. 108.

— Julien Girard de Rialle. Nécrologie par H. C.[ordier.] (*T'oung Pao*, Mai 1905, p. 237.)

Né le 27 sept. 1841 ; † à Santiago du Chili, 23 nov. 1904.

— Histoire de l'Asie centrale (Afghanistan, Boukhara, Khiva, Khoqand) depuis les dernières années du règne de Nadir Châh (1153) jusqu'en 1233 de l'Hégire (1740-1818) par Mir Abdoul Kerim Boukhary publiée, traduite et annotée par Charles Schefer... Traduction française. Paris, Ernest Leroux, 1876, in-8.

Ce vol. forme le vol. II, et le texte persan, in-4, imprimé à Boulaq, le vol. I des *Publications de l'Ecole des Langues Orientales vivantes*.

— Le Kachgar, le Pamir et le Thibet. (*Revue Britannique*, Sept. 1876.)

Une réponse à cet article pour la partie relative au Tibet a été écrite par M. Aug. Desgodins, missionnaire, et insérée dans les *Missions Catholiques*, IX, 1877, pp. 427/8.

— The Roof of the World being the Narrative of a Journey over the high plateau of Tibet to the Russian frontier and the Oxus Sources on Pamir by Lieutenant-Colonel T. E. Gordon, C. S. I. Honorary Aide-de-Camp to the Viceroy of India, lately attached to the special mission to Kashgar. Illustrated with sixty-six drawings done on the spot and map. Edinburgh, Edmonston & Douglas, mdccclxxvi, gr. in-8, pp. xiv-172.

N. M. Prjevalsky.

Né à Kimbrovo, gouvernement de Smolensk, 31 mars, 1839 ; † 20 oct. (1er nov. N. S.) 1888. (*Proc. R. Geog. Soc.*, XI, 1889, pp. 44/46.)

Voir Mongolie, col. 2783-6.

— Николай Михайловичъ Пржевальскій. — Біографическій Очеркъ составилъ Н. Ѳ. Дубровинъ... С.-Пет., Военная Тип., 1890,

(Divers. — N. M. Prjevalsky.)

in-8, pp. IX-II-602-VIII, 4 portraits, cartes, facsimile.

— Un Viaggio nel Tibet. (*Bol. Soc. Geog. ital.*, 1878, X, Part. VI, pp. 12/16.)

— Col. Prejevalsky in Northern Tibet. (*The Athenaeum*, No. 2924, Nov. 10, 1883, pp. 605/606.)

D'après les *Mitth.* de Petermann.

— Brief Notice of M. Prejevalsky's recent Journey to Lob-Nor and Tibet, and other Russian Explorations. By E. Delmar Morgan. (*Proc. R. G. S.*, XXII, 1877/8, pp. 51/53.)

— Отъ Кульджи за Тянь-Шань и на Лобъ-Норъ. Извлеченіе изъ отчета д. чл. Императорскаго Русскаго Географическаго Общества, подполковника генеральнаго штаба Н. М. Пржевальскаго, in-8, pp. 13 [1877].

Ext. du Bull. de la Soc. Imp. russe de Géographie.

— Отъ Кульджи за Тянь-шань и на Лобъ-норъ. Путешествіе Н. М. Пржевальскаго, полковника генеральнаго штаба, дѣйствительнаго члена императорскаго русскаго географическаго общества. Въ 1876 и 1877 гг. St. Pétersbourg, 1878, in-8, pp. 67.

— From Kulja, across the Tian Shan to Lob-Nor. By Colonel N. Prejevalsky, Author of « Travels in Mongolia ». Translated by E. Delmar Morgan, F. R. G. S. Mem. of the Imp. Russ. Geogr. Soc. Including notices of the lakes of Central Asia. With Introduction. By Sir T. Douglas Forsyth, C.B., K.C.S.I. and Maps. London: Sampson Low, 1879, in-8, pp. XII-251.

Notice : *Nature*, XX, 1879, p. 4.

— Col. Prshevalsky's Recent Journey. (*Nature*, XXIII, 1880-1, pp. 178/4.)

— Le voyage du Colonel Prjevalsky De Kouldja au Lob Noor par le Tian-chan — traduction de N. Krukoff. (*Soc. belge Géogr.*, *Bull.*, 1878, pp. 243/257, 351/367, 622/637.)

— Reise des Russischen Generalstabs-Obersten N. M. Przewalsky von Kuldscha über den Thian-schan an den Lob-nor und Altyn-tag 1876 und 1877. Uebersetzung des an die K. Russ. Geographische Gesellschaft in St. Petersburg gerichteten offiziellen Berichtes von Przewalsky, d. d. Kuldscha 18. August 1877. Mit zwei Karten. — (Ergänzungsheft No. 53 zu Petermann's « Geographischen Mittheilungen ».) Gotha : Justus Perthes. 1878, in-4, pp. IV-31.

— Herr v. Richthofen. — Bemerkungen zu den Ergebnissen von Oberstlieutenant Prjewalski's Reise nach dem Lop-noor und Altyn-tagh. (*Verhand. d. Ges. f. Erdk. zu Berlin*, Bd. V, 1878, pp. 121/144.)

— Richthofen on Prejevalsky's journey in Central Asia. By C. E. D. B. (*Geog. Mag.*, August 1878, pp. 224/227, 261/263.)

— Prejevalsky's explorations in Central Asia. (*Ibid.*, May, 1878, pp. 109/112.)

— Les déserts de l'Asie. (*Ann. de l'Ext. Orient*, 1884-1885, VII, pp. 318/319.) — D'après Prjevalsky.

— Drei Briefe des Obersten Przewalsky aus Central-Asien. (Uebersetzt aus dem Russischen von Oberst Baron Nikolai v. Kaulbars. (*Mitt. k. u. k. geog. Ges. Wien*, 1885, pp. 96/103.)

— Neuere Briefe des Obersten Przewalsky... (*Ibid.*, pp. 254/260.)

— Letters from Colonel Prjevalsky. (*Proc. R. Geog. Soc.*, VII, 1885, March, pp. 167/172.)

D'après l'*Invalide russe*, du 14 janvier N. S.

— Letters from Colonel Prjevalsky. (*Proc. R. Geog. Soc.*, VII, 1885, Dec., pp. 807/815.)

— Современное положеніе центральной Азіи. — Н. М. Пржевальскаго. — Москва. — 1887, br. in-8, pp. 65.

Cf. un article dans le *Восточное обозрѣніе*, No. 6, 1887.

— Prjevalsky's Journeys and Discoveries in Central Asia. By E. Delmar Morgan. (*Proc. R. Geog. Soc.*, N. S., Vol. IX, 1887, pp. 213/232.)

— General Prjevalsky on Central Asia. By N. Prjevalsky. (*As. Quart. Review*, IV, July-Oct. 1887, pp. 393/452.)

Trad. par Cap. Francis Beaufort, R. A.

— General Prschevalskij's Forskningsresor i Centralasien. — Efter de Ryska, tyska och franska originalupplagorna af Sven Hedin. — Med 2 kartor och 79 illustrationer. — Förord af A. E. Nordenskiöld. — Stockholm, Albert Bonnier, s. d. [1891], in-8, 3 ff. n. ch. + pp. 455.

— The Meteorology of Central Asia. (*Scottish Geog. Jour.*, XII, 1896, pp. 298/303.)

Résultats scient. des voyages de Prejevalsky. — Météorologie par A. J. Voiekov, St. Pétersbourg, 1895.

— N. M. Przewalski. — Nachruf von C. J. Maximowicz. (*Acta Horti Petrop.*, X, II, pp. 675/683, Port.)

— N. M. Prjevalsky. By P. K. (*Nature*, XXXIX, 1888-89, pp. 31/34.)

A l'occasion de l'annonce de sa mort.

Hugo Stumm.

— Russia in Central Asia — Historical Sketch of Russia's Progress in the East up to 1873, and of the Incidents which led to the Campaign against Khiva; with a Description of the military Districts of the Caucasus, Orenburg, and Turkestan. By Hugo Stumm, Captain in the Hessian Hussars, Knight of the Iron Cross, &c., &c. — Translated into English by J. W. Ozanne and Captain H. Sachs, Knight of the Iron Cross. — With

Maps. — London : Harrison and Sons — 1885, in-8, pp. IX-359.

— Aus Chiwa. — Berichte von Hugo Stumm, Lieutenant im 1. Westfälischen Husaren-Regiment No. 8, z. Z. attachirt dem russischen Hauptquartier. — Mit 5 colorirten Karten. — Berlin, 1873. Ernst Siegfried Mittler, in-8, pp. II-129.

— Russia's Advance eastward containing the Despatches of the German military Commissioner attached to the Khivan expedition, and other information on the subject, with a minute account of the Russian army by C. E. Howard Vincent, F. R. G. S... Henry S. King & Co. London, 1874, pet. in-8, pp. VIII-187.

D'après *Aus Khiva*, de Hugo Stumm.

Ch. E. de Ujfalvy.

Charles Eugène de Ujfalvy de Mező Kövesd, † à Florence, 31 janvier 1904.

— Cours complémentaire de Géographie et d'Histoire de l'Asie centrale et orientale à l'Ecole spéciale des Langues Orientales Vivantes. Leçon d'Ouverture par Ch. E. de Ujfalvy, Membre de la Société Asiatique, chargé du Cours. Paris : Ernest Leroux, Editeur. 1874, br. in-8, pp. 31.

— Cours complémentaire de Géographie et d'Histoire de l'Asie orientale et septentrionale à l'Ecole spéciale des Langues Orientales Vivantes. — L'Ethnographie de l'Asie. Leçon d'Ouverture par Ch. E. de Ujfalvy, Membre de la Société asiatique, chargé du Cours. Paris. Imprimerie Jules Le Clère et Cie, 29 rue Cassette, 1875, br. in-8, pp. 23.

— * Géographie de l'Asie centrale dans l'antiquité, par de Ujfalvy. (*Ctes.-rendus Soc. franç. de Num. et d'Arch.*, VI, [1875-1876], p. 135.)

— Leçon d'ouverture d'un cours de Géographie historique et politique de l'Asie centrale à l'Ecole des Langues Orientales Vivantes faite le 20 Novembre 1878 par Ch. de Ujfalvy de Mező-Kövesd chargé du Cours. Paris : Ernest Leroux, 1878, br. in-8, pp. 20.

— Lettre de M. C. de Ujfalvy au Secrétaire général de la Soc. de Géog. — Tachkend, le 23 mai 1877. (*Bul. Soc. Géog.*, Juin 1877, pp. 654/660.)

A consulter sur le voyage du Capitaine Kouropatkine en Kachgarie.

— Expédition scientifique française en Russie, en Sibérie et dans le Turkestan. — Le Kohistan, le Ferghanâh & Kouldja avec un appendice sur la Kachgarie par Ch. E. de Ujfalvy de Mező-Kövesd... Paris, Ernest Leroux, 1878, in-8, pp. V-186, cartes et tables.

— Expédition... Volume II. — Le Syr-Daria, le Zérafchâne, le Pays des Sept-Rivières et la Sibérie-occidentale avec quatre appendices... Paris, Ernest Leroux, 1879, in-8, pp. XVI-208, grav., carte, tables.

— Expédition... Vol. III. — Les Bachkirs, les Vêpses et les Antiquités Finno-ougriennes et altaïques précédés des résultats anthropologiques d'un voyage dans l'Asie centrale... Paris, Ernest Leroux, 1880, in-8, pp. IX-170, grav., carte, tables.

— Expédition... Vol. IV. — Atlas anthropologique des peuples du Ferghanah... Paris, Ernest Leroux, 1879, in-8, photog.

— Expédition... Vol. V. — Atlas des étoffes, bijoux, aiguières, émaux, etc. de l'Asie centrale... Paris, Ernest Leroux, 1880, in-8.

— Expédition... Vol. VI. — Atlas archéologique des Antiquités Finno-ougriennes et altaïques de la Russie, de la Sibérie et du Turkestan... Paris, Ernest Leroux, 1880, in-8.

— Expédition scientifique française en Russie, en Sibérie et dans le Turkestan : — Résultats anthropologiques d'un Voyage en Asie centrale communiqués au congrès anthropologique de Moscou (Août 1879) par Ch. E. de Ujfalvy de Mező-Kövesd... Paris : Ernest Leroux, Editeur, 1880, br. in-8, pp. 48.

— M. Ujfalvy's Travels in Central Asia. (*Geog. Mag.*, Nov. 1878, pp. 288/289.)

— Les chasses en Asie centrale par M. Ch. E. de Ujfalvy. (*Bul. Soc. Zool. d'Accl.*, 3e Sér., V, 1878, pp. XXXVIII-XLVI.)

— D'Orenbourg à Samarkand. Le Ferghanah, Kouldja et la Sibérie occidentale. Impressions de voyage d'une Parisienne, par Madame Marie de Ujfalvy-Bourdon. 1876-1878. — Texte et dessins inédits. (*Tour du Monde*, 1879, I, pp. 1/96 ; II, pp. 49/96.)

— De Paris a Samarkand le Ferghanah, le Kouldja et la Sibérie occidentale Impressions de voyage d'une Parisienne par Mme de Ujfalvy-Bourdon Ouvrage contenant 273 gravures sur bois et cinq cartes — Paris, Hachette, 1880, in-4, pp. 487.

— Voyage de M. de Ujfalvy dans l'Asie centrale. (*Ann. de l'Ext. Orient*, 1882-1883, V, pp. 183/184.)

— Lettre de M. Ch. de Ujfalvy, chargé d'une mission dans l'Asie centrale, au Secrétaire général. (*Bull. Soc. Géog.*, Mars 1881, pp. 257/260.)

Orenbourg, le 23/11 janvier 1881.

— Les Aryens au Nord et au Sud de l'Hindou-

Kouch. Par Ch. E. de Ujfalvy. (*Revue d'ethnographie*, Tome II, No. 2, 1883, pp. 137/153.)

— L'influence dû milieu sur les peuples de l'Asie centrale; par M. de Ujfalvy. (*Bul. Soc. Anth.*, 1887, pp. 436/457.)

∴

— Lettre du général Kauffmann, gouverneur-général du Turkestan russe à Tso Tsoung-tang, commandant en chef des troupes chinoises, sur le massacre des habitants de la ville de Manas. (*N. C. Herald*, No. 22, 1877, p. 480.)

— Le Pamir, étude de géographie physique et historique sur l'Asie centrale. Par J. B. Paquier. Paris, Maisonneuve, 1876, in-8, pp. VIII-218.

— Pamir et Kashgarie. Par J. B. Paquier. (*Bul. Soc. Géog.*, Juin 1877, pp. 605/620.)

— Voyages et découvertes géographiques. Collection publiée sous la direction de M. Richard Cortambert. — L'Asie centrale à vol d'oiseau par J.-B. Paquier, Docteur ès lettres... Paris, librairie de la Société bibliographique, 1881, in-18, pp. 176, une carte.

Pub. à 1 fr.

— Les volcans de l'Asie centrale. Par J. Mouchketof. (*Bul. Ac. I. Sc. St. Pét.*, XXIII, 1877, col. 70/9.)

— Die neuesten Reisen und Vorgänge in Ostturkestan. (*Globus*, XXXII, 1877, pp. 315/8.)

Kouropatkin, Prjevalsky, Yakoub.

— Recueil d'itinéraires et de voyages dans l'Asie centrale et l'Extrême-Orient... Paris, Ernest Leroux, 1878, in-8, pp. 380, carte.

Ce recueil qui forme le Vol. VII des *Publications de l'Ecole des Langues Orientales vivantes* comprend : Journal d'une Mission en Corée, par Koei-ling, traduit du chinois par F. Scherzer. — Mémoires d'un voyageur chinois dans l'empire d'Annam, traduits par L. Leger. — Itinéraires de l'Asie centrale, par A. P. Khorochkine, traduits par L. Leger. — Description de la mosquée de Hazret, par Mir Salih Bektchourin, traduit par L. Leger. — Itinéraire de la vallée du moyen Zerefchan, par Radloff, traduit par L. Leger. — Itinéraires traduits du persan par C. Schefer. — Index orthographique des noms propres chinois.

Demetrius Charles Boulger.

Né 14 juillet 1853.

— The Life of Yakoob Beg; Athalik Ghazi, and Badaulet; Ameer of Kashgar. By Demetrius Charles Boulger, Member of the Royal Asiatic Society. With Map and Appendix. London, Wm. H. Allen & Co., 1878, in-8, pp. XII-344.

— The late Yakoob Beg of Kashgar. (*Westminster Review*, July 1878.)

— England and Russia in Central Asia. By Demetrius Charles Boulger... With two maps and Appendices... London : W. H. Allen, 1879, 2 vol. in-8.

— Central Asian Portraits ; the Celebrities of the Khanates and the neighbouring States. By Demetrius Charles Boulger... London : W. H. Allen, 1880... In-8, pp. VIII-310.

— Central Asian Questions. Essays on Afghanistan, China and Central Asia, by Demetrius C. Boulger, Author of « The History of China », « England and Russia in Central Asia », etc. With portrait and maps. London, T. Fisher Unwin, 1885, in-8, pp. XVI-457.

— The Kuldja Question. (*Geog. Mag.*, Nov. 1878, pp. 279/281.) Voir le même recueil, juillet et août 1874.

— Our Relations with the Himalayan States. By Demetrius Boulger. (*As. Quart. Review*, V, Jan.-April 1888, pp. 296/311.)

— The Problem of High Asia. By Demetrius C. Boulger. (*Fortnightly Rev.*, Feb. 1904, pp. 273/280.)

∴

— Osvaldo Roero, voir Tibet.

— Camille Imbault-Huart, voir col. 2549-2550.

— Шелководство и шелкомотаніе въ средней Азіи. — Отчетъ министерству финансовъ Агента въ Туркестанскомъ Генераль-Губернаторствѣ Н. Ѳ. Петровскаго. St Pétersbourg, V. Gratzianski, 1874, in-8, pp. 160.

— * Central Asia, from the Aryan to the Cossack, in-8, 1875.

— Richthofen — Über die Umgegend von Yarkand in Hochasien. (*Zeit. d. Deutschen Geolog. Ges.*, Berlin, XXVIII, 1876, p. 160.)

— Herr von Richthofen. — Ueber die centralasiatischen Seidenstrassen bis zum 2. Jahrhundert n. Chr. (*Verhand. Ges. Erdk. Berlin*, IV, 1877, pp. 96/122.)

— The ancient Silk-traders' route across Central Asia. (*Geog. Mag.*, Jan. 1878, pp. 10/14.)

A propos de Richthofen à la Soc. de Géog. de Berlin, 5 Mai 1877.

∴

— Кашгарія. — Историко-географическій очеркъ страны, ея военныя силы, промышленность и торговля. — Трудъ А. Н. Куропаткина... Publié par la Société impériale de Géographie. St. Pétersbourg, 1879, gr. in-8, pp. III-435.

— Kashgaria : (Eastern and Chinese Turkistan). Historical and Geographical Sketch of the Country ; its Military Strength, Industries and Trade. By A. N. Kuropatkin... Translated from the Russian by Walter E. Gowan, Major, H. M.'s Indian

Army. Calcutta, Thacker, Spink & Co. 1882, gr. in-8, pp. VIII-255.

— Le conflit entre la Russie et la Chine... par F. Martens. [Voir col. 2453.]

∴

— The Russian Expedition to the Alai and Pamir in 1876. By Robert Michel. [Abstract.] Captain Kostenko's Account. (*Proc. R. G. Soc.*, XXI, 1876/7, pp. 122/140.)

D'après l'*Invalide Russe*, Nos. 206, 211, 229, 235, 239, 244, 250; Oct. & Nov. 1876.

— Lev Th. Kostenko, Col. d'Etat major. — * Le Turkestan. St. Pétersbourg, 1880, 3 vol., 3 cartes [en russe].

— * Чжунгарія. Военно-статист. очеркъ Ген. Шт. полк. Л. Ф. Костенко. Съ картою и 6 прилож. Сборникъ геог., топогр. и статист. матеріаловъ по Азіи. Изд. военчен. Комитета. Гл. Шт. Спб. 1884, No. 28, pp. 1/340.

Mejov, 2978.

∴

— Le Kachgar, le Pamir et le Thibet. Par O. S. [*Quarterly Review.*] (*Rev. Brit.*, 1876, N. S., V, pp. 183/214.)

O. S. = Octave Sachot.

— Les possessions russes dans l'Asie centrale. Par F. de Rocca. (*Ibid.*, 1877, III, pp. 389/459.)

— Il Pamir e le regioni adiacenti. Relazione di viaggio del socio cav. Felice De Rocca. (*Bol. Soc. geog. Ital.*, 1894, pp. 635/670, 788/816.)

— L'Alaï et le Pamir d'après des données récentes. Par Félix de Rocca. (*Rev. de Géog.*, XXXVIII, 1896, pp. 28/37, 96/109, 169/175, 261/269.)

— Yacoub Bey, Emir du Kachgar. Par O. S. [*Westminster Review.*] (*Rev. Brit.*, 1878, N. S., V, pp. 399/442.)

O. S. = Octave Sachot.

— The Russian « Times » on the political situation. — Translated from the St. Petersburgh « Golos » of 21st November (3rd December) 1877. By Captain W. E. Gowan, Bengal Infantry. — Calcutta : Wyman & Co., publishers, — 1878. Price eight annas per copy, br. in-8, pp. 23.

— La Russie et l'Angleterre dans l'Asie centrale. — Etude géographique, historique, statistique et militaire sur les Possessions russes, les Possessions anglaises, la Perse, l'Afghanistan, le Bélouchistan et le Kaschgar par Paquin, Capitaine au 135e de ligne.

— Extrait du *Journal des Sciences militaires* (Numéro d'avril 1878). Paris, J. Dumaine, 1878, br. in-8, pp. 67.

— Russia and England in Central Asia. By F. de Martens D. C. L. Professor of International Law at the Imperial University of St. Petersburg, &c., &c., &c. — London : William Ridgway, 1879, br. in-8, pp. 130.

— Le Pays ou l'on se battra Voyage dans l'Asie centrale Par Karazine Traduit du russe par Tatiana Lvoff et Augustin Teste. Paris, Maurice Dreyfous, s. d. [1879], in-18, pp. 280 + 1 f. n. ch. p. l. tab.

— Bibliothèque d'Aventures et de Voyages — Scènes de la vie terrible dans l'Asie centrale Par Karazine Traduit du russe par Tatiana Lvoff et Augustin Teste. Paris Maurice Dreyfous, s. d. [1880], in-18, pp. 302.

∴

— О Бассейнѣ Лобъ-нора. Извлеченіе изъ китайскаго сочиненія подъ заглавіемъ « Си-юй-шуй-дао-цзи ». — В. М. Успенскаго. (*Записки И. Р. Геог. Общ., Этног.*, VI, 1880, pp. 93/150.)

Le Bassin du Lob-nor d'après le *Si-yu choui tao ki*, 西域水道記. — Voir col. 2803.

— Страна Кукэ-норъ или Цинъ-хай, съ прибавленіемъ краткой Исторіи Ойратовъ и Монголовъ, по изгнаніи послѣднихъ изъ Китая, въ связи съ Исторіею Кукэнора. (Преимущественно по китайскимъ источникамъ.) — В. Успенскій. (*Ibid.*, 2e Part., pp. 57/196.)

— Дополненія къ предъидущимъ свѣдѣніямъ, сдѣланныя г. В. Успенскимъ на основанія китайскихъ источниковъ. (*Извѣстія И. Р. Геог. Общ.*, IX, 1873, pp. 298/304.)

Voir aussi Petermann, *Geogr. Mitth.*, 1873, p. 319.

∴

— Positions géographiques déterminées par deux missionnaires jésuites dans le Turkestan oriental et la Dzoungarie en 1756 d'après deux lettres inédites des PP. Amiot et Gaubil par le P. Brucker de la Compagnie de Jésus. Lyon, Imprimerie Pitrat aîné, 1880, in-8, pp. 11.

Charles Marvin.

Né à Plumstead, 10 juin 1854; † 5 déc. 1890.

— The Eye-witnesses' Account of the disastrous russian Campaign against the Akhal Tekke Turcomans. Describing the March across the burning Desert, the Storming of Dengeel Tépé, and the disastrous retreat to the Caspian. By Charles Marvin. — London : W. H. Allen & Co., 1880, in-8, p. XII-377.

— Alphabetical Index to Mr. C. Marvin's works and translations about Central Asia generally, Prepared by Major W. E. Gowan, Bengal Infantry. — No. III. « Eyewitnesses' Account of the Disastrous Russian Compaign (*sic*) against the Akhál-Tekke Turcománs, describing the March across the Burning Desert, the Storming of Dengeel-Tepe, and the Disastrous Retreat to the Caspian. » N. B. — This Index does not pretend to point to All the information in the work named, but only to such matter as is likely to be useful in a strictly military sense. — Calcutta : Published by the Calcutta Central Press Company. — 1883, in-8, pp. 224.

— Merv, the Queen of the World; and the Scourge of the man-stealing Turcomans. With an exposition of the Khorassan question. By Charles Marvin,... London : W. H. Allen & Co. — 1881, in-8, pp. xx-451.

— The Russian Advance towards India. Conversations with Skobeleff, Ignatieff, and other distinguished Russian Generals and Statesmen, on the Central Asian Question. By Charles Marvin,... London : Sampson Low,... 1882, in-8, pp. xx-338.

— The Russians at Merv and Herat, and their power of invading India. By Charles Marvin,... London : W. H. Allen & Co. — 1883, in-8, pp. XVI + 1 f. n. c. + pp. 470.

— Reconnoitring Central Asia : Pioneering Adventures in the Region lying between Russia and India. By Charles Marvin,... London : W. Swan Sonnenschein & Co. — 1884, in-8, pp. XVIII + 1 f. n. c. + pp. 421.

Voir *List of Works*, pp. 417/421.

— The Railway Race to Herat. An Account of the Russian Railway to Herat and India. By Charles Marvin,... London : W. H. Allen & Co. — 1885, in-8, pp. VI-31.

— Russia's Power of Attacking India. By Charles Marvin,... Tenth Thousand. London : W. H. Allen & Co. — 1886, in-8, pp. VI-32.

(CHARLES MARVIN.)

— The Russians at the Gates of Herat by Charles Marvin,... With Illustrations and Maps. London and New York : Frederick Warne and Co., pet. in-8, pp. IV-176.

— Marvin's Letters to the « Morning Post ». Written during the years 1888-90. Being a Series of special Articles by the late Mr. Charles Marvin, contributed to and solely published in the « Morning Post », Allahabad, India. — Edited by Louis Tracy. — Printed and published at the offices of the « Morning Post », Allahabad, N.-W. P. 1891, in-8, pp. III-II-427-X.

— Charles Marvin and Central Asia. By Louis Tracy. (*Calcutta Review*, XCII, April 1891, pp. 262/274.)

∴

— Russia's next Move towards India. By an Old Campaigner who knows the country. — With an Original Map, showing Routes hitherto unmarked. — London : Simpkin, Marshall & Co. — Price Sixpence, in-8, pp. IV-27.

— Kuldja. By Major F. C. H. Clarke. (*Proc. R. Geog. Soc.*, N. S., Vol. II, 1880, pp. 489/499.)

— A Journey through Semirétchia to Kuldja in 1880. By E. Delmar Morgan. (*Ibid.*, Vol. III, 1881, pp. 150/169.)

— Dr. Regels's Expedition from Kuldja to Turfan in 1879-80. By E. Delmar Morgan. (*Ibid.*, pp. 340/352.)

Voir col. 465.

∴

— Einiges über das *Si Yü Shui Tao ki*. Von K. Himly. (*Zeit. d. G. f. Erdk.*, XV, 1880, pp. 182/194, 287/298; XVII, 1882, pp. 401/418.)

Voir col. 2803.

— Ein chinesisches Werk über das westliche Inner-Asien. Von Karl Himly. (*Ethnologisches Notizblatt herausg. v. d. Direktion d. König. Museums f. Völk. in Berlin*, Bd. III, Heft 2, 1902, pp. 1/77.)

— Nord-Tibet und Lob-Nur-Gebiet in der Darstellung des *Ta-Tshing I-thung Yü thu*, unter Mitwirkung des Herrn Karl Himly in Wiesbaden, herausgegeben von Dr. Georg Wegener (*Zeitschrift der Gesellschaft für*

(DIVERS)

Erdkunde in Berlin, Band XXVIII, 1893), br. in-8.

Notice par G. Schlegel, *T'oung Pao*, V, mars 1894, pp. 89/93.

∴

— Война Мусульманъ противъ Китайцевъ. — Текстъ Нарѣчія Таранчи, изданный Н. Н. Пантусовымъ. Выпускъ 1. — Казань, Университ. Тип., 1880, in-8.

— — Приложенія составленныя Н. Н. Пантусовымъ. Выпускъ 2. — Ibid., 1881, in-8, pp. 72.

— Свѣдѣнія. Кульджинскомъ районѣ за 1871-1877 годы, собранныя Н. Н. Пантусовымъ. Казанъ. Imprimerie de l'Université. 1881, in-8, pp. 226.

— Etudes sur l'Asie centrale, d'après les historiens chinois, par M. Edouard Specht. — Voir col. 2641-2642.

E. O'Donovan.

— The Merv Oasis. — Travels and Adventures east of the Caspian during the years 1879-80-81 including five month's Residence among the Tekke's of Merv by Edmond O'Donovan, Special Correspondent of the « Daily News ». With Portrait, Maps and Facsimiles of State Documents. In two volumes. London, Smith, Elder & Co., 1882, 2 vol. in-8, pp. xx-502, xiv + 1 f. n. c. + pp. 500.

— Merv. A Story of Adventures and Captivity epitomised from « the Merv Oasis ». By Edmond O'Donovan, Special Correspondent of « the Daily News ». With a Portrait. London, Smith, Elder & Co., 1883, pet. in-8, pp. xi-348.

∴

— Ultima Thule. England und Russland in Central-Asien. — Von K. K. General-Major Alois Ritter von Haymerle. — Separat-Abdruck aus *Streffleur's Österreichischer militärischer Zeitschrift*. Wien, 1885. Verlag von *Streffleur's Österr. militär. Zeitschrift*. — In Commission bei L. W. Seidel & Sohn, in-8, pp. 136, carte.

— La Géographie politique de l'Asie centrale par le R. P. J. van den Gheyn. (*Bul. Soc. Roy. Géog. d'Anvers*, IX, 1884, pp. 16/22.)

— Dix années de voyages dans l'Asie centrale et l'Afrique équatoriale par Le Docteur Potagos. Traduction de MM. Adolphe Meyer, Membre de l'Académie de Marseille, Jules Blancard, Professeur de l'Université, à Aix et Laur. Labadie, helléniste, Avec des notes et des observations Par M. Emile Burnouf, Directeur honoraire de l'Ecole française d'Athènes. — Publié aux frais de l'auteur. — Tome premier. — Paris, En Dépôt à la librairie Fischbacher, 1885, in-8, pp. xii-416, cartes, etc.

— Le Pamir (Juin 1870) par Le docteur Potagos. (*Bull. Soc. Géog.*, 1886, pp. 281/319.)

— Auszüge aus fünf in der handschriftlichen Ausgabe der Peking-Zeitung vom 9. September 1882 (Kuangsü, 8. Jhr., 7. Mt., 27. Tg.) veröffentlichten Berichten, die Neu-Organisation der Thienschan-Länder betreffend. (*Zeit. d. Ges. f. Erdk. zu Berlin*, XIX, 1884, pp. 65/73.)

— Neu-Organisation der Thienschan-Länder. (*Zeit. Ges. Erdk. Berlin*, XX, 1885, pp. 79/80.)

— Ancient geographical names in Central Asia. By Thos. W. Kingsmill. (*China Review*, VIII, pp. 163/166.)

— Origin of Coffins. — By Circa. (*Ibid.*, p. 256.)

— Lobnor Customs. By Circa. (*Ibid.*)

— An Heir to Prince Mahomet of Hamil. (*Ibid.*, XI, p. 334.)

— Kashgaria. (*Ibid.*, XIII, p. 225.)

— Kashgar. (*Ibid.*, pp. 430/431.)

E. H. Parker.

— Contributions towards the topography and ethnology of Central Asia. I. Extracts from the *P'êi-Wên Yün-fu*. By E. H. Parker. (*China Review*, XIII, pp. 337/346, 375/386; XIV, pp. 39/49.)

— Dungans and Cossacks. By E. H. Parker. (*Ibid.*, XIV, p. 218.)

— Ili. By E. H. Parker. (*Ibid.*, XV, p. 249.)

— Kashgaria. By E. H. Parker. (*Ibid.*, p. 250.)

— Oelot. By E. H. Parker. (*Ibid.*, XVI, p. 188.)

— Manchu Relations with Turkestan. By E. H. Parker. (*Ibid.*, pp. 321/336.)

— Sungaria. By E. H. Parker. (*Ibid.*, p. 377.)

— China and the Pamirs. By E. H. Parker. (*Contemporary Review*, 72 [1897], pp. 867/879.)

— Khokand and China. By E. H. Parker. (*Imp. & As. Quart. Rev.*, 3rd Ser., VIII, 1899, pp. 114/125.)

— Kashgar. By E. H. Parker. (*Ibid.*, XX, July-Oct. 1905, pp. 328/337.)

— Yarkand. By E. H. Parker. (*Ibid.*, XXI, Jan.-April 1906, pp. 22/35.)

— Samarcand. By E. H. Parker. (*Ibid.*, XXII, July-Oct. 1906, pp. 64/81.)

Henri Moser.

Henri Georges Moser, originaire de Schaffouse, né à St. Pétersbourg, 1/13 Mai 1844.

— A travers l'Asie centrale. La steppe Kirghize — Le Turkestan russe — Boukhara

— Khiva — Le pays des Turcomans et la Perse. — Impressions de voyage par Henri Moser. — Ouvrage orné de plus de 170 gravures dont 117 dessins de M. E. Van Muyden et 16 héliotypies avec une carte itinéraire du voyage à travers l'Asie centrale. Paris, Librairie Plon, s. d. [1885], in-4, pp. xi-463.

— Durch Central-Asien. Die Kirgisensteppe — Russisch-Turkestan — Bochara — Chiwa. — Das Turkmenenland und Persien. Reiseschilderungen von Heinrich Moser. — Autorisirte deutsche Ausgabe. — Mit 160 Abbildungen, 16 Lichtdrucktafeln und 1 Karte von Central-Asien. Leipzig : F. A. Brockhaus. — 1888, in-4, pp. xi-441.

Le Portrait-frontispice et la dédicace de cette traduction sont différents de celui de l'original français.

— Catalogue des collections ethnologiques rapportées de l'Asie centrale par Henri Moser. Neuchatel, imp. de la soc. typographique, 1887, br. in-8, pp. 28.

— Les Russes en Asie. — Exposition à Paris des collections ethnologiques rapportées de l'Asie centrale par Henri Moser. — Panorama Marigny (Champs-Elysées). Paris, Plon, 1891, br. in-8, pp. 17.

Par Hippolyte Buffenoir.

— Catalogue de la Collection de Photographies faite en Asie-Centrale par Henri Moser. Br. in-8, pp. 8 autog.

— Le Turkestan avant et après la construction du chemin de fer transcaspien. Discours de M. Henri Moser. (*Cte.-rendu Ve Cong. int. Sc. géog.*, Berne — 1891, pp. 702/712.)

— Bibliothèque générale de géographie. — L'irrigation en Asie centrale, étude géographique et économique par Henri Moser. Paris, Soc. d'éditions scientifiques, 1894, in-8, pp. 379, carte.

Bonvalot, Capus, Henri d'Orléans.

— En Asie centrale. — De Moscou en Bactriane par Gabriel Bonvalot. — Ouvrage enrichi d'une carte et de gravures. — Paris, Plon, 1884, in-12, 2 ff. n. c. + pp. 309 + 1 f. n. c.

— En Asie centrale. — Du Kohistan à la Caspienne par Gabriel Bonvalot. Ouvrage enrichi d'une carte et de gravures. Paris, E. Plon — 1885, in-12, 2 ff. n. c. + pp. 300 + 1 f. n. c.

— Gabriel Bonvalot. — Du Caucase aux Indes à travers le Pamir. — Ouvrage orné de 250 dessins et croquis par Albert Pépin avec une carte itinéraire du voyage. Paris. Plon, 1889, gr. in-8, pp. xii-458.

— Through the Heart of Asia over the Pamir to India. By Gabriel Bonvalot. With 250 illustrations by Albert Pépin. Translated from the French by C. B. Pitman, In two volumes. London : Chapman and Hall, 1889, 2 vol. gr. in-8, pp. xxii-281, x-255.

Notice : *Nature*, XXXIX, 1888/89, pp. 457/9.

— Traversée de l'Asie centrale. Conférence de M. Bonvalot. (*Bul. Soc. normande Géog.*, X, 1888, pp. 365/372.)

— Gabriel Bonvalot. By Coutts Trotter. (*Blackwood's Mag.*, CXLV, April 1889, pp. 536/545.)

— Gabriel Bonvalot. — De Paris au Tonkin à travers le Tibet inconnu. Ouvrage contenant Une Carte en Couleurs et cent huit illustrations gravées d'après les photographies prises par le Prince Henri d'Orléans. Paris, Librairie Hachette et Cie, — 1892, gr. in-8, pp. 510 + 1 f. n. c.

— Gabriel Bonvalot — L'Asie inconnue — A travers le Tibet — Paris, Ernest Flammarion, s. d. [1896], in-12, pp. 388 + 1 f. n. c. tab., carte.

— Les explorations de M. Bonvalot. (*Bibliothèque illustrée des Voyages autour du Monde.*) Paris, Plon, s. d. [1897], in-8, pp. 32, fig.

— Across Thibet. Being a translation of « De Paris au Tonkin à travers le Tibet inconnu », by Gabriel Bonvalot. With Illustrations from Photographs taken by Prince Henry of Orleans, and Map of Route. Translated by C. B. Pitman. — London : Cassell & Co., 1891, 2 vol. gr. in-8, pp. xii-218, viii-230.

Notice : *Nature*, XLV, 1891/92, p. 269.

— A travers le Thibet Voyage de MM. Bonvalot, le Prince Henri d'Orléans et l'abbé C. De Deken. Par Constant De Deken, missionnaire belge en Chine. (*Soc. roy. belge Géog.*, *Bull.*, 1891, pp. 129/146.)

— Les ruines de la vallée du Sourkhane. Par G. Bonvalot. (*Revue d'Ethnog.*, II, 1884, pp. 385 et seq.)

— Voyage dans l'Asie centrale et au Pamir par Gabriel Bonvalot. (*Bull. Soc. Géog.*, 7e sér., XI, 1890, pp. 469/498.)

— The Journey of M. Bonvalot and Prince Henry of Orleans across Thibet. By Mr. Mark Stirrup. (*Jour. Manchester Geog. Soc.*, VII, 1891, pp. 63/71.)

— The Journey of M. Bonvalot and Prince Henry of Orleans. (*Goldthwaite's Geog. Mag.*, III, Jan. 1892, pp. 65/67.)

— The Journey of M. Bonvalot and Prince Henry of Orleans across Tibet. By Mark Stirrup, F. G. S. (*Ibid.*, April 1892, pp. 263/271.)

— Bibliothèque des Merveilles — Le Toit

du monde (Pamir) par Guillaume Capus, Docteur ès sciences, Chargé de missions scientifiques. — Ouvrage illustré de 31 gravures sur bois et d'une carte. — Paris, Librairie Hachette — 1890, in-16, pp. xv-289.

— A travers le Royaume de Tamerlan (Asie centrale). Voyage dans la Sibérie occidentale, le Turkestan, la Boukharie aux bords de l'Amou-Daria, à Khiva et dans l'Oust-Ourt par Guillaume Capus, Docteur ès Sciences, Chargé de missions scientifiques par le ministère de l'instruction publique — Illustré de 66 gravures par Paul Merwart d'après les documents de l'auteur avec deux cartes, dont une coloriée. Paris, A. Hennuyer, 1892, in-8, pp. xvi-434.

Voyage avec Bonvalot, 1880-82.

— Pamir et Tchitral par M. Guillaume Capus. (*Bul. Soc. Géog.*, 7e sér., XI, 1890, pp. 499/533.)

Carte.

— Observations et notes météorologiques sur l'Asie centrale et notamment les Pamirs par Guillaume Capus. (*Ibid.*, XIII, 1892, pp. 316/338.)

Carte.

— G. Capus — Promenade hygiénique en Asie centrale (Extrait de l'*Assistance*, mai 1891). Paris, Publications de la Policlinique de Paris, 1891, in-8, pp. 12.

— * G. Capus. — Nomadismus und Sedentarismus in Centralasien. (*Oesterr. Monatssch.*, fév. 1893.)

— Les migrations ethniques en Asie centrale au point de vue géographique par G. Capus. (*L'Anthropologie*, V, 1894, No. 1, pp. 35/53.)

— La capillarité russe en Asie. Par Guillaume Capus, Docteur ès Sciences. (*Revue diplomatique et coloniale*, I, No. 3, 1er Avril 1897, pp. 153/165.)

— Constant De Deken. — A travers l'Asie. Bruxelles, 1894. — Voir col. 1215 et 351.

∴

— Publication de la Réunion des Officiers — Les Russes et les Anglais dans l'Asie centrale par le Capitaine Heumann... (avec quatre Cartes). Paris, L. Baudoin, 1885, in-16, pp. 95.

— The Kara-kum, or Desert of Turkomania. By M. Paul Lessar. (*Proc. R. Geog. Soc.*, VII, 1885, April, pp. 231/238.)

Trad. du russe.

— L'ancienne jonction de l'Oxus avec la mer Caspienne, par M. P. Lessar. (*IVe Cong. int. des Sc. géog.*, Paris, 1889, I, pp. 706/727.)

— Résumé des travaux de l'expédition pour l'exploration de l'ancien lit de l'Amou-Daria, par M. Podolsky. (*Ibid.*, pp. 728/736.)

— The true « scientific Frontier » of India. By John Slagg. (*Nineteenth Century*, XVIII, 1885, pp. 151/159.)

— Поѣздка въ восточный Тяньшань и къ леднику Семенова — въ 1886 г. А. Александрова. (*Записки И. Р. Г. Общ.*, Omsk, Fasc. 15, No. 1.)

— Что Называть Памиромъ? Д. Л. Иванова. (*Извѣстія И. Р. Геог. Общ.*, XXI, 1885, pp. 131/145.)

— Recent explorations of the Pamir. By P. K. (*Nature*, XXXII, 1885, pp. 59/61.)

— Colonel Grambcheffsky's Pamir Explorations and the Indian Government. By W. Barnes Steveni. (*Imp. & Asiat. Quart. Rev.*, 2nd Series, II, July-Oct., 1891, pp. 255/260.)

— The Exploration of Central Asia. By H. H. G.-A. (*Nature*, XLII, 1890, pp. 518/9.)

— L. Conradt. — Über die russische Expedition von Grombtschewski nach Centralasien in den Jahren 1889-1890. (*Verhand. Ges. Erdk. Berlin*, XVIII, 1891, pp. 168/176.)

— Colonel Grambcheffsky's expeditions in Central Asia, and the recent events on the Pamirs. By W. Barnes Steveni. (*Imp. & As. Quart. Rev.*, N. S., III, 1892, pp. 17/52.)

Henry Lansdell.

— Russian Central Asia including Kuldja, Bokhara, Khiva and Merv, by Henry Lansdell, D. D.... With Frontispiece, Maps, and Illustrations. In two volumes. London, Sampson Low, 1885, 2 vol. in-8, pp. xxxii-684, xvi-732.

Bibliography, II, pp. 654-684.

Notice : *Nature*, XXXII, 1885, pp. 194/5.

— The Fauna of Russian Central Asia. By Henry Lansdell. (*Nature*, XXXIII, 1885, pp. 56/58.)

— Chinese Central Asia. A Ride to Little Tibet by Henry Lansdell, D.D., M. R. A. S., F. R. G. S.... With Three Maps and Eighty

Illustrations. In two Volumes. London. Sampson Low, Marston & Company, 1893, 2 vol. in-8, pp. XL-456, XIII + 1 f. n. c. + pp. 512.

Cet ouvrage contient une importante bibliographie, Vol. II, pp. 439/476.

Notice : *Nature*, XLIX, 1893/4, pp. 309/310, par W. F. Kirby.

— * H. Lansdell. — Russisch-Central-Asien nebst Kuldscha, Buchara, Chiwa u. Merw. Dtsch. v. Wobeser. M. zahlr. Illustr., Karte u. Portr. d. Verf., sowie Anhang, enthaltend Fauna u. Flora von Russisch-Turkestan, 1885, 3 Bde.

— * — 3 Bde. n. wissenschaftl. Anhang in 1 Bde. Mit vielen Illustr., Karten etc. Leipzig 1885.

— Les Russes et les Anglais dans l'Asie centrale par M. E. Guillot. (*Soc. Géog. Lille, Bull.*, IV, 1885, pp. 454/467, 548/558 ; V, 1886, 1er sem., pp. 307/319, 405/412 ; 2e sem., pp. 321/336.)

∴

— *Mémoires de l'Académie impériale des Sciences de St.-Pétersbourg*, VIIe série. — Tome XXXIV, No. 4. — Syrische Grabinschriften aus Semirjetschie, herausgegeben und erklärt von D. Chwolson. — Mit einer Tafel. — Présenté à l'Académie le 1er Avril 1886. — St.-Pétersbourg, 1886. Commissionnaires de l'Académie Impériale des sciences, in-4, pp. 30.

Notice par Rubens Duval, *Jour. As.*, VIIIe Sér., VIII, No. 3, Nov.-Déc. 1886, pp. 551/8.

— *Mémoires de l'Académie impériale des Sciences de St.-Pétersbourg*, VIIe série. — Tome XXXVII, No. 8. — Syrisch-nestorianische Grabinschriften aus Semirjetschie, herausgegeben und erklärt von D. Chwolson. — Nebst einer Beilage; über das türkische Sprachmaterial dieser Grabinschriften vom Akademiker Dr. W. Radloff. — Mit drei phototypischen Tafeln und einer ebensolchen von Prof. Dr. Julius Euting ausgearbeiteten Schrifttafel. — (Lu le 8 Mars 1888.) — St.-Pétersbourg, 1890. Commissionnaires de l'Académie Impériale des Sciences, gr. in-4, pp. II-168. Voir col. 778.

— F. Hirth. — Alte Kaiser-Gräber in Centralasien. (*Verhand. d. Berliner anthropologischen Gesellschaft*, 11. Jan. 1890, pp. 52/55.)

Comp. à Aspelin, *Ibid.*, 1889, p. 744.

∴

— The Herat Valley and the Persian Border, from the Hari-rud to Sistan. By Colonel C. E. Stewart, C. M. G., C. I. E. (*Proc. R. Geog. Soc.*, VIII, 1886, March, pp. 137/156 ; carte, p. 216.)

— La Russie et l'Angleterre en Asie centrale.

(Henry Lansdell. — Divers.)

— D'après la brochure de M. Lessar. — Par M. H. L. Paris, librairie militaire de L. Baudoin et Ce. — 1886, in-8, pp. 241.

Extrait du *Journal des Sciences militaires*. (Années 1885-1886.) A propos de la brochure :

— Quelques considérations sur les territoires contestés et sur la situation générale de la Russie et de l'Angleterre en Asie centrale.

— Afghanistan und Seine Nachbarländer. Der Schauplatz des letzten russisch-englischen Konflikts in Zentral-Asien. Nach den neuesten Quellen geschildert von Dr. Hermann Roskoschny. Erster Band. Mit 64 Abbildungen und 4 Karten. — Leipzig. Greszner & Schramm, in-4, 2 ff. n. c. + pp. 1 à 176. — Zweiter Band. Mit 39 Abbildungen und einer Buntdruck-Karte... 2 ff. n. c. + pp. 177 à 336.

— Description de la Chine occidentale (mœurs et histoire). Par un voyageur. Traduit du chinois par M. Gueluy, missionnaire. Extrait du *Muséon*. Louvain, typ. Charles Peeters, 1887, in-8. — Voir col. 2645.

— Le chemin de fer de l'Asie centrale. (*Bul. Soc. Géog. com. Havre*, 1887, pp. 45/51.)

— A Journey round Chinese Turkistan and along the Northern Frontier of Tibet. By A. D. Carey. (*Proc. R. Geog. Soc.*, IX, 1887, Dec., pp. 731/752 ; carte, p. 790.)

— Journey of Carey and Dalgleish in Chinese Turkistan & Northern Tibet (Mr. Dalgleish's Itinerary); and General Prjevalsky on the Orography of Northern Tibet. With introductory Remarks by Mr. E. Delmar Morgan. — 1. Introductory Remarks. By Mr. E. Delmar Morgan. — 2. Journey of Carey and Dalgleish ; Mr. Dalgleish's Itinerary. — 3. The Orography of Northern Tibet. (Royal Geog. Soc., *Supplem. Papers*, Vol. III, Part I, Lond., 1890, pp. 86.)

Carte.

— Die Pamir-Gebiete — Eine geographische Monographie von Dr. Wilhelm Geiger — Mit einer Karte — Geographische Abhandlungen herausgegeben von Prof. Dr. Albrecht Penck in Wien. — Band II. — Heft 1. — Wien, Eduard Hölzel 1887, gr. in-8, pp. VIII-186.

— Transkaspien und seine Eisenbahn. — Nach Acten des Erbauers Generallieutenant M. Annenkow, bearbeitet von Dr. O. Heyfelder, Staatsrath in St. Petersburg, ehemals Chefarzt der Skobelew-Achal-Teke-Expedition. Hannover 1888. Helwingsche Verlagsbuchhandlung. (Th. Mierzinsky, Königl. Hofbuchhändler.) In-8, pp. x-159, carte et grav.

(Divers.)

— Around the World on a Bicycle by Thomas Stevens. From Teheran to Yokohama. With numerous illustrations. London, Sampson Low, 1888, in-8, pp. xiv-477.

Voir col. 2148.

— Andreas von Krasnoff. — Ueber seine Reisen im Thianschan. (*Verhand. Ges. Erdk. Berlin*, XV, 1888, pp. 255/270.)

F. E. Younghusband.

— A Journey across Central Asia from Manchuria and Peking to Kashmir, over the Mustagh Pass. By Lieut. F. E. Younghusband, King's Dragoon Guards. (*Proc. R. Geog. Soc.*, X, 1888, Aug., pp. 485/518 ; carte, p. 458.)

— Journeys in the Pamirs and adjacent Countries. By Captain F. E. Younghusband, C. I. E. (*Ibid.*, XIV, 1892, April, pp. 205/234 ; carte, p. 272.)

— Journeys in the Pamirs and adjacent Countries. (*Nature*, XLV, 1891-92, pp. 353/355.)

A propos du mémoire lu par le Capitaine F. E. Younghusband à la Royal Geographical Society.

— Frank E. Younghusband, 1896, voir MANDCHOURIE, col. 2748/9.

∴

— The Earthquakes of May and June, 1887, in the Verny (Vernoe) District, Russian Turkestan, and their Consequences. (*Proc. R. Geog. Soc.*, X, 1888, Oct., pp. 638/646.)

— Military Balance of Power in Asia. (*Blackwood's Mag.*, CXLIII, June 1888, pp. 877/892.)

— Is Russia vulnerable in Central Asia? (*As. Quart. Review*, VIII, July-Oct. 1889, pp. 64/81.)

— Itinéraires suivis par les divers groupes indo-européens dans leurs migrations entre l'Asie centrale et l'Europe occidentale, et points de contact entre la race blanche, les Touraniens et les races noires. Par M. Barbié du Bocage. (*IVe Cong. int. des Sc. géog.*, Paris, 1889, I, pp. 485/492.)

— Fables, Legends, and Songs of Chitral (called Chitrár by the Natives). Collected by H. H. Sirdar Nizám-ul-Mulk, Raja of Yasin, etc., and by Dr. G. W. Leitner, and translated from Persian or Chitráli. (*Imp. & Asiat. Quart. Review*, 2nd Series, I, Jan.-April 1891, pp. 145/158.)

— The Kashmir Railway. By Diplomaticus. (*Ibid.*, pp. 275/282.)

— Rough Accounts of Itineraries through the Hindu-Kush and to Central Asia. By Dr. G.W. Leitner. (*Ibid.*, II, July-Oct. 1891, pp. 243/248.)

— The Races and Languages of the Hindu-Kush. By Dr. G. W. Leitner. (*Ibid.*, pp. 139/156.)

— Russian Contributions to Central Asian Cartography and Geography. By R. Michell. (*Ibid.*, pp. 249/254.)

— The Russians on the Pamirs. (*Blackwood's Mag.*, CL, Dec. 1891, pp. 755/766.)

∴

— China in Central Asia. By Mark Bell. (*As. Quart. Review*, IX, Jan.-April 1890, pp. 327/347.)

— The Great Central Asian Trade Route from Peking to Kashgaria. By Colonel Mark S. Bell, R. E., V. C., A. D. C. (*Proc. R. Geog. Soc.*, XII, 1890, Feb., pp. 57/93 ; carte, p. 128.)

Trad. en russe *Извѣстія* Soc. Géog. d'Irkoutsk, XXI, 3, 1890, pp. 58/64.

— The Dungan rebellion and Han-kow. By Colonel Mark Bell, V. C., C. B. (*Imp. & As. Quart. Rev.*, 3rd Ser., I, 1896, pp. 55/64.)

— The Country of the Dungan rebellions of 1861 and 1895-6. By Colonel Mark Bell, V. C., C. B., Fellow, King's College, London. (*Ibid.*, II, 1896, pp. 23/33.)

— Colonel M. S. Bell, V. C., C. B. — Obituary. (*Geogr. Journ.*, XXVIII, No. 2, August 1906, p. 187.)

Mark Sever Bell, né à Sydney, New South Wales, en 1843 ; † 26 juin 1906.

Edgar Boulangier.

— Voyage à Merv. — Les Russes dans l'Asie centrale et le chemin de fer transcaspien, par Edgar Boulangier, Ingénieur des Ponts et Chaussées. Ouvrage contenant 84 gravures et 14 cartes. — Paris, Hachette et Cie, 1888, in-16, pp. 451.

— Notes de Voyage en Sibérie. — Le chemin de fer transsibérien et la Chine par Edgar Boulangier. Paris, Société d'Editions scientifiques, 1891, gr. in-8, pp. xii-397 + 1 f. n. c., cartes et grav.

∴

— * Max von Proskowetz. — Vom Newastrand nach Samarkand. Durch Russland, auf neuen Geleisen nach Inner-Asien... Mit einer Einleitung von H. Vambéry... Original-Illustrationen,... zum Theil nach Skizzen des Verfassers... Wien, 1889, pp. xxv-532, in-8.

DUTREUIL DE RHINS.

Jules Léon D. de R., né à Roche-Morlière, près St. Étienne, 2 janvier 1846 ; assassiné près de *Si-ning* 西寧, le 5 juin 1894.

Cf. Charles Maunoir, *T'oung Pao*, V, No. 4, oct. 1894, pp. 356/359.

— Dutreuil de Rhins. Par Charles Maunoir. (*Actes Xe Cong. Int. Orient.*, Genève — 1894, 4e Part., pp. 39/45.)

— W. Wolkenhauer. — Jules Dutreuil de Rhins. (Mit einer Karte.) (*Deutsche Rundschau f. Geog.*, XIX, 1897, pp. 233/5.)

— Relation de M. Grenard. (Mission Dutreuil de Rhins.) (*T'oung Pao*, VI, N° 2, Mai 1895, pp. 239/246.)

— Le Voyage de M. Dutreuil de Rhins. Sa mort par M. F. Grenard. (*Bul. Soc. Géog. com. Paris*, XVII, 1895, pp. 353/6.)

— A propos de la position de Nab Tchou (Thibet), lettre de M. Dutreuil de Rhins au Secrétaire général. (*Bull. Soc. Géog.*, VIIe série, I, Mai 1881, pp. 490/491.)

— Carte du Thibet oriental. Mémoire géographique sur cette contrée. Par J. L. Dutreuil de Rhins. (*Bull. Soc. Géog. com.*, IX, 1886/7, pp. 169/170.)

— Mémoire géographique sur le Thibet oriental. Par J. L. Dutreuil de Rhins. (*Bull. Soc. Géog. Paris*, VIIe Sér., VIII, 1887, pp. 172/240, 381/437.)

Carte.

— Lettre du général J.-T. Walker, Ancien « Surveyor general » de l'Inde à propos de la notice de M. de Rhins sur le Thibet. (*Ibid.*, IX, 1888, pp. 521/529.)

— Réponse à la lettre de M. le général Walker, par M. J.-L. Dutreuil de Rhins. (*Ibid.*, pp. 530/543.)

— L'Asie centrale (Thibet et régions limitrophes). — Texte et Atlas par J.-L. Dutreuil de Rhins. — Ouvrage publié sous les auspices du Ministère de l'Instruction publique et des Beaux-Arts (Comité des Travaux historiques et scientifiques, section de Géographie historique et descriptive). — Paris, Ernest Leroux — 1889, in-4, pp. XVI-620 et Atlas.

— La dernière mission de Dutreuil de Rhins, de Paris à Pékin, par M. Fernand Grenard. (*Tour du Monde*, 1896, pp. 312/360.)

— Mission Dutreuil de Rhins et Grenard dans l'Asie centrale (Années 1891 à 1894) Observations astronomiques, longitudes, latitudes et azimuts magnétiques. Rapport par M. F. Oltramare, Astronome adjoint de l'Observatoire de Paris. (*Bul. Soc. Géog.*, Paris, 1897, pp. 207/216.)

— J.-L. Dutreuil de Rhins — Mission scientifique dans la Haute Asie 1890-1895 — Première Partie *Récit du Voyage* (19 février 1891-22 février 1895) — Publié sous les auspices du Ministère de l'Instruction publique et des Beaux-Arts (Comité des Travaux historiques et scientifiques, section de Géographie historique et descriptive). — Paris, Ernest Leroux, 1897, in-4, pp. XV-454, 56 pl. hors texte.

Publié par F. Grenard.

— — Deuxième Partie *Le Turkestan et le Tibet* Étude ethnographique et sociologique par F. Grenard... Ibid., 1898, in-4, pp. 476.

— — Troisième Partie *Histoire — Linguistique — Archéologie — Géographie* par F. Grenard — Appendices scientifiques... Ibid., 1898, in-4, pp. 404.

— — *Atlas des Cartes* par F. Grenard... Ibid., 1898, in-fol.

25 cartes, tableau d'assemblage, Carte de l'Asie centrale dessinée par J. Hansen, 1/4.000.000.

— Le manuscrit Kharoṣṭhī du Dhammapada. — Les Fragments Dutreuil de Rhins, par M. Émile Senart. (*J. As.*, 1898, II, pp. 193/308, 5 pl. ; 545/8.)

— Le manuscrit Dutreuil de Rhins, par M. E. Senart. (*Actes Onz. Cong. Int. Orient.*, Paris — 1897, 1re Sect., pp. 1/7.)

— Bemerkungen zu dem Kharoṣṭhī-Manuscript des Dhammapada (Ms. Dutreuil de Rhins). Von Heinrich Lüders. (*Nachrichten v. d. königl. Ges. d. Wiss. zu Göttingen*, Ph.-hist. Kl., 1899, pp. 474/494.)

— Zum Manuskript Dutreuil de Rhins. Von R. Otto Franke. (*Zeitschft. Deutsch. Morg. Ges.*, LX. Bd., 3. Heft, 1906, pp. 477/511.)

— Spécimens de la Littérature moderne du Turkestan chinois par M. F. Grenard. — Extrait du *Journal asiatique*. Paris, Imprimerie nationale — MDCCCXCIX, in-8, pp. 47.

— Spécimens de la littérature moderne du Turkestan chinois, par M. F. Grenard. (*Journ. Asiat.*, 9e Sér., XIII, Mars-Avril 1899, pp. 304/346.)

GEORGE NATHANIEL CURZON.

— The Transcaspian Railway. By the Hon. G. Curzon, M. P. (*Proc. R. Geog. Soc.*, XI, 1889, May, pp. 273/295 ; carte, p. 324.)

— The fluctuating Frontier of Russia in Asia. By George N. Curzon. (*Nineteenth Century*, XXV, 1889, pp. 267/283.)

— British and Russian commercial Competition in Central Asia. By George N. Curzon. (*As. Quart. Review*, VIII, July-Oct. 1889, pp. 438/457.)

— Russia in Central Asia in 1889 and the Anglo-Russian Question by the Hon. George N. Curzon, M. P. Fellow of All Souls College, Oxford. With Appendices, Maps, Illustrations, and an Index. London, Longmans, Green and Co., and New York, 1889, in-8, pp. XXIII-477.

L'App. VII contient une *Bibliography of Central Asia*, divisée en quatre parties : I. Central Asia in General. — II. The Transcaspian Railway. — III. Afghanistan. — IV. Persia, pp. 440/468.

— Persia and the Persian Question by the Hon. George N. Curzon, M. P. Late Fellow of All Souls College, Oxford, Author of « Russia in Central Asia ». In two volumes. London, Longmans, Green and Co., and New York : 1892, 2 vol. in-8, pp. xxiv-639, xii-653.

— The Pamirs and the Source of the Oxus. By the Right Hon. George N. Curzon, M. P. (*Geogr. Journ.*, Vol. VIII, July 1896, pp. 15/54 ; II, *ibid.*, Aug. 1896, pp. 97/119 ; III, *ibid.*, Sept. 1896, pp. 239/264.)

— The Pamirs and the Source of the Oxus. By the Right H George N. Curzon... With Map and Illu rations. Revised, and reprinted from « The Geographical Journal » for July, August, and September 1896. London : The Royal Geographical Society, in-8, pp. 83.

M. Vasilievitch Pievtsov.

Voir Mongolie, col. 2787.

— Progress of the Russian Expedition to Central Asia under Colonel Pievtsoff. By Vsevolod Roborovsky. (*Proc. R. Geog. Soc.*, XII, 1890, Jan., pp. 19/36.)

D'après l'*Invalide russe*, 11/23 oct. 1889.

— Vorläufige Resultate der russischen Tibet-Expedition unter Oberst Pjefzof. Von Professor Dr. F. Marthe. (*Globus*, LVII, 1890, pp. 379/381.)

— The Russian Expedition to Central Asia under Colonel Pievtsoff. Yarkand to Nia. (*Proc. R. Geog. Soc.*, XII, 1890, March, pp. 161/166.)

— The Russian Expedition to Central Asia under Colonel Pevtsof. Translated from the Russian by E. Delmar Morgan, F. R. G. S. (*Ibid.*, XIII, 1891, Feb., pp. 99/105.)

— The Pevtsof Expedition and M. Bogdanovitch's Surveys. By E. Delmar Morgan. (*Geog. Journal*, II, 1893, July, pp. 55/63 ; carte, p. 96.)

— The Tibet Expedition. (*Nature*, XLV, 1891-2, p. 45.)

— Труды Тибетской Экспедиціи 1889-1890 гг. Подъ начальствомъ М. В. Пѣвцова,... Часть I. — Изданіе Императорскаго Русскаго Географическаго Общества. — С.-Пет., Тип. М. Стасюлевича, 1895, in-4.

Путешествіе по Восточному Туркестану, Кунъ-лупю, Сѣверной окраинѣ Тибетскаго нагорья и Чжунгаріи въ 1889-мъ и 1890-мъ годахъ. — Отчетъ высшаго начальника Тибетской Экспедиціи М. В. Пѣвцова. — Съ картой и 40 фототипіями. Pp. xiv-423.

— — Часть II... Ibid., 1892, in-4.

Геологическія изслѣдованія въ Восточномъ Туркестанѣ. К. И. Богдановича... Съ картой, 7 таб. съемокъ, 5 таб. геологич. разрѣзовъ и 10 политипажами. — 2 ff. n. ch. + pp. viii-167.

— — Часть III... Ibid., in-4, pp. 127, 6 cartes.

Notice : *Nature*, LVI, 1897, pp. 27/8, par P. K.

— Russian Expeditions in Tibet. By P. K. (*Geog. Journ.*, May 1897, pp. 546/55.)

I. M. V. Pyevtsoff's Expedition, 1889-1890. — II. The Conclusion of Roborovsky's Expedition, 1893-1895.

— Mikhaïl Vassilievitch Pievtsov. Nécrologie. (*La Géographie*, 15 Avril 1902, p. 310.)

— General M. V. Pyevtsoff. Nécrologie. (*Geogr. Journ.*, XIX, April 1902, pp. 515/516.)

Né en 1843 ; † en 1902, à 59 ans.

Edouard Blanc.

— Lettre à la Société de Géographie de Paris sur le voyage du capitaine Groumbtchewski en Asie centrale par M. Edouard Blanc. Br. in-8, pp. 4.

Ext. du Compte-rendu des séances de la Soc. de Géog. (No. 15, 1890). Och (Ferghana), 27 octobre.

— Lettre à la Société de Géographie de Paris sur le voyage de MM. Groum-Grjimaïlo en Asie centrale par M. Edouard Blanc. Br. in-8, pp. 10.

Ext. du Cte.-rendu des séances de la Soc. de Géog. (No. 5, 1891.) Tachkent, 28 déc. 1890.

— Note sur la configuration du périmètre de la mer d'Aral et sur la formation et le levé récents du lac d'eau douce appelé Aïbou-Ghir par M. Edouard Blanc. Br. in-8, pp. 8.

Ext. du Cte.-rendu des séances de la Soc. de Géog. (No. 6, 1891.)

— Asie étrangère. Voyage de M. Edouard Blanc. Par Edouard Blanc. (*Bull. Soc. Géog. comm.*, Paris, XIII, 1890-91, pp. 248/253.)

Paris, 10 juin 1891.

— L'Hydrographie du Bassin de l'Ancien Oxus par Edouard Blanc. Ext. du *Bul. de la Soc. de Géog.*, 3e trim. 1892, in-8, pp. 35, carte.

— Notes de voyage en Asie centrale. — Samarcande — Par Edouard Blanc. (*Rev. des Deux Mondes*, 15 fév. 1893, pp. 796/838.)

— Notes de voyage en Asie centrale. — La question du Pamir. Par Edouard Blanc. (*Ibid.*, 1er déc. 1893, pp. 575/609.)

— Notes de voyage en Asie centrale. — Le Turkestan russe — Par Edouard Blanc. (*Ibid.*, 1er janv. 1895, pp. 152/186.)

— Notes de voyage en Asie centrale. — A travers la Transoxiane. Par Edouard Blanc. (*Ibid.*, 15 juin 1895, pp. 902/924.)

— M. Edouard Blanc. — Sur un mode particulier de cuisson des briques, usité dans certaines parties de l'Asie centrale. Br. in-8, pp. 7.

Ass. fr. avanc. des Sc., Congrès de Pau, 1892.

— La colonisation russe en Asie centrale. Par

Edouard Blanc. (*Ann. de Géog.*, 15 avril 1894, pp. 346/370; 15 juillet 1894, pp. 467/488.)

— Le chemin de fer transcaspien. Par Edouard Blanc. (*Ibid.*, 15 avril 1895, pp. 325/345.)

— Société nationale d'Agriculture de France... Extrait du tome CXXXVI des *Mémoires*. — Note sur le Kendir (*Apocynum sibiricum*) par M. Edouard Blanc. [Paris, 1894], br. in-8, pp. 11.

— Société nationale d'Agriculture de France... La culture du Coton en Asie centrale et en Algérie par M. Edouard Blanc. — Extrait du tome CXXXVI des *Mémoires*. Paris, Chamerot et Renouard, 1894, br. in-8, pp. 29.

— Archéologie sino-bactrienne. — Documents archéologiques relatifs à l'expansion de la civilisation gréco-bactrienne au delà du Pamir et à son contact avec la civilisation chinoise dans l'antiquité, par M. Edouard Blanc. (*Actes Onz. Cong. Int. Orient.*, Paris — 1897, VIIe Sect., pp. 233/253.)

— De l'utilisation des oiseaux de proie en Asie centrale. Par M. Edouard Blanc. (*Rev. des Sc. nat. appliquées*... Soc. nat. d'Acclim., 20 juin 1895, pp. 23.)

— Présentation de deux manuscrits provenant de l'Asie centrale par M. Edouard Blanc — Extrait du *Bulletin du Muséum d'histoire naturelle* — 1896, n° 4 — Paris, Imprimerie nationale, MDCCCXCV, br. in-8, pp. 8.

— La nouvelle frontière anglo-russe en Asie centrale. Par Edouard Blanc. (*Revue Scientifique*, 1er août 1896, pp. 133/140.)

Conférence faite à l'Ass. pour l'avancement des sciences, le 13 février 1896.

— Note sur les cotonniers du Turkestan par Edouard Blanc. (*Bul. Soc. nat. d'Accl.*, Sept. 1896, pp. 399/402.)

— Note sur le sorgho à sucre du Turkestan par Edouard Blanc. (*Ibid.*, Août 1897, pp. 358/362.)

— Société nationale d'Agriculture de France... L'industrie de la Soie au Turkestan les vers à soie de l'Asie centrale et les plantes qui les nourrissent par M. Edouard Blanc — (Extrait du tome CXXXVIII des *Mémoires*). Paris, Chamerot et Renouard, 1898, in-8, pp. 27.

— Journal de route en Asie centrale. — Du Ferganah en Kachgarie. Première partie, par M. Edouard Blanc. (*Revue des Deux Mondes*, 1er sept. 1898, pp. 169/197). — Deuxième partie. (*Ibid.*, 1er oct. 1898, pp. 631/667; 1er oct. 1899, pp. 628/656; 15 oct. 1899, pp. 877/904.)

(EDOUARD BLANC.)

∴

— Kachgarie et Dzoungarie, rôle de la Chine. (*Revue française*, X, 15 Nov. 1889, pp. 609/615.)

— En Asie centrale à la vapeur. La Mer Noire — La Crimée — Le Caucase — La Mer Caspienne. Les chemins de fer sibériens et asiatiques. Inauguration du chemin de fer transcaspien. — L'Asie centrale-Merv-Bokhara-Samarkand. — Notes de voyage de Napoléon Ney. Préface de Pierre Véron, Dessins de Dick de Lonlay, avec deux cartes. — Deuxième édition. Paris, Garnier frères, in-8, pp. VIII-467.

— Отъ Парижа до предѣловъ Индіи. — Закаспійская желѣзная Дорога, Русскія средне азіатскія владѣнія и Краткій очеркъ Индіи. — Составлено по графу Шолле, Эдг. Буланжье, Бонвалло и др... Москва, Ѳ. И. Анскаго, 1890, in-8, pp. XXV-404.

Par le Comte Armand Pierre de Cholet.

— Сибирская транзитная желѣзная дорога. St.-Pétersbourg, 1890, br. in-fol.

Rapport fait, [par Henri Cordier], sur la demande de M. le lieutenant-général Michel Annenkov, sur les relations commerciales et les moyens de transport entre la Russie et la Chine.

— Des ressources que l'Asie centrale pourrait offrir à la colonisation russe par Le Lieutenant-général Annenkof, Constructeur du Chemin de fer Transcaspien. (*Bull. Soc. Géog.*, 7e sér., XI, 1890, pp. 237/254.)

— The Tashkent Exhibition, 1890. By Captain A. C. Yate. (*Proc. R. Geog. Soc.*, XIII, 1891, Jan., pp. 21/27.)

— Russia Railway Advance into Central Asia. Notes of a Journey from St. Petersburg to Samarkand by George Dobson, Author of the Letters in the « Times » on the Central Asian Railway. Illustrated. London, W. H. Allen & Co., and at Calcutta — 1890, pet. in-8, pp. XXII + 1 f. n. c. + pp. 439.

— Les Russes dans l'Asie centrale. Par M. Gaudefroy de Mombynes. (*Bul. Soc. Géog. Est*, 1891, pp. 551/556.)

— The Pamir: a geographical and political Sketch. By E. Delmar Morgan. (With a Map), br. in-8, pp. 9.

Reprinted from *The Scottish Geographical Magazine* for January 1892.

On trouvera, pp. 8/9, une chronologie des voyageurs dans l'Asie centrale.

(DIVERS.)

— The Pamir. A geographical and political Sketch. — By E. Delmar Morgan. (*Goldthwaite's Geog. Mag.*, March 1892, pp. 223/229.)

D'après le *Scott. Geog. Magazine.*

— The Mountain Systems of Central Asia. By E. Delmar Morgan. (With a Map.) (Read at a Meeting of the Society in Edinburgh, April 1894.) (*Scottish Geographical Magazine*, X, July 1894, pp. 337/352.)

— Central Asian Explorations in past Centuries. [Chiefly from Greek, Chinese, Arabic and Russian Authorities.] By C. J. (*Calcutta Review*, XCIV, Jan. 1892, pp. 83/108.)

— Dislocations-Karte der Indo-britischen Streitkräfte in Ost-Indien und der Russischen Streitkräfte in Asien nebst tabellarischer Uebersicht der Organisation dieser Streitkräfte im Frieden und im Kriege. — Bearbeitet und Sr. Excellenz Herrn k. u. k. FZM. Freiherrn von Beck, Chef des k. u. k. Generalstabes, ehrerbietigst gewidmet von Hauptmann Eugen Schuler. Wien, Artaria, 1892.

— Кульджа и Тянь-шань. — Путевыя Замѣтки Сергѣя Алфераки,... Санкт Петербургъ, 1891, in-8, pp. II + 192 + 1 f. n. c. p. l'er.

— K.-J. Bogdanovitch. — Voir Pievtsov, col. 2843.

GROUM-GRJIMAILO.

— Fauna of Trans-Alay. (*Nature*, XXXII, 1885, p. 335.)

— Expedition of the Brothers Grijimailo to the Tian Shan Oases and Lob-nor. Translated, with Notes and Introductory Remarks, by E. Delmar Morgan, F. R. G. S. (*Proc. R. Geog. Soc.*, XIII, 1891, April, pp. 208/226; carte, p. 248.)

— Изданіе Императорскаго Русскаго Географическаго Общества. — Описаніе Путешествія въ Западный Китай. — Составлено Г. Е. Грумъ-Гржимайло при участіи М. Е. Грумъ-Гржимайло. — Томъ I. *Вдоль Восточнаго Тянъ-Шаня.* Съ картой, 25 фототипіями, 5 гравюрами въ текстѣ и 1 таблицей. — С.-Пет., Тип.-Лит. С. М. Николаева, 1896, in-4, pp. XII-547.

— — — — Томъ II. *Поперекъ Бэй-шаня и Нань-шаня въ долину Желтой рѣки.* Съ картой, 27 фототип., 1 грав. и 10 цинкограф. въ текстѣ. — С.-Пет., Тип. В. Киршбаума, 1899, in-4, pp. VIII-445.

Notice : *Nature*, LIV, 1896, pp. 388/9, par P. K.

— M. Grzimailo's Expedition. (*Nature*, XLIII, 1890-91, p. 571.)

∴

(DIVERS. — GROUM-GRJIMAILO.)

— Versuch einer Orographie des Kwen-lun. Von Dr. Georg Wegener. (*Zeit. Ges. Erdk. Berlin*, XXVI, 1891, pp. 191/296.) — Voir col. 114.

— Where are the Kuen-lun mountains? — By Kozui Otani Nishi Hongwanji, Kyoto, Japan. (*Report Eighth Intern. Geographical Congress, United States*, 1904, pp. 741/751.)

— Exploration dans l'Asie centrale par Henri Dauvergne. (*Bull. Soc. Géog.*, 7e sér., XIII, 1892, pp. 5/40.)

Carte.

— Notes on M. Dauvergne's Travels in Chinese Turkestan. By General J. T. Walker, C. B., F. R. S. (*Proc. R. Geog. Soc.*, XIV, 1892, Nov., pp. 779/785; carte, p. 816.)

— M. Henri Dauvergne's Explorations in the Pamirs. By C. E. D. Black. (*Scottish Geog. Mag.*, VIII, 1892, pp. 362/367.)

— A Journey across the Pamir from North to South. By St. George Littledale. (*Proc. R. Geog. Soc.*, XIV, 1892, Jan., pp. 1/35; carte, p. 68.)

— The Pamirs. (*Nature*, XLV, 1891-92, pp. 90/91.)

— A Journey across Central Asia. By St. George R. Littledale. (*Geographical Journal*, III, June 1894, pp. 445/475, carte.)

— Across Central Asia. (*Nature*, XLIX, 1893/94, p. 567.)

— Mr. Conway's Karakoram Expedition. (*Proc. R. Geog. Soc.*, XIV, 1892, Nov., pp. 753/770.)

— The crossing of the Hispar Pass. By W. M. Conway. (*Geog. Journal*, I, 1893, Feb., pp. 131/138.)

— Exploration in the Mustagh Mountains. By W. M. Conway. (*Ibid.*, II, 1893, Oct., pp. 289/303.)

— Mr. Conway in the Himalayas. By E. D. Morgan. (*Scottish Geog. Mag.*, Jan. 1895, pp. 17/19.)

— Turkestan Explorers in the present Century. By C. Johnston, B. C. S. (*Calcutta Review*, XCV, July 1892, pp. 10/28.)

— The Pamirs being a Narrative of a year's Expedition on horseback and on foot through Kashmir, Western Tibet, Chinese Tartary, and Russian Central Asia. By the Earl of Dunmore, F. R. G. S. With Maps and illustrations. In two Vols. London: John Murray. 1893, 2 vol. in-8, pp. xx-360, x + 1 f. n. c. + pp. 340 + 2 ff. n. c. p. l'app.

(DIVERS.)

Appendix. — Table of comparative heights of Passes with the Summit of Mont Blanc.

Notice : *Edinb. Rev.*, Jan. 1899, pp. 213/238.

— Journeyings in the Pamirs and Central Asia. By The Earl of Dunmore. (*Geog. Journal*, II, 1893, Nov., pp. 385/402; carte, p. 480.)

— Journeyings in the Pamirs and Central Asia. By the Rt. Hon. the Earl of Dunmore. (*Jour. Manchester Geog. Soc.*, X, 1894, pp. 19/41.)

— Where three Empires meet. A Narrative of recent Travel in Kashmir, Western Tibet, Gilgit, and the adjoining Countries. By E. F. Knight, Author of « the Cruise of the Falcon », « the Cruise of the Alerte », « the Falcon on the Baltic », « Save me from my friends » etc. With a map and 54 illustrations. Second edition. London, Longmans, Green and Co., 1893, in-8, pp. xvi-495.

3rd edition, 1893.

Bower Ms., etc.

Voir H. Bower, Tibet.

— A Trip to Turkestan. By Captain H. Bower. (*Geog. Journal*, V, March 1895, pp. 240/257.)

— The Bower Manuscript. Facsimile leaves, Nagari transcript, Romanised transliteration and English translation with notes, edited by A. F. R. Hoernle. 1893, in-fol.

« En 1886, dit A. Barth, *Revue de l'Hist. des Religions*, XXVIII, Nov.-Déc. 1893, le manuscrit de Bakhshâli, dans le territoire encore indien des Yusufzaïs, nous rendait le premier ouvrage profane écrit dans ce dialecte des gâthâs ou sanscrit mixte, qui fut, pendant plusieurs siècles après l'ère chrétienne, la langue du bouddhisme septentrional. En 1890, le lieutenant Bower en trouvait de plus anciens encore, les plus anciens qu'on connaisse jusqu'ici, en partie du Ve, peut-être du IVe siècle de notre ère, à Mingaï, dans la Kashgarie.[1] En 1892, M. Serge d'Oldenburg[2] publiait le fac-similé d'un feuillet envoyé à Saint-Pétersbourg par M. Petrowski, consul de Russie à Kashgar. L'écriture était en un alphabet inconnu, d'origine évidemment indienne, mais qui ne se prêtait au déchiffrement dans aucune langue de l'Inde. En même temps arrivait à Calcutta, envoyée par M. Weber, missionnaire morave à Leh en Ladak, une liasse de feuillets de vieux papier indigène, comme celui de Kashgar, et écrits en divers alphabets, tous fort anciens, dont l'un était l'alphabet du feuillet de M. Petrowski, mais appliqué cette fois à des textes en partie sanscrits, ce qui permit à M. Hoernle de le déchiffrer, ainsi que le restant de la liasse.[3] Quant à la langue de ces textes non sanscrits qui n'est ni du tibétain, ni un dialecte turc, elle est jusqu'à présent inconnue. Dans l'intervalle M. d'Oldenburg avait obtenu le reste de la collection de M. Petrowski, une liasse de fragments écrits sur de l'écorce de bouleau, sur du cuir, sur du papier, dans les mêmes alphabets que les *Weber Manuscripts*, et il était arrivé de son côté au déchiffrement de son alphabet inconnu. »[4]

— On the date of the Bower Manuscript. — By A. F. Rudolf Hoernle. (*Jour. As. Soc. Bengal*, Vol. 60, 1891, Pt. 1, pp. 79/96.)

— A Note on the Date of the Bower Manuscripts. By A. F. Rudolf Hoernle, Ph. D. [Reprinted with alterations and additions from the *Journal of the Asiatic Society of Bengal*, Vol. LX, Part I, No. 2, 1891.] (*Ind. Antiq.*, XXI, 1892, pp. 29/45.)

— An instalment of the Bower Manuscript. — By Dr. A. F. Rudolf Hoernle. (*Jour. As. Soc. Bengal*, Vol. 60, 1891, Pt. 1, pp. 135/195.)

— Another Instalment of the Bower Manuscript. By Professor A. F. Rudolf Hoernle. (*Ind. Antiq.*, XXI, 1892, pp. 129/145.)

— The Third Instalment of the Bower Manuscript. By Professor A. F. Rudolf Hoernle. (*Ibid.*, pp. 349/369.)

— The Weber Mss. — Another collection of ancient manuscripts from Central Asia. By Dr. A. F. Rudolf Hoernle. (*Jour. As. Soc. Bengal*, Vol. 62, 1893, Pt. 1, pp. 1/40.)

— Three further Collections of Ancient Manuscripts from Central Asia. By A. F. Rudolf Hoernle. (*Jour. As. Soc. Bengal*, Vol. 66, 1897, Pt. 1, pp. 213/260.)

— Three Further Collections of Ancient Manuscripts from Central Asia. By Dr. A. F. Rudolf Hoernle, C. I. E., Ph. D. Reprinted from the *Journal of the Asiatic Society of Bengal*, Vol. LXVI, Part I, No. 4, 1897, and Presented to the Eleventh International Congress of Orientalists in Paris, 5th-12th September, 1897. Calcutta : Baptist Mission Press. 1897, in-8, pp. 48, pl.

— Scytho-Bactrian Coins in the British Collection of Central Asian Antiquities. By

---

Voici la bibliographie du sujet d'après M. Barth :

1. « *Proceedings of the As. Soc. of Beng.*, novembre 1890. — Rudolf Hoernle, *Remarks on a Birch Bark Manuscript* (*Ibidem*, avril 1891). — Le même, *On the date of the Bower Manuscript* (*Journ. of the As. Soc. of Beng.*, LX [1891], 79) ; reproduit avec additions dans l'*Ind. Antiq.*, XXI [1892], 29. — G. Bühler, *The new Sanskrit MS. from Mingai* (*Wiener Zeitsch. f. d. K. des Morgenl.*, V [1891], 103, 302) et la note de M. A. Stein, *Ibidem*, 343. — R. Hoernle, *An instalment of the Bower Manuscript* (*Journ. of the As. Soc. of Beng.*, LX [1891], 135). — Le même, *Another instalment of the Bower Manuscript* (*Ind. Antiq.*, XXI [1892], 129). — Le même, *The third instalment of the Bower Manuscript* (*Ibidem*, 349). — En ce moment, le manuscrit entier, reproduit en fac-similé par la photogravure, avec double transcription et la traduction de M. Hoernle, est en cours de publication aux frais du gouvernement anglo-indien. » C'est le titre du premier fascicule que nous donnons, ci-dessus.

2. *Manuscrit de Kashgar de M. Petrowski* dans les *Zapiski*, ou Mémoires de la Section orientale de la Société impériale russe d'archéologie, t. VII. Saint Pétersbourg, 1892 (en russe). Pour cet écrit, ainsi que pour les autres travaux en langue russe que j'aurai à citer plus loin, j'ai été heureux de pouvoir recourir à l'obligeance de MM. Leger et Volkov qui ont bien voulu me les traduire ou résumer.

3. Rudolf Hoernle, *The Weber Manuscripts, another collection of Ancient Manuscripts from Central Asia* (*Journ. of the As. Soc. of Beng.*, LVII [1893], 1).

4. Serge d'Oldenburg, *Fragments des manuscrits sanscrits de Kashgar de la collection de M. N. Petrovski*. Dans les *Zapiski* de la Section orientale de la Soc. imp. russe d'archéologie, t. VIII. Saint-Pétersbourg, 1893 (en russe). — Pour les deux liasses, qui renferment deux pièces communes et paraissent être les débris d'une seule et même collection, cf. en outre, G. Bühler : *New Manuscripts from Kashgar* (*Wiener Zeitsch. f. d. K. d. Morgenl.*, VII [1893], 260.)

A. Rudolf Hoernle. (*Ind. Antiq.*, XXVII, 1898, pp. 225/7.)

— A Collection of Antiquities from Central Asia. Part I. — By A. F. Rudolf Hoernle. (*Jour. As. Soc. Bengal*, Vol. 68, 1899, Pt. 1, Extra-Number 1, pp. I-XXXII-110, et plates.)

— Indo-Chinese Coins in the British Collection of Central Asian Antiquities. By A. F. Rudolph Hoernle. (*Ind. Antiq.*, XXVIII, 1899, pp. 46/56.)

— A Note on the British Collection of Central Asian Antiquities. By A. F. Rudolf Hoernle. (*Actes XIIe Congrès int. Orient.*, Rome, 1899, tome I, pp. 151/185.)

— A Note on the British Collection of Central Asian Antiquities. By A. F. Rudolf Hoernle. (*Ind. Antiq.*, XXIX, 1900, pp. 63/73, 98/102.)

— On an Ancient Block-print from Khotan. By A. F. Rudolf Hoernle, Ph. D., C. I. E. With two Plates. (*Journal R. A. S.*, April 1900, pp. 321/333.)

— Sur les manuscrits de l'Asie centrale. Par E. Drouin. (*Jour. Asiat.*, Nov.-Déc. 1901, pp. 517/521.)

— Ancient Manuscripts from Khotan. By A. F. Rudolf Hoernle. [Oxford, May 11th, 1906.] (*Journ. R. A. Soc.*, July 1906, pp. 695/698.)

— A Chinese text corresponding to part of the Bower Manuscript. By K. Watanabe. (*Ibid.*, April, 1907, pp. 261/266.)

SVEN HEDIN.

— Genom Khorasan och Turkestan Minnen från en resa i Centralasien 1890 och 1891 af Sven Hedin. Fil. Doktor. — ... Stockholm, Samson & Wallin, 2 vol. in-8, s. d. [1892/3], 6 ff. n. ch. + pp. 290, 4 ff. n. ch. + pages 291 à 531.

— Dr. Sven Hedin's Travels in Central Asia. (*Geog. Journal*, V, Feb. 1895, pp. 154/7.)

Lettre de Kachgar, 9 nov. 1894. — Voir *ibid.*, March 1895, pp. 271/2.

— Sven Hedin. — En resa från Teheran till Kaschgar. Föredrag den 29de april 1891. (*Norske Geog. Selsk. Aarbog*, II, 1890-1891, pp. 71/98.)

— Forschungen über die physische Geographie des Hochlandes von Pamir im Frühjahr 1894. Von Dr. Sven Hedin. (*Zeit. Ges. Erdk. Berlin*, XXIX, 1894, pp. 289/346.)

— Forschungen über die physische Geographie des Hochlandes von Pamir im Frühjahr 1894 von Dr. Sven Hedin. Hierzu fünf Tafeln. Sonderabdruck aus der *Zeitschrift der Gesellschaft für Erdkunde zu Berlin*, XXIX. Band, 1894. — Berlin, 1894, W. Pormetter, br. in-8.

— Die Gletscher des Mus-Tag-ata von Dr. Sven Hedin. Sonderabdruck aus der *Zeitschrift der Gesellschaft für Erdkunde zu Berlin*, XXX. Band, 1895, No. 1. Hierzu zwei Tafeln. — Berlin, 1895, W. Pormetter, br. in-8.

— Die Gletscher des Mus-tag-ata. Von Dr. Sven Hedin. (*Zeit. Ges. Erdk. Berlin*, XXX, 1895, pp. 94/134.)

— Attempts to ascend Mustagh-Ata. By Dr. Sven Hedin. (*Geographical Journ.*, Oct. 1895, pp. 350/367.)

— Dr. Sven Hedin's Forschungsreise nach dem Lop-nor. Januar bis Mai 1896. (*Zeit. Ges. Erdk. Berlin*, XXXI, 1896, pp. 295/345.)

— Bemerkungen zur Kenntniss des Lop-nor-Gebietes und zur geographischen Nomenklatur in Central-Asien. Von Dr. Sven Hedin. (*Ibid.*, pp. 346/361.)

— Dr. Sven Hedin in Central Asia. (*Geog. Journ.*, Feb. 1896, pp. 195/8.)

Kashgar, Oct. 20, 1895.

— Ein Versuch zur Darstellung der Wanderung des Lop-nor-Beckens in neuerer Zeit. Von Dr. Sven Hedin. (*Petermanns Mitt.*, Vol. 42, 1896, pp. 201/205.)

— A Journey through the Takla-Makan desert, Chinese Turkistan. By Dr. Sven Hedin. (*Geog. Journ.*, vol. VIII, Sept. 1896, pp. 264/278; Oct. 1896, pp. 356/372.

— Central Asia and Tibet Towards the Holy City of Lassa by Sven Hedin With 420 Illustrations from Drawings and Photographs, Eight Full-page Coloured Illustrations from Paintings, and Five Maps, mostly by the Author. Hurst and Blackett, London, 1903, 2 vol. in-8, pp. XVII + 1 f. n. ch. + pp. 608, XIV + 1 f. n. ch. + pp. 664.

— Im Herzen von Asien. Zehntausend Kilometer auf unbekannten Pfaden. Von Sven v. Hedin. — Mit 407 Abbildungen, darunter 154 Separat- und Vollbilder und 8 bunte Tafeln, und 5 Karten. Autorisierte Ausgabe. Leipzig : F. A. Brockhaus, 1903, 2 vol. in-8, pp. XIV-559, X-570.

Notice : *Petermanns Mitt.*, 1904, Litb., 145, par C. Diener.

— * Sven V. Hedin. — En el Corazón de Asia. A través de Tibet, traducida de la edición sueca por Pelayo Vizuete. Madrid. 1906, in-4.

— Docteur Sven Hedin — L'Asie inconnue — Dans les Sables de l'Asie traduit du Suédois Par Charles Rabot — Ouvrage accompagné de 3 cartes et de reproductions de photographies de l'auteur. Paris, Félix Juven, s. d. [1903], gr. in-8, pp. IV-393 + 1 f. n. ch. p. l. tab.

— Dr Sven Hedin — L'Asie inconnue — Vers la Ville interdite traduit du Suédois Par Charles Rabot — Ouvrage contenant 4 cartes et de nombreuses illustrations d'après les photographies prises par l'auteur. Paris, Félix Juven, s. d. [1904], gr. in-8, pp. VIII-404.

Notice : *La Géographie*, 15 mars 1904, p. 220, par Henri Cordier.

— * Suen Hedin. — L'Asia sconosciuta. Viaggio di esplorazione nei deserti dell' Asia centrale e nel Tibet. Con 159 tav. in nero e in colori, 184 illustr. e 2 carte. — Milano, Hoepli, 1904, in-8, pp. VIII-159.

— Sven Hedin — Scientific Results of a Journey in Central Asia 1899-1902. Vol. I. *The Tarim River* by Dr. Sven Hedin. Stockholm, Lithographic Institute of the General Staff of the Swedish Army, s. d. [1904], gr. in-4, pp. 523.

Notice : *Zeit. Ges. f. Erdk. Berlin*, 1905, pp. 308/313, par F. v. Richthofen.

— — Vol. II. *Lop-nor* by Dr. Sven Hedin. Ibid., s. d., gr. in-4, 3 ff. n. ch. p. f. tit., tit. tab. + pp. 716 + 1 f. n. ch. p. liste des cartes.

— — Vol. V. Part I, a. *Meteorologie* von Dr. Nils Ekholm I. Die Beobachtungen 1894-1897 und 1899-1902. Ibid., s. d., gr. in-4, pp. XII-401.

— — Vol. VI. Part I. *Zoologie* von Prof. Dr. Wilhelm Leche. Ibid., s. d. [1904], gr. in-4, pp. 69, 5 pl.

L'ouvrage *Scientific Results* publié avec les fonds votés par le Parlement suédois doit comprendre les divisions suivantes : *Cartes* dans un atlas de deux vol. comprenant 120 pl. environ. — *Texte*. I. The Tarim River. — II. Lop-nor. — III. North and East Tibet. — IV. Central and West Tibet. — V. Meteorology — Astronomical Observations. — VI. 1. Zoology. 2. Botany. — 3. Geology. — 4. Archaeology by Dr. A. Conrady and Mr. Karl Himly.

— En Färd genom Asien 1893-97 af Sven Hedin. Stockholm, Albert Bonnier, 2 vol. in-8, s. d. [1898], pp. XII + 1 f. n. ch. + pp. 565 + 2 ff. n. ch. p. l. tab., 4 ff. n. ch. + pp. 537 + 2 ff. n. ch., 116 ill. et 2 cartes, 142 ill. et 2 cartes.

— Dr. Sven Hedin — Trois ans de luttes aux Déserts d'Asie Ouvrage traduit du suédois et résumé par Charles Rabot. — Paris, Hachette, 1899, in-8, pp. 28, ill. et carte.

— Emile Blanchard — Trois ans de lutte aux déserts d'Asie par le Dr. Sven Hedin. (*Journ. des Savans*, 1899, pp. 226/241, 296/309, 372/381.)

— Four Years' Travel in Central Asia. By Dr. Sven Hedin. (*Geog. Journ.*, March 1898, pp. 240/258, carte.)

— Dr. Sven Hedin and Lieutenant Peary. (*Scottish Geog. Mag.*, Jan. 1898, pp. 29/33.)

— Путешествіе Свена Гедина изъ Хотана черезъ пустыню Такла-Маканъ къ Керіи-дарьѣ и на озера Лобъ-норъ. (Съ картой.) — В. А. Обручева. (*Извѣстія* Soc. Géog. Irkoutsk, XXVIII, 2, 1897, pp. 144/155.)

— Dr. Sven Hedin. — Genom Centralasia. (*Norske Geog. Selsk. Aarbog*, IX, 1897-1898, pp. 12/40.)

— A travers les glaces et les sables de l'Asie centrale, par M. le Dr. Sven Hedin. Résumé par M. Charles Rabot. (*Tour du Monde*, 1898, pp. 505/600.)

— Through Asia by Sven Hedin With nearly three hundred illustrations from sketches and photographs by the Author. Methuen & Co., London, 1898, 2 vol. in-8, pp. xx-663, carte ; XII-ch. 664 à 1278, carte.

Notice : *Journ. R. A. S.*, January 1899, pp. 165/167, par T. W. [atters.]

— Sven Hedin's «Through Asia». By Hugh Robert Mill. (*Nature*, LIX, 1898-1899, pp. 127/129.)

— Sven Hedin's Reisen in Asien. Von G. Th. Reichelt. (*Deutsche Rundschau f. Geog. u. Stat.*, XXI, 1898-1899, pp. 529/533.)

— Sven Hedin and Dutreuil de Rhins in Central Asia. By Colonel Sir T. H. Holdich, K. C. I. E., C. B., R. E. (*Geog. Journ.*, XIII, Feb. 1899, pp. 159/166.)

— Durch Asiens Wüsten. Drei Jahre auf neuen Wegen in Pamir, Lop-nor, Tibet und China. Von Sven Hedin. — Mit 256 Abbildungen, 4 Chromotafeln und 7 Karten. — Leipzig : F. A. Brockhaus, 1899, 2 vol. in-8, pp. XIX-512, IX + 1 f. n. ch. + pp. 496.

— Sven Hedin's Reisen durch Asiens Wüsten. Von Dr. E. Tiefsen. (*Geog. Zeitschft.*, VI, 1900, pp. 381/390.)

— Exploration du cours du Tarim par le Dr. Sven Hedin. (*La Géographie*, 15 Mars 1900, pp. 235/237.)

— Exploration du Dr. Sven Hedin en Asie Centrale. (*Ibid.*, 15 avril 1900, p. 327.)

— Notes on Doctor Sven Hedin's Discoveries in the valley of the Tarim, its cities and peoples. By Thos. W. Kingsmill. (*China Review*, XXIV, No. 2, pp. 59/64.)

— * Die Geographisch-Wissenschaftlichen Ergebnisse meiner Reisen in Zentralasien, 1894-97, von Dr. Sven Hedin, mit Beiträgen von K. Himly, Dr. G. de Geer,

Dr. N. Wille, W. B. Hemsley, H. Peason, Dr. H. Bäckstrom und Dr. B. Hassenstein. Gotha (J. Perthes), 1900, in-8, pp. VII-399, avec 83 fig. et 6 cartes au 1/100 000.

— Dr. Sven Hedin's explorations, 1899-1900. (*Geog. Journ.*, XVII, Feb. 1901, pp. 181/183.)

— Exploration du Dr. Sven Hedin en Asie centrale. Par Charles Rabot. (*La Géographie*, 15 février 1901, pp. 149/151.)

— Résultats scientifiques du voyage du Dr. Sven Hedin. Par J. Deniker. (*Ibid.*, 15 Mars 1901, pp. 217/219.)

— Une nouvelle « mer Morte ». (*Revue scient.*, 38e année, 1901, 1er sem., pp. 664/5.)

Sven Hedin — au Thibet.

— Dr. Sven Hedin in the Lob nor Region. (*Geog. Journ.*, XVIII, Sept. 1901, pp. 288/89.)

— Le Dr. Sven Hedin dans la région du Lob Nor. (*Belgique Coloniale*, 3 Novembre 1901, p. 520.)

Extrait du *Geographical Journal*.

— Reiseberichte von Dr. Sven Hedin aus Central-Asien. (Aus Briefen an Herrn v. Richthofen.) (*Verhand. Ges. Erdk. Berlin*, XXVIII, 1901, pp. 77/86.)

— Résultats scientifiques des Explorations de Mr Sven Hedin en Asie centrale 1894-1897. Par D. Aïtoff. (*Ann. de Géog.*, X, 1901, pp. 373/5.)

— Exploration du Dr. Sven Hedin en Asie Centrale. Par Charles Rabot. (*La Géographie*, 15 Octobre 1901, pp. 261/262.)

— Traversée du Tibet par le Dr. Sven Hedin. Par Charles Rabot. (*La Géographie*, 15 février 1902, pp. 124/125.)

— Mon Voyage en Asie centrale. Par Sven Hedin. (*Ibid.*, 15 Août 1902, pp. 69/74.)

— Summary of the results of Dr. Sven Hedin's latest Journey in Central Asia (1899-1902). By Dr. Sven Hedin. (*Geographical Journal*, XX, No. 3, Sept. 1902, pp. 307/315.)

— Publication des observations scientifiques du Dr. Sven Hedin. Par Charles Rabot. (*La Géographie*, 15 Novembre 1902, pp. 340/341.)

— Dr. Sven Hedin's Latest Journey in Central Asia, 1899-1902. (*Bul. American Geog. Soc.*, Dec. 1902, pp. 445/448.)

— Über die letzte Reise von Dr. Sven Hedin. (*Zeit. Ges. Erdk. Berlin*, 1902, pp. 333/335.)

— Übersicht meiner Reisen in Zentralasien 1899-1902. Von Dr. Sven v. Hedin. (*Petermanns Mitt.*, 1902, pp. 160/2, carte.)

— Sven Hedins Ausgrabungen am alten Lop-nur. Von Karl Himly. (*Ibid.*, pp. 288/290.)

— Sven Hedins Heimkehr. (*Globus*, LXXXII, 1902, pp. 46/8, Port.)

— Dr. Sven Hedin. (*Nat. Geog. Mag.*, Jan. 1903, pp. 26/9.)

— Dr. Sven Hedin. (*Scottish Geog. Mag.*, Jan. 1903, pp. 1/4, Port.)

— Three Years' Exploration in Central Asia. — Dr. Sven Hedin in Newcastle. — A graphic Lecture in the Town Hall, Friday, Dec. 12th, 1902. (*Jour. Tyneside Geog. Soc.*, Vol. V, No. 1, Jan. 1903, pp. 54/59.)

— Three Years' Exploration in Central Asia, 1899-1902. By Dr. Sven Hedin. (*Geographical Journal*, XXI, N° 3, March 1903, pp. 221/260.)

Notice : *T'oung Pao*, Déc. 1904, pp. 425/7, par Edouard Chavannes.

— Three Years' Exploration in Central Asia, 1899-1902. By Dr. Sven Hedin. (*Scottish Geog. Mag.*, XIX, 1903, pp. 113/141.)

— Conférence du docteur Sven Hedin. (*Bul. Soc. roy. Géog. Anvers*, XXVII, 1903, pp. 135/152.)

— Seen in Tibet. Von Dr. Sven v. Hedin. (*Zeit. Ges. Erdk. Berlin*, 1903, pp. 344/358.)

— Central Asia and Tibet. (*Scottish Geog. Mag.*, April 1904, pp. 202/212.)

— Le dernier voyage de Sven Hedin. Par A. de Lapparent. (*La Géographie*, 15 Octobre 1904, pp. 195/200.)

— Die wissenschaftlichen Ergebnisse meiner letzten Reise. Von Dr. Sven v. Hedin. (*Petermanns Mitt.*, 50. Bd., 1904, VII, pp. 159/170.)

— The Scientific Results of Dr. Sven Hedin's Last Journey. By Dr. Sven Hedin. (*Geog. Journ.*, Nov. 1904, pp. 524/545.)

— From Lajlik to Jangi-köl and to Jurt-Tschapghan 1899 Dec. 7-1900 May 19-22 Échelle 1:100000.

Tafel 11, *Petermanns Mitt.*, 1904.

— Meine letzte Reise durch Inner-Asien. Von Professor Dr. Sven von Hedin. — Mit einer Einleitung von Prof. Dr. Dove, dem Herausgeber der « Angewandten Geographie », dem Bildnis Hedins und einer Karte. Halle a. S., Gebauer-Schwetschke Druckerei, 1903, in-8, pp. XIV-50.

— Sven von Hedins letzte Reise durch Inner-Asien (1899-1902). Von Dr. Max Friedrichsen in Göttingen. (*Geographische Zeitschft.*, nov. 1904, pp. 626/633.)

— Tibetanska Äfventyr af Sven Hedin — Med närmare 150 illustrationer och en stor karta i färgtryck — Andra upplagen. Stockholm, Albert Bonnier, s. d. [1905], in-8, 3 ff. n. ch. tit. et tab. + pp. 393.

— Abenteuer in Tibet. Von Sven v. Hedin. — Mit 137 Abbildungen, 8 bunten Tafeln und 4 Karten. Leipzig : F. A. Brockhaus, 1904, in-8, pp. x-414.

— * Adventures in Thibet. By Sven Hedin. London, Hurst and Blackett, 1904, in-8, pp. XVI-488, ill.

Notice : *Lond. & China Express*, Nov. 18, 1904.

— The Lakes beside the Lower Tarim By Dr. Sven Hedin. (*Bull. American Geogr. Soc.*, XXXVII, No. 2, February 1905, pp. 78/83.)

— Dr. Sven Hedin's Journey in Central Asia : scientific results. By W. Broadfoot, Major R. E. (retired). (*Geographical Journal*, XXVII, No. 6, June 1906, pp. 606/613.)

∴

— Les Anglais, les Russes et les Chinois sur le Toit du Monde. Par le Comte Goblet d'Alviella. (*Soc. Roy. Belge Géog., Bul.*, 1894, pp. 185/210.)

— * Sport on the Pamirs and Turkestan Steppes. By Major C. S. Cumberland. Edinburgh and London : W. Blackwood, 1895, in-8, pp. x-278, carte et grav.

— The Fundamental Lines of Anatolia and Central Asia. By Dr. Edmund Naumann... (*Report Sixth Int. Geog. Congress*, Lond., 1895, pp. 661/670.)

— Die Lösung der Pamirfrage. Von Hauptmann Immanuel in Wittenberg. (*Geog. Zeitschft.*, I, 1895, pp. 375/387.)

— La Question des Pamirs. Par Mr. V. Ostrogoroff. Traduit par M. L. Guitton. (*Bul. Soc. Géog. com. Havre*, 1895, pp. 273/294; 1896, pp. 121/147.)

Paru dans le numéro de juin 1894 du *Nablioudatel* (Observateur).

— Les explorations russes en Asie centrale (1871-1895). Par J. Deniker. (*Ann. de Géog.*, VI, 1897, pp. 408/430.)

V. A. Obroutchev.

— Voir col. 2153-2154 et 2788-2789.

— О Процессахъ Вывѣтриванья и Раздуванья въ Центральной Азіи. — Горнаго инженера В. Обручева... С.-Пет., 1895, br. in-8, 4 pl.

Page 229-272 des *Mémoires de la Soc. Imp. de Minéralogie* (russe), XXXIII, 1.

— Орографія Центральной Азіи и ея юго-восточной окраины. Краткій отчетъ объ экспедиціи 1892-1894 гг... В. А. Обручева. (*Извѣстія И. Р. Геог. Общ.*, XXXI, 1895, pp. 253/344.)

— The Orography of Central Asia and its South-eastern Borderlands. (*Scottish Geog. Mag.*, XII, 1896, pp. 75/87.)

D'après V. A. Obroutchev dans les *Isviestiya*, *supra*.

— Obrucheff's Expedition to the Tarbagatai, Central Asia. (*Geogr. Journal*, XXVIII, No. 2, August, 1906, pp. 180/1.)

— Nachrichten von einer Reise W. A. Obrutschews im Gebiet des Tarbagatai (Sommer 1905). Von Max Friedrichsen. (Petermanns *Mitt.*, 1906, pp. 41/2.)

— Obrucheff's latest Expedition to Central Asia. (*Geog. Journal*, April 1907, p. 457.)

∴

— Récit officiel de la Conquête du Turkestan par les Chinois (1758-1760) traduit du Chinois et annoté par C. Imbault-Huart. (*Bul. Géog. hist. et descriptive*, Année 1895. — No. 1, pp. 87/144.)

Traduit textuellement du Livre III du *K'in-ting Sin-kiang tche-lio*, 欽定新疆識略, rédigé par ordre de Tao-Kouang. — D'où il avait déjà donné le *Pays de Ha-mi*, Bul. Section de Géog., 1892.

Cf. H. Cordier, *Bib. Sinica*, col. 2633-640. — Wei youen, *Cheng-wou-ki*, col. 632-633.

— The Chinese Conquest of Songaria. By Ch. Denby, Jr. (*Jour. Peking Oriental Soc.*, III, No. 2, pp. 159/181.)

— Chitral. (*Geogr. Journal*, I, 1893, Jan., pp. 51/53.)

— Dr. Diener's Expedition to the Central Himalaya. (*Ibid.*, II, 1893, Sept., pp. 258/261.)

— Die Expedition der kaiserl. russischen Geogr. Gesellschaft nach Mittelasien. Von Generalmajor z. D. Krahmer. (*Petermann's Mitt.*, 1894, 40. Bd., pp. 106/112, 199/203; 1895, 41. Bd., pp. 6/13, 109/111; 1896, 42. Bd., pp. 33/41, 62/69.)

I. Die Expedition (Haupt-Expedition) von Roborowski.
II. Die Expedition Koslows.

— The *Tarikh-i-Rashidi* of Mirza Muhammad Haidar, Dughlàt. A History of the Moghuls of Central Asia. An English Version Edited, with Commentary, Notes, and Map by N. Elias H. M. Consul-General for Khorasan and Sistan; Gold Medallist of the Royal Geographical Society; Corresponding Member of the Geographical Society, Berlin. The Translation by E. Denison Ross Diplomé de l'École des Langues orientales vivantes, Paris; Ouseley Scholar. London, Sampson Low, 1895, in-8, pp. xxiv-535.

— Du Turkestan au Kashmir à travers les Pamirs par Edmond de Poncins. (*Bul. Soc. Géog.*, Paris, 4e trim. 1895, VIIe Sér., XVI, pp. 516/560, carte.)

— Chasses et Explorations dans la Région des Pamirs par le Vicomte Edmond de Poncins... Paris, Augustin Challamel, 1897, in-8, pp. 257 + 4 ff. prél. n. ch. + 1 p. n. ch. p. l. tab.; carte.

Kozlov et Roborovsky.

Voir Mongolie.

— Отъ Са-чжоу до Зайсана. Послѣдніе шаги экспедиціи В. И. Роборовскаго. П. К. Козлова. (*Извѣстія Имп. Русскаго Геог. Общества*, XXXII, 1896, pp. 297/329.)

— The Roborovsky expedition. (*Nature*, LIV, 1896, pp. 282/283.)

— Die Expedition Roborowski's und Koslow's nach Central-Asien. Von R. v. Erckert. (*Deutsche Rundschau f. Geog. u. Stat.*, XX, 1897-1898, pp. 538/544.)

— The Central Asian expedition of Captain Roborovsky and Lieut. Kozloff. (*Geogr. Journ.*, Vol. VIII, Aug. 1896, pp. 161/173.)

— П. Козловъ. — Лобъ-норъ. (*Извѣстія Имп. Русс. Геог. Общества*, XXXIV, 1898, pp. 60/116.)

— Lieut. Kozloff's Expedition to Central Asia. (*Geog. Journ.*, XV, Jan. 1900, pp. 56/57.)

— Résultats scientifiques du voyage de MM. Roborovsky et Kozlov en Asie centrale. Par J. Deniker. (*La Géographie*, 15 Juin 1900, pp. 461/464.)

— Die Reise Koslov's in Central-Asien. (*Deutsche Rundschau f. Geog. u. Stat.*, XXIII, 1900-1901, pp. 311/6.)

— Voyage de M. Kozlov en Asie centrale. Par J. Deniker. (*La Géographie*, 15 Janvier 1901, pp. 41/46.)

— Récentes explorations russes en Asie — I. — Le Kamtchatka et le littoral de la mer d'Okhotsk. — II. — Dernières nouvelles de l'expédition Kozlov en Asie Centrale. Par J. Deniker. (*Ibid.*, 15 Juillet 1901, pp. 21/28.)

— Nachrichten von der Expedition P. K. Koslows. Von Gen. Krahmer. (*Petermanns Mitt.*, XLVII, 1901, pp. 90/94, 160/163, 182/187, 205/208, 237/239, 260/262.)

— Krahmer. — Nachrichten von der Expedition von P. K. Koslow. (*Ibid.*, 1902 ; I, pp. 137/8, carte ; II, pp. 163/5, 184/6 ; IV, pp. 186/7.)

— Вѣсти изъ Экспедиціи П. К. Козлова. (*Извѣстія И. Р. Геог. Общ.*, XXXVII, 1901, pp. 233/353, carte.)

— The Kozloff Expedition to Tibet. By P. K. (*Nature*, LXV, Nov. 1901 to April 1902, pp. 521/522.)

— Expédition Kozlov' en Asie Centrale. Par J. Deniker. (*La Géographie*, 15 Février 1902, pp. 123/124.)

— Voyage du lieutenant Kozlov' en Asie centrale. Par J. Deniker. (*Ibid.*, 15 Avril 1902, pp. 273/278.)

— The Russian Tibet Expedition, 1899-1901. By Captain P. K. Kozloff. (*Geog. Journ.*, XIX, May 1902, pp. 576/598.)

∴

— Ein Blatt aus der Geschichte Mittel-Asiens. Von Peter v. Stenin in St. Petersburg. (*Deutsche Rund. f. Geog. u. Stat.*, XIX, 1896-7, pp. 10/18.)

— Voyage en Turkestan et en Dzoungarie en 1898. Par Otto Donner. Avec une carte. (*Fennia*, Helsingfors, 18, No. 4, pp. 1/53.)

— O. Donner. — Ueber Ausgrabungen und alt-türkische wie uigurische Inschriften aus Turkestan (Auszug). (*Verhandl. XIII. Intern. Orient.-Kongresses.* Hamburg, Sept. 1902, pp. 159/160.)

Charles Eudes Bonin.

Voir col. 2155/6.

— Les grandes voies commerciales de l'Asie centrale par M. Ch. E. Bonin. (*Bul. Soc. Géog. com. Paris*, XIX, 1897, pp. 801/806.)

— L'Asie centrale et ses relations commerciales avec la Chine, l'Inde et la Russie. Par Charles-Eudes Bonin. (*Revue gén. des Sc. pures et appliquées*, IX, 1898, pp. 60/71.)

— Voyage de Pékin au Turkestan russe par la Mongolie, le Koukou-nor, le Lob-nor et la Dzoungarie. Par Charles Eudes Bonin. (*La Géographie*, 15 février 1901, pp. 115/122 ; 15 mars 1901, pp. 169/180.)

— Dix Inscriptions chinoises de l'Asie centrale d'après les estampages de M. Ch.-E. Bonin par M. Ed. Chavannes... Paris, M.DCCCCII, in-4.

Voir Epigraphie, col. 687.

∴

— Отъ Суйдина до Урумци. Отрвівки изъ писемъ Русс. Генерал. Консула въ Урумци, В. М. Успенскаго. (*Извѣстія Имп. Русс. Геог. Общества*, XXXIV, 1898, pp. 185/204.)

∴

— Souvenirs d'un voyage à travers l'Asie centrale et la Chine — Notes sur les Mammifères domestiques (cheval, ane, chameau, mouton, porc) par Jean Chaffanjon. (*Bul. Soc. nat. d'Accl.*, Sept. 1897, pp. 385/398.)

— Rapport sur une mission scientifique dans l'Asie centrale et la Sibérie, par M. J. Chaffanjon. — I. Le Turkestan et la Mongolie septentrionale. — II. La Mongolie orientale et la Mandjourie. (*Nouv. Archives des Missions...* IX, Paris, 1899, in-8, pp. 101.)

De Paris à Vladivostok par Ourga. — Voir col. 2156.

— A travers le Turkestan russe, la Mongolie, la Mandjourie et la Sibérie méridionale par J. Chaffanjon. (*Bul. Soc. Géog. com.*, janvier 1898, pp. 5/13.)

∴

— Report on the Natural History Results of the Pamir Boundary Commission. By A. W. Alcock, M. B., Surgeon Naturalist to the Commission. With a List of the Plants, by J. F. Duthie, B. A., F. L. S., and a Notice of the Rock-specimens, by T. H. Holland, A. R. C. S., F. G. S. Calcutta : Office of the Superintendent of Government Printing, India. 1898. In-fol., pp. 45 + 1 f. n. ch. + 4 pl.

Notice : *Nature*, LVIII, 1898, pp. 493/494. By W. T. B.

— La culture du coton en Asie. Par M.-C. Grady. (*T'oung Pao*, IX, No. 3, Juillet 1898, pp. 232/3.)

Résumé du *Moniteur scientifique du docteur Quesneville* d'après le *Journal of Society of Arts*.

Max Friedrichsen.

— Morphologie des Tiën-schan. Von Dr. Max Friedrichsen. (*Zeit. Ges. Erdk. Berlin*, XXXIV, 1899, pp. 1/62, 193/271.)

— The Tian-Shan : its ground plan. (*Scottish Geog. Jour.*, XV, 1899, pp. 403/416.)

D'après *Morphologie des Tiën-schan*, by Dr. Max Friedrichsen, *Z. Ges. Erdk. Berlin*, No. 1, 1899.

— The Tian-Shan : its vertical relief. (*Ibid.*, pp. 583/595.)

D'après M. Friedrichsen.

— Ein Beitrag zur Kenntniss vom Alter und Charakter der sogenannten «Han-hai-Schichten» Innerasiens. Von Dr. Max Friedrichsen. (*Petermanns Mitt.*, XLVI, 1900, pp. 22/3.)

— Reisebriefe aus Russisch Central-Asien. Von Dr. Max Friederichsen. (*Mitt. Geog. Ges. Hamburg*, XVIII, 1902, pp. 200/267.)

— Expédition Sapojnikov-Friedrichsen dans le Tian-Chan. Par Charles Rabot. (*La Géographie*, 15 Janvier 1903, p. 50.)

— Beiträge zur Morphologie des zentralen Tiën-schan. Von Dr. Max Friedrichsen, Hamburg. (Auszug eines auf dem XIV. Deutschen Geographentage in Cöln gehaltenen Vortrags.) (*Petermanns Mitt.*, 1903, pp. 134/7.)

— Forschungsreise im centralen Tiën-Schan und Dsungarischen Ala-Tau, im Jahr 1902 Vorläufiger Bericht von Dr. Max Friedrichsen. (*Zeitschr. f. Erdk. Berlin*, 1903, pp. 82-121.)

— * Forschungsreisen im zentralen Tienschan und dsungarischen Alatu. Von Dr. Max Friedrichsen. (*Jahresb. Frankfurter V. G. u. Statistik*, LXVI & LXVII, 1901-3, pp. 143/8.)

— Forschungsreise in den Zentralen Tiënschan und Dsungarischen Ala-tau (Russisch Zentral-Asien) im Sommer 1902. Von Dr. Max Friedrichsen, Privatdozenten der Geographie an der Universität Göttingen — Mit 86 Original-Abbildungen auf 52 Tafeln und 2 Original-Karten... Hamburg, L. Friedrichsen, 1904, in-8, pp. vi-311.

Mitteilungen der Geographischen Gesellschaft in Hamburg, Band XX. Notice : *Zeit. Ges. Erdk. Berlin*, 1905, pp. 305/8, par F. v. Richthofen.

Saint-Yves.

— Mission Saint-Yves sur les Pamirs. (*La Géographie*, 15 Janv. 1900, pp. 58/60.)

— Turkestan chinois et Pamirs (Juillet-Décembre 1899). Par G. Saint-Yves. (*Ibid.*, 15 février 1900, pp. 94/110.)

— Note sur la distribution des plantes en Sibérie et dans l'Asie centrale. Par G. Saint-Yves. (*Ibid.*, 15 août 1900, pp. 81/100.)

— Transalaï et Pamirs. Par G. Saint-Yves. (*Ann. de Géog.*, X, 1901, pp. 148/164.)

— A l'Assaut de l'Asie La Conquête européenne en Asie par G. Saint-Yves... Tours, Alfred Mame, gr. in-8, pp. 398 + 1 f. n. ch., ill.

Notice : *Revue d'Europe*, Déc. 1901, pp. 515/6.

∴

— Klima von Luktschun, Centralasien. Von A. Woeikof. (*Meteorologische Zeitschrift*, Mai 1900, pp. 193/202.)

— Reise nach West-Turkestan und in den centralen Tiën-Shan. Von Dr. Georg v. Almásy. (*Mitt. d. k. k. Geog. Ges. in Wien*, XLIV. Bd., 1901, pp. 239/261.)

— Le Turkestan oriental et le massif central du Tian-Chan. (*Le Mouv. géog.*, 1902, col. 142-4.)
Trad. de l'allemand par F. Grua. (*Rev. géog. int.*)

O. Olufsen.

— Den danske Pamir-Expedition. Ved Premierløjtnant i Haeren O. Olufsen. In-4, pp. 26 à 2 col., carte.

Saertryk af « Geografisk Tidsskrift », 14de Bind, 3die-4de Hefte.

— Den anden danske Pamir-Expedition. Foreløbig Beretning om nogle Arbejder foretagne i Alitschurpamir. — O. Olufsen, Premierløjtnant i Haeren. In-4, pp. 18, carte.

Saertryk af « Geografisk Tidsskrift ».

— Den anden danske Pamir-Expedition. Ved Premierløjtnant Olufsen. In-4, pp. 29, carte.

Saertryk af « Geografisk Tidsskrift », 15de Bind, 5te-6te Hefte.

— Den anden danske Pamirexpeditions Vinterstation 1898-99. Ved Premierløjtnant Olufsen, in-4, pp. 9 à 2 col.

Saertryk af « Geografisk Tidsskrift ». 15de Aargang, 1ste-2det Hefte.

— Den anden danske Pamirexpedition. Ved O. Olufsen, Premierløjtnant i Haeren. In-4, pp. chif. 82 à 108.

Saertryk af « Geografisk Tidsskrift », 16de Bind. Hefte III-IV.

— Den anden danske Pamirexpedition 1898-99. Rejse i Garan. Af Premierløjtnant i Haeren O. Olufsen. Hermed et Kort. In-4, chif. 142/151 à 2 col. Carte.

Saertryk af « Geografisk Tidsskrift », Hefte V-VI. 1902.

— Muhamedanske Gravminder i Transkapien, Khiva, Bokhara, Turkestan og Pamir. Af Premierløjtnant O. Olufsen. — Saertryk af « Geografisk Tidsskrift », 17de Bind, Hefte III-IV. In-4, ch. 110 à 120 à 2 col.

— Centralasiens Moskeer, Medresseer og deres Gejstlighed. Af Premierløjtnant O. Olufsen. In-4, pp. 9 à 2 col.

Saertryk af « Geografisk Tidsskrift », Hefte I-II, 1903.

— National Museet. Den Ethnografiske Samling. Museums-Etiketter, 4. Del. Turkestan og Pamir. Br. in-8.

— Herr Premier-Lieutenant O. Oluffsen. — Über die dänische Pamir-Expedition im Jahr 1896. (8. Mai 1897.) Br. in-8, pp. 12, carte.

Sonder-Abdruck aus den *Verhandl. d. Ges. f. Erdk. zu Berlin*, 1897. No. 6.

— Herr Oberleutnant O. Olufsen. — Die zweite Dänische Pamir-Expedition (3. März 1900). (Sonder-Abdruck aus den *Verhandl. d. Ges. f. Erdk. zu Berlin*, 1900, No. 2 u. 3, pp. 134/150.)

V. Barthold.

— W. Barthold. — Zur Geschichte des Christentums in Mittel-Asien bis zur mongolischen Eroberung. Berichtigte und vermehrte deutsche Bearbeitung nach dem russischen Original herausgegeben von Dr. Rudolf Stübe. Tübingen und Leipzig, J. C. B. Mohr, 1901, in-8, pp. vii-74.

Publié d'abord en russe dans le T. VIII, des *Zapiski* de Rosen.

— В. Бартольдъ. — Туркестанъ въ Эпоху Монгольскаго Нашествія. — С.-Петерб., Тип. Имп. Академіи Наукъ. 1898-1900, 2 parties gr. in-8.

I. Тексты. 1898, pp. 201 + 1 f. n. ch. p. l. tit.
II. Изслѣдованіе. 1900, pp. vii-573 + 1 f. n. ch. + 1 f. n. ch. p. l'er.

No. 4 : *Isdaniya* de la Faculté des langues orientales de l'Université imp. de St. Pétersbourg.

∴

— * Innermost Asia. Travel and Sport in the Pamirs. By Ralph P. Cobbold. London, Heinemann, 1900, in-8. Pp. XVIII + 354.

Notice : *Nature*, LXI, 1899-1900, pp. 495/497. By T. H. H.

— Les lacs salés de l'Asie Centrale. (*Revue scientif.*, 37e année, 1900, 2e sem., p. 660.)

D'après M. Ignatof.

— Le Han-haï était un lac d'eau douce. Par J. Deniker. (*La Géographie*, 15 février 1900, pp. 157/158.)

— L'Asie centrale russe... par M. Collenot. (*Soc. Géog. com. Nantes*, 1900, pp. 110/128.)

— The Heart of Asia A History of Russian Turkestan and the Central Asian Khanates from the Earliest Times By Francis Henry Skrine formerly a Member of H. M. Indian Civil Service and Edward Denison Ross, Ph. D. Professor of Persian at University College, London. With 19 illustrations from sketches by Verestchagin numerous photographs and 2 Maps. Methuen & Co., London, 1899, pet. in-8, pp. XI-444.

Notices : *Jour. Asiat.*, Sept.-Oct. 1899, pp. 369/372, par E. Drouin. — *Jour. China Br. R. As. Soc.*, XXXIII, No. 1, 1899, pp. 56/66.

— Turkestan, die Wiege der indogermanischen Völker. Nach fünfzehnjährigem Aufenthalt in Turkestan dargestellt von Franz v. Schwarz, vormals Astronom der Taschkenter Sternwarte und Leiter des turkestanischen Meteorologischen Instituts. Mit einem Titelbild in Farbendruck, 178 Abbildungen und einer Karte. Freiburg im Breisgau. Herder, 1900, gr. in-8, pp. XX-606.

— Les Russes dans l'Asie Centrale. Par Archibald R. Colquhoun. Par L. Testard-Maisonneuve. (*Harper's Magazine.*) (*Revue Britannique*, Août 1900, pp. 179/211.)

— Я. Корольковъ. — Отечтъ по осмотру нѣкоторыхъ Тяньшаньскихъ ледниковъ лѣтомъ 1899 г. (*Извѣстія И. Р. Геог. Общ.*, XXXVII, 1901, No. 1, pp. 58/69.)

— Chinese Turkestan with Caravan and Rifle by Percy W. Church, F. R. G. S. and F. Z. S. Rivingtons, London, 1901, in-8, pp. XII-207, carte.

— Gothic Vestiges in Central Asia. By Thos. W. Kingsmill. (*Nature*, LXIII, 1900-1901, pp. 608/609.)

Shanghai, China, March 13.

— Der Weg von Osch nach Kaschgar. Aus dem Russischen. Von H. Toepfer. (*Geog. Zeitschft.*, VII, 1901, pp. 323/333, 377/383.)

Beilagen der *Novoie Vremia*, 8855, 8876, 8911 und 8923.

— Note sur quelques glaciers du Tian-Chan. Par le Dr. L. Laloy. (*La Géographie*, 15 Avril 1902, p. 290.)

V. E. Lipsky.

— Изданіе Императорскаго Русскаго Географическаго Общества подъ редакціей И. В. Мушкетова. — Горная Бухара — Результаты трехлѣтнихъ путешествій въ Среднюю Азію въ 1896, 1897 и 1899 году. — В. И. Липскаго. — Часть I. Гиссарская Экспедиція, 1896 г. — С.-Пет., 1902, in-4, pp. 318.

— — Часть II. *Гиссаръ*. Хребетъ Петра Великаго. *Алай*. 1897 г. — Ibid., 1902, in-4, p. 321 à 541.

— — Часть III. Хребетъ Гиссарскій и Восточная Бухара : Хребетъ Дарвазскій, Мазарскій и Петра Великаго 1899. — Ibid., 1905, in-4, p. 547 à 735. Carte.

— По горнымъ областямъ Русскаго Туркестана (Тянь-шаня). — В. И. Липскаго. (*Извѣстія И. Р. Геог. О.*, XLII, 1906, 1, pp. 91/236.)

B. A. Fedchenko.

— Памиръ и Шугнанъ. — Б. А. Федченко. (*Извѣстія И. Р. Геог. Общ.*, XXXVIII, 1902, pp. 273/305.)

— Въ Западномъ Тянь-шанѣ лѣтомъ 1902 г. Сообщеніе д. чл. Б. А. Федченко. (*Ibid.*, XXXIX, 1903, v, pp. 480/507.)

— Поѣздка въ Западный Тянь-шань для изученія ледниковъ Талассако Алатау. (Предварительный отчетъ) Д. чл. Б. А. Федченко. (*Ibid.*, 1898, pp. 403/423.)

∴

— Coming Events in Central Asia. By Demetrius C. Boulger. (*Contemporary Rev.*, LXXXI, 1902, pp. 273/280.)

— All the Russias Travels and Studies in Contemporary European Russia, Finland, Siberia The Caucasus, & Central Asia by Henry Norman, M. P... With one hundred and thirty-seven illustrations chiefly from the author's Photographs and four Maps. London, William Heinemann, 1902, in-8, pp. XVI-476.

Notice : *La Géographie*, 15 Sept. 1902, p. 192. Par Charles Rabot.

— Déplacement du Lob-Nor. Par G. T. (*T'oung Pao*, 2e Sér., III, No. 2, Mai 1902, pp. 143/144.)

M. Aurel Stein.

— Preliminary Report on a Journey of Archaeological and Topographical Exploration in Chinese Turkestan, by M. A. Stein, Indian Educational Service. — Published under the Authority of H. M.'s Secretary of State for India in Council. — London: Printed by Eyre and Spottiswoode, 1901, in-4, pp. 77 et 16 pl.

Notices : *Jour. R. As. Soc.*, Jan. 1902, pp. 212/5, par E. J. Rapson. — *Wiener Zeit. f. d. K. d. Morg.*, XVI. Bd. — 1. Heft, 1902, pp. 89/91, par L. v. Schroeder.

— Note on topographical work in Chinese Turkestan. By Dr. M. A. Stein. (*Geog. Journ.*, XVII, April 1901, pp. 409/414.)

— Exploration du Dr. A. Stein en Asie centrale. Par Charles Rabot. (*La Géographie*, 15 Oct. 1901, pp. 257/258.)

— Archæological Work about Khotan. By M. A. Stein, Ph. D., M. R. A. S. (*Journ. R. A. S.*, April 1901, pp. 295/300.)

— Découvertes archéologiques dans le Turkestan chinois. (*Bull. Com. Asie française*, Juin 1901, p. 122.)

— Archæological Discoveries in the Neighbourhood of the Niya River. By M. A. Stein, Ph. D., M. R. A. S. (*Journ. R. A. S.*, July 1901, pp. 569/572.)

— A Journey of geographical and archaeological exploration in Chinese Turkestan. By M. A. Stein, Ph. D., Indian Educational Service. (*Geographical Journal*, XX, N° 6, Dec. 1902, pp. 575/610, Map.)

Tirage à part, in-8, pp. 36, carte.

— M. A. Stein. — A Journey of archaeological exploration in Chinese Turkestan. (Ein Résumé des Vortrages ist nicht eingesandt worden.) (*Verhandl. XIII. Intern. Orient.-Kongresses*, Hamburg, Sept. 1902, pp. 85/87.)

— Dr. M. A. Steins Forschungsreise in Ostturkestan und deren wissenschaftliche Ergebnisse. Von Prof. Dr. Winternitz. Prag. (*Globus*, LXXXI, 1902, pp. 293/4, 320/3.)

— Sand-buried Ruins of Khotan Personal Narrative of a Journey of Archaeological & Geographical Exploration in Chinese Turkestan by M. Aurel Stein with a Map from Original Surveys and Numerous Illustrations. T. Fisher Unwin, London, M.CM.III, in-8, pp. xliii-524.

Notices : *Geog. Journ.*, Oct. 1903, pp. 449-451, by T. H. H. — *Bul. Éc. franç. Ext. Orient*, III, Oct.-Déc. 1903, pp. 679/680, par A. Foucher. — *Wiener Zeit. f. d. K. d. Morgenl.*, XVII. Bd., 3. Heft, pp. 286/9, par L. v. Schroeder.

Il a été fait un tirage à part de la Préface.

— Cheap edition, 1904, in-8, pp. xi, 503.

— Map showing Portions of the Territory of Khotan and adjoining Regions. Surveyed under the direction, and with the assistance, of M. A. Stein, Ph. D., H. M.'s Indian Educational Service, By Sub-Surveyor Ram Singh, R. S. Survey of India Department, 1900-1901. From the Map on the Scale of 1:760.000, published by the Surveyor General of India, and from original records.

Drawn by J. W. Addison, Draftsman R. G. S. — Lithography by H. Manly.

Scale 1:506,880 or 8 miles to 1 inch.

To accompany «Detailed Report» of Dr. Stein's explorations in Chinese Turkestan, 1900-01.

— Dr. M. A. Stein's New Expedition to Central Asia. (*Geogr. Journal*, XXVIII, No. 1, July 1906, pp. 75/6.)

— Dr. Stein's Expedition in Central Asia. (*Ibid.*, Jan. 1907, pp. 31/35.)

Dated Keriza (Kiria) Oct. 10, 1906.

— Ancient Khotan Detailed Report of Archaeological Explorations in Chinese Turkestan carried out and described under the orders of H. M. Indian Government by M. Aurel Stein Indian Educational Service. Vol. I. Text. With Descriptive List of Antiques by F. H. Andrews Seventy-two Illustrations in the Text, and Appendices by L. D. Barnett, S. W. Bushell, E. Chavannes, A. H. Church, A. H. Francke, L. de Lóczy, D. S. Margoliouth, E. J. Rapson, F. W. Thomas. Oxford, at the Clarendon Press, 1907, in-4, pp. xxiv-621.

Introduction. — Addenda and Corrigenda. — List of Illustrations. — List of Abbreviated Titles. — Chap. I. — From Kashmīr to the Pāmīrs. — II. — Sarīkol and the Route to Kāshgar. — III. — Historical Notices of Kāshgar. — IV. — The ancient Remains of Kāshgar and the Oases of Yarkand and Khargalik. — V. — The Route from Khargalik to Khotan : its ancient Topography and Remains. — VI. — The Khotan Oasis : its Geography and People. — VII. — Historical Notices of Khotan. — VIII. — Ancient Sites of the Khotan Oasis. — IX. — The Ruins of Dandān-Uiliq. — X. — From Dandān-Uiliq to the Niya River. — XI. — The Ancient Site beyond the Niya River. — XII. — The Endere Ruins. — XIII. — Kara-dong and the Search for Hsüan-tsang's P'imo. — XIV. — The Ruins of Ak-sipil and Rawak. — XV. — Departure from Khotan. — *Appendices*. App. A. — Chinese Documents from the Sites of Dandān-Uiliq, Niya and Endere. Translated and annotated by Édouard Chavannes. — B. — Tibetan Manuscripts and Sgrafitti discovered at Endere. Edited by L. D. Barnett and A. H. Francke. — C. — The Judaeo-Persian Document from Dandān-Uiliq. Edited by D. S. Margoliouth, — D. — Inventory List of Coins Found or Purchased. Prepared from Notes of S. W. Bushell and E. J. Rapson. — E. — Extracts from Tibetan Accounts of Khotan. Communicated and annotated by F. W. Thomas. — F. — Notes on Specimens of Ancient Stucco from Khotan Sites. By A. H. Church. — G. — Notes on Sand and Loess Specimens from the Region of Khotan. By L. de Lóczy. — Index of Objects Found, Purchased, etc. — Plates Described, or Referred to, in the Text. — General Index.

L'article sur Pi-mo a été imprimé dans le *T'oung Pao*, voir col. 2663.

— Ancient Khotan... Vol. II. Plates of Photographs, Plans, Antiques and Mss. with a Map of the Territory of Khotan from Original Survey. Oxford, at the Clarendon Press, 1907, in-4, pp. vii-119 pl. — Carte.

Carte voir *supra*.

— A propos de l'« Ancient Khotan » de M. Aurel Stein. Par A. Le Chatelier. (*Rev. du Monde musulman*, Juin-Juillet 1907, pp. 470/498.)

— Preliminary Notice of the Tibetan Manuscripts in the Stein Collection. By L. D. Barnett. (*Jour. R. As. Soc.*, Jan. 1903, pp. 109/114.)

— Tibetan Mss. in the Stein Collection. By W. W. Rockhill. (*Ibid.*, July 1903, pp. 572/5.)

A propos de l'article de Mr. Barnett.

— Tibetan Mss. in the Stein Collection. By L. D. Barnett. (*Ibid.*, Oct. 1903, pp. 821/3.)

— Sand-buried Ruins of Khotan. (*Scottish Geog. Mag.*, XIX, 1903, pp. 581/9.)

— An early Judaeo-Persian Document from Khotan, in the Stein Collection, with other early Persian Documen By D. S. Margoliouth, with an Introductory Note by M. A. Stein and Communications from W. Bacher, A. E. Cowley, and J. Wiesner. (*Jour. Roy. As. Soc.*, Oct. 1903, pp. 735/760.)

— On the physical Anthropology of the Oases of Khotan and Keriya (based on Anthropometrical Observations made by Dr. M. A. Stein during his recent archaeological explorations in Chinese Turkestan). By T. A. Joyce, B. A. (*Journal of the Anthropological Institute*, vol. XXXIII, July-December 1903, pp. 305/324 et 2 pl. hors texte.)

Notice : *T'oung Pao*, IIe Sér., Vol. V, No. 4, Oct. 1904, pp. 501/2. Par Ed. Chavannes.

— On the alphabet of the Kharoṣṭhî Documents discovered by Dr Stein at Niya in Chinese Turkestan by E. J. Rapson. (*Actes du XIVe Cong. int. des Orient.*, Alger, 1905, 1re Partie, Sect. I, pp. 210/221.)

— Dr. Stein's expedition in Central Asia. [Communication from Dr. M. A. Stein, Camp Miran, February 6, 1907.] (*Geogr. Journal*, July 1907, pp. 71/77.)

— Expédition du Dr. Stein dans l'Asie Centrale. (*T'oung Pao*, Mai 1907, pp. 287/291.)

Extrait du *Times*.

∴

— Bulletin de l'Association Internationale pour l'Exploration historique, archéologique, linguistique et ethnographique de l'Asie Centrale et de l'Extrême Orient, publié par le Comité Russe.

No. 1. St. Pétersbourg, Avril 1903, br. in-8, pp. 10.

Documents concernant la fondation de l'Association Internationale pour l'Exploration de l'Asie Centrale et de l'Extrême-Orient.

No. 2. St. Pétersbourg, Octobre 1903, br. in-8, pp. 16.

Extraits des Protocoles. — Einige praktische Bemerkungen über archäologische Arbeiten in Chinesisch Turkistan. Von Prof. Albert Grünwedel.

No. 3. St. Pétersbourg, Avril 1904, br. in-8, pp. 25.

Extraits des Protocoles. — Extrait du rapport de Mr. André Roudneff maître d'études à l'Université de St.-Pétersbourg envoyé par le Comité Russe dans l'Extrême Nord-Est de la Mongolie en été 1903. — Rapport de l'expédition du Dr. G. J. Ramstedt en 1903. — Rapport de Nicolas Bravine Etudiant de la Faculté des langues orientales, envoyé par le Comité Russe en Crimée pour l'étude du dialecte des tartares Nogaï. — Rapport de Jean Belaïeff Etudiant de la Faculté Orientale envoyé par le Comité Russe pour étudier les dialectes des Kara-Kalpacs. — Nouvelles de Mr. Pilsoudski, Extrait des lettres reçues par le Secrétaire du Comité. — Extrait d'une lettre de Mr. Raphael Pumpelly au Président du Comité Russe, Annan near Aschabad, 28 April 1904. — Bericht über archäologische Forschungen in Turfan und Umgebung (Nov. 1902-Febr. 1903), von Albert Grünwedel.

No. 4. St. Pétersbourg, Mars 1905, br. in-8, pp. 10.

Extraits des Protocoles. — Appendice : Compte-rendu du Comité Russe... pour l'année 1903.

(Stein. — Divers.)

No. 5. St. Pétersbourg, Mars 1905, br. in-8, pp. 24.

Extraits des Protocoles. — Notice sur Khoutch'e par Mr. P. Popoff. [*Sin-tsiang-yu-t'ou-foung-k'ao.*] — Rapport de l'exploration archéologique du professeur W. Barthold à Samarkand (été 1904). — Rapport de Mr. A. Roudneff : Excursion chez les Kalmouks des steppes au sud-est de la Russie. — Notice de Mr. Poppé sur la province Helungkiang. — Extrait des lettres de M. Adrianov au Président du Comité Russe. — The Pumpelly Explorations in Turkestan under the Auspices of the Carnegie Institution. Extrait des lettres de Mr. Raphael Pumpelly au Président du Comité Russe. — Expedition Pumpelly in Turkestan im Jahre 1904, im Auftrage der Carnegie-Institution, Washington, von Hubert Schmidt. — Zum Artikel von Herrn Dr. Schmidt, von W. Barthold.

No. 6. St. Pétersbourg, Janvier 1906, br. in-8, pp. 17.

Extraits des Procès-verbaux. — Compte-rendu... pour l'année 1904.

∴

— Einige praktische Bemerkungen über archäologische Arbeiten in Chinesisch Turkistan von Prof. Dr. Albert Grünwedel. (*Bul. Ass. Int. Expl. Asie Centrale*, No. 2, St. Pétersb., Oct. 1903, pp. 7/16.)

— Nachrichten über die von der Kaiserlichen Akademie der Wissenschaften zu St. Petersburg im Jahre 1898 ausgerüstete Expedition nach Turfan. — Heft I. — St. Pétersbourg, 1899, gr. in-8, pp. 83.

I. Turfan und seine Alterthümer. Von D. Klementz. (Aus dem Russischen übersetzt von O. v. Haller), pp. 1/53, carte, 8 pl. — II. Altuigurische Sprachproben aus Turfan. Von Dr. W. Radloff, pp. 55/83.

— Une nouvelle expédition russe au Turkestan oriental. Par J. Deniker. (*La Géographie*, 15 Mars 1900, p. 237.)

Klementz et S. d'Oldenbourg.

— The expedition of 1898 to Turfan. By E. H. Parker. (*China Review*, XXIV, No. 6, pp. 251/255.)

— Le Saṃyuktâgama sanscrit et les Feuillets Grünwedel par Sylvain Lévi. Notice lue à la séance générale de la Société Asiatique le 16 Juin 1904. (*T'oung Pao*, IIe Série, V, No. 3, Juillet 1904, pp. 297/309.)

— Kaschgar und die Kharoṣṭhī. Von O. Franke und R. Pischel. 1. Die chinesischen Quellen. Von O. Franke. 2. Die indischen Quellen. Von R. Pischel. (*Sitz. k. Preuss. Ak. Wiss.*, 5. Feb. 1903, pp. 184/196.) — II. 1. Die chinesischen Quellen. Von O. Franke. 2. Die indischen Quellen. Von R. Pischel. (*Ibid.*, 9. Juli 1903, pp. 735/745.)

Notices : *Bul. Éc. franç. Ext. Orient*, III, 1903, No. 2, pp. 339/341; No. 3, pp. 479/480, par P. Pelliot.

— Bruchstücke des Sanskritkanons der Buddhisten aus Idykutšari, Chinesisch-Turkestān. Von R. Pischel. (*Sitz. k. Preuss. Ak. Wiss.*, 1904, pp. 807-827.)

Tirage à part, Berlin, 1904, gr. in-4, pp. 28, 3 pl.

Notice : *Bull. Ecole française Ext. Orient*, IV, Nos. 1 et 2, Janvier-Juin 1904, pp. 473/4. Par Ed. Huber.

(Divers.)

— Neue Bruchstücke des Sanskritkanons der Buddhisten aus Idykutšari, Chinesisch-Turkestān. Von R. Pischel. (*Sitzb. k. Preuss. Ak. Wiss.*, 1904, pp. 1138/1145.)

— Zentralasiatische Sanskrittexte in Brāhmīschrift aus Idikutšari, Chinesisch-Turkistān. I. Nebst Anhang : Uigurische Fragmente in Brāhmīschrift. Von Dr. H. Stönner in Berlin. (*Ibid.*, pp. 1282/1290.) — II. (*Ibid.*, pp. 1310/1313.)

Notice : *T'oung Pao*, IIe Série, Vol. VI, No. 1, Mars 1905, pp. 115/117. Par Sylvain Lévi et Ed. Chavannes.

— Die Sprache der türkischen Turfan-Fragmente in manichäischer Schrift. — I. Einleitung. Von Prof. Dr. Karl Foy. (*Sitzb. k. Preuss. Ak. Wiss.*, 1904, pp. 1389/1403.)

— J. Halévy. — Le berceau de l'écriture Kharoṣṭrī. (*Revue sémitique*, 1903, 15 pp.)

Notice : *Bull. Ecole française Ext. Orient*, III, No. 2, Avril-Juin 1903, pp. 339/341. Par P. Pelliot.

— * The Kharostra Country and the Kharostri Writing. By S. Lévi. Translated by Mabel Bode. (*Indian Antiquary*, XXXV, 1906, pp. 1/30.)

— Handschriften-Reste in Estrangelo-Schrift aus Turfan, Chinesisch-Turkestan. II. Teil. Von Dr. F. W. K. Müller in Berlin. (*Abhand. d. König. Preuss. Ak. d. Wiss.*, 1904, *Phil.-hist. Abh.*, Abh. II, pp. 1/117, 2 pl.)

Cf. *Sitzb. d. Kön. Preuss. Ak. d. Wiss.*, IX, 1904, pp. 348/352.

Notices : *T'oung Pao*, Mai 1904, pp. 217/8, par Ed. Chavannes. — *Bul. École franç. Ext. Orient*, IV, No. 3, p. 760, par P. P.[elliot.]

— * Berichte über archaeologische Arbeiten in Idikutschari und Umgebung im Winter 1902-1903, von Albert Grünwedel. München, 1906, gr. in-4, pp. 196, 31 pl. hors texte.

Aus den *Abh. d. K. Bay. Ak. Wiss.* 1. Kl. XXIV. Bd.

— German Archaeological Expedition to Chinese Turkestan. (*Geogr. Journal*, XXVII, March 1906, p. 303.)

— Archaeological Discoveries near Turfan. (*Ibid.*, February 1907, p. 224.) [Von Lecoq.]

— Expédition archéologique allemande dans le Turkestan chinois. Par Charles Rabot. (*La Géographie*, 15 Mai 1906, p. 234.)

∴

— Hugues Krafft — A travers le Turkestan russe Ouvrage illustré de deux cent-soixante-cinq gravures d'après les clichés de l'auteur et contenant une carte en couleurs. Paris 1902. — Hachette et Cie, in-4, pp. vɪɪ-228 + 1 f. n. ch. p. l. tab.

Texte imprimé par Charles Hérissey, Évreux ; pl. hors texte héliog. par Dujardin, Paris ; tirage des pl. par Wittmann ; grav. dans le texte, phototypie Barthaud.

— К. Залеманъ. — По поводу еврейско-персидскаго отрывка изъ Хотана. (*Записки восточнаго отдѣленія имп. русс. археол. Общества*, XVI, 1, pp. 046-057.)

Cf. Margoliouth, col. 2866.

— * Erich v. Salzmann. — Im Sattel durch Zentralasien. Sechstausend Kilometer in 176 Tagen. 2. Aufl. Berlin, D. Reimer (E. Vohsen), 1903, in-8, pp. 311, 8 cartes.

Notice : *Petermanns Mitt.*, 50. Bd. 1904, III, Litber. 146, par K. Futterer.

— * Ein Ritt über den Pamir von Wilhelm Filchner. Berlin : E. S. Mittler, 1903, in-8, pp. x-238, cartes et illust.

Notice : *T'oung Pao*, Mai 1904, pp. 213/4, par Ed. Chavannes.

— Ein Ritt über den Pamir. (*Oest. Monats. f. d. Orient*, Wien, 1903, p. 25.)

— Richesses minérales des Possessions russes en Asie centrale. Par M. E.-D. Levat. (*Annales des Mines*, I, 1903, pp. 181/266, 271/354.)

Rapport au Ministre de l'Instruction publique sur les richesses minérales de la Boukharie et du Turkestan russe.

— Turkestan et Boukharie. Par M. Petit, ingénieur. (*Bul. Soc. Géog. Aisne*, 1903, No. 2, pp. 84/115.)

— Japanese Expedition to Chinese Turkestan. (*Geog. Jour.*, Nov. 1903, pp. 566/7.)

K. Otani quitte Och 8 sept. 1902.

— Uber die japanische Expedition nach Chinesisch - Turkestan. (*Geographische Zeitschft.*, X. Jahrg., 1. Heft, 1904, pp. 49/50.)

— The Orography of Asia. By Prince P. Kropotkin. (*Geographical Journal*, Feb. 1904, pp. 176/207, 3 cartes ; March 1904, pp. 331/361.)

— The desiccation of Eur-Asia. By Prince Kropotkin. (*Ibid.*, XXIII, N° 6, June 1904, pp. 722/741.)

— Высыхаетъ ли Средняя Азія? Л. Берга. (*Извѣстія И. Р. Г. Общ.*, XLI, 1905, pp. 507/521.)

Gottfried Merzbacher.

— Vorläufiger Bericht über eine in den Jahren 1902 und 1903 ausgeführte Forschungsreise in den zentralen Tian-schan. Von Dr. Gottfried Merzbacher. — Mit 1 Karte [1.000.000] und 2 Panoramen. Ergänzungsheft No. 149 *Petermanns Mitteilungen*. Gotha, Justus Perthes, 1904, in-8, pp. 100.

Notices : *T'oung Pao*, IIe Série, Vol. VI, No. 1, Mars 1905, pp. 124/5, par Ed. Chavannes. — *Zeitsch. Ges. f. Erdk. Berlin*, 1905, pp. 232/6, par Max Friedrichsen.

— * Aus den wissenschaftlichen Ergebnissen

der Merzbacherschen Tian-Schan-Expedition. I. Geologische Uebersicht über den Bau des zentralen Tian-Schan, von H. Keidel. II. Die Gesteine des Profils durch das Bayum-Kol-Tal im nördlichen Teil des zentralen Tian-Schan, von Steph. Richarz. III. Die Gesteine des Profils durch das südliche Musart-Tal im zentralen Tian-Schan. Von A. Kleinschmidt und H. Limbrock. Illustrations... (*Abh. Math.-Phys. Kl., A. W. München*, XXIII, 1906, pp. 89/232.)

— * H. Keidel und P. St. Richarz. — Ein Profil durch den nördlichen Teil des zentralen Tian-Schan. (Aus den wissenschaftlichen Ergebnissen der Merzbacherschen Tian-Schan-Expedition). Munich, 1906, gr. in-8, pp. 122, 5 pl.

— Geologische Untersuchungen im südlichen Tian-Schan nebst Beschreibung einer obercarbonischen Brachiopodenfauna aus dem Kukurtuk-Tal. Von Hans Keidel. (*Neues Jahrbuch f. Mineralogie, Geolog. und Paläontologie*, XXII. Beilage-Band, 2tes Heft, 1906, pp. 266/384, 4 pl. et 22 fig. dans le texte.)

— Forschungsreise im Tian-Schan. Von Gottfried Merzbacher. (*Sitzb. math.-physik. Kl. K. B. Ak. Wiss. zu München*, 1904, Heft III, pp. 277/369.)

— * Forschungsreise in den Tian-Schan. Von Dr. Gottfried Merzbacher. (*M. G. Ges. München*, I, 1905, pp. 484/488.)

— The Central Tian-shan Mountains 1902-1903 by Dr. Gottfried Merzbacher Published under the authority of the Royal Geographical Society. London, John Murray, 1905, in-8, pp. VII + 1 f. n. ch. + pp. 294. Ill. et carte au 1:1.000.000.

∴

— Voyage de M. G.-Ch. Toussaint en Kachgarie, au Tien-Chan et en Mongolie. (*La Géographie*, 15 Mai 1904, pp. 382/3.)

— Capitaine Didrel — Russes et Anglais en Asie centrale — (Extrait de la *Revue des Troupes coloniales*). Paris, Henri Charles-Lavauzelle, s. d. [1904], in-8, pp. 73 + 1 f. n. ch. tab.

— A la mémoire du général Ivanov Gouverneur général du Turkestan Russe. (*Revue Indo-Chinoise*, 31 août 1904, pp. 221/2.)

— Peretoltschines Erforschung des Kossogol-Sees. Von Prof. Dr. Al. Woeikow. (*Petermann's Mitt.*, L, 1904, pp. 152/3.)

D'après les Recherches physico-géographiques du lac de Kossogol. Par S. Peretoltchine. Tirage à part des Travaux de la Soc. des Naturalistes de l'Université de Kazan, 1903, en russe.

— In Asia Centrale Una esplorazione nel Tien-Scian Centrale (Spedizione del principe don Scipione Borghese nel 1900). Per il prof. Giulio Brocherel. (*Bol. Soc. Geog. Ital.*, 1904, Maggio, pp. 451/490; Giugno, pp. 574/603; Luglio, pp. 633/671.)

— * Carta del Tien Scian Centrale con l'itinerario della spedizione del Principe Scipione Borghese (Giugno-Settembre, 1900) Secondo le Note e i Rilievi del Prof. G. Brocherel. Échelle 1 : 600000.

— Voyage du Prince Scipion Borghèse aux Monts Célestes. Par M. Jules Brocherel. (*Tour du Monde*, N. S., XI, 1905, pp. 457/516.)

— Comment je fus reçu sur le toit du monde par le Prince Pierre d'Orléans. (*Je sais Tout*, 15 nov. 1905, pp. 417/424.)

— Proceedings of the Central Asian Society — Chinese Expansion historically reviewed by Baron Suyematsu. London, Central Asian Society, 1905, br. in-8, pp. 35.

Raphael Pumpelly.

— Explorations in Turkestan with an Account of The Basin of Eastern Persia and Sistan — Expedition of 1903, under the Direction of Raphael Pumpelly. Washington, D. C.: Published by the Carnegie Institution of Washington April, 1905, in-4, pp. XII-324.

Contient :

Archeological and Physico-Geographical Reconnaissance in Turkestan. By Raphael Pumpelly.

A Journey Across Turkestan. By William M. Davis.

Physiographic Observations Between the Syr Darya and Lake Kara Kul, on the Pamir, in 1903. By Raphael W. Pumpelly.

A Geologic and Physiographic Reconnaissance in Central Turkestan. By Ellsworth Huntington.

The Basin of Eastern Persia and Sistan. By Ellsworth Huntington.

Notice : *T'oung Pao*, Série II, Vol. VI, Déc. 1905, p. 642. Par Ed. Chavannes.

— Physical History of the Issik-Kul Region. [By MM. R. Pumpelly, Prof. Ellsworth Huntington and Prof. W. M. Davis.] (*Geogr. Journ.*, XXIV, No. 2, August, 1904, pp. 222/3.)

— A Summer in Turkestan. By W. M. Davis, Sturgis-Hooper Professor of Geology in Harvard University. (*Bul. Americ. Geog. Soc.*, XXXVI, April 1904, pp. 217/228.)

— A flat-topped Range in the Tian-Shan. By W. M. Davis. (*Appalachia*, V, April 1904, pp. 277/84.)

Ellsworth Huntington.

Voir Tibet.

— Messrs. Barrett and Huntington in Central Asia. (*Geogr. Journal*, XXVI, No. 4, Oct. 1904, p. 451.)

— The Mountains of Turkestan. By Ellsworth Huntington. (*Ibid.*, XXV, January 1905, pp. 22/40; Feb. 1905, pp. 139/158.)

— The Mountains and Kibitkas of Tian Shan. By Ellsworth Huntington. (*B. American*

G. S., XXXVII, Sept. 1905, pp. 513/530.)

— Une expédition américaine dans l'Asie centrale. (*Bull. Com. Asie française*, Janvier 1906, pp. 20/1.)

— Mr. Barrett and Mr. Ellsworth Huntington in Central Asia. (*Geogr. Journal*, XXVII, February 1906, pp. 177/9).

— Une expédition archéologique américaine dans le bassin du Tarym. Par Charles Rabot. (*La Géographie*, 15 février 1906, pp. 146/7.)

— Journeys in Central Asia. (*Geographical Journal*, XXVII, No. 6, June 1906, pp. 627/8.)

A propos du voyage du Prof. Ellsworth Huntington et de M. R. L. Barrett.

— The Border Belts of the Tarim Basin. By Ellsworth Huntington. (*B. American G. S.*, XXXVIII, Feb. 1906, pp. 91/6.)

— The Rivers of Chinese Turkestan and the Dessication of Asia. By Ellsworth Huntington. (*Geog. Journ.*, Oct. 1906, pp. 352/367.)

— L'Assèchement de l'Asie Centrale. Par Charles Rabot. (*La Géographie*, 15 Avril 1907, pp. 288/293.)

A propos de l'article de M. Ellsworth Huntington, *The Rivers of Chinese Turkestan and the Dessication of Asia*, dans le *Geographical Journal*, Oct. 1906.

— Lop-nor — A Chinese Lake by Ellsworth Huntington. Part I. — The Unexplored Salt Desert of Lop. (*Bul. Amer. Geog. Soc.*, Feb. 1907, pp. 65/77.)

— Prof. Huntington on Lob Nor. (*Geog. Journal*, June 1907, p. 674.)

— The depression of Turfan, in Central Asia. By Ellsworth Huntington. (*Geogr. Journal*, Sept. 1907, pp. 254/273.)

∴

— * Fra en reise i Vest-Turkestan. Af Paul Bjerkan. Illustrations. (*Norske G. S. Aarbog*, 16, 1904-1905, pp. 77/127.)

— * Таарих-и Эмэніе. Исторія владѣтелей Кашгаріи, сочиненіе Муллы Мусы, бенъ Мулла Айса, сайрамца, изданная Н. Н. Пантусовымъ. Казанъ. Типог. Имп. Университета. 1905, in-8, pp. 320.

Notice : *Записки Вост. Отд. И. Р. Археол. Общ.*, XVII, No. 4, 1907, pp. 0188/0195, par В. Б. [Barthold.]

Crosby et Anginieur.

— Tibet and Turkestan A Journey through old Lands and a Study of new Conditions by Oscar Terry Crosby, F. R. G. S. — Illustrated. — G. P. Putnam's Sons, 1905, in-8, pp. XVI-331.

Notice : *Geog. Journal*, May 1906, p. 493, by W. B.

— Mr. O. Crosby's Journey in Central Asia. (*Ibid.*, Feb. 1904, p. 253.)

— Turkestan and a corner of Tibet. By Oscar T. Crosby. (*Ibid.*, XXIII, N° 6, June 1904, pp. 705/722.)

— From Tiflis to Tibet. By Oscar T. Crosby. (*Bull. American Geog. Soc.*, XXXVII, No. 12, December 1905, pp. 703/716.)

— Du Ferghana au Kachmir par le désert de Takla Makan et le Karakoroum, par M. le capitaine Anginieur. Par Frédéric Lemoine. (*La Géographie*, 15 Avril 1904, pp. 310/314.)

— Turkestan, Tibet, Cachemire. Par le Capitaine Anginieur. (*Revue de Paris*, 15 oct. 1904, pp. 818/836; 1er nov. 1904, pp. 205/224.)

— Capitaine Anginieur — En Asie centrale Turkestan — Thibet — Cachemir (1903) — Paris Ernest Leroux — 1904, in-12, pp. 121, carte.

∴

— A History of the Great Moghuls or a History of the Badshahate of Delhi From 1398 A. D. to 1739 with an Introduction concerning the Mongols and Moghuls of Central Asia by Pringle Kennedy, M. A., B. L. — Calcutta: Thacker, Spink and Co. — 1905, in-8, pp. IV + 1 f. n. ch. tab. + pp. 319.

Mission Pelliot.

— Un nouveau champ d'exploration archéologique Le Turkestan chinois. [Lecture faite par M. Emile Senart, membre de l'Institut, dans la séance publique annuelle des Cinq Académies du 25 Octobre 1905.] (*La Géographie*, 15 Décembre 1905, pp. 361/368.)

— Un nouveau champ d'exploration archéologique : le Turkestan chinois. Lecture faite par M. Emile Senart, de l'Institut, à la séance publique des cinq Académies, le 5 Octobre 1905. (*Bull. Ecole franç. Ext.-Orient*, V, Nos. 3-4, Juill.-Déc. 1905, pp. 492/497.)

— Une mission archéologique au Turkestan chinois. (*Bull. Com. Asie française*, Oct. 1905, pp. 370/2.)

— Mission Pelliot. (*La Géographie*, 15 Nov. 1905, p. 357.)

— Conférence de M. Paul Pelliot Sur les civilisations hindoue et chinoise anciennes au Turkestan chinois. (*Bull. Com. Asie française*, Déc. 1905, pp. 458/465.)

— Mission Pelliot en Asie centrale. (*La Géographie*, 15 Octobre 1906, p. 239.)

— La mission Pelliot. Lettre datée de Kachgar, 15 octobre 1906. (*Bull. Com. Asie française*, Déc. 1906, pp. 467/472.)

— La ville de Bakhouân dans la Géographie d'Idrîçî par Paul Pelliot. (*T'oung Pao*, Déc. 1906, pp. 553/556.)

— La mission Pelliot dans le Turkestan chinois. Par Heller. (*La Géographie*, 15 Janvier 1907, pp. 44/6.)

— M. Pelliot in Central Asia. (*Geog. Journ.*, Feb. 1907, pp. 223/4.)

— Mission Pelliot. (*La Géographie*, 15 Mars 1907, p. 215.)

— La Mission Pelliot. Lettre de M. Paul Pelliot à M. Henri Cordier, datée de Koutchar, 23 Mars 1907. (*Bull. Com. Asie franç.*, Mai 1907, pp. 164/5.)

— Mission archéologique de M. Paul Pelliot. (*Bull. Soc. Géog. Lyon*, No. 136, pp. 62/3.)

— Mission Pelliot. (Koutchar, 16 février.) (*La Géographie*, 15 Mai 1907, p. 368.)

— Mission Paul Pelliot. (*T'oung Pao*, Mai 1907, pp. 291/295.)

— Mission Pelliot en Asie Centrale. Lettre de Koutcha, 23 Mars 1907, à M. Henri Cordier. (*La Géographie*, 15 Juin 1907, pp. 466/8.)
— Lettre au secrétaire général [M. le Baron Hulot] (*Ibid.*, pp. 468/9).

— Notes sur l'Asie Centrale Par M. Paul Pelliot, Professeur de Chinois à l'Ecole française d'Extrême Orient. I. Les « trois Grottes » et les ruines de Tegurman au nord de Kachgar. II. Les ruines de Tegurman. [Kachgar, 10 octobre 1906.] — (*Bull. Ecole franç. Ext. Orient*, VI, Juill.-Déc. 1906, pp. 255/269.)

JULES PRINZ.

— Úti jegyzetek Közép — Ázsiából. Irta Prinz Gyula dr. (*Földrajzi Közlemények*, XXXIV, No. 8, 1906, pp. 313/325; No. 9, 1906, p. 371/379.)

Cf. *Abrégé Bul. Soc. Hongroise Géog.*, XXXIV, 1906, pp. 151/165.

— Prinz Gyula dr. levele a Tien-sanból. (*Földrajzi Közlemények*, XXXIV, No. 10, 1906, pp. 440/4.)

∴

— A travers l'Hindo-Kush par Le Prince Louis d'Orléans et Bragance orné de 118 illustrations et de 3 cartes. Paris, Gabriel Beauchesne & Cie., 1906, in-8, pp. 428.

— Mr. W. Rickmers in Central Asia. (*Geographical Journal*, Nov. 1906, p. 506.)

— Scenery, Cities and People of Western Turkestan. By C. Mabel Rickmers. (*Journ. R. As. Soc.*, July 1907, pp. 656/660.)

Abstract of a lecture delivered before the Society on the 26th of March, 1907.

— Mission du commandant de Lacoste, en Asie Centrale. (*La Géographie*, 15 Nov. 1906, pp. 313/315.)

— Retour du commandant de Lacoste. (*Ibid.*, 15 avril 1907, p. 309.)

— Autour de l'Afghanistan par le Karakoroum et le petit Tibet, par M. le commandant de Lacoste. (*Ibid.*, 15 Juillet 1907, pp. 67/70.)

— Archaeological Questions in Turkestan. (*Geogr. Journal.*, Dec. 1906, pp. 684/5.) — A. Cahn.

— Dr. Tafels weitere Reisen in Nord-China. (*Z. Ges. E. Berlin*, 1906, pp. 356/365.)

Cf. *Petermanns Mitt.*, 1906, pp. 71, 120, 143, 263.

— Briefliche Mitteilungen von Dr. Alb. Tafel über seine Reise in Zentralasien vom Juli 1906. (*Petermanns Mitt.*, I, 1907, pp. 16/20.)

— Dr. Tafel's Geological Researches in Northern China. (*Geogr. Journal*, XXVII, March 1906, pp. 302/3.)

— Dr. Tafel's Journey in North-West China. (*Ibid.*, XXVIII, Oct. 1906, pp. 398/9.)

— Dr. Tafel's Journey to Tibet. (*Ibid.*, Nov. 1906, pp. 506/7.)

— Dr. Tafel's Journey to North-East Tibet. (*Ibid.*, Feb. 1907, pp. 224/5.)

— Dr. Tafel's Expedition to Tibet. (*Ibid.*, July 1907, p. 90.)

— Return of Dr. Zugmayer. (*Ibid.*, Feb. 1907, p. 223.)

— Dr. Zugmayer's Expedition to Tibet. (*Ibid.*, Jan. 1907, p. 87.)

— * Eine Reise durch Ostturkestan und Westtibet. Von Dr. Erich Zugmayer. (*Globus*, XCI, 1907, pp. 133/138.)

— Ein Islamisches Tractat aus Turkistan. Chinesisch in arabischer Schrift. Von A. Forke. (*T'oung Pao*, Mars 1907, pp. 1/76, 1 pl.)

C. D. BRUCE.

— Overland from Kashmir to Peking. (*N. C. Herald*, Aug. 3, 1906.)

— A Journey across Asia from Leh to Peking. By Major C. D. Bruce. (*Geogr. Journal*, June, 1907, pp. 597/626.)

— De Cachemire à Pékin par terre. (*Bull. Com. Asie française*, Juin 1906, p. 259.)

— A Journey in Chinese Turkestan. By Hans Döring. Written for the «North China Daily News». (*N. C. Herald*, May, June, July 1907.)

BLUE BOOKS.

— *Central Asia.* — A «Copy of Mr. Davies' — Report on the Trade of Central Asia»... Ordered... to be Printed, 17 February 1864 [65].

— *Central Asia.* — Circular Despatch addressed by Prince Gortchakow to Russian Representatives abroad, Dated 21st November 1864. — Ordered to be reprinted 12th May 1885. [115.]

— Correspondence with Russia respecting Central Asia. Presented... 1873. [C.—699.] 2 1/2 *d.*

— *Central Asia.* No. 2 (1873). — Correspondence respecting Central Asia. Presented ...1873. [C. — 704.] 11 *d.*

— *Russia.* No. 2 (1874). — Correspondence respecting Central Asia. Presented... 1874. [C. — 919.] 2 *d.*

— *Central Asia.* No. 1 (1878). — Correspondence respecting Central Asia. Presented... 1878. [C. — 2164.] 2 *s.* 4 *d.*

— *Central Asia.* No. 2 (1878). — Further Correspondence respecting Central Asia. Presented... 1878. [C. — 2188.] 4 *d.*

— *Central Asia.* No. 1 (1879). — Further Correspondence respecting Central Asia. Presented... 1879. [C. — 2209.] 2 *d.*

— *Central Asia.* No. 1 (1880). — Further Correspondence respecting Affairs in Central Asia: 1879. (In continuation of «Central Asia No. 1 : 1879».) Presented 1880. [C. — 2470.] 2 *s.* 1 *d.*

— *Central Asia.* No. 1 (1881). — Correspondence respecting Affairs in Central Asia. Presented... 1881. [C. — 2798.] 4 1/2 *d.*

— *Central Asia.* No. 2 (1881). — Further Despatch respecting Affairs in Central Asia. (In continuation of «Central Asia No. 1 [1881]».) Presented... 1881. [C. — 2802.] 1/2 *d.*

— *Central Asia.* No. 3 (1881). — Further Correspondence respecting Affairs in Central Asia. Presented... 1881. [C. — 2844.] 3 1/2 *d.*

— *Central Asia.* No. 4 (1881). — Further Correspondence respecting Affairs in Central Asia. Presented... 1881. [C. — 3032.] $4^1/_2$ *d.*

— *Central Asia.* No. 1 (1882). — Correspondence respecting the Affairs of Central Asia. Presented... 1882. [C. — 3136.] 1 *s.* 2 *d.* Carte.

— *Central Asia.* No. 1 (1883). — Despatches from Her Majesty's Ambassador at St. Petersburgh forwarding translations of the published Reports of M. Lessar's Journeys in Central Asia. Presented... 1883. [C. — 3586.] 3 *d.*

— *Central Asia.* No. 1 (1884). — Correspondence respecting the Affairs of Asia. (In continuation of « Central Asia No. 4 [1881] ».) Presented... 1884. [C. — 3930.] 1 *s.* 4 *d.*

— *Central Asia.* No. 1 (1885). — Telegram from Lieutenant-General Sir Peter Lumsden relative to the fight between the Russians and the Afghans at Ak Tépé. Presented... April 1885. [C. — 4363.] $^1/_2$ *d.*

— *Central Asia.* No. 2 (1885). — Further Correspondence respecting Central Asia.

(BLUE BOOKS.)

(In continuation of « Central Asia No. 1 [1884] ».) Presented... May 1885. [C. — 4387.] 2 *s.* 2 *d.*

— *Central Asia.* No. 3 (1885). — Maps to accompany Central Asia Nos. 2 and 4 (1885). Presented... May 1885. [C. — 4388.] 2 *s.* 6 *d.*

— *Central Asia.* No. 4 (1885). — Further Correspondence respecting Central Asia. (In continuation of « Central Asia No. 2 [1885] ».) Presented... May 1885. [C. — 4389.] 3 *s.* 2 *d.* — 2 cartes.

— *Central Asia.* No. 5 (1885). — Further Correspondence respecting the Affairs of Central Asia. (In continuation of « Central Asia No. 2 [1885] ».) Presented... May 1885. [C. — 4418.] 6 *d.*

— *Central Asia.* No. 1 (1887). — Correspondence respecting the Affairs of Central Asia. Presented... August 1887. [C. — 5114.] 3 *s.* 2 *d.* — 3 cartes.

Voir :

GÉOGRAPHIE : *Montagnes*, col. 113-114.

HISTOIRE : *K'ang hi*, col. 636-7. — *K'ien loung* (Conquêtes des Eleuthes), col. 641-642.

HIOUEN TSANG, col. 2658.

DEASY, voir TIBET.

FUTTERER, voir col. 2158-2160.

(BLUE BOOKS.)

III. — TIBET.[1]

OUVRAGES DIVERS.

— Voir *Cheng Wou ki*, col. 1596.

— Observations géographiques et historiques sur la Carte du Thibet, contenant les Terres du Grand Lama, & des Pays voisins qui en dépendent, jusqu'à la Source du Gange. Tirée des Mémoires du Père Regis. (Du Halde, *Description*, Vol. IV, pp. 459/472.)

— A Description of Tibet, or Tibbet. (Astley's *Coll. of Voy.*, IV, pp. 449 et seq.)

— A Description of Tibet, or Tibbet. (Pinkerton, VII, p. 541, d'après Astley, IV, p. 449.)

— Mémoire sur le Thibet et sur le royaume des Eleuthes, nouvellement subjugué par l'Empereur de la Chine, avec une relation de cette conquête. (*Let. édif.*, anc. éd., XXXI, p. 212; éd. Mérigot, XXIV, 1781, pp. 5/56; *Pant. litt.*, III, p. 519.)

Voir col. 641/2.

1. Voir le chapitre consacré au BOUDDHISME, col. 727-764.

(DIVERS.)

VOYAGE DU PANCHEN ERDENI LAMA.

— The Teshoo-Lâma's Journey to Pekin. (Dalrymple, *Oriental Repertory*, II, pp. 145/164.)

Le Lama a commencé son voyage le 15 juillet 1779.

« I am indebted to my Friend Mr. Bradshaw of Portland Place, for this very curious paper, through my very old and intimate Friend Mr. Fitzhugh. » It came from Mr. Auriol who got it from Mr. Hastings in India. (P. iii.)

— Extract of a Letter written by M. Amiot, a Missionary. *Mém. conc. les Chinois*, IX, pp. 446/454. (Dalrymple, *Oriental Repertory*, II, pp. 278/5.) — Letter from the Emperor Kien-Long to the Talai-lama. (*Ibid.*, pp. 275/282.)

— The Visit of the Teshoo Lama to Peking. — Ch'ien Lung's Inscription. — Translated by Ernest Ludwig, — Peking. 1904.

(VOYAGE DU PANCHEN ERDENI LAMA.)

— Tientsin Press, limited, in-16, 2 ff. n. ch. tit. et er. + pp. 88.

Texte chinois et traduction. — Notice : *T'oung Pao*, Mai 1905, pp. 250/1, par Ed. Chavannes.

Voir col. 642.

∴

— * Извѣстія о королевствѣ Тибетскомъ, собранныя большею частью отъ Монгольцевъ, живущихъ въ окружности Селенгинска. П. Палласъ. (Изъ Мѣсяцаслова, 1782 г.) Собраніе сочиненій изъ мѣсяцесловъ. 1790. Ч. 5, pp. 119/145.

Mejov, 3033.

— * Извѣстія о географическомъ, историческомъ и физическомъ состояніи Тибета. Федоръ Гакманъ. Собраніе сочиненій, выбранныхъ изъ мѣсяцеслововъ. 1790. Ч. 5, pp. 207/264.

Mejov, 3034.

— Nachrichten von Tybet, aus Erzählungen tangutischer Lamen unter den Selenginskischen Mongolen. (Pallas, *Neue Nordische Beyträge*, I. Bd., II. St., pp. 201/222.)

Trad. en français :

— Description du Tibet, d'après la Relation des Lamas Tangoutes, établis parmi les Mongols; traduit de l'allemand avec des notes, par J. Reuilly, Auditeur au Conseil d'Etat,... A Paris, Chez Bossange, Masson et Besson, 1808, in-8, pp. xij-89.

— Nachrichten betreffend die Erdbeschreibung, Geschichte und natürliche Beschaffenheit von Tybet. (Pallas, *Neue Nordische Beyträge*, Vol. IV, 1783, IX, pp. 271/308.)

— Des Montagnes du Thibet. (*Mém. conc. les Chinois*, XIV, pp. 152/169.)

∴

— * Beschreibung einer Thibetanischen Handapotheke, ein Beitrag zur Kenntniss der Arzeneykunde Asiens von Dr. J. Rehmann. St. Petersburg, gedruckt bey F. Drechsler, 1811.

— Zur Geschichte des Schminkens in Tibet. Von Berthold Laufer. (*Globus*, LXX, 1896, pp. 63/5.)

— * Beiträge zur Kenntniss der Tibetischen Medicin. I. Teil. Von Heinrich Laufer, Dr. Med. Berlin, Druck von Gebr. Unger, Bernburger Str. 30, 1900.

Notice : *T'oung Pao*, 2e Sér., II, No 1, Mars 1901, pp. 88/90. Par G. Schlegel.

— Des Rivières du Thibet. (*Rec. de l'Ac. des Insc.*, *Mém.*, XLIX, 1808, pp. 642/646.) — Portion de l'art. d'Anquetil-Duperron « sur le premier fleuve de l'Inde ».

— Grosier, II, pp. 59 et seq.

— * Объ истинномъ названіи Тибета. (*Азіятскій Вѣстникъ*. 1825, Кн. 10, pp. 288/9.) — Mejov, 3035.

(Divers.)

J. Klaproth.

— Mémoire sur le cours du Yarou Dzangbo Tchou; suivi de Notices sur la source du Burrampouter. (*Mag. As.*, I, 1825, pp. 302/329, Carte, — pub. par J. Klaproth.)

— Note sur le Cours inférieur du Dzang bo ou de la grande rivière du Tubet. (*Journ. As.*, VIII, 1826, pp. 302/6.)

— Description du Si dzang ou Tubet, d'après la grande géographie impériale de la Chine et le Dictionnaire géographique de l'Asie centrale, publié à Peking, en 1775. (*Mag. As.*, pub. par Klaproth, II, 1826, pp. 209/307.)

— Mémoire sur le cours de la grande rivière du Tubet, appelée Iraouaddy dans le Royaume des Birmans. (Klaproth, *Mém. rel. à l'Asie*, III, pp. 370/417.)

Bitchourin.

— Описаніе Тибета въ нынѣшнемъ его состояніи. Съ картою дороги изъ Ченъ-ду до Хлассія. — Переводъ съ Китайскаго. St. Pétersbourg, 1828, in-8, pp. xxvi-223 + 2 ff. n. c. à la fin.

Московск. Вѣстникъ. 1828, Ч. 9, No. 10, pp. 167-178. — *Сынъ Отечества*. 1828, Ч. 119, No. 9, pp. 101-104. — *Московск. Телеграфъ*. 1828, Ч. 23, pp. 329-334. — (Mejov, 3036.)

— Notice. Par J. Klaproth. (*Nouv. Ann. des Voy.*, 2e Sér., XI, 1829, pp. 263/266.)

— * Тибетъ. Соч. Клапрота. (*Спбургск. Вѣдомости*. 1830. No. 25.)

— 衞藏圖識 Description du Tubet, traduite partiellement du chinois en russe par le P. Hyacinthe Bitchourin et du russe en français par M. ***; soigneusement revue et corrigée sur l'original chinois, complétée et accompagnée de notes par M. Klaproth, membre des sociétés asiatiques de Paris, de Londres et de Bombay. Paris, de l'imprimerie royale. — M.DCCC.XXXI, in-8, pp. 280. Cartes et Pl.

Cette description avait d'abord paru dans le *Nouv. Journ. As.*, Vol. IV, V, VI, 1829-1830; elle comprend un « Vocabulaire de la langue tubétaine » (*N. J. As.*, IV, 1829, pp. 304/324) qui n'avait pas été donné par le P. Hyacinthe.

C'est la traduction de l'ouvrage en russe, *supra* col. 2880, sans nom d'auteur, mais qui est du P. Bitchourin. — Voir au bas de la col. 2881, *Wei-Tsang too sheih*, par C. Gützlaff.

— Chinese History of Tibet. (*As. Journal*, N. S., Vol. I.)

Notice de l'éd. donnée par Klaproth de l'ouvrage du P. Hyacinthe.

— Исторія Тибета и Хухунора съ 2282 года до Р. Х. до 1227 года по Р. Х. съ картою на разные періоды сей исторіи. Переведена съ Китайскаго монахомъ Іакинѳомъ Бичу-

(Klaproth. — Bitchourin.)

ринымъ. Санкт-Петербургъ, 1833, 2 vol. in-8, pp. xxxi-258, ix-259, 1 carte.

Молва. 1833. No. 31 (Антиритика). No. 37-39 (Отъ переводчика). No. 62. — Сѣверн. Пчела. 1833. No. 21 & 22. (Рец. О. С-kaio.)

∴

— *Wei-Tsang too sheih*, or Tibet in a series of maps and descriptions : four volumes. Reviewed by a Correspondent [Ch. Gützlaff]. (*ChineseRep.*, IX, May 1840, pp. 26/46.)

— Tibet and Sefan. By Dr. Ch. Gützlaff. (*Journ. R. Geog. Soc.*, XX, p. 191.).

— On the Aborigines of the sub — Himalayas. By B. H. Hodgson. (*Jour. As. Soc. Bengal*, XVI, Pt. II, 1847, pp. 1235/1244; *Ibid.*, XVII, Pt. I, 1848, pp. 73/78.)

— Geographical Notice of Tibet. By Mr. Alexander Csoma de Kőrös. April 1832. (*Ibid.*, Vol. I, 1832, pp. 121 et seq.; réimp. *Chin. Rep.*, XIII, pp. 505/512.)

Trois grandes divisions : I. Tibet proprement dit, ou U-tsáng, au nord de l'Assam, du Butan et du Nepal. — II. K'ham-yul, partie orientale du Tibet, ou Pot-ch'hen, Grand Tibet. — III. Nári, partie nord-ouest du Tibet, de Tsang ou Ladak.

— Translation of a Tibetan Passport, dated A. D. 1688. By M. Alex. Csoma de Kőrös. (*Jour. As. Soc. Bengal*, II, April 1833, pp. 201/202.)

— Analysis of a Tibetan Medical Work. By M. Alexander Csoma de Kőrös. (*Ibid.*, IV, Jan. 1835, pp. 1/20.)

« The principal work on medicine in Tibet, is that entitled the » r *Gyud b Zhi* «. It is attributed to SHA'KYA, though not introduced into the *Kah-gyur* or *Stan-gyur* collections. »

— Remarks on an Inscription in the Ranjá and Tibetan (U'chhén) Characters, taken from a Temple on the Confines of the Valley of Nepál. By B. H. Hodgson, Esq. Resident. (*Ibid.*, IV, April, 1835, pp. 196/198.)

— Notes taken by Captain C. M. Wade, Political Agent at Ludiana, in 1829, relative to the Territory and Government of Iskárdoh, from information given by Charágh Ali, an agent who was deputed to him in that year by Ahmad Sha'h, the Gelpo or ruler of that country. (*Jour. As. Soc. Bengal*, IV, Nov. 1835, pp. 589/601.)

— On the Methods of Disposing of the Dead at Llassa, Thibet, etc. By Charles Horne, late B. C. S. (*Journ. Roy. As. Soc.*, N. S., Vol. VI, MDCCCLXXIII, Art. III, pp. 28/35.)

— Note on the white satin embroidered Scarfs of the Tibetan Priests. By Major T. H. A. Lloyd. With a translation of the motto on the margin of one presented to the Asiatic Society. By Alex. Csoma Kőrösi. (*Ibid.*, V, July, 1836, pp. 383/384.)

— Tibet. (*Chin. Rep.*, I, pp. 173/176.)

— Description of Tibet. Extracted from the geographical work of Sherif-Edrisi. (*As. Jour. & Month. Reg.*, Vol. X, 1833, pp. 52/57.)

(DIVERS.)

— Die sinesischen, indischen und tibetischen Gesandtschaften am Hofe Nuschirwans. Von Daniel Haneberg. (*Zeitschft. f. d. K. d. Morgl.*, I. Bd., II. Hft., 1837, pp. 185/190.)

— Translation from the Statutes of the Ta Tsing Dynasty, relating to the System of Government in Tibet. (By J. R. Morrison.) (*Chin. Rep.*, VI, Feb. 1838, pp. 494/6.)

— Théodore Pavie. — Le Thibet et les études thibétaines. (*Revue des Deux Mondes*, 1er juillet 1847.)

— * Тибетъ. Статья Теодора Пави. (*Сынъ. Отечества.* 1847. Т. 4. Кн. 8, pp. 33/48.)

Mejov, 3041.

— * Тибетъ. (*Московскія Вѣдомости.* 1848. Nos. 126, 127 & 128.)

Mejov, 3042.

— Correspondence of the Commissioners deputed to the Tibetan Frontier; communicated by H. M. Elliot, Esq., Secretary to the Government of India, Foreign Department. From Capt. A. Cunningham, Senior Commissioner, Tibetan Frontier, To Lieut. Col. H. M. Lawrence, C. B. Resident, Lahore. Dated Camp Haulé, 15th Sept. 1847. (*Jour. As. Soc. Bengal*, XVII, Pt. I, 1848, pp. 89/132.)

— Tibetan type of Mankind. By B. H. Hodgson, Esq. (*Ibid.*, XVII, Aug. 1848, pp. 222/223.) — Extract of a letter by Dr. J. C. Prichard. (*Ibid.*, Nov. 1848, pp. 580/583.)

— Notice of the Kiang. — (With Plate.) By H. Walker. (*Ibid.*, pt. II, 1848, pp. 1/2.)

— Ethnology of the Indo-Pacific Islands. By J. R. Logan. (*Jour. Ind. Arch.*, Vol. V et suiv.)

Et en particulier :

— The West Himalaic or Tibetan Tribes of Asam, Burma and Pegu. By J. R. Logan. (*Ibid.*, Vol. II, N. S., pp. 68/114, 230/232.)

— Tibet, Tartary and Mongolia; their social and political condition, and the Religion of Boodh, as there existing... by Henry T. Prinsep Esq. Second Edition. London, Allen, 1852, in-8.

— Очеркъ Исторіи сношеній Китая съ Тибетомъ. [Histoire des relations entre la Chine et le Tibet, par le hierodiacre O. Hilarion.] (*Mém. de la Miss. eccl. de Péking*, Vol. II, 1853, pp. 443/491.)

— Die Beziehungen China's zu Tibet. Eine historische Skizze vom Hierodiakonus O. Hilarion. (*Arbeiten d. K. Russ. Ges. zu Peking*, I. Bd., 1858, pp. 311/346.)

— W. Schott. — Skizze der Beziehungen China's zu Tibet. Nach

(DIVERS.)

dem Russischen des Pater Ilarion. (*Arch. f. wissensch. Kunde v. Russl.*, XV, XVI, 111.)

— * Köppen, Oberl. — Tibet und der Lamaismus bis zur Zeit der Mongolenherrschaft. Progr. des Friedr.-Gymn. Berlin, 1859, in-4, pp. 27. (*Bib. hist. geog.*, 1860.)

— Ladák, Physical, Statistical, and Historical; with Notices of the Surrounding Countries. By Alexander Cunningham, Brevet Major, Bengal Engineers — London: Wm. H. Allen and Co., 1854, in-8, pp. XII + 1 f. n. ch. + pp. 485 + 1 f. n. ch., ill. et carte.

— Le Ladak, d'après la relation anglaise du Major Alexander Cunningham. Par Léon de Rosny. (*Nouv. Ann. des Voy.*, 1860, I; pp. 204/212.)

— Bootan and Tibet in relation with China. (*Chin. & Jap. Rep.*, May 1865, pp. 201/208; réimp. *N. C. Herald*, 779, 1st July 1865.)

D'après le *Chin. Rep.*, Vol. IX, *vide supra*, et d'autres sources.

— Some account of Tibet and the adjacent countries. (*Ibid.*, June 1865, pp. 265/272; réimp. *N. C. Herald*, 12 Aug. 1865.)

— Gold Diggers in Thibet. (*Nature*, I, 1869-70, pp. 192/3.)

Hermann von Schlagintweit.

— Untersuchungen über die Salzseen im westlichen Tibet und in Turkistán. I. Theil: Rúpchu und Pangkóng; das Gebiet der Salzseen im westlichen Tibet. Von Hermann von Schlagintweit-Sakünlünski... — Aus den *Abh. d. k. bayer. Ak. d. W.*, II. Cl., XI. Bd., I. Abth. — München, 1871, in-4, pp. 75.

— Ueber die Salzseen des westlichen Tibet, nebst allgemeiner topographischer Erläuterung Hochasiens. Von Hermann von Schlagintweit-Sakünlünski. Mit einer Ansicht des Tso Gam. (*Zweiter Jahresber. d. Geog. Ges. in München*, 1872, pp. 24/40.)

— * H. von Schlagintweit-Sakuenluenski. — Das Kaiserreich Ostindien und die angrenzenden Gebirgsländer. Jena, 1884, in-8, pp. 639.

— Tibet nach den Resultaten geographischer Forschungen früherer und neuester Zeit. Von Dr. Konrad Ganzenmüller. Mit einer Einleitung von Hermann von Schlagintweit-Sakünlünski, Dr. Phil., LL. D.,... Stuttgart. Verlag von Levy & Müller, 1878, in-8, pp. xi-132.

Emil Schlagintweit.

— Buddhism in Tibet... by Emil Schlagintweit... 1863... Voir col. 746.

— Der Name des höchsten Berges der Erde. Von Dr. Emil Schlagintweit. (*Petermanns Mitt.*, XLVII, 1901, pp. 40/43.)

— S. Ruge. — Mont Everest. (*Ibid.*, p. 289.)

— Mount Everest oder Jomo-kang-kar. Von Douglas W. Freshfield. (*Ibid.*, XLVIII, 1902, pp. 14/15.)

— Gaurisankar-Everest. Von Dr. Emil Schlagintweit. (*Ibid.*, p. 15.)

— Tibet. Von Dr. Emil Schlagintweit in Zweibrücken. (*Ibid.*, 50. Bd., 1904, V, pp. 107/112, carte.)

Notices nécrologiques : *T'oung Pao*, Déc. 1904, p. 625, par Henri Cordier. — *Geog. Journ.*, Jan. 1905, p. 101. — *Jour. Roy. As. Soc.*, Jan. 1905, pp. 215/8, by F. W. Thomas.

Emil Schlagintweit, né à Munich, 7 juillet 1835; † à Deux-Ponts, 29 oct. 1904.

.·.

— Über ein tibetisches Geschichtswerk der Bonpo von Berthold Laufer. (*T'oung Pao*, 2e Sér., II, N° 1, Mars 1901, pp. 24/44.)

General J.-T. Walker.

— Exploration of the Great Sanpo River of Tibet during 1877, in connection with the operations of the Survey of India. — By Major-Genl. J. T. Walker... (*Proc. As. Soc. of Bengal*, Aug. 1869.)

Tirage à part, pièce in-8, pp. 3.

— Four Years' Journeyings through Great Tibet, by one of the Trans-Himalayan Explorers of the Survey of India. By General J. T. Walker, C. B., F. R. S., late Surveyor-General of India. (*Proc. R. Geog. Soc.*, VII, 1885, Feb., pp. 65/92; carte, p. 136.)

Tirage à part, in-8, pp. 28.

— Notes on Mont Everest. By General J. T. Walker, C. B., late Surveyor-General of India. (*Ibid.*, VIII, 1886, Feb., pp. 88/94.)

— Further Notes on « Mont Everest ». By Douglas W. Freshfield, Sec. R. G. S. (*Ibid.*, March, pp. 176/188.)

— A Last Note on Mont Everest. By General J.-T. Walker, C. B., late Surveyor-General of India. (*Ibid.*, April, pp. 257/263.)

— The Lu River of Tibet; is it the source of the Irawadi or the Salwin? By General J. T. Walker. — From « Proceedings of the Royal Geographical Society... » June No., 1887. In-8, pp. 25, carte.

— The Hydrography of South-Eastern Tibet. By General J. T. Walker, C. B., F. R. S., LL. D. (*Proc. R. Geog. Soc.*, X, 1888, Sept., pp. 577/584; carte, p. 612.)

— Note on the R. G. S. Map of Tibet. By General J. T. Walker, R. A., C. B., F. R. S., Late Surveyor-General of India. (*The Geog. Journal*, July 1894, pp. 52/54; carte, p. 96.)

— General James T. Walker, R. E., C. B., F. R. S. By Clements R. Markham. (*Ibid.*, March 1896, pp. 320/323.)

James Walker, né en 1826; † 16 février 1896.

A. Campbell.

— Notes on Eastern Thibet. — By Dr. A. Campbell, Superintendent of Darjeeling, (with Sketch Map of Route to Lassa). (*Journ. As. Soc. Bengal*, XXIV, 1855, pp. 215/240.)

— Answers to Mr. Piddington's Query about Winds, Storms &c. in Thibet, by A. Campbell. Esq. M. D., Superintendent of Darjeeling. (*Ibid.*, XIX, 1850, pp. 457/460.)

— Notes on Eastern Thibet. — By Dr. A. Campbell, Superintendent of Darjeeling. (*The Phœnix*, 1871, pp. 83/4, 107/111, 142/145.)

— On Winds, Storms, etc., in Tibet, by A. Campbell, M. D., late Superintendent of Darjeeling. (*Ibid.*, No. 33, March 1873.)

∴

— Zur Naturgeschichte des östlichen Tibet. (*Globus*, XXI, 1872, p. 332.)

— Versuche zur Eröffnung Tibets. (*Ibid.*, XXIV, 1873, p. 206.)

— Tibet. By W. L. Heeley, C. S. (*Calcutta Review*, No. CXVIII, July 1874.)

— La tradizione delle formiche che scavano l' oro e i minator, del Tibet, di A. Brunialti. (*Bol. Soc. Geog. ital.*, XI, 1874, pp. 370/376.)

— Description du Tibet. (*Hist. de l'Asie centrale*... par Mir Abdoul Kerim Boukhary... trad. par C. Schefer, pp. 237/239.)

— On the species of Marmot inhabiting the Himalaya, Tibet, and the adjoining regions. By W. T. Blanford. (*Jour. As. Soc. Bengal*, Vol. 44, 1875, Pt. 2, pp. 113/127.)

— Notes on a large Hare inhabiting high elevations in Western Tibet. By W. T. Blanford. (*Ibid.*, pp. 214/5.)

Voir col. 422.

— Refraction of Light and Sound through the Atmosphere. By Arthur Schuster. (*Nature*, XIII, 1875-6, p. 67.)

— On the occurence of the cretaceous genus Omphalia near Namcho Lake, Tibet, about 75 miles north of Lhassa. By Ottokar Feistmantel, M. D., Geological Survey of India. (*Records Geol. Survey of India*, Vol. X, Pt. 1, 1877, pp. 21/25.)

— L'épigraphie chinoise au Tibet. Inscriptions, recueillies, traduites et annotées par Maurice Jametel. — Première partie, 1re livraison. — Péking, Typographie du Pé-t'ang. — Paris, Ernest Leroux, 1880, br. in-8, pp. VII-34.

Voir col. 632, Hist. de la Pacification du Tibet...

— Inscription commémorative du meurtre de deux ambassadeurs chinois au Tibet (en 1752). Par Maurice Jametel. — Paris, Ernest Leroux, 1887, br. in-8, pp. 7.

Tiré de la *Revue d'histoire diplomatique*, 1887. — D'après le *Cheng-wou-ki*.

— Inscription gravée sur une stèle élevée dans la salle des exercices militaires de Kiang-tze (Tibet antérieur) par Maurice Jametel. (*Recueil de l'École des Langues Orientales*, 1889, II, pp. 345/354.) Appendice. Liste chronologique des ministres chinois résidents au Tibet sous les règnes de Kienn-Long et de Kia-king (*Ibid.*, pp. 355/363).

— The early history of Tibet from Chinese sources, by S. W. Bushell, M. D., Physician to H. B. M. Legation, Peking. (*Jour. R. As. Soc.*, Oct. 1880.)

Trad. des liv. 256-257 du *Kieou T'ang chou*, complétée avec des textes du *Sin T'ang chou*.

Notice : *Rev. de l'Extrême-Orient* (M. Jametel), I, p. 151.

— The Early History of Tibet. From Chinese Sources. By S. W. Bushell, M. D., Physician to H. B. M. Legation, Peking. (*Journ. R. As. Soc.*, N. S., Vol. XII, Art. XVIII, October 1880, pp. 435/541.)

— Thibet. — I. La petite vérole au Thibet. — II. Le peuple se faisant justice à lui-même. — III. Le baptême d'une femme thibétaine. (*Miss. Cath.*, XIII, 1881, pp. 506/508.)

— * G. A. v. Klöden. — Ueber Thibet. (*Monats. f. d. Orient*, 12, 1881.)

— Das tibetanische Hochland. Von Oberlieutenant Gustav Kreitner. (*Das Ausland*, LIV, 1881, pp. 781/4, 807/814.)

— Einige Nachrichten über den Dalaï-Lama in L'Hassa. Von Dr. Karl von Neumann. (*Ibid.*, pp. 461/6.)

— Bemerkungen von Dr. Ottokar Feistmantel in Kalkutta. (*Ibid.*, pp. 738/9.)

— Tibet and the Way thither. By D. Boulger. (*Calcutta Review*, January 1882.)

— The Capture of Lhasa in 1710. By Demetrius C. Boulger. (*Nineteenth Century*, July 1904, pp. 113/118.)

— The Silver Coinage of Tibet. By A. Terrien de la Couperie, M. R. A. S. Reprinted from the *Numismatic Chronicle*, Third Series, vol. I, pp. 340/353. London, Trübner, 1882, br. in-8, pp. 16, 1 pl.

— Über eine magische Gebetsformel aus Tibet. Von Albr. Weber. (*Sitz. k. preuss. Ak. Wiss. Berlin*, 1884, pp. 77/83, 1 pl.)

BABOO SARAT CHANDRA DAS.

— Contributions on the Religion, History &c. of Tibet. — By Baboo Sarat Chandra Dás, Deputy Inspector of Schools, Darjiling. (*Journal of the Asiatic Society of Bengal*, N. S., Vol. L, Pt. I) :

I. — The Bon (Pon) Religion, pp. 187/205. — II. — Dispute between a Buddhist and a Bonpo Priest for the possession of Mount Kailàsa and the Lake Mánasa, pp. 206/211. — III. — Part I. Early History of Tibet, pp. 211/234. — Part II. Tibet in the Middle Ages, pp. 235/251.

Voir col. 751/2.

— A brief account of Tibet from «Dsam Ling Gyeshe», the well-known geographical work of Lama Tsanpo Nomankhan of Amdo. — Translated by Sarat Chandra Dás. (*Ibid.*, Vol. 56, 1887, Pt. 1, pp. 1/30.)

Reprint from a Report to the Government.

— The Sacred and Ornamental Characters of Tibet. By Sarat Chandra Dás. (*Ibid.*, Vol. 57, 1888, Pt. 1, pp. 41/48.)

— Life of Sum-pa Khan-po, also styled Ye-śes-Dpal-hbyor, the author of the Re*h*umig (Chronological Table) — By Bábú Sarat Chandra Dás. (*Ibid.*, Vol. 58, 1889, Pt. 1, pp. 37/84.)

— The Marriage Customs of Tibet. By Sarat Chandra Das. (*Ibid.*, Vol. 62, 1893, Pt. III, pp. 8/33.)

— A Note on the Antiquity of Chittagong, compiled from the Tibetan Works Pagsam Jon-Zań of Ṣumpa Khan-po and Kāhbab Dun-dan of Lama Tārā Nātha. By Sarat Chandra Das. (*Ibid.*, Vol. 67, 1898, Pt. 1, pp. 20/28.)

— An Account of Travels on the Shores of Lake Yamdo-Croft. By Sarat Chandra Das. (*Ibid.*, pp. 256/273.)

— A Note on the Identity of the great Tsang-po of Tibet with the Dihong. By Sarat Chandra Das. (*Ibid.*, pp. 126/129.)

— * The Hierarchy of the Dalai Lama (1406-1745). By Rai Sarat Chandra Das. (*Ibid.*, LXXIII, Pt. I, Extra No., 1904, pp. 80/93.)

— * Tibet under the Tartar Emperors of China in the 13th century A. D. By Rai Sarat Chandra Das. (*Ibid.*, pp. 94/102.)

(BABOO SARAT CHANDRA DAS.)

— * The Monasteries of Tibet. By Rai Sarat Chandra Das. (*J. and P. Asiatic S. Bengal*, I, 1905, pp. 106/116.)

∴

— En Asie ; Kachmir et Tibet. Etude d'ethnographie ancienne et moderne ; par M. Ollivier Beauregard. (*Bul. Soc. Anthrop.*, Paris, 1882, pp. 241/291.)

— En Asie. — Kachmir et Tibet, étude d'ethnographie ancienne et moderne, par Ollivier-Beauregard. — Paris, Maisonneuve,... 1883... in-8, pp. II-144.

E. H. PARKER.

— Tartars, Tibetans, Turks, Hindoos, &c. By E. H. Parker. (*China Review*, XIII, pp. 42/49, 274/280.)

— Tibetan Tribes. By E. H. Parker. (*Ibid.*, XIV, pp. 169/170.)

— Passports for Tibet. By E. H. Parker. (*Ibid.*, p. 170.)

— The Boorkba Tribe. By E. H. Parker. (*Ibid.*)

— Ecclesiastical Tribute. By E. H. Parker. (*Ibid.*, p. 225.)

— Tibetan Tribes. By E. H. Parker. (*Ibid.*, XV, pp. 51/52.)

— Remarks on some of Mr. Parker's Notes. By G. M. H. Playfair. (*Ibid.*, pp. 131/132.)

— Tibetans. By E. H. Parker. (*Ibid.*, p. 187.)

— The Preaching of the Gospel in Tibet. By E. H. Parker. (*Ibid.*, XVIII, No. 5, pp. 279/284.)

— Kamba. By E. H. Parker. (*Ibid.*, XVI, No. 6, May-June 1888, p. 377.)

— The Bottom-Rock of the Tibet Question. By E. H. Parker. (*Fortnightly Rev.*, July 1904, pp. 124/134.)

— How the Tibetans grew. By E. H. Parker. (*Imp. & Asiat. Quart. Rev.*, Oct. 1904, pp. 238/256.)

∴

— Man-bote among a Tibetan Tribe. (*China Review*, X, p. 222.)

— Tibet, Nepaul and China. (*Ibid.*, XI, p. 261.)

— Tibetan tribes. By J. M. (*Ibid.*, XV, pp. 244/245.)

∴

— The Sisters of Thibet. By Laurence Oliphant. (*Nineteenth Century*, XVI, 1884, pp. 715/730.)

— The Cloister in Cathay. By the Hon. G. N. Curzon, M. P. (*Fortnightly Review*, June 1888.)

— Thibet. By Charles H. Lepper. (*Nineteenth Century*, XVIII, 1885, pp. 408/431.)

— POTANINE, voir col. 2786-7.

— Chinese Policy in Thibet. By H. Gibson. (*Month*, LXV, 43.)

— Thibet and India. By R. S. Gundry. (*National Review*, IX, 93.)

— English Position in Thibet. By R. S. Gundry. (*Ibid.*, XII, 1.)

— Sikhim and the Thibetan Question. By R. S. Gundry. (*Westminster Review*, CXXXI, 417.)

— L'Asie centrale (Thibet et les Régions limitrophes) ... par J.-L. Dutreuil de Rhins... 1889. — Voir ASIE CENTRALE, col. 2841.

GRAHAM SANDBERG.

— The City of Lhása. By Graham Sandberg. (*Nineteenth Century*, XXVI, 1889, pp. 681/694.)

(DIVERS. — PARKER. — DIVERS. — SANDBERG.)

— Городъ Лacca (Stadt Lassa). (*Извѣстія* Soc. Géog. d'Irkoutsk, XXII, 2 & 3, 1891, pp. 101/113.)

D'après Graham Sandberg.

— Monks and Monasteries in Tibet. By Graham Sandberg. (*Calcutta Review*, July 1890, pp. 14/31.)

— The Exploration of Tibet. By Graham Sandberg. (*Ibid.*, April 1894, pp. 326/360.)

— The great River of Tibet : its Course from Source to Out-fall. (*With two Original Maps*). By Graham Sandberg. (*Ibid.*, Vol. CIII, Oct. 1896, pp. 217/240.)

— Der Sangpo-Brahmaputra, der grosse Strom von Tibet. Von G. Th. Reichelt. (*Deutsche Rund. f. Geog. u. Stat.*, XIX, 1896-7, pp. 433/442, 544/551.)

A pour base l'article du Rev. Graham Sandberg dans la *Calcutta Review*, 1st Oct. 1896.

— A Tibetan Poet and Mystic. By Graham Sandberg. (*Nineteenth Century*, XLVI, Oct. 1899, pp. 613/632.)

— An Itinerary of the Route from Sikkim to Lhasa, together with a Plan of the Capital of Tibet and a New Map of the Route from Yamdok Lake to Lhasa. — By Graham Sandberg, B. A. — Calcutta : Printed for the Author at the Baptist Mission Press. — 1901, gr. in-8, pp. 29, 2 cartes.

— * The Exploration of Tibet. Its History and Particulars from 1623 to 1904. Accompanied by a Revised Plan of Lhása, and a large newly-projected Map of Tibet embodying all recent Discoveries. By Graham Sandberg, B. A. Calcutta : Thacker and Spink, 1904, in-8, pp. 324.

— Tibet and the Tibetans by Graham Sandberg... Published under the General Literature Committee. London : Society for Promoting Christian Knowledge, 1906, in-8, pp. IX-333.

L'auteur est mort avant l'apparition de ce livre, en tête duquel est placée une note de L. D. Barnett : Samuel-Louis-Graham Sandberg, † Mars 1905.

Notice : *Jour. Roy. As. Soc.*, July 1906, pp. 742/4, par C. M. Ridding.

— The Rev. S. L. Graham Sandberg. (*Geographical Journal*, XXV, No. 4, April 1905, p. 468.)

Nécrologie ; † 2 mars 1905.

∴

— Report on the External Trade of Bengal with Nepal, Tibet, Sikkim and Bhutan for the year 1888-89. (*Calcutta Review*, XC, Jan. 1890, pp. 195/6.)

— Sikkim and Tibet. By H. H. Risley. (*Blackwood's Mag.*, CXLVII, May 1890, pp. 655/674.)

— Our present Knowledge of the Himalayas. By Colonel H. C. B. Tanner (Indian Staff Corps). (*Proc. R. Geog. Soc.*, XIII, 1891, July, pp. 403/423.)

— Nord-Tibet und Lob-Nur-Gebiet in der Darstellung des *Ta-thsing I Thung Yü Thu* (erschienen zu Wu-thsang-fu, 1863) unter Mitwirkung des Herrn Karl Himly in Wiesbaden, herausgegeben von Dr. Georg Wegener. Mit einer Tafel. Sonderabdruck aus der *Zeitschrift der Gesellschaft für Erdkunde zu Berlin*, XXVIII. Band, 1893. — Berlin 1893. Druck von W. Pormetter, br. in-8, chif. pp. 201 à 242, carte.

Notice : *T'oung Pao*, V, Mars 1894, pp. 89/93, par G. Schlegel.

— D. V. Ritchie. — A Race of Hairy Savages in Tibet. (*Imp. and Asiatic Quart. Review*, Oct. 1893.)

— Notes on a Buddhist Monastery at Bhoṭ Bágán (Howrah), on two rare and valuable Tibetan Mss. discovered there, and on Púran Gir Gosaiṃ, the celebrated Indian Áchárya and Government Emissary at the Court of the Tashi Lama, Tibet, in the last century. By Gaur Dás Bysack. (*Jour. As. Soc. Bengal*, Vol. 59, 1890, Pt. 1, pp. 50/99.)

— Three Documents relating to the History of Ladakh : Tibetan Text, Translation and Notes. — By the late Dr. Karl Marx, Moravian Missionary at Leh, Ladakh. (*Ibid.*, Vol. 60, 1891, Pt. 1, pp. 97/135.)

— Three Documents relating to the History of Ladakh : Tibetan Text, Translation and Notes. — By the late Dr. Karl Marx... Introductory remark by the Rev. Dr. Gustaf Dalman, of Leipzig, Germany. (*Ibid.*, Vol. 63, 1894, Pt. 1, pp. 94/107.)

— * H. G. Schneider. — Working and Waiting for Tibet. London, 1891, in-8, pp. 95.

— Die Entschleierung der unbekanntesten Teile von Tibet und die tibetische Centralkette. — Von Dr. Georg Wegener. Berlin. (*Festschrift Ferdinand Freiherrn von Richthofen zum sechzigsten Geburtstag am 5. Mai 1893 dargebracht von seinen Schülern.* Berlin, 1893, Dietrich Reimer, gr. in-8, pages 385 à 418.)

Laurence Austine Waddell.

Né 29 mai 1854.

— Voir col. 758.

— Tibetan Folklore. By L. A. Waddell. (*Ind. Antiq.*, XXI, 1892, p. 376.)

— A Trilingual List of Nāga Rājās, from the

Tibetan. By L. A. Waddell, M.B., M.R.A.S. (*Journ. Roy. As. Soc.*, Jan. 1894, pp. 91/102.)

— Lāmaist Graces before Meat. By L. A. Waddell. (*Ibid.*, April 1894, pp. 265/268.)

— Buddha's Secret from a Sixth Century Pictorial Commentary and Tibetan Tradition. By L. A. Waddell. M.B., M.R.A.S. (*Ibid.*, pp. 367/384.)

— The so-called « Eucharist » of the Lamas. By L. A. Waddell, M. B. (*Imp. & As. Quart. Rev.*, N. S., VII, 1894, pp. 379/382.)

— Hairy Savages in Tibet. By L. A. Waddell, M. B. (*Ibid.*, pp. 209/210.)

— The Tibetan House-Demon. By Surgeon-Major L. A. Waddell, F. L. S., F. R. G. S. (*Journ. Anthrop. Inst. of Gt. Brit. and Ireland*, Vol. XXIV, 1894-95, pp. 39/41.)

— Description of Lhāsa Cathedral, translated from the Tibetan. By L. A. Waddell. (*Jour. As. Soc. Bengal*, Vol. 64, 1895, Pt. 1, pp. 259/283.)

— The Buddhism of Tibet or Lamaism with its mystic Cults, Symbolism and Mythology, and in its Relation to indian Buddhism. By L. Austine Waddell, M. B., F. L. S., F. R. G. S., Member of the Royal Asiatic Society, Anthropological Institute, etc., Surgeon-Major H. M. Bengal Army. London, W. H. Allen & Co. 1895, in-8, pp. xviii + 1 f. n. c. + pp. 598.

— A Historical Basis for the Questions of King « Menander », from the Tibetan, etc. By L. A. Waddell, LL. D. (*Journal R. A. S.*, April 1897, pp. 227/237.)

— The Environs and native Names of Mount Everest. By Major L. A. Waddell, LL. D., I. M. S. (*Geogr. Journ.*, XII, Dec. 1898, pp. 564/569.)

∴

— Sanskrit Manuskripts in China. By F. Kielhorn. (*Journ. Roy. As. Soc.*, Oct. 1894, pp. 835/838.)

Réimp. de *The Academy*, 16th June 1894.

— Map showing the Roads from Gnatong to Rinchingong. Scale 1 inch = 1 Mile. (*Ret. of Trade for 1894*, p. 628.)

— On some Border Tribes of Eastern Tibet by Arthur de Rosthorn. (*Actes Xe Cong. Int. Orient.*, Genève — 1894, 4e Part., pp. 47/61.)

— Le Thibet. D'après Mgr. F. Biet, par M. Depincé. (*Bul. Soc. Géog. Com. Paris*, XVI, 1894/5, pp. 92/4.)

— Tibbat three hundred and sixty-five years ago. By Major H. G. Raverty, Bombay Native Infantry. (*Jour. As. Soc. Bengal*, Vol. 64, 1895, Pt. 1, pp. 82/122.)

(Waddell. — Divers.)

— Географія Тибета переводъ изъ Тибетскаго сочиненія Миньчжулъ Хутукты. — В. Васильева. — Доложено въ засѣданіи Историко - Филологическаго Отдѣленія 2 Мая 1889 г. — Санктп., 1895 [Тип. И. Ак. Наукъ], in-8, 2 ff. n. ch. + pp. 95.

Notice : *Jour. R. As. Soc.*, Jan. 1897, pp. 166/8, par E. D. M.[organ.]

— Description... of Tibet. (Chap. lxxxix et seq., pp. 404 et seq. de, The *Tarikh-i-Rashidi*... by N. Elias... [and] E. Denison Ross... London, 1895.)

Voir *supra T'ien chan*, col. 2858.

— Tea in Tibet. By J. Edkins. (*China Review*, XXII, N° 4, p. 678.)

— Ed. Specht. — Tibet. (*Grande Encyclopédie*, XXXI, pp. 59/64.)

— The Chief Lama of Himis on the alleged « Unknown Life of Christ ». By J. Archibald Douglas. With a Postscript by Professor Max Müller. (*Nineteenth Century*, XXXIX, April 1896, pp. 667/678.)

— Comment s'est fondé le Pouvoir temporel des Dalaï-Lamas. Par M. L. de Milloué. (*Conférences au Musée Guimet*, 1899-1900 et 1900-1901, pp. 71/88.)

— Gegevens betreffende eene handelsverbinding tusschen Indië en China over Tibet gedurende de ondheid. Door J. Ph. Vogel. (*Bijd. Taal-, L.-, Volk. Ned.-Ind.*, 1899, pp. 87/95.)

— Tibetische Oro- und Hydrographie. (E. von Zach, *Lexicographische Beiträge* III, pp. 108/135.)

— The Great and Small Game of India, Burma, & Tibet by R. Lydekker... With Contributions by Sportsmen. London, Rowland Ward, 1900, in-4, pp. xviii-416.

Tiré à 250 exemplaires.

Appendix. — Gaur-Shooting in Upper Burma. By H. C. V. Hunter. — Banting or Hsaing-Shooting in Burma. By C. W. A. Bruce. — Himalayan Argali-Shooting. By H. C. V. Hunter. — Ovis Poli-Shooting. By C. S. Cumberland. — Scrow-Shooting in Burma. By C. W. A. Bruce, etc.

— A. Grünwedel. — Mythologie des Buddhismus in Tibet. 1900. — Voir col. 761-762.

— The Highway to Tibet. (*Calcutta Review*, CXI, 1900, pp. 12/19.)

— A propos de la polyandrie chez les Thibétains par le Dr. Eugène Pittard, privat-docent à l'Université de Genève. (*Bul. Soc. neuchateloise de Géog.*, XII, 1900, pp. 302/305.)

— Le calice du Grand-Lama. Par Thiébault-Sisson. (*T'oung Pao*, IIe Sér., Vol. IV, N° 3, Juillet 1903, pp. 251/255.)

Extr. du *Temps*, 8 Juin 1903.

— Les relations du Thibet avec l'Inde et la Russie. (*Bull. Com. Asie française*, Sept. 1903, pp. 393/395.)

— Géographie de la principauté de Bathang. Par J.-A. Soulié. (*La Géographie*, 15 février 1904, pp. 87/104.)

(Divers.)

Le P. Soulié a été massacré le 14 avril 1905, à Yaregong; sa carte ms. se trouve à la Soc. de Géographie de Paris.

— The Roads to Tibet. By H. J. Ewes. (*Geogr. Journal*, XXIII, March 1904, pp. 397/399.)

— Tibetan Art. By Mrs. Le Mesurier. (*The Studio*, 15 May 1904, pp. 294/301.)

— L'ouverture du Thibet — Le Bouddhisme et le Lamaïsme par A. de Préville. Paris, Bureaux de la Science Sociale, Décembre 1904, in-8, pp. 104.

Ext. de la *Science Sociale*, 19e année, deuxième période, 9e fascicule.

— Кн. Эсперъ Ухтомскій. — Изъ области ламаизма. — Къ походу англичанъ на Тибетъ. — С.-Пет., 1904, in-8, pp. 128 + 1 f. n. ch.

Notice : *Bull. Ecole française Ext. Orient*, V, Nos. 1-2, Janv.-Juin 1905, pp. 217/8. Par P. P.[elliot.]

— *Bibliotheca Buddhica*. VI. — Обзоръ собранія предметовъ ламайскаго культа Кп. Э. Э. Ухтомскаго. Составилъ Проф. А. Грюнведель. Часть первая. *Текстъ*. — Санктп., 1905, И. Акад. Наукъ, in-8, pp. II-138.

— — — Часть вторая. *Рисунки*. — Ibid., in-8, 33 pl.

— Mission Dutreuil de Rhins dans la Haute Asie — Le Tibet le Pays et les Habitants par F. Grenard — Avec une carte en couleur hors texte — Paris, Armand Colin, 1904, in-16, pp. III-387.

Réimp. partielle de l'ouvrage intitulé *Mission scientifique dans la Haute Asie*, Paris, Leroux, 1897; voir col. 2841.

Notice : *Soc. Géog. Lyon*, *Bul.*, 2e trim. 1905, pp. 181/4, par M. Zimmermann.

— * Tibet : the Country and its Inhabitants. By F. Grenard. Translated by A. Teixera de Mattos. London, Hutchinson & Co., 1904, in-8, pp. VIII-374, carte.

Notice : *The Times Weekly Ed. Lit. Sup.*, Aug. 12, 1904.

— Le Tibet oriental et les sources du Mékong. Par M. Grenard. (*Bul. Soc. Géog. com.* Paris, XVII, 1895, pp. 1035/1050.)

— On Certain Tibetan Scrolls and Images lately brought from Gyantse by Satis Chandra Vidyābhūṣaṇa, M. A., M. R. A. S., Professor of Sanskrit and Pali, Presidency College, Calcutta. Calcutta : Baptist Mission Press, 1905, gr. in-4.

Memoirs of the Asiatic Society of Bengal, Vol. I, No. 1, pp. 1-23.

— A Cup-Mark Inscription in the Chumbi Valley. (With one plate.) By E. H. C. Walsh, I. C. S. [Read March 7th, 1906]. (*Mem. Asiat. Soc. of Bengal*, Vol. I, No. 13, pp. 271/276), 1906, in-4.

— Gyantse Rock Inscription of Chos-rgyal-gnis-pa, a ruler under the Sakyapa Hierarch in the fourteenth century A. D. — By Mahāmahopādhyāya Satis Chandra Vidyābhūṣaṇa, M. A. (*Journ. & Proc. Asiat. Soc. Bengal*, April 1906, pp. 95/103.)

— Archaeological Notes on Balu-Mkhar in Western Tibet. By the Rev. A. H. Francke. Introduction by Jane E. Duncan. (*Indian Antiquary*, Sept. 1905, pp. 203/210.)

— The Dards at Khalatse in Western Tibet. By the Rev. A. H. Francke, With Three Plates. (*Mem. Asiatic Soc. Bengal*, I, No. 19, 1906, pp. 413/419.) In-4.

— * The Buddhism of Tibet. By Sir C. N. Eliot, K. C. M. G. (*Quarterly Review*, CCIII, 1905, pp. 192/220.)

— Une nouvelle route de pénétration commerciale au Tibet. Par Charles Rabot. (*La Géographie*, 15 Mars 1905, p. 226.)

Board of Trade Journal, 1er déc. 1904, p. 400.

— * Le Comte Géza Kuun. Ismereteink Tibetröl. Budapest, 1900, in-8, pp. 80.

Notices : *L'Anthropologie*, XII, 1901, pp. 215/6, par Ch. de Ujfalvy. — *Revue critique*, 1901, I, p. 417, par J. K.[ont.]

— The Climate of Ts'aidam. By A. Kaminski. (*Report Eighth Intern. Geographical Congress, United States*, 1904, pp. 380/385.)

— * A. T. Fraser. — The Drift of Buddhism from India to Mongols and Thibet. With a Map of the Religions of the World. 1905, in-8.

— Zeitrechnung in Tibet. (F. K. Ginzel, *Handbuch... der Chronologie...*, Leipzig, J. C. Hinrich, 1906, p. 403.)

— * T. H. Holdich. — Tibet the mysterious. New York, 1906; London, Alston Rivers 1906, in-8, pp. XII/-356, Ill. and Maps.

Collection « The Story of Exploration », Edited by D. J. Scott Keltie.

Notice : *Geog. Journal*, Jan. 1907, pp. 74/5.

— Lhasa. By Colonel Sir T. H. Holdich, K. C. I. E., C. B. (*Geog. Journ.*, XVIII, Dec. 1901, pp. 602/7.)

— Bod-youl ou Tibet (le Paradis des Moines) par L. de Milloué Conservateur du Musée Guimet. Paris, Ernest Leroux, 1906, in-8, pp. II-304.)

Ministère de l'Instruction publique — Annales du Musée Guimet — Bibliothèque d'Études Tome douzième.

— * Report on the Trade of Bengal with Nepal, Tibet, Sikkim, and Bhutan, 1904, 1905, 1906. — 1906, in-8.

— Ancient Tibet and its Frontagers. By Thos. W. Kingsmill, Esq. (*Journal N. C. B. R. A. Soc.*, XXXVII, 1906, pp. 21/54.)

— The Sanpo. (*Geog. Journ.*, August 1907, p. 213.)

GRANDE BRETAGNE ET TIBET.

— England, Russia and Tibet. By Alexander Ular. (*Contemporary Review*, LXXXII, 1902, pp. 843/862.)

— L'Angleterre, la Russie et le Thibet. (*Belgique Coloniale*, 21 Décembre 1902, p. 604.)

Extrait de M. Alexandre Ular dans la *Contemporary Review*.

— Le Conflit anglo-thibétain. Par C. M. (*Bull. Com. Asie française*, Novembre 1903, pp. 487/488.)

— Surveying Tibet. The Story of a Secret Service. (*Nagasaki Press*. — *N. C. Herald*, Jan. 15, 1904, p. 81.)

— * D. C. Boulger. — The Problem of High Asia. (*Fortnightly Review*, Feb. 1904.)

— The Roads to Tibet. By A. W. Paul. (*Geog. Journal*, April 1904, pp. 528/9.)

— British Relations with Thibet. By H. C. Wylly. (*The Monthly Review*, May 1904, pp. 41/54.)

— L'Angleterre et le Thibet Par Joseph Joûbert. (*Annales Coloniales*, 1er Mai 1904, pp. 198/201.)

— Great Britain and Thibet. The Asian Crisis. By E. John Solano. (*Blackwood's Mag.*, May 1904, pp. 710/729.)

— * The Crisis in Thibet. By E. John Solano. (*The National Review*, July 1904.)

— Our Relations with Tibet. By Captain George E. Bruce. (*Imp. & Asiat. Quart. Review*, July 1904, pp. 28/43.)

— Les Anglais au Thibet. Par Edouard Payen. (*Ann. Sciences Politiques*, XIXe année, 1904, 15 Sept., pp. 569/580.)

— * Le traité Thibétain. (*The Economist*, 17 sept. 1904.)

— La question thibétaine et l'opinion britannique, par Jacques Bardoux. (*Revue bleue*, 24 sept. 1904, pp. 388/393.)

— Chinas Vorherrschaft über Tibet in Vergangenheit und Gegenwart. Nach englischen Quellen bearbeitet von Said Ruete. (*Asien*, 1904, 1, pp. 1/5.)

— La question du Thibet. Par Charles Mourey. (*Bull. Com. Asie française*, 1904, Janvier, pp. 7/16.)

— Les Anglais au Thibet. (*Ibid.*, p. 43.)

— Au Thibet. (*Ibid.*, Mars, pp. 164/5.)

— Le commerce de la vallée de Chumbi. (*Ibid.*, p. 165.)

— Au Thibet. Par C. M. (*Ibid.*, Avril, pp. 198/200.)

— Les Anglais au Thibet. Par C. M. (*Ibid.*, Mai, pp. 244/245; Juin, pp. 288/289.)

— La constitution politique du Thibet. Par X. (*Ibid.*, Juin, pp. 289/293.)

— Au Thibet. (*Ibid.*, Juillet, pp. 328/9.)

— Au Thibet. Par C. M. (*Ibid.*, Août, pp. 375/6; Sept., pp. 420/422.)

— Die englische Einfallspforte nach Tibet. (*Globus*, Bd. 85, 1904, pp. 122/5.)

— * What I saw in Thibet. By W. C. Jameson Reid. (*Monthly Review*, XVI, 1904, pp. 60/82.)

— Dott. Giovanni Piero Magrini. — La Spedizione inglese nel Tibet. (*Riv. Geog. Ital.*, XI, 1904, pp. 48/51.)

— The Treaty with Tibet. (*Geographical Journal*, XXIV, No. 4, Oct. 1904, p. 480.)

— Die weltpolitische Bedeutung der englischen Invasion in Tibet. Von Dr. Vosberg-Rekow. (*Asien*, 1904, No. 2, pp. 17/20.)

— Russlands Stellung in Tibet. Von Said Ruete. (*Ibid.*, pp. 21/22.)

— * To Lhasa at Last! By Powell Millington. London: Smith, Elder. 1905. In-12, Price 3s. 6d. net.

Notices: *Geographical Journal*, XXV, No. 5, May 1905, pp. 551/554. By D. W. F.[reshfield.] — *Times Weekly Ed. Lit. Sup.*, 13 Jan. 1905.

— The Solution of the Tibetan Problem. By A. Ular. (*Contemporary Review*, LXXXV, 1904, pp. 640/648.)

— * Georg Wegener. — Tibet und die englische Expedition. Halle, Gebauer-Schwetschke, 1904, in-8, pp. 148.

Notices: *Geog. Journ.*, Jan. 1905, p. 85. — *Geog. Zeit.*, Feb. 1905, pp. 124/5, par Karl Oestreich. — *Zeit. Ges. f. Erdk. Berlin*, 1905, p. 145, par Max Friedrichsen.

— Lhassa. Von Dr. Georg Wegener. (*Globus*, Bd. 85, 1904, pp. 269/274.)

— Tibet, Lhassa und die Wege dahin. Von Dr. Georg Wegener. (*Asien*, 1904, No. 8, pp. 113/116; No. 9, pp. 133/6.)

— Die englische Tibetexpedition auf dem Wege nach Lhassa. (*Globus*, LXXXVI, 1904, pp. 55/8.)

— Der bisherige tibetanisch-indische Grenzhandel. Von Wilhelm Krebs. (*Ibid.*, pp. 252/4.)

— Sir Franck Younghusband sur le Thibet. (*Bull. Com. Asie française*, Mars 1905, pp. 117/119.)

— The Geographical Results of the Tibet Mission. By Sir Frank Younghusband, K. C. I. E. (*Geographical Journal*, XXV, No. 5, May 1905, pp. 481/498.)

Read at the Royal Geographical Society, February 13, 1905.

— Die geographischen Ergebnisse der englischen Tibet-Expedition 1903/04. Von W. Kolshorn. (*Asien*, Dez. 1905, pp. 37/9.)

— Preliminary Note on the Geology of the Provinces of Tsang and Ü in Tibet. By H. H. Hayden,... Superintendent, Geological Survey of India. (*Records Geolog. Survey of India*, XXXII, Pt. 2, 1905, pp. 160/174, 1 pl.)

— Résultats géologiques de l'expédition anglaise à Lhassa. Par Charles Rabot. (*La Géographie*, 15 Septembre 1905, pp. 188/190.)

— Geological Results of the Tibet Mission. (*Geogr. Journal*, XXVI, N° 6, Dec. 1905, pp. 668/9.)

— * To Lhasa with the Tibet Expedition, 1903/04. By Lieut.-Colonel H. A. Iggulden. With Map and Illustrations. (*J. R. United Service India*, XLIX, 1905, pp. 659/679.)

PERCEVAL LANDON.

— Lhasa An Account of the Country and People of Central Tibet and of the Progress of the Mission sent there by the English Government in the year 1903-4 written, with the help of all the Principal Persons of the Mission, by Perceval Landon Special Correspondent of the «Times». Hurst and Blackett, Ltd. London, 1905, 2 vol. in-8, pp. XIX-414, XI-426.

Notices: *Geog. Journal*, May 1905, pp. 551/4, par D. W. F.[reshfield.] — *Times Weekly Ed. Lit. Sup.*, 10 Feb., 1905.

— Perceval Landon Correspondant particulier du «Times». A Lhassa la Ville interdite Description du Tibet central et des

Coutumes de ses Habitants Relation de la marche de la Mission envoyée par le Gouvernement anglais (1903-1904), Hachette et Cie, 1906, in-8, pp. VIII-450.

Notices : *Revue Critique*, 16 juillet 1906, pp. 36/8, par A. Biovès. — *Bul. Comité Asie franç.*, fév. 1906, pp. 86/7.

— * Lhasa... New and Revised edition. 1906, in-8, pp. 546.

L. Austine Waddell.

— Lhasa and its Mysteries with a Record of the Expedition of 1903-1904 by L. Austine Waddell, LL.D., C.B... Lieut.-Colonel, Indian Medical Service... With 200 illustrations and maps. London, John Murray, 1905, in-8, pp. XXII-530.

Notices : *Times Weekly Ed. Lit. Sup.*, March 31, 1905. — *Jour. R. As. Soc.*, April 1906, pp. 476/9, par S. W. B.[ushell.] — *Geog. Journ.*, May 1905, pp. 551/4, par D. W. F.[reshfield.]

— Lhasa and its Mysteries with a Record of the Expedition of 1903-1904 by L. Austine Waddell... With 155 Illustrations and Maps Third and Cheaper Edition. Methuen & Co., London, in-8, pp. XX-530.

∴

— Exploration of Western Tibet and Rudok. Undertaken by Captain Rawling and Lieut. Hargreaves, of the Somerset Light Infantry, in 1903. By Captain C. G. Rawling. (*Geogr. Journal*, XXV, No. 4, April 1905, pp. 414/429.)

— * The Great Plateau, being an Account of Exploration in Central Tibet, 1903, and of the Gartok Expedition, 1904-1905. By Captain C. G. Rawling. London : E. Arnold, 1905, in-8, pp. XII-324. Maps and illustrations.

Notice : *Geogr. Journal*, XXVII, Feb. 1906, pp. 188/9, by F. E. Y.[ounghusband.]

— * The Unveiling of Lhasa. By E. Candler. Map and Illustration. London, E. Arnold, 1905, in-8.

Notices : *Times Weekly Ed. Lit. Sup.*, 13 Jan. 1905. — *Geog. Journ.*, May 1905, pp. 551/4, par D. W. F.[reshfield.]

— * — — Second Impression. Ibid., in-8, pp. XVI-304.

— The expedition to western Tibet. (*Geograph. Journal*, March 1905, pp. 295/6.)

— Exploration and Survey with the Tibet Frontier Commission, and from Gyangtse to Simla viâ Gartok. By Major C. H. D. Ryder, D. S. O., R. E. (*Geographical Journal*, XXVI, No. 4, Oct. 1905, pp. 369/395.)

— Reconnaissances topographiques dans le Tibet occidental La mission des capitaines Rawling et Ryder. Par C. M. (*Bull. Com. Asie française*, Oct. 1905, pp. 386/88.)

— Les récentes publications sur Lhassa et le Tibet par J. Deniker. (*La Géographie*, 15 février 1906, pp. 103/124.)

— A Summer Ride through Western Tibet by Jane E. Duncan. With 93 Illustrations and a Map. London, Smith, Elder & Co., 1906, in-8, pp. XVIII-341.

Notices : *Lond. & China Express*, May 11, 1906. — *Geog. Journ.*, Jan. 1907, pp. 75/6.

— With mounted Infantry in Tibet by Brevet-Major W. J. Ottley 34th Sikh Pioneers With Portraits, Illustrations and Plan. London, Smith, Elder, & Co., 1906, in-8, pp. XIII-275.

— Affaires tibétaines. (*Bull. Com. Asie française*, 1906, Janvier, pp. 18/20.)

— Le traité tibétain entre la Chine et l'Angleterre. (*Ibid.*, Avril, p. 163.)

— L'influence anglaise au Thibet. (*Ibid.*, Mai, p. 210.)

— Les relations de l'Inde avec le Thibet. (*Ibid.*, Juin, p. 263.)

— L'Angleterre, le Thibet et la Chine. (*Ibid.*, Août, pp. 310/11.)

Convention signée à Peking 27 avril 1906.

— Great Britain and Tibet. (*Geographical Journal*, Nov. 1906, p. 506.)

Convention de Peking 27 avril 1906.

— L'indemnité thibétaine. (*Bull. Com. Asie franç.*, Mars 1907, p. 103.)

BLUE BOOKS.

— *East India* (Tibet). — Papers relating to Tibet. — Presented... London, 1904, [Cd. 1920], 3*s*. 1*d*., in-fol., pp. X-314, carte.

— *East India* (Tibet). — Further Papers relating to Tibet. [In continuation of Cd. 1920]. — Presented... London, 1904, [Cd. 2054], 3 1/2 d., in-fol., pp. IV-29.

— *East India* (Tibet). — Further Papers relating to Tibet. No. III. [In continuation of Cd. 2054]. — Presented... London, 1905, [Cd. 2370], 2*s*. 5d., in-fol., pp. XXVI-277.

— *Treaty Series*. No. 9. — 1906. Convention between the United Kingdom and China respecting Tibet. Signed at Peking, April 27, 1906. (To which is annexed the Convention between the United Kingdom and Tibet, signed at Lhasa, September 7, 1904.) London, 1906, [Cd. 3088], 1/2 *d*., in-8, pp. 8.

VOYAGES ET MISSIONS.

— Travels through Tibet, to and from China : by several Missioners. (Pinkerton, VII, p. 587.)

Andrade — Grueber — Desideri — Della Penna.

Antonio de Andrade.

Né à Oleiros, dans l'Alentejo, en 1580 ; † empoisonné 19 mars 1634.

— Novo Descobrimento do gram Cathayo,

ov Reinos de Tibet, pello Padre Antonio de Andrade da Companhia de Iesv, Portuguez, no Anno de 1624. Com todas as licenças necessarias. Em Lisboa, por Mattheus Pinheiro. Anno de 1626, pièce in-4 de 16 ff.

Le recto du f. 16 renferme le permis d'imprimer.

— * Nuevo descubrimiento del gran Cathayo, à Reynos de Tibet, por el Padre Antonio de Andrade, de la Compañia de Jesus, Portugues, en el año de 1624. *A la fin* : Està impressa esta Relacion del Catayo, con licencia, en Madrid, en case de Luis Sanchez impressor del Rey nuestro Señor, y del Reyno, año 1627. Lavs Deo, in-4, 12 ff.

Signé : « Agrà, 8 de Noviembre de 1624. Antonio de Andrade. »

Machado cite : Madrid, 1626.

« Cuja relação inteiramento transcreveo o P. Ant. Franco na *Imag. da Virtude em o Noviciado de Lisboa*, pp. 376 à 400. Desda relação do novo descubrimento do Tibet composta pelo P. Ant. de Andrade extrahio a maior parte de noticias Theodoro Rhuy S. J. com que amplìou a Historia Latina que escreveo da Descripção daquelle Reino a qual sahio impressa Paderbonae apud Henricum Pontanum, 1658, in-4. » Machado, cité par de Backer.)

— * Ontdecking van den grooten Cathai, uyt de jaerlyksche brieven van P. Antonius de Andrade.

Par le P. Jacques Dyck.

— Relatione ‖ del novo scoprimento ‖ del Gran Cataio, ‖ overo ‖ Regno di Tibet ‖ Fatto dal P. Antonio di Andrade ‖ Portoghese della Compagnia ‖ di Giesù l'anno ‖ 1624. ‖ In Roma, ‖ Appresso Francesco Corbelletti ‖ MDCXXVII. ‖ Con Licenza de' Superiori. ‖ Pet. in-8, pp. 40, s. l. tit. et la permission = 1 f

Di Agra 8. di Nouembre 1624.

Bib. nat. $0\frac{2}{1}$m. — Trad. par G. Gabrielli.

— Nvovo scoprimento del Gran Cataio, o Regni del Tibet, dalla castigliana nella lingua Italiana recato. dal Signor Gio. Gabrielli, e dedicato a Monsignor ill.mo Centini Vescouo di Massa. In Napoli, 1627, pet. in-8, pp. 46.

On lit au titre p. 5 « fatto dal P. Antonio d'Andrade della Compagnia di Giesv l'anno del Signore 1625 ».

De Backer cite : Venezia, Damiano Zenario, 1646, in-4.

— Le grand Cathayo, ov Royavmes de Tibet, n'aguerres descouuerts par le P. Antoine d'Andrade Portuguez de la Compagnie de Iesvs. Le tout tiré des Lettres dudict P. Andrade à son Supérieur, en date du 8. de Nouemb. 1624. Traduict fidelement de l'Espagnol en François. A Gand, Chez la Vefue de feu Gaultier Manilius, demeurant au Pigeon blancq, préz le Belfort. 1627, pet. in-8, pp. 40, le titre compris.

De Agra ce 8. de Nouemb. 1624.

(Voyages et Missions : Antonio de Andrade.)

— Relation ‖ de la ‖ novvelle ‖ descovverte ‖ du grand Catay, ‖ ou bien du ‖ Royaume de Tibet. ‖ Faite par le P. Antoine d'Andrade Portuguez, ‖ de la Compagnie de Iesvs, l'an 1624. ‖ Tirée d'vne lettre du mesme P. escrite au R. P. ‖ Prouincial de Goa de la mesme Compagnie. ‖ Et traduite de l'Italien en François. ‖ A Paris, ‖ Chez Sebastien Chappelet, ruë sainct ‖ Iacques, au Chapelet. ‖ M. DCXXVII, in-8, pp. 55 tout comp.

Agra, 6 Novembre 1624.

Bib. nat. $0\frac{2}{3}$m.

— Relation ‖ de la ‖ novvelle ‖ descovverte ‖ du grand Catay, ou bien ‖ du Royaume de ‖ Tibet. ‖ Faicte par le P. Antoine d'Andrade ‖ Portuguez, de la Compagnie de ‖ Jesvs, l'an 1624. ‖ Tirée d'vne lettre du mesme P. escrite au ‖ R. P. Prouincial de Goa de la ‖ mesme Compagnie. ‖ Et traduite de l'Italien en François. ‖ Av Pont-a-Movsson. ‖ Par Iean Appier Hanzelet, Imprimeur & Graueur ‖ de son Altesse & de l'Vniuersité, & ‖ Iean Bernard Libraire Iuré. ‖ M.DC.XXVIII, in-8, pp. 48.

D'Agra, ce 6 Novembre 1624.

— * Advis certain d'une plus ample découverte du royaume de Catai avec quelques autres particularités notables de la coste de Cocincina, et de l'antiquité de la foy chrestienne dans la Chine. Tiré des lettres des PP. de la Compagnie de Jesus de l'année 1626. Bourdeaux, 1628, in-8.

— Advis ‖ certain, ‖ d'vne plvs ‖ ample descov- ‖ verte dv Royavme ‖ de Cataï, ‖ Auec quelques autres particularitez ‖ notables de la coste de Cocincina, ‖ & de l'antiquité de la Foy Chre ‖ stienne dans la Chine. ‖ Tirées des lettres des PP. de la Compa- ‖ gnie de Iesvs, de l'année 1626. ‖ A Paris, ‖ Chez Sebastien Chappelet, ruë ‖ Sainct Iacques, au Chapelet, ‖ M.DC.XXVIII ‖ in-8, pp. 28, tout compris.

Voir pp. 20 et seq. : Inscription d'vn marbre gravé l'an de N. Seigneur 382 en la Prouince de Xansi au Royaume de la Chine, & descouuert le vingt-troisième d'Aoust mil six cens vingt cinq.

Bib. nat. $0\frac{2}{3}$m.

— Relation de la novvelle descovverte du grand Catay, ou bien du Royaume de Tibet. Faite par le P. Antoine d'Andrade Portuguez, de la Compagnie de Iesvs, l'an 1624. Tiree d'vne lettre du mesme P. escrite au R. P. Prouincial de Goa de la mesme Compagnie. Et traduite de l'Italien en François. A Paris, Chez Sebastien Chap-

(Voyages et Missions : Antonio de Andrade.)

pelet, ruë sainct Iacques, au Chapelet. M.DCXXVIII, in-8, pp. 55.

— Relacam geral do estado da christandade de Ethiopia; Reduçam dos Scismaticos; Entrada, & Recebimẽto do Patriarcha Dom Affonso Mendes : Obediencia dada polo Emperador Seltã Segued com toda sua Corte à Igreja Romana; & do que de nouo socedeo no descobrimẽto do Thybet, a que chamam, gram Catayo. Composta, e copiada das cartas que os Padres da Companhia de Iesv, escreuéram da India Oriental dos Annos de 624. 625. & 626. pelo Padre Manoel da Veiga da mesma Companhia, natural de Villauiçosa. Com todas as licenças necessarias. Em Lisboa. Por Mattheus Pinheiro. Anno de 1628. in-4, 124 ff. s. l. tit. et 1 f. prél.

Ff. 103/124 : Livro III. Das covsas do Reyno do Gram Thybet, a que chamam Catayo, que de nouo socederam nos Annos de 625. & 626.

— * Tybet, wielkie Państwo w Azyey, do którego Oycowie Jezuici niedawno przybywszy wiarę świętą chrześciańską błędami wielkiemi pogańskiemi z falszowaną do szczerości przywadzą, to jest : krótkie opisanie zwyczajów. Nabożeństwa y Wiary Narodów tybetańskich, przez jednego kaplana tegoż zakonu z Pism do WO. Swego Generala o tym ztamtąd poslanych, a w Rzymie drukiem swiatu wszystkiemu ogloszonych roku teraźnieyszego 1628, za dozwoleniem Starszych zakonnych y Urzędu duchownego. Kraków, Dr. Fr. Cezarego, 1628, in-4, pp. 52 goth.

Par le P. Fréd. Szembek, S. J.

— Segvnda carta. ‖ Prosigue el descubrimiento del gran Catayo, o ‖ Reynos del gran Thibet, por el Padre Antonio de Andrada, de ‖ la Compañia de Iesus, Portugues, escrita a su General, ‖ y embiada del Virrey de la India a su Magestad, ‖ en este año de 1627. Pièce in-fol. de 6 ff. n. c.

Le tit. *ut supra* en tête de la lettre. — A la fin, recto du f. 6 : ... De Chaparàgue Corte del Rey ‖ del gran Thibet en 15. de Agosto de 1626. ‖ El Padre Antonio de Andrada. ‖ Con licencia del señor don Gonçalo Perez de Valençuela, en Se ‖ gouia por Diego Flamenco. Año de 1628.

Bib. nat. O^2_4m dans un vol., recueil factice, intitulé *Relaciones curiosas*, en mar. r., aux armes de Colbert, $\frac{Oa}{198}$.

Inséré, pp. 403/5 de *Imagem da virtude*, du P. Franco.

— Histoire ‖ de ce qvi s'est ‖ passé av Royavme ‖ dv Tibet. ‖ Tirée des Lettres escriptes en l'année ‖ 1626. ‖ Addressée au R. P. Mvtio Vitelleschi ‖ General de la Compagnie de Iesvs. ‖ Traduicte d'Italien en François par vn Pere de la ‖ mesme Compagnie. [Vig.] A Paris. ‖ Chez Sebastien Cramoisy, ruë sainct ‖ Iacques, aux Cigognes. ‖ M.DC.XXIX. ‖ Aec Priuilege du Roy, in-8, 4 ff. p. l. tit., déd., etc. + pp. 104.

Let. d'Ant. d'Andrado « de Caparangue ce 15. Aoust 1626 ».
Par le Père Jean Darde.

— Relacion nveva y cierta qve escriue el P. Antonio de Andrada Religioso de la Compañia de Iesus, en cartas que llegaron este año. de 1629. con la Nao de la India Oriental, dando auiso de todo lo que passa en el gran Catayo, y Reynos del Tibet, y Cochinchina, Tonquin, Camboia, y Sian [s. d., 1629].

Pièce in-fol. de 2 ff. n. c. — A la suite de la lettre du P. d'Andrade une lettre sur la Cochinchine du P. Gaspar Diaz.

British Museum, $\frac{4783}{6}$ f.

— Voyages au Thibet, faits en 1625 et 1626, par le père d'Andrada, et en 1774, 1784 et 1785, par Bogle, Turner et Pourunguir, traduits par J. P. Parraud et J. B. Billecoq. A Paris, de l'imp. de Hautbout l'aîné, l'an IV, in-24, pp. xij-204.

— Hugh Murray, Historical Account, I, Chap. IX, pp. 421-436.

— Voir dans *The Geographical Magazine*, May 1875, un article de Clements R. Markham sur « Travels in Great Tibet and Trade Routes between Tibet and Bengal ». Ce travail qui avait été lu le 26 Avril 1875 à la Royal Geographical Society, contient des détails intéressants sur les voyageurs au Tibet, particulièrement sur Bogle, Thomas Manning et les envoyés du Colonel Montgomerie. — Voir col. 2909.

— Claros Varones de la Compañia de Jesus... por el P. Juan Eusebio Nieremberg... Madrid, Tome I, 1643, in-fol.

— * Carta em que relata como voltou a Tibet a 15 de Agosto de 1626. (*Imago da Vird. em o Novic. de Lisboa*, du P. Franco, pp. 400/402.)

De Backer. — Trad. en italien, etc. dans les *Lettere annue del Tibet del 1626*... [voir col. 815], etc.

— Beschreibung ‖ Einer weiten vñ ‖ gefährlichẽ Reisz | ‖ so ein Priester der Societet Je- ‖ sv P. Antonivs de Andrade ‖ genant | ausz der Mission beim gros- ‖ sen Mogor in Asia | ‖ inn ersuchung ‖ desz grossen Cataio vnd der König- ‖ reich Tibet, den Christlichen Glau- ‖ ben indenselben biszher vnbekandẽ ‖ Landen zuuerkünden | einen anfang ‖ zu machen | mit vnglaublicher ‖ mühe vnd arbeit im 1624. ‖ Jahr verricht. ‖ Den guthertzigen Gottes ehr | ‖ vnnd Christlichen Glaubens ausz ‖ braitung enferigliebenden ‖ Teütschenzugefal- | ‖ len. ‖ Ausz Spanischer Sprach inn ‖ die Teütsche vbergesetzt. ‖ 1627, in-24, 40 ff. n. ch. : a, b, c × 12 = 36 ff.; d × 4 = 40 ff.

Au verso du dernier f. : Nachgedruckt zu Augspurg ‖ bey Michael Stör | Im ‖ Jahr 1627. — Au recto du dernier f. on lit que cette relation a été imprimée avec permission à Madrid, chez Louis Sanchez, en 1627.

B. Nat. $\frac{O^2m}{62}$.

(VOYAGES ET MISSIONS : ANTONIO DE ANDRADE.)

(VOYAGES ET MISSIONS : ANTONIO DE ANDRADE.)

— * Descriptio regni Thibet. Paderbonae, typis Henrici Pontani, 1658, in-4.

Tiré en grande partie du P. Andrade par le P. Théodore Rhay, S. J.

JEAN GRUEBER, de la Compagnie de Jésus.

Né à Lintz, 28 oct. 1623 ; † à Florence en 1665.

— Viaggio del P. Giovanni Grveber, tornando per terra da China in Europa. (Recueil de Thévenot, II.)

Suivi de trois lettres de Grueber en latin et d'un alphabet provenant du P. Ruggieri, missionnaire à la Chine ; après la mort de ce dernier l'alphabet tomba entre les mains du P. [Jacques] Sirmond [au lieu de *Simon*], jésuite, qui le communiqua à M. Hardi dont Thévenot l'obtint ; puis de «Voyage à la Chine des PP. I. Grveber et d'Orville», trad. de l'italien par Thévenot, et de «Ex litteris Grueberi Kirchero inscriptis».

— Notizie varie dell' Imperio della China... Firenze, 1697. [Voir col. 1402.]

— Estratto svccinto da trè Lettere Latine del P. Grveber Giesvita, scritte ad alcuni di lui amici, nelle quali notansi varie particolarità della China, e più particolarmente del di lui Viaggio per l'arene della Tartaria Orientale. (Anzi, *Il Genio Vagante*, Parma, 1692, III, pp. 331/339.)

— Moderna Relazione della China, e del vario passagio per la Tartaria deserta in que Regni. Estratto da una Relazione avutosi in Firenze con un Padre Giesvita [Grueber] venuto da Regni della China, ove si riferiscono vari costumi, e riti loro ne' presenti tempi. (*Ibid.*, pp. 341/399.)

— China and France, or Two Treaties. The one, Of the present State of China, As to the Government, Customs, and Manners, of the Inhabitants thereof ; never yet known to us before in Europe. From the observation of two Jesuites lately returned from that Countrey. Written and Published by the French Kings Cosmographer, and now Englished. The other, Containing the most remarkable Passages of the Reign and Life of the present French King, Lewis the Fourteenth ; and of the valour of our English in his Armies. London, Printed by T. N. for Samuel Lowndes over against Exeter-house in the Strand. 1676, in-12.

Le traité sur l'état de la Chine est le récit des voyages du P. J. Grueber.

— Travels from China to Europe in 1661. By John Grueber, Jesuit. (Astley's *Collection*, Vol. IV.)

Réimprimé par Markham, *Tibet*, pp. 295 et seq., *vide infra*.

— Brief P. Joannis Grueber, der Ges. Jesu Missionarii aus der Oesterreicher Provinz an R. P. Joannem Haffenecker, des Collegii Soc. Jesu und der Universität zu Grätz in Steyermarck Rectorem. Geschrieben zu Surate in Ost-Indien den 7. Mertzen 1658. (*Neue Welt-Bott*, I, pp. 111/112.)

— Kircher, *Chine Illustrée*. [Voir col. 26.]

— Prévost, *Hist. gén. des Voy.*, Vol. VII.

(VOYAGES ET MISSIONS : ANTONIO DE ANDRADE.)

— Hugh Murray, Historical Account, I, Chap. IX, pp. 436-441.

— Relazione della China Cavata da un Ragionamento tenuto col P. Giovanni Grueber della Compagnia di Gesù nel suo passagio per Firenze l'anno 1665.

A la fin, pp. 166/209, de : Viaggio di Lionardo di Nicolò Frescobaldi in Egitto e in Terra Santa. Parma, Pietro Fiaccadori MDCCCXLV, in-16.

— Die Durchquerung Tibets seitens der Jesuiten Johannes Grueber und Albert de Dorville im Jahr 1661. Eine Studie über das Leben und die Reise der beiden Väter. Von Richard Tronnier in Leer, Ostfriesland. (*Zeitschft. d. Ges. f. Erdkde. zu Berlin*, 1904, No. 5, pp. 328/361.)

— Grueber and Dorville's Journey across Tibet. (*Geographical Journal*, XXIV, N° 6, December 1904, pp. 668/670.)

D'après la *Zeitschft. d. Ges. f. Erdkunde* pour 1904, No. 5.

HIPPOLYTE DESIDERI, de la Compagnie de Jésus.

Né à Pistoie en 1684 ; † à Rome, le 14 avril 1733.

— Lettre du Père H. Desideri au Père Ildebrand Grassi (A Lassa, le 10 Avril 1716). (*Let. éd., Pant. litt.*, III, pp. 531/535.)

— *Hist. des Voyages*, de l'Abbé Prévost, VII, Ch. 7.

Traduite en allemand dans le *Welt-Bott*, VII. Th., No. 175, pp. 90/93.

— Travels into Tibet in 1714. By Hypolito Desideri, an Italian Jesuit. Now first translated from the French. (Astley, *Coll. of Travels*, Vol. IV.)

Traduit aussi par Markham, *vide infra* (pp. 302/308).

— Notes sur le Tubet par le P. Hippolyte Desideri, recueillies par N. Delisle. (*Nouv. Jour. As.*, VIII, 1831, pp. 117/121.)

— Hugh Murray, Historical Account, I, Ch. IX, pp. 441/445.

— Let. 13 fév. 1717. (*Bibliotheca Pistoriensis*, du P. Zaccaria, pp. 185/6.)

— Voir dans les Nos. 2 et 3 du *Bullettino italiano degli studi orientali* un résumé critique que le Dr. C. Puini a fait de la relation du voyage de Desideri d'après le Ms. inédit qui était dans les mains du Chevalier Filippo Rossi Cassigoli de Pistoie.

Rivista Europea, Juin et Juillet 1876 : Conseils que le P. Desideri donnait aux voyageurs.

— Carlo Puini. — Il P. Ippolito Desideri e i suoi Viaggi nell' India e nel Tibet (1712-1727). — Il Buddhismo nel Tibet secondo la relazione inedita del viaggio del P. Ippolito Desideri. Firenze, G. Carnesecchi e Figli — 1899, in-8, pp. XXXII-63.

— Viaggio nel Tibet del P. Ippolito Desideri del Prof. Carlo Puini. (*Riv. Geog. Ital.*, VII, 1900, pp. 565/582.)

Le chap. de Desideri relatif au Bouddhisme tibétain a été publié par Puini dans le Vol. III des *Studi italiani di filologia Indo-iranica*.

— Carlo Puini. — Il TIBET. (Geografia, Storia, Religione, Costumi) secondo la Rela-

(VOYAGES ET MISSIONS : HYPPOLYTE DESIDERI.)

zione del Viaggio del P. Ippolito Desideri (1715-1721). Roma, presso la Società geografica italiana, 1904, in-8, pp. lxiv-402.

Memorie della Società geografica italiana — Volume Decimo.

Notice : *Geographical Journal*, XXV, No. 1, January 1905, pp. 84/85. By A. H. Keane.

D'après le Ms. pet. in-fol. d'environ 320 ff. intitulé : *Breve e succinto ragguaglio del viaggio alle Indie orientali del Padre Ippolito Desideri della Compagnia di Gesù.* — Appartenait jadis au Cav. Rossi-Cassigoli, de Pistoie, qui en laissa faire une copie pour l'Hakluyt Society (cf. Markham, *Tibet*, p. lix). A la mort de son propriétaire, la collection Rossi-Cassigoli fut acquise par la Biblioteca Nazionale de Florence, et M. Puini put publier le Ms. de Desideri. Cf. *Pref.*, pp. vii-viii. — A. de Gubernatis, *Scritti del P. Marco della Tomba*, 1878, p. xix note.

— A. Magnaghi. — Il Tibet nella relazione del P. Ippolito Desideri. (*Riv. Geog. Ital.*, XI, 1904, pp. 96/108.)

D'après le vol. de Puini, 1904, Soc. Geog. Italiana.

— Carlo Puini. — Gli ultimi tempi della Missione cattolica di Lhasa. (*Ibid.*, pp. 347/351.)

— C. Puini. — Il Matrimonio nel Tibet. (*Rivista Italiana di Sociologia*, anno IV, 1900, pp. 149/168.)

Notice : *L'Anthropologie*, XI, 1900, pp. 629/633, par Ch. de Ujfalvy.

— Carlo Puini. — Lhasa. (*Rivista geog. ital.*, X, 1903, pp. 546/8.)

— * Alla sacra Congregazione da Propaganda Fide Difesa I della Compagnia di Giesù in ordine alla missione del Thibet, e difesa del M. R. P. Generale della medesima Compagnia, contro le scritture del R. P. F. Felice da Montecchio Cappucino. S. l. [Roma], Typis Giannini et Mainardi, 1728, in-4, pp. 18 n. ch. — Alla sacra... Difesa II della Compagnia di Giesù del P. Ippolito Desiderj della medesima Compagnia, contro le... Ibid., 1728, in-4, pp. 31 n. ch. — Alla sacra... Difesa III della Compagnia di Giesù contro la scrittura del P. Fr. Felice da Montecchio Cappuccino, intitolata Risposta alla relazione della missione del Thibet data da' PP. della Compagnia di Giesù. Ibid., 1728, in-4, pp. 19 n. ch.

Sommervogel. — Markham, p. lx note cite :

— * Alla sagra Congregazione de propaganda fide deputata sopra la missione del Gran Thibet, rapresentanza de Padri Cappuccini Missionaj, dello stato presente della medesima, e de' provvedimenti per manteneola ed accrescerla. 1738, pp. 55.

Bib. de l'India Office.

FRANCESCO ORAZIO DELLA PENNA DI BILLI.

Né à Macerata, en 1780 ; arriva au Tibet par le Nepal en 1719 ; † à Patan, Nepal, 20 juillet 1747.

Cf. Giorgi, *Alphabetum Tibetanum*.

— Relazione del principio, e stato presente della Missione del vasto Regno del gran Tibet, ed altri due Regni confinanti, raccomandata alla vigilanza, e zelo de' Padri Cappucini della Provincia della Marca nello Stato della Chiesa. Pièce in-4, pp. 12.

A la fin : In Roma, nella Stamperia di Antonio de' Rossi. 1742. Con licenza de' Superiori.

British Museum, T. 70*.

Traduit dans le Vol. XIV de la *Nouvelle Bibliothèque, ou Histoire littéraire*.

— An account of the Commencement, and present State of the Capuchin Mission in Tibet, and two other neighbouring kingdoms, in the year 1741. By Friar Horace della Penna, Prefect of the Mission. (Astley's *Collection*, Vol. IV.)

— Relacion publicada en Roma del principio, y estado presente de la Mission del dilatado Reyno del Gran Tibet, y otros dos Reynos confinantes, recomendada à la vigilancia, y zelo de los Padres Capuchinos de la Provincia de la Marca, en el Estado Eclesiastico.

Pièce in-4, pp. 12 ; à la fin : En Madrid : Se hallarà en la Imprenta de la Gaceta, Calle de Alcalà.

— Representacion hecha por el R. Procurador General de Religiosos Menores Capuchinos, a la Sagrada Congregacion de Propaganda Fide, sobre el estado actual de la Mission del Thibet. Traducida del Toscano por el Doctor D. Antonio Maria Herrero. Con Privilegio. En Madrid : En la Imprenta del Reyno, Calle de la Gorguera. Año de 1744, in-4, pp. 119 s. le f. prél.

— Breve Notizia del regno del Thibet, dal frà Francesco Orazio della Penna de Billi. 1730.

Publié par Klaproth avec des notes dans le *Nouv. Jour. As.*, Vol. XIV, 1834, Sept., pp. 177/204 ; Oct., pp. 273/296 ; Nov., pp. 406/432.

— Account of Tibet by Fra Francesco Orazio della Penna de Billi. 1730. With Notes by M. Klaproth. (*As. Jour. & Month. Reg.*, Vol. XV, 1834, pp. 294/303.)

— Brief account of the Kingdom of Tibet, by Fra Francesco Orazio della Penna di Billi, 1730. (Markham, *Tibet*, *vide infra*, pp. 309 et seq., trad. du Ms. publié par Klaproth.)

— * A Short Account of the Great Kingdom of Tibet. In 1729 A. D. By Fra Francesco Orazio della Penna di Billi. (*J. Buddhist Text and Anthrop. Soc.* V [1897], pp. 4/23.)

— MISSIO ‖ APOSTOLICA, ‖ thibetano-seraphica. ‖ Das ist : ‖ Neue durch Päbstlichen Gewalt in dem Grossen ‖ Thibetanischen Reich ‖ Von denen P. P. Capucineren aufgerichtete ‖ MISSION ‖ Und über solche ‖ Von R. P. Francisco Horatio della Penna, ‖ Praefecto Missionis, der Heil. Congregation de ‖ propaganda Fide, Anno 1738. ‖ Beschehene Vorstellung ‖ Von Rev.^mo. & Illust.^mo. D. D. Philippo de ‖ Montibus, dermahligen S. Congregat. Secretario ‖ in Rom | zum öffentlichen Druck beförderet | ‖ hinnach ‖ Allen des Catholischen Glaubens eyfrigen Seelen zu Lieb | aus dem Welschen ‖ in das Teutsche | und dise Geschichts-Form übersetzet. ‖ Von F. E. C. I. einem Priester Capuc. Ord. der Chur-Bayrischen Provinz. ‖

Erstes Buch. ‖ Thibetaner-Religion, und Lebens-Arth. ‖ Cum licentia Superiorum, & Priv. Sac. Caes. Majest. ‖ München | gedruckt... bey Johann Jacob Vötter... ‖ Anno 1740, in-4, 15 ff. n. c. p. le tit., préf. etc. + pp. 128. Front grav., I. Weiss del. + 2 pl.

— Zweytes Buch | Anfang der Thibetischen Mission. pp. 224 + 12 ff. n. c. p. la tab.

— Hugh Murray, Hist. Account, I, Ch. X, pp. 445-446.

SAMUEL VAN DE PUTTE (Hollandais).

† le 27 Septembre 1745.

« Bien des gens souhaitent être instruits exactement sur les lamas du Thibet du temps de l'empereur Kang-hi. Les Européens qui étoient à Pékin auroient pu aisément s'instruire là-dessus ; on n'en eut pas la pensée. Depuis que je suis ici, nous ne pouvons prudemment avoir grande communication avec les lamas. Du temps de l'empereur Young-tching, un Hollandais, nommé M. Van de Put, après avoir connu bien des pays, alla au Thibet par les Indes. Il fut en considération chez les lamas ; quelques-uns de ceux-ci, puissans à Pékin, le menèrent dans leurs principaux temples en Tartarie, et le conduisirent à Pékin, où il vit ce qu'il y à voir : il savoit, dit-on, la langue des lamas. Ce M. Van de Put aura donc pu avoir bien des connoissances sur ces lamas. » (Lettre du Père Gaubil, Pékin, ce 13 Août 1752. — *Let. éd.*, *Panth. litt.*, IV, p. 60.)

— Voir l'ouvrage de Markham sur le Tibet, *infra*, pp. lxii et seq.

— Voir « la notice très intéressante qu'a publié sur lui feu le professeur P. J. Veth : *De Nederlandsche Reiziger Samuel van de Putte* (met schetskaartjes) dans le second volume du *Tijdschrift van het Aardrijkskundig Genootschap te Amsterdam*, d'après les reliques de ce célèbre voyageur conservées dans le Musée du Zeeuwsch Genootschap à Middelburgh.

« La première mention néerlandaise de ce voyageur se trouve dans les *Bataviasche Nouvelles* de 1745, pp. 56, 126. Klaproth fait mention de ce voyageur dans une note à son édition de la courte Notice sur le Tibet du Fra Francisco Orazio dans le *Nouveau Journal asiatique*, Vol. XIV, p. 191.

« Il est encore mentionné dans les Voyages d'Egmont van der Nijenburg et Heyman (Vol. II, p. 395), les Actes de la « Maatschappij van Letterkunde » à Leyde 1871, p. 51, dans Disraëli, *Curiosities of Literature. A Mandarine from Middelburgh*, etc., etc. Ce que Clements Markham dit de van de Putte est dû à une communication du Prof. Veth, auquel Markham avait demandé des renseignements sur ce voyageur. » G. Schlegel. (*T'oung Pao*, VI, N° 3, Juillet 1895.)

∴

— Carta ‖ familiar ‖ de un Sacerdote, ‖ respuesta ‖ a un colegial amigo suyo, ‖ En que le dà cuenta de la admirable Conquista ‖ espiritual del vasto Imperio del Gran Thibèt, y ‖ la Mission que los Padres Capuchinos tienen ‖ allì, con sus singulares progressos hasta ‖ el presente. ‖ Dase tambien una noticia succinta ‖ de la Fundacion de esta Penitente Seraphica Familia ; ‖ de los Santos que la ilustran, Cardenales, Arzobispos ; ‖ de su Observancia, y austeridad, Missiones que tiene ‖ en todo el Orbe, Provincias, Conventos, y Religiosos ‖ en que se halla propagada, con otras noticias ‖ Historico-Eclesiasticas. ‖ — Impressa en Mexico : En la Imprenta de la Bibliotheca Mexicana, en el Puente ‖ del Espiritu Santo. Año de 1765, in-4, 2 ff. n. ch. p. l. tit. et les licences + pp. 48.

Par Fraderico Fonsancii, anagramme de Ricardo Anffescinio. — Rarissime.

— Memorie ‖ istoriche ‖ delle virtu', viaggj, e fatiche ‖ del ‖ P. Giuseppe Maria de' Bernini ‖ da Gargnano ‖ Cappuccino della Provincia di Brescia, ‖ e Vice-Prefetto delle Missioni ‖ del Thibet, ‖ Scritte ad un Amico ‖ dal P. Cassiano da Macerata ‖ Stato suo Compagno, ‖ E date alla luce con una Prefazione di ragguaglio ‖ de' suoi primi anni nel Secolo, e nella Religione, ‖ con alcuni squarcj di sue Lettere per ‖ continuazione della Storia ‖ dal ‖ P. Silvio da Brescia ‖ Del medesimo Ordine. ‖ — In Verona, M.DCC.LXVII. ‖ Nella Stamperia Moroni. ‖ Con Licenza de' Superiori. In-8, pp. XXXII-277. Port.

« Quest' opera va erroneamente sotto il nome del P. Silvio da Brescia ; questi non fece che dare in luce le suddette memorie e porvi una prefazione. » (Magnaghi, *Riv. geog. ital.*, Nov. 1901, p. 547, note.)

— Relazione inedita di un Viaggio al Tibet del Padre Cassiano Beligatti da Macerata (Prima metà del secolo XVIII) per Alberto Magnaghi. (*Rivista geog. Ital.*, VIII, 1901, pp. 545/554, 609/627 ; IX, 1902, pp. 39/51, 105/116, 170/182, 241/253, 299/320.)

Le Ms. publié par Magnaghi se trouve à la Bibliothèque communale Mozzi-Borgetti de Macerata et a pour titre : *Giornale di Fra Cassiano da Macerata nella Marca di Ancona Missionario apostolico Cappuccino nel Tibet, e Regni adiacenti dalla sua partenza da Macerata seguita gli 17 Agosto 1788 sino al suo ritorno nel 1756 diviso in due libri. Libro primo.* Le Livre I reste seul et forme un Ms. de 203 p. in-8.

GEORGE BOGLE (1774).

— An Account of the Kingdom of Thibet, in a Letter from John Stewart, Esq. F. R. S., to Sir John Pringle, Bart. F. R. S. (*Philosophical Transactions*, for 1877, Vol. LXVII, part II, pp. 465/488.) — (*Annual Register*, 1778.)

— Relation du Thibet, Contenant l'exposition des Mœurs, des Coutumes, de la Religion et du Commerce des Habitans, extraite des Papiers de M. Bogle, Par M. Stewart, Et insérée dans les *Transactions Philosophiques*, t. 67 et part. 2 ; et dans l'*Annual Register*, pour l'année 1778. Traduit de l'Anglais, par J. P. Parraud.

Dans le recueil de Parraud et Billecocq (voir col. 2902), pp. 73/108.

— Extrait du Voyage de M. Bogle, au Boutan et au Thibet, inséré dans un ouvrage anglais, intitulé : Essai sur l'Histoire, la Religion, les Sciences et les Mœurs des *Hindoux*, avec un Abrégé de l'état actuel des Puissances de l'*Indostan*, Par M. Craufurd ;

London, in-8, 2 vol. Et traduit par J. B. L. J. Billecocq.

Ibid., pp. 109 et seq.

— Narratives of the Mission of George Bogle to Tibet, and of the Journey of Thomas Manning to Lhasa. Edited, with Notes, an Introduction, and Lives of Mr. Bogle and Mr. Manning by Clements R. Markham, C. B., F. R. S. Geographical Department, India Office. London: Trübner & Co. 1876, in-8, pp. clxi-354.

Dedication. — Preface. — Table of Contents. — Introduction. — Note on the Maps of Tibet, Nepal, Sikkim, and Bhutan. — Biographical Sketch of George Bogle. — Biographical Sketch of Thomas Manning. — Narrative of the Mission of Mr. George Bogle to Tibet. — Journey of Mr. Thomas Manning to Lhasa (1811-12). — Appendix. — Index.

THOMAS MANNING (1811-1812).

— Journey of Mr. Thomas Manning to Lhasa (1811-12), pp. 211 et seq. de l'ouvrage de Markham, vide *supra*.

SAMUEL TURNER.

— An Account of an Embassy to the Court of the Teshoo Lama, in Tibet; containing a Narrative of a Journey through Bhootan and Part of Tibet. By Captain Samuel Turner. To which are added, views taken on the spot, by Lieutenant Samuel Davis; and observations botanical, mineralogical, and medical, by Mr. Robert Saunders. The Second Edition. London, Bulmer, 1806, in-4, pp. xxviii-473.

13 gravures et une carte gravée par John Walker.

— An Account of a Journey to Tibet to the Honorable John Macpherson, Esq. Governor General, &c. &c. &c. Fort William.

C'est le récit daté de Calcutta, Feb. 8, 1786, par Samuel Turner, du voyage de Poorungeer. (*As. Res.*, I, No. VIII, pp. 207/21.)
Trad. en français par J. P. Parraud dans son recueil (voir col. 2902), pp. 169 et seq.

— Narrative of the Particulars of the Journey of Teshoo Lama, and his suite, from Tibet to China, from the verbal report of Poorungheer Gosein. (Extracted from Mr. Turner's Embassy to Tibet.) (*Asiatic. An. Reg.*, 1800, *Miscel. Tracts*, pp. 58/69.)

— Translation of a Letter from Kien long, Emperor of China, to Dalai Lama, the Grand Lama of Tibet. (Extracted from Turner's Embassy to Tibet.) (*Ibid.*, pp. 69/72.)

— Ambassade au Thibet et au Boutan, contenant des Détails très-curieux sur les Mœurs, la Religion, les Productions et le Commerce du Thibet, du Boutan et des Etats voisins, et une Notice sur les Evenemens qui s'y sont passés jusqu'en 1793; par M. Samuel Turner, chargé de cette ambassade : traduit de l'anglais avec des notes, par J. Castera. Avec une Collection de 15 Planches, dessinées sur les lieux, et gravées en taille-douce par Tardieu l'aîné. A Paris, Chez F. Buisson, an IX (1800), 2 vol. in-8.

— * Turner's Reisen nach Butan und Tibet. Aus dem Engl. von Sprengel. 1801. (IV. Bd.; 2; *Bibliothek der neuesten und wichtigsten Reisebeschreibungen...* Weimar, 1800-14.)

— Hugh Murray, Hist. Account, II, Ch. 11, pp. 446 et seq.

— * Robert Saunders' Mineralogische und botanische Reise nach Butan und Tibet. 1790. (I. Bd., *Magazin von merkwürdigen neuen Reisebeschreibungen...* Berlin 1790-1839.)

— Samuel Turners, Capitains in Diensten der ostind. Compagnie. Gesandtschaftsreise an den Hof des Teshoo Lama durch Bootan und einen Theil von Tibet. — Aus dem Englischen übersetzt. — Mit 1 Karte und 4 Kupfern. — Berlin und Hamburg. 1801, in-8, pp. 391.

— Samuel Turner's Gesandtschaftsreise an den Hof des Teschu Lama in Tibet, in-12, pp. 140 à 192.

Forme le No. 4 de : Sämmtliche Kinder- und Jugendschriften von Joachim Heinrich Campe. — Vierte Gesammtausgabe der letzten Hand. — Neunundzwanzigstes Bändchen. — Neue Sammlung merkwürdiger Reisebeschreibungen. Erster Theil. — In der Reihe die fünfte Original-Auflage. — Braunschweig, Verlag der Schulbuchhandlung. 1832.

Voir la suite, *ibid.*, II. Th., No. 1, pp. 1/110.

— * S. Turner. — Ambascieria al Tibet e al Butan. Milano, Raccolta di viaggi Sonzogno, 1817, 3 vol.

∴

— Route de Tchhing tou fou, en Chine à travers le Tubet Oriental jusqu'à H' Lassa ou Lassa. Traduit du Chinois. (*Mag. As.*, pub. par Klaproth, II, 1826, pp. 97/132.)

D'après le *Wei Thsang thou chy.*

— Relation d'un voyage de Khatmandou, capitale du Népal à Tazedo, dans le Tubet, par un interprète Kachemiro-tubetain qui accompagna les négocians sur cette route. Ce récit a été communiqué à la Société asiatique de Calcutta dans sa séance du 2 septembre 1829. (*Nouv. Ann. des Voy.*, III, 1834, pp. 44/55.)

D'après la *Calcutta Government Gazette.*

— Travels in the Himalayan Provinces of Hindustan and the Panjab; in Ladakh and Cashmir; in Peshawar, Kabul, Kunduz and Bókhara; by Mr. William Moorcroft and Mr. George Trebeck from 1819 to 1825. Prepared from the Press, from Original Journals and Correspondence by Horace Hayman Wilson, M. A., F. R. S. London, Murray, 1841, 2 vol. in-8.

— Moorcroft and Hearsey in Tibet. (*Geogr. Journal*, XXVII, May 1906, pp. 502/3.)

— Eugène Veuillot. — Le Thibet et les Missions françaises dans la Haute-Asie; Mœurs chinoises et thibétaines; Voyage de MM. Huc et Gabet (*Revue des Deux-Mondes*, 15 Juin 1850).

— * Путешествіе чрезъ Монголію въ Тибетъ къ столицѣ Тале-Ламы. Соч. Гюка и Габе, переводъ съ французскаго, изд. К. С. Генрихъ. Москва. Въ Тип. Бахметева. 1866. 2 vol. in-8.

Mejov, 3058.

— Huc et Gabet. Voir col. 2119-2121.

— Itinerary from Phari in Thibet, to Lassa, with appended Routes from Darjeeling to Phari. — By A. Campbell, M. D. Superintendent of Darjeeling. (*Jour. As. Soc. Bengal*, XVII, April 1848, pp. 257/276.)

— Routes from Darjeeling to Thibet, by A. Campbell, M. D. Superintendent of Darjeeling. (*Ibid.*, Nov. 1848, pp. 488/500.)

— Diary of a Journey through Sikim to the Frontiers of Thibet. — By Dr. A. Campbell, Superintendent of Darjeeling — with a Map. (Communicated by Sir James Colville, Kt.) (*Ibid.*, XXI, 1852, pp. 407/428, 477/501, 563/575.)

— Narrative of a Journey to the Lakes Cho Lagan, or Rákas Tal, and Cho Mapan, or Mánasarówar, And the Valley of Pruang, in Tibet, In September and October, 1846. By Henry Strachey, Lieut. 66th Bengal N. I. — Published in the *Journal of the Asiatic Society of Bengal* for July, August and September, 1848, in-8, pp. 103.

Calcutta: Printed by J. Thomas, Baptist Mission Press, 1848.

— On the Physical Geography of the Provinces of Kumáon and Garhwál in the Himálaya Mountains, and of the adjoining parts of Tibet. By R. Strachey, Esq., of the Bengal Engineers Communicated by Sir Roderick I. Murchison. [Read May 12, 1851.] (*Journ. Roy. Geog. Soc.*, XXI, 1851, pp. 57/85.)

— Physical Geography of Western Tibet. By Captain H. Strachey, of the Bengal Army, F. R. G. S.... [Read November 22, 1853.] (*Ibid.*, XXIII, 1853, pp. 1/69.)

— Connection between Mànasarowar and Ràkas-tál. By Richard Strachey. (*Nature*, LIX, 1898-1899, p. 76.)

— Narrative of a Journey to the Lakes Rakas-tal and Manasarowar, in Western Tibet, undertaken in September, 1848. By Lieut. General Sir Richard Strachey, R. E., G. C. S. I., F. R. S. (*Geog. Journ.*, XV, Feb. 1900, pp. 150/170; *ibid.*, March 1900, pp. 243/264; *ibid.*, April 1900, 394/415.)

— Relics of the Catholic Mission in Tibet. By B. H. Hodgson. (*Jour. As. Soc. Bengal*, XVII, Aug. 1848, pp. 225/230.)

— Western Himalaya and Tibet; a Narrative of a Journey through the Mountains of Northern India, during the years 1847-1848. By Thomas Thomson, M. D., F. L. S., Assistant Surgeon Bengal Army. London: Reeve and Co., — 1852, in-8, pp. xii-501.

— Relation d'un Voyage au Thibet en 1852 et d'un voyage chez les Abors en 1853 par M. l'abbé Krick de la Société des Missions étrangères, supérieur de la Mission du Thibet pour le Sud; suivie de quelques documents sur la même mission par MM. Renou et Latry. Paris, Auguste Vaton, 1854, in-12, pp. viii-224.

Voir col. 1134.

— Rev. J. Barton. — Report of Missionary Work in Thibet. (*Church Miss. Intellig.*, Aug. 1863, pp. 183/8.)

— * Diary of a Pedestrian in Cashmere and Thibet by — Knight, Capt. Indian Army. London, Bentley, 1863, in-8, grav.

— Travels in Ladâk, Tartary, and Kashmir. By Lieut.-Colonel Torrens, 23rd Royal Welsh Fusileers. Second edition. London: Saunders, Otley, and Co., 1863, in-8, pp. iv-367.

— Rough Notes of a Visit to Daba, in Thibet, in August, 1865. By Captain Adrian Bennett, Royal Fusiliers. (*Proc. Roy. Geog. Soc.*, X, 1866, pp. 165/169.)

— On the District of Lake Pangong, in Tibet. By Capt. H. H. Godwin-Austen, F. R. G. S., Assistant in the Trigonometrical Survey of India. (*Ibid.*, XI, 1867, pp. 32/33.)

— A Trip to Thibet, Kylas, Source of the Sutluj, and the Mansurwur and Rakhas Lakes. By Captain H. U. Smith, Indian Army. (*Ibid.*, pp. 119/122.)

— Report on the Trans-Himalayan Explorations, in connexion with the Great Trigonometrical Survey of India, during 1865-67: Route-Survey made by Pundit —, from Nepal to Lhasa, and thence through the upper valley of the Brahmaputra to its Source. By Captain T. G. Montgomerie, R. E., F. R. G. S. [Extracts.] (*Ibid.*, XII, 1868, pp. 146/173.)

— Report of the Trans-Himalayan Explorations during 1867. By Captain T. G. Montgomerie, R. E., of the G. T. Survey, from the original Journals, &c., of the Trans-Himalayan Exploring Parties. (*Ibid.*, XIII, 1869, pp. 183/198.)

— Report of the Trans-Himalayan Explorations made during 1868. By Major T. G. Montgomerie, R. E., G. T. Survey of India. (*Ibid.*, XIV, 1870, pp. 207/214.)

— * Capt. T. G. Montgomerie, R. E. Report on the Trans-Himalayan Explorations in connexion with the Great Trigonometrical Survey of India, during 1865-67. Dehra-Doon, 1867, in-4, pp. 96.

— * Route survey from British India into Great Tibet through the Lhasa territories, and along the upper course of the Brahmaputra River, or Nari-chu-Sangpo, made by Pundit *** and compiled from the original materials by Capt. T. G. Montgomerie. Great Trigonometrical Survey of India Office, Dehra-Doon, Dec. 1867, 1 feuille (au 1.000.000e).

— Reisen und Aufnahmen zweier Punditen in Tibet, 1865-66. (Petermann, *Mitth.*, 1868, pp. 233/243, 276/290, carte au 2.000.000e).

Voir *Proc. Roy. Geog. Soc.*, Vol. XII, No. III, pp. 146/164, 164/173.

— Voyage d'un Pandit à L'hasa et dans le bassin supérieur du Brahmaputra jusqu'à sa source. (*Ann. des Voy.*, Nov. 1868.)

Trad. par G. Destailleur des *Proc. Roy. Geog. Society.*

— L'exploration scientifique du Tibet. Première tentative et premiers jalons. Voyage de deux pandits ou docteurs hindous, instruits dans les écoles anglaises-Lhassa et le Brahmapoutra. — Résumé des résultats acquis pour la géographie du Tibet. Quelques remarques. — L'administration intérieure et l'état politique du Tibet. Nouveaux renseignements. (*Année géographique*, VIIe année [1868], pp. 109/128.)

— Dr. J. L. Stewart. — Notes of a botanical Tour in Ladak or Western Tibet. (*Trans. Edinb. Botanical Soc.*, Vol. X, 1868-1869, pp. 207/239.)

— Account of an Attempt by a Native Envoy to reach the Catholic Missionaries of Tibet. By Captain J. Gregory. (*Proc. Roy. Geog. Soc.*, Vol. XIV, 1870, pp. 214/219. — Réimp. dans *The Cycle*, 29 Oct. 1870.)

A. A. Kinloch.

— Large Game Shooting in Thibet and the North West. By Alexander A. A. Kinloch, (The Prince Consort's Own) Rifle Brigade. Illustrated by Photographs taken by Arthur Lucas, of Wigmore Street. — London : Harrison — 1869, in-4, pp. VIII-68.

— Large Game Shooting in Thibet and the North West. By Alexander A. A. Kinloch, C. M. Z. S., Captain 60th Royal Rifles (Late Rifle Brigade). Illustrated by Photo-Tint. — 2nd series. — London : Harrison, — 1876, in-4, pp. VIII-64.

— Large Game Shooting in Thibet, the Himalayas, and Northern India. By Colonel Kinloch, The King's Royal Rifle Corps. — Illustrated by Photo-Gravures. — Calcutta : Thacker, Spink and Co. London : W. Thacker and Co. — 1885, in-4, pp. VI-237. Carte.

A. Desgodins.

Voir col. 1125.

— La Mission du Thibet de 1855 à 1870, comprenant l'exposé des affaires religieuses, et divers documents sur ce pays, accompagnée d'une carte du Thibet. D'après les lettres de M. l'abbé Desgodins, missionnaire apostolique. Par C.-H. Desgodins, Inspecteur des Forêts en retraite. Verdun, Imprimerie de Ch. Laurent, 1872, in-8, pp. IV-419.

Lettre adressée au Rédacteur du Manuscrit par Mgr. Chauveau, évêque de Sébastopolis, vicaire apostolique du Thibet.

Avertissement.

Première Partie : Faits propres à la Mission (XII Chapitres).

Deuxième Partie : Documents divers (VII Chapitres).

I. Notice géographique sur le Thibet. — II. Politique et Administration. — III. Population. — IV. Religion. — V. Littérature thibétaine. — VI. Industries et Arts divers. — VII. Commerce du Thibet.

Appendice : Notice sur plusieurs peuplades habitant au sud du Thibet. — Lettre de Mgr. Chauveau au Rev. F. Shéa, S.-J., éditeur de la Correspondance indo-européenne, rue du Parc 10, à Calcutta, datée de Ta-tsien-lou, le 20 Juillet 1870, sur les mines du Thibet. — Lettre de M. l'abbé Desgodins, à Monsieur Guillaumé, curé de Manheulles (Meuse), datée de Yer-ka-lo, le 20 Octobre 1870, sur le Bouddhisme. — Extrait du journal *Les Missions catholiques* du Vendredi 8 Mars 1872.

Table des matières.

— Il y a des notices sur cet ouvrage dans : *The Edinburgh Review*, April 1873. — *La Revue des Questions historiques*, 1er Avril 1873, pp. 746/7, par H. de Charencey. — *Missions Catholiques*, IV, 1872, pp. 474, 485/7, 498/500.

— Lettre de M. Desgodins à Francis Garnier. Dôle, Jura, le 20 Déc. 1869. (*Bull. Soc. Géog.*, 5e Sér., XIX, 1870, pp. 227/31.) — Ext. d'une let. de l'abbé A. D. Gunra, 30 Oct. 1866. (*Ibid.*, pp. 231/5.) — Itinéraire de Pa-tang à Yer-ka-lo, et description des vallées du Kin cha kiang (fleuve bleu) et du Lan-tsang-kiang (Cambodge) entre le 30e et le 29e parallèle environ. Ext. d'une let. de l'abbé D. à F. Garnier. Yer-ka-lo, le 13 Déc. 1870. (*Ibid.*, 6e Sér., II, 1871, pp. 343/368.) — Let. de l'abbé D. à F. G., Yer-ka-lo, le 4 Janvier 1872. (*Ibid.*, IV, 1872, pp. 416-423.) — Let. de l'abbé D. à F. G., Yer-ka-lo, le 15 Mars 1872. (*Ibid.*, pp. 525/533.) — Mots principaux de certaines tribus qui habitent les bords du Lan-tsan-kiang, du Lou-tze-kiang et Irrawaddy, par l'abbé Desgodins. Yer-ka-lo, 26 Mai 1872. (*Ibid.*, V, pp. 145/150.)

— Notes sur la Zoologie du Thibet; par l'abbé Desgodins, missionnaire apostolique. (*Bull. Soc. d'Accl.*, Mai 1873, pp. 309/332.) — Tirage, Paris, in-8, pp. 24.

— Voir des lettres de ce missionnaire dans les *Missions Catholiques*, col. 1125.

— The abbé Desgodins on Tibet. (*Geog. Mag.*, Jan. 1877, pp. 14/15.)

— Le Thibet d'après la correspondance des missionnaires par C. H. Desgodins. — Deuxième édition. — Paris, Librairie catholique de l'œuvre de Saint-Paul, 1885, in-8, pp. 475.

Notice : *Miss. Cath.*, XVIII, 1886, p. 84.

— Le Thibet d'après la correspondance des missionnaires par H. Desgodins. Rapport par M. Ollier. (*Bul. Soc. Géog.*, Lyon, VI, 1886, pp. 210/6.)

— Monographie du travailleur bouddhiste par M. l'abbé A. Desgodins. (*Ibid.*, pp. 217/222.)

— Ruine de la Mission du Thibet. (*Miss. Cath.*, XX, 1888, pp. 193/7.)

— Du Bouddhisme, par M. Auguste Desgodins, Yerkalo, 5 janvier 1876. Réponse à un article de M. Léon Cahun sur le cours de Tibétain et de Mongol de M. Léon Féer, publié dans la *Revue politique et littéraire* du 16 janvier 1875, p. 684. (*Miss. Cath.*, VIII, 1876, pp. 378/380, 391/393, 404/407.)

— Note sur le Bouddhisme au Tibet, par l'abbé Desgodins, Yer-ka-lo, 27 août 1878. (*Ibid.*, XI, 1879, p. 83.)

A propos d'un passage d'Odoric.

— Du Thibet. Divers objets du culte bouddhique. (*Ibid.*, XII, 1880, pp. 383/4.) [Dessins.]

Par l'abbé Desgodins.

— Du Thibet. Sur le mariage et la constitution de la famille. Par M. Desgodins, des Missions étrangères de Paris... (*Ibid.*, XIII, 1881, pp. 298/9, 311/312.)

— Notes sur l'état actuel des lamaseries au Thibet par l'abbé Desgodins, des Miss. étr. de Paris. (*Ibid.*, pp. 549/550, 574/5, 581/584, 619/622.)

— Thibet ou Tibet. Lettre de M. l'abbé Desgodins à l'éditeur de l'*Indo-European Correspondence*. (*Bul. Soc. Géog. de l'Est*, 1887, pp. 119/122.)

— Notes ethnographiques sur le Thibet, par M. l'abbé Desgodins, missionnaire apostolique à Yerkalo (Thibet). — Extraits d'une lettre communiquée à la Société Académique Indo-Chinoise dans sa séance du 30 Novembre 1878, par M. C. H. Desgodins, ancien inspecteur des forêts. (*Ann. de l'Extrême-Orient*, II, pp. 10/12.)

Supplément à la p. 234 de la *Mission du Thibet*.

— Le Thibet. Notes linguistiques. Par M. l'Abbé A. Desgodins, Missionnaire apostolique à Yer-Ka-Lo (Thibet). Communication faite à la Société Académique Indo-Chinoise dans sa séance du 29 Juin 1879. (*Ann. de l'Extr. Orient*, II, pp. 225/230.)

Yer-ka-lo, 25 déc. 1878.

— Le Thibet. — Notes ethnographiques. Par M. l'Abbé A. Desgodins, Missionnaire apostolique à Yer-Ka-Lo (Thibet). Communication lue à la Société Académique Indo-Chinoise dans sa séance du 29 Juin 1879. (*Ibid.*, pp. 129/135.)

Yer-ka-lo, Thibet, 25 déc. 1878.

— Exposé sommaire de la Mission du Thibet par M. Desgodins, inspecteur des forêts en retraite. (*Bul. Soc. Géog. de l'Est*, I, 1879, pp. 71/75.)

Notice : *Ann. de l'Ext. Orient*, II, pp. 150/1.

— Notes sur le Thibet par M. l'abbé Desgodins. (*Bull. Soc. Géog.*, 7e sér., XI, 1890, pp. 255/279.)

— Bouddhisme thibétain. Par A. Desgodins. (*Revue des Religions*, 2e année, No. 7. — Mai-Juin 1890, pp. 193/216; N° 9. — Sept.-Oct. 1890, pp. 385/410; N° 10. — Nov.-Déc. 1890, pp. 481/511.)

— Notes sur le commerce du Thibet. Par Desgodins. (*Bul. Soc. Géog. Com.* Paris, XII, 1889-90, pp. 291/7.)

∴

— Report on a Visit to Sikhim and the Thibetan frontier in October, November, and December, 1873. By J. Ware Edgar, Esq., C. S. I., Offg. Deputy Commissioner of Darjeeling. Calcutta : Printed at the Bengal Secretariat Press. 1874. In-8, photograph frontispiece, title and 2 other leaves, pp. 103, 17 photographs mounted in the text.

— Travels in Great Tibet, and Trade between Tibet and Bengal. By C. R. Markham, C. B., F. R. S., Secretary R. G. S. (*Proc. R. Geog. Soc.*, XIX, 1874-75, pp. 327/347.)

— Voyage de Tse-kou à Ta-so (Thibet). Visite aux Lyssous. — Par le P. Dubernard, des Missions étrangères. (*Missions Catholiques*, V, pp. 500/1, 512/3.)

— Prjevalsky. Voir MONGOLIE, col. 2183-6, et T'IEN CHAN, col. 2820-2822.

— Great Tibet. Discovery of Lake Tengri-nor. (*Geog. Mag.*, Feb. 1, 1875, pp. 41/44.)

— The Abode of Snow. Observations on a Journey from Chinese Tibet to the Indian Caucasus, through the Upper Valleys of the Himálaya by Andrew Wilson. William Blackwood and sons, Edinburgh and London, MDCCCLXXV, in-8, pp. XXVI-475, carte.

Notice : *Nature*, XIII, 1875-6, pp. 4/5.

— — Second edition... MDCCCLXXVI, pet. in-8, pp. XXVIII-436, carte.

— The Roof of the World being the narrative of a journey over the high plateau of Tibet to the Russian frontier and the Oxus sources on Pamir by Lieutenant-Colonel T. E. Gordon, C. S. I... Illustrated with sixty-six drawings done on the spot and map. Edinburgh, Edmonston and Douglas, MDCCCLXXVI, gr. in-8, pp. XIV-172.

— H. Wichmann. Reise des Punditen A. K. durch das östliche Tibet 1878-82. (*Petermann's Mittheilungen*, Vol. XXXVII, No. 1.)

— Meteorological Observations taken at Lé. By W. H. Johnson; with Remarks by Major T. G. Montgomerie, R. E. (*Proc. Roy. Geog. Soc.*, XVII, 1873, pp. 197/203.)

— Account of the Pundit's Journey in Great Tibet from Leh in Ladákh to Lhása, and of his Return to India via Assam. By Captain H. Trotter, R. E. (*Ibid.*, XXI, 1877, pp. 325/350.)

— * J. B. N. Henessey. — Report on the Explorations in Great Tibet and Mongolia, made by A. K. in 1879-82, in connection with the trigonometrical Branch, Survey of India. Dehra Dun, 1884, in-fol.

— Explorations in Western Tibet, by the Trans-Himalayan parties of the Indian Trigonometrical Survey. (*Proc. R. Geog. Soc.*, N. S., Vol. I, 1879, pp. 444/452.)

— Ricordi dei Viaggi al Cashemir, Piccolo e Medio Thibet e Turkestan in varie escursioni fatte da Osvaldo Roero dei Marchesi di Cortanze dall' anno 1853 al 1875. Torino, Camilla e Bertolero, 1881, 3 vol. pet. in-16, pp. XI-314 + 1 f. n. ch., carte, 4 tav.; pp. XI-258, 6 tav.; pp. XII-256 + 1 f. n. ch., 6 tav.

— Le Thibet. (*Soc. belge Géogr.*, *Bull.*, 1881, pp. 247/248.)
Expédition Széchenyi — Extr. de la *Frankfurter Zeitung.*

(VOYAGES ET MISSIONS : DIVERS.)

L. C. SALEUR.

Voir col. 1148.

— Mission du Thibet. — Dans les Himalayas. — Notice de M. Saleure, de la Soc. des Miss. étr. de Paris. (*Missions Catholiques*, XVIII, 1886, pp. 221/5, 232/3, 249/251, 274/276.)

— Lettre de Pédong, avril 1886. (*Ibid.*, pp. 278/9.)

— Un coin des Himalayas-Darjeeling & le Sikkim. Notice de M. Saleur, de la Soc. des Miss. Etrangères de Paris, missionnaire au Thibet. (*Ibid.*, XIX, 1887, pp. 449, 464/6, 474/7, 486/9, 497/501, 509/513.)

∴

— Mr. A. D. Carey's Travels in Turkistan and Tibet. (*Proc. R. Geog. Soc.*, N. S., Vol. IX, 1887, pp. 175/6.)

Voir *Ibid.*, pp. 377/8. — Voir T'ien Chan. — Voir col. 2838.

— Work of the Native Explorer M—H in Tibet and Nepal in 1885-86. (*Ibid.*, X, 1888, Feb., pp. 89/91.)

— Wanderings and Wild Sport beyond the Himalayas. (*Blackwood's Mag.*, CXLIII, May 1888, pp. 650/668; CXLIV, 238.)

— Travels through Tibet, Western Tartary, Karazn, and Bukharias, By Thevenot, Kircher, Duhalde, Gruebar, Dorvile, &c. (J. H. Moore's *New complete collection of Voyages*, cf. pp. 609/637.)

BONVALOT, HENRI D'ORLÉANS.

Voir T'IEN CHAN, col. 2833-2835.

— Traversée du Tibet par G. Bonvalot, le prince Henri d'Orléans et le père Dedéken. (*Bull. Soc. Géog.*, 7e sér., XII, 1891, pp. 328/350.)

Carte.

— Prince Henri d'Orléans. — Les missionnaires français au Thibet. — Extrait du *Correspondant.* — Paris, De Soye et fils, 1891, br. in-8, pp. 24.

— Voyage au Thibet. Conférence du prince Henri d'Orléans. (*Cte.-rendu Ve Cong. inter. Sc. géog.*, Berne, 1891, pp. 184/190.)

— De Paris au Tonkin à travers le Tibet inconnu par M. Bonvalot. 1889-1890. (*Tour du Monde*, 1891, II, pp. 289/416.)

WILLIAM WOODVILLE ROCKHILL.

Voir col. 754.

— The Tale-Lamas. By W. W. R. (*Journ. C. B. R. A. S.*, XX, N. S., 1885, pp. 277/278.)

(VOYAGES ET MISSIONS : SALEUR—ROCKHILL.)

— The Land of the Lamas. Notes of a Journey through China Mongolia and Tibet with Maps and Illustrations by William Woodville Rockhill. London, Longmans, Green & Co. 1891, in-8, pp. VIII-399.

Notices : par A. A. Fauvel, *Etudes religieuses... par les Pères de la Cie. de Jésus*, 30 sept. 1893, partie bibliographique, pp. 689/692. — *The Academy*, Nov. 7, 1891, No. 1018, by Stephen Wheeler. — *Journal Asiatique*, VIIIe Série, XX, Sept.-Oct. 1892, pp. 295/7, par L. Feer. — *Nature*, XLV, 1891-2, pp. 98/100.

— Tibet. A Geographical, Ethnographical, and Historical Sketch from Chinese Sources. By W. Woodville Rockhill, M. R. A. S. (*Jour. Roy. Asiatic Soc.*, XXIII, pp. 1/133, 185/291.)

— Mr. Rockhill's attempt to reach Lhassa. (*Proc. R. Geog. Soc.*, XI, 1889, Dec., pp. 730/734.)

Cf. *ibid.*, p. 439.

Trad. en russe *Извѣстія* Soc. Géog. Irkoutsk, XXI, 1, 1890, pp. 62/7.

— Mr. Rockhill's Travels in North-East Tibet. (*Proc. R. Geog. Soc.*, XIV, 1892, Nov., pp. 777/779.)

— Travels in Tibet. (*Edinburgh Review*, April 1892, pp. 540/558.)

A propos de Bonvalot et de Rockhill.

— An American in Thibet. (*Century*, XIX, 3.)

— Eastern Thibet. (*Ibid.*, 720.)

— Northern Thibet and the Yellow River. (*Ibid.*, 599.)

— The Lamaist Ceremony called « making of *maṇi* pills » ; by W. W. Rockhill, of Peking, China. (*Jour. Am. Orient. Soc.*, XIV, 1890, pp. XXII-XXIV.)

— On the use of skulls in Lamaist Ceremonies ; by W. W. Rockhill. (*Ibid.*, pp. XXIV-XXXI.)

— Smithsonian Institution. United States National Museum. — Notes on the Ethnology of Tibet. Based on the Collections in the U. S. National Museum. By William Woodville Rockhill... — From the Report of the U. S. National Museum for 1893, pages 665-747, with plates 1-52. Washington : Government Printing Office. 1895, in-8.

— Mongolia and Central Tibet. (*Nature*, XLVII, 1892-93, pp. 426/427.)

A propos du Voyage de W. W. Rockhill.

— The People of Tibet. (*Scottish Geog. Mag.*, XI, 1895, pp. 402/410.)

D'après les *Notes on Ethnology of Tibet*, de Rockhill.

— Diary of a Journey through Mongolia and Tibet in 1891 and 1892 by William Woodville Rockhill Gold Medalist of the Royal Geographical Society. City of Washington Published by the Smithsonian Institution 1894, in-8, pp. XX p. l. tab., l'int. &c. + pp. 413.

Table of Contents, p. v. — List of Illustrations, p. VI. — Illustrations in the Text, p. VII. — Introductory Notice, p. IX. — Part I. From Peking through Mongolia to Kumbum, p. 1. — Part II. Salar pa-kun. Kuei-tê. Koko nor. Ts'aidam, p. 73. — Part III. From the Naichi gol to Namru dé, near the Tengri nor, p. 181. — Part IV. From Namru to Ch'amdo, p. 233. — Part V. Draya. Mar-K'ams. Bat'ang. Lit'ang. Chala, p. 319. — Appendixes. Appendix I. Salar Vocabulary, p. 373. — App. II. San-Ch'uan T'u-jen Vocabulary, p. 377. — App. III. Plants of Tibet, p. 380 [By W. Botting Hemsley... from the *Journ. of the Linnean Society* — Botany, Vol. XXX, pp. 131-140]. — App. IV. Table of Latitudes, Altitudes, etc., p. 386. — App. V. Mean Monthly Temperature, p. 396. — General Index, p. 397.

Il y a p. 372 une grande Route Map.

San-tch'ouan t'ou-jen 三川土人.

Notices : *Jour. As.*, No. 2, 1895, pp. 359/362, par L. Feer. — *Nature*, LII, 1895, pp. 171/2, par Hugh Robert Mill. — *Jour. R. As. Soc.*, April 1895, pp. 487/490, by T. W.

— A Journey in Mongolia and in Tibet. By W. Woodville Rockhill. (*Geographical Journal*, III, May 1894, pp. 357/388.)

— W. W. Rockhills zweite Reise nach Tibet. — H. S. (*Globus*, LXVII, 1895, pp. 39/42.)

— * Le Coeur de la Chine, par W. W. Rockhill.

No. 75 de la *Biblioth. ill. des Voyages autour du Monde*, Paris, Plon.

William Woodville Rockhill né à Philadelphie en 1854 ; directeur du Bureau of the American Republics depuis mai 1899 ; 1884, 2e secrétaire légation américaine à Pe-king ; 1885, secrétaire ; 1886-7, chargé d'affaires en Corée ; voyages d'explorations, 1888-92 ; Chief Clerk U. S. State Dept., 1893-4 ; 3d Asst. Sec. State, 1894-5 ; 1896-7, 1st Ass. Sec. State ; Ministre en Grèce, Roumanie et Serbie, 1897-9 ; démissionnaire, Mai 1899 ; Commissaire des Etats-Unis, Juillet 1900 ; Plénipotentiaire au Congrès de Pe-king (Fév. à Sept. 1901) ; signe protocole du 7 Sept. 1901 ; reprend la direction du Bureau des American Republics, Oct. 1901 ; Ministre à Pe-king.

∴

— Almost within sight of Lhassa. (*Goldthwaite's Geog. Mag.*, I, Jan. 1891, pp. 68/69.)

— Tibet's closed doors. (*Ibid.*, III, March 1892, pp. 232/234.)

Extrait du *New York Times*.

— * H. F. G. Forbes. — The Road from Simla to Shepki in Chinese Thibet. Calcutta, 1893, in-8, pp. 45.

— * J. A. H. Louis. — The Gates of Thibet. Calcutta, 1894, in-8, pp. 183.

Mrs. Bishop.

— A Journey through Lesser Tibet. By Mrs. Bishop, F. R. G. S. (*Scottish Geog. Mag.*, VIII, 1892, pp. 513/528.)

— The Leisure Hour Library. — New Series — Among the Tibetans. By Isabella L. Bishop, F. R. G. S... With illustrations The Religious Tract Society 1894, pet. in-8, pp. 159.

— * The Life of Isabella Bird. (Mrs. Bishop). By Anna M. Stoddart. London, John Murray, 1906, in-8, pp. XII-416, ill. et 2 cartes.

Notices : *Lond. & China Express*, 16 Nov. 1906, p. 857. — *Geog. Journal*, April 1907, pp. 452/3.

∴

— Two Journeys to Ta-tsien-lu on the Eastern Borders of Tibet. By A. E. Pratt. (*Proc.*

R. Geog. Soc., XIII, 1891, June, pp. 329/343.)

— To the Snows of Tibet through China by A. E. Pratt, F. R. G. S. Gill memorialist 1891. With illustrations and a map. London, Longmans, Green and Co. 1892, in-8, pp. XVIII-268.

Voir col. 2150. — Notice : *Nature*, XLVI, 1892, p. 150.

— Captain Bower's Journey in Tibet. (*Nature*, XLVII, 1892-93, p. 400.)

— Thibet. — Voyage du capitaine Bower. (*Soc. roy. belge de Géog., Bull.*, 17e année, 1893, pp. 384/387.)

— A Journey across Tibet. By Captain H. Bower, 17th Bengal Cavalry. (*Geog. Journal*, I, 1893, May, pp. 385/408 ; carte, p. 480.)

— Diary of a Journey across Tibet. By Captain Hamilton Bower 17th Bengal Cavalry. With Illustrations. London. Rivington, Percival and Co., 1894, in-8, pp. XVI-309.

Voir col. 2849.

— The Great Closed Land. A Plea for Tibet. By Annie W. Marston,... With Preface by Rev. B. La Trobe, Secretary of the Moravian Missionary Society. — Second Edition. — London, S. W. Partridge & Co., s. d., [1894], in-4, pp. 112.

— * Occult Science in Thibet. By H. Hensoldt. (*The Arena*, July 1894.)

Annie R. Taylor.

— My Experiences in Tibet. By Annie R. Taylor. (Read at Meetings of the Society in Edinburgh and Glasgow, December 1893.) (*Scottish Geographical Magazine*, X, January 1894, pp. 1/8.)

— * Miss Annie R. Taylor. — Pioneering in Tibet. London, Morgan & Scott, in-8, pp. 78.

— Adventures in Tibet Including the Diary of Miss Annie R. Taylor's Remarkable Journey from Tau-Chau to Ta-Chien-Lu through the heart of the « Forbidden Land ». By William Carey United Society of Christian Endeavor Boston and Chicago [1901]. In-8, pp. 285. 24 plates.

— Travel and Adventure in Tibet Including the Diary of Miss Annie R. Taylor's Remarkable Journey from Tau-Chau to Ta-Chien-Lu through the heart of the *Forbidden Land* By William Carey. With Seventy-five Illustrations. London : Hodder and Stoughton, 1902, in-8, pp. 285.

— * The Only English Woman in Thibet. (*Wide World Magazine*, Aug. 1904.)

Miss Annie R. Taylor.

— A Journey towards Lhassa. By W. A. L. Fletcher. (*Trans. Liverpool Geog. Soc.*, 1896, pp. 74/92.)

Mr. Fletcher accompanied Mr. and Mrs. Littledale on their last journey across Tibet.

— Voyage de M. et Mme Littledale à travers le Thibet. 1895. Par Ch. Jambon. (*Bul. Soc. Géog. com. Bordeaux*, 1896, pp. 2.3/316.)

— The Origin of the Tibetan Pioneer Mission, together with Some Facts about Tibet. London : Morgan and Scott, Office of The Christian. Price Sixpence, br. in-4, pp. 20 à 2 col.

— * A. Graham. — On the Threshold of three closed Lands. Edinburgh, 1897, in-8, pp. 166.

— C.-E. Bonin. — Voir col. 2789 et 2155.

A. Henry Savage Landor.

— In the Forbidden Land. An Account of a Journey in Tibet Capture by the Tibetan Authorities Imprisonment, Torture, and Ultimate Release By A. Henry Savage Landor... Also various Official Documents, including the Enquiry and Report by J. Larkin, Esq., appointed by the Government of India With a Map and two hundred and fifty Illustrations. London, William Heinemann, 1898, 2 vol. in-8, pp. XX-320, XVI-263.

— * A. H. S. Landor. — In the Forbidden Land... Popular Edition, 1904, in-8, pp. 310.

— * H. S. Landor. — Auf verbotenen Wegen. Reisen und Abenteuer in Tibet. Leipzig, Brockhaus, 1898, pp. XIV-511.

— Henry Savage Landors missglückte Tibetreise. (*Globus*, LXXIV, 1898, pp. 323/325.)

— Landor's Reise im südwestlichen Tibet im Sommer 1897. (*Deutsche Rundschau f. Geog. u. Stat.*, XXI, 1898-1899, pp. 145/154.)

— In the forbidden Land. By T. H. H. (*Nature*, LIX, 1898-99, pp. 9/10.)

— Le voyage d'un Anglais aux Régions interdites (le Pays sacré des Lamas), par A.-H. Savage-Landor. (*Tour du Monde*, 1899, pp. 1/96.)

Trad. et résumé par Henri Jacottet.

— Tibet & Nepal painted & described by A. Henry Savage Landor. Published by A. & C. Black, Soho Square. London W., s. d. [1905], in-8, pp. x-233, carte, pl. en couleurs.

M. S. Wellby.

— Through Unknown Tibet. By M. S. Wellby Cap. 18th Hussars. Illustrated. London : T. Fisher Unwin, 1898, in-8, pp. XIV-440.

« A detailed Report on the route across Tibet taken by Captain Wellby and Lieut. Malcolm, accompanied by route-maps on the scale of 16 miles to an inch, has been issued by the Intelligence Branch at Simla. » (*Geog. Journal*, March 1898, p. 295.)
Notice : *Nature*, LVIII, 1898, pp. 347/9.
— Journey of Captain Wellby and Lieut. Malcolm across Tibet. (*Geog. Journ.*, Feb. 1897, pp. 215/7 ; March 1898, pp. 295/6.)

— Through Tibet to China. By Captain M. S. Wellby, 18th Hussars. (*Geog. Journ.*, XII, Sept. 1898, pp. 262/280.)

∴

— Western Tibet. By F. B. Shawe. (*Jour. Manchester Geog. Soc.*, XIV, 1898, pp. 1/23.)

RIJNHART.

Col. 1322-1323.
— Un missionnaire hollandais et sa famille au Tibet. Par F. Grenard. (*Rev. de Géog.*, XLIV, 1899, pp. 303/6.)
— Tragique voyage d'une Hollandaise. Par Fernand Grenard. (*Rev. française*, XXIV, 1899, pp. 360/3.)

— * With the Tibetans in Tent and Temple. Narrative of four years' residence on the Tibetan border, and of a journey into the far interior. By Susie Carson Rijnhart, M. D.
Notice : *Imp. & Asiat. Quart. Rev.*, July-Oct. 1902, pp. 214/5.

∴

— Notes of a Journey on the Tibetan Frontier. By Rev. Wm. Upcraft. (*Chin. Rec.*, XXX, May 1899, pp. 232/6.)

— * W. J. Reid. — Through unexplored Asia. Boston, 1899, in-8, pp. 499.

— Among the Farthest People. By William Jameson Reid. (*Cosmopolitan*, XXVIII, pp. 443/453.)

EKAI KAVAGOUCHI.

— A list of Tibetan books brought from Lhasa by the Japanese monk, Mr. Ekai Kawa Gochi. — By E. H. C. Walsh. (*Jour. As. Soc. Bengal*, LXXIII, Pt. I, No. 2, 1900, pp. 118/177.)
— Un explorateur Japonais à Lhassa. Par Paul Labbé. (*La Géographie*, 15 juin 1903, p. 455.)

— Kawaguchi. — Journeys in Tibet. (*Trans. Asiat. Soc. Japan*, XXXI, March 1904, pp. 27/36.)

— * The Latest News from Lhasa. A Narrative of Personal Adventure. By the Rev. Ekai Kawaguchi. Introduction by Miss Eliza R. Scidmore. (*Century Magazine*, Jan. 1904, pp. 383/393.) With Portrait.

H. H. P. DEASY.

— Captain Deasy's Journey in Western Tibet. (*Geog. Journal*, Feb. 1897, pp. 217/8.)
— A Journey to Northern Tibet and Aksai Chin. By Captain H. H. P. Deasy. (*Ibid.*, XIII, Feb. 1899, pp. 155/159.)

— In Tibet and Chinese Turkestan being the Record of three year's Explorations by Captain H. H. P. Deasy late 16th Queen's Lancers, Gold Medallist of the Royal Geographical Society. With Appendices, Maps and Illustrations. London : T. Fisher Unwin, 1901, in-8, pp. xvi-420.
Notice : *Nature*, LXIV, 1901, pp. 653/4, by T. H. H.
— Le capitaine H. H. P. Deasy en Asie Centrale. Par F. Grenard (*La Géographie*, 15 Mars 1900, pp. 237/238.)
— The Roof of the World : Journeys in Central Asia. By Captain H. H. P. Deasy. (*Jour. Manchester Geog. Soc.*, XVI, July/Sept. 1900, pp. 197/201.)

— Journeys in Central Asia. By Captain H. H. P. Deasy. (*Geog. Journ.*, XVI, Aug. 1900, pp. 141/164 ; *ibid.*, Nov. 1900, pp. 501/527.)

— My Travels in Central Asia. By Captain H. H. P. Deasy. (*The Wide World Mag.*, V, Oct. 1900-March 1901, pp. 434/440, 549/553, etc.)
— Captain Deasy and the Roof of the World. A Review. (*Scottish Geog. Mag.*, XVII, 1901, pp. 310/321.)
— Voyages en Asie centrale du capitaine H.-H.-P. Deasy (1896-1898). Par F. Grenard. (*La Géographie*, 15 Mai 1901, pp. 394/397.)

∴

— Voyage en pays thibétains Par M. Th. Monbeig du Séminaire des Missions Etrangères de Paris. (*Miss. Cath.*, XXXIII, 31 Mai 1901, pp. 259/264 ; 7 Juin, pp. 269/273 ; 14 Juin, pp. 279/281 ; 21 Juin, pp. 292/295.)

— Notes sur l'évangélisation du Thibet avant le XIX siècle Par M. Adrien Launay, de la Société des Missions Etrangères. (*Ibid.*, XXXIV, 28 Nov. 1902, pp. 573/576 ; 5 Déc., pp. 587/588 ; 12 Déc., pp. 597/599 ; 19 Déc., pp. 610/612.)

— Société des Missions étrangères. — Histoire de la Mission du Thibet par Adrien Launay. Société Saint-Augustin, Lille-Paris, 2 vol. gr. in-8, pp. viii-470, 440.
Notice : *Miss. Cath.*, 2 oct. 1903, p. 480.
— Le Thibet et les traités franco-chinois à propos d'un livre récent Par Alexandre Guasco. (*Questions diplom. et colon.*, 1er avril 1904, pp. 510/516.)

SARAT CHANDRA DAS.

Né à Chittagong, en 1849.
— Sarat Tschandra Das' Reise in Tibet. Von Dr. H. Repsold. London. (*Globus*, LXVI, 1894, pp. 223/4.)

— Journey to Lhasa and Central Tibet. By Sarat Chandra Das, C. I. E., Of the Bengal Educational Service,... Edited by the Hon. W. W. Rockhill. London : John Murray, 1902, in-8, pp. x + 2 ff. n. ch. + pp. 285, Cartes et Plans.
Notices : *Geographical Jour.*, Dec. 1902, pp. 640/1, par T. H. H. — *La Géographie*, 15 Mars 1903, par D. Aïtoff, pp. 204/6.

— — New Edition... 1904, in-8, pp. xvi-368.

Traduit en russe par V. Kotvitch, St. Pétersbourg, 1904, pp. xliv-356, cartes et illustrations.

— Une nouvelle route de pénétration anglaise au Thibet. (*Bull. Com. Asie française*, Avril 1904, pp. 213/214.)

Karl Futterer.

Voir col. 517, 2158-2160.

— Les derniers voyages dans le Tibet oriental MM. Holderer et Futterer, M. et Mme Rijnhart, M. Ch. Bonin. Par F. Grenard. (*Bul. Soc. Géog.*, Paris, 1899, pp. 198/213.)

— Land und Leute in Nordost-Tibet. Von Prof. Dr. K. Futterer. (*Zeit. Ges. Erd. Berlin*, XXXV, 1900, pp. 297/341.)

— Geographische Skizze von Nordost-Tibet. — Begleitworte zur Kartenaufnahme des Reiseweges vom Küke-nur über den oberen Hoang-ho und durchs Thao-Tal nach Mintschôu. Von Dr. K. Futterer... — Mit zwei Karten. — (Ergänzungsheft No. 143 zu «Petermanns Mitteilungen».) — Gotha : Justus Perthes, 1903, in-4, pp. 66.

— Journey in North-Eastern Tibet, by Dr. Karl Futterer [1898-99]. (*Geog. Journ.*, XXIII, N° 6, June 1904, pp. 784/5.)

Tsibikov et Narzounov.

— Г. Ц. Цыбиковъ. — О Центральномъ Тибетѣ. (Предварительное сообщенiе.) (*Извѣстiя Имп. Русс. Геог. Общества*, XXXIX, 1903, iii, pp. 187/218.)

— Лхаса и главнѣйшiе монастыри Тибета въ фотографiяхъ. (9 фотог.) (*Ibid.*, pp. 219/227.)

Notices : *Petermanns Mitt.*, 50. Bd. 1904, III, Ltb. 148, par A. F. Stahl. — *Le Globe*, Fév.-Avril 1905, pp. 160/3, par Emile Chaix.

— Lhasa and Central Tibet. By G. Ts. Tsybikoff. — From the Smithsonian Report for 1903, pages 727-746 (with plates I-VII). Washington : Government Printing Office, 1904, in-8.

Trad. des *Izviestiya* de la Soc. imp. russe de Géographie, XXXIX, 1903, part III, pp. 187-218.

— A Russian Explorer in Lhasa. [Zybikoff.] (*Scottish Geog. Mag.*, XIX, 1903, pp. 491/2.)

— * J. Deniker. — New Light on Lhassa, the forbidden City. (*The Century*, New York, LXVI, août 1903, p. 544, 9 fig.)

— Voyage de M. Tsybikov à Lhassa et au Tibet. Par J. Deniker. (*La Géographie*, 15 Janvier 1904, pp. 24/29.)

— * Tsybikov. — The Forbidden City of Lhassa. (*Strand Mag.*, Feb. 1904.)

— Trois voyages à Lhassa (1898-1901) par Ovché Narzounof, Pélerin kalmouk. Présentés par M. J. Deniker. (*Le Tour du Monde*, 1904, pp. 217/240, 229/240.)

— Views of Lhasa. [Illustrated.] (*National Geog. Mag.*, January 1905, pp. 27/38.)

Reproduction de photog. de Tsibikov et de Narzounov.

Des collections de ces vues ont été également déposées aux Soc. de Géog. de Paris et de Londres.

— La première photographie de Lhassa. Par J. Deniker. (*La Géographie*, 15 oct. 1901, pp. 242/7.)

— Photographies de Lhassa. Par J. Deniker. (*Ibid.*, 15 nov. 1903, pp. 324/5.)

— T. H. Holdich. — Lhasa. (*Geog. Journ.*, XVIII, 6, dec. 1901, p. 602, 3 fig.)

— Sarat Chandra Das, (col. 2924), 1902, p. 166.

Douglas William Freshfield.

Né 27 avril 1845.

— * Round Kangchenjunga, a Narrative of Mountain Travel and Exploration. By Douglas W. Freshfield. London : Edward Arnold, 1903, pp. xvi-374.

Notice : *Geog. Journal*, Feb. 1904, pp. 244/6. By T. H. H.[oldich.]

— Tibet. I. The Roads to Tibet. By Douglas W. Freshfield. (*Geog. Journal*, Jan. 1904, pp. 79/91.) — II. Journey to Lhasa. By G. G. Tsybikoff. (*Ibid.*, pp. 92/97.)

— Notes from Tibet. By Douglas W. Freshfield. (*Alpine Journal*, XXII, 1904, pp. 56/9.)

— Tibet. I. Notes from Tibet. By Douglas W. Freshfield. (*Geogr. Journal*, XXIII, March 1904, pp. 361/366.) — II. Map of Lhasa and its environs. By Lieut.-Colonel L. A. Waddel, C. I. E., I. M. S. (*Ibid.*, p. 366.)

— How to climb Kangchenjunga : a Topographical Note. By Douglas W. Freshfield. (*The Alpine Journal*, May 1904, pp. 122/4.)

— Round Kangchenjunga. (*Scottish Geog. Mag.*, XX, 1904, pp. 143/6.)

— Départ d'une expédition pour le Kinchinjinga. Par Ch. R.[abot.] (*La Géographie*, Août 1905, p. 129.)

— The Gates of Tibet. By Douglas W. Freshfield. (*Jour. Soc. of Arts*, Feb. 3, 1905, pp. 264/273.)

Wilhelm Filchner.

— L'expédition Filchner-Tafel aux sources du Hoang-Ho. Par le Dr L. Laloy. (*La Géographie*, 15 avril 1905, pp. 314/5.)

— * Expedition zum Oberlauf des Hwangho in Osttibet. Von Leutnant W. Filchner. (*M. G. Ges. München*, 1, 1905, pp. 496/9.)

— Lieut. Filchner's Expedition in Eastern Tibet. (*Geog. Journ.*, May 1905, pp. 562/3.)

— W. Götz. — Wilh. Filchners Reise in Ost-Tibet. Mit 6 Abbildungen nach Aufnahmen des Reisenden. (*Globus*, Bd. 88, 1905, pp. 149/154.)

Notice : *T'oung Pao*, Déc. 1905, pp. 642/3, par Ed. Chavannes.

— On the Upper Hoangho. (From Letters of Lt. Filchner.) (*The Far East*, Vol. I, 1906, pp. 75/83.)

— Das Kloster Kumbum in Tibet Ein Beitrag zu seiner Geschichte Von Wilhelm Filchner Leutnant im k. b. 1. Infanterie-Regiment König kommandiert nach Berlin, korrespondierendem Mitglied der K. K. Geographischen Gesellschaft in Wien. Mit 39 Tafeln, 3 Karten und Abbildungen im Text — Berlin 1906 Ernst Siegfried Mittler und Sohn, in-8, pp. xiv-164.

Introduction par Berthold Laufer. — Notices : *T'oung Pao*, juillet 1906, p. 404, par Ed. Chavannes. — *Le Globe*, Genève, 1907, pp. 176/8, par Lucien Gautier. — *Revue critique*, 5 août 1907, p. 84, par Sylvain Lévi.

— Nouvelles publications sur le Tibet. Par J. Deniker. (*La Géographie*, 15 mai 1907, pp. 345/354.)

Voir Henri d'Orléans, *A propos du Père Huc* [Koumboum], col. 2121, et *Fo Kiao*, col. 752.

— Note sur l'arbre à prières du Monastère de Goumboum, par M. Édouard Blanc. — Extrait du *Bulletin du Muséum d'histoire naturelle.* — 1895, n° 8 et 1896, n° 1. — Paris, Imprimerie nationale — MDCCCXCVI, in-8, pp. 4 + 1 f. n. ch.

— Das Rätsel des Matschu. Meine Tibet-Expedition, von Wilhelm Filchner... Mit 67 Vollbildern, zahlreichen Skizzen und Abbildungen im Text sowie 3 Karten — Berlin, 1907 [1906], E. S. Mittler u. S., in-8, pp. xvii-438, Port.

Notice : *Le Globe*, Genève, XLVI, pp. 78/82, par Lucien Gautier.

∴

— H. Hackmann. — Vom Omi bis Bhamo. 1905. Voir col. 2173.

— A Summer's Holiday in Eastern Tibet. By Emma Inveen. (*East of Asia*, Vol. 4, Pt. 2, June 1905, pp. 106/119.)

— *China.* No. 1 (1905). — Report by Mr. A. Hosie, His Majesty's Consul-general at Chengtu, on a Journey to the Eastern Frontier of Thibet. [With a Map.] Presented... August 1905. — London... [Cd. 2586], in-fol., pp. 87.

— Pangong : a glacial lake in the Tibetan plateau. By Ellsworth Huntington. [With Map, Sections, and Illustrations.] (*J. of Geology*, 14, 1906, 599/617.)

Voir col. 2872-3.

— The Pang-gong Lake. (*Geogr. Journal*, April 1907, pp. 456/7.)

Extr. du *Journal of Geology*, by Prof. Ellsworth Huntington.

— Western Tibet and the British Borderland the Sacred Country of Hindus and Buddhists with an Account of the Government, Religion and Customs of its Peoples by Charles A. Sherring, M. A., F. R. G. S. Indian Civil Service, Deputy Commissioner of Almora With a Chapter by T. G Longstaff, M. B., F. R. G. S. Member of the Alpine Club Describing an Attempt to climb Gurla Mandhata. With Illustrations and Maps. London, Edward Arnold, 1906, in-8, pp. xv-376.

Notices : *T'oung Pao*, Mars 1907, pp. 129/132, par Henri Cordier. — *Jour. Roy. As. Soc.*, April 1907, pp. 456/8, by C. M. R. — *Journ. N. China Br. R. As. Soc.*, XXXVIII, 1907, pp. 227/233, par Thos. W. Kingsmill.

— Pictures of Tibetan Life being a Collection of Sketches made by Rev. Ahmad Shah, during his Tour in Tibet. Published by E. J. Lazarus & Co., Medical Hall Press, Benares, 1906, in-4, 2 ff. n. ch. + 46 pl.

— Four Years in Tibet by Rev. Ahmad Shah, Printed at the Medical Hall Press Branch, Allahabad and published by E. J. Lazarus & Co., Benares, 1906, in-4, 4 ff. n. ch. p. l. tit., tab. et pref. + pp. 78.

— Mr. Calvert's Journey in Western Tibet. (*Geog. Journ.*, Dec. 1906, p. 633.)

— Notes on a Journey through the Western Himalaya. By T. G. Longstaff, M. A., M. D. (*Ibid.*, Feb. 1907, pp. 201/11.)

— Une expédition chinoise au Thibet. (*Bull. Com. Asie française*, Janv. 1907, pp. 33/4.)

— Dr. Tafel, voir col. 2875.

Sven Hedin.

— Dr. Sven Hedin in Tibet. (*Geog. Journ.*, 1907, March, p. 344.

— Further News of Dr. Sven Hedin. (*Ibid.*, April, p. 456.)

— Le dernier voyage de Sven Hedin au Thibet. Par Charles Mourey. (*Bul. Comité Asie franç.*, Avril 1907, pp. 131/2.)

Extrait du *Times*.

— Dr. Sven Hedin in Tibet. (*Geog. Journ.*, May 1907, pp. 539/545.)

— Le nouveau grand voyage de M. Sven Hedin. (*Bul. Soc. Géog. Lyon*, No. 136, pp. 61/2.)

∴

— A Map of part of Tibet, including Sikkim, the Chumbi Valley, and Bhutan, showing the routes between Darjiling and Lhasa. Scale 1 : 506, 880 or 8 stat. miles to an inch. London : Edward Stanford, 1904.

Une feuille, 40 × 27 inches, coloriée, 5s.

— * The Truth about Tibet. By A. Maccallum Scott. With an Introductory Note by Sir Robert Reid, K. C., M. P. Simpkin, Marshall. [1905 ?] 6d.

— A Visit to the Court of the Tashi Lama. By C. Vernon Magniac (late Private Secretary to the British Commissioner in Tibet). (*Nineteenth Century*, Feb. 1906, pp. 255/270.)

LANGUE.

— L'*Encyclopédie élémentaire* de Petity (voir col. 2753) contient Tome II, Part. II, au chap. VI de l'*Imprimerie*, un mémoire sur le « Thibetan ou Boutan ».

— Alphabetum tibetanum missionum apostolicarum commodo editum. Praemissa est Disquisitio qva de vario litterarvm ac regionis nomine, gentis origine moribvs, svperstitione, ac manichaeismo fvse disseritvr. Beausobrii calumniae in Sanctum Augustinum, aliosque Ecclesiae Patres refutantur. Stvdio et labore Fr. Augustini Antonii Georgii Eremitae Augustiniani. Romae MDCCLXII. Typis Sacrae Congregationis de Propaganda Fide. — Superiorum facultate. In-4, pp. xciv-820.

Stuck, p. 103, cite : Nachrichten von Tibet, aus dessen *Alpha-*

betum tibetanum, dans Joh. Ernst Fabri's Sammlung von Stadt-, Land- und Reisebeschreibungen, Halle, 1783, gr. in-8.

Aug.-Ant. Giorgi, né à Santa Maura, près Rimini, en 1711; frère augustin; † 4 Mai 1797.

— Alphabetum tangutanum sive tibetanum. Romae MDCCLXXIII. Typis Sac. Concreg. de Propag. Fide Praesidum Facultate. In-8, pp. XVI-138.

— A Dictionary of the Bhotanta, or Boutan Language, printed from a manuscript copy made by the late Rev. Frederic Christian Gotthelf Schroeter, edited by John Marshman. — To which is prefixed a Grammar of the Bhotanta Language. By Frederic Christian Gotthelf Schroeter. Edited by W. Carey, D. D. F. L. S. F. G. S. — Serampore : 1826, in-4, pp. III-35-6-475 à 2 col.

« It is highly probable that the following Dictionary was written by some of the Roman Catholic missionaries who formerly laboured in Thibet. A copy of it was in the possession of the late Major Latter, which was copied by the late Rev. Mr. Schroeter, a missionary belonging to the Church Missionary Society. Mr. Schroeter was placed at Tentaliya, a military post in Poornea, and received a salary from Government. On his demise his Manuscripts were submitted to the inspection of the editor, and at his recommendation, the printing of the whole was sanctioned by Government, and the expense supported by a generous subscription. The Dictionary was originally written in Italian, and has been partly translated into English by Mr. Marshman. » (Preface.)

— Observations sur le Dictionnaire tubétain, imprimé à Serampore, par M. Klaproth. (*Nouv. Jour. As.*, I, Juin 1828, pp. 401 à 423.)

Tirage à part, br. in-8, pp. 26.

— Notes on the Literature of Tibet. By H. H. Wilson. (*Gleanings in Science*, 1831, III, Calcutta, pp. 243/8.)

Csoma de Körös.

Né 4 avril 1784, à Körös, comté de Háromszék, en Transylvanie; † à Darjeeling, 11 avril 1842.

Voir col. 732/3.

— Some Remarks on the Life and Labours of Alexander Csoma de Körös, delivered on the occasion when his Tibetan Books and MSS. were exhibited before the Royal Asiatic Society on the 16th June, 1884. By Surgeon-Major Theodore Duka, M. D., F.R.C.S., late of the Bengal Army. (*Journ. R. As. Soc.*, N. S., Vol. XVI, Art. XXII, October, 1884, pp. 486/493.)

— Life and Works of Alexander Csoma de Körös. A Biography compiled chiefly from hitherto Unpublished Data; with a brief notice of each of his published works and essays, as well as of his still extant Manuscripts. By Theodore Duka, M. D.... London : Trübner & Co. 1885, in-8, pp. XII-234.

Fait partie de *Trübner's Oriental Series*.

Notice par L. Feer, *Journ. Asiat.*, VIIIe sér., VI, Août-Sept.-Oct. 1885, pp. 384/394.

— Csoma de Körös, fondateur des études tibétaines. Par Léon Feer. (*Ann. de l'Ext. Orient*, 1885-1886, VIII, pp. 74/77.)

D'après le vol. de Th. Duka, chez Trübner.

— Sur la littérature du Tibet, extrait du n° VII du *Quarterly Oriental Magazine*, Calcutta, 1826. (*Jour. As.*, X, 1827, pp. 129/146.)

L'article est de Csoma, l'extrait par E. Burnouf.

— A Grammar of the Tibetan Language, in English. Prepared under the patronage of the government and the auspices of the Asiatic Society of Bengal, By Alexander Csoma de Kőrös, Siculo-Hungarian of Transylvania. Calcutta : Printed at the Baptist Mission Press, Circular Road. 1834, in-4, pp. XII-204.

L'ouvrage est suivi de 40 pages lithographiées représentant un « Syllabic scheme of the Tibetan language ».

— Essay towards a Dictionary, Tibetan and English. Prepared, with the assistance of Bandé *Sangs-Rgyas Phun-Tshogs*, a learned Láma of Zangskár, by Alexander Csoma de Kőrős, Siculo-Hungarian of Transylvania. During a Residence at Kanam, in the Himálaya mountains, on the confines of India and Tibet. 1827-1830. Calcutta : Printed at the Baptist Mission Press, Circular Road, 1834. Gr. in-4, pp. XXII-351 à 2 col.

Nous avons examiné l'exemplaire appartenant à la bibliothèque du Pe-t'ang, Peking; il contient une traduction française manuscrite.

— Alexander Csoma de Kőrős. (*As. Jour.*, XXXIX, 1842, pp. 113/118.)

— Geographical Notice of Tibet. By Mr. Alexander Csoma de Körös. (*Jour. As. Soc. of Bengal*, Vol. I, April 1832, pp. 121/127.)

— Translation of a Tibetan Fragment, by Mr. Csoma de Körös, with remarks by H. H. Wilson, Secy. (*Ibid.*, July 1832, pp. 269/276.)

— Translation of a Tibetan Passport, dated A. D. 1688. By M. Alex. Csoma de Körös. (*Ibid.*, II, April 1833, pp. 201/202.)

— Extracts from Tibetan Works, translated by M. Alexander Csoma de Körös. (*Ibid.*, III, Feb. 1834, pp. 57/61.)

— Analysis of a Tibetan Medical Work. By Mr. Alexander Csoma de Körös. (*Ibid.*, IV, Jan. 1835, pp. 1/20.)

— Interpretation of the Tibetan Inscription on a Bhotian Banner, taken in Assam, and presented to the Asiatic Society by Captain Bogle. By M. Alexander Csoma Körösi. (*Ibid.*, V, May 1836, pp. 264/266.)

— Enumeration of Historical and Grammatical Works to be met with in Tibet. By Alexander Csoma Kőrősis. (*Ibid.*, VII, Feb. 1838, pp. 147/152.)

— Further Notes respecting the late Csoma de Körös. By Lieut. Col. Lloyd, and A. Campbell, Esq. Superintendent at Darjeeling. (*Ibid.*, XIV, Pt. II, 1845, pp. 823/827.)

BRIAN HOUGHTON HODGSON.

Né à Lower Beech, près Macclesfield, 1er fév. 1800 ; † 23 mai 1894.

Voir col. 731.

— Notice sur la langue, la littérature et la religion des Bouddhistes du Népal et du Bhot ou Tubet ; communiquée à la Société asiatique de Calcutta, par M. B. H. Hodgson. (*Jour. As.*, 2e Sér., VI, 1830, pp. 81/119, 257/279.)

— Remarks on an inscription in the Ranjà and Tibetan (U'cchen) Characters, taken from a Temple on the confines of the Valley of Nepál. By B. H. Hodgson. (*Jour. Roy. As. Soc. Bengal*, IV, 1835, pp. 196/198.)

— The Literature and Religion of the Buddhists. (Voir col. 731.)

— On the Tribes of Northern Tibet (Horyeul and Sokyeul) and of Sifan. By Brian H. Hodgson Esq. (*The Phœnix*, No. 30, Dec. 1872.)

— Essays on the Languages, Literature, and Religion of Nepál and Tibet : together with further Papers on the Geography, Ethnology, and Commerce of those Countries by B. H. Hodgson... London, Trübner, 1874, in-8, pp. xi-145-124.

« These essays were originally printed partly in *Illustrations of the Literature and Religion of the Buddhists* (Serampore, 1841) [voir col. 731], and partly in *Selections from the Records of the Government of Bengal* (No. XXVII, Calcutta, 1857), and were reprinted in the *Phœnix*, Professor Summer's Magazine for China and Eastern Asia [col. 731]. They are now again reprinted in a collected form, with corrections and additions. » (*Geographical Magazine*, Dec. 1st, 1874, p. 381.)

— Miscellaneous Essays relating to Indian Subjects. By Brian Houghton Hodgson, Esq., F. R. S.,... London, Trübner, 2 vol. in 8, pp. viii/408, viii/348.

Pub. à 28/-.

— Brian Houghton Hodgson. By R. N. C.[ust.] (*Journ. Roy. As. Soc.*, Oct. 1894, pp. 843/849.)

— Life of Brian Houghton Hodgson, British Resident at the Court of Nepal, Member of the Institute of France ; Fellow of the Royal Society ; A Vice-President of the Royal Asiatic Society, etc. By Sir William Wilson Hunter, K. C. S. I., M. A., LL. D., A Vice-President of the Royal Asiatic Society, etc. John Murray,... London : 1896. In-8, pp. ix-390, portraits, etc.

Notice : *Jour. des Savants*, Janv. 1897, pp. 51/6, par Léopold Delisle.

— Professor Schlegel's Enigma. Mode of expressing numerals in the Sanskrit and Tibetan languages. (*Jour. As. Soc. of Bengal*, III, Jan. 1834, pp. 1/8.)

I. J. SCHMIDT.

— Über den Ursprung der Tibetischen Schrift. Von I. J. Schmidt. (*Mém. Ac. Sc. St. Pét.*, VIe Sér., I, *Sc. pol.*, 1832, pp. 41/52, 53/54.)

— Grammatik der Tibetischen Sprache, verfasst von J. J. Schmidt... Herausgegeben von der Kaiserlichen Akademie der Wissenschaften. 1839. St. Petersburg, by W. Gräff. — Leipzig, bei Leopold Voss. In-4, pp. xvi-318, sans les errata, 1 f. n. ch.

Voir à la fin du volume, p. 291 : *Remarks on the Siamese language*, by the Rev. Mr. Gutzlaff, and *Specimen of Oriental Alphabets*.

— * Я. Шмидтъ. — Грамматика Тибетскаго языка. St. Pétersbourg, 1839, in-4, pp. xiii-333.

— Tibetisch-Deutsches Wörterbuch, nebst deutschem Wortregister, von J. J. Schmidt; ... — Herausgegeben von der Kaiserlichen Akademie der Wissenschaften. — 1841. St. Petersburg, bei W. Gräffs Erben. — Leipzig, bei Leopold Voss, in-4, pp. xi-784 + 1 f. errata.

— * Я. Шмидтъ. — Тибетско-русскій словарь, съ присовокупленіемъ алфав. списка. St. Pétersbourg, 1843, in-8.

Zenker.

— འཛངས་བླུན། oder der Weise und der Thor. Aus dem Tibetischen übersetzt und mit dem Originaltexte herausgegeben von I. J. Schmidt. St. Petersburg, bei W. Gräff's Erben. — Leipzig, bei Leopold Voss, 1843, 2 parties in-4.

Erster Theil, Der Tibetische Text nebst der Vorrede. — Zweiter Theil, Die Übersetzung. Auf Verfügung der Kaiserlichen Akademie der Wissenschaften.

Voir col. 761.

— Verzeichniss der Tibetischen Handschriften und Holzdrucke im Asiatischen Museum der kaiserlichen Akademie der Wissenschaften verfasst von I. J. Schmidt und O. Böhtlingk. (Aus dem *Bulletin historico-philologique de l'Académie Impériale des Sciences de St. Pétersbourg*, T. W., NNo. 6. 7. 8.) St. Petersburg... br. in-8, pp. 71.

— Verzeichniss der Tibetischen Handschriften und Holzdrucke im Asiatischen Museum der Kaiserlichen Akademie der Wissenschaften; von I. J. Schmidt und O. Boehtlingk. (*Bul. Cl. hist.-phil. Ac. Imp. Sc. St. Pét.*, IV, 1848, col. 82/125.)

— Nachtrag... von A. Schiefner. (*Ibid.*, V, 1848, col. 145/151.)

∴

— Discours prononcé à l'ouverture du cours de langue et de littérature tibétaine près la bibliothèque royale. Br. in-8, pp. 15.

Par Ph.-Ed. Foucaux. Paris, 31 Janvier 1842.

— Grammaire de la langue tibétaine par Ph. Ed. Foucaux. Paris, Imprimerie impériale, 1858, in-8, pp. xxxii-231.

Voir col. 733-736.

— Glossary of Tibetan Geographical Terms. Collected by Hermann, Adolphe, and Robert de Schlagintweit, and edited by Hermann de Schlagintweit, Ph.Dr., LL.D.&c. (*Jour. Roy. As. Soc.*, XX, 1863, pp. 67/98.)

Ant. Schiefner.

Voir col. 737.

— Tibetische Studien. Von Anton Schiefner. Einleitung. (*Bul. Cl. hist.-phil. Ac. Imp. Sc. St. Pét.*, VIII, 1851, col. 212/222, 259/267). — II. Beiträge zur tibetischen Lautlehre. (*Ibid.*, col. 267/272, 292/304, 333/4, 337/340). — III. Über den sogenannten tibetischen Artikel. (*Ibid.*, col. 341/352.)

— Bericht über die neueste Büchersendung aus Peking. Von Anton Schiefner. (*Ibid.*, IX, 1852, col. 10/14, 17/32.)

Livres tibétains.

— Über eine eigenthümliche Art tibetischer Composita; von A. Schiefner. (*Ibid.*, XIV, 1857, col. 125/8.)

— Über Pluralbezeichnungen im Tibetischen. Von A. Schiefner. (*Mém. Ac. Sc. St. Pét.*, VIIe Sér., XXV, St. Pét., 1878, pp. 17.)

— Über eine tibetische Handschrift des India Office in London von A. Schiefner. (*Mél. Asiat. Ac. Sc. St. Pét.*, VIII, 23 Janvier/4 février 1879, pp. 623/640.)

Tiré du *Bulletin*, T. XXV, pp. 321/2.

— Tibetan Tales. Derived from Indian Sources. Translated from the Tibetan of the Kah-Gyur by F. Anton von Schiefner. Done into English from the German, with an Introduction, by W. R. S. Ralston, M. A. London : Trübner & Co., 1882, in-8, pp. lxv-368.

Fait partie de *Trübner's Oriental Series.*

— * The Kah-Gyur. — Tibetan Tales. Translated from the Tibetan by F. A. v. Schiefner New Ed. London, 1906. 2 vol. in-8.

(Langue : Divers. — Schiefner.)

H. A. Jaeschke.

Né à Herrnhut, 17 mai 1817 ; † 24 sept. 1883 dans la même ville.

— Heinrich August Jaeschke. Par L. Feer. (*Jour. As.*, 1883, pp. 314/315.)

— H. A. Jäschke. (*The Athenaeum*, Oct. 20, 1883, p. 496.)

— Note on the Pronunciation of the Tibetan Language. — By the Rev. H. A. Jaeschke of Kyèlang. (*Jour. As. Soc. Bengal*, Vol. XXXIV, Pt. I, No. 2, 1865, pp. 91/100.)

— Über die östliche Aussprache des Tibetischen im Vergleich zu der früher behandelten westlichen. (*Monatsb. d. Königl. Ak. d. Wiss. zu Berlin*, 3. Aug. 1865, p. 441 à 453.)

— A short practical Grammar of the Tibetan Language, with special reference to the spoken dialects. By H. A. Jaeschke. Morav. Missionary. Kye-lang in Brit. Lahoul, 1865, in-8, pp. 56 + 1 f. prél.

Autographié.

— Über die Phonetik der Tibetischen Sprache von H. A. Jaeschke. (*Monatsb. König. Ak. Wiss. Berlin*, 1866, pages 148-182.)

— * H. A. Jaeschke. — An Introduction to the Hindi and Urdu Language for Tibetans. Kyelang in British Lohoul, 1867, lithog., oblong, pp. 56.

Tibetan, Urdu & Hindi.

— Des Missionärs Jaeschke Bemühungen um die Erlangung einer Handschrift des Gesar, von A. Schiefner. (*Bul. Ac. I. Sc. St. Pét.*, XIII, 1869, col. 476-484.)

— Romanized Tibetan and English Dictionary. By H. A. Jaeschke, Mor. Missionary. Kyelang in British Lahoul, 1866, in-8, pp. 158 + 1 f. prél.

— Handwörterbuch der Tibetischen Sprache von H. A. Jäschke. — Gnadau, Universitätsbuchhandlung. 1871, in-4, pp. 6 et xx* — 671 autog.

Notices : *The Phœnix*, No. 2, 1870, p. 11, et No. 33, March 1873, p. 152. — Par E. Schlagintweit, *Sitzungsb. ph.-hist. Cl. Ac. Wiss. München*, 2. Dec. 1871, pp. 702/6.

— A Tibetan-English Dictionary with special reference to the prevailing dialects. To which is added an English-Tibetan Vocabulary. By H. A. Jäschke, late Moravian Missionary at Kyèlang, British Lahoul. Prepared and published at the charge of the Secretary of State for India in Council. London, 1881, gr. in-8, pp. xxii-671.

(Langue : Jaeschke.)

Notice : *Journal Asiatique*, VIIe Sér., XX, Août-Sept. 1882, pp. 245/251. Par L. Feer.

— Probe aus dem tibetischen Legendenbuche : die hundert tausend Gesänge des Milaraspa, mitgetheilt von H. A. Jäschke. (Mit 2 lithogr. Tafeln.) (*Zeit. D. M. G.*, XXIII, 1869, pp. 543/558.)

— * H. A. Jaeschke. — Tibetan Grammar. 2nd edition, prepared by Dr. H. Wenzel. London, 1883, in-8, pp. x-104.

Trübner's *Collection of Simplified Grammars*, No. VII.

∴

— Emil Schlagintweit. — Die tibetischen Handschriften der königl. Hof- und Staatsbibliothek zu München. (*Sitz. philos.-philol. u. hist. Kl. K. B. Ak. Wiss. München*, 1875, II, pp. 67/88.)

— Stray Arians in Tibet. By R. B. Shaw. (*Jour. As. Soc. Bengal*, Vol. 47, 1878, Pt. 1, pp. 26/62.)

— A Manual of Tibetan being a Guide to the Colloquial speech of Tibet, in a Series of progressive Exercises prepared with the assistance of Yapa Ugyen Gyatsho a learned Lama of the monastery of Pemiongchi. By Major Thomas Herbert Lewin, F. R. G. S., of the Bengal Staff Corps. Deputy Commissioner of Darjeeling. — Calcutta : Printed by G. H. Rouse, at the Baptist Mission Press, 1879, gr. in-8 oblong, pp. xi + 1 f. n. c. + pp. 176.

— On Tibeto-Burman Languages. By Capt. C. J. F. S. Forbes, of the Burmese Civil Commission. (*Journ. R. As. Soc.*, N. S., Vol. X. Part II, art. IX, April, 1878, pp. 210/227.)

— Beginnings of Writing in and around Tibet. By Terrien de Lacouperie, M. R. A. S. Professor of Indo-Chinese Philology (University College, London). (*Ibid.*, N. S., Vol. XVII, Art. XVII, July 1885, pp. 415/482.)

Voir col. 1743.

— Etymologie, histoire, orthographe du mot Tibet. Par M. Léon Feer. (*Verhand. d. VII. Int. Orient. Cong....* Wien... 1886. *Hochasiat. u. Malayo-Polyn. Sect.*, pp. 63/81.)

Voir col. 735, 749-751.

— Le Tibet, le Buddhisme et la langue tibétaine. — Discours d'ouverture du cours de tibétain, près la Bibliothèque impériale. Par Léon Feer. (*Revue orientale et américaine*, MDCCCLX, pp. 157/190.)

— Le Karma-Çataka par M. L. Feer. (*Jour. Asiat.*, Janv.-Fév. 1901, pp. 53/100; Mars-Avril 1901, pp. 257/315; Mai-Juin 1901, pp. 410/486.)

— * H. Ramsay. — Western Tibet. A practical (English-Tibetan) Dictionary of the language and customs of the districts included in the Ladák Wazarat. 1890, gr. in-8, pp. 190.

En caractères romains.

Auguste Desgodins.

— Thibet oriental. — Vocabulaire de plusieurs tribus des bords du Lan-Tsang-Kiang ou Haut Me-Kong, Lou-Tsé-Kiang ou Haute-Salouen et Haut Irraouaddy, Par l'Abbé Desgodins, missionnaire apostolique au Thibet. Communication faite à la Société Académique Indo-Chinoise dans sa séance du 29 Janvier 1879. (*Ann. de l'Ext. Orient*, 1880-1881, III, pp. 42/48.)

— Dictionnaire thibétain-latin-français par Les Missionnaires Catholiques du Thibet. Hongkong, Imprimerie de la Société des Missions Etrangères, 1899, in-4, pp. xii-1087 à 2 col.

« Ce dictionnaire fut commencé en 1852 par M. Renou, le fondateur de la mission du Thibet. Admis comme marchand chinois dans la lamaserie de Tenn-djrou-ling, qui est dans la vallée du Fleuve Bleu, il y reçut pendant dix mois les leçons dévouées du chef, devenu son maître de langue thibétaine. L'année suivante, il continuait ses études près du lama de Tcha-moutong, dans la vallée de la Salouen, puis à Bonga, au Thibet proprement dit, où il s'était établi en septembre 1854. C'est là que M. Fage vint le rejoindre en 1856. Un docteur lama qui s'était converti s'attacha aux deux missionnaires, et fut leur seule ressource pour l'étude de la langue jusqu'en 1859. Alors seulement, ils reçurent le Dictionnaire de Csoma de Körös... [M. Renou † en 1863.] ... En 1862-63, M. Fage réunit en un seul manuscrit le Dictionnaire de Csoma et les nombreuses gerbes linguistiques, que les missionnaires avaient recueillies avec tant de patience et de soin ; mais il changea complètement l'ordre alphabétique, pour adopter celui des auteurs thibétains, qui est le seul rationel. C'est le même plan que suivit, mais sans avoir connaissance du travail de M. Fage, le Revd. H. A. Jaeschké, dans son savant Dictionnaire, publié à Londres en 1882. M. Fage adopta aussi l'usage de la langue latine, comme langue savante de l'Europe, et pour faciliter l'étude à ses confrères qui ne savaient pas l'anglais. Le français ne fut ajouté que plus tard, au moment de l'impression.

En 1880... M. Desgodins fut envoyé dans le nord de l'Inde, pour chercher à établir une nouvelle mission catholique dans les pays thibétains au sud des provinces centrales. Il emporta avec lui un exemplaire du Dictionnaire de M. Fage, toutes ses notes et celles de ses confrères. En 1883, il avait fondé un premier établissement au petit village de Padong, dans le Bouthang anglais. C'est là qu'il mit en ordre tous ses matériaux, ajoutant encore ce qu'il trouva de neuf dans le Dict. du Revd. Jaeschké, qui venait de paraître. Ces emprunts il les a toujours indiqués par la lettre (J.)... Quand l'oeuvre de coordination fut terminée, après dix ans de travail, M. Desgodins envoya une copie à M. — maintenant Mgr. Giraudeau, dont la science en thibétain écrit et parlé est tout à fait remarquable. Celui-ci revisa le manuscrit, y fit un certain nombre de corrections et envoya une ample provision d'additions qui furent fidèlement incorporées au texte.

Enfin, la Société des Missions-Etrangères dont le centre est à Paris, rue du Bac, 128, possédant à Hong Kong une imprimerie parfaitement outillée, le directeur de cette imprimerie, M. Rousseille, accepta généreusement la charge considérable d'imprimer ce nouveau Dictionnaire thibétain-latin-français. M. Desgodins vint à Hong Kong pour surveiller la partie thibétaine de l'impression, tandis que plusieurs de ses confrères l'aidaient à corriger la partie latine et française. A tous ces messieurs nos plus sincères remerciements. Des types furent d'abord fondus dans l'établissement même et le travail de composition typographique, commencé le 21 novembre 1894, s'achève à la fin d'août 1899. » (Préface.)

Notice : Par Henri Cordier, *Jour. Asiatique*, IXe Sér., XVI, juillet-août 1900, pp. 181/186.

— Essai de grammaire thibétaine pour le langage parlé avec alphabet et prononciation par A. Desgodins Missionnaire Apostolique. Hongkong, Imprimerie de Nazareth, 1899, pet. in-8, pp. VIII-92.

∴

— Hā-shang-rgyal-po and Ug-ṭad, a Dialogue. From the Tibetan. By Karl Marx, Missionary at Leh, Ladakh. (*Jour. As. Soc. Bengal*, Vol. 60, 1891, Pt. 1, pp. 37/46.)

— Hand-book of Colloquial Tibetan. — A Practical Guide to the Language of Central Tibet. — In Three Parts. — By Graham Sandberg, B. A.,... Calcutta, Thacker, Spink and Co., 1894, in-8, pp. VIII-372.

I. — Grammar of the Colloquial. — II. — Phrases — Conversational exercises — Technical lists. — III. — Vocabulary (English-Ladaki). — Colloquial of Central Tibet — Literary. Appendix. — Mongol-Tartar Words and Phrases.

Notice : *Jour. Roy. As. Soc.*, Oct. 1895, pp. 916/926, by W. Woodville Rockhill.

— * G. Sandberg. — Manual of the Sikkim Bhutia Language, or Dénjong Ké. 2nd edition, enlarged. 1895, pet. in-8, pp. 144.

En caractères romains.

— On the Relationship between Tibetan Orthography and the Original Pronunciation of the Language. By the Rev. F. B. Shawe, Moravian Missionary in Ladak. (*Jour. As. Soc. Bengal*, Vol. 63, 1894, Pt. 1, pp. 4/19.)

— Zwei Episoden aus zwei tibetanischen Novellen in der orientalischen und occidentalen Überlieferung. — Ein kritischer Versuch von Dr. Stanislaus Prato... — Sonderabdruck aus der *Zeitschrift des Vereins für Volkskunde*. 1894. Heft 4. — Berlin, A. Asher, 1894, in-8, pp. 27.

— Verzeichniss der im tibetischen Tanjur, Abtheilung mDo (Sûtra), Band 117-124, enthaltenen Werke. Von Dr. Georg Huth in Berlin. (*Sitzungsb. könig. preuss. Ak. Wiss. Berlin*, 1895, pp. 267/286.)

Tirage à part, in-4, pp. 22.

— Die Inschriften von Tsagan Baišin. 1894. Voir col. 2764.

— Studien zur Sprachwissenschaft der Tibeter. Zamatog. Von Berthold Laufer. (*Sitz. philos.-philol. u. hist. Kl. K. B. Ak. Wiss. München*, 1898, Heft III, pp. 519/594.)

Notice : *T'oung Pao*, Oct. 1900, pp. 357/8, par G. Schlegel.

— Tales of the Wise Man and the Fool, in Tibetan and Chinese. By J. Takakusu, M. A., M. R. A. S. (*Journ. R. A. S.*, July 1901, pp. 447/460.)

Hien-yü-king 賢愚經 — Damamūka sūtra.

— A. Conrady. — Eine indochinesische Causativ-Denominativ-Bildung... 1896. — Voir col. 1588.

— * S. Pongracz. — Tibet-magyar nyelvtanulmányok. Budapest, 1896, 1897, 2 rész. in-8.

— * C. H. P. Turner. — The Colloquial Language of Tibet. (Lhasa pronunciation.) Darjeeling, 1897, in-8, 20 ff.

A. H. Francke.

— A Collection of Ladakhi Proverbs. By the Rev. H. Francke, Moravian Missionary, Leh. (*Jour. As. Soc. Bengal*, Vol. 69, 1900, Pt. 1, pp. 135/148.)

— Sketch of Ladakhi Grammar in co-operation with other Moravian Missionaries compiled by A. H. Francke, Moravian Missionary. [Published as Extra No. 2 to the *Journal of the Asiatic Society of Bengal*, Vol. LXX, Part I, 1901.] Calcutta : Superintendent of Government Printing, India, 1901, in-8, pp. 63.

— Kleine Beiträge zur Phonetik und Grammatik des Tibetischen. Von A. H. Francke, Missionar der Brüdergemeinde in Ladakh. (*Zeitschft. Deutsch. Morg. Ges.*, Bd. LVII, 1903, pp. 285/298.)

— A language map of West Tibet with notes. By A. H. Francke. With Map. (*Journ. Asiat. Soc. Bengal*, LXXIII, Pt. 1, 1904, pp. 362/367.)

— The Similarity of the Tibetan to the Kashgar-Brahmi Alphabet. By The Rev. A. H. Francke (With five Plates). Calcutta: Baptist Mission Press, 1905, gr. in-4.

Memoirs of the Asiatic Society of Bengal, Vol. I, No. 3, pp. 43/5.

— The eighteen Songs of the Bono-na Festival (Bono-nayi lu athrungsh). [Dard Text, with Translation, Notes and Vocabulary.] By A. H. Francke. (*Indian Antiq.*, XXXIV, 1905, pp. 93/110.)

— The Rock Inscriptions at Mulbe. By A. H. Francke. (*Ibid.*, XXXV, 1906, March, pp. 72/81, 2 pl.)

— Das tibetische Pronominalsystem Von A. H. Francke. (*Zeitsch. d. Deutsch. Morgenl. Ges.*, Leipzig, 1907, 61. Band, pp. 439/440.)

∴

— * Lama Wangdan. Tibetan Primer. Transcribed in Roman characters and Translated into English by Satis Chandra Acharyya Vidyabhusan. Nos. I and II. Calcutta, 1902, gr. in-8.

— Une formation numérale en tibétain. Par de Charencey. (*Jour. Asiat.*, Mars-Avril 1902, pp. 375/7.)

— Tibetica. By E. von Zach. (*China Review*, XXIV, No. 6, pp. 255/258.)

— Tibetische Ortsnamen. (*Lexicog. Beiträge*, I, Von E. von Zach, 1902, pp. 83/98.)

∴

— A Tibetan-English Dictionary with Sanskrit Synonyms by Sarat Chandra Das, Rai Bahadur, C. I. E.,... Revised and Edited under the orders of the Government of Bengal by Graham Sandberg, B. A., Chaplain, H. M. Indian Service... and A. William Heyde, one of the Revisors of the Tibetan New Testament, Moravian Missionary on the Tibetan Frontier. Calcutta : Published by the Bengal Secretariat Book Depôt. 1902, in-4, pp. xxxiv-1353 à 2 col.

Notices : *Riv. Geog. Ital.*, XI, 1904, pp. 62/3, par C. Puini. — *Calcutta Review*, July 1904, pp. 389/396, par E. H. Walsh. — *Bul. Éc. franç. Ext. Orient*, IV, Janv.-Juin 1904, pp. 477/8, par P. Cordier.

∴

— * *Yig kur nam shag.* Being a Collection of Letters, both official and private, and illustrating the different forms of correspondence used in Tibet. Edited by R. Sarat Chandra Das, 1901, gr. in-8, pp. 88.

— Notes from the Tanjur. By F.W. Thomas. (*Jour. R. As. Soc.*, April 1903, pp. 345/354.)

— * Vincent C. Henderson. — Tibetan Manual, with Vocabulary. Revised by Edward Amundsen. 1903, gr. in-8, pp. II-118-129.

— Manual of Colloquial Tibetan. — By C. A. Bell, Indian Civil Service. — Calcutta : Baptist Mission Press, 1905, pet. in-8, pp. xiv-451.

Carte : Tibet and the Surrounding Regions. Published by the Royal Geographical Society.

— * Vocabulary of the Tromowa Dialect of Tibetan. Spoken in the Chumbi Valley (So far as it differs from Standard Tibetan), together with a Corresponding Vocabulary of Sikhimese and of Central (Standard) Tibetan. Compiled by E. H. C. Walsh. Calcutta, 1906. In-4.

Notice : *Journ. Roy. As. Soc.*, July 1906, pp. 740/41. Par C. M. Ridding.

— Folk Tales from Tibet with Illustrations by a Tibetan Artist and some verses from Tibetan Love-Songs. Collected and Translated by Capt. W. F. O'Connor, C. I. E. Secretary and Interpreter of the Mission to Lhasa (1904). London, Hurst and Blackett, 1906, in-8, pp. viii + 2 ff. n. ch. p. l. tab. + pp. 176.

Notices : *London & China Express*, Nov. 16, 1906, pp. 857/8. — *Rev. des Trad. pop.*, Juin 1907, pp. 232/5, par A. van Gennep.

— * Rules for the Phonetic Transcription into English of Tibetan Words. (By Captain W. F. O'Connor), pp. 6.

— A Tibetan Almanac for 1906—1907 (ས་རྟེའི་ལོ་ཐོ།།). — By Mahāmahopādhyāya Satis Chandra Vidyābhūṣaṇa, M. A. (*Jour. & Proc. Asiat. Soc. Bengal*, Vol. II, No. 9, 1906, pp. 455/466.)

— * H. Beckh. — Die tibetische Uebersetzung von Kālidasas Meghadūta. Nach dem roten und schwarzen Tanjur herausgegeben und ins Deutsche übertragen. Berlin, 1907, gr. in-8, pp. 85. Réimpression.

IV. — CORÉE.

OUVRAGES DIVERS.

— Voir Missions Catholiques, Vies : Berneux, col. 1111 ; Blanc, col. 1112/3 ; Deguette, col. 1123/4 ; Imbert, col. 1133 ; Petitnicolas, col. 1142 ; Ridel, col. 1145/6 ; Robert, col. 1147, etc.

— Three severall testimonies concerning the mighty kingdom of Coray, tributary to the king of China, and borthering vpon his Northeast frontiers, called by the Portugales *Coria*, and by them esteemed at the first an Iland, but since found to adioyne with the maine not many dayes iourney from *Paquí*, the Metropolitan citie of *China*. The more perfect discouery whereof and of the coast of *Tartaria* Northward may in time bring great light (if not full certaintie) either of a Northwest or a Northeast passage from *Europe* to those rich countries. Collected out of the Portugale Iesuites yeerely Iaponian Epistles dated 1590, 1591, 1592, 1594, &c. (Hackluyt, *Voyages*, III, pp. 854/861.)

Hendrik Hamel.

(Voyage du *Sperwer* [*l'Epervier*].)

— Journael, ‖ Van de Ongeluckige Voyagie van't Jacht de *Sperwer* | van ‖ Batavia gedestineert na Tayowan | in't Jaar 1653. en van daar op Japan; hoe't selve ‖ Jacht door storm op't Quel-paarts Eylant is ghestrant | ende van 64. personen | maar 36. ‖ behouden aan't voornoemde Eylant by de Wilden zijn gelant : Hoe de selve Maats door ‖ de Wilden daar van daan naar't Coninckrijck Coeree sijn vervoert | by haar ghenaamt ‖ Tyocen-koeck ; Alwaar zy 13. Jaar en 28. daghen | in slavernije onder de Wilden hebben ‖ ges worven | zijnde in die tijt tot op 16. na aldaar gestorven | waar van 8. Persocnen in ‖ 't Jaar 1666. met een kleen Vaartuych zijn ontkonien | latende daar noch acht ‖ Maats sitten | ende zijn in't Jaar 1668. in't Vaderlandt gearriveert. ‖ Als mede een pertinente Beschrijvinge der Landen | Provin- ‖ tien | Steden ende Forten | leggende in't Coninghrijck Coeree : Hare Rechten | Justitien ‖ Ordonnantien | ende Koninglijcke Regeeringe : Alles beschreven door de Boeck- ‖ houder van't voornoemde Jacht de *Sperwer* | Ghenaamt ‖ Hendrick Hamel van Gorcum. ‖ Verciert met verscheyde figueren. ‖ [Vig. représentant le naufrage.] Tot Rotterdam, ‖ Gedruckt by Johannes Stichter | Boeckdrucker : Op de Hoeck ‖ van de Voghelesangh | inde Druckery | 1668. in-4, pp. 20-12; 7 fig. dans le texte du Journal.

Les douze dernières pages comprennent : Beschryvinge ‖ Van't Koninglrijck ‖ Coeree, ‖ Met alle hare Rechten, Ordon- ‖ nantien, ende Maximen, soo inde Politie, als ‖ inde Melitie, als vooren verhaelt. ‖ [Fleuron.] Anno M.DC.LXVIIj.

Bib. de l'Université de Leyde.

— * Journael ‖ Van de ongeluckige Reyse van't Jacht de ‖ *Sperwer*, ‖ Varende van Batavia na Tyowan en Fer- ‖ mosa, in't Jaer 1653. en van daer na Japan, daer ‖ Schipper op was Reynier Egbertsz. van Amsterdam. ‖ Beschrijvende hoe het Jacht door storm en onweer ver- ‖ gaen is, veele Menschen verdroncken en gevangen sijn : Mitsgaders ‖ wat haer in 16. Jaren tijdt wedervaren is, en eyndelijck hoe ‖ noch eenighe van haer in't Vaderlandt zijn aen geko- ‖ men Anno 1668. in de Maendt July. ‖ (*Grav. sur bois.*) ‖ t'Amsterdam, Gedruckt ‖ By Gillis Joosten Saagman, in de Nieuwe-straet, ‖ Ordinaris Drucker van de Zee-Journalen en Landt-Reysen ‖ in-4.

« Titre avec la gravure en bois ordinaire ; au verso, la Renommée, grav. en bois, avec souscription en vers de six lignes.

Texte imprimé en deux colonnes, p. 3-40. Signat. A2-F3.

Planches dans le texte (tirées d'autres ouvrages) au nombre de six, dont cinq sont gravées en taille douce.

Réimpression du précédent, avec quelques variations dans le style et quelques phrases ajoutées au commencement et à la fin, entre autres la date du départ et du retour. La description de la Corée est insérée dans le Journal (p. 18-33). Les noms des marins évadés et de ceux restés prisonniers se trouvent à la fin de l'ouvrage. » (Tiele.)

— * 't Oprechte Journael, ‖ (*etc., comme le précédent*) ... Beschrijvende hoe het Jacht door storm en onweer op Quelpaerts Ey- ‖ lant vergaen is, op hebbende 64. Man, daer van 36. aen Lant zijn geraeckt, en gevan- ‖ gen genomen van den Gouverneur van't Eylant, die haer als Slaven na den Coninck ‖ van Coree dede voeren, alwaer sy 13. Jaren en 28. dagen hebben in Slaverny moeten blij- ‖ ven, waren in die tijdt tot op 16. nae gestorven : Daer van acht persoonen in't Jaer 1666. ‖ met een kleyn Vaertuygh zijn't ontkomen, achterlatende noch acht van haer Maets : ‖ En hoe sy in't Vaderlandt zijn aengekomen Anno 1668. in de Maent July. ‖ (*Gravure en bois.*) ‖ t'Amsterdam, Gedruckt ‖ By Gillis Joosten Saagman, *etc.* (*comme le préc.*) in-4.

« La planche du titre représente un seul vaisseau.

« Les planches aux pp. 7, 31 diffèrent ; comme la dernière est plus grande, le texte des pp. 30, 31 a été plus ou moins changé. Du reste, cette édition est en tout conforme à la précédente (40 pp.). » (Tiele.)

— * Journael, ‖ Van de ongeluckige Reyse, *etc.* (*comme le précédent*) ... t'Amsterdam, ‖ By Gillis Joosten Zaagman, *etc.* (*comme le précédent*) in-4.

« Titre avec la même figure que l'éd. préc. — La planche à la p. 22 manque, mais elle est remplacée, p. 23, par une planche tirée du journal de Linschoten. Aux pp. 30, 31 aussi les planches manquent dans cette édition, de sorte que le texte a subi quelques changements, afin de conserver intact le nombre des pages. » (Tiele.)

« Parti des Pays-Bas le 10 Janvier 1653, le Yacht *de Sperwer* (l'Epervier) arriva le 1er Juin de la même année à Batavia, d'où il fut envoyé 18 jours après à l'île de Formose. Surpris par une tempête, le navire fit naufrage sur la côte de l'île Quelpaert, près de la Corée. La moitié des hommes de l'équipage, parmi eux le capitaine y périrent. Les autres furent faits prisonniers par les Coréens et amenés devant le roi. Ils restèrent dans ce pays plus de 13 ans. Le récit de leurs aventures, quoique très simple et nullement scientifique, ne manque pas d'intérêt. Huit de ces hommes, entre autres Hendrick Hamel, l'auteur du récit, réussirent enfin à s'échapper au Japon, où on les mena à Nangasacki, auprès de leurs compatriotes. Ils furent de retour à Amsterdam en Juillet 1668. Les meurtres & autres excès sont bien plus rares dans ce récit que dans celui du voyage de Pelsaert. Aussi est-il devenu beaucoup moins populaire... Avec tout cela c'est le seul ancien ouvrage connu qui donne de première source des détails importants concernant la Corée et ses habitants. Voir Ritter, *Erdkunde*, IV, 3, p. 604. » (Tiele.)

— Relation ‖ du ‖ naufrage ‖ d'un vaisseau holandois, ‖ Sur la Coste de l'Isle de Quel- ‖ paerts : Avec la Description ‖ du Royaume de Corée : ‖ Tradvite dv Flamand, ‖ Par Monsieur Minutoli. ‖ A Paris, ‖ Chez Thomas Jolly au Palais, ‖ dans la Salle des Merciers, au coin ‖ de la Gallerie des prisonniers, à la ‖ Palme & aux Armes d'Holande. ‖ M.DC.LXX, avec privilege dv Roy, in-12, 4 ff. n. ch. p. le tit. et l'av. + pp. 165.

— Relation ‖ du ‖ naufrage ‖ d'un vaisseau holandois, ‖ Sur la Coste de l'Isle de Quel- ‖ paerts : Avec la Description ‖ du Royaume de Corée : ‖ Tradvite dv Flamand, ‖ Par Monsieur Minutoli. ‖ A Paris, Chez Louys Billaine, au second ‖ Pilier de la grand Salle du Palais, ‖ à la Palme, & au grand Cesar. ‖ M.DC.LXX. ‖ Avec Privilege dv Roy. In-12, 4 ff. n. c. + pp. 165.

Ces deux éd. sont semblables.

— Bernard, *Recueil de Voyages au Nord*, IV, 1715 et 1732.

— Voyage de quelques Hollandois dans la Corée, avec une relation du Pays & de leur naufrage dans l'Isle de Quelpaert. (Prevost, *Hist. gén. des Voy.*, VIII, La Haye, 1749, pp. 412/429.)

— « Hendrik Hamel et sa Captivité en Corée », article de Léon de Rosny (*Variétés Orientales*, 3e éd., pp. 157/162).

— Journal... darinnen alles dasjenige was sich mit einem Holländischen Schifft, das von Batavien aus, nach... Japan, reisfertig, durch Sturm, im 1653. Jahre gestrandet, und mit dem Volk darauf, so in das Königreich Corea, gebracht worden, nach und nach begeben, ordentlich... erzehlet wird... Aus dem Niederländischen verteutschet. (Arnold [C.] *Wahrhaftige Beschreibungen, etc.* 1672, in-8.)

— Schwabe, *Allg. Hist. der Reisen*, Bd. 6, 1747.

— An Account of the Shipwreck of a Dutch Vessel upon the Coast of the Isle of Quelpaert; with a Description of the Kingdom of Corea in the East Indies. (Harris' *Coll.*, II, App., pp. 37 et seq.)

— An Account of the Shipwreck of a Dutch Vessel on the coast of the Isle of Quelpaert, together with the Description of the Kingdom of Corea. Translated out of French. (Churchill, *Col. of Voy.*, 3rd ed., IV, 1745, pp. 719/742.)

Dans l'édition de 1704, ce voyage se trouve dans le Vol. IV, pp. 607/632. — Imp. également dans l'éd. de 1752.

Cette traduction anglaise est reproduite dans la *Coll.* d'Astley, IV, pp. 329/347.

— Travels of some Dutchmen in Korea; with an account of the country, and their shipwreck on the Island of Quelpaert. By Henry Hamel. Translated from the French. (Pinkerton, VII, p. 517, d'après Astley, IV, p. 329.)

(Hendrik Hamel.)

∴

— Observations géographiques sur le Royaume de Corée. Tirées des Mémoires du Père Regis. (Du Halde, *Description*, Vol. IV, pp. 423/430.)

— Histoire abrégée de la Corée. (Du Halde, (*Ibid.*, pp. 430/458.)

« Ce qui se dit ici de la Corée, est tiré de trois differens Auteurs : d'un théâtre du monde intitulé *Tsien kio kiu loui chu*; de l'abrégé général de Chorographie qui a pour titre : *Quang yu ki*; et surtout d'une Géographie universelle intitulée *Fang yu ching lio*. Dans les points essentiels on s'est contenté de traduire simplement. et on y a ajouté la Chronologie qu'on croit être sûre. »

— Observations Géographiques et Histoire de la Corée, par le Père Jean-Baptiste Regis, Jésuite. (Prévost, *Hist. gén. des Voy.*, VIII, La Haye, 1749, pp. 395 et seq.)

En anglais dans la *Coll.* d'Astley, IV, pp. 319 et seq., d'après la trad. ang. de Du Halde, in-fol., II, pp. 376 et seq.

— Position de Kong-Ki-Tao, Capitale de la Corée [par le P. Gaubil]. (*Observ. Mathém.*, par le P. E. Souciet, I, p. 141.)

— A curious and concise Description of the Country, History of the Inhabitants, and Account of the present State of the Kingdom of Corea; together with some Hints of the Ease with which Commerce might be established in its Ports, the Benefits that might be expected from thence, the great Likelihood of Gaining an Entrance from thence into Japan, or at least an Intercourse with the Japonese; and many others entertaining and instructive Particulars relative to this Subject, and the Trade that is or might be carried on in the Dominions and Dependencies of the Emperor of China. Collected chiefly from Memoirs hitherto unpublished, and compared with all the printed Histories and Travels, in which any Mention is made of this Country, its Commerce or Inhabitants. (*Collection of Voyages and Travels*, by John Harris, London, M.DCC.XLVIII, II, pp. 1000/1015.)

Réimp. Harris, 1764, II, pp. 1000/1015.

— Voir Grosier, I, pp. 340 et seq.

(Divers.)

— Voyage de La Pérouse autour du Monde... A Paris, An V. (1797), 4 vol. in-4.

Voir II, pp. 387 et seq.

∴

— Relation de l'établissement du Christianisme dans le royaume de Corée, Rédigée, en latin, par Monseigneur de Govea Evêque de Pekin, et adressée le 15 Août 1797 à Monseigneur de St. Martin Evêque de Caradre, et Vicaire Apostolique de la Province du Sutchuen en Chine. Traduction sur une copie reçue à Londres le 12 Juillet 1798. — A Londres; De l'Imprimerie de Ph. Le Boussonnier & Co. No. 5. Holles Street, Soho. Et se trouve chez les Libraires François. — 1800, in-12, pp. III-37.

— Relation (Extrait) de l'Etablissement du Christianisme dans le royaume de Corée, rédigée par M. de Govea, évêque de Pekin en 1797. (*Lettres édifiantes*, éd. de Grimbert, III, pp. 351 et seq.)

— Lettre (Extrait) de Mgr. de Govea. (Pékin, le 23 Juillet 1801.) (*Ibid.*, pp. 365 et seq.)

— Lettre (Extrait) des Chrétiens de Corée à l'évêque de Péking (18 décembre 1811). (*Ibid.*, pp. 367 et seq.)

Voir *Nouv. let. édif.*, dans lesquelles ces lettres ont paru, col. 957.

— Gli atti di Cinque Martiri nella Corea coll' origine della Fede in quel regno secondo la relazione scritta da Monsignor Vescovo di Pekino a Monsignor Vescovo di Caradra Vicario apostolico nel Su-tchuen della Cina. Siegue una breve Notizia della Corea e del suo Cristianesimo ne' tempi anteriori. In Roma MDCCCI. pel Fulgoni. Col permesso. In-8, pp. XVI-112.

∴

— A Voyage of Discovery to the North Pacific Ocean : in which the Coast of Asia, from the lat. 35° North to the lat. of 52° North, the island of Insu, (commonly known under the name of the Land of Jesso,) the North, South, and East Coasts of Japan, the Lieuchieux and the adjacent isles, as well as the coast of Corea, have been examined and surveyed. Performed in His Majesty's Sloop *Providence* and her tender, in the years 1795, 1796, 1797, 1798. By William Robert Broughton. London : Printed for T. Cadell and W. Davies in the Strand. 1804, in-4, pp. xx-393-9, Cartes et grav.

— Voyage de découvertes dans la partie septentrionale de l'Ocean Pacifique, fait par le capitaine W. R. Broughton, Commandant la corvette de S. M. B. *la Providence* et sa conserve, pendant les années 1795, 1796, 1797 et 1798; Dans lequel il a parcouru et visité la côte d'Asie, depuis le 35e degré nord, jusqu'au 52e; l'île d'Insu, ordinairement appelée Jesso ; les côtes Nord, Est et Sud du Japon; les îles de Likeujo et autres îles voisines, ainsi que la côte de Corée. Traduit par ordre de S. E. le Ministre de la marine et des colonies, par J. B. B. E**** [Eyriès]. Paris, Dentu, M.D.CCC.VII. 2 vol. in-8, pp. xxxij + 1 f. n. ch. + pp. XVI-243, 5 cartes ou pl., 341 + 1 f. n. ch. er., 2 cartes ou pl.

— Basil Hall. [Voir ILES LIEOU K'IEOU.]

— Macleod. Voyage de l'*Alceste*. [Voir col. 2107-8.]

— Giulio Ferrario. — Il costume, 1816. — Voir col. 65.

— Corea, 1817. (*Indo-Chinese Gleaner*, May 1818, pp. 93/4.)

— * Острова Ли-Чю на Желтой рѣкѣ, у береговъ Кореи. (*Русскій Инвалидъ*. 1818, Nos. 40, 42, 43, 45, 47 et 49. — *Сибургскія Вѣдомости*, 1818, Nos. 15-18.)

Mejov, 2983.

— 三國通覽圖說 *San Kokf Tsou Ran To Sets*, ou Aperçu général des Trois Royaumes. — Traduit de l'original japonais-chinois, par Mr. J. Klaproth. — Ouvrage accompagné de cinq cartes. — Paris : Printed for the Oriental Translation Fund... MDCCCXXXII, gr. in-8, pp. VI + 1 f. n. ch. + pp. 288.

Préface du traducteur, I-VI. — Introduction, pp. 1/4. — Préface de l'auteur, pp. 5/10. — Description de la Corée, pp. 11/23. — Description de la Corée d'après le *Tai tsing i tong ché* (section CCCIII de l'éd. de 1716), pp. 24/168. — Notice des îles Lieou khieou, appelés en japonais Riou kiou, pp. 169/180. — Description du Pays des Yeso, pp. 181/255. — Description des îles inhabitées, pp. 256/262. — Explication des lettres de renvoi placées sur les cartes qui accompagnent cet ouvrage, pp. 263/286. — Contenu, pp. 287/288.

Paris. Imprimé chez Paul Renouard, rue Garancière, N° 5.

Cet ouvrage publié à Yedo en 1786 a été rédigé par le Japonais *Rinsifée*.

Notice : *Nouv. Ann. des Voy.*, XXX, 1833, pp. 95/110, par E.

— Plates and Maps to accompany the *San kokf tsou ran to sets*, ou Aperçu général des Trois Royaumes. Traduit de l'original japonais-chinois, Par Mr. J. Klaproth. Paris : Engraved and Printed for the Oriental Translation Fund. — MDCCCXXXII, gr. in-4.

— Journal of three voyages... By Charles Gützlaff. [Voir col. 2111-2.]

— Amiral Cecille. [Voir col. 2114-5.]

— Mémoire sur la Corée. (Adressé par J. M. Callery au Ministre de l'Instruction publique.) (*Rev. de l'Orient*, V, 1844, pp. 273/294.)

— Sur la perte de la *Gloire* et de la *Victorieuse* sur la côte de Corée, le 10 Août 1847, voir la *China Mail*, 135 et 137, 16 et 30 Sept., 1847 ; *Chin. Rep.*, XVI, p. 464.

— Note sur une montagne volcanique sortie du fond de la mer au sud de la Corée, l'an 1007 de J.-C. (Extrait de l'*Encyclopédie japonaise.*) (*Ctes. rendus de l'Ac. des Sc.*, X, p. 835, par S. Julien.)

— Catholic Missions in Corea. From the « Annales de la Propagation de la Foi ». Communicated for the Repository, by J. T D.[ickinson], Singapore. (*Chin. Rep.*, VIII, pp. 567/575.)

D'après les *Annales* de 1839, voir col. 960. — Consulter ce recueil pour l'histoire moderne de l'église de Corée. Le *U. S. Cath. M.* a donné (VII, pp. 421, 462) des articles intitulés *Mission of Corea*, d'après les lettres : d'André Kim Hai-Kim ; voir *Ann. de la Prop.*, col. 963.

— Narrative of the Voyage of H. M. S. *Samarang*, during the years 1843-46 ; employed surveying the islands of the Eastern Archipelago ; accompanied with a brief vocabulary of the principal Languages. Published under the Authority of the Lords Commissioners of the Admiralty. By Captain Sir Edward Belcher, R. N., C. B.,... Commander of the Expedition. With Notes on the Natural History of the Islands, By Arthur Adams, Assistant-Surgeon, R. N. London : Reeve, 1848, 2 vol. in-8, pp. xl-358, 574 + 1 f. n. c. Cartes et gravures.

Chap. IX et XI sur les *Loo choo.* — Chap. X sur *Quelpart and the Korean Islands.* — Le chap. VIII de l'*Hist. nat.*, est consacré à *Loo choo, Korea, Japan.*

— The Zoology of the Voyage of H. M. S. *Samarang*; under the command of Captain Sir Edward Belcher, C. B., F. R. A. S., F. G. S., during the years 1843-1846. By John Edward Gray, F. R. S., Sir John Richardson, M. D., F. R. S. ; Arthur Adams, F. L. S. ; Lovell Reeve, F. L. S. ; and Adam White, F. L. S., Edited by Arthur Adams, F. L. S., Assistant-Surgeon to the Expedition. Published under the authority of the Lords Commissioners of the Admiralty. London : Reeve and Benham, 1850, in-4.

L'ouvrage a été publié en 7 parties de 1848 à 1850.

— Travels of a Naturalist in Japan and Manchuria... by A. Adams. London, 1870. In-8. [Voir col. 2747.]

PERTE DU *NARWAL*.

Le *Narwal*, baleinier français, se perdit sur les îles de la côte sud-ouest de Corée dans la nuit du 2 au 3 Avril 1851 ; l'équipage à l'exception d'un homme ayant échappé au naufrage, le second du navire se rendit à Chang-hai dans une des chaloupes du baleinier prévenir le consul de France, M. de Montigny, qui équipa un lortcha, et accompagné de son interprète, M. le Cte. Kleczkowski, alla chercher lui-même ses compatriotes.

— *Chin. Rep.*, XX, pp. 500/506. — Réimp. dans le *Shai. Budget*, Sept. 15, 1871.

— Narrative of the Loss of the French whaler *Narwal* on the coast of Corea and rescue of the crew. By J. M. D. (Mac Donald). (*N. C. Herald*, Nos. 44, 45, 46, 47, 50 et 57, 1851.)

∴

— Notes on some places visited during a surveying expedition round the coast of Japan and Korea, in the summer of 1855 ; By John Richards, Commanding H. M. Surveying sloop « Saracen ». Read before the Society, Nov. 8, 1855. (*Trans. China Br. R. As. Soc.*, Pt. V, Art. VI, pp. 109/124.)

— La Corée, son état actuel, les missionnaires catholiques. (Extrait d'une lettre particulière du baron de Chassiron.) (*Nouv. Ann. des Voy.*, 1859, I, pp. 357/366.)

— Les Missions catholiques en Korée et dans l'Inde anglaise. — 1859-1860-1861. (Baron de Chassiron, *Notes sur le Japon*, pp. 327/356.)

— The Shores of the Corea and Japan. (*N. C. Herald*, No. 485, Nov. 12, 1859.)

∴

— La presqu'île de Corée et son avenir. Par Léon de Rosny. (*Journal des Economistes*, 2e Sér., 1859, t. XXII, pp. 413 et seq.)

— Sur la géographie et l'histoire de la Corée. Par Léon de Rosny. (*Rev. Orientale*, 2e Sér., T. I. — 1868-69, pp. 155/174.)

Réimp. dans les *Variétés Orientales*, 3e éd., pp. 313/336.

— Sur la géographie et l'histoire de la Corée, par Léon de Rosny, Membre de l'Athénée orientale, Professeur à la Bibliothèque impériale, etc. — Extrait du n° 6 de la *Revue Orientale*, 2e Série. (Tiré à 100 exemplaires.) — Nancy, Imprimerie orientale de Ve Raybois, 1868, br. in-8, pp. 22.

— Les peuples de la Corée connus des anciens Chinois par Léon de Rosny. (*Actes de la Soc. d'Ethn.*, VII, 1873, pp. 99/109.)

— Les Coréens Aperçu ethnographique et historique par Léon de Rosny... — Orné de gravures — Paris, Maisonneuve, 1886, in-12, pp. 91.

Forme le Vol. VI de la : « Bibliothèque ethnographique publiée sous la direction de M. Léon de Rosny ».

∴

— * Description hydrographique de la Côte Orientale de Corée et du golfe d'Osaka, traduite du russe par M. de la Planche, lieut. de vaisseau, in-8, pp. 4 et 3 cartes. (*Ann. hydrog.*, 1861.)

— * Отношеніе русскихъ къ китайцамъ и корейцамъ. И.Носковъ. (*Кяхтин. Листокъ.* 1862, No. 18.)

Mejov, 2985.

— * Забайкальская область. Описаніе перваго торгов. сношенія съ корейцами. Кавказъ. 1863, No. 4.

Mejov, 298?

— Notes on Corea and the Corean Language. By the Rev. Joseph Edkins, B. A. (*Chin. & Jap. Rep.*, Sept. 1864, pp. 39/44.)

— Geographical Notices on Corea. (*Ibid.*, May 1865, pp. 236/8.)

— On Korea. By Captain Allen Young, F. R. G. S. (*Proc. Roy. Geog. Soc.*, IX, 1865, pp. 296/300.)

— Матеріалы для описанія Кореи; учрежденія и обычаи корейцевъ. (*Извѣстія И. Р. Геог. Общ.*, 1866, T. II, pp. 35/41.)

— A cruise in Corean Waters in August, 1866. By J. M. James. (All rights reserved.) 1871. Printed at the Nagasaki Express Office: Japan. in-8, pp. 20.

In the British Str. « Emperor ».

EXPÉDITION FRANÇAISE DE CORÉE (1866).

— *N. C. Herald.* (1866, 853, Dec. 1st; 854, Dec. 8.)

— *Revue maritime et coloniale.* (Fév. 1867, pp. 477/481.)

Résumé d'après les documents publiés au *Moniteur*.

— Diplomatic Correspondence of the United States. 1867—1868. (Papers presented to Congress.) Washington.

— L'Expédition de Corée en 1866, épisode d'une Station navale dans les mers de Chine. Par M. H. Jouan [Sept. 1868], in-8, pp. 84.

Ext. des *Mém. de la Soc. Ac. de Cherbourg*, 1871.

— Aperçu sur l'histoire naturelle de la Corée. Par H. Jouan. (*Mém. de la Soc. des Sc. nat. de Cherbourg*, XIII, 1868, pp. 69/82.)

— Note sur une récente exploration du Hang-kyang en Corée. Par le Vicomte De Rostaing. Extrait du *Bulletin de la Société de Géographie* (Février 1867). Paris, Imprimerie de E. Martinet, 1867, br. in-8, pp. 16, avec une carte.

— Le *Shanghai Evening Courier*, du 12 Janvier 1869, contient la traduction anglaise de la correspondance échangée entre le Prince Kung et M. de Bellonet, chargé d'affaires de France, au sujet des difficultés soulevées en Corée.

— Vie de Monseigneur Berneux. [Voir col. 1111, etc.]

— Note sur la Carte de Corée par H. Zuber. (*Bul. Soc. Géog.*, Juin 1870, 5e Sér., Vol. XIX, pp. 417/422.)

— H. Zuber. — Une expédition en Corée. (*Tour du Monde*, XXV, 1873, pp. 401 et seq.)

— * Экспедиція въ Корею. Изъ записокъ бывшаго флотскаго офицера. М. Г. Зуберъ. (*Всемірный Путешественникъ.* 1874, No. 6, pp. 223/243.)

Mejov, 2996.

— Expédition de Corée 1866. Par le Dr. Ch. Martin, ancien médecin de la légation de France à Pékin. (*Le Spectateur militaire*, Paris, 1883, Tome 22, pp. 181/189, 254/267, 344/355.)

— A Narrative of the French Expedition to Corea in 1866, the U. S. Expedition in 1871, and the Expedition of H. M. S. « Ringdove » in 1871. Re-printed from « The North-China Herald ». Shanghai: Printed at « The North-China Herald » Office, 1871, in-8, pp. 27 à 2 col.

— Cf. Henri Cordier, *Hist. des Relat. de la Chine*, I, pp. 265/272.

PROCÈS JENKINS-OPPERT.

— *The Shanghai News Letter*: Supp. July 14th 1868. — *N. C. Herald*, 11 July, 1868. — *N. C. Daily News*, July 8th & 9th 1868. — *Sup. Court & Cons. Gaz.*, Vol. IV, July 11, 1868, pp. 21/25. — *N. C. Herald*, Nov. 9, 1869.

— F. H. B. Jenkins, † à Han-k'eou, le 28 août, 1877, âgé de 41 ans et 6 mois.

— Cf. Henri Cordier, *Hist. des Relat. de la Chine*, I, pp. 274/5.

— E. Oppert, *A Forbidden Land*, col. 2955.

∴

— * Поѣздка въ корейскую деревю. (*Кронштадт. Вѣстникъ.* 1868, Nos. 140 et 141.)

Mejov, 2982.

— Nachrichten von den alten Bewohnern des heutigen Corea. Von dem wirkl. Mitgliede Dr. A. Pfizmaier. (*Sitzb. d. k. Ak. d. Wiss., Phil.-hist. Cl. Wien* — LVII. Bd. 1867, pp. 461/523.)

— Dr. August Pfizmaier. — Nachrichten von den alten Bewohnern des heutigen Corea. Aus den *Sitzungsber. d. k. Akad. d. Wiss.*, Wien, Gerold's Sohn in Comm., 1868, in-8, pp. 63.

— Darlegungen aus der Geschichte und Geographie Corea's von Dr. August Pfizmaier... Wien, 1874, Karl Gerold's Sohn, br. in-8, pp. 56.

Sitzb. phil.-hist. Cl. Ak. Wiss. Wien, Bd. LXXVIII, Oct. 1874.

— Der Feldzug der Japaner gegen Corea im Jahre 1597. Von Dr. A. Pfizmaier... (*Denkschrift. d. phil.-hist. Cl. k. Ak. Wiss. Wien*, Bd. XXIV, 1874, pp. 71/290.)

— The Corean Martyrs : A Narrative by Canon Shortland. London : Burns, Oates & Co... S. d. [1869]. Pet. in-8, pp. vii-115.

Sur le massacre de 1866. — Tiré des *Annales de la Propagation de la Foi*.

— Williamson's Journeys in North-China, 1870. [Voir col. 2132.]

— Замѣтка о Кореѣ. — П. А. Гельмерсена. (*Извѣстія И. Р. Геог. Общ.*, 1869, T. V, No. 5, pp. 202/4.)

— О Маньцзахъ и Корейцахъ. (*Ibid.*, 1870, T. VI, No. 1, pp. 19/24.)

Signé : П. К., de Peking.

U. S. EXPEDITION.

Voir col. 2950.

— Voir le *Shanghai Budget*, Mars et Juin 9, 30, Juillet 7, 1871.

— *The Shanghai News Letter* : June 12th, 1871. — Le supplément daté 28 June 1871-11 July 1871.

— * Американская Экспедиція въ Корею. (*Современ. Лѣтописъ*. 1871, No. 29.)

Mejov, 2989.

— Cf. Henri Cordier, *Hist. des Relat. de la Chine*, I, pp. 391/394.

∴

— Corea. (*Shai. Budget*, Nov. 22, 1871.)

— Corea as it was in 1860. By E. A. Reynolds. (*Ibid.*, June 16, 1871.)

Sur le vapeur anglais *Remi* jeté en Avril 1860 sur l'une des îles de la côte de Corée.

— Walton Grinnell. [Voir MANDCHOURIE, col. 2747.]

— Corea. (*Edinburgh Review*, Oct. 1872, pp. 299/335.)

— * Корейцы, ихъ религія о отношенія къ европейцамъ. (*Русск. Вѣстникъ*. 1872, T. 99, No. 5, pp. 434/8.)

Mejov, 2990.

— La Corée. (*Revue britannique*. — *Journal officiel*, 7 Fév. 1873, pp. 917/918.)

— * Нѣчто о Кореѣ. Статья А. П. (*Иркутскія епарх. вѣд.* 1873, No. 15, pp. 242/5.)

Mejov, 2991.

— * Japan und Korea. (*Evangelisches Missions-Magazin*, Bâle, Juil. 1873, pp. 262/289.)

— * Die Halbinsel Korea und die Koreaner. (*Globus*, XXIV, 1873, No. 9.)

— Petitnicolas, Un martyr en Corée. [Voir col. 1142.]

— Histoire de l'Eglise de Corée précédée d'une introduction sur l'histoire, les institutions, la langue, les mœurs et coutumes coréennes avec Carte et Planches par Ch. Dallet, Missionnaire apostolique de la Société des Missions étrangères. Paris, Victor Palmé, 1874, 2 vol. in-8, pp. xii + 2 ff. n. ch. + pp. cxcii + pp. 387, 595.

L'introduction qui ne comprend pas moins de 192 pages dans le premier volume, est le travail le plus remarquable que l'on ait publié jusqu'ici sur la Corée. L'ouvrage a été écrit principalement d'après les papiers de Mgr. Daveluy.

Publié à 12 fr. — Des extraits de cette histoire ont été publiés en 1878 dans l'*Explorateur*. — Notice : *Miss. Cath.*, VII, pp. 10/11.

Claude-Charles Dallet, né à Langres, 18 oct. 1829 ; † à So-kien (Tong-king occidental), 25 avril 1878. — Notice : *Miss. Cath.*, X, 1878, pp. 417/8, portrait.

— Early Days of Corean Church. By F. Goldie. (*Month*, XXIV, pp. 205, 231.)

— Octave Sachot. — Pays d'Extrême-Orient. 1874. — Voir col. 95.

— La Corée. Par O. S.[achot.] [*Quarterly Review*.] (*Rev. Britan.*, 1883, II, pp. 5/42.)

— * О Кореѣ и корейцахъ. Е. И. Сокольскій. (*Извѣстія Общ. любит. естествознанія*. 1874, T. 10, Ч. 2, pp. 105/9.)

Mejov, 2992.

— * Миссіонерская дѣятельность между корейцами въ Камчат. епархіи (въ 1870 г.). (*Миссіонеръ*. 1874, No. 6, pp. 63/7.)

Mejov, 2993.

— * Миссіонерская дѣятельность между корейцами, переселившимися на Амуръ. (*Ibid.*, No. 26, pp. 239/242.)

Mejov, 2994.

— * Корея и ея обитатели. (*Саратов. Справ. Листокъ*. 1874, No. 238.)

Mejov, 2995.

— Visit to the Corean Gate. By Rev. J. Ross. (*Chin. Rec.*, V, 1874, pp. 347/354 ; réimp. dans le *Shai. Budget*, Jan. 14, 1875.)

— History of Corea Ancient and Modern with description of manners and customs, language and geography. Maps and Illustrations. By Rev. John Ross, Seven Years resident in Manchuria. Paisley : J. and R. Parlane, s. d. [1879], in-8, pp. xii-404.

Notice : *China Review*, IX, pp. 233/236.

— Corea. By John Ross. (*China Review*, XVI, pp. 19/25.)

— The Gods of Corea. By Rev. J. Ross. (*Chin. Rec.*, XIX, No. 2, Feb. 1888, pp. 89/92.)

— The Products of Corea. By Rev. J. Ross. (*Ibid.*, No. 4, April 1888, pp. 165/167.)

— Les lettres, datées de Nieou-tchouang, 1873, 17 et 21 mars ; 1875, 8 et 18 janvier, 30 mars et insérées dans le *North China Daily News* et signées *Philo-Coreanus* ne sont pas de Mr. Ross ; écrites en français par Mgr. Ridel sur les renseignements qu'il recevait de Corée soit par des Chrétiens, soit par des missionnaires, puis envoyées par lui à Mr. Bush, négociant anglais de Nieou-tchouang, elles étaient traduites en anglais, puis expédiées par ce dernier au journal de Chang-hai.

— La Corée. Notes historiques par M. Armbruster, directeur au Séminaire des Missions Étrangères de Paris. (*Miss. Cath.*, XII, 1880, pp. 563/4, 573, 586/7.)

— * Верхнеамурская и корейская миссія въ 1873. (*Миссіонеръ*. 1875, No. 4.)

Mejov, 2997.

— * Корея ; очеркъ исторіи учрежденій, языка, нравовъ, обычаевъ и распространенія христіанства. П. И. Жданъ-Пушкинъ. (*Сборникъ историко-статистич. свѣдѣній о Сибири и сопредѣльныхъ ей странъ*. 1875, T. I, pp. 1/16.)

Mejov, 2998.

— * Корейцы на Амурѣ. В. Ваинъ. (*Ibid.*, 1875, T. I.)

Mejov, 2999.

— Modern History of Corean Church. By F. Goldie. (*Month*, XXV, p. 281.)

— La Corée et les puissances civilisées. [Par P. Tournafond.] (*Explorateur*, II, 1875, pp. 278/282, 297/302.)

— Corea und dessen Einfluss auf die Bevölkerung Japans. (*Verh. d. Berliner Ges. für Anthropologie...* 1876, pp. 78/83. — *Zeit. f. Ethn.*, Bd. VIII, 1876.)

Par P. Kempermann.

— On the southern tendency of Peninsulas. By John Lubbock. (*Nature*, XV, 1876-7, p. 273.)

— * Новый приливъ корейцевъ. (*Сибирь*. 1876, No. 25.)

Mejov, 3000.

— Glimpse of Corea. By C. A. Bridge. (*Fortnightly Review*, XXV, p. 96 ; réimp. dans *Liv. Age*, CXXIX, p. 168.)

— Corea. By Samuel Mossman. (*Geographical Magazine*, June 1st, 1877, pp. 148/152.)

— * Кореецъ Торова. (*Домашн. Бесѣда*. 1877, No. 25, pp. 728/730.)

Mejov, 3001.

— * Судьба корейскаго мальчика. (*Миссіонеръ*. 1877, No. 17.)

Mejov, 3002.

— * Значеніе китайско-корейскаго элемента въ дѣлѣ колонизаціи южно — Уссурійскаго края. Н. Гребничкій. (*Извѣстія Сибирск. Отд. И. Р. Геог. Общ.* 1877, T. 8, No. 5-6, pp. 155/162.)

Mejov, 3003.

— Hideyoshi's Invasion of Korea. By W. G. Aston Esq. Read before the Asiatic Society of Japan, March 9th 1878. (*Trans. As. Soc. Japan*, Vol. VI, Pt. II, pp. 227/234.)

Chapter II. — The Retreat. [Read Jan. 11, 1881.] (*Ibid.*, Vol. IX, Pt. I, pp. 87/93.) — Chap. III. — Negotiation. [Read June 14, 1881.] (*Ibid.*, Pt. III, pp. 213/222.) — Chap. IV. — The Second Invasion. [Read Jan. 10, 1883.] (*Ibid.*, Vol. X, Pt. I, pp. 117/125.)

— A Summer Dream of '71. A Story of Corea. By T. G. (*The Far East*, Shanghai, April 1878, pp. 79/85.)

— The Korean Potters in Satsuma. By E. Satow Esq. Read before the Asiatic Society of Japan, Feb. 23rd 1878. (*Trans. As. Soc. Japan*, Vol. VI, Pt. II, pp. 193/203.)

∴

— Journal d'une Mission en Corée. Par F. Scherzer. (*Recueil d'itinéraires et de voyages dans l'Asie centrale et l'Extrême Orient*. Paris, Ernest Leroux, 1878, in-8, pp. 1/62.)

Tirage à part, gr. in-8, pp. 62. — Carte.

C'est le voyage de Koei ling en 1866 à la cour de Corée.

Avait paru dans la *Revue de Géog.*, de M. L. Drapeyron.

— *Tchao-sien-tche*, mémoire sur la Corée, par un Coréen anonyme, traduit pour la première fois du chinois, avec un commentaire perpétuel, par M. F. Scherzer, consul de France à Canton. (*Journ. Asiat.*, VIIIe sér., V, Août-Sept.-Oct. 1885, pp. 160/242; VII, Fév.-Mars-Avr. 1886, pp. 223/332.)

Cet ouvrage *Tchao-sien-tche* 朝鮮志 fait partie de la collection *Y-haé-tchou-tchen* 藝海珠塵 compilée au milieu du XVIIIe s. par *Ou Chan-lan* 吳省蘭.

Notice : *Revue d'Ethnographie*, V, No. 3, 1886, pp. 274/5, par E. H.[amy.]

— Corea. Extracts from Mr. F. Scherzer's French translation of the *Chao-hsien-chih*, and Bibliographical Notice. Translated into English by Charles Gould. (*Jour. N. C. Br. R. As. Soc.*, 1883, N. S., Vol. XVIII, Art. II, pp. 25/36.)

Fernand Scherzer, † 15 mars 1886, à bord du *Djemnah*, dans la mer Rouge.

∴

— Gezantschappen uit Korea in Japan. Door J. A. van den Broek, in-8, pp. 6.

[Overgedrukt uit « De Indische Gids », Aflevering Mei 1879.]

— Korea and the ten lost Tribes of Israel with Korean, Japanese and Israelitish illustrations dedicated to Great Britain, America, Germany, France and the other Teutonic nations of Europe, the supposed representatives of the Royal House of Judah, and the seed only of the Royal House of Ephraim, and the children of Israel their companions, and to the Jews or Judah, who are with them, also to China, Japan and Korea. The Shin dai or Celestial race of which are supposed to represent the Royal House of Israel or Ephraim and the ten Lost Tribes; or all the House of Israel called Jacob his companions and fellows. Published for the author partly at C. Levy and the Sei Shi Bunsha Co., Yokohama and engraved in Tokio. 1879. — The right of translation and reproduction is reserved, gr. in-8 oblong, 3 ff. n. c. + pp. 23 + 23 pl. + 1 f. n. c.

Le texte est signé N. M. = N. Macleod.

— Notes sur l'île Quelpart (Corée). (*Rev. mar. et col.*, Vol. 62, 1879, pp. 509/512.)

Ext. du *Nautical Magazine* par L. Fustier, lieut. de vaisseau.

— Mémoire sur les guerres des Chinois contre les Coréens de 1618 à 1637. D'après les documents chinois par M. Camille Imbault-Huart. (*Jour. Asiat.*, Oct.-Déc. 1879, pp. 308/340.)

Ernest Oppert.

— A Forbidden Land: Voyages to the Corea. With an Account of its geography, history, productions, and commercial capabilities, &c., &c. By Ernest Oppert. With two Charts and twentyone illustrations. London: Sampson Low, 1880, in-8, pp. xix-349.

Notices: *Nation* (W. E. Griffis), XXX, 271. — *New Englander* (S. W. Williams), XXXIX, 509.

— Ein verschlossenes Land. — Reisen nach Corea. — Nebst Darstellung der Geographie, Geschichte, Producte und Handelsverhältnisse des Landes, der Sprache und Sitten seiner Bewohner. Von Ernst Oppert. — Deutsche Originalausgabe. — Mit 38 Abbildungen in Holzschnitt und 2 Karten. — Leipzig: F. A. Brockhaus, 1880, in-8, pp. xx-313 + 1 f. n. c.

Notice: *Mitt. k. u. k. geog. Ges. Wien*, 1881, pp. 443/8, 547/9, par Franz Toula.

— * Извлеченіе изъ сочиненія Эрнста Опперта: «Запретная страна». (*Сборникъ геог., топог. и статист. матеріаловъ по Азіи.* Изд. воен.-учен. Комитета Гл. Шт. Спб., Вып. 22-й, pp. 119/130.)

Mejov, 3009.

— The Korean Question. By Ernest Oppert. (*Imp. & As. Quart. Rev.*, N. S., VIII, 1894, pp. 274/277.)

— Ostasiatische Wanderungen. Skizzen und Erinnerungen aus Indien, China, Japan und Korea von Ernst Oppert... Stuttgart, Strecker & Moser, s. d. [1898], in-8, pp. 221.

— Ernst Oppert. Von Adolf Miessler. (*Deutsche Rund. f. Geog. u. Stat.*, XVII, 1894-1895, pp. 181/3.)

Ernst-Jakob Oppert, né à Hambourg, le 5 déc. 1832.

∴

(Divers. — Oppert.)

—. History of the South-Western Barbarians and Chaou-sëen. Translated from the «Tseen Han Shoo», Book 95, by A. Wylie, Esq. With Introduction, by H. H. Howorth, Esq., F. S. A. [Reprinted from the *Journal of the Anthropological Institute*, August, 1879.] Br. in-8, pp. 44.

— The Subjugation of Chaou-seen [Corea] by A. Wylie. (*Atti del IV Cong. int. degli Orient.*, 1881, II, pp. 309/315.)

This fragment is a translation from the 95th Book of the *Tsëen Han shoo*, or «History of the former Han dynasty» of China.

— Tchao sien. (Voir le Vol. I, pp. 1 et seq. du Ma Touan-lin, de M. d'Hervey de Saint-Denys.)

— Notes on the Geology of the Corean Archipelago. By H. B. Guppy. (*Nature*, XXIII, 1880-81, pp. 417/418.)

— Una missione italiana sulle coste di Corea. Notizie estratte da un rapporto di S. A. R. il Duca di Genova comandante la «Vettor Pisani». (*Bol. Soc. geog. ital.*, 1881, pp. 28/39.)

— Histoire abrégée de la Corée. (*Annales de l'Ext. Orient*, 1881-1882, IV, pp. 196/199.)

— * Очерки Кореи. По японск. источникамъ. К. Андо. (*Морской Сборникъ.* 1882, Т. 190, No. 6, pp. 75/91.)

Mejov, 3012.

— * Къ этнологіи Кореи. (*Ibid.*, No. 36.)

Mejov, 3026.

— Corée. Par M. P. (*Soc. Bretonne Géog.*, 1882, pp. 73/79.)

— Anti-Foreign Memorial, presented to the King of Corea by the Rebel Pôh Lo-kuan. (*N. C. Herald*, 1882, 25 Aug., pp. 208/210.)

— Letter from the King of Corea. — He requests the sanction of China to make Treaties. (*Ibid.*, Oct. 11, p. 391.)

— The Corean King to the Chinese Government. Letter of thanks for the assistance of Chinese Envoys. (*Ibid.*, Oct. 25, pp. 442/443.)

— The King of Corea on Missionaries and Foreign Relations. — A Royal Proclamation. (*Ibid.*, Dec. 6, pp. 615/6.)

— Korean Ethnology. By A. H. Keane. (*Nature*, XXVI, 1882, pp. 344/5.)

W. E. Griffis.

— Corea. The Hermit Nation. I. — Ancient and mediaeval history. II. — Political and social Corea. III. — Modern and recent history. By William Elliot Griffis, late of the Imperial University of Tokio, Japan,

(Divers. — Griffis.)

Author of « the Mikado's Empire ». London : W. H. Allen & Co., 1882, in-8, pp. xxiii-2 ff. n. c. + pp. 462. Carte et grav.

Il y a au commencement une bibliographie des livres relatifs à la Corée. — Notice dans la *Revue de l'Extrême Orient*, II, pp. 273/5 (par H. Cordier). — N. Y, 1904, 7th ed., in-8.

— — New York, 1897, in-8, pp. 492.

— * W. E. Griffis. — The Corean Origin of Japanese Art. (*The Century Illustrated Monthly Magazine*, XXV, pp. 224/229, fig.; dec. 1882.)

— * Корея, страна отшельниковъ. Грифиса, перев. съ англ. Шипова. (*Сборникъ геогр., топог. и статист. матеріаловъ по Азіи.* Изд. воен.-учен. Комитета Гл. Шт. Спб. 1884, Вып. 14-й, pp. 1/95.)

Mejov, 3006.

— W. E. Griffis. — Korea, the Pigmy Empire. (*New England Mag.*, June 1902.)

∴

— Account of a secret Trip in the Interior of Korea. [Translated from the Japanese.] By W. J. Kenny. (*Trans. As. Soc. Japan*, XI, 1883, pp. 141-147.)

— La Corée. (*Soc. roy. belge Géogr.*, *Bull.*, 1883, pp. 474/476.)

Extrait du *Temps*.

— Notes of a Journey from Sŏul to Songdo by W. G. Aston. (*N. C. Herald*, Sept. 20, 1884, pp. 326/7.)

Hanyang, 13th August 1884.

— La Corée. Par un Japonais de Fousan. [Traduit du *Tchoya-Chimboun*.] (*Ann. de l'Extr. Orient*, I, pp. 267/272.)

— Corea : its Institutions and social Condition. (*China historical and descriptive*, by Charles H. Eden, pp. 281/332.)

« The Chapters on *Corea* are entirely from another pen, and written independently of the preceding portion of the volume. » C. H. Eden.

— * Korea. (*Das Ausland*, Vol. LVIII, Nos. 4 et 5, etc.)

— Legendary Corea. (Balfour, *Waifs and Strays*, 1876, pp. 63/69.)

Maurice Jametel.

— La Corée, ses ressources, son avenir commercial par Maurice Jametel. (*L'Économiste français*, 23 juillet 1881.)

— La Corée et les puissances européennes. Par Maurice Jametel. (*Ibid.*, 1882.)

— La Corée avant les traités. Par M. Jametel. (*Rev. de Géog.*, XV, 1884, pp. 97/111, 261/276; XVI, 1885, pp. 88/111; XVII, 1885, pp. 186/198, 252/264.)

— La Corée avant les traités. Souvenirs de Voyages par Maurice Jametel... Extrait de la *Revue de Géographie* dirigée par M. L. Drapeyron. Paris, Institut Géographique de Paris, Ch. Delagrave, 1885, br. in-8, pp. 81 + 1 f. n. c. p. l. tab.

∴

— Le commerce de la Corée. (*Ann. de l'Ext. Orient*, 1882-1883, V, pp. 60/61.)

— A Visit to West Coast and Capital of Korea. By J. C. Hall. (*Trans. As. Soc. Japan*, XI, 1883, pp. 148/161.)

— A Visit to Corea, in October 1882. By J. C. Hall, Acting Consul, Nagasaki. (*Proc. R. Geog. Soc.*, N. S., Vol. V, 1883, pp. 274/284.)

« Abridged from Mr. Hall's Report to Sir Harry Parkes, H. M. Minister in Japan, communicated to the Society by the Foreign Office. »

— Some Notes of a Trip to Corea, in July and August, 1883. By G. James Morrison. (*Jour. N. C. Br. R. As. Soc.*, 1883, N. S., Vol. XVIII, Art. V, pp. 141/157.)

— * Wirthschaftliche Zustände von Corea. — Bericht, erstattet an das k. und k. Ministerium des Aeussern von Joseph Haas. Wien, 1883, br. in-8, pp. 32.

— Notes on the Capital of Korea. — By H. A. C. Bonar. (*Trans. As. Soc. Japan*, XI, 1883, pp. 243/259.)

— La Corée. (*Ann. de l'Ext. Orient*, 1883-1884, VI, pp. 189/190.)

— * U. S. A. Navy Department. — Observations upon the Korean Coast, etc. Washington, 1883, in-8, pp. 163.

— * Объ открытіи Кореи. для внѣшней морской торговли. Статья Д. М. (*Морской Сборникъ*. 1883, T. 196, No. 5.)

Mejov, 3027.

— La Corée. — Géographie. — Organisation sociale. — Mœurs et Coutumes. — Ports ouverts au commerce japonais. — Les Traités. — Par G. Baudens, lieutenant de vaisseau. Paris, Berger-Levrault, 1884, br. in-8, pp. 38.

Extrait de la *Revue Maritime et Coloniale*.

— Visit to Corea. (*Chambers' Journal*, LVII, p. 598.)

— What shall we do with Corea? (W. Speer.) (*Galaxy*, XIII, p. 303.)

— Reclus, *Géographie universelle*.

— Notes on Corea, by A. W. D. — Reprinted from « The Star in the East ». — 1884 : Printed at the « Shanghai Mercury » Office, br. in-12, pp. 81, sur papier de couleur.

A. W. D. = A. W. Douthwaite.

— * Корея. (Уединенное царство. Плошю.) (*Сборникъ геог., топог. и статист. матеріаловъ по Азіи.* Изд. воен.-учен. Комитета Гл. Шт. Спб. 1884. Вып. 12-й, pp. 292/302.)

Mejov, 3004.

— * Корея и Корейцы. Э. Плошю. (*Правит. Вѣстникъ.* 1884, No. 47.)

Mejov, 3014. — D'après la *Revue des Deux Mondes.*

— Corée et Coréens. Par Edmond Plauchut. (*Bul. Soc. Géog. Lyon*, XII, 1893, pp. 427/443.)

— * Торговое и экономическое положеніе Корей. (*Сборникъ геог., топог. и статист. матеріаловъ по Азіи.* Изд. воен.-учен. Комитета Гл. Шт. Спб. 1884, Вып. 17-й, pp. 1/35.)

Mejov, 3007.

— * Краткій очеркъ современнаго состоянія Кореи князя Дадешкаліани, состоящ. при канцеларіи Приамурскаго ген.-губернатора. 1885 г. (*Ibid.*, 1884, Вып. 22-й, pp. 61/118.)

Mejov, 3008.

— * Краткій очеркъ Кореи. Сост. Ген. Шт. кап. Калнинъ. (*Ibid.*, Вып. 26-й, pp. 43/62.)

Mejov, 3010.

— * Дневникъ Павла Мих. Делоткевича, по пути пѣшкомъ изъ Сеула въ Посьетъ, черезъ Сѣв. Корею. Съ 6-го декабря 1885 г. по 29 февраль 1886. (*Ibid.*, Вып. 38-й, pp. 128/167.)

Mejov, 3011.

— * Корея и Россія. А. Я. Максимовъ. (*Новое Время.* 1884, No. 3080.)

Mejov, 3013.

— La Corée et son commerce. Par Charles Grémiaux. (*Ann. de l'Ext. Orient.* 1883-1884, VI, pp. 321/329.)

— A Trip from Söul to Peng yang. By S. B. Bernerston, U. S. Navy. (*Jour. Am. Geog. Soc.*, XVI, 1884, pp. 234/241.)

— The Navigation of the Seoul River. By Capt. F. W. Schultz. (*Shanghai Mercury*, 17 & 18 Dec. 1884.)

— Ein Besuch in Korea im October 1883 von P. Mayet. (*Mitt. Deutsch. Ges. Nat. u. Völk. Ostasiens in Tokio*, Heft 31, Sept. 1884, pp. 18/29 ; Heft 33, Aug. 1885, pp. 146/152.)

— Corean Mints. By H. L. D. (*Journ. C. B. R. A. S.*, XX, N. S., 1885, Nos. 5 & 6, p. 287.)

— Détails sur la dernière révolution de Corée. (*Miss. Cath.*, XVII, 1885, pp. 99/101.)

Seoul, 16 déc. 1884.

— * A full Account of the late Disturbance at Seoul, Corea. [Translated from the Japanese.] (1885), broch. in-8, pp. 27.

— * A Trip to Corea. Reprinted from the « North China Daily News ». Shanghai, 1885, in-12, pp. 57.

(DIVERS.)

— Korea. Geschichte, Land und Leute. (*Das Ausland*, LVIII, 1885, pp. 41/4, 70/4, 85/8.)

— Die jüngsten Ereignisse in Korea. (*Ibid.*, pp. 396/9, 413/6.)

— * Жизнь на Корейскомъ полуостровѣ. Колосья. 1885, No. 7, pp. 306/312.

Mejov, 3015.

— * Корея. Географическій очеркъ. А. Д. Сташевскій. (*Воен. Сборникъ.* 1885, T. 166, No. 11, pp. 132/157; No. 12, pp. 301/321.)

Mejov, 3016.

— La Corea secondo gli ultimi Viaggi. Conferenza... dal prof. A. Brunialti. (*Bol. Soc. geog. Ital.*, 1885, pp. 174/193.)

* Roma, Civelli, in-8.

— Corea (*N. C. Herald*, 24 April 1885, pp. 473/477.)

— Report of information relative to Corean Affairs, by Ensign George C. Foulk, U. S. Navy. (*Ibid.*, Nov. 17, 1886, pp. 536/8.)

— * Корея. (*Правительств. Вѣстникъ.* 1885, No. 135.)

Mejov, 3017.

— * Къ исторіи корейскихъ школъ. Владивостокъ. 1885, No. 26.

Mejov, 3029

— * Корейскій вопросъ. В. П. Поповъ. (*Наблюдатель.* 1886, No. 5, pp. 68/79.)

Mejov, 3019.

— * Современная Корея. Статья А. Н. М. (*Историч. Вѣстникъ.* 1886. T. 23, No. 2, pp. 421/431.)

Mejov, 3020.

— * О мѣстныхъ корейцахъ. Миронъ Тугаринъ. (Владивостокъ. 1886, No. 19.)

Mejov, 3021.

— * Корейская свадьва. (Восточное Поморье. 1866, No. 20 & 22.)

Mejov, 3022.

WILLIAM RICHARD CARLES.

— Recent Journeys in Korea. By W. R. Carles, H. M. Vice-Consul, Korea. (*Proc. R. Geog. Soc.*, VIII, 1886, May, pp. 289/312; carte, p. 352.)

— A Corean Monument to Manchu clemency. By W. R. Carles. (Read before the Society 22nd October 1888.) (*Journ. C. B. R. A. S.*, XXIII, N. S., No. 1, 1888, pp. 1/8.)

— Voir le texte mandchou, *ibid.*, No. 3, p. 285.

Cf. *Cheng Wou ki* 聖武記, *Chinese Times*, Sept. 8, 1888.

— Life in Corea by W. R. Carles, F. R. G. S., H. M. Vice-Consul at Shanghai and formerly H. M. Vice-Consul in Corea. With illustrations and map. London, Macmillan, 1888, in-8, pp. XIV-317.

Une portion de l'ouvrage avait paru dans des « Blue Books, in a

(DIVERS. — CARLES.)

paper read before the Royal Geographical Society, and in the columns of the *Field*». (Pref., p. VII.)

Notice : *Nature*, XXXVII, 1887-88, pp. 581/2.

— Corée. (*Soc. Roy. belge Géogr.*, *Bull.*, 1885, pp. 376/378.)

Rapport de M. Carles, *Corea*, N° 2, 1885.

— * Извлеченіе изъ отчета о поѣздкѣ г-на Карлса въ двѣ центр. провинціи Кореи, въ ноябрѣ 1883 г. (*Сборникъ геог., топог. и статистич. матеріаловъ по Азіи*. Изд. воен.-учен. Комитета Гл. Шт. Вып. 12-й, pp. 302/320.)

Mejov, 3005.

∴

— Une fête en Corée. (*Miss. Cath.*, 1886.) Voir COSTE, Eugène, col. 1122.

— Port Hamilton. (*Soc. roy. belge Géogr.*, *Bull.*, 1885, pp. 209/210.)

— Cf. Henri Cordier, *Hist. des Relat. de la Chine*, III, pp. 3/4.

— Chosön. — The Land of the Morning Calm. A Sketch of Korea by Percival Lowell, late Foreign Secretary and Counsellor to the Korean special mission to the United States of America, Member of the Asiatic Society of Japan. Illustrated from photographs by the author. London, Trübner, s. d. [1886], gr. in-8, pp. x-412.

C. Gottsche.

— Land und Leute in Korea — Vortrag gehalten am 3. October 1885 vor der Gesellschaft für Erdkunde zu Berlin von Dr. C. Gottsche, Privatdocenten an der Universität Kiel. Mit einer Karte. Berlin, W. Pormetter, 1886, in-8, pp. 20, carte.

— Etude sur la Corée (D'après une conférence faite à la Soc. de Géog. de Berlin par le Dr. Gottsche, de l'Université de Kiel). Par Ganter. (*Rev. Indo-chinoise ill.*, Juin 1894, pp. 63/81.)

— Dr. C. Gottsche. — Ueber Land und Leute in Korea. (*Verhand. Ges. Erdk. Berlin*, XIII, 1886, pp. 245/262.)

— Geologische Skizze von Korea. Von Dr. C. Gottsche in Berlin. (*Sitzb. d. König. Preuss. Akad. d. Wiss. zu Berlin*, 1886, II, pp. 857/873, 1 pl.)

— Beiträge zur Petrographie von Korea. Von J. Roth. (*Ibid.*, pp. 875/881.)

— Ueber den Mineralreichthum von Korea. Von Dr. C. Gottsche in Hamburg. (*Mitt. Geog. Ges. zu Jena*, VIII, 1890, pp. 1/20.)

E. H. Parker.

Voir MANCHUS, col. 2745.

— Corea. By E. H. Parker. (*China Review*, XIV, pp. 28/33.)

— Corea. The reigning Dynasty. By E. H. Parker. (*Ibid.*, pp. 61/64.)

— Corea. By E. H. Parker. (*Ibid.*, pp. 126/134.)

— Corean Measures. By E. H. Parker. (*Ibid.*, p. 170.)

— Flattening the heads of Infants. By E. H. Parker. (*Ibid.*, p. 171.)

— Corean Etiquette. By E. H. Parker. (*Ibid.*, p. 216.)

— Curfew in Corea. By E. H. Parker. (*Ibid.*, p. 224.)

— Human Sacrifices in Corea. By E. H. Parker. (*Ibid.*, pp. 224/225.)

— Corean Surplus Treasury. By E. H. Parker. (*Ibid.*, p. 297.)

— Corea. By E. H. Parker. (*Ibid.*, pp. 356/357.)

— Priests as Founders of Dynasties. By E. H. Parker. (*Ibid.*, XV, p. 52.)

— Corean Marriages. By E. H. Parker. (*Ibid.*, pp. 188/189.)

— Irenicon. By E. H. Parker. (*Ibid.*, pp. 189/190.)

— Corean Marriage Customs. By E. H. Parker. (*Ibid.*, p. 376.)

— A Corean Prophecy. By E. H. Parker. (*Ibid.*, pp. 376/377.)

— Corea : military Officers. By E. H. Parker, Esq. (*Chin. Recorder*, XVII, Jan. 1886, pp. 11/15.)

— Hens in Corea. By E. H. Parker. (*China Review*, XVII, No. 1, p. 51.)

— Extracts from the Great Concordance relating to Corea. By E. H. Parker, Esq. (*Chin. Recorder*, XVII, March 1886, pp. 92/93.)

— A Chinese View of Corea. By E. H. Parker, Esq. (*Ibid.*, XVIII, No. 2, Feb. 1887, pp. 70/73.)

— A Chinese Account of Corea. By E. H. Parker, Esq. (*Ibid.*, No. 4, April 1887, pp. 156/157 ; No. 6, June 1887, pp. 220/223.)

— Notes on Corea and Japan. By E. H. Parker. (*China Review*, XVI, No. 5, March-April 1888, pp. 308/9.)

— The Propagation of the Faith in Corea. By E. H. Parker. (*Ibid.*, XIX, No. 1, 1890, pp. 1/36.)

— On Race Struggles in Corea by E. H. Parker. [Read 16 April 1890.] (*Trans. As. Soc. Japan*, XVIII, Pt. II, Oct. 1890, pp. 157/228.)

D'après les sources historiques chinoises.

— Note in Reply to Mr. E. H. Parker by W. G. Aston, C. M. G. [Read 10 June 1891.] (*Ibid.*, XIX, Pt. III, pp. 505/6.)

— The conscience of Corea. By E. H. Parker. (*Imp. & As. Quart. Rev.*, 3rd Ser., II, 1896, pp. 291/297.)

∴

— China in Alliance with Corea. (*China Review*, XI, p. 200.)

— Coreans Pay Land-Rent in Kind. (*Ibid.*, p. 262.)

— The Corean Frontier Custom. (*Ibid.*, XIII, p. 121.)

— The first King of Corea. (*Ibid.*, p. 224.)

— Corean mountain Lore. By J. Macintyre. (*Ibid.*, pp. 280/283.)

∴

— The Miryeks or Stone-men of Corea. With a plate. By Terrien de Lacouperie,... Hertford : Stephen Austin & Sons. — 1887, br. in-8, pp. 7. [Reprinted from the *Journal of the Royal Asiatic Society of Great Britain and Ireland*, N. S., Vol. XIX, 1887.]

Miryek = 石人.

— The Miryeks, or «Stone Men» of Corea. By J. Edkins. (*Journ. C. B. R. A. S.*, XXII, N. S., 1887, pp. 224/229.)

— The Seven Wonders of Corea. (Balfour, *Chinese Scrapbook*, 1887, pp. 167/170.)

— «The Seven Wonders» of Corea. (*The St. James' Gazette*, Thursday, Sept. 24, 1891 ; *T'oung Pao*, II, Nov. 1891, pp. 355/356.)

— The Independence of Corea. Seoul, 14th Oct. 1887. (*N. C. Herald*, Nov. 2, 1887 ; Supp. de 4 pages.)

— Die ostasiatischen Gewässer und der Korea-Archipel. Naturwissenschaftliche Studien von Adolf Glocker, Lieutenant a. D. (*Mitt. k. u. k. geog. Ges. Wien*, 1887, pp. 482/489.)

— * Нѣсколько дней на берегу Кореи. (Изъ Владивостока.) П. Першинъ. (*Сибирскій Вѣстникъ*. 1887, No. 151.)

Mejov, 3018.

LODOVICO NOCENTINI.

— Names of the Sovereigns of the old Corean States, and chronological Table of the present Dynasty. Compiled by Ludovico Nocentini. (*Journ. C. B. R. A. S.*, XXII, N. S., 1887, pp. 90/99.)

— Port Hamilton e Quelpart. Memoria del Sig. Lodovico Nocentini. (*Bol. Soc. geog. italiana*, Serie II, Vol. XII, Maggio 1887, pp. 389/398.)

— Lodovico Nocentini. — Leggende e Racconti popolari della Corea. (*Nuova Antologia*, LVI, 15 Mars 1895, pp. 328/349.)

— Materiali per la storia degli antichi stati coreani. Nota del Prof. L. Nocentini. (*Rendiconti della R. Ac. dei Lincei*, Ser. V, Vol. V, 1896, pp. 12/36.)

— Materiali per la geografia della Corea. Nota del Prof. L. Nocentini. (*Ibid.*, pp. 111/138.)

— Notizie generali della Corea. Nota del Prof. L. Nocentini. (*Ibid.*, pp. 234/249.)

— Nomi di Sovrani degli antichi Stati Coreani e Tavola Cronologica delle dinastie Sil-la, Ko-ku-ri, Päik-ce posteriore, Ko-ri e della regnante Cio-sen. (*Giornale Soc. Asiat. Ital.*, Vol. XI, pp. 115/140.)

Tirage à part, br. in-8.

— Nomi geografici Coreani — Lodovico Nocentini, in-8.

Est. dal *Giornale della Società Asiatica Italiana*, Vol. XII, pp. 87 à 157.

— L. Nocentini. — Prodotti Coreani, in-8, pp. 70.

Estratto dal *Giornale della Società Asiatica Italiana*. — Vol. XIII. — Firenze, Soc. Tip. Fiorentina. — 1900.

— P'ien-Iang. (*Giorn. Soc. Asiat. Ital.*, Vol. XIV, pp. 217/240.)

Tirage à part, in-8, pp. 24.

— Brano di Storia Cinese e Coreana. Nota di L. Nocentini, presentata dal Segretario. (*Rendiconti R. Accad. dei Lincei Cl. Sc. Mor.*, XI, 1902, pp. 537/551.)

— Brano di Storia Cinese e Coreana. Nota di L. Nocentini. Roma, Tip. della R. Accademia dei Lincei, 1903 in-8, pp. 17.

Rendiconti della R. Accademia dei Lincei. Cl. di Sc. morali, storiche e filologiche. Estratto. — Seduta del 16 nov. 1902. [P. 537 à 551.]

Notice : *Bull. Éc. franç. Ext. Orient*, III, 1903, p. 324, par P. P.[elliot.]

∴

— Short Travels in Asiatic Countries. I. A trip to North China and Corea. By J. D. Rees. (*As. Quart. Review*, III, Jan.-April 1887, pp. 356/376.) — II. A Journey in Eastern Siam. By Holt S. Hallett. (*Ibid.*, pp. 376/395.)

— La Corée et ses religions par A. Millioud, élève titulaire de l'Ecole des Hautes-Etudes. (Section des Sciences Religieuses.) (*Mém. Soc. Sinico-jap., etc.*, VI, Juillet 1887, pp. 129/153.)

— A Law in Corean. By Rev. J. Edkins, D. D. (*Chin. Rec.*, XVIII, 1887, pp. 22/25.)

— * A Visit to Corea. By Bishop Scott. (*Church Work Magazine*, Jan. 1888. London : Wells Gardner & Co.)

— Korea. Von Friedrich von Hellwald. (*Oest. Monats. f. d. Orient*, 1887, pp. 17/21, 33/8.)

WILLIAM W. ROCKHILL.

— Korea in its Relations with China. By William W. Rockhill, Secretary of Legation of the United States at Peking. In-8, pp. 33 + 4 pl. de chinois + 2 plans de Seoul et ses environs.

From the *Journal of Amer. Oriental Society*, Vol. XIII, 1888.

— W. W. Rockhill. — Notes on some of the laws, customs and superstitions of Korea. (*American Anthropologist*, IV, 1891.)

— China's Intercourse with Korea from the xv[th] Century to 1895. By William Woodville Rockhill. London : Luzac & Co., 1905, in-8, pp. 60.

Notices : par Maurice Courant, *Revue Critique*, 8 janvier 1906, pp. 11/12. — *Petermanns Mitt.*, 1906, Litbr., p. 122, par M. v. Brandt.

— History of Korea's Relations with China. (*Geogr. Journal*, XXVI, No. 6, Dec. 1905, pp. 669/670.)

∴

— Cérémonial, Coutumes et Lois en usage en Corée. Par M. P. Fouque. (*Bul. Soc. Géog. Toulouse*, 1888, pp. 168/186.)

— La Corée. Par M. Fouque. (*Ibid.*, 1894, pp. 427/430, 474/488.)

— Chinampo et Mokpo (Ports coréens), par M. Fouque. (*Ibid.*, 1898, pp. 58/60.)

CHAILLÉ-LONG.

— De Séoul à Quelpaërt et voyage de retour par Fou-san, Wôn-san et Vladivostok par Le Colonel Chaillé-Long Chargé d'affaires par intérim des Etats-Unis d'Amérique en Corée. (*Bull. Soc. Géog.*, 7e Sér., X, 1889, pp. 425/444.)

Carte. — Séoul, 31 décembre 1888.

— Note sur la Corée et les Coréens par le Colonel Chaillé-Long Bey. (*Bulletin de l'Institut Egyptien*, 3e Sér., No. 2, Année 1891, pp. 141/143.)

— Note sur la Corée et les Coréens par le Colonel Chaillé-Long Bey. — Communication faite à l'Institut Égyptien dans la séance du 3 Avril 1891. Le Caire, Imprimerie nationale, 1891, br. in-8, pp. 16.

— La Corée ou Chösen (la Terre du Calme matinal). Par M. le Colonel Chaillé-Long-Bey. (*Bul. Soc. normande Géog.*, XIV, 1891, pp. 384/418; XV, 1892, pp. 1/18.)

— La Corée ou Chösen (la Terre du Calme matinal) par M. le Colonel Chaillé-Long-Bey. Rouen, imp. Espérance Cagniard, 1893, br. in-4, pp. 54.

Extrait du *Bulletin de la Société normande de Géographie.*

— La Corée ou Tchösen (la Terre du Calme matinal) par M. le Colonel Chaillé-Long-Bey, ancien Secrétaire de Légation et Consul général Chargé d'affaires ad intérim des Etats-Unis en Corée, Membre de l'Institut égyptien. Paris, Ernest Leroux, 1894, in-4, pp. 75 + 1 p. n. c.

Extrait du Vol. XXVI des *Annales du Musée Guimet.*

— La Corée ou Tchöseu [*sic*]. Par le Colonel Chaillé-Long. (*Nouvelle Revue*, 15 sept. 1894, pp. 334/346.)

— Deux ans en Corée ou Tchösen. Par le colonel Chaillé-Long. (*Bul. Soc. Géog. com. Bordeaux*, 1896, pp. 250/254.)

∴

— The Collection of Korean Mortuary Pottery in the U. S. National Museum. By Pierre Louis Jouy. (*Smiths. Rep.*, 1888, *U. S. Nat. Museum*, pp. 589/596, 5 pl.)

— * Chesney Duncan. — Corea and the Powers. Shanghaï, 1889, in-8.

— * C. Duncan. — Corea and the Powers; a Review of the Far Eastern Question. Shanghai, 1890, in-8.

HOMER B. HULBERT.

— Mission Work in Korea. By H. B. Hulbert. (*Chin. Rec.*, XX, May 1889, pp. 227/8.)

— A Sketch of the Roman Catholic Movement in Korea. By Professor H. B. Hulbert, Seoul, Korea. (*Ibid.*, XXI, Dec. 1890, pp. 531/6.)

— The enfranchisement of Korea. By Homer B. Hulbert. (*North American Review*, CLXVI, June 1898, pp. 708/715.)

— Korea, the Bone of Contention by Homer B. Hulbert. (*Century Mag.*, May 1904, pp. 151/154.)

— An Ancient Map of the World. By H. B. Hulbert. (*Bul. Amer. Geog. Soc.*, Oct. 1904, pp. 600/605.)

Voir col. 194.

— The Island of Quelpart. By H. B. Hulbert. With Map. (*Ibid.*, XXXVII, July 1905, pp. 396/408.)

— The History of Korea Homer B. Hulbert, A. M., F. R. G. S. Editor of *The Korea Review*. Two Volumes Illustrated. — Seoul, 1905,. The Methodist Publishing House, in-8, pp. VII-409, 374-16-8-7.

— The Passing of Korea by Homer B. Hulbert... Illustrated from Photographs. London, William Heinemann, 1906, in-8, pp. XII-473.

Notice : *Lond. & China Express*, Nov. 23, 1906.

— The Seoul Fusan Railway. By H. B. Hulbert. (*The Far East*, Vol. I, 1906, pp. 119/126.)

∴

— * Aus Korea über Nagasaki. (*Kölnische Zeitung*, 31. Juli 1890.)

— Corée. Par Henri Cordier. (*Grande Encyclopédie*, XII, pp. 962/4.)

— 朝鮮. The Morning Calm. — Being the Monthly Magazine of Bishop Corfe's Mission to Korea, Chronicle of the Associations and Funds in connection with it, and General Record of the Foreign Missions of the Church of England. — No. 1. July A. D. 1890. London, Griffith, Farran, Okeden & Welsh, pièce in-8, pp. 1/16. One Penny.

No. 6, Déc. 1890.

— Sketch Plan of Jenchuan (Chemulpo) Corea. (*Decen. Reports*, 1882-1891, App., p. XXXIV.)

— Plan of the Port of Fusan. (*Ibid.*, p. LI.)

— Sketch Plan of the Port of Yuensan. (*Ibid.*, p. LXIX.)

— T. H. Holland. — Notes on rock-specimens, collected by W. Gowland in Korea. (*Quart. Journ. Geolog. Soc.*, 1891, Vol. 47, pp. 171/196.)

— Zwei Jahre in Korea von Dr. Masanao Koike, Stabsarzt. Tokio, Japan. Aus dem Japanischen übersetzt von Dr. Rintaro Mori. Tokio, Japan. (*Int. Archiv f. Ethnog.*, Leiden, Bd. IV, Heft I & II, 1891, pp. 1/44.)

— Die Sammlungen aus Korea im ethnographischen Reichsmuseum zu Leiden von J. D. E. Schmeltz. (*Ibid.*, pp. 45/66; 3 pl. et grav.; Heft III, pp. 105/138.)

— Corea in B. C. 1122. By J. Edkins. (*China Review*, XIX, 1891, No. 4, pp. 256/7.)

— Neue Forschungen über Korea. Von Dr. W. Kobelt. (*Globus*, Bd. LX, 1891, pp. 105/108.)

— A Journey through North Korea to the Ch'ang-pai Shan. By Charles W. Campbell, H. M. Consular Service, China. (*Proc. R. Geog. Soc.*, XIV, 1892, March, pp. 141/161; carte, p. 204.)

— Korea. (*Nature*, XLV, 1891-92, pp. 307/308.)

— A recent Journey in Northern Korea. By C. W. Campbell, H. M. Consular Service, China. [Read at Meeting of British Association, 1892.] (*Scottish Geog. Mag.*, VIII, 1892, pp. 579/591.)

Voir col. 2437.

— Korea. By A. Michie. (*Imp. & As. Quart. Review*, N. S., IV, 1892, pp. 317/329.)

— Ueber vier Koreaner-Schädel von Dr. Koganei, Prof. der Anatomie an der Kais. Univ. zu Tokio. (*Mittheil. aus d. Medicin. Kais. Japan. Univ.*, I. Bd., Tokio, 1892, pp. 209/229.)

— Voyage en Corée, par M. Charles Varat, explorateur chargé de missions ethnographiques par le Ministère de l'instruction publique. 1888-1889. (*Le Tour du Monde*, 1892, Mai 7, 14, 21, 28; Juin 4.)

Charles-Louis Varat est mort le 22 avril 1893, en son domicile, Boulevard de la Madeleine 17, Paris, dans sa 51e année. Notice : *T'oung Pao*, IV, No. 3, juillet 1893, p. 311, par H. C.[ordier.]

— Varats Reise in Korea. (*Globus*, Bd. LXIII, 1893, pp. 148/153.)

— Dr. W. J. Hall's Tour in Korea. (A Private Letter to a Friend.) (*Chin. Rec.*, Sept. 1892, pp. 416/418.)

— To the Yaloo and beyond. By J. S. Gale. I. (*Korean Reposit.*, I, 1892, Jan., pp. 17/24.) II. (*Ibid.*, Feb., pp. 51/56; March, pp. 75/85.)

— The Japanese Invasion. By G. Heber Jones. I. The Preliminaries. (*Ibid.*, Jan., pp. 10/16.) II. Diplomatic negotiations. (*Ibid.*, Feb., pp. 46/50.) III. The Invasion. (*Ibid.*, April, pp. 116/121.) IV. The royal flight. (*Ibid.*, May, pp. 147/152.) V. The fall of Pyöngyang. (*Ibid.*, June, pp. 182/188.) VI. China to the rescue. (*Ibid.*, July, pp. 217/222.) VII. Conclusion. (*Ibid.*, Oct., pp. 308/311.)

— The Japanese Invasion of Korea. — 1592. By Geo. H. Jones. (*China Review*, XXIII, No. 4, pp. 215/9; No. 5, pp. 239/254.)

(DIVERS.)

— The Japanese Invasion of Corea in 1592. By William W. Ireland. (*Macmillan's Mag.*, Nov. 1894, pp. 24/30.)

— Notes on recent Russian archaic Researches adjacent to Korea, and Remarks on Korean Stone implements. By D. J. Macgowan. (*Korean Reposit.*, I, 1892, Jan., pp. 25/30.)

— Petroleum in Korea. By D. J. Macgowan. (*Ibid.*, April, pp. 125/126.)

— Kitchen Mounds &c. (*Ibid.*, Aug., pp. 251/261.)

— Korean Schools. By X. (*Ibid.*, Feb., pp. 37/40.)

— A Visit to a famous Mountain. By Daniel L. Gifford. (*Ibid.*, pp. 41/45.)

— Ancestral Worship as practiced in Korea. By Daniel L. Gifford. (*Ibid.*, June, pp. 169/176.)

— The Opening of Korea: Admiral Shufeldt's Account of it. By H. G. Appenzeller. (*Ibid.*, Feb., pp. 57/62.)

— The Beginnings of Seoul. By H. G. Appenzeller. (*Ibid.*, May, pp. 143/146.)

— Eventful Days of 1892, and most critical Days of the present Century. By F. H. Mörsel. (*Ibid.*, March, pp. 86/88.)

— Review of the Trade of Corea for 1891 in comparison with that of 1890. By F. H. Mörsel. (*Ibid.*, June, pp. 189/193.)

— Buddhism in Korean History and Language. (*Ibid.*, April, pp. 101/108.)

— A Buddhist Fanatic. (*Ibid.*, May, pp. 153/155.)

— Discovery of an important Monument. By Z. (*Ibid.*, April, pp. 109/111.)

650 ap. J. C.

— What is the Population of Korea? A Symposium. By Jas. S. Gale. (*Ibid.*, pp. 112/115.)

— Data on the Population of Korea. By Conservative. (*Ibid.*, Oct., pp. 312/314.)

— Korea: — A Plea and a Growl. By G. (*Ibid.*, May, pp. 133/142; June, pp. 177/181.) Population. (*Ibid.*, Sept., pp. 278/285.)

— Korean Ports. By F. R. G. S. (*Ibid.*, July, pp. 206/211.)

— Flying Comments. I. Andromeda. By Viator. (*Ibid.*, June, pp. 165/168.) II. Korea Formosa. (*Ibid.*, July, pp. 212/216.) III. Witches Cauldron. (*Ibid.*, Aug., pp. 245/250.)

(DIVERS.)

— The three female Sovereigns of Korea. By Bertha S. Ohlinger. (*Ibid.*, July, pp. 223/227.)

— Missions in Korea. By W. F. Mallalieu. (*Ibid.*, Sept., pp. 286/287.)

— Suggestions on travelling in Korea. By Samuel A. Moffett. (*Ibid.*, Nov., pp. 325/330.)

— A Map of the World. By Yi Ik Seup. (*Ibid.*, pp. 336/341.)

— The Beginnings of medical Work in Korea. (*Ibid.*, Dec., pp. 353/358.)

— The Inventor of the En-Moun. By Jas. S. Gale. (*Ibid.*, pp. 365/368.)

— A true Story of Korea. By H. N. Allen. (*Ibid.*, pp. 372/373.)

— Ginseng and its Cultivation in Corea. [Communicated by Mr. D. A. O'Gorman, of Boston, U. S. A., from *The New England Druggist.*] (*Jour. Manchester Geog. Soc.*, IX, 1893, pp. 262/3.)

— The Culture and Preparation of Ginseng in Korea. By Rev. C. T. Collyer. (*Trans. Korea Branch Roy. Asiatic Soc.*, Vol. III, Pt. I, pp. 18/30.)

Voir col. 487.

— Smithsonian Institution. United States National Museum. — The Bernadou, Allen and Jouy Corean Collections in the United States National Museum. By Walter Hough, Department of Ethnology, U. S. National Museum. — From the Report of the U. S. National Museum, 1891. — Washington : Government Printing Office, 1893, in-8, pp. 430 à 488.

— Korea from its Capital : with a Chapter on Missions. By the Rev. George W. Gilmore, A. M. — Philadelphia : Presbyterian Board of Publication and Sabbath-School work, pet. in-8, pp. 328.

— M. von Brandt. — Das Land der Morgenruhe. (*Deutsche R.*, Juli 1893, pp. 57/64.)

— Pioneer Mission Work in the Interior of Korea. By Rev. W. G. Hall, M. D. [Methodist Episcopal Mission, Seoul.] (*Chin. Rec.*, XXIV, March 1893, pp. 117/119.)

— Pioneer Medical Missionary Work in the Interior of Korea. By Rev. W. J. Hall, M. D., American Methodist Episcopal Mission, Seoul, Korea. (*Ibid.*, Sept. 1893, pp. 401/3.)

— Woman's Medical Mission Work, Seoul, Korea. By Rosetta Sherwood Hall, M. D... (*Ibid.*, pp. 403/8.)

(Divers.)

— The Coinage of Corea. By C. T. Gardner, H. B. M. Consular Service. (*Jour. China Br. R. A. Soc.*, N. S., XXVII, No. 2, 1892-93, pp. 71/130.)

— Note historique sur les diverses espèces de monnaie qui ont été usitées en Corée, par M. Maurice Courant, interprète de la légation de France à Peking. (*Jour. Asiat.*, IXe Sér., II, Sept.-Oct. 1893, pp. 270/289.)

« Ces notes sont tirées du *Moun hen pi ko* 文獻備考 (liv. 70), ouvrage en 40 volumes, qui forme 100 livres et a été compilé par divers fonctionnaires coréens, à la suite d'un décret du roi *Yeng tjong* 英宗, de 1770. »

— Tirage à part, Paris, Imprimerie nationale, MDCCCXCIII, br. in-8, pp. 24.

Notices : par E. Drouin, *Revue numismatique*, 1894, pp. 133/4. — *China Review*, XXI, pp. 335/6, par L.

— Un assassin politique en Corée. Par Félix Régamey. (*T'oung Pao*, V, No. 3, Juillet 1894, pp. 260/271.)

Portraits de Hong Tjong-ou, du roi de Corée, de sa famille.

— Claims to the Hermit Nation. (*The Graphic*, July 14, 1894, p. 46.)

Portraits du roi de Corée, de son fils et de son père.

— A Trip to the Mont Blanc of Corea. By H. Goold-Adams. (*Korean Reposit.*, I, 1892, Aug., pp. 237/244; Sept., pp. 269/277; Oct., pp. 300/307.)

— Two Months in Korea By Captain A. E. J. Cavendish, 1st Argyll and Sutherland Highlanders. [Read at a Meeting of the Society in Edinburgh, May 1894.] [With a Map.] (*Scottish Geog. Mag.*, Nov. 1894, pp. 561/574.)

— Korea and the Sacred White Mountain Being a brief Account of a Journey in Korea in 1891 By Captain A. E. J. Cavendish, F.R.G.S. 1st Argyll and Sutherland Highlanders Together with an Account of an Ascent of the White Mountain By Captain H. E. Goold-Adams, R. A. With forty original Illustrations and two specially prepared Maps. London, Georg Philip & Son, 1894, in-8, pp. 224.

— De Pékin à Paris, La Corée — L'Amour et la Sibérie, par M. Charles Vapereau. (*Tour du Monde*, 1894, I, pp. 177/272; II, pp. 193/240.)

— Neue Special-Karte von Korea, Nordost-China und Süd-Japan. Mit Plänen der Hauptstädte Söul, Peking, Tokio und deren weiteren Umgebungen. Nach den neuesten russischen, englischen, französischen und deutschen Quellen bearbeitet von A. Herrich. Massstab 1 : 4500000. — Glogau.

(Divers.)

Verlag von Carl Flemming. 4. Auflage. Preis 50 Pfennig. 1 feuille, s. d. [1894].

— Ed. Chavannes. — La Guerre de Corée. (*Revue de Paris*, I, No. 14, 15 août 1894, pp. 753 et seq.)

— Les Evénements de Corée. (*Missions catholiques*, XXVIe année, 12 Oct. 1894, pp. 486/488.)

— Toeridjéné. — Dertien jaar gevangen in Korea. [Feuilleton extrait du journal quotidien hollandais *Nieuws van den Dag.*]

— Hollanders in Korea (1653-1666) door J. F. L. de Balbian Verster. Avec gravures. [Article paru dans *Avertentiën Eigen Haard*, N°s 40 et 41 des 6 et 13 Octobre 1894.]

— A Visit to Corea. By A. Henry Savage-Landor. (*Fortnightly Review*, Aug. 1894, pp. 184/190.)

— Corea or Cho-sen The Land of the Morning Calm by A. Henry Savage-Landor... With Numerous Text and Full-Page Illustrations from Drawings made by the Author. London, William Heinemann, 1895, in-8, pp. xiii + 1 f. n. ch. + pp. 304.

— La Corée, territoire, population, conditions économiques. (*L'Economiste français*, 1er sept. 1894.)

— Le commerce de la Corée. (*Rev. du Commerce extérieur*, No. 5, 8 sept. 1894, pp. 208/211.)

— Wer sind die Koreaner? Neuester authentischer Bericht. Von einem Kenner. Berlin, Hermann Lazarus, br. in-8, pp. 16.

— La Corée Royaume du Calme matinal. Par Gabriel Marcel. (*Bul. Soc. Géog. com. Havre*, 1894, pp. 314/320.)
Ext. de *La Nature*.

— I Costumi della Corea (da un articolo di J. H. Rosny, *Revue Bleue*). (*Geog. per tutti*, IV, 1894, pp. 104/106.)

— Korean Affairs : a Japanese View. By Consul G. Hayashi. (*Imp. & As. Quart. Rev.*, N. S., VIII, 1894, pp. 258/264.)

— A Chinese view on the Korean Question. By a Chinese official. (*Ibid.*, pp. 265/273.)

— An international guarantee of Korean independence. By J. P. Val d'Eremao, D. D. (*Ibid.*, pp. 278/282.)

— Korea and the Far East. — I. Existing material regarding Korea. By the Sub-Editor. (*Ibid.*, pp. 249/257.)

— Die Broughton-Bai (Ostküste von Korea). Von F. Immanuel. [Mit einer Karte.] (*Globus*, LXVI, 1894, pp. 357/360.)

— Der König von Korea und sein Hof. Von H. G. Arnous in Fusan. (*Ibid.*, pp. 26/9.)

— Die Frauen und das Eheleben in Korea. Von H. G. Arnous. (*Ibid.*, pp. 156/160.)

(Divers.)

— Spiele und Feste der Koreaner. Von H. G. Arnous. (*Ibid.*, pp. 239/241.)

— Charakter und Moral der Koreaner. Von H. G. Arnous. (*Ibid.*, LXVII, 1895, pp. 373/6.)

— Gewichte, Masse, Kompass und Zeiteinteilung in Korea. Von H. G. Arnous. (*Ibid.*, LXVIII, 1895, pp. 381/3.)

— Corée. — Notes historiques et géographiques. Par Jules Peltzer. (*Soc. Roy. Belge Géog., Bul.*, 1894, pp. 439/443.)

— La Corée par J. Du Fief. (*Ibid.*, pp. 457/493.)

— La Corée par J. du Fief. (*Soc. Géog. Tours, Revue*, 1894, pp. 199/221.)

— * P. Kolossowski. — Korea und die ostasiatische Frage. Berlin, 1894, in-8, pp. 35.

— China and Japan in Korea. By the Hon. Augustine Heard, late United States Minister to Korea; Durham White Stevens, Counselor of the Japanese Legation at Washington; and Howard Martin, Ex-Secretary of the United States Legation at Pekin. (*North American Review*, CLIX, Sept. 1894, pp. 300/320.)

— Notes on Corea and its people. By H. S. Saunderson. (*Journ. Anthrop. Inst. of Gt. Brit. and Ireland*, Vol. XXIV, 1894-95, pp. 299/316.)

— Notes on the Dolmens and other Antiquities of Korea. By W. Gowland, A. R. S. M., F. C. S., &c., late of the Imperial Japanese Mint. (*Ibid.*, pp. 316/330. With plate.)

— La Corea e la guerra tra la Cina ed il Giappone. G. Gorrini. (*Nuova Antologia*, CXXXVI, aprile 1894, p. 600.)

— Le Japon et la Corée. Par P. F. (*Revue française du Japon*, 4e année, Nouv. Sér., 2e livr., février 1895, pp. 33/41.)

— Ly Chao Pee. — La Corée. — Les conséquences de la guerre Sino-Japonaise. (*Bul. Soc. Géog. Toulouse*, 1895, pp. 110/118.) — Voir col. 2540.

— Compte rendu d'une conférence de l'interprète Ly-chao-Pee de la Légation chinoise à Paris sur « La Corée, la Chine et les conséquences de la guerre sino-japonaise ». [Société de Géographie de Toulouse, 18 Mars 1895.] Par P. F. (*Revue française du Japon*, 4e année, Nouv. Sér., 6e livr., Juin 1895, pp. 267/276.)

— Histoire rétrospective. — Relations du Japon et de la Corée après l'expédition de Jinngoū [Traduit du *Nihonn réki-shi Kyōkwa shyo* 教科書 I[e] P[ie], L. II, chap. 7; pages 28 et suiv.] Par Emmanuel

(Divers.)

Tronquois. (*Ibid.*, Juillet, Août 1895, pp. 299/307.)

— The Church in Korea. By E. M. Clerke. (*Dublin Review*, CXVI, April 1895, pp. 290/305.)

— Korean Export of Ginseng. (*Ibid.*, CXVII, July 1895, pp. 164/165.)

— The future Alliance of Japan, China and Korea. By a Japanese. (*Imp. & As. Quart. Rev.*, N. S., IX, 1895, pp. 223/224.)

— La Corea. (*Geogr. per tutti*, V, 1895, pp. 161/164.)

Traduction d'un article du *Times*, de Londres, 26 Nov. 1894.

— Quaint Korea by Louise Jordan Miln. London, Osgood, McIlvaine & Co., 1895, in-8, pp. VIII-306 + 1 f. n. ch.

— Les Origines de la Corée Extrait du 東國通鑑 *Tong-kouo-thong-kienn* par Camille Sainson élève-interprète. — Péking, Typographie du Pé-t'ang — 1895, in-8, pp. 29.

— Notizen über Korea. (*Deutsche Rundschau*, Oct. 1894, pp. 132/135.)

Signé A. M.

— * Map of Korea. Scale 1:2,700,000 or 42.5 stat. miles to an inch. Drawn for the Imperial Chinese Government. R. A. de Villard, Inspectorate General of Customs. Shanghai, 1894.

— Korea. Eine Sommerreise nach dem Lande der Morgenruhe 1894. Von Ernst von Hesse-Wartegg. — Mit zahlreichen Abbildungen und einer Spezialkarte Koreas mit den angrenzenden Ländern. Dresden und Leipzig. Carl Reissner, 1895, gr. in-8, pp. IV + 1 f. n. c. + pp. 220, avec la carte de Carl Flemming, de Glogau.

— — 2e éd. Dresden, 1904, gr. in-8, pp. V-289.

— * E. Hesse-Wartegg. — La Corea. Relazione d'un viaggio estivo nel paese della Quiete Matutina. — Paesaggi — Costumi — Condizioni sociali. Milano, Hoepli, 1895, in-8, ill.

— Fleurs de Corée par un Missionnaire de la Congrégation des Missions Étrangères. (*Missions Cath.*, 4 Janv. 1895, pp. 6/9.)

— * Pogio. — Otcherki Koreï. St. Pétersbourg, 1892, in-8. [En russe.]

— Korea. — Von M. A. Pogio, Kaiserlich Russischer Geschäftsträger. — Aus dem Russischen übersetzt von St. Ritter von Ursyn-Pruszyński, k. u. k. Rittmeister im k. u. k. Dragoner-Regimente Herzog von Lothringen Nr. 7. — Mit einer Karte von Korea. — Wien und Leipzig, Wilhelm Braumüller, 1895, in-8, pp. VIII-248.

— Korean Games with Notes on the corresponding Games of China and Japan by Stewart Culin Director of the Musaeum of Archaeology and Palaeontology, University of Pennsylvania 家一海四 Philadelphia University of Pennsylvania, 1895, in-4, pp. XXXVI-177, 22 pl. coréennes et 135 fig. dans le texte, en couleur et en noir.

Tiré à 550 exemplaires. — Notice : *T'oung Pao*, VII, 1896, pp. 94/102, par G. Schlegel.

— The Land of the Morning Calm. A Talk with English Boys and Girls about Corea. By the Rev. W. T. A. Barber, M. A. London : Charles H. Kelly,... 1895. Pet. in-8, pp. 32.

— Ein Besuch in Port Hamilton und Chemulpo (Korea). Von Korvettenkapitän Kohlhauer. (*Globus*, LXVII, 1895, pp. 261/6.)

— * Corea. By Christopher Thomas Gardner, C. M. G., etc. Report of the Sixth Meeting of the Australasian Association for the Advancement of Science, held at Brisbane, Queensland, January, 1895. Sydney. Maps, Plans, and Illustrations.

— * E. Zimmermann. — Koreanische Kunst. Hamburg, 1895, in-fol., pp. 22.

Henri Chevalier.

— [Sépulture du roi de Corée Hien-tsong, † 1849.] Par Henri Chevalier. (*T'oung Pao*, VI, 1895, pp. 225/6.)

— Note sur les 12 Sin-tjyang par Henri Chevalier. (*Ibid.*, N° 5, Déc. 1895, pp. 509/510.)

— 華城城役儀軌 *Hoa syeng syeng yek eui kouei* Cérémonial de l'achèvement des travaux de Hoa Syeng (Corée, 1800) traduit et résumé par Henri Chevalier (avec XIII planches). (*Ibid.*, IX, N° 5, Déc. 1898, pp. 384/396.)

— 華城城役儀軌 *Hoa syeng syeng yek eui kouei* Cérémonial de l'achèvement des Travaux de Hoa Syeng (Corée, 1800) Traduit et résumé par Henri Chevalier. (Avec XIII planches.) Extrait du Vol. IX du *T'oung Pao*, No. 5. — E. J. Brill, Leide, 1898, in-8, pp. 16 + 13 planches.

— Les Coiffures coréennes par Henri Chevalier. (*Int. Arch. f. Ethn.*, XII, 1899, pp. 225/232, 2 pl.)

— Les coiffures coréennes par Henri Chevalier, Paris. [Avec planches XI & XII.] Br. in-4, pp. 18.

Separat-Abdruck aus : « Internationales Archiv für Ethnographie », Bd. XII, 1899, dont il forme les pp. 225-232.

Maurice Courant.

Voir col. 2970.

— Sur les principales périodes de l'histoire de la Corée. — Par M. Maurice Courant Interprète de la Légation de France. (*Revue française du Japon*, 4e année, Nouv. Sér., 1re livr., Janvier 1895, pp. 1/9 ; 3e livr., Mars 1895, pp. 127/146 ; 4e livr.,

Avril 1895, pp. 179/186; *ibid.*, 5ᵉ année, Nouv. Sér., 16ᵉ livr., Avril 1896, pp. 131/142; 17ᵉ livr., Mai 1896, pp. 179/185.)

— Notes sur les Études coréennes et japonaises, par M. Maurice Courant. (*Actes Onz. Cong. Int. Orient.*, Paris, 1897, IIᵉ Sect., pp. 67/94.)

— Notes sur les Etudes coréennes et japonaises par M. Maurice Courant — Extrait des *Actes du Congrès des Orientalistes.* Paris, Imprimerie nationale — MDCCCXCIX, br. in-8, pp. 32.

— La Corée jusqu'au IXᵉ siècle ses rapports avec le Japon et son influence sur les origines de la civilisation japonaise [Conférence faite au Musée Guimet, le 21 février 1897] par Maurice Courant. (*T'oung Pao*, IX, N° 1, Mars 1898, pp. 1/27.)

— Stèle chinoise du Royaume de Ko kou rye par M. Maurice Courant — Extrait du *Journal Asiatique.* Paris Imprimerie nationale — MDCCCXCVIII, in-8, pp. 31, 1 carte, 1 pl.

— Sommaire et historique des cultes coréens [Conférence faite au Musée Guimet le 17 Décembre 1899] par Maurice Courant. (*T'oung Pao*, 2ᵉ Sér., I, N° 4, Oct. 1900, pp. 295/326.)

Tirage à part, pp. 32.

— Un établissement japonais en Corée — Pou-san depuis le XVᵉ siècle par M. Maurice Courant. Société de l'Annuaire colonial, Paris, 1904, br. in-8, pp. 24.

Fait partie de la «Bibliothèque de la *France Coloniale Moderne* publiée sous la direction de Marcel Ruedel». — Notice : *T'oung Pao*, Oct. 1904, p. 501, par Éd. Chavannes.

— La Corée par Maurice Courant — Extrait des *Guides Madrolle* : CHINE DU NORD. Paris, Comité de l'Asie française, 1904, in-12, pp. 38.

— La Corée et les puissances étrangères. Par Maurice Courant. (*Annales des Sciences polit.*, 15 mars 1904, pp. 253/267.)

Tirage à part.

ELI BARR LANDIS.

Voir col. 1314.

— The Amitayusu Sûtra. Translated from the Corean, by E. B. Landis. (*Journ. Buddhist Text Soc.*, II, Pt. II, 1894, pp. 1/6.)

— The Classic of the Buddhist Rosary. (*Ibid.*, III, 1895, pp. II-III.)

— Buddhist Chants and Processions. By E. Landis. (*Ibid.*, Pt. II, pp. 1/2.)

— Notes on the Exorcism of Spirits in Korea. By E. B. Landis. (*Ibid.*, Pt. III, pp. 1/8.)

(COURANT. — LANDIS.)

— A Chart of the Foot-Prints of the *Tathāgata* Cākya Buddha. Translated by E. B. Landis. (*Ibid.*, pp. 8/9.)

— A Translation of three Buddhist Tracts from Korea. By E. B. Landis. (*Ibid.*, Vol. IV, Pt. I, 1896, pp. 22/28.)

— Folk Tales of Korean Children. By E. B. Landis. (*Ibid.*, Vol. V, 1897, Pt. IV, pp. 1/6.)

— Mourning and Burial rites of Korea. By E. Landis, M. D., of the Church of England Mission to Korea; Medical Adviser to the Royal Korean Customs Service, Chemulpo; Corporate Member of the Buddhist Text Society of India, &c. (*Journ. Anthrop. Inst. of Gt. Brit. and Ireland*, Vol. XXV, 1895-96, pp. 340/361.)

— Native Dyes and Methods of Dyeing in Korea. By E. B. Landis, M. D. (*Ibid.*, Vol. XXVI, 1896-97, pp. 453/457.)

— The Capping Ceremony of Korea. By E. B. Landis, M. D. Third Division, First Class, Order of the Double Dragon. (*Ibid.*, Vol. XXVII, 1897-98, pp. 525/531.)

— Notes on the exorcism of spirits in Korea. By E. B. Landis, M. D. (*China Review*, XXI, N° 6, pp. 399/404.)

— Notes from the Korean Pharmacopoea. By E. B. Landis, M. D. (*Ibid.*, XXII, N° 3, pp. 578/588.)

— Korean Geomancy. By E. B. Landis, M. D. (*Ibid.*, XXIII, N° 1, pp. 37/45.)

— A Pioneer of Korean Independence By the late E. B. Landis, M. D. (*Imp. & As. Quart. Rev.*, 3rd Ser., VI, 1898, pp. 396/408.)

∴

— Wayside Idols. (*Journ. Buddhist Text Soc.*, III, 1895, p. 8.)
D'après le *Korean Repository.* — By A. Poleak.

— Documents sur l'Anthropologie de la Corée, par M. E.-T. Hamy. (*Bul. Mus. Hist. Nat.*, II, 1896, pp. 129/131.)

Tirage à part, pp. 4.

— Constantes harmoniques déduites d'observations de Marée. — Corée. — Mouillage de Tshemulpo. (*Annales hydrogr.*, XVIII, 1896, p. 249.)

— La Corée et les Coréens Notes de géographie médicale et d'ethnographie. Par le Dr. L. Chastang. (*Arch. Méd. navale*, LXVI, 1896, pp. 161/212.)

— Dr. L. Chastang. — Les Coréens. Caractères moraux, moeurs et coutumes. (*Gaz. des Hopitaux*, LXXII, pp. 521, 552, 569, 581.)

(LANDIS. — DIVERS.)

— Affaires de Corée. (*Revue française du Japon*, 5e année, Nouv. Sér., février 1896, pp. 64/73.)

Contenant la décision du Conseil d'enquête préliminaire sur les évènements d'Octobre 1895 ; la Révolution de Palais de Février 1896 : 1° Edit Royal affiché dans Séoul après l'entrée du Roi à la Légation de Russie, 2° Proclamation adressée aux troupes, 3° Edit du 13 Février 1896.

— * La Corée, par Un missionnaire. Société de Saint-Augustin. Paris — Lille, Desclée, 1896. In-8, pp. 192, avec gravures.

Notice : *Etudes*, C, 20 Sept. 1904, pp. 845/6, par A.-A. Fauvel.

— The Corean Government : Constitutional Changes, July 1894 to October 1895. With an Appendix on Subsequent Enactments to 30th June 1896. By W. H. Wilkinson, Late H. B. M.'s Acting Consul-General in Corea. Shanghai : Statistical Department of the Inspectorate General of Customs, 1897, in-4, pp. XI + 2 ff. n. ch. + pp. 192, carte.

— Korean Postal Guide. For the information of Foreign Residents. — Published by order of The Minister of Public Works. Söul, 1897, br. in-8, pp. 10.

— Regulations of the Royal Korean Telegraph Service. — Published by order of Minister of Public Works — Seoul, 1897, br. in-8, pp. 7.

— Russia e Giappone in Corea. (*L'Universo*, VII, 1897, p. 186.)

— Au Pays du Calme matinal. — Souvenir d'une visite à Séoul en 1897. (*L'Orient lointain*... par le Dr. J.-J. Matignon, pp. 170/225.)

Avait paru dans *La Lecture hebdomadaire*, 1902.

— Ein Ritt quer durch Korea. Von Leutnant v. Grünau. (*Globus*, LXXII, 1897, pp. 149/151.)

— Baron v. Grünaus zweiter Ritt durch Korea. — M. N. (*Ibid.*, p. 322.)

— Eine Reise in Korea. (*Oest. Monats. f. d. Orient*, Wien, 1897, p. 82.)

Willis et Warner.

— Le golfe de Petchili et les Russes en Corée. Par Testis. (*Rev. française*, XXII, 1897, pp. 277/281.)

— Le protectorat russo-japonais en Corée. Par Ed. Engelhardt. (*Ibid.*, pp. 561/6.)

— Die Koreanische Sammlung des Museum Umlauff Hamburg. — Inhaltsverzeichniss. — I. Kleidung. II. Waffen, Kriegsgeräth und Uniformstücke. III. Geräthe und Wirthschaftsgegenstände. IV. Schmucksachen und verschiedene Erzeugnisse des Kunstgewerbes. V. Photographien. S. l. n. d., in-8, pp. 47 + 35 pl.

Vorwort : Hamburg, im Oktober, 1897. J. F. G. Umlauff.

— * Korea Interviews. By Edward S. Morse. Reprinted from *Appleton's Popular Science Monthly for May*, 1897, br. in-4, pp. 8.

(Divers.)

— Promenades japonaises et coréennes 1894-1896 par Daniel Lièvre sous-commissaire de la Marine — Extrait du *Bulletin de la Société de Géographie commerciale du Havre*. — Havre au Siège de la Société... 1898, br. in-8, pp. 133.

— Promenades japonaises et coréennes 1894-1896. Par Daniel Lièvre Sous-Commissaire de la Marine. (*Soc. Géog. com. Havre*, 1897, pp. 224/253.)

— Mission Work in Pyeng-yang Korea. By J. Hunter Wells, M. D. (*Chin. Rec.*, XXX, Jan. 1899, pp. 9/11.)

— La Corée, Formose et les Philippines le Japon et les Etats-Unis. Par Ludovic Drapeyron. (*Rev. de Géog.*, XLIII, 1898, pp. 295/306.)

Mrs. J. F. Bishop.

Voir col. 106 et 2145.

— Korea & Her Neighbours A Narrative of Travel, with an Account of the Recent Vicissitudes and Present Position of the Country By Mrs. Bishop [Isabella L. Bird] F. R. G. S.; Honorary Fellow of the Royal Scottish Geographical Society Honorary Member of the Oriental Society of Peking, etc. etc. With a Preface by Sir Walter C. Hillier, K. C. M. G. Late H. B. M.'s Consul-General for Korea With Maps and illustrations. London, John Murray 1898. 2 vol., in-8, pp. XVII + 1 f. n. ch. + pp. 261, x-321.

Notices : *Geog. Journ.*, March 1898, pp. 288/9, by Geo. C. Chisholm. — *Scottish Geog. Mag.*, March 1898, pp. 161/2. — *Quart. Rev.*, April 1898, pp. 546/566 — *Nature*, LVII, 1897-8, pp. 512/3, par Hugh Robert Mill.

— Mrs. Bishop in Korea, China, and Russian Manchuria. (*Geog. Journal*, V, Feb. 1895, pp. 160/3.)

Lettre : British Legation, Peking, Oct. 5, 1894.

— Mrs. Bishop in Korea. (*Blackwood's Mag.*, CLXIII, 1898, February, pp. 285/294.)

— Korea and Her Neighbours... Popular Edition. 1905, in-8, pp. 344.

.·.

— J. Palibin. — Conspectus Florae Koreae. (*Acta horti petropolitani.*) — Voir col. 486.

— Villetard de Laguérie — La Corée indépendante, russe, ou japonaise. Ouvrage contenant cinquante illustrations d'après des photographies. Paris, Hachette, 1898, in-16, pp. VIII-304.

— Villetard de Laguérie — La Corée et la Guerre Russo-Japonaise. Paris, Ch. Delagrave, s. d. [1904], in-16, pp. 173.

Notice : *La Géographie*, 15 avril 1904, pp. 303/4, par Ch. R.[abot.]

— Villetard de Laguérie. — La Corée. (*Revue des Deux Mondes*, 1er fév. 1904.)

— La Corée actuelle. Par Villetard de Laguérie. I. La Terre. (*La Revue d'Asie*, 15 nov. 1901, pp. 25/39.) II. Les Hommes. (*Ibid.*, 1er déc. 1901, pp. 93/108.)

— * J. D. Ford. — An American Cruise in the East. London, 1898, in-8, pp. 468.

(Divers. — Bishop. — Divers.)

— Korean Sketches by Rev. James S. Gale, B. A. [Toronto University] Of the American Presbyterian Mission, Wönsan, Korea. Edinburgh and London, Oliphant Anderson and Ferrier, 1898. Pet. in-8, pp. 256.

— The Korean Gentleman. By Rev. J. S. Gale. (*Chin. Rec.*, XXXI, Feb. 1900, pp. 75/80.)
From *Korean Sketches.*

— * The Vanguard. A Tale of Korea. By James S. Gale. New York and London, Fleming H. Revell Co.

Notice : *Lond. & China Express*, 13 May 1904.

— De la situation du Japon et de la Corée manuscrit inédit du Père A. Gaubil S. J. publié avec des Notes par Henri Cordier. (*T'oung Pao*, IX, N° 2, Mai 1898, pp. 103/116.)

Tirage à part : Leide, E.-J. Brill, 1898, br. in-8, pp. 16, 1 pl.

— Korean Clan Organization. By Walter Hough. (*American Anthropologist*, N. S., I, 1899, pp. 150/154.)

— Korean Crossbow and Arrow-Tribe. By Walter Hough. (*Ibid.*, p. 200.)

— La Corée. Par E. Giret. (*Rev. Indo-chinoise*, No. 48, 18 sept. 1899, pp. 493/496.)

— * F. H. Mörsel. — Korea. General Information on the approaches to Chemulpo Harbour. Shanghai, 1899, in-8, pp. 56.

— Corée. — Commerce, ports. (*Soc. Roy. Belge Géog.*, *Bul.*, 1900, p. 266 ; d'après le *Geog. Journ.*, nov. 1899.)

— Ansteuerung des Hafens von Gensan. Aus dem Reisebericht S. M. S. « Irene », Kommandant Freg.-Kapt. Obenheimer. Juli 1899. (*Ann. der Hyd.*, XXVIII, 1900, pp. 49/50.)

— Hafen von Fusan. Aus dem Reisebericht S. M. S. « Irene », Kommandant Freg.-Kapt. Obenheimer. Juli 1899. (*Ibid.*, pp. 50/1.)

— Ansteuerung der Masanpho-Föhrde. Aus dem Reisebericht S. M. S. « Irene », Kommandant Freg.-Kapt. Obenheimer. Juli 1899. (*Ibid.*, pp. 51/2.)

— A travers la Corée. Par Marcel Monnier. (*La Géographie*, 1900, 15 Janv., pp. 35/50.)

— Korea, the Pearl of the Orient : traditional, historical, descriptive. By Charlotte M. Salwey, M. J. S. (*Imp. & As. Quart. Rev.*, 3rd ed., X, 1900, pp. 154/167.)

— * The Story of Port Hamilton (*maps*). (*Review of Reviews*, XXI, June 1900, p. 540.)

— Korea of To-Day. By Mary Gay Humphreys. (*Harper's Weekly*, Sept. 1st, 1900, pp. 798/9.)

— Souvenir de Séoul Corée — 1900. Album gr. in-4, de 24 pl.

A la 4e p. de la couverture : Imprimerie La Photo-Couleur Paris — 11 et 13 rue des Arquebusiers.

— Vieux Papiers de Corée. Par Henri Vivarez. (*Bul. Soc. Le Vieux Papier*, Paris, I, fasc. 3, 1er Oct. 1900, pp. 76/80.)

— Eisenbahnen in Korea. (*Oest. Monats. f. d. Orient*, Wien, 1900, pp. 95/6.)

A. A. Fauvel.

— Tche-nam-po. Nouveau port coréen par A.-A. Fauvel. (*Bul. Soc. Géog.*, Paris, 1898, pp. 489/496.)

— Corée — Le nouveau port de Ma san pho. Par A. A. Fauvel. (*Revue franç. de l'Etranger et des Col.*, Juillet 1900, pp. 394/398, carte.)

— A.-A. Fauvel. — La Corée. — Le pays. — Les habitants. — Les arts et manufactures. — Le gouvernement. — Le catholicisme. (*Le Correspondant*, 10 fév. 1904, pp. 446/473.)

— La Corée Par M. A. A. Fauvel Ancien Officier des Douanes Chinoises publiée par le Comité de l'Asie Francaise Octobre 1904, in-4, pp. 16.

Supplément au *Bulletin du Comité de l'Asie française* d'Octobre 1904.

∴

— * D. L. Gifford. — Every-day Life in Korea. Chicago, etc., in-8, pp. 229.

— Изданіе Министерства Финансовъ. — Описаніе КОРЕИ (съ картой). — Составлепо въ Канцеляріи Министра Финансовъ. — С.-Петерб., 1900, 3 vol. gr. in-8, pp. xvi-448, vi-490, v-318, carte.

— Карта Кореи. 1900. Echelle 1/355.000.

Pub. sous les auspices du Ministère imp. des Finances.

— La Corée d'après un récent ouvrage russe. Par J. Deniker. (*La Géographie*, 15 février 1902, pp. 116/121.)

— Вѣсти изъ Корейско Сахалинской Экспедиціи. 1900 г... Шмидтъ. (*Извѣстія И. Г. Общ.*, XXXVI, 1900, No. 5, pp. 463/501.)

— Поѣздка въ сѣверную Корею. — А. Звегинцовъ. (*Ibid.*, pp. 502/518.)

— A Chronological Index — Some of the Chief Events in the Foreign Intercourse of Korea — From the Beginning of the Christian Era to the Twentieth Century. Compiled by Horace N. Allen, 1901, gr. in-8, pp. ii + 1 f. n. ch. + pp. 61 + pp. 8.

Tiré à 300 exemplaires.

— Supplement to a Chronological Index including the years 1901 and 1902. Compiled by Horace N. Allen... Gr. in-8, pp. 29.

Jusqu'au 20 déc. 1902.

— * H. N. Allen. — Korea Fact and Fancy. 1905, in-8.

Chronologie de 76 av. J. C. au 21 Mars 1904.

— Korea. — Vortrag von Bruno Knochenhauer Bergassessor und Hütteninspektor. In-8, carte.

Pages 74-124, Bd. V : Deutsche Kolonialgesellschaft — *Verhandlungen der Abteilung Berlin-Charlottenburg 1900/1901.* Berlin 1901. — Heft 4.

Lu 25 février 1901.

— Korea, einst und jetzt. Von C. Wolter (Chemulpo). (*Mitt. Geog. Ges. Hamburg*, XVII, 1901, pp. 63/77.)

— * O. Cecconi. — Ricerche idrografiche eseguite a Nord di Quelpart (Canale Coreano). Genova, 1901. (*Ann. idrog.*, II, 1901, pp. 57/61, carte.)

Vaisseau royal *Elba*.

— E. Bretschneider. — Russland und Korea. (*Petermanns Mitt.*, XLVII, 1901, pp. 179/182.)

— Die koreanische Bahn von Söul nach Fusan. (*Oest. Monats. f. d. Orient*, 1901, p. 144.)

— Rev. F. Hillary. — A Journey to the North of Corea. (*Mission Field*, London, XLVI, 1901, pp. 44/53.)

— Korea from the Japanese standpoint. By H. N. G. Bushby. (*Nineteenth Century*, XLIX, May 1901, pp. 834/842.)

— Le commerce de la Corée. (*Revue scient.*, 38e année, 1901, 1er som., p. 509.)

— L'emprunt coréen. (*Bull. Com. Asie française*, Octobre 1901, p. 300.)

— An Educational Experiment. (*Chin. Rec.*, XXXII, Oct. 1901, pp. 496/499.)

Pien-yang, Corée.

Extract from a Report of the Rev. W. M. Baird.

— Ein Besuch am Hofe von Korea. Von Friedrich Magnus. (*Globus*, LXXXII, 1902, pp. 158/161.)

— La Corée. Par L. Vincart. (*Rev. française*, 1902, pp. 42/47.)

D'après le *Mouvement Géographique*.

— M. de Lapeyrière. — La Corée. (*Ass. franç. Avan. Sciences*, Montauban, 1902, II, pp. 1147/1162.)

— La Corée par M. De Lapeyrière. (*Bul. Soc. Géog. com.*, XXIV, 1902, pp. 235/259.)

— * F. Goosens. — La Corée en 1902. Bruxelles, Vanbuggenhoudt, 1902, in-4, pp. 64.

— Kang-wha, Korea. (*Geog. Journal*, Sept. 1902, p. 336.)

D'après Rev. M. N. Trollope, dans *Proc. Korea Br. R. As. Soc.*

— Seoul. By Esson Third. (*East of Asia*, I, N° 2, pp. 163/179.)

— Söul, die Hauptstadt Koreas. Von Esson Third. (*Der Ferne Osten*, Bd. 1, Heft 2, pp. 182/199.)

— Mouvement des ports coréens en 1901. (*Bull. Com. Asie française*, 1902, Nov., pp. 505/506.)

— Japonais et Russes en Corée. Par R. M. (*Ibid.*, Déc., pp. 527/528.)

— Séoul. Par André Brisse. (*Rev. Géog.*, Déc. 1902, pp. 537/543.)

Emile Bourdaret.

— MM. Ernest Chantre et Emile Bourdaret. — Les Coréens : Esquisse anthropologique. (*Ass. franç. Avan. Sciences*, Montauban, 1902, pp. 895/9.)

— Société d'Anthropologie de Lyon Tome xxi, 1902 — Les Coréens Esquisse anthropologique par E. Chantre [et] E. Bourdaret, Ingénieur de la Maison Impériale de Corée. Lyon, A. Rey, 1902, br. in-8, pp. 19, 1 double pl.

Il y a des ex. sur papier du Japon.

Notice : *T'oung Pao*, Mars 1903, pp. 74/5, par Henri Cordier.

— Société d'Anthropologie de Lyon Séance du 4 juillet 1903 — I. Note sur les Dolmens de la Corée. II. Les Monuments préhistoriques de l'île de Kang-hoa par Emile Bourdaret, Ingénieur de la Maison Impériale de Corée. — Lyon, A. Rey, 1904, br. in-8, pp. 7.

— Rapport sur une Mission scientifique en Corée par M. Emile Bourdaret Ingénieur — [Extrait des *Nouvelles Archives des Missions scientifiques*, t. XII] Paris, Imprimerie nationale — mdccccIV, br. in-8, pp. 15.

— Société d'Anthropologie de Lyon Séance du 5 Décembre 1903 — Religion et Superstition en Corée par Emile Bourdaret Ingénieur de la Maison Impériale de Corée. — Lyon, A. Rey, 1904, br. in-8, pp. 19.

— Emile Bourdaret — En Corée — Ouvrage accompagné de 30 gravures hors texte. Paris, Plon, 1904, in-16, pp. II-361 + 1 f. n. ch. p. l. tab.

Notices : *Etudes*, 20 Janv. 1905, pp. 279/280, par Joseph Burnichon. — *La Géographie*, 15 mars 1905, pp. 237/8, par Ardouin-Dumazet. — *Ann. Sc. Pol.*, 15 juillet 1905, pp. 550/1, par Maurice Courant.

∴

— France et Corée. (*Bull. Com. Asie française*, 1903, Janvier, pp. 27/30.)

Lettre de Séoul.

— La situation économique de la Corée au commencement de 1902. Par René Moreux. (*Ibid.*, Avril, pp. 154/160.)

D'après le rapport de M. Berteaux, interprète-chancelier de la Légation de France à Séoul, inséré dans le Supplément au *Moniteur officiel du Commerce*, 12 février 1903.

— Corée. Par Robert de Caix. (*Bull. Com. Asie française*, 1903, Juin, pp. 232/240.)

Séoul, 8 Mai 1903.

— L'éclairage des côtes [coréennes]. (*Ibid.*, Sept., pp. 395/396.)

— Die Entwicklung Koreas. Von Dr. Albrecht Wirth. (*Asien*, 1903, No. 1, pp. 6/9 ; No. 3, pp. 38/40.)

— Über die altkoreanischen Königstitel. Von Kurakichi Shiratori. (*Keleti-Szemle*, 1903, pp. 4/17.)

— The Corean School System. By J. Paske. (*East of Asia*, Vol. 2, N° 1, May 1903, pp. 24/30.)

— Impressions of Korea. By Reginald J. Farrer. (*The Nineteenth Century*, Dec. 1903, pp. 919/925.)

— La Corée. Par Robert Geerts. (*Bul. Soc. d'Et. Col.*, X, 1903, pp. 805/835.)

— The Question of Korea. By Alfred Stead. (*Fortnightly Review*, Nov. 1903, pp. 846/863.)

— The War : Korea and Russia. By Alfred Stead. (*Ibid.*, July 1904, pp. 90/102.)

— Korea and her Emperor. By Alfred Stead. (*Harper's Mag.*, CIV, pp. 575/582.)

B. Koto.

— An Orographic Sketch of Korea. By B. Kotô. (*Jour. College Science, Tokyo*, 1903, XIX, Art. I, pp. 61, 4 pl.)

Une des pl. est une carte en couleurs à l'échelle de 1 : 2.000.000.

Notice : *Bul. Soc. Géog. Lyon*, Janv. 1904, pp. 88/90, par M. Z.[immermann.]

— The Orographical Features of Korea. (*Geog. Journal*, Nov. 1903, pp. 567/8.)

D'après B. Koto, *Jour. Sc. Tokyo*, XIX, Art. I, 1903.

— Orographie de la Corée. Par le Dr L. Laloy. (*La Géographie*, 15 déc. 1903, pp. 377/381.)

∴

— Georges Ducrocq — Pauvre et Douce Corée — Troisième Édition — Paris, H. Champion, 1904, pet. in-8 carré, pp. 87.

Notice : *Bul. Soc. Géog. Lyon*, XX, 1er trim. 1905, pp. 93/4, par M. Z.[immermann.]

— Lieutenant A. Verneret du 6e Chasseurs d'Afrique — Notes sur la Corée — [Extrait de la *Revue des Troupes coloniales*]. Paris, Henri Charles-Lavauzelle, s. d. [1904], in-8, pp. 46.

— Notes sur la Corée. Par le Lieutenant A. Verneret. (*Rev. des Troupes colon.*, 1904, I, pp. 107/133, 262/275.)

— Manchuria and Korea by H. J. Whigham, 1904. — Voir col. 2751.

— * Walter Schröter. — Korea und die riasverwandten Küsten dieser Halbinsel. Leipzig, 1904, in-8, pp. 67, 1 carte.

Inaug.-Diss. — Notice : *Petermanns Mitt.*, 1907, Ltbt., 452, par O. Krümmel.

— Korea og Koreanerne af V. Ehrencron-Müller. — H. Hagerups Forlag København, s. d. [1904], in-16, pp. 78 + 1 f. n. ch.

— E. F. G. Hatch. — Far Eastern Impressions. 1904. — Voir col. 2171.

— Koreans at Home The Impressions of a Scotswoman by Constance J. D. Taylor With five plates in colour and twenty-five illustrations from original Drawings and Photographs by the Author. Cassell and Co., London, MCMIV, in-8 carré, pp. 80.

— Le Code pénal de la Corée *Tai-Han Hyeng Pep* 大韓刑法 Ouvrage contenant : 1° la traduction et l'analyse des 672 articles dudit Code ; 2° l'indication des textes de législation comparée puisés dans le Code pénal de la Chine *(Code des Tsing)* et dans le Code annamite ; 3° des notes explicatives sur les institutions, us et coutumes de la Corée ; 4° l'exposé des réformes pénales soumises au Grand Conseil Coréen ; 5° une table alphabétique et raisonnée des matières par Laurent Crémazy Ancien Avocat à la Cour d'Appel de Paris Premier Président de Cour honoraire Conseiller légiste à Séoul. — Séoul — The Seoul Press — Hodge & Co. — Printers VIIIe année Koang-mou 1904, gr. in-8, pp. xx-182.

— Department of Commerce and Labor Bureau of Statistics — Commercial Korea in 1904 — Area, Population, Production, Railways, Telegraphs, and Transportation Routes and Foreign Commerce and Commerce of United States with Korea. — [From the *Monthly Summary of Commerce and Finance* for January, 1904] — O. P. Austin, Chief of Bureau. Washington, Government Printing Office, 1904, in-4, pp. 2449 à 2482, 2 cartes.

— Alexandra Myrial. — Notes historiques sur la Corée. (*Mercure de France*, janvier 1904.)

— Japanese Relations with Korea. By Joseph H. Longford. (*Nineteenth Century*, Feb. 1904, pp. 207/218.)

— Leaves from a Corean Garden. (*East of Asia*, Vol. 3, No. 1, March 1904, pp. 92/94.)

— Troubles de Corée. (*Miss. Cath.*, XXXVI, 18 Mars 1904, p. 137.)

— Supplément au *Moniteur officiel du Commerce* du 24 Mars 1904. — Rapports commerciaux des Agents diplomatiques et consulaires de France — Année 1904 — No 328 — Corée — Situation économique de la Corée. Commerce en 1902, comparé avec les années 1900 et 1901. Office national du Commerce extérieur, 3 rue Feydeau, Paris, Prix : 1 fr. In-8, pp. 146.

Le précédent rapport est le Supp. No. 210 au *Mon. officiel du Commerce* du 12 janvier 1903.

— Corea. (*The Open Court*, April 1904, p. 218.)

— About Korea. By the Rev. C. T. Collyer. (*Geog. Jour.*, April 1904, pp. 481/9.)

— Lettres de Corée. (*Bull. Com. Asie française*, Avril 1904, pp. 192/198.)

— Souvenirs de Corée, par M. Louis Marin. (*La Géographie*, 15 Avril 1904, pp. 316/7.)

— From Chemulpo to Seoul. By Gordon Casserly. (*Macmillan's Mag.*, May 1904, pp. 19/27.)

— Unhappy Korea. By the Rev. Arthur Judson Brown, D. D. (*Century Mag.*, May 1904, pp. 147/150.)

— Lettres de Corée [Séoul, 26 Février au 26 Mars]. (*Bull. Com. Asie française*, Mai 1904, pp. 241/244.)

— Lettres de Corée [Séoul, 26 Mars-11 Avril 1904]. (*Ibid.*, Juin 1904, pp. 287/288.)

— Korea : its History and Prospects. By Sir Walter C. Hillier. (*Fortnightly Rev.*, June 1904, pp. 946/954.)

— Lettres de Corée. (*Bull. Com. Asie française*, Juillet 1904, pp. 325/328.)

— The Women of Korea. By Lieut.-Colonel G. J. R. Glünicke. (*Nineteenth Century*, July 1904, pp. 42/5.)

— Charles Granpré. — La Corée d'hier et de demain. (*La Revue*, 1er Août 1904, pp. 348/361.)

— Une légende de Corée. Par le Baron de Maricourt. (*Le Carnet*, Sept. 1904, pp. 359/366.)

— Notes sur la Corée et la Guerre Russo-Japonaise. Extraites de la correspondance de M. Clémencet, directeur du service postal de la Corée. (*Bul. Soc. Géog. Lyon*, XIX, 4e trim. 1904, pp. 320/2.)

— Lettres de Corée [Séoul, 10 sept.-15 oct. 1904]. (*Bull. Com. Asie française*, déc. 1904, pp. 567/569.)

— Un Voyage en Corée. Par le Dr. A. Hagen. (*Tour du Monde*, N. S., X, 1904, pp. 133/156.) Illustrations.

— La Corée. (*Bul. Soc. Géog. Rochefort*, XXVI, 1904, 2, pp. 162/4.)

— La télégraphie en Chine et en Corée. (*Ibid.*, p. 165.)

— Climate of Siberia, Korea, and Manchuria. By Prof. E. B. Garriott. (*Monthly Weather Review*, XXXII, 1904, pp. 124/5.)

— * Map of Northern Korea, constructed by A. I. Zveginzoт and Baron N. A. Korf. Scale 1 : 840,154 or 1 inch to 13·3 stat. miles. 1904. [In Russian.]

D'après le *Geog. Journ.*

— О численности населенія въ Кореѣ. Бар. Н. А. Корфа. (*Извѣстія И. Р. Геог. Общ.*, XL, 1905, pp. 330/354.)

— Impressioni di Corea. Conferenza dal Cav. Carlo Rossetti. (*Bol. Soc. Geog. Italiana*, Ser. IV, V, 1904, pp. 550/574.)

— La Corea sotto l' aspetto politico-economico Conferenza tenuta il 14 Febbraio 1904 dal socio, ten. di vascello cav. Carlo Rossetti. (*Ibid.*, Ser. IV, Vol. V, Anno XXXVIII, Vol. XLI, 1904, Luglio, pp. 671/689.)

— * Carlo Rossetti. — Corea e Coreani. Impressioni e ricerche sull' Impero del Gran Han. 2 vol. avec nombreuses illustrations, carte, etc. Bergame, Istituto italiano d' arti grafiche, 1904. Pp. 170, 231.

(Divers.)

Notice : *Petermanns Mitt.*, 1906, Heft VII, *Litber.*, p. 122, par M. von Brandt.

— * Catalogus der Munten en Amuletten van China, Japan, Corea, en Annam. Door H. N. Stuart, Ambtenaar voor Chineesche Zaken, Secretaris van het Bataviaasch Genootschap van Kunsten en Wetenschappen Batavia, 1904.

Notice : *Journ. Roy. Asiat. Soc.*, January 1905, pp. 194/196. By S. W. B.[ushell.]

— Jean de Pange — En Corée Ouvrage illustré de photographies de l'auteur et accompagné d'un itinéraire. Paris, Hachette, in-8, pp. 63 + 1 f. n. ch. tab., carte.

Notice : *La Géographie*, 15 Août 1904, p. 138, par Ch. R.[abot.]

Angus Hamilton.

— Korea by Angus Hamilton With a newly prepared Map and Numerous Illustrations. London, William Heinemann, 1904, in-8, pp. xlii-315.

Notices : *Lond. & China Express*, Feb. 5, 1904. — *Geog. Journ.*, XXIV, July 1904, pp. 83/4, by W. R. C. — *Petermanns Mitt.*, 50. Bd., 1904, VII, p. 122, par M. v. Brandt.

— Korea by Angus Hamilton Fellow of the Royal Geographical Society with a newly prepared Map and numerous Illustrations. Second Edition. London, William Heinemann, 1904, in-8, pp. xli-315.

— * A. Hamilton. — Korea. Das Land des Morgenrots. Nach s. Reisen geschildert. M. zahlr. Abb. u. 1 Karte d. Kriegsschauplatzes in Ostasien. 1904.

— * A. Hamilton. — En Corée. Paris, 1907, in-8, pp. 350.

∴

— Korea Land und Volk nach eigener Anschauung gemeinverständlich geschildert von W. Sieroszewski einzig autorisierte Übersetzung von Stefania Goldenring mit 27 Abbildungen und einer Landkarte. Berlin, Theo Gutmann, s. d. [1905], in-8, 4 ff. n. ch. tit. &c. + pp. 302.

Notice : *Petermanns Mitt.*, 1906, VII, Ltb., pp. 121/2, par M. v. Brandt.

— * Chas. H. Hawes. — In the Uttermost East. 1903, gr. in-8, 3 cartes, 70 ill.

— * Ch. H. Hawes. — Im äussersten Osten. Von Korea über Wladiwostok nach d. Insel Sachalin. Reisen u. Forschgn. unt. d. Eingebor. u. d. russ. Verbrechern. Aus d. Engl. M. 87 Abb. u. 5 Karten. Berlin 1905.

— * The Rainfall of China and Korea. By T. Okada. With Map. (*Monthly Weather Rev.*, XXXIII, 1905, pp. 477/480.)

— Les Japonais en Corée. (*Bull. Com. Asie française*, 1905, Avril, pp. 151/2.)

(Divers. — Hamilton. — Divers.)

— Le protectorat japonais [en Corée]. (*Ibid.*, Déc., pp. 484/5.)
D'après une version anglaise de l'Agence Reuter.

— Korea Reiseschilderungen von Dr. Siegfried Genthe Herausgegeben von Dr. Georg Wegener — Zweite Auflage — Berlin, Allgemeiner Verein für Deutsche Literatur 1905, in-8, pp. L-343.

— * W. F. Sands. — Korea and The Korean Emperor. (*Century*, Feb. 1905.)

— Autour du monde — en Corée. (*Le Figaro*, Supplément littéraire, 1, 9 oct., 2, 16 nov. 1895.)

Articles signés : X... Pour copie conforme : Claire Vautier.

— En Corée par Madame Claire Vautier et Hippolyte Frandin. Paris, Ch. Delagrave, s. d., in-8, pp. 188 + 1 f. n. ch.

Notice : *Études*, 5 Mars 1905, pp. 762/3, par Joseph de Blacé.

— Le réseau télégraphique impérial en Corée. Par J. de Moidrey, S. J. (*La Géographie*, 1905, 15 Juill., pp. 51/53, carte.)

— La culture du coton en Corée. Par Charles Rabot. (*Ibid.*, 15 Septembre, p. 191.)

D'après *The Board of Trade Journal*, L, No. 451, 27 juillet 1905, p. 160.

— Korea in Early Maps. (*Geographical Journal*, XXV, No. 4, April 1905, p. 456.)

— Early Mapping of Korea. (*Ibid.*, No. 6, June 1905, p. 675.)

— * Desde lejanas tierras. — Galeria de Narraciones illustradas para la Juventud. Coleccionadas por un Padre de la Compañia de Jesus. Vol.VIII. Freiburg in Baden, 1906, pet. in-8, pp. v-107, 4 pl.

Contient : Spillmann, P. J. Los hermanos coreanos. Episodio de la historia de las misiones de Corea.

— * The Anglican Church in Korea. By C. J. Corfe, Bishop. London, Rivingtons, 1906, in-8, pp. 37, 139. 3/-.

Notice : *Lond. & China Express*, March 30, 1906.

— * Rey. — La situation internationale de la Corée. (*Revue générale du droit int. public*, 1906, p. 40 et suiv.)

— * Count Vay de Vaya and Luskod. — Empires and Emperors of Russia, China, Korea and Japan. London, Dutton, 1906, in-8.

Voir col. 2174.

— * W. A. Noble. — Ewa : a Tale of Korea. With Illustrations. New-York, 1906, in-8, pp. 354.

— * L. H. Underwood. — With Tommy Atkins in Korea. 1906, in-8, pp. 326.

— Railroad Travelling in Northern Korea. By Alex. A. Pieters. (*The Far East*, Vol. I, 1906, pp. 351/363.)

— Le mouvement contre l'occupation japonaise [en Corée]. (*Bull. Com. Asie française*, Juin 1906, p. 260.)

— Tagebuchblätter aus Sibirien, Japan, Hinter-Indien, Australien, China, Korea

— Von Max Huber — Mit 100 Autotypien nach Aufnahmen des Verfassers und einer Routenkarte — Zürich, Schulthess & Co., 1906, in-8, pp. xix-504.

Hongkong, pp. 183-188. — Indo-China, pp. 189-207. — Siam, pp. 207-230. — Singapore, pp. 230-233.
V. China und Korea, pp. 339-424.
Die Aussichten des Exportes nach China, pp. 460-481.
Voir col. 2174.

— Geschichte von Japan. von O. Nachod. Erster Band. Erstes Buch : Die Urzeit [bis 645 n. Chr.]. Gotha, 1906, Friedrich Andreas Perthes, in-8, pp. xxix-426 + 1 f. n. ch.

Geschichte der Aussereuropäischen Staaten. Herausgegeben von K. Lamprecht. Erstes Werk.
Korea, pp. 176/186.

— Maurice de Périgny. — En courant le Monde — Canada — États-Unis — Corée — Japon — Mexique — Paris, Perrin, 1906, in-16, pp. 238 + 1 f. n. ch.

— Det Nya Östasien af Hjalmar Cassel — Med 180 illustrationer [Hvaraf ett stort antal helsidesbilder]. Stockholm, Albert Bonnier, s. d. [1906], in-8, 4 ff. n. ch. p. l. tit., tab., etc. + pp. 366.

Japon. — Chine. — Corée.

— Réforme financière de la Corée. (*Soc. Géog. comm.*, *Bull.*, XXVIII, Février 1906, pp. 121/122.)

M. Megata, conseiller du ministère des finances du Japon.

— Organisation administrative de la Corée. (*Bull. Com. Asie française*, février 1906, pp. 76/77.)

— La réorganisation financière de la Corée. Rapport de M. Megata [conseiller du ministère des Finances du Japon]. (*Ibid.*, pp. 77/79.)

Novembre 1905.

— La paix et la situation nouvelle en Extrême-Orient. Le protectorat japonais en Corée. Par Charles Dupuis. (*Ann. Sciences politiques*, 15 sept. 1906, pp. 653/4.)

— Le développement des chemins de fer [en Corée]. (*Bull. Com. Asie franç.*, 1906, Sept., p. 364.)

— L'invasion japonaise [en Corée]. (*Ibid.*, pp. 363/4.)

— Le port de Fou-san. Par F. Berteaux. (*Ibid.*, Nov., pp. 455/6.)

Lettre du 17 Sept.

— La chasse à la baleine sur les côtes du Japon et de la Corée. Par Charles Rabot. (*La Géographie*, 15 février 1907, p. 126.)

— Efforts tentés en Corée par le Japon pour développer le commerce, l'agriculture et l'industrie. (*Bull. Soc. Géog. comm.*, février 1907, pp. 122/5.)

Décret Impérial du 13 mars 1906.

— Réformes financières et économiques du protectorat japonais en Corée. (*Bull. Com. Asie franç.*, 1907, Juin, pp. 230/2.)

— L'abdication de l'Empereur de Corée. Par R. C. [R. de Caix.] (*Ibid.*, Juillet, pp. 243/7.)

Traité nippo-coréen.

— The Unveiled East. By F. A. McKenzie. — Voir col. 2620.

Notice : *The Times Lit. Sup.*, Aug. 2, 1907. — *Lond. & China Express*, Aug. 9, 1907.

— Hot Spring of Korea. By Kanzan-Sei. (*Journ. of Geog.*, Tokyo, 1907, p. 257.)

En japonais.

— Administration of Korea. By Shūzaburō Inoma. (*Ibid.*, April, p. 258 ; May, p. 336.)

En japonais.

— On Korea. By Tadatsugu Kochibe. (*Ibid.*, June, p. 386.)

En japonais.

— A Travel in Manchuria and Korea. By Nariaki Ishikawa, Rigakushi. (*Ibid.*, May, p. 322 ; June, p. 402.)

En japonais.

— No. 3880 Annual Series Diplomatic and Consular Reports. — Corea. — Report for the year 1906 on the Trade of Corea... Presented July 1907... London, 1907 [Cd. 3283-141], in-8, pp. 27.

By Arthur Hyde Lay. — Cf. Report 3660.

— Corée. Abdication de l'empereur Yi-Yeung. (*Bull. Soc. Géog. comm.*, Août 1907, pp. 517/8.)

— Les Japonais en Corée. (*Bull. Com. Asie franç.*, Août 1907, pp. 318/19.)

— The Korean Mutiny. — Japanese Official Report (*N. C. Herald*, Aug. 16, 1907.)

— Mission Work in Korea. By Rev. Lord William Gascoyne-Cecil. (*The Times Weekly Ed. Supp.*, Nov. 1st, 1907.)

∴

— *The Korean Repository.* — Vol. I, 1892, in-8, pp. vii-380. *$* 2.00 per vol.

Les pp. i-vii contiennent l'index.

No. 1. January. Address Publisher, Seoul, Korea, br. in-8, pp. 36.

Contient : 1. The Korean Alphabet, its origin, etc. (Prof. H. B. Hulbert.) — 2. The Japanese Invasion. (Rev. G. Heber Jones.) — 3. To the Yaloo and beyond. (R. J. S. Gale.) — 4. Notes on recent russian archaic Researches, &c. (D. J. Macgowan M. D.) — 5. 1891. Retrospect. (Editor.) — 6. Correspondence. [Opium in Korea. (Rev. A. S. Moffett.) — The Purchase of a King.] — 7. Notes and Queries. [Epochs deserving of Study. (J. Edkins LL. D.)] — 8. Record of Events.

No. 2. February. ... Pp. 37 à 68.

Contient : 1. Korean Schools. (X.) — 2. A Visit to a famous Mountain. (Rev. Daniel L. Gifford.) — 3. To the Yaloo and beyond. (Rev. J. S. Gale.) — The Japanese Invasion. [II. Diplomatic Negotiations. (Rev. G. Heber Jones.)] — 5. The Opening of Korea ; Admiral Shufeldt's Account of it. (Rev. H. G. Appenzeller.) — 6. Review. [English-Corean Dictionary. (H. G. A.)] — 7. Editorial Notes. [Contract for coining Money. — « Romanizing » Korean Words. &c. &c. &c.] — 8. Record of Events.

No. 3. March. ... Pp. 69 à 100.

Contient : 1. The Korean Alphabet. (H. B. Hulbert.) — 2. To the Yaloo and beyond. (J. S. Gale.) — 3. Eventful days of 1892, and most critical days of the present century. (F. H. Mörsel.) — 4. What shall we teach in our girls' schools ? (L. C. Rothweiler.) — 5. Extracts from the *Daily Gazette*. — 6. Notes and Queries. — 7. Editorial Notes. — 8. Record of Events.

No. 4. April. ... Pp. 100 à 132.

Contient : 1. Buddhism in Korean history and language. (Editor.) — 2. Discovery of an important Monument. (Z.) — 3. What is the Population of Korea ? (A Symposium.) — 4. The Japanese invasion. [III. The invasion. (Rev. G. Heber Jones.)] — 5. Loss of the *Idzumo-Maru*. — 6. Petroleum in Korea. (D. J. Macgowan Esq. M. D.) — 7. Curious Customs. — 8. Extracts from the *Daily Gazette*. — 9. Notes and Queries. — 10. Editorial Notes. — 11. Record of Events.

No. 5. May. ... Pp. 133 à 164.

Contient : 1. Korea : — a plea and a growl. (G.) — 2. The beginnings of Seoul. (H. G. Appenzeller.) — 3. The japanese invasion. [IV. The royal flight.] (Geo. Heber Jones.) — 4. A buddhist fanatic. — 5. Extracts from the *Daily Gazette*. — 6. Notes and Queries, &c. — 7. Editorial Notes. — 8. Record of Events.

No. 6. June. ... Pp. 165 à 196.

Contient : 1. Flying Comments. I. Andromeda. (Viator.) — 2. Ancestral worship as practiced in Korea. (Daniel L. Gifford.) — 3. Corea, — a plea and a growl. [Continued.] (G.) — 4. The japanese invasion. [V. The fall of Pyöngyang.] (Geo. Heber Jones.) — 5. Review of the trade of Corea for 1891. (F. H. Mörsel.) — 6. Extracts from the *Daily Gazette*. — 7. Editorial Notes. — 8. Record of Events.

No. 7. July. ... Pp. 197 à 236.

Contient : 1. The Persians in the Far East. (Rev. J. Edkins.) — 2. Korean Ports. (F. R. G. S.) — 3. Flying Comments. [II. Korea Formosa.] (Viator.) — 4. The japanese invasion. [VI. China to the rescue.] (Geo. Heber Jones.) — 5. The three female sovereigns of Korea. (Bertha S. Ohlinger.) — 6. Extracts from the *Daily Gazette*. — 7. Notes, Queries, &c. — 8. Editorial notes. — 9. Record of Events.

No. 8. August. ... Pp. 237 à 268.

Contient : 1. A trip to the Mont Blanc of Korea. (H. Goold-Adams.) — 2. Flying comments. [III. Witches Cauldron.] (Viator.) — 3. Kitchen mounds, &c. — 4. Extracts from the *Daily Gazette*. — 5. Notes and Queries. — 6. Editorial notes. — 7. Record of Events.

No. 9. September. ... Pp. 269 à 292.

Contient : 1. A Visit to the Mont Blanc of Korea. (H. Goold-Adams.) — 2. Korea — a plea and a growl. [Continued. Population.] (G.) — 3. Missions in Korea. (W. F. Mallalieu.) — 4. The true Foosang. (Dr. J. Edkins.) — 5. Extracts from the *Daily Gazette*. — 6. Editorial Notes. — 7. Record of Events.

No. 10. October. ... Pp. 293 à 324.

Contient : 1. The Alphabet. [Panchul.] (Yi Ik Seup.) — 2. A visit to the Mont Blanc of Korea. (H. Goold-Adams.) — 3. The japanese invasion. [VII. Conclusion.] (Geo. Heber Jones.) — 4. Data on the population of Korea. (Conservative.) — 5. Extracts from the *Daily Gazette*. — 6. Notes and Queries. — 7. Editorial Notes. — 8. Record of Events.

No. 11. November. ... Pp. 325 à 352.

Contient : 1. Suggestions on travelling in Korea. (Samuel A. Moffett.) — 2. Studies in Korean. [Korean Etymology.] (Geo. Heber Jones.) — 3. A map of the world. (Yi Ik Seup.) — 4. Korean proverbs, epithets and common sayings. [I. Proverbs derived from Buddhism.] — 5. Review. — 6. Extracts from the *Daily Gazette*. — 7. Editorial Notes. — 8. Record of Events.

No. 12. December. ... Pp. 353 à 380.

Contient : 1. The beginnings of medical work in Korea. — 2. Where is Fusang ? — 3. The inventor of the En-Moun. (Jas. S. Gale.) — 4. En pan Chyel. — 5. A true story of Korea. (H. N. Allen.) — 6. Extracts from the *Daily Gazette*. — 7. Editorial Notes. — 8. Record of Events.

On lit dans le *Chinese Recorder*, XXIV, March 1893, p. 192 : « The Editor of the *Korean Repository* announces the suspension of that publication with its 12th issue. We heartily second the hope expressed by Mr. Ohlinger that it may be continued later on as a quarterly. »

— — — Vol. II, 1895, in-8, pp. iv-484. *$* 3.00 per annum.

Les pp. i-iv contiennent l'index.

No. 1. January. Published at the Trilingual Press. Seoul, br. in-8. Pp. 1 à 40.

Contient : Korean Reforms (H. B. Hulbert). — Obituary — W. J. Hall, M. D. — Review of Books. Pyeng Yang. A visit to the Battle Field, by Graham Lee. — Missionary Review of the Year. Methodist Episcopal Mission (W. B. Scranton, M. D.). Presbyterian Mission (C. C. Vinton). — The Classic of the Buddhist Rosary (E. B. Landis, M. D.). — Editorial Department. A Retrospect 1895. — Notes and Comments.

No. 2. February. ... Pp. 41 à 80.

Contient : 1. Korean Guilds and other associations. (Daniel L. Gifford.) — 2. The Korean bride. (Margaret Bengel Jones.) — 3. The Tong Hak. (William M. Junkin.) — 4. The bird bridge. (X.) — 5. Editorial Department. The Korean Almanac. The King's Oath. — 6. Literary Department. — 7. Notes and Comments.

No. 3. March. ... Pp. 81 à 120.

Contient : 1. Ki tza : The Founder of Korean Civilization. (H. G. Appenzeller.) — 2. Korean Chess. (W. H. Wilkinson.) — 3. The Youth's Primer. (Rev. Geo. Heber Jones.) — 4. Legends of Chong Dong and vicinity. (H. N. Allen.) — 5. Editorial Department. Great Changes in the Korean Government. — 6. Correspondence. An interesting Communication. — 7. Notes and Comments.

No. 4. April. ... Pp. 121 à 160.

Contient : 1. Translations of Korean Poetry (Rev. Jas. S. Gale). — 2. Buddhist chants and processions (L.). — 3. Places of interest in Seoul with History and Legend (H. N. Allen). — 4. Historical Résumé of the Youth's Primer (G. H. Jones). — 5. A Tiger (I. Ik Seup). — 6. Wayside idols (Alexandis Poleax). — 7. Obstacles encountered by Korean Christians. — 8. Notes and Comments.

No. 5. May. ... Pp. 161 à 200.

Contient : 1. Romanization of Korean Sounds (W. M. Baird). — 2. The Korean Pony (Jas. S. Gale). — 3. Places of Interest in Seoul (H. N. Allen). — 4. The Korean Doctor and his methods (J. B. Busteed). — 5. Editorial Department. The Independence of Korea. The Translation of the Scriptures. — 6. Notes and Comments.

No. 6. June. ... Pp. 201 à 240.

Contient : 1. Seven months among the Tong Haks. — 2. Places

of interest in Seoul (H. N. Allen). — 3. A Korean Katakana (W. H. Wilkinson). — 4. The origin of the Korean people (H. B. Hulbert). — 5. Book Review. — 6. Editorial Department. Korean Industrial Exhibition and Improvement. Mr. Baird on Romanization. The Treaty of Peace. — 7. Notes and Comments.

No. 7. July. ... Pp. 241 à 280.

Contient : 1. Where the Han bends (Alexandis Poleax). — 2. A Souvenir of Korea (H. H. F.). — 3. The Prospect of more open ports (F. H. Mörsel). — 4. The fate of the General Sherman. From an eye witness (Jas. S. Gale). — 5. Origin of the Korean people (H. B. Hulbert). — 6. Editorial Department. Continued progress. Departure of the minister of home affairs. Literary notice. Asiatic cholera in Korea. — 7. Notes and comments.

No. 8. August. ... Pp. 281 à 320.

Contient : 1. Places of interest in Korea (Mrs. D. L. Gifford). — 2. Odes on Life (Jas. S. Gale). — 3. Polygamy and the church (W. L. Swallen). — 4. Rev. Wm. J. McKenzie. A memoir (Geo. Heber Jones). — 5. Romanization again (H. B. Hulbert). — 6. A trip into Whang Hai Do (J. Hunter Wells). — 7. Editorial Department. Japanese Residents in Korea. The Korean Official Gazette. Korean Proverbs. — 8. Notes and Comments.

No. 9. September. ... Pp. 321 à 360.

Contient : 1. Korean history (Jas. S. Gale). — 2. An adventure on the Han river (Daniel L. Gifford). — 3. The wise fool or the Korean Rip van Winkle (H. N. Allen). — 4. Cholera in Seoul (O. R. Avison). — 5. Editorial Department. The Real Korea. The Battle of Pyeng Yang. The Bird bridge again. — 6. Notes and Comments.

No. 10. October. ... Pp. 361 à 400.

Contient : 1. Review of the Gospels of Matthew and John (S. A. Moffett). — 2. Slavery and feudalism in Korea (C. C. Vinton, M. D.). — 3. My first visit to Her Majesty, the Queen (Annie Ellers Bunker). — 4. The Shelter. — 5. The Tong Guk T'ong Gam (Beza). — 6. Statistics of the Protestant Churches in Korea (C. C. Vinton). — 7. Editorial Department. Assassination of the Queen of Korea. « She hath done what she could. » The decennial Anniversary. — 8. Notes and Comments.

No. 11. November. ... Pp. 401 à 444.

Contient : 1. Confucianism in Korea. — 2. Relationship of the Tartar Languages (J. Edkins). — 3. Wŏlung Do (F. H. Mörsel). — 4. Legend of the hasty death gate (Samuel A. Moffett). — 5. The relation of the wives of missionaries to Mission work (Mrs. W. M. Baird). — 6. Mrs. Appenzeller's address (Ella Dodge Appenzeller). — 7. A few words on literature (Jas. S. Gale). — 8. Editorial Department. Korean Names. The fate of the Queen. The Emperor of Korea. — 9. Notes and Comments.

No. 12. December. ... Pp. 445 à 484.

Contient : 1. Foreign fruit culture in Korea (Gen. Wm. Mc E. Dye). — 2. Folk lore. A reward to filial piety. The Skillful Swordsman (H. N. Allen). — 3. The Gouin system of language study (Rev. W. L. Swallen). — 4. The rise of the Yang ban (H. B. Hulbert). — 5. Editorial Department. The Repository for 1896. Blazing Indignation. Christian Literature for the East. The Official Gazette. — 6. Notes and Comments.

— — — Vol. III, 1896, in-8, pp. 502.

No. 1. January. Published at the Trilingual Press. Seoul, br. in-8, pp. 1 à 44.

Contient : Love Songs (Translations from the Korean) (Jas. S. Gale). — Woman's work in Korea (M. F. Scranton). — The Gouin system of language study (W. L. Swallen). — Korean history. Paper II (Jas. S. Gale). — Kinship of the English and Korean languages (Arraisso). — The last of his race (Y.). — Editorial Department. One word more. The Top-Knot. The Budget for 1896. The Queen's Death Investigated. — Correspondence. — Literary Department. — Official Gazette. 1895. — Notes and Comments.

No. 2. February. ... Pp. 45 à 94.

Contient : Korean vocal music (Homer B. Hulbert). — Rules for choosing a name (L.). — The magic cat; or, Rubbing the Fur the Right Way (Geo. Heber Jones). — Woman's work in Corea (Lillias H. Underwood). — Up the Han river (F. S. Miller). — Editorial Department. On education (Alex. Kenmure). The King at the Russian Legation. The acquittal of Viscount Miura. — The Official Gazette. — Special Supplement. The King at the Russian Legation.

No. 3. March. ... Pp. 95 à 142.

Contient : Korean history. Paper III (Jas. S. Gale). — In the Diamond Mountains (F. S. Miller). — What Korea needs most (Philip Jaisohn, M. D.). — Review of the Gospel of Mark (William M. Baird). — In the Orchard (Wm. Mc E. Dye). — Editorial Department. The Queen's death again investigated. — Official Report on Matters connected with the Events of October 8th, 1895, and the Death of the Queen.

(*The Korean Repository.*)

No. 4. April. ... Pp. 143 à 182.

Contient : Father Coste, Missionnaire Apostolique. Translated from the French by Mrs. Alexander Kenmure. — Tai Poram Nal. A Korean public holiday (Caesar). — Some Korean customs. The Mootang (H. N. Allen). — Korean finance (Philip Jaisohn). — Editorial Department. Railroad between Seoul and Chemulpo. Conclusion of Remarkable Trials. The Seoul Independent. — Correspondence. — Literary Department. — Official Gazette. — Notes and Comments.

No. 5. May. ... Pp. 183 à 222.

Contient : Korean history. Paper IV (J. S. Gale). — Early missionary methods (S. F. Moore). — From the Diamond Mountains to Wonsan (F. S. Miller). — The native Ministry (W. D. Reynolds). — Korean poetry (H. B. Hulbert). — Editorial Department. The Official report. Peace and good Government. Pastoral Evangelitics and Statistics. Official Gazette. — Correspondence. — Notes and Comments.

No. 6. June. ... Pp. 223 à 262.

Contient : The Status of Woman in Korea (Geo. Heber Jones). — Korean affinities (Joseph Edkins). — The Korean Alphabet (Homer B. Hulbert). — Medical impressions (J. Hunter Wells, M. D.). — A visit to Pyeng Yang and the battle-field (H. G. A.). — Editorial Department. The memorial of the minister of education. Not Unbiased. Korean Civilization. The Summer Vacation, &c. — Correspondence. — Literary Department. — Official Gazette. — Notes and Comments.

No. 7. July. ... Pp. 263 à 302.

Contient : The attack on the Top Knot (X. Y. Z.). — A Fortuneteller's fate (H. N. Allen). — Education in the capital of Korea (Daniel L. Gifford). — Should Polygamists be admitted to the Christian Church? (W. M. Baird). — Editorial Department. Reminiscences of July 23, 1894. The Seoul-Wi Ju railroad. — Correspondence. — Literary Department. — Notes and Comments.

No. 8. August. ... Pp. 303 à 342.

Contient : Ode on the Pedlar (Translation from Korean) (Jas. S. Gale). — Education in the capital of Korea (Daniel L. Gifford). — Some Korean proverbs (E. B. Landis, M. D.). — Land Tenure and the price of land (J. H. Hunt). — Bicycle experiences in Korea (H. N. Allen). — Should polygamists be admitted to the Christian Church? (W. M. Baird). — Editorial Department. Reaction. The Methodist Annual Meeting. — Official Gazette. — Notes and Comments.

No. 9. September. ... Pp. 343 à 382.

Contient : Historical Notes on the reigning dynasty (Geo. Heber Jones). — Should Polygamists be admitted to the Christian Church? (William M. Baird). — Pai Chai College (D. A. Bunker). — Monosyllabism of the Korean Type of Language (Joseph Edkins). — Editorial Department. Along progressive lines. His Majesty's Birthday. The Remains of Her Majesty. The Finance Department. The Government School. Polygamists in the Church. — Correspondence. — Literary Department. — Official Gazette. — Notes and Comments.

No. 10. October. ... Pp. 383 à 422.

Contient : Some Korean customs (H. N. Allen). — The geomancer (H. B. Hulbert). — Historical Notes on the Reigning Dynasty (Geo. Heber Jones). — Some Korean proverbs (E. B. Landis, M. D.). — Constitution of the Council of State (W. H. Wilkinson). — Editorial Department. The trade of Korea for 1895. The Korean Religious Tract Society. Young Korea abroad. W. C. Hillier Esq. The Editor of the Independent. — Correspondence. — Notes and Comments.

No. 11. November. ... Pp. 423 à 462.

Contient : His Majesty, the King of Korea. — Numerical categories of Korea (E. B. Landis, M. D.). — First impressions of Chosen (David S. Spencer). — Things in general. — Editorial Department. Some Justice at last. The Situation in Korea. The Twelfth Annual Meeting of N. P. M. The Annual Meeting S. P. M. The Corner stone of Independence Arch. — Correspondence. — Climatical Notes. — Notes and Comments.

No. 12. December. ... Pp. 463 à 502.

Contient : Numeral categories of Korea (E. B. Landis, M. D.). — Bible translation in Korea (W. D. Reynolds). — The Korean coolie (Jas. S. Gale). — Reports to the annual meeting of the Presbyterian Mission North. — Korean Coast Trade (F. H. M.). — Editorial Department. Retrospective and prospective. Count Okuma on Korean Trade. The Chosun. The Coast Trade. The Seoul-Chemulpo Railroad. — Correspondence. — Literary Department. — Official Gazette. — Notes and Comments.

— — — Vol. IV, 1897, in-8, pp. 480.

No. 1. January. Published at the Trilingual Press, Seoul, br. in-8, pp. 1 à 40.

Contient : The Corean Government (W. H. Wilkinson). — An old book on Corea (H. N. Allen). — Historical Notes on the reigning

(*The Korean Repository.*)

Dynasty (Geo. Heber Jones). — Things in general (H. B. Hulbert). — Editorial Department. Where is Seoul? The Portrait of the King. The Independent. Her Majesty's Funeral. The Reissue of Vol. I. Fullerton B. Malcolm, M. D. Miss Anna P. Jacobson. Mrs. Isabella L. Bishop. — Funeral Address. — The Occidental. — Notes and Comments.

No. 2. February. ... Pp. 41 à 80.

Contient : Koreans in Russian Manchuria. Notes by Mrs. Bishop. — The Corean Government (W. H. Wilkinson). — Pyeng Yang (J. Hunter Wells). — The literary needs of Korea (Alexander Kenmure, C. C. Vinton). — A Korean Methuselah (Z.). — Editorial Department. The Lord's Prayer in Korean. The Church at Home and Abroad. The King Leaves the Russian Legation. — Literary Department. — Official Gazette. — Climatical Notes (F. H. Mörsel). — On dit : — Notes and Comments.

No. 3. March. ... Pp. 81 à 120.

Contient : A trip across northern Korea (Jas. S. Gale). — Disease in Korea (O. R. Avison). — Events leading to the emeute of 1884 (F. H. Mörsel). — Sanscrit in Korea (J. Scott). — The Korean abroad. (Letter of I. J. Kim, translated by T. H. Yun.) — Editorial Department. The Agreement between Russia and Japan. Official Corruption. Against Missions in Asia. The Embassy to Europe. The Population of Seoul. The Right Rev. Bishop C. J. Corfe, D. D. — Correspondence. — Official Gazette. — On dit : — Notes and Comments.

No. 4. April. ... Pp. 121 à 160.

Contient : Historical Notes on the reigning Dynasty (Geo. Heber Jones). — The training of a native ministry (W. L. Swallen). — The Emeute of 1884 (F. H. Mörsel). — Things in general. — Korean Art (Homer B. Hulbert). — Editorial Department. Gale's « Korean-English Dictionary ». The Prime Minister. The Christian News. The Peking Pass. Worthless. The Reprint of Vol. I. — Literary Department. — Official Gazette. — Climatical Notes (F. H. Mörsel). — On dit : — Notes and Comments.

No. 5. May. . . Pp. 161 à 200.

Contient : A royal funeral (E. B. Landis, M. D.). — The training of a native ministry (W. L. Swallen). — The straight book (X). — A Korean abroad. — Korean hymns. Some observations (Looking Forward). — Editorial Department. Shimonoseki and Korean Independence. The Annual Meeting of the Methodist Mission. Reformation, Revision, Regulation. At Hymen's Altar. Northern and Southern Korea. Korean Sympathy for India. — Official Gazette. — Notes and Comments.

No. 6. June. ... Pp. 201 à 240.

Contient : Bibliographie coréenne (A. H. Kenmure). — Disease in Korea. II (O. R. Avison). — The Emeute of 1884 (F. H. Mörsel). — Historical Notes on the Reigning Dynasty (Geo. Heber Jones). — Things in general. — Editorial Department. Russian Ascendency in Korea. Royal English School Athletic Sports. The Diamond Jubilee. More Sympathy for India. — Notes and Comments.

No. 7. July. ... Pp. 241 à 280.

Contient . A Korean abroad. — Notable dates of Kang-wha (E. B. Landis, M. D.). — The Korean Inn (Geo. Heber Jones). — Difficulties of Korean (Jas. S. Gale). — Bibliographie coréenne (A. H. Kenmure). — Dangers to an agricultural people (Wm. Mc E. Dye). — Editorial Department. The closing exercises of Pai Chai. Unnecessary Anxiety. Admiral von Diederichs. An Ice-free Coast. — Correspondence. — On dit : — Notes and Comments.

No. 8. August. ... Pp. 281 à 320.

Contient : Tăl Sung — a Legend (Roderick Random). — Korean Proverbs (H. B. Hulbert). — Gold Mines and Mining (J. Hunter Wells, M. D.). — Among Women of City and Country (M. F. Scranton). — Roads (Wm. Mc E. Dye). — Korean Writing (J. Edkins, D. D.). — Editorial Department. Gale's Korean-English Dictionary. The Seoul-Chemulpo Railroad. The Retiring American Minister. The Summer Vacation. — Correspondence. — Official Gazette. — Climatical Notes (F. H. Mörsel). — Notes and Comments.

No. 9. September. ... Pp. 321 à 360.

Contient : The fifty-three Buddhas and the nine Dragons (W. B. Scranton). — Useful minerals of Korea (K. Nishiwada). — Things in General. — Chinampo and Mokpo (F. H. Mörsel). — The Presbyterian Annual Meeting (C. C. Vinton). — Extracts from several reports. — Editorial Department. The new ports. The New American Minister. The Opening of Mission Work in Pyeng-yang. The Hon. C. Waeber. English Policy in Korea. — Official Gazette. — Literary Department. — On dit : — Notes and Comments.

No. 10. October. ... Pp. 361 à 400.

Contient : « The Corean Government ». — Evangelistic Report of Pyeng-Yang station (Graham Lee). — Korean Proverbs (H. B. Hulbert). — Chemulpo (Geo. Heber Jones). — The Whang-Chei of Dai Han, or the Emperor of Korea (T. H. Yun). — Editorial Department. H. I. M. the Emperor of Great Han. The New Cabinet. The Korean Religious Tract Society. The Korean origin of the Japanese Eta. — Notes and Comments.

No. 11. November. ... Pp. 401 à 440.

Contient : Russia in the Far East (Bishop E. R. Hendrix). — An ancient Gazetteer of Korea (Homer B. Hulbert). — A week in the country between Seoul and Songdo (C. F. Reid). — Pak — the Spoon-maker (X). — Editorial Department. Funeral of Her Majesty, the Late Queen. In the Finance Department. The Independence Club. — Annual Meeting of the Southern Presbyterian Mission.

No. 12. December. ... Pp. 441 à 480.

Contient : John W. Heron, M. D. (Daniel L. Gifford). — Trade and Commerce of Korea. — Pyeng-Yang legends (E. Douglas Follwell). — Korean Proverbs (H. B. Hulbert). — A reversed Santa Claus (X). — Ancient Korea. — Things in general. — Editorial Department. A little help needed. The Press on the Situation. Korean Robbers. The blow at the Independent. The Translation of the Scriptures. — Correspondence. — Literary Department. — On dit : — Notes and Comments.

— — — Vol. V, 1898, in-8, pp. 280.

No. 1. January. Published at the Trilingual Press, Seoul, br. in-8, pp. 1 à 40.

Contient : The Korean Gentleman (Jas. S. Gale). — The Orchard in Seoul in 1897 (Wm. Mc E. Dye). — Things in General. — My Host (Naw). — Editorial Department. Eighteen hundred ninety-seven. The population of Korea. In all the Churches. M. Kir Alexeieff. Another Weekly Newspaper. H. I. H. the Princess Tai Won. The English Fleet at Chemulpo. — Literary Department. — Official Gazette. — Notes and Comments.

No. 2. February. ... Pp. 41 à 80.

Contient : Geomancy in Korea (E. B. Landis, M. D.). — The Itu (H. B. Hulbert). — Printing and books in Asia (Geo. Heber Jones). — Christian missions and social progress. — The Budget for 1898. The Memorial of the Independence Club. Fruit in Wonsan. Introduction of Chinese into Korea. Death of the ex-Regent. — Literary Department. — Notes and Comments.

No. 3. March. ... Pp. 81 à 120.

Contient : Simeon François Berneux, bishop and martyr (Geo. Heber Jones). — The Korean Baby (W. B. McGill). — Mr. Robert E. Speer on Korea. — Korean Farms — Improvements (Wm. M. E. Dye). — Editorial Department. Politics. The attempt on the life of Kim Hongyuk. The Deer Island Episode. Right about face. Seoul-Chemulpo Railroad. Chinampo. The Seoul Electric Street Railroad. Seoul Electric Light Company. — Literary Department.

No. 4. April. ... Pp. 121 à 160.

Contient : Korean Farms — Improvements (Wm. Mc E. Dye). — The butchers of Korea (S. F. Moore). — The Mongols in Korea (H. B. Hulbert). — Things in General. — Editorial Department. Korea's new responsibility. U. S. Gold Mine Concession. Eli Barr Landis, M. D. — Official Gazette. Compiled from the Independent. — Correspondence. — « That far away land of Chosen. » — Literary Department. — Notes and Comments.

No. 5. May. ... Pp. 161 à 200.

Contient : Korean Ginseng. — The Mongols in Korea (H. B. Hulbert). — Eli Barr Landis, M. D. (M. N. T.). — Editorial Department. The Nishi-Rosen Convention. Dr. Philip Jaisohn. Oppression. Korean Origin of the Manchu Dynasty. — Official Gazette. — Notes and Comments.

No. 6. June. ... Pp. 201 à 240.

Contient : The Mongols in Korea (H. B. Hulbert). — The foreigner (Naw). — The Beauty and the Beast (A Korean version) (X). — A neglected method of missionary work (F. S. Miller). — Editorial Department. He is a farmer. Confession of a Tong Hak Chief. Athletic Sports. Korea for the Koreans. — Literary Department (J. Edkins). — Notes and Comments.

No. 7. July. ... Pp. 241 à 280.

Contient : The Taiwon Kun (Geo. Heber Jones). — Kasa cave (Graham Lee). — Pyeng-Yang folklore (E. Douglas Follwell). — Historical sketch of the Korea Mission of Methodist Episcopal Church (W. B. Scranton). — Editorial Department. The Independency Club and Vice-president of the Privy Council. The Seoul-Chemulpo Railroad. Bureau of Land Survey. — Official Gazette. — Literary Department. — Notes and Comments.

— *The Korea Review*. Vol. I, No. 1, January 1901.

— *The Spirit of the Bell*. A korean legend, by H. B. H. — *The New Century* : Seoul, Chemulpo (by G. H. J.). Mok-p'o. — *Odds and Ends*. In Memoriam. — *Question and Answer*. — *Editorial Comment*. — *News Calendar*. A curious Cup. Off His Guard.

(*The Korean Repository.*)

(*The Korean Repository. — The Korea Review.*)

96*

The growing Buddha. Small but Mighty. — *The History of Korea*. Introductory Note. Ancient Korea.

No. 2. February. — *The Opening Lines of Chang-ja* (4th Cent. B. C.). — *Chang-ja on the Wind* (Jas. S. Gale). — *Korean Proverbs.* — *The Korean Pronoun.* — *The New Century.* P'yung Yang. Wun-san. — *Odds and Ends.* Rip Van Winkle. The First Bicycle. Seat of Intelligence. Tight Lacing. — *Question and Answer.* — *Editorial Comment.* The Korea Review Album. — *News Calendar.* — *Ancient Korea.* Continued.

No. 3. March. — *Xylographic Art in Korea.* — *Sul Ch'ong, Father of Korean Literature* (Geo. Heber Jones). — *A Leaf from my Journal* (S. F. Moore). — *Odds and Ends.* Prophecy. Mathematics vs. Chinese. The Story did it. Cinderella. An Engineering feat. Brains vs. Muscle. — *Editorial Comment.* — *News Calendar.* — *Ancient Korea.* — *Korean History.*

No. 4. April. — *A Vagary of Fortune* (Narro). — *The Introduction of Chinese into Korea* translated from the introduction to Courant's Bibliographie coréenne (Jas. S. Gale). — *Odds and Ends.* Exorcising Spirits. The Shogun. Small Pox. — *Question and Answer.* The Korean Nobility. Origin of the *Po-sam.* — *Editorial Comment.* — *News Calendar.* — *Korean History.*

No. 5. May. — *A Vagary of Fortune.* (Concluded.) (Narro.) — — *The Tidal Wave in the Yellow Sea* (F. H. Mörsel). — *Odds and Ends.* Native Gold Mining. Pearls. Nemesis. A Korean Heroine. Consanguineous Marriage. Cure for Leprosy. Snakes. Oppert. — *Question and Answer.* — *Editorial Comment.* — *News Calendar.* — *Korean History.*

No. 6. June. — *The Image of Gautama.* A chant of the Buddhist monks. By Archer Butler Hulbert. — *Baron von Mollendorff.* — *Home for Destitute Children* (C. C. Vinton, M. D.). — *Korean Etymology.* — *Odds and Ends.* Fishing Boat. A Red Sea Path. A Curious Asset. — *Question and Answer.* (Rev. F. S. Miller.) — *Editorial Comment.* — *News Calendar.* — *Korean History.*

No. 7. July. — *The Ni-t'u* [Translated from Courant's Introduction to Bibliographie Coréenne] (Jas. S. Gale). — *A Conundrum in Court.* — *Korean and Efate.* — *W. Du Flon Hutchison.* — *Odds and Ends.* Substitute for Vaccination. Could not Bell the Cat. — *Question and Answer.* — *Editorial Comment.* — *News Calendar.* — *Korean History.*

No. 8. August. — *The Korea Branch of the Royal Asiatic Society.* — *Korean and Efate* (Concluded). — *George C. Foulk.* — *Rice and the Ideograph.* — *Odds and Ends.* Unwelcome insects. Death in the pot. — *Question and Answer.* — *Correspondence.* — *Editorial Comment.* — *News Calendar.* — *Korean History.* (Mediaeval Korea.)

No. 9. September. — *The Seoul Water-Works.* — *An Anglo-Korean Conversation.* — *Korean Proverbs.* — *The Seoul-Fusan Railway.* — *Odds and Ends.* A Snake story. The Seventh Daughter. Confidence Restored. When Thieves Fall out. Tricks of the Trade. Bones wanted. — *Review.* — *Editorial Comment* [Assassination of President MacKinley]. — *News Calendar.* — *Korean history.*

No. 10. October. — *A Notable Book on China.* — *Rear Admiral Schley in Korea.* — *The Price of Happiness.* — *Odds and Ends.* Why Morning Calm? Blue Tile. A Rebellious Mountain. — *Question and Answer.* — *Editorial Comment.* — *News Calendar.* — *Korean history.*

No. 11. November. — *The Founding of the Korea Dynasty* (Rev. C. T. Collyer). — *The Queen of Quelpart.* — *The Wizard of Ta-bak San.* — *Review.* — *Odds and Ends.* Horse Sense. Quid pro quo. Caught in Her own Trap. — *Editorial Comment.* — *News Calendar.* — *Korean history.*

No. 12. December. — *The Status of Woman in Korea.* — *The Marble Pagoda.* — *The Disturbance on Quelpart* (E. Martel) [Translated from the *Revue de l'Extrême Orient*, Shanghai]. — *Odds and Ends.* A Prophetic Dream. The Stone Doctor. Oxen could not draw him. A just Division. A Military Manoeuvre. — *Editorial Comment.* — *News Calendar.* — *Korean history.*

— — Vol. II. No. 1. January 1902. — *The Status of Woman in Korea.* — *A Beggar's Wages.* — *Notes on Southern Korea.* Ma-han. Chin-han. Pyon-han. — *Odds and Ends.* A Cuttle-fish story. The Hanging Stone. Good Old Age. A Hunter's Mistake. The Donkey Maker. — *Question and Answer.* — *Editorial Comment.* — *Correspondence.* — *News Calendar.* — *Korean history.*

No. 2. February. — *The Products of Korea.* — *The Status of Woman in Korea.* — *An Island without a Sea.* — *Christmas among the Koreans* (Geo. Heber Jones). — *A School for the Native Character.* — *Odds and Ends.* The Works of Sak-eun (Geo. Heber Jones). — *Question and Answer.* — *Editorial Comment.* — *News Calendar.* — *Korean history.*

No. 3. March. — *The Status of Woman in Korea.* — A Celebrated Monument. Marking the Fall of Pak-je. — *The Products of Korea.* — *Odds and Ends.* Good Policy. — *Question and Answer.* — *Editorial Comment.* — *News Calendar.* — *Korean History.*

(*The Korea Review.*)

No. 4. April. — *A Submarine Adventure.* — *Slavery in Korea.* — *The Status of Woman* [in Korea] (Concluded). — *Reviews.* Where the Indian came from. Korea à la globe-trotter. Electric Shocks. — *Odds and Ends.* How Bribery Began. A Korean Canute. — *Editorial Comment.* — *News Calendar.* — *Laws, Ordinances and Notifications of the Corean Government Gazette*, 1901. — *Korean history.*

No. 5. May. — *Necessity, the Mother of Invention.* — *Remusat on the Korean Alphabet.* — *The Products of Korea.* — *The Seoul-Eui-ju Railway.* — *Odds and Ends.* A Snake's Revenge. The Essence of Life. — *Editorial Comment.* — *News Calendar.* Bible Society Sunday. — *Korean history.*

No. 6. June. — *Burial Customs.* — *The wreck of the « Kuma-gawa Maru ».* — *Japanese Banking in Korea.* — *Memoir of Rev. Henry G. Appenzeller* (Wilbur C. Swearer). — *Odds and Ends.* A Look Beyond. — *Editorial Comment.* — *News Calendar.* — *Meteorolog. Obs.*, May 1902. — *Korean History.* (Modern Korea.)

No. 7. July. — *Korean Fiction.* — *Burial Customs.* — *Korean Products.* Sesamum. Buck-wheat. Potatoes. Turnips. Cabbage. Onions. Cayenne. — *Review.* — *Odds and Ends.* A Government Stock Farm. Cave Felem. The Goose that laid the golden Egg. — *Question and Answer.* — *Editorial Comment.* — *News Calendar.* — *Korean History.*

No. 8. August. — *Korean Currency.* — *Korean Products.* Persimmons. Pears. Peaches. Apricots. Crab apples. Plums. — *An Aesculapian Episode.* — *Odds and Ends.* The Marks of Royalty. Tadpoles. A Jade Bowl. The Doom Deferred. — *Question and Answer.* — *Editorial Comment.* — *The Seoul Handicap Tennis Tournament.* — *News Calendar.* — *Meteor. Obs.*, July 1902. — *Korean History.*

No. 9. September. — *The Treasures of Kyong-ju.* The Golden Measure. The Twin Jade Flutes. The Great Bell. The Jade Belt. The Golden Buddha. The Nine-story Pagoda. — *Korean Currency.* — *The Products of Korea.* Chestnuts. Walnuts. Jujubes. Ginko. Hazel nut. Pine Nuts. — *The Korean Telegraph and Postal Services.* — *Odds and Ends.* Cats and the Dead. Crow-talk. A Convert to Buddhism. — *Editorial Comment.* — *News Calendar.* — *Meteor. Obs.*, August 1902. — *Korean History.*

No. 10. October. — *The Korean Language.* — *Correspondence.* The Origin of the Korean People (E. Baelz). — *The Prince of Detectives.* — *Odds and Ends.* Things are not What they Seem. Not dead Yet. Expect Archery. — *Editorial Comment.* — *Book Review.* — *News Calendar.* — *In Memory of The Late Count Ugo Francisseti di Malgra* (D. Pegorini). — *Meteor. Obs.*, Sept. 1902. — *Korean History.*

No. 11. November. — *Taxation in Korea.* — *A Leaf from Korean Astrology.* — *Reviews.* — *Obituary Notice.* Miss Christine May Collbran. — *Editorial Comment.* — *News Calendar.* — *Meteor. Obs.*, Oct. 1902. — *Korean History.*

No. 12. December. — *From Fusan to Wonsan by Pack-pony*, by Rev. H. O. T. Burkwall. — *A Leaf from Korean Astrology* (suite). — *The Ancient Kingdom of Karak.* — *Odds and Ends.* A Korean Jonah. A Cure for Blindness. A Burglar's Implement. A Recipe for Getting Rich. An Intelligent Plant. — *Editorial Comment.* — *News Calendar.* — *Meteorological Obs.*, Seoul, Nov. 1902. — *Korean History* (suite).

— — Vol. III. No. 1. January 1903. — *A notable paper on Seoul.* [Seoul contains 49 *pang* 坊 or wards; each ward is composed of several *tong* 洞 or neighbourhoods.] — *Korean Folk Tales* [Review]. — *« All's Well that Ends Well. »* — *A Leaf from Korean Astrology* (suite). — *From Fusan to Wonsan by Pack-pony* (suite). — *Editorial Comment.* — *News Calendar.* — *Meteor. Obs.*, Dec. 1902. — *Korean History* (suite).

No. 2. February. — *The Korean New Year.* — *The Korean Physical Type.* — *From Fusan to Wonsan by Pack-pony* (suite). — *A Leaf from Korean Astrology* (suite). — *Odds and Ends.* — *Editorial Comment.* — *News Calendar.* — *Meteor. Obs.*, Jan. 1903. — *Korean History* (suite).

No. 3. March. — *The Test of Friendship.* — *From Fusan to Wonsan by Pack-pony* (Fin). — *The Bridges and Wells of Seoul.* — *Odds and Ends.* — *Question and Answer.* — *Editorial Comment.* — *News Calendar.* — *Meteor. Obs.*, Feb. 1903. — *Korean History* (suite).

No. 4. April. — *The Korean Mudang and P'ansu.* — *How Chin Out-witted the Devils.* — *The Hun-min Chong-eum* 訓民正音. — *Odds and Ends.* — *Question and Answer.* — *Editorial Comment.* — *Review.* — *News Calendar.* — *Meteor. Obs.*, March 1903. — *Korean History* (suite).

No. 5. May. — *The Privileges of the Capital.* — *Mudang and P'ansu* (suite). — *The Hun-min Chong-eum* (suite). — *Hen versus Centipede.* — *Editorial Comment.* — *Across Siberia by*

(*The Korea Review.*)

Rail. — *News Calendar.* — *Meteor. Obs.*, April 1903. — *Korean History* (suite).

No. 6. June. — *Note on Ch'oe Ch'i-wun* [Great soldier and scholar of Ancient Silla]. — *The Japanese Occupation of Seoul*, May 1592. By T. Sidehara. — *Across Siberia by Rail* (suite). — *Mudang and P'ansu* (suite). — *Odds and Ends.* — *Editorial Comment.* — *News Calendar.* — *Meteorolog. Obs.*, May 1903. — *Korean History* (suite).

No. 7. July. — *Korean and Formosan.* [Comparative Vocabulary of Ten Savage Groups in Formosa.] — *Korean Relations with Japan. The Cheung-jŭng Kyo-rin-ji* (增交正隣志). — *Mudang and P'ansu* (suite). — *Across Siberia by Rail* (suite). — *The Coming Conference.* By C. C. Vinton. [Missionaries.] — *Editorial Comment.* — *News Calendar.* — *Meteorolog. Obs.*, June 1903. — *Korean History* (suite).

No. 8. August. — *The Peddlars' Guild.* — *Mudang and P'ansu* (suite). — *Korean Relations with Japan* (suite). — *Across Siberia by Rail* (suite). — [Mort de l'ingénieur George Mitchell, 28 juin.] — *Odds and Ends.* — *News Calendar.* — *Meteorol. Obs.*, July 1903. — *Korean History* (suite).

No. 9. September. — *Mudang and P'ansu* (suite). — *The Taiku Dispensary.* By W. O. Johnson, M. D. — *Korean Relations with Japan* (suite). — *Review.* — *Odds and Ends.* — *Editorial Comment.* — *News Calendar.* — *Meteorol. Obs.*, Aug. 1903. — *Korean History* (suite).

No. 10. October. — *A Korean Poem.* By F. S. Miller. — *Korean Relations with Japan* (suite). — *The Fortress of Puk-han.* By O. Seung-geun. — *Odds and Ends.* — *Editorial Comment.* — *News Calendar.* — *Meteorol. Obs.*, Sept. 1903. — *Korean History* (suite).

No. 11. November. — *Banishment.* — *A Tiger Hunter's Revenge.* — *Korean Relations with Japan* (suite). — *Odds and Ends.* — *Editorial Comment.* — *News Calendar.* — *Meteorol. Obs.*, Oct. 1903. — *Korean History* (suite).

No. 12. December. — *One Night with the Koreans in Hawaii.* By S. F. Moore. — *Banishment* (suite). — *Korean Relations with Japan* (suite). — *Odds and Ends.* — *Editorial Comment.* — *Now or Never.* — *Obituary Notice* [† of Mrs. Vinton, of New York City, wife of Dr. C. C. Vinton, of Seoul]. — *News Calendar.* — *Meteorol. Obs.*, Nov. 1903. — *Korean History* (suite).

— — Vol. IV. No. 1. January 1904. — *A Point of Ethics.* — *The Late Queen Dowager* [† 2nd Jan. 1904 was the second queen of King Hŏn-jong the 26th of this dynasty, who ruled from 1835 till 1850. His first queen died in 1843 and he married the second in 1844... She was born in Chulla Province, district of Ham-yul in 1831]. — *Korean Relations with Japan* (suite). — *Retrospect of 1903.* — *Odds and Ends.* — *Editorial Comment.* — *News Calendar.* — *Meteorol. Obs.*, Dec. 1903. — *Korean History* (suite).

No. 2. February. — *The Russo-Japanese War* (The Causes — The Method — The Battle of Chemulpo). — *The Ajun.* — *Editorial Comment.* — *News Calendar.* — *Korean History* (suite).

No. 3. March. — *The Russo-Japanese War.* — *A New Book on Korea* [Angus Hamilton's Korea]. — *A. B. Stripling* [† 19 March; came to Korea in June 1883 as Commissioner of Customs at Chemulpo]. — *News Calendar.* — *Korean History* (suite). — *War Supplement* [Rev. Mr. Kearns', of the Presb. Mission, journey through the hostile lines in Northern Korea].

No. 4. April. — *The Russo-Japanese War.* — *The Burning of the Palace.* [New Imperial Palace called the Kyŏng-un burnt during the night of April 14th]. — *The Internal Condition of Affairs in Korea.* — *Editorial Comment.* — *The Vanguard.* — *News Calendar.* — *Korean History* (suite). — *Supplement.*

No. 5. May. — *The Russo-Japanese War* (Conditions in Korea — The Imperial Residence — Railroad Construction — The Wonsan Incident). — *Note on Hai-ju.* By S. F. Moore. — *War Anecdotes* (Map Making — The Russian Dash at Anju — The Russians Burn the Ham-heung Bridge — The Battle of Kang-gye). — *Fifteen Years among the Top-knots.* By Mrs. Lillian Horton Underwood. — *News Calendar.* — *Korean History* (suite).

No. 6. June. — *The Russo-Japanese War.* — *The Ajun.* — *The Oldest Relic in Korea.* [Island of Kang-wha and Chŭn deung Monastery.] — *Odds and Ends.* — *News Calendar.* — *Korean History* (suite).

No. 7. July. — *Japanese Industrial Projects in Korea.* — *Meum et Tuum.* — *The Russo-Japanese War.* — *Odds and Ends* (The Ten Thousand Year Bridge). — *Editorial Comment.* — *News Calendar.* — *Korean History* (suite).

No. 8. August. — *The Fusion of Korean Society.* — *The Fallow Lands.* — *What Korea owes to Japan.* — *Review* [Cremazy, Code Pénal de la Corée]. — *Editorial Comment.* — *News Calendar.* — *Korean History* (suite).

No. 9. September. — *Spelling Reform.* — *Northeast Korea and the War.* — *Editorial Comment.* — *News Calendar.* — *Korean History* (suite).

No. 10. October. — *Koreans in Manchuria.* — *Russians in Northeast Korea.* — *The Reform Spelling.* — *The Educational Needs of Korea.* — *The Foreign Cemetery.* — *Editorial Comment.* — *Ladies' Days.* — *News Calendar.* — *Korean History* (suite).

No. 11. November. — *The Educational Needs of Korea.* — *The Severance Hospital.* — *Opening of the Severance Hospital.* — *The Ghost of a Ghost.* — *Corea : The Hermit Nation.* — *Review* [Lieut. Carlo Rossetti, Corea e Coreani]. — *A New Book on Japan* [Japan in the Beginning of the 20th Century]. — *Mr. Kennan on Seoul.* — *Editorial Comment.* — *News Calendar.* — *Korean History* (suite).

No. 12. December. — *Retrospect of 1904.* — *The Educational Needs of Korea.* — *Spelling Reform.* — *A Case of Who's who.* — *Correspondence.* — *Editorial Comment.* — *News Calendar.* — *Korean History.*

— — Vol. V. No. 1. January 1905. — *Korea and Formosa.* — *The Iron Mines of Kang-won Province* (J. Robt. Moose). — *The Russo-Japanese Conflict.* A Review [of Prof. K. Asakawa's work]. — *The Seoul-Fusan Railway* [opened for general traffic at the beginning of 1905]. — *Odds and Ends.* — *Editorial Comment.* — *News Calendar.*

No. 2. February. — *A Hunt for Wild Hogs.* By J. E. Adams. — *Spelling Reform*, Petition of Lower A. Enmun. — *The Stone Fight.* — *Progress of the Seoul-Wiju Railway.* By N. C. Whittemore. — *A Woman's Wit or An Arithmetic Problem.* (Folk-Tale translated by Rev. G. Engel). — *Odds and Ends.* — *Editorial Comment.* — *A Review.* By A. Kenmure. [W. F. Sands' article of the Feb. Century on Korea and the Korean Emperor.] — *News Calendar.*

No. 3. March. — *Korean Conundrums.* By Ches. F. Bernheisel. — *A Korean Mint.* — *Rear Admiral Schley on the Little War of 1871.* — *Attack on Doctor Forsythe.* — *Editorial Comment.* — *News Calendar.*

No. 4. April. — *The Making of Pottery.* By W. E. Smith. — *The War in N. E. Korea.* — « *Mr. Hong, Tiger* » (Folktale translated by Rev. G. Engel). — *How Priests became Genii* (By the Same). — *Prof. Asakawa's Book.* — *The City of Yung-byun.* By C. D. Morris [Political Center of North Pyeng Yang Province]. — « *Incubative Warmth* » *as applied to Korea by Japan.* — *Northern Korea.* By J. Hunter Wells. — *Sanitation in Korea.* — *Editorial Comment.* — *Questions and Answers.* — *News Calendar.*

No. 5. May. — *Korea and Japan.* — *A Visit to Quelpart.* — *The Magic Ox-Cure.* — *The Seoul-Fusan Railway.* — *Editorial Comment.* — *News Calendar.*

No. 6. June. — *Dr. Morrison on Korea.* — *A possible Protectorate.* — *Fragments from Korean Folk-lore.* By Mr. Yi Chong-wun. — *An unworded Request.* — *A visit to Quelpart.* — *Korean Business Life.* — *Unknown Land.* By R. H. Sidebotham. — *Editorial Comment.* — *News Calendar.* — *A serious Disturbance* [Middle of June in the Chung-chŭng Province].

No. 7. July. — *Six Hundred Miles Overland.* [J. Robert Moose and J. L. Gerdine started on the morning of May 4th, 1905 for Wonsan by way of Kang-neung.] — *A Notable Movement in Korea.* — *Japanese Plans for Korea.* — *Detectives must be the cleverest Thieves.* [A Korean Story, translated by Rev. G. Engel, Fusan.] — *Fiercer than a Tiger*, a Nursery Tale. By Yi Chong-won. — *Question and Answer.* — *Editorial Comment.* — *News Calendar.* — *Arthur Sturgis Dixey.* [Nécrologie : A. S. Dixey, of the American Legation, Seoul, died 26th July.]

No. 8. August. — *A Protest* [against the Japanese]. — *A Visit to Pyeng Yang.* — *The Caves of Kasa.* [24 miles east of Pyeng Yang.] — *Japanese Finance in Korea.* — *A Correction.* — *Editorial Comment.* — *News Calendar.*

No. 9. September. — *The Making of Brass Ware.* By W. E. Smith. — *The Sluggard's Cure.* [A Korean folktale translated by Rev. G. Engel, Fusan.] — *An exciting Shipwreck Adventure.* [Ship *Antu Maru.*] — *An Unvarnished Tale.* By John Kavanaugh. — *The Visit of Miss Roosevelt.* — *Tales of the Road.* By Yi Chong-wun. — *The Sources of Korean History.* — *A Striking Corroboration.* — *Missionary Union in Korea.* — *Korean Forced Labor.* — *Editorial Comment.* — *News Calendar.*

No. 10. October. — *Japan as a Colonizer.* — *The Korean Customs Service.* [Retirement of J. McLeavy Brown.] — *How Yi outwitted the Church.* A Legend of Mediæval Korea. — *Korean Bronze.* By M. C. Fenwick. — *Places of Interest in Korea.* [Art. of the late Mrs. D. L. Gifford, rep. from the « Korean Repository ».] — *News Calendar.*

No. 11. November. — *The Present Situation.* By J. Robert Moose. — *Korean Domestic Trade.* — *The Koreans in Hawaii.* — *Memorandum on the Lighthouse Department of the Korean Customs Service in November, 1905.* — *The New Convention between Japan and Korea.* [Nov. 17, 1905.] — *Dr. Brown's Farewell Entertainment.* [Tuesday, Oct. 19.] — *An Appreciation.* By

(*The Korea Review.*)

(*The Korea Review.*)

Dr. J. H. Wells, Pyeng-yang. — *Gen. Min's Farewell and last Appeal to the People.* — *Marquis Ito interviewed.* — *Editorial Comment.* — *Korean Sociology.* — *News Calendar.*

No. 12. December. — *The Tenth Scion ;* — *Woodcutter, Tiger, and Rabbit ;* — *A Magic Formula against Thieves.* Translated by Rev. G. Engel, Fusan. — *Wanted, A Name.* — *Korea's Greatest Need.* By J. Rob't Moose. — *How Mr. Kim became a Christian.* By M. A. W. — *The Tiger that laughed.* By J. E. Adams. — *His Father.* By Yi Chong-won. — *News Calendar.*

— — Vol. VI. No. 1. January 1906. — *The Seasons.* [From the Korean.] — *Min Yong Whan.* By L. H. U. — *A Korean Cinderella.* By L. H. Underwood. — *American Enterprise in Korea.* By J. Hunter Wells. — *A Trip to Sorai Beach.* By J.W. Hirst. — *Editorial Comment.* — *News Calendar.*

No. 2. February. — *Are the Koreans increasing in Numbers?* By J. Robt. Moose. [Koreans are not increasing in numbers. The reason for it is the high death rate among the children.] — *Korean New Year Folklore.* By Frank M. Brockman. — *Women's Rights in Korea.* — *Korean Conundrums.* — *Severance Hospital.* — *Report of Bible Committee of Korea for 1905.* — *Editorial Comment.* — *News Calendar.*

No. 3. March. — *At Kija's Grave.* By Stirling. [Poem. — Kija was originally a Minister of the wicked Emperor Kaljoo.] — *American Enterprise in Korea.* By J. Hunter Wells. — *Shintoism.* By H. G. Underwood. [Review of W. G. Aston's Shinto.] — *The King's Property.* By Yi Chong-won. — *Missionary Work of the General Council.* By Holofernes. — *Report of Bible Committee of Korea for 1905.* — *Editorial Comment.* — *News Calendar.*

No. 4. April. — *Are the Koreans increasing in Numbers?* By J. Rob't. Moose. — *The Three Wise Sayings.* By L. H. U. — *A Visit to Seoul in 1975.* By John Mikson. — *Biblewomen.* — *The Carnduff-Wilson Wedding.* — *Robert Arthur Sharp.* [Nécrologie. — Sharp, né à Caistorille, Ontario, 18 mars 1872.] — *Mr. Launcelot Pelly.* [Nécrologie. — Auditor at the American Mines.] — *Editorial Comment.* — *News Calendar.*

No 5. May. — *Gleanings by the Wayside.* By W. E. Smith. — *Translation of the Scriptures into Korean.* By W. D. Reynolds, Jr. [1237 Bibles and Old Testaments in Chinese Script, 16,967 New Testaments (15,000 in Native Script) and 138,486 Portions ; or a total output of 156,690 Scriptures from the Bible House in Seoul in 1905... The Korea-American Treaty was signed in 1882. The first Protestant missionary, Dr. H. N. Allen, entered the country in 1884, followed by Revs. H. G. Underwood and H. G. Appenzeller, and Drs. W. B. Scranton and J. W. Heron in 1885.] — *A Foolish Tale.* By Ko Piung-ik. — *The Tiger and the Babies.* By L. H. U. — *Correspondence.* — *Editorial Comment.* — *News Calendar.*

No. 6. June. — *Korean Sketches.* — *Kennan and Korea.* [Réponse aux articles de Mr. Kennan dans « Outlook ».] — *A Korean Cyclopaedia.* [*Mun-hŏn Pi-go* 文獻備考]. — *Korean and Ainu.* — *Editorial Comment.* — *News Calendar.*

No. 7. July. — *The Korean Mining Laws.* — *A Korean Cyclopaedia* (Continued). — *Opium in Korea.* — *The American Hospital in Pyeng-yang* (The Coroline A. Ladd Hospital). — *Correspondence.* — *The Korean Emigrant Protection Law.* — *The Gentle Plagiarist.* Art. de George Lynch dans Cassel's Mag., Oct. 4. 1904. — *Export Duties.* — *The Pyeng-yang Land Case.* — *Editorial Comment.* — *News Calendar.*

No. 8. August. — *Ul-leung Do* (Dagelet Island). — *Korean Writing* (Kang Sun-pil). — *The Japanese in the North.* — *Filial Etiquette.* A Korean Confucian Tract. Translated by Rev. C. T. Collyer, F. R. G. S. — *The Prophets of Seoul.* — *Korea's Internal Affairs.* — *Editorial Comment.* The Torture of Koreans. — *News Calendar.*

No. 9. September. — *What to See at Pyeng-yang* (O Sung Keun). — *Korean Finances.* — *Prince Eui-wha.* — *Japan in Northeast Korea.* — *Japanese Immigration.* — *Editorial Comment.* — *News Calendar.*

No. 10. October. — *Missionary Work in Korea.* — *Tax Collection in Korea.* — *Koreans in America.* — *The Korean Prefecture.* — *Swift Retribution.* — *A Chequered Career.* — *Editorial Comment.* Douglas Story on Korea. — *News Calendar.*

No. 11. November. — *The Koreans in Hawaii* (Geo. Heber Jones). — *Min Yong-whan.* — *Biographical Notes of Ancient Korea.* By E. B. Landis, M. D., M. R. A. S. etc. — *The Religion of the Heavenly Way.* — *Gambling in Korea.* — *Editorial Comment.* — *News Calendar.*

No. 12. December. — *Biographical Notes of Ancient Korea* (E. B. Landis, M. D., M. R. A. S.). — *Koreans Abroad* (G. H. Jones). — *A « Skeleton in the Closet ».* — *An Eminent Opinion.* *The Religion of the Heavenly Way.* — *Editorial Comment.* — *News Calendar.*

— *The Independent.* Vol. I. No. 1. Seoul, Korea, Tuesday, April 7th, 1896, feuille in-4 de 2 ff. ou 4 pages.

La première page sur 3 col. était rédigée en anglais ; les autres pages étaient imprimées en coréen. — Paraissait le mardi, le jeudi et le samedi. — Single copy one cent. — $ 1.30 per annum.

Dernier numéro vu : Vol. I. No. 110, Thursday, December 31st 1896.

— *Korean Independent.*

Paraissant deux fois par semaine à Séoul. — W. H. Emberley, editor. — Noté en 1900.

KOREA BRANCH OF THE R. ASIATIC SOC.

— Transactions of the Korea Branch of the Royal Asiatic Society 大韓 Vol. I. — 1900. Seoul : Korea. [Methodist Publishing House, Seoul.] In-8, pp. 88.

The Influence of China upon Korea. By Rev. Jas. S. Gale, pp. 1/24.

Korean Survivals. By H. B. Hulbert, pp. 25/50.

Translation of the Inscription Tablet, Eun-Jin Buddha, Korea, pp. 51/6.

Korea's Colossal Image of Buddha, by Rev. G. H. Jones, pp. 57/70.

Minutes of General Meetings, pp. 71/76.

Appendix [Officers — Constitution and By-Laws], pp. 77/88.

— — Vol. II. — Part I, in-8, pp. 58.

Kang-wha (江華). By Rev. M. N. Trollope, M. A., pp. 1/36.

The Spirit Worship of the Koreans. By Rev. Geo. Heber Jones, pp. 37/58.

— — Vol. III. — Part I, in-8, pp. 61.

Ch'oe Ch'i-wun [崔致遠] : his Life and Times. By Rev. G. H. Jones, Ph. D., pp. 1/17.

The Culture and Preparation of Ginseng in Korea. By Rev. C. T. Collyer, pp. 18/30.

Minutes of the Annual Meetings, pp. 31/4.

Appendix [Officers 1904 — Members — Catalogue of the Landis Library], pp. 35/61.

TRAITÉS.

— China. — Imperial Maritime Customs. — III. — Miscellaneous Series : No. 19. — Treaties, Regulations, etc., between Corea and other Powers. — 1876-1889. — Published by order of The Inspector General of Customs. — Shanghai : Published at the Statistical Department of the Inspectorate General of Customs, and sold by Kelly & Walsh, Limited : Shanghai, Hongkong, Yokohama, and Singapore. London : P. S. King & Son, Canada Building, King Street, Westminster, S. W. — 1891, in-4, pp. VIII-386.

Contents : *Japan : 1876.* Treaty of Kang-hoa (26th Feb. 1876) ; Addit. Articles, with Trade Regulations, appended to Treaty of Kang-hoa (24th Aug. 1876) ; Correspondence with Jap. Gov. concerning certain Provisions of the Treaty of Kang-hoa (24th Aug. 1876) ; Notifications of Jap. Gov. regarding Trade at Fusan and with Corea generally (14th Oct. 1876). — *1877.* Agreement concerning the Japanese Settlement at Fusan (30th Jan. 1877) ; Agreement with Japan regarding Corean Shipwrecks (3rd July 1877) ; Agreement with Japan concerning the Establishment of Coal Dépôts (20th Dec. 1877). — *1878.* Corr. with Jap. Gov. regarding Repayment of Expenses for Shipwrecked Coreans

(14th and 20th May 1878). — *1879*. Conv. with Japan regarding the Opening of the Port of Yuensan (30th Aug. 1879). — *1881*. Agreement with Japan regarding the Land Rent of the Settlement at Yuensan (4th Aug. 1881). — *UNITED STATES : 1882*. Treaty of Jen-chuan (22nd May 1882); Letter and Despatch from the King of Corea to the Pres. of the U. S. of America. — *GREAT BRITAIN : 1882*. Treaty (unratified) of Jen-chuan (6th June 1882). — *JAPAN : 1882*. Add. Convention (30th Aug. 1882). — *CHINA : 1882*. I. Regulations for Mar. and Overland Trade between Chinese and Corean Subjects (Sept. 1882). — *1883*. II. Twenty-four Rules for the Traffic on the Frontier between Liao-tung and Corea, etc. (March 1883). — *JAPAN : 1883*. Regulations under which Japanese Trade is to be conducted in Corea (25th July 1883); Tariff, in Chinese and Japanese; Tariff, English Translation; Agreement with Japan regarding the Treaty Port Limits (25th July 1883); Regulations for the Treatment of Japanese Fishermen committing Offences on the Corean Coast (25th July 1883); Agreement concerning the Jap. Settl. at Jenchuan (30th Sept. 1883). — *GREAT BRITAIN : 1883*. Treaty of Seoul (26th Nov. 1883); Regulations under which British Trade is to be conducted in Corea; Protocol; Tariff, in English; Tariff, in Chinese; Despatch from the King of Corea to the Queen of Great Britain. — *GERMANY : 1883*. Treaty of Seoul (26th Nov. 1883); Regulations under which German Trade is to be conducted in Corea; Tariff, in German; Tariff, in Chinese; Protocol; Despatch from the King of Corea to the Emperor of Germany. — *ITALY : 1884*. Treaty of Seoul (26th June 1884); Regulations under which Italian Trade is to be conducted in Corea; Tariff, in Italian and English; Tariff, in Chinese; Despatch from the King of Corea to the King of Italy. — *RUSSIA : 1884*. Treaty of Seoul (25th June/7th July 1884); Regulations under which Russian Trade is to be conducted in Corea; Tariff, in Russian and English; Tariff, in Chinese; Protocol; Despatch from the King of Corea to the Emperor of Russia. — *GENERAL : 1884*. Agreement respecting a General Foreign Settlement at Jenchuan (Chemulpo) (3rd Oct. 1884). — *JAPAN : 1884*. Corresp. with Jap. Gov. respecting the Partial Remission of the Indemnity due by Corea to Japan (9th and 11th Nov. 1884). — *1885*. Convention with Japan regarding the Disturbance at Seoul (9th Jan. 1885). — *FRANCE : 1886*. Treaty of Seoul (4th June 1886); Trade Regulations; Protocol; Tariff, in French; Tariff, in Chinese; Despatch from the King of Corea to the Pres. of the French Republic. — *RUSSIA : 1888*. Regulations for the Frontier Trade on the River Tumen (8th/20th Aug. 1888). — *GENERAL : 1889*. Provisional Regulations for the Control of Sailing Vessels proceeding to Mapu (7th Nov. 1889). — *JAPAN : 1889*. Corean and Japanese Fishery Regulations (12th Nov. 1889).

Ce vol. forme le No. 19 des *Miscellaneous Series*, des Douanes chinoises, voir col. 2198.

— Traité entre les Etats-Unis et la Corée. (*Ann. de l'Ext. Orient*, 1882-1883, V, pp. 86/87.)

8e année de Kotcho, de l'ère chinoise et coréenne, correspondant à l'année 1882 de l'ère chrétienne.

— Traités de commerce avec la Corée. (*Ibid.*, 1883-1884, VI, p. 287.)

— Traité d'Amitié, de Commerce et de Navigation entre la France et la Corée, signé à Séoul le 4 juin 1886, ratifié le 30 mai 1887, br. in-4, pp. 26, s. l. n. d.

— Treaties and Conventions with or concerning China and Korea, 1894-1904, together with various State Papers and Documents affecting Foreign Interests. — Edited by William Woodville Rockhill, Former Assistant Secretary of State of the United States, and Commissioner of the United States to China, 1900-1901. — Washington: Government Printing Office, 1904, gr. in-8, pp. v-555.

Pour servir de continuation au recueil de Sir Edward Hertslet publié en 1896. — Voir col. 2300.

— Traité entre le Japon et la Corée. Séoul, 17 novembre 1905. (*T'oung Pao*, déc. 1905, pp. 633/4.)

Texte français.

(TRAITÉS.)

— Traité entre le Japon et la Corée 17 novembre 1905. Texte japonais reproduit d'après le *Nichi nichi shimbun* du 24 novembre 1905. (*Ibid.*, mars 1906.)

— The Corean Emigration Law. (*N. C. Herald*, Aug. 3rd, 1906.) Texte anglais. — Sanctionné 29 juin; promulgué 12 juillet 1906.

BLUE BOOKS.

Voir : Port Hamilton, col. 2436; C. W. Campbell, col. 2437; W. R. Carlos, col. 2960-1.

— Foreign Office. 1888. *Miscellaneous Series.* — No. 84. Reports on Subjects of general and commercial interest. — KOREA. — *Report of a Visit to Fusan and Yuensan...* 1888. [C. — 5253-20], br. in-8, 1 *d.*

— Foreign Office. 1891. *Annual Series.* — No. 918. Diplomatic and Consular Reports on Trade and Finance. — COREA. — *Report for the year 1890 on the Trade of Corea...* 1891. [C. — 6205-149], br. in-8, 1 *d.*

— Foreign Office. 1892. *Annual Series.* — No. 1088... COREA. — *Report for the year 1891...* 1892. [C. — 6812-13], br. in-8, 1 1/2 *d.*

— Foreign Office. 1893. *Annual Series.* — No. 1227... COREA. — *Report for the year 1892...* 1893. [C. — 6815-114], br. in-8, 1 1/2 *d.*

. . . .

— No. 3880 — *Annual Series.* — COREA. Diplomatic and Consular Reports. — Trade of Corea for the year 1906. Edited at the Foreign Office and the Board of Trade. Foreign Office, July 1907. [Cd. 3283-141], Price Twopence, br. in-8, pp. 27.

DOUANES.

Les Douanes furent établies dans les trois ports ouverts de la Corée : JENCHUAN (Jen tch'ouan = Tchemoulpo 濟物浦) 仁川, FUSAN 釜山 et WON-SAN (Youen san = Gen san) 元山 par les soins du service des douanes impériales maritimes chinoises dès l'année 1883, mais leurs statistiques n'ont commencé à paraître que depuis l'année 1885. Ces statistiques paraissaient en appendice dans les RETURNS OF TRADE qui forment les nos. 3 et 4 de la *Statistical Series* des Imperial Maritime Customs. — Voir col. 2188.

Depuis d'autres ports ont été ouverts :

Mok po 木浦, Chin-nam po, Ping yang, Kun san, Song chin 津城.

LANGUE.

— Remarks on the Corean Language. By the Rev. Charles Gützlaff. (*Chin. Rep.*, I, pp. 276/9.)

— The Corean Syllabary. By J. R. Morrison. (*Ibid.*, II, p. 135.)

— Translation of a comparative vocabulary

(BLUE BOOKS. — DOUANES. — LANGUE.)

of the Chinese, Corean, and Japanese Languages... By Philo-Sinensis. [Voir col. 1597.]

— Siebold, *Lui Ho*, voir col. 1597.

— Vocabulaire Chinois-Coréen-Aino expliqué en français et précédé d'une introduction sur les écritures de la Chine, de la Corée et de Yéso par Léon de Rosny. Paris, Maisonneuve & Cie., MDCCCLXI, br. in-8, pp. 24.

Extrait de la *Revue Orientale et Américaine*, VI, 1861. — Les pp. 9/24 sont autographiées.

— Aperçu de la langue coréenne, par Léon de Rosny. (*Jour. As.*, 6ᵉ Sér., Vol. III, 1864, pp. 287/325; VIII, 1866, pp. 441/472.)

— Aperçu de la langue coréenne, par Léon de Rosny... Paris, Imprimerie impériale, MDCCCLXIV, in-8, pp. 70.

— A Sketch of the Corean Language and Grammar. Translated from the French of M. Leon de Rosny. (*Chin. & Jap. Rep.*, 1865, Feb., pp. 49/56; April, pp. 182/184.)

— Опытъ русско-корейскаго словаря. — Составилъ М. Пуцилло. St. Pétersbourg, 1874, pet. in-4, pp. XV + 1 tab. + pp. 730 + 1 f. n. c.

— The Corean Language. By John Ross. (*China Review*, VI, pp. 395/403.)

— Corean Primer, being Lessons in Corean on all ordinary subjects, transliterated on the principles of the « Mandarin Primer », by the same Author. By Rev. John Ross, Newchwang. Shanghai : American Presbyterian Mission Press, MDCCCLXXVII, in-8, pp. 89.

— Korean Speech with Grammar and Vocabulary. New Edition by Rev. John Ross Mookden. Shanghai & Hongkong, Kelly & Walsh, 1882, in-8, pp. 101.

— An Outline History of Japanese Education Literature and Arts; prepared by the Mombusho [Department of Education] for the Philadelphia International Exhibition 1876, reprinted for the Paris Exposition 1878. Tokio, **Japan**, 10th Meiji [1877]. In-8, pp. **194**.

— Proposed arrangement of the Korean Alphabet. By W. G. Aston. [Read Nov. 11th, 1879.] (*Trans. As. Soc. Japan*, Vol. VIII, Pt. I, pp. 58/60.)

— A Comparative Study of the Japanese and Korean Languages. By W. G. Aston, Assistant Japanese Secretary H. B. M.'s Legation, Yedo. (*Journ. R. As. Soc.*, N. S., Vol. XI, Art. XIII, August, 1879, pp. 317/364.)

— Corean Popular Literature. By W. G. Aston, C. M. G. [Read 22 Jan. 1890.] (*Trans. As. Soc. Japan*, XVIII, Pt. I, April 1890, pp. 104/118.)

— Writing, Printing, and the Alphabet in Corea. By W. G. Aston. (*Jour. Roy. As. Soc.*, July 1895, pp. 505/511 + 2 pl.)

— Notes on the Corean Language. By John Macintyre. (*China Review*, VIII, pp. 149/156, 230/234; IX, pp. 28/33, 89/95, 219/223.)

— Corean Tone Book. By Rev. John Macintyre. (*Chin. Rec.*, XI, 1880, pp. 124/8, 442/444.)

— Korean pronunciation of Chinese. (*China Review*, VIII, pp. 34/38.)

— Chinese, Corean and Japanese. By E. H. Parker. (*Ibid.*, XIV, pp. 179/189.)

— Tone distinctions in Corean and Chinese. By Ernest Satow. (*Ibid.*, XV, p. 128.)

— 韓佛字典 — Dictionnaire Coréen-Français contenant I. — *Partie lexicographique.* 1° Le mot écrit en caractères alphabétiques coréens; 2° sa prononciation; 3° le texte chinois correspondant; 4° la traduction française. II. — *Partie grammaticale.* Les terminaisons d'un verbe modèle arrangées par ordre alphabétique. III. — *Partie géographique.* Les noms et la position des villes, des montagnes, des cours d'eau, etc., les divisions administratives, etc., avec une carte de Corée. — Par les Missionnaires de Corée de la Société des Missions étrangères de Paris. Yokohama, C. Lévy, 1880, gr. in-8, pp. VIII-615 à 2 col. + pp. IV*-57* à 2 col. + pp. II**-21** à 2 col. + 1 p. addenda et 1 p. errata.

Les pages IV*-57* comprennent le premier appendice : *Conjugaison alphabétique.* — Les pages 21** le second appendice : *Dictionnaire géographique de la Corée.*

Notices : *Ann. de l'Ext. Orient*, 1880-1881, III, pp. 245/248. — *Извѣстія Вост. Сибир. отд. Р. Геогр. Общ.* 1881, T. 12, No. 2-3, p. 96.

— Grammaire Coréenne. Précédée d'une introduction sur le caractère de la langue Coréenne, sa comparaison avec le Chinois, etc. Suivie d'un appendice sur la division du temps, les poids et mesures, la boussole, la généalogie avec un cours d'exercices gradués pour faciliter l'étude pratique de la langue. Par les Missionnaires de Corée de la Société des Missions étrangères de

Paris. Yokohama, Imprimerie de L. Lévy et S. Salabelle, 1881, gr. in-8.

Compte-rendu par Charles Vapereau dans *The N.-C. Daily News*, 17 Dec. 1881.

Notice : *Annales de l'Ext. Orient*, 1881-1882, IV, pp. 141/145. (Par Meyners d'Estrey.)

— On the early history of Printing in Japan. By Ernest Satow. [Read Dec. 15, 1881.] (*Trans. As. Soc. Japan*, Vol. X, Pt. I, pp. 48/83.)

— Further Notes on movable types in Korea and early Japanese Printed Books. By Ernest Satow. [Read June 21, 1882.] (*Ibid.*, Pt. II, pp. 252/259.)

JAMES SCOTT.

— 언문ᄆᆞᆯᄎᆡᆨ (*En-moun Mal Ch'ăik*) A Corean Manual or Phrase Book ; with Introductory Grammar. By James Scott, M. A., H. B. M.'s Consular Service. Shanghai : Statistical Department of the Inspectorate General of Customs. 1887, in-4, pp. VIII-209.

Notices : *China Review*, XVI, p. 60. Par E. J. E.[itel.] — *N. C. Herald*, Oct. 6, 1893, pp. 532/3, par Joseph Edkins.

— — 2d ed., 1893, in-4, pp. XXI-241.

— English-Corean Dictionary. — Being a Vocabulary of Corean Colloquial Words in Common Use. By James Scott, M. A., H. B. M.'s Consular Service. Corea : Church of England Mission Press. 1891, in-8, pp. XXVI-345 + 1 f. n. ch.

Notices : *Chin. Rec.*, XXIII, July 1892, p. 341. — *China Review*, XX, No. 2, pp. 130/1. By E. J. E.[itel.]

— Stray Notes on Corean History and Literature. By James Scott, H. B. M.'s Consular Service. (*Jour. China Br. R. As. Soc.*, N. S., XXVIII, No. 1, 1893-94, pp. 214/232.)

∴

— Korean Tales being a collection of Stories translated from the Korean folk lore together with introductory chapters descriptive of Korea by H. N. Allen, M. D. Foreign Secretary of Legation for Korea. New York & London, G. P. Putnam's Sons, The Knickerbocker Press, 1889, in-8, pp. 193.

— Manuel de la langue coréenne parlée à l'usage des Français, par M. Camille Imbault-Huart, Consul de France, Secrétaire-Interprète pour la langue chinoise, etc. — I. Introduction grammaticale. II. Phrases et dialogues faciles. III. Recueil des mots les plus usités. Paris. Imprimerie nationale. — MDCCCLXXXIX, in-8, pp. 108.

— Korea. — Märchen und Legenden nebst einer Einleitung über Land und Leute, Sitten und Gebräuche Koreas. — Deutsche autorisierte Uebersetzung von H. G. Arnous am Royal Corean Custom in Fusan. Mit 16 Abbildg. im Text nach Originalphotogr. u. dem Korean. Nationalwappen. Leipzig, Verlag von Wilhelm Friedrich. In-8, pp. 147.

— Korean Folk Tales. By E. B. Landis, M. D. (*China Review*, XXII, N° 5, pp. 693/697.)

— Chhoi-Chhung, a Korean Märchen by W. G. Aston. (*Trans. As. Soc. Japan*, Vol. XXVIII, Dec. 1900, pp. 1/30.)

H. G. UNDERWOOD.

— 韓英字典 — A Concise Dictionary of the Korean Language. In two Parts. Korean-English & English-Korean by Horace Grant Underwood, A. M. assisted by Homer B. Hulbert, A. B. & James S. Gale, A. B. (Student Edition) — Kelly & Walsh, Yokohama, Shanghaï,... 1890, in-12, pp. x-196 + 1 f. pour les errata, pp. 293 + 2 ff. n. c.

On lit au verso du titre : Printed at the Yokohama Seishi Bunsha, 1890.

Notice : *China Review*, XVIII, No. 6, pp. 383/384. By E. J. E.[itel.]

— An Introduction to the Korean Spoken Language by Horace Grant Underwood, A. M. — In two parts : Part I. Grammatical Notes. Part II. English into Korean. — Kelly & Walsh, Yokohama, Shanghai,... 1890, pet. in-8, pp. x-425 + 1 f. n. c.

On lit au verso du titre : Printed at the Yokohama Seishi Bunsha, 1890.

Notice : *China Review*, XVIII, No. 6, p. 383. By E. J. E.[itel.]

∴

— The Korean Alphabet. By H. B. Hulbert. (*Korean Reposit.*, I, 1892, Jan., pp. 1/9; March, pp. 69/74.)

— A Comparative Grammar of the Korean Language and the Dravidian Dialects of India by Homer B. Hulbert, A. M., F. R. G. S. The Methodist Publishing House, Seoul, Korea, 1906, in-8, 2 ff. n. ch. p. l. tit. et l. pref. + pp. 152.

— The Alphabet. (Panchul.) By Yi Ik Seup. (*Korean Reposit.*, I, 1892, Oct., pp. 293/299.)

— Studies in Korean. Korean Etymology.

By Geo. Heber Jones. (*Ibid.*, Nov., pp. 331/335.)

— Korean Proverbs, Epithets and Common Sayings. I. Proverbs derived from Buddhism. (*Ibid.*, pp. 342/346.)

— En Pan Chyel. (*Ibid.*, Dec., pp. 369/371.)

— Doubts about the Corean Writing. By Terrien de Lacouperie. (*T'oung Pao*, IV, mars 1893, p. 86.)

— Zur Beurtheilung des koreanischen Schrift- und Lautwesens. Von G. von der Gabelentz. (*Sitzungsber. k. preuss. Ak. Wiss. Berlin*, 1892, pp. 587/600, 1 pl.)

— * What Koreans say about our use of their language. By Rev. Geo. Heber Jones. The Trilingual Press, Seoul, Korea, 1894, br. in-8, pp. 22.

— Bibliographie coréenne Tableau littéraire de la Corée contenant la nomenclature des ouvrages publiés dans ce pays jusqu'en 1890 ainsi que la description et l'analyse détaillées des principaux d'entre ces ouvrages par Maurice Courant Interprète de la Légation de France à Tōkyō. Paris, Ernest Leroux, 1894-1896, 3 vol. in-8, pp. ccxv-502 + 1 f. n. ch., ix-538 + 1 f. n. ch., ix-446 + lxxviii p. l'ind. des transcriptions + clxxvii p. l'ind. des caractères et les er., dessins dans le texte, pl. hors texte.

Forment les Vol. XVIII-XX de la IIIe Série des *Publications de l'Ecole des Langues orientales vivantes.*

Imprimé à Tokyo.

— Supplément à la Bibliographie coréenne (jusqu'en 1899) par Maurice Courant... Paris, Imprimerie nationale — Ernest Leroux, mdcccci, in-8, pp. x-122 à 2 col.

Forme le Vol. XXI de la IIIe Série des *Publications de l'Ecole des Langues orientales vivantes.*

Notice : *Bul. École Ext. Orient*, III, No. 1, Janv.-Mars 1903, p. 133, par P. P.[elliot.]

— Le Bois sec refleuri — Roman coréen traduit en français sur le texte original par Hong-tjyong-ou — Paris, Ernest Leroux, 1895, in-12, pp. vi-192.

Annales du Musée Guimet — Bibliothèque de Vulgarisation.

— A Manual of Korean Geographical and other Proper Names romanized. — Part I. — Index to the Map of Korea. Part II. — Index of Chinese characters arranged according to the radicals. — Printed for H. B. M. Legation. — Yokohama : « Japan Mail » Office. 1883, in-4, pp. vi-126.

By J. S. Gale.

— 韓英字典 A Korean-English Dictionary by James S. Gale, B. A. — Yokohama, Shanghai, Hongkong, and Singapore, Kelly & Walsh, Limited. — 1897. Gr. in-8, pp. viii-1096-64.

— Ode on Filial Piety. (*Journ. Buddhist Text Soc.*, III, 1895, p. iv.)

Translated from a book of Corean National Odes, by Rev. Jas. S. Gale.

— Corean Words and Phrases. — A Handbook and Pocket Dictionary for Visitors to Corea and New Arrivals in the Country. — Price : One Dollar. — Seoul : Printed and Published Privately. 1897, in-8, 4 ff. n. ch. + pp. v-145.

— 법한ᄌᆞ뎐 Petit Dictionnaire français-coréen — Par Charles Alévêque — Seoul : Imprimerie « Seoul Press » (Hodge & Co.) 1901, pet. in-8, 5 ff. n. ch. p. l. tit., déd., préf., alph. + pp. 374.

— * A Catalogue of the Romanized Geographical Names of Korea. By B. Kotô and S. Kanazawa. Published by the University of Tōkyō (1903), in-8, pp. vi, 90, and 98.

Notice : *Bul. Ecole franç. Ext. Orient*, III, Oct.-Déc. 1903, pp. 737/8, par Cl. E. Maitre.

— Н. Гаринъ. — Корейскія Сказки, записанныя осенью 1898 года. — С.-Пет., 1904, in-8, pp. iii-193.

Изданіе товарищества «Знаніе».

(Langue.)

(Langue.)

V. — ILES LIEOU K'IEOU, ETC.

— Mémoire sur les îles Lieou-kieou par le P. Gaubil. (*Lettres édifiantes*, XXIII, voir col. 935.)

— On trouve dans une des ventes de Libri, à Londres, *Coll. of Ms.*, l'indication du ms. suivant qui a été acheté Livres 5.5/- par Sir Thomas Phillips :

« 239. — Mémoire sur les Isles que les Chinois appellent Isles de *Lieou Kieou* (envoyé de Chine par le P. Gaubil en Nov. 1752). — Caractères chinois combinés selon le Choue-wen. — Lettres mongoles d'Ouldjaito Souldan et de l'Empereur Arkhoum Khan (written in 1305). Folio, saec. XVIII, on paper.

An interesting geographical and historical collection. The *Lettres Mongoles*, so important for history, are here in the original Oriental character with a partial transcription. See »Mémoires

(Gaubil.)

(Gaubil.)

(Nouveaux) de l'Académie des Inscriptions « (Vol. VII, p. 335). We have in this Manuscript some inquiries on the subject, perhaps by De Guignes, before A. Rémusat (1824). »

— Grosier, II, pp. 127 et seq.

— W. R. Broughton. — Voy. of Disc. to the N. Pacific Ocean. Lond. 1804. [Voir *Corée*, col. 2945.]

— Sprachproben von Lieu-kieu. (Klaproth, *Archiv für Asiat. Lit.*, St. Petersburg, 1810, pp. 151/158.)

— Description des îles de Lieou khieou, extraite d'ouvrages japonais et chinois. (Klaproth, *Mém. rel. à l'Asie*, II, pp. 157/189.)

— G. Ferrario. — Costume, 1816. — Voir col. 65.

— Macleod. — Voyage de l'*Alceste*. [Voir col. 2108.]

Basil Hall.

— Account of a Voyage of Discovery to the West Coast of Corea, and the Great Loo-choo Island; with an Appendix containing Charts, and various hydrographical and scientific Notices. By Captain Basil Hall, Royal Navy, F. R. S. Lond. & Edin... And a Vocabulary of the Loo-choo Language, By H. J. Clifford, Esq. Lieutenant Royal Navy. London: John Murray... 1818, in-4, pp. xvi-222, sans l'App., etc. Grav., etc.

Pub. à Livres 2.2/-.

Notices : *Quart. Rev.*, XVIII, 1818, pp. 308 et seq. — *Edinb. Rev.* (F. Jeffrey), XXIX, pp. 475/497. — *Eclectic Rev.*, XXVII, p. 513. — *North Am. Rev.* (Jared Sparks), XXVI, pp. 514/538. — *Month. Rev.*, CXXV, p. 59; CXXVII, p. 592; CXXXIV, p. 143. — *Fraser's Mag.*, VIII, p. 593.

— Voyage to Corea and the Island of Loo-chow by Captain Basil Hall. — A new ed. London, Murray, 1820, pet. in-8.

« The First Ed. [1818, 4°] of this work which gives a full account of the Voyage to Corea and Loochoo, is divided into a Narrative — an Appendix, containing Charts and various nautical and scientific Notices and a Vocabulary of the Loochoo Language. The present Edition is confined to the narrative alone to the exclusion of all technical and other details, not calculated to interest the general reader. » (Preface.)

— Vocabulary of the Language spoken at the Great Loo-choo Island, in the Japan Sea. Compiled by Herbert John Clifford, Esq. Lieutenant, Royal Navy, In two Parts. in-4.

A la suite du Voyage de Basil Hall, 1818.

— Voyage to Loo-choo, and other places in the Eastern Seas, in the year 1816, including an account of Captain Maxwell's attack on the Batteries at Canton; and notes of an interview with Buonaparte at St. Helena, in August 1817. By Captain Basil Hall, R. N., F. R. S. Edinburgh: Printed for Archibald Constable & Co.; and Hurst, Robinson & Co., London, 1826, in-12, pp. ii-322.

(Basil Hall.)

Forme le Vol. I de *Constable's Miscellany of Original and Selected Publications.*

— Narrative of a Voyage to Java, China, and the Great Loo-choo Island. With accounts of Sir Murray Maxwell's Attack on the Chinese Batteries, and of an interview with Napoleon Buonaparte, at St. Helena. By Captain Basil Hall, R. N., F. R. S. London: Edward Moxon, MDCCCXL, in-8 à 2 col., pp. 81 + 4 ff. prél. n. c. p. le f. tit., tit., tab.

Forme le premier numéro d'un volume intitulé : *Voyages and Travels.* London : Edward Moxon, MDCCCXL, qui comprend quatre voyages avec pagination spéciale.

— Verhaal eener ontdekkingsreis langs de westkust van Corea en het Groot Loochoo eiland in de Japansche Zee door Kapitein Basil Hall. Uit het Engelsch. Te Rotterdam bij Arbon & Krap. MDCCCXVIII, in-8, pp. III-286.

Sur le titre gravure : *Gezigt van het Zwavel eiland, bladz 80.*

— Entdeckungsreise nach der Westküste von Korea und der grossen Lutschu-Insel von dem Capitän Basil Hall. Aus dem Englischen übersetzt, und mit Anmerkungen begleitet von Friedrich Rühs. Mit zwei Charten. Weimar, 1819, in-8.

Dans le Vol. XIX de la *Neue Bibliothek der wichtigsten Reisebeschreibungen.*

— * B. Hall. — Relazione d' un viaggio di scoperte alla costa occidentale della Corea ed alla grand' isola Lutsciù. Prima trad. dall' inglese di F. Contarini. Milano, Raccolta di viaggi, Sonzogno, 1820, in-16, fig. col., carte géog.

.·.

— Short Visit to Loo-choo in Nov. 1818 [in the brig *Brothers*]. By W. Eddis. (*Indo-Chinese Gleaner*, No. VII, Jan. 1819, pp. 1/4.)

— Chinese Account of Loo-choo [taken from a continuation of the Chinese Official Memoirs, concerning the Loo-choo, first published in the reign of Kang-ke (about A. D. 1700) and now extended to the 13th year of the reign of Kea-king, (A. D. 1808). Printed at Peking, with moveable Chinese types. P. Gaubil, in the *Lettres édifiantes* gave an account of the former memoirs.] (*Ibid.*, pp. 4/8.)

— Journal of three voyages... By Charles Gützlaff. [Voir col. 2111.]

D'après les *Nouv. Ann. des Voyages*, Mars 1832.

— Die Lieou-Kieou Inseln. (*St. Petersburgische Zeitschrift*, herausg. von Aug. Oldekop, VIII, 1822, pp. 291/306.)

— *San Kokf tsou ran to sets.* [Voir col. 2946.]

— Narrative of a Voyage of the Ship *Morri-*

(Basil Hall. — Divers.)

son, Captain D. Ingersoll, to Lewchew and Japan, in the months of July and August, 1837. By S. Wells Williams. (*Chin. Rep.*, Vol. VI, 1837, pp. 209/229, 353/380. — Réimp. dans le *N. C. Herald*, No. 445, Feb. 5, 1859, et seq.)

— Nautical Observations made during the voyage. (*Chin. Rep.*, Vol. VI, 1837, pp. 400 et seq.)

— Notices of some of the specimens of natural history. (*Ibid.*, pp. 406 et seq.)

— *Lewkew kwŏ che lëŏ* : a brief history of Lewchew, containing an account of the situation and extent of that country, its inhabitants, their manners, customs, institutions, &c. By E. C. Bridgman. (*Ibid.*, July 1837, pp. 113/118.)

« The work, the title of which stands at the head of this article, was written by Chow Hwang after his return from Lewchew, whither he was sent as an envoy in the 21st year of Keenlung, A. D. 1757. » P. 114.

— Journal of an Expedition from Sincapore to Japan, with a Visit to Loo-choo; descriptive of these Islands and their inhabitants; in an attempt with the aid of natives educated in England, to create an opening for missionary labours in Japan. By P. Parker, M. D. Medical Missionary from the American Missionary Board. Revised by the Rev. Andrew Reed, D. D. London: Smith Elder & Co., MDCCCXXXVIII, pet. in-8, pp. VIII-75.

British Museum, 791, d, 20.

— Narrative of facts attending the wreck of the Transport « Indian Oak » on the Loochoo Islands; communicated from the Political Secretariat Office, Government of India. To C. B. Greenlaw, Esq., Secretary to the Marine Board, Calcutta. (*Journ. As. Soc. Bengal*, IX, Pt. II, 1840, pp. 916/923.)

— Narrative of the Voyage of H. M. S. *Samarang*... [voir col. 2947].

— Notes on the Batanes and Madjicosima Islands. (*Chin. & Jap. Rep.*, July 1865.)

Visite du *Samarang*, 1843.

— Lettre de la Grande Loutchou (12 Août 1845). Par le P. Forcade. (*Rev. de l'Orient*, X, 1846, pp. 257/8.)

— Le premier Missionnaire du Japon au XIXe siècle par Mgr. Forcade, archevêque d'Aix. (*Miss. Cath.*, XVII, 1885, 24 avril, etc.)

— Voir également la lettre de M. Forcade sur la grande Loutchou dans les *An. Prop. Foi*, XVIII, 1846, pp. 363/383. — Cf. col. 963 et 1128-9.

— Letter from B. J. Bettelheim, M. D., giving an account of his residence and missionary labors in Lewchew during the last three years. (*Chin. Rep.*, XIX, pp. 17/49, 57/90.)

— Letter from B. J. Bettelheim, M. D. Missionary in Lewchew, addressed to Rev. Peter Parker, M. D. — Canton. Printed at the Office of the « Chinese Repository »... 1852, br. in-8, pp. 42.

— Loochoo Naval Mission. Extract from the Report for 1850-51, written by Dr. Bettelheim, Missionary at Napa. (*N. C. Herald*, No. 78, 24 Jan. 1852. — Réimp. dans le *Shae. Alm. and Miscel.* for 1853.)

Sous forme de lettre adressée à l'éditeur du *N. C. Herald*, et datée de Napa, 4 Sept. 1851.

— Loochoo Mission: Extracts from the Journal of the Society's Missionary, Dr. Bettelheim. 1850-52. London, Published for the Society, s. d., pet. in-8, pp. 61.

— The Seventh Report of the Loochoo Mission Society for 1851-52. London, Published by the Society, 1853, pet. in-8, pp. 32.

— Visite du « Reynard » en Oct. 1850. (*China Mail*, No. 303, Nov. 28, 1850.)

— Lewchew and the Lewchewans; being a Narrative of a Visit to Lewchew, or Loochoo, in October 1850, by George Smith, D. D., Lord Bishop of Victoria. London, T. Hatchard, 1853, pet. in-8, pp. VIII-95.

— The Madjicosima Islands. A short notice of the Madjicosima (Meia-co-shi-ma, or Meia-koon-koomah) Islands. By Dr. Bowring. Read to the Society, 13th June 1852. (*Trans. China Br. R. As. Soc.*, Pt. III, Art. I, pp. 1/8.)

— Visite du « Sphinx » en Fév. 1852. (*China Mail*, No. 368, March 4, 1852.)

— Description of Loochoo by a Native of China. (*N. C. Herald*, No. 187, Feb. 25, 1854 et seq. — Réimp. dans le *Shae. Alm. and Miscel.* for 1855.)

Cet indigène était resté aux Lou tchou en 1853.

— K. L. Biernatzki. — Beiträge zur geographischen Kunde von Japan und den Lutschu-Inseln. (Gumprecht, *Zeitschr. Allg. Erdk.*, IV, 1855, pp. 225/47.)

— Bericht eines Chinesen über die Liu-Kiu-Inseln. (*Zeit. f. Allg. Erdk.*, 1856, pp. 262/269.)

D'après le *Shanghai Almanac for 1855*.

∴

— Le *N. C. Herald*, No. 216, Sept. 16, 1854, cite les travaux hydrographiques suivants du lieut. S. Bent, de la marine des Etats-Unis, publiés par ordre du Commodore M. C. Perry :

Sailing Directions for Napha, Island Great Lewchew.

Oonting or Port Melville, Island Great Lewchew.

— Report made to Commodore Perry of the Agriculture of Lew chew, by J. Morrow, M. D. attached to the late Expedition to Japan. (*Narrative of the Expedition*...

under... Commodore Perry... Vol. II, Washington, 1856, pp. 15/20.)

— Report made to Commodore Perry on the Medical Topography and Agriculture of the Island of Great Lew chew, by D. S. Green, M. D., Surgeon U. S. N. (*Ibid.*, pp. 21/37.)

— Report made to Commodore Perry on the Botany, Ethnography, etc., of the Island of Great Lew chew : by Chas. F. Fahs, M. D., Assistant Surgeon U. S. N. (*Ibid.*, pp. 39/50.)

— Report made to Commodore Perry of a Geological Exploration, etc., of the Island of Great Lew chew : by Rev. George Jones, Chaplain U. S. N., attached to the United States Steam Frigate *Mississipi*. (*Ibid.*, pp. 51/6.)

— Report... of an Exploration of Great Lew chew : by Rev. George Jones... (*Ibid.*, pp. 57/63.)

— Remarks of Commodore Perry upon the probable future commercial relations with Japan and Lew chew. (*Ibid.*, pp. 183/7.)

∴

— Wae Yàng Jin. — Eight Months' Journal kept on board one of Her Majesty's sloops of war during visits to Loochoo, Japan, and Pootoo. By Alfred Laurence Halloran, Master Royal Navy. London : Longman, 1856, pet. in-8, pp. v + 1 f. n. c. + pp. 126, grav.

— Aug. Heurtier. — Commerce avec le littoral japonais et les îles Liou tcheou. [Voir col. 2179.]

∴

— Lettres à M. Léon de Rosny sur l'Archipel Japonais et la Tartarie Orientale par le P. Furet Miss. Ap. au Japon... Précédé d'une introduction par E. Cortambert et suivi d'un traité de Philosophie japonaise et de plusieurs Vocabulaires. Paris, Maisonneuve, MDCCCLX, pet. in-12, pp. IV-120.

Introduction. — I. La grande île Lou-tchou. — II. Les Lettrés de Lou-tchou. — III. Une excursion à Lou-tchou. — IV. Le détroit de Mats-mayé. — V. La Baie du Barracouta. — VI. La Baie de Joncquières. — Appendice : Traité de philosophie Japonaise. — Philologie : Vocabulaire des habitants de la Baie de Joncquières. — Voc. aïno de Hakodadé. — Voc. de la tribu des Yak. — Voc. coréen de la Baie de Brougton. — Oraison dominicale en langue loutchouane.

— Le même. Deuxième édition. Paris, Maisonneuve, MDCCCLXI, pet. in-12, pp. IV-120.

4 ex. sur pap. vélin et numérotés.

(DIVERS.)

— Les îles Lou-tchou. [Un château-fort. — Le marché de Nafa.] Lettre à M. Léon de Rosny... Par le P. Furet. (*Rev. Or. et Am.*, T. II, 1859, pp. 109/115.)

Nafa, 25 juin 1858.

Voir col. 1129.

— Notices sur les Iles de l'Asie orientale, extraites d'ouvrages chinois et japonais, et traduites pour la première fois sur les textes originaux, par Léon de Rosny... Paris. Imprimerie Impériale, MDCCCLXI, in-8, pp. 20.

Extrait No. 2 de l'année 1861 du *Journal Asiatique* (5e Série, Vol. 17, pp. 357 et seq.).

Ces notices sont consacrées à Nippon, Yéso et les Lou-tchou.

— Resultate meteorologischer Beobachtungen auf den Lu-Tschu-Inseln vom Pater Furet, apostolischem Missionar. (*Repert. f. Meteor.*, I, Dorpat, 1860, pp. 153/4.)

∴

— Blikken in de Geschiedenis en Staatkundige betrekkingen van het eiland Groot-Lioe-Kioe. Naar Chinesche en Japansche Bronnen, door J. Hoffmann. (*Bijd. Taal-, L.-, Volk. Ned. Ind.*, I, 3e Sér., 1866, pp. 379/395.)

— Opmerking aangaande de taal van Lioe-kioe. (*Ibid.*, pp. 396/401.)

— Les îles Liou-kiou. (Vivien de Saint-Martin, *Année géographique*, 1867, pp. 242/243.)

— The American Compact with Lewchew. (*Chinese Commercial Guide*, 1863, pp. 262 et seq.)

— Political intercourse between China and Lewchew. By S. Wells Williams, LL. D. Read Oct. 13, 1866. (*Jour. N. C. Br. R. A. S.*, Dec. 1866, pp. 81/93.)

— Journal of a Mission to Lewchew in 1801. By S. Wells Williams Esq. LL. D. Read 27th Feb. 1871. (*Ibid.*, N. S., No. VI, 1869 & 1870, pp. 149/171.)

Shi Liu-kiu Ki 使琉球記 Journal of an Envoy to Lewchew. Published by Li Ting-yuen, the Envoy, in 1803. One vol. in 6 sec., pp. 290.

— Kingdom of Liu-kiu (琉球), or Lewchew. (Sect. XXIII, Ma Twan-lin; S. W. Williams, *Notices of Fu-sang*, pp. 24/29.)

— Notes on Loochoo. By E. Satow, Esq. Read before the Asiatic Society of Japan, 30th Oct. 1872. (*Trans. As. Soc. Japan*, I, pp. 1/9.)

Réimp. dans *The N. C. Herald and S. C. Gazette*, April 10, 1873, pp. 315/317, d'après le *Daily Press*.

— Visite du « Curlew ». (*Shai. Budget*, Nov. 27, 1873.)

(DIVERS.)

— Notes taken during a visit to Okinawa Shima-Loochoo Islands. By R. H. Brunton, Esq. Read before the Asiatic Society of Japan, 19th Jan. 1876. (*Trans. As. Soc. Japan*, Vol. IV, pp. 66/77.)

— * Nocentini. — Le isole Lieu-kieu. (*Rassegna Settimanale*, No. 73, 25 Mai 1879.)

— * *Chambers' Journal*, Vol. LVIII, p. 581.

— Sur Formose et sur les îles appelées en chinois Lieou-Kieou, par M. le Marquis d'Hervey de Saint-Denys, voir col. 263.

— Une visite aux îles Lou-tchou, par M. J. Revertegat. 1877. — Texte et dessins inédits. (*Tour du Monde*, 1882, II, pp. 250/256.)

— The Kingdom of Liuchiu. (Balfour, *Waifs and Strays*, 1876, pp. 55/62.)

— Le Bouddhisme aux îles Lou-tchou (Japon). (*Miss. Cath.*, X, 1878, pp. 164/5.)

— Coronation of the King of Loochoo. By Japan. (*China Review*, VII, pp. 283/284.)

— The Lewchew Islands. By Herbert J. Allen. (*Ibid.*, VIII, pp. 140/143.)

— Les îles Liou-Kiou & le Japon. (*Ann. de l'Extr. Orient*, II, pp. 13/16.)

— La Chine et les îles Liou-Kiou. (*Ibid.*, pp. 123/124.)

Extrait du *Shen-Pao*, de Chang-hai.

— Le différend des îles Liou-Kiou. (*Ann. de l'Extr. Orient*, II, pp. 189/190.)

— Die Liu-Kiu-Insel Amami Oshima von Dr. L. Doederlein. (*Mitth. d. deutsch. Gesellsch. f. Nat. u. Völkerk. Ostas.* 1881, 23tes Heft, März, pp. 103/117; 24tes Heft, Juli, pp. 140/156.)

Tirage à part : Yokohama, Buchdruckerei des « Echo du Japon ». 1881, in-fol., pp. 31 à 2 col., carte et 2 planches.

— F. G. Müller-Beeck. — Geschichte der Liu-Kiu-Inseln nach japanischen Berichten. (*Verhandlungen der Berliner Ges. f. Anthrop., Ethnol.,...* Jahrg. 1883, pp. 156/164.)

— Geographie der Liu-Kiu-Inseln. Nach japanischen Berichten bearbeitet von F. Georg Müller-Beeck. Hierzu eine Karte, Tafel VII. (*Zeit. d. G. f. Erdk. zu Berlin*, XIX, 1884, pp. 303/315.)

— Loochoo. (*China Review*, XIII, p. 225.)

— Loochoo. By E. H. Parker. (*Ibid.*, XVII, No. 2, p. 114.)

— Protestant Mission Work in the Loochoo Islands. By H. T. Whitney, M. D. (*Chin. Rec.*, XVIII, No. 2, Dec. 1887, pp. 468/472.)

— Botany of the Riukiu (Loochoo) Islands. By Tokutaro Ito. (*Nature*, XXXVI, 1887, pp. 538/9.)

— Die Liukiu-Inseln. Von Dr. O. Warburg. (*Mitth. d. Geog. Ges. in Hamburg*, 1889-90, Heft 2, Hamburg, 1890, pp. 121/145.)

— Ueber eine Graburne von den Liukiu-Inseln. Von Dr. M. Haberlandt. [Mit 2 Text-Illustrationen.] (*Mitth. d. Anthrop. Ges. in Wien*, Bd. XXXIII, Heft 1, 1893, pp. 39/42.)

— The Story of the Liu Chiu Complication. (*N.-C. Herald*, April 11, 1893, pp. 405/410.)

BASIL HALL CHAMBERLAIN.

— On the Manners and Customs of the Loochooans. — By Basil Hall Chamberlain. (*Trans. Asiat. Soc. Japan*, XXI, Nov. 1893, pp. 271/289.)

— Two funeral urns from Loochoo. By Basil Hall Chamberlain. (*Journ. Anthrop. Inst. of Gt. Brit. and Ireland*, Vol. XXIV, 1894-95, pp. 58/59.)

— A Comparison of the Japanese and the Luchuan Languages. By Basil Hall Chamberlain. (*Trans. As. Soc. Japan*, XXIII, 1895, pp. xxxi-xli.)

— Essay in aid of a Grammar and Dictionary of the Luchuan Language by Basil Hall Chamberlain Emeritus Professor of Japanese and Philology in the Imperial University of Japan. — [Published by the Asiatic Society of Japan as a Supplement to Vol. XXIII of its Transactions.] Yokohama, etc. : Kelly & Walsh, 1895, in-8, pp. 272.

Notice : *T'oung Pao*, VII, 1896, pp. 283/4, par G. Schlegel.

— Contributions to a Bibliography of Luchu. By Basil Hall Chamberlain. (*Trans. As. Soc. Japan*, XXIV, 1896, pp. 1/11.)

Ouvrages japonais sur les Lieou K'ieou.

— A preliminary Notice of the Luchuan Language. By Basil Hall Chamberlain, Emeritus Professor of Japanese and Philology in the Imperial University of Japan. (*Journ. Anthrop. Inst. of Gt. Brit. and Ireland*, Vol. XXVI, 1896-97, pp. 47/59.)

Read January 7th, 1896.

— A Quinary system of notation employed in Luchu on the wooden tallies termed Shō-Chū-Ma. By Professor Basil Hall Chamberlain. (*Ibid.*, Vol. XXVII, 1897-98, pp. 383/395.)

∴

— Problèmes Géographiques. Les peuples étrangers chez les historiens chinois — XIX. LIEOU-KIEOU-KOUO 琉球國... *Le pays de Lieou-Kieou*. Par G. Schlegel. (*T'oung Pao*, VI, N° 2, Mai 1895, pp. 165/215.)

— Les premiers rapports de la France avec

le Japon — Aventures d'un missionnaire français aux îles Liou-tcheou (Japon) 1844-1846 par A. Bocher Ancien Officier de Marine Paris Imprimerie typographique H. Richard... — 1895, in-12, pp. 24.

— L'Ethnographie Loutchouane. Par D. Marceron. (*Soc. d'Ethn., Mém. du Comité Sin.-Japonais*, XX, 1897, Partie 2, pp. 115/119.)

— * Life in the Luchu Islands. By Dr. William H. Furness. (*Bul. Museum of Science and Art*, University of Penn., No. 1, Vol. II, Jan. 1899, Philadelphia.)

— Tentamen Florae Lutchuensis. Sectio Prima. Plantae Dicotyledoneae polypetalae auctoribus Tokutaro Ito... et Dr. J. Matsumura. (*Jour. Col. of Sc., Univ. Tokyo*, Vol. XII, Pt. IV, 1900, pp. 263/541.)

— Notes on the Raised Coral Reefs in the Islands of the Riukiu Curve. By S. Yoshiwara. (*Ibid.*, Vol. XVI, Pt. I, 1901, pp. 1/14, 2 pl.)

— Geologic Structure of the Riukiu (Loochoo) Curve, and its Relation to the Northern Part of Formosa. By S. Yoshiwara. (*Ibid.*, pp. 1/67, 5 pl.)

— On Some Fossils from the Islands of Formosa and Riu-Kiu (= Loo Choo). By R. Bullen Newton... and Richard Holland. (*Ibid.*, XVII, Art. 6, pp. 23, 4 pl.)

(Divers.)

— The Riukiu (Luchu) and Bonin Islands. (*Geog. Journal*, Aug. 1902, pp. 228/9.)

D'après S. Yoshiwara.

— Geomorphologische Studien aus Ostasien. III. Die morphologische Stellung von Formosa und den Riukiu-Inseln. Von Ferdinand von Richthofen. — Mit einer Tafel. (*Sitz. königl. Preuss. Ak. Wiss. Berlin, phys.-math. Cl.* vom 31. Juli 1902, pp. 944/975.)

Tirage à part, in-4, pp. 32, XL, 1902.

— Les îles Riou-Kiou, par M. le Comte M. de Périgny, par F. Lemoine. (*La Géographie*, 15 Juin 1904, pp. 492/3.)

— A Visit to the Loochoo Islands. By C. S. Leavenworth. (*N. C. Herald*, Oct. 7, 1904, pp. 807/9.)

— The Loochoo Islands. By Charles S. Leavenworth, M. A. (*East of Asia*, Vol. 3, 1904, No. 3, Sept., pp. 282/302; No. 4, Dec., pp. 371/386.)

— The History of the Loochoo Islands. By Charles S. Leavenworth, M. A. (*Jour. C. B. R. A. Soc.*, XXXVI, 1905, pp. 103/119.)

— Die Besitznahme der Riu-kiu-Inseln durch Japan. Von Georg Schultze. (*Asien*, Sept. 1905, pp. 181/3.)

— * The Loo Choo Islands, by Editor. (*Wan Kwoh Kung Pao*, Dec. 1905, Vol. XVII, No. 11.)

— Notes on a Collection of Snakes from Japan and the Loo Choo Islands. By Capt. F. Wall. (*Proc. Zool. Soc. Lond.*, 1905, Vol. II, Pt. II, pp. 511/7.)

— Geographical Trip to the Loochoo Islands. By Tatsugorō Wakimizu. (*Journ. of Geog.*, Tokyo, Oct. 1906, p. 647; Nov. 1906, p. 732; Dec. 1906, p. 812.)

En japonais.

(Divers.)

ADDITIONS ET CORRECTIONS

97

PREMIÈRE PARTIE

LA CHINE PROPREMENT DITE

I. — OUVRAGES GÉNÉRAUX.

Col. 7.

— The strange and marueilous Newes...

Pet. in-8, 6 ff. — Commence : « in the month of March 1577 ».
« The copy in the Britwell Library is apparently unique. » (*Dic. Nat. Biog.*, s. v. *Nicholas*, Thomas.) — La bibliothèque de Britwell Court a été formée par William Henry Miller, né 1789 ; † 31 oct. 1848 ; cf. *Dict. Nat. Biog.*, s. v. *Miller*, W. H.

Col. 9.

Juan Gonzalez de Mendoça.

— Historia de las cosas... Au verso du dernier f. : En Madrid En casa de Pedro Madrigal Año 1587.

Lenox Library.

Col. 10.

— Gonzalo de Mendoza's « Historia de las cosas mas notables, ritos y costumbres del Gran Reyno de la China », and its Place in Americana and New Mexicana. (*United States Catholic Historical Mag.*, Vol. III, No. 11, 1890, New York, pp. 305/324.)

Donne la traduct. des voyages de Rodriguez et d'Espejo. — La notice en tête a été rédigée en grande partie à l'aide de notes de M. Wilberforce Eames, de la Lenox Library.

Par le P. John Dawson Gilmary Shea, né à New York, 22 juillet 1824.

Col. 13-14.

— The Historie... of China. 1588.

D'après l'ex. de la Lenox Library, il y a eu deux tirages de la préface ainsi que le prouve le recto du f. 3 de la dédicace malheureusement un facsimile.

(Ouvrages généraux.)

Col. 16.

— La Lenox Library a deux éd. de la trad. allemande publiée à Leipzig « durch Frantz Schnelboltz » et non « Echnelboltz » mais l'une est datée M.D.XCVII et l'autre M.D.XCVIII, mais la dernière page, verso, porte M.D.XCVII dans les deux cas ; c'est donc une même éd. avec un titre différent.

— De Historie ofte Be= ‖ schrijuinghe van het groote ‖ Rijck van China. ‖ Eerst in Spaensch beschreuen | door ‖ M. Ian Gonzales van Mendoza, Monick van ‖ d'oorden van S. Augustijn : ende nu ‖ uit het Italiaensch nieus in Ne= ‖ derlandtsche tale ghe= ‖ bracht. ‖ Tot Amstelredam, ‖ Ghedruckt voor Cornelis Claesz, Boeckvercooper | ‖ woonende opt Water int Schrijfboeck. ‖ Anno 1595. In-8, même éd. que celle de M.D.XCV, pp. 197 mais sans les errata au verso du dern. f. qui est blanc.

Col. 25.

— Semedo. — Même ouvrage, col. 625. — (W. Eames.)

Col. 49.

— Du Halde et d'Anville (Cartes de la Chine) par Henri Cordier. (*Rec. de Mém. Orient... par les Prof. de l'Ecole des Langues Orient.*, 1905, pp. 389/400.)

Tirage à part, 10 exemplaires.

(Ouvrages généraux.)

97*

Col. 67.

— Miscellaneous Notices... by Staunton, 1822.

Mr. W. Eames de New York a un ex. daté 1822, sans « Second Edition, enlarged », in-8, pp. VIII-384, table. — Sans doute l'édition originale.

Col. 70.

— Les jeunes Voyageurs en Asie, ou Description raisonnée des divers pays compris dans cette belle partie du monde, Contenant des détails sur le sol, les productions, les curiosités, les moeurs et coutumes des habitans, les hommes célèbres de chaque contrée, et des anecdotes curieuses Avec une Carte générale de l'Asie, six Cartes particulières, et seize gravures en taille-douce. Par P. C. Briand. Paris, Chez Hivert, 1829, 8 vol. in-12.

Vol. 5. — Inde au delà du Gange. — Vol. 6. — Chine. — Vol. 7. — Japon. — Tartarie. — Vol. 8. — Russie d'Asie.

Col. 74.

— Fan-Kuei oder der Fremdling in China. — Uebersicht der Sitten, Gebräuche, Meinungen, Geseze, der Religion, des Handels und der Politik des Chinesischen Volkes, von Charles T. Downing Esqr. — Nach der zweiten Auflage des Originales, mit Bezugnahme auf die neuesten Ereignisze umgearbeitet und mit Anmerkungen versehen, von C. Richard. — Aachen und Leipzig. Verlag von Jacob Anton Mayer. 1841. 2 vol. in-8, pp. XXXVI-313, 364.

Col. 79-80.

— La Chine et les Chinois dessins exécutés d'après nature par Auguste Borget, et lithographiés à deux teintes par Eugène Cicéri. — Paris chez Goupil & Vibert édit. s. d. [1842], gr. in-fol., 3 ff. n. ch. p. l. tit., déd. et let. au Roi [facsimile] + pp. 26 + 32 pl. + 1 f. n. ch. [Désignation des dessins].

Les 26 pp. renferment : Explication des dessins. — Fragments de lettres inédites de l'auteur. — Typ. de Schneider et Langrand, 1 rue d'Erfurth.

Col. 87.

— Pictorial History of China and India ; comprising a Description of those Countries and their Inhabitants, embracing the Historical Events, Government, Religion, Education, Language, Literature, Arts, Manufactures, Productions, Commerce, and Manners and Customs of the People, from the earliest Period of Authentic Record to the present Time. Edited by Robert Sears. Illustrated with Two hundred Engravings. New York ; Robert Sears, 1851, in-8, pp. 592.

Col. 88.

— Lecture on the Chinese Empire, delivered before the Mechanic's Institute, On Thursday Evening, January 26th, 1854, by Rev. Dr. Scott. New Orleans : Printed at the « Daily Delta » Steam Job Press, 1854, br. in-8, pp. 12 à 2 col.

Col. 94.

— The Oldest and The Newest Empire : China and the United States. By William Speer, D. D.,... Hartford, Conn. : S. S. Scranton, 1870, in-8, pp. 672.

Col. 95-96.

— Chinesische Gilden. (Aus Herbert A. Giles' *Chinese Sketches*.) (*Globus*, XXXII, 1877, pp. 254/5.) — Chinesischer Slang. (*Ibid.*, pp. 284/5.) — Diebstahl in China. (*Ibid.*, pp. 331/2.)

Col. 96-97.

— Richthofen. — China.

Notices : *Mitt. k. u. k. geog. Ges. Wien*, 1877, pp. 494/508, par le Prof. Dr. Franz Toula. — *Nature*, XVI, 1877, pp. 206/7.

Nature, XXVI, 1882, pp. 241/2, par Arch. Geikie.

— Bemerkungen zu Richthofen's *China*. Von Dr. A. Wojeikof. (*Mitt. k. u. k. geog. Ges. Wien*, 1877, pp. 543/6.)

— Der Atlas von China. [Von Dr. Albr. Penck.] (*Das Ausland*, LVIII, 1885, pp. 641/4, 666/9.)

Sur l'Atlas de Richthofen.

Col. 99.

— China. By R. K. Douglas.

Notice : *Nature*, XXVII, 1882-3, pp. 221/222.

— Society in China. By Robert K. Douglas, Keeper of the Oriental Books and Manuscripts in the British Museum, Professor of Chinese at King's College. Popular edition. London : A. D. Innes & Co., Bedford Street. 1895. In-12, pp. xii, 434. No illustrations.

Col. 100.

— Stanford's Compendium of Geography and Travel based on Hellwald's « Die Erde und ihre Völker ». — Asia with ethnological Appendix by Augustus H. Keane Vice-President of the Anthropological Society edited by Sir Richard Temple, Bart., M. P... — Maps and Illustrations — Second Edition. London, Edward Stanford, 1886, in-8, pp. XXXI-723.

12 cartes et 73 ill. — Ce Compendium comprend six volumes.

Revised Edition, 1906.

Notice : *Nature*, XXVI, 1882, pp. 317/8. By A. H. Sayce.

Col. 101.

— The Empire of China Past and Present by General Tcheng-ki-tong, Military Attaché of Imperial Legation at Paris, John Henry Gray, M. A., LL. D., Archdeacon of Hongkong, and Others. Illustrated. Chicago and New York : Rand, McNally & Co., in-12, pp. 243. [1900], Carte.

— The Chinese Empire Past and Present by General Tcheng-ki-tong, Military Attaché of Imperial Legation at Paris, John Henry Gray, M. A., LL. D., Archdeacon of Hongkong and Others. Illustrated. Chicago and New York : Rand, McNally & Co., in-12, pp. 243. [1900], Carte.

Même éd. avec carte différente et ill. en plus.

— Kinas Folk och Civilisation — Bearbetning efter Tcheng-ki-tong och Andra Källor af G. Renholm. Stockholm, Wahlström & Widstrand, in-8, pp. 178.

— La Cité chinoise, par Eug. Simon...

Notice : *Bull. Soc. Zool. Acclim.*, IVe Sér., III, 1886, pp. 124/127. Par Am. Berthoule.

Col. 103.

— Aus dem Lande des Zopfes. — Plaudereien eines alten Chinesen. Von M. von Brandt. — Zweite vermehrte Auflage. — Leipzig, Georg Wigand, 1898, in-8, 4 ff. n. ch. + pp. 195.

Allerlei. — Wie China ißt und trinkt. — Sozialpolitisches und anderes. — Peking. — Vom chinesischen Soldaten. — Deutschland und China. — Neuestes.

— Things Chinese or Notes connected with China By J. Dyer Ball... Fourth Edition revised and enlarged. London, John Murray, 1904, in-8, pp. xii-816.

Col. 104.

— Le *Chinese Recorder* de Dec. 1904 annonce un Vol. IV de Mesny's Chinese Miscellany.

Col. 105.

— China and the Chinese By Edmund Plauchut Translated and edited by Mrs. Arthur Bell (N. D'Anvers) With fifty-eight illustrations London Hurst and Blackett, Limited 13 Great Marlborough Street 1899 All rights reserved. In-12, pp. xiv-267.

— * E. Bard. — Chinese Life in Town and Country; adapted from the French by H. Twitchell. With Illustrations. New York, 1905. In-8, pp. xii-285.

— * The Chinese at Home. Adapted from the French of Émile Bard. By H. Twitchell. London, Newnes, in-8, pp. 306, 7*s.* 6*d.*

Notice : *Lond. & China Express*, 9 Feb. 1906.

Col. 105-106.

— Ernst Ruhstrat. — Sittenbilder aus China. Voir col. 1845.

(1898-1904.)

— Bibliothèque d'histoire et de géographie universelles — L'Empire du Milieu par Albert de Pouvourville (Matgioi) Avec 42 Figures dans le Texte et 2 Cartes. Paris, Schleicher, 1900, in-12, pp. 189 + 1 f. n. ch. tab.

Forme le Vol. III de la *Bib. d'hist. et de géog. universelles.*

— Bibliothèque d'histoire et de géographie universelles — La Chine des Mandarins par Albert de Pouvourville (Matgioi) Avec 54 Figures dans le texte D'après des Dessins originaux de Cézard, Demeufuc, Erhmann et des Documents de l'Auteur. — Paris, Schleicher, 1901, in-12, pp. 167.

Forme le Vol. V de la *Bib. d'hist. et de géog. universelles.* — L'auteur annonçait *La Chine des Lettrés* et *La Chine des Agriculteurs.*

Notice : *Etudes...*, 20 Août 1901, pp. 559/560, par A.-A. Fauvel.

Col. 107.

— Some little known features of China. (*Jour. School Geog.*, Vol. V, Sept. 1901, pp. 263/7.)

Abst. from *China and the Far Eastern Question* by Rev. Dr. Eitel, Adelaïde, Australia.

— China Past and Present by Edward Harper Parker... London, Chapman & Hall, 1903, in-8, pp. xi-424.

Notices : *Lond. & China Telegraph*, Supp., Nov. 2, 1903. — *Petermanns Mitt.*, 1904, p. 123, par M. v. Brandt.

— China and Religion by Edward Harper Parker, M. A. (Manc.) Professor of Chinese at the Victoria University, Manchester... London, John Murray, 1905, in-8, pp. xxv + 1 f. n. ch. + pp. 317.

China's Primitive Religion. — Taoism. — Confucianism. — Buddhism. — Fire-Worship and Manicheism. — Nestorianism. — Islam. — The Jews. — The Roman Church. — Protestantism. — The Orthodox Church. — Shintôism.

Notices : *Bul. Com. Asie franç.*, Déc. 1905, pp. 490/1. — Giles, *Adversaria Sinica*, II, 1906, pp. 50/4, d'après la *Cambridge Review.* — *Journal N. C. B. R. A. Soc.*, XXXVII, 1906, pp. 202/3, par A. E. N. L. — *Bul. Ecole franç. Ext. Orient*, VI, Juil.-Déc. 1906, pp. 404/416, par P. Pelliot.

— China und die Chinesen. Auf Grund eines 20jähr. Aufenthaltes im Lande der Mitte geschildert von B. Navarra Mitbegründer und bis 1899 Herausgeber und Chef-Redakteur des « Ostasiatischen Lloyd » in Shanghai. Max Nössler in Bremen, 1901, in-8, pp. viii-566, grav.

Notice : *Zeitschr. Ges. f. Erdk. Berlin*, 1902, pp. 566/9, par Felix Lampe.

Col. 108.

— Ernst Tiessen. — China, Erster Theil 1902.

Notices : *Zeitschr. Ges. f. Erdk. Berlin*, 1902, pp. 741/4, par F. v. Richthofen. — *Petermanns Mitt.*, 1904, pp. 122/3, par K. Futterer.

— Pène-Siefert... — Jaunes et Blancs en Chine...

(1900-1903.)

Notice : *T'oung Pao*, IIe Sér., Vol. IV, N° 3, Juill. 1903, pp. 258/259. Par Henri Cordier.

∴

— Japan Its History Arts and Literature by Captain F. Brinkley... Illustrated. Volume I. London, T. C. & E. C. Jack, 1903, in-8, pp. 260.

Library Edition — Limited to 500 Numbered Copies for the United Kingdom.

— — Volume II. Ibid., 1903, pp. 286.

— — Volume III. Ibid., 1903, pp. 256.

— — Volume IV. Ibid., 1904, pp. 267.

— — Volume V. Ibid., 1904, pp. 260.

— — Volume VI. Ibid., 1904, pp. 301.

A la fin de ce vol., il y a un Appendix et un Index.

— — Volume VII. Pictorial and Applied Art. Ibid., 1904, pp. 396.

— — Volume VIII. Keramic Art. Ibid., 1904, pp. VIII-450.

— — Volume IX. Keramic Art. Ibid., 1904, pp. IX-426.

Ce vol. est consacré à la céramique chinoise.

— China Its History Arts and Literature... Volume X. Ibid., 1904, pp. x-273.

— — Volume XI. Ibid., 1904, pp. XI-285.

— — Volume XII. Ibid., 1904, pp. XII-292, Carte.

Publié à 14/- par vol. — Edition de luxe à 35 ex., imprimés sur Japon, pl. extra sur soie de Chine, à £ 25-4/- l'ex.

Notices : *Lond. & China Express*, Dec. 4, 1903. — *Petermanns Mitt.*, 1904, pp. 114/6, par M. v. Brandt.

∴

— Asien. Zweite Auflage. Von Professor Dr. Wilhelm Sievers. — Mit 167 Abbildungen im Text, 16 Kartenbeilagen und 20 Tafeln in Holzschnitt, Ätzung und Farbendruck von E. C. Compton, E. Heyne, G. Mützel, E. Pechnel-Loelche, R. Reschreiter und O. Winkler. Leipzig und Wien, Bibliographisches Institut, 1904, in-8, pp. XI-712.

Fait partie de la collection *Allgemeine Länderkunde*.

— Le Peuple chinois ses moeurs & ses institutions par Fernand Farjenel Chargé de Cours au Collège libre des sciences sociales... Paris, Chevalier et Rivière, 1904, in-12, pp. XI-426 + 1 f. n. ch.

— Lettre de M. Farjenel en réponse au compte-rendu de M. Courant dans les *Annales* du 15 mai 1905. (*Annales des Sciences Politiques*, 15 juillet 1905, pp. 553/4.)

— Lettre de Maurice Courant. (*Ibid.*, pp. 554/5.)

— The Story of China by R. Van Bergen, M. A. New York, Cincinnati, Chicago American Book Company, pet. in-8, pp. 224

— The Far East by Archibald Little... Oxford, at the Clarendon Press, 1905, in-8, pp. VIII-334, cartes et ill.

Fait partie de la collection *The Regions of the World*.

Notices : *Bul. Com. Asie franç.*, Oct. 1905, p. 416. — *Journal N. C. B. R. A. S.*, XXXVII, 1906, p. 207, par J. C. F.[erguson.] — *Geog. Journ.*, Jan. 1906, pp. 73/5, par W. R. C.

— * John Chinaman at Home. Sketches of Men, Manners and Things. By the Rev. E. J. Hardy, M. A., Chaplain to H. M. Forces. Illustrated. Fisher Unwin, 1905, in-8, pp. IV-335.

Notice : *Journal N. C. B. R. A. Soc.*, XXXVII, 1906, p. 202. By A. E. N. L. — Voir col. 1845.

— Capitaine d'Ollone. — La Chine novatrice et guerrière. 1906. — Voir col. 2579.

— RESEARCH IN CHINA. Published by the Carnegie Institution of Washington. 1907. Voir GÉOLOGIE.

— The Chinese Empire A General & Missionary Survey With Portraits and Illustrations. Edited by Marshall Broomhall, B. A. Editorial Secretary, China Inland Mission. With Preface by The Right Hon. Sir Ernest Satow, C. G. M. G. H. M. Minister at Peking 1900-1906. London : Morgan & Scott, s. d. [1907], in-8, pp. XXII + 1 f. n. ch. + pp. 472, ill. et carte.

Avec un Atlas.

— Die Völker Chinas Vorträge, gehalten im Seminar für Orientalische Sprachen zu Berlin von Dr. Alfred Forke... Zweites Tausend. Berlin, Karl Curtius, 1907, in-8, pp. 90.

Notice : *Petermanns Mitt.*, 1907, Ltbt., 464, par M. v. Brandt.

— * China in Legend and Story. By C. Campbell Brown. Edinburgh, Oliphant, Anderson & Ferrier, 1907, in-8.

Notice : *Lond. & China Express*, 20 Sept. 1907.

II. — GÉOGRAPHIE.

A. — Géographie ancienne.

Col. 110.

— 山海經 *Chan-Hai-King* Antique Géographie chinoise traduite pour la première fois sur le texte original par Léon de Rosny — Tome premier — Paris, J. Maisonneuve, 1901, in-8, pp. 408.

E.-J. Brill, imprimeur, à Leide.

Col. 111.

— Ancient Chinese Geography. (*Nature*, XXXI, 1884-5, p. 58.)

— Historical Atlas of the Chinese Empire... by E. L. Oxenham. 1888.

Voir col. 592.

Col. 112.

— La Rivière Noire du « Tribut de Yu » Etude de géographie ancienne chinoise par J. Beauvais. (*T'oung Pao,* Mai 1905, pp. 161/228, carte.)

— An Ancient Map of the World. By H. B. Hulbert. (*The Far East,* Vol. I, 1906, pp. 39/42, 1 pl.)

Cf. *Korean Rep.*, col. 2990, et Cordier, col. 194.

Col. 113-114.

— *T'ien Chan*, voir ASIE CENTRALE.

FLEUVES.

DIVERS.

Col. 115.

— The Yang-tse, the Yellow River, and the Pei-ho. [By H. B. Guppy, Surgeon of H. M. S. *Hornet*.] (*Nature*, XXII, 1880, pp. 486/488.)

— The Yang-tse, the Yellow River, and the Pei-ho. By T. Mellard Reade. (*Ibid.*, p. 559.)

— The Yang-tse, the Yellow River, and the Pei-ho. By A. Woeikof. (*Ibid.*, XXIII, 1880-81, p. 9.)

— The Yang-tse, the Yellow River, and the Pei-ho. By H. B. Guppy. (*Ibid.*, pp. 35, 99.)

Voir col. 3037.

— * E. v. Cholnoky. — Flussregulierung und Bodenmeliorationen in China; Mitteilungen über Gewässerangelegenheiten im Auftrag des k. ungar. Ackerbauministers redigiert und herausgegeben von der Landes-Wasserbau-Direktion. (Ch. I : Folyószabályozás és talajjavitás Khinában; Visügyi Közlemények A m. kir. földmivelésügyi Minister wegbizásából szerkeszti és kószéteszi ar Országos Vizépitési Igazgatóság.) Heft XXI. Budapest, 1905, gr. in-8, pp. 99 + 2 cartes et 51 ill. dans le Texte.

— L. v. Lóczy. — E. von Cholnoky über Flussregulierung und Bodenmeliorationen in China. (*Petermanns Mitt.*, 52. Bd., 1906, pp. 91/2.)

1° LE *TCHOU KIANG, SI KIANG, ETC.*

Col. 116-117.

— W. P. Jones. — [The Pearl River.] (*Proc. of the American Geog. and Stat. Soc. of New York,* Session 1863-64, pp. 93/109.)

— Expedition up the Si-Kiang River. By Lieut. Lindesay Brine, R. N., F. R. G. S. (*Proc. Roy. Geog. Soc.*, V, 1861, pp. 238/241.)

— Eine Expedition auf dem Si-Kiang in China. Von Lieutenant Lindesay Brine. (Royal Geog. Soc.) (*Das Ausland*, XXXV, 1862, pp. 854/7.)

— Admiral Lindesay Brine. (*Geogr. Journal*, XXVII, March 1906, p. 309.)

Nécrologie. † Torquay, le 2 février 1906, à l'âge de 72 ans.

— Publications de la Société Belge d'Etudes Coloniales. Mai 1907. — Compte rendu de la Conférence donnée le 26 avril, par le Capitaine d'artillerie Adjoint-d'Etat-Major F. Harfeld sur la Rivière des Perles — Canton et Macao — Bruxelles, L'Imprimerie nouvelle, 1907, in-8, pp. 9, ill.

— China. — Imperial Maritime Customs. — II. — Special Series : No. 25. — West River : *Report on Trade Conditions, etc.,* in 1897. — Published by order of The Inspector General of Customs. — Shanghai : Statistical Department of the Inspectorate General of Customs. — 1901, in-4, pp. 23, 2 cartes.

Par R. E. Bredon.

— China. — Imperial Maritime Customs. — II. — Special Series : No. 28. — *West River Regulations, 1904, and Kongmoon Customs Regulations, 1904.* — Published by order of The Inspector General of Customs. — Shanghai : Statistical Department of the Inspectorate General of Customs. 1905, in-4, pp. 9 + XIII p. texte chinois.

— L'ouverture de Nanning et le commerce du Si-Kiang. Lettre de M. Gaston Liébert, consul de France à Hong-Kong. (*Bull. Com. Asie française*, Nov. 1906, pp. 453/4.)

2° LE *MIN KIANG.*

Col. 118.

— The Beautiful River Min. By Kate E. Kauffman. (*East of Asia,* Vol. 3, No. 4, Dec. 1904, pp. 331/343.)

— The River Min. By Franz Woas-Wiesbaden. (*The Far East*, Vol. I, 1906, pp. 164/180.)

3° LE *TS'IEN-TANG KIANG*.

Col. 118-119.

— Le mascaret de Hang-tcheou. Par J. M., Zi-ka-wei, 20 oct. 1902. (*Cosmos*. — *Bul. Soc. Géog. Est*, 1903, pp. 171/5.)

— A Trip to the Hangchow Bore. By John Green. (*East of Asia*, Vol. II, No. 1, May 1903, pp. 43/58.)

— * William W. Kahler. — The Hangchow Bore, and how to get it. 2d edition. Shanghai, Union Office, 1905, in-8, pp. 49 et 18 ill.

Notice : *Petermanns Mitt.*, 1907, Ltbt., 453, par O. Krümmel.

4° LE *TA KIANG*.

Col. 121.

— The Yang-tse-keang and the Hwang-ho, or Yellow River. By William Lockhart, Esq., F. R. G. S. — [Read before the Royal Geographical Society of London on the 26th of April, 1858.] London : Printed by William Clowes and Sons, br. in-8, pp. 11.

— On the Importance of opening the Navigation of the Yang-tse Kiang, and the Changes that have lately taken place in the Bed of the Yellow River, &c. By William Lockhart, Esq., F. R. G. S. (*Proc. Roy. Geog. Soc.*, II, 1858, pp. 201/209.)

— Lord Elgin's Entdeckungsfahrt auf dem Yang-tse-kiang. (*Das Ausland*, XXXII, 1860, pp. 396/403.)

Col. 122.

— Expedition up the Yang-tse-Kiang. By Lieutenant-Colonel Sarel, 17th Lancers, F. R. G. S. (*Proc. Roy. Geog. Soc.*, VI, 1862, pp. 2/4.)

— Capitän Blakistons Fahrt auf dem obern Yang-tse-kiang. (*Das Ausland*, XXXIV, 1861, pp. 787/8.)

— Oberstlieutenant Sarels und Capitän Blakistons Fahrt auf dem Jang-tse-kiang von Han-kow bis Ping-schan. (*Ibid.*, XXXV, 1862, pp. 412/416.)

— Die freie Schiffahrt auf dem Yangtsekiang und die Taiping. (*Ibid.*, pp. 743/4.)

— * Alfred Bowyer Barton, M. D., F. R. C. S., F. R. G. S. Memoir and extracts from his diary. A Fragment. London : Printed for Private Circulation. 1906.

Died July 1905. — Compagnon de Sarel et de Blakiston en 1861.

Col. 126.

— The Kinsha River of West China. By W. R. Carles. (*Geogr. Journal*, XIX, April 1902, pp. 518/519.)

— Map of the Yangtse-Kiang in Thirteen Sheets. From its Mouth to Chungking, and General Chart from Mouth to Source, with Plans of Shanghai, Chinkiang, Nanking, Wuhu, Kiukiang, Hankow, Ichang, and Chungking, Lights, etc. — By R. A. de Villard — Shanghai 1895. 長江全圖, folio.

Scale 1 : 185.000 or 2·5 stat. miles to an inch.

— Note sur les Rapides de Yang-tsé-Kiang par J. Eysséric, Chargé de Mission par le Ministère de l'Instruction publique — (Extrait des *Annales de Géographie*) (No. 24 du 15 Octobre 1896). Armand Colin, Paris, pièce in-8, pp. 7.

Col. 128.

— La navigation sur le Fleuve Bleu. (*Revue scientifique*, 38e année, 1901, 1er sem., pp. 505/6.)

— La navigation dans la région du Yang-Tsé. (*Bull. Com. Asie française*, Janvier 1902, pp. 31/32.)

D'après le rapport de M. Fox, du Consulat britannique de Changhai.

— La Vallée du Yang-Tsé-Kiang. Par Charles Sauerwein, Enseigne de vaisseau. (*Bul. Soc. Et. Col. & Mar.*, 1902, pp. 57/62, 111/116.)

Ext. de la *Rev. Maritime* de Janvier 1902.

Col. 129.

— La navigation à vapeur dans le bassin supérieur du Yang-tseu. Par Pierre Bons d'Anty. (*La Géographie*, 15 août 1903, pp. 65/74.)

— Le Bassin du Yang-tsé-kiang, par M. le Dr. Rideau Médecin de 2e classe de la Marine. (*Arch. de Médecine navale*, LXXXII, 1904, pp. 279/291.)

— Der Jangtse. Von D. Kürchhoff. (*Asien*, 2, 1903, pp. 183/6.)

— * A. Kniep. — Der Yang-Tzi-Kiang als Weg zwischen dem westlichen und östlichen China. Leipzig, 1904, in-8.

— La grande boucle du Yang-tseu-kiang. Par Gervais Courtellemont. (*Ann. de Géog.*, XIII, 1904, pp. 266/9.)

— Hourst. — Voir col. 2171, 3041, 3042.

— Le Min-Kiang ou Fou Ho. (De Sui-Fou à Tcheng-tou.) (Hourst, *Inst. naut.*, *Haut Yang-tse-kiang*, 1904, pp. 153/191.)

— Sur le Yang-tseu, voir HÉMON, Félix.

Bibliographie, pp. 279/301. — Col. 2172.

— Die drei Kiang 三江 des Chouking 書經 Ihre Geschichte von ehedem bis jetzt. Randglossen und Ergänzungen zu Richthofens « China », Bd. I, S. 330. Von P. Albert Tschepe, Missionar. S. J. (*Mitt. Semin. Orient. Sprachen*, VIII, *Ostasiat. Studien*, 1905, pp. 139/181.)

— Woher kommt der Name des Stromes Jangtsekiang? Von P. Albert Tschepe. (*Ibid.*, IX, ... 1906, pp. 127/130.)

— Der Nan-Kiang 南江. Eine geographisch-historische Studie. Von P. Albert Tschepe. (*Ibid.*, pp. 134/146.)

— Observations sur la navigabilité du Haut Yang-tse-kiang par bateaux à vapeur par E. C. Abendanon, Ingénieur des Mines aux Indes Néerlandaises. (*Revue universelle des Mines*, XIII, 1906, 1er trim., pp. 149/170.)

Carte de Tchoung-king fou à I-tchang fou au 1 : 1.500.000.

5° LE *HOUANG HO.*

Col. 131.

— The Yellow River and the Pei-ho. By H. B. Guppy. (*Nature*, XXV, 1881-2, p. 584.)

Voir *Nature*, XXII, p. 486. — Voir col. 3033.

— China. — Imperial Maritime Customs. — II. — Special Series : No. 29. — *Notes on the Hwangho, or Yellow River;* including Extracts from a Report on the Condition of the South Bank immediately below Lo-k'ou. — Published by order of The Inspector General of Customs. — Shanghai : Statistical Department of the Inspectorate General of Customs, 1906, in-4, pp. 29, 4 cartes et 4 pl. de vues en couleurs et 1 diagramme.

Notes par Capt. W. Ferd. Tyler, Coast Inspector.

6° LE *PEI HO.*

Col. 132.

— Der Peiho-Fluss. (*Das Ausland*, XXXIII, 1860, pp. 239/240.)

— Über die Peihoverbesserungen. Von Hans Kropatscheck, Leutnant, bisher beim Stabe der Ostasiatischen Besatzungsbrigade. (*Asien*, 1905, No. 6, pp. 88/90.)

LE *HOUN HO.*

Col. 133.

— Étude sur le Hounn-Ho inférieur Son delta, son confluent avec le Pei-Ho et les relations qui existent entre ses apports alluvionnaires et l'avenir du port fluvial de Tien-Tsinn. Par le Lieutenant Servagnat. (*Revue des Troupes coloniales*, 1903, II, pp. 525/540, 680/694.)

— Les déplacements du Houn-Ho inférieur. Par D. Aitoff. (*La Géographie*, 15 Juin 1904, pp. 461/464.)

D'après le lieutenant Servagnat.

LE *YUN HO.*

— Der Kaisercanal in China. (*Das Ausland*, XXXI, 1858, pp. 307/8.)

— Nlle. éd. du Grand Canal, de Gandar.

Notice : *Geog. Jour.*, Nov. 1904, pp. 588/589.

— Sur le Canal impérial De Tchen-kiang à Sou-tsien. (*Relations de Chine*, Kiang-Nan, Octobre 1905, pp. 595/604.)

Extrait du « Canal Impérial » par le P. Gandar. (*Variétés Sinologiques*, N° 4.)

— * Der Kaiserkanal. Seine Geschichte, sein jetziger Zustand, seine Bedeutung und sein Lauf innerhalb Schantung. Von P. G. M. Stenz. [Avec Cartes.] (*Beiträge Kolonialpolitik*, 5, 1903-1904, pp. 115/134.)

— Der Kaiser-Kanal vom Yangtsekiang bis zum Peiho. Seine Lage, Beschaffenheit und kommerzielle Bedeutung. Von Elg. Mit einer Kartenbeilage. (*Asien*, 1903, No. 1, pp. 9/11.)

MERS DE CHINE, ETC.

— ¶ A Regiment ‖ for the Sea : ‖ Conteyning most profitable Rules, ‖ Mathematical experiences, and perfect ‖ knowledge of Nauigation, for all Coastes and ‖ Countreys : most needefull and necessarie for all Seafaring ‖ men and Trauellers, as Pilotes, Mariners, ‖ Marchants. &c. Exactly deuised and ‖ made by William ‖ Bourne. ‖ [Astrolabe.] ‖ ¶ Imprinted at London for Thomas Hacket, and ‖ are to be solde at his shop in the Royall Exchange, ‖ at the Signe of the Greene Dragon, s. d. [1603], pet. in-4, 12 ff. n. ch. tit. (grav. navire au revers), calend., etc. + 63 ff. ch. + 1 f. n. ch. tab.

Cette édition ne renferme pas le dernier chapitre consacré au Cathay.

— Discvrso hydrografico sobre la navegacion del Catayo en que se platica assi delos dos caminos ya manifiestos y notorios, como de otros tres que segun buen discurso y conjectura podria auer, sacado de vn libro Ingles llamado Regimiento del Mar, compuesto nueuamente, Por Guillelmo Bourne y Impresso en Londres Año de M.D.LXXX.

F. 129 et suivants de : Hydrografia la mas cvriosa qve hasta aqvi ha salido a luz... por el Licenciado Andres de Poça natural de la ciudad de Orduña... Bilbao por Mathias Mares, Año de 1585, in-4.

— De Conste der Zee-vaert | ‖ begrypende seer nootwendighe saecken voor alder- ‖ hande Zeevaerders | als Schippers Stuerlieden | ‖ Piloten | Boots-volck ende ‖ Cooplieden. ‖ Van nieus door den Autheur oversien ende verbetert, midts- ‖ gaders een beqaem Hydrographical discours, om door vijf ver- ‖ scheydene weghen naer Cathaia ende China te seylen : ‖ beschreven door den seer ervarenen Willem ‖ Bourne, Enghels-man. ‖ [Grav.] ‖ t'Amsterdam | by Cornelis Claesz. op't Water int ‖ Schrijf-boeck. Anno 1609. In-4, 4 ff. n. ch. p. l. tit., préf. etc. + 55 ff. ch. + 1 f. n. ch. tab.

Col. 137.

— Instruction sur le voyage de Chine à contre-mousson par un officier de marine. (*Ann. Maritim. et Col.*, Paris, 1818, 2e part., p. 803 ; 1819, 2e part., p. 357 ; 1820, 2e part., p. 174.)

Col. 140.

— The Extension seaward of the waters of the Chinese rivers. By H. B. Guppy. (*Nature*, XXVI, 1882, pp. 38/39.)
H. M. S. *Lark*, Sydney.

Col. 141.

— * G. Giovannini. — Rilievi nel golfo di Sian-se (Nimrod-Sound). Genova, 1903. (*Ann. idr.*, III, 1902, pp. 18/21, avec 1 carte.)

Vaisseaux *Vettor Pisani* et *Fieramosca*. — Voir col. 3041.

TYPHONS.

Col. 142.

— Cause of September Typhoons in Hong Kong. By W. Doberck. (*Nature*, XXXVII, 1887-88, p. 439.)
Hong Kong Observatory, Jan. 11.

— * Die Orkane des « Fernen Ostens ». Par le Prof. Dr. Paul Bergholz. Avec 31 cartes lithog., 33 tables et 7 figures. Bremen and Shanghai : Max Nössler, 1900, pp. XII + 260.

Notice : *Nature*, LXI, 1899-1900, p. 317. By H.

— Typhons des Mers de l'Extrême-Orient. Par le Commandant Verron. (*Rev. Maritime*, Janv. 1903, pp. 33/60.)
Verron, Comt le paquebot l'*Australien*.

— Un désastre — Le Typhon du 1er Septembre. Par L. T. (*Relations de Chine*, Kiang-Nan, Janvier 1906, pp. 3/10.)

ILES DIVERSES.

Col. 143.

— Die südlichen Inselgruppen des chinesischen Reiches. (*Das Ausland*, XXXI, 1858, pp. 593/5.)

— The Saddle Islands. By Edward S. Little. (*East of Asia*, Vol. 4, Pt. 2, June 1905, pp. 183/193.)

LIVRES PUBLIÉS PAR L'AMIRAUTÉ ANGLAISE.

Col. 163-164.

— The China Sea Directory. Vol. I. Containing Directions for the Approaches to the China Sea, by Malacca, Singapore, Sunda, Banka, Gaspar, Carimata, Rhio, Berhala, and Durian Straits. 5th edition, 1906. Pp. XXVI-734. 3*s*. 6*d*.

— — Vol. II. Directions for the China Sea between Singapore and Hongkong. 5th edition, 1906. 3*s*.

— — Vol. III. Comprising the coasts of China, from Hong-Kong to the Korea ; north coast of Luzon, Formosa Island and Strait ; the Babuyan and Bashi groups, and Pratas Island. Yellow Sea, gulfs of Pe chili and Liau Tung. Also the rivers Canton, West, Min, Yung, Yang Tse, Yellow, Pei Ho, and Liau Ho. — 4th edition, 1904. 4*s*. 6*d*.

— — — Hydrographic Notice, No. 1, 1905. 0.2*d*.

— Sailing Directions for Japan, Korea, and adjacent seas, from Yalu River, the boundary between Korea and China, to the Komandorski Islands ; also the Ogasawara (Bonin) Islands, etc., southward of Japan, and the Kuril Islands. Formerly published as *China Sea Directory*, vol. IV. First edition. London : J. D. Potter, 1904. 5*s*.

— — Supplement. 1906. 0.5*d*.

CARTES PUBLIÉES PAR L'HYDROGRAPHIE FRANÇAISE.

Col. 177-178.

No		FORMAT.	ÉCH. EN MILL.
5165	Port de Shang-hai. — Levés anglais. 1894-1900	1	$m = 185$
5166	Mouillage de la Pagode. — Levés anglais. 1886-1899. — Édit. de Décembre 1906	1/2	$m = 123$
5168	Abords et Entrée de la rivière Min. — Levés anglais. 1886-1899	1	$m = 28$
5173	Entrée et abords de Kouang-tcheou-wan. — Levé des officiers. 1896-99	1	$m = 46$
5177	Baie de Kiau-tschou. — Levé allemand. 1898-1900. — Édit. d'Octobre 1906	1	$m = 30$
5196	Abords de Ting hai. — Levé anglais. 1899	1/2	$m = 93$
5197	Baie de Sam Sa, partie sud. — Levé anglais. 1899	1/2	$m = 33$

N°		FORMAT.	ECH. EN MILL.
5214	Chenaux et mouillages de Kouang-tcheou-wan. — Entrée de la rivière Matshe. — Port Beaumont. — Officier D[on] navale d'Extrême-Orient. 1896-99	1	m = 74
5215	Rivière Matshe, du fort Bayard à Montao. — Mouillage de Montao. — Officier D[on] navale d'Extrême-Orient. 1896-99	1	m = 74
5226	Mouillage de l'île Quelpaert. — Baie d'Eden (Tshakoui-To). — Baie d'Anderson (Py-yang-To). — Baie de l'Alouette (Hoasgounpo). — Baie Hooper ou des Cascades (Tshieng-Tjis yo po). — Baie Déception. — Mouillage de Tjei-Tjou. — De Pontevès, enseigne de vaisseau, 1901; Edit. d'Octobre 1905 .	1/2	m = 93
5257	Golfe de Possiet. — Baies de l'Expédition et de Novgorod. — Levé russe. 1899	1	m = 32
5260	Mouillage de Tchemulpo. — Levé japonais. 1901	1/2	m = 74
5268	Iles et Mer du Japon. — Mer Jaune. — Documents les plus récents	1	d = 38
5278	Baie de Nimrod (Sian-Se-Kiang). — Uan Ten Kiang (Rivière de Ning haï). — Levé italien. 1901	1	m = 29
Voir col. 3039.			
5282	Haut Yang Tse entre Itchang et Suifou et ses affluents en amont de Suifou (Atlas de 21 feuilles et 1 index). — Hourst, lieutenant de vaisseau, 1901 à 1903	1/2	m = 37
5292	Plans à la presqu'île de Shantung. — Baie de Shitau. — Baie Aylen. — Baie Yangyustshih (Baie Rocheuse). — Anses Malau et Lungyen. — Baie de Litau. — Levés anglais. 1901-1903	1/2	m = 62
5298	Golfe de Pierre le Grand, partie ouest. — Baie Amour et abords de Vladivostock. — Levés russes. 1861-1897	1	m = 16
5299	Golfe de Pierre le Grand, partie est du Bosphore oriental au cap Povorotni, golfe d'Usuri. — Baie Razboinik. — Baie Gaidamak. — Baie Hakhodka. — Levés russes. 1861-1897	1	m = 16
5335	Chenal de Malu Han. — Merveilleux du Vigneaux, Cap. de vaisseau, 1904	1	m = 25
5340	De la pointe Rocheuse au Cap Temple. — Rade de Tching Wang Tao. — Levés français et anglais	1/2	m = 28

OUVRAGES PUBLIÉS PAR L'HYDROGRAPHIE FRANÇAISE.

Col. 180-1.

747 *bis*. Annexe aux Instructions n° 747. — Mer de Chine (tome II). 1905, in-8. — 1.50.

670 *bis*. Annexe aux Instructions n° 670. — Mer de Chine (tome III). 1904, in-8. — 2.00.

767 *bis*. Annexe aux Instructions n° 767. — Mer et Iles du Japon. 1905, in-8. — 2 fr.

858. Instructions nautiques — Chine — Haut Yang-tse-kiang et affluents par M. Hourst Lieutenant de vaisseau, commandant la canonnière l'*Olry* (1902-1903) Paris Imprimerie nationale — 1904, in-8, pp. 198. — 3 fr.

(HYDROGRAPHIE FRANÇAISE.)

858 *bis*. Annexe aux Instructions nautiques n° 858 — Haut Yang-Tse-kiang — Croquis des rapides entre Itchang et Suifou. Paris Imprimerie nationale. 1904, in-8, 32 pl. — 1 fr.

Par M. Hourst. — Echelle 12500.

OUVRAGES DE GÉOGRAPHIE GÉNÉRALE, ATLAS, CARTES.

Col. 189.

— Zur Chartographie des chinesischen Reiches. (*Das Ausland*, XXXII, 1859, pp. 334/5.)

— Eine chinesische Erdbeschreibung aus dem Jahre 1849. (*Globus*, XLIV, 1883, pp. 30/1.) — Cf. W. Schott, col. 189.

— The Geography of the Chinese Empire by P. N. Tsü. Shanghaï, Kelly & Walsh, 1897, in-8.

(GÉOGRAPHIE GÉNÉRALE.)

EDWARD STANFORD.

Col. 191.

— * Stanford's Map of the Empires of China and Japan, extended to show the adjacent portions of the Russian Empire, India, Burmah, etc., and showing the railways and the principal lines of communication between the various countries.

One sheet : 40 × 27 inches ; 110 miles to an inch (1 : 6.969.600). — 8s.

— * Stanford's London Atlas Map of China, coloured in provinces and showing the line of the Imperial Canal and the Great Wall. Submarine telegraph cables are inserted.

One sheet : 30 × 22 inches ; 90 miles to an inch (1 : 5.702.400). — 3s.

— * Stanford's London Quarto Atlas Map of China, with the provinces coloured, and extending to Calcutta on the west. The physical features are neatly and clearly delineated, and the map is recommended for reference or school purposes.

One sheet : 11 × 14 inches ; 200 miles to an inch (1 : 12.672.000). — 1s 6d.

— * Map of China and its Dependencies, showing the areas owned or leased by Foreign Powers, issued by the China League. This map shows clearly the present political arrangements in Eastern Asia ; the railways open and proposed are shown in red, navigable rivers in blue, and the treaty ports marked in special character. The map is not overcrowded with names, but is clear and distinct.

One sheet : 33 × 24 inches ; 120 miles to an inch (1 : 7.603.200). — 2s 6d.

— * Stanford's Map of Eastern China, Japan, and Korea, with an inset Map on a larger scale, of Korea, the Shantung Peninsula, Wei-hai-wei, and Port Arthur.

One sheet : 22 × 30 inches ; 110 miles to an inch (1 : 6.969.600). — 3s.

— * Stanford's Series of Outline Maps : China.

One sheet : 17 × 14 inches. — 6d.

Stanford's *Catalogue*, London, April 1906.

Col. 193.

— Information relating to the Chinese Empire from the Russian of Lieutenant Z. Matusovski. — Translated by Lieut.-Colonel W. E. Gowan, Retired List, Bengal. (*Journal Roy. United Service Institution*, Vol. XLV, 1901, pp. 272/280, 435/446.)

E. BRETSCHNEIDER.

Col. 195.

— * Map of China and the Surrounding Regions. Enlarged with permission from the Map published by E. Bretschneider, 1900 ; with corrections to 1905.

Four sheets : 46 × 44 inches ; 50 miles to an inch (1 : 3.168.000). — 8s 6d.

Stanford, April 1906.

Col. 197.

— Géographie générale des provinces chinoises voisines du Tonkin. Par A. Leclère, Ingénieur en Chef des Mines. (*La Géographie*, 15 avril 1900, pp. 267/288.) Carte.

Col. 198.

— Chinese Geographical Terms. (*The Times Weekly Edition Supp.*, July 29, 1901.)

— Stanislas Le Gall. — La Chine. Géographie générale, 1903.

Notice : *Bull. Ecole franç. Extrême Orient*, III, N° 2, Avril-Juin, 1903, p. 342. Par P. P.[elliot.]

— * Physico-Geographical Sketch of the China and Yellow Sea. By Major-General Baron E. Maidel... Edited by T. B. von Spindler [In Russian]. St. Petersburg, 1904, pp. VIII-122. Charts and Illustrations.

— * A new map of the Far East. By William Stanford. Scale 1 : 5,050,000 or 80 stat. miles to an inch. Oxford : Darbishire & Stanford, 1904. Price 1s. net.

— Geography of Asia by C. D. Tenney, LL. D. President, Imperial Tientsin University. London, Macmillan, 1904, in-4, pp. 76.

Cartes en couleurs. — Caractères chinois.

— La carte d'Asie au millionième. (*La Géographie*, 15 Avril 1904 pp. 309/10.)

∴

— L. Richard (夏之時) Géographie de l'Empire de Chine (Cours Supérieur). Chang-hai, Imprimerie de la Mission catholique à l'Orphelinat de T'ou-sè-wè — 1905, pet. in-8, pp. XVIII-564-XXII*.

Tableaux, Cartes et plans en noir et en couleurs dans le texte et hors texte ; carte générale de la Chine avec les altitudes (en couleurs) ; carte générale de la Chine politique (en couleurs) avec les noms chinois ; tableau de l'administration chinoise d'après le *Tsin-chen-lou* 縉紳錄 d'avril 1905.

Notices : *Bull. Ecole franç. Ext. Orient*, V, Nos. 3-4, Juill.-Déc. 1905, pp. 458/9. Par Emmanuel Girard. — *Jour. N. C. Br. R. As. Soc.*, 1907, XXXVIII, pp. 233/5, par W. S. R.

— L. Richard, S. J. (夏之時) Géographie de l'Empire de Chine (Cours inférieur). Chang-hai, Imprimerie de la Mission catholique à l'Orphelinat de T'ou-sè-wè. — 1905, pet. in-8, pp. XI-274-XIII à XX + 1 f. n. ch. er.

Tableaux, Cartes et plans en noir et en couleurs dans le texte et hors texte, etc.

∴

— On the Structure of Towns and Villages in China. By Naomasa Yamasaki. (*Journ. of Geog.*, Tokyo, XVIII, 1906, p. 1.)

— * List of Names of Places in China, for which it has been decided to adopt the conventional spelling in War Office maps and publications, the correct spelling according to Wade's system being put in brackets, if considered necessary. [1906.]

— * The Provinces of Western China. By Mrs. Pruen, of the China Inland Mission. London : Holmes. Glasgow, Allan. 1906.

— * Comparative Study in Geographical Terminology. By Gilbert Reid and Sha Ch'ing. Commercial Press, Shanghai.

Notice : *Chin. Recorder*, XXXVII, June 1906, p. 331. Par A. P. P.

— * Chinese Empire. Scale 1 : 3,041,000 or 48 stat. miles to an inch. Constructed and drawn by W. & A. K. Johnston, Ltd.

4 sheets. Edinburgh and London : W. & A. K. Johnston, Ltd.

— Landkarten von China. Von Franz Woas, Wiesbaden. (*Petermanns Mitt.*, 1907, X, pp. 242/3.)

SERVICE GÉOGRAPHIQUE DE L'ARMÉE.
Col. 199.

— Carte de l'Asie au 1/1.000.000^e.

Prix 1 fr. 25. — Voici les feuilles parues (Oct. 1907) depuis celle de *Hué* :

Kharbin. — Ningouta. — Ninghia Fou. — Tai-yuan Fou. — Lang-tcheou Fou. — Song-pan Ting. — Si-ngan Fou. — Kai-fong Fou. — Chang-hai.

— Asie centrale au 1/1.000.000^e

Khiva. — Nour-ata. — Tachkent. — Asterabad. — Merv. — Boukhara. — Pamir. — Kachgar. — Herat. — Maimené. — Kaboul.

PLANKAMMER D. KÖNIGL. PREUSS. LANDES-AUFNAHME.

— Karte von Ost-China. — Massstab 1 : 1.000.000.

Voici les feuilles parues (Oct. 1907) depuis celle de *Hsi ngan fu* :

Sair-Ussu. — Dolon nor. — Tschan tu fou. — Kirin. — Vladivostok. — Pyöng-yang. — Söoul. — Tschung king fu. — Kwei-lin fu. — Canton. — Amoy.

MAPS PUBLISHED BY THE TOPOGRAPHICAL SECTION, GENERAL STAFF.

China.

Ssu-chuan, Province of Eastern. Provisional issue without hills. (No. 2048.) Scale, 16 miles to an inch (1/1.000.000). 2*s* 6*d*.

Chê-chiang, Province of. Provisional issue. (No. 2152.) Scale, 16 miles to an inch (1/1.000.000). 2*s*.

Shantung, Province of. (No. 1936.) Scale, 16 miles to an inch (1/1.000.000). 2*s* 6*d*.

Ho-nan, Province of. (No. 1994.) Scale, 16 miles to an inch (1/1.000.000). 2*s* 6*d*.

Chih-li, Province of. South sheet. (No. 2095.) Scale, 16 miles to an inch (1/1.000.000). 2*s*.

Yünnan, Map of. (No. 2112.) Scale, 20 miles to an inch. 3*s* 6*d*.

Hong-kong. Shewing territory leased to Great Britain under convention of 9th June, 1898. (No. 1393.) Scale, ¾ inch to a mile, coloured sheet, 2*s*.

Tientsin, Prefecture of. (No. 1880.) Scale, 1 inch to a mile, 2 sheets, 6*s*.

Wei-hai-wei. Map of territory leased by China to Great Britain. (No. 1430.) Scale, 2 inches to a mile, 4 sheets, 8*s*.

Manchuria.

Harbin, Country south of. With hills. 1905. (No. 2019.) Scale, 6½ miles to an inch. 2*s*.

Mukden, Country around. With hills. 1905. (No. 1982.) Scale, 6½ miles to an inch. 2*s*.

Ninguta, Country west of. 1905. (No. 2044.) Scale, 6½ miles to an inch, 2*s*.

Tieh-ling, Country north of. With hills. (No. 2016.) Scale, 6½ miles to an inch. 2*s*.

Vladivostok, Country around. Provisional issue, without hills. 1905. (No. 2050.) Scale, 6½ miles to an inch. 2*s*.

Vladivostok, Country round. 1905. (No. 2018.) Scale, 10 miles to an inch. 2*s*.

INDIA OFFICE MAPS.

Chih-li Province, China. Scale, 8 miles to an inch, 40 in. × 27. Sheet, 2*s* 8*d*.

China Field Force. — Survey Map of the Chih-li Province. Scale, 2 miles to an inch; each sheet, 40 in. × 27. 18 sheets issued, 2*s* 8*d* each.

Tibet. — Map of Portion of Western China and Tibet, explored by Captain Deasy, 1897-98-99. Scale, 8 miles to an inch; each sheet, about 34 in. × 24. 5 sheets, 13*s* 4*d*.

— Map of Portion of Tibet explored by Captain Deasy. Scale, 8 miles to an inch; each sheet, 36 in. × 24. 2 sheets, 2*s* 8*d*.

— Part of Western Tibet explored by Captain Rawling and Lieut. Hargreaves. Scale, 12 miles to an inch. Sheet 2*s* 8*d*.

— Map of Great Tibet and Mongolia. Scale, 16 miles to an inch; each sheet, 40 in. × 27. 4 sheets, 7*s* 2*d*.

Yang-tse River. — Frontier Survey Maps, including Portions of the Yang-tse-kiang. Scale, 4 miles to an inch; each sheet, 40 in. × 27. In progress. 2*s* 8*d* each.

Yün-nan. — Frontier Survey Maps of Portions of Yün-nan. Scale, 4 miles to an inch; in progress; each sheet, 40 in. × 27, 2*s* 8*d* each.

— Map of the Province of Yün-nan. Scale, 16 miles to an inch, size complete, 38 in. × 48, 2 sheets, 3*s* 9*d*.

GRANDE MURAILLE.

— Ein Besuch an der grossen chinesischen Mauer. (*Das Ausland*, XXXIV, 1861, pp. 874/76.)
Aus der *Times*.

— Die grosse chinesische Mauer. (*Ibid.*, XXXV, 1862, pp. 713/715.)
Nach *Once a Week*.

— Herr von Möllendorff. — Ueber seine im Herbst 1877 in den nördlich der Grossen Mauer gelegenen Theil der Provinz Dshyli unternommene Reise. (*Verhand. Ges. Erdk. Berlin*, VII, 1880, pp. 254/6.)

— The Great Wall of China. By Charles E. D. Black. (*Calcutta Review*, Jan. 1903, pp. 34/45.)

DESCRIPTION PARTICULIÈRE DES PROVINCES.

1° *TCHE LI.*

Col. 207.

— Petschili, der chinesische Hofkreis. (*Das Ausland*, XXXI, 1858, pp. 283/287.)

— Eine Wanderung durch die chinesische Provinz Tschili im März 1874. (*Globus*, XXX, 1876, pp. 251/4, 264/6.)

Col. 208.

— Herr Dr. O. F. von Möllendorff (aus Shanghai als Gast). — Ueber seine Exkursion nach dem Hsiau Wutaishan, einem Gebirge in Nordchina. (*Verhand. Ges. Erdk. Berlin*, VII, 1880, pp. 111/2.)

— Original Map of the Hill Country North and West of Peking. From Surveys of Dr. O. F. von Möllendorff. Drawn by Dr. Richard Kiepert. — Scale 1 : 333,333. — Berlin, Dietrich Reimer, 1881. 1 feuille.
La carte est en allemand.

Col. 209.

— Zootechnie du Petchili. Par le Vétérinaire Cabriforce. (*Rev. des Troupes colon.*, 1904, I, pp. 343/370, 550/571.)

— A. Mathez. — A Description of the Country North of Peking. (*Mines & Minerals*, Scranton, 1901, XXI, pp. 393/5, fig.)

— Dr. O. Franke. — Beschreibung des Jehol-Gebietes, 1902.
Notice : *Bull. Ecole française Ext. Orient*, III, Oct.-Déc. 1903, pp. 715/718. Par P. Pelliot.

— Voyage à Jehol. Par le lieutenant Forner. (*Revue des Troupes colon.*, 1905, I, pp. 1/49, 97, 193/201.)
Voyage avec le cap. Marty. — Forner mort à 27 ans.

— The Government Schools of Chihli Province. By Charles D. Tenney. (*East of Asia*, Special Number, June 1904, pp. 90/95.)

— A Trip into the Chili province, North China. By the Rev. John Hedley. (*Geographical Journal*, XXV, No. 5, May 1905, pp. 513/525, Carte.)

— Das Trappistenkloster Yan-kia-ping, westlich von Peking. Von Oberleutnant Detloff v. Berg. (*Petermanns Mitt.*, 1907, IX, pp. 201/204.)

— RESEARCH IN CHINA. Published by the Carnegie Institution of Washington. 1907. Voir GÉOLOGIE.

TOMBES IMPÉRIALES.

Col. 210.

— * Herbert v. Borch. — Die westlichen Kaisergräber bei Peking. (*Der Ferne Osten*, I, pp. 201/11, ill.)

PEKING.

Col. 211.

— A Hurricane at Peking. (*Indo-Chinese Gleaner*, VI, October 1818, pp. 175/178.)

Col. 213.

— Dr. Morache. Nécrologie par H. C.[ordier.] (*T'oung Pao*, Oct. 1906, p. 526.)

— Ein Besuch in Peking. (*Das Ausland*, XXXVI, 1863, pp. 1157/1161.)

— Notes on Peking and its Neighbourhood. By W. Lockhart, Esq., F. R. C. S. (*Proc. Roy. Geog. Soc.*, X, 1866, pp. 154/158.)

Col. 216.

— Note sur un moyen employé par les Chinois pour préserver les Pigeons des Oiseaux de proie à Pékin. Par Paul Champion. (*Bul. Soc. zool. d'Accl.*, 1866, pp. 343/4; réimp. avec 2 grav., *Ibid.*, 1872, pp. 583/5.)

— The Plain of Peking and the neighbouring Hill by Dr. E. Bretschneider, Physician to the Russian Legation at Peking. — Translated from the German of Petermann's « Geographische Mittheilungen » (Supplementary No. 46, 1876). By N. E. With a Map. — Simla : Government Central Branch Press, 1876, in-8, pp. 134.

— Peking und Nordchina. (*Globus*, XXX, 1876, pp. 129/134, 145/150, 161/6, 177/183, 193/8, 209/215.)

— Peking und Umgebung. (*Ibid.*, XXXI, 1877, pp. 113/8, 129/133, 144/9, 161/7 177/180, 192/6.)

Col. 218.

— Explanation of the mystic astrological chart obtained from the Temple of Sûn-du-ſze in Peking. (*Journ. Buddhist Text Soc.*, II, 1894, Pt. 1, pp. 17/18, 1 pl.)

— Pékin... Par Alphonse Favier...
Notice : *Miss. Cath.*, XXIX, 24 Déc. 1897, p. 623.

— * A. Conrady. — Acht Monate in Peking. Halle, 1905, in-8.

— Pékin à Vol d'oiseau. (*Lecture pour Tous*, Janvier 1905, pp. 349/353.)

— Pechino e la Città Proibita. Conferenza tenuta il 13 Marzo 1904 dal socio cav. E. Chiminelli, Tenente Macchinista nella R. M. (*Boll. Soc. Geog. Italiana*, Settembre 1904, pp. 826/849.)

— * A. M. Chiminelli Eugenio. — Nell' estremo Oriente. Pechino e la città proibita. Fisonomia morale del Giappone : conferenze. Città di Castello, 1906. In-8, pp. 83.

— En Chine — La Cité impériale. (*Miss. Cath.*, XXXIX, 7 Juin 1907, p. 270.)

Col. 222.

— The Imperial Pleasure Grounds. By Rev. C. A. Stanley. (*East of Asia*, Vol. 2, No. 3, Oct. 1903, pp. 228/229.)

T'ien tsin.

Col. 223.

— * Map of Tientsin Prefecture and neighbouring Country, showing the course of Hai Ho-Pei Ho and Ta-Ku bar to Yangts'un, and Yü Ho or Grand Canal. Scale 1 : 63,360 or 1 inch to 1 stat. mile. Compiled in the Intelligence Branch, North China Command, under direction of Lieut.-Colonel A. W. S. Wingate, D. A. Q. M. G., and Lieut. F. G. Turner, R. E., July-August, 1903. 4 sheets. London : Topographical Section, General Staff, War Office 1905.

Voir col. 3046.

2° *CHAN TOUNG.*

Col. 226.

— Supprimer : *U-tai*, de Pokotilov.

— Der Bauer in Schantung. Von P. G. M. Stenz, S.V.D., Dätja, Südschantung, China. (*Anthropos*, I, 1906, pp. 435/453, 838/863, 2 pl. tab., 13 pl. phot.)

Col. 227.

— Schantung. (*Arch. f. Post u. Teleg.*, 1899, pp. 106/9, 161/170.)

— China's « Holy Land ». A Visit to the Tomb of Confucius. By Ernst von Hesse-Wartegg. With Pictures from Photographs taken by the Author. (*The Century Ill. Mag.*, LX, 1900, pp. 803/819.)

— Quelques mots sur la province de Chantoung (Chine), son commerce, sa population, son avenir, traduit de l'anglais avec notes, par le Dr A. Hagen. Nancy, Berger-Levrault, 1902, in-8, pp. 33.

Voir col. 227.

— Une province chinoise en progrès — Le Chantoung Par Fernand Pila. (*Bull. Com. Asie française*, Août 1904, pp. 377/390.) (Suite et Fin.)

Notice : *T'oung Pao*, Déc. 1904, p. 628, par Henri Cordier.

— — Lyon, A. Rey, 1904, in-8, pp. 73.

— Tsinanfu, die Hauptstadt von Schantung. Von Hermann Pflughöft. (Mit Skizze.) (*Asien*, 1904, No. 4, pp. 55/9.)

— The Gotch Robinson Memorial College, Chingchoufu. By J. S. Whitewright. (*East of Asia*, Vol. 3, No. 1, March 1904, pp. 51/66 ; Special Number, June 1904, pp. 46/61.)

— T'ai Shan and the Tomb of Confucius. By Chas. A. Stanley, Jun. (*East of Asia*, Vol. 4, Pt. 4, Dec. 1905, pp. 301/309.)

— The Tomb of the Holy Yen-fu-tse [言夫子]. By Father Tschepe, S. J. (*The Far East*, Vol. I, 1906, pp. 113/118.)

— * P. A. Tschepe. — Der T'ai-Schan und seine Kulturstätten. Jentschoufu, 1906, in-8, pp. 124. Mit 35 Illustr.

Studien u. Schilderungen aus China, Bd. I.

Notices : *Mitt. Sem. f. Orient. Sprachen*, Berlin, *Ostasiat. Studien*, IX, 1906, pp. 420/422. Par A. Forke. — *Anthropos*, II, 1907, Heft 1, pp. 158/161. Par Prof. Dr. R. Dvořák-Prag.

— Research in China. Published by the Carnegie Institution of Washington. 1907. Voir Géologie.

— Eliot Blackwelders und Bailey Willis' Forschungen in Shantung. Von Dr. Alfred Rühl in Berlin. (*Petermanns Mitt.*, 1907, X, pp. 217/223, carte.)

— *China*. No. 1 (1907). — Report by Mr. W. J. Garnett of a Journey through the Provinces of Shantung and Kiangsu. [With two Maps.] — Presented... June 1907. London... [Cd. 3500.] Price 6*d.*, in-fol., pp. 26.

— Un mot sur la sériciculture dans le Chan-tong. Par le R. P. Michel de Maynard Missionnaire franciscain au Chan-tong Méridional. (*Miss. Cath.*, XXXIX, 6 Sept. 1907, pp. 425/428.)

— Six cents lis à travers le Chan-tong Par le R. P. Michel de Maynard Missionnaire franciscain au Chan-tong méridional. (*Ibid.*, 20 Sept. 1907, pp. 450/453 ; 27 Sept. 1907, pp. 463/468.)

Wei-hai-wei.

Col. 229.

— Mountain and Cliff at Weihaiwei. [North Section.] By C. E. Bruce-Mitford. (*East of Asia*, Vol. 2, No. 2, July 1903, pp. 169/173.)

— Kiao-tchéou et Ouei-hai-ouei. (*Bull. Com. Asie franç.*, Sept. 1907, pp. 356/7.)

Kiao tcheou.

— Kiautschou. Nach der amtlichen Denkschrift. (*Globus*, LXXV, 1899, pp. 97/8.)

Col. 234.

— Die Kolonie Kiautschou in den ersten beiden Jahren ihrer Entwickelung. Vortrag von Deimling Kapitänleutnant. (*Verhand. d. Abt. Berlin-Charlottenburg* 1899/1900 *Deutsche Kolonialgesellschaft*, No. 2, pp. 43/66.)

— Aus dem zentralen Gebirgsland der Provinz Schantung. Von Walter Anz. (*Petermanns Mitt.*, 50. Bd. 1904, XI, pp. 251/3.)

Carte au 1 : 600.000. — Voir col. 2172.

— Tsingtau und Kiautschou. Ein Kulturbild

aus Deutsch-China. — Sg. — (*Globus*, LXXXI, 1902, pp. 229/236.)

— * Wirthschaftsgeographie Schantungs unter besonderer Berücksichtigung des Kiautschougebietes. Von Dr. Berensmann. (*Z. Kolonialpolitik*, VI, 1904, pp. 570/667.)

— W. K. — Eine chinesische Badeanstalt in Kiautschou. (*Globus*, Bd. 88, 1905, pp. 27/29, ill.)

— v. St. — Das deutsche Schutzgebiet zu Kiautschou in seiner neuesten Entwickelung. (*Ibid.*, pp. 133/7.)

— Die Entwicklung des Kiautschou-Gebiets in der Zeit vom Oktober 1905 bis Oktober 1906. Von Oberleutnant W. Kolshorn. (*Asien*, 1907, Juli, pp. 142/3; Aug., pp. 147/9.)

Nach der dem Reichstag zugegangenen Denkschrift. Berlin, 1907.

3° *CHAN SI.*

Col. 236-7.

— Height of T'ai Shan. By Silvanus P. Thompson. (*Nature*, XXXVII, 1887-88, p. 224.)

Ascension faite par S. Couling.

— У-Тай его Прошлое и Настоящее. — Отчетъ о поѣздкѣ, совершенной въ Маѣ 1889 г. — Д. Покотилова,... — Санктпет., 1893, in-8, pp. 152.

Записки Имп. Русс. Геог. Общ., T. XXII, No. 2.

Y-Taï = 五臺.

Notice par D. Pozdneyeff, *Jour. Roy. As. Soc.*, Jan. 1894, pp. 181/182.

— A Pilgrimage to the Great Buddhist Sanctuary of North China by William Woodville Rockhill Reprinted from The Atlantic Monthly for June, 1895, br. in-8, pages 758 à 769.

— Taiyuenfu: historical and mythological. By Prof. L. R. O. Bevan. (*East of Asia*, Special Number, June 1904, pp. 1/4.)

— The Imperial University at Taiyuenfu, Shansi. — Taiyuenfu: historical and mythological. By Prof. L. R. O. Bevan. (*Ibid.*, Vol. 3, No. 2, June 1904, pp. 97/100.) — Boxer massacres in Taiyuenfu. By E. H. Edwards, M. D. (*Ibid.*, pp. 100/102.) — The Imperial University, Shansi. By Principal Moir Duncan. (*Ibid.*, pp. 102/105.) — Description of buildings. By Prof. Myron H. Peck. (*Ibid.*, pp. 105/110.) — Psychological. By Prof. E. R. Lyman. (*Ibid.*, pp. 110/114.) — Athletics at the Shansi University. By Prof. R. W. Swallow. (*Ibid.*, pp. 114/116.) — Provincial education, Shansi province. By Principal Moir Duncan. (*Ibid.*, pp. 116/118.) — Translation Department. (*Ibid.*, pp. 118/119.)

— The Imperial University at Taiyuenfu, Shansi. (*Ibid.*, Special Number, June 1904, pp. 1/23.)

— The Imperial University, Shansi. By Principal Moir Duncan. (*Ibid.*, pp. 6/9.)

— Description of Buildings. By Prof. Myron H. Peck. (*Ibid.*, pp. 9/14.)

— Psychological. By Prof. E. R. Lyman. (*Ibid.*, pp. 14/18.)

— Athletics at the Shansi University. By Prof. R. W. Swallow. (*Ibid.*, pp. 18/20.)

— Provincial Education, Shansi province. By Principal Moir Duncan. (*Ibid.*, pp. 20/22.)

— Translation Department. (*Ibid.*, pp. 22/23.)

— Topography of the Shan-si Plateau, China. By N. Yamashi, Rigakushi. (*Jour. Geolog. Soc. Tokyo*, Dec. 1905, No. 147, p. 406, 2 Pl. Sceneries; Jan. 1906, No. 148, p. 1, Pl. Sceneries; March 1906, No. 150, p. 81, Geological Map.)

En japonais.

— Research in China. Published by the Carnegie Institution of Washington. 1907. Voir Géologie.

4° *HO NAN.*

— A Travel in Shen-si and Ho-nan, China. By Tadashi Sekino. *Journ. of Geog.*, Tokyo, June 1907, p. 367.)

En japonais.

5° *KIANG SOU.*

Col. 238.

— *Kiu Hua Shan*, or, The Nine-Lotus-Flower Mountain. By Carl F. Kupfer, Ph. D. (*East of Asia*, Vol. 4, No. 1, March 1905, pp. 45/56.

— Why the City God of Yench'en has no Skin on his Face. By Helena von Poseck. (*Ibid.*, Vol. 3, No. 2, June 1904, pp. 169/171.)

— Les salines de Vong-Yé. Par A. R. (*Relations de Chine*, Juillet 1905, Kiang-Nan, pp. 575/579.)

Soung kiang.

— Traditions Around Kiangyin. By R. A. Haden, A. B. (*East of Asia*, Vol. 4, Pt. 4, Dec. 1905, pp. 325/333.)

— The Hsin-fu-sze Temple. By Father Tschepe. (*The Far East*, Vol. I, 1906, pp. 238/240.)

— Au pays du diable. Le diable convertisseur. Par Pierre Ancel. (*Relations de Chine*, Kiang-Nan, Janvier 1907, pp. 30/37.)

— A Journey to Changchou. (*N. C. Herald*, July 26, 1907.)

— Voir W. J. Garnett, col. 3050.

Kiang ning ou Nan king.

Col. 240-241.

— Der Porcellanthurm in Nanking. (Nekrolog.) (*Das Ausland*, XXXII, 1859, pp. 68/9.)

— Nankin... par le P. Louis Gaillard, 1902.

Notice : *Miss. Cath.*, XXXVI, 25 Mars 1904, pp. 155/6.

— Nankin Port ouvert... par le P. Louis Gaillard, 1901.

Notices : *Miss. Cath.*, XXXIII, 17 Mai 1901, p. 240; XXXIV, 18 Avril 1902, pp. 191/2.

— Stories of Nanking. By Robert Case Beebe, M. D. (*East of Asia*, Vol. 2, No. 4, Dec. 1903, pp. 341/351).

— Nanking und seine Umgebung. Von Frhr. v. Reitzenstein. (*Asien*, April 1906, pp. 97/99.)

Tchen Kiang.

Col. 243.

— Die Silberinsel bei Chinkiang. — Frh. v. Reitzenstein, Major z. D. (*Globus*, LXXXVI, 1904, pp. 217/8, carte.)

Chang Haï.

Col. 245.

— Shanghaï, la métropole chinoise Par M. Emile Deschamps. (*Tour du Monde*, N. S., XI, 1905, 10 Juin, pp. 265/276; 17 Juin, pp. 277/288.)

— Les travaux du Houang-po. (*Bull. Com. Asie franç.*, Mai 1907, p. 186.)

— The Vicinity of Shanghai. By W. W. (*The Far East*, Vol. I, 1906, pp. 273/280.)

Col. 246.

— Die Ebene von Schanghai (oder richtiger von Sou-tcheou). Von P. Albert Tschepe. (*Mitt. Sem. f. Orient. Sprachen*, Berlin, *Ostasiat. Studien*, IX, 1906, pp. 131/133.).

— * The Shooting Districts lying between Wuhu and Shanghai, together with a map of the Ningpo Country, carefully corrected and partly surveyed by H. T. Wade. Scale 1 : 600.000 or 1 inch to 9·5 stat. miles. With table of distances. Shanghai, 1903.

Tsoung Ming.

Col. 247.

— L'île de Tsong Ming... par le P. Henri Havret, 1892.

Notice : *Miss. Cath.*, XXV, 6 Oct. 1893, pp. 479/480.

— Un voyage à Ts'ong-ming par le P. A. Durand. (*Relations de Chine*, Kiang-nan, Octobre 1906, pp. 228/244.)

6° *NGAN HOUEI.*

Col. 248.

— Voyage dans le Sud du Ngan-hoei. Lettre du P. Jean Aucler à sa famille (Novembre 1904). (*Relations de Chine*, Kiang-nan, Juillet 1906, pp. 129/149.)

— La famine dans le Ngan-hoei. (*Bull. Com. Asie franç.*, Avril 1907, p. 143.)

7° *KIANG SI.*

Col. 249.

— Kuling. By Samuel Isett Woodbridge. (*East of Asia*, Vol. 2, No. 4, Dec. 1903, pp. 327/336.)

— The White Deer Grotto University. By Carl F. Kupfer, Ph. D. (*Ibid.*, Vol. 3, No. 2, June 1904, pp. 120/127.)

— The P'i Pa Ting, or Guitar Pavilion. (A Legend of Kiukiang.) By William R. Kahler. (*The Far East*, Vol. 1, 1906, pp. 256/9.)

— Sketch Map of the Poyang Lake and its Surroundings. By Walter J. Clennell, H. B. M.'s Consul, Kiukiang. 1905. (*Returns of Trade*, 1905, p. 186.)

— Region of the Poyang Lake, Central China. (*Geogr. Journal*, XXVII, March 1906, pp. 301/2.)

Voir Clennell, Cd. 2762, *China*. No. 2 (1905), col. 2440.

— Ueber seine Reise durch die Provinz Kiangsi. Von Dr. Georg Wegener. (*Z. Ges. E. Berlin*, 1907, pp. 177/182.)

8° *TCHE KIANG.*

— Ueber den Berg Hoei-ki. Von August Pfizmaier... Wien. Aus der k. k. Hof- und Staatsdruckerei. 1859, in-8, pp. 9.

Sitzb. phil.-hist. Cl. Ak. Wiss. Wien, Bd. XXIX, 1858, Nov.-Heft.
— Voir col. 250.

會稽 Hoei-ki.

Col. 252.

— Notes from the Mountains of Chekiang. By N. P. Andersen. (*N. C. Herald*, Oct. 21, 1904, pp. 941/2.)

— Mokanshan. By B. W. H. Hudson. (*East of Asia*, Vol. 4, Pt. 3, Sept. 1905, pp. 285/297.)

莫干山.

— The Bells of Mokanshan. By S. v. F. (*The Far East*, Vol. I, 1906, pp. 187/192.)

Hang tcheou.

— Relatione della gran città del Quinsai. — Voir col. 252.

La description de Marco Polo « est reproduite, écrit le R. P. Brücker (*Etudes*, 20 nov. 1907, p. 554, note), avec des modifications et des additions empruntées à d'autres voyageurs, dans *Relatione della gran citta del Quinsai, et del Re della Cina, di Contugo Contughi All' Illustrissimo Sig. Luigi Gonzaga.* Cette dernière » relation « qui n'est connue des plus savants bibliographes (Marsand, Amat di San Filippo, Cordier) que comme manuscrit, a été publiée dans la seconde partie du *Tesoro politico*, du moins dans l'édition italienne-latine (la seule que j'aie pu rencontrer), qui a paru à Francfort, en 1617-1618, sous ce titre : *Philippi Honorii J. U. D. Thesaurus politicus, hoc est, Selectiores tractatus, monita, acta, relationes et discursus... Opus collectum ex italicis cum publicis, tum manuscriptis variis variorum Ambassatorum observationibus & discursibus... concinnatum...* La relation de Contughi, en italien et en latin, remplit les pages 466-483 du second volume (*Continuatio*) de ce *Thesaurus*. L'» illustrissime seigneur Louis de Gonzague « à qui elle est adressée » de Casal, 16 Juin 1654 «, n'est autre que le jeune saint si connu. L'auteur dit qu'il la lui dédie, pour avoir remarqué » combien, malgré son âge si tendre, il se délecte (*si diletti*) de cosmographie et combien il y fait de progrès, non moins que dans les autres sciences «. Louis avait alors seize ans : ses historiens, qui n'ont pas mentionné cette dédicace, ont cependant constaté aussi son goût pour les sciences même naturelles (H. Chérot, dans les *Etudes*, 1891, t. LIII, p. 267). D'ailleurs, dès ce temps-là peut-être, ce n'était pas la seule curiosité qui lui faisait prendre tant de plaisir à la » cosmographie « : il ambitionna de suivre les traces de son grand compatriote, le P. Ricci, dont Contughi signale précisément les premières tentatives pour pénétrer au coeur de la Chine. » Le R. P. Brücker a l'obligeance de me signaler que Melzi, *Dizionario delle opere anonime e pseudonime*, à l'art. *Honorii* (Phil.) et *Tesoro politico*, dit que l'original italien du *Thesaurus politicus* (compilation composée surtout de relations d'ambassadeurs vénitiens) où la relation de Contughi a été imprimée, a paru, au moins la première partie, en 1593 pour la première fois par l'*Academia Italiana di Colonia* (?) et rééditée à Milan en 1600 ; puis que la seconde partie (où se trouve la relation de Contughi) a été ajoutée en 1601 (Milan).

Nous avons depuis noté les éditions suivantes :

— Relatione Della gran Città del Quinsai, & del Rè della China. Cap. XVIII. Di Contvgo Contvghi All' Illustrissimo Sig. Luigi Gonzaga. (Pages 217-236, *La Seconda Parte del Thesoro politico*, Milano, M.DCI, in-4.)

Bib. nat. Inv. E. 965.

— Lodovico Ricci. — Continuatione del Thesoro Politico... Bologna, 1603, in-4.

— Del Tesoro politico. La Parte... terza, etc. 1612, in-4.

Renferment la « Relatione della gran Città del Quinsai, et del Rè della China » de Contugo Contughi.

— Discovrs de la grande ville de Quinzai, & du Royaume de la Chine. De Contugo Contugui. A l'Illustre Seigneur Loys Gonzage. Chapitre XVIII. (Pages 518-531, *Tresor politiqve*, Paris, Rolin Thierry, M.DC.XI, in-4.)

Bib. nat. Inv. * E. 966.

Col. 253.

— A Holiday on the West Lake, Hangchow. By Jno. Green. (*The Far East*, Vol. I, 1906, pp. 16/37.)

— * Hangchow, the « City of Heaven » with a Brief Historical Sketch of Soochow, « The Beautiful ». By Frederick D. Cloud, Vice-Consul, U. S. A. Printed by the Presbyterian Mission Press, Shanghai.

Notice by S. Isett Woodbridge, *Journ. N. C. B. R. As. Soc.*, 1907, XXXVIII, pp. 235/6.

NING PO.

— The Ningpo Green Stone Quarries. By J. E. Denham. (*East of Asia*, Vol. 2, No. 4, Dec. 1903, pp. 365/371.)

ILES CHOUSAN.

Col. 255-6.

— L'archipel des Chousan (Chine). Par A.-A. Fauvel. (*Magasin pittoresque*, 1er mai 1899, pp. 139/142, 3 grav.)

P'ou tou.

— Die heilige Insel Pu-to. Von Dr. O. Franke. (*Globus*, Bd. LXIII, 1893, pp. 117/122.)

— Pootoo : China's Sacred Island. I. By Carl F. Kupfer, Ph. D. (*East of Asia*, Vol. 3, No. 3, Sept. 1904, pp. 264/281.) — II. By Emma Inveen. (*Ibid.*, Vol. 3, No. 4, Dec. 1904, pp. 357/362.)

9° *FOU KIEN.*

Col. 256.

— Le Monastère de Kou-Chan. Par Jacques Hardy et Ch. Lenormand. (*Le Monde moderne*, Déc. 1906, pp. 206/214.

FOU TCHEOU.

Col. 257.

— Une excursion missionaire dans les environs de Foo-Chow. (*Journal des Missions évangéliques*, Paris, XLIII, 1868, pp. 422/430, 450/456.)

Par l'évêque de Hongkong Alford.

— Foochow and the River Min. By My C. Wilcox, Ph. D. (*East of Asia*, Vol. 3, No. 1, March 1904, pp. 71/86.)

TCHANG TCHEOU.

Col. 258.

— Los indigenas de la Prefectura de Chiang-chiu (Amoy), China. Por el P. Fr. Greg. Arnáiz O. Pr. E-mûy, China. (*Anthropos*, I, 1906, Hft. 4, pp. 779/786; *ibid.*, II, 1907, Hft. 1, pp. 59/67;...)

TAI WAN (Formose).

1° *Ouvrages divers.*

Col. 262.

— Instructions and Reports in Relation to a Visit to Manila and Formosa, by the Japan Expedition. [By Capt. Joel Abbot.] (*Narrative of the Expedition... under... Commodore Perry...* Vol. II, Washington, 1856, pp. 135/149.)

— Reports made to Commodore Perry of a Visit to the Coal Regions of the Island of Formosa : by Rev. George Jones, M. A., Chaplain U. S. N., attached to the United States Frigate *Mississipi*. (*Ibid.*, pp. 151/163.)

— Report of a Comparative Analysis of Cumberland, Formosa, and Japan Coal : by Professor B. F. Bache, Director of the United States Naval Laboratory, New-York. (*Ibid.*, pp. 165/170.)

— Ein Besuch der Insel Formosa. Von Robert Swinhoe. (*Das Ausland*, XXXIII, 1860, pp. 612/618.)

Col. 265.

— Cannibalism in Formosa. By E. H. Parker. (*China Review*, XVI, No. 6, May-June 1888, p. 377.)

— John Dodd, de Formose, est mort le 15 juillet 1907, à Trefriw, N. Wales.

Col. 267.

— Nevill Perkins. — Report on Formosa [with notes on its Flora by A. Henry]. London, 1896, in-fol.

— La météorologie de Formose. (*Revue scient.*, 38e année, 1901, 1er sem., p. 585.)

Extrait de la *Géographie*.

— Commerce extérieur de Formose en 1901. Par B. André, Interprète à la Légation de France à Tokio. (*Rev. Indo-Chinoise*, 4 mai 1903, pp. 405/8.)

— Beiträge zur Kenntnis der Insel Formosa. Von Hermann Plaut. (*Mitth. Sem. f. Orient. Sprachen zu Berlin*, Jhrg. VI, I, 1903, pp. 28/62.)

— Klima von Formosa (Taiwan). Von J. Hann. (*Meteor. Zeit.*, XXI, 1904, pp. 383/387.)

— Le commerce de Formose. (*Soc. Géogr. comm.*, XXVIII, Janv. 1906, pp. 54/55.)

— The Gold-mines of Formosa. (*Geogr. Journal*, XXVIII, Sept. 1906, pp. 289/290.)

British Consular Report, Miscel. Series, No. 649.

— Le commerce de Formose. Par P. L. (*Bull. Soc. Géog. Comm.*, Nov. 1906, pp. 678/680.)

— Epicentrum of the Recent Earthquake in Central Taiwan. By Inakichi Ikegami. (*Journ. of Geog.*, Tokyo, July, 1906, p. 480.)

En japonais.

— Deux Colonies nouvelles : les Philippines et Formose. Conférence faite par M. Reginald Kann au Comité de l'Asie française le 23 Janvier 1907. (*Bull. Com. Asie franç.*, Janvier 1907, pp. 8/13.)

— La production de l'or à Formose. (*Bull. Soc. Géog. Comm.*, février 1907, p. 125.)

— Note concernant l'industrie du camphre à Formose. Par Reginald Kann. (*Revue Coloniale*, avril 1907, pp. 274/288.)

2° *Histoire naturelle.*

— * Enumeratio plantarum in Insula Formosa sponte crescentium hucusque rite cognitarum adjectis descriptionibus et figuris specierum pro regione novarum. By J. Matsumura and B. Hayta. With Map and Plates. (*J. College Sc.*, Tōkyō, XXII, 1906, p. 704.)

4° *Langue.*

Col. 275.

— Handschriften uit het eiland Formosa. Mededeeling van H. Kern.

Verslagen en Mededeelingen der Kon. Ak. van Wetenschappen, derde reeks, derde deel, 1887, pp. 360/369.

— Een Formosaansch (Koop) contract. (Met eene bijlage.) (*Tijds. Ind. T. L. en V.*, D. XLIX, Afl. 3 en 4, 1907, pp. 203/205.)

5° *Voyages.*

BENIOWSKI.

— * M. A. Count de Benyowsky. — Memoirs and Travels in Siberia, Kamchatka, Japan, Linker Islands, Formosa. From the Translation of his Original Ms. (1741-1771), by W. Nicholson. Edited by Pasfield Oliver. With Illustrations. New Edition. 1905, in-8, pp. 400. — Voir col. 276.

— * Benyovsky's Travels. — Fisher Unwin, 1893, in-8.

Adventure Series.

— * Benyovsky's Travels. — Kegan Paul, 1904, in-8.

D'après l'édition de Dublin, 1790.

— Memoirs and Travels of Count de Benyowsky. (*The Athenaeum*, Nov. 5, 1904, p. 624.)

Au sujet des éditions anglaises de 1893 et de 1904.

— Vie et Aventures du comte Maurice-Auguste Beniowski... Par N. A. K. [Kubalski] Tours, A. Mame, 1853, in-12.

Autres éditions : 1856, in-12 ; 1858, in-12 ; 1860, in-12 ; 1863, in-12.

Col. 278.

— Henri de Curzon. — Un épisode de l'histoire de Madagascar au XVIIIe siècle. Beniowsky d'après des documents inédits : Extrait de la *Revue hebdomadaire*, 1896, in-16, pp. 27.

— De colonia in insulam Delphinam vulgo Madagascar a Barone M.-A. de Benyowszky deducta — Thesim Facultati Litterarum Parisiensi proponebat Prosper Cultru ejusdem Facultatis nuper alumnus. — Paris, Apud Hachette, MCMI, in-8, pp. 112+2 ff. n. ch. p. l'er. et l. tab.

— Benyowsky. — Un Empereur de Madagascar au XVIIIe siècle. Par M. Cultru. (*Revue Coloniale*, 1905, fév., pp. 104/128; mars, pp. 167/192 ; avril, pp. 241/256 ; mai, pp. 311/320; juin, pp. 379/384; juillet, pp. 438/448; août, pp. 504/512; sept., pp. 565/576; oct., pp. 632/640; nov., pp. 693/704; déc., pp. 755/768; 1906, janv., pp. 58/64.)

Tirage à part : Paris, A. Challamel, 1906, in-8, pp. 216, 1 carte.

Col. 279.

— Thomson's Reise auf Formosa. (*Globus*, XXIX, 1876, pp. 305/310, 321/5, 336/340.)

— Die Insel Formosa. (*Das Ausland*, LVIII, 1885, pp. 235/9.)

— Reiseskizzen aus dem südlichen Formosa. (*Ibid.*, pp. 421/6, 448/453, 470/4.)

— Dr. Warburg. — Ueber seine Reisen in Formosa. (*Verhand. Ges. Erdk. Berlin*, XVI, 1889, pp. 374/387.)

Col. 280.

— Eine Reise zu den Tschin-huan in Formosa. Von Rob. Schumacher. (*Globus*, LXXVI, 1899, pp. 217/222.)

6° *Les Étrangers à Formose.*

B. — Hollandais.

Col. 287-8.

— Beschryving ‖ van ‖ Groot Djava, ‖ ofte ‖ Java Major, ‖ behelzende ‖ Een zeer fraaje Landbeschryving van dit magtig Eyland, ‖ Benevens een aanwyzing der Landen onder den Keyzer van Java, onder den ‖ Koning van Bantam, onder Soerapati, en den Prins van Balamboang, ‖ Behoorende, met de Zaaken tot alle die Vorsten betrekkelyk, ‖ En voornamentlyk een Verhaal van het Koningryk Jakatra, of van de Landen, ‖ onder de E. Nederlandsche Maatschappy behoorende; ‖ Mitsgaders een omstandige Beschryving der Stadt Batavia, haare Verove- ‖ ring, en Grondvesting, benevens de ‖ Levens der Opperlandvoogden van Indien, ‖ Als ook een Beschryving van het Nederlands Comptoir in ‖ Suratte, ‖ En van de Levens der ‖ Groote Mogols; ‖ Mitsgaders een Verhaal der Zaaken van China, ‖ Nevens een Beschryving van 't Eyland, Formosa, ofte Tayouan, en de ‖ Zaaken daar toe behoorende; waar agter gevoegt zyn des Schryvers ‖ Uyt-en T'Huys-reyzen, ‖ Met verscheide Teekeningen, en Landkaarten, daar toe dienende. ‖ Door ‖ François Valentyn, ‖ Onlangs Bedienaar des Goddelyken Woords in Amboina, Banda, enz. ‖ Vierde Deel. ‖ Te Dordrecht, Amsterdam, by Joannes van Braam, Gerard onder de Linden, Boekverkoopers. ‖ MDCCXXVI. ‖ Met Privilegie. In-folio.

F. Valentyn, IV Deel.

Col. 292-3.

— Woord-Boek der Favorlangsche Taal, Waarin het Favorlangs voor, het Duits achter gestelt is. Door Gilbertus Happart. (*Verhand. v. h. Batav. Gen. v. K. en Weten.*, XVIII, 1842, pp. 31/38.)

Suivi de

— Eenige taalkundige & ophelderende aanmerkingen op het Woordboek der Favorlangsche-taal, van Gilbertus Happart : door W. R. van Hoëvell, Theol. Doct. en Predikant te Batavia. (*Ibid.*, pp. 382/430.)

— Formosaansche Woorden-Lijst volgens een Utrechtsch Handschrift. — Voorafgegaan door eenige karte aamerkingen betreffende de Formosaansche Taal : door C. J. van der Vlis, Doctor in der Godgeleerdheid. (*Ibid.*, pp. IV-ch. 437 à 488.)

— Formosa under the Dutch. By Rev. Wm Campbell. London, Kegan Paul, 1903. — Voir. col. 2340.

Notice by S. W. B.[ushell], *Jour. Roy. As. Soc.*, Jan. 1904, pp. 119/122.

— * The Heathen Heart : An Account of the Reception of the Gospel among the Chinese of Formosa. By Campbell N. Moody, M. A., Missionary in Formosa. London and Edinburgh, Oliphant, Anderson and Ferrier. 3/6.

Notice : *Lond. & China Express*, 15 Nov. 1907.

D. — Chinois et Japonais.

Col. 294.

— Die Chinesen auf der Insel Formosa. (*Das Ausland*, XXXII, 1859, pp. 1235/6.)

(FORMOSE.)

Col. 296.

— Formose sous l'Administration japonaise en 1901. (*Rev. Indo-Chinoise*, 2 mars 1903, pp. 195/9.)

D'après le *Bul. du Comité de l'Asie française*.

— Formosa under Japanese Rule. By James W. Davidson, Consul of the United States of America in Formosa. (*Trans. Japan Society*, VI, 11th Sess. 1901-2, Pt. I, pp. 30/53.)

Voir col. 261.

— Land und Leute von Taiwan. Von Dr. N. Yamasaki. (*Jahresb. Frankfurter V. Geog. u. Statistik*, LXVI & LXVII, 1901-1903, pp. 103/111.)

— Resources of Taiwan. By Kokîchi Taguchi [in Japanese]. (*J. Tōkyō G. S.*, 15, 1903, pp. 68/76, 167/175, 248/255.)

— * Capt. Sir John Keane, R. A. — The Japanese in Formosa. (*Blackwood's Mag.*, Aug. 1904.)

— * A Sketch of Eastern Taiwan. By Jûrō Ōshima. With Sketch-maps. (*J. Tokyo G. S.*, 18, 1906, pp. 246/257, 291/314.)

En japonais.

— * Japanese Rule in Formosa. By Yosaburo Takekoshi, Member of the Japanese Diet. With Preface by Baron Shimpei Goto, Chief of the Civil Administration. Translated by George Braithwaite, Tokyo. With Map and 38 Illustrations. London, Longmans, 1907, in-8, pp. XVI-342.

CONTENTS. Chap. I. Brief Survey of our Successes. II. The Administration of Formosa looked at from the Legislative Standpoint. III. Formosa in the Past. 1. Under the Pirates. 2. Under the Dutch and Spaniards. 3. Under Koxinga. 4. Struggles between Chinese and Savages. 5. Formosa and the Powers. 6. Rise and Fall of the so-called Republic. 7. The Campaign against the Brigands. IV. Geographical Features — Plants and Animals — Climate — Inhabitants. V. Real Estate and Tenants' Rights. VI. Finance and Economy. VII. Police Administration. VIII. The Opium Monopoly. IX. The Salt Monopoly. X. The Camphor Monopoly. XI. Minerals. XII. Law Courts — Prisons — Criminals. XIII. Population and Future Development of the Island Resources. XIV. The Savages and their Territory. XV. Products — Tea, Sugar, Rice. XVI. Communications — Mails, Harbours, and Shipping. XVII. Foreign Trade — Commerce and Exchange with Japan. XVIII. Sanitation. XIX. Education — Religion — Philanthropy. XX. Cuttings from the Author's Note-book. Bibliography.

Notices : *Geog. Journ.*, Sept. 1907, pp. 324/5, by F. H. H. G. — *Lond. & China Express*, 5 July 1907.

— Travaux d'exploration et de topographie accomplis par les Japonais dans l'île de Formose. Par Reginald Kann. (*La Géographie*, 15 Janvier 1907, pp. 46/49.)

— L'oeuvre coloniale des Japonais à Formose, par M. Reginald Kann. Par M. Frédéric Lemoine. (*Ibid.*, 15 Mars 1907, pp. 223/225.)

— La République de Formose — Un épisode peu connu de la vie du général Tcheng Ki-tong. (*Bull. Com. Asie française*, Mars 1907, pp. 94/96.)

— Les Japonais à Formose. (*Ibid.*, Juin 1907, p. 229 ; Nov. 1907, p. 472.)

(FORMOSE.)

10° *HOU PÉ.*

Col. 297.

— Buddhism in Hwang Mei. By Carl. F. Kupfer, Ph. D. (*East of Asia*, Vol. 2, No. 2, July 1903, pp. 185/194.)

— Morning Walks around Hanyang. By W. Arthur Cornaby. (*Ibid.*, Vol. 3, No. 3, Sept. 1904, pp. 232/237.)

— Vallée du Yang-Tsé — Les trois villes de l'embouchure du Han. Par le Capitaine Gadoffre. (*Rev. des Troupes Coloniales*, 1904, I, pp. 1/28, 199/223.)

11° *HOU NAN.*

Col. 298.

— William Barclay Parsons The Chief Engineer of the great Subway System in New York City — his personality and method of work by Arthur Goodrich. (*The World's Work*, New York, May 1903, pp. 3467/3471, portrait.)

Voir col. 298 et 2584.

— Progress and Reform in Hunan Province. By T. J. Preston. (*East of Asia*, Vol. 4, Pt. 3, Sept. 1905, pp. 210/219.)

— Compte rendu de la Conférence donnée le 12 avril 1907 à la Société royale belge de Géographie, par le Capitaine d'Artillerie, Adjoint d'État-Major F. Harfeld sur la Province fermée du Hounan. Vanderanwera & Cie, Bruxelles, 1907, in-8, pp. 20, ill.

Extrait du « Bulletin de la Société Royale Belge de Géographie », 1907. — N° 2.

— La mission Bons d'Anty. Journal de marche. (*Bull. Com. Asie française*, Juin 1907, pp. 197/207.)

— A Visit to Changsha. (*Lond. & China Express*, Dec. 27, 1907.)

12° *KOUANG TOUNG.*

Col. 303.

— Death of the Lady of the Foo-yuen, of Canton. (*Indo-Chinese Gleaner*, IV, May 1818, pp. 91/92.)

— Arrangements for the reception of a new viceroy at Canton, in 1812. (*Ibid.*, VIII, April 1819, pp. 59/63.)

— Governor of Canton's Topographical Account of the Province. By Amicus. (*Ibid.*, X, Oct. 1819, pp. 186/7.)

Col. 304.

— Mahomedan mosque at Canton. (*Indo-Chinese Gleaner*, X, Oct. 1819, p. 187.)

— Mosquée. — Voir Himly, col. 1363.

— Canton Proclamation about the Importation of Rice. (*Indo-Chinese Gleaner*, XIII, July 1820, pp. 351/353.)

— Étude sur le Quang-Toung. Par le Capitaine Jaquet. (*Revue des Troupes colon.*, 1904, II, pp. 331/367.)

— Étude sur le Quang-toung. Par le Capitaine Jaquet. (*Revue Indo-Chinoise*, 1904, 31 août, pp. 223/235; 15 sept., 301/312.)

— The Country and People of Pakhoi and Hinterland. By August H. Bach. (*The Far East*, Vol. I, 1906, pp. 105/111.)

— La situation dans le Kouang-toung [Canton, le 20 février 1906]. (*Bull. Com. Asie française*, Mars 1906, pp. 124/5.)

— Une révolte au Kouang-toung. (*Ibid.*, Juin 1907, p. 227.)

— Les mouvements insurrectionnels [au Kouang-toung]. (*Ibid.*, Juillet 1907, pp. 257/8.)

— Croquis et Causeries Par M. Régis Gervaix De la Société des Missions Etrangères de Paris, Missionnaire au Kouang-tong (Chine). (*Miss. Cath.*, XXXIX, 1907, 11 Oct., pp. 485/489; 18 Oct., pp. 498/502; 25 Oct., pp. 509/513; 1er Nov., pp. 526/528; 8 Nov., pp. 538/9; 15 Nov., pp. 549/551; 22 Nov., pp. 561/563; 29 Nov., pp. 574/6; 6 Déc., pp. 582/5; 13 Déc., pp. 597/8; 20 Déc., pp. 604/8; 27 Déc., pp. 617/620.)

Kouang-tcheou wan.

Col. 308.

— Le Territoire de Quang-tchéou-wan, par le Dr Cazamian, Médecin de 2e classe de la Marine. (*Arch. de Médecine navale*, LXXXII, 1904, pp. 363/376, 449/455.)

— Gouvernement général de l'Indo-Chine — Territoire de Kouang-tchéou (Chine) Notice publiée à l'occasion de l'Exposition coloniale de Marseille — 1906 — L. Gallois éditeur Hanoi-Haiphong, in-4, pp. 77 + 1 f. n. ch.

— Le territoire français de Kouang-tchéou. Par Paul Barré. (*Revue Française*, XXXI, 1906, pp. 529/536.)

— Hanoi and Kwang-Chow-Wan : France's last acquisition in China. By Mrs. Archibald Little. (*Scottish Geog. Mag.*, XXII, 1906, pp. 181/188.)

Hai nan.

Col. 309.

— Eröffnung eines Hafens für den europäischen Handel auf Hainan. Mitgetheilt von C. W. Stuhlmann. (*Globus*, XXX, 1876, p. 15.)

— C. W. Stuhlmann. — Von der Insel Hainan. (*Ibid.*, pp. 78/9.)

— Ein christlicher Begräbniszplatz auf der Insel Hainan. Mitgetheilt von C. W. Stuhlmann. (*Ibid.*, pp. 223/4.)

Joachim Calmes.

— Kunstgewerbliche Industrie auf Hainan. Mitgetheilt von C. W. Stuhlmann. (*Ibid.*, XXXII, 1877, pp. 332/4.)

— B. C. Henry's Reise im südlichen China und auf Hainan. (*Ibid.*, L, 1886, pp. 313/4, 328/331.)

Col. 311.

— Hai-nan et les influences étrangères. Par Cl. Madrolle. (*Rev. gén. des Sciences*, 15 janvier 1897, pp. 3/4.)

— Die Insel Hainan. (*Archiv f. Post u. Teleg.*, 1898, pp. 79/81.)

Col. 312.

— The Lois, or Aborigines of Hainan. By Kate L. Schaeffer. (*East of Asia*, Vol. 3, No. 1, March 1904, pp. 46/50.)

— Notes on the Epidemic of Bubonic Plague in Hainan. By P. W. McClintock. (*Ibid.*, Vol. 4, Pt. 2, June 1905, pp. 197/200.)

— Les mines de Haïnan. Lettre de M. Beauvais, consul de France, datée de Hoïhao, 19 sept. 1906. (*Bull. Com. Asie franç.*, nov. 1906, pp. 454/5.)

13° *KOUANG SI.*

Col. 315.

— Bericht über eine Reise nach Kwang-si. Von H. Schroeter. (*Globus*, LIV, 1888, pp. 1, 26, 33, 58, 71, 106, 377.)

Voir col. 313.

— Le Liéou-Kiang et la rivière de King-Yuan-Fou (Kouang-si). Par A. François. (*La Géographie*, 15 Janvier 1904, pp. 7/23.)

— La Situation du Kouang-si depuis 1890. Par J. M. Lavest, vic. ap. (*Rev. Indo-Chinoise*, 30 sept. 1904, pp. 381/412.)

— Voyage de l'*Argus* à Nanning-fou. (Extrait du rapport de M. le Lieutenant de Vaisseau Crespin.) (*Ibid.*, pp. 579/584.)

— Étude sur le Quang-Si. Par le Capitaine Jaquet. (*Rev. des Troupes colon.*, 1904, I, pp. 504/533.)

— Étude sur le Quang-si. Par le Capitaine Jaquet. (*Revue Indo-Chinoise*, 1904, pp. 676/687, 750/6.)

— The Provincial College at Kueilin, Kuangsi. (*N. C. Herald*, Nov. 4, 1904, pp. 1039/40.)

— De Hanoï au Quang-si Par M. Henri Turot. (*Tour du Monde*, N. S., X, 10 Décembre 1904, pp. 589/600.)

— Von Hanoi nach Longtscheu. (*Globus*, Bd. 88, 1905, pp. 120/4.)

— Notes archéologiques sur K'ing-yuan fou par J. Beauvais. — Extrait du « T'oung pao », Série II, Vol. VI, No. 1. Librairie E.-J. Brill, Leide — 1905, in-8, pp. 15.

— Notes archéologiques sur K'ing-yuan fou par J. Beauvais. (*T'oung Pao*, IIe Série, Vol. VI, N° 1, Mars 1905, pp. 43/55.)

K'ing-yuan fou 慶遠府, prov. du Kouang-si.

— F. François. — Trois mois au Kouang-si, 1906. — Voir *Voyages*, col. 2174.

— En mission au Kouang-si. Par le lieutenant G. François. (*Bull. Soc. Géogr. Lyon*, XXI, 134-5, 1906, pp. 169/205.)

— A travers le Kouang-si. Par Paul Barré. (*Revue française*, XXXI, 1906, pp. 311/5.)

14° *YUN NAN.*

Col. 320-321.

— Les Intérêts de la France au Yunnan. Par le Capitaine Jaquet. (*Rev. des Troupes colon.*, 1901, I, pp. 74/100.)

— Les Intérêts de la France au Yunnan. Par le Capitaine Jaquet. (*Revue Indo-Chinoise*, 1904, pp. 343/360.)

— Refuge Towers of North Yunnan. By Rev. S. Pollard. (*East of Asia*, Vol. 2, No. 2, July 1903, pp. 174/176.)

— Sketches from North Yunnan. By Rev. S. Pollard. (*Ibid.*, No. 3, Oct. 1903, pp. 223/227.)

— Situation militaire au Yunnan. (*Rev. des Troupes colon.*, 1904, I, pp. 572/580.)

— Journey in North-West Yunnan. By Mr. G. Litton, British Consul at Yunnan-fu. (*Geogr. Journ.*, XXIII, N° 6, June 1904, pp. 783/4.)

— Le Sud du Yun-nan par Bons d'Anty — Extrait des *Guides Madrolle* : Chine du Nord. Paris, Comité de l'Asie française [et] Hanoï, Schneider, 1904, pet. in-8, pp. 85 à 104, carte.

— Documents géographiques sur la Chine — Lettre de M. François, consul général de France. (*La Géographie*, 15 Sept. 1904, pp. 185/6.)

Yun-nan-sen, 28 Avril 1904.

— Les Lamas du Yun-nan par M. J. Beauvais. — (Extrait du *Bulletin de géographie historique et descriptive*, N° 1. — 1904). Paris, Imprimerie nationale — MDCCCCIV, br. in-8, pp. 16.

Notice : *T'oung Pao*, V, Oct. 1904, p. 500, par Ed. Chavannes.

— Le Yunnan économique. Traduit du *Rangoon Gazette* par J. Dutertre. (*Revue Indo-Chinoise*, 1904, pp. 177/180; 251/254, 405/7.)

— Trois inscriptions relevées par M. Sylvain Charria. Note par Edouard Chavannes. — Extrait du « *T'oung-pao* », Série II, Vol. VII, No. 5. — E. J. Brill, Leide, 1906, in-8, pp. 33, 3 pl.

— Trois inscriptions relevées par M. Sylvain Charria. Note par Edouard Chavannes. (*T'oung Pao*, Déc. 1906, pp. 671/701.)

— Du Tonkin au Yunnan par William Briquet Ingénieur (*Le Globe*, XLV, Août 1906, pp. 1/19).

— La vie et les moeurs au Yunnan Communication de M. William Briquet Ingénieur de la Société de construction des chemins de fer indo-chinois, à Mongtse, à la Société de Géographie de Genève, Séance du 6 avril 1906. (*Globe*, XLV, Bull. No. 2 — février-mai 1906, pp. 99/100.)

— Le commerce du Yunnan avec la Birmanie. Rapport de M. Dautremer, consul de France à Rangoun. (*Bull. Com. Asie franç.*, Sept. 1906, pp. 361/2.)

Nan Tchao.

— *Nan-tchao Ye-che* 南詔野史 Histoire particulière du Nan-tchao Traduction d'une Histoire de l'ancien Yun-nan accompagnée d'une carte et d'un lexique géographique et historique par Camille Sainson Vice-Consul de France à Ho-k'eou. Paris, Imprimerie nationale — Ernest Leroux, éditeur,... — MDCCCCIV, in-8, pp. III-294.

Forme le T. IV de la Ve Série des *Publications de l'Ecole des Langues Orientales vivantes.*

Notices : *Journ. Asiat.*, Mars-Avril 1904, par A. Vissière, pp. 359/363. — *Bul. École franç. Ext. Orient*, IV, Oct.-Déc. 1904, pp. 1094/1127, par P. Pelliot. — *Jour. Roy. Asiat. Soc.*, Jan. 1905, pp. 180/3, par S.W. B.[ushell.] — *Bul. Comité Asie française*, Avril 1904, p. 215, par A. Vissière.

APPENDICE. — *Les routes de la Chine par les Indes et l'Indo-Chine.*

5° DUPUIS et le Tong-king.

Voir col. 333.

— Die Songka-Expedition von Herrn Dupuis, nach Zeitungsnachrichten aus Hongkong. (*Verhand. Ges. Erdk. Berlin*, I, 1873, pp. 64/7.)

Col. 337.

— Résumé des conférences sur Jean Dupuis et le Fleuve rouge par M. le Baron Textor de Ravisi... — Extrait des *Annales de la Société d'agriculture, industrie, sciences, arts et belles-lettres* du département de la Loire. — Séance de la Section des Arts et belles-lettres du 22 août 1883 et séance en assemblée générale de la Société, du 4 octobre 1883. — Saint-Etienne, Imprimerie Théolier, 1883, in-8, pp. 28.

6° Le Colonel Horace Browne. Assassinat de A. R. Margary.

— The Yunan Expedition of 1875, and the Cheefoo Convention. Extracts from the Diary of Colonel (now General) Horace A. Browne. (*Imp. & Asiat. Quart. Rev.*, XXI, Jan.-April 1906, pp. 114/135, 346/354, XXII, July-Oct. 1906, pp. 82/96.)

7° Ouvrages divers.

Col. 340.

— Herr v. Richthofen. — Ueber die neuesten Versuche zur Oeffnung direkter Handelswege nach dem südwestlichen China. (*Verhand. Ges. Erdk. Berlin*, I, 1873, pp. 58/63.)

Col. 346.

— Die Reise des Prinzen Heinrich von Orléans von Tonking nach Vorderindien. (*Globus*, LXXII, 1897, pp. 153/7.)

Col. 348.

— Jacques Faure. — Voir col. 2174.

— La Birmanie et le Yunnan. (*Bull. Com. Asie française*, Mars 1902, p. 131.)

— From Yunnanfu to Mengtse. — (May 2nd-10th, 1904) — Written for the « North-China Daily News ». (*N. C. Herald*, 1904, 11 nov., p. 1092, 1107/8; 18 nov., pp. 1156/1157.)

— Les explorations au Yunnan. Par P. Chemin Dupontès. (*Revue de Géog.*, 1904, pp. 249/253.)

— From Yunnanfu to Mengtse, with a Peep into the Dreaded Namti. By Mrs. Archibald Little. (*The Far East*, Vol. I, 1906, pp. 327/344.)

— From Monday to Saturday or from Mengtse to Hanoi. By Mrs. Archibald Little. (*Ibid.*, pp. 345/350.)

— * A. Little. — Across Yunnan and Tonking. With Plans. 1906, in-8, pp. 34.

— De Lao-kai à Yun-nan-sen en chemin de fer par M. Paul Vial Missionnaire apostolique — Extrait des *Annales des Missions-Étrangères* Nos 53 et 54 année 1906. S. l., 1906, in-8, pp. 37.

Vannes. — Imp. Lafolye Frères.

— Nine years' survey and exploration in Northern and Central China. By Lieut.-Colonel A. W. S. Wingate. (*Geogr. Journal*, 1907, February, pp. 174/200; March, pp. 273/306.)

— A Journey from Yün-nan to Assam. By E. C. Young. (*Ibid.*, August 1907, pp. 152/180.)

— Du Yun-nan à l'Assam par E. C. Young. Par J. Deniker. (*La Géographie*, 1907, 15 Oct., pp. 256/9.)

— Voyage du major C. D. Bruce à travers l'Asie centrale. Par J. Deniker. (*Ibid.*, 15 Sept., pp. 182/4.)

15° *KOUEI TCHEOU.*

— La mission Bons d'Anty dans le Kouei-tcheou. Lettre adressée le 18 Mars 1907 par M. P. Bons d'Anty, consul de France à Tchentou à M. Emile Senart. (*Bull. Com. Asie franç.*, Mai 1907, pp. 162/4.)

Mines de mercure de Wan-Chantchang (Kouei-tcheou) 18 Mars 1907.

16° *CHEN SI.*

Col. 350.

— Notes from the diary of the late Francis H. Nichols in China. (*Bull. American Geogr. Soc.*, XXXVII, No. 6, 1905, pp. 339/356.)

— * Military Report on the Provinces of Shensi and Kansu — Shen-Kan. Compiled in the Intelligence Branch, Quarter-Master-General's Department, Simla. Simla, 1905, pp. 298.

— Among the mountains of Shen-si. By Bailey Willis. (*Bull. American Geogr. Soc.*, XXXVIII, No. 7, July 1906, pp. 412/424.)

— Research in China. Published by the Carnegie Institution of Washington. 1907. Voir Géologie.

17° *KAN SOU.*

— Voir col. 3066.

— Une promenade de vacances au Kan-sou. Lettre du R. P. Vanhaute, missionnaire belge de Scheut. Chin-Chow, 7 juillet 1907. (*Miss. Cath.*, XXXIX, 13 déc. 1907, pp. 589/591.)

18° *SE TCH'OUAN.*

Col. 352.

— China. Viceroy of Sze-chuen commits suicide. November, 1817. (*Indo-Chinese Gleaner*, V, August, 1818, pp. 136/137.)

— At the Head of the Witches' Gorge; a little noticed Town. By Mrs. A. Little. (*East of Asia*, Vol. 2, No. 3, Oct. 1903, pp. 241/252.)

— A Trip in Summer through the Yangtze Gorges. By Dr. George F. Stooke. (*Ibid.*, No. 1, May 1903, pp. 3/23.)

— *China*. No. 5 (1904). — Report by Consul-General Hosie on the Province of Ssŭ-chu'an. [With two Maps.] Presented... October 1904. London... [Cd. 2247.] Price 1s. 10d. in-fol., pp. 101.

— Sechuan. (*Geographical Journal*, XXV, No. 6, June 1905, pp. 674/5.)

A propos du Report de Hosie « *China*, No. 5, 1904 ».

— *China*. No. 1 (1905). — A. Hosie. — Voir col. 2927.

— La mise en valeur du Seu-tchouan. (*Bull. Com. Asie franç.*, Mars 1904, p. 156.)

— Explorations dans le Sseu-Tch'ouan par M. Bons d'Anty. (*La Géographie*, 15 Nov. 1904, pp. 317/320.)

— The Irrigation of the Chentu Plateau. By A. Little. With Maps and Illustrations. (*Scottish Geog. Mag.*, XX, 1904, pp. 393/403.)

— Chinese Hydraulics : Irrigation of the Chentu Plateau. By Archibald J. Little. (*East of Asia*, Vol. 3, No. 2, June 1904, pp. 189/190.)

Col. 356.

— Map of part of the Province of Szechuan to illustrate the journeys of R. Logan Jack, LL. D., F. G. S. Scala 1: 1,500,000 or 23·6 stat. miles to an inch. London : Edward Arnold, [1904].

Voir col. 356 et 2170.

— * Life in West China. Described by two Residents in the Province of Sz-chwan. By Robert J. Davidson and Isaac Mason. With Introduction by Dr. Timothy Richard. London : Headley Bros... 1905, pp. 248.

Notice : *Lond. & China Express*, March 9, 1906.

— Skirting Babuland. By Samuel Pollard. (*East of Asia*, Vol. 4, No. 1, March 1905, pp. 70/79.)

— West Szechuen's Most Remarkable Work. Kwanhsien Artificial Irrigation. By James Hutson. (*Ibid.*, Pt. 2, June 1905, pp. 145/161.)

— La transformation économique du Seutchouan. Conférence de M. le Docteur Legendre. (*Bull. Com. Asie française*, Mai 1905, pp. 170/175.)

9 Mai 1905

— Le Sseu-tch'ouan Son sol, son climat, ses productions Par le Dr. A.-F. Legendre. (*La Géographie*, 15 Août 1905, pp. 87/98.)

– Le Far-West chinois — Deux années au Setchouen récit de voyage étude géographique, sociale et économique par Le Dr A.-F. Legendre Médecin-major de 1re classe des troupes coloniales Directeur de l'Ecole de Médecine impériale de Tchentou (Setchouen) — Ouvrage accompagné d'une carte et de gravures — Deuxième édition Paris Librairie Plon... — 1905, in-16, pp. XVI-546 + 1 f. n. ch. tab.

Au verso du titre : « Published 4 April 1906 ».

Notice : *La Géographie*, 15 Mars 1907, p. 213, par Charles Rabot.

— Irrigation of the Chen-tu Plain and beyond. By Joshua Vale, C. I. M. (*Journal C. B. R. A. Soc.*, XXXVI, 1905, pp. 36/50.)

— Journey to Sungp'an. By W. C. Haines Watson. (*Ibid.*, pp. 51/102.)

— E. C. Abendanon. — La géologie du Bassin rouge de la province du Se-tchouan (Chine). (Extr. de la *Revue universelle des Mines*,... t. XIV et XV, 4e Sér., 50e année 1906) La Haye, Martinus Nijhoff, 1906, in-8, pp. (IV)-199, 15 fig. coupes, 25 fig. photog., 4 pl. cartes et coupes géolog.

— La rénovation du Se-tchouan. Par J. Servigny. (*Revue française*, XXXI, 1906, pp. 537/546.)

— Die Provinz Szetschuan. Eine kulturgeographische Skizze. Von Leutnant W. Kolshorn. (*Asien*, Okt. 1906, pp. 6/10.)

— Eine Reise in Szechuan von Chungking über Land nach Chengtu, Yachou, Chiating und Suifu. Von Dr. Betz. — Mit zwei Tafeln. (*Mitt. Sem. f. Oriental. Studien*, Berlin, 1906, IX, *Ostas. Studien*, pp. 1/72.)

Plan de Tch'eng-tou, d'après un original chinois. — Voir col. 2173/4.

— Some Ssech'wen Graves. By Thos. W. Kingsmill. (*The Far East*, Vol. I, 1906, pp. 261/272.)

— Gewerbliche Reformen und Massregeln des Industrieamts (Chuan-kung-chu) in Chengtu, der Provinzialhauptstadt von Szechuan. (*Asien*, Nov. 1907, pp. 22/3.)

III. — NOMS.

Col. 357.

— Herr v. Richthofen. — Ueber den Ursprung des Namens « China ». (*Verhand. Ges. Erdk. Berlin*, II, 1875, pp. 155/6.)

— P. Pelliot. — *Bul. Ecole Ext. Orient*, IV, p. 142.

— Origin of the name China. By Joseph Edkins, D. D. (*East of Asia*, Vol. 3, No. 2, June 1904, pp. 183/188.)

IV. — ETHNOGRAPHIE ET ANTHROPOLOGIE.

Ouvrages divers. — Études comparées.

Col. 362.

— The Comparative anatomy of Man. III. The Mongoloid People of Asia. (*Nature*, XX, 1879, pp. 267/269.)

Abstract of Prof. Flower's Hunterian Lectures, delivered at the Royal College of Surgeons.

— Ueber die Urbevölkerung Chinas. (*Das Ausland*, LIV, 1881, pp. 996/1000.)

— Stone Hatchets in China. By Joseph Edkins. (*Nature*, XXX, 1884, pp. 515/6.)

Col. 364-365.

— On the Connection of the Dacotas with Asiatic races. By J. Edkins. (*China Review*, XXII, No. 5, pp. 720/728.)

— Petty independent Tribes of China. By E. H. Parker. (*Ibid.*, XVI, No. 6, May-June 1888, pp. 340/348.)

— Man Past and Present by A. H. Keane, F. R. G. S. Late Vice-Pres. Anthrop. Institute... Cambridge : at the University Press, 1899, in-8, pp. XIII-584.

Fait partie de *Cambridge Geographical Series*.

Chap. VI. — The Southern Mongols, pp. 169-227. — VII. — The Oceanic Mongols, pp. 228-264. — VIII. — The Northern Mongols, pp. 265-313. — IX. — The Northern Mongols (cont.), pp. 314-348.

— Ethnographie de la Chine. (*Revue scientifique*, 37e année, 1900, 2e sem., pp. 155/6.)

Extrait d'une communication de M. Léon de Rosny à la Société d'Ethnographie.

— Ein Bronzegerät aus China. Von W. G.[rube.] (*Ethnologisches Notizblatt herausg. v. d. Direktion d. König. Museums f. Völk. in Berlin*, Heft 1, 1894, p. 35.)

— Chinesische Ansichten über Bronzetrommeln. Von Friedrich Hirth. — Sonderabdruck aus den « Mitteilungen des Seminars für Orientalische Sprachen zu Berlin », Jahrgang VII, Abteilung I (Ostasiatische Studien). — Leipzig 1904, Otto Harrassowitz, in-8, pp. 65.

Pp. 200-262 du Vol. du Séminaire de Berlin.

Notice : *Journal Roy. As. Soc.*, January 1905, pp. 192/194. Par S. W. B.[ushell.]

— Alte Metalltrommeln aus Südostasien... von Franz Heger. [Col. 365.]

Notice : *T'oung Pao*, Sér. II, Vol. V, Mars 1904, p. 116, par J. J. M. de Groot.

— Sur d'anciens tambours de métal du Sud-Est de l'Asie, par M. le Conseiller Heger. (*Prem. Cong. Intern. Etudes Ext. Orient*, Hanoi (1902), pp. 89/91.)

— From a Collection of Bronzes of a Chinese Viceroy. By Lic. H. Hackmann. (*East of Asia*, Vol. 2, No. 2, July 1903, pp. 177/184.)

— * Archaic and other Chinese Bronzes. A Catalogue by Clarence Clary. — New York, 1906 — 31 pages de texte et 29 photographies collées sur toile; format oblong.

Notice : *T'oung Pao*, Juillet 1906, pp. 400/1. Par Ed. Chavannes.

— Les tribus non chinoises en Chine. Par Cl. Madrolle. (*Bul. Soc. Géog. Com. Paris*, XXVI, 1904, pp. 527/8.)

Col. 367.

— * Y. Koganei. — Messungen an Chinesischen Soldaten. Tokyo, 1904, in-8, pp. 23.

— Au sujet des différentes espèces de Barbares indigènes du Nan-tchao [60 articles]. (Liv. II. Chap. IV, pages 163-191 de *Nan-tchao ye-che*, par Camille Sainson, 1904 ; voir col. 3064.)

— Craniométrie comparée de cranes mongoloïdes (Chine et Annam). Par M. Atgier. (*Bul. et Mém. Soc. Anth. Paris*, V [Ve Sér.], 1904, pp. 391/5.)

— Collection d'objets de toilette et autres du sud de la Chine. Offerte par M. Beauvais, présentée par M. Zaborowski. (*Ibid.*, pp. 632/3.)

— Les groupes ethniques du bassin de la rivière Claire (Haut Tonkin et Chine Méridionale). Par M. le Commandant Bonifacy. (*Ibid.*, VII [Ve Sér.], 1906, pp. 296/330, 31 pl.)

— Московскій Публичный и Румянцовскій Музей. — Временная выставка Китайскихъ предметовъ въ Дашковскомъ Этнографическомъ Музеѣ, въ Январѣ 1904 г. Moscou, 1904, in-12 carré, pp. 16.

— Anneaux nasaux en Chine par B. Laufer. (*T'oung Pao*, Série II, Vol. VI, Juillet 1905, pp. 321/323.)

— Le mariage chez une tribu aborigène du sud-est du Yun-nan d'après une relation de Tch'en ting 陳鼎 traduite et annotée par T'ang Tsai-fou 唐在復. (*Ibid.*, pp. 572/622.)

Notice : *Bull. Ecole franç. Ext. Orient*, VI, Juill.-Déc. 1906, pp. 402/4. Par P. Pelliot.

— Ethnographie du Tonkin Septentrional rédigée sur l'ordre de M. P. Beau Gouverneur général de l'Indo-Chine française par Le Commandant E. Lunet de Lajonquière de l'Infanterie coloniale D'après les Études des Administrateurs civils et militaires des Provinces septentrionales. — Paris, Ernest Leroux, 1906, gr. in-8, pp. 384, carte et gravures.

Notices : *Revue de l'hist. des Religions*, T. LVI, Juill.-Août 1907, pp. 123/4. Par Antoine Cabaton. — *T'oung Pao*, Oct. 1906, pp. 527/533, par Henri Cordier.

— A Visit to the Aborigines of China. By Sinophilus. (*The Far East*, Vol. I, 1906, pp. 49/55.)

Miao Tseu.

— Deux mois chez les Miaotse. Par M. Paul Vial, des Missions Etrangères de Paris, missionnaire au Yun-nan. (*Miss. Cath.*, XXXII, 14 Sept. 1900, pp. 434/435; 21 Sept., pp. 447/449; 28 Sept., pp. 464/466; 5 Oct., pp. 472/475; 12 Oct., pp. 485/6; 2 Nov., pp. 524/5; 9 Nov., pp. 533/536; 30 Nov., pp. 571/3; 7 Déc., pp. 584/5; 14 Déc., pp. 594/596.)

— Geographical Distribution and Present Condition of the Miao Tribe in China. By Ryōzō Torii [In Japanese] With Illustrations. (*J. G., Tōkyō G. S.*, 15, 1903, pp. 385/400, 465/574.)

— The Miao and Chungchia Tribes of Kueichow Province. By Samuel R. Clarke. (*East of Asia*, Vol. 3, No. 3, Sept. 1904, pp. 193/207.)

— Pentecostal Blessing among the Aborigines of W. China. By J. R. Adam. (*Chin. Rec.*, XXXVIII, March 1907, pp. 178/180.)

Extrait de *China's Millions*.

— God at Work in West China. By Mr. S. Pollard. (*Chin. Rec.*, XXXVIII, May 1907, pp. 292/4.)

Hak-ka.

Col. 370-1.

— Easy sentences in the Hakka with a Vocabulary. Second Edition by J. Dyer Ball... Hongkong : Kelly & Walsh,... 1896, in-8, pp. XVI-57.

Lolos.

— Vocabulaires Indo-Chinois par MM. Doudart de Lagrée et Francis Garnier. (*Voyage d'Exploration en Indo-Chine*, Paris, 1873, II, pp. 495/517.)

Arrangés par tableaux et colonnes.

Col. 371-2.

— On a Lolo manuscript written on satin. By M. Terrien de Lacouperie, M. R. A. S., M. S. A. P. [From the « Journal of the Royal Asiatic Society of Great Britain and Ireland », Vol. XIV, Part I.] London : Trübner & Co. 1882. In-8, pp. 5

— Hyde Clarke. — Lolo and Vei Characters. (*The Athenaeum*, 16 sept. 1882.) — Terrien de Lacouperie. (*Ibid.*, 23 sept. 1882.)

— Les Gni Tribu lolotte du Yun-nan. Par M. Paul Vial, des Missions Etrangères de Paris. (*Miss. Cath.*, XXVI, 22 Juin 1894, pp. 300/302; 29 Juin, pp. 308/310.)

Voir col. 372.

Col. 373.

— The Lolos and other Tribes of Western China. By A. Henry, M. A., F. L. S. (*Journ. Anthrop. Inst. of Great Britain*, XXXIII, 1903, pp. 97/107, 2 pl.)

Spécimen des écritures lolo et chinoise.

Notice : *T'oung Pao*, Série II, Vol. IV, N° 5, Décembre 1903, pp. 422/424. Par Edouard Chavannes.

— Le district des Lolos A-Chi. Par le R. P. Liétard. Missionnaire à Lan-gny-tsin (Yunnan). (*Miss. Cath.*, XXXVI, 19 Février 1904, pp. 93/96; 26 Fév., pp. 105/108; 4 Mars, pp. 117/120.)

— Notes sur les Lo-lo du Kien-tchang. Par M. Ch. François. (*Bul. et Mém. Soc. Anth. Paris*, V [Ve Sér.], 1904, pp. 637/647, fig.)

— Les inscriptions lolo de Lou-K'iuan. Par S. Charria. (*Bull. Ecole française Ext.-Orient*, V, Nos. 1-2, Janv.-Juin 1905, pp. 195/197.)

— Les Lolos et les Populations du Sud de la Chine d'après les ouvrages chinois. Par

S. Zaborowski. (*Revue de l'École d'Anthrop. Paris*, Mars 1905, pp. 86/95.)

— Mission d'Ollone. — Traversée du pays des Lolos indépendants. Par le Comte de Vaulserre. (*La Géographie*, 15 Juillet 1907, pp. 71/3.)

— Les Lolos 玀玀 Etat actuel de la Question. Par Henri Cordier. (*T'oung Pao* Déc. 1907, pp. 597/686, ill.)

Tirage à part : Leyde, E.-J. Brill, 1907, in-8, ill. — 25 pap. ord. — 100 pap. Van Gelder.

— Henri Cordier. — Les Lolos Etat actuel de la question. (*La Géographie*, 15 janvier 1908.)

(Lolos.)

— * Dictionnaire Y-jen par MM. Esquirol et Williatte, missionnaires du Kouy-tcheou.

Notice : *Miss. Cath.*, XXXIX, 4 Oct. 1907, p. 479. Par Aloys Schotter, Missionnaire au Kouy-tcheou.

Man Tseu.

— Vocabulaires recueillis par Charles-Eudes Bonin, Secrétaire d'Ambassade. (*T'oung Pao*, Sér. II, Vol. IV, No. 2, Mai 1903, pp. 117/126.)

I. Moï entre Tourane et Attopeu. — II. Dialectes thibétains (Mosso de Li-Kiang, Si-fan de Meli, Mantse du Leang-shan).

— A Visit to the Yao-tze [猺子]. By Loi. (*The Far East*, Vol. I, 1906, pp. 193/208.)

(Man Tseu.)

V. — CLIMAT ET MÉTÉOROLOGIE.

Col. 374.

— A singular Edict, respecting the causes of the draught of 1817. By Amicus. (*Indo-Chinese Gleaner*, V, August 1818, pp. 137/138.)

Col. 375.

— Account of the Magnetical and Meteorological Observations made at Pekin, by M. George Fuss. Communicated in a Letter from M. A. Kuppfer, of the Imperial Academy of St. Petersburg, to Sir David Brewster... (*Philosophical Mag.*, I, 1832, pp. 130/2.)

Col. 379.

— Magnetic Dip in South China and Formosa. By W. Doberck, Government Astronomer. (*Nature*, XXIX, 1883-4, p. 214.)
Hong Kong, Nov. 10.

— Dust Atmosphere of China. By J. P. O'Reilly. (*Ibid.*, p. 260.)

Col. 381.

— The Rainfall of China and Korea. By T. Okada. [Reprinted from the Journal of the Meteorological Society of Japan, Vol. 24, No. 9, Sept. 1905.] (*Monthly Weather Review*, Nov. 1905, pp. 477/480.)

— Meteorological Work in China. By C. Fitzhugh Talman, U. S. Weather Bureau. (*Monthly Weather Review*, 1906, May, p. 225.)

— The First Daily Weather Maps from China. By C. Fitzhugh Talman, U. S. Weather Bureau. (*Ibid.*, Aug., pp. 376/7.)

OBSERVATOIRE MÉTÉOROLOGIQUE ET MAGNÉTIQUE DE LA COMPAGNIE DE JÉSUS A ZI-KA-WEI.

Col. 386.

— Observatoire météorologique magnétique et sismologique de Zi-ka-wei (Chine) fondé et dirigé par les Missionnaires de la Compagnie de Jésus. — Réduction des Observations de Température 1873-1903 par le P. J. de Moidrey, S. J. — Chang-Hai, Imprimerie de la Mission catholique, 1905, in-4, pp. XI-56 + 1 f. n. ch. p. l. tab.

Le R. P. S. Chevalier a publié en 1897, un *Supplément aux Bulletins mensuels de 1873 à 1892*, qui contient la discussion des observations de température. Nous désirons compléter cette étude et donner un résumé des observations thermométriques jusqu'à la fin de 1903.

— Bulletin sismologique de Zi-ka-wei pour l'année 1906 et Tableaux-résumés des Années 1904, 1905 et 1906. (Extrait du *Bulletin annuel de l'Observatoire de Zi-ka-wei*), in-4, pp. 36* + IX + 1 f. n. ch.

Publié par H. Gauthier, S. J.

Calendrier.

— Observatoire de Zi-ka-wei — Calendrier — Annuaire pour 1904 — Prix : 1 Dollar — Chang-hai Imprimerie de la Mission catholique à l'Orphelinat de T'ou-sè-wè. 1903, in-16, pp. 196.

— Observatoire de Zi-ka-wei — Calendrier — Annuaire pour 1905 — Prix: 1 dollar. — Chang-Hai, Imprimerie de la Mission catholique à l'Orphelinat de T'ou-sè-wè, 1904, in-16, pp. 218.

— Observatoire de Zi-ka-wei — Calendrier — Annuaire pour 1906 (4e année) — Prix: 1 Dollar — Chang-Hai, Imprimerie de la Mission catholique à l'Orphelinat de T'ou-sè-wè, 1905, in-16, pp. 215.

Divers.

— J. de Moidrey. — Climate of Shanghai, 1904. — Voir col. 2222.

— L'observatoire de Zi-ka-wei — Extrait du « Journal des Débats » 29 Juillet 1904 — Par Paul Mellon. (*Relations de Chine*, Kiang-Nan, Oct. 1904, pp. 357/360.)

— L'Observatoire de Zi-ka-wei. Par Henri Cordier. (*La Nature*, 19 août 1905, pp. 179/181.)

— L'observatoire de Zi-ka-wei. — Lettre de l'amiral von Diederichs, directeur du département général de la marine au R. P. Froc. (*Relations de Chine*, Kiang-Nan, Oct. 1905, p. 648.)

— [A Zi-ka-wei.] A l'Observatoire. (P. Froc.) Chang-haï, 27 Septembre 1906. (*Ibid.*, Juillet 1906, pp. 175/6.)

— L'Observatoire de Zi-ka-wei. Extrait du « Cosmos » 20 Octobre 1906. Par Pierre Ngay. (*Ibid.*, 1907, Janvier, pp. 61/2.)

— [A Zi-ka-wei.] Le Typhon d'Hong-kong et les Observatoires des Jésuites. (Extrait du « Times », du 9 Octobre.) Hong-kong, 8 Octobre. Par Robert Brown S. J. Collège Saint-François-Xavier, Liverpool. (*Ibid.*, Juillet, pp. 176/8.)

OBSERVATOIRE ASTRONOMIQUE DE ZÔ-SÊ.

Col. 388.

— Observatoire de Zi-ka-wei. — Annales de l'Observatoire astronomique de Zô-sê (Chine) fondé et dirigé par les Missionnaires de la Compagnie de Jésus. Longitude : 7 h. 55 m. 23 s, 88 *E.* de Paris. 8 h. 4 m. 44 s, 82 *E.* de Greenwich — Latitude : 31° 5′ 48″, 0 *N.* Altitude : environ 100 m. — Tome I Années 1901-1905 — Chang-hai Imprimerie de la Mission catholique à l'Orphelinat de T'ou-sè-wè — 1907, gr. in-4.

Comprend deux fascicules :

— Tome I Années 1901-1905 — Premier Fascicule 1901-1904 — Chang-hai... 1907, pp. VI-43*, 11 pl.

— 1° Année 1905 — Deuxième Fascicule — Chang-hai... 1907, pp. II-70 + 1 f. n. ch. tab.

— — — Deuxième Fascicule (Atlas). Chang-hai... 1907, 16 pl.

— [A Zi-ka-wei] — L'Observatoire astronomique de Zo-cé et la presse. (De l'*Echo de Chine*, 14 décembre 1906, et du *Shanghai Mercury*, 29 décembre 1906.) (*Relations de Chine*, Kiangnan, Juillet 1907, pp. 179/81.)

— The Observatory in the Hills. (*N. C. Herald*, Oct. 4, 1907.)

(Observatoire astronomique de Zô-sê.) (Observatoire astronomique de Zô-sê.)

VI. — HISTOIRE NATURELLE.

Zoologie.

Col. 391.

— Locusts. By Amicus. (*Indo-Chinese Gleaner*, V, August 1818, p. 139.)

— Antilope Hodgsonii The *Chiru* Antelope Habitat Tibet. (*Gleanings in Science*, 1830, II, Calcutta, pp. 349/351.)

Col. 393.

— On the Chiru; the Kemas of Ancient Authors. By Major Hamilton Smith. (*Gleanings in Science*, 1831, III, Calcutta, pp. 14/16.)

— Note on the Chirú. By H.[odgson.] (*Ibid.*, pp. 387/8.)

Col. 416.

— Notice sur quelques services rendus aux sciences naturelles Par les Missionnaires de l'Extrême-Orient — Par M. Armand David Membre de la Congrégation de Saint-Lazare, ancien Missionnaire en Chine, Membre correspondant de l'Institut. — Lyon, Imprimerie Mougin-Rusand, 1888, in-8, pp. VIII-71, Portrait et grav.

— Notice sur M. l'abbé Armand David (1826-1900), par M. Maurice de Vilmorin. (*Bul. Soc. botan. France*, XLVIII, 1901, pp. 5/8.)

Pierre Heude, S. J.

Voir col. 419-421.

— Mémoires concernant l'Histoire naturelle de l'Empire chinois par des Pères de la Compagnie de Jésus. — Tome V. — Second cahier. Le P. Heude et le Musée de Zi-ka-wei avec portrait, cartes et planches (XII-XIV, XVI-XIX). — Chang-hai, Imprimerie de la Mission catholique à l'Orphelinat de Tou-sè-wè — 1906, gr. in-4, pp. 38.

Appendice. Note sur les Ursidés du Musée de Zi-ka-wei. Par F. Courtois, S. J., pp. 33/38.

Notice : *T'oung Pao*, Juillet 1906, pp. 403/4, par Ed. Chavannes.

Le premier cahier du T. V que nous n'avons pas encore vu, comprend pp. 43 et 11 pl. : Note sur quelques Ursidés peu ou point connus. — Essai sur les Bovidés sauvages de l'Indo-Chine française. — Remarques sur un article du Dr. Ameghino. — Crânes de quelques Herbivores.

Col. 421.

— Denkwürdigkeiten von den Insecten China's. Von Dr Aug. Pfizmaier... Wien, 1874. Karl Gerold's Sohn, in-8, pp. 82.

Sitzb. phil.-hist. Cl. k. Ak. Wiss. Wien, Bd. LXXVIII, Nov.-Heft.

— Denkwürdigkeiten aus dem Thierreiche China's. Von Dr. Aug. Pfizmaier... Wien, 1875. Karl Gerold's Sohn, in-8, pp. 84.

Sitzb. phil.-hist. Cl. k. Ak. Wiss. Wien, Bd. LXXX, April-Heft.

Col. 425.

— Arachnides recueillis aux environs de Pékin par M. V. Collin de Plancy, attaché

(Zoologie : Divers. — Heude.) (Zoologie : Heude. — Divers.)

à la légation française de Chine, par M. Eugène Simon. Imp. Felix Malteste, Paris, in-8, pp. 97-128 et 1 planche, 1880.

Extrait des *Annales de la Société entomologique de France*, séance du 12 février 1879.

R. Lydekker.

Col. 425-6.

— The Ichang Tufted Deer. By R. Lydekker. (*Proc. Zoolog. Soc. Lond.*, 1904, Vol. II, pp. 166/9.)

— On the Occurrence of the Bruang in the Tibetan Province. By R. Lydekker. (*Ibid.*, 1906, April 1907, pp. 997/9.)

Oldfield Thomas.

Col. 427.

— A new *Cricetulus* [*C. Campbelli*, sp. n.] from Mongolia. By Oldfield Thomas. (*Ann. and Mag. Nat. Hist.*, 7th Ser., XV, 1905, pp. 322/3.)

— On a remarkable new Squirrel [*Sciurus Haringtoni*] from Burma. By Oldfield Thomas. (*Ibid.*, XVI, 1905, pp. 314/5.)

— On a Second Species of *Lenothrix* [*L. legata*, sp. n.] from the Liu Kiu Islands. By Oldfield Thomas. (*Ibid.*, XVII, 1906, pp. 88/9.)

— The Duke of Bedford's Zoological Exploration in Eastern Asia. — II. List of Small Mammals from Korea and Quelpart. By Oldfield Thomas. (*Proc. Zoolog. Soc.*, 1906, April 1907, pp. 858/865.)

G. A. Boulenger.

Voir col. 433.

— Descriptions of new Frogs and Snakes from Yunnan. By G. A. Boulenger. (*Annals and Mag. Nat. Hist.*, 7th Ser., XIII, 1904, pp. 130/4.)

Cf. Vol. XII, 1903, p. 429.

— Description of a new Newt from Yunnan. By G. A. Boulenger. (*Proc. Zool. Soc. Lond.*, 1905, Vol. I, Pt. II, pp. 277/8, 1 pl.)

Molge Wolterstorffi.

— Description of a new Batrachian of the Genus *Bombinator* (*B. maximus*). By G. A. Boulenger. (*Ann. and Mag. Nat. Hist.*, 7th Ser., XV, 1905, pp. 188/9, 1 pl.)

— On new Batrachians and Reptiles from Tibet. By G. A. Boulenger. (*Ibid.*, pp. 378/9.)

— Descriptions of new Reptiles from Yunnan. By G. A. Boulenger. (*Ibid.*, XVII, 1906, pp. 567/8.)

J. D. de La Touche.

— Further Notes on the Nesting of Birds in the Province of Fohkien, S. E. China. By J. D. La Touche. (*The Ibis*, 8th Ser., V, 1905, pp. 25/67.)

Voir col. 434.

— Field-Notes on the Birds of Chinkiang, Lower Yangtse Basin. — Part I. By J. D. D. La Touche. (*Ibid.*, VI, 1906, pp. 427/450, 617/641 ; 9th Ser., I, 1907, pp. 1/30.)

— On the Birds of the Island of Formosa. By W. R. Ogilvie-Grant and J. D. D. La Touche. (*Ibid.*, 9th Ser., I, 1907, pp. 151/198, 2 pl.; 254/279.)

∴

— Arachnides recueillis par Mr G. Potanine en Chine et en Mongolie (1876-1879). — Par E. Simon. — (1er Mémoire) — Tiré du Bulletin de l'Académie Impériale des Sciences de St.-Pétersbourg, Ve Série, Tome II, No. 4 (Avril 1895). — St.-Pétersbourg, Imprimerie de l'Académie impériale des Sciences, 1895, gr. in-8, pp. 15.

— Note sur les Carabes et Calosomes recueillis par M. Chaffanjon dans le nord de la Mongolie, par M. G. de Lapouge. (*Bul. Museum Hist. Nat.*, 1905, pp. 301/6.)

— On a Collection of Mammals brought home by the Tibet Frontier Commission. By J. Lewis Bonhote. (*Proc. Zool. Soc. Lond.*, 1905, Vol. II, Pt. II, pp. 302/8.)

— The Mammalian Fauna of China. — Part I. *Murinae.* By J. Lewis Bonhote. (*Ibid.*, pp. 384/397.)

— The Goat in China. (*East of Asia*, Vol. II, N° 1, May 1903, pp. 59/60.)

— List of the Birds of the Quangtung Coast, China. By J. C. Kershaw. (*The Ibis*, 8th Ser., IV, 1904, pp. 235/248.)

— The Chinese Tailor-bird. By J. C. Kershaw. (*The Far East*, Vol. I, 1906, pp. 241/2, 1 fig.)

— On a Collection of Fishes made by Mr. John Graham at Yunnan Fu. By C. Tate Regan. (*Annals and Mag. Nat. Hist.*, 7th Ser., XIII, 1904, pp. 190/4.)

— Descriptions of Two new Cyprinid Fishes from Yunnan Fu. By C. Tate Regan. (*Ibid.*, XIV, 1904, pp. 416/7.)

— Descriptions of Five new Cyprinid Fishes

from Lhasa, Tibet, collected by Captain H. J. Walton, I. M. S. By C. Tate Regan. (*Ibid.*, XV, 1905, pp. 185/8.)

— Descriptions of Two new Cyprinid Fishes from Tibet. By C. Tate Regan. (*Ibid.*, pp. 300/301.)

Gymnocypris Waddellii. — *Nemachilus lhasae.*

— * Nutzbare Tiere Ostasiens; Pelz- und Jagdtiere, Haustiere, Sectiere. Von Emil Brass, F. R. A..., Neudamm, 1904.

— Научные результаты Корейско-Сахалинской экспедиціи Императорскаго Русскаго Географическаго Общества 1900-1901 гг. — П. Ю. Шмидтъ. — Рыбы Восточныхъ Морей Россійской Имперіи. — P. Schmidt. Pisces Marium Orientalium Imperii Rossici. — Съ 6 таблицами и 31 рисункомъ въ текстѣ. — Изданіе Императорскаго Русскаго Географическаго Общества. — С.-Пет., Тип. М. Стасюлевича, 1904, in-4, pp. xi-466.

Il y a une Bibliographie pages 421-449.

— On a new Species of River-Crab [*Parathelphusa spinescens*, sp. n.] from Yunnan. By W. T. Calman. (*Annals and Mag. Nat. Hist.*, 7th Ser., XVI, 1905, pp. 155/8.)

— Роды *Leptopoecile* Sewertz. 1873 и *Lophobasileus* Pleske 1890, отряда *Passeriformes.* (*Bul. Acad. Imp. Sc. St. Pét.*, 1905, Janvier, T. XXII, No. 1, pp. 37/49.)

— *Kaznakowia*, gen. nov. и *Babax* David 1876, роды семейства *Crateropodidae*, отр. *Passeriformes.* — В. Біанки. (*Ibid.*, Juin et Sept., Ve Sér., T. XXIII, Nos. 1 & 2, pp. 41/48.)

— Обзоръ формъ родовъ *Cryptolopha*, *Abrornis* и *Tickellia* изъ сем. *Sylviidae*, отр. *Passeriformes.* — В. Біанки. (*Ibid.*, pp. 49/65.)

— Новій видъ фазана, *Phasianus süehschanensis* sp. nov., изъ нагорной, западной части Китая. — В. Біанки. (*Bul. Acad. Imp. Sc. St. Pét.*, 1906, Janv. et Fév., Ve Sér., T. XXXIV, Nos. 1 et 2, pp. 83/92.)

V. Bianchi. — Nouvelle espèce de faisan, de la partie élevée de la Chine occidentale.

∴

— Observations upon a Female Specimen of the Hainan Gibbon (*Hylobates hainanus*), now living in the Society's Gardens. By R. I. Pocock. (*Proc. Zool. Soc. Lond.*, 1905, Vol. II, Pt. I, pp. 169/180, 1 pl.)

Descriptions of Three new Species of Birds obtained during the recent Expedition to Lhassa. By Henry E. Dresser. (*Ibid.*, Vol. I, Pt. I, pp. 54/55, 2 pl.)

Babax Waddelli. — *Garrulax tibetanus.* — *Lanius lama.*

— On some Palaearctic Birds' Eggs from Tibet. By H. E. Dresser. (*The Ibis*, 8 Ser., VI, 1906, pp. 337/347.)

– Descriptions of Two new Cyprinid Fishes [*Cyprinus micristius.* — *Nemachilus Grahami*] from Yunnan Fu, collected by Mr. John Graham. (*Ann. and Mag. Nat. Hist.*, 7th Ser., XVII, 1906, pp. 332/3.)

— Some Voles from the Tian Shan Region. By Gerrit S. Miller, Jr. (*Ibid.*, pp. 371/375.)

— Description of a new Species of *Leucogobio* [*L. coreanus*] from Korea. By L. S. Berg. (St.-Petersburg.) (*Ibid.*, XVIII, 1906, pp. 394/5.)

— On the Birds of Southern Tibet. By Captain H. J. Walton. (*The Ibis*, 8th Ser., VI, 1906, pp. 57/84, 1 pl.; 225/256, 1 pl.)

— The Venomous Snakes of Central China. By Dr. Kreyenberg. (*The Far East*, Vol. I, 1906, pp. 382/384.)

— * W. Volz. — Zoologische Ergebnisse einer Reise in Ost-Asien und auf den Sandwich-Inseln. 24 Pl., 1 carte et 32 Illustrations. Jena, 1906. Gr. in-8, pp. x-370.

— On the Lepidoptera collected by the Officers on the recent Tibet Frontier Commission. By H. J. Elwes, Sir George Hampson, and J. Hartley Durrant. (*Proc. Zoolog. Soc. Lond.*, 1906, Oct., pp. 479/488, 1 pl.)

— On Worms of the Family *Gordiidae* from Corea. By Dr. von Linstow. (*Ibid.*, pp. 556/557.)

— Une nouvelle espèce chinoise du genre *Helota.* Par M. C. Ritsema. (*Bul. Muséum Hist. nat.*, 1906, pp. 196/8.)

— On a new Species of *Karschia* [*K. tibetana*] from Tibet. By A. S. Hirst. (*Ann. and Mag. Nat. Hist.*, 7th Ser., XIX, 1907, pp. 322/4.)

— Research in China. Published by the Carnegie Institution of Washington. 1907. Voir Géologie.

Equus Przewalskii.

— Note sur le cheval sauvage (*Equus Prjewalskii*), actuellement vivant à la Ménagerie, par M. E.-L. Trouessart. (*Bul. Muséum Hist. nat.*, 1906, pp. 359/360.)

Cf. Oustalet, *Ibid.*, 1902, p. 244. — Col. 433.

— * Prjevalsky's Horse (*Equus Prjewalskii* Pol.). By W. Salensky. Translated by Captain M. Horace Haynes and O. Charnock Bradley; with an Introduction by J. Cossar Ewart. London : Hurst & Blackett, 1907, in-8, pp. xvi-65. Illustrations.

Faisans.

— On the Geographical Distribution of the True Pheasants (Genus *Phasianus* sensu stricto). By S. A. Buturlin. (*The Ibis*, 8th Ser., IV, 1904, pp. 377/414.)

Botanique.

— La Botanique des Chinois. Par Eug. Fournier. (*Revue des Deux Mondes*, LIX, 1883, pp. 907/930.)

Col. 469.

— An Enumeration of all the Plants known from China Proper... Part XIV, Pt. XV, Pt. XVI, Pt. XVII, Pt. XVIII, Pt. XIX, Pt. XX. (*Journal of the Linnean Society, Botany*, Vol. XXXVI, Nos. 249 à 255-6, 1903-1905, pp. 1/449.)

— List of the Genera and Species discovered in China since the publication of the various parts of the « Enumeration », from 1886 to March 1904, alphabetically arranged. (*Ibid.*, pp. 451/530.)

— Index to Names and Synonyms, Vol. 23, 26, and 36. (*Ibid.*, No. 255-56, 1905, pp. 531/686.)

Titre, Contents, Historical Note by W. Thiselton Dyer.
Voir col. 480-481.

— Chinese Fibres. (*Kew Bull.*, 1891, pp. 247/seq.)

Comprend : Memorandum on the Jute and Hemp of China, by Dr. Augustine Henry, etc. — Voir col. 482.

GIUSEPPE GIRALDI.

Col. 485-6.

— Filices... manipulus quintus. (*Bul. Soc. Botan. Ital.*, 1901, pp. 288/292.)

— Conifères de Chine, récoltés par le Rév. Père Joseph Giraldi dans le Shen-si septentrional et méridional, par L. Beissner. (*Ibid.*, pp. 357/361.)

— Licheni Cinesi raccolti allo Shen-si negli anni 1894-1898 dal rev. Padre Missionario G. Giraldi. — Nota di A. Jatta. (*Nuovo Giorn. Botan. Ital.*, IX, Oct. 1902, pp. 460/481.)

— Muscinee raccolte nello Schen-si (Cina) dal Rev. Giuseppe Giraldi per E. Levier. (*Ibid.*, N. S., XIII, 1906, pp. 237/280, 347/356.)

Col. 487.

— Sur une nouvelle Phalloïdée le *Lysurus Beauvaisi* par M. Marin Molliard. (*Revue gén. de Botanique*, XII, 1900, pp. 61/4.)

— *Acer lanceolatum*, nouvelle espèce d'érable de la province chinoise du Kouang-si, par M. Molliard, 1 pl. (*Bul. Soc. Botanique de France*, L, 1903, pp. 134/5.)

— Structure de quelques Tylenchocécidies foliaires; par M. Marin Molliard. (*Ibid.*, 1904, session jubilaire à Paris (août 1904), 1er fasc., pp. ci-cxii).

Envoi de J. Beauvais, Yunnan sen.

— Filices Setciouenses a Rev. Patre U. Scallan collectae in Se-tcioeun, provincia imperii sinensis, in monte Uo-mi-san prope Tien-to-sen, anno 1899. Auctoribus Doctes. E. Baroni et H. Christ. (*Bul. Soc. Botan. Italian.*, 1901, pp. 293/7.)

— Флора Памира. — Собственныя изслѣдованія 1901 года и сводъ предыдущихъ. — О. А. Федченко. (*Acta Horti Petropolitani*, XXI, Fasc. III, 1903, pp. 233/471, carte.)

— Первое дополненіе къ Флорѣ Памира. — О. А. Федченко. (*Ibid.*, XXIV, Fasc. II, 1905, pp. 123/154.)

— Второе дополненіе къ Флорѣ Памира. — О. А. Федченко. (*Ibid.*, Fasc. III, 1905, pp. 313/355.)

— Флора Западнаго Тянь-Шаня. — Ботаническіе результаты экспедицій 1897 и 1902 гг. и сводъ предшествующихъ изслѣдованій. — Б. А. Федченко. — I. — (*Ibid.*, XXIII, Fasc. II, 1904, pp. 249/532.) — II. — (*Ibid.*, XXIV, Fasc. II, 1905, pp. 155/260.)

— O. A. et B. A. Fedtschenko. — Plantae Turkestanicae imprimis Alaicae, in itineribus annorum 1901 et 1904 lectae. (*Ibid.*, XXIV, Fasc. III, 1905, pp. 537/556.)

— Флора Маньчжуріи. — В. Л. Комарова. — Томъ II. Часть I. (*Ibid.*, XXII, Fasc. I, 1903, pp. 1/452.)

— — Т. II. Ч. II. (*Ibid.*, Fasc. II, 1904, pp. 453-787, 17 tab.)

— — Т. III. Ч. I. (*Ibid.*, XXV, Fasc. I, 1905, pp. 1/334, 3 tab.)

— Матеріалы для флоры Средней Азіи. —

II. — В. П. Липскаго. (*Ibid.*, XXIII, Fasc. I, 1904, pp. 1/247, 11 tab.)

— Gramineae novae turkestanicae. Prof. E. Hackel (Graz). (*Ibid.*, XXVI, Fasc. I, 1906, pp. 53/60.)

— Beiträge zu einer Flora von Kiautschou und einiger angrenzenden Gebiete, nach den Sammlungen von Nebel und Zimmermann zusammengestellt von E. Gilg und Th. Loesener. (*Beiblatt zu den Botanischen Jahrbüchern*, Nr. 75, Bd. XXXIV, Heft 1, 1904, p. 76.)

— Uredineae japonicae. Von P. Dietel. (*Botan. Jahrbücher für System.... Pflanzengeog....* von A. Engler, XXII, pp. 624/632; XXXIV, 582/592.)

— Fungi japonici. Von P. Hennings. (*Ibid.*, XXVIII, pp. 259/280; XXIX, pp. 146/153; XXXI, pp. 728/742; XXXII, pp. 34/46; XXXIV, pp. 593/606.)

H. Léveillé.

— H. Léveillé. — Notes botaniques : 1° Carex de Corée, du Japon et du Chensi; 2° à propos du *Typha Martini*. (*Bul. Soc. Agric., Sc. et Arts de la Sarthe*, XXXVIII, 1901 & 1902, pp. 407-409.)

— Les « rhododendrons » de la Chine par M. H. Léveillé, membre titulaire. (*Ibid.*, XXXIX, 1903 & 1904, pp. 43/50.)

— Bouquet de fleurs de Chine. — Par Mgr. Léveillé, (*Ibid.*, pp. 316/326.)

— H. Léveillé. — Glanes sino-japonaises : 1° Les Rubus du Japon; 2° Les Epilobes du Japon; 3° Renonculacées et Carex. (*Ibid.*, XL, 1905 & 1906, pp. 55/80.)

— Nouveautés chinoises, coréennes et japonaises; par M. H. Léveillé. (*Bul. Soc. Botan. de France*, LI, 1904, pp. 202/6, 217/220, 289/292, 422/4.)

— Quelques Amentacées nouvelles d'Extrême-Orient, par Mgr. H. Léveillé. (*Ibid.*, Mars 1905, pp. 141/3.)

— Le genre *Pieris* en Chine, par Mgr. H. Léveillé. (*Ibid.*, 1906, Mars, pp. 202/207.)

— Caricologie chinoise, par Mgr. H. Léveillé. (*Ibid.*, Avril, pp. 315/8.)

— Nouveautés sino-japonaises, par Mgr. H. Léveillé. (*Ibid.*, Nov., pp. 549/551.)

— Monseigneur H. Léveillé. — Les Gesnéracées de la Chine. (*Assoc. franç. Avancem. Sciences*, Cherbourg 1905, pp. 422/9.)

— * H. Léveillé. — Remarques sur quelques Renonculacées chinoises. (*Bul. Ac. Int. de Géog. bot.*, XIVe année, Nos. 185-186, pp. VII/VIII.)

∴

— * Eug. Vaniot. — Plantae Bodinierianae. Scrofulariaceae. (*Ibid.*, Nos. 185-186, pp. 85/8.)

— Contributions à la Flore de l'Asie orientale d'après l'herbier du Muséum de Paris; par MM. Finet et F. Gagnepain. (*Bul. Soc. Botanique de France*, L, 1903, pp. 517/557, 601/627; LI, 1904, pp. 56/76, 130/136, 293/329, 388/414, 461/527.)

— Contributions à l'étude de la flore de l'Asie orientale par MM. A. Finet et F. Gagnepain. (*Ibid.*, Mémoires, 1905, 4, pp. 54; 1906, 4, pp. 55 à 170, 20 pl.)

— Additions à la Flore de l'Asie orientale; par MM. Finet et Gagnepain. (*Ibid.*, Fév. 1907, pp. 82/90.)

— Les Orchidées de l'Asie orientale par M. E.-A. Finet. — I. — Cypripédiées. — II. — Ophrydées. — III. — Habénariées. (*Rev. gén. de Botanique*, XIII, pp. 497/542.)

— Espèces nouvelles de l'Asie orientale, par MM. Finet et Gagnepain. (*Bul. Soc. Botan. de France*, 1906, Fév., pp. 125/7.)

— Espèces nouvelles de l'Asie orientale (2e note) par MM. A. Finet et F. Gagnepain. (*Ibid.*, Nov., pp. 573/6.)

— Chinese Marine Algae. By Ethel S. Gepp (*née* Barton). (*Journ. of Botan.*, XLII, 1904, pp. 161/5.)

— Une nouvelle espèce de Pommier le *Pirus Doumeri* originaire du Lang-bian (Annam); par M. D. Bois, assistant au Muséum. (*Bul. Soc. Botan. de France*, LI, 1904, pp. 113/117.)

— Les collections de Fougères de la Chine au Muséum d'histoire naturelle de Paris, par le Dr. H. Christ, de Bâle. (*Ibid.*, 1905, Mémoires, 1, pp. 69.)

— On *Swertia angustifolia*, Ham., and its Allies. — By I. H. Burkill. (*Jour. & Proc. Asiat. Soc. Bengal*, Vol. II, No. 8, 1906, pp. 363/381.)

— Note sur quelques Ombellifères de la Chine,

d'après les collections du Muséum d'Histoire naturelle de Paris. Par M. Henri de Boissieu. (*Bul. Soc. Botan. de France*, Juin 1906, pp. 418/437.)

— Les *Holboellia* de la Chine centrale, par M. G. Réaubourg. (*Ibid.*, pp. 451/461.)

— Di una nuova specie di *Madotheca* della Cina, descritta dal Dott. C. Massalongo. (*Bul. Soc. Botan. Ital.*, 1906, p. 141.)

— G. Bargagli-Petrucci. — Cecidi della Cina. (*Nuovo Giorn. Botan. Ital.*, N. S., XIV, April 1907, pp. 235/245.)

— Les Pedicularis du Kouy-Tchéou de l'Herbier Bodinier. Par M. G. Bonati. (*Académie de Géographie botanique*, pièce in-8, pp. 240 à 245.)

— Les *Pédiculaires* de Chine de M. Wilson dans l'herbier du Muséum de Paris; par M. G. Bonati. (*Bul. Soc. Botan. de France*, Avril 1907, pp. 183/8.)

— Contribution to the Nomenclature of Chinese Plants. By the late Dr. Ernst Faber. (*Journ. N. China Br. R. As. Soc.*, XXXVIII, 1907, pp. 97/164.)

Classification of the List of Plants. By D. Macgregor, pp. 99/132.
Alphabetical List of Plants, pp. 132/161.
List of Plants for which the English equivalent is not known, pp. 162/4.

GIN SENG.

Voir Corée, col. 2969.

— Observatio XXXIX. D. Christiani Mentzelii, De Radice Chinensium Gîn-Sĕn. (*Miscellaneā curiosa*, Annus V, 1686, Norimb., pp. 73/79, 3 pl.)

— Observatio CLXXXIX. D. Laurentii Blumentrost. De Radicis Chin Sen usu, lapide Thensy Chinensium, & H. claustrali. (*Ibid.*, Annus VIII, 1689, pp. 487/9, 1 pl.)

— The Method of preparing the Ginseng Root in China. Communicated by Dr. Heberden. (*Medical Trans. pub. by the College of Physicians in London*, III, 1785, pp. 34/6.)

Read Nov. 11, 1785.

— Panax Schin-seng nob. Die asiatische Kraftwurzel oder Ginseng. (*Icones Plantarum Medicinalium*... von Dr. Th. Fr. L. Nees v. Esenbeck... Erster Sup.-Bd. mit 120 Tafeln, Düsseldorf, 1833, in-fol.)

Fasc. 5, Tab. 16, Consp. 70.

— * A. Ray. — Der Ginseng, chinesische Kraft- oder Lebensverlängerungs-Wurzel, als ein neuer unvergleichl. Arzneistoff gegen Nervenschwäche... Erlangen, 1860, in-8.

— Note sur le Gin-seng ou Gen-chen. Par A. Petrowsky. (*Bul. Soc. Imp. Natur. Moscou*, 1876, No. 1, pp. 204/209, avec 1 pl.)

— The Domestication of Ginseng. By Frank Carney, High School, Ithaca, N. Y. (*Journ. of Geog.*, Chicago, Jan. 1903, pp. 26/31, fig.)

— * F. Berteaux. — Le Ginseng coréen. (*Echo de Chine*, Chang-hai, 1903, nos. des 25, 26, 27 mai.)

— Em. Perrot [et] Philippe de Vilmorin. — Du Ginseng et en particulier du Ginseng de Corée et de Mandchourie. (*Bul. des Sciences Pharmacologiques*, 1904, T. X, pp. 129/141, 200/218.)

Voir pp. 216/217 une longue liste d'*Indications bibliographiques*.

— Le Ginseng en Chine Par V. F. (*Revue Indo-Chinoise*, 15 Mai 1907, pp. 658/9.)

D'après le *Hongkong Daily Press*.

THÉ.

Col. 502.

— Excursion à Ankoi, l'un des cantons de la Chine où l'on cultive le thé, faite en 1834 par G. J. Gordon. (*Nouv. Ann. des Voy.*, VII, 3e Sér., 1835, pp. 339/364.)

D'après l'*Asiatic Journal*.

Col. 504.

— Theecultur und Theehandel. (*Das Ausland*, XXXV, 1862, pp. 58/61.)

Col. 507.

— Manual do Cultivador e Manipulador do Chá por Gabriel d'Almeida. Ponta Delgada-Typo-lythographia Minerva, 1892, in-8, p. 71.

Col. 508.

— La récolte du thé de Chine. Par Paul Labbé. (*Soc. Géog. comm., Bull.*, XXVIII, Janvier 1906, pp. 51/3.)

Géologie.

Col. 511-513.

— Beiträge zur Geschichte der Edelsteine und des Goldes. Von dem w. M. Dr. Aug. Pfizmaier. (*Sitzb. k. Akad. d. Wiss., Phil.-hist. Cl.*, 58. Bd., 1868, pp. 181/256.)

Voir col. 1540.

— Herr v. Richthofen. — Entwurf einer Höhenschichtenkarte von China. (*Verhand. Ges. Erdk. Berlin*, I, 1873, pp. 29/31.)

— K. Futterer. — Prof. F. v. Richthofens Geomorphologische Studien aus Ostasien. (*Petermanns Mitt.*, 1902, pp. 261/5; 1903, pp. 158/162.)

— Ferdinand von Richthofens Geomorphologische Studien aus Ostasien. Von Dr. W. Schjerning, Charlottenburg. (*Geogr. Anzeiger*, 1904, Heft 1, pp. 1/4.)

— Grundlinien im Aufbau Ost-Asiens nach

Ferd. v. Richthofen. Von Privatdozent Dr. Max Friedrichsen. (*Geographische Zeitschrift*, 1904, pp. 143/158, 218/224.)

Col. 515.

— Note on some Fossils from North Formosa, collected by Mr. David Tyzack. — By Prof. G. A. Lebour. (*North of England Instit. of Mining and Mechan. Engin.*, XXXIV, 1884/5, Newcastle, pp. 81/2.)

Col. 516

— Gottsche. — Geolog. Skizze von Korea. (*Sitzungsber. Akad. d. Wiss. Berlin*, 1886, 2.) — Voir col. 2061.

Col. 517.

— Sur le cinabre et l'onofrite de Ouen-Shan-Tchiang. Par M. Termier. (*Bul. Soc. franç. de Minéral.*, XX, 1897, pp. 204/210.)

Kouei-tcheou.

Col. 520.

— C.R. Eastman. — On Remains of *Struthiolithus chersonensis* from Northern China. (*Bul. Museum Comparative Zoology*, Harvard, XXXII, 1898, pp. 127/144, 1 pl.)

— Discovery of a second Specimen of the Fossil Egg of *Struthiolithus*. By C. R. Eastman. (*Geolog. Mag.*, 1898, pp. 434/9, 1 pl.)

— E. von Cholnoki. — Kurze Zusammenfassung der orotektonischen Verhältnisse der südlichen Mandschurei. (*Földtani közlöny*, Budapest, 1899, XXIX, pp. 223/235, 277/291, fig.)

— Геологическое описанiе южной оконечности Ляо-дунскаго полуострова въ предѣлахъ квантунской области и ея мѣсторожденiя золота. — Горн. инж. К. И. Богдановича — (съ картой, 5 фиг. и 2 табл. въ текстѣ и 12 таблицами автотипiй). (*Матерiалы для Геологiи Россiи*, XX, 1900, pp. 1/236.)

Voir col. 2843.

— Description géologique de l'extrémité sud de la presqu'île de Liao-toung (région de Kouang-toung) et de ses gisements d'or. Par K. Bogdanovitch. (*Materialien zur Geologie Russlands*, Bd. XX, 1900, pp. 237/248.)

Résumé du travail paru en russe dans le même vol. du même recueil, pp. 1/236.

— Les ressources minérales des Provinces chinoises voisines du Tonkin. — Conférence faite à Lille, le Jeudi 15 nov. 1900, par M. A. Leclère, Ingénieur en Chef au Corps des Mines. (*Bul. Soc. Géog. Lille*, XXXV, 1901, pp. 397/410.)

— M. Abbado. — Contributo alla Flora carbonifera della Cina. (*Palaeontographia italica*, Pise, 1900, V, pp. 125/144, fig., 5 pl.)

— Ueber triassische Versteinerungen aus China. Von Ernst Koken in Tübingen. (*Neues Jahrbuch f. Mineral., Geolog. u. Palaeont.*, 1900, 1. Bd., Stuttgart, pp. 186/215, 1 pl.)

— B. Navarra. — Zum Erzreichthum Chinas. (*Zeitschft. f. Berg-, Hütten- u. Salinenwesen im preuss. Staate*, Berlin, 1900, XLVIII, *Abh.*, pp. 423/431.)

— R. Zeiller. — Sur quelques Plantes fossiles de la Chine méridionale. (*Ctes.-rendus Acad. Sciences*, CXXX, 1900, pp. 186/8.)

— Sur un *Prolebias* (*Pr. Davidi*) des Terrains tertiaires du Nord de la Chine, par M. H.-E. Sauvage. (*Bul. Soc. Géologique de France*, 3e Sér., VIII, p. 452.)

— Note sur la Géologie de quelques provinces de la Chine, par M. Vélain. (*Ibid.*, IX, p. 474.)

— J. V. B. Murdoch. — Notes on Brine and Oil Wells in Western China. (*Trans. Inst. Mining & Metall.*, 1901, IX, pp. 362/5.)

— F. Frech. — Lethaea Geognostica. I. Theil. Lethaea Palaeozoica, Bd. II, no. 2. Die Steinkohlenformation. Stuttgart, 1899, in-8, pp. 257/433, fig., 9 pl. et 3 cartes.

— F. Frech. — Lethaea Geognostica. I. Theil. Lethaea Palaeozoica. III. Lief. 3. Die Dyas. Stuttgart, 1901, in-8, pp. I/V, 435/478, fig. & 13 pl.

— F. Frech. — Lethaea Geognostica. II. Theil. Das Mesozoicum. No. 1. Trias von E. Philippi & J. Wysogórski. Stuttgart, 1903, in-8, pp. 105, fig., pl. I-VIII.

— G. Fliegel. — Ueber obercarbonische Faunen aus Ost- und Südasien. (*Palaeontographica*, XLVIII, 1901, pp. 91/136, fig. et pl. VI-VIII.)

— F. Krasser. — Die von W. A. Obrutschew in China und Centralasien 1893-1894 gesammelten fossilen Pflanzen. (*Denkschr. k. Akad. Wiss.*, Wien, 1901, LXX, pp. 139/154, pl. I-IV.)

Voir col. 2153-1.

— Beiträge zur Geologie von Schantung.

I. Obercambrische Trilobiten von Yen-Tsy-Yai. Von Herrn H. Monke in Berlin. (*Jahr. k. preuss. geolog. Landesamt*, 1902, XXIII, pp. 103/151, pl. III-IX.)

— John Gerrard. — On the « Pagoda Stone » of the Chinese. [*Orthoceras* — limestone from I'Chang.] (*Trans. Manch. Geol. Soc.*, 1902, XXVII, pp. 322/3.)

— M. Schlosser. — Die fossilen Säugethiere China's. (*Centralbl. f. Min.*, 1902, pp. 529/535.)

— M. Schlosser. — Die fossilen Säugethiere Chinas, nebst einer Odontographie der recenten Antilopen. (*Abh. k. bayer. Akad. Wiss.*, 1903, XXII, pp. 1/221, fig., pl. I-XIV.)

— E. Schellwien. — Trias, Perm und Carbon in China. (*Schrift. phys.-ökon. Gesellsch. Königsb. in Pr.*, 1902, XLIII, pp. 59/78, pl. III.)

S. A. *Schriften d. Phys.-ökonom. Ges. in Königsberg i. Pr.* 1902.
Notice : *Petermanns Mitt.*, 50. Bd., 1904, VII, p. 126, par Supan.

— Notes on some specimens of Straight shelled Nautiloidea collected by the Rev. Samuel Couling, M. A., Ching Chow Fu, Kiaochow, North China. By G. C. Crick. (*Geolog. Mag.*, Nov. 1903, pp. 481/5, 1 pl.)

— W. H. Hobbs. — Tectonic Geography of Eastern Asia. (*Amer. Geolog.*, XXXIV, 1904, pp. 69/80, 141/151, 214/226, 283/291, fig., pl. III, IV & XIV.)

— Beitrag zur Gesteinskunde des Kiautschou-Schutz-Gebietes. Von Herrn F. Rinne in Hannover. (*Zeitschft. Deutsch. Geolog. Ges.*, LVI, 1904, Aufsätze, pp. 122/167, 1 pl. et 17 fig. dans le texte.)

— Echantillons de minerais de provenance chinoise. Par F. (*Bul. Soc. Géog. Com. Paris*, XXVI, 1904, pp. 641/650.)

— Die Schmuck- und Edelsteine bei den Chinesen. Von T. Wada in Tōkyō. (*Mitt. Deutsch. Ges. f. Nat. u. Völk. Ostasiens*, Bd. X, Teil I, Tōkyō, 1904, pp. 1/16.)
Voir col. 1860.

— Die Grundzüge des Gebirgsbaues und die Bodenschätze Chinas. Von Dr. Ernst Tiessen. (*Asien*, 1904, No. 4, pp. 52/5; No. 6, pp. 91/94; No. 7, pp. 105/9.)

— La structure de l'Asie orientale d'après les travaux récents. Par L. Gallois. (*Annales de Géog.*, 15 mai 1905, pp. 245/258.)

— Résultats de la Mission géologique et minière du Yunnan méridional (septembre 1903-janvier 1904) :

I. Note sur la géologie et les mines de la région comprise entre Lao-kay et Yunnan-sen. Par M. H. Lantenois, Ingénieur en Chef des Mines, Directeur du Service des Mines de l'Indo-Chine. (*Annales des Mines*, XI, 1907, pp. 298/383, 385/428.)

II. Note sur la géologie de la région de Po-si, Lou-nan, Mi-leu, Tou-tza, A-mi-tchéou par M. Counillon, Géologue au Service des Mines de l'Indo-Chine. (*Ibid.*, pp. 429/446.)

III. Résultats paléontologiques par M. H. Mansuy, Géologue au Service des Mines de l'Indo-Chine. (*Ibid.*, pp. 447/471.)

IV. Note sur quelques empreintes végétales des gites de charbon du Yunnan méridional. Par M. R. Zeiller, Inspecteur Général des Mines, Membre de l'Institut. (*Ibid.*, pp. 472/494.)

V. Note sur quelques échantillons de plantes tertiaires du Yunnan. Par M. L. Laurent, Docteur ès sciences. (*Ibid.*, pp. 495/503.)

.˙.

— Beiträge zur Geologie und Palaeontologie von Ostasien unter besonderer Berücksichtigung der Provinz Schantung in China. I. Teil. Von Herrn Th. Lorenz in Marburg. — 5 Beilagen und 2 Textfig. (*Zeitschft. Deutsch. Geolog. Ges.*, LVII, 1905, pp. 438/497.) — II. — Palaeontologischer Teil. 3 Taf. u. 55 Textfig. (*Ibid.*, LVIII, 1906, pp. 53/109.)

Voir la bibliographie à la fin du 2e article.
Notice par Max Friedrichsen, *Petermanns Mitt.*, XII, 1906, pp. 284/287. — Réponse de Th. Lorenz, *Ibid.*, IV, 1907, pp. 93/96.

— Beiträge zur Geologie und Palaeontologie von Ostasien unter besonderer Berücksichtigung der Provinz Schantung in China. II. — *Palaeontologischer Teil* mit 3 Tafeln und 55 Figuren im Text. Von Dr. Th. Lorenz, Privatdozenten der Geologie und Palaeontologie an der Universität Marburg — 1906, in-8, ch. 67 à 122 + 1 p. n. ch.

Sonder-Abdruck aus der *Zeitschrift der Deutschen Geologischen Gesellschaft*, Bd. 58, Jahrgang 1906.

— The Second Geological Trip to the Southern Korea. By H. Yabe, Rigakushi. (*Jour. Geolog. Soc. Tōkyō*, Feb. 1905, No. 137, p. 45.)

— Fossil Localities of North China. By

T. Ogawa, Rigakushi. (*Ibid.*, March 1905, No. 138, p. 71.)

En japonais.

— On Chinese Books Describing Stones for Stamp-making. By K. Jimbō, Rigakuhakushi. (*Ibid.*, June 1905, No. 141, p. 178.)

En japonais.

— Preliminary Note on Mesozoic Plants from China. By M. Yokoyama, Rigakuhakushi. (*Ibid.*, Oct. 1905, p. 305.)

En japonais.

— C. D. Walcott. — Cambrian Faunas of China. [Including the following unfigured New Genera of Trilobites — *Anomocarella, Damesella, Dorypygella, Pagodia,* & *Shantungia.*] (*Proc. U. S. Nat. Mus.*, 1906, XXIX, pp. 1/106.)

— — — — [Shen-si & Shan-si.] (*Ibid.*, XXX, 1906, pp. 563/595.)

— On a Collection of Trilobites from the Upper Cambrian of Shantung, North China, by Henry Woodward. (*Geolog. Mag.*, 1905, pp. 211/215, 251/255, 1 pl.)

— Note on Fragments of Chert from North China. By Dr. George J. Hinde. (*Ibid.*, pp. 255/6.)

— On the Geotectonics of a Portion of Manchuria Lying Beyond the Palisades. By N. Fukuchi, Rigakushi. (*Jour. Geolog. Soc. Tōkyō*, Jan. 1906, No. 148, p. 18, Map; March 1906, No. 150, p. 93.)

En japonais.

— On the Geology of the Environs of Daitonzan, Formosa. By J. Ōshima, Kogakushi. (*Ibid.*, Feb. 1906, No. 149, p. 54.)

En japonais.

— Geodynamics of the Liau-tung Peninsula, China. By Y. Ōtsuki, Rigakushi. (*Ibid.*, March 1906, No. 150, p. 100, carte.)

En japonais.

— Geological Map of the Middle Feng-hung-ting, Prov. Hsing-king. China. — Geology and Ore-deposits of the Middle Feng-hung-ting, Hsing-king, Prov. China. By N. Kanehara, *Rigakushi.* (*Ibid.*, May 1906, No. 152, p. 147.)

— A Black Mineral from the Kin-kwa-seki Gold-Mine, Formosa. By J. Ōshima, *Kōgakushi.* (*Ibid.*, June 1906, No. 153, p. 192.)

— Enargite from the Kin-kwa-seki Gold-Mine, Formosa. By K. Kamiyama. (*Ibid.*, p. 201.)

En japonais.

— Geology of the Environs of Phyong-yang, Korea. By T. Iki, Rigakushi. (*Ibid.*, May 1906, No. 152, p. 173.)

En japonais.

— Mineral Resources of Korea. By B. K. (*Ibid.*, Oct. 1906, No. 157, p. 354.)

En japonais.

— The characters of the gold ore deposits in the Gneiss system of the northern Korea and Southern Manchuria. N. Fukuchi. *Rigakushi.* (*Ibid.*, Nov. 1906, No 158, p. 375.)

En japonais.

— Über geologische Untersuchungen und die Entwickelung des Bergbaues in den deutschen Schutzgebieten. Nach einem Vortrage auf dem deutschen Kolonial-Kongress zu Berlin am 7. Oktober 1905. Von Berghauptmann Schmeisser. (*Zeitschrift f. prakt. Geolog.*, März 1906, pp. 72/81.)

Kiautschou, pp. 80/1.

— E. v. Cholnoky über Flussregulierung und Bodenmeliorationen in China. Von Prof. Dr. L. v. Lóczy. (*Petermanns Mitt.*, LII, 1906, pp. 91/92.) — Voir col. 3033-4.

∴

— Research in China 1903-1904 Geographical and Geological Maps Bailey Willis, Geologist in China. Published by the Carnegie Institution of Washington 1906. Atlas in-fol., 42 cartes ou pl.

— Research in China in three volumes and Atlas — Volume one in two Parts — Part one *Descriptive Topography and Geology* by Bailey Willis, Eliot Blackwelder, and R. H. Sargent. — Washington, D. C. Published by the Carnegie Institution of Washington April 1907, in-4, pp. xiv-353-xvi [Index], 51 cartes et pl., 65 fig.

Part I. — Preface. — Chap. I. — Topographic Surveys, by R. H. Sargent. — Section I. *Northeastern China.* Chap. II. — Stratigraphy of Shan-tung, by Eliot Blackwelder. — Chap. III. — Structural Geology of Shan-tung, by Bailey Willis. — Chap. IV. — Physiography of Shan-tung, by Bailey Willis. — Chap. V. — Reconnaissance in Southwest Liau-tung, by Eliot Blackwelder. — Section II. *Northwestern China.* Chap. VI. — Stratigraphy of Western Chi-li and Central Shan-si, by Bailey Willis and Eliot Blackwelder. — Chap. VII. — Structural Geology of the Ning-shan Basin, by Bailey Willis. — Chap. VIII. — Structural Geology of the Wu-t'ai District, by Bailey Willis. — Chap. IX. — Observations in Central Shan-si. — Chap. X. — Quaternary : Huang-t'u Formation in Northwestern China, by Bailey Willis. — Chap. XI. — Physiography of Northwestern China, by Bailey Willis. — Section III. *Central China.* Chap. XII. — Stratigraphy of the Middle Yang-tzī Province, by Eliot Blackwelder. — Chap. XIII. — Structural Geology of the Middle Yang-tzī Province, by Bailey Willis. — Chap. XIV. — Geology of Central Shen-si, by Bailey Willis and Eliot Blackwelder. — Chap. XV. — Physiography of Southern Shen-si, by Bailey Willis. — *Appendix.* Topographical Data. — List of Illustrations.

— Research in China... Volume one in two Parts — Part two *Petrography and Zoology* by Eliot Blackwelder — *Syllabary of Chinese Sounds* by Friedrich Hirth... — Ibid., June 1907, in-4, pp. iv + pp. ch. 357 à 528 + pp. xxiv [Index], 12 pl.

Part II. Section IV. *Petrography.* Chap. XVI. — Rocks from Northern and Central China, by Eliot Blackwelder. — Section V. *Zoology.* Chap. XVII. — Report on Zoology, by Eliot

Blackwelder. — Section VI. *Syllabary of Chinese Sounds.* Chap. XVIII. — Syllabary for the Transcription of Chinese Sounds, etc. by Friedrich Hirth. — List of Illustrations.

— Eliot Blackwelders und Bailey Willis' Forschungen in Shantung. Von Dr. Alfred Rühl in Berlin. (Mit Karte.) (*Petermanns Mitt.*, 1907, X, pp. 217/223.)

— Geologische Karten der Distrikte Sin-t'ai und Ch'ang-hia (Provinz Shan-tung). Von Bailey Willis. (1:175.000.) (*Ibid.*, Tafel 18.)

∴

— Abendanon. — Voir col. 3068.

— Fossile Pflanzen aus den Kohlenlagern von Fuschun in der südlichen Mandshurei. Von J. Palibin. (*Записки Имп. С.-Петр. Минерал. Общ.*, XLIV, 1906, pp. 419/434.)

— Geologische Untersuchungen im südlichen Tian-Schan nebst Beschreibung einer obercarbonischen Brachiopodenfauna aus dem Kukurtuk-Tal. Von Hans Keidel. (*Neues Jahrbuch f. Mineralogie, Geolog. und Paläontologie*, XXII. Beilage-Band, 2tes Heft, 1906, pp. 266/384, 4 pl. et 22 fig. dans le texte.)

Voir col. 2871.

— Mezozoic Plants from China. M. Yokoyama. *Rigokuhakushi.* (*Jour. Geolog. Soc. Tōkyō*, Jan. 1907, No. 160, p. 1.)

En japonais.

— Natural Gas-, Petroleum- and Salt Wells in Sz-Tschwan, China. By K. Kobayashi, Rigakushi. (*Ibid.*, May 1907, p. 159.)

En japonais.

— Carboniferous Plant-Remains from China. By M. Yokoyama, Rigakuhakushi. (*Ibid.*, June 1907, p. 177.)

En japonais.

— Alluvial Gold of Korea. By Tsunenaka Iki. (*Journ. of Geog.*, Tokyo, 1907, p. 378.)

En japonais.

— Volume I. Part 3. Memoirs of the American Anthropological Association — Historical Jottings on Amber in Asia by Berthold Laufer. Lancaster, Pa., U. S. A. The New Era Printing Company February 1907, in-8, chif. p. 215 à 244.

— Geologische Ergebnisse der Merzbacherschen Expedition in den zentralen Tiënschan in den Jahren 1902/03. Von Prof. Dr. Max Friedrichsen, Bern. (*Petermanns Mitt.*, 1907, XI, pp. 260/265.)

Voir col. 2870-1.

JADE.

— Neue Mitteilungen über Nephrit. Von A. B. Meyer. (*Globus*, LXXXVI, 1904, pp. 53/5.)

— Jade. By Herbert A. Giles. (*Nineteenth Century*, Jan. 1904, pp. 138/145.)

— * The Bishop Collection. Investigations and Studies in Jade. New York, privately printed, 1906, 2 vol. gr. in-fol.

Notice : *T'oung Pao*, Juillet 1906, pp. 396/400. Par Ed. Chavannes.

LŒSS.

Col. 523.

— G. F. Wright. — Origin and Distribution of the Loess in Northern China and Central Asia. (*Bul. Geolog. Soc. Am.*, 1902, XIII, pp. 127/138, fig., pl. XVI-XXI.)

MINES.

Col. 524.

— Die Goldgruben an der chinesisch-russischen Grenze. (*Globus*, XLVII, 1885, pp. 269/270.)

— H. C. Hoover. — Metal-Mining in the Provinces of Chi-li and Shan-tung (China). (*Trans. Inst. Mining & Metall.*, 1900, VIII, pp. 324/331.)

— A. Reid. — Chinese Mines and Miners. (*Trans. Inst. M. E.*, 1902, XXIII, pp. 26/37, fig.)

— Silver-Mining and Smelting in Mongolia. By Yang Tsang Woo, Tong Shan, China. (*Trans. Amer. Inst. Mining Eng.*, XXXIII, 1903, pp. 755/760.)

— W. A. Moller. — Mining in Manchuria. (*Trans. Inst. M. E.*, XXV, 1903, pp. 139/145.)

— H. Beelich. — Chinese Methods of Mining Quicksilver. (*Trans. Inst. Mining. & Metall.*, 1905, XIV, pp. 483/495, fig.)

CHARBON.

Col. 526.

— Notes on the Coal-Fields and Coal-Mining Operations in North Formosa (China). — By David Tyzack. (*North of England Instit. of Mining and Mechan. Engin.*, XXXIV, 1884/5, Newcastle, pp. 67/79.)

— I. L. Bishop. — The Chinese Far-West. (*Photographic Journ.*, London, 1898, XXII, pp. 322/334.)

— Duclos. — Mineral Wealth of China. (*Colliery Guardian*, London, LXXV, 1898, p. 804).

— Sir C. McDonald. — The Coalfields of China. (*Ibid.*, p. 496.)

— C. D. Jameson. — Coal and Iron in Eastern China. [Abstract.] (*Ibid.*, p. 604.)

— A. Kurita. — The Coal and Iron Deposits of Eastern China. (*Ibid.*, p. 804, fig.)

— E. & J. François Heguer. — Itschoufou Coalfield, Shantung, China. [Abstract.] (*Ibid.*, 1899, p. 973.)

— J. G. H. Glass. — The Coalfields and Iron-Ore Deposits of China. [Abstract.] (*Ibid.*, p. 1081.)

— J. G. H. Glass. — Report on the Concession of the Pekin Syndicate, Limited, in the Provinces of Shansi and Honan, China. [Coal, Petroleum, & Iron.] London, 1899, in-fol., pp. 173, fig., carte 1 in. = 50 miles.

— T. Webster. — Tong Colliery, Kaiping, North China. (*Colliery Guardian*, 1900, LXXX, pp. 697/8, fig.; *Proc. South Wales Inst. Engin.*, 1900, XXII, pp. 24/36.)

— Noah F. Drake. — The Coalfields around Tse Chou, Shansi. China. (*Colliery Guardian*, 1900, LXXIX, pp. 982/3, carte.)

— The Coalfields around Tsè Chou, Shansi (China). By Noah Fields Drake. (*Trans. Am. Inst. Mining Eng.*, 1901, XXX, pp. 261/277, fig.)

— Die Kohlenfelder von Tse-chou, Shansi, China. (Noah Fields Drake.) (*Zeitschrift f. prakt. Geolog.*, 1900, pp. 348/350.)

D'après les *Trans. Am. Inst. Min. Engineers.*

— The Coalfields of North-eastern China. [Province of Chi Li.] [Abstract.] (*Coll. Guard.*, 1901, LXXXIII, pp. 684, 734/6, fig.)

— F. L. Garrison. — The Coalfields of China. (*Ibid.*, LXXXI, pp. 237/8, fig.)

— The Coalfields of Northeastern China. By Noah Fields Drake, Tientsin, China. (*Trans. Am. Inst. Mining Engineers*, XXXI, 1902, pp. 492/512, fig.)

— G. H. Monod. — Sur la présence d'un gisement d'Anthracite dévonien au Koui-tchéou (Chine). (*Ctes.-rendus Acad. Sc.*, Paris, 1901, CXXXII, pp. 270/2.)

— H. C. Hoover. — The Kaiping Coalmines. [Abstract.] (*Jour. Soc. of Arts*, 1902, L, pp. 713/4.)

— H. C. Hoover. — The Kaiping Coal Mines and Coalfield, Chi-Li (North China). (*Trans. Inst. Mining & Metall.*, X, 1903, pp. 419/427, pl. XXXI-XXXVII.)

Col. 528.

— Notes on the Coal- and Iron Fields of Southeastern Shansi, China. By William H Schockley. (*Trans. Americ. Inst. Mining Engin.*, XXXIV, 1903, pp. 841/871, fig.)

— Les charbons du Japon, du Petchili et de la Mandchourie. Notes de voyage par M. Ch.-E. Heurteau, Ingénieur au Corps des Mines. (*Ann. des Mines*, Sér. 10, VI, 1904, pp. 151/209, fig.)

— Les charbons du Japon, du Petchili et de la Mandchourie Notes de voyage par M. Ch.-E. Heurteau, Ingénieur au Corps des Mines. — (Extrait des *Annales des Mines*, livraison d'Août 1904.) Paris, Vve Ch. Dunod, 1904, br. in-8, pp. 64.

— The Manufacture of Coke in Northern China. By Yang Tsang Woo, Tong Shan, China. (*Trans. Americ. Inst. Mining Engin.*, XXXVI, 1905, pp. 661/2, fig.)

— L. Ramakers. — The Coalfields of China. (*Mines & Minerals*, Scranton, XXVI, 1906, p. 417.)

(Géologie : Charbon.)

(Géologie : Charbon.)

VII. — POPULATION.

— Herr v. Richthofen. — Ueber die Bevölkerungszahl von China. (*Verhand. Ges. Erdk. Berlin*, II, 1875, pp. 35/41.)

Voir col. 530.

— Khina népessége. (*Földrajzi közlemények*, XXVI, 1898, p. 46.)

Col. 532.

— The Population and Revenue of China. By E. H. Parker. (*Otia Merseiana*, I, 1899, pp. 1/14.)

— China, Ergebnis der neuesten Volkszählung. (*Zeitschrift Ges. f. Erdk. Berlin*, 1902, pp. 724/5.)

D'après l'*Ostasiat. Lloyd.*

— An Inquiry into the Population of China by William Woodville Rockhill. — From the Smithsonian Report for 1904, pages 659-676. (No. 1639.) Washington: Government Printing Office, 1905, br. in-8.

Reprinted from Smithsonian Miscellaneous Collections (Quarterly Issue). Vol. 47, Part 3, pp. 303/321. Published December 10, 1904.

Notice : *T'oung Pao*, Mars 1905, pp. 122/4, par Ed. Chavannes.

— Population chinoise des ports ouverts au commerce en Chine. Par Henri Cordier. (*La Géographie*, 15 Mars 1905, p. 224.)

— Superficie et population en Chine. Par Henri Cordier. (*Ibid.*, pp. 224/6.)

— The Population of China. (*Geographical Journal*, March 1905, pp. 327/8.)

D'après Rockhill.

— La population de la Chine d'après W. Woodville Rockhill. Par M. Z. (*Bull. Soc. Géog. Lyon*, XX, 1er trim. 1905, pp. 84/5.)

VIII. — GOUVERNEMENT.

Col. 533.

— Want of Rain. (*Indo-Chinese Gleaner*, IV, May, 1818, pp. 89/90.)

— Characters of the Chinese people in the different province, translated from the Court Calendar. (*Ibid.*, VIII, April 1819, pp. 68/69.)

— Aggrandizement of China. By Servus. (*Ibid.*, IX, July 1819, pp. 119/120.)

— China als staatlicher Organismus. Von Dr. Joseph Grunzel. (*Globus*, LX, 1891, pp. 264/5.)

— Государственный строй Китаяи органы управленія. Par П. С. Поповъ. St Pétersbourg, 1903, gr. in-8, pp. 51 + 8 pp. lith. d'index des caractères chinois.

Forme le No. 13 des Publications de la Faculté des Langues Orientales de l'Université imp. de St. Pétersbourg.

Col. 537.

— L'administration chinoise, l'enseignement, etc. Extrait de différentes lettres. — I. — Du Père Allain. — (Nan-king, 28 décembre 1905.) — II. — Du P. de Vibraye. — (Zi-ka-wei, 14 février 1906.) (*Relations de Chine*, Kiang-nan, juillet 1906, pp. 170/179.)

— L'Administration publique en Chine. Par le Lt-colonel Verraux. (*Revue française*, XXXI, 1906, pp. 65/74, 129/140, 217/226.)

— Rapport de Ngan-Ming, gouverneur du Ngan-Hoei. Communiqué par M. Régis Gervaix, missionnaire du Kouang-tong. (*Miss. Cath.*, XXXIX, 20 Sept. 1907, pp. 448/9.)

Extrait de l'*Echo de Chine*.

— Décret impérial du 1er jour de la 6me heure (10 juillet 1907). Communiqué par M. Régis Gervaix, missionnaire du Kouang-tong. (*Miss. Cath.*, XXXIX, 20 sept. 1907, p. 449.)

Extrait de l'*Echo de Chine*.

COUR IMPÉRIALE.

Col. 538.

— The Kowtow. By C. Fredrich. (*East of Asia*, Vol. 2, No. 2, July 1903, pp. 137/149.)

— The Entry of the « Son of Heaven » into His Residence. By C. Westphal. (*Ibid.*, pp. 132/136.)

GAZETTE DE PE-KING.

Col. 539.

— King-chaou. Peking, September 14, 1817. (*Indo-Chinese Gleaner*, IV, May 1818, p. 93.)

FONCTIONNAIRES.

— * List of the Higher Metropolitan and Provincial Authorities of China. (With genealogical table of the Imperial Family.) Compiled by the Chinese Secretaries, H. B. M. Legation, Peking. Corrected to June 1, 1907. By S. F. Mayers, Assistant Chinese Secretary. Shanghai : Kelly and Walsh, pp. 50.

Voir col. 541.

— Die chinesischen Mandarinen. (*Das Ausland*, XXIV, 1861, pp. 1121/1124.)

— Herr F. Hirth. — Ueber das Beamtenwesen in China. (*Verhand. Ges. Erdk. Berlin*, IX, 1882, pp. 37/51.)

Voir col. 541-2.

— The Chinese Mandarin ; his virtues and his vices. By John Hedley. (*East of Asia*, Vol. 3, No. 4, Dec. 1904, pp. 344/356.)

— Changement de vice-rois [en Chine]. (*Bull. Com. Asie franç.*, Mars 1907, p. 102.)

— Changements dans les hauts postes administratifs [chinois]. (*Ibid.*, Mai 1907, pp. 186/7.)

REVENU.

— Otto Messing. — Steuer- und Finanzwesen Chinas an Hand der Geschichte — Vortrag gehalten in der Abteilung Berlin-Charlottenburg der Deutschen Kolonial-Gesellschaft. Berlin 1902, Dietrich Reimer, in-8.

Verhandlungen 1901/2, Bd. VI, Heft 5, pages 110-134.
Lu 29 avril 1902. — Voir col. 543.

— Banking and Prices in China. — By J. Edkins, D. D. — Shanghai : Printed at the Presbyterian Mission Press... 1905, in-8, pp. 286-v.

« Preface. — This volume is the third of a series of works prepared by the late J. Edkins, D. D., for the Imperial Maritime Customs ; the two earlier works being » Chinese Currency « (1901) and » The Revenue and Taxation of the Chinese Empire « (1903). The veteran sinologue was engaged on this work at the time of his death on the 23rd April 1905, and it was left incomplete, literally in the middle of a sentence. Though incomplete it is now given to the public on account of the historical information of great value to be found in its pages. — Shanghai, August, 1905. »

— China. — Imperial Maritime Customs. — II. — Special Series : No. 26. — LAND TAX: *The Inspector General's Suggestions re Collection, Appropriation, etc.* 1904. — Published by order of the Inspector General of Customs. — Shanghai : Statistical Department of the Inspectorate general of Customs. — 1904, in-4, pp. 9 + pp. XI de texte chinois.

— * Sources of Chinese Revenue, by T. R. Jernigan. (*Wan Kwoh Kung Pao*, XVII, No 7, August, 1905.)

— La dette extérieure de la Chine. (*Bull. Com. Asie franç.*, Sept. 1907, pp. 357/9.)

POSTES.

— Questions postales et télégraphiques. (*Bull. Com. Asie franç.*, Juillet 1907, p. 257.)

GABELLE.

— Exposé du commerce du sel en Chine par le P. Hoang. Voir col. 545.

Notice : *Miss. Cath.*, XXXI, 16 Juin 1899, p. 288.

EXAMENS.

Col. 546.

— Ueber die Schriften des Kaisers des Wen-tschang. Von Dr. A. Pfizmaier... Wien, 1873, Karl Gerold's Sohn, in-8, pp. 58.

Sitzb. phil.-hist. Cl. k. Ak. Wiss. Wien, Bd. LXIII, Feb.-Heft.

文昌.

— Pratique des examens littéraires en Chine... par le P. Zi. Voir col. 546.

Notice : *Miss. Cath.*, XXVI, 7 Sept. 1894, p. 436.

— La réforme des examens littéraires en Chine, par M. P. Pelliot. (*Prem. Cong. Intern. Etudes Ext. Orient*, Hanoi [1902], p. 107.) — Voir col. 546.

(Examens.)

— The Triennial Examinations in China. By W. E. Macklin, M. B. (*East of Asia*, Vol. 2, No. 4, Dec. 1903, pp. 372/375.)

— Chinese Civil Service Examinations. By C. M. Lacey Sites, Ph. D. (*Ibid.*, Special Number, June 1904, pp. 62/72.)

— Le Baccalauréat en Chine Protocole des Examens. — Emotions des candidats. A un bienfaiteur Par Albert Perrot, S. J. Hsien-hsien, 11 juillet 1905. (*Chine, Ceylan, Madagascar*, janvier 1906, pp. 19/23.)

— The Abolition of the Competitive Examinations in China. By John C. Ferguson, Ph.D., Shanghai, China. (*Journ. American Orient. Soc.*, Vol. XXVII, 1st half, 1906, pp. 79/87.)

— Décret impérial concernant les examens. Du 4e jour de la 8e lune, 2 Septembre 1905. (*Chine, Ceylan, Madagascar*, Mars 1907, p. 440.)

(Examens.)

IX. — JURISPRUDENCE.

— Lois et Organisation judiciaire en Chine par Wou T'ing-fang. (*Echo de Chine*, 15 fév. 1902, et suiv.)

Communication faite au 24e Congrès Annuel de la New York State Bar Association, tenu à Albany.

— China in Law and Commerce by T. R. Jernigan. New York, The Macmillan Co., 1905, pet. in-8, pp. VII-408.

— Notes on Chinese Law and Practice preceding Revision. By Ernest Alabaster. (*Journal N. C. B. R. A. Soc.*, XXXVII, 1906, pp. 83/149.)

Tirage à part : Shanghai, 1906, in-8, pp. 87.

— L'administration de la justice [en Chine]. (*Bull. Com. Asie française*, Juin 1906, p. 259.)

DROIT CRIMINEL.

Col. 549.

— Execution of criminals in China. By Amicus. (*Indo-Chinese Gleaner*, 1, May 1817, pp. 18/19.)

Canton, March 9, 1817.

— Criminals in China. By Amicus. (*Ibid.*, III, February 1818, pp. 55/57.)

— China — Cruelties exercised. By Amicus. (*Ibid.*, IV, May 1818, pp. 84/87.)

— Criminals. (*Ibid.*, pp. 88/89.)

— Les Supplices en Chine. Par Philippe Berthelot. (*Je sais tout*, 15 Oct. 1905, pp. 289/296.)

Col. 552.

— Pénalités chinoises. Peines et supplices. — Sursis et revision. Par M. Paul d'Enjoy. (*Bul. et Mém. Soc. Anth. Paris*, VI (Ve Sér.), 1905, pp. 247/254.)

— Chinese Prisons, and the Treatment of Prisoners. By C. Bone. (*East of Asia*, Vol. 5, No. 3, Sept. 1906, pp. 282/291.)

— Witchcraft in the Chinese Penal Code. By E. T. Williams. (*Journ. N. China Br. R. As. Soc.*, XXXVIII, 1907, pp. 61/96.)

— Le régime pénal à Changhai. (*Bull. Com. Asie franç.*, Avril 1907, p. 143.)

(Droit criminel.)

FAMILLE ET SUCCESSION.

— Chinese Divorces. (*Indo-Chinese Gleaner*, XII, April 1820, pp. 308/9.) — Voir col. 553.

— Marriage Laws and Insanity in China. By J. C. (*Journ. of Tropical Medicine*, Feb. 1st, 1905, p. 36.)

— * Chinese Family Law, by T. R. Jernigan. (*Wan Kwoh Kung Pao*, XVII, No. 9, October 1905.)

PROPRIÉTÉ TERRITORIALE.

— Primitive Civilizations or Outlines of the History of Ownership in Archaic Communities by E. J. Simcox... London, Swan Sonnenschein, 1894, 2 vol. in-8, pp. x-576, 554.

Vol. II. Book IV. Ownership in China, pp. 3/395. — Voir col. 579.

— Notions techniques sur la propriété en Chine... par le P. Pierre Hoang. Voir col. 556.

Notice : *Miss. Cath.*, XXX, 6 Mai 1898, p. 215.

— Ancient Land Allotments in China. By John Hinds. (*East of Asia*, Vol. 4, Pt. 3, Sept. 1905, pp. 267/273.)

(Famille et Succ. — Propr. terr.)

X. — HISTOIRE.

Chronologie.

Col. 565.

— Les Almanachs chinois. Par M. Klaproth. (*Nouv. Annales des Voy.*, 2° Sér., XXV, 1832, pp. 260/270.)

Col. 568-70.

— An Anglo-Chinese Calendar for 250 years 1751 to 2000 — Compiled by Charles Kliene. Chinese Customs Service — MDCCCCV, in-4, pp. 4 + 1 f. n. ch. + pp. 500.

Au verso du titre : Man Yu Tong, limited. Printers and Publishers, 92 & 94 Hollywood Road, Hongkong.

— Zur Umsetzung chinesischer Daten von Fr. Kühnert. (*T'oung Pao*, Mai 1905, pp. 137/160.)

Voir col. 569-570.

— Chinese Chronology. By Rev. Professor James Legge, M. A., &c. Br. in-8, pp. 24. [London, Harrison and Sons.]

Proof-Private and confidential of a Paper to be read at a Meeting of the Members and Associates of the Victoria Institute, or, Philosophical Society of Great Britain, on Monday, March 3rd, 1890.

— On Chinese Chronology. By The Rev. James Legge, M. A., &c., Professor of Chinese in the University of Oxford. — Being a Paper to be read before the Victoria Institute. — Author's copy. S. l. n. d. [London, 1892], br. in-8, pp. 55-82.

— *Variétés sinologiques* N° 24 — Synchronismes chinois — Chronologie complète et concordance avec l'ère chrétienne de toutes les dates concernant l'histoire de l'Extrême-Orient (Chine, Japon, Corée, Annam, Mongolie, etc.) (2357 av. J.-C. — 1904 apr. J.-C.) Par le P. Mathias Tchang, S. J. — Changhai, Imprimerie de la Mission catholique Orphelinat de T'ou-sè-wè — 1905, in-8, pp. LXXXIV-530.

— Le Cycle turc des Douze Animaux par Edouard Chavannes. — Extrait du « Toung-pao », Série II, Vol. VII, N° 1. — E. J. Brill, Leide, 1906, in-8, pp. 74 + 21 fig.

— Le Cycle turc des Douze Animaux par Edouard Chavannes. (*T'oung Pao*, Série II, Vol. VII, Mars 1906, pp. 51/122.)

— Nouvelles considérations sur le cycle turc des animaux par Joseph Halévy. (*Ibid.*, Mai 1906, pp. 270/295.)

— Handbuch der mathematischen und technischen Chronologie Das Zeitrechnungswesen der Völker dargestellt von F. K. Ginzel Professor, Ständ. Mitglied des Königl. Preuss. Astronom. Recheninstituts. I. Band Zeitrechnung der Babylonier, Ägypter, Mohammedaner, Perser, Inder, Südostasiaten, Chinesen, Japaner und Zentralamerikaner. Mit 6 Figuren im Text, Chronologischen Tafeln und einer Karte. Leipzig, J. C. Hinrich, 1906, in-8, pp. XII-584.

VI. Kapitel

§ 118. — Zeitrechnung in Tibet . . . . p. 403
§ 119. — Zeitrechnung in Siam und Kambodja . . . . p. 409

VII. Kapitel.

§ 124-135. — Zeitrechnung der Chinesen und Japaner . p. 450

Origine et Antiquité des Chinois.

— Selections from M. Pauw, with Additions by Daniel Webb, Esq... Bath, Printed by R. Cruttwell;... MDCCXCV, pet. in-8, pp. VIII-235.

— Sequel to the Selections from Pauw, in notes. s. l. n. d., pet. in-8, pp. 100.

« A Work which according to Mr. Rich (*vide Bibliotheca Americana Nova*, p. 357, ed. of 1835) was printed, but never published. Mr. R. probably never saw a perfect copy, as he says it contains pp. 58 only, whereas this one it will be seen has pp. 100. W. » (Note Ms. de l'ex. de la Bibliothèque du Congrès, Washington.)

Voir col. 572-573.

Col. 578.

— Babylonian Astronomy. By J. Edkins. (*China Review*, XVI, No. 6, May-June 1888, pp. 370/1.)

— Early Connection of Babylonia with China. By J. Edkins. (*Ibid.*, p. 371.)

— Babylonian influence on China. By J. Edkins. (*Ibid.*, pp. 371/2.)

— China's connection with Babylonia and Persia. By X. Y. Z. (*Ibid.*, pp. 380/1.)

— Col. 579. — Edith J. Simcox. — Primitive Civilizations, voir col. 3100.

Histoire générale.

— Historical Atlas of the Chinese Empire. Shanghai, Kelly & Walsh, 1888.

[By E. L. Oxenham.]

Notice : *China Review*, XVI, No. 5, March-April 1888, pp. 313/5. By E. J. E. — Voir col. 592.

— Die Ausbreitung der Chinesischen Macht in südwestlicher Richtung bis zum vierten Jahrhundert nach Chr. — Eine historisch-geographische Studie. — Der Philosophischen Facultät der Universität Leipzig bei Bewerbung um die Doctorwürde als Inaugural-Dissertation vorgelegt von Arthur von Rosthorn. — Prag, F. Tempsky, Wien, F. Tempsky, Leipzig, G. Freytag, in-8, pp. 57 + 1 f. n. ch.

Druck von Gebrüder Stiepel in Reichenberg. — Arthur von Rosthorn, né à Vienne, 16 avril 1862.

Voir col. 592-593.

— * J. Macgowan. — The Imperial History of China. Being a History of the Empire as compiled by the Chinese Historians. 2d edition brought up to date. London, 1907. in-8.

Otto Harrassowitz, Cat. 60, No. 7225, April 1907. — Voir col. 593.

Col. 594.

— * Rounsevelle Wildman. — China's Open Door; a sketch of Chinese life and history, with an introduction by Charles Denby. 1900.

— Col. 594. — Richard Van Bergen. — Voir col. 3032.

— A History of China being the historical chapters from « the Middle Kingdom » by the late S. Wells Williams, LL. D. Professor of the Chinese Language and Literature in Yale College. With a concluding Chapter narrating recent events by Frederick Wells Williams Instructor in Oriental History in Yale University. London, Sampson Low, 1897, in-8, pp. xiv-474.

— A Sketch of Chinese History by Rev. F. L. Hawks Pott, D. D. President of St. John's College, Shanghai... London, T. Fisher Unwin, 1904, in-8, pp. x + 1 f. n. ch. + pp. 206 + pp. xix + 1 f. n. ch.

Au recto du dernier f. : Kelly and Walsh, limited, Printers, Shanghai.

Carte d'après E. H. Parker.

— * Chinese History, by H. Proctor. (*Biblia*, Dec. 1905, Vol. XVIII, No. 9.)

— * Gravina di Ramacca Manfredi. La Cina dopo il millenovecento. Milano, Fratelli Treves, 1907, in-8, pp. 82, 2 tab.

Histoire particulière.

Col. 595.

— Early Chinese History Are the Chinese Classics forged? By Herbert J. Allen... — Published under the Direction of the General Literature Committee — London, Society for Promoting Christian Knowlegde, 1906, in-8, pp. 300.

Notices : *Lond. & China Express*, March 15, 1907. — *Journ. N. C. Br. R. As. Soc.*, 1907, XXXVIII, pp. 245/255, par Thos. W. Kingsmill.

— Old legends of Shun. By Dr. Edkins. (*China Review*, XVI, No. 5, March-April 1888, p. 306.)

Voir col. 597.

— Col. 600 et 603. — *Chi ki*, au lieu de 吏記 lire 史|.

Col. 603-604.

— Les Mémoires historiques de Se-ma Ts'ien... par Éd. Chavannes. I. 1895.

Notice : *Wiener Zeitschrift f. d. K. d. Morg.*, IX, 1895, pp. 277/280, par Friedrich Müller.

— Les Mémoires historiques de Se-ma Ts'ien traduits et annotés par Édouard Chavannes ... — Tome cinquième. (Chapitres XLIII-XLVII). Paris, Ernest Leroux, 1905, in-8, pp. 544 + 1 f. n. ch. p. l. tab.

Notice : *Zeitschrift Deutsch. Morg. Ges.*, LX. Bd., I. Heft, 1906, pp. 233/6, par O. Franke.

1° *HIA.*

— The Tomb of Ta Yu. By Emma Inveen. (*East of Asia*, Vol. 5, No. 2, June 1906, pp. 184/190.)

3° *TCHEOU.*

Col. 605.

— * Landes. — Histoire des grands fiefs orientaux au temps des Châu orientaux traduite du chinois. I. — Saïgon, Rey et Curiol, 1890, in-18, pp. 286.

Cf. J. Darmesteter, *Rapport annuel*, *J. As.*, Juillet-Août 1892, p. 134.

— The Rise of the Chou Dynasty. Notes by Dr. E. Faber, with references to the Classics. Edited by P. Kranz. (*Chin. Rec.*, XXXIII, N° 7, July 1902, pp. 326/34 ; N° 8, August 1902, pp. 405/411.)

— Chronology of the Chu Kingdom. By Dr. Edkins. (*China Review*, XVI, No. 5, March-April 1888, pp. 305/6.)

Col 610.

— Un Sceau de Tsiāng K'iû Ministre du royaume de Yēn au IIIe Siècle avant l'ère chrétienne par A. Vissière. (*Rec. de Mém. Orient... par les Prof. de l'École des Langues Orient.*, 1905, pp. 265/287.)

Tirage à part.

5° *HAN.*

Col. 613.

— Trois généraux chinois de la dynastie des Han orientaux Pan Tch'ao (32-102 p. C.); — son fils Pan Yong ; — Leang K'in († 112 p. C.) Chapitre LXXVII du *Heou Han chou* traduit par Edouard Chavannes. (*T'oung Pao*, Mai 1906, pp. 210/269.)

Tirage à part : Leide, 1906, in-8, pp. 61.

— Les pays d'Occident d'après le *Heou Han*

chou par Edouard Chavannes. (*Ibid.*, 1907, pp. 149/234, 5 ff. de texte.)

Tirage à part : Leide, 1907, in-8.

LIANG.

Col. 616.

— A Chinese Asôka. By Vincent A. Smith. (*Indian Antiq.*, XXXII, 1903, p. 236.)

T'ANG.

Col. 618.

— Kwo Tsï yi, an Eminent Military Commander of the Tang Dynasty. By J. Edkins, D.D. (*Journ. C. B. R. A. Soc.*, XXXV, 1903-1904, pp. 1/20.)

Kouo Tseu-yi 郭子儀.

SOUNG.

Col. 619.

— Voir *Korea Review*, Vol. VI, No. 3, Kija. — Col. 2999.

— A Submerged City. By E. H. Parker. (*China Review*, XVI, No. 6, May-June 1888, p. 376.)

MING.

Col. 622.

— Memorabilia of 項忠 Heang-chung. (*Indo-Chinese Gleaner*, VIII, April 1819, pp. 69/72.)

— Der Fall der Ming-Dynastie und die Begründung der Mandschu-Herrschaft. (*Das Ausland*, XXXI, 1858, pp. 249/255.)

TS'ING.

Col. 633.

— A speech addressed by an emperor to his ministers. By Amicus. (*Indo-Chinese Gleaner*, V, August 1818, pp. 148/149.)

K'ANG HI.

— A Relation of the Invasion and Conquest of Florida by the Spaniards Under the Command of Fernando de Soto. Written in Portuguese by a Gentleman of the Town of Elvas. Now Englished To which is Subjoyned Two Journeys of the present Emperour of China into Tartary in the Years 1682, and 1683. With some Discoveries made by the Spaniards in the Island of California, in the Year 1683. — London : Printed for John Lawrence, at the Angel in the Poultry over against the Compter. 1686, pet. in-8, 8 ff. prél. n. ch. p. l. faux tit., tit., Préf., tab. + pp. 272.

Voir col. 636.

K'IEN LOUNG.

Col. 642.

— * M. J. Monval. — Les Conquêtes de la Chine. (*Revue de l'Art ancien et moderne*, XVIII, p. 147.)

— Narrative of the Particulars of the Journey of the Tashi Lama, and his suit, from Tibet to China, from the verbal Report of Poorungheer (Púrnagiri) Gosain. (*Journ. Buddhist Text Soc.*, I, 1893, Pt. IV, App. I, pp. 1/8.)

— Col. 642. — Voir col. 2878-2879.

KIA K'ING.

Col. 643.

— Journal of occurences. By Amicus. (*Indo-Chinese Gleaner*, No. III, February 1818, pp. 43/48.)

— Prime Minister of China degraded. (*Ibid.*, pp. 48/52.)

Sung Ta-jen, friend of Lord Macartney.

— Two of the imperial kindred put to death. (*Ibid.*, IV, May 1818, p. 90.)

Rébellion de 1813.

— Petition from an old statesman to the emperor of China. (*Ibid.*, V, August 1818, pp. 139/140.)

— Report of a naval officer to the Emperor. Peking, September 3, 1817. (*Ibid.*, pp. 141/142.)

— The late prime minister Sung. (*Ibid.*, VI, October 1818, pp. 178/180.)

— Journal of occurences. News from Peking, Sze-chuen, and Keang-nan. June 1818. (*Ibid.*, VIII, April 1819, pp. 49/50.)

— Kea-teen, or jubilee in China. (*Ibid.*, IX, July 1819, p. 117.)

HIEN FOUNG.

Col. 644.

— Eine geheime Denkschrift an Hien-fung, regierenden Kaiser von China. (*Das Ausland*, XXXII, 1860, pp. 689/692.)

INSURRECTION DES *T'AI P'ING.*

Col. 652.

— Ein Besuch bei den Tchangmaos, den chinesischen Rebellen. (*Das Ausland*, XXXIV, 1861, pp. 83/86, 112/115.)

— Gordon's Campaign in China, by Himself. With an Introduction and short account of the Tai-Ping Rebellion, by Colonel H. Vetch, C. B. (*The Fortnightly Review*, 1900, Sept., pp. 372/390; Oct., pp. 601/617.)

— Noted Men who have helped China. VI. — « Chinese » Gordon. By Dr. Gilbert Reid. (*N. C. Herald*, May 25, 1906.)

— Un Grand Aventurier du XIXe Siècle — Gordon Pacha par Achille Biovès — Ouvrage contenant deux cartes. Paris, Albert Fontemoing, 1907, in-16, pp. VII-345.

Notice : *Revue Critique*, 18 fév. 1907, pp. 133/4, par A. Chuquet.

Col. 654.

— Williams. — The Tai-ping rebellion. (*The Open Court*, vol. XV, nos. 11 and 12, November and December, 1901, pp. 674-693, 740-757.) Chicago, 1901. In-8.

— Ningpo under the T'ai-p'ings. 1861-1863. By Archdeacon A. E. Moule, B. D. (*East of*

Asia, Vol. 5, No. 1, March 1906, pp. 1/15; No. 2, June 1906, pp. 113/131.)

KOUANG SIU.

Col. 665.

— Société Franco-japonaise de Paris — Un Quatrain de l'Empereur de Chine. Par A. Vissière, br. in-8, pp. 6.

Ext. du *Bulletin de la Soc. Franco-Japonaise* (Mars 1907, N° VI).

— L'empereur de Chine poëte! (*Rel. de Chine*, Kiang-nan, Janvier 1907, p. 62.)

— * Tzu-hsi, Empress Dowager of China. By Peking. (*The National Review*, July & Aug. 1904.)

— * L'Impératrice Sy-Tai-Héou. Par Alexandre Halot, consul impérial du Japon. Bruxelles, Falk fils, 1905, in-8, pp. 47.

Conférence faite au Cercle artistique de Bruxelles en 1902 et parue depuis dans la Revue de l'Université de cette ville.

Notice par A. Biovès, *Revue critique*, 19 nov. 1906.

Biographie.

CONFUCIUS.

Col. 669.

— Confucio sua Vita, sua dottrina e dell' influenza di questa sulla Cina e sull' Asia — Prolusione alle lezioni di lingua, e letteratura cinese nella Regia Università di Napoli letta il di 14 Gennaio 1877 dal Prof. Antonio Pacia. Napoli, Cav. G. de Angelis e figlio 1877, in-8, pp. 39.

Col. 670.

— Confucius and Christ, not Enemies but Friends. By Pastor P. Kranz. (*East of Asia*, Vol. II, No. 1, May 1903, pp. 31/42.)

— Plato and Confucius: their Life and Teaching: A Comparison. By L. Odontius. (*Ibid.*, No. 2, July 1903, pp. 119/131.)

— Confucius. By Archdeacon A. E. Moule. (*Ibid.*, Vol. III, No. 2, June 1904, pp. 128/136.)

— Une statue de Confucius Par Celestin Cézard, S. J. (*Chine, Ceylan, Madagascar*, Mars 1905, pp. 138/144.)

A Ou-i.

— Confucius and Mencius. An Imperial Appreciation. By James Ware. (*East of Asia*, Vol. 4, Pt. 3, Sept. 1905, pp. 201/209.) — [K'ien-loung.]

KOUAN TCHOUNG.

— Kwan Chung. By Dr. J. Edkins. (*Chin. Rec.*, XXXIV, April 1903, pp. 190/192.)

Voir col. 671.

LI HOUNG-TCHANG.

Col. 673.

— The Man of the Hour. No. XXIV. — Li Hung Chang, Viceroy of China. (*Black and White*, Dec. 12, 1891.)

— Li-Hung-tchang et Rainilaiarivony. (*Rev. de Géog.*, XXXIX, 1896, pp. 138/144.)

— Une Opinion de M. Pichon sur Li Hung Chang. Par M. G. (*La Revue d'Asie*, 15 nov. 1901, pp. 9/11.)

SIU KOUANG-K'I 徐光啓, nom posthume 文定 *Wen-ting.*

Voir col. 675.

— 徐文定公墨蹟 « Autographes de *Siu Wen-ting* » (Chang-hai, 1903, lithographie *Hong pao tchai* 鴻寶齋) 1 *peun.*

Notices: *T'oung Pao*, IIe Série, V, No. 2, Mai 1904, pp. 207/8. Par Ed. Chavannes. — *Bul. Ecole franç. Ext. Orient*, III, Oct.-Déc. 1903, p. 723, par P. P.[elliot.]

— Siu Kwang-Ki. The Maecenas of Western Science in China. By C. A. Montalto de Jesus. (*East of Asia*, Vol. 3, No. 2, June 1904, pp. 148/157.)

TCHANG TCHI-TOUNG.

Col. 677.

— Les entreprises industrielles de Tchang Tché Tong. (*Bull. Com. Asie française*, Oct. 1906, pp. 400/1.)

Col. 680.

TSO TSOUNG-TANG 左宗堂, né dans la préfecture de Tchang-cha, Hou-nan, en 1812; † à Fou-tcheou, 1885.

— Tso Wên Hsiang. (*Mesny's Chinese Miscellany*, 1st Jan. 1905, pp. 3/4, Portrait.)

WANG NGAN-CHE.

— Le Socialisme en Chine au XIe siècle par Albert Gerès. (*Mémorial diplomatique*, 24 fév., 3 mars 1894.)

— Wang An-Shih (王安石) By John C. Ferguson, Ph. D. (*Journ. C. B. R. A. Soc.*, XXV, 1903-1904, pp. 65/75.)

WANG TCH'ONG.

Voir col. 681.

— *Lun-hêng*. Part I. Philosophical Essays of Wang Ch'ung. Translated from the Chinese and annotated by Alfred Forke Professor of Chinese at the Seminar für Orientalische Sprachen, Berlin. First printed for the *Mitteilungen des Seminars für Orientalische Sprachen*. — 1907. Leipzig, Otto Harrassowitz..., in-8, pp. IV-577.

Au verso du titre: Printed at the Imperial German Printing Office, Berlin.

Notices: *Lond. & China Express*, Oct. 11, 1907. — *T'oung Pao*, Déc. 1906, pp. 712/8, par Ed. Chavannes.

— Lun-Hêng. Selected Essays of the Philosopher Wang Ch'ung. Translated from the Chinese and annotated by Alfred Forke. (*Mitt. Sem. f. Orient. Sprachen*, IX, *Ostasiat. Studien*, Berlin, 1906, pp. 181/400.)

— — [Continued from *Mitt. d. Sem. f. Orient. Sprachen*, 1906, I. Abt., p. 400, referred to as I, p. ...] (*Ibid.*, Jahrgang X, I. Abt., 1907, pp. 1/173.)

WONG T'ONG-HO.

— Wong T'ong-ho 翁同龢. Nécrologie. (*T'oung Pao*, IIe Série, Vol. V, N° 4, Octobre 1904, p. 467.)

Antiquités.

1° ÉPIGRAPHIE.

1° *INSCRIPTION DE YU.*

— Die Tafel des Yü. Von E. Haenisch. — Mit einer Tafel. (*Mitt. Semin. Orient. Sprachen*, VIII, *Ostasiat. Studien*, 1905, pp. 293/303.)

5° *OUVRAGES DIVERS.*

— Notes d'épigraphie mongolo-chinoise par M. G. Devéria. — Voir col. 687.

Notice : *T'oung Pao*, VIII, pp. 346/8, par G. Schlegel.

— Voir S. Charria, col. 3061.

2° NUMISMATIQUE.

Col. 693.

— Die ältesten chinesischen Staatsmünzen. — Ein Beitrag zur Münzkunde des chinesischen Alterthums von C. Kainz. — Mit zahlreichen Original-Abbildungen. — Berlin. Adolph Weyl, 1894, br. in-8, pp. 36, 6 pl.

— А. Ивановъ. — Орѣдкой китайской монетѣ XVII вѣка. (*Записки Восточнаго отдѣленія И. Р. Археол. Общ.*, XVII, 1, 1906, pp. 048/049.)

3° OUVRAGES DIVERS.

— Chinesische Steintafeln mit Inschriften und Nephritgebilden. Von C. W. Luders. (*Globus*, Bd. LXI, pp. 120/1, 2 grav.)

Museum f. Völkerkunde zu Hamburg.

— Notes sur les résultats scientifiques d'une mission diplomatique en Chine Par Ph. Berthelot, Secrétaire d'Ambassade. (*Bull. Ecole franç. Ext.-Orient*, V, Nos. 3-4, Juill.-Déc. 1905, pp. 406/414.)

Communication faite à l'Académie des Inscriptions et Belles-Lettres le 17 Mars 1905.

Extrait des *Comptes-rendus*.

— B. Laufer. — Chinesische Altertümer in der römischen Epoche der Rheinlande. (*Globus*, Bd. 88, 1905, pp. 45/9, ill.)

Notice : *T'oung Pao*, Oct. 1905, pp. 511/2, par Éd. Chavannes.

— Gräber und Steinskulpturen der alten Chinesen. Von P. A. Volpert, S.V.D., Ssüschui, Südschantung, China. (Mit Illustrationen.) (*Anthropos*, III, Heft 1, 1908, pp. 14/18.)

Voir Chavannes, col. 696.

XI. — RELIGION.

Ouvrages généraux. — Mélanges.

Col. 697.

— Idols presented to the Emperor of China, on his birth-day. (*Indo-Chinese Gleaner*, III, February 1818, pp. 54/55.)

— Proposal to destroy the gods. (*Ibid.*, IV, May 1818, p. 92.)

— Notice du Panthéon-chinois du Docteur Hager, Par J. D. Lanjuinais, Sén. Br. in-8, pp. 15.

Extrait du n° 3 du *Moniteur*, an 1807.

Col. 700.

— Tre Religioni giudicate da un Cinese — Volgarizzamento di Antelmo Severini. — Firenze, Tip. Fodratti, 1867, in-8, pp. 29.

Estratto dal Fascicolo III della *Rivista Orientale* pubblicata dal Dottor Angelo de Gubernatis.

Col. 704.

— The Religious System of China... By J. J. M. de Groot... — Volume V. — Book II. On the Soul and Ancestral Worship, Part II. *Demonology*. — Part III. *Sorcery*. E. J. Brill, Leide, 1907, gr. in-8, pp. VI + pp. 465 à 928 + 1 f. n. ch. index.

— J. J. M. de Groot. — Sectarianism. — Voir col. 704.

Notice : *Journal N. C. B. R. A. Soc.*, XXXVII, 1906, p. 215. By J. C. F.[erguson.]

— Religiöse Toleranz in China. Von Dr. B. Laufer. (*Globus*, LXXXVI, 1904, pp. 219/220.)

Col. 709.

— Die chinesische Volksreligion und ihre Beeinflussung durch den Buddhismus.

Von Prof. Dr. Wilhelm Grube. (*Globus*, Bd. LXIII, 1893, pp. 297/303.)

— Christianity and the Religions of China. — A Brief Study in Comparative Religions. — By Charles George Sparham, London Missionary Society, Hankow, China. — London : London Missionary Society, 1896, in-8, pp. 24.

— Religion in China [Taken from « China from Within » by Stanley Smith]. (*Chin. Rec.*, XXXIII, N° 7, July 1902, pp. 334/343.)

— Major-General James-George-Roche Forlong, né Lanarkshire, Scotland, Nov. 1824 ; † à Edinburgh, 29 Mars 1904. — Voir col. 709.

Notice : *J. R. As. Soc.*, July 1904, pp. 517/523, par C. R. Conder.

— * N. Söderblom. — Die Religionen der Erde. (*ReligionsgeschichtlicheVolksbücher*, IIIe série, 3e fasc.) — Halle a. Saale, Gebauer-Schwetschke, 1905, pet. in-8, pp. 65.

Notice : *Revue Hist. des Religions*, t. LIII, 27e année, Mai-Juin 1906, pp. 407/8. Par Jean Réville.

— * Religions of Ancient China. By Professor Herbert A. Giles. London. Archibald Constable & Co. 1905, pp. v-69.

Notice : *Journal N. C. B. R. A. Soc.*, XXXVII, 1906, p. 215. By J. C. F.[erguson.]

— « Sectarianism and Religious Persecution in China. » By Rev. J. Genähr, Rhenish Mission. (*Chin. Rec.*, XXXVI, 1905, March, pp. 131/137 ; April, pp. 169/175.)

— The Celestial and his Religions : or the Religious Aspect in China. Being a Series of Lectures on the Religions of the Chinese. By J. Dyer Ball,... of His Majesty's Civil Service, Hongkong. — Hongkong : Kelly and Walsh, 1906. In-8, pp. 240-xviii.

— La Religion primitive de la Chine — (16 décembre 1906). (*Conférences au Musée Guimet* 1903-04, 1904-05 et 1905-06 par L. de Milloué, Paris, 1907, in-18, pp. 141/181.)

— * Die Orientalischen Religionen. — Berlin-Leipzig, Teubner, pp. 207.

Lamaïsme, Albert Grünwedel. — Chine, J. J. M. de Groot. — Japon et Shintoïsme, Karl Florenz. — Bouddhisme, Hans Haas.

Notice : *Revue Critique*, 5 août 1907, pp. 81/2, par Sylvain Lévi.

— Le Panthéon chinois. — Par P. S. Popoff. — Avec dix planches. St. Pétersbourg, 1907, gr. in-8, pp. 88.

Publications du Musée d'Anthropologie et d'Ethnographie de l'Académie impériale des Sciences de St. Pétersbourg. VI. 1907 [en russe].

Cf. C. de Harlez, *Shĕn-sien-shū*, col. 707.

— Chinese Religion : a historical and literary Sketch of Ancestor Worship, the Teachings of Kung Fu Tze and Lao Tze, and Chinese Natural Philosophy. By William Loftus Hare. London, C.W. Daniel, s. d. [1907], in-16, pp. 62.

No. 8 de *The World's Religion Series*. By W. Loftus Hare. [I. — Religion. — II. — Hindoo Religion. — III. — Greek Religion. — IV. — Babylonian Religion. — V. — The Religion of the Jews. — VI. — Christianity. — VII. — Buddhism.] 6*d* le vol., relié vélin, 1/-.

Notice : *Lond. & China Express*, Oct. 11, 1907.

Jou kiao.

Col. 710.

— The worship of Confucius. By Amicus. (*Indo-Chinese Gleaner*, XI, Jan. 1820, pp. 254/256.)

Col. 713.

— Religions of the World in relation to Christianity. By C. M. Grant, D. D. Principal, Queen's University, Canada. Tenth thousand. London, A. & C. Black, 1894, in-16, pp. viii + 1 f. n. ch. + pp. 137.

... 3. Confucianism, p. 42. — 4. Sources of the Strength and Weakness of Confucianism, p. 68...

Fait partie des Guide Text-Books edited by Very Rev. A. H. Charteris... and the Rev. J. A. McClymont.

— Die chinesische Philosophie und der Staats-Confucianismus. Von M. von Brandt Kaiserl. deutscher Gesandter a. D. — Stuttgart, Strecker & Moser, 1898, in-8, pp. 121.

— Le culte impérial en Chine. Traduit du chinois par M. Fernand Farjenel. (*Journ. Asiatique*, Nov.-Déc. 1906, pp. 491/516.)

Tao kiao.

— Col. 720. Au lieu de 傅 lire 傳.

Col. 722.

— L'esprit des races jaunes — Le Taoïsme et les Sociétés secrètes chinoises par Matgioi (A. de Pouvourville). Paris, Edition de l'*Initiation*, Chamuel, 1897, br. in-8, pp. 32.

— * Henri Borel. — Wu wei. A Phantasy based on the philosophy of Lao-Tse. London, Luzac, 1903, in-12, pp. viii-69.

Trad. du hollandais par Meredith Janson.

Notice par Ed. Chavannes, *Rev. critique*, 17 oct. 1904, pp. 261/2.

— Taoism. By E. H. Parker. (*Imp. & Asiat. Quart. Rev.*, Oct. 1906, pp. 311/333.)

— * Laotse : 老子 By the Expectant Official Yen. Tokio.

Notice : *Journal N. C. B. R. A. Soc.*, XXXVII, 1906, pp. 205/6. By T. W. Kingsmill.

TAO TE KING.

— 道德經 Le Tao-Te-King, ou le Livre révéré de la Raison Suprême et de la

Vertu, par Lao-tseu; traduit en françois et publié pour la première fois en Europe avec une version latine et le texte chinois en regard, accompagné du commentaire complet de Sie-hoëï, d'origine occidentale, et de notes tirées de divers autres commentaires chinois, par G. Pauthier. 1re Livraison. — Paris, F. Didot... MDCCCXXXVIII. Cura et Sumptibus Interpretis. Imprimé avec les types chinois mobiles gravés sur poinçons d'acier et fondus par Marcellin-Legrand, graveur de l'Imprimerie royale. Terzuolo imprim. 10 janvier 1838, in-8, pp. 80.

Titre de la couverture extérieure.

— 老子道德經 *Lao tseu Tao Te King* Le Livre de la Voie et de la Vertu composé dans le VIe siècle avant l'ère chrétienne par le philosophe Lao-tseu traduit en français, et publié avec le texte chinois et un commentaire perpétuel par Stanislas Julien Membre de l'Institut et Professeur au Collége de France. Paris Imprimé par autorisation du Roi à l'Imprimerie royale MDCCCXLII, in-8, pp. XLV-303; le verso de la dernière p. : Rectifications.

Dans cette éd., sans doute la première, dans chaque chap. le texte chinois est suivi de la trad. française puis des notes.

— Même Titre. 1842. In-8, pp. XLV-294 + 1 f. d'er.

Dans cette éd., le titre et les pp. XLV sont du même tirage que ceux de l'éd. précédente; mais dans ce nouveau tirage qui est une véritable seconde éd., les notes sont rejetées à la fin du vol. à partir de la p. 121; elles sont d'ailleurs identiques à celles de l'autre édition. M. Wilberforce Eames, de la Lenox Library, m'a signalé ces différences.

— Tao-Tě-King. Cesta k bohu a ctnosti. — Staročínska kniha náboženská, kterou složil 600 let před Kristem 老 T. J. Lao a nyni zčeštil, vysvětlil a vydal Dr. Frant. Čupr. Vyňatek z «Učení Staroindického». — V Praze, Fr. A. Urbánka, 1878, in-8, pp. 82.

— The Tau te King. By Dr. Edkins. (*China Review*, XVI, No. 5, March-April 1888, p. 308.)

— Tau te King. By J. Edkins. (*Ibid.*, No. 6, May-June 1888, pp. 375/6.)

— Lâo-tsze The Great Thinker with a Translation of his Thoughts on the Nature and Manifestations of God by Major-General G. G. Alexander, C. B... London, Kegan Paul, 1895, pet. in-8, pp. XIX + 1 f. n. ch. + pp. 131.

Col. 725.

— Un nouveau tirage du *Tao Te King* de *Carus* a été fait en 1903 [s. d.] avec en tête 33 pages (xxxiii) de *Emendations and Comments*. — Voir col. 725.

— Lao-tse le Nietzschéen A propos du Livre de la Voie et la Ligne droite. Par Alexandre Ular. (*La Revue blanche*, XXVII, 1902, pp. 161/7.)

Col. 726.

— Il y a des ex. de la trad. du *Tao Te King* de Heysinger dont le titre porte : Research Publishing Co. Peter Reilly, Agent, Philadelphia, MDCCCCIII. — Voir col. 726.

— The Wisdom of the East The Sayings of Lao Tzŭ Translated from the Chinese, with an Introduction, By Lionel Giles M. A. (Oxon.), Assistant at the British Museum. London, The Orient Press, 1904, in-16, pp. 54.

The Wisdom of the East Series Edited by L. Cranmer-Byng, S. A. Kapadia.

Notices : *Lond. & China Express*, Oct. 21, 1904. — *T'oung Pao*, Déc. 1904, p. 627, par Henri Cordier.

— Modern Sinology and the *Tao Teh King*. By T. W. Kingsmill. (*Journal N. C. B. R. A. Soc.*, XXXVII, 1906, pp. 192/195.)

— The Book of the Simple Way of Laotze the Contemporary of Confucius, China, B.C. 604 A New Translation from the Text of the *Tao-Teh-King* With Introduction and Commentary by Walter Gorn Old, M. R. A. S. London, Philip Wellby, 1904, in-8, pp. IX-186.

— Le Tao tö King gravé sur pierre estampages publiés par G. Ch. Toussaint. Par Ed. C.[havannes.] (*T'oung Pao*, Mai 1905, pp. 229/236.)

— The Tao Teh King A Short Study in Comparative Religion By C. Spurgeon Medhurst For Twenty Years a Missionary in China. Chicago, Theosophical Book Concern, 1905, in-8, pp. XIX-134.

— Lao Tzŭ Redivivus. By Rev. W. Arthur Cornaby. (*Chin. Rec.*, XXXVII, Feb., 1906, pp. 67/74; March, 1906, pp. 124/131.)

D'après C. S. Medhurst.

— * Lao-tse e il libro della via e della virtù. Trad. di G. Evans. Tur. 1905, in-8.

T'AI CHANG KAN YING PIEN.

— 太上感應篇 *T'ai-Shang Kan-Ying P'ien* Treatise of the Exalted One on Response and Retribution Translated from the Chinese by Teitaro Suzuki and Dr. Paul Carus Containing Introduction, Chinese Text, Verbatim Translation, Translation, Explanatory Notes and Moral Tales Edited by Dr. Paul Carus With Sixteen Plates by Chinese Artists and a Frontispiece by Keichyu Yamada. Chicago, Ill. The Open Court Publishing Co. 1896, in-8, pp. 139.

— The Kan Ying Pien. 太上感應篇 The Tractate on Rewards and Punishments by the Great Exalted. — Translated from the Chinese by the Rev. R. A. Haden. (*East of Asia*, Vol. 3, No. 2, June 1904, pp. 172/182.)

YIN TCHE WEN.

Col. 726-7.

Livre des Bienfaits secrets.

— *Yin chih wen* The Tract of the Quiet Way with extracts from the Chinese Commentary translated from the Chinese by Teitaro Suzuki and Dr. Paul Carus Edited by Dr. Paul Carus. With Frontispiece. Chicago, The Open Court Publishing Company, in-8, pp. 48.

Le *Yin Tche Wen* 陰騭文 a pour auteur *Wen-tchang ti kiun* 文昌帝君.

Notices : *T'oung Pao*, Oct. 1906, pp. 536/7, par Ed. Chavannes.

Fo kiao.

Col. 728.

— The systems of Foo and Confucius compared, translated from the Chinese. By Too-yu. (*Indo-Chinese Gleaner*, V, August 1818, pp. 149/157.)

— The paradise of Fuh. By Servus. (*Ibid.*, VI, October 1818, pp. 194/200.)

— A King-cheu of Kwan-yin Poo-sah. (*Ibid.*, VIII. April 1819, pp. 72/73.)

— Chinese Rosary. (*Ibid.*, IX, July 1819, pp. 138/139.)

— A bone of Fuh. By Lucius. (*Ibid.*, XII, April 1820, pp. 305/308.)

— Col. 739. — Edkins, Buddhist Shastra.

Lire 壹 au lieu 亖. — Lire 盧 au lieu 慮.

Col. 740.

— Mandal. By J. Edkins. (*China Review*, XVI, No. 6, May-June 1888, p. 369.)

— The Four Elements. By J. Edkins. (*Ibid.*, pp. 369/370.)

— Wooden fish as a Buddhist implement. By J. Edkins. (*Ibid.*, p. 375.)

V. P. Vasiliev.

— Буддизмъ его догматы, исторія и литература. — Часть первая. Общее обозрѣніе. Сочиненіе В. Васильева, Профессора Китайскаго языка при Императорскомъ Санктпетербургскомъ Университетѣ. — Санктпетербургъ. 1857. Императорская Академіи Наукъ. Цѣна 1 руб. 50 коп. сер. In-8, pp. xii + 333.

Le Vol. 2 n'a pas paru.

— Буддизмъ, его догматы, исторія и литература. Часть третья. Исторія Буддизма въ Индіи, сочиненіе Дāранāт'ы. Переводъ съ тибетскаго В. Васильева, Профессора Китайскаго языка, Члена Корреспондента Императорской Академіи Наукъ. Санктпетербургъ 1869. Императорская Академія Наукъ. Цѣна 1 руб. 20 коп. сер. In-8, pp. xxii-288.

∴

— Société d'Anthropologie de Lyon — Le Bouddhisme son histoire, ses dogmes, son extension et son influence sur les peuples chez lesquels il s'est répandu — Conférence publique faite dans le grand amphithéâtre de la Faculté des Sciences le 12 mars 1882 par L. de Milloué Directeur du Musée Guimet — Lyon, Imprimerie A. Storck, 1882, in-8, pp. 23.

— Col. 755. Au lieu de 提 lire 提.

— A Jātaka-Tale from the Tibetan. By H. Wenzel, Ph. D. [From the « Journal of the Royal Asiatic Society of Great Britain and Ireland », Vol. XX, Part 4.] Br. in-8, ch. 503 à 511.

— Bodhi Patha Pradípa. Translated by Sarat Chandra Dás. (Byañ Chub Lam Gyi Sgron-ma.) By Dípañkara Skríjñána. (*Journ. Buddhist Text Soc.*, I, 1893, Pt. I, pp. 39/48.)

— — Tibetan Text. (*Ibid.*, pp. 57/64.)

Col. 760-61.

— Naga or Serpent Demi-Gods (Compiled from Tibetan Works.) (*Journ. Buddhist Text Soc.*, II, 1894, Pt. I, pp. 1/5.)

— Story of the Conversion of Gopála Nága. (Translated from the 56th pallava of Kshemendra's Avadána Kalpalatá.) By Srí Mahendra Lál Dás, B. L. (*Ibid.*, pp. 5/8.)

— Gopála-nága-damanam. (*Ibid.*, pp. 9/12.)

— The Story of Barlaam and Joseph. By Sarat Chandra Das. (*Ibid.*, Pt. III, pp. vi/viii.)

Au sujet d'une brochure du Rev. K. S. Macdonald, Principal of the Free Church Institution, Calcutta, sur le « Buddhism *versus* Christianity ».

— A brief Summary of *Do Ka Zang*, the Sutra by The Honourable Sir Charles Elliott,... at a Meeting of the Asiatic Society of Bengal. — Published as a supplementary Paper to the *Journal of the Buddhist Text Society of India*, under the orders of the Government of Bengal. — Darjeeling : Printed at the Bengal Secretariat Press, 1895, in-8, pp. 26.

— The Names of a Thousand and Five Buddhas, pp. xviii.

— The Mādhyamika School in China. By

Dr. T. Suzuki. (*Journ. Buddhist Text Soc.*, VI, 1898, Pt. III, pp. 23/30.)

— Açvaghosha's Discourse on the Awakening of Faith in the Mahâyâna 大乘起信論 Translated for the first time from the Chinese version by Teitaro Suzuki Chicago The Open Court Publishing Company London agents Kegan Paul, Trench, Trübner & Co., Ltd. 1900. In-12, one preliminary leaf, frontispiece, and pp. xvi-160..

— The Buddhism of Tibet by L. A. Waddell. — Voir col. 758.

Notice by T. W.[atters], *Jour. R. As. Soc.*, July 1895, pp. 716/9.

— Smithsonian Institution. United States National Museum. — The Swatiska, the earliest known symbol, and its migrations; with Observations on the Migration of certain Industries in Prehistoric Times. By Thomas Wilson, Curator, Department of Prehistoric Anthropology, U. S. National Museum. — From the Report of the U. S. National Museum for 1894, pages 757-1011, with plates 1-25 and figures 1-374. — Washington : Government Printing Office, 1896, in-8.

Tirage à part du rapport de Thomas Wilson. — Voir col. 759.

J. Takakusu.

— La Sāṃkhyakārikā étudiée à la lumière de sa version chinoise Par M. J. Takakusu, M. A., Dr. Ph. (*Bull. Ecole française Ext. Orient*, IV, Nos 1 et 2, Janvier-Juin 1904, pp. 1/65.)

— La Sāṃkhyakārikā étudiée à la lumière de sa version chinoise (II) Par M. J. Takakusu, M. A., Dr Ph., Correspondant de l'Ecole française d'Extrême-Orient. (*Ibid.*, No. 4, Oct.-Déc. 1904, pp. 978/1064.)

— The life of Vasu-Bandhu by Paramārtha (A. D. 499-569) translated by J. Takakusu, M. A., Ph. D. (*T'oung Pao*, IIe Série, Vol. V, No 3, Juillet 1904, pp. 269/296.)

— The Life of Vasu-bandhu by Paramārtha (A. D. 499-569) translated by J. Takakusu, M. A., Ph. D. — Extrait du « T'oung-pao », 1904. E. J. Brill, Leide, 1904, in-8, pp. 30.

— Notes to Paramārtha's Life of Vasu-bandhu (*T'oung Pao*, July). By J. Takakusu. (*T'oung Pao*, Déc. 1904, p. 620.)

— A Study of Paramartha's life of Vasu-Bandhu ; and the date of Vasu-Bandhu. By J. Takakusu, M. R. A. S., M. A., Dr. Phil. (*Journal R. A. Soc.*, January 1905, pp. 33/53.)

— The Works of Saṁgha-Bhadra, an Opponent of Vasu-Bandhu. By J. Takakusu. (*Ibid.*, pp. 158/9.)

— K'uei-Chi's version of a controversy between the Buddhist and the Sāmkhya philosophers. — An Appendix to the translation of Paramārtha's « Life of Vasu-Bandhu » by J. Takakusu. (*T'oung Pao*, IIe Série, Vol. V, No. 4, Octobre 1904, pp. 461/466.)

— Journal of the Pali Text Society — On the Abhidharma Literature of the Sarvāstivādins. By J. Takakusu... 1905, in-8, pp. 67 à 146.

Printed by Stephen Austin, Hertford.

— The Abhidharma Literature, Pāli and Chinese. By J. Takakusu. (*Journ. R. A. Soc.*, January 1905, pp. 160/2.)

∴

— Das Schamanentum bei den Golden. Von Prof. W. Grube. Berlin. (*Globus*, LXXI, 1897, pp. 89/93.)

— T'ien-tchou, « Seigneur du Ciel » A propos d'une stèle bouddhique Par Henri Havret. (*Etudes*..., Tome 89, 1901, 5 Novembre, pp. 398/409 ; 20 Novembre, pp. 546/553.)

Voir col. 762.

— The Gospel of Buddha according to old records told by Paul Carus Seventh Edition. Chicago, The Open Court Publishing Co., 1900, pet. in-8, pp. xvi-275.

The Religion of Science Library, July 1895.
Voir col. 763.

Col. 764.

— Amitabha a Story of Buddhist Theology by Paul Carus. Chicago, The Open Court Publishing Company, 1906, in-8, pp. 121.

— * The Buddha's Nirvana. A Sacred Buddhist Picture by Wu Tao-tsze; with description by Paul Carus. In-4 de 4 p. avec une planche hors texte. — S. l. n. d.

Notice : *T'oung Pao*, Octobre 1906, p. 536. Par Ed. Chavannes.

— Matériaux pour servir à une Iconographie du Bouddhisme. 1. Sur quelques images de Maitreya. 2. Sur quelques images de Maitreya au Thibet. 3. Statuette japonaise d'Avalokiteçvara. Par S. d'Oldenbourg. — Avec vi Planches. — St. Pétersbourg, 1901, gr. in-8, pp. 10.

Publications du Musée d'Anthropologie et d'Ethnographie de l'Académie impériale des Sciences de St. Pétersbourg, III. 1901. [En russe.]

— Matériaux... 4. Album d'images bouddhiques appartenant à l'Académie de Théologie de Kazan. 5. Sur quelques représentations du bodhisattvas. 6. Sur un relief du Gandhāra, représentant le roi de l'Enfer Yama. 7. Note sur le « Kuvera au nakula »... Avec 6 Planches. Ibid., gr. in-8, pp. 15.

Ibid., IV. 1903. [En russe.]

— * Hymns of the Faith (Dhammapada). Being an Ancient Anthology preserved in the short collection of the Sacred Scriptures of the Buddhists. Translated from the Pâli by Albert J. Edmunds. (The Open Court Publishing Company, 1902.)

Notice : *East of Asia*, Vol. II, N° 1, May 1903, p. 98.

— Buddhist & Christian Gospels now first compared from the Originals — Being Gospel Parallels from Pâli Texts, reprinted with additions By Albert J. Edmunds... — Second edition With a notice by T. W. Rhys Davids — Philadelphia, Sold by the Author..., 1904, Price, 25 cents... In-16, pp. 34.

Copyright, 1902.

— Buddhist & Christian Gospels being Gospel Parallels from Pāli Texts — Now First Compared from the Originals By Albert J. Edmunds... — Third and complete edition — Edited with Parallels and Notes from the Chinese Buddhist Tripitaka By M. Anesaki Professor of the Science of Religion in the Imperial University of Tōkyō — Tōkyō, The Yūhōkwan Publishing House, 1905, in-4, pp. XIII-IV-230 + 3 ff. n. ch.

Notice : *Mitt. d. Sem. f. Orient. Sprachen*, Jahrgang X, I. Abt., Berlin 1907, pp. 298/301. Par R. Lange.

— Louis de la Vallée Poussin. — Le Bouddhisme et les Évangiles canoniques à propos d'une publication récente — Extrait de la « Revue Biblique » Juillet 1906 — Paris, 1906, in-8, pp. 29.

A propos de l'ouvrage d'Edmunds.

— A. O. Ivanovski. — Sur une traduction chinoise du recueil bouddhique « Jātakamālā ». Tr. du russe par M. Duchesne. (*Revue de l'hist. des Relig.*, Mai-Juin 1903, t. XLVII, pp. 298/335.) — Voir col. 764.

Notice : *Bull. Ecole franç. Ext. Orient*, IV, No. 3, Juill.-Sept. 1904, pp. 752/755. Par P. Pelliot.

— Ein buddhistisches Pilgerbild. — B. Laufer. (*Globus*, LXXXVI, 1904, pp. 386/8.)

— * A. Costa. — Il Buddha e la sua dottrina. Madrid, 1904, in-12.

— * Alfred Bertholet. — Der Buddhismus und seine Bedeutung für unser Geistesleben. — Tübingen und Leipzig. Möhr (1904).

Notice : *Revue Hist. Religions*, XLIX, No. 3, Mai-Juin 1904, pp. 366/368, par Paul Oltramare.

(Fo KIAO.)

— Etudes de littérature bouddhique. Par M. Ed. Huber. — Voir col. 1881.

— * Nagao (Skesaburo). — Der Weg zu Buddha. Deutsch von K. B. Seidenstücker. Leipzig, 1905, in-8, pp. VIII-56, 1 pl.

— Notes sur la Technique de l'Iconographie bouddhique des Zouratschines (Artistes) Mongols, Bouriates et Kalmouks par A. D. Roudnef. — Avec 1 planche (d'après une photographie de B. B. Baradine). St. Pétersbourg, 1905, gr. in-8, pp. 15.

Publications du Musée d'Anthropologie et d'Ethnographie de l'Académie impériale des Sciences de St. Pétersbourg. V. 1905. [En russe.]

— * Maurice L. Ettinghausen. — Harṣa Vardhana, empereur et poète (606-648 A. D.). Etude sur sa vie et son temps. Thèse pour le doctorat d'Université de Paris. — Londres, Luzac; Louvain, Istas; Paris, Leroux, 1906, 1 vol. gr. in-8, pp. x-194.

Notice : *Revue de l'hist. des Religions*, LV, Mars-Avril 1907, pp. 216/222. Par F. Lacôte.

— Studies in Buddhist Dogma : The three Bodies of a Buddha. By L. de la Vallée Poussin. [From the « Journal of the Royal Asiatic Society », October, 1906.] In-8, ch. 943 à 977.

— The Oldest Record of the Ramayana in a Chinese Buddhist Writing. By K. Watanabe. (*Journ. Roy. As. Soc.*, Jan. 1907, pp. 99/103.)

— Aśvaghoṣa and the Great Epics. By K. Watanabe. (*Ibid.*, July 1907, pp. 664/5.)

— The Nepalese Nava Dharmas and their Chinese Translations. By K. Watanabe. (*Ibid.*, pp. 663/4.)

— Les éléments de formation du Divyāvadāna par Sylvain Lévi. (*T'oung Pao*, Mars 1907, pp. 105/122.)

— Carlo Puini. — Il Mahāparinirvāṇa-sūtra nella traduzione cinese di Pe-fa-tsu e il primo concilio di Rājagriha. (*Rivista degli Studi Orientali*, I, f. 1, Roma, 1907, pp. 67/80.)

— Beauvais. — Les Lamas du Yun-nan, voir col. 3064.

— Zur buddhistischen Litteratur der Uiguren von Berthold Laufer. (*T'oung Pao*, N° 3, Juillet 1907, pp. 391/409.)

Christianisme.

MANICHÉENS.

— Chinese and Manichaean MSS. in Chinese Turkestan. By M. Longworth Dames. (*Journ. R. As. Soc.*, Oct. 1907, pp. 1055/1057.)

(Fo KIAO. — CHRISTIANISME.)

NESTORIANISME.

— The Nestorian Monument at Si-an-fu. By J. Genähr. (*The Far East*, Vol. I, 1906, pp. 1/6.)

— Нѣсколько новыхъ надгробныхъ камней съ христіанско-сирійскими надписями изъ Средней Азіи. — П. К. Коковцова. (*Bul. Acad. Imp. Sc. St. Pétersbourg*, 1907, No. 12, 15 sept., pp. 427/458, 2 pl.)

Nouvelles pierres tumulaires de l'Asie Centrale avec inscriptions syriaques chrétiennes. — Cf. D. Chwolson, col. 778.

I. MISSIONS CATHOLIQUES.

1° *OUVRAGES DIVERS.*

Col. 784.

— Kurtze Verzeichnusz ‖ Und Historische ‖ Beschreibung deren dingen | ‖ so von der Societet Iesv in Orient | ‖ von dem Jar nach Christi Geburt | ‖ 1542. bisz auff das 1568. ge= ‖ handlet worden : ‖ Erstlich ‖ Durch Ioannem Petrum Maf= ‖ feium, ausz Portugalesischer sprach ‖ in Latein | vnd jetzo neben etlichen Ja= ‖ ponischen Sendtschreiben | vom Jar 1548. bisz ‖ auff 1555. allen frommen Catholischen zu ‖ Lieb vnd Trost ins Teutsch gebracht | ‖ vnnd zum ersten mal an ‖ Tag geben : ‖ Durch weylandt den Hochgelehrten ‖ Herrn Ioannem Georgium Gŏtzen | bey= ‖ der Rechten Doctorn | auch Fürstlichen ‖ Bischofflichen Constantzischen Rath ‖ vnnd Secretarien | ꝛc. ‖ Mit Rŏm. Kay. May. Gnad vnd Freyheit. ‖ Gedruckt zů Ingolstadt | durch ‖ Dauid Sartorium. ‖ — Anno M.D.LXXXVI. Pet. in-8, 8 ff. n. ch. p. l. tit. etc. + pp. 191.

Suivi de :

— Die ǻltest vnd erst Epistel. ‖ Ein Epistel o= ‖ der Sendbrief desz Ehrwür= ‖ digen Vatters Francisci Xauier | ‖ Priesters der Societet Iesv, an den ‖ Ehrwürdigen Vatter Ignatium Loiola | Gene= ‖ ral Obersten gemelter Societet | auch an die ‖ Brůder so zů Rom | Padua | Parisz | Cŏln | ‖ Valentz vnd in Portugal studie= ‖ ren | vom Jar 1544. Pet. in-8, pp. 524 + 1 f. n. ch.

— L'histoire ‖ des Indes ‖ orientales ‖ et ‖ occidentales ‖ dv R. P. Iean Pierre Maffe'e, ‖ de la compagnie de Iesvs, ‖ Traduite de Latin en François par M. M. D. P. ‖ Avec deux Tables, l'vne des Chapitres, & l'autre ‖ des Matieres, tant Geographiques ‖ qu'Historiques. ‖ [Écu.] ‖ A Paris, ‖ Chez Robert de Ninville, au bout du Pont S. Michel, ‖ ruë Vieille-Bouclerie, à l'Escu de France & de Navarre. ‖ — M.DC.LXV. ‖ Avec privilege dv Roy. In-4, 16 ff. prél. n. ch. p. l'ep. et les tab. + pp. 353 + 1 f. n. ch. p. l. priv., + pp. 292 + 12 ff. n. ch. p. l. tab.

L'Epistre est signée de Pure.

Col. 785.

— Historia de las Misiones de la Compañía de Jesus en la India oriental, en la China y Japon desde 1540 hasta 1600 por el P. Luis de Guzman de la misma Compañia. Bilbao : Administracion de « El Mensajero del Corazon de Jesus », 1891, gr. in-8, pp. 674 à 2 col.

Col. 796.

— * Lettres et advis du Japon, de la Chine, et d'autres endroicts des Indes Orientales de l'an 1589 et 1590... Pont-à-Mousson, par Etienne Marchant, 1592, 127 ff.

K. W. Hiersemann, Cat. 348, No. 214.

Col. 800.

— * Lettera del P. Alessandro Valignano... del 1599... Venetia, 1603, in-12, pp. 102.

K. W. Hiersemann, Cat. 348, No. 216.

Col. 802.

— * Relacion de la entrada de algvnos Padres... Valencia, Juan Chrysost. Garriz, 1606, in-12, pp. 183.

K. W. Hiersemann, Cat. 348, No. 219.

Col. 803.

— * Relatione dell' Entrata d' alcvni padri... Parma, 1607, in-12.

K. W. Hiersemann, Cat. 348, No. 221.

Col. 805.

— * Simbolo de la Fe, en lengua y letra China, compuesto por el Padre fray Thomas Major, de la orden de Sancto Domingo, de la prouincia del sancto Rosario, en las islas Philippinas. Con licenca, en Binondoc en casa de Pedro de vera China Christiano. Anno de 1607. In-12.

Endlicher, CVI.

Col. 817.

— * Iaerlijcken Brief van Japonien van het iaer 1624 aenden... P. Mutius Vitellescus... van hondert, en vijf-en-sestich Martelaers die int selve iaer, op verscheyde manieren, voor het H. Catholijck Gheloove kloeckelijck ghestorven sijn. Mechelen, Hendrick Jaye, 1628, pet. in-8, pp. 8-232.

M. Nijhoff, No. 340, 1905, No. 224a, 75 f.

Col. 825.

— Innocentia Victrix. (*Analecta Monvmentorvm omnis aevi Vindobonensia.* Opera et studio Adami Francisci Kollarii... Vindobonae, I, 1761, in-fol., col. 1255 et seq.)

Col. 832.

— * Considerações proveitosas para qualquer christão viver bem e alcançar a bemaventurança, por um padre da Companhia de Jesus. Cantão, 1681, in-8.

Col. 838.

— Ortus et Progressus Sacri Ordinis Fratrum Minorum S. P. N. Francisci. Ex Bullis Pontificiis, & probatissimis Authoribus, olim A Patre Fratre Massaeo Kreslinger Ord. Min. Strictioris Observantiae, Provinciae Bavariae, Lectore Jubilato, compendiosè conscriptus, et nunc denuo a V. P. Fr. Laurentio Csergo Ord. Min. S. P. N. Francisci Strict. Observ. Provinciae Transylvanicae AA. LL. & Philosophiae Lectore Candidato, cum universam theologiam In Conventu V- Claudiopolitano B. V. M. ad Nives, Sub Comitiis Provincialibus publicè propugnaret, auditoribus oblatus praeside R. P. F. Antonio Trnka Ejusdem Ordinis, & Provinciae SS. Theologiae Lectore Ordinario. Anno M.DCC.LIII. Die [13] Augusti. Claudiopoli, Typis Academicis Societatis Jesu. In-4, 5 ff. n. ch. p. l. tit. etc. + pp. 181 + 17 ff. n. ch. p. l'ind. et l'er.

Col. 855.

— La Chine philosophique et religieuse depuis l'antiquité jusqu'à l'établissement de la Propagation de la Foi, par J.-A. Petit. (*Revue du Monde catholique*, 1888, 1er juin, 1er juillet, 1er août et 1er sept.)

VARIÉTÉS SINOLOGIQUES.

Col. 859.

— Variétés sinologiques N° 24. — *Synchronismes chinois* — Chronologie complète et concordance avec l'ère chrétienne de toutes les dates concernant l'histoire de l'Extrême-Orient (Chine, Japon, Corée, Annam, Mongolie, etc.) (2357 av. J.-C.- 1904 apr. J.-C.) Par le P. Mathias Tchang, S. J. — Chang-hai. Imprimerie de la Mission catholique Orphelinat de T'ou-sè-wè. — 1905, in-8, pp. LXXXIV-530.

— — N° 25. — Quelques mots sur la Politesse chinoise par le P. Simon Kiong, S. J. (龔古愚) avec Appendices sur les Fourrures et Soieries par le P. F. Courtois, S. J. (柏永年). — Chang-hai. Imprimerie de la Mission catholique Orphelinat de T'ou-sè-wè — 1906, in-8, 4 ff. n. ch. + pp. 119 + 1 enveloppe.

Col. 856.

— Le Protectorat des missionnaires. Lettre de Pékin, août. (*Le Temps*, Supp., 13 nov. 1891.)

— Les cinquante-deux Serviteurs de Dieu français, annamites, chinois Mis à mort pour la foi en Extrême-Orient de 1815 à 1856 dont la cause de béatification a été introduite en 1840, 1843, 1857 — Biographies par Adrien Launay de la Société des Missions-étrangères. Lyon, Emmanuel Vitte, 1895, gr. in-8, pp. 488.

— * Les trente cinq vénérables Serviteurs de Dieu, Français, Annamites, Chinois, mis à mort pour la Foi en Extrême-Orient de 1815 à 1862, dont la cause de Béatification a été introduite en 1879 et en 1889. Biographies avec une étude sur les législations persécutrices en Annam et en Chine. Orné de 5 gravures. Par M. Adrien Launay, de la Société des Missions Etrangères. P. Lethielleux, Editeur, 10 Rue Cassette, Paris [6e], gr. in-8, pp. 16.

Notice : *Miss. Catholiques*, XXXIX, 1er Mars 1907, pp. 107/8.

Col. 867.

— La France au Dehors. — Les Missions Catholiques Françaises... Père J.-B. Piolet.

— Les Missions Catholiques françaises. Par Henri Chérot. (*Etudes*..., Tome 89, 5 Décembre 1901, pp. 701/704.)

A propos de l'ouvrage du P. Piolet.

— Science et Religion Etudes pour le temps présent — La Religion catholique en Chine, par J.-B. Piolet et Ch. Vadot. Paris, Bloud, s. d. [1905], in-16, pp. 63.

— Leben, Wirken und Leiden der siebenundsiebzig seligen Martyrer von Anam und China. Bearbeitet von P. Hilarius Walter O. S. B. aus der Beuroner Kongregation. Mit Approbation des hochw. Herrn Erzbischofs von Freiburg und mit Erlaubnis der Ordensobern. — Freiburg im Breisgau, 1903, Herder, in-8, pp. XI-322.

— * Roman Catholic Mission Work in China. By Clement F. R. Allen. (*The East and the West*, June 1905.)

— Massacre de Missionnaires en Chine. (*Miss. Cath.*, XXXVIII, 1906, 6 avril, pp. 157/8; 13 avril, p. 169.) [Nan-tchang.]

— Massacre de Missionnaires en Chine. Lettre de M. Villette, procureur général des Lazaristes, Paris, 13 avril 1906. (*Ibid.*, 20 avril, p. 184.)

Détails sur l'affaire de Nan-tchang.

— Un procès sensationnel en Chine. Note du R. P. Desmarquet, procureur des missions des Pères Jésuites en Chine. (*Ibid.*, XXXIX, 7 juin 1907, pp. 266/7.)

A propos du supplément du *Courrier de Tien-tsin*, du 14 avril dernier.

— Les Missionnaires catholiques en Orient et en Extrême-Orient. — Souvenirs personnels. Par Gervais-Courtellemont. (*Le Correspondant*, 10 oct. 1907, pp. 132/156.)

2° *QUESTION DES RITES.*

— Dimostrazione ‖ della ‖ Giustizia de' Gesuiti ‖ Nella Causa Cinese, ‖ consistente ‖ in cento ragioni ‖ Trà generali, e particolari, apposte ‖ partitamente à tredeci Punti, ‖ In cui tutta se ne divide ‖ la materia ‖ In Colonia M.DCCI ‖ Con Licenza de' Superiori. In-8, pp. 118 + 1 f. n. ch. Indice.

Col. 895-6. — Bib. nat. $\frac{O^2n}{661}$.

— Manifesto pubblicato a' Cavalieri, ‖ ed agli Uomini d' Onore per isca- ‖ rico dell' Imputazione di Reli- ‖ gion contaminata, aggra- ‖ vante la Chiesa, e Cri- ‖ stianità di Scio. S. l. n. d., in-4, pp. 12.

En réponse à la *Difeza del Giudizio*, 1709. Bib. nat. $\frac{O^2n}{432}$ — Col. 905.

— Apologia ‖ Delle Risposte date dal Procuratore dell' ‖ Eminentissimo Signor Cardinale di ‖ Tournon alli cinque Memoriali ‖ del P. Provana ‖ contro ‖ Le Osservazioni fatte sopra di esse da un ‖ Autore Anonimo. ‖ 1710. In-4, pp. 230.

Bib. nat. $\frac{O^2n}{429}$. — Col. 906.

— Osservazioni ‖ Sopra la Risposta fatta dal Procuratore del Sig. Car- ‖ dinal di Turnon à cinque Memoriali del P. Pro- ‖ uana Procuratore de' Missionarj della Cina della ‖ Compagnia di Giesù. S. l. n. d., in-4, pp. 32.

Voir col. 906. — Bib. nat. $\frac{O^2n}{432}$.

Col. 908.

— Lettera d' informazione in cui si spiegano i sentimenti de' PP. Gesuiti sopra le controversie della Cina. MDCCX, s. l., pet. in-8, pp. 30.

L'ex. du R. P. J. Brucker porte écrit à la main : « Del Sig° Avvocato De Grandij ». Est-ce l'auteur. En faveur des Jésuites.

— Riflessioni ‖ Sopra la Causa della Cina, doppo ‖ venuto in Europa il Decreto ‖ dell' Eminentissimo di ‖ Tournon. S. l. n. d., in-4, pp. 38.

Bib. nat. $\frac{O^2n}{429}$.

— Considerazioni ‖ Sù la Scrittura intitolata ‖ Riflessioni ‖ Sopra la Causa della Cina doppo ‖ venuto in Europa il Decreto ‖ dell' Em̃o di Tournon. ‖ 1709. S. l., in-4, pp. 127.

Bib. nat. $\frac{O^2n}{429}$.

— Censura ‖ d' vn libello intitolato ‖ Considerazioni ‖ Sù la Scrittura delle Riflessioni ‖ nella Causa della Cina. ‖ Esposta in vna Lettera all' Autore ‖ delle medesime Considerazioni. S. l. n. d., in-4, pp. 88-28 [App.].

Voir col. 908. — Bib. nat. $\frac{O^2n}{432}$.

Col. 914.

— * Oracion funebre que predico Diego de Gorospe y Rola, obispo de la Nueva Segovia, en las exequias del Señor C. Th. Maillard de Tournon, visitador general en la India Oriental, imperio de la China y sus adjacentes, que hizo a su costa el general D. Thomas de Endaya, maestro de campo de las islas Filipinas. Con 1 lámina, grab. en cobre. Manila, 1711, in-4, 14 ff.

Karl W. Hiersemann, Leipzig, Katalog 346, 1907, No. 1152, Mark 980.

— La librairie Karl W. Hiersemann, de Leipzig, a mis en vente au prix de M. 18.000 dans son Catalogue *America*, No. 327, en 1906 une collection de lettres et de documents originaux, etc. relatifs à la Mission du Cardinal de Tournon en Chine provenant de son secrétaire Angelita. La description de cette collection occupe les pages 199-234 du Catalogue dans lequel les pièces sont réparties après une introduction (*Allgemeines*) sous les titres suivants :

I. Aus der chinesischen Mission vor Tournons Reise. — II. Personalia Tournons. Gesamtdarstellungen seiner Expedition. — III. Tournons Reise von Cadiz nach Peking. — IV. Tournons Aufenthalt in Peking 1705/6. — Rückreise von Peking nach Macao 1706/7. — V. Aufenthalt Tournons in Macao von Juni 1707 bis zu seinem Tode, 8. Juni 1710, sowie alles auf seinen Tod bezügliche. — VI. Briefe von und an Tournon allgemeinen Inhaltes. — VII. Ereignisse in China und Stand der Ritenfrage nach Tournons Tode. — VIII. Angelita. Jugend, Reise mit Tournon, Aufenthalt in Macao, Rückreise über Manila, Mexico nach Rom, Bewerbungen um eine Lebensstellung (bis 1736). — IX. Briefe fremder Personen über persönliche Angelegenheiten.

D'autres pièces provenant également d'Angelita sont mises en vente dans le Cat. 348 de la même librairie. (1908.)

3° *LETTRES ÉDIFIANTES.*

— Ma Joseph. Clermont-Ferrand, a la librairie catholique, 1845, pet. in-16, pp. 128.

Clermont-Ferrand, Imprimerie de Perol. — Tiré des *Lettres Édifiantes*.

Sur le faux-titre : *La Petite Bibliothèque d'Or*.

Voir col. 936

Col. 980.

— Missions du Levant, d'Asie et de la Chine. Lettres, récits et fragments divers, extraits des *Annales de la Propagation de la Foi* et précédés d'une introduction Par Maxime de Mont-Rond. Lille, L. Lefort, 1846, in-12, pp. xxxvi-278.

La 1re p. est chiffrée 30.

— — 2e édition, Ibid., 1853, in-12.

— — 3e édition, Ibid., 1861, in-12.

4° *VIES DES MISSIONNAIRES CATHOLIQUES.*

Col. 1028.

— Au lieu de 棚 (*p'êng*), lire 栅 (*tchâ*).

Col. 1035.

— Au lieu de *Tch'eng*, lire *Tcheng*.

— Au lieu de 福, lire 福.

Col. 1038.

— Le «Wei-pao» Journal de Zi-ka-wei — Note du F. Van Hée. (*Relations de Chine*, Kiang-Nan, Janvier 1906, pp. 31/36.)

Col. 1039.

— Deutsche Jesuitenmissionäre des 17. und 18. Jahrhunderts. Ein Beitrag zur Missionsgeschichte und zur deutschen Biographie. Von Anton Huonder S. J. — Freiburg im Breisgau, Herder, 1899, in-8, pp. iv-230.

Aucler.

— Lettre du P. Jean Aucler à un jeune cousin. — Ning-kouo-fou, Juin 1905. (*Relations de Chine*, Kiang-Nan, Janvier 1906, pp. 13/20.)

— Une vocation de missionnaire — Le P. Jean Aucler (1868-1905). (*Ibid.*, pp. 58/64.)

Portrait du P. Aucler.

Beauchef, *Paul*, né 12 avril 1835 ; arrivé dans la mission, 10 déc. 1863 ; † à Yang-king-pang, 30 mai 1907.

— Nécrologie — Le frère Paul Beauchef. Lettre du R. P. Rodet. 30 Mai 1907. (*Rel. de Chine*, Kiang-Nan, Oct. 1907, pp. 247/8.)

Brancati.

— Тянь Шинь Ко, то есть Ангельская Бесѣда. — Перевелъ съ Китайскаго на Россїйской языкъ Коллегїи Иностранныхъ дѣлъ Надворной Совѣтникъ Алексѣй Леонтїевъ. — С.-Пет., Акад. Наукъ, 1781, in-8, pp. 117.

Buglio.

— Art. du P. J. Brucker, dans le *Dict. de Théologie catholique*, dirigé par l'abbé Mangenot.

Calmes, *Joachim*.

— Voir C. W. Stuhlmann, col. 3062

Cibot.

— Art. du P. J. Brucker, dans le *Dict. de Théologie Catholique*, dirigé par l'abbé Mangenot.

(Vies des Missionnaires : Aucler—Cibot.)

Colombel.

— Le P. Augustin Colombel. Nécrologie. (*Relations de Chine*, Kiang-Nan, Avril 1906, pp. 127/8.)

Portrait du P. Colombel.

Desroberts.

— En Chine — Le R. P. Louis-Joseph des Robert Missionnaire de la Compagnie de Jésus en Chine (1702-1760) par L'Abbé Louis Carrez — Nancy, A. Crépin-Leblond, 1903, in-8, pp. 114 + 1 f. n. ch.

Né à Montmédy, 12 juin 1703 ; † 21 avril 1760.

Gaubil.

— Lettre du P. Gaubil à Anquetil Du Perron, à Surate. De Pekin, le 2 sept. 1758. (*Zend-Avesta* I, 1re Partie, Paris, 1771, pp. cccxxxv-vi.)

« Anquetil Duperron a inséré un Extrait d'un Ecrit du P. Gaubil sur les Sources du Gange et les pays voisins dans ses *Recherches historiques et géographiques sur l'Inde*. Berlin, Pierre Bordeaux, 1787. » (Sommervogel.)

Gerbillon.

— Cinq lettres inédites du P. Gerbillon, S. J., Missionnaire français à Pe-King (xviie et xviiie siècles) publiées par M. Henri Cordier. (*T'oung Pao*, Octobre 1906, pp. 437/468.)

Tirage à part : E. J. Brill. Leide — 1906, in-8, pp. 34, sur papier de Hollande Van Gelder.

Keller, *André*, né 31 Mai 1822 ; arrivé dans la mission, 11 Janvier 1852 ; † à Nancy, 10 Mars 1905.

— Nécrologie. (*Chine, Ceylan, Madagascar*, Juin 1905, p. 295.)

Leboucq, *Prosper*.

— Un ancien missionnaire — M. Leboucq (1828-1905). Par J. D. (*Chine, Ceylan, Madagascar*, Juin 1905, pp. 296/306, Portrait.)

Léveillé, *Victor*, entré dans la Cie. de Jésus en 1852 ; arrivé à Chang-hai, 9 octobre 1856 ; † 29 nov. 1906.

— Le P. Victor Léveillé. — Nécrologie. (*Rel. de Chine*, Kiang-Nan, Avril 1907, pp. 122/3.)

Ricci.

— * Dott. Ettore Ricci. — Per un Centenario. xxv Gennajo mdci-mdcccci. L'Italia nella conoscenza geografica della Cina sopratutto al principio del seicento. — Macerata, Mancina, 1901-04, in-8, pp. 262, avec 2 port. de Ricci en noir et en bistre.

— Noted Men who have helped China. — IV. — Matteo Ricci. By Gilbert Reid. (*N. C. Herald*, May 4, 1906.)

Sayette, *Henri de la*, né 30 avril 1856 ; arrivé dans la mission, 23 nov. 1891 ; † 2 mai 1905, à Mou-yeu-dang.

— Le R. P. Henri de la Sayette. Nécrologie. (*Relations de la Chine*, Kiang-Nan, Oct. 1905, pp. 651/4.)

Portrait du P. de la Sayette.

Seneschal, *Alfred*, Supérieur de la Résidence et du Séminaire de Tchang-kia-tchouang (Hien-hien) ; mort le 4 Déc. 1906.

— Lettre du P. Becker du 8 Décembre. (*Chine, Ceylan, Madagascar*, Mars 1907, p. 439.)

A propos du P. Seneschal.

(Vies des Missionnaires : Desroberts—Seneschal.)

Verbiest.

— A. Lorenzen. — Die chinesische Weltkarte Ferdinand Verbiests von 1674. (*Globus*, Bd. 87, 1905, pp. 157/9.)

Voir col. 1099.

Xavier, *Saint François-de-Xavier.*

— Suivant M. Cl. Madrolle, *Premiers Voyages français à la Chine*, p. 75, note, il y aurait une copie ms. de la *Relatio sepulturae* aux Archives nationales, Paris.

CONGRÉGATION DES MISSIONS ÉTRANGÈRES.

— Documents historiques relatifs à la Société des Missions-étrangères annotés Par Adrien Launay de la même Société — Tome Premier. S. l. n. d., in-8, pp. 585.

A la dernière page : Vannes. — Imp. Lafolye Frères.
Ne se trouve pas en librairie.

Biet.

— Une Famille de Missionnaires — Monseigneur Biet et ses trois Frères Par l'Abbé F. Mazelin Curé de Dançevoir Ancien Professeur d'Histoire au Collège de St.-Dizier. Chaumont, Imprimerie Andriot-Moissonnier, 1905, in-8, pp. x-480, ill. et carte.

Chapdelaine, *Auguste.*

Voir F. FRANÇOIS, 1906, col. 2174.

Cotolendi.

— * Ignace Cotolendi, d'Aix en Provence, évêque missionnaire en Chine (1630-1662) par M. l'abbé Davin, du diocèse d'Aix. — Aix (Bouches-du-Rhône), librairie Macoire. Broch. in-8, pp. 48.

Notice : *Miss. Cath.*, XXXIX, 3 Mai 1907, p. 216.

Fenouil, Miss. Etr. Paris, 7 Août 1844 ; ordonné prêtre, 29 Mai 1847 ; parti pour Yun-nan, 1848 ; mort à Yun-nan sen, 10 Janvier 1907.

Ann. Prop. Foi, XXXIV, 1862, pp. 319/333.

— Mgr. Jean-Joseph Fenouil, évêque titulaire de Ténédos, Vicaire apostolique du Yun-nan (Chine). Nécrologie. (*Miss. Cath.*, XXXIX, 8 Mars 1907, p. 120.)

— Mgr. Fenouil 古分類 Nécrologie par Henri Cordier. (*T'oung Pao*, Mars 1907, p. 128.)

Gervaix, *Régis*, né au Puy en 1873 ; parti le 16 nov. 1898.

— Ça et là. Par M. Régis Gervaix, missionnaire au Kouang-tong. (*Miss. Cath.*, XXXVII, 1905, 21 Avril, pp. 190/192 ; 28 Avril, pp. 197/199 ; 5 Mai, pp. . . . ; 12 Mai, pp. 222/225 ; 19 Mai, pp. 234/236 ; 26 Mai, pp. 246/248 ; 2 Juin, pp. 261/263 ; 9 Juin, pp. 274/275 ; 16 Juin, pp. 281/284 ; 23 Juin, pp. 292/294 ; 30 Juin, pp. 306/8.)

Ly, *André*, né en 1692 ou 1693, à Tching-kou, préf. de Hantchong, Chen-si ; † 23 janvier 1774.

— Journal d'André Ly, Prêtre chinois, Missionnaire et Notaire apostolique (1746-1763). Texte latin Introduction par Adrien Launay de la Société des Missions-Étrangères. Paris, Alphonse Picard et fils, 1906, gr. in-8, pp. xxiv-705.

Vannes. — Imp. Lafolye Frères. — Publié d'après un Ms. conservé au Séminaire des Missions étrangères.

Notice : *Miss. Cath.*, XXXVIII, 14 Décembre 1906, p. 600.

Pallu, *François*, né à Tours en 1625 ; chanoine de St. Martin de Tours ; sacré évêque d'Héliopolis à St. Pierre de Rome, 13 mars 1659 ; vicaire ap., 9 sept. 1659, pour le Tong-king ; † 24 oct. 1684, à Mogan (Fou-kien).

— Société des Missions-étrangères — Lettres de Monseigneur Pallu Vicaire apostolique du Tonkin Chargé de l'administration spirituelle du Laos et des provinces de Chine : Yun-nan, Kouy-tcheou, Hou-kouang, Sutchuen, Kouang-si De 1658 à 1680 Vicaire apostolique du Fo-kien Administrateur général des missions de Chine De 1680 à 1684 Principal fondateur de la Société des Missions-Étrangères annotées par Adrien Launay de la même Société, s. l. n. d., 2 vol. in-8, pp. III-430, 430.

[1906.] — Angoulême. — Imprimerie L. Coquemard et Cie. Au verso du titre : « Les lettres de Monseigneur Pallu sont réservées aux membres de la Société des Missions-Étrangères ; elles ne se trouvent pas en librairie. » — La préface du Vol. I est datée du 17 novembre 1904.

Perny, *Paul*, † à Garches (S. et O.), le 2 Mars 1907.

— Paul Perny 童 *Tong*. Nécrologie par Henri Cordier. (*T'oung Pao*, Mars 1907, pp. 125/7.)

CONGRÉGATION DE LA MISSION (LAZARISTES).

Bray, *Géraud*, vic. ap. Kiang-si sept.

— Nécrologie. (*Miss. Cath.*, XXXVII, 6 Octobre 1905, p. 479.)

Bruguière, *Jules*, † oct. 1906, à Tcheng-ting.

— Mgr. Jules Bruguière, lazariste, vicaire apostolique du Tché-ly Sud-Ouest (Chine). Nécrologie. (*Miss. Cath.*, XXXVIII, 30 Novembre 1906, pp. 575/6.)

Favier, 樊國樑 *Fan Kouo-leang*, nom populaire de Favier ; le nom chinois que j'ai donné col. 1160 est celui de son passeport.

— Mgr. Favier. Par Alexandre Guasco. (*Miss. Cath.*, XXXVII, 14 Avril 1905, pp. 179/180.)

Nécrologie.

— Mgr. Favier *Fan Kouo-toung*. Nécrologie par H. C.[ordier.] (*T'oung Pao*, Mai 1905, p. 237.)

Geurts.

— Une tournée pastorale (Tché-ly Oriental). Lettre. (*Miss. Cath.*, XXXVII, 28 Juillet 1905, pp. 349/352.)

Jaurias, Sœur *Hélène de.*

— « L'héroïne du Pé-tang ». Par Albert de Salinis. (*Etudes*, 5 Mai 1905, pp. 305/329.)

D'après l'abbé Mazeau, col. 1163.

Mullener.

— Voir sa biographie par Paul Sou et André Ly dans le *Journal d'André Ly*, pp. 426 seq. — Voir col. 3129.

Perboyre.

— * G. de Montgesty. — Témoin du Christ. Le bienheureux Jean-Gabriel Perboyre, (1802-1840). — Paris, Lethielleux, 1905, in-16, pp. xvi-250, 2 fr. 50.

Notice : *Etudes*, 20 janvier 1906, par Henri Chérot. — Montgesty, pseud. d'un lazariste.

Franciscains.

— * Missiones Ordinis Fratrum Minorum in Sinis. — Romae, 1905.

Delbrouck.

— * Les derniers jours d'un Martyr (R. P. Victorin Delbrouck). — Brochure in-8, illustrée de 130 gravures. — Malines, imprimerie Saint-François. Prix : 2 francs.

Giraldi, *Giuseppe*, né à Larciano di Lamporecchio, 4 juin 1848; † 5 mai 1901, à Panko-tchen, Chen-si sept.

— *Bul. Soc. Botan. Ital.*, 1901, p. 11, 311.

Potron, Mgr.

— Col. 1199. — Mort à Fribourg (Suisse), 1905.

Rizzi, Mgr. *Odoric*, né 28 avril 1858 dans un village du diocèse d'Udine; parti 1889 pour le Chensi sept. — A la mort de Mgr. Pagnucci, provic. ap., puis évêque d'Adran; sacré 5 oct. 1902. — † 22 mars 1905.

— Nécrologie. (*Miss. Cath.*, XXXVII, 30 Juin 1905, p. 312.)

Wittner, *Adéodat*, né en Alsace en 1870; sacré évêque à Rome par le cardinal Gotti, le 7 Juillet 1907; nommé coadjuteur du vicaire apostolique du Chan-toung oriental, Mgr. Césaire Schang.

— *Miss. Cath.*, XXXIX, 23 Août 1907, p. 398.

Dominicains.

Denieba, *Domingo.*

— * Memorial de la vida Christiana, en lengua China, compuesto por el Padre Fr. Domingo Denieba, Prior del convento de S. Domingo. Con licencia en Binondoc en casa de Cra sangley, impressor de libros. Anno de 1606. In-12, 3 ff. lat. pour la préf. et l'app. et 131 ff. texte chinois.

Endlicher, CV.

Sanz.

— Cinq Martyrs Dominicains en Chine au XVIIIe siècle. C. Paillart, Imprimeur Editeur, Abbeville, s. d., in-16, pp. 64.

Tiré de la *Couronne de Marie*, revue mensuelle du Rosaire, Lyon. — Le premier chap. *La Persécution en Chine* (1746) est de l'abbé Huc.

Martyre des PP. Sanz, Serrano, Royo, Alcober et F. Diaz.

Prêtres de Steyl.

(Regulares e Soc. Verbi Divini.)

Anzer.

— Bischof Anzer. Von Hermann Pflughöft. (*Asien*, 1903, No. 3, pp. 36/8.)

II. MISSIONS PROTESTANTES.

1° *OUVRAGES DIVERS.*

— Unter dem Banner des Drachen und im Zeichen des Kreuzes. Von C. J. Voskamp, Missionar der Berliner Missionsgesellschaft in China. Berlin, Buchhandlung der Berliner evangelischen Missionsgesellschaft, s. d., in-8, pp. 176.

— Chinese Christianity. By the Right Rev. F. R. Graves, D. D. (*Chinese Recorder*, XXXVII, June 1906, pp. 295/304.)

A paper read by Bishop Graves before the Shanghai Missionary Association at its meeting April 3rd, 1906.

— Address of the Rev. Arthur Judson Brown, D. D. at the Banquet of the Chinese Imperial High Commissioners. (*Ibid.*, August 1906, pp. 434/442.)

— * Methodism in Central China, by Rev. G. A. Clayton. — C. H. Kelly, 1/-.

Notice : *Lond. & China Express*, Oct. 12, 1906.

— The Chinese Empire... by Marshall Broomhall. — Voir col. 3032.

— The China Centenary Missionary Conference. By Rev. G. H. Bondfield. (*Chin. Rec.*, XXXVI, August 1905, pp. 398/400.)

— A Centennial History of Protestant Missions in China. By Rev. A. H. Smith, D. D. (*Ibid.*, pp. 401/2.)

— The China Centenary Missionary Conference. April 25th-May 6th, 1907. (*Ibid.*, June 1906, pp. 316/322.)

Programme.

— A Centennial of Protestant Missions in China. By Rev. A. H. Smith, D. D. (*Ibid.*, XXXVIII, August 1907, pp. 409/423; Sept. 1907, pp. 475/489.)

— * A Century of Missions in China (1807-1907), being the Centenary Conference Volume, edited by D. MacGillivray, Christian Literature for China. Printed at the American Presbyterian Mission Press, Shanghai, China, pp. 677 with two Appendices of pp. 40 and 52.

Notice : *Chin. Rec.*, Aug. 1907, pp. 450/2, par A. P. Parker.

— * Life in West China. Described by two Residents in the Province of Sz-Chwan. By R. J. Davidson and I. Mason. Headley Bros., pp. 248.

An historical Sketch of Friends' Mission in China. — Voir col. 3067.

— * The Conquest of the Cross in China, by Jacob Speicher, American Baptist Mission, Kityang So. China. Introduction by Rev. W. Ashmore, D. D. Revell Co., 1907, pp. 369.

Notice : *Chin. Rec.*, Sept. 1907, pp. 508/9. By A. H. S.

— A Mission in China by W. E. Soothill... Edinburgh and London, Oliphant, Anderson & Ferrier, 1907, pet. in-8, pp. XII-293.

Hou Nan.

Voir col. 1262.

— * Pioneer Work in Hunan, by Adam Dorward and other Missionaries of the China Inland Mission, with Portraits, Illustrations and Map. By Marshall Broomhall. London : Morgan and Scott and China Inland Mission. 1906. 2/- nett.

Notice : *Chinese Recorder*, XXXVII, June 1906, p. 30. Par G. H. B.

2° *THE «TERM» QUESTION.*

— The Greek New Testament Words *Kreas* and *Sarx* with *Sarkikos* and *Sarkinos* as translated into Chinese. — Printed by A. A. Marcal, Amoy, 1885, in-8, pp. 20.

La note préliminaire est signée : W. C. = William Campbell, de Tai-wan fou.

Voir col. 1291.

— The Bible in China. By Rev. J. A. Silsby. (*Chin. Rec.*, XXXVI, 1905, June, pp. 279/282.)

— The Term Question. — A Plea for Union on the Bible Terminology. By S. (*Ibid.*, Nov., pp. 556/8.)

— The Hebrew Bible in China. By J. Edkins, D. D. (*The Far East*, Vol. I, 1906, pp. 84/7.)

— « The Term Question. » By C. (*Chin Rec.*, XXXVII, Feb. 1906, pp. 89/92.)

— Notes on the Revision of the Mandarin New Testament. By Rev. F. W. Baller. (*Ibid.*, 1907, Jan., pp. 22/31.)

— — [Conclusion.] (*Ibid.*, Feb., pp. 91/101.)

— The Two Tentative Wen-li Versions Compared. By Rev. R. H. Graves, M. D., D. D. (*Ibid.*, March, pp. 145/7.)

4° *VIES DES MISSIONNAIRES.*

— Le Cat. de l'Exposition de Philadelphie, 1876, donne le Cat. des Mission. Protestants. — Voir col. 2196.

Allen, *Young John*, 林 *Lin*, né en 1836 dans l'Etat de Géorgie ; arrivé à Chang-hai, 13 Juillet 1860 ; † 30 Mai 1907, à Chang-hai, à 71 ans.

— Portrait. (*Chin. Rec.*, July 1907.)

— In Memoriam. Rev. Young J. Allen, D. D., LL. D. By Rev. Gilbert Reid, D. D. (*Ibid.*, pp. 376/9.)

— U. S. Court for China. — In the matter of the Probate of the Will of Young John Allen. Judgement. (*N. C. Herald*, Aug. 23, 1907.)

Beebe, Mrs. *Robert Case*, née dans l'Ohio ; arrivée en Chine en 1884 ; † 8 juillet 1906, à Meadville, Pennsylvania.

— In Memoriam. Mrs. Robert Case Beebe. By G. A. S. (*Chin. Rec.*, Nov. 1906, pp. 617/8.)

Davis, Mrs. *Alice S.*, arrivée en Chine, fév. 1878 ; mariée au Rev. John W. Davis, Sou-tcheou, 4 déc. 1878 ; † 10 mars 1906, âgée de 50 ans.

— In Memoriam. — Mrs. Alice S. Davis. By Rev. Hampden C. Dubose, D. D. (*Chin. Rec.*, XXXVII, Oct. 1906, pp. 557/8.)

Duncan, *Moir B.*, Principal of the Shan-si Imperial University ; † 5 Aug. 1906 de la tuberculose, à T'ai youen.

— In Memoriam. Rev. M. B. Duncan, M. A., LL. D. (Glasgow). By Rev. E. Morgan. (*Chin. Rec.*, XXXVII, Oct. 1906, pp. 558/561.)

Edkins, *Joseph*, né à Nailsworth, près Stroud, Gloucestershire, 19 déc. 1823 ; † Dimanche de Pâques, 23 avril 1905, à Changhai.

— In Memoriam. Rev. Joseph Edkins, D. D. By Rev. E. Box. (*Chin. Rec.*, XXXVI, June 1905, pp. 282/289.)

— Joseph Edkins 艾約瑟 *Ngai Yo-sö*. Nécrologie par H. C.[ordier.] (*T'oung Pao*, Série II, Vol. VI, Juillet 1905, pp. 359/366.)

— In Memoriam. Rev. Joseph Edkins, D. D. (*Journ. C. B. R. A. Soc.*, XXXVI, 1905, pp. 157/159.)

— Rev. Joseph Edkins, D. D. By S. W. Bushell. (*Journ. Roy. As. Society*, Jan. 1906, pp. 269/271.)

Gamewell, *Mary Porter*, née à Alleghany City, Pa., 20 oct. 1848 ; † 27 nov. 1906.

— Mary Porter Gamewell — An Appreciation. By Rev. A. H. Tuttle, Summit, New Jersey. (*Chin. Rec.*, XXXVIII, June 1907, pp. 322/5.)

Gilfillan, *Thomas*, London Miss. Soc. ; arrivé à Hong-kong, 22 juillet 1848 ; quitte Amoy pour l'Angleterre en 1851 ; pasteur à Aberdeen ; prit sa retraite en 1883 comme pasteur de West Croydon Church ; † à West Hampstead, janv. 1907.

Graves, *Rosewell Hobart.*

— Fifty Years Service in South China. By Rev. R. H. Graves M. D., D. D. (*Chin. Rec.*, Feb. 1907, pp. 81/91.)

Guinness, *Geraldine* (Mrs. *Howard* Taylor).

— Un lettré chinois Culture et conversion d'un Disciple de Confucius Par Mme Howard Taylor (née Géraldine Guinness). Traduction autorisée par l'auteur. — Genève, Victor Pasche — Paris, Fischbacher, s. d., in-8 carré, pp. 209 + 2 ff. n. ch. p. l. tab.

Hill, *David.*

— * David Hill. An Apostle to the Chinese. By the Rev. W. T. A. Barber, D. D. London : Charles H. Kelley, 1/-.

Notice : *Lond. & China Express*, April 20, 1906.

Library of Missionary Biography, edited by the Rev. John Telford, M. A.

— * How David Hill followed Christ. By J. E. Hellier.

— * Life of David Hill. London, Morgan & Scott, 1906.

Ed. nouvelle et revue du précédent.

Hoare, *J. C.*, Evêque de Victoria, Hong-kong ; noyé lors du typhon du 18 sept. 1906.

— Portrait. (*Chin. Rec.*, Jan. 1907.)

John, *Griffith.*

— Jubilee of the Rev. Griffith John, D. D. By Rev. Arthur Bonsey, Hankow. (*Chin. Rec.*, XXXVI, Nov. 1905, pp. 563/66.)

— Three Venerable Missionaries. By Bernard Upward. (*Ibid.*, August 1905, pp. 394/5.)

Dr. W. A. P. Martin, né 10 avril 1827 ; arrivé en Chine, 10 avril 1850. — Dr. Griffith John, né 14 déc. 1831 ; arrivé en Chine, 24 sept. 1855. — Rev. J. Hudson Taylor, né 21 mai 1832 ; arrivé en Chine, 1er mars 1854.

— * Griffith John : The Story of Fifty Years in China. By R. Wardlaw Thompson. With Two Photogravure Portraits and Sixteen other Illustrations. The Religious Tract Society, 1906, in-8, pp. 560.

Notice : *Lond. & China Express*, Sept. 21, 1906.

Jones, *A. G.*, arrivé en Chine 1876.

— In Memoriam. Rev. A. G. Jones. By Rev. J. S. Whitewright, English Baptist Mission. (*Chin. Rec.*, XXXVI, Sept. 1905, pp. 449,453.)

— A Missionary Grave. In Memory of the late Rev. A. G. Jones. By W. P. C. (*Ibid.*, Dec. 1906, pp. 672/73.)

Jones, *John Reece*, né au pays de Galles ; † 25 juin 1907, à Nanking.

— In Memoriam. — Rev. John Reece Jones. By Rev. J. C. Garritt, D. D., Nanking. (*Chin. Rec.*, XXXVIII, August 1907, pp. 431/2.)

Macdonald.

— Un missionnaire anglais tué par les pirates. (*Bull. Com. Asie française*, Juillet 1906, p. 286.)

Mann, *Arthur Sitgreaves*, né à New York City ; noyé à Kuling. — Cf. *Chin. Rec.*, Sept. 1907, pp. 523/5, note par Brownell Gage.

— « In Memoriam. » Arthur Sitgreaves Mann, B. A., B. D. Born August 18th, 1878. Died July 29th, 1907. By F. C. C. (*Ibid.*, pp. 494/6.)

Piton, *Charles*, né le 9 nov. 1835, à Strasbourg ; † 29 août 1905, au Wurtemberg.

— Charles Piton. 1835-1905. Nécrologie. [Tirée de la *Gazette de Lausanne*, 4 Sept. 1905.] (*T'oung Pao*, IIe Série, Vol. VI, Octobre 1905, pp. 508/510.)

Schereschewsky, *Samuel I.*, né en mai 1831, à Tanroggen en Lithuanie ; † à Tsukiji, Japon, 15 oct. 1906.

— Samuel I. Joseph Schereschewsky, D. D. 施 *Chë*. Nécrologie par H. C.[ordier.] (*T'oung Pao*, Déc. 1906, p. 706.)

— In Memoriam : — Bishop Schereschewsky. By the Right Rev. F. R. Graves, D. D. (*Chin. Rec.*, Nov. 1906, pp. 615/617.)

Smith, *Arthur H.*

— Voir col. 3132.

— Port. du Rev. A. H. Smith, D. D. (*Chin. Rec.*, June 1907.)

Taylor, *Hudson.*

— Secrets of Power : A Meditation on the Life of Rev. Hudson Taylor. By Rev. Chauncey Goodrich, D. D. (*Chin. Rec.*, XXXVI, August 1905, pp. 379/386.)

— In Memoriam. Rev. J. Hudson Taylor, M. R. C. S., F. R. G. S. By Rev. Griffith John, D. D. (*Ibid.*, pp. 387/393.)

Whiting, *J. L.*, noyé à Pei tai ho, 25 août 1906.

— To the Memory of the Rev. J. L. Whiting, D. D. By Rev. W. A. P. Martin, D. D., LL. D. (*Chin. Rec.*, XXXVII, Oct. 1906, pp. 556/7.)

Pearl Grotto, near Peking, August 27th, 1906.

Williams, *James Edward*, né à Seaford, Lincolnshire, Angleterre, 1855 ; † 1er juin 1907, à Tchen kiang.

— In Memoriam. James Edward Williams, M. R. C. S., L. R. C. P. By Mr. James Stark. (*Chin. Rec.*, XXXVIII, July 1907, pp. 379/380.)

5° *COLLÉGES, ÉCOLES, SOCIÉTÉS, etc.*

— St. John's College, Shanghai. By Rev. F. L. Hawks Pott, D. D. (*East of Asia*, Vol. 3, No. 1, March 1904, pp. 29/32.)

6° *MISSIONS MÉDICALES.*

Col. 1349.

— * China Medico-Chirurgical Society. Transactions of the China Medico-Chirurgical Society for the year 1845-6. (Organized May 13, 1845.) Hong-kong, 1846, in-8, pp. 80.

— * 醫學報 The Chinese Medical Journal. — A Monthly Journal of Medicine, Surgery, and Hygiene. — Edited by Wan Tün Mó, Dip. Imp. Med. College, Tientsin; Resident Surgeon, Alice Memorial Hospital, Hongkong.

Notice : *China Review*, XXIII, N° 3, pp. 170/172.

— New Hospital at Moukden. The Opening Days. By Rev. James Webster. (*Chin. Rec.*, XXXVIII, May 1907, pp. 290/2.)

Voir col. 1349-1350.

III. MISSION ECCLÉSIASTIQUE RUSSE DE PE-KING.

Col. 1352.

— Архимандритъ Палладій. — Переѣздъ отъ Владивостока до Нагасаки. (*Извѣстія И. Р. Геог. Общ.*, 1872, T. VIII, pp. 1/7.)

— Китайская Библіотека и Ученые Труды Членовъ Императорской Россійской Духовной и Дипломатической Миссіи въ г. Пекинѣ или Бэй-Цзинѣ, (въ Китаѣ), съ приложеніями каталога, чертежей и рисунковъ. Іеромонахъ Кіевопечѐрской Лавры Алексій (Виноградовъ) (съ 1881 г. по 1888 г., бывшій членъ означенной Миссіи). — С.-Пет., 1889, in-8, pp. IV-82-76-33-II.

Les pp. 76-33 renferment le catalogue — planches.

— Каталогъ Китайскихъ Книгъ Библіотеки Императорской Россійской Духовной Миссіи въ г. Пекинѣ... par le Ieromonaque Alexis Vinogradov. — St. Pet., 1889, pp. 76-33 à la fin de l'ouvrage précédent.

Judaïsme.

— Die Juden in China. (*Das Ausland*, XXXI, 1858, pp. 185/6.)

— Ed. Chavannes. — *Revue de Synthèse historique*, Déc. 1900, p. 296.

— The Jewish Monument at Kaifungfu. By W. A. P. Martin, D. D., LL. D. (*Journal N. C. B. R. A. Soc.*, XXXVII, 1906, pp. 1/20.)

Islamisme.

Col. 1364.

— Die Muhammedaner in China. (*Das Ausland*, XXXI, 1858, p. 400.)

— The Derivation of the word Panthay. By Taw Sein ko. (*Indian Antiq.*, XXX, 1901, pp. 39/40.)

— Inscriptions arabes et persanes des mosquées chinoises de K'ai-fong-fou et de Si-ngan-fou publiées et traduites par Cl. Huart. — Extrait du *T'oung-pao*, Série II, Vol. VI, No. 3. — E. J. Brill, Leide, 1905, in-8, pp. 62.

— Les Musulmans chinois. (*Revue du Monde musulman*, Nov. 1906, pp. 118/9.)

— Notes sur les Musulmans Chinois. Par Nigârèndé. (*Ibid.*, Janv. 1907, pp. 388/397.)

— Un Uléma chinois à Constantinople et au Caire. Par Al-Kâtib. (*Ibid.*, pp. 398/400.)

— * Islam and Christianity in India and the Far East. By Rev. E. M. Wherry, M. A., D. D. For thirty years a missionary of the Presbyterian Church in India. Author of « The Comprehensive Commentary on the Quran », « The Muslim Controversy » etc. F. H. Revell Co. 1907, pp. 237.

Notice : *Chin. Rec.*, Sept. 1907, pp. 507/8, by A. H. S.

— Manuel d'Art musulman — I. L'Architecture par H. Saladin... Paris, Alphonse Picard, 1907, in-8, pp. XXIII-594 + 1 f. n. ch. tab.

Chap. VI. — Ecole indoue — Monuments musulmans de Chine et d'Extrême Orient, pages 545 seq.

— E.-H. Parker. — Islam in China. (*Imp. & Asiat. Quart. Rev.*, July 1907.)

— Das arabische Alphabet nach dem *T'ien-fang tse-mu chieh-yi* von A. Forke. (*T'oung Pao*, No. 5, Déc. 1907, pp. 693/703.)

— Zur chinesischen Umschrift des Arabischen von Martin Hartmann. (*Ibid.*, pp. 704/708.)

XII. — SCIENCES ET ARTS.

Sciences morales et philosophiques.

Livres canoniques.

— Col. 1365. — Au lieu de *Keou lang*, lire *Kou leang*.

YI KING.

— Das Pa-kua. (*Das Ausland*, LIV, 1881, pp. 510/512.)
Voir col. 1374.

CHOU KING.

Voir col. 1380.

— The Classics of Confucius Book of History (Shu King) rendered and compiled by W. Gorn Old... London, John Murray, 1906, in-16, pp. 67.

The Wisdom of the East Series Edited by L. Cranmer-Byng [and] Dr. S. A. Kapadia.

— * Extracts from *Shu Ch'ing*. Translated by W. Gorn Old, with Introduction by W. Loftus Hare. 1906, in-16, pp. 36.

— Léopold de Saussure. — L'Astronomie chinoise dans l'Antiquité. (*Rev. gén. des Sciences pures et appliquées*, 28 fév. 1907, pp. 135/144.)

TCH'OUN TS'IEOU

— Col. 1385. — Au lieu de 孜 lire 攷

SE CHOU.

Col. 1398.

— Konfuzius der Heilige Chinas in christlicher Beleuchtung nach chinesischen Quellen und Dr. Faber : « Der Lehrbegriff des Konfuzius » von Missionar J. Flad. — Stuttgart, Chr. Belser, 1904, in-8, pp. 91.

Zeitfragen des christlichen Volkslebens. Band XXIX. Heft 8.

2° Tchoung Young.

Col. 1403.

— The Tchōng-Yông of Confucius. Edited by his grandson, Tchhing-tsé. By Dr. G. G. Zerffi... (Read February 21, 1884.) (*Trans. Royal Historical Society*, N. S., Vol. II, pp. 254/271.)

— * The Universal Order, or Conduct of Life. By Ku Hung-ming. Shanghai, 1906.

Notice : *Lond. & China Express*, March 1st, 1907.

3° Louen Yu.

Col. 1404.

— Voir col. 1713 *Méprises singulières*, critique de Marshman.

— * The Sayings of Confucius, a new Translation of the greater part of the Confucian Analects. By Lionel Giles, M. A. London : John Murray, 1907.

Notice : *London & China Express*, Nov. 29, 1907.

4° Meng Tseu.

— Index of Annotations in a Christian Commentary to Mencius. By Rev. P. Kranz. (*Chin. Rec.*, XXXVI, Dec. 1905, pp. 617/626.)

Ouvrages divers.

Col. 1410.

— Ad audiendam ‖ orationem pvblicam, ‖ de ‖ Confvtio, ‖ antiqvo Sinensivm ‖ philosopho, ‖ in acroaterio philosophico ‖ die xvi. Martii anno mdccxii. ‖ hora antemeridiana X. habendam ‖ invitat ‖ Matthias Nicolavs ‖ Kortholt, ‖ Eloqv. & Poës. Prof. Ord. ‖ Gissae — Hassorvm, ‖ Typis Vidvae B. Ioh. Reinh. Vvlpii, Acad. Typ., Pièce in-4 de 2 ff.

Col. 1412.

— Philosophy and Paganism. By Amicus. (*Indo-Chinese Gleaner*, April 1819, pp. 79/81.)

Col. 1413.

— Geschichtliches über einige Seelenzustände und Leidenschaften. Von dem w. M. Dr. August Pfizmaier. (*Sitzb. k. Akad. d. Wiss., Phil.-hist. Cl.*, 59. Bd., 1868, pp. 247/326.)

Col. 1417.

— Chinese Thought an Exposition of the Main Characteristic Features of the Chinese World — Conception by Dr. Paul Carus Being a Continuation of the Author's Essay « Chinese Philosophy ». Illustrated. Chicago, The Open Court Publishing Co., 1907, in-8, 1 f. n. ch. tab. + pp. 195.

Notices : *Journ. R. A. Soc.*, July 1907, pp. 722/3. By S. W. B.[ushell.] — *Lond. & China Express*, 5 Juillet 1907.

Col. 1418.

— De Chineesche Filosofie toegelicht voor niet-sinologen — I. Kh'oeng foe tsz' (Confucius) door Henri Borel. — Tweede Druk

— Amsterdam, P. N. Van Kampen & Zoon, in-8, pp. 162 + 1 f. n. ch.

— — — II. Lao tsz' door Henri Borel. — Amsterdam,... in-8, 2 ff. n. ch. tit. et tab. + pp. 219.

Voir col. 724.

ME TI.

— L'idée de solidarité en Chine au Ve siècle avant notre ère. Le Philosophe Meh-ti. Par Madame Alexandra David (Myrial). (*Bul. et Mém. Soc. Anth. Paris*, VII (Ve Sér.), 1906, pp. 334/342.)

— Socialisme chinois — Le philosophe Meh-ti et l'idée de Solidarité par Alexandra David — Londres : Luzac, 1907, in-8 carré, pp. 185.

Printed by E. J. Brill, Leyden (Holland). — Notice : *Journ. Roy. As. Soc.*, Jan. 1908, pp. 197/200, par R. K. D.[ouglas.]

TCHOUANG TSEU.

— * Musings of a Chinese Mystic. Selections from the Philosophy of Chuang Tzu. With an Introduction by Lionel Giles, M. A. London, John Murray, 1906, in-16, pp. 112.

Notice : *Lond. & China Express*, Oct. 12, 1906.

Wisdom of the East.

TCHOU HI.

— Chinese Metaphysics. (*Indo-Chinese Gleaner*, IX, July 1819, pp. 144/153.)

— Noted Men who have helped China. — III. Chu Fu-tsze. (*N. C. Herald*, April 20, 1906.)

By Dr. Gilbert Reid.

— A Famous Penman : Chu Foo Tsz. By James Ware. (*East of Asia*, Vol. 5, No. 3, Sept. 1906, p. 268.)

YANG TCHOU.

— The Two Yangs. By A. Forke. (*Journal N. C. B. R. A. Soc.*, XXXVII, 1906, pp. 200/1.)

楊朱 et 陽子居.

PHILOSOPHES DIVERS.

Col. 1426.

— Textes philosophiques — 河間府 Imprimerie de la Mission catholique 1906, in-16, pp. 193.

Collection des Rudiments du P. Wieger. — S'étend des temps anciens jusqu'à la dynastie des Soung ; une seconde partie, depuis les Soung jusqu'à nos jours, sera éditée si elle est désirée.

Voir col. 1697-1698.

Notice : *T'oung Pao*, Oct. 1906, pp. 533/4, par Ed. Chavannes.

MORALE.

Col. 1428.

— Chinesische Gedanken nach der von Herrn Alexjei Leont'ew Secretair bey dem russisch kaiserlichen Collegio der auswärtigen Geschäfte aus der manshurischen Sprache verfertigten russischen Uebersetzung ins Deutsche übersetzt — Weimar, bey Karl Ludolf Hoffmann. 1776. In-12, 5 ff. n. ch. p. l. tit., int. etc. + pp. 282 + 2 ff. n. ch.

— A Hundred Negative Precepts. By Lucius. (*Indo-Chinese Gleaner*, XII, April 1820, pp. 309/311.)

Extrait du 家寶.

Col. 1429-30.

— La Morale e l' arte nella letteratura cinese. — Antelmo Severini. (*Nuova Antologia*, II, luglio 1866, p. 549.)

— Études économiques et sociales Publiées avec le concours du Collége libre des Sciences sociales — I — La Morale chinoise Fondement des Sociétés d'Extrême-Orient par F. Farjenel... — Paris, V. Giard & E. Brière, 1906, in-8, pp. 258 + 1 f. n. ch.

Notice : *Revue Critique*, 12 novembre 1906, p. 378. Par Maurice Courant.

— L. Nocentini. — Specchio prezioso del Cuor puro Massime tradotte dal Cinese. (*Rivista degli Studi Orientali*, I, f. 1, Roma, 1907, pp. 81/116...)

Cf. 1429, *Ming sin pao kien.*

EDUCATION.

— Ein Memorandum über die Erziehung in China. *Journal of the Asiatic Society of Bengal.* (*Das Ausland*, XXXV, 1862, pp. 997/8.)

Nach Mittheilungen des kaiserlichen Excommissärs Yeh.

Col. 1432.

— The School System of China. By Arthur H. Smith. (*East of Asia*, Vol. 3, No. 1, March 1904, pp. 1/10 ; Special Number, June 1904, pp. 96/105.)

— Educational Benefactions of Wealthy Chinese. By John C. Ferguson, B. A., Ph. D. (*Ibid.*, Special Number, June 1904, pp. 24/29.)

— Western Education in South China. By O. F. Wisner. (*Ibid.*, pp. 73/89.)

— The Chinese Educational Exhibit at St. Louis. C. M. Lacey Sites, Ph. D. (*Ibid.*, Vol. 4, No. 1, March 1905, pp. 90/97.)

— One Phase of the New Education in China. By D. Willard Lyon, B. A. (*Ibid.*, Pt. 4, Dec. 1905, pp. 318/324.)

— Education and Reform in China. By R. W. Swallow, Government University, T'ai-yuen-fu, Shansi, China. (*Imp. & Asiat. Quart. Rev.*, July 1905, pp. 138/147.)

— The Pedagogical Literature of the Chinese. By J. Genähr. (*The Far East*, Vol. I, 1906, pp. 243/255, 281/290.)

— [Chinese School Books.]

Notice : *Journ. N. C. B. R. A. Soc.*, XXXVII, 1906, pp. 208/214. By John Darroch.

— L'éducation nouvelle en Chine. Par Noël Perri. (*Revue de Paris*, 1er juin 1907, pp. 473/494...)

— The Modern Schools of China. By Rev. H. S. Redfern, Principal of the English Methodist College at Ningpo. (*Chin. Rec.*, XXXVIII, 1907, Sept., pp. 496/501 ; Oct., pp. 544/550.)

Col. 1433.

— Albert Maybon. — La Réforme scolaire en Chine. (*La Revue*, 15 nov. 1907, pp. 228/242.)

— Programmes et examens. Par Albert Perrot, S. J. [Zi-ka-wei, Avril 1907.] (*Chine, Ceylan, Madagascar*, Déc. 1907, pp. 23/27 ; [Zi-ka-wei, 2 Mars 1907], p. 33.)

— Programmes et examens. Par Henri Viot, S. J. [Tai-ming-fou, Avril 1907.] (*Ibid.*, pp. 27/32.)

— Programmes et examens. Par Paul Jung, S. J. [Kai-tchoou, 14 Février 1907.] (*Ibid.*, pp. 32/33.)

— Programmes et examens. Par Albert Wetterwald, S. J. [Hsien-hsien, 12 Mars 1907.] (*Ibid.*, pp. 35/38.)

Sciences mathématiques.

Mathématiques pures.

— Local Value in Chinese arithmetical Notation by J. Edkins, D. D. — (Extract from the *Journal of the Peking Oriental Society*) — Peking, Pei-t'ang Press, 1886, br. in-8, pp. 11.

— Sulla Matematica degli antichi cinesi Nota di Giovanni Vacca. Br. in-8, pp. 5.

Estratto dal Fascicolo di Ottobre, Novembre e Dicembre 1905 del *Bollettino di bibliografia e storia delle scienze matematiche.*

Astronomie chinoise.

— The two Zodiacs (Solar and Lunar) Their Origin and Connections. — A Study in the earliest Dawn of Civilisation. By Thos. W. Kingsmill. (*Journ. N. China Br. Roy. Asiat. Soc.*, XXXVIII, 1907, pp. 165/215.)

Il y a un tirage à part.

— Léopold de Saussure. — L'Astronomie chinoise dans l'Antiquité. (*Rev. gén. des Sciences pures et appliquées*, 28 fév. 1907, pp. 135/144.)

— Prolégomènes d'Astronomie primitive comparée par Léopold de Saussure. Br. in-8.

Extrait des *Archives des Sciences physiques et naturelles*. Quatrième période, t. XXIII. — Juin 1907. — Genève, pp. 537 à 557.

— Note sur les Étoiles fondamentales des Chinois par Léopold de Saussure. Genève, 1907, br. in-8, pp. 15.

Ext. des *Archives des Sciences physiques et naturelles*, Juillet 1907, pp. 19 à 33.

— Le texte astronomique du Yao-tien par Léopold de Saussure. (*T'oung Pao*, No. 3, Juillet 1907, pp. 301/390.)

— Note rectificative et complémentaire. (*Ibid.*, No. 4, Oct. 1907, pp. 559/561.)

Observations européennes.

— * Telegraphic Determination of longitudes in Japan, China and the East Indies... with the latitudes of the several stations, by Lieut. Commanders F. M. Green and C. H. Davis, and Lieut. J. A. Norris, U. S. N. in 1881 and 1882, published by order of Captain J. G. Walker, U. S. N., Chief of the Bureau of Navigation, Navy Department, Washington, Government Printing Office, 1883.

Echecs, etc.

Col. 1460.

— Mandragorias, ‖ seu ‖ historia Shahiludii, ‖ viz. ejusdem ‖ Origo, Antiquitas, Ususque ‖ per totum Orientem celeberrimus. ‖ Speciatim prout usurpatur apud Arabes, Persas, ‖ Indos, & Chinenses, cum harum Gentium Schema- ‖ tibus variis & curiosis, & Militum lusilium Figuris ‖ inusitatis, in Occidente hactenùs ignotis. Ad- ‖ ditis omnium Nominibus in dictarum Gen- ‖ tium linguis, cum Sericis Characteri- ‖ bus & eorundem Interpretationibus ‖ & Sonis genuinis. ‖ — *De Ludis Orientalium Libri primi pars prima,* ‖ *quae est Latina.* ‖ — Accedunt de eodem ‖ Rabbi Abraham Abben-Ezrae ‖ elegans Poëma rythmicum : ‖ R. Bonsenior Abben-Jachiae ‖ facunda Oratio prosaïca : ‖ Liber Deliciae Regum Prosâ, ‖ Stylo puriore, per Innominatum. ‖ — *De Ludis Orientalium Libri primi pars* ‖ *2da, quae est Hebraïca.* ‖ — Horis succisivis ‖ olim congessit Thomas Hyde S. T. D. Linguae ‖ Arabicae Professor Publicus in Universitate Oxon. ‖ Protobibliothecarius Bodlejanus. ‖ — *Praemittuntur de Shahiludio Prolegomena curiosa, &* ‖ *Materiarum Elenchus.* ‖ Oxonii, ‖ e theatro Sheldoniano, ‖ MDCXCIV, pet. in-8.

— Historia ‖ Nerdiludii, ‖ hoc est dicere, ‖ Trunculorum ; ‖ cum quibusdam aliis ‖ Arabum, Persarum, Indorum, Chinensium, ‖ & aliarum Gentium Ludis tam Politicis quàm Bellicis, ‖ plerumque Europae inauditis, multò minùs visis : ‖ additis omnium Nominibus in dictarum Gen- ‖ tium Linguis. Ubi etiam Classicorum Graecorum & Latinorum loca quaedam meliùs ‖ quàm hactenùs factum est explicantur. ‖ — Item, ‖ Explicatio amplissimi Chinensium Ludi, qui eo- ‖ rum Politiam & modum perveniendi ad Dignitates ‖ in Aulâ Regiâ exponit, & egregio ac peramplo ‖ Schemate repraesentat. ‖ — De Ludis Orientalibus Lib. 2dus, quem horis suc- ‖ cisivis congessit Thomas Hyde S. T. D. Linguae ‖ Arabicae Professor Publicus in

Universitate Oxon. ‖ Protobibliothecarius Bodlejanus. ‖ — *Praemittitur praecipuarum Materiarum Elenchus.* ‖ — Oxonii, ‖ e theatro Sheldoniano, ‖ MDCXCIV, pet. in-8.

Ces deux ouvrages sont réunis sous le titre de : De ludis orientalibus libri duo. Quorum prior est duabus partibus, viz. 1, Historia Shahiludii Latinè : deinde 2, Historia Shahiludii Heb. Lat. per tres Judaeos. Liber posterior continet Historiam reliquorum ludorum orientis.

Col. 1462.

— * *Cho-yo.* Japanese Chess (*sho-ngi*). Science and Art of War or Struggle philosophically treated; Chinese Chess (*chong kie*) and *i-go*. Chicago, 1906, in-8.

Otto Harrassowitz, Cat. 60, No. 7171, April 1907.

Sciences médicales.

Col. 1466.

— Review of the History of Medicine, by Thomas A. Wise, M. D... London : J. Churchill, MDCCCLXVII, 2 vol. in-8, pp. 7 + XCVIII + 397, 7 + 574.

Review of the History of the Chinese System of Medicine, II, pp. 451/574.

— Calculus in China. By J. Dudgeon, M. D., etc., Pekin. (*Medical Times and Gazette*, 1876, II, Sept. 2d, pp. 252/3.)

— Chinese Medicine. (*British Medical Journal*, March 10, 1900, p. 597.)

D'après Dr. W. S. Caldwell, *Journ. of the American Medical Association.*

Col. 1468-1469.

— Notes sur la Médecine chinoise — L'Opothérapie en Chine et en Indo-Chine. Par le Dr Jules Regnault Médecin de la Marine. (*Revue de Médecine*, 1900, XX, pp. 1028/1030.)

Ext. de la *Médecine chez les Chinois...* par Jules Regnault, voir col. 1468.

— Hydrophobia in the East. By F. H. Skrine, I. C. S. (Retired). (*Imp. & Asiat. Quart. Rev.*, July 1905, pp. 125/137.)

CHIRURGIE.

— Notes of Surgical Practice amongst the Chinese. By Dr. Parker of Canton. (*Monthly Journ. of Medical Science*, June 1846, pp. 393/398.)

MATIÈRE MÉDICALE ET PHARMACOLOGIE.

Col. 1477.

— Arzt und Apotheker in China. Von P. G. M. Stenz. S. V. D. (*Globus*, LXXXI, 1902, pp. 383/6.)

BOTANIQUE MÉDICALE.

— Neue chinesische Arzneipflanzen. (*Das Ausland*, 1864, pp. 973/6.)

HYGIÈNE.

— Chinese Hygiene. By Arthur Stanley, M. D., Health Officer of Shanghai. (*Journ. of Tropical Medicine*, Sept. 15, 1904, pp. 297/300.)

From the *China Medical Missionary Journal*, April 1903.

— Instruction in the Prevention of Malaria in China. By Marcus Mackenzie, M. B., C. M. S. Hospital, Fuh-ning, S. China. (*Chin. Rec.*, XXXVIII, July 1907, pp. 375/6.)

Taken from *Climate*. A Quart. Journ. of Health and Travel, edited by Chas. F. Harford. Since Jan. 1906 incorporated with the *Journal of Tropical Medicine.*

VARIOLE.

— Publications de la Société des Etudes Indo-chinoises — Dr Mougeot — La Vaccine en Cochinchine et les idées chinoises sur la variole et la variolisation — Ouvrage couronné par l'Académie de Médecine. Saigon, L. Ménard, 1901, in-8, pp. 775.

La dernière p. est chif. par erreur 775 ; elle devrait être marquée 375.

BERI-BERI.

— Historia do Desenvolvimento do beriberi a bordo da corveta Vital de Oliveira em sua recente viagem de circumnavegação apresentada pelo Dr. Galdino Cicero de Magalhães Primeiro Cirurgião da Armada... — Rio de Janeiro Typographia nacional 1882, in-8, pp. 72.

— * B. Scheube. — Die Beriberi-Krankheit. Jena, G. Fischer, 1894, 2 pl., 1 carte.

— Extrait du *Marseille Médical* — Bacilles du Béribéri par Le Docteur Nepveu Professeur à l'Ecole de Médecine... Pièce in-8, pp. 4.

Marseille — Typ. et Lith. Barlatier.

— Klinische Beobachtungen über Beri-Beri. Von Dr. F. Grimm Berlin — Berlin 1897. S. Karger, in-8, pp. VI-136.

— The Etiology of Beri-beri. By Dr. A. Van der Scheer. (*Journ. of Tropical Medicine*, Nov. 1900, pp. 96/7.)

— Beri-beri in Hongkong, with special reference to the Records of the Alice Memorial and Nethersole Hospitals, and with Notes on two years' experience of the Disease. By R. MacLean Gibson, M. D. (*Ibid.*, 1901, March 15, pp. 96/99 ; April 1st, pp. 111/114.)

— Congrès français de Médecine (Sixième Session. — Toulouse, 1902). — Un nouveau cas de Béribéri à la clinique médicale de Toulouse Le Béribéri est-il une polynévrite palustre? Par Mossé... et Destarac... — Toulouse, Édouard Privat, 1902, in-8, pp. 11.

Cf. *Revue médicale*, 1895, p. 977.

— Le Béribéri Définition, Étymologie, Historique, Bactériologie, Symptomatologie, Pathogénie, Pathologie expérimentale, Traitement — Deux planches en couleurs et 19 gravures Nombreux tableaux Par le

Dr H. Vivian Dangerfield de la Faculté de Médecine de Paris — Paris, A. Maloine, 1905, in-8, pp. 211-CCXLII + 1 f. n. ch.

Recto dern. f. : Achevé d'imprimer le 20 Décembre 1904 par L. Barnéoud... Laval.

— * Studies in Beriberi. By Maximilian Herzog. With illustrations. (*Philippine J. Sc.*, I, 1906, pp. 709/764.)

— Encyclopédie scientifique des Aide — Mémoire publiée sous la direction de M. Léauté, Membre de l'Institut. — LE BÉRIBÉRI par le Dr E. Jeanselme Professeur agrégé à la Faculté de Médecine de Paris, Médecin de l'hôpital Tenon — Paris, Masson et Cie. [et] Gauthier-Villars, s. d. [1907], in-16, pp. 188 + 1 f. n. ch. p. l. tab.

∴

— Literary References. — Tropical Diseases. — Beri-beri. (*Jour. of Tropical Medicine*, 1904, Jan. 15, p. 32; Dec. 1st, p. 380.)

PESTE.

— Die Beulenpest Shu-Yi. Von Wilhelm Krebs. (*Globus*, LXXI, 1897, pp. 181/3.)

— Notes on the first Plague Epidemic at Changpoo, Fokien, South China. By J. Preston Maxwell, M. B.,... (*Journ. of Tropical Medicine*, Jan. 15, 1902, pp. 17/22.)

LÈPRE.

— Étude sur la Lèpre dans la Péninsule Indo-chinoise et dans le Yunnan par E. Jeanselme, Médecin des hopitaux de Paris Chargé de mission en Extrême-Orient. Paris, Georges Carré et C. Naud, 1900, in-8, pp. 90.

— Leprosy in China. (*Journ. of Tropical Medicine*, Feb. 15, 1905, p. 53.)

Cf. Jonathan Hutchinson, *The Lancet*, Dec. 24, 1904, and *Journ. of Trop. Med.*, Feb. 1st, 1905, p. 45.

— Amputation for perforating ulcer of foot in Lepers. By Edward Horder, F. R. C. S. Edin. Physician Superintendent, Leper Asylum (140 beds) and General Mission Hospital, Church Missionary Society, Pakhoi, China. (*Ibid.*, Jan. 1st, 1902, pp. 4/5.)

— Case of Leprosy at Wei-hai-wei, Shantung Province, China. Reported by V. Gunson Thorpe, Staff-Surgeon, R. N. (*Ibid.*, 1903, p. 2.)

— On Leprosy and Fish-Eating. By George Brown, M. D. (*Imp. & Asiat. Quart. Rev.*, July 1906, pp. 131/7.)

PARASITOLOGIE.

— Tropical Diseases A Manual of the Diseases of Warm Climates by Patrick Manson, M. D., LL. D. (Aberd.) — With 88 Illustrations and 2 coloured plates — Cassell and Co.,... London, Paris, New York & Melbourne, 1898, in-16, pp. XVI-607.

— — The same. Revised and enlarged ed. Ibid., 1900, in-12, pp. XX-684, 2 pl.

— — The same. 8 thousand. Ibid., 1900, in-12, pp. XX-684, 2 pl.

— — The same. New and revised ed. London, Cassell & Co., 1903, in-12, pp. XXIV-756, 2 pl.

(SCIENCES MÉDICALES : PESTE—PARASITOLOGIE.)

— — The same. New York, W. Wood & Co., 1898, in-12, pp. XVI-607, 2 pl.

— — The same. New and enlarged ed. New York, W. Wood & Co., 1903, in-12, pp. XXIV-756.

Index — Cat. Library Surgeon's General's Office, U. S. Army.

— Maladies des Pays chauds Manuel de Pathologie exotique par Patrick Manson — Traduit de l'anglais par Maurice Guibaud Médecin de la Marine [et] Jean Brengues Médecin de l'Armée coloniale. Et augmenté de notes et d'un appendice Par M. Guibaud — Avec 114 illustrations et 2 planches en couleurs. Paris, C. Naud, 1904, in-8, pp. II-776.

— Lectures on Tropical Diseases being The Lane Lectures For 1905 delivered at Cooper Medical College, San Francisco U. S. A. August 1905 by Sir Patrick Manson... London, Archibald Constable, 1905, in-8, pp. VIII-230.

— A note on species of Anopheles found amongst Mosquitos sent from Shanghai and Java. By George Thin, M. D. (*British Medical Journal*, Feb. 10, 1900, pp. 307/8.)

— Goundou and Ainhum in South China. By J. Preston Maxwell, M. B., F. R. C. S. Shangpoo, S. China. (*Journ. of Tropical Medicine*, Dec. 1900, pp. 110/111.)

— On the Occurence and probable Origin of Yaws in South China. By John M. Dalziel, M. D. (*Ibid.*, Sept. 15, 1904, pp. 288/295.)

Cf. *Ibid.*, April 15, 1901, photo.

OBSERVATIONS EUROPÉENNES.

Col. 1491.

— Medical Results of the Recent Chinese Wars. By T. Nelson, M. D., Staff-Surgeon R. N. (*British and Foreign Medico-Chirurgical Review*, July 1863, pp. 203/219.)

Col. 1493.

— Contributions à la géographie médicale. — Littoral du Japon et de la Chine. I. — Littoral du Japon. (*Arch. Médecine navale*, V, 1866, pp. 257/282.) — II. — Littoral de la Chine. (*Ibid.*, VI, 1866, pp. 5/22, 161/180.) — I. Golfe de Siam, Bangkok. (*Ibid.*, pp. 337/343.)

Col. 1495.

— Aerztliche Erfahrungen aus Süd-China von Missionsarzt Dr. Wittenberg. (*Archiv f. Schiffs- und Tropen-Hygiene*, 4. Bd., Leipzig, 1900, pp. 1/12.)

(SCIENCES MÉDICALES : OBSERVATIONS EUROPÉENNES.)

Col. 1496.

— Two Notes on Malarial Fever in China. By W. G. K. Barnes, Staff-Surgeon, R. N. (*Journ. of Tropical Medicine*, March 1st, 1902, p. 66.)

— Le Croiseur de 2e classe « Pascal » dans l'escadre de l'Extrême-Orient, en 1901-1902, par le Dr. Richer de Forges, Médecin de 1re classe de la Marine. (*Arch. de Médecine navale*, LXXX, 1903, pp. 241/9, 321/346.)

— Purification de l'eau de boisson par le filtre Lapeyrère, à bord de la canonnière l'*Olry* en Extrême-Orient, par le Dr. Boudou, Médecin de 2e classe de la Marine. (*Ibid.*, LXXXI, 1904, pp. 346/9.)

— Spirilla Fever in South China. Short Notes of a Case. By Leopold Hill, M. R. C. S., Late of C. M. S. Hospital, Pakhoi. (*Journ. of Tropical Medicine*, May 1st, 1905, pp. 131/2.)

— L'escadre de l'Extrême-Orient en 1903-1905, par le Dr. Abelin, Médecin en chef de 1re classe de la Marine. (*Arch. de Médecine navale*, LXXXIV, 1905, pp. 401/432; LXXXV, 1906, pp. 5/34.)

Agriculture ; Économie rurale ; Acclimatation.

Col. 1505-6.

— О сахарномъ или китайскомъ тростникѣ. Par Д. Н. Струковъ, in-8, pp. 43.

Extrait de la *Revue du Min. des Domaines de la couronne*, 1856, no. 1.

— Der Ackerbau der Chinesen. (*Das Ausland*, XXXI, 1858, pp. 414/420.)

— Die Landwirthschaft in China. Von Dr. Joseph Grunzel. (*Globus*, LIV, 1888, pp. 161/165, 193/196, 252/253.)

— La culture de la vigne en Chine. Par Ch. R.[abot.] (*La Géographie*, 15 Mars 1905, p. 226.)

— H. Léveillé. — Les Vignes de la Chine. (*Bul. Soc. Agric., Sc. et Arts de la Sarthe*, XL, 1905 & 1906, pp. 35/48.)

— Encouragements au Commerce, à l'Industrie et à l'Agriculture en Chine. — Lecture faite par M. Arnold Vissière le 22 mars 1907, au cours de la réunion constitutive de l'Association tenue chez M. Dubail. (*Bul. Ass. amicale franco-chinoise*, Vol. I, No. I, Juillet 1907, pp. 50/61.)

Soieries. — Culture du Murier. — Vers à soie.

Col. 1514.

— Die Seidenmanufactur in China. (*Das Ausland*, XXXI, 1858, pp. 79/81.)

Col. 1515.

— Natalis Rondot Sa vie et ses travaux par Léon Galle Correspondant du Comité des sociétés des Beaux-Arts des départements près le Ministère de l'Instruction publique. Lyon, Bernoux, Cumin & Masson, MDCCCCII, gr. in-8, pp. 78 + 1 f. n. ch., 2 Port.

Bibliographie, pp. 65/78. — En 1893, M. Natalis Rondot fit paraître une plaquette de 18 pages in-8, tirée à petit nombre, et portant ce titre : *Publications de M. Natalis Rondot* (Lyon, Imprimerie Alexandre Rey). — Natalis Rondot, né à Saint-Quentin, 23 mars 1821 ; † à Lyon, 26 août 1900.

— * La Sériciculture coloniale et l'industrie française de la soie, par E. Pelleray. Edition de l'« Action coloniale et maritime » 47, rue Bonaparte. Paris, 1905, in-8, pp. 72.

Notice : *Bull. Com. Asie française*, Oct. 1906, p. 408.

Vers à soie sauvages.

— О китайскомъ шелководствѣ. Составилъ по китайскимъ источникамъ Іеромонахъ Антоній. St Pétersbourg, Безобразовъ et Cie, pp. 50.

Extr. du t. III des *Труды Русскаго Энтомологическаго Общества*, pp. 27-74.)

Col. 1526.

— Un mot sur la sériciculture dans le Chan-tong Par le R. P. Michel de Maynard missionnaire franciscain au Chan-tong méridional [Suite]. (*Miss. Cath.*, XXXIX, 13 Sept. 1907, pp. 435/7.)

Coton.

Col. 1531.

— Chinese Cotton. By Mauritius. (*The Far East*, Vol. I, 1906, pp. 43/48.)

Camphre.

— Voir col. 3057.

Chou du Chan-toung.

Col. 1531-32.

— Présentation du Pé-tsai ou Chou de Chine (*Brassica Chinensis* L.), par M. D. Bois. (*Bul. Muséum Hist. nat.*, 1904, pp. 512/4.)

Soya.

Col. 1533.

— Bereiding van de Soya door den heer Mr. Isaac Titsing. (*Verhand. v. h. Batav. Gen. K. en Weten.*, III, 1787, pp. 245/6.)

— Account of the Methods employed in Japan and China to prepare Soy, with some Observations on the Bean from which it is produced. By Professor Beckmann. (*The Philosophical Magazine*, I, 1798, pp. 342/5.)

Poules.

— Essai sur les poules de Nankin dites de Cochinchine par le docteur Sacc. — Ex-

(Agriculture; Économie rurale; Acclimatation.)

trait de la *Revue et Magasin de Zoologie.* — Août 1860. — Paris, Imprimerie de Mme Ve Bouchard-Huzard, 1860, in-8, pp. 16, 2 pl. col.

— Das künstliche Ausbrüten der Eier in China und in Ægypten. (*Das Ausland,* XXXI, 1858, pp. 138/140.)

Horticulture.

Col. 1535.

— Die Cultur der Rosen in China und im Königreich Siam. (*Das Ausland,* XXXII, 1859, p. 641.)

Pisciculture.

Col. 1537-38.

— Précis d'une monographie d'un pêcheur-côtier maitre de barques de l'Archipel Chusan (Chine) ouvrier-propriétaire, chef de Métier dans le système du travail sans engagement d'après les renseignements recueillis sur les lieux en 1867 par M. G.-Eugène Simon Consul de France à Fou-Tchéou coordonnés par M. Paul Escard. (*Les Ouvriers des Deux Mondes,* 3e Sér., 2e fasc., Paris, Soc. d'Économie sociale, 1900, in-8, ch. 61 à 87.)

— Cormorant Fishing. (*East of Asia,* Vol. II, No. 1, May 1903, pp. 95/97.)

Industries diverses.

Divers.

— Die Baumwollenfabrication in China. (*Das Ausland,* XXXI, 1858, pp. 118/120.)

Col. 1540.

— Absatz der deutschen Baumwollindustrie nach China. Von Moritz Schanz, Chemnitz. (*Asien,* 1906, Aug., pp. 153/4.)

— Deutschlands Baumwollindustrie in Beziehung zu seinem ostasiatischen Handel. Von Georg Schultze. (*Ibid.,* Nov., pp. 21/3.)

Col. 1541.

— Moderne Industrie in China. Von D. Kürchhoff. (*Asien,* 1905, No. 6, pp. 83/6.)

— Les métiers chinois — I. — Le tailleur de pierres. II. — Le Forgeron. Par S. Bizeul, S. J. (*Relations de Chine,* Kiang-Nan, Janvier 1907, pp. 38/45.)

— La Chine industrielle. (*Revue Indo-chinoise,* 30 Mai 1907, p. 734.)
Extrait de l'*Echo de Chine.*

Miroirs magiques.

Col. 1542-43.

— VII Lettre de Cuper à La Croze. A Deventer, le 4 Dec. 1708. (*Lettres de critique*... par feu Monsieur Gisbert Cuper... Amst., 1742, in-4, pp. 18/20.)

— Copie d'une Lettre écrite par Mr. Witzen, Bourguemaître de la Ville d'Amsterdam, à M. Cuper. Traduite du Flamand en Français. (*Ibid.,* pp. 20/21.)

— Excerpta ex literis, quas Guilielmus Bonjour, Monachus Augustinianus misit XV. Kal. Feb. 1706 ad Gisb. Cuperum. (*Ibid.,* pp. 21/2.)

Au sujet d'un miroir chinois trouvé en Sibérie, et reproduit p. 20.

— Note on the Magic Mirrors of Japan. By James Prinsep, Sec. Ph. Cl. As. Soc. (*Journ. As. Soc. of Bengal,* I, June, 1832, pp. 242/245.)

— Account of a curious Chinese Mirror, which reflects from its polished Face the Figures embossed upon its Back By Sir D. Brewster. (*Philosophical Magazine,* I, 1832, pp. 438/441.)

— L'article de S. Julien sur les Miroirs magiques a été réimprimé dans les *Industries anciennes et modernes de l'Empire chinois,* 1869, pp. 234/6 (voir col. 1539). — Cf. *Ibid.,* pp. 63/65, *Miroirs.*

— Japanese Mirrors. By R. W. Atkinson. (*Nature,* XVI, 1877, p. 62.)

— Japanese Mirrors. By R. D. Darbishire. (*Ibid.,* pp. 142/143.)

— Japanese Mirrors. By Silvanus P. Thompson. (*Ibid.,* p. 163.)

— Japanese Mirrors. By J. Parnell. (*Ibid.,* pp. 227/8.)

— Japanese Magic Mirrors. By T. C. A. (*Ibid.,* XXXI, 1884-5, p. 264.)

— Les miroirs magiques des Chinois ; par M. Govi. Présenté à l'Académie de Turin le 20 novembre 1864. — Traduit par M. Pomonti. (*Annales de Chimie et de Phys.,* Paris, 5e Sér., XX, 1880, pp. 99/105.)

— Nouvelles expériences sur les miroirs chinois ; par M. Govi. Présenté à l'Académie de Turin, le 24 mars 1866. — Traduit par M. Pomonti. (*Ibid.,* pp. 106/110.)

— Sur les miroirs magiques du Japon ; Par MM. W.-E. Ayrton et John Perry, Professeurs au Collége impérial des Ingénieurs, au Japon. — Présenté à la Société Royale de Londres, le 2 octobre 1878. (*Ibid.,* pp. 110/142.)

— Production artificielle des miroirs magiques ; Par MM. A. Bertin et J. Duboscq. (*Ibid.,* pp. 143/4.)

— Chinese Metallic Mirrors with Notes on some ancient Specimens of the Musée Guimet, Paris. By Friedrich Hirth, Ph. D. Professor of Chinese, Columbia University in the City of New York. Reprinted from *Boas Anniversary Volume,* pp. 208-256. New York, G. E. Stechert, 1907, in-8, pp. 55.

Papier.

Col. 1548.

— La plante papier de riz. (*Soc. Géogr. Comm.,* XXVIII, No. 6, Juin 1906, pp. 410/411.)

Porcelaine.

Col. 1550.

— Art de la Verrerie, de Neri, Merret et Kunckel auquel on a ajouté Le *Sol Sine Veste* D'Orschall; L'*Helioscopium videndi sine veste solem Chymicum;* Le *Sol Non Sine Veste;* Le Chapitre XI. du *Flora Saturnizans* de Henckel, Sur la Vitrification des Végétaux; Un Mémoire sur la maniere de faire le Saffre; Le Secret des vraies Porcelaines de la Chine & de Saxe. Ouvrages ou l'on trouvera la maniere de faire le Verre & le Crystal, d'y porter des Couleurs, d'imiter les Pierres Pretieuses, de préparer & colorer les Emaux, de faire la Potasse, de Peindre sur le Verre, de préparer des Vernis, de composer des Couvertes pour les Fayances & Poteries, d'extraire la Couleur Pourpre de l'Or, de contrefaire les Rubis, de faire le Saffre, de faire & peindre les Porcelaines, &c. — Traduits de l'Allemand, par M. D.***. [Le baron d'Holbach.] A Paris, Chez Durand [et] Pissot, M.DCC.LII. Avec Approbation et Privilege du Roi, in-4, 2 ff. n. ch. tit. et déd. + pp. LV-629 + 1 f. n. ch. App. — Front. et Planches.

Art militaire et Navigation.

Col. 1557.

— Die Land- und Seesoldaten China's. (*Das Ausland*, XXXII, 1859, pp. 858/9.)

— Das Kriegswesen und die Kriegsmacht der Chinesen. (*Ibid.*, 1860, pp. 1217/1221.)

Col. 1562.

— Cina sue condizioni militari. — O. Baratieri. (*Nuova Antologia*, LXX, luglio 1883, p. 309.)

— Ein chinesisches Soldatenexercitium in Amoy. Von einem deutschen Seeoffizier. (*Globus*, LXVII, 1895, pp. 306/7.)

— Vallée du Yang-tsé — Les Troupes chinoises et leurs instructeurs. Par le Capitaine Gadoffre. (*Revue des Troupes coloniales*, 1903, I, pp. 1/43.)

— Général Henri Frey. — L'armée chinoise. (*Revue des Deux Mondes*, 1er octobre 1903, pp. 528/569.)

Notice : *Bull. Ecole française Ext.-Orient*, III, Oct.-Déc. 1903, p. 722. Par P. Pelliot. — Voir col. 1562.

— Réorganisation de l'Armée chinoise — Écoles militaires — (Traduction de documents chinois). Par le Capitaine Vandescal. (*Rev. des Troupes colon.*, 1905, II, pp. 327, 445, 592.)

— Rapport sur les Manoeuvres chinoises en 1905. Par le Colonel Valette. (*Ibid.*, 1906, I, pp. 566/576; II, pp. 63/95.)

— The Chinese Army. By the Rev. E. J. Hardy (late Chaplain to H. M. Forces, Hongkong). (*Nineteenth Century*, April 1906, pp. 595/600.)

— L'armée chinoise. (*Bull. Com. Asie française*, Nov. 1906, p. 452.)

— Les premières grandes manoeuvres de l'armée chinoise. Par Henri Maquet, S. J. (*Chine, Ceylan, Madagascar*, Déc. 1906, pp. 213/218.)

— Les réformes en Chine — Abolition des privilèges des soldats mandchous. (*Bull. Com. Asie franç.*, Oct. 1907, pp. 395/7.)

— Die Reorganisation des chinesischen Heerwesens. Verordnung, betreffend die Dienstverhältnisse und Gebührnisse der Armee. Vom Reichsheeresrat dem Throne zur Genehmigung unterbreitet. Übersetzt von Dr. Hauer. (*Mitt. des Sem. f. Orient. Sprachen*, Jahrgang X, 1. Abt., Berlin 1907, pp. 174/217.)

Marine.

Col. 1563.

— Der Chinese als Seemann. (*Asien*, 1904, No. 2, pp. 23/4.)

— Die chinesische Marine. Von Marinepfarrer Klein — Wilhelmshaven. (*Ibid.*, Aug. 1905, pp. 161/3.)

Beaux-Arts.

— Voir Chavannes, Sculpture sur pierre, col. 696, et Volpert, Gräber, col. 3110.

Col. 1568.

— Ueber Entstehung und Ursprungslegenden der Malerei in China. Von Friedrich Hirth. — Nach einem in der Sitzung vom 27. April 1900 vor der Anthropologischen Gesellschaft in München gehaltenen Vortrag. — Leipzig, Otto Harrassowitz, 1900, in-8, pp. 21.

Sonderabdruck aus der Beilage zur « Allgemeinen Zeitung », Nr. 117 und 118 vom 22. und 23. Mai 1900.

— Some Chinese Painters of the Present Dynasty. By Friedrich Hirth. — Voir col. 1568.

Notices : *Journal N. C. B. R. A. Soc.*, XXXVII, 1906, pp. 206/7. By J. C. F.[erguson.] — *Jour. Roy. As. Soc.*, April 1906, pp. 479/481, by S. W. B.[ushell.]

Col. 1569.

— Chinese Art. By S. W. Bushell. Vol. I. — Voir col. 1569. — Vol. II. London, 1906, pet. in-8.

Notices : By Lionel Giles (Giles' *Adversaria Sinica*, No. 5, 1906, pp. 139/144). — *Lond. & China Express*, Aug. 24, 1906. — *Bul. École franç. Ext. Orient*, V, Nos. 1-2, Janv.-Juin 1905, pp. 211/217, par P. Pelliot. — *Jour. R. As. Soc.*, April 1907, pp. 438/442, by R. K. D.[ouglas.]

— An Introduction to the History of Chinese

Pictorial Art. Professor Giles. — Voir col. 1569-1570.

Notice : *Journal N. C. B. R. A. Soc.*, XXXVII, 1906, pp. 206/7. By J. C. F.[erguson.]

Col. 1570.

— Art thou the Christ? (H. A. Giles, *Adversaria Sinica*,[1] II, 1906, pp. 27/44.)

Cf. *Times Lit. Sup.*, 11 Aug. 1905. — Berthold Laufer, *New York Evening Post*, 16 Sept. 1905.

— B. Laufer. — Ein angebliches chinesisches Christusbild aus der T'ang-Zeit. Mit 3 Abbildungen. (*Globus*, Bd. 88, 1905, pp. 281/283.)

— The «Nestorians» once more by E. H. Parker. (*T'oung Pao*, No. 5, Déc. 1907, pp. 687/692.)

— * H. Borel. — Chineesche Kunst. M. 35 afd. op 23 platen. Amsterdam, 1906.

— Lawrence Binyon. — Chinese Pictorial Art. (*Lond. & China Express*, March 1st, 1907.)

Conférence faite à la China Society, Feb. 21, 1907, Caxton Hall, Westminster.

— Félix Régamey. Nécrologie. Par H. C.[ordier.] (*T'oung Pao*, Mai 1907, pp. 280/1.)

Élie-Félix R., né à Paris, 7 août 1844 ; mort à Juan-les-Pins, près Antibes, 5 mai 1907.

D'après le *Temps* du 7 mai 1907.

— L'art symbolique en Chine Par le P. L. Hermand. (*Relations de Chine*, Kiang-Nan, Juillet 1907, pp. 141/169.)

— A Painting by Li Lung-mien 1100-1106 A. D. (Li Kung-lin; *jap.* Ri-riu-min) by Prof. Dr. Karl Bone. (*T'oung Pao*, Mai 1907, pp. 235/267.)

— * Werner von Hoerschelmann. — Die Entwicklung der alt-chinesischen Ornamentik (4^e^ cahier des *Beiträge zur Kultur- und Universalgeschichte*; — Leipzig, 1907, Voigtländer's Verlag; in-8, pp. 48 et XXXII planches hors texte).

Notice : *T'oung Pao*, Mai 1907, pp. 282/3. Par E. C.[havannes.]

1. — No. 1. Adversaria Sinica by Herbert A. Giles... With Illustrations. Shanghai, Messrs. Kelly & Walsh, 1905, in-8, pp. 25.

Who was *Si wang mu*? — What is Filial Piety?

Printed by E. J. Brill, Leyden (Holland).

Notice : *Bul. École franç. Ext. Orient*, VI, Juillet-Déc. 1906, pp. 416/421, par P. Pelliot.

— No. 2... Ibid., 1906, in-8, pages 27 à 54.

Art thou the Christ? — Echoes of Orpheus. — The Weak Water. — China and Religion. By E. H. Parker. (*Cambridge Review.*)

— No. 3... Ibid., 1906, in-8, pages 55 à 86.

Moses. — Lao tzŭ and the *Tao Tê Ching*. — The Four Classes 士農工商. — Ventriloquism in China. — The *Shu King*... by W. G. Old, by Lionel Giles.

Notice : *T'oung Pao*, Mai 1906, pp. 307/9, par Ed. Chavannes.

— No. 4... Ibid., 1906, in-8, pages 87 à 118.

Football and Polo in China [from the *Nineteenth Century*, March 1906]. — On Exorcism [*Lun Hêng*]. — The Mariner's Compass. — Moses. — Two Yangs. — Art thou the Christ?

— No. 5... Ibid., 1906, in-8, pages 119 à 144.

The Dance in Ancient China. — The Home of *Jiu-Jitsu*. — Chinese Art. By S. W. Bushell. [Notice by Lionel Giles.]

Printed by E. J. Brill, Leyden.

— Professor Giles's «Adversaria Sinica», Nos. 4 and 5. By T. W. Kingsmill. (*Journ. N. C. B. Roy. As. Soc.*, XXXVIII, 1907, pp. 216/221.)

Architecture.

Col. 1571.

— Chinese Architecture. By Mrs. Archibald Little. (*East of Asia*, Vol. 2, No. 2, July 1903, pp. 150/166.)

— Curious Bridges in Interior China. By W. M. Upcraft. (*Ibid.*, Vol. 3, No. 3, Sept. 1904, pp. 241/247.)

— How John Chinaman Builds His House. By Helena von Poseck. (*Ibid.*, Vol. 4, Pt. 4, Dec. 1905, pp. 348/355.)

— Bridges of Western China. By James Hutson. (*Ibid.*, pp. 356/361.)

— Général L. de Beylié — L'architecture hindoue en Extrême-Orient Illustrations de Tournois et Doumenq. Paris, Ernest Leroux, 1907, gr. in-8, 4 ff. n. ch. + pp. 416.

Musique.

Col. 1572.

— Mémoire sur la Musique des Anciens, Où l'on expose le Principe des Proportions authentiques, dites de Pythagore, & de divers Systèmes de Musique chez les Grecs, les Chinois & les Egyptiens. Avec un Parallèle entre le Système des Egyptiens & celui des Modernes. Par M. l'Abbé Roussier... A Paris, Chez Lacombe, Libraire, rue Christine. — M.DCC.LXX. Avec Approbation et Privilége du Roi, in-4, pp. XXIV-252.

Col. 1576.

— Musik und Gesang bei den Chinesen. Von Emil Metzger. (*Globus*, XLVI, 1884, pp. 376/380.)

— Chinesische Musik. Von H. E. Krehbiel. (*Ibid.*, Bd. LXIII, 1893, pp. 25/31.)

— Christian Music in China. By Laura Marsden White. (*East of Asia*, Vol. 3,

No. 1, March 1904, pp. 23/28 ; Special Number, June 1904, pp. 119/124.)

— Pentatonic Music : Some Suggestions and Experiences. By Rev. J. E. Walker, Shaowu. (*Chin. Rec.*, XXXVII, Sept. 1906, pp. 497/499.)

— Echoes of Orpheus. (H. A. Giles, *Adversaria Sinica*, II, 1906, pp. 45/47.)

— Chronique musicale Par Louis Hermand, S. J. (*Relations de Chine*, Kiang-Nan, Janvier 1907, pp. 46/51.)

XIII. — LANGUE ET LITTÉRATURE.

Origines. — Études comparées.

Col. 1588.

— Chinese Words in the Burmese Language. By Taw Sein Ko. (*Indian Antiq.*, XXXV, 1906, July, pp. 211/2, 1 table.)

Lexicographie.

Dictionnaires et Vocabulaires.

— Sylloge Minutiarum Lexici... à Christiano Mentzelio. Norimb., 1685. — Voir col. 1588.

Faisait partie de *Miscellanea Curiosa*... Decuriae II. Annus Tertius, Anni M.DC.LXXXIV.

Col. 1610.

— * G. C. Stent. — A Dictionary... Partly revised and supplement compiled by K. E. G. Hemeling. Shanghai 1905, in-8, pp. 804.

Col. 1612.

— Lexicographische Beiträge. III. Von E. von Zach. — Voir col. 1612.

Notice : *T'oung Pao*, Déc. 1905, pp. 637/642, par Ed. Chavannes.

— — IV. ... — Peking — 1906, in-8, pp. 122.

1. Weitere Ergänzungen zu Giles' Dictionary. — 2. Noch ein Gedicht Po Chü-i's.

Notice : *Bul. Ecole franç. Ext. Orient*, VII, Janv.-Juin 1907, p. 123, par C.-B. Maybon.

— Gabriel Lemaire. Nécrologie par Henri Cordier. (*T'oung Pao*, Mars 1907, pp. 124/5.)

Victor-Gabriel Lemaire, né le 3 janvier 1839 ; Envoyé extraordinaire et Ministre plénipotentiaire à Pe-king, le 10 juillet 1887 ; † 1907.

Col. 1623-4.

— Petit Dictionnaire... par le P. A. Debesse.

On termine l'impression de la 3e éd. (Janvier 1908).

— * Complete Shanghai Syllabary with an Index to Davis and Silsby's Shanghai Vernacular Dictionary, and with the Mandarin Pronunciation of each Character. By Rev. J. A. Silsby. Shanghai : American Presbyterian Mission Press, 1907.

Notice : *Chin. Rec.*, July 1907, pp. 392/3.

Col. 1625.

— 字典標目 *Tsze Tëen Piào Mŭh* (Second Edition) A Guide to the Dictionary. An Essay exhibiting the 214 Radicals of the Chinese Written Language, arranged according to the Mnemonic System of Mr. William Stokes. To which are added Remarks on the History, Geography and Arithmetic of the Chinese, also ジテソ ヒアウ モク *Ji-ten Hiyō Moku* being a like Treatment of the Katakana Syllabary of the Japanese Language, the History etc. of that Empire. By Thomas Jenner, Member of the China Society. — London : Luzac & Co., 1907, in-4, 6 ff. n. ch. p. l. tit., déd., int., tab. + pp. 122, 2 cartes.

Dédié à E. H. Parker.

— Petit Dictionnaire français-chinois... par le P. C. Pétillon.

Notice : *Etudes*, 5 Janvier 1906, pp. 124/5, par A.-A. Fauvel.

— 集字璧合語成英華 A Mandarin-romanized Dictionary of Chinese — Rev. D. MacGillivray, M. A., B. D., Of the Canadian Presbyterian Mission and of the Christian Literature Society for China (C. L. S.), Shanghai. — (On the same principle as G. C. Stent's Vocabulary.) — 2nd edition. Entered at Stationers' Hall, London, E. C. All Rights reserved. — Shanghai : Printed at the Presbyterian Mission Press. — 1907, in-8, pp. x-975.

Voir col. 1610 et 1625.

Notice : *East of Asia*, Vol. 4, Pt. 4, Déc. 1905, p. 400.

— * Deutsch - Chinesisches Hand - Wörterbuch. M. bes. Berücksichtigung d. Schantung-Sprache. Hrsg. v. Mitgl. d. kathol. Mission Süd-Schantung. Bd. I : A-M. Jentschoufu, 1906, gr. in-8, pp. 572.

— * Dierickse. — Petit dictionnaire chinois-français. Scheut, 1906, in-8.

— Dictionary Omissions. By E. H. Parker. (*Journ. N. C. B. R. A. Soc.*, XXXVII, 1906, pp. 196/7.)

— Col. 1647. — Au lieu de 遁, lire 隨.

GRAMMAIRES, ETC.

— Il y a un ex. de Varo dans la *Bibliotheca Lindesiana.* — Voir col. 1657.

Col. 1683.

— « Festina lente. » — Chinese Simplified ; being A Practical Grammar of The Chinese Language, by E. G. Terry. — Price two shillings and six pence, in-8, pp. 65.

La préface est datée : 'Ngotshe, Natal, July 1905.

Notice : *Lond. & China Express*, May 11, 1906.

— * P. Jos. Hesser, S.V.D. — Chinesische Grammatik nebst einem Anhang der gebräuchlichsten Vokabeln für Deutsche zur Erlernung der chinesischen Sprache. Jentschoufu (China) 1905. Druck der Katholischen Mission. In-8, pp. IV-246.

Notices : *Anthropos*, II, 1907, Heft 1, p. 169. Par P. W. Ibler S. V. D. — St. Gabriel — Mödling. — *Mitt. Sem. f. Orient. Sprachen*, Berlin, *Ostasiat. Studien*, IX, 1906, pp. 418/420, par A. Forke.

Chrestomathies. — Manuels.

Col. 1694.

— Cursus litteraturae sinicae... P. A. Zottoli.

On réimprime le Vol. I (Janvier 1908).

Col. 1698.

L. WIEGER.

— Rudiments *Textes historiques* 3 fin. 河間府 Imprimerie de la Mission catholique 1905, in-16, pp. 2007 à 2173.

— *Textes philosophiques*. Ibid., in-16, pp. 193.

— Une Encyclopédie des choses de Chine Par Joseph Brücker, S. J. (*Chine, Ceylan, Madagascar*, Déc. 1907, pp. 39/48.)

Avait d'abord paru dans les *Études*... 20 Nov. 1907, pp. 544/556.

Col. 1708.

— Recueil de Textes chinois... par A. Vissière. — Voir col. 1707-8.

L'ouvrage terminé comprend 12 livraisons ou feuilles ; la première a paru en 1902 ; la dernière en 1907 ; le tout forme un vol. in-8 de pp. XXXII-184 dédié à M. Stephen Pichon avec le titre général :

— Recueil de Textes chinois à l'usage des élèves de l'École spéciale des Langues orientales vivantes par A. Vissière Consul général de France Professeur. Paris Imprimerie nationale — MDCCCCVII, in-8.

— The Nanking Kuan Hua. By K. Hemeling, Chinese Imperial Maritime Customs Service. — Published by order of The Inspector General of Customs. — Shanghai : Printed at the German Printing and Publishing House, Published at the Statistical Department of the Inspectorate General of Customs... 1902, in-8, pp. 107 + pp. 2 errata.

— Die Nanking Kuanhua. — Inaugural-Dissertation der Hohen philosophischen Fakultät der Universität Leipzig zur Erlangung der Doktorwürde vorgelegt von K. Hemeling. — Göttingen, Druck der Dieterich'schen Univ.-Buchdruckerei (W. Fr. Kaestner), 1907, in-8, pp. VII-107 + pp. 2 + 1 f. n. ch.

Karl-Ernst-Georg Hemeling, né le 27 juillet 1878.

— The Nanking Kuan Hua by K. Hemeling, Ph. D. — Leipzig, Otto Harrassowitz, 1907, in-8, pp. VII-107-2.

— A Manual of Translation One Hundred Lessons compiled and annotated by W. W. Yen, B. A., (Univ. of Va.) of St. John's College, Shanghai. — Shanghai : Printed at the Commercial Press — 1903, in-8, pp. II-69.

— * R. Wilhelm. — Deutsch-chinesisches Lehrbuch. Vokabular, Grammatik u. Umschreibung d. chines. Textes. 3 Hefte. Bremen, 1905, in-8.

Col. 1709.

— Избранные Китайскіе Тексты Приватъ-доцента П. С. Попова. — С.-Петербургъ, 1905, in-8, pp. 248 lith. + 1 p. n. ch.

No. 22 des Publications de la Faculté orientale de l'Université imp. de St. Pétersbourg.

— Manuel de Cantonnais comprenant un essai de grammaire avec exemples variés De nombreux exercices avec texte en caractères chinois et transcription d'après une adaptation du système quốc-ngữ' Des vocabulaires après chaque leçon. — Un choix de phrases progressives avec traduction libre et traduction littérale par Raymond Deloustal Interprète principal du Service judiciaire. Hanoi, F.-H. Schneider, 1907, gr. in-8, pp. XV-225 + 1 f. n. ch. + pp. II + 1 f. n. ch. er.

Notice : *Bull. Ecole franç. Ext. Orient*, VII, Janv.-Juin 1907, pp. 123/125. Par C. B. Maybon.

— * Lessons in the Shanghai Dialect. By the Rev. F. L. Hawks Pott, D.D. Presbyterian Mission Press. In-4, pp. 107.

Notice : *Chin. Rec.*, March 1907, p. 160.

— * The Chinese Language and How to learn it. A Manual for Beginners. By Sir

Walter Hillier, K. C. M. G. London, Kegan Paul, 1907.

Notices : *Lond. & China Express*, 20 Sept. 1907. — *Journ. Roy. As. Soc.*, Jan. 1908, pp. 215/7, par S. W. B.[ushell.]

Ouvrages divers. — Dissertations.

Col. 1724.

— Die Chinesische Sprache in Wort und Schrift Von Professor Dr. Friedrich Hirth, o. M. d. Kgl. Bayer. Akad. d. Wissensch. — Sonderabdruck aus der Beilage zur « Allgemeinen Zeitung » Nr. 120 und 121 vom 27. und 28. Mai 1902. — Leipzig 1902. Otto Harrassowitz, in-8, pp. 22.

Col. 1729.

— La langue chinoise — Conférence de M. A. Vissière. (*Bul. Ass. amicale franco-chinoise*, Vol. I, No. 1, juillet 1907, pp. 30/49.)

— La Langue chinoise — Conférence faite par M. A. Vissière à « l'Association Amicale Franco-Chinoise », le 24 mai 1907 — (Extrait du *Bulletin de l'Association Amicale Franco-Chinoise*, 1907 — N° 1). Paris, Imprimerie Paul Dupont, 1907, in-8, pp. 14.

— Uber die Chinesische Lehre von den Bezeichnungen (正名). Von O. Franke. (*T'oung Pao*, Juillet 1906, pp. 315/350.)

— The Study of the Chinese Language. By Rev. D. Willard Lyon. (*Chin. Recorder*, XXXVII, August, 1906, pp. 415/424.)

— Aux prises avec la langue chinoise — Du P. Guimbretière. (*Relations de Chine*, Kiang-Nan, Juillet 1907, pp. 136/140.)

Transcription et Romanisation.

Col. 1732.

— Research in China Expedition of 1903-04, under the direction of Bailey Willis — Syllabary of Chinese Sounds by Friedrich Hirth [Extracted from Carnegie Institution of Washington Publication No. 54, Research in China, Volume I, Part II, Pages 511-528]. Washington, D. C. : Published by the Carnegie Institution of Washington June 1907, in-4.

D'après

— Tabelle für die Laute des Chinesischen im Mandarin-Dialekt. (*Verhandlungen d. XIII. Int. Orient.-Kong.* Hamburg Sept. 1902, pp. 181/186.) [Voir col. 1724.]

Réimp. dans le *T'oung Pao*, 1903, pp. 38/45, et dans *Beiträge zur Kenntniss des Orients*, Vol. I, München, 1903.

— A Plea for Romanization. By Dr. W. A. P. Martin. (*Chin. Rec.*, Sept. 1907, pp. 501/2.)

Écriture.

Ouvrages divers.

Col. 1741.

— Nos savants : Léon de Rosny. Par Ernest Laut. (*La Revue du Nord*, 1893, 1er janvier, pp. 7/10 ; 15 janvier, pp. 48/50.)

Né 5 avril 1837.

— La Chine préhistorique — Étude bibliographique par Th. Mercier-Beauné. (*Bul. Soc. Et. Indo-Chinoises de Saigon*, Année 1893, pp. 36/55, etc.)

D'après *Prehistoric China*, de E. Faber.

— Neuere Versuche mit chinesischer Buchstabenschrift. Von A. Forke. (*Mitt. Sem. f. Orient. Sprachen*, Berlin, *Ostasiat. Studien*, IX, 1906, pp. 401/408.)

Col. 1745.

— * Early Chinese Writing. By Rev. F. Chalfant. (*Memoirs of the Carnegie Museum*, Vol. 4, No. 1, 50 pl.)

Notice : *Jour. N. C. Br. R. As. Soc.*, 1907, XXXVIII, pp. 255/7, par G. W. Pearson.

IMPRIMERIE.

Col. 1747.

— China. — Die Schreibmaterialen und die Buchdruckerkunst in China. — Ihre Verbreitung nach Europa. — Die Buchbinderei, der Handel mit Büchern und Alterthümern. (*Das Ausland*, XXXI, 1853, pp. 882/5, 908/911, 933/6.)

Col. 1750.

— A simple method of copying Chinese texts. By Friedrich Hirth. (*T'oung Pao*, Mai 1906, p. 314.)

LITTÉRATURE.

Ts'ai-tseu-chou.

2° HAO K'IEOU TCHOUAN.

Col. 1757.

— The Fortunate Union. By Rev. J. Darroch. (*Chin. Rec.*, XXXVI, July 1905, pp. 339/351.)

Read before the Shanghai Missionary Association.

Romans, Contes et Nouvelles.

KIN KOU K'I KOUAN.

Col. 1764.

— Li-Taï-Pé. Par Léon Charpentier. (*Le Roman romanesque*, août 1904, pp. 389/393.)

Kin kou k'i kouan, No. 6.

∴

— Briefe aus der Ferne. 1. Eine Promenade in Schanghai. (*Das Ausland*, XXXII, 1860, pp. 961/4.) — Ueber chinesische Romane und Analyse eines solchen. (*Ibid.*, pp. 1044/8.)

— A Romance in the Flowery Kingdom. Adapted from the Chinese. By W. W. Yen. (*East of Asia*, Vol. 4, Pt. 4, Dec. 1905, pp. 362/369.)

Col. 1780.

— Chao Chuin. A Novel. Translated from the Original Chinese by R. A. Haden. (*East of Asia*, Vol. 5, No. 1, March 1906, pp. 79/93; No. 2, June 1906, pp. 139/154; No. 3, Sept. 1906, pp. 219/239.)

Théâtre.

— Das Theater in China. (*Das Ausland*, 1864, pp. 449/451.)

Col. 1782.

— Le Théâtre en Chine. Conférence faite au Musée Guimet par Emile Guimet. (*Annales du Musée Guimet*, Bibliothèque de vulgarisation, t. XVII, pp. 201/277.)

— Le Théatre chinois. Par Charles Pettit. (*Le Temps*, 13 et 20 août 1906.)

Chronique théatrale. — Feuilleton. — La plus grande partie consacrée au *Pi Pa Ki*, d'après la traduction de Bazin qui n'est pas cité; le second feuilleton qui parle du *Ho Han Chan* est suivi du Théatre japonais.

Col. 1789.

— Les sources de «l'Orphelin de la Chine». Par Virgile Pinot. (*Revue d'histoire littéraire de la France*, Juillet-Septembre 1907, pp. 462/471.)

Poésie.

Col. 1791.

— Chinese Poetry. (*Indo-Chinese Gleaner*, VIII, April 1819, pp. 63/68.)

— Poetry. (*Ibid.*, IX, July 1819, pp. 143/144.)

Col. 1796.

— La Poesia in Cina. — T. Massarani. (*Nuova Antologia*, LVI, marzo 1881, p. 189.)

— Noch ein Gedicht Po Chü-i's. (E. v. Zach, *Lexicog. Beit.*, IV, 1906, pp. 107/122.)

Voir col. 1795.

Col. 1799.

— Chinesische Lyrik vom 12. Jahrhundert v. Chr. bis zur Gegenwart In deutscher Übersetzung mit Einleitung und Anmerkungen von Hans Heilmann. München und Leipzig, R. Piper & Co., in-16, [s. d., 1905].

Forme le Vol. I de : *Die Fruchtschale Eine Sammlung.*

— Gems of Chinese Poetry. By The Chinese Hermit. (*East of Asia*, Vol. 4, Pt. 3, Sept. 1905, pp. 237/247; Vol. 5, No. 2, June 1906, pp. 166/177; No. 3, Sept. 1906, pp. 240/250.)

— Chinese Picture Tracts. By C. Wilfrid Allan. (*Ibid.*, Vol. 5, No. 1, March 1906, pp. 94/98.)

— My Feelings upon Seeing a Battle of Ants. Translated from a Chinese Poem a hundred years old, or more, By O. D. Wannamaker. (*Ibid.*, No. 3, Sept. 1906, p. 292.)

— * H. Bethge. — Die Chinesische Flöte. Nachdichtungen chinesischer Lyrik. Leipzig, 1907, gr. in-8.

— Poèmes chinois. (*Revue de Paris*, 1er Mars 1907, pp. 171/5.)

Traduits par Charles Laurent.

Littérature périodique.

Col. 1803.

— The Press not free in China. By Amicus. (*Indo-Chinese Gleaner*, VIII, April 1819, pp. 50/51.)

Col. 1804.

— Advertising in China. (*Cornhill Mag.*, Sept. 1891, pp. 257/267.)

— La presse chinoise. (*Bull. Com. Asie française*, Mai 1906, p. 193.)

— La Presse populaire chinoise Par Fernand Farjenel. (*Ibid.*, Nov. 1907, pp. 424/429.)

— Journalisme chinois. (*Ibid.*, Déc. 1907, pp. 509/510.)

Proverbes.

— Cantonese Apothegms, Classified, translated, & commented upon By Rev. H. J. Stevens, London Missionary Society. — (All rights reserved.) Canton : Printed by E-Shing. — 1902, in-12, pp. 155.

Voir col. 1807.

Histoire littéraire proprement dite.

Col. 1809.

— Das Chinesenthum und seine Literaturentwicklung. (*Das Ausland*, XXXV, 1862, pp. 40/3, 77/81, 368/372, 393/396, 437/440.)

(Proverbes. — Histoire litt. proprement dite.)

Col. 1813.

— * Die Orientalischen Literaturen. Berlin-Leipzig, Teubner, 1906, pp. 419.

Chinois, Wilhelm Grube. — Japonais, Karl Florenz.

Notice : *Revue critique*, 5 août 1907, pp. 81/2, par Sylvain Lévi.

Bibliographie.

— R. K. Douglas. — Supplementary Catalogue of Chinese Books. 1903. — Voir col. 1826.

Notice : *Bull. Ecole franç. Ext.-Orient*, V, Nos. 1-2, Janv.-Juin 1905, pp. 219/224. Par P. Pelliot.

Col. 1832.

— В. М. Алексѣевъ. — Замѣтки объ изученіи Китая въ Англіи, Франціи и Германіи. — С.-Петербургъ, Сенатская Тип., 1906, in-8, pp. 104.

Ext. du *Journal du Ministère de l'Instruction Publique*, 1906.

— Bibliographie Chinoise. Par Henri Cherrier. (*Société des Amis des Livres, Annuaire*, XXVIIIe année, Paris, 1907, pp. 59/72.)

(Bibliographie.)

XIV. — MŒURS ET COUTUMES.

Ouvrages divers.

Généralités.

— The Soul of the Far East by Percival Lowell... London, Kegan Paul, s. d. [1888], in-16, 3 ff. n. ch. + pp. 226.

Col. 1845.

— Pol Korigan — Chinois et Chinoiseries — Croquis & Parallèles — Première Série — Paris, Arthur Savaète, 1902, in-8, pp. 293 + 1 f. n. ch. tab., ill.

— T'ang Laorenkia. By W. J. Hunnex. (*East of Asia*, Vol. II, No. 1, May 1903, pp. 67/69.)

Né à K'ai-foung ; les ongles les plus longs de Chine.

— A Chinese Othello and Desdemona. By S. Pollard. (*Ibid.*, Vol. 4, No. 3, Sept. 1905, pp. 262/266.)

— Chinese Human Nature. By W. Arthur Cornaby. (*Ibid.*, Pt. 4, Dec. 1905, pp. 390/399.)

— A Nankin Girl. By Rose Sickler Williams. (*The Far East*, Vol. I, 1906, pp. 301/325.)

— Chinese Lives. An Appeal and a Protest. By George T. Murray. (*East of Asia*, Vol. 5, No. 2, June 1906, pp. 178/183.)

— Lights and Shadows of Chinese Life. By John Macgowan. (*Ibid.*, No. 1, March 1906, pp. 49/78 ; No. 3, Sept. 1906, pp. 269/281.)

— Sidelights on Chinese Life by Rev. J. Macgowan London Missionary Society... with twelve illustrations in colour by Montague Smyth and thirty-four other illustrations. London, Kegan Paul, 1907, in-8, pp. VIII-368.

— Coutumes chinoises — Du P. de Geloes. — Yao-wan, 8 Nov. 1905, 20 Janv. 1906. (*Relations de Chine*, Kiang-Nan, Juillet 1907, pp. 182/190.)

— Bits of Old China. By Inglis Sheldon-Williams. (*The Studio*, July 15, 1907, pp. 111/115.)

— Chinese Life and Customs by Paul Carus Illustrated by Chinese Artists. Chicago, The Open Court Publishing Co., 1907, in-8, pp. VI + 2 ff. n. ch. tab. et faux-titre + pp. 114.

(Ouvrages divers.)

Foreword. — Annual Festivals. — Chinese Industries and Foreign Relations. — Confucianism and Ancestor Worship. — Taoism and Buddhism. — Childhood and Education. — Betrothal and Marriage. — Social Customs and Travels. — Sickness and Death.

Notice : *Journ. R. As. Soc.*, July 1907, pp. 722/3, par S. W. B.[ushell.]

Famille.

Col. 1846.

— On the claims of consanguinity. (*Indo-Chinese Gleaner*, VIII, April 1819, pp. 81/82.)

— Chinese Customs connected with Births, Marriages, and Deaths. By Helena von Poseck. — II. Customs connected with betrothal and marriage. (*East of Asia*, Vol. 3, No. 3, Sept. 1904, pp. 218/231.) III. Death and Burial. (*Ibid.*, Vol. 4, No. 1, March 1905, pp. 24/32.)

Femmes.

Col. 1847.

— Chinesische Wittwenopfer. (*Das Ausland*, XXIV, 1861, pp. 1051/1053.)

All the Year Round.

— Die chinesische Frau. (*Globus*, LV, 1889, pp. 381/383.)

D'après C. Arendt. — Voir col. 1847.

Col. 1848.

— Sittenbilder aus China. — Mädchen und Frauen. Ein Beitrag zur Kenntniss des chinesischen Volkes von M. v. Brandt. Stuttgart, Strecker & Moser, 1895, in-8, pp. 87.

— The Chinese Maiden at Home. By W. A. Cornaby. (*East of Asia*, Vol. 3, No. 2, June 1904, pp. 137/147.)

Petits Pieds.

Col. 1849.

— Die kleinen Füsse der chinesischen Frauen. (*Das Ausland*, XXXV, 1862, pp. 186/8.)

Col. 1850.

— Summary of Work done by the Tien Tsu Hui. By Alicia Little. (*Chin. Rec.*, Jan. 1907, pp. 32/4.)

Eunuques, etc.

— Die Eunuchen im kaiserlichen Palast zu Peking. (*Globus*, LXX, 1896, pp. 378/9.)

Associations, etc.

Col. 1852.

— P. d'Enjoy. — Associations, Congrégations et Sociétés secrètes chinoises. — Voir col. 1852.

Notice : *Bull. Géogr. hist. et descriptive*, 1906, No. 1, pp. 133/135. Par H. Cordier.

— Paysans en communauté du Ning-po-fou (Province de Tché-kian — Chine) (Propriétaires-ouvriers dans le système du travail sans engagements) d'après les faits observés sur les lieux de 1842 à 1846 par Ouang-tching-yong l'un des membres de la famille recueillis et coordonnés en mars 1861 par M. L. Donnat, ingénieur civil des Mines. (*Les Ouvriers des Deux Mondes*, IV, Paris, Société d'Économie sociale, 1862, pp. 83 à 158.)

— De la législation chinoise à l'égard des congrégations religieuses, par M. Paul d'Enjoy. (*Bulletins et mémoires de la Société d'Anthropologie de Paris*, Ve Série, Tome V, Fasc. 2, pp. 154-157.)

Emblèmes, Couleurs, etc.

Col. 1853.

— The Ju-i, or, Sceptre of Good Fortune. By Dr. Joseph Edkins. (*East of Asia*, Vol. 3, No. 3, Sept. 1904, pp. 238/240.)

— Décorations et insignes chinois. (*Relations de la Chine*, Kiang-Nan, Avril 1906, pp. 106/112.)

Divers.

— Poor in China. By John Livingstone. (*Indo-Chinese Gleaner*, VII, Jan. 1819, pp. 19/23.)

— Instances of Longevity. (*Ibid.*, VIII, April 1819, pp. 52/53.)

— Showers of Blood. By Amicus. (*Ibid.*, III, February 1818, pp. 53/54.)

雨血.

— Die Chinesen und ihr Charakter. (*Das Ausland*, XXXII, 1860, pp. 790/2, 802/5.)

— L' Aristocrazia nella Cina. — E. Giglioli. (*Nuova Antologia*, XIX, marzo 1872, p. 595.)

— A travers la Chine Histoire d'un Mandarin Par Pierre Frédé Suivie d'une Notice sur le Tonkin. Rouen, Mégard, 1884, in-8, pp. 216-15.

La Notice sur le Tonkin occupe les 15 dernières pages ; elle est signée : J. Tribouillard.

— Some Chinese Oddities. By Francis E. Clark, D. D. (*The Cosmopolitan*, XXX, Nov. 1900-April 1901, pp. 281/7.)

— John Chinaman as a Humorist. By Helena von Poseck, Author of « Thekla's Decision », « Adrift in Naples », « On Board a Chinese Houseboat ». (*East of Asia*, Vol. II, No. 1, May 1903, pp. 61/66.)

— Ed. Chavannes. — Les prix de vertu en Chine. — Voir col. 1855.

Notice : *Bull. Ecole française Ext. Orient*, V, Nos. 1-2, Janv.-Juin 1905, p. 225. Par P. P.[elliot.]

Costume.

— La Queue des Chinois. Son Origine. — A quel âge on prend la natte. — Calvitie. — Queues postiches ; leur prix. — Comment on les attache. — Anecdote. Par G. D.[evéria.] (*Magasin pittoresque*, Déc. 1883, pp. 403/5.)

— Chinese Fans. By E. Ruhstrat. (*East of Asia*, Vol. 2, No. 2, July 1903, pp. 167/8.)

— Zur Geschichte der Brille. Von Berthold Laufer. Sonderabdruck aus den « Mitteilungen zur Geschichte der Medizin und der Naturwissenschaft », Bd. VI, 1907, Nr. 4. Hamburg, Leopold Voss, 1907, in-8, ch. p. 379 à 383.

Alimentation.

— Beschryving der Vogelnestjes, door Jan Hooyman. (*Verhand. v. h. Batav. Gen. K. en Weten.*, III, 1787, pp. 145/165.)

— Der Kannibalismus der Chinesen. — Dr. Behrens. (*Globus*, LXXXI, 1902, pp. 96/7.)

— Where and How the Middle-Class Chinese live. By W. W. (*The Far East*, Vol. I, 1906, pp. 209/221.)

Mariage.

— Solennités des mariages chez les Chinois. Lettre de M. Bohet, missionnaire du 4 mars 1833, à Hing-hoo-fou. (*Nouv. Ann. des Voy.*, III, 1834, pp. 152/161.)

— Marriage in China. By W. Remfry Hunt. (*East of Asia*, Vol. 3, No. 1, March 1904, pp. 67/70.)

— A Marriage Tragedy. Founded on fact. By C. Bone. (*Ibid.*, Vol. 4, Pt. 3, Sept. 1905, pp. 248/261.)

— Chinese Marriage Tales. (*The Far East*, Vol. I, 1906, pp. 291/299.)

— Del matrimonio chino. Por el P. Jaime Masip, O. Pr. Shao-ou, Fokien, China. (*Anthropos*, II, Fasc. 4 & 5, 1907, pp. 715/721.)

Infanticide.

— Infanticide in China. (*Indo-Chinese Gleaner*, XI, January, 1820, pp. 225/228.)

Funérailles.

— Les Chinois et leurs morts. Par P. Guimbretière, S. J. (*Relations de Chine*, Kiang-Nan, Janvier 1906, pp. 37/42.)

— Gräber und Steinskulpturen der alten Chinesen. Von P. A. Volpert, S.V.D., Ssüschui, Südschantung, China. (Mit Illustrationen.) (*Anthropos*, III, Heft 1, 1908, pp. 14/18.)

Voir Chavannes, col. 696.

Culte des Ancêtres et Piété filiale.

— What is Filial Pi ty? (H. A. Giles, *Adversaria Sinica*, I, 1905, pp. 20/5.)

— Twenty-four Examples of Filial Piety. Translated from the Chinese by H. Sachse. (*The Far East*, Vol. I, 1906, pp. 181/6.)

— Totenkult in China. — Dr. J. W. (*Asien*, Dez. 1906, pp. 40/1.)

(ALIMENTATION—CULTE DES ANCÊTRES ET PIÉTÉ FILIALE.)

Folk-Lore, Légendes, Animaux monstrueux, Superstitions, etc.

DIVERS.

Col. 1872.

— Demons — Canton, October 23, 1817. By Amicus. (*Indo-Chinese Gleaner*, V, August 1818, pp. 144/145.)

— Divination in China. (*Ibid.*, XII, April 1820, pp. 318/320.)

— Chinesische Drachen. (*Das Ausland*, 1864, pp. 285/6.)

D'après *All the Year Round.*

— Aus der chinesischen Märchenwelt. (*Globus*, XXXIV, 1878, pp. 347/8.)

Cf. Dennys, col. 1872.

Col. 1873.

— Chinesische Märchen. Von C. C. Stuhlmann in Swatow. (*Globus*, XXIX, 1876, pp. 59/60.)

— Miscellanées chinois. — I. — Le Rève dans les croyances chinoises. Par C. de Harlez. In-8, pp. 22.

— Zauber und Zauberjungen bei den Chinesen. Von E. Metzger. (*Globus*, XLII, 1882, pp. 110/112, 119/121.)

Col. 1881.

— The Fairyland of China. By James Ware. (*East of Asia*, Vol. 4, No. 1, March 1905, pp. 80/89.)

— The Fairyland of China. II. By James Ware. (*Ibid.*, Pt. 2, June 1905, pp. 120/127.)

— Where the River-God Lies Buried. A Chinese nature study. By George A. Clayton. (*Ibid.*, Vol. 3, No. 1, March 1904, pp. 87/91.)

— The Simpleton, the Princess, and the Daughter of the King. A fairy tale. (Translated from the Chinese by Ardsheal.) (*Ibid.*, No. 3, Sept. 1904, pp. 248/263.)

— Demon-scare-demon. By W. Arthur Cornaby. (*Ibid.*, No. 4, Dec. 1904, pp. 363/370.)

— A Chinese Draco. By Helena von Poseck. (*Ibid.*, p. 400.)

— Fables et Contes de l'Inde extraits du Tripiṭaka chinois par Édouard Chavannes. (*Actes du XIVe Congrès int. des Orient.*, Alger, 1905, 1e Partie, 5e Sect., pp. 84/145.)

Notice : *Bul. École franç. Ext. Orient*, VI, Juillet-Déc. 1906, pp. 401/2, par P. Pelliot. — Voir col. 1881.

— Etudes de littérature bouddhique Par M. Ed. Huber Professeur p. i. de chinois à l'Ecole française d'Extrême-Orient — V Les sources du Divyāvadāna (Suite) — VI Kaniṣka et Sātavāhana — VII Termes persans dans l'astrologie bouddhique chinoise. (*Bull. Ecole franç. Ext. Orient*, VI, 1906, Janv.-Juin, pp. 1/43.)

— Etudes de littérature bouddhique Par M. Ed. Huber, Professeur de chinois à l'Ecole française d'Extrême Orient. — VIII La Destruction de Roruka. (*Ibid.*, Juill.-Déc., pp. 335/340.)

Voir col. 1881. — Voir BOUDDHISME.

— Sir Diamond, the Demon-Vanquisher. By W. Arthur Cornaby. (*East of Asia*, Vol. 4, Pt. 3, Sept. 1905, pp. 227/236.)

Col. 1882.

— Chinese Customs and Superstitions. (*East of Asia*, Vol. 4, Pt. 3, Sept. 1905, pp. 298/300.)

— Studies in Chinese Dreamlore. By Franklin Ohlinger. (*Ibid.*,

(FOLK-LORE, ETC.)

Pt. 4, Dec. 1905, pp. 381/389; Vol. 5, No. 1, March 1906, pp. 16/28; No. 3, Sept. 1906, pp. 256/267.)

— Le diable sonneur de cloches Par Albert Wetterwald, S. J. Hsien-hsien, 1904 et 1905. (*Relations de Chine*, Kiang-Nan, Janvier 1906, pp. 24/41.)

— The Trial of the Tiger. (Translated from the Chinese by Ardsheal.) (*East of Asia*, Vol. 5, No. 1, March 1906, pp. 33/37.)

— Chinese Customs and Superstitions. (*Ibid.*, pp. 99/100.)

— The Trial of the Stone Lion. (Translated from the Chinese by Ardsheal.) (*Ibid.*, No. 3, Sept. 1906, pp. 251/255.)

— The Chinese Gardens of Unnatural History. By Isaac Taylor Headland. (*Ibid.*, No. 2, June 1906, pp. 101/112; No. 3, Sept. 1906, pp. 201/208.)

— The Origin of the Mattock in China. By R. Pieper. (*The Far East*, Vol. I, 1906, p. 260.)

— Le Spiritisme en Chine. Par M. Paul d'Enjoy. (*Bul. et Mém. Soc. Anth. Paris*, VII (Ve Sér.), 1906, pp. 87/100.)

— Se Wang Mu. Von A. Forke. (*Mitt. Sem. f. Orient. Sprachen*, Berlin, *Ostasiat. Studien*, IX, 1906, pp. 409/417.)

— H. A. Giles. — *Adversaria Sinica*, Nos. I & II.

— Siwangmu and K'wenlun. By T. W. Kingsmill. (*Journal N. C. B. R. A. Soc.*, XXXVII, 1906, pp. 185/190.)

— Ivan Chên. — A Comparative Study of English and Chinese Customs and Superstitions. (*Lond. & China Express*, Nov. 15, 1907.)

Conférence faite à la China Society, Caxton Hall, Westminster.

Fêtes diverses. — Cérémonial, etc.

— Some Notes on Chinese Festivals and their Observances. By P. Otto. (*East of Asia*, Vol. II, No. 1, May 1903, pp. 81/94.)

— Variétés sinologiques N° 25 — Quelques mots sur la Politesse chinoise par le P. Simon Kiong, S. J. (龔古愚) avec Appendices sur les Fourrures et Soieries par le P. F. Courtois, S. J. (柏永年) — Chang-hai Imprimerie de la Mission catholique Orphelinat de T'ou-sè-wè — 1906, in-8, 4 ff. n. ch. p. l. tab., etc. + pp. 119.

App. I. Bibliographie de la Politesse chinoise (par le P. Mathias Tchang, S. J.), p. 85.

App. II. Les nattes 龍鬚席 (*long-siu si*) par le P. F. Courtois, S. J., p. 92.

App. III. Les Fourrures chinoises par le P. F. Courtois, p. 96.

App. IV. Soie et Soieries chinoises par le P. F. Courtois, p. 104.

Notice : *T'oung Pao*, Octobre 1906, pp. 535/6. Par Ed. Chavannes.

— The Chinese Moon Festival. By C. Bone. (*East of Asia*, Vol. 5, No. 1, March 1906, pp. 29/32.)

— Desultory Notes on some of the Elements of Chinese Etiquette. By the late Rev. A. G. Jones. (*Chin. Rec.*, XXXVII, Oct. 1906, pp. 531/547.)

Avait d'abord paru sous forme de brochure non mise dans le commerce.

(Fêtes diverses. — Cérémonial, etc.)

— Chinese Etiquette. By F. Wilhelm. (*The Far East*, Vol. I, 1906, pp. 151/163, ill.)

— * W. Gilbert Walshe, M. A. — Ways that are Dark; being Chapters on Chinese Etiquette and Social Procedure.

Notice : *Journ. N. C. Br. R. As. Soc.*, 1907, XXXVIII, pp. 236-239, par W. Nelson Bitton.

Jeux.

— The Dance in Ancient China. (Giles' *Adversaria Sinica*, No. 5, 1906, pp. 119/131.)

— The Home of *Jiu Jitsu* (柔術). (*Ibid.*, pp. 132/8.)

— The Bird Chariot in China and Europe — By Berthold Laufer — (Reprinted from the *Boas Memorial Volume*) — New York, 1906, br. in-8, chif. p. 410 à 424, 1 pl. phot. et ill.

Lire sur le titre « Boas *Anniversary* Volume ».

A propos d'un article de Edward S. Morse, *A Curious Aino Toy*, dans le *Bulletin of the Essex Institute*, Salem, Mass., Vol. XXV, pp. 1/7.

— Chinese Children's Games. By Isaac Taylor Headland. (*Journal N. C. B. R. A. Soc.*, XXXVII, 1906, pp. 150/184.)

— La lanterne merveilleuse Par Sévère Bizeul, S. J. (*Relations de Chine*, Kiang-Nan, Octobre 1906, pp. 223/227.)

Monnaies, Poids et Mesures, Sociétés d'argent.

Col. 1893.

— China. — Imperial Maritime Customs. — II. — Special Series : No. 21. — China's Defective Currency : *Mr. Woodruff's Remedial Suggestions.* — Published by order of The Inspector General of Customs. — Shanghai : Statistical Department of the Inspectorate general of Customs. — 1897, in-4, pp. 8 + pp. 9 texte chinois.

Col. 1894.

— La Question monétaire en Extrême-Orient par Paul Alglave Chargé de Conférences à la Faculté de Droit de l'Université de Paris — (Extrait des *Questions Monétaires Contemporaines*) — Paris, L. Larose et L. Tenin, 1905, in-8, pp. 120.

— Chinesisches Papiergold. (*Asien*, 1905, No. 5, pp. 70/2.)

— La réforme monétaire en Chine. [Par M. Dejean de la Batie, consul de France à Chang-hai.] (*Soc. Géogr. comm.*, XXVIII, Mars 1906, pp. 196/199.)

Extr. de la *Dépêche coloniale*.

— Les monnaies chinoises Par Louis Hermand. (*Relations de Chine*, Kiang-Nan, Octobre 1906, pp. 212/222.)

(Jeux. — Monnaies, etc.)

— The Yojana and the Li. By J. F. Fleet. (*Journ. Roy. As. Soc.*, October 1906, pp. 1011/1013.)

— Notes on Chinese Banking System in Shanghai. By John C. Ferguson, Ph. D. (*Journ. N. C. B. R. A. Soc.*, XXXVII, 1906, pp. 55/82.)

— Quality of Silver. By H. B. Morse. (*Ibid.*, pp. 191/2.)

— Currency in China. By H. B. Morse. (*Journal North China Branch of the Royal Asiatic Society*, Vol. XXXVIII), in-8, pp. 60, 8 pl.)

Preliminary. — Copper Currency. — Paper Money. — Silver Currency. — General Considerations.

Avait paru pages 1-60 du *Journ. N. C. B. R. As. Soc.* for 1907, Vol. XXXVIII.

— La réforme monétaire en Chine Par A. Vissière. (*Bull. Com. Asie française*, Janvier 1907, pp. 23/24.)

Sociétés secrètes.

— Secret Associations. (*Indo-Chinese Gleaner*, IV, May 1818, pp. 87/88.)

— Sociétés secrètes en Chine — La secte des Trois-Points au Kouang-si Par M. Rué, des Missions Etrangères de Paris. (*Miss. Cath.*, XXXVIII, 20 avril 1906, pp. 190/1.)

Pirates.

— Mlle. Fanny Loviot in der Gefangenschaft chinesischer Piraten. (*Das Ausland*, XXXII, 1859, pp. 361/6.)

— Attacked by Pirates. — A Reminiscence. (*N. C. Herald*, Aug. 23, 1907.)

— La police du Si-Kiang. (*Bull. Com. Asie franç.*, Janvier 1908, p. 34.)

(Sociétés secrètes. — Pirates.)

Opium.

Col. 1907.

— Les Fumeurs d'Opium en Chine Étude médicale Par le docteur H. Libermann... — Deuxième édition. — Boulogne-sur-Mer, Imprimerie Veuve Charles Aigre, 1886, in-8, pp. 83.

— G. — Die Geschichte des Opiums nach chinesischen Quellen. (*Globus*, LXVIII, 1895, pp. 64/5.)

Col. 1916.

— One of the Most Difficult Moral Problems of the East. By D. G. Olpp, R. H. M. (*The Far East*, Vol. I, 1906, pp. 365/381.)

— The Opium Question : A New Opportunity. By John A. Anderson, M. D. (*Chin. Recorder*, XXXVII, August 1906, pp. 431/434.)

— Three Weeks with Opium Smokers in a Chinese Village. By Rev. Wm. C. White, C. M. S., Longuong. (*Ibid.*, Nov. 1906, pp. 591/600.)

— La suppression de l'opium [en Chine]. (*Bull. Com. Asie franç.*, 1907, Mai, p. 183 ; Juin, p. 227.)

— Le mouvement contre l'opium. (*Ibid.*, Juillet, pp. 256/7.)

— L'abolition de l'usage de l'opium. (*Ibid.*, Août, pp. 316/7.)

— La suppression de la consommation de l'opium. (*Ibid.*, Oct., pp. 402/3.)

— *China.* No. 1 (1908). — Correspondence respecting the Opium Question. [With Map.] — Presented... February 1908. — London... [Cd. 3881.] Price 7*d.*, in-fol., pp. IV-48.

(Opium.)

DEUXIÈME PARTIE

LES ÉTRANGERS EN CHINE

I. — CONNAISSANCES DES PEUPLES ÉTRANGERS SUR LA CHINE.

Temps anciens et Moyen âge.

Notes diverses.

— Herr v. Richthofen. — Ueber den Seeverkehr nach und von China im Alterthum und Mittelalter. (*Verhand. Ges. Erdk. Berlin*, III, 1876, pp. 86/97.)

Les Arabes.

— Réponse du p. F. X. Dentrecolles au livre de Mr Renaudot intitulé : Anciennes Relations de la Chine : observations adressées à la Congrégation de la Propagande et datées de Pékin 27 septembre 1724. — Ms. de 48 pages in-4 sur papier de Chine. (*Cat. vente Saint-Martin*, 4 février 1833, No. 996, 30 francs. — Aujourd'hui à la Bibl. de Munich : *Catal. Mss. Bibl. Monacensis*, t. V, n. 1305.)

Voir col. 1924.

Rachid Eddin.

Col. 1929-30.

— Suggestions for a complete edition of the Jami'u't-Tawárikh of Rashídu'd-Dín Fadlu'lláh. By Edward G. Browne. (*Journ. Roy. As. Soc.*, Jan. 1908, pp. 17/37.)

Col. 1933.

— The Dawn of Modern Geography Part II A History of Exploration and Geographical Science from the Close of the Ninth to the Middle of the Thirteenth Century (c. A. D. 900-1260) By C. Raymond Beazley, M. A., F. R. G. S. Fellow of Merton College, Oxford. With Reproductions of the Principal Maps of the Time. London, John Murray, 1901, in-8, pp. XVIII + 1 f. n. ch. ill. + pp. 651.

Preface. — Chap. I. Introduction. — II. The Horsemen in the History of Exploration, to the beginning of the Crusades (circ. A. D. 800-1070). — III. Pilgrim Travel (circ. A. D. 900-1260). — IV. Benjamin of Tudela and other Jewish Travellers, to the Middle of the thirteenth century. — V. Diplomatic and Missionary Travel of the thirteenth century : Carpini, Rubruquis, etc. — VI. Commercial Travel (circ. A. D. 900-1260). — VII. Geographical Theory and Description (circ. A. D. 900-1260).

— — Part III. A History of Exploration and Geographical Science from the Middle of the Thirteenth to the early years of the Fifteenth Century (c. A. D. 1260-1420). With Reproductions of the Principal Maps of the Time. Oxford, Clarendon Press ; London, Henry Frowde, 1906, in-8, pp. XVI-639, 12 pl.

— Die Reiseberichte über Sibirien von Herberstein bis Ides. Von Dr. Georg Henning. (*M. Ver. E. Leipzig*, 1905, pp. 241/394.)

Benjamin de Tudèle.

— * The Itinerary of Benjamin of Tudela. Critical Text, Translation, and Commentary by Marcus Nathan Adler. London : H. Frowde, 1907, in-8, pp. xvi-94 + 100, Map and Facsimiles.

MARCO POLO.

I.

ÉDITIONS.

Col. 1967.

— * Reisen des Venezianers Marco Polo im 13. Jahrhundert. Bearb. u. herausg. von H. Lemke. Mit Bildnis M. P.'s. Hamburg, 1907, gr. in-8.

Col. 1976.

— Cosmographia... de Marco Paulo... Séville, 1518.

La librairie Karl W. Hiersemann, de Leipzig, a mis en vente au prix de M. 11.000 dans son Catalogue *America*, No. 336, en 1907, sous le No. 2323 un exemplaire de la *Cosmographia breue introductoria en el libro de Marco paulo* dont le colophon se termine : El ql se emprimio por Juan varela | d'salamãca en la muy noble y muy | leal ciudad de Seuilla. Año de | mill y qnientos y diez y ocho | año a. XVI. dias de mayo. In-fol., 4 ff. n. ch. + 31 ff. ch. à 2 col.

— Giovanni Vacca. — Un manoscritto inedito dei viaggi di Marco Polo. (*Rivista geog. italian.*, feb. 1907, pp. 107/8.)

Ms. catalan de la Riccardiana 2048.

III.

COMMENTAIRES GÉOGRAPHIQUES, etc.

Col. 1996.

— Marco Polo und die Anianstrasse. Von Prof. S. Ruge, Dresden. (*Globus*, LXIX, 1896, pp. 133/137.)

— Marco Polo's Journey in Manzi. By John C. Ferguson. (*Journal N. C. B. R. A. Soc.*, XXXVII, 1906, pp. 190/1.)

HETOUM, dit l'Historien.

— Notice d'un manuscrit d'Hayton récemment acquis par la Bibliothèque nationale. Par Léopold Pannier, Pièce in-8, s. l. n. d. [Nogent-le-Rotrou, 1874], pp. 6.

Ext. de la *Bibliothèque de l'Ecole des Chartes*, t. XXXV.

Voir col. 2002.

— Hayton. — La Flor des Estoires de la Terre d'Orient.

Recueil des Historiens des Croisades... — Documents arméniens Tome second — *Documents latins et français relatifs à l'Arménie.* Paris, Imprimerie nationale MDCCCCVI, in-fol. II, pages 113-253 et 255-363 pour :

— Haytonus. — Flos Historiarum Terre Orientis.

Voir l'*Introduction*, pages XXIII-CXLII, par Ch. Kohler, avec une Bibliographie, pp. LXXXV-CXXX.

IBN BATOUTAH.

— Ibn Batuta's Gesandtschaftsreise nach China. (*Das Ausland*, XXXI, 1858, pp. 1092/1097.)

(TEMPS ANCIENS ET MOYEN ÂGE.)

RUY GONÇALEZ DE CLAVIJO.

— Constantinople ses sanctuaires et ses reliques au commencement du XV siècle. Fragment de l'Itinerario de Clavijo traduit et accompagné de notes historiques explicatives par Ph. Bruun. Ouvrage posthume. Odessa, P. A. Zeleny, 1883, in-8, pp. 48.

Ext. du Vol. XXXVI de *Зап. Имп. Новороссійскаго Университета.*

NICOLO DE' CONTI.

— * F. S. Giardina. — I viaggi di Nicolò de' Conti. Appunti sulla relazione di essi. Catania, 1899, Coco, in-8, pp. 92.

— La relazione del Bracciolini sui viaggi di Nicolò de' Conti. Contributo per la nuova edizione di essa. (Est. « R. di Stor. e di Geog. », 1901.) Catania, 1901, Galati, in-8, pp. 15.

— Poggio Bracciolini und Nicolò de Conti in ihrer Bedeutung für die Geographie des Renaissancezeitalters. Von Dr. Waldemar Sensburg in München (Mit einer Kartenskizze). (*Mitt. k. k. Geog. Ges. Wien*, XLIX. Bd., 1906, pp. 257/372.)

Tirage à part : Wien, R. Lechner, 1906, in-8, pp. VI-116, 1 pl.

Voyages dans les temps modernes.

GALEOTTO PEREIRA.

Col. 2062-3.

— * Alcune cose del paese de la China saputi de certi Portughesi ch' ivi furon fati schiavi ; e questo fu cavato d' un tratato che fecce Galeoto Pereira Gentil huomo persona di molto credito il quale stette prigione nel sudetto luogo Tuchien alcuni anni. Venetia, por Michele Tramezzino, 1565.

Trad. abrégée en anglais par R. Willes imprimée par Richard Eden dans son *Historye of Travaile in the West and East Indies*, 1577.

Pas dans le British Museum. — Cité d'après Barbosa Machado, *Bib. Lusitana*, II, p. 322, par Donald Ferguson, *Letters from Portuguese*, p. 44, note.

ANTONIO DE MORGA.

Col. 2064-5.

— Antonio de Morga. — Mexico, 1609.

Un ex. mis en vente au prix de M. 12800, librairie Karl W. Hiersemann, Leipzig, dans le Catalogue *America* No. 336, sous le No. 2021.

— Sucesos de las Islas Filipinas por el Doctor Antonio de Morga — Obra publicada en Méjico el año de 1609 nuevamente sacada a luz y anotada por José Rizal y pre-

(VOYAGES DANS LES TEMPS MODERNES.)

cedida de un prólogo del Prof. Fernando Blumentritt. Paris, Garnier hermanos, 1890, in-8, pp. XXXVI + 1 f. n. ch. + pp. 374.

BENOIT DE GOËS.

— Bento de Goes (1607-1907), por Augusto Ribeiro. (*Bol. Soc. Geog. Lisboa*, Avril 1907, pp. 137/148.)

— Bento de Goes, Explorador da Asia o seu Itinerario, por Ernesto de Vasconcellos. (*Ibid.*, pp. 148/151, carte.)

A l'occasion du centennaire de Benoit de Goës.

— Bento de Goes, Explorador da Asia — O seu itinerariò. Por Ernesto de Vasconcellos. (*Revista Portugueza*, 1907, 20 Abril, pp. 1/5.) — Historia da sua viagem ao Catáio. Trad. de João Farmhouse. (*Ibid.*, pp. 6/16; 20 Maio, pp. 49/50.)

— * Elogio Historico de Bento de Goes — Proferido no dia 11 de abril de 1907, tricentenario da sua morte, por occasião do solemne Te-Deum na matriz de S. Miguel Archanjo de Villa Franca do Campo, pelo Padre Manuel Ernesto Ferreira — Typ. A. Moderna, Rua do Castello, n°1 — Ponta Delgada — 1907.

Notice : *Bol. Soc. Geog. de Lisboa*, Agosto 1907, p. 287, par E. V.

JEAN ALBERT DE MANDELSLO.

Col. 2075.

— Persiaensche Reyse | ‖ Uyt Holsteyn, door Lijflandt, Moscovien, Tartarien in Persien. ‖ Door ‖ Philippus Crusius, en ‖ Otto Brughman, Gesanten, ‖ Des Doorl: Hoogh: Heere, Heer ‖ Frederick, ‖ Erf-Heer in Norwegen, Hertog van Sleswijck en Holsteyn, &c. ‖ Aen de Koninck van Persien : En van daer te landt naer Oost-Indien. ‖ Waer in veel vreemde ontmoetingen en gelegentheden der voor= ‖ noemde Landen en Volckeren beschreven zijn. ‖ Int Hoogduyts beschreven door ‖ Adam Olearius; ‖ Secretarius der Vorstelijcke Gesanten. ‖ En nu int Neder-duyts overgeset. ‖ [Marque.] ‖ t'Amsterdam, ‖ — Voor Joost Hartgers, Boeckverkooper op den Dam ‖ bezyden het Stadthuys | ‖ op de hoeck van de Kalverstraet | in de Boeck-winckel | Anno 1651, in-4, front. grav., + pp. 134.

Suivi de :

— Beschrijvinghe des ‖ Koninckrijcx ‖ Persien. ‖ Zijnde het tweede Deel van de Persiaensche Reyse uyt Holsteyn, door Lijflant, Moscovien, ‖ en Tartarien, door Philippus Crusius, en ‖ Otto Brughman, Gesanten, des ‖ Doorl: Hoogh: Heere, Herr ‖ Frederick, ‖ Erf-Heer in Noorwegen, Hertogh van Sleswijck en Holsteyn, &c. ‖ Met een Reyse van daer te Lande ‖ Naer ‖ Oost-Indien. ‖ Door ‖ Johan Albreght van Mandelslo. ‖ Waer in veel vreemde ontmoetingen en gelegentheden der voornoemde ‖ Landen en Volckeren beschreven zijn. ‖ Int Hooghduyts beschreven door ‖ Adam Olearius. ‖ Secretarius der Vorstelijcke Gesanten. ‖ En nu int Neder-duyts overgeset. ‖ t'Amsterdam, ‖ — Voor Ioost Hartgers, Boeck-verkooper op den Dam | besyden het Stadt-huys | op ‖ de hoeck van de Kalverstraet | in de Boeck-winckel | Anno 1651, in-4, pp. 120.

— Persiaensche Reyse | ‖ Uyt Holsteyn, door Lijflandt, Moscovien, Tartarien in Persien. ‖ Door ‖ Philippvs Crvsivs, ‖ en ‖ Otto Brvghman, ‖ Gesanten des Doorl : Hoogh : Heere, Herr ‖ Frederick, ‖ Erf-heer in Norwegen, Hertog van Sleswijck en Holsteyn, &c. ‖ Aen den Koninck van Persien : En van daer te Landt naer Oost-Indien. ‖ Waer in veel vreemde Ontmoetingen en Gheleghentheden der ‖ voor-noemde Landen en Volckeren beschreeven zyn. ‖ In't Hooghduyts beschreven door ‖ Adam Olearius, ‖ Secretarius der Vorstelijcke Ghesanten. ‖ En nu in't Neder-duyts over-geset : En desen tweeden Druck met ‖ eenige Caerten daer toe dienende | vermeerdert en verbeetert. ‖ t'Amsterdam, ‖ — Voor Jan Jansz. Boeck-verkooper op't Water in de Pas-Caert. ‖ Anno 1651, in-4, front. grav. + pp. 134.

— Beschrijvinghe des ‖ Koninckrijcks ‖ Persien. ‖ Zijnde het tweede Deel van de Persiaensche ‖ Reyse uyt Holsteyn, door Lijflandt, Moscovien, ‖ en Tartarien, door ‖ Philippus Crusius, ‖ en ‖ Otto Brughman, ‖ Gesanten des Doorl : Hoogh : Heere, Heer ‖ Frderick, ‖ Erf-Heer in Norwegen, Hartogh van Sleswijck en Holsteyn, &c. ‖ Met een Reyse van daer te Lande naer ‖ Oost-Indien. ‖ Door Johan Albreght, van Mandelslo. ‖ Waer in veel vreemde Ontmoetingen en Ghelegentheeden der ‖ voor-noemde Landen en Volckeren beschreven zijn. ‖ In't Hooghduyts beschreven door ‖ Adam Olearius, ‖ Secretarius der Vorstelijcke Ghesanten. ‖ En nu in't Neder-Duydts overgheset. ‖ t'Amsterdam, ‖ — Voor Jan Jansz, Boeck-verkooper op't Water in de Pas-Caert. ‖ Anno 1651. In-4, pp. 120.

Col. 2076.

— Beschryvingh van de gedenk= ‖ waerdige Zee- en Landt- ‖ Reyze, ‖ Deur ‖ Persien naar Oost-Indien, ‖ Gedaan van den wel-Ed. ‖ Johan Albrecht ‖ van Mandelslo. ‖ Door ‖ M. Adam Olearius, ‖ Auteur van de Persiaansche Reyze, uyt des zelfs dagelijksche ‖ Aanteekeningen t'zamen gestelt. ‖ Uyt het Hoog- in't Nederduyts vertaalt | en met schone ‖ kopere Platen verciert. ‖ [Fleuron.] ‖ t'Amsterdam, ‖ — By Jan Hendriksz. en Jan Rieuwertsz. ‖ Boekverkoopers. In't Jaar 1658. Pet. in-4, 4 ff. prél. n. ch. [front. grav., avis au lecteur] + pp. 150, grav.

A la fin : t'Amsterdam, ‖ Ter Drukkerye van Tymon Houthaak, op de Nieuwezijds ‖ Kolk | in de Vogel Struys. 1658.

JEAN MOCQUET.

Voir col. 2078-2080.

— Voyages ‖ en Afriqve, Asie, ‖ Indes orientales ‖ & Occidentales. ‖ Faits par ‖ Iean Mocqvet, Garde du Cabinet des ‖ singularitez du Roy, aux Tuilleries. ‖ Divisez en six livres, ‖ & enrichiz de Figures. ‖ Dediez av Roy. ‖ [Marque.] ‖ A Paris, ‖ Chez Iean de Hevqveville, ruë ‖ sainct Iacques, à la Paix. ‖ — M.DC.XVII. ‖ Avec privilege dv Roy. Pet. in-8, 4 ff. n. ch. tit., ép. au Roy, tab. + pp. 442 + 7 ff. n. ch. tab., er., priv.

— Voyages ‖ en ‖ Afriqve, Asie, ‖ Indes orientales, ‖ & Occidentales. ‖ Faits ‖ Par Iean Mocqvet, Garde ‖ du Cabinet des singularitez ‖ du Roy, aux Thuilleries. ‖ Divisez en six livres, ‖ & enrichis de Figures. ‖ [Fleuron.] ‖ A Roven, ‖ Chez David Berthelin, dans ‖ la Court du Palais. ‖ — M.DC.LXV, pet. in-8, 4 ff. n. ch. tit., etc. + pp. 442 + 6 ff. n. ch. tab.

— Voyages en Afrique, Asie, Indes orientales et occidentales, faits par Jean Mocquet, Garde du Cabinet des Singularitez du Roi, aux Tuileries. Divisés en six livres. Paris, Imprimé aux frais du Gouvernement pour procurer du travail aux ouvriers typographes. — Août 1830, in-8, 4 ff. n. ch. + pp. 381 [ch. 281 par erreur].

Col. 2103.

— Supplément au Voyage de M. Sonnerat dans les Indes orientales et a la Chine. Par un ancien Marin. — *Amica veritas.* — A Amsterdam ; Et se trouve à Paris, Chez Clousier, Imprimeur-Libraire, rue de Sorbonne. Et chez les Marchands de Nouveautés. 1785, in-8, pp. 31.

D'après Barbier, par Foucher d'Obsonville, né en 1734 ; † à Meaux, le 25 nivôse an II (14 janvier 1802) ?

Col. 2110.

— Views in India, China, and on the Shores of the Red Sea ; drawn by Prout, Stanfield, Cattermole, Purser, Cox, Austen, &c. from Original Sketches by Commander Robert Elliott, R. N. with descriptions by Emma Roberts. London : H. Fisher, R. Fisher & P. Jackson. S. d., 2 vol. in-4, pp. 68, 64.

Front. en couleurs en tête du 1er vol. ; front. gravé en tête de chaque volume.

— Rapport préalable fait à l'Académie des Sciences de Saint-Pétersbourg sur un voyage en Chine, entrepris par ordre de S. M. l'Empereur ; par M. George Fuss. (*Nouv. Ann. des Voy.*, 3e Sér., I, 1834, pp. 170/183.)

Col. 2111.

— Voyage du navire anglais le *Sylphe* le long de la cote de la Chine en 1832. (*Nouv. Ann. des Voy.*, III, 1834, pp. 16/43 ; V, 3e Sér., 1835, pp. 58/93.) — D'après l'*Asiatic Journal.*

— Voyage aux cotes du nord-est de la Chine sur le navire *Lord Amherst.* Extrait des documents relatifs au commerce avec la Chine, imprimés par ordre de la Chambre des Communes. (*Nouv. Ann. des Voy.*, 3e Sér., I, 1834, pp. 32/104.)

— Voyage sur les cotes de la Chine. (*Ibid.*, III, 1834, pp. 166/210.) — *Lord Amherst.*

(VOYAGES DANS LES TEMPS MODERNES.)

Col. 2118.

— * Carlos José Caldeira. — Apontamentos d'uma viagem de Lisboa á China e da China á Lisboa. Lisboa, 1852-53, 2 parties in-8.

Col. 2126.

— Dr. Karl v. Scherzer †. Von W. Wolkenhauer. Bremen. (*Globus*, Bd. 83, 1903, pp. 229/230.)

BARON VON RICHTHOFEN.

Col. 2134.

— Ferdinando von Richthofen e la sua opera scientifica. Nota del Prof. Filippo Porena. (*Riv. G. Italiana*, XII, 1905, pp. 577/584.)

— Ferdinand Freiherr von Richthofen (with a Portrait). By N. Fukuchi, Rigakuhakushi. (*Jour. Geolog. Soc. Tōkyō*, Oct. 1905, No. 145, p. 1.)

En japonais.

— Commemorazione del Socio straniero Ferdinando von Richthofen letta dal Socio G. dalla Vedova nella seduta del 3 dicembre 1905. — Roma, Tip. d. R. Accad. dei Lincei, 1905, gr. in-8, ch. p. 629 à p. 634.

Rendiconti della R. Acc. dei Lincei, Cl. di Sc. fisiche..., Est. d. Vol. XIV, Ser. 5, 2 sem., fasc. 11.

— Ferdinand von Richthofen als Geograaf. Door Prof. Dr. C. M. Kan. (*Ts. K. Ned. Aard. Genoots.* Amsterdam, XXIII, 1906, pp. 542/559.)

— Ferdinand von Richthofens Bedeutung für die Geographie. Von Alfred Hettner. (*Geog. Z.*, 12, 1906, pp. 1/11.)

— In Memoriam. — Freiherr Ferdinand von Richthofen. By Thos. W. Kingsmill. (*Journal N. C. B. R. A. Soc.*, XXXVII, 1906, pp. 218/220.)

— * E. v. Drygalski. — Ferdinand Freiherr v. Richthofen. Gedächtnisrede. (*Männer der Wissenschaft, eine Sammlung von Lebensbeschreibungen...* herausgeg. v. J. Ziehen, Heft 4.) Leipzig, W. Weicher, 1906, in-8, pp. 35.

Notice : *Petermanns Mitt.*, 1907, IX, Litbt. No. 573, par Ed. Lentz.

— Die Schriften von Ferd. Freiherr v. Richthofen Zusammengestellt von Dr. E. Tiessen — Separatabdruck aus « Männer der Wissenschaft » Heft 4. Ferdinand Freiherr von Richthofen Gedächtnisrede von Professor Dr. E. von Drygalski. Leipzig, Wilhelm Weicher, 1906, br. in-8, pp. 18.

— Фердинандъ баронъ фонъ Рихтгофенъ. (Некрологъ.) К. Богдановича. (*Извѣстія И. Р. Геог. О.*, XLII, 1906, 1, pp. 247/263.)

— Ferdinand von Richthofen's Tagebücher aus China. Ausgewählt und herausgegeben von E. Tiessen. — Band I. — Mit 14 Lichtdrucktafeln, davon 13 nach Originalzeichnungen Richthofen's. Berlin 1907. Dietrich Reimer (Ernst Vohsen), in-8, pp. XII + 1 f. n. ch. tab. + pp. 588, 1 carte.

— — Band II. — Mit 7 Lichtdrucktafeln, davon 6 nach Originalzeichnungen Richthofen's. Ibid., in-8, 1 f. n. ch. tab. + pp. 375.

(VOYAGES DANS LES TEMPS MODERNES.)

Col. 2135.

— Overland through Asia : Pictures of Siberian, Chinese, and Tartar Life. Travels and Adventures in Kamchatka, Siberia, China, Mongolia, Chinese Tartary, and European Russia, with full Accounts of the Siberian Exiles, their Treatment, Condition, and Mode of Life, a Description of the Amoor River, and the Siberian Shores of the Frozen Ocean. With two hundred Illustrations and a Map. By Thomas W. Knox. London : Trübner & Co., Hartford : F. E. Bliss & Co., 1871, in-8, pp. xviii-608.

— Col. 2137, au lieu de « Thomas-Anquetel », lire « Thomas-Anquetil ».

Col. 2139.

— Schilderungen aus dem südlichen China. (Auszüge aus Briefen.) Mitgetheilt von C. W. Stuhlmann. (*Globus*, XXX, 1876, pp. 285/286, 302/3.)

— Les explorations de Baber au Sseu-tch ouan et au Yunnan. (D'après des documents allemands.) Par M. Kock. (*Revue Indo-Chinoise*, 15 Décembre 1907, pp. 1703/1707.)

Voir col. 343 et 2141.

Col. 2141.

— Matwâjew's Reise in das westliche China 1878. Im Auszuge nach dem Russischen der *Turkestanischen Zeitung* 1879, Nos. 8, 9, 10. (*Globus*, XXXVI, 1879, pp. 215/220.)

Col. 2143.

— Oberst Unterberger's Reise in China von Tien-tsin bis Tsching-kiang. (*Globus*, XXXIX, 1881, pp. 42/6, 55/60.)

Trad. libre du Russe.

Col. 2145.

— No. 665 Miscellaneous Series. Diplomatic and Consular Reports. — China. — *Report on a Visit to Southern Ports of Asia.* Edited at the Foreign Office. — Presented... October 1907. — London, 1907, [Cd. 3728-1], in-8, pp. 11.

By Sir A. Hosie, Acting Commercial Attaché to H. M. Legation at Peking.

Col. 2149.

— Reiseerinnerungen aus Japan und China. Von Ph. Lehzen. (*Globus*, LVI, 1889, pp. 260, 281, 296, 345, 360, 374.)

— Col. 2153. — V. A. Obroutchev.

Voir GÉOLOGIE, col. 516.

— Max Friedrichsen. — Nachrichten von einer Reise W. A. Obrutschews im Gebiet des Tarbagatai (Sommer 1905). (*Petermanns Mitt.*, 52. Bd., 1906, pp. 41/3.)

Col. 2159.

— K. Futterer. — Durch Asien. — Bd. I. Geog. Charakter-Bilder. 1901, gr. in-8.

Notice : *Keleti Szemle*, 1907, No. 1, pp. 145/157, par Martin Hartmann.

— Karl Futterers Reise in Zentralasien. (*Petermanns Mitt.*, 51. Bd. 1905, pp. 165/167.)

Col. 2166.

— Séoul-Tientsin-Pékin (Septembre-Octobre 1900). Par Henry Dumolard. (*Revue bleue*, I, 1901, pp. 5/12, 36/42.)

— En route vers Pékin (Septembre-Octobre 1900). Par Henry Dumolard. (*Ibid.*, pp. 65/71, 107/113.)

(VOYAGES DANS LES TEMPS MODERNES.)

Col. 2171.

— Le Commandant Hourst. Par Ernest Judet. (*Le Correspondant*, 1904, T. 216, pp. 809/813.)

— Dans la Chine centrale — De Shang-haï à Tchong-king par les Rapides du Yang-tsé, par le C[t] Hourst. (*Ibid.*, pp. 814/849.) — La Révolte au Sé-tchouen — Au secours des Européens. (*Ibid.*, pp. 1051/1078.)

Voir col. 2171.

— Voyage du comte de Marsay dans la Chine Occidentale. (*La Géographie*, 15 Octobre 1906, pp. 238/9.)

Voir col. 2171.

— The Count de Marsay's Journey in Western China. (*Geographical Journal*, March 1907, p. 344.)

Col. 2172.

— Across the Himalayas in Mid-winter. By the Earl of Ronaldshay. (*Blackwood's Mag.*, CLXX, Aug. 1901, pp. 206/217.)

Voir col. 2172.

— Sur le Yang-Tse. Journal... par Félix Hémon... — Voir col. 2172.

Notice : *T'oung Pao*, Mai 1905, pp. 239/240. Par Henri Cordier.

Col. 2173.

— Von Omi bis Bhamo... von H. Hackmann. 1905. — Col. 2173.

2. Aufl., Berlin, 1907, in-8.

— My Travels in China, Japan and Java, 1903 By H. H. The Raja-i-Rajgan Jagatjit Singh of Kapurthala With 56 illustrations a photogravure frontispiece and a map. London : Hutchinson, 1905, in-8, pp. xii-226.

— Dr. Betz, col. 2173-4 ; voir col. 3068.

— * W. S. Percival. — Twenty Years in the Far East. Sketches of Sport, Travel, and Adventure. With Illustrations. 1905, in-8, pp. 372.

Col. 2174.

— Trois mois au Kouang-Si. — Voir col. 2174.

Notices : *T'oung Pao*, Mai 1906, pp. 306/7. Par Henri Cordier. — *Miss. Cath.*, XXXVIII, 5 Oct. 1906, p. 480. — *Bul. Com. Asie franç.*, Mai 1906, pp. 195/7.

— Det Nya Östasien af Hjalmar Cassel — Med 180 illustrationer (Hvaraf ett stort antal helsidesbilder). Stockholm, Albert Bonnier, s. d. [1906], in-8, 4 ff. n. ch. p. l. tit., tab., etc. + pp. 366.

— Heimwärts vom fernen Osten. Erinnerungen eines deutschen Kaufmanns aus Port Arthur. Von Bernhard Donath. Strassburg i. E. und Leipzig, 1906, gr. in-8, pp. 145, ill.

— Pour voyager en Chine. Par le Capitaine Vaudescal. (*Revue des Troupes colon.*, 1906, II, pp. 501/508.)

(VOYAGES DANS LES TEMPS MODERNES.)

— New China. Two Months in the Yangtse Valley. By W. W. Lindsay. (*East of Asia*, Vol. 5, No. 2, June 1906, pp. 132/138.)

— Ostasienfahrt. Erlebnisse und Beobachtungen eines Naturforschers in China, Japan und Ceylon. Von Dr. Franz Doflein, Privatdozent der Zoologie an der Universität München... Mit zahlreichen Abbildungen im Text und auf 18 Tafeln sowie mit 4 Karten. Leipzig und Berlin, B. G. Teubner, 1906, gr. in-8, pp. XIII-511. Illustrations.

— * C. Gibson. — In Eastern Wonderlands; illustrated from photographs [Honolulu, Japan, China, Ceylon, India, Egypt], 1906, in-8.

— * A Cruise through Eastern Seas : Being a Traveller's Guide to the Principal Objects of Interest in the Far East. By A. G. Plate. E. Stanford : London, 1906, pp. 294, cartes et ill.

Notice : *Lond. & China Express*, March 1st, 1907.

— * Imperial Outposts. By Colonel A. M. Murray. London, John Murray.

Notice : *Lond. & China Express*, Supp., 5 July 1907, pp. 1/2.

— French Expedition to Western China. (*Geogr. Journal*, February 1907, p. 225.)

— Mission d'Ollone. Extraits de lettres de Hanoï, 1er Mars, et Hankéou (Chine), 18 Mars. (*La Géographie*, 1907, 15 Mai, p. 368.)

— Mission d'Ollone. (*Ibid.*, 15 Juin, pp. 469/470 ; 15 Sept., pp. 196/7.)

— Mission d'Ollone. — Rapport du capitaine d'Ollone, chef de mission dans la Chine occidentale, à M. le Président de la Société de Géographie. Souifou, le 1er Juillet 1907. (*Ibid.*, 15 Oct., pp. 265/271.)

— Captain D'Ollone in Western China. (*Geogr. Journal*, October 1907, p. 437.)

— Mission d'Ollone. (*La Géographie*, 1907, 15 Nov., pp. 348/9 ; 15 Déc., p. 428.)

— La mission du capitaine d'Ollone. Traversée du pays des Lolos. (*Bull. Soc. Géog.*, Lyon, XXII, No. 137, pp. 147/8.)

— La Mission d'Ollone. Par H. C.[ordier.] (*T'oung Pao*, Mars 1908, pp. 100/9.)

— La Mission d'Ollone. (*Bull. Com. Asie franç.*, Janv. 1908, pp. 7/8.)

— Un voyage de Pékin à la frontière du Tonkin. (*Ibid.*, Mars 1907, pp. 101/2.)

Voyage du Dr. Morrison, correspondant du *Times* à Pékin.

(VOYAGES DANS LES TEMPS MODERNES.)

— * Wanderings East of Suez : in Ceylon, India, China and Japan. By Frederic Courtland Penfield. London : G. Bell & Sons, 1907, in-8, pp. XVIII-350. Illustrations.

Notice : *Lond. & China Express*, 5 July 1907.

— Itinéraire dans le Hou nann Nord occidental et dans le Kiang si Occidental par F. Harfeld Capitaine d'Artillerie, Adjoint d'Etat-Major. Vanderauwera & Cie, Bruxelles, 1907, in-8, pp. 64, ill. et carte.

Ext. du *Bulletin de la Société Royale Belge de Géographie*, 1907, Nos. 4 à 5.

Voir col. 3061. — Cf. *Geog. Journal*, March 1908, pp. 384/5.

— Voyage de M. Chavannes en Chine. (*T'oung Pao*, No. 4, Octobre 1907, pp. 561/5 ; No. 5, Déc. 1907, pp. 709/710.)

— Mr. Cecil Clementi's Journey across southern China. (*Geogr. Journ.*, Nov. 1907, pp. 516/7.)

— Voyage de M. Cecil Clementi à travers la Chine méridionale. Par D. Aïtoff. (*La Géographie*, 15 Nov. 1907, pp. 323/4.)

— * Prince Scipion Borghèse. — De Pekin à Paris : la Moitié du Monde vue d'une automobile en soixante jours. Relation de voyage par... Louis Barzini. Paris : Hachette et Cie., 1908 [1907], gr. in-8, pp. XVI-448, cartes et illustrations.

— * Pekin to Paris. An account of Prince Borghese's Journey across two continents in a motor-car. By Luigi Barzini. Translated by L. P. de Castelvecchio. With an introduction by Prince Borghese. Grant Richards, in-8, pp. 645.

— * Letters from the Far East. By S. Ch. Eliot. London. Edw. Arnold. 1907, pp. 188.

Notice : *Lond. & China Express*, May 24, 1907.

— In the Footsteps of Marco Polo. Being the Account of a Journey Overland from Simla to Pekin. By Major Clarence Dalrymple Bruce.

Voir : T'IEN CHAN NAN LOU.

— Voyage de M. [Jacques] Bacot. (*La Géographie*, 15 Déc. 1907, p. 428.)

— De Pékin aux Indes par le Gobi et le Tibet, par le comte de Lesdain. Par Frédéric Lemoine. (*Ibid.*, 15 Janvier 1908, pp. 86/8.)

Un récit de ce voyage en anglais va paraître chez John Murray, Londres. — Cf. *Calcutta Review*.

(VOYAGES DANS LES TEMPS MODERNES.)

II. — COMMERCE.

Ouvrages divers.

Col. 2180.

— August T'Kint. — Le Commerce de la Chine. 1868. — Voir col. 2530.

Col. 2187.

— Die Stellung Chinas im Welthandel im Jahre 1900 — Inaugural-Dissertation verfasst und der Hohen Philosophischen Facultät der Kgl. Bayer. Julius-Maximilians-Universität Würzburg zur Erlangung der Doctorwürde vorgelegt am 21. März 1901 von Paul Neubaur, aus Lissa, Provinz Posen. Berlin, Buchdruckerei Deutscher Verlag, 1901, in-8, pp. 54 + 2 ff. n. ch.

Col. 2188.

— China. — Imperial Maritime Customs. — II. — Special Series : No. 27. — *An Inquiry into the Commercial Liabilities and Assets of China in International Trade.* — Published by order of The Inspector General of Customs — Shanghai : Printed at the Statistical Department of the Inspectorate general of Customs. — 1904, in-4, pp. 15.

By H. B. Morse.

— Étude sur le Commerce de la Chine en 1906. Par L. Bourret. (*Bul. écon.*, Hanoi, Juillet 1907, pp. 554/575.)

D'après les rapports des Douanes chinoises.

— Anglo-Chinese Commerce and Diplomacy (Mainly in the Nineteenth Century). By A. J. Sargent (M. A., Oxon.) Appointed Teacher of Foreign Trade in the University of London at the London School of Economics. Oxford, At the Clarendon Press, 1907, in-8, pp. XI-332.

Notices : *Lond. & China Express*, Nov. 29, 1907. — *T'oung Pao*, 1908, Mars, pp. 117/118, par Henri Cordier.

Douanes impériales.

I. — STATISTICAL SERIES.

Col. 2190.

No. 7. — *Native Customs Trade Returns.*

— No. 3. — *Quinquennial Reports and Returns*, 1902-06. — Published... — Shanghai, 1907, in-4, pp. 121.

II. — SPECIAL SERIES.

No. 28. — *West River Regulations*, 1904.

— China. — Imperial Maritime Customs. — II. — Special Series : No. 28. — West River Regulations, 1904, and Kongmoon Customs Regulations, 1904. — Published... — Shanghai : ... 1905, in-4, pp. 9-XIII.

No. 29. — *Notes on the Hwangho*, 1906.

— China. — Imperial Maritime Customs. — II. — Special Series : No. 29. — Notes on the Hwangho, or Yellow River ; including Extracts from a Report on the Condition of the South Bank immediately below Lo-k'ou. — Published... — Shanghai : ... 1906, in-4, pp. II-29 + 9 pl.

Par Capt. W. F. Tyler.

III. — MISCELLANEOUS SERIES.

Col. 2199.

— China. — Imperial Maritime Customs. — III. — Miscellaneous Series : No. 27. — *Alphabetical Index of Imperial Post Offices and Postal Agencies.* — Published by order of The Inspector General of Customs. — Shanghai : Printed at the Statistical Department of the Inspectorate General of Customs. — 1904, pet. in-4, pp. 40.

∴

— 郵政成語輯要 A Glossary of the Principal Chinese Expressions occurring in Postal Documents. Compiled by J. W. H. Ferguson, Shanghai, Statistical Department of the Inspectorate General of Customs, 1906, pp. 43.

Notice : *N. C. Herald*, May 25, 1906.

Col. 2203.

— Le commerce anglo-chinois et le commerce franco-chinois. (*Bull. Com. Asie française*, 1905, Janvier, pp. 29/34.)

— La direction des Douanes impériales chinoises — Une manifestation de la « Chine aux Chinois ». (*Ibid.*, 1906, Mai, pp. 175/7.)

— La question des douanes impériales chinoises. (*Ibid.*, Juin, pp. 256/7.)

— Bruits de retraite de Sir Robert Hart. (*Ibid.*, Juillet, pp. 284/5.)

— La question des douanes chinoises. (*Ibid.*, Août, pp. 312/13.)

— La question des douanes maritimes Memorandum de la *China*

Association à Sir Edward Grey par R. S. Gundry. (*Ibid.*, Sept., pp. 358/360.) — Voir col. 2204.

— La question des douanes impériales. (*Ibid.*, Oct., pp. 397/8.)

— Les Douanes impériales maritimes chinoises. Par Henri Cordier. (*T'oung Pao*, Octobre 1906, pp. 515/525.)

Article paru dans le *Temps*, 15 et 16 Août 1906.

— Les douanes maritimes. (*Bull. Com. Asie française*, Nov. 1906, pp. 451/2.)

— Les douanes maritimes. Circulaire de Robert Hart, Inspecteur général. (*Ibid.*, 1907, Janv., pp. 32/3.)

— Le service des douanes maritimes [chinoises]. (*Ibid.*, Avril, pp. 142/3.)

Col. 2204.

— James Duncan Campbell 金登幹 Nécrologie par Henri Cordier. (*T'oung Pao*, No. 5, Déc. 1907, p. 712.)

James Duncan Campbell, né en 1833; † 3 Déc. 1907, à 18 Clanricarde Gardens, London, W.

— Les douanes maritimes impériales. (*Bull. Com. Asie franç.*, février 1908, p. 76.)

III. — PORTS OUVERTS AU COMMERCE ÉTRANGER.

Ouvrages divers.

Col. 2213.

— Aus dem Leben der Europäer in China. Plauderei nach einem Vortrag von Prof. Dr. Friedrich Hirth. (*Die Romanwelt,...*)

— Seaports of the Far East illustrated — Historical and descriptive Commercial and Industrial Facts, Figures, & Resources. Entered at Stationers' Hall. London : Allister Macmillan — 28 Shoe lane, E. C. — MDCCCCVII, in-4, pp. 300.

Vue de Hong Kong sur le titre.

— * Who's who in the Far East, 1906-1907. London, 1906, in-8.

T'ien-tsin.

— Mouvement maritime du port de Tien-tsin en 1904. (*Bull. Com. Asie française*, février 1906, p. 73.)

Tche-fou.

— William-Alexander Cornabé, † 9 Oct. 1907, à Coed, Woodridings, Pinner, dans sa 72e année.

Chang-haï.

— Ernest Major. — † 13 fév. 1908, à Cookham Dean.

Col. 2255.

— Journal of the North-China Branch of the Royal Asiatic Society for the Year 1907. New Series. Vol. XXXVIII. Shanghai, in-8, pp. II-268 + VIII.

Contents.

— Currency in China. By H. B. Morse, pp. II-1/60.

— Witchcraft in the Chinese Penal Code. By E. T. Williams, pp. 61/96.

— Contribution to the Nomenclature of Chinese Plants. By the late Dr. Ernst Faber, pp. 97/164.

— The Two Zodiacs (solar and lunar) Their Origin and Connections. A Study in the Earliest Dawn of Civilisation. By Thos W. Kingsmill, pp. 165/215.

— Notes and Queries, pp. 216/226.

— Literary Notes, pp. 227/257.

— A Classified List of the Articles printed in the Journal of the North-China Branch of the Royal Asiatic Society from 1892 to 1907 [For a former List see Vol. XXVI, 1891/2], pp. 258/262.

— Recent books on China and the Far East, pp. 263/4.

— Proceedings, pp. 265/8.

— List of Members, p. VIII.

∴

— * The International Red Cross Society of Shanghai. Report, 1904-6.

Notice : *Chin. Rec.*, Aug. 1906, pp. 455/6.

— Sir Thomas Hanbury. Nécrologie par Henri Cordier. (*T'oung Pao*, Mars 1907, pp. 123/4.)

† 9 Mars 1907, à La Mortola.

— Robert W. Little. By L. D. (*Journal N. C. B. R. A. Soc.*, XXXVII, 1906, pp. 220/1.)

— *The East of Asia* Magazine. May, 1903. Part 1. Vol. 2. A non-political illustrated quarterly. — Price $ 1.50. — Shanghai : « North-China Herald » Office, gr. in-8.

Voir col. 2266-2267.

Contient :

— A Trip in Summer through the Yangtze Gorges. By Dr. George F. Stooke, pp. 3/23. — The Corean School System. By J. Paske, pp. 24/30. — Confucius and Christ, not Enemies but Friends. By Pastor P. Kranz, pp. 31/42. — A Trip to the Hangchow Bore. By John Green, pp. 43/58. — The Goat in China, pp. 59/60. — The Buddhist God of Ourga, p. 60. — John Chinaman as a Humorist. By Helena von Poseck, pp. 61/66. — T'ang Laorenkia.. By W. J. Hunnex, pp. 67/69. — The Hanoi Exposition. By Charles S. Leavenworth, M. A., pp. 70/80. — Some Notes on Chinese Festivals and their Observances. By P. Otto, pp. 81/94. — Cormorant Fishing, pp. 95/97. — Book Review, p. 98.

— — July... Part 2.

Contient :

— Glimpses of Vladivostock. By Rev. Joseph Whiteside, pp. 99/106. — The Japanese Women's University. By Miss E. P. Hughes, pp. 107/118. — Plato and Confucius : their Life and Teaching : A Comparison. By L. Odontius, pp. 119/131. — The Entry of the « Son of Heaven » into His Residence. By C. Westphal, pp. 132/136. — The Kowtow. By C. Fredrich, pp. 137/149. — Chinese Architecture. By Mrs. Archibald Little, pp. 150/166. — Chinese Fans. By E. Ruhstrat, pp. 167/8. — Mountain and Cliff at Weihaiwei. [North Section.] By C. E. Bruce-Mitford, pp. 169/173. — Refuge Towers of North Yunnan. By Rev. S. Pollard, pp. 174/176. — From a Collection of Bronzes of a Chinese Viceroy. By Lic. H. Hackmann, pp. 177/184. — Buddhism in Hwang Mei. By Carl F. Kupfer, Ph. D., pp. 185/194.

— — October... Part 3.

Contient :

— Canton. By C. Bone, pp. 195/211. — The International Congress of Orientalists at Hanoi. By Charles S. Leavenworth, M. A., pp. 212/216. — When the Peach Competes with the Plum. By George A. Clayton, pp. 217/222. — Sketches from North Yunnan. By Rev. S. Pollard, pp. 223/227. — The Imperial Pleasure Grounds. By Rev. C. A. Stanley, pp. 228/9. — Two Famous Modern Sieges. By Arthur H. Smith, pp. 230/240. — At the Head of the Witches' Gorge; A little noticed town. By Mrs. A. Little, pp. 241/252. — Chinese Provident Clubs. By James Ware, pp. 253/258. — A Pilgrimage in a Peking Cart. By D. C. Rankin, pp. 259/264. — Hankow. By C. Wilfrid Allan, pp. 265/273. — The Martyrs' Memorial. By W. J. Hunnex, pp. 274/278. — Morning Walks Around Hanyang. II. By W. Arthur Cornaby, pp. 279/283. — The Eight Genii. By Dr. Joseph Edkins, pp. 284/287. — Chinese Anecdotes. By Helena von Poseck, p. 288. — Book Reviews, pp. 289/290.

— — December... Part 4.

Contient :

— Up Fuji with a Camera, an account of the journey from sea to summit. By C. E. Bruce-Mitford, pp. 291/304. — The Hamlet Amidst the Hills. By George A. Clayton, pp. 305/308. — The Japanese Manoeuvres. By Francis McCullagh, pp. 309/326. — Kuling. By Samuel Isett Woodbridge, pp. 327/336. — Chinese Customs connected with Births, Marriages and Deaths. By Helena von Poseck, pp. 337/340. — Stories of Nanking. By Robert Case Beebe, M. D., pp. 341/351. — Lu K'un and His Sayings. By W. Arthur Cornaby, pp. 352/356. — The Weighing of the Elephant or how Kan lo became prime minister. (Translated from the Chinese by Ardsheal), pp. 357/364. — The Ningpo Green Stone Quarries. By J. E. Denham, pp. 365/371. — The Triennial Examinations in China. By W. E. Macklin, M. B., pp. 372/375. — The Feast of the Seventh Moon. By F. J. Dymond, pp. 376/378. — Bits of Chinese Humour. By Frank H. Chalfant, pp. 379/380. — The Five-Dragon Cave. By J. Griffith, pp. 381/383. — Book Reviews, pp. 384/6.

— — 1904, March. Vol. 3. Part 1.... — Price : Mex. $ 1.50. — Ibid.

Contient :

The School System of China. By Arthur H. Smith, pp. 1/10. — Gems from the *Tao Teh King* of Lao Tsze. Taoist Texts, p. 10. — Lake Biwa. By Charles S. Leavenworth, M. A., pp. 11/22. — Gems from the *Tao Teh King* of Lao Tsze. Taoist Texts, p. 22. — Christian Music in China. By Laura Marsden White, pp. 23/28. — St. John's College, Shanghai. By Rev. F. L. Hawks Pott, D. D., pp. 29/32. — The Returned Student. By W. W. Yen, pp. 33/45. — The Lois, or Aborigines of Hainan. By Kate L. Schaeffer, pp. 46/50. — The Gotch Robinson Memorial College, Chingchoufu. By J. S. Whitewright, pp. 51/66. — Gems from the *Kan Ying Pien* of Lao Tsze. Taoist Texts, p. 66. — Marriage in China. By W. Remfry Hunt, pp. 67/70. — Foochow and the River Min. By Myron C. Wilcox, Ph. D., pp. 71/86. — Where the River-god Lies Buried. A Chinese Nature study. By George A. Clayton, pp. 87/91. — Leaves from a Corean Garden, pp. 92/94. — Gems from the *Kan Ying Pien* of Lao Tsze. Taoist Texts, p. 94. — Book Review, pp. 95/6.

— — June... Part 2.

Contient :

— The Imperial University at Taiyuenfu, Shansi. Taiyuenfu : historical and mythological. By Prof. L. R. O. Bevan, pp. 97/100. Boxer Massacres in Taiyuenfu. By E. H. Edwards, M. D., pp. 100/2. The Imperial University, Shansi. By Principal Moir Duncan, pp. 102/5. Description of Buildings. By Prof. Myron H. Peck, pp. 105/110. Psychological. By Prof. E. R. Lyman, pp. 110/114. Athletics at the Shansi University. By Prof. R. W. Swallow, pp. 114/116. Provincial Education, Shansi Province. By Principal Moir Duncan, pp. 116/118. Translation Department, pp. 118/9. — The White Deer Grotto University. By Carl F. Kupfer, Ph. D., pp. 120/127. — Confucius. By Archdeacon A. E. Moule, pp. 128/136. — The Chinese Maiden at Home. By W. A. Cornaby, pp. 137/147. — Siu Kwang-Ki. The Maecenas of Western Science in China. By C. A. Montalto de Jesus, pp. 148/157. — Kumamoto Castle — and Sundry Digressions. By Francis McCullagh, pp. 158/168. — Why the City God of Yench'en has no Skin on his Face. By Helena von Poseck, pp. 169/171. — The *Kan Ying Pien*. 太上感應篇. The Tractate on Rewards and Punishments by the great exalted. — Translated from the Chinese by the Rev. R. A. Haden, pp. 172/182. — Origin of the name China. By Joseph Edkins, D. D., pp. 183/188. — Chinese Hydraulics. Irrigation of the Chentu Plateau. By Archibald J. Little, pp. 189/190. — Book Review, pp. 191/2.

— — Sept... Part 3.

Contient :

— The Miao and Chungchia Tribes of Kueichow Province. By Samuel R. Clarke, pp. 193/207. — Manchuria, the Coveted Land. Observations of an American traveller in Manchuria before the War. By G. W. Hinman, M. A., pp. 208/217. — Chinese Customs connected with Births, Marriages and Deaths. By Helena von Poseck. II. Pp. 218/231. — Morning Walks around Hanyang. By W. Arthur Cornaby, pp. 232/237. — The Ju-i, or, Sceptre of Good Fortune. By Dr. Joseph Edkins, pp. 238/240. — Curious Bridges in Interior China. By W. M. Upcraft, pp. 241/247. — The Simpleton, the Princess, and the Daughter of the King. A fairy tale. (Translated from the Chinese by Ardsheal), pp. 248/263. — Pootoo : China's Sacred Island. I. By Carl F. Kupfer, Ph. D., pp. 264/281. — The Loochoo Islands. By Charles S. Leavenworth, M. A., pp. 282/302. — Ex Oriente Lux, pp. 303/4.

— — Dec... Part 4.

Contient :

— Gem of the Orient Earth. By C. Montalto de Jesus, pp. 305/319. — Notes of a Voyage Across Manchuria. I. By Count Vay De Vaya, pp. 320/330. — The Beautiful River Min. By Kate E. Kauffman, pp. 331/343. — The Chinese Mandarin; his virtues and his vices. By John Hedley, pp. 344/356. — Pootoo : China's Sacred Island. II. By Emma Inveen, pp. 357/362. — Demon-scare-demon. By W. Arthur Cornaby, pp. 363/370. — The Loochoo Islands. II. By Charles S. Leavenworth, M. A., pp. 371/386. — Sketches in Java. By Harold M. Mackenzie. I. Pp. 387/399. — A Chinese Draco. By Helena von Poseck, p. 400.

— — 1905, March. Vol. 4. Part 1. ...

Contient :

— Memories of Manila. By Cameron Johnson, pp. 1/23. — Chinese Customs connected with Births, Marriages and Deaths. III. By Helena von Poseck, pp. 24/32. — Types of Japanese Scenery : Nikko and Asama. By C. E. Bruce-Mitford, F. R. G. S., pp. 33/44. — Kiu Hua Shan, or The Nine-Lotus-Flower Mountain. By Carl F. Kupfer, Ph. D., pp. 45/56. — Notes of a Voyage across Manchuria. II. Count Vay de Vaya, pp. 57/69. — Skirting Babuland. By Samuel Pollard, pp. 70/79. — The Fairyland of China. I. By James Ware, pp. 80/89. — The Chinese Educational Exhibit at St. Louis. C. M. Lacey Sites, Ph. D., pp. 90/97. — Book Reviews, pp. 98/100.

— — June... Part 2.

Contient :

— H. I. M. Kuang Hsu's Decree on Reform. By S. T. Laisun, pp. 101/105. — A Summer's Holiday in Eastern Tibet. By Emma Inveen, pp. 106/119. — The Fairyland of China. II. By James Ware, pp. 120/127. — Ningpo : Ancient and Modern. By Archdeacon A. E. Moule, B. D., pp. 128/138. — The Three Questions; or, the English Abbot and the Chinese Tutor. By Helena von Poseck, pp. 139/144. — West Szechuen's Most Remarkable Work. Kwanhsien Artificial Irrigation. By James Hutson, pp. 145/161. — Sketches in Java. II. By Harold M. Mackenzie, pp. 162/167. — The Yellow Peril [Translated from « Je Sais Tout »], pp. 168/174. — Through Siberia to China. By E. H. Edwards, M. B., C. M., pp. 175/182. — The Saddle Islands. By Edward S. Little, pp. 183/193. — Chinese Students in Japan. By W. W. Yen, pp. 194/6. — Notes on the Epidemic of Bubonic Plague in Hainan. By P. W. McClintock, pp. 197/200.

— — Sept... Part 3.

Contient :

— Confucius and Mencius. An Imperial Appreciation. By James Ware, pp. 201/209. — Progress and Reform in Hunan Province. By T. J. Preston, pp. 210/219. — Koropok-guru, or Pit-dwellers of North Japan. By the Rev. J. Batchelor, F. R. G. S., pp. 220/226. — Sir Diamond, the Demon-Vanquisher. By W. Arthur Cornaby, pp. 227/236. — Gems of Chinese Poetry. I. By The Chinese Hermit, pp. 237/247. — A Marriage Tragedy. Founded of Fact. By C. Bone, pp. 248/261. — A Chinese Othello and Desdemona. By S. Pollard, pp. 262/266. — Ancient Land Allotments in China. By John Hinds, pp. 267/273. — A Grim Relic from Manila : the « Reina Cristina ». By C. A. Montalto de Jesus, Author of « Historic Macao », etc., pp. 274/284. — Mokanshan. By B. W. H. Hudson, pp. 285/297. — Chinese Customs and Superstitions. I, pp. 298/300.

— — Dec... Part 4.

Contient :

— T'ai Shan and the Tomb of Confucius. By Chas. A. Stanley, Jun., pp. 301/309. — The Fire Ordeal : An Esoteric Ceremony in Kobe. Described by C. Pfoundes, an Adept of the Order, pp. 310/317. — One Phase of the New Education in China. By D. Willard Lyon, B. A., pp. 318/324. — Traditions Around Kiangyin. By R. A. Haden, A. B. I., pp. 325/333. — The Aborigines of Japan. By Carl F. Kupfer, Ph. D., pp. 334/347. — How John Chinaman Builds His House. By Helena von Poseck, pp. 348/355. — Bridges of Western China. By James Hutson, pp. 356/361. — A Romance in the Flowery Kingdom. Adapted from the Chinese. By W. W. Yen, pp. 362/369. — The Soul of Nippon. By George T. Murray, pp. 370/380. — Studies in Chinese Dreamlore. By Franklin Ohlinger. I, pp. 381/389. — Chinese Human Nature. By W. Arthur Cornaby, pp. 390/399. — Book Review, p. 400.

— — 1906, March. Vol. 5. Part 1. ...

Contient :

— Ningpo under the T'ai-pings. 1861-1863. By Archdeacon A. E. Moule, B. D., pp. 1/15. — Studies in Chinese Dreamlore. By Franklin Ohlinger. II, pp. 16/28. — The Chinese Moon Festival. By Ç. Bone, pp. 29/32. — The Trial of the Tiger. (Translated from the Chinese by Ardsheal), pp. 33/37. — The Lay of Mukden. By C. A. Montalto de Jesus, pp. 38/48. — Lights and Shadows of Chinese Life. By John Macgowan. I. Farmers and Farming, pp. 49/62. II. A Ramble through a Chinese City, pp. 62/78. — Chao Chuin. A Novel. Translated from the Original Chinese by R. A. Haden, pp. 79/93. — Chinese Picture Tracts. By C. Wilfrid Allan, pp. 95/98. — Chinese Customs and Superstitions, pp. 99/100.

— — June... Part 2.

Contient :

— The Chinese Gardens of Unnatural History. By Isaac Taylor Headland, pp. 101/112. — Ningpo under the T'ai-pings. 1861-1863. By Archdeacon A. E. Moule, B. D., II, pp. 113/131. — New China. Two Months in the Yangtse Valley. By W. W. Lindsay, pp. 132/138. — Chao Chuin. A Novel. Translated from the Original Chinese by R. A. Haden, pp. 139/154. — A Visit to Kalgan and a Trip into Mongolia. By Rev. G. H. Bondfield, pp. 155/165. — Gems of Chinese Poetry. By The Chinese Hermit, pp. 166/177. — Chinese Lives. An Appeal and a Protest. By George T. Murray, pp. 178/183. — The Tomb of Ta Yu. By Emma Inveen, pp. 184/190. — « Foreign Devils » and Others. (An historical study.) By Wm. Arthur Cornaby, pp. 191/200.

— — Sept... Part 3.

Contient :

— The Chinese Gardens of Unnatural History. By Isaac Taylor Headland, pp. 201/208. — A Visit to Kalgan and a Trip into Mongolia. By Rev. G. H. Bondfield, pp. 209/218. — Chao Chuin. A Novel. Translated from the Original Chinese by R. A. Haden, pp. 219/239. — Gems of Chinese Poetry. III. By The Chinese Hermit, pp. 240/250. — The Trial of the Stone Lion. (Translated from the Chinese by Ardsheal), pp. 251/255. — Studies in Chinese Dreamlore. III. By Franklin Ohlinger, pp. 256/267. — A Famous Penman : Chu Joo Tsz. By James Ware, p. 268. — Lights and Shadows of Chinese Life. By John Macgowan. III. River Life in China, pp. 269/281. — Chinese Prisons, and the Treatment of Prisoners. By C. Bone, pp. 282/291. — My Feelings upon Seeing a Battle of Ants. Translated from a Chinese poem a hundred years old, or more. By O. D. Wannamaker, p. 292.

La publication de *The East of Asia* a cessé, ainsi que l'annoncent les propriétaires par une fiche insérée dans le Vol. 5, Part 3, avec le Vol. 5, Part 4 que nous n'avons pas reçu.

Col. 2268.

— *The Far East* Illustrated Magazine devoted to the diffusion of accurate information about Life and Civilisation of the East of Asia 1905-1906. Edited by C. Fink. — All rights reserved. Published by the *Shanghai Mercury*, Ltd. Printed at the German Printing and Publishing House. Shanghai 1906, in-8, pp. 396 + 3 ff. prél. n. ch. tit. tab.

Publié le 15 de chaque mois par numéro de 48 pp. d'imp. environ et 20 à 30 ill. ; abonnement $ 7.50 ou 16/-.

— * *The Review of the Far East.*

1st No., November 1906. — Editor, A. Cunningham.

Han-k'eou.

— Supplément au *Moniteur officiel du Commerce* du 3 octobre 1907. — Rapports commerciaux... — Année 1907 — N° 651 — Chine — Situation économique de la circonscription de Han-Kéou... Office national du Commerce extérieur, in-8, pp. 46.

Maurice Dejean de la Batie, Consul.

Tch'oung-k'ing.

— China. — Imperial Maritime Customs. — II. — Special Series : No. 20. — CHUNGKING : *Business Quarter and Mooring Grounds* : 1896. — Published by order of The Inspector General of Customs. — Shanghai : Statistical Department of the Inspectorate General of Customs. — 1896, in-4, pp. 8, Plan.

Par F. E. Woodruff.

Fou-tcheou.

— Le commerce de Fou-tcheou. (*Bull. Com. Asie française*, Sept. 1907, p. 359.)

Rapport de M. Bourgeois, consul général de France à Fou-tcheou.

Kongmoon 江門.

Col. 2288.

— Voir WEST RIVER, col. 3034.

TROISIÈME PARTIE

RELATIONS DES ÉTRANGERS AVEC LES CHINOIS

I. — OUVRAGES DIVERS.

Col. 2292.

— Gegensätze chinesischer Sitten gegen die europäischen. (*Das Ausland*, XXXI, 1858, pp. 451/3.)

Col. 2293.

— Die Verbreitung europäischer Wissenschaften in China. (*Das Ausland*, XXXV, 1862, pp. 106/110.)

Col. 2298.

— « Foreign Devils » and Others. (An historical study.) By Wm. Arthur Cornaby. (*East of Asia*, Vol. 5, No. 2, June 1906, pp. 191/200.)

— La vie politique en Extrême-Orient (1906-1907). Par Maurice Courant. (*Ann. Polit.*, 15 Nov. 1907, pp. 819/837.)

Voir col. 2297-2298.

— La Mission d'Enver Pacha en Chine et le rapprochement turco-chinois Par Mohammed. (*Revue du Monde musulman*, II, Mars 1907, pp. 51/2.)

— La Question d'Extrême-Orient par Édouard Driault — Paris, Félix Alcan, 1908, in-8, pp. 391.

Fait partie de la *Bibliothèque d'Histoire contemporaine*.

Notice : *London & China Express*, March 6, 1908.

— * Exterritoriality. The Law Relating to Consular Jurisdiction and to Residence in Oriental Countries. By Sir Francis Piggott, Chief Justice of Hong Kong. Hong Kong : Kelly and Walsh. London : Butterworth. 1907.

Notice : *London and China Express*, March 6, 1908.

∴

— Treaties between the Empire of China and Foreign Powers together with Regulations for the Conduct of Foreign Trade, Conventions, Agreements, Regulations, etc. — First Edition, 1877, Edited by William Frederick Mayers, Chinese Secretary to Her Britannic Majesty's Legation at Peking. — Fifth Edition which has been brought to date by the inclusion of the Commercial Treaties ratified between the United States of America and Japan, both signed on the same day, the 8th october, 1903. — Shanghai : Printed and published at the « North-China Herald », limited. 1906, in-8, pp. xii-354.

Voir col. 2299-2300.

II. — PORTUGAL.

Col. 2305-06.

— Histoire ‖ de Portvgal, ‖ ... de Ierosme Osorivs... ‖ A Paris, ‖ Pour Felix le Magnier, ruë neuue nostre Dame, ‖ & en sa boutique en la gallerie du Palais, ‖ par où on va à la Chancellerie. ‖ — M.D.LXXXVII. ‖ Auec priuilege du Roy. Titre encadré. In-8, 680 ff. c. + 8 ff. n. c. au com. pour le tit., S. G. S. à Nicolas Pithou, le discours au lecteur, et le répertoire des années de cette hist. + 22 ff. n. c. à la fin pour la généal. d'Emmanuel, roi de Portugal, et l'Indice.

Col. 2314.

— Letters from Portuguese Captives in Canton, Written in 1534 and 1536. With an Introduction on Portuguese Intercourse with China in the First Half of the Sixteenth Century. By Donald Ferguson. — [Reprinted from the *Indian Antiquary*.] — Bombay : Printed at the Education Society's Steam Press, Byculla, 1902, pet. in-8, pp. 166.

(DIVERS

Macao.

— Asia Sinica, e Japonica Macao conseguido, e perseguido. — Inédito do Frade Arrabido, José de Jesu Maria, Missionario nos Estados da India. (Suite.) (*Ta-ssi-yang-kuo*, Ser. II, Vol. IV, 1903, pp. 701/722, 781/790.)

Voir col. 2325.

— Mitras Lusitanas no Oriente. (Suite.) (*Ibid.*, pp. 751/757, 801/808.)

Voir col. 2325.

Col. 2326.

— Gem of the Orient Earth. By C. Montalto de Jesus. (*East of Asia*, Vol. 3, No. 4, Dec. 1904, pp. 305/319.)

— Les Anglais à Macao En 1802 et en 1808. Par M. C. B. Maybon, Directeur de l'Ecole Pavie. (*Bull. Ecole franç. Ext. Orient*, VI, Juill.-Déc. 1906, pp. 301/325.) — Réimp. dans la *Revue indo-chinoise*, 30 Oct. 1907, pp. 1445-1469.

— Les Anglais à Macao en 1802 et en 1808 par B. C. Maybon Directeur de l'Ecole Pavie. Hanoi, Imprimerie F.-H. Schneider, 1906, gr. in-8, pp. 25.

Extrait du *Bulletin de l'Ecole française d'Extrême-Orient*, Juillet-Décembre 1906, pp. 301/325.

Notice : *T'oung Pao*, Juillet 1907, pp. 416/7, par Henri Cordier.

(MACAO.)

IV. — HOLLANDE.

Col. 2335.

— Journael, ‖ of te ‖ Gedenckweerdige beschrijvinge ‖ van de Oost-Indische Reyse van ‖ Willem Ysbrantsz ‖ Bontekoe, van Hoorn. ‖ Begrijpende veel wonderlijcke ende gevaerlijcke saecken hem ‖ daer in weder-varen : ‖ Begonnen den 18. December 1618 ; ende vol-eynd den 16. November 1625. ‖ Waer by ghevoeght is het Journael van Dirck Albertsz Raven, als oock verscheyden ‖ ghedenckwaerdige geschiedenissen, op veel plaetsen verbetert, en een groot ‖ deel vermeerdert, en met schoone platen verçiert. ‖ [Vig.] ‖ Tot Utrecht, ‖ Gedruckt by Willem van Paddenburgh, Boeck-drucker ende Boeck-vercoper ‖

(DIVERS.)

aende Oude Graft by de Besem-brugge | inde Boeck-Druckerye | Anno 1662, in-4, 1 f. n. ch. + pp. 76.

Col. 2337-8.

— Le ‖ Voyage ‖ de G. Ysbrants ‖ Bontekoe ‖ aux ‖ Indes Orientales. ‖ Où les romps de vent, dont il s'est servi ‖ dans les routes qu'il a tenuës, sont ‖ décrits par Journal. ‖ Avec une Clef à la fin, pour l'intelligence des termes de marine. ‖ Traduction Françoise. ‖ [Fleuron.] ‖ A Amsterdam. ‖ Pour Josué Rousseau. ‖ M,DC,LXXXI, in-12, pp. 94 + 1 f. n. c. p. l. clef.

Dédié à l'abbé de Gravel. — Bib. nat. $\frac{O^{2}k}{30}$.

(DIVERS.)

Col. 2344.

— Corpus diplomaticum Neerlando-Indicum. Verzameling van Politieke contracten en verdere Verdragen dorr de Nederlanders in het Oosten gesloten, van Privilege-brieven, aan hen verleend, enz., uitgegeven en toegelicht door Mr. J. E. Heeres, Hoogleeraar aan de Rijkuniversiteit te Leiden. Eerste Deel (1596-1650). In-8, pp. XXXII-586.

Forme le Deel LVII des *Bijdragen tot de Taal-, Land- en Volk. van Nederl.-Indië*, 's Gravenhage, M. Nijhoff, 1907, in-8.

— Some Particulars respecting the late Embassy of the Dutch East India Company to the Court of Pekin. (*The Philosophical Magazine*, London, I, 1798, pp. 85/88.)

Voir col. 2351.

V. — GRANDE-BRETAGNE.

Ouvrages divers.

Col. 2363.

— Englische Emigrantenwerber in China. (*Das Ausland*, XXXV, 1862, pp. 793/6.)

Col. 2364.

— British Policy in China and the anti-foreign outrages. (*The Times*, Sept. 28, 1891.)

Col. 2366-7.

— Anglo-Chinese Commerce and Diplomacy (Mainly in the Nineteenth Century). By A. J. Sargent. 1907. — Voir col. 3185.

— Memoir of Sir Henry Keppel, G. C. B. Admiral of the Fleet by the Right Hon. Sir Algernon West, G. C. B. With Portraits and Illustrations. London, Smith, Elder, & Co., 1905, pet. in-8, 3 ff. prél. n. ch. tit., déd. tab. + pp. 186.

Voir col. 2366.

— Un nouveau ministre de Chine à Londres. (*Bull. Com. Asie franç.*, Mai 1907, p. 187.)

Lord Elgin et les expéditions de 1858 et de 1860.

Col. 2373-2380.

— Die Verträge mit China. (*Das Ausland*, XXXI, 1858, pp. 534/6.)

— Die Streitigkeiten der Engländer mit China. (*Ibid.*, XXXII, 1860, pp. 534/8.) — Sig. J. R.

— Das Gefecht im Peiho zwischen Briten und Chinesen. (*Ibid.*, XXXIII, 1860, pp. 58/62.)

— Das Lustschloss des chinesischen Kaisers Yuen-ming-yuen. (*Ibid.*, XXXIV, 1861, pp. 12/15.)

— Der Feldzug der Alliirten gegen Peking. (*Ibid.*, pp. 369/372.)

— Die Plünderung des kaiserlichen Sommerpalastes bei Peking durch die Alliirten im Jahr 1860. (*Ibid.*, XXXV, 1862. pp. 1/4.)

Aus Robert Swinhoe's *North China Campaign of 1860*.

— Scenen aus dem Feldzuge der Alliirten gegen Peking. (*Ibid.*, pp. 121/127.) — D'après Swinhoe.

— Erinnerungen eines Friedfertigen aus dem letzten chinesischen Feldzug. Von Karl Zill. (*Ibid.*, pp. 913/916, 943/6, 970/973; 1866, pp. 49, 80, 179, 207, 571, 597, 617.)

— Admiral J. F. L. P. Maclear. (*Geogr. Journal*, Oct. 1907, p. 447.) — Nécrologie.

Né à Capetown en 1839; mort à Niagara Falls, à la fin de Juillet 1907.

Ambassades.

— Our First Ambassador to China an Account of the Life of George, Earl of Macartney with Extracts from his Letters, and the Narrative of his Experiences in China, as told by himself 1737-1806 from hitherto unpublished Correspondence and Documents by Helen H. Robbins, with Illustrations. London, John Murray, 1908, in-8, pp. XX-479.

Notices : *Lond. & China Express*, Feb. 14, 1908. — *T'oung Pao*, 1908, Mars, pp. 118/120, par Henri Cordier. — *Times Weekly Ed. Lit. Sup.*, 14 Feb. 1908.

Hong-kong.

Col. 2409.

— Dr. F. Carlsen. — Die Vergrösserung Hongkongs. (*Globus*, LXXIV, pp. 31/2.)

— Hong-Kong Par M. Henri Turot. (*Tour du Monde*, N. S., X, 17 Décembre 1904, pp. 601/612.)

— Le transport des malles anglaises en Extrême-Orient. (*Bull. Com. Asie franç.*, 1907, Mars, p. 103.)

— Le développement de la Hong Kong Bank. Rapport de M. Gaston Liébert, consul de France à Hong Kong. (*Ibid.*, Mai, pp. 185/6.)

— Le commerce de Hong-Kong en 1905. (*Ibid.*, Juillet, pp. 266/7.)

Rapport de M. Liébert, consul de France à Hong-Kong.

— Les malles de Hong-Kong. (*Ibid.*, Mai, p. 187.)

Wei-hai-wei.

Col. 2419.

— Colonial Reports — Annual — No. 533. Weihaiwei. — Report for 1906 (For Report for 1905, see No. 487). — Presented... August 1907. London : 1907, [Cd. 3285-20]. Price $1\frac{1}{2}d$, in-8, pp. 19.

Parliamentary Papers.

Col. 2440.

[Cd. 3500.] *China*. No. 1 (1907). — Report by Mr. W. J. Garnett of a Journey through the Provinces of Shantung and Kiangsu. [With two Maps] . . . . 6*d*.

VI. — RUSSIE.

Ouvrages divers.

— Историческое Обозрѣніе Сибири... Книга первая съ 1585 до 1742 года. — Москва, Тип. А. Семена..., 1838, in-8, pp. xxx-589 + 3 ff. n. ch.

Ce vol. comprend trois périodes ; le second vol. devait comprendre trois autres périodes : IV de 1742 à 1765 ; V jusqu'à 1792 ; VI jusqu'à 1823 ; je ne sais s'il a paru.

Dédicace à Miller [G. F. Müller] signée Петръ Словцовъ, de Tobolsk, 1837.

Col. 2452-3.

— J. A. Sosnowski über seine chinesische Expedition in den Jahren 1869 bis 1875. (*Globus*, XXX, 1876, pp. 153/6, 170/3.)

D'après les *Извѣстія И. Р. Геог. Общ.*

— Die Sosnowski'sche Reise durch China. (Nach dem Berichte des Dr. Pjasetzki.) (*Globus*, XLII, 1882, pp. 337, 353, 369; XLIII, 1883, pp. 33, 49, 65, 81, 97, 113.)

Col. 2458.

— The Far Eastern Crisis. — I. — Why not a Treaty with Russia? (*The Fortnightly Review*, Oct. 1900, pp. 677/686.) — II. — Is Russia to preponderate in China? By Demetrius C. Boulger. (*Ibid.*, pp. 687/693.) — III. — Count Lamsdorff's First Failure. By George Gissing. (*Ibid.*, pp. 694/712.)

Col. 2464.

— Russia and China. By E. H. Parker. (*Imp. & Asiat. Quart. Rev.*, XIX, Jan.-April 1905, pp. 11/47.)

— Greater Russia The Continental Empire of the Old World by Wirt Gerrare... With Illustrations and a Map New and cheaper Edition. London, William Heinemann, 1904, in-8, pp. xiii-317.

(Ouvrages divers.)

— Gaston Cahen — Les relations de la Russie avec la Chine et les peuplades limitrophes à la fin du XVIIe siècle et dans le premier quart du XVIIIe — Extrait de la *Revue historique*, Tome XCIV, année 1907. (*Les tirages à part ne peuvent être mis en vente.*) — Paris 1907, in-8, pp. 20.

Revue historique, Mai-Juin 1907, pp. 45/62.

CHEMIN DE FER SIBÉRIEN.

— Notes sur le Transsibérien — Par M. Bons d'Anty. (*La Géographie*, 15 Juillet 1907, p. 64.)

— * La Sibérie et le Chemin de fer transsibérien. Par MM. Th. Sabachnikoff et E. D. Levat. Extrait de la *Vie Scientifique*, Paris, 1896.

— * Le Transsibérien, et la Navigation sur le Fleuve Amour. Par MM. Théodore Sabachnikoff et Edouard David Levat. Paris : Bureaux de la *Revue Scientifique* 1896.

— Le dédoublement du Transsibérien. (*Bull. Com. Asie franç.*, Juillet 1907, p. 262.)

Ambassades.

Col. 2465-6.

— Nicolas Spatar Milescu... par Emile Picot.

Cette notice a été réimprimée dans la *Bibliographie hellénique ou description raisonnée des ouvrages publiés par des Grecs au dix-septième siècle*, par Émile Legrand, IV, 1896, pp. 62/104.

Col. 2472-3.

— Die Russische Gesandtschaft nach China im Jahre 1805. — ... Nebst einer Nachricht von der letzten Christen-Verfolgung in Peking. — St. Petersburg, im Ziemsenschen Verlage. 1809. Leipzig, in Commission bey Bruder und Hofmann, pet. in-8, pp. 95.

Golovkin.

(Chemin de fer sibérien. — Ambassades.)

VII. — FRANCE.

Ouvrages divers.

— Voyages français à destination de la Mer du Sud avant Bougainville (1695-1749), par M. E. W. Dahlgren, Directeur de la Bibliothèque royale de Stockholm. (*Nlles. Arch. des Miss. scient. et litt.*, XIV, Fasc. 4, Paris, 1907, pp. 423 à 568.)

Forme un fascicule in-8 de pp. 146. — Tirage à part : Paris, Imprimerie nationale, MDCCCCVII, in-8, pp. 146.

Col. 2488.

— La France en Chine. Par Pène-Siefert. (*Nouvelle Revue internationale*, Juin 1901, pp. 609/619.)

— Le chemin de fer du Fleuve rouge et la pénétration française au Yunnan. Par le Capitaine Ibos. (*Revue des Troupes colon.*, 1905, II, pp. 515/574.)

— Les officiers-élèves chinois en France. (*Bull. Com. Asie franç.*, 1907, Avril, p. 143.)

— L'accord franco-japonais. Par R. C. [Robert de Caix.] (*Ibid.*, Juin, pp. 207/9.)

Avec texte de l'accord 10 Juin 1907.

— Traité franco-japonais. (*T'oung Pao*, No. 3, Juillet 1907, pp. 410/411.)

— Un service français direct sur Tien-tsin. (*Bull. Com. Asie franç.*, Oct. 1907, p. 407.)

Ambassades.

Col. 2490.

— Ordonnance du Roi Qui prescrit la Publication du Traité d'amitié, de commerce et de navigation conclu, le 24 septembre 1844, entre la France et la Chine. In-8, pp. 23.

Au recto du dern. f. : *Bulletin des Lois*, n° 1256, IXe série. — Imprimerie royale. — Février 1846.

(Ouvrages divers. — Ambassades.)

Expédition de 1858.

Col. 2494.

— Der Mandarin Yeh. (Aus « China im Jahr 1857 und 1858 ».) (*Das Ausland*, XXXII, 1859, pp. 206/210, 218/221.)

— Der chinesische Krieg. (*Ibid.*, pp. 1129/1131.)

La France, l'Annam et la Chine.

— *L'Univers illustré*, 1884, p. 565.

— *Figaro*. Supp. du Dimanche, 28 juin 1884.

— *L'Illustration*, 12 avril 1884.

— Facsimile de la Convention Fournier. Supp. du *Matin*. Paris, Imp. Spéciale du *Matin*, 25 rue d'Argenteuil, 4 p. lithog.

Col. 2501.

— Histoire contemporaine Les préliminaires de la paix avec la Chine (1885) (*Revue bleue*, Tome 40, N° 24, 10 Décembre 1887, pp. 738/752; *ibid.*, N° 25, 17 Décembre 1887, pp. 784/790; *ibid.*, N° 26, 24 Décembre 1887, pp. 813/820).

Traités.

Col. 2503-04.

— L. de Reinach Ancien Administrateur des Services civils de l'Indo-Chine — Recueil des Traités conclus par la France en Extrême-Orient — Tome second (1901-1907) — Paris, Ernest Leroux, 1907, in-8, 4 ff. n. ch. + pp. 146.

Kouang-tcheou wan.

Col. 2506.

— Le Commerce dans l'Hinterland de Quang-Tchéou-Wan. Par le Capitaine Cauquil. (*Rev. des Troupes coloniales*, 1904, II, pp. 136/157.)

(Exp. de 1858. — La France, l'Annam et la Chine.)

X. — ÉTATS-UNIS.

Col. 2511.

— Matthew Calbraith Perry A Typical American Naval Officer by William Elliot Griffis... Boston Cupples and Hurd... 1887, pet. in-8, pp. xvi-459.

Col. 2516.

— American Consular Jurisdiction in the Orient by Frank E. Hinckley Doctor of Philosophy, Columbia University School of Political Science; Clerk of the United States Court for China. Washington, D. C. W. H. Lowdermilk and Co., 1906, in-8, pp. xx + 3 ff. n. ch. + pp. 283.

Notice : *Journ. N. C. Br. R. As. Soc.*, 1907, XXXVIII, pp. 239/245, par H. B. Morse.

— Les Américains en Chine. (*Bull. Soc. Géog. comm.*, Mars 1907, p. 209.)

— La légation [chinoise] de Washington. (*Bull. Com. Asie franç.*, 1907, Avril, p. 143.)

— Les Etats-Unis et l'indemnité chinoise. (*Ibid.*, Juillet, p. 257.)

XI. — ALLEMAGNE.

— Sonderabdruck aus « Nauticus, Jahrbuch für Deutschlands Seeinteressen 1902 ». E. S. Mittler & Sohn, Berlin. — Die Erschliessung Chinas, br. in-8, ch. 110 à 128.

Col. 2524.

— Rapport de Mr Liébert, consul de France à Hongkong, sur le développement de l'action économique des Allemands dans la zone commerciale desservie par Hongkong et dans l'ensemble des mers de Chine. (*Bul. économique de l'Indo-Chine*, IX, 1906, pp. 859/909.)

— Ein deutscher Unteroffizier als Leiter einer Schule in Peking. Von Oberstleutnant von Mülmann. (*Asien*, März 1907, pp. 89/90.)

— Les Allemands en Chine. (*Bull. Com. Asie franç.*, Mai 1907, p. 185.)

— Ernest Tonnelat. — Les Allemands au Chantoung. (*La Revue de Paris*, 1er Août 1907, pp. 478/504.)

— Die Begründung der Deutschen Medizinschule in Schanghai. Ausschuss für Förderung der deutschen Kulturarbeit in China. (*Asien*, Sept. 1907, pp. 156/7.)

— L'occupation de Kiao-tchéou. (*Bull. Com. Asie franç.*, Déc. 1907, p. 510.) — Extrait de la *Post*, de Berlin.

XVIII. — PEUPLES D'ASIE.

Japon.

— Embassies from China to Japan. (*Indo-Chinese Gleaner*, IX, July 1819, pp. 131/138.)

Col. 2545.

— The Japanisation of China. By George Lynch. (*The Nineteenth Century*, Aug. 1903, pp. 216/224.)

— Japan's Position in the Far East. By Alfred Stead. (*Fortnightly Review*, Aug. 1903, pp. 288/302.)

— Traité sino-japonais. (*Revue française*, XXXI, 1906, pp. 102/108.) — Texte.

— Japan and the Peace. By R. G. Corbet. (*Imp. & Asiat. Quart. Rev.*, XXI, 1906, Jan.-April, pp. 30/42.)

— China's Attitude towards Japan and Russia By Sir R. K. Douglas. (*Ibid.*, Oct., pp. 225/232.)

— Les contrefaçons japonaises en Chine. (*Bull. Com. Asie franç.*, 1907, Mai, p. 184.)

— L'activité japonaise à Souatéou. (*Ibid.*, pp. 184/5.)

Rapport consulaire de M. G. Point.

— Un emprunt japonais pour les chemins de fer en Mandchourie. (*Ibid.*, Juillet, pp. 259/260.)

— L'expansion japonaise et l'opinion britannique en Extrême-Orient. (*Ibid.*, Oct., pp. 408/9.)

Extrait du *Hong Kong Telegraph*.

— Les relations [de la Chine] avec le Japon. (*Bull. Com. Asie franç.*, Janvier 1908, pp. 30/2.)

(États-Unis. — Allemagne. — Japon.)

GUERRE SINO-JAPONAISE.

— La Guerre Sino-japonaise. Par Marius Decrespe. (*La Géographie*, Paris, 21 Février 1895, pp. 164/5.)

— Giovanni Lorenzini — Uno Sguardo alla guerra Cino-giapponese. (*Nuova Antologia*, LVII, 1895, 1er Mai, pp. 124/154; 1er Juin, pp. 456/480.)

Annam.

— Le Tonkin et les Invasions chinoises. Par Gervaise, lieutenant de vaisseau. (*Soc. Bretonne Géog.*, VII, 1888, pp. 40/61, 104/114, 147/152.)

(JAPON : GUERRE SINO-JAPONAISE. — ANNAM.)

Siam.

— Siam in the Twentieth Century being the Experiences and Impressions of a British Official by J. G. D. Campbell One of His Majesty's Inspectors of Schools, and recently Educational Adviser to the Siamese Government. London, Edward Arnold, 1902, in-8, pp. x + 1 f. n. ch. + pp. 332.

Ch. X. — The Chinese in Siam, pp. 267/286.

(SIAM.)

XIX. — QUESTIONS CONTEMPORAINES.

Ouvrages divers.

Col. 2565.

— China's Position in the World. By Demetrius C. Boulger. (*Calcutta Review*, Oct. 1893, pp. 316/323.)

Col. 2566.

— Comment les Chinois conçoivent leur civilisation et leur empire. Par Léopold de Saussure. (*Revue scientifique*, 19 janvier 1895, pp. 65/73.)

Col. 2567.

— Deutsche Kolonial-Gesellschaft. Abteilung: Berlin-Charlottenburg. — Verhandlungen 1896/97. Heft 2. — Von Brandt, Wirkl. Geh. Kaiserl. Deutscher Gesandter a. D. CHINA in ethischer, industrieller und politischer Beziehung. — Zwei Vorträge, gehalten in der Abteilung Berlin-Charlottenburg der Deutschen Kolonial-Gesellschaft... Berlin 1897, Dietrich Reimer, in-8, ch. 51 à 101.

Col. 2570.

— The Future of China. An Interview with the Rev. T. G. Selby. (*The Illustrated Missionary News*, April 1899, pp. 64/5.)

— The Genius of China. By Hesper Ukhtomski. (*Contemporary Rev.*, LXXXI, 1902, pp. 788/804.)

— A Chinese Plea for the withdrawal of European Missionaries from China. (*The Times*, Sept. 5, 1891.)

Col. 2580.

— Die Reformbestrebungen in China und die Reaktion. Von Dr. O. Schlüter. (*Globus*, LXXIV, 1898, pp. 348/353.)

(OUVRAGES DIVERS.)

— Zerstörende und aufbauende Mächte in China. Von C. J. Voskamp Missionär der Berliner Missionsgesellschaft in China. Berlin 1898, Berliner evangelische Missionsgesellschaft, in-8, pp. 80.

— Les bases scientifiques de la question chinoise. Par J. Machat. (*Rev. gén. des Sciences pures et appliquées*, IX, 1898, pp. 517/529.)

— Les éléments scientifiques de la transformation de la Chine. Première Partie : L'individu et la société. Par J. Hess. (*Ibid.*, 30 juin 1900, pp. 775/787.)

— * Riccardo Paderni. — La nuova Cina. Milano, tip. Bellini, 1903, in-8, pp. xx-207, ill.

— The Mischief in Manchuria. By Wirt Gerrare. (*Fortnightly Review*, LXXIII, Jan.-June 1903, pp. 1051/1059.)

— Peking. — Tzu-Hsi, Empress-Dowager of China. (*National Rev.*, XLIII, 1904, pp. 786/792.)

Voir col. 3107.

— Valentine Chirol. — The Conflict of New World-Forces in the Far East. (*Ibid.*, pp. 578/596.)

— Education and Reform in China. By R. W. Swallow, Government University, T'ai-yuen-fu, Shansi, China. (*Imp. & Asiat. Quart. Rev.*, XX, July-Oct. 1905, pp. 138/147.)

(OUVRAGES DIVERS.)

— Actualités chinoises — Yuan-Chi-kai. Par ***. (*Revue des Troupes colon.*, 1906, II, pp. 509/513, Port.)

— Capitaine d'Ollone. — La Chine novatrice et guerrière... 1906. [Voir col. 2579.]

Notices : *Bull. Ecole franç. Ext. Orient*, VI, Juill.-Déc. 1906, pp. 422/424. Par B. C. Maybon. — *Bull. Soc. Géog. Lyon*, No. 136, pp. 75/9, par Maurice Zimmermann. — *Etudes*, 5 Juillet 1907, pp. 140/1, par Joseph Burnichon. — *Ann. des Sc. pol.*, 15 Janvier 1908, pp. 131/2, par Maurice Courant.

— Le Capitaine d'Ollone A propos d'un livre récent. Par Avesnes. (*Bull. Com. Asie franç.*, Janvier 1908, pp. 20/23.)

Avesnes : Comte Louis de Blois.

— Le progrès en Chine — Lettre du P. de Vibraye. (*Relations de Chine*, Kiang-Nan, Avril 1906, pp. 90/93.)

— La Chine se réveille-t-elle? (*Chine, Ceylan, Madagascar*, Mars 1907, pp. 441/2.)

Extraits d'un article de M. P. Leroy-Beaulieu dans l'*Economiste français*, du 12 Janv. 1906.

— La Chine se réveille-t-elle? Par Albert Wetterwald. Hsien-hsien, 29 Sept. 1906. (*Etudes*, 5 Juin 1907, pp. 674/679.)

— Le réveil de la Chine et les gardes champêtres. Par Albert Wetterwald, S. J. [Hsien-hsien, 29 septembre 1906.] (*Chine, Ceylan, Madagascar*, juin 1907, pp. 533/7.)

— Réaction et réforme [en Chine]. (*Bull. Com. Asie franç.*, Avril 1907, pp. 140/1.)

— Les Partis politiques en Chine Par Albert Maybon. (*La Revue*, 15 Juin 1907, pp. 523/537.)

— Ein charakteristisches Zeichen der aufsteigenden Konjunktur in China. Von Dr. August Etienne. (*Asien*, Juni 1907, pp. 132/3.)

— Accords asiatiques. (*Bull. Com. Asie franç.*, 1907, Juillet, pp. 252/3 ; Août, pp. 297/299.)

— L'importation du blé. (*Ibid.*, p. 258.)

— Proclamation du chef des Ke Ming tang (Société contre l'autorité) Siu-sie-ling, trouvée dans ses papiers après son exécution. Communiqué par M. Régis Gervaix, missionnaire du Kouang tong. (*Miss. Cath.*, XXXIX, 20 Sept. 1907, p. 449.)

Extrait de l'*Echo de Chine*.

— L'accord asiatique anglo-russe. Par Robert de Caix. (*Bull. Com. Asie franç.*, 1907, Sept., pp. 329/336.)

— L'accord anglo-russe — Devant l'opinion. Par Robert de Caix. (*Ibid.*, Oct., pp. 371/4.)

— La convention anglo-russe du 31 août 1907. Par Pierre Clerget. (*La Géographie*, 15 oct. 1907, pp. 250/2.)

— Great Britain and Russia in Asia. (*Geogr. Journal*, Nov. 1907, pp. 557/9.)

— L'Angleterre et la Russie au Tibet Par F. Grenard. (*Bull. Com. Asie franç.*, 1907, Oct., pp. 375/383.)

— La Chine aux Chinois. (*Ibid.*, Sept., pp. 355/6.)

— The Religious Writings of Liang Chitsao. By Rev. D. T. Huntington, Ichang. (*Chin. Rec.*, XXXVIII, Sept. 1907, pp. 467/475.)

Né en 1873 près de Canton.

— Le mouvement réformiste [en Chine]. (*Bull. Com. Asie franç.*, 1907, Oct., pp. 404/5 ; Nov., p. 470.)

— The Awakening of China By W. A. P. Martin, D. D., LL. D. Formerly President of the Chinese Imperial University... Illustrated from photographs. London, Hodder & Stoughton, 1907, in-8, pp. XVI-328.

Preface. — Introduction. — Part I. The Empire in Outline. — II. History in Outline from the earliest Times to the eighteenth Century. — III. China in Transformation. — Appendix. — Index.

Notices : *Lond. & China Express*, Oct. 25, 1907. — *The Times Lit. Sup.*, Sept. 27, 1907.

— * To-morrow in the East. By Douglas Story. London, Chapman and Hall, 1907, pet. in-8.

Notice : *Lond. & China Express*, Supp., 5 July 1907, pp. 2/3.

— L'Orient de demain Par L. B.[ouvat.] (*Revue du Monde musulman*, II, Juin-Juill. 1907, pp. 617/8.)

A propos de : *To-morrow in the East.*

— The Coming Struggle in Eastern Asia by B. L. Putnam Weale... With Illustrations & a Map. Macmillan and Co., London, 1908, pp. XIV-656.

Notice : *Lond. & China Express*, Feb. 14, 1908.

— Le mouvement national [à Canton]. (*Bull. Com. Asie franç.*, Déc. 1907, p. 510.)

— Le mouvement réformiste [en Chine]. (*Ibid.*, Janvier 1908, pp. 32/34.)

— * China and its National Army. By Captain M. Kincaid-Smith, M. D. (*Empire Review*, March 1908.)

Evènements de 1900-1901.

— The Mongolian Rising. By a Recent Visitor to China [G. Herbert Rutter]. (*The Pictorial World*, Dec. 12, 1891, pp. 204/6.)

— The last Palace Intrigue at Peking. By R. S. Gundry. (*The Fortnightly Review*, 1900, June, pp. 958/971.)

— The Crisis in the Far East. By Diplomaticus. (*Ibid.*, July, pp. 143/151.)

— Peking — and after. By Demetrius C. Boulger. (*Ibid.*, August, pp. 198/207.)

— The Coming Settlement in China. By Diplomaticus. (*Ibid.*, Sept., pp. 513/522.)

— China and the Powers. By John Brisben Walker. (*The Cosmopolitan*, XXIX, May-Oct. 1900, pp. 469/475.)

— What China really is. By John Brewster Dane. (*Ibid.*, pp. 476/480.)

— The Boxer Movement. By Sir Robert Hart, Bart. (*Ibid.*, XXX, Nov. 1900-April 1901, pp. 507/512.)

— The Chinese Drama. By Archibald Little. (*The Nineteenth Century*, June 1902, pp. 1017/1022.)

Siège des Légations (1900).

— The Peking Legations : A National Uprising and International Episode. By R. H. [Sir Robert Hart.] (*The Fortnightly Review*, Nov. 1900, pp. 713/739.)

— The Peking Legations. A National Uprising and International Episode. By Sir Robert Hart. (*The Cosmopolitan*, XXX, Nov. 1900-April 1901, pp. 121/139.)

— Siège de Pékin 19 Juin-14 Août 1900 par Madame S. Pons-Laurent. Cannes, Imprimerie Louis Vidal, s. d. [1901], br. in-8, pp. 29.

Action militaire 1900-1901.

— Zum Abschlusz des China-Feldzugs. Von Moritz Schanz-Chemnitz. (*Deutsche Kolonialzeitung*, 19. September 1901, pp. 270/271.)

— * Souvenirs de la Colonne Seymour. Par Jean de Ruffi Pontevès. Paris, Plon, 1903.

Col. 2591-2.

— Expédition de Chine 1900-1901 — Rapport du général de division Voyron commandant en chef le corps expéditionnaire. (*Revue des Troupes coloniales*, 1903, I, pp. 309/364, 433/474, 537/576; II, pp. 1/35, 119/158, 261/299, 409/443, 553/587, 713/739.)

Col. 2594.

— Étude sur la Garnison anglaise de Shanghaï et les corps indigènes de l'Inde. (*Rev. des Troupes colon.*, 1904, I, pp. 166/191.)

Ext. du rapport annuel de 1902 du corps d'occupation de Chine.

— Histoire du Gouvernement provisoire de Tien-tsin (1900-1902). Par le Capitaine Condamy. (*Ibid.*, 1905, I, pp. 168, 248, 414, 507; 1905, II, pp. 17, 164.)

— Les forces étrangères à Changhai. (*Bull. Com. Asie franç.*, Juin 1907, pp. 227/8.)

Col. 2598.

— * Feodor v. Rauch. — Mit Graf Waldersee in China. Tagebuchaufzeichnungen. Mit 3 Skizzen u. 10 Anlagen. Berlin, F. Fontane & Co., 1907, in-8, pp. x-451.

Notice : *Petermanns Mitt.*, 1907, Ltbt., 465, par M. v. Brandt.

Guerre russo-japonaise.

— O conflicto russo-japonez — Provisões e realidades, por J. F. Marques Pereira. (*Ta-ssi-yang-kuo*, Ser. II, Vol. IV, 1903, pp. 809/832, 8 grav.)

— A Russo-Japanese War. By « China Station ». (*Contemporary Rev.*, LXXXI, 1902, pp. 424/436.)

— Les données maritimes du conflit russo-japonais. Par Michel Mérys. (*Bull. Com. Asie française*, Décembre 1903, pp. 523/525.)

— Rudolf Zabel. — Zur Kriegszeit in Japan und Korea. (*Jahresber. Frankfurter Ver. f. Geog. u. Stat.*, LXVIII & LXIX, 1903-1905, pp. 185/6.)

— Comment la Russie amena la Guerre — Histoire complète par le Baron Suyematsu (Auteur de « la Russie et le Japon ») Traduit par Frédéric Pepin. — Londres : Probsthain, 1905, in-8, pp. 62.

— La guerre (Russo-Japonaise). (*Bull. Comité Asie française*, Février 1904, pp. 68/76.)

— La politique japonaise avant la guerre. (*Ibid.*, pp. 92/95.)

— L'offensive japonaise et la flotte russe. Par R. Castex, Enseigne de vaisseau. (*Ibid.*, pp. 95/99.)

— F. Brinkley. — Russia and Japan. (*National Rev.*, XLIII, 1904, pp. 393/405.)

— La guerre russo-japonaise. Par F. Dubief, Député. (*Revue bleue*, 18 juin 1904, pp. 773/6.)

— La Guerre Russo-Japonaise. (*Revue des Troupes colon.*, 1904, II, pp. 183, 280, 386, 512, 607; 1905, I, pp. 79, 181, 265, 366, 452, 547; 1905, II, pp. 59, 186, 403, 492, 617.)

— Note sur l'Armement russe et l'Armement japonais comparés. (*Ibid.*, 1904, II, pp. 247/266.)

— Tchemoulpo. — Une Impression. A la Russie. — Cyrille Prève. — Prix 15 copecs. — Moscou Édition de l'Auteur 1904, in-8, pp. 8.

Trois Poèmes. — Au verso de la couverture qui sert de titre : Типографія Г. Лисснера и Д. Собко. — A la 4e p. de la couverture : En vente à la librairie universelle M. O. Wolff, Pont des Maréchaux, N° 12. Moscou.

Bib. Nat., Pièce 8° Ye. 7309.

— En Mandchourie — Les Khoungouses. Par Francis Mury. (*Le Correspondant*, 1904, T. 214, pp. 1009/1024.)

— Ce que coutera la guerre russo-japonaise pour une campagne de six mois d'après des documents inédits. Par ***. (*Ibid.*, pp. 1025/1041.)

— Les causes de la guerre russo-japonaise. Par André Chéradame. (*Ibid.*, T. 215, pp. 577/610.)

— Les deux plans de campagne de l'État-Major japonais. Par ***. (*Ibid.*, pp. 785/804.)

— En route par le Transsibérien pour rejoindre Kouropatkine —. Lettres de Don Jaime de Bourbon. (*Ibid.*, pp. 830/855; T. 216, pp. 669/693.)

— Russie et Japon A propos de l'évolution de la guerre. Par André Chéradame. (*Ibid.*, pp. 1017/1050.)

— H. Nagaoka. — Étude sur la guerre russo-japonaise au point de vue du droit international. (*Revue gén. de Droit Int. Public*, 1905, No. 6, pp. 603/636.)

— M. v. Brandt. — Nach dem Kriege. Japan in politischer und wirtschaftlicher Beziehung. (*Globus*, Bd. 88, 1905, pp. 213/6.)

— From the Yalu to Port Arthur An Epitome of the First Period of the Russo-Japanese War. — By Oliver Ellsworth Wood, Lieut.-Colonel, United States Artillery (Late Military Attaché). — Tokyo, 1905. — London : Kegan Paul, Trench, Trübner & Co., 1905, pet. in-8, pp. xv-252, cartes.

— Das Zusammenwirken von Heer und Flotte im russisch-japanischen Kriege 1904/5. Von A. v. Janson Generalleutnant z. D. Mit einer Übersichtskarte. — Berlin 1905. R. Eisenschmidt, in-8, 2 ff. n. ch. tit. et tab. + pp. 57, carte.

— Ch. Victor-Thomas Ancien Officier de Cavalerie Trois Mois avec Kuroki Préface de M. Henry Houssaye de l'Académie française. Paris, Challamel, 1905, in-8 carré.

— Étude sur l'emploi de l'Artillerie pendant la Guerre Russo-japonaise. Par XXX. (*Revue des Troupes colon.*, 1905, II, pp. 347/412.)

— Les enseignements maritimes de la guerre russo-japonaise par J.-L. de Lanessan Député, Ancien Ministre de la Marine. — Paris, Félix Alcan, 1905, in-16, pp. XIII-273 + 1 f. n. ch. tab.

— Russia and Japan : Treaty of Peace. (*Imp. & Asiat. Quart. Rev.*, Oct. 1905, pp. 393/5.)

— Θ. И. Булгаковъ — Портъ-Артуръ японская осада и русская оборона его съ моря и суши — съ многочисленными иллюстращями и портретами — С.-Пет., Тип. А. С. Суворина, 1905-6, 2 vol. in-8, pp. 271, 272, ill., carte.

— Japan and the Peace. By R. G. Corbet. (*Imp. & Asiat. Quart. Rev.*, Jan. 1906, pp. 36/42.)

— Général Niox — La guerre russo-japonaise — Chroniques — Huit cartes dont deux hors texte. Paris, Ch. Delagrave, s. d. [1906], in-12, pp. 171.

— Ce qu'il faut retenir de la guerre russo-japonaise par le Lt-Colonel L. Picard. Paris, R. Chapelot, 1906, in-8, pp. 138.

— Der russisch-japanische Krieg in seinem kulturellen Einflusse auf den fernen Osten. Von Generalmajor a. D. C. von Zepelin. (*Asien*, 1906, Sept., pp. 168/9 ; Dez., pp. 35/7.)

— П. Ларенко. — Страдные дни Портъ-Артура. — Хроника военныхъ событій и жизни въ осажденной крѣпости съ 26-го января 1904 г. по 9-е января 1905 г... С. Петерб., 1906, pp. 1 à 356, carte, 357 à 819, vue et carte, ill.

— La guerre navale russo-japonaise en 1904-1905 par Schigemichi Suzuki, Médecin général de la Marine impériale japonaise. Traduction et analyse par le Dr. Thémoin, Médecin en chef de 2e classe de la Marine. (*Arch. de Médecine navale*, LXXXV, 1906, pp. 279/296, 321/341.)

Le Mémoire du Dr. Suzuki avait paru dans le *Journal of the Association of Military Surgeons of the United States*, Nov. 1905, p. 420.

— With Togo The Story of Seven Months' Active Service under his command by H. C. Seppings Wright Illustrated by Drawings and Photographs by the Author. London, Hurst and Blackett, 1906, in-8, pp. XVI-280.

— Erfahrungen und Lehren des russisch-japanischen Krieges 1904/05 für Heer- und Truppenführung von Immanuel Major Mit 29 Abbildungen, 8 Karten und einem Sachregister. Berlin 1906 Liebel, in-8, pp. VIII-172.

— Le Siège de Port-Arthur par Clément de Grandprey Colonel du Génie, breveté — Avec 11 figures et 8 planches hors texte. Berger-Levrault, Paris [et] Nancy, 1906, in-8, pp. 152.

La plus grande partie avait paru dans la *Revue du Génie militaire* en six articles : Janvier, Fév., Mars, Avril, Juin et Août 1906.

— China's Attitude towards Japan and Russia. By Sir R. K. Douglas. (*Imp. & Asiat. Quart. Rev.*, Oct. 1906, pp. 225/232.)

— Lt-Colonel d'état-major Neznamov — L'Expérience de la guerre russo-japonaise. Paris, R. Chapelot, 1907, in-8, pp. 155 + 1 f. n. ch. p. l. tab.

Traduit de l'*Invalide russe*, par A. Hivitch.

— Troubles causés au commerce maritime des neutres dans la guerre russo-japonaise. (Traduit de la *Marine-Rundschau* [décembre 1906]), par M. Fournier, lieutenant de vaisseau en retraite. (*Revue Maritime*, 1907, Février, pp. 482/514.)

— La bataille de Tsoushima par un témoin oculaire (D'après un ouvrage russe). D'après les *Mitteilungen aus dem Gebiete des Seewesens*, vol. 35, n° 2, par M. Fournier, lieutenant de vaisseau en retraite. (*Ibid.*, Mars, pp. 651/663.)

— Le combat d'escadre dans la bataille de Tsoushima. Traduit de l'allemand par M. Fournier, lieutenant de vaisseau en retraite. (*Ibid.*, pp. 663/677.)

D'après le vice-amiral Galster, *Der Kampf der Hauptgeschwader in der Seeschlacht bei Tsusima am 27. Mai 1905*, dans *Militär-Wochenblatt*, 7, 10 et 12 Juillet 1906.

— Quelles leçons la marine austro-hongroise peut-elle retirer de la dernière guerre? Traduit de l'allemand par M. Fournier, lieutenant de vaisseau en retraite. (*Ibid.*, pp. 678/682.)

D'après le *Danzer's Armee-Zeitung*.

— * Human Bullets. A Soldier's Story of Port Arthur. By Tadayoshi Sakurai (Lieutenant I. J. A.) Translated by Masujiro Honda. Constable, 5*s*.

Notice : *Lond. & China Express*, Nov. 29, 1907.

— Quelques Observations sur la guerre russo-japonaise par le Lieutenant Marès du 17e Régiment d'infanterie. Paris, Henri Charles-Lavauzelle, s. d. [1907], in-8, pp. 46.

— Commandant Edmond Ferry — De Moukden à Nancy — R. Chapelot & Cie., 1907, in-16, pp. 107 + 2 ff. n. ch.

— * Die Mandschurei. Bilder aus dem russisch-japanischen Kriege. Album von 389 Darstellungen, davon 36 in Dreifarbendruck und 353 in schwarzer Autotypie auf 122 Tafeln mit französischer und russischer Legende und einem Inhalts-Verzeichnis mit Erklärung der Tafeln in deutscher Sprache. Nach Aquarellen und Federzeichnungen herausg. von A. Martynow. St.-Petersburg, 1907. In-fol. oblong.

— Quelques leçons de la triste expérience de la guerre russo-japonaise Par le général Martynov de l'état-major russe. Paris, Henri Charles-Lavauzelle, s. d. [1907], in-8, pp. 122 + 1 f. n. ch. tab.

— * The Cavalry in the Russo-Japanese War: Lessons and Critical Considerations. By Count Gustav Wrangel (Austrian Cavalry). Translated by J. Montgomery. (Hugh Rees, limited.)

Notice : *Lond. & China Express*, Nov. 15, 1907.

— Le Japon et la Russie et la question des douanes en Mandchourie. (*Bull. Com. Asie franç.*, 1907, Juin, pp. 225/6.)

— Les accords russo-japonais. (*Ibid.*, Sept., pp. 336/8.)

— Les accords russo-japonais. Par Paul Labbé. (*Ibid.*, Oct., pp. 384/6.) Textes. (*Ibid.*, pp. 386/393.)

— Les opérations navales de la guerre russo-japonaise d'après un ouvrage japonais [*Nichi Rô Kaï Sen Ki*] (Traduction de M. Bourgois, enseigne de vaisseau). (*Revue maritime*, Nov. 1907, pp. 291/322.)

— Major Loeffler de l'Etat major royal saxon. — La Guerre Russo-Japonaise Enseignements tactiques et stratégiques — Traduit de l'Allemand Par le Lieutenant C. Olivari... Berger-Levrault, Paris [et] Nancy, 1907, in-8.

— *Sinicae Res* — Le Japon et les suites de la guerre russo-japonaise par le Général Chanoine. Paris, R. Chapelot, 1907, in-8, pp. 77.

— Ministère des Affaires étrangères. — Recueil de Documents diplomatiques concernant les négociations en vue de la conclusion d'une convention de pêche entre la Russie et le Japon. — Août 1906-Juillet 1907. — St.-Pétersbourg, Imprimerie W. Kirschbaum, 1907, in-4, pp. 259 + 2 ff. n. ch. p. l. tab. + 9 cartes en couleurs.

Titre et texte en russe et en français.

— L'accord russo-japonais. Texte du traité. (*T'oung Pao*, No. 5, Déc. 1907, p. 711.)

— * Reconnaissance in the Russo-Japanese War. By « Asiaticus ». Translated from the German by J. Montgomery. Hugh Rees, Ltd.

Notice : *London & China Express*, March 6, 1908.

Chemins de fer.

— Cina — Strade ferrate. — L. Nocentini. (*Nuova Antologia*, CXX, dic. 1891, p. 759.)

— Eisenbahnbau in China bis 1896. Nach amtlichen und sonst zuverlässigen Quellen dargestellt. Von Wilhelm Krebs. (*Globus*, LXXI, 1897, pp. 65/7.)

— China. — Imperial Maritime Customs. — II. — Special Series : No. 22. — RAILWAYS AND INLAND TAXATION : *Mr. Bredon's Memoranda concerning*.. Published by order of The Inspector General of Customs. — Shanghai : Statistical Department of the Inspectorate general of Customs. — 1897, in-4, pp. 26 + pp. XXIV texte chinois.

— Die transmandschurische Eisenbahn. Von Krahmer, General-major z. D. (*Globus*, LXXIII, 1898, pp. 265/268.)

— Das zukünftige Eisenbahnnetz Chinas. Mit einer Karte. (*Ibid.*, LXXIV, 1898, pp. 69/71.)

— Le Transmantchourien. Par Jules Legras. (*Annales de Géog.*, XII, 1903, pp. 31/46.)

— Oberstleutnant a. D. v. Kleist. — Die Eisenbahnbauten in China. (*Globus*, Bd. 83, 1903, pp. 383/4.)

— The Peking-Hankow Railway. (*Bull. American Geogr. Soc.*, XXXVIII, No. 9, Sept. 1906, pp. 554/6.)

Au sujet de M. Jean Jadot. — Cf. *Mouvement géog.*, No. 28, 1906.

— Die Entwickelung der Eisenbahnen in China. Von Georg Schultze. (*Asien*, Jan. 1907, pp. 51/3.)

— Le chemin de fer Hankeou-Pékin. (*Chine, Ceylan, Madagascar*, Mars 1907, pp. 440/1.)

— Les chemins de fer [en Chine]. (*Bull. Com. Asie franç.*, Avril 1907, pp. 141/2.)

— Le chemin de fer Transmandchourien. (*Chine, Ceylan, Madagascar*, Juin 1907, pp. 551/2.)

Extrait du *Bulletin du Comité de l'Asie française*, Mars 1907.

— Les étrangers et les chemins de fer. (*Bull. Com. Asie franç.*, 1907, Juillet, p. 256.)

— Chemin de fer russo-chinois. (*Ibid.*, p. 262.)

— Les chemins de fer. (*Ibid.*, Oct., pp. 405/7.)

— Les chemins de fer japonais en Mandchourie. (*Ibid.*, pp. 407/8.)

— La question des chemins de fer [en Chine]. (*Ibid.*, Nov., pp. 469/470.)

— Railway Enterprise in China An Account of its Origin and Development by Percy Horace Kent. With Maps. London, Edward Arnold, 1907, in-8, pp. IX-304.

— Rapport du Yeou-tch'ouan-pou (Ministère des Communications) adressé à S. M. l'Empereur de Chine, au sujet de la création dans l'Empire d'un réseau national des chemins de fer. Traduit par M. T'ang Tsai-fou, Vice-président de l'Association Amicale Franco-chinoise. (*Bul. Ass. amicale franco-chinoise*, février 1908, pp. 106/113.)

Rapport du 21 août 1907 (13e jour, 7e lune, 33e année Kouang-siu)

QUATRIÈME PARTIE

LES CHINOIS CHEZ LES PEUPLES ÉTRANGERS

I. — CONNAISSANCES DES CHINOIS SUR LES PEUPLES ÉTRANGERS.

Col. 2637.

— Aus der Ethnographie des Tschau Ju-kua. Von Friedrich Hirth. Aus den *Sitzungsberichten der philos.-philol. und der histor. Classe der k. bayer. Akad. d. Wiss.* 1898. Heft III. — München 1898. F. Straub, in-8, ch. 487 à 516.

Col. 2642.

— Das Land der Tättowierten und das Land der Frauen bei den alten Chinesen. — Dr. H. — (*Globus*, Bd. LXIII, 1893, p. 358.) D'après G. Schlegel.

Col. 2646.

— Notes on the Indo-Scythians. By Sylvain Lévi. Extracted and rendered into English, from the *Journal Asiatique*, July-Dec. 1896, pp. 444 to 484, and Jan.-June 1897, pp. 5 to 42. By W. R. Philipps. (*Indian Antiq.*, XXXII, 1903, pp. 381/9, 417/426; XXXIII, 1904, pp. 10/16.)

— Further Notes. (*Ibid.*, XXXIII, pp. 111/116.)

— The Kharoshtri Writing and its Cradle. By Sylvain Lévi. Translated from the *Bul. de l'Ecole Franç. de l'Ext. Orient*, Vol. II, 1902, pp. 246 to 253, by Christian A. Cameron. (*Indian Antiq.*, XXXIII, 1904, pp. 79/84.)

Col. 2647.

— Ed. Chavannes. — Les pays d'Occident d'après le Wei-lio...

Notice : *Bull. Ecole franç. Ext. Orient*, VI, Juill.-Déc. 1906, pp. 361/400. Par P. Pelliot.

Col. 2648.

— O. Franke. — Beiträge aus chinesischen Quellen zur Kenntnis der Türkvölker und Skythen Zentralasiens.

Notice : *Zapiski* de Rosen, XVII, 1, 1906, pp. 097/0102, par B. B.[artold.]

— The Śakas in Northern India. By Vincent A. Smith. (*Zeitsch. d. Deutsch. Morgenl. Ges.*, Bd. 61, 1907, pp. 403/421.)

— The Identity of the Sok with the Sakas. By O. Franke. (*Journ. R. A. Soc.*, July 1907, pp. 675/7.)

(Divers.)

II. — VOYAGES ET AMBASSADES.

Pèlerins bouddhistes.

HOUEI CHIN.

Col. 2657.

— Schlegels Lösung der Fu-sang-Frage. Von Dr. Johannes Hoops. (*Globus*, Bd. LXIII, 1893, pp. 74/77.)

HIOUEN TSANG.

Col. 2661.

— *Si-yu-ki.* Buddhist Records of the Western World. Translated from the Chinese of Hiuen Tsiang (A. D. 629). By Samuel Beal,... London, Kegan Paul, 1906, 2 vol. in-8, pp. CVIII-242, VII-369.

Fait partie de *Trübner's Oriental Series.*

Col. 2663-64.

— Die Inschrift von Paḍeriyā. Von R. Pischel. (*Sitzb. königl. preuss. Ak. Wiss.*, 1903, II, pp. 724/734.)

— Berthold Laufer. — Zum Bildnis des Pilgers Hsüan Tsang. (*Globus*, Bd. 88, 1905, pp. 257/8.)

— Dimensions of Indian Cities and Countries. By J. F. Fleet. (*Journ. Roy. As. Soc.*, July 1907, pp. 641/656.)

— A. H. Francke, Moravian Missionary. — Note on Mo-lo-so. (*Ibid.*, Jan. 1908, pp. 188/9.)

Divers.

— Chine et Turquie Dans le journal de voyage de Sie Fou-tch'eng Par A. Vissière. (*Revue du Monde musulman*, III, Août-Sept. 1907, pp. 1/9.)

III. — ÉMIGRATION.

Ouvrages divers.

Col. 2674.

— Die chinesische Auswanderung seit 1875. Von Prof. F. Ratzel. (*Globus*, XXXIX, 1881, pp. 88, 104, 135, 167, 182, 198, 346, 360; XL, 1881, pp. 55, 73, 88, 103, 124, 140.)

Etats-Unis.

— A Letter, relative to a Chinese in America. New York, July 11, 1817. By John Nitchie. (*Indo-Chinese Gleaner*, III, February 1818, pp. 78/83.)

— Die Chinesen in Californien und in Niederländisch-Indien. Von Dr. O. Mohnike in Bonn. (*Globus*, XXXVII, 1880, pp. 231/5, 248/251, 266/9, 280/4.)

— The Babies of Chinatown. By Mary Davison. (*The Cosmopolitan*, XXVIII, 1899/1900, pp. 604/612.)

— La question asiatique dans l'Amérique du Nord. (*Bull. Com. Asie franç.*, 1907, Oct., pp. 397/400.)

— La question asiatique dans l'Amérique du Nord. (*Ibid.*, Déc., pp. 493/496.)

Détroit de Malacca, etc.

— Malacca Chinese Samaritan Society. (*Indo-Chinese Gleaner*, X, Oct., 1819, pp. 204/210.)

— Le protectorat Chinois dans les Établissements des Détroits en 1905. (*Bul. écon.*, Hanoi, Juillet 1907, pp. 609/616.)

Indes Néerlandaises.

— Het huwelijk bij de Chineezen te Padang. Matriarchaat in botsing met patriarchaat en daaruit voortvloeiende neiging om van het in China geëerbiedigde versterfrecht af te wijken. Door J. W. Young. (*Ind. Gids*, Deel II, 1885, pp. 1458/1479.)

Batavia, 28 Januari 1884.

— La concurrence des races à Java. La question chinoise. Par Joseph Chailley-Bert. (*Rev. gén. des Sciences pures et appliquées*, IX, 1898, pp. 845/855.)

Australie.

— Neu-China in Australien. (*Das Ausland*, 1866, pp. 9/11.)

— Le Transsibérien et l'Australie. (*Bull. Com. Asie franç.*, Août 1907, p. 319.)

Afrique du Sud.

— The Chinese and the South African Labour Question. By Hiram S. Maxim. (*Fortnightly Review*, LXXIII, Jan.-June 1903, pp. 506/511.)

— H. Ernest Crawley. — A business view of the Chinese Labour Problem. (*National Rev.*, XLIII, 1904, pp. 296/306.)

CINQUIÈME PARTIE

LES PAYS TRIBUTAIRES DE LA CHINE

I. — TARTARIE.

HISTOIRE.

Tartares orientaux.

Col. 2718.

— Tartars and Chinese before the Time of Confucius. By E. H. Parker. (*English Historical Review*, Oct. 1907, pp. 625/635.)

SI HIA.

Col. 2723.

— L'Écriture du royaume de Si-hia ou Tangout, par M. Devéria. (*Mém. prés. par divers savants à l'Ac. des Insc. et B. Let.*, 1re Sér., XI, 1re part., 1902, pp. 147/175, 1 héliog. et 1 pl. copie.)

— Contribution préliminaire à l'étude de l'Écriture et de la langue Si-hia, par M. G. Morisse, Interprète de la Légation de France à Pékin. (*Ibid.*, 2e part., 1904, pp. 313/379, 1 pl.)

Tartares occidentaux.

HUNS.

Col. 2726-7.

— Neue Forschungen über das Geschlecht Attila's. Von Prof. Dr. Friedrich Hirth. — Sonderabdruck aus der Beilage zur « Allgemeinen Zeitung » Nr. 177 vom 4. August 1900. — München, Buchdruckerei der « Allgemeinen Zeitung », 1900, in-8, pp. 12.

— Hunnenforschungen. Von Prof. Dr. Friedrich Hirth. (*Keleti Szemle*, Budapest, s. d., in-8, pp. 12.)

— White Huns and Kindred Tribes in the History of the Indian North-West Frontier. By M. Aurel Stein. (*Indian Antiq.*, XXXIV, 1905, pp. 73/87.)

— * Chiong-nu und Hunnen. Bibliograph. Übersicht d. Teorien über d. Herkunft d. Volkes Chiong-nu d. chinesischen Annalen, ü. d. Herkunft d. europ. Hunnen u. über d. Zusammenhang dieser zwei Völker. St. Pet., 1900. In-8, pp. 76 [en russe].

Harrassowitz, Leipzig, Oct. 1905, No. 54.

Epigraphie.

— Radloffs Untersuchung des Orchon-Beckens. (*Globus*, Bd. LXIV, 1893, pp. 69/72.)

— Die Entzifferung der Orchon- und Jenissei-Inschriften. Von Dr. E. Fromm. Aachen. (*Ibid.*, LXVI, 1894, pp. 325/327.)

Mandchourie.

OUVRAGES DIVERS.

— Die Chunchusen im Süd-Ussuri-Gebiet. (*Globus*, XXXVIII, 1880, pp. 173/5.)

D'après le russe du *Golos*, 1880, No. 35.

— Religion nationale des Tartares orientaux... par Ch. de Harlez. — Voir col. 2738.

Notice par G. Schlegel, *Internationales Archiv für Ethnographie*, Bd. I, 1888, pp. 203/6.

— Notes sur Port Arthur. Par le Lieutenant

Forner. (*Rev. des Troupes colon.*, 1904, I, pp. 276/290.)

— L'affaire de Niou-tchouang et la question de la Mandchourie. Par Henry Bidou. (*Bull. Com. Asie française*, Mai 1903, pp. 193/195.)

— Un' antica carta in Manciú dell'Area dell' attuale Guerra Russo-Giapponese. Nota del socio, cav. Cesare Poma (con una carta fuori testo). (*Bol. Soc. geog. ital.*, Vol. XLII, 1905, pp. 153/5.)

— Les Musulmans de Kharbin. (*Revue du Monde Musulman*, I, Nov. 1906, pp. 117/8.)

— Contributions to the Historical Geography of Manchuria. By Michiyo Naka. (*Journ. of Geog.*, Tokyo, XVIII, 1906, pp. 27, 90.) — En japonais.

— Yalu-kiang and Liao-ho. By Nobuyo Fukuchi. (*Ibid.*, p. 113.) En japonais.

— The Topography of the Liautung Peninsula. By Yōnosuke Ōtsuki. (*Ibid.*, p. 160.) — En japonais.

— Geology and Mineral Resource of Southern Shengking Province. By Kinosuke Inoue and Takudzi Ogawa. (*Ibid.*, pp. 238, 314, 742, 804.)

En japonais.

— * Trade of Tairen (Dalny) for the last seven months of the year 1906. By Mr. Vice-Consul H. G. Parlett. Foreign Office, Annual No. 3854, pp. 12.

— Les douanes impériales à Dalny. (*Bull. Com. Asie franç.*, 1907, Juillet, p. 257.)

— Les douanes de Mandchourie. (*Ibid.*, Oct., p. 407.)

— Nouveaux centres administratifs chinois sur la Soungari, par M. A. Vissière, Correspondant du Ministère de l'Instruction publique. (*Bull. Géog. hist. et descr.*, 1907, No. 1, pp. 37/46.)

Voir col. 2744.

— La jonction des lignes russe et japonaise en Mandchourie. (*Bull. Com. Asie franç.*, 1907, Juin, pp. 226/7.)

— Richesse du sol en Mandchourie. (*Ibid.*, Juillet, pp. 262/3.)

— Travaux géodésiques et topographiques de l'état-major général russe en Europe et en Asie. Par D. Aïtoff. (*La Géographie*, 15 Sept. 1907, pp. 180/2.)

— L'ouverture de la Mandchourie. (*Bull. Com. Asie franç.*, 1907, Sept., p. 356.)

— Les Japonais en Mandchourie. (*Ibid.*, Nov., p. 470; Déc., p. 510.)

— RESEARCH IN CHINA. Published by the Carnegie Institution of Washington. 1907. Voir GÉOLOGIE, col. 3092.

— Voir GÉOLOGIE, col. 3091-3092.

VOYAGES.

— James' Reise in der Mantschurei. Von H. Seidel. (*Globus*, LIV, 1888, pp. 156/159.)

Voir col. 2748.

— Excursion dans le Sud de la Mandchourie en septembre 1901 Par le Capitaine Aubé — (Extrait de la *Revue des troupes coloniales*). Paris, Henri Charles-Lavauzelle, s. d. [1903], br. in-8, pp. 28 + 1 p. n. ch.

— H. Enselme... — A travers la Mandchourie. — Voir col. 2751.

Nouveau tirage : 1904.

— Die Mandschurei und Korea (Aus Vorträgen vor der Königlichen Geographischen Gesellschaft in London) Von Emil S. Fischer. (*Mitt. k. k. Geog. Ges. Wien*, XLVII. Bd., 1904, pp. 326/331.)

Robert T. Turley. — Rev. C. T. Collyer.

— Manchuria, by Robert T. Turley. (*Trans. Liverpool Geog. Soc.* Year end. Dec. 31st, 1905, pp. 11/6.)

Mongolie.

OUVRAGES DIVERS.

— Bitchourin. — Записки о Монголіи. — Voir col. 2761.

Notice par Klaproth, *Nouv. Ann. des Voy.*, 2e Sér., XXVII, 1833, pp. 89/107.

Col. 2763.

— Mongolische Karten. (*Globus*, XXIX, 1876, pp. 302/3.)

— Die Chara-Tanguten und Olöt-Mongolen. Von Albin Kohn. (*Ibid.*, XXX, 1876, pp. 13/14, 27/8.)

Col. 2765.

— Les Mongols leur organisation administrative d'après des documents chinois par M. Georges Soulié. (*Actes du XIVe Congrès int. des Orient.*, Alger, 1905, 1e Partie, 5e Sect., pp. 64/83.)

— On the Sand-dunes of East Mongolia. By Denzō Kataya. (*Journ. of Geog.*, Tokyo, Feb. 1907, p. 126.) — En japonais.

HISTOIRE.

— Historical Researches on the Wars and Sports of the Mongols and Romans : in which elephants and wild beasts were employed or slain. And the remarkable local agreement of History with the remains of such animals found in Europe and Siberia. Containing Life of Genghis Khan, his unparalleled Conquests. — Life of the Grand Khan Kublai : Life of Tamerlane : their Battles, splendid Courts; and Grand Hunting Expeditions. — Siberia described in Summer; Mongol Sovereigns; Invasions from China and Bangalla; Battles; Rich Tombs. — Conquest of Russia by a Grandson of Genghis Khan. — Fisheries of the Walrus, called Mammoth by Siberians : Errors arising therefrom. — Roman Wars and Sports with Elephants and wild beasts. — History of Roman Britain, ending A. D. 427 : York the Head Quarters of the Roman Empire for Three Years. — British Emperors; powerful Fleet. — Mines; Wealth; Amphitheatres. — Conquest of Gaul and Spain by the British Emperor Maximus. — With a Map and ten Plates. — By John Ranking, Resident upwards of twenty years in Hindoostan and Russia. — London : Printed for the Author and sold by Longman, Rees, Orme, Brown, and Green, Paternoster-Row. Kingsbury, Parbury, and Allen, Leadenhall-Street. And G. Lawford, Savile-Place, Conduit-Street. — M.DCCC.XXVI, in-4, pp. XV-516.

— The Mongols A History by Jeremiah Curtin... With a Foreword by Theodore Roosevelt. Boston, Little, Brown, and Co., 1908, in-8, pp. XXVI-426.

VOYAGES.

Col. 2783-6.

— Prschewalski's Reise von Kiachta nach Peking. Von Albin Kohn. (*Globus*, XXIX, 1876, pp. 170/3, 201/5, 218/221.)

— Aus dem Reiseberichte Prschewalski's über die Mongolei und das Land der Tanguten. Von Albin Kohn. (*Ibid.*, XXX, 1876, pp. 119/123, 134/8, 311/314, 346/350.)

— Prschewalski's neue Reise in Nordost-Tibet. (*Ibid.*, XLVII, 1885, pp. 199/201.)

— Prschewalski's dritte Reise in Central-Asien. (*Ibid.*, XLV, 1884, pp. 266, 295, 311, 331, 344.)

— Prschewalski's vierter Brief von seiner Reise in Nordost-Tibet. (*Ibid.*, XLVIII, 1885, pp. 26/8.)

— N. M. Prschewalski's fünfter Brief aus Central-Asien. (*Ibid.*, XLIX, 1886, pp. 13, 25, 40.)

D'après le *Jour. de St. Pétersbourg*, 1885, Nos. 310-313, 316-318.

— Prschewalski's dritte Reise in Central-Asien. (*Globus*, LI, 1887, pp. 257, 273, 289; LII, 1887, pp. 1, 17, 33, 49.)

— Die letzte Reise des Generals von Prschewalski. Von Prof. Dr. F. Marthe. (*Ibid.*, LVIII, 1890, pp. 17, 33, 57, 73, 88.)

Col. 2789.

— Reise von Irkutsk nach Urga in der Mongolei. Von Hans Leder. (*Globus*, Bd. LXIV, 1893, pp. 319/326.)

— Besuch von Urga in der Mongolei. Von Hans Leder. (*Ibid.*, LXVI, 1894, pp. 49/53.)

— Aus Urga in der Mongolei. Von Eugen Graf Zichy. (*Ibid.*, LXXIV, 1898, pp. 319/322.)

Col. 2791-2.

— En Mongolie Le Pays des Saïotes Par Paul-F. Chalon Ingénieur Chargé de mission par M. le Ministre du Commerce — Extrait de la *Revue de Géographie*, Numéros d'Avril, Juin, Juillet & Août 1904 — Paris Ch. Delagrave — 1904, in-4, pp. 35 à 2 col.

Voir col. 2791.

— Монголія и Камъ... П. К. Козлова. — Томъ VIII. Выпускъ послѣдній. — С.-Пет., 1906, gr. in-8, pp. 40 + 1 f. n. ch. er. + 1 carte.

К. С. Мережковскій. — Діатомовыя водоросли Тибета.

— Kozloff's New Expedition. (*Geogr. Journal*, 1907, October, p. 437; 1908, Jan., pp. 103/4.)

— * On tramp among the Mongols. By the Rev. John Hedley. (Reprinted from the *North China Daily News.*) Shanghai, 1906, pp. VI-118. Map and Illustrations.

— Exploration de M. J. Hedley dans la « Mongolie intérieure ». Par J. Deniker. (*La Géographie*, 15 Oct. 1907, pp. 260/1.)

LANGUE.

Col. 2799.

— Lettre adressée à la Société asiatique de Paris sur l'origine et les monuments de l'écriture carrée dont l'invention est attribuée au Pagba-lama, par M. V. Grigorief, gouverneur civil de la province des Kirghiz d'Orenbourg, ancien professeur des langues orientales au Lycée Richelieu d'Odessa. (*Jour. Asiat.*, Juin 1861, pp. 522/558.)

Col. 2801-2.

— The New Testament of our Lord and Saviour Jesus Christ translated out of the Original Greek into the Mongolian Language, by Edward Stallybrass and William Swan, many years missionaries residing in Siberia, for, and at the expense of the British and Foreign Bible Society. — London: Printed by William Watts, Crown Court, Temple Bar. — MDCCCXLVI, in-8, 3 ff. n. ch. + pp. 925.

— Recueil de chansons mongoles recueillies par le P. Van Oost, missionnaire de la Congrég. de Scheut. Avec traduction littérale. (*Anthropos*, III, Fasc. 2, 1908, pp. 219/233.)

— Le domaine géographique et linguistique du Djagataï Par L. Bouvat. (*Revue du Monde musulman*, III, Oct. 1907, pp. 259/270.)

II. — T'IEN CHAN PE LOU. — T'IEN CHAN NAN LOU.

SCHLAGINTWEIT.

Col. 2808.

— Reports on the Proceedings of the Officers engaged in the Magnetic Survey of India. — By Adolphe, Hermann and Robert Schlagintweit. — Reports I. and II. — Published by Authority. — Madras : Printed by H. Smith, at the Fort St. George Gazette Press. 1855, in-8, pp. 25.

— — Reports III. and IV. — Published by Authority. — Calcutta : J. Thomas, 1856, in-8, pp. 30.

Report III. — Observations in Sikkim, the Khosia Hills and Assam, by Hermann Schlagintweit, Esq.

Report IV. — Researches in the Himalaya Mountains, from April to October, 1855, by Adolphe Schlagintweit, and Robert Schlagintweit.

— — Reports V, VI, VII, (VIII), and IX... Lahore : Printed at the Chronicle Press, by C. T. McCarthy. 1856, in-8, pp. 65.

Report on the Progress of the Magnetic Survey of India, and the Researches connected with it, From December 1855 to May 1856. By Hermann Schlagintweit, Esq. Report No. V. Upper Assam, a Part of Bhootan and Bengal.

Report... from November 1855 to May 1856, by Adolpho Schlagintweit. Report No. VI. Central India, Madras Coast and Nilgherri Hills.

Report... from November 1855 to April 1856, by Robert Schlagintweit. Report No. VII. Central India, and North-west Provinces.

Reports... from July to October 1856, by Hermann Schlagintweit, and Robert Schlagintweit. Report No. VIII. Ladak, Kuen Luen and Eastern Turkestan.

Printed at Agra, *vide infra*.

Report... from May to November 1856, by Adolphe Schlagintweit. Report No. IX. Himalaya Mountains and Western Thibet.

— — Report No. VIII... Agra : Printed at the Secundra Orphan Press. 1857, in-8, pp. 15.

Journey and Observations from Ladak to Khotan. By Hermann Schlagintweit, Esq. and Robert Schlagintweit, Esq.

— — Report No. X... Calcutta : Printed by P. M. Cranenburgh, Military Orphan Press, 1857, in-8, pp. 15.

Journey and Observations from the Punjaub to Bombay. By Robert Schlagintweit.

— Beobachtungen über den Einfluss der Feuchtigkeit auf die Insolation in Indien und Hochasien. Von Hermann von Schlagintweit-Sakünlünski. (*Sitzungsberichte der K. bayer. Ak. der Wiss., math.-phys. Cl.*, 12. Nov. 1864, pp. 216/246.)

— Die wichtigsten Höhenbestimmungen in Indien, im Himálaya, in Tíbet und in Turkistán. Von H. v. Schlagintweit-Sakünlünski. (*Ibid.*, 4. Mai 1867, pp. 479/518.)

(SCHLAGINTWEIT.)

— Esquisse de la géographie physique de la Haute-Asie d'après les travaux des frères Schlagintweit. Avec une carte. Par Charles Grad. (*Annales des Voyages*, 1869, Août, pp. 129/182.)

Col. 2810.

— P. Semenow's Forschungen im Alatau und Thian Schan. (Aus einem Briefe Semenow's an Carl Ritter, d. d. Semipalatinsk, den $\frac{18}{6}$. October 1857.) In-8, pp. 9.

— Eine Reise nach Kuldscha am Ili. (*Das Ausland*, XXXIV, 1861, pp. 459/460.)

Col. 2812.

— Von Sir Forsyth's Gesandtschaftsreise nach Kaschgar. (*Globus*, XXXIV, 1878, pp. 49/56, 65/71, 81/6, 97/102, 113/118, 129/135, 145/152.)

Col. 2817.

— Die Drachensteppe und der Drachensee. Von Hermann Vambery. (*Globus*, XXIX, 1876, pp. 235/6.)

Col. 2820-2.

— Von Kuldscha über den Tian-schan und an den Lob-nor 1876 bis 1877. Reisebericht von R. M. Prschewalski. (*Globus*, XXXIII, 1878, pp. 187/190, 198/208, 215/220, 231/6.)

— F. v. Richthofen's Bemerkungen zu Prschewalski's Entdeckung des Lob-nor. (*Ibid.*, XXXIV, 1878, pp. 139/141.)

— Der mittlere Kuen-lun nach N. v. Prschewalski's Forschungen. Von F. Marthe. (*Ibid.*, LIV, 1888, pp. 203/4.)

Col. 2824.

— Das russische Turkestan. (Nach dem Französischen der Mad. de Ujfalvy.) (*Globus*, XXXV, 1879. pp. 337/343, 353/360, 369/374 ; XXXVI, 1879, pp. 33/38, 49/55, 65/70, 81/7, 97/103, 113/9, 321/6, 337/342, 353/8, 369/375.)

Col. 2826-7.

— Kashgarien. (*Globus*, XXXVII, 1880, pp. 183/6, 198/201.)

Trad. libre de l'ouvrage de Kouropatkine, 1879.

— Le général Kouropatkine Explorateur et Géographe. (*Bull. Soc. Géog. Lyon*, XIX, 4e trim. 1904, pp. 316/9.)

— Die Forschungsreisen von Dutreuil de Rhins in Centralasien. (*Globus*, LXX, 1896, pp. 297/302.)

— Grum-Grschimailos Forschungen in Turfan (Centralasien). Mitgeteilt von C. Hahn. Tiflis. (*Ibid.*, 1893, Bd. LXIV, pp. 333/337 ; Bd. LXIII, pp. 381/386.)

— Das System des Kwen-lun. Von H. Hofmann. (*Ibid.*, LXI, 1892, pp. 43/5.)

Col. 2848-9.

— The Earl of Dunmore. (*Geogr. Journal*, Oct. 1907, pp. 447/8.)

Né 24 Mars 1841 ; mort 27 Août 1907, à Manor House, Frimley, près Camberley.

— Max Friedrichsen. — Neue Beiträge zur Morphologie des Tiënschan. (*Petermanns Mitt.*, 52. Bd., 1906, pp. 65/70.)

W. M. Davis.

(DIVERS.)

— Ancient Khotan... by M. Aurel Stein. — Voir col. 2866.

Notices : *T'oung Pao*, No. 4, Oct. 1907, pp. 573/581, par Henri Cordier. — *Jour. Roy. As. Soc.*, Jan. 1908, pp. 240/5, par S. W. B.[ushell.] — *Geog. Journ.*, Feb. 1908, pp. 201/4, par W. Broadfoot.

— Dr. Stein's Expedition in Central Asia [Communication from Dr. M. A. Stein, dated « An-shi, Kansu, June 18, 1907 ».] (*Geogr. Journal*, Nov. 1907, pp. 503/507.)

— Les Fouilles du Khotan. Par A. L. C. (*Revue du Monde musulman*, 1907, II, Mai, p. 442.)

— Les Missions anglaises en Asie. Par R. (*Ibid.*, III, Nov.-Déc., pp. 611/2.)

— A propos de l'« Ancient Khotan » de M. Aurel Stein. Par A. Le Chatelier. (*Ibid.*, II, Juin-Juillet, pp. 470/498.)

— Kashgar and the Kharoshthi. By O. Franke and R. Pischel. Part I. Translated, with the permission of the authors and under revision by them, from the « Proceedings of the Royal Academy of Sciences of Prussia », 5th February, 1903, pp. 184 to 196 by Christian A. Cameron. (*Indian Antiq.*, XXXIV, 1905, pp. 21/27; Part II. Transl. Proc. 9th July, 1903, pp. 735-745, pp. 41/46.)

Col. 2869.

— The Kharostra Country and the Kharostri Writing by Sylvain Lévi. Translated, with the author's permission and under his direction, from the « Bulletin de l'École Française d'Extrême-Orient », Vol. IV, 1904, pp. 543 to 579, by Mabel Bode. (*Indian Antiquary*, XXXV, 1906, Jan., pp. 1/30.)

— Hat es ein Land Kharoṣṭra gegeben ? Von Dr. O. Franke in Berlin. (*Sitzb. königl. preuss. Ak. Wiss.*, 1905, I, pp. 238/248.)

— Bruchstück eines Pehlevi-Glossars aus Turfān, Chinesisch-Turkestān. Von Prof. Dr. K. F. Geldner. (*Ibid.*, 1904, II, pp. 1136/7.)

— Litteratur-Bruchstücke aus Chinesisch-Turkistan. Von Eduard Sachau. (*Ibid.*, 1905, II, pp. 964/978, 1 pl.)

Documents envoyés par A. von Lecoq.

— * A. Grünwedel. — Bericht über archäologische Arbeiten in Idikutschari und Umgebung im Winter 1902-1903. — Aus den *Abhandlungen der K. Bayer. Akademie der Wiss.* 1. Kl., XXIV. Bd., 1. Abt. — München, 1906. In-4, pp. 196, 31 planches.

Notice : *Bull. Ecole franç. Ext.-Or.*, VI, Juill.-Déc. 1906, pp. 442/444. Par A. F.

— Dix inscriptions chinoises de l'Asie centrale, d'après les estampages de M. Ch.-E. Bonin, par M. Éd. Chavannes. (*Mém. prés. par divers savants à l'Ac. des Insc. et B. Let.*, 1re Sér., XI, 2e part., 1904, pp. 193/295, planches.)

Voir col. 687-688.

(Divers.)

— Max Friedrichsen. — Zur Orographie Asiens. (*Petermanns Mitt.*, 51. Bd., 1905, pp. 70/1.)

A propos de Kropotkin, *Geog. Journal.*

— Russes et Anglais en Asie centrale. Par le Capitaine Didrel. (*Rev. des Troupes colon.*, 1904, I, pp. 299/334, 453/469, 581/592.)

— L. v. Lóczy. — Ein ungarisches Reisewerk über Zentralasien. (*Petermanns Mitt.*, 51. Bd., 1905, pp. 163/165.)

Dr. G. de Almásy.

— Отъ Саура до Джунгарскаго Алатау. Предварительное сообщенiе объ ученой поѣздкѣ 1904 года. В. В. Сапожникова. (*Извѣстiя И. Рус. Геог. Общ.*, XLI, 1905, IV, pp. 697/704.)

— Jean Monval. — Les Conquêtes de la Chine Une Commande de l'Empereur de Chine en France au XVIIIe siècle. (*Revue de l'Art ancien et moderne*, XVIII, 1905, pp. 147/160.)

Voir col. 3106.

— Dr. Gottfried Merzbacher. — Die Erforschung der Hochregionen des Tian-Schan. (*Jahresber. Frankfurter Ver. f. Geog. u. Stat.*, LXX, 1905-1906, pp. 103/110.)

— Einige Berichtigungen zu meinen Arbeiten über den Tian-Shan. Von H. Keidel. (Separat-Abdruck aus dem *Centralblatt für Mineralogie, Geologie und Paläontologie.* Jahrg. 1907, N° 9.) Stuttgart, 1907, pp. 271/5.)

Voir col. 3093.

— Archaeological discoveries in Chinese Turkestan. By Ellsworth Huntington. (*B. American G. S.*, 39, 1907, pp. 268/272.)

— * The Pulse of Asia. A Journey in Central Asia illustrating the Geographic Basis of History. By Ellsworth Huntington. London, Constable ; Boston & New York, Houghton, Mifflin & Co., 1907, in-8, pp. xxi-415, cartes et plans.

Notices : *Lond. & China Express*, Jan. 24, 1908. — *Rev. des Etudes ethnog.*, Paris, Mars 1908, pp. 165/9, par A. van Gennep.

Col. 2875.

— Briefliche Mitteilungen von Dr. Alb. Tafel über seine Reise in Zentralasien vom Juli 1906. (*Petermanns Mitt.*, I, 1907, pp. 16/20.)

Cf. *Ibid.*, XII, 1906, pp. 287/8.

— Briefliche Mitteilungen von Dr. Alb. Tafel über seine Reise in Zentralasien 1906. (*Ibid.*, 1907, V, pp. 111/112.)

— Briefliche Mitteilungen von Dr. A. Tafel über seine Reise in Zentralasien 1906/07. (*Ibid.*, VIII, pp. 188/191.)

— Dr. Tafel's Journey in Eastern Tibet. (*Geogr. Journal*, October 1907, p. 437.)

— Voyage du Dr. Tafel dans le Tibet oriental. Par J. Deniker. (*La Géographie*, 15 déc. 1907, pp. 405/6.)

— * Emil Sieg. — Bruchstück einer Sanskrit-Grammatik aus Chinesisch-Turkestan. *Sitzungsberichte der Königlich preussischen Akademie der Wissenschaften, phil.-hist. Klasse.* 1907, XXV.

Notices : *Journ. R. As. Soc.*, Oct. 1907, pp. 1078/1083. By Ernst Leumann. — *Bul. Ecole franç. Ext. Orient*, VII, Janv.-Juin 1907, pp. 145/6, par L. Finot.

— Über die einheimischen Sprachen von Ostturkestan im frühern Mittelalter. Von

(Divers.)

Ernst Leumann. (*Zeitsch. D. M. Ges.*, LXI, III. Heft, 1907, pp. 648/658.)

— Beitrag zur genaueren Bestimmung der unbekannten Sprachen Mittelasiens. Von F. W. K. Müller, in-4, pp. 3, 1 pl.

Ausgegeben am 9. Januar 1908. *Sitzb. d. Königl. preuss. Ak. d. Wiss.*, *phil.-hist. Cl.*, 19. Dec., pp. 958/960, 1907 — LIII.

Col. 2876.

— Note on the Kashgar (Turkestan) Earthquake of Aug. 22, 1902. By F. Omori. (*Bul. Imp. Earthquake Investigation Committee*, Vol. I. No. 4. August 1907, Tokyo, pp. 161/166.)

— New Expedition to the Tian Shan. (*Geogr. Journ.*, Sept. 1907, p. 332.)

Arnulf de Bavière.

— Further Explorations in the Tian-shan Mountains. By Dr. Gottfried Merzbacher. (*Ibid.*, April 1908, pp. 395/400.)

— The Fan Mountains in the Duab of Turkestan. By W. Rickmer Rickmers. (*Ibid.*, October 1907, pp. 357/371; Nov. 1907, pp. 488/502.)

— Les conditions de l'Asie Centrale Le Duab Par É. Févret. (*Revue du Monde musulman*, III, Nov.-Déc. 1907, pp. 453/487.)

— La Convention Anglo-russe Relative à l'Asie Centrale. (*T'oung Pao*, No. 4, Oct. 1907, pp. 566/572.)

— La Russie et la Grande-Bretagne en Asie Centrale. Par le Commandant H. de Lacoste. (*Bull. Com. Asie franç.*, 1907, Nov., pp. 435/465.)

— Conférence du Commandant de Lacoste. (*Ibid.*, Décembre, pp. 489/490.) — Turkestan chinois.

— Voyage du Commandant de Lacoste autour de l'Afganistan. (*Bull. Soc. Géog.*, Lyon, XXII, No. 137, p. 147.)

— * In the Footsteps of Marco Polo : Being the Account of a Journey Overland from Simla to Peking. By Major Clarence Dalrymple Bruce, late Commanding the Chinese Regiment of Infantry. Edinburgh and London : William Blackwood & Sons. 1907, pp. XIV/380. Map and Illustrations.

Notices : *Geogr. Journal*, Jan. 1908, pp. 92/3. By W. Broadfoot. — *Lond. & China Express*, Nov. 15, 1907.

— Dans l'Asie centrale. (*Revue du Monde musulman*, I, Février 1907, pp. 584/6.)

— * The Marches of Hindustan : the Record of a Journey in Thibet, Trans-Himalayan India, Chinese Turkestan, Russian Turkestan, and Persia. By David Fraser. Edinburgh : W. Blackwood & Sons, 1907, pp. XVI/522. Map, Profile, and Illustrations.

Notices : *Geog. Journ.*, March 1908, pp. 318-320, par W. Broadfoot. — *Lond. & China Express*, 15 Nov. 1907.

— An exploration of the Mustagh Pass in the Karakoram Himalayas. By Aug. C. F. Ferber, F. R. G. S. (*Geogr. Journal*, Dec. 1907, pp. 630/643.)

— Bericht über Reisen und Arbeiten in Chinesisch-Turkistan. Von A. v. Le Coq. (*Zeitschft. f. Ethnolog.*, 1907, pp. 509/524, 2 pl.)

— Association internationale pour l'exploration de l'Asie centrale et de l'Extrême-Orient. Par A. F. (*Revue du Monde Musulman*, II, Mars 1907, pp. 103/4.)

— Atti del Comitato italiano dell'Associazione internazionale per la esplorazione dell'Asia centrale e dell' Estremo Oriente. (*Rivista degli Studi Orientali*, I, f. 1, Roma, 1907, pp. 117/121.)

— Les Abdâl de Païnap. Par A. F. (*Revue du Monde Musulman*, 1907, II, Mai, pp. 440/1.)

— Extraits du « Mispao » de Péking du 9 de la troisième lune. Par F. F. (*Ibid.*, III, Nov.-Déc., p. 618.)

— С. Ѳ. Ольденбургъ. — Краткая опись составленнаго д-ромъ Кохановскимъ собранія древностей изъ Турфана. (*Извѣстія И. Акад. Наукъ*, 1907, No. 18, 15 déc., pp. 805/818.)

Klementz.

— Une nouvelle expédition russe en Asie centrale. Par J. de Schokalsky. (*La Géographie*, 15 Janvier 1908, pp. 59/60.)

Koslov.

— О нѣкоторыхъ растеніяхъ Памира. Критическая замѣтка. О. А. Федченко... (*Извѣстія Имп. Акад. Наукъ.* — 1908, No. 3, 15 février, pp. 275/280.)

Sur quelques plantes du Pamir. Note critique.

— Chinesisch-Turkestan Geschichte, Verwaltung, Geistesleben und Wirtschaft — von Prof. Dr. Martin Hartmann in Hermsdorf (Mark). — Mit 2 Karten. — Halle a. S. Gebauer-Schwetschke Druckerei... 1908, in-8, pp. VIII-115.

Angewandte Geographie... III. Reihe. 4. Band.

— Un Manuscrit chinois en caractères arabes. (*Revue du Monde Musulman*, 1907, II, Mai, pp. 441/2.)

— Le Turkestan autrefois et aujourd'hui. Par L. B.[ouvat.] (*Ibid.*, III, Nov.-Déc., pp. 619/625.)

(DIVERS.)

(DIVERS.)

III. — TIBET.

OUVRAGES DIVERS.

Col. 2879.

— Beiträge zur Kenntnis der Tibetischen Medicin. — Inaugural-Dissertation welche zur Erlangung der Doctorwürde in der Medicin und Chirurgie mit Zustimmung der Medicinischen Facultät der Friedrich Wilhelms-Universität zu Berlin am 10. August 1900 nebst den angefügten Thesen öffentlich verteidigen wird der Verfasser Heinrich Laufer aus Köln a. Rh... — Berlin, Gebr. Unger, 1900, in-8, pp. 41 + 1 f. n. ch.

L'auteur est né le 2 février 1877, à Cologne.

Col. 2883.

— Ethnographische und archäologische Daten über tibetische Priestertempel. Von Hermann v. Schlagintweit-Sakünlünski. (*Globus*, XXXIV, 1878, pp. 44/5.)

— Das Auftreten von Bor-Verbindungen in Tibet. Von Hermann von Schlagintweit-Sakünlünski. (*Ibid.*, pp. 363/6.)

— Die Erforschung von Tibet. (*Das Ausland*, LVIII, 1885, pp. 365/9.)

— Der Kuku-Nor. Von Dr. Emil Deckert. (Mit zwei Abbildungen.) (*Globus*, LIV, 1888, pp. 17/21.)

Col. 2887-88.

— Indian Pandits in Tibet. By Sarat Chandra Dàs. (*Journ. Buddhist Text Soc.*, I, 1893, Pt. I, pp. 1/31.)

— The Lamaic Hierarchy of Tibet. By Sarat Chandra Dás. (*Ibid.*, pp. 31/39 ; Pt. II, pp. 44/57.)

— Daily religious Service in the Grand Monastery of Tashi-lhunpo. By Sárat Chandra Dás. (*Ibid.*, Pt. IV, pp. 13/16.)

— The Monastic University of Tashi-lhûnpo. (*Ibid.*, pp. 17/19.)

— The Origin of Mankind compiled from the Legendary History of Tibet. By *Sri* Sarat Chandra Das. (*Ibid.*, Vol. IV, Pt. II, 1896, pp. 3/5.)

— The Origin of Mankind (according to the Lamaist Mythology). — By Rai Sarat Chandra Das. (*Jour. & Proc. Asiat. Soc. Bengal*, Vol. II, No. 1, 1906, pp. 10/14.)

— Die tibetanischen Forschungen von Sri Sarat Chandra Das. (*Globus*, Bd. LXIV, 1893, pp. 297/8.)

∴

(Ouvrages divers.)

— A brief Sketch of the Bon Religion of Tibet. Gyur Bon or the modified Bon. (Translated from *M*do Ser-mig and *H*dus-pa Rin-poche). (*Journ. Buddhist Text Soc.*, I, 1893, Pt. I, App., pp. 1/7.)

— The Bon Religion. (*Ibid.*, Pt. II, App. II, pp. 11/14.)

— The Principal Deities of the Bon Pantheon. (Translation of page 14, App. II, J., Pt. II.) (*Ibid.*, Pt. III, App. I, pp. 1/5.)

— A Note on the Illustrations of the Surgical Instruments of Tibet. By Dr. Çāradā Prasād Banerji. (*Ibid.*, II, Pt. III, 1894, pp. ix-x.)

— Der erste Schritt zur kommerziellen Erschliessung Tibets. Nach dem Bericht des Zollkommissärs F. E. Taylor von Wilhelm Krebs. (*Globus*, LXVIII, 1895, pp. 181/3.)

— A short Note on the Origin of the Tibetans and their Division into Clans. (*Journ. Buddhist Text Soc.*, Vol. V, 1897, Pt. I, pp. 1/4.)

— Description of a Tibetan Funeral. (*Ibid.*, Pt. II, pp. 1/3.)

— Der Frühlingsmythus der Kesarsage... *Mémoires de la Société Finno-Ougrienne* XV — Helsingfors, Société Finno-Ougrienne, 1900, in-8, pp. vi + 1 f. n. ch. + pp. 34 + 31.

— Der Wintermythus der Kesarsage. — Ein Beitrag zur Kenntniss der Vorbuddhistischen Religion Ladakhs von A. H. Francke Missionar der Brüdergemeinde in Khalatse in Ladakh. — ... *Ibid.*, 2 — Helsingfors, Ibid., 1902, in-8, pp. vii-36 [Tibet. Text] — 37 à 77 [Deutsche Übersetzung].

Col. 2894.

— Archaeology in Western Tibet. Khalatse. By the Rev. A. H. Francke. (*Indian Antiq.*, XXXV, 1906, Sept., pp. 237/241 ; Dec., pp. 325/333, 3 pl.,...)

— Historische Dokumente von Khalatse in West-Tibet (Ladakh). Von Missionar A. H. Francke. (*Zeitsch. D. M. Ges.*, LXI, III. Heft, 1907, pp. 583/614.)

— * A History of Western Tibet : one of the Unknown Empires. By Rev. A. H. Francke, Moravian Missionary. London : S. W. Partridge & Co. Maps and Illustrations.

Notice : *Geographical Journal*, March 1908, pp. 320/1. By W. Broadfoot.

(Ouvrages divers.)

— Kleine archäologische Erträge einer Missionsreise nach Zangskar in Westtibet. Von Missionar A. H. Francke. (Nachtrag zu Bd. 60, S. 645 ff.) (*Zeitsch. D. M. Ges.*, LXI, III. Heft, 1907, pp. 645/647.)

— Catalogue des peintures népâlaises et tibétaines de la Collection B.-H. Hodgson à la Bibliothèque de l'Institut de France, par M. A. Foucher. (*Mém. prés. par divers savants à l'Ac. des Insc. et B. Let.*, 1re Sér., XI, 1re partie, 1902, pp. 1/30.)

— How the Temporal Power of the Dalai Lama was founded, by L. de Milloué. (*Indian Antiq.*, XXXIII, 1904, p. 309.)

Trad. des *Conférences du Musée Guimet*, 1899-1901, Paris 1903, pp. 71-88.

— Le Tibet est-il sur le point de s'ouvrir aux étrangers? Aperçu de l'histoire générale de ce pays. (8 déc. 1901.) (*Conférences au Musée Guimet*, 1901-02 et 1902-03, par L. de Milloué, Paris, 1907, in-18, pp. 1/25.)

— Les Tibétains Notes d'Ethnographie. (20 mars 1904.) (*Ibid.*, 1903-04, 1904-05 et 1905-06, par L. de Milloué, Paris, 1907, in-18, pp. 51/77.)

— An Old Form of Elective Government in the Chumbi Valley. — By E. H. Walsh. (*Jour. & Proc. Asiat. Soc. Bengal*, Vol. II, No. 7, 1906, pp. 303/08.)

— Tibetan Illustration of the Yaudheya Tribal Organization. By Vincent A. Smith. (*Indian Antiq.*, XXXV, 1906, Oct., pp. 290/291.)

— Tibet. (*Asien*, 1907, Nov., pp. 19/20.)

— * The World-wide Series of Library and Office Maps. Asia. Scale 1 : 9,218,880 or 1 inch to 145.5 stat. miles. Edinburgh : W. & A. K. Johnston, [1907].

— Tibet in seiner geschichtlichen Entwicklung. Ein Beitrag zur ethnologischen Jurisprudenz. Von Herbert Müller, Halensee bei Berlin. — Sonderabdruck aus « Zeitschrift für vergleichende Rechtswissenschaft ». XX. Band. 2. u. 3. Heft. Verlag von Ferdinand Enke in Stuttgart, in-8, ch. 279 à 344.

Nicht im Buchhandel.

GRANDE BRETAGNE ET TIBET.

— Dr. Georg Wegener. — Das Hochland von Tibet, Lhassa und die englische Expedition. (*Jahresber. Frankfurter Ver. f. Geog. u. Stat.*, LXVIII & LXIX, 1903-1905, pp. 159/161.)

— Le Tibet, la Russie et l'Angleterre. Par ***. (*Le Correspondant*, 1904, T. 217, pp. 625/653.)

— E. John Solano. — The Crisis in Thibet. (*National Rev.*, XLIII, 1904, pp. 823/846.)

— The Geographical Results of the Tibet Mission. By Sir Frank Younghusband. (With Illustrations.) (*Scottish Geog. Mag.*, XXI, 1905, pp. 229/245.)

Voir col. 2896.

— The Expedition to Lhasa. By Ralph Richardson, Hon. Sec. R. S. G. S. (*Ibid.*, pp. 246/9.)

(Grande Bretagne et Tibet.)

— Die geographischen Ergebnisse der englischen Tibet-Expedition 1903/04. Von W. Kolshorn. (*Asien*, Dez. 1905, pp. 37/9.)

— R. Moulin. — Une année de politique extérieure [la Question marocaine — France et Siam — les Anglais au Thibet — etc.]. 1905. In-16.

— Le Tibet méridional et l'Expédition anglaise à Lhassa. Par Jules Sion. (*Annales de Géog.*, 15 janvier 1907, pp. 31/45.)

VOYAGES ET MISSIONS.

Col. 2906.

— A Short Account of the great Kingdom of Tibet. In 1729 A.D. By Fra Francesco Orazio Della Penna di Billi. (*Journ. Buddhist Text Soc.*, Vol. V, 1897, Pt. I, pp. 4/23.)

Col. 2908-9.

— A Sketch of Tibetan Character. (Compiled from the official Reports of Mr. George Bogle... and Capt. Samuel Turner...) By *Çrī* Sarat Chandra Das. (*Ibid.*, VI, 1898, Pt. III, pp. 1/8.)

— E. Behm. — Der grosse tibetanische Fluss in seinem Laufe zum Brahmaputra. (Mit Karte.) (*Petermann's Mitt.*, XXVI. Bd., 1880, pp. 14/18.)

— La nouvelle expédition du Dr Sven Hedin au Tibet. Par J. Deniker. (*La Géographie*, 1907, 15 Sept., pp. 171/177.)

— Nouvelles du Dr Sven Hedin au Tibet. Par Charles Rabot. (*Ibid.*, 15 Oct., pp. 259/260.)

— Dr. Sven Hedin's Expedition. (*Geogr. Journal*, Nov. 1907, pp. 559/560.)

— Sven Hedins Tibetreise 1906/07. (*Globus*, XCI, 1907, pp. 344/347.)

— Leutnant Wilhelm Filchner. — Bericht über meine Expedition zum Oberlauf des Hoangho in Osttibet. (*Jahresber. Frankfurter Ver. f. Geog. u. Stat.*, LXX, 1905-06, pp. 99/101.)

— Das Kloster Kumbum in Tibet... Von Wilhelm Filchner. — Voir col. 2926-7.

Notice : *Geogr. Journal*, Jan. 1908, pp. 90/92. By W. Broadfoot.

— Das Rätsel des Matschu... Von Wilhelm Filchner. — Voir col. 2927.

Notice : *Ibid.*

— * Wissenschaftliche Ergebnisse der Expedition Filchner nach China und Tibet, 1903-05. X. Band, I. Teil. Berlin. Mittler. 1908.

Notice : *Ibid.*

— A Travel in Tibet. By Onga Teramoto. (*Journ. of Geog.*, Tokyo, Nov. 1906, p. 751.) — En japonais.

— Charles A. Sherring. Western Tibet. — Voir col. 2927-8.

Notice : *Journal Asiatique*, Sept.-Oct. 1907, p. 384. Par P. Bourdais.

— Н. В. Кюнеръ. — Географическое Описанiе Тибета выпускъ 1-й. Имя. границы. обзоръ

(Voyages et Missions.)

путешествій. — Geographische Beschreibung von Tibet. Von Prof. N. Kuehner. Lief. I. Namen, Grenzen und Uebersicht der Forschungsreisen. — Владивостокъ. Тип.-лит. при Восточномъ Институтѣ. 1907, in-8, pp. xxix-viii-262-129 + 1 f. n. ch. er.

Forme la Partie I, Liv. 1, de l'ouvrage Описаніе Тибета qui comprendra quatre Parties :

Ч. 1-я. Вып. 2-й. — Очеркъ физической географіи Тибета, pp. 182 + 90.

Ч. 2-я. — Этнографическая.

Вып. 1-й. Составъ и бытъ населенія.

Вып. 2-й. Экономическій очеркъ Тибета.

Вып. 3-й. Религія и политическое устройство Тибета.

Ч. 3-я. — Опытъ библіографіи Тибета.

Ч. 4-я. — Исторія Тибета по китайскимъ и тибетскимъ источникамъ.

— * The Marches of Hindustan. By David Fraser. — Voir col. 3229.

— Diary of Journey Through « East Tibet ». By Edw. Amundsen. (*Chin. Rec.*, XXXVIII, Dec. 1907, pp. 649/659.)

(Voyages et Missions.)

— Au Tibet. (*Revue du Monde Musulman*, III, Nov.-Déc. 1907, p. 609.)

— Dr. Hedin's Explorations. (*Geogr. Journ.*, March 1908, pp. 333/4.)

Voir col. 2928.

LANGUE.

— De veteribus Indis Dissertatio in qua cavillationes auctoris Alphabeti Tibetani castigantur A P. Paulino a S. Bartolomaeo Carmelita Discalceato Malabariae Ex-Missionario Academiae Volscorum Veliternae Socio, Romae in Collegio Missionum ad S. Pancratium linguarum Orientalium Praelectore. — Romae CIƆ.IƆCC.XCV. — Superiorum permissu, in-4, pp. 54 + 1 f. n. ch. p. l'imprimatur.

Voir col. 2929. — Bib. nat. $\frac{O^{2}k}{101}$.

— Das tibetische Pronominalsystem. Von A. H. Francke. (*Z. D. M. G.*, 61. Bd., IV. Heft, 1907, p. 950.)

Addition ; voir p. 439. — Col. 2939.

— Die Bru-ža Sprache und die historische Stellung des Padmasambhava von Berthold Laufer. (*T'oung Pao*, Mars 1908, pp. 1/46.)

(Langue.)

IV — CORÉE.

OUVRAGES DIVERS.

— Die Halbinsel Corea, ihr gegenwärtiger Zustand und die katholischen Missionäre. (*Das Ausland*, XXXII, 1859, pp. 419/420.)

Lettre du Baron de Chassiron dans les *Annales des Voyages*.

— Ein verschlossenes Land. Reisen nach Korea. Von Ernst Oppert. (*Globus*, XXXVIII, 1880, pp. 25/7.)

Voir col. 2955.

— J. C. Hall's Besuch in der koreanischen Hauptstadt. (*Globus*, XLIII, 1883, pp. 333/4.)

Voir col. 2958.

— Die gegenwärtigen Zustände von Korea. (*Ibid.*, XLIX, 1886, pp. 139/142, 151/4.)

— Kapitän Jacobsen's Besuch bei den Koreanern. Von Gymnasiallehrer Otto Genest. (*Ibid.*, LII, 1887, pp. 58/61, 71/5.)

— Empire de Corée — Direction générale des communications — Notice sur le service postal et télégraphique de l'Empire de Corée par H. J. Mühlensteth Conseiller inspecteur des Télégraphes impériaux et

(Ouvrages divers.)

E. Clémencet Conseiller inspecteur des Postes impériales avec l'approbation de Son Excellence le Colonel Ho-sang-min Directeur général des Communications — Seoul, Août 1902 — Shanghai, Imprimerie de la Presse Orientale Rue du Consulat, in-4, pp. 15.

— Les Japonais en Corée. (*Bull. Com. Asie franç.*, Nov. 1907, p. 472.)

— Rapport sur les monuments de l'ancien royaume coréen de Kao-keou-li par M. Ed. Chavannes. Extrait des « Comptes rendus des séances de l'Académie des Inscriptions et Belles-Lettres », 1906, p. 549. — [Macon, Protat frères, imprimeurs], in-8, pp. 27, ill.

Réimp. dans le *T'oung Pao*, No. 2, 1908, avec l'addition de 4 planches.

(Ouvrages divers.)

TABLE DES MATIÈRES

Préface.

Divisions de l'Ouvrage :

Première partie : — *La Chine proprement dite.*
Deuxième partie : — *Les Étrangers en Chine.*
Troisième partie : — *Relations des Étrangers avec les Chinois.*
Quatrième partie : — *Les Chinois chez les Peuples étrangers.*
Cinquième partie : — *Les Pays tributaires de la Chine.*

PREMIÈRE PARTIE

LA CHINE PROPREMENT DITE

104

104*

DEUXIÈME PARTIE

LES ÉTRANGERS EN CHINE

TROISIÈME PARTIE

RELATIONS DES ÉTRANGERS AVEC LES CHINOIS

QUATRIÈME PARTIE

LES CHINOIS CHEZ LES PEUPLES ÉTRANGERS

CINQUIÈME PARTIE

LES PAYS TRIBUTAIRES DE LA CHINE

ADDITIONS ET CORRECTIONS

Voir le détail dans les colonnes à droite, *supra*.

Paris, 54 Rue Nicolo (XVIe), le 15 avril 1908.

Fin.

BIBLIOTHECA SINICA

PAR

HENRI CORDIER.

BIBLIOTHECA SINICA

DICTIONNAIRE BIBLIOGRAPHIQUE

DES OUVRAGES

RELATIFS A L'EMPIRE CHINOIS

PAR

HENRI CORDIER

PROFESSEUR A L'ECOLE SPÉCIALE DES LANGUES ORIENTALES VIVANTES,
MEMBRE DU COMITÉ DES TRAVAUX HISTORIQUES ET SCIENTIFIQUES, MEMBRE DU CONSEIL DE LA SOCIÉTÉ ASIATIQUE
ANCIEN PRÉSIDENT DE LA COMMISSION CENTRALE DE LA SOCIÉTÉ DE GÉOGRAPHIE,
HONORARY MEMBER OF THE ROYAL ASIATIC SOCIETY OF GREAT BRITAIN AND IRELAND
HONORARY CORRESPONDING MEMBER OF THE ROYAL GEOGRAPHICAL SOCIETY,
HONORARY MEMBER OF THE CHINA BRANCH OF THE ROYAL ASIATIC SOCIETY
SOCIO DELLA R. DEPUTAZIONE VENETA DI STORIA PATRIA

Cet ouvrage a obtenu à l'Institut le prix Stanislas Julien en 1880.

DEUXIÈME ÉDITION, REVUE, CORRIGÉE ET CONSIDÉRABLEMENT AUGMENTÉE

VOLUME V

SUPPLÉMENT ET INDEX

ORIGINAL EDITION PUBLISHED

PARIS

LIBRAIRIE ORIENTALISTE
PAUL GEUTHNER
13, RUE JACOB, 13

1922 — 1924

DIVISIONS DE L'OUVRAGE

PREMIÈRE PARTIE. — La Chine proprement dite.

DEUXIÈME PARTIE. — Les étrangers en Chine.

TROISIÈME PARTIE. — Relations des étrangers avec les Chinois.

QUATRIÈME PARTIE. — Les Chinois chez les peuples étrangers.

CINQUIÈME PARTIE. — Les pays tributaires de la Chine.

PREMIÈRE PARTIE

LA CHINE PROPREMENT DITE

I. — OUVRAGES GÉNÉRAUX.

Col. 7.

— Relation de la Chine.

— Voir dans *Labor evangélica*, . . . por el P. P. Pastells, III, p. 448 : Mapa de China qui acompaña la carta, que el P. Matteo Ricci, Religioso de la Compañia de Jesús, residente en la cindad de Xanquin, escribió al factor Juan Bta. Román, el día 28 de Septiembre de 1584. — La lettre de Ricci à Roman est publiée pp. 448 seq., probablement traduite en espagnol de l'italien par le P. Antonio Sanchez, compagnon de voyage de Juan Baptista Roman, facteur des îles Philippines à Macao, qui appelle Ricci : «Matheo Risi y Saliano.» Major dans son édition de Mendoza (p. LXXIX) avait déjà constaté l'identité ; la lettre a été retrouvée par le P. Pastells dans l'Archivo General de Indias à Séville. Le P. Tacchi-Venturi l'a reproduite d'après lui, dans *Opere storiche del P. Matteo Ricci*, II, 36/49. Sur Juan Bautista Román, cf. Pastells, Index, p. 142, et en particulier les deux lettres écrites de Macao par Román à Philippo II les 25 et 27 juin 1584 et éditées par le P. Pastells, *ibid.* ; II, 520/522. (Pelliot).

— G. Ludwig. — Descriptio nova Chinae.

Se confond avec le Luis Jorge de la col. 25. Il s'agit d'une carte de Chine, intitulée, *Chinae, olim Sinarum regionis, noua descriptio.* | *auctore Ludovico Giorgio*, et qui se trouve avec la date de 1584, dans l'atlas d'Ortelius. Cette carte est reproduite dans Sven Hedin, *Southern Tibet*, I, pl. XXIV. (Pelliot.)

Col. 18.

— * Repvblicas ‖ del Mvndo. ‖ Divididas en tres partes. ‖ Ordenadas por F. Hieronimo ‖ Roman, frayle professo de la Orden de S. Augustin, y su Coro- ‖ nista general . . . Tercera parte. ‖ . . . ‖ En Salamanca. ‖ En casa de Iuan Fernandez. M.D.XCV. in-fol., 6 ff. n. ch. + 271.

Colophon : En Salamanca, ‖ En casa de Juan Fernandez, ‖ 1594.

«Segunda impresión . . . *La Repvblica del Reyno de la China* comienza al fol. 110, vto., y el capitulo primero lo consagra casi integramente á Li Ma-hong, el célebre corsario que atacó á Manila en 1574 ; en el segundo habla de Fr. Martin de Rada, agustino que pasó á China y fué quien acerca de este Imperio dió noticias al P. González de Mendoza, con las que pudo escribir su *Historia de la China*. Precisamente á este autor es á quien más signe ROMÁN en todo lo que escribe á propósito del mentionado pais.» (Retana, 41.)

Román est également l'auteur de la *Chronica de la Orden de los ermitanos del glorioso Padre Sancto Augustin*. . . . Salamanca, 1569, in-fol.

— * Fr. Antonio San Roman. — Historia General della Yndia Oriental. Valladolid, 1603, infol., 14 ff + pp. 804 + 1 f. + 8 ff.

J. Baer, Cat. 619, n°. 5627 a, M. 150.

Col. 20.

— Novvelle | Histoire | de la Chine, ov | la mort de la Reyne | Mere dv Roy de la Chine | lequel est auiourd'hui, les Ceremonies qui se firent à ses Funerailles, & | les dernieres guerres que les Chinois | ont eües contre les Tartares sont | fidellement racontées. | avec | le progrez que depuis peu de temps les Peres de la Compagnie de Jesus | ont fait faire à la Religion Chrestienne | en ces quartiers là. | Traduite d'Espagnol en François. Par | J. J. Bellefleur Percheron | *Marque* | A Paris, | chez la Veufue Charles Chastellain, rüe | S. Jacques à la Constance, deuant S. Yues

M.DC.XXII. ‖ avec privilege du roy. 5 ff. prél. n. ch. + pp. 459 + 4 ff. n. ch.

Ex. avec un titre différent vu en 1921, chez le libraire Chamonal, Paris. (Cat. 8, N° 547) par Pelliot.

Col. 23.

PIERRE D'AVITY,

SEIGNEUR DE MONTMARTIN.

— Les ‖ Estats, Empires, ‖ et Principavtez ‖ dv Monde. ‖ Representez par la ‖ Description des Pays, ‖ mœurs des habitans, ‖ Richesses des Prouinces, ‖ les forces, le gouuernement, ‖ la Religion, et les Princes ‖ qui ont gouuerné ‖ chacun Estat ‖ Auec L'origine de toutes les ‖ Religions, et de tous les ‖ Cheualiers et ordres ‖ Militaires ‖ Par le S^r^. D. T. V. Y. gentilhomē ‖ ord^re^. de la Chambre du Roy ‖ A Paris, ‖ Chez Pierre Cheualier rüe S^t^. Iacques, à l'en- ‖ seigné Sainct Pierre ‖ pres les Mathurins ‖ 1615. in-4, front. grav., 9 ff. n. ch. prél. + pp. 1467.

— Les ‖ Estats. Empires. ‖ Et Principavtez ‖ dv Monde. ‖ Representez par la ‖ Description des Paijs. ‖ moeurs des habitans. ‖ Richesses des Prouinces. ‖ les forces, le gouuernement ‖ la Religion, et les Princes ‖ qui ont gouuerné ‖ chacun Estat. ‖ Auec L'origine de toutes les ‖ Religions et de tous les ‖ Cheualiers et ordres ‖ Militaires. ‖ Par le S^r^. D. T. V. Y. gentilhomē ‖ ord^re^ de la Chambre du Roy ‖ A Paris, ‖ Chez Pierre Cheualier ‖ ruë S^t^. Iacques à l'enseigne Sainct Pierre ‖ pres les Mathurins ‖ 1619, in-4, 9 ff. n. ch. p. l. prél. + pp. 1467.

Front. gravé; Iaspar Isac fecit.

XXV De l'Estat du Roy de la Chine, f. 847. — XXVI. De l'Estat du Roy du Iappon, f. 888. — XXVII. De l'Estat du Roy de Brame, ou de Pegu, f. 896.

Bib. Nat., G. 1038. Réserve.

— Les ‖ Estats, ‖ Empires, Royavmes, ‖ et ‖ Principavtez ‖ dv Monde, ‖ . . . Par le sieur D. T. V. Y. . . . ‖ Et depvis exactement reveve, corrigee et ‖ augmentee en ceste nouuelle edition, d'vn grand nombre de tres-curieuses recherches ‖ de tous lesdits Estats, Genealogies & Maisons Imperiales, Royales, & Souueraines y ‖ adioustees de nouueau, sans iusques à maintenant auoir esté mises en lumiere. ‖ A Paris, ‖ Chez Pierre Chevalier, ruë S. Iacques, ‖ à l'Image sainct Pierre. ‖ — M.DC.XXV. ‖ Avec Privilege dv Roy. In-folio.

Front. gravé: Crisp de Pas in. — Avec un Plan de Paris.

Bib. Nat., Inv. G. 504.

(D'AVITY.)

— Les ‖ Estats, ‖ Empires, et ‖ Principavtez dv ‖ Monde, ‖ . . . Derniere edition. ‖ Reueuë & augmentee par le Sieur D.T.V.Y. Gentil-homme ‖ ordinaire de la Chambre du Roy. ‖ [vig.] A Geneve. ‖ Par Iaqves Stoer. ‖ M.D.C.XLVIII. in-8, 12 ff. n. ch. tit., ded., tab. + pp. 1869 + 20 ff. n. ch. tab.

Bib. Nat., Inv. G. 8157.

— Les ‖ Estats ‖ Empires, royavmes, ‖ et ‖ Principavtez dv Monde. ‖ Representez par l'ordre, & veritable description des Pays, Moeurs des Peuples, ‖ Forces, Richesses, Gouuernemens, Religions, Princes, Magistrats & Souue- ‖ rains qui ont gouuerné & gouuernent auiourd'huy châque Estat, selon que ‖ le tout subsiste à présent, apres la mort des Princes, & les changemens qui ‖ sont arriuez à l'occasion des guerres dernieres. ‖ Illvstré de l'Institvtion de tovtes les Religions, ‖ Compagnies regulieres, Monasteres, Conuents, Ordres, Seminaires & Societés, ‖ tant de l'vn que de l'autre sexe, auec quels voeux, en quel temps, sous ‖ quels Papes, Monarques, Republiques & Souuerainetez, elles ‖ ont commencé par le Monde jusqu'à ce jour. ‖ Auec la noble et celebre origine de tovs les Ordres ‖ Militaires & de Cheualerie de toute la Chrestienté, tant Anciens que Modernes, leurs statuts, ‖ armes, deuises, & sous quels Empereurs, Roys & Souuerains ils ont esté ‖ establis & continués dans les Estats jusqu'a présent. ‖ Par le Sieur D. T. V. Y. Gentil-homme Ordinaire de la Chambre du Roy. ‖ Exactement revev, corrigé et avgmenté en cette derniere ‖ Edition, Enrichy d'vn grand nombre de tres-curieuses recherches de tous lesdits Estats, ‖ & Genealogies des Maisons Imperiales, Royales, & Souueraines. ‖ [Vignette] A Geneve, ‖ Pour Iean Antoine & Samuel De Tournes. ‖ — M DC.LXV. in-folio. 4 ff. n. ch. faux tit., tit., ep. et tab. + pp. 930 à 2 col. + 14 ff. n. ch. à 2 col. p. l. table générale.

— The ‖ Estates, Empires, & Principallities ‖ of the World, ‖ Represented by ẏ description of Countries, maners ‖ of Inhabitants, Riches of Pro- ‖ uinces, forces, Gouernment, Religion; and the Princes ‖ that haue gouerned ‖ in euery Estate. ‖ With the begiñing of all Mi- ‖ litarie and Religious Orders. ‖ Translated out of French ‖ by Edw: Grimstone, ‖ Sargeant at ‖ Arms. ‖ London ‖ Printed by Adam ‖

(D'AVITY.)

Islip : for Mathewe : || Lownes; and Iohn : || Bill. || 1615, in-fol. 8 ff. n. ch. + pp. 1234.

Titre gravé sig. Ren. Elstracke.

British Museum 581. k. 18.

— * Wereld spiegel waer in vertoont word de beschrijvinge der Rijken, Staten ende Vorstendommen des gantsen Aertbodems door D. T. V. Y. Amsterdam, 1621, in-fol., cartes et portraits.

Cat. Fred. Muller, 1910, n° 371, vélin, tit. et faux-titre doublés, flor. 30.

— Archontologia cosmica, || sive || Imperiorvm, || Regnorvm, Princi- || patvm, rervmqve pvblica- || rvm omnivm per Totvm || Terrarum Orbem || Commentarii lucvlentissimi, || . . . Opera & studio Jo. Lvdovici Gotofredi, || qvi eos primo gallice per D. T. V. Y. . . . || conscriptos : Nuper verò ex nouissimo & auctio- re exemplari Parisiensi in sermonem Latinum conuertit, nouisque accessionibus || locupletauit, & in tres Libros diuisit, || . . . [Marque] || Francofvrti, || Sumptibus Matthaei Meriani. || Anno M.DC.XXXVIII. in-fol., front. grav., pl. et cartes.

Bib. Nat., G. 505.

— Neuwe || Archonto- || logia || cosmica, || Das ist || Beschreibung aller Käy- || serthumben || Kônigreichen vnd Re- || publicken der gantzen Welt || die keinen Hôhern erkeinnen : || . . . Alles . . . || verfasset || Durch Johann Ludwig Gottfried. || . . . vnd verlegt von || Matthaeo Merian. || [Marque] || Getruckt zu Franckfurt am Mayn || in Wolffgang Hoffmans || Buchtruckerey || im Jahr nach Christi Geburt || M.DC.XXXIII. in-fol., pp. 760 s. les ff. prél. et la tab., front. grav. : Ioachimo Sandrart designauit., pl.

Gottfried = Jean Philippe Abelin.

Bib. Nat., G. 506.

— Le Monde . . . || par Pierre d'Avity Seigneur de Montmartin, || Gentilhomme ordinaire de la Chambre du Roy || [fig.] || A Paris. || Chez Clavde Sonnivs, ruë sainct Iacques, à l'Escu de Basle, & au || Compas d'or. || — M.DC.XXXVII. || Auec Approbation & Priuilege du Roy. 7 tomes formant 5 vol. in-fol.

Bib. Nat. G. 1744/1748.

Le Monde ou la Description Générale de ses quatre Parties . . . Composé par Pierre d'Avity, seigneur de Montmartin . . . seconde Edition.

(d'Avity.)

Le Vol. II de la Collection a pour titre : Description générale de l'Asie. Premiere Partie dv Monde avec tovs ses empires, royavmes, estats, et Repvbliques. . . , Faicte par Pierre d'Avity. . . . A Paris, chez Claude Sonnivs, & Denys Bechet. M.DC.XLIII, in-fol.

— Novveau || Theatre || dv Monde, || contenant || les Estats, Empires, || Royavmes et Principavtez, || . . . Par le Sieur D. T. V. Y. Gentil-homme ordinaire de la Chambre du Roy. || Auec vn nouveau Supplement. || A Paris, || Chez Pierre Menard, Libraire Iuré en l'Vniuersité de Paris, || ruë de la Bouclerie, au bon Pasteur. || — M.DC.LV. || Avec Privilege dv Roy. in-folio, 4 ff. n. ch. + pp. 1414 + 1 f. n. ch. avert. au lecteur.

Chine, p. 1085. — Pegu, p. 1120. — Iapon, p. 1147.

Bib. Nat., Inv. G. 99. Réserve.

— Novveau Theatre dv Monde, || contenant || les Estats, Empires; || Royavmes et Principavtez, || . . . Par le Sieur D. T. V. Y. . . || Auec un nouueau Supplement. || A Paris, || Chez Avgvstin Covrbé, Marchand Libraire, au Palais, en la Gallerie || des Merciers, à la Palme. || — M.DC.LV. || Avec Privilege dv Roy, in-fol.

Bib. Nat., Inv. G. 1755.

— Le Monde . . . || Composé premierement par Pierre Davity . . . ; Et dans cette || Novvelle Edition, Reueu, Corrigé & augmenté, tant pour les Descriptions || Geographiques, que pour l'Histoire, iusques à nostre temps. || Par Iean Baptiste de Rocoles, Conseiller & Aumosnier du Roy, || & Historiographe de sa Majesté. || [Marque] || A Troyes, & || a Paris, || Chez Denys Bechet, au Compas d'Or. || et || Lovis Billaine, à S. Augustin. || ruë S. Iacques. || — M.DC.LX. || Auec Approbation & Priuilege du Roy. 7 tomes en 6 vol. in-fol.

Bib. Nat., G. 512/517.

— A la citation : «De Backer, III, col. 754» ajouter la date 1641 et col. 817.

Col. 45.

ÉTIENNE DE SILHOUETTE.

— Idée générale du gouvernement et de la morale des Chinois (tirée des ouvrages de Confucius) et réponse à trois critiques, par M. D S. **** [*Paris*, 1731], in-4.

Le nom de l'auteur est donné p. 37 de la «Réponse».

Col. 53.

— Intrâdes-Tal, || om || Orsakerna, hvarfôre Chinas || Natural-Historia är sô || litet bekant; || hâllet fôr || Kongl. Vetenskaps Aca-

(Étienne de Silhouette.)

demien, ¦ Den 29 September 1773, ¦ Af ‖ Johan Abraham Grill, ¦ Abrahamsson, ¦ Bruks-Patron.‖[Vig.]¦Stockholm, Tryckt i Framl. Direct. L. Salvii Tryckeri, 1773, in-8, pp. 14.

Col. 56.

Au lieu de обычаетъ lire обычаевъ.

Col. 59.

— Кратчайшее, etc.

Выбранное изъ Китайской государственной географіи, коя напечатана въ Китайскомъ языкѣ при нынѣшнемъ Ханъ Кянъ-Лунѣ.

Cf Klaproth, *Abhandl. über die Sprache und Schrift der Uiguren*, p. 7.

Col. 69.

MALPIÈRE.

La 2e édition de *La Chine* de De Malpière a été publiée. J'en ai vu un exemplaire (1921) m'écrit M. Pelliot. En réalité, les planches et leurs explications sont celles mêmes de la 1ère édition (exemplaires restés sans doute en feuilles), et on s'est borné à changer l'ordre des planches, à imprimer des titres et des tables pour les 4 volumes, et à mettre en tête une introduction de Bazin, réellement écrite à la demande des « nouveaux éditeurs de M. de Malpière » : cette introduction est de 30 pages de dimension petit in-folio (mais de pliage in-4 comme le montrent les signatures).

Col. 79/80, 3027.

— La Chine et les Chinois par Auguste Borget. (*Œuvres complètes de Balzac*, XXII. — Œuvres diverses, Paris, 1879, pp. 327/360).

Cet article de Balzac a paru dans *La Législature*, 14, 15, 17 et 18 oct. 1842 ; le grand romancier était l'ami de Borget auquel il a dédié la *Messe de l'Athée*.

Col. 89.

— China und die Chinesen Land und Volk. — Geschildert nach den besten neuen Arbeiten. Mit 35 Stahlstichen. Zweite umgearbeitete Auflage. — Stuttgart. Gebrüder Scheitlin. 1859.

Le titre gravé porte :

— China Land und Volck [grav. : Kin-shan am Yang-tschi-Kiang.] Stuttgart, Gebrüder Scheitlin, gr. in-8 carré, pp. 293.

— Lyu-Payo Der Wolfssohn. — Abenteuer, Natur- und Sittenschilderungen, Kriegs- und Friedensbilder aus dem Reiche der Mitte. Mit Benutzung von W. Dalton's Wolfsboy herausgegeben von Johannes Ziethen. Mit sechs Tonbildern und 100 in den Text gedruckten Abbildungen. Leipzig. Verlag von Otto Spamer. — 1859, in-8, pp. 306.

Col. 90.

— VREEMDE LANDEN EN VOLKEN, Hun toestand en ontwikkeling, godsdienst en staatswezen, behoeften en hulpbronnen, gewoonten en zeden, beschreven naar de nieuwste bronnen. — Derde Deel. CHINA. — Met Vier-en-Twintig Staalgravuren en eene Kaart. — Amsterdam, Gebroeders Kraay. 1861.

Le titre gravé de cette troisième partie est :

— CHINA, beschreven naar de nieuwste bronnen, door A. van Otterloo. [grav. : De Yang-tse-kiang]. Amsterdam, Gebroeders Kraay, 1861, in-8, 2 ff. n. ch. + pp. 392.

Col. 91.

— Notice sur les Voyages et les Travaux de M. le Comte Stanislas d'Escayrac de Lauture . . . par V. A. Malte-Brun . . . — Paris, Imprimerie de E. Martinet, MDCCCLXIX, gr. in-8, pp. 20, 1 port. photog.

Extrait [sur grand papier] du *Bulletin de la Société de Géographie* (Février 1869).

FERD. VON RICHTHOFEN.

Col. 96 97, 3028, 3180.

— China. (*Bol. Soc. Geogr. Madrid*, III, 1877, pp. 339-340.) à propos de la publication du premier volume de l'ouvrage de Richthofen sur la Chine.

— Ferdinand v. Richthofen's Vorlesungen über Allgemeine Siedlungs- und Verkehrsgeographie. Bearbeitet und herausgegeben von Dr. Otto Schlüter Privatdozent an der Universität Berlin. — Mit 4 Tafeln in Lichtdruck. Berlin 1908. Dietrich Reimer (Ernst Vohsen), in-8, pp. 16* + 351.

Notices : *Deutsche Rundschau f. Geog. u. Stat.*, XXXI, 1908/1909, p. 287. — *Mitt. k. k. Geog. Ges. Wien*, LI. Bd., 1908, pp. 492/3, par N. Krebs. — *Geog. Zeitschft.*, *Leipzig*, XV, 1909, pp. 414/415, par F. Hahn.

— Mitteilungen des Ferdinand von Richthofen-Tages 1911. Mit einer Tafel. Leipzig und Berlin, B. G. Teubner, 1912, in-8, pp. VI-78.

Zur Einführung. Von Otto Schlüter. pp. VI. — Das südwestliche China. Auf Grund der Hauptergebnisse der ersten Abteilung des III. Bandes von F. v. Richthofens « China ». Nach einem Vortrag, gehalten vor dem F. v. Richthofen-Tag 1910 von E. Tiessen, pp. 1/37. — Die geologische Entwicklung Chinas. Von Fritz Frech, pp. 38/61. — Aus der Werkstatt des Kartographen. Von M. Groll in Berlin. Mit einer Karte, pp. 62/70. — Ferdinand Freiherr von Richthofen als preußischer Staatsbeamter. Von Otto Baschin, pp. 71/78.

Notice : *Zeitschft. d. Ges. f. Erdk. zu Berlin*, 1912, pp. 154/155, par Georg Wegener.

— Mitteilungen des Ferdinand von Richthofen-Tages 1912. Ferdinand von Richthofen : 1. Chinas Binnenverkehr. Vortrag vor dem Deutschen Geographentag in Breslau. 2. Aus den Japan-Tagebüchern. — Berlin 1912. Dietrich Reimer (Ernst Vohsen), in-8, pp. 195.

Vorwort de Tiessen.

Notice : *Mitt. k. k. Geog. Ges. Wien*, Bd. LVI, 1913, pp. 464/465, par F. M.

Col. 3180.

— Ferdinand von Richthofen's Tagebücher aus China.

Notices: *Mitt. k. k. Geog. Ges. Wien*, LI. Bd., 1908, pp. 77/78, par C. Diener. — *Geog. Zeit.*, Leipzig, XIV, 1908, pp. 221/25, par Georg Wegener.

— L. v. Lóczy. — Ferdinand von Richthofens Tagebücher aus China. Ausgewählt und herausgegeben von Dr. E. Tiessen. (*Petermanns Mitt.*, 1908, VIII, pp. 191/194.)

— Le Journal de voyage en Chine de F. de Richthofen. Par L. de Lóczy. (*La Géographie*, 15 oct. 1908, pp. 253/256).

— Ferdinand von Richthofen's Diaries from China. (*Scottish Geog. Mag.*, XXIV, 1908, pp. 310/317.) By Maria M. Ogilvie Gordon.

— Ferdinand von Richthofen als akademischer Lehrer. Von Alfred Philippson. (*Geogr. Zeitsch. Leipzig*, 1920, pp. 257/272.)

Né à Carlsruhe en Silésie, 5 mai 1833.

— Nécrologie. — Le baron Ferdinand de Richthofen. (*Bull. Soc. Géogr. Lyon*, XX, 1905, pp. 250/251.)

— Ferdinand von Richthofens Bedeutung für die Geographie. Von Alfred Hettner. (*Geogr. Zeitsch.*, Leipzig, XII, 1906, pp. 1/11.)

— Obituary. — Von Richthofen. By A. W. G. (*National Geogr. Magazine, Washington*, XVII, 1906, p. 51.)

— Nekrologie. — Dr. phil. et med. Ferdinand Freiherr von Richthofen. (*Deutsche Rundschau f. Geog. u. Stat.*, XXVIII, 1905/1906, pp. 88, 228/232, portrait. Par Sieger.)

— Ferdinand v. Richthofens Chinawerk. Von Prof. Dr. Lajos v. Lóczy, Budapest. (*Petermanns Mitt.*, 1913, II, pp. 256/257.)

— Richthofen's China. By W. R. Carles. (*Geogr. Journal*, June, 1913, pp. 562/569.)

— Atlas von China. Orographische und Geologische Karten von Ferdinand von Richthofen zu des Verfassers Werk China. Ergebnisse eigener Reisen und darauf gegründeter Studien. Zweite Abteilung: Das Südliche China (zum dritten Textband gehörig). Bearbeitet von Dr. M. Groll . . . Dietrich Reimer (Ernst Vohsen) in Berlin, 12 col. de texte + pl. 27/54 in-fol. oblong, s. d. [1912].

— M. Groll. — Kiepert's Anteil an Richthofen's Atlas von Süd-china. (*Zeitschr. Ges. Erdk.* Berlin, 1915, pp. 639/640).

— Paul Lemoine. — Chine du Nord et Chine du Sud d'après les derniers volumes de F. von Richthofen. (*Annales de Géographie*, 15 janvier 1913, pp. 98/103.)

— Zur Vollendung des Chinawerkes von Ferdinand Freiherrn v. Richthofen. I. Die Schlußbände im Rahmen des ganzen Werkes. Von Prof. Dr. W. Volz, Erlangen. II. Beobachtungen über Wassernutzung in China. Von Ernst Boerschmann, Kgl. Baurat. III. Reiseskizze aus Süd-China. Von H. Simotomai. IV. Ein alter Seeverkehr zwischen Abessinien und Süd-China bis zum Beginn unserer Zeitrechnung. Von Dr. A. Herrmann, Charlottenburg. (*Zeitsch. d. Ges. f. Erdk. zu Berlin*, 1913, pp. 497/561, carte dans le texte.)

— Süd-China nach Ferd. von Richthofen. Von Max Friederichsen. (*Geogr. Zeitsch*, Leipzig, 1915, pp. 391/407.)

(VON RICHTHOFEN.)

Col. 97.

— China. By John Henry Gray, 1878.

Notice: *Nature*, XVII, 1877/78, p. 484.

Col. 99.

— *China. By Sir Robert K. Douglas. Fourth Edition. Brought up to date by Ian C. Hannah. London: T. Fisher Unwin.

Notice: *Lond. and China Express*, Feb. 23, 1912.

Col. 102.

— China. . From the French of G. Eug. Simon, 1887.

Notice: *Nature*, XXXVII, 1887/88, pp. 269/270.

— **The Land of the Pigtail*. By Mrs. Bryson. Sunday School Union, 57 and 59. Ludgate Hill, E. C.

Notice: *Lond. and China Express*. June 2, 1905.

Col. 103.

Nécrologie. — James Dyer Ball. Par H. C. (*T'oung Pao*, Mars 1918/1919, p. 50.) † 21 février 1919.

Col. 104/105.

— Chinese Researches by A. Wylie, 1897.

On lit dans le Catalogue 437 de M. Nijhoff, La Haye, Mai 1918, No. 78:

«La partie IV contient deux articles, intitulés tous les deux: Chinese language and literature. Le 1er est écrit par A. Wylie, le 2e a été trouvé parmi les papiers de M. W. On l'a attribué d'abord à celui-ci, puis à M. Cordier, jusqu'à ce qu'enfin il s'est démontré que M. Carpenter en est l'auteur. Voir la note manuscrite de l'éditeur J. Thomas à la fin.»

— Story of China and Japan Embracing their Geographical positions, enormous resources, wealth, emperors and courts, governments and people, manners and customs, how the people of these great nations live and die and maintain in oriental splendor the China and Japan of To-day, Together with A sketch of Corea and the Coreans, and the causes leading to the Conflict of 1894, by James Hyde Clark, From choicest Chinese, Japanese and Corean Literature extant. Assisted by Chang Wong, of China, and K. Tatoni, of Japan, Both residing in the United States. — Elaborately illustrated. — Oriental Publishing Co. In-4, pp. 416, titre, preface, contents, table illustrations, carte de Chine.

Au verso du titre: Press of Alfred M Slocum Co. Philadelphia, Pa.

Col. 106.

— China. Schilderungen aus Leben und Geschichte, Krieg und Sieg. Ein Denkmal den Streitern und der Weltpolitik.

(DIVERS.)

Herausgegeben von Joseph Kürschner. Mit 30 farbigen Kunstblättern, 1 Gedenkblatt, 716 Textillustrationen und 2 Karten. Leipzig. Verlag von Hermann Zieger, s. d. [1901], in-fol.

Publié en livraisons.

Col. 106/107.

— En Chine par Maurice Courant, 1901.

Notice: *A travers le Monde*, VII, 1901, p. 303.

— Die Ostasiaten. — Ein Vortrag von E. Baelz, Professor an der Kaiserlichen Universität zu Tokio, Japan. — Stuttgart, Konrad Wittwer, 1901, in-8, pp. 59.

— Chez les Chinois par Louis Dupont. — Ouvrage orné de nombreuses illustrations. — Paris, Société française d'Imprimerie et de Librairie (ancienne Maison Lecène, Oudin et Cie) 15 rue de Cluny, s. d. [1902], in-8, pp. 158 + 1 f. n. ch. tables.

Col. 3092/3093.

CARNEGIE INSTITUTION OF WASHINGTON.
1903/1904.

— RESEARCH IN CHINA in three volumes and Atlas. — Volume one in two parts. — Part one Descriptive Topography and Geology by Bailey Willis, Eliot Blackwelder, and R. H. Sargent. Washington, D. C. Published by the Carnegie Institution of Washington, April, 1907, in-4, pp. XIV-353-XVI, 51 pl., cartes, ill.

Part I.

Preface. — Chap. I. Topographic Surveys, by R. H. Sargent. — Section I. Northeastern China. — Chap. II. Stratigraphy of Shan-Tung, by Eliot Blackwelder. — Chap. III. Structural Geology of Shan-Tung, by Bailey Willis. — Chap. IV. Physiography of Shan-Tung, by Bailey Willis. — Chap. V. Reconnaissance in Southwest Liau Tung, by Eliot Blackwelder. — Section II. Northwestern China: — Chap. VI. Stratigraphy of Western Chi-li and Central Shan-si, by Bailey Willis and Eliot Blackwelder. — Chap. VII. Structural Geology of the Ning-shan Basis, by Bailey Willis. — Chap. VIII. Structural Geology of the Wu-t'ai District, by Bailey Willis. — Chap. IX. Observations in Central Shan-si, by Eliot Blackwelder and Bailey Willis. — Chap. X. Quaternary: Huang t'u Formation of Northwestern China, by Bailey Willis. — Chap. XI. Physiography of Northwestern China, by Bailey Willis. — Section III. Central China: — Chap. XII. Stratigraphy of the Middle Yang-tzï Province, by Eliot Blackwelder. — Chap. XIII. Structural Geology of the Middle Yang-tzï Province, by Bailey Willis. — Chap. XIV. Geology of Central Shen-si, by Bailey Willis and Eliot Blackwelder. — Chap. XV. Physiography of Southern Shen-si, by Bailey Willis. — Appendix. — Topographic Data.

— Research in China ... — Volume one in two parts. — Part two Petrography and Zoology by Eliot Blackwelder. — Syllabary of Chinese Sounds by Friedrich Hirth. Washington, D. C. ... June 1907, in-4, pp. IV + pp. ch. 357/528 + pp. ch. XVII/XXIV (index), pl. 52/63.

Notice: *Geog. Journal*, July 1909, pp. 73/74, by J. W. G.

(CARNEGIE INSTITUTION.)

— Research in China. — Volume Two. Systematic Geology by Bailey Willis. Washington ... July 1907, in-4, 2 ff. n. ch. + pp. 133 + v, 8 pl.

— Research in China ... — Volume Three. — The Cambrian Faunas of China. By Charles D. Walcott. — A Report on Ordovician Fossils collected in Eastern Asia in 1903/04. By Stuart Weller. — A Report on Upper Paleozoic Fossils collected in China in 1903/04. By George H. Girty. Washington ... 1913, in-4, pp. VI-375, 29 pl.

— Research in China 1903/1904. Geographical and Geological Maps Bailey Willis, Geologist in Charge. Published by the Carnegie Institution of Washington, 1906, in-fol.

— China. By Hon. John W. Foster Author of «American Diplomacy in the Orient» ... (*National Geogr. Magazine Washington*, XV, 1904, pp. 463/478; cartes.)

E. H. PARKER.

Col. 107 et 3030.

— China. Her History, Diplomacy, and Commerce, from the earliest Times to the present Day by E. H. Parker Professor of Chinese at the Victoria University of Manchester: ... With Maps. — Second Edition. London, John Murray, 1917, in-8, pp. xxx-419.

Renferme les nouveaux chapitres: XVI, *Law*; XVII, *Language and Literature*; XVIII, *The Rise of the Chinese Republic*.

La première édition a paru en janvier 1901; réimprimé en 1901; seconde édition, april 1917.

Notices: *Lond. and China Express*, Aug. 22, 1917. — *Journ. R. As. Soc.*, Jan. 1918, pp. 169–171, by W. P. Y. — *Edinb. Rev.*, Jan.-April 1912, pp. 190/212.

— John Chinaman and a few others. By E. H. Parker ... Second Edition. London, John Murray, 1902, pet. in-8, pp. xx-380, ill.

First Edition ... November 1901. — Second Edition ... September 1902. — Third Edition, January, 1909.

Notice: *Nature*, LXV, Nov. 1901 to April 1902, pp. 436/437.

— *New and revised edition. — New-York, 1909, pet. in-8, pp. x-360.

— John Chinaman and a few others. By E. H. Parker ... London, John Murray, 1909, in-8, pp. xx-380, ill.

I. Births, Marriages, and Deaths. — II. The Hand of God. — III. The Innocents abroad. — IV. Kings, Popes, Premiers, and Philosophers. — V. «Rowsy-Missionary and other. — VI. Piracies and Murders. — VII. For Ways that are dark. — VIII. Viceroys and Governors. — IX. Religion and Missionaries. — X. Humanitas — XI. Army and Navy. — XII. Pseudo-Chinamen. — XIII. Distinguished Foreigners. — XIV. Raising the Wind. — XV. Police and their Masters. — XVI. Personal.

(PARKER.)

— * E. Harper Parker. — Ancient China simplified. London, Chapman and Hall, 1908.

Notices: *Revue indochinoise*, Juin 1909, pp. 619/620. Par Ed. Chavannes; Extr. du *T'oung Pao*. — *Times Weekly Ed. Lit. Sup.*, Dec. 18, 1908. — *The Academy*, Oct. 10, 1908.

— Notes by Professor E. H. Parker. (*New China Review*, I, March 1919, pp. 88/92; July 1919, pp. 321/327; Dec. 1919, pp. 628/630).

— Portrait de E. H. Parker. (*New China Review*, Feb. 1920, front.)

∴

Col. 3032.

— The Far East. By Archibald Little, 1905.

Notice: *National Geog. Mag.*, Washington, XVII, 1906, p. 178, by A. W. G.

— Die Völker Chinas . . . Von Dr. Alfred Forke, 1907.

Notice: *Deutsche Rundschau f. Geog. u. Stat.*, XXIX, 1906/1907, p. 526.

— Chinese Life and Customs by Paul Carus Illustrated by Chinese Artists. Chicago, The Open Court Publishing Co., 1907, in-8, pp. VI + 1 f. n. ch. + pp. 114.

— En Chine Mœurs & Coutumes, Sites & Monuments. — Conférence de M. Lucien Tignol. (Résumé). (*Bul. Soc. Géog. Marseille*, 1908, pp. 379/384.)

— Résumé de la Conférence de M. Tignol sur la Chine [11 Mars 1907]. (*Union géogr. du Nord de la France*, Douai, XXVIII, 1907, pp. 70/72.)

— Wu Ting-fang. — China. [*In*: Interacial problems. Ed. by G. Spiller]. London, 1911, 123/132.

HENRI CORDIER.

— Henri Cordier. — China. (*Catholic Encyclopedia*, III, pp. 663/688, ill. et carte.)

— Chine par Henri Cordier. (*Grande Géographie Bong illustrée* . . . publiée sous la direction d'Onésime Reclus . . . III, 1913, pp. 213/274, carte.)

— Henri Cordier . . . — Mélanges d'histoire et de géographie orientales Tome I. — Paris. Jean Maisonneuve et fils. — 1914, in-8, pp. 317 + 1 p. n. ch.

I. Jean de Mandeville. — II. Discours d'ouverture à l'Ecole des Langues Orientales. — III. Voyage de Montferran en Chine. — IV. Travaux historiques sur la Chine. — V. Les débuts de la Compagnie royale de Suède. — VI. Le colonel Sir Henry Yule. — VII. Relations de l'Europe et de l'Asie avant et après le voyage de Vasco de Gama. — VIII. Mémoire sur la Chine par F. Renouard de Sainte-Croix. — IX. Deux documents tirés des papiers du Général Decaen. — X. Relations de la Grande Bretagne avec la Birmanie. — XI. La première Légation de France en Chine (1847.) — XII. L'expulsion de M. M. Huc et Gabet du Tibet (1846). — XIII. Les Français aux îles Lioou K'ieou.

— — Tome II. — Paris, Ibid., 1920, in-8, pp. 322 + 1 p. n. ch.

I. L'Asie centrale et orientale et les Etudes chinoises. — II. Les Chinois de Turgot. — III. Itinéraire de Marco Polo en Perse. — IV. La situation en Chine. — V. Delhi. — VI. L'Islam en Chine. — VII. A la recherche d'un passage vers l'Asie par le N. O. et le N. E. — VIII. Le Tibet, la Chine et l'Angleterre. — IX. Les Fouilles en Asie centrale. — X. Les Fouilles en Asie centrale. XI. Les Douanes impériales maritimes chinoises. — XII. Les Douanes impériales maritimes chinoises. — XIII. Albuquerque. — XIV. Général de Beylié. — XV. Invasion mongole au Moyen Age. — XVI. Sculpture sur pierre en Chine. — XVII. Baghdad. — XVIII. Art bouddhique. — XIX. Turks et Bulgares.

Notices: *New China Review*, III, Feb. 1921, p. 78. — *Journ. R. As. Soc.*, July 1921, pp. 451/455, par L. C. Hopkins. — *Geog. Rev.*, N. Y., Oct. 1921.

— Portrait de Henri Cordier. (*New China Review*, April 1920, front.)

— Henri Cordier . . . La Chine. Payot & Cie, Paris, 1921, in-12, pp. 138, carte.

No. 8 de la *Collection Payot*, Directeur: George Batault.

∴

— * T. Hodgson Liddell. — China: its marvel and mystery. London, Allan, 1909, pp. XIII-203, pl.

— The Chinese by John Stuart-Thomson Illustrated from Photographs. London, T. Werner Laurie, in-8, pp. 441.

Notices: *London & China Express*, Suppl., 5 nov. 1909, p. 5 — Cf. Lionel Giles, *Ibid.*, Nov. 19, 1909. — *Ibid.*, 18. Nov. 1910.

— * The Chinese by John Stuart Thomson ... Published by the Bobbs-Merrill Company of Indianopolis, 1909, in-8, pp. 441.

— Gossip about China. (*United Empire*, April 1910, p. 304.

— Peeps at Many Lands CHINA by Lena E. Johnston. With twelve full-page illustrations in colour by Norman H. Hardy. London, Adam and Charles Black, 1909, in-8, pp. VII-88.

— * C. C. Brown. — Children of China, 1909, in-8, pp. 96, 6d.

— China by Mortimer Menpes Text by Sir Henry Arthur Blake, G. C. M. G. London, Adam and Charles Black, 1909, in-4, pp. VII-138 + 1 p. n. ch.

— Things seen in China by J. R. Chitty With fifty illustrations. London, Seeley and Co., 1909, in-16, pp. 252.

Notice: *Lond. & China Express*, Nov. 6, 19 8.

— J. R. Chitty. — En Chine Choses vues. — Traduit de l'anglais par Lugné-Philipon. Paris, Vuibert, s. d. [1910], in-8, pp. 214 + 1 f. n. ch. tab.

I. Premières Impressions. — II. La Vie de Famille. — III. La Vie sociale. — IV. La Vie commerciale. — V. La Chine artistique, littéraire, agricole. — VI. La Vie religieuse.

Notices: *A travers le Monde*, XVII, 1911, p. 23. — *Revue indochinoise*, Avril 1911, p. 417.

— W. Gilbert Walshe. — China. (*Encyclopedia of Religion and Ethics* ed. by J. Hastings, Edinb., III, 1910, pp. 549/552.)

— Les Pays d'Asie à l'exposition universelle & internationale de Bruxelles Par Henri Froidevaux. (*Bull. Com. Asie franç.*, Oct. 1910, pp. 432/434).

— Chinese Hotch Potch, Profusely Illustrated, by William R. Kahler, M. J. I... Reprinted from «the Union», Shanghai, 1910, in-8, pp. 214, ill.

Printed by *The Shanghai Mercury*, Limited.

Notice: *Journ. N. C. B. R. A. S.*, XLII, 1911, p. 240.

— China and the Far East Clark University Lectures Edited by George H. Blakeslee Head of the Department of History, Clark University. New-York, Thomas Y. Crowell, s. d. [1910], in-8, pp. XXII-455.

— Gleanings from Fifty Years in China by the late Archibald Little... Revised by Mrs. Archibald Little. London, Sampson Low, 1910, in-8, pp. XVI + 1 f. n. ch. + pp. 330, ill.

I. Trade and Politics. — II. Travel. — III. Drama and Legend. — IV. Religion and Philosophy.

Notice: *Imp. & As. Quart. Rev.*, April 1911, pp. 422/424, by E. H. Parker.

— Dix Ans aux Pays du Dragon Par le Docteur J. J. Matignon... Avec nombreuses figures. Paris, A. Maloine, 1910, in-12, pp. 358 + 1 f. n. ch. tab.

Visions de guerre: La Défense de la Légation de France de Pékin. — Mon Premier Tué. — A propos de la Bataille de Moukden.

Impressions de Globe Trotteur: Moukden et ses Tombes. — La Femme en Corée. — La Sanction pénale en Chine. — L'art industriel en Chine.

Souvenirs para-médicaux?: Les Aveugles en Extrême-Orient. — La Médecine en Extrême-Orient. — Les Préliminaires de Mariage en Chine. — La Mère et l'Enfant en Chine. — Les Bains au Japon. — La Galanterie officielle au Japon.

Notices: *A travers le Monde*, XVI, 1910, p. 87. — *Bul. Soc. Géog. Com.*, avril 1910, p. 288, par Paul Labbé. — *Bul. Soc. Géog. Com. Bordeaux*, 1910, p. 79 par P. C. d'A.

— * Matgioi (A. de Pouvourville). — La Chine des Lettrés. Leur caste. Leur histoire, leur influence. Leur religion. Leurs philosophies. Leur morale, leur politique. Leurs œuvres. In-8, Paris, 1910.

— * W. A. Cornaby. — China and its People. Christian Literature Society for India, 1910, in-8, pp. 79.

— * C. R. Stratton. — Picturesque China; or, the Flowery Kingdom; being a full and fascinating Description of China and its Peculiar People. With a great Number of Superb Illustrations. Philadelphia, 1910, in-8, pp. v-17/256.

— China. Das Reich der Mitte einst und jetzt. Nach seinen Reisen und Studien geschildert von Dr. Joseph Lauterer. Mit 154 Abbildungen nach chinesischen Originalen sowie nach photographischen Naturaufnahmen. Leipzig, Verlag von Otto Spamer, 1910, in-8, pp. VI + 1 f. n. ch. + pp. 412.

Notice: Ltbt., *Petermanns Mitt.*, 1909, p. 240.

(DIVERS, 1910.)

— China as I saw it A Woman's Letters from the Celestial Empire by A. S. Roe. With 39 illustrations. London: Hutchinson & Co., in-8, pp. VII + 1 f. n. ch. + pp. 331.

Notice: *Lond. & China Express*, April 1, 1910.

— * Descriptive Sociology; Chinese. By E. T. C. Werner. Williams & Norgate, 1910.

Notice: *Journ. N. C. B. R. A. Soc.*, Vol. XLVII, 1916, p. 141. By S. C.

— La Chine Moderne par Edmond Rottach Ancien Chargé de Cours à l'Académie des Langues du Houpé. — 20 photogravures hors texte une carte. — Paris, Pierre Roger, s. d. [1911], pet. in-8, pp. 270.

Collection «Les Pays Modernes».

Notices: *Rev. des Sciences polit.*, Mai-Juin 1912, pp. 495/496, par G. Lagny. — *Lond. & China Express*, Aug. 11, 1911. *Bul. Soc. Géog.*, Marseille, 1911, p. 283.

— A. Conrady. — China. [*In*: Weltgeschichte, hrsg. v. J. v. Pflugk-Harttung. Bd. 3]. Berlin, Ullstein & Co., 1910, 457/567 mit 6 Taf. u. 1 Karte.

— * S. M. Perlmann. — Hassinim, «Les Chinois». London, Hayehoody, 1911, in-16, pp. 275.

— * H. A. Giles. — The Civilization of China. 1911, in-8, pp. 256.

Home University Library.

— * August Strindberg. — Kina och Japan. — Stockholm, Björck et Börjesson, 1911, in-8, pp. 86, fig.

Notice: *Bull. Ecole franç. Ext.-Orient*, Tom. XII, No. 9, Hanoi, 1912, p. 112. Par Léonard Aurousseau.

— August Strindberg. — Kinesiska Språkets Härkomst. — Stockholm, 1912. — Tryckt med aluminiumplattor i 200 ex. hvaraf 100 för Bokhandeln. in-4, pp. 16 autog. — Andra Samlingen, in-4, pp. 11.

Un second titre autog. marque: «Bilaga till Kina och Japan.»

— Lettres de Chine. — I. La Chine Religieuse. — II. La Chine Administrative. — III. La Chine Commerciale. Par le Marquis de Barthélemy. (*Revue Indochinoise*, Août 1911, pp. 136/150.)

— Bibliothèque des «Conférences». — No. 32. — La Chine par M.-L. des Gerbes-Conférence avec projections 43 vues photographiques. — Deuxième édition revue et corrigée. — Paris Maison de la Bonne Presse, 5 rue Bayard, in-16, pp. 48.

(DIVERS, 1910/1911.)

— La Bibliothèque de mes Petits. — J. Gauvin — en Chine. Paris, Soc. française d'Imprimerie et de Librairie (Lecène, Oudin et Cie), s. d. [1911], haut in-8, pp. 16, ill.

Imprimé à Poitiers.

— Der Chinese in der Öffentlichkeit und der Familie, wie er sich selbst sieht und schildert, in 82 Zeichnungen nach chinesischen Originalen, erläutert von M. von Brandt. — Verlag von Dietrich Reimer (Ernst Vohsen), Berlin, gr. in-8 oblong, pp. VIII-165, [1911].

Notices: *Zeit. d. Ges. f. Erdk. zu Berlin*, 1912, pp. 231 232, von H. Hülle. — *Deutsche Rundschau f. Geog.*, XXXV, 1912-1913, p. 336, von J. Stadlmann. — *Geog. Zeitsch.*, Leipzig, XVIII, 1912, pp. 417/418, von Georg Wegener.

— Peeps at many Lands. The Far East China, Korea, & Japan by Frank Elias, Author of «First Voyages retold from Hakluyt», etc. Containing thirty-two full-page illustrations in colour by various artists. London, Adam and Charles Black, 1911, in-8, pp. VIII-213.

— China's Story in Myth, Legend, Art, and Annals by William Elliot Griffis ... Boston and New York, Houghton Mifflin Co., 1911, pet. in-8, pp. XII + 1 f. n. ch. + pp. 302. — London, Constable.

Notice: *Lond. & China Express*, Aug. 18, 1911, p. 586.

— * Asiaticus. — China. (*Kol. Tijdsch.*, 5de Jg., No. 7, Sept. 1912).

— China. (*Tijdsch. v. h. Kon. Ned. Aardrijksk Genootsch.*, 1912, No. 3, pp. 390/392.)

Conférence de Georg Wegener à Berlin.

— China's Treasures. By Frederick Mc. Cormick, Author of «Present Conditions in China» in the National Geographic Magazine. (*The National Geographic Magazine*, Washington, October, 1912, pp. 996/1040; illustrations.)

CHINA YEAR BOOK.

— The China Year Book 1912 by H. T. Montague Bell, B. A. Formerly Editor of the «North-China Daily News» and H. G. W. Woodhead, M. J. I. Editor of the «Peking and Tientsin Times». London, George Routledge & Sons, in-8, pp. XXXVI-463.

Notice: *Lond. & China Express*, Feb. 16, 1912.

— The China Year Book 1913. With a Commercial Map of China, a Portrait of the President, H. E. Yuan Shih-kai, etc. By H. T. Montague Bell ... and H. G. W. Woodhead ... London, George Routledge & Sons, in-8, pp. XV-728 + 1 f. n. ch.

Notice: *Lond. & China Express*, March 14, 1913.

— * The China Year Book. 1914. By H. G. W. Woodhead and H. T. Montague Bell. London, George Routledge & Sons, in-8.

Notice: *Lond. & China Express*, May 29, 1914.

— * The China Year book. 1916. With a map of Mongolia. By H. T. Bell and H. G. W. Woodhead. London: G. Routledge & Sons, [1917], in-8, pp. XX-730. Map.

Notice: *Journ. N. C. B. R. As. Soc.*, XLVIII, 1917, p. 218, by A. S.

— The China Year Book 1919/1920. With a Map of Mongolia. By H. T. Montague Bell ... and H. G. W. Woodhead ... London, George Routledge & Sons, in-8, pp. XVIII-762.

Notices: *London & China Express*, Sept. 25, 1919, p. 573. — *United Empire*, Oct, 1919, p. 481.

— * The China Year Book 1921/1922 ... By H. G. W. Woodhead ... Tientsin Press.

Notice: *Lond. & China Express*, Jan. 5, 1922.

— China's New Day. A Study of Events that have led to its coming by Isaac Taylor Headland, D. D. Published by the Central Committee on the United Study of Missions West Medfort, Massachussets, s. d. [1912], pet. in-8, pp. 263.

— * China, Social and economic conditions. (*Ann. of the Amer. Acad. of Political and Social Science*, XXXIX. Jan. 1912, No. 128) Philadelphia, 1912, in-8, pp. 187.

— * Esther Singleton. — China, as described by great writers. New York, Dodd, Mead & Co., 1912, in-8, pp. XVI-387, grav.

— * Maurer, J. H. — The Far East. Reading, 1912.

— Les deux plus grands Etats du Monde. [Chine]. (*Union géogr du Nord de la France*, Douai, XXXIII, 1912, pp. 212,213.)

— Chine. Par Gustave Regelsperger. (*Bull. Soc. Géog. comm.*, Février 1912, pp. 112/116; Avril 1912, pp. 262/264.)

— * China as it really is. E. Nash, 1912, in-8, pp. 201.

— La Chine «Empire des Fleurs» (*A travers le Monde*, XVIII, 1912, pp. 381/382; ill.)

— * Carlo Puini: La Vecchia Cina. I. Etnografia e sociologia. II. Religione e filosofia. Firenze, 1913, in-8, pp. 319.

Notices: *T'oung Pao*, Déc. 1913, pp. 785/786, par Maurice Courant. — *Journ. R. As. Soc.*, Jan. 1914, p. 225, par J. Dyer Ball. — *Journ. As.*, Sept.-Oct. 1915, pp. 353/354, par R. Petrucci.

Réunion d'articles publiés de 1880 à 1910.

— * Les trois empires asiatiques: Russie, Chine, Japon. Par R. de Bonand, Paris, Challamel, in-16, pp. 312, phot. hors texte.

Notice: *Revue indochinoise*, Avril 1913, p. 484. — *Asie française*, Mars 1913, p. 148.

— Instantanés d'Extrême-Asie par Henri Mylès, Paris, Sansot, 1913, in-16, pp. 277.

Notice: *Revue des Sciences Politiques*, Nov.-Déc. 1913, pp. 444/445. Par C. Robert Muller.

— Det Nya Kina af Erik Nyström — Förra Delen med 98 bilder. — Stockholm, P. A. Norstedt, s. d. [1913], in-8, pp. XIII + 1 f. n. ch. + pp. 296. — Senare Delen med 100 bilder och en Järvägskarta öfver Kina. — Ibid., [1914], in-8, 1 f. n. ch. + pp. 311.

— Conférence de M. J. Silvestre sur la Chine. (*Bull. Soc. Géogr. Rochefort*, XXXV, 1913, pp. 112/114.)

Séance du 21 mai 1913.

Notice: *Ymer*, 1914, pp. 371/373, par B. Karlgren.

— Chine. Par Jacques Léotard, secrétaire général de la Société de Géographie. (*Bull. Soc. Géog. Marseille*, XXXVII, 1913, pp. 100/104.)

— La Chine. — Supplément illustré du *Temps* du 6 Juillet 1913, in-fol., pp. 16.

— Our Neighbors: The Chinese by Joseph King Goodrich Sometime Professor in the Imperial College, Kyoto. With 16 illustrations from Photographs. Chicago, Browne & Howell Company 1913, pet. in-8, 2 ff. n. ch. + pp. 279.

— * W. J. Oudendijk. — China en de Chineezen. (*Tropisch Nederland*, 2de Jg. No. 2, Febr. 1914.)

— *B. L. Frhrr. v. Mackay. — China, die Republik der Mitte. Stuttgart, J. G. Cotta, 1914, in-8, pp. 295. Mit 19 Nachb. chin. Originale.

— P. de Maynard. La Chine agricole, industrielle et commerciale. (*Bull. Soc. Géogr. Lille*, Mai-Déc. 1914, pp. 278/296.)

— Det Himmelska Riket och «de främmande Djäflarne». — Några erinringar af en «Fan Kwai». — Stockholm, C. E. Fritzes, s. d. [1914], in-8, pp. 235.

— The Uplift of China by Arthur H. Smith, D. D. . . . New Edition revised and partly re-written. London, United Council for Missionary Education, 1914, pet. in-8, pp. 160.

— The Chinese People. A Handbook on China [With Maps and Illustrations] by the Venerable Arthur Evans Moule, D. D. Missionary to the Chinese from 1861. Formerly Archdeacon in Mid-China, Rector of Burwarton with Cleobury North . . . London, Society for Promoting Christian Knowledge, 1914, in-8, pp. XIV-469.

Notice: *Bul. Assoc. amicale franco-chinoise*, Janvier 1914, pp. 63/65, par A. Vissière. — *T'oung Pao*, Déc. 1913, pp. 794/795, par Ed. Chavannes. — *Journal N. C. B. R. A. S.*, vol. XLV, 1914, pp. 146/147. — *Lond. & China Express*, Supp., Dec. 12, 1913, p. 1.

— * Harding, Gardner Ludwig. — Present day China. New York, 1916.

— China an Interpretation by James W. Bashford Bishop of the Methodist Episcopal Church Resident in China. The Abingdon Press New York, Cincinnati, s. d. [1916], in-8, pp. 620, ill.

Notice: *Journ. N. C. Br. R. As. Soc.*, XLVIII, 1917, pp. 229/232, by Φ

— * Oscar A. H. Schmitz. — Das verborgene China. (*Der Tag*, 8. Juni 1917).

— The Encyclopaedia Sinica by Samuel Couling, M. A. (Edin.) lately Honorary Secretary and Editor North-China Branch Royal Asiatic Society. Part I. Shanghai: Kelly and Walsh, 1917, in-4, pp. VIII-296.

Part II. Ibid., 1917, in-4, pp. ch. 297 à 633.

— The Encyclopaedia Sinica by Samuel Couling, M. A. (Edin.) lately Honorary Secretary and Editor North-China Branch Royal Asiatic Society. London: Oxford University Press, 1917, in-4, pp. VIII-633 à 2 col.

Le titre seul est imprimé à Oxford; l'ouvrage est sorti des presses de Chang-Hai et a paru en deux livraisons: Shanghai: Kelly and Walsh, limited, 1917, pp. VIII-296, 297 à 633. *Vide Supra.*

Notices: *Journ. N. C. B. R. As. Soc.*, XLVIII, 1917, pp. 233/234, by E. H. Fraser; XLIX, 1918, pp. 193/195 by M. — *Journ. Roy. As. Soc.*, Jan. 1918, pp. 145/146, by E. H. Parker. — *Bul of the School of Oriental Studies*, 1918, pp. 142/146, by E. D. Ross, A. Waley and Z. L. Yih. — *Lond. & China Express*, March 20, 1918. — *Bul. Ecole fr. Ext.-Orient*, XVII, 1917, pp. 16/19, par N. Péri.

— * J. A. Nederbragt. — China; een econ.-geogr. overzicht. (*T. v. Econ. G.*, Haag, IX, 1918, No. 9, Carte.)

— Chinese puzzledom. — Charles Kliene, F. R. G. S. (*Journal N. C. B. R. A. Soc.*, vol. XLIX, 1918, pp. 144/159.)

— Bibliothèque d'histoire et de politique. — LA CHINE par Georges Maspero Administrateur des Services civils de l'Indo-Chine. Paris; Delagrave, 1918, in-18, pp. 453 + 1 p. n. ch. tab.

Notices: *T'oung Pao*, Mars 1918/1919, p. 53, par H. C[ordier]. — *Bul Ecole fr. Ext.-Orient*, XVIII, 1918, pp. 34/35, par P. Aucourt. — *Revue indochinoise*, nov.-déc. 1919, pp. 443/447, par M. G. Dufresne.

— China. Von Dr. Eduard Erkes, Privatdozent für Chinesisch an der Universität Leipzig. Friedrich Andreas Perthes, Gotha 1919 in-8, 2 ff. n. ch. + pp. 168, carte.

Perthes' Kleine Völker- und Länderkunde zum Gebrauch im praktischen Leben. Siebenter Band.

Notices: *Bol. R. Soc. Geog. Ital.*, Feb. 1921, p. 84. — *La Géographie*, XXXV, Mai 1921, p. 546, par Cl. Madrolle. — *Ostasiatische Zeit.*, Okt. 1917—März 1918, pp. 302/303, par Hänisch.

— China of the Chinese. By E. T. C. Werner H. B. M. Consul, Foochow (retired); Barrister-at-Law, Middle Temple. London, Sir Isaac Pitman, 1919, in-16, pp. xv-309, ill. et carte.

Notices: *Lond. & China Express*, Sept. 4, 1919. — *Journ. N. C. B. R. As. Soc.*, 1920, pp. 201/203, by D. Mac G. — *New China Review*, II, April 1920, pp. 220/221.

— Modern China. A Political Study by Sih-gung Cheng, M. A., B. Sc. (Econ.) Fellow of the Royal Economic Society. Oxford, at the Clarendon Press, 1919, in-8, pp. VII-380.

Notices: *Lond. & China Express*, Nov. 20, 1919, p. 668. — *Journ. N. C. B. R. As. Soc.*, vol. 51, 1920, pp. 184/185, par M. — *T'oung Pao*, Août 1920/1921, pp. 292/293, par H. C[ordier].

— La République chinoise. (*Le Temps*, Supp. ill. — Septembre 1919, in-fol., pp. 16 à 3 col.)

— [Festschrift für Friedrich Hirth zu seinen 75. Geburtstag, 1920.] — Ostasiatische Zeitschrift . . . herausgegeben von Otto Kümmel, William Cohn, Erich Haenisch 1919/1920. Achter Jahrgang. Oesterheld & Co.. Berlin. gr. in-8, pp. VI-402, pl., ill., 1 carte.

Recueil en l'honneur de F. Hirth; en tête son portrait et, pp. 1/6: Verzeichniss der Schriften Friedrich Hirth's.

— La Chine à travers les ages hommes et choses. — Précis. — Index biographique. — Index bibliographique. 1920, in-8, pp. 547.

[Imprimerie de Hien Hien.]

Par le P. L. Wieger dont il termine la série des grands ouvrages.

Notice: *T'oung Pao*, Août 1920/1921, pp. 295/296, par H. C[ordier].

— Emile Hovelaque, Inspecteur général de l'Instruction Publique. — Les Peuples d'Extrême-Orient. La Chine. Paris, E. Flammarion, s. d. [1920], in-12, pp. 286.

Bibliothèque de Philosophie scientifique dirigée par le Dr. Gustave Le Bon.

Notices: *T'oung Pao*, XX, No. 2, Mars 1920/1921, pp. 157/163. Par P. Pelliot. — *La Géographie*, Déc. 1920, p. 526.

— A French Impressionist on China. (*The Times Lit. Sup.*, Aug. 26, 1920, p. 542.)

La Chine par Emile Hovelacque.

— Pierre Basset. — La Chine. Les Peuples d'Extrême-Orient, par Emile Hovelacque. (*Larousse mensuel*, Nov. 1920, pp. 283/285.)

II. — GÉOGRAPHIE.

OUVRAGES DIVERS.

A. — Géographie ancienne.

— Voir F. S. Couvreur, col. 3295

— Index de la section géographique de la grande Encyclopédie chinoise. *T'ou-chou-tsi-tch'eng* [圖書集成]. Par C. Waeber. — 1907. St. Pétersbourg, gr. in-8, pp. 30.

Mém. de l'Acad. Imp. des Sciences de St.-Pétersbourg, Classe historico-philologique. Vol. VIII., No. 4. — Texte en russe; caractères chinois. — Titre en russe et en français.

— Bogdan Richter. — O najstarszych geografjach chińskich (z 4 mapami i figurami w tekście) (Notes on the ancient Geography of China). (*Przeglad geograficzny Revue polonaise de Géographie*, Varsovie, T. I, fasc. 3—4, pp. 232/269).

B. — Chine Moderne.

MONTAGNES.

— L. Gallois. — La Structure de l'Asie orientale d'après les travaux récents. (*Annales de Géog.*, 1905, pp. 245/258.)

— Sur le tremblement de terre des Tien-chan le 22 Déc. 1910 (4 Janvier 1911) entre Verny et Issyk-Koul. Par Charles Bogdanovitch. Carte [en russe]. (*Bull. Comité Géol. Russie*, 30, 1911, pp. 329/419.)

— Fritz Frech. — Der Gebirgsbau Südchinas und Indoasiens nach Volz. (*Peterm. Mitt.*, 62. Jg., 1916, Mai-Heft, S. 180/182.)

Notice: *Tijdsch. van het Kon. Ned. Aardrijksk. Genootsch.*, 1919, no. 4, pp. 503/504.

— * E. Tietjens. — The holy mountain of China. (*Sierra Club B. San Francisco* X, 1917, 2.)

— T'ai Chan. — Voir Chan Toung.

— T'ien Chan. — Voir Asie centrale.

DIVERS.

COURS D'EAU.

— Comment les Chinois tirent plusieurs profits de leurs Canaux. (*A travers le Monde*, XII, 1906, pp. 30/31.)

— The wonderful canals of China. By F. H. King. (*The National Geographic Magazine*, Washington, October 1912, pp. 931/958; cartes et illustrations.)

— * Robert Brunhuber. — An Hinterindiens Riesenströmen. Berlin, Ledermann, (1912), in-8, pp. 120, 1 carte.

— * D. J. Wijnkoop. — Nieuwe stroomingen in China. (*De Nieuwe Tijd*, A, 1 1912.)

— * Konrad Bouterwek. Das Land der meridionalen Stromfurchen im indo-chinesisch-tibetanischen Grenzgebiet. Eine oro-hydrographische Studie auf Grund neuerer Forschungen. (*Mitt. Geogr. Ges., München*, 1918/1919, 2. pp. 161/341. Bibliog., 4 cartes h. t.)

Notice : *La Géographie*, Février 1921, p. 194, par J. N.

FLEUVES.

1° LE *TCHOU KIANG, SI KIANG* 珠江, 西江, etc.

— Les ports et escales du Delta cantonais. (*Bul. écon. Indo-Chine*, 1904, pp. 1283/1294.)

D'après les rapports de M. Gaston Liébert, consul à Hongkong.

— La Vallée du Si-Kiang (Itinéraire de Lang-són à Canton). Par Charles B. Maybon. (*Revue indo-chinoise*, 30 avril 1908, pp. 559/574; 15 Mai 1908, pp. 647/668.)

— La Vallée du Si-Kiang (Itinéraire de Lang-són à Canton). Par Charles B. Maybon. (*Annales de la Société de Géographie commerciale* [Section indo-chinoise] fasc. 2, Septembre 1908, pp. 1/37.) 2 cartes, fig. plan.

— La vallée du Si-Kiang (Itinéraire de Lang-són à Canton). [Par H. Deseille, Inspecteur des Chemins de fer de l'Indo-Chine]. S. l. n. d., in-4, pp. 48 + 1 carte.

[*Annales de la Société de Géographie*. — Hanoi.]

— Le Yun-nan et le Si-Kiang. Par J. Deniker. (*La Géographie*, 15 Sept. 1909, pp. 186/187.) Maybon et Deseille.

— Das Si-Kiang-Tal im südlichen China. Von —gt. (*Mitt. k. k. geog. Ges. Wien*, LIII. Bd. 1910, pp. 654/655.)

— Henri Jacoubet. — De Lang-son à Canton par la Rivière de l'Ouest (Journal de Voyage. — 2 au 15 juin 1907). (*Revue bleue*, 1912, 6 janvier, pp. 19/22; 13 janvier, pp. 54/58; 20 janvier, pp. 86/91.)

— Le canal de Sseu-ngen Communication entre le bassin du Si-Kiang et celui du Yang-tseu. Par le Capitaine P. A. Lapicque. (*La Géographie*, 15 Juillet 1912, pp. 11/17; fig.)

— La vie fluviale dans la région de Canton par M. Raymond Bel. (*Tour du Monde*, XIX, 1913, pp. 385/396; ill.)

— The Tsokiang; or Water Transport Conditions between Tonkin, Lungchow, and Nanning. — Published by Order of the Inspector General of Customs. — Shanghaï, Statistical Department of the Inspectorate General of Customs, 1920, in-4, pp. 23, carte.

Par Pierre Boŭinais. — Maritime Customs — II. — Special Series: No. 33. — Notice : *T'oung Pao*, Août 1920/1921, p. 293, par H. C.

2° LE *MIN KIANG*. 閩江

— Im Quellgebiet des Minflusses. Provinz Fokiën, China. Von Dr. W. Limpricht. (*Mitt. Sem. für Orient. Sprachen, Ostas. Studien*, Berlin, 1914, Jahrg. XVII, pp. 1/17, 14 Abb.)

3° LE *TS'IEN-TANG KIANG*. 錢塘江

— * A visit to the Hangchow Bore. By Dr. Charles Keyser Edmunds. Maps and Illustrations. (*Popular Sc. Monthly*, 72, 1908, pp. 97/115, 224/243.)

— * Report on the Hydrology of the Hangchow Bay and the Chien Tang Estuary.

Publié en 1921 par le Whang poo Conservancy Board.

— The Hangchow Bore by G. T. Moule. (*New China Review*, Aug. 1921, pp. 289/301.)

A paper read before the Hangchow Missionary Association, June, 1921.

4° LE *TA KIANG*, 大江, ou *YANG-TSEU KIANG*, 楊子江 : *Fleuve Bleu* des Européens.

— Exploration du fleuve Yang-tse-Kiang en Chine. Par Ch. Pigeard, Capitaine de vaisseau. (*Revue Maritime et Coloniale*, T. 5, Juillet 1862, pp. 549/560.)

— Le Yang-Tsé-Kiang. (*A travers le Monde*, IV, 1898, p. 392.)

— Navigation à vapeur sur le Haut Yang tse, par le P. S. Chevalier. Col. 127.

Notice: *Miss. Cath.*, XXXI, 24 Nov. 1899, pp. 563/564).

— Extrait d'un Rapport de M. le Capitaine de frégate Lefèvre, commandant le Croiseur le *Bugeaud*, relatif à la navigation de ce bâtiment sur le Yang-tse kiang pendant la crise du mois de juillet 1901. (*Annales hydrog.*, 1901, pp. 16/17.)

— Hofmeyer. — Yangtsefahrt eines Deutschen Linienschiffes 1901. (*A. d. Hydr.*, 1901, XXIX, pp. 387/391).

— * A. Kniep. — Der Yang-tzi-kiang von Tschung-king-fu bis Wan-hien und von Wan-hien bis Itschang-fu. (*Beitr. z. Geophysik.* 1904, VII). Voir col. 3036.

— The Yangtse Pilot's Companion. 1904. G. Gundry, pet. in-12.

HOURST.

Col. 128, 2171, 3034, 3041, 3182.

— Une canonnière française sur le haut Yang-Tsé. (*A travers le Monde*, VIII, 1902, p. 12.)

L'Olry commandée par le lieut. Hourst.

— La Mission du lieutenant Hourst sur le Haut Yang-Tsé 1901/1902. (*A travers le Monde*, IX, 1903, pp. 181/182; carte.)

— Notice sur la navigation des fleuves à rapides, par M. Hourst, Lieutenant de vaisseau, commandant la canonnière l'Olry. (*Annales hydrographiques*, 1904, pp. 1/25.)

Sert de préliminaire aux *Instructions nautiques sur le cours du Haut Yang-tse.*

— Seconde Mission Hourst, 1904. — Col. 2171.

Notices: *Bul. Soc. Géog. Lyon*, XX, 1905, pp. 270/271, par M. Z. — *A travers le Monde*, XI, 1905, p. 63.

— No. 858. — État-Major général de la Marine. — Service hydrographique . . . — Instructions nautiques. — Chine. — Haut Yang-tse-Kiang et Affluents par M. Hourst, Lieutenant de vaisseau, commandant la canonnière *l'Olry* (1902/1903). Paris, Imprimerie Nationale, 1904, in-8, pp. 198.

— No. 858 *bis*. Annexe aux Instructions nautiques. No. 858. — Haut Yang-tse-Kiang. — Croquis des Rapides entre Itchang et Sui-fou. — Paris, Imprimerie nationale, 1904, in-8, 32 pl.

Levés faits en 1902/1903 à bord de la canonnière *l'Olry* commandée par M. Hourst, lieutenant de vaisseau, assisté de MM. Bramaud du Boucheron, Térisse, Monnot, enseignes de vaisseau, Marquis, lieutenant d'infanterie coloniale; C. Plant, pilote. — Echelle 1/12500.

La navigation française sur le Yang tseu. (*Bull. Soc. Géog. Lyon*, XXI, 1906, pp. 142/143.)

— * Glimpses of the Yangtse Gorges. By Cornell Plant, the Pilot. Shanghai: Kelly & Walsh.

Notice: *Journ. N. C. B. R. As. Soc.*, LII, 1921, pp. 210/211.

— Obituary. — Captain S. C. Plant. (*Geogr. Journal*, June 1921, p. 477; + fév. 1921.)

∴

— En descendant les Rapides du Haut Yang-tsé-kiang. Par M... Bons d'Anty. (*A travers le Monde*, XI, 1905, pp. 97/100, carte et ill.)

— Entdeckung der Quellen des Jangtsekiang. (*Deutsche Rundschau f. Geog. u. Stat.*, XXVIII, 1905/1906, p. 186.)

Comte de Lesdain.

— Giuseppe de' Luigi. La Regione dello Yang-z-chang. (*L'Esplorazione commerciale*, Milano, 1 Aprile 1907, pp. 97/108.)

— Hochwasser im Jangtsekiang. (*Deutsche Rundschau f. Geog. u. Stat.*, XXX, 1907/1908, pp. 573/574.)

— Deutsche Flußschiffahrt in fremden Erdteilen. Von Arthur Dix. (*Geogr. Zeitsch. Leipzig*, XIV, 1908, pp. 20/39.)

Deutsche Schiffahrt auf dem Jangtse, pp. 21/28.

— * Jób v. Kompolthy auf dem Jang-tse-kiang. Von Gyula v. Halász. Illustrations. (*Abrégé B. S. Hongroise G.*, 36, 1908, pp. 117/128.)

— Archibald John Little. Nécrologie par Henri Cordier. (*T'oung Pao*, Décembre 1908, p. 707.)

Né à Londres en 1838; † 5 nov. 1908, au Haven, Falmouth.

— Der Yangtsekiang als Weltverkehrsstraße. — Von Dr. Georg Wegener (Berlin) (Auszug). (*Cte.-rendu 9e Cong. Int. Géog.*, Genève 1908, III, pp. 255/259).

— Fahrt auf dem Jangtse-Kiang. (*Geogr. Zeitsch. Leipzig*, XIV, 1908, pp. 227/228).

Par la canonnière allemande «Vaterland» sous le commandement du Capitaine-lieutenant Toussaint, dans l'été 1907.

— Les compagnies de navigation du Yang-tseu. (*Revue indochinoise*, Avril 1909, p. 395.)

— Mesures contre les pirates du Yang-tseu. (Rapport du vice roi Touan-fang.) (*Revue indochinoise*, Mai 1909, pp. 507/508.)

— Steam Navigation on the Upper Yang-tse. (*Geogr. Journal*, August 1910, p. 218.)

— Etablissement d'un Service régulier de Vapeurs sur le Haut Yang-Tsé-Kiang. Par Louis Serve. (*A travers le Monde*, XVI, 1910, pp. 181/182, carte et fig.)

POLIGNAC ET AUDEMARD.

— Reconnaissance du Ya-long-kiang. (Dépêche du comte Charles de Polignac) [Ningy Yanfu, 15 avril]. (*La Géographie*, 15 Juin 1910, pp. 454/455.)

— French Explorations of the Upper Yang-tse and Yalong. (*Geogr. Journal*, Dec. 1910, p. 731).

Comte de Polignac, Cap. Audemard, Jacques Faure.

— Exploration hydrographique du Ya-long et du Yang-tseu supérieur (Planche I). Par L. Audemard, capitaine de frégate. (*La Géographie*, 15 Juillet 1911, pp. 1/30; fig.)

— Reconnaissance du Haut Yang Tseu par MM. de Polignac e Audemard. (*Bull. Soc. Géogr. Lyon*, 2e série, 1911, pp. 154/156

— The Upper Yangtse and Yalong. (*Geogr. Journal*, Feb. 1911, pp. 211/212.)

A propos de l'article du Comte de Polignac dans le no de Novembre 1910 de la *Géographie*.

— Chine. — Cartes itinéraires d'I tch'ang à Yun Nan fou et Li Kiang par le Yang Tseu Kiang et la Vallée du Kien Tch'ang. — Voyage du Comte Ch. de Polignac Levés du capitaine de frégate Audemard. — Index géographique. Paris

Imprimerie Nationale. — Augustin Challamel MDCCCCXIII, in-4, pp. 12, 17 cartes.

Notice: *Bul. Soc. Géog. com.*, Août 1913, p. 567, par Victor Deville.

.·.

— Dr. A. Legendre. — Le Massif du Ya-long (Chine occidentale) entre le 28e et le 30e parallèle. (*Bull. Mus. Hist. Nat.*, 1911, No 6, pp. 503/505.)

— Joseph Dautremer, Consul de France, Chargé de Cours à l'École des Langues Orientales. — La grande artère de la Chine. — Le Yangtseu. E. Guilmoto, Paris, 1911, in-8, pp. 304, ill. et carte.

Notices: *Lond. & China Express*, April 21, 1911. — *Quinzaine coloniale*, 25 sept. et 10 oct. 1911, par C. M. — *Journ. R. As. Soc.*, Oct. 1911, pp. 1176—1182, by W. Perceval Yetts. — *Revue Indochinoise*, Oct. 1911, p. 442, par E. Gallois. — *Bul. Géog. hist. et desc.*, 1911, p. 447, par Henri Cordier. — *T'oung Pao*, Mai 1911, p. 274, par Henri Cordier.

— La navigation française sur le Yang-tseu. Par J. Dautremer. (*Bull. Soc. Géog. comm.*, Nov. 1911, pp. 754/756.)

— Les inondations de la vallée du Yang-tseu. (*Asie française*, Octobre 1911, p. 469.)

— * Handbuch der Yangtsefahrt. Hrsg. v. Reichsmarineamt. Berlin, Mittler & Sohn, 1911, in-8, pp. 492 et 35 vues et 75 cartes.

— Die Yantse in Südchina. Von L. Bonchal. (*Mitt. k. k. geogr. Ges. Wien*, Bd. LV, 1912, pp. 70/71.)

D'après le rapport de F. W. Leuschner dans les *Mitt. d. Deutschen Ges. f. Natur- u. Völkerk. Ostasiens.*

— Mission hydrographique du Haut Yang tsé kiang (1911/1913). — Étude sur le régime du Haut Yang tsé kiang par M. le lieutenant de vaisseau Dupuy-Dutemps. (*Annales hydrog.*, 1913, pp. 425/435, 19 pl.) — (1911/1912.) — Déterminations de positions géographiques par M. l'enseigne de vaisseau Sire. (*Ibid.*, pp. 437/448, 15 pl.)

— Mission hydrographique du Haut Yang Tsé Kiang (1911/1913). — Etude sur le régime du Haut Yang Tsé Kiang par M. le Lieutenant de vaisseau Dupuy-Dutemps. — (Extrait des *Annales hydrographiques*, 1913.) Paris, Imprimerie Nationale, 1913, in-8, pp. 15 + 20 pl.

— Prof. Keilhack über die Schlammführung des Jangtse. (*Geog. Zeitsch. Leipzig*, 1915, p. 53.)

— The Mekong-Salween divide as a geographical Barrier. F. Kingdon Ward. (*Geogr. Journal*, July 1921, pp. 49/56, carte.)

— Exploration de F. Kingdon Ward sur les fleuves du Tibet oriental. (*Ann. de Géogr.*, 1914, pp. 92/93.)

F. Kingdon Ward. — Through the Lutzu Country to Menkong.

— Wasser und Sinkstoffmengen des Yangtse. Von W. Halbfass. (*Geogr. Zeitsch. Leipzig*, 1915, p. 292.)

(YANG TSEU.)

— *Annales de la Société de Géographie Commerciale* (Section indochinoise). — Sur le haut Yang-tseu Guide du Voyageur par Capitaine P. A. Lapicque avec une carte. Hanoi-Haiphong, Imprimerie d'Extrême-Orient. — 1912, in-8, pp. 16.

Décembre 1912.

— Sur le Haut Yang-tseu Guide du Voyageur par Capitaine P. A. Lapicque avec une carte. Hanoi-Haiphong. Imprimerie d'Extrême-Orient, 1912, in-8, pp. 16, carte.

Ext. de la *Revue Indochinoise*, No. 12, Décembre 1912.

— Note au sujet de la Navigation du Haut Yangtze par P. A. Lapicque Capitaine au Long Cours. Hanoi-Haiphong, Imprimerie d'Extrême-Orient, 1917, in-8, pp. 9.

Ext. du *Bulletin économique de l'Indochine*, N. S, No. 124, Mai-Juin 1917, pp. 234/241.

— La navigation du haut Yang tseu. (*Asie française*, Juill.-Sept. 1917, pp. 141/142.)

Etude de M. Lapicque, capitaine au long cours dans le *Bull. Econ. Indochine*, Mai-Juin 1917.

— La Navigation à vapeur sur le haut Yang-tse-kiang. (*Asie franç.*, Déc. 1920, pp. 429/430.)

— Steam Navigation on the Upper Yang-tse (*Geogr. Journal* December 1917, p. 459.)

— Navigation française sur le Yangtsé. (*Bull. écon. Indochine*, 1918, pp. 715/716.)

— A trip up the Yang-tze Kiang. (*New China Review*, I, August 1919, pp. 397/411.)

RIVIÈRE DE WOU SOUNG.

Houang Pou.

— Les travaux d'amélioration du Whang-Pu. (*Bull. Com. Asie franç.*, Sept. 1908, p. 387).

— The Whang poo Conservancy. By Mr. H. von Heidenstam. (*The National Review*, 24 May 1913.)

— * W. Bryan & H. von Heidenstam. — The Future Development of the Shanghai Harbour. Report to the Whangpoo Conservancy. With Comments by W. F. Tyler, Coast Inspector.

— * F. von Heidenstam. — Preliminary Project for the Regulation of the Soochow Creek. Report to the Whangpoo Conservancy Board.

— * Report on the Hydrographic of the Whangpoo [by Mr. H. von Heidenstam] Shanghai, Juli 1916.

Notice: *Journ. N. C. B. R. A. S.*, vol. XLVIII, 1917, pp. 224/226. By W. F. T. — *Ymer*, 1917, p. 94, par Axel Wallén.

— * Whangpoo Conserwancy Board. — Report on the Yangtse Estuary. Shanghai 1917.

Notice: *Ymer*, 1919, p. 217. Par Axel Wallén.

(WOU SOUNG.)

— River Problems in China. — Herbert Chatley, D. SC. (Engr.) Lond., M. Inst. C. E. Ire. Engineering Department, Whangpoo Conservancy Board. (*Journ. N. C. B. R. As. Soc.*, XLIX-1918, pp. 1/12.)

— River Problems in China. (*Geog. Journal*, April 1919, pp. 283/284.

A propos de l'article du Dr. Herbert Chatley dans le *Journ. N C. B. R. A. S.*, vol. XLIX, 1918.

— Historique du projet d'amélioration du cours du Whampou jusqu'en mai 1907. (*Bull. Com. Asie franç.*, Nov. 1908, pp. 478/479.)

5° LE *HOUANG HO.*

— Das Rätsel des Matschu . . . Von Wilhelm Filchner, 1907. — Voir col. 2027.

Notice: *Deutsche Rundschau f. Geog. u. Stat.*, XXX, 1907/1908, p. 47.

— Seen in Nordost-Tibet und das Matschu-Problem. Von Wilhelm Filchner. (*Zeitschft. Ges. Erdk. Berlin*, 1908, pp. 18/35.)

— Der Hwang-ho. Versuch einer Monographie nach Filchners und Tafels Forschungen. Von Dr. Albert Herrmann. (*Zeitschft. Ges. Erdk. Berlin*, 1916, pp. 79/94.)

— First Steamer on the Middle Hwang-ho. (*Geogr. Journal*, Dec. 1912, p. 643.)

— * Die Laufänderungen des Gelben Flusses in historischer Zeit. Von Dr. Jakob Menauer. Nürnberg: C. Koch, 1912, pp. VI-72, 4 cartes.

— The Hwang-ho and its Changes. (*Geogr. Journal*, February 1914. p. 203.)

A propos de l'ouvrage de Menauer.

— The great Weal: or a Christmas Journey to the Huangho mouth. — By Rev. J. Huston Edgar, F. R. G. S. (*Journ. N. C. B. R. A. S.*, XLV, 1914, pp. 46/56; cartes.)

— Le Fleuve Jaune, «Chagrin de la Chine». Par V. Forbin. (*La Nature*, 6 Août 1921, pp. 88/90, 3 fig.).

7° LE *YUN HO*

— P. A. Lapicque. — A propos des Projets américains sur le Grand Canal. Hanoi, La Revue Indochinoise, 1916, in-8, pp. 11, ill., carte hors texte.

— * Herstel van het Groote of Keizerskanaal in China. — Chineesche scheepvaart op den Jangtsékiang. (*Tijdsch. v. Econ. Geogr.*, 8ste Jg., No. 9, 15 Sept. 1917.)

— Un voyage au long cours sur le Canal Impérial. Par T. de la Taille, S. J. (*Rel. de Chine*, Juillet-Oct. 1920, pp. 361/372, ill., carte.)

MER. — PUBLICATIONS POUR EN FACILITER LA NAVIGATION, ETC.

DIVERS.

— Guide pour la navigation le long des côtes de Chine, traduit du *Chinese Commercial Guide*, par M. Gustave Durand, lieutenant de vaisseau à bord de la corvette à vapeur *l'Archimède*, en station dans les mers de Chine; mars 1845. (Dépôt de la Marine.) (*Annales marit. et colon.*, 1846, Vol. 95, pp. 729/775.)

— Routes entre l'Australie et la Chine. Traduit du journal anglais *The Navy* par E. Dussaud, lieutenant de vaisseau. (*Revue mar. et coloniale*, XLVI, Août 1875, pp. 628/632.)

— * Instrucciones náuticas en los mares de China. Madrid, [Tip. de «El Correo»], 1884, in-4, pp. XI + 137 et 2 cartes.

Publication du Dépot hydrographique. — Retana, 2117.

— * Carta de la Costa y Mar de China entre el cabo de Batangan y el canal de Formosa, con parte de la isla de Luzon, segun los datos más recientes. Madrid, 1885, 97 × 60 cent.

Publication du Dépôt hydrographique. — Retana, 2182.

— * A. G. Findlay. — Directory for the Navigation of the Indian Archipelago and the Coast of China, Third Edition, *London*, 1889, in-8, pp. 48, 1478. 21 s.

— Note sur la détermination, par transport du temps, de la longitude de Chin-wantao (golfe du Petchili). Remarque sur la longitude de Tchefou, par M. le lieutenant de vaisseau Pirot, officier des montres, à bord du Croiseur le *Friant*. (*Annales hydrog.*, 1901, pp. 36/39.)

— The China Coaster's Tide Book and Nautical Manual. 1904, in-12.

— Hydrographic Surveys of the Chinese Customs Service. By E. A. R. (*Geogr. Journal*, December 1918, pp. 393/394.)

TYPHONS.

— Typhon des 21 et 22 août essuyé à Hoi-Hao (île de Haïnan) par le *Kersaint*, commandé par M. Martel, capitaine de frégate. (Extrait de la feuille de quatre semaines [Observations météorologiques du *Kersaint*, du 13 août au 9 septembre 1900].) (*Annales hydrog.*, 1901, pp. 111/112, 1 pl.)

— Note sur un typhon essuyé le 3 août 1901, au mouillage de la baie de Samsah (Côte orientale de Chine) par le Croiseur le *Descartes*, commandé par M. Lespinasse de Saune, capitaine de vaisseau. (*Annales hydrog.*, 1901, pp. 114/116.)

— L'Atmosphère en Extrême-Orient pendant les six mois froids, son état normal, ses perturbations. — Avis aux Navigateurs par le Père Aloys Froc, S. J., Directeur de l'Observatoire de Zi-ka-wei. (*Annales hydrographiques*, 1901, pp. 117/197, 7 pl.)

— L'Atmosphère en Extrême-Orient pendant les six mois chauds, son état normal, ses perturbations. — Avis aux Navigateurs par le Père Aloys Froc, S. J., Directeur de l'Observatoire de Zi-ka-wei. (*Annales hydrographiques*, 1902, pp. 169/237, 7 pl.)

— Les tempêtes dans la province maritime du Fou-kien (Chine). Br. in-8, pp. 8.

A la fin: L. F.[roc], S. J. — Imp. Joseph Polleunis, Ixelles. Extrait de la *Revue des Questions scientifiques*, octobre 1907.

— Zi-ka-wei Observatory. — The Typhoon of July 28th 1915 (The Chinhai Typhoon) and its effects at Shanghai by Louis Froc, S. J. — Printed at the T'u-se-wè Orphanage Press, Shanghai, 1915, in-4, pp. 40, 3 pl., 1 carte.

Notice: *Journal N. C. B. R. As. Soc.*, XLVII, 1916, pp. 144/6.

— A propos de notre observatoire de Zi-ka-wei. Signaux des typhons pour les côtes de Chine. (Extraits traduits du *Shipping and Engineering*, 13 juillet 1917.) (*Rel. de Chine*, Kiang-nan, Janv.-Avril 1918, p. 62.)

— Zi-ka-wei Observatory Atlas of the Tracks of 620 typhoons 1893—1918 by Louis Froc, S. J., Director, Zi-ka-wei Observatory. — Imprimerie de l'Orphelinat de T'ou-sè-wè Zi-ka-wei-Chang-hai, 1920, in-4, pp. 4 + 21 cartes + 1 p. n. ch. + 2 pl.

Notices: *Annales de Géographie*, 15 juillet 1921, pp. 314/316, par Jules Sion — Typhoons of the Far East. (*Geog. Journ.*, April 1921, p. 312.)

Voir CLIMAT ET MÉTÉOROLOGIE, *Observatoire de Zi-ka-wei.*

ILES DIVERSES.

— L'île Pratas. (*Revue indochinoise*, Juin 1909, pp. 607/609.)

— La question des îles Pratas. (Sud-dé la province du Kouang-toung.) (*Bull. Com. Asie franç.*, Oct. 1909, p. 456.)

— Voir FORMOSE, PESCADORES, HAÏ NAN, etc.

CARTES PUBLIÉES PAR L'AMIRAUTÉ ANGLAISE.

Col. 143/162.

No. of Chart	Title	Scale in Inches	Size in Inches	Date of Publication	Last New Edition	Net.-Price s. d.
776	Tsièn mun to Tra ko island, including the interior channels and off-lying islands	m = 1·0	38×25	1. X. 1892	9. IV. 1913	3 0
	Pakhoi anchorage	m = 1·3				
3349	Approach to Kwang chau wan	m = 1·8	39×26	1. X. 1903	XII. 1906	3 0
3486	Kwang chau wan and River Matshé	m = 1·8	39×26	29. IV. 1905		3 0
2212	Tien pak to Macao	m = 0·2	38×25	21. II. 1911	11. XII. 1912	3 0
	Hui ling san harbour	m = 1·5				
	Namo Harbour	m = 1·5				
	Shito bay	m = 1·5				
	Macao Harbour	m = 1·4				

No. of Chart	Title	Scale in Inches	Size in Inches	Date of Publication	Last New Edition	Net.-Price s. d.
3681	Kap sing mun to Boca Tigris—southern Sheet	m=1·5	48×25	21. VII. 1914		4 0
3682	Kap sing mun to Boca Tigris—northern Sheet	m=1·5	38×25	17. III. 1914		3 0
3588	Canton River Delta	m=0·8	38×25	18. XII. 1906	26. II. 1913	3 0
3646	Whampoa to Canton — Sheet 1	m=6·0	38×26	18. II. 1908	11. VII. 1913	3 0
3647	« « « — Sheet 2	m=6·0	39×26	18. II. 1908	16. IV. 1913	3 0
3620	Canton harbour	m=12·1	39×26	5. III. 1907		3 0
3218	Pe Kiang or North River. — Sam shui to Shao Chau fu (Shiu kuan)	m=0·7	39×26	12. X. 1901	22. XI. 1918	3 0
	Lien chau river	m=1·2				
	Sketch of First Rapid . . .					
1015	The Si Kiang or West River — above Wu chau fu to Long chau fu	m=0·4	38×26	8. II. 1900		3 0
3632	Wan chu chau (Stonecutters island) to Brother Points . .	m=6·0	45×26	31. III. 1908	31. XII. 1915	4 0
3280	Hongkong Waters — West. .	m=6·0	39×26	21. IX. 1903	2. II. 1920	3 0
3279	« « — East . .	m=6·0	39×26	23. I. 1903	31. XII. 1915	3 0
1459	Hongkong Harbour.	m=12·0	39×25	19. IX. 1916	19. XII. 1919	3 0
3429	East Lamma Channel	m=4·7	39×26	26. VIII. 1904		3 0
3385	Aberdeen Harbour	m=10·0	26×19	18. III. 1904		2 0
3605	Hongkong to Mirs Bay	m=1·1	38×25	11. II. 1908	31. XII. 1915	3 0
3612	Port Shelter and Rocky Harbour	m=4·6	33×26	20. II. 1907	VIII. 1907	3 0
3474	Mirs Bay	m=2·0	39×26	30. IX. 1905		3 0
3386	Long Harbour and Approaches	m=6·0	39×26	20. XI. 1903	V 1904	3 0
3329	Tolo Harbour and adjacent anchorages	m=5·0	45×26	29. VIII. 1903		4 0
3544	Starling Inlet, Crooked Harbour, and Double Haven	m=6·0	46×26	20. III. 1906		4 0
3459	Samchau Inlet	m=5·9	26×19	30. X. 1904		2 0
3716	Plans on the south-east coast of China: —		39×25	19. XI. 1908		3 0
	Chauan Bay	m=2·0				
	Challum Bay anchorage . .	m=2·0				
1968	Formosa Island and Strait . .	m=0·1	38×25	6. V. 1907	13. III. 1912	3 0
1961	Pescadores (Hōko) Islands . .	m=0·7	38×25	23. VII. 1907		3 0
2376	Harbours in Formosa: — . . .		26×19	5. VI. 1868	XII. 1905	2 0
	Tansui kō (Tamsui Harbour)	m=4·0				
	Port Ta kau (Takō kō). . .	m=8·2				

(Cartes de l'amirauté anglaise.)

No. of Chart	Title	Scale in Inches	Size in Inches	Date of Publication	Last New Edition	Net.-Price s. d.
1641	Harbours and anchorages on the coast of Formosa: — . .		26×18	15. VII. 1898	12. VI. 1912	2 0
	Tankan road (Toko hakuchi)	m=4·0				
	Toapanraa anchorage	m=2·5				
3658	Formosa, Northern Portion—Auran road to So o wan . .	m=0·5	38×25	15. X. 1907		3 0
	So o wan (Suas Bay)	m=4·0				
2618	Kiirun kō (Kelung Harbour) .	m=5·0	26×19	14. II. 1899	XII. 1904	2 0
3585	Approaches to the Wusung River	m=2·0	33×26	19. VII. 1910	17. IX. 1915	3 0
3522	General Chart of the Yang tse kiang and its tributaries . .	d=2·3	38×25	13. XI. 1905	X. 1909	3 0
1288	Plans in the Yang tse kiang: —		38×25	7. VII. 1906	25. IX. 1914	3 0
	Se yun kau Creek to Silver Island	m=2·1				
	Chin kiang fu and Silver Island	m=5·9				
3181	Plans of Anchorages in the Yang tse kiang: —		25×19	21. III. 1902		2 0
	Wu hu Anchorage	m=4·6				
3350	The Po yang Lake	m=0·5	38×25	8. IV. 1913		3 0
	Chang kiang and Loan Kiang	m=0·5				
	Kan Kiang to Nien yu tan	m=0·5				
	Ning Kiang above Chang Chun hsien	m=0·5				
140	Kan-kiang—Hankau to An lu fu	m=0·5	25×18	26. VIII. 1913		2 0
3274	Tung Ting lake and Siang Kiang	m=0·2	38×25	8. VII. 1914		3 0
	Liu cha po crossing	m=5·0				
	Sha nie kan	m=5·0				
	Chang sha	m=2·0				
	Yuen kiang—Chang teh to Chien chi chu	m=0·2				
	Taiping canal	m=0·5				
	Yang tse kiang—Compton reach to Ichang	m=0·5				
3781	Ichang to Chung king — Sheet 1	m=2·0	25×18	21. X. 1913		2 0
3782	« « « « — Sheet 2	m=2·0	25×18	21. X. 1913		2 0
3783	« « « « — Sheet 3	m=2·0	25×18	21. X. 1913		2 0
3784	« « « « — Sheet 4	m=2·0	25×18	21. X. 1913		2 0
3032	Yang tse kiang — Sheet 6: Kwei chau fu to Chung king fu	m=0·5	39×26	5. VII. 1900	31. X. 1913	3 0

No of Chart	Title	Scale in Inches	Size in Inches	Date of Publication	Last New Edition	Net Price s. d.
3785	Ichang to Chung king — Sheet 5	m=2·0	25×18	21. X. 1913		2 0
3786	« « « « — Sheet 6	m=2·0	25×18	21. X. 1913		2 0
3787	« « « « — Sheet 7	m=2·0	25×18	21. X. 1913		2 0
3788	« « « « — Sheet 8	m=2·0	25×18	21. X. 1913		2 0
3789	« « « « — Sheet 9	m=2·0	25×18	21. X. 1913		2 0
3790	« « « « — Sheet 10	m=2·0	25×18	21. X. 1913		2 0
3791	« « « « — Sheet 11	m=2·0	25×18	21. X. 1913		2 0
3792	Ichang to Chung king — Sheet 12	m=2·0	25×18	21. X. 1913		2 0
3793	« « « « — Sheet 13	m=2·0	25×18	21. X. 1913		2 0
3794	« « « « — Sheet 14	m=2·0	25×18	21. X. 1913		2 0
3795	« « « « — Sheet 15	m=2·0	25×18	21. X. 1913		2 0
3796	« « « « — Sheet 16	m=2·0	25×18	21. X. 1913		2 0
3037	Kialing kiang or Chung king Siao-ho — Chung king to Pao Ning	m=0·5	25×18	27. V. 1914		2 0
3480	Shantung Promontory to Nagasaki, including Yellow Sea (Hwang Hai)	d=4·2	38×25	20. XI. 1905	8. II. 1911	3 0
1256	Gulfs of Pe Chili and Liau Tung, and northern portion of the Yellow Sea	m=0·1	38×25	1. V. 1862	29. III. 1911	4 0
	Hope Sound	m=0·4				
	Entrance and Bar of the Li Tsin ho	m=1·0				
	Entrance to the Ta San ho or Ta ko ho	m=1·0				
	Entrance and Bar of the Yang kiao ko	m=0·2				
3735	Cape Yatau to Tau Tsui head	m=0·5	32×25	31. VIII. 1909		3 0
3554	Tau Tsui head to Shitau bay	m=1·0	44×25	5. V. 1906		4 0
3491	Shitau bay to North-East Promontory	m=1·0	38×25	7. XI. 1905		3 0
3468	Plans on the coast of Shantung: —		26×18	31. XII. 1904	XII. 1905	2 0
	Malan (Actaeon) and Lungyen (Swallow) coves	m=3·0				
	Yangyuchih (Rocky) bay	m=3·0				
	Litau bay	m=3·0				
	Aylen (Chiayiiwang) bay	m=2·8				
	Wangkia bay	m=3·0				
3457	Litau bay to Chu tau (Eddy Island), including Wei hai wei Harbour	m=1·0	38×25	31. XII. 1904		3 0

No. of Chart	Title	Scale in Inches	Size in Inches	Date of Publication	Last New Edition	Net.-Price s. d.
3378	Rocky Point to Temple Head	m=1·1	26×19	21. IX. 1903		2 0
2991	Entrance to Liau River, including Newchwang.	m=2·0	38×25	16. XI. 1909	IV. 1910	3 0
	Liau river above Newchwang	m=0·9				
2833	Fort head to Kinchau, including Kwang tung (Society) Bay	m=0·7	38×25	9. I. 1912		3 0
3763	Ryojun kō (Port Arthur) . . .	m=8·9	26×19	7. VI. 1911	27. VII. 1917	2 0
3694	Dairen wan (Ta lien hwan). .	m=2·5	38×26	1. VIII. 1908	30. III. 1917	3 0
3388	Terminal head to Hai yung tau, including Elliot and Blonde groups	m=0·7	38×25	21. XII. 1903	IX. 1906	3 0
2847	Hai yung tau including Thornton haven	m=3·1	24×18	10. X. 1861	I. 1908	2 0

From Section IX, pp. 103/112 of «Catalogue of Admiralty Charts, Plans, and Sailing Directions 1921. Corrected to 1st January 1921.» London, in-4, pp. 320, cartes.

LIVRES PUBLIÉS PAR L'AMIRAUTÉ ANGLAISE.

Col. 3040.

— China Sea Pilot, Vol. I. Containing Directions for the approaches to the China Sea, by Malacca and Singapore Straits, and including the West Coast of Sumatra; 1st edition, 1916 . . 3 s 0

— Vol. II. Containing Directions for the approaches to Singapore and the China Sea, from the Indian Ocean, by Sunda, Banka, Gaspar, Carimata, Rhio, Berhala and Durian Straits; 1st edition, 1915 3 s 0

— Vol. III. Containing Directions for the Navigation of the main route, and the Western Shore of the China Sea, between Singapore Strait and Hongkong; 1st edition, 1912 . . . . 4 s 0

— Vol. IV. Containing Directions for the Navigation of the Eastern Shore of the China Sea, between Singapore Strait and the North End of Luzon, including the dangerous ground outlying it; 1st edition, 1912 . . . . 3 s 0

— Vol. V. For the Coast of China from Pedro Blanco to the Amunyoku Kan (Yalu River), and the West Coast of Korea, including Pratas Island and Reef, the North Coast of Luzon, Babuyan and Batan Islands, Formosa Island and Quelpart Island; 1st edition, 1912 . . 4 s 6

— Yangtse Kiang Pilot, containing A Description of, and Sailing Directions for, the Yang tse Kiang, from the Wusung river to the highest navigable point, including the Han Kiang, the Kialing Kiang, and the Min Kiang; 1st edition, 1914 . . . . 4 s 0

CARTES PUBLIÉES PAR L'HYDROGRAPHIE FRANÇAISE.

Col. 3039/3042.

		Format.	Éch. en mill.
4839	Hong Kong. — Passe de Fotaumun . . . . Levés anglais. — Edit. de nov. 1913	1	m = 60
5408	Baie Mirs. — Levé anglais. 1901/1904	1	m = 46
2237	Ile Namoa; entrée de la rivière Han et port de Swatau; baie Hope et baie Hai Mun . . . . Levés anglais. 1844—1865. — Édit. de sept. 1907.	1	m = 16
5419	Abords du port d'Amoy . . . . Levé anglais. 1903/1904.	1	m = 49

		Format.	Éch. en mill.
5342	Port d'Amoy . . . . Levé anglais. 1903.	1	m = 137
5464	Ile de Formose (Taiwan), partie Sud. — Rades de Seiko-O et de Mararao	1	m = 5
5310	Canal des Pescadores . . . . Levés japonais. 1895/1903. — Édit. de juillet 1914.	1	m = 12
5470	Ile de Formose (Taiwan), partie Nord. — Rade de Haipo. — Rade de Hoirenkan . . . . Levés japonais. 1896—1909.	1	m = 5
5533	Haut Yang-Tse-Kiang, de Itchang à Pantouo (30 feuilles) . . . Pouyen, ens. de vaisseau, 1910—1911.	1	m = 185
5511	Haut Yang-Tse-Kiang, du Sin long T'an à Tchong King (19 feuilles) . . . . Hourst et Dupuy-Dutemps, lieut. de vaisseau. 1902—1913.	1/2	m = 74
5282	Haut Yang-Tse entre Itchang et Suifou et ses affluents en amont de Tchong-King (18 feuilles) . . . . Hourst et Audemard, lieutenants de vaisseau. 1901—1905. — Édit. de nov. 1907.	1/2	m = 37
5510	Haut Yang-Tse et Yalong, de Suifou à Tseu-li-kiang (37 feuilles) Audemard, cap. de frégate. 1910.	1/2	m = 49

D'après le «Catalogue des cartes, plans, instructions nautiques, mémoires, etc., qui composent l'hydrographie française au 1er Janvier 1920. Paris, Imprimerie nationale. — MDCCCCXX», in-8, No. 318.

OUVRAGES PUBLIÉS PAR L'HYDROGRAPHIE FRANCAISE.

Col. 3042.

311 Mers de Chine. — De l'entrée Nord du détroit de Malacca aux atterrages Sud de Hong kong. — Iles Anamba et Natuna. In-8, 1919 . . . . . 4 fr.

301 Grand Archipel d'Asie (partie méridionale). In-8, 1916 . . . . . 3 fr.

933 Grand Archipel d'Asie. Parties N. O. et N. E. de Bornéo et îles Philippines. In-8, 1910 . . . . 8 fr.

316 Mers de Chine. — Des atterrages de Hong-kong au Yang-tse inclusivement, côte Ouest de Taiwan (Formose), du cap Nansha à la pointe Petou. In-8, 1919 . . . . 4 fr.

951 Haut Yang-Tseu-Kiang et principaux affluents. In-8, 1912 . . . . . . 4 fr.

951 *bis*. Annexe aux Instructions nº 951. — Haut Yang-Tseu-Kiang. — Croquis des rapides. In-8, 1912 . . . . 1 fr.

910 Mer Jaune et golfe du Petchili. — De l'entrée du Yang-tse-kiang (chenal de Shaweishan) à la pointe S. O. de la Corée. In-8, 1909 . . . . . 4 fr.

981 Mer du Japon y compris la côte Ouest de Kiushiu, le détroit de Corée et le golfe de Tartarie. In-8, 1914 6 fr.

982 Côte Est du Japon et Sibérie orientale y compris la Mer intérieure du Japon et les archipels et îles détachées dans le Sud et le S. W. du Japon. In-8, 1914 . . . . 6 fr.

OUVRAGES DE GÉOGRAPHIE GÉNÉRALE, ATLAS, CARTES.

— Some Contributions to the Geographical and Cartographical Literature of the Indo-Chinese Frontier Territories, by D. Hassenstein, in-fol.

(Translated from an Article in Dr. A. Petermanns *Mitteilungen* aus Justus Perthes' Geographischer Anstalt, No. VI, 1882.)

Suivi de:

— Memorandum on a Note in Herr Hassenstein's Paper (page 2), with reference to the Himalayan and Tibetan Mountain System, and to the relation of Consul

Baber's T'ai-yang Ch'iao or Sun-bridge Mountains to that System. By Trelawney Saunders, in-fol., p. 17.

Carte.

Col. 192.

— The Cities and Towns of China A Geographical Dictionary by G. M. H. Playfair His Britannic Majesty's Consul at Foochow, Second Edition. Shang Haï, Kelly & Walsh, 1910, in-8, pp. XII-582 à 2 col. + LXXVI + 1 f. n. ch. add. & corrig.

— Notes on Playfair's «The Cities and Towns of China» by C. M. (*New China Review*, III, April 1921, pp. 92/95.)

— Nécrologie. — G. M. H. Playfair par H. C. (*T'oung pao*, Oct. et Déc. 1916, p. 556.)

∴

— L. Richard. — Géographie de l'Empire de Chine, 1905. — Voir col. 3044.

Notices: *Ann. Sciences Polit.*, 15 janvier 1908, pp. 135/136, par Ed. Clavery. — *Revue indochinoise*, 15 janvier 1907, pp. 67/68 par Henri Russier.

— L. Richard's (夏之時) Comprehensive Geography of the Chinese Empire and Dependencies 中國坤輿詳誌 Translated into English, revised and enlarged by M. Kennelly, S. J. (甘沛樹) — Shanghai T'u sewei Press. — 1908, in-8. pp. XVIII-713, cartes.

Notices: *Geog. Journa'*, Feb. 1909, p. 200, par A. J. S. — *Lond. & China-Express*, June 12, 1908.

— Kennelly's Edition of Richard's Comprehensive Geography, By Thos. W. Kingsmill. (*Journal N. C. B. R. A. S.*, XXXIX, 1908, pp. .8/174).

— A List of the Cities, Towns and Open Ports of China and Dependencies 1° Arranged under the respective Provinces, and 2° In their Alphabetical order. — Extracted from «Richard's *Comprehensive Geography of the Chinese Empire*», and corrected up to-date by M. Kennelly, S. J. (甘沛樹) — Shanghai T'usewei Press. 1908, in-8, pp. VII-82 + 1 f. n. ch. er.

∴

— Géographie ancienne et moderne de la Chine par F. S. Couvreur S. J. Hien Hien, Imprimerie de la Mission catholique 1917, in-8, pp. 1 n. ch. + pp. 424.

Avec la carte des neuf provinces de Yu le Grand, la carte du *Tch'ouen ts'ieou* et du *Tso Tchouan* et la carte de la Chine actuelle.

Notice: *Journ. As.*, Juillet-Sept. 1920, pp. 157/158, par P. Masson-Oursel.

— Countries on the East of China. By H. Porter Smith. (*Notes and Queries on Ch. & Japan*, IV, April 25, 1870, p. 48.)

— Les voies de pénétration dans la Chine occidentale. Par M. le vicomte de Bizemont. (*Bull. Soc. Géogr*, Rochefort, t. V, 1883/1884, pp. 219/256.

(OUVRAGES DE GÉOGRAPHIE GÉNÉRALE, ATLAS, CARTES.)

— Notes on the Geography of the Chinese Empire, etc. — Hongkong: Printed by the «South China Morning Post» 1904, in-8, pp. 48.

Préface signée T. K. D.

— Place names in Eastern Asia. By H. G. (*National Geogr. Magazine Washington*, XV, 1904, p. 136.)

— Ник. Вячеслав. Богоявленскій . . . — Западный Застѣнный Китаи — . . . С.-Пет., 1906, in-8, pp. VI-418.

— Summary of Geographical Observations taken during a Journey from Kashgar to Kowloon (1907-1908) by Cecil Clementi, M. A., . . . Assistant Colonial Secretary, Hongkong. — Hongkong: Printed by Noronha & Co., 1911, in-fol., 3 ff. n. ch. tit., etc. + pp. 112.

— * La Chine septentrionale. Albert Disière. (*Ass. des Licenciés sortis de l'Université de Liège*, Bull., Avril 1911?)

— Une question de frontière entre la Chine et la Birmanie. (*Asie française*, Février 1911, pp. 88).

— * A de Pouvourville. Aux frontières chinoises du Sud. (*La Revue*, 15 août, [1911]).

— P. Barbedette. — La Chine méridionale. (*Bul. Soc. Géog. Alger*, 1911, pp. 84/102.)

— Chinese Frontiers of India. By Archibald Rose, C. I. E., F. R. G. S., British Consul, Têng-yüeh, Yun-nan. (*Geogr. Journal*, March 1912, pp. 193/223; fig.)

— * Die chinesische Stadt. Eine siedlungskundliche Studie. Von Ernst Tiessen. (*Deutsche G. Blätter*, 35, 1912, pp. 1/19.)

— The Far Eastern Question in its geographical Setting. By Percy M. Roxby, Professor of Geography in the University of Liverpool, Albert Kahn Travelling Fellow, 1912/1913. Published by the Geographical Association, No. 1, Marine Terrace, Aberystwyth. — Oswestry: Canton Press, in-8, pp. 36, carte.

— * Some Aspects of the Geography of China. By P. M. Roxby. (*G. Teacher*, 8, 1915, pp. 1/5.)

— I muraglioni della Cina. Par Carlo Puini. (*Riv. G. Italiana*, 22, 1915, pp. 481/489.)

— China's Geography: Historical and Social. By Sih-Gung Cheng. (*Scottish Geog. Mag.*, 1918, pp. 281/294, carte et ill.)

(Lecture delivered at Edinburgh, Feb. 28, 1918.

— * G. van Gelder. — Het romaniseeren van Chineesche aidrijkskundige namen. (*Tijdsch. v. Econ. Geog.*, 10de Jg., No. 10, Octobre 1919.)

— * A Geography of Asia. — Joseph Martin. London: Macmillan, 1919.

Notice: *Geogr. Journal*, July 1920, pp. 66. By B. C. W.

(OUVRAGES DE GÉOGRAPHIE GÉNÉRALE, ATLAS, CARTES.)

— Certaine notes or references taken out of a large map of China brought home by M. Thomas Candish 1588. (Hakluyt's *Collection*, New ed., IV, 1811, pp. 356/357.)

— * W. S. Ayrton. — Twenty-five MS. Maps of the Yanz-Tze from Hankow to Nanking, made on a Tour in 1881, bound together in a leather volume.

Cat. Probsthain, No. IV, Lond , 1904.

— Lettre de M. de Rosny. — Traduction d'une carte chinoise. — Paris, le 13 novembre 1882. (*Bull. Soc. Géogr. Rochefort*, t. IV, 1882/1883, p. 243.)

— Karte von Ost-China mit Spezialdarstellungen der Provinzen Tschili und Schantung, des Unteren Peiho-Laufes sowie Plänen von Peking, Tientsin, Taku, Tsingtau, Schanghai, Kanton und Hongkong. Bearbeitet von P. Krauss. — Preis 80 Pfennig. — Leipzig und Wien, Verlag des Bibliographischen Instituts, 1900, 1 feuille.

— K. Ahlenius. — En kinesisk Världskarta, col. 1099.

Carte de Verbiest. *Ymer*, 1903, pp. 330/331.

— * Lorentzen. Die chinesische Weltkarte Ferdinand Verbiest, von 1674. (*Globus*, t. 87, Brunswick, 1905, pp. 157/159.)

— Extrait du *Bulletin de l'Ecole française d'Extrême-Orient* (Avril—Juin 1903). — Les deux plus anciens spécimens de la Cartographie chinoise. Hanoi, F.-H. Schneider, 1903, gr. in-8, pp. 35 + 1 f. n. ch., 4 pl.

— Landkarten von China. Von Franz Woas, Wiesbaden. (*Petermanns Mitt.*, 1907, X, pp. 242/243.)

— Old Map of Siberia. (*Geog. Journ.*, April 1908, p. 442).

Contient la Muraille de Chine et la Mer de Chine.

— * Carte de la Chine Orientale par le Commandant Friquegnon. Échelle 1:2,000.000, 9 feuilles. Hanoï, Service Géographique de l'Indo-Chine, 1908.

— * Atlas of the Chinese Empire, containing separate maps of the Eighteen Provinces of China Proper and the four great Dependencies, together with an index to all the names on the maps, and a list of all Protestant Mission Stations. Specially prepared by Mr. Edward Stanford for the China Inland Mission. London, The China Inland Mission, 1908.

Notice: *Lond. & China Express*, Oct. 2, 1908.

— * A map of China prepared for the China Inland Mission. Scale 1 : 3,000.000 or 1 inch to 47·3 stat. miles. Two sheets. London: Edward Stanford, 1908. Price 12 s. 6 d.

— * A Map of China prepared for the China Inland Mission. Scale 1 : 3,000.000 or 1 inch to 47·3 stat. miles. Two sheets. London, China Inland Mission and Edward Stanford, Ltd., 1913.

— * Karte von Ost-China. Herausgegeben von der Kartographischen Abteilung der Königl. Preuss. Landesaufnahme. Maßstab 1 : 1,000.000. Feuilles: Mukden; Peking. Berlin, R. Eisenschmidt, 1909. — Voir col. 3045.

— E. N. — Au sujet de la cartographie des provinces du Kouei-tcheou et du Sseu-tch'ouan. (*Ann. de Géog.*, XVIII, 1909, pp. 74/77.)

— * Über neuere chinesische Kartographie. Von Dr. M. Groll, Carte (*Z. Ges. E. Berlin* [1910], pp. 261/264.)

— M. Groll. — Zur Kartographie Chinas. (*Petermanns Mitt.*, — 1910, p. 38.)

— Aus der Werkstatt des Kartographen. Von M. Groll. (*Mitt. F. von Richthofen-Tages*, 1911, pp. 62/70, carte.)

— * Map of China, showing Railways, Telegraphs, and Treaty Ports. Compiled in the Geographical Section, General Staff. Scale 1 : 5,000.000 or 1 inch to 78·9 stat. miles. London, Edward Stanford, Sifton Praed & Co., and Fisher Unwin, 1910.

— * Map of China, showing Railways, Telegraphs, and Treaty Ports. Scale 1:5,000.000 or 1 inch to 78·9 stat. miles. Size 22 by 26 inches. Compiled in the Geographical Section, General Staff, War Office, 1913. London Agents, Edward Stanford, Ltd.; Sifton, Praed & Co.; T. Fisher Unwin.

— * Hoebels Karte von China: 1 : 4,500.000. Verlag S. Schropp. Berlin, 1910.

Notices: *Deutsche Rundschau f. Geogr. u. Stat.*, XXXIII. 1910/1911, p. 191. Von H. H. — *Geog. Zeitschft. Leipzig*, XVII. 1911, p. 244, par M. Groll. — *Mitt. k. k. geog. Ges. Wien*, LIII. Bd., 1910, p. 659, par F. M. — *Revue indochinoise*, Avril 1911, p. 419.

— * A Historical Sketch of Cartography in China previous to her modern intercourse with the Occident. By T. Ogawa. Maps. [In Japanese]. (*J. Tōkyō G. S.*, 22, 1910, pp. 407/418, 512/518, 599/610.)

— Variétés sinologiques, N° 35. — P. J. de Moidrey, S. J. (馬德賚). — Carte des préfectures de Chine et de leur population chrétienne en 1911. Changhai Imprimerie de la Mission catholique Orphelinat de T'ou-sè-wè 1913, in-8, pp. 16 de texte et carte.

— Note sulla storia della cartografia cinese. — Memoria di G. Vacca. (*Riv. Geog. Ital.*, XVIII, 1911, pp. 113/126 . . .)

— Polignac et Audemard, voir col 3278.

∴

— Father Matteo Ricci's Chinese World-maps, 1584/1608. J. F. Baddeley. (*Geograph. Journal*, October 1917, pp. 254/270, planches.)

— The relationships of the Ricci Maps. E. Heawood. (*Geogr. Journal*, Oct. 1917, pp. 271/276.)

— Father Matteo Ricci's Chinese World-maps, 1584—1608. J. F. Baddeley. — The relationships of the Ricci Maps. — E. Heawood (From «*The Geographical Journal*» for October 1917), in-8, pp. ch. 254/276.

— Translations from the Chinese World Map of Father Ricci. Lionel Giles, M. A., D. Litt. (*Geogr. Journal*, December 1918, pp. 367/385; *ibid.*, Jan. 1919, pp. 19/30.)

— Translations from the Chinese World Map of Father Ricci. Lionel Giles, M. A., D. Litt. (From «*The Geographical Journal*» for December 1918 and January 1919), in-8.

— * Paolo Revelli. — In Cina. (*Rivista del Touring*, XVII [1917], pp. 191/200.)

— Il padre Matteo Ricci e le carte speciali della Cina nelle collezioni di Ortelio e di Mercatore. Memoria del dott. Giuseppe Caraci. (*Boll. Reale Soc. geog. italiana*, Nov.-Dic. 1918, pp. 815, 851.)

— Another Jesuit World Map made in China. (*Geogr. Journal*, February 1919, pp. 124/125.)

Carte d'Adam Schall. — D'après le *Korea Magazine* de Sept. 1918.

∴

— A Note on the Chinese Atlas in the Magliabecchian Library with reference to Kinsay in Marco Polo. By A. C. M. (*Journ. R. As. Soc.*, July, 1919, pp. 393/395).

— Gibbons (Herbert Adams). The new map of Asia. (1900—1919). (New York, the Century Co., 1919, in-8, pp. XIV-571, 5 cartes hors texte.)

— * The New Map of China: Far Eastern Geographical Establishment, Shanghai. Special limited edition.

Notice: *New China Review*, I, October 1919, p. 546.

— * The New Atlas and Commercial Gazetteer of China. Edited by E. J. Dingle. 22 large topographical Maps, with special maps of Productions, Railways (China), Railways (Manchuria), Forestry (China), Forestry (Manchuria), Geology, Mining (all in 5 colours), and 18 bilingual Coloured Graphs, giving a complete comparative survey of China's Home and Foreign Trade. Together with 525 pages, containing over 1¼ million words of letterpress in English.

Notices: *Journ. N. C. B. R. As. Soc*, L, 1919, pp. 191/193, par M. — *New China Review*, No. 1, March 1919, pp. 104/105.

— Postal Map of China. — Published by the Directorate General of Posts 1918. — Price 50 cents.

Enclosure to «Report on the Working of the Chinese Post Office» for The Sixth Year of Chung-hua Min-kuo (1917) and 7th issue of The Postal Guide.

— 中華郵政輿圖 Atlas postal de la Chine—China Postal Album showing the Postal Establishments and Postal Routes in each Province. Peking, Directorate General of Posts, 1919, gr. in-folio.

Série de 47 cartes y compris la carte-index préparée par Jacot-Guillarmod, Ingénieur Topographe.

Notice: *T'oung Pao*, Déc. 1918 1919, pp. 435/436. Par H. C[ordier].

Grande Muraille.

— De la «Grande Muraille» Dynastie des Ts'in: = Ts'in-Che-Hoang-Ti. Le lettré Fou-Cheng. Le Général: Moung T'ien. La «Grande Muraille». Par Dr. Adolf Razlág. (*Mitt. k. k. Geogr. Ges. Wien*, L, 1907, pp. 333/338.)

— The Great Wall of China by William Edgar Geil. . . . With numerous illustrations. London, John Murray. 1909, in-8, pp. XVIII-351.

Notices: *Lond. & China Express*, Dec. 3, 1909. — *Geog. Journal*, May 1910, pp. 584/585. — *Journ. Roy. As. Soc.*, July 1910, pp. 976/978, by L. C. H[opkins]. — *T'oung Pao*, Déc. 1910, pp. 690/691, par H C[ordier].

— A Wonder of the World. (*United Empire*, June 1910, pp. 443/444.)

— La passe de Nan-kau et la Grande Muraille. Par Ch. Hubert. (*Bull. Soc. Géog. Est*, XXXII, 1911, pp. 199/212).

— F. G. Clapp. — Along and across the Great Wall of China. (*Geog. Review.*, IX, 1920, pp. 221/249, ill., carte.)

Extraits traduits dans le *Mouvement Géographique*, 24 Oct. 1920.

— * Map of the Great Wall of China. Ech. 1 : 2,000.000ᵉ et 2 cartons : Ancient extension of the Great Wall in North-western Kansu. The palisade, an Extension of the Great Wall in Manchuria, 1 : 4,000.000.

DESCRIPTION PARTICULIÈRE DES PROVINCES.

— Etat actuel des provinces du Yang-tze-kiang. (*Rev. mar. et coloniale*, XI, Août 1864, pp. 759/767.)

Hankaw, le 15 février 1864.

— * The Provinces of China, together with a History of the first year of H. I. M. Hsuan Tung, and an Account of the Government of China. With a preface by Colonel C. D. Bruce. Shanghai: National Review Office, 1910, in-8, pp. vi-188.

Notice: *Lond. & China Express*, Feb, 3, 1911.

— Eighteen Capitals of China by William Edgar Geil. . . . With 139 illustrations. London, Constable, 1911, in-8, pp. xx-429.

Notice: *Lond. & China Express*, Nov. 10, 1911.

— * Prof. Eliot, *The Popular Science Monthly.*

Cf. The Physiographical Divisions of China. (*Scottish Geog. Mag.*, 1913, p. 433).

— Variétés sinologiques, No. 35. — P. J. de Moidrey, S. J. (馬德賚) — Carte des préfectures de Chine et de leur population chrétienne en 1911. Chang-hai Imprimerie de la Mission catholique Orphelinat de T'ou-sè-wè 1913, in-8, pp. 16 et carte.

1° *TCHE LI* 直隷

— Notes sur les inondations et la navigabilité des Rivières du Tchily nord par R. Griffon Ingénieur conseil de la Direction des Chemins de fer chinois. — Péking. — 1893, in-8, pp. 37, carte.

Tientsin, 29 décembre 1892.

— Aux Champs d'Or de Jehol. (*A travers le Monde*, VIII, 1902, p. 56.)

De *Peterm. Mitt.*

— De Tien-Sin à Pékin. (*A travers le Monde*, VI, 1900, p. 277.)

— O. Franke. — Beschreibung des Jehol-Gebietes, 1902. — Voir col. 209, 3047.

Notice: *Deutsche Rundschau f. Geog.*, XXV, 1902/1903, p. 47.

— Les Paysans du Tchi-li. Par le Dr Pierre Richard. (*A travers le Monde*, XI, 1905, pp. 233/236, ill.)

— Une Excursion à travers la province chinoise du Pe-tchi-li. (*A travers le Monde*, XI, 1905, p. 357.)

Du *Geogr. Journal.* — Voyage du Rev. John Hedley. — Voir col. 348.

— Die Erzeugnisse der Provinz Tschili. Zusammengestellt auf Grund der im 30. Jahre Kuang-hsü (1904) vom Generalgouverneur eingeforderten Berichte der Departements und Kreise. Von Dr. Hauer. (*Mitt. d. Sem. f. Orient. Sprachen*, Jahrg. XI, Erste Abt., Berlin 1908, pp. 210/264.)

— Six mois sur les routes du Tche-li. Par Louis Poullier, S. J. (*Chine, Ceylan, Madagascar*, Mars 1912, pp. 7/36, fig.)

— Die neue Karte von Tschili und Schantung 1 : 200.000. Von Dr. Max Groll, Berlin. (*Petermanns Mitt.*, 1909, VIII, pp. 203/204, 1 pl.)

— * Forests and Chihli Floods. D. Y. Lin.

Notice: *Journ. N. C. B. R. As. Soc.*, XLIX, 1918, pp. 191/192. By N. S.

— Voir *Research in China*, col. 3263

TOMBEAUX DES MING.

Col. 210.

— Emile Dard. — Au Tombeau des Mings. (*Revue hebdomadaire*, 25 juin 1910, pp. 512/520.)

— Les tombeaux des Ming. Par Ch. Hubert. (*Bull. Soc. Géog. Est*, XXXII, 1911, pp. 107/115, plan.)

— Les sépultures impériales des Ming. (Che-san ling.) Par MM. G. Bouillard et le Commandant Vaudescal. (*Bull. Ecole francaise Ext.-Orient*, tome XX, n° 3, 1920, pp. 128, 44 pl.)

Notice par Pelliot, *T'oung Pao*, 1, 1922.

TOMBES IMPÉRIALES DES TS'ING.

Col. 210, 3048.

— Ministère de l'Instruction Publique et des Beaux-Arts. — Annales du Musée Guimet. — Tome trente-unième Première partie. — *Si-ling* Etude sur les tombeaux de l'Ouest de la dynastie des Ts'ing. Par E. Fonssagrives Chef de bataillon d'Infanterie coloniale, Officier de la Légion d'Honneur, Officier de l'Instruction publique. Avec illustrations et planches en chromotypographie. Paris Ernest Leroux. — 1907, in-4, pp. 180.

— Les Sépultures impériales de la Chine. Par Gisbert Combaz Professeur à l'Institut des Hautes Etudes de l'Université nouvelle de Bruxelles. Des Presses de Vromant et Cie, imprimeurs, 3 rue de la Chapelle, Bruxelles — 1907, in-8, pp. 85, ill.

Tiré à part des *Annales de la Société d'archéologie de Bruxelles*, tome XXI, 3e et 4e livraisons 1907, pp. 381/462.

Notice: *Revue Indo-chinoise*, Janv. 1909, p. 84, par Ed. Chavannes, d'après le *T'oung Pao*, Mai 1908, p. 268.

— Les Si-ling ou tombeaux de l'Ouest. Par Ch. Hubert. (*Bull. Soc. Géog. Est*, 33e année, 1912, pp. 16/37.)

PE KING. 北京

Col. 212.

— Ladyjensky.

J. As., 1898, I, 327/328.

— Au lieu de *Kwo Tze Tien*, lire *Kwo Tsze Kien*.

— L'incendie de la caserne allemande de Peking. (*L'Illustration* 5 Sept. 1868, 2 gravures.)

— Гипсометрическія и географическія опредѣленія точекъ, основанныя на наблюденіяхъ, сдѣланныхъ въ 1868—1872 годахъ въ 12-ти разныхъ путешествіяхъ по сѣверному Китаю, Монголіи, Манчжуріи, Пріамурскому и Уссурійскому краю, архимандритомъ Палладіемъ, капитаномъ Пржевальскимъ, гг. Ломоносовымъ, Мосинымъ и Д-ромъ Фритше, обработано и на карту положено Д-ромъ Фритше (*Зап. И. Р. Геогр. Общ., по общ. геогр.*, 1875, t. v., p. 213/252).

— Cf. aussi *Изв. И. Р. Геогр. Общ.* 1879, XV, 100—107.

— Rules of the Peking Club. 1878, in-8, pp. 13.

— Original Map of the Hill Country north and west of Peking from surveys of Dr. O. F. von Möllendorff drawn by Dr. Richard Kiepert. — Scale 1 : 333.333. — Berlin, Dietrich Reimer, 1881.

Titre imprimé en anglais pour la carte:

— Aufnahmen im Gebirgslande nördlich und westlich von Peking, von Dr. O. F. von Möllendorff, 1874—1879.

Insérée dans la *Zeitschr. d. Ges. f. Erdk.* Bd. XVI.

— Conférence faite au théâtre de Charleville, par M. Ch. Guyon. Quelques jours à Péking. (14 Mars.) (*Bull. Union géogr. Nord France, Douai*, II, 1881, pp. 348/350.)

— Des Tramways électriques à Pékin et à Séoul. Par Villetard de Laguérie. (*A travers le Monde*, IV, 1898, pp. 198/199.)

— Des tramways électriques à Pékin et à Séoul. Par Villetard de Laguérie. (*Bull. Soc. Géog. de l'Aisne, Laon*, No 35, Juill.-Sept. 1898, pp. 1187/1188.)

Extr. de *A travers le Monde*.

- Les deux Villes de Pékin. (*A travers le Monde*, VI, 1900, p. 213, plan.)

— * W. Grube. — Peking und die «Gesandtschaftsstraße». (*Koloniale Zeitschrift*, 1900, pp. 186/9.)

— Compte rendu par Ed. Chavannes : Wilhelm GRUBE, *Zur Pekinger Volkskunde*, 1901. (*Revue de l'Hist. des Religions*, XLVI, 1902, pp. 124/125.) — Voir col. 219.

— Nekrologie. Prof. Dr. Wilhelm Grube (*Deutsche Rundschau f. Geog. u. Stat.*, XXXI, 1908/1909, p. 136.) — *Journ. As.*, Sept.-Oct. 1908, pp. 353/354. — *T'oung Pao*, Juillet 1908, p 477.

Né le 17 août 1855 à St. Pétersbourg; mort le 3 Juillet 1908 à Berlin.

— La Mendicité à Pékin. (*A travers le Monde*, VI, 1900, pp. 278/279.)

— La capitale de la Chine. Pékin ou Si-Ngan-Fou? (*A travers le Monde*, VII, 1901, pp. 110/111.)

— Account of a Visit to the Summer Palace of the Empress Dowager of China, June 21st, 1902, by R. W. Swallow. (*Manchester Géog. Soc.*, 1903, pp. 28/32.)

— Acht Monate in Peking. Eindrücke und Studien aus der Zeit nach den chinesischen Wirren. Vortrag gehalten am 5. April 1905 in der Münchner Orientalischen Gesellschaft von Prof. Dr. A. Conrady. Halle a. S., 1905, in-8, pp. 19.

I. Heft. — *Der Orient*, herausgegeben von Hugo Grothe.

— * Little (Mrs. A.) — Round about my Peking Garden. With illustrations. Philadelphia, 1906, in-8, pp. II-284.

— Pé-King en 1908. Par Ch. Hubert. (*Bull. Soc. Géog. Est*, 33e année, 1912, pp. 107/136, plan; pp. 249/274; *ibid.*, 34e année, 1913, pp. 119/147; pp. 219/239; *ibid.*, 35e année 1914, pp. 5/27.)

— Projet d'une Université Impériale [à Peking]. (*Revue indo-chinoise*, 15/30 Sept. 1908, p. 447.)

D'après le *North China Herald*.

— * Plan de Pékin. Echelle 1 : 15.000. Paris: Service Géographique de l'Armée [1908].

— Population of Peking. (*Geogr. Journal*, Dec. 1908, p 620.)

D'après Rockhill.

— Un service de voitures automobiles à Pékin. (*Bull. Com. Asie franç.*, Janvier 1909, p. 43.)

— 京師地志指南 Guide to Peking and its Environs by Fei-Shi, Author of « A Trip to Anhui ». Published by the Tientsin Press, Tientsin, China, 1909, in-8, pp. VI-139, 3 plans et ill.

— * Headland (I. T.). — Court Life in China. The Capital : its Officials and People. With illustrations. New York, 1909, in-8, pp. 372.

— Peking und Umgegend nebst einer kurzen Geschichte der Belagerung der Gesandtschaften (1900) von Boy-Ed und Dr. M. Krieger Oberleutnant. — Zweite Auflage mit 3 Karten und 44 Abbildungen. Heckners Verlag, Wolfenbüttel 1910, in-8, 2 ff. prél. n. ch. + pp. 182, ill. et plans.

Notice: *Petermanns Mitt.*, 1909, Ltbt., pp. 240/241, par M. v. Brandt.

— Promenade dans Pékin et ses environs. Conférence de M. Gourdon. (*Union géogr. du Nord de la France, Douai*, XXXI, 1910, pp. 58/62)

— La Fontaine de Jade. (*A travers le Monde*, XVI, 1910, p. 72.)

Du *Journal de Genève*. — Au Palais d'Été.

— Note sur le *Chouen t'ien che pao* 順天時報 par Ed. Chavannes. (*T'oung Pao*, 1911, pp. 286/289.)

— Two Years in the Forbidden City by the Princess Der Ling First Lady in Waiting to the Empress Dowager. — Illustrated from Photographs. — T. Fisher Unwin, s. d., 1911, in-8, pp. IX + 2 ff. n. ch. + pp. 383.

Préface par Thomas F. Millard. — Princess Der Ling, fille de Yu keng, ministre de Chine à Paris, épouse 21 Mai 1907, Thaddeus C. White, américain.

Notices: *Journ. N. C. B. R. As. Soc.*, XLIII, 1912, pp. 93/94, par E. M. — *Lond. & China Express*, April 12, 1912, pp. 273/274.

— * Der Ling. — Zwei Jahre am Hofe von Peking. Aus dem Englischen von Elisabeth Hyne. Heinrich Minden, Dresden und Leipzig, 1915.

— Louis Carpeaux. — Pékin qui s'en va. (*La Nouvelle Revue*, 1912, 1er mai, pp. 47/60; 15 mai, pp. 185/200; 1er juin, pp. 371/384; 15 juin, pp. 487/502; 1er juillet, pp. 97/107; 15 juillet, pp. 243/253; 1er août, pp. 382/406; 15 août, pp. 536/549; 1er sept., pp. 118/127; 15 sept., pp. 244/270.)

Notices: *Bul. Soc. Géog. com. Paris*, avril 1913, pp. 290/291, par Paul Labbé. — *Bul. Soc. Géog. Lille*, 1er janv. 1913, pp. 110/111. — *Bul. Soc. Géog. Marseille*, XXXVII, 1913, pp. 292/293.

— Louis Carpeaux. — Pékin qui s'en va. Paris, A. Maloine, s. d. [1913], in-12, pp. 360.

Préface de J. Claretie. — 12 pl. hors texte.

— E. J. Cooper. — A Visit to Peking (*China's Millions*, London, XIV, 1906, 11/12.)

— * Friedrich Perzynski. — Peking, eine Reise. (*Die Neue Rundschau*, July 1913.)

— A National Museum for Pekin. (*Journ. Central Asian Soc.*, II, 1915, Pt. I, pp. 49/50.)

— L'haussmannisation de Pékin. (*Asie française, Bull*, Janvier-Mars 1915, p. 31.)

— Pékin et ses palais en avril 1901. — Avec 16 vues de sites et monuments, par Stanislas Millot Lieutenant de vaisseau. — Paris, Ernest Leroux. 1916, in-8, pp. 45.

Notice: *Journ. R. As. Soc.*, July 1916, p. 631, by W. P. Y[etts].

— The First Peking Prison. — Translated by Chen chi Chow tsuei chi Lin shu ming Woo tseng yu. — Published by The First Peking Prison Peking, China, 1916, in-8, pp. II-77 + 1 f. n. ch.

Imp. de Vaugirard.

— * Pencil Speakings from Peking. By A. E. Grantham. London, George Allen & Unwin, 1918, gr. in-8, pp. 295.

Notice: *Journ. Roy. As. Soc.*, April 1919, pp. 269/274. By A. E. H. — *Lond. & China Express*, Aug. 7, 1918, pp. 431/432.

— * H. P. N. Muller. — Peking en Ommelanden. (*Indië*, 2de Jg., No. 26, Sept. 1918.)

— Pékin. — Les Processions du Saint-Sacrement. (*Miss. Cath.*, 25 avril 1919, p. 196.)

— Recensement de Pékin. (*Miss. Cath.*, 11 juillet 1919, p. 328.)

— Prospect Hill [景山] Peking. Etching by Major W. Perceval Yetts. (*New China Review*, August 1919.)

— André Duboscq. — Sous le Ciel de Pékin. — Paris, George Crès et Cie, MCMXIX, in-16, pp. 161.

Tiré à 800 ex. numérotés sur vergé d'Arches.

— * Historisch-topografische beschrijving van Peking (J. J. L. Duyvendak) 27 Maart 1920. (*Tijdsch. v. het Kon. Ned. Aardrijksk. Genoots.* 1920, p. 426.)

— * The Pageant of Peking. Photographs by Donald Mennie. With an Introduction by Putnam Weale. Shanghai, A. S. Watson & Co., 1920.

Notices: *New China Review*, III, April 1921, pp. 146/150. — *Journ. N. C. B. R. As. Soc.*, LII, 1921, pp. 209/210, by O. I.

— * Peking: A Historical and Intimate Description of its chief Places of Interest. By Juliet Bredon. With Maps, Plans and Illustrations. Shanghai, Kelly & Walsh, 1920, in-8, pp. XVI-478.

Notices: *New China Review*, II, April 1920, pp. 216/218. — *Lond. & China Express*, May 6, 1920, p. 232. — *Journ. N. C. B R. As. Soc.*, LI, 1920, pp. 196/197, par M.

— Peking, the City of the Unexpected. By James Arthur Muller. (*The National Geog. Mag.*, 1920, XXXVIII, pp. 335/355.)

— * Peking Dust by Ellen N. La Motte. New York, the Century Co., in-12, pp. 240, ill.

— Taine. — L'Université nationale de Pékin. (*Eveil économique de l'Indochine*, 1920, Oct.)

— Une grève des Professeurs de l'Université de Pekin. (*Asie franç.*, Sept.-Oct, 1921, p. 391.)

PEKING ORIENTAL SOCIETY.

Col. 222.

— C. C. Stuhlmann, Imp. Chin. Mar. Cust., 59 ans, † à Goslar, Allemagne, le 5 février 1909.

ANCIEN CIMETIÈRE CATHOLIQUE.

Col. 222/223.

Voir MISSIONS CATHOLIQUES, col. 1028.

— Villetard de Laguérie. — Le Cimetière Catholique de Pékin. (*Revue des Deux Mondes*, 1er mai 1903, pp. 212/219.)

PUBLICATIONS PÉRIODIQUES.

— *Bulletin catholique de Pékin.* — Voir MISSIONS CATHOLIQUES.

— *La Politique de Pékin* Directeur-Fondateur A. Monestier — Paraît chaque dimanche. Le No. $ 0·50. Première Année No. 1, 19 Avril 1914, pet. in-fol., pp. 24 à 3 col.

Recto p. 1: Titre. — Portrait du Président Yuan Cheu-k'ai.

— * *The Chinese Social and Political Science Review*, Vol. 1, No. 1, April 1916. Peking.

Notice: *New China Review*, No. 1, March 1919, pp. 96/97, par A. Vissière.

— *Sacerdos in Sinis.* — Voir MISSIONS CATHOLIQUES.

— *Bulletin Médical franco-chinois.* Pekin Rue des Légations, in-8, pp. 54 + pp. 38 texte chinois.

1e Année. No. 1, Juillet-Octobre 1920.

— *La Chine.* Revue bi-mensuelle illustrée-rédigée par un Comité franco-chinois. Tome 1er Août 1921—Janvier 1922. Pékin Albert Nachbaur, éditeur 16 Kan Yu Hutung — 1921.

No. 1, 15 août 1921. — Couverture et dessins de J. Ruedolf, in-4, 2 ff. n. ch. + pp. 71.

No. 2, 4 Septembre 1921, pp. ch. 72/149. Imprimerie Na-che-Pao, [Nachbaur] Pékin.

.·.

— Morrison of Peking. By « An Old China Hand ». (*Daily Mail.* — Réimp. dans *The Bangkok Times Weekly Mail*, Sept. 23, 1910).

— Morrison of Peking. (*Lond. & China Express*, Aug. 26, 1910). D'après le *Daily Mail.*

— Morrison of Peking. Correspondent and political adviser. (*London. & China Express*, June 3, 1920, pp. 287/288.)

— Obituary. Dr. George Ernest Morrison. By A. E. Hippisley. (*Geogr. Journal*, August 1920, pp. 149/150).

Born Victoria, Australia, the 4th February 1862 — died Sidmouth May 30, 1920.

T'IEN TSIN 天津

— Tien-Tsin. Par Alf. Perrenoud. (*A travers le Monde*, VI, 1900, pp. 281/284; ill.)

— La Ville actuelle de Tien-tsin et l'Œuvre du Gouvernement militaire provisoire. (*A travers le Monde*, X, 1904, p. 366.)

2° *CHAN TOUNG* 山東

— Voir *Research in China*, col 3263.

(PEKING. — T'IEN TSIN. — CHAN TOUNG.)

— * Alex. Armstrong. In a Mule Litter to the Tomb of Confucius, London, 1896, in-12, pp. VIII-147, ill.

— A travers la presqu'île de Chan-Toung. (*A travers le Monde*, VII, 1901, p. 64.)

Petermanns Mitt., M. Walter Anz.

— A. Tingle. — Sounding Stones at Ch'ufu, Shantung. (*Nature*, London, LXXIII, 1906, pp. 261/309.)

— * Beiträge zur Volkskunde Süd-Schantungs. Von P. Georg M. Stenz, S. V. D. Herausgegeben und eingeleitet von A. Conrady. R. Voigtländers Verlag, Leipzig, 1907, in-8, pp. IV-1116, pl.

Notices: *Journal Roy. As. Soc.*, April 1911, pp. 551/553. By J. Dyer Ball. — *Anthropos*, IV/2, Mars-Avril 1907, pp. 545/546, par le P. Wg. M. Ibler.

— La Société de Géographie du Chang tong [sic]. (*Revue indo-chinoise*, 31 août 1908, p. 275).

D'après l'*Echo de Tientsin.*

— A. A. Fauvel. Nécrologie par H. C[ordier] (*T'oung Pao*, Décembre 1909, pp. 700/704). — Par E. Peyralbe. (*Soc. Géog. comm., Bull.*, Janv. 1910, p. 70). — (*Bul. Ass. amicale franco-chinoise*, II, janv. 1910, pp. 70/73).

— Lion and Dragon in Northern China by R. F. Johnston . . . District Officer and Magistrate, Weihaiwei. With Map and Illustrations. London, John Murray, 1910, in-8, pp. XIV-461.

Notices: *Lond. & China Express*, 18 nov. 1910. — *Imp. & Asiat. Quart. Rev.*, Jan. 1911, pp. 198/202, par Arthur G. Leonard. — *T'oung Pao*, Déc. 1910, pp. 691/693, par H. C[ordier]. — *Geog. Journ.*, March 1911, pp. 306/307. — *Journ. R. As. Soc.*, April 1911, pp. 531/535, par J. Dyer Ball. — *Journ. N. C. B. R. As. Soc.*, 1911, pp. 235/237. — *United Empire*, II, March 1911, pp. 198/199, by E. C.

— Promenades archéologiques en Chine à travers le Chantoung antique. (*Asie française*, Août 1911, pp. 364/366.)

— * Wilhelm Schüler. — Abriß der neueren Geschichte Chinas unter besonderer Berücksichtigung der Provinz Schantung. Gekrönte Preisschrift, herausgegeben von der Abteilung Tsingtau der Deutschen Kolonialgesellschaft. Karl Curtius, Berlin, in-8, pp. VIII-380.

— Shantung. The Sacred Province of China in some of its aspects being a collection of articles relating to Shantung, including brief histories with statistics, etc, of the Catholic and Protestant Missions and life-sketches of Protestant Martyrs, Pioneers, and Veterans connected with the Province Compiled and edited by Robert Coventry Forsyth English Baptist Mission Shantung, China — Shanghai, Christian Literature Society, 1912, gr. in-8, pp. VIII/427, ill.

Introduction by Rev. Arthur H. Smith.

(CHAN TOUNG.)

Notice: Journ. N. C. B. R. As. Soc., XLIII, 1912, pp. 112/113, par G. G. W.

— Catering to the Tourist in China. (*Bull. Geog. Soc. Philadelphia*, Vol. XI, No. 3, July, 1913, pp. 67/68.)

— Chinesische Volksgebräuche beim *T'chi jü*, Regenbitten. Von P. A. Volpert, S. V. D., Missionär, Schantung. (*Anthropos*, XII—XIII, 1, 2, Jänner—April, 1917—1918, pp. 144/151.)

— Volksgebräuche bei der Neujahrsfeier in Ost-Schantung (China). Von P. Ant. Volpert. — Bikwo, Ost-Schantung. (*Anthropos*, XII—XIII, 5, 6, Sept.—Dez., 1917—1918, pp. 1118/1119.)

T'AI CHAN.

— Height of T'ai Shan. By Sylvanus P. Thomson. — Voir col. 3051.

— Der T'ai-schan und seine Kultstätten. Von P. A. Tschepe, S. J., Jentschoufu, 1906, in-8, pp. 124. Mit 35 Illustr. — Voir col. 3050.

Notice: Journ. N. C. B. R. A. Soc., XL, 1909, pp. 119/122, by C. M.

— Le T'ai Chan Essai de monographie d'un culte chinois. — Appendice. — Le Dieu du Sol dans la Chine antique par Edouard Chavannes. Paris, Ernest Leroux, 1910, in-8, pp. 591, plan, fig.

Forme T. XXI de la *Bibliothèque d'Études des Annales du Musée Guimet*.

Notices: *Mitt. d. Sem. f. Orient. Sprachen*, Jhrg. XIII, 1910, pp. 354/358, par O. Franke. — *Bul. Ecole franç. Ext. Orient*, X, Juillet-Sept. 1910, pp. 627/629, par H. Maspero. — *Journ. R. As. Soc.*, Oct. 1910, pp. 1377/1381, par J. Dyer Ball. — *Imp. & Asiat. Quart. Rev.*, Jan. 1911, pp. 184/186, par E. H. Parker. — *Rev. de l'Hist. des Religions*, LXIII, Janv.-Fév., 1911, pp. 73/78, par C. Blanchet — *Journ. N. C. Br. R. As. Soc.*, XLIII, 1912, pp. 102/104.

— Le T'ai chan par Prof. Ed. Chavannes par A. C. Moule, et note de M. Chavannes. (*T'oung Pao*, Juillet 1911, pp. 425/429.)

— T'ai shan. By Rev. A. C. Moule. (*Journ. N. C. B. R. A. S.*, Vol. XLIII, 1912, pp. 3/31, planches.)

— Shrines of History. Peak of the East. — T'ai Shan! — F. Ayscough. (*Journ. N. C. B. R. A. S.*, vol. XLVIII, 1917, pp. 57/70, planche.)

TCHE-FOU 芝罘 (Yen-t'ai 煙臺)

— Le Port de Tchè-Fou. (*A travers le Monde*, VI, 1900, p. 388.)

— Le port de Tchefou. (*Bull. Com. Asie franç.*, Juillet 1910, p. 329.)

— La décadence de Tchefou. (*Asie française*, Octobre 1911, p. 470.)

— J. W. H. Ferguson. — Hollandsche waterbouwkunde in China [Haven van Chefoo]. (*Econ. Stat. Ber.*, 4de Jg., bl. 1057, 1919.)

WEI-HAI-WEI 衞海威

— Le Présent et l'Avenir de Wei-hai-wei. Par C. Labadie-Lagrave. (*A travers le Monde*, X, 1904, pp. 333/334, carte.)

— Wei-hai-wei. (*Revue indo-chinoise*, 15 Oct. 1905, pp. 1427/1428.

Ext. de *Rangoon-Gazette*, du 28 Août 1905.

— Ouei-hai-ouei. (*Bull. Com. Asie franç.*, Déc. 1909, pp. 536/537.)

— * Weihaiwei. Report on the Census, 1911. (Colonial Reports. — Miscellaneous, No. 78, 1911.) London, 1911, pp. 22.

KIAO TCHEOU 膠州

— La Baie de Kiao-tchéou et son Hinterland. (*A travers le Monde* IV, 1898, pp. 30/31.)

D'après le Dr. Friedrich Hirth; analyse d'une conférence faite à la Section de Munich de la Société Coloniale allemande. — Voir col. 290.

— Kiao-Tcheou. (*A travers le Monde*, IV, 1898, p. 88.)

De la *Deutsche Kolonialzeitung* et *Petermann's Mitteilungen*.

— Kiao-Tchéou. La nouvelle colonie allemande en Chine. Son développement. — Son avenir. Par A. Drahc. (*A travers le Monde*, VI, 1900, pp. 361/364; cartes et ill.)

— Les Montagnes du territoire allemand de Kiao-Tchéou. (*A travers le Monde*, VI, 1900, p. 384.)

Des *Mitt. d. deutschen und österr. Alpenvereins* (Vienne).

— Le territoire allemand de Kiao-tchéou. Développement de la Colonie. Par J. Franconie. (*Bull. Soc. Géog. comm. du Havre*, 1902/1903, pp. 54/59.)

Traduction de deux articles parus dans la *Deutsche Kolonialzeitung* (Février 1902) sous le nom du capitaine Märker. — Voir col. 235.

— Chine. — Kiao-Tchéou. (*Bull. Soc. Géog. Dunkerque*, No. 29, Sept. 1905, pp. 306/307.)

— Statistisches von Kiautschou. (*Deutsche Rundschau f. Geog. u. Stat.*, XXVIII, 1905/1906, pp. 419/420.)

— Les Allemands au Chan-tong Opinions Chinoises à ce sujet. Par C. D. (*Revue indo-chinoise*, 30 Juin 1906, pp. 983/984.)

Traduit du «Nanfangpo» de Changhai.

— * Fr. Behme u. M. Krieger. — Führer durch Tsingtau und Umgebung. 3. Auflage, pp. 222, 120 Abb., 12 Karten und 1 Plan. Wolfenbüttel, Heckner 1906. — 4. Aufl., 1910.

Notice: *Geogr. Zeitsch. Leipzig*, XII, 1906, pp. 649/650. Par W. C. Korthals.

— Les Allemands à Kiao-tcheou. (*Bull. Com. Asie franç.*, février 1908, p. 76).

— * Kiautschou: das deutsche Schutzgebiet in Ostasien. Von Hans Weicker. Berlin: A. Schall, 1908, pp. 240. Plan et illustrations.

— Kiautschou und sein Aufschwung. (*Deutsche Rundschau f. Geog. u. Stat.*, XXXI, 1908/1909, p. 84.)

— Ein Observatorium in Tsingtau. (*Deutsche Rundschau f. Geog. u. Stat.*, XXXI, 1908/1909, p. 186.)

175.000 marks donnés par l'empereur pour sa construction; Dr. Meyermann nommé directeur.

— Observatorium in Tsingtau. (*Deutsche Rundschau f. Geog. u. Stat.*, XXXII, 1909/1910, p. 521.)

Pose de la première pierre le 11 Juin 1910.

— Zahl der Deutschen in Schantung. (*Deutsche Rundschau f. Geog. u. Stat.*, XXXI, 1908/1909, p. 469.)

— Deutschlands Handelsbeziehungen zu seinen Kolonien im Jahre 1908. (*Deutsche Rundschau f. Geog. u. Stat.*, XXXI, 1908/1909, p. 515.)

— Les Allemands au Chan-tong. (*Revue indo-chinoise*, Janvier 1909, pp. 74/75).

— * Telegraphische Bestimmung der Länge von Tsingtau, im Reichs-Marine-Amt bearbeitet. Plan et Illustrations. (*Ann. Hydrographie*, 37 (1909), pp. 1/7.)

— La Colonie allemande de Kiao-tcheou. Par *** (Traduction). (*Revue indo-chinoise*, Avril 1910, pp. 315/324).

— * Deutsche Kulturaufgaben in China. Beiträge zur Erkenntnis nationaler Verantwortlichkeit. Herausgegeben von Paul Rohrbach. Berlin-Schöneberg 1910. Buchverlag der « Hilfe ».

Notice: *Deutsche Rundschau f. Geog. u. Stat.*, XXXIII, 1910/1911, p. 144.

— Les principaux produits de l'exportation de Ts'ing-tao. (*Revue indo-chinoise*, Avril 1910, pp. 345/346).

— * Das Kiautschougebiet. Von Georg Wegener. (Sonderabdruck aus « Das Deutsche Kolonialreich », zweiter Band.) Leipzig und Wien, 1910, pp. 499/542. Plans, Cartes, Ill., etc.

— Le territoire de Kiao-tchéou. Par Raymond Perraud. (*Asie franç.*, Déc. 1910, pp. 505/507.)

— Tsingtau. Von Professor Dr. Albrecht Penck. (*Meereskunde*, V^{ter} Jhrg., 12 Heft, pp. 36.)

Meereskunde. . . Herausgegeben vom Institut für Meereskunde zu Berlin. . . V. Jhrg. Berlin 1911, Siegfried Mittler, in-8.

— Entwicklung, Methoden und Probleme der Geographie der deutschen Kolonien. Von Carl Uhlig. (*Geogr. Zeitsch. Leipzig*, XVII, 1911. pp. 361/378.)

Discours prononcé le 12 Janvier 1911 à Tübingen.

— Les défenses allemandes de Tsing-tao. (*Asie française*, Juin 1912, p. 252.)

— Die Entwicklung des Kiautschougebietes. (*Deutsche Rundschau f. Geogr. u. Stat.*, XXXV, 1912/1913, p. 91.)

— * Eine Reise durch die deutschen Kolonien. VI. Band. Kiautschau. Mit 2 Karten und 111 Abbildungen. Berlin, Verlag « Kolonie und Heimat », 1912, in-8, pp. 72.

Notice: *Deutsche Rundschau f. Geog. u. Stat.*, XXXV, 1912/1913, p. 143.

Le vol. est de Rudolf Wagner.

— * Die Stadtanlage von Tsingtau. Von Bökemann. Carte, Plan, et Illustrations. (*Kol. Monatsblätter*, 15, 1913, pp. 465/487.)

— * E. Ohlmer. — Tsingtau, sein Handel und sein Zollsystem. Hamburg, Friedrichsen, 1914, pp. 44.

— Le commerce de Kiao-tchéou en 1912. (*Asie française*, Janvier 1914, pp. 39/40.)

— Les Allemands à Kiao-tcheou. Par D. Mus. (*Rev. indochinoise*, Août 1914, pp. 141/146.)

(Kiao tcheou.)

— Trade of German China. (*Bull. Geog. Soc. Philadelphia*, Oct. 1914, p. 49.)

— L'industria a Tsingtau. (*Boll. R. Soc. Geogr. Roma*, 1° Ottobre 1914, pp. 1112/1113.)

De la «Deutsche Kolonialzeitung» Berlin, no. 32, 1914.

— * W. Schrameier. Aus Kiautschous Verwaltung: die Land-, Steuer- und Zollpolitik, 1914, in-8, pp. VII-255.

— * W. Schrameier. — Kiautschou, seine Entwicklung und Bedeutung. (Schr. D.-Chines. Verb., Nr. 1). Berlin, Karl Curtius, in-8, pp. 96, 18 ill. et 1 carte.

— * H. Schmitthenner. — Kiautschou. (*G. Z.*, XX, 1914, XII, 657/670, grav.)

— Tsing-Tau. (*Journ. Central Asian Soc.*, II, 1915, Pt. I, p. 52.)

— Tsing-tao et la ruine de la culture allemande en Extrême-Orient, par M. Daniel Bellet. (*Revue des Deux Mondes*, 1er mars 1915, pp. 121/149.)

— * P. D. Fischer. — Ferdinand von Richthofen und die Schantung-Gesellschaften. (*China-Archiv*, I, 3, März 1916.)

— With H. M. S. *Triumph* at Tsingtau. By Arthur B.-W. (*Blackwood's Mag.*, Vol. 199, April 1916, pp. 577/594.)

— Le développement de Kiao-tchéou. Sous le régime japonais. (*Asie française*, Oct.—Déc., 1917, p. 195.)

— * Th. Loesener. — Die Pflanzenwelt des Kiautschau-Gebietes. Dresden, o. J., pp. 206, 10 pl., in-8. Voir col. 3083.

— La valeur de Tsin-Tao. (*La Géographie*, XXXIII, Janvier 1920, pp. 53/54.)

Board of Trade Journal.

— * Der Kampf um Tsingtau. Von Konteradmiral Waldemar Vollerthun. Leipzig, Hirzel.

Notice: *The Times Literary Supplement*, Jan. 13, 1921.

— * E. Michelsen. — Ein Rückblick auf Tsingtaus Entwicklung.

— * Fritz Wertheimer. — Deutsche Leistungen und deutsche Ausgaben in China.

— * Könecker. — Fünfzehn Jahre Kiautschou.

— Telegrams received by the Chinese Delegation in support of their stand on the Shantung Question, in-8, pp. 37

Imprimerie de Vangirard [1919].

— Voir Questions contemporaines.

(Kiao tcheou.)

3° *CHAN SI* 山西

Col. 3051.

— *Y-Tah,* Noktila.

Compte rendu par Д. М. Позднѣевъ dans *Журналъ Министр. Народ. просвѣщ.*, mars 1894, pp. 171/183; analyse par Immanuel dans *Petermann's Mitt.*, 1894, Literaturberichte, pp. 103/104.

— A. H. S. Landor. — Journey to the Sacred Mountain of Siao-outai-shan in China. (*Fortnightly Rev.*, LXII, 393; réimp. *Eclectic Mag.*, CXXIII, 596 et *Littell's Living Age,* CCIII, 143.)

— Scenes from the inner life of China ; Feasting with a provincial Governor. (*Manchester Geog. Soc.*, 1903, pp. 167/169). By R. W. Swallow.

— A Journey to Wu-Tai Shan, one of the Meccas of Buddhism. By Prof. R. W. Swallow. (*Manchester Geog. Soc.*, 1903, pp. 173/182.)

— A Glimpse at Western China : The Province of Shansi. By R. W. Swallow. (*Journ. Manchester Geog. Soc.*, 1907, pp. 49/59.)

— Dmitri Pokotilov. Nécrologie par H. C[ordier]. (*T'oung Pao*, Mai 1908, p. 266). † à Peking, 7 Mars 1908.

— Zur kulturhistorischen Stellung der chinesischen Provinz Shansi. Beobachtungen auf einer Reise von *T'ai-yüan* nach *Hsian* im Februar 1909. Von Prof. Dr. Berthold Laufer, Ch'eng-tu fu, Szechuan (19. April 1909). (*Anthropos*, V, fasc. 1, Jan.-Feb. 1910, pp. 181/203.)

— Eine Durchwanderung der Wutaischan-Ketten. Von Dr. W. Limpricht in Schanghai. (*Mitt. des Sem. für Oriental. Sprachen,* Jahrgang XVI, *Ost-Asiat. Studien,* Berlin, 1913, pp. 141/176; fig.)

— Wu-t'ai-shan and the Dalai Lama by Christopher Irving. (*New China Review,* May 1919, pp. 151/163.)

— Le Monastère de la Montagne « Ou-taî » en révolution. Extrait par l'Editeur des « Siao-siao Chouo » (小小說) du livre intitulé « Liang-shan-Po ». (*Bul. Soc. Etudes Indochinoises de Saigon,* No. 70, 1er et 2e sem. 1919, pp. 21/37, 2 pl.

Traduit du Chinois par Maurice Verdeille.

— Voir *Research in China,* col. 3263

4° *HO NAN* 河南

— Pe Giovanni Bonardi. — Agricoltura e prodotti agricoli della Provincia del Honan (Cina). (*L'Esplorazione commerciale,* Milano, 18 Marzo 1912, pp. 90/96.)

— * Fried. Perzynski. — Reise durch Ho-nan. (*Die Neue Rundschau,* Aug. 1913.)

— * Lung Men. The Door of the Dragon. Two volumes of photographs presented to the library N. C. B. R. A. S. by Mr. Charles Freer, of Detroit, at whose instance they were taken.

Notice: *Journ. N. C. B. R. A. S.*, XLIII, 1912, p. 111. By F. W. A. Voir ARCHÉOLOGIE et ART.

— Vues du Honan. Publiées par le Chemin de Fer de Lung-hai. Premier volume. January, 1920.

Notices: *New China Review,* II, October 1920, pp. 507/508. — *Journ. N. C. B. R. As. Soc.*, LI, 1920, p. 198.

5° *KIANG SOU* 江蘇

— Das chinesische Holland in Mittelchina. Eine geographisch-geschichtliche Studie. Von P. Albert Tschepe. (*Mitt. des Sem. f. orient. Sprachen,* Jahrg. XII, *Ostasiat. Studien,* Berlin 1909, pp. 157/198.)

Hia ho 下河 « rechts vom Kaiserkanal zwischen Jang tcheou 楊州 und Hoai-ngan 淮安

— * P. Henry Dugout, S. J. Mission du Kiang-nan. Province du Kiang-sou. Carte du Siu Tcheou Fou occidental, 1913/1914, 1 : 200.000.

Kiang ning 江寧 ou 南京 Nan king :

— L'exposition de Nankin. (*Asie française,* Août 1910, p. 364).

— Les Tombeaux des « Ming ». Par le Dr P. Richard. (*A travers le Monde*, XIX, 1913, pp. 401/404 ; ill.)

Sou-tcheou 蘇州

— * Rev. H. C. Du Bose. — « Beautiful Soo ». A Handbook to Soochow, the Capital of Kiang Su. Second revised edition. Illustrated and plan. 1911, in-8.

Voir Col. 212.

Chang hai (ville chinoise). 上海

— Shanghaï. Par Liou-Sy-Tchang, Secrétaire à la Légation Impériale de Chine à Bruxelles. (*Chine et Belgique,* 1ère année, 3e livr., Juin 1905, pp. 75/82.)

— Scianghai. (*Bol. Soc. Geog. Ital.*, Vol. XLIV, 1906, pp. 778/787.)

D'après le rapport du *Vettor Pisani.*

— Une exécution capitale à Changhai. (*Revue indo-chinoise,* 30 Juin 1907, pp. 888/890).

Extrait de l'*Echo de Chine.*

— Plan showing Work in Vicinity of Gough Island.

Shanghai Trade Report, 1908.

— Historic Shanghai by C. A. Montalto de Jesus. — Shanghai, The Shanghai Mercury, 1909, in-8, pp. XXVIII-257 + 3 ff. n. ch. index, ill. et plan.

Notices: *Journ. N. C. B. R. As. Soc.*, XL, 1909, pp. 123/124, by G. L. — *T'oung Pao*, Mars 1910, pp. 142/143, par H. C[ordier].

— Le port de Changhai. Par Fauvel. (*Bull. Soc. Géog. comm. Paris,* Sept. 1910, pp. 569/593; Oct. 1910, pp. 625/647.)

— * Carte de Shanghai.

Notice: *Revue indo-chinoise*, Juill.-Août 1912, p. 155. — De l'*Echo de Chine.*

— Some notes on the History and Folklore of old Shanghai. By Rev. A. P. Parker, D. D. (*Journ. N. C. B. R. As. Soc.*, vol. XLVII, 1916, pp. 85/102.)

— Shanghai — A Handbook for Travellers and Residents to the chief objects of interest in and around the Foreign Settlements and Native City By Rev. C. E. Darwent, M. A. Minister of Union Church, Shanghai. With Map and 64 Illustrations. Kelly and Walsh, Shanghai, in-8, 3 ff. n. ch. + pp. XX-222.

Printed by Hazell, Watson & Viney, London.
Notice: *New China Review*, II, Oct. 1920, pp. 508/511.

— The History of Shanghai by G. Lanning — S. Couling. Part I. Printed and Published for the Shanghai Municipal Council by Kelly & Walsh, limited, 1921, in-8, pp. II + 1 f. n. ch. + pp. 504. + 1 f. n. ch.

Notices: *T'oung Pao*, 1920/1921, pp. 364/366, par Henri Cordier. — *New China Review*, III, April 1921, pp. 150/155. — *Journ. N. C. B. R. As. Soc.*, LII, 1921, pp. 214/219, by M. — *Lond. & China Express*, June 30, 1921, p. 331.

Tsoung Ming 崇明

— Observations d'une eclipse de Lune dans l'Isle de Çummin. (*Observations* . . . du P. Coüye, *Mém. de l'Acad. des Sciences*, VII, 1729, p. 791).

— De la latitude et de la longitude de l'Isle de Çummin. (*Ibid.*, pp 792/793.)

— Plan showing two surveys (1908 and 1842) of the channel to the northward of Tsungming Island.

Shanghai Trade Report, 1908.

6° *NGAN HOUEI* 安徽

— Rapport du gouverneur du Ngan-houei au sujet des troubles de Ngan-K'ing. (*Revue indo-chinoise*, Janvier 1909, p. 74).

— La famine du Ngan-hoei. (*Asie française*, Juillet 1911, pp. 333/334.)

7° *KIANG SI* 江西

— Le Lac Poyang (Chine). D'après la *Rangoon Gazette*. Par V. Fournier. (*Revue indo-chinoise*, 30 Avril 1906, pp. 633/634.)

— A travers le Kiang-Si (Chine) — de Yao-Tchow à Kien-Tchang. (*Miss. Cath.*, 1916, pp. 118/119, 130/131.)

L. de Mgr. Clerc-Renaud, vic. ap. du Kiang Si oriental.

— Kiangsi Native Trade and its Taxation. — Stanley Wright (Chinese Customs Service). Shanghai, 1920, in-8, pp. II + 1 p. n. ch. + pp. 203-LXXIV-XIII, fig.

Notices: *New China Review*, II, Oct. 1920, pp. 506/507. — *Journ. N. C. B. R. As. Soc.*, LI, 1920, p. 203, par M.

— King Te tchen, voir Porcelaine.

8° *TCHE KIANG* 浙江

— La Baie de San-Moun (*A travers le Monde*, V, 1899, pp. 197/198, carte)

— La Province du Tché-Kiang. (*A travers le Monde*, VI, 1900, pp. 45/46, carte.)

Extrait de l'étude du Dr. Mario Carli. — Voir col. 251.

— Le Tche-Kiang. Par Gaston Richard. (*Bull. Soc. Géog. comm le Havre*, 1900/1901, pp. 39/45.)

A propos du livre de Mario Carli.

— Northeastern Chehkiang, China: Notes on Human Adaptation to environment by Thomas Goodchild Church Missionary Society, Hangchow. (*Bul. American Geog. Soc.*, XLIII, 1911, pp. 801/826.)

— Im Garten von China. Von Dr. W. Limpricht in Schanghai. (*Mitt. des Seminars für Orient. Sprachen*, Jahrg. XVI, *Ostasiat. Studien*, Berlin, 1913, pp. 114/140, fig.)

— * Alluvial Chekiang. By C. Pape, Weihsien, 1913, pp. 20. Sketch-maps and Illustrations.

Hang-tcheou 杭州

— Au Pays de la Soie. (*A travers le Monde*, XII, 1906, p. 88.)

De *The Sunday Record Herald*, de Chicago.

— Hangchow The « City of Heaven » with a Brief Historical Sketch of Soochow By Frederick D. Cloud Vice-Consul, U. S. A., s. d., [1906], in-8, pp. IX-110, ill.

Presbyterian Mission Press, Shanghai. — Voir col. 3055.

— Notes on Hangchow Past and Present by G. E. Moule, D. D. Second Edition 1907, in-8, pp. II + 1 f. n. ch. + pp. 64, 3 cartes ou plans.

Notice par Henri Cordier, *T'oung Pao*, Juillet 1908, pp. 482/483. — Voir col. 252.

— A l'ombre des Cyprès. — Un cimetière de mission en Chine. (*Miss. Cath.*, 29 Oct. 1915, pp. 520/522; ill.)

Tombeaux au cimetière de Kang-po (près de Ning po) du Général Le Brethon et du capitaine d'artillerie Tardif de Moidrey; et de plusieurs officiers français.

Par un lazariste du Tche Kiang.

— A travers le Tche Kiang (Chine). — De Ning-po à Chao-shing. *Miss Cath.*, 1116, pp. 298/300).

Lettre du P. J. B. Lepers, Lazariste.

— * R. F. Fitch. — Hangchow Itineraries, with 6 Maps and 6 Illustrations.

— «The Wonder of the Capital» Roughly translated by A. C. Moule. (*New China Review*, III, February 1921, pp. 12/17. Oct. 1921, pp. 356/367.)

NING PO 甯波

— De la latitude et de la longitude de Nimpo. (*Observations*... du P. Goüye, *Mém. de l'Acad. des Sciences*, VII, 1729, p. 788).

— Epidémie d'influenza à Ning-po. (*Miss. Cath.*, 24 Janv. 1919. p. 40.)

ILES CHOUSAN (*Tcheou chan* 舟山) [*Ting-Haï* 定海]

Iles Chousan, P'OU-TOU 普陀山

— L'île du Démon et l'île du Bon Dieu, in-8, pp. 30, carte [1896].

— Krieger. — Putu, Chinas heilige Insel. (*Kol. Rdsch.*, Berlin, 1909, pp. 762/770.)

— Le monastère de la *Kouan-yin qui ne veut pas s'en aller*. Par N. Peri et H. Maspero. (*Bull. Ecole franç. Ext. Orient*, IX, Oct.-Déc. 1909, pp. 797/807.)

— Le Monastère de Kouan-yin qui ne veut pas s'en aller. Par N. Peri et H. Maspero, Pensionnaires de l'Ecole française d'Extrême-Orient. Hanoi, Imprimerie d'Extrême-Orient, 1909, gr. in-8, pp. 11.

Ext. du *Bulletin de l'École française d'Extrême-Orient* (Tome IX, N° 4, Oct.-Déc. 1909.)

— 普陀山 P'u t'o shan. Die Heilige Insel der 觀音 Kuan Yin, der Göttin der Barmherzigkeit. Mit 208 Bildern und 33 Tafeln. Berlin 1911, Georg Reimer, in-4, pp. XVII-203.

Die Baukunst und religiöse Kultur der Chinesen ... von Ernst BOERSCHMANN. Band I.

Notices: *T'oung Pao*, Déc. 1911, pp. 755/757, par Ed. Chavannes. — *Mitt. des Seminars f. orient. Sprachen*, XV, *Ostasiatische Studien*, 1912, pp. 206/208. — *Journ. N. C. B. R. As. Soc.*, XLIV, 1913, pp. 151/154, par R. F J.

— Dans l'Archipel des Chu-San : Pu-Tu, l'île des Pagodes ou la Terre de Bouddha. Par François Mizande. (*A travers le Monde*, XVIII, 1912, pp. 265/268; 273/276; carte et illustrations.)

— Putoshan. A Draught at the well-springs of Chinese buddhist Art. — By Arthur Stanley, Curator of the Shanghai Museum. (*Journ. N. C. B. R. As. Soc.*, vol. XLVI, 1915, pp. 1/18, pl.)

9° *FOU KIEN* 福建

— Foochow et la rivière Min. (*Bull. Soc. Géogr.*, Rochefort, t. VI, 1884/1885, pp. 249/270.)

— Xán-fu, ó las tres prefecturas del N. O. de Fu-Kien, Situación física y astronómica : limites : extensión : población, por el Fr. Gregorio Valencia. (*El Correo Sino-Annamita*, XXXIII, 1905, pp. 186/239, carte.)

— * Eine Reise in der chinesischen Provinz Fu-Kien. Von E. Behaghel. Carte et Illustrations. (*Globus*, 94 (1908), pp. 245/252, 265/269, 277/283.)

— * Rev. P. W. Pitcher. — In and About Amoy. Illustrated. 1909, in-8.

— Construcción de los edificios en las prefecturas de Čoăn-čiu y Čiaň-čiu, Fû-Kien sur, China. Por el P. Fr. Gregorio Arnáiz, O. P. (*Anthropos*, V, Hft. 5 et 6, Sept.-Déc. 1910, pp. 907/933; fig.)

Voir col. 3056.

— Lettre de Chine. — Une province isolée. Hongkong, janvier. Par Jean Rodes. (*Asie française*, février 1911, pp. 68/70).

T'AI WAN (*Formose*).

1° *Ouvrages divers.*

— Les îles Saghalien, Yeso et Formose. — Notes sur l'île de Saghalien. Traduit de l'anglais par A. Serpette et A. Duchet, Lieutenants de vaisseau. (*Rev. mar. et colon.*, XLIII, Oct. 1874, pp. 56/73.)

Extraits de l'étude du colonel Veniukof, publiée dans le *Voyenni Sbornik*, reproduite dans le *Journ. Roy. Geog. Soc.*, 1872.

— Les îles Saghalien, Yeso et Formose. — Les côtes Est, Nord-Est et Ouest de Yéso. Traduit par A. Duchet, Lieutenant de vaisseau. (*Revue mar. et coloniale*, XLIII, Oct. 1874, pp. 73/84.)

Renseignements donnés par M. le Commandant H.-C. Saint-John au *Journ. Roy. Geog. Soc.* (1872) de la navigation accomplie par lui en 1871 à bord de la *Sylvia*.

— Les îles Saghalien, Yéso et Formose. — Remarques sur Formose et sur ses produits. Traduit par G. Baudens, Lieutenant de vaisseau. (*Revue mar. et colon.*, XLIII, Oct. 1874, pp. 84/97.)

Extr. du rapport de M. Legendre, consul des Etats-Unis à Amoy, fait en 1871 — et de Notes of a Journey in Southern Formosa, publiées par M. J. Thomson dans le *Journ. Roy. Geog. Soc.*, 1873.

— Jean Dargène — Le feu à Formose Roman chinois — Paris Librairie de la Nouvelle Revue ... — 1889, in-12, pp. 326.

* Formosa. Apuntes para un estudio por Don Juan Mengarini, Ex-Secretario de la Real Sociedad Geográfica de China, Oficial de Administración de las Aduanas Imperiales Maritimas de China. Manila. Imp. de la Revista Mercantil de José de Loyzaga, 5 S. Jacinto y S. Vicente 24, 1895, in-8, pp. 109, carte.

Publié par le périodique de Manille *El Comercio*. — Retana, 3689. — Voir col. 266.

— L'île de Formose : son passé et son avenir. D'après un article du Rév. W. Campbell. [*The Scottish Geog. Magazin*, Août 1896]. (*A travers le Monde*, II, 1896, p. 360.) — Voir col. 266.

— American Ascent of Mount Morrison, Formosa. (*Geogr. Journal*, Dec. 1909, pp. 679/680). — Voir col. 267.

— The Ascent of Mt. Morrison (Niitaka Yama). — By Julean H. Arnold. (*Journ. N. C. B. R. As. Soc.*, XL, 1909, pp. 44/68, fig., 2 cartes.)

— The tea trade of Formosa. (*Board of Trade Journal*, London, vol. XXIV, no. 139, February 1898, pp. 181/183.)

D'après l'agent consulaire américain à Tamsui, J. W. Davidson.

— The Island of Formosa . . . By James W. Davidson. 1903. — Voir col. 261.

Notices: *T'oung Pao*, Série II, Vol. IV, No 4, Oct. 1903, pp. 353/355. Par H. C[ordier]. — *National Geog. Mag.*, Washington, XIV, 1903, pp. 468/471, ill.

Der Aufschwung Formosas. (*Deutsche Rundschau f. Geog. u. Stat.*, — XXVIII, 1905/1906, p. 566.)

— A Formose. Par V. F. (*Revue indo-chinoise*, 15 Déc. 1906, pp. 1892/1893.)

D'après le « Taiyo ».

— Le budget de Formose. (*Revue indo-chinoise*, 15 février 1907, pp. 219/220.)

Echo de Chine.

— Japon. — L'île de Formose. (*Bull. Soc Géog. Dunkerque*, No 33, Mars 1907, pp. 40,42.)

— L'île de Formose. Une Colonie se suffisant à elle-même. Par V. F. (*Revue indo-chinoise*, 30 Juin 1907, pp. 887/888.)

D'après le *Japan Times*.

— Les iles Lequios (Formose et Riu-Kiu) et Ophir par J. Denucé « L'Imprimerie » Vanderauwera & Cie, Bruxelles 59, Rue de la Montagne, 59. — 1907, in-8, pp. 31.

Ext. du *Bulletin de la Société Royale Belge de Géographie*, 1907, No. 6.

— Troupes indigènes aux Philippines. Par R. K. (*Revue indo-chinoise*, 30 Juillet 1908, pp. 79/94; 15 août 1908, pp. 184/195.)

Note concernant la police militaire de Formose, pp. 191/195.

— Formosa Volkszählung (*Geogr. Zeitschr.*, Leipzig, XV, 1909, p. 171.)

— Le sucre à Formose. Par L. Perruchot (*La Géographie*, 15 Janvier 1909, pp. 69/70).

Consular Report, No. 4083.

— La récolte des sucres à Formose. (*Bull. écon. Indochine*. No. 122, Nov.-Déc. 1916, pp. 812/813.)

De l'*Echo de Chine*, Novembre 1916.

(FORMOSE.)

— L'île Formose Conférence de M Halot. (*Bull. Soc. normande Géog. Rouen*, XXXI, 1909, pp. 177/201.)

Séance du Samedi 20 mars 1909.

— L'île de Formose. Par Joseph Dautremer, Consul de France. (*Bull. Soc. Géog. comm. Paris*, Mars 1913, pp. 164/171.)

— L'île Formose. Par A. Allix. (*La Géographie*, 15 Août 1913, pp. 132/134.)

Cf. *Mitt. k. k. Geog. Ges. Wien*, 1912, pp. 600/639.

— Descripción geografica de la Isla de Formosa por Fr. José M. Alvarez, O. P. (*Bol. R. Soc. Geog.*, Madrid, LVII, 1915, pp. 208/234, 452/473; LVIII, p. 319. LX, 1918, pp. 34, 314/358 et 445, pp. 65 et 319. 1916, LXI, 1919, pp. 385/417, 481/503.)

—* F. A. C. Halkema. — Het « Schoone eiland » [= Formosa] in het verre Oosten. (*Koloniaal Tijdsch.*, 8ste Jg., blz. 978, e. v., 1919.)

— * Th. Moll. — Het artikel van den heer F. A. C. Halkema: Het schoone eiland in het oosten [Formosa]. (*Koloniaal Tijdsch.*, 9de Jg., blz. 670 en 483, 1920.)

— A short lived Republic (Formosa, May 24th to June 3rd, 1895). By Hosea B. Morse, LL. D. (*New China Review*. No. 1, March 1919, pp. 23/37.)

— Formosa. — By Old Cathay. (*Journ. N. C. B. R. As. Soc.*, L, 1919, pp. 158/161.)

— Formosa the Beautiful. By Alice Ballantine Kiryassoff. Illustrated with photographs by the official photographer of the Government of Taiwan and from the Chief of the Camphor Department. (*National Geographic Magazine*. XXXVII, 1920, pp. 247/292.)

2° *Histoire naturelle.*

— Icones Plantarum Formosanarum nec non et Contributiones ad Floram Formosanam or Icones of the Plants of Formosa, and Materials for a Flora of the Island, based on a Study of the Collections of the Botanical Survey of the Government of Formosa. By Bunzō Hayata, Rigakuhakushi. Volume V. Published by the Bureau of Production Industries Government of Formosa. Taihoku, in-4, pp. VI-358, 17 pl.

Publié, 15 November 1915.

— The Camphor of Formosa. [Foreign Office, Annual Series, No. 2,021] (*Board of Trade Journal*, London, vol. XXIV, no. 139, February 1898, p. 215.)

— Le risorse minerarie di Formosa. (*Boll. Reale Soc. Geogr.*, 1° aprile 1914, pp. 442/443.)

— Exploitations forestières à Formose. (*Bull. écon. Indochine*, No. 120, Juillet-Août 1916, pp. 547/548.)

Du *Japan Weekly Chronicle*, no. 757.

(FORMOSE.)

3° *Ethnographie.*

— C. Imbault-Huart. — Les Sauvages de Formose, in-8, pp. 32.

No. 47.— *Bibliothèque illustrée des Voyages autour du Monde par terre et par mer.* Directeur : C. Simond. [Plon, 1896.]

— Les Montagnards de l'Ile Formose. (*A travers le Monde*, V, 1899, p. 128.)

Des *Petermann's Mitt.*; voir col. 274.

— Zur Ethnologie der Inselkette zwischen Luzon und Formosa. Von Otto Scheerer in Tōkyō. (Mit 6 Tafeln.) (*Mitt. Deutsch. Ges. f. Nat. u. Völk. Ostasiens*, Tōkyō, 1906, Bd. XI, Teil 1, pp. 1/31.)

— Les Coupeurs de Têtes à Formose. Par G. Labadie-Lagrave. (*A travers le Monde*, XII, 1906, pp. 390/391.)

— Les derniers Anthropophages de Formose. Par M. Zaborowski. (*Bul. et Mém. Soc. Anth. Paris*, 1908, pp. 486/487.)

— * The Special Population Census of Formosa, 1905. Report of the Committee of the Formosa Special Census Investigation. Tōkyo, 1909, pp. vi-210. Sketch-maps and Diagrams.

— The Peoples of Formosa. By Julean H. Arnold American Consul to Formosa. With Four Plates. (*Smithson. Miscel. Col.*, Vol. 52, No. 1860, pp. 287/293.)

— La Conquête des parties insoumises de Formose. (*Asie française*, Sept. 1910, p. 408.)

— La Conquête des parties insoumises de Formose. (*A travers le Monde*, XVI, 1910, p. 398.)

— Über die Wildenstämme der Insel Formosa. Von Dr. jur. W. Müller (Yokohama). (*Zeitschft. f. Ethnologie*, 1910, Hft. II, pp. 228/241.)

— Die Wildenstämme auf Formosa. (*Deutsche Rundschau f. Geog. u. Stat.*, XXXV, 1912/1913, pp. 235/236.)

De la *Zeitsch. f. Ethn.*

— Etudes Anthropologiques. — Les Aborigènes de Formose (premier fascicule) par R. Torii. (*Journal of the College of Science, Tokyo*, XXVIII, Art. 6; publié le 23 Décembre 1910.)

Notice : *T'oung Pao*, Mars 1911, pp. in-4, pp. 17/103/104. Par Ed. Chavannes.

— Études Anthropologiques. Les Aborigènes de Formose (2e Fascicule) par R. Torii, avec 7 planches. (*Journal College Science Tokyo*, XXXII, Art. 4, Jan. 16th, 1912, pp. 75.)

— Die Eingeborenen Formosas. (*Deutsche Rundschau f. Geogr. u. Stat.*, XXXIII, 1910/1911, pp. 90/91.)

— Fr. J. M. Alvarez, O. P. — Formosa. — Los salvajes y la colonización japonesa. (*Bol. R. Soc. Geog. Madrid*, 1911, pp. 31/43, grav.)

— Rapport sur la surveillance des aborigènes dans l'île de Formose. Traduit par G. Giraud. (*Revue indochinoise*, Avril 1912, pp. 396/425 ; tableaux).

L'original est en anglais.

Compte rendu : *Rev. Troupes coloniales*, Juill.-Déc. 1912, pp. 104/109.

— Gli Ataiali di Formosa. (*Boll. Reale Soc. Geogr.*, 1° Febbraio 1916, pp. 133/136.)

— * Shinji Isji. — The Life of the Mountain People in Formosa. (*Folklore*, London, 1917, June.)

4° *Langue.*

— Over een Woordenboek der Formosaansche taal. (*Tijdschft. v. Neerl. Ind.*, I. Deel, 1840, pp. 632/647.)

— H. C. von der Gabelentz. — Über die formosanische Sprache und ihre Stellung in dem malaiischen Sprachstamm. (*Zeitschft. d. Deutschen Morgen. Ges.*, XIII, 1859, pp. 59/102.)

5° *Voyages*

— P. Cultru Chargé du Cours d'histoire coloniale à la Sorbonne. — Un Empereur de Madagascar au XVIIIe siècle Benyowszky. Paris, Augustin Challamel, 1906, in-8 carré, pp. 246, carte

Voir col. 3058.

— * Benjowsky, M. A. von. — Begebenheiten u. Reisen. Dtsch. von Ebeling mit e. Auszug aus Hippolitus Stefanows Tagebuch über s. Reise von Kamtschatka nach Makao. Neue verb. Aufl. Homburg 1797. 2 Bde. Cat. 348, Hiersemann, Leipzig, 1908.

— Isla Formosa. — Carta de D. Fernando de Silva, Gobernador de las islas Filipinas escrita al Rey con fecha 30 de Julio de 1626, dando cuenta de la jornada que por su mandado hizo Antonio Carreño de Valdes à la isla Formosa, y del puerto que descubrio y fortificó, tomando posesión en nombre de S. M. Por Cesáreo Fernández Duro. (*Bol. Soc. Geogr. Madrid*, XII, 1882, pp. 142/177.)

Carte.

— * Stöpel, Dr. K. Th. — Eine Reise in das Innere der Insel Formosa und die erste Besteigung des Niitakayama (Mount Morrison). Buenos Aires 1905. In-8, pp. 106, 1 carte.

Notice : *Mitt. k. k. Geog. Ges. Wien*, LI. Bd., 1908, pp. 140/141. Par L. Bouchal.

— A Formose. (*Revue indo-chinoise*, N° 93, 15 nov. 1908, p. 674).

D'ap. un récit de M. Walter Clifton, directeur de la Formosa Mercantile Co.

— Aus Formosa. Ergebnisse einer Studienreise im Jahre 1909. Von Dr. Amerigo Hofmann, k. k. Oberforstkommissär in Wien, gewesener Professor an der kaiserlichen Universität zu Tokio. Mit 8 Abbildungen auf 5 Tafeln. (*Mitt. k. k. geogr. Ges. Wien*, Bd. LV, 1912. pp. 600/638.)

— * Sketches from Formosa. By Rev. W. Campbell. London: Marshall Brothers [1915], pp. 394. Map and illustrations

6° *Les Etrangers à Formose.*

JAPONAIS.

— Les Japonais à Formose. Par G. Labadie-Lagrave. (*A travers le Monde*, VI, 1900, pp. 334/335, 342 343.)

— Die Entwicklung Formosas unter japanischer Herrschaft. (*Deutsche Rundschau f. Geog. u. Stat.*, XXV, 1902/1903, pp. 180/181.)

— Les Progrès de Formose sous la domination japonaise. (*A travers le Monde*, IX, 1903, p. 136).

Du *Scottish Geographical Magazine*, Edimbourg.

— J. H. de Reus, Consul der Nederlanden. Formosa onder Japansch bestuur. (*Tijdschift. v. het K. Nederl. Aardrijksk. Genoot.* Amsterdam, 2e Ser., XX, 1903, pp. 86/96.)

Comment les Japonais réprimèrent naguère une Insurrection chinoise à Formose. Par F. Heddo. (*A travers le Monde*, XI, 1905, pp. 54/55.)

— Formose, première colonie japonaise par M. Réginald Kann. (*Tour du Monde*, 1907, pp. 601/624.)

— La colonisation japonaise à Formose. Par A. Halot. (*Bull. Soc. Géog. comm. Le Havre*, 1909, pp. 146/177.)

Conférence faite à la Société le 19 Mars 1908.

— Shinji Ishii. — «The silent War in Formosa». (*Asiatic Quart. Review*, July 1913, pp. 77/93.)

— Japan på Formosa. (*Ymer*, 1920, pp. 237/238.)

10° *HOU PÉ* 湖北

— La triple ville d'Han-Kaou. (*A travers le Monde*, XI, 1905, pp. 329/331, ill.)

— *China.* — Report on the Physical, Commercial, Social and General Conditions of Ichang and Neighbourhood. Edited at the Foreign Office and the Board of Trade. — Presented . . . November 1908. — London, 1908 [Cd. 3728/7], Price Three pence, in-8, pp. 24, une carte.

No. 671. *Miscellaneous Series.* Diplomatic and Consular Reports. By Consul H. A. Little.

— Les progrès industriels de Hankow. (*Revue indochinoise*, Sept. 1909, pp. 928/931.)

— Der Hwai-jang Schan im Mittleren China als ein Ausläufer des Tsin-ling Schan. — [Von] Naomasa Yamasaki, Tokio. (*Atti del X Congresso internazionale di Geografia* Roma MCMXIII. Pubblicati dal Segretario Generale. Con illustrazioni e carte. Roma 1915, pp. 1299/1301.)

— Wu-Han : The Heart of China. By Percy M. Roxby, Lecturer in Geography in the University of Liverpool. (*Scottish Geog. Mag.*, 1916, pp. 266/279, cartes et ill.)

Wu-Han = Han K'eou, Han Yang et Wou Tch'ang.

— Old-World stories of Hanyang Re-told by W. Arthur Cornaby. (*New China Review*, II, December 1920, pp. 517/537.)

Lecture delivered at the U. C. Literary Guild, Hankow, October 8, 1920.

11° *HOU NAN* 湖南

— A Visit to Heng-shan (Hunan). (*N. C. Herald*, Jan. 9, 1869, pp. 88/90.)

— Capitaine F. Harfeld. — Itinéraires dans le Hou Nann nord occidental et dans le Kiangsi occidental. (*Bul. Soc. roy. Belge de Géographie*, 1907, pp. 289/348, carte.)

— Capitaine Harfeld. — Dans la «Province fermée» du Hounan. (Scènes des Cités et des campagnes.) Conférence du 17 avril 1907. (*Ctes-rendus Soc. roy. Belge de Géog.*, pp 76/91.)

— Itinéraires dans le Hou-Nan et le Kiang-Si, par M. le capitaine F. Harfeld. Par Frédéric Lemoine. (*La Géographie*, 15 avril 1908, pp. 332/334.)

— Contribution à la géographie du Hou Nann. — Par le commandant F. Harfeld (Bruxelles). (*Cte-rendu 9e Cong. Int. Géog.*, Genève 1908, III, pp. 181/205; fig. et carte.)

— Formation d'une société d'éclairage électrique (Tch'ang-cha). (*Bull. Ass. Amic. franco-chinoise*, Juillet 1909, p. 405.)

Houei-pao, 25 février [1909].

— Les troubles de Tchang-cha. (*Bull. Com. Asie franç.*, Avril 1910, pp. 190/192.)

— Les troubles du Hou nan. (*Bull. Com. Asie franç.*, Mai 1910, p. 254.)

— Erich Haenisch. — Reise zu dem Jao-Stamme in der Provinz Hunan, China. (*Zeitschf. f. Ethnologie*, XLIV, 1912, Heft II, pp. 404/405.)

— * A. C. Reed. — Changsha and the Chinese. (*The Sc. Monthly*, New-York, II, 1916, pp. 239/259 ill.)

— Vorläufige Übersicht über die Vegetationsstufen und -formationen von Kweitschou und Hunan. Von Dr. Heinrich Handel-Mazzetti. (*Ak. Wiss. Wien, Math. naturw. Kl. Sitzb.*, Abt. I, 128. Bd., 4 Heft, 1919, pp. 331/349.)

12° *KOUANG TOUNG* 廣東

— Publication de la Revue indo-chinoise. Notice sur le Kouang-Toung. Rédigée par l'Etat-major des troupes de l'Indo-Chine (Août 1900). — Hanoi, F. H. Schneider,

Imprimeur-Editeur, 1900, in-4, pp. 76 + 1 table + 5 cartes.

— Nouveau port à ouvrir dans le Kouang-tong (Canton). (*Bull. Assoc. Amic. franco-chinoise*, Juillet 1909, p. 406).

Houei pao, 7 avril 1909. [Chang-tang-wan, près Macao.]

— Pakhoi. Von Liang Lan-hsün. (Erschienen in Hongkong, Winter 1905.) Aus dem Chinesischen übersetzt und mit Erläuterungen versehen von Th. Metzelthin. (*Mitt. d. Sem. f. Orient. Sprachen, Ost-Asiat. Studien*, Jahrg. XIV, 1911, pp. 57/98.)

— Le territoire de Kou-louen. (*Revue indo-chinoise*, Mars 1911, pp. 301/302.)

— Notes on the height and weight of the Hoklo people of the Kwangtung Province, South China. By G. Duncan Whyte, M. B. Edin., D. T. M. & H. (Cantab.) Swatow, China. (*Journ. Roy. Anthrop. Institute*, XLI, 1911, pp. 278/300; fig.)

Voir Anthropologie.

— Caves in southern China. (*Geogr. Journal*, February 1912, pp. 156/157.)

By Dr. G. D. Thomson, of Canton.

— Höhlen in Südchina. Von —W—. (*Mitt. k. k. geogr. Ges. Wien*, Bd. LVI, 1913, pp. 65/66.)

Rapport du Dr G. D. Thomson.

— Les rivalités d'influence dans le Quang-Toung. Par H. G. (*Revue indo-chinoise*, Mars 1913, pp. 319/326.)

Résumé de l'article de M. R. Moll dans l'*Ostasiatische Lehrerzeitung*.

— Chine. La piraterie à Canton. (*Revue indo-chinoise*, Août 1913, pp. 237/238.)

— Les Races du Kouangtong et leur Evangélisation. (*Les Nouvelles religieuses*, 15 déc. 1919, pp. 745/748; 1920, 1er janvier, pp. 770/772; 1er juillet, pp. 314/316; 15 juillet, pp. 338/340; 1er août, pp. 361/363.)

— L'émigration des Races du Kouangtong à l'étranger par M. Fabre, des Missions étrangères de Paris, missionnaire du vicariat de Canton. (*Miss. Cath.*, 4 Juin 1920, p. 260.)

Du *Bull. cath. de Pékin*.

— L'émigration des races du Kouangtong à l'étranger. (*La Géographie*, Juillet-Août 1920, p. 138.)

— Une visite aux «Mei-fa». Traduction du «*Koang-tong-sin-liao*-Tchai» 廣東新聊齊. (*Bull. Soc. Etudes Indochinoises de Saigon*, No. 70, 1er et 2e sem. 1919, pp. 13/19.)

Traduit du chinois par Maurice Verdeille.

Canton, 廣州 *Kouang tcheou.*

— Rapport sur l'état sanitaire de Canton du 30 octobre 1900 au 1er octobre 1901, par M. le Dr Mas, Médecin-Major de 2e classe des Troupes coloniales, Médecin du Consulat de France. (*Ann. d'hyg. et de méd. colon.*, V, 1902, pp. 380/384.)

— Les huit sites de Canton. Traduit par P. Aucourt. (*Revue indo-chinoise*, 15 Juillet 1908, pp. 66/68.)

— Notes et documents Impressions de Canton. Par Gabriel Noll. (*Revue indochinoise*, Janvier 1914, pp. 99/118.)

Tiré du *Bull. de la Soc. des Etudes indo-chinoises*.

Swatow, 汕頭 *Chan-t'eou.*

— Le commerce du riz et du paddy à Swatow en 1911, 1912, et pendant le premier trimestre de 1913. Par Feer, vice-consul de France. (*Bull. écon. Indochine*, No 102, Mai-Juin 1913, pp. 450/453.)

Pak-hoi, 北海 *Pe-hai.*

— Rapport médical sur l'état sanitaire de la ville chinoise de Pakhoï (Août 1900 à Juillet 1901), par M. le Dr Rey, Médecin Aide-Major de 1ère classe des Troupes coloniales, Médecin du Consulat de France. (*Ann. d'hyg. et de méd. colon.*, V, 1902, pp. 384/391.)

— La décadence du port de Pakhoi. (*Revue indochinoise*, Janvier 1910, p. 92.)

Kouang-tcheou wan 廣州灣

— Mouvement de la navigation et du commerce extérieur de Kouang-tchéou-ouan en 1907. (*Bull. Com. Asie franç.*, Août 1908, pp. 336/337.)

— République Française Liberté-Egalité-Fraternité. Gouvernement Général de l'Indochine, Territoire de Kouang-tchéou-Wan Budget de l'Exercice 1912 (et suivants) (annexe du Budget Général). Saïgon. Imprimerie Nouvelle Albert Portail, in-4.

Hai nan 海南. 瓊州 *Kioung tcheou fou.*

— *Capt. J. Calder.* Notes on Haïnan and its aborigenes. (*China Review*, 1882, vol. XI.)

— Haïnan par H. Cons. (*Union géogr. Nord France, Douai*, V, 1884, pp. 113/117.)

Claudius Madrolle.

Voir col. 311.

— L'île d'Haï-nan. — Aperçu du voyage (1896). Par M C. Madrolle. (*Bull. Soc. Et. indo-chin. de Saigon*, 1897, 1er fascicule, pp. 110/119.)

Notes sur Haï-Nan. (*A travers le Monde*, IV, 1898, p. 23.)

D'après Claudius Madrolle.

— Mission Madrolle à Haï-Nan. Lettre de Lea-moui, 2 déc. 1907. (*La Géographie*, 15 avril 1908, p. 329; 15 fév. 1908, p. 158; 15 mai 1908, p. 410.)

— La mission Madrolle [dans l'île de Hainan]. (*Bull. Com. Asie franç.*, Décembre 1907, p. 490).

Lettre de Hoi-hao, 17 nov. 1907.

— La Mission Madrolle dans l'île de Hainan. (*Bull. Com. Asie franç.*, Mars 1908, pp. 96/97.)

Lettre de M. Beauvais, vice-consul de France à Hoï-hao.

— Haï-nan, par M. C. Madrolle. Par Frédéric Lemoine. (*La Géographie*, 15 février 1909, pp. 160/164.) Avec une carte.

— Conférence de M. Cl. Madrolle sur l'île de Hai-nan au Comité de l'Asie française le Vendredi 19 Mars 1909. (*Bull. Com. Asie franç.*, Mars 1909, pp. 94/101, carte.)

— Cl. Madrolle. — Hai-nan. Le Pays et ses Habitants. — Conférence du 19 février 1909 Texte extrait du « Bulletin du Comité de l'Asie Française ». — Comité de l'Asie française, Paris, s. d. [1909], in-8, pp. 26, carte.

— M. Madrolle's Researches in Hainan. (*Geog. Journal*, June 1909, pp. 718/719).

∴

— L'île de Haï-Nan. (*A travers le Monde*, V, 1899, p. 368.)

Au *Globe* (Genève), lecture de M. Carl Jeremiassen, missionnaire; voir col. 310.

— Notice sur l'île de Hai-nan. (*Rev. indo-chin.*, 1er sem. 1900, pp. 333/337, 387/388.)

— Notice sur l'ile de Hai nan, gr. in-8, pp. 20/V.

Hanoi, F. H. Schneider. — Extrait de la *Revue indo-chinoise*, No. 152, 154, 156.

— Notice sur l'île de Hainan. Par E. Brerault, Ingénieur civil des Mines. (*Revue indo-chinoise*, 15 Oct. 1905, pp. 1357/1377; *ibid.*, 30 Oct. 1905, pp. 1464/1480; carte.)

— Notes d'histoire sur l'île d'Hai-nan. Par Baulmont, Lieutenant de l'infanterie coloniale. (*Revue indo-chinoise,* 15 Octobre 1906, pp. 1517/1525; *ibid.*, 30 Octobre 1906, pp. 1626/1637, cartes; *ibid.*, 15 Nov. 1906, pp. 1697/1702.)

— Bericht über eine Reise in das Innere der Insel Hainan. Von M. Diehr. — Mit einer Kartenskizze. (*Mitt. des Sem. f. Orient. Sprachen,* Jahrg. XI, Erste Abt., Berlin 1908, pp. 189/209, carte.)

Notice: *T'oung Pao*, Mai 1909, pp. 230,231, par Cl. Madrolle.

— Strzoda. — Eine neue Hai-nan-Sammlung. (*Amtl. Ber. Kunstsamml.*, Berlin, XXXI, 1910, pp. 208/212.)

— Die Li auf Hainan und ihre Beziehungen zum asiatischen Kontinent. Von Walter Strzoda (Soochow). (*Zeitschft. f. Ethnologie,* 43 Jhrg., 1911, Hft. II, pp. 193/236.)

— Island of Hainan. (Hirth and Rockhill, *Chau Ju-kua*, 1912, pp. 175/190.)

(Hai nan.)

— Le commerce de Hoihao (Ile d'Haïnan) en 1912. Par Dufaure de la Prade, Vice-Consul de France. (*Bull. écon. Indochine,* No 102, Mai-Juin 1913, pp. 402/420.)

— Production et commerce du tissu d'ananas dans l'île d'Hainan. (*Bull. écon. Indochine*, No. 103, Juillet-Août 1918, pp. 778/781.)

— Les tissus d'ananas. (*Bull. Soc. languedocienne Géogr. Montpellier*, XXXVI, 1913, pp. 317/318.)

— * F. Heger. Die Ureinwohner der Insel Hainan. (*Mitt. Anth. Ges. Wien,* XLIV. 1914.)

— Alte Jesuitengräber auf Hainan. Von Hans Bragard (Hoihau). (*Mitt. Sem. f. Orient. Sprachen, Ostasiat. Studien,* Berlin, 1917, XX, pp. 1/19; Abh. 12.)

— * The Isle of Palms. Sketches of Hainan. M. M. M. Editor.

Notice : *Journal N. C. B. R. As. Soc.*, Vol. LI, 1920, pp. 188/189. By M.

— The Hainanese Miao (Mirs). M. M. Moninger. (*Journ. N. C. B. R. A. S.*, LII, 1921, pp. 40/50, fig.)

13° *KOUANG SI* 廣西

— Dutreuil de Rhins. [Travaux de M. Cieuse, missionnaire en Chine.] (*Cte. rendu Soc. Géog.*, 1882, pp. 158/159.) — Voir col. 318.

— Notice sur le Kouang-Si [Extrait de la *Revue indo-chinoise*]. S. l. n. d. [F. H. Schneider. Hanoi], in-4, pp. 46 + 1 table + 2 cartes.

Voir col. 314.

— Scènes affreuses au Kouang-si, le Pays des Affamés. (*A travers le Monde*, IX, 1903, p. 268.)

— Fin des Troubles du Kouang-si. (*A travers le Monde*, IX, 1903, pp. 406/407.)

— Dix ans sur les frontières du sud de la Chine et du Tonkin de 1896 à 1906. — Mémoire justificatif de la créance de M. G. Bertrand, Ingénieur Conseil de S. E. le Maréchal Sou. — Paris, 1906, in-8, pp. xvi-180.

Une seconde brochure renferme les pièces annexes.

— Lieutenant François. — Trois mois au Kouang-Si. — Voir col. 315, 2174, 3063, 3182.

Notice: *A travers le Monde*, XII, 1906, p. 135.

— Le Kouang-Si. Par E. P. (*Revue indo-chinoise*, 15 Juillet 1906, pp. 1082/1084.)

— * Roderick Macdonald, M. D. By His Wife. Robert Culley.

Notice: *London & China Express*, March 6, 1908.

Wesleyan Miss. assassiné sur le *Sainam* par les pirates dans le Si kiang en juillet 1906.

— Une panique au Kouang-si. (*Revue indo-chinoise*, Janvier 1910, pp. 93/94).

Signé Tchang Ming Ky, Kouei-lin, le 8 Novembre 1909.

(Kouang si.)

— Note sur le canal de Hing-ngan 興安 (Kouang-si). Par le Capitaine P. A. Lapicque. (*Bull. Ec. fr. Ext. Orient*, Juill.-Déc. 1911, pp. 425/428; fig.)

— Massacre dans le Kouang-si. (*Asie française*, Janv. 1921, p. 42.)

Loung tcheou 龍州

— Voir Tso kiang, col. 3276

— Situation économique de la Région de Long-Tchéou pendant l'année 1900. (*Bul. écon. Indo-Chine*, 1901, pp. 1075/1083.)

D'après le rapport du Consul de France.

— Extrait du *Bulletin de l'École française d'Extrême-Orient* (Juillet-Décembre 1907). — Notes sur les coutumes des Indigènes de la région de Long-tcheou par J. Beauvais Consul de France à Hoi-hao . . . Hanoi, Imprimerie d'Extrême-Orient, 1907, gr. in-8, pp. 31.

— Documents géographiques, historiques et linguistiques sur la ville et la région de Long-tcheou. Par J. Beauvais, Consul de France. (*Revue indo-chinoise*, 31 Août 1908, pp. 215/231; 15—30 Sept., pp. 413/428; 15—30 Oct., pp. 543/556; 15 Nov., pp. 631/641; 30 Nov., pp. 734/744; 15 Déc., pp. 790/805; 31 Déc., pp. 884/893; Fév. 1909, pp. 106/130.)

— Extrait de la *Revue indo-chinoise*. — Août 1908—Mars 1909. — Documents géographiques, historiques et linguistiques sur la ville et la région de Long-tcheou par J. Beauvais, Consul de France. Hanoi-Haiphong, Imprimerie d'Extrême-Orient, 1909, gr. in-8, pp. 132, cartes.

Ces Documents sont suivis pages 117/129 de « Rudiments du dialecte des T'ou-jen (Thô') de la région de Long-tcheou » notés en quô'c-ngũ

Notice: *T'oung Pao*, Oct. 1909, p. 534, par Ed. Chavannes.

Nan ning 南寧

Voir Tso kiang, col. 3276

— La tuerie des lépreux de Nan-Ning. Lettre. (*Asie française*, Mars 1913, pp. 139/141.)

14° *YUN NAN* 雲南

— Edmond C. Browne. — Yunan. (*Calcutta Review*, Vol. 84, 1887, pp. 130/138).

— La Haute Vallée du Mékong. — Le Prince Henri d'Orléans et M. Roux. [Par M. Emile Roux.] (*A travers le Monde*, I, 1895, pp. 405/406; portr., carte et fig.) — Voir col. 346/347.

Taly-Fou, 11 juin 1895.

— Vers le Yun-Nan. La route de Lao-Kay à Mong-Tsé. (*A travers le Monde*, IV, 1898, p. 260.)

— Notice géographique, climatologique & économique sur Sémao. (*Bul. écon. Indo-chine*, 1er déc. 1899, pp. 672/680; 1er janvier 1900, pp. 31/41.)

Ext. d'un rapport du Dr. Gaide. Cf. *Bul. écon.*, No. 18, 1er déc. 1899, p. 672.

— Notes sur le Yun-nan (Chine), par M. le Dr Delay, Médecin de 1re classe des Colonies, détaché à la mission d'études des chemins de fer en Chine. (*Ann. d'hyg. et de méd. colon.*, III, 1900, pp. 145/171.)

— Quelques notes sur Yun-nan sen, poste consulaire au Yunnan, par M. le Dr Delay. (*Ann. d'hyg. et de méd. colon.*, VIII, 1905, pp. 102/105.)

— Voyage dans le Yun-Nan. (*A travers le Monde*, VI, 1900, p. 200.)

Du *Geographical Journal;* voyage de Fred. W. Carey. — Voir col. 318.

— L'Exploration des Etats Chans du Yun-Nan. (*A travers le Monde*, VI, 1900, p. 360.)

Du *Geog. Journal;* F. W. Carey.

— Le Yun-Nan et les visées de la France sur cette province. (*A travers le Monde*, VI, 1900, pp 221,222, carte.)

— Exploration au Yun-nan. Par M. A. Leclère Ingénieur en chef des Mines. (*Bull. Soc. Géogr. comm. Le Havre*, 1900/1901, pp. 181/188). — Col. 320.

Conférence faite à Paris, au *Congrès national des Sociétés françaises de Géographie*, le 22 août 1900.

— Quelques notes sur Ssé-mao (Chine), par M. le Dr Ortholan, Médecin de 1re classe des Colonies. (*Annales d'hyg. et de méd. colon.*, IV, 1901, pp. 205/210.)

— Quelques notes médicales sur Ssé-mao (Chine), par M. le Dr Sautarel, Médecin Aide-Major de 1re classe des Troupes coloniales. (*Ann. d'hyg. et de méd. colon.*, V, 1902, pp. 179/184.)

— Au Pays Jaune. La pénétration française au Yun-nan. Par E. Cochelin. (*Revue d'Europe*, Janvier 1902, pp. 59/69.)

— Yünnan. By Captain C. H. D. Ryder. (*Report Brit. Ass. Science*, Belfast 1902, pp. 678/679.)

— Exploration in Western China. By C. H. D. Ryder, 1903. — Col. 321, 356.

Notice: *T'oung Pao*, Déc. 1903, pp. 424/425, par Ed. Chavannes.

Au Yunnan. Par Mme Courtellemont. (*Bull. Soc. Géog. Toulouse*, XXIIe année, 1903, pp. 299/300).

De l'*Echo de Chine*.

— Gervais Courtellemont. — Voyage au Yunnan. — Ouvrage accompagné de 23 gravures et de deux cartes. Paris Librairie Plon . . . — 1904, in-16, pp. XIII-298 + 1 f. n. ch.

Notice: *Bul. Soc. Géog. Lyon*, XX, 1905, pp. 94/95, par M. Z.

— Voyage au Yunnan et aux Régions Thibétaines. Par le Lieutenant Grillières. (*Bull. Soc. Géog. Alger*, IX, 1904, pp. 746/751.) —

— C. Sainson. — *Nan tchao ye che,* 1904; voir col. 3064.

Notice: *T'oung Pao*, 1904, pp. 473/481, par Ed. Chavannes.

Col. 320.

— Voyage de M. Litton, dans l'Ouest du Yünnan. Traduit par Ed. Clavery. (*Annales Coloniales,* 1er Mai 1904, pp. 209/214.)

— Journey on upper Salwin, October-December 1905. By George Forrest. (*Geogr. Journal,* Sept. 1908, pp. 239/266.)

Voyage avec Litton.

ARCHIBALD LITTLE.

— Across Yunnan & Tonking. By Archibald Little. — Part I. Between two Capitals. Part II. Yunnanfu to the Coast. — Chungking, 1904, in-8, 3 ff. n. ch. + pp. 33 à 2 col., carte.

Sur la couverture extérieure: Shanghai: Printed at the «North China» *Herald Office*, 1905.

— Across Yunnan: A Journey of Surprises Including an Account of the Remarkable French Railway Line now completed to Yunnan-fu. — By Archibald Little . . . Edited by Mrs. Archibald Little. With many illustrations and Map. London, Sampson Low, 1910, pet. in-8, pp. 163.

Notices: *Lond. & China Express*, May 6, 1910. — *Geog. Journal*, June 1910, pp. 710/711, par H. R. D. — *Bul. Ass. Am. franco-chinoise*, Vol. II, Juillet 1910, pp. 295/296, par Georges Soulié.

— Mrs. Archibald J. Little. — Through Yunnan to Tonquin: A Journey of Surprises. (*Journ. Manchester Geog. Soc.*, 1905, pp. 159/160.)

— From Yunnanfu to Mengtse, with a Peep into the Dreaded Namti. By Mrs. Archibald Little. (*The Far East,* Vol. I, 1906, pp. 327/344.)

— From Monday to Saturday or from Mengtse to Hanoi. By Mrs. Archibald Little. (*Ibid.*, pp. 345/350.)

∴

— La Campagne chinoise (Note sur le Yunnan.) Par Fernand Ganesco. (*Revue indo-chinoise,* 15 Janvier 1907, pp. 18/23.)

— Notes sur Ko-Kieou et la région des Mines. Province Chinoise du Yunnan, Voyage effectué du 4 au 14 avril 1906. Par J. Jonery. (*Bull. Soc. Géog. Lyon,* 1907, pp. 187/195, itinéraire.)

— Les Thai et le Royaume Thai du Sud-Ouest Chinois. Par F. de W. (*Revue indo-chinoise*, 15 déc. 1907, pp. 1754/1755.)

D'après l'*Echo de Chine.*

— Au Yunnan. (*Bull. Com. Asie franç.*, Mars 1908, pp. 122/123).

Voyage de M. Morrison, correspondant du *Times*, à Peking.

(YUN NAN.)

— La province du Yunnan. Par George Soulié, vice-consul de France à Yunnan-fou. (*Revue indo-chinoise,* 15—30 Sept. 1908, pp. 322/345; *Ibid.*, 15—30 Oct. 1908, pp. 557/566.)

— La Province du Yunnan par George Soulié, vice-consul de France à Yunnan-fou. — Une carte. Hanoi, Imprimerie d'Extrême-Orient, 1908, gr. in-8, pp. 34 + 1 p. n. ch. table.

Annales de la Société de Géographie commerciale (section indo-chinoise), Novembre 1908, Fasc. 3.

Analyse: *Revue des Sciences Politiques*, Mai-Juin 1912, p. 506, par M. C[ourant].

— Notice sur le Yunnan. Par G. Soulié, vice-consul de France. (*Soc. de Géog. comm.*, Paris, Mars 1909, pp. 195/206; Avril 1909, pp. 256/277.)

— La Transformation du Yunnan. (*Soc. Géog. comm.*, Nov. 1908, pp. 707/709).

Lettre d'Hanoi.

— Le commerce de Sseu-mao et de Teng-yue. Par Raphaël Réau. (*Bull. Soc. Géog. comm.*, Avril 1908, pp. 241/252.

Rapport consulaire.

— Yunnan et Kouang-si. (*Revue indo-chinoise*, 30 avril 1908, pp. 624/625).

D'après *Hongkong Daily Press.*

Rapport consulaire.

H. R. DAVIES.

— Yün-nan the Link between India and the Yangtze by Major H. R. Davies, 52nd Oxfordshire Light Infantry. Cambridge: at the University Press, 1909, in-8, pp. XII-431, carte et ill.

Preface. — 41 chapitres. — Appendix I. Physical description of Yün-nan; II. The area, population and inhabitants of Yün-nan; III. The climate and products of Yün-nan; IV. Commercial prospects of the Yün-nan railway; V. The line of the proposed railway; VI. Possible alternatives discussed; VII. The French Railway into Yün-nan; VIII. The tribes of Yün-nan; IX. Note on the Map; X. Itinerary. — Index. — Table of Vocabularies and Map of Yün-nan in pocket of cover.

Notices: *T'oung Pao*, Déc. 1909, pp. 709/713, par H. C[ordier]. — *Bul. Asie française*, Janv. 1911, pp. 44, art. de H. Brenier. — *J. As.*, Mars-Avril 1909, pp. 323/325, par C. Sainson. — *Geog. Journ.*, July 1909, p. 75, par H. L. C. — *Mitt. k. k. Geog. Ges. Wien*, Bd. LII, 1909, p. 493, par Fehlinger.

— Yunnan, the Link between India and the Yangtsze. By C. D. B. (*Journal N. C. B. R. As. Soc.*, XL, 1909, pp. 116/117.)

— Un livre anglais sur le Yun-nan et l'Exploration française de la Province par H. Brenier . . . Extrait du *Bulletin de l'École française d'Extrême-Orient*, No. de janvier 1910. Hanoi-Haiphong, Imprimerie d'Extrême-Orient, 1910, gr. in-8, pp. 29.

Notice: *Revue indo-chinoise*, Mars 1911, p. 307, par G. Regelsperger, ext. de la *Quinzaine coloniale*.

∴

(YUN NAN.)

— Yun-nan et Kouang-si Frontières indo-chinoises. — Journal de route (Octobre 1901—Juillet 1903). — Par M. J. Dautremer. (*Bull. Ass. Amic. franco-chinoise,* Juillet 1909, pp. 327/360).

FRITZ WEISS.

— Von Bhamo nach Tengyüe. Von Fritz Weiss. — Mit 4 Tafeln. — (*Mitt. des Seminars f. Orient. Sprachen,* Jahrg. XII, *Ostasiat. Studien,* Berlin, 1909, pp. 110/123.)

— Von Tengyüe über Talifu und Yünnanfu zum Yangtse. Von F. Weiss. (*Mitt. Sem. f. Orient. Sprachen,* Jahrg. XIII, 1910, pp. 18/48; ill.)

— Die Provinz Yünnan, ihre Handels- und Verkehrsverhältnisse. Von F. Weiss. — Hierzu 3 Steindrucktafeln. (*Mitt. des Seminars für Orient. Sprachen,* Jahrg. XV, *Ostasiat. Studien,* 1912, pp. 1/57.)

∴

— Dans les Marches tibétaines autour du Dokerla Novembre 1906—Janvier 1908, par Jacques Bacot. — Avec une carte et des gravures hors texte. Paris, Plon — 1909, in-16, pp. III-215 + 1 p. n. ch.

Notice: *Revue indo-chinoise,* Janv. 1910, pp. 98/102, par Maurice Zimmermann. — Ext. de la *Quinzaine coloniale.*

— Un coin de la jeune Chine. — Notes de voyage au Yunnan. Par M. le Dr A. Chopard, Ancien médecin principal de la Compagnie des Chemins de fer de l'Indo-Chine. (*Bul. Soc. Géog. Marseille,* 1909, pp. 257/273.)

— Une Ville française au Yunnan. (*A travers le Monde,* X, 1904, p. 104.)

— La Cité chinoise de Mong-tzé, Marché des Européens dans la Chine méridionale. Par le Dr Paul Chazarain-Wetzel. (*A travers le Monde,* XV, 1909, pp. 377/380, ill.)

— The Reaches of the Upper Salween. By Archibald Rose, British Consul, Tengyueh. (*Geogr. Journal,* Dec. 1909, pp. 608/613.)

Sketch Map.

— Streifzüge durch Kwangsi und Yünnan. Von W. von Dewall. (*Mitt. Sem. f. Orient. Sprachen,* Jahrg. XIII, 1910, pp. 49/99; carte.)

— L'assemblée provinciale du Yunnan. (*Revue indo-chinoise,* Janvier 1910, pp. 91/92.)

— Le long du chemin de fer du Yunnan, par le capitaine Am. Aymard. (*Tour du Monde,* XVII, 1911, pp. 565/576, 577/588, 589/600, 601/612, 613/624; ill. et carte.)

Voir CHEMINS DE FER.

— Le transit du Yunnan à travers le Tonkin. (*Bull. Soc. Géog. Est,* XXXII, 1911, pp. 284/285.)

— Renseignements commerciaux sur la province du Yunnan, 1910, par M. H. Lépice, vice-consul de France. (*Bul. écon. Indochine,* Mai-Juin 1911, pp. 398/421.)

— Le Yunnan. (*Bull. Soc. Géog. Lille,* 1911, 2e sem., pp 349/350.)

Ext. du rapport de M. Henri Lépice.

— Deux Lettres de M. le Commandant V. Dincher (Mission au Yun-nan) à M. Henri Cordier. (*Ctes. rendus Ac. Insc. et B. L.,* Août-Sept. 1910, pp. 482/485.)

Tali, 11 juin 1910. — Colombo, 30 juillet 1910.

— Une Mission à Taa Li. Par le Commandant Dincher, du 3e Tirailleurs Algériens. (*La Dépêche Coloniale,* 30 sept. 1910, pp. 227/238.)

— Yünnan. (*Deutsche Rundschau f. Geog. u. Stat.,* XXXIII, 1910/1911, p. 491.)

Rapport du Commandant Dincher à l'Academie des I. et B. L., d'après la *Revue française de l'Etranger,* 1911, 1.

— La Chine abordable. Par Léon Hautefeuille. (*Revue indo-chinoise,* Février 1911, pp. 101/110.)

— * An Hinterindiens Riesenströmen. Von Dr. Robert Brunhuber. Berlin: Dr. Franz Ledermann [1911], pp. 120. Carte et Illustrations.

— Le Paupérisme au Yunnan. (*A travers le Monde,* XVII, 1911, p. 96.)

De l'*Echo des Deux Mondes,* de Chicago.

— Lettre du Yunnan. Le développement économique au Yunnan Par Raoul Baude. (*Bull. Soc. Géog. comm.,* Oct. 1911, pp. 686/687.

G. CORDIER.

— * Un Voyage à Yunnanfou. Guide par G. Cordier, Directeur des Écoles françaises de Yunnan-fou. Hanoï, Imprimerie d'Extrême-Orient, 1911.

Notice: *Asie française,* Décembre 1911, p. 572.

— Le Yunnan. Par G. Cordier. (*Revue indo-chinoise,* Nov.-Déc. 1915, pp. 403/436; planches; janv.-fév. 1916, pp. 99/134, pl.; mai-juin 1916, pp. 371/398, pl.; juillet-août 1916, pp. 61/102, pl.)

— Le Musée de Yunnan-fou. Par Georges Cordier, Directeur des Ecoles françaises de Yunnan-fou. (*Bull. Ecole franç. Ext.-Orient,* Tome XV. No. 3, pp. 25/38: 2 planches.)

— Les personnages célèbres au Yunnan. Par G. Cordier. (*Revue indo-chinoise,* Sept.-Oct. 1920, pp. 157/179).

∴

— Zur Geschichte der Erforschung Yünnans. Von —W. (*Mitt. k. k. Geogr. Ges. Wien*, Bd. LV, 1912, pp. 669/670.)

— The Penetration of Yun-nan. By Arthur Purdy Stout. (*B. S. G. Philadelphia,* X, Jan. 1912, pp. 1/35; map and illustrations.)

Avec une Bibliographie.

— *The Penetration of Yunnan. By Arthur Purdy Stout, F. R. G. S. Reprint from « The Bulletin of the Geographical Society of Philadelphia », pp. 35, Illustrations, Map and Bibliog.

Notice : *Journal N. C. B. R. As. Soc.*, XLIII, 1912, pp. 98/100. By W. S. R.

— Histoire de la pénétration au Yun-nan. Par I. Assada. (*La Géographie*, 15 Mars 1912, pp. 204/206.)

A propos de A. Purdy Stout.

— Importations allemandes au Yunnan. Par le Commandant Cousin. (*Bull. Soc. Géogr. Alger*, XVII, 1912, pp. 119/126.)

Conférence faite à la Société de Géographie, en séance de section économique le 8 février 1912.

— Le général Tsai ngao et son oeuvre au Yunnan. Par ***. (*Revue indo-chinoise,* Juin 1913, pp. 637/644.)

— La République du Yunnan. (*Bull. Soc. Géog. Est*, 33e année 1912, pp. 338/339.)

A propos du Résumé de la conversation de M. Farjenel avec le général Tsai, prés. de la Rép. au Yunnan paru dans le *Courrier d'Haïphong*.

— Impressions de Yunnanfou. Par Ch. Patris. (*Revue indo-chinoise,* Nov.-Déc. 1913, pp. 563/580; planches.)

— La ligne française du Yunnan et ses environs immédiats. Essai de description géographique par Ch. Patris. Hanoi-Haiphong Imprimerie d'Extrême-Orient. — 1913, gr. in-8, pp. 20, 1 pl.; 1 carte.

Fait partie des *Annales de la Société de Géographie commerciale* (*Section indochinoise*) Août 1913.

— Mission A.-F. Legendre. — Au Yunnan et dans le Massif du Kin-Ho (Fleuve d'Or) par le Dr A.-F. Legendre Médecin principal des Troupes coloniales. — Avec 20 gravures et une carte. Paris, Plon, 1913, in-16, pp. XII-433 + 1 p. n. ch.

Notices : *Bul. Soc. Géog. Marseille*, XXXVII, 1913, pp. 293/294. — *Bul. Soc. Géog. Bordeaux*, 1913, pp. 409/410. — *Boll. R. Soc. Geog. Roma*, 1 Sett. 1914, pp. 1044/1046. — *La Géographie*, 15 mars 1914, pp. 228/229. — *Bul. Soc. Géog. Lyon*, 1914, pp. 112/115, par I. A. — *United Service*, Jan. 1914, p. 94.

— Exploration du Dr A.-F. Legendre dans le Yun-nan. (*La Géographie*, Août-Décembre 1914, pp. 125/127.)

Lettre de Yun-nan-fou, 19 juin 1914.

— P.-Louis Rivière. — Une Excursion au Yunnan. (*La Revue hebdomadaire*, 12 avril 1913, pp. 260/278; 19 avril 1913, pp. 378.

— Une excursion au Yun-nan, par M. Louis Rivière, ancien Conseiller-légiste du Gouvernement siamois. (*La Géographie*, 15 février 1914, pp. 136/146.)

F. Kingdon Ward.

— Across the Chung-tien plateau. By F. Kingdon Ward, B. A., F. R. G. S. (*Geogr. Journal,* November 1913, pp. 461/466, fig.)

— Wanderings of a Naturalist in Tibet and Western China. By F. Kingdon Ward (With Illustrations). (*Scottish Geog. Mag.*, 1913, pp. 341/350.)

— Notes on a journey across Tsa-rung. F. Kingdon Ward. (*Geogr. Journal,* January 1916, pp. 45/51.)

— Glacial Phenomena on the Yun-nan — Tibet Frontier. F. Kingdon Ward, B. A. Read at the Afternoon Meeting of the Society, 16 March 1916. (*Geogr. Journal,* July 1916, pp. 55/68; ill. et carte.)

— G. Frey. F. K. Wards Forschungen im Grenzgebiet von Jünnan und Tibet. (*Zeitschft. Ges. Erdk.*, Berlin 1916, pp. 631/632).

D'après *The Geog. Journ.*, 1916, pp. 55/68.

— The Hydrography of the Yunnan-Tibet Frontier Lieut. F. Kingdon Ward, B. A. (*Geographical Journal,* November 1918, pp. 288/299; fig.)

— The Valleys of Kham F. Kingdon Ward. Read at the Meeting of the Society, 17 May 1920. (*Geogr. Journal,* Sept. 1920, pp. 183/195; fig.)

∴

— Nécrologie. — Henri Leduc. Par H. C. (*T'oung Pao,* Mars 1918/1919, pp. 51/52.)

— Bericht von A. K. Gebauer über den bisherigen Verlauf seiner zweiten Expedition. (*Mitt. k. k. Geog. Ges. Wien*, Bd. LVII, 1914, pp. 273/274.)

De Töng-yueh.

— La structure et le relief du Yun-nan oriental d'après MM. Deprat et Mansuy. Par Jules Sion, Prof.-adj. à l'Université de Montpellier. (*Ann. de Géogr.*, 1914, pp. 236/244.)

Voir Géologie, col.

— Yun-nan and the West river of China. E. C. Wilton. Read at the Meeting of the Society, 22 January 1917. (*Geogr. Journal,* June 1917, pp. 418/440; cartes dans le texte.)

— Zoölogical Explorations in Yunnan Province, China. By Roy Chapman Andrews American Museum of Natural History. (*The Geog. Rev.,* New York, VI, 1918, pp. 1/18, carte, 11 photos.)

— Traveling in China's Southland. By Roy Chapman Andrews American Museum of Natural History. (*The Geog. Rev.*, New York, VI, 1918, pp. 133/146, 7 photos.)

— Drainage Evolution on the Yünnan-Tibet Frontier. By W. M. Davis. (*Geographical Review*, VII, 1919, pp. 413/415.)

— Un fétiche yunnanais : le fiel du bananien (*Asie française*, Avril 1921, p. 167.)

— * Ou-Houa-Chan. — L'afforestation au Yunnan. (*Eveil écon. de l'Indochine*, Mai 1920).

— * Video. — Le Yunnan. (Une parenthèse.) (*Moniteur d'Indochine*, Oct. 1920.) (Population, agriculture) (*Ibid.*, Mai 1920.) — (Sous Sol) (*Ibid.*, Oct. 1920) (Tourisene) (*Ibid.* Nov. 1920.)

— H. Handel-Mazzetti, voir Voyages.

Appendice. — *Les routes de la Chine par les Indes et l'Indo-Chine.*

Col. 321/348, 3064/3066.

Doudart de Lagrée & Francis Garnier.

Col. 329/332.

— *Bibliotheca Indosinica*, col. 2521/2526.

— Exploration du Mé Kong. (*Revue mar. et coloniale*, XXII, Janvier 1868, pp. 222/226.)

Rapport de M. de Lagrée : Luang-phâ-bang, 24 Mai 1867 ; extraits du *Courrier de Saigon* ; détails sur le monument de Mouhot à Luang-phâ-bang.

— Exploration du Mé-Kong. — Mort de M. le commandant de Lagrée. (*Revue mar. et coloniale*, XXIII, Juillet 1868, pp. 761/762.)

M. Pelliot a fait entrer à la Bib. nat. les deux éditions de la traduction chinoise du voyage de Lagrée et de Garnier. (Coll. Pelliot A, nos. 30 et 310) et une à la Bib. de l'Ecole d'Ext. Orient.

— Voyage d'exploration en Indo-Chine. Par Francis Garnier, Lieutenant de vaisseau, Chef de la mission scientifique du Mékong. I. Cambodje. — Ruines d'Angcor. (*Revue mar. et coloniale*, XXV, Avril 1869, pp. 805/824.)

— Notice sur Ernest-Marc-Louis de Gonzague Doudart de La Grée, capitaine de frégate, Chef de la mission d'exploration du Mé-Kong (1866—1867—1868). Par De Villemereuil, Capitaine de frégate. (*Revue mar. et coloniale*, XXX, Oct.-Nov.-Déc. 1870, pp. 238/266.)

— Nécrologie. — Francis Garnier. Par Aug. Trève, Capitaine de vaisseau. (*Revue mar. et colon.*, XLI, Avril 1874, pp. 252/260.)

T. T. Cooper.

Col. 332/335.

— Mr. T. T. Cooper on trade with Western China. (*North-China Daily News*, 16th Feb. 1875.

London, 18th October 1874. — To the Chairman of the Chamber of Commerce, Shanghai.

Jean Dupuis.

Col. 333/337, 3064/3065.

— *Bibliotheca Indosinica*, col. 2517/2522.

— * Jean Dupuis, explorateur du Tonkin. — Le Tonkin de 1872 à 1886. Histoire et Politique. — Paris, Challamel, 1910, pp. 579.

Notice : *Bull. Soc. Géog. Est*, XXXII, 1911, pp. 103/104 et pp. 195/196, par B. A.

— M. Jean Dupuis. Nécrologie. (*Bull. Soc. Géog. Est*, 33e année, 1912, p. 355.)

— Les hommes d'action au XIXe siècle. — Le Français : Jean Dupuis. Par Eugène Boileau, Inspecteur primaire [et] L. Narcisse. (*Bull. Soc. Géog. de l'Aisne*, Laon, 1912, pp. 102/108.)

— Jean Dupuis †. — (*Tijdsch. v. het Kon. Ned. Aardrijksk. Genootsch.*, 1913, nº 2, p. 255.)

— Henri Cordier. (*La Géographie*, 15 janvier 1913, pp. 77/78; réimp. *T'oung Pao*, Mars 1913, pp. 133/134).

Ouvrages divers.

— Routes entre la Chine et l'Inde, par J. Dutreuil de Rhins. (*Bull. Soc. Géog.*, janvier 1881, pp. 5/60.)

Col. 339.

Au lieu de „Кафорова" lire „Кафарова".

— River of Golden Sand, by W. Gill . . . Col. 342.

Notice : *Nature*, XXII, 1880, pp. 26/28.

— Across Chrysé . . . Col. 343.

Notice : *Nature*, XXVIII, 1883, pp. 361/364.

— Colquhoun's und Wahab's Reise durch das südliche China. (*Globus*, XLIII, 1883, pp. 27/28.) — Col. 343.

— Les Hauts Faits de L'Armée Coloniale ses héros par F. Bertout de Solières. — Annam, Cote d'Ivoire, Chine, Dahomey, Guyane, Madagascar, Maroc, Ouadai, Sahara, Sénégal, Soudan, Tchad, Tonkin, Tunisie, etc. Rouen, J. Girieud, 1912, in-8, pp. 209.

Voir Géologie.

15º *KOUEI TCHEOU*. 貴州

— R. K. Douglas. — Quaint customs in Kuei Chow. (*Cornhill Magazine*, 1872, Vol. XXV.)

— La conférence du lieutenant Noiret [Mission Bons d'Anty]. (*Bull. Com. Asie franç.*, Janvier 1909, pp. 8/ .) — Voir col. 3342.

Kouei-tcheou. — Carte.

— Le Kouei-tchéou. Essai sur le commerce extérieur de la province, par M. de Mecquenem. (*Bull. Géogr. hist. et descr.*, 1909, nº 3, pp. 384/395.)

Avec deux tableaux.

— Notes ethnographiques sur les Tribus de Kouy-tcheou (Chine). Par le P. Aloys Schotter, Missionnaire de la Soc. des Miss. Etrangères, Hin-y fou, Kouy-tcheou [Suite]. (*Anthropos,* Bd. VI, fasc. 2, Mars-Avril 1911, pp. 318/344.)—Voir col. 13361.

— Province de Kouei-Tcheou. — Carte dressée par le R. P. Bousquet. — Échelle 1 : 500.000ᵉ, 6 feuilles.

Publié par le Service géographique de l'Indochine.

— * Dr. Heinrich Handel-Mazzetti. Vorläufige Übersicht über die Vegetationsstufen und -formationen von Kweitschou und Hunan. (*Akad. Wiss. Wien, Math.-natur. Kl. Sitzungsber.*, Abt. 1, 128. Bd., 4. Hft., 1919, pp. 331/349.

— Les brigands au Koei-tcheou. (*Asie française,* Janv. 1921, pp. 42/43.)

— The Highways and byways of Kweichow. Emily G. Kemp. (*Journal N. C. B. R. A. S.*, LII, 1921, pp. 156/185; ill.)

16° *CHEN SI.* 陝西

— Notes on a Journey through Shen'si Eric Teichman, H. B. M. Consular Service. (*Geogr. Journal,* December 1918, pp. 333/351; planches et carte.)

— Voir *Research in China,* col. 3263.

17° *KAN SOU.* 甘肅

— Kan Sou. Par Ed. Chavannes. (*Grande Encyclopédie,* XXI.)

— Sur les Salar, cf. lettre de Rockhill, avec un vocabulaire, *J. R. As. Soc.*, 1892, pp. 598/602.

— Les grottes des Mille Bouddhas par M. Charles-Eudes Bonin. (*Acad. Ins. et Belles Let., Ctes. rendus* 1901, I, pp. 209/217.)

Voir Pelliot et Stein : T'ien Chan Nan Lou.

— A Trip to the Kokonor. — From our Siningfu Correspondent. (*N. C. Herald,* Janv. 2, 1909, pp. 29/30.)
Dr. Geil and Mr. Dello of Lanchau.

— [Présentation du *Touen-houang che che yi chou,* par M. Ed. Chavannes]. (*Ctes. rendus. Acad. des Ins. et Belles Let.,* Juin 1910, pp. 245/246.)

— * W. Filchner. — Karte der chinesischen Provinz Kan-su. Maßstab 1 : 1,000.000. Nebst Text. Berlin, 1910, 88·5×100·5 cm.

— A Mountain Lake in Kansu. (*Geogr. Journal,* June 1911, pp. 661/662.)
Récit envoyé par M. David P. Ekvall, missionnaire.

— A visit to Labrang Monastery, South-west Kan-su, North-west China. By Major George Pereira, C. M. G., D. S. O. (*Geogr. Journal,* Oct. 1912, pp. 415/420; fig.)

— The Road from Haining-fu (Sining) to Kanchou-fu. (*Geogr. Journal,* February, 1912, pp. 155/156.) O. R. Coales. Voir col.

— A census of Tun-huang by Lionel Giles. (*T'oung Pao,* Oct. 1915, pp. 468/488.)

416 A. D. — Stein Collection.

— La vie chinoise dans la province de Kan-sou (Chine). Par le P. J. Dols, C. M. I., missionaire au Kan-sou. (*Anthropos,* X-XI, 1, 2, Jänner-April 1915/1916, pp. 68/74, fig.; *ibid.,* 3, 4, Mai-August 1915/1916, pp. 466/503, fig. et planches; *ibid.,* 5, 6, Sept.-Dec. 1915/1916, pp. 726/757, pl.; *ibid.,* XII-XIII, 1, 2, Jänner-April 1917/1918, pp. 236/262, fig. et pl.; *ibid.,* 5, 6, Sept.-Dec. 1917/1918, pp. 958/1013, ill. et pl.)

— Routes in Kan-su. Eric Teichman, B. A. (*Geogr. Journal,* December 1916, pp. 473/479; carte.)

— Travels of a Consular Officer in North-West China by Eric Teichman, . . . of His Britannic Majesty's Consular Service in China. With Original Maps of Shensi and Kansu and illustrated by Photographs taken by the Author. Cambridge, At the University Press, 1921, in-8, pp. XIII-219.

Notices : *Geog. Journ.*, Dec. 1921, pp. 458/459, by W. R. C. — *Lond. & China Express,* Aug. 4, 1921, p. 399.
— De Chineesche provincie Kan-soe. (*Tijdsch. v. het Kon. Ned. Aardrijksk. Genootsch.*, 1917, n° 1, pp. 123/125.)

Reginald Farrer.

— On the Eaves of the World by Reginald Farrer. In two volumes. With illustrations and a Map. London, Edward Arnold, 1917, 2 vol. in-8, pp. XII-311, VIII-328.

« The expedition of which these two volumes tell the first half of the tale was definitely planned (though long dreamed of) in 1913, and got going on February 7, 1914. Its object was to explore thoroughly, in the interests of horticulture and forestry, the whole of the Kansu-Tibet Border, from South to North ».
Notices : *Lond. & China Express,* Jan. 23, 1918, p. 50. — *Geog. Journ.*, Feb. 1918, pp. 121/122, par W. R. Carles. *Geog. Rev.*, March 1920, pp. 218/219, par Cyrus C. Adams.

— The Kansu Marches of Tibet. Reginald Farrer. (*Geogr. Journal,* February 1917, pp. 106/124, ill.)

Read at the Meeting of the Society, 20 November 1916.

— My second year's journey on the tibetan border of Kansu Reginald Farrer. (*Geogr. Journal,* June 1918, pp. 341/359; planches.)

Read at the Meeting of the Society, 11 March 1918.
— Obituary. Reginald Farrer. By F. K. W. (*Geogr. Journal,* January 1921, pp. 69/70.)

— Notes on Kansu. — George E. King, M. B. Ch. B. Lanchowfu, Kansuh. (*Journ. N. C. B. R. As. Soc.*, L, 1919, pp. 185/188.)

— Les fouilles paléontologiques du Sinn kia keou et environs (Kansou N. E.). Pièce in-8, pp. 4.

Tchao kia tch'a, 20 août 1920, par E. Licent, S. J.

— Feuilles paléontologiques. Par Emile Licent, S. J. (*China, Ceylon, Madagascar,* Juin 1921, pp. 103/114, port. et carte).

— Un explorateur français en Chine: Le R. P. Licent, S. J., Docteur ès-Sciences. (*Relat. de Chine*, Juillet 1921, p. 582.)

De l'*Echo de Chine*. — *Revue indo-chinoise*, Sept.-Oct. 1919, pp. 268/269.)

18° *SE T'CHOUAN.* 四川

— * E. C. Pottinger. — A recent Survey in Western China. (*Proc. R. Artillery J.*, 1900, XXVII.)

— * C. C. Manifold and C. G. W. Hunter. — Narrative of part of a voyage from Peking to Ssu-chuan. (*Journ. United Service Inst. India*, 1903, XXXII.)

— La mission Manifold et le problème de la liaison du Seu-tch'oan avec la Chine. (*Bull. Soc. Géog. Lyon*, XX, 1905, pp. 257/258).

Du *Geographical Journal*.

— * Overzicht der geographie en geologie van het «Roode Bekken» in de provincie Se-tsjoean (Midden China). Door E. C. Abendanon. Cartes et illustrations. (*Ts. K. Nederland. Aardr. Genoots.*, XXV, 1908, pp. 470/512.) Voir col. 3068.

— Das Kloster Labrang Gomba in Tibet. (*Deutsche Rundschau f. Geog. u. Stat.*, XXXI, 1908/1909, pp. 376/377.)

— Mount Omei. (R. F. Johnston, *From Peking to Mandalay*, Lond., 1908, pp. 43, 50, 53, 54/81, 82/111, 117, 124, 127, 159, 411, 414, 418, 419, 420, I/XII.)

A. F. Legendre.

— A travers la région alpestre du Sseu-tch'ouan occidental (Vallées du Ngan-ning, Ya-long et Ta-tou-hô). Par le Dr A. F. Legendre. (*La Géographie*, 15 Mai 1908, pp. 368/378).

— Nouvelle exploration du Dr A. F. Legendre dans le Sseu-tch'ouan. Lettre datée de Tch'eng-tou-Fou, 7 mars 1908. (*La Géographie*, 15 Mai 1908, pp. 382/384.)

— A. F. Legendre. — Voyages d'exploration dans l'Extrême-Ouest Chinois (région alpestre Setchouennaise). (*Revue des Troupes Coloniales*, I, 1910, pp. 119/138.)

— La plaine de Tchentou (Sze-tchouen). Par le Dr Legendre. (*Bull. Soc. Géog. Est*, XXXI, 1910, pp. 258/260.)

Des *Ann. Soc. météor.*

— A. F. Legendre. — Sur le climat de Tchentou. (Paris, *C. R. Ass. franç. avanc. Sc.*, XXXIX [Toulouse], 1910, pp. 329/341.)

— A. F. Legendre. — Le «Royaume fleuri» ou Province des Quatre Fleuves [Sa Tch'ouan] (Chine Occidentale). (*Revue gén. Sc.*, Paris, XVI, pp. 947/955, carte.)

— Explorations dans la Chine occidentale (Kien-tch'ang-Lolotie et massif des Oua-pao-chan). Par A. Legendre. (*La Géographie*, 15 Avril 1911, pp. 249/262.)

— Mission du docteur Legendre. Lettre à M. Henri Cordier, de Ning-yuen-fou, le 12 janvier 1911. (*La Géographie*, 15 Avril 1911, pp. 307/308.)

— Journeys in Western Sechuan. (*Geographical Journal*, August 1908).

Voyages du Capitaine d'Ollone et du Dr Legendre. Extrait de la *Géographie*.

∴

— E. N. — Au sujet de la cartographie des provinces du Kouei-tcheou et du Sseu-tch'ouan. (*Annales de Géog.*, 15 janvier 1909, pp. 74/77.)

Par E. Noiret — Voir col. 3338.

— The Death of Mr. J. W. Brooke in Western China. (*Geogr. Journal*, Sept. 1909, pp. 340/341.)

— Mr. J. W. Brooke's Journeys in Western Sze-chuan. By C. H. Meares. (*Geogr. Journal,* Dec. 1909, pp. 614/618.)

Map.

— Utilisation d'un volcan. (*Union géogr. du Nord de la France Douai*, XXX, 1909, pp. 109/113.)

Art. de Ly-chao-pee dans le *Bull. Soc. Géog. comm. Bordeaux*, 15 mai 1909.

Volcan dans les montagnes du Sse-Tchouan.

Weiss.

— * Rundreise des kaiserlich deutschen Konsulatsverwesers von Chengtu-Chunking Weiss in Sze-chuan (West-China). (Ta-chien-lu—Tai-ling—Dang-ling pass—Remi-Changu—Tapao-shan pass—Ta-chien-lu. Echelle 1 : 500.000.) *Petermann's Mitteilungen,* Jahrgang 1910, II, Tafel 12. Gotha: Justus Perthes, 1910.

Carte.

— Reise durch die Eingeborenenstaaten in Westszetschuan. Von Weiss, kaiserlich deutschen Konsul a. i. in Tschengtu-Tschungking. (Mit Karte und 4 Lichtbildern.) (*Petermann's Mitt.*, 1910, Vol. II, pp. 67/71.)

— Reiseweg des deutschen Konsuls Weiss durch den Süden von Ssu-chuan (Cheng-tu-Chien-chang). Echelle 1 : 2,500.000. (*Petermann's Geogr. Mitteilungen,* Jahrgang 1914, Juni, Tafel 39. Gotha: Justus Perthes, 1914.)

— Wirtschaftliche Verhältnisse des Chien-changtals in Szetschuan. Von Konsul

Weiss, Chengtu. (Mit Karte.) (*Petermann's Mitt.*, Juni 1914, pp. 310/315.)

— * Von O Pien Ting nach Ma Pien Ting durch Lololand. Von Frau Konsul Weiss. (*Zeitsch. Ges. f. Erdk. zu Berlin*, 1915, pp. 73/91.)

— Die Goldlagerstätten von Wali und Tsai Tse Ti im Chienchangtal. Von Fritz Weiss, Stavanger. (*Petermann's Mitt.*, 1918, pp. 255/260, ill.)

Carte : Routenskizzen der Durchquerung der Yalungschleife von Pei-yen-ching bis Lichou. Aufgenommen von Konsul Weiss im Oktober 1910.

Echelle : 1 : 150.000.

∴

— Populous and beautiful Szechuan. A Visit to the Restless Province of China, in which the Present Revolution Began. By Rollin T. Chamberlin. (*National Geogr. Mag. Washington*, XXII, 1911, pp. 1094/1119; ill. et carte.)

— La Cité chinoise de Tchentou, ville principale du Se-Tchouen. Par Henry Asselin. (*A travers le Monde*, XVII, 1911, pp. 113/116 ; ill.)

— Au Se-Tchouen : la plaine et la ville de Tching-tou (*A travers le Monde*, XVIII, 1912, pp. 349/350, carte.)

— Conflit entre Tchentou et Tchongking. (*Revue indo-chinoise*, Mai 1912, pp. 513/514.)

— Voyage au Sseu-tch'ouan et aux marches orientales du Tibet. Par G. Ch. Toussaint. (*La Géographie*, 15 Juillet 1912, pp. 7/10.)

— Cremer. — Bericht über eine Reise in der chinesischen Provinz Szetschuan. (*Zeit. Berger*, Berlin, LXI, 1913, Abb., 1/446 mit 5 Taf.)

— Omei San: the Sacred Mountain of West China. By E. T. Shields, M. D. (*Journ. N. C. B. R. As. Soc.*, Vol. XLIV, 1913, pp. 100/109.)

— Mythical and Practical in Szechwan. By James Hutson. (*The National Review*, 6 sept. 1913, pp. 237/238; 13 sept., pp. 269/271; 20 sept., pp. 301/302; 4 oct., pp. 363/364; 11 oct., pp. 395/397; 18 oct., pp. 425/426, 441/442; 25 oct., pp. 457/458; 1 nov., pp. 488/489; 8 nov., pp. 516/517; 15 nov., pp. 549/550.)

Notice : *Journ. N. C. B. R. As. Soc.*, XLVII, 1916, p. 147, by L. K.

— En Chine. — Notes commerciales sur le Ze-Tchuen et ses débouchés actuels. Par le Cap. P. A. Lapicque. (*Bull. Soc. Géog. commerciale*, Mai 1914, pp. 324/339.)

Hong-kong, décembre 1913.

W. Stötzner.

— Expedition in die chinesische Provinz Szetschuan. (*Geog. Zeitsch. Leipzig*, XIX, 1913, pp. 702/703.)

Sous la direction de l'ethnographe Walter Stötzner, l'ornithologue Dr Weigold, l'entomologiste Funke et Dr Israel, météorologiste.

— Expedition von W. Stötzner nach Szetschuan. (*Zeitsch. d. Ges. f. Erdk. zu Berlin*, 1914, p. 569).

— Stötznerschen Sse-tchuan-Expedition. (*Geogr. Zeitschr. Leipzig*, XX, 1914, p. 346.)

Lettre de Fritz Secker datée de Tchengtou, Avril 1914.

— Die Stötznersche Szetschuanexpedition. (*Petermann's Mitt.*, Juni 1914, pp. 26/27.)

Cf. Juni 1914, p. 344.

Cf. Fr. Secker, *Ostasiat. Lloyd*, 1914, Nr. 2, 8, 14 et 19.

— Die Stötznersche Szetschuan-Expedition im Innern Chinas. (*Geogr. Zeitsch., Leipzig* 1915, pp. 231/232.)

— Die Stötznersche Szetschuanexpedition. (*Petermann's Mitt.*, Juni 1917, p. 190).

— Die Stötznersche Szetschwan-Expedition. Von Dr. Ing. Otto Israel, Dresden. (Mit 3 Karten.) (*Petermann's Mitt.*, 1919, pp. 57/63, 94/100.)

∴

— Dr. Limprichts Tätigkeit während Stötzners Szetschuanexpedition. (*Petermann's Mitt.*, Aug. 1915, p. 316.)

— Madrolle. Le Mont O-Mei Lieu de Pèlerinage Bouddhique — Haut Fleuve Bleu — Soui-fou — Tch'ong-K'ing. — Librairie Hachette, 1914, pet. in-8, pp. 16.

— Expeditions in Western China curtailed by the War. (*Geogr. Journ.*, Sept. 1915, p. 240.)

France : Dr Segalen, Comte de Voisins, capitaine Lartigue.
Autriche : Dr. von Handel-Mazetti.

— Note sur les courants commerciaux et le commerce du Kien-tch'ang. Par Jonery, Agent commercial de la Cie Française des Chemins de fer de l'Indochine et du Yunnan. (*Bull. écon. Indo-chine*, N° 113, Mai-Juin 1915, pp. 333/354, 2 cartes.)

— Notizie sulla provincia di Seciuan. (*Boll. Reale Soc. Geogr.*, 1° Novembre 1915, pp. 1185/1187.)

V. Chieri.

— * Deux ans au Se-Tchouan (Chine centrale), par Ch. de Vitis (abbé Vigneron). Orné de nombreuses gravures et d'une carte. Paris, P. Téqui, in-12. — Voir col. 352.

Notice : *Miss. Cath.*, 23 juillet 1915, p. 360.

— The Country and some Customs of the Szechwan Mantze. — Rev. J. H. Edgar. (*Journ. N. C. B. R. As. Soc.*, XLVIII, 1917, pp. 42/56.)

— * The Early History of Chengtu. From the Chou to the close of the Shu Han Dynasty. By Rev. T. Torrance, pp. 18.

Notice : *Journ. N. C. B. R. As. Soc.*, vol. XLVIII., 1917, p. 221. By I. M.

— * H. v. Handel-Mazzetti : Übersicht über die Vegetationsstufen und -formationen von Jünnan und S.-W.-Szetschwan. (*Abh. Akad. Wiss. Wien*, 1916/1917;

S. A. Akad. Anzeiger, Wien, Nr. 18 u. 24, 20 u. 6 S.)

— v. Handel-Mazzetti. — Die österreichische Expedition nach Südwestchina. (*Petermann's Mitt.*, 1918, p. 31.)

Kweiyang, 30 Juni 1917.

Voir VOYAGES.

— Reise im westlichen Szetschwan 1914. Von Dr. Limpricht, Tientsin. (Mit Karte.) (*Petermann's Mitt.*, 1919, pp. 131/137, 173/180, 208/212.)

— Coales' Reisen im nordwestlichen Szetschwan. (*Petermann's Mitt.*, 1920, p. 31.)

Cf. *Ibid.* 1919.

— W. Behrmann. — Reise an der Grenze von China und Tibet. (*Zeitsch. Ges. f. Erdk.* Berlin, 1919, pp. 189/190.)

D'après le *Geog. Journ.*, 1919, p. 228; voya d'oliver Coales.

— Troubles dans le Se-Tchouen. (*Asie franç.*, Janv. 1921, p. 42).

— Situation actuelle du Se-tchouen. (*Asie franç.*, Fév. 1921, p. 74.)

— The Eden of the Flowery Republic. By Dr. Joseph Beech. (*The Nation. Geog. Mag.*, 1920, XXXVIII, pp. 355/374.)

— Voyage à Songp'an et au Thibet. Par A. Bodard. (*Asie française*, Mai 1921, pp. 184/189; carte.)

— La Propriété, l'Impot et les Corvées dans les Marches thibétaines par A. Bodard. (*L'Asie française*, 1921, pp. 368/370.)

— VARIÉTÉS SINOLOGIQUES. N° 43. — 四川西境及北境圖 Carte du Se-Tch'ouan occidental levée en 1908/1910 par le R. P. François Roux 祿方濟 de la Société des Missions étrangères de Paris et récompensée par la Société de Géographie de Paris. — Chang-hai, Imprimerie de la Mission catholique Orphelinat de T'ou-sè-wè — **1915**, in-8, pp. 35 + 1 f. n. ch. er., **cartes.**

(SE TCH'OUAN.)

III. — NOMS.

— The name China by Berthold Laufer. (*T'oung Pao*, N° 5, Décembre 1912, pp. 719/726.)

Notice: *Bul. Ecole F. E. O.*, XIII, 1913, pp. 33/36, par Léonard Aurousseau.

— L'origine du nom de « Chine » par Paul Pelliot. (*T'oung Pao*, N° 5, Décembre 1912, pp. 727/742.)

Notice: *Bul. Ecole F. E. O.*, XIII, 1913, pp. 33/36, par Léonard Aurousseau.

— Encore à propos du nom de «Chine». Par Paul Pelliot. (*T'oung Pao*, Juillet 1913, pp. 427/428.)

— Origin of the Name «China». (*Geog. Journal*, Sept 1913, pp 294/295.

Laufer-Pelliot.

— Yule-Cordier. — Cathay and the Way thither. — London, Hakluyt Society, I, 1915, pp. 1—7.

(NOMS.)

IV. — ETHNOGRAPHIE ET ANTHROPOLOGIE.

Voir FORMOSE, col.: 3321/3322.

Ouvrages divers. — Etudes comparées.

— Contribution à la bibliographie ethnographique de la Chine par Henri Cordier. (*Rev. d'Ethnographie et des Traditions populaires*, 1re année, N° 4, 4e trim. 1920, pp. 295/305; 2me année, N° 5, 1er trim. 1921, pp. 56/61.)

— Marquis d'Hervey de Saint-Denys. — Mémoire sur l'ethnographie de la Chine centrale et méridionale d'après un ensemble de documents inédits, tirés des anciens écrivains chinois. (*Revue orient. et américaine*, XII, 1874, p. 109, carte.)

— A Question on assimilation and on the eyes of Mongolians. By Hyde Clarke. (*Journ. Anthrop. Institute*, London, Vol. VI, 1877, p. 194.)

(OUVRAGES DIVERS. — ÉTUDES COMPARÉES.)

— Zaborowski. — L'âge de la pierre en Chine et l'origine chinoise de la crémation des cadavres. (*Matériaux pour l'Hist. prim. et nat. de l'Homme*, IX, 1878, pp. 439/443.)

— On the Brainweights of some Chinese and Pelew Islanders. By Dr. Crochley Clapham. (*Journ. Anthrop. Institute*, London, VII, 1878, pp. 89/94.)

— Reginald A. Smith. — The Stone Age in Chinese Turkestan. (*Man*, London, 1911, N° 52, with pl.)

— Ethnological Hints afforded by the Stimulants in use among Savages and among the Ancients. By A. W. Buckland. (*Journ. Anthrop. Institute*, London, VIII, 1879, pp. 239/254.)

— M. Much. — Über die Priorität des Eisens oder der Bronze in Ostasien. (*Mitt. Anthrop. Ges. Wien*, IX, 1880, pp. 214/9.)

— B. Hagen. — Einiges über Wachsthumsverhältnisse ostasiatischer Völker. (*Mitt. Anthrop. Ges. Wien*, XIX, 1889, pp. 31/2.)

— Observations on the Natural Colour of the Skin in certain Oriental Races. By Dr. Beddoe . . . (*Journ. Anthrop. Inst.*, London, XIX, 1890, pp. 257/263.)

— Life History of an Aghori Fakir; with Exhibition of the Human Skull used by him as a Drinking Vessel, and Notes on the similar use of Skulls by other Races. By Henry Balfour. (*Journ. Anthrop. Institute*, XXVI, 1897, pp. 340/357, 2 pl.)

— * W. Grube. — Vorläufige Notiz über eine neuerworbene chinesische Sammlung. (*Ethnologisches Notizblatt*, 1899, Vol. II, Heft I, pp. 3/5.)

— Stanislaw Poniatowski. — Przyczynek do kraniologii Chinczyków. Warszawa (*Spraw. Tow. Nauk.*, II, 1900, 143/180).

— Curiosités de l'ethnographie chinoise. (*A travers le Monde*, VII, 1901, pp. 30/31).

∴

— Georg Perthes. — Über den künstlich mißgestalteten Fuß der Chinesin im Hinblick auf die Enstehung der Belastungsdeformitäten. (*Arch. Klin. Chir.*, Berlin, LXVII, 1902, 620/651.)

— Hans Virchow. — Weitere Mitteilungen über Füße von Chinesinnen. (*Zeitschft. Ethn.*, Berlin, XXXVII, 1905, 546/568, mit 4 Taf.)

— Hans Virchow. — Über das nach Form zusammengesetzte Skelett des Fußes einer Chinesin. (*Korr. Bl. D. Ges. Anthr.*, Braunschweig, XLII, 1911, 115/117.)

— H. Virchow. — Über das nach Form zusammengesetzte Skelett des Fußes einer Chinesin. (*Mitt. Anthrop. Ges. Wien*, XLII, 1912.)

— * Hans Virchow. — Der Fuß der Chinesin: Anatomische Untersuchung. Mit 7 farbigen Tafeln und 38 Figuren im Text. Herausgegeben mit Unterstützung der Rudolf-Virchow-Stiftung. Bonn 1913, Verlag von Friedrich Cohen.

Notice: *Mitt. Anthrop. Ges. Wien*, XXXXIV, 1914, Heft III u. IV, pp. 227/229, par R. Pöch.

— J. Clark. — The distorted feet of a Chinese Female. (Aberdeen *Proc. Univ. Anat. Anthr. Soc.*, 1904/1906, 1906, 40/45, with pl.)

— James Frankel. — Über den Fuß der Chinesin. (*Zs. orthopäd. Chir.*, Stuttgart, XIV, 1905, 339/356.)

— Kotondo Hasebe. — Der verkrüppelte Fuß der Chinesinnen. (*Zs. Morph.*, Stuttgart, XIV, 1912, pp. 453/494, mit 9 Taf.)

∴

— F. Birkner. — Beiträge zur Rassenanatomie der Chinesen. (*Arch. Anthr.*, Braunschweig, N. F., IV, 1905, 1/40 mit 20 Taf.; *Corr. Bl. D. Ges. Anthr.*, München, XXXV, 1904, 144/148.)

— F. Birkner. — Haut und Haare bei sechs Chinesenköpfen. (*Arch. Anthr.*, XXXIII, 1906, 142/148.)

— W. Woods Smythe. — The inheritance of acquired character. (*Nature*, London, LXXII, 1905, 152.)

— Note sur l'Anthropologie des Chinois, par Emile Guimet. — Extrait des *Archives d'Anthropologie criminelle*, no. 157. — Janvier 1907, pièce in-8, pp. 2. [Lyon, 6 Mai 1906.]

— Zur Förderung wissenschaftlicher insbesondere ethnologischer Arbeiten in China. (*Geogr. Zeitschrift*, Leipzig, XI, 1905, p. 296).

16.000 Mk. ont été votés au Reichstag pour ces études dont devait s'occuper le Prof. Adolf Fischer, de l'ambassade allemande à Peking.

— Adolf Fischer. — Neuerwerbungen aus China. (*Zeitschrift f. Ethnologie*, 1908, Heft III, pp. 447/449.)

— Sir William Turner. — Contributions to the craniology of the Natives of Borneo, the Malays, the Natives of Formosa, and the Tibetans. (Edinburgh, *Trans. R. Soc.*, XLV, 1907, 781/818, avec 5 pl.)

— * Henri Casnot. — De la tache bleue congénitale mongolique. Thèse. Paris, 1909, in-4, pp. 70.

— Edward P. Leavy. — The congenital pigmentation of Mongolians. (*Lancet*, London, CLXXIV, 1908, 1237).

— A. H. Crook. — Measurements of the Chinese. [Abstract]. (*Nature*, London, LXXVIII, 1908, 607.)

— E. H. J. Schuster. — Description of three Chinese Brains presented by Dr. F. W. Mott, F. R. S., to the Museum of the Royal College of Surgeons. (*J. Anat. Physiol.*, London, XLII, 1908, 351/376; XLIII, 1908, 59/79.)

— Sydney J. Cole. — Remarks on some points in the fissuration of the cerebrum (illustrated by three Chinese Brains). (*J. Anat. Physiol.*, London, XLVI, 1911, pp. 54/68.)

— * E. Baelz. Die Menschenrassen Ostasiens und ihren Zusammenhang mit anderen Rassen. (*Mitt. Anthrop. Ges. Wien*, XXXIX, 1909.)

— Dr. Hans Gaupp. — Vorläufiger Bericht über anthropologische Untersuchungen an Chinesen und Mandshuren in Peking. (*Zeitschft. f. Ethnolog.*, 1909, Heft V, pp. 730/734.)

Notice par L. L.[aloy], *L'Anthropologie*, XXI, N° 1, Janv.-Fév. 1910, pp. 106/107.

— Alt-Kulturelles erläutert durch Neu-Chinesisches. Von C. F. Lehmann-Haupt. (*Zeitschft. f. Ethnol.*, 1909, Heft V, pp. 635/643.)

— W. Fox. — Gardinenhalter von China. (*Ethnologica*, Leipzig, I, 1909, p. 233).

— Etude préliminaire d'un cas de croisement entre un Chinois et une Yucatèque. Par M. Jorge Engerrand. (Communiquée par M. le Dr Georges Hervé.) (*Bul. et Mém. de la Soc. d'Anthr. de Paris*, 1910, pp. 264/266, 1 pl.)

— Note sur deux enfants nés d'un Chinois et d'une Mexicaine de race blanche. Par Jorge Engerrand. (*Revue Anthropologique*, 1912, pp. 122/125, 1 fig.)

— Notes et documents. Enquête sur la question des métis V. — Dans l'Inde. Par G. Labadie-Lagrave. (*Revue indochinoise*, Mai 1913, pp. 559/562.)

Tiré du *Tour du Monde*.

— Ernst Börschmann. — Ein vorgeschichtlicher Fund aus China (Provinz Schantung). (*Zeitschft. f. Ethnolog.*, 1911, Heft I, pp. 153/160.)

— Mission d'Ollone 1906—1909: — Langues des Peuples non chinois de la Chine, par le Commandant d'Ollone, le Capitaine de Fleurelle, le Capitaine Lepage, le Lieutenant de Boyve. — Ouvrage comprenant quarante-cinq vocabulaires avec une carte hors texte — Paris, Ernest Leroux, 1912, gr. in-8, pp. 244 + 1 f. n. ch. tab.

Notices: *Asie française*, Janv. 1913, pp. 46/48, par A. Vissière. — *Bul. Soc. Géog. Com. Paris*; réimp. *Revue indochinoise*, Sept 1912, pp. 282/283. — *Anthropos*, IX, 3, 4, Mai-Aug. 1914, pp. 686/687, par P. F. Hestermann, S. V. D.

Voir Voyages.

— Leopold Katscher. — Die Urbevölkerung Chinas. (*Wiss. Rdsch.*, Leipzig, 1911—1912, 232/236.)

— Kurz. — Zwei Chinesengehirne. Ein Beitrag zur Rassenanatomie. (*Zs. Morph.*, Stuttgart, XVI, 1913, 281/328.)

— A Chinese Phallic Stone. By Staff-Surgeon Konnett H. Jones, M. B., F. Z. S., R. N. (*Man*, 1913, No. 41, pp. 69/70.)

— Vorlagen aus der ostasiatischen Abteilung des Museums für Völkerkunde. Von F. W. K. Müller. (*Zeitschft. f. Ethnol.*, 1912, Heft III u. IV, pp. 662/667.)

— Smithsonian Miscellaneous Collections, Volume 60, Number 16. Remains in Eastern Asia of the Race that peopled America (With Three Plates). By Dr. A. Hrdlička Curator of the Division of Physical Anthropology, U. S. National Museum. Washington, December 31, 1912, in-8, pp. 5.

— A. Hrdlička. — American Race-affinities in Eastern Asia. (*Geogr. Journal*, July 1913, pp. 76/77.)

— Hans Virchow. — Altchinesischer Schädel. (*Zeitschft. f. Ethnologie*, 1913, Heft III, pp. 640/644, fig.)

— Anthropologische Untersuchungen an der Schädelbasis. (Aus dem Anthropologischen Institut der Universität Zurich. Direktor: Prof. Dr. Schlaginhaufen.) Von Dr. Adolf Schultz, Zürich. (Mit 15 Abbildungen.) (*Archiv für Anthropologie*, Bd. XVI, pp. 1/103.)

— Vorläufiger Bericht über Reisen und Studien in China, 1912. Von Herbert Mueller (Peking). (*Zeitschft. f. Ethnologie*, 1913, Heft III, pp. 405/420.)

— L'Age du Bronze en Chine. Par A. de Mortillet. (*Revue Anthropologique*, 1913, pp. 397/415, 12 fig.)

— History of the Finger-Print System by Berthold Laufer. — From the Smithsonian Reports for 1912, pages 631/652. (With Plates 1/7.) Washington, Government Printing Office, 1913, in-8.

— Concerning the History of Finger Prints. — B. Laufer. — Reprinted from *Science*, N. S., Vol. XLV, No. 1169, pages 504/505, May 25, 1917, in-8, pp. IV.

Voir Jurisprudence.

— Further Descriptions of Stone Implements from Yünnan. By J. Coggin Brown, M. Sc., F. G. S. [With Plates xxv/xxx.] Presented at the First Indian Science Congress, January 17th, 1914. Published with the permission of the Director, Geological Survey of India. (*Journ. and Proc. As. Soc. Bengal,* Vol. X, Nos. 7/8. July and August 1914, pp. 265/274.)

Cf. *Ibid.*, Vol. V, N. S., No. 8, 1909, pp. 299/305.

— Stone implements on the Upper Yangtze and Min rivers. J. Huston Edgar. (*Journ. N. C. B. R. A. S.*, vol. XLVIII, 1917, pp. 85/87, planche.)

— Notes sur la Morphologie de l'Encéphale des Asiatiques. Par le Docteur A. Marie, Médecin en chef de l'Asile de Villejuif. (*L'Ethnographie,* 15 Janvier 1914, pp. 81/87.)

— Les Premiers Cours d'Anthropologie par Georges Hervé. (*Revue Anthropologique,* Juillet-Août 1914, pp. 255/260.)

— Cours d'histoire naturelle de l'homme (deuxième race). Peuples de l'Asie Orientale. *Onzième leçon : les Chinois.* Par L.-F. Jauffret. (*Ibid.*, pp. 261/276.)

— Zur altchinesischen Plastik. Erläuterung einiger Neuzugänge im Münchener Ethnographischen Museum. Von L. Scherman. Mit 22 Abbildungen. Sitzungsberichte der Königlich Bayerischen Akademie der Wissenschaften, Philosophisch-philologische und historische Klasse. Jahrgang 1915, 6. Abhandlung. München, 1915, pet. in-8, pp. 62.

Notice par O. Franke : *Ostasiat. Zeit.*, 4. Jhrg., Okt.-Dez. 1915, pp. 216/217.

— Zu der Frage nach Alter und Herkunft der sog. japanischen Dolmen. Von A. Conrady. (*Ostasiat. Zeit.,* 4. Jhrg., Jan.-März 1916, pp. 229/247).

— * Totemic Traces among the Indo-Chinese. (Reprinted from the *Journal of American Folk-lore,* Oct.-Dec. 1917.)

Notice: *Journ. N. C. B. R. A. S.*, L, 1919, pp. 193/195. Par J. Ch. T.

— V. Giuffrida-Ruggeri Ord. di Antropologia nella R. Università di Napoli — Prime Linee di un' antropologia sistematica dell'Asia (con le tabelle della statura, indice cefalico e indice nasale del viv.) — Estratto dall'*Archivio per l'Antropologia e la Etnologia,* Volume XLVII — 1917 — Firenze, Tipografia di M. Ricci — 1919; br. gr. in-8, pp. 87.

— A Note on Head-flattening by E. T. C. Werner H.B.M. Consul, Foochow (retired). (*New China Review,* No. 1, March 1919, pp. 19/22.)

— Gouvernement général de l'Indochine. Enseignement Supérieur d'Indochine. — Cours d'ethnographie indochinoise — Professé aux élèves de l'Ecole supérieure d'Agriculture et de Sylviculture par le Lieutenant-Colonel Bonifacy . . . Hanoi-Haiphong, Imprimerie d'Extrême-Orient, 1919, in-8, pp. 110-v, fig.

Notice : *Bull. Ecole franç. Ext. Orient,* XIX, No. 5, 1919, pp. 26/29, par H. Maspero.

— * Herr O. Jaekel. Über eine altchinesische Darstellung eines neandertaloiden Menschen. (*Zeitsch. d. Deutsch. geol. Ges. Berlin,* Bd. 73, Nr. 1—3, 1921, p. 2.)

TAMBOURS DE BRONZE.

Col. 365 et 3070. — *Bib. Indosinica,* Col. 1780/1781.

— Alte Metalltrommeln aus Südost-Asien. — Mit Unterstützung der Gesellschaft zur Förderung deutscher Wissenschaft, Kunst und Literatur in Böhmen, herausgegeben von Franz Heger, k. u. k. Regierungsrath, Leiter der anthropologisch-ethnographischen Abteilung am k. k. naturhistorischen Hofmuseum in Wien. Nebst einem Band mit 45 Tafeln. — Leipzig 1902. Kommissions-Verlag von Karl W. Hiersemann, gr. in-4, 3 ff. n. ch. p. l. tit., et l'avert. + pp. 245 à 2 col. + 1 f. n. ch. Inhalt. Druck von W. Hamburger, Wien. — Pub. à M. 100. — Tafelband, gr. in-4, 45 planches.

Notice : *Mitt. k. k. Geog. Ges. Wien,* XLV. 1902, pp. 354/355, par L. Bouchal.

— E. W. Cochell. — Chinese Bronze Drums. (*Connoisseur,* London, XV, 1914, 39.)

— Anciens tambours de bronze. Par H. Parmentier, Architecte diplomé, Chef du Service archéologique de l'Ecole française d'Extrême-Orient. (*Bul. de l'Ecole française d'Extrême-Orient,* T. XVIII, n°. 1, 1918, pp. 30, 9 pl.)

Notice : *Revue de l'Hist. des Religions,* Juillet-Oct. 1919, p. 173, par P. Masson-Oursel.

— Anciens tambours de bronze. Par H. Parmentier, Architecte diplômé par le Gouvernement Chef du Service archéologique de l'Ecole française d'Extrême-Orient, Hanoi Imprimerie d'Extrême-Orient, 1918, gr. in-8, pp. 30, 9 planches.

Fait partie du *Bulletin de l'Ecole Française d'Extrême-Orient,* T. XVIII, No 1.

Miao Tseu 苗子

Voir Col. 367/369, 3071/3072.

— Voir pl. XLV de F. Heger, Alte Metalltrommeln, 1902, représentant des Miao-tseu du Kouei-tcheou d'après un MS. chinois illustré.

— * Torii Ryûzo 鳥居龍藏. — *Rapport sur une enquête au sujet des populations Miao* 苗族調査報告 (publication de la *Section ethnographique de l'Académie des Sciences à l'Université de Tôkyo*, 40e année Meiji, 1907; in-8, de 3 + 19 + 4 + 285 + 5 + 25 pages; 1 carte et XLIV planches hors texte).

Notice : *T'oung Pao*, Mai 1908, pp. 274/275. Par Ed. C.[havannes.] — Voir col. 3071.

— *Les Miaos.* (*Bull. Soc. Géog. Est*, XXX, 1909, pp. 241—246. — Du lieutenant d'infanterie coloniale Noiret dans le *Bull. du Comité de l'Asie française*.

— Capitaine de Fleurelle. — *Chez les Miao-Tseu autonomes du Kouei-Tchéou* : reconnaissance au Kin-Ho, traversée de la Mongolie méridionale. (*La Géographie*, 15 Avril 1910, pp. 298/299.)

— Über chinesische Miao tsě-Albums. Von F. Jaeger. (*Ostasiat. Zeit.*, IV. Jhrg., Jan.-März 1916, pp. 266/283; V. Jhrg., 1916/1917, pp. 81/89.)

— Dictionnaire Miao-tseu français, précédé d'un Précis de Grammaire Miao-tseu et suivi d'un Vocabulaire français-miaotseu par F. M. Savina, de la Société des Missions Etrangères de Paris. Hanoi, Imprimerie d'Extrême-Orient. — 1917, gr. in-8, pp. XXII-246.

Forme le No. 2 du Tome XVI du *Bulletin de l'Ecole française d'Extrême-Orient*.

Notice : *Revue Hist. des Religions*, Mai-Juin 1918, pp. 378/379, par P. Masson-Oursel.

Hakka 客家

Col. 369/371, 3072.

Col. 371, 3072.

— J. Dyer Ball. — Hakka Made Easy. Part I. 1896, pet. in-4.

— — Easy Sentences in the Hakka Dialect. Third Edition. 1912, in-8.

Col. 370.

— * Hak-Ka, Syuk, wa Phò Hok, . . . Second Edition. 1899, pet. in-8.

Col. 3072.

— * D. Mac Iver. — A Hakka Index to the Chinese-English Dictionary of H. A. Giles and to the Syllabic Dictionary of S. Wells Williams. 1904, in-8.

— * An English-Chinese Dictionary in the Vernacular of the Hakka People in the Canton Province by Rev. D. Mac Iver, M. A., English Presbyterian Mission, Wu-kin-fu (viâ Swatow). — The American Presbyterian Mission Press, Shanghai, 1905.

Notice : *Imp. & Asiat. Quart. Rev*, April 1908, pp. 391/392, by E.-H. Parker.

— * D. Mac Iver. — A Hakka Syllabary. 1909, in-12.

— Der Hakkadialect (Lautlehre, Silbenlehre und Betonungslehre). Von Johann Heinrich Vömel. (*T'oung Pao*, Décembre 1913, pp. 597/696).

— Die Ureinwohner der Insel Hainan. Vortrag von Franz Heger. [Monatsversammlung am 12. November 1913]. (*Mitt. Anthrop. Ges. Wien, Sitzungsber.*, XXXXIV. Bd., 1914, Heft III u. IV, pp. 6/9.)

— Contribution à l'étude anthropologique des Chinois Hak-ka de la province de Moncay (Tonkin) par le Dr Louis Vaillant, Médecin Major des Troupes coloniales. (*L'Anthropologie*, T. XXX, No 1/2, juin 1920, pp. 83/109).

Lolos 猓猓 ou 玀玀 et Sifan.

Voir col. 371/373, 3072/3073.

— The Lolo Character of Western China. By Hyde Clarke. (*Report British Ass. Adv. Science*, Southampton, 1882, pp. 607/608. — Voir col. 3072.

Paul Vial.

— Yun-nan — Nadokouseu par Paul Vial, Missionnaire apostolique. Extrait des *Annales de la Société des Missions Etrangères*. 1905, in-8, pp. 48, ill.

Sur le titre une figure : M. P. Vial et deux Chrétiens Lolos. Vannes. — Imprimerie Lafolye frères, 2 place des Lices.

— Dictionnaire Français-Lolo, Dialecte Gni. Tribu située dans les sous-préfectures de Lóu nân tcheōu 路南州 Lǒu leâng tcheōu 陸涼州 Koùang-sī tcheōu 廣西州 Province du Yunnan par Paul Vial Missionnaire Apostolique au Yunnan... Hongkong, Imprimerie de la Société des Missions Etrangères, 1909, in-8, pp. (103) + 1 p. n. ch. + pp. 350.

Les pp. (103) comprennent : la Préface, les Notions préliminaires, et la grammaire; les pp. 350 renferment le Dictionnaire.

Notice : *T'oung Pao*, pp. 706/709, 1909, par Henri Cordier.

— * Catéchisme en texte lolo. Publié par P. Vial. Hongkong, 1909, in-8, pp. 72.

— A travers la Chine inconnue — Chez les Lolos, par M. Paul Vial, des Missions étrangères de Paris, missionnaire au Yunnan. (*Miss. Cath.*, 9 Novembre 1917, pp. 537/538; 16 Nov. 1917, pp. 545/547; ill.)

∴

— Dans les derniers recoins de la Chine inconnue. — Chez les Lolos noirs. — De Yuéshi à Tchaokia par M. Valtat, des Missions Etrangères de Paris, missionnaire au Kien-tchang (Chine). (*Miss. Cath.*, 23 avril 1915, pp. 202/204; carte; *ibid.*, 30 avril 1915, pp. 214/216, ill.)

— On the Lolos and other Tribes of Western China. By Augustine Henry. (*Report Brit. Ass. Adv. Science*, Belfast, 1902, pp. 765/766.) — Voir col. 373 et 3072.

— * Ryozo Torii. — Caractères physiques des tribus Lolo du Sud de la Chine. (Tokyo, *Journ. Sc.*, XXII, 1907, 441/445.) [En japonais].

ALFRED LIÉTARD.

— Notions de grammaire lo-lo (Dialecte A-hi). Par M. Alfred Liétard, Missionnaire apostolique à Djo-kou-la (Yun-nan). (*Bull. Ecole fr. Ext. Orient*, IX, N° 2, Avril-Juin 1909, pp. 285/314.)

Notice : *Miss. Cath.*, 4 mars 1910, p. 108.

— Notions de grammaire lo-lo, Dialecte A-hi, par Alfred Liétard, de la Société des Missions étrangères de Paris. (*T'oung Pao*, Déc. 1911, pp. 627/663.)

— Note sur les dialectes Lolo. Par M. Alfred Liétard, de la Société des Missions étrangères de Paris. (*Bull. Ecole franç. Ext. Orient*, IX, N° 3, Juillet-Sept. 1909, pp. 549/572.)

— Essai de dictionnaire lolo-français, Dialecte A-hi par Alfred Liétard, de la Société des Missions étrangères de Paris. (*T'oung Pao*, Mars 1911, pp. 1/37; Mai, pp. 123/156; Juillet, pp. 316/346; Oct. 1911, pp. 544/558.)

— Vocabulaire français-lolo, Dialecte A-hi par Alfred Liétard . . . (*T'oung Pao*, Mars, 1912, pp. 1/42.)

— Essai de Dictionnaire lolo-français Reproduisant le dialecte parlé par la tribu des « A-Hi » suivi d'un Vocabulaire français-lolo (A-Hi) par Alfred Liétard de la Société des Missions étrangères de Paris, Missionnaire apostolique au Yun-nan (Chine). — Extrait du « *T'oung pao* », Vol. XII et XIII. — E. J. Brill, Leide. — 1912, in-8, pp. 194.

— * Alfred Liétard. — Au Yun-nan, les Lo-lo p'o. Une tribu des Aborigènes de la Chine méridionale. *Anthropos* — Bibliothek, Bd. I, 5, Heft, Münster i. W. 1913. Aschendorffsche Verlagsbuchhandlung.

Notice : *Mitt. Anthrop. Ges. Wien*, XXXXIV. Bd., I. u. II. Heft, 1914, pp. 73/74. Par F. Heger.

∴

— Paul Boell. — Nécrologie par H. C. (*T'oung Pao*, Mai 1909, p. 229). — Col. 373.

Paul Victor Boell, † à Toulon le 28 février 1909, dans sa 51e année.

— Les Lolos... par Henri Cordier. (*T'oung Pao*, Déc. 1907.) — Voir col. 3073.

Notices : *Geog. Journal*, May 1905, p. 565. — *Bul. Com. Asie française*, Sept. 1908, p. 396, par C. M.[adrolle].

— Des groupes ethniques Lolo et Xa (Les Montagnards du Tonkin) par le Colonel Diguet. — Chap. VIII. (*Revue Coloniale*, Janv. 1908, pp. 28/37.)

— Quelques peuplades Lo-lo par Cl. Madrolle 馬 — Extrait du *T'oung Pao*, Série II, Vol. IX, N° 4. — E.-J. Brill, Leide, 1908, in-8, pp. 50, carte.

— A travers la Chine inconnue. — Chez les Lolos. Par M. de Guébriant des Missions étrangères de Paris, Missionnaire au Su-tchuen méridional. (*Miss. Cath.*, XL, 1908, 3 avril, pp. 164/166; 10 avril, pp. 172/173; 24 avril, pp. 199/203; 1er mai, pp. 207/209; 8 mai, pp. 221/224.)

— J. W. Brooke. (*Geog. Journ.*, Feb. 1909, pp. 222/223.)

Massacré le 29 déc. 1908, par les Lolos.

— Mission Brooke. (*La Géographie*, 14 juillet 1909, p. 51).

— Die Ermordung des englischen Forschungsreisenden J. W. Brooke durch die Lolos. Von —er. (*Mitt. k. k. geog. Ges. Wien*, LIII. Bd., 1910, pp. 231/232).

A.-F. LEGENDRE.

— Far West chinois. Races aborigènes. — Les Lolos. — Etude ethnologique et anthropologique. Par le Dr. A. F. Legendre, Médecin-Major de 1ère Classe des troupes coloniales. (*T'oung Pao*, 1909, juillet, pp. 340/380; oct., pp. 399/444; déc., pp. 603/665.)

Tirage à part : E.-J. Brill, Leide, 1909, in-8, pp. 151, 1 pl. et tableaux.

Notice : *Bul. Soc. Géog. Lyon*, 1911, pp. 78/81, par M. Z[immermann].

— Extrait des *Bulletins et Mémoires de la Société d'Anthropologie de Paris*. (Séance du 17 Février 1910). — Les Lolos (Etude anthropologique). M. le Dr A. F. Legendre, ... in-8, ch. p. 77/94, 3 pl.

Réimp. du *T'oung Pao*, avec l'addition d'illustrations.

— Les Lolos. Par A.-F. Legendre. (*Bul. Com. Asie franç.*, Nov. 1909, pp. 487—496.)

Paris, 14 novembre 1909.

— Le Far-West chinois — Kientchang et Lolotie Chinois — Lolos-Sifans Impressions de voyage, Etude géographique, sociale et économique par le Dr A.-F. Legendre, Médecin-Major de 1re classe des troupes coloniales, chargé d'une mission de trois années à Tchentou (Setchouan). Ouvrage accompagné d une carte et de gravures. Paris, Librairie Plon, 1910, in-16, 1 f. n. ch. + pp. 4.1.

Notices : *Bul. Soc. Géog. Lyon*, 1912, pp. 98/99, par M. Z.[immermann]. — *Bul. Soc. Géog. Lille*, 1913, p. 247.

— Far West Chinois. — Kientchang. Les Lolos. Par le Dr A.-F. Legendre. (*Revue de l'Ecole d'Anthropologie*, 1910, pp. 185/205, 7 fig.)

— The Lolos of Kientchang, Western China. [With 4 plates.] By Dr. A. F. Legendre. (*Annual Report of . . . the Smithsonian Inst. . . ., year ending June 30, 1911*, pp. 569/586).

Trad. de la *Revue de l'Ecole d'Anthropologie* 1910, XX, pp. 185/205.

— Les Lolos (Etude anthropologique) par M. le Dr. A. Legendre. (*Bul. et Mém. de la Soc. d'Anth. de Paris*, 1910, pp. 77/94, 3 pl.)

— Far West Chinois. — Aborigènes : Lolos. Par M. le Dr A.-F. Legendre. (*Bul. et Mém. de la Soc. d'Anth. de Paris*, 1910, pp. 520/522.)

— Les Lolos. Par M. le Dr A.-F. Legendre. (*Bul. Soc. Géog. Est*, XXXI, 1910, pp. 221/225).

Réimp. du *Bul. de la Soc. d'Anthropologie*.

Col. 3073.

— Mission d'Ollone 1906—1909. — Ecritures des Peuples non chinois de la Chine, Quatre Dictionnaires Lolo et Miao Tseu dressés par le Commandant d'Ollone avec le concours de Monseigneur de Guébriant Évêque du Kien Tch'ang. Ouvrage contenant 9 Planches, 103 Tableaux et une Carte hors texte. Paris, Ernest Leroux, 1912, gr. in-8, pp. 301 + 1 f. n. ch. table.

Notices : *Asie française*, Janv. 1913, pp. 46/48, par A. Vissière. — *Miss. Cath.*, 21 mars 1913, p. 144. — *Asiatic Rev.*, Feb. 1914, pp. 261/3, par E. H. Parker.

— La Traversée du pays des Lolos par le Capitaine d'Ollone. (*Bul. Soc. Géog.*, Lyon, 1907, pp. 203/204).

— Stèle de Sa Lien, constitution des grands fiefs lolos, par M. le Commandant d'Ollone. (*Journ. Asiat.*, Sept.-Oct. 1910, pp. 229/245, fig.)

— La légende du déluge chez les Lolos. (*Bul. Soc. Géog. Est*, XXXI, 1910, pp. 254—255).

— La légende du déluge chez les Lolos (racontée par le Capitaine de Fleurelle, de la Mission d'Ollone.) (*Revue Indochinoise*, avril 1911, pp. 400/401).

— La légende du déluge chez les Lolos. (*A travers le Monde*, XVII, 1911, p. 79).

∴

— Conférence de M. Pierre Duchesne-Fournet le 26 novembre 1909. (*Bul. Com. Asie française*, Janv. 1910, pp. 24/32, fig.)

Du Tonkin à Hankeou, par le Yunnan et le Seu-tchouan.

— Le Serment des 37 tribus lolos. Par Fernand Farjenel. (*Journ. Asiat.*, Mai-Juin 1910, pp. 574/584.)

Note de M. Chavannes et fac-simile. — Note de M. Senart, Président.

— Le Serment des 37 tribus lolos par M. Fernand Farjenel. — Extrait du *Journal Asiatique* (Mai-Juin 1910). Paris. Imprimerie nationale, MCMX, in-8, pp. 12 + 1 f. n. ch.

Le f. n. ch. renferme : Note n'ayant pas figuré dans le *Journal Asiatique*.

∴

— Mr. Fergusson's Map of the Lolo Country. (*Geog. Journal*, Oct. 1910, pp. 438/439, map.)

— Lolo Objects in the Public Museum Milwaukee — Frederick Starr — [Reprinted from Vol. I, Part 2, of the *Bulletin of the Public Museum of the City of Milwaukee*] — [Issued July, 1911, in-8, pp. ch. 209/220, 8 pl.

Mr. Starr a donné un facsimile à 50 ex. d'un Ms. lolo.

— Beiträge zur Ethnographie der Lolo. Katalog der Sammlung Weiss im kgl. Museum für Völkerkunde zu Berlin. Von Herbert Mueller. (*Baessler-Archiv*, III, 1913, pp. 38/68, 2 pl., 1 carte.)

Notice : *T'oung Pao*, Oct. 1912, pp. 664/665, par Ed. Chavannes.

— Les désignations ethniques Houei-houei et Lolo. Par A. Vissière. (*Journ. Asiatique*, Janv.—Fév. 1914, pp. 175/182.)

Man-tseu.

Col. 373/374, 3074.

— * The Marches of the Mantze. By J. H. Edgar. London : China Inland Mission, 1908, in-8, pp. VIII-68, ill.

Mo so 磨些

Col. 374.

— J. Monpeyrat, Administrateur des Services civils. — Notes sur les Mousseux de la province de Muong-sing (Haut-Laos Occidental). (*Revue indo-chinoise*, 30 nov. 1905, pp. 1614/1623.)

— Les Mossos (Ch. Eudes Bonin, *Les Royaumes des Neiges*, Etats Himalayens). Paris, 1911, pp. 281/296. — Voir col. 374.

— Les Mo-sos: Mo-sié 麼些 par Henri Cordier. (*T'oung Pao*, Déc. 1908, pp. 663/688, Figures.)

Tirage à part: E.-J. Brill, 1908, in-8, pp. 28, 2 planches.

—.Henri Cordier. — Les Mo-sos. (*Journal des Savants*, Mars 1911, pp. 129/134.)

— Documents historiques et géographiques relatifs à Li-Kiang. Par Edouard Chavannes. (*T'oung Pao*, Oct. 1912, pp. 565/653, fig.)

— Collection de l'Institut ethnographique international de Paris. — Les Mo-so — Ethnographie des Mo-so, leurs religions, leur langue et leur écriture. Par J. Bacot. Avec les Documents historiques et géographiques relatifs à Li-Kiang par Ed. Chavannes, Membre de l'Institut. Ouvrage contenant 41 planches de gravures hors texte et une carte [fig.] — Leide — E.-J. Brill, 1913, gr. in-8, pp. VI + 1 f. n. ch. + pp. 218.

Notice: *T'oung Pao*, XIV, Oct. 1913, pp. 488/490, par Ed. Chavannes.

— The Nichols Mo-so Manuscript. By Berthold Laufer. (*Geographical Review*, I, 1916, pp. 274/285.)

— The Nichols Mo-so Manuscript. By Berthold Laufer, Ph. D., Field Museum of Natural History, Chicago [Reprinted from *The Geographical Review*, April 1916, Vol. I], in-8, pp. ch. 274/285.

Iu Tseu.

Col 374.

— * The Yu or Yan Lo Tribe of South China. By A. L. Nairn, 1910, pp. 36/11.

Presented by the Author. — Typewritten. — *Geog. Journal*.

T'ou Jen (Thô).

Cf. *Bib. Indosinica*, col. 1782, 1787, 1789, 1790.

— Race indigène ou Tou-jen du Kouang-Si par Mgr. Lavest, Préfet apostolique du Quang-si. (*Revue indo-chinoise*, 15 nov. 1905, pp. 1570/1582.)

— Rudiments d'un vocabulaire du dialecte des T'ou-jen (Thô) de la région de Longtcheou. Par J. Beauvais, Consul de France. (*Revue indo-chinoise*, Avril 1909, pp. 330/342.)

Li sou.

— Vocabulaire Lyssou, recueilli à Tsékou sur les rives du Lan-tsan-kiang, Lakiou ou Haut-Mékong, par le Père Alexandre Biet, Missionnaire apostolique au Thibet, accompagné de notes, d'une introduction et d'un vocabulaire lyssou-français par M. le Marquis de Croizier. (*Mém. Soc. Acad. Indo-Chinoise*, I, 1879, pp. 22/41.)

Voir col. 360.

— Vocabulaire Lyssou, recueilli à Tsékou sur les rives du Lan-tsan-kiang, Lakiou ou Haut Mëkong, par le Père Alexandre Biet, Missionnaire apostolique au Thibet, Accompagné de notes, d'une introduction et d'un vocabulaire lyssou-français par M. le Marquis de Croizier . . . — Saint-Quentin, Typ. et lith. Jules Moureau, in-4, pp. 20.

— The land of the crossbow. By George Forrest. (*Nat. Geogr. Mag. Washington*, XXI, 1910, pp. 132/156; ill.)

— Lisu .(Yawyin) Tribes of the Burma-China Frontier. By Archibald Rose and J. Coggin Brown . . . Calcutta: Printed at the Baptist Mission Press, and published by The Asiatic Society, 1, Park Street, 1910, gr. in-4, 9 pl.

Memoirs of the Asiatic Society of Bengal, Vol. III, No. 4, pp. 249/277.

Populations diverses.

Col. 359/367, 3069/3071.

— Notice ethnographique sur quelques races du Yunnan. (*Bul. écon. Indochine*, 1er juillet 1899, pp. 427/429).

Par M. Gaide, Médecin des Colonies.

— Notice ethnographique sur les principales races indigènes de la Chine méridionale (Yun-nan en particulier) et du nord de l'Indo-Chine, par M. le Dr L. Gaide. . . Ex-Médecin du Consulat de France de Sse-mao (Chine). (*Ann. d'hyg. et de médecine colon.*, V, 1902, pp. 449/494).

— Notice ethnographique sur les principales races indigènes du Yunnan et du Nord de l'Indo-Chine précédée de renseignements généraux sur la province du

Yunnan et principalement sur la région des Sip Song Pan-Na. Par le Docteur Gaide. . . . (*Revue indo-chinoise,* 1905, 15 avril, pp. 471/480; 30 avril, pp. 544/552, 15 mai, pp. 646/657; 30 mai, pp. 707/716; 15 juin, pp. 787/793; 30 juin, pp. 838/854.)

— Les Tchouang, esquisse anthropologique, par M. E.-T. Hamy. — Extrait du *Bulletin du Museum d'Histoire naturelle.* — 1905, n° 1, p. 7, in-8, pp. 3.

Imprimerie nationale. — Mars 1905.

— Notes sur les coutumes des indigènes de la région de Long-tcheou. Par M. J. Beauvais, Consul de France à Hoi-hao, Correspondant de l'Ecole française d'Extrême-Orient. (*Bul. Ecole franç. Ext. Orient,* VII, juillet-déc. 1907, pp. 265/295.)

— Essai de Dictionnaire $Dioi_3$-Français Reproduisant la langue parlée par les tribus Thai de la haute Rivière de l'Ouest, (西江) suivi d'un Vocabulaire Français-$Dioi_3$, par Jos. Esquirol et Gust. Williatte, de la Société des Missions Etrangères. Hongkong, Imprimerie de la Société des Missions Etrangères. 1908, in-8, pp. LVI-669.

Notices : *T'oung Pao*, Juillet 1909, pp 385/386, par H. C.[ordier]. — *Bul. Ecole Franç. Ext. Orient,* IX, No. 2, Avril-Juin 1909, pp. 394/397, par Ed. Huber.

— Les deux frères (Conte Dioy), par M. G. Williate, des Missions étrangères de Paris, Missionnaire au Koui-tchéou (Chine). (*Miss. Cath.*, 11 Juin 1920, pp. 271/273.)

— Notes Ethnographiques sur les Tribus du Kouy-tcheou (Chine). Par le P. Aloys Schotter, Missionnaire de la Soc. des Miss. Etrangères, Hin-y-fou, Kouy-tcheou. (*Anthropos,* III, 1908, fasc. 3, pp. 397/425; IV, fasc. 2, Mars-Avril 1909, pp. 318/353; fig.)

— Les Barbares soumis du Yunnan, Chapitre du Tien hi 滇繫 Traduit par MM. G. Soulié, vice-consul de France à Yunnan-fou, et Tchang Yi-Tch'ou, 張翼樞 répétiteur à l'Ecole Pavie, Annoté par le Commandant Bonifacy, Correspondant de l'Ecole Française d'Extrême-Orient. (*Bull. Ecole fr. Ext.-Orient,* Janv.-Juin 1908, pp. 149/176 [carte, 1 : 2,000.000]; Juillet-Déc. 1908, pp. 333/379.)

– Extrait du *Bulletin de l'École française d'Extrême-Orient.* Janvier-Juin et Juillet-Décembre 1908. — Les Barbares soumis du Yunnan, traduction de Georges Soulié, Vice-Consul de France à Yunnan-Fou, [et] Tchang Yi-tch'ou Répétiteur à l'École Pavie. Notes du C[t] Bonifacy . . . Hanoi, Imprimerie d'Extrême-Orient, 1908, gr. in-8, pp. 75, carte.

— From Peking to Mandalay, A Journey from North China to Burma through Tibetan Ssuch'nan and Yunnan, By R. F. Johnston . . . With Map and Illustrations. London, John Murray, 1908, in-8, pp. XII-460.

Chap XV. Ethnology of the Chinese Far West, pp. 265/292.

— The tribes of North-Western Se-chuan. (*Geogr. Journ.*, Dec. 1908, pp. 594/597.)

Avec une carte, p. 648, voyages en 1906 et 1907 de W. N. Fergusson, l'un des agents de la British and Foreign Bible Society à Tch'engtou.

— Les tribus du nord-ouest du Sseu-tch'ouan. Par J. Deniker. (*La Géographie*, 15 janvier 1909, pp. 68/69.)

— Yün-Nan . . . By Major H. R. Davies, 1909. — Voir col. 3332.

The Tribes of Yün-Nan, pp. 332/398.

— Les Populations autochtones du Yunnan. Par le Dr Paul Chazarain-Wetzel. (*A travers le Monde,* XVI, 1910, pp. 145/148; illustr.)

— Etudes anthropologiques sur les Chinois du Se tchouen. Par M. le Dr A. Legendre. (*Bul. et Mém. de la Soc. d'Anth. de Paris,* 1910, pp. 158/165.)

— Étude anthropologique sur les Chinois du Se-tchouen. — Anthropométrie. (*Ibid.*, 1911, pp. 102/124.)

— Les populations du Yunnan (Extrait de la communication du Dr. Legendre à *la Géographie*). (*Revue indo-chinoise,* Février 1913, pp. 214/217.)

— G. Duncan Whyte. — Notes on the height and weight of the Hoklo people of the Kwangtung Province. South China. (London, *J. R. Anthrop. Inst.*, XLI, 1911, 278/300.). — Voir col. 3325.

— Voyage d'exploration au Yunnan central et septentrional. Populations : Chinois et aborigènes. Par M. A.-F. Legendre. (*Bul. et Mém. de la Soc. d'Anth. de Paris,* 1913, pp. 447/457.) — Conférence Broca, 13 mars 1913.

— Die Li auf Hainan und ihre Beziehungen zum asiatischen Kontinent. Von. Walter Strzoda (Soochow). (*Zeitschft. f. Ethnologie,* 1911, Heft II, pp. 193/236.)

— * Among the Tribes in South-West China. By Samuel R. Clarke, For Thirty-three years a Missionary in China. China Inland Mission, London, Philadelphia . . .

Morgan & Scott, 1911, pp. XVIII-316, cartes et ill.

Notices : *Journ. N. C. B. R. As. Soc.*, XLIII, 1912, pp. 94/95, by J. W. W. — *Lond. & China Express*, May 5, 1911.

— Au Yun-nan, Min-kia 民家 et La-ma jen 那馬人 Par le P. A. Liétard, du Sém. des Miss. Etr. de Paris (Yunnan). (*Anthropos*, Bd. VII, Heft 4, 5, Juli-Oktober 1912, pp. 677/705.)

— * The Tribespeople of Kweichow, by J. R. Adam, Anshunfu, Kweichow; fig. (*China's Millions*, Vol. XL, January 1914).

— * Another Tour among the Tribes People, by J. R. Adam, Anshunfu, Kweichow; fig (*Ibid.*, February 1914).

— J. Coggin Brown. — The A-ch'ang (Maingtha) tribe of Hobsa-Lahsa, Yunnan. (Calcutta, *Journ. As. Soc. Bengal*, IX, 1913, 137/148 with maps.)

(POPULATIONS DIVERSES.)

— L'enfance chez les Chinois de la Province de Kan Sou. Par le P. J. Dols, de la Congr. de Scheut, Ts'ing-choei, Kan-sou, Chine. (*Anthropos*, III, Heft 4, pp. 761/770.)

— La vie chinoise dans la province de Kan-sou (Chine). Par le P. J. Dols, C. M. I., Missionnaire au Kan Sou. (*Anthropos*, X/XI, 1915/1916, 466/503, 726/727; XII/XIII, 1917/1918, 236/262.)

— Les Races du Kouangtong et leur Evangélisation. (*Les Nouvelles religieuses*, 15 déc. 1912, pp. 745/748.)

— Hoklo, voir KOUANG TOUNG, col.

— * The History, Customs and Religion of the Ch'iang: an Aboriginal People of West China. By Rev. Thomas Torrance. Shanghai: Printed by the *Shanghai Mercury*, pp. 36.

Notice : *New China Review*, II, October 1920, pp. 503/504.

(POPULATIONS DIVERSES.)

V — CLIMAT ET MÉTÉOROLOGIE.

Col. 374/388, 2410, 3073/3076.

— Department of the Interior. Weather Bureau. — Special Report of the Director of the Philippine Weather Bureau. — The Cyclones of the Far East by Rev. José Algué, S. J., Director of the Philippine Weather Bureau, Manila Observatory. — Second (revised) edition. — Manila: Bureau of Public Printing. 1904, in-4, pp. 283.

First edition, 1897.

Notice : *Edinburgh Rev.*, Jan.-April 1905, pp. 216/236.

Voir TYPHONS, col. 3283.

— Rainfall in Formosa and some of the Effects on the Island and Mainland of China. By J. Thomson. (*Report Brit. Ass. Adv. Science*, Edinburgh, 1892, pp. 811/812).

— Deux chutes de grêle à trois mille ans de distance. Par Louis Tourcher, S. J. (*Chine Ceylan Madagascar*, Sept. 1912, pp. 206/209.)

— Deux chutes de grêle à trois mille ans de distance par le R. P. Louis Tourcher, de la Compagnie de Jésus. (*Miss. Cath.*, 4 Déc. 1914, pp. 587/588.

— * Rainfall in China, 1900/1911. By Co-Ching-Chu. (*Monthly Weather Review*, 44, 1916, pp. 276/281; illustrations.)

(DIVERS.)

— Some Chinese Contributions to Meteorology. By Co-ching Chu. (*Geographical Review*, V, Jan.-June 1918, pp. 136/139.)

— * Hélioscope polariseur, par le Père S. Chevalier. (*Bulletin astronomique*, Tome XXIII, Octobre 1906.)

— * Ephémérides des planètes (461) Saskia et (495) Eulalia. (*Astronomische Nachrichten*, n° 4129, par le R. P. P. Tsutsihashi.)

— * Éphéméride de la planète (500) Selimur. (*Astronomische Nachrichten*, n° 4136, par le R. P. P. Tsutsihashi.)

— Notes on Temperatures in high Altitudes on the Tibetan Border. — By Rev. J. Huston Edgar, F. R. G. S. (*Journ. N. C. B. R. As. Soc.*, Vol. XLV, 1914, pp. 57/64.)

— * A meteorologist in China. By C. E. P. Brooks. (*Q. J. R. Meteor. S.*, 43, 1917, pp. 1/14; ill.)

— Note sur la climatologie de Pak-hoi (Quang-toung). (*Bul. écon. de l'Indo-Chine*, 1900, pp. 424/432.)

Par M. Gaston Liébert, consul.

(DIVERS.)

— Climatologie de Yunnan-sen Année 1903 D'après les observations relevées au Consulat général et résumées par M. Le Lay, météorologiste titulaire. (*Bul. écon. Indo-Chine,* 1904, pp. 646/650.)

— Notes sur le climat de Quang-tchéou-wan (Chine méridionale) par M. le Dr Broquet. (*Ann. d'hyg. et de méd. colon.*, X, 1907, pp. 183/186.)

— * Notes on the Climate of Eastern Asia. By Prof. Alfred J. Henry. (*Monthly Weather Rev.*, 36 (1908), pp. 364/368.)

— La Station climatique de Kou-ling en Chine. (*A travers le Monde,* XI, 1905, p. 15.)

— Sur le climat de Tchentou (Setchouen). Par M. le Docteur Legendre (Première partie). (*Annuaire de la Société météorologique de France,* Janv.-Fév.-Mars 1910, pp. 20/33.)

— Sur le climat de Tchentou (Setchouen). Par le Dr A.-F. Legendre. (Deuxième partie.) (*Ann. Soc. Méteorol. de France,* Oct. 1910, pp. 285/300.)

— Notes sur le climat de Tchentou (Chine), par M. le Dr J. Legendre. (*Ann. d'hyg. et de méd. colon.,* XII, 1909, pp. 101/107.)

— Données sur le climat de la Mantchourie et de la Chine. (*Ann. de Géogr.*, 15 Mai 1912, pp. 277/278.)

Col. 379/380.

— * Meteorological Observations made at the Hong Kong Observatory in the year 1907. Hong Kong, 1908.

— * Meteorological Observations made at the Hong Kong Observatory in the year 1908. Hong Kong, 1909.

— On the Meteorology of South-Eastern China in 1886. By William Doberck, Ph. D., . . . Government Astronomer, Hongkong Observatory. [From the *Quarterly Journal of the Royal Meteorological Society*) Vol. XIV, No. 67, July 1888], in-8, pp. ch. 217/221.

OBSERVATOIRE MÉTÉOROLOGIQUE ET MAGNÉTIQUE DE LA COMPAGNIE DE JÉSUS A ZI-KA-WEI.

Col. 384.

— Observatoire de Zi-ka-wei près Changhai, Chine. — L'inclinaison des vents sur l'horizon 3e note. — Première année d'Observations 1886. — Par le P. Marc Dechevrens S. J. Directeur de l'Observatoire. — Zi-ka-wei, Typographie de la Mission catholique à l'Orphelinat de Tou-sè-wè. — 1887, in-4, pp. 35.

(Divers. — Observatoire de Zi-ka-wei.)

Col. 384.

— Observatoire de Zi-ka-wei près Changhai, Chine. — Mouvements des couches élevées de l'atmosphère à Zi-ka-wei, déterminés par la direction des Cirri. — Par le P. Marc Dechevrens S. J. Directeur de l'Observatoire. — Zi-ka-wei, Imprimerie de la Mission catholique à l'Orphelinat de Tou-sè-wè. — 1885, in-4, pp. 15.

S. Chevalier.

— * Résumé des observations solaires faites à l'Observatoire de Zô-sè durant le 1er semestre de l'année 1905, par le P. S. Chevalier. (*Atti della Pontificia Accademia Romana dei Nuovi Lincei,* anno LIX.)

— * Sur la cause du trouble des images solaires au foyer d'un réfracteur, par suite d'une exposition prolongée au soleil, par le Père S. Chevalier. (*Bulletin astronomique,* Tome XXIII, Mars 1906.)

— * Taches solaires en 1905. Note sur leur distribution en longitude (faits et conséquences), par le Père S. Chevalier. (*Bulletin astronomique,* Tome XXIII, Novembre 1906.)

— * On the brightness of the inner edge of the penumbra in Sun-Spots, by R. S. Chevalier. (*Astrophysical Journal,* Vol. XXIV, Nov. 1906.)

— Observatoire de Zi-ka-wei. — La comète Morehouse par le R. P. St. Chevalier S. J. Directeur de l'Observatoire de Zô-sè — Chang-hai, Imprimerie de la Mission catholique à l'Orphelinat de T'ou-sè-wè — 1909, in-8, pp. 6, 4 pl.

— Passage de la Comète de Halley sur le disque du Soleil. Observations faites à l'Observatoire de Zô-sè. [Sig. S. Chevalier, S. J., Zô-sè, 24 Mai 1910]. — Observations magnétiques des 17, 18, 19 Mai 1910 Lu-kia-pang (près Chang-hai). [Zi-ka-wei, 25 Mai 1910]. Pièce in-4, pp. 4.

Voir col. 1456.

— S. Chevalier, S. J. — Comètes observées durant l'année 1911 — Comète Brooks (1911 c) — Comète Borrelly (1911 e) — Extrait des Annales de l'Observatoire de Zô-sè. Tome VII, 1911 [Imprimerie de T'ou-sè-wè, Zi-ka-wei, Chang-hai], in-4, pp. c. 8, 5 pl.

(Observatoire de Zi-ka-wei. — Chevalier.)

— S. Chevalier, S. J. – Etude photographique de la photosphère solaire — Extrait des Annales de l'Observatoire de Zô-sè. Tome VIII, 1912. [Imprimerie de T'ou-sè-wè, Zi-ka-wei, Chang-hai], in-4, pp. c. 24 + 15 pl.

— Étude photographique des diamètres polaire et équatorial du Soleil (1905 à 1910) par le R. P. S. Chevalier, S. J. — Extrait des Annales de l'Observatoire de Zô-sè. [Imprimerie de T'ou-sè-wè, Zi-ka-wei, Chang-hai], in-4, pp. 38*, 1 pl.

— Étude photographique de l'amas d'étoiles Messier 67 N. G. C. 2682—1900, 0 (8^h 45^m 58^s—12° 11′ 6″) par le R. P. S. Chevalier, S. J. — Extrait des Annales de l'Observatoire de Zô-sè. Tome VIII. 1912. [Imprimerie de T'ou-sè-wè, Zi-ka-wei, Chang-hai], in-4, pp. B 20, 1 pl.

— Étude photographique de l'amas d'étoiles Messier 46 N. G. C. 2437. — 1900, 0 (7^h 37^m 9^s, 71—14° 35′ 57″, 7) par le R. P. S. Chevalier, S. J. — Extrait des Annales de l'Observatoire de Zô-sè. Tome IX. 1913. [Imprimerie de T'ou-sè-wè, Zi-ka-wei, Chang-hai], in-4, pp. D. 43, 1 pl.

— Étude photographique des taches solaires. — Par le R. P. S. Chevalier, S. J. — Extrait des Annales de l'Observatoire de Zô-sè. Tome IX. 1913. [Imprimerie de T'ou-sè-wè, Zi-ka-wei, Chang-hai], in-4, pp. B 42, 27 pl.

— I. Appendice à l'étude photographique des diamètres polaire et équatorial du Soleil. — Étude de l'influence de la dispersion atmosphérique. — II. Quelques mesures photographiques des diamètres de Saturne par le R. P. S. Chevalier, S. J. — Extrait des Annales de l'Observatoire de Zô-sè. Tome IX. 1913. [Imprimerie de T'ou-sè-wè, Zi-ka-wei, Chang-hai], in-4, pp. C. 13.

— Amas d'étoiles Messier 22 N. G. C. 6656, par le R. P. S. Chevalier, S. J. — Extrait des Annales de l'Observatoire de Zô-sè. Tome X. 1915. [Imprimerie de T'ou-sè-wè, Zi-ka-wei, Chang-hai], in-4, pp. C. 51, 5 pl.

— Diamètre et Forme du disque lunaire par le R. P. S. Chevalier, S. J. — Extrait des Annales de l'Observatoire de Zô-sè.

(Observatoire de Zi-ka-wei.)

Tome X. 1915. [Imprimerie de T'ou-sè-wè, Zi-ka-wei, Chang-hai], in-4, pp. B 28 + 1 f. n. ch., 2 pl.

— Recherches sur les taches solaires. — 1° Dissymétrie des taches solaires par rapport au méridien central. 2° Effet Wilson. Elargissement relatif des pénombres voisines du bord et dépression du centre des taches par le R. P. Stanislas Chevalier, S. J. — Extrait des Annales de l'Observatoire de Zô-sè. Tome XI. 1916. [Imprimerie de T'ou-sè-wè, Zi-ka-wei, Chang-hai], in-4, pp. B 24 + 1 p. n. ch.

— Un service météorologique en Extrême-Orient Par Guy de la Haye. (*Rel. de Chine*, Kiang-Nan, Avril 1910, pp. 526/532; fig.)

— Observatoire de Zi-ka-wei. — Annales de l'Observatoire astronomique de Zô-sè (Chine) fondé et dirigé par les missionnaires de la Compagnie de Jésus . . . — Tome II. Année 1906. — Chang-hai, Imprimerie de la Mission catholique à l'Orphelinat de T'ou-sè-wè, 1908, in-4, pp. II-62, 6 pl.

Col. 386.

— Zi-ka-wei Observatory — Typhoon Highways in the Far East by R. F. Louis Froc S. J. Member of the Shanghai Meteorological Society. — N° 1 Across the South End of Formosa Strait. — Zi-ka-wei, Printed at the Catholic Mission Press T'ou-sè-wè Orphan Asylum, 1896. Kelly & Walsh, Shanghai, in-4, pp. 40 + 1 p. n. ch.

— Zi-ka-wei Observatory near Shanghai, China — The «Iltis» Typhoon July 22/25, 1896. By the Rev. Louis Froc, S. J. — Zi-ka-wei, Printed at the Catholic Mission Press T'ou-sè-wè Orphan Asylum, 1896. Kelly & Walsh, Shanghai, in-4, pp. 27-XVIII + 1 p. n. ch.

— Zi-ka-wei Observatory. — The Typhoon of July 28th 1915 (The Chinhai Typhoon) and its Effects at Shanghai by Louis Froc, S. J. — Printed at the T'ou-sè-wè Orphanage Press. Shanghai, 1915, in-4, pp. 40, 3 pl., 12 fig.

— Observatoire de Zi-ka-wei — Note de Sismologie — Le tremblement de terre du Kan-Sou (Chine) 16 décembre 1920 par le R. P. E. Gherzi, S. J. — Imprimerie de la Mission catholique à l'Orphelinat de T'ou-sè-wè Zi-ka-wei, Chang-hai. 1921, in-4, pp. 14, pl.

(Observatoire de Zi-ka-wei.)

— Observatoire de Zi-ka-wei — Appendice au Bulletin météorologique de 1910. — Louis Froc, S. J. La pluie en Chine durant une période de onze années 1900/1910 — Première Partie — Les Observations — 1912 — Chang-Hai, Imprimerie de la Mission catholique à l'Orphelinat de T'ou-sè-wè, in-4, pp. 62, 3 pl.

— Observations magnétiques faites à l'Observatoire de Lukiapang. Changhai, Imprimerie de la Mission Catholique, à l'Orphelinat de T'ou-sè-wè, cahiers in-4.

T. I, Année 1908, publiée en 1911.
T. II, » 1909, » » 1914.
T. III, » 1910, » » 1915.
T. IV, » 1911, » » 1916.
T. V,
T. VI,
T. VII, » 1914, » » 1921.

— Service hydrographique de la Marine .... L'Atmosphère en Extrême-Orient Son Etat normal, ses perturbations par le R. P. Louis Froc, S. J. Directeur de l'Observatoire de Zi-ka-wei — Deuxième édition. Paris, Imprimerie Nationale, 1920, in-8, pp. 291, 37 cartes.

— La Météorologie en Chine et au Japon. (*La Nature*, 1881, I, pp. 118, 119).

— J. de Moidrey, S. J. — Manuel élémentaire de météorologie — Imprimerie de T'ou-sè-wè Zi-ka-wei près Chang-hai 1914, in-8, [en chinois].

— Observatoire de Zi-ka-wei — Études sur le Magnétisme terrestre 1874/1908 résumées par J. de Moidrey S. J. — Fascicule I. — Imprimerie de la Mission catholique Orphelinat de T'ou-sè-wè près Chang-Hai, 1918, in-4, pp. 128.

— A quoi peut servir un Observatoire magnétique. — Par J. de Moidrey, S. J. (*Rel. de Chine*, Kiang-Nan, Juill.-Oct. 1919, pp. 201/205.)

— L'Observatoire de Zi-ka-wei. Par Henri Gauthier, S. J. (*Rel. de Chine*, Kiang-Nan, Janv.-Avril 1919, pp. 137/146; fig.)

— L'Observatoire de Zi-ka-wei. Extrait des *Relations de Chine*, Janvier-Avril 1919, 17e année, No 1, gr. in-8, pp. 12.

Par le P. Henri Gauthier.

— Observatoire de Zi-ka-wei. (*Rel. de Chine*, Kiang-nan, Janv.-Avril 1920, p. 325.)

— Observatoire de Zi-ka-wei. Revue mensuelle, in-4.

Paraît par fascicule.

— Projet de réforme du Calendrier Grégorien ou, plus exactement, projet d'addition à la réforme grégorienne du Calendrier Julien, par le P. Henry Dugout de la Compagnie de Jésus. Imprimerie de l'Orphelinat de T'ou-sè-wè, Zi-ka-wei, près Chang-Hai (Chine), 1917, in-12, pp. 28.

« L'idée d'une Réforme du Calendrier Grégorien n'est pas nouvelle : les dix ou douze dernières années ont vu, à ma connaissance, naître au moins une quarantaine de projets, des provenances les plus diverses » (1).

(1) « Parmi ces projets, il en est un qu'étant donné ma situation, on ne m'en voudra pas de mentionner ici : c'est celui du R. P. Dominique Gandar, S. J., mort missionnaire en Chine le 17 octobre 1910. Son projet, dont les premières lignes datent de 1896, et qu'il remettait encore à jour quelques mois avant sa mort, partait d'un principe différent du mien : appuyé sur Cornelius a Lapide, (*Comment. in Matth.*, XXVII, no 35; édition 1858, p. 535, col. 2), il fixait Pâques au 27 avril, date *probable* (?) de la Résurrection du Christ, et aboutissait à un résultat assez voisin de celui que je propose : Pâques à date fixe et le 1er jour de l'an non compté dans les 52 semaines de l'année. »

— Observatoire de Zikawei — La Température en Chine et à quelques stations voisines d'après des observations quotidiennes compilées par H. Gauthier, S. J. Directeur de l'Observatoire météorologique (XLVIII-784 pages et XIX diagrammes hors texte) — Extrait. Introduction. — Appendice. — Imprimerie de la Mission Catholique Orphelinat de T'ou-sè-wè près Changhai, 1918, in-4, pp. XLVIII + App. pp. 755 à 784.

— — Tome I. Introduction. — Tableaux quotidiens (Janvier-Avril). Ibid., 1918, in-4, pp. XLVIII + pp. 248.

— — Tome II. Tableaux quotidiens (Mai-Septembre). Ibid., 1918, in-4, pp. ch. 249 à 564.

— — Tome III. Tableaux quotidiens. (Octobre-fin). — Appendice. Ibid., 1918, in-4, pp. ch. 565 à 794.

Notice : *Journ. N. C. Br. R. As. Soc.*, L, 1919, pp. 217/219, par N. S. — *Les Etudes*, 20 mars 1919, pp. 762/764, par Louis des Brandes.

CALENDRIER.

Voir col. 386, 3074.

— Observatoire de Zi-ka-wei. — Calendrier Annuaire pour 1907 (5e Année) — Prix : 1 dollar. — Chang-hai, Imprimerie de la Mission catholique à l'Orphelinat de T'ou-sè-wè. — 1907, in-16, pp. 157 + 67*

— pour 1908 (6e année) . . . Ibid., 1907, in-16, pp. 188 + 67*.

— pour 1909, 34e année de Koang-siu et 1e année de Siuen-t'ong (7e année)

— Ibid., 1908, in-16, pp. 173 + 32 pl. + pp. 67*.

— pour 1910, 2e année de Siuen-t'ong (8e année). Ibid., 1909, pp. 120 + 30 pl. + pp. 68*.

— pour 1911, 3e année de Siuen-t'ong (9e année). — Prix : 1 dollar et demi. — Ibid., 1910, in-16, pp. 171 + 30 pl. + pp. 68*.

— pour 1912 (10e année) . . . Ibid., 1911, in-16, pp. 170 + 1 p. n. ch. + 30 pl. + pp. 71*.

— pour 1913 (11e année). Ibid., 1912, in-16, pp. 128 + 28 pl. + pp. 71*.

— pour 1914 (12e année). Ibid., 1913 in-16, pp. 150 + 1 p. n. ch. + 28 pl. + pp. 71*.

— pour 1915 (13e année). Ibid., 1914, in-16, pp. IV-147 + 1 p. n. ch. + 28 pl. + pp. 71*.

— pour 1916 (14e année). Ibid., 1915, in-16, pp. IV-174 + 28 pl. + pp. 71*.

Notice : *Miss. Cath.*, 1916, pp. 95/96.

— pour 1917 (15e année). Prix : 2 dollars. Ibid., 1916, in-16, pp. IV-120.

— pour 1918 (16e année). Ibid., 1917, in-16, pp. IV-174 + 16 pl. + pp. ch. 63*/70* (Table générale des 16 années du Calendrier-Annuaire).

— pour 1919 (17e année). Ibid., 1918, in-16, pp. IV-173 + 1 p. n. ch. + 17 pl. + pp. 111*.

Notices : *Etudes*, 20 mars 1919, pp. 762/761, par Louis des Brandes. — *New China Review*, No. 1, March 1919, p. 110.

— pour 1920 (18e année). Ibid., 1920, in-16, pp. VI-182 + 16 pl. + pp. 111* + 1 p. erratum.

— pour 1921 (19e année). Ibid., 1920, in-16, pp. IV-128 + 16 pl. + pp. 111*.

Notice : *New China Review*, III, Feb. 1921, pp. 75/76.

∴

— The Astronomical and Meteorological Magazine Vol. VI, No. XI. May, 1921. Published by the Astronomical Society of China, in-4, pp. 164 + 7 ff. [en chinois].

(CALENDRIER.)

VI. — HISTOIRE NATURELLE.

Divers.

Col. 388.

— Cuthbert Collingwood. — Né Christmas day 1826, † Octobre 1908.

— A Naturalist in Western China, with Vasculum, Camera, and Gun; being some account of eleven years' travel, exploration, and observation in the more remote parts of the Flowery Kingdom, by Ernest Henry Wilson; with an introduction by C. S. Sargent. London: Methuen & Co., Ltd. 1913. 2 vol. in-8, illust.

Notices : *Lond. & China-Express*, Jan. 30, 1914. — *Journal N. C. B. R. As. Soc.*, XLV, 1914, p. 151, par A. S.

— A Beginning of the Study of the Flora and Fauna of Soochow and Vicinity. — N. Gist Gee Soochow, China. (*Journal N. C. B. R. As. Soc.*, L, 1919, pp. 170/184.)

— Notes on the Agriculture, Botany and the Zoology of China. — B. W. Skvortzow. (*Journal N. C. B. R. As. Soc.*, L, 1919, pp. 49/107; fig. et planches; LI, 1920, pp. 135/158; LII, 1921, pp. 79/111, avec une bibliographie, pp. 104/111.)

Voir AGRICULTURE et ECONOMIE RURALE.

(DIVERS.)

Zoologie.

— * L. Edme Billardon de Sauvigny. — Histoire naturelle des Dorades de la Chine. Paris, 1780, in-fol., fig. col.

Quérard.

— Description of a Collection of Fishes made at Chusan and Ningpo in China, by Dr. G. R. Playfair, Surgeon of the *Phlegethon*, War Steamer, during the late Military Operations in that country. By J. M' Clelland, Bengal Medical Service. (*The Calcutta Journal of Natural History*, IV, 1844, pp. 390/413, pl.)

— Mittheilungen über den Biber, wohl richtiger Die Fisch- und Meeroter, aus chinesischen schriftstellern nach Stanislas Julien von J. F. Brandt. (*Mém. Ac. Imp. Sciences. St. Pétersbourg*, 6e Sér., Sciences naturelles, T. VII, 1855, pp. 357/360.)

(ZOOLOGIE.)

— Untersuchungen über die Verbreitung des Tigers (*Felis Tigris*) und seine Beziehungen zur Menschheit. Ein Sendschreiben an den Herrn Baron A. v. Humboldt von J. F. Brandt. — (Gelesen am 28. März 1856.) (*Mém. Ac. Imp. Sciences St.-Pétersbourg*, 6e Série, Sciences naturelles, T. VIII et dernier, 1859, pp. 145/239.)

§ 9. Beziehungen des Tigers zu den Chinesen, pp. 218/223. (Sur le Tigre [en chinois *hou* 虎] Extrait de l'Encyclopédie *Khe-tchi-king-youen*, livr. 82, fol. 7) par Stanislas Julien, pp. 219/223.)

Anhang. — Kurze naturhistorische und geographische Notizen über den Tiger nach chinesischen Quellen von Prof. Wassiljew, pp. 237/239.)

— Robert Swinhoe. — Ornithology of Amoy. (*Journ. Asiat. Soc. Bengal*, XXIX, 1860, pp. 240/265.)

— Extrait du *Journal de l'Anatomie et de la Physiologie* de M. Ch. Robin. (No 6, Novembre et Décembre 1870/1871.) — Sur des cyprins monstrueux (*C. auratus*) venant de Chine. Par Georges Pouchet, in-8, pages ch. 561/569, 1 pl.

H. E. SAUVAGE.

Col. 419.

— H. E. Sauvage. — Notice sur quelques poissons d'espèces nouvelles ou peu connues provenant des mers de l'Inde et de la Chine. (*Nouv. Archives Mus. Hist. Nat. Paris*, VIII, 1873, pp. 49/62.)

— Sur quelques Batraciens de Chine par M. H. E. Sauvage. (*Bul. Soc. Philom. Paris*, 7e Sér., I, 1876/1877, pp. 115/118.)

— Note sur quelques *Cyprinidae* et *Cobitidinae* d'espèces inédites provenant des eaux douces de la Chine, par M. H. E. Sauvage. (*Bul. Soc. Philom. Paris*, II, 1877/1878, pp. 86/90.)

— Sur une collection de poissons de Swatow, par M. H. E. Sauvage. (*Bul. Soc. Philom. Paris*, 7e Sér., T. V, 1880/1881, pp. 104/107.)

Adressé au Muséum d'Histoire naturelle par A. Fauvel.

C.-F. ANCEY.

— C.-F. Ancey. — Coquilles de la Chine centrale, nouvelles ou peu connues. (*Le Naturaliste*, II, 1882, pp. 44 seq.)

— C.-F. Ancey. — Descriptions de deux nouvelles espèces d'Hélix du Thibet. (*Le Naturaliste*, 1883, p. 485.)

(SAUVAGE. — ANCEY.)

— C.-F. Ancey. — Contributions à la Faune malacologique de la région Indo-Thibétaine. (*Ann. de Malac.*, I, 1884, pp. 381/397.)

— C.-F. Ancey. — Sur les Mollusques des parties centrales de l'Asie (Chine et Thibet) récoltés par M. l'Abbé A. David. (*Naturalista Siciliano*, 1883, pp. 141 seq.; 163 seq.; 209 seq.; 266 seq.)

— Sur divers mollusques terrestres de la Chine et du Japon. Par C. F. Ancey. (*Journ. de Conchyl.*, 1906, pp. 12/23.)

∴

— Description du nouveau genre *Heudeia*, par H. Crosse. (*Journ. de Conchyl.*, 1885, pp. 43/45.)

— Note sur la Faune conchyliologique terrestre et fluviatile de l'île d'Hainan (Chine). Par P. Fischer. (*Journ. de Conchyl.*, 1890, pp. 96/110; 1891, pp. 221/222; 1892, 313/315.)

— Nouveaux hôtes au Museum. — Chameau et Moutons d'Asie. (*A travers le Monde*, I, 1895, p. 116.)

Envoyés par MM. Chaffanjon, Gay et Mangini, du Turkestan. — Voir col. 436.

PIERRE HEUDE, S. J.

Col. 419/421. 3075/3076.

— Diagnoses Molluscorum novorum in Sinis collectorum auctore R. P. M. Heude. (*Journ. de Conchyl.*, 1889, pp. 40/50, 225/229.)

Col. 420.

— Note sur quelques Cerfs de Chine, par le père Heude, missionnaire en Chine. (*Bul. Soc. Philom. Paris*, 7e Sér., T. VI, 1881/1882, pp. 183/189.)

— Mémoires concernant l'Histoire naturelle de l'Empire chinois par des Pères de la Compagnie de Jesus. Tome V. — Premier Cahier. 1901, gr. in-4, pp. 43 et 11 pl. Chang hai, Imprimerie de la Mission Catholique à l'Orphelinat de Tou-sè-wè.

Notes sur quelques Ursidés peu ou point connus. — Essai sur les Bovidés sauvages de l'Indo-Chine française. — Remarques comparatives sur les prémolaires inférieures. — Remarques sur un article du Dr Ameghino. — Crânes de quelques herbivores. Par le P. Heude.

— — Tome V. — Troisième cahier. Les Oiseaux du Musée de Zi-ka-wei. — Chang hai, Imprimerie de la Mission catholique à l'orphelinat de Tou-sè-wè. — 1912, gr. in-4, pp. 93.

(HEUDE.)

— — Tome V. — Troisième cahier. Les Oiseaux du Musée de Zi-ka-wei. Planches 1 à 13 (1er fascicule). Ibid., 1914.

— — Tome V. — Troisième Cahier. Les Oiseaux du Musée de Zi-ka-wei. Pages 101 à 109. — Planches 14 à 30 (2e fascicule). Ibid., 1916.

— — Tome V. — Troisième Cahier. Les Oiseaux du Musée de Zi-ka-wei. Pages 111 à 121. — Planches 31 à 45 (3e fascicule). Ibid., 1918.

Le 5e fascicule est en préparation. Par le P. F. Courtois.

— Mémoires concernant l'histoire naturelle de l'Empire chinois par des Pères de la Compagnie de Jésus. — Tome VI. — Premier cahier. L'Herbier de Zikawei Herborisations dans le Kiang-sou en 1918 pp. 1—136 et planches 1 á 23. — Chang-Hai, Imprimerie de la Mission catholique à l'Orphelinat de Tou-sè-wè. — 1920, gr. in-4.

« La flore du Kiang-sou a déjà été l'objet d'importantes publications. Les récoltes anglaises sont cataloguées dans l'Index Florae Sinensis. M. Matsuda a donné dans *The Botanical Magazine* (de Tokyo) un certain nombre de plantes provenant de Ou-si, de Sou-tcheou et de Chang-hai (nos. 287, 299, 305, 334 et 335). Le Bulletin de Géographie botanique (1916, pp. 126/143) contient une liste d'environ 500 espèces récoltées au bord du Ta Hou en 1918. Dans le *Repertorium* de Fedde, Mgr. H. Léveillé a décrit des nouveautés, extraites de l'herbier du P. d'Argy; mais il faut surtout citer du même auteur deux travaux beaucoup plus considérables, qui résument et systématisent tout ce qui a été fait jusqu'ici pour la Botanique du Kiang-sou. L'un est le ‚Catalogus Plantarum Provinciae chinensis Kiang-sou hucusque cognitarum' paru en 1916 dans les ‚Memorias de la real Academia de Ciencias y Artes' de Barcelone; l'autre est une ‚Flore de Chang-hai et du Kiang-sou' éditée en manuscrit vers la fin de 1917.»

— On Heude's Collection of Pigs, Sika, Serows, and Gorals in the Sikawei Museum, Shanghai. By Arthur de Carle Sowerby. (*Proc. Zool. Soc.*, 1917, Pt. I, pp. 7/26.)

∴

— Die fossilen Säugetiere Chinas nebst einer Odontographie der recenten Antilopen. Von Max Schlosser. (Mit 14 Tafeln und 32 Textfiguren.) (*Abh. d. Math.-Physik. Cl. d. Königl. Bayer. Ak. d. Wiss.*, XXII. Bd., 1. Abt., 1903, pp. 221).

— Ueber Reptilien und Batrachier aus Guatemala und China in der zoologischen Staats-Sammlung in München nebst einem Anhang über seltene Formen aus anderen Gegenden. Von Dr. Franz Werner Privatdozent an der Universität Wien. (Mit einer farbigen Tafel.) — Aus den Abh. der Königl. Bayer. Ak. d. Wiss., II. Kl., XXII. Bd., II. Abt. — München, 1903. in-4, pp. ch. 343 à 384.

(Heude. — Divers.)

— Научные результаты Корейско-Сахалинской экспедиціи Императорскаго Русскаго Географическаго Общества 1900/1901 гг. — П. Ю. Шмидтъ. — Рыбы Восточныхъ Морей Россійской Имперіи. — P. Schmidt. Pisces Marium Orientalium Imperii Rossici. — Съ 6 таблицами и 31 рисункомъ въ текстѣ. — Изданіе Имп. Русс. Геог. Общества. — С.-Пет., Тип. М. Стасюлевича, 1904, gr. in-4, pp. xi-466, 6 pl.

Avec une Bibliographie.

— * João Maria Antonio da Silva. — Repositorio de Noçoes de Botanica applicada, e Productos vegetaes mais conhecidos e Usados na Chine, tanto na Economia domestica como na Therapeutica e nas Artes. Extrahidas e compiladas de diversas obras. Hongkong, Noronha & Co., 1904, in-8.

— * Gerydus (The life history) Chinensis, Felder, Butterfly, Destroyers in Southern China. (From the «*Trans. Entom. Soc. London*» May 20th 1905.) 8 pp. et gravures.

R. Lydekker.

Col. 425/426, 3077.

— R. Lydekker. — Le Cerf de Pékin. (*Rev. Sci.*, Paris, Série 4, XVIII, 2e sem., 1902.)

Ext. de l'article de Lydekker de *Knowledge*, Août 1902.

— Some Tibetan Animals. By R. Lydekker. (*Annual Report . . . Smithsonian Institution for the year ending June 30*, 1904, Washington, 1905, pp. 429/435.)

Reprinted from *Knowledge and Illustrated Scientific News*, London, Sept. 1904.

— Note on the Wild Ass of Mongolia. By R. Lydekker. (*Proc. Zool. Soc. Lond.*, 1904, Vol. I, pp. 431/432, 2 pl.)

— R. Lydekker. — Note on a sketch of a Deer from Hainan. (*Proc. Zool. Soc.*, 1904, Vol. II, pp. 178/179.)

— R. Lydekker. — Exhibition of the skin of a Wild Cat from Sze-chuen. (*Proc. Zool. Soc. Lond.*, 1908, Pt. III, pp. 433/434.)

— The Szechuen and Bhutan Takins. By R. Lydekker. (*Proc. Zool. Soc. Lond.*, 1908, Pt. IV, pp. 795/802.)

— On two Chinese Serow-Skulls. By R. Lydekker. (*Proc. Zool. Soc. Lond.*, 1908, Pt. IV, pp. 940/944.)

(Lydekker.)

— On a New Race of Deer from Sze-chuen. By R. Lydekker. (*Proc. Zool. Soc. Lond.*, 1909, Pt. III, pp. 588/590.)

— On the Skull of a Black Bear from Eastern Tibet, with a Note on the Formosan Bear. By R. Lydekker. (*Proc. Zool. Soc. Lond.*, 1909, Pt. III, pp. 607/610.)

— Description of a new Cyprinoid Fish, Hemibarbus Joiteni, from the Pei Ho, Tientsin China, 1904. By David Starr Jordan and Edwin Chapin Starks. (*Smithsonian Institution, Miscellan. Collections*, 45, Oct.-Dec. 1903, pp. 241/242.

— Liste des mollusques récoltés par M. H. Mansuy en Indo-Chine et au Yun-nan et description d'espèces nouvelles. Par Ph. Dautzenberg et H. Fischer. (*Journ. de Conchyl.*, 1905, pp. 343/471; 1908, pp. 169/217, 252.)

— Contributions à la Faune fluviatile de l'Extrême-Orient. (Chine et Indo-Chine.) Par A. Bavay et Ph. Dautzenberg. (*Journ. de Conchyl.*, 1910, pp. 1/21.)

— Walther Schoenichen. — Die Säugetierfauna von Tibet. (*Natur u. Kultur*, München, II, 1905, 231/6.)

— Th. Noack. — Bären aus der Mongolei. (*Zool. Anz.*, Leipzig, XXVIII, 1905, 748).

— Hilzheimer. — Neue chinesische Säugetiere. (*Zool. Anz.*, Leipzig, XXIX, 1905, 297/299.)

— M. Hilzheimer. — Eine kleine Sendung chinesischer Säugetiere. (Magdeburg, *Mus. Nat. Heimatkunde, Abh. u. Bericht*, I, 1906, pp. 165/184, pl. II/IV.

— R. Wilhelm. — Ausgewählte Kapitel aus der chinesischen Zoologie. (*Zs. Miss. Kunde*, Heidelberg, XXI, 1906, pp. 328/339.)

— Über einige, zum Teil seltene Schildkröten aus Südchina von Kustos F. Siebenrok. (Mit 1 Doppeltafel und 3 Textfiguren.) (Vorgelegt in der Sitzung am 19. Dezember 1907.) (*Sitzgber. Kais. Ak. Wiss. Wien, Math. Naturw. Kl.*, Jhrg. 1907. Dez., pp. 1741/1776.)

Oldfield Thomas.

Col. 426/427, 3077.

— The Duke of Bedford's Zoological Exploration in Eastern Asia. — VI. List of Mammals from the Shantung Peninsula, N. China. By Oldfield Thomas. (*Proc. Zool. Soc. Lond.*, 1908, Pt. I, pp. 5/10.)

— — IX. List of Mammals from the Mongolian Plateau. By Oldfield Thomas. (*Proc. Zool. Soc. Lond.*, 1908, Pt. I, pp. 104/110.)

— — X. List of Mammals from the Provinces of Chih-li and Shan-si, N. China. By Oldfield Thomas. (*Proc. Zool. Soc. Lond.*, 1908, Pt. III, pp. 635/646.)

— — XI. On Mammals from the Provinces of Shan-si and Shen-si, Northern China. By Oldfield Thomas. (*Proc. Zool. Soc. Lond.*, 1908, Pt. IV, pp. 963/983.)

— — XIII. On Mammals from the Provinces of Kan-su and Sze-chwan, Western China. By Oldfield Thomas. (*Proc. Zool. Soc. London*, 1911, Pt. I, pp. 158/180.)

— — XIV. On Mammals from Southern Shensi, Central China. By Oldfield Thomas. (*Proc. Zool. Soc.*, 1911, II, pp. 687/695.)

— — XV. On Mammals from the Provinces of Sze-chwan and Yunnan, Western China. By Oldfield Thomas. (*Ibid.*, 1912, I, pp. 127/141.)

— A new Jerboa from China. By Oldfield Thomas. (*Ann. and Mag. Nat. Hist.*, II, 8th Ser., 1908, pp. 307/308.)

— A Collection of Mammals from Northern and Central Mantchuria. By Oldfield Thomas. (*Ann. and Mag. Nat. Hist.*, IV, 8th Ser., 1909, pp. 500/505.)

— Three new Asiatic Mammals. By Oldfield Thomas. (*Ann. and Mag. Nat. Hist.*, V, 8th Ser., 1910, p. 534.)

Murina lanosa. — Mogera hainana. — Tragulus versicolor.

— A new Chinese Mole of the Genus *Scaptochirus*. By Oldfield Thomas. (*Ann. and Mag. Nat. Hist.*, V, 8th Ser., 1910, pp. 350/351.)

— Oldfield Thomas. — A Collection of small Mammals from China. (*Proc. Zool Soc. London*, 1910, Pt. III, pp. 635/638.)

— New Rodents from Sze-chwan collected by Capt. F. M. Bailey. By Oldfield Thomas. (*Annals and Mag. of Nat. Hist.*, VIII, 8th Ser., 1911, pp. 727/729.)

— On Mammals from Central Asia, collected by Mr. Douglas Carruthers. By Oldfield

Thomas. (*Annals and Mag. of Nat. Hist.*, IX, 1912, 8th Ser., pp. 391/408.)

— On a Collection of Small Mammals from the Tsin-ling Mountains, Central China, presented by Mr. G. Fenwick Owen to the National Museum. By Oldfield Thomas. (*Annals and Mag. of Nat. Hist.*, X, 1912, 8th Ser., pp. 395/408.)

— On Insectivores and Rodents collected by Mr. F. Kingdon Ward in N. W. Yunnan. By Oldfield Thomas. (*Annals and Mag. of Nat. Hist.*, IX, 1912, 8th Ser., pp. 513/519.)

— New Species of *Crocidura* and *Petaurista* from Yunnan. By Oldfield Thomas. (*Annals and Mag. of Nat. Hist.*, IX, 1912, 8th Ser., pp. 686/688.)

— Second List of Small Mammals from Western Yunnan, collected by Mr. F. Kingdon Ward. By Oldfield Thomas. (*Annals and Mag. of Nat. Hist.*, XIV, 1914, 8th Ser., pp. 472/475.)

G.-A. Boulenger.

Col. 433, 3077.

— Descriptions of a new Frog and a new Snake from Formosa. By G. A. Boulenger. (*Ann. and Mag. Nat. Hist.*, II, 8th Ser., 1908, pp. 221/2.)

— Description of a new Snake from Yunnan. By G. A. Boulenger. (*Ann. and Mag. Nat. Hist.*, II, 8th Ser., 1908, p. 244

Tropidonotus johannis.

— Descriptions of Four new Frogs and a new Snake discovered by Mr. H. Sauter in Formosa. By G. A. Boulenger. (*Ann. and Mag. Nat. Hist.*, IV, 8th Ser., 1909, pp. 492/495.)

J. D. de La Touche.

Col. 3078.

— Note sur des exemplaires du « Microhierax Melanoleucus » Blyth (*Microhierax chinensis* A. Dav.) obtenus vivants au Fokien, dans le sud-est de la Chine par J. D. de la Touche. (*Ornis*, X, 1899, pp. 183/186.)

— The Collection of Birds in the Shanghai Museum. By J. D. D. La Touche, C. M. Z. S., M. B. O. U. (*Journ. N. C. B. R. As. Soc.*, XL, 1909, pp. 69/107.)

— Further Notes on the Birds of China. By J. D. D. La Touche. (*The Ibis*, 10e Sér., I, 1913, pp. 263/283.)

— The Spring Migration at Chinwangtao in North-East Chihli. By J. D. D. La Touche. (*The Ibis*, 10e Sér., II, 1914, pp. 560/586).

Cf. *Bulletin of the British Ornithologists' Club*, XXIX, 1912, pp. 124/160 sur l'île de Shaweishan.

— Further Notes on the Birds of the Province of Fohkien in South-East China. By J. D. D. La Touche. (*The Ibis*, 10e Sér., V, 1917, pp. 557/564.)

Notice : *Journal N. C. B. R. As. Soc.*, XLIX, 1918, p. 165.

— Notes on the Birds of North-East Chihli, in North China. By J. D. D. La Touche. (*The Ibis*, 11e Sér., II, 1920, pp. 629/671, 880/920; III, 1920, pp. 3/48.)

∴

— On a Collection of Birds made in Mongolia by Dr. Donaldson Smith and Messrs. J.-E. and G.-L. Farnum. By R. Bowdler Sharpe. (*Ornis*, XI, 1900/1901, pp. 155/172.)

— Sur une petite collection faite par le Père Hugh dans la province du Shen-si et d'autres parties de la Chine septentrionale par R. Bowdler Sharpe. (*Ornis*, XI, 1900/1901, pp. 173/185.)

— Description d'une Cécidomyie nouvelle de Chine. [Dipt.] Par J.-J. Kieffer et A. Trotter. (*Bul. Soc. entomol. France*, 1900, pp. 233/234.)

— Description de deux nouveaux *Eriophyes* de Chine (*Acar.*) Par le Dr A. Trotter. (*Bul. Soc. entomol. France*, 1900, pp. 179/181.)

— Sur la *Chrysis shanghaiensis* Smith [*Hymén.*] Par R. du Buysson. (*Bul. Soc. entomol. France*, 1901, pp. 29/30.)

— Observation sur un Lépidoptère du Nganhoei (Chine) communiquée par M. l'abbé J. de Joannis. (*Bul. Soc. entomol. France*, 1901, pp. 228/229.)

— Descriptions de quelques Longicornes de Mouy-Tsé. Par L. Fairmaire. (*Bul. Soc. entomol. France*, 1902, pp. 243/246.)

— Descriptions de Coléoptères de Mouy-Tsé. Par L. Fairmaire. (*Ibid.*, pp. 266/269.)

— Descriptions de Coléoptères recueillis en Chine par M. de Latouche. (*Ibid.*, pp. 316/318.)

— Sur un *Japyx* gigantesque dú Thibet [*Thysanoures*]. Par E.-L. Bouvier. (*Bul. Soc. entomol. France,* 1905, pp. 30/32.)

Envoyé par le P. Soulié.

— Notes sur les *Carabidae* du Yunnan. Par Maurice Maindron. (*Bul. Soc. entomol. France,* 1906, pp. 215/217, 225/226, 250/251.)

— Deux nouveaux Malacodermes de Chine. [Col.] par Maurice Pic. (*Bul. Soc. entomol. France,* 1906, pp. 217/218.)

CH. OBERTHÜR.

— Note sur des aberrations mélaniennes de Lépidoptères Rhopalocères thibétains par Ch. Oberthür. (*Bul. Soc. entomol. France,* 1904, pp. 174/175.)

— Description d'une nouvelle aberration de *Daimio Sinica* Feld. [*Lép. Rhopal.*] Par Ch. Oberthür. (*Bul. Soc. entomol. France,* 1907, pp. 92/93.)

— Observations sur les espèces sino-thibétaines du genre *Euthalia* et description des formes nouvelles. [*Lép. Rhop.*] Par Ch. Oberthür. (*Bul. Soc. entomol. France,* 1907, pp. 257/262.)

— Observations sur des Lépidoptères de l'île Formose. Par Ch. Oberthür. (*Bul. Soc. entomol. France,* 1908, p. 330.)

— Description de deux Lépidoptères nouveaux de l'île Formose par Ch. Oberthür. (*Bul. Soc. entomol. France,* 1909, pp. 48/49.)

— Ostasienfahrt Erlebnisse **und Beobachtungen** eines Naturforschers **in China,** Japan und Ceylon von Dr. Franz Doflein Privatdozent der Zoologie an der Universität München und II. Conservator der K. Bayer. Zoologischen Staatssammlung. Mit zahlreichen Abbildungen im Text und auf 18 Tafeln sowie mit 4 Karten. Leipzig und Berlin, B. G. Teubner, 1906, in-8, pp. XIII-511.

J. C. KERSHAW.

Col. 3078.

— * J. C. Kershaw, F. Z. S. — Butterflies of Hongkong and South-East China. 1907, gr. in-4.

— * On the Egg-cases and early stages of some South China Cassidiae by J. C. W. Kershaw and Frederick Muir (from the *Trans. Entomological Society of London,* Sept. 26th, 1907.)

— * On the Metamorphoses of two Hemiptera. Heteroptera from Southern China [by] J. C. W. Kershaw and G. W. Kirkaldy (From the *Trans. of Entom. Soc. London,* June 5, 1908.)

— On some rare Species of the Genus *Larvivora* from China. By Ernest Hartert. (*The Ibis,* 9e Sér., I, 1907, pp. 621/623.)

— Description of a new Cyprinoid Fish, *Acheilognathus signifer,* from Korea, with a Synopsis of all the known *Rhodeinae.* By L. S. Berg. (St. Petersburg.) (*Ann. and Mag. Nat. Hist.,* XIX, 7th Ser., 1907, pp. 159/163.)

— Description of a new Cyprinoid Fish, *Paraleucogobio notacanthus,* from N. China. By L. S. Berg (St. Petersburg). (*Ann. and Mag. Nat. Hist.,* XIX, 7th Ser., 1907, pp. 163/164.)

— Description of a new Species of *Eulota* from Formosa. By G. K. Gude. (*Ann. and Mag. Nat. Hist.,* XIX, 7th Ser., 1907, pp. 164/165.)

C. TATE REGAN.

Col. 3078/79.

— Descriptions of Three new Fishes from Yunnan, collected by Mr. J. Graham. By C. Tate Regan. (*Ann. and Mag. Nat. Hist.,* XIX, 7th Ser., 1907, pp. 63/64.)

— Descriptions of Three new Freshwater Fishes from China. By C. Tate Regan. (*Ann. and Mag. Nat. Hist.,* I, 8th Ser., 1908, pp. 109/111, 1 pl.)

— Descriptions of new Freshwater Fishes from China and Japan. By C. Tate Regan. (*Ann. and Mag. Nat. Hist.,* I, 8th Ser., 1908, pp. 149/153.)

— Descriptions of Three new Cyprinoid Fishes from Yunnan, collected by Mr. John Graham. By C. Tate Regan. (*Ann. and Mag. Nat. Hist.,* II, 8th Ser., 1908, pp. 356/357.)

— Descriptions of new Fishes from Lake Candidius, Formosa, collected by Dr. A. Moltrecht. By C. Tate Regan. (*Ann. and Mag. Nat. Hist.,* II, 8th Ser., 1908, pp. 358/360).

— Fishes from Yunnan, collected by Mr. John Graham, with Description of a new Species of *Barilius*. By C. Tate Regan. (*Annals and Mag. of Nat. Hist.*, XIII, 1914, 8th Ser., pp. 260/261.)

— The Duke of Bedford's Zoological Exploration in Eastern Asia. — VIII. A Collection of Freshwater Fishes from Corea. By C. Tate Regan. (*Proc. Zool. Soc. Lond.*, 1908, Pt. I, pp. 59/63.)

∴

— Notes on a small Collection of Mammals from the Province of Kan-su, China. By Marcus Ward Lyon, jr. Assistant Curator, Division of Mammals, U. S. National Museum. (*Smithson. Miscel. Col.*, Vol. L, No. 1725, 1907, pp. 133/139, 2 pl.)

Sent by Mr. W. W. Simpson, of Taocheo, Kan-su.

— Poissons d'eau douce de Formose. Description d'une espèce nouvelle de la famille des Cyprinidés, par M. le docteur Jacques Pellegrin. (*Bul. Muséum nat. d'Hist. Nat.*, 1908, 6, pp. 262/265.)

— A Collection of Bats from Formosa. By Augusta Årnbäck-Christie-Linde, Zootomical Institute, University of Stockholm. (*Ann. and Mag. Nat. Hist.*, II, 8th Ser., 1908, pp. 235/8.)

— * Shooting in China. By T. R. Jernigan. Shanghai: Methodist Publishing House, 1908, in-8, pp. 313, with 11 full-page illustrations.

Notice : *London & China Express*, Supp.; Nov. 13, 1908, p. 1.

— * Chinese Game Birds. By T. R. Jernigan.

— * Chinese Game Mammals. By T. R. Jernigan.

Notice : *Journ. N. C. B. R. As. Soc.*, vol. XLVI, 1915, pp. 145/146. Par J. H. T.

— Coléoptères Lampyrides rapportés de Kouy-Tcheou, région de Pin Fa (Chine), par les P. Cavalerie et Fortunat, nommés et décrits par Ernest Olivier. (*Bul. Muséum nat. d'Hist. nat.*, 1909, 5, pp. 247/250.)

— The Birds of Manchuria. By Collingwood Ingram. (*The Ibis*, 9e Sér., III, 1909, pp. 422/469.)

— The Bird Collection in the Shanghai Museum (*Journal N. C. B. R. As. Soc.*, XL, 1909, p. 115.)

— Additional Notes on the Birds of Hainan. By W. R. Ogilvie-Grant. (*Proc. Zool. Soc. London.*, 1909, Pt. II, pp. 572/579.)

(Divers.)

— Further Notes on the Birds of the Island of Formosa. By W. R. Ogilvie-Grant. (*The Ibis*, 9th Ser., VI, 1912, pp. 643/657.)

— A Polyglot List of Birds in Turki, Manchu and Chinese. Edited with Identifications, Notes and Indices by E. Denison Ross, Ph. D. Calcutta: Printed at the Baptist Mission Press . . , 1909, gr. in-4, chif. 253 à 340 + pp. 14 pour l'index chinois.

Memoirs of the Asiatic Society of Bengal, Vol. II, No. 9, pp. 253/340.

Notices : *T'oung Pao*, Juillet 1909, pp. 388/389, par Ed. C[havannes] — *Wiener Zeits. f. d. K. des Morgenl.*, 1910, pp. 316/318, par M. Hartmann.

— *Neotetracus sinensis*, a new Insectivore of the Family *Erinaceidae*. By E.-L. Trouessart. (*Ann. and Mag. Nat. Hist.*, IV, 8th Ser., 1909, pp. 389/391.)

— Description of a new Lycoenid from Formosa. By Hamilton H. Druce. (*Ann. and Mag. Nat. Hist.*, IV, 8th Ser., 1909, p. 416.)

— Descriptions of Four new Cyprinoid Fishes from High Asia. By Dr Erich Zugmayer, of the Zoological Museum, Munich. (*Ann. and Mag. Nat. Hist.*, IV, 8th Ser., 1909, pp. 432/435.)

— New *Unionidae* from East Asia. By Dr F. Haas, Senckenberg Museum, Frankfurt-a.-M. (*Ann. and Mag. Nat. Hist.*, VI, 8th Ser., 1910, pp. 496/499.)

— Comparaison du crâne de la marmotte d'Eragny avec un crâne d'une marmotte du Thibet. Par A. Laville. (*Bul. et Mém. de la Soc. d'Anth. de Paris*, 1910, pp. 517/518, 1 f.)

— * List of Wenchow Butterflies collected during 1910/1913. By C. T. Bowring.

— A trip into Central China, and a new variety of deer. By A. E. Leatham. (*Blackwood's Mag.*, Vol. 188, July 1910, pp. 57/64.)

— Les Grillons recherchés pour le chant et le combat. Etude traduite du chinois par M. Gaston Bradier. (*Bull. Assoc. amic. franco-chinoise*, Oct. 1910, pp. 395/400.)

Pékin, 8 Août 1910.

— Voyage de M. le Dr Louis Vaillant dans l'Asie centrale (Mission Pelliot). Reptiles et Batraciens, par M. F. Mocquard. (*Bul. Mus. Hist. Nat.*, 1910, 3, pp. 145/154.)

(Divers.)

— Mission Pelliot-Vaillant dans l'Asie centrale. Collections recueillies par M. le Dr Vaillant. Par M. R. du Buysson. (*Bull. Mus. Hist. Nat.*, N° 4, 1911, pp. 217/219.)

Insectes : Hyménoptères, Vespides, Chrysidides.

— Descriptions de deux *Dolichus* nouveaux du Yunnan. [*Col. Carabidae*] par Maurice Maindron. (*Bul. Soc. entomol. France*, 1910, pp. 15/17.)

— Notes on the Forficularia. — XIX. On little-known Earwigs from Formosa. By Malcolm Burr. (*Annals and Mag. of Nat. Hist.*, VIII, 8th Ser., 1911, pp. 51/54.)

— On some new Opiliones from Japan and the Loo-Choo Islands. By S. Hirst, (*Annals and Mag. of Nat. Hist.*, VIII, 8th Ser., 1911, pp. 625/636.)

— * Figures and Descriptions of the Fishes of Japan, including Riukiu Islands, Bonin Islands, Formosa, Kurile Islands, Korea, and Southern Sakhalin. By Shigeho Tanaka, Instructor in Zoology, Science College, University of Tokyo. Tokyo, 1911, gr. in-8.

— On some Birds observed in the Vicinity of Wei Hai Wei, North-East China. By Staff-Surgeon K. H. Jones. (*The Ibis*, 9th Sér., V, 1911, pp. 657/695.)

— Les Oiseaux de Zi-ka-wei. (*Calendrier-Annuaire*, 1911, pp. 94/101.)

— Wild Life in China or Chats on Chinese Birds and Beasts. By George Lanning, Ex-Principal of the Shanghai Public School. — Shanghai : « The National Review » Office, 1911, in-8, pp. xvi-255.

Notice: *Journ. N. C. B. R. As. Soc.*, XLIII, 1912, pp. 97/98, par A. S.

— Chinese Pigeon whistles. (*National Geogr. Mag. Washington*, XXIV, 1913, p. 715.)

— On a new Genus of Cyprinoid Fishes from High Asia. By Dr. Erich Zugmayer, München. (*Annals and Mag. of Nat. Hist.*, IX, 1912, 8th Ser., p. 682.)

— Description of three New Species of Siphonaptera, — by the Hon. N. Charles de Rothschild. (*Through Shên-Kan*, 1912, pp. 194/203.)

— Araneidae of the Clark Expedition to Northern China — by H. R. Hogg. (*Through Shên-Kan*, 1912, pp. 204/218.)

(Divers.)

— * J. P. Maxwell. — Snakes and Snakebite in the Fukien Province. (*The China Medical Journal*, July 1912, N° 4.)

Arthur de Clare Sowerby.

— Mammals collected in Shansi, Shensi and Kansu — by A. de Sowerby. (*Through Shên-Kan*, 1912, pp. 171/185.)

— Invertebrates Collected on the Expedition — by A. de C. Sowerby. (*Through Shên-Kan*, 1912, pp. 186/193.)

— Fur and Feather in North China, by Arthur de Clare Sowerby .... — With 30 line drawings by the author and 43 photographs. — 1914, The Tientsin Press, Tientsin, North China, in-8, 3 ff. n. ch. + pp. 190.

Notices : *Lond. & China Express*, May 28, 1915. — *Journ. N. C. B. R. As. Soc*, XLVII, 1916, pp. 139/141, by G. L.

— Recent research upon the Mammalia of North China by Arthur de Clare Sowerby. (*Journ. N. C. B. R. As. Soc.*, vol. XLVII, 1916, pp. 53/82.)

— * A Sportsman's Miscellany. — By Arthur de Clare Sowerby, F. Z. S., F. R. G. S., Member of the Biological Society of Washington ..... Tientsin : The Tientsin Press, 1917.

Notices : *London & China Express*, Nov. 7, 1917, *Suppl.*, pp. 1/2. — *Journ. N. C. B. R. As. Soc.*, XLIX, 1918, pp. 184/186, par G. L.

— Sport and Science on the Sino-Mongolian frontier, by Arthur de Clare Sowerby ... London: A. Melrose, Ltd., 1918, in-8, pp. xvi-295, front. (port.), plates.

Notice : *Geog. Review*, Jan. 1922, pp. 148/149.

∴

— Note on a new Species of Pucras Pheasant found in the Province of Anhwei or Ngan-Hwei, China. By Rev. F. Courtois, S. J. (*The Ibis*, 10e Sér., I, 1913, pp. 14/16.)

— The Birds of Hong Kong, Macao, and the West River or Si Kiang in South-East China, with special reference to their Nidification and Seasonal Movements. By Lieut. R. E. Vaughan, R. N., and Staff-Surgeon K. H. Jones. (*The Ibis*, 10e Sér., I, 1913, pp. 17/76, 163/201, 351/384.)

— Bemerkungen über türkische Falknerei. Von Albert v. Le Coq. (*Baessler-Archiv*, IV, 1913, pp. 1/13, 14 fig. dans le texte.)

(Sowerby.)

— Nachtrag. (*Ibid.*, VI, 1917, pp. 114/117, figures.)

Faucon au Turkestan.

— Check List of Birds of the Lower Yangtse Valley from Hankow to the Sea. Compiled by Lacy I. Moffett and N. Gist Gee. (*Journ. N. C. B. R. As. Soc.*, XLIV, 1913, pp. 111/143.)

— * A Key to the Birds of the Lower Yangtze Valley. By N. Gist Gee and Lacy L. Moffet, Shanghai Mercury, 1917.

Notice : *Journ. N. C. B. R. As. Soc*, vol. XLIX, 1918, p. 165. By M.

— Sur une collection de Reptiles et de Batraciens rassemblée par M. le Dr Legendre dans les Marches Thibètaines par M. R. Despax, Préparateur au Muséum. (*Bull. Mus. Hist. Nat.*, 1913, N° 4, pp. 179/183.)

— Sur une larve de Megalobatrachus Tschud., de provenance chinoise, par M. R. Despax, Préparateur au Muséum. (*Bull. Mus. Hist. Nat.*, 1913, N° 4, pp. 183/184.)

— Notes sur les Coléoptères Térédiles, par M. P. Lesne. — 11. Les Dolichobostrychus et Parabostrychus indo-malais. (*Bull. Mus. Hist. Nat.*, 1913, N° 4, pp. 190/193; fig.)

Recueillis au Yunnan.

— Etude d'une collection d'Oiseaux montés et en peau faite par M. et Mme Paul Comby, au Yunnan, par MM. A. Menegaux et R. Didier. (*Bull. Mus. Hist. Nat.*, 1913, N° 6, pp. 329/332.)

— Liste raisonnée des Mammifères du Sud-Ouest de la Chine, envoyés par le Père Cavalerie, par MM. E. Trouessart et M. Kollmann. (*Bull. Mus. Hist. Nat.*, 1913, N° 7, pp. 416/420.)

— Description d'une Helix nouvelle du Sud de la Chine, par M. A. Bavay. (*Bull. Mus. Hist. Nat.*, 1913, N° 8, pp. 603/604; pl.)

Coquille orbiculaire.

— Wissenschaftliche Ergebnisse der Reise von Prof. Dr. G. Merzbacher im zentralen und östlichen Thian-Schan 1907/1908 — I. Vögel von A. Laubmann... München 1913, in-4, pp 105. *Abhand. d. K. Bayer. Ak. d. Wiss. Math.-phys. Kl.*, XXVI. Bd., 3. Abhand.

— — II. Fische von Erich Zugmayer. Mit 1 Tafel... München, 1913, in-4, pp. 18. *Ibid.*, 4. Abhand.

(DIVERS.)

— — III. Mollusken von Aloïs Weber. Mit 4 Tafeln... München, 1913, in-4, pp. 26. *Ibid.*, 5. Abhand.

— — Faunen aus dem Unterkarbon des südlichen und östlichen Tian-Schan. Von Erich Krenkel in Leipzig. Mit 2 Tafeln und Profilen... München, 1913, in-4, pp. 43. *Ibid.*, 8 Abhand.

— A. Savio, S. J. — Les Serpents de Zi-ka wei. (*Calendrier-Annuaire*, 1914, pp. 111/115, 2 pl.)

— The red fox of Honan. By Captain A. Hilton-Johnson. (*Blackwood's Mag.*, Vol. 196, July 1914, pp. 32/38.)

— Descriptions of new Mollusca from New Caledonia, Japan, Philippines, China, and West Africa. By G. B. Sowerby. (*Annals and Mag. of Nat. Hist.*, XIV, 8th Ser., 1914, pp. 475/480.)

— *Fasciolopsis Buskii, F. Rathouisi*, and related Species in China. — Henry B. Ward [with two plates]. (*Trans. of American Microscopical Society*, Vol. XXIX, N° 1, pp. 16).

Studies from the Zoological Laboratory. The University of Nebraska. Vol. V.

— The « Shous » or Big-horned Deer of Tibet. By Lieut.-Col. J. Manners-Smith, V. C., C. V. O., C. I. E. [Presented at the First Indian Science Congress, January 16, 1914]. [With Plates XV-XVII]. (*Journ. and Proc. As. Soc. Bengal*, Vol. X, N° 4, April 1914, pp. 117/119.)

— The Collection of Chinese Reptiles in the Shanghai Museum By Arthur Stanley, M. D., Lond., Curator of the Shanghai Museum. (*Journ. N. C. B. R. As. Soc.*, XLV, 1914, pp. 21/31.)

— Two new species of Chinese snakes by Arth Stanley Curator of the Shanghai Museum. (*Journ. N. C. B. R. As. Soc.*, Vol. XLVII, 1916, pp. 83/84; planche.)

— R. Mell. — Die Chinesen und der Schmetterling. (*Natw. Wochenschr.*, Jena, XXIX, 1914, 25/27, 33/37.)

— On Herodias eulophotes *Swinhoe*. By Tom Iredale. (*The Ibis*, 10e Sér., II, 1914, pp. 541/545.)

— H. F. Wallace. — China. (*The Gun at home & abroad*, IV, *The Big Game of Asia and North America*, London, 1915, pp. 156/178.)

(DIVERS.)

— Douglas Carruthers. — Central Asia. (*The Gun at home & abroad*, IV, *The Big Game of Asia and North America*, London, 1915, pp. 127/155.)

— Ford Barclay. — The Manchurian Tiger. (*The Gun at home & abroad*, IV, *The Big Game of Asia and North America*, London, 1915, pp. 225/233.)

— * Some West China Hunting Notes. By Day Dye-Fu.

Notice : *Journ. N. C. B. R. As. Soc.*, XLVI, 1915, pp. 143/144. Par J. H. T.

— * Experiences with Man-eating Tigers in China. By the Rev. H. R. Caldwell.

Près de Fou Tcheou.

Notice : *Journ. N. C. B. R. As. Soc.*, XLVI, 1915, pp. 144/145, par J. H. T.

— * Winter Birds about Peking. By G. Lanning.

Notice : *Journ. N. C. B. R. As. Soc.*, XLVI, 1915, p. 146. Par J. H. T.

— * Ninety Common Birds of the Lower Yangtze. By Prof. Allison.

Kuling Scientific Association.

Notice : *Journ. N. C. B. R. As. Soc.*, XLVI, 1915, pp. 147/148. Par G. L.

— * Two Hundred Common Birds of the Yangtse Valley. By H. A. Baker, Chuchow.

Kuling Scientific Association.

Notice : *Journ. N. C. B. R. As. Soc.*, XLVI, 1915, pp. 147/148. par G. L.

— Freshwater Sponges from the T'ai hu (Great Lake) of the Kiangsu province, China by N. Annandale, D. Sc., F. A. S. B. (Indian Museum, Calcutta). (*Journal N. C. B. R. As. Soc.*, XLVII, 1916, pp. 49/52.)

— Nouveaux Glytini de Chine. (Col. Longicornes) par M. Maurice Pic. (*Bul. Mus. Hist. Nat.*, 1916, pp. 180/182.)

— Land Birds and others met with at the Sea off the Coast of China in 1915. — H. E. Laver. — (*Journ. N. C. B. R. As. Soc.*, XLVIII, 1917, pp. 71/82.)

— Some Notes on Land-birds, including also general remarks on the birds observed at sea on the coast of China in 1916. — H. E. Laver. (*Journ. N. C. B. R. As. Soc.*, XLIX, 1918, pp. 13/37.)

— The Reindeer and its Domestication. By Berthold Laufer. Reprinted from the *Memoirs of the American Anthropological Association*, vol. IV, No. 2, 1917, in-8, pp. ch. 91/147.

Notices : *T'oung pao*, Juillet 1917, pp. 235/237, par H. C[ordier]. — *Journ. N. C. B. R. As. Soc.*, XLIX, 1918, pp. 163/164, par A. S.

— Le nom de la girafe dans le *Ying Yai Cheng lan*. Par Gabriel Ferrand. (*Journal Asiatique*, Juillet-Août 1918, pp. 155/158.)

— Le nom de la girafe dans le *Ying Yai Cheng Lan* par M. G. Ferrand. — Extrait du *Journal Asiatique* (Juillet-Août 1918, Paris, Imprimerie Nationale. — MDCCCCXVIII, br. in-8, pp. 4.

— A New River-Dolphin from China. (With 13 Plates.) By Gerrit S. Miller, Jr. City of Washington, Smithsonian Institution, March 30, 1918, in-8, pp. 12.

Smithsonian Miscellaneous Collections, Volume 68, Number 9. — Publication 2486.

— Zoological Explorations in Yunnan Province . . . by R. Chapman Andrews, 1918. — Voir col. 3336.

— Zoological Explorations in Yünnan Province, China. By Roy Chapman Andrews, American Museum of Natural History. (*Geographical Review*, July 1918, pp. 1/18, 1 carte, 11 photos.)

— A List of the Birds in the Museum of the Anglo-Chinese College of Foochow China. — C. R. Kellogg. — (*Journ. N. C. B. R. As. Soc.*, L, 1919, pp. 144/157.)

— * Household Insects. By Professor C. R. Kellog.

— The Attractions of Entomology Enhanced by a Simple Method of Preserving Insects, Etc. — Alfred Moore, B. A. (*Journ. N. C. B. R. As. Soc.*, L, 1919, pp. 162/169.)

— Les oiseaux de cage en Chine par Pierre Amédée-Pichot. (*Bul. Soc. Nat. d'Acclimatation*, Juin 1919, pp. 180/183, 1 pl.)

Renseignements envoyés par M. A. Boppe, ministre plénipotentiaire en Chine. — Cf. K.-H. Jones dans l'*Avicultural Magazine*.

— Une baleine à Hai-men. (*Rel. de Chine*, Kiang-nan, Janv.-Avril 1920, p. 328.)

Ext. du journal chinois de Jou-kao.

— Note sur un poisson vulnérant en l'Ile d'Hainan. Par le Dr Esserteau. (*Bull. médical franco-chinois*, Pékin, 1re année, No. 1, Juill.-Oct. 1920, p. 39.)

— Les canards sauvages. (*Rel. de Chine*, Kiang-nan, Janv.-Avril 1920, pp. 311/313.)

— Notes sur les Coleoptères Térédiles, par M. P. Leone. — 18. Un Bostrychide nouveau de la faune yunnanaise. (*Bul. Mus. d'Hist. Nat.*, 1920, pp. 295/297).

— Note sur une Collection d'Oiseaux provenant de la Chine méridionale. Par M. J. Berlioz. (*Bul. Mus. d'Hist. Nat.*, 1921, pp. 268/271.)

Recueillie au Yun Nan et au Kouei Tcheou par le P. Cavalerie.

— Note sur une espèce nouvelle d'Eumolpide (Col. Chrysomélides) de la Chine méridionale, par M. J. Berlioz. (*Bul. Mus. d'Hist. nat.*, 1921, N° 5, pp. 332—333.)

— Les rhinocéros de la Chine et de l'Indochine d'après des anciens textes. Par Henri Imbert. (*Revue indochinoise*, Mars-Avril 1921, pp. 217/230; fig.)

— * Dogs of China and Japan. By V W F. Collier. Wm. Heinemann.

Notice : *Lond. & China Express*, Sept. 22, 1921, p. 494.

— Research in China, Vol. I, Pt. II, voir col. 3263.

Botanique.

— Voir Agriculture et Economie rurale.

John Gilbert Baker.

Col. 471/472.

— New Ferns from Western China. By J. G. Baker . . Pièce in-8, pp. 3.

Reprinted from the *Journal of Botany* for June 1889. - Col. 472.

— A Contribution to the Flora of Northern China. By J. G. Baker . . . , and S. Le M. Moore, in-8, 1 pl.

Extracted from the *Linneun Society's Journal*. — *Botany*, vol XVII. — Col. 471.

— Franchet. — *Carrierea calycina* [Se Tch ouan]. (*Revue horticole*, 1896, p. 497.)

H. Christ, de Bâle.

Col. 3082, 3084.

— Filices Faurieanae par le Dr H. Christ, de Bâle. II. Extrait du *Bulletin de l'Herbier Boissier*, Tome VII, N° 11, Novembre 1899, in-8, pp. 8.

Cf. *Bul.*, IX, no. 10, oct. 1896.

— Filices Faurieanae par le Dr H. Christ, à Bâle. IV. (*Bul. Herbier Boissier*, II, 1902, pp. 825/832.)

— Filices Chinae centralis leg. Wilson par H. Christ, Bâle. (*Bul. Herbier Boissier*, III, 1903, pp. 508/514.)

— Filices Cavalerianae Dr H. Christ (Bâle) Dessins de Gonzalve de Cordouë. (*Bull. Acad. Int. Géogr. Bot.*, 1er Avril 1904, pp. 105/120; fig. et planches.)

Plantes du P. L. Cavalerie.

(Baker. — Christ.)

— Filices Faurieanae par le Dr H. Christ. Bâle. V. Filices Formosanae; VI. Filices Japonicae. (*Bul. Herbier Boissier*, IV, 1904, pp. 609/618.)

— Les collections de Fougères de la Chine au Muséum d'histoire naturelle de Paris, par le Dr H. Christ, de Bâle. (*Bul. de la Soc. botanique de France*, 1905, Mémoires, I, pp. 1/69.)

— Filices Chinae Occidentalis Auspiciis James Veitch et Sons a E.-H. Wilson 1903 et 1904 collectae. Par M. H. Christ. (*Bull. Acad. Int. Géogr. Bot.*, 1er Avril-Mai-Juin 1906, pp. 97/142; fig.)

— Filices Cavalerianae II. Par le Dr H. Christ. (*Bull. Acad. Int. Géogr. Bot.*, Oct.-Nov. 1906, pp. 233/246; fig.)

— Filices Esquirolianae. Par le Dr H. Christ. (*Bull. Acad. Int. Géogr. Bot.*, Oct.-Nov. 1906, pp. 247/252.)

— Filices Yunnanenses Duclouxianae. Par le Dr H. Christ. (*Bull. Acad. Int. Géogr. Bot.*, 1er Juin 1907, pp. 129/140.)

— Filices Chinenses Leg. P. Esquirol et P. Cavalerie, 1905/1906. — Dr H. Christ (Bâle). (*Bull. Acad. Int. Géogr. Bot.*, 1er Juin 1907, pp. 140/151.)

— Filices coreanae novae. Auctore H. Christ (*Repert. nov. spec. regni veget.*, Berlin, V, 1908, 284/285.)

— H. Christ. — Filices novae Chinenses. (*Notulae system.* Paris, I, 1909, 33/58.]

— Dr H. Christ. — Filices novae chinenses, in-8, pp. 27.

Ext. de *Notulae systematicae* publiées par Henri Lecomte. Tome I, fasc. 2, 1909, pp. 33/59. Plantes envoyées par le P. F. Ducloux.

— Filices Cavalerianae III. A. R. P. Jul. Cavalerie collectae et a Cl. H. Christ determinatae. (*Bull. Acad. Int. Geogr. Bot.*, Août 1909, pp. 169/278.)

— Fougères d'Extrême-Orient. Par le Dr H. Christ. (*Bull. Acad. Int. Géogr. Bot.*, Août 1909, pp. 146/162.)

Filices Faurieanae Coreanae.

— H. Christ. — Fougères d'Extrême-Orient. I Filices Faurieanae Coreanae. — II. Filices insulae Sagalien a P. Urb. Faurie lectae. III. Filices Cavalerieanae. (Le Mans, *Bul. Acad. Int. Géog. Bot.*, 1909, Mém., 146/162, 163/168, 169/178.)

(Christ.)

— Filices Michelianae. Par M. le Dr H. Christ a. R. P. Michel circa Gan-Chouen (Kouy-Tchéou) lectae, a. R. P. Esquirol, missae. (*Bull. Acad. Int. Géogr. Bot.*, Janvier 1910, pp. 12/16.)

— Filices novae Cavalerianae IV Par le Dr H. Christ (de Bâle). (*Bull. Acad. Int. Géogr. Bot.*, Mars-Avril-Mai 1910, pp. 137/143; fig.)

— H. Christ. — Filices Wilsonianae. (*Bot. Gaz.* Chicago. LI, 1911, 345/359 with ff.)

— Filices Wilsonianae — H. Christ. (With two Figures). Pièce in-8.

Reprinted from the *Botanical Gazette* LI, pp. 345/359, No 5 May 1911.

HENRI DE BOISSIEU.

(Col. 3084/3085)

— Un nouveau *Viola* de Chine par H. de Boissieu. (*Bul. Herbier Boissier*, II, 1902, p. 333.)

Récueilli par l'abbé Farges, à Tchen-kéou-Tin, dans le Sé-tch'ouan.

— Note sur quelques Ombellifères de Chine d'après les collections du Muséum d'Histoire naturelle de Paris, par H. de Boissieu. (*Ibid.*, II, 1902, pp. 801/810.)

— Les Ombellifères de Chine d'après les collections du Muséum d'Histoire naturelle de Paris par H. de Boissieu. (*Ibid.*, III, 1903, pp. 837/856.)

— Les Ombellifères de Corée d'après les collections de M. l'abbé Faurie par H. de Boissieu. (*Ibid.*, III, 1903, pp. 953/958.)

— Les Ombellifères de Chine. D'après les collections de l'Académie internationale de Géographie botanique. Par M. Henri de Boissieu. (*Bull. Acad. Int. Géogr. bot.*, Août-Septembre 1906, pp. 183/186.)

— H. de Boissieu. — Encore quelques Violariées nouvelles d'Extrême-Orient. (Paris, *Bul. Soc. bot.*, LV, 1908, pp. 467/470.)

— — Note complémentaire et rectificative sur des Ombellifères de Corée. (Genève, *Bul. Boissier* (Sér. 2), VIII, 1908, pp. 641/643).

— — Un *Astragalus* de l'île de Sackhalin. (*Notulae system.* Paris, I, 1910, pp. 225/226.

— — Un nouveau *Viola* d'Extrême-Orient du groupe des *Sylvestres*. Remarques sur les espèces voisines et sur la forme du stigmate dans le groupe. (Paris, *Bul. Soc. bot.*, LVII, 1910, pp. 188/191.)

— — Un nouveau *Viola* chinois du groupe des *Serpentes*. Remarques sur les *Viola* de ce groupe. (*Ibid.*, LVII, 1910, pp. 257/260.)

— — Nouvelle note sur quelques Ombellifères d'Extrême-Orient. (*Ibid.*, pp. 412/414.)

— — Les Ombellifères de la mission Pelliot-Vaillant. (*Bul. Muséum*. Paris, 1910, pp. 162/166.)

— — Un *Viola* nouveau de Corée. (Paris, *Bul. Soc. Bot.*, LVIII, 1911, pp. 213/215.)

— — Sur un *Angelica* nouveau de l'île de Quelpaert. (*Ibid.*, LIX, 1912, pp. 199/201.)

G. KÜKENTHAL.

— Carices novae in Corea et Japonia collectae par G. Kükenthal. (*Bul. Herbier Boissier*, II, 1902, pp. 1017/1018.)

— G. Kükenthal. — Cyperaceae yunnanenses Maireanae. (Le Mans. *Bul. Ac. Int. Géogr. bot.*, XXII, 1911, pp. 249/251.)

— — Plantae Chinenses Forrestianae.... Description of new species of Cyperaceae. (Edinburgh, *Notes R. Bot. Gard.*. VIII, 1913, pp. 9/10.)

— Cyperaceae yunnanenses Maireanae Auctore Georg Kükenthal. (*Bul. Géog. bot., Acad. Int. de Bot.*, Nov.-Déc. 1912, pp. 249/251.)

∴

— Filices Koreae Uchiyamanae auctore Y. Yabe. — Reprinted from *The Botanical Magazine*, Tokyo, Vol. XVII, 1903, in-8, pp. ch. 63 à 69 + pp. 4.

HECTOR LÉVEILLÉ.

Col. 3083/3084.

— Carex de l'herbier de Shanghaï. Par MM. Léveillé et Vaniot. (*Bull. Acad. Int. Géogr. bot*, 1er Janvier 1903, p. 12.)

— Onothéracées de Corée. Par M. H. Léveillé. (*Ibid.*, 1er Janvier 1903, pp. 17/18.)

— Plantae Bodinierianae. Saxifragacées Hydrangea. Par M. H. Léveillé. (*Ibid.*, 1er Mars 1903, pp. 114/115.)

— — *Vaniotia, Veronica* et *Vandellia*. Par M. H. Léveillé. (*Ibid.*, Avril-Mai 1903, p. 166.)

— — Vacciniacées et Ericacées. Par M. H. Léveillé. (*Ibid.*, Avril-Mai 1903, pp. 251/255.)

— — Genre Paris. Par M. H. Léveillé. (*Ibid.*, Avril-Mai 1903, pp. 255/256.)

— — Genre Polygonatum. Par M. H. Léveillé. (*Ibid.*, 1er Juin 1903, pp. 261/262.)

— Carex de Corée. Par MM. Léveillé et Vaniot. (*Ibid.*, 1er Déc. 1903, pp. 599/600; *ibid.*, 1er Janv.- Fév. 1904, p. 15.)

— Cyperaceae (Excl. Carices) Japonicae et Coreanae a. R. P. Urb. Faurie lectae quas determinavit C. B. Clarke et edidit H. Léveillé. (*Ibid.*, N° 183, Mai 1904, pp. 197/203.)

— Cyperaceae (Excl. Carices) a R. P. J. Cavalerie in provincia Kouy-Tcheou apud Sinenses lectae quas determinavit cl. C. B. Clarke et edidit H. Léveillé. (*Ibid.*, N° 183, Mai 1904, pp. 204/205.)

Cf. *Journ. Linn. Soc.*, XXXVI, 1903.

— Contribution jubilaire à la flore du Kouy-Tchéou. (Paris, *Bul. Soc. bot.*, LI, 1904, pp. CXLIII/CXLVI.)

— Remarques sur quelques Renonculacées chinoises. Par H. Léveillé. (*Bull. Acad. Int. Géogr. bot.*, 1er Févr.-1er Mars 1905, pp. VII/VIII.)

— Clef des Vitis de Chine. (*Ibid.*, 1er Juin-1er Juillet 1905, pp. XIV/XVI.)

Extraite des *Vignes de la Chine*, H. Léveillé, *Bull. Soc. Agr. Sc. et Arts de la Sarthe*, 1905.

— Bouquet de Fleurs de Chine. Par Mgr. Léveillé. S. l. n. d., in-8, pp. 11.

Au verso du dernier f. : Le Mans, Imprimerie de l'Institut de Bibliographie Scientifique. [1905.] — Voir col. 3083.

— * H. Léveillé. — Liliacées, Amaryllidacées, Tridacées et Hemodoracées de Chine. (Roma, *Mem. Ac. Nuovi Lincei*, XXIII, 1905, pp. 333/379.)

— — * Deux nouveautés sino-japonaises. (*Rev. sciences Limous.*, Limoges, XIII, 1905, pp. 6/8.)

— Novitates Sinenses auctore H. Léveillé. (*Bul. Herbier Boissier*, VI, 1906, pp. 504/506.)

— Les Euphorbia chinois par Mgr. H. Léveillé. (*Ibid.*, pp. 759/764.)

— Sur la présence de l'*Azolla Caroliniana*, en Chine. Par Mgr. H. Léveillé. (*Bull. Acad. Int. Géogr. bot.*, 1er Fév.-Mars 1906, p. 58.)

— Cyperaceae sino-japonicae a cl. C. B. Clarke determinatae et ab H. Léveillé editae. (*Ibid.*, 1er Févr.-Mars 1906, pp. 59/63.)

— * H. Leveillé. Novitates sinenses. (*Repert. nov. spec. regni veget.*, Berlin, II, 1906, pp. 113/115.)

— — Novitates sinenses et japonicae. (*Ibid.*, III, 1906, pp. 20/22).

— — Le genre *Pieris* en Chine. (Paris. *Bul. Soc. bot.*, LIII, 1906, pp. 202/207.)

— — Caricologie chinoise. (*Ibid.*, pp. 315/318.)

— — Nouveautés sino-japonaises. (*Ibid.*, pp. 549/551.)

— — Nouvelles espèces de la Chine. (*Ibid.*, LIV, 1907, pp. 368/371.)

— — Novitates Sinenses. (Genève, *Bul. Boissier* (sér. 2) VI, 1906, pp. 504/506.)

— — Les *Euphorbia* chinois. (*Ibid.*, pp. 759/764.)

— — Les Salicacées chinoises. (Paris, *Bul. Soc. bot.*, LVI, 1909, pp. 285/290.)

— — Nouveaux *Ficus* chinois. (Originaldiagn.) (*Repert. nov. spec. regni veget.*, Berlin, IV, 1907, pp. 65/67.)

— — Decades plantarum novarum. I. (Originaldiagnosen). (*Ibid.*, Berlin, IV, 1907, pp. 225/227, 330/334; V, 1908, pp. 8/12.)

— — Nouvelles contributions à la connaissance des Liliacées, Amaryllidacées, Tridacées et Hémodoracées de Chine. (Roma, *Mem. Acc. Nuovi Lincei*, XXIV, 1906, pp. 339/357).

— — Glanes d'Extrême-Orient. (*Bull. Acad. Int. Géogr. bot.*, Avril-Mai 1907, pp. II/III.)

— — Nouvelles Rosacées et Rubiacées chinoises. (Paris, *Bul. Soc. bot.*, LV, 1908, pp. 55/59.)

— — *Solanum* et *Physalis* de Chine. (*Ibid.*, pp. 202/209.)

— — Le genre *Mucuna* en Chine. (*Ibid.*, pp. 407/409).

— — Les *Pueraria* de Chine. (*Ibid.*, pp. 424/427.)

— — Decades plantarum novarum. VI/XII. (Originaldiagnosen.) (*Repert. nov. spec. regni veget.*, Berlin, V, 1908, pp. 99/101, 194/195, 279/284); VI, 1908, pp. 110/114.)

— — *Carices* novae Coreanae. (Originaldiagnosen). (*Ibid.*, pp. 239/241.)

— Compositae Coreanae novae a R. P. Urb. Faurie lectae et ab Eug. Vaniot et H. Léveillé determinatae. (*Bull. Acad. Int. Géogr. Bot.*, Août 1909, pp. 139/145.)

Le Mans, septembre 1908.

— Académie de Géographie botanique. — Carices et Filices Sachalinenses novae a R. P. Faurie collectae; a D[re] H. Christ et H. Léveillé determinatae. [Le Mans, le 30 janvier 1909]. Pièce in-8, pp. 4.

— Sur la présence de l'*Arabis cebennensis* en Corée. (Le Mans, *Bul. Acad. Int. Géogr. bot.*, 1909, II.)

— Ronces chinoises et japonaises. Diagnoses originales. (*Ibid.*, Mémoires, pp. 1/138.)

Rubi sinenses, pp. 1/112.

— Deux nouveaux *Bidens* de Corée. (*Ibid.*, 1910, p. 3.)

— Plantae Taquetianae Coreanae a Dr. H. Christ determinatae. (*Ibid.*, pp. 4/11.)

— *Vitis* et *Eclipta* de Corée. (*Ibid.*, p. 11.)

— Clef des *Polygonum* de Chine et de Corée. (Paris, *Bul. Soc. bot.*, LVII, 1910, pp. 443/450.)

— Clef des *Artemisia* chinois et coréens. (*Ibid.*, 1910, pp. 456/459.)

— Caricologie. — Autour d'une Révision. Par Mgr. H. Léveillé. (*Bull. Acad. Int. Géogr. bot.*, Février 1910, pp. 44/52.)

Corée, pp. 47/48; Chine, pp. 48/50.

— H. Leveillé. — Decades plantarum novarum. XXXIII/XLV. (Originaldiagnosen.) (*Repert. nov. spec. regni veget.*, Berlin, VIII, 1910, pp. 258/259, 280/286, 358/360, 401/402, 421/426, 449/452, 549/550; IX, 1910, pp. 19/21, 76/79.)

— — Les Aurantiacées du Kouy-Tchéou. (Le Mans, *Bul. Acad. Int. Géogr. bot.*, XXI, 1911, p. 236.)

— — Decades plantarum novarum. (LXXIII/LXXIX). (Originaldiagnosen.) (*Repert. spec. nov. regni veget.*, Berlin X, 1912, pp. 348/352, 369/378, 431/444, 473/476; XI, 1912, pp. 31/33, 63/67, 295/307.)

— — Curieuses nouveautés chinoises. (Le Mans, *Bul. Acad. Int. Géogr. bot.*, XXII, 1911, p. 228.)

— — *Marlea* et *Rubus*. (*Ibid.*, p. 232.)

— — Nouvelles Labiae chinoises. (*Ibid.*, p. 236.)

— — Decades plantarum novarum. CI/CXXXI. (*Repert. spec. nov. regni veget.*, Berlin, XI, 1913, pp. 492/496, 548/552; XII, 1913, pp. 18/23, 99/103, 181/191, 281/288, 363/364, 505/507, 531/538.)

— — Quelques nouveautés chinoises. (Le Mans, *Bul. Acad. int. Géogr. bot.*, XXIV, 1913, pp. 142/146.)

— — Plantes insignes du Kouy-Tchéou. (*Ibid.*, pp. 250/252.)

Recueillies par le P. Esquirol.

— — Delectus plantarum yunnanensium a cl. E. E. Maire collectarum. (*Ibid.*, pp. 281/283.)

— — Nouveaux Conifères de Chine. (*Monde des Plantes*, Paris, 1914, pp. 19/20.)

— — *Rhododendra* nova. (*Repert. spec. nov. regni veget.*, Berlin, XIII, 1914, pp. 147/148.)

— — *Jasmina* sinensia. (*Ibid.*, pp. 149/152.)

— — Decades plantarum novarum. CXXXII/CXXXV. (*Ibid.*, pp. 174/180); CXXXVI/CXL, (pp. 257/266); CXLI/CXLV, (pp. 337/346).

— Novae Gynurae sinenses. Auctore H. Léveillé. (*Bul. Géogr. bot., Acad. Int. de Bot.*, Juin-Août 1914, pp. 283/284.)

— Végétaux nouveaux de Chine. Par Mgr. Léveillé. (*Ibid.*, Déc. 1914, pp. 288/290.)

— Compositae novae asiaticae Auctore H. Léveillé. — Genus Gynura in Asia orientali. — Clavis specierum. (*Ibid.*, Déc. 1914, pp. 290/291.)

— Plantae novae Argyanae. Auctore H. Léveillé. (*Ibid.*, Déc. 1914, pp. 291/292.)

Plantes du Kiang-Sou d'après l'Herbier du P. d'Argy.

— Flora missionnaria asiatica. Auctore H. Léveillé. (*Ibid.*, Fév.-Mars 1915, pp. 13/26; Avril-Mai 1915, pp. 37/50.)

— Catalogus Plantarum Provinciae Chinensis Kiang-Sou hucusque cognitarum elaboravit et edidit D. H. Léveillé — Publicado en agosto de 1916. Barcelona, Lopez Robert, 1916, in-4, pp. 25.

Memoria de la Real Academia de Ciencias y Artes, Tercera epoca, Vol. XII, num. 22.

— Catalogue des Plantes du Yun-Nan avec renvoi aux Diagnoses originales Observations et Descriptions d'Espèces nouvelles. Par H. Léveillé Ouvrage publié en pleine guerre, surtout destiné aux grands Etablissements scientifiques avec nombreux Dessins inédits. — Prix de souscription : 35 francs — Le Mans chez l'Auteur : 78, rue de Flore — 1915/1916, in-8, pp. 299.

Au-dessus du titre : A la mémoire d'Adrien Franchet et de son collaborateur Delavay.

— Flore de Pékin et de Chang-Hai et des provinces du Tché-Li et du Kiang-Sou par H. Léveillé — Manuscrit autographe en 12 exemplaires, in-8, pp. 112.

Au bas de la p. 112 : 30 août 1917, H. Léveillé, Pr. de Sa S.

— Flore de Pékin et de Chang-Hai et des provinces du Tche-li et du Kiang-Sou par H. Léveillé. — Manuscrit autographe en 12 exemplaires. S. l. n. d., [Le Mans ?], in-8, pp. 225.

EUG. VANIOT.

Col. 3084.

— Plantae Bodinierianae. *Composées*. Par M. Eug. Vaniot. (*Bull. Acad. Int. Géog. bot.*, 1er Janvier 1903, pp. 19/33; *ibid.*, 1er Mars 1903, pp. 116/126; *ibid.*, Avril-Mai 1903, pp. 241/246; *ibid.*, 1er Juill. 1903, pp. 317/320; *ibid.*, 1er Oct.-1er Nov. 1903, pp. 489/503.)

— Faurieanae & Cavalerienses Labiées. Par M. Eug. Vaniot. (*Ibid.*, N° 183, Mai 1904, pp. 165/192.)

— — Scrophulariaceae. Par M. Eug. Vaniot. (*Ibid.*, 1er Février-1er Mars 1905, pp. 85/88.)

— Boraginacées nouvelles. (*Monde des Plantes*, Le Mans, 1905, XLII).

— Eugene Vaniot et H. Léveillé. — Compositae Coreanae novae a R. P. Urb. Faurie lectae et ab . . . determinatae. (Le Mans, *Bull. Acad. Int. Géog. bot.*, 1909. (Mém. pp. 139/145.)

F. GAGNEPAIN.

— Les Zingibéracées de l'herbier Bodinier. Par M. F. Gagnepain. (*Bull. Acad. Int. Géog. bot.*, 1er Janv. 1903, pp. 35/40.)

Voir col. 3084.

— F. Gagnepain. — Deux Ampélidacées nouvelles. (*Notulae system.* Paris, II, 1911, pp. 11/13.)

— — Révision des *Buddleia* d'Asie. (*Ibid.*, Paris, II, 1912, pp. 182/194.)

— — Les *Sophora* asiatiques: 1° Classification; 2° Espèces nouvelles ou litigieuses. (*Ibid.*, III, 1914, pp. 13/21.)

— — *Ormosia* nouveaux d'Asie. (*Ibid.*, III, 1914, pp. 29/32.)

— — Trois *Mucuna* nouveaux d'Asie. (*Ibid.*, III, 1914, pp. 26/29.)

— — Boraginacées nouvelles ou peu connues d'Extrême-Orient. (*Ibid.*, III, 1914, pp. 32/36.)

— — Deux *Crotalaria* nouveaux. (*Ibid.*, III, 1914, pp. 36/38.)

— — Ce qu'est le *Flemingia Yunnanensis* Franchet. (*Ibid.*, III, 1914, pp. 109/111.)

— — Genre *Indigofera*; forme des poils; variations spécifiques; synonymes; espèces nouvelles. (*Ibid.*, III, 1914, pp. 111/125.)

— F. Gagnepain et Courchet. — Convolvulacées asiatiques nouvelles. (*Ibid.*, III, 1914, pp. 134/155.)

— F. Gagnepain. — Quelques *Kalanchoe* nouveaux d'Asie. (*Ibid.*, III, pp. 219/222.)

— Cucurbitacées nouvelles de l'Herbier du Muséum, par M. F. Gagnepain. (*Bul. Mus. Hist. Nat.*, 1918, N° 5, pp. 371/380.)

— Nouveaux *Begonia* d'Asie; quelques synonymes, par M. F. Gagnepain. (*Ibid.*, 1919, N° 3, pp. 194/201; N° 4, pp. 276/283, fig.)

.·.

— Die Flora der Mandschurei. (*Deutsche Rundschau f. Geog. u. Stat.*, XXVI, 1903/1904, pp. 474/475.

— D. Bois. — Description des plantes cultivées dans le Fruticetum des Barres. (Paris, *Bul. Soc. bot.*, LI, 1904, CXLVI/CLVIII.)

I. THÉRIOT.

— Moussés du Kouy-Tcheou (Chine) récoltées par Em. Bodinier et déterminées par

J. Cardot et I. Thériot. (*Bull. Acad. Int. Géogr. bot.*, 1er Mars 1904. pp. 81/84.)

Charleville et le Havre, le 29 nov. 1903.

— Diagnoses de quelques mousses nouvelles. Par M. I. Thériot. (*Ibid.*, 1er Janvier 1906, p. 40.)

Récoltées en Chine par le P. J. Cavalerie ; à Hong-Kong par le P. Bodinier.

— Diagnoses d'espèces et de variétés nouvelles de Mousses (5e article). Par M. I. Thériot. (*Ibid.*, Avril-Mai-Juin 1908, pp. 250/254.)

2° Chine ; pp. 251/252.

— Diagnoses d'espèces et de variétés nouvelles de Mousses (6e article). Par M. I. Thériot. (*Ibid.*, Janvier 1909, pp. 17/24.)

2° Chine, pp. 17/20.

— I. Thériot. — Diagnose d'espèces et de variétés nouvelles de Mousses. (Le Mans, *Ibid.*, XXI, 1911, pp. 269/272.)

C. de Candolle.

— C. de Candolle. — Zwei neue *Piper*-Arten aus China. (Genève, *Bul. Boissier*, Sér. 2, IV, 1904, p. 1026.)

— — A revision of the Indo-Malayan species of *Cedrela*. (*Rec. Bot. Surv. Ind.* Calcutta, III, 1908, pp. 357/376.)

— — *Piperaceae novae*. (*Notulae Systematicae*, III, 1914, pp. 38/44.)

Henri Olivier.

— Lichens du Kouy-Tchéou par M. l'Abbé H. Olivier. (*Bull. Acad. Int. Géogr. bot.*. N° 183, Mai 1904, pp. 193/196.)

— Henri Olivier. — Lichens du Kouy-Tchéou. (*Monde des Plantes*, Paris, 1914, pp. 34/35.)

G. Bonati.

— Les Pedicularis du Kouy-Tchéou de l'Herbier Bodinier. Par M. G. Bonati. (*Bull. Acad. Int. Géogr. bot.*, Août-Sept.-Oct. 1904, pp, 240/245.)

Voir Col. 3085.

— G. Bonati et M. Petitmengin. — Diagnoses d'espèces nouvelles. (Le Mans, *Monde des Plantes*, 1907, p. 14.)

— G. Bonati. — Les Pédiculaires de la Chine centrale dans l'Herbier Boissier. (Genève, *Bul. Boissier* (2 sér.) VII, 1907, pp. 541/545 avec fig.)

— — Sur quelques Pédiculaires chinoises nouvelles. (Paris, *Bul. Soc. bot.*, LV, 1908, pp. 242/248, 310/314.)

— — Plantae chinenses Forrestianae... Enumeration and description of species of *Pedicularis*. (Edinburgh, *Notes R. Bot. Gard.*, N° 23, 1911, pp. 79/92, pl. 70/75.)

— — Sur quelques espèces japonaises et chinoises du genre *Scrofularia*. (Paris, *Bul. Soc. bot.*, LVIII, 1911, pp. 519/523.)

— — Plantae chinenses Forrestianae..... Enumeration and Description of species of *Pedicularis*. (Edinburgh, *Notes R. Bot. Gard.*, VIII, 1913, pp. 37/45.)

∴

— F. Stephani. — Species hepaticarum. (*Bul. Boissier*, Genève, Sér. II, IV, 1904, pp. 18/32, 153/168, 345/360, 586/601, 775/790, 973/988, 1197/1214.)

— Descriptions of some New Species, and Notes on other Chinese Plants. By W J. Tutcher. (*Journ. Linnean Soc., Botany*, XXXVII, 1904/1906, pp. 58/70.)

— W. J. Tutcher. — Two new plants from Hongkong [*Quercus Elizabethae and Amorphophallus Dunii*]. (*Jour. bot.* London, XLIX, 1911, pp. 273/274.)

Maxwell T. Masters.

Col. 487.

— M. T. Masters. — Conifera of China. (Lond., *Journ. Linnean Soc.*, XXXVII, 1906, pp. 410/424.)

— — A new Chinese Conifer. [*Picea montigena*] (*Gard. Chron.*, Lond., Ser. 3, XXXIX, 1906, p. 146, fig. 56).

— — A new Chinese Conifer. [*Picea complanata*]. (*Ibid.*, pp. 146/147, fig. 57.)

— — Chinese Conifers. (*Ibid.*, pp. 212/213, fig. 82/83 ; p. 236 ; fig. 93.)

— — Chinese Conifers. [*Abies squamata* n. sp. (*Ibid.*, p. 299, fig. 121.)

— On the Distribution of the Species of Conifers in the several Districts of China, and on the Occurrence of the same Species in neighbouring Countries. By the late Maxwell T. Masters. (*Journ. Linn.*

Soc., *Botany*, XXXVIII, 1908, pp. 198/205.)

∴

— * P. Baccarini. — I funghi dello Schen Si settentrionale. (*Nuovo Giorn. bot. Ital.*, Firenze (N. S.) XII, 1905, pp. 689/698.)

L. Diels.

Col. 486.

— Über die Pflanzengeographie von Inner-China nach den Ergebnissen neuerer Sammlungen. Von Dr. L. Diels in Berlin. (*Zeitschft. Ges. f. Erdk. Berlin*, 1905, pp. 748/756.)

— Pflanzengeographie von Inner-China. Von Diels. (*Geogr. Zeitsch. Leipzig*, XII, 1906, pp. 167/168.)

De la *Zeitsch. d. Ges. f. Erdk. zu Berlin.*

— L. Diels, E. Ulbrich, R. Knuth, et A. Rehder. — Novitates Filchnerianae tibeticae et chinenses. (*Rep. nov. spec. regni veget.*, Berlin, II, 1906, pp. 65/67.)

— L. Diels. Botanische Ergebnisse [*In*: Wiss. Ergebnisse der Exped. Filchner 1903/1905, Bd. 10, Tl. I.] Berlin (E. S. Mittler & S.), 1908, pp. 245/273.)

— L. Diels. — Plantae Chinenses Forrestianae . . . New and imperfectly known species. (Edinb., *Notes R. Bot. Gard.*, V, 1912, pp. 161/308).

— — Catalogue of all the Plants collected by George Forrest during his first exploration of Yunnan and Eastern Tibet in the years 1904/1906. [With a preface by G. Forrest] (Numerical Catalogue). *Ibid.*, VII, 1912, pp. 1/298. — Catalogue of the species arranged in natural order (*Ibid.*, pp. 299/320.)

— — *Diapensia purpurea* Diels, nov. spec. aus Szechuan. (Originaldiagnose). (*Repert. spec. nov. regni veget.*, Berlin, 1912, pp. 419/420.)

— — Untersuchungen zur Pflanzengeographie von West-China. (*Bot. Jahr.*, Leipzig, XLIX, 1913, pp. 55/88.)

— — Plantae Chinenses Forrestianae... Catalogue of the species arranged in natural order (continued). (Edinburgh, *Notes R. Bot. Gard.*, VII, 1913, pp. 321/333); Catalogue of the species arranged in alphabetical order, pp. 334/411.)

(Diels.)

E. Hackel.

Col. 3083.

— Catalogue des graminées récoltées en Chine par feu les PP. E. Bodinier et d'Argy déterminées et publiées par M. E. Hackel. (*Bull. Acad. Int. Géogr. bot.*, 1er Janvier 1906, pp. 17/22.)

— Supplementa Enumerationis Graminum Japoniae, Formosae, Coreae auctore E. Hackel. (*Bul. Herbier Boissier*, IV, 1904, pp. 522/532.)

— Une nouvelle graminée coréenne [*Festuca Fauriei*]. Par M. E. Hackel. (*Bull. Acad. Int. Géogr. bot.*, Juillet-Août 1908, p. 348.)

— Eduard Hackel. — Gramineae novae, X. (*Repert. spec. nov. regni veget.*, Berlin, XII, 1913, pp. 385/387.)

∴

— O. v. Seemen. — Eine neue Hochgebirgsweide aus Ost-Tibet. (*Ibid.*, III, 1906, p. 23.)

— — Zwei neue Eichen (*Quercus cathayana* und *Qu. Wilsonii*) aus China. (*Ibid.*, pp. 53/54.)

R. A. Rolfe

— * R. A. Rolfe. — *Dendrobium Wilsoni* n. sp. (*Gard. Chron.*, London, Ser. 3, XXXIX, 1906, p. 185.)

— — *Pleione yunnanensis*. (*Orch. Rev.*, Lond., XIV, 1906, pp. 81/82, fig. 10.)

— — *Potentilla concolor*. [n. sp. from China]. (*Bot. Mag.*, London, CXXXIV, 1908.)

— — [Description of *Hancockia uniflora*]. (Hooker, *Ic. Pl.*, London, XXX, 1911, *t.* 2945.)

— — [Descriptions of Plants]. (*Bot. Mag.*, London, CXXXVIII, 1912.)

Styrax Wilsonii. — *Rosa omeiensis.*

— — *Cypripedium Francheti*. (*Orch. Rev.*, London, XX, 1912, pp. 358/359.)

— — [Descriptions of Plants, including *Rosa sertata* and *Catasetum microglossum*, n. spp.] (*Bot. Mag.*, London, (Ser. 4), IX, 1913, 8473, 8477, 8495, 8507, 8513, 8514, 8517, 8531.)

— — Plantae Chinenses Forrestianae... Enumeration and Description of species of

(Hackel. — Rolfe.)

Orchideae. (Edinburgh, *Notes R. Bot. Gard.*, VIII, 1913, pp. 19/29; pl. 9/12.)

— — *Rosa corymbulosa* n. s. (*Bot. Mag.*, London. CXL, 1914.)

A. B. Rendle.

— A. B. Rendle. — New Monocotyledons from China and Tibet. (*J. Bot.*, London, XLIV, 1906, pp. 41/46, pl. 476.)

— — *Poa szechuensis* nom. nov. [= *Po gracillima*, Rendle non Vasey]. (*Ibid.*, London, XLVI, 1908, p. 173.)

∴

— A. Pascher. — Tres novae species asiaticae generis *Gageae*. (*Repert. nov. spec. regni veget.*, Berlin, II, 1906, pp. 57/59.)

E. H. Wilson.

— * E. H. Wilson. — Leaves from my Chinese Note-Book. Wa-Shan to Fulin. (*Gard. Chron.*, London, Ser. 3, XXXIX, 1906, pp. 12/13, 27/28); a sketch of the Tung Valley. (*Ibid.*, p. 60); Tatsienlu and the quest of *Mencopsis integrifolia*. (*Ibid.*, pp. 101, 138/139, 165/166, 179/180.) A Journey in Eastern Tibet. (pp. 258, 293). (*Ibid.*, pp. 331/340). Lungpan and the Kungala Pass. (*Ibid.*, pp. 402, 419). The Chinese Magnolias. (*Ibid.*, p. 234). The primulas of China. (*Ibid.*, XL, 1906, p. 191, fig. 78/80; p. 206, fig. 85/87, fig. 95, 96; p. 249, fig. 102.)

— — Chinese Rhubarb [*Rheum officinale*, Baill.] (*Chem. & Drug.*, London, LXIX, 1906, pp. 371/372).

— — T'ang-shên. (*Codonopsis Tangshen*, Oliv. With Plate.) E. H. Wilson. (Kew, *Bul. Miscel. Information*, 1907, p. 9.)

— W. B. Hemsley and E. H. Wilson. Some new Chinese Plants [collected by E. H. Wilson during 1899/1902, and 1903/1905] (*Gard. Chron.*, 1906, pp. 147/163.)

— E. H. Wilson. — Letters from China. [Extracts]. (*Ibid.*, London, (Ser. 3), XLIII, 1908, p. 121.)

— — Plant collecting in China. [Extract from a letter]. (*Ibid.*, London, (Ser. 3), XLIV, 1908, p. 394.)

— — The Chinese Flora. (London, *J. R. Hort. Soc.*, XXXIII, 1908, pp. 395/400.)

— — Plant collecting in China. [Extracts from a letter]. (*Gard. Chron.*, London, (Ser. 3), XLV, 1909, pp. 24/25.)

— Herman Spooner. — Mr. Wilson's expeditions to China [with notes on some of the plants collected by him]. (*Ibid.*, London, (Ser. 3), XLVI, 1909, pp. 161/162, 178/179.)

— E. H. Wilson. — *Cypripedium luteum* and *C. tibeticum*. (*Ibid.*, London, (Ser. 3), XLIX, 1911, pp. 402/403, figs. 178/179, and Suppl. Illustr.)

— — *Potentilla Veitchii* [and] *Lonicera nitida* [n. sp.] (*Ibid.*, L, 1911, p. 102.)

— — *Osmanthus armatus*, Diels. (*Ibid.*, pp. 113/114, fig. 54.)

— — *Juglans Cathayensis*. (*Ibid.*, p. 189, fig. 88 and Suppl. Illustr.)

— The Kingdom of Flowers. An Account of the Wealth of Trees and Shrubs of China and of What the Arnold Arboretum, with China's Help, Is Doing to enrich America. By Ernest H. Wilson. (*National Geogr. Mag. Washington*, XXII, 1911, pp. 1003/1035; illustr.)

— E. H. Wilson. — Two new Chinese Cotoneasters [*C. Amoena* and *C. Harrowiana*]. (*Gard. Chron.*, London, (Ser. 2), LI, 1912, pp. 2/3, fig. 1.)

— — *Lilium Sargentiae* [n. sp.]. (*Ibid.*, pp. 385/386.)

— — *Lilium regale* (syn. *L. myriophyllum* Hort. non Franchet). (*Ibid.*, London, (Ser. 3), LIII, 1913, p. 416, figs. 182/183.)

— — Vegetation of Western China: A series of 500 photographs with index. [With Introduction by Charles Sprague Sargent]. Boston Pub. Arnold Arboretum Harvard University, 1912, pp. 1/19, with 500 plates.

— Charles Sprague Sargent. — Plantae Wilsonianae; an Enumeration of the Woody Plants collected in Western China for the Arnold Arboretum of Harvard University during the years 1907, 1908, and 1910 by E. H. Wilson. [Vol. 2]. (Part 4. Boston Publications of the Arnold Arboretum No. IV, 1914, pp. 1/262.)

Notice: *Journ. N. C. B. R. As. Soc*, XLIII, 1912, pp. 111 112. By D. M.

— — A Naturalist in Western China, etc. London, Methuen, 1913, 2 vol. in-8, pp. XXXVII/251, XI/229, map and illustr.

∴

— Alfred Cogniaux. — Note sur une Cucurbitacée nouvelle de Chine. *Herpetospermum grandiflorum.* (Bruxelles, *Bul. Soc. roy. bot.*, XLII, 1906, pp. 225/233.)

— — **Hemsleya nova chinensis** (*H. trifoliata*) (Originaldiagnose). (*Repert. nov. spec regni veget.*, Berlin, VI, 1909, p. 304.)

— Angiolo Pucci. — Le primole cinesi. (Firenze, *Boll. Soc. Tosc. Arti*, XXXI, 1906, pp. 326/331.)

— G. Réaubourg. — Les *Holboellia* de la Chine. (Paris, *Bul. Soc. bot.*, LIII, 1906, pp. 451/460.)

Julien Cavalerie.

— A travers la flore du Kouy-Tchéou. Lettre du P. Julien Cavalerie. (*Bull. Acad. Int. Géogr. bot.*, 1er Fév.-Mars 1906, pp. 94/96.)

Pin-Fa, 18 avril 1905.

— Notes sur les Renonculacées du Kouy-Tchéou. Lettre de J. Cavalerie. (*Ibid.*, Janvier 1908, pp. VII/VIII.)

Pin-Fa, 19 juillet 1907

— Note sur quelques monocotylédones du Kouy-Tchéou. Par le R. P. J. Cavalerie. (*Ibid.*, Sept.-Octobre 1910, pp. 205/208.)

— Julien Cavalerie. — Le Zingiber noseum. (*Bul. Géog. bot., Acad. Int. de Bot.*, Juin 1911, p. 156.)

— — Les Auriantiacées du Kouy-Tchéou. (*Ibid.*, Juillet 1911, pp. 210/211). — H. L[éveillé]. (*Ibid.*, Août-Sept. 1911, p. 236.)

— — La Flore de Gan-chouen-fou (Kouy-Tchéou, Chine). (*Ibid.*, Août-Sept. 1911, p. 231.)

— — Les Liliacées du Kouy-Tchéou. (*Ibid.*, pp. 243/248.)

∴

— F. Krasser. — Fossile Pflanzen aus Transbaikalien, der Mongolei und Mandschurei. (Wien, *Denkschft. Ak. Wiss.*, LXXVIII, 1906, pp. 589/634, mit 4 Taf.)

R. Knuth.

— R. Knuth. — Eine neue interessante *Androsace* (*A. Gustavi* [n. sp.]) aus Ost-Tibet. (*Rep. nov. spec. regni veget.*, Berlin, III, 1906, p. 84.)

— — Ein Beitrag zur Kenntniss der von Soulié gesammelten Primulaceen Szetchauans. (*Bot. Jahrb.*, Leipzig, XXXVIII, 1907, pp. 340/342.)

— — *Primula Bonatii* n. sp. (Original-diagnose.) (*Repert. nov. sp. regni veget.*, Berlin, VIII, 1910, p. 398.)

— — Plantae chinenses Forrestianae .... Description of new species of *Geranium*. (Edinburgh, *Notes R. Bot. Gard.*, VIII, 1913, pp. 31/35.)

J. F. Duthie.

— J. F. Duthie. — *Primula deflexa* n. sp. (*Gard. Chron.*, Lond., Ser. 3, XXXIX, 1906, c. 229.)

— New species of *Deutzia*. (*Ibid.*, XL, 1906, c. 238.)

— — New species of *Nepeta*. (*Ibid.*, XL, 1906, c. 334, figs. 133, 134.)

∴

— * A. D. Cotton. — Marine algae from Corea. (*Kew Bul.*, Lond., 1906, pp. 366/373).

— * A. Brand. — Novae speciae sinicae generis *Symplocos*. (*Repert. n. sp. regni veget.*, Berlin, III, 1906, pp. 216/218.)

— * Chinese Bread fruit. (*J. Soc. Arts*, Lond., LIV, 1906, p. 248.)

I. V. Palibin.

— Quelques espèces nouvelles de la Flore chinoise par J. W. Palibin. (*Bul. Herbier Boissier*, VI, 1906, pp. 18/22.)

— Ivan Vladimirovitch Palibin. — Notiz über Pflanzenreste am Flusse Wantzin [Mandshurei]. St. Petersburg. (*Verh. russ. mineral. Ges.*, XLIV, 1906, pp. 415/417.)

— — Fossile Pflanzen aus den Kohlenlagern von Fuschun in der südlichen Mandschurei. St. Petersburg. (*Ibid.*, pp. 419/434.)

— — Nouveaux *Astragalus* et *Oxytropis* de la Mongolie occidentale. (Genève, *Bul. Boissier*, Sér. 2, VIII, 1908, pp. 157/161, 2 pl.)

— I. V. Palibin et M. Ja. Galvialo. — Les Astragales nutritifs de la flore sino-mongolienne. (*Trav. sect. Troick.-Kiacht. Soc. russ. géog.*, St. Pet., XI, [1908], 1911, pp. 6/26.)

C. K. Schneider.

— Schneider, Camillo Karl. — Pomaceae sinico-japonicae novae, et adnotationes generales de Pomaceis. (Genève, *Bul. Boissier*, Sér. 2, VI, 1906, pp. 311/319; VII, 1907, pp. 50/58.)

— — Über einige wertvolle neue Laubgehölze aus China. (*Mitt. D. dendr. Ges.* Bonn, XVIII, 1909, pp. 185/187.)

— — Zwei neue *Berberis* aus Thibet. (Originaldiagnosen). (*Repert. nov. spec. regni veget.*, Berlin, VI, 1909, pp. 267/268.)

— — Einige neue *Tilia* aus Ostasien. (Originaldiagnosen). (*Ibid.*, VII, 1909, pp. 200/201.)

— — Neue *Rhamnus*-Arten des Berliner botan. Museums aus Ostasien und Bemerkungen zur Systematik der Gattung *Rhamnus*. (Berlin, *Notizbl. bot. Garten*, V, 1908, pp. 75/79.)

— — Eine neue *Corylopsis* aus China. (*Repert. spec. nov. regni veget.*, Berlin, XII, 1913, p. 379.)

— — [Letter on his Expedition to China]. (*Gard. Chron.*, London, Ser. 3, LVI, 1914, 96.)

∴

— Caro Massalongo. — Di una nuova specie di *Mathodeca* della China. (Firenze, *Boll. Soc. bot. ital.*, 1906, p. 141.)

D. Prain.

— D. Prain. — *Meconopsis* and *Cathcartia*. (*Ann. Bot.*, Oxford, XX, 1906, pp. 323/370, pl. 24/25.)

— — *Rheum inopinatum* [n. sp. from Tibet]. (*Bot. Mag.*, London, CXXXIV, 1908.)

— — A new *Meconopsis* [*M. speciosa*] from Yunnan. (Edinburgh, *Trans. Bot. Soc.*, XXIII, 1907, pp. 257/258, pl. 2.)

— Prain and Burkill. — A synopsis of the Dioscoreas of the old World, Africa excluded, with descriptions of new species. (Calcutta, *Journ. As. Soc. Bengal*, X, 1914, pp. 5/41.)

∴

— New hardy Plants from China. (*Garden*, LXXI, 1907, p. 237.)

— Albert Hanford Moore. — Revision of the genus *Spilanthes*. (Boston, Mass., *Proc. Amer. Acad. Arts Sci.*, XLII, 1907, pp. 521/569.)

— F. E. Weiss. — Gutta percha from a Chinese tree, *Eucommia ulmoides* Oliver. (Manchester, *Proc. Lit. Phil. Soc.*, LI, pp. II/IV, 2 fig.)

— Curtis Gates Lloyd. — Rediscovery of *Mitremyces oriruber* [in China]. (*Myc. Notes*, Cincinnati, Ohio, XXV, 1907, p. 324.)

— C. H. Ostenfeld. — Beiträge zur Kenntnis der Algenflora des Kossogel-Beckens in der nordwestlichen Mongolei, mit spezieller Berücksichtigung des Phytoplanktons. (*Hedwigia*, Dresden, XLVI, 1907, pp. 365/420, mit 1 Tafel.)

— J. R. Drummond. — *Chlamidytes*: a new genus of Compositae [from Tibet]. (*Kew Bul.*, Lond., 1907, pp. 90/92.)

William Jackson Bean.

— W. J. Bean. — *Catalpa Bungei*, C. A. Meyer. (*Kew Bul.*, Lond., 1907, p. 102.)

— — *Corylopsis Veitchiana* [n. sp. from China]. (*Bot. Mag.*, Lond., CXXXVI, 1910, t. 8349.)

— — Garden Notes on new Trees and Shrubs. XIII. New Chinese Species. (*Kew Bul.*, Lond., 1913, pp. 163/168, pl.) — XIV. A new hybrid between gooseberry and blackcurrant. [*Ribes wollense* = *R. divaricatum*, Dougl.] (*Ibid.*, Lond., 1914, pp. 49/50, with 1 pl.) — XV. Two new horsechestnuts (*t. c.*, pp. 50/51.) — XVI. A new Japanese cherry [*Prunus microlepsis* var. *Smithii*, Koehne] (*t. c.*, p. 41.) — XVII. New Chinese species (*t. c.*, pp. 51/54, with 2 pl.) — XVIII. New rhododendrons (*t. c.*, pp. 201/205 with 2 pl.)

— — Chinese Trees and Shrubs. (London, *J. R. Hort. Soc.*, XL, 1914, pp. 215/225, figs. 47/54.)

∴

— F. Knoll. — Beitrag zur Kenntnis der *Astilbe*-Arten Ostasiens. Als vorläufige Mitteilung einer monographischen Bearbeitung der Gattung *Astilbe*. (Genève, *Bul. Boissier*, Sér. 2, VII, 1907, pp. 127/135.)

— Narcisse Patouillard. — Champignons du Kouy-Tchéou. (Le Mans, *Monde des plantes*, 1907, p. 31.)

— Narcisse Patouillard et Henri Olivier. — Champignons et lichens chinois. (*Ibid.*, p. 23.)

George Forrest.

— George Forrest. — Gentianaceae from Eastern Tibet and South-West China. [n. spp.] (*Edinb. Notes*, No. XVII, 1907, pp. 60/81, pl. 12/19.)

— — Primulaceae from Western Yunnan and Eastern Tibet. (n. sp.) (Edinburgh, *Notes R. Bot. Gard.*, IV, 1908, pp. 213/239, pl. 26/43.)

— — *Cypripedium tibeticum* and *C. margaritaceum* [in their native habitats]. (*Gard. Chron.*, Lond., Ser. 3, XLVI, 1909, 419, fig. 185, suppl. illustr.)

— — *Lycoris aurea* [in China]. (*Ibid.*, XLVII, 1910. 12, fig. 16.)

— — *Androsace spinulifera*. (*Ibid.*, 27, fig 22.)

— — *Crawfurdia Trailliana*. (*Ibid.*, 44, fig. 30.)

— — *Primula sonchifolia*. (*Ibid.*, 58, fig. 35.)

— — *Rhododendron racemosum*. (*Ibid.*, 343, fig. 147.)

— — *Cornus capitata*. (*Ibid.*, XLVIII, 1910, 447/448, fig. 192.)

— — *Meconopsis Delavayi*. (*Ibid.*, L, 1911, 51/52, fig. 24.)

— — *Incarvillea lutea* growing wild in China. (*Ibid.*, 130, suppl. illustr.)

— — Chinese Primulas. *Primula membranifolia* and *P. dryadifolia*. (*Ibid.*, 208/209, fig. 100.)

— — *Primula Beesiana*, Forrest. (*Ibid.*, 242/243, fig. 110 and suppl. illustr.)

— — *Isopyrum grandiflorum*. (*Ibid.*, 391, suppl. illustr.)

(Forrest.)

— — *Saussurea gossypiphora* and *S. Leucoma* [in their Chinese habitats]. (*Ibid.*, LI, 1912, p. 85, fig. 38 and suppl. illustr.)

— — Rhododendrons in China. (*Ibid.*, 291/292, fig. 141 and suppl. illustr.)

— — *Primula vincaeflora* and *P. pinnatifida* [in their Chinese habitats]. (*Ibid.*, 320, suppl. illustr.)

John Hutchinson.

— John Hutchinson. — *Clematis quinquefoliata* [a new species from China.] (*Ibid.*, Ser. 3; XLI, 1907, 3.)

— — [Descriptions of Plants, including *Aster Purdomii* n. sp.] (*Bot. Mag.*, Lond., Ser. 4, IX, 1913, 8472, 8474, 8476, 8496, 8502, 8508, 8519, 8524, 8529.)

Marcel Petitmengin.

— Marcel Petitmengin. — Notes sur la flore asiatique. (*Monde des Plantes*, Paris, 1906, p. 30.)

— — Contributions à l'étude des Primulacées Sino-Japonaises. (Genève, *Bul. Boissier*, 2 Sér., VII, 1907, pp. 521/534.)

— — Sur quelques nouvelles primevères de Chine. (*Ibid.*, pp. 961/964.)

— — Nouveaux *Lysimachia* de Chine. (Le Mans, *Monde des Plantes*, 1907, p. 30.)

— — *Primula Cavaleriei* n. sp. (Le Mans, *Bul. Acad. Int. Géogr. bot.*, 1908, p. 256.)

— Notes sur la flore asiatique. (*Monde des Plantes*, Le Mans, 1906, p. XXX.)

— Primulaceae Wilsonianae. Par M. Petitmengin. (*Bull. Acad. Int. Géogr. bot.*, Sept.-Oct. 1907, pp. 215/219; fig.)

— Primulacées chinoises de l'Herbier de l'Académie Internationale de Géographie botanique. Par M. Petitmengin. (*Ibid.*, Sept.-Octobre 1907, pp. 220/225.)

— Primula Cavaleriei sp. nov. (*Typus in Herb. Musei Parisiensis*). Par M. Petitmengin. (*Ibid.*, Avril-Mai-Juin 1908, p. 256.)

— Revue critique Des Primulacées asiatiques. Par M. Petitmengin. (*Ibid.*, Juillet-Août 1908, pp. 334/338.)

— Marcel Petitmengin. — Primulaceae novae Sinenses. (Collections du Muséum de Paris : R. R. P. P. Ducloux, Mussot

(Hutchinson. — Petitmengin.)

et Soulié.) (Genève, *Bul. Boissier*, Sér. 2, VIII, 1908, pp. 303/370.)

∴

— C. H. Wright. — The Chinese Species of *Eriocaulon*. [A note on their geographical distribution, with a key.] (*Kew Bull.*, London, 1907, pp. 3/4.)

W. B. HEMSLEY.

Col. 480/482.

— * W. B. Hemsley. — *Corylopsis*, with a new species, *C. sinensis*. (*Gard. Chron.*, Lond., Ser. 3, XXXIX, 1906, 18/19, fig. 12.)

— — A new Chinese Lilac with pinnate leaves. — *Syringa piannitifolia*. (*Ibid.*, 68.)

— — *Primula orbicularis* n. sp. (*Ibid.*, 290, 403, fig. 164.)

— — *Senecio* (*Eusenecio*) *Faberi*. (*Ibid.*, 43.)

— — *Rhododendron aucubifolium* [A manufactured specimen.] (*Kew Bul.*, Lond., 1906, 232.)

— — *Rhododendron intricatum*, Franchet. [Newly introduced into cultivation from China.] (*Gard. Chron.*, XLI, 1907, 262, fig. 111.)

— — *Sassafras* in China. (*Sassafras Tzumu*, Hemsl. [n. comb.]) (*Kew Bul.*, Lond., 1907, 55/56.)

— — *Davidia*. [A note giving the history of the discovery of the genus and showing the conditions under which it grows in China, etc.] (*Ibid.*, pp. 301/303.)

— W. B. Hemsley and E. H. Wilson. — A new Chinese *Rhododendron* [*R. Mariesii*]. (*Ibid.*, pp. 244/246.)

— W. B. Hemsley. — *Begonia cathayana* (n. sp. from China.) (*Bot. Mag.*, Lond., CXXXIV, 1908.)

— — The genus *Dipelta* [n. sp.]. (*Gard. Chron.*, Lond., Ser. 3, XLIV, 1908, 101/103, fig. 37.)

— Cornus Macrophylla, and some asiatic Congeners. — W. Botting Hemsley. (*Kew, Bul. Miscel. Inform.*, 1909, pp. 329/335.)

— W. B. Hemsley. — *Gentiana Veitchiorum*, Hemsl. [n. sp. With reference to *G. ornata*, Wall]. (*Gard. Chron.*, Lond., Ser. 3, XLVI, 1909, fig. 178, 74/75.)

— — New Chinese Rhododendrons. [*R. primulinum*, *R. Harrovianum* and *R. Benthamianum*.] (*Ibid.*, XLVII, 4/5.)

— Chinese Rhododendrons : Determinations and Descriptions of New Species. W. Botting Hemsley and E. H. Wilson. (*Kew, Bul. Miscel. Inf.*, 1910, pp. 101/120.)

— W. B. Hemsley. — [Description of *Davidia involucrata* var. *Vilmoriniana*, Hemsl. n. var.] (*Bot. Mag.*, London, CXXXVIII, 1912.)

— — The wood-oil trees [*Aleurites*] of China and Japan. (*Kew Bul.*, London, 1914, pp. 1/4.)

JULES. CARDOT.

— Jules Cardot. — Mousses nouvelles du Japon et de Corée. (Genève, *Bul. Boissier*, Sér. 2, VII, 1907, pp. 709/717; VIII, 1908, pp. 331/336.)

— — Idem. (Genève, *Bul. Soc. Bot.*, I, Sér. 2, 1909, pp. 120/132; III, 1911, pp. 275/294.)

— — Notes sur des Rosacées d'Extrême-Orient. (*Notulae Systematicae*, III, 1916, pp. 224/230.)

— — Rosacées nouvelles d'Extrême-Orient. (*Ibid.*, pp. 230/243, 263/271, 289/315, 345/355, 371/382.)

— Notes sur des Rosacées d'Extrême-Orient, par M. J. Cardot. (*Bul. Mus. d'Hist. Nat.*, 1916, pp. 396/409; 1917, pp. 113/129, 272/311; 1918, pp. 63/87.)

— Sur les caractères distinctifs des *Eriobotrya* (Rosacées) et genres voisins, et observations sur quelques espèces asiatiques d'*Eriobotrya*, par M. J. Cardot. (*Ibid.*, 1919, N° 3, pp. 205/207.)

— Notes sur des espèces asiatiques du genre *Photinia*, section *Euphotinia*, par M. J. Cardot. (*Ibid.*, 1919, N° 5, pp. 398/404.)

— J. Cardot. — Rosacées nouvelles d'Extrême-Orient (Suite). (*Notulae systematicae*, IV, 1920, pp. 20/32.)

∴

— David White. — Age of the Plant beds in the K'ui-Chou basin. (Washington,

Carnegie Inst. Pub. No. 54. Vol. I, Pt. 1, 1907, pp. 280/283.)

STEPHEN TROYTE DUNN.

— S. T. Dunn. — New Chinese Plants [from Kwantung, Hongkong, and Corea]. (*Journ. Bot.*, London, XLV, 1907, 402/404); XLVI, 1908, pp. 324/326.)

— — New Chinese Plants. (*Ibid.*, XLVII, 1909, pp. 197/199, 375/377.)

— A Revision of the Genus *Illigera*, Blume. By Stephen Troyte Dunn . . . (*Journ. Linn. Soc., Botany*, XXXVIII, 1907/1909, pp. 290/297.)

— A Botanical Expedition to Central Fokien [n. sp., the new Orchideae described by R. A. Rolfe]. By S. T. Dunn. (*Ibid.*, 1908, pp. 350/373.)

— Botanical Explorations in Fokien. (*Geogr. Journal*, February 1909, p. 213.)

Journey of Mr. S. T. Dunn, Superintendent of the Botanical and Forestry Department of Hong Kong in 1905, recorded in the *Journal of the Linnean Society* (Botany), N° 267, 1908.

— A Revision of the Genus *Actinidia*, Lindl. By Stephen Troyte Dunn . . . sometime Superintendent of the Botanical and Forestry Department, Hongkong, China. (*Journ. Linn. Soc., Botany*. XXXIX, 1909/1911, pp. 394/410.)

— A Supplementary List of Chinese Flowering Plants, 1904/1910. By Stephen Troyte Dunn . . . sometime Superintendent of the Botanical and Forestry Department, Hongkong, China. (*Ibid.*, pp. 411/581.)

— The Hongkong Herbarium. S. T. Dunn. (*Kew, Bul. Miscel Inf.*, 1910, pp. 188/192.)

— S. T. Dunn. — Additions to the flora of Hongkong [n. spp.] (*Journ. Bot.*, Lond., XLVIII, 1910, pp. 323/325.)

— — *Primula bellidifolia*, King, and its allies [n. supp.] (Edinburgh *Notes R. Bot., Gard.* No. 23, 1911, 61/64, pl. 61).

— — *Spatholirion*. — [n. sp.] (*Kew Bull.* London, 1911, pp. 161/162).

— — *Dipentodon*. — A new genus of uncertain systematic position. (*Ibid.*, pp. 310/313, 10 figs.)

— — A Supplementary List of Chinese flowering plants, 1904/1910. (London, *Journ. Linn. Soc. Bot.*, XXXIX, 1911, pp. 411/506.)

(DUNN.)

— A Revision of the Genus *Millettia*, Wight et Arn. By Stephen Troyte Dunn . . ., sometime Superintendent of the Botanical and Forestry Department, Hongkong, China. (*Ibid.*, XLI, 1912/1913, pp. 123/243.)

— S. T. Dunn. — Some additions to the Korean flora. [n. spp.] (*Kew Bull.*, London, 1912, pp. 108/109.)

— — A contribution to the flora of Hainan (China). [n. spp.] (*Ibid.*, pp. 366/368.)

— — Notes on Chinese Labiatae [n. spp.]. (Edinburgh, *Notes R. Bot. Gard.*, VIII, 1913, pp. 153/171.)

BUNZŌ HAYATA.

— On *Taiwania*, a New Genus of Coniferae from the Island of Formosa. By Bunzō Hayata, Tōkyō. (*Journ. Linn. Soc., Bot.*, XXXVII, 1904/1906, pp. 330/332.)

— Enumeratio Plantarum In Insula Formosa sponte crescentium hucusque rite cognitarum adjectis descriptionibus et figuris specierum pro regione novarum. With 18 plates. By J. Matsumura Professor of Botany in the College of Science, Imperial University, Tōkyō and B. Hayata Assistant in the Botanical Institute, College of Science, Imperial University, Tōkyō. — 1906. (*Journ. of the College of Science*, Art. XXII, 1906, in-4, pp. 702 + 2 pp. n. ch. Glossary.

— Materials for a Flora of Formosa Supplementary Notes to the Enumeratio Plantarum Formosanarum and Flora Montana Formosae. By B. Hayata . . . (*Ibid.*, Imperial University of Tokyo, XXX, Art. 1, June 20th, 1911, in-4, pp. 471.)

— On some new Species of Coniferae from the Island of Formosa. By Bunzō Hayata (Tōkyō). (*Journ. Linn. Soc., Botany*, XXXVIII, 1907, 9, pp. 297/300.)

— Flora Montana Formosae An Enumeration of the Plants found on Mt. Morrison, the Central Chain, and Other Mountainous Regions of Formosa at Altitudes of 3000—13.000 ft. By B. Hayata, Assistant in the Botanical Institute, College of Science, Imperial University, Tokyo. — With 41 plates and 16 woodcuts. (*Journ. of the College of Science*, Imperial University, Tokyo, XXV, Art. 19, 1908, in-4, pp. 260.)

(HAYATA.)

-- The Mountain Flora of Formosa and its Affinities. (*Geogr. Journal*, April 1909, pp. 497/498.)

-- Relations de la Flore de Formose avec celle des pays voisins. Par Paul Lemoine. (*La Géographie*, 15 Juin 1909, pp. 446/448.

à propos de :

— Hayata, *Flora montana Formosae.*

— Fasciculus I. — September, 15th, 1911. — Icones Plantarum Formosanarum nec non et Contributiones ad Floram Formosanam, or, Icones of the Plants of Formosa, and Materials for a Flora of the Island, based on a Study of the Collections of the Botanical Survey of the Government of Formosa. By B. Hayata, Rigakuhakushi. Fasciculus I. Published by the Bureau of Productive Industry, Government of Formosa Taihoku, in-4, pp. 265 + 40 pl.

14e année, 9e mois, 13e mois Meidji.

— * Icones Plantarum Formosanarum nec non et Contributiones ad Floram Formosanam, or, Icones of the Plants of Formosa, and Materials for a Flora of the Island, based on a Study of the Collections of the Botanical Survey of the Government of Formosa. By B. Hayata. Fasciculus II, 1912. Published by the Bureau of Productive Industry. Taihoku 1912, pp. 236. Illustrations.

Voir Formose.

∴

— E. A. Finet. — Orchidées de l'île Quelpaert (Corée) et de la province de Kii (Japon) recueillies en 1907 par MM. Faurie et Taquet. (*Journ. Bot.* Paris, Sér. 2, I, 1908, pp. 110/111.)

— A. Finet. — Orchidées du Su-tchuen. (*Notulae Systematicae*, I, 1910, pp. 260/261.)

Rapportées par le Dr Legendre.

— Walkenier Suringar. *Azalea mollis* und *Azalea sinensis.* (*Gartenflora*, Berlin, LVII, 1908, pp. 505/517, mit 2 Taf.)

— Ernst Oestrup. — Beiträge zur Kenntniss der Diatomeenflora des Kossogolbeckens in der nordwestlichen Mongolei. (*Hedwegia*, Dresden, XLVIII, 1908, pp. 74/100, mit 2 Taf.)

— On a Collection of Plants made by H. C. Robinson and L. Wray from Gunong Tahan, Pahang. By H. N. Ridley, . . assisted by other Botanists. (*Journ. Linn. Soc.*, *Botany*, XXXVIII, 1907/1909, pp. 301/336.)

(Divers.)

Paul Danguy.

— Liste des Plantes récoltées par le commandant de Lacoste, au cours de sa mission en Asie centrale, en 1906, par M. Paul Danguy. (*Bull. Mus. Hist. Nat.*, 1908, 2, pp. 129/132.)

— Mission Pelliot-Vaillant dans l'Asie centrale. Collections botaniques rapportées par le Dr L. Vaillant. Liste des espèces, dressée par M. Paul Danguy. (*Ibid.*, N° 4, 1911, pp. 260/272; N° 5, pp. 331/346; N° 6, pp. 446/453.)

— Liste des plantes récoltées par M. le Dr Bertaud du Chazaud en Mongolie, par M. Paul Danguy. (*Ibid.*, 1911, N° 7, pp. 546/558.)

— Liste des plantes récoltées dans l'Asie centrale par J. Chaffanjon, par M. Paul Danguy. (*Ibid.*, 1913, N° 7, pp. 494/509; N° 8, pp. 605/622; 1914, N° 1, pp. 27/40; N° 2, pp. 71/92, 136/150.)

Col. 480.

— Francis Blackwell Forbes, Nécrologie. Par H. C[ordier]. (*T'oung Pao*, Juillet 1908, pp. 476/477.)

† à Boston, États-Unis, le 21 mai 1908, à 68 ans.

— Mr. Francis B. Forbes. Necrology. (*Journ. N. C. B. R. As. Soc.*, XXXIX, 1908, pp. 175/176.)

— Fritz Kränzlin. — Orchidaceae quaedam Tibeticae.... (Originaldiagnosen). (*Repert. nov. spec. regni veget.*, Berlin, V, 1908, pp. 196/200.)

D. Litvinov.

— D. Litvinov. — *Zizyphus vulgaris* Lam. Var. *spinosus* Buge. (*Schedae herb. flor. ross.*, St. Petersburg, VI, 1908, 123.)

— — *Hydrilla verticillata* (L. fil.) Casp. var. *Roxburghii* Casp. (*Ibid.*, pp. 131/132.)

— — *Carex chinganensis* sp. n. (*Ibid.*, pp. 135/136.)

— — *Alopecurus mandshuriccus* sp. n. var. *glabratus* et var. *pilosus*. (*Ibid.*, St. Pet., VI, 1908, pp. 138/139.)

— — *Alopecurus longearistatus Maxim.* (*Ibid.*, p. 139.)

— — *Tripogon chinensis.* Hack. var. *genuinus* Hack. (*Ibid.*, pp. 139/140.)

— — *Calamagrostis Langsdorffii* Trin. (*Ibid.*, VII, 1911, pp. 78/79.)

∴

(Danguy. — Litvinov.)

— Angiolo Ferdinando Pavolini. — Contributo alla flora dell' Hu-Pé. (*Nuoro Giorn. bot. ital.*, Firenze, N. S., XV, 1908, pp. **391/443**.)

— A. Lingelsheim. — Eine neue *Forsythia.* (Breslau, *Jahresb. Ges. vaterl. Cultur*, LXXXVI, [1908], 1909, *Zool. bot. Sect.*)

— Alex. Lingelsheim und Alex. Borzi. — Plantae novae Limprichtianae in Yünnan collectae. (Originaldiagnosen.) (*Rep. spec. nov. regni veget.*, Berlin, XIII, 1914, pp. 385/392.)

— Julius Schuster. — Polygonaceen-Studien. (Genève, *Bul. Boissier*, Sér. 2, VIII, 1908, pp. **704/713**.)

— F. N. Williams. — The Caryophyllaceae of Tibet [n. spp.] (Lond., *Journ. Linn. Soc., Bot.*, XXXVIII, 1909, pp. **395/407**.)

OTTO STAPF.

— Otto Stapf. — The Manchurian water-rice. (*Zizania latifolia* Turcz.) (*Kew Bul.*, Lond., 1909, pp. 385/390.)

— — *Callitris sinensis* [origin of the name]. (*Ibid.*, pp. **393/394**.)

— — *Sarcococca humilis* [n. sp.] (*Ibid.*, 1911, p. **329**.)

— — Descriptions of Plants including *Crataegus pubenscens* n. f. *stipulacea* and *Ceratostigma Willmottianum* [n. sp.] (*Bot. Mag.*, Lond., CXL, 1914, 8543, 8552, 8559, 8563, 8571, 8575, 8584, 8589, 8591.)

∴

— R. I. Lynch. — *Paeonia Veitchii* n. sp. [from China]. (*Gard. Chron.* Lond., Ser. 3, XLVI, 1909, 2, fig. 1.)

— William R. Maxon. — A new spleenwort from China. Washington D. C. Smithsonian Inst. Cont. U. S. *Nation. Herb.*, XII, 1909, 411 with pl.

— G. E. Paris. — Muscinées de l'Asie orientale. (*Rev. bryol.* Cahan, XXXVI, 1909, pp. 8/13, 88/91.)

— W. L. Komarov. — Species novae chinenses. (Originaldiagnosen.) (*Repert. nov. spec. regni veget.*, Berlin, V, 1909, 145/146.)

— Ferns of Southern China. — By Edwin Bingham Copeland (From the Bureau of Eduction, Manila, P. I.) (*The Philippine Journal of Science*, October 1908, pp. 277/284.)

— — New species of *Cyathea.* (*Ibid.*, Bot., III, 1908 [1909], pp. **353/357**.)

— Patchouli. (*Pogostemon Patchouli*, var. *suavis*, Hk. f. = *P. Cablin*, Benth.) (*Kew, Bul. Miscel. Inform.*, 1908, pp. 78/82.)

— Otto E. Jennings. — *Hymenophyllum denticulatum* in Central China. (*Fern Bull. Joliet.* Ill., XVII, 1909, pp. 106/107, with text fig.)

— Robert Keller. — Über zwei neue ostasiatische Rosen. (*Bot. Jahrb.*, Leipzig, XLIV, 1909, pp. 46/47.)

John G. Jack. — Bemerkungen über neu eingeführte Bäume und Sträucher. (*Mitt. D. dendr. Ges.* Bonn, XVIII, 1909, pp. 281/288.)

RAYMOND HAMET.

— R. Hamet. — *Sedum Daigremontianum* n. sp. (Paris *Bul. Soc. bot.*, LVI, 1909, pp. 234/236.)

— — Über zwei neue chinesische *Sedum.* (*Bot. Jahrb.*, Leipzig, XLIV, 1910, Beibl. No. 101, pp. 31/33.)

— — Nouveautés asiatiques du genre *Sedum.* (Originaldiagnosen.) (*Rep. nov. spec. regni veget.*, Berlin, VIII, 1910, pp. 24/28.)

— — Sur deux *Sedum* nouveaux. (Originaldiagnosen.) (*Ibid.*, pp. 142/144.)

— — *Sedum Chauveaudi, S. Heckeli*, sp. nov. (*Notulae system.* Paris, I, 1910, pp. 137/140.)

— — Note sur deux espèces nouvelles de *Sedum.* (Originaldiagnosen.) (*Repert. nov. spec. regni veget.*, Berlin, VIII, **1910**, pp. 263/266.)

— — Descriptions et Étude des affinités de 3 *Sedum* nouveaux. (Originaldiagnosen.) (*Ibid.*, pp. 311/316.)

— — Sur un nouveau *Sedum* du Thibet. (Paris *Bul. Soc. bot.*, LVII, 1911, pp. 615/617.)

— — Plantae Chinenses Forrestianae ... Enumeration and Description of species of *Sedum.* (Edinburgh *Notes R. Bot. Gard.*, V, 1912, pp. 115/122, pl. 85/86.)

— — Sur un nouveau *Sedum* de Yun-Nan. (Le Mans, *Bul. Acad. intern. géogr. bot.*, XXIV, 1912, pp. 63/70.)

— — Sur un *Sedum* nouveau récolté par le R. P. Soulié. (Paris, *Bul. Soc. bot.*, LIX, 1912, pp. 762/764.)

— — Enumeration of Crassulaceae collected in China by Bullock, Carles, Ducloux, Forrest (second Expedition), Hancock, Henry, Hosie, Hugh, Maire, Monbeig, Morse, Pratt, Wilson, with a comparative table, including the species of Delavay and Forrest's first expedition. (Edinburgh *Notes R. Bot. Gard.*, VIII, 1913, pp. 130/152.)

— — New species of *Sedum* preserved in the Herbaria of Kew and the British Museum. (*Kew Bul.*, London, 1913, pp. 153/158.)

— — *Sedum Carnegiei* a new species of the family Crassulaceae from the herbarium of the Carnegie Museum. (Pittsburg Pa., *Ann. Carnegie Mus.*, VIII, 1913, pp. 418/420.)

— — Enumération de quelques Crassulacées chinoises récoltées par G. N. Potanin. (*Journ. russe bot.*, St-Pétersbourg, 1912, 1913, pp. 175/176.)

— Sur un nouveau *Sedum* du Yun-Nan, Par M. Raymond Hamet. (*Bul. Géog. bot.*, *Acad. Int. de Bot.*, Janv.-Mars 1913, pp. 63/70.)

∴

— Aperçu sur le Kouy-tchéou (Extrait d'une lettre du R. P. Jos. Esquirol). (*Bull. Acad. Int. Géog. Bot.*, Janvier 1909, p. 16.)

— La culture des Champignons en Extrême-Orient, par M. Costantin. (*Bul. Muséum nat. d'Hist. nat.*, 1909, 7, pp. 497/507.)

— Note sur le Lang-rhôa (Orchidée), par M. J. Costantin. (*Bul. Mus. d'Hist. Nat.*, 1919, pp. 218/221.)

— L. A. Dode. — *Orias*, genus novum Lythracearum. (Paris, *Bul. Soc. Bot.*, LVI, 1909, pp. 232/234.)

— — Deux genres nouveaux pour la Chine. (Paris, *Bul. Soc. dendr.*, VII, 1912, pp. 58/61.)

(Hamet. — Divers.)

Isaac Bayley Balfour.

— I. B. Balfour. — *Primula Littoniana* (G. Forrest) [and] *P. Bulleyana* (G. Forrest). (*Gard. Chron.*, Lond., Ser. 3, XLVI, 1909, 15 figs. 6/11.)

— — Primulas of the Bullate Section [n. sp.]. (Edinburgh *Trans. Bot. Soc.*, XXVI, 1913, pp. 188/205, pl. 7/12.)

— — Chinese Species of *Primula*. [Summary of paper read at the *Primula* Conference, with discussion]. (*Gard. Chron.*, Lond., Ser. 3, LIII, 1913, 275.

— — What is *Primula angustidens*. Pax? [With Description of *P. oblanceolata* n. sp.]. (*Ibid.*, London, Serie 3, LVI, 1914, 142/143.)

∴

— Chinese Primulas. (*Ibid.*, Lond., Ser. 3, XLVI, 1909, 344/345, suppl. illust.)

— G. N. Collins. — A new type of Indian Corn from China. Washington D. C. U. S. Dept. Agric. Bur. Pl. *Ind. Bul.* No. 161, 1909, pp. 1/30 with pl. tables.

Col. 480.

— M. Albert-Auguste Fauvel [nécrologie]. (*Bull. Com. Asie franç.*, Déc. 1909, pp. 521/522.)

P. V. Siuzev.

— P. V. Siuzev. — Enumeratio fungorum in Oriente Extremo anno 1905 collectorum. (St. Pet., *Trav. mus. bot. Ac. Sc.*, VII, 1910, pp. 102/110.)

— — Contributiones ad floram Manshuriae. Regionis floristicae manshuricae plantae spatio anni 1905 collectae. (St. Petersburg. *Ibid.*, IX, 1912, pp. 69/135.)

∴

— Enumeration of Chinese Ferns. By Fleet-Surgeon Charles Geekie Matthew. (*Journ. Linnean Soc.*, Botany, XXXIX, 1909/1911, pp. 339/393.)

T. Nakai.

— Polygonaceae Koreanae by T. Nakai. With 1 plate. (*Journ. of the College of Science*, Imperial University, Tokyo, XXIII, Art. 11, in-4, pp. 28). Pub. May 15th, 1908.

— Flora Koreana. Pars Prima. Auctore T. Nakai. Cum descriptionibus novarum

(Balfour. — Siuzev. — Nakai.)

specierum et quindecim iconibus. (*Ibid.*, XXVI, Art. 1, in-4, pp. 304/II, 15 pl.). Pub. Feb. 8th, 1909.

— — Pars Secunda. Cum XX tabulis. By T. Nakai. Publ. Dec. 28th, 1911. (*Ibid.*, XXXI, Dec. 28th, 1911, in-4, pp. 573, 2 pl.)

— Aperçu sur la Flore de Corée. Par M. T. Nakai. (*Bull. Acad. Int. Géog. Bot.*, Nov.-Déc. 1910, pp. 227/228.)

∴

— J. Perkins. — Neue *Styracaceae* aus Ostasien. — I. — (Originaldiagnosen). (*Rep. nov. spec. regni veget.*, Berlin, VIII, 1910, pp. 82/84.)

— K. Goebel. — Archegoniatenstudien. XIII. *Monoselenium tenerum* Griffith. (*Flora Jena* N. F. I, 1910, pp. 43/97.)

— Sir Joseph Dalton Hooker. — New *Impatiens* from China. (*Kew Bull.*, London, 1910, pp. 269/275.)

— — [Descriptions of Indian and Chinese Species of *Impatiens*, mostly new]. Hooker *Ic. Pl.* London, XXX, 1911 (t. 2951/2975).

— * Die Bedeutung der Araceen für die pflanzengeographische Gliederung des tropischen und extratropischen Ostasiens, Von A. Engler. (*Sitzb. K. Preuss. A. W.*, 1910, pp. 1259/1281.)

— A. Engler und E. Irmscher. — Plantae Chinenses Forrestianae . . . Enumeration and description of species of *Saxifraga* and *Bergenia*. (Edinburgh *Notes R. Bot. Gard.*, V, 1912, pp. 123/148, pl. 87/102.)

— Heinrich Gustav Engler und Edgar Irmscher. — Neue Arten der Gattung *Saxifraga* aus Zentralasien. (*Bot. Jahrb.*, Leipzig, L, 1914, Beibl. 114, pp. 38/45.)

Renato Pampanini.

— Renato Pampanini. — Piante nuove del Yunnan (China). (*Nuovo Giorn. bot. ital.*, Firenze (N. S.) XVII, 1910, pp. 5/32.)

— — Le piante vascolari raccolte dal R. P. C. Silvestri nell'Hupeh durante gli anni 1904/1907. (*Ibid.*, pp. 223/298, 391/432, 669/735.)

— — Alcune piante della China nuove ed ornamentali. (Firenze, *Bul. R. Soc. tosc. ort.* XXXVI, 1911, pp. 213/219.)

— — Le piante vascolari raccolte dal R. P. C. Silvestri nell'Hupeh durante gli anni 1904/1907. (*Nuovo Giorn. bot. ital.* Firenze (N. S.) XVIII, 1911, pp. 80/143, 161/223.)

∴

— W. R. Dykes. — Three new Chinese irises. [*I. Wilsonii*, *I. Forrestii*, and *I. Bulleyana*.] (*Gard. Chron.* London, Ser. 3, XLVII, 1910, 418, fig. 190.)

— — *Iris chrysographes* n. sp. (*Gard. Chron.* London, Ser. 3, XLIX, 1911, 362/363.)

— Frhr. von Dungern. — Dendrologisches aus dem Tian-Schan. (*Mitt. D. dendr. Ges.* Bonn, XIX, 1910, pp. 226/229.)

— N. E. Brown. — *Rehmannia elata* [n. sp. from China]. (*Bot. Mag.*, London, CXXXVI, 1910 (sub t. 8302].)

— Carlo Sprenger. — Notizen über einige Bäume und Sträucher aus Central China. (*Mitt. D. dendr. Ges.* Bonn, XIX, 1910, pp. 243/247.)

— — Bäume und Sträucher der Provinz Hupeh, China. (*Ibid.*, Bonn, XX, 1911 [1912], pp. 240/243.)

Aimée Camus.

— F. A. Camus. — Contribution à l'étude des espèces asiatiques du genre *Junius*. (*Notulae system.* Paris, I, 1910, pp. 274/283.)

— Note de géographie botanique concernant quelques Graminées de l'Asie orientale, par Mlle A. Camus. (*Bul. Mus. d'Hist. Nat.*, 1915, pp. 137/140.)

— Aimée Camus. — Note sur le genre *Mnesithea* Kunth (Graminées). (*Ibid.*, 1919, No 1, pp. 56/59.)

— Note sur le *Lophaterum* gracile Brongn. (Graminées), par Mlle Aimée Camus. (*Ibid.*, 1919, No 6, pp. 494/496.)

— Espèces et variétés nouvelles de Graminées de l'Asie orientale par Mlle Aimée Camus. (*Ibid.*, 1919, No 7, pp. 669/672.)

— Notes sur quelques Cymbopogon Odorants (Graminées) par Mlle Aimée Camus. (*Ibid.*, 1920, pp. 562/566.)

∴

— A. F. Legendre. — Far West chinois Kientchang Lolotie. (Paris, *Bul. Soc. Nat. Accl.*, LVII, 1910, pp. 35/49.)

— Note préliminaire sur quelques Végétaux fossiles du Sud-Ouest de la Chine rapportés par le Dr Legendre, par M. Fernand Pelourde. (*Bul. Mus. Nat. d'hist. Nat.*, 1914, pp. 161/162.)

— S. Buchet. — Nouvelles espèces d'*Arisaema* Mart. (*Notulae system.* Paris, I, 1911, pp. 366/375; II, 1911, pp. 120/128.)

— [*Meconopsis integrifolia* in its Chinese habitat]. (*Gard. Chron.*, London, Ser. 3, L, 1911 (339 Supp. Illustr.)

— K. Domin. — *Koeleria Hosseana*, eine neue hochtibetische *Koeleria*-Art. (*Repert. spec. nov. regni veget.* Berlin, X, 1911, pp. 54/55.)

— Ferdinand Esmarch. — Beitrag zur Cyanophyceenflora unserer Kolonien. (*Hamburg. Jahrb. wiss. Anst.*, XXVIII, 1910, Beih. 3, 1911, pp. 63/82.)

— Wilhelm Olbers Focke. — Plantae chinenses Forrestianae ... Enumeration and description of species of *Rosa*. (Edinburgh, *Notes R. Bot. Gard.* No. XXIII, 1911, 65/70, pl. 6271/6278, 63/69.)

— — Species *Ruborum*. Monographiae generis *Rubi* Prodromus. Pars III. (*Bibl. bot.*, Stuttgart H., LXXXIII, 1914, pp. IV-274.)

— Paul Graebner. — Ein besonders schöner neuer *Aster*. (*Gartenflora*, Berlin, LX, 1911, pp. 218/219, mit 1 Taf.)

— H. A. Hesse. — Neue eingeführte, chinesische Pflanzen. (*Mitt. D. dendr. Ges.* Bonn, XX, 1911 [1912], pp. 244/245.)

— Boris A Fedtchenko. — Eine neue *Gousinia* (*C. mindshelkensis*) aus dem westlichen-Tianschan. (Originaldiagnose.) (*Repert. spec. nov. regni veget.* Berlin, X, 1911, p. 164.)

— Augustine Henry. — A new genus of Coniferae (*Fokienia*, Henry and Thomas). (*Gard. Chron.*, London, Ser. 3, XLIX, 1911, pp. 66/68, figs. 32/35.)

— — The giant cypress of Formosa [*Cupressus formosensis*]. *Ibid.*, LI, 1912, pp. 132/133, figs. 52/54.)

(Divers.)

Emil Koelme

— Emil Koelme. *Philadelphi* species ac varietates novae. (*Repert. spec. nov. regni veget.*, Berlin, X, 1911, pp. 126/127.)

— — Neue chinesische Arten und Formen von *Prunus* (Originaldiagn.). *Ibid.*, XI, 1912, pp. 264/267.)

— — Zwei neue chinesische *Prunus*-Varietäten. (Originaldiagn.), *Ibid.*, XI, 1913, p. 525.)

— — Neue ostasiatische *Prunus*-Arten. *Ibid.*, XII, 1913, pp. 134/135.)

∴

— Heinz. Stiefelhagen. — *Scrophularia ningpöensis* Hemsl. (Berlin, *Verh. bot. Ver.*, LIII, 1911, pp. 26/28.)

— T. A. Sprague. — [Descriptions of *Arrabidaea crassa* and *Gooringia Littledalei*]. (Hooker *Ic. Pl.*, London, XXX, 1911, *t.* 2933, 2944.)

— Eduard Palla. — Cyperaceae sino-coreanae et japonicae. (*Monde des Plantes*, Paris, 1910, pp. 39/40.)

— Alfred Rehder. — *Viburni* generis species varietatesque asiaticae nuper pro novis anglice descriptae. (*Repert. spec. nov. regni veget.* Berlin, IX, 1911, pp. 179/186.)

— — Neue oder kritische Gehölze. (*Mitt. D. dendr. Ges.* Bonn, XXII, 1913 [1914], pp. 254/265.)

— Gustave Beauverd. — Contribution à l'étude des Composées. (Genève, *Bul. Soc. Bot.*, sér. 2, III, 1911, pp. 253/260, 3 fig.)

Carl Christensen.

— Pteridophyta in insula Quelpaert a cl. P. Taquet anno 1910 lecta. A Carl Christensen determinata. (*Bul. Géog. bot.*, *Acad. Int. de Botan.*, Mars-Avril 1911, pp. 69/72.)

— Carl Christensen. — Filices Esquirolianae 1910/1911. (Le Mans, *Bul. Acad. Int. géog. Bot.*, XXIII, 1913, pp. 137/143.)

Recueillis par le P. J. Esquirol, au Kouei Tcheou.

— — Filices Purdomianae. (*Bot. Gaz.*, Chicago, LVI, 1913, pp. 331/338.)

(Christensen.)

— Nouvelles Labiées chinoises. (*Bul. Géog. bot., Acad. Int. de Bot.*, Oct. 1912, p. 236.)

— Curieuses nouveautés chinoises. (*Ibid.*, p. 228.)

— [*Primulus Forrestii* in its Chinese habitat]. (*Gard. Chron.*, London, Ser. 3, LI, 1912, 240 suppl. illustr.)

— [*Primulus secundiflora* in its Chinese habitat]. (*Ibid.*. 281 suppl. ill.)

— H. J. Elwes. — The flora of Hongkong. (*Ibid.*, 202/204 port.)

— — The flora of Formosa. (*Ibid.*, LII, 1912, 25/26.)

— R. A. Dümmer. — *Gerbera hederaefolia* [n. sp. from Central China]. (*Ibid.*, 482.)

— — *Pterostyrax Henryi* Dümmer [n. sp]. (*Ibid.*, LIII, 1913, 19.)

WILLIAM GRANT CRAIB.

— William Grant Craib. — *Gaultheria Veitchiana* [n. sp. from W. China]. (*Gard. Chron. London*, Ser. 3, LII, 1912, 188.)

— — The Indigoferas of China [n. sp.]. (Edinburgh *Notes R. Bot. Gard.*, VIII, 1913, pp. 47/77.)

— — *Rhododendron haematocheilum* [n. sp.]. (*Gard. Chron.*, Lond., Ser. 3, LIII, 1913, 214.)

— — [Descriptions of plants including *Cotoneaster turbinata* n. sp.]. (*Bot. Mag.*, London, CXL, 1914, 8532, 8535, 8546, 8564, 8565, 8578, 8580, 8586.)

∴

— Courtois. — Note sur une vigne chinoise. (Paris, *Bul. Soc. bot.*, LIX, 1912, pp. 197/198.)

— T. D. A. Cockerell. — The prickly pear in Western China [Letter]. (*Nature*, London, LXXXX, 1912, p. 464.)

F. FEDDE.

— F. Fedde. — *Corydalis Onobrychis*, eine neue Art aus Kaschmir, aus der Verwandtschaft der *C. astragalina*. (*Repert. spec. nov. regni veget.*, Berlin, X, 1912, p. 565.)

— — *Corydalis curviflora* Max. duabus varietatibus aucta. (*Ibid.*, XII, 1913, pp. 406/407.)

— — *Corydalis Eugeniae* Fedde, nov. spec. aus Szechuan. (*Ibid.*, p. 501.)

— — Ein Lerchensporn mit köpfchenförmigem Blütenstande aus S. W. Tibet (*Corydalis Schlagintweitii* spec. nov.). (*Ibid.*, XIII, 1914, pp. 303/304.)

∴

— William Purdom. — *Aesculus chinensis* in China. (*Gard. Chron.*, Lond., Serie 3, LII, 1912, 346, fig. 150/152.)

— — Plant-collecting in China. (*Ibid.*, LIV, 1913, 229/231, fig. 82/85.)

— Arturo Nannizzi. — Il Fico della China. (*Ficus pumilla* L.). (*La Vedetta agricola Siena*, III, 1912, N. 35.)

— J. A. Nieuwland. — Box-elders, real and so-called. (*Amer. Mid. Nat. Notre Dame Ind.*, II, 1911, pp. 129/142.)

— — New Plants from various places. *Ibid.*, II, 1912, pp. 178/185.)

— Ferdinand Pax. — *Cardamine Limprichtiana* Pax n. sp. (Breslau, *Jahresber. Ges. vaterl. Cultur*, LXXXIX [1911] 1912, zool.-bot. Sect. 27.)

W. W. SMITH.

— W. W. Smith. — New Burmo-Chinese species of *Didymocarpus*. (Edinburgh *Notes R. Bot. Gard.*, V, 1912, pp. 149/155, pl. 103/107.)

— — New species of *Craibiodendron*. (*Ibid.*, pp. 157/160, pl. 108/110.)

— — Note on *Rhododendron cyanocarpum*, Franch. (Edinburgh, *Trans. Bot. Soc.*, XXVI, 1914, pp. 274/277.)

— — A tuberous *Senecio* [*S. tuberivagus* n. sp.] from China. (*Ibid.*, pp. 279/280.)

— — Species novae plantarum in herbario horti reg. Calcutt. cognitarum (*Rec. Bot. Survey India* Calcutta, VI, No. 4, 1914, pp. 99/104.)

∴

— J. J. Smith. — *Bulbophyllum* Thou sect *Cirrhopetalum*. (Buitenzorg, *Bul. Jard. bot.*, Sér. 2, VIII, 1912, pp. 19/20.)

RUDOLF SCHLECHTER.

— Rudolf Schlechter. — Plantae Chinenses Forrestianae . . . Enumeration and Description of species of Orchidaceae. (Edinburgh, *Notes R. Bot. Gard.*, V, 1912, pp. 93/113, pl. 76/84.)

— — Plantae chinenses Forrestianae ... Description of new species of Asclepiadaceae. (*Ibid.*, VIII, 1913, pp. 15/18.)

— — Orchidaceae novae et criticae. Decas XXXVII. (*Repert. spec. nov. regni veget.*, Berlin, XII, 1913, pp. 104/109; Decas XXXVIII/XXXIX, pp. 202/206, 212/216; Decas XXXIX/XLII, pp. 481/495.)

— — * Orchideologia Sino-Japonicae Prodromus; eine kritische Besprechung der Orchideen Ostasiens. Dahlem-Berlin, 1919, (*Ibid.*, pp. 319, in-8).

∴

— G. Merzbacher. — Physiographie des Tian-Schan in ihren Beziehungen zum Klima und zur Entwicklung des Pflanzenlebens. (*Verh. D. Geogr. Tag.*, Berlin, XVIII, 1912, pp. 36/60.)

F. Kingdon Ward.

— F. Kingdon Ward. — Some plant formations from the arid regions of Western China. (*Ann. Bot.*, Oxford, XXVI, 1912, pp. 1105/1110.)

— — Plant collecting in Yunnan. (*Gard. Chron.*, London, Ser. 3, LII, 1912, 1-2 figs. 1/2.)

— — Mistleto [Viscum] in Shensi. (*Ibid.*, 147/148, figs. 68/69.)

— — Journeys by the River of Golden Sand. (*Ibid.*, pp. 325/326, figs. 142/143.)

— — On the altitudinal limits of plants in North-West Yunnan. (*N. Phytol.*, Cambridge, XI, 1912, pp. 333/346, pl. 7/8 with map and Section in text.)

— — Plant collecting in China. A Voyage up the Han River. (*Gard. Chron.*, London, Serie 3, LIII, 1913, 129/130, figs. 58/59, 418/419.)

— — The Land of the Blue Poppy: Travels of a Naturalist in Eastern Tibet. Cambridge University Press, 1913, in-8, pp: XII-233 + XXXIX, 40 pl., 5 maps.

— — Notes on the Flora of the W. Ssŭch'uan mountains by F. Kingdon Ward. (*Journ. N. C. B. R. As. Soc.*, vol. XLVII, 1916, pp. 39/48.)

A. K. Schindler.

— A. K. Schindler. — Botanische Streifzüge in den Bergen von Ost-China. (*Bot. Jahrb.* Leipzig, XLVI, 1912, pp. 51/64 mit 4 Taf.)

— — *Lespedezae* novae et criticae, II, (Originaldiagnosen). (*Repert. spec. nov. regni veget.*, Berlin, X, 1912, pp. 404/406.)

— — Das Genus *Campylotropis.* (Originaldiagn.) (*Ibid.*, XI, 1912/1913, pp. 338/347, 424/431.)

— — Einige Bemerkungen über *Lespedeza* Michx. und ihre nächsten Verwandten. (*Bot. Jahrb.*, Leipzig, XLIX, 1913, pp. 570/658.)

— — Plantae chinenses Forrestianae ... Description of a new species of *Lespedeza* (Edinburgh *Notes R. Bot. Gard.*, VIII. 1913, pp. 11/13, pl. 6/8.)

— — Two new Leguminosae. [*Campylotropis Howelli*, from China, and *Alysicarpus Brownii*, from Northern Australia.] (Edinburgh *Trans. Bot. Soc.*, XXVI, 1914, pp. 285/286.)

∴

— An Account of the Plants collected by Mr. M. P. Price on the Carruthers — Miller — Price Expedition through North-West Mongolia and Chinese Dzungaria in 1910. By M. P. Price ..., and N. D. Simpson. (Communicated by Dr. O. Staff.) (*Journ. Linnean Soc.*, XLI, 1912/1913, pp. 385/456.)

— Remarques sur les Polygonées de l'Asie Orientale. Par M. H. Gross. (*Bul. Géog. bot., Acad. Int. de Bot.*, Janv.-Mars 1913, pp. 7/32.)

— Wilhelm Patschke. — Über die extratropischen ostasiatischen Coniferen und ihre Bedeutung für die pflanzengeographische Gliederung Ostasiens. (*Bot. Jahrb.* Leipzig, XLVIII, 1913, pp. 626/676, mit 1 Taf.)

— E. Ulbrich. — Ranunculaceae Asiae orientalis novae vel criticae. (*Ibid.*, XLVIII, 1913, pp. 611/625.)

Henri Lecomte.

— Henri Lecomte. — Simaroubacées de l'Indo-Chine et de la Chine. (*Notulae system.*, Paris, I, 1909, pp. 101/105.)

— — Deux *Eriocaulon* nouveaux de Corée. (*Ibid.*, pp. 191/193.)

— — Sur un *Pseudosassafras* de Chine. (*Ibid.*, II, 1912, pp. 266/270.)

— Lauracées de Chine et d'Indo-Chine par Henri Lecomte. (*Nouv. Archives du Muséum d'hist. nat.*, 5e Sér., V, 1er fasc., 1913, pp. 43/119, pl.)

— Henri Lecomte. — Sur deux *Litsea* de Chine. (Paris, *Bul. Soc. bot.*, LX, 1913, pp. 83/86.)

— — Quelques Lauracées d'Extrême-Orient. (*Notulae system.*, Paris, II, 1913, pp. 329/336.)

— Le R. P. Th. Monbeig, Missionnaire au Thibet. (*Bul. Mus. Nat. d'hist. Nat.*, 1914, p. 303.)
Par le Prof. Lecomte.

— H. Lecomte. — Lauracées nouvelles d'Extrême-Orient. (*Notulae system.*, Paris, III, 1914, pp. 9/13.)

— — Thyméléacées d'Extrême-Orient. (*Ibid.*, pp. 120/132.)

— — *Elaeagnus* nouveaux de Chine. (*Ibid.*, pp. 155/157.)

— — Santalacées de Chine et d'Indo-Chine. (*Bul. Muséum*, Paris, 1914, pp. 399/407.)

— — Sur deux *Loranthus* de Chine. (*Notulae system.*, Paris, III, 1914, pp. 47/51).

— — Loranthacées de Chine et d'Indo-Chine. (*Ibid.*, pp. 165/176.)

— — Nouvelles Thyméléacées d'Extrême-Orient. (*Ibid.*, N° 7, pp. 207/218.)

— Éleagnacées de Chine et d'Indo-Chine par Henri Lecomte. (*Bul. Mus. d'Hist. Nat.*, 1915, pp. 161/168.)

H. Takeda.

— H. Takeda. — Notes on some new and critical plants from Eastern Asia. (*Kew Bull.*, London, 1912, pp. 214/223.)

— — *Cladrastis* and *Maackia*. (Edinburgh *Notes R. Bot. Gard.*, VIII, 1913, pp. 95/104, pl. 26/27.)

— Contribution to the knowledge of the Asiatic Polypodiums with special reference to Chinese Species. By H. Takeda, D. I. C., Lately Demonstrator of Botany, Royal College of Science, London. (*Ibid.*, No. XXXIX, Jan. 1915, in-8, pp. ch. 265 à 312.)

∴

(Lecomte. — Takeda.)

— L. Scriba. — Cladonien aus Korea. (*Hedwigia* Dresden, LIII, 1913, pp. 173/178.)

— G. Brause. — Neue Farne von Yunnan. (*Hedwigia* Dresden, LIV, 1913, pp. 199/200 mit 1 Taf.)

— August Brand. — Drei neue Arten der Gattung *Trichodesma*. (*Repert. spec. nov. regni veget.*, Berlin, XII, 1913, pp. 504/505.)

— H. Andres. — Plantae chinenses Forrestianae, . . . Description of new species of Pirolaceae. (Edinburgh, *Notes R. Bot. Gard.*, VIII, 1913, pp. 7/8, pl. 3/5.)

— R. S. Adamson. — Plants from Western China [collected by F. K. Ward, n. spp.] (*J. Bot.*, London, LI, 1913, pp. 129/131.)

— New Chinese barberries. (*Gard. Chron.*, London, Ser. 3, LIV, 1913, 335/336, with 1 pl. and figs. 121/122.)

— Diagnoses specierum novarum chinensium in herbario Horti Regii Botanici Edinburgensis cognitarum. I/L. (Edinburgh, *Notes R. Bot. Gard.*, VIII, 1913, 105/136.)

— Chinese Cypripediums. — (*Orch. Rev.*, London, XXI, 1913, pp. 80/83, figs. 21/22.)

— S. A. Skan. — [Description of *Gentiana stylophora*, C. B. Clarke]. (*Hooker Ic. Plant.*, London, *t.* 2992.)

— C. L. Shear and Neil E. Stevens. — The chestnut-blight parasite (*Endothia parasitica*) from China. (*Science* New York, N. Ser., XXXVIII, 1913, pp. 295/297.)

— W. T. Swingle. — *Citrus ichangensis*, a promising, hardy, new species from southwestern China and Assam. (*J. Agric. Research Dep. Agric.* Washington, I, 1913, pp. 1/14, pl. i ff. 1/7.)

— G. Grüning. — Plantae novae chinenses a Dr. W. Limpricht collectae. (*Repert. spec. nov. regni veget.*, Berlin XII, 1913, pp. 308/313.)

— * Eine Vegetationskizze der Taihu-Berge (Provinz Kiangsu, China) von Dr. W. Limpricht. (Sonderabdruck aus dem *Jahresbericht der Schles. Gesellschaft für vaterl. Kultur*, 1913.)

Notice : *Journ. N. C. B. R. As. Soc.*, Vol. XLV, 1914, p. 152. By M. d. B.-R.

(Divers.)

— **Odoardo Beccari.** — Asiatic Palms — Lepidocaryeae. Supplement to Part I. The species of *Calamus.* (Calcutta *Ann. R. Bot. Gard.*, XI, Appendix 1913, pp. 1/142, with 83 pls.)

— **Matthew Young Orr.** — *Aeschynanthus chorisepala,* Orr. A new Chinese species, with an account of fissuring of its leaves. (Edinburgh *Notes R. Bot. Gard.*, VIII, 1914, pp. 223/226, pl. 144.)

— **André Guillaumin.** Espèce nouvelle de *Corylopsis.* (*Notulae system.*, Paris, III, 1914, pp. 25/26.)

— **Reginald Farrer.** — Mr. Reginald Farrer's explorations in China. (*Gard. Chron.*, London, Ser. 3, LVI, 1914, 185/213, 258/259, 287, 318/319, 347/348; fig. 126/127, 133/135.)

— **Hubert Winkler.** — Neue Revision der Gattung *Carpinus.* (*Bot. Jahrb.*, Leipzig, L, 1914, Suppl.-Bd., pp. 488/508.)

— Diagnoses specierum novarum in herbario Horti Regii Botanici Edinburgensis cognitarum. LI/CII. Species Chinenses. (Edinburgh *Notes R. Bot. Gard.*, VIII, 1914, pp. 173/212.)

— **Ed. Rosenstock.** — Filices extremi orientis novae. (*Repert. spec. nov. regni veget.*, Berlin, XIII, 1914, pp. 120/127, 129/135.)

— **D. F. Higgins.** — Some ferns of Korea. (*Amer. Fern. J.*, Auburndale Mass., IV, 1914, pp. 17/19.)

Th. Loesener.

— Th. Loesener. — Plantae chinenses Forrestianae . . . Description of new species of Celastraceae. (Edinburgh *Notes R. Bot. Gard.*, VIII, 1913, pp. 1/5, pl. 1/2.)

— — Über Léveillés neue Celastraceen aus China. (Berlin, *Ber. D. bot. Ges.*, XXXII, 1914, pp. 538/543.)

— — * Die Pflanzenwelt des Kiautschou-Gebietes. Dresden, 1918, pp. 206, ill. — Voir col. 3083.

* A Preliminary List of the Plants of Kiangsu Province. Compiled from various sources by Prof. N. Gist Gee, Shanghai. Commercial Press, 1915.

Notice : *Journ. N. C. B. R. As. Soc.*, vol. XLIX, 1918, p. 164. By A. S.

(Divers. — Loesener.)

— Eine Liste Osttürkischer Pflanzennamen. Von A. v. Le Coq. (*Baessler Archiv*, VI, 1917, pp. 118/129.)

Berthold Laufer.

— La Mandragore par Berthold Laufer. (*T'oung Pao,* Mars et Mai 1917, pp. 1/30.)

Notice : *New China Review*, I, Oct. 1919, pp. 544/515.

— Malabathron par Berthold Laufer. (*Journal Asiatique,* Juillet-Août 1918, pp. 5/49; fig.)

— — Extrait du *Journal Asiatique* (Mai-Juin 1918) Paris, Imprimerie nationale, MDCCCCXVIII, in-8, p. 49.

Notice : *New China Review*, I, Oct. 1919, pp. 544/515.

— Field Museum of Natural History Publication 201, Anthropological Series, Vol. XV, No. 3 — Sino-Iranica Chinese Contributions to the History of Civilization in Ancient Iran With Special Reference to the History of Cultivated Plants and Products by Berthold Laufer Curator of Anthropology — The Blackstone Expedition — Chicago, 1919, in-8, pp. IV — pp. ch. 185 à 630.

Notices : *New China Review*, II, Feb. 1920, pp. 103/105. — *Lond. & China Express*, June 17, 1920, pp. 317/318. — *Journ. R. As. Soc.*, Oct. 1920, pp. 653/655, par L. C. Hopkins. — *Journ. N. C. B. R. As. Soc.*, LI, 1920, pp. 193/196, par M. O. — *J. As.*, Oct.-Déc. 1921, pp. 270/293, par G. Ferrand.

∴

— * Chinese Names of Plants. By J. Matsumura, Sc. D., Tokyo, Maruzen Co.

Notice : *Journ. N. C. B. R. As. Soc.*, vol. XLIX, 1918, pp. 187/188. By M.

— * Yang-tseu Kia. — Les fleurs et les parfums en Chine. (*La Parfumerie moderne,* XI, No. 5, mai 1918, pp. 68/69.)

Cf. Loo (S. C.), *Essential Oil Record.*

— Le Tham Thât (Panax repens). Par Ch. Crevost, Directeur du Musée Agricole et Commercial. (*Bull. écon. Indochine*, Janvier-Février 1920, No. 140, pp. 107/110.)

Dans toute la Chine, sp. Yunnan.

— * List of Plants found in Fukien Province. By J. E. Walker.

Voir col. 3340.

Gin Seng 人參 ou 人蓡

Racine de l'*Aralia quinquefolia*, Gray; *Panax Ginseng*, C. A. Meyer.

— Voir Richard Cocks, *Bib. Japonica*, col. 278/279.

— Le « Ginseng » en Chine. Par V. F. (*Revue indochinoise*, 15 Mai 1907, pp. 658/659.)

D'après le *Hong Kong Daily Press.*

— Ginseng in Corea. (*Aralia quinquefolia*, Decaisne & Plauch., var. *Ginseng.*) (*Kew Bul.*, 1907, pp. 73/76.)

(Laufer. — Ginseng.)

— Le ginseng coréen. (*Bul. écon. Indo-Chine*, 1903, pp. 281/292.)

Trad. du *Corean Repository*, mai 1898, par R. Soulange-Teissier, suivi d'un rapport de M. F. Berteaux.

— * F. T. Brumfield. — Memorandum on Chinese Ginseng, Chinese Maritime Customs, Shanghai, 1917.

Bambou 竹子 *Tchou tseu.*

Col. 490.

— The Square Bamboo by D. J. Macgowan, M. D. From the *Chinese Recorder* April 1885 and April 1886. — Shanghai : American Presbyterian Mission Press. 1886, br. in-8.

Thé 茶 *Tcha.*

— * F. Kottenkamp. — China und der Theehandel. Aus dem Englischen, in-12, pp. 47.

— * Conservation de la semence de thé chez M. Solovstov, au Tchakva (Caucase) (d'après son article sur la culture du Théier, dans le *Moniteur de la Société Impériale d'Horticulture de Russie*, 1897, N° 6, pp. 305/312.)

Notice : *Revue Cultures Coloniales*, III, 1898, p. 152.

— * Les régions théières de l'Asie subtropicale (en russe), par le professeur A. N. Krasnov. Saint-Pétersbourg, 1897, in-4. Edition du département des Apanages. — 1er vol. : Japon ; 243 pages, 101 dessins et photogr., 2 cartes. — IIe vol. : Chine, Inde, Ceylan, Colchide ; 371 pages, 97 dessins et photogr.

Compte-rendu : *Revue Cultures Coloniales*, III, 1898, pp. 119/120.

— Le Thé des Sept-Montagnes. (*A travers le Monde*, V, 1899, p. 276.)

— Le Thé de Formose. (*A travers le Monde*, VI, 1900, p. 12.)

— Kaffe, te och rörsocker, deras ursprungliga hem och viktigaste produktionsområden. Af Karl Ahlenius. (*Ymer*, 1903, pp. 243/268 ; carte.)

— Le Thé de Formose : sa Préparation particulière et son Exportation. (*A travers le Monde*, XVI, 1910, p. 328.)

— R. B. — La Production et le Commerce du Thé en Extrême-Orient. (*Bul. écon. Indo-Chine*, 1900, pp. 480/490.)

— * A. J. Wallis-Tayler. Tea Machinery and tea factories. London : Crosby, Lockwood & son, 1900, in-8, pp. 470, 223 illustrations.

— Le thé. Variétés cultivées. — Composition chimique. — Pays de production. (*Revue Cultures Coloniales*, VII, 1900, pp. 467/473 ; 494/498.)

Extrait de l'étude de M. Julius Kochs : Über die Gattung Thea und den chinesischen Thee dans les *Botanische Jahrbücher* d'Engler (27e vol., 5e fasc., 1900, in-8, pp. 60, 1 planche.)

— Le thé de Chine. (*Revue Indo-chinoise*, 15 Juin 1906, p. 891.) D'après la « *Rangoon Gazette* ».

— Comment les Chinois font leur Thé. Par Jacques Hardy et Charles Lenormand. (*A travers le Monde*, XII, 1906, pp. 177/179, ill.)

— Chine. — Commerce du thé avec la Russie. (*Bull. Soc. Géog. Dunkerque*, N° 32, 15 Sept. 1906, pp. 219/220.)

— Note sur la fabrication et sur le commerce des briquettes et des tablettes de thé en Chine. (*Bul. écon. Indo-Chine*, Janv.-Fév. 1909, pp. 29/44.)

D'après une note de M. R. Ch. Guernier, des Douanes chinoises à Han k'eou et des rapports de M. Ch. Chenet, Attaché Commercial à Chang hai.

— Le commerce du thé. (*Revue indo-chinoise*, Mars 1909, p. 291).

— Le commerce du thé en Chine et dans les Indes anglaises. Par Pierre Clerget. (*La Géographie*, 15 Sept. 1909, p. 188.)

— Le marché du thé à Fou-tchéou pendant l'année 1908/1909. (*Bull. Com. Asie franç.*, Avril 1909, pp. 178/180.)

Rapport de M. Louis Reynaud, gérant du consulat de Fou-tchéou, inséré au *Moniteur officiel du Commerce*, 8 Avril 1909.

— Le Commerce du Thé Chinois. Sa Décadence et les Chances de Relèvement. (*A travers le Monde*, XV, 1909, p. 350.)

— I. La Fabrication et le Commerce des Tablettes et Briquettes de Thé en Chine. — II. L'hydraulique agricole à Madagascar. Par J. R. (*A travers le Monde*, XVI, 1910, p. 380.)

— Le thé. — Les principaux centres de production. (*Bull. Soc. Géog. Lille*, 1911, 1er sem., pp. 231/234.)

Extr. de la Cote de la Bourse de la Banque.

— Der Teehandel der Welt. Von J. St. (*Deutsche Rundschau f. Geog. u. Stat.*, XXXV, 1912/1913, pp. 375/376.)

D'après « The Worlds Tea Trade, The Ind. Agriculturist », Calcutta, 1er Juillet 1912.

— Tea. Its History, Preparation, Present Position and Prospects. By H. T. Wade. (*The National Review*, 8, 15, 22, 29 Aug. ; 7 nov. 1914, etc.)

— Note sur le Thé des Etats Chans Chinois (Thé de P'ou-eul). Par Jonery, Agent commercial de la Compagnie française des Chemins de fer de l'Indo-Chine et du Yunnan. (*Bull. écon. Indo-Chine*, N° 114, Juill.-Août 1915, pp. 569/576.)

— Le thé. Sa culture, sa récolte, sa préparation par M. François Boisard, lazariste, missionnaire à Ping-Yang. (*Miss. Cath.*, 13 août 1915, pp. 394/395, ill.)

— L'exportation du thé. (*Asie française*, *Bull.*, Avril-Juin 1917, pp. 94/95.)

Extr. du *Bull. commercial d'Extrême-Orient.*

— Ah ! l'excellent thé de Chine ! (*Miss. Cath.*, 23 août 1918, pp. 407/408.)

— Die Teeproduktion und der Teehandel der Erde. (*Mitt. k. k. geog. Ges. Wien*, Bd. 61, 1918, pp. 96/97.)

— * Chevalier. — Les Théiers sauvages de l'Inde anglaise et de la Chine. (*Bull. agricole de l'Institut scientifique de Saigon*, Oct. 1919.)

Géologie et minéralogie.

Col. 509.

— Articles de Kovanko sur la géologie de la région de Peking parus en 1838 dans Горный Журналъ, signalés *J. As.*, 1893, I, p. 327.

— Untersuchungen von Gesteinen aus dem nordöstlichen China. (Provinz Chi-li).

Inaugural-Dissertation der hohen philosophischen Fakultät der Universität Leipzig zur Erlangung der Doktorwürde vorgelegt von Otto Fleischmann aus Spanierhammer-Pegau 1903. Hermann Günther, in-8, pp. 65, 2 pl.

— Enrico Hillyer Giglioli. Nécrologie par H. C[ordier]. (*T'oung Pao*, Mars 1910, p. 139).

Né à Londres 13 juin 1845, mort à Florence le 16 Décembre 1909.

H. YABE.

— Mesozoic Plants from Korea. By H. Yabe. (*Journal of the College of Science,* Imperial University, Tokyo, XX, Art. 8, in-4, pp. 59, 4 pl.) Pub. August 15th 1905.

— H. Yabe. — Mesozoic Plants from Korea. (*Nature,* Lond., LXXIII, 1906, p. 323.)

D'après l'article précédent.

— A Contribution to the Genus *Fusulina*, with Notes on a *Fusulina*-Limestone from Korea. By H. Yabe. With 3 Plates. (*Journ. of the College of Science,* Imperial University, Tokyo, XXI, Art. 5, in-4, p. 36.)

— On the Occurence of the Genus Gigantopteris in Korea by H. Yabe, Lecturer in Geology, Science College, Imperial University of Tokyo. With 1 plate. (*Ibid.,* XXIII, Art. 9, in-4, pp. 8.) Pub. March 15th, 1908.

YOKOYAMA.

Col. 3091, 3092.

— Mesozoic Plants from China. By Matajiro Yokoyama, Professor of Palaeontology, Imperial University of Tokyo. With 12 plates. (*Ibid.,* XXI, Art. 9, in-4, pp. 39.) Pub. Dec. 18th, 1906.

— Palaeozoic Plants from China. By M. Yokoyama, Professor of Palaeontology, Imperial University of Tokyo. With 7 plates. (*Ibid.,* XXIII, Art. 8, pp. 18.) Pub. March 28th, 1908.

Col. 3093.

— H. Keidel. — Geologische Untersuchungen im südlichen Tian-Schan nebst Beschreibung einer obercarbonischen Brachiopodenfauna aus dem Kukurtuk-Tal. (*N. Jahrb. Min., Beilagebd.,* XXII, 1906, pp. 266/384, mit 4 Taf.)

— — Berichtigungen zu meinen Arbeiten über den Tian-Schan. (*Centralblatt Min.,* 1907, pp. 271/275.)

— H. Keidel und St. Richarz. — Ein Profil durch den nördlichen Teil des zentralen Tian-Schau. (München, *Abh. Ak. Wiss., math.-phys. Kl.,* XXIII, 1906, pp. 89/2 1, mit 5 Taf.)

E. C. ABENDANON.

Col. 3068.

— E. C. Abendanon. — La géologie du bassin rouge de la province du Se-Tchouan (Chine). (Liège, *Rev. univ. Mines,* 1906, XIV, pp. 225/243; XVI, pp. 61/98; XXV, pp. 34/125, 237/287.)

— — Die Geologie des Roten Beckens der Provinz Sz-Tschwan in China. (Berlin, *Monatsber. D. geol. Ges.,* 1907, pp. 197/203.)

— — Overzicht der geographie en geologie van het « Roode Bekken » in de Provincie Se-Tsjoean (Midden-China). (Amsterdam, *Tijdschr. K. Ned. Aardr. Gen.,* Ser. 2, XXV, 1908, pp. 470/512, avec carte et pl.)

— — Structural Geology of the middle Yang-Tzi-Kiang Gorges. (*J. Geol.,* Chicago, Ill., XVI, 1908, pp. 587/616, with map, fig. dans le texte.)

— Cambrian Faunas of China. By Charles D. Walcott. From *Proceedings United States National Museum,* vol. XXX, pp. 563/595, in-8. (Washington, 1906.) — Col. 3091.

— Notice par A. H. F., *Geolog. Mag.,* Sept. 1906, pp. 424/425.

— Geologists in China. (*National Geog. Mag. Washington,* XVIII, 1907, pp. 640/644.)

Expédition géologique en Chine 1903/1904; 2 vol. de la Carnegie Institution.

— Voir *Research in China,* col. 3092.

J. DEPRAT et H. MANSUY.

Col. 3089/3090.

— Résultats de la Mission géologique et minière du Yunnan méridional (Septembre 1903 — Janvier 1904). Note sur la Géologie de la région de Po-si, Lou-nan, Mi-leu, Tou-dza, A-mi-tchéou par M. Counillon, Géologue au service des Mines de l'Indo-Chine. — (Extrait des *Annales des Mines,* livraison d'Avril 1907) — Paris, H. Dunod & E. Pinat, 1907. in-8, pp. 20.

— (Idem.) Résultats paléontologiques par H. Mansuy, Géologue au Service des Mines de l'Indo-Chine. — (*Ibid.*,) — Paris, H. Dunod & E. Pinat, 1907, in-8, pp. 27.

— (Idem.) Note sur quelques empreintes végétales des gites de charbon du Yunnan méridional par M. R. Zeiller, Inspecteur général des Mines, Membre de l'Institut.— (*Ibid.*,) — Paris, H. Dunod & E. Pinat, 1907, in-8, pp. 27, 1 pl.

— Mémoires du Service géologique de l'Indo-Chine. Volume I. Fascicule I. Étude géologique du Yun-nan oriental par J. Deprat et H. Mansuy, Géologues du Service géologique de l'Indo-Chine. Ire partie. Géologie générale par J. Deprat, Docteur ès-sciences, Géologue principal du Service géologique de l'Indo-Chine. — Hanoi — Haiphong, Imprimerie d'Extrême-Orient, 1912, in-fol., pp. XIII + 370 + 20 planches avec notes explicatives.

Notice : *Revue indo-chinoise*, Sept. 1913, pp. 375/403, par Ch. Patris.

— — Atlas . . . in-folio. 44 planches.

— — Volume I. Fascicule II. Étude géologique du Yun-nan oriental par J. Deprat et H. Mansuy . . . IIe partie. Paléontologie par H. Mansuy. — Ibid., 1912, in-folio, pp. 146 + 1 tab. + 25 pl.

— — Volume I. Fascicule III. (Idem.) — IIIe partie. Etude des Fusulinidés de Chine et Indo-Chine et Classification des Calcaires à Fusulines. Par J. Deprat... — Ibid., 1912, in-folio, pp. 76 + 1 tab. + 9 pl.

— — Volume I. (Idem.) Carte géologique au 1 : 200000[e]. Par J. Deprat... — Ibid. [1912], in-folio, pp. 6, cartes.

— Une mission géologique au Yunnan (*Bull. Soc. Géog. Est*, XXXI, 1910, p. 257.)

J. Deprat et H. Mansuy.

— Jules Sion. — La Structure et le relief du Yun-nan oriental d'après MM[rs] Deprat et Mansuy. (*Annales de Géographie*, 15 Mai 1914, pp. 236/244.)

∴

— Albert Tafel. — Vorläufiger Bericht über seine Studienreise in Nordwest-China und Ost-Tibet. (Berlin, *Zeit. Ges. Erdk.*, 1908, pp. 377/395.)

— * Alfred Lanick. — Beiträge zur Petrographie von West-Schantung. Diss. Leipzig, Weida i. Th. (Druck von Thomas & Hubert, 1908, in-8, pp. 51.)

(Deprat et Mansuy.)

— Journeys through Korea (First Contribution). By B. Koto, Professor of Geology, Science College, Imperial University, Tokyo. (*Journal of the College of Science*, XXVI, Art. 2, pp. 207, 36 pl.) Pub. June 15th, 1909.

— On Nepheline-basalt from Yingé-mên, Manchuria. By B. Kotô, with 2 Plates. (*Journal College Science Tokyo*, XXXII, Art. 6, June 7th 1912, pp. 14.)

— A. Hassam. — Geological and Mining Notes on China. (London, *Trans. Inst. M. E.*, XXXVI, 1909, pp. 353/364.)

— Karl Futterers geologische Studien in Zentralasien. Von Prof. Dr. L. v. Lóczy, Budapest. (*Petermanns Mitt.*, 1909, XII, pp. 349/351, 2 cartes.)

— * Durch Asien: Erfahrungen, Forschungen und Sammlungen während der von Dr. Holderer unternommenen Reise. Band II: Geologische Charakter-Bilder; 2. Teil. Auf Grund der von Dr. Futterer hinterlassenen . . . Materialen bearbeitet von Dr. K. Andrée. Berlin: Dietrich Reimer, 1909, pp. XXXIV und 294. Carte et Illustrations.

— Beiträge zur Kenntnis der Eiszeit in der nordwestlichen Mongolei und einigen ihrer südsibirischen Grenzgebirge. Geomorphologische Studien aus den Jahren 1905, 1906, 1907 und 1909. Mit 9 Karten, 19 Tafeln und 18 Figuren im Text. Von J. G. Gräno. Helsingfors 1910. Cartes, Sections et Illustrations (*Fennia*, 28, 1909/1910, pp. 1/230.)

— Über die geologische Entwicklung Chinas. Von Prof. Dr. Fritz Frech in Breslau. (*Zeitschft. Ges. Erdk. Berlin*, 1910, pp. 504/511.) — Col. 3088.

— Fr. Frech. Die geologische Entwicklung Chinas. (*Mitt. Richthofentag*, Leipzig, 1911, pp. 38/61.)

— Grandes lignes de la géologie du pays Lolo (Se-Tchouen, Chine), par le Dr A. F. Legendre et M. Paul Lemoine. (*Bul. Muséum nat. d'Hist. nat.*, 1910, 1, pp. 59/62, 1 pl.)

— A. F. Legendre et Paul Lemoine. Principaux résultats géologiques de la mission Legendre au Pays Lolo (Setchouan, Chine). (Paris, *Bul. Soc. géol.*, sér. 4, X, 1910, pp. 307/309.)

(Divers.)

— Paul Gröber — Vorläufiger Bericht über die tektonischen Ergebnisse einer Forschungsreise im südlichen Tiën-Schan. (*Centralbl. Min.* Stuttgart, 1910, pp. 295/303, 338/347, mit 1 Karte.)

— — Aus den Ergebnissen einer Forschungsreise im südlichen Tiën-Schan. Habschrft., Leipzig, Druck v. B. G Teubner, 1911, in-8, pp. 35.

— Le rôle de l'Asie dans l'industrie minérale par L. de Launay. — Extrait de la *Revue universelle des Mines,* tome XXXIII, 4e série, page 64, 55e année, 1911, in-8, pp. 11

Extrait de la *Revue de Métallurgie,* Février 1911.

La Géologie et les richesses minérales de l'Asie — Historique — Industrie — Production — Avenir — Métallogénie — Sibérie — Oural — Caucase — Turkestan — Mer Egée — Asie Mineure — Perse — Inde — Insulinde — Indo-Chine — Chine — Japon, etc. Par L de Launay Ingénieur en chef des Mines... — Paris, Ch. Béranger, 1911, in-8. pp. 816 + 10 pl.

— * The Iron Ore of Korea. By K. Inouye, Map. [In Japanese]. (*J. G. Tōkyō. G. S.*, 23, 1911, pp. 97/109, 299/311.)

— * The Iron Ore of Southern Manchuria. By K. Inouye, Map. [In Japanese]. (*Ibid.*, pp. 164/176.)

— * General Geological Map of Korea. Compiled by K. Inouye, Scale 1 : 1,500.000 or 1 inch to 23·6 stat. miles. [Tokyo: Imperial Geological Survey, 1911.]

— * Beiträge zur Geologie Ost-Asiens und Australiens. Mit Unterstützung des Niederlandischen Ministeriums der Colonien, herausgegeben von K. Martin. (*Sammlungen des Geologischen Reichsmuseums in Leiden.*) Leiden, 1911.

— * (Idem.) (*Ibid.*) Leiden 1915.

— * L. Rutten. — Studien über Foraminiferen aus Ost-Asien. (*Ibid.*, Ser. I, Beitr. zur Geol. Ost-Asiens und Australiens. Bd. IX, blz. 201; 1911/1912.)

— Les glaciations quaternaires dans la Sibérie méridionale et la Mongolie occidentale. Par A. Allix. (*La Géographie,* 15 Juin 1912, pp. 431/437; fig.)

(Divers.)

— W. Hommel. — Über indisches und chinesisches Zink. (*Zs. angew. Chem.*, Leipzig, XXV, 1912, pp. 97/100.)

— Aus den wissenschaftlichen Ergebnissen der Merzbacherschen Tian-Schan-Expedition. Geologische Untersuchungen im Chalyktau, Temurlyktau, Dsungarischen Alatau (Tian-Schan) von Kurt Leuchs. Mit 8 Tafeln und 18 Textfiguren. — München, 1912, in-4, pp. 95.

Abhand. d. k. Bayer. Ak. d. Wiss. Math.-phys. Kl, XXV Bd., 8 Taf.

— Etudes glaciaires dans le Caucase, le Tian-chan et l'Altaï. (*Ann. de Géogr.*, 1913, pp. 107/109.)

— Etude géologique du Yunnan. Par Paul Lemoine. (*La Géographie,* 15 Juillet 1913, pp. 47/50.)

A propos de: Kurt Leuchs.

— Kurt Leuchs. — Ergebnisse neuer geologischer Forschung im Tian-Schan. [Sammelreferat]. (*Geol. Rdsch.*, Leipzig, IV, 1913, pp. 15/42.)

— — Beiträge zur Geologie des westlichen Kwenlun und Westtibets, nach Zugmayers Beobachtungen. (Berlin, *Zeit. D. geol. Ges.,* LXV, 1913, Monatsber., pp. 173/185.)

— Notes on Turquois in the East. By Berthold Laufer, Associate Curator of Asiatic Ethnology, Chicago, U. S. A. July, 1913, in-8, pp. II + 1 f. n. ch. + pp. 71 + 8 pl.

Field Museum of Natural History. Publication 169. Anthropological Series. Vol. XIII, No. 1.

Notices: *T'oung Pao,* XIV, Oct. 1913, pp. 486/487 par Ed. Chavannes. — *Journ. N. C. B. R. As. Soc.*, XLV, 1914, p. 149, by A. S.

Turquois-mines in Russian Turkistan By B. Laufer. (*T'oung Pao,* Décembre 1913, pp. 807/808.)

— * Round the World for Gold : A Search for Minerals from Kansas to Cathay. By Herbert W. L. Way. With Illustrations and Maps. London : Sampson Low, Marston & Co.

Notice: *Lond. & China Express,* Jan. 3, 1913, *Suppl.*, p. 2.

— The Geologic History of China and its Influence upon the Chinese People. By Prof. Eliot Blackwelder, University of Wisconsin. [With 9 plates]. (*Annual Report of the Smithsonian Inst.,... year ending June 30,* 1913, pp. 385/396.)

Rep. from the *Popular Science Monthly,* Feb. 1913, pp. 105/124.

— J. Blayac — La géologie du Yunnan. (*Revue Sci.*, Paris, LI, 1913, pp. 551/555.)

(Divers.)

7

— Contributions to the Geology of the Province of Yünnan in Western China: I. Bhamo-Têng-Yüeh Area. — II. Petrology of Volcanic Rocks of Têng-Yüeh District. (*Records of the Geological Survey of India,* XLIII, 1913, Part 3). — III. Stratigraphy of Ordovician and Silurian Beds of Western Yünnan, with Provisional Palaeontological Determinations. (*Ibid.,* Part 4). — IV. Country around Yünnan Fu. (*Ibid.,* XLIV, 1914, Part 2.) — V. Geology of Parts of the Salween and Mekong Valleys. (*Ibid.,* XLVII, 1916, Part 4).

By J. Coggin Brown.

— The Mines and Mineral Resources of Yunnan, with short accounts of its agricultural Products and Trade. By J. Coggin Brown, . . . Assistant Superintendent, Geological Survey of India. (*Memoirs of the Geological Survey of India,* XLVII, Part. I, 1920, pp. 201, 8 pl., carte.

— The Standard Oil Concessions. (*The Chinese Review,* Vol. I, April 1914, p. 52.)

Far Eastern Review, February Issue.

— Oil Deposits. (*The Chinese Review,* Vol. I, June 1914, p. 116.)

— Le pétrole de Sseu-tch'oan. (*Revue indochinoise,* Mars-Avril 1921, pp. 264/271.)

— Horn. — Über die Geologie des Kiautschaugebietes. (Berlin, *Zeit. d. geol. Ges.,* LXVI, 1914, pp. 202/213.)

— Die geologische Erforschung Chinas. (*Geogr. Zeitsch. Leipzig,* XX, 1914, p. 410.)

Chef de l'expédition suédoise: Prof. J. G. Andersson, suédois.

Ext. de *Die Erde,* 1914, p. 196.

— J. G. Andersson. Geologische Untersuchungen im Innern Chinas. (*Geogr. Zeitsch. Leipzig,* 1920, pp. 157/158.)

— Recherches géologiques et paléontologiques en Chine. Par S. Reizler. (*La Géographie,* XXXIII, N° 5, Mai 1920, pp. 428/450.)

Travaux du prof. J. G. Andersson.

— A trip to Tayeh District. One of the Richest Iron Ore Deposits in China. By P. Wong-Quincey. (*The Chinese Review,* Vol. I, July 1914, pp. 161/162; 1 planche.)

Hou Pe.

— Der ostasiatische Landstufenbau als Ausdruck oberflächlicher Zerrung. Von Prof. Dr. Wilhelm Volz, Erlangen. Carte et 3 ill. (*Petermanns Mitt.,* Okt. 1914, pp. 174/178.)

— Der Gebirgsbau Südchinas und Indonesiens nach Volz. Von Prof. Dr. Fritz Frech, Breslau. (*Ibid.,* Mai 1916, pp. 180/182.)

— Over de fossiele flora van Brunssum, Swalmen, Reuver, Tegelen en Cromer. Par J. van Baren. (*Tijdsch. v. het. kon. ned. Aardrijksk. Genootsch.,* 1915, n° 4. pp. 519/524.)

— On a large Meteorite which fell in the sea near Video, Chusan Archipelago, on the 13th February, 1915. — By W. F. Tyler. (*Journ. N. C. B. R. As. Soc.,* vol. XLVI, 1915, pp. 101/116; pl.)

— Matsumoto (Hikoshichirô). — On some fossil Mammals from Ho-nan, China. Ext. de *Sciences Reports of the Tohoku Imperial University,* 2e Série, Géologie, vol. II, No. 1, 1915.

Notice par M. B[oulé]: *L'Anthropologie,* Janv.-Avril, 1917, p. 165.

Il y avait un sacrum humain . . . « Cette découverte est intéressante surtout pour les espoirs qu'elle fait naître pour l'avenir. Elle nous prouve qu'il y a des restes d'Hommes fossiles dans le Pleistocène chinois. »

— Considérations générales sur les formes structurales de la Chine sud-occidentale et des Marches Thibétaines. Note par A. F. Legendre. (*Ctes. rendus Acad. Sciences,* Vol. 161, 1915, pp. 737/740.)

— Mission A. F. Legendre—Massif Sino-Thibétain. Provinces du Setchouen, du Yunnan et Marches Thibétaines. — Contribution à l'étude géologique de ce massif. Préliminaires Géographiques par le Docteur A. F. Legendre. Description Géologique des itinéraires par le Dr A. F. Legendre et P. Lemoine Etudes des roches éruptives par le Colonel Azema Etude des plantes rhétiennes par Fernand Pelourde. Résultats géologiques par Paul Lemoine. — Préface de M. Charles Rabot Secrétaire de la Société de Géographie. — Avec reproductions photographiques, cartes, figures et 3 cartes géologiques en couleurs. — Paris, Emile Larose, libraire-éditeur — 1916, in-8, pp. III-249 + 1 p. n. ch. tab.

Notices: *Geog. Journ.,* Dec. 1917, pp. 454/455, par W. R. C. — *Bol. R.-Soc. Geog. Ital,* Janv. 1917, p. 73.

— F. K. Ward. — Glacial phenomena on the Yun-Nan Tibet frontier. (*Geog. Journ.,* XLVIII, July 1916, pp. 55/68, ill.)

— Glacial Phenomena on the Yun-nan Tibet Frontier. By F. Kingdon Ward, 2nd Lieut., R. O. I. A. (*Geog. Journal,* Nov. 1916, p. 437.)

Bhamo, Upper Burma, 9 Sept. 1916.

(Divers.) (Divers.)

— Le Crétacé et l'Eocène du Tibet central, par Henri Douvillé. (*Palaeontologia Indica*, Vol. V, Memoir N° 3 (1916), pp. 52, 16 pl.)

— F. R. Cowper Reed. — Ordovician and Silurian Fossils from Yünnan. (*Ibid.*, Vol. VI, Memoir No. 3 (1917), pp. 69, pl. 8.)

— L'étain au Yunnan. Par M. Flayelle, Consul de France à Mongtse. (*Bull. écon. Indo-Chine*, N° 126, 1917, pp. 516/522.)

— Au pays de l'étain Kokiu (Yunnan). (Notes recueillies par le Docteur Jarland Médecin-Major de 1re classe des Troupes coloniales). (*Revue indo-chinoise*, Mai-Juin 1921, pp. 371/400; pl. et carte.)

Mongtseu-Kokiu, 1er Déc. 1920.

— Le cuivre à Formose. (*Bull. écon. Indo-Chine*, N° 127, 1917, pp. 685/686.)

Réforme Economique, N° 15, Juillet 1917.

— Le Wolfram dans le district de Swatow. (*Bull. écon. Indo-Chine*, N° 134, 1919, p. 114.)

Bull. comm. Ext.-Orient, N° 2, Oct. 1918.

— L'industrie du Zinc au Japon (Suite et fin). 3e partie. — Les Mines de Zinc en Corée, en Sibérie, en Mandchourie et en Chine. Par Ch. Chenet Attaché Commercial de l'Indo-Chine pour les pays d'Extrême Orient. (*Bull. écon. Indo-Chine*, N° 135, 1919, pp. 229/259; carte et plan.)

— M. H. Loveman. — A connecting link between the geology of the Northern Shan States and Yunnan. (*Journal of Geology*, avril-mai 1919, pp. 204/211.)

— Les fouilles paléontologiques du Sinn kia keou et environs (Kan Sou N. E.). Pièce in-8, pp. 4.

Tchao kia tch'a, 20 Août 1920, par E. Licent, S. J.

— Beobachtungen über Flugsandbildungen. (Mit 5 Textfiguren.) Von Herrn F. Solger. (*Zeitschr. Deutschen Geolog. Ges.*, Berlin, Bd. 72, Nr. 6/7, 1920, pp. 168/180.)

— Die Geschichte der chinesischen Gebirge. (Mit 6 Textfiguren.) Von Herrn Solger. (*Ibid.*, Bd. 72, Nr. 8/10, 1920, pp. 210/231.)

Tremblements de Terre.

— Heftiges Erdbeben in Formosa. (*Geogr. Zeitschr. Leipzig*, XII, 1906, p. 294.)

17 Mars.

— * Preliminary Note on the Formosa earthquake of March 17, 1906. By Dr. F. Omori. With Maps and Illustrations. (*B. Imp. Earthquake Investigation Com.*, I, 1907, pp. 53/69.)

— Variétés sinologiques N° 28. — Catalogue des Tremblements de terre signalés en Chine d'après les sources chinoises (1767 avant J.-C. — 1895 après J.-C.) par le R. P. Pierre Hoang, du Clergé de Nanking. — Chang-hai. Imprimerie de la Mission catholique à l'orphelinat de T'ou-sé-wè, 1909, in-8, pp. VI-298 + 1 f. n. ch. errata.

— *Idem.* N° 28 bis. — Idem. Livre second, œuvre posthume refondue et complétée par les soins des PP. J. Tobar, S. J. et H. Gauthier, S. J., Ibid., 1913, in-8, pp. XXVII-423, carte hors texte.

— Erdbeben in China. Von Dr. S. v. J. (*Deutsche Rundschau f. Geogr. u. Stat.*, XXXII Bd., 1909/1910, pp. 33/34.)

— Die Beziehungen zwischen den tektonischen und seismischen Verhältnissen Ostasiens. Von Prof. Dr. E. Rudolph. (*C. R. IXe Congrès Int. G.*, II, 1910, pp. 201/213.)

— * Destructive earthquakes in China. By Noah Fields Drake. Sketch-map and Diagrams. (*B. Seismological S. America*, II, 1912, pp. 40/91, 124/133.)

Notice: *Petermanns Mitt.*, 1918, I, pp. 147/148, par K. Sapper.

— Famine et tremblements de terre dans la Chine septentrionale. (*Asie française*, Mars 1921, pp. 118/120.)

Jade (Pierre de Yu 玉石), Jadéite, Nephrite.

Col. 520/522, 3093/3094.

— A. Damour et Fischer. — Notice sur la distribution géographique des haches et autres objets préhistoriques en jade néphrite et en jadéite, dans *Rev. archéolog.* de 1878. (Aussi un abrégé dans Cartailhac, *Matériaux pour l'hist. primitive de l'homme*, 2e série, IX, 1878, pp. 502/512.)

— Hermann von Schlagintweit-Sakünlünski. Über Nephrit nebst Jadeït und Saussurit im Kün-lün Gebirge. (*Ausland*, 1874, pp. 181/187.)

— Землевѣдѣніе К. Риттера, Восточный Туркестанъ, 1re partie, pp. 82/97: каменъ юй, et les remarques de Grigor'ev, *ibid.*, pp. 368/377.

— Field Museum of Natural History. Publication 154. Anthropological Series. Vol. X. — Jade. A Study in Chinese Archaeology and Religion by Berthold Laufer. — 68 Plates, 6 of which are

7*

colored, and 204 Text-figures. — The Mrs. T. B. Blackstone Expedition. Chicago, U. S. A., February 1912, in-8, pp. xiv-370.

Notices: *T'oung Pao*, Juillet 1912, pp. 434/446, par P. Pelliot. — *Journ. R. As. Soc.*, Jan. 1913, pp. 220/223, par L. C. Hopkins. — *Journ. N. C. B. R. As. Soc.*, XLIV, 1913, pp. 167/169, par F. W. A.

— * Berthold Laufer. — Two Chinese Imperial Jades (4 fig.). (*Fine Arts Journal*, Chicago, June 1915.)

— A. C. Haddon. Jade in Chinese secular Life and Religion. (*Nature*, London, XC, 1913, pp 630/631.)

— R. L. Hobson. — Jade. (*Burlington Mag.*, Lond., XXIII, 1913, pp. 108/112 with pl.)

— Kimpei Takeuchi. — The Chinese Appreciation of Jade. (*Ibid.*, London, XXIII, 1913, pp. 140/146 with 2 pl.)

— Les prétendus jades de Sou-tcheou (Kan-Sou) par Paul Pelliot. (*T'oung Pao*, Mai 1913, pp. 258/260.)

— Old carved Jade (*Connoisseur*, London, XXXVIII, 1914, p. 105.)

— Ian Bouverie Maxwell. — Chinese Jade. (*Burlington Mag.*, London, XXV, 1914, pp. 294/298, with 2 pl.)

— Dr G. Gieseler. — Le Jade dans le culte et les rites funéraires en Chine sous les dynasties Tcheou et Han. (*Revue Archéologique*, Juillet-Août 1916, pp. 61/118.)

Tirage à part: Paris, Ernest Leroux, 1916, in-8, pp. 58.

LŒSS 黄土 *Houang t'ou* (Terre jaune.) Col. 522/523, 3094.

— Chine septentrionale et Asie Centrale: Le Loess. (*Union géogr. du Nord de la France, Douai*, XXIV, 1903, p. 162.)

Du *Bulletin of the American Geogr. Society*, No. 4, Oct. 1902.

— The Origin of Loess. (*Geogr. Journal*, October 1913, pp. 403/404.)

— Johannes Weigell. Das Alter des Löss. (*Petermanns Mitt.*, 1920, Avril-Mai, pp. 90/91.)

MINES.

Col. 523/524, 3094.

— Les Mines de houille de la province chinoise du Chan-si. (*A travers le Monde*, IV, 1898, p. 311.)

— Les Mines de la province de Pe-Tchi-Li par Villetard de Laguérie. (*Ibid.*, V, 1899, p. 71.)

— Les Mines de Ko-Tchéou par M. de Mathuisieulx. (*Ibid.*, V, 1899, p. 84.)

— Les richesses minières du Yun-Nan et leur exploitabilité. (*Ibid.*, VII, 1901, p. 207.)

— * E. T. Williams. — Recent Chinese Legislation relating to Commercial, Railway and Mining Properties. Shanghai, 1904.

— Les richesses minières de la province de Kiangsi. Par Brienne, secrétaire-général. (*Union géogr. du Nord de la France, Douai*, XXV, 1904, p. 256.)

De la *China Gazette*.

— Goldfunde in der chinesischen Provinz Schantung. (*Deutsche Rundschau f. Geogr. u. Stat.*, XXVII, 1904/1905, p. 331.)

— J. M. Maclaren. — The Tibetan Goldfields. (*Mining J. London*, LXXI, 1907, pp. 825/826, carte.)

— Ingénieurs de mines en Chine (De *l'Echo de Chine*.) (*Revue Indo-chinoise*, 15 Janvier 1906, pp. 72/73.)

— Notes sur Ko-Kieou et la région des Mines Province Chinoise du Yunnan. Voyage effectué du 4 au 14 avril 1906. Par J. Jonery. (*Bull. Soc. Géog.* Lyon, No 138, 1907, pp. 187/195, carte.)

— Mining Industry in Kansu. Exploration in Tibetan Frontier. (*Geogr. Journal*, April 1910, p. 449.)

D'après la Société Belge d'Etudes coloniales.

— * Tin-Production in the Province of Yunnan, China. By W. F. Collins. [A Paper discussed at a meeting of the Institution of Mining and Metallurgy, at the Rooms of the Geological Society, Burlington House, Piccadilly, W., on Thursday, December 16, 1909, at eight o'clock p. m.] [London, 1910.] pp. 14. Plan, Sections, and Diagrams.

— Mineral Enterprise in China by William F. Collins . . . Lately Vice-chairman Peking Chamber of Commerce. London, William Heinemann, s. d. [1918], in-8, pp. xi/308, cartes.

Notice: *Geographical Journ.*, Oct. 1918, pp. 259/260, par L. W. L.

— La question des Mines du Yunnan. Par Jean Rodes. (*Asie française*, Mai 1911, pp. 216/219.)

— * China. Memorandum on Chinese Mines. (*Diplomatic and Consular Reports, Miscellaneous Series*, No. 680, London, 1911, pp. 12.)

— Les ressources minières de la Chine. (*Bull. Soc. Géog. Lille*, 2e sem. 1912, p. 179.)

— Idem. (*Bull. Soc. Géog. Lyon*, 2e série, 1913, 1er semestre, pp. 86/87.)

D'après *Le Mouvement géographique* de Bruxelles, No du 4 mai 1913.

— The New Mining regulations. (*The Chinese Review*, Vol. I, June 1914, pp. 99/108.)

— Chine. — Reglement minier du 11 mars 1914. (*Annales des Mines*, XIe Sér., VII, 2e liv. 1919, pp. 283/290.)

Cf. *Ibid.*, 1904, 10e Sér., VI, p. 118; 1907, 10e Sér., XIII, p. 373.

— Les mines du Yunnan. (*La Géographie*, 1918/1919, No 7, p. 506.)

— Le mouvement industriel et minier de la Chine en 1917. Par Ch. Chenet, Attaché Commercial de l'Indo-Chine pour les pays d'Extrême-Orient. (*Bull. écon. Indo-Chine*, No 136, 1919, pp. 402/456.)

* Chenet — Les mines de zinc en Corée, en Sibérie, en Mandchourie et en Chine. (*Eveil économique de l'Indo-Chine*, 1919, Septembre.)

— La question minière en Chine. (*Revue indochinoise*, Nov.-Déc. 1919, pp. 434/435.)

Echo de Chine, 5 Déc. 1919.

— * The Examination of Mines in China by E. M. Di Villa, Consulting Mining Engineer. Printed by the North China Daily Mail, Tientsin, 1919, pp. 108 with Index.

Notice: *New China Review*, I, December 1919, p. 641/642.

— Une concession minière à l'Angleterre au Kouang-toung. (*Asie française*, Mars 1920, pp. 120/121.)

— Les ressources minières de la Chine. (*Asie française*, Mars 1921, p. 121.)

— L'exploitation des mines de Pou-chan par les Japonais. (*Asie française*, Avril 1921, pp. 168/169.)

CHARBON.

Col. 524/528, 3094.

— Le charbon en Chine. Par H. Gay Lussac. Lieutenant de vaisseau. (*Revue mar. et coloniale*, XXXIX, Décembre, 1873, pp. 745/747.)

— Nécrologie. — André Leclère. Par H. C[ordier]. (*T'oung Pao*, Vol. XVI, No 5, Décembre 1915, p. 692.) — (*La Géographie*, Déc. 1915, p. 496.)

† au Mans, 15 Oct. 1915.

— Les Charbonnages de Kaiping par le Cap. Raoul Pontus. (*Chine et Belgique*, 1ère année, 3e livr., Juin 1905, pp. 65/74; ill.)

— * Memorandum on the K'ai P'ing Mining Case. Peking, 1908. Printed at the Lazarist Press, in-12, pp. 96.

Par Sir Walter Hillier, conseiller du Wai-Wou-pou.

— P. A. Volpert. — Eine chinesische Kohlenzeche. (*Kol. Rdsch.*, Berlin, 1909, pp. 474/482.)

— La production de la houille [en Chine]. (*Revue indo-chinoise*, Avril 1909, p. 395.)

— Les gisements de charbon. (*Ibid.*, Juillet 1909, p. 719.)

A propos de: Les ressources minérales de la Chine, de M. Bailey Willis

Les charbonnages dans le Nord de la Chine. (*Ibid.*, Février 1910, pp. 178/184.)

— W. A. Moller. — The Coalfields between Shan Hai Kuan and Mukden (North China). (London, *Trans. Inst. M. E.*, XXXVIII, 1910, pp. 460/474, pl.)

— Charbonnages de K'ai p'ing. (*Revue indochinoise*, Janvier 1911, p. 84.)

(CHARBON.)

— Commandant P. Ducret. — La plus ancienne exploitation houillère. (*Bul. Soc. Franç. Ingénieurs coloniaux*, No 60, 2e et 3e trim. 1911, pp. 269/272.)

— Kohlenförderung in China. (*Geogr. Zeitschr. Leipzig*, XVIII, 1912, p. 51.)

De *Export*, 1911, p. 830.

— * The Coal and Mineral Resources of Shansi Province, China. Analytically examined by Erik T. Nyström. Stockholm, P. A. Norstedt & Sons, 1912, Map and Illustrations, in-8, pp. 97.

Notice: *Journ. N. C. B. R. As. Soc.*, XLIV, 1913, pp 154/155; by A S.

— Noah T. Williams. — Notes on the Geology of Shansi, and the Coal Industry in Northern China. (Manchester *Trans. Geol. Soc.*, XXXIII, 1913, pp. 228/247, pl.)

— Importations de charbons à Swatow en 1913 et pendant le premier trimestre 1914. Par le Vice-Consul de France, H. Féer. (*Bull. écon. Indochine*, No 108, Mai-Juin 1914, pp. 367/368.)

— China's Coal Supply. (*Journ. Central Asian Soc.*, I, 1914, pt. III, p. 59.)

— La produzione carbonifera della Cina nel 1914. (*Boll. R. Soc. Geogr. Roma*, 1o Giugno 1915, p. 692.)

— Les ressources de la Chine en combustible. (*Asie française*, Juill.-Sept., 1917, p. 142.)

Tiré de la *Far Eastern Review*.

— Les ressources de la Chine en combustible. Par G. Giraud. (Adapté du *Far Eastern Review*.) (*Bull. écon. Indochine*, No 124, 1917, pp. 242/249.)

— Le risorse di carbone della Cina. (*Boll. della R. Soc. Geog. italiana*, Vol. VI, Num. 11/12, 1917, pp. 851/852.)

Traduit de l'*Asie française*, no 170, 1917.

— China's petrified Sun-rays. — Herbert Chatley, D. Sc. (London). (*Journ. N. C. B. R. As. Soc.*, Vol. LI, 1920, pp. 45/50.)

Read before the Society, February 26th, 1920.

— La production et le commerce des charbons en Chine. Par Ch. Chenet, Attaché commercial de l'Indochine pour les pays d'Extrême-Orient. (*Bull. écon. Indochine*, no 144, Sept.-Oct. 1920, pp. 573/624.)

Notice: *La Géographie*, Avril 1921, p 420, par Chassigneux.

— L'industrie minière au Japon en 1919. — Le charbon. Par Ch. Chenet, Attaché commercial de l'Indochine pour les pays d'Extrême-Orient. (*Bull. écon. Indochine*, no 145, Nov.-Déc. 1920, pp. 788/813.)

Formose, Corée.

— * Ch. Chenet. — La production et le commerce des charbons en Chine. (*Eveil économique de l'Indochine*, 1920, Décembre.)

(CHARBON.)

VII. — POPULATION.

Col. 527/532, 3095/3096.

— Population de la Chine par le P. Hallerstein. (*T'oung Pao*, Oct. et Déc. 1917, pp. 363/364.)

Col. 530.

— Au lieu de: Zakarov, lire: T. Zaharov.

— Superficie et population de la Chine. Par A. L. (*Bull. Soc. Bretonne Géogr. Lorient*, No 97, 2e et 3e trim. 1905, pp. 283/284.)

Voir col. 3096.

Col. 3096.

— An Inquiry into the Population of China. By William Woodville Rockhill. (*Annual Report . . . Smithsonian Institution for the year ending June* 30, 1904. Washington, 1905, pp. 659/676.)

Reprinted from *Smithsonian Miscellaneous Collection*. (Quarterly Issue.) Vol. 47, Dec. 10, 1904.)

Notice: *T'oung Pao*, 1905, pp. 122/124. par Ed. Chavannes.

— The 1910 Census of the population of China by W. W. Rockhill. (*T'oung Pao*, Mars 1912, pp. 117/125.)

Cf. *B. American G. S.*, XLIV, 1912, pp. 668/673.

— Choses de Chine. La population de la Chine. (*Revue indo-chinoise*, 15 Fév. 1908, p. 232.)

— Population de la Chine. Chiffres donnés par le *Tou-tche-pou* Par A. V[issière]. (*Ibid.*, 15 Juillet 1908, p. 69.)

Tiré du *Bull. Assoc. franco-chinoise*.

— Die Bevölkerung Chinas. (*Deutsche Rundschau f. Geogr. u. Stat.*, XXXII, 1909/1910, p. 516.)

(Population.)

— Bevölkerungszahl und Bevölkerungsverhältnisse von China. (*Geogr. Zeitschr. Leipzig*, XVI, 1910, pp. 223/224.)

Communication du Prof. Renouf, de l'Université impériale de Tientsin.

— La population de la Chine [Rapport attribué à M. Nakahashi, président de la Osaka Shosen Kwaisha]. (*Revue indo-chinoise*, Juillet 1911, pp. 89/90.)

De l'*Echo de Chine*.

— La population de la Chine. Par C. E. Tanant (Communiqué par M. Henri Cordier). (*La Géographie*, 15 Février 1912, pp. 103/104.)

— La population de la Chine. (*Soc. de Géogr. de Lyon*, Bull., V, Fasc. 1, 1912, p. 88.)

— Un recensement officiel de la population de la Chine. (*Asie française*, Octobre 1912, pp. 449/450.)

— Volkszählung in China. Von Sp. (*Zeitsch. d. Ges. f. Erdk. zu Berlin*, 1912, pp. 534/535.)

— Volkszählung in China. (*Geogr. Zeitsch. Leipzig*, XVIII, 1912, pp. 643/644.)

De la *Zeitschr. d. Ges. f. Erdk. zu Berlin*, 1912.

— Kinas Folkmängd. (*Ymer*, 1912, p. 395.)

Tiré de la *Zeitsch. d. Ges. f. Erdkunde*.

— Recensement de la population chinoise. (*Revue indo-chinoise*, Sept.-Oct. 1914, pp. 370/371.)

— Pékin. — Population totale de la République chinoise. (*Miss. Cath.*, 9 Mai 1919, p. 221.)

— De verbreiding van den Mensch. (*Tijdsch. van het Kon. Ned. Aardrijksk. Genootsch.*, 1919, No 4, pp. 519/521.)

Agglomération chinoise. — A propos des derniers ouvrages de Vidal La Blache dans *Ann. Géogr.*

— La popolazione della Cina. (*Boll. R. Soc. Geog. italiana*, Nov. 1920, p. 362.)

Dall'*Annuario dell'Amministrazione delle Poste cinesi per 1919*.

(Population.)

VIII. — GOUVERNEMENT.

Col. 531/546, 3097/3099.

Col. 533.

— * Тайцынъ гурунъ и Ухери Коли, то есть всѣ законы и установленія китайск. (а нынѣ манжур.) правительства. Перевелъ съ Манжр. на Росс. яз. А. Леонтіевъ. 3 Т. Спб. при Имп. Ак. Наукъ. 1781/1783, in-8.

(Mejov, *Bibl. Asia*, No. 1977.

Col. 537.

— Choix de Documents . . . par S. Couvreur. . . 4e édition. Ho kien fou, 1906, in-8.

(Gouvernement.)

— Letters to a Chinese Official being a western view of eastern Civilization by William Jennings Bryan. London and New York, Harper & Brothers 1906, pet. in-8, pp. VIII-97.

H. B. Morse.

— The Trade and Administration of the Chinese Empire by Hosea Ballou Morse A. B., Harvard, Member of the Royal Asiatic Society, England; Commissioner of Customs and Statistical Secretary, Inspectorate-General of Customs, China.

(Morse.)

With Illustrations, Maps and Diagrams. Longmans, Green, and Co., London . . . 1908, in-8, pp. IX + 3 ff. n. ch. + pp. 451.

Notices: *Lond. & China Express*, May 1, 1908. — *Journ. N. C. Br. R. As. Soc.*, XXXIX, 1908, pp. 187/189, by F. E. Hinckley. — *Times Lit. Sup.*, Sept. 18, 1908.

— The Trade and Administration of China by Hosea Ballou Morse sometime Commissioner of Customs and Statistical Secretary, Inspectorate General of Customs . . . With illustrations, map and diagrams. Revised edition Longmans, Green & Co., New York, Bombay, and Calcutta 1913, in-8, pp. XII-466.

Notice: *Lond. & China Express*, April 25, 1913.

— * The Trade and Administration of China. By Hosea Ballou Morse, L. L. D. Third revised edition. Kelly & Walsh, Shanghai 1921. — London, Longmans, Green & Co.

Notices: *New China Review*, III, June 1921, pp. 240/241. — *Journ. N. C. B. R. As. Soc.*, LII, 1921, pp. 198/202, par M. — *Lond. & China Express*, March 31, 1921, p. 156.

∴

— Devoirs du Gouvernement chinois vis-à-vis du peuple. (*Revue indo-chinoise*, 15/30 Oct., 1908, pp. 589/590.)

D'après l'*Echo de Chine-Che pao*.

— [Chine.] Décrets impériaux. (*Revue indochinoise*, Juillet 1909, pp. 718/719.)

17e jour de la 3e lune (6 mai 1909).

— * Sovremennaia polititcheskaia organizatsiia Kitaia par Brunnert et Gagelstrom, avec la participation de Kolesof, premier interprète de la Légation russe à Péking. — Péking 1910, gr. in-8, pp. 532.

Notice: *T'oung Pao*, Déc. 1910, pp. 693/694.

— Present Day Political Organization of China by H. S. Brunnert and V. V. Hagelstrom Student-Interpreters of the Imperial Russian Legation, Peking revised by N. Th. Kolessoff Chinese Secretary of the Imperial Russian Legation, Peking. Translated from the russian with the authors' sanction by A. Beltchenko H. I. R. M. Consul at Foochow; and E. E. Moran, Ph. B. (Yale) of the Chinese Imperial Maritime Customs Service. Shanghai: Kelly & Walsh, 1912, in-8, 3 ff. n. ch. + pp. IV-571-LXXXI.

Notices: *T'oung Pao*, 1912, pp. 511/512, par Ed. Chavannes. — *Lond. & China Express*, Aug. 30, 1912. — *Mitt. des Seminars f. orient. Sprachen*, XVI, *Ostasiatische Studien*, Berlin, 1913, pp. 182/183, par A. Forke. — *J. N. C. B. R. As. Soc.*, XLIV, 1913, pp. 150/151, by Hardy Jowett.

— Thronbericht des Reichsausschusses betreffend die Vorlage weiterer Abschnitte der Regulative für den Reichsausschuß und Änderungen der bereits früher vorgelegten Abschnitte. (Regierungsamtsblatt vom 26. August 1909). Übersetzung von Dr. Hauer. (*Mitt. d. Sem. f. Orient. Sprachen*, Jahrg. XIII, 1910, pp. 210/244.)

— Tso-Tschun-Tschou. — Geschichte der chinesischen Staatsverfassung und Verwaltung bis zu den modernen Reformen. (*Zs. vergl. Rechtswiss.*, Stuttgart, XXIII, 1910, pp. 382/419.)

— Die örtliche Selbstverwaltung der Präfekturen, Subpräfekturen, Distrikte und Kreise. Von G. Pernitsch. (*Mitt. d. Sem. f. Orient. Sprachen, Ostasiat. Studien*, Jahrg. XIV, Berlin, 1911, pp. 369/374.)

— Das Beratungsamt (Hui-i-ting). Von G. Pernitsch (1910). (*Mitt. des Seminars f. Orient. Sprachen, Ostasiat. Studien*, Jahrgang XVI, Berlin, 1913, pp. 61/65.

— How China ought to be governed by John Coming (Assumed Name.) — Written before the Russo-Japan War, and Modified to Suit the present Republican Regime. — Singapore: Kelly & Walsh — Published March, 1914. in-8, 2 ff. n. ch. + pp. x + VIII + 1 f. n. ch. + pp. 162.

— Nouvelles réformes administratives. (*Revue indochinoise*, Sept.-Oct. 1914, pp. 368/370.)

— Die neun Gebote des chinesischen Kaisers nach Chu hi 朱熹. Von Dr. Franz Kuhn. (*Mitt. d. Sem. für Orient. Sprachen, Ostasiat. Studien*, Berlin, 1917, Jahrg. XX, pp. 115/141.)

— Some side-lights on Chinese squeezes. By L. C. Arlington. (*New China Review*, No 1, March 1919, pp. 94/95.)

— * H. Vinacke. — Modern Constitutional Development in China, in-8, 1920, pp. 280.

— * River, Lake and Land Conservancy in portions of the provinces of Anhui and Kiang Su, North of the Yangtsze River. By C. D. Jameson.

COUR IMPÉRIALE.

— La Garde de la Cour chinoise. (*Revue indo-chinoise*, 15 Mars 1908, pp. 388/389.)

Extrait de l'*Echo de Chine*.

— * J. T. Headland. — Court Life in China. The Capital: its Officials and People. New-York, 1909, in-8, pp. 372.

— [Réglement fixant les prérogatives du Régent chinois.] (*Bul. École Ext. Orient.*, Avril-Juin 1909, pp. 414/416.)

— Die Verwaltungsreformen in China. I. Die Pekinger Zentralregierung. Von

Dr. Hauer. (*Mitt. d. Seminars für Orient. Sprachen, Ostasiat. Studien*, Jahrg. XII, Berlin, 1909, pp. 1/25.)

— Cérémonial de la Cour et coutumes du peuple de Pékin. Récit traduit du chinois par M. G. Douin Enseigne de Vaisseau (Suite.) (*Bull. Ass. amic. franco-chinoise*, Juillet 1910, pp 215/237.)

— (Idem.) *Ibid.*, Oct. 1910, pp. 347/368.

— Albert Maybon. — La Vie secrète de la Cour de Chine. — Paris, Félix Juven, s. d. [1910], in-8, pp. 299 + 3 ff. n. ch. tables.

— Une proclamation électorale aux environs de Sou-tcheou (*Rel de Chine*, Kiang-Nan, Oct. 1913, p. 286.)

Adressé par le P. Firmin Sen, de Tseng-za, 8 déc. 1912.

— Notes sur la Géographie politique et l'Administration de la République Chinoise. VIII. Par A. Vissière. (*Bull. Assoc. amic. franco-chinoise*, Janvier 1914, pp. 32/36.)

— La réorganisation administrative des provinces. (*Revue Indo-chinoise*, Juillet 1914, pp. 125/127.)

— Prince K'ing 慶. Nécrologie par H. C[ordier]. (*T'oung Pao*, Juillet 1916, p. 393.)

CONSTITUTION.

— Chine Rescrit impérial du 13e jour de la 7e lune (1er Septembre 1906) sur l'utilité d'une constitution Gouvernementale. (*Revue indo-chinoise*, 30 Octobre 1906, pp. 1669/1670.)

D'après l'*Echo de Chine*.

— Les travaux de la constitution chinoise. (*Bull. Com. Asie franç.*, Mars 1908, pp. 112/116.)

— La Constitution. (*Revue indo-chinoise*, 30 Juillet 1908, pp. 132/133.)

D'après l'*Echo de Chine*.

— La constitution chinoise. (*Bull. Com. Asie franç.*, Octobre 1908, p. 426.)

— [Rapport sur la constitution chinoise, 27 août]. (*Bull. Ecole Franç. Ext. Orient*, IX, N° 1, Janv.-Mars 1909, pp. 184/202.)

— Un Parlement chinois. (*Bull. Com. Asie franç.*, Mai 1909, p. 213.)

Extr. du *North China Herald*.

— La convocation des Chambres [en Chine]. (*Bull. Com. Asie franç.*, Oct. 1910, p. 442.)

— * Constitution Building in China. By L. R. O. Bevan, M. A., LL.B., Vice-Principal of the Imperial University, Shansi. Reprinted from «The North-China Daily News» and «The North-China Herald». Shanghai, North-China Daily News & Herald, 1910.

Notice: *Journal N. C. B. R. As. Soc.*, XLII, 1911, p. 211.

— * R. O. Bevan. — The New Chinese Constitution. (*China Mission Year Book*, Shanghai, 1911.)

— Grundelemente der neuen chinesischen Staatsform nach russischen Quellen zusammengestellt von Ritter v. Ursyn-Pruszyński, Oberst. Kommandant des k. u. k. Ulanenregiments Nr. 13. Wien. Teschen, Leipzig, Karl Prochaska, 1911, in-8, pp. 41.

— L'Ouverture du Sénat chinois. (*A travers le Monde*, XVI, 1910, p. 351.)

— L'agitation constitutionelle [en Chine]. (*Asie française*, Janvier 1911, p. 35.)

— Les étapes du mouvement constitutionnel en Chine. Par Albert Maybon. (*Asie française*, Avril 1911, pp. 172/179.)

— Marco Guseo Interprete ufficiale de lingua cinese alla Legazione del Messico in Pechino. — Le Riforme Cinesi Costituzione cinese. — Assemblea nazionale. — Abolizione della schiavitù. — Agosto del 1910. Milano, Fratelli Bocca, 1911, in-8, pp. 89 + 3 pp. n. ch. + pp. 71 texte chinois.

Texte chinois — Imprimerie des Lazaristes à Pékin Peit'ang.

— A Survey of Constitutional Development in China by Hawkling L. Yen, Ph. D. New York, Columbia University Longmans, Green & Co., London: P. S. King & Son, 1911, in-8, pp. 136.

Studies in History, Economics and Public Law Edited by the Faculty of Political Science of Columbia University, Volume XL, Number 1, Whole Number 104.

Notice: *Lond. & China Express*, Oct. 6, 1911, p. 2.

— * «Huafêng Lao Jên.» Letters on the Chinese Constitution. By Sir Francis Piggott. (Kelly & Walsh, Ltd., 1913, in-8, pp. 69.)

Notice: *Journal N. C. B. R. As. Soc.*, Volume XLV, pp 155/156, by F. S. A. B.

— A Study of Constitutionalism. By K'ang Yu-wei. (*The National Review*, 1913, 30 Aug., pp. 203/204; 6 sept., pp. 236/237; 13 sept., pp. 271/272.)

Traduit de *Puh Jen*, magazine mensuel de K'ang Yeou-wei.

— La Chine et le mouvement constitutionnel (1910/1911) par Jean Rodes. — Paris, Librairie Félix Alcan. — 1913, in-16, pp. 257.

Bibliothèque d'Histoire contemporaine.

Notice: *La Revue politique internationale*, Mai 1914, pp. 501/506. Par Edmond Perrin.

— * Tsien Tai. — Le Pouvoir législatif en Chine. Paris, 1914.

— Chine. — La nouvelle constitution. (*Revue indochinoise*, Mai 1914, pp. 533/534.)

— The New Constitution in China. (*Journ. Central Asian Soc.*, I, 1914, Pt. III, p. 58.)

— The amended provisional Constitution. (*The Chinese Review*, Vol. I, July 1914, pp. 163/165.)

— The Amended Provisional Constitution. By Dr. Frank J. Goodnow, Constitutional Adviser to the President. (*Journal of the American Asiatic Association*, August 1914, pp. 206/210.)

Peking Daily News, May 14, 1914.

— The Parliament of the Republic in China. By Dr. Goodnow. (*Ibid.*, pp. 210/217.)

— Dr. Goodnow's Comments on the new Constitution. (*The Chinese Review*, Vol. I, July 1914, pp. 166/169.)

Peking Gazette.

— Le régime des capitulations et la réforme constitutionnelle en Chine. Thèse de doctorat présentée pour l'obtention du grade de Docteur en Sciences politiques et diplomatiques par Louis Ngaosiang Tchou Licencié en Sciences politiques et diplomatiques. Cambridge : at the University Press 1915, in-8, pp. VIII-230, Portraits du Roi Albert 1er et de Yuan-Shi-Kai.

Au recto du faux-titre: Université Catholique de Louvain École des Sciences politiques et sociales.

— La réouverture du Parlement. (*Asie française*, Juillet-Septembre 1916, pp. 135/136.)

— * M. T. Z. Tyau. — China's New Constitution and International Problems. with Introductory Note to part I by His Excellency Paul S. Reinsch. Shanghai, 1918, gr. in-8, pp. XV-286.

— — The legal obligations arising out of Treaty Relations between China and other States, with prefaces by J. Macdonnell and Wu Ting-fang. Shanghai. *Commercial Press*, 1917, in-8, pp. XXII-304.

— The Constitutionalist Government or The South Western Provinces Federation. (*Far Eastern Pol. Science Rev.*, I, No. 1, Sept. 1919, pp. 47/60.)

— The Provisional Constitution of the Republic of China—Passed at Nanking in 1912. (*Ibid.*, pp. 126/135.)

* Modern Constitutional Development in China. By Harold M. Vinacke. Princeton University Press. London : Milford. in-8. 1920, pp. 280.

Notice: *The Times Literary Supplement*, Jan. 27, 1921

FONCTIONNAIRES.

Col. 540.

— The Chinese Government. A Manual of Chinese Titles, categorically arranged and explained, with an Appendix. By William Frederick Mayers .... Third Edition. Revised by G. M. H. Playfair, H. B. M. Consul, Ningpo. — Shanghai... Kelly & Walsh, 1897, in-8, pp. VI + 2 ff. n. ch. + pp. 196.

— List of the Higher Metropolitan and Provincial Authorities of China (with Genealogical Table of the Imperial Family) compiled by the Chinese Secretaries, H. B. M. Legation, Peking. — Corrected to September 1st. 1908 by S. F. Mayers Assistant Chinese Secretary. Shanghai : Kelly & Walsh, 1908, in-4, pp. 52.

— Choses de Chine. Classement et émoluments des hauts mandarins. (*Revue indo-chinoise*, 15 Fév. 1908, p. 231.)

— Un conseiller anglais du gouvernement chinois [Sir Walter Hillier]. (*Bull. Com. Asie franç.*, Juin 1908, p. 251.)

— Personnel diplomatique. Projet d'organisation soumis au trône. Par A. V[issière]. (*Revue indo-chinoise*, 15 août 1908, pp. 201/202.)

Tiré du *Bull. Assoc. franco-chinoise*.

— Le Recrutement et la Moralité des Mandarins. (*A travers le Monde*, XIV, 1908, pp. 245.246, ill.)

— Le prince régent et les censeurs. (*Revue indo-chinoise*, Avril 1909, pp. 396/397.)

— Mort du vice-roi du Pe-tchili. (*Bull. Com. Asie franç.*, Juillet 1909, p. 304.)

— La vice-royauté du Tcheli. (*Ibid.*, Décembre 1909, p. 536.)

— Le ministère des communications augmente les courriers maritimes (Pékin). (*Bull. Assoc. amicale franco-chinoise*, II, Janvier 1910, pp. 65/66.)

Extr. du *Houei-pao*, 17 Juillet 1909.

— Les mandarins et la presse. (*Bull. Com. Asie franç.*, Février 1910, p. 98.)

— L'inauguration du 3 Octobre et les conseillers provinciaux [Chine]. (*Asie française*, Sept. 1910, p. 405.)

— Changements au ministère des communications. (*Ibid.*, Janvier 1911, pp. 35/36.)

— Changements dans le haut personnel gouvernemental [chinois] (*Ibid.*, Août 1910, pp. 362/363.)

— Mandarins nouveau style. (*Rel. de Chine*, Kiang-nan, Janvier, 1911, p. 63.)

— L'école des mandarins. Par Octave Piel, S. J. (*Ibid.*, Kiang-Nan, Oct. 1911, pp. 231/233; fig.)

— 新選公文牘 Образцы новѣйшихъ Оффиціальныхъ бумагъ и государственныхъ актовъ на китайскомъ языкѣ. — Пособіе къ лекціямъ по китайскому языку и политической организаціи современнаго Китая професcора А. Б. Рудакова. — Владивостокъ 1912, in-8.

Isviestija de l'Université orientale de Vladivostok, T. XL, No 4, 1913.

— L'indépendance des autorités provinciales. (*Asie française*, Mars 1913, p. 138.)

— La décoration du Rang de Mérite. Par A. Vissière. (*Bull. Assoc. amic. franco-chinoise*, Janvier 1914, pp. 28/31.)

— Réorganisation des ministères. (*Asie française*, Janvier 1914, p. 38).

— Chine. — Le programme du cabinet. — La question des fonctionnaires. (*Revue indo-chinoise*, Janvier 1914, pp. 119—127.)

— Mort mystérieuse d'un haut fonctionnaire [Tchao Ping-chun, tou-tou du Tcheli]. (*Asie française*, Février 1914, pp. 75/76.)

REVENU.

Ertrag der Grundsteuer in China. (*Deutsche Rundschau f. Geog. u. Stat.*, XXVIII, 1905/1906, p. 468.)

— * The Land Tax in China. By Han Liang Huang, Ph. D. New-York, Columbia University, pp. 180.

Notices: *Studies Columbia*. — *Journ. N. C. B.-R. As. Soc.*, L, 1919, pp. 226/227. By M.

— Chinas auswärtige Schuld. (*Deutsche Rundschau f. Geog. u. Stat.*, XXXI, 1908/1909, pp. 417/418.)

— Un représentant financier de la Chine en Europe [Tcheng Tsing-tao]. (*Asie française*, Février 1914, p. 76.)

— Un emprunt pour travaux hydrauliques. (*Ibid.*, Jan. 1914, p. 39.)

— The System of Taxation in China in the Tsing Dynasty, 1644—1911. By Shao-kwan Chen, Ph. D., New York, Columbia University, 1914, in-8, pp. 117.

Studies in History, Economics and Public Law edited by the Faculty of Political Science of Columbia University. Volume LIX, Number 2, whole Number 143.

Notice: *Lond. & China Express*, Nov. 27, 1914.

— Srīnivāsa R. Wagel. — Finance in China. Shanghai, 1914, in-8, p. 503.

Notice: *Journ. N. C. B. R. As. Soc.*, vol. XLVI, 1915, pp. 150/151. Par H. C. Morris.

— La Réforme de l'Impôt foncier. (*Revue indo-chinoise*, Mars-Avril 1915, pp. 342/343.)

— Chinese Finance under the Republic. By A. P. Winston. (*Quart. Journ. Econ.*, Aug. 1916, pp. 738/779.)

— * T. W. Overlach. — Foreign Financial Control in China. New York, 1919.

— Public Debts in China by Feng-hua Huang, Ph. D. New York, Columbia University, 1919, in-8, pp. 105.

Studies in History, Economics and Public Law edited by Columbia University, Vol. 85, No 2.

Notice: *T'oung Pao*, Août 1920/1921, p. 291, par H. C[ordier].

(Revenu.)

— Essai sur les Emprunts intérieurs de la Chine. — Thèse pour le doctorat en droit, par Hou Wen Ping. — Université de Changhai. — « L'Aurore ». — Imprimerie de Zi-Ka-Wei, Changhai, 1920. — Br. in-8, pp. 47/13. Texte français et chinois.

Li-Kin 釐金, 釐捐

— Les Likin. (*Revue indo-chinoise*, Avril 1910, p. 346.)

POSTES.

Voir Troisième Partie.

— I. Prince K'ing. — II. Opium Agreement. — III. Chinese Loan. — IV. Transfer of the Chinese Post Office to the Central Government. — Peking, April 27, May 8, May 19, 22, 3. (*T'oung Pao*, Oct. 1911, pp. 568/575.)

From the *Times'* Own Correspondents.

GABELLE.

— Décret impérial relatif à l'Administration de la gabelle. (*Revue indo-chinoise*, Oct. 1910, p. 391.)

— La surintendance du monopole de la gabelle. (*Bull. Com. Asie franç.*, Oct. 1910, pp. 442/443.)

— La réforme de la gabelle. (*Asie française*, Février 1914, pp. 73/74.)

— Alex. Hosie. — The Salt Production and Salt Revenue of China. (*Nineteenth Century*, London, LXXV, 1914, pp. 1119/1143.)

— The Salt Gabelle. (*The Chinese Review*, Vol. I, June 1914, pp. 110/111.)

Article of Mr. Alex. Hosie in the *Nineteenth Century* of May.

— Salt Gabelle. (*Ibid.*, Vol. I, June 1914, pp. 115/116.)

— La gabelle chinoise. Par Raoul Baude. (*Bull. Soc. Géog. comm. Paris*, Juin 1914, pp. 398/403.)

EXAMENS.

— Les Examens littéraires en Chine. (*A travers le Monde*, IX, 1903, pp. 86/87.)

(Li-kin. — Postes. — Gabelle. — Examens.)

IX. — JURISPRUDENCE.

— A bibliographical Introduction to the Study of Chinese Law. By Charles Sumner Lobingier, Ph. D., L. L. M., Judge of the United States Court for China. (*Journ. N. C. B. R. As. Soc.*, Vol. XLV, 1914, pp. 110/123.)

— Comment on applique la Justice en Chine. Par le Lieutenant-Colonel Verraux. (*A travers le Monde*, XI, 1905, pp. 81/84, ill.)

(Jurisprudence.)

— Herbert Mueller. — Über die Natur des Völkerrechts und seine Quellen in China. Einleitende Bemerkungen zu einer Bearbeitung des Li-fan-yan-tse-li. (*Zs. Völkerrecht*, Breslau, III, 1908, pp. 192/205.)

— Le régime des Cours mixtes. (*Revue indo-chinoise*, 31 déc. 1908, p. 903.)

(Jurisprudence.)

— The Principles of Chinese Law and Equity. By E. H. Parker. (*Journ. N. C. B. R. As. Soc.*, XL, 1909, pp. 10/43.)

Un exemple de procédure [à Changhai]. (*Bull. Com. Asie franç.*, Avril 1910, pp. 204/205.)

Extrait du *Times*.

— Thronbericht des Reichsausschusses, betreffend die laut Beschluß zu erbittende Allerhöchste Bestätigung des Gesetzes, betreffend das Urheberrecht. (Regierungsamtsblatt vom 25. Dezember 1910.) Übersetzung von Dr. Hauer. (*Mitt. d. Sem. f. orient. Sprachen, Ostasiat. Studien*, Jahrg. XIV, Berlin, 1911, pp. 326/337.)

— Thronbericht des Reichsausschusses, betreffend die laut Beschluß zu erbittende Allerhöchste Bestätigung der Transportregulative. (Regierungsamtsblatt vom 19. Februar 1911.) Übersetzung von Dr. Hauer. (*Ibid.*, pp. 338/350.)

— Wörterverzeichnis technischer Ausdrücke im Prozeßkostenverfahren. Von Dr. Hauer. (*Ibid.*, pp. 351/353.)

— A. Dastre. — Des empreintes digitales comme procédé d'identification. (Paris, *Ctes. rendus Acad. Sciences*, CXLV, 1907, pp. 28/47.)

— Harris H. Wilder. — Zur körperlichen Identität bei Zwillingen. (*Anat. Anz.*, Iena, XXXII, 1908, pp. 193/200.)

— History of the Finger-Print System. By Berthold Laufer. [With 7 plates.] (*Annual Report of . . . the Smithsonian Inst. . . . , year ending* June 30, 1912, pp. 631/652.)

— (Idem.) From the Smithsonian Report for 1912, Pages 631/652 (with plates 1/7, Publication 2220), Washington Government Printing Office 1913, in-8.

Notices : *T'oung Pao*, XIV, Oct. 1913, pp. 490/491, par Ed. Chavannes. — *Journ. N. C. B. R. As. Soc.*, XLV, 1914, pp. 147/148, par A. S.

— Concerning the History of Finger-prints. — B. Laufer. — In-8, pp. 4.

Reprinted from *Science*, N. S., Vol. XLV, No. 1169, Pages 504/505, May 25, 1917.

— * Das Justizwesen in China. By F. Holzhauer, Tsingtau, Deutsch-chinesische Hochschule, 1912. Sold by Max Noeßler, Shanghai.

Notice : *N. C. B. R. As. Soc.*, XLIV, 1913, pp. 166/167.

— China's Corporation Regulations. — Translation of Mandate promulgated January 1. 1914. — *The Far Eastern Review*, Shanghai. 1915. — Br. in-12, pp. 32.

— Concise Statistics of the Supreme Court of the Chinese Republic. (From the first to the sixth year). — First Edition. — Published by the Registrar's Department of the Supreme Court. — Peking, 1918. Br. in-4, pp. 81.

— Judgments of the High Prize Court of the Republic of China, with an Appendix containing Prize Court Rules, detailed Rules of the High Prize Court, Regulations governing capture at sea, and Regulations governing the safekeeping of captured property in the naval Warehouse. — (Translation.) — Peking, the High Prize Court, 1919. — Printed by the «Peking Leader» Press. — In-8, pp. 146.

— A Brief Account of the Reorganization of the Supreme Court of China, by a Member of the Supreme Court of China. — February 1919. — Br. in-8, texte anglais et chinois.

The Supreme Court Regulations of China. — (Translation.) — Published by the Supreme Court, Peking, 1919. — Br., in-8, pp. 80.

Renferme une traduction anglaise du règlement de la Cour Suprême du 29 mai 1919.

— The Chinese Supreme Court Decisions. Translated by F. T. Cheng. — Published by the Supreme Court, Peking 1920. — Br. in-8, pp. IX-36/40.

Voir : Jurisprudence de la Cour Suprême. Par G. Padoux, Conseiller du Gouvernement Chinois. (*La Politique de Pékin*, 11 avril et 9 mai 1920.)

— Law and other Reforms in China. By E. H. Parker. (*Asiatic Rev.*, July 1919, pp. 441/445.)

— Appendice VII. — Règlement provisoire pour les Tribunaux supérieurs et ceux qui leur sont subordonnés de la République chinoise. — Traduit par la Commission de la Codification des lois et publié par le Ministère de la Justice, in-8, 1 f. n. ch. + pp. 31. [1919.]

Traduction du Règlement Impérial du 6 décembre 1907.

— Appendix VII. — Provisional Regulations of the High Courts and their Subordinate Courts of the Chinese Republic. — Translated by the Law Codification Commission and published by the Ministry of Justice, in-8, 1 f. n. ch. + p. 24.

Imprimerie de Vaugirard [1919]. Traduction anglaise du Règlement Impérial du 6 décembre 1907.

— The Enemy Trading Act and various Regulations Re Enemy Property. — Printed by the Bureau of Engraving and Printing. — Peking, 1919. — Br. in-8. pp. 34/35.

Texte chinois et anglais de la loi interdisant le commerce avec l'ennemi du 17 mai 1918 et de divers règlements sur le même sujet.

— Appendix VI. — The Law of the Organization of the Judiciary of the Chinese Republic. — Translated by the Law Codification Commission and Published by the Ministry of Justice. in-8, 1 f. n. ch. + p. 33.

Imprimerie de Vaugirard [1919]. Traduction anglaise de la loi du 7 février 1910.

— Appendice VI. — Loi sur l'organisation judiciaire de la République chinoise. — Traduit par la Commission de la Codification des Lois et publié par le Ministère de la Justice. in-8, pp. II-43.

Imprimerie de Vaugirard [1919]. Traduction française de la loi du 7 février 1910.

— Appendix IX. — The Regulations of the Arbitration Court of the Chinese Republic. — Translated and published by Ministry of Justice. in-8, pp. 11.

Imprimerie de Vaugirard [1919]. Traduction du règlement du 28 janvier 1913.

— Law Reform in China by Wang Chung-hui, D. C. L. (Chairman of the Codification Commission of the Chinese Government and former Minister of Justice.) Published for the China National Defence League in Europe le Comité démocratique chinois en France The Central Union of the Chinese Students in Great Britain by George Allen & Unwin, s. d. [1919]. in-12. pp. 16.

Letters from a Chinese Magistrate. — Reprinted from the *Peking & Tientsin Times.* March 1920, in-12, pp. 143.

Critique du fonctionnement de l'administration locale chinoise Parue sous forme d'articles séparés dans la *Peking Gazette* au cours de l'année 1914.

— Essai sur l'esprit du Droit sino-annamite. Par Tran van Chuong Docteur en Droit. — Paris, Librairie générale de Droit & de Jurispudence. 1922, in-8, pp. 223.

— Faculté de Droit de l'Université de Paris — Essai sur l'esprit du Droit sino-annamite — Thèse pour le doctorat l'acte public pour les matières ci-après sera présenté et soutenu le Jeudi 2 mars 1922 à 2 heures par Tran van Chuong — Président : M. Ripert, professeur. Suffragants MM. Senn, chargé de Cours, Cordier, membre de l'Institut. — Ibid.

(Divers.)

DROIT CRIMINEL.

— La réhabilitation du rotin. (*Revue indo-chinoise*, Mars-Avril 1915, pp. 343/345.)

— Mouvement en faveur de l'abolition des tortures judiciaires en Chine. Par P G (*Revue indo-chinoise*, 15 Juin 1905, pp 823/824.)

Extr. de *China Overland trade report*, 15 Mai 1905.

— Une exécution capitale en Chine. (*A travers le Monde*, XII, 1906, pp 358/359.)

— H. Betz. — Chinesische Strafrechtsfälle. (*Zs. vergl. Rechtswiss.*, Stuttgart, XXI, 1908, pp. 393/424.)

— Souvenirs de Chine : les Prisons. Par H. de La Rochefoucauld. (*A travers le Monde*, XX, 1914, pp. 118/119.)

— La Justice au Yamen (Tribunal). Par le P. E. Chevestrier, S. J. (*Rel. de Chine*, Kiang-nan, Avril 1910, pp. 541/549, fig.)

— * Les Punitions des Chinois, d'après l'anglais, par H. Dohrn, avec 21 illustrations et 1 frontispice. Traduit par L. Mettée, expert et traducteur juré près la Cour-d'Appel.

Ms. de 50 pages y compris 51 gravures; à la suite plusieurs extraits de journaux, gr. in-8, demi-chag. noir.

Cat. N° 87. Oct. 1917, Jean Schemit, Paris, N° 14488.

— The Draft Code of Criminel Procedure of China (1910). — Translated by F. T. Cheng. — Published by the Ministry of Justice. — Peking, 1919. — Br. in-8, pp. 142.

Le nouveau code pénal [Chine]. (*Revue indo-chinoise*, Février 1911, pp. 186/187.)

— The Provisional Criminal Code of the Republic of China. — Translated by the Law Codification Commission. Published by the Ministry of Justice. — Peking, 1919. — Br. in-8, pp. 130.

Traduction du Code provisoire du 10 mars 1912.

— Appendix V. The Provisional Criminal Code of the Republic of China. Translated by T. T. Yuen & Tachuen S. K. Loh, in-8, pp. II + 1 p. n. ch. + pp. 102 + 1 f. n. ch. [1915].

Imprimerie de Vaugirard [1919].

— The Criminal Code of the Republic of China. (Second revised draft); — Published by the Law Codification Commission. — Peking, 1919. — Br. in-8, pp. 122.

(Droit criminel.)

— Code pénal de la République de Chine (second projet révisé). — Publié par la Commission de Codification — Pékin. Février 1920. — Imprimerie du Pei-t'ang, in-4, pp. XII-145.

Notice : *Asie française*, Mars 1921, p. 130.

— The Police Offence Law of the Republic of China. — Published by Ministry of Interior, Peking. — Translated by Jermyn C. H. Lynn. Printed by the "Peking Gazette" Press.

Loi du 7 novembre 1915. Textes chinois et anglais.

— Rules for the Government and Administration of Prisons. — Ministry of Justice. Order No. 284 1st. Dec., 1902. — Printed by the Printing Department of Russian Orthodox Mission in Peking. — Br. in-12, pp. 24.

Traduction du Règlement sur les Prisons du 1er décembre 1913.

— Appendix XII. — Rules for the Government and Administration of Prisons in China. — Ministry of Justice. Order No. 284, 1st. Dec. 1902, in-8, pp. 24.

Imprimerie de Vaugirard [1919].

— Appendix XIII. — Provisional Regulations for the Detention Houses. — (Promulgated on the 28th of January, the 2nd Year of the Republic of China.) In-8, pp. 13.

Imprimerie de Vaugirard [1919].

— Appendix XIV. — The first Peking Prison. — 1916, in-8, pp. II-77.

Imprimerie de Vaugirard [1919].

Second titre :

— The first Peking Prison. Translated by Chen chi Chow tsuei chi Lin shu ming Woo tseng yu. — Published by The First Peking Prison. Peking, China, 1916.

— Dr. Ern. Martin. — Le chatiment et les supplices chez les Chinois. (*La Science moderne*, 16 déc. 1893, pp. 392/394, 2 fig.)

— Un Progrès. — La Guillotine et la peine de mort en Chine, — Abolition des supplices. (*A travers le Monde*, XVI, 1910, p. 244.)

— * Wang-in-Hoai. — Gerichtliche Medizin der Chinesen. Nach der holländischen Uebers. v. C. F. M. de Grijs hrsg. v. H. Breitenstein. Leipzig. (Th. Grieben), 1908, in-8 pp. VII-174.

DROIT COMMERCIAL.

— * E. T. Williams. — Recent Chinese Legislation relating to commercial, railway and mining enterprises. Shanghai, 1905, pp. 145.

(DROIT COMMERCIAL.)

— Translation of the Chinese Bankruptcy Code of 1905. By Chang Nieh-yün (張籥雲). With an Editorial by J. H. Teesdale. — Shanghai : Printed at the American Presbyterian Mission Press. — 1907, pet. in-8, pp. 33.

Texte chinois au verso; traduction anglaise au recto des pages. — 69 articles.

— The Ordinance for the general Regulation of Traders of the Chinese Republic. — Translated by the Law Codification Commission and published by the Ministry of Justice. — S. l. n. d. — Br. in-8, pp. 16.

Renferme la traduction de l'ordonnance sur le commerce du 2 mars 1914.

— Appendix VIII. — Commercial Associations Ordinance of the Chinese Republic. — Translated and published by Ministry of Justice, in-8, 1 f. n. ch. + pp. 63.

Imprimerie de Vaugirard [1919].

FAMILLE ET SUCCESSION.

— J. J. M. de Groot. — Adoption (Chinese). (*Encyclop. of Religion and Ethics ed.* by J. Hastings, Edinb., I, 1908, p. 107.)

— * Kinyer T. T. Wang. — Über Ehescheidung und Verwandtes in China. (*In*: Rechtswissenschaftliche Beiträge. Juristische Festgabe zu Josef Kohlers 60. Geburtstag.) Stuttgart, F. Enke, 1909, pp. 197/202.

— Männergesellschaft und Altersklassen im alten China. Mit Exkursen über urzeitliche Arbeitsdifferenzierung der Geschlechter und Mutterrecht bei den Chinesen. Von Martin Quistorp. (*Mitt. Sem. für Orient. Sprachen, Ostas. Studien*, Berlin, 1915, Jahrg. XVIII, pp. 1/60.)

— Exogamy in China. — H. P. Wilkinson, B. C. L. (*Journ. N. C. B. R. As. Soc.*, vol. LII, pp. 112/136.)

— The Marriage Maker — Charles Kliene, F. R. G. S. — (*Ibid.*, 1921, pp. 139/155.)

Read before the Society on 23rd December, 1920.

— * Chinese Family and Commercial Law. By G. Jamieson, M. A., C. M. G., Barrister-at-Law, formerly H. B. M. Consul-General at Shanghai. Kelly & Walsh, Shanghai, 1921.

Notices : *Lond. & China Express*, Sept. 8, 1921, p. 466. *New China Rev.*, III, Oct. 1921, p. 402.

(FAMILLE ET SUCCESSION.)

PROPRIÉTÉ TERRITORIALE.

— * Kokhanovski. — Propriété foncière en Chine. Vladivostok, 1909, in-8.

— Theodor Sternberg. — Der Geist des chinesischen Vermögensrechte. Ein konstruktiv-vergleichender Versuch. (Mit besonderer Berücksichtigung des Genossenschaftswesens.) (*Zs. vergl. Rechtswiss.*, Stuttgart, XXVI, 1911, pp. 143/153.)

— La Propriété, l'Impôt et les Corvées dans les Marches Tibétaines. (*Asie française*, Sept.-Oct. 1921, pp. 368/370.)

Etude transmise par M. A. Bodard, Consul de France, à Tchentou.

DROIT INTERNATIONAL.

— Nouvelles études d'histoire du droit par Rodolphe Dareste. Paris, Larose, 1902. in-8, pp. VIII-376. La Chine, pp. 284/300.

Notice : *Rev. historique*, T. XCVI, Vol. supp. 1908, pp. 130/131, par Ch. Lécrivain.

— * Ma-Do-Yün. — Der Eintritt des chinesischen Reiches in den völkerrechtlichen Verband. Diss. Berlin, 1907.

— Une loi chinoise sur la naturalisation. (*Bull. Com. Asie franç.*, Avril 1909, p. 176.)

— Loi sur la nationalité [chinoise]. (*Revue indo-chinoise*, Août 1909, pp. 812/818.)

Traduction de la nouvelle loi chinoise.

— Die Reformen des chinesischen Reiches in Verfassung, Verwaltung und Rechtsprechung mit Rücksicht auf die entsprechenden Einrichtungen Europas. — Inaugural-Dissertation zur Erlangung der Doktorwürde genehmigt von der Juristischen Fakultät der Königlichen Friedrich-Wilhelms-Universität zu Berlin und zugleich mit den angehängten Thesen öffentlich zu verteidigen am 18. Dezember 1909, 12 Uhr von Tso Tschun Tschou aus Sütschu (China) . . . Berlin 1909. Emil Ebering. in-8, pp. 91 + 2 ff. n. ch.

— La Chine et la grande guerre européenne au point de vue du droit international d'après les documents officiels du Gouvernement chinois par Dr Nagao Ariga Conseiller juridique auprès de la Présidence de la République chinoise auteur de : « La Guerre Sino-Japonaise au point de vue du droit international » et de « La Guerre Russo-Japonaise au point de vue continental et le droit international ». — Ouvrage accompagné d'une préface par M. Paul Fauchille Directeur de la *Revue générale de droit international public*, Membre de l'Institut de droit international Membre correspondant de l'Institut américain de droit international Membre associé de l'Académie royale de Belgique — Paris, A. Pedone, éditeur — 1920, in-8, pp. 342.

Première partie : La Neutralité de la Chine. — Deuxième partie : La rupture des relations diplomatiques. — Troisième partie : La Guerre.

X. — HISTOIRE.

Chronologie.

Col. 557/571, 3101/3102.

Col. 562.

— Essai sur les Hiéroglyphes. — Traduit de Warburthon, 1744.

Traduit par Antoine Léonard des Malpeines ; les remarques de la Chronologie sont de Nic. Freret.

Col. 569.

— Fritsche. — On chronology.

Notice par F. O.-S. dans *Zapiski* de la section orientale de la Société d'Archéologie, II, pp. 161/162.

Col. 570.

— Nouvelle note sur la Chronologie chinoise de l'an 238 à l'an 87 av. J.-C. (*J. As.*, IXe Sér., X, 1897, pp. 539/544.) Par Ed. Chavannes.

— Der chinesische Kalender. Von Dr. J. Wiese in Berlin. (*Deutsche Rundschau f. Geog. u. Stat.*, XXIX, 1906/1907, pp. 352/359.)

— Note by A. C. Moule. (*New China Review*, III, October 1921, p. 394.)

Chinese Calendar.

CYCLE DES DOUZE ANIMAUX.

Col. 3101.

— * Franz Boll. — Sphaera. Neue griechische Texte und Untersuchungen zur Geschichte der Sternbilder. Leipzig, B. G. Teubner, 1903, in-8, pp. XII-564, 6 pl. hors texte.

Notice : *T'oung Pao*, 1904, pp. 208/212, par Ed. Chavannes.

— Ed. Chavannes, Col. 3101.

— Der Cyclus der zwölf Tiere auf einem alttürkistanischen Teppich von Berthold LAUFER. (*T'oung Pao*, Mars 1909, pp. 71/73.)
Avec note additionnelle par Ed. Chavannes, pp. 73/75, et 2 gravures.

— The Sexagenary Cycle Once More by B. Laufer. (*T'oung pao*, Mai 1914, pp. 278/279.)

— Le Cycle des douze Animaux et le symbolisme cosmologique des Chinois par Léopold de Saussure. (*Journal Asiatique,* Janv.-Mars 1920, pp. 55/58, fig.)

— VARIÉTÉS SINOLOGIQUES N° 29. — Concordance des Chronologies néoméniques chinoise et européenne par le Rév. Père P. Hoang, Du clergé de Nanking — Chang-hai, Imprimerie de la Mission catholique Orphelinat de T'ou-sè-wè, 1910, in-8, pp. II-XV-569.

Notices : *T'oung Pao*, Mars 1911, pp. 98/101, par Ed. Chavannes. — *Imp. & As. Quart. Rev.*, Janvier 1911, pp. 176/179, par E. H. Parker.

— Extrait d'une concordance des Chronologies néoméniques chinoise et européenne. Par P. Pierre Hoang. (*Bull. Ecole franç. Ext.-Orient,*VII., Juill.-Déc. 1907, pp. 364/377.)

— VARIÉTÉS SINOLOGIQUES N° 52. — *Mélanges sur la Chronologie chinoise.* I. Notes concernant la Chronologie chinoise, par les PP. Havret et Chambeau S. J. II. Prolégomènes à la Concordance néoménique, par le P. Hoang, du clergé de Nankin. — Changhai, Imprimerie de la Mission catholique à l'orphelinat de T'ou-sè-wè. 1920, in-8, pp. 3* + x + 1 f. n. c. + pp. 320.

Notice : *Journal N. C. B. R. As. Soc.*, vol. LI, 1920, p. 189.

— Chinese and Western Chronology. By E. T. C. Werner. (*New China Review*, II, August 1920, pp. 419/421.

Origine et Antiquité des Chinois.

— * Fried. Hirth. — Chinese Origins. (*The New Encyclopædia Britannica*, 11 th Ed., Vol. 6, pp. 191 seq.)

— Origin of the Chinese. By John Ross. (*The Chinese Review*, June 1914, pp. 86/89.)

— * Rev. J. Ross. — The Origin of the Chinese People. With a Preface by H. A. Giles, 1916, in-8, pp. xx-189, carte et ill.

I. Chinese People Autochthonous. — II. Education. — III. Reproduction of Script.

— The Creation. The Real Situation of Eden and The Origin of the Chinese. By Tse Tsan Tai 安聖謝泰纘. With Portrait, Map, and Tables . . . . Hongkong : Kelly & Walsh, 1914, in-8, 5 ff. n. ch. + pp. 35 + 5 ff. n. ch.

— A Reply to "The Japan Chronicle" by Tse Tsan Tai. — Published by Kelly & Walsh, Hongkong, 1914. — Reprinted from "The Japan Chronicle" dated 9th December, 1915, in-8, pp. 5.

— Proofs of the Deluge and a Reply to Alfred. H. Crook . . . by Tse Tsan Tai . . . English Edition Published by Kelly & Walsh . . . 1914. — Chinese Edition. (Containing Proofs of the Deluge). Published by Tsun Wan Yat Po, Hongkong, 1917. — Reprinted from "The South China Morning Post", dated 12th November. 1917, in-8, pp. 8.

— Tse Tsan Tai 泰纘謝 His Political and Journalistic Career. A brief Record by Chesney Duncan [Editor "Hongkong Telegraph" (1895) . . .]. — Reprinted from Present Day Impressions of the Far East and Prominent and Progressive Chinese. At Home and Abroad. — Published by The Globe Encyclopaedia Company, London, England, 1917, in-8, pp. 8.

— China in Time of the Deluge. — Origin of Crustaceans of Tai Hu Lake of China. — China the «Shinar» of Genesis. — A Reply to Notes of the Royal Asiatic Society by Tse Tsan Tai . . . — English Edition. Published by Kelly & Walsh . . . 1914. — Chinese Edition (Containing Proofs of the Deluge). Published by Tsun Wan Yat Po, Hongkong, 1917. — Reprinted from «The Shanghai Times» dated 4th July, 1918, in-8, 2 p.

— Truth of the Bible and the Dean of Lincoln's Disbelief. — [Reprinted from the «Hongkong Daily Press», of April 30th, 1919.] [By Tse Tsan Tai], pp. 4, in-8, à 2 col.

— Origine des Chinois. Théories étrangères par Henri Cordier. (*T'oung Pao,* Vol. XVI. N° 5, Décembre 1915, pp. 575/603.)

Tirage à part, in-8, Leide, 1915, pp. 31. — Réimp. dans l'*Hist. gén. de la Chine* de H. Cordier.
Notice par M. Boule, l'*Anthropologie*, pp. 485/486.

— Der Ursprung der Chinesen. Eine Antwort an Henri Cordier. Von Eduard Erkes und Bruno Schindler. (*Ostas. Zeit.*, IV. Jahrg., Jan.-März 1916, pp. 317/321.)

— * The Origins of the Chinese .E. T. Williams. Reprinted from the *American Journal of Physical Anthropology,* Vol. I, No. 2, pp. 183/211, Washington, 1918.

Notice : *New China Review*, III, February 1921, pp. 76/77.

Histoire générale.

Col. 580/590, 3101/3103.

— Extraits des Historiens chinois. Par M. le Roux des Hautes-Rayes, Professeur Royal. ([Goguet], *De l'Origine des Loix*, III, Paris, 1758, pp. 313/346.)

Col. 585.

La Bibliothèque de Kazan renfermait un manuscrit (aujourd'hui à Pétrograd) de l'*Histoire* de Mailla décrit dans la *Revue de l'Extrême-Orient*, II, 1883, pp. 402/408.)

Col. 587.

— Kia tseu houei ki du P. de la Charme.

Un Ms. de cette traduction avait été rapporté de Peking par Kovalevski qui en cite un fragment dans Монгольская Хрестоматія, II, 293/295, mais ce Ms. n'a sans doute pas passé ensuite, comme la plupart de ceux que possédait Kovalevski, dans la Bibliothèque de l'Université de Kazan, car il n'en est pas fait mention dans la *Revue de l'Extrême-Orient*, II, 399 et seq. (Pelliot.)

Col. 591.

— The Chinese Reader's Manual . . . By the late William Frederick Mayers . . . — Reprinted from the Edition of 1874. — London; Probsthain—Shanghai, American Presbyterian Mission Press, 1910, in-8, pp. xvi-444.

Voir col. 590.

— Boulger. — A Short History of China.

Article de D. Pozdneiev, dans Ж. М. Н. П., juin 1894, pp. 374/400; juillet 1894, pp. 1/8.

— A Sketch of Chinese History by Rev. F. L. Hawks Pott, D. D. (London, T. Fisher Unwin.) — Voir col. 3103.

Notices : *Revue indo-chinoise*, 30 Décembre 1906, pp. 1978/1979. Par H. R. — *Journ. N. C. B. R. As. Soc.*, XXXIX, 1908, p. 199, by J. C. F.

— — Third Edition. Shanghai, Kelly & Walsh.

Notice : *Journ. N. C. B. R. As. Soc.*, XLVII, 1916, p. 155, by M.

— Mis de la Mazelière. — Quelques notes sur l'histoire de Chine. — Avec huit gravures et une carte. Paris, Plon, 1901, in-8, pp. 96 + 2 pp. n. ch. tab.

Notice : *Revue critique*, 27 janvier 1902, pp. 61/63.

— Die Entwicklung Asiens von den ältesten Zeiten bis zur Gegenwart, von Dr. Albrecht Wirth. — Mit einer Karte von Asien. — Frankfurt a. Main, Moritz Diesterweg, 1901, in-4, pp. 75.

— * Alex. Krausse. — The Far East: its History and its Question, with Chronology of Landmarks, Treaties and Conventions, and Bibliography as Appendix Second Edition. With Index. 1903, in-8, pp. xvi-372, 2 cartes dans une poche, 6 cartes et 5 plans.

(Histoire générale.)

— The Imperial History of China. Being a History of the Empire as compiled by the Chinese Historians. By Rev. J. Macgowan, London Missionary Society... — Second Edition. — Shanghai: Printed at the American Presbyterian Mission Press. — 1906, gr. in-8, pp. xi-651. ill. — Col. 593.

Notice : *Revue critique*, 28 nov. 1898, pp. 377/379.

— Five Thousand Years of John Chinaman, by J. Dyer Ball, M. R. A. S., &c. Hongkong: Kelly & Walsh, 1906, in-8, pp. 33-v.

This Lecture was first delivered to the Odd Volumes Society in the City Hall, Hongkong, on the 22d November 1904. After which it was repeated at the Literary Club, Union Church, Hongkong, on the 9th Feb. 1905; and again at the Y. M. C. A. on the 11th Oct. 1905.

— La Question d'Extrême-Orient par Édouard Driault. — Paris, Félix Alcan. 1908, in-8, pp. 391.

Bibliothèque d'Histoire contemporaine.

Notice : *T'oung Pao*, Mai 1908, pp. 276/277. Par H. C[ordier].

— Proceedings of the Central Asian Society. — Some Aspects of Asiatic History by the Right Hon. Sir Alfred Lyall, G. C. I. E. Delivered February 9, 1910, London Central Asian Society, 1910, in-8, pp. 22.

— The Civilization of China by Herbert A. Giles M. A., LL. D. Professor of Chinese in the University of Cambridge, and sometime H. B. M. Consul at Ningpo. London, Williams & Norgate, s .d. [1911], in-12, pp. 256.

Home University Library of Modern Knowledge. — New York Henry Holt & Co.

— China's Story in Myth, Legend, Art. and Annals by William Elliot Griffis formerly of the Imperial University of Tokyo. London, Constable & Co., Boston and New York, Houghton Mifflin Company, 1911, in-8, pp. xii + 1 f. n. ch. + pp. 302, ill.

— Eastern Asia a History being the second edition of a Brief History of Eastern Asia entirely rewritten by Ian C. Hannah, M. A. Trin. Coll. Camb.; Master of the English School, Tientsin, 1897/1899. President of King's College, Nova Scotia, 1904/1906. — T. Fisher Unwin, London, Leipsic, 1911, in-8, pp. 327.

Notice : *Journ. R. As. Soc.*, July 1911, pp. 868/873, by W. Perceval Yetts.

— La Chine ancienne et moderne. Par A. Monestier. (*Revue indo-chinoise*, Août 1911, pp. 201/204.)

De l'*Echo de Chine*.

(Histoire générale.)

— China, Past and Present. By Richard Kalisch. (*Journ. Manchester Geog. Soc.*, 1911, pp. 109/135.)

— Abriß der neueren Geschichte Chinas unter besonderer Berücksichtigung der Provinz Schantung von Lic. Wilhelm Schüler. — Gekrönte Preisschrift, herausgegeben von der Abteilung Tsingtau der Deutschen Kolonialgesellschaft. Verlag von Karl Curtius, Berlin W., s. d. [1912], in-8, pp. VIII-380, cartes.

— * H. Hackmann. China. (*Jahresb. der Geschichtswissenschaft*, XXXV, Jg. 1912, pp. 1099/1911.)

— Chinesische Geschichte von Dr. Heinrich Hermann. Rheinische Mission, Stuttgart, 1912. Verlag von D. Gundert, in-8, pp. VII-519.

— * China, Japan, Korea und neueste Geschichte Ostasiens. Von Max von Brandt.

II. *Weltgeschichte*, begründet von Hans F. Helmot. Zweite Auflage, hgg. von Armin Tille. Leipzig, 1913.

— 英文中國歷史 Outlines of Chinese History by Li Ung Bing edited by Professor Joseph Whiteside (Soochow University). With Coloured Maps and Illustrations. — Shanghai, The Commercial Press, 1914, in-8, pp. III-644-XX.

Notice : *Journ. N. C. B. R. As. Soc.*, XLIX, 1918, pp. 176/179, by M.

— An Outline History of China. Part I. From the Earliest Times to the Manchu Conquest A. D. 1644 by Herbert H. Gowen . . . Lecturer on Oriental History at the University of Washington. London: T. Werner Laurie, s. d. [1915], in-8, 3 ff. n. ch. + pp. 208, ill.

— — Part II. From the Manchu Conquest to the Recognition of the Republic A. D. 1913 . . . in-8, 3 ff. n. ch. + pp. 216, ill.

Notice : *Lond. & China Express*, May 7, 1915, p. 325.

— The Same. — Boston, Sherman French & Co., 1913 & 1917.

Notices : *Journ. R. As. Soc.*, Jan. 1914, pp. 218/219, by J. Dyer Ball. — *Ibid.*, April 1918, pp. 341/345, by A. E. H. — *Petermanns Mitt.*, Juillet 1915, p. 284, par E. Tiessen.

— Annals & Memoirs of the Court of Peking (from the 16th to the 20th Century). By E. Backhouse and J. O. P. Bland . . . Illustrated. London, William Heinemann, s. d. [1914], in-8, pp. x-531.

Ming and Manchu Dynasties.

Notices : *T'oung Pao*, Mai 1914, pp. 298/299, par Henri Cordier. — *Journ. N. C. B. R. As. Soc.*, XLV, 1914, pp. 126/127, by Anon. — *Geog. Journ.*, Nov. 1914, p. 493. — *Lond. & China Express*, Jan. 30, 1914.

(HISTOIRE GÉNÉRALE.)

— A Short Sketch of Chinese History. By John Hilditch. (*Journ. Manchester Geog. Soc.*, 1916, pp. 43/54, 4 ill.)

Being Portion of an Address on «War as a Preserver of Chinese Art».

— * Synopsis of Chinese History, and Friendly Books on Far Cathay. Compiled by Florence Ayscough.

Notice : *Journ. N. C. B. R. As. Soc.*, vol. XLVIII, 1917, p. 220. By I. M.

— * Clodion. — La sinologie française et les travaux historiques sur la Chine. (*Eveil économique de l'Indo-Chine*, 1920, Octobre.)

— * Pyau Ling. — Beiträge zur neuesten Geschichte Chinas. Berlin, 1917, in-8.

— * Histoire résumée de tous les pays de l'Europe, des Etats-Unis, de la Chine et du Japon, et des provinces françaises, par Daniel Jackson. Paris, Fischbacher, 1920, in-8, pp. 143, avec 4 tableaux, notes et Appendice. — Prix 4 fr.

— Henri Cordier Membre de l'Institut. — Histoire générale de la Chine et de ses relations avec les Pays étrangers depuis les temps les plus anciens jusqu'à la chute de la Dynastie manchoue. — I. Depuis les temps les plus anciens jusqu'à la chute de la Dynastie T'ang (907 après J.-C.). — Librairie Paul Geuthner, Paris, 1920, in-8, pp. 574.

— — II. Depuis les Cinq Dynasties (907) jusqu'à la chute des Mongols (1368). — Ibid., in-8, pp. 434.

— — III. Depuis l'avènement des Ming (1368) jusqu'à la mort de Kia K'ing (1820). — Ibid., in-8, pp. 428.

— — IV. Depuis l'avènement de Tao Kouang (1821) jusqu'à l'époque actuelle. — Ibid., 1921, in-8, pp. 427. — Index alphabétique pp. 333/425.

— Une nouvelle Histoire de la Chine. Par J. de la Servière, S. J. (*Rel. de Chine*, Kiang-Nan, Juillet 1921, pp. 535/540); à propos de l'*Histoire générale de la Chine*, par Henri Cordier. — *The New China Review*, Déc. 1921, pp. 429/441.

— Chinese Historians. (*The Times Literary Sup.*, March 9, 1922, pp. 145/146.)

Histoire particulière.

Col. 595.

— Georgievski.

Art. de A. Pozdneiev dans *Zapiski* de la section orientale de la Société d'Archéologie.

— Early Chinese History by H. J. Allen, 1906. Voir col. 3103.

Notices : *Imp. & Asiat. Quart. Rev.*, April 1907, pp. 391/392, by E. H. Parker. — *Journ. R. As. Soc.*, Jan. 1908, pp. 196/197

(HISTOIRE PARTICULIÈRE.)

8

Obituary. — Mr. Herbert James Allen. (*Journ. N. C. B. R. As. Soc.*, XLIV, 1913, p. 144.) — *T'oung Pao*, Mars 1912, pp. 129/130, par Henri Cordier. Né en 1841 à Cawnpore; † 20 Fév. 1912, à Tenby.

— Ancient China simplified. By Edward Harper Parker, M. A., (Manc.) Professor of Chinese at the Victoria University of Manchester. London, Chapman & Hall, 1908, in-8, pp. xxxi-332.

Notices : *Bul. Com. Asie franç.*, Nov. 1908, p. 492, par A. Vissière. — *Lond. & China Express*, Nov. 6, 1908.

— The Ancient History of China to the end of the Chóu Dynasty by Friedrich Hirth, Ph. D. Professor of Chinese, Columbia University in the City of New-York. — New-York, The Columbia University Press, 1908, in-8, pp. xx-383.

Notices : *Bul. Ecole franç. Ext. Orient*, VII, juillet-décembre 1907, pp. 391/392, par C B. Maybon. — *Journ. R. As. Soc.*, Oct. 1908, pp. 1159/1161, par S. W. B[ushell]. — *Journ. N. C. B. R. As. Soc.*, XXXIX, 1908, pp. 198/199. — *Lond. & China Express*, March 6, 1908. — *Imp. & Asiat. Quart. Rev.*, July 1908, pp. 197/202, par E. H. Parker. — *T'oung Pao*, 1908, pp. 606/609, par Ed. Chavannes; réimp. *Revue indo-chinoise*, Juin 1909, pp. 619/620.

Se-ma Ts'ien.

Col. 603/604, 3104.

— Les Mémoires historiques de Se-ma Ts'ien traduits et annotés par Edouard Chavannes, Professeur au Collège de France. Publication encouragée par la Société asiatique. — Tome premier. — Paris, Ernest Leroux, 1895, in-8, pp. ccxlix-367.

— — Tome second (Chapitres V/XII). Ibid., 1897, in-8, pp. 621.

— — Tome troisième. Première Partie. (Chapitres XIII/XXII.) Ibid., 1898, pp. 200. — Deuxième Partie. (Chapitres XXIII/XXX.) Ibid., 1899, pp. 201 à 710.

— — Tome quatrième. (Chapitres XXXI/XLII.) Ibid., 1901, in-8, pp. 559.

— — Tome cinquième. (Chapitres XLIII/XLVII.) Ibid., 1905, in-8, pp. 544 + 1 f. n. ch. p. l. tab.

— A propos de la controverse Pelliot — Farjenel. Quelques jugements portés à l'étranger sur divers travaux de M. Ed. Chavannes. (*Revue indo-chinoise*, Avril 1911, pp. 412/415.)

— F. Farjenel. — Etudes sinologiques. — Les Mémoires de Seu-ma Ts'ien traduits par M. Chavannes. in-folio, pp. 7 à 3 col.

Tiré de *L'Echo de Chine*.

— — (Idem.) Critique à propos d'un travail de M. Chavannes. (*L'Echo de Chine*, 11 Novembre 1909, pp. 925/932, à 3 col.)

— M. Chavannes edition of Ssŭ-ma ch'ien. By Rev. G. G. Warren. (*Journ. N. C. B. R. As. Soc.*, Vol. XLVII, 1916, pp. 12/38.)

— O. Franke. — Edouard Chavannes. (*Ostasiat. Zeit*, 6 Jhrg., April-Sept. 1917, pp. 87/94.)

— Edouard Chavannes. — B. Laufer Field Museum of Natural History, Chicago — Reprinted from the *Journal of the American Oriental Society*, Vol. XXXVIII, 1918, pp. 202/205, in-8.

— Nécrologie. — Edouard Chavannes. Par N. Peri. (*Bull. Ecole fr. Ext.-Orient*, t. XVIII, no. 10, 1918, pp. 73/75.)

— Obituary. — Edouard Chavannes. (*Journ. N. C. B. R. A. S.*, L, 1919, pp. 241/244.)

— Nos morts. — Edouard Chavannes. Par R. C[de Caix]. (*Asie française, Bull.*, Janv.-Avril, 1918, pp. 6/8.)

— Edouard Chavannes, par M. Cordier. (*Journal Asiatique*, Mars-Avril 1918, pp. 197/248.)

— Edouard Chavannes par M. Henri Cordier Membre de l'Institut, Extrait du *Journal Asiatique* (Mars-Avril 1918). Paris, Imprimerie Nationale — MDCCCCXVIII, in-8, pp. 52. [Notice par L. C. Hopkins, *Journ. R. As. Soc.*, April 1919, pp. 265/266.] — Réimp. avec portrait, *T'oung Pao*, 2e Sér., XVIII, No 1 et 2, Mars-Mai 1917. pp. 114/147, Leide, 1918, in-8, pp. 35; quelques ex. sur Hollande. — Edouard Chavannes (5 Oct. 1865 — 29 Janv. 1918) in-8, pp. 5; Signé A. Foucher, Océan Indien, Octobre 1918; extrait de l'*Annuaire de l'Ecole des Hautes Etudes*. — Louis de la Vallée Poussin. Obituary Notice Edouard Chavannes. (*Bul. of the School of Oriental Studies, London Institution*, 1918, pp. 147/151.) — Edouard Chavannes, par G. Huet (*Revue des Traditions populaires*, XXXII, Mars-Avril 1918, p. 96). — Edouard Chavannes par Henri Cordier. (*Journal des Savants*, Mars-Avril 1918, pp. 101/104; *Revue historique*, Mars-Avril 1918, pp. 412-414). — Edouard Chavannes. By the Editor [S. Couling.] (*New China Review*, 1919, pp. 7/10, portrait). — Felix Guirand. Chavannes (Edouard). (*Larousse mensuel*, Août 1918, pp. 523/524. portr.) — Edouard Chavannes (1865—1918) par Paul Pelliot. (*Bul. archéol. du Musée Guimet*, fasc. 1, 1921, pp. 11—15.)

— Discours de M. Senart, Président de la Société Asiatique, aux obsèques de Chavannes. (*Journ. Asiat.*, Janv.-Fév. 1918, pp. 192/195). — Lettres du Ministre de Chine à Paris, Hoo Wei-tch, et du Ministre de l'Instruction publique à Peking, sur Chavannes. (*T'oung Pao*, Juillet 1917, pp. 242/243.)

— Funérailles de M. Edouard Chavannes, le jeudi 31 janvier 1918, par L. C. Hopkins. (*Journ. R. As. Soc.*, April 1918, pp. 560/562.)

— [Discours de Héron de Villefosse, Président de l'Académie des Inscriptions et Belles-Lettres, 1er Fév. 1918.] (*Comptes rendus séances Ac. I. et B. L.*, 1918, pp. 47/48.)

— Institut de France — Académie des Inscriptions et Belles-Lettres — Funérailles de M. Edouard Chavannes, Membre de l'Académie le jeudi 31 janvier 1918, in-4, pp. 22 [Paris, Typ. de Firmin-Didot.]

Discours de M. Héron de Villefosse, Président de l'Académie. — Discours de M. Maurice Croiset au nom du Collège de France. — Discours de M. Senart au nom de la Société asiatique.

— La part de l'indianisme dans l'œuvre de Chavannes par Sylvain Lévi. (*Bull. arch. Musée Guimet*, fasc. 1, pp. 17/23.)

— Trois figures Edouard Chavannes — Raphaël Petrucci — Victor Segalen par H. d'Ardenne de Tizac. (*Ibid.*, fasc. 1, pp. 25/30.)

— * Theodor Bönner. — Übersetzung des zweiten Teiles der 24 Biographie Sseuma Ts'ien (Kia-i), 1908.

Notice: *T'oung Pao*, 1908, pp. 603/604, par Ed. Chavannes.

— Aus den Plänen der Kämpfenden Reiche 戰國策 nebst den entsprechenden Biographien 列傳 des Se-ma Ts'ien. — Inaugural-Dissertation zur Erlangung der Doktorwürde der hohen philosophischen

Fakultät der Universität Leipzig vorgelegt von Dr. Med. Franz Hübotter, Arzt aus Berlin. — Berlin 1912, Wilhelm Rohr, in-8, pp. xx-103 + pp. 20 texte + 1 f. ch. Lebenslauf.

— Szĕ-ma Ts'ien und die babylonische Astrologie. Von C. Bezold. (*Ostasiat. Zeitschft.*, 8. Jhrg., 1919/1920, pp. 42/49.)

∴

— * De Moor. — Essai sur les légendes chinoises concernant Fo-hi, Kong-Kong, Niuva, Shin-nong et Tchi-yeou. Précédé d'un coup d'œil sur la religion primitive des Chinois et sur l'introduction du christianisme en Chine. 1901, in-8, pp. 58.

— Das Eingreifen der westlichen Nomaden in Chinas älteste Geschichte. Von P. Albert Tschepe. (*Mitt. d. Sem. f. Orient. Sprachen, Ostasiat. Studien,* Jahrg. XIV, 1911, pp. 108/120.)

— Three Sites in Hunan connected with the Classical Legendary History of China. — By Rev. G. G. Warren. (*Journ. N. C. B. R. As. Soc.*, vol. XLIII, 1912, pp. 44/62, avec une lettre de Jno. H. Kingsmill, planche.)

2° *CHANG* ou *YIN*.

— The Sovereigns of the Shang Dynasty, B. C. 1766/1154. By L. C. Hopkins. (*Journ. Roy. As. Soc.*, Jan. 1917, pp. 69/89.)

Voir *Antiquités*, Ecailles de Tortue.

3° *TCHEOU*.

— The Calendar of the Muh T'ien tsz Chuen by Léopold de Saussure. (*New China Review,* II, December 1920, pp. 513/516.)

— La relation des voyages du roi Mou (au Xe siècle avant J.-C.), par M. Léopold de Saussure. (*Journ. As.*, Avril-Juin 1921, pp. 247/280.)

Cf. le *Mow t'ien tseu tchouan*, 穆天子傳

— Le voyage du roi Mou au Turkestan oriental. Par Léopold de Saussure. (*Journ. As.* Juill.-Sept. 1920, pp. 151/156.)

— Le voyage de Mou Wang et l'hypothèse d'Ed. Chavannes par Léopold de Saussure. (*T'oung Pao,* Janvier 1920/1921, pp. 19/31.)

Voir Si Wang Mou, dans H. Cordier, *Hist. gén. de la Chine*, I, pp. 122/125. — Cf. Pelliot, *T'oung Pao*, Janv. 1922, pp. 98/102.

— Kwan-tsz by Professor E. H. Parker. (*New China Review*, III, February 1921, pp. 1/11; Déc. 1921, pp. 405/413.)

— What we may learn from ancient Chinese Statesmen. By E. H. Parker. (*Imp. & Asiat. Quart. Rev.*, Jan. 1909, pp. 100/130.)

— Le « Congrès de la Paix » en Chine en 546 avant J.-C. Par Henri Doré. (*Les Etudes,* 5 Juillet 1918, pp. 77/82.)

— The first League of Nations by Rev. G. G. Warren. (*New China Review,* I, August 1919, pp. 356/367.)

B. C. 546. — Cf. Legge, *Chinese Classics*, V, Pt. II, p. 528.

Col. 608/609.

— Variétés sinologiques N° 30. — *Histoire du Royaume de Tsin* 晉 (1106/452). — Par le P. Albert Tschepe, S. J. 彭亞伯. Chang-hai, Imprimerie de la Mission catholique à l'Orphelinat de T'ou-sè-wè, 1910, in-8, pp. xvii-437, 1 table.

— — N° 31. — *Histoire du Royaume de Han* 韓 (423/225). Idem., pp. ix-164 + 1 tableau.

Appendice I. Sur les Tartares et autres peuplades que les Chinois trouvèrent en Chine, et avec lesquels ils eurent de longues guerres, pp. 157/162. App. II. Quelques mots sur les dignités du royaume de Tsin, pp. 163/164.

4° *TS'IN*.

Col. 611/612.

— Variétés sinologiques N° 27. — *Histoire du Royaume de Ts'in* 秦 (777/207 avant J.-C.) par le P. Albert Tschepe, S. J. 彭亞伯 — Chang-hai, Imprimerie de la Mission catholique Orphelinat de T'ou-sè-wè, 1909, in-8, pp. 2-2-18-388-ii, Carte.

Notice : *Journ. N. C. B. R. As. Soc.*, XLV, 1914, pp. 140/142, par M.

5° *HAN*.

— Introduction to the Translation of the Han Annals. By H. H. Howorth. (*Journal Anthrop. Institute,* Vol. III, 1874, pp. 396/401.)

— Das Dschong Lun des Tsui Schi. Eine Konfuzianische Rechtfertigung der Diktatur aus der Han-Zeit. (2. Jahrh. n. Chr.). Von Dr. Franz Kuhn. Verlag d. Kgl. Akademie der Wissenschaften Berlin 1914.

Aus den *Abhandlungen der Kgl. Preuß. Akad. d. Wissenschaften*, 1914, Phil.-Hist. Klasse No. 4, pp. 27.

— The date of Kanishka by Ramesh Chandra Majumdar, M. A., Calcutta. (*Indian Antiquary*, Nov. 1917, pp. 261/271.)

Col. 622.

— The Tomb of K'ung Ming; transférer col. 615, *Trois Royaumes*

LIANG.

— VARIÉTÉS SINOLOGIQUES N° 33. — Tombeau des Liang, Famille Siao, 1ère partie Siao Chouen-tche par le P. Mathias Tchang, S. J. — Chang-hai, Imprimerie de la Mission catholique Orphelinat de T'ou-sè-wè — 1912, in-8, pp. XIII-108, 2 cartes hors texte et ill.

Notices : *T'oung Pao*, Oct. 1912, pp. 662/664, par Ed. Chavannes. — *Asie française*, fév. 1913, pp. 103/104, par A. M.

T'ANG.

— Kao Tsong. (*Grande Encyclopédie*, XXI, pp. 420/421.)

— Kao Tsou. (*Ibid.*, XXI, p. 421.)

Par Ed. Chavannes.

— Extrait du *Bulletin de l'Ecole française d'Extrême-Orient* (Tome X, N° 4. Oct.-Déc. 1910). — Le Proctectorat général d'Annam sous les T'ang, Essai de Géographie historique (Premier article) par H. Maspero, Pensionnaire de l'Ecole française d'Extrême-Orient. Hanoi, Imprimerie d'Extrême-Orient, 1910, gr. in-8, pp. 64 + 1 f. n. ch. er., carte.

— Le royaume de Wou et de Yue 吳越 par Edouard Chavannes. (*T'oung Pao*, Vol. XVII, Mai 1916, pp. 129/264.)

YOUEN.

Col. 619/620, 2765/2779.

— René Pinon. — Le péril jaune au XIIIe siècle. (*Revue des Deux Mondes*, 1er mars 1905, pp. 143/175.)

— Inscriptions et pièces de chancellerie chinoises de l'époque mongole. — Extrait du *T'oung-pao*, Série II, Vol. V, N° 4 et Vol. VI, N° 1. — E. J. Brill, Leide, 1905, in-8, pp. 134. — Seconde Série. — Extrait du *T'oung-pao*, Série II, Vol. IX, N° 3. — Ibid., 1908, in-8, pp. 134, 30 pl.

T'oung pao, 1904, pp. 357/447; 1905, pp. 1/42; 1908, pp. 297/428. — Voir col. 2770.

— A Table of the Emperors of the Yüan dynasty. By A. C. Moule. (*Journal N. C. B. R. As. Soc.*, Vol. XLV, 1914, p. 124, tableau.)

MING, 明紀.

Col. 622.

— La Chine sous les Ming par H. Castonnet Des Fosses ... — Extrait des *Annales de l'Extrême Orient et de l'Afrique*. — Paris, Challamel aîné, 1887, gr. in-8, pp. 33.

— Extrait du *Bulletin de l'Ecole française d'Extrême-Orient* (Oct.-Déc. 1903) — Les Saintes Instructions de l'empereur Hong-Wou (1368/1398 publiées en 1587 et illustrées par Tchong Houa-min. Hanoi, F.-H. Schneider, 1903, gr. in-8, pp. 15, 1 pl.

— Au Berceau de la dynastie des Ming — Lettre du P. Dannic, de la Compagnie de Jésus. (*Miss Cath.*, 19 Janv. 1912, pp. 26/27.)

CONQUÊTE DE LA CHINE PAR LES MANDCHOUS.

Col. 623/631.

— * M. Martini. — Het verwoest Sina, door den Wreeden Tartar. Vervaatende de schrickelycke landt-verdervende oorlogh, by de Tartars in't Ryck van Sina aangevangen. 't Amsterdam, 1660, in-12, carte et 12 pl.

Cat. Fred. Muller, Amst., 1910, N° 2454, flor. 12.)

— The Manchu Conquest of China. By F. W. Williams, Assistant Professor of Modern Oriental History, Yale University in-8, pp. ch. 152 à 167.

Reprinted from *The Journal of Race Development*, Vol. 4, No 2, November 1913, pp. 152/167.

LA DYNASTIE *TS'ING* 大清朝

1° Période *Chouen Tche* . . . . . 順治 (1644—1662)

2° Période *K'ang Hi* . . . . 康熙 (1662—1722)

3° Période *Young Tchêng* . . . . 雍正 (1723—1736)

4° Période *K'ien Loung* . . . . . 乾隆 (1736—1796)

5° Période *Kia K'ing* . . . . 嘉慶 (1796—1820)

6° Période *Tao Kouang* . . . . . . 道光 (1820—1851)

7e Période *Hien Foung* . . . . . . 咸豐 (1851—1862)

8e Période *T'oung Tche* . . . . . 同治 (1862—1875)

9e Période *Kouang Siu* . . . . . . 光緒 (1875—1908)

10e Période *Siouen T'oung* . . . . 宣統 (1909—1912)

— China and the Manchus by Herbert A. Giles M. A., LL. D. Professor of Chinese in the University of Cambridge, and sometime H. B. M. Consul at Ningpo. Cambridge: at the University Press 1912, in-16, 1 f. n. ch. + pp. 148, 2 ill. et 1 carte.

The Cambridge Manuals of Science and Literature.

Notices : *Revue de l'Hist. des Religions,* Juillet-Octobre 1915, pp. 207/208, par P. Masson-Oursel. — *Lond. & China Express.* Octobre 11, 1912.

— The Manchus. By E. H. Parker. (*Contemporary Review*, Jan.-June 1912, pp. 529/540.)

— Sépultures impériales, voir col. 210, 634.

— Note on the sepultures of the first Emperors of the Ch'ing Dynasty in Manchuria. (*Encyclopaedia Sinica*, 1917, pp. 342/343.)

— La Dinastia Manchú | en China | Historia de la última dinastia imperial | y en particular | de sus relaciones con el cristianismo | y la civilización europeá | por el | P. Enrique Heras | de la Compañia de Jesus. | Tomo I. | Los fundadores | Xunchi (1644—1661) Kang-hi (1662—1722). Barcelona, s. d. [vers 1918], in-8, pp. 509 + index bibliographique.

Doit avoir 3 volumes.

CHOUEN TCHE.

— Journal d'un bourgeois de Yang-tcheou (1645). Traduit par P. Aucourt Professeur à l'Ecole Pavie. (*Bull. Ecole franç. Ext. Orient*, VII, Juill.-Déc. 1907, pp. 297/312.)

— Documents impériaux chinois aux Archives du Vatican. Par H. G. Fromm. (*Miss. Cath.*, 17 Févr. 1911, pp. 77/78.)

De l'*Univers* du 29 janvier.

— Letters from a Chinese Empress and a Chinese Eunuch to the Pope in the year 1650. By E. H. Parker. (*Contemporary Review*, Jan.-June 1912, pp. 79/83.)

— The Romance of an Emperor by R. F. Johnston, C. B. E., M. A. (*New China Review*, II, February 1920, pp. 1/24, April 1920, pp. 180/194.)

K'ANG HI.

— Réflexions politiques sur les Européens, extraites d'un écrit de Khang-hi, Empereur de Chine. (*Mélanges-Extraits des Etudes de Théologie, de Philosophie et d'Histoire.* Paris, Julien, Lanier & Cie., 1857, II, pp. 5 à 14.)

D'après un Ms. du P. Gaubil.

T'OU LI-CHEN.

Col. 637.

— Путешествіе . . . 1788.

Cette traduction de Leontiev a dû avoir une première édition en 1782. — La relation de T'ou Li-chen fut intégralement traduite et commentée en 1741 par Іларіонъ Россохинъ, dont le travail fut publié par Müller dans les livraisons de juillet-décembre 1764 des Ежемѣсячныя сочиненія. (Pelliot). Voir G. Cahen, *Relat. de la Russie*, pp. CLXVI—CLXVIII.

Col. 638.

— Litterae patentes . . . 1802.

Voir col. 918, pièce 5.

— Kang-Hi, par Ed. Chavannes. (*Grande Encyclopédie,* XXI, pp. 396/397.)

— Bruchstücke aus der Geschichte Chinas unter der Mandschu-Dynastie von E. Haenisch. II. Der Aufstand des Wu San-Kuei, aus dem Shêng-wu-chi übersetzt. (*T'oung Pao,* Mars 1913, pp. 1/130; cartes.)

K'IEN LOUNG.

Col. 640.

— Monument des Tourgouths.

Cf. aussi Müller, *Samm. russ. Gesch.*, I, 327/3848.

Col. 641.

CONQUÊTES DE K'IEN LOUNG.

— Jean Monval. — Les Conquêtes de la Chine. Une Commande de l'Empereur de Chine en France au XVIIIe Siècle. (*La Revue de l'Art ancien et moderne.* XVIII, Juillet-Déc. 1905, pp. 147/160.)

— * H. Hymans. — Une phase de l'histoire de l'Art en Chine. (*Bulletin* de l'Acad. royale d'archéol. de Belgique, 5e série, I [1898], pp. 55/72.)

— Les Conquêtes de l'Empereur de la Chine par Henri Cordier. (*Mémoires concernant l'Asie Orientale,* I, 1913, pp. 1/18, 4 pl.)

— Der chinesische Feldzug in Ili im Jahre 1755 (mit zwei zeitgenössischen französischen Kupferstichen). Von Erich Hänisch. (*Ostasiat. Zeitschft.*, 7. Jhrg., 1/2, April-Sept. 1918, pp. 57/86.)

— [M. Ishida, Librarian, Dr. G. E. Morrison Library; Assistant in the Institute of History, Tokyo Imperial University. — Concerning a Series of Copper Engravings, known as « The Victories of the Emperor K'ien lung » in Jungaria and Chinese Turkestan, prepared in Paris.— Extracted from the Tōkyō-Gakuhō, Reports of the Investigations of the Oriental Society (Tokyo), Vol. IX, No. 3, sept. 1919.]

Traduction Ms. du texte original en japonais, imprimé.

— Les « Conquêtes de l'empereur de la Chine » par Paul Pelliot. (*T'oung Pao*, Août 1920/1921, pp. 183/274.)

En 1890, il a été fait à Chang-Hai une réédition des 16 estampes. (Pelliot.)

.·.

— * A. Vissière. — Le sceau des Indices de l'empereur K'ien-long. (*Bul. de l'Ass. amicale franco-chinoise*, V, 2.)

— Kien Long par Ed. Chavannes. (*Grande Encyclopédie*, XXI, pp. 528/529.)

TAO KOUANG

Col. 643.

— Life of Taou-kwang . . . by Rev. C. Gützlaff . . . 1852.

Notice : *Calcutta Review*, XVII, 1852, pp. 254/270.

HIEN FOUNG.

INSURECTION DES *T'AI P'ING*

太平(長毛賊).

— Recent Events in China. (*Calcutta Review*, Vol. 22, 1854, pp. 97/142.)

Books of the Tae-ping-wang Dynasty. Shanghae, 1853.

— L'insurrection des Taë-pings en Chine. (*Revue mar. et coloniale*, VI, Sept. 1862, pp. 37/51; carte.)

Extr. d'une lettre de Shang-haï, 27 mai 1862.

Col. 651.

— The Story of Chinese Gordon. New York: R. Worthington, 1884, in-8, pp. 407, 2 cartes, 2 portraits.

— Le Corps franco-chinois et la révolte des T'ai ping 1861/1865. Par le Capitaine Baulmont. (*Revue indo-chinoise*. 31 Juillet 1907, pp. 1036/1043; *Bul. Soc. Géog. Rochefort*, XXX, 1908, pp. 37/42.)

— General Gordon: a Personal Reminiscence. By the Right Hon. Viscount Esher. (*Nineteenth Century*, June 1908, pp. 926/935.)

— Chinese Map of Su-chou used by General Gordon. (*Geogr. Journ.*, February 1916, p. 81; pl.)

— The Life of Sir Halliday Macartney K. C. M. G. Commander of Li Hung chang's Trained Force in the Taeping Rebellion, Founder of the First Chinese Arsenal, for Thirty Years Councillor and Secretary to the Chinese Legation in London by Demetrius C. Boulger. With a foreword by Sir James Crichton-Browne, M. D. LL. D., F. R. S. and numerous illustrations. London: John Lane, MCMVIII, in-8, pp. XXI + 1 f. n. ch. + pp. 515, ill.

— Un ancêtre des révolutionnaires chinois [Yong Jeng-tou]. Par Koué Kia-zéou. (*Revue indo-chinoise*, Juillet-Août 1912, pp. 109/110.)

De l'*Echo de Chine.*

KOUANG SIU, né le 14 août 1871.

— Une Révolution de palais à Pékin. (*A travers le Monde*, IV, 1898, pp. 350/351.)

— Edouard Chavannes. — L'Empereur Koang-Siu. (*La Semaine Politique et Littéraire*, 27 Octobre 1900, pp. 1137/1147.)

— Recollections of a Chinese Official: With some Sidelights on Recent History. — Edited and arranged. — Shanghai: Reprinted from the *North-China Herald*. — 1903, br. gr. in-8, pp. 26 à 2 col., Portrait et fig. dans le texte.

Par Shên Tun-ho.

— La dynastie tartare-mandchoue et le droit de succession au trône dans l'empire chinois. Par G. Labadie-Lagrave. (*A travers le Monde*, VII, 1901, pp. 118/119; 125/126; 134/135.)

— Cinquante années d'histoire de la Chine. Par M. Poulet. (*Revue indo-chinoise*, 15 Mai 1905, pp. 675/678.)

Extr. du *Rangoon Gazette* No 115.

— Proceedings of the Central Asian Society. — Chinese expansion historically reviewed by Baron Suyematsu. London Central Asian Society 1905, in-8, pp. 35.

— A. Vissière. — Un Quatrain de l'Empereur de Chine. (*Bul. Soc. Franco-Jap.*, Mars 1907, No 6, pp. 5/10.)

Par Kouang-Siu. — Voir col. 3107.

— La Fête de l'Empereur Kouang-Siu. (*Revue indo-chinoise*, 31 août 1907, p. 1194.)

D'après l'*Echo de Chine.*

— La mort des souverains chinois. (*Bull. Com. Asie franç.*, Nov. 1908, pp. 475/476.)

— La Politique chinoise Etude sur les Doctrines des Partis en Chine 1898-1908 par Albert Maybon. Paris, V. Giard & E. Brière, 1908, in-12, pp. 365.

Collection des Doctrines politiques. Publiée sous la direction de A. Mater XVII.

— * Albert Maybon. — La Vie secrète de la Cour de Chine. Paris, Juven, 1910, in-16, ill.

Notices : *Revue indo-chinoise*, Décembre 1910, pp. 639/642; Reproduites de l'*Asie française*; de la *République*, par G. W.; de la *Dépêche coloniale*, 9 juillet 1910, par Albert de Pouvourville; de *L'Année coloniale*, 6 août 1910, par Emile Nolly. — *Bul. Com. Asie franç.*, Juillet 1910, p. 332. — *Bul. Ass. am. franco-chinoise*, II, Juillet 1910, pp. 296/297, par Georges Ducrocq. — *Lond. & China Express*, July 1, 1910.

— La Cour mandchoue. Par Albert Maybon. (*Revue Indo-Chinoise*, 15 Déc. 1908, pp. 761/772; tableau généalogique.)

Extrait de *La Politique Chinoise*, par M. Albert Maybon, Paris, Giardet Brière.

— Les Funérailles de Kuang-Su, Empereur des Chinois. (*A travers le Monde*, XV, 1909, pp. 190/191.)

— La Chine en deuil. (*Rel. de Chine*, Kiang-nan, Avril 1909, pp. 291/312.)

Mort de l'Empereur Kouang-siu.

Mort de l'Impératrice douairière.

Décrets funèbres et sépultures impériales, etc.

Extr. en grande partie de l'*Echo de Chine*, sous la signature de M. A. Monestier.

— Revue des faits qui se sont passés durant la 34e année Kouang-siu. (*Revue indo-chinoise*, Avril 1909, pp. 393/395.)

— En Chine : La fin d'un Règne et l'aurore d'un autre. Par Francis Mury, Membre du Conseil supérieur des Colonies. (*A travers le Monde*, XV, 1909, pp. 89/92, ill.)

— Funérailles de l'empereur Koang-Siu. Par Marcel van Lerberghe. (*Revue indo-chinoise*, Juillet 1909, pp. 704/712.)

De l'*Echo de Chine*.

— Аркадій-Петровъ. — Китай за послѣднее Десятилѣтіе. (Соціально-Политическій Очеркъ). Съ 28-ю портретами китайскихъ общественныхъ и политическихъ Дѣятелей. — А. Д. Полова, С. Пет., 1910, in-8, pp. xi-232 + 1 f. n. ch.

— La mort de l'impératrice douairière. (*Asie française*, Février 1913, p. 96.)

Loung-Yu, veuve de Kouang-Siu, morte le 22 février, à Pékin.

EVÉNEMENTS DE 1900/1901.

Col. 2580/2599, 3208/3209.

— Kang-Yu-wei's latest work. (*North China Daily News*, 1900, April 18, pp. 696/698; April 25, pp. 742/745; May 2, pp. 789/790; *North China Herald*, May 2, 1900, pp. 783/784.)

— The Revolt of the « Boxers » in China. By E. H. Parker. (*Imp. & Asiatic Quart. Rev.*, July-Oct. 1900, pp. 57/62.)

— The Chinese Problem and its Solution. By Taw Sein Ko. (*Imp. & As. Quart. Rev.*, July-Oct. 1900, pp. 73/81.)

— The Chinese Imbroglio and how to get out of it. By E. H. Parker. (*Ibid.*, pp. 252/277.)

— * G. Gipps. — The Fighting in North China (up to the Fall of Tientsin City). Shanghai, 1901, pet. in-4, carte et pl.

— * Wen Ching. — The Chinese Crisis from within; edited by Rev. G. M. Reith. London, Richards, 1901, pet. in-8.

Col. 2589.

— The Siege of the Peking Legations being the Diary of the Rev. Roland Allen, M. A. Chaplain to the Right Rev. C. P. Scott, D. D., Lord Bishop in North China; for five years Acting Chaplain to H. B. M.'s Legation in Peking. With Maps and Plans. London, Smith Elder & Co., 1901, in-8, pp. x + 1 f. n. ch. + pp. 304.

Col. 2587.

— China and the Powers, by H. C. Thomson. 1902.

Notice : *Edinburgh Review*, July-Oct. 1902, pp. 210/235.

— Peking, August 1900. By Colonel G. K. Scott Moncrieff, C.I. E., R. E. (*Blackwood's Mag.*, Nov. 1905, pp. 627/638.)

— Under the Old Flag. Recollections of military Operations in the War for the Union, the Spanish War, the Boxer Rebellion, etc. By James Harrison Wilson Brevet-Major-General U. S. A.; late Major-General U. S. V., Engineer and Inspector-General on Grant's Staff, Commander third Cavalry Division, Army of the Potomac, Commander Cavalry Corps M. D. M., etc. New York and London, D. Appleton & Company MCMXII, 2 vol. in-8, pp. xvi-580, ix-582, 2 port.

— A Manchu heroine. By A. Georgette Bowden-Smith. (*Contemporary Review*, Jan.-June 1913, pp. 560/564.)

— Boxer Indemnities. (*The Chinese Review*, June 1914, p. 116.)

— The Boxer Rebellion. A Political and Diplomatic Review by Paul H. Clements, Ph. D. Sometime Fellow in International Law, Columbia University Lecturer at Columbia on Far Eastern Politics and Diplomacy. New York, Columbia University, 1915, in-8, pp. 243.

Studies in History, Economics and Public Law Edited by the Faculty of Political Science of Columbia University, Volume XLVI. [Number 3. — Whole Number 160.]

TS'EU HI.

— Albert Perquer. — L'Impératrice douairière de Chine. — Extrait du *Correspondant*. — Paris, De Soye, 1900, in-8, pp. 32.

— Les Dames européennes chez l'Impératrice de Chine. Par Michel Delines. (*A travers le Monde*, IX, 1903, pp. 145/148; *ibid.*, pp. 249/251, ill.)

— K. A. Carl. — With the Empress Dowager of China. London, 1906, pp. XV-306.

— Letters from China. With particular reference to the Empress Dowager and the Women of China by Sarah Pike Conger (Mrs. E. H. Conger). With eighty illustrations from photographs and a map. Hodder & Stoughton, London, MCMIX, in-8, pp. XV-392.

Notice : *London & China Express*, Dec. 10, 1909.

— L'impératrice Tseu-hi. (*Bull. Com. Asie franç.*, Janvier 1909, pp. 17/19.)

— The late Empress of China. By E. J. Dillon. (*The Fortnightly Review*, Jan. 1909, pp. 19/34.)

— L'impératrice douairière Tsheu-hi. Par Maurice Courant. (*Annales des Sciences politiques*, 15 mars 1909, pp. 257/261.)

— * Philip W. Sergeant. — The Great Empress Dowager of China, with Appendix, Index. 1910, in-8, pp. XIII-314, front. et 15 ill. hors texte.

Notice : *Imp. and Asiat. Quart. Rev.*, Jan. 1911, pp. 183/184.

— * Lady Blennerhasset. Tzü-Hsi, impératrice-régente de Chine, 1835/1909. (*Deutsche Rundschau*, Okt. [1911].

— * Tseu-hsi, Impératrice des Boxers. Paris, Nilsson, 1911.

Signé Lié-Son. — Par George Soulié.

— * G. Soulié. — Ts'eu-Hsi, impératrice des Boxers. Paris, 1911, in-8, pp. 204.

Les Femmes illustres.

— Tseu-Hi et sa Cour en exil (Août 1900.) (*A travers le Monde*, XVIII, 1912, pp. 41/44, ill.)

— Dr J. J. Matignon. — Une Grande Souveraine Chinoise. — L'Impératrice Tseu-Si. (*La Nouvelle Revue*, 1er Mai 1914, pp. 3/18; 15 Mai 1914, pp. 237/247.)

— China under the Empress Dowager being the History of the Life and Times of Tzŭ Hsi Compiled from State Papers and the Private Diary of the Comptroller of her Household by J. O. P. Bland and E. Backhouse. Illustrated. London, William Heinemann, MCMX, in-8, pp. XV-525.

Notices : *Lo China Express*, Oct. 7, 1910; Nov. 11, 1910. — *Dublin Re.*, July-Oct. 1911, pp. 403/406, by E. S. H. — *Journ. N. B. R. As. Soc.*, XLII, 1911, pp. 241/242, by W. E. L. — *Asie française*, Déc. 1912, pp. 535/540, par Gaston Bradier.

(Ts'EU HI.)

— (Idem.) New and revised cheaper edition. Illustrated. London, William Heinemann. s. d. [1914], in-8, pp. XXVI-322.

First printed October 1910. — New Impressions, November, December, 1910; February, May, July, December 1911; April 1912; New and Revised Cheaper Edition, September 1914.

Notice : *Lond. & China Express*, Oct. 30, 1914.

— J. O. Bland & E. Backhouse. — Tseu-Hi Impératrice douairière (la Chine de 1835 à 1909) d'après les Papiers d'État, les Mémoires secrets, les Correspondances. Ouvrage illustré de deux fac-similés en couleurs, 24 Planches en noir et d'un Plan de Pe-king. Paris, Hachette, 1912, in-8, pp. VII-349.

Traduit en français par E. Buisson.

Notice: *Asie française*, Déc. 1912, pp. 535/540, par Gaston Bradier.

— * Kina under sista änkekeysarinnan af J. O. P. Bland och E. Backhouse. Öfvers. af Elias Grip. Stockholm, P. A. Norstedt, in-8.

— * J. O. P. Bland und E. Backhouse. — China unter der Kaiserin Witwe. 2. Aufl., 1913.

— Portrait de Sir E. Trelawny Backhouse. (*New China Review*, Oct. 1919, front.)

SIOUEN T'OUNG.

— Le statut du nouveau régent. (*Bull. Com. Asie franç.*, Déc. 1908, p. 528.)

— La disgrâce de Yuan-Chi-Kai. (*Ibid.*, Janvier 1909, pp. 40/41.)

— La succession au trône de Chine. Par Maurice Courant. (*Ann. Sc. pol.*, 15 Janvier 1910, pp. 56/66.)

— * The Provinces of China, together with a History of the first year of H. I. M. Hsuan Tung, and an Account of the Government of China. With a Preface by Colonel C. D. Bruce. Maps. Shanghai, National Review Office, 1910, in-8, pp. VI-188. — Voir col. 3301.

— L'éducation de l'Empereur [Décret rendu par l'Impératrice mère]. (*Asie française*, Août 1911, pp. 379/380.)

— La condamnation des Mandchous. Par G. Giraud, Commis des Services Civils. (*Revue indo-chinoise*, Août 1911, pp. 206/207.)

Traduit du *Peking and Tientsin Times*.

Article de M. J. O. P. Bland, dans la *National Review*.

— * Mary Hooker. — Behind the Scenes in Peking. London: John Murray, 1910, in-8, pp. 209.

Notice : *United Empire*, II, February 1911, p. 136; *Imp. & As. Quart. Rev.*, April 1911, pp. 417/419.

— Two Years in the Forbidden City. By Princess Der Ling. 1912. — Voir col. 3305.

(SIOUEN T'OUNG.)

— Siuan-t'ong 諭上. Derniers Décrets Impériaux (1er Septembre 1911 — 12 Février 1912). La Révolution, L'abdication du Prince Regent. — Yuan Chek'ai au pouvoir. — L'abdication. — Proclamation de la Republique. — Traduits du chinois par Fernand Roy, Préface de Jean Fredet Rédacteur en chef de l'Echo de Chine. — Kelly & Walsh, Ltd., Shanghai, Hongkong, Singapore, Yokohama. Seuls Concessionnaires. Shanghai. Imprimerie de la Presse orientale, 1912, in-8, 8 ff. n. ch. [préf.: ind. des fonctionnaires] + pp. 142.

Préface de Jean Frédet, Rédacteur en chef de «l'Echo de Chine.» 50 vol. ont été numérotés de 1 à 50 et signés par l'auteur.

Notice: *Bul. Ecole franç. Ext. Orient*, XII, No. 9, 1912, p. 110, par Léonard Aurousseau.

— L'abdication de l'Empereur. — Décrets impériaux 25e jour de la 12e lune (12 février). (*Revue indo-chinoise*, Mars 1912, pp. 320/323.)
De l'*Echo de Chine*.

— R. F. Johnston. — Political Sovereignty in China. (*Nineteenth Century*, July 1912, pp. 44/53.)

— La fin d'une dynastie. Lettre du Père Kennely. (*Rel. de Chine*, Kiang-Nan, Juillet 1912, pp. 468/474.)
1er Mars 1912.

— L'Abdication de l'Empereur de Chine et la République chinoise. (*A travers le Monde*, XVIII, 1912, p. 63.)

— The Passing of the Manchus by Percy Horace Kent, M. A. (Oxon.) Barrister-at-Law, Legal Adviser to the Taotai of Industries in the Province of Chihli ... etc. With illustrations and maps. London, Edward Arnold, 1912, in-8, pp. XI-404.

Notice: *Journ. N. C. B. R. As. Soc.*, XLIV, 1913, pp. 169/171. — *Lond. & China Express*, 29 Nov. 1912.

— * Recent Events and present Policies in China. By J. O. P. Bland. London: W. Heinemann, 1912, pp. XI-482. Map and Illustrations.

Notice: *United Empire*, IV, Jan. 1913, pp. 86/87, by E.C.

— Some Problems of Government in Europe and Asia (III) China. By Lord Cromer. (*Nineteenth Century*, May 1913, pp. 1161/1168.)

— La famille impériale depuis l'abdication. (*Asie française*, Février 1914, p. 76.)

RÉVOLUTION ET RÉPUBLIQUE.

SOUN YAT-SEN.

— Sun-Yat-Sen, le chef du parti réformiste. (*Bull. Com. Asie franç.*, Sept. 1908, pp. 384/385.)

— * Sun-Yat-Sen. (*Courrier européen*, Paris, 25 nov. (1911?)

— * Dr. Sun Yat Sen and the chinese revolution. By J. Ellis Barker. (*Fortnightly Rev.*, Londres, Nov. [1911?].)

(Soun Yat-sen.)

— La démission de Sun Yat-sen. Traduit par P. Aucourt. (*Revue indo-chinoise*, Mars 1912, pp. 323/324.)
Du *Hongkong Weekly Press*, 26 févr. 1912.

— Une cérémonie traditionaliste. (*Ibid.*, Juin 1912, p. 603.)
Soun au tombeau des Ming.

— Sun Yat sen El fundador de la Republica de China por Mariano Ponce con prólogo de Teodoro M. Kalaw — Manila. Imp. de la Vanguardia y Taliba ... 1912, in-8, pp. XXIV-99, pl.

— Sun Yat Sen and the Awakening of China. By James Cantlie, M. A., M. B., F. R. C. S. Dean of the College of Medicine, Hong Kong, 1889—1896 and C. Sheridan Jones. London, Jarrold & Sons, [1912], in-8, pp. 294, ill.

Notice: *Lond. & China Express*, June 28, 1912.

— Le voyage du Dr. Sun-Yat-Sen [au Japon]. (*Revue indo-chinoise*, Mars 1913, pp. 340/344.)

— Chine. Dernier appel de Sun Yat sen à Yuan Che Kai. (*Ibid.*, Août 1913, pp. 235/237.)

— La Lutte entre le Midi et le Nord de la Chine: Sun-Yat-Sen et Yuan-Shi-Kai. Par Labadie-Lagrave. (*A travers le Monde*, XIX, 1913, pp. 373/375; portr. de Yuan-Shi-Kai.)

— Notes sur la Chine. Sun-Yat-sen et la crise. — Les Allemands en Chine; leur influence — La Révolte du Yunnan. Traduit par G. Giraud. (*Revue indo-chinoise*, Mars-Avril 1916, pp. 329/335.)

— Sun Yat-sen, président de la Chine méridionale. (*Asie française*, Mai 1921, pp. 219/220.)

YOUEN CHE-K'AI.

— Yuan-Che-K'ai, président du Wai-wou-pou. Par le comte Louis Dumonceau, Membre du comité de la Chambre de Commerce Sino-Belge. (*Revue indo-chinoise*, 30 mai 1908, pp. 790/791.)
Echo de Tientsin.

— Yuan-Che-k'ai, espoir de la Chine. (*Ibid.*, 15 août 1908, pp. 203/204.)
D'après *South China M. P.* et *Avenir du Tonkin*.

— Le successeur de Yuan Chih Kai. (*Bull. Com. Asie franç.*, Février 1909, pp. 79/80.)

— La disgrâce de Yuan Che K'ai. (*Revue indo-chinoise*, Mars 1909, pp. 287/291.)

— Francis Mury. — Youan Chi Kai et le Parti mandchou. (*Nouvelle Revue*, 15 Avril 1909, pp. 455/462.)

— La disgrâce de Yuan-Cheu-Kai. Par Albert Wetterwald, S. J. (*Chine Ceylan Madagascar*, Mars 1910, pp. 492/495.)
Sien-hsien, 16 janvier 1909.

— The Fall of Yuan Shih-kai. By Lancelot F. Lawton and H. Hobden. (*The Fortnightly Review*, March 1910, pp. 420/434.)

— Chine. — Yuan Chi Kai et les chrétiens. (*Miss. Cath.*, 24 Nov. 1911, p. 557.)
Ext. de *la Croix*.

— Yuan-tschi-kai, Chinas Diktator, und der Schauplatz der Revolution, Hankau. Persönliche Erinnerungen von Graf Vay de Vaya A.-S.-M., A.-P. (*Deutsche Revue*, Dez. 1911, pp. 265/269.)

— * F. Challaye. La république chinoise et la dictature de Yonan-Chi-Kai. (*Revue du Mois*, 10 janvier.)

— Le cabinet de Yuan-che Kai Traduit par P. Aucourt, Professeur, attaché à la Résidence Supérieure. (*Revue indo-chinoise*, Janvier 1912, pp. 99/100.)
Du *Hong-Kong Daily News*, 11 Déc. 1911.

(Youen Che-k'ai.)

— Un nouvel appel à l'amiral Chu. Lettre du Général Li Yuan-hong. Traduit par P. Aucourt. (*Ibid.*, Janvier 1912, pp. 100/102.)

Du *Hong-Kong Weekly Press*, 6 Nov. 1911.

— La rivoluzione cinese e Yuan-Ci-Kai. (Con 7 illustrazioni.) Enrico Caviglia. (*Nuova Antologia*, Roma, 1 agosto, 1912, pp. 432/449.)

— Youan Chi Kaï et le «Conseil national». (*Asie française*, Mars 1913, pp. 137/138.)

— Chronique de l'Extrême-Orient. I. Chine. Les idées de Yuan Che Kai. Par René Surugne. (*Revue indo-chinoise*, Juin 1913, pp. 681/683.)

— Chine. — Yuan-Che-Kai et l'opposition. — Le Problème de Elections présidentielles. Par René Surugue. (*Ibid.*, Juillet 1913, pp. 103-111.)

— Yuan-Che-Kai et l'opposition. (*Ibid.*, Juillet 1913, pp. 103/106.)

— Chine. — Les idées de Yuan-Che-Kai. — La cherté de la vie à Hongkong. — Le fouet à Shanghai. — La terreur en Chine. Par René Surugue. (*Ibid.*, Juin 1913, pp. 681/686.)

— The Chinese Republic and Yuan-Shih-K'ai. By Stephen Harding. (*Dublin Review*, Vol. 153, July-Oct. 1913, pp. 112/126.)

— * Pékin et la Chine. Le président Yuen et Kang You wei. Funérailles de l'empereur Konang-Sü. Ly-Yuan-Houng, vice-président de la République de Chine, à Pékin. (*Bull. catholique de Pékin*, Janvier 1914.)

— Yüan's «Coup d'Etat». By E. H. Parker. (*Asiatic Review*, Jan. 1914, pp. 47/53.)

— Yüan Shi-k'ai and his tasks once more. By E. H. Parker. (*Ibid.*, 15 May 1914, pp. 473/484.)

Cf. *The Chinese Review*, Vol. I, June 1914, p. 111.

— La réaction de Youan Chi Kaï. (*Asie française*, Mars 1914, pp. 121/122.)

— La dictature de Youan Chi Kaï. (*Ibid.*, Avril 1914, p. 163.)

— Yuan Shih-K'ai, Dictator. (*The Chinese Review*, Vol. I, June 1914, pp. 109/110.)

Paper by Mr. J. O. P. Bland in the «National Review» for May.

— Formal Betrothal of the President's Son and the Vice-President's Daughter. (*The Chinese Review*, Vol. I, June 1914, p. 117.)

Peking Daily News.

— L'évolution de la république. (*Asie française*, Juin 1914, p. 258.)

— President Yuan Shih-kai at the Altar of Heaven. By Frederick Moore. (*Far Eastern Review*, Feb. 1915, pp. 349/354, 14 fig.)

— Youan Chi Kai, grand prêtre du Ciel. (*Asie française*, Avril-Juillet 1915, pp. 75/77.)

Extrait du *Times*.

— Youan chi Kai empereur de Chine. (*Ibid.*, Août-Décembre 1915, pp. 89/95.)

— How President Yuan became Emperor. By Frances Aldridge. (*Fortnight. Review*, Feb. 1916, pp. 317/325.)

— Yuan-She-Kai Empereur. — L'évolution politique de la Chine de 1907 à nos jours. Par Raoul du Vaure. (*Le Correspondant*, 25 Mai 1916, pp. 577/618.)

— Yüan Shi-K'ai as Hwang-Ti. By E. H. Parker. (*Asiatic Review*, April 1, 1916, pp. 245/259.)

Avec un portrait du 76e descendant de Confucius, né en février 1871; créé Prince le 31 Décembre 1915, son fils est né en Octobre 1906.

— Les funérailles de Youan Chi Kai. (*Asie française*, Avril-Juin 1916, p. 99.)

Extr. du *Times* de Pékin.

— Programme des révolutionnaires chinois. Par V. F. (*Revue indo-chinoise*, 30 avril 1908, pp. 625/626.)

D'après *l'Echo de Chine* et *Sin-che-Ki*. (*Les Temps nouveaux*) publié à Paris par des étudiants chinois.

— Le parti révolutionnaire [en Chine]. (*Ibid.*, 15 mai 1908, pp. 707/708.)

— Propagande révolutionnaire à T'ien-tsin. (*Ibid.*, Janvier 1909, p. 73.)

— Les Ko-ming-tang et les Pao-houang-tang. (*Ibid.*, Février 1909, p. 172.)

Albert Maybon.

— Le mouvement révolutionnaire en Chine, par M. Albert Maybon. (*L'Action Nationale*, Juillet 1909. pp. 574/587.)

— La Révolution chinoise. Par Albert Maybon. (*Asie française*, Février 1912, pp. 59/63.)

— Idem. (*Ibid.*, Janvier 1912, pp. 9/16.)

— Albert Maybon. — Le Règne des Mandchous. (*Mercure de France*, 1er juin 1912, pp. 495/518.)

— — La République chinoise. [Avant l'insurrection — L'Insurrection — La République — La mêlée des partis — Les forces gouvernementales et la force révolutionnaire. — La restauration de l'Etat.] Avec une Préface de Stephen Pichon. — Armand Colin, Paris, 1914, in-18, pp. XIX-268.

Notices : *Asie française*, Mai 1914, pp. 220/223, par Gaston Bradier. — *Bull. Soc. Géogr. Lyon*, 1914, pp. 110/112, par I. A. — *A travers le Monde*, XX, 1914, p. 247. — *Revue indo-chinoise*, Juillet 1914, p. 137.

∴

— Lieutenant Bonnard. — Un épisode de la Lutte contre les Réformistes. — Opérations autour de Hoang-Su-Phi en 1908. (*Revue des Troupes Coloniales*, I, 1909, pp. 528/546.)

— Capitaine Hugues. — Opérations contre les Réformistes chinois (1908—1909). (*Ibid.*, II, 1909, pp. 97, 220, 348, 422.)

— Le Prince K'ing. (*Revue indo-chinoise*, Juin 1910, pp. 566/568.)

— La transformation de la Chine. — Les origines du mouvement réformiste. Les édits impériaux et leurs résultats. Par Rouire. (*Rev. des Deux-Mondes*, 1er Mars, 1910, pp. 180/208.)

— Le Mouvement constitutionnel en Chine. Par Fernand Farjenel. (*Rev. pol. et parl.*. Paris, Août 1910, pp. 311/329.)

— Les règlements de la nouvelle Assemblée et la séance inaugurale [Chine]. (*Bull. Com. Asie franç.*, Oct. 1910, pp. 440/442.)

Tsen-tcheng-yuan.

— Deux votes de la nouvelle assemblée. Convocation du Parlement en 1913. (*Asie franç.*, *Bull.*, Nov. 1910, pp. 487/489.)

— L'agitation pour la Constitution. (*Asie française*, Déc. 1910, pp. 544/545.)

JEAN RODES.

— La Chine nouvelle, par Jean Rodes. Paris, Félix Alcan, 1910, in-16, pp. 329.

Bibliothèque d'Histoire contemporaine.

Notices : *Revue indo-chinoise*, Avril 1911, p. 417. — *La Géographie*, 15 déc. 1909, p. 389, par G. Regelsperger. — *Mercure de France*, 16 mai 1910, pp. 330/335, par Carl Siger. — *London & China Express*, 26 nov. 1909. — *Bull. Ass. amicale franco-chinoise*, II, Janvier 1910, p. 83, par A. Vissière.

— La Chine et le mouvement constitutionnel (1910/1911) par Jean Rodes. — Paris, Librairie Félix Alcan. — 1913, in-16, pp. 257.

Suite de la *Chine nouvelle*.

Notices : *Lond. & China Express*, July 11, 1913. — *Revue Critique*, 25 avril 1914, p. 326, et 15 déc. 1919, p. 471, par R. G. — *Bull. Soc. Géog. Lyon*, 1914, pp. 109/110, par I. A. — The Yellow Peril, *United Empire*, IV, 1913, pp. 825/826.

— Dix ans de politique chinoise. — Le Céleste Empire avant la Révolution par Jean Rodes. — Paris, Librairie Félix Alcan. — 1914, in-16, pp. VI-237 + 1 f. n. ch.

Bibliothèque d'Histoire contemporaine.

Notices : *London & China Express*, July 24, 1914. — *Revue Critique*, 15 déc. 1919, p. 471, par R. G.

— Jean Rodes. — Dix ans de politique chinoise. — La fin des Mandchous. — Paris, Félix Alcan. — 1919, in-16, pp. 268.

Bibliothèque d'Histoire contemporaine.

Notices : *Rev. des Sciences politiques*, XLIII, 15 déc. 1920, pp. 779/780, par J. Triouiller. — *United Empire*, Feb. 1920, p. 74.

— Jean Rodes. — Scènes de la vie révolutionnaire en Chine (1911/1914). Paris Plon. — 1917, in-18, pp. 301 + 1 p. n. ch. tab.

Notice : *Lond. & China Express*, Jan. 2, 1918.

— Lettre de Chine. — La crise chinoise. De l'Empire à la République. Par Jean Rodes. (*Asie française*, Janvier 1912, pp. 6/8.) Changhai, 1er janvier.

— En Chine. — La Révolution à Canton. Par Jean Rodes. (*Ibid.*, Mars 1912, pp. 106/109.)

— Evolution et révolution en Chine. Conférence faite le 22 mai, par M. Jean Rodes. (*Ibid.*, Juin 1912, pp. 213/219.)

— Mission de M. Jean Rodes en Chine. (*La Géographie*, 15 Janvier 1914, pp. 68/69.)

— L'Anarchie chinoise et la Guerre. Par Jean Rodes. (*L'Asie française*, *Bull.*, Avril-Juin 1917, pp. 67/69.)

⁂

— L'agitation pour la constitution. (*Revue indo-chinoise*, Mars 1911, pp. 300/301.)

— Causes et Conséquences de la Révolution chinoise. Conférence de M. Ly-Chao-Pée. (*Union géographique du Nord de la France*, *Douai*, XXXII, 1911, pp. 220/223.)

— Les révolutionnaires. (*Asie française*, Mai 1911, pp. 253/254.)

— * P. Rohrbach. Le mouvement réformiste en Chine. (*Preußisch. Jahrbuch.*, août [1911].)

— Une révolte au Seu-tchouan. (*Asie française*, Septembre 1911, pp. 425/426.)

(JEAN RODES.)

— * E. Bouchery. Le mouvement révolutionnaire chinois. (*Econ. Eur.*, 20 Octobre [1911].)

— * Pierre Leroy-Beaulieu. — La Révolte de la Chine Centrale. (*Saturday Review*, 21 Octobre [1911].)

— — Les troubles en Chine. (*Econ. Fr.*, 21 Octobre [1911].)

— — * La Dynastie mandchoue et la révolution chinoise. (*Economist*, 21 Octobre [1911].)

— — * La Révolte chinoise. (*Nation*, 26 Octobre [1911].)

— La Révolution chinoise. (*Asie franç.*, Octobre 1911, pp. 450/455.)

— La crise qui s'approche. (*Revue indo-chinoise*, Novembre 1911, pp. 542/544.)

Du *Pekin Times*.

— La Révolution chinoise. (*Ibid.*, Novembre 1911, pp. 544/548.) Traduit du *Hong-Kong Daily Press*, par G. Giraud.

— * La Révolution chinoise. — J. Saintoyant. (*Quest. dipl. et col.*, Paris, 16 nov. [1911 ?])

— Kö-ming-fang-lio (革命方略). Plan d'action du parti révolutionnaire chinois. Traduit par P. Aucourt, Professeur, interprète de langue chinoise à la Residence supérieure au Tonkin. (*Revue indo-chinoise*, Novembre 1911, pp. 487/508.)

— Le Plan d'Action du Parti Révolutionnaire Chinois. (*Revue indo-chinoise*, novembre 1911.) (*Revue Troupes Coloniales*, Janvier-Juin 1912, pp. 118/120.)

— Plan de la Révolution chinoise. Comité Central de l'Union Chinoise. (*La Grande Revue*, Paris, 10 Xbre 1911, pp. 480/496.)

— Les progrès de la Révolution en Chine. (*Revue indo-chinoise*. Décembre 1911, pp. 660-667.)

— * La Révolution chinoise. (*Quinz. col.*, Paris, 10 déc. [1911 ?])

— Le Mouvement révolutionnaire en Chine. — La République chinoise? (*A travers le Monde*, XVII, 1911, p. 341; carte.)

— The Chinese Revolution By Arthur Diósy (*Contemporary Review*, July-December 1911, pp. 704/711.)

— The Reform Movement in China. By the Rev. W. S. Pakenham-Walsh, M. A. Principal of St. Mark's College, Foochow. Price, threepence. London Printed and published at the Operative Jewish Converts' Institution, s. d. [1911], pet. in-8. pp. 40.

— La Révolution chinoise. Par le Comte A. de Pouvourville. (*La Revue*, Paris, 15 Janv. 1912, pp. 192/201.)

— La Révolution chinoise. Par ***. (*Etudes*, 20 Janvier 1912, pp. 173/189.)

— Chine. — Les décrets de la fin d'octobre. Par Simbad. (*Revue indo-chinoise*, Janvier 1912, pp. 91/99.)

De l'*Avenir du Tonkin*, 4/8 Décembre 1911.)

— Les Chances de la Révolution chinoise. Par Chang-Chou. (*Ibid.*, Janvier 1912, pp. 102/105.)

Du *Courrier Européen*, 10 Nov. 1911.

— Montesquieu et la Révolution chinoise. (*Ibid.*, Février 1912, pp. 191/193.)

Du *Journal de Pékin*, 4 et 5 Janvier.

— Paul Pelliot. — La Chine et la Révolution. (*La Revue du Foyer*, 1er mars 1912, pp. 403/440.)

Conférence donnée au Foyer le 22 janvier 1912. — Port. de l'auteur et illustrations.

(DIVERS.)

— La République chinoise et la Paix universelle — Portrait de M. Anatole France pris au Banquet du 14 Mars 1912 — Banquet Sino-Français du 14 Mars 1912 pour fêter la République Chinoise — The Chinese Republic and Universal Peace, br. in-8, pp. 23.

Phot. Chusseau-Flaviens d'Anatole France sur la couverture. — Portrait de Hain Jou-kia en tête.

Le texte est en anglais.

— La révolution au Yunnan — Notes journalières. Par G. Cordier. (*Revue indo-chinoise,* Mars 1912, pp. 269/303.)

— Pierre Khorat. — Psychologie de la Révolution chinoise. (*Revue des Deux Mondes,* 15 mars 1912, pp. 295/330.)

Khorat = *Commandant Ibos.*

— Chine La révolution chinoise L'attitude des puissances. — Les dépendances extérieures et la révolution — Le drapeau de la République. — Une cérémonie traditionnaliste — Le féminisme et la révolution chinoise — Les colonies chinoises de l'Asie méridionale (*Asie française,* Mars 1912, pp. 124/126.)

— Vue d'ensemble sur la révolution chinoise Par M. Alexandre Guasco, secrétaire général du Conseil central de Paris de l'Œuvre de la Propagation de la Foi. (*Miss. Cath.*, 12 avril 1912, pp. 169/172.)

— Proceedings of the Central Asian Society — The Chinese Revolution Present Conditions and future Outlook by Mr. Alfred E. Hippisley Late Commissioner of Chinese Maritime Customs Read April 24, 1912 London Central Asian Society, 1912, in-8, pp. 19.

— Télégramme du vice-président Li Yuen-hong au président Sun Yat-sen et aux principales autorités républicaines, au sujet de la nécessité de la fondation d'un gouvernement unique. (Tiré du Sinvanpao du 7 Mars.) (*Revue indo-chinoise,* Avril 1912, pp. 430/432.)

De l'*Echo de Chine.*

— Enseigne de vaisseau X. — La bataille de Hankéou, 27 octobre—25 novembre 1911. — (*Revue de Paris,* 1er Mai 1912, III, pp. 210/224.)

— *** Les perspectives d'avenir pour la République chinoise. (*Saturday Review,* 11 Mai 1912.)

— Quelques opinions sur la révolution chinoise. (*Asie française,* Mai 1912, pp. 200/201.)

— La révolution et les colonies chinoises de l'Asie méridionale. (*Ibid.,* Mai 1912, p. 203.)

— Manifeste du Président à l'Armée après l'émeute de Pékin. (*Revue indo-chinoise,* Mai 1912, pp. 509/510.)

— La République Chinoise et le Lamaïsme Par Marcel van Lerberghe. (*Ibid.*, Mai 1912, pp. 514/517.)

Du *Journal de Pékin.*

— Constitution provisoire de la République Chinoise. (*Revue indo-chinoise,* Mai 1912, pp. 518/522.)

Le 10 Mars de la 1ère année de la République chinoise.
Traduit par Giraud du *Hong-Kong Daily Press.*

— * Dr. Wilhelm. — Psychologie de la Révolution chinoise. (*Österr. Rundschau,* 15. Mai 1912.)

(Divers.)

— Han Jou-Kia et Louis Laloy. Histoire de la Révolution chinoise. (*Grande Revue,* 25 Mai 1912, pp 225/243.)

— A Revolutionary aftermath. Some Experiences of a Military Riot in China. (*Blackwood's Mag.*, Vol. 191, June 1912 pp. 868/874.)

— Le Féminisme et la Révolution chinoise. (*Revue indo-chinoise,* Juin 1912, p. 604.)

— La Révolution et la République Chinoise. (*Ibid.,* Juin 1912, pp. 610/612.)

Traduit par G. Giraud du *Kobe Herald,* 30 Mai 1912.

— * M. von Brandt. Contribution à l'histoire de la Révolution chinoise. (*Deutsche Rundschau,* Juin 1912.)

— The Chinese Revolution. By E. H. Parker. (*Imp. and Asiat. Quart. Rev.*, July 1912, pp. 1/20.)

— The Chinese Republic. By E. H. Parker. (*The Asiatic Quart. Rev.*, Oct. 1913, pp. 256/262.)

— Republican China. By E. H. Parker. (*Asiatic Review*, Oct. 1, 1915, pp. 262/270.)

— E. H. Parker. — The Floundering of China. (*Ibid.,* Oct. 2, 1916, pp. 263/269, 2 ill.)

— The Present Position in China. By Professor E. H. Parker. (*Ibid.,* Oct. 1920, pp. 578/584.)

— Li Yüan-hung's Presidency. By E. H. Parker. (*Ibid.,* Jan. 1, 1917, pp. 46/53.)

— Robert Machray. — The Great Republic of China. (*The Fortnightly Review,* July 1912, pp. 128/137.)

— La Révolution chinoise. — Détails complémentaires. — Emprunt, etc. (*Revue indo-chinoise,* Juill.-Août 1912, pp. 113/125.

Du *Kobé Herald,* du 7 au 15 Juillet 1912. Traduit par G. Giraud; et de l'*Echo de Tientsin,* de Juillet 1912.

— Autour de la Révolution. (*Rel. de Chine,* Kiang-Nan, Juillet 1912, pp. 452/467; fig.)

Lettres des PP. Lémour, Dannic, Conturier, Roberfroid, Marivint, René Lecointre, Desnos.

— La république et la morale. (*Revue indo-chinoise,* Sept. 1912, pp. 247/252.)

— Chine. — La reconnaissance de la République. (*Ibid.*, Sept. 1912, pp. 242/247.)

— L'exécution du Général Tchang-Tcheng-Hou. (*Ibid.*, Sept. 1912, pp. 252/255.)

— L'anarchie en Chine. — La Révolution et la République Chinoise. (*Ibid.*, Sept. 1912, pp. 255/257.)

Traduit du *North China Daily News,* 14, 15, 16, 17 août 1912. Traduit par G. Giraud, Commis des Services Civils.

— The Truth about the Republic in China. (*Blackwood's Mag.*, Vol. 192, Sep. 1912, pp. 413/417.)

— La Révolution chinoise et la situation actuelle de l'ancien empire. Résumé de la conférence faite par le Dr. Legendre au Comité de l'Asie française, le 29 Juin 1912. (*Asie française,* Septembre 1912, pp. 362/365.)

— Dr A. Legendre. — La révolution chinoise. (*Revue de Paris,* 15 février 1913, pp. 878/894.)

(Divers.)

— A. Corbett-Smith. — Some Aspects of Chinese Reform. (*Nineteenth Century*, Sept. 1912, pp. 615/626.)

— E. J. Dillon. — The Dismemberment of China. (*Ibid.*, Oct. 1912, pp. 645/664.)

— A propos de la Révolution. — I. Lettre de Nankin. Par un Nankinois, Mars 1912. — II. Lettres de Kouo-yang. — Un mois aux mains des brigands, Kouo-yang, 10 février 1912. Par J. Dannic, S. J. (*Rel. de Chine*, Oct. 1912, pp. 514/523; fig.)

— La République chinoise et ses réformes. (*Revue indo-chinoise*, Déc. 1912, pp. 548/550.)

Du *North China Daily Press*, du 5 au 12 nov. 1912.

— La République chinoise et les Puissances. (*Ibid.*, Déc. 1912, pp. 550/552.)

Du *North China Daily News*, du 5 au 9 nov. 1912.

— La République chinoise et la Mongolie. (*Ibid.*, Déc. 1912, pp. 555/558.)

Du *North China Daily Press*, du 20 au 30 Nov. 1912.

— La future assemblée nationale. (*Asie française*, Décembre 1912, p. 530.)

— La Chine en révolution. (*Bull. Soc. Géogr. Est*, 33e année 1912, pp. 90/92.)

— La Révolution en Chine. Par le Commandant F. Cousin. (*Bull. Soc. Géog. Alger*, XVII, 1912, pp. 254/271.)

— * Geo. Lanning. — Old Forces in New China. Together with an Appendix dealing with the Story of the Chinese Revolution down to June 1912. And a new Map showing the Natural Resources of China. 1912, gr. in-8.

— * A. J. Brown. — The Chinese Revolution. New York, 1912.

— La Révolution chinoise serait-elle une Réaction. (*A travers le Monde*, XVIII, 1912, p. 36.)

— Die Revolution in China ihr Ursprung und ihre Wirkung Von Dr. Vosberg-Rekow . . . Berlin, 1912, J. Guttentag, in-8, pp. 132.

Schriften der Deutsch-Asiatischen Gesellschaft, Nr. 6.

Notice : *Deutsche Rundschau f. Geog. u. Stat.*, XXXVI, 1913/1914, p. 377, par H.

— * Caught in the Chinese Revolution: A Record of Risks and Rescue. By Ernest F. Borst-Smith. Illustrated. T. Fisher Unwin, London, 1912, in-8.

Notice : *Lond. & China Express*, May 3, 1912, *Suppl.*, p. 2.

— Empires of the Far East a Study of Japan and of her Colonial Possessions of China and Manchuria and of the Political Questions of Eastern Asia and the Pacific by Lancelot Lawton. London, Grant Richards, 1912, 2 vol. in-8, pp. x-731, VII, pp. ch. 733/1598, carte.

Notices : *Lond. & China Express*, Oct. 18, 1912. — *Revue indo-chinoise*, Mai 1913, p. 594.

— China's Revolution 1911—1912. A Historical and Political Record of the Civil War by Edwin J. Dingle. With 2 Maps and 36 illustrations. T. Fisher Unwin, London, Leipsic: 1912, in-8, pp. 304.

Notices : *Lond. & China Express*, Septembre 20, 1912. — *Journ. N. C. B. R. As. Soc.*, XLIII, 1912, pp. 104/106, by A. S. — *The Athenaeum*, Sept. 28, 1912.

EDMOND ROTTACH.

— Edmond Rottach. — A Péking la veille de la révolution. — (*Revue de Paris*, 1912, I, pp. 212/224.)

— — A Nanking. (*Ibid.*, II, pp. 874/894.)

— — La Chine en révolution. Paris, Librairie académique Perrin et Cie, 1914, in-16, pp. XVII-268 + 1 f. n. ch.

Notice : *Revue polit. intern.*, Mai 1914, pp. 501/506, par Edmond Perrin.

— Edmond Rottach. — Le Désordre chinois. (*Revue bleue*, 30 Mai 1914, pp. 676/678.)

FERNAND FARJENEL.

— L'avenir de la République [chinoise]. Par Fernand Farjenel. (*Revue indo-chinoise*, Mai 1912, pp. 523/524.)

De l'*Echo de Chine*.

— A travers la Révolution chinoise. Mes séjours dans le sud et dans le nord. L'évolution des Mœurs. Entretiens avec les chefs des partis. L'emprunt inconstitutionnel. — Le Coup d'Etat. par Fernand Farjenel, Professeur au Collège libre des Sciences sociales. — Avec treize gravures et une carte. Paris, Plon, 1914, in-16, pp. v-401.

Notices : *Revue indo-chinoise*, Juillet 1914, pp. 136/137, par G. B. — *Bull. Soc. Géog. comm.*, Avril 1914, pp. 311/312, par G. B.

— Through the Chinese Revolution. My Experiences in the South and North the Evolution of Social Life Interviews with Party Leaders An unconstitutional Loan — the Coup d'Etat By Fernand Farjenel Professor at the «Collège libre des Sciences sociales». Translated from the French by Dr. Margaret Vivian. London, Duckworth and Co, in-8, pp. XII-352.

Notices : *Lond. & China Express*, Déc. 22, 1915. — *Journ. N. C. B. R. As. Soc.*, XLVII, 1916, pp. 149/151, by B.

— Fernand Farjenel. — L'échec de la restauration monarchique en Chine. (*Revue des Deux Mondes*, 1er juin 1916, pp. 640/662.)

— Das Revolutionäre China von Erich von Salzmann, Hauptmann A. D. . . . Mit 61 Abbildungen auf 31 Tafeln meist nach Originalaufnahmen des Verfassers, einer Übersichtskarte und drei Kartenskizzen. — Dietrich Reimer (Ernst Vohsen) in Berlin, 1913, in-8, 2 ff. n. ch. + pp. 171.

— * J. Henningsen. — Kina under Forvandlingens Tegn. Kopenhagen, Gyldendal, 1913, in-8, pp. 351, ill.

— * H. Borel. — De Chineesche Republiek (Lezing). Leiden, 1913.

— La noblesse républicaine. (*Revue indo-chinoise*, Janvier 1913, pp. 88/89.)

— The Chinese Revolution : its effects on Burma. By Sir J. George Scott, K. C. I. E. (*United Empire*, IV, Jan. 1913, pp. 32/37.)

— Les élections chinoises et la crise de demain. Par Robert de Caix. (*Asie française*, Mars 1913, pp. 108/110.)

— Les élections à la présidence de la République. Par René Surugue. (*Revue indo-chinoise*, Mars 1913, pp. 335/337.)

— Les débuts de la révolution dans les provinces chinoises par Maurice Courant. (*Revue des Sciences Politiques*, XXIX, II, Mars-Avril 1913, pp. 199/220.)

— La future présidence de la République. (*Revue indo-chinoise*, Avril 1913, pp. 477/480).

— La République chinoise. Par Jacques Léotard, secrétaire général de la Société de Géographie. (*Bull. Soc. Géog. Marseille*, XXXVII, 1913, pp. 98/100.)

— * La Chine parlementaire. A. Gervais. (*Revue bleue*, Paris, 17 mai, 1913?.)

— La révolution chinoise en six portraits. — Le Général Li-Yuan-Hung — Le Danton Chinois [Huang-Hsing] — Le Général Yin-Chang — Yuan-che Kai — Tong-shao-Yi — Le D. Sun-Yat-Sen. Par Putnam Weale. (*Revue indo-chinoise*, Juin 1913, pp. 669/680.)

— * The Fight for the Republic in China. By B. L. Putnam Weale. London; Hurst and Blackett. — New York, Dodd, Mead and Co., 1917.

Notices : *London & China Express*, Feb. 6, 1919, p. 91. — *Journ. N. C. B. R. As. Soc.*, XLIX, 1918, pp. 198/199, by F. L. H. P.

— The Fight for the Republic in China. By Professor E. H. Parker. (*The Asiatic Review*, Jan. 1919, pp. 8/14.)

A propos de B. L. Putnam Weale.

— The Altar Fire or the Story of the Chinese Revolution by Putnam Weale. Methuen & Co, London, s. d. [1917], pet. in-8, pp. VI-312.

— Le Problème des Elections présidentielles. Par René Surugue. (*Revue indo-chinoise*, Juillet 1913, pp. 106/111.)

Extr. du *Peking and Tientsin Times*.

— Chine. — Les troubles dans la vallée du Yang-Tseu — Dernier appel de Sun Yat Sen à Yuan Che Kai — La piraterie à Canton — La liberté de la presse et la république chinoise. Par René Surugue. (*Revue indo-chinoise*, Août 1913, pp. 231/238.)

— La révolution chinoise. Par L. G. (*Rel. de Chine*, Oct. 1913, pp. 233/239.)

— Chine. — Après l'insurrection sudiste. (*Revue indo-chinoise*, Octobre 1913, pp. 515/517.)

(Divers.)

— (Idem.) — Les incidents sino-japonais de Nankin et de Changli — La Politique intérieure — Le Confucianisme religion d'Etat. Par C. Mus. (*Ibid.*, pp. 515/523.)

— China revolutionized. By John Stuart Thomson. Illustrated with photographs and Maps. Indianapolis, The Bobbs-Merrill Company Publishers, s. d. [1913], in-8, pp. 590.

— London, T. Werner Laurie, [1913], in-8, pp. 590.

Notices : *London & China Express*, Sept. 5, 1913. — *Jour. R. As. Soc.*, Oct. 1914, pp. 1122/1124, by J. Dyer Ball.

— The Flowery Republic. By Frederick Mc. Cormick, Special Correspondent at Peking . . . With special illustrations by the Author and from Photographs and the Chinese Press; Maps, etc. London: John Murray, 1913, in-8, pp. XIV-489.

Notice : *London & China Express*, June 6, 1913.

— Present conditions in China. By Frederic Mc Cormick. (*National Geographic Magazine*, Washington, Dec. [1911], pp. 1120/1138.)

— R. Fleming Johnston. — The Religious Future of China. (*Nineteenth Century*, Nov. 1913, pp. 908/923.)

— The Passing of the Dragon the Story of the Shensi Revolution and Relief Expedition by J. C. Keyte, M. A. With numerous illustrations. Hodder and Stoughton, London, New York, Toronto, s. d. [1913], in-8, pp. XII-311.

— The Second Revolution in China, 1913. My Adventures of the Fighting around Shanghai, the Arsenal, Woosung Forts, by St. Piero Rudinger. The only Foreign War Reporter during the Chinese Civil War 1913, in-8, pp. XII-177, portrait, 39 ill. et 4 plans.

Au verso du titre : Shanghai : *Shanghai Mercury*, 1914.

— The Suicide of the National Assembly. By Liang Ch'i-chao. (*The National Review*, 4 Oct. 1913, pp. 361/362.)

Translated from the *Yung Yen*.

— The « People's Will ». — An Exposure of the Political Intrigues at Peking against the Republic of China. By Authority of The Republican Government of China. — « Rebellion to tyrants is obedience to God ». — 1916, in-8, 2 ff. n. ch. + pp. 29 + 2 f. + pp. 20 texte chinois.

P. 21 : Facsimile of Yuan Shih-kai's Oath of Office.

— The So-called People's Will. A Comment on the Secret Telegrams of the Yuan Government by Liang Chi-chao . . .

(Divers.)

Shanghai, 1916, gr. in-8, pp. 16 + 16 pages texte chinois.

— L'installation du Président de la République chinoise. — Lettre du ministre des Affaires étrangères, M. Lou Tseng-Tsiang à Mgr Jarlin, vicaire apostolique de Pékin. Pékin, 9 Octobre 1913. (*Miss. Cath.*, 14 Nov. 1913, pp. 541/542; fig.)

— Chine. — L'élection présidentielle. Par XX. (*Revue indo-chinoise*, Nov.-Déc. 1913, pp. 661/663.)

— Le devenir de la Chine. Par Gabriel Noll. (*Ibid.*, pp. 611/615.)

— Chine. — Coup d'œil rétrospectif sur la situation en Chine. — L'élection présidentielle par XX. (*Ibid.*, pp. 657/663.)

— Chine. — L'élection présidentielle. (*Ibid.*, pp. 663/666.)

— Chine. — L'élection présidentielle. Le 18 Brumaire chinois. — Problèmes urgents. [Par C. Mus.]. (*Ibid.*, pp. 663/678.)

— Le 18 Brumaire chinois. (*Ibid.*, pp. 666/669.)

— * B. L. Frhr. v. Mackay. — China, die Republik der Mitte. Ihre Probleme und Aussichten. Mit 19 Nachbildungen chinesischer Originale. Cotta, Stuttgart und Berlin, 1914, pp. VII-264.

— Intronisation du Président de la République. (*Rel. de Chine*, Kiang-Nan, Janvier 1914, pp. 322/325; portr. et fig.)

— The Wenchow Riot. (*The Chinese Review*, Vol. I, April 1914, pp. 57/58.)

"North China Herald" of Shanghai.

— Un nouveau cabinet. (*Asie française*, Mai 1914, pp. 211/212.)

— The Chinese Republic After Two Years' Trial. Letter from Fred. Brown to the Editor. (*The Chinese Review*, Vol. I, June 1914, p. 118.)

— La question des sphères d'influence économique. (*Asie française*, Juin 1914, pp. 257/258.)

— La loi sur l'Election du Président de la République. (*Revue indo-chinoise*, Janv.-Fév. 1915, pp. 171/173.)

— Chine. — République ou Monarchie? Par C. Mus. (*Ibid.*, Sept.-Oct. 1915, pp. 342/348.)

— J. O. P. Bland. — The Restoration of Monarchy in China. (*The Edinburgh Review*, January 1916, pp. 100/120.)

— Dans la Chine nouvelle. — I. Scènes et épisodes de la grande révolution. Par Léopold Gain. (*Etudes*, 20 Février 1916, pp. 487/515.) — II. Vers l'Empire. (*Ibid.*, 5 Mars 1916, pp. 626/641.) — II. Vers l'Empire, 2. — L'essai loyal et les premiers troubles. — III. Le gouvernement personnel. — IV. L'Empire proclamé (*Ibid.*, 5 Avril 1916, pp. 91/114.)

Chang-Hai, le 1er février 1916.

— Chine. — La troisième révolution. (*Revue indo-chinoise*, Mars-Avril 1916, pp. 345/353.)

— * W. Schüler. — Die monarchische Bewegung in China. (*China-Archiv*, I, 4, April 1916; I, 5, Mai 1916.)

— Political Situation in China. By Gilbert Reid. (*Open Court*, May 1916, pp. 308/312.)

— L'avortement de la restauration chinoise. (*Asie française*, Juill.-Sept. 1917, pp. 127/129.)

— L'exil de Tchang Hsioun. (*Ibid.*, Oct.-Déc. 1917, p. 193.)

— * J. H. de Reus. — Verslag — China over 1915. (*Economische Verslagen*, 10de Jg. 1917.)

— La lutte du Nord et du Sud en Chine. (*Asie française*, Mai-Sept. 1918, pp. 104/108.)

(DIVERS.)

— The Far East Unveiled An Inner History of Events in Japan and China in the Year 1916 by Frederic Coleman… Cassell & Co., London, etc., 1918, in-8, pp. XIII-304.

Notice : *London & China Express*, Sept. 4, 1918, p. 488.

— La situation dans le Hou-nan. (*Revue indo-chinoise*, Sept.-Oct. 1919, pp. 269/270.)

Politique de Pékin, 28 Sept. 1919.

— China at the Peace Conference. (*Far Eastern Pol. Science Rev.*, I, No. 1, Sept. 1919, pp. 85/94.)

— 10 Octobre. (*Ibid.*, No. 3, Nov. 1919, pp. 1/5.)

— Mort de l'ex-président Fong Kouo Tchang. (*Asie française*, Mai 1920, p. 165.)

— La défaite du parti Anfou. (*Ibid.*, Juill.-Août 1920, p. 290.)

— La décomposition de la Chine du Sud. (*Ibid.*, p. 290.)

— La Chine révolutionnaire au vingtième siècle. — L'autobiographie de Soumé Tcheng. Par Louis Jalabert. (*Les Etudes*, 5 Août 1920, pp. 297/307.)

A propos de : Souvenirs d'Enfance et de Révolution, par Soumé Tcheng, transcrits par B. Van Vorst. Paris, Payot, 1920.

— Fin des luttes intestines. (*Asie française*, Nov. 1920, p. 382.)

— Une Conférence des trois Grands-Toukouns. (*Ibid.*, Mai 1921, p. 219.)

— Les bruits de restauration monarchique. (*Ibid.*, Sept.-Oct. 1921, p. 390.)

— * Martin Maier-Hugendubel. — Die Revolution in China. Mit einer Vorrede von Prof. B. von Wurster in Tübingen. Johannes Blanke, Konstanz (Baden), Emmishofen (Schweiz), in-4, pp. 32.

Biographie.

Col. 666/681, 3107/3109.

— Men who have helped China. (*N. China Herald.*)

II. Marco Polo (April 6, 1906). — III. Chu Fu-tsze (April 20, 1906). — IV. Matteo Ricci (May 4, 1906). — V. The Emperor Kang Hsi (May 18, 1906). — VII. Tseng Kuo-fan (June 15, 1906). — VIII. Anson Burlingame (June 29, 1906).

— Notices biographiques de quelques illustres écrivains de Pékin. Par Nguyễn-văn-Tố. (*Revue indo-chinoise*. 15 Août 1906, pp. 1226/1235.)

— The Makers of Cathay. By C. Wilfrid Allan. Printed and Published by the Presbyterian Mission Press, Shanghai, 1909, in-8, pp. II + 1 f. n. ch. + pp. v-242, 4 ill.

Confucius. — Mencius. — Chin Shih Huang. Ti. — Chu-Ko Liang. — Fa Shien and Shuan Tsang. — Li Shih-Min. — Li Tai-Peh and Tu Fu. — Han Yü. — Wang-an Shih. — Chu She. — Kublai Khan. — Wen Tien Shiang and Lu Shiu-Fu. — Hung Wu. — Wu San-kouei. — Koxinga. — K'ang She. — Ch'ien Lung. — Tseng-Kouo-Fan. — Li Hung-chang.

Notice : *Journ. N. C. B. R. As. Soc.*, XLI, 1910, p. 124, par J. C. F.

— Biographies chinoises Traduction G. Douin (Suite). II. [sic] Tseng Kouo-fan (Suite).

(BIOGRAPHIE.)

— IV. P'eng Yu-lin. (*Bull. Assoc. amicale franco-chinoise*, II, Janvier 1910, pp. 24/49.)

— P. D. Bergen. — The Sages of Shantung: Confucius and Mencius. Reprint. London, Probsthain, 1913, in-8, pp. 24.

CONFUCIUS 孔夫子.

— Voir col. 667/670, 1413/1414, 3107 et SILHOUETTE, col. 10.

Col. 668.

— Il y a à la Bibliothèque de Kazan un Ms. russe de 16 feuillets renfermant sur 4 ff. une Vie de Confucius et sur 12 ff. une traduction de 81 maximes tirées des œuvres de Confucius. C'est une traduction, mais de quelle langue. En russe, il existe deux biographies du philosophe; l'une faite par Cheglov (Щегловъ) d'après l'ouvrage du P. Couplet : *Confucius Sinarum Philosophus*, 1687; l'autre traduit par Verevkin (Веревкинъ) sur un original français et imprimée à St-Pétersbourg, 1790, in-8. (*Rev. de l'Ext. Orient*, II, 1883, p. 400.)

— Josephus Pela. — The Philosophical Library; being a curious collection of the most rare and valuable Manuscripts and Printed Works, both ancient and modern, which treat of moral, metaphysical, theological, historical and philosophical enquiries after truth. London, 1818, 2 vol. in-8.

Contents: Vol. 1. The Life and Morals of Confucius; The Life and Morals of Epicurus; The Life of Isocrates and Morals of Isocrates; The Morality of the East extracted from the Koran of Mohamed. — Vol. 2. The Morality of the New Testament; The Political Mischiefs of Popery; A Catalogue of . . . Relics of the Roman Catholic Church.

According to W. E. A. Axon in *Notes and Queries* Feb. 20, 1869, p. 168, the name Josephus Tela was a pseudonym of Joseph Webb.

— The Moral Aphorisms and Terseological Teachings of Confucius. To which is added a short sketch of his life. By M. R. K. Wright. Battle Creek, Mich.: Printed for the Author, 1870, in-16, pp. 62, Portrait.

— Emm. de Curzon. — La Réforme sociale. — Confucius. — M. Le Play. (*Revue de France*, XLV, Paris, 1881, 15 janvier, pp. 300/321; 1er février, pp. 477/496.)

— Marius Deshumbert. Confucius : His Life and Doctrine . . . Translated from the French by Captain E. M. Perceval. R. A. Williams & Norgate: London, 1897, in-8, pp. 30.

— Kufou, la Mecque des Chinois. (*A travers le Monde*, VI, 1900, pp. 398/399.)

— Zeitfragen des christlichen Volkslebens. Band XXIX, Heft 8. — Konfuzius der Heilige Chinas in christlicher Beleuchtung nach chinesischen Quellen und Dr. Faber: « Der Lehrbegriff des Konfuzius » von Missionar J. Flad. — Stuttgart, Chr. Belser, 1904, in-8, pp. 91.

— * A. Tschepe. Heiligtümer des Konfuzianismus im K'ü-Fu und Tschou-Hien. Jentschoufu 1906, in-8, pp. 8, 132. Mit 63 Illustr. u. 3 Karten. — Studien u. Schilder. aus China, Bd. 2.

Notices : *Journ. N. C. B. R. As. Soc.*, XXXIX, 1908, pp. 189/194, by T. W. Kingsmill. — *Asiat. Quart. Rev.*, April 1908, pp. 399/400, by E. H. Parker.

— Voyage au pays de Confucius & de ses disciples. Par le P. Tschepe, S. J. (*Rel. de Chine*, Kiang-nan, Avril 1910, pp. 533/540; fig.)

— Robert Saitschick. — Kungfutse, der « Meister » der Religion Chinas. (*Hochland*, München, IX, 1912, pp. 15/38.)

— Otto Messing. — K'ung (Konfuzius) und seine Lehre. (*Zeitschft. f. Ethnol.*, 1912, Heft VI, pp. 887/903.)

— Confucius and his Portraits by Dr. Berthold Laufer. With illustrations. (Reprinted from « the Open Court », March and April 1912.) Chicago. The Open Court Publishing Company, 1912, in-8, pp. 40.

Notice : *Journ. R. As. Soc.*, Jan 1913, pp. 224/225, by J. Dyer Ball.

— * Confucius and New China. By Wang Ching Tao. Shanghaï. *Commercial Press*. 50 cents.

Notice : *Journ. N. C. B. R. As. Soc.*, XLIV, 1913, p. 181. By M.

— Karl Klügmann. — Aus dem religiösen Leben der Chinesen. Am Grabe des Konfuzius. Auf dem Taishan. (*Geist d. Ostens*, München, I, 1913, pp. 284/295.)

— Die Staatsidee des Konfuzius und ihre Beziehung zur konstitutionellen Verfassung. Von Ching dao Wang (Februar 1907 bis Dezember 1911 Lektor am Seminar für Orientalische Sprachen in Berlin). (*Mitt. des Seminars für Orient. Sprachen*, Jahrgang XVI, *Ostasiat. Studien*, Berlin 1913, pp. 1/49.)

— * Dr. K. Stübe. — Das Zeitalter des Confucius, N° 75 de la « Sammlung gemeinverständlicher Vorträge und Schriften aus dem Gebiet der Theologie und Religionsgeschichte. » Tübingen, Mohr (Paul Siebeck), 1913, in-8, pp. 54.

Notices : *Revue de l'Histoire des Religions*, Juillet-Août 1913, pp 111/112. Par P. Masson-Oursel. — *Revue Critique*, 4 Juillet 1914, p. 19, par A. L.

— Bulletin des Missions Chine : la Défaite de Confucius. Par Alexandre Brou. (*Les*

Etudes, 20 Novembre 1917, pp. 493/506).

— Some incidents in Confucius' days by Prof. E. H. Parker. (*New China Review*, I, August 1919, pp. 389/396.)

— Lu in Confucius early years by Arthur Morley. (*Ibid.*, II, August 1920, pp. 341/365.)

CH'IU CHIN 秋 僅, † 1907.

— The life of Ch'iu Chin. Translated from the Chinese by Lionel Giles. (*T'oung Pao*, Mai 1913, pp. 211/226; carte.)

Col. 671.

HO KOUAN.

Lire 和 珅, Giles, *Biog. Dict.*, No. 658. — Stevens a confondu 紳 *k'ouen* avec 珅 *chen*. (PELLIOT).

Col. 671.

K'OUNG MING.

C'est le *tseu* de TCHOU-KO LIANG, 諸 葛 亮; cf. Giles, *Biog. Dict.*, No. 459.

LEOU KI.

— Leou ki 婁 機 et sa famille par Ed. Chavannes. (*T'oung Pao*, Mai 1914, pp. 193/202; portrait.)

Lettré de l'époque des Soung, † 1209.

LI HOUNG-TCHANG 李 翰 章.

Voir col. 672/673, 3107.

— Li Hung Chang. — By Demetrius C. Boulger. (*Contemporary Review*, Vol. LXX, 1896, pp. 18/29.)

— La Fortune de Li Hung-Chang. — Prévoyance . . . et Concussion. (*A travers le Monde*, V, 1899, p. 359.)

— Li-Hung-Chang. — Un Crésus chinois.. — Quatre milliards ou cent-vingt millions? Par Villetard de Laguérie. (*Ibid.*, VIII, 1902, pp. 6/7,)

— Лихунчжанъ или Политическая Исторiя Китая за послѣднiя 40 лѣтъ. — Сочиненiе Лянцичао. — Перевели съ китайскаго А. Н. Вознесенскiй и Чжанчинтунъ. Съ предисловiемъ Чжанчинтуна. — С.-Петерб., 1905, in-8, pp. XV + 2 ff. n. ch. + pp. 346, Portrait.

— Biographies chinoises Traduction G. Douin (Suite) II. Li Hong-tchang. (*Bull. Ass. Amic. franco-chinoise*, Juillet 1909, pp. 361/395.)

— Le Journal de Li-Hung-Chang. (*Revue indo-chinoise*, Déc. 1912, pp. 537/547, Fév. 1913, pp. 210/214.)

Extraits publiés par l'*Observer*, traduits par H. G.

— Memoirs of the Viceroy Li Hung Chang with an Introduction by Hon. John W. Foster. London, Constable and Company. 1913, in-8, pp. XXVII-314, portrait.

— The Same : Boston and New York, Houghton, Mifflin Co.

Notices : *Contemporary Review*, Jan.-June 1914, pp. 448/450. — *Dublin Review*, Jan.-April 1914, pp. 387/389, by E. S. H. — *London & China Express*, Déc. 5, 1915. — *Journ. N. C. B. R. As. Soc.*, XLV, pp. 169/170.

— * Memoiren des Vizekönigs Li Hungtschang. Ins Deutsche übertragen von Gräfin M. von Hagen. Berlin 1915. Karl Siegismund, in-8, pp. 243.

Notice par W. Schüler, *Ostasiat. Zeitschft.*, 5 Jhrg., 1916/1917, pp. 190/195.

— * Li Hung-Changs's Scrap Book. Compiled and edited by Sir Hiram E. Maxim. With Portrait of Li Hung-chang and Illustrations. London: Watts and Co. 1913.

Notice : *London & China Express*, June 27, 1913, Suppl., p. 1.

— Makers of the Nineteenth Century Edited by Basil Williams — Li Hung-Chang by J. O. P. Bland. London, Constable & Company, 1917, in-8, pp. VI + 1 f. n. ch. + pp. 327.

Notices : *Journ. N. C. B. R. As. Soc.*, XLIX, 1818, pp. 179/182, by M. — *London & China Express*, Dec. 5, 1917.

— Li Hung-chang. By E. H. Parker. (*Asiatic Review*, Jan. 1, 1918, pp. 49/60.)

A propos de : «Makers of the Nineteenth Century : Li Hungchang», by J. O. P. Bland.

LIANG K'I-TCHAO 梁 啓 超.

Né 23 Février 1873, à Hioung tseu, dans l'estuaire du Si Kiang, Kouang Toung.

— Un maître de la jeune Chine : Liang K'i-tch'ao par Pascal M. d'Elia, S. J. (*T'oung Pao*, Oct. et Déc. 1917, pp. 247/294.)

— Henri Cordier. — M. Liang K'i-tchao, la Chine et le Japon. (*Le Correspondant*, 25 août 1919, pp. 626/644.)

— * Die Anfänge der chinesischen Geschichtschreibung. Von A. Rosthorn. Wien, bei Alfred Hölder, 1920, pp. 28.

Notice : *Journ. Roy. As. Soc.*, Oct. 1921, p. 662: By A. Waley.

LI LIEN-YING.

— Li Lien-ying. Nécrologie. (*T'oung Pao*, Mai 1911, pp. 259/261.)

Extr. du *Times Weekly Edition*, April 14, 1911.

SIU HIA-K'O.

— On Hsü Hsia-K'o, 徐 霞 客 (1586/1641) Explorer and Geographer by

V. K. Ting. (*New China Review*, III, October 1921, pp. 325/337.)

Read before the Wên Yu Hui (文友會), Peking, June 14, 1921.

TAO YOUEN-MING 陶淵明.

— Tau Jüan-ming (365/428). Leben und Dichtungen. Von Anna Bernhardi in Tientsin (China). (*Mitt. d. Seminars für Orient. Sprachen*, Jahrg. XV, *Ostasiat. Studien*, 1912, pp. 58/117.)

Col. 679.

TCHOUNG HEOU.

Au lieu de 宗顏崒厚 lire ||崇|.

TCHANG TCHE-TOUNG 張之洞

Voir col. 677, 3108.

— *North China Herald*, Mai 9, 1900.

Col. 677.

— La traduction de l'ouvrage de Tchang Tche-toung, avait paru dans le dernier trimestre de 1898, de l'*Echo de Chine*, avant d'être publiée à part.

— VARIÉTÉS SINOLOGIQUES N° 26. — 篇學勸 *K'iuen-hio p'ien* Exhortations à l'Étude par S. Exc. Tchang Tche-tong, Vice-Roi du Hou-Koang, actuellement Grand Secrétaire d'État et Membre du Grand Conseil. — Nouvelle édition enrichie du texte chinois par le Père Jérome Tobar, S. J. — Changhai, Imprimerie de la Mission catholique Orphelinat de T'ou-sè-wè, 1909, in-8, pp. IV-197, Portrait.

Le *K'iuen-hio-p'ien* a été réfuté par deux lettrés progressistes *Ho Ki-wo* 何啟沃 et *Hou Li-yuen* 胡禮垣 au cinquième livre de leur ouvrage *Sin-tcheng-tchen-ts'iuen* 新政眞詮 *Jugement vrai du nouveau gouvernement.* Le titre du livre est *K'iuen-hio-p'ien chou-heou* 勸學篇書後 *Post-scriptum aux Exhortations à l'étude.* » (Tobar, éd. de 1909, p. IV.)

Le *North China Herald* de Chang-hai, Nos. du 5 et du 26 Sept. 1908 publia l'exposé de quelques exhortations du *K'iuen-hio-p'ien.* Le *Chinese Recorder* donne à partir du fascicule de Nov. 1908, la traduction faite par le Rev. S. I. Woodbridge.

— * « Learn » by Chang Chih-tung, viceroy of Liang-hu, translated by Rev. S. I. Woodbridge, with an Introduction by Rev. Griffith John, D.D. Printed at the *Shanghai Mercury* Office.

— La mort de Tchang Tche tong. (*Bull. Com. Asie française*, Oct. 1909, pp. 414/416).

— Reminiscences of a Chinese Viceroy's Secretary Being the Opinions and Recollections of a Secretary on the Staff of the late Viceroy Chang Chih-tung for over twenty years translated by « Ardsheal ». I. The Viceroy's Yamên at Nanking. — II. Loyal to the Manchus. — III. A reminiscence of P'êng yü-lin. — IV. The folly of playing « follow my leader. » — V. A far-sighted statesman. — VI. A man of the first order. — VII. The bumptiousness of the literati. — VIII. Degeneration. — IX. A man of great excellence. — X. The teaching of Confucius. — XI. The new arithmetic. — XII. An improved Mencius. — XIII. Formalism. — XIV. Outward success. — XVI. The new altruism. — XVII. Public and private interests. — XVIII. Judgment. — XIX. An upright but unpractical functionary. (*Journ. N. C. B. R. As. Soc.*, Vol. XLV, 1914, pp. 91/109; XLVI, 1915, pp. 61/76.)

TSAI SOUNG-POUO.

— Le général Tsai-Song-Pouo sa vie, son œuvre. Par XXX. (*Revue indo-chinoise*, Nov.-Déc. 1916, pp. 407/416; portrait.)

Né au Hou Nan, en 1881.

TSE TSAN-TAI.

— Tse tsan tai 泰纘謝. His Political and Journalistic Career. A brief record by Chesney Duncan. . . . — Reprinted from Present Day Impressions of the Far East and Prominent and Progressive Chinese At home and abroad. — Published by The Globe Encyclopaedia Company. London. England. 1917, in-8, pp. 8, portrait.

WANG NGAN-CHE 王安石.

— Publications du « Siècle ». — Un essai loyal de socialisme en Chine par Félix Leseur. — Communication faite à la Société d'Economie Industrielle et Commerciale. — Prix : 50 Centimes. — Paris, Guillaumin, 1894, in-12, pp. 24.

Communication faite le vendredi 19 Oct. 1894. — Avant-propos d'Yves Guyot.

— ВАНЪ-АНЬ-ШИ и его Реформы. XI в. — Приватъ-доцента А. И. Иванова. — С.-Пет., Тип. М. М. Стасюлевича, 1909, in-8, pp. VI-216 + 1 f. er.

Forme le No. 29 des publications de la Faculté des langues orientales de l'Université impériale de St-Pétersbourg.

Notice : *Bul. Ass. am. franco-chinoise*, Juillet 1909, pp. 411/412, par J. Dautremer.

— Camille Aymard. — Une expérience Bolcheviste en Chine il y a mille Ans. (*La Revue de France*, 1er Février 1922, pp. 537/552.)

WANG WEN-CHAO.

— Wang Wen-chao 王文韶. Nécrologie par H. C.[ordier] (*T'oung Pao*, Mars 1909, p. 91.)

Col. 681.

Y HIANG.

Livre Y HANG avec les anciens missionnaires, ou YI HING, 義行; cf. Giles, *Biog. Dict.*, No. 902, dont les dates 672/717 doivent être corrigées en 683/727. (Pelliot.)

YOUEN CHE-K'AI.

Voir RÉVOLUTION ET RÉPUBLIQUE col. 3490.

Antiquités.

1° ÉPIGRAPHIE.

— A Study of Chinese Inscriptions. I. Notes on the earliest Chinese Inscription found at Buddhagayâ in India. By J. Takakusu, M.A. Ph.D. (*The Hansei Zasshi*, Vol. XII, N° 5, pp. 20/29.)

— Inscripción China del Arizona. Por M. M. (*Bol. Soc. Geog. Madrid*, V, 1878, pp. 59/62.)

Inscription formée d'hiéroglyphes, reconnue par le Comte Foucher de Caseil [sic] pour être composée de caractères chinois, trouvée en 1875 par Wheeler, guidé par le colon Deckea, dans une vallée de roches basaltiques de l'Arizona, à 25 kil. de Acuosa.

— Une inscription du royaume de Nan-Tchao. Par Ed. Chavannes. (*J. As.*, IXe Sér., XVI, 1900, pp. 381/450.

— Trois inscriptions relevées par M. Sylvain Charria. Note par M. Edouard Chavannes. (*T'oung Pao*, Déc. 1906, pp. 671/701.)

Tirage à part : Leide, 1906, in-8 pp. 33, 3 pl.

— Note sur l'inscription du Rocher Rouge. Par le Lieutenant Lepage. (*Bull. Ec. fr. Ext. Orient*, VIII, Janv.-Juin 1908, pp. 233/235).

Cf. Chavannes, *T'oung Pao*, 1906, pp. 696/698.

— L'inscription en caractères inconnus du Rocher Rouge par le Capitaine Lepage (Mission d'Ollone). (*T'oung Pao*, Juillet 1910, pp. 391/404; fig.)

— Note sur l'inscription joutchen de K'ien-tcheou. Par Ed. Chavannes. (*T'oung Pao*, 1908, pp. 263/265.)

— Quatre Inscriptions du Yunnan (Mission du Commandant d'Ollone). — Extrait du *Journal Asiatique* (Juillet-Août 1909). Paris, Imprimerie nationale, MDCCCCIX, in-8, pp. 48, 8 pl.

J. As., Xe Sér., XIV, 1909, pp. 5/46.

— Note additionnelle sur l'inscription de Che-tch'eng (971 p. C.). (*Ibid.*, Nov.-Déc. 1909, pp. 511/514.)

Cf. *J. As.*, Juillet-Août 1909.

— Une inscription du Yunnan (Mission d'Ollone) traduite par M. Chavannes Etude critique par Fernand Farjenel. (*Journ. Roy. As. Soc.*, Oct. 1910, pp. 1077/1102.)

Notice par E. H. Parker, *Imp. & As. Quart. Rev.*, April 1911, p. 404.

— L'inscription funéraire de Ts'ouan Pao-tseu. Réponse à M. Farjenel par Edouard Chavannes. (*Ibid.*, Janv. 1911, pp. 75/108.)

— (Idem.) Reponse a M. Farjenel by Edouard Chavannes. [From the *Journal of the Royal Asiatic Society*, January 1911], in-8, pp. 34.

— A propos de la controverse Pelliot-Farjenel. Quelques jugements portés à l'étranger sur divers travaux de M. Ed. Chavannes. (*Revue indo-chinoise*, Avril 1911, pp. 412/415.)

— Note sur des inscriptions arabes, persanes et chinoises du Chen-si, du Ho-nan et du Chan-toung, par M. Philippe Berthelot, Secrétaire d'Ambassade. (*Acad. Insc. et Belles-Lettres, Ctes rendus* 1905, pp. 186/204, fig.)

— * Epigraphische Denkmäler aus China. Herausgegeben von O. Franke und B. Laufer. I. Teil. Lamaistische Klosterinschriften aus Peking, Jehol und Si-ngan. 81 Tafeln nebst Einleitung in 2 Mappen. Berlin, 1914, Dietrich Reimer, in-folio oblong, pp. 7 n. ch.

Notices par Eduard Erkes, *Ostasiat. Zeit.*, IV Jbrg., Jan.-März 1916, p. 328. — *Jour. As.*, Juillet-Août 1914, pp. 177/191, par Paul Pelliot. — *T'oung Pao*, Mai 1914, pp. 286/287, par Ed. Chavannes.

— * Herbert Mueller. — Denkmalsschutz u. Denkmalspflege in China. (*China-Archiv*, I, pp. 7/9.)

— The Wu Pan Tablet an amateur stu in chinese Epigraphy. — By Rev. G. G. Warren. (*Journ. N. C. B. R. As. Soc.*, vol. XLVI, 1915, pp. 77/100; pl.)

— L'épigraphie des bronzes rituels de la Chine ancienne, par M. R. Petrucci. (*Journal Asiatique*, Janv.-Février 1916, pp. 5/76; planches.)

— A Chinese Inscription from Ceylon, (*Journ. N. C. B. R. As. Soc.*, vol. XLV, pp. 171/172.)

Tcheng Ho. — Cf. *Spolia Zeylanica.*

— The Method of Making Ink Rubbings. — Arthur Stanley Curator of the Shanghai Museum. (*Journ. N. C. B. R. As. Soc.*, vol. XLVIII, 1917, pp. 83/84, planche.)

2° NUMISMATIQUE.

Col. 688/694, 3109/3110.

Voir le chap. consacré aux MONNAIES, POIDS ET MESURES.

S. BIRCH.

— S. B.[irch]. — Tin Medal from Cha-Poo, in the Province of Che Keang. (*Numismatic Chronicle*, VII, 1845, p. 43.)

— S. Birch. — Sycee Silver. (*Ibid.*, pp. 173/179.)

— — Chinese Bank-Note. (*Ibid.*, XII, April 1849 — Jan. 1850, pp. 169/171.)

JOHN WILLIAMS.

— Some account of « Tseen Shih too », a Chinese Work on Coins, in the Library of the Numismatic Society of London. By John Williams. (*Numismatic Chronicle*, XIII, 1851, pp. 143/166, 1 pl.)

— Account of « Kin ting tseen luh ». (Idem.) (*Ibid.*, XIV, 1852, pp. 155/175, 1 pl.

— An Epitome of Chinese Numismatics. By John Williams. (*Ibid.*, XVI, 1854, pp. 43/76.)

— John Williams. — Notice of three Chinese Silver Medals. (*Ibid.*, N. S., I, 1861, pp. 241/245.)

— — Account of a Collection of Chinese Coins in the possession of W. H. Black, Esq., F. S. A. and of others in the possession of Captain Archer. (*Ibid.*, March 1864, pp. 34/39.)

— — On an example of Chinese Paper Currency of the Ming Dynasty. (*Ibid.*, December 1864, pp. 255/262.)

∴

— W. B. Dickinson. — On Chinese Knife Money. (*Ibid.*, N. S., 1862, pp. 213/218, 1 pl.)

— Terrien de Lacouperie. — Paper-Money of the Ninth Century and Supposed Leather Coinage of China. (*Ibid.*, 1882, pp. 334/341.)

— Numismatique annamite . . . par Désiré Lacroix, 1900. — Col. 694.

Notice : *J. As.*, IXe Sér., XVII, 1901, pp. 361/371, par Edouard Chavannes.

— Catalogus der Munten en Amuletten van China, Japan, Corea en Annam, behoorende tot de Numismatische Verzameling van het Bataviaasch Genootschap van Kunsten en Wetenschappen door H. N. Stuart. Batavia, Landsdrukkerij [&] 's Gravenhage, M. Nijhoff, 1904, gr. in-8, pp. XXIV-227.

Notice : *Globus*, LXXXVI, p. 384.

J. SILVESTRE.

— J. Silvestre. — Notice sur les Monnaies de la Chine et Dépendances. (*Bul. Soc. Géog. Rochefort*, XXVIII, 1906, pp. 1/24, 4 pl.)

— — Notice sur les Médailles de la Chine et Dépendances. (*Administration des Monnaies et Médailles — Rapport au Ministère des Finances*, 1907, pp. 319/332, ill.)

— — (Idem.) (*Bul. Soc. Géog. Rochefort*, XXX, 1908, pp. 3/16, 7 pl.)

H. A. RAMSDEN.

— * H. A. Ramsden. — Chinese Historical Amulet Coin. (*Numismatist*, August 1909.)

— — * Foreign Money in China. (*Ibid.*, February 1910.)

— — * Modern Chinese Copper Coins. (*Ibid.*, June 1910.)

— — * Tsih Moh Knife Coins. (*American Journal of Numismatics*, Small Series, October 1910.)

— — * Monnaies en formes de couteau du petit type, fabriquées pour Tsi Moh. (*Ibid.*, XLIV, 1910, pp. 158/163, pl. 20.

Tsi Moh, place de commerce de l'ancien état de Tsi, au N. E. du golfe de Kiao-tcheou.

— — * Carapace Money of China. (*Ibid.*, April 1911.)

— — * Pictorial Characters on Ancient Chinese Coins. (*Numismatist*, June 1911.)

— — * Some Rare and Unpublished Chinese Coins. (*Spinks Numismatic Circular*, September 1911.)

— — * Paper Money of China. (*Mehl's Numismatic Monthly*, October 1911.)

— — * Papiergeld in China. (*Berliner Münzblätter*, Okt. 1911.)

— — Chinese openwork amulet coins. London, E. L. Morice, 1912, in-8, pp. 60, with 4 pl.

— — * Quelques monnaies chinoises rares et inédites. (*Num. Circular*, 1912, 13732/737, fig.)

— Manuals of Far Eastern Numismatics. — No. 2. Chinese early Barter and undescribed Money. By H. A. Ramsden, F. R. N. S. President of the Yokohama Numismatic Society . . . — Jun Kobayagawa Co. Numismatic & Philatelic Publishers, Yokohama, Japan, 1912, in-8, 2 ff. n. ch., tit., tab., etc. + pp. 34, 65 fig. dans le texte et 3 pl. hors texte.

Manuals : No. 1. Chinese Paper Money. — No. 3. Chinese Spade Coins.

— * H. A. Ramsden, Quelques monnaies chinoises, rares et inédites. (*Num. Circular*, 1913, pp. 911/914, 9 fig.)

Les monnaies de la ville de Nieh, à laquelle correspond l'actuel Wu Hsiang, dans le Shansi. Ces pièces, de forme analogue à celle d'une cloche, portent des idéogrammes très anciens.

— New Coin Issues for China. By H. A. Ramsden. (*The Numismatic and Philatelic Journal of Japan*, Jan. 1913, pp. 9/11.)

— * H. A. Ramsden. Erreurs dans la formation des idéogrammes *An Yang*; monnayage primitif de cette antique cité chinoise. (*Ibid.*, I, n°s 3 et 6, mars et juin 1913.)

— — * Amulettes monétaires coréennes. (*Ibid.*, n° 3, 4, mars-avril 1913. [En japonais].)

— — * Amulettes monétaires chinoises avec l'inscription *Japon*. (*Ibid.*, n° 5, mai 1913.)

— — * Papier-monnaie chinois avec la reproduction d'une piastre d'argent espagnole. (*Ibid.*, n° 6, juin 1913.)

— — * Sceaux pour l'impression des billets de banques particulières en Chine; signification de ces sceaux. (*Ibid.*, juillet 1913.)

— — * Monnaies chinoises récentes. (*Ibid.*, II, Août 1913.)

— — * Monnaies et amulettes magiques de Corée. (*Ibid.*, août et octobre 1913.)

— — * Emission de monnaies militaires pour la province chinoise de Sze Chuen. (*Ibid.*, sept. 1913.)

(Ramsden.)

— — * Le monnayage de *cauris* dans l'ancienne Chine. (*Ibid.*, Nov. 1913.)

∴

— Une monnaie turco-chinoise. Par Allotte de la Fuÿe. (*Journal Asiatique*, Janv.-Fév. 1910, pp. 188/190.)

Collection Edouard Blanc.

— Monnaies d'Extrême-Orient chinoises, coréennes, japonaises et annamites. — Notice explicative par le P. Pacifique Chardin Missionnaire franciscain en Chine, de la collection réunie par lui durant son séjour dans la province de Chantoung (1890—1900) et appartenant à M. Jules Scrive-Loyer. Lille, René Giard, 1912, in-8, pp. VII-77, fig. dans le texte.

Lille, Imprimerie L. Danel.

— G. Vissering and W. A. Roest. — On Chinese Currency. Preliminary Remarks about the monetary Reform in China. Amsterdam, J. H. de Bussy, Second Edition, 1912, in-8, pp. 215.

— Oriental Numismatics — A Catalog [*sic*] of the Collection of Books relating to the Coinage of the East presented to the Essex Institute Salem, Massachusets by John Robinson — Compiled by the Donor — Salem, Massachusetts Printed for the Compiler 1913, in-8, pp. 102, pl.

— * M. Funke. — Essai sur la numismatique chinoise antique. (*Der Numismatiker*, 1913, N° 7.)

— * A. E. Ahrens. Nouvelles monnaies chinoises. (*Blätter f. Münzfr.*, 1913, pp. 5379/5381, fig.) [Dollar et p. de 20 *cents* à l'effigie du Dr Sun-Yat-Sen; dollars à l'effigie du président Yuan-Shi-Kai et du général Lee; pièces de 1 mace 4, 4 candareens et de 10 cash, etc.]

— * F. A. Chalfant, Ancient Chinese coinage. Reprint. In-4, pp. 21, ill., London, Probsthain, 1913.

— * The Stewart Lockhart Collection of Chinese Copper Coins, North China Branch Royal Asiatic Society, Extra Volume. Shanghai, Kelly & Walsh.

Notice : *Journ. N. C. B. R. As. Soc.*, vol. XLVII, 1916, pp. 152/153. By S.

Voir col. 693/694.

— A note on three Chinese Gold Coins. By Sir J. Stewart Lockhart, K. C. M. G. (*New China Review*, III, October 1921, pp. 386/388.)

Une monnaie de Youen Che-k'ai ; cf. G. Ros, *N. C. B. R. As. Soc. Journ.*, 1917, p. 143 ; autres monnaies frappées au Yun-nan

(Divers.)

par T'ang Chi-yao; cf. Tracey Woodward, *New China Review*, Juin 1921, p. 229 avec 1 pl. — Voir Albert Pichon, dans le rapport de Mong Tseu, 1919, p. 1328.

— Coins of the Republic of China. — Dr. Giuseppe Ros. (*Journ. N. C. B. R. As. Soc.*, vol. XLVIII, 1917, pp. 118/144, fig. et planches.)

—Herbert Mueller. Numismatische Miszellen. 1. Über «Jade-Münzen». 2. Zur Geschichte des «Käsch». Mit 25 Abbildungen auf Tafeln. Leipzig, Verlag von Otto Harrassowitz, 1919, in-8, pp. 19, 4 pl.

Aus den *Mitteilungen des Seminars für Orientalische Sprachen*, Berlin, Band XXII, Abt. I.

— T'ang Chi-yao Coins by A. M. Tracey Woodward, F. R. G. S., F. R. N. S. (*New China Review*, III, June 1921, pp. 229/232; pl.)

— A Gold Coin of the Ming Dynasty by A. M. Tracey Woodward. (*Ibid.*, August 1921, pp. 273/280; pl.)

3° Ouvrages divers.

Col. 694/696, 3110.

— Monuments en Chine. (*Bull. Ass. Amic. franco-chinoise*, Juillet 1909, pp. 400/401.)

— La conservation des monuments chinois. (*Bull. Com. Asie française*, Août 1909, p. 355.)

— (Idem.) (*A travers le Monde*, XV, 1909, p. 308.)

— * Adolf Fischer. — Fälscherwesen in Japan und China. (*Orientalisches Archiv*, Leipzig, III, 1.)

— Vandalismus in China. (*Ostasiat. Zeitschft.*, 2. Jbrg., 3, Okt.-Dez. 1913, pp. 350/351.)

Lettres de B. de Almèida et de Herbert Mueller.

— China's Monuments. By Frederick Mc. Cormick. (*Journ. N. C. B. R. As. Soc.*, XLIII, 1912, pp. 129/188.)

— Frederick Mc. Cormick. — Representations made to China by the "China Monuments" Society (Peking). November 29, 1913. (*Ostasiat. Zeitschft.*, 3 Jhrg., 1, April-Juni 1914, p. 103.)

— * Vandalism in China. (*Hong Kong Telegraph*, 30-9-1918). Documents of a Japano.

∴

— Sur les Antiquités des Babyloniens, des Egyptiens et des Chinois. ([Goguet], *De l'Origine des Loix*, III, Paris, 1758, pp. 273/296.)

— Chinese Seals found in Ireland. By W. Lockhart, M. D. (*Journ. Anthrop. Institute*, London, Vol. II, 1873, pp. 135/136.)

A propos du vol. de Mr. Getty sur les sceaux chinois trouvés en Irlande. — Voir col. 695.

— Relics from Chinese Tombs. Communicated by C. H. Read, F. S. A., President of the Anthropological Institute. (*Man*, 1901, No. 15, pp. 17/18.)

— (Idem.) (See *Man*, 1901, No. 15). By Dr. S. W. Bushell, C.M.G. (*Man*, 1901, No. 54, pp. 67/68.)

Edouard Chavannes.

— Le Défilé de Long-Men dans la province de Ho-nan, par Edouard Chavannes. (*Jour. As.*, IXe Sér., XX, 1902, pp. 133/158, 6 fig.)

— Ed. Chavannes. — Compte rendu de : Clarence Cary, *Archaic and other Chinese Bronzes*, 1906. (*T'oung Pao*, 1906, pp. 400/401.)

— Voyage de M. Chavannes en Chine. (*T'oung Pao*, N° 4, Oct. 1907, pp. 561/565; N° 5, Déc. 1907, pp. 709/710.)

— [Rapport préliminaire du voyage d'Ed. Chavannes en Chine.] (*Bull. École franç. Ext.-Orient*, VII, Juillet-Déc. 1907, pp. 436/439.)

— Note préliminaire sur les résultats archéologiques de la mission accomplie en 1907 dans la Chine du Nord, par M. Édouard Chavannes, Membre de l'Académie. (*Ctes. rendus Ac. Insc. et B. Let.*, Mars 1908, pp. 187/203, 14 pl.)

— (Idem.) in-8, pp. 17; 14 pl.

Extrait des *Comptes rendus des séances de l'Académie des Inscriptions et Belles-Lettres*, 1908, p. 187.

— Voyage archéologique dans la Mandchourie et la Chine septentrionale. Conférence de M. Edouard Chavannes, Membre de l'Institut, faite le 27 Mars 1908. (*Bull. Com. Asie franç.*, Avril 1908, pp. 135/142.)

Réimp. dans le *T'oung Pao*, 1908, pp. 503/528.

— Idem. Conférence. Faite le 27 Mars 1908 au Comité de l'Asie française par M. Ed. Chavannes, Membre de l'Institut, Professeur au Collège de France. — Extrait du *Ibid.* — Paris, Comité de l'Asie française, 1908, in-8, pp. 30, ill.

— Voyage archéologique de M. Ed. Chavannes dans la Mandchourie et la Chine du Nord. (*Bull. Soc. Géog. Lyon*, 2e série, 1908, pp. 179/180.)

— Un faux archéologique chinois, par M. Edouard Chavannes. (*Journ. Asiat.*, Mai-Juin 1908, pp. 501/510, pl.)

— Lettre de M. A. Vissière à M. L. Finot, Rédacteur du Journal Asiatique. Paris, 27 novembre 1908. (*Ibid.*, Nov.-Déc. 1908, pp. 455/465.)

Sur *un faux archéologique chinois*.

Notice : *Bul. Ecole franç. d'Ext. Orient*, Avril-Juin 1909, pp. 379/387, par P. Pelliot.

— F. Farjenel. — Etudes sinologiques. — Critique à propos d'un travail de M. Chavannes. (*L'Écho de Chine*, 11 novembre 1909, pp. 925/932, à 3 col.)

— Ed. Chavannes. — Compte rendu de : *Collection of Chinese bronze Antiques*, 1910. (*T'oung Pao*, 1911, p. 435.)

— Publications de l'École française d'Extrême-Orient. Vol. XIII. — Mission archéologique dans la Chine Septentrionale par Édouard Chavannes . . . — Ouvrage publié sous les auspices du Ministère de l'Instruction publique et de l'Académie des Inscriptions et Belles-Lettres. — Tome I. Première Partie. La Sculpture à l'époque des Han. — Paris, Ernest Leroux, 1913, in-8, pp. 290. — Deuxième Partie. La Sculpture bouddhique. — Paris, Ernest Leroux, 1915, in-8, pp. ch. 291/614, planches CCCCLXXXIX/DXLIII, DXLIV/DLXXXVII.

Plus deux cartables in-4 : Planches. Première Partie I à CCLXXXVI. Paris, Ernest Leroux, 1909. — Deuxième Partie CCLXXXVII à CCCCLXXXVIII. *Ibid.*, 1909.

— [Note sur les 488 planches de sa Mission.] (*T'oung Pao*, 1909, pp. 538/547.)

Notices : *J. As.* Janv.-Fév. 1914, pp. 208/212, par P. Pelliot. — *Journ. N. C. B. R. As. Soc.*, XLVI, 1915, pp. 135/139, par G. G. W. — Besprochen von O. Franke. (*Mitt. Sem. f. Orient. Sprachen*, XIII, 1910, pp. 359/361.) — *Ostasiat. Zeitschft.*, 6 Jhrg., 3/4, Okt. 1917—März 1918, pp. 297/299, par Herbert Mueller. — *Journ. des Savants*, Mars-Avril 1919, pp. 73/84, par Henri Cordier.

— Archäologische Entdeckungen in China. (*Deutsche Rundschau f. Geog. u. Stat.*, XXX, 1907/1908, p. 380.)

Résultats de la mission de Chavannes.

— Archaeological Survey of the Environs of China's Ancient Capitals. By V. Alexeieff, of the University of St. Petersburg. (*Journal North China Br. R. As. Soc.*, XL, 1909, pp. 1/9.)

— Sur l'archéologie de l'Extrême-Orient : Les documents de la Mission Chavannes par Raphael Petrucci, Collaborateur scientifique à l'Institut de Sociologie. — (Extrait de la *Revue de l'Université de Bruxelles*) Avril-Mai 1910. — Liège, Imprimerie *La Meuse*, 1910, in-8, pp. ch. 481/509.

— Sur l'archéologie de l'Extrême-Orient : Les Documents de la Mission Chavannes par Raphael Petrucci Collaborateur scientifique à l'Institut de Sociologie. — (Extrait de la *Revue de l'Université de Bruxelles*) Avril-Mai 1910. — Liège, Imprimerie *La Meuse*, 1910, in-8, pp. 33.

— Mission Edouard Chavannes (Chine septentrionale, 1907) par Jean Lartigue. (*Bull. arch. Musée Guimet*, fasc. I, pp. 37/44.)

— Ed. Chavannes. — [Mission japonaise archéologique et bibliographique à Peking en 1910.] (*T'oung pao*, Mai 1911, pp. 286/289.)

— — Epitaphes de deux princesses turques de l'époque des T'ang. (Dans : *Festschrift für Vilhelm Thomsen* . . .) Leipzig, O. Harrassowitz, 1912, pp. 78/87, avec 2 pl.)

— Note sur de prétendus bas-reliefs de l'époque des Han. Par Ed. Chavannes. (*T'oung Pao*, Décembre 1913, pp. 809/814; 5 planches hors texte.)

— Bulletin Archéologique du Musée Guimet. Fascicule I. — Salle Edouard Chavannes. — Missions Edouard Chavannes (1907), Victor Segalen, Gilbert de Voisins et Jean Lartigue (1915), Victor Segalen (1917). Paris et Bruxelles, Librairie nationale d'art et d'histoire G. Van Oest & Cie, Editeurs. — 1921, in-4, pp. 72, 4 pl.

— Idem. Fascicule II. — Asie Centrale et Tibet. — Missions Pelliot et Bacot (Documents exposés au Musée Guimet). Ibid., pp. 38, 4 pl.

Notice : *New China Review*, Aug. 1921, pp. 321/322.

BERTHOLD LAUFER.

— B. Laufer. — Chinesische Altertümer in der römischen Epoche der Rheinlande. 1905.

Notice : *T'oung Pao*, 1905, pp. 511/512, par Ed. Chavannes.

— Publication of the East Asiatic Committee of the American Museum of Natural History. — The Jacob H. Schiff Chinese Expedition. — Chinese Pottery of the Han Dynasty. — By Berthold Laufer. — Leiden, E. J. Brill, 1909, in-8, pp. XVI-339, 65 pl.

Notices : *T'oung Pao*, Mai 1910, pp. 300/302, par Ed. Chavannes — *Bul. Ecole française Ext. Orient*, Oct.-Déc. 1910, pp. 696/703, par Léonard Aurousseau. — *London & China Express*, March 11, 1910. — *Anthropos*, VII, Jul.-Okt. 1912, pp. 817/818, par P. F. Hestermann, S. V. D.

Cf. Berthold Laufer, Kunst und Kultur Chinas im Zeitalter der Han. (*Globus*, Vol. XCVI, 8 et 15 Juillet 1909.)

Rep. : *American Anthropologist*, V, 12, No. 3.

— Chinese Grave — Sculptures of the Han Period by Berthold Laufer. Ten Plates and Fourteen Text-Figures. London, E. L. Morice. — NewYork, F. C. Stechert & Co. — Paris, E. Leroux, 1911, in-8, pp. 45.

Printed for the Author by W. Drugulin, Leipzig.

Dédié à Ed. Chavannes.

Notices : *T'oung Pao*, Déc. 1911, pp. 753/755, par Ed. Chavannes. — *J. Asiat.*, Mars-Avril 1912, p. 379, par Paul Pelliot. — *Anthropos*, VII, Jul.-Okt., 1912, p. 818, par P. F. Hestermann, S. V. D. — *Journ. N. C. B. R. As. Soc.*, XLIV, 1913, p. 176, by A. S.

— Field Museum of Natural History. Publication 162. Anthropological Series. Vol. XII, No. 1. — Chinese Pottery in the Philippines by Fay-Cooper Cole with postscript by Berthold Laufer. — The Robert F. Cummings Philippine Expedition. — George A. Dorsey Curator,

Department of Anthropology Chicago, U. S. A. July 1912, in-8, pp. 47, 22 pl.

Notice : *Journal N. C. B. R. As. Soc.*, XLV, 1914, pp. 144/145, par A. A. M.

— Five newly discovered bas-reliefs of the Han period by Berthold Laufer. (With Four Plates.) (*T'oung Pao,* Mars 1912, pp. 107/112.)

— Catalogue of a Collection of Ancient Chinese Snuff-Bottles. In the possession of Mrs George T. Smith Chicago. By Berthold Laufer. Chicago, Privately Printed 1913, in-8, pp. 63 + 1 f. n. ch.

— Nécrologie. — Frank H. Chalfant †. By B. Laufer. (*T'oung Pao,* Mars 1914, pp. 165/166.)

Né 29 Mai 1862, Mechanicsburgh, Pennsylvania; † 14 janvier 1914.

— Field Museum of Natural History Publication 177, Anthropological Series, Vol. XIII, No. 2. — *Chinese Clay Figures,* Part I. Prolegomena on the History of Defensive Armor by Berthold Laufer Associate Curator of Asiatic Ethnology. 64 Plates and 55 Text-figures. The Mrs T. B. Blackstone Expedition. Chicago 1914, in-8, pp. ch. 73 à 315.

Notices : *Man,* 1916, No. 21, pp. 29/30, by L. A. Waddell. — (*Journ. R. As. Soc.*, July 1915, pp. 569/575, by L. C. Hopkins. — *Ostasiat. Zeit.*, 3. Jhrg., Hft. 4, Jan-März 1915, par O. Franke. — *Journ. N. C. B. R. As. Soc.*, XLVI, 1915, pp. 130/135, par M. — *Asiatic Rev.*, April 1, 1915, pp. 333/336, by H. L. J.

— Chinese Clay Figures. [By Lionel Giles]. (*London & China Express,* Feb. 5, 1915.)

— To the Editor *London & China Express.* By B. Laufer. (*Ibid.*, March 12, 1915.)

— (Idem.) By Lionel Giles. (*Ibid.*, March 19, 1915).

∴

— Dr. Otto Jaekel. — Herkunft chinesischer Stilfiguren von primitiven Vasenreliefs. (*Zeitschft. f. Ethn.*, 1908, Heft VI, pp. 932/942.)

— — Ein babylonischer Stierlöwe aus China. Mit 13 Abb. (*Ostasiat. Zeitschft.*, I, 1912-1913, pp. 79/91.)

∴

— J. G. Granö. — Archäologische Beobachtungen von meinen Reisen in den nördlichen Grenzgegenden Chinas in den Jahren 1906 und 1907. Helsingfors, Société Finno-Ougrienne, 1909, in-8, pp. 54.

— — Über die geographische Verbreitung und die Formen der Altertümer in der Nordwestmongolei. Ibid., 1910, in-8, pp. 56.

— — Archäologische Beobachtungen von meiner Reise in Südsibirien und der Nordwestmongolei im Jahre 1909. Ibid., 1910, in-8, pp. 68.

— Etudes de sculpture bouddhique. Par M. J. Ph. Vogel, Du Service archéologique de l'Inde anglaise, Correspondant de l'Ecole française d'Extrême-Orient. (*Bull. Ecole franç. Ext.-Orient,* Juill.-Déc. 1908, pp. 487/500. Avec gravures.)

— Note sur une jonque de bronze découverte aux environs de Peking par le capitaine Lepage. (*T'oung Pao,* Décembre 1909, pp. 730/731.)

— * N. W. Kühner. — Histor. Skizze der Entwicklung der Grundlagen der chines. materiellen und geistigen Kultur im Zusammenhang mit der Darlegung der Rolle, die letztere im Leben der anderen Völker im Fernen Orient spielt. Teil I: Einleitung, Überblick der Quellen. Vladivostok, 1909, in-4 — [en russe].

Inhalt : Sachliche Denkmäler (Bauten der Mandschurischen Dynastie, Altchinesische Bronzeindustrie, Chinesischer Buchdruck, Landkarten, Münzen etc.); Schriftliche Denkmäler (Klassische Bücher etc.); Dynastien-Geschichten; Chroniken etc. etc.

— The Bishop Collection — Investigations and Studies in Yade — Catalogue — New York, Privately Printed, 1906, 2 vol. in-fol., pp. XVI-277, XII-293.

Portrait de H. R. Bishop en tête du premier vol. — Orné de planches en couleurs hors texte et de fig. dans le texte. — On lit sur le f. avant le faux-titre dans chaque vol.

« The Executors of the Estate of Heber R. Bishop certify that this edition of 'Investigations and Studies in Jade — Catalogue' consists of one hundred copies printed on American hand-made paper, ninety-eight of which are for presentation and two for copyright.

« After printing, the type was distributed and all materials used in the preparation of the work were destroyed, by direction of the Executors. »

Voir dans le T. I: Jade in China-Introduction by Stephen W. Bushell *Yü Shuo.* A Discourse on Jade (Chinese Text) by T'ang Jung-tso. With translation by S. W. Bushell — *Yü T'so T'ou,* Illustrations of the Manufacture of Jade by Li Shih-ch'uan with Chinese Manuscript. Notes translated by S. W. Bushell.

Il existe un exemplaire de ce magnifique ouvrage dans la Bibliothèque de l'Institut de France.

Voir col. 3094.

Bushell Bowl.

— The Ancient Chinese Bowl in the South Kensington Museum. By E. H. Parker. (*Imp. and Asiat. Quart. Rev.,* July 1909, pp. 127/146.)

— The Ancient Chinese Bowl in the South Kensington Museum by E. H. Parker. (*T'oung Pao,* Octobre 1909, pp. 445/494.)

Avec 2 planches.

— The Ancient Chinese Bowl in the South Kensington Museum. — E. H. Parker.

(*Imp. and Asiat. Quart. Rev.*, Oct. 1909, pp. 364/370.)

Latin translation by the Rev. Hoang Pêh-luh (*i. e.* Père Pierre Hoang), after the decipherment into modern script of the Metropolitan graduate and School Superintendent T'ang Wei-chi.

Dr. Bushell's Translation of the same inscription as published upon pp. 85,86, of his «Chinese Art», Vol. I.

— The Chinese bronze known as the «Bushell Bowl» and its inscription. By L. C. Hopkins, I. S. O. (*Journ. Roy. As. Soc.*, April 1912, pp. 439/457; 8 plates.)

— The Bushell Bowl. By L. C. Hopkins. (*Journ. R. As. Soc.*, July 1912, pp. 752/753.)

— (Idem.) By H. Gipperich. (*Ibid.*, Oct. 1912, pp. 1091/1092.)

— (Idem.) By L. C. Hopkins. (*Ibid.*, Oct. 1912, p. 1093.)

— The Bushell platter or the Tsin Hou P'an, By John C. Ferguson. (*Ibid.*, January 1915, pp. 113/118.)

∴

— * Lo Tchen-yu 羅振玉 — *Ming-cha chan che-che pi-lou* 鳴沙山右室秘錄. «Les Textes cachés des grottes de la montagne Ming-cha (Touen-houang)». Ed. revue et corrigée. — Extr. du *Kouo-ts'ouei hio-pao* 國粹學報, V, (1909), VIII, appendice; pp. 20.

Notice : *Bull. Ecole française Ext.-Orient*, T. XII, No. 9, Hanoi, 1912, pp. 103/106. Par Léonard Aurousseau.

— * *Kou-hio houei-k'an* 古學彙刊. «Recueil d'études sur l'antiquité». *Pien* I, *p'ien* 1 et 2; II, 1 et 2; III, 1 et 2; 6 fascicules. — Chang-hai, Kouo-ts'ouei hio-pao chö 國粹學報社; juin, août et octobre 1912; février, avril et juin 1913.

Notices : *Bull. Ecole franç. Ext.-Orient*, T. XII, No. 9, Hanoi, 1912, pp. 89/99; T. XIII, No. 7, 1913, pp. 36/51. Par Léonard Aurousseau.

— * *Kouo-hio ts'ong-k'an* 國學叢刊. «Recueil d'érudition nationale», 3e fascicule. — Pékin, 1912.

Notice : *Bull. Ecole franç. Ext.-Orient*, T. XII, No. 9, Hanoi, 1912, pp. 100/103. Par Léonard Aurousseau.

Cf. Chavannes, *T'oung Pao*, XII, No. 5, Déc. 1911, pp. 743/746.

Par Lo Tchen-yu, Wang Kouo-wei, etc.

— * *Che-che pi-pao* 石室秘寶. «Les trésors cachés des grottes (de Touen-houang)». — Publication de la Ts'ouen Kou-hio houei 存古學會. «Société pour la conservation des études de l'antiquité». — Pékin, Chang-hai, Yeou-tcheng chou-kiu 有正書局; 2 vol. sans pagination, reprod. phot.

(Lo Tchen-yu)

Notice : *Bull. Ecole franç. Ext.-Orient*, T. XII, No. 9, Hanoi, 1912, pp. 103/106. Par Léonard Aurousseau.

∴

— Recherches archéologiques et linguistiques dans la Chine occidentale. Par M. le Commandant d'Ollone. br. in-8, pp. 16, ill.

Extrait des *Comptes rendus des séances de l'Académie des Inscriptions et Belles-Lettres*, 1910, p. 250.

— Recherches archéologiques et linguistiques dans la Chine Occidentale par M. le Commandant d'Ollone. (*Ibid.*, Juin 1910, pp 250,266, ill.)

— Collection of Chinese Bronze Antiques. The Shimbi Shoin, Tokyo, MCMX, in-fol.

Recueil de planches avec explication en chinois et anglais.

Ecailles de tortue, Os graves, etc.

— La divination par l'écaille de tortue dans la haute antiquité chinoise (d'après un livre de M. Lo Tchen-yu). Par Edouard Chavannes. (*Journal Asiatique*, Xme Sér., T. XVII, Janvier-Février 1911, pp. 127/137.)

— La divination par l'écaille de tortue dans la haute antiquité chinoise (d'après un livre de M. Lo Tchen-yu) par M. Edouard Chavannes. — Extrait du *Journal Asiatique* (Janvier-Février 1911). Paris, Imprimerie Nationale. — MDCCCCXI, in-8, pp. 15.

— Chinese Writing in the Chou dynasty in the light of recent discoveries. By L. C. Hopkins, I. S. O. (*Journ. R. As. Soc.*, Oct. 1911, pp. 1011/1038; planches.)

Notice : *J. N. C. B. R. As. Soc.* XLIV, 1913, pp. 191/192, par S. C. [ouling].

— A Royal Relic of Ancient China. By L. C. Hopkins and R. L. Hobson. B. A. With Plate. (*Man*, 1912, No. 27, pp. 49/52.)

— A funeral elegy and a family tree inscribed on bone. By L. C. Hopkins, I. S. O. (*Journ. R. As. Soc.*, Oct. 1912, pp. 1021/1028; 3 pl.)

— Dragon and alligator: being notes on some ancient inscribed bone carvings. By L. C. Hopkins, I. S. O. (*Ibid.*, July 1913, pp. 545/552; III plates.)

— The Archives of an oracle: Notes on the text. By L. C. Hopkins. (*Ibid.*, Jan. 1915, pp. 49/61; April 1915, pp. 289/303.)

— Pictographic reconnaissances. Being discoveries, recoveries, and conjectural raids in archaic chinese writing. By L. C. Hopkins. (*Ibid.*, Oct. 1917, pp. 773/813.)

— Idem. Part II. Being discoveries, recoveries, and conjectural raids in archaic

(Ecailles de tortue, os gravés, etc.)

chinese writing. By L. C. Hopkins. (*Ibid.*, April 1918, pp. 387/431; 1 planche.)

— Idem. Part III. By L. C. Hopkins. (*Ibid.*, July, 1919, pp. 369/388, planche.)

— Idem. Part IV. By L. C. Hopkins. (*Ibid.*, Jan. 1922, pp. 49/75, pl.)

— Working the Oracle by Lionel C. Hopkins, I. S. O. (*New China Review*, May 1919, pp. 111/119; July 1919, pp. 249/261, pl.)

— The Honan Relics: a New Investigator and some Results. By L. C. Hopkins. (*Journ. R. As. Soc.*, January 1921, pp. 29/45, pl.)

D'après 王國維 Wang Kouo-wei, de Hai ning tcheou, 海寧州, Tche Kiang.

— The Oracle-bones from Honan. By Samuel Couling, M. A. (*Journ. N. C. B. R. As. Soc.*, Vol. XLV, 1914, pp. 65/75, 2 plates.)

Read before the Society February 20, 1914.

— Frühgeschichtliche Orakelknochen aus China. (Sammlung Wirtz im Museum für Völkerkunde zu Berlin.) Von Anna Bernhardi. (*Baessler-Archiv*, IV, 1913, pp. 14/28, 14 fig. dans le texte.)

— Anna Bernhardi. — Über frühgeschichtliche chinesische Orakelknochen, gesammelt von Prof. Dr. Wirtz, Tsingtau. (*Zeitschft. f. Ethnol.*, 1913, Hft. II, pp. 232/238; fig.)

— Mitteilungen zur Kritik der frühgeschichtlichen chinesischen Orakelknochen. Von Herbert Mueller, Peking. (*Ibid.*, Hft. VI, pp. 939/941.)

— * Prehistoric China, Part I. Oracle Records from the Waste of Yin. By James Mellon Menzies, B. A. Sc. (Toronto). Shanghai: Kelly & Walsh, 1917, in-8, 224 pl.

Notices : *Journal Royal Asiatic Society*, January 1918, pp. 146/148. By L. C. Hopkins. — *Journ. N. C. B. R. As. Soc.*, XLVIII, 1917, pp. 215/217, by S. C.[ouling].

∴

— C. Leonard Woolley. — Some ancient local Pottery from Chinese Turkestan. (*Man*, London, 1911, No. 83, with pl.)

— Chinese Bell. (*Connoisseur*, London, XXXI, 1911, 258.)

— Société franco-japonaise de Paris. — Chronique d'Archéologie Extrême-orientale par M. Raphaël Petrucci. — Extrait du *Bulletin* XXIII/XXIV. — Septembre-Décembre 1911. — Paris, Bibliothèque de la Société, 59, Avenue du Bois de Boulogne, 1911, in-8, pp. 13.

— Variétés sinologiques N° 33. — Tombeau des Liang, Famille Siao 1ère partie Siao Chouen-tche par le P. Mathias Tchang, S. J. — Chang-hai, Imprimerie de la Mission Catholique Orphelinat de T'ou-sè-wè. — 1912, in-8, pp. XIII-108, 2 cartes hors texte et ill.

— R. L. Hobson. — A Silver Cup of the Yüan Dynasty. (*Burlington Mag.*, London, XXII, 1912, pp. 153/158, with pl.)

— * Dr. E. Erkes. Ahnenbilder und buddhistische Skulpturen aus Altchina (article du Jahrbuch des Städt. Museums für Völkerkunde zu Leipzig, Band V, 1913, pp. 26/32, avec 5 planches hors texte representant 18 monuments).

Notice : *T'oung pao*, Mai 1914, pp. 291/297. Par Ed. Chavannes.

— Beiträge zur Kenntnis der Han-Skulpturen von Herbert Mueller. (*T'oung Pao*, Juillet 1913, pp. 371/386; 6 planches.)

— A Chinese Pedigree on a tablet-disk. By L. C. Hopkins. (*J. R. As. Soc.*, Oct. 1913, pp. 905/910.)

Victor Segalen.

— Nouvelle mission archéologique et géographique en Chine. (*La Géographie*, 15 Novembre 1913, p. 334.)

Mission du Comte Gilbert de Voisins, du docteur Victor Segalen, et de M. l'enseigne de vaisseau Jean Lartigue.

— Rapport de M. Victor Segalen sur les Résultats archéologiques de la Mission Voisins, Lartigue et Segalen, in-8, pp. 7.

Extrait des *Comptes rendus de l'Académie des Inscriptions et Belles-Lettres*, 1914, p. 553.

— Premier Exposé des résultats archéologiques obtenus dans la Chine occidentale par la Mission Gilbert de Voisins, Jean Lartigue et Victor Segalen (1914). (*Journal Asiatique*, Mai-Juin 1915, pp. 467/486; 12 planches hors texte.)

— Idem. (*Ibid.*, Sept.-Oct. 1915, pp. 281/306; fig. et planches.)

— Idem. (*Ibid.*, Mai-Juin 1916, pp. 369/424; fig.)

— Idem. (Extrait du *Journal Asiatique*. Paris, Imprimerie Nationale. — MDCCCCXVI, in-8, pp. 48, itinéraire et 19 pl.

— Recent discoveries in ancient Chinese Sculpture. — Victor Segalen. (*Journal N. C. B. R. As. Soc.*, vol. XLVIII, 1917, pp. 145/162; planches.)

— Sépultures des dynasties chinoises du Sud (époque des Nan-pei-tch'ao, Ve et VIe s. ap. J.-C.), par M. le Dr Victor Segalen. (*Bull. Ac. Insc. et Belles-Lettres*, Juill.-Août 1917, pp. 241/259, 12 fig.)

— Victor Segalen (1878/1919) par Paul Vitry. (*Bull. arch. Musée Guimet*, fasc. 1, pp. 31/35.)

— Mission Victor Segalen, Gilbert de Voisins et Jean Lartigue (Chine Occidentale, 1914) par Jean Lartigue. (*Ibid.*, pp. 45/53.)

— Mission Victor Segalen (Région de Nankin, 1917). Par Jean Lartigue. (*Ibid.*, pp. 55/59.)

— Liste des clichés archéologiques de la Mission Victor Segalen, Gilbert de Voisins et Jean Lartigue. (*Ibid.*, pp. 60/72.)

∴

— Les pierres gravées du Chê King chan 石經山 et le Yûn Kiū sséu 雲居寺 par le Commandant Vaudescal. (*Journal Asiatique*, Mars-Avril 1914, pp. 375/459.)

JOHN C. FERGUSON.

— An Examination of Chinese Bronzes, *Ku t'ung ch'i k'ao*. By John C. Ferguson. [With 14 plates]. (*Annual Report of the Smithsonian Inst.*, . . . year ending June 30, 1914, pp. 587/592.)

Notice : *Journ. N. C. B. R. As. Soc.*, XLVII, 1916, p. 152, by S. C[ouling].

— Early chinese Bronzes by John C. Ferguson, Ph. D. (*Journ. N. C. B. R. As. Soc.*, XLVII, 1916, pp. 1/11; planches.)

— Four Examples of Chinese bronze Statuary. — J. C. Ferguson, Ph. D. (*Ibid.*, XLVIII, 1917, pp. 163/170; planches.)

— Institut de France. — La Sculpture sur pierre en Chine par M. Henri Cordier . . . Lu dans la séance publique annuelle du 20 novembre 1914. Paris, Firmin-Didot, MDCCCCXIV, in-4, pp. 18.

— La Sculpture sur pierre en Chine par M. Henri Cordier membre de l'Académie. (*Ctes. rendus Acad. Inscr. et B. L.*, Novembre 1914, pp. 670/682.)

(FERGUSON.)

— Hamilton Bell. — T'ang Pottery and its late classic affinities. (*Burlington Mag.*, London, XXVI, 1914, pp. 4/15, with 3 pl.)

— Rapport sommaire sur une mission archéologique au Tchö-Kiang. Par Henri Maspero, Membre de l'Ecole française d'Extrême-Orient. (*Bull. Ecole française d'Ext.-Orient*, XIV, in-8, 1914, gr. in-8, pp. 75, 20 pl.)

Notice : *Revue de l'Hist. des Religions*, Mars-Avril 1917, pp. 268/269, par P. Masson-Oursel.

— Chinese Pottery and Porcelain An Account of the Potter's Art in China from Primitive Times to the Present Day by R. L. Hobson, B. A. Assistant in the Department of British and Mediaeval Antiquities and Ethnography, British Museum . . . Forty Plates in Colour and Ninety-six in Black and White. Vol. I. Pottery and Early Wares. Cassell and Co., London . . ., 1915, in-4, pp. xxx-227.

Bibliography, pp. XXVII/XXX.

— — Vol. II. Ming and Ch'ing Porcelain. Ibid., pp. xvi-326.

Tiré à 1500 exemplaires.

Notice : *Journ. N. C. B. R. As. Soc.*, XLVI, 1915, pp. 139/142, par F. W. A.

— * Chinese, Corean and Japanese Potteries; descriptive catalogue of Loan Exhibition of selected examples. The Chinese and Corean authenticated by R. L. Hobson, B. A., of the British Museum, London, and the Japanese by Edward S. Morse, M. A., of the Museum of Fine Arts, Boston, All exhibited under the auspices of the Japan Society at the Galleries of M. Knoedler & Co., New-York, March, 2—21, 1914. With illustrations in colour and half-tone, and with a report on early Chinese potteries compiled from original sources by Rose Sickler Williams.

Notice : *Journ. N. C. B. R. As. Soc.*, vol. XLVI, 1915, pp. 139/142. Par F. W. A.

Dr G. GIESELER.

— Dr G. Gieseler. — La tablette Tsong du Tcheou-li. (*Revue Archéologique*, Sept.-Oct. 1915, pp. 126/154.)

— — Idem. Paris, Ernest Leroux, 1915, in-8, pp. 30.

Extrait de la *Revue Archéologique*, 1915, II, pp. 126/154.

— — Le Jade dans le Culte et les Rites Funéraires en Chine sous les dynasties

(DIVERS. — GIESELER.)

Tcheou et Han. (Extrait de la *Revue Archéologique*, 1916, IV, pp. 61/128.)

Tirage à part, broch. in-8, pp. 58, fig.

.˙.

— * Exhibition of early Chinese Pottery and Sculpture 1916. By S. C. Bosch-Reitz. The Metropolitan Museum of Art; New York, 1916.

— * Expedition to the Far East. By C.W.B. (*Univ. Pennsylvania Museum Journal*, 7, 1916, pp. 97/118, ill.)

— The Beginnings of Buddhist Art and other Essays in Indian and Central-Asian Archaeology by A. Foucher of the University of Paris. Revised by the Author and translated by L. A. Thomas and F. W. Thomas with a Preface by the Latter. Paris, Paul Geuthner, MCMXVII, in-8, pp. XVI-316, ill.

Notice : *Journ. des Savants*, Mars-Avril 1919, pp. 78/84, par Henri Cordier.

— * Chinese Pottery of the Han, Tang and Sung Dynasties. Parish-Watson & Co., New York, 1917.

Notice : *Journ. N. C. B. R. As. Soc.*, L, 1919, p. 217.

— Siberian Bronzes and Chinese Jade. By Sir C. Hercules Read. With Plate (*Man*, 1917, No. 1, pp. 1/4.)

(DIVERS.)

— Chinesische Bronzen von Otto Kümmel. (*Ostasiat. Zeitschft.*, 6. Jhrg., 3/4, Okt. 1917-März 1918, pp. 267/278; 7. Jhrg., 1/2, April-Sept. 1918, pp. 126/131.)

— Die Plastik in den Höhlen von Yün-kang, Lung-Mên und Kung-Hsien. Von Th. Klee. (*Ibid.*, 7. Jhrg., 1/2, April-Sept. 1918, pp. 31/56.)

The Eumorfopoulos Collection. — I. By Sir C. Hercules Read. — An early Chinese Bronze. (*Burlington Magazine*, Jan. 1919, pp. 10/15.) — II. By R. L. Hobson. — Han Pottery I. (*Ibid.*, Feb. 1919, pp. 69/74.) — III. (*Ibid.*, March 1919, pp. 100/106.) — IV. Pottery, from Han to T'ang. (*Ibid.*, June 1919, pp. 231/237.) — V. T'ang Pottery. (*Ibid.*, July 1919, pp. 231/237.) — VI. T'ang Pottery. (*Ibid.*, August 1919, pp. 67/68.)

— An ancient monument by Rev. Benjamin L. Ancell DD. (*New China Review*, I, July 1919, pp. 233/236.)

Monument de pierre à Pao Ying, sur le Grand Canal de l'époque des Han.

— Chinese Ideas of Antiques. Rev. J. Hutson. — I. Copper Ware. II. Porcelain. III. Ancient Lutes. IV. Precious stones. (*Journ. N. C. B. R. As. Soc.*, Vol. LI, 1920, pp. 51/80.)

(DIVERS.)

XI. — RELIGION.

Ouvrages généraux. — Mélanges.

Col. 702.

— The Religions of China. — By James Legge. 1880.

Il y a une traduction hollandaise de C. Beets, Utrecht, 1882, 3 fl. 50, intitulée : De Godsdiensten van China.

— * Ch. Hardwick. — Christ and other Masters, Part III., Religions of China and Oceanica, Cambridge, 1858, in-8, pp. 208.

Confucianism, Taoism, Chinese Buddhism.

— Compte rendu du Congrès scientifique international des Catholiques tenu à Paris du 1er au 6 avril 1891. Le Cháng-tí et le T'iēn dans l'Antiquité. Par M. Paul Antonini. Paris, Alphonse Picard, 1891, in-8, pp. 32.

(OUVRAGES GÉNÉRAUX. — MÉLANGES.)

J. J. M. DE GROOT.

Col. 704, 3110.

— THE RELIGIOUS SYSTEM OF CHINA... By J. J. M. de Groot... — Volume VI. — Book II. ON THE SOUL AND ANCESTRAL WORSHIP, Part IV. *The War against Spectres.* — Part V. *The Priesthood of Animism.* Late E. J. Brill, Leyden, 1910, gr. in-8, pp. VI + pp. 929 à 1341 + 1 f. n. ch. index, pl.

Notices : *Bul. Ecole franç. Ext. Orient*, Avril-Juin 1909, pp. 395/397, par Ed. Huber. — Janv.-Juin 1911, pp. 208/213, par Léonard Aurousseau.

— Ed. Chavannes. — Compte rendu de : J. J. M. DE GROOT, *Religious System of China.* (*Revue de l'Hist. des Religions*, XXXVII, 1898, pp. 81/89.)

— * H. Borel. — De Nederlandsche Sinologie. [Dr. J. J. M. De Groot ; *The Religious System of China*]. (*De Gids*, 76ste Jg., No. 8, Aug. 1912.)

(DE GROOT.)

— * The Religion of the Chinese. By J. J. M. De Groot. Ph. D. The Macmillan Company, pp. 230, with Index.

Notices: *Journ. N. C. B. R. As. Soc.*, XLI, 1910, pp. 122.123. By C. M. — *Lond. & China Express*, April 1910.

— * J. J. M. de Groot. — Religion in China. Universism: A Key to the study of Taoism and Confucianism. (*American Lectures on the History of Religions*. Series of 1910/1912. New York 1912.)

— — Idem. New York and London: Putnam, 1912, in-8, pp. 327.

Notice: *Revue de l'Histoire des Religions*, Juillet-Août 1913, p. 111. Par C. Blanchet.

— — Universismus. Die Grundlage d. Religion u. Ethik, d. Staatswesens u. d. Wissenschaften Chinas. Mit 7 Tafeln. Berlin, 1918, gr. in-8, pp. VIII-404.

Notice: *Journ. Asiat.*, Juillet-Sept. 1920, pp. 158/165, par P. Pelliot.

— «Universismus» von Erich Schmitt. (*Ostasiat. Zeitschft.*, 6. Jhg., 3/4, Okt. 1917—März 1918, pp. 279/289.)

∴

— A Fair and Dispassionate Discussion of the Three Doctrines accepted in China. From Liû Mî, a Buddhist Writer. By James Legge, Professor of Chinese, University of Oxford. (*Trans. Ninth Int. Cong. Orient.* London, 1892, II, pp. 563/582.)

W. Grube.

— * W Grube. — Sammlung chinesischer Volksgötter aus Amoy. (*Ethnologisches Notizblatt*, Vol. I, 1895, Heft 2, pp. 27/33.)

— — * Die Huldigungsfeier der acht Genien für den Gott des langen Lebens, ein chinesischer Schattenspieltext. (*Boas Memorial Volume*, New-York, 1906.)

— Religionsgeschichtliches Lesebuch in Verbindung mit W. Grube (Berlin), K. Geldner (Marburg), M. Winternitz (Prag) und A. Mez (Basel). Herausgegeben von A. Bertholet (Basel). — Tübingen, J. C. B. Mohr, 1908, in-8, pp. XXVIII/401.

Die Religion der alten Chinesen von Wilhelm Grube, nn. 1/69.

— Religion und Kultus der Chinesen von Wilhelm Grube. Leipzig, Rudolf Haupt, 1910, pet. in-8, pp. VII/220, 8 pl.

Notices: *T'oung Pao*, Déc. 1911, pp. 747/748, par Ed. Chavannes. — *Anthropos*, VI, Hft. 6, p. 1054, par P. F. Hestermann.

(Grube.)

Col. 708.

— Ed. Chavannes. — Compte rendu de: R. Dvořák, *Chinas Religionen*, 1895. (*Revue de l'Hist. des Religions*, XXXII, 1895, pp. 303/307; XLVIII, 1903, pp. 71/74.)

E. H. Parker.

— China and Religion By Edward Harper Parker, M. A. (Manc.) Professor of Chinese at the Victoria University, Manchester. London, John Murray, 1905, in-8, pp. xxv + 1 f. n. ch. + pp. 317, ill.

Notice: *Revue indo-chinoise*, 15 fév. 1906, pp. 230/231; tiré du *Bul. du Comité de l'Asie française*.

— Idem. Popular Edition. London, John Murray, 1910, in-8, pp. xxv + 1 f, n. ch. + pp. 317, ill.

Notice: *Lond. & China Express*, 25 Feb. 1910.

— Studies in Chinese Religion by E. H. Parker, M. A. Professor of Chinese at the Victoria University of Manchester. Fourteen illustrations. London, Chapman & Hall, 1910, in-8, pp. x + 1 f. n. ch. + pp. 308.

Notice: *Lond. & China Express*, Nov. 11, 1910.

∴

— Rev. Ll. Lloyd. — [A roadside Temple in China.] (*Church Mission. Intell.*, London, LVI, 1905, p. 926.)

Col. 703.

— Etudes sur les Mœurs religieuses et sociales de l'Extrême-Orient par Sir Alfred C. Lyall Ancien Lieutenant — Gouverneur des Provinces unies (Inde). Tome II Première Partie. — Traduit de l'anglais avec l'autorisation de l'auteur. Paris, Albert Fontemoing, 1907, in-8, pp. XXXIX-359.

Préface de l'Auteur. — Préface du Traducteur. — 1. Lettres de Vamadeo Shastri. — II. Les Rapports entre l'Église et l'État en Chine. — III. La Religion Naturelle dans l'Inde.

— — Tome II. Deuxième Partie... Ibid., 1908, in-8, pp. 484.

IV. Le Rameau d'Or. — V. Origine et Interprétation des Religions primitives. — VI. L'Histoire et la Fable. — VII. La Domination européenne et la Situation politique en Asie. — VIII. Race et Religion. — Errata.

Forment les Vols. XVI et XVII de la *Bibliothèque de l'Histoire du Droit et des Institutions*.

— Images d'Extrême-Orient. Par Louis de la Vallée Poussin. (*Etudes*, 5 août 1909, pp. 371/378.)

Sur la traduction de Lyall, par R. de Kérallain.

— * A Chinese Statesman's View of Religion. By Chas. Johnston. (*The Hibbert Journal*, Oct. 1908.)

— H. J. Allen — The connexion between Taoism, Confucianism and Buddhism in early days. (Oxford, *Trans. Third Intern. Congress Relig.*, 1908, I, pp. 115/119.)

(Parker. — Divers.)

— The Original Religion of China by John Ross, D. D. Missionary of the United Free Church of Scotland, Manchuria. Edinburgh and London, Oliphant Anderson & Ferrier, 1909, in-16, pp. 327.

Notice : *London & China Express*, Jan. 14, 1910.

— Religion of Confucius. By John Ross. (*The Chinese Review*, Vol. I, July 1914, pp. 125/133.)

Léon Wieger.

— C. T. S. Lectures on the History of Religions. — The Religion of China by Rev. L. Wieger. London, Catholic Truth Society, s. d. [1909], in-8, pp. 32, One Penny.

No 2 du Vol. I de la Collection.

— Christus. Manuel d'histoire des Religions, par Joseph Huby, professeur au scolasticat d'Ore Place, Hastings, avec la collaboration de Mgr. A. Le Roy et de MM. L. de Grandmaison, C. Crivelli, L. Wieger, J. Dahlmann, A. Carnoy, L. de la Vallée-Poussin, C. Martindale, J. Mac Neill, E. Böminghaus, A. Mallon, A. Condamin, E. Power, J. Nikel, A. Brou et P. Rousselot. 6e mille. Paris. Gabriel Beauchesne, 1916, in-16, pp. xx-1318.

I. L'étude des religions, par L. de Grandmaison, directeur des *Etudes* et des *Recherches de Science religieuse*. — II. Les populations de culture inférieure, par Mgr A. Le Roy, évêque d'Alinda, supérieur général des Pères du Saint-Esprit. — III. La religion des anciens Mexicains, par Camille Crivelli. — IV. La religion des Chinois, par le P. L. Wieger, S. J., missionnaire au Tcheli. — V. La religion du Japon, par le P. J. Dahlmann, S. J., missionnaire à Tokio. — VI. La religion des Perses, avec une introduction sur la religion des indo-européens, par A. Carnoy, professeur à l'Université de Louvain. — VII. Bouddhisme et religions de l'Inde, par L. de la Vallée-Poussin, professeur à l'Université de Gand. — VIII. La religion des Grecs, par J. Huby, professeur au scolasticat d'Ore Place, Hastings. — IX. La religion des Romains, par C. Martindale, maître ès arts de l'Université d'Oxford. — X. La religion des Celtes, par J. Mac Neill, professeur à University College, Dublin. — XI. La religion des anciens Germains, par E. Bominghaus, professeur au collège de Feldkirch (Autriche). — XII. La religion des Egyptiens, par A. Mallon, professeur à l'Institut biblique, Rome. — XIII. La religion des Babyloniens et des Assyriens, par A. Condamin, professeur au scolasticat d'Ore Place, Hastings. — XIV. L'Islam, par E. Power, docteur de l'Université de Beyrouth. — XV. La religion d'Israël, par Johannes Nikel, professeur à l'Université de Breslau. — XVI. La religion chrétienne : 1. Le Nouveau Testament, par P. Rousselot, professeur à l'Institut catholique de Paris, et J. Huby ; 2. Le Christianisme et l'âme antique, par P. Rousselot et J. Huby ; 3. Le Christianisme au moyen âge, par P. Rousselot et J. Huby ; 4. Le Christianisme de la Renaissance à la Révolution, par A. Brou et P. Rousselot ; 5. La religion catholique au XIXe siècle, par L. de Grandmaison et P. Rousselot.

— Histoire des Croyances religieuses et des Opinions philosophiques en Chine depuis l'Origine, jusqu'à nos jours. L. Wieger, S. J. 1917, in-8, pp. 722 + 2 ff. n. ch.

Première Période : Théisme antique depuis l'origine, jusqu'en 500 avant J. C. — Deuxième Période : Philosophie et Politique de 500 avant J. C., à 65 après J. C. — Troisième Période : Buddhisme et Taoïsme de l'an 65 à l'an 1000. — Quatrième Période : Rationalisme et Indifférentisme depuis l'an 1000, jusqu'à nos jours. — Epilogue — Appendice. La Littérature chinoise. Esquisse.

Leçons rédigées à la demande de l'Institut Catholique de Paris.

Notice : *Revue de l'Hist. des Religions*, LXXX, No 6, Nov.-Déc. 1917, pp. 356/358, par P. Masson-Oursel.

— Les religions de la Chine à l'Institut Catholique de Paris. (*Chine Ceylan Madagascar*, No 47, Janvier 1920, p. 30.)

— Dictionnaire apologétique de la Foi Catholique. Quatrième édition refondue sous la direction de A. d'Alès, prof. à l'Institut catholique de Paris. — Paris, G. Beauchesne, éditeur, 1911, gr. in-8.

Voir Vol. I, Articles du P. Wieger sur les religions de la Chine.

∴

— Les Temples égyptiens primitifs identifiés avec les Temples actuels chinois par Le Général H. Frey de l'Armée coloniale. — Paris, Ernest Leroux, 1909, in-8.

Tiré à 50 exemplaires numérotés.

— * O. Franke. — Die religionswissenschaftliche Literatur über China seit 1909. (*Archiv f. Religionswissenschaft*, XVIII.)

— — Das religiöse Problem in China. (*Ibid.*, Leipzig, XVII, 1914, pp. 165/196.)

— * Das religiöse Problem in China. Von O. Franke in Hamburg. (Extrait de *Archiv f. Religionswissenschaft*, Bd. XVII). Leipzig et Berlin, 1914, B. G. Teubner, pp. 32, in-8.

— * The Religions of Eastern Asia. By Horace Grant Underwood, D. D., of Söul, Korea. New York : The Macmillan Company, 1910; London, Macmillan & Co., 1910, in-8, pp. 267.

Notice : *London & China Express*, 20 May 1910.

— 城隍 *Tsch'öng huang*, der Schutzgott der Städte in China. Von P. A. Volpert, S. V. D., Jen dschou fu, Südschantung, China. (*Anthropos*, V, Heft 5 et 6, Sept.-Déc. 1910, pp. 991/1026.)

— Le T'ai Chan Essai de Monographie d'un Culte chinois Appendice Le Dieu du Sol dans la Chine antique par Edouard Chavannes. Paris, Ernest Leroux, 1910, in-8, pp. 591, carte, ill. dans le texte et hors texte.

Forme le T. XXI de la *Bibliothèque d'Études* des *Annales* du Musée Guimet. — Voir col. 61.

— Louis Tourchier. — L'esprit religieux des Chinois. (*Études . . . par des Pères de la C. de J.*, 20 Déc. 1910, pp. 788/803.)

Kouang-ping fou, Sept. 1910. [Tche-li S. E.]

— R. Stübe. — Religion und Kultus der Chinesen. (*Zs. Religionspsycholog.*, Halle a. S., III, 1910, pp. 346/350.)

— C. D. Snell. — The Primitive Faith of China. (*Church Mission. Rev.*, London, LXI, 1910, pp. 513/519.)

— W. Schüler. — Die Kultushandlungen der heutigen chinesischen Staatsreligion. (*Zs. Miss. Kunde*, Heidelberg, XXVI, 1911, pp. 84/87.)

— [Anton Seitz.] — Alt-Chinas Gottesglaube. (*Zs. Miss. Wiss.*, Münster, I, 1911, pp. 123/137.)

— Joh. Warneck. — Die Urreligion Chinas. (*Allg. Miss.-Zs.*, Berlin, XXXVIII, 1911, pp. 393/413.)

— Einige Beispiele für die gegenseitige Durchdringung der drei chinesischen Religionen von Ernst Boerschmann. (*Zs. Ethn.*, Berlin, XLIII, 1911, pp. 429/435.).

— The great Summer Festival of China as observed in Foochow: a Study in Popular Religion. — By Lewis Hodous. (*Journ. N. C. B. R. As. Soc.*, XLIII, 1912, pp. 69/80.)

— The Three Religions of China Lectures delivered at Oxford by the Rev. W. E. Soothill . . . (Late Principal of the Shansi Imperial University, President designate of the United Universities' proposed Central-China University) ... Hodder & Stoughton, London, New York, Toronto, s. d. [1913[, in-8, pp. xi-324, front.

These Lectures were delivered during the Long Vacation of 1912, in Queen's College, Oxford, under the auspices of the Board for the Training of Missionaries, a Board established by the Continuation Committee of the Edinburgh Missionary Conference held in 1910. »

Notices : *Journ. N. C. B. R. As. Soc.*, XLIV, 1913, pp. 171/172, by A. P. P. — *London & China Express*, April 11, 1913, p. 239.

— * Die Religion und Philosophie Chinas, aus den Originalurkunden übersetzt und herausgegeben von Richard Wilhelm. — Tsingtau.

Notice : *Journal Asiatique*, Mars-Avril 1913, pp. 491/494. Par P. Masson-Oursel.

— * History of Religions. Vol. I: China, Japan, Egypt, Babylonia, Assyria, India, Persia, Greece, Rome. By George Foot Moore. New York, 1913.

Notice : *Journ. Roy. As. Soc.*, July 1915, pp. 545/551. By A. Berriedale Keith.

(Divers.)

— * G. R. S. Mead. — Quests Old and New. (Taoism, Buddhism, Christianity, Bergson, Eucken, etc.) 1913, gr. in-8.

— Programme d'études sur l'ancienne religion chinoise. Par Marcel Granet. (*Revue de l' Histoire des Religions*, Mars-Avril 1914, pp. 228/239.)

— Marcel Granet. — Programme d'études sur l'ancienne religion chinoise. Paris, Ernest Leroux, 1914, in-8, pp. 13.

Ext. de la *Revue de l'Histoire des Religions*.

— La liberté des cultes en Chine. (*Rel. de Chine*, Kiang-Nan, Avril 1914, pp. 398/399.)

Echo de Chine, 28 février 1914.

— * Religionen und Heilige Schriften. Von H. Hackmann, ord. Professor der Religionsgeschichte an der Universität Amsterdam. Berlin, 1914. Verlag von Karl Curtius. pp. 43.

Notice : *Ostasiat. Zeitschft.*, 4 Jhrg., 1/2, April-Sept. 1915, pp. 139/141, par Hans Haas.

— Chinas religiöse Entwicklung im Zusammenhang mit seiner Geschichte. Von Eduard Erkes. (*Ostasiat. Zeitschft.*, 4 Jhrg., Hft. 1/2, April-Sept. 1915, pp. 58/66.)

— The eight Immortals. By W. Perceval Yetts. (*Journ. Roy. As. Soc.*, October 1916, pp. 773/807; portraits.)

— * Nathan Söderblom. — Das Werden des Gottesglaubens. Untersuchungen über die Anfänge der Religion. Deutsche Bearbeitung, herausgegeben von Rudolf Stübe. Leipzig, 1916.

Notice par Bruno Schindler, *Ostasiat. Zeitschft.*, IV. Jhrg., Jan.-März 1916, pp. 322/326.

Voir col. 3111.

— * H. Favorin. — Die Volksreligion der Chinesen (Finn). (*Terra*, Helsingfors, 1916, pp. 101/122, ill.)

— * B. K. Sarkar. — Chinese Religion through Hindu Eyes. A Study in the Tendencies of Asiatic Mentality. 1916, gr. in-8.

— Nécrologie. — Emile Guimet par H. C.[ordier]. (*T'oung Pao*, Oct.-Déc. 1917, pp. 380/382.)

— The Historical Development of Religion in China by W. J. Clennell, H. M. Consular Service. T. Fisher Unwin, London, s. d. [1917], in-8, pp. 260.

« Substance, somewhat expanded and revised, of an address delivered on the 8th and 9th of Dec. 1913, to the students of the Caermarthen Presbyterian College. »

Notices : *Journ. N. C. B. R. As. Soc.*, XLVIII, 1917, pp. 208/209, by Ada Hodges. — *Asiatic Rev.*, July 2, 1917, pp. 80/82, by E. H. Parker.

— * B. Schindler. — Das Priestertum im alten China. I. Teil. Königtum und

(Divers.)

Priestertum. Einleitung und Quellen. Inaugural-Dissertation zur Erlangung der Doktorwürde der hohen philosophischen Fakultät der Universität Leipzig. Oktav, geb. Druck der Spamerschen Druckerei, Leipzig, 1918, in-8, pp. XII-101.

Notice: *Ost. Zeit.*, April-Sept. 1921, pp. 153/157, par Alfred Forke.

— Over Chineesche Oorlogsgoden Rede uitgesproken bij de opening zijner lessen als Lector in het Chineesch aan de Rijks-Universiteit te Leiden op 19 Maart 1919 door J. J. L. Duyvendak. — E. J. Brill, Leiden, 1919, in-8, pp. 37.

— A Study in early Chinese Religion by Arthur Morley. (*New China Review*, May 1919, pp. 176/208.) — Section II. Ancestral Worship. (*Ibid.*, July 1919, pp. 262/281.) — Section III. (*Ibid.*, Aug. 1919, pp. 372/384.)

— La Religion et les Religions d'après un des plus grands Lettrés contemporains. Par Pascal M. d'Elia, S. J. (*Rel. de Chine*, Kiang-nan, Janv.-Avril 1920, pp. 278/287; ill.)

D'après Liang K'i-tch'ao.

— The Shaman or Wu 巫. A Study in Graphic Camouflage by L. C. Hopkins. (*New China Review*, II, October 1920, pp. 423/439; pl.)

— The Cult of Military Heroes in China by R. F. Johnston, C. B. E., M. A. (*Ibid.*, III, February 1921, pp. 41/64; April 1921, pp. 79/91.)

— * Religious Persecution in China: A Historical Study of the Relations Between Church and State. By H. K. Wright. (*Chinese Recorder*, June, 1921.)

Notice: *New China Review*, August 1921, pp. 323/324.

— Die nichtchristlichen Kulturreligionen in ihrem gegenwärtigen Zustand. Von D. Dr. Carl Clemen ord. Professor an der Universität Bonn. Erster Teil: Die japanischen und chinesischen Nationalreligionen. Der Jainismus und Buddhismus. B. G. Teubner, Leipzig und Berlin, 1921, in-16, pp. 123.

Aus Natur und Geisteswelt, p. 533.

— L'ennemi des Chinois. (*Rel. de Chine*, Kiang-Nan, Juillet 1921, pp. 521/527; ill., *ibid.* Octobre 1921, pp. 595/589: ill.)

Jou kiao 儒教.

— Le Dieu du Sol dans la Chine antique. (Ed. Chavannes, *Le T'ai chan*, 1910, Appendice, pp. 437/525.) — Voir col. 3309.

— * Fried. Hirth. — Confucius and the Chinese. (*The Unity of Religions*, edited by Drs. Randall and Smith. New York, 1910.)

— Henri Cordier. — Le Confucianisme et le Shinto. (*Revue du Clergé français*, 1er février 1911, pp. 257/273.)

Fait partie de la série : *Où en est l'histoire des Religions?*

— 封神演義 *Fêng-shên-yên-i.* Die Metamorphosen der Goetter, Historisch-mythologischer Roman aus dem Chinesischen. Übersetzung der Kapitel 1 bis 46 von Wilhelm Grube. Durch eine Inhaltsangabe der Kapitel 47 bis 100 ergänzt, eingeleitet und herausgegeben von Herbert Mueller. — E. J. Brill, Leiden, 1912, 2 Bd. in-fol., pp. XXIV-304, 305/657 + 1 f. n. ch., une pl. en couleur.

Notice : *T'oung Pao*, Juillet 1912, pp. 509/511, par Edouard Chavannes.

— The State Religion of China during the Manchu dynasty. By E. T. Williams, M. A. — A Paper read at the Austro-Hungarian Legation, Peking, January 22nd, 1913. (*Journ. N. C. B. R. As. Soc.*, Vol. XLIV, 1913, pp. 11/45; 8 pl.)

— Confucianism as the State Religion. (*The National Review*, 11 Oct. 1913, pp. 392/393.)

Pétition adressée par la Confucian Association au Parlement, signée par Liang K'i-tchao, etc.

— Chine. — Le Confucianisme religion d'Etat par C. Mus. (*Revue indo-chinoise*, Octobre 1913, pp. 522/523.)

— Le Confucianisme religion d'Etat. (*Rel. de Chine*. Kiang Nan, Avril 1914, pp. 421/423.)

— Le retour offensif de la vieille Chine. Le Confucianisme redevenu religion d'Etat. Par Albert Perrot, S. J. (*Les Etudes*, 20 Mai 1914, pp. 461/480; juillet 1914, pp. 425/438, fig.)

— Le Dieu Wei-t'o 韋馱天. Par Noël Peri, Membre de l'Ecole française d'Extrême-Orient. (*Bull. Ecole française Ext.-Orient*, t. XVI, n° 3, 1916, pp. 41/56.)

— La nouvelle Chine et le culte de Confucius. Par Alexandre Brou. (*Rel. de Chine*, Kiangnan, Janv.-Avril 1918, pp. 3/15; portr. et ill.)

Réimp des *Etudes*

Tao kiao 道教

Col. 714.

Il y a à la Vaticane un Ms. latin de Visdelou cité par Neumann, voir col. 1101, intitulé : «De religione Tao-Su anno 1725 mense Septembri, a Joanne Francisco Fouquet, Eleutheropolitano, emendatus Romae 15 Septembri 1736». Cf. Sommervogel, *s. v.* Visdelou, col. 842.

— Bibliographie du Taoïsme.

Le travail de Marceron, a paru en 1898 et 1901, et forme les parties 1 et 2 du T. XV des *Publications du Comité sinico-japonais.*

— * W. Grube. — Vorläufiges Verzeichnis einer taoistischen Bildersammlung. Original-Mitteilungen aus der ethnologischen Abteilung der Königl. Museen zu Berlin, Jahrg. I, 1885, Heft 1, pp. 16/38.

— Δ. Μελισσῆνος. — Ο Ταοΐσμος. — Patras, 1892; 1 feuille à 3 col.

Ext. du Ἐμπορικοῦ Παρκτηρητοῦ, de Patras.

— Wu Wei. A Phantasy on the Philosophy of Lao Tse, by Henri Borel. Translated by Meredith Lanson. London, Luzac & Co., in-8, pp. VI-69.

Ed. Chavannes. — Compte rendu de : Henri BOREL, Lao Tse. (*Revue critique*, 17 octobre 1904, pp. 261/262.)

— * The Rhythm of Life. Based on the Philosophy of Lao-Tse. By Henri Borel. Translated from the Dutch by M. E. Reynolds. London, John Murray, in-16, 1921?.

The Wisdom of the East Series.

— Lao-Tzeu et le Brâhmanisme. Par E. Guimet. S. l. n. d., in-8, pp. 16.

Tiré à part des *Actes du II. Congrès International d'Histoire des Religions*, Bâle 1904.

— Taoism. By E. H. Parker. (*Imp. & As. Quart. Rev.*, Oct. 1906, pp. 311/333.)

— Miscellaneous Notes. By E. H. Parker. (*Journal N. C. B. R. As. Soc.*, XXXIX, 1908, pp. 174/175.)

— J. J. M. de Groot. — On the Origin of the Taoist Church. (Oxford, *Trans. Third Int. Congress Rel.*, 1908, I, pp. 138/149.)

— * Lao-Tseu, notice historique (tirée des *Mémoires historiques* de Sse-ma-tsien). Trad. par J. Besse. Paris, 1909, pet. in-8, pp. 167.

— Frederic Henry Balfour. Nécrologie par H. Cordier. (*T'oung Pao*, Juillet 1909, p. 381.)
† à Florence le 22 Mai 1909 âgé de 63 ans.

— Henri Cordier. — Taoism. (*Catholic Encyclopedia*, pp. 446/448.)

— Lao-tseu par M. Henri Cordier. (*Ann. Musée Guimet,* Bibl. de vulgarisation, T. 36, 1911, pp. 31/68.)

— Wilhelm Schüler. — Aus einem taoistischen Kloster. (*Zs. Miss.-kunde* Heidelberg, XXIV, 1909, pp. 265/269.)

— * H. Hackmann. — China, Religionen, Taoismus. (*Jahresberichte der Geschichtswissenschaft*, Berlin, Weidmann, 1911.)

— Die Mönchsregeln des Klostertaoismus. Von H. Hackmann. (*Ostasiat. Zeitsch.*, 8. Jhrg., 1919/1920, pp. 142/170, 1 pl.)

— Kritische Betrachtung über Lau-tsze und seine Lehre. — Inaugural Dissertation zur Erlangung der Doktorwürde, genehmigt von der Philosophischen Fakultät der Friedrich-Wilhelms-Universität zu Berlin. Von Moses Chiu aus Amoy in China. — Tag der Promotion: 14. Januar 1911, in-8, pp. 83 + 2 ff. n. ch.

Moses Chiu, chinois, né 19 Mai 1879 à Amoy.

— Dr. L. Wieger S. J. — Taoïsme Tome I. — Bibliographie générale I. Le Canon (Patrologie.) II. Les Index officiels et privés. — 1911, in-8, pp. 336.

Notices : *Rev. de l'Hist. des Religions*, Janv.-Fév. 1913, pp. 89/90, par C. Blanchet. — *Chine Ceylan Madagascar*, Mars 1912, pp. 43/44, par C. B. M. — *Revue indo-chinoise*, Juillet-Août 1912, pp. 153/154. — *T'oung Pao*, 1912, pp. 126/127, par Edouard Chavannes. — *London & China Express*, July 12, 1912, Supp., p. 1. — *Miss. Cath.*, 16 Août 1912, pp. 395/396. — *Journ. Roy. As. Soc.*, 1913, pp. 457/458, par J. Dyer Ball. — *Journ. Asiat.*, Juillet-Août 1912, pp. 141/156, par Paul Pelliot. — *T'oung Pao*, Déc. 1911, pp. 749/753, par Ed. Chavannes.

— — Tome II. Les Pères du Système taoïste 老子 Lao-tzeu 列子 Lie-tzeu 莊子 Tchoang-tzeu. Texte revu sur les anciennes éditions taoïstes, traduit d'après les commentaires et la tradition taoïstes, 1913, in-8, pp. 521.

Notices : *Asie française*, Avril 1914, pp. 174/176, par A. M. — *Bul. Ecole franç. Ext.-Orient*, XIII, 1913, pp. 27/29, par H. Maspero. — *Journ. N. C. B. R. As. Soc.*, XLV, 1914, pp. 127/132, par C. B. M.

— Chinese Philosophy. By H. L. Joly. (*Asiatic Review*, July 1, 1914, pp. 110/113.)

Notice sur les Pères Taoïstes de Wieger.

— Über das taoistische Pantheon der Chinesen, seine Grundlagen und seine historische Entwickelung. Von Herbert Mueller. (*Zeitschft. f. Ethn.*, 1911, Hft. III u. IV, pp. 393/428.)

— Anhang. Einige Beispiele für die gegenseitige Durchdringung der drei chinesischen Religionen. Von Ernst Boerschmann. (*Ibid.*, pp. 429/435.)

— Variété. — Les Origines du Taoisme. — Wen-tchang, le dieu de la littérature. — Koei-sing, le protecteur des lettres. — Tsao-kiun ou le prince du foyer. — Ts'an-niu ou la déesse du ver à soie. — Teou-chen, les esprits de la petite vérole. — Tchong-koei, le tueur de lutins. — Koan-ing, la miséricordieuse déesse. — T'ien-fei ou T'ien-heou, la reine du ciel, patronne des nautonniers. (*Rel. de Chine*, Oct. 1912, pp. 529/546; fig.)

— * Tsumaki Naoyoshi. — Dōkyō no Kenkyū, «Etudes sur le taoïsme». — Tōyō gakuhō, I, 1, pp. 1/56; I, 2, pp. 20/51; II, 1, pp. 58/75.

Notice : *Bull. Ecole franç. Ext.-Orient*, T. XII, N° 9, Hanoi 1912, pp. 108/109. Par Léonard Aurousseau.

— On the Sources of Chinese Taoism. By Richard Wilhelm, Dr. Theol. (*Journ. N. C. B. R. As. Soc.*, Vol. XLV, 1914, pp. 1/12.)

— Taoistische Klöster im Lichte des Universismus. Von Dr Erich Schmitt. (*Mitt. Sem. für Orient. Sprachen, Ostas. Studien*, Berlin, 1916, Jahrg. XIX, pp. 76/104.)

— The Eight Immortals of the Taoist Religion Peter C. Ling. (*Journ. N. C. B. R. As. Soc.*, vol. XLIX, 1918, pp. 53/75.)

— Le Jet des Dragons par Edouard Chavannes. (*Mémoires concernant l'Asie orientale*, III, 1919, pp. 53/220, 11 pl.)

— Taoist Tales by Major W. Perceval Yetts. (*New China Review*, March 1919, pp. 11/18, pl.; May 1919, pp. 169/175.)

— Taoist Tales. — A Rejoinder by W. Perceval Yetts. (*Ibid.*, III, February 1921, pp. 65/68.)

— The Chinese Isles of the Blest. By Major W. Perceval Yetts, in-8, pp. ch. 35/62.

Reprinted from « Folk-Lore », March 1919.

— A T'ang manuscript of the *Sou Shên chi* [搜神記] by Lionel Giles. (*New China Review*, III, October 1921, pp. 378/385; Dec. 1921, pp. 460/468.)

Cf. Yetts, *New China Review*, III, p. 65.

— The operations and manifestations of the Tao exemplified in history or the Tao confirmed by history 12th Essay in Huai Nan Tzŭ — Evan Morgan. (*Journ. N. C. B. R. As. Soc.*, Vol. LII, 1921, pp. 1/39.)

Read before the Society.

TAO TE KING 道德經

— Fernando Sainz. — Introduccion al libro chino de Lao Tsze 老子. (*El Correo Sino-Annamita*, XXIII, 1889 et seq.)

— Tao-Te-King de Yan-tsu. (*Ibid.*, pp. 100/158.)

Col. 3114.

— Wisdom of the East *The Sayings of Lao tzŭ* translated from the Chinese, with an Introduction by Lionel Giles. M. A. (Oxon.) Assistant at the British Museum. Second Impression. London. John Murray, 1906. in-16, pp. 54.

The Wisdom of the East Series Edited by L. Cranmer-Byng Dr. S. A. Kapadia.

— * Lao-Tze e sua doutrina segundo Tao-te-king (Conferencia realisada no Gremio Militar de Macau em 3 de janeiro de 1909) [por] M. Silva Mendes. Macau, 1908.

— * Lao Tsze's Buch vom Höchsten Wesen und vom Höchsten Gut, traduit du chinois avec une introduction et des notes par Julius Grill. Tübingen, Verlag von J. C. B. Mohr, 1910, in-8, pp. 208.

Notice : *Revue Hist. des Religions*, Mars-Avril 1911, p. 238. Par C. Blanchet.

— Zur mandschurischen Übersetzung des Tao-tĕ-King. Von Julius Grill. (*Z. D. M. G.*, 65. Band, IV. Heft, 1911, pp. 759/770.)

Col. 725.

— * The Canon of Reason and Virtue, Being Lao-tze's Tao Teh King, Chinese and English. By Paul Carus (Chicago, 1913).

Notice : *London & China Express*, Suppl., Oct 31, 1913, p. 9.

— L'œuvre sinologique du Dr Paul Carus. Par P. Masson-Oursel. (*Revue de l'histoire des Religions*, Tome LXIX, N° 3, Mai-Juin 1914, pp. 414/417.)

Col. 3114.

— The Simple Way Lao tze (The «Old Boy») A New Translation of the *Tao-Teh-King* with Introduction and Commentary by Walter Gorn Old, M. R. A. S. Popular Edition — London, Philip Wellby, 1905, pet. in-8, pp. IX + 1 f. n. ch. + pp. 186.

One shilling net.

— The Simple Way. A new translation of the *Tao-Teh-King*, by Walter Gorn Old. With Introduction and Commentary. Third Edition. London, W. Rider, 1913, in-8, pp. 198.

— Tao Teh Ch'ing The Simple Way, or The Path of Virtue. By Laotze. Translated by W. Gorn Old And with Introductory Note by W. Loftus Hare. London, C. W. Daniel . . . . *The Oriental Classics* No. 2, s. d. [1907], in-16, pp. 40.

Broché 4 d; cloth 1 sh.

— The Tao-Têh King. A Translation of the Chinese Classic by E. H. Parker (Professor of Chinese at the Owens College). Reprinted from the « Dublin Review ». Price 1s. 6d. London: Luzac & Co., s. d., in-8, pp. 40.

— Autour d'une traduction sanscrite du Tao tö King par Paul Pelliot. (*T'oung Pao*, Juillet 1912, pp. 351/430.)

— The Inner Life and the Tao-Teh-King by C. H. A. Bjerregaard Librarian, New-York Public Library. New-York, The Theosophical Publishing Co. of New-York 1912, in-8, 3 ff. n. ch. tit., tab., pref. + pp. 225 + III.

— **Notice**: *Journ. R. As. Soc.*, Jan. 1914, pp. 219/221, by J. Dyer Ball.

— * Lao Tzu. Tao Têh King. A Tentative Translation from the Chinese by Dr. Isabella Mears. Portrait, 1916, in-12.

KAN YING PIEN.

— * The Kan Ying Pien, 感應篇. With full Introduction, the Text, Translation, and Notes. By Rev. James Webster. Shanghai, 1918.

Notices: *Journ. N. C. B. R. As. Soc.*, L, 1919, pp. 205/206. By L. A. L. — *New China Review*, No. 1, March 1919, pp. 109/110.

Fo Kiao 佛教 (Bouddhisme).

Col. 729.

— Dans les *Mines de l'Orient*, Abel Rémusat a publié en 1814 le début du 滿漢西蕃捐要 *Man han si fan tsi yao* (sur lequel cf. col. 757, *A Buddhist Repertory*, etc.) (Pelliot).

Col. 736.

— Das buddhistische Sûtra . . . . von A. Schiefner, 1852.

Réimp. dans *Mél. Asiat.*, I, 435/454.

Col. 738.

— Lire. — очеркъ древняго,- par Palladius.

Col. 739.

— J. Edkins.

Au lieu de 壴 lire 壹.

V. P. Vasiliev.

Col. 740/741.

— Буддизмъ, 1858.

«C'est par erreur que l'ouvrage de l'archevêque de Yaroslav figure ici au milieu de l'article relatif au *Bouddhisme* de Vasiliev. Bretschneider s'est trompé en disant que l'*Introduction* de Burnouf « traite principalement du Bouddhisme du Sud »; le 1er volume de l'Introduction, le seul qui ait jamais paru, porte au contraire sur le Bouddhisme du Sud. La traduction allemande de la 1ère partie de Vasiliev n'est pas dûe à Schiefner, qui y a mis seulement une préface de 2 pages, mais est, je crois, dûe à Benfey, qui toutefois ne l'a pas signée. La 2e partie de Vasiliev n'a jamais paru, même en russe. Quant à la 3e, elle a paru en russe, non en 1873, mais en 1869; c'est la traduction de l'*Histoire du Bouddhisme dans l'Inde* de Târanâtha, et c'est à la suite de cette publication de 1869 que Schiefner publia la *Herrn Professor Wassiljew Vorrede* de la col. 740. De son côté, A. Schiefner avait publié, indépendamment de Vasiliev, le texte tibétain de Târanâtha en 1868 et une traduction en allemand en 1869 sous les titres suivants: (Pelliot.)

— Исторія Буддизма въ Индіи, сочиненіе — Тāранāт ы, по тибетскимъ рукописямъ издалъ Акад. А. Шифнеръ. St Pétersbourg, 1868, in-8, pp. x + 220.

— Târanâtha's Geschichte des Buddhismus in Indien, aus dem tibetischen übersetzt von Anton Schiefner. St. Petersburg, 1869, in-8, pp. XII + 346.

Col. 743.

— Beal. — Legend of Sakya Buddha. — 1875.

Au lieu de 糸集 lire 集.

Col. 745/746.

— Th. Benfey. (*Mél. As.*, III.)

Au lieu de *Vetalapançavinçati*, lire *Vetalapañcavimçati*; est une recension mongole du Siddhi-kür (Pelliot).

Col. 755.

Lire 堤 et non 埏.

Col. 759.

Il y a une 2e édition de *Croix et Swastika en Chine* par le P. L. Gaillard, in-8, 1904, pp. x-250.

— Carlo Puini. — Le Origini della Vita. — *Pratitya samutpāda sūtra.* — *Çali sambhava sūtrā.* (*Rivista degli Studi Orientali*, Anno I, Vol. I, fasc. 3, pp. 453/486.)

— The word Bonze. By S. (*Notes and Queries on Ch. & Japan*, IV, Aug. 1st, 1870, p. 74.)
Batavia, June 1870.

— Buddhism in the British Provinces of little Tibet. By Colonel Edward Paske. Late Deputy. — Commissioner of Kangra, Punjaub. (*Journ. Anthrop. Institute*, London, Vol. VIII, 1879, pp. 195/210.)

— Chinese Translations of Sanskrit Texts. By F. Max Müller. (*Ind. Antiq.*, x, 1881, pp. 121/122.)

Col. 1568.

— On some Chinese Rolls with Buddhist Legends and Representations. — Communicated to the Society of Antiquaries by A. W. Franks . . . Westminster: Printed by Nichols & Sons, 1892, in-4, pp. 6, 1 pl.

From *Archaeologia*, Vol. LIII.

— Deux traductions chinoises du Milindapañha par Édouard Specht. — Paris, Ernest Leroux, MDCCCXCIII, in-8, pp. 25.

Sur le faux-titre : Mélanges sinologiques II. Introduction de Sylvain Lévi.

— Buddhist sects in Japan. By C. de Harlez. (*Dublin Review*, CXVI, Jan. 1895, pp. 25/45.)

— Albert Tissandier. — Les Lohans donnés au Musée du Louvre par Mgr Favier. (*La Nature*, 1899, 2e sem., pp. 369/370, 1 grav.)

— Chez les Lamas du Se-Tchouen. (*A travers le Monde*, VI, 1900, p. 224.)

Du *Geogr. Journal*.

— Le Svastika par M. L. de Milloué. (*Conférences faites au Musée Guimet*, XXXI, pp. 83/103.)

— A remnant of Buddha's body. By Perceval Landon. (*Nineteenth Century*, L, Aug. 1901, pp. 236/243.)

— H. Franke. — Die vorbuddhistische Religion Tibets. (*Allg. Mission Zs.*, Berlin, XXVIII, 1901, pp. 579/584.)

— Albrecht Weber. Nécrologie par G. Schlegel. (*T'oung Pao*, 2e Sér., II, No 5, Déc. 1901, p. 388.)

Né en 1825 ; † 30 Nov. 1901.

Col. 762.

— * Lalitavistara. Leben und Lehre des Çâkya-Buddha. Textausgabe mit Varianten-, Metren- und Wörterverzeichnis von Dr. S. Lefmann. — Halle a. S., 1902/1908, 2 vol., pp. 448, xxvi + 1 + 260.

— Chinese Buddhism. By E. H. Parker. (*Imp. & As. Quart. Rev.*, Oct. 1902, pp. 372/390.)

H. Hackmann.

— H. Hackmann. — Das Buddhistenkloster Tien-dong in der chinesischen Provinz Che-kiang. (*Zs. Miss.-Kunde*, Heidelberg, XVII, 1902, pp. 173/178.)

— — Ein Heiliger des chinesischen Buddhismus und seine Spuren im heutigen China. (*Ibid.*, XVIII, 1903, pp. 65/72.)

— — Pai Chang Ch'ing Kuei, the Rules of Buddhist Monastic Life in China. (Oxford, *Trans. Third Int. Cong. Relig.*, 1908, I, p. 137.)

— *Pai Chang Ch'ing Kuei*, The Rules of Buddhist Monastic Life in China by H. Hackmann. (*T'oung Pao*, Déc. 1908, pp. 651/662.)

百丈淸規.

Notice : *T'oung Pao*, Mars 1909, pp. 100/101, par Sylvain Lévi.

— H. Hackmann. — Buddhism as a Religion: its historical Development and its present Conditions. London, Probsthain, 1909, in-8, pp. 328.

— Buddhism as a Religion: its historical Development and its present Conditions. By H. Hackmann, Lic. Theol. From the German, revised and enlarged by the Author. Probsthain & Co., London, 1910, in-8, pp. XIII-315.

Notices : *Journ. Asiatique*, Mai-Juin 1910, pp. 552/553, par L. Finot. — *Asiatic Quart. Rev.*, 1910, XXX, pp. 205/208, par B.

— Die Schulen des chinesischen Buddhismus. Von H. Hackmann. (*Mitt. d. Sem. f. orient. Sprachen, Ostasiat. Studien*, Jahrg. XIV, 1911, pp. 232/266.)

∴

— * H. Leder. Über den Buddhismus in Tibet. (*Mitt. Anthrop. Ges. Wien*, XXXIII, 1903.)

— J. W. Davey. — Buddhism of Tibet. (*Period. Acc. Morav. Mission.*, Lond., VI, 1905, pp. 5/23.)

Ed. Chavannes.

— Fables et Contes de l'Inde extraits du Tripiṭaka chinois. — Extrait du tome I des *Actes du XIVe Congrès International des Orientalistes*. — Paris, Ernest Leroux, 1905, in-8, pp. 63.

Avaient paru, pp. 84/145, dans la 5e Sect., 1ère partie des *Actes*, 1905. — Notice par Paul Pelliot, *Bul. Ecole franç. Ext.-Orient*, VI, Juillet-Déc. 1906, pp. 401/402.

— Cinq Cents Contes et Apologues extraits du Tripiṭaka chinois et traduits en français par Edouard Chavannes . . . Publiés sous les auspices de la Société asiatique. — Paris, Ernest Leroux, 1910/1911, 3 vol. in-8, pp. xx-428 + 1 f. n. ch., 449 + 1 f. n. ch., 395 + 1 f. n. ch.

— Zwei Sanskritwörter in Chavannes's « Cinq cents Contes et Apologues ». Von Johannes Hertel. (*Zeitschft. d. Deutsch. Morg. Ges.*, 67. Bd., Hft. I, pp. 125/125.)

— Les Contes indiens et orientaux dans la littérature chinoise. Par René Basset. (*Revue des Traditions populaires*, Sept. 1912, pp. 441/448.)

A propos des *Cinq cents Contes* de Chavannes.

— Les Classiques de l'Orient. — Contes et légendes du Bouddhisme chinois traduits du Chinois par Edouard Chavannes . . . Préface et vocabulaire de Sylvain Lévi, Professeur au Collège de France Bois dessinés et gravés par Andrée Karpelès. Editions Bossard, Paris, 1921, in-8, pp. 220 + 1 f. n. ch.

Vol. IV de *Les Classiques de l'Orient*, Collection publiée sous le patronage de l'Association française des Amis de l'Orient et la direction de Victor Goloubew.

Tiré à 1500 ex. + 140 sur vélin d'Arches + 15 sur vélin d'Arches, imprimé en deux encres.

— Fables chinoises du IIIe au VIIIe siècle de notre ère (d'origine hindoue) traduites par Edouard Chavannes . . . versifiées par Mme Edouard Chavannes ornées de 46 dessins par Andrée Karpelès. Editions Bossard, Paris, s. d. [1921], pet. in-8, pp. 95.

Tiré des *500 Contes et Apologues* d'Ed. Chavannes. — Précédé de *Notes sur le Bouddha* par Mme Chavannes, d'après A. Foucher.

— Seng-houei 僧會 † 280 p. C. par Edouard Chavannes. (*T'oung Pao*, Mai 1909, pp. 199/212.)

— L'exposition d'art bouddhique au Musée Cernuschi par Edouard Chavannes. (*Ibid.*, Mai 1913, pp. 261/286; planche.)

— Une version chinoise du conte bouddhique de Kalyânamkara et Pâpamkara. (*Ibid.*, Oct. 1914, pp. 469/500.)

Cf. Pelliot et Huart, *J. As.*, Janv.-Fév. 1914; *T'oung Pao*, Mai 1914.

∴

Col. 752.

— Das Kloster Kumbum in Tibet. Von W. Filchner, 1906. — Voir col. 2926/2927.

— * Karutz. — Von Buddhas heiliger Fußspur. (*Globus*, 11. u. 18. Jan. 1906, pp. 21/25, 45/49.)

Notice par Ed. Chavannes, *T'oung Pao*, 1906, pp. 157/158.)

— Die « persischen » Kalenderausdrücke im chines. Tripiṭaka. Von F. W. K. Müller. (*Sitzber. K. P. A. d. W.*, 1907, I, pp. 458/465.

— * J. Dyer Ball. Is Buddhism a Preparation or a Hindrance to Christianity in China? Canton, 1907, in-8, pp. 35.

— Les Josticks ou Baguettes du Culte de Bouddha. (*Revue indochinoise*, 15 février 1908, p. 235.)

D'après le *Bulletin des Sciences pharmacologiques*.

(DIVERS.)

SYLVAIN LÉVI.

— Açvaghosa, le Sûtrâlaṃkâra et ses sources, par M. Sylvain Lévi. (*Journ. Asiat.*, Juill.-Août 1908, pp. 57/184.)

Notice : *Bul. Ecole Fr. Ext.-Orient*, IX, N° 1, Janv.-Mars 1909, pp. 166/169, par P. Pelliot.

Cf. Edouard Huber.

— Observations sur une langue précanonique du bouddhisme, par M. S. Lévi. (*Ibid.*, Nov.-Déc. 1912, pp. 495/514.)

— * Sylvain Lévi, Autour du Bāveru-jātaka. (*Annuaire de l'Ecole pratique des Hautes Etudes*, Section hist. et phil., 1913/1914.)

Notice : *T'oung Pao*, Déc. 1913, pp. 791/792, par Ed. Chavannes.

— Le catalogue géographique des Yakṣa dans la Mahāmāyūrī, par M. Sylvain Lévi. (*Journ. Asiat.*, Janv.-Févr. 1915, pp. 19/138.)

— Sur la récitation primitive des textes bouddhiques, par M. Sylvain Lévi. (*Ibid.*, Mai-Juin 1915, pp. 401/447.)

— Quelques titres énigmatiques dans la hiérarchie ecclésiastique du Bouddhisme indien, par M. M. Sylvain Lévi et Edouard Chavannes. (*Ibid.*, XIe Sér., V, 1915, pp. 193/223.) Additions et rectifications. (*Ibid.*, VI, 1915, pp. 307/310.)

— Les seize Arhat protecteurs de la Loi, par Sylvain Lévi et Edouard Chavannes, (Premier article). (*Journal Asiatique*, Juillet-Août 1916, pp. 5/50; (Second article). *Ibid.*, Sept-Oct. 1916, pp. 189/304.)

— Les Saintes Ecritures du bouddhisme Comment s'est constitué le Canon sacré par M. Sylvain Lévi. (*Conférences faites au Musée Guimet*, XXXI, pp. 105/129.)

— The Four Buddhist Āgamas in Chinese, a Concordance of their Parts and of the corresponding counterparts in the Pāli Nikāyas. By Prof. M. Anesaki, 1908, in-8, pp. 149.

Trans. Asiat. Soc. of Japan, XXXV, Pt. 3.

Notice : *Journ. As.*, Nov.-Déc. 1909, pp. 529/530, par Sylvain Lévi.

— Pag sam jon zang. — Part I. — History of the Rise, Progress and Downfall of Buddhism in India, by Sumpa Khanpo yeçe pal jor, the great historiographer and chronologist of Tibet. — Edited with a list of Contents and an Analytical Index in English. By Çri Sarat Chandra Das . . . Calcutta : Published by the Presidency Jail Press, 1908, in-8. — Part II. — His-

(SYLVAIN LÉVI.)

tory of Tibet from early Times to 1745 A. D. . . . . . Ibid., 1908, in-8.

— * L. de La Vallée Poussin. — Bouddhisme, Opinions sur l'histoire de la dogmatique. Paris, Beauchesne, 1909, in-16, pp. VIII-417.

Notice : *T'oung Pao,* Oct. 1909, p. 535, par Ed. Chavannes.

— Note. By Professor L. de la Vallée Poussin « The fear of deer does not prevent from sowing . . . » (*Bull. School Oriental Studies, London Institution,* Vol. I, Pt. III, 1920, p. 185.)

— Henry de la Vallée Poussin. Nécrologie par H. Cordier. (*T'oung Pao,* Série II, Vol. IV, N° 4, Oct. 1903, p. 351.)
† 30 août 1903, à Pe-king.

A. Foucher.

— Le « grand miracle » du Buddha à Çrâvastî, par M. A. Foucher. (*Journ. Asiat.,* Janv.-Févr. 1909, pp. 5/78, planches.)

— A. Foucher. — La Madone bouddhique. (*Fondation Eugène Piot. — Monuments et Mémoires* . . . 1910, 2e fasc., T. XVII, pp. 255/275; 2 pl.)

1er pl. trouvée à Yar Khoto le 13 juillet 1905, déposée au *Kgl. Museum für Völkerkunde,* Berlin. — 2e pl., Hâriti de l'oasis de Domoko, E. de Khotan, trouvée par Stein, en mars 1908.

— Fondation Eugène Piot. — La Madone bouddhique par A. Foucher. — Extrait des *Monuments et Mémoires* publiés par l'Académie des Inscriptions et Belles-Lettres. Deuxième fascicule du Tome XVII. — Paris, Ernest Leroux, 1910, gr. in-4, pp. 23, ill. et 2 pl.

— La découverte des reliques du Bouddha. Par B. C. (*Revue indo-chinoise,* Janvier 1910, pp. 47/57.)

— Les débuts de l'art bouddhique, par M. A. Foucher. (*Journal Asiatique,* Janv.-Fév. 1911, pp. 55/79.)

— L'origine grecque de l'image du Bouddha par A. Foucher. (*Conférences faites au Musée Guimet en 1912,* Paris, Hachette, pp. 231/272; 12 planches.)

Forme le tome trente-huit de la *Bibliothèque de vulgarisation des Annales du Musée Guimet.*

— The Beginnings of Buddhist Art and other Essays in Indian and Central-Asian Archaeology by A. Foucher of the University of Paris Revised by the Author and translated by L. A. Thomas and F. W. Thomas with a Preface by the Latter. Paris, Paul Geuthner, MCMXVII, in-8, pp. XVI-316.

Notices : *Journ. R. As. Soc.,* April 1919, pp. 241/246, by M Longworth Dames. — *Journal des Savants,* Mars-Avril 1919, pp. 73 84; réimp. dans les *Mél. d'hist. et de géog. orient.,* II, 1920, pp. 296/312, par Henri Cordier.

(Foucher.)

— * Jules Bloch: Tamoul *vāddyar*: sanskrit *upādhyāya.* (*Indogermanische Forschungen,* Vol. XXV, 1909, pp. 239/240.)

Notice : *T'oung Pao,* Décembre 1909, pp. 719/720. Par Edouard C[havannes].

O. Franke.

— O. Franke. — Die Ausbreitung des Buddhismus von Indien nach Turkistan und China. (*Arch. Religionswiss.,* Leipzig, XII, 1909, pp. 207/220.)

— Ein buddhistischer Reformversuch in China von O. Franke. (*T'oung Pao,* Décembre 1909, pp. 567/602.)

— Zur Frage der Einführung des Buddhismus in China. Von O. Franke. (*Mitt. d. Sem. f. Orient. Sprachen,* Jahrg. XIII, 1910, pp. 295/305.)

Notice : *Bul. Ecole fr. Ext.-Orient,* Juillet-Sept. 1910, pp. 629/636, par H. Maspero.

∴

— Une nouvelle édition du Tripiṭaka chinois. Par C. Blanchet (*T'oung Pao,* Mai 1910, pp. 315/318.)

— Le Congrès bouddhiste de Shanghai. Par C. Blanchet. (*Revue de l'Histoire des Religions,* Mai-Juin 1913, pp. 397/398.)

— J. J. M. de Groot. — China (Buddhism in). (*Encyclopedia of Religion and Ethics ed. by* J. Hastings, Edinb., III, 1910, pp. 552/556.)

— Alphabetical List of the Titles of Works in the Chinese Buddhist Tripiṭaka. Being an Index to Bunyiu Nanjio's Catalogue and to the 1905 Kioto Reprint of the Buddhist Canon. Prepared by E. D. Ross, Archaeological Dept. of India, Calcutta, Government Printing Office, 1910, in-4, pp. XCVII.

Notices : *Journ. Roy. As. Soc.,* April 1911, pp. 560/562. By L. A. Waddell. — *T'oung Pao,* Oct. 1910, pp. 535/536, par Ed. Chavannes.

— Note on Buddhist Local Worship in Muhammadan Central Asia. By M. Aurel Stein. (*Journ. Roy. As. Soc.,* July 1910, pp. 839/845.)

This note, in Hungarian, was contributed to the *Emlékkönyv* presented to Prof. I. Goldziher, Budapest, in honour of his sixtieth birthday, June 22, 1910.

— Breves estudios sobre un Manual de Preces budhistas. (*El Correo Sino-Annamita,* XXXVII, 1910, pp. 85/371.)

— Bouddhisme chinois Extraits du Tripitaka, des Commentaires, Tracts, etc. Par le P. Léon Wieger S. J. Tome I. Vinaya. Monachisme et Discipline. (Hīnayāna, Véhicule inférieur.) 河間府 Impri-

(Franke.)

merie de la Mission catholique 1910, in-8, pp. 479.

Notices : *Journ. R. As. Soc.*, April 1911, p. 562, par L. A. W. — *Imp. & As. Quart. Rev.*, Jan. 1911, pp. 175/176, par E. H. Parker.

— Dr Léon Wieger S. J. Buddhisme. Tome II. Les vies chinoises du Buddha. 1913, in-8, pp. 453 + 1 f. n. ch.

Renferme 釋迦如來應化錄 Récit de l'apparition sur terre, du Buddha des Sakya. — Compilé par Pao-tch'eng, moine chinois, au temps des Ming. — Appendice I. Illustrations de la Vie du Buddha, dessinées et gravées par un artiste chinois, pour le compte de U-fong, prince de la famille mandchoue alors régnante, en l'an 1808. — App. II. Spécimens des principales vies citées page 2, non traduites.

Notices : *T'oung Pao*, Mai 1914, pp. 287/290, par Ed. Chavannes. — *Bull. Ecole franç. Ext. Orient*, XIII, 1913, pp. 29/33, par H. Maspero.

— L. Davrout S. J. — Le Bouddhisme d'après un livre récent — Bruxelles, Société Belge de Librairie, 1911, in-8, pp. 15.

Ext. de la *Revue Apologétique*, No 1 du 16 Mai 1911.

A propos de l'ouvrage du P. L. Wieger.

— Le bouddhisme chinois. Par Gabriel Chambeau. (*Etudes*, 5 Juin 1911, pp. 697/707.)

A propos du *Bouddhisme chinois*, du R. P. Léon Wieger.

NOËL PÉRI.

— A propos de la date de Vasubandhu. Par Noël Péri, Pensionnaire de l'Ecole française d'Extrême-Orient. (*Bull. Ecole franç. Ext. Orient*, Juill.-Déc. 1911, pp. 339/390.)

— Idem. — Extrait du *Bulletin de l'Ecole française d'Extrême-Orient* (Tome XI, Nos 3/4. Juillet-Décembre 1911). — Hanoi, Imprimerie d'Extrême-Orient, 1911, gr. in-8, pp. 52 + 1 f. n. ch. er.

— Hārītī la Mère-de-Démons. Par N. Péri. (*Bull. Ecole franç. d'Ext. Orient*, Tome XVII, No 3, 1917.)

Notice : *Bul. of the School of Oriental Studies*, 1918, p. 131.

— * Sasaki Gesso 佐佐木月樵. — *Shina jōdo-kyō-shi* 支那淨土教史, « Histoire de la doctrine du Sukhāvati en Chine ». — Tōkyō, Mugazam-bō, 1913; 2 vol. in-8, I, pp. 4/6/366; II, pp. 6/367 à 694/20.

Notice : *Bull. Ecole fr. Ext.-Orient*, XIII, No 7, 1913, pp. 68/69. Par N. Péri.

— * Ogiwara Unrai 荻原雲來. — *Bon-Kan taiyaku Bukkyō jiten* 梵漢對譯佛教辭典 (Dictionnaire bouddhique sanscrit chinois). — Tōkyō, Heigo shuppan sha, 1915; in-8, pp. 4/11/245/60/208/168.

Notice : *Bull. Ecole fr. Ext.-Orient*, XV, No 4, 1915, pp 51/52. Par N. Péri.

— Les Femmes de Çakya-Muni par Noël Péri, membre de l'Ecole française d'Extrême-Orient. Hanoi Imprimerie d'Extrême-Orient — 1918, gr. in-8, pp. 37.

Forme le No 2, Tome XVIII, du *Bulletin de l'Ecole française d'Extrême-Orient*.

∴

— Notes on the disposal of buddhist dead in China. By W. Perceval Yetts. (*Journ. Roy. As. Soc.*, July 1911, pp. 699/725: planches.)

Notice : *T'oung Pao*, Déc. 1911, p. 747, par Ed. Chavannes.

— * Buddhism : a Study of the Buddhist Norm. By Mrs. Rhys Davids, M. A. The Home University Library of Modern Knowledge.

Notice : *Journ. Roy. As. Soc.*, Jan. 1913, pp 201/209. By M. H. Bode.

— The Religion of the Samurai A Study of Zen Philosophy and Discipline in China and Japan by Kaiten Nukariya Professor of Kei-o-gi-jiku University and of Sō-tō-shū Buddhist College, Tokyo. London, Luzac & Co., 1913, in-8, pp. xxii-253.

Luzac's Oriental Religions Series. Vol. IV.

HENRI MASPERO.

— Le songe et l'ambassade de l'empereur Ming Etude critique des sources par M. H. Maspero Pensionnaire de l'Ecole française d'Extrême-Orient. (*Bull. Ecole franç. Ext. Orient*, X, Janv.-Mars 1910, pp. 95/130.)

Notice : *T'oung Pao*, Oct. 1910, pp. 536/537, par Ed. Chavannes.

— Idem. — Extrait du *Bulletin de l'Ecole française d'Extrême-Orient* (Tome X, No 1, Janv.-Mars 1910). — Hanoi, Imprimerie d'Extrême-Orient, 1910, gr. in-8, pp. 36.

Notice : *Bul. Ass. amic. franco-chinoise*, Oct. 1910, pp. 426/428, par A. Vissière.

— Communautés et moines bouddhistes chinois au IIe et IIIe siècles par H. Maspero. (*Bull. Ecole franç. Ext. Orient*, X, Janv.-Mars, pp. 222/232.)

Notice : *T'oung Pao*, Oct. 1910. pp. 536/537, par Ed. Chavannes.

— Idem. — Extrait du *Bulletin de l'Ecole française d'Extrême-Orient* (Tome X, No 1. Janv.-Mars 1910). — Hanoi, Imprimerie d'Extrême-Orient, 1910, gr. in-8, pp. 11.

— H. Maspero. — Sur la date et l'authencité du *Fou fa tsang yin yuan tchouan* [付法藏因緣傳], in-8, pp. 21.

PAUL PELLIOT.

— Deux titres bouddhiques portés par des Religieux nestoriens par Paul Pelliot. — Extrait du *T'oung Pao*, Vol. XII. — E. J. Brill, Leide — 1911, in-8, pp. 9.

— Apocryphes bouddhiques en Asie centrale et en Chine. (*Revue hist. des Religions*, Sept.-Oct. 1911, pp. 266/267.)

— Les 國師 Kouo-che ou « Maîtres du Royaume » dans le Bouddhisme chinois par Paul Pelliot. (*T'oung Pao*, Décembre 1911, pp. 671/676.)

— (Idem.) — Extrait du *T'oung Pao*, Vol. XII. — E. J. Brill, Leide — 1911, in-8, pp. 8.

— Les noms propres dans les traductions chinoises du *Milindapañha*, par M. Paul Pelliot. (*Journal Asiatique*, Sept.-Oct. 1914, pp. 379/419.)

— Quelques transcriptions apparentées à Çambhala dans les textes chinois par Paul Pelliot. (*T'oung Pao*, XX, N° 2, Mars 1920/1921, pp. 73/85.)

— « Meou-tseu ou les doutes levés », traduit et annoté par Paul Pelliot. (*T'oung Pao*, Décembre 1918/1919, pp. 255/433.)

— (Idem.) — Extrait du *T'oung Pao*, 2e Série, Vol. XIX, N° 5, Décembre 1918/1919. — E. J. Brill, Leide — 1920, in-8, pp. 179.

∴

— Bibliotheca Buddhica. XIV. — Kuan-ši-im Pusar. Eine türkische Übersetzung des XXV. Kapitels der chinesischen Ausgabe des Saddharmapuṇḍarīka. Herausgegeben und übersetzt von W. Radloff. Mit vier Beilagen und zwei Tafeln. — St.-Pétersbourg, 1911, in-8, pp. VIII-119.

Imprimé par ordre de l'Académie Impériale des Sciences. Février 1911.

— Une visite aux monastères bouddhiques de Kieou-hoa-chan par Gabriel Chambeau. (*Etudes*, 20 Mars 1912, pp. 785/798; *ibid.*, 5 Avril 1912, pp. 34/52.)

— The Chinese Madonna in the Field Museum. By Berthold Laufer. (*The Open Court*, Jan. 1912, pp. 1/6, 1 pl.)

(PELLIOT.)

— Origin of the word Shaman by Berthold Laufer Reprinted from the *American Anthropologist* (N. S.) Vol. 19, No. 3, July-September, 1917, in-8, pp. ch. 361/371.

Notice : *T'oung Pao*, Juillet 1917, pp. 235/237, par H. C[ordier].

— Religieuses bouddhiques. (*A travers le Monde*, XVIII, 1912, p. 136.)

Du *Geographical Journal*.

— A propos du 2500e Anniversaire de l'Extase de Bouddha. Par Labadie-Lagrave. (*A travers le Monde*, XVIII, 1912, pp. 173/174; ill.)

— * Trois manuscrits de l'époque des T'ang récemment publiés au Japon par M. Naitō Torajirō.

Notice : *T'oung Pao*, Juillet 1912, pp. 482/507. Par P. Pelliot.

— * The Diamond Sutra (Chin-Kang-Ching) or Prajna-Paramitā. Translated from the Chinese with an Introduction and Notes by W. Gemmell. London, Kegan Paul, 1912, in-8, pp. XXXII-117.

— The secret of Kanishka by J. Kennedy. (*Journ. R. As. Soc.*, July 1912, pp. 665/688; October 1912, pp. 981/1019.)

— Sidelights on Kanishka. The introduction of Buddhism into China... By J. Kennedy. (*Journ. Roy. As. Soc.*, April 1913, pp. 369/378.)

— Kwan Yin. Die Göttin der Gnade. Von Henri Borel. Autorisierte Übersetzung aus dem Holländischen Von Dr. Alfred Reuss, 1912, pet. in-8, pp. 72 + 1 p. errata.

Druck : Deutsch-Ostafrikanische Rundschau.

— * Albert Grünwedel. — Altbuddhistische Kultstätten in Chinesisch-Turkistan. Bericht über archäologische Arbeiten von 1906 bis 1907 bei Kuča Qarašahr und in der Oase Turfan. (Königl. preuß. Turfan-Expeditionen.) Berlin, G. Reimer, 1912, in-4, pp. IV-371 mit 1 Taf.

— — A. Grünwedel. — Eine weibliche Inkarnation in Tibet. (*Arch. Religionswiss.*, Leipzig, XVII, 1914, pp. 437/454.)

— Die Geschichten der vierundachtzig Zauberer (Mahāsiddhas) aus dem Tibetischen übersetzt von Albert Grünwedel. (*Baessler-Archiv*, V, 1916, pp. 137/228, 10 fig. dans le texte.)

— Indices von Hans Jörgensen. (*Ibid.*, VI, 1917, pp. 130/139.)

— One of the World's Literary Masterpieces 西遊記. A Mission to Heaven A Great

(PELLIOT.)

Chinese Epic and Allegory by Ch'iu Ch'ang Ch'un A Taoist Gamaliel who became a Nestorian Prophet and Advisor to the Chinese Court. Translated by Timothy Richard Chancellor and Director of the Shansi : Government University 1901/1911. — Published at the Christian Literature Society's Depot, Shanghai, 1913, in-8, pp. XXXIX-362-VIII; ill.

Au f. suivant ce premier titre, le second:

— A Journey to Heaven being a Chinese Epic and Allegory dealing with the Origin ot the Universe: The Evolution of Monkey to Man: The Evolution of Man to the Immortal: and Revealing the Religion, Science, and Magic, which moulded the Life of the Middle Ages of Central Asia And which underlie the civilization of the Far East to this day by Ch'iu Ch'ang Ch'un. A. D. 1208—1288 Born 67 years before Dante.

— * The New Testament of Higher Buddhism. By Timothy Richard, D. D. Edinburgh, T. & T. Clark. Shanghai, Kelly & Walsh.

Notice: *Journ. N. C. B. R. As. Soc.*, XLII. 1911, pp. 234/235.

— Buddhist China by Reginald Fleming Johnston . . . With Illustrations. London: John Murray, 1913, in-8, pp. XVI-403.

Notices: *London & China Express*, Suppl., Dec. 12, 1913. — *Bul. Ecole Ext.-Orient*, XIV, 1914, pp. 74/75, par H. Maspero.— *Journ. N. C. B. R. As. Soc.*, XLV, 1914, pp. 136/138, par T. R.— *Journ. R. As. Soc.*, April 1914, pp. 478/483, par W. Perceval Yetts. — *United Empire*, March 1914, p, 277.

— * Victor Collin. — Les crânes humains dans l'art lamaïque. (*Bull. de l'Ass. amicale franco-chinoise*, V, 2.)

— * La vie et les paroles merveilleuses de Bouddha Gaudama de Kapilavastu, par Pierre Rey. (*France d'Indo-Chine*, Oct.-Nov. 1913; Déc. 1914.)

— * Prajnā Pāramitā. — Die Vollkommenheit der Erkenntnis. Nach indischen, tibetischen und chinesischen Quellen von Max Walleser. Quellen der Religionsgeschichte 6. Band. Göttingen, 1914. (Vandenhoeck & Ruprecht), in-8, pp. 164.

Notice par O. Franke, *Ostasiat. Zeit.*, IV. Jhrg., Okt.-Dez. 1915, pp. 207/210, Jan.-März 1916, pp. 330/343.

— Paramartha's *Life of Vasubandhu* and the date of Kaniska. By F. W. Thomas. (*J. R. As. Soc.*, July 1914, pp. 748/751.)

— * The Vaisesika Philosophy according to the Dasapadarthasastra: Chinese text, with introduction, translation, and notes by H. Ui. Edited by F. W. Thomas 1917, in-8.

Notice: *London & China Express*, Aug. 7, 1918, p. 432.

— « The hand treatise », a work of Aryadeva. By F. W. Thomas and H. Ui. (*Journ. Roy. As. Soc.*, April 1918, pp. 267/310.)

— Victor Segalen. — Notes de voyage — Bouddhisme chinois. (*Le Temps*, 22 juin 1914.)

— * The Gods of Northern Buddhism. Their History, Iconography and Progressive Evolution through the Northern Buddhist Countries. By Alice Getty; with a General Introduction on Buddhism translated from the French of J. Deniker, Docteur ès-Sciences, and with Illustrations from the Collection of Henry H. Getty. (Oxford: *At the Clarendon Press*: 1914), in-4, pp. 196. With ten plates in colour and fifty four in black and white.

Notice: *Journ. N. C. B. R. As. Soc.*, XLVI, 1915, pp. 120/124. By R. F. Johnston.

— The so-called « Mahapadana » Suttanta and the date of the Pali Canon. By L. A. Waddell, LL. D., C. B. (*J. R. As. Soc.*, July 1914, pp. 661/680.)

— A New Poem of Asvaghosa. By F. W. Thomas. (*J. R. As. Soc.*, July 1914, pp. 752/753.)

— Note on the name Kusa. By A. von Staël-Hostein. (*Ibid.*, pp. 754/762, fig.)

— Some Buddhist Fragments from Chinese Turkestan in Sanskrit and « Khotanese ». By J. N. Reuter. (*Journ. Soc. Finno-Ougrienne*, XXX, 1913/1918, pp. 37, 9 pl.)

Recueillis par le Baron Gustaf Mannerheim lors d'un voyage en Asie centrale en 1906/1908.

M. W. de Visser.

— The Boddhisattwa Ti Tsang (Jizo) in China and Japan. By M. W. de Visser. (*Ostasiat. Zeit.*, 2. Jhrg., 2, Juli-Sept. 1913, pp. 179/192; 3, Okt.-Dez. 1913, pp. 266/305; 3. Jhrg., 1, April-Juni 1914, pp. 61/92; 3, Okt.-Dez. 1914, pp. 326/327.)

Tirage à part: Oesterheld & Co., Berlin, 1915, in-4, pp. 181-IV. — Erste Sonderveröffentlichung der *Ostasiatischen Zeitschrift*.

— The Arhats in China and Japan. By M. W. de Visser. (*Ibid.*, 7. Jhrg., 1/2, April-Sept. 1918, pp. 87/102; April-Sept. 1920/1921, pp. 116/144.)

— Die Pfauenkönigin (K'ung-tsioh ming-wang, Kujaku myō-ō) in China und Japan. Von M. W. de Visser. (*Ibid.*, 8. Jhrg.. 1919/1920, pp. 370/387.)

∴

— * James Troup. Illustrations of Buddhism from Japanese Pictures. London, 1914.

— Etudes bouddhiques. Par Edouard Huber, Professeur à l'Ecole française d'Extrême-Orient. — I. Les fresques inscrites de Turfan. — II. Cūḍāmaha. — III. Le roi Kaniṣka dans le Vinaya des Mūla-sarvāstivādins, gr. in-8, pp. 19.

En tête une notice nécrologique et une bibliographie par L. Finot. Fait partie du *Bull. Ecole française Extrême-Orient*, Quatorzième année, T. XIV, N° 1, 1914.

— The Date of Vasubandhu «in the Nine Hundreds». By J. Takakusu. (*J. R. As. Soc.*, Oct. 1914, pp. 1013/1016.)

— So-sor-thar-pa; or, a Code of Buddhist Monastic Laws: Being the Tibetan version of Pratimokṣa of the Mūla-sarvāstivāda School, Edited and translated by Mahāmahopādhyāya Satis Chandra Vidyabhusana, M. A., Ph. D., M. R. A. S., F. A. S. B. (*Journ. and Proc. Asiatic Soc. Bengal.* Vol. XI, Nos. 3 & 4, March & April 1915, pp. 29/139.)

— * Witte. Zur Propaganda des japanischen Buddhismus in China und zur Propaganda der Religionen überhaupt. (*Die Christliche Welt*, Marburg, Nr. 27, 1915.)

— Le Yuan Jen Louen par M. Paul Masson-Oursel. (*Journ. Asiatique*, Mars-Avril 1915, pp. 299/354.)

原人論

* A. Forke. — Katalog des Pekinger Tripitaka der Königlichen Bibliothek zu Berlin. Berlin, 1916, in-4.

Forme Bd. I. de : Die ostasiatischen Sammlungen der Kgl. Bibliothek zu Berlin.

— Religions orientales Première Serie. — Le Bouddhisme contemporain par Alfred Roussel Professeur de sanscrit à l'Université de Fribourg (Suisse). Paris, Pierre Téqui, 1916, pet. in-8, pp. IX-520.

— Les scènes figurées de la vie du Buddha d'après des peintures tibétaines par J. Hackin. (*Mémoires concernant l'Asie orientale.* II. 1916, pp. 1/116, 18 pl.)

(DIVERS.)

— Über die chinesische Version von Aśvaghoṣas Buddhacarita. **佛所行讃** Fo-so-hing-tsan. Von Else Wohlgemuth. (*Mitt. Sem. für Orient. Sprachen, Ost-as. Studien*, Berlin, 1916, Jahrg. XIX, pp. 1/75.)

— * Buddha and the Gospel of Buddhism. By Ananda Coomaraswamy, D. Sc., with illustrations in colour by Abanindro Nath Tagore. C. I. E. and Nanda Lal Bose and thirty-two reproductions in black and white from photographs. (London: George G. Harrap & Co., 1916.)

Notice : *Journ. N. C. B. R. As. Soc.*, vol. XLVIII, 1917, pp. 198/203. By R. F. J.

— The Vows of Amida. A comparative Study. — Rev. J. W. Inglis, M. A. (*Journ. N. C. B. R. As. Soc.*, XLVIII, 1917, pp. 1/11.)

— * Chinese Religion through Hindu Eyes. A Study in the Tendencies of Asiatic Mentality, by Benoy Kumar Sarkar, with an introduction by Dr. Wu Ting Fang. Shanghai, *The Commercial Press*, 1916.

Notice : *Journal N. C. B. R. As. Soc.*, XLVIII, 1917, pp. 193/195. By H. C.

— Le culte de la Croix dans le Bouddhisme en Chine, au Nepal et au Thibet. Par P. Saintyves. (*Revue Hist. des Religions*, Janv.-Février 1917, pp. 1/52; figures.)

— Buddhistische Bilder aus der Glanzzeit der Tanguten. Von Anna Bernhardi. (*Ostasiat. Zeitschft.*, VI. Jahrg., 3/4, Okt. 1917, März 1918, pp. 141/160.)

— Le Parinirvāṇa et les funérailles du Buddha. — Examen comparatif des textes, par M. Przyluski. (*Journal Asiatique*, Mai-Juin 1918, pp. 485/526; Nov.-Déc. 1918, pp. 401/456.) — II. Vêtements de religieux et Vêtements de rois. (*Ibid.*, Mai-Juin 1919, pp. 365/430.) — Les éléments rituels dans les funérailles du Buddha. (*Ibid.*, Janv.-Mars 1920, pp. 5/54.)

Idem. Par Jean Przyluski. — Première Partie. — Extrait du *Journal Asiatique* (1918/1920). Paris, Imprimerie Nationale. MDCCCCXX, in-8, pp. 216.

— Le grand pèlerinage bouddhique de Lang-chan et les cinq montagnes de Tong-tcheou by Henri Doré S. J. (*New China Review*, March 1919, pp. 41/56;

(DIVERS.)

May 1919, 120/144; July 1919, 282/298; Oct. 1919, 457/479; Dec. 1919, 588/603; Feb. 1920, 44/68, pl.)

— A chinese «Temple of the Cross» by Christopher Irving. (*Ibid.*, I, October 1919, pp 522/533; planche.)

— A Buddhist Apologetic by Harrison K. Wright, M. A. (*Ibid.*, December 1919, pp. 562/587.)

— * Louis Finot. La Marche à la Lumière (Bodhičaryāvatāra). [Les classiques de l'Orient], Paris, Bossard, 1920, in-8, 166 pages + 1 f. n. ch., ill.

Notice : *T'oung Pao*, Août 1920/1921, pp. 294/295. Par P. Pelliot.

— The Temple of the Cross. (*New China Review*, II, August 1920, pp. 421/422.)

— Hymns to Kuan-yin. By A. D. Waley. (*Bull. School Oriental Studies, London Institution,* Vol. I, Part III, 1920, pp. 145/146.)

— Literary History of Sanskrit Buddhism (From Winternitz, Sylvain Levi, Huber). By G. K. Nariman . . . — Bombay: D. B. Taraporevela. — 1920, in-8, pp. XIII-382 + 1 f. n. ch.

— Altbuddhistische Räuchergefäße aus Ost-turkistan. Von A. v. Le Coq. (*Berlin Museen,* April-Mai 1921, pp. 87/89.)

— Beatrice Lane Suzuki. — The Bodhisattvas. (*The Eastern Buddhist,* July 1921, pp. 131/139.)

— L. Adams Beck. — Shinran, the Founder of the Shinshu. (*Ibid.,* pp. 140/146.)

— * Beschrijving van den Koan Iem Tempel Tiao-Kak-Sie te Cheribon. Door J. L. J. F. Ezerman. Bataviaasch Genootschap van Kunsten en Wetenschappen Populair-wetenschappelijke Serie, No. II, pp. 62, 24 pl.

Notice : *J. R. As. Soc.*, October 1921, pp. 639/640. By C. O. Blagden. Temple dédié à Kouan Yin à Chéribon (Java).

— Art et Religion. — L'Art bouddhique par Henri Focillon. Illustré de vingt-quatre planches hors texte. Henri Laurens, 1921, in-8, pp. XVI-164.

— An Introduction to Mahāyāna Buddhism With especial Reference to Chinese and Japanese Phases by William Montgomery Mc. Govern, Ph. D. Lecturer on Japanese and Chinese at the School of Oriental Studies (University of London); Priest of the Nishi Honganji, Kyoto, Japan . . . London, Kegan Paul . . . 1922, in-8, pp. IV + 1 f. n. ch. + pp. 233.

(DIVERS.)

Christianisme.

HISTOIRE GÉNÉRALE. — ORIGINE. — MÉLANGES.

Col. 767.

— Examen de la Question . . . (*J. des Sçavans,* Août 1760, pp. 509/526.)

Par l'abbé Etienne Mignot.

— Histoire du Christianisme de la Chine, depuis le septième siècle jusqu'au dix-septième. (*Ibid.,* Février 1761, pp. 101/118.)

Par le même.

— Recherches sur les Chrétiens . . . par de Guignes.

Trad. en allemand : Untersuchung über die im VII. Jahrh. in Sina sich aufhaltenden Christen. Greifswald, 1761 (Pelliot).

Col. 768.

— Lettre de M. Reinaud Membre de l'Institut, concernant les antiquités chrétiennes de la Chine [adressée à M. Lenormant, rédacteur en chef du *Correspondant*]. (*Le Correspondant,* XV, 1846, pp. 759/764.)

Cf. *Géographie* d'Aboulféda, Int., p. CD et seq. Supprimer col. 845 la Lettre à Reinaud (Pelliot).

— Compte rendu de : W. BARTHOLD, *Geschichte des Christentums* in Mittel-Asien, 1891. (*Revue de l'Hist. des Religions,* XLV, 1902, p. 123, par Ed. Chavannes.)

— * E. A. Gordon. — Messiah, the Ancestral Hope of the Ages «the Desire of all Nations», as proved from the Records on the sun-dried Bricks of Babylonia, the Papyri and Pyramids of Egypt, the frescoes of the Roman Catacombs and on the Chinese incised Memorial Stone at Cho'ang, gr. in-8, 1909, pp. v-212, with Index, 2 cartes, 40 pl. dont 30 col.

Contents : I. King-Kiao-Pei, or the Speaking Stone. — II. The Gazelle of Eridu, or the Turanian Christ. — III. Four great Khâns, or the Divine Law-giver. — IV. The Lotus of the Pyramids, or the Funeral of Jacob. — V. The King's Highway.

Notice by Rev. A. H. Sayce (of Oxford) in the *Expository Times* of Oct., 1910.

— * A Chinese Appeal to Christendom Concerning Christian Missions. By Liu Shao-Yang. Issued for the Nationalist Press Association, Limited. London: Watts & Co., 1911.

Notice : *Lond. & China Express,* April 21, 1911, pp. 1/2, *suppl.*

(CHRISTIANISME.)

* Léon Joly. — Le Christianisme et l'Extrême-Orient. — Paris, P. Lethielleux, 2 vol. in-12, pp. 407, 308.

Notice : *United Empire*, III, February 1912, p. 179.

— Christianity and the Chinese. By J. Wong-Quincey. (*The Chinese Review*, Vol. I, June 1914, pp. 67/74.)

— Chrétiens d'Asie centrale et d'Extrême-Orient par Paul Pelliot. (*T'oung Pao*, Déc. 1914, pp. 623/644, 1 pl.

— Christians at Chên-chiang fu by A. C. Moule and Lionel Giles. (*Ibid.*, Vol. XVI, No. 5, Décembre 1915, pp. 627/686; tableau, 2 cartes.)

— Le Christianisme en Chine et en Asie centrale sous les Mongols par M. Henri Cordier, Membre de l'Institut. (*Ibid.*, Mars et Mai 1917, pp. 49/113.)

Tirage à part : Brill, Leide, 1918, in-8, pp. 67; quelques ex. sur papier fort.

— Lettre du cardinal Gasparri : Du Vatican, 9 Juin 1920 à l'*Union Catholique Chinoise* du Kiang-nan (*Rel. de Chine*, Kiang-Nan, Juillet 1921, p. 581.)

— Christ in the «Li Tai shên Hsien T'ung Chien». — E. T. C. Werner, H. B. M. Consul, Foochow (retired). (*Journ. N. C. B. R. As. Soc.*, vol. LII, 1921, pp. 186/191; fig.)

APOSTOLAT APOCRYPHE DE ST. THOMAS.

— The Connection of St. Thomas the Apostle with India. By W. R. Philipps. (*Indian Antiq.*, XXXII, 1903, pp. 1/15, 145/160.)

— Calamina : (*Ibid.*, XXXIII, pp. 31/32.)

— St. Thomas and Gondophernes. By J. F. Fleet . . . (*Journ. R. As. Soc.*, April 1905, pp. 223/236.)

— India and the Apostle Thomas. An Inquiry, with a Critical Analysis of the *Acta Thomae* by A. E. Medlycott Bishop of Tricomia. London, David Nutt, 1905, in-8, pp. XVIII-303, ill.

Notice : *Journ. R. As. Soc.*, Oct. 1906, pp. 1020/1029, par J. Kennedy.

— * Joseph Dahlmann, S. J. — Die Thomas-legende und die ältesten historischen Beziehungen des Christentums zum fernen Osten im Lichte der indischen Altertums-kunde (107. Ergänzungsheft zu den «Stimmen aus Maria-Laach»). Freiburg im Breisgau. Herdersche Verlagshandlung, 1912, pp. 174.

— * Karl Heck (Lehramtspraktikant in Radolfzell). — Hat der heilige Apostel Thomas in Indien das Evangelium gepredigt? Eine historische Untersuchung. 1911, pp. 44.

Notice par R. Garbe, *Ostasiat. Zeit.*, I. Jahrg., Okt. 1912 pp. 360/365.

MANICHÉENS.

Mo-ni 夫尼 et 麼尼.

Col. 772.

— Au lieu de 麼 lire 摩

— Ein manichäisch-uigurisches Fragment aus Idiqut-Schahri. Von A von Le Coq. (*Sitzungsber. Preuß. Ak. Wiss., Phil.-hist. Kl.*, 1908, Bd. I, pp. 398/414.)

Notice : *T'oung Pao*, Mai 1908, pp. 273/274, par Ed. C[havannes].

— Türkische Manichaica aus Chotscho. I. Von A. von Le Coq. (*Abh. kön. Preuß. Ak. Wiss., Phil.-hist. Kl.*, 1911, *Anhang*, Abh. VI, pp. 59, 4 pl.)

— * A. von Le Coq. Fragment einer manichaïschen Miniatur mit uigurischem Text aus der Ruinenstadt Idikut-Schahri bei Turfan (Ost-Turkistan).

Notice : *T'oung Pao*, Déc. 1908, pp. 714/715. Par Ed. Chavannes.

— Ein christliches und ein manichäisches Manuskriptfragment in türkischer Sprache aus Turfan (Chinesisch-Turkistan). Von Dr. phil. A. von Le Coq. (*Sitzber. kön. Preuß. Ak. Wiss., Phil.-hist. Kl.*, XLVIII, 1909, pp. 1202/1218, 2 pl.)

— Chuastuanift, ein Sündenbekenntnis der manichäischen Auditores. Gefunden in Turfan (Chinesisch-Turkistan). Von Dr. A. von Le Coq. (*Abhandl. kön. preuß. Ak. Wiss., Phil.-hist. Kl. 1910, Anhang*, Abh. IV, pp. 43, tab.)

Notice : *T'oung Pao*, Mars 1911, p. 97, par Ed. Chavannes.

— Dr. Stein's turkish Khuastuanift from Tunhuang, being a confession prayer of the Manichaean auditores Edited and Translated by A. von Le Coq. (*Journal Roy. Asiat. Soc.*, April 1911, pp. 277/314; 2 planches.)

— Chuastuanit, das Bußgebet der Manichäer. Herausgegeben und übersetzt von W. Radloff. — St. Petersburg, Buchdruckerei d. kais. Akad. der Wiss., 1909, in-8, pp. VI-51 + 1 pl.

Notice : *T'oung Pao*, Déc. 1909, pp. 718/719, par Ed. Chavannes.

— Dr. W. Radloff. Nachträge zum Chuastuanit (Chuastuanvt), dem Bußgebete der Manichäer (Hörer). St. Petersburg. Buchdruckerei der kaiserlichen Akademie der Wissenschaften . . . 1911, in-4, pp. 867/896.

Extrait du *Bulletin de l'Académie Impériale des Sciences de St. Pétersbourg.*

— Quelques termes techniques bouddhiques et manichéens, par M. Robert Gauthiot. (*Journal Asiatique,* Juill.-Août 1911, pp. 49/67.)

— Un traité manichéen retrouvé en Chine traduit et annoté par MM. Ed. Chavannes et P. Pelliot. — (*Journal Asiatique,* Nov.-Déc. 1911, XVIII, pp. 499/617.)

Notices : *Bul. Ecole franç., Ext. Orient,* XII, Hanoi, 1912, pp. 53/63, par Léonard Aurousseau. — *Journ. N. C. B. R. As. Soc.,* XLIV, 1913, p. 155, par D. Mac G.

— Idem. (Deuxième partie.) (*Journal Asiatique,* Janvier-Février 1913, pp. 99/199; Mars-Avril 1913, pp. 261/394, 2 pl.)

— Idem. Extrait du *Journal Asiatique.* (Novembre-Décembre 1911). Paris, Imprimerie Nationale, MDCCCCXII, in-8, pp. 121. — (Deuxième Partie.) *Ibid.* (Janvier-Février et Mars-Avril 1913). Paris, Imprimerie Nationale, MDCCCCXIII, in-8, pp. ch. 123/360.

— Mo-ni et Manichéens par Paul Pelliot. (*Journal Asiatique,* Mars-Avril 1914, pp. 461/470.)

Réponse à l'abbé Nau, *Ibid.,* Sept.-Oct. 1913, pp. 451/453.

— * Haneda Tei 羽田亨, *Shinshutsu P'o-sseu Kiao ts'an King'ni tsuite* 新出波斯教殘經ニ就乙. — Tōyō gakuhō 東洋學報 II, II, pp. 227/246.

Notice : *Bull. Ecole franç. Extr.-Orient,* T. XII, N° 9, Hanoi, 1912, p. 63, Par Léonard Aurousseau.

— Ein Doppelblatt aus einem manichäischen Hymnenbuch (Maḥrnâmag). Von F. W. K. Müller. (*Abh. kön. preuß. Akad. Wiss., Phil.-hist. Kl.* 1912, Abt. V, pp. 40, 2 pl.)

— * C. Salemann. — Manichaica V: Beiträge zur christlich-soghdischen Grammatik, No. 1/6. St. Petersbourg, Ak., 1913, gr. in-8.

— Die Herkunft der manichäischen Schrift. Von Prof. Dr. Mark Lidzbarski. (*Sitzb. kön. preuß. Akad. Wiss.,* 1916, pp. 1213/1222.)

(Manichéens.)

— Les Ecritures manichéennes par Prosper Alfaric. (*Revue Histoire des Religions,* Janv.-Février 1918, pp. 51/125; Mars-Avril 1918, pp. 225/285; Mai-Juin 1918, pp. 345/365; Nov.-Déc. 1918, pp. 213/242.)

Manichéens en Chine, pp. 237/242.

— Les Ecritures manichéennes. — I. Vue générale par Prosper Alfaric Docteur ès-lettres. (Publication encouragée par la Société Asiatique). — Paris, Emile Nourry, 1918, in-8, pp. III-154. — II. Etude analytique, Ibid., in-8, pp. 240.

Notice : *Journ. des Savants,* Sept.-Oct. 1921, pp. 193/204; Nov.-Déc. 1921, pp. 247/257, par Paul Monceaux.

Pierre de Si-ngan fou et Nestorianisme.

Col. 772.

Le Ms. fr. 14688, de la Bib. Nat., est du P. Greslon et la traduction de la partie syriaque est reproduite par le P. H. Havret, *Stèle chrétienne,* IIIe Partie, pp. 75/77.

— Transumptum lapidis antiquissimi ante annos 994 erecti, hoc anno 1625 inventi, latine factum a quodam Soc. Jesu, fere de verbo ad verbum. (H. Havret, *Stèle chrétienne,* IIIe Partie, Com. partiel. pp. 67/71.)

La plus ancienne traduction latine envoyée du Chan Si au Père Mascarenhas, assistant de Portugal, par le P. J. Rho, et conservé précieusement au dépot des Archives de la Compagnie. — Voir Havret, *Ibid.,* IIe Partie, pp. 325/326.

Col. 774.

— Les deux articles du *Journal des Savants* sont de l'abbé Etienne Mignot (Pelliot).

— La version de Castorano a été publiée par le P. da Civezza dans *Le Missioni francescane in Palestina e in altre regioni della Terra.* Florence, N° du 28 février 1893, pages 90/100.

Col. 779.

— Legge. — The Nestorian Monument . . . 1888.

Notice : *China Review,* XVI, pp. 384/386, par E. J. Eitel.

— Inscripcion descriptiva y laudatoria de la propagacion en China de la Religion Excelsa con un prólogo, compuesta por el monje sirio Kin-ting. (*Correo Sino Annamita,* XXII, 1888, pp. 155/178.)

Dans une lettre du Fr. Paulino Bassó, des Frères prêcheurs, de Fou Tcheou, 8 mai 1888, adressée au P. Provincial.

Col. 780.

— C. de Harlez. — Le Christianisme en Chine au VIIe siècle. (*La Controverse et le Contemporain,* 15 janvier 1889, pp. 21/36.)

Cf. Havret, *Stèle chrétienne,* II, p. 367.

(Pierre de Si-ngan fou et Nestorianisme.)

— J. Takakusu. — « Messiah », 1896.

Cf. aussi Takakusu, *A Record of the Buddhist Religion*, pp. 223 224.)

— The Nestorian Monument An ancient Record of Christianity in China with reference to the Expedition of Frits. V. Holm. . . . Edited by Dr. Paul Carus. Containing: Mr. Holm's account of how the replica was procured, the original Chinese Text of the Inscription, A. Wylie's English Translation, and Historical Notes on the Nestorians. — Illustrated. — Reprinted from « the Open Court » of January, 1909, with numerous additions. Chicago, The Open Court Publishing Company, 1909, in-8, pp. 42.

Pages 21/34: The Holm-Nestorian Expedition to Siam MCMVII. By Frits V. Holm.

Communicated to the XV. International Congress of Orientalists at Copenhagen, August 19, 1908, to the Anthropological Society of Washington, the Explorers' Club of New York, West Point Military Academy, John Hopkins University, etc. during 1909.

— A. von Wening und William Heimann. — Das Nestorianer-Denkmal von Sian-fu («Der Stein himmlischer Verehrung») und die Holmsche Expedition von 1907 und 1908. (*Orient. Archiv*, Leipzig, III, 1912, pp. 19/24, mit 3 Taf.)

— Le Nestorianisme et l'Inscription de Kara-balgassoun par Ed. Chavannes. — Extrait du *Journal Asiatique*. Paris, Imprimerie nationale, MDCCCXCVII, in-8, pp. 48.

Ext. du N° de Janvier-Février 1897.

— E. H. Parker. — Professor Herbert Giles and the Nestorian «Spooks». (*Imp. & Asiat. Quart. Rev.*, July 1907, pp. 175/176.)

— Nestorianisen in China. By Mr. W. J. Lewis [British and Foreign Bible Society]. (*Chinese Recorder*, XXVI, pp. 251/260.)

Read at the Shanghai Missionary Association.

— The Nestorian Tablet. — The Exploits of Mr. Frits von Holm. (*Shanghai Times*, 26 Feb. 1908.)

Réimp. dans le *T'oung Pao*.

— La stèle nestorienne de Si-ngan-fou. Par M. Henri Cordier. (*La Géographie*, 15 Mai 1908, p. 410.)

Reproduction de la stèle par M. Fritz V. Holm, correspondant de la *Tribune* de Londres.

— Kunabara Shitsuzo. — Stèle de Si-ngan fou [en japonais].

Cf. *Bul. Ecole franç. Ext. Orient*, X, 1910, p. 781.

— Antichi monumenti della diffusione del cristianesimo nell'Estremo Oriente Communicazione e note del socio prof. G. L. Bertolini. (*Boll. Reale Soc. Geogr. ital.*, 1° Novembre 1916, pp. 908/921, fig.)

(PIERRE DE SI-NGAN FOU ET NESTORIANISME.)

A propos d'un facsimile de l'inscription de Si ngan envoyée par Holm des Etats-Unis. — Cf. Prof. Orazio Marucchi, dans *Il Corriere d'Italia* du 7 janvier 1916.

— The Christian Monument at Hsi-an-fu (as described by Father Havret, S. J.). By A. C. Moule, B. A. Trinity College, Cambridge. (*Journ. N. C. B. R. As. Soc.*, XLI, 1910, pp. 76/115; fig.)

— Deux titres bouddhiques portés par des religieux nestoriens par Paul Pelliot. (*T'oung Pao*, Décembre 1911, pp. 664/670.)

Notice: *Bul. Ecole F. Ext. Orient*, XII, N° 9, 1912, pp. 106/107, par Léonard Aurousseau. Voir col. 3551.

— Nestorian Relics in North Kiangsu. By B. C. Patterson. (*Journ. N. C. B. R. As. Soc*, XLIII, 1912, pp. 118/119.)

— The Christian Monument at Hsi-an fu. (*Journ. North-China B. R. As. Soc.*, Vol. XLIV, 1913, pp. 195/200.)

— L'expansion nestorienne en Asie par F. Nau. (*Ann. Musée Guimet*, Bibl. de Vulgarisation, t. 40, 1913, pp. 193/383; fig.)

— H. Leclercq. — Chine. (*Dict. d'Archéologie chrétienne*, Fasc. XXVIII, 1912, col. 1353/1385.)

— Alopen and Siladitya. By George A. Grierson. (*Journ. Roy. As. Soc.*, Jan. 1913, p. 144.)

— Nestorian Christian Charms and their archaic Elements and Affinities. By L. A. Waddelt. (*The Asiatic Quart. Rev.*, April 1913, pp. 293/309.)

— The Nestorian Share in buddhist translation. — Rev. J. W. Inglis, M. A. (*Journ. N. C. B. R. As. Soc.*, XLVIII, 1917, pp. 12/15.)

— The Nestorian Monument in China by P. Y. Saeki Professor at the Waseda University Tokyo. With an Introductory Note by Lord William Gascoyne-Cecil and a Preface by the Rev. Professor A. H. Sayce. Society for Promoting Christian Knowledge, London, 1916, in-8, pp. x + 1 f. n. ch. + pp. 342, ill.

Notices: *Lond. & China Express*, Aug. 30, 1916, pp. 546/547. *Contemporary Rev.*, July-Dec. 1916, pp. 390/398. — *Journ. N. C. B. R. As. Soc.*, XLVIII, 1917, pp. 189/192, par M. — *Journ. R. As. Soc.*, Jan. 1917, pp. 189/191, by W. P. Y. — *Asiatic Review*, July 1, 1916, pp. 82/86, by E. H. Parker.

— Notes on the Nestorian Monument at Sianfu. By Lionel Giles, M. A., D. Litt. (*Bulletin of The School of Oriental Studies, London Institution*, 1917, pp. 93/96; 1918, pp. 16/29; I, Pt. III, 1920, pp. 39/49; I, Pt. IV, pp. 15/26.)

Notice: *New China Review*, III, June 1921, p. 241.

Note by A. C. Moule: (*Ibid.*, August 1921, pp. 310/311.)

(PIERRE DE SI-NGAN FOU ET NESTORIANISME.)

I. — MISSIONS CATHOLIQUES.

1° *OUVRAGES DIVERS.*

— *L'Eglise catholique en Chine (1re feuille). — Carte à l'échelle du 1 : 3,000.000 et imprimée en quatre couleurs. — Dimensions : 74 sur 104 centimètres.

Notice : *Miss. Cath.*, 21 Juin 1912, pp. 299/300.

— — * (2e feuille). — Idem.

Col. 784.

— Histoire des Indes. de Jean Pierre Maffee Berga- mesque, de la so-|ciete de Jesus. [petite vignette] | Où, il est traicté de leur descouverte, navigation & con- queste faicte tant par les Portugais que Ca- stillans. Ensemble de leurs mœurs, ceremonies, loix, gouvernemens, & reduction à la Foy Ca- tholique. | Traduict par F. A. D. L. B. Chanoine & | Archidiacre de Perigueux. | Dedié à Monseigneur le Prince Dauphin. | [Marque au monogramme de la C. de J., avec cette légende : Laudabile nomen Domini] a Lyon. | Par Jean Pillehotte, à l'enseigne du nom de Jesu. | [filet] | M.DCIII. | Avec Privilege du Roy. In-8, 2 fnc. + pp. 953 (1) + 28 fnc. Signat.: A^{10} + B — QQQ^8 + RRR^4, 1004 pp. c. ou non.

Col. 794.

— Avvisi della Cina, et Giapone del Fine dell'anno 1587.

* Anvers, Plantin, 1588, pp. 63. (*L'Abeille bibliographique*, 1914, N° 117.)

Col. 809.

— Du royaume de Chine. Par le P. Nicolas Trigault, de la Compagnie de Jésus Traduction nouvelle par Jean Lavoix. (*Union géographique du Nord de la France, Douai,* XXIXe année, 1908, pp. 3/47; 65/106; 129/174; 193/221.)

Col. 810/811.

— Entrata nella Cina . . . Napoli, L. Scoriggio, 1622.

Il y a une autre édition italienne du même éditeur, parue en 1622, où le titre est assez différent ; cf. G. Caraci, dans *Riv geog. ital.*, 1918, pp. 24/25.

Col. 816.

— * P. Nicolai Trigautii progressus et incrementi fidei ac Xtianae Religionis apud Sinas lib. V. cap. 5. Novae stationes felici eventu fundantur in Xensi et Xansi provinciis.

Ms. des Archives de la Compagnie. — Voir Havret, *Stèle chrétienne*, II, pp. 68 seq.

Col. 814/817.

— Lettere . . . degl'anni 1625. 1626. 1627. aggiontava la dichiaratione.

Voir col. 773, *Dichiaratione di una Pietra antica*.

Col. 821.

— Une lettre du P. J. Le Favre du 17 août 1673 est citée dans la préface de la *Dissertatio historico-theologica* de 1700. (Pelliot.)

— Bref inédit du Pape Sixte V à l'Empereur Wan-li. (Planchet, *Missions de Chine,* 3e année, 1919, pp. 362/369.)

Par le P. Ruggieri. — D'après *Opere Storiche del P. M. Ricci*. Publié par Henri Cordier, *Imprimerie Sino européenne en Chine* — Voir Col. 1088. Traduction du P. Wieger en français.

— * Copia de vna Carta, escrita por el R. P. Francisco Picolomini, General de la Compañia de Iesvs al P. Francisco Franco de la misma Compañia, y Prouincial de Aragon, sobre los grandes, y gloriosos progressos de la Religion Christiana en los Reynos de China. — (*A la fin*:) Con licencia. En Seuilla por Iuan Gomez de Blas. Año 1651, in-4, 2 ff. n. ch.

— * (Idem.) — Madrid, por Diego Diaz, Año M.DC.L., in-4, 2 ff. n. ch.

Maggs Bros., London, 1921, N° 413 [772].

— Copie d vne lettre dv pere Matthias de Maya, ‖ touchant l'estat present des Missions du Iapon, & de la Viceprouince de la Chine, ‖ écrite de Macao le troisième de Ianvier de l'année 1656. Pièce in-4 de 2 ff. (4 pages ch.)

En haut de la p. 1, titre ut supra. — Au bas de la p.: Le 3. de Ianuier 1656 . . . Matthias de Maya.

Bib. Nat., Recueil Thoisy, 272, in-4, f. 462.

— * Gustosa relacion y alegres nuevas para toda la Christiandad, de los successos felicissimos que tiene al presente nuestra santa Fè, y Religion Catolica, comunicando sus luzes en las mas remotas partes de la tierra, y Indias, en las dilatadissimas Provincias Gentiles de China, y Islas de Japon; con algunas gloriosas muertes, y Christianos triunfos, nuevamente sucedidos en aquellas partes. Valencia, 1661, pet. in-4, pp. 8.

Maggs Bros., London, N° 405, 1921, p. 135.

— * Labor Evangelica, ministerios apostolicos de los obreros de la Compañia de Iesvs, fvndacion, y progressos de sv provincia en las Filipinas, Historiados por el Padre Francisco Colín, Provincial de la misma Compañia, Calificador del Santo Oficio, y sv Comissario en la governacion de Samboanga, y sv distrito. Parte primera. Sacada de los manuscriptos del Padre Pedro Chirino, el primero de la Compañia qne passó de los Reynos de España a estas Islas, por orden, y a costa de la Catholica, y Real Magestad. En Madrid, por Ioseph Fernandez de Buendia, Año M.DC.LXIII, in-folio, 11 f. n. ch. + pp. 820 à 2 col. + 12 ff. n. ch., front. et carte grav. par Marcos de Orozco.

Le P. P. Murillo Velardo a continué cette histoire.

Traduit en allemaud par le P. Jos. Kropff, S. J., et inséré dans le *Neue Weltbott* du P. Stöcklein, t. XXVI et dans le t. XXVII, les num. 534 et 535. (Sommervogel.)

F. Colin, né à Ripoll (Catalogne) 15 juillet 1592; † dans la maison du noviciat, près de Manille, le 6 mai 1660.

— Labor evangélica de los Obreros de la Compañia de Jesús en las Islas Filipinas por el P. Francisco Colín de la misma Compañia. — Nueva edición ilustrada con copia de notas y documentos para la crítica de la Historia general de la Soberanía de España en Filipinas por el Padre Pablo Pastells, S. J. — Barcelona. — 1904, Imprenta y Litografía de Henrich y Compañia in comandita, 3 vol. gr. in-8, pp. XIX-239/639 + 1 p. n. ch., 725, 831.

— * Copia de Carta del Emperador de la China, escrita a nuestro santissimo Padre Benedicto XIV. Pidiendo a Su Santidad una Princesa de Europa en Matrimonio, con la solemne Promessa (entre otras) de establecer una mutua correspondencia con Su Santidad. Traducida del idioma Chine. al Castellano, por el Padre Secretario de Indias de la Compania de Jesus, residente en lá Corte Romana, este año de 1748. Madrid, 1748, pet. in-4, pp. 4.

Maggs Bros., London, No. 403, 1921, p. 145.

Col. 849.

— Corrections et Additions à la Bibliothèque de la Compagnie de Jésus — Supplément au « De Backer — Sommervogel » par Ernest M. Rivière, S. I. — Premier fascicule — Toulouse, Chez l'Auteur, 7 rue Boulbonne, 1911, in-4, pp. X + 1 f. n. ch. + col. 1/38. — Second fascicule. — Ibid., 1912, col. 45/312. — Troisième fascicule. — Ibid., 1913, col. 317/534. — Quatrième fascicule. — Toulouse, Chez l'Auteur, 9 rue Montplaisir, 1914/1917 col. 537/908.

Col. 850.

— Death Blow . . . 1870.

Giles en attribue la traduction au Dr. Nevius de Tchefou. (*Glossary of Reference.*) — Voir Havret, *Stèle chrétienne*, II, pp. 284 seq.

VARIÉTÉS SINOLOGIQUES.

Col. 857/859.

— VARIÉTÉS SINOLOGIQUES N° 24. — Synchronismes chinois — Chronologie complète et concordance avec l'ère chrétienne de toutes les date. concernant l'histoire de l'Extrême-Orient (Chine, Japon, Corée, Annam, Mongolie, etc.) (2357 avant J.-C. — 1904 après J.-C.) Par le P. Mathias Tchang, S. J. — Chang-hai. Imprimerie de la Mission catholique Orphelinat de T'ou-sè-wè. — 1905, in-8, pp. LXXXIV-530.

— — N° 25. — Quelques mots sur la Politesse chinoise par le P. Simon Kiong, S. J. (龔古愚) avec Appendices sur les fourrures et soieries par le P. F. Courtois, S. J. (眛永年). Chang-hai, Ibid., — 1906. In-8, pp. IV-120.

— — N° 26. — 篇學勸 *K'iuen-hio-p'ien* Exhortations à l'Etude par S. Exc. Tchang Tche-tong Vice-Roi du Hou-Koang actuellement Grand Secrétaire d'Etat et Membre du Grand Conseil. — Nouvelle édition enrichie du texte chinois par le Père Jérome Tobar S. J. — Ibid., 1909. In-8, pp. IV-198.

— — N° 27. — *Histoire du Royaume de Ts'in* 秦 (777/207 av. J. C.) par le P. Albert Tschepe, S. J. 彭亞伯. Ibid., In-8, pp. 2 + 388-II, carte.

— — N° 28. — Catalogue des Tremblements de Terre signalés en Chine d'après les sources chinoises (1767 avant J. C. — 1895 après J. C.) par le R. P. Pierre Hoang, du Clergé de Nan-King. Ibid. In-8, pp. VI-298, 1 f. er.

— — N° 28bis. — Catalogue . . . par le P. Hoang . . . Livre second, Œuvre posthume refondue et complétée par les soins des PP. J. Tooar, S. J. et H. Gauthier, S. J. — Ibio., 1913. In-8, pp. XXVII-423.

— — N° 29. — Concordance des Chronologies néoméniques chinoise et européenne par le Rév. Père P. Hoang, du Clergé de Nanking. Ibid., 1910. In-8, pp. II-XV-569.

— — N° 30. — *Histoire du Royaume de Tsin* 晉 (1106/452). Par le P. Albert Tschepe, S. J. — Ibid., 1910. In-8, pp. XXII-437, tableau.

— — N° 31. — *Histoire du Royaume de Han* 韓 (423/225). Par le P. Albert Tschepe, S. J. Ibid., 1910. In-8, pp. IX-164, table.

— — N° 32. — *Recherches sur les Superstitions en Chine* par le P. Henri Doré S. J. 1ère Partie. Les Pratiques superstitieuses, Tome 1er. — Ibid., 1911. In-8, pp. XII-VI-146, fig. col. — Tome 1er, N° 2. Ibid., 1911. In-8, pp. ch. 147 à 216.

— — N° 33. — Tombeau des Liang, Famille Siao. 1ère Partie, Siao Choen-tche par le P. Mathias Tchang, S. J. — Ibid., 1912. In-8, pp. XIV-108.

— — N° 34. — *Recherches sur les Superstitions en Chine* . . . 1ère Partie. Les Pratiques superstitieuses. Tome II, N° 3. Ibid., 1912. In-8, pp. IX ch. 229/322. — Tome II, N° 4. Ibid., 1912. In-8, pp. 323/488.

— — N° 35. — P. J. de Moidrey, S. J. (馬德賚). — Carte des Préfectures de Chine et de leur population chrétienne en 1911 中國各府天主教圖. Ibid., 1913. In-8, pp. 16, carte.

— — N° 36. — *Recherches sur les Superstitions en Chine* par le P. Henri Doré S. J. — La Lecture des Talismans chinois Explication de ceux qui ont paru dans la première partie des « Recherches ». Tome V. Ibid., 1913. In-8, pp. XIV-III-92.

— — N° 37. — Le Père Simon A. Cunha S. J. (Ou li Yu-chan) 吳歷漁山. — L'Homme et l'Œuvre artistique par les PP. M. Tchang et P. de Prunelé S. J. — Ibid., 1914, In-8, pp. IV-VIII-53, ill.

— — N° 38. — La Hiérarchie catholique en Chine, en Corée et au Japon (1307/1914). — Essai par le Père Joseph de Moidrey. Ibid., 1914. In-8, pp. II-301.

— — N° 39. — *Recherches sur les Superstitions en Chine* . . . IIe Partie. Le Panthéon chinois. Tome VI. Ibid., 1914. In-8, pp. XII-196.

— — N° 40. — Notice historique sur les T'oan 團 ou Cercles du Siu-tcheou-fou 徐州府 particulièrement sur ceux du district de Ou-toan 五段. — Par le P. Etienne Zi (徐) S. J. Ibid., 1914. In-8, pp. II-129, ill. et carte.

Voir col. 3314.

— — N° 41. — *Recherches sur les Superstitions en Chine* . . . IIe Partie. Le Panthéon chinois (Suite). Tome VII. Ibid., 1914. In-8, pp. V-ch. 197/298.

— — N° 42. — *Idem*. Tome VIII. Ibid., 1914. In-8, pp. VII-ch. 299/462.

— — N° 43. — 四川西境及北境圖 Carte du Se-Tch'ouan occidental levée en 1908/1910 par le R. P. François Roux 祿方濟 de la Société des Missions étrangères de Paris et récompensée par la Société de Géographie de Paris. Ibid., 1915. In-8, pp. 35 + 1 f. n. ch. er., carte.

— — N° 44. — *Recherches sur les Superstitions en Chine* . . . IIe Partie. Le Panthéon chinois (Suite). Tome IX. Ibid., 1915. In-8, pp. X-ch. 463/680.

— — N° 45. — *Idem* (Suite). — Tome X. Ibid., 1915. In-8, pp. VII ch. 681/859.

— — N° 46. — *Idem* (Suite). — Tome XI. Ibid., 1916. In-8, pp. XI-ch. 861/1052.

— — N° 47. — Kiao-ou ki-lio 教務紀略 « Résumé des Affaires religieuses » publié par ordre de S. Exc. Tcheou Fou. — Traduction, Commentaire & Documents diplomatiques. Appendices contenant les plus récentes décisions par le P. Jérôme Tobar, S. J. — Ibid., 1917. In-8, pp. IX-252.

Notice : *Journ. N. C. B. R. As. Soc.*, XLIX, 1918 ; pp. 165 169, by C. E. C.

— — N° 48. — *Recherches sur les Superstitions en Chine* . . . IIe Partie. Le Panthéon chinois (fin). Tome XII. Ibid., 1918. In-8, pp. VIII-ch. 1053/1286.

— — N° 49. — *Idem*. IIIe Partie. Popularisation du Confucéisme, du Bouddhisme et du Taoïsme en Chine. Tome XIII. Ibid., 1918. In-8, pp. XV-261.

— — N° 50. — Dictons et Proverbes des Chinois habitant la Mongolie Sud-ouest par le R. P. Joseph Van Oost Missionnaire de Scheut aux Ortos. Ibid., in-8, pp. 2 n. ch. + 356.

— — N° 52. — Voir col. 3469.

∴

— Note envoyée au Congrès de Nancy sur l'utilité pour les Sociétés de Géographie de chercher des collaborateurs chez les missionnaires par le chanoine Christophe. (*Bull. Soc. Géog. Lyon*, III, 1879/1880, pp. 453/459.)

Asie centrale, Tartarie, Inde, Chine, pp. 457/458.

— Les Chrétiens en Chine. (*A travers le Monde*, II, 1896, p. 196.)

— Personal Reminiscences touching Christian Missionaries in China, Corea, Burma, etc. By a Non-Catholic. (*Dublin Review*. Vol. 120, 1897, pp. 351/372.)

Signed: E. H. Parker.

— * D'Addosio. — Notes historiques sur les Missions de Chine depuis l'origine jusqu'à la fin du XVIIIe siècle. Pékin, in-8, pp. 96.

— En Chine. Une visite à la Mission catholique de Si-Ka-Ouei. Par Hélène de Harven. (*A travers le Monde*, VI, 1900, pp. 273/276; ill.)

— Les Missions en Chine. (*Ibid.*, p. 280.)

De *Politiken*, de Copenhague.

— La Vie des Missionnaires en Chine. (*A travers le Monde*, VII, 1901, p. 228.)

D'après M. Gaston Donnet.

— La France au dehors. — Les Missions Catholiques Françaises au XIXe siècle. Par Valérien Groffier. (*Bull. Soc. Géog. Lyon*, XVIII, pp. 209/230.)

A propos de l'ouvrage du P. J.-B. Piolet; voir col. 867.

— Les nouveaux prêtres au Kiang-Nan. — Une erreur réparée. (*Relations de Chine*, Kiang-Nan, Janvier 1906, p. 11.)

— Progrès de la civilisation et l'Œuvre des Ecoles en Chine. (*Miss. Cath.*, XXXVIII, 20 Juillet 1906, pp. 337/339.)

— Aperçu général des œuvres de la Congrégation des Sœurs de Saint Paul de Chartres en Extrême-Orient. (*Ibid.*, 16 Novembre 1906, p. 543.)

— * K. Hedèn. Religionernajâmte folkens liv och den Kristna Missionen has Negrer, Hinduer, Kineser, Japaner. In-8, Stockholm, 1907.

— Chanoine Léon Joly. — Le Christianisme et l'Extrême-Orient. — I. Missions Catholiques de l'Inde, de l'Indo-Chine, de la Chine, de la Corée. Paris, P. Lethielleux, s. d. [1907], pet. in-8, pp. 407. — II. Mission catholique du Japon. Ibid., s. d. [1907], pet. in-8, pp. 308.

— * Aug.-M. Colombel, S. J. — Histoire de la Mission du Kiang Nan. Zi-ka-wei, 1900/1905, 5 vol., lithog.

— J. de la Servière, S. J. Docteur ès Lettres. Professeur d'Histoire ecclésiastique au Séminaire de théologie de Zi-ka-wei. — Histoire de la Mission du Kiang-Nan. — Jésuites de la Province de France (Paris) (1840/1899). — Tome I. Jusqu'à l'établissement d'un vicaire apostolique jésuite (1840/1856), in-8, pp. IX-358-22, carte.

— — Idem. — Tome II. Mgr. Borgniet (1856/1862). Mgr. Languillat (1864/1878), in-8, pp. 322-52 + 1 f. n. ch.

Imprimerie de l'Orphelinat de T'ou-sè-wè Zi-ka-wei près Chang-hai, Chine.

En préparation:

— — Idem. — Tome III. Episcopat de Mgr. Garnier (1878/1898). Mgr. Simon (1899).

— La Mission du Kiang-Nan. — Courte histoire de soixante-cinq ans. (*Relations de Chine*, Kiang-Nan, Janvier 1907, pp. 1/12; Avril 1907, pp. 66/74.)

— Histoire de trois familles chrétiennes au temps des Boxeurs Par Marc Tou, S. J. — La famille-Lion. — La famille Tsoei. — La famille Chenn. (*Chine Ceylan Madagascar*, Juin 1907, pp. 538/542.)

— Pas de reconnaissance officielle. — Par un Père du Collège. — Hsien-hsien, 2 Janvier 1907. (*Ibid.*, pp. 549/550.)

— [A Zi-ka-wei.] Bénédiction et pose de la première pierre de l'église St. Ignace. Zi-ka-wei, 15 octobre 1906. (*Relations de Chine*, Kiang-Nan, Juillet 1907, pp. 175/195.)

— Protectorat des Missions Catholiques en Chine. (*Revue indo-chinoise*, 15 sept. 1907, pp. 1279/1280.)

Traduit de l'*Echo de Chine*.

— Les noces d'or de la Mission (1857/1907). Par Henri Maquet, S. J. Evêque d'Amathonte, Vic. apost. du Tche-li sud-est. (*Chine Ceylan Madagascar*, Décembre 1907, pp. 7/19.)

Hsien-hsien 1er avril 1907. — Portraits des vicaires apostoliques.

— Un Procès sensationnel en Chine. (*Ibid.*, Déc. 1907, pp. 49/51.)

— Les ateliers. — Hsien-hsien, 6 janvier 1907. Par un Frère coadjuteur. (*Ibid.*, pp. 63/64.)

— Personnel de la Mission [de Hsien-hsien]. (*Ibid.*, p. 64.)

— La Sainte-Enfance au Tche-li Sud-est. (*Ibid.*, p. 66.)

— Les Missions et leur Protectorat, par J.-L. de Lanessan, Ancien gouverneur général de l'Indo-Chine, Ancien ministre de la Marine. Paris, F. Alcan, 1907, in-8, pp. VII-232.

Notice: *Revue d'hist. diplom.*, Janvier 1908, pp. 147/153. Par M.-A de Pitteurs.

Bibliothèque d'histoire contemporaine.

— La Hiérarchie catholique en Chine, en Corée et au Japon. — Par le P. Pfister, S. J. revue et mise au point par le P. J. de Moidrey, S. J. (Circulation privée). — Imprimerie de l'orphelinat de T'ou-sè-wè. Chang-hai, 1908, in-8, pp. 76 + 1 f. n. ch. err.

Le travail du P. Pfister avait été lithographié en 1881.
Voir col. 3569

— La hiérarchie catholique et la hiérarchie mandarinale. (*Bull Com. Asie franç.*, Avril 1908, pp. 154/175; Mai 1908, pp. 203/204).

— Un décret impérial en faveur des chrétiens. — Du P. Gaimbretière. (*Rel. de Chine*, Kiang-Nan, Janv.-Avril 1908, pp. 74/76.)

22e jour de la 8e lune (29 sept. 1907).

— A l'orphelinat de T'ou-sé-wé. 28 Décembre 1907. (*Ibid.*, p. 90.)

— Catéchuménat des Ames du Purgatoire. Par H. Frenken, S. J. (*Ibid.*, Avril 1909; pp. 269/270.)

— The Catholic Church in China from 1860 to 1907 by Rev. Bertram Wolferstan, S. J. London and Edinburgh, Sands and Co., St. Louis, Mo., B. Herder, 1909, in-8, pp. xxxvii-470, carte.

Notice : *London & China Express*, Dec. 10, 1909.

— *. Decreta quartae Synodi regionalis, anno 1906 Pekini habitae. Pekin, Imprimerie des Lazaristes, 1909, in-8, pp. 16.

— Hommage aux Missionnaires. (*Rel. de Chine*, Kiang-Nan, Juillet 1909, p. 368.)

Paroles prononcées à Leeds (Angleterre) par Sir Robert Hart. Extrait de la *China Gazette*.

— Robert Hart über die Missionen in China. (*Deutsche Rundschau f. Geogr. u. Stat.*, XXX, 1907/1908, p. 574.)

— Documents importants [chinois trouvés au Vatican]. (*Rel. de Chine*, Kiang-Nan, Juillet 1911, p. 206.)

— Méthode de l'Apostolat moderne en Chine par le R. P. Louis Kervyn, de la Congrégation du Cœur Immaculé de Marie (Scheut) Missionnaire au Tché-ly nord-est (Mongolie Orientale). Hongkong Imprimerie de la Société des Missions — Etrangeres 1911, gr. in-8, 5 ff. n. ch. déd., préf., etc., tab. des matières + pp. xxi + 894 sur 2 col.

— Les Missions catholiques en Chine. Conférence faite par M. Edmond Rottach à l'Ecole Sociale le Samedi 11 février. (*Asie française*, Mars 1911, pp. 146/147.)

— La guérison d'un petit servant de Messe par Notre-Dame de Lourdes. (*Rel. de Chine*, Kiang-Nan, Juillet 1911, pp. 162/163.)

— L'institution de la Sainte Famille Dirigée par les Auxiliatrices du Purgatoire (1899/1910). — Extrait de Notes communiquées par les Supérieures. (*Ibid.*, pp. 175/182; fig.)

— Séminaires. (*Ibid.*, pp. 206/207.)

— Petites-filles et grand'mères. Par Gervais Olivier, S. J. (*Chine Ceylan Madagascar*, Sept. 1912, pp. 197/205; fig. et pl.)

— L'œuvre de l'église catholique en Chine. Par Joseph de la Servière, S. J. (*Rel. de Chine*, Oct. 1912, pp. 497/513; fig.)

Article paru dans la *Oxford and Cambridge Review*, du 1er Juin 1912.

— Progrès du catholicisme en Chine. (*Rel. de Chine*, Janvier 1912, p. 62.)

— Deux documents. — Souvenir de l'ancienne mission. (*Ibid.*, Kiang-Nan, Janvier 1912, pp. 280/282.)

— L'intervention des missionnaires dans les procès des chrétiens en Chine. (*Ibid.*, Juillet 1911, pp. 164/172.)

(Divers.)

— L'hospice Saint-Joseph Sa fondation et ses débuts par A. H. (*Ibid.*, Janvier 1914, pp. 294/304, fig.)

— Le Pèlerinage de N.-D. Auxiliatrice à Mou-yeou-dang (Hai-men.) Par H. Doré, S. J. (*Ibid.*, pp. 301/310, fig.)

— Conversion et guérison obtenues par la médaille miraculeuse par J. Loh-pa-long. (*Ibid.*, pp. 311/317, fig.)

— Une fête de charité à Tong-ka-dou Par Viator. (*Ibid.*, pp. 318/321, fig.)

— La crise des missions françaises en Chine. Par Albert Maybon. (*Asie française*, Juin 1914, pp. 234/237.)

— Se-tchoan. (*Rel. de Chine*, Kiang-Nan, Juillet 1914, p. 496.)

— Chrétiens d'Asie Centrale et d'Extrême-Orient, par Paul Pelliot. (*T'oung Pao*, Décembre 1914, pp. 623/644; planche.)

— Idem. — Extrait du *T'oung-pao*, 2e Série, Vol. XV, No 5, Décembre 1914. — Librairie et imprimerie ci-devant E. J. Brill, Leide, 1914, in-8, pp. 24, 1 pl.

Henri Cordier.

— Henri Cordier. — Martyrs in China. (*Catholic Encyclopedia*, pp. 746/748.)

— La suppression de la Compagnie de Jésus et la Mission de Peking par M. Henri Cordier, Membre de l'Institut. (*T'oung Pao*, Juillet 1916, pp. 273/347; Oct. et Déc. 1916, pp. 561/623.)

— Idem. — Extrait du *T'oung Pao*, 2e Série, Vol. XVII, No 4, Octobre 1916. E. J. Brill, Leide, 1918, in-8, pp. 141.

— Les Correspondants de Bertin, Secrétaire d'État au XVIIIe siècle, par Henri Cordier. (*T'oung Pao*, Mai 1913, pp. 227/257.)

I. Raux.

— — (*Ibid.*, Oct. 1913, pp. 465/472.)

II. Grammont.

— — (*Ibid.*, Déc. 1913, pp. 497/536.

III. De Guignes.

— — (*Ibid.*, Juillet 1914, pp. 307/338.)

IV Pierre Poivre.

— — (*Ibid.*, Mars 1915, pp. 27/60.)

V James Hutton.

— — (*Ibid.*, Mai 1915, pp. 229/235.)

VI. Antoine Court de Gébelin.

— — (*Ibid.*, Oct. et Déc. 1917, pp. 295/379.)

VII. Michel Benoist. — VIII. François Bourgeois.

— Le Christianisme en Chine et en Asie centrale sous les Mongols, par M. Henri Cordier, Membre de l'Institut. — Extrait du *T'oung Pao*, 2e Série, Vol. XVIII.

(Divers.)

11

Nos. 1 et 2, Mars-Mai 1917. — E. J. Brill, Leide. 1918, in-8, pp. 67.

Il y a des ex. sur papier de Hollande.

— L'Université française de Chang-hai. Par Henri Cordier, de l'Institut. (*Asie française*, Oct. 1918—Janv. 1919, pp. 141 143.)

Henri Cordier. — La France, la Chine et le Vatican. (*Le Correspondant*, 10 août 1918, pp. 479/502.)

Cf. *La Croix*, Mardi 13 août 1918. — *Le Figaro*, Dimanche 18 août 1918, article de Julien de Narfon.

— La question de la nonciature apostolique en Chine. (*Les Nouvelles religieuses*, 1er Sept. 1918, pp. 517/518.)

A propos de l'article de Henri Cordier, dans le *Correspondant*, du 10 août 1918.

∴

— Le Pape et le Président de la République Chinoise. (*Miss. Cath.*, 5 Février 1915, pp. 61/63; portr. de Mgr. Jarlin et de Yuen Che Kai, ill.)

— * Dr. P. Adelheim Jann. — Die katholischen Missionen in Indien, China und Japan. Ihre Organisation und das portug. Patronat vom 15. bis ins 18. Jh. (540 p.) Paderborn 1915.

— VARIÉTÉS SINOLOGIQUES N° 47. — La Chine & les religions étrangères. — *Kiao-Ou Ki-lio* 教務紀略 «Résumé des Affaires religieuses» publié par ordre de S. Exc. Tcheou Fou. — Traduction, Commentaire & Documents diplomatiques Appendices contenant les plus récentes decisions par le P. Jérôme Tobar, S. J. — Chang-hai, Imprimerie de la Mission Catholique à l'Orphelinat de T'ou-Sè-Wé. — 1917, in-8, pp. XI-252.

— Enumération des communautés de femmes et d'œuvres de charité établies à Chang-hai. (*Miss. Cath.*, 27 Juillet 1917, p. 352.)

— Une Crèche de Noël au pays des pagodes Conte vrai. Par XXX, (*Ibid.*, 20 Déc. 1918, p. 611.)

— Les Vierges Présentandines du Kiang Nan. (*Rel. de Chine*, Kiang Nan, Janv.-Avril 1919, pp. 158/164, fig.)

— Patres Patriae † Pastorale des Cardinaux, Archevêques et Evêques à la France (7 Mai 1919). — Précédée des Instructions de Saint Remi à Clovis & de la Lettre de Clovis aux Evêques des Gaules Francis Vetch, Éditeur. — Pékin, Imprimerie du Pe t'ang MCMXIX.

Broché à la manière chinoise avec doubles feuillets.

— Missions-Bibliothek. — Handbuch der katholischen Missionen. Von Bernard Arens S. J. Mit zwei Bildern und 67 Tabellen. — Freiburg im Breisgau, 1920, Herder & Co., in-8, pp. XIX-418, portraits.

(DIVERS.)

PLANCHET.

— J. M. Planchet Missionnaire Lazariste. — Les Missions de Chine et du Japon. — Quatrième Année. — Pékin, Imprimerie des Lazaristes. 1921, in-8, pp. VIII-521.

Première année, 1916, pp. VIII-492. — Deuxième année, 1917, pp. XVI-448. — Troisième année, 1919, pp. VIII-492.

Notices : *Miss. Cath.*, 1916, p. 70. — 18 Oct. 1918, p. 504. — 18 Avril 1919, p. 191. — *New China Review*, N° 1, March 1919, pp. 97/99, par A. Vissière.

∴

— A Study of Roman Catholic Missions in China, 1692/1744, by Hollis W. Hering, M. A. (*New China Review*. III, April 1921, pp. 107/126; June 1921, pp. 198/212.)

— Nouvelles méthodes d'enseignement en Chine. — Le «Nan-yang Collège». — 1° Nom. — But — Titre officiel. — Historique. — 2° Enseignement. — Administration intérieure du collège. — Elèves, etc. . . ! Par Pierre Ancel, S. J. (*Rel. de Chine*, Kiang-Nan, Oct. 1910, pp. 669 676, fig.)

— Nouvelles scolaires — Nan-Yang Collège. (*Rel. de Chine*, Kiang-Nan, Janvier 1913, p. 40.)

— Notre œuvre d'enseignement supérieur et secondaire. — I. L'Université l'Aurore de Changhaï. — II. Le Collège Saint-Ignace de Zi-ka-wei. (*Ibid.*, Juillet 1911. pp. 183/196.)

— Université l'Aurore. (*Ibid.*, Oct. 1912, p. 550.)

— Nouvelles scolaires — Université l'Aurore. (*Ibid.*, Janvier 1913, pp. 41/42.)

De l'*Echo de Chine*, 3 juillet [1912].

— Le mouvement scolaire en Chine. — L'Université l'«Aurore» (*Rel. de Chine*, Kiang-Nan, Avril 1913, p. 107.)

Portrait de Ma-Siang-Pei, fondateur de l'«Aurore».

— Chang-hai. — Un ancien élève de l'Aurore. (*Ibid.*, Juillet 1913, pp. 205/206.)

— Université l'Aurore. Règlements et Programme. 1916, Chang-hai, 55, Avenue Dubail, in-8, pp. 131.

— Une Université française en Chine. (*Rel. de Chine*, Kiang-Nan, Juillet-Octobre 1918, pp. 69/83, illustrations.

L'*Aurore*.

— Université l'Aurore. (*Rel. de Chine*, Kiang-Nan, Janv.-Avril 1919, pp. 196/198.)

— Université l'«Aurore». (*Ibid.*, Janv.-Avril 1920, pp. 326/327.)

— Le mouvement scolaire en Chine. — Une conférence à l'Aurore. Du P. Tosten, 20 Déc. 1912. (*Ibid.*, Avril 1913, pp. 108/109.)

Faite par le R. P. S. Chevallier, Directeur de l'Observatoire astronomique de Zô-sè, le 15 Déc. 1912.

— Notes sur le collège Saint-François-Xavier de Chang-ha (Hong-keu) sous la direction des Frères de Marie (1893/1910). (Extraits d'un rapport du Frère Norbert.) (*Ibid.*, Oct. 1911, pp. 234/239.)

— Nouvelles scolaires. — Ecole Saint-François-Xavier. (*Rel. de Chine*, Janvier 1913, p. 41.)

De l'*Echo de Chine*, 3 Juillet [1912].

— Le mouvement scolaire en Chine. — Ecole Saint-François Xavier. (*Rel. de Chine*, Kiang-Nan, Avril 1913, pp. 107/108.)

— Ecole Saint-François-Xavier de Hong-Keu (*Ibid.*, Oct 1913, p. 284.)

(DIVERS.)

— Le Collège Saint-François-Xavier du Tsi-ning (Chan-tong). (*Ibid.*, Juillet 1914, pp. 491/492.)

— A l'hospice Saint-Joseph. (*Ibid.*, p. 493.)

— Le Collège de Zi-ka-wei. (*Relations de Chine*, Kiang-Nan, Octobre 1905, pp. 614/622.)

— Fête au collège de Zi-ka-wei. (*Ibid.*, Janv.-Avril 1920, p. 327.)

De l'*Echo de Chine*, 18 nov.

— Au collège de Zi-ka-wei. (*Relations de Chine*, Kiang-Nan, Janv.-Avril 1920, p. 327.)

— L'inauguration de la grande salle de l'école externe à Zi-ka-wei. (*Ibid.*, pp. 327 328.)

— Le 70e anniversaire du Collège de Zi-ka-wei. (*Ibid.*, Avril 1921, pp. 463/469; ill.)

— Association amicale des anciens Elèves du Collège de Zi-ka-wei. (*Ibid.*, Avril 1921, p. 515.)

— L'association des anciens élèves de Zi-ka-wei [Extrait de l'*Echo de Chine*]. (*Relations de Chine*, Kiang-Nan, Janvier 1907, pp. 58/56.)

— Nouvelles scolaires. — Collège de Zi-ka-wei. Demandes d'admission au Collège. (*Rel. de Chine*, Janvier 1913, pp. 42/43.)

— Mars 1910—Juillet 1910. — Collège « Saint Ignace » de Zi-ka-wei. — Deuxième année de l'Empereur Sié-tong, 1er semestre, in-8.

Se continue.

— Collège « Saint Ignace » de Zi-ka-wei. — Prospectus. — A. M. D. G. — Collège de Zi-ka-wei près Chang-hai (Chine.) — 1913, in-8.

Texte chinois.

— A. M. D. G. — Collège Saint Ignace de Zi-ka-wei Fondé en 1850 trentième année de l'empereur Dao-Koang. — Février 1913—Janvier 1914. — Imprimerie de T'ou-sè-wè-Zi-ka-wei, in-8, 1 f. n. ch. + pp. 27 + pp. 51 texte chinois.

— Collège « Saint Ignace » de Zi-ka-wei. — Prospectus. — A. M. D. G. — Collège de Zi-ka-wei près Changhai (Chine). 1916, in-8.

Le mouvement scolaire en Chine. — Fête patronale au Collège de Zi-ka-wei. (*Rel. de Chine*, Kiang-Nan, Avril 1913, p. 106.)

Echo de Chine, 24 juin.

— Nouvelles scolaires. (*Rel. de Chine*, Kiang-Nan, Avril 1913, p. 131.)

— Le mouvement scolaire en Chine — Lettre du P. Kennelly, 30 octobre 1912. Un Collège sino-allemand à Canton. (*Ibid.*, p. 105.)

— Le mouvement scolaire en Chine. — Statistique scolaire de la Chine. (*Ibid.*, p. 106.)

— Nouvelles scolaires. — Etablissements dirigés par les Mères Auxiliatrices — Sen-Mou-Yeu (Zi-ka-wei). — Institution Saint-Joseph (Changhai). — Ecole de la Providence. (*Ibid.*, Janvier 1913, p. 43.)

— Les Auxiliatrices du Purgatoire. (*Chine Ceylan Madagascar*, Sept. 1921, p. 185.)

Arrivées à Sien-hsien le 23 Juin 1921.

∴

(Divers.)

— Les Missions catholiques en Chine. (*A travers le Monde*, VI 1900, p. 246.)

— Missions et Missionnaires dans le Sud de la Chine. (*Ibid.*, pp. 318/319.)

— L'ordination. [dans l'église de Tong-ka-dou, Chang-hai]. (*Rel. de Chine*, Kiang-Nan, Octobre 1905, pp. 623/626.)

— Un bon larron. Par Viator. (*Ibid.*, pp. 627/629.)

— Lettre de Zi-ka-wei, 19 nov. 1907. (*Miss. Cath.* XXXIX, 20 Déc. 1907, p. 604.)

Nombre des catholiques de Chine.

— Statistique et Œuvres de la Mission. (*Chine Ceylan Madagascar*, Déc. 1907, pp. 65/66.)

— Empire chinois. — Accroissement des chrétiens en 1907. (*Miss. Cath.*, XL, 28 Fév. 1908, p. 101.)

— Etat comparatif des Catéchumènes et des Païens au Kiang-Nan. (*Rel. de Chine*, Kiang-Nan, Juillet 1908, pp. 130/131.)

— Observatoire de Zi-ka-wei. — Notes statistiques sur les Missions catholiques en Chine 1907. — (Circulation privée). — Chang-hai, Imprimerie de l'orphelinat de T'ou-sè-wè, 1908, in-8, pp. 28.

Par le P. J de Moidrey, S. J.

— La première République et les missionnaires. (*Rel. de Chine*, Kiang-Nan, Oct. 1909, p. 429.)

Extrait de l'*Anti-Dépêche* de Montauban.

— Dispensaires et baptêmes d'enfants à Changhai. (*Rel. de Chine* Kiang-Nan, Janvier 1910, pp. 443/447, fig.)

Extrait du compte rendu des œuvres des religieuses Auxiliatrices du Purgatoire.

— Visiteurs à Zi-ka-wei. (*Rel. de Chine*, Kiang-Nan, Janvier 1910, p. 490.)

M. Beau, Sven Eddin, Paul Pelliot, etc.

— Les nouveaux prêtres de l'année 1910. (*Ibid.*, Avril 1911, p. 65; fig.)

— Les Jésuites en Chine. — La Mission du Kiang-Nan. Par A. Brou. (*Ibid.*, Avril 1909, pp. 257/264.)

— Les « Bons Fusils » ou Chrétiens chinois. (*A travers le Monde*, XVII, 1911, p. 271.)

De l'*Echo de Chine*.

∴

— Bulletin des Missions. Les missions de Chine et les réformes scolaires. Par Alexandre Brou. (*Etudes*, 5 Novembre 1911, pp. 389/410.)

— Idem. II. Chine, par Alexandre Brou. (*Ibid.*, 5 Juin 1912, pp. 680/685.)

— Idem. La Chine républicaine et le christianisme. Par A. Brou. (*Ibid.*, 5 Avril 1913, pp. 78/104.)

— Bulletin des Missions Japon, Chine, Egypte, Arménie. Par Alexandre Brou. (*Ibid.*, 20 Septembre 1913, pp. 789/807.)

— Bulletin des Missions. Histoire des Missions de Chine. Par Alexandre Brou. (*Ibid.*, 5/20 Novembre 1915, pp. 257/272.)

Dugout — Moidrey. — Rochemonteix. — J. de la Servière.

— La Conversion de la Chine par le R. P. Alexandre Brou, de la Compagnie de Jésus. (*Miss. Cath.*, 16 Nov. 1917, pp. 542/544; 23 Nov. 1917, pp. 556/557.)

(Divers.)

— Bulletin des Missions. — La grande misère de Chine. — La famine. — Chine et Amérique par Alex. Brou. (*Etudes*, 20 avril 1921, pp. 212/220

∴

— Jeune Chine. (*Rel. de Chine*, Kiang-Nan, Janvier 1912, p. 347.)
De l'*Echo de Chine*, par M. Monestier.

— Où est le danger. — Sien-hsien, 10 Janvier 1912. (*Chine Ceylan Madagascar*, Mars 1912, p. 40.)

— La nouvelle Chine. — Les Missions. (*Rel. de Chine*, Kiang-Nan, Oct. 1912, p. 558.)

— La situation en Chine. — Tientsin, le 3 janvier 1913. Par A. P. (*Ibid.*, Avril 1913, pp. 101/104 : fig.)

— Au village chrétien de T'ou-sé-wé. (*Ibid.*, Juillet 1913, pp. 159/161 ; fig.)

— Prières demandées aux chrétiens par le gouvernement chinois. (*Ibid*, pp. 172/174 : fig.)

— Le R. P. Bernard Vaughan à Changhai. (*Ibid.*, pp. 185/194 ; fig.)

— Un service rendu à un compatriote. (*Ibid.*, pp. 204/205.)

— Changhai, 4 mai. — Fête de Jeanne d'Arc. (*Ibid.*, p. 206)
Echo de Chine, 7 Mai 1913.

— Extrait de l'*Echo de Tien tsin* (17 Août 1913) — Rapport annuel de la Mission de Pékin et Tcheli Nord. (*Miss. Cath.*, 19 Sept. 1913, pp. 448/449.)

— Zô-ce, Montagne de la Sainte-Mère. [Récit envoyé de Tchong-King par le chrétien Tong-Cheou-jen, communiqué par le P. Lévesque et publié par le *Chen sin pao*.] (*Rel. de Chine*, Kiang-Nan, Oct. 1913, p. 285.)

— Brieux. Récit de son voyage en Extrême-Orient. [Les RR. PP. Jésuites à Zi-ka-wei Kiang-Nan.] (*Miss. Cath.*, 10 Juillet 1914, p. 328.)

— Les Jésuites de Zi-ka-wei. Par M. Brieux de l'Académie française. (*Rel. de Chine*, Kiang-Nan, Juillet 1914, pp. 488/490.)
Extr. du *Gaulois*, 28 Juin 1914.

— Distributions de prix. (*Rel. de Chine*, Kiang-Nan, Janv.-Avril 1918, p. 68.)

— Les catéchistes volontaires de Tong-ka-dou. (*Ibid.*, pp. 62/63.)

— Un anniversaire à Hang-tcheou. Extraits du *Petit Messager de Ning-po*, Mai 1917. (*Ibid.*, Juillet-Octobre 1918, pp. 132/134.)

— De accentu in latinorum verborum pronuntiatione observando. — Imprimerie de T'ou-sè-wè Zikawei. — Chang-hai, s. d. [1916], in-12, pp. 9.

— Paroles prononcées par M. Hiong-ping-sau païen, ancien premier ministre à une réunion à Pékin. Traduit de la *Revue Catholique* (N° Décembre 1917) publiée à Zi-ka-wei en chinois. (*Rel. de Chine*, Kiang-Nan, Juillet-Octobre 1918, p. 132.)

— Une Œuvre de haut enseignement pour les jeunes païennes. — L'Etoile du Matin de Zi-ka-wei. (*Ibid.*, pp. 84/95; fig.)

— Idem. Brochure gr. in-8, pp. 14 : illustrations.
Extrait des *Rel. de Chine*, Juillet-Octobre 1918, 16e année, N° 2.

— Etat des missions catholiques de Chine. (*Ibid.*, Juill.-Oct. 1919, p. 255.)
Extr. du *Bull. cath.* de Pekin.

— Les Missionnaires de Chine au service de la France. (*Chine Ceylan Madagascar*, N° 47, Janvier 1920, pp. 12/18.)

— Vides et remplacements. (*Ibid.*, pp 19/21.)

— Constructions et Œuvres. (*Ibid.*, N° 47, Janvier 1920, p. 31.)

— Une Histoire de boys. (*Relations de Chine*, Kiang-Nan, Janv.-Avril 1920, pp. 295/296)

— Un Visiteur apostolique. (*Chine Ceylan Madagascar*, Janvier 1920, p. 32.)
Mgr. de Guébriant.

(Divers.)

— Ta-ming-fou s'accroît et s'embellit. (*Ibid.*, Avril-Juillet 1920, p. 107 ; illustration.)

— Une «dispute» philosophique en Chine. (*Ibid*, pp. 108/109).

— Aux Directeurs de l'enseignement dans les provinces. (*Rel. de Chine*, Kiang-Nan, Janv.-Avril 1920, pp. 325/326.)

— Visite d'un Ministre chinois au Collège de Ta-ming-fou. (*Chine Ceylan Madagascar*, Avril-Juillet 1920, pp. 109/110.)

— Aura-t-on des religieuses au Tche-li sud-est? (*Ibid.*, pp. 110/111 ; illustration).

— Un hommage bien mérité. (*Rel. de Chine*, Kiang-Nan, Juill.-Oct. 1920, p. 389.)

— Tableau des oeuvres pendant l'année apostolique (Juillet 1917 à Juillet 1918). (*Ibid.*, Janv.-Avril 1919, p. 147.)

— Les Fêtes des Nouveaux Prêtres. (*Ibid.*, pp. 179/184 ; fig.)

— Un nouveau centre de pèlerinage. (*Ibid*, p. 198.)
Ts'ing-chan-K'iao.

— Arrêté du Ministre de l'Instruction publique en France accordant l'équivalence du baccalauréat français aux certificats d'études secondaires, délivrés par l'Université «l'Aurore». (*Miss. Cath.*, 18 juillet 1919, p. 340.)

— Le Kiang-sou durant l'année apostolique 1918/1919 d'après les Relations des Missionnaires. (*Rel. de Chine*, Kiang-Nan, Juill.-Oct. 1919, pp. 206/210.)

— Idem. (*Ibid.*, Juill.-Oct. 1920, pp. 354/358.)

— Terrible incendie à l'orphelinat de T'ou-sé-wei. (*Ibid.*, Janv.-Avril 1920, p. 314.)

— L'Eglise de Chine à la fin de 1919. — Chang-hai, Juillet 1920. (*Ibid.*, Juill.-Oct. 1920, pp. 337/339.)
D'après l'*Osservatore Romano* du 18 Août 1920.

— Le Petit Séminaire du Sacré-Cœur à Zi-ka-wei. Par A. Durand. S. J. (*Rel. de Chine*, Kiang-Nan, Janvier 1921, pp. 395/408 ; ill.)

— Une école en famille à Yang-chow. (*Ibid.*, p. 453.)

— La famine. Par G. G. s. j. (*Ibid.*, pp. 417/419 ; ill.)

— Visite au Seng-mou-yeu. (*Ibid.*, p. 455.)
16 Septembre.

— L'apostolat de la prière. Lettre du P. X. (*Ibid.*, Avril 1921. p. 514.)

— Petite Chronique de Chine. (*Ibid.*, Juillet 1921, pp. 555/558 ; ill.)

— Futur Synode. (*Chine Ceylan Madagascar*, Sept. 1921, p. 185.)

2° *QUESTION DES RITES.*

Col. 869.

— Notre chronologie de la question des rites est reproduite dans *Documenti . . . sul Matteo Ripa*, 1904, pp. 60/62. — Corriger : 1700 ; lettres des Miss. étr., 20 avril, au lieu de 10 avril. — 1705, 29 juin, 2 août, 3 août, 28 août, 17 déc., lire 1706.

Col. 871.

— Scriptum ‖ P. Francisci Furtado, Vice-Provincialis Sinensis, ad P. Antonium Rubinum ‖ Visitatorem Japoniae & Chinae, ‖ Et ad Praepositum Generalem Societatis ‖ Jesu, ‖ Missum die 8. Febr. 1640. cui titulus est : ‖ Respuesta à 12. preguntas que propuso el P. Fr. ‖ Juan Batista de Morales de l'Orden de Santo ‖ Domingo de Manila, à los Padres de la Com-‖pañia de Jesus que trabajan en la predication ‖ del santo Evangelio en el Reyno de la grand ‖ China, anno 1640. id est : ‖ Responsio ad duodecim quaestiones, quas propo ‖ suit P. Fr. Joannes Baptista de Morales ex Or-‖dine S. Dominici Manilensis, Patribus

(Question des rites.)

Socie-tatis Jesu laborantibus in praedicatione sancti ‖ Evangelii in amplissimo Sinarum Regno, an-‖no 1640. S. l. n. d., pet. in-8, pp. 42.

— Quaesita Missionariorum Chinae.

L'ex. de Pelliot est in-4, pp. 12. A la p. 11, on a : Romae, Ex. Typographia Sacrae Congregationis de Propaganda Fide, MDCLXIX.

Les *Quaesita* occupent 54 pages avec pagination spéciale dans les *Constitutiones Apostolicae* de 1676 [cf. col. 826].

— Responsa ‖ Sacrae Congregationis Vniuersalis Inquisitionis ‖ a SS. D. N. Alexandro VII. ‖ approbata, ‖ ad quaesita missionariorum ‖ Soc. Jesu apud Sinas Anno Domini 1656, in-4, 4 ff. n. c. Romae, Ex Typographia Sacrae Congregationis de Propaganda Fide, MDCLXIX.

— Le mémoire du P. Lopez, rédigé en chinois en 1681, repris en 1686 et traduit alors en latin par le P. Jean François a Leonissa, est donné à peu près intégralement en latin dans l'*Apologia pro Decreto* et en français dans les *Anciens mémoires de la Chine* [cf. col. 883 et 884].

— * Quaesita Missionariorum Chinae, seu Sinarum, Sacrae Congregationi de Propaganda Fide exhibita, cum Responsis ad ea decreto eiusdem Sacrae Congregationis approbatis. Rome, 1669, 6 ff. imp.

No 563, p. 169, du *Cat. des Ms. espagnols* . . . par Morel-Fatio, Bib. Nat., 1892.

Cette édition de 1669 est reproduite dans le T. I. des *Tratados* de Navarrete (Pelliot).

LA MORALE PRATIQUE DES JÉSUITES.

Col. 871/872.

[I] La morale pratique | des | Jesuites, Premier volume. | Où elle est representée en plusieurs | Histoires, arrivées dans toutes les parties du monde. | Extrait, Ou de Livres tres-autorisez & fidelement | traduits, ou de memoires tres-seurs | & indubitables. [vignette] | MDC.LXXXIII. | s. l., in-12, 1 f° bl. + 1 f° p. le titre + 16 fnc. (table, préface) + pp. 287.

[II] La morale pratique | Des | Jesuites, | Second Volume Divisé en sept Parties. Où l'on represente leur conduite dans la Chine, dans le Japon, dans l'Amérique, & dans l'Ethyopie. Le tout tiré de livres trés-autorisez, ou de pieces trés-authentiques. [vignette] M.DC.LXXXII. s. l., in-12, pp. 416 + 7 fnc. (table et fautes à corriger), + 1 f. bl. 1 planche repliée à la p. 393.

— Une autre édition porte : M.DC.LXXXIII.

[III] Morale pratique | des | Jesuites. | Troisiéme Volume. Contenant | La Justification des deux premiers Volu-|mes de cette Morale. | Contre Le livre faussement intitulé, Défense | des Nouveaux Chrétiens & des | Missionnaires de la Chine, | du Japon & des Indes. | Avec la Réponse à la II. Partie de cette Défense qui vient de paroître. | [vignette] M.DC.LXXXIX. | s. l., in-12, pp. 606 + 5 fnc. (table et fautes à corriger).

[IV] Morale pratique | des Jesuites. | tome quatriéme. Seconde edition. | [vignette] | M.DCC.XVIII. | in-12, 1 f° p. le titre + 6 fnc. (préface) + 3 fnc. (table) + pp. 478 (la 1ère feuille ne donne que 10 f^os et la dernière 11).

[V] *Faux-titre*: Morale pratique | des | Jesuites. | tome cinquieme. | — *Titre*: Histoire | de la | persecution | De deux Saints Evêques par les Jesuites : | l'un | Dom Bernardin | de Cardenas, | Evêque du Paraguay dans l'Ameri-|que Meridionale. l'autre | Dom Philippe Pardo Archevêque de l'Eglise de Manile | Metropolitaine des Isles Philippi-|nes dans les Indes Orientales. | [vignette] M.D.C.XCI. | s. l., in-12, pp. 452. (Le f° du f^x titre ne compte pas dans la 1ère feuille; la dernière feuille [1/2 feuille] n'a que 5 f^os; 1 f° reporté p. le faux-titre?)

[VI] Histoire | des differens | entre | les Missionnaires | Jesuites | d'une part | Et ceux des ordres de | St Dominique | et de St Francois | de l'autre. | touchant | Les cultes que les Chinois rendent A leur maitre Confucius, | A leurs Ancestres | Et à l'Idole Chin-Hoan. | Seconde edition. | [vignette] | A Nancy, | Chez Nicolai 1735. | In-12, pp. XXIV + pp. 406. (La dernière feuille ne donne que 11 f^os).

[VII] *Faux-titre*: Morale pratique des Jesuites. tome septiéme. — *Titre*: Suite de l'histoire | des differens entre les Jesuites | de la Chine, | et les | Missionnaires | des Ordres de St Dominique & de St François ce qui comprend La seconde & la troisiéme Partie de ces Dif ferens. | Seconde edition. [vignette] M.DCC.XVI. In-12, 6 fnc. (f^x titre, titre, avert., table) + pp. 432.

[VIII] *Faux-titre:* Morale pratique des Jesuites. tome huitiéme. — *Titre*: De la Calomnie: ou instruction | du procès | entre les | Jesuites | et leurs adversaires, sur la matiere de la | calomnie. | Seconde edition. [vignette] ¦ M.DCC.XVI. ¦ in-12, pp. XVI + 2 fnc. (tables) + pp. 612. (La 1ère feuille ne donne que 10 fos).

Je dois la description de cet exemplaire à M. André Salles: les t. 1, 2, 3, 5 sont sans aucune indication de lieu; les t. 4. 6, 7, 8. d'une édition postérieure, d'impression semblable, t. 6 de 1735, mentionnent seul l'éditeur Nicolai et le lieu Nancy.

Col. 872.

— Lettre d'un Missionaire ¦ de la Comp. de Jesus, ‖ écrite de la Chine à M . . . S. l. n. d., in-12, pp. 58 + 1 f. n. ch.

Au recto du f. n. ch. : A Paris, Chez Jean Anisson Directeur de l'Imprimerie Royale, rue de la Harpe, ‖ à la Fleur-de-Lis de Florence. " M,DC.XCVII.

— Histoire ‖ des Différens

L'ex. de Pelliot porte sur un 1er feuillet *Morale pratique des Jesuites, Tome sixième,* puis au feuillet suivant : *Histoire ¦ des Différens* etc., s. l., M DC.XCII, in-4, pp. XL + 2 ff. n. c. + 406 p. + 1 f. err.

— Suite de l'histoire . . .

Idem, Tome septième, puis au feuillet suivant : *Suite de l'histoire* etc. Seconde édition, s. l. MDCCXVI, 4 ff. pour titre et avert., + 2 ff. n. ch. p. table, + 452 pages.

Col. 873.

— La ‖ bonne foy ¦ des ‖ Anciens Jesuites ¦ missionnaires ¦ de la Chine ¦ sur ¦ L'Idolatrie des Chinois dans le ‖ culte qu'ils rendent à Con-fucius & aux Morts, ¦ demontrée ‖ Par des Extraits fidéles des Livres des ‖ RR. Peres Athanase Kirchere, ¦ Nicolas Trigaut, Alexandre de ‖ Rhodes & autres, envoyés à un ami ¦ avec quelques reflexions sur les nou-‖veaux sentimens des RR. PP. Jesuites. S. l. n. d.. in-12, pp. 22.

Col. 874.

— Ristretto. etc.; Breve Ristretto, etc.

Les Jésuites avaient fait paraitre coup sur coup quatre brochures:

1o *Notizie interno all'uso delle voci Cinesi Tien & Xamti* . . .

2o *Ristretto delle Notizie* . . .

3o *Notizie circa l'uso delle Tabelle colle parole Cinesi* : KING TIEN, COELUM COLITO.

4o *Breve Ristretto delle notizie già dedotte* . . .

C'est à répondre successivement à ces quatre brochures qu'est consacrée une grande partie de la *Continuatio Historiae Cultus Sinensium* [cf. col. 882].

Il y a aux Missions Etrangères un ex. du *Ristretto* et du *Breve Ristretto*. L'ex. du *Ristretto* a appartenu au P. Foucquet: dans le titre, il y a «presentato» et non «representato». Le second est en XVI pages (et non XXIX qui paraît amené par les XXIX pages du *Ristretto*).

Col. 876.

— «Les *Notae in Observationes* et les *Breves Notationes* sont imprimées dans l'*Historia cultus sinensium* [cf. col. 881]. Les *Notae in Observationes* sont la réponse de Charmot aux *Observationes in Mandatum 26 martii 1693 Remi D. Caroli Maigrot, Vicarii Apostolici in Provincia Fokiensi Regni Sinarum, à Societate Jesu exhibitae, mense februario 1698*, œuvre du P. Dez; ces *Observationes* sont le «grand Traité de quatre cents pages» dont il est question col. 886; elles sont imprimées plus ou moins exactement aux pages 81-388 de *De Ritibus Sinensium erga Confucium*, éd. c. 388 pages [cf. col. 882], et j'en possède une copie manuscrite du temps, en 689 pages, executée pour la Congrégation de la Propagande. Quant aux *Breves Notationes*, elles sont la réponse de Maigrot au «nouveau traité en plus de deux cents pages» du P. Dez, intitulé *Observationes Residuales* [cf. col. 882], et dont un mss. est indiqué ici même.

»Le Dr G. E. Morrison possédait 3 vol. de documents sur la question des rites, réunis par le chanoine Ghiselli; ils ont été acquis depuis, avec toute la bibliothèque de Morrison, par le baron Iwasaki (cf. *J. Ch. Br. R. A. S.*, p. 90», Pelliot).

— Expositio Facti.

Elle répond à l'ouvrage suivant :

— Sinarum Quaesita proponenda in Sacra Congregatione S. Officii 1699.

Les Jésuites, à qui l'Assesseur du Saint Office communiqua ces *Quaesita* en Octobre 1699, y répondirent d'abord brièvement en italien par des *Informationi e Suppliche* [cf. col. 887], puis plus longuement en latin par l'*Expositio facti*.

L'*Expositio Facti*, que je possède, est in-12, 5 ff. n. c. + pp. 223 (Pelliot).

— Documenta controversiam etc.

Autre éd.; même titre, s. l. n. d., in-8, pp. 257 sans l'index (Pelliot).

— Acte de protestation signifié avx sievrs Syndic, Doyen, & Docteurs de la Faculté de Theologie de Paris, le dix-huitième jour d'Octobre 1700. par le Pere le Gobien de la Com-¦pagnie de Jesus, tant en son nom, que comme se faisant fort du Pere Louis le Comte de la même Compagnie. Pièce in-4, s. l. n. d., pp. 4.

Col. 879.

— Conformité ¦ des ‖ cérémonies etc.

Contient entre autres le texte italien, avec traduction française, de la réponse de J. Fr. a Leonissa sur les rites chinois, datée de Rome, 19 juillet 1699.

Pelliot a vu un ex. en 202 pages (au lieu de 212), et où le titre était Conformité ¦ des cérémonies ¦ etc.

Il possède en outre :

— Conformité ‖ des ceremonies chinoises avec l'idolatrie grecque ‖ et romaine. Pour servir de confimation [sic] à l'Apologie des Dominicains Missionnaires de la Chine. ¦ Par un Religieux Docteur & Professeur en Theologie. *Vignette* ¦ sur l'imprimé ¦ A Cologne, ‖ Chez les Heritiers de Corneille ‖ d'Egmond, 1700. Avec Approbation & Permission des Superieurs. in-12, pp. 119.

Cette édition donne seulement les textes en français, au lieu de les reproduire selon le cas, comme l'édition en 212 pages, également en italien, en portugais ou en latin.

La lettre du roi de Portugal du 31 août 1699, adressée au cardinal Casanate dans les diverses éditions de la *Conformité*, est la même qui est donnée dans la *Lettre à Monsieur *** touchant les honneurs*, etc. [cf. col. 889], comme adressée au cardinal Barberini.

— Ajouter :

— Recueil Des Pieces des Differens de Messieurs des Missions Etrangeres, ¦ et des Religieux de l'Ordre ¦ de S. Dominique, touchant ¦ le Culte qu'on rend à la Chine au ‖ Philosophie Confucius. ‖ A Cologne. Chez Jean Le Sincère, MDCC, pp. 138 + 1 f. p. l'approb.

Est aux Miss. Etrang., AD 11. C'est en réalité une édition de la *Conformité*; je ne sais si le *Recueil* a comporté autre chose; c'est ce *Recueil* qui est indiqué col. 889. (Pelliot.)

Col. 880.

— Lettre ‖ de Mr de Lionne ‖ Evêque de Rosalie ‖ aux ‖ RR. PP. Jesuites. ‖ Touchant la Décision du S. Siege, sur la ‖ grande affaire des Cérémonies ‖ Chinoises. ‖ M.DCCVI, in-12, pp. 18.

— A Paris ce 29 Juin 1706.

— Lettre ‖ de Mr l'Abbé ‖ de Lionne, Evêque nomé de Rosalie, ‖ Vicaire apostolique ‖ de la Province de Suchuen ‖ dans la Chine; ‖ a ‖ Monsieur Charmot, Directeur du Seminaire des Mis-‖sions Etrangeres de Paris, ‖ A Canton. ‖ A present Procureur General en Cour ‖ de Rome des Missions des Evêques ‖ François dans les Indes. ‖ — M.DCC, in-12, 4 ff. n. ch. + pp. 173.

— * Abbate di Lionne, Vescovo nom. di Rosalia, e vicario apostol. della prov. di Suchuen nella Cina. Lettera al Sig. Charmot, Direttore del Seminario delle Missioni forastiere di Parigi, in Canton, et al presente Procuratore Generale nella Corte di Roma per le Missioni de' Vescovi Francesi nell'Indie. Sans lieu, 1701. 6 ff., pp. 336.

Cette lettre peut servir de réponse au livre du P. Le Tellier: La Défense des Nouveaux Chrétiens.

Col. 882.

— De Ritibus ‖ Sinensium ‖ erga ‖ Confucium ‖ Philosophum, ‖ et ‖ Progenitores ‖ Mortuos ‖ Alexandri Papae VII. ‖ Decreto permissis, ‖ Adversùs librum inscriptum, ‖ Historia cultûs Sinensium, &c. ‖ Leodii. ‖ M.DCC, in-12, pp. 388 + 3 ff. n. ch.

Col. 882/883.

— Status quaestionis.

Même titre. Editio secunda auctior. Bruxellis, apud Danielem Wattier . . . , M.DCC, pet. in-8, 1 f. n. c. + pp. 116 dont les 99 premières sont sur deux colonnes.

Missions étrangères.

Col. 883.

— Raccolta di varie.

Se confond avec la dernière partie des *Memorie istoriche* [cf. col. 887].

— Apologia pro Decreto.

Donne en gros en latin les mêmes documents que les *Anciens Mémoires* donnent en français. Parmi les pièces communes aux deux ouvrages, noter que:

1° Les *Réponses* du P. de Paz sont extraites de l'ouvrage in fol. imprimé à Manille en 1680 [cf. *Bibl. Indosin.*, col. 1942].

2° Le traité du P. Sarpetri sur les rites, avait paru en français dès 1690 dans la 2e partie de la *Defense des nouveaux chrétiens* [cf. col. 873]. Le texte original, en espagnol, achevé à Canton le 20 juil. et 1668, était intitulé *Breve Noticia de algunos fundamentos que hay para permitir á los cristianos chinos el culto de Confucio y difuntos*; le P. Couplet le rapporta en Europe. Pour un ms. de cet original espagnol, cf. [Ocio], *Reseña biográfica*, II, Index, p. 1.

— Dans les *Anciens Mémoires*, les chiffres 194/202 sont répétés par erreur dans la pagination. (Pelliot.)

Col. 884.

— De Sinensium . . . Brancati . . .

Pour un ms. au moins partiel de ce traité, cf. col. 1068. Le P. Brancati avait remis son œuvre à Navarrete le 25 juin 1669.

— De Sinensium . . . Jacobi Le Favre.

Le Faure fit deux traités en réponse aux doutes de Navarrete, un premier, court, en 1668, et un second, détaillé, en 1669; tous deux sont imprimés ici. Pour un ms., cf. col. 1068.

— Ajouter:

Pour une série de manuscrits relatifs principalement aux discussions de Canton en 1668/1669, voir le recueil de mss. qui appartenait à Pauthier et est décrit col. 1068; ce recueil paraît constituer aujourd'hui le ms. espagnol 551 de la Bibliothèque Nationale. (Pelliot.)

Col. 885.

— Letfre ‖ du R. Pere ‖ Louis le Comte, de la Compagnie de Jesus. ‖ A Monseigneur le Duc ‖ du Maine, ‖ sur les cérémonies ‖ de la Chine. ‖ A Paris, ‖ MDCC, in-12, pp. 190.

— Lettera ‖ al serenissimo ‖

Autre éd., pp. 182 + 1 f. addizione [Baer, 619, n° 5418, M. 30].

— Lettre ‖ de ‖ Messieurs ‖ des Missions ‖ etrangeres ‖ au Pape, ‖ sur les idolatries et les superstitions ‖ chinoises. ‖ A Cologne, ‖ Chez les Heritiers de Corneille d'Egmond. ‖ M.DCC, in-12, pp. 178.

La p. 178 est marquée par erreur E 78.

Les pages 1/155 répondent au contenu de toute l'édition en 213 pages; les pages 156/178 sont occupées par la «Lettre de M. Louis de Cicé» [Miss. Etr., AD 11].

— Epistola ‖ ad ‖ Summum Pontificem Innocentium XII ‖ scripta ‖ a ‖ Directoribus ‖ Seminarii Parisiensis ‖ Missionum ad Exteros; ‖ De idolatricis ‖ ac ‖ superstitiosis ‖ cultibus ‖ Sinarum ‖ s. l. n. d., in-12, p. 282.

Même contenu que les éd. franç. en 235 et 213 pages [Miss. Etr. AD 3].

— Lettre ‖ de Messieurs ‖ des Missions ‖ Etrangeres ‖ au Pape ‖ sur ‖ les idolatries ‖ et sur ‖ les superstitions ‖ chinoises ‖ s. l. n. d., in 12, pp. 135.

Même contenu que dans l'éd. en 213 pages; Pelliot a l'éd. en 135 pages.

Col. 886.

— Lettre de Messieurs, etc.

Cette Lettre est datée «A Paris ce 10 avril 1700»; lire 20 avril.

Col. 888.

— Lettre que Mrs des Missions etrangeres ont proposé au Rme Pere general des Jesuites, d'ecrire en commun au Pape Depuis que le Certificat de l'Empereur de la Chine a parû. 2 ff. in-4 n. ch., s. l. n. d.

Se termine : Le Rme P. General des Jesuites a refusé de signer la Lettre, & Mrs des Missions Etrangères n'ont pas laissé de la présenter au Pape.

— Sentiment ‖ d'un ‖ jurisconsulte envoyé à son Amy, ‖ sur la contestation ‖ d'entre Messieurs les Missionaires ‖ Etrangers, & les PP. Jesuites. ‖ Touchant les Ceremonies ‖ Chinoises. ‖ M.DCC. in-12, pp. 34.

Col. 888/889.

— Histoire apologetique. . . . Idem, MDCC, in-12, pp. 217, s. l'avert — Idem, MDCC, pet. in-4, pp. 84, s. l'av.

Col. 889.

— Reflexions ‖ generales ‖ sur la lettre ‖ Qui paroît sous le nom ‖ de Messieurs du Seminaire ‖ des Missions Etrangeres, Touchant les Cérémonies Chinoises. M.DCC, in-12, pp. 21.

— Réflexions générales sur la lettre Qui paroît sous le nom de Messieurs du Séminaire des Missions Etrangères, touchant les Cérémonies chinoises, s. l., MDCC, in-12, pp. 19 sans le titre.

— Réponse à la lettre . . . , MDCC, in-12.

Pelliot a un exemplaire, sans feuille de titre, donnant en 159 pages la *Réponse* et la *Réponse à l'addition*.

Pour la *Lettre à Monsieur *** Docteur de Sorbonne*, cf. col. 889 (Pelliot).

— Lettre de M. Louis de Cicé . . .

Autre éd, s. l., MDCC, in-12, pp. 31.

— Lettre de M. Louis de Cicé . . .

Autre édition, même titre, mais avec faute «les superstition», in-12, pp. 32 + 2 f. n. ch.

— Lettere ‖ ad un'abate . . .

Des extraits de ces 2 lettres occupent les pp. III-180 des *Réflexions sur l'Ecrit intitulé Protestation* . . . [cf. col. additions à 913].

— Recueil ‖ des pieces ‖ presentées par les PP. Jesuites ‖ a la ‖ S. Congregation. ‖ Pour répondre à l'Ecrit intitulé, ‖ *Questions de la Chine*, &c. ‖ 1. Instruction, ou Supplique. ‖ 2. Addition sur l'authorité des Livres Chi-‖nois citez par M. de Leonissa. ‖ 3. Contr'exposé, ou Exposé du fait par les ‖ PP. Jesuites. M.DCC, in-12, 6 ff. n. ch. + pp. 240.

(QUESTION DES RITES.)

— Lettre sur les progrez ‖ de la religion ‖ a la Chine. A Monsieur l'abbé de ** S. l. n. d., in-12, pp. 48.

— Lettre à Monsieur *** Docteur de Sorbonne . . . , MDCC, s. l., in-12, pp. 58.

Autre édition : s. l., in-12, 6 ff. n. ch. + pp. 47.

Col. 890.

— Lettre ‖ a ‖ Madame ‖ de Lionne, ‖ sur le ‖ libelle des Jesuites, ‖ Contre Mr l'Eveque de Rosalie, ‖ son Fils. S. l. n. d., pet. in-8, pp. 36.

Avec les lettres de l'abbé de Lionne.

— Lettre ‖ de ‖ Madame ‖ de ‖ Lionne ‖ aux Jesuites. S. l. n. d., in-12, pp. 36.

— Datée : A Paris ce 28 d'Avril 1701.

— Lettre à Madame de Lionne, etc., pp. 84.

Tous les exemplaires que j'ai vus, m'écrit Pelliot, portent un frontispice gravé «Le tribunal des Ceremonies appellé en Chinois Li-Pou»; dans la partie droite de la gravure est représenté le P. Grimaldi tenant une feuille déployée où on lit : «Non novi hominem. Je ne connois point l'homme».

— Id., in-8, 16 pages.

Parait être la première édition.

— Lettre de Madame de Lionne.

— Id., s. l. n. d., in-12, pp. 21.

— Libellus Memorialis PP. Societ. Jesu. Ad Illustrissimum et Reverendissimum Dominum Assessorem S. Officii, ad dilucidanda quaedam puncta ab eo proposita mense Martis an. 1700, s. l. n. d., in-12, pp. 20.

Donne, aux pp. 13/20, les 42 articles des *Praxes* discutées à Canton en 1668 par les 23 missionnaires emprisonnés, et qui doivent faire le fond des *Acta Cantoniensia*. De passages de la p. 5, il semble résulter que le *Libellus* est dû à des Italiens et a été imprimé à Rome.

Col. 895.

— Lettre d'un Docteur de l'Ordre de S. Dominique.

Mon ex., dit Pelliot, est conforme sauf que:

1° La 1re lettre n'a d'approbation que de Bruxelles et non de Liège.

2° La 3e lettre porte : A Cologne. Chez les héritiers de Corneille d'Egmond. MDCC. Est bien en 29 pages.

3° A l'exemplaire est joint (fortuitement? mais ayant absolument même apparence.) *La bonne foy des anciens jésuites*.

— Ajouter les éditions suivantes:

Lettre d'un Docteur . . . s. l., MDCC, in-12, pp. 102. S. appr., etc.

II. Lettre, pp. 44.

III. Lettre, pp. 34 + appr. de Bruxelles, 4 juillet 1700.

IV. Lettre, appr. en est de Bruxelle, 4 juillet 1700 comme par la III.

Miss. Etr. AD 11, l'ex. n'a que les 4 premières lettres.

(QUESTION DES RITES.)

— Lettre d'un Docteur . . . s. l. MDCC.. pp. 74 + 1 f. d'appr.

II. Lettre . . . A Cologne, chez les héritiers de Corneille d'Egmond, MDCC, pp. 31.

III. Lettre . . . id., id., pp. 25.

IV. Lettre . . . id., id., pp. 16.

V. Lettre . . . s. l., MDCC, pp. 25.

VI. Lettre . . . s. l., MDCC, pp. 27 44.

VII. Lettre . . . s. l. n. d., pp. 47 53.

Les Lettres VI et VII continuent la pagination de la Ve. Est aux Miss. Etr., AD 11.

— Septième ‖ et derniere ‖ Lettre ‖ d'un docteur ‖ touchant les Assem-‖blées de la Faculté de Theologie de ‖ Paris, tenües en Sorbonne sur les ‖ opinions des Jésuites touchant la ‖ Religion, les Cultes, & la Morale ‖ des Chinois; ou Réponse à la pré-‖face du prétendu Journal desdites ‖ Assemblées. ‖ . . . ‖ A Liege. ‖ — M.DCCI, in-12, pp. 126 + addition, pp. 4.

Col. 896.

— Remarques ‖ d'un ‖ Docteur en Théologie, sur ‖ la protestation ‖ des Jesuites. avec une Réponse ‖ au ‖ nouveau libelle de ces Peres ‖ contre ‖ la censure de Sorbonne. S. l. n. d., pièce in-8, pp. 30.

Avant le *Journal historique* ajouter :

— Lettre ‖ d'un docteur ‖ sur ce qui se passe dans les assemblées ‖ de la Faculté ‖ de Théologie ‖ de Paris. ‖ A Cologne, ‖ chez *** ‖ MDCC, 5 ff. n. c. + pp. 44.

La très longue préface du *Journal historique des Assemblées* . . . en 282 pages cite cet ouvrage pour le réfuter.

— Avant le *Journal historique* en 282 pages, ajouter cette édition que possède Pelliot :

II. Lettre, id., 1 f. n. c. + pp. 39.

III. Lettre, id., pp. 48.

IV. Lettre, id., pp. 66.

V. Lettre, id., pp. 90.

VI. Lettre, id., pp. 114 + 2 ff. d'err. pour les 6 Lettres [Miss. Etrang. AD 11].

— Journal ‖ historique ‖ des assemblées ‖ tenues en Sorbonne, ‖ Pour condamner les Mémoires ‖ de la Chine, &c. ‖ Premiere lettre A un chanoine de M*** ‖ s. l., M.DCC., petit in-8, pp. 10 + 26.

Suite du Journal . . . Seconde Lettre . . . s. l., MDCC, pp. 24.

Ibid. Troisième Lettre . . . Bruxelles, s. d., pp. 43 + 1 f. err.

Ibid. IV. Lettre . . . A Bruxelles, MDCC, pp. 53.

Ibid. V. Lettre . . . A Bruxelles, MDCC, pp. 51.

Ibid. VI. Lettre . . . s. l. n. d., pp. 45.

Ibid. VII. Lettre . . . s. l. n. d., pp. 92 (comprend aussi la Censure, la Protestation et l'Opposition).

(QUESTION DES RITES.)

— Censure ‖ de la Sacree Faculte de Theologie ‖ de Paris ‖ Portée contre les Propositions etc., s. l. n. d., in-folio, pp. 4.

— Après Censure de la Faculté de Théologie, ajouter (Pelliot).

— Censure ‖ de ‖ la sacrée ‖ Faculté ‖ de ‖ Théologie ‖ de Paris, ‖ Portée contre les Propositions ‖ extraites des Livres intitulez etc., s. l. n. d., in-12, pp. 16 en français et latin sur 2 col.

2 ex. aux Miss. Etr. AD 11. L'un est suivi de :

— Réponse de cent trente deux docteurs de la Faculté de Théologie de Paris, sur les Questions de la Chine, Dressées en l'an 1699 . . . , s. l. n. d., in-12, pp. 50 sur 2 col. en latin et français.

Suivi de :

— In mandatum Ill. D. Maigrot, s. l. n. d., in-12, pp. 63.

— Remarques d'un docteur en Théologie . . .

Autre éd., in-12, pp. 28. Est aux Miss. Etrang., AD 11.

— Journal ‖ historique ‖ des Assemblées, tenues en Sorbonne, ‖ Pour condamner les Memoires ‖ de la Chine. &c. Premiere Lettre ‖ A un Chanoine de M***. MDCC, in-8, pp. 26.

— Suite ‖ du Journal ‖ historique ‖ des Assemblées, ‖ tenues en Sorbonne. Pour condamner les Memoires ‖ de la Chine, &c. Seconde Lettre ‖ A un Chanoine de M***. ‖ M.DCC, in-8, pp. 24 + pp. 10 + 1 f. er.

— Suite du Journal historique ‖ des Assem-blées tenuës en Sor-‖bonne. ‖ Pour condamner les memoires ‖ de la Chine, &c. Troisième Lettre ‖ à un Chanoine de M . . . ‖ A Bruxelles. S. l. n. d., in-8, pp. 43.

— Suite du ‖ Journal ‖ historique des Assemblées ‖ tenues ‖ en Sorbonne ‖ Pour condamner les *Memoires* ‖ *de la Chine*, &c. ‖ IV. Lettre. ‖ A un Chanoine de M* A Bruxelles. ‖ MDCC. in-8, pp. 53.

— Journal ‖ historique ‖ des Assemblées tenues ‖ en Sorbonne ‖ Pour condamner les *Memoires* ‖ *de la Chine*, &c. ‖ V. Lettre, A un Chanoine de M* ‖ A Bruxelles. ‖ M.DCC, in-8, pp. 51.

— Suite ‖ du Journal historique ‖ des Assemblées ‖ tenues en Sorbonne, Pour condamner les *Memoires* ‖ *de la Chine*. VI. Lettre ‖ A un Chanoine de M***. in-8, pp. 45.

(QUESTION DES RITES.)

Suite ‖ du Journal historique des Assemblées ‖ tenues en Sorbonne. ‖ Pour condamner les *Memoires* ‖ *de la Chine*, &c. VII. Lettre ‖ A un Chanoine de M***. in-8, pp. 92.

— Censure ‖ de ‖ la Sacrée ‖ Faculté ‖ de ‖ Theologie ‖ de Paris, ‖ Portée contre les Propositions ‖ extraites des Livres intitules ‖ *Nouveaux Memoires sur l'Etat present* ‖ *de la Chine.* ‖ *Histoire de l'Edit de l'Empereur de* ‖ *la Chine.* ‖ *Lettre des Céremonies de la Chine.* S. l. n. d., pet. in-8, pp. 16 à 2 col.

— Censure ‖ de ‖ la Sacree ‖ Faculté ‖ de ‖ Theologie ‖ de Paris, ‖ Portée contre les Propositions ‖ extraites des Livres intitulés *Nouveaux Memoires sur l'Etat present de la* ‖ *Chine.* ‖ *Histoire de l'Edit de l'Empereur de la Chine.* ‖ *Lettre des Céremonies de la Chine.* Pièce in-4. S. l. n. d., pp. 8.

— Censura ‖ Sacrae Facultatis ‖ Theologiae Parisiensis ‖ lata in propositiones excerptas ex Libris, quorum haec est inscriptio. *Nouveaux Memoires sur l'Etat present de la Chine.* ‖ *Histoire de l'Edit de l'Empereur de la Chine.* ‖ *Lettre des Ceremonies de la Chine.* Pièce in-4, pp. 8.

A le fin : Parisiis, Apud Ludovicum Josse, Eminentissimi D. D. Cardinalis de Noailles, Archiepiscopi Paris. Typographum 1700

Col. 897.

— Reponse ‖ aux ‖ remarques ‖ de M*** sur ‖ la protestation ‖ du Pere le Gobien. M.V.CC. [*sic*]. S. l., pièce in-12, pp. 33.

Ajouter 8 f. n. c. + pp. 98.

— Censure de quelques propositions . . .

— Noels de la Chine, s. l. n. d., in-12, pp. 8.

Ce sont des chansons contre les Jésuites, composées au lendemain de la censure du 19 octobre 1700.

Col. 898.

Jugement ‖ d'un grand nombre de docteurs ‖ des Universitez ‖ de Castille et d'Arragon ‖ Sur les Propositions censurées en ‖ Sorbonne le 18. d'Octobre. 1700. Pour servir de Réponse au Livre de M^r. Du Pin intitulé ‖ Défense de la Censure, &c. A Liege, ‖ De l'Imprimerie de Guillaume Henry ‖ Streel, Imprimeur de son Altesse Serenissime. 1701. ‖ — Avec Permission des Superieurs, in-12, pp. 45.

(QUESTION DES RITES.)

Col. 899.

— * Acta de Sinensium ritibus etc.

Voici la collation d'après l'exemplaire de Pelliot :

— De Sinensium ritibus politicis Acta seu Appendix ad scripta ‖ R. P. Sarpetri Theologi ex Sancti Dominici Ordine, Missionarii Sinensis. ‖ De Deo uno, vivo ac vero ‖ a Veteribus Sinis ‖ per duo annorum millia cognito ‖ Adversus scripta P. Longobardi S. J. ‖ *vignette* ‖ Parisiis, Apud Nicolaum-Pepie, viâ San-Jacobaeâ, ‖ ad insigne S. Basilii. M.DCC. cum privilegio regis. in-8, pp. 82.

Col. 900.

— Priere pour ‖ l'eglise ‖ de ‖ la Chine. S. l. n. d., in-12, pp. 34.

Col. 901.

— Lettre ‖ de ‖ M. Marin Labbé nommé par le S. Siege ‖ Eveque de Tilopolis, ‖ et ‖ Coadjuteur au Vicariat Apostolique de la Cochinchine au Pape, ‖ Sur le Certificat de l'Empire ‖ de la Chine, ‖ et ‖ Sur la necessité de condamner sans delai ‖ toutes les Superstitions Chinoises. ‖ A Anvers, ‖ Chez les Heritiers de Jean Keerberg. ‖ M.D.CCII. ‖ Avec Approbation, in-12, 2 ff. n. ch. + pp. 127 + 1 f. n. ch. er.

— Lettre ‖ de ‖ M. Marin Labbé ‖ nommé par le S. Siege ‖ eveque de Tilopolis, et Coadjuteur au Vicariat Apostolique de la Cochinchiene. ‖ au Pape, ‖ Sur le Certificat de l'Empereur de la Chine et ‖ Sur la necessité de condamner sans delai toutes les superstitions Chinoises. ‖ A Anvers, ‖ Chez les Heritiers de Jean Keerberg. ‖ M.D.CCII. Avec Approbation, in-8 (comp. l'avert.), pp. 93.

— Particvla Epistolae ‖ P. Aluari Benauente ex Ordine S. Augustini olim Prouin- ‖ cialis Philippinarum, nunc verò Episcopi Ascalonen- sis, & Vicarij Apostolici Prouinciae Kiang si ‖ in Regno Sinarum. Ex Vrbe Hangan- ‖ fû 27. Novembris 1700. ‖ Ad Sacram Congregationem de Propaganda Fide. S. l. n. d., Pièce in-4, pp. 8.

— Particvla Epistolae.

Le titre de cette réedition dit « Haugan fù » ; la traduction française faite d'après l'édition originale de Rome et insérée dans la *Réponse aux Nouveaux Ecrits* porte « Nan-chan-fou » ; il faut en réalité lire « Nan-ngan-fu » (et « Nan-ngan-fou »), au Kiang-si

(QUESTION DES RITES.)

Col. 902.

— *Cu kin kim tien kien.*

C'est la traduction latine de l'ouvrage chinois du P. Bouvet dont il est question dans Cordier, *L'imprim. sino-européenne*, n° 39, et qui se trouve à la Bibl. Nat. (cf. Courant, *Cat. des livres chin.*, n°s 7161/7162). L'ouvrage chinois fut condamné à Canton en 1705 par Mgr. de Tournon qui le croyait imprimé sans autorisation : mais il paraît bien que le Légat s'était trompé, et que cet ouvrage chinois existait seulement en manuscrit (voir la lettre du P. A. Thomas du 20 avril 1707 dans *L'Etat present de l'Eglise de la Chine*, pp. 226 230 . (Pelliot.)

Col. 903.

— Lettre à un Prélat . . .

Autre éd , s. l. n. d., in-12, pp. 39. Miss. ét.

— * Relazione del viaggio dall'isola di Tenariff nell Canarie sino à Pondisceri nella costa di Coromandel di C. T. Maillard di Tournon, patriarcha d'Antiochia, e visitatore apostolico . . . à i regni della Cina e dell'Indie orientali. Roma, Gaetano Zenobj, 1704. Av. 7 tableaux indiquant pour chaque jour le vent, sa force, l'état de la mer, longitude, latitude, etc., in-4.

La dédicace est signée Gio. Jacomo Fatinelli.

Mart. Nijhoff, à La Haye. — Catal. N° 445. 1919.

— * Lettre de M. le cardinal de Tournon, Patriarche d'Antioche, envoié dans la Chine par N. S. P. le Pape, à M. l'Evêque de Conon, Vicaire Apostolique dans la Chine, par le consoler dans la prison où il étoit pour ordre de l'Empereur à Péquin chez les Jésuites. Avec un bref du Pape à M. l'évêque de Conon, qui lui a été porté par M. le cardinal de Tournon, s. l., 29 août 1708, texte latin-français, pp. 20 (*L'Abeille bibliogr.*, 1914, n° 116).

Col. 904/905.

— Appendice ‖ Alla Censura del Libello intitolato ‖ *Considerazioni*, ‖ In Risposta ad un Dottor Sorbonico Autore d'altro ‖ Libello intitolato : ‖ *Difesa del Giudizio formato dalla Sede apostolica &c.* ‖ *Intorno a' Riti, e Cerimonie Cinesi.* S. l. n. d., in-4, pp. 28.

— Manifesto pubblicato a' Cavalieri, ed agli Uomini ‖ d'Onore per iscarico dell' Imputazione di Reli-‖gion contaminata, aggravante la Chiesa, e Cristianità di Scio. S. l. n. d., in-4, pp. 12.

— * Difesa del Giudizio . . . da un religio italiano. In Torino, MDCCIX. A spese di Gio : Battista Fontana Libraro, in-4, pp. 136 [mais la p. 136 est numérotée 134 par erreur], avec grande planche pliée représentant un sacrifice à Confucius.

Miss. Etrang., U. 4.

Col. 906.

Pour l'*Apologia* et les *Osservazioni*, cf. Jenkins, *Jesuits in China*, p. 6. Pour ces 2 mêmes ouvrages et pour *La Verità e l'Innocenza*, cf. Cat. 413 de Maggs Bros, 1921, N° 812.

Col. 908.

— Reflexions ‖ sur ‖ les affaires ‖ presentes ‖ de la Chine. ‖ Ecrit traduit de l'Italien. A Paris, ‖ Et se vend a Liege, chez J. F. Broncart, ‖ Imprimeur & Marchand-Libraire, ‖ en Souverain Pont. 1710, pet. in-8, pp. 40.

— * Alcune riflessioni. S. l. n. d. (1709), in-fol., 9 ff.

Katal. XLII, J. Halle, Munich. [1909.]

— Alcune riflessioni . . .

Un texte italien de ce titre occupe 22 pages dans le *Acta causae rituum, Pars altera*; c'est la traduction (ou plus probablement l'original du morceau latin qui le précède dans les *Acta* et qui est intitulé *Animadversiones quaedam in praesentem Statum Controversiae Sinensis*. Doit être de Fatinelli.

Col. 908/909.

L'éd. princeps des *Acta causae rituum* est de Rome, 1704 (cf. Jenkins, *Jesuits in China*, p. 6). Cf. aussi les Addenda aux col. 911 et 912.

Les *Acta Causae Rituum* ont 54 pages ; il faut y ajouter un f. blanc (pp. 55 56), puis :

— Actorum causae rituum et caeremoniarum Sinensium Pars altera, pp. n. ch. 57/318.

1. Actus Appellationis Illustrissimi, & Reverendissimi Domini, Fr. Alvari Benavente, Episcopi Ascalonensis, Vicarii Apostolici in Regno Sinarum, die 13. Aprilis 1707, à Decreto, & Executione Decreti, de quo infrà, ad Sanctam Apostolicam Sedem.

— Item Italicè.

2. Defensio Decreti Sacrae Congregationis, in causa Sinarum Anno 1704. die 20 Novembris emanati ; quae est Responsio ad Objectiones contrà idem factas.

3. Epistola, cum Relatione de Eventu Legationis Apostolicae in Chinam.

4. Notae in Notas adjectas Decreto Legati de Latere Turnonii, edito Nankini 25. Januar. 1707. juxtà decisionem Clement. XI. 20. Novembr. 1704.

5. Animadversiones quaedam, in praesentem Statum Controversiae Sinensis.

— Item Italicè.

Il faut ajouter à la collection, pp. n. ch. 321/344.

— Libellus supplex ‖ summo pontifici, ‖ Clementi IX. ‖ à P. Provana, S. J. Nomine Patrum ejusdem. ‖ Societatis, Evangelii Praeconum ‖ apud Sinas, oblatus, ‖ Anno 1709.

L'exemplaire qui renferme cette collection appartient au Séminaire des Missions étrangères et m'a été signalé par M. Pelliot.

— Epistola, ‖ Cum ‖ Relatione ‖ De Eventu Legationis ‖ Apostolicae ‖ In ‖ Chinam,

Scripta à P. P. || Missionariis || Pekino Ad Praepositum || Generalem S. J. 'Anno 1706. 1. Novembris. || Cum Licentia Ordinaria, || Pragae || Impressa. pet. in-8. sans pag. [74 pp. n. ch.]

Voir *Acta Causae Rituum*, col. 3594.

Col. 911.

— Mémorial envoyé en Europe . . .

Le texte latin de ce *Mémorial*, daté de Pékin, 1er nov. 1706, occupe 73 pages dans les *Acta causae rituum, Pars altera*, avec une feuille de titre spéciale indiquant qu'il fut imprimé à Prague [cf. col. 3594] : mais il y a de grandes divergences entre les textes latin et français.

— Réflexions sur les cultes . . .

D'après *les Jésuites convaincus d'Obstination*, p. 26/27, c'est la traduction d'un écrit italien de Fatinelli ; elle est dûe à l'académicien de Toureil, qui a écrit la préface. Cet écrit de Fatinelli doit être les *Alcune riflessioni* [cf. col. 908].

— Decretum Feria V. die 25. Septembris 1710. Decret le Jeudy 25. Septembre 1710, in-12, pp. 10; en latin et en français sur 2 col. Imprimé d'après l'ex. de la Camera Apostolica de Rome, 1710.

Miss. Etr. A. D. 11.

— Décret de nostre S. P. . . . pp. 161.

Donne en réalité, en latin et en trad. française, tout le contenu des *Acta Causae rituum*, éd. de Rome, en 4 rubriques seulement.

— Avant «Reponse de | Mrs des Missions —», ajouter :

— Protestation || des Jésuites, || à l'occasion du dernier Décret sur || les Affaires de la Chine. | Avec || des Réflexions || Sur la Protestation de Messieurs des Missions Etrangères || s. l. n. d., in-12, pp. 7 + 134, les 134 pages ont un titre spécial :

— Réflexions sur l'Ecrit intitulé : Protestation de Messieurs des Missions Etrangères; la p. 126 est chiffrée par erreur 226.

Telle est l'éd. que possède Pelliot. L'*Abeille bibliographique*, 1914, no 130, indiquait un exemplaire des *Protestation* et *Réflexions* s. l. n. d., in-12, pp 12 + 127.

Col. 912.

— Mém. pour Rome. éd. de 1709.

Les pages 167/260 sont en réalité occupées par le texte latin et la trad. française des *Acta causae rituum*, d'après l'édition de Rome en 4 rubriques [cf. col. 908].

— Mémoires || pour Rome, || sur l'état || de la religion || chrétienne || dans la Chine s. l., MDCCIX, in-12, pp. 240 (contient 6 mémoires, avec annexes).

— Mémoires . . . s. l., 1710, pp. 117 + 1 f. n. c. (7e mémoire).

— Ibid. s l 1710. pp. 107 + 1 f. n. c. (8e mémoire

— Ibid. s. l., 1710, pp. 155 + table (9e mémoire).

Ex. des Miss. Etr., AD 3.

— Memoires pour Rome, sur l'Etat de la Religion chretienne dans la Chine. In-4. S. l. n. d., pp. 19, 15, 14, 24, 19, 11.

— Memoires | pour Rome, sur l'etat de la religion chrétienne || dans | la Chine. 1710, in-12. pp. 117 + 2 ff. n. ch.

Renferme le Septième Mémoire.

— Memoires | pour Rome, || sur l'etat de la Religion || chrétienne | dans la Chine 1710, in-12, pp. 107.

Renferme le Huitième Mémoire, pp. 74. + une addition.

— Memoires || pour Rome, || sur l'etat de la Religion || chrétienne dans la Chine. IX. || 1710, in-12, pp. 155.

Renferme le neuvième Mémoire.

— Supplement des Memoires pour Rome Sur l'état de la Religion Chrétienne dans la Chine, in-12, 4 ff. n. ch. + pp. 83.

Col. 913.

— Giov. Pell. Dandi. — Morte dell'E. S. C. T. Maillard de Tournon . . . Forlì. Stamp. de' Fasti, 1712, 4 ff. n. ch. + pp. 56.

Cat. XLII, J. Halle, Munich.

— L'etat present de l'eglise || de la Chine, Adressé || a Monseigneur || l'evêque de ***, S. l. n. d., in-12, 5 ff. n. ch. + pp. 308.

— L'Etat présent . . .

Contient en particulier (p. 183/280) le texte fort important de la longue lettre adressée de Pékin à Mgr. de Tournon le 20 avril 1707 par le P. Antoine Thomas.

— Vera ac sincera Historia actorum Patriarchae Antiocheni, Tartaro-Sinici Imperatoris Kemhi, Generalis Praefecti Macaensis, et Plurium Episcoporum, Vicariorum Apostolicorum, Presbyterorum Saecularium, Regularium, praesertim Societatis Jesu in Sinarum Imperio, et civitate Macaensi circa Sinenses ritus, et Lusitanum patronatum. Auctore quodam Sinensi Missionario, veritatis amante. Original Manuscrit, in-4, pp. 205, circa 1707.

Heffer, Cat. 199 (1921), £ 9.9 s.

Col. 914.

— Relazione . . .

L'attribution à Fatinelli se trouve également dans Ripa, *Storia* I, 328.

— Verba ‖ Per ‖ Sanctissimum Dominum nostrum ‖ Clementem ‖ Papam XI. ‖ Habita in Consistorio secreto fer. IV. 14. Octobris 1711. de Obitu Cardinalis de Tournon. ‖ Ab Joh. Bortonio ‖ Elegiacis numeris concinnata. ‖ *Vignette* ‖ Neap. Typis Felicis Mosca. M DCCXII, in-4, 8 ff. n. ch.

Miss. Etr., Y 6.

— Philosophia Sinica . . .

C'est un ms. des trois traités qui se trouve à la Bibl. Nat., Collect. Bréquigny, vol. 15, 17, sous le titre de *Doctrinae sinicae brevis indagatio* [cf. *infra*, col. 1084]. Ce manuscrit ne reproduit pas certaines fautes de l'édition imprimée, et par suite en est sans doute indépendant.

— * C. Th. Maillard de Tournon. — Oracion funebre que predico Diego de Gorospe y Rola, obispo de la Nueva Segovia, en las exequias del Señor C. Th. Maillard de Tournon, visitador general en la India Oriental, imperio de la China y sus adjacentes, que hizo a su costa el general D. Thomas de Endaya, maestro de campo de las islas Filipinas. Con 1 lámina. grab. en cobre. Manila, 1711, in-4, 14 ff.

Medina, la imprenta en Manila.

— * Charles Majel. — Oraison funebre de l'emin. Charles Thomas Maillard, cardinal de Tournon, legat apostol. dans la Chine et des Indes Orientales, prononcée dans la chapelle du Pape le 27. nov. 1711. Avec des Réflexions et Explications, qui donnent une idée de la persécution et de la mort de ce pieux Cardinal. Suiv. la copie impr. à Rome 1712. In-12, pp. 120.

L'Oraison (en franç. et en latin) s'étend jusqu'à la p. 47, l'Explication pp. 48/107; on y trouve aussi la lettre du Pape Clement XI. à Louis Appiani du 22 août 1711 et son discours du 14 oct. 1711 en l'honneur de Tournon, et l'acte sur la mort de Tournon par Jos. Cern. Macao 8 juin 1710. A la fin pp. 108/117 la lettre du P. Paul de Vandôme capucin au P. Franc. M. de Tours touchant le different entre les Jésuites et les Capucins de Pondicheri d. 30 oct. 1702.

— La legazione di Tournon Lieto inizio e lugubre fine di essa. (*Documenti . . . sul Matteo Ripa*, 1904, pp. 126 seq.)

— Oratio Sanctissimi DD. Nostri ‖ Clementis Papae Undecimi, habita in publico Consistorio die decimâ-quartâ Octobris 1711. ‖ in honorem piae memoriae Eminentissimi & Reve-‖rendissimi Caroli-Thomae-‖Maillard de Tournon, Patriarchae ‖ Antiocheni, ad opus Missionis apud Sinas Legati ‖ Apostolici, qui post quinquennium amissae libertatis, in Urbe Macao Sinarum à Jesuitis custoditus diem ‖ conclusit ultimum. Pièce in-4, s. l. n. d., pp. 7.

(Question des rites.)

Les pages 5/7 renferment la traduction française imprimée dans un corps plus petit:

— Discours de Nostre S. Pere le Pape ‖ Clement Onzième, prononcé au Consistoire tenu le 14 Oc-‖tobre 1711. en l'honneur de feu Eminentissime, & Reve-‖rendissime Cardinal Charles-Thomas-Mai lard ‖ de Tournon, Patriarche d'Antioche, Legat de Sa Sainteté aux Missions de la Chine, mort à Macao, ‖ après cinq années de prison sous la garde des Jesuites.

Col. 915.

— Lettera ‖ Scritta da Monsignor Assessore del S. Offizio ‖ al P. Generale della Compagnia de Giesù ‖ li 11. octobre 1710. d'ordine della Santità di N. S. ‖ etc.. Rome, Imprim. de la Camera Apostolica, in-4, pp. 7.

Ce sont les lettres au général des Jésuites et aux chefs des autres grands ordres, avec leurs réponses; ces mêmes textes se retrouvent in-12 dans l'édition de 1715 (?) de *Acta causae rituum* [cf. col. 909].

Miss. Etr. U 4.

Col. 916.

— * Diverse lettere . . . quelle missioni.

— Sommario di diverse Lettere e Documenti dell' anno 1706 sino al 1722 . . . quelle missioni per verificare l'operato da medesimi missionari per al esecuzione, in-4, ms., ff. 186, circa 1722.

Heffer, Cat. 199, 1921, n° 96.

— Relation abrégée, etc.

— Extraits des Relations . . . pp. 48 sans les Errata. + bref de 1713, pp. 5 + lettre de Jean de Sainte-Croix, pp. 13.

Les Dominicains des Philippines ont une copie du texte original espagnol. D'après [Ocio] *Reseña biográfica* (II, 407), la trad. italienne a été imprimée, et c'est sur elle que fut faite la traduction française, dont les deux éditions auraient paru à Lyon.

— Bref ‖ de nostre S. Pere ‖ le pape Clement XI. ‖ aux religieux de l'Ordre des FF. [Précheurs de la Province ‖ des Philippines, ‖ Dans lequel il loüe les Missionaires Do-‖minicains de la Chine sur leur fidé-‖lité à soûtenir l'autorité & la juris- ‖ diction du Cardinal de Tournon, & ‖ les congratule d'avoir souffert avec ‖ un courage & une constance invin-‖cibles, les prisons, les exils, & plusieurs autres maux pour les intérêts de l'Eglise. ‖ A. ‖ M.DCC. XIII., in-8, pp. 7.

C'est le *Bref* joint aux *Extraits des Relations*; même disposition typographique; mais imposé en 7 pages, le titre et son verso comptant pour les 2 premières pages.

(Question des rites.)

Col. 917.

— Sanctissimi D. N. Domini Clementis Divina Providentia Papae XI. Praeceptum super omnimoda, absoluta, integra et inviolabili observatione eorum, quae alias a Sanctitate sua in causa Rituum seu Ceremoniarum Sinensium decreta fuerunt. Cum rejectione quarumcumque rationum seu excusationum ad ejusmodi Decretorum executionem declinandam allatarum ac praescriptione formulae juramenti hac in praestandi, Rome, 1715, pp. 20 (*L'Abeille bibliogr.*, 1914, n° 116).

Col. 917/918.

— Informatio pro veritate 1717. (Voir *Documenti . . . sul Matteo Ripa*, 1904, pp. 287 seq.)

Col. 920.

— Lettre du P. de Goville Jesuite, Ancien Missionnaire de la Chine, contenant sa déclaration au sujet des faits calomnieux, qui lui sont imputés par l'Auteur des Anecdotes sur l'état présent de la Religion dans la Chine. S. l. n. d., Pièce in-4, pp. 8.

La Question des Rites chinois par M. Henri Cordier. (*Ann. du Musée Guimet* . . . Conférences faites au Musée Guimet en 1914 . . . Paris, Imp. Nat. . . . MDCCCCXVI, pp. 141/171.)

Col. 924.

— Memorie Storiche dell' Eminentiss. Monsignor Cardinale de Tournon, esposte con monumenti rari ed autentici non più dati alla luce. Venise, Giuseppe Bettinelli, 1762, 8 vol. in-8.

Robert C. Jenkins, *The Jesuits in China*, 1894, donne le contenu de ces 8 volumes, pp. 3/6.

— Impostvrae CCXVIII

Au lieu de : VI. s. d. pp. XL-XLIV, lire VI. Pekini, 12 sept. 1764, pp. XL-XLIV ; cf. *T'oung Pao*, 1920 1921, p. 268.

Col. 925.

— Chinois (Rites). Par J. Brucker. (*Dictionnaire de Théologie Catholique* . . . sous la direction de A. Vacant . . . et E. Mangenot. Paris, Letouzey et Ané. 1905, II, col. 2364/2391.)

— Journal d'un Docteur de Sorbonne (1697/1700). — Communication de M. A. Gazier. (*Comité des Travaux hist. et scientif.. Bul. phil. et hist..* Année 1916, pp. 58/117.)

Par Noël Varet, Chanoine de Saint-Jacques de l'Hôpital. — Parle des controverses relatives à la question des rites.

Tirage à part, Paris, Imp. Nat., MDCCCCXVIII, pp. 64.

— * Annales de la Société des soi-disant Jésuites . . ., par E. R. de Philibert (= abbé J. Ant. Gazaignes). Paris, 1764/1771, 5 vol. in-4.

Il y a au t. II une série de documents concernant la question des rites.

— Commentaire historique de la bulle *Ex quo singulari* sur les rites chinois. 3 vol. dactylogr., avec add., mss. de l'auteur anonyme [est de l'abbé E. C. Lesserteur]; composé après 1899.

Se trouve à la Bibl. des Miss. Etrang.

— Fr. Coelestinus Ybañez O. F. M. Vic. Apost. Shen-si Sept. — Supplementum ad Directorium Missionariorum. — Decreta SS. Congregationum De Superstitionibus in Sinis et Regnis adjacentibus ordine alphabetico disposita. — Pekini Typis Petang. — 1916, in-8, pp. VII-241.

— von P. Anton Huonder. Xaverius-Verlag. Aachen, in-8, pp. 47. — Der Chinesische Riten-Streit.

Abhand. aus Missionskunde u. Missionsgeschichte, 22. Hft.

Notice : *Etudes*, 5 juillet 1922, pp. 107/108. Par Louis Chervoillot.

3° *LETTRES ÉDIFIANTES, PUBLICATIONS PÉRIODIQUES, ANNALES, ETC.*

Col. 926.

Un ex. des *Lettres* . . . 1702, chez Josse, in-12, existait en 1921, chez le libraire Chadenat, à Paris.

Col. 931.

Dans la lettre du P. J. P. Gozani au P. J. Suarez, de K'ai-fonng, 5 nov. 1704 [Voir *Bib. Sinica*, col. 931] imprimée, pp. 31 seq. des *Lettres édifiantes*, XVIII, 1781, se trouve la note suivante sur laquelle M. Pelliot attire mon attention :

« Les originaux des pièces dont on parle ici furent trouvés dans les archives du College de Peking, le 30 juillet, veille de S. Ignace, de l'année 1704. Les Jésuites de la Chine ont fait imprimer ces pièces à Peking même, après en avoir montré les originaux à un Vicaire apostolique & au Secrétaire de M. l'Evêque de Peking.

Voici le catalogue de ces pièces, qui sont écrites en Portugais.

1° Lettre du R. P. Dominique Navarrette, Jacobin, écrite le 29 de septembre 1669, au R. P. Antoine de Govea, Vice-Provincial de la Compagnie de Jesus à la Chine. Cette lettre est imprimée en François à la page 275 de la premiere édition de l'éclaircissement donné à M. le Duc du Maine, sur les honneurs que les Chinois rendent à Confucius & aux morts.

2° Copie de quelques points arrêtés dans une assemblée des Peres de la Compagnie de Jesus en la ville de *Ham-tcheou*, capitale de la province de *Tche-kiam*, au mois d'avril de l'année 1642. Cette pièce est imprimée en François, dans le même éclaircissement, page 278.

3° Réponse du R. P. Antoine Govea, Vice-Provincial des Jésuites de la Chine, sur les deux précédens écrits du R. P. Navarrette, Jacobin. Cette pièce est imprimée en François dans le même éclaircissement, page 284.

4° Lettre du R. P. Dominique-Marie de Saint-Pierre, Jacobin, écrite le 4 d'octobre 1669, au R. P. Antoine de Govea, Vice-Provincial de la Compagnie de Jesus à la Chine. Cette pièce est imprimée en François dans le même éclaircissement à la fin de l'Histoire de l'Edit de l'Empereur de la Chine en faveur de la Religion chrétienne chez Anisson en 1698.

5° Lettre du R. P. Michel de Angelis, de l'Ordre de S. Augustin, Gouverneur de l'Evêché de Macao, au R. P. Antoine de Govea, Vice-Provincial de la Compagnie de Jésus à la Chine, sur la fuite du R. P. Navarrette de sa prison de Canton.

6° Attestation donnée le 16 décembre 1680, par le Seigneur Dom Vasco Barbosa de Mello, contre quelques faussetés rapportées dans les livres du même Père Navarette. Ces deux dernières pièces n'ont point encore été traduites en français, imprimées en Europe.

Je n'ai jamais rencontré ce volume imprimé à Péking et il n'est pas cité par Sommervogel.

Col. 957/980.

ANNALES DE LA PROPAGATION DE LA FOI.

— Annales de la Propagation de la Foi Recueil périodique des lettres des évêques et des missionnaires des Missions des Deux Mondes et de tous les documents relatifs aux missions et à l'Œuvre de la Propagation de la Foi Collection Faisant suite aux Lettres édifiantes. — Tome soixante-quinzième Lyon et Paris 1903, in-8, pp. 480.

— Lettre de M. Conard, de Scheut, miss. à San-tsouo-t'a. — Férocité des païens chinois, pp. 151/152.

— Lettre de Mgr. Verhaeghen, vicaire apostolique. — Besoins de la Mission du Houpé (Chine), pp. 309/310.

— Lettre du R. P. Florent de Preter, de Scheut. — San-tsouo-ta. — Etonnante force d'âme des bandits chinois, pp. 395/396.

— Lettre du R. P. Daems, de Scheut. — Tsing-tchéou. — Progrès de la Mission du Kan-sou, pp. 470/471.

LXXVI, Lyon, 1904 :

— Lettre de M. Cavalerie, de la Soc. des Missions étrangères de Paris. — Visite aux Chouy-kia. — Conversions. — (Vicariat apostolique du Kouy-tchéou), pp. 23/38, ill.

— Lettre de Mgr. Maquet, S. J. vicaire apostolique. — Tien-tsin, 18 août 1903. — La mission du Tche-li Sud-Est, pp. 70/71.

— Nécrologie. — Mgr. Anzer, vicaire apostolique du Chan-tong méridional, p. 77 ; portrait.

Né à Weinrieth, dioc. de Ratisbonne, 16 mai 1851 ; † à Rome 24 nov. 1903.

— Lettre de Mgr. Reynaud, lazariste, vicaire apostolique. — Un Martyr au Tché-kiang Chine, pp. 87/97, portrait et ill.

Le P. André Tsu.

— Un évêque missionnaire décoré par l'empereur de Chine, p. 150.

Mgr Lavest, préfet apostolique du Kouang-si.

— Une visite pastorale au Thibet par Mgr. Giraudeau, des Missions étrangères de Paris, vicaire apostolique, pp. 190/213, carte et illustrations.

— Les Missionnaires lazaristes en Chine, p. 238.

— Lettre de Mgr. Lavest, des Missions étrangères de Paris, préfet apostolique du Kouang-si ; de Nanning, Distinctions officielles accordées à plusieurs missionnaires du Kouang si, pp. 238/239.

— Lettre du R. P. Steyaert, de Scheut, au T. R. P. Van Hecke, sup. général. — Le missionnaire en voyage, pp. 312/314.

(Annales de la Propagation de la Foi : 1904.)

— Lettre du R. P. Claeys, de Scheut, au T. R. P. Van Hecke, sup. général. — Hia-ing-tse, Fleurs du martyre en Mongolie, pp. 389/390.

Les PP. Van Merhaeghe et Bongaerts.

— Lettre de Mgr. Marc Chatagnon, vicaire apostolique du Su-tchuen méridional. — Sin-fou, Coup d'œil sur les évènements d'Extrême-Orient, p. 469.

LXXVII, Lyon et Paris, 1905 :

— Lettre de M. Christophe Monnier, procureur à Kouang-tcheng-tse. — Le 20 octobre 1904. — Meurtre d'un missionnaire de la Société des Missions étrangères de Paris, pp. 18/19.

Ernest-Louis Trécul, né à la Bazoche-Gouët, 9 janvier 1879 ; tué à Ta-tsing-chan, 16 oct. 1904.

— La Congrégation belge du Cœur immaculé de Marie et le Séminaire de Scheut-lez-Bruxelles, pp. 83/99 ; portr. et ill.

— Lettre de Mgr. Giraudeau, vicaire apostolique du Thibet. — Ta-tsien-lou, 27 septembre 1904. — Les Anglais au Thibet, pp. 145/146.

— Lettre du R. P. Van Poeck, de Scheut. — Juen-Teou-Keou. — Difficultés de l'apostolat au Kansou, pp. 146/147.

— Lettre de M. Montanar. — Conversions au Kouang-tong, pp. 147/148.

— La Congrégation des Lazaristes et leur apostolat dans les Missions étrangères, pp. 243/256 ; portr. et ill.

Par M. Alfred Milon, secrétaire général de la Congrégation.

— Massacre de missionnaires au Thibet, p. 257.

Henri-Georges Mussot, né 26 juin 1854 à Ouge (Hte Saône), des Missions étrangères Paris.

Pierre-Marie Bourdonnec, né 18 juin 1859 à Ploumilliau (Côtes du Nord), Missions étrangères Paris.

Jean-André Soulié, né 7 oct. 1858, à Saint-Juéry (Aveyron), des Missions étrangères Paris.

Massacrés à Bathang.

— Lettre de Mgr. Lalouyer, des Missions étrangères Paris, vicaire apostolique de la Mandchourie septentrionale, pp. 258/268 ; ill.

— Lettre de Mgr. Marc Chatagnon, des Missions étrangères de Paris, vicaire apostolique du Su-tchuen méridional. — Sui-fou, 22 janvier 1905. — La situation en Chine, pp. 309/311.

— Lettre du R. P. Van de Velde, missionnaire belge en Mongolie. Cérémonie à Péking (13 nov. 1904), pp. 311/313.

— Nécrologie. — Mgr. Favier lazariste, vicaire apostolique du Tché-li septentrional, p. 318.

— Lettre du R. P. Rutten, de Scheut. — Souvenirs de la persécution en Mongolie, pp. 392/393.

— Lettre du R. P. Joseph Jansen, de Scheut. — N. D. des Pins. Un jubilé sacerdotal d'évêque en Mongolie, pp. 393/394.

Mgr. Abels.

— Nécrologie. — Mgr. Odoric Rizzi franciscain, vicaire apostolique du Chensi septentrional (Chine), pp. 399/400.

Né dans le diocèse d'Udine, le 28 avril 1858 ; † le 22 mars.

— Un martyr au Thibet. — Extrait d'une lettre de Mgr. Giraudeau, vicaire apostolique du Thibet, pp. 429/430.

Le P. Soulié, tué à Bathang le 3 avril.

— La Société du Verbe Divin, pp. 432/453 ; portr. et ill.

Missions de Chine ; pp. 436/445.

LXXVIII, Lyon, Paris, 1906 :

— Massacre de missionnaires au Thibet, p. 44.

RR. PP. Dubernard et Bourdonnec, massacrés à Tse Kou.

— Nécrologie. — Mgr Géraud Bray, lazariste, vicaire apostolique du Kiang-si septentrional, p. 75.

Orig. du dioc. de St-Flour ; mort à l'âge de 80 ans.

— Les quatre missionnaires martyrs du Thibet, p. 82 ; portraits.

MM. Mussot, Dubernard, Soulié, Bourdonnec.

— Lettre de Mgr. Chatagnon, des Missions étrangères de Paris, vicaire apostolique. — Sui-fou, 8 oct. 1905, pp. 104/118 ; ill.

— Massacre de missionnaires en Chine, pp. 267/269.

Cinq frères maristes de l'école de Nan tchang.

(Annales de la Propagation de la Foi : 1905/1906.)

12

— L'Institut lombard des Missions étrangères de Milan, pp. 246/268; portr. et ill.

Mission de Chine, pp 259/264; carte

— Missions des Frères Mineurs. Par le R. P. Léonard, d'Estaires, procureur général des missions franciscaines, pp. 328/353, cartes, ill. et portrait.

Missions de Chine, pp. 334/341.

— Lettre des évêques missionnaires du nord de la Chine aux Conseils centraux de l'Œuvre de la Propagation de la Foi. — Péking, 16 mai 1906, pp. 385/386.

Mgrs. Jarlin, Bruguière, Abels, Van Aertselaer, Maquet, Geurts, Bermyn, Menicatti, Choulet.

— Lettre de Mgr. Mérel, des Missions étrangères de Paris, préfet apostolique. — La lèpre en Chine, pp. 450/456; ill.

LXXIX, Lyon [et] Paris, 1907:

— Missions des RR. PP. Dominicains, pp. 24/38; cartes, ill.

Mission de Chine, pp. 26/30.

— La Compagnie de Jésus et les Missions, pp. 75/88; ill.

— Mœurs chinoises et le catholicisme en Chine Par Mgr. Chatagnon des Missions étrangères de Paris, vicaire apostolique du Su-tchuen méridional, pp. 89/98; ill.

— Les missionnaires et la science Par M. Guasco, secrétaire général du Conseil central de l'Œuvre de la Propagation de la Foi à Paris, pp. 124/134; ill.

Armand David.

— Nécrologie. — Mgr. Jules Bruguière lazariste, vicaire apostolique du Tché-ly Sud-Ouest, p. 142.

Né à Nant (dioc. de Rodez) 12 août 1850; mort à Tchang-ting-fou en oct. 1906.

— Nécrologie. — Mgr. Fenouil, évêque titulaire de Ténédos, vicaire apostolique du Yun-nan, p. 214.

Né à Rudelle (Lot) 18 nov. 1821; mort à Yunnansen, 10 janvier 1907.

— Les Salésiens de Dom Bosco et les Missions étrangères, pp. 219/231; ill.

Mission de Macao, pp. 230/231.

— Corée. — Depuis la guerre russo-japonaise. Par Mgr. Mutel de la Soc. des Missions étrangères de Paris, évêque de Milo et vicaire apostolique de la Corée, pp. 235/244; ill.

— Les missionnaires et la science Par M. Guasco, secrétaire général du Conseil central de l'Œuvre de la Propagation de la Foi à Paris, pp. 266/282; fig.

Mission du Kiang-Nan, pp. 266/269.

Variétés sinologiques, p. 273.

— Asie. — Le Clergé indigène dans les pays de missions, pp. 283/284.

— Coup d'œil sur la Chine par Mgr. Hofman ancien vicaire apostolique du Chansi méridional, pp. 407/422; ill.

LXXX, Lyon [et] Paris, 1908:

— La Chine moderne et le Catholicisme par Mgr. Marc Chatagnon, des Missions étrangères de Paris, vicaire apostolique du Su-tchuen méridional. A MM. les Dir. des Conseils centraux de l'Œuvre de la Prop. de la Foi. — Soui-Fou, 5 sept. 1907, pp. 12/20; ill.

— Les Missionnaires et la science Par M. A. Guasco, secrétaire général du Conseil Central de Paris de l'Œuvre de la Propagation de la Foi, pp. 50/65; ill.

— Lettre du R. P. van de Velde au R. P. van Hecke, sup. gén. des Missionnaires de Scheut-lez-Bruxelles. — Une translation de reliques en Mongolie, pp. 67/68.

Restes des PP. van Merhaeghe et Bongaerts, martyrs, conservés à Sia-ing-tze; transportés à Saint Jacques de San-tao-ho.

— Premières pages du journal d'un jeune missionnaire belge en Mongolie Par le R. P. Vincka de la Soc. du Cœur immaculé de Marie de Scheut-lez-Bruxelles, pp. 76/80; ill.

— Progrès du catholicisme en Chine Lettre de Zi-ka-wei, 19 nov. 1907, pp. 135/136.

(Annales de la Propagation de la Foi: 1907/1908.)

— Travaux des missionnaires lazaristes en Chine, p. 136.

— Les Boxeurs dans le Midi de la Chine en 1907. — Meurtres d'un missionnaire lazariste et de chrétiens chinois dans le vicariat apostolique du Kiang-si méridional, pp. 177/186; portrait et ill.

Antoine Canduglia; 25 sept. 1907.

— Un évêque chinois par M. Alexandre Guasco, sec. gén. du Conseil Central de Paris de l'Œuvre de la Prop. de la Foi, pp. 271/284; portrait.

Mgr. Grégoire Lopez.

— Un petit coin de Corée Par M. Antoine Gombert des Missions étrangères de Paris, pp. 292/306, ill.

— Lettre des vicaires apostoliques de la seconde région ecclésiastique de la Chine aux Conseils centraux de l'Œuvre de la Propagation de la Foi. — Si-ngan-fou, 15 mars 1908, pp. 337/338.

Mgrs. Otto, Shang, Passerini, Temmer, Fiorentini, Giesen, Goette, Ferlaak, Picker.

— Les chemins de fer en Chine, pp. 355/356.

Du *Mémorial diplomatique*.

— Au Séminaire indigène de Canton. — Lettre de M. Régis Gervaix des Missions étrangères de Paris. Canton, le 28 mars 1908, pp. 388/398; ill. et portr.

— Décret de béatification ou de déclaration du martyre des Vénérables Serviteurs de Dieu Etienne-Théodore Cuénot, évêque de Metellopolis, *Jean-Pierre Néel*, Pierre-François Néron, Théophane Vénard missionnaires apostoliques, et leurs compagnons mis à mort en haine de la foi par les païens, pp. 423/425.

Jean-Pierre Néel, Français, décapité en Chine; Vénérable François de Capillas, dom. esp. mart. en Chine.

LXXXI, Lyon [et] Paris, 1909.

— Pages de gloire Trente-trois nouveaux Bienheureux [Par M. Launay], pp. 173/187.

Jean-Pierre Néel, né 18 oct. 1832, à Ste. Catherine-sur-Riverie, dép. du Rhône; décapité à Kai-tcheou, 18 février 1862, p. 175; pp. 180/182; fig.

— Lettre des évêques et chefs des Missions de la Chine méridionale à MM. les Directeurs de l'Œuvre de la Propagation de la Foi, p. 260.

Signée: J. Salvator Masot, vicaire apostolique Fo Kien, Fr. Isidoro Clemente, vicaire apostolique Amoy, Jean-Marie Mérel, préfet apostolique Canton, Domenico Pozzoni, vicaire apostolique Hong-Kong, C. Héraud, dél. par Mgr. Lavest préfet apostolique du Kuang-si.

— Les premiers contacts des Chinois et des Russes et le rôle des missionnaires au traité de Nertschinsk. Par M. Alexandre Guasco sec. gén. du Conseil Central de Paris de l'Œuvre de la Prop. de la Foi, pp. 263/274; portrait.

— Béatification de trente quatre Martyrs, p. 275.

François Fernandez de Capillas né en 1605 à Vacherin del Campos (Vieille-Castille) dominicain, au Fo-Kien; martyr à Fougan, 15 janvier 1648.

— Une Distribution de Prix à Hong-Kong. Par M. Guénean, Missions étrangères de Paris, pp. 278/280.

Discours de Sir Lugard, gouverneur.

— Etude de mœurs chinoises. Pendant une visite pastorale. — Vicariat apostolique du Kan-sou septentrional Lettre de Mgr. Hubert Otto des Missions belges de Scheut, vicaire apostolique du Kan-sou septentrional, pp. 291/308; portr., carte et ill.

— Le nouveau prêtre Moïse et sa sœur rachetée. Lettre du prêtre Moïse Kiang envoyée par M. Gervaix, de Canton, pp. 422/424; ill.

— Lettre de M. Cyprien Aroud, lazariste, miss. à Wentchow (Tché-Kiang). — Une église à Jeanne d'Arc en Chine, p. 428.

LXXXII, Lyon [et] Paris, 1910:

— Lettre de Mgr. Choulet vicaire apostolique de la Mandchourie méridionale à M. Chargebœuf, directeur au séminaire des Missions étrangères de Paris. — Moukden, 15 septembre 1909. — Meurtre d'un missionnaire en Mandchourie pp. 25/27; portrait.

Pierre-Marie-Georges Saffroy, né à Vic-sur-Seille (dioc. de Nancy) en 1877; mort le 15 oct. 1909.

— Nécrologie. — Mgr. Carlassare, des Mineurs Franciscains, vicaire apostolique du Houpé oriental, p. 69.

Né à Montecchio (dioc. de Vicence) 25 juin 1844, mort à Hankeou le 23 juillet.

(Annales de la Propagation de la Foi: 1909/1910.)

— Touchante histoire d'une famille chrétienne du Chen-si (Chine). — Lettre d'un Missionnaire franciscain du Chen-si septentrional, pp. 75/80.

— Roses du Sun-ning et Joies du retour par M. Jean Joachim Fouque des Missions étrangères de Paris, missionnaire au Kouang-tong, pp. 173/176; ill.

— Vingt-cinq années d'apostolat au Kouang-si (Chine). Par M. Fleury Poulat des Missions étrangères de Paris, pp. 219/234; portr. et ill.

— Progrès et besoins de la mission du Hou-pé méridional. — Lettre de Mgr. Everaerts, franciscain, pp. 280/281.

— Nécrologie. — Mgr. Pérez et les RR. PP. Gonzales et Augustin, augustins espagnols, missionnaires au Hou-nan septentrional (Chine), p. 284.

Leur jonque chinoise coulée par une canonnière anglaise.

— Les Fleurs et les Fruits du Martyre en Mongolie. — I. Au Pays des Ortos Lettre de Mgr. Bermyn des Missions de Scheut, vicaire apostolique de la Mongolie Sud-Ouest. — II. En Mongolie orientale. — Lettre d'un missionnaire de la Congrégation belge de Scheut, pp. 304/316; ill.

— Les premières impressions d'un missionnaire. — Lettre de M. Joseph Cadars des Missions étrangères de Paris missionnaire en Corée, pp. 387/404; ill.

— Nécrologie. — Mgr. Lavest des Missions étrangères de Paris, préfet apostolique de Kouang-si (Chine), p. 427.

Né à Clermont en 1843.

LXXXIII, Lyon [et] Paris, 1911:

— Les premières impressions d'un missionnaire. Lettre de de M. Joseph Cadars des Missions étrangères de Paris missionnaire en Corée. II. Mes premières joies, pp. 14/34; ill.

— Le progrès en Chine. — Extrait d'une lettre adressée par le R. P. René Jouon, à M. le chanoine Robert, directeur du *Petit Messager des Missions*, pp. 65/66.

— Communions quotidiennes en Mongolie, pp. 66/67.

Lettre du R. P. Conrad Eyck, de Scheut, datée de Si-wan-tzeu.

— Nécrologie. — Mgr. Ferrant, lazariste, vicaire apostolique du Kiang-si septentrional, p. 69; portrait.

Paul-Léon Ferrant, né à Werwicq (dioc. de Cambrai) 2 juillet 1859; † 5 nov. 1910 à Shanghai.

— Les vrais Chinois au Kiang-si méridional (Chine). — Lettre de M. Bonanate lazariste, pp. 94/101; ill.

— Morts glorieuses. I. Le Meurtre de M. Mérigot de la Société des Missions Etrangères de Paris missionnaire au Yun-nan, pp. 173/175; portrait.

Raymond Mérigot, né en 1881, diocèse de Versailles; tué 20 déc. 1910.

— Morts glorieuses. — II. Trois missionnaires morts au service des pestiférés de Chine, pp. 175/178; portraits.

Jean François Bourlès, né en 1873 dans le diocèse de Quimper, mort à Kharbin.

Elie-Jean-François Delpal, mort le 27 janvier 1911.

Jules-Louis Mutillod, né en 1876 dans le diocèse d'Annecy, mort le 1er février 1911.

— Un nouveau vicariat apostolique en Chine. Lettre de Mgr. Chatagnon, vicaire apostolique du Su-tchuen méridional, pp. 209/210; portraits.

Kientchang. — Mgr. de Guébriant.

— Nécrologie. — M. Fleureau, pro-préfet apostolique et supérieur du séminaire de Canton, p. 213.

Né 8 mai 1845; mort 29 déc. 1910 à Hongkong.

— Une paroisse modèle en Mongolie. — Lettre du R. P. Van Eyck des Missionnaires belges de Scheut, pp. 219/227; ill.

-Si-Wan-tzeu.

— Curieuse et édifiante histoire. Par M. Cyprien Aroud lazariste, missionnaire au Tché-Kiang, pp. 228/236; ill.

— Un Bonze dévot à Marie. — Lettre du R. P. Vigile Cavadini des Frères Mineurs à Mgr Gratien Gennaro, vicaire apostolique du Houpé Oriental, pp. 291/294; ill.

— Mongolie Magnifique efflorescence de la religion catholique dans la plaine de T'oumet. — Lettre du R. P. Bénoni De Wilde des Missionnaires belges de Scheut-lez-Bruxelles missionnaire aux Ortos (Mongolie Sud-Ouest), pp. 295/308; ill.

(Annales de la Propagation de la Foi : 1910/1911.)

— Du haut de ma Tour. Par M. Régis Gervaix des Missions étrangères de Paris, missionnaire à Canton, pp. 353/358; ill.

— Le courage des Chinois catholiques au Chan-si. — Lettre du R. P. Ricci franciscain, missionnaire au Chan-si septentrional, pp. 389/406, ill.

— Un Sacre épiscopal en Corée, p. 422; portrait.

Mgr. Demange vicaire apostolique Corée méridionale, sacré le 11 juin 1911 par Mgr. Mutel dans la cathédrale de Séoul.

— Nécrologie. — Mgr. Césaire Schang, franciscain, vicaire apostolique du Chan-tong oriental (Chine), p. 427.

LXXXIV, Lyon [et] Paris, 1912:

— L'année apostolique 1911, pp. 7/16.

Chine, Mandchourie, Corée.

Par Alexandre Guasco, Sec. Gén. du Conseil central de Paris de l'Œuvre de la Propagation de la Foi.

— En Corée. — Espoir que l'on peut fonder sur la Femme chrétienne Par M. Gombert des Missions étrangères de Paris, pp. 17/29; ill.

— Merveilleux progrès du Christianisme en Chine, p. 59.

— La Révolution en Chine, pp. 59/60.

De la «Croix».

— Progrès des Missions mongoles, pp. 60/61.

Lettre du R. P. Albert Botty, des missionnaires belges de Scheut.

— Nécrologie. — Mgr. Schang des Mineurs Franciscains, vicaire apostolique du Chan-tong oriental (Chine), pp. 67/68; portrait.

Né à Cappel, (dioc. de Metz), 31 juillet 1835; mort 8 septembre 1911.

— Causes et Conséquences de la Révolution de la Chine. Par M. Compagnon Directeur au Séminaire des Missions étrangères de Paris, pp. 75/86; ill.

— Le Meurtre de M. Castanet au Kien-Tchang (Chine occidentale), pp. 133/135.

Lettre de Mgr. de Guébriant.

— Converti par les Boxeurs. — Lettre du R. P. Albert Watterwald de la Compagnie de Jésus, missionnaire au Tché-li Sud-Est. Communiquée par le R. P. Desmarquest, S. J., pp. 225/231; ill.

— Une excursion apostolique en Chine. — Lettre de M. Trémorin lazariste, missionnaire au Tché-ly central, pp. 291/305; ill.

— Nécrologie. — Mgr. Casimir Vic de la Congrégation des lazaristes vicaire apostolique du Kiang-si oriental (Chine), p. 358; portrait.

Né 22 septembre 1852 à Graissac (dioc. de Rodez); mort 2 juin 1912, en Chine.

— Une réception d'évêque en Chine. Arrivée à Tien-tsin de Mgr. Dumond, vicaire apostolique du Tché-li maritime, pp. 385/390; ill.

Echo de Tien-tsin, 12 juillet 1912.

— Horribles ravages d'un typhon en Chine. [Communication de Mgr. Reynaud, vicaire apostolique du Tché-Kiang oriental], 1912; p. 422.

LXXXV, Lyon [et] Paris, 1913:

— Horribles ravages d'un typhon en Chine [par Mgr. Reynaud], p. 69.

— Prodigieuse efflorescence de conversions. — Lettre du R. P. O. Conard des missionnaires belges de Scheut, missionnaire en Mongolie orientale. pp. 75/82; ill.

— Cause principale des lenteurs de l'Évangélisation. — Lettre de Mgr. Demange des Missions étrangères de Paris, vicaire apostolique de Taikou (Corée), pp. 174/183; ill.

— Dix années d'apostolat dans l'Est du Kouang-tong. — Lettre de M. Thiollière des Missions étrangères de Paris, pp. 184/196; ill.

— En Chine. — Après le typhon [Lettre de M. Aroud, lazariste, de Wenchow], p. 213.

— Au pays du bienheureux Clet. — Lettre de Mgr. Fatiguet lazariste, vicaire apostolique du Kiang-si septentrional, pp. 234/252; ill.

(Annales de la Propagation de la Foi : 1912/1913.)

— Prières publiques officielles en Chine, p. 280.

Echo de Tien-tsin, 1er mai 1913.

— Compte rendu annuel du Séminaire des Missions étrangères de Paris, pp. 281/282.

— Nécrologie. — M. A. Desgodins, Doyen des missionnaires de la Société des Missions étrangères de Paris, missionnaire au Thibet, p. 285; portrait.

Né 18 octobre 1826 à Manheulles (Meuse); mort à Padong (Inde Anglaise) 14 mars 1913.

— Prières publiques officiellement demandées aux missionnaires par le Gouvernement Chinois, pp. 354/355.

Cérémonie présidée par Mgr Jarlin le 21 avril 1913, dans la cathédrale de Pékin.

— Progrès du catholicisme dans la Mission de Canton (Chine). — Lettre de Mgr. Mérel des Missions étrangères de Paris, préfet apostolique du Kouang-tong, pp. 395/399; ill.

— Progrès de la Mission de Pékin, pp. 426/427.

Extr. de l'*Echo de Tien-tsin,* 17 août 1913.

LXXXVI, Lyon [et] Paris, 1914:

— Fleurs du martyre en Mongolie. Lettre du R. P. Van Dorpe des Missions belges de Scheut, missionnaire en Mongolie centrale, pp. 27/37; pl. et ill.

— Le nouveau Président de la République chinoise, p. 59.

Yuan-Che-K'ai.

— Surprenante guérison d'un Chinois muet. [Lettre de M. Verhaeren, lazariste, de Si-ho-ing], pp. 59/61.

— Un mandarin chrétien. [Lettre du R. P. Conard, missionnaire belge de Scheut, de Hata (Mongolie)], pp. 61/63.

— Nécrologie. – Mgr. Guichard, des Missions étrangères de Paris, vicaire apostolique du Kouy-tchéou, pp. 69/70; portrait.

François-Mathurin Guichard; né diocèse de Luçon 18 nov. 1811; mort à Kouy-yang-fou, 23 octobre 1913.

— Les Tartares du Hou-pé et les Pères franciscains. — Lettres du R. P. Marcel Sterkendries franciscain, missionnaire au Hou-pé méridional, pp. 75/83; ill.

King-chow, 28 mai et 18 juin.

— Une église à Jeanne d'Arc en Chine [Lettre de M. Aroud, lazariste, missionnaire au Tché-Kiang oriental, de Wentchou], p. 187.

— Initiatives fécondes et Progrès de la Foi au Tché-li maritime. — Lettre de M. L. Morel missionnaire lazariste au Tché-li maritime, pp. 180/188; carte et ill.

— Une lettre du Vice-Président de la République chinoise [Li Young Koung] [au T. R. P. Pacifique Monza, général des Frères Mineurs], p. 210.

— Un hommage aux Religieuses missionnaires en Chine [par Pchang-Kien, ministre de l'industrie et du Commerce du Céleste Empire], pp. 210/211.

— Progrès de la mission du Tché-li sud-est. [Lettre de Mgr Maquet, S. J., de Ho-Kien-fou], pp. 278/279.

— Assassinat d'un missionnaire au Thibet, p. 292.

Jean-Théodore Monbeig, né à Salies de Béarn (B. P.) en 1875.

— Histoire d'une conversion. — Lettre de M. Vincent Lebbe lazariste, missionnaire à Tien-tsin, pp. 293,304; ill.

— Hommages rendus par le Gouvernement chinois à un Evêque missionnaire français [Mgr Louis Fatiguet], pp. 350/353.

Cérémonie à l'hôpital Saint-Vincent, à Pékin.
Fan-ti-ngay.

— De France en Corée. — Journal de route d'un missionnaire. Par M. Cadars des Missions étrangères de Paris, pp. 388/404; ill.

— Procès de béatification de martyrs chinois. [Chrétiens tués par les Boxeurs en haine de la foi en 1900], p. 425.

Mgr. Jarlin dans le *Bull. Catholique de Pékin,* Juin 1914.

LXXXVII, Lyon [et] Paris, 1915:

— Assassinat d'un missionnaire au Thibet, pp. 8/10; portrait.

Jean-Théodore Monbeig, né 22 oct. 1875, à Salies-de-Béarn; tué le 11 juin 1914 à Fou-pi-keou entre La-eul-tang et Litang. Obsèques dans la cathédrale de Ta tsien-lou le 8 juillet.

(Annales de la Propagation de la Foi: 1914/1915.)

— Développement des écoles et collèges catholiques en Chine. [Lettre du R. P. Michel de Maynard, des Mineurs franciscains, missionnaire au Chen-si], pp. 63/65.

— Une courageuse campagne et un beau succès des catholiques de la Chine. — Lettre de M. Cotta, lazariste, missionnaire au Tché-li maritime, pp. 79/92; ill.

— Les orphelinats de Mongolie. — Lettre de Mgr. Herbert Otto, de la Société des Missionnaires de Scheut-lez-Bruxelles, de Léan-tchou-fou, p. 137.

— Le Pape et le Président de la République Chinoise, pp. 147 150; ill.

Benoît XV et Yuan-Che-K'ai.

— Une retraite dans un village chinois. — Lettre de M. Alfred Jarreau, des Missions étrangères de Paris, missionnaire au Kouang-tong, pp. 151/171; ill.

— Un nouveau vicariat apostolique en Chine, pp. 203/204.

Portrait de Mgr Rayssac, vicaire apostolique de Tchao-tcheou (Kouang-toung), p. 145.

— Nécrologie. — Mgr. Alphonse Bermyn, de la Congrégation du Cœur-Immaculé de Marie de Scheut-lez-Bruxelles, vicaire apostolique de la Mongolie Sud-Ouest, p. 215.

Né à St. Paul de Flandres (dioc. de Gand) 3 janvier 1853; mort 16 février 1915.

— Histoire d'un pain. — Lettre de M. André Defebvre, lazariste, missionnaire au Tché-Kiang oriental, pp. 236/241; ill.

— Le nouveau préfet apostolique du Kan-sou méridional (Chine), p. 167.

Le R. P. Constant Daems, de Scheut, qui remplace le R. P. Terlaak

— Une excursion apostolique mouvementée. — Lettre du R. P. Venance Quichard, des Mineurs Franciscains, missionnaire au Chantong oriental, de Tsing-tchéou-fou, pp. 272/274.

— Au Kan-sou méridional (Chine). — Rapport du R. P. Constant Daems de la Congrégation du Cœur-Immaculé de Marie, de Scheut-lez-Bruxelles, préfet apostolique du Kan-sou méridional, pp. 305/310.

— Mort d'une sainte religieuse missionnaire, pp. 348/349.

Sœur Archenault des Filles de la Charité; morte le 16 avril 1915 à Hang-tchéou.

— Le portier d'un séminaire chinois. — Lettre de M. V. Fernando, lazariste, missionnaire dans l'Archipel Chusan (Tché-Kiang), de Ting-hai, pp. 349/350.

— Un sacre épiscopal en Mandchourie. — Lettre de M. Joseph Sage, de Moukden, pp. 350/353.

Mgr. Vincent-François Sage; coadjuteur de Mgr. Choulet, vicaire apostolique de la Mandchourie méridionale.

— Le catholicisme en Mongolie. — Temps héroïques. Par le R. P. Albert Botty ancien supérieur général de la Congrégation belge du Cœur-Immaculé de Marie, missionnaire en Mongolie orientale, pp. 381/397; ill.

— Croyances superstitieuses chinoises. Lettre de M. Lepers, lazariste, de Hui-men, 2 juin 1915, pp. 421/422.

— Nécrologie. — Mgr. Dunand, des Missions étrangères de Paris, vicaire apostolique du Su-tchuen occidental (Chine), p. 424.

Marie-Julien Dunand, né 23 janvier 1841 à Saint Jean-de-Belleville, dioc. de Moutiers, (Savoie); mort 4 août 1915 dans sa mission.

LXXXVIII, Lyon [et] Paris, 1916:

— Une tournée en pays de brigands. — Lettre de M. Cyprien Aroud, lazariste, de Wen-tchéou (Chine), pp. 61/62.

— Merveilleuse floraison du catholicisme en Mongolie. — Lettre du R. P. Albert Botty, missionnaire en Mongolie Sud-Ouest (Ortos), de Ching-Chow, pp. 63/64.

— Une consécration épiscopale en Mongolie. Lettre du R. P. Albert Botty, de la Congrégation belge de Scheut, missionnaire en Mongolie orientale, Notre-Dame des Pins (Mongolie), 23 janvier 1916, pp. 203/205; portraits.

Mgr Louis Van Dyck, élu evêque des Ortos.

— Chez les planteurs de thé du Kiang-Sou. — Lettre du R. P. Hermand, de la Compagnie de Jésus, missionnaire au Kiang-Nan, pp. 205/206.

— Progrès et besoins de la Mission du Su-tchuen méridional (Chine). — Lettre de Mgr Marc Chatagnon, des Missions étrangères de Paris, vicaire apostolique du Su-tchuen méridional

(Annales de la Propagation de la Foi: 1915/1916.)

A MM. les Présidents et Membres des Conseils centraux de l'Œuvre de la Propagation de la Foi, pp. 217/220

— Brigandages au Kan-sou. — Lettre du R. P. Constant Daems de la Congrégation belge du Cœur Immaculé de Marie préfet apostolique du Kan-sou méridional, pp. 221/224.

— Le catholicisme en Mongolie. — Une conversion d'officier. — Lettre du R. P. Albert Botty missionnaire en Mongolie orientale, pp. 225/232.

— Toujours l'infanticide en Chine. Par M. Jean Rodes, p. 263.
Extr. de l'*Asie française*.

— A travers le Tche-Kiang (Chine). — De Ning-po à Chao-Shing. — Lettre de M. J.-B. Lepers lazariste, missionnaire au Tché-Kiang oriental, pp. 282/287.

— En Corée. — Scènes de la vie de mission. — Lettre de M. Joseph Cadars, des Missions étrangères de Paris, missionnaire au Tai-Kou, pp. 288/298.

— Progrès de la Foi en Chine, p. 330.
D'après le *Bulletin catholique* de Pékin.

— Fleur des Bois ou les Mésaventures d'une Fiancée chinoise. Par M. Georges Thiollière des Missions étrangères de Paris, missionnaire du vicariat apostolique de Swatow, pp. 346/360; ill.

LXXXIX, Lyon [et] Paris, 1917:

— Deux jubilés de sacerdoce et d'apostolat, p. 60.
M. Gourdon, à Tchong-king.

— Merveilleuse moisson de jeunes âmes pour le Ciel. — Lettre d'un missionnaire lazariste du Tché-ly sud occidental (Chine), pp. 74/86.

— La situation religieuse et politique au Su-tchuen (Chine). — Lettre de Mgr. Chatagnon des Missions étrangères de Paris, vicaire apostolique du Su-tchuen méridional. A MM. les Membres des Conseils centraux de l'Œuvre de la Propagation de la Foi, pp. 87/90; ill.

— Agée de cinq ans. — Lettre de Mgr. Demange des Missions étrangères de Paris, premier vicaire apostolique de Tai-kou (Corée), pp. 152/156.

— L'infanticide en Chine. — Lettre de Mgr François Aguirre des Frères-Prêcheurs, vicaire apostolique du Fo-kien, Fou-tchéou, 26 janvier 1917; pp. 207/214; ill.
Traduite de l'espagnol.

— Progrès de la foi au Tché Kiang (Chine). — Lettre de M. Cyprien Aroud, lazariste, de Wen-tchéou, pp. 245/246.

— Conversion d'un bandit chinois «in extremis», pp. 246/248.
Du R. P. Léopold Gain, S. J.

— Nécrologie. — Mgr. Auguste Coqset, lazariste, vicaire apostolique du Tché-li sud-ouest (Chine), p. 255; portrait.
Né en 1847, dioc. de Soissons; mort le 4 février 1917 à Tchang-ting-fou.

— Chine. — Les catéchistes du Tché-Kiang. — Lettre de M. Cyprien Aroud lazariste, missionnaire à Wen-tchéou, pp. 273/278.

— Chine. — Surprises providentielles. — Lettre de M. Charles Rey des Missions étrangères de Paris [Ka-yn, au N. E. de Canton], pp. 279/283.

— Esquisses mongoles par le R. P. Albert Botty ancien supérieur général de la Congrégation belge du Cœur Immaculé de Marie de Scheut-lez-Bruxelles, missionnaire en Mongolie orientale, pp. 284/290.

— Le Brigandage en Mongolie. — Lettre du R. P. Van de Velde, de la Congrégation belge de Scheut, de Hokiao, p. 314.

— Nécrologie. — R. P. Charles Sédille de la Compagnie de Jésus, ancien provicaire et supérieur de la mission du Kiang-nan, p. 319.
Né à Gisors (dioc. d'Evreux) 2 juillet 1835; mort 5 Mars 1917.

— Paques lolotes. Par M. Paul Vial des Missions étrangères de Paris, missionnaire au Yun-nan, pp 336/343.

— L'infanticide en Chine, p. 379.
Du *Missionary Review of the World*.

LXXXX, Lyon [et] Paris, 1918:

— Chine. — Une extrême-onction. — Lettre d'un Missionnaire lazariste du Tché-Kiang oriental (Chine), pp. 21/30.

(ANNALES DE LA PROPAGATION DE LA FOI : 1917/1918.)

— Mongolie. — Mademoiselle Petit-Papillon. Par le R. P. Albert Botty ancien supérieur général de la Congrégation belge du Cœur Immaculé de Marie, missionnaire en Mongolie orientale, pp. 31/37.

— La future cathédrale de Ghirin (Mandchourie). — Lettre de M. Edmond Gérard, des Missions etrangères de Paris, missionnaire en Mandchourie septentrionale, pp. 57/58.

— Chine. — Premières impressions d'apostolat. — La Saint-Joseph dans une ferme des environs de Pékin (10 Mars 1917). Par le R. P. Pierre-Xavier Mertens de la Compagnie de Jésus, missionnaire au Tché-li sud-est, pp. 75/83.

— Mongolie. — Munie des Sacrements de l'Eglise. Par le R. P. Albert Botty ancien supérieur général de la Congrégation belge du Cœur Immaculé de Marie, missionnaire en Mongolie orientale, pp. 126/129.

— Lettre de Mgr. Hubert Otto, de la Congrégation belge du Cœur Immaculé de Marie, vicaire apostolique du Kan-sou sept - rional, pp. 153/155.

— L'évêque de Pékin reçu par le Président de la République chinoise. pp. 156/157.
Mgr. Jarlin et Foung-kou-tchang.

— Nécrologie. — R. P. Steeneman, supérieur de la Mission d'Illi (Turkestan chinois), p. 159.
Né à Bois-le-Duc (Pays-Bas) 5 février 1853, Jean-Baptiste Steeneman est mort le 20 février 1918.

— La communion quotidienne en Chine. - Lettre du R. P. Mertens, missionnaire jésuite du Tché-li Sud-Est, pp. 199/200.

— Les dîners chinois. — Lettre d'un lazariste, missionnaire au Tché-kiang oriental, de Ning-po, pp. 200/202.

— Progrès du catholicisme en Mongolie. — Lettre du R. P Botty, des missionnaires belges de Scheut, Notre-Dame des Pins, pp. 202/203.

— Nécrologie. — Mgr. Passerini, vicaire apostolique du Chen-si méridional, p. 206.
Né à Zinasco Vecchio (diocèse de Vigevano) le 7 janvier 1866; mort fin Avril 1918.

— La peste en Mongolie. — Lettre du R. P. Remi Verhaeghe, procureur des Pères de Scheut, pp. 247/248.

— Un évêque de plus en Chine. — Lettre du R. P. Léopold Gain, de la Compagnie de Jésus, missionnaire au Kiang-Nan, de Chang-hai, p. 249.
Mgr. Lécroart.

— Chine. — Un Drame dans une plaine du Kiang-si. — Lettre de Mgr Louis Fatiguet lazariste, vicaire apostolique du Kiang-si septentrional, pp. 273/280.

LXXXXI, Lyon [et] Paris, 1919:

— Corée. — Une journée d'évêque missionnaire en tournée pastorale. — Lettre de Mgr. Demange des Missions étrangères de Paris, premier vicaire apostolique de Tai-Kou (Corée), pp. 14/21.

— Mongolie. — Scènes de la vie de mission. — Pauvres petites fiancées. Par le R. P. Albert Botty ancien supérieur général de la Congrégation belge du Cœur Immaculé de Marie, missionnaire en Mongolie orientale, pp. 22/29.

— Chine. — Quelques motifs d'espérer. Par M. Ph. Clément lazariste, curé de la paroisse Saint Michel à Pékin, pp. 67/71.

— Procès de béatification de martyrs d'Extrême-Orient, pp. 88/89.
Siméon Berneux, décapité à Séoul, 8 mars 1866.
Antoine Daveluy, martyrisé à Séoul le 30 mars 1866.

— La situation religieuse dans un coin de la province de Pékin. [Rapport de Mgr. Lécroart], pp. 90/92.

— Chine. — Guérison inespérée obtenue par l'intercession d'un prêtre indigène martyr [Augustin Tchao]. Lettre de M. Vincent Lebbe lazariste, missionnaire au Tché-Kiang oriental, pp. 114/120.

— La liberté religieuse en Chine. — Lettre de M. Hubrecht, lazariste, curé de l'église Saint-Louis, à Tien-tsin, pp. 138/139.

— Scènes de la vie mongole. — Une affaire de brigandage. — Lettre du R. P. Albert Botty de la Congrégation du Cœur Immaculé de Marie de Scheut, missionnaire en Mongolie orientale, pp. 166/172.

— Mongolie. — Enthousiasme et Déception d'un nouveau Curé. — Lettre du R. P. Soenen de la Congrégation belge du Cœur Immaculé de Marie, missionnaire à Sartji (Mongolie sud-ouest), pp 248/252.

(ANNALES DE LA PROPAGATION DE LA FOI : 1918/1919.)

— Asie. L'orphelinat de Wenchow (Tché-Kiang oriental), p. 275.

— Sa Grandeur Mgr. Reynaud décoré par le Gouvernement chinois, pp. 276/278.

Epi d'Or de seconde classe.

— Nécrologie. — Le T. R. P. Albert Botty, ancien supérieur général de la Congrégation du Cœur Immaculé de Marie de Scheut-lez-Bruxelles, missionnaire en Mongolie orientale, pp. 283/284.

Mort le 14 mai 1919 à Notre-Dame des Pins (Mongolie).

— Nécrologie. — Dom Maur Veychard, abbé de la Trappe de Notre-Dame de la Consolation, de Yang-Kia-ping, vicariat apostolique de Pékin, pp. 284/285.

LXXXXII, Lyon [et] Paris, 1920:

— Mongolie orientale. — Les débuts d'une Mission. Par le R. P. Albert Botty, ancien supérieur général de la Congrégation du Cœur Immaculé de Marie de Scheut-lez-Bruxelles, pp. 16/23.

— Chine. — Débuts de la Chrétienté de Nienpehsien dans le district de Sining-fou (Kansou septentrional). Par le R. P. Albert de Smedt de la Congrégation du Cœur Immaculé de Marie de Scheut-lez-Bruxelles, pp. 65/70.

— Nécrologie. — Mgr. Giesen, vicaire apostolique du Chan-tong septentrional, p. 91.

Mgr. Ephrem Giesen, franciscain, né à Amsterdam, 16 octobre 1868, mort à Tsingtao le 6 août 1919.

— Nécrologie. — Mgr. Henri Maquet, vicaire apostolique du Tche-ly sud-est (Chine), p. 92.

Né à Juvigny-sur-Loison (dioc. de Verdun), 30 novembre 1843, mort à Sien-hsien en décembre 1919.

— Chine. — «Grand-Père, fais ta Mission». Par M. Matthés lazariste, missionnaire au Kang-si méridional, pp. 117/120.

— L'infanticide en Chine. — Par le R. P. Pierre Mertens, jésuite, missionnaire au Tché-ly sud-est, pp. 185/186.

— Les Religieuses missionnaires en Mandchourie. — Lettre de Mgr. Lalouyer des Missions étrangères de Paris, vicaire apostolique de la Mandchourie septentrionale, pp. 186/187.

Sœurs Franciscaines missionnaires de Marie-Immaculée.

— Les Religieuses missionnaires en Mandchourie. — Lettre de M. Edmond Gérard, missionnaire à Changchun, p. 187.

Sœurs Franciscaines missionnaires de Marie-Immaculée.

— Chine. — Centenaire du Bienheureux Clet célébré à Ou-tchang par Mgr. de Guébriant. Par le T. R. P. Rutten missionnaire de la Mongolie centrale, secrétaire de Mgr de Guébriant dans sa visite apostolique de la Chine, aujourd'hui supérieur général de la Congrégation belge du Cœur Immaculé de Marie, pp. 216/221.

— Erection d'un nouveau vicariat en Chine, p. 232.

Shiu-chow confié aux RR. PP. Salésiens de Dom Bosco.

— L'infanticide en Mongolie. Lettre du R. P. Maurice de Clippele de la Congrégation belge du Cœur-Immaculé de Marie, missionnaire à Cheulaousouhao (Mongolie centrale), pp. 266/269.

— Chine. — Adoption de missionnaires. Une lettre du Pape, pp. 280/281.

A Mgr. Fabrègues, vicaire apostolique du Tché-ly central.

LXXXXIII, Lyon [et] Paris, 1921:

— Chine. — Un miraculé du diable. Par M. Watthé lazariste, missionnaire au Kiang-si méridional, pp. 12/17.

— Noel de Mongolie. Lettre du R. P. Van Oost de la Congrégation belge du Cœur Immaculé de Marie, missionnaire aux Ortos, pp. 18/23

— Chine. — La famine au Tché-ly. — Lettre de Mgr. Fabrègues, lazariste, vicaire apostolique du Tché-ly central, pp. 40/41.

— Nécrologie. — Mgr. Fabiano Landi, évêque titulaire de Ténare, vicaire apostolique du Hou-pé nord-ouest, p. 46.

Né à Radda, diocèse de Fiesole, Italie, 10 mars 1872, mort 30. juin 1920.

— Chine. — Le Passage d'un Typhon à Haimen. — Lettre de M. Louis Pech de la Congrégation de la Mission, missionnaire à Hai-men (Tché-kiang oriental), pp. 55/60.

— La Famine en Chine. — Extrait d'une lettre de Mgr Lécroart, jésuite, vicaire apostolique du Tché-ly sud-est, pp. 89/91.

(Annales de la Propagation de la Foi : 1920/1921.)

— La Consécration des Familles au Sacré-Cœur dans le Tché-ly. Lettre du R. P. Gasperment, jésuite du Séminaire de Tchan-kia-tchouang (Tché-ly sud-est), pp. 91/93.

Col. 1010.

— Annales de la Congrégation de la Mission ou Recueil de Lettres édifiantes écrites par les prêtres de cette Congrégation et par les Filles de la Charité paraissant tous les trois mois. A Paris, rue de Sèvres 95, in-8, Bib. Nat., 8° H, 101.

LXVIII, Paris, rue de Sèvres 95, 1903:

Lettre de Mgr. Favier à sa mère. Pékin, 13 oct., pp. 60/61.

Kiang-si sept. — Lettre de Mgr. Ferrant à la sœur Berkeley, Fille de la Charité, à Ning Po. Nan-tchang, 24 juillet 1902, pp. 61/65.

Kiang-si orient. — Lettre de Mgr. Vic, vicaire apostolique, à M. Fr. Gattringer, prêtre de la Mission, à Vienne (Autriche). Kouei-khi, 18 août 1902, pp. 65/67.

Tché-kiang. — Lettre de M. Cyprien Aroud, prêtre de la Mission, à M. Boscat, visiteur de la province de Chine. Wentchow (Oueng-tcheou), 4 juin 1902, pp. 67/69.

Lettre de M. Boscat, visiteur de la province à M. Milon, sec. général, Shanghai, le 24 déc. 1902, pp. 181/182.

Kiang-si mérid. — Lettre de M. Th. Festa, prêtre de la Mission, à M. Boscat, visiteur à Shang-hai. Ning tou, le 14 nov. 1102, pp. 182/183.

Tché-Kiang. — Lettre de M. P. Laveau, prêtre de la Mission, à M. N. . . Tchutchi, 27 nov. 1902, pp. 184/186.

Lettre de M. J.-B. Lepère, à M. A. Fiat, sup. gén., Haymen, 21 nov. 1902, pp. 186/189.

Chine. — Tableau général de l'Etat des Missions des Lazaristes et des résultats obtenus pendant l'exercice 1901/1902, pp. 284/286.

Tableau spécial de l'Etat de l'œuvre de la Sainte Enfance et des résultats obtenus pendant l'exercice 1901/1902, p. 287.

Lettre de M. de Jonlis, prêtre de la Mission, à M. A. Fiat, sup. gén. Shang-hai, 16 avril 1903, pp. 287/288.

Tche-ly sept. — Pékin. — Lettre de M. Guilloux, prêtre de la Mission, à M. A. Fiat. Pékin 26 avril 1903, pp. 288/289.

Lettre de M. Paul Dumond, prêtre de la Mission, à M. Angell, à Paris. Pao Ting fou, 3 mars 1903, pp. 289/290.

Tché Kiang. — Lettre de M. Louat, Hang Tcheou, 2 mars 1903, au Directeur des *Missions Catholiques* [8 mai 1903] pp. 290/292.

Tché-Ly sept. — Pékin. — Les œuvres, pp. 409/411.

Kiang-si. — Etat comparatif de la province de Kiang-si en 1870 et en 1902, pp. 411/413.

Kiang-si sept. — Lettre de Mgr. Ferrants à M. Angeli à Paris. Kiu Kiang 23 juin 1903, pp. 413/415.

Kiang-si mérid. — Lettre de Mgr. Coqset, vicaire apostolique, à M. A. Fiat, Sup. gén. Ki-ngan, 11 juillet 1903, pp. 415/416.

Lettre de M. Festa, prêtre de la Mission, à Mgr Coqset. Ning tou, 20 juin 1903, pp. 416/418.

Tché-Kiang. — Lettre de M. Louat, à M. Boscat. Hou-tcheou, 12 juillet 1903, pp. 418/419.

LXIX, Paris, rue de Sèvres 95, 1904:

Les œuvres à Pékin. — Lettre de M. Boscat, prêtre de la Mission, visiteur, à M. Milon, secrétaire général. Shang Haï, le 23 sept. 1903, pp. 49/58.

Tableau général de l'Etat des Missions des Lazaristes . . . 1902/1903, pp. 50/51.

Pékin. — Le résumé des œuvres dans les vicariats apostoliques des lazaristes en Chine, pp. 185/186.

Un Martyr au Tché Kiang. — M. André Tsu, lazariste chinois; portrait. Lettre de Mgr. Reynaud, pp. 186/194.

(Ann. Cong. Mission : 1903/1904.)

Souvenir de M. Pierre Nié, lazariste chinois, et de M. Claudius Chavanne, lazariste français, victime de la guerre des Boxers, en 1903, pp. 190/193.

Tché-ly orient. — Lettre de Mgr. Geurts, vicaire apostolique Young ping fou, 10 oct. 1903, pp. 194/196.

Kiang-si sept. — Lettre de Mgr. Bray, 1er oct. 1903, pp. 197/198.

Lettre de Mgr. Ferrant, à M. Meugniot, assistant de la Congrégation, à Paris. Nan tchang, 1er nov. 1903, pp. 198/200.

Kiang-si mérid. — Lettre de M. Canduglia à M. Gattringer, prêtre de la Mission, à Graz (Autriche). Nan Kang, 19 nov. 1903, pp. 200/201.

Lettre de M. Pérès, prêtre de la Mission, au même, à Graz. Kihan (ou Ki Ngan), 28 nov. 1903, pp. 202/205.

Lettre de Mgr. Favier. Pékin, 17 avril 1904, p. 333.

D'après les *Missions Catholiques*, 27 mai 1904.

Kiang-si sept. — Lettre de Mgr. Ferrant à M. Angeli, à Paris. Kiu Kiang, 7 mars 1904, pp. 333/334.

Kiang-si orient. — Lettre de Mgr. Vic à M. François Gattringer, à Gras. Fou Tcheou, 14 fév. 1904, pp. 335/336.

Tché-Kiang. — Séminaire pour les jeunes missionnaires européens. Lettre de Mgr. Reynaud au Directeur des *Missions Catholiques*, de Ning Po, pp. 337/338.

A Pékin [d'après les *Missions Catholiques*, 25 sept. 1903, sur l'École française de Pékin], pp. 448/450.

Kia Shing [Inauguration du Séminaire de St. Vincent de Paul, 25 janvier 1904], pp. 450 451.

LXX, 1905, Paris, rue de Sèvres, 95:

Lettre de Mgr. Favier à M. Milon. Pékin, le 27 sept. 1904, pp. 81/83.

État de la Mission de Pékin et de Tche-ly nord au 15 août 1903 et au 15 août 1904, pp. 83 86.

Kiang-si mérid. — Lettre de M. Boscat à M. Milon Shang Hai, le 1er août 1904, pp. 87/90.

Lettre de Mgr. Coqset. Kihan, 4 oct. 1904, pp. 90/91.

Lettre à M. Ciceri à Shang Hai sur la mort du P. Louis Boscat par les étudiants de Kiashing, 28 déc. 1904, pp. 230/231.

Kiang-si mérid. — Lettre de M. Pérès. Ki Ngan, 11 août 1904, pp. 232/233.

Kiang-si orient. — Lettre de M. François Dauverchain à M. Angeli, à Paris. Yao Tcheou, 1904, pp. 233/234.

Kiang-si sept. — Lettre de Mgr. Ferrant à M. le Sup. gén. Nan tchang, 7 nov. 1904, pp. 235/236.

Lettre de M. Fatiguet, prêtre de la Mission, à M. Fiat. Kiu Kiang, 10 janv. 1905, pp. 237/238.

Tché-Kiang. — Lettre de M. Lounat à M. Fiat. Kang Tchou, 30 juillet 1904, pp. 238 242.

Mort de Mgr. Favier [4 avril], pp. 339/341.

Henri Cény. — Récit de voyage de Paris à Pékin. Pékin, 15 juillet 1904, pp. 342/350.

Tche-ly orient. — Lettre de Mgr. Geurts. Young ping fou, 19 nov. 1904, pp. 350/354.

Tché-Kiang. — Lettre de M. Barberet à M. Fiat. Ting hai (iles Chusan) séminaire Saint Vincent, 10 mars 1905, pp. 354/356.

Lettre de Mgr Reynaud. Ning Po, fête de l'Epiphanie, 1905, pp. 356/358.

Compte-rendu des Missions 1903—1904, pp. 481/484.

Lettre de M. Ducoulombier. Pékin, 14 fév. 1905, p. 485.

Kiang-si orient. — Lettre de M. Clerc Renaud. King té tchang, 1904, pp. 485/487.

Kiang-si mérid. — Lettre de Mgr. Coqset à M. Fiat. Ning-tou, 12 juin 1905, pp 487/490.

Cartes de Chine, p. 480; du Tche-li et plan de Peking (1905), p. 488; du Kiang Si, p. 489; du Tche Kiang, p. 490.

LXXI, 1906, Paris, rue de Sèvres, 95 :

Kiang-si. — Mort de Mgr. Gérand Bray, d'après les *Missions Catholiques*, pp. 67/68, portrait.

Lettre de Mgr. Ferrant. Kieou-Kiang, 29 sept. 1905, pp. 68/69.

L'émeute de Nan Tchang (Chine), p. 129.

Tche-ly orient. — Visite à Mgr. Geurts. Chan Hai kouan, 10 oct. 1905, pp. 204/211.

Tche Kiang. — Lettre de la sœur Faurie à la sœur N., à Paris. Tso-fou-pang, maison des Sacrés Cœurs, 15 nov. 1905, pp. 211/212.

Lettre de la sœur Calcagni à la Sœur N., à Paris. Ning Po, Maison de Jésus-Enfant, 17 nov. 1905, pp. 212/216.

Kiang-si sept. — Lettre de Mgr. Ferrant, à M. Meugnot. Nantchang, 10 fév. 1906, p. 391.

Massacres de Nan Tchang.

Lettre de Mgr. Ferrant à M. Fiat. Kiu Kiang, 1er mars 1906, pp. 392/393.

Extraits de l'*Echo de Chine*, pp. 393/403.

Lettre de Mgr. Ferrant à M. Guilloux, proc. des lazaristes à Shang Hai. Kiou Kiang, 27 fév. 1906, pp. 403/406. Portr. des PP. Lacruche et Salavert.

Lettre de M. Rossignol, prêtre de la Mission, à M. Fiat. Kiou Kiang, 28 fév. 1906, pp. 406/408.

Tché-Kiang. — Lettre de M. Barberet, prêtre de la Mission. Séminaire Saint-Vincent, Ting hai, 29 mars 1906, pp. 409,410.

4e Synode provincial du nord de la Chine, 5 mai 1906—17 mai 1906, pp. 515/516.

Réglement de l'affaire de Nan tchang (Kiang si), p. 516.

Kiang-si sept. — Lettre de Mgr. Ferrant à M. Meugnot. Nan tchang, 2 fév. 1906, pp. 517/533.

LXXII, 1907, à Paris, rue de Sèvres, 95 :

Tableau des Missions de 1894 à 1905, pp. 36/42.

Résumé, pp. 42/45.

Kiang-si sept. — L'affaire de Nan-Tchang. — I. Lettre de Mgr. Ferrant. Kiou Kiang, 8 sept. 1906, pp. 45/46. — II. Origine des évènements de Nan Tchang, 22/25 fév. 1906. pp. 46/53. — III. Le suicide du Mandarin, p. 53. — IV. Le Drame de Nan-Tchang; les massacres, pp. 53/58.

Tche-ly S. O. — Les derniers jours de Mgr Bruguière, vicaire apostolique. — Lettre de Mgr. Vic, Sur le Yang Tse kiang, 7 nov. 1906, en vue de Nan King, pp. 196/200.

Kiang-si sept. — Lettre de Mgr. Ferrant, pp. 200/202.

L'affaire de Nan Tchang. — IV. Le drame de Nan Tchang; les massacres, pp. 202/208, 368/387.

Tché-Kiang. — Extrait du rapport de Mgr. Reynaud, 1er sept. 1905, pp. 209/217.

Tche-ly orient. — Lettre de M. Ortmans, prêtre de la Mission, à M. Léon Forestier, assistant de la Congrégation, à Paris. T'sounhoa-tcheou, 25 janv. 1907, pp. 387/389.

La première œuvre des Missions ou les prêtres indigènes dans le vicariat apostolique du Tche Kiang. Lettre de Mgr. Reynaud. Ning Po, janvier 1907, pp. 389/394.

De France en Chine Récit de voyage. Lettre de la sœur Calcagni, Fille de la Charité, à la sœur N . . . , à Paris, pp. 394/406.

LXXIII, 1908, à Paris, rue de Sèvres, 95 :

Les troubles du Kiang-si mérid. — Massacre d'un missionnaire. I. Pressentiments et causes du désastre, pp. 21/31. — II. Lettres des Missionnaires. — 1. Lettre de M. H. Lecaille, prêtre de la Mission, à M. Fiat . . . Shanghai, le 9 oct. 1907, pp. 31/34. — 2. Lettre du même à M. Guilloux, visiteur prov. des Lazaristes en Chine, à Shang-hai. Ki ngan, 8 oct. 1907, pp. 34/37. — 3. Lettre de M. A. Schottey, prêtre de la Mission, à M. Fiat . . . Shanghai, 17 oct. 1907, pp. 37/41. — III. Renseignements sur les Boxeurs du Kiang-si, leurs superstitions et leurs pratiques [d'après l'*Écho de Chine*, 18 et 19 oct. 1907, pp. 41/49, par A. Monestier]. — IV. Récit détaillé des troubles du Kiang-si mérid. — 1. Meurtre du P. Canduglia, pp. 50/54. — 2. Fuite du P. Lecaille, pp. 54/57. — 3. Meurtres et destructions, pp. 57/62. — V. Responsabilités, pp. 62/66, par A. Monestier.

Tche-li sept. — Lettre de M. Antoine Cotta, prêtre de la Mission, à M. G. Pouchet, de la même Cong. à Paris. Tien Ke Tchoang, 20 nov. 1907, pp. 491/495.

Kiang-si. — Lettre de M. Dauverchain à M. Fiat. Kiou Kiang, 19 fév. 1908, pp. 495/498.

(Ann. Cong. Mission : 1905/1906.)

(Ann. Cong. Mission : 1907/1908.)

Kiang-si orient. — Lettre de M. L. Clerc-Renaud à M. Fiat. King Te Tcheng, 21 fév. 1908, pp. 498/500.

Photographie du sacre de Mgr. Ciceri, p. 609.

Tche-ly sept. — Lettre de M. Cény, prêtre de la Mission. Shu Kwo Tchoang, 11 mai 1908, pp. 610/611.

Tche-Kiang. — Tso-Fou-Pang. Lettre de Sœur Faure, 29 avril 1908, pp. 611/613.

LXXIV, 1909, à Paris, rue de Sèvres 95 :

Kiang-si mérid. — Lettre de M. Schirm, prêtre de la Mission, à M. Guichard, de la même Congrégation à Paris. Nan Kang, le 4 oct. 1908, pp. 98/100.

[Mort de Kouang Siu et de Tseu Hi], pp. 100/102.

Etat des Missions de la Congrégation de la Mission en Chine, pp. 271/274.

Tche Kiang. — Ning Po. — Lettre de Mgr. Reynaud, Extrait des *Missions Catholiques*, pp. 275/279.

Lettre de M. Cyprien Aroud, Wentchow, 2 janvier 1909, aux *Missions Catholiques*, (19 fév. 1909), pp. 279/281.

Tche-ly S. O. — Lettre de M. P. Aubé, prêtre de la Mission, aux élèves du Séminaire interne des Lazaristes, à Paris. Kia Tchouang, 25 janvier 1909, pp. 468/475.

Notes statistiques sur les Missions catholiques en Chine.

Kiang-si orient. — Lettres de Mgr. C. Vic, à M. Emile Rougé, prêtre de la Mission à Paris. — I-yang, 2 janvier 1909, p. 476.

Fu Chow ki, 20 janvier 1909, pp. 476/478.

Chine. — Adresses, pp. 666.

Tche-li sept. — Lettre de M. Fabrègues, prêtre de la Mission, à M. Fiat. Pao ting fou, 19 juillet 1909, pp. 667/668.

Notes historiques sur le district de Pao Ting fou, pp. 668/676.

Lettre de M. Cotta, prêtre de la Mission, à M. Milon, Secr. général. Sunian, 22 mai 1909, pp. 676/678.

LXXV, 1910, Paris, rue de Sèvres 95 :

Etat général des œuvres religieuses 1908/1909, pp. 44/54.

Sur le Séminaire de Cha La Eul, pp. 50/54.

Quelques nouvelles du Tche-ly nord, pp. 54/55.

Les noces d'or du Vicariat du Tche-ly sud-ouest. Par Mgr. Coqset, pp. 55/76.

Réimp. d'une brochure publiée à l'Imprimerie des Lazaristes de Péking, 1909.

Kiang-si sept. — Lettre de Mgr. Ferrant à M. Fiat, Kou-ling, près Kiu Kiang, 5 août 1909, pp. 77/79.

Kiang-si orient. — Lettre de M. Henri Crapez, aux *Missions Catholiques* (N° du 19 nov. 1909), p. 79.

Erection du vicariat du Tche-li central, p. 210.

Les considérations actuelles de l'évangélisation de la Chine, par H. Ferrière, pp. 210/217.

Tirées de la *Semaine religieuse* de Paris (18 déc. 1909) et empruntées en partie à la *Semaine religieuse* de Rome.

Les conversions en Chine, p. 217.

Les Deux Séminaires de la Congrégation de la Mission en Chine, pp. 217/221.

Souvenirs de la guerre des Boxeurs en 1900, pp. 221/224.

Sur l'Enseigne Paul Henry; par J. Mantenay, dans *l'Univers*, du 20 janvier 1910.

Tche-ly sept. — La paroisse de Chouang-chou-tze, pp. 224/229.

Tche-ly orient. — Lettre de François Willemen, prêtre de la Mission, à M. Fiat. Young-ping-fou, 24 nov. 1909, pp. 229/235.

Kiang-si mérid. — Lettre de M. Félix Bonanate, prêtre de la Mission, à Mgr. Ciceri. Yang-kio-choei, 23 nov. 1909, pp. 235/237.

Nouvelles générales, pp. 402/408.

Les progrès de la foi à Pékin, pp. 408/411.

Lettre du frère A. Maes, lazariste, directeur de l'imprimerie de la Mission catholique, à Pékin, à M. Milon, Secr. général, à Paris. Pékin, 27 mars 1910, pp. 411/415.

Erection du Vicariat du Tche-ly central, pp. 416/420.

Lettre du frère A. Denis à M. Milon, à Paris. Pao-ting-fou, 26 fév. 1910, pp. 420/421.

Tche-kiang. — Lettre de M. Ibarruthy, pp. 421/423.

D'après les *Missions Catholiques* (N° du 17 déc. 1909).

Kiang-si sept. — Lettre de Mgr. Ferrant à M. Angeli, prêtre de la Mission, à Paris. Nan-chang, 8 fév. 1910, pp. 423/424.

Lettre de M. Gustave Théron, prêtre de la Mission, à M. Milon. Chang kao hien (Kiang-si sept.), 24 fév. 1910, pp. 424/427.

Kiang-si mérid. — Lettre de M. J.-M. Pérès à M. Fiat. Ki-han, 25 fév. 1910, pp. 427/429.

Kiang-si orient. — Lettre de M. Louis Scialdone, à M. Veneziani, à Paris. Chang Tsin, 2 nov. 1909, pp. 429/434.

Liste chronologique des principaux ouvrages imprimés par l'imprimerie des Lazaristes au Peitang, à Pékin, pp. 532/540.

Cf. 1906, p. 478.

Tche-li central. — Lettre de J. B. Corset. Pao-ting-fou, 22 mai 1910, pp. 567/571.

D'après les *Missions Catholiques* (N° du 19 août 1910).

Tche-li orient. — Bénédiction de la cathédrale de Young ping fou [mardi 7 juin 1910], pp. 571/576.

Tche-li sept. — Lettre de Mgr. Barone, Rome, pp. 576/580.

Erection d'un nouveau vicariat au Tche-Kiang, pp. 580/582.

Kiang-si orient. — Lettre de M. Clerc.-Renaud à M. Fiat. King-te-tcheng, 5 fév. 1910, pp. 583/585.

LXXVI, 1911, à Paris, rue de Sèvres 95:

Division en deux provinces des établissements de la Cong. de la Mission en Chine, pp. 59/60.

La correspondance avec les Missions de Chine, pp. 61/62.

Situation des Missions des lazaristes 30 juin 1909—30 juin 1910, p. 62.

Mort de Mgr Ferrant, pp. 62/64. — Portrait.

Lettre de M. Clement Zigenhorn, prêtre de la Mission, à M. Fiat. Ling Kiang, 24 mars 1910, pp. 64/65.

[Nomination, 10 mai 1910, de M. Paul Faveau au vicaire apostolique du Tche Kiang occid.], p. 65.

L'esprit public en Chine, pp. 189/191.

D'après *L'Univers*, 16 déc. 1910, par Louis Lafarge.

Procure générale de Shang Hai, pp. 191/205, par Maurice Bouvier. Shang-hai, 24 août 1910.

Statistique des œuvres, pp. 205/206.

Tche-ly sept. — Lettre de M. Henri Cény, prêtre de la Mission, à M. Milon, sec. gén. — Cho chow (Tchouo-tcheou), 16 nov. 1910, pp. 207/209.

Il y a quarante ans à T'ien tsin par Henry Bordeaux, pp. 210/219; ill.

D'après *le Patriote*, de Pau (N° du 6 janvier 1911).

Division du Tche Kiang. — Ning Po-Hang Tcheou, pp. 219/222.

Quelques renseignements sur le nouveau vicariat du Tche Kiang occid., pp. 222 224.

Note de Mgr. Faveau.

Lettre de la sœur Sainte-Claire Deville. Hang Tcheou, 24 janvier 1911, pp. 224/225.

Ch. R. — Pékin, pp. 358/363.

Tché-ly sept. — M. Joseph Bégassat par F. G., pp. 364/368.

D'après le *Bulletin du Petit Séminaire de Bourges*, Janvier 1911.

Tche Kiang orient. — Lettre de M. Cyprien Aroud, à M. Fiat. Wentchow, 1er août 1910, pp. 369/371.

Lettre de M. Louat à M. Fiat. Shao-shing, 6 avril 1911, pp. 371/373.

[Nomination de M. Louis Fatiguet, comme évêque d'Aspendius et vicaire apostolique du Kiang si sept., 24 février 1911, p. 373.

Renseignements sur l'administration des Postes et Télégraphes en Chine, p. 577.

D'après une brochure de Tou-sé-wè, pp. 577/586.

(ANN. CONG. MISSION: 1909/1910.)

(ANN. CONG. MISSION: 1911.)

Tche Kiang occid. — Lettre de M. J. B. Tisserand, prêtre de la Mission, à M. Angeli, à Paris. Chü-Chow, 16 juin 1911, pp. 498/500.

Lettre de M. Dauverchain. Kiu Kiang, 13 juin 1911, pp. 500/504. Sacre de Mgr. Fatiguet.

Lettre de M Dauverchain à M. Fiat. Kien tchang, 18 mai 1911, pp. 504 509.
Jubilé de Mgr. Vic (14 mai).

La province des Filles de la Charité en Chine par la sœur Calcagni, pp. 509/514; LXXVII, pp. 86 104, 357/375.

LXXVII, 1912, à Paris, rue de Sèvres 95:

Les origines de la Révolution, pp. 69/72.

Lettres de Mgr. Fatiguet, Kiukiang, 21 et 24 oct. 1911, pp. 72/73.

Lettre de M. Monteil, prêtre de la Mission, à M. Bouvier, procureur à Shanghai. Nan chang, 1er nov. 1911, pp. 73,76.

— Articles de l'*Echo de Chine*, 11 nov. 1911 [occupation par les Kemitang de Ning Po, 5 nov. 1911, et de Chang-Hai, 3 nov. 1911], pp. 76,80.

Kiang-si sep. Lettre de M. Th. Zigenhorn, prêtre de la Mission, à M. Fiat. A bord du *Kiang Foo*, sur le fleuve Bleu, vers Kiukiang, 4 Oct. 1911, pp. 80/83.

La Chine et les Missions Catholiques par Mgr. de Guébriant, pp. 83,86.
Reproduit du *Correspondant*.

Les Evènements généraux, pp. 222/232.

Résultats généraux des Missions pour 1911, pp. 232/239.

Tche Kiang orient. — Ning Po, pp. 239/242.

Shao Shing. — Lettre de M. Louat à M. Fiat, pp. 242 245.

Lettre de M. Salon, laz., miss. à Ping Yang, près Wen Tcheou, pp. 245,246.
D'après les *Missions Catholiques*, 9 fév. 1912.

Lettre de M. Clerc-Renaud, King te tcheng, 2 janvier 1912, p. 246.
D'après les *Missions Catholiques*, 9 fév. 1912.

Les Lazaristes portugais en Chine, pp. 248/255.

Les ressources, pp. 347/348.

La Révolution en Chine, pp. 349 352.

Lettre de Mgr. Fabrègues. Pao Ting fou, 21 mars 1912, pp. 352/354.

Lettre de Mgr. A. Coqset. Tcheng Ting fou, 16 mars 1912, pp. 354/355.
Erection du vicariat apostolique du Tche li maritime, p. 355.

Statistique en 1910, pp. 503 506.

Sacre de Mgr. Dumond, vicaire apostolique de T'ien Tsin [Peking, 30 juin 1912]. Lettre de M. Cotta, pp. 507/511.

Lettre de T'ien Tsin par Vincent Lebbe, 20 juillet 1912, pp. 511/514.

Tche Kiang orient. — Lettre de M. Louat. Song ho, 10 janvier 1912, pp. 514 518.

Kiang-si sept. — Lettre de M. Rossignol. Kiu Kiang, 28 janvier 1912, pp. 518/519.

Kiang-si orient. — Mort de Mgr. Vic, pp. 519,522. Lettre de M. Jean Bouvier.

Nouvelles générales, pp. 522/525.

LXXVIII, 1913, à Paris, rue de Sèvres 95:

Tche-Kiang orient. — Lettre de Mgr. Reynaud [cyclone], pp. 102 106.

Récit de M. Boisard. Ping Yang, 5 sept. 1912, pp. 106/109.

Vicariat du Tche-Li maritime, pp. 264 281.

Lettre de M. Morel, Tche-Li maritime, pp. 273/281.
D'après les *Missions Catholiques* du 13 déc. 1912.

Tche-li S. O. — Lettre de Tcheng Ting fou, 25 oct. 1912, pp. 282/285.
Jubilé episcopal de Mgr. Coqset.

Kiang-si, pp. 285/287.

Sacre de Mgr. Louis Clerc-Renaud, vicaire apostolique du Kiang-si oriental [3 nov. 1913] par M. François Dauverchain, à Yao Tcheou, pp. 287/290.

(Ann. Cong. Mission: 1912/1913.)

Lettre de M. J. M. Planchet, Prêtre de la Mission. Pékin, 24 avril 1913, pp. 390 394.

Tche-Kiang orient. — Lettre de M. Cyprien Aroud, à M. Fiat. Wentchow, 2 mai 1913, pp. 394/397.

Chemin de fer à Ningpo, pp. 397/398.
D'après le *Petit Messager de Ning Po*, déc. 1912.

Kiang si orient. — Lettre de Mgr Clerc-Renaud, vicaire apostolique à M. Fiat. . . Kientchang fou, 12 avril 1913, pp. 398 401.

Notice historique sur les séminaires du Kiang si (1846—1849); du Kiang si sept. (1879—1886); du Kiang si orient. (1886—1912), par Henri Crapez, pp. 401—413.

Evènements généraux de Chine, pp. 550/552.

L'insurrection du Sud de la Chine, pp. 552/554.

Tché-Kiang. — Lettre de M. Meyrat, lazariste, à M. Méout, assistant à Paris. Kiu Shing (Tche Kiang), le 31 juillet 1913, pp. 554/558.

Kiang si. — Lettre de M. Rossignol, à M. Milon, Sec. gén., Kiu Kiang, 17 juillet 1913, pp. 558 561; et Kiu Kiang, 1er août 1913, pp. 561/563.

LXXIX, 1914, à Paris, rue de Sèvres, 95:

Evènements généraux, pp. 56 seq.
Election du Président de la République, etc.

Statistiques, 1912, pp. 71/75.

L'Hôpital général de Shang hai, pp. 75 78.
D'après le *Petit Messager de Ning Po*, 6 sept. 1913. — Lettre de Shanghai, 28 oct. [Incendie], pp 77 78.

Tche kiang occid. — Lettre de M. G. Deymier, Prêtre de la Mission, Hang chow, 23 nov. 1912, pp. 78 81.

Kiang-si sept. — Lettre de Mgr. Fatiguet, 10 janvier 1913, pp. 85/103.
D'après les *Annales de la Propagation de la Foi*.

Nouvelles générales. — Le Jour de l'an chez le Président de la République, pp. 215 217.
D'après le *Bulletin Catholique de Pékin*, février 1914.

L'étude du français dans le vicariat de Pékin, pp. 247,250.
Du même.

De Pékin par le transsibérien à bon marché, pp. 250/251.
De l'*Echo de Chine*.

Statistique générale, p. 252.

Chez les Filles de la Charité, pp. 252/254.

Les Catéchistes, par F. H., pp. 254/258.

Histoire succincte du vicariat du Tche-li sept., pp. 259/266.

Progrès de la Mission de Pékin, pp. 266/267.

Notice sur M. Paul Joseph Ouang, lazariste chinois (1837—1913) pp. 268,273.

Tche-li maritime, pp. 273/274.
D'après l'*Echo de Tientsin*, 29 nov. 1913.

Nouvelles générales, pp. 390 seq.

Lettre de Cotta, T'ien Tsin, 5 mars 1914 [sur la liberté des cultes en Chine], pp. 390,403.
[Note] d'après l'*Echo de Chine*, 21 mars 1914, pp. 403/404.

Les troubles intérieurs. Le «Loup blanc», pp. 405/407.
D'après l'*Echo de Chine*, 21 mars 1914.

Œuvre de la «Sainte Enfance», pp. 407/412.
D'après le *Petit Messager de Ning Po*, février 1914.

L'école normale du Si T'ang, à Pékin, pp. 413/416.
D'après le *Bulletin catholique de Pékin*, mai 1914.

Kiang-si sept. — Lettre de M. J. B. Rossignol. Kiu Kiang, 28 mai 1914, pp. 417 421.

Progrès des Missions des Lazaristes dans le Sud, pp. 421/422.

LXXX, 1915, à Paris, rue de Sèvres 95:

Lettre de M. Desrumaux au P. Villette, Sup. gén., 25 nov. 1914 pp. 545 546.

(Ann. Cong. Mission: 1914/1915.)

LXXXI, 1916, à Paris, rue de Sèvres 95 :

Mort de M. Bouvier, proc. gén. des Missions en Chine [† 3 sept. 1915], pp. 266/267.
De l'*Echo de Chine*, 4 sept. 1913.

Lettre de M. Cyprien Aroud à son frère Pierre Aroud, pp. 267/274.

Vicariat du Kiang-si mérid. — Lettre de la sœur Merle à ma sœur Chesnelong, assistante. Ki-han, 10 juillet 1915, pp. 274/278.

Lettre de Mgr. Ciceri, Ki-an fu, 18 sept. 1915, p. 278.

Les œuvres catholiques, pp. 494/496.

Vicariat du Tché-li S. O. Sacre de Mgr. de Vienne, pp. 496/499.

Lettre de M. Segond, prêtre de la Mission, à M. Villette, Sup. gén., Shanghai, 10 oct. 1915, pp. 500/501.

Lettre de la sœur Lebrun, Shanghai, 24 nov. 1915, p. 501.

Lettre de la sœur Henry, fille de la Charité, à la Mère Maurice, Sup. gén., Shang Hai, Maison centrale, 5 avenue Dubail, 4 mars 1916, pp. 502/505.

Lettre de la sœur Gilbert à la Mere Maurice, Ning Po, 11 fév. 1916, pp. 506/507.

Tché-ly méridio-occid. — Rapport de M. Baroudi, pp. 746 seq.
Extrait du *Bulletin catholique de Pékin*.

Lettre de la sœur Guerlain, de Tcheng Ting fou, pp. 757/758.

Tche Kiang orient. — Extrait du *Petit Messager de Ning Po* sur les sœurs indigènes du Purgatoire, pp. 758/760.

Lettre de M. Marques, prêtre de la Mission, à M. Villette, Sup. gén. Cheng Hsien, 17 mai 1916, pp. 761/763.

LXXXII, 1917, à Paris, rue de Sèvres 95 :

Extrait d'une lettre de la sœur Henry à la Mère Maurice. Shanghai, 25 avril 1910, pp. 151/153.

Lettre de M. Cyprien Aroud à Mgr. Reynaud. Wengtcheou, 30 juin 1916, pp. 153/164.
Extrait du *Petit Messager de Ning Po*.

Kiang-si orient. — [Mort de M. F. Dauverchain], pp. 164/166.
Extrait du *Petit Messager de Ning Po* et du *Bul. cath. de Pékin*.

Lettre de N. . . ., prêtre de la Mission, au Sec. gén., pp. 412/419.

Lettre de la sœur Lebrun, visitatrice, à la Mère Maurice. A bord du Kiang Yû, sur le Yang Tse, 19 nov. 1916, pp. 724/733.

[Nécrologie de Mgr. Coqset], pp. 733/735.

Us et Coutumes chinois, pp. 918/940.
D'après le *Petit Messager de Ning Po*.

Kiang si orient. — L. de M. Theunissen, à M. Bourzeix, prêtre de la Mission, Kienchang ki, 18 mai 1917, pp. 940/942.

LXXXIII, 1918, à Paris, rue de Sèvres 95:

Province sept. — Lettre de M. Bruno, prêtre de la Mission, à M. Veneziani, assistant de la Cong., 6 août 1917, pp. 204/206.

La journée du 12 juillet 1917, pp. 206/212.
D'après le *Bulletin catholique de Pékin*, août 1917.

Relation sur les inondations du vicariat de Tcheng Ting fou en 1917 par Mgr. de Vienne, vicaire apostolique, pp. 212/217.

Lettre de sœur Levallois à M. Louwyck, vicaire général, Shuntchiu, Maison de la Médaille miraculeuse, 6 août 1917, pp. 217/218. — [Notice sur M. Jaladieu, pp. 218/221.]
D'après le *Bulletin catholique de Pékin*.

Province mérid. — Lettre de M. Pandelé, à M. Kieffer, Directeur du Séminaire interne. Kia Shing, 23 sept. 1917, pp. 221/228.

Lettre de la sœur Sainte-Claire Deville, à M. Louwyck, vicaire général, Wenchow (Hôpital Jean Gabriel), 11 sept. 1917, pp. 228/229.

Kiang-si mérid. — Lettre de M. de Jenlis, prêtre de la Mission, à M. Crapez, prêtre de la Mission. Tai ho, 6 juillet 1917, pp. 229/234.

Province sept. — Lettre de M. Desrumeaux, visiteur, à M. Louwyck. Chala, 30 nov. 1917, pp. 571/579.

(Ann. Cong. Mission : 1917/1918.)

Vicariat du Tche-li sept. — Lettre de la sœur Lebrun, p. 579.

Vicariat du Tche-li S. O. Lettre de sœur Guerlain à la Mère Maurice. Tcheng ting fou, 15 juillet 1917, pp. 579/580.

Vicariat du Tche-Li maritime. — Lettre de Mgr. Dumond, vicaire apostolique, à M. Louwyck. T'ien tsin, 5 oct. 1917, pp. 580/581.

Lettre de M. Hubrecht, curé de St. Louis, à T'ien tsin, à M. Robert, 25 nov. 1917, pp. 581/584.

Province mérid. — Kiang-si sept. — Notes sur M. Lefebre. Kiou Kiang, 27 oct. 1917, pp. 584/590.

Tche-kiang orient. — Q[illegible] ans sur le front [D. [illegible]rocaci], pp. 590/593.
Extrait du *Petit Messager de Ning Po*.

L'église catholique en Chine autrefois et aujourd'hui par M. Clement, prêtre de la Mission, pp. 786/800.
Extrait du *Bulletin catholique de Pékin*.

Frère Maes, pp. 800/802.
Extrait du *Bulletin catholique de Pekin*.

Lettre de M. Desrumeaux à M. Louwyck. Chala, 22 oct. 1917, pp. 803/804 et 21 déc. 1917, pp. 804/805.

Un nouvel hôpital à Pékin, pp. 806/808.
De l'*Echo de T'ien tsin* et Lettre de sœur Reynal.

Lettre de M. Lamers, prêtre de la Mission, à M. Verdier, vicaire général. Singapour, 8 avril 1918, pp. 1096/1099 [Naufrage].

Lettre de Mgr. de Vienne, 8 mai 1918, pp. 1099/1101.

Kiang-si sept. — Lettre de M. Théron, à M. Verdier. Juichowsu, 17 oct. 1917, pp. 1101/1103.

Col. 1010.

— Mémoires de la Congrégation de la Mission.

Une nouvelle édition expurgée a été publiée récemment à Paris.

Col. 1022.

— El Correo Sino-Annamita.

Voir *Bibliotheca Indosinica*, III, col. 1981/2014.

Col. 1023/1026.

Chine Ceylan Madagascar. — Lettres des Missionnaires français de la Compagnie de Jésus (Province de Champagne). — Abbeville, F. Paillart, in-8, pp. 125 à 264.

— — N° 18. — Mars 1905.

Le culte de la Sainte Vierge au Tche-li Sud-Est, par Albert Vinchon, S. J. Rapport présenté au Congrès marial de 1901, pp. 125/133. — Une fleur du Séminaire [François Tcheou], par Jules Bataille, S. J., pp. 134/137. — Une statue de Confucius, par Célestin Cézard, S. J., pp. 138/144. — Echos et nouvelles, pp. 145/169.

— Mission de Ceylan, pp. 173/209.

— Mission de Madagascar, pp. 218/264.

— — N° 19. — Juin 1905.

Les méfaits du mouton, par Albert Wetterwald, S. J., pp. 260/275. — L'arsenal de Tce-tcheou, par Philippe Lourent, S. J., pp. 276/280. — Sans soucis des cahots, par Elie Hopsomer, S. J., pp. 281/289. — Echos et nouvelles, pp. 290/295. — Un ancien missionnaire. — M. Leboucq (1828—1905), par J. D., pp. 296/306.

— Mission de Ceylan, pp. 309/342.

— Mission de Madagascar, pp. 345/416.

— — N° 20. — Septembre 1905.

Le vieux et le nouveau Wei-tsoun, par Henri Lécroart, S. J., pp. 421/433. — La Chine se transformera-t-elle? par Paul

(Mém. Cong. Mission.)

Jubaru, S. J., pp. 434/436. — Mouvement de conversions. — I. Rapport du P. Neveux, pp. 437/441. — II. Lettre du P. Siao, pp. 441 442. — III. Du P. Jung à Mgr. Maquet, pp. 442/443. — IV. Du P. Héraulle à Mgr. Maquet, pp. 443/444. — V. Souvenir d'un ancien Elève, p. 444. — VI. Extraits de quelques lettres de Mgr. Maquet, p. 445. — VII. L'apostolat de la prière, p. 446. — Echos et nouvelles, pp. 447/460.

— Mission de Ceylan, pp. 463/474.

— Mission de Madagascar, pp. 477/523.

— — N° 21 — Janvier 1906.

Vieilles connaissances. — Récit adressé au P. Cordier, ancien missionnaire à Koang-ping-fou. A l'occasion de son jubilé de 25 ans de Chine, par Raphael Gaudissart, S. J., pp. 7/18. — Le Baccalauréat en Chine. Protocole des Examens. — Émotions des candidats, par Albert Perrot, S. J., pp. 19/23. — Le diable sonneur de cloches, par Albert Wetterwald, S. J., pp. 24/41. — Les chrétiens chinois et la prière. Extrait d'une lettre au Rédacteur de la *Semaine religieuse* du diocèse d'Amiens, par Alphonse Damerval, S. J., pp. 42/49. — Echos et nouvelles, pp. 50/55. — Etat de la Mission en 1905, pp. 55/56.

— — N° 21bis. — Juillet 1906.

— Mission de Ceylan, pp. 61/112.

— Mission de Madagascar, pp. 115/188.

— — N° 22. — Décembre 1906.

Le P. Damerval en Mongolie, pp. 193/212. — Les premières grandes manœuvres de l'armée chinoise, par Jules Bataille, S. J. et Henri Maquet, S. J., vicaire apostolique, pp. 213/218. — Gerbes de Ruth. Rapports à Mgr. Maquet sur la dernière année apostolique. — I. Rapport sur le Tsai-kien, par Joseph Siao, S. J., pp. 219/222. — II. Rapport sur le Hsien-hsien, par Victor Simonel, S. J., pp. 222 223. — III. Rapport sur le Chenn-tcheou, par Albert Wetterwald, S. J., pp. 223/231. — IV. Rapport sur le Fou-tcheng, par Jean Baptiste Thoret, S. J., pp. 231 232. — L'Ecole française de Tai-ming-fou, par Henri Viot, S. J., pp. 233/240. — Echos et nouvelles, pp. 241/249. — Etat de la Mission en 1906, p. 250.

— Mission de Ceylan, pp. 253/294.

— Mission de Madagascar, pp. 297/388.

— — N° 23. — Mars 1907.

Un bel autel, par Paul Jubaru, S. J., pp. 393/396. — La vie de collège en Chine, par Elie Hopsomer, S. J., pp. 397 413. — Les Ecoles de villages, par Philippe Leurent, S. J., pp. 414/419. — Echos et nouvelles, pp. 420/442.

— Mission de Ceylan, pp. 445/459.

— Mission de Madagascar, pp. 463/528.

— — N° 24. — Juin 1907.

Le réveil de la Chine et les gardes champêtres, par Albert Wetterwald, S. J., pp. 533/537. — Histoire de trois familles chrétiennes au temps des Boxeurs, par Marc Tou, S. J., pp. 538/542. — Echos et nouvelles, pp. 543/552.

— Mission de Ceylan, pp. 555/570.

— Mission de Madagascar, pp. 573/620.

— — N° 25. — Décembre 1907.

Les Noces d'Or de la Mission (1857/1907), par Henri Maquet, S. J., Evêque d'Amathonte, vicaire apostolique du Tche-li sud-est, pp. 7/19. — Concile protestant en Chine, par Paul Jung, S. J., pp. 20/22. — Programmes et examens, par Albert Perrot, S. J., pp. 23/27. — Par Henri Viot, S. J, pp. 27/32. — Par Paul Jung, S. J., pp. 32 33. — Par Albert Perrot, S. J., p. 33. — Par Albert Wetterwald, S. J., pp. 35/38. — Une encyclopédie des choses de Chine [Extrait des *Etudes*, 20 nov. 1907], par Joseph Brucker, S. J., pp. 39/48. — Echos et nouvelles, pp. 49/66. — Etat de la Mission en 1907, p. 67. — Appendice, pp. 67/68.

— Mission de Ceylan, pp. 71/114.

— Mission de Madagascar, pp. 119/226.

— — N° 26. — Septembre 1908.

Une Société contre l'infanticide, traduit par Auguste Finck, S. J., pp. 233/236. — Expédition en Mandchourie, par Alphonse d'Amerval, S. J., pp. 237/251. — Le District de Chenn-tcheou, par Albert Wetterwald, S. J., pp. 252/256. — Le présent et l'avenir de King-tcheou, par Célestin Cézard, S. J., Rapport à Mgr. Maquet sur cette section (1907), pp. 257/258. — Echos et nouvelles, pp. 259/270.

— Mission de Ceylan, pp. 273/298.

— Mission de Madagascar, pp. 301/343. — (Chine, pp. 344/346.)

— — N° 27. — Juin 1909.

La Question mandchou-chinoise, par Albert Wetterwald, S. J., pp. 351/357. — Examens nouveau modèle, par Paul Jubaru, S. J., pp. 358/365. — Les villages de Chine, par Célestin Cézard S. J., pp. 366/374. — La vieille Chine, par Louis Tourcher, S. J., pp. 375/383. — Une Académie de leçons de choses, par Séraphin Rivat, S. J., pp. 384/391. — Le frère Hérouard, notice nécrologique, par Émile Becker, S. J., pp. 392/396. — Echos et nouvelles. pp. 397/404. — Etat de la Mission en 1908, p. 405.

— Mission de Ceylan, pp. 409/428.

— Mission de Madagascar, pp. 431/467.

— — N° 28. — Mars 1910.

Des Sœurs de Sainte Agnès, par Raphaël Gaudissart, S. J., pp. 475/477. — De la Sorcellerie à l'Apostolat, par Louis Debeyer, S. J., pp. 478/485. — L'aumone sur gages, par Elie Hopsomer, S. J., pp. 486/491. — La disgrâce de Yuan-Cheu-Kai, par Albert Wetterwald. S. J., pp. 492/495. — Echos et nouvelles, pp. 497/510. — Etat de la Mission en 1909, p. 511.

— Mission de Ceylan, pp. 515/542.

— Mission de Madagascar, pp. 545/598.

— Table des Matières, pp. 599/602. — Renseignements, p. 603.

— — N° 29. — Mission de Chine, Juin 1910.

Un baptême dans une pagode, par Jules Bataille, pp. 5/8. — Héroïque martyre, par Louis Ghestin, S. J., pp. 9/10. — Journal d'un curé de campagne, par Philippe Leurent, S. J., pp. 11/35. — Echos et nouvelles, pp. 36/48. — Dernières nouvelles, p. 49.

— — N° 30. — Mission de Ceylan, Juillet 1910, pp. 51/80.

— — N° 31. — Mission de Madagascar, Septembre 1910, pp. 83/136.

— — N° 32. — Mission de Chine, Janvier 1911.

Prémices d'un prêtre chinois, par Joseph Nissen, S. J., pp. 139/143. — L'esprit religieux des Chinois, par Louis Tourcher, S. J., pp. 144/155. — Ce qu'on imprime à Sien-Hsien, par Jean Debeauvais, S. J., pp. 156/171. — Echos et nouvelles, pp. 172/183. — Le R. P. Poullier, visiteur de la Mission, pp. 184/189. — Mission du Tche-li sud-est. Progression du nombre des chrétiens de 1857 à 1910, p. 190. — État de la Mission en 1910, pp. 191/192.

— — N° 33. — Mission de Ceylan, Février 1911, pp. 195/224.

— — N° 34. — Mission de Madagascar, Mars 1911, pp. 227/272.

— — N° 35. — Mission de Chine, Mai 1911.

Noms de famille chinois, par Louis Tourcher, S. J., pp. 275/279. — Un Tchou-Pinn, par Gervais Olivier, S. J., pp. 280/286. — Un homme terrible, par Albert Wetterwald, S. J., pp. 287/291. — La réforme scolaire, par Léon Davrout, S. J. pp. 292/309. — Vers la Constitution, pp. 310/320. — Echos et nouvelles, pp. 321/336.

— — N° 36. — Mission de Ceylan, Juin 1911, pp. 339/376.

— — N° 37. — Mission de Madagascar, Juillet 1911, pp. 379/424.

(CHINE, CEYLAN, MADAGASCAR : 1905/1908.) (CHINE, CEYLAN, MADAGASCAR : 1909/1911.)

— — N° 38. — Mission de Chine, Octobre 1911.

Journal d'un Curé de Campagne (Suite), par Philippe Leurent, S. J., pp. 427/443. — Libri Sacra fames, par Léon Wieger, S. J., pp. 444/456. — Echos et nouvelles, pp. 457/464. — Etat de la Mission en 1911, p. 464.

— — N° 39. — Mission de Ceylan, Novembre 1911, pp. 467/494.

— — N° 40. — Mission de Madagascar, Décembre 1911, pp. 497/526.

— — N° 41. — Mars 1912.

Six mois sur les routes du Tche-li, par Louis Poullier, S. J., pp. 7/36. — Echos et nouvelles, pp. 37/44.

— Mission de Ceylan, pp. 47/64.

— Mission de Madagascar, pp. 67/96.

— — N° 42. — Juin 1912.

Six mois sur les routes du Tche-li, par Louis Poullier, S. J., pp. 101/122. — *Flores Martyrum*, par Raphaël Gaudissart, S. J., pp. 123/125. — Par Joseph Siao, S. J., pp. 126/141. — Echos et nouvelles, pp. 142/156.

— Mission de Ceylan, pp. 159/180.

— Mission de Madagascar, pp. 183/192.

— — N° 43. Septembre 1912.

Petites-filles et grand'mères, par Gervais Olivier, S. J., pp. 197/205. — Deux chutes de grêle à trois mille ans de distance, par Louis Tourcher, S. J, pp. 206/209. — Echos et nouvelles, pp. 210/216.

— Mission de Ceylan, pp. 219/242.

— Mission de Madagascar, pp. 245/288.

— — N° 44. — Décembre 1913.

En vingt-cinq ans, par O. Neveux, S. J., pp. 289/295. — La mort d'un missionnaire par Paul Jubaru, S. J., pp. 296/298. — La Chine nouvelle. — Les élections en Chine et les catholiques, par Albert Wetterwald, S. J., pp. 299/300. — Echos et nouvelles, pp. 301/304. — Etat de la Mission au 1er juillet 1913, p. 305.

— Mission de Ceylan, pp. 307/328.

— Mission de Madagascar, pp. 329/376.

— — N° 45. — Mars 1914.

Premières journées en Chine, par L. Van den Bussche, S. J., pp. 377/381. — Un mois en mission, par Louis Ghestin, S. J., pp. 382/393. — Sous la protection de Saint Joseph, Alertes. — Ruines et relèvement, par Albert Wetterwald, S. J., pp. 394/411. — Un Japonais en colère, par Joseph Nissen, S. J, pp. 412/418. — Echos et nouvelles, pp. 419/427.

— Mission de Ceylan, pp. 428/463.

— Mission de Madagascar, pp. 464/513. Table des Matières, pp. 514/516.

— — N° 46. — Juin 1914.

Première année de mission, par Ch. Petit, S. J., pp. 1/13. — Les démarches du docteur Schmidlin en Chine, par X. ***, pp. 14/24. — Echos et nouvelles, pp. 25/29.

— Mission de Ceylan, pp. 30/41.

— Mission de Madagascar, pp. 42/76.

— *Chine Ceylan Madagascar.* — Lettres des Missionnaires français de la Compagnie de Jésus (Province de Champagne) — Nouvelle série N° 47. — Janvier 1920. — Procure des Missions, 73 rue des Stations Lille. — 1920; in-8.

(Chine, Ceylan, Madagascar: 1911/1914.)

A nos Lecteurs, pp. V/VI. Le nouvel évêque. Mgr. H. Lécroart, pp. 7/11. — Les missionnaires de Chine au service de la France, pp. 12/18. — Vides et remplacements, pp. 19/21. — Les défunts. Le R. P. Emile Becker, pp. 22/27. — Le P. Séraphin Couvreur, p. 27. — Le P. Marc Tou, pp. 27/28. — Echos et nouvelles pp. 29/32. — Etat de la Mission du Tche-li sud-est au 1er juillet 1914 et au 1er juillet 1918, pp. 33.

— Mission de Ceylan, pp. 35/53.

— Mission de Madagascar, pp. 55/80.

— — N° 48. — Avril-Juillet 1920.

Coup d'œil d'ensemble sur la Mission du Tche-li sud-est (1918—1919), par Henri Lécroart, Evêque d'Anchialos, vicaire apostolique du Tche-li sud-est, pp. 83/85. — Les rescapées de Jenn-Kiou, par Albert Wetterwald S. J., pp. 86/92. — Première messe et réceptions, pp. 93/94. — Les Chinois revenus de France, par Elie Hopsomer, S. J., pp. 95/96. — Un apostolat auprès des Chinois de France, par J. D., pp. 97/98. — Le P. Alcide Cordier, par J. D., pp. 99/102. — Echos et nouvelles, pp. 103/113.

— Mission de Ceylan, pp. 115/133.

— Mission de Madagascar, pp. 135/160.

— — N° 49. — Octobre 1920.

Première visite pastorale de Mgr. Lécroart, par Pierre Mertens, S. J., pp. 163/170. — Scènes de la vie de collège en Chine, par Emmanuel Aizier, S. J., pp. 171/175. — La révolution chinoise et la tresse, par Albert Perrot, S. J., pp. 176/183. — Echos et nouvelles, pp. 184/189.

— Mission de Ceylan, pp. 191/213.

— Mission de Madagascar, pp. 215/232.

— — N° 50. — Décembre 1920.

Le pays des dix-mille calamités, pp. 235/246. — La vie à Ta-ming-fou, par Philippe Leurent, S. J., pp. 247/252. — Echos et nouvelles, pp. 253/254. — Etat de la Mission du Tche-li sud-est au 1er juillet 1920, p. 255.

— Mission de Ceylan, pp. 257/275.

— Mission de Madagascar, pp. 277/296.

— — N° 51. — Mars 1921.

La famine au Tche-li sud-est, pp. 5/24. — Les péripéties d'une construction, par Pierre Mertens, S. J., pp. 25/29. — Echos et nouvelles, pp. 30/33.

— Mission de Ceylan, pp. 35/57.

— Mission de Madagascar, pp. 59/80.

— — N° 52. — Juin 1921.

Encore la famine, par Léon Desbuquois, S. J., pp. 83/95. — La terreur militaire, par Albert Wetterwald, S. J., pp. 96/101. — La moisson blanchit, par Henri Lécroart, S. J., p. 102. — Fouilles paléontologiques, par Emile Licent, S. J., pp. 103/114. — Echos et nouvelles, pp. 115/117.

— Mission de Ceylan, pp. 119/137.

— Mission de Madagascar, pp. 139/160.

— — N° 53. — Septembre 1921.

Reconnaissance, par Henri Lécroart, S. J., vicaire apostolique du Tche-li sud-est, pp. 163/164. — Le Collège de Ta-ming-fou, par Léon Desbuquois, pp. 165/172. — Petit Bouton de rose, par Raphaël Gaudissart, S. J., pp. 173/176. — Les méthodes visuelles dans l'Enseignement de la Théologie et de la Philosophie, par Pierre-Xavier Mertens, S. J., pp. 177/179. — Les enfants et le prêtre, par Maurice Cannepin, S. J., pp. 180/181. — Echos et nouvelles, pp. 182/185.

— Mission de Ceylan, pp. 187/207.

— Mission de Madagascar, pp. 209/240.

— — N° 54. — Décembre 1921.

Le Bilan de la famine, par Henri Lécroart, S. J., vicaire apostolique, pp. 243/246. — Maître Song de bonze devenu catéchiste, par Pierre X. Mertens. S. J., pp. 247/256. — Visite aux chrétientés, par Etienne Jacquart, S. J., pp. 257/260. — Le P. Louis Duquesne, pp. 261/262. — Echos et nouvelles, pp. 263/268. — Etat de la Mission du Tche-li sud-est au 1er Juillet 1921, p. 269.

(Chine, Ceylan, Madagascar: 1920/1921.)

— Mission de Ceylan, pp. 271/291.

— Mission de Madagascar, pp. 293/318.

Table des Matières, pp. 319/320.

Col. 1026/1028.

— *Relations de Chine*, Avril 1905, Kiang-Nan, pp. 467/530.

Un curieux document. — Préface de l'« Abrégé des doctrines religieuses », écrites par S. E. Tcheou-Fou, vice-roi actuel de Nan-Kin, pp. 467/469. — Relation annuelle du P. Lémour. Section de Ngan-King. — I. L'Apostolat auprès des païens. — II. La Sainte-Enfance, pp. 470/478. — Impressions de missionnaires. Lettre du P. Dannic au R. P. Supérieur, pp. 479/488. — Extrait d'une lettre du P. Moisan, pp. 488/489. — De Marseille à Chang-haï [suite], par M., pp. 490/508. — Le voyage de Monseigneur Paris, pp. 509/510. — Variété. La Cigale ayant chanté tout l'été, par Louis Hermand, pp. 511/517. — Le savetier et le financier. Conte chinois, extrait des cent dialogues comiques publiés sous la dynastie des Yuen (1280—1338 de notre ère). Traduction du P. C. de Bussy, S. J., pp. 518/523. — Echos et nouvelles, pp. 524/530.

— — Juillet 1905, Kiang-Nan, pp. 531/594.

Relation du P. Desnos District de Leou-Fang, pp. 531/535. — Extrait d'une lettre du P. Gibert, pp. 536/539. — Nos bons vieux. Lettre du P. Crochet, pp. 540/546. — Choses et autres. — Extraits de différentes lettres des P. Ach. Durand et R. Rodet, S. J., pp. 547/562. — Silhouettes chinoises. Lettre du P. Ch. Barraud, pp. 563/571. — Lettre du P. Biès, pp. 572/574. — Les Salines de Vong-Yé, par A. R., pp. 575/579. — Variété. Proverbes chinois. Dictons populaires sur la pluie et le beau temps recueillis au Kiang-Nan, pp. 580/584. — Echos et nouvelles, pp. 585/592. — Une grande fête, p. 593. — Nécrologie. Le R. P. Jean Lemoigne, p. 594.

— — Octobre 1905, Kiang-Nan, pp. 595/658.

Sur le Canal Impérial. De Tchen-Kiang à Sou-tsien, pp. 595/604. — A T'ou-Sé-Wé. Nos Orphelins. (Extraits de lettres du P. de Lapparent et du P. Durand), pp. 605/613. — Le Collège de Zi-ka-wei, pp. 614/622. — L'Ordination, pp. 623/626. — Un bon larron, par Viator, pp. 627/629. — Relation annuelle du P. de la Sayette. District de Siao-so, Hai-men, pp. 630/636. — Relation annuelle du P. Xavier David. District de Nan-siu-tcheou (Section de Yng-tcheou-fou, pp. 637/639. — Relation annuelle du P. Mouton. District de Yng-chang (Lou-ngan), pp. 640/644. — Echos et nouvelles, pp. 645/650. — Nécrologie. Le R. P. Henri de la Sayette, pp. 651/654.

— — Janvier 1906, Kiang-Nan, pp. 3/64.

Un désastre. Le Typhon du 1er Septembre, par L. T., pp. 3/10. — Les nouveaux prêtres au Kiang-Nan. Une erreur réparée, p. 11. — Tableau des Œuvres pendant l'année apostolique (Juillet 1904 à Juillet 1905). Etat comparatif de la mission de 1847 à 1905, p. 12. — Lettre du P. Jean Aucler à un jeune cousin, pp. 13/20. — Lettres du P. Gibert à sa Famille, pp. 21/26. — Les Petites Sœurs des Pauvres. Extrait d'une lettre du F. Eugène Beaucé à son frère, pp. 27/30. — Le « Wei-pao », journal de Zi-ka-wei. Note du F. Van Hée, pp. 31/36. — Les Chinois et leurs morts, par le P. Guimbretière, S. J., pp. 37/42. — Une nouvelle île. Lettre du P. Pierre au P. Recteur, pp. 43/49. — Bibliographie, pp. 50/52. — Départ de missionnaires pour la Mission du Kiang-Nan, p. 53. — Echos et nouvelles, pp. 54/56. — Nécrologie [le P. René Barbotin], p. 57. — Une vocation de missionnaire. Le P. Jean Aucler (1868—1905) pp. 58/64.

— — Avril 1906, Kiang-Nan, pp. 65/128.

Siu-tcheou-fou occidental. Rapport annuel du P. Gain, pp. 65/73. — Lettre du R. P. J. Crochet, pp. 74/77. — Impressions de voyage. Extrait de plusieurs lettres du P. Biseul, pp. 78/83. — Choses et autres. Lettre du P. Barraud, pp. 84/89. — Le Progrès en Chine. Lettre du P. de Vibraye, pp. 90/93. — Variété. — Collège de Zi-ka-wei. Un Congé à Changhai. L'Askold, par P. Ancel, pp. 94/99. — Lettre du P. Dannic. Les Paysans du Kouo-yang, pp. 100/105. — Décorations et insignes chinois, pp. 106/112. — Le désastre de Wang-souo. Lettre du P. Pierre à Monseigneur, pp. 113/115. — Echos et nouvelles, pp. 116/126. — Nécrologie. Le P. Augustin Colombel, pp. 127/128.

— — Juillet 1906, Kiang-Nan, pp. 129/192.

Voyage dans le Sud du Ngan-hoei. Lettre du P. Jean Aucler à sa famille (Novembre 1904), pp. 129/140. — Lettres du P. Dannic. — I. Conscrits du Kouo-Yang. — II. Le premier de l'An au Kouo-Yang, pp. 150/160. — Les Ouvroirs des religieuses Auxiliatrices à Zi-ka-wei, pp. 161/169. — L'administration chinoise, l'enseignement, etc. Extrait de différentes lettres. — I. Du P. Allain, pp. 170/175. — II. Du P. de Vibraye, pp. 175/179. — Catéchuménat Saint-Antoine de Padoue. Relation du P. Bondon. Missionnaire au T'ang-chan-hien, pp. 180/182. — Les troubles du Ho-chan. — Lettre du P. Lémour à Monseigneur, pp. 183/188. — Echos et nouvelles, pp. 189/192.

— — Octobre 1906, Kiang-Nan, pp. 193/256.

Un catéchuménat de vieux dans le district de Pei-hien, par J. Van Dosselaere, S. J., pp. 193/195. — Au Fong-hien. Lettre du P. de Bodman, pp. 196/200. — Au Pays d'Yng-tcheou-fou. Lettre du P. G. Desportes à un futur missionnaire, pp. 201/206. — Lettre du P. J. Dannic au P. J. Ducoux, pp. 207/211. — Les monnaies chinoises, par Louis Hermand, pp. 212/222. — La lanterne merveilleuse, par Sévère Bizeul, S. J., pp. 223/227. — Un voyage à Ts'ong-ming par le P. A. Durand, pp. 228/244. — En route pour la Chine. Extrait du journal de bord du P. de Geloës, Octobre-Novembre 1904, pp. 245/252. — Départ de missionnaires pour la Mission du Kiang-Nan, p. 253. — Echos et nouvelles, pp. 254/256.

— — Janvier 1907, Kiang-Nan, pp. 1/64.

La Mission du Kiang-nan. Courte histoire de soixante-cinq ans, pp. 1/13. — La Sainte-Enfance à Ngan-King. Relation annuelle du P. Lémour, pp. 14/17. — L'ordination de 1906, p. 18. — Inondations au Siu-tcheou-fou. Lettre du P. Dannic, pp. 19/23. — Extrait d'une lettre du P. Bondon, pp. 23/24. — Extrait d'une lettre du P. Richard, p. 25. — Extraits de lettres du P. Gibert à sa famille, pp. 25/29. — Lettre du P. Pierre au Directeur des *Relations de Chine*, p. 29. — Au pays du diable. Le diable convertisseur, par Pierre Ancel, pp. 30/37. — Les métiers chinois. — I. Le tailleur de pierres. — II. Le Forgeron, par S. Bizeul, S. J., pp. 38/45. — Chronique musicale, par Louis Hermand, S. J., pp. 46/51. — Tableau des Œuvres pendant l'année apostolique (Juillet 1905 à Juillet 1906). Etat comparatif de la Mission de 1847 à 1906, p. 52. — L'association des anciens élèves de Zi-ka-wei, pp. 53/56. — Echos et nouvelles, pp. 57/64.

— — Avril 1907, Kiang-Nan, pp. 65/128.

La Mission du Kiang-Nan. Courte histoire de soixante-cinq ans (Suite.), pp. 66/74. — Visite de la section de Tchang-tcheou par Monseigneur Paris (Mars-Avril 1906.), pp. 75/100. — Le Clergé indigène dans la mission du Kiang-Nan. Notes d'un vieux missionnaire, par D. Gandar, S. J., pp. 101/110. — Une école... Normale! Lettre du P. Dannic, pp. 111/114. — Correspondance. La famine au Yng-tcheou-fou (province du Ngan-hoei). Du P. J. B. Rouxel, pp. 115/121. — Nécrologie. Le P. Victor Leveillé, pp. 122/123. — Le Frère Charles Hennet, pp. 123/124. — Echos et nouvelles, pp. 125/128.

— — Juillet 1907, Kiang-Nan, pp. 129/192.

Les Catéchuménats. — I. Catéchuménat des Ames du Purgatoire. Relation du P. Van Dosselaere à Monseigneur, pp. 129/132. — II. Une journée au Catéchuménat de Sainte-Agnès au Fong-hien. Lettre du P. C. de Bodman, pp. 132/135. — Aux prises avec la langue chinoise, du P. Guimbretière, pp. 136/140. — L'art symbolique en Chine, par le P. L. Hermand, pp. 141/169. — A Zi-ka-wei. Une visite mandarinale (F. Chevestrier), pp. 170/171. — Un concours de jeux (P. Chevestrier), pp. 171/172. — Cinquantaine de Chine du P. Léveillé (du P. Ancel, 19 août 1906), pp. 172/173. — Bénédiction et pose de la première pierre de l'église St. Ignace, pp. 173/175. — A l'Observatoire (P. Froc), pp. 175/176. — Le Typhon d'Hong-Kong et les Observatoires des Jésuites (Extrait du *Times* du 9 octobre), par Robert Brown, S. J., pp. 176/178. — L'Observatoire astronomique de Zo-cé et la presse (De l'*Echo de Chine* 14 décembre 1906), pp. 179/181. — Coutumes chinoises. Du P. de Geloës, pp. 182/190. — Echos et nouvelles, pp. 191/192.

— — Octobre 1907, Kiang-Nan, pp. 193/256.

Le district de Yng-chan. Relation annuelle à Monseigneur, pp. 193/205. — Au Fong-Yang-Fou. Lettre du P. Crochet, pp. 206/213. — Des catéchistes! Lettre du P. de Bodman au Directeur des « Relations », pp. 214/218. — Un voyage d'agrément. Les auberges, l'installation. Lettre du P. Zi, pp. 219/222. — Les mendiants du Kouo-Yang pendant la famine, par J. Dannic, S. J., pp. 223/228. — A travers la Chine par Henri Villard, pp. 229/243. — Le district de Ho-chan en 1905—1906. — Relation du P. Gratien, pp. 244/246. — Nécrologie. Le Frère Paul Beauchef. — Lettre du R. P. Rodet, pp. 247/248. — Echos et nouvelles, pp. 249/252. — Table des matières, pp. 253/255. — A nos Lecteurs, p. 256.

— — Janvier-Avril 1908, Kiang-Nan. — Deuxième série. Revue trimestrielle. — Nos 1/2, in-8, pp. 3/96.

L'Œuvre des Catéchumènes. Appel d'un missionnaire, par Léop. Gain, S. J., pp. 3/6. — Catéchuménat St-Antoine de Padoue, du P. Charles Bondon, pp. 7/8. — Succès apostolique inattendu, du P. Firmin Sen, pp. 9/21. — La pêche à la ligne ou l'histoire de T'ang-Sou-tsong, par le P. Pierre, pp. 22/26. — Foug-Yang-fou, par J. Crochet, S. J., pp. 27/39. — L'ouvrier en Chine, par S. Bizeul, S. J., pp. 40/46. — A Nan-King. Lettre du P. Allain, pp. 47/53. — Un homme heureux, du P. Dannic, pp. 54/57. — Un sous-préfet, du P. J. B. Rouxel, pp. 58/64. — Attentat révolutionnaire, par P. Lémour, pp. 65/71. — Le patriotisme en Chine. Lettre du P. Jubaru, pp. 72/73. — Un décret impérial en faveur des chrétiens, du P. Guimbretière, pp. 74/76. — Missions et visites annuelles. Lettre du P. J. Vénel, pp. 77/82. — Départ de missionnaires, p. 83. — Les nouveaux missionnaires au Collège de Zi-ka-wei, du P. Hamon, p. 84. — Echos et nouvelles, pp. 85/90. — Nécrologie. Dernier voyage et mort du R. P. Louail, Supérieur de la Mission du Kiang-nan. (D'après les notes du F. Arvier), pp. 91/94. — Le Frère Mathias Kouo. Lettre du P. Eugène Rouxel au R. P. Supérieur, pp. 94/95.

— — Juillet 1908, Kiang-Nan, Revue trimestrielle. — N° 3, pp. 97/144.

Excursion au Japon, du P. E. Chevestrier, pp. 97/109. — Le progrès en Chine. Illusions sur illusions, par J. Dannic, pp. 110/114. — Au district de Leou-fang. Relation du P. Desnos à Monseigneur, pp. 115/121. — Administration d'une chrétienté. Les Ecoles, du P. G. Gibert à sa famille, pp. 122/124. — Les catéchistes. Lettre du P. Bastard, pp. 125/129. — Etat comparatif des Chrétiens et des Païens au Kiang-Nan, p. 130. — Etat comparatif des Catéchumènes et des Païens au Kiang-Nan, p. 131. — Les Congréganistes de Tsong-Ming. Lettre du P. Le Chevallier, pp. 132/134. — Nécrologie. Le P. Louis Ménez, S. J. (14 avril 1871 – 28 mars 1908), pp. 135/137. — Le R. P. Adigard, S. J., par C. L. M., p. 138 (de la *Semaine religieuse* de Quimper). — Echos et nouvelles, pp. 139/144.

— — Octobre 1908, Kiang-Nan, Revue trimestrielle. — N° 4, pp. 145/192.

Les brigands à Yang-leou-wan, par P. Lemour, pp. 145/149. — A Nan-King. Extraits de lettres du P. Allain, pp. 150/157. — Le cinquantenaire de N. D. de Lourdes. Lettre du P. Durand à sa famille, pp. 158/161. — L'anniversaire de naissance d'un missionnaire. Lettre du P. Hamont, pp. 162/164. — Un patronage en Chine. Lettre du P. Maujay, pp. 165/171. — Les écoles à Ho-chan. Relation du P. Gratien à Monseigneur, pp. 172/173. — Visites réciproques. Marins italiens à Zi-ka-wei, du P. Chevestrier, pp. 174/175. — Deux visites à un croiseur italien, du F. Beaucé, pp. 176/178. — La tuberculose en Chine, du P. Bizeul, pp. 179/184. — Nécrologie. Le R. P. Paul Acher-Dubois, par E. Rafin, prêtre, pp. 185/187 (de la *Semaine religieuse* de Luçon). — Echos et nouvelles, pp. 188/192.

— — Janvier 1909, Kiang-Nan, Revue trimestrielle. — N° 5, pp. 193/256.

Une Société contre l'infanticide. Appel au peuple du Kiang-si, traduit par Auguste Finck, S. J., pp. 193/196. — L'infanticide. Extrait d'une lettre du P. Chevallier-Chantepie, pp. 196/198. — L'apostolat à Ou-yuen-hien. Extraits de lettres du P. de Barrau, pp. 199/202. — Le catéchuménat St-Joseph, année 1907/1908. Lettre du P. de Lapparent, pp. 203/205. — Pendant le choléra. Journal du P. G. Ducoux, pp. 206/216. — Le 15 août des Scolastiques à Zang-zôh, près Sou-tseu, par G. Maujay, S. J., pp. 217/221. — Tableau des œuvres pendant l'année apostolique (Juillet 1907 à Juillet 1908), p. 222. — Mission du Kiang-Nan, carte, p. 223. — Batisseur au Siu-tcheou-fou. Extrait d'une lettre du P. Bastard, pp. 224/226. — Une visite du mandarin. Lettre du P. Hermand à sa mère, pp. 227/232. — Persécution au nouveau centre de Houkaze (1907/1908), du P. Albert Tschepe, pp. 233/238. — Jubilé de Notre Dame de Lourdes à Kouo-Yang (1908), par J. Dannic, S. J., pp. 239/243. — Départ de nouveaux missionnaires, p. 244. — Lettre du P. Le Biboul à Monseigneur, pp. 245/247. — Nécrologie. Le P. Sendou. Lettre du P. Poirier à Monseigneur, pp. 248/250. — Echos et nouvelles, pp. 251/256.

— — Avril 1909, Kiang-Nan, Revue trimestrielle. — N° 6, pp. 257/320.

Les Jésuites en Chine. La mission du Kiang-Nan, par A. Brou, pp. 257/264. — L'Académie scientifique au Collège Saint-Ignace de Zi-ka-wei, par C. M. Vanara, S. J., pp. 265/268. — Catéchuménat des Ames du Purgatoire, par H. Frenken, S. J., pp. 269/270. — L'enseignement, moyen d'apostolat. Extrait d'une lettre du P. Maujay, pp. 271/273. — Extrait d'une lettre du P. Roberfroid aux Apostoliques de Turnhout, pp. 274/276. — Les Petites Sœurs des pauvres à Changhaï. Une prise d'habit, par E. Beaucé, S. J., pp. 277/280. — Les nouveaux missionnaires et le Collège de Zi-ka-wei, par Albert M. Robinet, S. J., pp. 281/290. — La Chine en deuil. Mort de l'empereur Kouang siu. — Mort de l'Impératrice Douairière, etc., pp. 291/312. — Variété. Quelques mots sur l'Opium, par S. Bizeul, S. J., pp. 313/318. — Echos et nouvelles, pp. 319/320.

— — Juillet 1909, Kiang-Nan, Revue trimestrielle. — N° 7, pp. 321/368.

Une visite princière à Zi-ka-wei (17 octobre 1908), par E. Chevestrier, S. J., pp. 321/327. — Le patronage des petits maçons à Zi-ka-wei, par G. Maujay, pp. 328/332. — Voyage homérique du P. de Grandmaison, par J. Dannic, S. J., pp. 333/338. — Les Joséphistes-Maristes. Notes sur une œuvre de catéchistes dans la mission du Kiang-Nan, par G. M., pp. 339/345. — Comment s'attrape une psoïte, par René Desnos, S. J., pp. 346/358. — Le cocher chinois, par Viator, pp. 359/361. — Variétés. — I. Le lait végétal. — II. Fromage de haricots (Teou-fou), par S. Bizeul, S. J., pp. 362/365. — Echos et nouvelles, pp. 366/368.

— — Octobre 1909, Kiang-Nan, Revue trimestrielle. — N° 8, pp. 369/432.

La chrétienté de Siao-hien. Lettre du P. Bastard au procureur de la mission, pp. 369/371. — Une excursion apostolique. Lettre du P. Monti à ses anciens élèves de Notre Dame de Bon-Secours, à Jersey, pp. 372/379. — En district. Lettres du P. Hermand à sa famille, pp. 380/385. — Lettre aux élèves de Marneffe, par P. Chouan, pp. 385/392 — Visite à T'ou-sé-wé. Lettre du P. Dugout aux élèves de Marneffe, pp. 393/397. — Une visite à Fong-Yang-fou. Lettre du P. Crochet, pp. 398/406. — Les médecins à Sou-song. Lettre du P. Colvez, pp. 407/411. — Les brigands du Siu-tcheou-fou, par le P. L. Gain, pp. 412/416. — Notes sur la nouvelle organisation des Ecoles en Chine, par J. Tobar, S. J., pp. 417/425. — Nécrologie. Le P. Pierre Arnaud, pp. 426/427. — Echos et nouvelles, pp. 428/432.

— — Janvier 1910, Kiang-Nan, Revue trimestrielle. — N° 9, pp. 433/496.

La section de Ngan-K'ing. Relation annuelle du P. Lémour à Monseigneur, pp. 433/442. — Dispensaires & baptêmes d'enfants à Changhaï [Extrait du compte-rendu des œuvres des religieuses Auxiliatrices du Purgatoire], pp. 443/447. — Un voyage, du P. Gibert à sa famille, pp. 448/451. — Carte de la Mission du Kiang-Nan, p. 452. — Au jour le jour. Lettre du P. Chevestrier, pp. 453/456. — Voyage au pays de Confucius & de ses disciples, par le P. Tschepe, S. J., pp. 457/465. — L'enfant en Chine. Nombre d'enfants. Aux champs. A l'école. En famille (du P. Bizeul), pp. 466/479. — Les nouveaux missionnaires, p. 480. — Départ de missionnaires, p. 481. — Tableau des œuvres pendant l'année apostolique (Juillet 1908 à Juillet 1909), p. 482. — Année agricole et année apostolique, par J. Dannic, S. J., pp. 483/486. — Nécrologie. Le P. Paul Marie Besnard (1854—1909), par J. Dannic, S. J., pp. 487/489. — Echos et nouvelles, pp. 490/496.

— — Avril 1910, Kiang-Nan, Revue trimestrielle. — N° 10, pp. 497/560.

De France en Chine. Extrait de plusieurs lettres du P. de la Servière à sa famille, pp. 497/511. — Relations annuelles à Monseigneur. Relation du P. E. Moreau, pp. 512/513; relation du P. Gasnier, pp. 514/515; relation du P. Le Chevallier, pp. 515/518. — A Ou-si. Extraits de quelques lettres du P. Ch. Baumert, pp. 519/521. — A Hai-men, du P. H. Moisan, pp. 522/524. — Du P. Poirier, p. 525. — Un service météorologique en Extrême-Orient, par Guy de la Haye, pp. 526/532. — Voyage au pays de Confucius & de ses disciples, par le P. Tschepe, S. J. [Suite], pp. 533/540. — La justice au Yamen (Tribunal), par le P. Chevestrier, pp. 541/549. — La distillation, par Sévère Bizeul, S. J., pp. 550/554. — Nécrologie. Le P. Séraphin Speranza, par P. Ancel, S. J., pp. 555/558. — Echos et nouvelles, pp. 559/560.

— — Juillet 1910, Kiang-Nan, Revue trimestrielle. — N° 11, pp. 561/624.

De France en Chine. Extrait de plusieurs lettres du P. de la Servière à sa famille (Suite et fin), pp. 561/569. — Relations annuelles à Monseigneur. — Relation du P. J. Crochet, pp. 570/572. — Relation de la Sainte-Enfance, par S. Verdier, S. J., pp. 572/574. — Emeute à Ngan-King, par P. Lémour, S. J.,

(Relations de Chine : 1908/1909.)

(Relations de Chine : 1909/1910.)

pp. 574/575. — Yao-wan, par J. Thomas, S. J., pp. 576/577. — Relation du P. Ferrand, pp. 577/579. — Relation du P. Colvez, S. J., pp. 579/581. — Soei-ning. Le pays, l'apostolat, par H. Chevallier-Chantepie, S. J., pp. 582/594. — La Sainte Enfance. Lettre du P. Jouon, pp. 595/600. — L'inondation de la plaine de Hai-tcheou. Lettre du P. Verdier, pp. 601/603. — Lettre du P. Doré, pp. 604/606. — Esther. Lettre du P. Froc à un de ses amis, pp. 607/611. — Nécrologie. Le P. Pierre Wang, Prêtre du clergé séculier du diocèse de Nan-King, par Henry Dugout, S. J., pp. 612/614. — Changhai—Paris. Itinéraires et Tarifs au début de l'année 1910, p. 615. — Echos et nouvelles, pp. 616/624.

— — Octobre 1910, Kiang-Nan, Revue trimestrielle. — N° 12, pp. 625/688.

Vingt-cinquième anniversaire de l'évangélisation du Siu-tcheou-fou (1884—1909). Lettre du P. L. Gain à Monseigneur, pp. 625/630. — Les œuvres protestantes à Hoai-yuen. Lettre du P. Crochet, pp. 631/638. — Hoai-yuen catholique. Relation annuelle, par J. B. Rouxel, S. J., pp. 639/640. — L'apostolat dans le bas Fleuve bleu. Lettre du P. L. Hermand à un ami, pp. 641/648. — Lettre du P. Hermand aux élèves de Marneffe, pp. 649/653. — Lettre du P. Hermand aux élèves de Jersey pp. 654/663. — Tribulations d'un Missionnaire. Lettre du P. Dannic, pp. 664/668. — Nouvelles méthodes d'enseignement en Chine. Le «Nan-yang College». — 1° Nom. But. Titre officiel. Historique. — 2° Enseignement. Administration intérieure du collège. Elèves etc. . . ., par Pierre Ancel, S. J., pp. 669/676. — Sinologie et sinologue, par A. Haouisée, S. J., pp. 677/680. — Echos et nouvelles, pp. 681/683. — Table des matières du troisième volume, pp. 684/688.

— — Janvier 1911, Kiang-Nan, Troisième série, Revue trimestrielle. — N° 1, in-8, pp. 1/64.

Départ des missionnaires, p. 2. — Tableau des œuvres pendant l'année apostolique (Juillet 1909 à Juillet 1910), p. 3. — Œuvrés spéciales. Changhai et ses environs. En dehors de Changhai dans les sections, p. 4. — Progrès des Missions catholiques en Chine de 1889 à 1909, par Ed. Moreau, p. 5. — Retour de vacances. Un district inondé. Lettre du P. Gauchet, pp. 6/14. — Inauguration de l'église St. Ignace à Zi-ka-wei. Relation du P. Haouisée, pp. 15/21. — Note du P. Froc sur les opérations militaires à l'Observatoire les 22 et 23 octobre, pp. 21/22. — Histoire d'un congréganiste et de son père, par le P. J. Le Chevallier, pp. 23/28. — La conversion d'un ancien mandarin militaire, par Firmin Sen, S. J., pp. 29/31. — Croquis de Chine. Chez les vieux chrétiens. Une fête patronale à Kin-ka-hang, par Joseph de la Servière, pp. 32/35. — Ma mule et la comète, par le P. J. Dannic, pp. 36/38. — Variété. Pagodins, par Louis Van Hée, S. J., pp. 39/43. — Xavier Mouton (1852—1908). — Les premières années 1870—1871, pp. 44/53. — Nécrologie. Le P. Joachim Chevalier. (1841—1910), pp. 54/56. — Le P. Auguste Pierre (1856—1910), pp. 57/59. — Les treize nouveaux prêtres de l'année 1910, p. 60. — Echos et nouvelles, pp. 61/64.

— — Avril 1911, Kiang-Nan, Revue trimestrielle. — N° 2, pp. 65/128.

Les nouveaux prêtres de l'année 1910, pp. 67/68. L'Œuvre des catéchuménats. Lettre du P. L. Gain, pp. 69/74. — Croquis de Chine. Autour de Dang-mou-ghiao, par Joseph de la Servière, pp. 75/82. — Le P. Hermand aux élèves de Marneffe, pp. 83/89. — Métiers chinois. Maçons et maçonnerie, par S. Bizeul, S. J., pp. 90/101. — Nécrologie. Le P. Dominique Gandar, par Henry Dugout, S. J., pp. 102/108. — Le P. Jean Vénel, pp. 108/110. — Xavier Mouton (1852/1908) (Suite) — La vocation, pp. 111/115. — Variété. — L'élevage des canards, par S. Bizeul, S. J., pp. 116/118. — Les nouveaux missionnaires de 1910, p. 119. — Echos et nouvelles, pp. 119/128.

— — Juillet 1911, Kiang-Nan, Revue trimestrielle. — N° 3, pp. 129/208.

La famine. Extrait d'une lettre du P. Allain au Directeur des Missions catholiques, pp. 129/131. — Lettre du P. L. Gain, ministre de la section, pp. 131/132. — Çà et là, par L. Tournade. pp. 133/134. — I. Ning-Kouo-fou. Relation annuelle du P. Lequeliec (1910—1911), pp. 134/141. — II. Section de Ou-hou. Extrait de la relation annuelle du P. Bizeul, pp. 141/142. — III. Siu-tcheou-fou occidental. Extrait de la relation annuelle du P. Bondon, pp. 142/143. — IV. Ma-tsing (même section), du P. Ferrand, pp. 144/145. — V. Progrès au Siu-tcheou-fou occidental. Extrait d'une relation du P. de Bodman, pp. 145/146. — VI. Tsong-ming. Extrait de la relation annuelle du P. Le Chevallier, pp. 146/150. — VII. Les Ecoles de la

Sainte Enfance à Ngan-King. Extrait de la relation annuelle du P. Lémour, pp. 150/152. — La question des catéchistes. Extrait de la relation annuelle du P. Lémour, pp. 153/156. — Chez les pêcheurs, par Joseph de la Servière, pp. 157/161. — La guérison d'un petit servant de Messe par Notre-Dame de Lourdes, pp. 162/163. — L'intervention des missionnaires dans les procès des chrétiens en Chine, pp. 164/172. — L'institution de la Sainte Famille. Dirigée par les Auxiliatrices du Purgatoire (1899—1910). — Extrait de Notes communiquées par les Supérieures. — I. Œuvres européennes. — II. Œuvres chinoises, pp. 173/182. — Notre Œuvre d'enseignement supérieur et secondaire. — I. L'Université l'Aurore de Changhai. — II. Le Collège Saint-Ignace de Zi-ka-wei, pp. 183/196. — Nécrologie. Le P. Pierre de Mathan (1866—1909), pp. 197/199. — Le frère Clément Helg, par Henry Dugout, S. J., pp. 200/202. — Echos et nouvelles, pp. 203/208.

— — Octobre 1911, Kiang-Nan, Revue trimestrielle. — N° 4, pp. 209/276.

La famine. — I. Lettre du Père Dannic, pp. 209/213. — II. Lettre du P. Dannic au Pére Bornand, pp. 214/215. — III. Le Comité de secours (Rapport à Sa Grandeur Mgr. Paris), par J. Dannic, S. J., pp. 216/217. — De San-Koan-miao à Ou-yuen. Lettre du P. de Bodman à sa famille, pp. 218/230. — L'école des mandarins, par Octave Piel, S. J., pp. 231/233. — Notes sur le Collège Saint-François-Xavier de Changhai (Hong-Keu) sous la direction des Frères de Marie (1893—1910). Extraits d'un rapport du Frère Norbert, pp. 234/239. — La vie au Ngan-hoei. Petites histoires. (Extraits de diverses lettres du Père de la Taille à sa famille) pp. 240/246. — Superstitions chinoises pour les enfants, par le Père H. Doré, S. J., pp. 247/253. — Une excursion à Ne-ziang chez le Père Hermand, par René Jouon S. J., pp. 254/257. — La vie au Siu-tcheou-fou. Lettre du P. de Geloes au Père B., pp. 258/267. — Une double adoption. Lettre du Père Beaumert, pp. 268/270. — Nécrologie. Le Père Twrdy (2 août 1910), pp. 271/272. — Le Père de Vibraye, pp. 272/274. — Echos et nouvelles, pp. 275/276.

— — Janvier 1912, Kiang-Nan, Revue trimestrielle. — N° 5, pp. 277/352.

Départ de missionnaires, p. 277. — Tableau des Œuvres pendant l'année apostolique (Juillet 1910 à Juillet 1911), p. 278. — Œuvres spéciales. Changhai et ses environs en dehors de Changhai, p. 279. — Deux documents. Souvenir de l'ancienne mission, pp. 280/282. — Les inondations. La famine. Lettre du Père Thomas au Directeur des «Relations», pp. 283/285. — Lettre du Père Dannic à Monseigneur, pp. 285/289. — Mangeurs de terre, par S. Bizeul, pp. 289/290. — Lettre du Père Hermand à Mme de C., pp. 291/292. — Le catéchuménat des prisons. Lettre du Père Beaucé, pp. 293/294. — Variétés, Notes du Père Kennely, pp. 295/304. — Le système monétaire en Chine. [Extrait de l'*Echo de Chine*], pp. 305/311. — Quelques documents sur la Révolution en Chine, pp. 312/340. — Nécrologie. Le Père Henri Grémillon, pp. 341/343. — Le Père Joseph Zao, pp. 343/344. — Le Père Simon Se, p. 344. — Le Père Julien Tsu, p. 345. — Les nouveaux missionnaires, p. 346. — Echos et nouvelles, pp. 347/352.

— — Avril 1912, Kiang-Nan, Revue trimestrielle. — N° 6, pp. 353/432.

Remerciements, par L. Tournade, pp. 353/354. — A Sou-tseu. Lettre du Père Platel, pp. 355/359. — A bâtons rompus. Lettre du Père Hermand, pp. 360/367. — Souvenir de Mgr. de Laimbeckhoven, pp. 368/369. — Le mouvement révolutionnaire de Chine vu de Changhai. Lettre du Père Haouisée, pp. 370/384. — Quelques épisodes de la Révolution dans le Kiang-Nan. Du Père Gibért à son frère, pp. 385/387. — Du Père Couturier, pp. 388/394. — Du Père Dannic, pp. 394/397. — Du Père de la Taille à sa famille, pp. 397/401. — Du Père Ancel à sa famille, pp. 401/402. — Du Père Le Boisselier, pp. 402/403. — Variété. — Le dentiste chinois, pp. 404/405. — La propagande protestante en Chine, p. 406. — Nécrologie. — Le Père Henri Poirier, pp. 407/409. — Le Père Vincent Suen, pp. 409/411. — Le Père Perrin, pp. 411/425. — Echos et nouvelles, pp. 426/432.

— — Juillet 1912, Kiang-Nan, Revue trimestrielle. — N° 7, pp. 433/496.

A Changhai par transsibérien. Extraits du carnet de route du P. E. Macé, pp. 433/443. — Deux bons chrétiens. — I. Barthélemy Zi-pin-ze mort à Zi-ka-wei, le 14 décembre 1911, à 47 ans, pp. 444/449. — II. André Tsang, administrateur de la chrétienté de Tsang-ka-leu, pp. 449/451. — Autour de la Révolution. Du Père Lémour, pp. 452/454. — Du Père Dannic, pp. 454/457. — Des Pères Couturier et Roberfroid, pp. 457/458. — Révolte de soldats à Nankin. (Extraits d'une lettre du Père Gain), pp. 458/461. — Du Père Marivint, pp. 461/462. — Du Père René

Lecointre à sa famille, pp. 462/465. — Du Père Desnos, pp. 465/467. — La fin d'une dynastie. Lettre du Père Kennely, pp. 468/474. — Nécrologie. — Le Père François Storr, pp. 475/478. — Le Père Perrin (Suite), par S. Bizeul, S. J., pp. 479/483. — Lettres du Père Crochet, pp. 484/485. — Le Père Paul Maynier, pp. 486/488. — Le Père Gast, pp. 489/490. — Echos et nouvelles, pp. 491/496.

— — Octobre 1912, Kiang-Nan. Revue trimestrielle. — N° 8, pp. 497/559.

L'Œuvre de l'église catholique en Chine, par Joseph de la Servière, S. J., pp. 497/513. — A propos de la Révolution. — I. Lettre de Nankin, par un Nankinois, pp. 514/516. — II. Lettres de Kouo-Yang, par J. Dannic, S. J., pp. 517/523. — A côté de la Révolution. Histoires de queues, par Am. Robinet, pp. 524/528. — Variété. — Les Origines du Taoisme, etc., pp. 529/546. — Nécrologie. Le Père Bies, par H.-N. Doré, S. J., pp. 547/549. — Echos et nouvelles, pp. 550/555. — Départs de missionnaires, p. 556. — Appel à nos lecteurs, par L. Tournade, p. 557. — Table des matières, pp. 558/559.

— — Janvier 1913, Kiang-Nan, Quatrième série. Revue trimestrielle. — 11e année. — N° 1, pp. 1/64.

Tableau des Œuvres pendant l'année apostolique (Juillet 1911—Juillet 1912), p. 2. — Œuvres spéciales. Changhai et ses environs. En dehors de Changhai dans les sections, p. 3. — Les nouveaux missionnaires, p. 4. — Ts'ing-Yang Origine du Pèlerinage de N. D. de Lourdes, par Et. Chevestrier, S. J., pp. 5/15. — Souvenirs de la Révolution, par L. G., pp. 16/25. — Au jour le jour. Extraits des lettres du Père Hermand, pp. 26/29. — Histoires de brigands. Lettre du Père Rodet, pp. 30/39. — Nouvelles scolaires, pp. 40/43. — Variété. — Curage, drainage et dragage nécessaires, par J. Dannic, S. J., pp. 44/48. — Nécrologie. Le Père Sévère Bizeul, S. J., pp. 49/55. — Le Père Célestin Frin (1834—1911), pp. 55/59. — Echos et nouvelles, pp. 60/64.

— — Avril 1913, Kiang-Nan, Revue trimestrielle. — N° 2, pp. 65/136.

Une belle récompense, p. 65. — Tsing-Yang. La Fête du Patronage de N. D. (Lettre du P. Chevestrier à un scolastique de Zi-ka-wei), pp. 66/69. — Un demi-siècle de services à la France, pp. 70/72. — Enfants de chœur et apprentis, par A. Savio, S. J., pp. 73/76. — Le Ministre. Lettre du P. Hermand à Madame de C. . . , pp. 77/87. — Relations annuelles. — I. Section de Ngan-King, par P. Lémour, S. J., pp. 88/90. — II. Section de Tchen-Kiang, district de Nankin, par Léop. Gain, S. J., pp. 91/92. — III. Siu-Tcheou-fou occidental, district de Fong-hien sept., par J. Couturier, S. J., pp. 92/95. — IV. District de Fong-hien méridional, par R. Lecointre, S. J., pp. 95/96. — V. District du T'ang-Chan septentrional, par F. Marivint, S. J., pp. 96/97. — VI. District de Ou-yuen, par C. de Bodman, S. J., pp. 97/98. — Une visite au Ming-tseng-tsang. — Lettre du P. Firmin Sen, pp. 99/100. — La situation en Chine, par A. P., pp. 101/104. — Le mouvement scolaire en Chine, pp. 105/109. — Comment l'eau vient à la rivière, par Henry Dugout, S. J., pp. 110/113. — Une réception de notables à Tong-ka-dou (2 janvier 1913), par A. Haouisée, S. J., pp. 114/123. — Merci à Saint François Xavier. Lettre du P. Dannic, pp. 124/126. — Variété. — II. L'instruction publique au Kouo-Yang en l'an 1er de la République, par J. Dannic, S. J., pp. 127/130. — Echos et nouvelles, pp. 131/136.

— — Juillet 1913, Kiang-Nan, Revue trimestrielle. — N° 3, pp. 137/208.

Relations annuelles (Suite). — VII. Section de Se-tcheou, District de Ou-ho, par Paul de Geloes, S. J., pp. 137/138. — VIII. Siu-tcheou-fou oriental, District de Yen-t'eou, par L. Richard, S. J., pp. 138/139. — IX. Ou-si, par L. Hermand, S. J., pp. 140/141. — X. Changhai. Cathédrale de Tong-ka-dou, par J. Piet, S. J., pp. 141/142. — Notre-Dame de Tsing-yang. Lettre du P. Chevestrier, pp. 143/144. — Une Neuvaine de Baptêmes de Bébés, par J. Dannic, S. J., pp. 145/147. — Un Catéchuménat d'Instituteurs primaires, par P. Guimbretière, S. J., pp. 148/151. — Un naufrage. Lettre du Père Mignan au P. Procureur, pp. 152/154. — Chez les protestants, par X., pp. 155/158. — Au village chrétien de T'ousèwé, pp. 159/162. — Correspondance. Lettre du P. Macé à un ancien condisciple, pp. 163/166. — La situation politique. Lettre de Chine, par A. P. (Extrait de La Croix, 10 juin 1913), pp. 167/171. — Prières demandées aux chrétiens par le Gouvernement chinois, pp. 172/174. — Portiques chinois, pp. 175/184. — Variété. Le R. P. Bernard Vaughan à Changhai, pp. 185/194. — Population chrétienne du Kiang-Nan 1900/1912, pp. 195/198. — Nécrologie. Le P. André Loizeau de Grandmaison, pp. 199/202. — Echos et nouvelles, pp. 203/208.

(Relations de Chine: 1912/1913.)

— — Octobre 1913, Kiang-Nan, Revue trimestrielle. — N° 4, pp. 209/288.

Départ de Missionnaires pour le Kiang-Nan, p. 209. — Au district. La vie de tous les jours. — I. Lettre du P. Hermand, pp. 210/218. — II. Extraits d'une lettre du P. Chevallier-Chantepie, pp. 218/219. — III. Extraits d'une lettre du P. de Geloes, pp. 219/222. — La Révolution à Tsong-Ming. (Lettre du P. Robinet), pp. 223/229. — La Charité à Changhai. Les Petites Sœurs des Pauvres, par Viator, pp. 230/232. — La Révolution chinoise, par L. G., pp. 233/239. — Les évènements de Chine et la Mission du Kiang-Nan, par C. V., pp. 240/244. — Quelques détails sur la Révolution. Extrait d'une lettre du P. Monti, pp. 245/256. — Les Forces navales étrangères dans le port de Changhai, le 1er août 1913, p. 257. — La France en Chine. La protection de la France, par Viator, pp. 258/259. — Libres ou esclaves? Par Etienne Chevestrier, S. J., pp. 260/263. — L'opium au Kouo-yang, par J. Dannic, S. J., pp. 264/267. — Nécrologie. Le P. Pierre Lémour (1859—1912), par R. D., pp. 268/283. — Echos et nouvelles, pp. 284/288.

— — Janvier 1914, Kiang-Nan, Revue trimestrielle. — **12e année.** — N° 5, pp. 289/352.

Tableau des Œuvres pendant l'année apostolique (Juillet 1912 à Juillet 1913), p. 289. — Œuvres spéciales Changhai et ses environs. En dehors de Changhai dans les sections, p. 290. — La Vente de Charité, p. 291. — Le Saint-Père et l'Œuvre de la Sainte Enfance, pp. 292/293. — L'hospice Saint-Joseph. Sa fondation et ses débuts, par A.-H., pp. 294/304. — Esprit nouveau en Chine, par A. Lapparent, S. J., pp. 305/306. — Le Pèlerinage de N. D. Auxiliatrice à Mou-yeou-dang (Hai-men), par H. Doré, S. J., pp. 307/310. — Conversion et guérison obtenues par la médaille miraculeuse. Récit d'un ami, par J. Loh-pa-hong, pp. 311/317. — Une fête de charité à Tong-ka-dou, par Viator, pp. 318/321. — Intronisation du Président de la République, pp. 322/325. — Portiques chinois (Suite), par Louis Hermand, S. J., pp. 326/333. — La Langue chinoise. Ce qu'en pense la «Jeune Chine», par H. Tosten, S. J., pp. 334/335. — La Question scolaire. — I. Ecoles du Gouvernement au Kiang-sou. Dépenses pendant l'année 1912, pp. 336/339. — II. La question des Ecoles chrétiennes dans les districts. Du P. Gauchet (Yng tcheou-fou), p. 339. — Du P. J. Thomas (Siu-tcheou-fou occidental), pp. 339/340. — Du P. Le Chevallier (Tsong-ming, juillet 1913), pp. 340/342. — Pagode de Confucius, par J. Dannic, S. J., pp. 343/346. — Echos et nouvelles, pp. 347/352.

— — Avril 1914, Kiang-Nan, Revue trimestrielle. — 12e année. — N° 6, pp. 353/424.

Portrait de St.-François-Xavier, d'après une peinture ancienne, p. 353. — Conversions dans l'île de Sancian, par J. de la Servière, S. J., pp. 354/360. — Les affaires de Lou-ngan. — I. Lettre du P. Gibert à Monseigneur, pp. 361/366. — II. Lettre du P. Allain à Monseigneur, pp. 366/367. — III. Lettre du P. de la Taille à Monseigneur, pp. 367/368. — IV. Lettre du P. Allain, pp. 368/372. — Catéchuménat St.-Joseph. Relation de 1913, par C. de Bodman, S. J., pp. 373/375. — La Charité à Changhai. Les Auxiliatrices du Purgatoire en Chine, par L. Gain, S. J., pp. 376/394. — M. Conty à Changhai, par J. de la Servière, S. J., pp. 395/397. — La liberté des cultes en Chine, pp. 398/399. — La situation en Chine, par X., pp. 400/401. — Au pays des vieilles. Extraits de lettres du P. Hermand, pp. 402/407. — Visite aux chrétiens à domicile, par J. Dannic, S. J., pp. 408/412. — Sur le tard. Lettre du Père L. Gain, pp. 413/416. — Nécrologie. Le P. Xavier David (1860—1913), pp. 417/420. — Echos et nouvelles, pp. 421/424.

— — Juillet 1914, Kiang-Nan, Revue trimestrielle. — 12e année. — N° 7, pp. 425/496.

Le Retour offensif de la vieille Chine. Le Confucianisme redevenu religion d'Etat, par Albert Perrot, S. J. [Publié dans les *Etudes*, 20 mai 1914], pp. 426/438. — La Charité à Changhai. — III. Enfants abandonnés ou volés, pp. 439/444. — Débuts au Fong-yang-fou, par J. Crochet, pp. 445/451. — Au Siu-tcheou-fou. Lettre du P. Thomas au P. de la Servière, pp. 452/459. — Au district. La vie de tous les jours. Lettre du P. Auguste Savio, pp. 460/464. — Du P. Eugène Rouxel, pp. 464/466. — Du P. Gibert à sa famille, pp. 466/469. — Du P. Rouxel, p. 469. — Du P. Chevestrier, pp. 470/472. — Du P. Mignan au P. de Barrau, pp. 472/474. — Du P. Michelin, p. 475. — Du P. Bonay, p. 475. — Ce qu'on dit de l'Ecole française de médecine à Changhai. Une Faculté française de médecine pour Changhai,

(Relations de Chine: 1913/1914.)

par Maurice Courant, pp. 476/478. — La création d'une école de médecine à Changhai etc., pp. 478/484 [*Echo de Chine*, le *Temps*, etc.]. — La situation en Chine, par R. D., pp. 485/487. — Les Jésuites de Zi-ka-wei, par Brieux, de l'Académie française [Extrait du *Gaulois*, 28 juin 1914], pp. 488/490. — Echos et nouvelles, pp. 491/496.

— — Octobre 1917, Kiang-Nan, Revue trimestrielle. — 12e—15e année. N° 8, pp. 497/564.

A nos bienfaiteurs, p. 497. — Tableau des Œuvres pendant l'année apostolique (Juillet 1915 à Juillet 1916), p. 498. — L'Eglise catholique en Chine depuis la guerre. — I. Situation de l'Eglise en Chine. — II. Le confucianisme et le culte des héros nationaux. — III. Quelques obstacles à l'apostolat, par J. de la Servière, S. J., pp. 499/504. — Statistiques des Missions de Chine, pp. 504/505 [Du R. P. de Moidrey]. — La déclaration de guerre de la Chine à l'Allemagne et la tentative de Restauration. — I. Les Evènements, pp. 506/511. — II. Répercussion de l'incident à travers la Mission. Du P. Thomas, pp. 511/513. — Du P. Richard, p. 513. — Du P. Le Biboul, p. 514. — Du P. Ancel, p 514. — Du P. Thomas, pp. 514/515. — Du P. Couturier, p. 515. — Du P. Ancel, pp. 515/516. — Du P. Couturier, pp. 516/517. — Du P. Thomas, p. 517. — La Charité à Changhai. — IV. Par L. Gain, S. J., pp. 518/523. — Découverte d'une stèle impériale en l'honneur du F. Castiglione, par L. Le Boisselier, pp. 524/527. — Retour en Chine par l'Amérique, par H. Dugout, S. J., pp. 528/539. — Variété. Bienfaits et méfaits des sauterelles à Tai-tao-leou, par R. Lecointre, S. J., pp. 540/541. — Nécrologie. Le R. P. Ludovic Platel, pp. 542/546. — Le Père Etienne Monti, pp. 546/550. — Le Père Pierre Bornand, par L. Gain, S. J., pp. 550/553. — Echos et nouvelles, pp. 554/562. — Table des matières, pp. 563/564.

— — Janvier-Avril 1918, Kiang-Nan. — Cinquième série. Revue trimestrielle. — 16e année. — N° 1, pp. 1/68.

La nouvelle Chine et le culte de Confucius, par Alexandre Brou, pp. 3/15. — Les catéchuménats. — I. St.-Joseph de Ou-yuen. Lettre du P. de Bodman, pp. 16/19. — II. Soei-ning. Extrait d'une lettre du P. Chevallier-Chantepie, pp. 19/21. — Au milieu des brigands. Du P. Ancel, pp. 22/23. — Du P. Couturier, pp. 23/24. — Du P. Michelin, p. 24. — Du P. Hermand, pp. 24/27. — Du P. de Geloes, p. 27. — Du P. Hermand, p. 28. — Du P. Le Biboul, pp. 28/30. — Du P. Ancel, pp. 30/31. — Du P. Hermand, pp. 31/32. — Retour en Chine par l'Amérique. II. Par H. Dugout, S. J., pp. 33/47. — Variété. Fiançailles à la vieille mode chinoise, par J. Dannic, pp. 48/52. — Le mariage, nouveau style, pp. 53/55. — Nécrologie. Les Pères Tobar et Jeannière, pp. 56/59. — Le R. P. Charles Sédille, par Léop. Gain, S. J., pp. 60/61. — Echos et nouvelles, pp. 62/68.

— — Juillet-Octobre 1918, Kiang-Nan, Revue trimestrielle. — N° 2, pp. 69/136.

Une Université française en Chine, pp. 69/83. — Une Œuvre de haut enseignement pour les jeunes païennes. L'Etoile du Matin de Zi-ka-wei, pp. 84/95. — Histoire d'une Chrétienté. Lettre du Père J. Crochet, pp. 96/104. — Une excursion apostolique. Lettre du P. Hermand à Monseigneur, pp. 105/108. — Retour en Chine par l'Amérique, par H. Dugout, S. J., pp. 109/120. — La France qui rayonne. Un sacre épiscopal à Changhai [Extrait de *la Croix*, 11 juin 1918], par J. D., pp. 121/122. — Monsieur Boppe à Changhai, pp. 123/128. — La Section d'Yng-tcheou-fou depuis le commencement de la guerre, par J. Dannic, S. J., pp. 129/131. — Echos et nouvelles, pp. 132/136.

— — Janvier-Avril 1919, Kiang-Nan, Revue trimestrielle. — 17e année. — N° 1, pp. 137/200.

L'Observatoire de Zi-ka-wei, par Henri Gauthier, S. J., pp. 137/146. — Tableau des Œuvres pendant l'année apostolique (Juillet 1917 à Juillet 1918), p. 147. — Autour de l'Armistice, pp. 148/157. — Les Vierges Présentandines du Kiang-Nan, pp. 158/164. — Le nouvel autel de Zi-ka-wei, par J. de la Servière, S. J., pp. 165/167. — Au pays des 10.000 calamités, par L. Hermand, S. J., pp. 168/175. — Les premières Noces d'Or de Compagnie en Chine, par L. Gain, S. J., pp. 176/178. — Les Fêtes des Nouveaux Prêtres, pp. 179/184. — A l'Orphelinat de Tou-sé-wei. Lettre du P. J. Hermand à sa mère, pp. 185/187. — «Forcez-les à entrer» (L'apostolat auprès des pauvres à Changhai), par Léop. Gain, S. J., pp. 188/190. — Nécrologie. Le Père Laurent Li, par G. L., pp. 191/192. — Le Père Raoul Beaugendre, par L. G., pp. 193/195. — Echos et nouvelles, pp. 196/200.

— — Juillet-Octobre 1919, Kiang-Nan, Revue trimestrielle. — 17 année. — N° 2, pp. 201/264.

A quoi peut servir un Observatoire magnétique, par J. de Moidrey, S. J., pp. 201/205. — Le Kiang-sou durant l'année apostolique 1918—1919 d'après les Relations des Missionnaires, pp. 206/210. — Catéchuménat Saint-Joseph d'Ou-yuen 1918, par C. de Bodman, S. J., p. 211. — La Chine et le Traité de paix, par J. S., pp. 212/214. — Section de Hai-men et de Nan-t'ong, par Paul Beaucé, S. J., pp. 215/231. — Le choléra en Chine, par A. R., S. J, pp. 232/236. — Un voyage mouvementé. (Lettre du P. Ducoux), pp. 237/239. — A propos du suicide, par P. G., S. J., pp. 240/243. — Les Tours funéraires, par J. de Moidrey, S. J., p. 244. — Variété. La pisciculture en Chine, pp. 245/249. — Nécrologie. Le R. P. Joseph de Barrau, pp. 250/254. — Le Fr. Emilien Liger, p. 254. — Echos et nouvelles, pp. 255/264.

— — Janvier-Avril 1920, Kiang-Nan, Revue trimestrielle. — 18e année. — N° 1, pp. 265/328.

Duc in Altum, par A. Brou, S. J., pp. 265/267. — Saint François Xavier et la Chine, par J. de la Servière, S. J., pp. 268/275. — Tableau des Œuvres pendant l'année apostolique (Juillet 1918 à Juillet 1919), p. 276. — [Œuvres de la Mission]. Chang-hai et ses environs. En dehors de Chang-hai dans les Sections, p. 277. — La Religion et les Religions d'après un des plus grands Lettrés contemporains, par Pascal M. d'Elia, S. J., pp. 278/287. — Au pays des 10.000 calamités (Suite), par L. Hermand, S. J., pp. 288/294. — Une histoire de boys, pp. 295/296. — Au District. Lettre du P. de Geloes, pp. 297/301. — Lettre du P. J. Ducoux, pp. 301/303. — Lettre du P. Le Biboul, pp. 303/304. — Lettre du P. Desnos, pp. 304/305. — Mitte operarios, par L. H., S. J., pp. 306/308. — Variété. Les tables tournantes en Chine, par H. Doré, S. J., pp. 309/311. — Les canards sauvages, pp. 311/313. — Terrible incendie à l'Orphelinat de T'ou-sé-wei, p. 314. — [Perte du paquebot l'*Afrique*, p. 315]. — Nécrologie. Le P. Georges Fournier, pp. 316/324. — Echos et nouvelles, pp. 325/328.

— — Juillet-Octobre 1920, Kiang-Nan, Revue trimestrielle. — 18e année. — N° 2, pp. 329/392.

Le R. P. Léon Tournade 1850—1920, par Henry Reverdy, pp. 329/336. — L'Eglise de Chine à la fin de 1919, pp. 337/339. — L'incendie de l'Orphelinat de T'ou-sé-wei, par J. M. H., S. J., pp. 340/345. — La Chine et le Traité de Versailles, par L. Gain, S. J., pp. 346/353. Le Kiang-sou durant l'année apostolique 1918—1919, d'après les Relations des Missionnaires, pp. 354/358. — Derniers vœux du P. Lefebvre au Collège de Zi-ka-wei. Fête organisée par ses élèves païens, pp. 359/360. — Un voyage au long cours sur le Canal Impérial, par T. de la Taille, S. J., pp. 361/372. — Monsieur le Curé se fait rouler, par L. Hermand, S. J., pp. 373/379. — Nécrologie. Le P. Georges Fournier (Suite), par E. Chevestrier, S. J., pp. 380/388. — Echos et nouvelles, pp. 389/392.

— — Janvier 1921, Kiang-Nan, Revue trimestrielle. — 19e année. — N° 1, pp. 393/456.

A nos Bienfaiteurs, par la Rédaction, pp. 393/394. — Le Petit Séminaire du Sacré-Cœur à Zi-ka-wei, par A. Durand, S. J., pp. 395/408. — Départ de Missionnaires, p. 409. — Tableau des Œuvres pendant l'année apostolique 1919—1920 (1er Juillet au 30 Juin), p. 410. — Œuvres de la Mission Chang-hai et ses environs. En dehors de Chang-hai dans les sections, p. 411. — Le fondateur de la Chrétienté de Chang-hai. Le P. Lazare Cattaneo, d'après le P. Pfister, pp. 412/416. — La Famine, par G. G., S. J., pp. 417/419. — Nos Visiteurs. Monsieur le Ministre de France à Zi-ka-wei, p. 420. — La mission Painlevé à Chang-hai, pp. 420/422. — Les Salésiens à Chang-hai, pp. 422/424. — Les Marins français à Nankin. Lettre du P. Ancel, pp. 424/427. — Questions scolaires en Chine (1919—1920), par P. Ancel, S. J., pp. 428/432. — Au District. — I. Les quatre saisons, par H. Chevallier-Chantepie, S. J., pp. 433/436. — Lettre du P. T. de la Taille, pp. 437/438. — Du P. Hermand, pp. 439/440. — Variété chinoise. Les trois premiers de l'an [Extrait de l'*Echo de Chine*], pp. 441/442. — Nécrologie. Le Père Jules Le Chevallier (1852—1920), par Henry Dugout, S. J., pp. 443/451. — Echos et nouvelles, pp. 452/456.

— — Avril 1921, Kiang-Nan, Revue trimestrielle. — 19e année. — N° 2, pp. 457/520.

Le «Père des typhons», par H. G., S. J., pp. 457/459. — Mgr. della Chiesa, premier évêque de Pékin, pp. 460/462. — Le 70e anniversaire du Collège de Zi-ka-wei, pp. 463/469. — Les problèmes actuels de la Chine d'après des Chinois, par Jean de la Brousse, pp. 470/478. — Un Jubilaire, par Ed. Chevestrier, S. J., pp. 479/483. — Au pays des 10.000 calamités (Suite et fin), par L. Hermand, S. J., pp. 484/491. — La mission de Shiu-hing, par J. de M., S. J., pp. 492/495. — Sympathies françaises à Nankin, par P. Ancel, S. J., pp. 496/498. — Le Français au Siu-Tcheou-fou. Lettre du P. Dannic, pp. 498/499. — Au District. — I. Les quatre saisons, par P. Chevallier-Chantepie, S. J., pp. 500/504. — Lettre du P. Crochet, pp. 504/507. — Lettre du P. de la Taille, pp. 507/508. — Variété. Diagnostic des médecins chinois, pp. 509/513. — Echos et nouvelles, pp. 514/520.

— — Juillet 1921, Kiang-Nan, Revue trimestrielle. — 19e année. — N° 3, pp. 521/584.

L'Ennemi des Chinois, pp. 521/527. — La Dévotion au Sacré-Cœur en Chine et au Kiang-Nan au XVIIIe siècle, par L. Hermand, S. J., pp. 528/533. — Après la Vente de Charité, p. 534. — Une nouvelle Histoire de la Chine, par J. de la Servière, S. J., pp. 535/540. — Un million de gagné, par J. de M., p. 541. — Missionnaires d'autrefois Croquis historiques. Le Père François Sambiaso, pp. 542/547. — Le Père Alvare de Semedo, d'après le P. Pfister, pp. 547/550. — Le Bon Samaritain, par L. H., S. J., pp. 551/554. — Petite Chronique de Chine, pp. 555/558. — A propos de calamités, par L. Hermand, S. J., pp. 559/561. — Au District. Les quatre saisons (suite et fin), par H. Chevallier-Chantepie, S. J., pp. 562/565. — Lettre du P. Joseph Tsang, pp. 565/569. — Lettre du Père Lecointre, pp. 569/571. — Lettre du P. Ancel, pp. 571/574. — Paganisme, par Jean de la Brousse, pp. 575/580. — Echos et nouvelles, pp. 581/584.

— — Octobre 1921, Kiang-Nan, Revue trimestrielle. — 19e année. — N° 4, pp. 585/648.

L'Ennemi des Chinois (fin), pp. 585/589. — Missionnaires d'autrefois Croquis historiques. P. Jean de Rocha, pp. 590/591. — P. Alphonse Vagnoni. D'après le P. Pfister, pp. 592/597. — Une Ecole de Français préparatoire à l'Aurore à Yang-tcheou, par Paul Beaucé, S. J., pp. 598/602. — Histoires peu édifiantes. Lettre du Père Hermand, pp. 603/611. — Etudes chinoises modernes, par H. Tosten, S. J., pp. 612/616. — Missionnaire en procès, par M. T. de la Taille, S. J., pp. 617/622. — Cinq jours aux mains des brigands, par H. Chevallier-Chantepie, S. J., pp. 623/627. — Au District. Du P. J. Ducoux, pp. 628/630. — Du P. de Geloes, pp. 630/632. — Echos et nouvelles, pp. 633/638. — Table des matières, pp. 639/641. — Table analytique des articles, pp. 642/644. — Table analytique des illustrations, pp. 645/648.

∴

— *L'Ecole en Chine.* — Trait d'Union des Educateurs Catholiques de Chine. Zikawei près Chang-hai, Chine, in-8.

Le P. René Jennnière, S. J., avait fondé et dirigeait un recueil mensuel intitulé l'*Ecole en Chine*, Revue pédagogique pour les missionnaires éducateurs, qui avait remplacé une petite revue scolaire lithographiée lancée en septembre 1910 par les professeurs du Collège de Zi-ka-wei, sous le titre les *Ephémérides* qui dura jusqu'en 1914. En juin 1915 parut un numéro spécimen de l'*Ecole en Chine* dont la publication commença régulièrement en septembre 1915 et dont le dernier numéro qui est de juin 1917 termine la deuxième année. La publication de cette revue interrompue par la mort le 23 août 1917 de son directeur et principal rédacteur devait être reprise ultérieurement.

— Vicariat Apostolique du Tché-Kiang Oriental-Chine. — *Le Petit Messager de Ning-Po.* N° 1, Ning-po, Janvier 1914, in-8, dactylog., pp. 24.

Mensuel.

— *Bulletin religieux du Vicariat Apostolique du Tche-ly Central.* N° 1. Pao-Ting-Fou, Mission Catholique, in-8, pp. 20.

— Vicariatus Apostolicus Tche-Ly Centralis. *Memoranda.* Pao-Ting Fou, Misso Catholica. Annus I., Vol. I. Januarii 1914. Num. 2.

— *Le Bulletin catholique de Pékin* paraissant le 1er de chaque mois. 1ère année. Pékin. Imprimerie des Lazaristes du Pei-t'ang, 1914, in-8.

Mensuel.

— Du *Chechepao.* Pékin. — Une nouvelle revue catholique chinoise. (*Rel. de Chine,* Kiang-Nan, Juillet 1914, p. 496.)

— *Sacerdos in Sinis.* Pekini Typographiae Lazaristarum in Pé-t'ang, in-8, mensuel.

Annus I. — 15. Decembris 1917. — Num. 1. Mensuel.

— *L'Ami des Missionnaires du Kiang-Si* Septentrional. Redaction. Mission Catholique. Kiu Kiang, in-8.

1ère année. N° 2. — Juillet-Octobre 1918.

— Congrégation de la Mission dite des Lazaristes fondée par Saint Vincent de Paul. *Une Mission de Chine. Le Tchely Central.* N° 1, Mai 1920. — Mission Catholique Pao ting fou (Chi) Chine, in-8, pp. 12.

— *Petit Echo de Saint Michel.* Eglise Saint Michel Rue des Légations Pékin, in-8, pp. 8.

Vu n° 55, Mai 1921. — Mensuel. — Bulletin de l'Eglise des Légations à Peking.

— * *L'Echo du Chan-Toung Oriental.* Organe des Franciscains de la Mission du Chan Toung oriental.

In-16; paraît tous les deux mois à Tche Fou.

— * *La Vérité,*

Supplément français du *Tsoung Che Pao* 崇實叛, paraissant le vendredi de chaque semaine. Mission Catholique, Tch'oung King, Se Tch'ouan.

— Journaux et Revues Catholiques de Chine. (Planchet, *Missions de Chine,* 1921, pp. 455/463.)

— Voir Pe king, Publications périodiques, col. 59.

4° *VIES DES MISSIONNAIRES CATHOLIQUES.*

— Le Séminaire de Cha La Eul. (*Ann. Cong. Mission,* 1910, pp. 50/54.)

COMPAGNIE DE JÉSUS.

Col. 1036.

— Catalogus ‖ Patrum ‖ Societatis Jesu, ‖ qui post obitum S. Francisci ‖ Xaverii primo saeculo, sive ab anno 1581. usque || ad 1681. in Imperio Sinarum Jesu Christi || fidem propagarunt. || Ubi singulorum nomina, patria, ingressus, || praedicatio, mors, sepultura, libri Sinice || editi recensentur. || [fleuron] M.DC.LXXXVI. in-4, pp. 48.

S. l. ni nom d'imprimeur, sans doute imprimé à Paris. — Praefatio, 2 p. — 105 noms.

Col. 1037.

— A. M. D. G. — Catalogus Patrum ac Fratrum S. J. qui Evangelio Christi propagando in Sinis adlaboraverunt. — Pars secunda: 1842—1908. Addito Catalogo Sacerdotum Saecularium Missionis Nankinensis. — Chang-hai Ex typographia Missionis catholicae in Orphanotrophio T'ou-sè-wè — 31 dec. 1908, in-8, pp. VI-127, front. grav., 2 cartes.

Introduction. — Praefatio. — Index chronologicus Sociorum Missionis Kiang-nan. — Index alphabeticus Sociorum Missionis Kiang-nan. — Index chronologicus Sociorum Missionis Tche-li. — Appendices : I. Conspectus Sociorum Missionis Kiang-nan. — II. Moyenne de Vie des PP. et FF. de la Mission du Kiang-nan. — III. Elenchus Vic. Apost., Visit., et Super. Missionis Kiang-nan. — IV. Conspectus Operum Missionis Kiang-nan [a P. Edm. Moreau, S. J.]. — V. Conspectus Sociorum Missionis Tche-li. — VI. Elenchus Vic. Apost., Visit., et Super. Missionis Tche-li. — VII. Conspectus Operum Missionis Tche-li. — Catalogus Sacerdotum Cleri Nankinensis [a P. Petro Hoang]. — Tableau du Clergé chinois du Kiang-nan par sous-préfecture (*Hien*) d'origine [par le P. Joseph de Moidrey, S. J.].

L'Introduction est signée du P. Ignace Henri Dugout.

— A. M. D. G. Notices Biographiques et Bibliographiques De tous les membres de la Cie de Jésus qui ont vécu en Chine pour y prêcher l'Evangile depuis la mort de St François-Xavier jusqu'à la suppression de la Compagnie, par le R. P. Louis Pfister, de la même Compagnie. Chang-hai 1868—1875, in-8, pp. XIII-1157-XX, lithog.

442-XX biographies. — N'a pas été mis dans le commerce.

— * Louis Pfister. Catologue des Martyrs de la Compagnie de Jésus. Zi-ka-wei, 1882, lithog.

— A. M. D. G. — Nos Martyrs. — Catalogue des pères et frères de la Compagnie de Jésus, qui, dans les fers ou dans les tourments, ont sacrifié leur vie pour leur foi ou leur vocation. — Paris, Typographie M.-R. Leroy, 185, rue de Vanves, 1905. in-4, pp. 89 + 2 ff. n. ch., Carte.

Préface signée : Jersey, 15 juillet 1905, Ignace Henri Dugout, S. J.

— A. M. D. G. — Martyrologium Societatis Jesu. — Catalogus Patrum ac Fratrum Societatis Jesu qui ab instituta Societate usque ad hunc diem in suppliciis aut carceribus pro fide aut vocatione vitam suam posuerunt, a P. Henrico Dugout, E. S., confectus, Editio altera. — Imprimerie de T'ou-sè-wè Zi-ka-wei (Changhai. Chine). — Anno Restitutae Societatis saeculari 7 Aug. 1914, gr. in-4, pp. III-103.

Première édition publiée en 1905 en français, sous le titre *Nos Martyrs*.

Col. 1038.

— 1^a^ Martii 1909 — Catalogus librorum lingua sinica scriptorum qui prostant in Orphanotrophio T'ou-sè-wè. — Ex typographia Missionis catholicae in Orphanotrophio T'ou-sè-wè Zi-ka-wei prope Changhai, 1909, in-12, pp. 221.

— Imprimerie de l'Orphelinat de T'ou-sewe. Zi-ka-wei, près Chang-hai (Chine), Janvier 1910, in-12, pp. 16.

— Publications de Tou-sè-vè. (*Rel. de Chine*, Kiang-Nan, Janvier 1911, pp. 63/64.)

— — Catalogue des Ouvrages européens. — Janvier 1911, in-12, pp. 10.

— Novembre 1908 — Catalogue des livres imprimés à Ho-kien-fou (Chine). Mission catholique du Tcheu-li S. E. 1908, in-8, pp. 19.

— Août 1920 — Catalogue des livres imprimés à Sienhsien Hokienfou (Chine) (Livres sino-européens) — Mission catholique du Tcheu-Li S. E. 1920, pièce in-12, pp. 6.

.˙.

— Alte Jesuitengräber auf Hainan. Von Hans Bragard (Hoihau). (*Mitt. Sem. für Orient. Sprachen, Ostas. Studien,* Berlin 1917, Jahrg. XX, pp. 1/19; Abb. 12.)

Voir col. 812 et 3328.

— Publications sur l'histoire de la Compagnie de Jésus Par Joseph Brucker. (*Etudes*, 20 août 1912, pp. 542/564; 5 oct. 1913, pp. 85/107).

— Monumenta historica Societatis Jesu, Mon. Xaveriana.

Valignano, etc. — Voir : **Xavier**, François de.

.˙.

Acher-Dubois, *Paul*, né 23 oct. 1864 ; arrivé 24 oct. 1901 ; † 30 avril 1908 à Chang-hai, âgé de 43 ans.

— Nécrologie. — Le R. P. Paul Acher-Dubois. Par E. Rafin, prêtre. (*Rel. de Chine*, Kiang-Nan, Oct. 1908, pp. 185/187, portrait.)

Extrait de la *Semaine Religieuse de Luçon*.

Adigard, *Sylvain*, né à Sarzeau (Morbihan), 26 août 1839 ; † à Chang Hai, 23 sept. 1907.

— Le R. P. Sylvain Adigard, S. J. Nécrologie. Par C. L. M. (*Rel. de Chine*, Kiang-nan, Juillet 1908, p. 138, portrait.)

Extrait de la *Semaine religieuse de Quimper*.

Aizier. — Scènes de la vie de collège en Chine. Par Emmanuel Aizier, S. J. (*Chine Ceylan Madagascar*, Octobre 1920, pp. 171/175; fig.)

Allain, *Hyacinthe.* — Lettre de Nan-King. (*Rel. de Chine*, Kiang-nan, Juillet 1906, p. 189.)

— Lettre du P. Allain. — Nan-King, 16 août 1906. (*Ibid.*, Janvier 1907, pp. 59/60.)

— A Nan-King. — Lettre du P. Allain. Nan-King, 21 janvier 1908. (*Ibid.*, Janv.-Avril 1908, pp. 47/53.)

— A Nan-King. — Extraits de lettres du P. Allain. (*Ibid.*, Oct. 1908, pp. 150/157.)

— Lettre. Une éclipse de lune. — Superstitions. — Zi-ka-wei, 6 août. (*Ibid.*, Oct. 1908, p. 190.)

— Lettre de Nan-sou-tcheou (Ngan-hoei). (*Miss. Cath.*, 9 déc. 1910, p. 581.)

— La famine dans l'Yng-tcheou-fou (Ou-hou, 3 sept. 1910). (*Rel. de Chine*, Kiang-Nan, Janvier 1911, p. 62.)

— Lettre. — Yng-tcheou-fou, Ngan-hoei, 27 décembre 1910. (*Ibid.*, Avril 1911, p. 127.)

— Lettre de Lin-hoan-tsi (Kiang-Nan), 18 janvier 1911. (*Miss. Cath.*, 7 avril 1911, p. 160.)

— Lettre. — Suites de l'inondation à Lin-hoan. (*Rel. de Chine*, Kiang-Nan, Juillet 1911, p. 207.)

— Lettre. — Lin-hoan-tsi, 13 avril. (*Ibid.*)

— La famine. — Extrait d'une lettre du P. Allain au Directeur des Missions Catholiques. (*Ibid.*, Juillet 1911, pp. 129/131.)
Lin-hoan-tsi, 21 fév. 1911.

— La famine au Kiang-Nan (Chine). — Lettre du R. P. Allain, de la Compagnie de Jésus, missionnaire au Kiang-nan. (*Miss. Cath.*, 28 avril 1911, p. 195.)

— Lettre. — Lin-hoan-tsi, 17 mai 1912. (*Rel. de Chine*, Oct. 1912, pp. 552/553.)

— Lettre du P. Allain. — Lou-Ngan, 11 août 1916. (*Ibid.*, Oct. 1917, pp. 558/560.)

Col. 1040.

Amiot.

— Joseph Amiot Et les Derniers Survivants de la Mission française à Pékin (1750—1795) — Nombreux Documents inédits avec Carte — Par le P. Camille de Rochemonteix de la Compagnie de Jésus. Paris, Alphonse Picard, 1915, in-8, pp. LXIII-563.

Notice : *La Géographie*, XXXV, Mai 1921, p. 546, par L.

— Voir col. 3574, H. Cordier, *Suppression de la C. de J.*

Ancel, *Pierre*, né le 17 mai 1877; arrivé 5 déc. 1903.

— Variété. — Collège de Zi-ka-wei. — Un congé à Changhaï. — L'Askold. Par P. Ancel. [5 octobre 1905]. (*Rel. de Chine*, Kiang-Nan, Avril 1906, pp. 94/99.)

— Un orage. — 8 juillet. (*Ibid.*, Juillet 1907, p. 192.)

— Lettre de Chang-haï, 29 juin 1909. (*Miss. Cath.*, 6 août 1909, p. 379; fig.)

— Lettre. Un début au Pou-tong (Né-ghiao, 3 janvier 1911). (*Ibid.*, avril 1911, p. 125.)

— Né-ghiao. — Extrait d'une lettre du Père Ancel. (*Ibid.*, Kiang-Nan, Juillet 1913, p. 205.)

— Au milieu des brigands. — Résumé des lettres du P. Ancel, Tai-tao-leou, 27 juillet; du P. Couturier, 20/26 juillet; du P. Michelin, T'ai-ping, 8/10 sept. 1917; du P. Hermand, Kao-lieou le brigand, 11/15 octobre; du P. de Geloës, Yenteou-les-palais, 15 octobre; du P. Hermand à Monseigneur, Yao-wan, 16 octobre; du P. Le Biboul, 13 octobre; du P. Ancel, Tai-tao-leou, 26 nov.; du P. Hermand, Kao-lieou, 25 nov. (*Ibid.*, Janv.-Avril 1918, pp. 22/32; portr. et ill.)

— Questions scolaires en Chine (1919—1920). Par P. Ancel, S. J., (*Ibid.*, Janv. 1921, pp. 428/432.)

— Lettre du P. Ancel. (*Ibid.*, pp. 453/455.)
Nankin, 18 et 30 octobre.

— Sympathies françaises à Nankin. Par P. Ancel, S. J. (*Ibid.* Avril 1921, pp. 496/497.)

— Lettre du P. Ancel. (*Ibid.*, p. 518.)
Nankin, 12 nov. 1920.

— Lettre du P. Ancel. Nankin, Décembre 1920. (*Ibid.*, Octobre 1921, pp. 635/637.)

Arnaud, *Pierre*, né 29 juillet 1874; arrivé 18 oct. 1906; † à Changhai le 5 décembre 1908. — Portrait.

— Nécrologie. — Le P. Pierre Arnaud. (*Ibid.*, Oct. 1909, pp. 426/427.)

Arnous-Rivière, *Léon*, né 16 avril 1870; arrivé 18 oct. 1906.

— Lettre. Au Ning-koua-fou. (*Ibid.*, pp. 428/429.)

— Lettre. — Choeitong, 15 novembre 1909. (*Ibid.*, Avril 1910, p. 559.)

— Lettre. — Yng-chan, 23 février 1914. (*Ibid.*, Juillet 1914, pp. 494/495.)

— Lettre — Yn-chan, 19 mars. (*Ibid.*, Juill.-Oct. 1919, pp. 259/260.)

Attimis. — Voir col. 1052/1053.

— * Relaçao summaria da Prizam, Tormentes, e glorioso Martyrio dos veneraveis padres Antonio Joseph, Portuguez, e Tristram de Attimis, Italiano, ambos da Companhia de Jesus, da Vice-Provincia da China. Lisboa, 1751, pet. in-8, p. 38.

Maggs Bros., London, No 403, 1921, p. 145.

Col. 1053.

Attiret, *Jean Denis.*

— Un Artiste comtois à la Cour de Chine au XVIIIe siècle Le Frère Attiret (1702—1768) Par M. Georges Gazier, Conservateur de la Bibliothèque de Besançon. — Extrait des *Mémoires de la Société d'Emulation du Doubs* (8e série, tome VI. 1911). — Besançon, Imp. Dodivers, 1912, in-8, pp. 26.

Bib. Nat., 8° Ln^{27} 56539.
Notice : *Miss. Cath.*, 28 fév. 1912, p. 312.

- Extrait d'une lettre du Père Amiot du 1 mars 1769, de Peking, contenant l'éloge du Frère Attiret, & le précis de l'état de la Peinture chez les Chinois. (*Journal des Sçavans*, Juin 1771, pp. 406/420.)

— Jean Bouchot. — Un Franc-Comtois Peintre du Fils du Ciel. Jean-Denis Attiret (1702—1768). (*La Chine*, 1922, 15 juillet, pp. 1063/1073; 1er août, pp. 1105/1126, 14 pl. guerre des Eleuthes.

— Lettres inédites du frère Attiret publiées par Ch. Weiss. (*Le Franc-Comtois*, fév.-juin 1843.)

Voir CONQUÊTES DE K'IEN LONG, col. 3483. Pelliot, p. 189 seq.

suivant lequel le nom chinois d'Attiret serait 王致誠 *Wang Tche-tch'eng.*

Barbotin, *René,* né 10 juillet 1870; arrivé 5 déc. 1903; † 11 sept. 1905, à Chang-Hai.

— Nécrologie. (*Rel. de Chine,* Kiang-Nan, Janvier 1906, p. 57. Portrait.)

Barrau, *Joseph de;* né 26 avril 1852; arrivé 29 oct. 1888.

— L'apostolat à Ou-yuen-hien. — Extraits de lettres du P. J. de Barrau, S. J. (*Ibid.*, Janvier 1909, pp. 199/202, fig.)

— Nécrologie. — Le R. P. Joseph de Barrau. (*Ibid.*, Juill.-Oct. 1919, pp. 250/254; portrait.)

Barraud, *Charles,* né 31 déc. 1858; miss. au Kiang-Nan 30 oct. 1898; † à Chang-Haï, 17 juillet 1916.

— Lettre du P. Ch. Barraud, S. J. Chrétienté du Sacré Cœur, près de T'ai-hou-hien, 10 nov. 1904. (*Ibid.*, Juillet 1905, pp. 563/571.)

— Choses & autres. — Lettre du P. Barraud. (*Ibid.*, Avril 1906, pp. 84/89.)

— Lettre du P. Ch. Barraud. Kong-Kiao, 25 février. (*Ibid.*, Janvier 1907, pp. 57/58.)

Bastard, *Joseph.* — Col. 1054.

— Lettre. — Mat-sin, 6 avril 1907. (*Ibid.*, pp. 250/251.)

— Lettre du P. Bastard. — Ma-tsin, 16 août. (*Ibid.*, Avril 1907, pp. 126/127.)

— Lettre du P. Bastard. — La famine. — Ma-tsin, 17 décembre 1906. (*Ibid.*, pp. 127/128.)

— Lettre de Ma-tsin, le 18 mai 1905. (*Ibid.*, Juillet 1908, pp. 125/127.)

— La procédure en Chine. Par J. Bastard, S. J. (*Ibid.*, pp. 127/129.)

— Batisseur au Siu-tcheou-fou. Extrait d'une lettre du P. J. Bastard. Siu-tchéou-fou, 24 janvier 1908. (*Ibid.*, Janvier 1909, pp. 224/226; fig.)

— La chrétienté de Siao-hien. — Lettre du P. Bastard au procureur de la mission. (*Ibid.*, Oct. 1909, pp. 369/371.)

Bataille, *Jules,* né 19 janvier 1856; arrivé 19 mars 1895.

— Une fleur du Séminaire. Par Jules Bataille, S. J. (*Chine Ceylan Madagascar,* Mars 1905, pp. 134/137.)

François Tchenn.

— Un baptême dans une pagode. Par Jules Bataille, S. J. (*Ibid.*, Juin 1910, pp. 5/8.)

Fan Kia-Kata, 15 décembre 1909.

— Un mandarin à notre hospice. — Fan-Kia-Kata, 23 janvier. (*Ibid.*, Mars 1914, pp. 419/421.)

Baumert, *Charles,* né 19 mars 1865; arrivé 2 février 1900.

— Lettres. — Loyeù, 14 décembre 1909. (*Rel. de Chine,* Kiang-Nan, Juillet 1910, pp. 618/619.) — Ou-si, 13 janvier 1910. (*Ibid.*, pp. 619/620).

— Extraits de quelques lettres du P. Ch. Baumert, S. J. — Ou-si, 5 décembre 1909. — Lo-yeu, 14 décembre. — (*Ibid.*, Avril 1910, pp. 519/521.)

— Lettre. — Ousi, 29 sept. 1910. (*Ibid.*, Janvier 1911, p. 61.)

— Lettre. — Ousi, 3 oct. 1910. (*Ibid.*, pp. 61/62)

— Une double adoption. Lettre du Père Baumert. (*Ibid.*, Oct. 1911, pp. 268/270; fig.)

Ou-si, 3 avril 1911.

— Lettre. — Ou-si, en route pour une extrême-onction. (*Ibid.*, Oct. 1910, p. 682.)

— Notre-Dame de Lourdes en Chine. — Lettre du R. P. C. Baumert, de la Compagnie de Jésus, missionnaire au Kiang-Nan. (*Miss. Cath.*, 22 mars 1912, pp. 133/134; fig.)

— Les retraites fermées en Chine. — Tsang-ka-leu, 7 mars 1912. (*Rel. de Chine,* Kiang-Nan, Juillet 1912, pp. 494/496.)

Beaucé, *Eugène,* né 30 avril 1878; arrivé 5 déc. 1903.

— Deux visites à un croiseur italien. — Du F. Beaucé. (*Ibid.*, Oct. 1908, pp. 176/178.

Marco Polo.

— Le catéchuménat des prisons. Lettre du Père Beaucé. (*Ibid.*, Janvier 1912, pp. 293/294.)

— Le collège de Zi-ka-wei pendant la révolte. (*Ibid.*, Avril 1912, pp. 428/430.)

— Section de Hai-men et de Nan-t'ong. Par Paul Beaucé, S. J. (*Ibid.*, Juill.-Oct. 1919, pp. 215/231, ill.)

— Une Ecole de Français préparatoire à l'Aurore à Yang-Tcheou. Par Paul Beaucé, S. J. (*Ibid.*, Octobre 1921, pp. 598/602; ill.)

Beaugendre, *R.*, né 5 avril 1845; arrivé 18 déc. 1878; voir col. 1054.

— Nécrologie. — Le Père Raoul Beaugendre. Par L. G. (*Ibid.*, Janv.-Avril 1919, pp. 193/195, portrait et fig.)

Becker, *Pierre Emile,* 萬光被 né à Metz, 19 déc. 1836; Supérieur régulier de la Mission du Tchely S. E. de 1884 à 1894, et 1901 à 1909; † à Hien Hien, le dimanche 28 avril 1918; voir col. 1054.

— Planchet, *Missions de Chine,* 1921, pp. 497/499.

— Les Défunts. — Le R. P. Emile Becker. (*Chine Ceylan Madagascar,* N° 47, Janvier 1920, pp. 22/27.)

— Lettre de Hsien-hsien, 26 déc. 1905. (*Ibid.*, Déc. 1906, pp. 241/242.)

— Lettre de Hsien-hsien, 3 août 1906. Mort du Père Jean Baptiste Heitzler. (*Ibid.*, p. 249.)

— Lettre de Hsien-hsien, 26 octobre 1905. (*Ibid.*, Mars 1907, pp. 439/440.)

— Jubilé. (*Ibid.*, Juin 1907, p. 543.)

— Aux élèves du collège d'Antoing (Belgique). Par le R. P. Becker. (*Ibid.*, Sept. 1908, pp. 259/260.)

Hsien-hsien, 5 mars 1908.

— Lettre. Ventre affamé a des oreilles. — Sien-hsien, 26 mai 1908. (*Ibid.*, Juin 1909, pp. 397/398.)

Benoist, *Michel.*

— « La grande carte de Chine accompagnée de notices que fit le P. Benoist par ordre de K'ien-long en 1761 et dont il est question dans une lettre du 12 septembre 1764 (*Rev. Extr. Or.*, III, 248/250) fut ensuite revue par 何國宗 Ho Kouo-tsoung (l'un des compagnons des Jésuites cartographes au Turkestan chinois) et par le célèbre érudit Ts'ien Ta-hin (1728/1804), et finalement publiée, sous le titre de 地球圖說 *Ti k'ieou t'ou chouo,* dans le *Wen siuan leou ts'oung chou* de Jouan Yuan » (Pelliot).

Berton, *Emile,* né 12 déc. 1850; arrivé 26 oct. 1882.

— Lettre. — Ning-Kouo-Fou, 18 juillet 1912. (*Rel. de Chine,* Janvier 1913, p. 60.)

Besnard, *Paul Marie,* né à Lisieux, 16 août 1854; arrivé 24 nov. 1890.

— Nécrologie. — Le P. Paul-Marie Besnard (1854—1909). Par J. Dannic, S. J. (*Ibid.*, Kiang-Nan, Janvier 1910, pp. 487/489, portrait.)

Bies, *Jacques,* né au Luxembourg, 27 janvier 1838; arrivé 10 déc. 1868.

— Lettre du P. Biès [Tse-tcheou, 27 novembre 1901]. (*Ibid.*, Juillet 1905, pp. 572/574.)

— Nécrologie. Le Père Bies. Par H.-N. Doré, S. J. (*Ibid.*, Oct. 1912, pp. 547/549.)

Bizeul, *Sévère,* né à Blain (Loire Infre) le 21 janvier 1848, † 31 mars 1912 à Chang-haï.

— Nécrologie. — Le Père Sévère Bizeul, S. J. (*Ibid.*, Janvier 1913, pp. 49/55; fig. et portr.)

— Impressions de voyage. — Extrait de plusieurs lettres du P. Bizeul. (*Ibid.*, Avril 1906, pp. 78/83.)

— Lettre. Inauguration de l'église de Choen-Ngan. (*Ibid.*, Juillet 1908, p. 142.)

— L'enfant en Chine. — Nombre d'enfants. — Aux champs. — A l'école. — En famille. (Du P. Bizeul.) (*Ibid.*, Janvier 1910, pp. 466/479, fig.)

— Çà et là. — II. — Section de Ou-hou. Extrait de la relation annuelle du P. Bizeul. (*Ibid.*, Juillet 1911, pp. 141/142.)

— Les inondations. — La famine. — Mangeurs de terre. Par S. Bizeul. (*Ibid.*, Janvier 1912, pp. 289/290.)

Bouvet, *Louis*; voir col. 1057.

— Lettre du P. L. Bouvet. (*Ibid.*, Avril 1921, pp. 516/517.)

Fête à T'ou-Sè-wè.

Bodman, *Conrad de,* né en Allemagne, le 7 mai 1866; arrivé 20 déc. 1892.

— Au Fong-hien. — Lettre du P. C. de Bodman, S. J. (*Ibid.*, Octobre 1906, pp. 196/200.)

— Des Catéchistes! — Lettre du P. C. de Bodman au Directeur des «Relations». Fong-hien, Janvier 1907. (*Ibid.*, Oct. 1907, pp. 214/217). Lettre du P. L. Gain, S. J. (*Ibid.*, pp. 217/218.)

— Lettre. — Fruits d'un catéchuménat. (*Ibid.*, Juillet 1908, pp. 140/141.)

— Le Catéchuménat de Sainte-Agnès. — Année 1907/1908. (*Ibid.*, Avril 1909, pp. 319/320.)

— Çà et là. — V. — Progrès au Siu-tcheou-fou occidental. Extrait d'une relation du P. de Bodman. (*Ibid.*, Juillet 1911, pp. 145/146.)

— De San-koan-miao à Ou-yuen. Lettre du Père de Bodman à sa famille. (*Ibid.*, Octobre 1911, pp. 218/230; fig.)

Octobre 1910.

— Le catéchuménat Saint-Joseph. — Ou-yuen, 1911. (*Ibid.*, Juillet 1912, pp. 491/492.)

— Relations annuelles. — VI. — District de Ou-yuen. Par C. de Bodman, S. J. (*Ibid.*, Avril 1913, pp. 97/98.)

— Catéchuménat Saint-Joseph. — Relation de 1913. Par C. de Bodman, S. J. (*Ibid.*, Avril 1914, pp. 373/375.)

— Bénédiction de l'église de Hieou-ning (Sect. de Hoei-tcheou). — Lettre du P. de Bodman. (*Ibid.*, Oct. 1917, pp. 557/558.)

— Les catéchuménats. — I. Saint-Joseph de Ou-yuen. Lettre du Père de Bodman, pp. 16/19. — II. Soei-ning. Extrait d'une lettre du P. Chevallier-Chantepie, pp. 19/21. (*Ibid.*, Janv.-Avril 1918, pp. 16/21.)

— Nouvelle chrétienté. — Lettre du P. C. de Bodman. — Chan-K'eng. 3 octobre 1916. (*Ibid.*, pp. 65/67; du 25 janv. 1917, pp. 67/68.)

— Catéchuménat de Saint-Joseph de Ou-yuen. Lettre du P. de Bodman. (*Ibid.*, Juillet-Octobre 1918, p. 136.)

— Catéchuménat Saint-Joseph d'Ou-yuen 1918. Par C. de Bodman, S. J. (*Ibid.*, Juill.-Oct. 1919, p. 211.)

Bonay, *Emile,* né 9 juillet 1873; arrivé 20 déc. 1892.

— Lettre. — Lai-ngan-hien, section de Tai ping fou. (*Ibid.*, Juillet 1909, pp. 367/368.)

— Lettre. — A propos de cercueil. (*Ibid.*, Avril 1910, p. 560.)

— Lettre. — Yao-wan, 13 décembre 1912. (*Ibid.*, Avril 1913, pp. 131/132.)

— La vie de tous les jours. Du P. Bonay. Siu-tcheou-fou oriental, 12 octobre 1913. (*Ibid.*, Juillet 1914, p. 475.)

Bondon, *Charles,* né 3 juillet 1865; arrivé 23 nov. 1891.

— District de Tang-chan-hien. — Les catéchuménats. Par le P. Ch. Bondon. (*Ibid.*, Octobre 1905, pp. 645/647.)

— Catéchuménat Saint-Antoine de Padoue. — Relation du P. Bondon. Missionnaire au T'ang-chan-hien. (*Ibid.*, Juillet 1906, pp. 180/182.)

— Idem. — Du P. Charles Bondon. — Tai-chang-hien 1907. (*Ibid.*, Janv.-Avril 1908, pp. 7/8.)

— Apostolat dans une prison. (D'après une conversation du P. Bondon), 14 août 1907. (*Ibid.*, Oct. 1908, p 191.)

— Çà et là. — III. — Siu-tcheou-fou occidental. Extrait de la relation annuelle du P. Bondon. (*Ibid.*, Juillet 1911, pp. 142/143.)

— Lettre. — 18 mars. (*Ibid.*, p. 206.)

Bornand, *Pierre,* né aux Indes néerlandaises, à Batavia, 9 mai 1868; † 31 déc. 1916, à l'hôpital Sainte-Marie de Chang Hai.

— Nécrologie. — Le Père Pierre Bornand. Par L. Gain, S. J. (*Rel. de Chine,* Octobre 1917, pp. 550/553, portraits.)

— Apostolat auprès des marins. (*Ibid.*, p. 554.)

Bornet, *Paul,* né 3 août 1869; arrivé 15 oct. 1904.

— Succès sportifs. — Tai-ming-fou, 22 mai 1910. (*Chine Ceylan Madagascar,* Janvier 1911, pp. 176/177, phot.)

— Les écoles centrales des Sections. (*Ibid.*, Oct. 1920, pp. 185/186.)

Bortolazzi, *Christophe,* né à Venise 6 nov. 1856; arrivé 5 nov. 1879.

— Lettre. — Zong-Ming, 6 mai 1913. (*Rel. de Chine*, Kiang-Nan, Juillet 1913, pp 207/208.)

Boucher, *Henri.*

— Lettre de Kao-lieou, 8 déc. 1905. (*Ibid.*, Juillet 1906, p. 190.)

— Lettre. — Tokio, 17 mars. (*Ibid.*, Juillet 1911, p. 206.)

Bourgeois, *F. X.*

— Son nom chinois est *Tch'ao Cheng-sieou* et non *Tch'ao Tsi-ko.* (Cf. *T'oung Pao*, 1916, p. 274 et 1920/1921, p. 195.) (Pelliot.)

Bouvet, *Joachim.*

— Lettre du P. Bouvet de Pekin, 30 octobre 1707, dans *l'Etat présent de l'Eglise de la Chine,* pp. 303/308.

— «Un grand nombre de documents se rapportant aux travaux du P. Bouvet sur le *Yi king* se trouvent tant à la Bibliothèque Vaticane, dans les papiers provenant du P. Foucquet, qu'à la Biblioteca Vittorio-Emanuele, dans le Fondo Gesuitico.» (Pelliot.)

Boym, *Michel.*

— «Un atlas Mss. | de Chine, en chinois et en latin. dû à Boym, se trouve à la Bibliothèque Vaticane, Borgia Cinese 531; le titre est : ,Magni Catay | Quod olim serica, et modo Sinarum est Monarchia | Quindecim Regnorum | Octodecim geographicae Fabulae.'» (Pelliot.)

Brousse, *Jean de la.*

— Les problèmes actuels de la Chine d'après des Chinois. Par Jean de la Brousse. (*Ibid.*, Avril 1921, pp. 470/478.)

— Paganisme. Par Jean de la Brousse. (*Ibid.*, Juillet 1921, pp. 575/580; ill.)

18e jour de la 6e lune.

Bureau, *Auguste.*

— Lettre. — Kong-Kiao, 18 janvier 1913. (*Ibid.*, Juillet 1913, p. 205.)

— Lettre. (*Miss. Cath.*, 5 nov. 1915, p. 531, ill.)

— Un accident. — Du P. Bureau. Kong-Kiao, 6 mars 1916. (*Rel. de Chine,* Kiang-Nan, Janv.-Avril 1918, pp. 63/64.)

— Lettre de Kung K'iao (Kiang-Nan) à Mgr. Th. Robert, de Nantes. (*Miss. Cath.*, 9 nov. 1917, pp. 532/533.)

Cannepin, *Maurice,* miss. au Ts'ing fong, Tche li S. E.

— Du «un» à l'heure. — Sien-hsien, 12 novembre 1910. (*Chine Ceylan Madagascar,* Mai 1911, pp. 330/331.)

— Toujours la peste. — Sien-hsien, 18 mars 1911. (*Ibid.*, Oct. 1911, p. 460.)

— Les épreuves du photographe en Chine. (*Ibid.*, p. 460.)

— En pays neuf. — Kai-tcheou, Mai 1912. (*Ibid.*, Sept. 1912, pp. 212/214; fig.)

— La misère. — Kai-tcheou, Juin 1912. (*Ibid.*, p. 214.)

— Les soldats de la république. — Kai-tcheou, juin 1912. (*Ibid.*, pp. 214/215.)

— Habits loués et habits volés. — Kai-tcheou, juin 1912. (*Ibid.*, p. 215.)

— Quelques baptêmes. — Kai-tcheou, 23 octobre. (*Ibid.*, Mars 1914, p. 424.)

— Des sapèques! des sapèques. (*Ibid.*, pp. 424/425.)

— Lettres. — Esquisses jaunes. — I. Comment on ouvre une chrétienté en Chine. (*Miss. Cath.*, 16 août 1918, pp. 388/389; 23 août 1918, pp. 401/402). — II. Comment on bâtit une église. (*Ibid.*, 30 août 1918, pp. 416/418; 6 sept. 1918, pp. 429/431.) — III. Visite d'un village chinois en détresse. (*Ibid.*, 13 sept. 1918, pp. 441/443; 20 sept. 1918, pp. 454/455.) — IV. La mendicité en Chine; lettre du R. P. Van Oost, de Scheut. (*Ibid.*, 27 sept. 1918, pp. 465/467.)

— P. Cannepin. — Pluie de catéchumènes. — Décembre 1918. (*Chine Ceylan Madagascar*, Avril-Juillet 1920, pp. 104/105.)

— Lettres. — Les Petits Chinois. (*Miss. Cath.*, 5 nov. 1920, pp. 521/524; ill.; 12 nov. 1920, pp. 535/536.)

— P. Cannepin, S. J. — Une mauvaise affaire qui tourne bien. Février 1920. (*Chine Ceylan Madagascar*, Avril-Juillet 1920, p. 106.)

— Le pays des dix mille calamités. (*Ibid.*, Déc. 1920, p. 240.)

— Les enfants et le prêtre. Par Maurice Cannepin, S. J. (*Ibid.*, Sept. 1921, pp. 180/181; ill.)

Tsing-fong, mars 1921.

— Après les blés. Par le P. Cannepin. (*Ibid.*, p. 185.)

Mai 1921.

Castiglione. *Giuseppe*, 郎世寧, *Lang Che-ming*, né à Milan, 19 juillet 1688; arrivé à Peking, 22 déc. 1715; † 16 juillet 1766.

— Henri Cordier, *Conquêtes*, Mém. conc. l'Asie centrale, I. — Col. 3482.

— Pelliot, *Conquêtes*. — Col. 3483 et *T'oung Pao*, p. 186, 1920/1921.

— *Documenti . . . sul Matteo Ripa*, 1904, pp. 14 seq.

— Découverte d'une stèle en l'honneur du F. Castiglione. Par L. Le Boisselier. (*Rel. de Chine*, Oct. 1917, pp. 524/527.)

Cf. P. Ducarme, lazariste, dans le *Bulletin catholique de Pékin*, du 1er mars 1915.

— *La Chine*, 1er août 1922, p. 1120, reproduit d'après la *Politique de Chine* un portrait de Hsian-Fei 香妃, concubine musulmane de K'ien Loung, par le frère Castiglione.

Cattaneo, *Lazare*, voir col. 1059.

— Le fondateur de la Chrétienté de Chang-Haï. — Le P. Lazare Cattaneo. D'après le P. Pfister. (*Rel. de Chine*, Kiang-Nan, Janvier 1921, pp. 412/416, ill.)

— Le père Lazare Cattaneo. — Le Fondateur de la Chrétienté de Chang-haï. Par Al. Pfister, S. J. (J. de la Servière, S. J.). (*New China Review*, III, Octobre 1921, pp. 350/355.)

Cézard, *Célestin*.

— Le présent et l'avenir de King-tcheou. Par Célestin Cézard, S. J. (*Chine Ceylan Madagascar*, Sept. 1908, pp. 257/258.)

Rapport à Mgr. Maquet (1907).

— Les villages de Chine. Par Célestin Cézard, S. J. (*Ibid.*, Juin 1909, pp. 366/374.)

Chenn, 沈 *Louis*, frère coadjuteur chinois, né 6 mai 1872; † 27 janvier 1921.

— Mort. (*Ibid.*, Mars 1921, p. 33.)

Chevalier, *Joachim*, né le 19 nov. 1841; † 1er août 1910.

— Nécrologie. Le P. Joachim Chevalier (1841—1910). (*Rel. de Chine*, Kiang-Nan, Janvier 1911, pp. 54/56; portr.)

Chevalier, *Stanislas*, né 22 oct. 1852; arrivé 24 oct. 1883.

— Nommé membre de la Société des Spectrokopisti Italiani. (*Ibid.*, Juillet 1911, p. 207.)

— Lettre. — Zo-cé. (*Ibid.*, Janv.-Avril 1908, p. 86.)

(Castiglione. — Chevalier.)

Chevallier-Chantepie, *Henri*, né 29 juillet 1868; arrivé 2 janvier 1904.

— Soei-ning. — Le pays, l'apostolat. Par H. Chevallier-Chantepie, S. J. Juillet 1909. (*Ibid.*, Juillet 1910, pp. 582/594; fig.)

— Lettre. — Soei-ning. — La religion de la peur. (*Ibid.*, p. 624.

— Lettre. — Guéri par le baptême. (*Ibid.*, Avril 1911, pp. 123/124.)

— Lettre. — Une fillette jetée aux chiens. (*Ibid.*, p. 124.)

— Au District. — La vie de tous les jours. — II. Extraits d'une lettre du P. Chevallier-Chantepie. Soei-ning, 15 juillet 1913, (*Ibid.*, Oct. 1913, pp. 218/219.)

— Lettre du P. H. Chevallier-Chantepie. (*Ibid.*, Oct. 1917, pp. 555/556.)

— Lettre. — Soei-ning, 24 janvier. — Les grèves scolaires. (*Ibid.*, Juill.-Oct. 1920, pp. 390/391.)

— Les quatre saisons. Par H. Chevallier-Chantepie, S. J. (*Ibid.*, Janvier 1921, pp. 432/436; Avril 1921, pp. 500/504.)

— Les quatre saisons (suite et fin). Par H. Chevallier-Chantepie, S. J. — Lettre du P. Joseph Tsang [Kiang-yn 16 mai]. — Lettre du Père Lecointre [le Choléra au Tong-chan hien]. — Lettre du P. Ancel [Nankin, 26 mai]. (*Ibid.*, Juillet 1921, pp. 562/574; ill.)

— Du P. Chevallier-Chantepie. (*Ibid.*, Avril 1921, p. 520.)

Soei-ning, 9 février 1921.

— Cinq jours aux mains des Brigands. Par H. Chevallier-Chantepie, S. J. (*Ibid.*, Octobre 1921, pp. 623/627; ill.)

Chevestrier, *Etienne*, né 3 août 1879; arrivé 6 nov. 1905.

— A Zi-ka-wei. — Une visite mandarinale. (Par le F. Chevestrier.) (*Ibid.*, Juillet 1907, pp. 170/171.)

— [A Zi-ka-wei.] — Un concours de jeux. (P. Chevestrier.) (*Ibid.*, pp. 171/172.)

— Excursion au Japon. — Du P. E. Chevestrier. (*Ibid.*, Juillet 1908, pp. 97/109.)

— Visites réciproques. — Marins italiens à Zi-ka-wei. — Du P. Chevestrier. (*Ibid.*, Oct. 1908, pp. 174/175.)

Le *Marco Polo*, 1er avril.

— Une visite princière à Zi-ka-wei (17 octobre 1908). Par E. Chevestrier, S. J. (*Ibid.*, Juillet 1909, pp. 321/327.)

Prince Yu-Lang.

— Au jour le jour. — Lettre du P. Chevestrier. — Zi-ka-wei, 23 juin 1909. (*Ibid.*, Janvier 1910, pp. 453/456.)

— Comment nos chrétiens se préparent à la mort. — Tsing-yang, 17 novembre 1911. (*Ibid.*, Juillet 1912, p. 493.) — Une conversion à Changhaï. (*Ibid.*, pp. 493/494.)

— Ts'ing-yang Origine du Pèlerinage de N. D. de Lourdes. Par Et. Chevestrier, S. J. (*Ibid.*, Janvier 1913, pp. 5/15; fig.)

— Tsing-yang. — La Fête du Patronage de N. D. (Lettre du P. Chevestrier à un scolastique de Zi-ka-wei) 2 décembre 1912. (*Ibid.*, Avril 1913, pp. 66/69; fig.)

— Lettre. — Tsing-yang, 8 novembre 1912. (*Ibid.*, pp. 133/134.)

— Notre-Dame de Tsing-yang. — Lettre du P. Chevestrier Tsing-Yang, 22 avril 1913. (*Ibid.*, Juillet 1913, pp. 143/144; portrait.)

— Libres ou esclaves? Par Etienne Chevestrier, S. J. (*Ibid.*, Oct. 1913, pp. 260/263.)

— [Lettre]. Du P. Estienne Chevestrier. — Ts'ing-yang, 10 avril 1913. (*Ibid.*, pp. 287/288.)

— La Sainte-Enfance. (*Ibid.*, Janvier 1914, pp 351/352.)

— La vie de tous les jours. — Du P. Chevestrier. Tsing-yang, 2 avril 1914. (*Ibid.*, Juillet 1914, pp. 470/472.)

— Un Jubilaire. Par Et. Chevestrier, S. J. (*Ibid.*, Avril 1921, pp. 479/483; portr. et ill.)

Le P. Mathieu Kin.

Chouan.

— En district. — Lettre aux élèves de Marneffe. Par le P. Chouan. (*Ibid.*, Oct. 1909, pp. 385/392.)

Collas, *Jean Paul Louis*. — Voir col. 1061.

— Lettre de J. P. Collas. (*T'oung Pao*, Oct. et Déc. 1917, pp. 362/363.)

(Chevallier-Chantepie. — Collas.)

Colvez, *Pierre*, né 25 nov. 1857; arrivé 28 oct. 1889.

— Lettre. — Fidélité au septième commandement. Sou-song. (*Rel. de Chine*, Kiang-Nan, Oct. 1908, p. 192.)

— Les médecins à Sou-song. — Lettre du P. Colvez. (*Ibid.*, Oct. 1909, pp. 407/411.)

— Relation annuelle à Monseigneur. — Relation du P. Colvez, S. J. — Sou-song, 1909 (section de Ngan-king). (*Ibid.*, Juillet 1910, pp. 579/581.)

Contancin, *Cyr*. — Voir col. 1062.

— Il P. Cirico Contancin. (*Documenti . . . sul Matteo Ripa*, 1904, pp. 603/604.)

Cordier, *Alcide*, né 20 oct. 1844, en France; S. J.; miss. au Tche Li S. E.; arrivé 8 nov. 1880; † à Hien Hien, 12 nov. 1915.

— Le P. Alcide Cordier. Par J. D. (*Chine Ceylan Madagascar*, Avril-Juillet 1920, pp. 99/102, fig.)

— Vieilles connaissances. — Récit adressé au P. Cordier, ancien missionnaire à Koang-ping-fou. A l'occasion de son Jubilé de 25 ans de Chine, par Raphaël Gaudissart, S J. Tchao-kia-tchoang, 31 juillet 1905. (*Ibid.*, Janvier 1906, pp. 7/18.)

— Lettres. — Hsien-hsien, 8 mai et 7 septembre 1906. (*Ibid.*, Déc. 1906, p. 248.)

Col. 1063.

Couplet, *Philippe*.

— Le *Recueil de Lettres* de la collection Pauthier (No 303) a passé à la Bibliothèque Nationale. (No 551 du *Cat. des Ms. espagnols et des Ms. portugais*, par M. Alfred Morel-Fatio, Paris, Imp. Nat., MDCCCXCII, pp. 165/167.)

Couturier, *J*.

— Relations annuelles. — III. Siu-Tcheou-Fou occidental, district de Fong-hien septent. Par J. Couturier, S. J. (*Rel. de Chine*, Kiang-Nan, Avril 1913, pp. 92/95.)

— Lettre. — Au Siu-Tcheou fou occidental, 20 janvier 1913. (*Ibid.*, Juillet 1913, p. 208.)

— Des retraites fermées au pays des brigands. Liu-tcheou-fou, Juillet 1913. (*Ibid.*, Janvier 1914, pp. 348/349.)

Couvreur, *Séraphin*, né 14 janvier 1835; arrivé 30 avril 1870; † 19 nov. 1919.

— Les Défunts. — Le P. Séraphin Couvreur. (*Chine Ceylan Madagascar*, No 47, Janvier 1920, p. 27.)

— Nécrologie. — Séraphin Couvreur. Par H. C[ordier]. (*T'oung Pao*, Juillet-Octobre 1918—1919, pp. 253/254.)

Covillard, *Maurice*.

— Lettre. — District de Ou-ho, Juillet 1909. (*Rel. de Chine*, Kiang-Nan, Juillet 1910, p. 616.)

Cray, *Paul du*, né 11 août 1856; arrivé 16 nov. 1893; † 25 juillet 1909, à T'ien Tsin. — Voir col. 1067.

— Lettre. Sectionnement dans la Mission. — Tien-tsin, 21 février 1907. (*Chine Ceylan Madagascar*, Juin 1907, p. 550).

— Le R. P. Paul du Cray. — Nécrologie. (*Ibid.*, Mars 1910, pp. 508/509.)

Crochet, *Jules*, né 21 juin 1857; arrivé 18 déc. 1878.

— Lettre du P. J. Crochet, S. J. [Soei-ning, 4 février 1905]. (*Relations de la Chine*, Kiang-Nan, Juillet 1905, pp. 540/546.)

— Lettre du R. P. J. Crochet. — Fong-yang-fou, le 31 octobre 1905. (*Ibid.*, Avril 1906, pp. 74/77.)

— Lettre de Fong-yang-fou, 22 octobre. (*Ibid.*, Juillet 1906, p. 191.)

— Au Fong-yang-fou. — Lettre du P. J. Crochet. (*Ibid.*, Oct. 1907, pp. 206/213).

— Fong-yang-fou. Par J. Crochet, S. J. (*Ibid.*, Janv.-Avril 1908, pp. 27/39.)

— Une visite à Fong-yang-fou. — Lettre du P. Crochet. (*Ibid.*, Oct. 1909, pp. 398/406.)
Fong-yang-fou, 4 novembre 1908.

— Relations annuelles à Monseigneur. — Relation du P. J. Crochet, S. J. — Fong-yang-fou, 30 Juin 1909. (*Ibid.*, Juillet 1910, pp. 570/572.)

(Colves. — Crochet.)

— Lettre. — Fong-yang-fou, Novembre 1909 et 10 janvier 1910. (*Ibid.*, Juillet 1910, pp. 617/618.)

— Lettre. — Fong-yang, 31 décembre 1911. (*Ibid.*, Juillet 1912, pp. 492/493.)

— Débuts au Fong-yang-fou. Par J. Crochet, S. J. (*Ibid.*, Juillet 1914, pp. 445/451; fig.)
Fong-yang-fou, 15 février 1914.

— Histoire d'une Chrétienté. — Lettre du Père J. Crochet. (*Ibid.*, Juillet-Octobre 1918, pp. 90/104; fig.)

— Crochet, le P. — Lettre. — Yang-tcheou, 31 mai. (*Ibid.*, Janv.-Avril 1919, pp. 199/200.)

— Lettre du P. Crochet. (*Ibid.*, Avril 1921, pp. 504/507.)
Kao-yeou, 3 novembre.

Cunha, *Simon Xavier a.*, né au Kiang-Nan, 1631; † 24 fév. 1718, à Chang-Hai.

— Pfister, p. 156.

— Notice sur le Père Acunha. Par P. de Prunelé S. J. (*Ostasiat. Zeitschft.*, 2. Jhg., 3., Okt.-Dez. 1913, pp. 319/325; ill.)

— Variétés sinologiques No 37. — Le Père Simon A. Cunha S. J. (Ou li yu-chan) 吳歷漁山. — L'homme et l'œuvre artistique par les PP. M. Tchang et P. de Prunelé S. J. — Chang-hai. Imprimerie de T'ou-sè-wè. — 1914, in-8, pp. VIII-53; ill.

Damerval, *Alphonse*, né à Friville-Escarbotin (Somme) 8 août 1849; arrivé 5 déc. 1903; † 31 juillet 1908, à Hien-Hien.

— Lettre de Hsien-hsien, 16 octobre. L'influence japonaise. (*Chine Ceylan Madagascar*, Mars 1905, pp. 161/162.)

— Les chrétiens chinois et la prière. — Extrait d'une lettre au Rédacteur de la Semaine Religieuse du diocèse d'Amiens. Par Alphonse Damerval, S. J. Hsien-hsien, 2 juin 1905. (*Ibid.*, Janvier 1906, pp. 42/49.)
Portrait du P. Damerval.

— Lettre. Janvier 1906. L'année chinoise. (*Ibid.*, Déc. 1906, p. 242.)

— Lettre. Retraites. — Zi-ka-wei, 1er février. (*Ibid.*, Juin 1907, p. 551).

— Lettre. — Troubles au Midi. — Zi-ka-wei, 24 janvier 1907. (*Ibid.*, Juin 1907, p. 551).

— * Les Doléances d'un vieux missionnaire sur les Tribulations d'un vieux chanoine. Tournai et Paris, Casterman, fr. 0·75.
Par le P. Damerval S. J.

— Nécrologie. — Le P. Alphonse Damerval. (*Chine Ceylan Madagascar*, No 26, Septembre 1908, pp. 344/346.)

Dannic, *Joseph*. — Voir col. 1064.

— Lettre du P. J. Dannic, S. J., au R. P. Supérieur. (*Relations de Chine*, Kiang-Nan, Avril 1905, pp. 479/488.)

— Lettre du P. Dannic — Kouo-yang, Oct. 1904. (*Ibid.*, Oct. 1905, pp. 648/649.)

— Lettre du P. Dannic. — Les Paysans du Kouo-yang. (*Ibid.*, Avril 1906, pp. 100/105.)

— Lettres du P. Dannic. — I. Conscrits du Kouo-yang. — II. Le premier de l'An au Kouo-yang. (*Ibid.*, Juillet 1906, pp. 150/160.)

— Au pays d'Yng-tcheou-fou. Lettre du P. J. Dannic au P. J. Ducoux. — [Po-tcheou, 1er décembre.] (*Ibid.*, Octobre 1906, pp. 207/211.)

— Inondations au Siu-tcheou-fou. Lettres des PP. Dannic, Bondon, Richard, Gibert, et Pierre, S. J. (*Ibid.*, Janvier 1907, pp. 19/29.)

(Cunha. — Dannic.)

— Les mendiants du Kouo-yang pendant la famine. Par J. Dannic, S. J., 17 mai 1907. (*Ibid.*, Oct. 1907, pp. 223/228.)

— Un homme heureux. — Du P. Dannic, S. J. (*Ibid.*, Janv.-Avril 1908, pp. 54/57.)

— Le progrès en Chine — Illusions sur illusions. — Novembre 1907. Par J. Dannic. (*Ibid.*, Juillet 1908, pp. 110/114.)

— Lettre. L'abondance après la famine, Kouo-yang, 1er déc. 1907. (*Ibid.*, Janvier 1909, pp. 255/256.)

— Jubilé de Notre-Dame de Lourdes à Kouo-yang (1908). Par J. Dannic, S. J. (*Ibid.*, Janvier 1909, pp. 239/243.)

— Voyage homérique du P. de Grandmaison. Par J. Dannic, S. J. (*Ibid.*, Juillet 1909, pp. 333/338.)

— Année agricole et année apostolique. Par J. Dannic, S. J. (*Ibid.*, Janvier 1910, pp. 483/486.)

— Tribulations d'un missionnaire. — Lettre du P. J. Dannic. (*Ibid.*, Oct. 1910, pp. 664/668.)

— Ma mule et la comète. Par le Père J. Dannic. (*Ibid.*, Janvier 1911, pp. 36/38.)

— La famine. — Lettre du P. Dannic. (*Ibid.*, Avril 1911, pp. 66/68.)

— La famine. — I. Lettre du Père Dannic. Kouo-yang, 10 février 1911. — II. Lettre du Père Dannic au Père Bornand. — Kouo-yang, 7 avril 1911. — III. Le Comité de secours (Rapport à Sa Grandeur Mgr. Paris). (*Ibid.*, Octobre 1911, pp. 209/217 ; fig.)

— Les inondations. — La famine. — Lettre du Père Dannic à Monseigneur. (*Ibid.*, Janvier 1912, pp. 285/289 ; fig.)
Kouo-yang, 1er septembre 1911.

— Merci à Saint François-Xavier. — Lettre du P. Dannic. — Kouo-yang, 4 décembre 1912. (*Ibid.*, Avril 1913, pp. 124/126.)

— II. — L'instruction publique au Kouo-Yang en l'an 1er de la République. Par J. Dannic, S. J. (*Ibid.*, Avril 1913, pp. 127/130.)

— Une Neuvaine de Baptêmes de Bébés. — Kouo-Yang, le 1er février. Par J. Dannic, S. J. (*Ibid.*, Juillet 1913, pp. 145/147 ; fig.)

— Pagode de Confucius. Par J. Dannic, S. J. (*Ibid.*, Janvier 1914, pp. 343/346, fig.)

— Visite aux Chrétiens à domicile. Par J. Dannic, S. J. (*Ibid.*, Avril 1914, pp. 408/412.)
Kouo-Yang, 31 octobre 1913.

— Lettre du P. Dannic au P. Beaugendre 30 avril 1914. — Un remède musulman. (*Ibid.*, Oct. 1917, pp. 560/561.

— Du P. Dannic. (*Ibid.*, Janv.-Avril 1918, pp. 64/65.)

— La section d'Yng-tcheou-fou depuis le commencement de la guerre. Par J. Dannic, S. J. (*Ibid.*, Juillet-Octobre 1918. pp. 129/131.)

— Lettre du P. Dannic. (*Ibid.*, Janvier 1921, p. 458.)
Yang-tcheou-fou, 21 avril.

— Le Français au Siu-Tcheou-fou. — Lettre du P. Dannic. (*Ibid.*, Avril 1921, pp. 498/499.)

— Lettre du P. Dannic. (*Ibid.*, Avril 1921, pp. 519/520.)
Siu-Tcheou-fou.

David, *Victor.*

— Lettre. — Ecoles nouvelles. — Tche-tcheou-fou, le 27 mai 1907. (*Ibid.*, Oct. 1908, pp. 191/192.)

— Lettre. — Tche-tcheou-fou, 9 mai 1908. (*Ibid.*, Janvier 1910, p. 490.)

— Lettre. — Tche-tcheou-fou, 19 février. (*Ibid.*, Oct. 1910, p. 681.)

David, *Xavier*, né à Adriers (Vienne), 8 août 1860 ; arrivé 4 déc. 1894 ; + 1913.

— Nécrologie. — Le P. Xavier David (1860—1913). (*Ibid.*, Avril 1914, pp. 417/420 ; portrait.)
Extrait d'une Lettre du R. P. Crochet adressée au frère du P. Xavier David et publiée dans la *Semaine Religieuse* de Poitiers.

— Relation annuelle du P. Xavier David. — District de Nan-siu-tcheou (Section de Yng-tcheou-fou). (*Rel. de Chine*, Kiang-Nan, Oct. 1905, pp. 637/639.)

— Lettre du Kiang-Nan (*Miss. Cath.*, 17 déc. 1909, pp. 605/606.)

— Lettre du Kiang-Nan à M. l'abbé E. David, curé de Vanzay (diocèse de Poitiers). (*Ibid.*, 26 mai 1911, p. 245.)

— Lettre de Hoai-Yuen (Kiang-Nan), le 20 avril 1912, à son frère, M. David, curé de Vanzay (dioc. de Poitiers). (*Ibid.*, 19 juillet 1912, p. 339.)

Davrout, *Léon*, né 29 janvier 1875 ; arrivé 7 nov. 1906.

— Accueil à un débutant. Par le P. Davrout. (*Chine Ceylan Madagascar*, Sept. 1908, pp. 266/267.)
Wei-tsounn, 20 oct. 1907.

— Journées d'examens. — Tai-ming-fou, 1er février 1910. (*Ibid.*, Juin 1910, pp. 45/48, fig.)

— Vers la montagne. — Tai-ming-fou, 10 mai 1910. (*Ibid.*, Mai 1911, pp. 323/327.)

— Fléaux sur fléaux. — Tai-ming-fou, 12 janvier 1911. (*Ibid.*, p. 327).

— Rivé à sa brouette. (*Ibid.*, Oct. 1911, pp. 462/463.)

— La nouvelle Chine. — L'Émeute et le Pillage de Tien-tsin. - Lettre du R. P. Léon Davrout, de la Compagnie de Jésus, Tien-tsin, 5 mars 1912. (*Miss. Cath.*, 29 mars 1912, pp. 145/146.)

— Une nuit d'horreur. — Tien-tsin, 5 mars 1912. (*Chine Ceylan Madagascar*, Juin 1912, pp. 150/151.)

— Après l'émeute. — Tien-tsin, 8 mars. (*Ibid.*, pp. 151/152.)

— Lettre. — En témoins. — Tai-ming-fou, 8 novembre 1912 [pour 1911]. (*Ibid.*, Mars 1912, p. 39).

— A Pékin. — Tai-ming-fou, 28 mars 1912. (*Ibid.*, Déc. 1913, pp. 303/304 ; fig. et portr. de Yuan-chi-kai.)

Debeauvais, *Jean*, né 9 nov. 1847 ; arrivé 2 déc. 1907.

— A l'assaut d'un train. Par le P. Debeauvais. (*Ibid.*, Sept. 1908, p. 267.)
Tien-tsin, 26 nov. 1907.

— Ce qu'on imprime à Sien-hsien. Par Jean Debeauvais, S. J. (*Ibid.*, Janvier 1911, pp. 156/171 ; phot.)

— Un nouveau Vicariat apostolique. — Sien-hsien, 2 avril 1910. (*Ibid.*, p. 175.)

— Un mot d'enfant. — 10 avril 1910. (*Ibid.*, pp. 175/176.)

— Une leçon de transformisme. — 15 avril 1910. (*Ibid.*, p. 176.)

— Essais de zèle. — Sien-hsien, juillet 1912. (*Ibid.*, Sept. 1912, p. 215.)

— Un jeune maître. (*Ibid.*, Octobre 1920, p. 186.)
Koang-ping-fou.

— Le pays des dix mille calamités. (*Ibid.*, Déc. 1920, pp. 236/237.)

— Nouveau Supérieur. (*Ibid.*, Sept. 1921, p. 182.)
Jean Debeauvais S. J., supérieur.

Debesse, *Augustin*, né 25 fév. 1851 ; arrivé 26 oct. 1882.

— Lettre de Ts'ing-chan-kiao. (*Rel. de Chine*, Kiang-Nan, Oct 1906, pp. 254/256).

Debeyer, *Louis*, né 28 fév. 1853 ; arrivé 17 nov. 1899.

— Lettre de Hsien-hsien, 31 janvier. (*Chine Ceylan Madagascar*, Déc. 1906, pp. 244/246).

— De la sorcellerie à l'apostolat. Par Louis Debeyer, S. J. (*Ibid.*, Mars 1910, pp. 478/485).
26 octobre 1909, fig.

Desbuquois, *Léon*.

— Ames naturellement chrétiennes [Ta-ming-fou, Juin 1920]. (*Ibid.*, Déc. 1920, p. 253.)

— Paien baptisé par un paien. — Ta-ming-fou, Juin 1920. (*Ibid.*, p. 253.)

— Pour suivre sa vocation. — Ta-ming-fou, Juin 1920. (*Ibid.*, p. 254.)

— Apostolat de banlieue. Par Léon Desbuquois, S. J. (*Ibid.*, Juin 1921, pp. 93/95 ; fig.)
Ta-ming-fou, 31 mars 1921.

— Le collège français de Ta-ming-fou. Par Léon Desbuquois, S. J. (*Ibid.*, Sept. 1921, pp. 165/172 ; fig.)

Desportes, *Gustave*, né 20 août 1862 ; arrivé 10 nov. 1897.

— Au pays d'Yng-tcheou-fou. — Lettre du P. G. Desportes, S. J.

à un futur missionnaire. [Fei-ho-keou, 29 novembre]. (*Rel. de Chine*, Kiang-Nan, Octobre 1906, pp. 201/206.)

Desreumaux, *Edouard.*

— Le prix des enfants à K'ai tchéou. — 20 janvier 1914. (*Chine Ceylan Madagascar*, N° 46, Juin 1914, p. 28.)

— Le nouvel an chinois. — Sien-hsien, 9 février 1913. (*Ibid.*, Mars 1914, pp. 421/422.)

— Infanticides et superstitions. — Ta-ming-fou, 5 octobre 1913. (*Ibid* , pp. 422/423.)

— Les méfaits du change. — Tien-tsin, août 1920. (*Ibid.*, Déc. 1920, p. 254.)

— A la Procure de Tien-tsin. Par le P. Desreumaux. (*Ibid.*, Décembre 1921, pp. 266/267.)
Juin 1921.

Desnos, *René*, né 24 mars 1862; arrivé 19 mars 1900.

— Relation du P. Desnos District de Leou-Fang. (*Rel. de Chine*, Kiang-Nan, Juillet 1905, pp. 531/535.)

— Lettre de Ngan-King, 16 avril. (*Ibid.*, Juillet 1906, pp. 191/192.)

— Au district de Leou-fang. — Relation du P. Desnos à Monseigneur. (*Ibid.*, Juillet 1908. pp. 115/121.)

— Lettre. — Progrès à Ngan-King. (*Ibid.*, Oct 1908, pp. 188/189).

— Comment s'attrappe une psolte. — Par René Desnos, S. J. (*Ibid.*, Juillet 1909, pp. 346/358.)
Tong-tcheng, 21 déc. 1908.

— Du P. Desnos au P. Richard. (*Ibid.*, pp. 366/367.) 1er déc. 1908.

— Lettre. — Tong-tcheng, 24 juillet 1911. (*Ibid.*, Janvier 1912, pp. 350/351.)

— Lettre. — Anking, 10 sept. 1919. (*Ibid.*, Juill.-Oct. 1919, pp. 262/264.)

— Lettre. — (*Ibid.*, Janv.-Avril 1920, pp. 304/305.)

— Lettre du P. Desnos. Tong-tch'eng, 4 mai. (*Ibid.*, Juillet 1921, pp. 538.)

Doré, *Henri.* — Voir col. 1066.

— Lettre. — La famine. — Kao-lieu, 1er mars 1910. (*Ibid.*, Juillet 1910, pp. 622/623.) Kao-lieu, 8 mars 1910. (*Ibid.*, pp. 623/624.)

— L'inondation de la plaine de Hai-tcheou. — Lettre du P H. M. Doré, S. J. (*Ibid.*, Juillet 1910, pp. 604/606.)

— Lettre à un missionnaire. — Kao-lieou, 20 août 1910. (*Ibid.*, Avril 1911, p. 122.)

— Le confucianisme. (*Ibid.*, Janvier 1914, p. 349.)

— Jou-Kao, 6 et 21 avril 1917. (*Ibid.*, Janv.-Avril 1918, p. 63.)

— Lettre de Tong-ka-dou, 22 mars. (*Ibid.*, p. 389.)

— Lettre. (*Miss. Cath.*, 16 juillet 1920, p. 328.)

Dorville, *Albert de*, né à Bruxelles; † fév. 1662.
Voir Tibet.

— * Documents sur Albert Dorville de Bruxelles, missionnaire de la Compagnie de Jésus. Extrait des *Analectes pour servir à l'histoire ecclésiastique de la Belgique*, 3e série, VII, Louvain, 1911, 85 pages.

Ducoux, *Joseph.*

— Pendant le choléra. — Journal du P. G. Ducoux, 16 août 1907, etc. (*Rel. de Chine*, Kiang-Nan, Janvier 1909, pp. 206/216).

— Un voyage mouvementé. — (Lettre du P. Ducoux). Juillet 1919. (*Ibid.*, Juill.-Oct. 1919, pp. 237/239.)

— Lettre. — Hai-men, 21 mars. (*Ibid.*, Janv.-Avril 1920, p. 328.)

— Lettre. — Hai-men, 26 mai. (*Ibid.*, pp. 301/303.)

— Lettre. — Hai-men, 29 novembre 1919. (*Ibid.*, Juill.-Oct. 1920, pp. 391/392.)

— Lettre du P. J. Ducoux. (*Ibid.*, Octobre 1921, pp. 628/630.)
Hai-men, 23 avril 1921.

— Lettre du P. J. Ducoux, Hai-men, 10 février 1921. (*Ibid.*, Juillet 1921, p. 584.)

— Lettre du P. J. Ducoux, 11 mars 1921 et 26 mars. (*Ibid.*, Octobre 1921, pp. 633/634.)

Dugout, *Henri*, né 18 sept. 1875; arrivé 16 oct. 1908.

— Visite à T'ou-sé-wé. — Lettre du P. Dugout aux élèves de Marneffe. (*Ibid.*, Oct. 1909, pp. 393/397.)

— Comment l'eau vient à la rivière. — Par Henry Dugout, S. J. (*Ibid.*, Avril 1913, pp. 110/113; fig.)

— Lettre Péi-hien (Kiang-sou), 21 avril 1913. (*Miss. Cath.*, 30 mai 1913, pp. 256/257.)

— Lettre de Zi-ka-wei. (*Ibid.*, 3 oct. 1913, p. 472)

— Lettre de P'ei-hien, 7 février. Dans le nord du Ngan-hoei et dans le Siu tcheoufou. (*Rel. de Chine*, Kiang-Nan, Juillet 1914, p. 495.)

— * Henri Dugout S. J. Martyrologium Societatis Jesu, Catalogus Patrum ac Fratrum Societatis Jesu, qui ab instituta usque ad hunc diem in suppliciis aut carceribus pro fide aut vocatione vitam suam posuerunt, editio altera. Imprimerie de T'ou-sè-wè, Zi-ka-wei (Chang-haï), 1914, gr. in-4, pp. IV-103.

— Lettre du P. H. Dugout. — Pei-hien. (*Rel. de Chine*, Oct. 1917, p. 554.)

— Retour en Chine par l'Amérique. Par H. Dugout, S. J. (*Ibid.*, pp. 528/539, ill.)

— Idem. II. (*Ibid.*, Janv -Avril 1918, pp. 33/47; ill.)

— Idem. — (*Ibid.*, Juillet-Octobre 1918, pp. 109/120; fig.)

— Les œuvres à Sou-tsaï, 5 juin. Par le P. Dugout. (*Ibid.*, pp. 134/135.)

— Lettre. — Yang-ka-ghiao, 21 juin. (*Ibid.*, Juill.-Oct. 1919, pp. 260/261.)

— Une distinction honorifique. (*Ibid.*, Avril 1921, p. 514.)
Prix Hennequin de la Soc. de Topographie de France au R. P. H. Dugout, S. J.

Duplain, *Pierre*, né 8 nov. 1853; arrivé 8 avril 1880.

— Nécrologie. — Le F. Pierre Duplain. Mort 29 juillet 1908. (*Chine Ceylan Madagascar*, N° 26, Sept. 1908, p. 344.)

Duquesne, *Louis*, né 12 fév. 1859 à Arras; arrivé 5 déc. 1903; † 12 août 1921, à Hien-Hien.

— Lettre de Hsien-hsien, 3 août 1906. (*Ibid.*, Mars 1907, p. 431.)

— Décès. (*Ibid* , Sept. 1921, p. 182.)

— Le P. Louis Duquesne. Nécrologie. (*Ibid.*, Décembre 1921, pp 261/262; portrait.)

Durand, *Achille*, né 12 mai 1871; arrivé 22 oct. 1902.

— Extraits de différentes lettres des P. Ach. Durand et R. Rodet S. J. (*Rel. de Chine*, Kiang-Nan, Juillet 1905, pp. 547/562.)

— Lettre du P. Durand. — Les orphelins de T'ou-sè-wé à Dang-Wei. (*Ibid.*, Janvier 1907. pp 58/59.)

— Le cinquantenaire de N. D. de Lourdes — Lettre du P. Durand à sa famille. — Dang-Koh, 4 mai 1908. (*Ibid.*, Oct. 1908, pp. 158/161.)

— Lettre. — Zang-zoh, 1er Janvier 1909. (*Ibid.*, Juillet 1909, p. 367.)

— Lettre à sa famille. — Fête du 2 mai à Dang-Koh. (*Ibid.*, Janvier 1910, pp 492/493.)

Ecrepont.

— Arrivée de nouveaux missionnaires. (*Chine Ceylan Madagascar*, Avril-Juillet 1920, p. 110.)
le P Ecrepont.

— Le Collège de Sien-hsien. Par le P Ecrepont. (*Ibid.*, Mars 1921, pp. 31/32.)

— Un voyage à Tien-tsin. Par le P. Ecrepont. (*Ibid.*, Décembre 1921, pp. 263/264.)

Tien-tsin, Mai 1921.

— A la recherche d'une jambe. — Voyage du P. Ecrepont. (*Ibid.*, p. 265.)

Juillet 1921.

Faure, *Jacques Le,* voir col. 1068.

— Portrait gravé du R. P. Iacques le Faure, in-4, s. d.

Se vend à Paris, chez Langlois, rue St. Iacques à la Victoire.

Dans sa *Galerie illustrée de la Cie. de Jésus*, III, 1893, le P. Alfred Hamy a donné une réduction de cette gravure, mais elle porte au bas : Chez Nolin, rue St. Iacques, à la Place des Victoires, avec Privilège du Roy.

Ferrand, *Leo,* né 18 août 1871; arrivé 8 nov. 1904.

— Relation annuelle à Monseigneur. — Relation du P. L. Ferrand, S. J. — Ma-tsin, octobre 1909. (*Rel. de Chine*, Kiang-Nan, Juillet 1910, pp. 577/579; fig.)

— Lettre de Ma-Tsing (Kiang-Nan), 20 mai 1910, à M. Fouquet, curé au Chambon, par Preuille (Indre et Loire). (*Miss. Cath.*, 28 octobre 1910, p. 508.)

— Çà et là. — IV. Ma-tsing (même section). Du P. Ferrand. (*Rel. de Chine*, Kiang-Nan, Juillet 1911, pp. 144/145; fig.)

Finck, *Augustin.* né 6 oct. 1844; arrivé 4 avril 1874.

— Lettres de Tai-ming-fou, 9 février et 11 décembre 1906. (*Chine Ceylan Madagascar*, Mars 1907, p. 434.)

— Lettre. Le chemin de fer et la Mission. — Tai-ming-fou, 12 mars 1907. (*Ibid.*, Déc. 1907, pp. 54/55.)

Foucquet, *J. F.* — Voir col. 1068/1070.

« Un grand nombre de MSS de Foucquet se trouvent dans le Fonds Borgia Latino de la Bib. Vaticana 508'523, 542/544, 553/554, 566 567, 576, 586, 588 et dans le Fonds Borgia Cinese; enfin des notes ou morceaux de Foucquet se trouvent également dans les copies des mss. de Visdelou, et il est l'auteur de Vat. Latin 12852 et 12870 » (Pelliot).

Fournier, *Georges.*

— Lettre. — Nan-siu-tcheou, 8 nov. 1912. (*Rel. de Chine*, Kiang-Nan, Avril 1913, pp. 132/133.)

— Nécrologie. — Le P. Georges Fournier. Par E. Chevestrier, S. J. (*Ibid.*, Janv.-Avril 1920, pp. 316/324; portrait; Juill.-Oct 1920, pp. 380/388, portrait.)

Frin, *Célestin,* né 30 déc. 1834; arrivé 4 déc. 1894.

— Nécrologie. — Le Père Célestin Frin (1834—1911). (*Ibid.*, Janvier 1913, pp. 55/59; portr.)

Frin, *Julien,* né en 1839, à St. Brieuc; S. J.; parti en 1869 pour le Kiang-Nan: † à Wou Hou, 27 mars 1918.

Froc, *Louis.* — Voir col. 1070.

— Esther. — Lettre du P. L. Froc à un de ses amis. — Zi-ka-wei, 11 avril 1910. (*Rel. de Chine*, Kang-Nan, Juillet 1910, pp. 607/611; fig.)

— Le « Père des typhons » [le P. Louis Froc] par H. G., S. J. (*Ibid.*, Avril 1921, pp. 457/459.)

Gaillard, *Louis.* — Voir col. 1071.

— A Jesuit upon China. By E. H. Parker. (*Imp. & As. Quart. Rev.*, July-Oct. 1901, pp. 362/381.)

Gaillard, *Nankin.*

Gain, *Léopold,* né 25 mars 1852; arrivé 22 nov. 1876. — Voir col. 1071.

. Siu-tcheou-fou occidental. — Rapport annuel du P. L. Gain, S. J. (*Rel. de Chine*, Kiang-Nan, Avril 1906, pp. 65/73.)

— La vie au Siu-tcheou-fou (Chine). Par le R. P. Goin de la Compagnie de Jésus, missionnaire au Kiang-Nan. (*Miss. Cath.*, XXXVIII, 5 octobre 1906, pp. 477/479; 12 oct., pp. 487/489.)

— L'œuvre des catéchumènes. — Appel d'un missionnaire. Par Léop. Gain, S. J. (*Ibid.*, Janv.-Avril 1908, pp. 3/6.)

— Les brigands du Siu-tcheou-fou. Par le P. L. Gain. (*Ibid.*, Oct. 1909, pp. 412/416.)

— Lettre. Une épidémie. — Siu-tcheou-fou, 12 février 1909. (*Ibid.*, pp. 429/430.)

— Vingt-cinquième anniversaire de l'évangélisation du Siu-tcheou-fou (1884—1909). — Lettre du P. L Gain à Monseigneur. — (*Ibid.*, Oct. 1910, pp. 625/630; fig.).

L'œuvre des catéchumènats. — Lettre du P. L. Gain. (*Ibid.*, Avril 1911, pp. 69/74; fig.).

— Lettre. (*Ibid.*, pp. 126/127.)

— La famine. — Lettre du P. L. Gain, ministre de la section. (*Ibid.*, Juillet 1911, pp. 131/132.)

— Lettre. — 20 mars. (*Ibid.*, pp. 205/206.)

— Après la prise de Nankin, 15 décembre 1911. — (*Ibid.*, Avril 1912, pp. 426/427.)

— Lettre, Nankin, 12 janvier 1912. (*Ibid.*, pp. 427/428.)

— Lettre au P. de la Servière. Nankin, 20 février 1912. (*Ibid.*, Oct. 1912, p. 553.)

— Souvenirs de la révolution. Par le P. L. Gain. (*Ibid.*, Janvier 1913, pp. 16/25; fig.)

— Relations annuelles. — II. Section de Tchen-Kiang, district de Nankin. Par Léop. Gain, S. J. (*Ibid.*, Avril 1913, pp. 91/92.)

— Lettre. — Sun-Kiang, 25 mars 1913. (*Ibid.*, Juillet 1913, pp. 203/204.)

— Lettre à M. l'abbé Mauviel. — Sung-Kiang-fu le 25 mars 1913 (*Ibid.*, pp. 206/207.)

— La charité à Changhai. I. Les Auxiliatrices du Purgatoire en Chine. II. Le Couvent du Sen-mou-yeu. III. Maison Saint Joseph de Yang-king-pang. IV. La Sainte Famille à Hong-keu. Par L. Gain, S. J. (*Ibid.*, Avril 1914, pp. 376/394; fig.)

— Sur le tard — Lettre du Père L. Gain. (*Ibid.*, pp. 413/416; fig.)

— Un Bon Larron par le R. P. Léopold Gain, de la Compagnie de Jésus, missionnaire au Kiang-Nan. (*Miss. Cath.*, 17 sept. 1915, pp. 454/456.)

— Lettre. (*Ibid.*, 1916, pp. 148/149.)

Conversion du chef de brigands P'ang-San-kié, 4 sept. 1915.

— Lettre. (*Ibid.*, pp. 570/572.)

Hospice St. Joseph, Chang-Hai.

— Lettre. — L'Evangile au pays de Confucius. — Le Salut d'une âme dû à une vitre brisée. (*Ibid.*, 6 juillet 1917, pp. 313/314; ill.)

— La Charité à Changhai. IV. Par L. Gain, S. J. (*Rel. de Chine*, Oct. 1917, pp. 518/523; fig.)

— Lettre du Père Gain. — Pèlerinage de Zô-sé. (*Ibid.*, p. 556.)

— Du P. Gain. — Inauguration du K'i-ming (*Ibid.*, Janv.-Avril 1918, p. 64.)

— Lettre. — Un évêque de plus en Chine. — Sacre de Mgr. Lécroart. (*Miss. Cath.*, 31 mai 1918, pp. 253/254; portraits.)

— Les premières Noces d'or de Compagnie en Chine. Par L. Gain, S. J. (*Rel. de Chine*, Kiang-Nan, Janv.-Avril 1919, pp. 176/178; fig.)

— « Forcez-les à entrer ». (L'apostolat auprès des pauvres à Changhai.) Par Léop. Gain, S. J. (*Ibid.*, pp. 188/190.)

— A propos du suicide. Par P. G., S. J. (*Ibid.*, Juill.-Oct. 1919, pp. 240/243; ill.)

— Les fêtes de Sainte Jeanne d'Arc. Du P. Gain. (*Ibid.*, Avril 1921, p. 516.)

Gandar, *Dominique,* né le 8 février 1829, au village de Saint-Epvre, près de Metz; † 17 oct. 1910, à l'infirmerie de Yang-King-pang (Chang Hai). — Voir col. 1071.

— Le clergé indigène dans la mission du Kiang-Nan. — Notes d'un vieux Missionnaire. Par D. Gandar, S. J. (*Rel. de Chine*, Kiang-Nan, Avril 1907, pp. 101/110.)

— Nécrologie. — Le P. Dominique Gandar. Par Henry Dugout, S. J. (*Ibid.*, Avril 1911, pp. 102/108; portr.)

Gasnier, *Eugène*, né 17 juin 1844; arrivé 24 oct. 1883.

— [Relations annuelles à Monseigneur]. — Relation du P. Gasnier. — Kieng-pin-hien, 30 juillet 1909. (*Ibid.*, Avril 1910, pp. 514/515).

Gasperment, *Alphonse*, né 15 juin 1872; arrivé 7 nov. 1906.

— Sept nouveaux prêtres. — Mai 1919. (*Chine Ceylan Madagascar*, N° 47, Janvier 1920, pp. 31/32.)

— Consécration des familles au Sacré-Cœur. (*Ibid.*, Octobre 1920, pp. 184/185.)

Gast, *Guillaume*, né en Allemagne, 19 janvier 1873; arrivé 6 nov. 1893; + 3 mars 1912, à Ste. Croix, au N. O. de Tsoung-Ming.

— Lettre. — Apostolat à Hai-men. (*Rel. de Chine*, Kiang-Nan, Oct. 1908, pp. 190/191.)

— Nécrologie. — Le Père Gast. (*Ibid.*, Juillet 1912, pp. 489/490.)

Gaubil, *Antoine*. — Voir col. 1072.

— Henri Cordier. — Gaubil, *Antoine*. (*Catholic Encyclopedia*, p. 393.)

Gauchet, *Louis*, né 21 juillet 1873; arrivé 20 sept. 1907.

— Lettre. — Nan-siu-tcheou, 6 décembre 1910. (*Rel. de Chine*, Kiang-Nan, Avril 1911, p. 121.)

— Retour de vacances. — Un district inondé. Lettre du P. Gauchet. (*Ibid.*, Janvier 1911, pp. 6/14, fig.).

— Lettre de Ing-tcheou, 15 fév. 1916. (*Miss. Cath.*, 1916, pp. 172/173.)

Gaudissart, *Raphaël*. — Voir col. 1072.

— Nommé recteur du Séminaire-Collège. Résidence de Hsien-hsien à la place du P. Seneschal. (*Chine Ceylan Madagascar*, Mars 1907, p. 440.)

— Des sœurs de Sainte Agnès. Par Raphaël Gaudissart, S. J. (*Ibid.*, Mars 1910, pp. 475/477.)
Sien-hsien, 13 nov. 1909. Fig.

— Pieuse mort du P. Finck. — Sien-hsien, 5 juillet 1911. (*Ibid.*, Oct. 1911, pp. 457/458.)

— Flores Martyrum. Par Raphaël Gaudissart et Joseph Siao, S. J. (*Ibid.*, Juin 1912, pp. 123/141.)

— Les derniers jours du P. Louis Tourcher. — Sien-hsien, le 17 décembre 1913. (*Ibid.*, Mars 1914, pp. 425/427; portrait.)
+ 18 décembre 1913 à Sien-hsien.

— Scènes de mœurs chinoises. — Volés par les brigands; volés par les gendarmes. Relation par le R. P. Gaudissart, jésuite, missionnaire à K'ai-tchéou (Tché-ly sud-est). (*Miss. Cath.*, 18 juillet 1919, pp. 346/347; 25 juillet 1919, pp. 356/357.)

— Bénédiction d'une cloche à Kai-tcheou. (*Chine Ceylan Madagascar*, Avril-Juillet 1920, pp. 106/107.)

— Petit Bouton de Rose. Par Raphaël Gaudissart, S. J. (*Ibid.*, Sept. 1921, pp. 173/176.)

Gauthier, *Henri*, directeur de l'Observatoire de Zi-ka-wei, né 25 oct. 1870; arrivé 6 nov. 1905.

— Reçoit la médaille Henri d'Orléans de la Soc. de Géographie commerciale de Paris. (*Miss. Cath.*, 27 février 1920, p. 101.)

Geloës, *Paul de*, né en Hollande, le 1er nov. 1857; arrivé 8 nov. 1904.

— En route pour la Chine. — Extraits du journal de bord du P. de Geloës. Octobre, Novembre 1904. (*Rel. de Chine*, Kiang-Nan, Octobre 1906, pp. 245/252.)

— Lettre à M l'abbé Bersihand, curé de Trescalan. Yao-Wan, 17 janvier 1907. (*Ibid.*, Janv.-Avril 1908, pp. 88/90.)
Extrait du *Petit Messager des Missions*, Nantes.

— La vie au Siu-tcheou-fou. Lettre du Père de Geloës au Père B. (*Rel. de Chine*, Kiang-Nan, Oct. 1911, pp. 258/267.)
Changhai, 28 août 1911.

— Lettre de Ou-ho, 19 janvier 1912. (*Ibid.*, Avril 1912, pp. 431/432.)

— Relations annuelles (Suite.) — VII. Section de Se-tcheou, District de Ou-ho, par Paul de Geloes, S. J. — VIII. Siu-tcheou fou Oriental. District de Yen-t'éou, par L. Richard, S. J. — IX. Ou-si, par L. Hermand, S. J. — X. Changhai. — Cathédrale de Tong-ka-dou, par J. Piet, S. J. (*Ibid.*, Juillet 1913, pp. 137/142; fig.)

— Au District. — La vie de tous les jours. — III. Extraits d'une lettre du P. de Geloes. Se-tcheou, 13 avril 1913. (*Ibid.*, Oct. 1913, pp. 219/222; fig.)

— Lettre. — Yent'eou, 10 janvier. — Yang tcheou, 4 février 1919. — Yenteou, 21 février. (*Ibid.*, Juillet-Octobre 1919, pp. 256/259.)

— Lettre de Yen-t'eou, août 1919. (*Ibid.*, Janvier-Avril 1920, pp. 297/301; ill.)

— Le Bon Samaritain. Par L. H., S. J. (*Ibid.*, Juillet 1921, pp. 551/554; portrait du P. Paul de Geloës.)

— Lettre du P. de Geloes. (*Ibid.*, Octobre 1921, pp. 630/632; ill.)

— Lettre du P. de Geloes. Yen-t'eou, 14 mars 1921. (*Ibid.*, pp. 634/635.)

Gerbillon, *Jean-François*. — Voir col. 1072.

— Th. Coursiers. — Jean-François Gerbillon. (? Bar-le-Duc, 1843, pp. 236/263.)

Ghestin, *Anatole*, né 3 janvier 1878; arrivé 2 déc. 1907.

— Conversion de cinq gros villages — près de 6000 personnes. Mouts'uenn, 2 décembre 1913. (*Chine Ceylan Madagascar*, Mars 1914, p. 425.)

Ghestin, *Louis*, né 25 déc. 1864; arrivé 17 nov. 1899.

— La vie d'un missionnaire de district. — Fou-tcheng, 25 octobre 1909. (*Ibid.*, Mars 1910, pp. 502/503.)

— Héroïque martyre. Par Louis Ghestin, S. J. (*Ibid.*, Juin 1910, pp. 9/10.)
Ou-i, 25 décembre 1909.
La vierge Fou-ta-kou, du Chenn-tcheou, martyrisée à Ta-liou-tsounn, en juin 1900.

— Les filets se rompent. — Sien-hsien, 30 septembre 1909. (*Ibid.*, p. 36).

— Grâces inopinées. — Sien-hsien, 10 février 1910. (*Ibid.*, pp. 36/37.)

— Ce que les Chinois pensent des Russes. — Sien-hsien, 10 février 1910. (*Ibid.*, p. 37.)

— Un mois en mission. Par Louis Ghestin, S. J. (*Ibid.*, Mars 1914, pp. 382/393; fig.)

— Remèdes chinois et baptêmes d'enfants. Sien-hsien, 1er juillet 1913. (*Ibid.*, N° 46, Juin 1914, pp. 26/27.)

— Atrocités du brigandage. (*Ibid.*, Juin 1921, pp. 115/116.)
Wei-hsien, mars 1921.

Gibert, *Gustave*, né 14 déc. 1862; arrivé 2 janvier 1904.

— Extrait d'une lettre du P. G. Gibert, S. J. (*Relations de Chine*, Kiang-Nan, Juillet 1905, pp. 536/539.)

— Lettres du P. Gibert à sa famille. Tchang-lin-wei-tsé, 24 oct. 1904. (*Ibid.*, Janvier 1906, pp. 21/26.)

— Lettre. (*Ibid.*, Juillet 1906, p. 190)

— Lettre du P. Gibert à sa famille. Lin-hoan-tsi, 14 déc. 1906. (*Ibid.*, Avril 1907, pp. 125/126.)

— Lettre à sa famille. 19 juin 1906. (*Ibid.*, Juillet 1907, p. 191.)

— Lettre à sa famille, Lin-hoan-tsi, 27 mai 1907. (*Ibid.*, pp. 251/252.)

— Lettre. Lin-hoan-tsi, 9 avril 1907. (*Ibid.*, Oct. 1907, p. 249.)

— Administration d'une chrétienté. — Les Ecoles. — Du P. G. Gibert à sa famille. — Ling-hoan-tsi, 2 novembre. (*Ibid.*, Juillet 1908, pp. 122/124.)

— Lettre à sa famille. — Lin-hoan-tsi, 4 mai 1908. (*Ibid.*, Juillet 1908, pp. 141/142.)

— Lettre à sa famille. Le premier de l'an chinois. — Lin-hoan-tsi, 2 février 1908. (*Ibid.*, Janvier 1909, pp. 251/252.)

— Lettre à sa famille. (*Ibid.*, Avril 1909, p. 320.) Sur le lac Hong-tché, 2 août 1908; Ou-ho 5 août.

— Lettre à sa famille. Lin-hoan-tsi, 30 oct. 1908; 15 déc. 1908; 1er janvier 1909. (*Ibid.*, Juillet 1909, p. 366.)

— Un voyage. — Du P. Gibert à sa famille. (*Ibid.*, Janvier 1910, pp. 448/451; fig.)

— Lettres de Lin-hoan-tsi, 12 janvier 1909; Ou-ho-hien, 2 février 1909; Tchen-kiang, 15 février 1909; Nan-king, 2 juin 1909.)

— Lettre à sa famille. — Nan-king, 23 sept. 1909. (*Ibid.*, Avril 1911, pp. 125/126.)

— Quelques épisodes de la révolution dans le Kiang-Nan. (*Ibid.*, Avril 1912, pp. 385/403; fig.)

Extr. de lettres des PP. Gibert, Couturier, Dannic, de la Taille, Ancel, Le Boisselier.

— Lettre à sa famille. Ho-chan, 10 janvier 1913. (*Ibid.*, Janvier 1914, pp. 350/351.)

— Les affaires de Lou-ngan. — I. Lettre du P. Gibert à Monseigneur. Lou-ngan, 27 février 1914. Un Episode du drame de Lou-ngan. — II. Lettre du P. Allain à Monseigneur. Lou-ngan, 1er février 1914. — III. Lettre du P. de la Taille à Monseigneur. Lou-ngan, 1er février 1914. — IV. Lettre du P. Allain. Lou-ngan, 2 février 1914. (*Ibid.*, Avril 1914, pp. 361/372; portr. du P. Joseph Rich.)

— La vie de tous les jours. Du P. Gibert à sa famille. Les affaires du Loup-Blanc. Ho-chan, 17 mars 1914. (*Ibid.*, Juillet 1914, pp. 466/469.)

— Lettre. Les événements de Loungan. — Détails complémentaires. (*Ibid.*, pp. 493/494.)

Massacre du P. Rich.

— Lettre. Ho-chan, 19 février 1914. (*Ibid.*, p. 494.)

Gissinger, *Valentin,* né en Allemagne, le 9 juin 1865; arrivé 3 déc. 1898.

— Partout des catéchumènes, même chez les musulmans. — King-tcheou, 31 mars 1909. (*Chine Ceylan Madagascar,* Mars 1910, pp. 499/500.)

— Catéchumènes et Musulmans. Par le P. Gissinger. (*Ibid.*, Sept. 1908, pp. 260/262.)

King-tcheou, 7 janvier 1908.

— Voleurs d'enfants . . . volés. Par le P. Valentin Gissinger. (*Ibid.*, Mars 1921, p. 32.)

— Ingénieuse évasion. Par le P. Valentin Gissinger. (*Ibid.*, pp. 82/83.)

Grandmaison, *André Loizeau de,* né à Tours le 1er août 1866; arrivé 20 sept. 1907.

— Nécrologie. — Le P. André Loizêau de Grandmaison. (*Rel. de Chine,* Kiang-Nan, Juillet 1913, pp. 199/202; portrait.)

Gratien, *Romain,* né 22 avril 1867; arrivé 11 nov. 1896.

— Le district de Ho-chan en 1905/1906. — Relation du P. R. Gratien, S. J. (*Ibid.*, Oct. 1907, pp. 244/246.)

— Les Ecoles à Ho-chan. — Relation du P. Gratien à Monseigneur. (*Ibid.*, Oct. 1908, pp. 172/173.)

Grémillon, *Henri,* né le 1er avril 1850, à Châteauneuf sur Loire (Loiret); † 20 février 1911, à Changhai. — Voir col. 1074.

— Nécrologie. — Le Père Henri Grémillon. (*Ibid.*, Janvier 1912, pp. 341/343; portrait.)

Greslon, *Adrien.* — Voir col. 1074.

— * Les Lettres annuelles de la vice-province de la Compagnie de Jésus en Chine, année 1669, par Adrien Greslon. Extrait des *Annales de la Société d'émulation pour l'étude de l'histoire et des Antiquités de la Flandre,* 1er fascicule, 1912. Bruges, 61 pages.

Guimbretière, *Pierre,* né 1er juillet 1877; arrivé 8 nov. 1904.

— Lettre. Un obstacle à la conversion. (*Rel. de Chine,* Kiang-Nan, Janv.-Avril 1908, pp. 86/88).

— Un catéchuménat d'Instituteurs primaires. — Koang-ts'uen, 20 mars 1913. Par P. Guimbretière, S. J. (*Ibid.*, Juillet 1913, pp. 148/151; fig.)

Hamann, *Valentin.*

— Nécrologie. — Le Fr. Valentin Hamann. 3 juillet 1831—17 mars 1914. (*Chine Ceylan Madagascar,* No 46, Juin 1914, pp. 28/29.)

Hamon, *René,* né 25 juillet 1881; arrivé 20 sept. 1907.

— Les nouveaux missionnaires au collège de Zi-ka-wei. — Du P. Hamon. — 8 octobre 1907. (*Rel. de Chine,* Kiang-Nan, Janvier-Avril 1908, p. 84.)

— L'anniversaire de naissance d'un missionnaire. — Lettre du P. Hamon. — Changhai, 8 oct. 1907. (*Ibid.*, Oct. 1908, pp. 162/164.)

Son, âgé de 70 ans.

— La procession de la Fête-Dieu à Zi-ka-wei. (*Ibid.*, Oct. 1912, pp. 550/551.)

Haouisée, *Auguste,* né 1er oct. 1877; arrivé 5 déc. 1903.

— Lettre. Mouvement scolaire. 12 février 1907. (*Ibid.*, Janvier-Avril 1908, p. 86.)

— Lettre. — Zi-ka-wei, 28 juin 1909. (*Ibid.*, Janvier 1910, pp. 493/494.)

— Inauguration de l'église St Ignace à Zi-ka-wei. — Relation du P. Haouisée. (*Ibid.*, Janvier 1911, pp. 15/22; fig.)

— Lettre. — 12 Juillet 1910. (*Ibid.*, Avril 1911, p. 121.)

— Un orateur populaire chrétien à Changhai. (*Ibid.*, Juillet 1911, pp. 207/208)

— Le mouvement révolutionnaire de Chine vu de Changhai. — Lettre du Père Haouisée. (*Ibid.*, Avril 1912, pp. 370/384; fig.)

— Lettre. — Tong-Ka-dou, 18 juillet 1912. (*Ibid.*, Janvier 1913, pp. 60/61.)

— Une Réception de Notables à Tong-Ka-dou (2 janvier 1913). Par A. Haouisée, S. J. (*Ibid.*, Avril 1913, pp. 114/123; fig.)

Havret, *Henri.* — Voir col. 1075.

— Au Siu-tcheou-fou. [Notes du R. P. Henri Havret en 1900.] (*Ibid.*, Juillet 1914, pp. 452/455.) Lettre du P. Thomas, au P. de la Servière, 26 avril 1914. (*Ibid.*, pp. 455/459; fig.)

Haynin, *Jean de,* ou **De Hennin,** né à Ath, 14 juillet 1633; † à Macao, le 29 mai 1682.

— La Correspondance inédite du P. Jean de Haynin d'Ath Missionnaire de la Compagnie de Jésus en Chine au XVIIe siècle par H. Bosmans, S. J. — Louvain, Bureau des Analectes. — Imprimerie P. Smeesters, 1908, in-8, pp. 32.

Ext. des *Analectes pour servir à l'histoire ecclésiastique de la Belgique,* 3e série, IV, 1908.

— Lettre inédite. (*Missions Belges,* Janvier 1907, Bruxelles.)

Heck, *Louis van.*

— Lettre de Nan-Thong (Kiang-nan). (*Miss. Cath.*, 27 mars 1914, p. 147.)

Helg, *Clément,* né 5 mars 1858, à Ionschwil, district de Antertoggembourg, canton de St Gall (Suisse), arrivé 23 nov. 1901; † à Zi-ka-wei le 14 déc. 1910.

— Nécrologie. — Le Frère Clément Helg. Par Henry Dugout, S. J. (*Rel. de Chine,* Kiang-Nan, Juillet 1911, pp. 200/202; portrait.)

Hennet, *Charles,* né à Paris, 30 mai 1877; entré dans la Cie de Jésus, 15 mars 1897; † à Chang-hai 26 sept. 1906.

— Le Frère Charles Hennet. — Nécrologie. (*Ibid.*, Avril 1907, pp. 123/124.)

Héraulle, *Charles*, né 4 oct. 1865; arrivé 22 sept. 1903. — Voir col. 1075.

— Lettre. La vie au district. — 3 janvier 1907. (*Chine Ceylan Madagascar*, Juin 1907, p. 548.)

— Une tournée au district. — Koang-fou, 25 février. (*Ibid.*, Juin 1910, pp. 43/44.)

— Retraites de vacances. — Sien-hsien, 19 mars 1910. (*Ibid.*, p. 44.)

— Un fidèle serviteur. — Sien-hsien, 7 avril 1910. (*Ibid.*, Janvier 1911, p. 175.)

— La peste. — Sien-hsien, 26 février 1911. (*Ibid.*, Oct. 1911, pp. 458/460.)

— Lettre. — Le mot d'ordre. — Sien-hsien, 2 décembre 1911. (*Ibid.*, Mars 1912, p. 40.)

— La mort [du R. P. Louis Tourcher de Warize]. Sien-hsien, 20 décembre. (*Ibid.*, Mars 1914, p. 427; fig.)

Herbigny, *Henri d'*, né 21 juin 1876; arrivé 11 nov. 1908.

— Dix minutes trop tard. — Sien-hsien, 16 janvier 1910. (*Ibid.*, Juin 1910, pp. 41/42.)

— Le «Ko-teou». — Sien-hsien, 18 janvier 1910. (*Ibid.*, p. 42.)

— Un qui ne meurt pas comme il a vécu. — Sien-hsien, 19 janvier 1910. (*Ibid.*, p. 42.)

— Pratiques protestantes. — Sien-hsien, 21 janvier 1910. (*Ibid.*, pp. 42/43.)

— Le paganisme se ranime. — Sien-hsien, 24 février 1910. (*Ibid.*, p. 43.)

— Etonnements de mandarins. — Sien-hsien, 21 février 1910. (*Ibid.*, p. 43)

— Singulier remède contre la Kleptomanie. — Sien-hsien, 20 février 1910. (*Ibid.*, p. 43.)

— Sècheresse, famine et guerre. (*Ibid.*, Oct. 1920, pp. 187/188)

— Mouvement de conversion. Par le P. H. d'Herbigny. (*Ibid.*, Décembre 1921, p. 266.)
Juillet 1921.

Hermand, *Louis*, né 20 janvier 1873; arrivé 5 déc. 1903. — Voir col. 1075.

— La cigale ayant chanté tout l'été, 15 août 1904. Par Louis Hermand. (*Rel. de Chine*, Kiang-Nan, Avril 1905, pp. 511/517.)

— Lettre. Zi-ka-wei, 7 janvier 1906. (*Ibid.*, Juillet 1907, p. 192.)

— Une visite du mandarin. — Lettre du P. L. Hermand à sa mère. Ou-si, 25 juin 1908. (*Ibid.*, Janvier 1909, pp. 227/232; fig.)

— En district. — Lettres du P. Hermand à sa famille. (*Ibid.*, Oct. 1909, pp. 380/385.)

— L'apostolat dans le bas Fleuve Bleu. — Lettre du P. L. Hermand à un ami. — (*Ibid.* Oct. 1910, pp. 641/ ; fig.)
Chrétienté de Saint-Michel de Wang-ka-ba-leu.

— Lettre du P. Hermand aux élèves de Marneffe. (*Ibid.*, Oct. 1910, pp. 649/653.)

— Lettre du P. Hermand aux élèves de Jersey. (*Ibid.*, pp. 654/663; fig.)

— Le P. Hermand aux élèves de Marneffe. (*Ibid.*, Avril 1911, pp. 83/89; fig.)

— Une excursion à Ne-ziang chez le Père Hermand. Par René Jouon, S. J. (*Ibid.*, Oct. 1911, pp. 254/257; fig.)

— Les inondations. — La famine. — Lettre du Père Hermand à Mme de C. (*Ibid.*, Janvier 1912, pp. 291/292.)
Ou-si, Septembre 1911.

— Les inondations dans la vallée du Yang-tse. Ou-si, 11 septembre 1911. (*Ibid.*, pp. 348/349.)

— A batons rompus. — Lettre du Père Hermand. (*Ibid.*, Avril 1912, pp. 360/367; fig.)
Ou-si, Septembre 1912 [sic] pour 1911.

— Au district. — La vie de tous les jours. — I. Lettre du P. Hermand. — Les Iles, 20 novembre 1912. (*Ibid.*, Octobre 1913, pp. 210/218; fig.)

— Au jour le jour. — Extraits des lettres du Père Hermand. (*Ibid.*, Janvier 1913, pp. 26/29; fig.)

— Le ministre. — Lettre du P. Hermand à Madame de C. . . Septembre 1912. (*Ibid.*, Avril 1913, pp. 77/87; fig.)

— Au pays des vieilles. — Extraits de lettres du P. Hermand, S. J., (*Ibid.*, Avril 1914, pp. 402/407.)

— Lettres du Kiang-Nan. (*Miss. Cath.*, 1916, pp. 109/110.) Chez les Planteurs de thé du Kiang Sou.

— Une excursion apostolique. — Lettre du P. Hermand à Monseigneur. — Yao-wan, le 1er mars 1918. (*Rel. de Chine*. Kiang-Nan, Juillet-Octobre 1918, pp. 105/108; carte.)

— Au pays des 10.000 calamités. Par L. Hermand, S. J., (*Ibid.*, pp. 168/175; Juillet-Déc. 1920, pp. 225/246, 288/294; fig.; Avril 1921, pp. 484/491; fig.)

— Monsieur le Curé se fait rouler. . . . Siu-tcheou oriental. Par L. Hermand, S. J. (*Ibid.*, Juill.-Oct. 1920, pp. 373/379.)

— Lettre de Yaowan, 30 août. (*Ibid.*, p. 391.)

— Lettre du P. Hermand. (*Ibid.*, Janvier 1921, pp. 439/440.)

— Histoires peu édifiantes. Lettre du Père Hermand. (*Ibid.*, Octobre 1921, pp. 603/611; ill.)
Yao-Wan 29 novembre.

— La Dévotion au Sacré-Cœur en Chine et au Kiang-Nan au XVIIIe siècle. Par L. Hermand, S. J. (*Ibid.*, Juillet 1921, pp. 528/533; ill.)

— A propos de calamités. Par L. Hermand, S. J. (*Ibid.*, pp. 559/561; fig.)

Hérouard, *Marie Valentin*, né 14 sept. 1838, à Méru, dioc. de Beauvais, † 27 janv. 1908, à Hien-Hien.

— Le Frère Hérouard. — Notice nécrologique. Par Emile Becker, S. J. (*Chine Ceylan Madagascar*, Juin 1909, pp. 392/396.)

— Le F. Marie Hérouard. Nécrologie par Mgr. Maquet. (*Ibid.*, Sept. 1908, p. 259.)
Tchang-kia-tchoang, 28 janv. 1908.

Hernault, *J.*

— A l'Orphelinat de Tou-sé-wei. — Lettre du P. J. Hernault à sa mère. (*Rel. de Chine*, Kiang-Nan, Janv.-Avril 1919. pp. 185/187; fig.)

Heude, *Pierre*. — Voir col. 1076.

— H. Fischer. — Le R. P. Heude. — Nécrologie. (*Journ. de Conchyl.*, 1904, pp. 372/376.)

Hilt, *François*, né 13 déc. 1846; arrivé 17 nov. 1881.

— Encore la peste. — Montagne Saint-Joseph, 7 février 1911. (*Chine Ceylan Madagascar*, Oct. 1911, pp. 460/461.)

Hoang, *Pierre*, né à Hai men en 1830; † 8 oct. 1909.

— Pierre Hoang 黃伯祿 *Houang Pe-lou* (斐默 *Fei mei*). Nécrologie par H. Cordier. (*T'oung Pao*, Mars 1910, pp. 139/141).

Hopsomer, *Elie*. — Voir col. 1076.

— Sans souci des cabots. Par Elie Hopsomer, S. J. [Fong-kia-tchoang, 23 août 1904]. (*Chine Ceylan Madagascar*, Juin 1905, pp. 281/289.)

— Lettre. — Immeubles vendus au détail. Hsien-hsien, 21 février 1907. (*Ibid.*, Déc. 1907, p. 53.)

— Lettre. — L'Esprit souffle où il veut. — Hsien-hien, 21 mars 1907. (*Ibid.*, pp. 53/54.)

— Lettre. — De l'utilité des éponges et des chapelets solides. — Hsien-hsien, 16 juillet 1907. (*Ibid.*, p. 54.)

— Lettre de Hsien-hsien, 17 mai (*Ibid.*, Mars 1907, pp. 423/424)

— Lettre 31 juillet. (*Ibid.*, pp. 424/426.)

— Lettre du 15 février et 1er septembre. (*Ibid.*, pp. 426/428.)

— La peine de mort. — Sien-hsien, 19 juillet 1908. (*Ibid.*, Juin 1909, pp. 403/404).

— **Revolution dans** l'air. Par le Père Hopsomer. (*Ibid.*, Sept. 1908, p. 260.)

Hsien-hsien, 28 sept. 1907.

— **Une fatigue** comme on en aime. — Ki-tcheou, 13 novembre 1908. (*Ibid.*, Juin 1909, p. 404.)

— **La pluie et la poussière** en Chine. — Sien-hsien, 18 juillet 1908. (*Ibid.*, pp. 402/403.)

— **L'aumône sur gages.** Par Elie Hopsomer, S. J. (*Ibid.*, Mars 1910, pp. 486/491).

Ki-tcheou, 26 janvier 1909; fig.

— **La patience vient à bout de tout.** — Sien-hsien, 29 septembre 1909. (*Ibid.*, Mars 1910, pp. 501/502.)

— **Persévérence et générosité.** — Ki-tcheou, 26 janvier 1910. (*Ibid.*, Juin 1910, pp. 37/38.)

— **A quoi** mene le jeu. — Ki-tcheou, 30 janvier 1910. (*Ibid.*, p. 38.)

— **La police et ses exploits.** — Ki-tcheou, 5 février. (*Ibid.*, pp. 38/40.)

— **Guérison** inattendue. — Sien-hsien, 19 février 1910. (*Ibid.*, p. 40.)

— **La religion** de fer et ses héros. — Sien-hsien, 2 mai 1910. (*Ibid.*, Mai 1911, p. 333.)

— **Comme des fourmis.** — Tien-tsin, 14 octobre 1910. (*Ibid.*, p. 334.)

— **Tien-tsin et ses merveilles.** — Tien-tsin, 16 octobre 1910. (*Ibid.*, pp. 334/335.)

— **La peste, la terreur,** les précautions. — Sien-hsien, 6 février 1911. (*Ibid.*, pp. 335/336.)

— **Lettre.** — Menaces de famine. — Heng-shui, 20 octobre 1911. (*Ibid.*, Mars 1912, pp. 40/41.)

— **Lettre.** — Un billet de divorce. — Sinn-tchoang, 15 novembre 1911. (*Ibid.*, pp. 41/42; fig.)

— **Lettre.** — La femme chinoise en colère (*Ibid.*, pp. 42/43.)

H, *J. M.*

— L'incendie de l'orphelinat de T'ou-sè-wei. Par J. M. H., S. J. (*Rel. de Chine*, Kiang-Nan, Juill.-Oct. 1920, pp. 340/345; ill.)

Incarville, *Pierre d'.* — Voir col. 1076/1078.

— Voyage à la Chine au XVIIIe siècle du P. Pierre d'Incarville publié avec des notes par M. Henri Cordier, Membre de l'Institut. — (Extrait du *Bulletin de la Section de Géographie,* 1917). Paris, Imprimerie Nationale. MDCCCCXIX, in-8, pp. 32, fig.

— Quelques lettres du P. d'Incarville, missionnaire en Chine. (*Bulletins de la Soc. de l'Hist. de Normandie,* T. IX, 1904, pp. 73/79.)

— **Quatre lettres publiées par P. Le Verdier dont la femme était l'arrière-nièce du P. d'Incarville, adressées : deux à sa sœur, Mme Rondeaux, et deux à son neveu Rondeaux de Sétry.**

Le P. d'Incarville qui est bien Pierre Nicolas [Voir col. 1077] eut deux frères : Jean Nicolas le Chéron, sieur de la Salle du Bois, et Jean le Chéron, sieur d'Epreville, et deux sœurs, dont l'une fut carmélite, et l'autre, Marie Magdeleine, mariée à Marin Rondeaux, marchand à Rouen, mère de Jean Marin Joseph Claude Rondeaux de Sétry, conseiller à la Cour des Comptes, Aides et Finances de Normandie, archéologue et botaniste.

— E. Izambert. — Le P. d'Incarville, étude botanique et biographique. (*Bull. de la Société d'études diverses de l'arrondissement de Louviers,* I, année 1893, p. 40.)

Jacquart, *Etienne.*

— Visite aux Chrétientés. Par Etienne Jacquart, S. J. (*Chine Ceylan Madagascar,* Décembre 1921, pp. 257/260; ill.)

Jeannière, *René,* né en 1873, en France; S. J., miss. au Kiang-Nan; † à Chang Haï, 23 août 1917.

— Nécrologie. — René Jeannière par H. C[ordier]. (*T'oung Pao,* Oct. et Déc. 1916, p. 627.)

— Planchet, *Missions de Chine,* 1919, pp. 474/475.

Jouon.

— Lettre. — Changhaï, 23 décembre 1909. (*Rel. de Chine,* Kiang-Nan, Avril 1910, pp. 559/560.)

— Dix-sept cents petits Chinois moribonds baptisés par une Religieuse. — Lettre du R. P. René Johon, de la Compagnie de Jésus, missionnaire à Chang-haï. (*Miss. Cath.*, 17 juin 1910, pp. 278/281; fig.)

— La Sainte-Enfance. — Lettre du P. René Jouon, S J. (*Rel. de Chine,* Kiang-Nan, Juillet 1910, pp. 595/600; fig.)

— Lettre de Chang-haï, 30 août 1910. (*Miss. Cath.*, 4 nov. 1910, p. 521.)

— Lettre du Kiang-Nan, à M. le chanoine Robert, directeur du *Petit Messager des Missions.* (*Ibid.*, 7 oct. 1910, p. 473.)

— Lettre. — La fête de Notre Dame Auxiliatrice à Zo-cé. (*Rel. de Chine,* Kiang-Nan, Avril 1911, pp. 122/123.)

— Lettre de Chang-haï. (*Miss. Cath.*, 2 août 1912, p. 364.)

— Lettre. — L'ouverture du mois de Marie à Dang-mou-ghiao. (*Rel. de Chine,* Kiang-Nan, Juillet 1913, p. 205.)

— Une tournée pastorale au Kiang-Nan (Chine). — Lettre du R. P. Jouon, de la Compagnie de Jésus. (*Miss. Cath.*, 10 octobre 1913, pp. 481/484; fig.)

— Lettre à Mgr. Robert, de Nantes. (*Ibid.*, 16 février 1917, p. 77.)

— Lettre de Chang-haï. (*Ibid.*, 27 juillet 1917, p. 352.)

Jubaru, *Paul,* né 3 fév. 1862; arrivé 11 déc. 1911.

— La Chine se transformera-t-elle? [Hsien-hsien, 11 février 1905], par Paul Jubaru, S. J. (*Chine Ceylan Madagascar,* Sept. 1905, pp. 434/436.)

— Lettre de Kai-tchéou (Tché-li sud-est). (*Miss. Cath.*, 24 févr. 1911, p. 89.)

— L'honneur d'être en Chine. — (Lettre à un ancien élève de l'Ecole apostolique de Vitoria.) (*Chine Ceylan Madagascar,* Mai 1911, pp. 321/322.)

— Ce qu'on voit en temps de choléra. — Kai-tcheou, 6 novembre 1910. (*Ibid.*, pp. 322/323.)

— Lettre de Hsien-hsien, 5 juin 1905. (*Ibid.*, Déc. 1906, p. 241.)

— Un bel autel. — Par Paul Jubaru, S. J. Hsien-hsien, 5 juin. (*Ibid.*, Mars 1907, pp. 393/396.)

— Lettre du 29 juillet 1906. (*Ibid.*, Mars 1907, pp. 435/436.)

— Le patriotisme en Chine. — Lettre du P. Jubaru. (*Rel. de Chine,* Kiang-Nan, Janv.-Avril 1908, pp. 72/73.)

2 avril 1908. — D'après *La Croix,* du 15 mai.

— Lettre de Hien-hien (Tché-li sud-est), 2 avril 1908. (*Miss. Cath.*, XL, 22 mai 1908, p. 244.)

— Le Patriotisme. Par le P. Jubaru. (*Chine Ceylan Madagascar,* Sept. 1908, pp. 262/264.)

Hsien-hsien, 2 avril 1908.

Affaire du *Tatsu Maru.*

— La queue menacée. — Sien-hsien, 18 décembre 1909. (*Chine Ceylan Madagascar,* Mars 1910, pp. 505/506.)

— Plus de diplômes. — Sien-hsien, décembre 1909. (*Ibid.*, pp. 506/507.)

— Seul! — Kai-tcheou, 3 août 1910. — (*Ibid.*, Janvier 1911, pp. 178/179.)

— Jésuite. employé des postes et pharmacien. — Kai-tcheou, 6 septembre 1910. (*Ibid.*, pp. 179/181.)

— L'évangélisation à barque. — Kai-tcheou, 8 octobre 1910. (*Ibid.*, p. 181.)

— La République et ses conséquences à Ta-ming-fou. Ta-ming-fou. 20 février. (*Ibid.*, Juin 1912, pp. 152/153.)

— Lettre. — Ta-ming-fou, 21 février 1912. (*Ibid.*, p. 153.)

— Lettre. — Ta-ming-fou, 29 février 1912. (*Ibid.*, p. 154.)

— Lettre. — Ta-ming-fou, 8 mars. (*Ibid.*, pp. 154/155.)

— Lettre. — Ta-ming-fou, 9 mars. (*Ibid.*, p. 155.)

— Encore les brigands. — Septembre 1918. (*Ibid.*, Déc. 1918, p. 303.)

— La Victoire. — Des PP. Paul Jubaru, Desreumeaux et Petit. — Novembre 1918. (*Ibid.*, N° 47, Janvier 1920, pp. 29/30.)

— Guerre, sécheresse et famine. — Sien-hsien, 23 juillet. (*Ibid.*, Oct. 1920, p. 189.)

— Le pays des dix mille calamités. (*Ibid.*, Décembre 1920, pp. 236; 237; 238; 239; 244/245.)

— L'à-propos de la charité. (*Ibid.*, Juin 1921, pp. 116/117.)

Jung, *Paul.*

— Symptômes de révolution. — Tai-ming fou, 14 juillet 1908. (*Ibid.*, Juin 1909, pp. 401/402.)

— Un fleuve en marche. — Kai-tcheou, 31 octobre 1909. (*Ibid.*, Mars 1910, pp. 503/504.)

— Les chemins de fer chinois et les vols. — Linn-ming-koan, 15 mars 1910. (*Ibid.*, Juin 1910, pp. 44/45.)

— Un trou difficile à boucher. — Kai-tcheou, 29 mai 1910. (*Ibid.*, Janvier 1911, p. 177.)

— Inspection et promesses. — Kai-tcheou, 12 juin 1910. (*Ibid.*, Janvier 1911, pp. 177/178.)

— Un noyé embarrassant. — Kai-tcheou, avril 1912. (*Ibid.*, Sept. 1912, pp. 211/212.)

— Fleurs du Céleste Empire. — Touchante histoire de Stanislas Wang. Par le R. P. Jung, de la Compagnie de Jésus, missionnaire au Tché-li sud-est. (*Miss. Cath.*, 5 juillet 1918, pp. 317/319; ill.)

— Lettre. — La joie dans la souffrance. — Histoire d'une petite Chinoise malade. (*Ibid.*, 8 nov. 1918, pp. 534/535, ill.; 15 nov. 1918, pp. 546/548, ill.)

— Une grande ville chinoise qui s'ouvre à la Foi. — Relation du R. P. Paul Jung, jésuite, missionnaire à Tai-ming-fou (Tchely Sud-Est). (*Ibid.*, 25 avril 1919, pp. 198/200; ill.; 2 mai 1919, pp. 210/212, ill.; 9 mai 1919, pp. 223/225; 16 mai 1919, pp. 233/235; ill.; 23 mai 1919, pp. 248/249.)

Tai-ming-fou.

— Procédés de la bienfaisance officielle. (*Chine Ceylan Madagascar*, Juin 1921, p. 115.)

Ta-ming-fou, février 1921.

— Un enfant perdu. Par le P. Jung. (*Ibid.*, Sept. 1921, pp. 182/183.)

Ta-ming-fou, Mai 1921.

— En Chine il n'y a pas d'heure. Par le P. Jung. (*Ibid.*, Déc. 1921, p. 267.)

Août 1921.

Kennelly, *Martin*, né en Irlande, 22 nov. 1859; arrivé 20 oct. 1885.

— Notes du Père Kennely. — Lutte des puissances dans le mouvement d'éducation de la Chine. (*Rel. de Chine*, Kiang-Nan, Janvier 1912, p. 295.)

Ext. de l'*Echo de Chine*, 4 mai 1911.

— Idem. — Le sel au Kiang-sou. (*Ibid.*, pp. 295/296.)

— Idem. —. Changhai, centre scientifique et littéraire. (*Ibid.*, pp. 296/297.)

Ext. de l'*Echo de Chine*, 4 juillet 1911.

— Idem. — Cadeaux de la Chine au roi George V. (*Rel. de Chine*, Kiang-Nan, Janvier 1912, p. 297.)

— Idem. Le chemin de fer Tien-tsin — Pou-kou. (*Ibid.*, pp. 297/298.)

— Idem. — Le prince King démissionne mais reste quand même. (*Ibid.*, pp. 298/299.)

— Idem. — Manœuvres de l'armée chinoise. (*Ibid.*, p. 299; fig.)

— Idem. — L'empereur de Chine va commencer ses classes. (*Ibid.*, p. 300.)

— Idem. — Prérogative du Trône. (*Ibid.*, p. 300.)

— Idem. — Les postes chinoises. (*Ibid.*, p. 300.)

— Idem. — Notable chrétien élu président du Conseil chinois de Changhaï. (*Ibid.*, p. 301.)

Nicolas Tsu.

— Idem. — Le progrès en Chine. (*Ibid.*, pp. 301/302; fig.)

— Idem. — Suffragettes japonaises. (*Ibid.*, pp. 302/303.)

— Idem. — La fortune de l'ancienne Impératrice de la Chine. (*Ibid.*, p. 303.)

— Idem. — Partis politiques à Pékin. (*Ibid.*, pp. 303/304.)

— Idem. — Mandchous et Chinois. (*Ibid.*, p. 304.)

Kieffer, Frère *François-Xavier*, né 5 mars 1866; arrivé 29 juin 1896.

— Lettre de T'ai-ming-fou, 25 décembre 1905. (*Chine Ceylan Madagascar*, Mars 1907, pp. 437/438.)

— Occupations des Frères. — Tai-ming-fou, 30 juillet 1908. (*Ibid.*, Juin 1909, p. 404.)

— Les récoltes. — Tai-ming-fou, 10 juin 1909. (*Ibid.*, Mars 1910, p. 507.)

— Un Jubilé (le F. F. X. Kieffer). (*Ibid.*, Juin 1921, p. 115.)

Laimbeckhoven. — Voir col. 1079.

— Souvenir de Mgr. de Laimbeckhoven. (*Rel. de Chine*, Kiang-Nan, Avril 1912, pp. 368/369; fig.)

Lamoureux, *Léon*, né 12 mars 1866; arrivé 5 déc. 1903.

— Pélerinage de Notre-Dame Auxiliatrice, à Zô-sé, 9 juin. (*Ibid.*, Janv.-Avril 1908, p. 90.)

Lapparent, *Joseph de.* — Voir col. 1080.

— A T'ou-sé-wé. — Nos Orphelins. — (Extraits de lettres du P. de Lapparent et du P. Durand). (*Ibid.*, Octobre 1905, pp. 605/613).

— Lettre. — Zi-ka-wei. (*Ibid.*, Oct. 1908, p. 191.)

— Le Catéchuménat Saint-Joseph. Année 1907—1908. — Lettre du P. de Lapparent. — Ou-yuen, 25 juin 1908. (*Ibid.*, Janvier 1909, pp. 203/205.)

— Idem. 1908—1909. — Ou-yuen, 14 juin 1909. (*Ibid.*, Janvier 1910, p. 491.)

— Lettre. — Changhai, 28 février 1913. (*Ibid.*, Avril 1913, pp. 134/136.)

La Rivière, *Alphonse*, né en France, 21 déc. 1846; miss. au Kiang-Nan; arrivé 24 oct. 1883; † Changhai, 10 oct. 1915.

— Lettre. — Le Premier de l'An chinois. — Ou-hou, 9 février 1907. (*Ibid.*, Oct. 1908, p. 189.)

Le Biboul, *Pascal*, né 7 nov. 1862; arrivé 28 oct. 1889.

— Lettre du P. Le Biboul à Monseigneur. (*Ibid.*, Janvier 1909, pp. 245/247.)

— Lettre. — Fonghsien, 7 nov. 1919. (*Ibid.*, Janv.-Avril 1920, pp. 303/304; ill.)

Le Boisselier, *Louis*, miss. dans l'île de Tsoung-ming, né 12 mai 1881; arrivé 6 nov. 1905.

— Lettre du Kiang-Nan. (*Miss. Cath.*, 17 févr. 1911, p. 76.

— Ses débuts à Tsong-ming, 7 nov. 1910. (*Rel. de Chine*, Kiang-Nan, Juillet 1911, pp. 203/204.)

Le Chevallier, *Jules*, voir col. 1081.

— Lettre. Inondation et désastres dans l'île de Tsong-ming (Kiang-Nan), 4 sept. 1905. (*Miss. Cath.*, XXXVII, 10 nov. 1905, pp. 529/531.)

— Lettre du P. Le Chevallier. — Tson-ming, 26 Mars. (*Rel. de Chine*, Kiang-Nan, Oct. 1905, pp. 647/648.)

— Idem. — Tsong-ming. (*Ibid.*, Janvier 1907, pp. 60/61.)

— Idem. (*Ibid.*, p. 64.)

— Les congréganistes de Tsong-ming. — Lettre du P. Le Chevallier. — Tsong-ming, le 18 février 1907. (*Ibid.*, Juillet 1908, pp. 132/134.)

— Lettre. A Tsong-ming. Relèvement des ruines. (*Ibid.*, Oct. 1908, p. 188.)

— Lettre. — Ile de Tsong-min, 3 sept. 1908. (*Ibid.*, Janvier 1909, p. 254.)

— Lettre au P. Félix. — Ile de Tsong-ming, 10 juin 1909. (*Ibid.*, Janvier 1910, pp. 491/492.)

— [Relations annuelles à Monseigneur]. — Relation du P. Le Chevallier. — Ile de Tsong-min, district du Hoso oriental. (*Ibid.*, Avril 1910, pp. 515/518.)

— Lettre. Tsong-ming, Juillet 1909. — (*Ibid.*, Juillet 1910, pp. 616/617.)

— Histoire d'un congréganiste et de son père. Par le P. J. Le Chevallier. (*Ibid.*, Janvier 1911, pp. 23/28; fig.)

— Lettre à une bienfaitrice. — Tsong-ming, Notre-Dame de Lourdes, 11 octobre 1910. (*Ibid.*, Avril 1911, pp. 119/120.)

— Ça et là. VI. Tsong-ming. Extrait de la relation annuelle du P. Le Chevallier. — (*Ibid.*, Juillet 1911, pp. 146/150.)

— Sur les Congrégations d'hommes à Tsong-ming. (*Ibid.*, Avril 1912, pp. 430/431.)

— Lettre du P. Le Chevallier. — Ile de Tsong-ming. (*Ibid.*, Oct. 1917, pp. 556/557.)

— Nécrologie. — Le Père Jules Le Chevallier (1852—1920). Par Henry Dugout, S. J. (*Ibid.*, Janvier 1921, pp. 443/451; portr. et ill.; carte de l'île de Tsong-ming.)

Lecointre, *René*, né 7 mai 1871; arrivé 17 nov. 1905.

— Relations annuelles. — IV. District de Fong-hsin [sic] méridional. Par R. Lecointre, S. J. (*Rel. de Chine*, Kiang-Nan, Avril 1913, pp. 95/96.)

Lécroart, *Henri*, né 4 nov. 1864; arrivé 11 déc. 1901; sacré 2 fév. 1918, vic. ap. Tché-li Sud-Est, év. d'Anchialos.

— Le vieux et le nouveau Wei-tsoun. Par Henri Lécroart, S. J., (*Chine Ceylan Madagascar*, Sept. 1905, pp. 421/433.)

— La France qui rayonne. — Un sacre épiscopal à Changhai. Par J. D. (*Rel. de Chine*, Kiang-Nan, Juillet-Octobre 1918, pp. 121/122; portr.)

Sacre de Mgr. Lécroart, S. J.

— Un coin de la province de Pekin. — La Situation religieuse au Tché-ly sud-est. (*Miss. Cath.*, 6 déc. 1918, pp. 577/578; ill.)

— Lettre. — Un Coup d'œil sur la Mission du Tché-ly Sud-Est. (*Ibid.*, 2 janv. 1920, pp. 6/7.)

— Le nouvel évêque: Mgr. H. Lécroart. (*Chine Ceylan Madagascar*, Janvier 1920, n° 47, pp. 7/11; portr.)

— Mgr. Lécroart. — Cent mille Chrétiens. Juillet 1919. (*Ibid.*, p. 32.)

— Coup d'œil d'ensemble sur la mission du Tché-li Sud-Est (1918—1919), par Henri Lécroart, évêque d'Anchialos, Vicaire apostolique du Tché-li sud-est. (*Ibid.*, Avril-Juillet 1920, pp. 83/85.)

— Mgr. Lécroart. — Une croisade de prières. (*Ibid.*, p. 111.)

— Première visite pastorale de Mgr. Lécroart. Par Pierre Mertens, S. J. (*Ibid.*, Oct. 1920, pp. 163/170; fig.)

— Lettre. — 10 août. (*Miss. Cath.*, 8 oct. 1920, p. 472.)

— Lettre. — Chine. — Pitié pour les Affamés! (*Ibid.*, 3 déc. 1920, pp. 565/567.)

— Le pays des dix mille calamités. (*Chine Ceylan Madagascar*, Déc. 1920, pp. 241/244.)

— La moisson blanchit. Par Henri Lécroart, S. J. (*Ibid.*, Juin 1921, p. 102.)

Ta-ming-fou, 29 mars 1921.

— Le bilan de la famine. Par Henri Lécroart, S. J., Vicaire apostolique. (*Ibid.*, Déc. 1921, pp. 243/246.)

Sien-hsien, Sept. 1921.

Ledru, *Auguste*, né 12 nov. 1852 en France; miss. au Kiang-Nan; arrivé 17 nov. 1887; † à Chang Hai, 6 nov. 1917.

— Lettre du P. Ledru. — 8 mai. (*Rel. de Chine*, Kiang-Nan, Janvier 1907, pp. 63/64.)

(LECOINTRE. — LEDRU.)

Lefebvre.

— Derniers vœux du P. Lefebvre au Collège de Zi-ka-wei. — Fête organisée par ses élèves païens. (*Rel. de Chine*, Kiang-Nan, Juillet-Oct. 1920, pp. 359/360.)

Le Gall, *Stanislas*, né 14 oct. 1858, Vendée; miss. au Kiang-Nan; arrivé 3 déc. 1877; † à Chang Hai, 27 juin 1916.

Lémour, *Pierre*, né 7 avril 1859; arrivé 20 déc. 1892.

— Relation annuelle du P. Lémour, S. J. Section de Ngan-king. I. L'apostolat auprès des païens. — II. La Sainte-Enfance. (*Rel. de Chine*, Kiang-Nan, Avril 1905, pp. 470/478.)

— Les troubles du Ho-chan. — Lettre du P. Lémour à Monseigneur. — Ngan-king, le 6 février 1906. (*Ibid.*, Juillet 1906, pp. 183/188.)

— La Sainte-Enfance à Ngan-king. — Relation annuelle du P. Lémour. (*Ibid.*, Janvier 1907, pp. 14/17.)

— Attentat révolutionnaire. Par le P. Lémour, S. J. (*Ibid.*, Janvier-Avril 1908, pp. 65/71.)

Ngan-king, le 6 juillet 1907.

Assassinat du gouverneur Ngen-Min.

— Les brigands à Yang-leou-wan. Par P. Lemour. (*Ibid.*, Oct. 1908, pp. 145/149.)

— Lettre. — Tong-tchen, 2 oct. 1908. (*Ibid.*, Janvier 1909, pp. 252/254.)

— Lettre. Ngan-king, 17 avril 1909. (*Ibid.*, Oct. 1909, p. 431.)

— La section de Ngan-K'ing. — Relation annuelle du Père Lémour à Monseigneur. (*Ibid.*, Janvier 1910, pp. 433/442; fig.)

— Relation annuelle à Monseigneur. — Emeute à Ngan-king. — Par le P. Lémour, S. J. — Novembre 1909. (*Ibid.*, Juillet 1910, pp. 574/575; fig.)

— Lettre. — Ngan-king, 15 février 1910. (*Ibid.*, pp. 621/622.)

— Çà et là. — VII. Les Ecoles de la Sainte-Enfance à Ngan-king. Extrait de la relation annuelle du P. Lémour. (*Ibid.*, Juillet 1911, pp. 150/152; fig.)

— La question des catéchistes. — Extrait de la relation annuelle du P. Lémour. (*Ibid.*, pp. 153/156.)

Ngan-king, 1909—1910.

— Lettre. A Ngan-king. — 26 juillet 1911. (*Ibid.*, Oct. 1911, p. 275.)

— Relations annuelles. — I. Section de Ngan-king. Par le P. Lémour, S. J. (*Ibid.*, Avril 1913, pp. 88/90.)

— Nécrologie. — Le P. Pierre Lémour (1859—1912). Par R. D. (*Ibid.*, Oct. 1913, pp. 268/283; portr. et ill.)

Leong, *Vincent*, S. J., missionnaire à Shin-hing (Chine).

— Lettre au P. Pedro Chang à Enghien (Belgique). (*Miss. Cath.*, 13 mars 1914, p. 124.)

Le Quellec, *Marie*, né 9 oct. 1855; arrivé 20 oct. 1885.

— Çà et là. — I. Ning-kouo-fou. Relation annuelle du P. Lequellec (1910—1911). (*Rel. de Chine*, Kiang-Nan, Juillet 1911, pp. 134/141; fig.)

Leroux, *Charles*, né 3 juin 1867; arrivé 22 sept. 1903.

— Lettre. 2 octobre. Une visite à Pékin. (*Chine Ceylan Madagascar*, Mars 1905, pp. 164/167.)

Leurent, *Philippe*, voir col. 1081.

— Lettre de Hsien-hsien, 23 janvier. (*Chine Ceylan Madagascar*, Déc. 1906, pp. 242/243.)

— Lettres de Hsien-hsien, 4 février, 9, 10, 11, 12 juillet, 30 sept. 1906. (*Ibid.*, Mars 1907, pp. 428/430.)

— Lettre. Ce qu'on voit en fait de progrès. 12 février 1907. (*Ibid.*, Juin 1907, pp. 548/549.)

— Lettre. Retour de Mgr. Maquet. — Tchang-hing-tounn; 17 oct. 1907. (*Ibid.*, Déc. 1907, pp. 61/62.)

— Journal d'un curé de campagne. Par Philippe Leurent, S. J. (*Ibid.*, Juin 1910, pp. 11/35.)

Kou-tcheng, 31 mai.

— Idem. [Suite]. (*Ibid.*, Oct. 1911, pp. 427/443; fig.)

— Le pays des dix mille calamités. (*Ibid.*, Déc. 1920, pp. 235/236; 237/238.)

(LEFEBVRE. — LEURENT.)

— La vie à Ta-ming-fou. Par Philippe Leurent, S. J. (*Ibid.*, pp. 247/252.)

Léveillé, *Victor,* voir col. 1081 et 3128.

— [A Zi-ka-wei]. Cinquantaine de Chine du P. Léveillé. (Du P. Ancel, le 10 août 1906). (*Rel. de Chine*, Kiang-Nan, Juillet 1907, pp. 172/173.)

— Lettre du P. Léveillé. — Kiang-Yu. (*Ibid.*, Janvier 1907, p. 59.)

Levêque, *Alfred,* voir col. 1081.

— Lettre du P. Lévêque. (*Rel. de Chine*, Kiang-Nan, Janvier 1921, p. 453.)
Zô-sé, 20 mai et 11 octobre.

— Lettre du P. Lévêque, Zo-sé, 2 juin 1921. (*Ibid.*, Octobre 1921, pp. 637/638.)

Li, *Laurent,* né 12 août 1840.

— Nécrologie. — Le Père Laurent Li. Par G. L. (*Rel. de Chine*, Kiang-Nan, Janv.-Avril 1919, pp. 191—192; portr.)

— Publication nouvelle de l'imprimerie de Tou-se-we. (*Ibid.*, Janvier 1912, p. 351.)
Le *Hoei pao* a cessé de paraître par suite de la mort du Père Laurent Li.

Li, *Simon,* né 23 fév. 1856.

— Lettre à Mgr. Maquet. — Mort édifiante d'une vierge chrétienne. — Han-tan, 4 juin 1907. (*Chine Ceylan Madagascar*, Déc. 1907, pp. 55/57.)

Lieou, *Raymond,* né en Chine le 16 déc. 1867; ordonné prêtre à Zi-ka-wei, le 27 juin 1906, par Mgr. Paris, S. J. (*Chine Ceylan Madagascar*, Mars 1907, p. 440.)

Liger, *Emilien,* né 4 juillet 1852; arrivé 3 déc. 1877; † 20 mars 1919.

— Nécrologie. — Le Fr. Emilien Liger. (*Rel. de Chine*, Kiang-Nan, Juill.-Oct. 1919, p. 254.)

Louail, *Jean-Marie,* né 11 oct. 1855; arrivé 26 oct. 1882; † 31 août 1907, à Paris.

— Dernier voyage et mort du R. P. Louail, Supérieur de la Mission du Kiang-Nan. — (D'après les notes du F. Arvier.) (*Rel. de Chine*, Kiang-Nan, Janv.-Avril 1908, pp. 91/94; portr.)

Macé, *E.*

— A Changhai par Transsibérien. Extraits du carnet de route du P. E. Macé. (*Rel. de Chine*, Kiang-Nan, Juillet 1912, pp. 433 443; fig.)

— Lettre à un ancien condisciple. — Mao-ka-tsou, 24 oct. 1912. (*Ibid.*, Juillet 1913, pp 163/166: fig.)

Madrey, S. J., miss. au Kiang-Nan.

— Lettre de Zi-ka-wei. Statistique des missions de Chine. (*Miss. Cath.*, XXXIX, 15 février 1907, p. 75.)

Maldonado, *Jean-Baptiste,* né à Mons, le 15 oct. 1634; † au Cambodge, 5 août 1699.

— * Correspondance de Jean-Baptiste Maldonado de Mons, missionnaire belge au Siam et en Chine, au XVIIe siècle par H. Bosmans, S. J. Louvain, Bureaux des Analectes; Typographie et lithographie de Joseph Van Linthout, imprimeur de l'Université catholique, 1910, in-8, pp. 104 + 1 f. n. ch.

« On y a 28 lettres de Maldonado, toutes inédites, à l'exception des deux signalées par Sommervogel n° 2 et qui ont été ici reproduites. On y trouve encore cinq lettres du P. Gio. Paolo Oliva, deux du P. Pierre Van Hamme, deux du P. Filippo de Marini, deux du P. Antoine Thomas et deux actes signés par les missionnaires en résidence à Siam. » (E. M. Rivière, 4e fasc., col. 565.)

Mao, *Joseph.*

— Collège de Zi-ka-wei. — 12 décembre 1907. — 13 février 1908.
Lettre de Mao K'ing-fan, le 13 de la 12e lune (16 janvier). (*Rel. de Chine*, Kiang-Nan, Juillet 1908, pp. 139/140.)

— Lettre du P. J. Mao. (*Ibid.*, Avril 1921, pp. 514/515.)
Wou-sih, Déc. 1920.

Maquet, Mgr. *Henri,* né à Juvigny-sur-Loison (dioc. de Verdun), 30 nov. 1843; évêque d'Amathonte, vicaire apostolique du Tche-li Sud-Est, † 23 déc. 1919, à Hien-hien.

— Nécrologie. — Henri Maquet. Par H. C[ordier]. (*T'oung Pao*, Déc. 1918—1919, p. 434.)

— Idem. — Monseigneur Henri Maquet, Jésuite, évêque titulaire d'Amathonte, vicaire apostolique du Tché-ly Sud-Est (Chine). (*Miss. Cath.*, 9 Janvier 1920, p. 22.)

— Obsèques épiscopales. (*Chine Ceylan Madagascar*, Avril-Juillet 1920, pp. 103/104; ill.)

— Lettre de Hsien-hsien, 14 août 1904. (*Ibid.*, Mars 1905, pp. 145/146.)

— Lettre de Pékin, 12 mai, au R. P. Desmarquest. (*Miss. Cath.*, XXXVIII, 13 juillet 1906, p. 328.)

— Lettre de Hsien-Hsien (Tché-li Sud-Est). (*Ibid.*, 28 déc. 1906, pp. 617/618.)
Portrait de Mgr. Maquet, p. 617.

— Lettre de Pékin, 12 mai. Le Synode de Pékin. (*Chine Ceylan Madagascar*, Déc. 1906, pp. 248/249.)

— Lettres de Tai-ming-fou, 1er février, 12 juin 1906. (*Ibid.*, Mars 1907, pp. 422/423.)

— Lettres de Hsien-hsien, Août 1906. (*Ibid.*, p. 428.)

— Lettre de Hsien-hsien, 11 déc. 1906. A propos du P. Seneschal. (*Ibid.*, p. 439.)

— La Sainte-Enfance et son bilan. Décembre 1906. (*Ibid.*, Juin 1907, p. 544.)

— Lettre à M. l'abbé Noisette, du diocèse de Verdun. (Extrait de la *Semaine Religieuse*.) Hsien-hsien, Août 1906. (*Chine Ceylan Madagascar*, Juin 1907, pp. 544/545.)

— Voyage en Europe de Mgr. Maquet. (*Ibid.*, Déc. 1907, p. 49.)

— Lettre à M. le chanoine Weber, de Verdun. Ce qu'il faut penser des troubles en Chine. — Sien-hsien, 10 juin 1909. (*Ibid.*, Mars 1910, p. 497.)
Publiée dans la *Semaine religieuse* de Verdun.

— Œuvres nouvelles. — Sien-hsien, 13 août 1909. (*Chine Ceylan Madagascar*, Mars 1910, pp. 497/498.)

— Belle mort d'un séminariste. — Sien-hsien, 24 sept. 1908. (*Ibid.*, Juin 1909, p. 397.)

— Lettre de Sien-sien, 15 oct. 1910. (*Miss. Cath.*, 2 déc. 1910, p. 568.)

— Presque empoisonné. — Sien-hsien, 20 février 1910. (*Chine Ceylan Madagascar*, Janvier 1911, p. 172.)

— Lettre de Sien-hsien, 13 oct. 1911. (*Miss. Cath.*, 8 déc. 1911, pp. 580/581; fig.)

— Lettre. — Pour la vieillesse. — Sien-hsien, 13 oct. 1911. (*Chine Ceylan Madagascar*, Mars 1912, p. 43.)

— Lettre de Ho-Kien-Fou. (Tché-ly Sud-Est.) (*Miss. Cath.*, 1er mai 1914, pp. 209/210.)

Marivint, *Fortunat.*

— Relations annuelles. — V. District du T'ang-Chan septentrional. Par F. Marivint, S. J. (*Rel. de Chine*, Kiang-Nan, Avril 1913, pp. 96/97.)

Martini, *Martin,* voir col. 1083.

— Montuclat. — Martin Martini, le Père de la Géographie chinoise. (*La Chine*, N° 9, 1er janvier 1922, pp. 1/16.)

Mathan, *Pierre de,* né 23 oct. 1866; † au Yang-King-Pang, Changhai, 4 nov. 1909.

— Nécrologie. — Le P. Pierre de Mathan (1866—1909). Par Henry Dugout, S. J. (*Rel. de Chine*, Kiang-Nan, Juillet 1911, pp. 197/199; portr.)

Mathieu, *Gabriel,* né 20 juillet 1857; arrivé 15 nov. 1891; rentré en Europe.

— Méthode d'apostolat. Par le P. Mathieu. (*Chine Ceylan Madagascar*, Sept. 1908, pp. 264/265.)
Hsien-hsien, 24 janvier 1908.

— Un apostolat auprès des Chinois en France. Par J. D. (*Ibid.*, Avril-Juillet 1920, pp. 97/98.)

Maujay, *Gabriel,* né 22 janvier 1879; arrivé 8 nov. 1904.

— Un patronage en Chine. — Lettre du P. Maujay. — Zi-ka-wei, 5 avril 1908. (*Rel. de Chine*, Kiang-Nan, Oct. 1908, pp. 165/171.)

— Le 15 août des Scolastiques à Zang-zôh, près Sou-tseu. Par G. Maujay, S. J. (*Ibid.*, Janvier 1909, pp. 217/221; fig.)

— L'enseignement, moyen d'apostolat. — Extrait d'une lettre du P. Maujay. (*Ibid.*, Avril 1909, pp. 271/273.)

— Le patronage des petits maçons à Zi-ka-wei. Par G. Maujay. (*Ibid.*, Juillet 1909, pp. 328/332.)
Février 1909.

— Lettre. La jeune Chine. (*Ibid.*, Oct. 1909, pp. 430/431.)

Maya, *Mathias de,* né à Atalaya (Portugal); procureur général de la prov. du Japon; † en mer vers 1670.

— Copie d'vne lettre dv pere Matthias de Maya, ‖ touchant l'estat present des Missions du Iapon, & de la Viceprouince de la Chine, ‖ écrite de Macao le troisième de Ianvier de l'année 1656. Pièce in-4 de 2 ff. (4 pages ch.)

En haut de la p. 1, titre ut supra. — Au bas de la p. 4: Le 3. de Ianuier 1656 . . . Matthias de Maya.

Bib. Nat., Recueil Thoisy, 272, in-4, f. 462.

Maynier, *Paul,* né 17 janvier 1874, à Niort; † 31 déc. 1911 à Yao-wan.

— Nécrologie. — Le Père Paul Maynier. (*Rel. de Chine*, Kiang-Nan, Juillet 1912, pp. 486/488.)

— Lettre. — Pitcheou, 2 février 1910. (*Ibid.*, Juillet 1910, pp. 620/621.)

— Lettre. — Siu-tcheou-fou oriental, Pitcheou, 16 janvier 1911. (*Ibid.*, Avril 1911, pp. 127/128.)

Ménez, *Louis,* né 14 avril 1871; arrivé 23 nov. 1900; † 28 mars 1908, à P'ei hien.

— Le P. Louis Ménez, S. J. (14 avril 1871 à 28 Mars 1908). Nécrologie. Par C. L. M. (*Rel. de Chine*, Kiang-Nan, Juillet 1908, pp. 135/137; portr.)

Mertens, *Pierre-Xavier,* miss. au Tché-li Sud-Est.

— Premières impressions d'apostolat. — La Saint Joseph dans une ferme chinoise (19 mars 1917). (*Miss. Cath.*, 10 août 1917, pp. 378/380; ill.; 17 août 1917, pp. 389/391; ill.)

— Lettre. (*Ibid.*, 18 janv. 1918, pp. 28/29.)
Ext. des *Etudes*.

— Premières impressions d'apostolat. — La Semaine Sainte dans un village chinois par le R. P. Pierre-Xavier Mertens, de la Compagnie de Jésus, missionnaire au Tché-ly Sud-Est. (*Miss. Cath.*, 22 mars 1918, pp. 138/140; ill.; 29 mars 1918, pp. 149/150; ill.; 5 avril 1918, pp. 160/162; ill.; 12 avril 1918, pp. 172/174.)

— Lettre. — L'infanticide en Chine. (*Ibid.*, 19 déc. 1919, p. 605.)
Des *Etudes*.

— Une grande Ville chinoise qui s'ouvre à la Foi. — Epilogue : Achèvement de la cathédrale de Tai-ming-fou, par le R. P. Mertens, jésuite, missionnaire du Tché-ly Sud-Est. (*Miss. Cath.*, 30 juillet 1920, pp. 356/357; 6 août 1920, pp. 368/369; ill.)

— Chronique théâtrale de Ta-ming-fou. (*Chine Ceylan Madagascar*, Oct. 1920, p. 186.)

— Famine, sécheresse et guerre. Ta-ming-fou, 24 juillet 1920. (*Ibid.*, pp. 188/189.)

— Lettre. — La Famine en Chine. (*Miss. Cath.*, 1er oct. 1920, pp. 458/459.)

— Le pays des dix mille calamités. (*Chine Ceylan Madagascar*, Décembre 1920, p. 238.)

— Les péripéties d'une construction. Par Pierre Mertens, S. J., (*Ibid.*, Mars 1921, pp. 25/29.)
Ta Ming fou.

— Le supplice des confessions. — Par le P. Mertens. (*Ibid.*, p. 30.)

— Vers la conversion. (*Ibid.*, Juin 1921, p. 115.)
Ta-ming-fou, mars 1921.

— Les méthodes visuelles dans l'Enseignement de la Théologie et de la Philosophie. Par Pierre-Xavier Mertens, S. J., professeur de Théologie. (*Ibid.*, Sept. 1921, pp. 177/179; ill.)
Extr. du *Bull. cath. de Pékin*, avril et mai 1921.

— La légende dorée en Chine. Une visite pastorale en Chine. L'Eglise conquérante par la liturgie. Par Pierre-Xavier Mertens, Missionnaire au Tchély-Sud-Est. (*Les Etudes*, 5 nov. 1918, pp. 283/308; *ibid.*, 5 Déc. 1918, pp. 582/594.)

— La légende dorée en Chine. Comment progresse l'évangélisation. — Par Pierre-Xavier Mertens, Missionnaire du Tchély-Sud-Est. (*Ibid.*, 5 Oct. 1919, pp. 55/67.)

— La légende dorée en Chine. Maitre Song, bonze du Bouddha et catéchiste de Jésus-Christ. — Monographie d'une conversion. Par le P. Pierre-Xavier Mertens. (*Ibid.*, 20 juillet 1921, pp. 142/165: Déc. 1921, pp. 247/256; ill.; 5 août 1921, pp. 317/329. (*Chine Ceylan Madagascar*, Mars 1922, pp. 5/18; ill.)

— La légende dorée en Chine. Scènes de la vie de Mission au Tche-li Sud-Est par le P. Pierre Mertens, S. J. et plusieurs autres missionnaires jésuites français avec Préface de S. G. Monseigneur Lécroart, vicaire apostolique du Tche-li Sud-Est. — Société Saint-Augustin, Lille [et] Paris, 1920, in-8, pp. IX- 310, port. de Mgr. Lécroart et ill.

— Des baptêmes. Par le P. Mertens. (*Chine Ceylan Madagascar*. Sept. 1921, p. 184.)
Ta-ming-fou, 28 mai 1921.

— Une fête des écoles. Par le P. Mertens. (*Ibid.*, Sept. 1921, p. 184.)
Ta-ming-fou, Mai 1921.

— Le bon théâtre. Par Pierre-Xavier Mertens, S. J. (*Ibid.*, Mars 1922, pp. 30/33; ill.)

Michelin, *Jules,* né 4 août 1869; arrivé 18 oct. 1906.

— La vie de tous les jours. Du P. Michelin, T'ai-p'ing-fou, 17 oct. 1913. (*Rel. de Chine*, Kiang-Nan, Juillet 1914, p. 475.)

Mignan, *Désiré,* né 25 déc. 1850; arrivé 14 nov. 1880.

— Un naufrage. — Lettre du P. Mignan au P. Procureur. Tong-Lieou, 29 avril 1913. (*Rel. de Chine*, Kiang-Nan, Juillet 1913, pp. 152/154.)

— La vie de tous les jours. Du P. Mignan au P. de Barrau. Tong-Lieou, 30 avril 1914. (*Ibid.*, Juillet 1914, pp. 472/474.)

— Le Ministère apostolique dans l'Ouest. Holiki, 20 juin 1898 [sic.]. Par le P. Mignan. (*Ibid.*, Janv.-Avril 1919, p. 198.)

— Lettres du P. Mignan; Tong-Lieou; Choei-tong. (*Ibid.*, Oct. 1917, pp. 561/562.)

— Lettre du P. Mignan. Tong-Lieou, 19 mars. (*Ibid.*, Oct. 1921, p. 638.)

Moidrey, *Joseph de,* né 3 déc. 1858; arrivé 30 oct. 1898.

— La mission de Shiu-hing. Par J. de M., S. J. (*Ibid.*, Avril 1921, pp. 492/495; ill. et carte.)

— Un million de gagné. Par J. de M. (*Ibid.*, Juillet 1921, p. 541.)

Moisan, *Hyacinthe,* né 15 déc. 1845, en France, miss. au Kiang Nan; arrivé 24 oct. 1883; † à Chang Hai, 27 oct. 1917.

— Extrait d'une lettre du P. H. Moisan [S. J.]. (*Rel. de Chine*, Kiang-Nan, Avril 1905, pp. 488/489.)

— Lettre du P. Henri Moisan, Ancien missionnaire de Hai-men. (*Ibid.*, Avril 1910, pp. 522/524.)

— A l'embouchure du Fleuve Bleu. — Lettre du R. P. Moisan, de la Compagnie de Jésus, Ancien missionnaire au Kiang-Nan. (*Miss. Cath.*, 8 nov. 1912, pp. 530/532; fig.)

Monti, *Etienne*, né à Mesvres, Saône et Loire, 1er fév. 1880; arrivé 16 oct. 1908; † à Paris.

— Une excursion apostolique. — Lettre du P. Monti à ses anciens élèves de Notre-Dame de Bon-Secours, à Jersey. (*Rel. de Chine*, Kiang-Nan, Oct. 1909, pp. 372/379.)

Zi-ka-wei, 29 avril 1909.

— Lettre. — Zi-ka-wei, 8 juin 1909. (*Ibid.*, Janv. 1910, pp. 494/496.)

— Lettre. Siu-tcheou-fou. — Histoire de brigands. (*Ibid.*, Oct. 1911, p. 276.)

— Une rentrée contrariée par les typhons. Zi-ka-wei, 5 sept. 1911. (*Ibid.*, Janv. 1912, p. 348.)

— Episodes de famine au Siu-tcheou-fou. (*Ibid.*, p. 349.)

— Des notables chrétiens à Changhai. (*Ibid.*, pp. 349/350.)

— Quelques détails sur la Révolution. — Extraits d'une lettre du P. Monti-Zi-ka-wei, 1er août 1913. (*Ibid.*, Oct. 1913, pp. 245/256; fig.)

— Nécrologie. — Le Père Etienne Monti. Par L. Gain, S. J. (*Ibid.*, Oct. 1917, pp. 546/550; portr.)

Moreau, *Edmond*, né 23 avril 1861; arrivé 5 nov. 1879.

— Relations annuelles à Monseigneur. — Relation du P. E. Moreau. — Paroisse de Zi-ka-wei. (*Rel. de Chine*, Kiang-Nan, Avril 1910, pp. 512/513.)

Morlseaux.

— Les Chinois et la communion. — Koa-kia-tchoang, 19 août (*Chine Ceylan Madagascar*, Mai 1911, pp. 331/332.)

— Le lancement d'un missionnaire. — Tai-ming-fou, 12 déc. 10. (*Ibid.*, Mai 1911, p. 332.)

Mouton, *Xavier*, né 10 fév. 1852, à La Haye-Descartes; arrivé 9 déc. 1875; † 30 août 1908.

— Relation annuelle du P. Mouton. — District de Yng-chang (Lou-ngan). (*Rel. de Chine*, Kiang-Nan, Oct. 1905, pp. 640/644.)

— Le district de Yng-chan. — Relation annuelle à Monseigneur. (*Ibid.*, Oct. 1907, pp. 193/205.)

— Lettre. Hieou-ning, 20 oct. (*Ibid.*, Janv.-Avril 1908, pp. 85/86.)

— Xavier Mouton (1852—1908). (*Ibid.*, Janvier 1911, pp. 44/58; fig.; avril 1911, pp. 111/115, portr.)

— * Xavier Mouton. Ancien Zouave de Charette, Jésuite-Missionnaire au Kiang-Nan. Par les Pères Debesse et Carré. Paris, Gabriel Beauchesne, 1913?, in-8, pp. viii-266.

Neveux, *Omer*, né à Bertincourt (Pas de Calais), le 18 août 1858; arrivé 7 nov. 1886; † 21 août 1913, à Ta-ming-fou; voir col. 1084.

— La mort d'un missionnaire. Par Paul Jabaru, S. J. (*Chine Ceylan Madagascar*, Déc. 1913, pp. 296/298; portr. et ill.)

— Mouvement de conversions. — I. Rapport du P. Neveux. — II. Lettre du P. Siao. — III. Du P. Jung à Mgr. Maquet [Kai-tcheou, 27 déc. 1904.] — IV. Du P. Héraulle à Mgr. Maquet [Tai-ming-fou, 1er Janv. 1905]. — V. Souvenir d'un ancien Elève. — VI. Extraits de quelques lettres de Mgr. Maquet [12 janvier 1905]. — VII. L'Apostolat de la prière [par le P. Seneschal]. (*Ibid.*, Sept. 1905, pp. 437 446.)

— Lettres de Tai-ming-fou, 22 sept. et Nov. 1905. (*Ibid.*, Mars 1907, pp. 432/433.)

— Mort de Li-Kiou-pou. Par le P. Neveux. (*Ibid.*, Sept. 1908, p. 262.)

Tai-ming-fou, 16 février 1908.

— Les premières communions. — Kiao-tchoang, 21 janvier 1910. (*Ibid.*, Janvier 1911, p. 172.)

— Grands et petits voleurs. — 25 janvier 910. (*Ibid.*, pp. 172/174)

— Les conversions ne s'achètent pas. — Tai-ming-fou, 3 février 1910. (*Ibid.*, p. 174.)

— Jubilé (des PP. Omer Neveux et Clotaire Baudoux). (*Ibid.*, Mars 1912, p. 43.)

— Mission de Chine. En vingt-cinq ans. — Par O. Neveux, S. J., Ta-ming-fou, 3 février 1913. (*Ibid.*, Déc. 1913, pp. 289/295; fig.)

Nissen, *Joseph*, né 23 avril 1867; arrivé 15 oct. 1904.

— Lettre. — La vie en barque sur le fleuve Bleu. (*Chine Ceylan Madagascar*, Mars 1905, pp. 162/163.)

— Lettre. — Chinoiseries. — Tai-ming-fou, 16 juillet 1907. (*Ibid.*, Déc. 1907, pp. 58/60.)

— Prémices d'un prêtre chinois. Par Joseph Nissen, S. J. (*Ibid.*, Janvier 1911, pp. 139/143; phot.)

Sien-hsien, Sept. 1910.

— Un Japonais en colère. Par Joseph Nissen, S. J. (*Ibid.*, Mars 1914, pp. 412/418; fig.)

Noël, *François*, col. 1084.

— Doctrina.

Ce Ms. occupe les vols. 15/17 de la Collection Bréquigny. C'est un Ms. complet des trois traités imprimés à Prague en 1711 qui forment la *Philosophia Sinica* (cf. col. 914/915). (Pelliot.)

Noury, *Jean*, né 1er mai 1873; arrivé 21 nov. 1901.

— Lettre de Nan-sin-tcheou (Kiang-Nan) (*Miss. Cath.*, XXXIX, 2 août 1907, p. 364.)

Olivier, *Gervais*.

— Aux anciens élèves du Collège Saint Joseph de Lille, ses anciens condisciples. — Tchang-kia-tchoang, 21 nov. 1909. (*Chine Ceylan Madagascar*, Juin 1910, p. 48.)

— Un tchou-pinn. Par Gervais Olivier, S. J. (*Ibid.*, Mai 1911, pp. 280/286.)

— Baptême de vieilles. — Wei-tsounn, 17 janvier 1911. (*Ibid.*, pp. 332/333.)

Panzi, *Joseph*.

— Son nom chinois est *P'an T'ing-chang*; cf. *T'oung Pao*, 1920/1921, p. 188.

— Henri Cordier. — Giuseppe Panzi Peintre italien à Peking (XVIIIe siècle). (*Mélanges Emile Picot*, I, 1913, pp. 429/443.)

Paris, *Prosper*, né 1er sept. 1846, à Nantes; arrivé 24 oct. 1888; évêque de Silandus (Lydie) et vicaire apostolique du Kiang-Nan, 6 avril 1900.

— Le voyage de Monseigneur Paris. (*Rel. de Chine*, Kiang-Nan, Avril 1905, pp. 503/510.)

— Lettre à M. le Supérieur du petit séminaire de Guérande. (*Ibid.*, Juillet 1906, pp. 189/190.)

— Lettre à M. Bouyer, supérieur du Petit séminaire de Guérande (Changhai, Kiang-Nan.) (*Miss. Cath.*, XXXVIII, 26 oct. 1906, pp. 509/510.)

— Visite de la section de Tchang-tcheou, par Monseigneur Paris. — (Mars-Avril 1906.) (*Rel. de Chine*, Kiang-Nan, Avril 1907, pp. 75/100.)

— Lettre de Chang-Hai. (*Miss. Cath.*, 1916, p. 435.)

Parrenin, *Dominique*, voir col. 1085.

« Pour sa mort, l'inscription chinoise est d'accord avec l'inscription latine, qui indique le 29 sept. 1741. » (Pelliot.)

Il y a à Paris au Muséum d'hist. nat. (*Cat. des Mss.* No 2009 un Ms. du P. P. en 8 pen: Traité d'anatomie humaine, etc., en mandchou; adaptation par le P. Parrenin des ouvrages de Thomas Bartholin (1616—1680) et de Pierre Dionis (1663—1718). En tête, lettres d'envoi du P. Parrenin à Messieurs de l'Académie des Sciences, datée de Pékin, 1723.

« Un Ms. de cette traduction a été donné à la Bibliothèque royale de Copenhague en 1906; la fondation Carlsberg en entreprit une reproduction qui n'a jamais été achevée ni éditée, quoique toutes les planches en aient été exécutées. Cf. *Gads danske Magazin*, 1906—1907, p 531; *Ugeskrift for Laeger*, 1907, p. 507; le journal danois *Politiken* du 15 mai 1907; aussi *Skand. Archiv für Physiologie*, 18e vol. [1906]. » (Pelliot.)

— J. Brucker, *Catholic Encyclopedia*, XV, p. 508.

Payen, *Georges*, né 15 avril 1862; arrivé 26 oct. 1904.

— * P. G. Payen, S. J. [Chine]. — Casus de Baptismo in missionibus ac potissimum in Sinis. Zy-Ka-Wei, Imprimerie de la Mission catholique, 1920. In -8, pp. XII-196.

Notice : *Etudes*, 20 oct. 1921, pp. 237/238. Par P. Castillon.

Petit, *Charles*.

— **Mission de Chine.** — Première année en mission. — Par Ch. Petit, S. J. (*Chine Ceylan Madagascar*, N° 46, Juin 1914, pp. 1/18; fig.)

— **Scènes familiales.** — 4 juillet 1913. (*Ibid.*, pp. 27/28.)

Pérard, *Pierre*, né 6 mai 1870; arrivé 10 oct. 1905.

— **Lettre** de Hsien-hsien, 25 janvier. (*Chine Ceylan Madagascar*, Déc. 1906, pp. 243/244.)

— **Lettre.** Une belle procession. — Hsien-hsien, 17 juin 1906. (*Ibid.*, Juin 1907, pp. 545/546.)

— **Les bagages** du missionnaire. Déc. 1906. (*Ibid.*, pp. 546/547.)

— **Lettre.** En caravane de Hsien-hsien à Tai-ming-fou, 10 oct. 1906. (*Ibid.*, Déc. 1907, pp. 51/53.)

— **Ministère et équitation.** Par le P. Pérard. (*Ibid.*, Sept. 1908, pp. 267/269.)
Tai-ming-fou, 27 janv. 1908.

— **Une église dans la petite Europe.** · Tsi-kia-tchoang, 16 oct. 1910. (*Ibid.*, Janvier 1911, pp. 181/182.)

— **A des musiciens il faut une tribune.** — Tsi-kia-tchoang, 25 oct. 1910. (*Ibid.*, pp. 182/183.)

— **Brebis perdue et retrouvée.** — Ou-kiao, Mars 1912. (*Ibid.*, Sept. 1912, pp. 210/211.)

— **Les Suites** d'un oubli. — Ou-kiao, Mars 1912. (*Ibid.*, p. 211.)

— **Le pays** des dix mille calamités. (*Ibid.*, Déc. 1920, pp. 239/240.

— **Un qui n'oublie pas.** Par le P. Pérard, Mai 1921. (*Ibid.*, Sept. 1921, p. 184.)

— **Après la famine.** Par le P. Pérard. (*Ibid.*, pp. 184/185.)
Mai 1921.

Perrot, *Albert*, né 26 avril 1869; arrivé 22 sept. 1903.

— **Lettre** du Tché-li Sud-Est. (*Miss. Cath.*, XXXVIII, 5 janvier 1906, p. 5.)

— **Lettre** de Kai-tcheou, Oct. 1906. La Chine et la question sociale. (*Chine Ceylan Madagascar*, Mars 1907, pp. 436/437.)

— **Lettre** du Tché-li Sud-Est. (*Miss. Cath.*, 10 fév. 1911, p. 64.)

— **La Révolution** en Chine. — Lettre du P. Perrot, S. J., de la mission du Tche-li Sud-Est au P. Desmarquet, Tien-tsin, 9 nov. 1911. (*Ibid.*, 1er déc. 1911, pp. 573/574.)

— **Lettre.** — Rassurez-vous! — Tien-tsin, 9 nov. 1911. (*Chine Ceylan Madagascar*, Mars 1912, pp. 37/38.)

— **Lettre.** — Le gâchis. — Tien-tsin, 20 nov. 1911. (*Ibid.*, pp. 38/39.)

— **Lettre.** La révolution vue de Tien-tsin. — Tien-tsin, 31. janv. 1912. (*Ibid.*, Juin 1912, pp. 142/143.)

— **Lettre.** — Tien-tsin, 6 février. (*Ibid.*, p. 143.)

— **L'incendie** et le pillage de Tien-tsin. 5 mars 1912. (*Ibid.*, pp. 143/147.)

— **Lettre.** — Tien-tsin, 8 mars. (*Ibid.*, p. 147.)

— **Lettre.** — Tien-tsin, 12 mars. (*Ibid.*, pp. 147/148.)

— **Lettre.** — Tien-tsin, 21 mars. (*Ibid.*, p. 148.)

— **Lettre.** — Tien-tsin, 8 mai. (*Ibid.*, pp. 148/150.)

— **Lettre.** — Tien-tsin, 18 mai. (*Ibid.*, p. 150.)

Perrin, *Félix*, né 21 nov. 1856, à Quintin (Côtes du Nord). Arrivé 4 oct. 1885; † 11 mai 1911, à Houai-youen.

— **Lettre.** (*Rel. de Chine*, Kiang-Nan, Janvier 1911, p. 63.)

— **Nécrologie.** — Le Père Perrin. Par S. Bizeul, S. J. (*Ibid.*, Avril 1912, pp. 411/425; *ibid.*, Juillet 1912, pp. 479/485; portr. et fig.)

Piel.

— **Lettre.** (*Rel. de Chine*, Kiang-Nan, Janvier 1913, p. 60.)
Tchen-Kiang, 6 octobre.

Pierre, *Auguste*, né 5 juillet 1856; arrivé 4 oct. 1885; † 1910

— **Une nouvelle île.** — Lettre du P. Pierre au P. Recteur. —. P'ou-tong, Juillet 1905. (*Rel. de Chine*, Kiang-Nan, Janvier 1906, pp. 43/49.)

— **Le désastre** de Wang-Souo. — Lettre du P. A. Pierre, S. J. à Monseigneur. (*Ibid.*, Avril 1906, pp. 113/115.)

— **La pêche à la ligne** ou l'histoire de T'ang-sou-tseng. Par le P. Pierre. (*Ibid.*, Janv.-Avril 1908, pp. 22/26.)

— **Nécrologie.** — Le P. Auguste Pierre (1856—1910). (*Ibid.*, Janvier 1911, pp. 57/59; portr.)

— **Dernière lettre.** — Près Sou-tseu, 17 août 1910. (*Ibid.*, Juillet 1911, pp. 204/205.)

Platel, *Louis*, né 17 août 1840; S. J., miss. au Kiang-Nan; † 6 mars 1914, à Chang Hai [Yang king pang].

— **Nécrologie.** — Le R. P. Ludovic Platel. Par L. Gain, S. J. (*Ibid.*, Oct. 1917, pp. 542/546; portr.)

— **A Sou-tseu.** Lettre du Père Platel. (*Ibid.*, Avril 1912, pp. 355/359; fig.)
Zi-ka-wei, 10 août 1911.

Poirier, *Henri*, né 5 sept. 1869; arrivé 8 nov. 1904; † 18 fév. 1911.

— **Nécrologie.** — Le Père Henri Poirier. (*Rel. de Chine*, Kiang-Nan, Avril 1912, pp. 407/409; portr.)

— **A l'embouchure** du Fleuve Bleu. — Lettre du R. P. H. Poirier, de la Compagnie de Jésus, missionnaire à Hai-men (Kiang-nan.) (*Miss Cath.*, 12 nov. 1909, pp. 541/542.)

— **Lettre** du P. Poirier, S. J. — Hai-men, juillet 1909. (*Rel. de Chine*, Kiang-nan, Avril 1910, p. 525.)

Poullier.

— **Le R. P. Poullier,** visiteur de la mission. (*Chine Ceylan Madagascar*, Janvier 1911, pp. 184/189.)

— **Six mois sur les routes du Tche-li** [Suite]. Par Louis Poullier, S. J. (*Ibid.*, Juin 1912, pp. 101/122; fig.)

Prémare, *Joseph Henri de*, voir col. 1088.

— J. Brucker, *Catholic Encyclopedia*, XII, p. 387.

Prévot, *Jules*, né 18 janvier 1853, Meuse; S. J.; miss. au Tche-li S. E.; † à Chang Hai, 15 fév. 1916. — Voir col. 1088.

Prunelé, *de*, né 18 fév. 1881; arrivé 16 oct. 1908.

— **Lettre.** — Zi-ka-wei, 17 déc. 1912. (*Rel. de Chine*, Kiang-Nan, Janvier 1914, p. 351.)

— **Lettre** du P. de Prunelé. (*Ibid.*, Janvier 1921, pp. 455/456.)
Fongshien (Siuchowfu) 20 sept. 1920.

Pruvot, frère *Joseph*, né à Camon (Somme), 5 sept. 1840; arrivé 19 mars 1875; † Hien-hien, 29 mai 1909; créateur de l'imprimerie de Hien Hien. — Voir col. 1088.
Mort. (*Chine Ceylan Madagascar*, Mars 1910, p. 509.)

Puget, *Xavier*, né 3 août 1870; arrivé 6 nov. 1905.

— **Lettre** à M. le chanoine Robert. — Fan-Tchang, 15 mai 1912. (*Rel. de Chine*, Kiang-Nan, Janvier 1913, pp. 63/64.)

— **Lettre.** Chan-Keou, 13 juin 1913. (*Rel. de Chine*, Kiang-Nan, Janvier 1914, pp. 349/350.)

Régis, *Jean-Baptiste*, voir col. 1089.

— J. Brucker, *Catholic Encyclopedia*, XII, pp. 720/721.

Reimsbach, né 19 mai 1856; arrivé 19 nov. 1892.

— **Lettre** de Fan-Kia-Kata. 21 juillet 1906. (*Chine Ceylan Madagascar*, Mars 1907, pp. 430/431.)

Rich, *Joseph,* né 2 avril 1854; arrivé 22 nov 1876; miss. au Kiang Nan; † à Lou ngan, le 25 janvier 1914.

Ricci, *Matteo,* voir col. 1090—1092.

— J. Brucker, *Catholic Encyclopedia,* XIII, pp. 34/40.

— Il primo sinologo P. Matteo Ricci per Lodovico Nocentini. — Firenze, Successori Le Monnier, 1882, gr. in-8, pp. 59.

Pubblicazioni del R. Istituto di Studi Superiori pratici e di perfezionamento in Firenze. — Sezione di Filosofia e Filologia. — Accademia orientale. — Voir col. 1091.

— Sur les lettres du P. Ricci, voir Pastells, *Labor evangélica,* III, 1904, p. 452 n., d'après le P. Tobar et le P. Pfister.

— P. Matheus Ricci S. J. Relação escripta pelo seu Companheiro P. Sabatino de Ursis S. J. — Publicação commemorativa do Terceiro Centenario da sua Morte (11 de Maio de 1910) mandada fazer pela Missão portuguesa de Macau. Roma Tipografia Enrico Voghera. — MDCCCCX, in-8, pp. 67, portr.

Préface signée: Valerio Aleixo Cordeiro, et datée: Roma, 11 de Maio de 1910. — Cette relation fut envoyée au P. Antonio Mascarenhas, assistant des Provinces de Portugal et Colonies. — L'original est conservé dans les Archives de la Compagnie de Jésus.

Voir *Revue des Questions scientifiques,* LXVIII, Octobre 1910, pp. 602/604.

— Antonio Ricci Riccardi. — Il P. Matteo Ricci D. C. D. G. e la sua Missione in Cina (1578—1610). — Onoranze nazionali nel III Centenario dalla sua morte. Firenze, Tipografia Barbèra, 1910, in-4, pp. 100 + 1 f. n. ch.; tab., portr. et ill.

Suivi d'un essai bibliographique sur les voyageurs en Chine.

— Onoranze nazionali al P. Matteo Ricci D. C. D. G. — (1552—1610). Pièce in-8, de 2 ff. n. ch.,

Pièce de vers imprimée au verso du 1er f. dont le recto porte le titre ci-dessus et au recto du f. 2, intitulée *Lo Scingino* et signée MARIA RICCI PATERNÒ CASTELLO.

— * L'Apostolato del P. Matteo Ricci D. C. D. G. in Cina secondo i suoi scritti inediti. Lettura del P. Pietro Tacchi Venturi D. M. C. tenuta all'Accademia di religione cattolica in Roma, il 12 di maggio 1910. Secunda edizione. Roma, *Civiltà cattolica,* 1910.

Cf. *Rev. des Questions scientifiques,* LXX, Oct. 1914, p. 661.

— Joseph Brucker. — Le Père Mathieu Ricci. (*Études,* 5 juillet 1910, pp. 5/27; 20 juillet, pp. 185/208; 20 sept. 1910, pp. 751/779.)

— Giovanni Vacca. — L'opera di Matteo Ricci (1552—1610). (*Nuova Antologia,* Sett.-Ottob. 1910, pp. 265/275.)

Lu à l'Université de Macerata le 11 mai 1910 pour le troisième centenaire de la mort de Ricci.

— Atti del VII Congresso Geografico Italiano Palermo, 30 aprile—6 maggio 1910. — La identificazione della Cina con il Cataio dovuta al P. Matteo Ricci (n. Macerata 1552 — m. Pechino 1610), Geografo e Apostolo della Cina. Memoria del Prof. Ettore Ricci. — Palermo, Stabilimento tipografico Virzì, 1911, in-8, pp. 14.

— Ibid. — Gli Itinerari del P. Matteo Ricci attraverso la Cina. Memoria del Prof. Ettore Ricci. Palermo, Stabilimento Tipografico Virzì, 1911, in-8, pp. 6.

— Opere Storiche del P. Matteo Ricci S. I., edite a cura del Comitato per le onoranze nazionali con prolegomeni note e tavole dal P. Pietro Tacchi Venturi, S. I. — Volume primo. *I Commentarj della Cina.* — Macerata, Filippo Giorgetti, 1911, gr. in-8, pp. LXVIII-650; portr. et pl., cartes.

Un second titre au 2e f.: P. Matteo Ricci S. I. — I Commentarj della Cina dall'autografo inedito. — Macerata, F. Giorgetti, 1911.

— Au recto du dernier f.: Finito di stampare oggi 10 ottobre 1911 in Macerata nello Stabilimento Tipografico F. Giorgetti, Edizione di cinquecento esemplari.

— Idem. — Volume secondo. Le Lettere dalla Cina. — Macerata Premiato Stabilimento Tipografico Avv. Filippo Giorgetti. 1913, in-8, pp. LXXII-570 + 2 ff. n. ch.; portr.

Tiré à 500 exemplaires.

— Elenco dei nomi di alcuni personaggi cinesi col catalogo delle opere cinesi del P. Ricci compilati dal Dott. Giovanni Vacca. (*Opere storiche del P. Matteo Ricci,* II, 1913, pp. 541/548.)

— Pour le centenaire du P. M. Ricci. — Publications du P. *Tacchi Venturi,* du marquis *Ricci Riccardi,* de *M. Laufer,* etc. Par Joseph Brucker. (*Etudes,* 20 avril 1912, pp. 215/229.)

— Publications sur l'histoire de la Compagnie de Jésus. Par Joseph Brucker. (*Etudes,* 5 octobre 1913, pp. 85/107.)

VI. Matthieu Ricci, pp. 100/102. — VII. Ferdinand Verbiest, pp. 102/104.)

— Le Juif Ngai, informateur du P. Mathieu Ricci, par Paul Pelliot. (*T'oung Pao,* Janvier 1920—1921, pp. 32/39.)

Tirage à part, in-8.

— H. Bosmans. — L'œuvre scientifique de Mathieu Ricci, S. J. (1552—1610), in-8, pp. 16.

Extrait de la *Revue des Questions scientifiques,* Janvier 1921. [Louvain.]

— Il Padre Matteo Ricci e la sua opera

geografica, di G. Caraci. (*Rivista geografica italiana*, Firenze, n. 5/10, 1921.)

Voir col. 3299.

— Arthur Waley. — Ricci and Ch'i-ch'ang. (*Bul. of the School of Oriental Studies*, Vol. II, Part II, 1922, pp. 342/343.)

Cf. Christian Art by B. Laufer, *Mitt. d. Sem. f. Orient. Sprache*, 1910.

— «西字奇蹟 *Si tseu ki tsi*. Cet ouvrage sur les ‚caractères occidentaux' n'était connu que de nom (cf. Cordier, *Imprim. sino-europ.*, n° 241). Mais un exemplaire s'en trouve à la Bibl. Vaticane, Racc., Gen. Oriente, III, 231 (12). C'est un opuscule de 6 ff., en chinois, avec transcription sur colonnes parallèles en lettres latines. Et ces 6 ff. sont identiques aux trois morceaux de 1605 à 2 ff. par morceau) qui n'ont été signalés jusqu'ici que dans le recueil de modèles de tablettes d'encre de Chine intitulé *Tch'eng che mo yuan;* cf. Laufer, *Christian Art in China*, pp. 8/11; *T'oung Pao*, 1920—1921, pp. 2/5.» (Pelliot.)

Richard, *Louis*, né 22 août 1868; arrivé 22 oct. 1902.

— Les suites de la révolution. Siu-tcheou-fou occidental, Juillet 1913. (*Rel. de Chine*, Kiang-Nan, Janvier 1914, pp. 347/348.)

— Lettre. Yen-t'eou, 16 février 1914. (*Ibid.*, Juillet 1914, p. 495.)

Rivat, *Séraphin*, né 20 juin 1868; arrivé 23 oct. 1903.

— Une académie de leçons de choses. Par Séraphin Rivat, S. J. (*Chine Ceylan Madagascar*, Juin 1909, pp. 384/391.)

Robinet, *Albert M.*, né 25 fév. 1880; arrivé 6 nov. 1905.

— Les nouveaux missionnaires & le collège de Zi-ka-wei. Par Albert M. Robinet, S. J. (*Rel. de Chine*, Kiang-Nan, Avril 1909, pp. 281/290.)

— Lettre. — Tsong-Ming, 10 sept. 1912. (*Ibid.*, Janvier 1913, pp. 61/62.)

— Lettre. — Tsong-Ming, 8 nov. 1912. (*Ibid.*, Avril 1913, p. 133.)

— La révolution à Tsong-Ming. (Lettre du P. Robinet.) Mai 1913. (*Ibid.*, Oct. 1913, pp. 223/229; fig.)

Roberfroid, *Joseph*, né 31 janv. 1874; arrivé 6 nov. 1893.

— Superstition. (*Rel. de Chine*, Kiang-Nan, Juillet 1907, pp. 191/192.)

— Extrait d'une lettre du P. J. Roberfroid aux Apostoliques de Turnhout. (*Ibid.*, Avril 1909, pp. 274/276.)

— Lettre. Kiang-in, Juillet 1909. (*Ibid.*, Oct. 1909, pp. 431/432.)

— Quelques documents sur la révolution en Chine. (*Rel. de Chine*, Kiang-Nan, Janvier 1912, pp. 312/340; portr. de Sun-ya-tseng, de Yuen-che-kai; fig.)

Extrait de lettres de missionnaires; les PP. Roberfroid, Beaucé, Gain.

— Lettre du P. Roberfroid. (*Rel. de Chine*, Kiang-Nan, Janvier 1921, p. 452.)

P'i-tcheou, 4 mars.

Rocha, *Jean de*, né à Prado, Portugal, en 1566; † à Hang Tcheou, Mars 1623.

— Missionnaires d'autrefois Croquis historiques. — P. Jean de Rocha [*Lo Iou-wang koai-tchong*]. P. Alphonse Vagnoni [*Kao I-tche tsée-cheng*]. — D'après le P. Pfister. (*Rel. de Chine*, Kiang-Nan, Octobre 1921, pp. 590/597.)

Rodet, *Raymond*, né 1er janv. 1858; arrivé 20 déc. 1892.

— Histoires de brigands. Lettre du Père Rodet. (*Rel. de Chine*, Janvier 1913, pp. 30/39; fig.)

Hieou-Ning, 25 août 1912.

— Lettre. Hieou-ning; 2 mars 1913. (*Ibid.*, Kiang-Nan, Janvier 1914, p. 351.)

Rollin, *Jules*, né 16 déc. 1861; arrivé 13 juin 1908; voir col. 1093.

— Deux visites. — Sien-hsien, 26 juin 1908. (*Chine Ceylan Madagascar*, Juin 1909, pp. 400/401.)

Rougemont, *François de*, né en 1624; arrivé en 1659; † 4 nov. 1676, à Tchang-chou.

— Lettres inédites de François de Rougemont Missionnaire belge de la Compagnie de Jésus en Chine, au XVIIe siècle publiées par Henri Bosmans, S. J. — Louvain, Bureaux des Analectes, 1913, in-8, pp. 34.

Rouxel, *Eugène*, né 18 juillet 1847; S. J.; arrivé 23 nov. 1891; miss. au Kiang-Nan; † à Chang Haï, 4 oct. 1914.

— Lettre du P. Rouxel. — Ou-hou, 24 oct. 1904. (*Rel. de Chine*, Kiang-Nan, Oct. 1905, pp. 649/650.)

— Le Frère Mathias Kouo. Lettre du P. Eugène Rouxel au R. P. Supérieur. — Ou-hou, le 12 février 1908. (*Ibid.*, Janvier-Avril 1908, pp. 94/95.)

Nécrologie. — Mort 11 février 1908, à Wou-hou.

— La vie de tous les jours. — Lettre du P. Eugène Rouxel. Wu-hu, le 4 mars 1914. (*Ibid.*, Juillet 1914, pp. 464/466.)

— Idem. — Du P. Rouxel. Ou-hou, 31 mars. (*Ibid.*, p. 469.)

Rouxel, *Jean-Baptiste*, né 24 avril 1856; arrivé 20 déc. 1892.

— La famine au Yng-tcheou-fou (province du Ngan-hoei). Lettre du P. J. B. Rouxel, S. J. (*Ibid.*, Avril 1907, pp. 115/121.)

— Un sous-préfet. — Du P. J.-B. Rouxel, S. J. (*Ibid.*, Janvier-Avril 1908, pp. 58/64.)

— Hoai-yuen catholique. — Relation annuelle. — Par J.-B. Rouxel, S. J. (*Ibid.*, Oct. 1910, pp. 639/640; fig.)

Ruggieri, *Michel*, né Spinazzola, royaume de Naples, en 1543; arrivé 1581; † 11 mai 1607, à Salerne.

Facsimile du Bref de Sixte V dans Henri Cordier, *L'Imprimerie Sino-européenne en Chine*, 1901.

— (Marzo 1590) Breve di Sisto V a Van Li Imperatore della Cina. (*Opere stor. del P. Matteo Ricci*, II, 1913, pp. 490/495.)

Lettre du P. Ruggieri, trad. en français par le P. Wieger, puis en italien avec le facsimile donné par H. Cordier. Cf. *Prolegomeni* N. 6, pp. LX seq.

Sanchez, *Alonso*, né à Mondejar, Alcarria, 1547; reçu dans la Compagnie 20 juin 1565, à 20 ans, à Alcalá de Henares où il mourut le 27 mai 1593, âgé de 50 ans.

— Viaje del Padre Alonso Sanchez al Reyno de la China, y Ciudad de Macan, y su reduccion a la Corona de Castilla. (*Labor evangélica* por el P. P. Pastells, 1904, I, pp. 265/284.)

— Prosigue la Relacion de loque negoció el Padre Alonzo Sanchez en Macan, y ponense las cartas del Patriarca de Etiopia, Obispo de Iapon, y del Obispo, y Capitan mayor de Macan. (*Ibid.*, pp. 285/296.)

— Buelta del Padre Alonso Sanchez a Manila. (*Ibid.*, pp. 297/308.)

— Segundo viage del Padre Alonso Sanchez a Macan, arribada a Malaca, y Buelta a Manila. (*Ibid.*, pp. 309/325.)

D'autres lettres donnent les autres voyages de Sanchez en Espagne, à Rome, etc.

Sambiaso, *Francesco*, né à Cosenza, royaume de Naples; † 1649, à Canton, enterré à Macao.

— «Il y a à la Vaticane, Fonds Borgia, Cinese 529, un exemplaire assez endommagé d'une carte imprimée, de 1m 11 sur 0m 76, intitulée *K'ouen yu ts'iuan t'ou* et qui représente le globe terrestre en projection aplatie aux pôles. Un cartouche ménagé dans la partie inférieure de la carte montre que nous avons ici affaire à une œuvre jusqu'ici inconnue de Sambiaso. Cette œuvre ne se confond pas avec la mappemonde de projection semblable qui est conservée à l'Ambrosiana et qu'on a attribuée à Ricci mais qui, à en juger par la reproduction assez médiocre qui en a été publiée, n'est autre que la carte mise en tête du *Tche fang wai ki* d'Aleni.» (Pelliot.)

— Missionnaires d'Autrefois Croquis historiques. — Le Père François Sambiaso [*Pi Fang-tsi Kin-leang*]. — Le Père Alvare de Semedo [*Lou T'e-tchao Ki-yuen*.] D'après le P. Pfister. (*Rel. de Chine*, Kiang-Nan, Juillet 1921, pp. 542/550.)

Savio, *Auguste*, né 13 oct. 1882; arrivé 24 oct. 1901.

— Enfants de chœur et apprentis. Par A. Savio, S. J. (*Rel. de Chine*, Kiang-Nan, Avril 1913, pp. 73/76; fig.)

— La vie de tous les jours. — Lettre du P. Auguste Savio. Sen-Mou-dang, Haimen, 25 février 1914. (*Ibid.*, Juillet 1914, pp. 460/464.)

Sayette, *Henri de la*, voir col. 1093, 3128.

— Relation annuelle du P. de la Sayette. — District de Siao-so, Hai-men. [29 juillet 1904.] (*Rel. de Chine*, Kiang-Nan, Oct. 1905, pp. 680/686.)

Schall von Bell, *Johann Adam*, voir col. 1094/1095.

— Voir dans *Astronomische Beobachtungen an der k. k. Sternwarte zu Prag in den Jahren 1905—1909* — . . . herausgegeben von Dr. Ladislaus Weinek, Prag, 1912, in-4, Pl. 1, portrait en noir de Schall reproduit en noir par Karl Bellmann, à Prague, d'après Athanase Kircher. — Pl. 2, reproduction en trois couleurs par K. Bellmann, d'un portrait à l'huile de Schall, conservé à l'Observatoire de Prague.

— Dans les *Analecta Vindobonensia* de A. F. Kollar, Vienne, 1761, T. I, on a réimprimé, p. 1294, les portraits de l'empereur Chouen Tche et du P. Schall, les mêmes qui ont été donnés dans le Livre VII des *Commentaires* de Pierre Lambeck (Lambecius), seconde édition par Kollar, Vindobonae, 1781; il est probable qu'ils avaient paru dans la première éd. de ce dernier recueil: ils m'ont été signalés par Pelliot et sont peut-être dans le catalogue de S. Endlicher.

— J. Brucker, *Catholic Encyclopedia*, XIII, pp. 520/523.

Scherer, *François*, né 16 déc. 1860; arrivé 5 nov. 1879.

— Lettre. (*Rel. de Chine*, Kiang-Nan, Oct. 1910, pp. 682/683.)

Se, *Simon*, né en 1845; † 9 février 1911 à Tong-ka-dou.

— Le Père Simon Se. — Nécrologie. (*Rel. de Chine*, Kiang-Nan, Janvier 1912, p. 344.)

Sédille, *Charles*, né à Gisors [Eure], 2 juillet 1835; † à Changhai, le 4 mars 1917.

— Nécrologie. — R. P. Charles Sédille, de la Compagnie de Jésus, ancien provicaire et supérieur régulier de la mission du Kiang-Nan. (*Miss. Cath.*, 8 juin 1917, pp. 275/276; portr.)

— Nécrologie. — Le R. P. Charles Sédille. Par Léop. Gain, S. J. (*Rel. de Chine*, Kiang-Nan, Janvier-Avril 1918, pp. 60/61; portr.)

Semedo, *Alvaro de*, né en 1585, à Nizza, diocèse de Portalegre: arrivé en Chine en 1613; † à Macao, le 6 mai 1658.

Voir Pfister, col. 3637.

Sen, *Firmin*, né en Chine, 25 sept. 1845.

— Succès apostolique inattendu. — Du P. Firmin Sen, S. J. (*Rel. de Chine*, Kiang-Nan, Janvier-Avril 1908, pp. 9/21.)

— Lettre. Les nouvelles écoles. — Kiang-yn, 21 février. (*Ibid.*, Juillet 1908, p. 144.)

— Lettre. — Tai-ka-kou. — Région des lacs, 1er février 1910. (*Ibid.*, Juillet 1910, p. 620.)

— La conversion d'un ancien mandarin militaire. Par Firmin Sen, S. J. (*Ibid.*, Janvier 1911, pp. 29/31; fig.)

— Lettre. — Sou-tseu, 3 juillet. (*Ibid.*, Janvier 1912, pp. 351/352; fig.)

— Bénédiction de l'église de Tsang-kieng (sect. de Soutseu). (Lettre du P. Firm. Sen, 13 janvier 1913). (*Ibid.*, Juillet 1913, p. 207.)

— Une visite au Ming-tseng-tsang. — Lettre du P. Firmin Sen. (*Ibid.*, Avril 1913, pp. 99/100; fig.)

— Lettre du P. Firmin Sen. (*Lo-zeh*, 17 juin 1913.) (*Ibid.*, Oct. 1913, p. 284.)

Sen, *Joseph*, né en Chine, 21 août 1868.

— Lettre. — Tsen-pou (P'ou-tong), le 17 mai. (*Rel. de Chine*, Oct. 1912, pp. 554/555.)

Sen-dou.

— Le P. Sen-dou. — Nécrologie. — Lettre du P. Poirier à Monseigneur. — Jou-Kao, 15 sept. 1908. — Mao-ka-tseu, 21 sept. (*Rel. de Chine*, Janvier 1909, pp. 248/250.)

Servière, *Joseph, de la.*

— De France en Chine. — Extrait de plusieurs lettres du P. de la Servière à sa famille. — A bord du «Tourane», 12 sept. 1909. (*Rel. de Chine*, Kiang-Nan, Avril 1910, pp. 497/511; fig.; *ibid.*, Juillet 1910, pp. 561/569.)

— Croquis de Chine. — Chez les vieux chrétiens. — Une fête patronale à Kin-Ka-hang. Par Joseph de la Servière. (*Ibid.*, Janvier 1911, pp. 32/35.)

— Croquis de Chine. — Autour de Dang-Mou-ghiao. Par Joseph de la Servière. (*Ibid.*, Avril 1911, pp. 75/82; fig.)

Dang-mou ghiao Pou-tong, 9 nov. 1910.

— Croquis de Chine. — En Pays neuf. — Par J. de la Servière. (*Etudes*, 5 sept. 1911, pp. 630/650; *ibid.*, 20 sept. 1911, pp. 810/836.)

— J. de la Servière. S. J. — Croquis de Chine. — Paris, Gabriel Beauchesne, 1912, in-8, pp. 200; carte et ill.

Notice: *Miss. Cath.*, 7 juin 1912, pp. 275/276.

— Chez les pêcheurs. Par Joseph de la Servière. (*Rel. de Chine*, Kiang-Nan, Juillet 1911, pp. 157/161; fig.)

Ou-si, samedi 16 juin 1910.

— Conversions dans l'île de Sancian. Par J. de la Servière, S. J. (*Ibid.*, Avril 1914, pp. 354/360; fig. et portr. de St. François-Xavier.)

— L'Eglise catholique en Chine depuis la guerre. Par J. de la Servière, S. J. (*Ibid.*, Oct. 1917, pp. 499/505.)

— P. de la Servière. — Changhai, 3 déc. 1917. (*Ibid.*, Janv.-Avril 1918, p. 68.)

— Le nouvel autel de Zi-ka-wei. Par J. de la Servière, S. J. (*Ibid.*, Janv.-Avril 1919, pp. 165/167; fig.)

— Saint François-Xavier et la Chine. Par J. de la Servière, S. J. (*Ibid.*, Janv.-Avril 1920, pp. 268/275, portr. et ill.)

D'après les *Monumenta Xaveriana*.

— Saint François-Xavier et la Chine. Par Le Rév. Père Joseph de la Servière, S. J. (*New China Review*, II, April 1920, pp. 197/206.)

Siao.

— Lettre de Tchang-Kia-tchoang, 13 juillet 1906. La Chine Nouvelle. (*Chine Ceylan Madagascar*, Mars 1907, pp. 434/435.)

Sichelbart.

— Voir Pelliot, *Conquêtes*, p. 193; H. Cordier, *Conquêtes*, p. 5 col. 3482.

Speranza, *Séraphin*, né 3 mars 1853, près de Campobasso (Italie centrale): entra dans la Compagnie de Jésus le 3 mars 1869; part pour la Chine en 1877; d'abord à Tsoung-ming, puis à Tchang-tcheou, † à Ou-si en Juillet 1909.

— Le P. Séraphin Speranza. Nécrologie par P. Ancel, S. J. (*Rel. de Chine*, Kiang-Nan, Avril 1910, pp. 555/558.)

— Lettre. Installation à Zeng-ze—Ousi, 9 nov. (*Ibid.*, Juillet 1908, p. 144.)

Storr, *François*, né 1er mars 1859 à Gemünd (Wurtemberg); † 24 mai 1912, au Yang-king-pang.

— Nécrologie. — Le Père François Storr. (*Rel. de Chine*, Kiang-Nan, Juillet 1912, pp. 475/478; fig.)

Stumpf, *Bernard Kilian*, né à Würzbourg, 14 sept. 1655; arrivé 1694; † à Peking, 24 juillet 1720.

— Il P. Kiliano Stumpf. (*Documenti . . . sul Matteo Ripa*, 1904, pp. 578/584).

Suen, *Vincent*, né 10 juin 1868, à Song-Kia (Ngan-hoei); † 1911 au Siu-tcheou-fou.

— Nécrologie. — Le Père Vincent Suen. (*Rel. de Chine*, Kiang-Nan, Avril 1912, pp. 409/411; portr.)

Taille, *Tim. de la*, né 14 sept. 1871; arrivé 2 fév. 1907.

— La vie au Ngan-hoei. — Petites histoires (Extraits de diverses lettres du Père de la Taille à sa famille). (*Rel. de Chine*, Kiang-Nan, Oct. 1911, pp. 240/246.)

— Lettre du P. T. de la Taille. (*Ibid.*, Janv. 1921, pp. 437/488.)

— Lettre du P. de la Taille. (*Ibid.*, Avril 1921, pp. 507/508.)

— Missionnaire en procès. Par M. T. de la Taille, S. J. (*Ibid.*, Oct. 1921, pp. 617/622.)
Kao-Lieou, 1er mars.

Taranzano, *Charles*, né 20 avril 1866; arrivé 2 fév. 1902.

— Lettre. Octobre 1905. (*Chine Ceylan Madagascar*, Déc. 1906, p. 241.)

— Chiffres qui font réfléchir. — Ning-tsin, 2 fév. 1908. (*Ibid.*, Juin 1909, p. 398.)

— P. Taranzano, S. J. — Emouvante érection. — 9 fév. 1920. (*Ibid.*, Avril-Juillet 1920, pp. 107/108.)
Eglise de Ta-ming-fou.

— Un spectacle miraculeux. Par le P. Taranzano. (*Ibid.*, Déc. 1921, pp. 267/268.)
Ta-ming-fou, Août 1921.

Tchang, *J.*

— Lettre. — T'ou-chan, au Siu-tcheou-fou oriental, 27 déc. 1910. (*Rel. de Chine*, Kiang-Nan, Avril 1911, p. 125.)

— Un bain forcé. T'ou-chan. (Siu-tcheou-fou oriental), 19 mars 1911. (*Ibid.*, Janvier 1912, pp. 347/348.)

Terenz, *Jean*, né à Constance «en Bade», non en Suisse. — Voir col. 1096.

Thomas, *Antoine*, né 25 janv. 1644; arrivé 1685; † 29 juillet 1709, à Peking.

— * Lettres inédites du P. Antoine Thomas: de Goa, 28 novembre 1680, dans les *Missions belges*, Janvier et Février 1908. Bruxelles, 18 pages; de Peking, 8 sept. 1688, dans *Archiv für die Geschichte der Naturwissenschaften und der Technik*, I, Leipzig, 1909, pp. 36/42.

— Lettre inédite d'Antoine Thomas. (*Missions belges de la Compagnie de Jésus*, t. X, Bruxelles, 1908, pp. 12/23, 60/65.)

Thomas, *Joseph*, né 12 janvier 1863; arrivé 19 mars 1900.

— Lettre. Les Grands Couteaux au Pi-tcheou. — Yao-Wan, Mars 1908. (*Rel. de Chine*, Kiang-Nan, Juillet 1908, pp. 142/143.)

— Relations annuelles à Monseigneur — Yao-Wan. Par le P. J. Thomas, S. J. (*Ibid.*, Juillet 1910, pp. 576/577; fig.)

— Les inondations. — La famine. — Lettre du Père Thomas au Directeur des « Relations ». (*Ibid.*, Kiang-Nan, Janvier 1912, pp. 283/285; fig.)

— Lettre. Yao-wan, 2 juillet 1912 (*Ibid.*, Oct. 1912, p. 551.)

— Lettre. Siu-tcheou-fou oriental, Juillet 1913. (*Ibid.*, Janvier 1914, p. 347.)

— M. E. Sancian, le 9 décembre. Par le R. P. Thomas. (*Ibid.*, Janvier-Avril 1919, pp. 198/199.)

Tobar, *Jérôme*, né 30 sept. 1855 en Espagne; miss. au Kiang-Nan; † à Chang-Haï, 3 sept. 1917.

— Nécrologie. — Jérôme Tobar. Par H. C[ordier]. (*T'oung Pao*, Oct. et Déc. 1916, p. 626.)

— Nécrologie. — Les Pères Tobar et Jeannière. (*Rel. de Chine*, Kiang-Nan, Janv.-Avril 1918, pp. 56/59; portr.)

— Planchet, *Missions de Chine*, 1919, pp. 474/475.

Torrente, *Stanislas*, voir col. 1096.

« La date du 10 nov. 1681 donnée par Costa est fausse; la pierre tombale a nettement 30 (le nom du mois est effacé). » (Pelliot.)

Tosten, *Henri*, né 9 déc. 1872; arrivé 22 oct. 1902.

— Lettre. — Un bon jardinier. (*Rel. de Chine*, Kiang-Nan, Avril 1911, pp. 124/125.)

— Etudes chinoises modernes. Par H. Tosten, S. J. (*Ibid.*, Oct. 1921, pp. 612/616.)

Tou, *Marc*, né en Chine 1er avril 1869; miss. du Tché-li Sud-Est. — Ordonné prêtre à Zi-ka-wei le 27 juin 1906, par Mgr. Paris, S. J. (*Chine Ceylan Madagascar*, Mars 1907, p. 440.)

— Les Défunts. — Le P. Marc Tou. (*Ibid.*, n° 47, Janvier 1920, pp. 27/28.)

Tourcher, *Louis*, né 28 janvier 1866; arrivé 19 avril 1902.

— La vieille Chine. Par Louis Tourcher, S. J. (*Chine Ceylan Madagascar*, Juin 1909, pp. 375/388.)
Sien-hsien, sept. 1908.

— L'esprit religieux des Chinois. Par Louis Tourcher, S. J. (*Ibid.*, Janvier 1911, pp. 144/155.)
Kouang-ping-fou, Sept. 1910.

— Lettre — Nordistes et Sudistes. — Sien-hsien, 1er janvier 1912. (*Ibid.*, Mars 1912, p. 40.)

Tournade, *Léon*, né à Champeix (Puy de Dôme), 10 juin 1850; miss. du Kiang-Nan; procureur à Paris; † jeudi, 29 avril 1920.

— Léon Tournade. Nécrologie par H. C[ordier]. (*T'oung Pao*, Janvier 1920/1921, p. 71.)

— Le R. P. Léon Tournade 1850—1920. Par Henry Reverdy. (*Rel. de Chine*, Kiang-Nan, Juill.-Oct. 1920, pp. 330/336; portr.)

— Lettre. Inondations et désastres dans l'île de Wang-souo. (*Miss. Cath.*, XXXVII, 24 nov. 1905, p. 555.)

Tsang, *André*.

— Deux bons chrétiens. — I. Barthélemy Zi-pin-ze. Mort à Zi-ka-wei, le 14 décembre 1911, à 47 ans. — II. André Tsang, administrateur de la chrétienté de Tsang-ka-leu. (*Rel. de Chine*, Kiang-Nan, Juillet 1912, pp. 444/451; portr. d'A. Tsang.)

Tsang, *Joseph*, né en Chine, 11 avril 1872.

— Lettre. (*Rel. de Chine*, Kiang-Nan, Juillet 1911, p. 207.)

— Lettre. Tou-chan, 22 avril. (*Ibid.*)

— Tsang Joseph, le P. — Lettre. — Kiang-yn, 10 mai. (*Ibid.*, Janv.-Avril 1919, p. 199.)

Tschepe, *Albert*, né 20 déc. 1844; arrivé 19 nov. 1870.

— Persécution au nouveau centre de Houkaze (1907—1908.) — Du P. Albert Tschepe. (*Rel. de Chine*, Kiang-Nan, Janvier 1909, pp. 238/238.)

— Voyage au pays de Confucius & de ses disciples. Par le P. Tschepe, S. J. (*Ibid.*, Janvier 1910, pp. 457/465; fig. et portr.)

Tsu, *Simon*, né en Chine, 30 oct. 1868.

— L'association des catholiques de Changhaï, par le P. Simon Tsu. — Loyeu, 22 mars. (*Rel. de Chine*, Kiang-Nan, Janv.-Avril 1919, p. 200.)

— Lettre. — Loyeu, 22 mars. (*Ibid.*, Juill.-Oct. 1919, pp. 261/262.)

— Du P. Simon Tsu. (*Ibid.*, Avril 1921, p. 520.)
Heuzen, 26 mai 1920.

— Du P. Simon Tsu. (*Ibid.*, p. 515.)
Heuzen, 6 déc. 1920.
Ouverture de la nouvelle église de Sai-ka ts'en.

Tsu, *Julien*, né en 1845; † 21 oct. 1911.

— Nécrologie. — Le Père Julien Tsu. (*Rel. de Chine*, Kiang-Nan, Janvier 1912, p. 345.)

Twrdy, *Jean*, né 24 mars 1846; arrivé 7 sept. 1867; † 2 août 1910.

— Nécrologie. — Le Père Twrdy (2 août 1910). (*Rel. de Chine*, Kiang-Nan, Oct. 1911, pp. 271/272.)

Vanara, *Candide M.*, né 10 mars 1879; arrivé 5 déc. 1903.

— L'académie scientifique au Collège Saint-Ignace de Zi-ka-wei. Par C. M. Vanara, S. J. (*Rel. de Chine*, Kiang-Nan, Avril 1909, pp. 265/268.)

Vandenbussche, *Lucien*.

— Premières impressions d'un Missionnaire nouveau-venu en Chine par le R. P. Lucien Vandenbussche, de la Compagnie de Jésus. (*Miss. Cath.*, 13 février 1914, pp. 76/81; grav.)

Sienhsien (Tchéli-Sud-Est), le 24 oct. 1913.

— Premières journées en Chine. Par L. Vanden Bussche, S. J. Sien-hsien, 2 et 13 oct. et 27 nov. 1913. (*Chine Ceylan Madagascar*, Mars 1914, pp. 377/381; portr. et ill.)

— Lettre. Impressions d'un jeune missionnaire à son arrivée en Chine. (*Miss. Cath.*, 31 juillet 1914, pp. 366/368; ill.)

Van Dosselaere, *Julien*, né 27 sept. 1855; arrivé 11 oct. 1881; voir col. 1098.

— Les catéchumenats. — I. Catéchuménat des Ames du Purgatoire. Relation du P. Van Dosselaere à Monseigneur. — Pei-hien, 16 déc. 1906. (*Rel. de Chine*, Kiang-Nan, Juillet 1907, pp. 129/132.) — II. Une journée au Catéchuménat de Sainte-Agnès au Fong-hien. Lettre du P. C. de Bodman. (*Ibid.*, pp. 132/135.)

— Un catéchuménat de vieux dans le district de Pei-hien. Par J. Van Dosselaere, S. J. (*Ibid.*, Oct. 1906, pp. 193/195.)

— Lettre. Un baptême en barque. (*Ibid.*, Janvier 1909, p. 256.)

Van Hée, *Louis*, né en Belgique, 13 mars 1873; arrivé 20 déc. 1892.

— Pagodins. Par Louis Van-Hée, S. J. (*Rel. de Chine*, Kiang-Nan, Janvier 1911, pp. 39/43; fig.)

Vaissière, *Emmanuel de la*, né 22 mars 1873; arrivé 22 oct. 1902.

— Lettre. — 1er déc. 1908. (*Rel. de Chine*, Kiang-Nan, Juillet 1909, p. 367.)

Velasquez, *Raphaël*, † 24 janvier 1921.

— Mort. (*Chine Ceylan Madagascar*, Mars 1921, p. 33.)

Vénel, *Jean*, né 4 mars 1851; arrivé 14 nov. 1880.

— Nécrologie. — Le P. Jean Vénel. (*Rel. de Chine*, Kiang-Nan, Avril 1911, pp. 108/110; portr.)

— Missions et visites annuelles. — Lettre du P. J. Vénel. — Ile de T'song-ming, 19. sept. 1907. (*Ibid.*. Kiang-Nan, Janvier-Avril 1908, pp. 77/82.)

Verbiest, *Ferdinand*. — Voir col. 1099.

— J. Brucker. (*Catholic Encyclopedia*, XV, pp. 346/348.)

— Epistola || Reverendi Patris || Ferdinandi Verbiest, || Viceprovincialis || Missionis Sinensis, || Societatis Jesu, || Anno M.DC. LXXVIII. die XV. Augusti, ex || Curia Pekinensi in Europam ad Socios missa. S. l. n. d., in-4, pp. 20.

Voir col. 831.

— Epistola R. P. Ferdinandi Verbiest, vice-provincialis Missionis Sinensis S. J. ad socios missa. Pekini, 15 augusti 1678. — 8 ff. double.

N. a. lat. 2069.

— * Elogium Reverendi Patris Ferdinandi Verbiest Societatis Jesu, Rectoris Collegii Pekinensis et Praefecti tribunalis mathematici in eadem aula, festinato compendio scriptum a Patre Antonio Thomas ejusdem Tribunalis Praefecto Vicario. S. l. n. d., ni nom d'imprimeur.

«Cette petite plaquette fort rare n'est pas signalée dans la *Bibliothèque de la Compagnie de Jésus* de Sommervogel. Le texte original latin n'a jamais été réédité, mais on en a publié des traductions en diverses langues, notamment en allemand, dans la *Neue Welt Bott* de Stöcklein, t. 2, Augsbourg et Gratz, 1728, pp. 8/13.

«J'ai édité moi-même un second récit des funérailles de Verbiest, par Thomas: *Lettre datée de Péking le 8 septembre 1688. Archiv für die Geschichte der Naturwissenschaften und der Technik*, t. 1, Leipzig, Vogel, 1909, pp. 36/42.» (H. Bosmans, *Ferdinand Verbiest, Directeur de l'Observatoire de Peking*.)

— * Lorentzen. — Die chinesische Weltkarte Ferdinand Verbiest, von 1674. (*Globus*, t. 87, Brunswick, 1905, pp. 157/159.) Voir col. 1099.

— * Em. Rabbaeg. — Zendeling e Sterrekundige of P. Ferdinand Verbiest, S. J. Pitthem, J. Veys (1911).

— Documents relatifs à Ferdinand Verbiest. — Les Lettres annuelles de la vice-province de la Compagnie de Jésus en Chine. Année 1669, par Adrien Grelon, publiées par Henri Bosmans, S. J. — Bruges, Imprimerie de L. de Plancke, 1912, in-8, pp. 49, 2 pl.

Extrait des *Annales de la Société d'Émulation pour l'étude de l'histoire et des antiquités de la Flandre*, 1er fascicule, année 1912.

— Ferdinand Verbiest, Directeur de l'Observatoire de Peking (1623—1688) par H. Bosmans, S. J. — Extrait de la *Revue des Questions scientifiques*, Janvier-Avril 1912. — Louvain, Imprimerie Fr. Ceuterick, 1912, in-8, pp. 170; ill.

— Le problème des relations de Verbiest avec la Cour de Russie, par H. Bosmans, S. J. Bruges Imprimerie L. de Plancke, 1 rue Sainte-Claire. — 1913, in-8, pp. 31.

Extrait des *Annales de la Société d'Emulation pour l'étude de l'histoire et des antiquités de la Flandre*, fascicules 3/4, année 1913, pp. 193/223.

— Les écrits chinois de Verbiest, par H. Bosmans, S. J. — Extrait de la *Revue des Questions scientifiques*, Juillet 1913, — Louvain, Imprimerie François Ceuterick, 60 rue Vital Decoster. — 1913, in-8, pp. 31.

— * Albert Gueluy, missionnaire de Scheut. — Un mandarin belge, Ferdinand Verbiest, Missionnaire et Astronome. (*Bul. de la Société belge d'Etudes coloniales*, t. 18, Bruxelles, 1911, pp. 825/841.)

— * Un mandarin belge, Ferdinand Verbiest, missionnaire et astronome (1623—1688), par le R. P. Gueluy, missionnaire de

Scheut. — Brochure in-12 de 20 pages. — Paris, Librairie Challamel.

Notice : *Miss. Cath.*, 23 février 1912, p. 96.

— Société d'Emulation de Bruges Mélanges, VII. — Ferdinand Verbiest écrivain chinois par Louis Van Hee, S. J. — Bruges, Imprimerie de L. de Plancke, 1913, in-8, pp. 69.

— Lofrede op P. Ferdinand Verbiest uitgesproken te Pitthem door P. J. Van Mierlo, Sr., S. J. op 10 Augustus 1913. — Brugge Boekdrukkerij G. Barbiaux — De Gheselle, Waalschestraat 22. — 1913, in-8, pp. 30 + 1 f. n. ch.

— A la Mémoire de l'Astronome Verbiest, S.J. directeur de l'observatoire de Péking La Société Belge d'Astronomie 1623—1688 Bruxelles Veuve Ferdinand Larcier, Editeur, 26/28 rue des Minimes. 1913, in-8, pp. 37.

Verdier, *Joseph*, né 8 févr. 1877 ; arrivé 18 oct. 1906.

— Relations annuelles à Monseigneur. — Relation de la Sainte Enfance. Par J. Verdier, S. J. — Chou-yang, 1er juillet 1909. (*Rél. de Chine*, Kiang-Nan, Juillet 1910, pp. 572/574.)

— L'inondation de la plaine de Hai-tcheou. — Lettre du P. J. Verdier, S. J. — Kao-lieou, 23 août 1909. (*Ibid.*, pp. 601/603.)

Vibraye, *Joseph Henault de*, né 8 mai 1873 ; arrivé 2 janv. 1904.

— Nécrologie. — Le Père de Vibraye. (*Rel. de Chine*, Kiang-Nan, Oct. 1911, pp. 272/274 ; portr.)

Villard, *Henri*.

— A travers la Chine. Par Henri Villard. (*Rel. de Chine*, Kiang-Nan, Oct. 1907, pp. 229/243.)

Vinchon, *Albert*, voir col. 1100.

— Le culte de la Sainte Vierge au Tche-li Sud-Est. Par Albert Vinchon, S. J. (*Chine Ceylan Madagascar*, Mars 1905, pp. 125/133.)

Rapport présenté au Congrès Marial de 1904.

— Lettre. — Le Confucianisme ne veut pas mourir. — 17 janv. 1907. (*Ibid.*, Juin 1907, p. 550.)

— Lettre. — Les écoles et le gouvernement chinois. — Hsien-hsien, 2 juillet 1907. (*Ibid.*, Déc. 1907, pp. 57/58.)

— De singuliers auxiliaires. — Ta-ming-fou, 29 sept. 1912. (*Ibid.*, Déc. 1913, pp. 302/303.)

Viot, *Henri*, voir col. 1100.

— L'école française de Tai-ming-fou. Par Henri Viot, S. J. (*Chine Ceylan Madagascar*, Déc. 1906, pp. 233/240.)

— Lettre de Tai-ming-fou, Déc. 1905. (*Ibid.*, Mars 1907, pp. 433/434.)

— Lettre. Toujours la réforme scolaire. — Tai-ming-fou, 16 janv. 1907. (*Ibid.*, Juin 1907, p. 550.)

— Lettre. — Inauguration d'une statue de Notre-Dame de Lourdes. — Tai-ming-fou, 24 oct. 1907. (*Ibid.*, Déc. 1907, pp. 62/63.)

— Lettre. — Nouveautés. — Tai-ming-fou, 25 oct. 1907. (*Ibid.*, p. 63.)

— La crise de l'enseignement. — Tai-ming-fou, 9 juin 1908. (*Ibid.*, Juin 1909, pp. 398/399.)

— La Chine en deuil. — Janvier 1909. (*Ibid.*, Mars 1910, p. 498.)

— Inspection. — 10 janvier 1909. (*Ibid.*, Mars 1910, pp. 498/499.)

— Examens. — 11 janvier 1909. (*Ibid.*, p. 499.)

— La rentrée des classes. — 12 février 1909. (*Ibid.*, p. 499.)

Visdelou, *Claude de*, voir col. 1100/1101.

« Les mss. de Visdelou, Foucquet et Maigrot décrits par Neumann (col. 1101) sont ceux qui sont conservés dans les archives de Lisbonne, mais ce ne sont ni des originaux, ni même des copies faites sur les originaux. Les mss. de Visdelou avaient été envoyés à Rome, peut-être à la Propagande. Foucquet les fit copier en même temps que quelques autres œuvres vers 1736, et légua ces copies au pape, qui les fit placer à la Vaticane le 15 mars 1741. Dans ce lot provenant de Foucquet, aujourd'hui numéroté Vat. Lat 12851 à 12870 (mais 12868—12869 sont une copie du traité de Maigrot), deux volumes seulement (Lat. 12862 et 12867), sont les originaux envoyés des Indes ; encore ne sont-ils que partiellement autographes. C'est après l'entrée des copies à la Vaticane en 1741 que les mss de Lisbonne ont été à leur tour exécutés d'après elles, à une date jusqu'ici indéterminée ; ce sont donc des copies de copies. » (Pelliot.)

Wang, *Pierre*, né 3 janvier 1830 ; mort 8 oct. 1909 à Zi-ka-wei.

— Le P. Pierre Wang Prêtre du clergé séculier du diocèse de Nan-King. Nécrologie par Henry Dugout, S. J. (*Rel. de Chine*, Kiang-Nan, Juillet 1910, pp. 612/614 ; portr.)

Wetterwald, *Albert*, né 8 janvier 1860 ; arrivé 4 déc. 1894.

— Lettre de Hsien-hsien, 14 avril Une préfecture désensorcelée. (*Chine Ceylan Madagascar*, Mars 1905, pp. 146/149.)

— Lettre de Hsien-hsien, 14 juillet. Fin d'un fumeur d'opium. (*Ibid.*, pp. 149/152.)

— Lettre de Hsien-hsien, 16 juillet. Histoire de brigands. (*Ibid.*, Mars 1905, pp. 152/156.)

— Lettre de Sinn-tchoang, 30 juillet. Le vernis chinois. (*Ibid.*, Mars 1905, pp. 156/158.)

— Les méfaits du mouton [Hsien-hsien, 8 février 1905]. Par Albert Wetterwald, S. J. (*Ibid.*, Juin 1905, pp. 269/275.)

— Le district de Chenn-tcheou. Par Albert Wetterwald, S. J. (*Ibid.*, Sept. 1908, pp. 252/256.)

27 juillet 1906. Rapport présenté à Mgr. Maquet.

— Rapports à Mgr. Maquet sur la dernière année apostolique. — I. Rapport sur le Tsai-kien, par Joseph Siao, S. J. — II. Rapport sur le Hsien-hsien, par Victor Simonel, S. J. — III. Rapport sur le Chenn-tcheou, par Albert Wetterwald, S. J. — IV. Rapport sur le Fou-tcheng, par Jean-Baptiste Thoret, S. J. — (*Ibid.*, Déc. 1906, pp. 219/232.)

— Lettre de Hien-hien (Tché-li Sud-Est) au R. P. Desmarquest. (*Miss. Cath.*, XXXVIII, 30 Mars 1906, p. 148.)

— Lettres de Hsien-hsien, Août 1906. (*Chine Ceylan Madagascar*, Mars 1907, pp. 431/432.)

— Lettre. Embellissements. — 29 sept. 1906. (*Ibid.*, Juin 1907, p. 548.)

— Lettre. — En pleine évolution. — 8 janvier 1907. (*Ibid.*, p. 548.)

— Lettre. — Les croyances du peuple chinois. — Hsien-hsien, 2 août 1907. (*Ibid.*, Déc. 1907, pp 60/61.)

— A propos d'un verbe. Par le P. Wetterwald. (*Ibid.*, Sept. 1908, pp. 265/266.)

Hsien-hsien, 4 oct. 1907.

— Une église au lieu de deux. — Toan-kia-ou, 5 février 1910. (*Ibid.*, Juin 1910, pp. 40/41.)

— A ceux qui croiraient encore les missions stériles. — Sien-hsien, 18 février 1910. (*Ibid.*, p. 41.)

— Des amateurs de chant grégorien. — Cheu-Kia-ying, 16 février 1910. (*Ibid.*, p. 41.)

— De glacière en glacière. — Sien-hsien, 14 février 1910. (*Ibid.*, p. 41.)

— Un homme terrible. Par Albert Wetterwald. S. J. (*Ibid.*, Mai 1911, pp. 287/291.)

Jenn-Kiou, 15 août 1910.

— Lettre. — Chenn-fou-hao. — Jenn-Kiou, 1er mai 1910. (*Ibid.*, pp. 327/328.)

— Accroissement du clergé indigène. — Jenn-kiou, 4 août 1910. (*Ibid.*, pp. 328/329.)

— Désireux d'avoir leur église. — Sien-hsien, 31 décembre 1910. (*Ibid.* Oct. 1911, pp. 461/462.)

— Une église témoin d'une défense héroïque. (*Ibid.*, p. 462.)

— Echec au maire. (*Ibid.*, p. 462.)

— Les saints mois. — Jenn-Kiou, 1er juin 1910. (*Ibid.*, p. 462.)

— La Chine nouvelle. — Les élections en Chine et les catholiques. Par Albert Wetterwald, S. J. (*Ibid.*, Déc. 1913, pp. 299/300; ill.)

Jennk'iou, 20 février 1913.

— Inique exécution d'un prêtre. — Sien-hsien, 16 juillet 1912. (*Ibid.*, p. 301.)

— Lettre. — 26 septembre 1912. (*Ibid.*, pp. 301/302.)

— Sous la protection de Saint Joseph. — Alertes. — Ruines et relèvement. 21 février 1912. Par Albert Wetterwald, S. J. (*Ibid.*, Mars 1914, pp. 394/411; fig. et portr.)

— La liberté religieuse en Chine. 24 janvier 1914. (*Ibid.*, n° 46, Juin 1914, pp. 25/26; fig.)

— Les rescapées de Jenn-Kiou. Par Albert Wetterwald, S. J. (*Ibid.*, Avril-Juillet 1920, pp. 86/92; ill.)

— Première Messe et réceptions. (*Ibid.*, pp. 93/94.)

— La terreur militaire. Par Albert Wetterwald, S. J. (*Ibid.*, Juin 1921, pp. 96/101.)

Ho-kien-fou.

Wibaux, *Henri*, né 22 juin 1846; arrivé 17 nov. 1881.

— Lettre. — La joie parfaite. — Ou-Kiao, 12 avril 1907. (*Chine Ceylan Madagascar*, Déc. 1907, p. 55.)

— Ligue contre le péché mortel. — Sien-hsien, 17 oct. 1910. (*Ibid.*, Mai 1911, pp. 329/330.)

Wieger, *Léon*, né 9 juillet 1856; arrivé 15 oct. 1887.

— Libri sacra fames. Par le R. P. Wieger de la Compagnie de Jésus, missionnaire au Tché-ly Sud-Est (Chine). (*Miss. Cath.*, 20 oct. 1911, pp. 499/502; *ibid.*, 27 oct. 1911, pp. 513/516; [*ibid.*, 3 nov. 1911, p. 522.])

Wonner, *Paul*, né 27 avril 1867; arrivé 22 sept. 1903.

— Lettre de Tai-ming-fou, Février 1906. (*Chine Ceylan Madagascar*, Déc. 1906, p. 246.)

A propos du P. Hoëffel.

— Lettre de Hsien-hsien, 18 août 1906. Enterrement du P. Hoeffel. (*Ibid.*, Déc. 1906, pp. 247/248.)

— Extrait d'une lettre aux Apostoliques de Thieu. (*Ibid.*, Déc. 1906, p. 248.)

— Chiffres consolants. — Déc. 1906. (*Ibid.*, Juin 1907, pp. 547/548.)

— Maladie de Mgr. Maquet. — Tai-ming-fou, 27 avril 1909. (*Ibid.*, Mars 1910, pp. 500/501.)

Xavier, *Saint-François de*, voir col. 1102.

— Henri Cordier, *Bib. Japonica, pass.*

— Monumenta Xaveriana ex autographis vel ex antiquioribus exemplis collecta — Tomus primus Sancti Francisci Xaverii epistolas aliaque scripta complectens quibus praemittitur ejus vita A. P. Alexandro Valignano S. J. ex India Romam missa. Matriti, Augustini Avrial 1899—1900, in-8, pp. XXXII-1030.

Fait partie des: Monumenta historica Societatis Jesu nunc primum edita e patribus ejusdem Societatis.

— Monumenta Xaveriana ex autographis vel ex antiquioribus exemplis collecta — Tomus secundus — Scripta varia de Sancto Francisco Xaverio. Matriti, Typis Gabrielis Lopez del Horno, 1912, in-8, pp. 1062 + 1 f. n. ch.

— Sur la tombe de Saint François Xavier. (*Miss. Cath.*, 3 déc. 1915, pp. 577/578; ill.)

Zao, *Joseph*, né 16 mars 1879, district de Né-ghiao au Pou-tong.

— Nécrologie. — Le Père Joseph Zao. (*Rel. de Chine*, Kiang-Nan, Janvier 1912, pp. 343/344; portr.)

Zi (Siu), *Simon*, né 2 nov. 1870.

— Un voyage d'agrément. — Les auberges, l'installation. — Lettre du P. Zi. — T'ong-chan, 19 octobre. (*Rel. de Chine*, Kiang-Nan, Oct. 1907, pp. 219/222.)

— Du P. Simon Zi. (*Ibid.*, Avril 1921, pp. 518/519.)

10 décembre.

Zi (Siu), *Etienne*, né 4 janvier 1851.

— Lettre. Ou-toan, 8 janvier 1905. (*Rel. de Chine*, Kiang-Nan, Juillet 1908, pp. 143/144.)

CONGRÉGATION DES MISSIONS ÉTRANGÈRES.

Col. 1105.

— Ordo Divini Officii recitandi sacrique peragendi juxta Kalendarium ecclesiae universalis nuperrime reformatum et ad tramitem novissimarum Rubricarum ad usum Societatis Missionum ad exteros attento Kalendario Perpetuo reviso et approbato die 19 Dec. 1913. — Anno Domini 1921. — Hongkong, Typis Societatis Missionum ad Exteros 1920, in-12, 1 f. n. ch. + pp. XIII-78 + 1 f. n. ch. suivi de la Nécrologie du 5 mai 1919 au 5 mai 1920, pp. VII et de l'Etat, pp. 78 + 5 ff. n. ch. adresses télégraphiques.

— Pages 65/78 on trouve: Noms indigènes des missionnaires de la Corée, de la Chine et de l'Indo-Chine [avec les caractères].

Publication annuelle.

— État de la Société des Missions étrangères de Paris au 25 octobre 1921, in-12, pp. 63.

Publication annuelle.

Col. 1105/1106.

— Société des Missions étrangères. Compte-rendu des travaux de 1920. Paris, Séminaire des Missions-étrangères. — 1921, in-8, pp. 163.

Le dernier compte-rendu examiné est celui de 1920.

— Extrême-Orient. — Compte rendu annuel des travaux apostoliques accomplis en 1911, par les membres de la Société des Missions étrangères de Paris. (*Miss. Cath.*, 5 avril 1912, p. 161.)

Col. 1106.

— Mémorial de la Société des Missions étrangères. Par Adrien Launay de la même Société. — *Première Partie* avec supplément 29 juillet 1658—15 mars 1912. État de la Société des M.-E. — Missions et Etablissements communs. —

Ordre par diocèses. — Morts. — Noms chinois et annamites des missionnaires. Table alphabétique avec additions et rectifications. — Paris, Séminaire des Missions-étrangères, 128 rue du Bac. — 1912, gr. in-8, pp. XIX-1015.

Vannes, Imprimerie Lafolye Frères.

— — *Deuxième Partie*. 1658—1913. Notices biographiques. — Bibliographies. — Notes bio-bibliographiques. — Biographies. — Additions et Rectifications. — Titres archiépiscopaux des archevêques et évêques de la Société. — Noms chinois, annamites et malais des missionnaires. (Complément de la Liste de la Première Partie.) Paris, Séminaire des Missions étrangères, 128 rue du Bac. — 1916, gr. in-8, pp. XXII-659.

— Annales de la Société des Missions étrangères et de l'Œuvre des Partants. Première année. Paris aux Bureaux de l'Œuvre des Partants, 26 rue de Babylone. — Séminaire des Missions étrangères, 128 rue du Bac, 1898, in-8.

Paraissant tous les deux mois; le dernier n° paru est le n° 146, Juillet-Août 1922. — Continue.

— Œuvre des Partants. — Bulletin trimestriel. Paris, aux Bureaux de l'Œuvre, 26 rue de Babylone, in-8.

Le premier n° est d'octobre 1888. — Continué par les *Annales de la Société des Missions étrangères*:

1re Année n° 1, Janvier 1922. — Bulletin de la Société des Missions-Étrangères de Paris. Hongkong, Imprimerie de Nazareth, br. in-8, pp. 44.

Trimestriel.

Col. 1108.

ADRIEN LAUNAY.

Voir *supra Mémorial*, col. 3688.

— Société des Missions étrangères. — Histoire de la Mission du Thibet par Adrien Launay. Société Saint-Augustin Desclée, de Brouwer et Cie. Lille-Paris, 2 vol. in-8, pp. VIII-470 + 1 p. n. ch.-440.

— Corrections et Observations. — Table alphabétique et analytiqué, in-8, pp. 19 à 2 col.

— Société des Missions-étrangères. — Histoire des Missions de Chine par Adrien Launay. — Mission du Kouang-si. Paris, Victor Lecoffre, 1903, in-8, pp. VII-XVIII-447, carte.

— Supplément à l'Histoire de la Mission du Kouang-Si. Négociations relatives au martyre d'Auguste Chapdelaine par Adrien Launay de la Société des Missions étrangères. S. l. n. d. [Vannes, Lafolye, 1908], in-8, pp. 38.

— La Mission de Mandchourie, par le P. A. Launay. Tours, Alfred Manne, s. d. [1905] in-8, pp. 157 + 1 p. n. ch.

— Société des Missions-étrangères. — Histoire des Missions de Chine, par Adrien Launay de la Société des Missions-Etrangères. Mission du Kouy-tcheou. I, 1907; II, 1908; III, 1908, 3 vol. in-8, pp. XXXIX-545 + 2 ff. n. ch.; II, pp. 619 + 1 f. n. ch. er.; pp. 534 + 1 f. n. ch.; tab., carte dressée par P. Bousquet, dessinée par A. Launay.

— Table alphabétique et analytique. — Supplément à l'histoire de la Mission du Kouy-tcheou. S. l. n. d., in-8, pp. 46 à 2 col.

.˙.

— Lettre de M. le Docteur Vallet, médecin de l'hôpital de Chung-King et gérant du Consulat de France, à un missionnaire du Su-tchuen oriental. (*Miss Cath.*, 17 déc. 1920, p. 593.)

— La Mission Catholique au Yun-Nan. (*A travers le Monde*, II, 1896, pp. 81/83.)

— Our Relations to our Chinese Fellow-workers. By Rev. J. E. Walker Foochow. (*Chin. Rec.*, XXXVI, June 1905, pp. 271/276.)

— Quelques documents sur l'Inde française, provenant des Archives nationales et de la Bibliothèque nationale, analysés par M. G. Saint-Yves. (*Bull. de Géogr. hist. et desc.*, 1907, N° 2, pp. 277/292.)

Voir entre autres sur les premiers missionnaires des Missions étrangères.

— La Société des Missions étrangères. (*Miss. Cath.*, 2 mars 1917, pp. 106/107.)

— Les Ecoles protestantes et catholiques du Su-tchuen. (*Ibid.*, 3 mai 1918, p. 208.)

Extrait des *Annales de la Société des Missions Etrangères de Paris*.

— Nouvelles de Taï-Kou (Corée). (*Miss. Cath.*, 2 mai 1919, p. 208.)

Alazard, *Joseph Benjamin Louis*, né à Lassourts (Aveyron) le 27 nov. 1887; parti le 10 déc. 1913; Yun-nan; † 22 août 1914, à Toung-Tch'ouan.

Notice: (*Cte. rendu*, 1914, pp. 211/213.)

Arlas, *Dominique*, né à Chéraute (dioc. de Bayonne) 9 nov. 1879; parti le 21 août 1904; Se Tch'ouan occid.; † 1er avril 1913.

Notice: (*Cte. rendu*, 1913, pp. 389/391.)

Assézat, *Louis*, né 6 sept. 1878, à Coubon (Hte Loire); parti le 30 juillet 1902 pour le Tibet; † 3 mai 1906.

Notice: (*Cte. rendu*, 1906, pp. 324/325.) — Voir Launay, *Mémorial*, II, p. 11.

Aubazac, *Marie-Louis-Félix*, né à Saugues (Hte Loire) le 1er mars 1871; parti pour la Mission de Canton le 21 nov. 1894; † à Canton le 20 juin 1919.

Notice: (*Cte. rendu*, 1919, pp. 233/236.)

Bailly, *Joseph*, né à Vivans (Loire), le 7 avril 1853; parti pour le Se-Tch'ouan occidental le 1er septembre 1870; provicaire en 1909; Supérieur de la mission par intérim en 1915; † à Fentcheou le 3 août 1918.

Baldit, *Pierre-Jules-Odilon,* né 15 avril 1872 à Rauret (Hte Loire); parti 24 sept. 1898; Kouang-Toung. — Voir col. 1109.

— Lettre de Tong-tchan (Kouang-toung), le 26 février 1905. (*Miss. Cath.*, XXXVII, 7 juillet 1905, p. 315.)

Sur le Cambodge.

— Lettre de Tong-tchan (Kouang-toung), 23 mars 1905. (*Ibid.*, 11 août 1905, p. 375.)

— Lettre de Tong-tchan (Kouang-toung), 9 juin 1913. (*Ibid.*, 8 août 1913, p. 376.)

Bareth, *Aimé-Jean-Joseph,* né à Senones (Vosges) le 29 juin 1860; parti pour la Mandchourie le 21 nov. 1883; en Mandchourie méridionale en 1898; † à Sha-ling le 14 déc. 1919.

Notice: (*Cte. rendu*, 1920, pp. 137/139.)

Barmasse, *Joseph,* né 3 nov. 1878 à Valtournanche (Vallée d'Aoste); parti pour le Kouang-Toung 27 avril 1904; † 22 juillet 1905.)

Notice: (*Cte. rendu*, 1905, pp. 376/377.)

Barnabé, *Germain,* né le 4 février 1869 au Vigne-Haut, paroisse de Peyrusse (dioc. de Rodez); parti 29 août 1894; Yunnan; † 26 février 1908.

Notice: (*Cte. rendu*, 1908, pp. 337/343.) — Launay, *Mémorial*, II, p. 24.

Barnier, *Rémi,* né à Lussat (Puy-de-Dôme) le 25 juillet 1860; parti le 10 sept. 1884; Kouang-Toung; † 20 juillet 1913.

Notice: (*Cte. rendu*, 1914, pp. 152/155). — Launay, *Mémorial*, II, p. 24.)

Barrès, *Albert-Valentin,* né à Montagnol (Aveyron) le 14 février 1879; parti pour le Kouang-Si le 30 juillet 1902; † à Hong-Kong le 19 février 1920.

Notice: (*Cte. rendu*, 1920, pp. 145/146.)

Barry, *Honoré-François,* né 16 juin 1851, à Chaspuzac (Hte. Loire); parti 14 déc. 1876 pour le Se-Tch'ouan mérid.; † 17 oct. 1907, à O-mei-hien.

Notice: (*Cte. rendu*, 1907, pp. 432/437.) — Launay, *Mém.*, II, p. 28.

Baudounet, *François-Xavier,* né 25 sept. 1859 à Mostuéjouls (Aveyron); parti 19 nov. 1884; Taikou, Corée; † 27 mai 1915.

Notice: (*Cte. rendu*, 1915, pp. 238/245.)

Bazin, *Séraphin-Michel,* né à Voultegon (Deux-Sèvres) le 11 juin 1840; parti 15 févr. 1865; (Kouei Tcheou); † 26 juin 1914, à Mou you sa. — Voir col. 1110.

Notice: (*Cte. rendu*, 1914, pp. 204/207.)

Béal, *Antoine,* né à Bertignat (Puy de Dôme), 10 fév. 1843; parti 15 juillet 1867 pour le Kouang-Toung; † 11 fév. 1904, à Nazareth, Hongkong.

Notice par Fleureau. (*Cte. rendu*, 1904, pp. 360/366.) — Launay, *Mém.*, II, p. 31.

Behr, *Gustave,* né à Paris, le 9 juin 1882; parti 25 avril 1906; Tibet; † 26 mai 1908, noyé dans le Yang Tseu.

Notice. (*Cte. rendu*, 1909, pp. 305/307.)

Bénézet, *Jean-Auguste,* né à Villeneuve-sur-Lot (Lot-et-Garonne) le 12 juin 1848; parti pour le Se Tch'ouan méridional le 5 novembre 1873; † à Soui-fou le 26 juin 1918.

Notice. (*Cte. rendu*, 1918, pp. 182/184.)

Beraud, *Jean-François,* né 30 déc. 1847, à Châteauroux (Htes. Alpes); parti 17 juillet 1872 pour le Se Tch'ouan méridional; † 12 nov. 1906.

Notice. (*Cte. rendu*, 1906, pp. 398/403.) — Launay. *Mém.*, II, p. 37.

Bérenger, *Joseph-René-Désiré,* né à Saint-Pierre-des-Landes (Mayenne) le 10 août 1885; parti pour le Kouei-tcheou le 10 novembre 1910; † à Tong tse le 16 juillet 1920.

Berthaud, *Paul Marie,* né 12 fév. 1884, à Nantes; Miss. Et. de Paris; parti 18 nov. 1908 pour le Kouang Si; † à Enghien les Bains, 6 juillet 1914.

Bertreux.

— Shin-lou-ti. — Au Pays du Dragon. — Illustrations de Shin-lou-ti. Paris (VIe) Maisonneuve, 1922, gr. in-8, pp. 381 + 1 f. n. ch., carte.

Besnier, *Jean-Marie-Pierre,* né 21 juin 1882, à Saint-Germain-du-Pinel (Ille et Vilaine); parti 14 avril 1908 pour le Kouang-Si; † 29 septembre 1911 à Wou-Tchéou.

Notice. (*Cte. rendu*, 1912, pp. 376/377.) — Launay, *Mém.*, II, p. 45.

Besombes, *Alexandre,* né 24 mars 1885, à Courbevoie (Seine); parti 10 juillet 1907 pour le Se-tch'ouan méridional; † 29 avril 1911 à Soui-Fou.

Notice. (*Cte. rendu*, 1911, pp. 349/353.) — Launay, *Mém.*, II, p. 45.

Bouchard, *Victor Donatien Marie,* né 31 mai 1852, à la Chapelle sur Erdre (Loire inférieure); parti 1er sept. 1880.

— Lettre du Su-tchuen occidental à M. le Chanoine Robert, de Nantes. (*Miss. Cath.*, XXXVIII, 10 août 1906, pp. 376/377.)

— Lettre de Tsung king shien (Su-tchuen occidental). (*Miss. Cath.*, 14 mars 1919, pp. 124/125.)

Boucheré, *Nicolas-Marie,* né 5 février 1846, à Woippy, près Metz; parti 8 août 1869 pour le Se-tch'ouan méridional; † 15 janvier 1912 à Woippy.

Notices. (*Cte. rendu*, 1912, pp. 398/402.) — Launay, *Mém.*, II, pp. 75/76.

Bouillon, *Camille,* né 19 déc. 1869, à Vielle-Adour (Htes. Pyrénées); parti 19 juillet 1893; Corée.

— Lettre de Seoul. (*Miss. Cath.*, 1916, p. 173.)

Boulo, *Jean-Marie,* né à Férel (Morbihan) le 1er janvier 1889; parti le 15 avril 1914; Séoul; † 23 avril 1915.

Notice. (*Cte. rendu*, 1915, pp. 236/237.)

Bourdonnec, *Pierre Marie,* né le 18 juin 1859, au Gollot, dioc. de Saint-Brieuc; parti le 8 nov. 1889, pour le Tibet; † 22 ou 23 juillet 1905, assassiné.

Notices. (*Cte. rendu*, 1907, pp. 401/407.) — Launay, *Mém.*, II, p. 79.

Bourlès, *Jean-François-Louis-Marie,* né 20 octobre 1873, à Guimiliau; parti 26 juillet 1899 pour la Mandchourie septentrionale; † 13 janvier 1911 à Kharbine.

Notices. (*Cte. rendu*, 1912, pp. 345/351.) — Launay, *Mém.*, II, pp. 84/85.

Boussac, *Jules,* né 6 nov. 1844 au hameau de la Crouzié (Tarn); parti 15 mars 1868; Kouang-Toung; † 6 août 1913.

Notice. (*Cte. rendu*, 1913, pp. 416/417.)

Bret, *Louis Eusèbe Armand,* né le 17 déc. 1858, à Dijon; parti 12 avril 1882; Corée; † 25 oct. 1908, à Wen San. — Voir col. 1114.

Notices. (*Cte. rendu*, 1909, pp. 322/329.) — Launay, *Mém.*, II, pp. 89/90.

— Lettre de Hensan (Corée), 10 sept. 1905. (*Miss. Cath.*, XXXVII, 17 nov. 1905, p. 540.)

— * Elementa Litteraturae. Nova editio emendata. — Typis Societatis Missionum ad Exteros. Hongkong, 1890, in-12, pp. 84.

— * Elementa Rhetoricae. Nova editio emendata. — Typis Societatis Missionum ad Exteros. Hongkong, 1890, in-12, pp. 90.

Bretenières, *Simon Marie Antoine Just Ranfer de,* né 28 fév. 1838 à Châlon-sur-Saône; parti 15 juillet 1864; Corée; martyrisé 8 mars 1866 à Sai-nam-to (Corée). — Voir col. 1114/1115.

— Pour la Foi... — Un témoin de Jésus-Christ au XIXe siècle. — Just de Bretenières Martyrisé en Corée, le 8 mars 1866. — C. Appert Professeur à l'Ecole Saint-François de Sales de Dijon. — Librairie Emmanuel Vitte, Lyon [et] Paris, 1910, pet. in-8, pp. 372; portr. et ill.

Notice: *Le Bien Public*, Dijon, 1910, 25 juillet.

— * De Séoul à Bretenières. Documents

concernant le retour dans la terre natale des restes du serviteur de Dieu Just Ranfer de Bretenières (31 août—9 novembre 1911). — Imprimerie Barbier, L. Marchal Sr, 5 rue Docteur-Chaussier (Place Darcy), Dijon, 1911, in-8, pp. 33.

— Corée. — Translation des restes du Vénérable Just de Bretenières, des Missions Etrangères de Paris, mort pour la foi, en Corée, le 8 mars 1866. Retour à Dijon en France. (*Miss. Cath.*, 1er déc. 1911, p. 569.)

— Launay, *Mém.*, II, pp. 90/91.

— * Lettre à Mgr. l'évêque d'Autun, Châlon et Mâcon, sur J. de Bretenières, martyr en Corée, par A.-M. Compain, chanoine honoraire d'Autun et archiprêtre de Saint-Pierre de Chalon. — Imprimerie Sordet-Montalan. Chalon-sur-Saône, 1867, in-32, pp. 47.

— * Just de Bretenières, martyr en Corée, 1838—1866, par la Ctesse de Courson [avec portrait, d'après un tableau de Baudran]. *Les Contemporains*, n° 948, 5 rue Bayard, Paris, in-4, pp. 16.

— * Idem [en anglais], par le P. Slattery; 2e éd., par le P. Dunn.

Cadars, *Joseph-François*, né 27 sept. 1878, à Ledas et Penthiès (Tarn); parti 18 nov. 1908; Corée.

— Lettre de Séoul. (*Miss. Cath.*, 25 juin 1909, p. 305.)

— Une Tournée apostolique en Corée. Par M. Joseph Cadars des Missions Étrangères de Paris, missionnaire à Keiryang-natjiou par Mokpo (Chosen). (*Miss. Cath.*, 7 avril 1911, pp. 164/165; 14 avril, pp. 173/176, fig.; 21 avril, pp. 189/192, fig.; 28 avril, pp. 200/202, fig.; 5 mai, pp. 211/213, fig.)

— Un Sacre Episcopal en Corée. — Lettre de M. Joseph Cadars, des Missions Etrangères de Paris. (*Miss. Cath.*, 8 sept. 1911, pp. 421/423; portr.)

Mgr. Demange, des Miss. Etrangères de Paris, premier Vicaire Apostolique de la Corée méridionale.

— Pour mon Ecole. — Lettre de M. Cadars, des Missions Etrangères de Paris, missionnaire en Corée méridionale. (*Ibid.*, 20 octobre 1911, pp. 493/496; fig.)

— Lettre de Kei-ryang, 1er janvier 1912. (*Ibid.*, 2 février 1912, p. 51.)

— Nouveaux chrétiens. — En Corée par M. Joseph Cadars, des Missions Etrangères de Paris. (*Ibid.*, 26 janvier 1912, pp. 40/41; 2 février, pp. 55/59, fig.; 9 février, pp. 68/71, fig.; 16 février, pp. 82/83; 23 février, pp. 90/93; 1er mars, pp. 102/106, fig. et portr.)

— Tout seul par M. Cadars, des Missions Etrangères de Paris, missionnaire en Corée. (*Ibid.*, 7 février 1913, pp. 62/65.)

— Au Secours! Lettre de M. Cadars, des Missions Etrangères de Paris, missionnaire en Corée. (*Ibid.*, 21 mars 1913, p. 134.)

— Ma fille adoptive. — Lettre de M. Joseph Cadars, des Missions Etrangères de Paris, missionnaire au Taïkou (Corée). Keiryang, par Natjyou (Chosen), 28 juin 1913. (*Ibid.*, 29 août 1913, pp. 411 412; portr.)

— Un voyage à Quelpart. Par M. Cadars, des Missions étrangères de Paris, missionnaire à Taikou (Corée). (*Ibid.*, 10 oct. 1913, pp. 488/489; 17 oct., pp. 500/501, fig.; 24 oct., pp. 509, 513, fig.; 31 oct., pp. 522/525, fig.; 7 nov., pp. 534/537, fig.; 14 nov., pp. 548/550, fig.; 21 nov., pp. 558/560, fig.; 28 nov., p. 569.)

— De France en Corée. — Journal de route d'un missionnaire par M. Cadars, des Missions Etrangères de Paris. (*Ibid.*, 7 août 1914, pp. 380/383, ill.; 14 août, pp. 391/396; 21 août, pp. 405/408; 28 août, pp. 413/417, ill.; 4 sept., pp. 425/428, ill.)

— Lettre de Tien-tsin. (*Ibid.*, 9 juillet 1915, p. 328; ill.)

— Lettre de Tai-kou (Corée). (*Ibid.*, 1916, pp. 189/192, 201,203, 213/215, 225/227, 238/239.)

— Lettre. (*Ibid.*, 1916, pp. 438/440, 450/452, 462/464, 475,477; ill.)

— Lettre du 18 nov. 1916. (*Ibid.*, 1916, p. 617.)

— Croquis Coréens. — Chez les insulaires de Tjinto par le lieutenant Cadars, des Missions Etrangères de Paris, missionnaire du vicariat apostolique de Taikou. (*Ibid.*, 25 janvier 1918, pp. 43/45, ill.; 1er février, pp. 54/56, ill.; 8 février, pp. 66/68, ill.)

— Variétés. — Les Chaussettes du Père Alary par M. Joseph Cadars, des Missions Etrangères de Paris, missionnaire en Corée. (*Ibid.*, 19 sept. 1919, pp. 454/455.)

— Corée. — Retour à Keiryang d'un Missionnaire mobilisé par le R. P. Joseph Cadars, des Missions Etrangères de Paris, missionnaire à Keiryang (vicariat apostolique de Taikou). (*Ibid.*, 23 janvier 1920, pp. 42/43, ill.; 30 janvier, pp. 54/56, portr., ill.; 6 février, pp. 65/68, ill.; 13 février, pp. 78/80, ill.; 20 février, pp. 91/93, ill; 27 février, pp. 101/104, ill.; 5 mars, pp. 113,115; 12 mars, pp. 125/128; ill.)

— Mon Eglise. — Par M. Joseph Cadars, des Missions étrangères de Paris, missionnaire à Keiryang (vicariat apostolique de Taikou, en Corée). (*Ibid.*, 15 oct. 1920, pp. 488/489, ill.; 22 oct., pp. 498/499, ill.; 29 oct., pp. 511/513.)

Cadart, *Etienne Louis Joseph*, né 15 sept. 1881, à Wirevignes; parti 16 août 1905 pour le Se-tch'ouan méridional; † 20 oct. 1912 à Tch'eng-tou.

Notice. (*Cte. rendu*, 1912, pp. 501/503.)

Callery, *Joseph Gaëtan Pierre Maxime Marie*, né à Turin, 25 juin 1810; parti 21 mars 1835; Corée; resté à Macao. Voir col. 1116.

— Voyage sur les cotes de la Chine, fait en 1838, par M. Callery, missionnaire. Lettre adressée à M. Dubois, Supérieur du Séminaire des Missions Etrangères, à Paris. Macao, 26 octobre 1838. (*Nouv. Ann. des Voyages*, LXXXII, 1839, pp. 137/182.)

Canelle, *Maurice-Joseph*, né à Doignies (Nord), le 4 novembre 1884; parti pour la Corée le 30 novembre 1910; † à Senlis, 16 juin 1918, des suites de ses blessures.

Notice. (*Cte. rendu*, 1918, pp. 181/182.)

— Lettre de Corée. (*Miss. Cath.*, 19 mai 1911, p. 232.)

Carrère, *Jean-Baptiste-Marie*, né dans la paroisse Notre-Dame à Bayonne (Basses-Pyrénées), le 22 janvier 1876; parti pour la Mandchourie méridionale le 30 juillet 1902; † à Anglet (Basses-Pyrénées), 30 janvier 1916.

Carton, *Jean Marie*, né le 16 mai 1848, à La Renaudie (Canton de Courpières, Puy-de-Dôme); parti le 4 sept. 1878 pour le Se-Tch'ouan occidental; † 29 janvier 1906 à Montbeton.

Notice. (*Cte. rendu*, 1906, pp. 311/313.)

Castanet, *Pierre-Ferdinand*, né 23 nov. 1867 à Bordeaux (Gironde); parti 29 oct. 1891 pour le Kien-Tchang; † 4 nov. 1911 à Tie-Tsiang-Tsen.

Notice. (*Cte. rendu*, 1912, pp. 382/389.) Par J. de Guébriant, vicaire apostolique du Kien-Tchang.

— Le Meurtre de M. Castanet au Kien-tchang (Chine Occidentale). — Lettre de Mgr. de Guébriant, Vicaire apostolique du Kien-tchang. (*Miss. Cath.*, 19 janvier 1912, pp. 25/26.)

— Meurtre de M. Castanet, missionnaire à Houi-li-tchéou. Funérailles et réparations. Cérémonie du 8 mars. Mgr. de Guébriant, M. Bons d'Anty, etc. (*Ibid.*, 15 août 1913, p. 389.)

Cavalerie, *Pierre-Julien*, né 4 janvier 1869, à Roussennac (Aveyron); parti 15 août 1894; Kouei Tcheou. — Voir col. 3107.

— Persécution et pillage au Kouy-tchéou. Lettre de Pin-fa, 20 juin 1906. (*Miss. Cath.*, XXXVIII, 21 sept. 1906, pp. 445/446.)

Cazaban, *Bernard*, né 13 sept. 1873 à Bordères, Basses-Pyrénées; parti 31 juillet 1901; Se Tch'ouan oriental.

— Lettre de Lan-tchouan. (*Miss. Cath.*, 1916, p. 389.)

Chaffanjon, *Jean-Rollin*, né 21 juillet 1856, à Cleppé (Loire); parti 29 oct. 1879; miss. à Kay-tchéou (Kouei-tcheou). Voir col. 1117.

— Lettre. (*Miss Cath.*, XXXIX, 21 juin 1907, pp. 289/293.)
Récit de la mort des martyrs du Kouei-tcheou 1862, du Vén. Néel et ses compagnons.

— Lettre. Kay-tchéou (Kouei-tcheou) 23 oct. 1907. (*Miss. Cath.*, 14 fév. 1908, pp. 73/75.)

— Une nouvelle station au Kouy-tchéou. Lettre de M. Chaffanjon, des Missions Etrangères de Paris. (Kay-tchéou, 25 novembre 1907.) (*Ibid.*, XL, 27 mars 1908, pp. 146/147.)

— Lettre, 10 juin 1909. (*Ibid.*, 3 sept. 1909, p. 425; fig.)

— Lettre. Le Séminaire du Kouy-tchéou (Chine). (*Ibid.*, 6 mars 1914, pp. 111/113; grav.)

Champeyrol, *Joseph Antoine Marie Victor*, né 3 nov. 1884, à Bordeaux, parti 11 mai 1910.

— Lettre. — Kouy-tchéou. — Les Soucis du Missionnaire de Tchâ-tso. (*Miss. Cath.*, 6 août 1920, pp. 363/364.)

Chanès, *Henri*. Voir col. 1117.

— Au tombeau du Père Chanès. — Lettre de M. Nicouleau des Missions Etrangères de Paris, missionnaire à Canton. (*Miss. Cath.*, 9 sept. 1910, pp. 423/424.)

Chareyre, *Hippolyte-Cyprien*, né à Mazan (Ardèche) le 8 février 1851; parti pour le Yun-Nan le 5 novembre 1873; au Se-Tch'ouan méridional; † le 15 octobre 1918. — Voir col. 1118.

Chatagnon, *Marc*, né à Cellieu (Loire) le 14 février 1839; parti pour le Se Tch'ouan méridional le 16 mars 1863; provicaire en 1885; Evêque de Chersonèse et Vicaire apostolique le 25 janvier 1887; † à Soui-fou le 26 novembre 1920. — Voir col. 1118.

— Lettre de Sui-foù, 22 janvier 1905. (*Miss. Cath.*, XXXVII, 14 avril 1905, pp. 169/171.)

— Au Su-tchuen méridional. — Jubilé de la Mission. — Un nouveau vicariat. — Lettre de Mgr. Marc Chatagnon, des Missions Etrangères de Paris, Vicaire apostolique du Su-tchuen méridional, à Messieurs les Membres des Conseils Centraux de l'œuvre de la Propagation de la Foi. (*Ibid.*, 10 mars 1911, pp. 110/113; portr. et fig.)

— La Révolution Chinoise au Su-tchuen. — Lettre de Mgr. Chatagnon des Missions Etrangères de Paris, Vicaire apostolique du Su-tchuen méridional. Soui-fou, 6 février 1912. (*Ibid.*, 26 avril 1912, pp. 193/194.)

— La situation au Su-tchuen. Lettre de Mgr. Chatagnon, des Missions Etrangères de Paris, Vicaire apostolique du Su-tchuen méridional. — Sui-fou, 6 avril 1913. (*Ibid.*, 16 mai 1913, pp. 229/230.)

— Lettre de Sui-fou (Su-tchuen méridional). (*Ibid.*, 19 sept. 1913, p. 449.)

— Lettre de Sui-Fou, 28 déc. 1915. (*Ibid.*, 1916, pp. 98/99.) Portraits de Mgr. Fayolle.

— Lettre. (*Ibid.*, 1916, pp. 482/483.)

Chargebœuf, *Joseph-Marie-Etienne*, né à Andelat (Cantal) le 6 sept. 1867; parti pour la Corée le 26 nov. 1890; Directeur du Séminaire le 31 déc. 1900; à Tai-kou en 1912; † à Tai-kou le 22 avril 1920.
Notice: (*Cte. rendu*, 1920, pp. 114/117.)

— Lettre de Mokpo (Corée). (*Miss. Cath.*, 19 sept. 1913, pp. 449/450.)

Chayrol.

— Lettre de Koui-yang-fou (Kouy-tchéou). (*Miss. Cath.*, 29 nov. 1912, p. 569.)

Chipot, *Charles-Henri*, né à Gérardmer (Vosges), le 7 mai 1886; parti pour la Mandchourie méridionale, 17 nov. 1909; † à T'ien-Tsin le 17 mai 1917.
Notice. (*Cte. rendu*, 1917, pp. 226/229.)

Choulet, *Marie-Félix*. Voir col. 1120.

— Meurtre d'un Missionnaire en Mandchourie. — Lettre de Mgr. Choulet, vicaire apostolique de la Mandchourie méridionale, à M. Chargebœuf, directeur au Séminaire des Missions Etrangères de Paris. — Moukden, 15 sept. 1909. (*Miss. Cath.*, 15 oct. 1909, pp. 493/494; portr.)
Pierre-Marie-Georges Saffroy, né en 1877 à Vic-sur-Seille (diocèse de Metz); † à Moukden, le 14 sept. 1909.

— Lettre. — Moukden. (*Ibid.*, 1er janv. 1915, pp. 7/8; ill.)

Chouvellon, *Célestin-Félix*, né 19 décembre 1849, à Usson; voir col. 1120.

— Lettre. (*Miss. Cath.*, 1916, p. 184.)

— Lettre. (*Ibid.*, 1916, pp. 481/482.)

— Lettre au Séminaire des Missions Etrangères de Paris. (*Ibid.*, 3 oct. 1919, p 473; portr.)

Clauzet, *Anthony-Léon*, né à Bouriannes-Jaleyrac (Cantal), le 9 octobre 1875; parti pour le Kouang-toung le 3 août 1898; † à Bouriannes le 15 février 1918.
Notice. (*Cte. rendu*, 1919, pp. 139/143.)

Coiffard, *Louis-Jean-Marie-Joseph*, né 6 oct. 1885, à St. Laurent des Autels (Maine et Loire); parti 1er déc. 1909, pour le Kouang-Toung.

— Lettre à M. le Chan. Besnier. (*Miss. Cath.*, 13 janvier 1911; pp. 15/16.)

— Lettre. (*Ibid.*, 13 juin 1919, pp. 282/283.)

— Lettre. (*Ibid.*, 9 avril 1920, p. 173.)

Collas, *Charles-Justin-Aimé*, né à Anjeux (Hte Saône), le 19 sept. 1851; parti pour le Se-Tch'ouan oriental 16 déc 1875; miss. en Mandchourie en 1879, au Kouang-Toung en 1882, à Canton en 1914; † à Kiang-Kong (Canton) le 5 juin 1916.

Colomban, *Eudore de*, Pseud., voir **Gervais,** *Régis*.

Conrardy, *Lambert-Louis-Dieudonné*, né 12 juillet 1841, à Liège; parti 19 juin 1872; quitte 1874.

— Nécrologie. — M. Conrardy, apôtre des lépreux de Molokai et de Canton. (*Miss. Cath.*, 12 février 1915, p. 84.)

Costenoble, *Henri-Désiré*, né 5 avril 1876, à Steenweck (Nord); parti 1er août 1900.

— Lettre de Longtcheou (Kouang-si), 20 juin 1905. (*Miss. Cath.* XXXVII, 29 sept. 1905, pp. 458/459.)

Corbel, *Jean-François*, né 16 nov. 1865, à Plélo (Côtes du Nord, parti 10 déc. 1890 pour la Mandchourie. — Voir col. 1121.

— Lettre de Phuc-Nhac (Tonkin maritime). (*Miss. Cath.*, XXXIX, 13 déc. 1907, p. 596.)

Crétin, *Denis-Emile*, né 3 août 1863 à Mervans, Autun; Missions étrangères de Paris; parti 3 nov. 1886 pour le Se-Tch'ouan occid.; † à Montbeton, 28 avril 1914.

Curlier, *Jean-Jules-Léon*, né 13 sept. 1863, à Gillois (Jura); parti 1er mai 1889, pour la Corée.

— Lettre de Seoul. (*Miss. Cath.*, 1916, p. 196.)

Dangy, *Auguste-Omer-Amédée*, né 4 février 1847, à Chatellerault (Vienne); parti 29 juillet 1874; Se-Tch'ouan oriental. Voir col. 1123.

— Lettre de Cha-pin-pa (Su-tchuen oriental), 24 déc. 1905. (*Miss. Cath.*, XXXVIII, 9 mars 1906, pp. 110/111.)

Darris, *Alphonse-Marie-Pierre-Daniel*, né 3 août 1877, à Ségoufielle (Gers); parti 30 juillet 1902; Kouei-Tcheou. Voir col. 1123.

— Lettre du Kouy-Tchéou (Tou-Yûn). (*Miss. Cath.*, XXXVII, 1er déc. 1905, pp. 565/567.)

— Lettre du Kouy-Tchéou. (*Ibid.*, 8 déc. 1911, p. 580.)

— Lettre de Kouy-Yang, 18 février 1914. (*Ibid.*, 26 juin 1914, p. 305; portr.)

— Lettre de Kouy-Yang (Kouy-Tchéou) le 19 juin. (*Ibid.*, 7 août 1914, p. 376.)

— Lettre de Kouy-Yang (Kouy-Tchéou) 24 mars 1915. (*Ibid.*, 23 juillet 1915, p. 352.)

— Lettre de Kouy-Yang, 16 déc. (*Ibid.*, 16 février 1917, p. 77.)

— Lettre de Kouy-Yang. (*Ibid.*, 1er mars 1918, p. 99.)

Deguette, *Victor-Marie*. Voir col. 1124.

— * M. Deguette de la Société des Missions Etrangères, missionnaire apostolique en Corée, par M. Poisnel, missionnaire de la même mission. — Imprimerie de Pitrat aîné, Lyon, 1891, in-8, pp. 24.

Déjean, *Louis Léonard*, né 21 juin 1846 à Bordeaux (Gironde); parti 3 août 1869; † 7 mai 1906; voir col. 1124.
Notice. (*Cte. rendu*, 1906, pp. 329/335.)

Delmas, *François Casimir,* né 6 oct. 1866, à St. Juéry (Aveyron); parti 11 déc. 1889, pour le Japon mérid.; 28 déc. 1896, directeur; supérieur de Bièvres.

— Lettre. — Assassinat d'un missionnaire au Thibet. (*Miss. Cath.*, 30 oct. 1914, pp. 517/518; portr.)

Jean-Théodore Monbeig, des Miss. Etrangères de Paris, né 22 oct. 1875 à Salies de Béarn; † 11 juin à Fou-pi-keoù, près Litang.

— Extrait du Compte-rendu annuel des travaux apostoliques exécutés par les membres de la Société. (*Ibid.*, 27 juillet 1917, p. 352.)

— Introduction de la cause de béatification de missionnaires et de néophytes coréens et annamites. Par M. Delmas, sup. du Séminaire des Missions Etrangères, 11 déc. 1918.) (*Ibid.*, 27 déc. 1918, p. 618; portrait de Simon-Marie-Antoine-Just Ranfer de Bretenières, martyrisé à Séoul, 8 mars 1866.)

Deloime, *Hippolyte,* né à Tence (Hte. Loire) le 25 août 1864; parti 30 oct. 1888; Se Tch'ouan mérid.; † 29 mai 1909.

Notice. (*Cte. rendu*, 1909, pp. 355/358.)

Delpal, *Elie-Jean-François,* né 17 mars 1872 à Ségur, paroises de Saint-Etienne de Viauresque, dioc. de Rodez (Aveyron); parti 28 juillet 1897 pour la Mandchourie septentrionale; † 27 janvier 1911 à Hou-Lan.

Notice. (*Cte. rendu*, 1912, pp. 357/359.)

Demange, *Florian Jean-Baptiste,* né 25 avril 1875, à Saulxures, Alsace; parti 3 août 1898; Corée; Evêque d'Adras en 1911; Vicaire apostolique de Taï-Kou.

— Pour les moissonneurs. Par Mgr. Demange des Missions Etrangères de Paris, Vicaire apostolique de Taïkou (Corée). (*Miss. Cath.*, 13 sept. 1912, pp. 441/444; fig.; *ibid.*, 20 sept. 1912, pp. 453/456; fig.)

— Une première Visite dans la Corée méridionale. Par Mgr. Demange, des Missions Etrangères de Paris, Vicaire apostolique de Taikou. (*Ibid.*, 13 juin 1913, pp. 284/286; 20 juin, pp. 296/298; 27 juin, pp. 310/311; 4 juillet, pp. 322/323.)

— Lettre. (*Ibid.*, 26 sept. 1913, pp. 457/459; fig.)

— Lettre. — Au pays du Calme Matin. — Evêque mobilisé et démobilisé... Les séminaires coréens. (*Ibid.*, 19 février 1915, pp. 88/89; ill.)

— Lettre. — Agée de cinq ans. (*Ibid.*, 12 janv. 1917, pp. 15/16.)

— Lettre. — Le Catholicisme au pays du Calme Matin. (*Ibid.*, 10 août 1917, pp. 374/376; ill.)

— Lettre de Taïkou (Corée). (*Ibid.*, 10 oct. 1919, pp. 485/486; portrait de M. Robert, curé de la cathédrale.)

— Une Cérémonie à bord par Mgr. Demange, des Missions Etrangères de Paris, Vicaire apostolique de Taïkou (Corée). (*Ibid.*, 13 février 1920, p. 83.)

— Discours à la réunion des Dames de l'*Œuvre des Partants*, à Paris. (*Ibid.*, 11 juin 1920, p. 271.)

Deneux, *Eugène-Aristide-Joseph,* né 26 juillet 1873, à Westre'hem (Pas-de-Calais); parti 28 juillet 1902; Corée.

— Lettre de Chemulpo (Corée). (*Ibid.*, 17 sept. 1909, p. 449.)

— Lettre de Tchemulpo (Corée). (*Ibid.*, 27 février 1914, p. 102.)

Derouin, *Etienne-Pierre-Marie,* né à Rennes (Ille et Vilaine) le 23 avril 1869; parti pour le Se-Tch'ouan oriental le 27 juillet 1893; † à Tch'oung-K'ing le 26 février 1910.

Notice. (*Cte. rendu*, 1920, pp. 147/149.)

Desgodins, *Auguste,* né à Manheulles (diocèse de Verdun), le 16 oct. 1826; parti 15 juillet 1855; Tibet; † à Padong (Indes anglaises) 14 mars 1913. Voir col. 1125.

Notice. (*Cte. rendu*, 1913, pp. 377/389.)

— M. Desgodins et la Mission du Thibet. (*Miss. Cath.*, 23 mai 1913, pp. 249/252; portr.)

— Nécrologie. — M. Auguste Desgodins, doyen des missionnaires de la Société des Missions Etrangères de Paris, missionnaire au Thibet. (*Ann. Prop. Foi*, T. LXXXV, 1913, N° 509, p. 285; portr.)

— Auguste Desgodins. — Nécrologie par Henri Cordier. (*T'oung Pao*, Décembre 1913, pp. 783/784.)

— Nécrologie. — L'abbé Auguste Desgodins par Henri Cordier. (*La Géographie*, 15 janvier 1914, p. 72.)

(Delmas. — Desgodins.)

Deshayes, *Albert-Victor,* né 25 oct. 1871 à Cerisy-la-Salle, diocèse de Coutances (Manche); parti 26 août 1896 pour la Corée; † 2 février 1910 à Gensan.

Notice. (*Cte. rendu*, 1910, pp. 331/335.)

Désolmes, *Félix-Bonnet,* né 7 nov. 1845, à Usson (diocèse de Lyon); Missions Etrangères de Paris; parti 3 août 1870 pour le Se-Tch'ouan oriental; † à Montbeton, 25 sept. 1919.

Devise, *Emile-Pierre,* né 14 juillet 1871, à Lemps (Ardèche); parti 29 août 1894, pour la Corée.

— Lettre d'Azan. (*Miss. Cath.*, 30 mars 1917, p. 147.)

Devred, *Emile-Alexandre-Joseph,* né 7 janvier 1877, à Roncourt (Nord); parti 15 nov. 1899; Corée.

— Lettre de Séoul. (*Miss. Cath.*, XXXVII, 27 oct. 1905, pp. 509/510.)

Dorie, *Pierre-Henri,* né 23 sept. 1839, à St. Hilaire de Talmont (Vendée). Voir col. 1125.

— The Life of Henry Dorié, Martyr. By the Abbé Ferdinand Baudry. Translated by Lady Herbert... London, Burns, Oates & Co., s. d., in-16, pp. XI-100.

Doucet, *Camille-Eugène,* né à Chevron (Tarentaise) le 16 nov. 1853; parti pour la Corée 25 janvier 1877; provicaire; à Séoul en 1911, lors de la création de ce vicariat apostolique; † à Séoul le 19 avril 1917. Voir col. 1125.

Notice. (*Cte. rendu*, 1917, pp. 211/219.)

Douenel, *Jules-Elmire,* né le 20 sept. 1866 à St. Louet-sur-Seulles (diocèse de Bayeux); parti 14 sept. 1892 pour le Tibet.

— Lettre de Padong, par Darjeeling-Kalimpong, 5 août 1893. (*Miss. Cath.*, XXV, 22 sept. 1893, pp. 445/446.)

— Lettre de Padong (Thibet), 9 juillet 1907. (*Miss. Cath.*, XXXIX, 30 août 1907, p. 412.)

— Lettre de Padong, 18 sept. 1915. — L'Evangile au Thibet. (*Ibid.*, 29 oct. 1915, pp. 518/519.)

— Lettre de Padong. (*Ibid.*, 9 février 1917, p. 65.)

Douspis, *Antoine-Adrien,* né à Monistrol-sur-Loire (Hte-Loire) le 8 nov. 1871; parti pour la mission de Canton le 27 juillet 1898; à Swatow en 1914; † à Hong-Kong le 4 oct. 1917.

Notice. (*Cte. rendu*, 1919, pp. 135/139.)

— Lettre sur la Mission de Swatow (Kouang-toung). (*Miss. Cath.*, XXXVIII, 11 mai 1906, pp. 217/218.)

— Pour une Ecole de Catéchistes à Swatow. — Lettre de M. Antoine Douspis, des Missions Etrangères de Paris. (*Ibid.*, 29 sept. 1911, pp. 457/459; fig.)

— Lettre de Swatow, 25 mars 1916. (*Ibid.*, 1916, pp. 231/232.)

Doussine, *Jean-Edouard,* né 6 février 1874 à Saint-Vincent, dioc. de Bayonne (Basses-Pyrénées); parti 28 juillet 1897 pour le Se-tch'ouan méridional; † 7 avril 1911 à Lou-Chan.

Notice. (*Cte. rendu*, 1911, pp. 344/349.)

— Lettre de Lou-chan-hien (Su-tchuen mérid.) (*Miss. Cath.*, 17 mars 1911, p. 124.)

Drouhot, *Louis,* né à Dijon (Côte d'Or), le 17 février 1883; parti pour le Kouei-tcheou le 18 nov. 1908; † à Tong-tse le 17 janvier 1920.

Notice. (*Cte. rendu*, 1920, pp. 141/142.)

— Lettre du Kouy-tchéou (Chine). (*Miss. Cath.*, 21 sept. 1917, p. 449.)

Druais, *Joseph Marie,* né paroisse de La Teilhais, commune de Guer (Morbihan), 25 oct. 1879; parti pour le Kouang Toung, 11 oct. 1895; † à Montbeton (Tarn-et-Garonne) 10 fév. 1914.

Notice. (*Cte. rendu*, 1915, pp. 198/199.)

Fleur de brousse par M. Joseph Druais, des Missions Etrangères de Paris, Canton. (*Miss. Cath.*, 14 mai 1909, p. 232.)

Extr. de la *Semaine religieuse*, de Vannes.

— Lettre. (*Miss. Cath.*, 11 juin 1909, pp. 280/281.)

— Lettre. (*Ibid.*, 29 juillet 1910, p. 353.)

Dubernard, *Jules-Etienne,* né à Ussel (Corrèze) le 8 août 1840; parti le 15 mars 1864 pour le Tibet; † 26 juillet 1905; voir col. 1126.

Notice. (*Cte. rendu*, 1906, pp. 295/302.)

(Deshayes. — Dubernard)

Dubois, *Jean-Marcel*, né 1er mars 1879, à Blaignac (Gironde); parti 12 nov. 1902; Se Tch'ouan méridional.

— Lettre du Su-tchuen méridional. (*Miss. Cath.*, 8 oct. 1909, pp. 484/485.)

— Lettre de Jen-cheou (Su-tchuen méridional). (*Ibid.*, 29 mai 1914, p. 257.)

— Lettre de Tsin-hien (près Tchong-King). Brigandages et famille en Chine. (*Ibid.*, 18 juin 1915, p. 291.)

— Lettre de Tsin-hien (Su-tchuen mérid.). (*Ibid.*, 30 juillet 1915, p. 364.)

— Lettre. (*Ibid.*, 1916, p. 122.)

La famine au Se Tch'ouan.

— Lettre. — Guerre civile et piraterie dans la province du Su-tchuen. (*Ibid.*, 16 mai 1919, pp. 231/232; portraits.)

— Lettre. (*Ibid.*, 9 janvier 1920, pp. 17/18.)

Ducœur, *Maurice François*, né 31 oct. 1878, à Nanton (Saône-et-Loire); parti 24 juillet 1901; Kouang Si; évêque de Barbalisse, 1910; Vicaire apostolique du Kouang Si.

— Kouang-si (Chine). — Récit du sacre à Nan-ning, de Mgr. Ducœur. (*Miss. Cath.*, 6 oct. 1911, pp. 472/473; fig.)

D'après *Le Petit Messager du Kouang-si*.

— Massacre de lépreux en Chine. Lettre de Mgr. Ducœur, des Missions Etrangères de Paris, préfet apostolique du Kouang-si. (*Miss. Cath.*, 31 janvier 1913, pp. 49/50.)

— Nouvelles du Kouang-Si. — Extrait d'une lettre de Mgr. Ducœur, Vicaire apostolique du Kouang-Si, à M. P. François Marsal au sujet du massacre des lépreux de Nan-ning. (*La Géographie*, 15 mars 1913, pp. 229/230.)

— Inondations au Kouang-si (Chine). — Lettre de Mgr. Ducœur, des Missions Etrangères de Paris, préfet apostolique. (*Miss. Cath.*, 21 nov. 1913, pp. 554/555; fig.)

— Lettre. — Le Catholicisme au Kouang-si (Chine). (*Ibid.*, 8 févr. 1918, pp. 63/64.)

Dunand, *Marie-Julien*, né le 23 janv. 1841, à Saint-Jean de Belleville (Savoie); parti le 3 août 1869; Vicaire apostolique du Se Tch'ouan occid.; † 4 août 1915, à Tch'eng-tou; voir col. 1126.

Notice. (*Cte. rendu*, 1915, pp. 163/169.)

— Lettre de Tien-tsuen, 21 mars 1905. (*Ibid.*, XXXVII, 9 juin 1905, p. 269.)

— Lettre de Tchen-tou, 30 août 1907. (*Ibid.*, XXXIX, 15 nov. 1907, pp. 545/546.)

— Lettre de Tchen-tou. (*Ibid.*, 3 sept. 1915, p. 425.)

— Nécrologie. — Mgr. Dunand, des Missions Etrangères de Paris, Vicaire apostolique du Su-Tchuen occid. (*Miss. Cath.*, 17 sept. 1915, p. 456.)

Dupuis, *Jules*, né à Virges (Meuse), le 5 septembre 1846; parti pour le Se-Tch'ouan occidental, le 16 août 1871; † à Tch'eng-tou le 11 mai 1919.

Dury, *Louis-Marie-Aimé*, né à Rivoire (Rhône), le 4 septembre 1874; parti pour le Se-Tchouan occidental, le 26 juillet 1899; † à Lausanne le 13 sept. 1919.

Dutertre, *Léon-Pierre*, né le 3 janv. 1866, à Céaucé (Orne); parti 26 nov. 1890 pour la Corée; † à Keui-san, 11 mars 1904.

Notice: (*Cte. rendu*, 1904, pp. 378/380.)

Esslinger, *Ignace*, né 3 avril 1839; parti 15 septembre 1865 pour le Kouei-Tcheou; † 21 nov. 1910; voir col. 1127.

Notice. (*Cte. rendu*, 1910, pp. 404/405.)

Eyrisson, *Dieudonné Blaise*, né à Avignon (Vaucluse), le 21 juin 1852; parti pour le Se-Tch'ouan occidental, le 16 déc. 1915; † à Lin Chouei, Avril 1916.

Fabre, *Jean-Alfred*, né 28 déc. 1878, à St. Urcize (Cantal); parti 5 août 1903, pour le Kouang-Toung.

— Une léproserie modèle. — Le Lazaret chinois de Shek-lung près Canton par M. Alfred Fabre, des Missions Etrangères de Paris, missionnaire au Kouang-toung. (*Miss. Cath.*, 4 oct. 1918, pp. 472/473: 11 oct., pp. 485/486, ill.; 18 oct., pp. 502/503.)

Farges, *Paul*, né à Quircy (Tarn et Garonne), le 10 fév. 1844; parti 15 déc. 1867; Se-Tch'ouan oriental; † 20 déc. 1912.

Notice. (*Cte. rendu*. 1913, pp. 361/363.)

(Dubois. — Farges.)

Faucon, *Théodore-Joseph-Louis*, né 23 mars 1869, à Sèvres: Missions Etrangères de Paris; parti 19 juillet 1893 pour le Se-Tch'ouan oriental; † à Fong-tou-hien, 19 juillet 1914.

Faurie, *Jean-Baptiste*, né 17 mars 1875, à Dunières (Haute-Loire); parti 1er août 1900 pour la Corée: † 22 fév. 1910 à Paris.

Notice. (*Cte. rendu*, 1910, pp. 335/338.)

Faurie, *Louis*. — Voir col. 1127.

— * Mgr. Faurie, Vicaire apostolique du Kouy Tcheou, 1824—1871. [Portrait]. *Les Contemporains*, n° 461, 5 rue Bayard. — Paris, in-8, pp. 16.

— Inauguration du Monument à la Mémoire de Mgr. Louis-Simon Faurie évêque (in partibus) d'Apollonie, Vicaire apostolique de Kouy-tcheou par Sa Grandeur Monseigneur Guilbert Archevêque de Bordeaux. Sous la Présidence d'honneur de M. le Comte Cardez à Monségur (Gironde). Le Dimanche 7 octobre 1888. Bordeaux, Imprimerie Bonnard, 1888, in-8, pp. 15.

Compte-rendu par l'abbé S. Léglise, Vicaire de Sainte-Marie La Bastide-Bordeaux.

Fayolle, *Jean-Pierre-Marie*, né 25 avril 1865, à Duerne (Rhône); parti 13 nov. 1889, pour le Se Tch'ouan mérid.; évêque de Lampas, 15 juillet 1909, coadj. au Se Tch'ouan mérid.; Vic. apostolique, 1920.

— Le Sacre de Mgr. Fayolle, Coadjuteur du Su-tchuen mérid (*Miss. Cath.*, 4 mars 1910, pp. 99/100; fig.)

A Souifou le 24 oct. 1909.

— Lettre de Souifou. (*Ibid.*, 24 oct. 1919, pp. 508/509.)

Fenouil, *Jean-Joseph*, voir col. 1128; parti le 16 sept. 1847; † 10 janvier 1907.

Notice. (*Cte. rendu*, 1907, pp. 326/335.)

Féron, *Stanislas*, né à Domfront (Orne), le 22 fév. 1827; parti le 23 janvier 1856, pour la Corée; échappe au massacre de 1866; arrivé à Pondichéry en 1870; † à Viriour, 3 juin 1903.

Notice. (*Cte. rendu*, 1904, pp. 319/323.) — Voir Henri Cordier, *Hist. des Relat. de la Chine*, I, 267, 274, 275.

Ferrand, *Auguste-Pierre-Victor-Flavien*, né 6 juillet 1844, à Cubières, Lozère; parti 14 déc. 1870, pour le Kouang Toung; † 26 sept. 1906, au Sanatorium de Hongkong.

Notice par Fourquet. (*Cte. rendu*, 1906, pp. 386/393.)

Ferrand, *Philippe-Claudius*, né 19 juin 1868, à Crémieu (Isère); parti 25 nov. 1891, pour Nagasaki.

— Lettre de Fusan. (*Miss. Cath.*, 6 avril 1917, p. 159.)

Fleureau, *Désiré-Amable-Alexandre*, né le 26 mai 1845, à Montigny, près Chilleurs-aux-Bois (Loiret); parti le 4 mai 1881, pour le Kouang-Toung: pro-préfet apostolique du Kouang-Toung; † 25 déc. 1910 à Hong-Kong; voir col. 1127.

Notice. (*Cte. rendu*, 1911, pp. 303/314.)

— Nécrologie. — M. Fleureau, Pro-préfet apostolique et supérieur du séminaire de Canton par M. Gervaix, de Canton, le 29 déc. 1910. (*Miss. Cath.*, 3 fév. 1911, p. 59, et portrait.)

— * Le R. P. Fleureau, ancien vicaire de Saint-Paterne d'Orléans, missionnaire et pro-préfet apostolique, supérieur du Séminaire de Canton (Chine) [avec portrait]. Imprimerie du Palais, A. Foucher, La Rochelle, in-8, pp. 21.

Fleury, *François*, né à la Tessouale (Maine et Loire), le 28 septembre 1869; parti pour le Se-Tch'ouan oriental, le 15 août 1894; † à Choui-ya-tong le 14 sept. 1919.

Fourquet, *Antoine-Jean-Pierre*, né 6 mars 1872, à Eus (Pyrénées orientales); parti 8 avril 1896, pour le Kouang Toung.

(Faucon. — Fourquet.)

— Lettre : Progrès de l'enseignement en Chine. (*Miss. Cath.*, XXXVIII, 23 nov. 1906, pp. 553/555.)

— Lettre de Canton. (*Ibid.*, 21 mai 1915, p. 245.)

Franclet, *Jean-Baptiste-Aimé-François*, né 20 oct. 1822, à Toges (Ardennes); parti 9 août 1848, pour la Mandchourie; passe au Se T'chouan occid. 1864 ; quitte en 1867.

— Voyage du R. P. A. Franclet, Missionnaire apostolique, de Niéou tchouang (Chine) à Nicolaïeff, par le Songari. (*Nouv. Ann. des Voyages*, 1863, III, pp. 143/189.)

Ext. des *Annales de la Prop. de la Foi*, n° 204. — Cette lettre était adressée à l'abbé Cuif, curé de la Croix-aux-Bois, près de Vouziers (Ardennes). — Voir *Bibl. Sinica*, col. 971.

Gaillard, *Nicolas Léon*, né 27 oct. 1877 au Pavillon, commune de Coutouvre, près Roanne (Loire) ; parti 30 juillet 1902 ; miss. au Se Tch'ouan occid. ; † 19 avril 1907, à Tch'eng tou.

Notice. (*Cte. rendu*, 1908, pp. 306/309).

Gallay, *Léon*, né 25 octobre 1871 ; parti 15 août 1894, pour le Se-tch'ouan méridional ; † 19 juillet 1912, à Lou-Chan-Hien.

Notice : (*Cte. rendu*, 1912, pp. 483/485.)

Gauthier, *Jean*. — Voir col. 1129.

— Lettre à Mgr. de Guébriant, Vicaire apostolique de Canton. — Piraterie dans la Mission de Canton. (*Miss. Cath.*, 20 août 1920, pp. 389/390.)

Gaztelu, *Joseph de*, né 2 déc. 1852, à Bayonne (Basses-Pyrénées); parti le 16 déc. 1875, pour le Se-Tch'ouan mérid. ; † 11 nov. 1910 à Hong-Kong.

Notice. (*Cte. rendu*, 1911, pp. 296/302.)

Genty, *Marie-Joseph Auguste*, né 6 janvier 1880, à La Boissière (Jura); parti 25 avril 1905, pour le Kouang-Toung.

— Lettre de Canton. (*Miss. Cath.*, 13 sept. 1918, p. 437.)

Gérard, *Edmond-Léon-Augustin*, né 6 juillet 1874, à St. Denis (Seine); parti 26 juillet 1899, pour la Mandchourie sept.

— Lettre. — Incendie d'une mission mandchoue. (*Miss. Cath.*, 30 mars 1917, p. 145.)

— Lettre. — Un rayon de soleil en Mandchourie. (*Ibid.*, 28 sept. 1917, p. 459; portr. de Mgr. Lalouyer, Vicaire apostolique de la Mandchourie sept.)

Pose de la première pierre de la cathédrale de Ghirin.

— Lettre de Chang-chun (Mandchourie sept.). (*Ibid.*, 1er nov. 1918, p. 520.)

— Lettre. (*Ibid.*, 20 juin 1919, p. 292; portr.)

— Lettre. (*Ibid.*, 19 sept. 1919, p. 448.)

Lettre. (*Ibid.*, 30 avril 1920, pp. 210/211.)

Gérardin, *Joseph*, né 13 janvier 1841, à Baccarat (Meurthe) ; parti 15 fév. 1865, pour le Kouang Toung; † 29 août 1906.

Notice. (*Cte. rendu*, 1906, pp. 374/377.)

Gervaix, *Jean-François-Régis*, né 3 déc. 1873, à Lantriac (Hte Loire); parti 16 nov. 1898 pour le Kouang-Toung; quitte la Société; pseud. Eudore de Colomban.

— Lettre sur Macao. (*Miss. Cath.*, XXXVII, 24 nov. 1905, pp. 555/556.)

Lettre. Les Ouailles de la mission de Paï-tam. (*Ibid.*, XXXVIII, 6 juillet 1906, pp. 315/316.)

— Lettre. (*Ibid.*, 17 août, 1906, pp. 385/387.)

— Lettre. (*Ibid.*, XXXIX, 25 janv. 1907, p. 40.)

Noces d'argent de Mr. Auguste Joseph Lanoue, parti pour Chine en 1881.

— Lettre, Canton, 19 mars 1907. Ordinations sacerdotales et Baptême de cloche à Canton. (*Ibid.*, 3 mai 1907, pp. 205/206.)

— Lettre de Canton. (*Ibid.*, 5 juillet 1907, p. 316.)

— Troubles et Massacres en Chine. Lettre communiquée par Mgr. Mérel, préfet apostolique du Kouang-toung. (*Ibid.*, 25 oct. 1907, p. 505.)

Lettre de Canton, 29 sept. 1907. (*Ibid.*, 8 nov. 1907, p. 531.)

(Franclet. — Gervaix.)

— Lettre de Canton. (*Ibid.*, 29 janvier 1909, p. 54; fig.)

— Impressions et Souvenirs d'un Missionnaire Chinois. Lettres de M. Régis Gervaix, des Missions Etrangères de Paris. — Canton, 20 déc. et 21. déc. 1908. (*Miss. Cath.*, 18 juin 1909, pp. 297/299; 25 juin, pp. 309/311; 2 juillet, pp. 321/323, fig.; 9 juillet pp. 330/334, fig.; 16 juillet, pp. 346/347; 23 juillet, pp. 357/359, fig.; 30 juillet, pp. 369/371, fig.)

— Idem. Par M. Gervaix des Missions Etrangères de Paris, missionnaire au Kouang-toung. (*Ibid.*, 8 sept. 1911, pp. 429/431; 15 sept., pp. 439/442, fig.; 22 sept., pp. 451/453, fig.)

— L œuvre de la presse en Chine par M. Régis Gervaix, des Missions Etrangères de Paris, missionnaire à Canton. (*Ibid.*, 5 nov. 1909, pp. 529/530; fig.)

Canton, 17 mai 1909.

— A propos de Madame Nénuphar. — Lettre de M. Régis Gervaix, des Missions Etrangères de Paris. (*Ibid.*, 4 fév. 1910, pp. 49/52; fig.)

Canton, 24 déc. 1909.

— Parmi les Pics par M. Gervaix, des Missions Etrangères de Paris, Missionnaire au Kouang-toung (Chine). (*Ibid.*, 24 juin 1910, pp. 294/297, fig.; 1er juillet, pp. 306/309, fig.; 8 juillet, pp. 320/322, fig; 15 juillet 1910, pp. 331/333, fig.)

— Lettre de Canton, 4 fév. 1911. (*Ibid.*, 24 mars 1911, pp. 135/136; portr.)

— Mes Heures et mes Jours. — Par M. Gervaix, des Missions Etrangères de Paris, missionnaire à Canton. (*Ibid.*, 31 mars 1911, pp. 145/148; fig. et portr.)

— Lettre de Canton, 1er mai 1911. (*Ibid.*, 2 juin 1911, p. 256.)

— Journées Rouges. — Lettre de M. Régis Gervaix, des Missions Etrangères de Paris, missionnaire à Canton. (*Ibid.*, 16 juin 1911, pp. 277/279; fig.)

— Le Dimanche en Chine. — Lettre de M. Gervaix, missionnaire à Canton. (*Ibid.*, 27 oct. 1911, pp. 505/507; fig.)

— La Révolution en Chine. — Lettre de M. Gervaix, des Missions Etrangères de Paris, missionnaire à Canton. Canton, le 9 novembre 1911. (*Ibid.*, 8 déc. 1911, p. 577.)

— Lettre de Canton, 21 oct. 1911. (*Ibid.*, 24 nov. 1911, p. 557.)

— Lettre de Canton, 26 oct. (*Ibid.*, 1er déc. 1911, pp. 568/569.)

— Profonde détresse d'un Missionnaire [Stéphane Cellard] au Kouang-toung. — Lettre de M. Régis Gervaix, des Missions Etrangères de Paris, missionnaire à Canton. (*Ibid.*, 15 déc. 1911, pp. 590/591; portr.)

— Lettre de Canton, 30 nov. 1911. (*Ibid.*, 29 déc. 1911, p. 616.)

— Lettre de Canton, 1er janvier 1912. (*Ibid.*, 26 janvier 1912, p. 39.)

— La Révolution en Chine. — Lettre de M. Régis Gervaix, des Missions Etrangères de Paris. Canton, 2 fév. (*Ibid.*, 8 mars 1912, pp. 109/110.)

La Chine nouvelle. — Lettre de M. Régis Gervaix, des Missions Etrangères de Paris, missionnaire au Kouang-toung. (*Ibid.*, 23 février 1912, pp. 85/87; portr.)

— Esquisses jaunes. — Voyage autour de l'horizon cantonnais. Par M. Régis Gervaix, des Missions Etrangères de Paris; missionnaire à Canton. (*Ibid.*, 22 mars 1912, pp. 139/142, fig.; 29 mars, pp. 150/153, fig.; 5 avril, pp. 161/165, fig.; [19 avril, p. 188]; 26 avril, pp. 198/201, fig.; 3 mai, pp. 210/213, fig.; 10 mai, pp. 223/226, fig.; 17 mai, pp. 236/237, fig.; 24 mai, pp. 248/250; 31 mai, pp. 262/264; 21 juin, pp. 293/294, fig.; 28 juin, pp. 308/310, fig.; 12 juillet, pp. 330/331, fig.; 19 juillet, pp. 343/345, fig.; 26 juillet, pp. 358/359; 2 août, pp. 371/372; 16 août, pp. 391/392, fig.; 23 août, pp. 401/405, fig.)

— Une Réception à l'Evêché de Canton (Chine). — Lettre de M. Gervaix, Canton, 30 mai 1912. (*Ibid.*, 5 juillet 1912, pp. 316/317; portrait de Sun-Yat-sen, et fig.)

— Pour les Mandchoux, s. v. p. — Lettre de M. Régis Gervaix, des Missions Etrangères de Paris, missionnaire à Canton. Canton, le 21 août. (*Ibid.*, 27 sept. 1912, pp. 457/458; fig.)

— Lettre. — Canton, 24 déc. 1912. (*Ibid.*, 7 février 1913, p. 66.)

— Un an après. Lettre de M. Régis Gervaix, des Missions Etrangères de Paris. (*Ibid.*, 24 janvier 1913, pp. 37/39; fig.)

Canton.

— Futur prêtre. Lettre de M. Gervaix, des Missions Etrangères de Paris. (*Ibid.*, 14 mars 1913, pp. 122/123; 2 portraits d'A-yao.)

— Lettre. (*Ibid.*, 25 avril 1913, pp. 195/196; portr.)

(Gervaix.)

— A la lorgnette. Par M. Régis Gervaix, des Missions Etrangères de Paris, missionnaire à Canton (Chine). (*Ibid.*, 27 juin 1913, pp. 304/306, fig.; 4 juillet, pp. 317/318, fig.; 11 juillet, pp. 334/336; 18 juillet, pp. 340/342, fig; 25 juillet, pp. 353/356, fig.; 1er août, pp. 365/366; 8 août, pp. 376/379, fig.; 15 août, pp. 394/396; 22 août, pp. 402/404, fig.; 29 août, pp. 414/417; 5 sept., pp. 428/429; 12 sept., pp. 438/440, fig.; 19 sept, pp. 452/453, portr.; 26 sept., pp. 461/464, fig.)

— Lettre de Canton. (*Ibid.*, 27 juin 1913, pp 303/304; portrait de M. Druais, Supérieur du Séminaire de Canton.)

— Graves nouvelles de Canton. — Lettre de M. Gervaix, des Missions Etrangères de Paris. Canton, 2 août 1913. (*Ibid.*, 29 août 1913, p. 413.)

— Lettre de Canton, 7 août 1913. (*Ibid.*, 5 sept. 1913, p. 423.)

— Lettre de Canton, 17 oct. 1913. (*Ibid.*, 14 nov. 1913, p. 546.)

— Mes devanciers. — Lettre de M. Régis Gervaix, des Missions Etrangères de Paris, missionnaire à Canton. (*Ibid.*, 7 nov. 1913, pp. 529/531.)

— Lettre. Centenaire de la naissance de Mgr. Guillemin (16 mars 1914). (*Ibid.*, 3 avril 1914, pp. 157/159; portrait de Mgr. Guillemin et vue de la Cathédrale de Canton.)

— Lettre de Canton. Dieu aidant! Un nouveau Vicariat Apostolique en Chine. (*Ibid.*, 5 février 1915, pp. 63/65; portrait de Mgr. Adolphe Rayssac, vicaire apostolique de Tchao-tcheou.)

— Lettre de Hong-Kong. (*Ibid.*, 11 juin 1915, p. 279.)

— Lettre. — Mes deux introducteurs. (*Ibid.*, 13 août 1915, pp. 390/393; ill. et portr.)

— Choses vues par M. Régis Gervaix, des Missions Etrangères, missionnaire au Swatow (province de Kouang-Toung). (*Ibid.*, 1916, pp. 8/11, 21/24, 30,33, 41/45, 54/56, 66,67; ill.)

— Lettre de Teng-hai, 22 déc. 1915. (*Ibid.*, 1916, pp. 87/90.)

— Lettre [sur Tchao-Tcheou]. (*Ibid.*, pp. 134/136.)

Ginestet, *Léon-Marcellin,* né à Druelle (Aveyron), le 9 juillet 1875; parti pour le Se-Tch'ouan occidental, le 5 août 1903; † à Su-lin le 7 sept. 1917.

Notice. (*Cte. rendu*, 1918, pp. 132/133.)

Girard, missionnaire à Changchoun.

— Lettre. — Mort de Mgr. Sage. † 20 sept. 1917, à Moukden. (*Miss. Cath.*, 7 déc. 1917, p. 581.)

Giraudeau, *Pierre-Philippe,* né 17 mars 1850, à St. Mars de Coutais (Loire inf^{re}); parti 11 juillet 1878; Tibet; 1891 provicaire; 15 fév. 1897, évêque de Tinade, coadj., administrateur; 9 sept. 1901, Vicaire apostolique — Voir col. 1130.

— Extrait d'une lettre [Mort du P. Soulié]. (*Miss. Cath.*, XXXVII, 1er sept. 1905, pp. 409/410.)

— Lettre de Ta-Tsien-lou (Thibet), 10 déc. 1905 à M. le Chanoine Robert, directeur du *Petit Messager* de Nantes. (*Ibid.*, XXXVIII, 20 avril 1906, p. 185.)

Lettre à M. le Chanoine Robert, dir. du *Petit Messager des Missions.* (*Ibid.*, 9 nov. 1906, pp. 531/532.)

— Lettre du Thibet. (*Ibid.*, 23 juin 1911, p. 291.)

— Lettre de Ta-Tsien-lou. (*Ibid.*, 1916, p. 292.)

— Lettre de Ta-Tsien-lou à Mgr. Robert, de Nantes. (*Ibid.*, 16 nov. 1917, p. 544.)

— Erection dans le presbytère de Ta-Tsien-lou d'un oratoire public à Notre-Dame de Lourdes (voeu fait pendant la révolution de 1911, par Mgr. Giraudeau, vicaire apostolique du Thibet. (*Ibid.*, 26 avril 1918, p. 196.)

— Lettre. — La situation politique et religieuse au Thibet. (*Ibid.*, 18 oct. 1918, pp. 493/494; ill.)

— Lettre au *Petit Messager des Missions* (de Nantes). (*Ibid.*, 21 mars 1919, p. 136.)

— Lettre à Mgr Robert, de Nantes. (*Ibid.*, 14 nov. 1919, p. 545.)

Gire, *Jacques-Joseph.* — Voir col. 1130.

— Journal d'un Missionnaire en Chine pendant la Révolution par M. Gire, des Missions Etrangères de Paris. (*Miss. Cath.*, 7 juin 1912, pp. 269/272, fig.; 14 juin, pp. 284/285, fig.; 21 juin, pp. 295/297; 28 juin, pp. 306/308, fig.)

Gorostarzu, *Marie-Félix-Charles de,* né 6 oct. 1860, à Saint-Vincent de Tyrosse (diocèse d'Aire). Ordonné prêtre, 19 mai 1883, entre au Séminaire des Missions Etrangères, 13 sept. 1884, part pour le Yun-nan, 7 oct. 1885. Nommé évêque du Yun-nan avec le titre d'évêque d'Aila, 10 déc. 1907. — *Miss. Cath.*, 6 mars 1908, p. 111.

— Lettre de Yun-nan-fou. (*Ibid.*, 28 sept. 1917, p. 461.)

Gourdin, *Edouard-François,* né 10 mars 1838, à Fay-St Quentin (Oise); parti 16 août 1863 pour le Se-Tch'ouan méridional; † 27 août 1912 à Soui-fou.

Notice. (*Cte. rendu*, 1912, pp. 497/500) — Portrait. (*Miss. Cath.*, 1906, p. 111.)

Goutagny, *Fleury,* né 1er déc. 1832, à Chazelles-sur-Lyon; parti 10 juillet 1859, pour le Kouang-toung; † 30 sept. 1905, à Canton.

Notice par Fleureau. (*Cte. rendu*, 1905, pp. 391/397.)

Grandjean, *Paul-Célestin,* né 5 oct. 1862, à Besançon; parti 2 nov. 1887, pour le Tibet, 1907; provicaire.

— Lettre. — Troubles graves au Thibet. (*Miss. Cath.*, 21 mai 1915, p. 244.)

Gréa, *Félix-Séraphin,* né 29 oct. 1840, au village de Charnay, dioc. de Saint-Claude; parti 17 sept. 1865; † 8 janv. 1908; prov. du Kouei-Tcheou.

Notice. (*Cte. rendu*, 1908, pp. 289/294.)

Guébriant, *Jean-Baptiste-Marie* **Budes** *de,* né 11 déc. 1860, à Paris, paroisse St Thomas d'Aquin; parti 7 oct. 1885, pour le Se Tch'ouan mérid.; 1894 provicaire; évêque d'Eurée, Vicaire apostolique du Kien-tchang, 1910; Vicaire apostolique de Canton en 1916; Supérieur du Séminaire et de la Société, en 1921. — Voir col. 1130.

— Dans les rapides du Yalong (Chine). Par Mgr. de Guébriant des Missions Etrangères de Paris, Vicaire apostolique du Kien-tchang. (*Miss. Cath.*, 21 oct. 1910, pp. 499/501, fig.; 28 oct., pp. 510/512, fig.; 4 nov., pp. 523/524, fig. et portr.)

Transmis par Mgr. Chatagnon, Vicaire apostolique du Su-tchuen méridional.

— L'action française dans le Kien-tchang. Lettre de Mgr. de Guébriant au capitaine Audemard; Ning-Yuen-fou, 10 fév. 1911. (*La Géographie*, 15 mai 1911, p. 406.)

— Conférence de Mgr. de Guébriant. — L'œuvre française au Kien-tchang. (*Asie française*, bull., Juin 1911, pp. 262/266.)

21 juin 1911.

— En péril. Mgr. de Guébriant et ses Missionnaires. Par le commandant d'Ollone. (*Miss. Cath.*, 1er déc. 1911, pp. 574/576.)

Extrait du *Gaulois.*

Nouvelles de Mgr. de Guébriant : La révolution en Chine. Extrait d'une lettre de Mgr. de Guébriant à son frère, datée de Yunnansen, le 23 nov. 1911. (*La Géographie*, 15 fév. 1912, pp. 139/140.)

— Nouvelles de Mgr. de Guébriant. (*La Géographie*, 15 janvier 1913, p. 64.)

— Lettre. (*Miss. Cath.*, 1916, p. 292.)

— Hommages aux Missionnaires — Guébriant. Par Albert de Pouvourville. (*Ibid.*, 1er juin 1917, pp. 257/258; portr.)

Extrait de la *Dépêche coloniale* du 22 mai 1917.

— Cérémonie de la prise de possession du vicariat apostolique de Canton par Mgr. de Guébriant. (*Miss. Cath.*, 8 juin 1917, p. 2[illegible]8.)

— Lettre. — Le Catholicisme à Canton. (*Ibid.*, 25 oct. 1918, pp. [illegible]5/508; ill.)

— La [illegible]iraterie au Kouang-toung (Chine méridionale). Cinq mois de c[illegible]tivité chez les brigands 21 janvier—9 juin 1918. — Relation [illegible]u diacre Petrus Leung. (*Ibid*, 1er nov. 1918, pp. 523/526; portr.)

— Lettre. — Canton, Août 1918. (*Rel. de Chine*, Kiang-nan, Juillet-Octobre 1919, p. 256.)

— Monseigneur de Guébriant, Vicaire apostolique en Chine, nommé Visiteur des Missions catholiques en Chine et pays adjacents (*Miss. Cath.*, 12 déc. 1919, p. 593; portr.)

— Voyage en Chine. (*Ibid.*, 11 juin 1920, p. 271.)

— Félicitations de la Sacrée Congrégation de la Propagande à Mgr. le Visiteur apostolique de la Chine (Mgr. de Guébriant). Rome, 31 mai 1920. (*Ibid.*, 9 juillet 1920, pp. 313/314.)

Guéneau, *Paul Gilles,* né 27 nov. 1853, à Angers; parti 16 avril 1879; Collège général; 1888, maison de Nazareth, Hongkong.

— Une Distribution de Prix à Hong-kong. — Lettre de M. Guéneau, des Missions Etrangères de Paris. (*Miss. Cath.*, 21 mai 1909, pp. 242/244; fig.)

— L'orphelinat de «la Pagode» au Fo-kien. Tenu par les Religieuses de Saint-Paul de Chartres par M. Guéneau, des Missions Étrangères de Paris. (*Ibid.*, 28 fév. 1913, pp. 100/104; fig.)

— Idem. Lettre de M. Guéneau, des Missions Etrangères de Paris. (*Ibid.*, 16 mai 1913, pp. 230/231.)

— Lettre de la maison de Nazareth (Hong Kong). 1er déc. 1913. (*Ibid.*, 16 janvier 1914, p. 28.)

— Lettre de Nazareth (Hong Kong, Pok-fu-lum), 4 janvier 1914. (*Ibid*, 20 mars 1914, p. 138; grav.)

Guichard, *François-Mathurin,* né à Bois-de-Céné (Vendée), le 18 nov. 1841; parti 15 fév. 1865; Vicaire apostolique du Kouei Tcheou; † 21 oct. 1913. — Voir col. 1130.

Notice. (*Cte. rendu,* 1913, pp. 334/343).

— Le 25e anniversaire de la Consécration épiscopale de Mgr. Guichard, coadjuteur du Kouy-tchéou (Chine). (*Miss. Cath.*, 5 août 1910, pp. 361/363; fig. et portr.)

— Nécrologie. — Mgr. François-Mathurin Guichard, évêque de Toron et Vicaire apostolique du Kouy-tchéou, par M. Garnier, Directeur au Séminaire des Missions Etrangères de Paris, 23 oct. 1913. (*Ibid.*, 31 oct. 1913, p. 527.)

Guillaume, *Charles-Alphonse,* né 26 mai 1844, à Gerboviller (Meurthe et Moselle); Missions Etrangères; parti de Marseille, 9 juin 1872; miss. au Kouang Toung. — Voir col. 1130.

— Portrait. (*Miss. Cath.*, 1916, p. 591.)

Guillemin, *Zephyrin.* — Voir col. 1131.

— Eudore de Colomban. — Hommes et choses d'Extrême-Orient (1ère série). Zéphyrin Guillemin évêque de Cybistra, Préfet apostolique de Canton (1814—1886). Macao 1919, Imprimerie de l'Orphelinat de l'Immaculée-Conception, in-8, pp. 488 + 2 ff. n. ch.; tab., fig.

Par Régis Gervaix.

Guillot, *Joseph-Jacques,* né dans la paroisse de Vinz-Faverges, commune de Faverges (Hte. Savoie), le 12 sept. 1887; parti pour la Corée, le 11 mai 1910; tué à l'ennemi devant Verdun le 13 mai 1916.

Notice. (*Cte. rendu,* 1915, pp. 234/237.)

Guinand, *Pierre-Jean,* né en 1872, diocèse de Lyon; parti 1895; Seoul.

— Le clergé indigène en Corée. Par M. Guinand des Missions Etrangères de Paris. (*Miss. Cath.*, 12 août 1910, pp. 380/382, fig.; 19 août, pp. 390/392, fig. et portr.; 26 août, pp. 401/404, fig.)

— Sur les bords du Yalou (Corée) par M. Guinand, des Missions Etrangères de Paris, directeur du Séminaire de Ryong-san, près Séoul. (*Ibid.*, 8 mai 1914, pp. 221/223, portr.; 15 mai, pp. 233/235, fig.)

— Lettre de Ryong-San, près Séoul (Corée). (*Ibid.*, 29 mai 1914, pp. 256/257.)

— Lettre de Ryong-San. (*Ibid.*, 19 fév. 1915, p. 89.)

Hinard, *Flamand-Victor-Fleur-Joseph,* né à Belval (Coutances, Manche) le 26 mai 1850; parti pour la Mandchourie, le 30 juin 1875; Directeur du Séminaire de Paris, en 1891; † à Paris, le 15 mars 1917. — Voir col. 1132.

Notice. (*Cte. rendu,* 1917, pp. 194/198.)

— Nécrologie. — M. Hinard, Directeur du Séminaire des Missions Etrangères de Paris. (*Miss. Cath.*, 23 mars 1917, p. 144; 30 mars, p. 156.)

Miss. en Mandchourie pendant 26 ans (1875—1891).

Henry, *Emile-Adrien,* né à Rollainville (Saint-Dié, Vosges) 14 sept. 1879; parti pour le Se-Tch'ouan occidental, le 14 nov. 1906; † à Epinal, le 8 juin 1916.

Notice. (*Cte. rendu,* 1915, pp. 237/239.)

Jarreau, *Alfred-François-Eugène,* né 10 oct. 1878, à St. Jouin sous Châtillon (Deux-Sèvres); parti 3 août 1904, pour le Kouang-Toung.

— Une retraite jubilaire dans un Village Chinois [Ngao-Kou-ling, Kouang-Toung). (*Miss. Cath.*, 22 janvier 1915, pp. 42/45, ill. et portr.; 29 janvier, pp. 57/60, ill.; 5 février, pp. 66/69, ill.; 12 février, pp. 79/81, ill. et portr.)

— Lettre. — Tribulations et Espérances de la Mission de Ngao-Kou-ling. (*Miss. Cath.*, 23 mai 1919, pp. 247/248, ill.; 30 mai, pp. 260/261, ill.; 6 juin, pp. 271/272, ill.; 13 juin, pp. 283/285, ill.)

Joyau, *Louis-Alphonse-Marie,* né 5 février 1877, à Geñeston, Canton d'Aigrefeuille (Loire infre); parti le 1er août 1900, pour la Corée; † 12 janvier 1907.

Notice. (*Cte. rendu,* 1907, pp. 345/350.)

Junier, *Jean-Louis,* né 8 août 1857 à Yssingeaux (Haute-Loire); parti 8 nov. 1882 pour le Se-Tch'ouan occidental; † 20 déc 1911. à Tch'eng-Tou.

Notice. (*Cte. rendu,* 1912, pp. 390/391.)

Kammerer, *Charles,* né 16 avril 1866, à Massevaux; parti 23 déc. 1889; miss. au Kouang-Toung; † à Pakhoi, 17 mai 1915.

Kleinpeter, *Jules,* né 15 juillet 1867, à Strasbourg; parti 6 décembre 1893.

— Lettre de Séoul (Corée). (*Miss. Cath.*, 16 août 1912, p. 388.)

Labrunie, *François-Joseph,* né à Noailhac (Corrèze) le 29 janvier, 1882; parti pour le Kien-tchang, le 17 avril 1912; provicaire en 1918; † à Ning-Yuan-fou, le 4 août 1920.

Notice. (*Cte. rendu,* 1920, pp. 156/159.)

Lacquois, *Isidore-Clément,* né 25 déc. 1874 à St. Martin du Fouilloux (Deux-Sèvres); parti 30 juillet 1902, pour la Mandchourie septentrionale.

— Fondation d'Œuvres sociales en Mandchourie. — Lettre de M. Lacquois, des Missions Etrangères de Paris. (*Miss. Cath.*, 19 août 1910, pp. 388/389.)

— Lettre. — Une intéressante mission mandchoue. (*Ibid.*, 12 avril 1918, pp. 169/170.)

— Lettre. — Ashihe, via Kharbine, 3 mars 1918. — Une intéressante mission mandchoue. (*Ibid.*, 12 juillet 1918, pp. 325/327.)

— Lettre. (*Ibid.*, 21 mars 1919, p. 136.)

Lacrouts, *Marcel,* né 8 mai 1871, à Bordes (Basses Pyrénées); parti 29 août 1894, pour la Corée.

— Evangélisation de l'île de Quelpuërt (Corée). — Lettre de M Lacrouts, des Missions Etrangères de Paris. (*Miss. Cath.*, 3 déc. 1909, pp. 577/579; fig.)

Tjyei-tjyou, 5 oct. 1909.

Lalouyer, *Pierre-Marie-François,* né 12 mars 1850, à Acigné (Ille et Vilaine); parti 16 juillet 1873, pour la Mandchourie. — Voir col. 1134.

— Premier Missionnaire mort de la peste en Mandchourie. — Lettre de Mgr. Lalouyer, Vicaire Apostolique, Collège Saint-Joseph, 18 janvier 1911. (*Miss. Cath.*, 10 février 1911, pp. 61/62.)

Bourlès.

— Les Missionnaires victimes de la Peste en Mandchourie. — Lettre de Mgr. Lalouyer, des Missions Etrangères de Paris, Vicaire Apostolique de la Mandchourie septentrionale. — Procure de Kouan-tcheng-tzo, 8 février 1911. (*Ibid.*, 3 mars 1911, pp. 97/98; portr.)

Mutillod, † 1er février 1911.

— Lettre de Ghirin, 14 juin 1918. (*Ibid.*, 23 août 1918, p. 400.)

— Lettre. — L'Apostolat en Mandchourie. (*Ibid.*, 19 mars 1920, pp. 136/137.)

Lamy, *Eugène,* né à Prez-sous-Lafauche (Hte. Marne), 1er nov. 1841; parti 15 sept. 1865; Kouei-Tcheou; † 1er fév. 1909.

Notice. (*Cte. rendu,* 1909, pp. 336/339.)

Landes, *Pierre-Jean,* né à La Salvetat-Peyrales (Aveyron), le 8 août 1837; parti pour le Se Tch'ouan orient., le 15 sept. 1867; † à Tch'oung k'ing 19 nov. 1915.

Notice. (*Cte. rendu,* 1915, pp. 210/213.)

Lanoue, *Auguste Joseph,* né le 5 août 1857, à Amoncourt (Hte. Saône); parti 9 nov. 1881; Kouang Toung; † 9 août 1908.

Notice: (*Cte. rendu,* 1909, pp. 314/317.)

Lavest, *Joseph-Marie,* né 23 mai 1852, à Lapeyrouse, commune de Courpière (Puy-de-Dôme); parti le 1er sept. 188., pour le

Kouang-si; évêque de Sophène, Préfet apostolique du Kouang-si, le 26 avril 1900; † le 23 août 1910, à Hong-Kong. — Voir col. 1135.

Notice. (*Cte. rendu*, 1910, pp. 313/326.)

— La situation du Kouang-si depuis 1890. Par J. M. Lavest, Evêque, Vicaire apostolique du Kouang-si. (*Revue indo-chinoise*, 30 sept. 1904, pp. 381/412; carte.)

— Lettre de Nanning (Kouang-si), le 5 mai 1905. (*Miss. Cath.*, XXXVII, 28 juillet 1905, p. 352.)

— Lettre de Nanning, 18 nov. 1905. (*Ibid*, XXXVIII, 19 janvier 1906, pp. 27/28.)

— Lettre du Kouang-si. Une léproserie imposée par la Providence. (*Ibid.*, 7 sept. 1906, pp. 421/422.)

— Lettre. Un coup d'œil sur la mission du Kouang-si (Chine). (*Ibid.*, XXXIX, 17 mai 1907, pp. 229/230.)

— Un cri de détresse pour la Mission du Kouang-Si (Chine). Lettre de Mgr. Lavest, des Missions Etrangères de Paris, Préfet apostolique. (*Ibid.*, XL, 6 mars 1908, pp. 109/110.)

— Nouveau cri de détresse pour la Mission du Kouang-si. Lettre de Mgr. Lavest, des Missions Etrangères de Paris, Préfet apostolique du Kouang-si. (*Ibid.*, 8 mai 1908, pp. 217/218.)

— Lettre de Hongkong, 9 déc. 1909. (*Ibid.*, 21 janv. 1910, p. 27.)

— Nécrologie. — Mgr. Lavest, des Missions Etrangères de Paris, Préfet apostolique du Kouang-si (Chine). (*Ibid.*, 9 sept. 1910, p. 432.)

Léard, *Antoine*, né à Jarrier (Savoie), le 24 juillet 1853; parti pour le Tibet, le 29 octobre 1879; † à Len tse, le 8 fév. 1920. — Voir col. 1135.

Notice. (*Cte. rendu*, 1920, pp. 142/145.)

Léanté, *Joseph-Paul-Marie*, né 29 oct. 1880, à Montbert (Loire infre); parti 11 nov. 1903, pour le Kouang-Toung.

— Lettre. (*Miss. Cath.*, 15 oct. 1915, p. 498.)

— Lettre. (*Ibid.*, 2 mars 1917, pp. 91/100.)

Lebel, *Gaston-Alphonse-Joseph-Auguste*, né 21 avril 1878, à Hermival-les-Vaux, près Lisieux (Calvados); parti 26 août 1906; Mandchourie sept.; † 11 fév. 1908 à Karbine.

Notice. (*Cte. rendu*. 1908, pp. 330/335.)

Lecomte, *Dosithée-Adolphe*, né 11 fév. 1849, à Moulay (dioc. de Laval, Mayenne); parti 16 déc. 1874; Supérieur de la maison de Nazareth, Hong Kong; † 13 juin 1911, Hong Kong.

Notice. (*Cte. rendu*, 1911, pp. 357/364.)

Le Gac, *Charles-Joseph-Ange*, né à Vitré (Ille-et-Vilaine), le 26 fév. 1876; parti 23 nov. 1898; Séoul; † 26 mai 1914, at Kat teung i.

Notice. (*Cte. rendu*, 1914, pp. 180/181.)

Le Garrec, *Jean-Marie*, né 6 avril 1871, à Glomel (Saint-Brieuc, Côtes du Nord); parti 29 août 1894, pour le Yun-nan; † 23 fév. 1912, à Toulouse.

Notice. (*Cte. rendu*, 1912, pp. 414/418.)

Le Guilcher, *Jean-Marie*, né le 4 avril 1828, à Ploézal, arrondissement de Guingamp; parti pour la Chine, 19 avril 1853; † 22 janvier 1907, au Yun nan.

Notice. (*Cte. rendu*, 1907, pp. 359/362.)

Leparoux, *Camille-Delphin-Etienne*, né 27 mars 1867, à Ligugé (Vienne); parti 29 oct. 1890, pour le Yun nan.

— Lettre de Lieu-ia-lin (Yun-nan). (*Miss. Cath.*, XXXVII, 11 août 1905, p. 375.)

Letort, *Aristide*, né 15 fév. 1844, à Brie (Ille-et-Vilaine); parti pour la Mandchourie mérid, 31 janvier 1872; † 13 août 1904, à Hai tcheng. — Voir col. 1136.

Notice. (*Cte. rendu*, 1905, pp. 313/319.)

Lévêque, *Emile-Onésime-Joseph-Marie*, né 4 août 1880, à Nantes; parti 3 août 1904, pour le Kouang-Toung.

— Des ateliers de métiers à Canton (Chine). Lettre de M. Emile Lévêque, des Missions Etrangères de Paris, missionnaire à Canton. (*Miss. Cath.*, 1er oct. 1909, pp. 469/470; fig.)

— Lettre. — Deux nouvelles missions au Kouang Toung. (*Ibid.*, 18 juillet 1919, pp. 345/346.)

(Léard. — Lévêque.)

Liétard, *Alfred*, né 31 déc. 1872, à Vieux-Condé (Nord); parti 29 juillet 1896, pour le Yun-Nan; † 5 juillet 1912, à Tchao-T'ong — Voir col. 1136.

Notice. (*Cte. rendu*, 1912, pp. 480/482.)

— Lettre de Djo-kou-la (Yun-nan), 5 mars 1907. (*Miss. Cath.*, XXIX, 3 mai 1907, p. 207.)

— Lettre. — Incendie et détresse au Yun-nan (Chine). (*Ibid.*, XXXIX, 31 mai 1907, pp. 254/255.)

Lorain, *Jules-Victor*, né à Nomécourt (Hte. Marne), 7 fév. 1847; parti 16 août 1871; Se Tch'ouan oriental; † 10 fév. 1913, à Tch'oung K'ing.

Notice. (*Cte. rendu*, 1913, pp. 369/372.)

Magnac, *Flavien-Antoine*, né à Boo-Silhen (Hautes-Pyrénées), le 11 août 1841; parti pour le Se Tch'ouan oriental, le 15 août 1866; † à Hiang Pao-tang, le 28 fév. 1919.

Notice. (*Cte. rendu*, 1919, pp. 201/203.)

Maire, *Edouard Ernest.*

— La famine au Yun-nan (Chine). Lettre. Yun-nan-sen, 20 juin 1907. (*Miss. Cath.*, XXXIX, 11 oct. 1907, pp. 482/484.)

— Episodes de la Révolution au Yun-nan. — Lettre de M. Edouard-Ernest Maire, des Missions Etrangères de Paris, provicaire apostolique du Yun-nan. (*Ibid.*, 29 mars 1912, pp. 146/148.)

Marchand, né au Mesnil (Maine-et-Loire), le 2 oct. 1867; parti pour le Kouei tcheou, le 29 oct. 1891; † à Hong kong, le 16 fév. 1920.

Marill, *Louis*, né 25 août 1879, à Perpignan (Pyrénées-Orient.); parti 26 avril 1905, pour la Mandchourie sept.; † 29 juillet 1911, près de Kouan-Tcheng-Tze.

Notice. (*Cte. rendu*, 1912, pp. 369/370.)

Martin, *Léon-François*, né à Trélazé (Maine-et-Loire), le 24 mars 1866; parti pour la Corée, le 25 nov. 1891; au Kouei-tcheou en 1896; † à Gan-pin, le 14 sept. 1919.

Notice. (*Cte. rendu*, 1920, pp. 125/127).

Martinet, *Jean-Baptiste*, né le 6 sept. 1844, à Pouilly (Meuse); parti 6 juillet 1870, pour la Chine; procureur-général à Hong-kong où il est † 7 février 1905. — Voir col. 1138.

Notice. (*Cte. rendu*, 1905, pp. 299/305.)

Mathern, *Charles-Albert*, né à Saint-Pierre-Bois (Bas-Rhin), le 28 juin 1853; parti pour le Se-Tch'ouan méridional, le 29 nov. 1877; † à Houan-Kiang, le 4 oct. 1918.

Notice. (*Cte. rendu*, 1918, pp. 192/193.)

Mathon, *Hubert-Alexandre*, né à Arinthod (Jura), le 12 août 1863; parti pour le Yun-Nan, le 2 nov. 1887; Directeur du Séminaire des Missions Etrangères en 1896; † à Paris, le 18 janvier 1918. — Voir col. 1138.

Maupoint, *Pierre-Théophile-Xavier*, né à Saint-Clément-des-Levées (Maine-et-Loire), le 5 mars 1839; parti pour le Se-Tch'ouan occident., le 15 août 1866; à † Chetang, 18 août 1916.

Maurice, *Henri-Marie-Joseph*, né 13 mars 1881, à Herbignac (Loire infre); parti 11 nov. 1903, pour le Kouang-Si.

— Lettre de Nanning (Kouang-si), 9 juillet 1906. (*Miss. Cath*, XXXVIII, 2 nov. 1906, p. 521.)

Mayzac.

— Lettre de Hai-yuen (Kouang-si). (*Miss. Cath.*, 15 août 1913, p. 389.)

Meng, *Jean-Marie-Georges*, né à Saint-Germain-sur-Ille (Ille-et-Vilaine), le 21 mars 1874; parti pour la Corée, le 26 juillet 1899; † à Marseille, le 17 mars 1918, à l'Hôpital militaire.

Notice. (*Cte. rendu*, 1918, pp. 163/167.)

Ménier, *Louis*, né à Corseul (Côtes du Nord), le 27 mars 1859; parti le 2 déc. 1874; Se-Tch'ouan oriental; † 9 janvier 1915, à Tien-Tche.

Notice. (*Cte. rendu*, 1915, pp. 222/226.)

Mérel, *Jean-Marie*, né 18 sept. 1854, à Vay (Loire infre); parti 26 oct. 1881, pour le Kouang-Si; 1882, au Kouang-Toung; 20 avril 1901, évêque d'Orcisto; Préfet Apostolique du Kouang-Toung; Vic. Ap.; démissionnaire 1914; archevêque de Craina en 1921. — Voir col. 1139.

— Lettre. (*Miss. Cath.*, XXXVII, 4 août 1905, p. 364.)

(Liétard. — Mérel.)

Lettre de Canton, 9 mars. (*Ibid.*, 16 avril 1909, p. 183.)

— Lettre du 8 mai. (*Ibid.*, 7 juin 1912, p. 267.)

— La Léproserie de Canton. — Lettre de Mgr. Mérel, des Missions Étrangères de Paris, Préfet Apostolique de Kouang-tong. (*Ibid.*, 30 mai 1913, pp. 255/256.)

— Lettre de Canton, 8 nov. (*Ibid.*, 12 déc. 1913, pp. 593/594.)

— Compte rendu annuel sur les travaux de la mission du Kouang-tong. (*Ibid.*, 30 oct. 1914, p. 523; portrait du général Long, pacificateur de la province de Canton.)

Mérigot, *Raymond-Lindor-Arthur*, né 23 janvier 1881, à Saint-Léger en Yvelines (Seine-et-Oise); parti 2 août 1905, pour le Yun-nan; tué 20 déc. 1910.

— Meurtre d'un Missionnaire au Yun-nan. — Lettre de Mgr. de Gorostarzu, Vicaire Apostolique, Yun-nan-sen, 25 déc., Noël, 1910. (*Miss. Cath.*, 10 février 1911, p. 61.)

— Le Meurtre de M. Mérigot, missionnaire au Yun-nan. — Lettre de Mgr. Gorostarzu, Vicaire Apostolique du Yun-nan. Yun-nan-sen, 7 janvier 1911. (*Ibid.*, 24 février 1911, pp. 85/87; portr.)

— Lettre de Yun-Pé (Yun-nan), le 1er juin 1910, à M. Lequin, Directeur au Séminaire des Missions Étrangères. (*Ibid.*, 14 oct. 1910, p. 484.)

Michel, *Pierre-Paul*, né à Châteauroux-les-Alpes (Hautes Alpes), 16 janv. 1849; parti 17 juillet 1872; Kouei-Tcheou; † 4 juin 1914.

Notice. (*Cte. rendu*, 1914, pp. 189/194.)

Mirambeau, *Léon*; né 23 février 1872, à Ruffiac, diocèse d'Agen (Lot-et-Garonne); parti 4 août 1897, pour le Kouang-Toung; † 17 octobre 1910, à Hong-Kong.)

Notice. (*Cte. rendu*, 1910, pp. 402/404.)

Mollat, *Antoine-Joseph*; né 24 sept. 1885, à St Christophe (Cantal): parti 1er déc. 1909 pour le Kouang-Toung.

— Lettre à Mgr. Delmont. (*Miss. Cath.*, 1er mars 1912, p. 101.)

Molleron, *Jean-Marie*, né à Saint-Germain au Mont-d'Or (Rhône), le 12 juillet 1854: parti pour le Se-Tch'ouan Occidental, le 22 oct. 1883; † à Toulouse, le 10 juin 1920. — Voir col. 1139.

Monbeig, *Jean-Théodore*, né à Salies-de-Béarn (Basses-Pyrénées), le 22 oct. 1875; parti pour le Tibet, 26 juillet 1899; assassiné 11 juin 1914, à Lithang.

Notice. (*Cte. rendu*, 1914, pp. 197/199.)

— Assassinat d'un missionnaire français. (*Asie française*, Juin 1914, p. 259.)

— Assassinat d'un missionnaire au Thibet. (*Miss. Cath.*, 10 juillet 1914, p. 325.)

Mounier, *Jean-Christophe*, né 30 janvier 1856, à Saint-Ferréol d'Auroure; parti le 10 nov. 1880; Provicaire de la Mandchourie septentrionale; † 24 mai 1910, à Kharbin. — Voir col. 1139.

Notice. (*Cte. rendu*, 1910, pp. 377/381.)

Moreau, *Louis*, né à Migaud, commune de Sauzelles (Creuse), 21 juin 1844; parti le 18 janvier 1870; Se-Tch'ouan méridional; † 7 août 1913.

Notice. (*Cte. rendu*, 1913, pp. 418/421.)

Motel, *Joseph-Marie*, né 15 janvier 1880, au village de La Bigottais, près Campel (Ille-et-Vilaine); parti pour le Kouei-Tcheou, 5 août 1903; † à Vitry-le-François (Marne), 11 sept. 1915, infirmier militaire.

Notice. (*Cte. rendu*, 1915, pp. 201/204.)

— Planchet. (*Miss. de Chine*, 1919, pp. 472/474.)

— *Ruault*, Georges, Missions Étrangères de Paris, Supérieur du Séminaire de Kouy-yang (Kouy-tcheou). Une âme d'apôtre. (Joseph-Marie Motel; né à la Bigottais (Ille-et-Vilaine). 15 janvier 1880: mort à Vitry-le-François, 11 sept. 1915). (*Miss. Cath.*, 21 sept. 1917, pp. 445/448; portr. et ill.)

Mussot, *Georges-Henri*, né à Ouge (Hte. Saône), le 26 juin 1854; parti pour le Tibet, 19 janvier 1881; † 5 avril 1905 fusillé à Batang.

Notice par Mgr. Giraudeau. (*Cte. rendu*, 1905, pp. 345/349.)

Mutel, Mgr. — Voir col. 1140.

— Lettre de Corée. (*Miss. Cath.*, XXXVIII, 19 oct. 1906, p. 496.)

(Mérigot. — Mutel.)

Mutillod, *Jean-Louis*, né 3 septembre 1876, à Marclaz, près Thonon (Haute-Savoie); parti 31 juillet 1901, pour la Mandchourie septentrionale; † 1er février 1911, à Si-Ki-tchang (province de Tsi-Tsi-Kar.)

Notice. (*Cte. rendu*, 1912, pp. 359/363.)

— Nouveaux Missionnaires morts de la Peste en Mandchourie. — Lettre de M. Mutillod, des Missions Étrangères de Paris, missionnaire en Mandchourie septentrionale. (*Miss. Cath.*, 24 fév. 1911, p. 87). — Lettre de Mgr. Lalouyer, Vicaire Apostolique (*Miss. Cath.*, 24 fév. 1911, p 88.)

Delpal, † le 27 janvier 1911.

Néel, *Jean-Pierre*. — Voir col. 1141.

— Triduum à Lyon en l'honneur du Bienheureux Néel, par V. Groffier. (*Miss. Cath.*, 10 déc. 1909, pp. 592/593.)

Nicouleau, *Léon-Georges-Henri*, né 12 janvier 1875, à Belmont d'Aveyron; parti 5 avril 1899, pour le Kouang-Toung.

— Lettre. Une ordination à Canton. (*Miss. Cath.*, XXXVIII, 27 juillet 1906, pp. 349/350.)

— Ravages d'une Inondation et Destruction d'une Chrétienté en Chine. — Lettre de M. Nicouleau des Missions Etrangères de Paris. (*Miss. Cath.*, 16 août 1912, pp. 386/387.)

Kouang-tong.

Oster, *Mathias*, né à Haspescheil (Moselle), le 17 janvier 1845; parti 16 déc. 1875; Yun nan; † 12 oct. 1914, à Yun nan.

Notice. (*Cte. rendu*, 1914, pp. 217/220.)

Oudot, *Gustave-Jules-Paul*, né à Mancenans (Doubs), 8 avril 1865; parti 28 nov. 1888; Seoul; † 31 oct. 1913.

Notice. (*Cte. rendu*, 1913, pp. 429/431.)

Ouillon, *Jean-Marie*, né 6 avril 1879, à Grazac (Hte Loire), parti 23 juillet 1902; Hong-kong.

— Décoré de l'Epi d'Or de 3e classe par le Gouvernement de la République chinoise. (*Miss. Cath.*, 12 sept. 1919, p. 438.)

Parmentier, *Jean-Baptiste-Nicolas-Séraphin*, né 6 déc. 1863, à Hurbache (Vosges); parti 13 nov. 1889, pour le Se Tch'ouan occid.; 21 août 1899, Directeur à Paris.

— Lettre. Paris, 23 oct. 1905. (*Miss. Cath.*, XXXVII, 3 nov 1905, pp. 517/518.)

Perrier, *Paul-François-Augustin*, né aux Bouchoux (Jura), le 11 oct. 1870; parti pour le Se-Tch'ouan oriental, le 15 août 1894; † à Lausanne, le 7 sept. 1916.

Notice: (*Cte. rendu*, 1919, pp. 121/128.)

Piard, *Albert-Alexis-Jean*, né 14 mars 1876, à Cherbourg (Manche); parti 31 juillet 1901, pour le Se Tch'ouan mérid.

— Une Visite à l'Hospice de Soui-fou. — Lettre de M. Albert Piard, des Missions Étrangères de Paris. (*Miss. Cath.*, 26 nov. 1909, pp. 565/568; fig.)

Podechard, *Simon*. né à Beaune (Côte d'or), le 22 juillet 1836; parti pour le Se Tch'ouan oriental, le 17 juillet 1872; † à Toulouse, 7 avril 1917

Poinsot, *Paul-Marie-Nicolas-Auguste*, né 18 avril 1862, à Isômes (Hte Marne); parti 7 oct. 1885, pour le Kouei Tcheou; † 2 juin 1909, à Kouei Yang. — Voir col. 1143.

— Une âme d'apôtre. — Le P. Paul Poinsot par le chanoine Ch. Rondot. 1912, Lepitre-Jobard, Langres, in-8, pp. 139 + 1 p. n. ch.; portr.

Notice. (*Miss. Cath.*, 21 fév. 1913, p. 95.)

— Au cœur de la Chine. Par M. Poinsot, des Missions Etrangères de Paris, Missionnaire au Kouy-tchéou. (*Ibid.*, 5 mars 1909, pp. 113/116; fig.)

Pontvianne, *Jean*, né 15 déc. 1850, à Yssingeaux (Hte Loire): parti 29 juillet 1874, pour le Se Tch'ouan occid.; 1894, provicaire; † 18 déc. 1908, à Tch'eng tou. — Voir col. 1143.

— Lettre (*Miss. Cath.*, 1er janvier 1909, p. 5.)

Poulhazan, *Clet-Simon*, né 14 déc. 1884, à Primelin (Finistère); parti 19 avril 1911, pour le Kouang-Toung.

— Lettre de Lu-chou. (*Miss. Cath.*, 26 janvier 1917, p. 40.)

(Mutillod. — Poulhazan.)

Preynat, *Jean-Benoit-Elie,* né 28 août 1870, à Saint-Martin en Coailleux (Loire); parti 15 août 1894; Kouei Tcheou; † 9 juin 1909, à Ti fan tcheou.

Notice. (*Cte. rendu,* 1909, pp. 379/383.)

— La mission de Tin-fan au Kouy-tcheou. Par M. Preynat des Missions Etrangères de Paris. (*Miss. Cath.,* XXXVII, 7 avril 1905, pp. 160/161; 14 avril, pp. 177/179.)

Priour, *Léon,* né 13 janv. 1883, à La Moynerie-en-Cesson (Ille et Vilaine); parti le 28 oct. 1906, pour la Mandchourie sept.; † 6 août 1907, à Karbine.

Notice. (*Cte. rendu,* 1907, pp. 427/431.)

Raclot, *Jean-Baptiste,* né à Montureux-les-Gray, Hte. Saône, le 5 sept. 1865; parti le 4 avril 1888; Procureur à Chang-Haï; † 26 janvier 1912 à Chang-Haï.

Notice. (*Cte. rendu,* 1913, pp. 344/347.)

Rault, *Gilbert-François-Marie,* né 18 mars 1879, à Gausson, Côtes du Nord; parti 12 nov. 1902, pour le Kouang-Toung. — Voir col. 1145.

— Lettre de Niao-pin (Kouang-toung). (*Miss. Cath.,* 15 janvier 1915, p. 29.)

Rayssac, *Adolphe,* né 4 nov. 1866, à Lunan (Lot); parti 23 déc. 1889, pour le Kouang-Toung; 1914, évêque de Cotyoeum, Vicaire Apostolique du Swatow.

— Lettre de Swatow, 8 mars 1915. (*Miss. Cath.,* 23 avril 1915, pp. 195/196.)

— Lettre de Tchao-tcheou. (*Miss. Cath*, 2 juillet 1915, p. 316.)

— Lettre. — Les inondations en Chine. (*Ibid.,* 10 sept. 1915, pp. 433/434; ill.)

— Lettre de Swatow, 10 nov. 1915. (*Ibid.,* 1916, p. 7.)

— Lettre de Swatow, 23 février 1916. (*Ibid.,* p. 210.)

— Lettre de Swatow, 18 oct. 1916. (*Ibid.,* pp. 591/593.)

— Lettre de Swatow à Mgr. Robert, de Nantes. (*Ibid.,* 8 février 1918, p. 64.)

— Tremblement de terre en Chine. Par Mgr. Rayssac, Vicaire apostolique de Swatow. (*Ibid.,* 19 avril 1918, p. 183.)

— Lettre. — Swatow, 27 mars. — Tremblement de terre en Chine. (*Ibid.,* 24 mai 1918, p. 240; ill.)

— Lettre de Swatow. (*Ibid.,* 27 sept. 1918, p. 459.)

— Lettre. (*Ibid.,* 31 janvier 1919, p. 53.)

— Lettre. — Nouvelles de Chine. — Le R. P. Roudière décoré de la Légion d'Honneur. (*Ibid.,* 5 sept. 1919, pp. 423/424.)

Renault, *Paulin,* né à Thilay (Ardennes), le 3 juin 1846; parti le 8 août 1870; Kouang-Si; † 16 juin 1913.

Notice. (*Cte. rendu,* 1913, pp. 400/408.)

— Lettre de Kouy-lin-fou (Kouang-Si), 22 avril, à M. l'abbé Marnas. (*Miss. Cath.,* XXXVIII, 24 juin 1906, pp. 291/292.)

— * Le P. Paulin Renault, de la Congrégation des Missions-Etrangères, Pro-préfet du Kouang-si (Chine) 1846—1913. — Imprimerie Albert Antiaux, 37 rue de l'Arquebuse et 18, rue de Clèves, Charleville, 1913, in-8, pp. 16.

Rey, *Charles,* né 9 avril 1866, à Lyon; parti 1er mai 1889, pour le Kouang-Toung. — Voir col. 1145.

— Chez les Hac-Ka du Kouang-tong (Chine). par M. Charles Rey, des Missions Etrangères de Paris. (*Miss. Cath.,* 11 oct. 1912, pp. 489/491, fig. et portr.; 18 oct., pp. 499/502, fig.; 25 oct., pp. 511/513, fig.)

— Lettre de Chao-tchin (Kouang-tong) à son frère. (*Ibid.,* 15 nov. 1912, p. 545; portr.)

— Lettre de la mission des « Bambous épineux » (Kouang-tong). (*Ibid.,* 7 nov. 1913, p. 533.)

— Une promenade instructive. Par M. Charles Rey des Missions Etrangères de Paris, missionnaire au Kouang-tong. (*Ibid.,* 5 déc. 1913, pp. 582/584, fig.; 12 déc., pp. 594/597, fig.; 19 déc., pp. 610/611.)

— Lettre. — Deux surprises providentielles. [Ka-yn, au N. E. de Canton.] (*Ibid.,* 8 janvier 1915, pp. 15/16.)

— Lettre. Le surnaturel en pays de mission. (*Ibid.,* 14 mai 1915, pp. 229/232; ill.)

— Relation. — A travers le Kouang-tong oriental (Chine). — La sève monte. (*Ibid.,* 1er mars 1918, pp. 102/104, ill.; 8 mars, pp. 112/114, ill.; 15 mars, pp. 126/127, ill.)

— Esquisses jaunes. — Le pot-au-feu de trois petits Chinois, par M. Charles Rey, des Missions Etrangères de Paris, missionnaire au Swatow. (*Ibid.,* 26 avril 1918, pp. 201/202; 3 mai, pp. 214/215.)

— A Dieu va! Par M Charles Rey, des Missions Etrangères de Paris, missionnaire à Swatow. (*Ibid.,* 18 oct. 1918, pp. 496/497.)

— Coup paré! Par M. Charles Rey, des Missions Etrangères de Paris, missionnaire à Swatow. (*Ibid.,* 27 déc. 1918, pp. 619/620; portr.)

— Lettre. Vicariat apostolique de Swatow (Chine). — Autour d'une idée. (*Ibid.,* 24 oct. 1919, pp. 506/508.)

— Mœurs chinoises. — La Fin d'une Noce par M. Charles Rey, des Missions Etrangères de Paris, missionnaire du vicariat apostolique de Swatow. (*Ibid.,* 14 nov. 1919, pp. 548/550.)

Ridel, *Felix-Clair.* — Voir col. 1145/1146.

— Lettre de Monseigneur F. C. Ridel, Vicaire apostolique de Corée. (*Bull. Soc. Géog. Lyon,* I, Janvier 1876, pp. 278/282.)

Notre-Dame des Neiges (Léao-tong), 25 août 1875.

Robert, *Achille-Paul,* né 21 oct. 1853, à Villers sur Saulnot (Hte Saône); parti 25 janvier 1877, pour la Corée. — Voir col. 1147.

— Lettre de Taïkou (Corée), 19 fév. 1906. (*Miss. Cath.,* XXXVIII, 11 mai 1906, p. 219.)

— Un Jubilé Apostolique. — Le 60e anniversaire du P. Achille Robert, curé de la cathédrale de Taïkou (Corée). (*Ibid.,* 26 déc. 1913, pp. 619/621; portr.)

— Lettre de Taïkou (Corée). (*Ibid.,* 23 janvier 1914, p. 41.)

— Lettre de Taïkou. (*Ibid.,* 1916, p. 214.)

— Lettre de Taïkou (Corée). (*Ibid.,* 25 oct. 1918, p. 509.)

Robert, *Léon-Gustave,* né 24 mars 1866, à Villers sur Saulnot (Hte Saône); parti 14 nov. 1888, pour Hongkong; 1891, procureur à Chang-Haï; 1903, procureur général à Hongkong. — Voir col. 1147.

— Lettre du 6 août. (*Miss. Cath.,* 5 sept. 1913, p. 423.)

— Décoré de l'Epi d'Or de 3e classe par le Gouvernement de la République chinoise. (*Ibid.,* 12 sept. 1919, p. 436.)

— Articles de l'*Echo de Chine* et de la *Dépêche coloniale* à son sujet. (*Miss. Cath.,* 25 juin 1920, p. 294.)

Ronat, *Jean-Baptiste,* né à Boissot (Hte Loire), le 30 avril 1864; parti pour le Kouei-tcheou, le 17 juillet 1872; † à Kouei-yang, le 22 oct. 1919.

Notice. (*Cte. rendu,* 1920, pp. 127/129.)

Rossillon, *Jean-Joseph,* né 7 mai 1877, à Chessenaz (Hte Savoie); parti 13 nov. 1901; Koangtoung.

— Lettre. — L'Evangile au Loui-tchéou (Chine). (*Miss. Cath.,* 4 mai 19 7, pp. 205/207.)

Rouchouse, *Jacques-Victor-Marius,* né 6 juin 1870, à St. Etienne (Loire); parti 15 août 1895 pour le Se Tch'ouan occid.; 1916, évêque d'Égée, Vicaire apostolique.

— Un Sacre d'évêque au Su-tchuen (Chine occid.). (*Miss. Cath.,* 16 fév. 1917, pp. 74/76.)

Consécration épiscopale de Mgr. Rouchouse, à Tch'êngtou, le 1er oct. 1916.

Roudière, *François-Félix-Marie,* né 13 sept. 1861, à Elne (Pyrénées orient.); parti 8 avril 1884, pour le Kouang Toung; curé de Tchao Tcheou.

— Sa belle conduite pendant l'insurrection. (Extr. de l'*Univers.*) (*Miss. Cath.,* 10 janv. 1919, p. 18; portr.)

— Un missionnaire français décoré de la Légion d'honneur. (*Rel. de Chine,* Juill.-Oct 1919, p. 255.)

Rouquette, *Césaire-Prosper,* né à Gorses (Lot), le 26 avril 1880; parti 5 août 1903; Séoul; † 25 déc. 1914.

Notice. (*Cte. rendu,* 1915, pp. 217/219.)

Rousseau, *Léon-Pierre-Victor-Eugène,* né à Saint-Maurice-des-Noues (Vendée), le 29 décembre 1873; parti pour le Se Tch'ouan occid., le 28 juillet 1897; † à Tch'eng-tou, le 8 août 1917.
Notice. (*Cte. rendu,* 1918, pp. 129/131.)

Roux, *Vincent-Joseph,* né à Saint-Vincent-des-Landes (Loire Inférieure), le 25 déc. 1840; parti pour le Kouei-tcheou, le 3 août 1869; † à Tchen-lin, le 25 déc. 1917. — Voir col. 1148.

— Lettre de Tchen-lin (Kouy-tcheou) à M. Roche, prêtre du diocèse de Nantes. (*Miss. Cath.,* 26 oct. 1917, p. 508.)

Ruault, *Georges-Joseph-Emile,* né 17 mars 1881, à Paris; parti 16 août 1905, pour le Kouei Tcheou.

— Lettre. Une page glorieuse des Annales chinoises. — Anniversaire du quadruple martyre de Tsin-gay. (*Miss. Cath.,* 26 juillet 1918, pp. 351/352.)

Rué, *Louis,* né le 24 mai 1874, au Creusot (Saône et Loire); parti 5 mai 1897; Kouang si; † 31 mars 1908, à Hongkong, au sanatorium.
Notice. (*Cte. rendu,* 1908, pp. 346/350.)

Saffroy, *Pierre-Marie-Georges,* né 29 déc. 1877, à Vic-sur-Seille (Lorraine); parti 13 nov. 1901; Mandchourie mérid.; † 14 sept. 1909.
Notice. (*Cte. rendu,* 1909, pp. 364/367.)

Sage, *Vincent-François-Joseph,* né 15 juillet 1870. à Bourg-Argental (Loire); parti 22 juillet 1903, pour la Mandchourie méridionale; Evêque de Cuse et coadjuteur, 20 juillet 1914; † 20 sept. 1917, à Moukden.
Notice. (*Cte. rendu,* 1917, pp. 190/193.)

— Lettre. Un Sacre épiscopal en Mandchourie. (*Miss. Cath.,* 18 juin 1915, pp. 289/290; portr.)

— Nécrologie. — Mgr. Vincent Sage, des Missions Etrangères de Paris, coadjuteur du vicariat apostolique de la Mandchourie méridionale, évêque tit. de Cuse. (*Ibid.,* 5 oct. 1917, p. 479.)

Samoy, *Jules,* né 6 nov. 1861, à Lauwe (Bruges, Belgique): parti 15 déc. 1886; Mandchourie sept.; † 27 sept. 1913.
Notice. (*Cte. rendu,* 1914, pp. 157/160.)

Saucet, *Hippolyte-Joseph,* né 5 avril 1877, à St. Sauveur des Landes (Ille et Vilaine); parti 14 nov. 1906, pour la Corée.

— Une tournée de Mission en Corée. Lettre de M. Hippolyte Saucet, des Missions Etrangères de Paris. (*Miss. Cath.,* XL, 15 mai 1908, pp. 229/230.)

Saunier, *Joseph-Marie,* né à Damvant (Suisse), le 27 nov. 1886; parti pour le Kien-tchang, le 30 août 1916; † à To tchang ou, le 22 mai 1920.
Notice. (*Cte. rendu,* 1920, pp. 151/153.)

Seguin, *François-Lazare,* né 16 fév. 1868, à Ménessarve (Côte d'Or); parti 31 août 1892, pour le Kouei-Tcheou; 28 fév. 1907 évêque de Pinara; coadj. au Kouei Tcheou; Vicaire apostolique 1913.

— Promu à l'épiscopat et nommé coadjuteur de l'évêque de la province de Kouei-tcheou. (*Miss. Cath.,* XXXIX, 19 avril 1907, pp. 183/184.)

Séguret, *Marie-Armand-Isidore,* né 10 janvier 1872, à Vesins (Aveyron); parti 4 août 1897 pour le Kouang Si.

— Lettre du Kouang-si. (*Miss. Cath.,* 29 avril 1910, p. 195.)

Sicard, *Jean-Baptiste,* né 21 mai 1882, à Toulouse; parti 28 oct. 1906 pour le Kouang Toung.

— Lettre de Luc-fung-yen (Kouang-tong). (*Miss. Cath.,* 3 oct. 1913, p. 471.)

— Lettre de Swatow. (*Ibid.,* 1er oct. 1915, p. 472.)

Sifferlen, *Victor-Maurice,* né 31 oct. 1875, à Gewenheim, Strasbourg; parti 1er août 1900, pour le Kouang Si; † à Si Lin, 14 juin 1915.

Soullé, *Jean-André,* né à Saint-Juéry (Aveyron), le 7 oct. 1858; parti 7 oct. 1885, pour le Tibet; assassiné le 14 avril 1905.
Notice d'après la *Revue religieuse du diocèse de Rodez* (*Cte. rendu,* 1905, pp. 349/356), par Mgr. Giraudeau.

Tapponnier, *Hippolyte-Marie,* né 4 mars 1865, à Archamps, dioc. d'Annecy (Haute-Savoie); parti 30 oct. 1888, pour le Yun-nan; † 9 sept. 1911, à Y-O-Fong.
Notice. (*Cte. rendu,* 1912, pp. 370/373.)

(ROUSSEAU. — TAPPONNIER.)

Taquet, *Emile-Joseph,* né 30 oct. 1873, à Hecq (Nord); parti 28 oct. 1897; missionnaire à Quelpart (Corée).

— Lettre, 18 fév. 1911. (*Miss. Cath.,* 12 mai 1911, pp. 222/223.)

Têtu, *Alphonse,* né à Morvans, dioc. d'Autun, 3 juin 1846; parti le 6 nov. 1872, pour le Se Tch'ouan occid.; † 4 janvier 1907, à Tsoung king tcheou (Tch'eng Tou).
Notice. (*Cte. rendu,* 1907, pp. 339/344.)

Thibault, *Jean-Henri,* né à Le Lion d'Angers (Maine et Loire), le 18 oct. 1856; parti pour le Kouei-tcheou, le 1er sept. 1880; † en Sept. 1918.

Thiollière, *Georges-Joseph,* né 29 janvier 1878 à Tarentaise (Loire); parti 13 nov. 1901, pour le Kouang Toung.

— Lettre. (*Miss. Cath.,* 1916, pp. 154/156, 166/168, 177/179.) Fleur des Bois ou les Mésaventures d'une Fiancée chinoise.

— Vicariat apostolique de Swatow. — L'Eglise du Pot. — Relation par M. Georges Thiollière, des Missions Etrangères de Paris, missionnaire à Swatow (Chine). (*Ibid.,* 5 déc. 1919, pp. 584/585; 12 déc. 1919, pp. 596/598.)

Thirion, *Charles,* né à Mackern-Saint-Avold (Moselle), le 5 mars 1872; parti pour le Kouei-tcheou, le 29 juillet 1896; † à Tin-fan, le 8 août 1919.
Notice. (*Cte. rendu,* 1919, pp. 239/242.)

Thomas, *Eugène-Nicolas,* né 26 juillet 1876, à Cany-Barville (Seine infre); parti 23 juillet 1902, pour le Kouang Toung.

— Lettre de Sancian (Kouang toung). (*Miss. Cath.,* XXXVII, 26 mai 1905, p. 245.)

Tintet, *Léon,* né à Ger (Basses-Pyrénées), le 18 juin 1860; parti pour le Tibet, le 2 nov. 1887; † à Bathang, le 30 juillet 1920.
Notice. (*Cte. rendu,* 1920, pp. 153/156.)

Tourneux, *Victor Louis,* né 14 sept. 1879 à Rougé (Loire infre); parti le 5 août 1903, pour la Corée.

— Lettre de Raksantong à Mgr. Robert de Nantes. (*Miss. Cath.,* 18 janvier 1918, p. 28.)

— Idem. (*Ibid.,* 28 juin 1918, p. 305.)

Tournier, *François-Joseph,* né 27 sept. 1876, à Passonfontaine, dioc. de Besançon (Doubs); parti 23 juillet 1902, pour la Corée; † le 5 janvier 1910, à Gensan.
Notice. (*Cte. rendu,* 1910, pp. 327/330.)

Tréeul, *Ernest-Louis-Auguste,* né à la Bazoche-Gouët (Eure-et-Loir), 9 janvier 1879; parti le 22 juillet 1903, pour la Mandchourie mérid.; † 16 oct. 1904, assassiné. — Voir col. 1150.
Notice. (*Cte. rendu,* 1904, pp. 437/441, d'après la *Voix de Notre-Dame de Chartres.*)

Usureau, *René-Dominique-Auguste,* né 27 nov. 1860, à Chemillé (Maine et Loire); parti 7 oct. 1885, pour le Se Tch'ouan mérid.; † 12 août 1891, à Mien lin hien (Se Tch'ouan mérid.). — Voir col. 1150.

— Henri Alliot Curé de Maulévrier (M.-et-L.) — Un apôtre du Su-Tchuen à la fin du XIXe siècle. — René Usureau ami intime et collaborateur très dévoué du Père de Guébriant à ses débuts. — En vente chez l'Auteur : 0 fr. 75. Angers, Imp. F. Gaultier & A. Thébert, 4 rue Garnier, 1917, in-18, pp. 72; portr.
Notice. (*Miss. Cath.,* 16 mai 1919, p. 239.)

Veaux, *Auguste,* né 26 fév. 1869 à Chartrier-Ferrière (Corrèze); parti 9 nov. 1892, pour le Kouang Toung.

— Lettre. Une église chinoise à Marie Reine des Cœurs. (*Miss. Cath.,* 3 juillet 1914, pp. 315/316.)

— Construction d'une église à Hô-Pô (Swatow), par M. Auguste Veaux, des Missions Etrangères de Paris. (*Ibid.,* 1er août 1919, pp. 364/365.)

Veyrac, *Joseph-Basile-Casimir,* né 31 déc. 1868, à La Besse, commune de Villefranche de Panat; parti 15 août 1894; Se Tch'ouan mérid.; † 6 juin 1908.
Notice. (*Cte. rendu,* 1908, pp. 359/363.)

(TAQUET. — VEYRAC.)

Verrolles, Mgr. — Voir col. 1150.

— Extrait du Discours prononcé dans l'église cathédrale de Metz, par Monseigneur Verrolles, Evêque de Colomby, Vicaire apostolique de la Mandchourie, le 22 fév. 1846. Metz, Typ. de Dembour et Gangel, in-8, pp. 16.

Vial, *Paul-Félix-Angèle*, né à Voiron (Isère), le 3 janvier 1855: parti pour le Yun Nan, le 29 oct. 1879; † à Tsin Chan Keou, le 7 déc. 1917. — Voir col. 1151.

Notice. (*Cte. rendu*, 1918, pp. 136/141.)

— Planchet, *Missions de Chine*, 1921, pp. 504/509.

— Nécrologie. — M. Paul-Félix Vial, des Missions Etrangères de Paris, missionnaire au Yunnan. (*Miss. Cath.*, 8 fév. 1918, p. 71.)

Vinçot, *Jacques-Pierre*, né à Plaine-Haute (Saint Brieuc, Côtes du Nord), le 10 août 1825; parti 18 mars 1851, pour le Sc Tch'ouan orient.; rentré en 1888; † 28 oct. 1904, à Montbeton. — Voir col. 1151.

Notice. (*Cte. rendu*, 1905, pp. 320/324.)

Vuillemot, *Joseph*, né 7 mai 1865, à La Marre (Saint Claude, Jura); parti 23 déc. 1889, pour la Mandchourie mérid.; † 6 mars 1912, à Moukden.

Notice. (*Cte. rendu*, 1912, pp. 431/437.)

Wilhelm, *Nicolas-Joseph-Marie*, né 24 janv. 1860, à Speicheren (Lorraine); parti 28 mars 1883; 1888, Corée.

— Pages coréennes. — Une nuit d'épouvantement, par M. Joseph-Marie Wilhelm, des Missions Etrangères de Paris. (*Miss. Cath.*, 8 déc. 1911, pp. 584/586.)

Williatte, *Gustave-Joseph*, né 8 mai 1872 à Auberchicourt (Nord); parti 26 août 1896, pour le Kouei Tcheou. — Voir col. 1151.

— Lettre. — Vicariat apostolique du Koui-tchéou. — L'Ecole des Séminaristes Dioy. (*Miss. Cath.*, 15 août 1919, pp. 399/400.)

CONGRÉGATION DE LA MISSION (LAZARISTES).

1151/1182, 3130.

Col. 1151/1152.

— Répertoire historique de la Congrégation de la Mission ou Congrégation des Lazaristes ..... depuis l'origine jusqu'à la XXVIIe Assemblée générale en 1914 ou Table générale des Annales de la Congrégation de la Mission. — Deuxième édition (Tomes 1 à 78). Paris, à la Procure de la Congrégation de la Mission, 95 rue de Sèvres, 1914, in-8, pp. VII-200.

— Mémoires de la Congrégation de la Mission (Lazaristes). — La Congrégation de la Mission en Chine. — Nouvelle édition revue, corrigée et continuée. Tome I. — Paris, à la Procure de la Congrégation de la Mission, Rue de Sèvres 95. — 1911, in-8, pp. 425. — Tome II. — La Mission française de Pékin. — Ibid., 1912, pp. VIII-663, grav. — Tome III. — Les Vicariats apostoliques. Ibid., 1912, pp. 757.

Préface de A. Milon, Secrétaire général de la Congrégation qui a édité et continué l'ouvrage. — Ouvrage non mis dans le commerce. — Cartes, plans, grav. — Voir col. 1010.

Préface et Table des Matières reproduites dans les *Ann. de la Cong. de la Mission*, vol. 77, 1912, pp. 585/595. La 1ère édition s'arrêtait à 1862; la seconde va jusqu'en 1900. La première édition était due à M. Gabriel Perboyre, prêtre de la Mission, né en 1808, à Catus (Lot): † en 1880, à Montolieu, Aude, cousin du martyr.

— Catalogue des Prêtres, Clercs et Frères de la Congrégation de la Mission qui ont travaillé en Chine depuis 1697. — Pékin, Imprimerie des Lazaristes, 1911, pet. in-8, pp. 63.

— Éphémérides historiques de la Congrégation de la Mission et des Filles de la Charité par un Prêtre de la Mission. Paris, Maison-Mère de la Congrégation de la Mission, 95 rue de Sèvres, 1914, in-8, pp. VIII-541.

Imprimerie W. Vorsselmans, Zundert (Hollande).

— Some Irish Vincentians in China. In the Eighteenth and Nineteenth Centuries by Rev. Patrick Boyle, C.M. — Browne & Nolan, Dublin, 1918, pet. in-8, pp. 63.

Robert Hanna. — Michael Dowling. — Thomas K. Fitzpatrick. — Patrick Moloney. — Louise O'Sullivan.

— * Les Missions Lazaristes en Chine, par Dom Maternus Spitz, O. S. B. (*Catholic Missions*, 1920, pp. 102/105.)

— Ning-Po. — Les Pères lazaristes et les Sœurs de Saint-Vincent. Par F. G. (*Revue mar. et coloniale*, XXXVIII, Sept. 1873, pp. 1170/1174.)

— Chine. Statistique des sept grandes missions chinoises évangélisées par les Lazaristes en 1906/1907. (*Miss. Cath.*, XXXIX, 27 déc. 1907, p. 616.)

.˙.

— Decreta Tertiae Synodi regionalis Pekini habitae, a die 8 Maii ad diem 26 Maii 1892. Pekini, typis Pe-t'ang, 1894, in-8, pp. 76.

— Vicariat du Kiang-si oriental (Chine) Mouvement religieux et œuvres de cette Mission. — A Paris, à la Procure de la Mission, 95 rue de Sèvres, 1899, in-8, pp. 96, front.

Par Mgr. Casimir Vic.

— Noces d'or du Vicariat du Tche-ly Sud-ouest 14 déc. 1858 — 14 déc. 1908. Pékin, Imprimerie des Lazaristes, 1909, in-8, pp. IV-19.

— Vicariatus Apostolicus Tche-ly Centralis. — Adjumenta pro Regimine Missionum. — Pao-Ting-Fou, 1914, in-8, pp. XVIII-610.

Pekini. — Typis Pei-t'ang.

Publié par Mgr. Fabrègues.

— Congrégation des Prêtres de la Mission dite des Lazaristes Fondée par Saint

Vincent de Paul. — Vicariat Apostolique de Pékin & Tche-Ly Nord. — Etat de la Mission — du 1er Juillet 1919 au 30 Juin 1920 — in-4, pp. 139, carte, etc.

∴

— J. M. J. — Apostolicae Facultates earumque Commentarius. — Pekini, Typis Pe-t'ang, 1885, in-8, pp. 81 + 1 p. n. ch.

— Tsao ouan k'o. — Cheung lou Chan koung. — Les Prières du Matin et du Soir Le Chemin de la Croix Traduction française par Un Prêtre de la Mission. — Péking, Typographie du Pe-t'ang, 1894, in-8, pp. 162.

— 早晚課 *Tsao ouan k'o* 聖路善工 *Cheung lou chan koung.* — Les Prières du Matin et du Soir Le Chemin de la Croix Traduction française. Par un Lazariste — (Nouvelle édition. Pékin, Imprimerie des Lazaristes, 1909, in-12, pp. 172.

— 要理問答 *Yao li ouen ta.* Catéchisme des vérités les plus nécessaires, Mot à mot et traduction française (Nouvelle édition). Pékin. Imprimerie des Lazaristes Pei-t'ang, 1903, in-12, pp. XVI-315.

— De Urbanitate statui clericali Consentanea seu Compendium Urbanitatis ad usum Cleri accommodatum. — Pekini, Typis Pei-t'ang. — 1913, in-16, pp. 125.

— 省察撮要 [*Sing tcha tsoui yao*]. Examen de concience abrégé en français et en chinois. Pékin, Imprimerie des Lazaristes du Pei-t'ang. — 1917, in-12, pp. 7.

— Méthode abrégée d'Harmonium. Permettant de pouvoir apprendre et accompagner le plain-chant, sans maître, et après un ou deux mois d'exercice. Pékin, Imprimerie des Lazaristes, 1919, in-8, pp. 22.

∴

— Kiang-si septentrional. — Lettre de Kiu-kiang, 9 mai 1911. (*Miss. Cath.*, 16 juin 1911, pp. 279/280.)

— Jugement porté par le ministre de l'Industrie et du Commerce du Céleste Empire, Pchang Kien, sur les religieuses françaises à Chang haï. (*Ibid.*. 6 mars 1914, p. 113.)

— La Guerre et les Missionnaires. III. Chez les Lazaristes. (*Ibid.*, 18 déc. 1914, p. 603.)

Du *Petit Messager de Ning po.*

— Merveilleuse Moisson de jeunes âmes pour le ciel. (*Miss. Cath.*, 1916, pp. 595/596, 608/611.)

— Petite Corbeille d'histoires racontées en latin et en français, à l'usage des Séminaristes par un Prêtre de la Mission. — Pékin, Imprimerie du Pei t'ang, 1916, in-16, pp. XV-128.

— A Basket of Short Stories in Latin, French, English and Chinese for the use of the Seminarists by a Lazarist Father. — .... Part Second English and China Versions. Peking, Printed at the Pei t'ang, 1918, in-16, pp. 62/115.

— Scènes de la Vie chinoise. — Les pompiers de N... ing-po par un missionnaire lazariste du Tché-kiang. (*Miss. Cath.*, 23 mars 1917, pp. 143/144.)

— Une extrême onction. (Lettre d'un missionnaire lazariste du Tché-kiang oriental (Chine). (*Ibid.*, 14 sept. 1917, pp. 433/436; vue de Shao-hing.)

— Lettre d'un missionnaire lazariste du Tché-kiang oriental, de Ning-po. (*Ibid.*, 16 août 1918, pp. 386/387.)

— R. C. M. (*Ibid.*, 7 mars 1919, p. 119.)

Extr. du *Petit Messager* de Ning-po.

— Visite du premier magistrat de Wenchow au Pou-io-dan (Sanghai). (*Miss. Cath.*, 11 juillet 1919, p. 328.)

— Intronisation solonnelle du Sacré Cœur de Jésus dans la paroisse de Ning po (27 juin). (*Ibid.*, 21 nov. 1919, pp 556/557.)

— C'est un Oiseau qui vient de France! (Extrait du *Petit Messager de Ning-po.*) (*Miss. Cath.*, 26 nov. 1920, p. 559.)

Appiani, *Louis Antoine.* — Voir col. 1153.

— Ludovico Appiani. (*Documenti .... sul Matteo Ripa*, 1904, pp. 619/621.)

Aroud, *Cyprien,* né en 1876; arrivé en Chine 1899; Tchekiang oriental.

— Lettre de Wen-tchow (Tche-Kiang). (*Miss. Cath.*, XXXVII, 21 avril 1905, pp. 184/185.)

— Lettre de Wentchou (Tchékiang), 17 déc. 1905. (*Ibid.*, XXXVIII, 9 fév. 1906, p. 65.)

— Lettre de Wentchou (18 mai), Tche-Kiang. (*Ibid.*, XXXIX, 28 juin 1907, p. 304.)

— Lettre de Wentchow (Tché-Kiang), 2 janvier 1909. (*Ibid.*, 19 fév. 1909, pp. 88/89.)

— Une Eglise à Jeanne d'Arc en Chine. Lettre de M. Cyprien Aroud, lazariste missionnaire à Wentchow (Tche-kiang). (*Ibid.*, 30 juillet 1909, pp. 361/362.)

— Les œuvres hospitalières de Ning-po. — Lettre de M. Cyprien Aroud, lazariste, directeur du district de Wentchow. (*Ibid.*, 22 oct. 1909, pp. 506/507.)

Ning-Po, 23 sept. 1909.

— Une Eglise à Jeanne d'Arc en Chine. — Lettre de M. Aroud, lazariste, missionnaire au Tché-kiang. (*Ibid.*, 19 nov. 1909, pp. 554/555.)

Wentchow, 10 oct. 1909.

— Lettre de Wentchow (Tché-Kiang). (*Ibid.*, 17 fév. 1911, p. 76.)

— Magnifique Mouvement de Conversion au Tche-Kiang (Chine). Lettre de M. Cyprien Aroud, lazariste. — Wentchow, 18 avril 1911. (*Ibid.*, 26 mai 1911, pp. 243/244.)

— Touchante et consolante Tournée pastorale Au Tché-kiang (Chine). Lettre de M. Cyprien Aroud, lazariste. (*Ibid.*, 1er déc. 1-11, pp. 571/572; fig.)

— Une Eglise à Jeanne d'Arc en Chine. — Lettre de M. Cyprien Aroud, lazariste, missionnaire au Tché-Kiang. (*Ibid.*, 15 déc. 1911, pp. 589/590.)

— Lettre de Wentchow (Tché-Kiang), fin Décembre 1911. (*Ibid.*, 16 fév. 1912, p. 76.)

— Horribles ravages d'un typhon en Chine. Premiers détails par M. Cyprien Aroud, lazariste, missionnaire au Tché-Kiang orient. (*Ibid.*, 4 oct. 1912, pp. 470/471.)

— Lettre de Wenchow (Tché-Kiang). (*Ibid.*, 31 janvier 1913, p. 52.)

— Idem. (*Ibid.*, 28 fév. 1913, p. 99.)

— Idem. (*Ibid.*, 27 juin 1913, p. 303.)

— La question scolaire en Chine. — Lettre de M. Aroud, lazariste, missionnaire au Tché-Kiang. (*Ibid.*, 22 août 1913, pp. 399/400.)

— Lettre de Wentchou (Tché-Kiang orient.). (*Ibid.*, 19 déc. 1913, p. 605.)

— Lettre de Seu-na (Tché-Kiang orient.), 17 mars 1914. (*Ibid.*, 15 mai 1914, p. 232.)

— Lettre de Wentchow (Tché-Kiang orient). (*Ibid.*, 7 août 1914, pp. 375/376.)

— Lettre de Wen-tchéou. (*Ibid.*, 28 mai 1915, p. 256.)

— Lettre du Tché-Kiang. (*Ibid.*, 20 août 1915, pp. 399/400.)

— Lettre de Wen Tcheou. (*Ibid.*, 1916, pp. 64/65.)

— Lettre de Wen Tchow. (*Ibid.*, 1916, p. 365.)

— Lettre. — Les catéchistes du Tché-Kiang orient. (Chine). (*Ibid.*, 9 mars 1917, pp. 117/119.)

— Lettre de Yong-ko-djiœ. (*Ibid.*, 23 mars 1917, p. 136.)

— Lettre de Wenchow. (*Ibid.*, 6 sept. 1918, p. 425.)

— Idem. (*Ibid.*, 21 fév. 1919, pp. 87/88.)
Ext. du *Petit Messager* de Ning-po.

— Lettre de Wenchow. (*Miss. Cath.*, 14 mars 1919, p. 124.)
Extr. du *Petit Messager* de Ning-po.

— Lettre de Wenchow. (*Miss. Cath.*, 21 mars 1919, p. 136.)

— Lettre. — Tché-Kiang orient. — La crèche païenne de Wenchow. (*Ibid.*, 8 août 1919, pp. 374/376; ill.)

Barrué, *Louis*, né en 1884, dioc. de Meaux; lazariste; parti en 1902 pour le Tche Li sept.; † à Pe King, 13 juin 1918.

Bégassat, *Marie-Joseph-Jean-Baptiste*, né 20 déc. 1878, à Ourouër-les-Bourdelins, lazariste, 28 mai 1904; Kiang Si sept., 1904; rentré en France; † à Bourges, 25 sept. 1909.
Ann. Cong. Mission, 1911, pp. 364/368, d'après le *Bulletin du Petit Séminaire de Bourges*, janvier 1911.

Boscat, *Louis*, né en 1848; arrivé en Chine en 1880; Kiang Si mérid.; † 27 déc. 1904. — Voir col. 1153.

Bouvier, *Maurice*, né en 1862, dans l'Orne; lazariste; parti pour la Chine en 1902; † à Chang-Hai, 3 sept. 1915.

Bonanate, *Félix*, né en 1881, en Italie; arrivé en Chine en 1902; Kiang-si mérid.

— Une Mission nouvelle au Kiang-si. Lettre de M. Félix Bonanate, lazariste, miss. au Kiang-si mérid. (*Miss. Cath.*, XL, 17 janvier 1908, pp. 25/26.)

Bray, *Géraud*, né à Siran, canton de Laroquebrou, dioc. de St. Flour; 1848, lazariste; 1870 Vicaire apostolique du Kiang Si, évêque de Legione; † à 80 ans, 25 sept. 1905, à Kieou kiang. — Voir col. 1154.

Briand, *François*, né en 1868; arrivé en Chine en 1889; Kiang si sept.

— Lettre. Nouvelles du Kiang-si orient. (*Miss. Cath.*, XXXVIII, 12 oct. 1906, p. 484.)

— Lettre sur le Kiang-si orient. (*Ibid.*, XXXIX, 16 août 1907, pp. 386/387.)

Buck, *Adolphe*, né en 1866; arrivé 1906; Procureur du Tché-Kiang orient.

— Lettre. — Sa Grandeur Mgr. Reynaud décoré par le Gouvernement chinois. (*Miss. Cath.*, 4 juillet 1919, pp. 313/315; portr.)

Chanet, *Louis*, né en 1879; arrivé 1903; Tche-li occid.

— Lettre de Kia-tchouang (Tche-ly occid.), 13 juin. (*Miss. Cath.*, 6 sept. 1912, p. 426.)

— Dans les montagnes du Tché-li occid. par M. Chanet, lazariste. (*Ibid.*, 30 nov. 1917, pp. 572/574; 7 déc. 1917, pp. 586/587.)

(Barrué. — Chanet.)

Ciceri, *Nicolas*, né en 1854; arrivé 1878; Vicaire apostolique du Kiang-si mérid.; évêque de Dansara.

— Lettre. — Le Séminaire du Kiang-si mérid. (*Miss. Cath.*, 1er août 1919, pp. 362/363.)

— Lettre. (*Ibid.*, 30 janvier 1920, p. 53.)

Clément, *Philibert*, né 1868; arrivé 1910; curé de St. Michel de Pékin.

— Lettre. — En Chine. — La Journée du 12 juillet à Pékin. (*Miss. Cath.*, 12 oct. 1917, pp. 481/483; portrait de Ly-yuen-hong et ill.)

— Lettre. — Terribles inondations en Chine. (*Ibid.*, 23 nov. 1917, p. 555.)

— Lettre. — Une paroisse européenne à Pékin. — L'église et la paroisse St. Michel. (*Ibid.*, 21 déc. 1917, p. 609; 28 déc., pp. 618/619; ill.)

— Lettre. — 27 avril. (*Ibid.*, 19 juillet 1918, p. 340.)

— Lettre. — Le Saint Sacrement à Pékin. (*Ibid.*, 27 sept. 1918, pp. 457/458; ill.)

Clerc-Renaud, *Jean-Louis*, né en 1866; arrivé 1893; Vicaire apostolique du Kiang si orient.; évêque d'Elée. — Voir col. 1154.

— Lettre de Kinté-tcheng (Kiang-si orient.), 21 déc. 1904. (*Miss. Cath.*, XXXVII, 2 juin 1905, pp. 257/258; 1 grav.)

— Lettre de Kintê-tcheng (Kiang-si orient.). (*Ibid.*, 21 juillet 1905, p. 340.)

— Lettre de Kin-teh-tcheng, 2 janvier 1912. (*Ibid.*, 9 fév. 1912, p. 64.)

— Les Porcelainiers chinois. — Lettre de Mgr. Clerc-Renaud, lazariste, Vicaire apostolique du Kiang-si orient. (Chine). King-teh-chen, 28 août 1912. (*Ibid.*, 4 oct. 1912, pp. 469/470.)

— Sacre de Mgr. Jean Louis Clerc-Renaud le 3 novembre dans la Chapelle des Filles de la Charité de Yao-tchéou (Kiang-si orient.) (*Ibid.*, 30 mai 1913, p. 256; portr.)
Des *Annales de la Congrégation de la Mission*.

— Besoins de la Mission du Kiang-si oriental. — Lettre de Mgr. Clerc-Renaud, lazariste, Vicaire apostolique. (*Miss. Cath.*, 4 juillet 1913, pp. 313/314.)

— Lettre de Kintchchen, 17 août 1913. (*Ibid.*, 26 sept. 1913, pp. 460/461.)

— Le Culte de la Sainte Eucharistie dans les missions de Chine par Mgr. Clerc-Renaud. (*Ibid.*, 28 août 1914, pp. 418/420.)

— Lourdes. — Congrès Eucharistique International 22—26 juillet 1914. — Le Culte de la Sainte Eucharistie dans les Missions de Chine par Mgr. Clerc-Renaud, Lazariste, Evêque d'Elée, Vicaire apostolique du Kiang-si oriental Paris, Procure générale des Lazaristes ... 1914, in-8, pp. 16; portr.

Notice. (*Miss. Cath.*, 25 sept. 1914, p. 464.)

— Lettre. — Pressant appel d'un Evêque de Chine. (*Ibid.*, 26 fév. 1915, pp. 97/98.)

— Lettre — 13 sept. 1915. — La situation en Chine. (*Ibid.*, 29 oct. 1915, pp. 517/518; ill.)

— Lettre. En tournée pastorale. (*Ibid.*, 31 déc. 1915, pp. 631/633; ill.)

— A travers le Kiang-si. — Voir col., infra.

— Lettre de Fou-tchow, 14 avril 1916. (*Ibid.*, 1916, p. 242.)

— Lettre de Fu-chow-ki, 20 juillet 1916. (*Ibid.*, 1916, pp. 409/410.)
Inondations.

— Lettre de Iao Chow ki, 17 sept. 1916. (*Ibid.*, 1916, p. 520.)
Inondations.

— Lettre. — A travers le Kiang-si (Chine). — De Yao-chow à Kien-tchang. (*Ibid.*, 30 mars 1917, pp. 154/155, carte; 6 avril, pp. 164/165; 13 avril, pp. 174/176, ill.)

— Lettre de Fu-chew-ki, 20 juin. — La Situation religieuse et politique dans la Chine centrale. (*Ibid.*, 24 août 1917, p. 399.)

(Ciceri. — Clerc-Renaud.)

— Lettre de Fu-chow-ki, 30 mars 1919. — Il est urgent de bâtir! (*Ibid.*, 27 juin 1919, pp. 301/302.)

Clet, *Jean-François-Regis.* — Voir col. 1155.

— Soldat du Christ. — Le bienheureux François-Régis Clet Martyrisé en Chine (1748—1820). Par G. de Montgesty . . . Paris (VIe), P. Lethielleux, s. d. [1906], in-8, pp. xvi-304; portr.)

G. de Montgesty = M.-G. Larigaldie, Cong. de la Mission.

— Centenaire célébré à Paris rue de Sèvres, le 17 fév. 1920. (*Miss. Cath.*, 19 mars 1920, p. 137.)

— Centenaire du Bienheureux Clet célébré à Han-K'éou par Mgr. de Guébriant par le R. P. Rutten, Missionnaire de la Mongolie centrale, Secrétaire de Mgr. de Guébriant dans sa visite apostolique de la Chine. (*Miss. Cath.*, 21 et 28 mai 1920, pp. 248/249.)

Du *Bull. Cath. de Pékin.*

Coqset, *Auguste,* né en 1847, dioc. de Soissons; lazariste; parti en 1875 pour la Chine; Vicaire apostolique du Kiang-si mérid., puis du Tche-li Sud-Ouest; évêque de Cordica; † à Tcheng ting, 2 fév. 1917. — Voir col. 1158.

— Célébration du 25e anniversaire de sa consécration épiscopale, le 16 oct. 1912, par la mission de Tcheng-ting-fou. (*Miss. Cath.*, 10 janvier 1913, p. 15.)

— Nécrologie. — Mgr. Auguste Coqset. Lazariste, Vicaire apostolique du Tché-li Sud-Ouest (Chine). (*Ibid.*, 27 avril 1917, p. 203.)

Corset, *Jean-Baptiste,* né en 1874; arrivé 1898; Tche-li central.

— Au Thibet. — Lettre de M. Corset, lazariste à Pao-ting-fou (Chine). (*Miss. Cath.*, 7 juillet 1911, pp. 317/320; fig.)

Cotta, *Antoine,* égyptien, né en 1872; arrivé 1906: Tche li sept.

— Un sacre épiscopal à Pékin. — Lettre de M. Cotta, lazariste. (*Miss. Cath.*, 30 août 1912, pp. 410/413; fig. et portr.)

Mgr. Paul Dumond, 1er évêque de T'ien tsin.

Cottin, *Antoine,* né en 1873, diocèse de Bordeaux; parti en 1898, pour la Chine; † à Hang Tcheou, août 1919.

Crapez, *Henri,* né en 1881; arrivé 1904, Kiang-si orient.

— Lettre de Sin-cheng (Kiang-si orient.). (*Miss. Cath.*, 19 nov. 1909, p. 556.)

Dauverchain, *François,* né en 1842; arrivé en 1879, au Kiang-si orient.

— Lettre du Kiang-si mérid. (*Miss. Cath.*, 2 avril 1909, p. 160; fig.)

Sacre de Mgr. Ciceri.

Defebvre, *André,* né en 1886; arrivé 1904, au Tché-Kiang orient.

— Lettre. Histoire d'un pain. (*Miss. Cath.*, 7 mai 1915, pp. 217/219; ill.)

Delafosse, *Clovis,* né en 1883; arrivé en 1910, à Chao-hing (Tché-Kiang orient.).

— Lettre. (*Miss. Cath.*, 30 avril 1915, p. 209.)

Delaigue, *Jean,* né en 1879, diocèse de Lyon; parti en 1905 pour la Chine; † à Kao Kia tchouang, 16 janvier 1919.

Dumond, *Paul,* né à Lyon, 2 avril 1864; arrivé au Tché-li, 1887; 24 déc. 1899 évêque de Rhinocolure, Premier Vicaire apostolique du Tché-li Nord-Est. — Voir col. 1160.

— Lettre de Tientsin, 27 nov. (*Miss. Cath.*, 20 déc. 1912, pp. 603/604.)

Fabrègues, *Joseph,* né à Montpellier, 26 nov. 1872; missionnaire au Tché-li; 22 fév. 1910, évêque d'Alali et Vicaire apostolique du Tché-li central.

— Sacre de S. G. Mgr. Fabrègues. — Tché-ly central (Chine). (*Miss. Cath.*, 19 août 1910, pp. 385/388; fig.)

Pao-ting-fou, 22 mai 1910.

Lettre. — Tché-ly Central. — Un appel aux catholiques. — Une lettre du Pape. (*Ibid.*, 13 août 1920, pp. 373/376; ill.)

(CLET. — FABRÈGUES.)

— Lettre. — Terrible famine en Chine. (*Ibid.*, 17 sept. 1920, pp. 433/434.)

— Lettre. — La famine en Chine. (*Ibid.*, 1er oct. 1920, pp. 457/458.)

— Idem. (*Ibid.*, 22 oct. 1920, pp. 494/495.)

Fatiguet, *Elisée-Louis,* né à Bordeaux, 21 déc. 1855; arrivé 1886, 29 sept.; évêque d'Aspendus et Vicaire Apostolique du Kiang-Si sept.

— Lettre de Kiu-Kiang (Kiang-Si sept.), le 25 nov. 1910. (*Miss. Cath.*, 13 janvier 1911, p. 16.)

Faure, *Sœur,* Supérieur de la mission des Sacrés Cœurs de Tso fou pang (Tche Kiang).

— Lettre de Tso fou pang (Tche Kiang), 1er mars 1905. (*Miss. Cath.*, XXXVII, 19 mai 1905, pp. 232/233.)

— Lettre de Tso fou pang, 8 sept. 1905. (*Ibid.*, XXXVIII, 12 janvier 1906, pp. 14/15.)

— Lettre. (*Ibid.*, 19 oct. 1906, p. 497.)

— Lettre de Tso fou pang. (*Ibid.*, XXXIX, 16 août 1907, p. 387.)

— Lettre, 1er déc. 1907. (*Ibid.*, XL, 17 janvier 1908, p. 26.)

— Lettre de Tso fou pang, 28 nov. 1908. (*Ibid.*, 22 janvier 1909, p. 39.)

— Lettre de Tso fou pang, 16 juin 1909. (*Ibid.*, 6 août 1909, p. 378.)

— Lettre de Tso fou pang. (*Ibid.*, 28 janvier 1910, p. 40.)

— Lettre de Tso fou pang. (*Ibid.*, 3 février 1911, p. 51.)

Ferrando, *M. V.,* italien; né 1886; arrivé 1910, missionnaire dans l'archipel des Chusan.

— Lettre. — Visite au Séminaire de Ting-hai. (*Miss. Cath.*, 4 juin 1915, p. 269.)

Ferrant, *Paul-Léon,* né à Werwicq, au diocèse de Cambrai, 2 juillet 1859; Lazariste, 1880; Coadjuteur de Mgr. Bray, 2 oct. 1898; Vicaire Apostolique du Kiang-Si sept., 1905; † à Chang-Hai, 5 nov. 1910. — Voir col. 1161.

Ann. Cong. Mission, 1911, pp. 62/64. — Portrait.

— Lettre de Nan-tchang, 10 oct. 1905. (*Miss. Cath.*, XXXVII, 29 déc. 1905, p. 615.)

— Lettre de Nanchang, 19 avril 1909. (*Ibid.*, 11 juin 1909, p 281.).

— Nécrologie. — Mgr. Ferrant Lazariste, Vicaire Apostolique du Kiang-Si sept. (*Ibid.*, 25 nov. 1910, pp. 563/564; portr.)

Festa, *Thomas,* né en 1861, en Italie; parti en 1885 pour le Kiang-Si mérid.; † Sept. 1918.

Flandin, *Constant,* né en 1876, diocèse de Marseille; parti en 1906, pour le Tché-li Sud-Ouest; † 23 avril 1918.

Fleury, *Louis,* suisse, né en 1883; arrivé 1909; Tché-li maritime.

— Lettre. — Etonnante histoire d'un lama mongol. — Du culte de Bouddha promu au sacerdoce catholique. (*Miss. Cath.*, 25 déc. 1914, p. 615; ill.)

Fraser, *J. M.,* Missionnaire à Ning-Po.

— Lettre. (*Miss. Cath.*, 28 mars 1913, p. 147.)

— Lettre. (*Ibid.*, 6 août 1915, p. 377.)

— Lettre. — Edit du sous-préfet de Sien-Kiu [en faveur de la religion]. (*Miss. Cath.*, 3 déc. 1915, p. 580.)

— Accident. (*Ibid.*, 1916, p. 124.)

— Lettre de Sao-Kang. (*Ibid.*, 26 janvier 1917, pp. 40/41.)

Garnier, *Henri.*

— Henri Garnier, Missionnaire Apostolique. — Chez les paysans du Nord de la Chine. — Souvenirs de Mission. — Pékin, Imprimerie des Lazaristes, 1920, pet. in-8, pp. viii-260 + 1 p. n. ch.; ill.

Gâté, *Louis,* né en 1883; arrivé en 1904; Clerc au Séminaire de Kia-Shing

(FATIGUET. — GÂTÉ.)

— Lettre de Pao-ting-fou, 17 août 1913. (*Miss. Cath.*, 26 sept. 1913, p. 461.)

Geurts, né 9 déc. 1862. — Voir col. 1161.

— Echos du Lointain Orient, Chanhaikouan, 10 oct. 1905. (*Miss. Cath.*, XXXVIII, 2 février 1906, pp. 49/52.)

Gilbert, Sœur *Victoire*. — Voir col. 1161—1162.

— Lettre du Tche Kiang. (*Miss. Cath.*, XXXIX, 11 janvier 1907, p. 15.)

— Lettre. L'hôpital Saint-Joseph de Ning Po. (*Ibid.*, 10 mai 1907, pp. 218/220.)

— Lettre. (*Ibid.*, 2 août 1907, pp. 361/363.)

— Le choléra à Ning Po. Lettre. Ning Po, 7 sept. 1907. (*Ibid.*, 11 oct. 1907, pp. 481/482.)

— Lettre 24 déc. (*Ibid.*, XL, 24 janvier 1908, p. 41.)

— Lettre, 15 janvier 1908. (*Ibid.*, 28 février 1908, p. 100.)

— Lettre. (*Ibid.*, 3 avril 1908, p. 159.)

— L'hôpital Saint-Joseph de Ning Po. (*Ibid.*, 12 février 1909, pp. 73/75; fig.)

— Lettre, 1er mai. (*Ibid.*, 2 juillet 1909, pp. 316/317.)

— Lettre, 17 juillet 1909. (*Ibid.*, 3 sept. 1909, p. 426.)

— Lettre de Ning Po. (*Ibid.*, 26 nov. 1909, p. 569.)

— Lettre de Ning Po, 27 déc. 1909. (*Ibid.*, 28 janvier 1910, p. 40.)

— Lettre, 9 juin 1910. (*Ibid.*, 8 juillet 1910, p. 318.)

— Lettre. (*Ibid.*, 30 déc. 1910, p. 614; fig.)

— Lettre, 24 sept. 1911. (*Ibid.*, 17 nov. 1911, pp. 543/544.)

— Lettre de Ning Po. (*Ibid.*, 17 janvier 1913, p. 30.)

— Les œuvres des Filles de la Charité à Ning-Po (Chine). (*Ibid.* 1916, p. 51.)

Lettre de Sœur Gilbert.

— Lettre de Sœur Gilbert. (*Ibid.*, p. 470.)

— Lettre de Ning-Po, 26 oct. 1916. (*Ibid.*, pp. 567/568.)

— Lettre de Ning-Po. (*Ibid.*, 30 nov. 1917, p. 569; ill.)

— Lettre. — 27 nov. 1917. (*Ibid.*, 8 fév. 1918, p. 76.)

— Lettre. — L'hôpital Saint-Joseph de Ning-Po (Chine). (*Ibid.*, 7 juin 1918, p. 267.)

— Lettre. — Tché-Kiang oriental. — Les Pauvres de Ning-Po. (*Ibid.*, 30 janvier 1919, pp. 50/51.)

— Lettre. — Ning-Po, 25 juillet 1919. — La famille de Sœur Gilbert. (*Ibid.*, 3 oct. 1919, pp. 469/470; ill.)

— Lettre. — La Famille de Sœur Gilbert. (*Ibid.*, 24 sept. 1920, pp. 447/449; ill.)

Guerlain, Sœur, de Tcheng-ting-fou (Tché-ly meridio-occidental.)

— Lettre. (*Miss. Cath.*, XXXIX, 8 nov. 1907, pp. 533/534.)

— Lettre à Mr. le général Libermann. — Tcheng-ting-fou, 28 sept. 1917. — Terribles inondations en Chine. (*Ibid.*, 11 janvier 1918, pp. 15/16.)

— Extrait de lettre à Mr. le général Libermann. (*Ibid.*, 11 oct. 1918, p. 484.)

Hermet, *Cyprien*, né en 1851, diocèse de Rodez; lazariste; parti en 1913, pour la Chine; † à Peking, 26 avril 1919.)

Hubrecht, *Alphonse*, né en 1883; arrivé 1909; Professeur au Séminaire de Cha-la; curé de St. Louis à T'ien-Tsin.

— Lettre de Tien-tsin. (*Miss. Cath.*, 7 sept. 1917, pp. 424/425.)

— Lettre de Tien-tsin. (*Ibid.*, 8 nov 1918, p. 532.)

Huc, *Evariste-Régis*. — Voir col. 1163.

— Henri Cordier. — Huc, Evariste Régis. (*Catholic Encyclopedia*, p. 510.)

— The Expulsion of Huc and Gabet from Lhasa. (*Geogr. Journal*, July 1910, p. 103).

D'après Henri Cordier.

Ibarruthy, *Bernard*, né en 1859; arrivé en 1882, au Tche-Kiang orient.

— Un épisode de l'insurrection des Boxeurs au Tché-Kiang. (*Miss. Cath.*, XXXIX, 5 juillet 1907, pp. 313/314.)

— Lettre. — Vierges du purgatoire de Chao-Ching. (*Ibid.*, 11 juin 1915, p. 280; ill.)

— Lettre de Chu Chow. (*Ibid.*, 1916, p. 100.)

Jaladieu, *Célestin*, né à Gaycre, dioc. d'Albi, 28 fév. 1878: parti en 1902, pour le Tché-li Sud-Ouest; † à Tchen Ting, 2 juin 1917.

Jarlin, *Stanislas*, né à Cette, 20 janvier 1856; arrivé à Chang Haï, 4 nov. 1886; Tché-li Nord; évêque de Farbeto; Vicaire apostolique du Tché-li Nord. — Voir col. 1163.

— Chine. — Mgr. Jarlin, évêque de Péking, reçu en audience par Yuen Che kai. (*Miss. Cath.*, 5 avril 1912, p. 161.)

— A commencé le procès d'information pour la béatification et la canonisation de tous les Chrétiens du vicariat tués par les Boxeurs en 1900. (*Ibid.*, 3 juillet 1914, p. 317.)

Du *Bull. Cath.* de Pékin, Juin 1914.

Jaurias, Sœur *Hélène* de. — Voir col. 1163.

— L'Héroïne du Pé-tang — Hélène de Jaurias Sœur de Charité par Henri Mazeau. Avec une Lettre — Préface de L'Amiral de Cuverville, Ancien Chef d'Etat — Major général de la Marine, Sénateur du Finistère. Paris, Victor Retaux, 1905, in-12, pp. xvii-366; portr.

Notice: *Miss. Cath.*, XXXVII, 7 juillet 1905, p. 324.

Jenlis, *René* de, né 1876; arrivé en 1903 au Kiang-si mérid.

— Lettre de Tai-ho-ki (Kiang-si mérid.), 28 avril. (*Miss. Cath.*, 3 juillet 1914, p. 318; grav.)

Lacroix, *Pierre*, né en 1886, à Tulle; parti en 1912, pour la Chine; † à Peking, mars 1919.

Lefebvre, *Emile-Jean-Baptiste-Joseph*, né à Tourcoing (Nord), 25 fév. 1848; lazariste, 7 juillet 1870; arrivé à Chang Haï, le 11 déc. 1870; † 1er mars 1917, à Kieou-Kiang.

Ann. Cong. Mission, 1918, pp. 584/590.

Legrand, *Pierre*, né en 1884; arrivé 1902; curé de Hou Tcheou (Tché-kiang occid.).

— Lettre. — Visites pastorales dans le Tché-kiang occid. (*Miss. Cath.*, 31 oct. 1919, pp. 517/519.)

Lemoine, *Ildefonse*, né en 1880, dioc. de Lille; lazariste; parti en 1906, pour le Tché-li Sud-Ouest; † 30 avril 1918.

Lepers, *Jean-Baptiste*, né 1864; arrivé 1891; miss. de Ning-po et Pro-vicaire du Tché-kiang oriental.

— Lettre. — 40 ans de Mission, 35 ans d'épiscopat. (*Miss. Cath.*, 16 mai 1919, pp. 229/230.)

— Lettre de Haimen, 2 juin 1915. (*Ibid.*, 13 août 1915, p. 388.)

— Lettre. — L'île du Bon Dieu (Tchou-san). (*Ibid.*, 20 juillet 1917, pp. 339/341; carte.)

— Lettre. — Jubilé d'une Mission chinoise. (*Ibid.*, 19 avril 1918, pp. 181/182; ill.)

— Voir Tche-Kiang. — Col. 3317.

Le Port, Sœur, Sup. des Filles de la Charité de N. D. des Neiges à Kianfou (Kiang-Si mérid.)

— Lettre du Kiang-si mérid (*Miss. Cath.*, 5 mars 1920, p. 112; ill.)

— Lettre. (*Ibid.*, 8 oct 1920, p. 473.)

Lescos, *Daniel*, né en 1877, Gironde; parti en 1904, pour le Tché-li Sud-Ouest; † 12 janv. 1917.

— Lettre. — Un admirable chef de famille. (*Miss. Cath.*, 17 juillet 1914, pp. 337/339; ill. et portr.)

Louat, *Pierre*, né en 1865; arrivé 1888, au Tche-Kiang orient. — Voir col. 1164.

— Lettre de Hang-tcheou (Tché-Kiang), 21 nov. 1905. (*Ibid.*, XXXVIII, 12 janvier 1906, pp. 13/14.)
Mission de Hang-tcheou.

— Lettre de Hang-tcheou (Tché-Kiang). (*Ibid.*, 8 juin 1906, p. 268.)

— Lettre de Hang-tcheou (Tché-Kiang), 8 sept. 1907. (*Ibid.*, XXXIX, 6 déc. 1907, p. 581.)

— Lettre de Shaoshing (Tché-Kiang). (*Ibid.*, 23 février 1912, pp. 89/90.)

Maignaud, Missionnaire Apostolique à Té-ngan-hien, près Kieou-Kiang (Kiang-si sept.).

— Lettre, 3 février. (*Miss. Cath.*, 15 mars 1912, p. 125.)

Marie Marthe, *Sœur,* Fille de la Charité, Supérieure de l'Hôpital Notre-Dame des Anges.

— Lettre de Kiou Kiang (Kiang Si sept.), 1er nov. 1906. (*Miss. Cath.*, XXXIX, 11 janvier 1907, p. 15.)

— Lettre de Kiou Kiang. (*Ibid.*, 8 nov. 1907, pp. 534/535.)

Maury, *Etienne,* missionnaire à Kia-tchouang (Tché-li Sud-Ouest).

— Lettre. — Kia Tchoang, 17 juillet 1919. — Retour en Chine. (*Miss. Cath.*, 10 oct. 1919, pp. 483/484.)

— Lettre. — La Mission de Kia-tchoang. — La Famine. — Le Choléra. (*Ibid.*, 19 nov. 1920, pp. 542/544.)

Montaigne, *Paul,* né en 1883; arrivé en 1907, au Tché-li centr.

— Lettre à Mgr. Fabrègues, à Paris. — La Famine en Chine [Pao-ting-fou, le 23 août 1920]. (*Miss. Cath.*, 22 oct. 1920, pp. 493/494.)

Morel, *Louis,* né en 1884; arrivé en 1908; Tché-li sept.; Supérieur du Séminaire de T'ien-tsin.

— Lettre. (*Miss. Cath.*, 13 sept. 1912, p. 437.)

— Intelligentes et fructueuses initiatives. — Lettre de M. L. Morel, Lazariste, missionnaire au Tché-li maritime. (*Ibid.*, 13 déc. 1912, pp. 598/599.)

Mulleuer, *Jean,* né à Brême, 4 oct. 1673; part pour la Chine 1697; missionnaire au Se-Tch'ouan Nord et Est; évêque de Myriopolis; Vicaire Apostolique du Se-Tch'ouan, 1716; administrateur du Hou-Kouang et du Kouei-Tcheou; † 17 déc. 1742; enterré à Tch'eng-tou. — Voir col. 1165, 3130.

— Müllener. (*Documenti . . . sul Matteo Ripa,* 1904, p. 589.)

Mustel, *Charles,* né en 1858, à Langres; parti en 1884, pour le Tche-Kiang orient.; † Chang-Hai, 9 juin 1914.

Ouang, *Joseph-Michel,* prêtre chinois; curé de Kin-Houa-fou (Tche-Kiang occid.).

— Lettre. (*Miss. Cath.*, 27 juin 1919, p. 303.)
Sur Kinhoafu.

— Lettre au R. P. Brennan, S. J., de Sydney. (*Ibid.*, 26 sept. 1919, p. 461.)

— Lettre adressée au R. P. Joseph Brennan, dir. de l'Œuvre de la Prop. de la Foi dans l'archidiocèse de Sydney (Australie). (*Ibid.*, 5 sept. 1919, p. 424; ill.)

— Lettre. — Statistique de ses œuvres. (*Ibid.*, 13 août 1920, p. 378.)

Ouang, *Paul-Joseph,* † 7 fév. 1913, à Peking.

Notice. (*Ann. Cong. Mission,* 1914, pp. 268/273; portr.)

Paudelé, *J.*

— Lettre de Kia-shing (Tché-kiang). (*Miss. Cath.*, 22 mars 1918, p. 137; ill.)

— Lettre. — Tché-kiang occid. — La Mission de Kianshan. (*Ibid.*, 17. sept. 1920, pp. 434/435.)

Pech, *Louis,* né en 1880; parti 1905; Haimen, Tche-kiang orient.

— Lettre de Niowain. (*Miss. Cath.*, 1916, p. 353.)

— Lettre. — Chine. — Le passage d'un typhon à Hai-men. (*Ibid.*, 26 nov. 1920, pp. 553/555.)

(Maignaud. — Pech.)

Pedrini, *Theodoric.* — Voir col. 1165.

— Pedrini, Theodoric. (*Documenti . . . sul Matteo Ripa,* 1904, pp. 589/594.)

— Facsimile de lettres de Pedrini dans Vincentils.

Perboyre, *Jean-Gabriel.* — Voir col. 1165 et 3130.

— G. de Montgesty. — Témoin du Christ. — Le Bienheureux Jean-Gabriel Perboyre (1802—1840). Paris (VIe), P. Lethielleux, s. d. [1905], in-8, pp. xvi-250 + 1 p. n. ch.; grav.

— G. de Montgesty = M.-G. Larigaldie.

Pérès, *Jean-Marie,* né en 1855, Morbihan; parti en 1881, pour le Kiang-Si mérid.; † à Kin Yan, Juin 1917.

— Lettre. — 22 oct. 1916. (*Miss. Cath.*, 19 janvier 1917, p. 29.)

Planchet, *Jean-Marie,* né en 1870; parti 1894, pour le Tché-li sept.

— Lettre de Pékin, 13 sept. (*Miss. Cath.*, 15 oct. 1915, p. 498.)

— En Chine. — Ere de prospérité pour le catholicisme. — Lettre de M. Planchet, missionnaire lazariste. — Pékin, 24 avril 1913. (*Ibid.*, 23 mai 1913, pp. 241/242.)

— Lettre de Pékin, 3 août 1913. (*Ibid.*, 22 août 1913, p. 401.)

— Lettre de Pékin. (*Ibid.*, 21 août 1914, p. 399.)

— Lettre de Pékin. (*Ibid.*, 2 nov. 1917, p. 521.)

— Lettre. (*Ibid.*, 31 déc. 1920, p. 617.)

— J. M. Planchet Missionnaire Lazariste — Les Missions de Chine et du Japon — 1916 — Première Année — Pékin Imprimerie des Lazaristes 1916, in-8, pp. 492-iii, carte ecclésiastique de Chine.

— J. M. Planchet Missionnaire Lazariste — Les Missions de Chine et du Japon — 1917 — Deuxième Année — Paris, Imprimerie des Lazaristes, 1917, in-8, pp. xiii-447, carte ecclésiastique du Japon.

— J. M. Planchet Missionnaire Lazariste — Les Missions de Chine et du Japon — Troisième Année — Pékin, Imprimerie des Lazaristes, 1919, pet. in-8, pp. viii-491.

— — Quatrième année. Ibid., in-8, pp. viii-521.

Voir col. 3576.

— Les Missions des Lazaristes en Chine en 1851 et 1852. — Rapport de Visite. — (Journal de M. Poussou, Assistant de la Congrégation de la Mission, envoyé extraordinaire dans nos missions de Chine, d'Abyssinie et de Syrie en 1851 et 1852, in-4, pp. 58.

Transcription du Ms. original écrit au crayon, conservé aux archives du Secrétariat de la Congrégation de la Mission, 95 rue de Sèvres, à Paris.

— J. M. Planchet. — Missionnaire Lazariste — Documents sur les Martyrs de Pékin pendant la persécution des Boxeurs.

(Pedrini. — Planchet.)

Pékin, Imprimerie des Lazaristes, 1920, gr. in-8, pp. 404; ill.

— J. M. Planchet. — Idem, 1922, in-8, pp. XIX-418.

Ponzi, *Joseph*, né en 1857, à Tarente; lazariste; missionnaire au Tche-Li sept.; † à Toung Tang, 16 août 1917.

Raux, *Nicolas-Joseph*. — Voir col. 1180.

— Les Correspondants de Bertin, Secrétaire d'Etat au XVIIIe siècle, par Henri Cordier. (*T'oung Pao*, Mai 1913, pp. 227/257.)

I. RAUX.

Reynal, *Marie-Madeleine*, Fille de la Charité. — Supérieure du Jentseut'ang; née 7 août 1872, à St. Cyprien (Dordogne); arrivée en Chine en 1907; † 24 mars 1919.

Planchet, *Missions de Chine*, 1921, pp. 511/512.

— Lettre de Pe King. (*Miss. Cath.*, 1916, p. 448.)

Sur le Jen Tseu T'ang.

Reynaud, *Paul-Marie*. — Voir col. 1180.

— J. M. J. V. — Une autre Chine par Mgr. P. M. Reynaud C. M. Evêque titulaire de Fussulan Vicaire Apostolique du Tché-kiang (Chine). — Abbeville, C. Paillart, 1897, in-8, pp. 158 + 1 p. n. ch. tab., pl.

— La Chine nouvelle — Conférence faite à la Société de Géographie de Lille, le Dimanche 3 décembre 1905, par Mgr. P.-M. Reynaud, Evêque de Fussulan, Vicaire apostolique du Tche-Kiang. — — Extrait du Bulletin de la Société de Géographie de Lille (Février 1906). Lille, Imprimerie L. Danel, 1906, in-8, pp. 9, 1 pl.

— * Reynaud. — Catholic China: the Celestial Empire as viewed by a Catholic Bishop. Dublin, 1919, pp. 27.

Catholic Mission Series, n° 3.

— Lettre. Lyon, 25 oct. 1905. (*Miss. Cath.*, XXXVII, 3 nov. 1905, p. 518.)

— Lettre. (*Ibid.*, p. 519.)

— Le clergé indigène au Tché-Kiang. Lettre. (*Ibid.*, XXXIX, 1er mars 1907, pp. 97/99.)

— Chez les Filles de la Charité de Ningpo. (*Ibid.*, 29 janvier 1909, pp. 52,53.)

— Le Jubilé épiscopal de Mgr. Reynaud, Vicaire apostolique du Tché-Kiang (Chine). — Lettre de M. Ibarruthy, lazariste. (*Ibid.*, 17 déc. 1909, pp. 601/602; fig. et portr.)

— La Révolution en Chine. Les «Ke-min-tang» ou réformistes. — Lettre de Mgr. Reynaud, lazariste, Vicaire apostolique du Tché-Kiang oriental. (*Ibid.*, 10 nov. 1911, pp. 529/530.)

— Lettre de Chao-shing, Tché-Kiang. 4 avril 1912. (*Ibid.*, 26 avril 1912, p. 196.)

— La famine. — Nouvel et pressant appel, de Mgr. Reynaud. — Chaohing, 17 avril 1912. (*Ibid.*, 10 mai 1912, pp. 217,218.)

— Une nouvelle épreuve pour le Tché-Kiang. Nécrologie de M. Lonat, supérieur de la mission du Chao-Sing. — Lettre de Mgr. Reynaud, lazariste, Vicaire apostolique du Tché-Kiang oriental, 14 mai 1912. (*Ibid.*, 28 juin 1912, pp. 301 302.)

— Horribles Ravages d'un typhon en Chine. Télégramme de Mgr. Reynaud, Vicaire apostolique du Tché-Kiang oriental, Ning-po, 16 sept. (*Ibid.*, 20 sept. 1912, p. 447.)

— Les deux désastres du Vicariat apostolique de Mgr. Reynaud. — Lettre de Mgr. Reynaud, lazariste, Vicaire apostolique du Tché-Kiang oriental. (*Ibid.*, 11 oct. 1912, pp. 481/482.)

— Lettre de Ning-Po, 12 oct. 1912. (*Ibid.*, 8 nov. 1912, p. 533.)

— Aux Pays ravagés par la famine et le typhon. — Lettre de Mgr. Reynaud, lazariste, Vicaire apostolique du Tché-Kiang oriental. (*Ibid.*, 25 oct. 1912, pp. 505/506; fig.)

— Lettre de Ning-Po, 22 oct. 1912. (*Ibid.*, 22 nov. 1912, p. 555.)

— Hier, aujourd'hui et demain au Tché-Kiang. Lettre de Mgr. Reynaud, lazariste, Vicaire apostolique du Tché-Kiang oriental. (*Ibid.*, 5 déc. 1913, pp. 579/581.)

— Les trente années d'épiscopat de Mgr. Reynaud [Vicaire apostolique du Tché-Kiang oriental]. (*Ibid.*, 2 oct. 1914, pp. 471/472.)

— Lettre. — Ning-po, 6 avril 1918. — Appel en faveur des inondés et des affamés du nord de la Chine. (*Ibid.*, 21 juin 1918, pp. 290,291.)

— Hommage aux missionnaires. — Grande générosité d'un évêque français en faveur des inondés de Tien-tsin. [Extr. du *Ia-tcheou-je-pao*, journal de Shang-hai.] (*Miss. Cath.*, 19 juillet 1918, pp. 339/340.)

Mgr. Reynaud.

— Lettre. (*Ibid.*, 7 nov. 1919, p. 534.)

Du *Petit Messager* de Ning-po.

— Le Missionnaire du Pape. — Trois importants documents en vue d'une «croisade féconde». — Supplique de Mgr. Reynaud au Souverain Pontife. Paris, 17 nov. 1919. — Réponse de Notre Saint Père le pape Benoît XV. — Appel de Mgr. Reynaud pour la Conversion de la Chine. (*Miss. Cath.*, 9 janvier 1920, pp. 13/16.)

— Lettre. — Une Audience du Saint-Père. (*Ibid.*, 5 Mars 1920, pp. 109/111.)

— Lettre. — Une Jonque chinoise au Vatican. (*Ibid.*, 26 mars 1920, pp. 145/146.)

— Lettre. — Chinois décorés par Notre Saint-Père le Pape. (*Ibid.*, 4 juin 1920, pp. 255/256.)

— Le Président de la République chinoise décore Mgr. Reynaud. (*Ibid.*, 23 mai 1919, p. 245.)

De l'*Echo de Chine*.

— Lettre. — Adoption de Prêtres chinois. (*Miss. Cath.*, 3 sept. 1920, pp. 409/410; portr.)

Ricaud, *Sœur*, voir col. 1180.

— L'hôpital Saint Joseph de Ning Po. Lettre. (*Miss. Cath.*, XXXVII, 8 sept. 1905, pp. 421/422.)

— Lettre de Ning Po, 8 mars. (*Ibid.*, XXXVIII, 27 avril 1906, p. 175.)

— L'Orphelinat de Ning Po. (*Ibid.*, 12 oct. 1906, pp. 483/484.)

— Lettre de Paris, 31 mai 1909. (*Ibid.*, XXXIX, 7 juin 1907, p. 267.)

— Lettre de Hang Tcheou, 22 déc. 1908. (*Ibid.*, 5 février 1909, p. 23.)

Richenet, *Jean-François*, né en 1759; arrivé en 1800; procureur à Macao; rentré en France, 1815; † à Paris, 19 juillet 1836. — Voir col. 1180.

— Note sur la mission des Lazaristes en Chine par l'abbé Richenet, de la Congrégation de la Mission. (*T'oung Pao*, XX, N° 2, Mars 1920—1921, pp. 117/129.)

Rossignol, *Jean-Baptiste*, né en 1871; arrivé en 1896; missionnaire à Kieou-Kiang (Kiang-Si sept.).

— Lettre, 12 déc. 1911. (*Miss. Cath.*, 12 janvier 1912, pp. 15/16.)

— Lettre de Kiu-Kiang (Kiang-Si sept.), le 25 mars 1912. (*Ibid.*, 31 mai 1912, p. 255.)

— Lettre de Kiu-Kiang (Kiang-Si sept.). (*Ibid.*, 20 déc. 1912, p. 604.)

— Lettre de Kiu-Kiang, 25 juillet 1913. (*Ibid.*, 5 sept. 1913, p. 423.)

— Lettre de Kiou-Kiang (Kiang-si sept.), le 25 fév. 1914. (*Ibid.*, 3 avril 1914, p. 161.)

— Lettre de Kiu-Kiang, 28 mai 1914. Hommages rendus par le Gouvernement chinois à un Evêque missionnaire français. (*Ibid.*, 5 juin 1914, pp. 265/266.)

A Mgr. Louis Fatiguet par Ly-Chœn, Gouverneur Militaire Généralissime des armées du Kiang-Si.

Rougier, *Sœur Thérèse,* Supérieure de l'Orphelinat de Notre-Dame des Anges de Kieou Kiang.

— Lettre. (*Miss. Cath.*, XXXIX, 29 nov. 1907, pp. 568/569.)

— Lettre. (*Ibid.*, 16 avril 1909, p. 183.)

— Lettre, 19 juin 1909. (*Ibid.*, 20 août 1909, p. 400.)

Roussez, *Emile,* né en 1883 à Cambrai; parti en 1909, pour le Tche-li S.-O.; † à Tchao-Tcheou, 6 mars 1914.

Sainte-Claire Deville, Sœur, fille de la Charité de Saint-Vincent-de-Paul, Supérieure de l'hôpital Jean-Gabriel, à Wentcheou.

— Lettre de Wentcheou, 27 janvier. (*Miss. Cath.*, 27 février 1914, p. 102.)

— Lettre. — Les filles de la Charité à Wen-chow (Chine). (*Ibid.*, 27 août 1915, pp. 409/410.)

— Lettre de Wenchow, 26 oct. 1915. (*Ibid.*, 10 déc. 1915, p. 593.)

— Lettre de Wen Tchow. (*Ibid.*, 1916, pp. 327/328.)

— Lettre. — Les Filles de la Charité à Wenchow (Chiné). (*Ibid.*, 9 fév. 1917, pp. 63/64.)

— Lettre. — La mission de Wen-tchow. (*Ibid.*, 26 oct. 1917, p. 507.)

Salon, *Jean,* né en 1880; arrivé 1905; missionnaire à P'ing-Yang près Wen-Tchéou.

— Lettre ouverte à l'Enfant Jésus. (*Ibid.*, 9 février 1912, p. 65.)

Scherjon, *Guillaume,* hollandais, né en 1877; arrivé 1902, au Tché-Li oriental.

— Ly Ts'uen par le R. P. Scherjon, lazariste, missionnaire à Chien-Chang-ing, Tché-ly oriental. (*Ibid.*, 14 mars 1919, pp. 125/126; ill.)

Schirm, *Bernard,* né en 1881, dioc. de Valence; parti en 1906, pour le Kiang-Si mérid.; † à Nan Ngan, juin 1919.

Scialdone, *Louis,* italien; né en 1880; arrivé en 1903; Kiang-Si oriental.

— Chez les Taoïstes (Chine). — Lettre de M. Louis Scialdone, missionnaire lazariste au Kiang-Si oriental. (*Miss. Cath.*, 23 juin 1911, pp. 289/290.)

Souvignon, *Sœur,* Fille de la Charité.

— Lettre de Kiou Kiang (Kiang Si sept.). (*Miss. Cath.*, 3 mars 1911, p. 100.)

— Lettre de Kiou Kiang. (*Ibid.*, 28 juillet 1911, p. 353.)

Tamet, *Antoine,* né 1854; arrivé 1882.

— * Monsieur Antoine Tamet, provicaire du Kiang-si orient. (1854—1913). Notes et souvenirs. — En vente à la Maison-Mère des Lazaristes, rue de Sèvres, 95, Paris, in-16.

Notice: *Miss. Cath.*, 11 janvier 1918, p. 23.

Tch'ou, *Martin,* né en 1871 en Chine; lazariste; † à Pe King, 17 oct. 1918.

Thières, *Joachim,* né en 1871; arrivé en 1896 au Kiang-Si sept.

— Lettre de Kiou-kiang, 16 juillet 1915. (*Miss. Cath.*, 17 sept. 1915, p. 448.)

Ting, *Léon,* né en 1880, prêtre chinois du district de Chüchow (Tché kiang occid.).

— Lettre au R. P. Brennan, jésuite. (*Miss. Cath.*, 22 août 1919, p. 401.)

— Lettre. — Tché-kiang occid. — Reconnaissance d'un Prêtre chinois. (*Ibid.*, 13 fév. 1920, p. 77.)

Tisserand, *Jean-Baptiste,* né en 1875; arrivé en 1902 au Tche-Kiang occid.

— Lettre de Kiu-tcheou (Tché-Kiang). (*Miss. Cath.*, 25 mars 1910, p. 136.)

— Lettre de Chu-Chow (Tché-Kiang). (*Ibid.*, 9 juin 1911, p. 269.)

— Lettre de Chu-Chow (Tché-Kiang occid.). (*Ibid.*, 31 oct. 1913, pp. 521/522; portr.)

— Lettre de Chu-Chow (Chine), 19 janvier 1914. Un enterrement et une fête de Noël au Tché-Kiang. (*Ibid.*, 27 fév. 1914, pp. 98/99.)

— Progrès du catholicisme en Chine. — Lettre de M. Tisserand, lazariste, missionnaire à Chu-Chcw. (*Ibid.*, 13 juin 1913, pp. 277/278.)

— Lettre de Chu-Chow (Tché-Kiang occid.) (*Ibid.*, 17 juillet 1914, pp. 339/340.)

Tokarski.

— Lettre du 20 mai 1916. (*Miss. Cath.*, 1916, pp. 301/302; ill.)

La Mission de Pékin.

— Lettre de Pékin, 28 juin 1916. (*Ibid.*, 1916, pp. 399/400.)

Mort et Funérailles de Youen Che-k'ai.

Valette, *Jean,* né en 1879, diocèse d'Albi; parti en 1903, pour le Tché-li S.-O.: † mars 1918.

Van Oyen.

— Bienvenue à M. Van Oyen, nouveau missionnaire. (*Miss. Cath.*, 28 mars 1919, p. 148.)

Extrait du *Petit Messager* de Ning-Po.

Verhaeren, *Hubert,* hollandais, né en 1877; arrivé en 1902, au Tché-li sept.

— Lettre de Si-bo-ing (Tché-li sept.). (*Miss. Cath.*, 19 sept. 1913, p. 449.)

Verrière, *Joseph,* né en 1867, à Lyon; parti en 1897, pour le Kiang-Si mérid.; † à Chang-Hai, 2 août 1914.

Vic, *Casimir,* né le 22 sept. 1852, à Graissac (diocèse de Rodez), † à Kia-hing, le 2 juin 1912; évêque de Metellopolis et premier Vicaire Apostolique du Kiang-Si oriental, 11 juillet 1885.

— Nécrologie. — Mgr. Casimir Vic de la Congrégation des Lazaristes, Vicaire Apostolique du Kiang-Si oriental (Chine). (*Miss. Cath.*, 5 juillet 1912, pp. 323/324; portr.)

Vienne, Mgr. *Jean de,* Vicaire Apostolique du Tché-li Sud-Est; né en 1877; arrivé 1901.

— Lettre de Tchen-ting-fou. (*Miss. Cath.*, 5 oct. 1917, p. 473.)

— Lettre. — Terribles Inondations en Chine. (*Ibid.*, 23 nov. 1917, pp. 554/555.)

— La Maison de la Miséricorde à Cheng-ting-fou. — Relation de S. G. Mgr. de Vienne, lazariste, Vicaire Apostolique du Tché-li Sud-Ouest. (*Ibid.*, 18 avril 1919, pp. 185/188; ill.)

— Lettre de Cheng-ting-fou, 27 mars 1919. — Retraites fermées (*Ibid.*, 6 juin 1919, pp. 265/266.)

Villette, Proc. Gén. des Lazaristes, Paris.

— Lettre. — Massacre de missionnaires en Chine [à Nan-tchang, 25 février 1906]. (*Miss. Cath.*, XXXVIII, 6 avril 1906, pp. 157/158.)

— Tableau statistique des œuvres existant dans les provinces de la Chine desservies par les Lazaristes. (*Ibid.*, 26 nov. 1909, p. 569.)

Vincent, *Ernest.*

— Une paroisse chinoise par M. Ernest Vincent, lazariste, missionnaire au Tché-li sept. (*Miss. Cath.*, 29 nov. 1912, pp. 573/575; *ibid.*, 6 déc. 1912, pp. 583/585.)

Waelen, *Alexandre,* né en 1851, en Hollande; parti en 1878, pour le Tche-li oriental; † à Cha-la, 11 déc. 1917.

Wagensperg, *Sœur,* Supérieure de la Maison de l'Immaculée Conception.

— Lettre de Pékin, 6 nov. 1911. (*Miss. Cath.*, 1er déc. 1911, p. 569.)

Watthé, *Henri,* né en 1878; arrivé en 1903 au Kiang-Si sept.

— Henry Watthé, Missionnaire Apostolique. — Fleurs et Epines du Kiang-Si (Chine). — Préface de Henry Bordeaux... 56 gravures — 2 cartes. — En vente : Chez Mme Veuve Watthé, à Houtkerque . . ., s. d. [1919], in-8, pp. xvi-272.

Imp. à Lyon, chez J. Perroud.

Notice : *Etudes,* 5 mars 1922, p. 632, par M. H.

— Fleurs et Epines du Kiang-Si par le R. P. Watthé, missionnaire lazariste. (*Miss. Cath.,* 16 janvier 1920, pp. 28/30; 23 janvier, pp. 46/47; 30 janvier, pp. 56-57; 6 février, pp. 69/71; 13 février, pp. 80/83; 20 février, pp. 93/95; 27 février, pp. 104/106; 5 mars, pp. 117/119; 12 mars, pp. 129/131; 19 mars, pp. 142/143; 26 mars, pp. 153/155; 2 avril, pp. 166/167; 9 avril, pp. 177/179; 16 avril, pp. 189/191; 23 avril, pp. 202/203; 30 avril, pp. 214/215; 7 mai, pp. 225/227; 14 mai, pp. 238/239, ill.; 21 et 28 mai, pp. 249/251, ill.; 4 juin, pp. 261/263, portrait de M. René Lou-tseng-tsiang, min. aff. étr. de Chine, délégué à la Conférence de la paix; 11 juin, pp. 274/275; 18 juin, pp. 285/287, ill.; 25 juin, pp. 297/299, portr.; 2 juillet, pp. 309/311; 9 juillet, pp. 321/323, ill.; 16 juillet, pp. 333/335; 23 juillet, pp. 345/347, carte du Kiang-si; 30 juillet, pp. 357/359, ill.; 6 août, pp. 369/371; 13 août, pp. 382/383; 20 août, pp. 392/395; 27 août, pp. 405/407, ill.; 3 sept., pp. 418/419; 10 sept., pp. 429/430; 17 sept., pp. 441/443, ill.; 24 sept., pp. 453/455; 1er oct., pp. 465/467; 8 oct., pp. 477/479; 15 oct., pp. 489/491.)

— Nos Missions de Chine par Henry Bordeaux de l'Académie française. (*Ibid.,* 31 déc. 1920, pp. 614/617; portr. de M. Henry Watthé.)

Introduction au Kiang-Si de Henri Watthé.

— Les Roueries de mon Ami Lo-ta-mien par le R. P. Henri Watthé, lazariste, missionnaire au Kiang-Si mérid. (*Ibid.,* 7 nov. 1919, pp. 538/539.)

— Lutte pour une Ame! Par M. Henry Watthé, lazariste, missionnaire au Kiang-Si mérid. [Suite]. (*Ibid.,* 3 oct. 1919, p. 478.)

— Justice et conscience. Par le R. P. Henry Watthé, lazariste, missionnaire au Kiang-Si mérid. (Chine). (*Ibid.,* 19 déc. 1919, pp. 610/611.)

Wittib, *Charles,* né en 1869, en Autriche; parti en 1893, pour le Tche-Kiang oriental; † à Ning-Po, 21 déc. 1914.

Zigenhorn, hollandais, né en 1882; arrivé en 1909 au Kiang-Si septentrional.

— Echos de la Révolution chinoise. — I. Les Filles de la Charité pendant la guerre civile du Kiang-Si. Lettre de M. Zigenhorn, prêtre de la Mission, missionnaire au Kiang-Si sept. — II. Troubles et pacification au Kouy-tchéou. Lettre de M. Darris, des Missions Etrangères de Paris, missionnaire au Kouy-tchéou. (*Miss. Cath.,* 17 oct. 1913, pp. 493/496; fig.)

FRANCISCAINS.

— El Seraphin || Cvstodio || De la M. N. y M. L. Ciudad || de Manila Metropoli || de Philipinas || S. Francisco, || Cuyos Prodigios en su conservacion, y || defensa escrivià || Fr. Miguel de S. Bernardo, Predicador, || à instancia || De el Señor D. Iuan Manuel Perez de || Tagle Marques de las Salinas &c. || Quien los dedica || Al M. R. P. Fr. Iuan Rino de Brozas, || Ministro Provincial de su Provincia de || S. Gregorio de los Menores Descalzos de || Philipinas, y China &c. — || Impresso en dicha Ciudad: en el Convento || de Nra. Señora de los Angeles, || Año de 1736, in-8, pp. 48 n. ch. + 237 + 3 n. ch.

Les Chinois en 1603. — Retana, N° 252, donne le facsimile du titre. — La seconde édition est de 1785 et la troisième de 1854.

— * El Serafin Custodio || de la || M. N. y S. L. Ciudad de Manila, || Metrópoli de Filipinas, || S. Francisco, || cuyos prodigios en su conservacion y defensa || escribiò Fr. Miguel de San Bernardo, || Predicador: á instancia del Sr. D. Juan Manuel || Perez de Tagle, Marqués de las Salinas &c. || Quien los dedica || Al M. R. P. Fr. Juan Rino de Brozas, Ministro || Provincial de su Provincia de S. Gregorio de los || Menores Descalzos de Filipinas, y China, etc. || Reimpreso en Sampaloc con las licencias || necesarias Año de 1785: || 3ª edicion. || Manila: Imprenta de los Amigos del Pais, || á cargo de D. M. Sanchez. || 1854, in-8, pp. 136.

Retana, 860.

— Analecta Franciscana sive Chronica aliaque varia Documenta ad historiam Fratrum Minorum spectantia edita a Patribus Collegii S. Bonaventurae adiuvantibus aliis Patribus ejusdem Ordinis. — Tomus I. — Ad Claras Aquas (Quaracchi) prope Florentiam ex Typographia Collegii S. Bonaventurae. — MDCCCLXXXV, gr. in-8, pp. ix-450 + 1 f. n. ch. — II, 1887. — III, 1897. — IV, 1906. — V, 1912. — VI, 1917.

— Archivum Franciscanum historicum. — Periodica publicatio trimestris cura PP. Collegii D. Bonaventurae. 1908, Ad Claras Aquas prope Florentiam (Quaracchi presso Firenze. Annus I. Fasc. 1, in-8. — Annus XIII = Tomus XIII. 1920, in-8. — Annus XIV, fasc. I/III. Jan.-Julius; fasc. IV, October, 1921, in-8).

— Fr. Lorenzo Pérez, O. F. M. — Los Franciscanos en el Extremo Oriente (Noticias bio-bibliogràficas). (*Archivum Franciscanum,* I, fasc. II et III, 1908, pp. 241/247; fasc. IV, pp. 536/543; II, fasc. I, 1909, pp. 47/62; fasc. II, pp. 232/239; fasc. IV, pp. 548/560. III, fasc. I, pp. 39/46; IV, fasc. I, pp. 50/61; fasc. III, pp. 482/503.)

— Un cenno dell'antica Missione francescana in Cina e di quatro missionari marchigiani dei tempi recenti, pel P. Candido Mariotti, O. F. M. Quaracchi presso Firenze, tipografia del Collegio di S. Bonaventura, 1911, in-8, iv-96 pages.

— Contre-coup de la Révolution Portugaise à Macao. — Expulsion des Franciscaines Missionnaires de Marie. — Récit d'une Religieuse. (*Miss. Cath.,* 30 juin 1911, pp. 304/307.)

— Collección China Volumen I. — P. José Iruarrizaga, O. F. M. Mis. Ap. en Shensi sept., China. — Primeros Franciscanos en China Apuntes históricos (1246—1456). Madrid, Gabriel López del Horno, 1914, in-8, pp. 61 + 1 p. n. ch. index.

— P. Pacifique-Marie Chardin, O. F. M. Ancien Missionnaire au Chan-Tong. — Les Missions franciscaines en Chine. Notes géographiques et historiques. Paris, Auguste Picard, 1915, in-8, pp. x-254.

Rentré en France; Vicaire à St. Acheul, Amiens.

— Atlas des Missions Franciscaines en Chine. — 1915. — Paris, Procure des Missions Franciscaines, in-fol.

Onze cartes : I. Carte générale de la Chine. — II. Vicariat du Chan-tong sept. — III. Chan-tong oriental. — IV. Chan-si sept. — V. Chan-si mérid. — VI. Chen-si sept. — VII. Chen-si central. — VIII. Houpé Nord-Ouest. — IX. Houpé mérid. — X. Houpé oriental. — Hou-nan mérid.

Echelle : 1 : 1,000.000ème. — Gravé par R. Hausermann, Cartographe. — Imp. par Monrocq, à Paris.

— P. Lorenzo Perez, O. F. M. — Origen de las Misiones Franciscanas en el Extremo Oriente. — Extracto del «Archivo Ibero-Americano», Núms. I, II, IV, V, VII, IX—XI, XIII, XV, XVIII. Madrid, G. López del Horno, 1916, in-8, pp. 290 + 1 p. n. ch.

— P. Lorenzo Pérez, O. F. M. — Cartas y Relaciones del Japon. — I. Cartas de San Pedro Bautista. — Extracto del «Archivo Ibero-Americano», núms. XII y XVI—XVII. Madrid, G. López del Horno, 1916, in-8, pp. 154.

— Cartas de China. — Documentos inéditos sobre Misiones franciscanas del siglo XVII publícalos por primera vez el P. Otto Maas, O. F. M. Sevilla, J. Santigosa, 1917, in-8, pp. vii-190 + 1 p. n. ch.

Cartas y relaciones del P. Antonio de Santa Maria (27 lettres). — Cartas del P. Agustín de San Pascual (11 lettres).

Lettres tirées de l'Archive du Couvent franciscain de Pastrana, province de Guadalajara.

— Cartas de China (Segunda Serie). — Documentos inéditos sobre Misiones de los siglos XVII y XVIII publícalos por primera vez el P. Otto Maas, O. F. M. Sevilla, Izquierdo y Co., 1917, in-8, pp. viii-221 + 1 p. err.; carte.

Cartas del P. Bernardino de la Encarnación (7 lettres). — Cartas y Relaciones del P. Pedro de la Piñuela (22 lettres). — Cartas y Relaciones del P. Jaime Tarín (18 lettres.) — Apendices (15). — Index analytique.

Du couvent de Pastrana et d'un ms. intitulé *Historia de la Provincia de San Gregorio en China*, 1711.

(Franciscains.)

— Etat de la Mission du Chen-si central du 1er juillet 1918 au 30 juin 1919. (*Miss. Cath.*, 9 juillet 1920, p. 317.)

— Girolamo Golubovich. — Biblioteca bio-bibliografica della Terra Santa.

Voir Moyen-Âge, *Voyages*.

Aguirrezaba, *Marien,* né en Espagne; missionnaire au Chen-Si sept.; † à Tung-shing-tsai, 4 juin 1917.

Airaines, *Roch (Auguste Pascal)* **Lescureux,** diocèse d'Amiens, né en 1852, parti 1885.

Angeletti, *Pacifique,* né en 1879, en Italie; parti en 1905, pour le Chan-Si sept.; † à T'ai-Youen-fou, 20 janvier 1919.

Antonelli, *Martin,* né en Italie; missionnaire au Chan-Si sept.; † à Tai-Youen-fou, 23 mars 1914.

Apollinaire.

— Lettre de Che-fou (Chan-toung), 26 février 1906. (*Miss. Cath.*, XXXVIII, 8 juin 1906, p. 268.)

- Lettre de Chang-y (Chan-Toung oriental). (*Ibid.*, 1916, pp. 445/446.)

Bonaventure.

— Lettre de Poshing. (*Miss. Cath.*, 9 février 1917, p. 65.)

Brollo, *Basilio.* — Voir col. 1185.

— Voir lettres dans Vincentiis.

Bugard.

— Lettre de Vic-Bigoire, le 8 juin 1910. (*Miss. Cath.*, 17 juin 1910, p. 281.)

Sur le Chan-toung oriental.

Carlassare, *Epiphane,* né à Montecchio, diocèse de Vicence, 25 juin 1844; missionnaire 1870; évêque de Madaure 14 sept. 1884; † à Tzen-tao, 28 juillet 1909.

— Nécrologie. — Mgr. Carlassare des Mineurs Franciscains, Vicaire Apostolique du Hou-pé oriental. (*Miss. Cath.*, 29 oct. 1909, p. 527.)

Castorano, *Carlo-Orazio.* — Voir col. 1187.

— Il P. Castorano; i manoscritti e carte di lui. (*Documenti... sul Matteo Ripa*, 1904, pp. 109 seq.)

— Appunti, riassuntivi o complementari, sulle figure più risaltanti nei Ms. Castorano. (*Documenti ... sul Matteo Ripa*, 1904, pp. 547 seq.)

— Il P. Fr. Carlo da Castorano. (*Documenti... sul Matteo Ripa*, 1904, pp. 567/578.)

«Castorano était un terrible écrivain; on a à la Vaticane dans les fonds Vatican et Borgia, un grand nombre de livres provenant de lui et qu'il a couverts d'annotations. En outre, on y possède, sous les nos Vat. Lat. 12849 et 12850, les registres de baptêmes etc., tenus par Castorano à partir de 1702 tant à Tong-tch'ang-fou qu'à Lin-ts'ing-tcheou (au Chan-tong); dans le premier de ces mss. se trouve également le récit du curieux voyage de Castorano et de ses trois compagnons de Rome à Amoy en 1698—1700 par Vienne, Moscou, Ispahan, Shiraz, Surat et Malacca. En ce qui concerne la *Parva Elucubratio,* il a dû y avoir plus de quatre exemplaires. Le libraire Chadenat avait en 1920 un exemplaire qui ne doit pas être celui de Pauthier. D'autre part, il y a au Vatican deux exemplaires, Vat. Lat. 12871 et Vat. Borgia Lat. 538; il n'est pas exact qu'un exemplaire provenant du Vatican ait été apporté en France lors des campagnes d'Italie et restitué en 1815; Rémusat dit d'ailleurs formellement (*Mél. asiat.*, II, 72) que l'exemplaire qu'il vit à Paris provenait de la Propagande. A vrai dire, tout le fonds Borgia n'est passé de la Propagande à la Vaticane qu'en 1902, et on pourrait supposer par suite que l'exemplaire vu par Rémusat est l'actuel Vat. Borgia Lat. 538; il est surprenant cependant que ce manuscrit ne porte pas le cachet de la Bibliothèque Nationale. Si on ajoute l'exemplaire

(Aguirrezaba. — Castorano.)

16*

du British Museum, on arrive à 5 ou 6 exemplaires de la *Parva Elucubratio*.

« Castorano est en outre l'auteur d'un *Catalogus Codicum Sinicorum qui in Apostolica Bibliotheca Vaticana conservantur*. Il sera question plus loin de sa Grammaire et de son Dictionnaire. »

« Castorano se disait Carolus Horatii; il n'était donc pas Charles-Horace, mais Charles, fils d'Horace. » (Pelliot.)

Chiesa, *Bernardino della*. — Voir col. 1190.

— Fra Bernardino della Chiesa. (*Documenti... sul Matteo Ripa*, 1904, pp. 547/567.)

Etait évêque d'Argoli lorsqu'il partit pour la Chine, fin Oct. 1680, avec Basilio Brollo, Giovan Francesco (de Nicolais), da Leonessa et 2 autres franciscains.

— Un grand-oncle du pape Benoît XV évêque de Pekin. (*Miss. Cath.*, 29 oct. 1920, pp. 510/511.)

Bull. cath. de Pékin.

— Mgr. della Chiesa, premier évêque de Pekin. (*Rel. de Chine*, Kiang-Nan, Avril 1921, pp. 460/462.)

Traduit de l'*Osservatore Romano*, du 9 déc. 1920.

— Bernardin della Chiesa, O. F. M., Premier Evêque de Pékin 1696—1721. (Planchet, *Missions de Chine*, 1921, pp. 464/472.)

Reproduit une partie retrouvée de la dalle funéraire de B. della Chiesa.

Clavel, *Anselme*.

— Lettre de Hoang-hien (Chan-tong oriental). (*Miss. Cath.*, 27 février 1914, p. 101; grav.)

Cormerais, *Marcel*.

— Progrès de la foi au Chan-tong oriental. Lettre du R. P. Marcel Cormerais, franciscain. (*Miss. Cath.*, 25 juillet 1913, p. 350; fig.)

— Plante la croix à Fushan (Chan-tong oriental) envoyé par Mgr. Wittner. (*Ibid.*, 9 janvier 1914, p. 16; grav.)

— Lettre de Chefou (Chan-tong oriental). (*Ibid.*, 26 juin 1914, p. 305; grav.)

— Lettre de Chefou (Chan-tong oriental.) (*Ibid.*, 10 juillet 1914, pp. 337/338.)

— Lettre de Che-fou. (*Ibid.*, 1916, p. 150; photog.)

— Lettre. — Mission du Chan-tong oriental. (*Ibid.*, 12 nov. 1920, pp. 580/581.)

Doria, *Honorat*, né en 1879, en Italie; frère mineur; parti en 1867, pour le Chan-Si sept.; † à T'ai-Youen, 22 août 1918.

— Lettre de Ou-tchang-fou (Hou-pé oriental), le 9 nov. 1915. — Solennelle célébration d'un Jubilé sacerdotal en Chine. (*Miss. Cath.*, 24 déc. 1915, pp. 615/616; ill.)

Noces d'or sacerdotales du R. P. Didace Lera.

Escalona, *Francisco de Jesus*, né à Escalona, province de Tolède; † à Manille, en 1659 ou 1660. — Voir col. 1191.

— P. Lorenzo Perez, O. F. M. — Fr. Francisco de Jésus de Escalona y su Relacion de China. — Extractum ex Periodico *Archivum Franciscanum Historicum*, Vol. VIII—IX, An. 1915—1916. — Typis Collegii S. Bonaventurae ad Claras Aquas prope Florentiam (Quaracchi presso Firenze). — 1916, in-8, pp. 71.

Everaerts, *Modeste*, né à Anvers, 3 déc. 1845; parti pour la Chine, 1873; évêque de Tadama, 24 déc. 1904 et Vicaire Apostolique du Hou-Pé S.-O.

— Inondations désastreuses et famine en Chine. — Lettre de Mgr. Everaerts, franciscain, Vicaire Apostolique du Hou-Pé mérid. (*Miss. Cath.*, 24 déc. 1909, pp. 613/615; fig.)

(CHIESA. — EVERAERTS.)

— Lettre d'Ichang (Hou-Pé Mérid.), le 6 avril 1910. (*Ibid.*, 20 mai 1910, p. 233.)

— La Révolution en Chine. — I. Dans le Centre. Lettre de Mgr. Modeste Everaerts, franciscain, Vicaire Apostolique du Hou-Pé mérid. King-chow, 22 mars 1912. — II. Dans le Nord. Lettre de Mgr. Fabrègue, lazariste, Vicaire Apostolique du Tché-li central. (Pao-ting-fou.) (*Ibid.*, 17 mai 1912, pp. 229/232; fig.)

— La Pacification de Kinchow (Chine) et ses conséquences providentielles pour la conversion des Tartares. — Lettre de Mgr. Modeste Everaerst, franciscain, Vicaire Apostolique du Hou-Pé mérid. (*Ibid.*, 2 août 1912, pp. 361/364; fig.)

Fréderic, *Louis-Marie*, Directeur du Grand Séminaire de Tché-fou.

— Lettre de Ché-fou, 19 nov. 1915. — Nouvelles du Chan-tong. — Un Grand Séminaire chinois et une geôle de condamnés à mort. (*Miss. Cath.*, 17 déc. 1915, pp. 601/603; ill.)

Generoso de Nino, missionnaire. à Kou-tcheng.

— Lettre. — Hou-Pé Nord-Ouest. — Centenaire du Bienheureux Clet. (*Miss. Cath.*, 11 juin 1920, pp. 268/270; ill.)

Giesen, *Ephrem*, 申永福, né à Amsterdam, 16 oct. 1868; frère mineur 3 oct. 1886; ordonné 18 mars 1893; mission du Chan-si; évêque de Palto, Vicaire apostolique du Chan-Toung sept., sacré à Peking, 16 nov. 1903; † à Tsing-Tao, 6 août 1919.

— Planchet, *Missions de Chine*, 1921, pp. 496/497.

— Remise par Tcheou-Tscu-Tchi, gouverneur du Chantoung des insignes de l'Ordre national de l'Epi fleurissant du riz à Mgr. Ephrem Giesen, Frère Mineur, évêque de Paltus, en sa résidence épiscopale de Tsinanfou le 27 février. (*Miss. Cath.*, 15 mai 1914, p. 233.)

— Nécrologie. — Sa Grandeur Mgr. Giesen. (*Ibid.*, 5 déc. 1919, pp. 586/587; portr.)

Göette, *Capistran*, né en 1859, aux Etats-Unis; franciscain; parti en 1885 pour le Hou Nan mérid.; † à Siamutsun, 1er août 1919.

Gorges, *Basile de* (*Louis* **Papin**), diocèse de Nantes; né en 1849; parti 1883.

Groendel, *Winfrid*, né en Hollande; frère mineur; missionnaire au Chan Toung sept.; † à Tsi Nan fou, 26 oct. 1914.

Guichard, *Venance*.

— Lettre de Tsing-tchéou-fou. (Chan-toung). (*Miss. Cath.*, 9 avril 1915, p. 173.)

Harmel, *Paul Victor*, voir **Val des Bois**, *Gonzalves Marie du*.

Hendriks, *Prudence*, né en 1870, en Hollande; frère mineur; parti en 1901, pour le Chan Si mérid.; † à Tchao Kia lung, 28 août 1917.

Hennion, procureur des missions franciscaines.

— Lettre. (*Miss. Cath.*, 19 mars 1909, p. 136; portr.)

Sur Mgr. Gabriel Maurice, Vicaire apostolique du Chen-si sept.; portr.

— Lettre du Hou-pé oriental. (*Ibid.*, 29 août 1913, p. 414; portr. de Mgr. Gratien Gennaro, Vicaire apostolique du Hou-pé oriental.)

Henri. — Voir col. 1193.

— Lettre de Tché-fou (Chantong oriental). (*Miss. Cath.*, XXXVII, 26 mai 1905, pp. 244/245.)

Hofman, *Jean*, Mgr.; né à Wœrden, 12 juin 1834, dioc. de Harlem; parti en 1870, pour la Chine; † en Hollande, 26 oct. 1917; ancien Vicaire apostolique du Chan Si mérid. et évêque de Telmesse; démissionnaire en 1901. — Voir col. 1193.

— Planchet, *Missions de Chine*, 1919, pp. 466/467; portr.

Ilieeto, *Stefano da*.

— Stefano da Ilieeto. (*Documenti . . . sul Matteo Ripa*, 1904, p. 584.)

(FRÉDERIC. — ILICETO.)

Iliceto, *Giov. Battista da.*

— Giov. Battista da Iliceto. (*Documenti . . . sul Matteo Ripa*, 1904, pp. 584/589.)

Un des quatre compagnons de Castorano dans le voyage en Chine.

Kaspers, *Chrysologue*, né en 1884, en Hollande; parti en 1911, pour le Chan Si mérid.; † à Luan fou, 7 juillet 1919.

Keizers, *Longin*, né en 1874, en Hollande; parti en 1904, pour le Chan Si mérid.; † à Ma tch'ang, 1er août 1919.

Lallemand, *Ch.*, professeur à l'Institution de St. P. Fourrier, de Lunéville.

— Lettre du Chan-tong oriental. (*Miss. Cath.*, 31 déc. 1909, pp. 628/629; fig.)

Landi, Mgr., né à Badda, dioc. de Fiesole, 10 mars 1872; évêque de Ténare et Vicaire apostolique du Houpé Nord-Ouest, 27 mai 1904; † 30 juin 1920.

— Lettre du Houpé Nord-Ouest. (*Miss. Cath.*, 1er mars 1912, p. 101.)

— Lettre de Luo-ho-kou (Houpé sept.). (*Ibid.*, 10 avril 1914, p. 172; grav.)

— Nécrologie. Mgr. Fabiano Landi, évêque titulaire de Ténare, Vicaire apostolique du Houpé Nord-Ouest. (*Ibid.*, 12 nov. 1920, p. 539.)

Lescureux, *Auguste Pascal*, voir *Roch* d'**Airaines.**

Marani, *Ange*, né en Italie; missionnaire au Chan Si sept.; † à Tai Youen fou, 28 février 1914.

Marotta, *Bienvenu*, né en 1870; parti en 1902, pour le Chan Si sept.; † à Tai Youen fou, 5 mars 1919.

Marquet, *Dominique*, né en 1858 en France; parti en 1881, pour le Chan-Si mérid.; † à Alexandrie, 15 nov. 1917.

Massi, *Eugène*, né à Monte Prandone, 13 août 1875; en Chine, 21 janvier 1903; évêque de Joppé et Vicaire Apostolique du Chan-Si sept., 15 février 1910.

— Lettre de Tai-yuen-fou, 1er oct. 1913. (*Miss. Cath.*, 23 janvier 1914, pp. 38/39.)

— Lettre. (*Ibid.*, 24 janvier 1919, pp. 40/41.)

Masson. — Voir col. 1196.

— Lettre de Makiatan (Chan-tong oriental), 7 avril 1907, à Mme la Comtesse de Dumast. (*Miss. Cath.*, XXXIX, 16 août 1907, p. 386.)

— Lettre de Tsingchowfu (Chan-tong oriental), le 10 janvier 1910. (*Ibid.*, 13 mai 1910, p. 221.)

Maynard, *Michel de.*

— Lettre de Ching-Chow-fou (vià Tsing-tau, Chantong oriental). (*Miss. Cath.*, XXXVII, 19 mai 1905, pp. 233.)

— Quelques épisodes de la Révolution au Chen-si (Chine) par le R. P. Michel de Maynard, franciscain, missionnaire au Chen-si central. (*Miss. Cath.*, 10 avril 1914, pp. 173/176, fig.; 17 avril, pp. 186/189, fig.; 24 avril, pp. 198/201, fig.; 1er mai, pp. 212/215, fig.; 8 mai, pp. 225/228, fig.; 22 mai, pp. 247/249, portr.; 12 juin, pp. 281/284, portr.; 19 juin, pp. 298/300, portr. et ill.)

— Lettre du Chen-si. (*Ibid.*, 18 sept. 1914, pp. 449/450; ill.)

Merkelbach, *Bède*, né en Belgique; missionnaire au Hou Pe mérid.; † à I tchang, 9 juillet 1914.

Mérona, *Amédée-Pierre de*, né en 1859, en France; parti en 1885, pour le Chan Toung oriental; † à Port Saïd, 6 nov. 1918. — Voir col. 1196.

Mondaini, *Jean-Pellerin*, né à Verucchio (dioc. de Rimini), 15 janv. 1868; Chine, 1891; évêque de Synaö et Vicaire apostolique du Hou Nan mérid., 22 février 1902.

— Insurrection et Persécution au Hou-Nan (Chine.) — Lettre de Mgr. Mondaini, franciscain, Vicaire apostolique du Hou-Nan mérid. (*Miss. Cath.*, 27 mai 1910, pp. 241/242.)

— Lettre de Hang-chou-fou, 1er sept. 1910, au R. P. Hennion, procureur des Missions franciscaines. (*Ibid.*, 16 déc. 1910, pp. 591/592.)

(Iliceto. — Mondaini.)

Monza, *Pacifique*, général des Frères mineurs.

— Lettre de Li-Young-Koung, vice-prés. de la République chinoise. (*Ibid.*, 20 février 1914, p. 89.)

Murphy, *Francis*, missionnaire au Hou-pé.

— Lettre. (*Miss. Cath.*, 19 juillet 1912, p. 339.)

Publiée par un journal catholique de Dublin; relation d'un entretien avec le général Li-Yuen-Hong.

Nettuno, *Pie de* (*Dominique* **Trovarelli**), diocèse d'Albano, né 1855.

Noyé, *Edmond*, (Chan-toung oriental).

— Lettre. — Une intéressante chrétienté chinoise [Tcheng-Kia-tuin]. (*Miss. Cath.*, 22 oct. 1915, p. 506.)

Papin, *Louis*, voir **Gorges,** *Basile de.*

Pazzi, *Mère Marie-Madeleine de.*

— La Peste au Chan-tong (Chine). — Lettre de la Rév. Mère Marie-Madeleine de Pazzi, Provinciale des Franciscaines missionnaires de Marie en Chine. (*Miss. Cath.*, 28 avril 1911, pp. 195/196.)

Pédedieu, *Urbain*, né en 1846, en France; parti en 1889, pour le Chan-Si mérid.; † à Bordeaux, 15 déc. 1917.

Péloquin, *Bonaventure.*

— Lettre de Che-fou. (*Miss. Cath.*, 23 janvier 1920, p. 41.)

Perez y Perez, *Louis*, né à Tuda de Sayago (dioc. de Zamora), 30 mai 1846; aux Philippines, 24 mai 1869; en Chine, en 1880; évêque de Corico et premier Vicaire apostolique du Hou Nan sept., 10 mars 1896; † 15 avril 1910, avec les PP. Benoît Gonzalez et Augustin de la Paz, leur barque coulée par une canonnière anglaise.

— Nécrologie: — Mgr. Pérez et les RR. PP. Gonzalez et Augustin. Missionnaires au Hou-nan sept. (Chine). (*Miss. Cath.*, 29 avril 1910, p. 204.)

Piébourg, *Ephrem*, professeur à l'Ecole Normale catholique de Tai-yuen-fou.

— Lettre. — Au Pays de Confucius. — Les Ecoles Catholiques du Chansi sept. (*Miss. Cath.*, 20 avril 1917, pp. 189/190; 27 avril, pp. 197/198; ill.)

Piñuela, *Pedro.* — Voir col. 1199.

Piñuela. Son nom chinois est 石鐸琭 *Che To-lou*; «nous avons la plupart de ses œuvres chinoises.»

Pour ce qui est de son *Catalogo . . . a 1700*, Foucquet l'a connu, car dans Vat. Borgia Cin. 376, en marge d'une liste des missionnaires franciscains, il note: «Ex Catalogo a R. P. Piñuela edito ab initio usque ad annum 1700, numerabat Religiosos 52. missio seraphica.» (Pelliot.)

Polydore.

— Lettre du Hou-pé mérid. à M. Guasco. (*Miss. Cath.*, 1er août 1913, p. 364; fig.)

Ruytegem, *Wenceslas van*, né en 1884, en Belgique; parti en 1913, pour le Hou Pe mérid.; † à Itchang, 9 juin 1917.

— Planchet, *Missions de Chine*, 1919, pp. 476/477.

Saint Zacharie, *Marie de.*

— Au Pays des Lamas. — Extraits du Journal de la Rév. Mère Marie de Saint-Zacharie, sup. des Franciscaines missionnaires de Marie du Thibet. (*Miss. Cath.*, 8 juin 1917, pp. 269/270, carte; 15 juin, pp. 286/287; 22 juin, pp. 298/299; 29 juin, pp. 309/311.)

Santa Maria Caballero, *Antonio de*, né à Baltanás, prov. de Palencia, 20 avril 1602; franciscain au Couvent du Calvaire de Salamanque, 24 mars 1618; en 1618 part avec 29 missionnaires pour les Philippines; arrivé à Fou Tcheou, 23 juin 1633; † à Canton, 13 mars 1669. — Voir col. 1202 et Osca, col. 1198.

«Son nom est le plus souvent écrit 栗安當 *Li Ngan-tang.*» (Pelliot.)

— Bibliographie par le P. L. Pérez, *Archivum Franciscanum Historicum*, II, pp. 548/560; III, pp. 39/46; IV, pp. 50/61, 482/503.

(Monza. — Santa Maria Caballero.)

— P. Lorenzo Pérez, O. F. M. — Relación de la Persecución en China. (1664—1666) por Fr. Antonio de Santa Maria. — Extracto del Archivo Ibero-Americano núms. VI, VIII y IX. — Madrid, Gabriel López del Horno, 1915, in-8, pp. 80.

— Lorenzo López. — Los Franciscanos en el Extremo Oriente. (*Archivum Franciscanum*, II, fasc. IV, 1909, pp. 548/560; III, fasc. I, pp. 39/46; IV, fasc. I, pp. 50/61; III, pp. 482/503.)

Sarre, *Cyrille.*

— La Peste Pulmonaire au Chan-tong. — Lettre du P. Cyrillus Sarre. (*Miss. Cath.*, 18 août 1911, pp. 387/389.)

Schang, *Césaire,* né à Cappel (diocèse de Metz), le 31 juillet 1835, † 9 sept. 1911, à Tché-fou; évêque de Vaga, premier Vicaire apostolique du Chan Toung oriental, 6 mai 1894.

— Nécrologie. — Mgr. Schang, des Mineurs Franciscains, Vicaire apostolique du Chan-tong oriental (Chine). (*Miss. Cath.*, 22 sept. 1911, p. 455; 29 sept., pp. 467/468; portr.)

Schmucker, *Adalbert,* né 1878; sacré évêque d'Elearchia, Vicaire apostolique du Chan Toung Nord, 29 juin 1921.

— Une consécration épiscopale. (*Chine Ceylan Madagascar*, Sept. 1921, p. 185.)
A Tsi-nan-fou; Mgr. Schmucker.

Serravalle, *Giov. Battista da.* — Voir col. 1204.

— Il P. Giov. Battista da Serravalle. (*Documenti . . . sul Matteo Ripa*, 1904, pp. 621/622.)

Sette, *Etienne,* né 1867 en Italie; † à Rome 25 sept. 1918.

Tcheng, *Jean-Joseph,* né en Chine; missionnaire au Chen Si central; † à Toung Youen fang, 4 nov. 1914.

Timmer, *Odoric,* né à Haarlem, le 18 déc. 1859; évêque de Drusipare et Vicaire apostolique du Chan Si mérid.; 20 juillet 1901.

— Lettre. (*Rel. de Chine*, Kiang-Nan, janvier 1911, p. 63.)

Trovarelli, *Dominique,* voir Nettuno *Pie de.*

Val des Bois, *Gonzalves Marie du (Paul-Victor* **Harmel**), diocèse de Reims, † au Chan Toung, 1890.

Van Eckeren, *Léon,* né en 1877, en Hollande; parti en 1905, pour le Chan Si mérid.; † à Pe kia tchouang, 8 juin 1917.

Van der Klein, *Louis,* né en 1863, en Hollande; parti en 1889, pour le Chan Si mérid.: † à Ha tchang, 24 oct. 1917.

Vielle, *Henri.* — Voir Col. 1206.

— Lettre de Tche-fou. (Chantong oriental). (*Miss. Cath.*, XXXVIII, 9 février 1906, pp. 64/65.)

— La Peste au Chan-tong (Chine). — Lettre du R. P. Henri Vielle, des Mineurs Franciscains, missionnaire au Chan-tong oriental. (*Ibid.*, 7 avril 1911, pp. 157/159; fig.)

— Lettre. (*Ibid.*, 3 déc. 1920, pp. 570/571.)

Vuyst, *Clement de,* né en Belgique; missionnaire au Hou Pe; † à Houa li hin, 14 juillet 1916.

DOMINICAINS.

Col. 1207/1212, 3131.

— Reseña biográfica ‖ de los Religiosos de la ‖ Provincia del Santísimo Rosario ‖ de Filipinas ‖ desde su fundacion hasta nuestros dias ‖ por ‖ un Religioso de la misma provincia ‖ y mandada dar á luz de orden de ‖ Ntro. M. R. P. Provincial Fr. Santiago Payá ‖ Parte Primera ‖ Comprende desde 1587 á 1650 | Con las licencias necesarias ‖ Manila | Establecimiento tipográfico del real colegio de Santo Tomás ‖ 1891, grand in-8, 2 ff. n. c. + pp. 526 + 9.

— Reseña biográfica . . . Parte segunda ‖ comprende desde 1658 á 1700 ‖ 1891, grand in-8, pp. 497 + 6.

Est par le P. Hilario Maria Ocio (cf. Retana, *Aparato bibliográfico*, n° 3067).

— Compendio de la «Reseña biográfica de los Religiosos de la Provincia del Santísimo Rosario de Filipinas desde su fundacion hasta nuestros dias», Manille, ibid., 1895, grand in-8, pp. 1240 + LXVIII + 167.

Ce résumé porte non seulement sur la partie publiée de la *Reseña*, mais aussi sur la partie de 1700 à nos jours qui est demeurée inédite (cf. Retana, *Aparato*, n° 3630).

M. Pelliot a eu l'obligeance de dépouiller cet ouvrage pour moi.

Aduarte, *Diego.*
— *Reseña*, I, pp. 148/172.

Aguirre, Mgr. *François,* de l'Ordre des Frères Prêcheurs; né à Elgobar, Guipuzcoa, 22 février 1863; Vicaire Apostolique du Fou-Kien, 13 déc. 1911, évêque de Botrys.

— Les Tartares de Fou-tchéou. — Lettre de Mgr. François Aguirre, Dominicain, évêque titulaire de Botrys, Vicaire apostolique du Fo-kien. Fou-tchéou, le 5 sept. 1912. (*Miss. Cath.*, 6 déc. 1912, pp. 579/580, fig. et portr.)

— Une grande Mission Dominicaine chinoise. — Lettre de Mgr. Aguirre, Vicaire apostolique du Fo-kien. (*Miss. Cath.*, 26 déc. 1913, pp. 614/616; portraits de la mission de Fogan.)

— Lettre de Guchen. (*Miss. Cath.*, 12 février 1915, p. 78.)

— Lettre de Fou-tchéou. (*Ibid.*, 2 nov. 1917, p. 521.)

— Lettre. — Fou-tchéou, 26 janvier 1917. L'infanticide en Chine. (*Ibid.*, 27 avril 1917, pp. 193/195; ill.)

— Lettre. — En Chine. — Sauvons les petites filles abandonnées. (*Ibid.*, 28 février 1919, pp. 97/99; ill.)

Alarcon, *Pedro,* arrivé en Chine en 1678; † 15 sept. 1685.
— *Reseña*, II, pp. 59/61.

Alcala, *Pedro,* † 14 sept. 1705.
— *Reseña*, II, pp. 23/24.

Angel de S. Antonio, de son nom de famille, **Cochi.** — Voir col. 1207.
— *Reseña*, I, pp. 352/358.

Alonso, dominicain.

— Lettre de Fou-tchéou (Fo-Kien), le 30 avril 1912. (*Miss. Cath.*, 31 mai 1912, p. 255.)

Astudillo, *Juan,* † 13 août 1734.
— *Reseña*, II, pp. 433/434.

Benavides, *Michel de,* accompagna Jean de Castro en Chine (1590—1591); † 26 juillet 1605, selon *Reseña*, I, pp. 64/69. — Voir col. 1207.

Bottigli de S. Antoine, *Timothée,* † à Lan-K'i, 1er oct. 1662. — Voir col. 1207.
— *Reseña*, I, p. 464.

Caballero, *Juan* — y Esquibel, † 7 mars 1736.
— *Reseña*, II, pp. 426/433.

Caballero, *Juan* — y Esquibel, † 26 juillet 1738.
— *Reseña,* II, pp. 473/474.

Calderon, *Miguel,* né à Oviedo, 4 déc. 1803; arrivé à Manille, 2 mars 1825; au Fou-Kien, 1835; évêque de Bodona, 1840; Vicaire Apostolique, 30 déc. 1849; † 14 février 1883, à Souei-nin. — Col. 1207.

— El Ilmo. y Rmo. Sr. D. Fr. Miguel Calderon, Vicario apostólico de Fo-kieng y Obispo de Bodona «in partibus» † en 14 de Febrero de 1883. (*El Correo Sino-Annamita,* XVII, 1883, pp. 5/29.)

Manila, 25 de Junio de 1883.

Canal, *Alexandre,* né à SanFelice de Valdesato, diocèse d'Oviedo; en Chine, 12 nov. 1876; évêque d'Ascalon et Vicaire Apostolique d'Amoy, 23 nov. 1898; † à Amoy, 30 oct. 1898. — Voir col. 1207.

Cantero, *Francisco,* † 19 sept. 1712.
— *Reseña,* II, pp. 407, 426.

Capillas. — Voir col. 1207.
— *Reseña,* I, pp. 392/393. — Béatifié en 1909 ou 1910.

Castro, *Juan de,* né à Burgos, premier Provincial des Philippines; part des Philippines pour la Chine en mai 1590; revient en mars 1591.
— *Reseña,* I, pp. 57/63.

Chaves, *Pedro de,* arrivé au Fou-kien, en 1637; † à Manille, 16 janvier 1660.
— *Reseña,* I, pp. 425/426.

Cobo, *Jean de,* arrivé aux Philippines en 1588; passe au Japon en 1592: † 1593. — Voir col. 1207,
— *Reseña,* I, 118/120.

Collantes, *Domingo,* 1783. — Voir *Bib. Japonica,* col. 352.

Coltell, *José,* † 3 janvier 1888. — Voir col. 1207/1208.

— Necrologia del V. P. Fr. José Coltell, ex-Vicario Provincial de Fo-kien, muerto el 3 de Enero del presente año en el pueblo de Kê-sèn. Foo-chow 1 de Febrero de 1888. (*El Correo Sino-Annamita,* XXII, 1888, pp. 103/122.)

Croquer, *Thomas,* déjà en Chine en 1688; † 1729. — Col. 1208.
— *Reseña,* II, pp. 243/245.

Diaz, *Antonio,* exilé de Chine en 1707.
— *Reseña,* II, pp. 465/466.

Diaz, *Francisco,* né le 4 oct. 1606.
— *Reseña,* I, pp. 398/411.

Franco, *Cayo,* Fou-kien Nord.
— Lettre. — Chine. — Un missionnaire sans église. (*Miss. Cath.,* 2 avril 1920, pp. 159/160.)

Gandullo, *Luis,* se rend en Chine en 1598; † avant 1612.
— *Reseña,* I, pp. 121/137.

Garcia, *Juan.* — Voir col. 1208.
— *Reseña,* I, pp. 411/414.

Gonzalez, *Hilaire,* né en 1892, en Espagne; parti en 1917, pour Amoy; † à Amoy, 12 janvier 1918.

Gonzalez de St. Pierre, *François,* né 22 août 1730.
— *Reseña,* II, pp. 10/11.

Guttierez, *Isidore-Clemente,* né 4 avril 1853, à Monte Hermoso, en Espagne; évêque d'Angilas; Vicaire Apostolique d'Amoy, 7 août 1899; † à Amoy, 10 août 1915.

(Caballero. — Guttierez.)

Heras, *Etienne Sanchez de las,* né à Pampelune, 3 août 1851; évêque de Zarai, Vicaire apostolique d'Amoy, 1895; † 21 juillet 1896, à Amoy. — Voir col. 1210.

— Breves Apuntes para la necrologia del Malogrado Sr. D. Fr. Estéban Sánchez de la Heras, Vicario apostolico de Emuy, por el P. Fr. Mariano Jimeno. (*El Correo Sino-Annamita,* XXX, 1897, pp. 151/158.)

Kiang, *Dominique.*
— Visite d'un Prêtre indigène chinois au Conseil de l'Œuvre de la Propagation de la Foi. Par Al. Le Roy. (*Miss. Cath.,* XXXIX, 8 mars 1907, pp. 109/112.)

Labrador.
— Lettre. — Le Collège Saint-Dominique de Fou-tchéou. (*Miss. Cath.,* 16 janvier 1920, p. 27.)

Leonardo, *Philippe,* 費里白, *Fei-Li-po;* † 1677, à Lan-k'i.
— *Reseña,* II, pp. 10/11.

Lopez, *Grégoire.* — Voir col. 1208.
— *Reseña,* I, pp. 433, 436.
Mgr. Lopez n'est pas mort en 1692, mais le 27 février 1691.

— Gregory Lopez, Bishop by The Rev. A. C. Moule. (*New China Review,* I, October 1919, pp. 480/487.)

— Gregory Lopez, Bishop (an Apology). By A. C. Moule. (*New China Review,* III, April 1921, pp. 138/139.)

Lopez, *André,* arrivé en Chine en 1677; † 1683.
— *Reseña,* II, p. 44.

Lujan, *Francisco,* arrivé en Chine en 1670; † 1710.
— *Reseña,* II, pp. 170/173.

Mario, *Joseph,* né en 1870, en Espagne; parti en 1895 pour le Fou-kien; † à Chao wou, 11 avril 1918.

Martinez, *Bartolomé,* est en Macao en 1612 avec Mayor; en 1626 à Formose; † 1629.
— *Reseña,* I, pp. 335/337.

Masot, *Salvatore,* † 17 mars 1911, à Valence. — Voir col. 1209.
— Nécrologie. — Mgr. Masot des Frères-Prêcheurs, Vicaire apostolique du Fo-kien (Chine). Par le R. P. Sautel, des Frères-Prêcheurs, ancien missionnaire en Chine. (*Miss. Cath.,* 7 avril 1911, p. 167.)

Mayor, *Thomas;* † en 1612, à Macao.
— *Reseña,* I, pp. 313/314.
Quétif et Echard attribuent à Mayor deux ouvrages en chinois, à savoir un *Simbolo de la Fe* et un *«Livre sur Notre-Dame du Rosaire».* Un exemplaire du *Simbolo de la Fe en lengua y letra China...»,* imprimé à Binondoc en 1607, se trouve à Vienne (Endlicher, *Verzeichniss,* CVI). D'autre part l'*Expositio facti* [cf. col. 876], pp. 41/42, dit que Mayor est l'auteur d'un *«Ky voc Kium ly Piēn lùn,* hoc est, *Lectu facilis philosophia»* (=氣物窮理便覽?), imprimé en chinois à Manille en 1607; serait-ce là le titre chinois du *Simbolo de la Fe?* Où s'agirait-il d'un ouvrage demeuré inconnu à Quétif et Echard?" (Pelliot.) — Voir col. 805 et 3122.

Morales, *Jean-Baptiste.* — Voir col. 1209.
— *Reseña,* I, pp. 358/369.

— La Vie ‖ du grand apotre ‖ de la Chine ‖ le venerable Pere ‖ Jean-Batiste ‖ de Moralès, ‖ Profés du Couvent ‖ de saint Paul d'Exiga,in-8, pp. 109.

Muñoz, *Pedro,* † Octobre 1729.
— *Reseña,* II, pp. 379/387.

(Heras. — Muñoz.)

Navarrete, *Domingo-Fernandez,* né à Peñafiel; arrivé à Fogan, le 3 nov. 1658; † 1689. — Voir col. 1209.
— *Reseña,* I, pp. 455/459.

Nieva, *Dominique da,* † fin 1606 ou début 1607.
— *Reseña,* I, pp. 108/110.

Polanco, *Juan,* † 2 déc. 1671.
— *Reseña,* II, pp. 1/3.

Ricci, *Victor.* — Voir col. 1209.
D'après *Reseña,* I, pp. 461/464; il est † le 17 février 1685.

Rodriguez, *Emanuel,* † à Mou Yang, 11 juillet 1653.
— *Reseña,* I, p. 467.

Rosario, *Arcádio del,* † 18 mai 1686.
— *Reseña,* II, pp. 21/23.

Santo Dominzo, *Petro de,* arrivé en Chine en 1661 ou peu après; déjà de retour aux Philippines en 1663.
— *Reseña,* II, p. 10.

Santo Tomás, *Juan de,* déjà en Chine en 1680; † 1683.
— *Reseña,* II, p. 215.

Sanz, *Pierre Martyr.* — Voir col. 1210/1211.
Moidrey, *Hiérarchie catholique,* pp. 73/74.
Col. 1211. *De illustrissimis,* pp. 376. «Les pp. 279/376 contiennent en réalité un second ouvrage : De PP. || Francisco Gilio || De Federich || et || Matthaeo Alonso || Leziniana || Ord. Praedic. || in Tunquino pro Religione Christiana || gladio percussis || Commentarius». (Pelliot.)

— La Christiandad de Fogan . . . Manila 1748.

Retana, 283, donne le facsimile du titre et d'une figure. — Voir col. 839/840.

— * La Christiandad de Fogan. || en la Provincia || de Fokien, || en el Imperio || de China, || cruelmente perseguida || del impio || Cheu-Hio-kien, || Virrey de dicha Provincia. || Relacion diaria || de las prisiones, carceles, || y Tormentos que desde el dia 25. de Junio de 1746. han || padecido los cinco Missioneros de nuestro Padre Santo || Domingo, que la cuidaban, y muchos Christianos de || uno, y otro sexo, con una breve noticia del Martyrio || del Venerable Señor || Don Frai Pedro Martyr Sanz, || Obispo Mauricastrense, Vicario Apostolico de Fokien, || y Administrador de las Provincias de Chekiang, || y Kiank-Sy. || Escrita en la carcel || por el Illus^mo^ y Reverendissimo Señor || Don Frai Francisco Serrano, || Obispo Tipasitano, y à el presente Vicario Apostolico || de dicha Provincia de Fokien, uno de los cinco Religio-||sos Dominicos de la Provincia del Santissimo Ro-||sario de Philipinas, condenados || à deguello. || Y al fin la declaracion laudatoria || de N. SS.^mo^ P. Benedicto XIV. pronunciada en 16. || de Septiembre de 1748. || Impresso en Manila, y por su original en Sevilla, con las licencias neces-||sarias, en la Imprenta Real del Correo Viejo. [1749?], in-4, pp. 70 à 2 col.

Segunda edición. — *Retana,* p. 452.

— * Relacion de la persecucion, que padecieron los christianos, y cinco religiosos del Orden de Predicadores en la provincia de Fokien, imperio de la China; con el martirio de Pedro Sanz, obispo Mauric., y uno de los cincos. Y un apendice a dicha relacion; y la declamacion de Benedicto XIV pronunciada 1748 sobre el martirio de Senor Sanz. Impresso en Manila, Reimpresso en Valencia, en la Imprenta de Jos. Garcia, 1750, pp. 84, in-4.

— * Persecucion contra la religion Christiana, y martirio que padecieron en la provincia de Fokien en la China cinco religiosos dominicos. Valencia, 1778, pet. in-4.

Maggs Bros., London, N° 403, 1921, p. 146.

— * Reseña historica de la vida y martirio de los cincos mártires dominicos, misioneros de China solemnemente beatificados por Leon XIII, 1893. Manilla 1893, pet. in-8.

— * Cayetano García Cienfuegos. — Reseña histórica de la vida y martirio de los VV. Sres. Sanz y Serrano y PP. Alcover, Rojo y Díaz. Madrid, 1893, in-8, pp. 363, 1 fig.

Retana, 3337.

— * R. A. (J.) — Héroes dominicanos. Los cinco mártires dominicos españoles beatificados en Roma el 14 de Mayo de 1893. Barcelona, «La Hormiga de Oro», 1893, in-8, pp. 16, 1 fig.

Retana, 3399. — Il y a des ex. en grand papier.

— * Solemnes cultos que á los gloriosísimos mártires Dominicos españoles Pedro Mr. Sanz [etc.], dedican sus hermanos los Dominicos de Manila. [Manila] Imp. de Sto. Tomás, 1893.

Une f. pliée qui contient le programme des fêtes. — *Retana,* 3424.

— * Solemnes cultos que á los gloriosísimos mártires Dominicos españoles Pedro M. Sanz, [etc.], dedican sus hermanos los Dominicos de Manila. [Manila.] Partier, [1893.]

Grand placard, imprimé et lithographié en plusieurs teintes et en or. — *Retana,* 3425.

— * Triduo solemne que en honor de los Dominicos españoles, misioneros de

Filipinas, Bto. Pedro Mártir Sanz, [etc.], celebrará [en Madrid] la Orden de Predicadores. Madrid, Imp. de L. Aguado [1893].

Grand placard à deux teintes et or. — *Retana*, 3428.

Sanz, *Ramon B.*

— Fo-kien. El P. Fr. Ramon B. Sanz al P. Provincial. — Haisan, 28 de Marzo de 1890. (*El Correo Sino-Annamita*, XXIV, 1890, pp. 47/53.)

Sarpetri, *Dominique-Marie*, 白道明, *Po-Tao-ming*; † à Kin-houa en 1682; selon Le Comte, *Nouv. Mém.*, III, 84; mais le jour de Pâques, 1683, selon *Reseña*, II, pp. 9/10. — Voir col. 1211.

Serrano, *Francisco*. — Voir col. 1212.

— * † ‖ Relacion ‖ del Martyrio de los VV. PP. ‖ el Illmo. y Rmo. ‖ Sr. D. Fr. Francisco Serrano, ‖ Obispo Tipasitano, y Vicario Apostolico ‖ de la Provincia de Fo-Kien: ‖ Fr. Juan de Alcober, ‖ Fr. Joachin Royo, ‖ Fr. Francisco Diaz, ‖ Del Sagrado Orden de Predicadores, ‖ y Missioneros Apostolicos en el Imperio de China; ‖ con otros successos pertenecientes. â la persecucion, ‖ que en varias Provincias de aquel Imperio se ‖ experimenta contra la Religion Christiana. ‖ Dase noticia de la persecucion ‖ de los Illmos. Sres. Obispos Portinense, y de ‖ Nam-Kim, ambos de la Seraphica Orden de N. P. ‖ S. Francisco, y de las prissiones, y tormentos, ‖ que en ellas han padecido otros Religiosos ‖ de la misma Orden. ‖ Dase assimismo noticia de la perse-‖cucion, que en la provincia de Nam-kin han pa-decido los Missionarios de la Sagrada Compañia de ‖ Jesus con la muerte â manos de Infieles de los ‖ RR. PP. Antonio Joseph Enriquez, ‖ y Tristano de Atimis. ‖ Segun las noticias, que en vàrias Cartas han dado ‖ los dichos quatro VV. Martyres, y otros ‖ Missioneros de aquel Imperio. ‖ Con licencia en Sevilla en la Imprenta de Francisco ‖ Sanchez Reciente, Impressor de la Regia Medica ‖ Sociedad: Por su Original impresso en Manila ‖ año de 1749. [1750?], in-4, pp. 51.

A la fin du texte: FR. FRANCISCO PALLAS. — Segunda edición; la primera en Manila, 1749. — *Retana*, 453.

— * † ‖ Relacion ‖ del Martyrio de los VV. PP. ‖ El Illm̃o y Rm̃o Señor ‖ D. Fr. Francisco Serrano ‖ Obispo Tipasitano, y Vicario Apostolico ‖ de la Provincia de Fo-Kien: ‖ Fr. Ivan de Alcober, ‖ Fr. Ioachin Royo, ‖ Fr. Francisco Diaz, ‖ del Sagrado Orden de Predicadores, ‖ y Missioneros Apostolicos en el Imperio de ‖ China; con otros sucessos pertenecientes à la ‖ persecucion, que en varias Provincias de ‖ aquel Imperio, se experimenta ‖ contra la Religion ‖ Christiana. ‖ Segvn las noticias, qve ‖ en varias Cartas hàn dado los dichos quatro ‖ VV. Martyres, y otros Missioneros ‖ de aquel Imperio. ‖ Con las Licenc. necessar. en el Colleg. y Universid. ‖ de S^to^ Thom. de Manila, Año de 1749, in-4, pp. 1 n. ch. + 65.

A la fin: FR. FRANCISCO PALLAS, ‖ Provinc. de Santo Domingo en Philipinas.
Retana, N° 286.

Sierra, *Tomás* — de la Magdalena; tué avant d'aborder en Chine dans la nuit du 30 au 31 déc. 1680.
— *Reseña*, I, pp. 383/385.

Torre, *Antonio de la*. Etait en Chine en même temps que P. de Chaves.
— *Reseña*, I, p. 425.

Trigueros, *Manuel*, arrivé en Chine en 1680; † 1693.
— *Reseña*, II, pp. 207/208.

Valle, *Raymond del*. Est mort le 23 déc. 1683 selon *Reseña* I, pp. 450/454. — Voir col. 1212.

Varo, *Francisco*, arrivé en Chine en déc. 1649.
— *Reseña*, I, pp. 469/471.

Ventallol, *Majin*, arrivé en Chine en 1680 ou 1681; † 3 janvier 1732.
— *Reseña*, II, pp. 194/195; cf. Moidrey, *Hiérarchie*, 73.

Verge, *Jayme*, arrivé au Fou-kien après 1661 et avant 1664; † à Manille, en 1687.
— *Reseña*, II, pp. 3/4.

Zea, *Francisco*. — Voir col. 1212.

— El. P. Burnò al P. Procurador de las Misiones. Necrologia del virtuoso y anciano P. Zea. Emuy, 10 de Junio de 1875. (*El Correo Sino-Annamita*, X, 1875, pp. 58/73.)

MISSIONS ÉTRANGÈRES DE MILAN.

Col. 1212—1214.

— Henri Cordier. — Hong-Kong, Vicariate Apostolic of. (*Catholic Encyclopedia*, pp. 450/451.)

Andreoletti, *Célestin*, né en 1887, diocèse de Bergame; parti en 1910, pour Hong-kong; † à Hong-kong, 10 juillet 1916.

Bricco, *G.*, Procureur des Missions Etrangères de Milan.
— Lettre de Hankow (Ho-nan sept.), le 23 mai 1911. (*Miss. Cath.*, 30 juin 1911, p. 303.)

Gabordi, *Pietro*, né en 1866, diocèse de Milan; parti en 1890, pour Hong-kong; † à Solbiaho (Como), 5 déc. 1919.

Marchetti, *Agostino*, né en 1888, en Italie; parti en 1915, pour le Ho-Nan sept.; † à Hank'eou, 10 mai 1918.

Menicatti, *Giov.*, né à Milan, 18 sept. 1866; arrivé 1889; évêque de Tanis et Vicaire Apostolique du Ho-Nan sept., 12 sept. 1908.
- Lettre. — Des Catéchistes! des Catéchistes!! (*Miss. Cath.*, 24 avril 1914, pp. 194/195; portr. et fig.)

— Mgr. Menicatti, des Missions Etrangères de Milan, Vicaire Apostolique du Honan sept. et la famine. (*Ibid.*, 5 sept. 1919; p. 424; ill.)

Ranzini, *Albin*, né en 1855, à Milan; parti 1885; missionnaire au Ho-Nan; † à Milan, 10 oct. 1915.

MISSIONS BELGES.

— * Facultates Vicariatus Apostolici Mongoliae occid.-merid. Typis Pei t'ang, 1903, in-16, pp. 16.

— Mongolie centrale. — Lettre d'un missionnaire belge de Scheut. (*Miss. Cath.*, 11 juillet 1913, p. 328.)

— Les Noces d'Or du Séminaire belge des Missions Etrangères de Scheut-lez-Bruxelles. (*Ibid.*, 18 déc. 1914, pp. 604/605; vue du Séminaire.)

— Un Coup d'œil sur les Missions de Scheut [en Chine]. (*Ibid.*, 26 sept. 1919, pp. 466/467; 3 oct., p. 479; 10 oct., pp. 489/490; 17 oct., pp 499/500.)

— * The Missionary Society of Scheut-les-Bruxelles, par Dom Maternus Spitz, O. S. B. (*Catholic Missions,* 1920, pp. 129/131.)

Abels, *Conrad.* — Voir col. 1214.

— Lettre. — Mes chrétiens se perdent! Une aumône peut les sauver! Pitié pour eux! (*Miss. Cath.*, 9 mai 1919, pp. 221/223, portr.; 16 mai, pp. 236/237.)

— Lettre. — Notre-Dame des Pins, 25 août 1919. — Soyez bénis! (*Ibid.*, 7 nov. 1919, pp. 532/533; ill.)

Anicq, *Jules*, né en 1869, en Flandre orientale; parti en 1896, pour la Mongolie S.-O.; † de la peste à Kang-Kiun-Jao-tseu, 4 janvier 1918. — Voir col. 1214.

— Lettre de Tai-fou (Mongolie Sud-Ouest) au R. P. Van Hecke, Supérieur Général des Missionnaires belges. (*Miss. Cath.*, XXXVIII, 13 avril 1906, pp. 172/173.)

Arckens, *Joseph.*

— Lettre de Chabornoor (Mongolie Centrale) au R. P. Van Hecke, Supérieur Général des Missionnaires belges de Scheut. (*Miss. Cath.*, 30 juillet 1909, pp. 363/364.)

— Lettre de Chabernoor (Mongolie Centrale.) (*Ibid.*, 7 nov. 1913, p. 533; fig.)

— Lettre. (*Ibid.*, 24 oct. 1919, p. 509.)
Extrait de la *Revue des Missions de Scheut.*

Bermyn, *Alphonse*, né à St. Paul-Waes (Flandre orientale), 2 août 1853; parti en 1878, pour la Mongolie; † à Kalgan, 16 février 1915; Vicaire Apostolique de la Mongolie S.-O. et évêque de Stratonicée, 15 avril 1901. — Voir col. 1214.

— Lettre de Lia-han-ing (Mongolie occid.), 29 janvier 1906. (*Miss. Cath.*, XXXVIII, 18 mai 1906, pp. 229/231.)

— Lettre de Scheut-lez-Bruxelles. (*Ibid.*, 26 avril 1912, p. 196.)

— Lettre. (*Ibid.*, 2 mai 1913, p. 207.)

— Nécrologie. — Mgr. Alphonse Bermyn, de la Congrégation du Cœur Immaculé de Marie de Scheut-lez-Bruxelles, Vicaire Apostolique de la Mongolie Sud-Ouest. (*Ibid.*, 26 février 1915, p. 108.)

Botty, *Albert*, né en 1875, à Roclenge-sur-Geer, diocèse de Liège; Congrégation de Scheut 1893; parti en 1899, pour la Mongolie orientale; † à Songchou-tsouei-tseu, 14 mai 1919; ancien Supérieur Général, démissionnaire 1913, Procureur à Scheut.

— Planchet, *Missions de Chine,* 1921, pp. 509/510.

— Lettre de Palakai (Mongolie Sud-Ouest Ordos) au R. P. Van Hecke. (*Miss. Cath.*, XXXVIII, 26 janvier 1906, pp. 39/40.)

— Brigands de Mongolie par le R. P. Botty, des Missionnaires belges de Scheut. (*Ibid.*, 29 sept. 1911, pp. 461/463; fig.)

— Lettre de Scheut-lez-Bruxelles. (*Ibid.*, 27 oct. 1911, pp. 509/510.)

— Chine et Congo. — Tableau des travaux apostoliques des missionnaires belges [de Scheut] au Congo, en Chine et en Mongolie par le R. P. Botty. (*Ibid.*, 12 avril 1912, pp. 176/177.)

— Lettre de Sung-chu-tsoei-tzeu, par Chinchow-fu (Mongolie orientale). (*Ibid.*, 29 nov. 1912, p. 569.)

— Lettre. — Les Vierges Catéchistes. — Missionnaires de la Mongolie orientale. (*Ibid.*, 14 août 1914, pp. 385/387.)

— Lettre de Chin-tcheou-fou (Mandchourie), le 27 déc. 1914. (*Ibid.*, 12 février 1915, pp. 77/78.)

— Lettre. — Merveilleuse Floraison du Catholicisme en Mongolie. (*Ibid.*, 21 mai 1915, pp. 241/242; ill.)

— Le catholicisme au pays de Gengis Khan. — Temps héroïques. Par le R. P. Botty, ancien Supérieur Général de la Congrégation belge du Cœur Immaculé de Marie, Missionnaire en Mongolie orientale. (*Ibid.*, 25 juin 1915, pp. 306/308, ill.; *ibid.*, 2 juillet, pp. 317/320, ill.)

— Plus! Toujours plus! Par le R. P. Albert Botty, de la Congrégation de Scheut, missionnaire en Mongolie orientale. (*Ibid.*, 8 oct. 1915, pp. 486/489; ill.)

— En Mongolie orientale. — Bilan spirituel d'une année par le R. P. Albert Botty, de la Congrégation du Cœur Immaculé de Marie, de Scheut. (*Ibid.*, 19 nov. 1915, pp. 559/561; ill.)

— Lettre de Notre-Dame des Pins (Mongolie), 23 janvier 1916. (*Ibid.*, 1916, pp. 99/100.)
Une consécration épiscopale (Mgr. Louis Van Dyck) en Mongolie. Photographie, p. 97.)

— Lettre. (*Ibid.*, 1916, pp. 174/175, 186/187; ill.)
Une Conversion d'officier.

— Lettre. (*Ibid.*, pp. 196/200.)
Une Chrétienté de bel avenir.

— Lettre. (*Ibid.*, pp. 211/212.)
Madame Montagne d'Argent.

— Lettre. (*Ibid.*, pp. 222/224.)
Tao'-ki, le «petit espiègle». — Dans un hôpital de Belgique.

— Lettre. (*Ibid.*, pp. 486/488, 497/499.)

— Esquisses mongoles. Par le R. P. Albert Botty, ancien Supérieur-Général de la Congrégation belge du Cœur Immaculé de Marie de Scheut-lez-Bruxelles, missionnaire en Mongolie orientale. (*Ibid.*, 26 janvier 1917, pp. 44/45; 2 février, pp. 56/58; 9 février, pp. 68/69; 23 février, pp. 94/95.)

— Lettre. — Scènes de la Vie mongole. — Une affaire corsée. (*Ibid.*, 27 juillet 1917, pp. 349/351; ill.)

— Lettre. — Scènes de la Vie mongole. (*Ibid.*, 7 sept. 1917, pp. 426/427, ill.; 14 sept., pp. 441/442; 21 sept., pp. 452/453; 28 sept., pp. 466/467; 5 oct., pp. 477/478; 12 oct., pp. 490/492; 19 oct., pp. 497/498; ill.)

— Lettre. — Le Catholicisme en Mongolie. — Cinquante ans après. (*Ibid.*, 1er mars 1918, pp. 97/99; ill.)

— Lettre. — Notre-Dame des Pins, 1er février. — Scènes de famine en Mongolie. (*Ibid.*, 22 mars 1918, pp. 133/136.)

— Lettre. — La Peste en Mongolie. (*Ibid.*, 24 mai 1918, pp. 242/243.)

— Lettre. — Notre-Dame des Pins, 15 janvier 1918. — Scènes de la Vie mongole. — Pour se venger. — I. Suicides de vengeance. (*Ibid.*, 14 juin 1918, pp. 282/284, ill.; 21 juin, p. 293, ill.; 28 juin, pp. 306/308, ill.)

— Encore un bon larron par le R. P. Botty, de la Congrégation du Cœur Immaculé de Marie de Scheut, missionnaire en Mongolie orientale. (*Ibid.*, 25 oct. 1918, pp. 513/515.)

— Lettre de Notre-Dame des Pins, 1er sept. 1918. (*Ibid.*, 22 nov. 1918, p. 556.)

— Lettre de Chin-chow-fu. (*Ibid.*, 7 mars 1919, p. 112.)

— Scènes de la Vie mongole. — Véridiques histoires de brigands. — Relation du R. P. Albert Botty, de la Congrégation belge du Cœur Immaculé de Marie, missionnaire en Mongolie orientale. (*Ibid.*, 18 avril 1919, pp. 190/191; 25 avril, pp. 202/203; 2 mai, pp. 212/213; 9 mai, pp. 225/226.)

— Les Martyrs de Tsing-yeul et de Ta-sou-tai. — Episodes de la persécution des Boxeurs. — Relation du R. P. Botty, de la Congrégation du Cœur Immaculé de Marie de Scheut, missionnaire en Mongolie orientale. (*Ibid.*, 27 juin 1919, pp. 309/311; 4 juillet, pp. 322/323, ill.; 11 juillet, pp. 332/334.)

— Scènes de la Vie mongole. — Relation par le R. P. Botty, de la Congrégation belge du Cœur Immaculé de Marie, décédé le

14 mai en Mongolie orientale. (*Ibid.*, 12 sept. 1919, pp. 439/440, ill.: 19 sept., pp. 453/454, ill.; 26 sept., pp. 462/465; 3 oct., pp. 476/478; 10 oct., pp. 490/491; 17 oct., pp. 501/503; 24 oct., pp. 511/513.)

— Nécrologie. — Le T. R. P. Albert Botty, ancien Supérieur-Général de la Congrégation belge du Cœur Immaculé de Marie, missionnaire à Notre-Dame des Pins (Mongolie orientale). (*Ibid.*, 1er août 1919, pp. 370/371; portr.)

Braam.

— Au pays des Ortos. Par les RR. PP. Braam et Van Oost de la Congrégation du Cœur Immaculé de Marie de Scheut-les-Bruxelles. (*Miss. Cath.*, 6 janvier 1911, pp. 8/11, fig.; 13 janvier, pp. 17/21, fig.; 20 janvier, pp. 29/34, fig.; 27 janvier, pp. 45/47, fig.; 3 février, pp. 52/53; 10 février, pp. 66/68, fig.; 17 février, pp. 78/81, fig.)

Breu, *Adolphe.*

— Lettre de Tereson (Mongolie centrale). (*Ibid.*, 3 mars 1911, p. 100.)

Clippelle, *Maurice de.*

— Lettre de Chela ou sou-hao. (*Miss. Cath.*, 30 mai 1919, p. 257.)

— Lettre. — L'infanticide en Mongolie. (*Ibid.*, 2 juillet 1920, pp. 303/304.)

Conard, *Oscar.* — Voir col. 1214.

— Lettre de Hata (Mongolie orientale). (*Miss. Cath.*, 3 oct. 1913, p. 472.)

— Relation du R. P. Oscar Conard. (*Ibid.*, 1916, pp. 273/274, 286/287.)

La grande forêt impériale de Mongolie.

— Lettre. — Scènes de la vie de mission. — En Mongolie. (*Ibid.*, 4 mai 1917, pp. 214/215; 11 mai, pp. 226/227; 18 mai pp. 238/239.)

Coneu, *Adam-Henri,* né en 1878, en Belgique; parti en 1904, pour la Mongolie centrale; † en 1914, à Si wan tseu.

Conrardy.

— Lettre de Mongolie. (*Miss. Cath.*, 8 oct. 1909, p. 485.)

— Lettre du Kouang-tong. (*Ibid.*, 11 avril 1913, p. 172.)

Lépreux.

Cools, *Armand.*

— Lettre. (*Miss. Cath.*, 1916, pp. 145/147.)

— Lettre de Mongolie orientale. (*Ibid.*, 1916, pp. 361/363.)

— Lettre. — Esquisses mongoles. — Mes nouveaux chérubins. (*Ibid.*, 2 mars 1917, pp. 97/99.)

— Lettre, 12 nov. 1917. — La Famine en Mongolie. (*Ibid.*, 1er février 1918, pp. 51/52.)

Coster, *François de,* né en 1882, en Belgique: parti en 1907, pour la Mongolie centrale; † à Halakeou, 15 février 1915.

Daems, Préfet apostolique du Kan Sou. — Voir col. 1215.

— Lettre de Si-houo-bien (Kan-sou). (*Miss. Cath.*, 10 oct. 1913, p. 485.)

— Lettre de Tsing-chow, 31 janvier. (*Ibid.*, 19 mars 1915, p. 136.)

— Lettre. — (*Ibid.*, 1916, pp. 111/112.)

Brigandages au Kan sou.

— Lettre de Tsin-tchéou, 4 juin 1916. (*Ibid.*, 1916, p. 353.)

— Lettre de Tsin-tchéou. (*Ibid.*, 18 mai 1917, p. 233.)

— Lettre. — 13 juin 1919, au R. P. Steyaert. (*Ibid.*, 31 oct. 1919, p. 521; ill.)

(Braam. — Daems.)

De Boeck, *François,* né en 1863, en Flandre orientale: Cong. de Scheut; parti en 1889, pour la Mongolie Sud-Ouest; † de la peste à Kiang Kiun Jao tseu, 26 déc. 1918.

De Brabander, *César,* né en 1857, en Belgique; Cong. de Scheut: parti en 1882, pour la Mongolie centrale; † à Scheut, en 1919.

Deken, *Constant de.* — Voir col. 1215.

— Le R. P. Dedeken. (*A travers le Monde*, II, 1896, pp. 197/198; portr.)

Delacre, *Aug.-Joseph,* né en 1888, en Belgique; Cong. de Scheut: parti en 1912, pour le pays des Ortos; † 1914, chez les Ortos.

Delos, *Victor-Joseph,* né en 1883, en Belgique; Cong. de Scheut; parti en 1908; † à Anvers, en 1914.

Dols.

— Une excursion au Kan-sou. Par le R. P. Dols de la Congrégation du Cœur Immaculé de Marie de Scheut-les-Bruxelles. Missionnaire au Kan-Sou mérid. (Chine). (*Miss. Cath.*, 23 avril 1909, pp. 198/200, fig.; 30 avril, pp. 210/212, fig.)

Devloo.

— Lettre. — Mongolie orientale. — Pour une petite Eglise, s. v. p. (*Miss. Cath.*, 17 sept. 1920, pp. 435/436; ill.)

Eyck, *Conrad.*

— Lettre de Sy-wan-tzeu (Mongolie centrale). (*Miss. Cath.*, 11 nov. 1910, pp. 530/531.)

Frison, *Jean-François,* né en 1889, en Belgique; parti en 1915, pour la région des Ordos; † à Eul chen seu, 3 juin 1916.

Geysen, *Auguste,* né en 1886, en Belgique; Cong. de Scheut; parti en 1913, pour la Mongolie Sud-Ouest: † à Kang-fang ingtseu, 31 mars 1919.

Groote, *Hubert-Raymond de,* né en 1879, en Belgique: parti en 1905, pour la Mongolie centrale; † à Si-wan-tseu, en 1914.

Guisset, *Martin,* né à Champion (Namur), 13 juillet 1836; Congrégation de Scheut, 26 avril 1866; † 26 avril 1919, à Nan-hao-tsien, Mongolie.

Planchet, *Missions de Chine*, 1921, pp. 510/511.

Hustin, *Arthur.*

— Lettre de Koei-Hoa-t'cheng (Ville Bleue), Mongolie centrale, au T. R. P. Van Hecke, Supérieur Général des Missions de Scheut-lez-Bruxelles. (*Miss. Cath.*, XXXVIII, 12 oct. 1906, pp. 484/485.)

Jansen, *Joseph.* — Voir col. 1216.

— Lettre de Notre-Dame des Pins, le 12 oct. 1904 (Mongolie orientale). (*Miss. Cath.*, XXXVII, 16 juin 1905, p. 280.)

Portrait de Mgr. Abels, p. 280.

Janssens, *Louis.*

— Lettre. — La Pauvreté mongole. (*Miss. Cath.*, 18 juillet 1919, pp. 337/338.)

— Lettre. — Maison hantée. (*Ibid.*, 13 août 1920, pp. 380/381.)

Kerkhofs.

— Lettre de Léang-tchéou (Kan-sou), 15 sept. 1905. (*Miss. Cath.*, XXXVIII, 16 mars 1906, pp. 123/124.)

Kervyn, *Louis.*

— Lettre de Notre-Dame des Pins (Mongolie orientale) au R. P. Van Hecke, Supérieur Général des Missionnaires belges de Scheut. (*Ibid.*, 21 sept. 1906, p. 447.)

— Lettre de Lao-hou-keou (Mongolie orientale). (*Ibid.*, 1er déc. 1911, pp. 569/570; fig.)

— * Méthode de l'Apostolat moderne en Chine, par le R. P. Louis Kervyn, de la Congrégation du Cœur Immaculé de Marie (Scheut-lez-Bruxelles). In-4 de 920 pages. En vente soit à l'Imprimerie de Nazareth, à Hongkong, soit à la librairie Lecoffre, Paris.

Notice. (*Miss. Cath.*, 23 février 1912, p. 95.)

(De Boeck. — Kervyn.)

— Physionomies et Caractéristiques des anciens Chrétiens en Chine par le R. P. Kervyn, du Séminaire de Scheut-lez-Bruxelles, missionnaire en Mongolie orientale. (*Miss. Cath.*, 17 janvier 1913, pp. 33/35; 24 janvier, pp. 45/47; 31 janvier, pp. 57/59, fig.; 7 février, pp. 70/71; 14 février, pp. 78/82, fig.; 21 février, pp. 93/95, fig.; 28 février, pp. 106/108.)

— Lettre (Mongolie orientale). (*Ibid.*, 26 nov. 1915, p. 568.)

— Lettre du R. P. Joseph Siœn, missionnaire en Mongolie orientale. (*Miss. Cath.*, 26 juillet 1918, p. 358.)

— Lettre. — Nouvelles fondations en Mongolie orientale. (*Ibid.*, 15 août 1919, pp. 387/388.)

Lambrechts, *Louis*, né en 1878, en Belgique; Congrégation de Scheut; parti en 1902, pour la Mongolie Sud-Ouest; † à Siao-K'iao-pan, 3 février 1919.

Leessens, *Désiré*, né en 1861, en Hollande; parti en 1888, pour l'Ili; † à Manassé, 21 février 1915.

— Lettre de Manassé (Ili) au R. P. Van Hecke, Supérieur. (*Miss. Cath.*, XXXIX, 8 nov. 1907, p. 533.)

Mandervelt, *Jean.*

— Lettre de Notre-Dame des Pins, 9 février 1917. — Esquisses mongoles. — Les vieux chérubins de l'hospice Janssen. (*Miss. Cath.*, 6 avril 1917, pp. 158/159.)

Meester, *Maurice de.* — Voir col. 1216.

— Lettre de Kien-tchang (Mongolie orientale), le 15 février. (*Miss. Cath.*, 20 mars 1914, p. 137.)

Mullie, *Joseph*, curé de Chenn-tsing (Mongolie orientale).

— Lettre. — Mongolie orientale. — Une nouvelle Œuvre. (*Miss Cath.*, 5 sept. 1919, pp. 422/423.)

— Lettre de Mongolie orientale. (*Ibid.*, 5 mars 1920, pp. 112 113; ill.)

Otto, *Hubert*, né à Bruxelles, 12 sept. 1850; arrivé à Si wan tseu, 30 avril 1876; évêque d'Assura, 20 juin 1890; Vicaire apostolique du Kan Sou.

— Lettre de Léan-tchou-fou (Kan sou sept.). (*Miss. Cath.*, 13 nov. 1914, p. 544.)

— Lettre. Un petit Mot qui en dit long! (*Ibid.*, 23 avril 1920, pp. 193/194.)

Renders, *Arnold*, né en 1885, en Hollande; Cong. de Scheut; parti en 1910, pour la Mongolie centrale; † à Haong iang t'an, mars 1919.

Rutten, *Joseph.*

— Lettre de Mongolie centrale. (*Miss. Cath.*, XXXVII, 7 juillet 1905, pp. 314/315.)

— Lettre de Si-ing-tze (Mongolie centrale) à S. G. Mgr. Rutten évêque de Liège. (*Ibid.*, 28 oct. 1910, p. 509.)

— Nommé Supérieur général des Missionnaires de Scheut. (*Ibid.*, 2 juillet 1920, p. 304; portr.)

Schipman, *André.*

— Lettre de Notre-Dame des Pins (Mongolie orientale), 10 janvier 1912. (*Miss. Cath.*, 9 février 1912, p. 65.)

Schœnen, *Achille*, missionnaire à Sartji (Mongolie Sud-Ouest).

— Lettre. — (*Miss. Cath.*, 19 mars 1920, p. 137.)

— Lettre. — Sartji, 20 mars 1919. — Mongolie. — Enthousiasme et Déception d'un nouveau Curé. (*Ibid.*, 20 juin 1919, pp. 289/291.)

Schutter, *C. de.*

— Scènes de la vie mongole. — Chez mes Néophytes par le R. P. C. de Schutter, de la Congrégation de Scheut, missionnaire en Mongolie Sud-Ouest (Ortos). (*Miss. Cath.*, 5 nov. 1915, pp. 532/533; 12 nov., pp. 545/546.)

Seys, *Albert.*

— Lettre de Kin-kia-tien (Mongolie orientale). (*Miss. Cath.*, 23 juillet 1920, p. 341.)

Selosse, *Albert*, né en 1882, en Belgique; parti 1907, pour le Kan Sou; † à Leang Tcheou, 18 juillet 1915.

(Lambrechts, — Selosse.)

Siœn, missionnaire en Mongolie orientale.

— Lettre. — Mongolie orientale. — Une intéressante mission. (*Miss. Cath.*, 29 oct. 1920, pp. 508/509.)

Snierings, *Henri*, né en 1876, en Hollande; parti en 1900, pour la Mongolie Sud-Ouest; † à Houang yang mao tsou, 1er janvier 1918.

Steeneman, *J.*, né à Bois-le-Duc, 5 fév. 1853; prêtre de Scheut.

— Nécrologie. — R. P. Steeneman, supérieur de la mission d'Ili (Turkestan chinois.) (*Miss. Cath.*, 1er mars 1918, p. 108.)

Swinkels, *Hub.-Ant.*, né en 1885, en Hollande; Cong. de Scheut; parti en 1912; † 1914 chez les Ortos.

Tchao, *Marc.*

— Mort de M. Marc Tchao, le 2 juillet, prêtre de la Mongolie orientale, tué d'un coup de feu à Choueits'iuenzekeou (Mandchourie) (*Miss. Cath.*, 17 déc. 1920, p. 593.)

Tyberdhein, *Georges*, né en 1879 en Belgique; Cong. de Scheut; parti en 1912 pour la Mongolie centrale; † à Pei hoo keou, 6 juin 1919.

Van Belle, *Cyrille.*

— Lettre de Chine. (*Miss. Cath.*, 14 juin 1912, p. 281.)

Van Cauwenbergh.

— Lettre de San-tsouo-t'a (Mongolie orientale), 25 mars. (*Miss. Cath.*, XXXIX, 5 juillet 1907, p. 316.)

— Progrès de la foi en Mongolie. — Lettre du R. P. van Cauwenbergh, de la Congrégation belge de Scheut, missionnaire en Mongolie orientale. (*Miss. Cath.*, 17 déc. 1909, pp. 603/604; fig.)

Vanderstraete, *Achille*, né en 1878, en Belgique: parti en 1915, pour la Mongolie orientale; † à Kien-tch'ang, 7 sept. 1919.

Van de Velde, *A.*

— Lettre au R. P. Van Hecke (Mongolie Sud-Ouest). (*Miss. Cath.*, XXXIX, 8 nov. 1907, p. 533.)

Sépulture des restes des PP. van Merhaeghe et Bongaerts, martyrs de 1900, à San-tao-ho.

— En Mongolie. — Lettre du R. P. Van de Velde, des Missionnaires belges de Scheut-lez-Bruxelles, à sa sœur religieuse carmélite. (*Ibid.*, 19 mars 1909, pp. 133/135.)

— Lettre de la Mongolie Sud-Ouest. (*Ibid.*, 1916, pp. 313/315.)

Mission d'Ho kiao, lisière du Gobi.

— Lettre. — Sur la lisière du grand désert de Gobi. — Une mission bien éprouvée. (*Ibid.*, 25 mai 1917, pp. 241/242; ill.)

Van Dorpe, *Frantz.*

— Lettre. Brigandage en Mongolie. (*Miss. Cath.*, 4 sept. 1914, pp. 423/425.)

Van Durme, *Marcel.*

— Lettre. — Progrès du Catholicisme en Mongolie. — Un beau coup de filet. (*Miss. Cath.*, 24 août 1917, pp. 397/398; ill.)

— Lettre de Chan-wan-tzeu, 16 janvier. (*Ibid.*, 26 avril 1918, p. 196.)

— Lettre. — Le catholicisme en Mongolie. — Merci! (*Ibid.*, 23 août 1918, pp. 397/398; ill.)

— Lettre. — Merci! (*Ibid.*, 18 juillet 1919, p. 338.)

Van Dyck, *Louis*, Vicaire apostolique de la Mongolie Sud-Ouest (Ortos). — Voir col. 1216.

— Lettre. (*Miss. Cath.*, 23 déc. 1910, p. 605.)

— Lettre de Eul Che se king ti, 15 sept. 1916. (*Ibid.*, 1916, pp. 518/519.)

— Lettre au T. R. P. Mortier, Supérieur Général des missionnaires belges de Scheut. — La peste en Mongolie. (*Ibid.*, 15 mars 1918, p. 122.)

Van Eecke. — Voir col. 1217.

— Lettre du Kan-Sou sept. (*Ibid.*, 17 juillet 1914, p. 340.)

Van Hove, *Jean-Louis*, né en 1877, en Belgique; parti en 1903; † chez les Ortos, en 1914.

(Siœn. — Van Hove.)

Van Lantschoot, *Cyrille.*

— Episodes de la Révolution chinoise en Mongolie. — Lettre du R. P. Cyrille van Lantschoot. (*Miss. Cath.*, 15 mars 1912, pp. 125/128; fig.)

Van Obbergen-Groenwout, *Ernest*, né en 1875, en Belgique; Congrégation de Scheut; parti en 1898, pour la Mongolie orientale; † à Song-chou-tsouei-tseu, 14 avril 1919.

— Lettre de Mongolie au R. P. Van Hecke. (*Miss. Cath.*, XXXVIII, 11 mai 1906, p. 220.)

— Lettre de Chan-Heou (Mongolie orientale). (*Ibid.*, 28 janvier 1910, pp. 40/41.)

— Lettre. — Un désastre à Notre-Dame des Pins (Mongolie orientale). (*Ibid.*, 5 oct. 1917, pp. 472/473.)

Van Oost, *Joseph.* — Voir col. 1217.

— Lettre de Mongolie. (*Miss. Cath.*, 25 août 1911, pp. 402/403; fig.)

— Lettre. (*Ibid.*, 1916, pp. 161/162.)

Journées révolutionnaires en Mongolie.

— Lettre de Mongolie Sud-Ouest, 30 mai 1916. (*Ibid.*, 1916, p. 329.)

— Lettre. (*Ibid.*, p. 411.)

— Un Jour de Fête à Palakai [Mongolie], par le R. P. Van Oost, de la Congrégation du Cœur Immaculé de Marie de Scheut-les-Bruxelles, missionnaire aux Ortos. (*Ibid.*, 7 février 1919, pp. 66/69; ill.)

— Le Peintre-Décorateur au T'oumet, par le R. P. Van Oost, de la Congrégation du Cœur Immaculé de Marie de Scheut, missionnaire aux Ortos (Mongolie). (*Ibid.*, 21 nov. 1919, pp. 562/563; 28 nov., pp. 571/572, fig.; 5 déc., pp. 581/583; ill.)

— Lettre. — Mission des Ortos. — Sorcier ou Farceur. (*Ibid.*, 8 oct. 1920, pp. 470/472.)

Van Ostade, *Liévin*, né en 1849, en Belgique; Congrégation de Scheut; parti en 1878, pour le Kan-Sou; † à Toumen-tseu, en mars 1919.

Van Peer, *François.*

— Lettre de P'inglo (Ortos). (*Ibid.*, 9 juin 1911, p. 268.)

— Lettre de P'inglo (Ortos). (*Ibid.*, 28 juillet 1911, pp. 353/354.)

Van Roo, *Gustave.*

— En Mongolie. — Lettre du R. P. Gustave Van Roo, de la Congrégation du Cœur Immaculé de Marie de Scheut, missionnaire en Mongolie orientale. (*Ibid.*, 13 déc. 1912, pp. 594/595; fig.)

Verhaeghe, *Remi*, Procureur des missions belges de Mongolie et du Kan-sou.

— Lettre de Shang-haï. (*Miss. Cath.*, 2 nov. 1917, pp. 520/521.)

— Lettre de Mongolie. (*Ibid.*, 5 juillet 1918, p. 316.)

— Lettre de Shang-haï. (*Ibid.*, 24 janvier 1919, p. 41.)

Verhaert.

— Mongolie orientale. — Jehol par le R. P. Verhaert, de la Congrégation belge du Cœur Immaculé de Marie, missionnaire à Pakeou. (*Ibid.*, 25 juin 1920, pp. 296/297.)

Vleeschouwer, missionnaire au Kan-sou méridional.

— Lettre. — Kan-Sou mérid. — Le Petit Jen-Wa. (*Miss. Cath.*, 3 sept. 1920, p. 425; ill.)

Vries, *Ghisbèrt de*, né en 1886, en Hollande; Congrégation de Scheut; parti 1911, pour le Kan-Sou; † 1914, au Kan-Sou.

Wang, *Benoit.*

— La peste en Mongolie. — Lettre du Bachelier et catéchiste Benoît Wang; Siao-Noor, 31 janvier 1918: avec les réflexions des RR. PP. Lefevere et Vereenooghe. (*Miss. Cath.*, 10 mai 1918, p. 219.)

Weys, *Louis.*

— Sur les Montagnes du Kan-sou (Chine). — Lettre du R. P. Louis Weys, des Missionnaires belges de Scheut. (*Miss. Cath.*, 1er sept. 1911, pp. 409/411; fig.)

(Van Lantschoot. — Weys.)

Wildo, *Bénoni de.*

— Lettre de Jenn-san-iao-tzeu (Ortos), le 30 oct. 1910. (*Miss. Cath.*, 31 mars 1911, p. 148.)

— Lettre de Mongolie Sud-Ouest. (*Ibid.*, 8 déc. 1911, p. 581.)

Wolf, *Jul.-Louis-Charles de*, né en 1875, en Belgique; parti en 1899; † chez les Ortos, à Kang-fou, 3 déc. 1915.

— Lettre. — Œuvre recommandée par le R. P. Botty. (*Miss. Cath.*, 8 août 1919, pp. 373/374.)

Wynant, *Omer-Alph.*, né en 1884, en Belgique; Congrégation de Scheut; parti en 1912; † chez les Ortos en 1914.

Zech, *Etienne.*

— Une intéressante Mission Mongole. — Lettre du R. P. Etienne Zech, de Scheut-lez-Bruxelles, missionnaire aux Ortos. (*Miss. Cath.*, 22 nov. 1912, p. 554.)

PRÊTRES DE STEYL.

Col. 1218/1219, 3131.

Anzer. — Voir col. 1218.

— Nekrologie. — Bischof Johann Baptist v. Anzer, Apostolischer Vikar von Süd-Schantung. (*Deutsche Rundschau f. Geogr. u. Stat.*, XXVI, 1903—1904, p. 282.

Voir H. Cordier, *Hist. des Relat. de la Chine*, III, pp. 74, seq.

Janssen, Supérieur du Séminaire de Steyl.

— Extraits d'une lettre sur la mission du Chan-Tong mérid. (*Miss. Cath.*, XXXVII, 15 sept. 1905, p. 435.)

SÉMINAIRE DE ST. PIERRE ET DE ST. PAUL.

Col. 1212/1214.

Capettini, *Antoine-Marie.*

Consacré évêque, le 8 sept., dans l'église de l'Immaculée Conception de T'ong-yuen-fang (Chensi central). (*Miss. Cath.*, 20 février 1920, p. 88.)

Passerini, *Pio-Giuseppe*, né à Zinasco, 7 janvier 1866; parti en 1888, pour la Chine; Vicaire Apostolique du Chen-Si mérid.; évêque d'Acanthe; † à Han-tchong, 16 avril 1918.

— Nécrologie. — Mgr. Passerini, Vicaire Apostolique du Chen-Si mérid. (*Miss. Cath.*, 10 mai 1918, p. 227.)

— Célébration du 25e anniversaire de son ordination sacerdotale le 25 déc. 1913. (*Ibid.*, 16 janvier 1914, p. 28.)

TRAPPE.

Col. 1219/1220.

— Das Trappistenkloster Yang-Kia-ping, westlich von Peking. Von Oberleutnant Detloff v. Berg. (*Petermanns Mitt.*, 1907, IX, pp. 201/204.)

— La Trappe chinoise de Yang-Kia-Pinn. Par M. A. Limagne, Directeur de l'Institution Saint-Joseph à Montluçon (Allier). (*Miss. Cath.*, 1er avril 1910, pp. 153/156, fig.; 8 avril, pp. 166/168, portr.; 15 avril, pp. 173/175, fig.; 22 avril, pp. 188/189, fig.; 29 avril, pp. 196/197, fig.; 6 mai, pp. 210/212, fig.; 13 mai, pp. 224/225, fig.)

— A. Limagne. — Les Trappistes en Chine. — Paris, J. De Gigord, 1911, in-8, pp. VIII-83, ill. hors texte.

Avait paru dans les *Missions Catholiques*.

Notices : *Miss. Cath.*, 9 déc. 1910, p. 587. — *Petermanns Mitt.*, 1913, I, p. 147, par A. Forke.

— Providentielle conversion d'un Jeune Lama. — Lettre d'un trappiste du couvent de Notre-Dame de la Consolation près Péking (Chine), au T. R. P. Abbé de Notre-Dame de Septfons (Allier). (*Miss. Cath.*, 7 avril 1911, pp. 162/164; portr.)

— Nécrologie. — Dom Maur Veychard Abbé de la Trappe de Notre-Dame de la Consolation de Yang-kia-ping (Vicariat apostolique de Pékin). (*Ibid.*, 22 août 1919, pp. 406/407.)

(Prêtres de Steyl. — Trappe.)

DIVERS.

Col. 1220/1221.

Hospital, *Juventius*, né à Palencia (Espagne), 4 février 1870; évêque de Caune et Vicaire apostolique du Hou Nan sept.

— Ilmo. y Rmo. Sr. D. Fr. Juvencio Hospital, O. E. S. A. Obispo de Cauna, Vicario Apostolico de Hunan. — Notas y Escenas de Viaje Cartas del Extremo Oriente Misiones Agustinianas de China. Ilustradas con 58 grabados. Prólogo del R. P. Fr. Gaudencio Castrillo De la misma Orden. — Con las debidas licencias. — Luis Gili, Barcelona, 1914, in-8, pp. VIII-216.

Jean Damascène Sallutti de la Conception, Augustin, évêque de Peking, 2 avril 1780; † à Peking 16 sept. 1781.

— H. Cordier, *Suppression de la Cie. de Jésus*, 1916, *pass.* — Voir col. 3574.

— Pelliot, Conquêtes de K'ien Loung, p. 192 seq. — Voir col. 3483.

Kiang, *Dominique*, pretre chinois.

— Lettre de Fou-tchéou (Fokien), 20 janvier 1908: (*Miss. Cath.*, XL, 3 avril 1908, p. 159.)

Kiang, *Moïse*.

— Le nouveau Prêtre Moïse et sa sœur rachetée. Lettres du prêtre Moïse Kiang et d'A-tsap, sœur de Moïse Kiang. (*Miss. Cath.*, 6 août 1909, pp. 373/374: fig.)

Li, *André*, prêtre indigène.

— Lettre en latin, de Tsing-soei-ho, 28 juillet 1910 (Mongolie centrale). (*Miss. Cath.*, 7 oct. 1910, pp. 473/474; fig.)

Liao, *Paul*, prêtre indigène.

— Lettre en latin, le 28 juillet 1910, de Tsing-soei-ho (Mongolie centrale). (*Miss. Cath.*, 7 oct. 1910, pp. 473/474; fig.)

Price, *Thomas F.*, Premier Supérieur de la Mission Américaine en Chine, fondée par le Séminaire de Maryknoll, 1918; né en 1860, à Wilmington (N. Caroline); † 12 sept. 1919, à l'hôpital de Hongkong.

— Planchet. (*Missions de Chine*, 1921, pp. 500/502; portr.)

— Mitte operarios . . . Par L. H., S. J. (*Rel. de Chine*, Kiang-Nan, Janv.-Avril 1920, pp. 306/308.)

† du P. Thomas Price, de la Société des Missions Etrangeres d'Amérique, le 12 sept. 1919 à l'hôpital francais de Hongkong. Société fondée par le R. J. A. Walsh.

— Arrivée de la Mission Irlandaise en Chine. (*Rel. de Chine*, Kiang-Nan, Juillet 1921, pp. 581/582.)

Les PP. Blowick, Galvin et Macpolin.

Ripa, *Matteo*, né à Eboli, province de Salerne, 29 mai 1682; d'une famille noble de Brindisi; rentré de Chine à Naples en 1724. — Voir col 844, 1220.

— R. Istituto orientale in Napoli. — Documenti e Titoli sul privato fondatore dell' attuale R. Istituto (antico «Collegio dei Cinesi» in Napoli) Matteo Ripa sulle Missioni in Cina nel Secolo XVIII e sulla costituzione e consistenza patrimoniale della antica fondazione per Gherardo de Vincentiis prof. anziano nell' Istituto. Napoli Stab. tipog. del cav. Gennaro Salvati e successivamente Tip. Melfi & Joele (palazzo Maddaloni a Toledo) 1904, in-4, pp. 14/662.

(DIVERS.)

Faux-titre. — Parte prima. — Matteo Ripa l'opera sua di artista e missionario in Cina. La questione dei Riti Cinesi dal 1700 al 1750 preistoria e primi inizi della fondazione. — Documenti inediti biografici, storici, politici con introduzione e con note critico-illustrative e copiosi facsimili. — Edizione in estratto di soli Cento esemplari numerati.

Renferme une quantité de lettres inédites avec des facsimiles.

Il a été tiré 368 pages seulement du second volume des *Documenti & Titoli sul . . . Matteo Ripa* de Vicentiis. M. Pelliot a bien voulu m'en donner communication; les pièces de ce volume sont surtout relatives au Collège des Chinois.

Le P. Ripa est le premier Européen qui ait fait exécuter des gravures sur pierre en Chine. M. Pelliot en possède un album: Quelques-unes de ces planches ont été reproduites en Angleterre en couleurs; elles ont été détruites en 1829.

Su, *Mathias*, prêtre indigène.

— Lettre de Pé-ho-tchoang (Pao-ting-fou). (Tché-ly central), 24 janvier 1911. (*Miss. Cath.*, 3 mars 1911, p. 100.)

— Lettre de Pé-ho-tchoang (Tché-li central). (*Ibid.*, 27 février 1914, pp. 101/102; grav.)

Tchen.

— Solennité à Notre-Dame de Paris en l'honneur de Paul Tchen, martyrisé en Chine. (*Miss. Cath.*, 6 août 1920, p. 365.)

.˙.

Maurice, *Louis*, frère mariste.

— Lettre. (*Miss. Cath.*, XXXVIII, 6 avril 1906, p. 158.)

Massacré à Nan-tchang, 25 février 1906.

— Les Joséphistes-Maristes. — Notes sur une œuvre de catéchistes dans la mission du Kiang-Nan. Par G. M. (*Rel. de Chine*, Kiang-Nan, Juillet 1909, pp. 339/345.)

— Les fondations des Petits Frères de Marie en Chine. — Lettre du frère Louis-Eraste, de l'Institut des Petits Frères de Marie de Saint-Genis-Laval. (*Miss. Cath.*, 1er oct. 1909, pp. 471/472; fig.)

— Les Œuvres des Petits Frères de Marie [en Chine]. (*Ibid.*, 15 août 1919, p. 388.)

Extr. du *Bull. de l'Institut.*

— Le Juvénat mariste de Pékin. (*Miss. Cath.*, 29 mai 1914, pp. 253/254.)

— Une école normale catholique à Péking. (*Rel. de Chine*, Kiang-Nan, Juillet 1921, p. 582.)

Du *Bulletin catholique de Péking.*

— Chez les Frères Maristes. — Par le P. P. Jubaru. (*Chine Ceylan Madagascar*, Mars 1922, p. 38.)

Tientsin, 8 déc. 1921.

.˙.

— Les Petites Sœurs des Pauvres. — Extrait d'une lettre du F. Eugène Beaucé à son frère. — Zi-ka-wei, 14 mai. (*Rel. de Chine*, Kiang-Nan, Janvier 1906, pp. 27/30.)

— Les Petites Sœurs des Pauvres à Changhai. — Une prise d'habit. Par E. Beaucé, S. J. (*Ibid.*, Kiang-Nan, Avril 1909, pp. 277/280.)

— La Charité des Pauvres. — Extrait d'une lettre d'une Petite Sœur des Pauvres à sa famille. — 18 janvier 1913. (*Ibid.*, Kiang-Nan, Oct. 1913, pp. 285/286.)

— La Charité à Changhai. Les Petites Sœurs des Pauvres. Par Viator. (*Ibid.*, Kiang-Nan, Oct. 1913, pp. 230/232.)

— Chine [les Petites Sœurs des Pauvres]. (*Miss. Cath.*, 17 avril 1914, pp. 184/185.)

.˙.

— Un Jubilé chez les Sœurs de Saint-Paul-de-Chartres à Hongkong. (*Miss. Cath.*, 8 janvier 1909, pp. 13/15.)

Adèle, Sœur, Cong. St. Paul de Chartres.

— Lettre de Chemulpo, 9 sept. 1917. (*Miss. Cath.*, 1er février 1918, p. 53.)

Marie-Donatienne, Sœur, rel. de St. Paul de Chartres.

— Lettre de Taikou à Mgr. Th. Robert, de Nantes. (*Miss. Cath.*, 10 août 1917, p. 378.)

— Lettre de Pagoda-Anchorage à Mgr. Robert, de Nantes. (*Ibid.*, 7 sept. 1917, p. 425.)

(DIVERS.)

— Lettre de Taïkou (Corée) à Mgr. Robert, de Nantes. (*Ibid.*, 1er nov. 1918, p. 520.)

— Lettre. — Taïkou, le 14 février 1919. — Pauvres Petites! (*Ibid.*, 23 mai 1919, pp. 243/244; ill.)

— Lettre de Taikou. (*Ibid.*, 2 janv. 1920, p. 8: ill.)

— Lettre. — Corée. — La Sainte-Enfance de Taïkou. (*Ibid.*, 29 oct. 1920, pp. 505/508; ill.)

Marie-Hélène, Sœur, de St. Paul de Chartres.

— Lettre de Chemulpo. (*Ibid.*, 12 sept. 1919, p. 438.)

∴

Coglioio, visiteur des missions salésiennes.

— Lettre de Macao. (*Miss. Cath.*, 11 nov. 1910, p. 530.)

Olive, *Ludovic*, Premier Salésien ✝ en Chine. Né à Marseille en 1862; † 18 sept. 1919 à Canton.

— Planchet, *Missions de Chine*, 1921, pp. 502/503.

Pedrazzini.

— Lettre de Macao à Don Albéra, Supérieur général des Salésiens de Turin. (*Miss. Cath.*, 23 janvier 1914, pp. 40/41.)

∴

— Journal de voyage des Missionaires Salésiens partis pour la Mission du Kouang-toung. (*Miss. Cath.*, 14 nov. 1919, pp. 545/547; 21 nov., pp. 560/562; 28 nov., pp. 569/570; 5 déc., pp. 585/586; 12 déc., pp. 598/599; 19 déc., pp. 608/610; 26 déc., pp. 618/619.)

∴

— * Antonelli. Un Martire in Cina: il B. Giovanni da Triora. Roma, Tip. Salustiana, 1900.

— Les ouvroirs des religieuses auxiliatrices à Zi-ka-wei. (*Rel. de Chine*, Kiang-Nan, Juillet 1906, pp. 161/169.)

— * De France en Extrême-Orient, par l'abbé Laurent Lemoine, ancien missionnaire, vicaire à Plumaugat (Côtes du Nord. — Préface de M. J. Gahier, avocat, docteur en droit. — En vente: Imprimerie Fr. Simon à Rennes, in-8, pp. XVI-206; ill.

Fergnani, Dom., missionnaire de Macao.

— Pélerinage à Sancian. (*Miss. Cath.*, 28 avril 1911, p. 197.)

Du *Bulletin Salésien.*

— Les Religieuses de l'Immaculée Conception à Canton. — Rapport de Sœur Marie de Lourdes à Mgr. Mérel, préfet apostolique du Kouang-tong. (*Miss. Cath.*, 8 mars 1912, pp. 110/118; fig.)

— Jubilé d'une Congrégation chinoise. (*Ibid.*, 1916, pp. 315/316.)

25e anniversaire de l'Institut des Sœurs indigènes du Purgatoire, à Ning-Po.

— * O. M. Taaffe. — A Fruitful Life: Olivia Mary Taaffe, 1832/1918. 1918, pp. 127.

Catholic Mission Series.

— * A. O'Sullivan. — Tipperary's Gift to China: three apostolic lives, 1863—1898. Sister Alice O'Sullivan, Father Patrick Moloney, Sister Mary Vincent Ryan. Dublin, 1919, pp. 128.

Catholic Mission Series.

(DIVERS.)

— Un dispensaire et une école de filles païennes. (*Chine Ceylan Madagascar*, Mars 1922, p. 37.)

— En Chine il faut des Sœurs. (*Ibid.*, Mars 1922, pp. 37/38.)

II. MISSIONS PROTESTANTES.

1° *OUVRAGES DIVERS.*

Col. 1221/1279.

— * Directory of Protestant China Missions in China, edited by the China Continuation Committee, 1921.

Col. 1301.

— Accounts from the Missions. — Canton. (*Indo-Chinese Gleaner*, I, May 1817, p. 13.)

— Accounts from the Missions. — China. (*Ibid.*, III, February 1818, p. 67.)

— Illustrations of scripture, from eastern sentiments, manners, and customs. (*Ibid.*, V, August 1818, pp. 165/170.)

— On the Logos. By Amicus. (*Ibid.*, VIII, April 1819, pp. 82/83.)

— * I. H. Barnes. — Behind the Great Wall, The Story of the C. E. Z. M. S. Work in China. Second Edition, in-8, pp. VIII-179; ill. London, N. D.

— * Foochow Missionary Difficulty. — Report of the case of Chow Chang Kung, Liu King Ching, &c., versus Rev. J. R. Wolfe, Hongkong, 1879, in-4, pp. 82.

— * Records of the General Conference of Protestant Missionaries of China, held at Shanghai, 7—20 May 1890, gr. in-8, pp. LXVIII-744 with Index and Statistical Tables. 1890.

Contains papers by Y. J. Allen, J. C. Gibson, A. Williamson, J. Edkins, W. H. Murray, J. Dudgeon, Timothy Richard, W. A. P. Martin, H. Blodget, J. Ross, F. A. Steven, F. Hartmann, &c.

— Achikalata wa Paolo Jua ndumitume kwa wa Korinti. — London: British and Foreign Bible Society. — 1891, in-32, pp. 54.

The Epistles of St. Paul the Apostle to the Corinthians in Yao.

— Sài-thû Pàu-lô só-kìa kâi tsu-sìn Hui-líp-pí chi Hui-lĩ-mũg Poih-phien. Èk-tsò Tiê-chiu péh-ūe phoi-ũ Tshuàn-tsu. Sùaⁿ-Thâu: Loi-pâi-tũg, Hoûg-soh-hun, in. 1894, in-8, pp. 59.

Au verso du 1er f. blanc: Phil to Philêm (Tie-chiu Dialect). Printed for the British and Foreign Bible Society at the English Presbyterian Mission Press, Swatow, 1894.

— Ma-hoh Ch'uen Fuk Yam Shue. — Taai Ying Kwok Shing-shue Kung-ooi. 1894. in-8, pp. 75.

Au verso du titre: The Gospel of Mark in Cantonese Colloquial. Published by the British and Foreign Bible Society 1894.

First edition, 500 copies, Shanghai, 1892. Second edition, revised, 1000 copies, London, 1894.

(MISSIONS PROTESTANTES.)

— * Rev. Jas. Johnston. — China and Formosa, the Story of the Mission of the Presbyterian Church of England. In-8, pp. xvi-400 with Index, 4 cartes et ill. 1897.

— * Records of the West China Missionary Conference at Chungking, Jan., 1899, in-8, pp. viii-208, avec 2 cartes. 1899.

— Femmes Missionnaires en Chine. (*A travers le Monde*, IV, 1898, p. 224.)
De la *Deutsche Kolonialzeitung*.

— * Rev. G. H. Bondfield and J. Dyer Ball. — A History of the Union Church, Hongkong, edited by Rev. C. H. Hickling. 1903.

— * M. I. Bryson. — Cross and Crown: Stories of the Chinese Martyrs. London Missionary Society, 1904, pp. 207. — Col. 1252.

— * W. S. Pattenham-Walsh. — Some Typical Christians of South China. 1905, in-8.

— * O. Schultze. — Lebensbilder aus der chinesischen Mission. Basel, 1905, in-8, pp. 144; ill.

— Letters from an Old Missionary to his Nephew. (*Chin. Rec.*, XXXVI, April 1905, pp. 159/168.)

— Revivals: with Special Reference to the Mission Schools and Colleges of China. By Rev. James Ware, Shanghai. (*Ibid.*, May 1905, pp. 215/225.)

— The Canadian Mission Press, Chen-tu. By a Friend and Well-wisher. (*Ibid.*, July 1905, pp. 352/355.)

— The Social Relationships of Missionaries with the Chinese. By Rev. Gilbert Reid, D. D. (*Ibid.*, Sept. 1905, pp. 431/438.)

— West China Advisory Board. By Rev. Geo. E. Hartwell, B. A., B. D. (*Ibid.*, pp. 439/442.)

— The Necessity and Importance of Reform in the Method of Teaching the Written Language. By Rev. W. M. Hayes, D. D. (*Ibid.*, pp. 454/457.)

— The Educational Outlook in China. By Bishop J. W. Bashford, D. D. (*Ibid.*, Oct. 1905, pp. 506/515.)

— The Religion that China Must Accept. By Rev. Charles E. Ewing, American Board Mission. (*Ibid.*, pp. 483/486.)

— Reform in China. Some Thoughts on our Relations to the Chinese. By Rev. J. Sadler, L. M. S., Amoy. (*Ibid.*, pp. 498/499.)

— Letters from an Old Missionary to his Nephew. [No. IV.] (*Ibid.*, July 1905, pp. 323/338; Nov. 1905, pp. 547/555.)

— Pentatonic Music and Kindred Matters. By Rev. C. S. Champness. (*Ibid.*, Nov. 1905, pp. 559/562.)

— The Mission Day School. By Dr. Elliott I. Osgood, Chu-cheo. (*Ibid.*, pp. 566/572.)

— In the Light of History and in View of Existing Conditions, what are some of the Defects of Modern Evangelistic Methods in China, and what the Remedy? By Rev. R. F. Fitch, Ningpo. (*Ibid.*, Dec. 1905, pp. 595/609.)

— Le Prosélytisme protestant en Chine. Trois versions nouvelles de la Bible en chinois. (*A travers le Monde*, XII, 1906, p. 228.)

— Church Praise Department, Note by Composer. (*Chin. Rec.*, XXXVII, Feb. 1906, pp. 92/94.)

— The Shantung Union College. 廣文學堂 (Located at Weihsien, Shantung province). (*Ibid.*, pp. 95/6.)

(Ouvrages divers.)

— The Recognition of the Mission Schools by the Chinese Government. By Rev. Lindenmeyer, Basel Mission, Kia-ying-chou. (*Ibid.*, pp. 96,99.)

— On the Use of «Ni 'in Prayer. By Rev. W. H. Gillespie, I. P. Mission, Manchuria. (*Ibid.*, March 1906, pp. 120/124.)

— Statistics of Missions and Churches whose Head-quarters are at Hangchow for the year 乙巳, ending january 24 1906. By G. E. Moule. (*Ibid.*, pp. 143/146.)

— The Friends' Foreign Mission Associations's New Boys' High School at Chungking. By Well Wisher. (*Ibid.*, p. 151.)

— Seekers After God Amongst the Chinese. By the Rev. I. Genähr. (*Ibid.*, Sept. 1906, pp. 471/477.)

— How can we best meet the New Conditions which are coming into Ascendancy in China? By Dr. E. J. Osgood, Chu-cheo. (*Ibid.*, pp. 485/495.)

— The Question of Union. — I. A General Statement. By Rev. J. B. Cochran, A. P. M., Hwai-Yuen. — II. A Possible Plan. By Rev. A. Sydenstricker, S. P. M., Chinkiang. — III. Some Objections. By Rev. R. M. Mateer, A. P. M., Wei-hsien. (*Ibid.*, June 1906, pp. 305/313.

— Bible and Tract Distribution to Japanese Soldiers in Manchuria. (*Ibid.*, pp. 313/316.)

— The Missionary's Book-Bill. By Rev. F. W. Bible, A. P. M., Hangchow. (*Ibid.*, July 1906, pp. 372/375.)

— The Bible and Missions. By Bishop James W. Bashford, D. D. (*Ibid.*, pp. 375/383.)

— Seekers After God Amongst the Chinese. By the Rev. I. Genähr. [Concluded from p. 477, Sept. number]. (*Ibid.*, Oct. 1906, pp. 548/555.)

— A Message for the Times. By Rev. E. Box. (*Ibid.*, Nov. 1906, pp. 600/614.)

— Sunday School Organization in China. By Rev. W. C. White, C. M. S., Foochow. (*Ibid.*, Dec. 1906, pp. 667/672.)

— Psalmody in Foochow. By Rev. C. S. Champness, M. E. Mission, Foochow. (*Ibid.*, pp. 674/679.)

— Vernacular Schools and Vernacular Education. By Rev. P. W. Pitcher, Amoy. (*Ibid.*, pp. 681/689.)

— * J. C. Hoare, Bishop of Victoria. The Contribution of the Church of China to the Body of Christ. 1907.
Mankind and the Church.

— * China Centenary Missionary Conference: Addresses, Public and Devotional. Published by the Conference Committee. Shanghai: Methodist Publishing House and Presbyterian Mission Press, 1907, pp. 192.
Notice: *Chin. Rec.*, February 1908, pp. 108/109, by H.

— * Records of the China Centenary Missionary Conference, held at Shanghai, april 25 to may 8 1907. Shanghai, Centenary Conference Commitee, 1907, pp. 823.
Notice: *China Rec.*, January 1908, pp. 50/51.

— * W. Kirton. — A Silent War, or the Great Famine in Kiangpeh. 1907, in-8; ill.)

— * F. W. Baller. — An Analytical Vocabulary of the New Testament (in the Mandarin Dialect), prepared for the use of Junior Members of the China Inland Mission. 2nd ed., revised and enlarged, 1907, pet. in-4.

(Ouvrages divers.)

— * J.W. Bashford. — China and Methodism. Cincinnati, 1907. In-8, pp. 118.

— A Mission in China. By W. E. Soothill. Oliphant, Anderson and Ferrier, 1907, in-8, pp. 308. — Voir col. 3132.

Notice : *Lond. & China Express*, Supp., 5 July 1907, p. 2.

— Retrospect and Prospect. By Rev. S. Isett Woodbridge, Editor, «Chinese Christian Intelligencer». (*Chin. Rec.*, XXXVIII, January 1907, pp. 1/6.)

— «Present Opportunities» or a Plea on Behalf of the Confucian Teacher. By Rev. E. Morgan. (*Ibid.*, pp. 6/15.)

— The Missionary's Personal Relation to the Chinese Under Present Conditions. By Rev. E. L. Mattox, Hangchow. (*Ibid.*, pp. 16/22.)

— A Chinese National Church. By Rev. William N. Brewster, (*Ibid.*, February 1907, pp. 63/68.)

— Letters from an Old Missionary to his Nephew. (*Ibid.*, pp. 68/81.)

— Letters from an Old Missionary to his Nephew. VIII. On Work. (*Ibid.*, March 1907, pp. 138/145; April 1907, pp. 200/205.)

— Teaching the Blind in China. By a Worker. (*Ibid.*, pp. 106/112.)

— New Literature for New China. By Rev. John Ross, D. D. Moukden. (*Ibid.*, XXXVIII, March 1907, pp. 134/137.)

— Denominational Distinctions in Mission Work. By Rev. Arnold Foster, B. A., London Mission, Wuchang. (*Ibid.*, pp. 125/133; April 1907, pp. 190/199.)

— The Era of Preaching in Sinim. By Hampden C. Dubose, D. D. (*Ibid.*, April 1907, pp. 181/189.)

— Native Helpers. By John A. Anderson, M. D., C. I. M. (*Ibid.*, April 1907, pp. 206/211.)

— Some of the Greatest Needs of Christian Missions. By Rev. T. Richard, D. D., Litt. D. (*Ibid.*, pp. 211/212.)

— Conversion by the Million. By Rev. Timothy Richard, Litt. D., D. D. (*Ibid.*, Oct. 1907, pp. 540/542.)

— * Some forces in Modern China by the Rev. Dr. Timothy Richard. (*Contemporary Review*, Londres, Dec. 1916?)

— * A Mission to Heaven by Dr. Timothy Richard, Shanghai 1913. The Christian Literature Society.

Notice : *Journ. N. C. B. R. As. Soc.*, Vol. XLV, pp. 168/169. By J. C. F.

— Statistics of Missions and Churches whose Headquarters are at Hangchow, for the Year 丙午 ending february 12th, 1907. With letter from G. E. Moule. (*Chin. Rec.*, XXXVIII, April 1907, pp. 213/215.)

— Paul the Roman Citizen. By Rev. J. E. Walker, Shaowu. (*Ibid.*, May 1907, pp. 253/256.)

— The Intellectual Life of the Missionary. By Rev. J. Menzies. (*Ibid.*, pp. 257/264.)

— Chinese Translation of Western Literature. By Rev. J. C. Garritt, D. D., Nanking. (*Ibid.*, June 1907, pp. 297/306.)

— Thoughts on Revival. By Philemon. (*Ibid.*, pp. 307/317.)

[*The Baptist Missionary Review*].

— The Mighty Problem and the Grand Opportunities in China. By Rev. A. A. Fulton, D. D., Canton (*Chin. Rec.*, XXXVIII, June 1907, pp. 318/322.)

— Educational Institutions of the Methodist Episcopal Church in China. By J. A. S. (*Ibid.*, pp. 325/327.)

— The Lesser Unity. By Rev. George A. Clayton, W. M. S. (*Ibid.*, July 1907, pp. 357/366.)

— The Religious Tract Society of London in China. (*Ibid.*, pp. 367/371.)

— Lessons Being Learned. By Mathetes. (*Ibid.*, August 1907, pp. 424/426.)

(Ouvrages divers.)

— Should the Denominational Distinctions of Christian Lands be perpetuated in Mission Fields? By Mr. D. E. Hoste, China Inland Mission. (*Ibid.*, pp. 427/430.)

American Journal of Theology, April 1907.

— Plans of the Evangelistic Committee of the Centenary Conference. (*Chin. Rec.*, XXXVIII, Sept. 1907, pp. 489/494.)

— How to Attract and Help Educated Chinese. By Rev. A. H. Smith, D. D. (*Ibid.*, Oct. 1907, pp 527/531.)

— Notes on Some Helps to the Historical Study of the Life of Christ. By Rev. D. Willard Lyon, M. A. (*Ibid.*, pp. 531/536.)

— Are Foreign Beverages a Menace to the Far East? By Rev. J. E. Walker, D. D. Shaowu. (*Ibid.*, pp. 536/540.)

— What a Secretary can do for the Association? By J. A. S. (*Ibid.*, pp. 550/553.)

[Educational].

— Co-operation. By Rev. R. E. Chambers, D. D., Canton. (*Chin. Rec.*, Nov. 1907, pp. 573/582.)

— On Keeping in Touch with Chinese Thought. By Rev. J. C. Garritt, D. D., Nanking. (*Ibid.*, pp. 582/589; 644/649.)

— Chinese Celebration of the Centenary of the Arrival of Morrison at Canton. By Rev. R. E. Chambers, D. D. (*Ibid.*, pp. 626/629.)

— Concile protestant en Chine. Par Paul Jung, S. J. Tai-ming-fou, 11 juillet 1907. (*Chine Ceylan Madagascar*, Déc. 1907, pp. 20/22.)

— The Supreme Object of Mission Work. By Rev. G. L. Gelwicks, A. P. M., Hunan. (*Chin. Rec.*, XXXVIII, Dec. 1907, pp. 637/644.)

— * R. Boyd. — Manchuria, and our Mission there. W. Strain & Sons, Belfast, 1908.

— * F. S. Webster. — Round the World in a Hundred Days. A Visit to China's Missions. London, R. Scott, 1908, pp. 159.

— L'œuvre des missions protestantes américaines dans l'île de Hai-nan. Par XXX. (*Revue indo-chinoise*, 15 avril 1908, pp. 479/485.)

— * G. Reid. — The Nineteenth and Twentieth Reports of the Mission among the Higher Classes in China. Shanghai, 1908, pet. in-8, pp. 74; 4 ill.

— Recent Progress in the Preparation of Christian Literature by Rev. Donald Macgillivray, Shanghai. (*Chin. Rec.*, January 1908, pp. 15/20.)

— Educational Mission Work in and near Amoy. By Rev. H. W. Oldham, Changpu. (*Ibid.*, June 1908, pp. 310/316.)

— The Revival in Manchuria. By Rev. G. H. Bondfield. (*Ibid.*, pp. 330/336.)

— W. H. Gillespie. — Revival in Manchuria. (*Ibid.*, pp. 339/342.)

— The Revival in Manchuria by Dr. Walter Phillips, Newchwang. (*Ibid.*, Sept. 1908, pp. 523/526.)

— Evangelistic Work in Hunan. By Rev. Gilbert G. Warren. (*Ibid.*, Oct. 1908, pp. 548/553.)

— The Training and Qualifications of the Literary Worker. By F. W. Baller. (*Ibid.*, Nov. 1908, pp. 609/615.)

— * Religion in Tientsin, by Frederick Brown, Methodist Publishing House, Shanghai, 1908; ill., pp. VIII-62; ill.

Notice : *Chin. Rec.*, August 1908, p. 462.

— * Frederick Brown. — China's Dayspring after Thirty Years, with Forewords by Sir Robert Hart and Rev. F. B. Meyer, and Introduction by Rev. T. A. Seed. 1914, in-8, carte et ill.

— * Missionaries in China, by a Candid Friend, s. d., gr. in-8.

(Ouvrages divers.)

— * A. R. Kelley. — The Great Chinese Awakening. 1909, pp. 240.
Finsbury Library.

— * Hongkong and New Territories. — Evangelization Society Report for the year 1909.

— * Mrs. A. Foster. — Chinese Schoolgirls in the Valley of the Yangtse. London, Missionary Society, 1909, pp. 93.

— The Missionary Outlook by Rev. A. H. Smith. (*Chin. Rec.*, January 1909, p. 10.)

— The 清明節. — An Eastertide Suggestion. By W. S. Pakenham Walsh, B. A. (*Ibid.*, May 1909, pp. 269/274.)

— * In and about Amoy. By Rev. Philip Wilson Pitcher, M. A. The Methodist Publishing House, Shanghai.
Notice : *Chin. Rec.*, July 1909, pp. 411/412, by J. D.

— * A Modern Pentecost in South China. By W. N. Brewster, Hinghua. — Methodist Press, Shanghai.
Notice : *Chin. Rec.*, Oct. 1909, pp. 588/589.

— * A. B. C. F. M. in North China, 1909.
Notice : *Chin. Rec.*, Oct. 1909, p. 589.

— * China and the Gospel. An Illustrated Report of the China Inland Mission, 1909, in-8, pp. 175.

— * Very Far East. Letters from China. By C. Winifred Lechmere Clift. London, Marshall Bros., Ltd., 1909, pp. 242.
Notice : *London & China Express*, Supp., 18 february 1910, p. 1.

— * The Story of the American Board: an account of the first hundred years of the American Board of Commissioners for Foreign Missions. By William E. Strong. Boston, etc.: The Pilgrim Press, 1910, pp. xvi-524. Maps and Illustrations.

— * Rev. J. W. Inglis. — The Divine Name in Ancient China. Shanghai, 1910, in-8, pp. 21.

— Les œuvres protestantes à Hoai-Yuen. — Lettre du P. Crochet. (*Rel. de Chine*, Kiang-nan, Oct. 1910, pp. 631/638; fig.)
Fong-yang, 15 janvier 1910.

— * One Hundred and Fifty Days in China. By Rev. G. Currie Martin, M. A. B. D., London Missionary Society, 1910, pp. 95.
Notice : *Lond. & China Express*, oct. 7th 1910, *Suppl.*, pp. 1/2.

— * W. A. Cornaby. — The Call of Cathay. London, 1910, pp. 316.
W. M. M. S. Centenary Series.

— * M. Broomhall. — Concerning Hunan and Changsha. China Inland Mission, 1910, pp. 16.

(Ouvrages divers.)

— * The China Mission Year Book. Shanghai, 1911, etc.

— * The China Mission Year Book 1912. Edited by Rev. G. H. Bondfield, Shanghai: Christian Literature Society.
Notice : *Journ. N. C. B. R. As. Soc.*, XLIII, 1912, pp. 113/114. By M.

— * M. C. Fenwick. — The Church of Christ in Corea. London, Hodder & Stoughton, 1911, pp. 134.

— * Lin, *Shao Yang, pseud.* — A Chinese Appeal to Christendom concerning Christian Missions. London, Watts & Co., 1911, pp. 319.

— * J. Perry. — Twenty Years a Corea Missionary. London, 1912, pp. 72.

— * J. A. S. Batty. — Our Opportunity in China. S. P. G., 1912, pp. 117.

— * The Price of Missionary Leadership. Rev. S. M. Zwemer, D. D. (*Men and Missions*, Nov. 1912, pp. 12/16.)

— * The Responsibility of the Chinese Church towards the New China. Rev. W. Nelson Bitton (L. M. S.). (*The East and the West*, Oct. 1912, pp. 431/438.)

— * A Fresh Look at China. Arthur H. Smith, D. D. (*The Missionary Herald*, Nov. 1912, pp. 490/493.)

— * The Chungking Institute. A. Warburton Davidson. (*Our Missions*, Oct. 1912, pp. 119—121.)

— * Self-help in Our Educational Institution. (*The Republican Advocate*, Dec. 7th 1912, pp. 1413/1415.)

— * How can we Promote the Cause of Unity and Co-operation on the Mission Field. Rev. W. A. Stanton, D. D. (*The Baptist Missionary Review*, Nov. 1912, pp. 429/437.)

— * Constituant Elements of a Christian University. Rev. E. H. Cressy, Kinhwa, China. (*The Japan Evangelist*, January 1913, pp. 30/34.)

— * « Starving Celestials and How We Fed them ». J. Heywood Horsburgh, M. A. Marshall Brothers, Ltd., London, Edinburgh, and New York.

— * Marshall Broomhall. — Faith and Facts as illustrated in the history of the China Inland Mission. London, Morgan & Scott, 1913, pp. 78.

— The Jubilee Story of the China Inland Mission With Portraits Illustrations & Map. By Marshall Broomhall, M. A. Editorial Secretary. London, Morgan & Scott . . . China Inland Mission . . MCMXV, in-8, pp. XIII + 2 ff. n. ch. + pp. 386.
Notice : *Lond. & China Express*, 28 May, 1915.

— * F. Brown. — China's Dayspring after thirty years. London, Murray & Evenden, 1913, pp. 263.

— * N. Bitton. — Our Heritage in China. London Missionary Society, London, 1913, pp. 111.

(Ouvrages divers.)

— Über die Verbreitung des Christentums im fernen Osten. (*Deutsche Rundschau f. Geogr. u. Stat.*, XXXIII, 1910/1911, p. 91.)

Envoi d'un million de bibles en Chine; 365.000 en Corée; 305.000 au Japon.

— Les protestants au Ngan-hoei. (*Rel. de Chine*, Kiang-Nan, Janvier 1911, p. 63.)

— La propagande protestante en Chine. (*Ibid.*, Avril 1912, p. 406.)

— * G. Lanning. — Old Forces in New China. An effort to exhibit the fundamental relationship of China and of the West in their true light. Together with an appendice dealing with the Story of the Chinese Revolution, down to the end of June 1912, and a new map showing the natural resources of China. Shanghai, 1912, in-8, pp. x-407.

— China's New Day A Study of Events that have led to its coming. By Isaac Taylor Headland, D. D.... Published by The Central Committee on the United Study of Missions West Medford, Massachussets, s. d. [1912], in-8, pp. 263; ill.

— Congrès tenu par les ministres protestants les 15, 16, 17 mai à Changhai sous l'impulsion de l'Educational Association de Chine. (*Rel. de Chine*, Janvier 1913, pp. 62/63.)

— Chez les protestants. Par X. (*Ibid.*, Kiang-Nan, Juillet 1913, pp. 155/158.)

— * Wesleyan Missionary Society. Our Medical Missions. A Record of Work in China, etc., 1914, etc.

— * E. W. Wallace. — The New Life in China. (*United Council for Missionary Education* 1914, pp. 114.)

— * F. W. Leuschner. — Die Jautz in Südchina. (*Mitt. G. Ges. Jena*, XXXI, 1913, pp. 68/120.) Jena, 1913, G. Fischer.

Notice : *Petermanns Mitt.*, 1914, p. 156, par M. Hammer (Kiel).

— 情世 *Schi Tshing.* Bilder aus dem chinesischen Volks- und Missionsleben. Von Martin Maier-Hugendubel. Stuttgart 1913. J. F. Steinkopf, in-8, pp. VIII-291.

— La « Société de littérature chrétienne pour la Chine » par René Jeannière. (*Etudes*, 5 juillet 1913, pp. 64/76.)

— * Missionskort over Syd-Manchuriet med Specialkort over Manchuriet met omliggende Egne samt Korte oplysninger vedrorende D. M. S. s Missionsmark. Kopenhagen, 1913.

Notice : *Petermanns Mitt.*, Juillet 1915, p. 285, par H. Hertzberg.

— * Survey of the Missionary Occupation of China. By Thos. Cochrane. Shanghai, The Christian Literature Society for China, 1913, pp. 372. [A folio atlas accompanies this volume.]

— * C. Wilfrid Allan. — Our Entry into Hunan. London, Methodist Publishing House, 1914, pp. 250.

Every Age Library.

— * E. M. E. Baring Gould. — In the Year One in the Far East. C. M. S., 1914, pp. 104.

— * N. Bitton. — The Regeneration of New China. United Council for Missionary Education. London, 1914.

— * Handbook of the China Mission, 1914, gr. in-8.

— * A. H. Smith. — The Uplift of China. United Council for Missionary Education. 1914, pp. 160.

— * John Mac Gowan. — Beside the Bamboo. Sketches of Chinese Life. London Missionary Society, 1914, in-8, pp. 191.

— The Christianizing of China by Edwin A. Pratt. With Map. London: Society for Promoting Christian Knowledge, 1915, pet. in-8, pp. 109; carte.

— * M. N. Trollope, Bishop in Corea. The Church in Corea. London, Mowbray, 1915, pp. 132.

— * R. Giesel. — Fuidschu. Im Kampfe um eine stolze (Umschlag: große) Stadt. Berlin, Buchhand. d. Berliner evangel. Missionsgesellschaft, 1916, pp. 126; ill.

— * Mandarin and Missionary in Cathay. Seeley, Service & Co., 1917, pp. 268. By Rev. E. F. Borst-Smith, F. R. G. S.

Notice : *Journ. N. C. B. R. As. Soc.*, XLVIII, 1917, pp. 221/222. By I. M.

— * Association of Prayer and Work for Corea. Leaflets. Croydon, 1917, etc., in-16.

— * A. M. Cable. — The Fulfilment of a Dream of Pastor Hsi's; the story of the work in Hwochow. China Inland Mission, 1917, pp. 268.

— * C. E. Scott. — China from Within. Impressions and Experiences. New York, 1917, pp. 327.

— * The English Church Mission in Corea. A. R. Mowbray, 1917, pp. 80.

— * Carpenter. — A Cloud in the East and what it means to the West — and to you. Salvation Army, 1917, pp. 78.

— * G. Hawker. — Open the Window Eastward. Women's Missionary Work in China. Carey Press, 1917, pp. 170.

— * M. E. Darley. — Cameos of a Chinese City. Zenana Missionary Society, 1917, pp. 210.

— A case of Ritualism. — Evan Morgan. (*Journ. N. C. B. R. As. Soc.*, XLIX, 1918, pp. 128/143.)

— * A. E. Glover. — A Thousand Miles of Miracle in China. Glasgow, 1918, pp. 372.

— My Chinese Days — Gulielma F. Alsop — Illustrated from Photographs. Boston, Little, Brown and Co., 1918, in-8, pp. xi-271.

— * Letters to a Missionary, by R. F. Johnston. London, Watts & Co., 1918, Kelly & Walsh.

Notices : *New China Review*, I, August 1919, pp. 444/447. — *Journ. N. C. B. R. As. Soc.*, L, 1919, pp. 229/233, by T.

— * Reply letters by S. P. Smith to R. F. Johnston's Letters to a Missionary. Commercial Press, Shanghai, 1919. pp. 63.

Notices : *New China Review*, II, February 1920. p. 107. — *Journ. N. C. B. R. As. Soc.*, LI, 1920, p. 190.

— * F. W. S. O'Neill. — The Call of the East: Sketches from the history of the Irish Mission to Manchuria, 1869—1919. J. Clarke, 1919, pp. 129.

— * S. Pollard. — The Story of the Miao. H. Hooks, 1919, pp. 191 [Farringdon Library].

— * F. H. Hallett. — China looking West. Church Missionary Society, 1919, pp. 60.

— Le protestantisme en Chine face au catholicisme. (*Nouvelles religieuses*, 2e année, 1er juillet 1919, pp. 409/414.)

— Protestantisme. (*Rel. de Chine*, Kiang Nan, Juillet—Oct. 1919, p. 261.)

— Les missions protestantes allemandes en Extrême-Orient. (*Asie française*, Décembre 1919, p. 314.)

— * M. Entwistle. — The Book of a Chinese Baby. United Council for Missionary Education, 1920, pp. 59.

— * F. H. Hallett. — The C. M. S. Western China Mission. C. M. S., 1920, pp. 39.

— * F. Deville Walker. — Talks on a Chinese City. United Council for Missionary Education, 1920, in-4.

— * Dorothy F. Wilson. — Stories of Adventure in China. *Ibid.*, pp. 64.

— * H. H. Cynn. — The Rebirth of Korea... Soc. prom. Christ. Knowl., 1920, pp. 277.

(Ouvrages divers.)

— * L. Lloyd. — Chinese Pie. Stories and Articles. 1920, pp. 62.

— * A. P. Stokes. — A Visit to Yale-in-China, June 1920. An account of Changsha and of the conditions and needs of Ya-li. New Haven, Conn., 1920, pp. 49.

— * Methodist Church. Missionary Society. Our West China Mission. Toronto, 1920, pp. 475.

— L. Desbuquois, S. J. — Visite aux Protestants. — Kai-tcheou, Avril 1920. (*Chine Ceylan Madagascar*, Avril-Juillet 1920, pp. 111/112.)

— Propagande protestante. (*Ibid.*, Juin 1921, p. 116.)

— * Tosao. — En kinesisk bibelkvinnas livshistoria. Marie Monsen. Bemyndigad översättning från norskan av Ann-Hellén Sandgren. Stockholm : Evangeliska Forsterlandsstiftelsens Förlagsexp. 1921, pp. 80.

— * Kinas studenter och missionen. E. Folke. (*Svensk Missionstidskrift*, 1921, pp. 222/234.)

— * The Christian Occupation of China. A Report of the General Missionary Survey made by the Committee on Survey and Occupation of the China Continuation Committee. Shanghai : Mission Book Co., 1922.

Etudes, 5 février 1923, pp. 340/358, par A. Brou.

— * China, Captive or Free? A Study of China's Entanglements. — By Rev. Gilbert Reid, A. M., D. D. New York, Dodd, Mead & Co., 1921.

Notice : *New China Review*, III, October 1921, pp. 402/403.

— Flood Control As an Aid to Relief from Famine in China. (*Geographical Review*, vol. XII, January 1922, pp. 139/140.)

A propos de l'article du Dr K. Edmunds, President of Canton Christian College, dans the *Trans-Pacific* (June, July, August, October 1921) et *Asia* (June 1921) sur la famine en Chine.

— Les Missions protestantes en Chine. — Quelques chiffres. (*Chine Ceylan Madagascar*, Mars 1922, p. 39.)

— Les protestants. Par le P. Jung. (*Ibid.*, Juin 1922, pp. 115/116.)

— Le protestantisme en Chine. Du P. Mertens. (*Ibid.*, Sept. 1922, p. 192.)

— Protestants de Ta ming fou. (*Ibid.*, pp. 192/193.)

2° *THE « TERM » QUESTION.*

Col. 1279/1294.

— On the Revision of the Mandarin New Testament. By the Rev. Frank Madeley, Sianfu, Shensi. (*Chin. Rec.*, March 1908, pp. 135/142.)

— The Revised Mandarin Version of the New Testament. By Rev. A. Sydenstricker. (*Ibid.*, April 1908, pp. 194/197.)

— The Revised Mandarin Version. Second Paper. By Rev. A. Sydenstricker. (*Ibid.*, May 1908, pp. 266/269.)

— Notes on the Union Version of the N. T. By James W. Inglis. (*Ibid.*, p. 276.)

(The « Term » Question.)

— Louis Byrde. — The Mandarin New Testament. (*Ibid.*, June 1908, pp. 337/338.)

— Lessons learned in Translating the Bible into Mandarin. By Rev. C. W. Mateer. (*Ibid.*, Nov. 1908, pp. 603/609.)

4° *VIES DES MISSIONNAIRES.*

Col. 1336/1350.

— * R. C. Forsyth. — The China Martyrs of 1900. A complete Roll of the Christian Heroes martyred in China in 1900, with Narratives of Survivors, with Index, and 144 portraits and other illustrations, in-8, pp. xii-516.

Ament, *William Scott,* né en 1852, à Owosso, Southern Michigan.

— In Memoriam : Rev. William Scott Ament, D. D. Missionary of the American Board in Peking. (*Chin. Rec.*, May 1909, pp. 276 281; portr.)

Ashmore, *William,* né à Putnam, près Zanesville, Ohio, le jour de Noël 1824 ; † à Toledo, Ohio, 21 avril 1909. — Voir col. 1301.

— In Memoriam : Rev. Wm. Ashmore, D. D. By George H. Waters. (*Chin. Rec.*, August 1909, pp. 460/462 ; portr.)

Blaikie, *Garden,* M.-A., né à Edimbourg, Oct. 1875 ; † 28 mai 1908.

Notice : *Chin. Rec.*, Dec. 1908, pp. 697/698 ; portr.

Borst-Smith, *Ernest F.*

— Caught in the Chinese Revolution a Record of risks and rescue by Ernest F. Borst-Smith. Illustrated. T. Fisher Unwin, London, Leipsic, 1912, in-8, pp. 125.

Burdon, *John Shaw,* né à Glasgow ; † 5 janvier 1907, âgé de 80 ans, à Royston.

— In Memoriam : John Shaw Burdon. (*Chin. Rec.*, Nov. 1907, pp. 594/601.)

D'après C. D. S. dans *Church Missionary Review.*

Chandler, *D. W.*, † 21 déc. 1908, at Ann Arbor, Michigan.

— In Memoriam : Rev. D. W. Chandler. By Rev. F. Ohlinger. (*Chin. Rec.*, Mars 1909, pp. 157/158.)

Clinton, *T. A. P.*, † 18 janvier 1909.

— In Memoriam : Mr. T. A. P. Clinton. By Rev. T. J. Preston, Changteh. (*Chin. Rec.*, May 1909, pp. 282/283 ; portr.)

Chang.

— * In Quest of God. By Marshall Broomhall. China Inland Mission.

Life Story of Pastors Chang and Ch'u.

Notice : *Lond. & China Express*, june 30th., 1921.

Christie, *Dugald.* — Voir col. 1266, 1349.

— * Thirty years in Moukden, 1883—1913. Being the experiences and recollections of Dugald Christie. Edited by his wife. London : Constable & Co., 1914, pp. xiv-304. Sketch-map, Plan, and Illustrations.

Corbett, *Hunter,* arrivé en Chine en 1863 à Chang-hai ; transféré à Tche-fou, 8 janvier 1864.

— * Hunter Corbett : Fifty-six Years a Missionary in China. James R. E. Craighead. New York, Revell, 1921, ill., pp. 224.

Cornwell, *George,* né à Peekskill, New York, 18 janvier 1866 ; † du choléra à Tchefou, 26 août 1909 ; American Presbyterian Mission.

— In Memoriam : Rev. George Cornwell. By Mr. J. Mcmullan. (*Chin. Rec.*, Dec. 1909, pp. 704/707.)

Couling, *Samuel,* né à Londres en 1859 ; arrivé en Chine Déc. 1884.

— Samuel Couling, M. A. (*Journ. N. C. B. R. As. Soc.*, LIII, 1922, pp. 250/252.)

— Samuel Couling. Nécrologie par H. C[ordier]. (*T'oung Pao*, Oct. 1922, pp. 365/366.)

Crawford, *T. P.* — Voir col. 1304.

— * Fifty Years in China. An Eventful Memoir of T. P. Crawford, D. D. By L. S. Foster. Bayless-Pullen Co., Nashville, Tenn. Illustrated, pp. 377.

Notice : *Chin. Rec.*, May 1909, pp. 290/291, by X.

Edwards, *S. Florence.*

— * E. G. Kemp. — Reminiscences of a Sister, S. Florence Edwards of Taiyuan fu. Carey Press, 1920, in-4, pp. 127.

Eitel, *E. J.*

— Ernest John Eitel, Ph. D. — An Appreciation. By Rev. T. W. Pearce. (*Chin. Rec.*, April 1909, pp. 214/219 ; portr.)

Gibson, *Agnes.*

— * My Father's Business, a brief life of Agnes Gibson, C. I. M., by Marian H. Fishe, with preface by Rev. J. Stuart Holden, M. A., in-8, pp. viii-80 ; portr. and ill.

Notice : *Chin. Rec.*, April 1909, p. 223.

Gilmour, *James.* — Voir col. 1307.

— * W. K. Greenland. — Gilmour of Mongolia. Morgan & Scott, 1920, in-16, pp. 62.

New Missionary Series.

— * W. G. Berry. — James Gilmour of Mongolia. R. T. S., 1908, pp. 32.

Goforth, *J.*

— * Rosalind Goforth. — A Little Book of Praise in Darkened Days. An account of the missionary work of J. Goforth. Marshall Bros., 1916, pp. 83.

— Chinese Diamonds for the King of Kings. Rosalind Goforth. Toronto : Evangelical Publishers, 1920, pp. 117.

Graves, *R. H.* — Voir col. 1308.

— * Fifty Years in South China. — Report of Jubilee Celebration held at Canton, China, Sept. 25th and 26th, 1906, in Honor of R. H. Graves, in-8.

Hartwell, Mrs. *C.* (Hannah Louisa Plimpton), née à Sturbridge, Mass., U. S. A., 30 juin 1823 ; épouse en 1858 Lyman B. Peet, mort en 1878 ; épouse 1885, C. Hartwell, mort en 1905 ; † 13 nov. 1908.

— In Memoriam : *Chin. Rec.*, Mars 1909, pp. 158/159.

Hill, *David.* — Voir col. 1313.

— * W. T. A. Barber. — David Hill, an Apostle to the Chinese. Library of Missionary Biography, 1906, pp. 128.

Hodge, *Sydney R.*, né en 1859; † à Kuling, 21 juillet 1907.

— In Memoriam. — I. Rev. Sydney R. Hodge, Wesleyan Mission, Hankow. By Dr. C. J. Davenport. (*Chin. Rec.*, XXXVIII, Dec. 1907, pp. 660/662.)

Hsi.

— Un Chrétien chinois : Le Pasteur Hsi (du nord de la Chine). Par Mme Howard Taylor née Géraldine Guinness . . . . Genève, Société « Atar », s. l. n. d., pet. in-8, pp. xi-275 + 1 portr., 1 f. n. ch., tab., carte.

Préface signée : R. Saillens. — Col. 1311.

Jackson, *Arthur.*

— * A. J. Costain. — Life of Dr. Arthur Jackson of Manchuria. Hodder & Stoughton, 1911, pp. 188.

Jenkins, *Herbert Stanley.*

— * R. Glover. — Herbert Stanley Jenkins, Medical Missionary, Shensi, China. Carey Press, 1914, pp. 154.

Jenkins, Mrs. *H. M.*, née Lewis Co., N. Y.; † 18 oct. 1907.

— [In Memoriam.] II. Mrs. H. M. Jenkins, A. B. M. U., Shaoshing. By Mrs. M. J. Farnham. (*Chin. Rec.*, XXXVIII, Dec. 1907, pp. 662/663.)

John, *Griffith.* — Voir col. 1313/1314 et 3134.

— In Memoriam : Dr. Griffith John. By T. R. (*Journ. N. C. B. R. As. Soc.*, XLIII, 1912, p. 126; portr.)

— * W. G. Berry. — Griffith John of China. R. T. S., 1908, pp. 32.

Johnston, *Jessie M.*

— * A Brief Sketch of the Life of Jessie M. Johnston, for eighteen years a missionary in Amoy. By her sisters, Meta and Lena, with a preface by her mother. Published by T. French Downie, Warwick Lane, London.

Notice : *Chin. Rec.*, April 1908, pp. 223/224.

Joseland, Mrs. *Frank P.*, née en 1864, à Barnard Castle, Durham; † 24 nov. 1908, à Kou lang sou.

— In Memoriam : Mrs. Frank P. Joseland. By Rev. J. Sadler. (*Chin. Rec.*, January 1909, pp. 45/46.)

Lechler, *Rudolph*, Mission de Bâle; arrivé à Hongkong, 19 mars 1847; † 29 mars 1908, à Kornwestheim, Wurtemberg.

— In Memoriam : Rev. R. Lechler. By C. R. Hager, M. D. (*Chin. Rec.*, Nov. 1908, pp. 628/630.)

Li, *Y. S.*

— In Memoriam : Dr Y. S. Li. By the Rev. and Mrs. J. Woodberry. (*Chin. Rec.*, Sept. 1908, pp. 505/510, portr.)

(Hill. — Li.)

Lowrie, Mrs. *A. P.*

— Stèle en son honneur à Pao ting fou. (*Chin. Rec.*, Nov. 1909, p. 613.)

— A Memorial to Mrs. A. P. Lowrie. (*Ibid.*, p. 654, portr.)

Macgowan, *John*, voir col. 1315.

— Nécrologie par H. C[ordier]. (*T'oung Pao*, Oct. 1922, p. 365.)

Mao.

— A chinese St. Francis or the life of brother Mao by C. Campbell Brown author of « China in Legend and Story », etc. Illustrated Hodder and Stoughton, London, New York, Toronto, s. d. [Chuanchow-fu, 1911.] in-12, preface, contents, illustrations, pp. xiv + 2 p. non chiffrées + 264.

Marshall, *Elsie.*

— * « For his Sake » : Record of a Life consecrated to God and devoted to China; Extracts from the Letters of Elsie Marshall, martyred at Hwa-Sang, August 1, 1895, portrait and 5 illustrations. (*Rel. Tract Soc.*, 1896, in-8.)

Martin, *W. A. P.* — Voir col. 1316.

— Nécrologie. — W. A. P. Martin par H. C[ordier]. (*T'oung Pao*, Oct. et Déc. 1916, pp. 624/625.)

Mateer, *Calvin W.*, né 9 janvier 1836, à Mechanicsburg, Penn.; parti 3 juillet 1868; † 28 sept. 1908, à Tsing-Tao.

— In Memoriam of Rev. Calvin W. Mateer, D. D., LL. D. By Dr. Chauncey Goodrich. (*Chin. Rec.*, January 1909, pp. 35/44.)

— The Rev. C. W. Mateer. D. D. — An Appreciation by Rev. F. W. Baller. (*Ibid.*, Nov. 1908, pp. 630/633.)

— A Tribute to Dr Mateer. By Dr. W. A. P. Martin. (*Ibid.*, Dec. 1908, pp. 694/695.)

— Portrait de Calvin W. Mateer, D. D. (*Ibid.*, Nov. 1908, p. 588.)

— * D. W. Fisher. — Calvin Wilson Mateer, forty-five years a Missionary in Shantung, China. Philadelphia, 1911, pp. 342.

Milne, Mrs. — Voir col. 1317.

— Memoir of Mrs. Milne. (*Indo-Chinese Gleaner*, VIII, April 1819, pp. 103/115.)

Mitchell, Dr *Isabel.*

— * F. W. S. O'Neill. — Dr. Isabel Mitchell of Manchuria. J. Clarke, 1917, pp. 222.

Morrison, *Robert.* — Voir col. 1318.

Robert Morrison, fils du célèbre Dr Morrison, sinologue, † à Newbury, 15 mars 1911, à 85 ans; avait appartenu au service diplomatique.

Moule, *Georges Evans*, né à Gillingham, Dorchester, Janvier 1828, † 3 mars 1912, à Auckland Castle.

— T. R. Georges Evans Moule. Nécrologie, par H. C[ordier]. (*T'oung Pao*, Mars 1912, pp. 130/131.)

— In Memoriam : George Evans Moule. (*Journ. N. C. B. R. As. Soc.*, XLIII, 1912, pp. 81/84.)

— * A Retrospect of Sixty Years, by the Rt. Rev. Bishop Moule, D. D. On sale at the Presbyterian Mission Press.

Notice : *Chin. Rec.*, Feb. 1908, pp. 103/105, by W. N. B. — Portrait, *Ibid.*, p. 60.

(Lowrie. — Moule.)

— A Short Memoir of George Evans Moule by his brother Handley Bishop of Durham together with a Memoir and Verses by the Venerable A. L. Moule, D. D., and a Letter from the Right Reverend H. J. Molony, D. D., Bishop in Chekiang. Dorchester, Henry Ling; London, Simpkins Marshall & Co., 1912, in-8, pp. 36 + 1 p. n.-ch.; portr.

Moule, *Arthur Evans.* — Voir col. 1319.

— Half a Century in China Recollections and Observations by the Venerable Arthur Evans Moule, B. D., Rector of Burwarton; sometime Archdeacon in Mid-China . . . . . etc. With Illustrations and Map. Hodder and Stoughton, London, s. d. [1911], in-8, pp. xii-343.

Notice : *Lond. & China Express*, april 7th., 1911, pp. 258/259.

— Poems, 1907—1913. By Arthur Evans Moule, D. D. . . . . Dorchester, Henry Ling, 1913, in-8, pp. 39.

— Occasional Prayers in a Dorset Village. 1915, in-8, pp. 30. Bennett Brothers, Printers, Salisbury.

Collected by A. C. Moule.

— Arthur Evans Moule. — Nécrologie par H. C[ordier]. (*T'oung Pao*, Juillet 1917, pp. 238/239.)

— In Memory of Arthur Evans Moule. (*Journ. N. C. B. R. As. Soc.*, L, 1919, pp. 244/246.)

Oldham, Mrs. *H. W.*, † 4 oct 1908.

Notice : *Chin. Rec.*, Dec. 1908, p. 697, par Rev. John Watson.

Pearce, Mrs. *T. W.*, fille de John Gittins; née en 1852, à Wrexham, Denbighshire, North Wales; épouse 24 mai 1882, Rev. Pearce, L. M. S.; † 23 mai 1909.

— In Memoriam : Mrs. T. W. Pearce. By Rev. G. H. Bondfield. (*Chin. Rec.*, August 1909, pp. 462/464.)

Peill, *Arthur D.*, né à Madagascar.

— J. Peill. — The Beloved Physician of Tsang Chou : Life Work and Letters of Dr A. D. Peill. 1909, in-8, pp. 312.

— * The Beloved Physician and Others. Edited by J. Peill of Madagascar : with Notes ou some later Incidents. Ill. London : London Missionary Society, 1922, pp. 159.

A reprint of some letters of Dr. Arthur D. Peill, with supplementary material including a concluding chapter on the introduction of the new Wong script.

Notice : *Chin. Rec.*, Oct. 1908, pp. 578/579, par W. N. B.

Pollard, *Samuel.*

—* Samuel Pollard. — W. A. Grist. London : Henry Hooks and Cassell & Company, [1920], pp. 384 + xi; ill.

Notice : *Geogr. Journal*, May 1921, pp. 387/389. By W. E. S.

— * S. Pollard. — Tight Corners in China. 1913, pp. 166.

Farrington Library.

— * S. Pollard. — In Unknown China : A Record of the Observations, Adventures and Experiences of a Pioneer Missionary During a Prolonged Sojourn Amongst the Wild and Unknown Nosu Tribe of Western China. pp. 324; maps, ills., index. J. B. Lippincott Co., Philadelphia, Seeley, Service & Co., London, 1921.

Notices : *Geographical Review*, Vol. XII, January 1922, pp. 148/149. — *Geogr. Journal*, May 1921. pp. 387/389, by W. E. S.

Richard, *Timothy*, † 17 avril 1919, à Hendon Cottage Hospital. — Voir col. 1322.

— Conversion by the Million. Shanghai, 1907, 2 vol.

— Forty-five years in China Reminiscences by Timothy Richard, D. D., Litt. D. With 18 illustrations. London, T. Fisher Unwin, s. d. [1916], in-8, pp. 384.

Notices : *Lond. & China Express*, nov. 1st., 1916. — *Journ. N. C. B. R. As. Soc.*, XLVIII, 1917, pp. 197/207, by B.

— Dr. Timothy Richard. (*Contemporary Review*, July-Dec. 1917, pp. 112/114.)

A propos de *Forty Five Years in China*.

— Portrait du Rév. Timothy Richard. (*New China Review*, July 1919.)

— Timothy Richard, D. D. China Missionary Statesman and Reformer by the Rev. B. Reeve With an appreciation by the Rev. Richard Glover, D. D. Twenty illustrations. London S. W. Partridge & Co., s. d. [1912], in-8, pp. 160.

— A Modern Mission Trip in China. By the Rev. Dr. Timothy Richard. (*The Times Weekly Edition, Supp.*, July 24, 1908.)

Shanghai, June 9.

Réimp. dans *The Lond. & China Express*, 31 juillet 1908.

— Nécrologie. — Timothy Richard. Par H. C[ordier]. (*T'oung Pao*, Mars 1918/1919, p. 51.)

— Obituary — Timothy Richard. By Evan Morgan. (*Journ. N. C. B. R. As. Soc.*, L, 1919, pp. 247/248.)

— Obituary. — Dr. Timothy Richard. (*Lond. & China Express*, 1er mai 1919, p. 265.)

Ricketts, Miss *Catharine Maria*, arrivée à Swatow, 29 nov. 1878; † 28 déc. 1907.

— John C. Gibson. — In Memoriam : Catharine Maria Ricketts. (*Chin. Rec.*, April 1908, pp. 217/221.)

Rijnhart. — Voir col. 1322.

Dr. Rinjhart disparut mystérieusement; sa femme s'était remariée avec Mr. Moyes; elle mourut au Canada en 1908, trois semaines après la naissance d'un fils.

Robertson, *Cecil.*

— * F. B. Meyer. — Memorials of Cecil Robertson of Sianfou, Medical Missionary. Carey Press, 1916, pp. 181.

Ross, *John.*

— Nécrologie. — John Ross. Par H. C[ordier]. (*T'oung Pao*, Mai 1915, p. 290.)

Seabury, *Warren Bartlett,* † à Kou ling, 1907.

— * The Vision of a Short Life. A Memorial of Warren Bartlett Seabury, one of the founders of the Yale Mission College in China. By his father. Cambridge (U. S. A), The Riverside Press, 1909.

Notice : *Chin. Rec.*, Sept. 1909, pp. 526/527.

Smith, *A. H.* — Voir col. 3135.

— To China and Back, being a Diary kept out and home, 1859, in-8, pp. 60.

Stevenson, *John W.*

— * M. Broomhall. — John W. Stevenson. Morgan & Scott, 1919, pp. 95.

Stewart, *Robert and Louisa.*

— * Stewart, Robert and Louisa, Missionaries in Fuh Kien, China. A Memoir, by M. E. Watson and E. Stock, 1895, in-8, pp. 242, with map and illustrations.

Taylor, *Hudson.* — Voir col. 1325 et 3135.

— * Hudson Taylor and the China Inland Mission: the Growth of a Work of God. With Portrait and Map. By Dr. and Mrs. Howard Taylor. London : Morgan & Scott; Shanghai, 1918, pp. xi (1)-640, front. (portr.), carte, in-8.

Première édition : 1911, gr. in-8.

Notices : *New China Review*, May 1919, pp. 230/232. — *Lond. & China Express*, February 6th., 1919.

— Edité en français par le pasteur Delattre de Moncoutant, 3 vol.

— * F. H. Taylor and M. G. Guinness. — Hudson Taylor in Early Years. London, Morgan & Scott, 1911, pp. 511.

— * Hudson Taylor och Kina Inlandmissionen. Howard Taylor. I sammandrag återgivet av Emma Beskow. Upsala : J. A. Lindblads Förlag, 1921, pp. 315.

Tomlin, *J.* — Voir col. 1326.

— J. Tomlin. — Missionary Journals and Letters, written during eleven years' Residence among the Chinese, Siamese, Japanese, London, 1844, in-8, pp. xxiv-384, with map.

Williams, Mrs. *Isabella Riggs.*

— * By the Great Wall. Letters from China. The selected correspondence of Isabella Riggs Williams, missionary of the American Board to China. 1866—1897. With Introduction by Arthur H. Smith and Foreword by Thomas Lawrence Riggs. F. H. Revell Co., 1909, pp. 400.

Notices : *Chin. Rec.*, Sept. 1909, p. 526, par P. L. C.; Nov. 1909, p. 649, by A. H. S.[mith].

(Seabury. — Williams.)

Williams, *S. W.* — Voir col. 1327.

— The Journal of S. Wells Williams, LL. D. Edited by his son Frederick Wells Williams. (*Journ. N. C. B. R. As. Soc.*, XLII, 1911, pp. 3/232; portr. et plan.)

Wylie, *A.* — Voir col. 1328.

— Le catalogue de Maggs Bros., 34 & 35 Conduit Street, London, W., No. 403, 1921, pp. 155/161, donne une liste de manuscrits mis en vente d'Alexander Wylie.

Wylie, *James A.* — Voir col. 1328.

— Wylie Memorial Church, Liao-yang. (*Chin. Rec.*, May 1908, pp. 285/286; fig.)

5° *COLLÈGES, ÉCOLES, SOCIÉTÉS*, etc.

Col. 1328/1336.

— * Canton Christian College. Bulletin. Canton, 1918, etc.

— * The Story of the Years 1907—1908, being the short Annual Report of the Church Missionary Society.

— * Twentieth Annual Report of the Christian Literature Society for China, 1906—1907.

Notice : *Chin. Rec.*, January 1908, p. 49, par W. N. B.

— The West China Conference at Ch'engtu by Rev. A. H. Smith, D. D. (*Ibid.*, April 1908, pp. 183/186.)

— The Second West China Missionary Conference. By Rev. J. L. Stewart, Chentu. (*Ibid.*, pp. 187/193.)

— * Light in the East. 32nd Annual Report of the Central China Religious Tract Society, 1907. Printed at Press of the N. B. S. S., Hankow.

Notice : *Chin. Rec.*, May 1908, pp. 280/282.

— * Report of Shantung Federation Conference Sept. 1907.

Notice : *Chin. Rec.*, May 1908, p. 282, par E. W. B.

— The Centenary Conference Appeal for Evangelistic Workers. (*Ibid.*, May 1909, pp. 274/275.)

Shanghai from April 25 to May 8.

— * A Year's Progress, being Mr. F. S. Brockman's Report of the Y. M. C. A. work in China and Korea during 1908.

Notice : *Chin. Rec.*, April 1909, pp. 226/227.

— * Report of the China Agency of the British and Foreign Bible Society for 1908.

Notice : *Chin. Rec.*, August 1909, pp. 468/469, by W. N. B.

— * C. I. M. Chekiang Conference Report. January 1909, pp. 38.

Notice : *Chin. Rec.*, April 1909, p. 228.

— * Records of the Sixth Triennial Meeting of the Educational Association of China, held May 19—22, 1909.

Notice : *Chin. Rec.*, Nov. 1909, pp. 650/651.

(Collèges, Écoles, Sociétés, etc.)

— * China and the Gospel, an Illustrated Report of the China Inland Mission, 1908.

— * China and the Gospel. Report of the China Inland Mission, 1909.

Notice : *Chin. Rec.*, Oct. 1909, pp. 588/589.

6° *MISSIONS MÉDICALES.*

Col. 1336/1350.

— * Health Hints for Missionaries to China. By H. W. Boone, M. D.; P. B. Cousland, M. B., C. M.; C. J. Davenport, F. R. C. S. Published by the Medical Missionary Association of China. For Sale at the Presbyterian Mission Press, pp. 22.

Notice : *Chin. Rec.*, January 1908, pp. 46/47.

— * Breaking down Chinese Walls. From a Doctor's viewpoint. By Elliott I. Osgood, M. D., Missionary at Chucheo, Anhui Province. F. H. Revell, pp. 217.

Notice : *Chin. Rec.*, May 1908, p. 277, by A. H. S.

— * The Moukden Hospital, Manchuria (1883—1908), a Review and a Report by Dr. Dugald Christie. July 1908.

Notice : *Chin. Rec.*, Jauary 1909, p. 49.

— Hangchow Medical Mission of the C. M. S. Report for 1907. Dr. D. Main, Dr. A. T. Kember, Mr. H. B. Morgan, Nurse Morris.

Notice : *Chin. Rec.*, June 1908, pp. 342/343.

— * Canton Medical Missionary Society. Seventieth Annual Meeting and Report 1908.

Notice : *Chin. Rec.*, April 1909, pp. 227/228.

— Work Among the Blind by the Rev. G. A. Clayton, Hankow. (*Ibid.*, May 1909, pp. 249/255.)

— Is the Medical Missionary An Ice Breaker? By W. H. Dobson, M. D., Yeung-Kong. (*Ibid.*, May 1909, pp. 255/261).

— A Work for the Insane in China. The John G. Kerr Refuge for Insane, Fong Tsuen, Canton. By Charles C. Selden, Ph. D., M. D. (*Ibid.*, May 1909, pp. 262/267.)

— Medical Philantropies. By Dr. W. E. Macklin, Nanking. (*Ibid.*, May 1909, pp. 267/269.)

— How Can We Best Secure the Highest Spiritual Results in Our Medical Colleges. By Dr. T. Cochrane, Peking. (*Ibid.*, June 1909, pp. 307/314.)

— The Value of following up Hospital Work. By Dr. F. A. Keller, Changsha. (*Ibid.*, June 1909, pp. 314/320.)

— The Qualifications of the Medical Missionary. By W. A. Tatchell. (*Ibid.*, pp. 321/325.)

— * W. A. Tatchell. — Medical Missions in China in connexion with the Wesleyan Methodist Church. London, R. Culley, 1909, in-8, pp. 351.

—* W. A. Tatchell. — Healing and Saving. The Life-Story of Philip Rees, Medical Missionary in China. London, C. H. Kelly, 1914, pp. 154.

— — Book of Hankow. London, C. H. Kelly, 1915, pp. 125.

— * O. L. Kilborn. — Heal the Sick. An appeal for medical missions in China. Toronto, 1910, pp. 283.

— L'Œuvre médicale des Missions Evangéliques en Chine. Par Labadie-Lagrave. (*A travers le Monde*, XVI, 1910, p. 188.)

— The Work of a Medical Missionary in China. (*Lancet*, London, CLXXXII, 1912, pp. 685/687.)

— Doctoring China. The Problems and Achievements of Medical Missions by Tyler Dennett. (*Asia*, Febr. 1918, pp. 110/116; ill.)

III. MISSION ECCLÉSIASTIQUE RUSSE DE PE-KING.

Col. 1350/1353.

— Schicksale der russischen Kirche in China.

No. VI, pp. 279/296 du vol. I de *Beiträge zur Kenntniss Russlands und seiner Geschichte*. — Herausgegeben von Gustav Ewers und Moritz von Engelhart. Dorpat 1816.

D'après l'archimandrite Ambroise.

Col. 1350.

— «Өеодосій Сморжевскій, mort à Pékin en 1758, avait composé une histoire de la mission russe; un fragment de cette histoire, retrouvé par lui dans les papiers de Timkovski, a été publié par Spasskiĭ dans le *Sibirskiĭ Viéstnik* de 1822 sous le titre de *Объ іезуитахъ въ Китаѣ*.» (Pelliot.)

— Tome II, 1853. — 2° Etudes sur le bouddhisme ancien. — «Ce travail de Palladius a été traduit en allemand (à part de la traduction allemande des *Trudy*) sous le titre de *Historische Skizzen des alten Buddhismus* dans le *Russisches Archiv für wissensch. Kunde* d'Erman, t. XV [1856].» (Pelliot.)

Col. 1351.

— В. Миротворецъ, *Матеріалы для исторіи Пекинской духовной Миссіи*, dans le *Pravoslav. Sobesêdnik*, sept. et oct. 1888 (parle surtout de la 10e mission religieuse). (Pelliot.)

Col. 1352.

— «Pour la bibliothèque de la Mission russe de Peking, cf. col. 1829.»

— «Pour les livres publiés en chinois par la mission russe de Peking, cf. Pozdnéev, *Mongoliya*, I, XXVII—XXVIII.»

— «Au Musée Asiatique de Pétrograd, sous le n° 37 de la collection Leont'evskiĭ acquise en 1868, il y a un lot de documents chinois et mandchous se rapportant à la mission russe de Peking et traduits par Leont'evskiĭ.»

— «L'ouvrage d'Adoratskiĭ, *Pravoslavnaya Missiya* a paru dans le *Pravoslavnyĭ Sobesêdnik*, et a été tiré à part; mais le tirage ne reproduit pas la liste des sources. Le tirage à part des deux parties forme un volume in-8 de 367 pages, + 1 f. n. c. (Pelliot).

— «Compte-rendu de A. M. Pozdnéev dans *Zapiski* de la sect. or. de la Soc. d'arch., III, pp. 133/134.» (Pelliot.)

— Матеріалы для исторіи Россійской Духовной Миссіи въ Пекинѣ. Изданы подъ редакціею Н. И. Веселовскаго. Выпускъ I. Съ приложеніемъ одного рисунка. С.-Петербургъ, Тип. главн. Управл. Удѣловъ, 1905, grand in-8, pp. vii + 72. (Pelliot.)

Judaïsme 刀筋教.

Col. 1353/1360.

Col. 1359.

— Père Tobar 1900.

Notice : *B. E. F. E. O.*, I, pp. 263/264 (Pelliot) et VI, p. 414.

-- Ph. Berthelot, dans *B. E. F. E. O.*, V, pp. 412/414.

— * M. Ader. — D. Juden in China. Hrsg. v. E. Segal. Wilna, 1901, pp. 36.

En hébreu. — J. Jolowicz, Posen, Cat. No. 186, 1914, No. 2984, M. 2.50.

— H. Lehmpful. — Eine jüdische Kolonie in China. (*Zeitsch. Misskunde*, Heidelberg, XVIII, 1903, pp. 175/177.)

— Berthold Laufer. — Zur Geschichte der chinesischen Juden. (*Globus*, Braunschweig, LXXXVII, 1905, pp. 245/247.)

— Edward Isaac Ezra. — Chinesische Juden. (Ungarische Übersetzung.) (*Földr. Közlem.*, Budapest, XXXIII, 1905, 1-12.)

— The Chinese Jews. By Oliver Bainbridge. (*Nation. Geogr. Mag.*, Washington, XVIII, 1907, pp. 621/632; ill.)

— Les Juifs Chinois. (*A travers le Monde*, XIV, 1908, p. 280.) Du *Nation. Geogr. Mag.*, New York.

— The Jews in China. By S. M. Perlmann. — London, 1909. — I. Narodicsky, Printer, 48 Mile End Road, E., in-8, pp. 24.

An abridgment of the « Jews in China » appeared in « The international » November 1908.

— * History of the Jews in China. By S. M. Perlmann. London, 1913, R. Mazin and Co., in-8, pp. 95.

Notice : *Lond. & China Express*, Suppl., april 4th., 1913, p. 1.

— S. M. Perlmann. — The Jews in China. (*N. C. Herald*, january 2, 1909, pp. 35/38.)

— Anthropologische Untersuchungen an zentralasiatischen Juden. (*Deutsche Rundschau f. Geogr. u. Stat.*, XXXII, 1909/1910, p. 89.)

Observations faites par le Dr S. Weissenberg en Palestine sur des Juifs venus de l'Asie Centrale, principalement de Boukhara. Le voyage du Dr W. était payé par le fonds Rudolf Virchow.

— * S. Weissenberg. — Die zentralasiatischen Juden in anthropologischer Beziehung. (*Mitt. Anthrop. Ges. Wien*, XLIII, 1913.)

Verzeichnis der Anthrop. Ges. (1870—1919), 1920, dans les *Sitzb.*, p. 25.

— Albert M. Hyamson. — China (Jews in). (*Encyclopedia of Religion and Ethics*, ed. by J. Hastings, Edinb., III, 1910, pp. 556/560.)

— La Chine a ses Juifs, mais elle les absorbe. (*A travers le Monde*, XVIII, 1912, p. 231.)

(Judaïsme.)

— * Julius J. Price. — Jews in China. (*The Monist*, 1916.)

— * I. A. Isaac. — Short Account of the Calcutta Jews, with a sketch of the Bene-Israels, the Cochin Jews, the Chinese Jews, and the Black Jews of Abyssinia. Calcutta, 1917, 5 pts.

— * *Israel's Messenger*. Official organ of the Shanghai Zionist Association.

Notice : *New China Review*, II, Dec. 1920, pp. 599/600.

Islamisme 回回教門.

Col. 1361.

— Китайская литература Магометанъ [« travail posthume de Palladius, mis en ordre par Adoratskii et finalement publié seulement en 1909 dans les *Trudy* de la section or. de la Soc. d'arch., t. XVIII, pp. 163/496. C'est un travail beaucoup plus considérable que l'article de 40 pages publié en 1874 »]. (Pelliot.)

— Arabisches aus Kanton. Von Prof. Dieterici. (*Zeitsch. d. Deutschen Morgenl. Ges.*, XIII, 1859, pp. 475/477.)

— Chinese Mohammedans. By John Anderson, M. D., F. L. S., Indian Museum. (*Journ. Anthrop. Institute*, London, vol. I, 1872, pp. 147/162.)

— Il a été fait de l'ouvrage de Dabry de Thiersant une trad. abrégée en turc; cf. Broomhall, *Islam in China*, p. XIII.

— Le travail d'Ogilvie et Zwemer, *A Classified Bibliography of Books on Islam in Chinese and Chinese-arabic*, du *Chin. Rec.*, XLVIII [1907], pp. 632/659, a été résumé et annoté par M. Ishida Mikinosuke dans le *Tōyōgaku-hō* de mai 1918 (t. VIII), pp. 308/314. (Pelliot.)

— Der Aufstand der Muhamedaner im westlichen China. Von Dr. F. Marthe. (*Zeitsch. d. Ges. f. Erdk.*, Berlin, II, 1867, pp. 142/156.)

— Statement of Haji Mahomed Ali, a Mahomedan of Arabic Extraction, born in the Island of Hainan, China, regarding Mahomedans in China. (*Journ. Straits Branch Roy. As. Soc.*, June 1882, No. 9, pp. 165/166.)

Singapore, May, 1882.

— Hadji Mohammed 'Alî. Par Vâkif. (*Revue du Monde Musulman*, III, Août-Sept. 1907, pp. 118/128.)

— * Stanley Lane-Poole. — Studies in a Mosque, including Islam in China, &c., 1893, in-8.

— Proceedings of the Central Asian Society. — Pan-islamism by Valentine Chirol November 14, 1906, London Central Asian Society, 1906, in-8, pp. 28.

(Islamisme.)

— Les Mosquées de Pékin par N. (*Revue du Monde Musulman*, II, Juin-Juillet 1907, pp. 570/573.)

— L'Astrologie chinoise. (*Ibid.*, II, Juin-Juillet 1907, p. 618.)

A propos de : *Termes persans dans l'astrologie bouddhique chinoise* de M. Edouard Huber.

— L'Islam chinois. Par A. L. C. (*Revue du Monde Musulman*, III, Nov.-Déc. 1907, p. 612.)

— Un Uléma — de Pékin à Constantinople. Deux envoyés du Sultan à Pékin. Par R. R. (*Ibid.*, pp. 612/617.)

— Les Voyageurs musulmans et la Chine. Par L. M. (*Ibid.*, p. 625.)

— Islam in China. By E. H. Parker. (*Imp. & Asiat. Quart. Rev.*, July 1907, pp. 64/83; January 1908, pp. 139/146.) — Voir col. 3136.

— Mort du général Tung Fu-hsiang, à Kansou. (*Revue du Monde Musulman*, Février 1908, pp. 441/442.)

— La Littérature Musulmane en Chine par René Ristelhueber. (*Ibid.*, vol. IV, Mars 1908, pp. 512/515.)

— Une Bibliothèque de mosquée chinoise par L. Bouvat. (*Ibid.*, pp. 516/521.)

Trad. d'un Catalogue de la Bibliothèque de San li ho, près de Peking, rapporté par R. Ristelhueber.

— Vocabulaire sino-turc par R. R. Traduction de la préface par Creste. (*Ibid.*, pp. 523/527.)

R. R. = René Ristelhueber.

— Un Rituel musulman chinois par F. Farjenel. (*Ibid.*, pp. 528/539.)

— Calendrier musulman chinois par F. Farjenel et L. Bouvat. (*Ibid.*, pp. 549/560.)

— Un Commentaire chinois du Coran. (*Ibid.*, pp. 540/548.)

— Lettre de Chine. (*Ibid.*, pp. 605/607.)

Trad : L. B[ouvat].

— Mohammedanism in Nanking. Notes on a Winter's Reading. Observations and Conversations among the Moslems. By William Bacon Pettus, Nanking. (*Chin. Rec.*, July 1908, pp. 395/402; August 1908, pp. 448/453.)

— Journaux musulmans en Chine. Par L. B. (*Revue du Monde Musulman*, VI, Déc. 1908, pp. 707/708.)

— Le protectorat des musulmans en Chine. (*Bull. Com. Asie franç.*, Sept. 1908, p. 387.)

Correspondance officieuse de l'Allemagne du Sud.

— Chine. (*Revue du Monde Musulman*, VI, Déc. 1908, pp. 696/697.)

— Les Musulmans de Pékin. (*Ibid.*, p. 697.)

— [Chine]. Catalogues de Livres. (*Ibid.*, pp. 697/698.)

— Ecole musulmane [de la mosquée de Niou Kiai]. (*Ibid.*, pp. 698/699 ; fig.)

(Islamisme.)

d'Ollone.

— L'Islam au Yunnan. Extrait d'un mémoire de M. d'Ollone. (*Revue du Monde Musulman*, Février 1908, pp. 285/346.)

Notice : *Bull. Ecole franç. Ext.-Orient*, VIII, Janvier-Juin 1908, pp. 259/263, par Ch. B. Maybon.

— L'Islam au Yun-nan. — Estampages de la Mission d'Ollone. — Le Seyyid Edjell Chams ed-Din Omar (1210—1279) et ses deux sépultures en Chine. (*Ibid.*, vol. IV, N° 2, Février 1908, pp. 284/346.)

Notice : *T'oung Pao*, Mai 1908, pp. 268/272. Par Ed. C[havannes].

— Estampages de la Mission d'Ollone. Traductions faites par MM. Lepage l'abbé Creste et Houdas. (*Ibid.*, pp. 291/329.)

— Les Musulmans du Se-Tchouen. (*Ibid.*, vol. V, Mai 1908, pp. 90/94.)

D'après les renseignements de M. d'Ollone.

— Epigraphie musulmane chinoise par E. Blochet. (*Ibid.*, Juin 1908, pp. 289/291.)

Stèle de la mosquée de Pe sen, à Tch'eng tou ; estampage de la Mission d'Ollone.

— Epigraphie musulmane chinoise par A. Vissière. (*Ibid.*, p. 293.)

— Les Travaux de la Mission d'Ollone. (*Ibid.*, Juillet 1908, pp. 458/466.)

— A propos du généralissime Tong fou hsiang et des révoltes musulmanes. Par d'O. (*Ibid.*, VI, Déc. 1908, pp. 700/702 ; fig.)

— Mission d'Ollone. Recherches sur les Musulmans chinois. Manuscrits persans. Par L. B[ouvat]. (*Ibid.*, VIII, Juin 1909, pp. 219/222.)

— D'Ollone. — Recherches sur les Musulmans chinois. — Mission d'Ollone. (*Ibid.*, Déc. 1909, pp. 521/582, cartes et fig.)

Appendice :

E. Blochet. — Manuscrits persans, pp. 583/589. Cf. description succincte par M. Bouvat, *Ibid.*, Juin 1909.

A. Vissière. — Stèle de Chouang-t'a-p'ou (Traduction), p. 590. — Description officielle du Ning-ling-t'ing (Trad.), pp. 591/592.

Rapport officiel sur les évènements militaires de Si-Ning [1895 et 1896]. (Trad. du cap. Lepage), pp. 593/598.

— Mission d'Ollone 1906—1909. — Recherches sur les Musulmans chinois par le Commandant d'Ollone, le Capitaine de Fleurelle, le Capitaine Lepage, le lieutenant de Boyve. — Etudes de A. Vissière, Consul Général de France, Professeur à l'Ecole des Langues Orientales vivantes. Notes de E. Blochet Attaché à la Bibliothèque nationale et de divers Savants. Ouvrage orné de 91 photographies, estampages, cartes et d'une carte hors texte. — Paris, Ernest Leroux, 1911, gr. in-8, pp. XII-470 + 1 f. n. ch. tab.

Notices : *Bull. Soc. Géogr. Marseille*, 1911, p. 430. — *Journ. Asiat.*, Mars-Avril 1913, pp. 486/488, par Cl. Huart. — *Revue critique*, 13 sept. 1913, pp. 206/207, par René Basset. — *Revue d'Hist. diplomatique*, 1912, pp. 307/308, par A. Pommier. — *Revue de l'Hist. des Religions*, Mai-Juin 1913, pp. 363/366, par Cl. Huart.

(d'Ollone.)

— Collection d'ouvrages musulmans chinois. De l'origine du nom de Houei Houei porté par les Musulmans chinois. Par le commandant d'Ollone. (*Journal Asiatique*, Mars-Avril 1911, pp. 401/403.)

— Biographie du Seyid Edjell Omar Chams Ed-din Introducteur de l'Islam au Yunnan, par le Capitaine Lepage (De la Mission d'Ollone.) (*Revue du Monde Musulman*, XI, Mai 1910, pp. 1/31.)

— Propagation de l'Islam en Chine par le Commandant d'Ollone. (*Journal Asiatique*, Mars-Avril 1912, pp. 426/428.)

— Les Musulmans chinois. Par J. Servigny. (*Bull. Soc. Géogr. Est*, 34e année 1913, pp. 40/45.)
De la *Revue française*.

— D'Ollone's investigations on Chinese Moslems by Rev. G. G. Warren [concluded]. (*New China Review*, II, August, 1920, pp. 398/414.)

A. Vissière.

— Le Seyyid Edjell Chams Ed-din Omar (1210—1279) et ses deux sépultures en Chine par A. Vissière. (*Revue du Monde Musulman*, Février 1908, pp. 330/346.)

— Idem. — Br. in-8, pp. 17.

Extr. de la *Revue du Monde Musulman*, Février 1908.

— Quelques Papiers de la mission d'Ollone en Chine. Par A. Vissière. (*Ibid.*, VI, Déc. 1908, pp. 703/707; fig.)

— Etudes sino-mahométanes par A. Vissière. (*Revue du Monde Musulman*, VIII, Juillet-Août 1909, pp. 343/368.)

I. Biographie du Seyyid Edjell Chams ed-Din. Traduite du *Yuan che*, histoire officielle de la dynastie mongole Yuan (Livre 125, Biographies ou *Lie tchouan*, n° 12). — II. Panégyrique du Seyyid Edjell, par Tchao Tseu-yuan.

— Idem. — Première série, III. Stèles de la chambre funéraire du Seyyid Edjell et ses temples commémoratifs à Yunnan-fou. (*Ibid.*, X, Mars 1910, pp. 313/356; fig.)

Cf. N° de Février 1908.

— Idem. — IV. Travaux d'hydraulique du Seyyid Edjell au Yun-nan. (*Ibid.*, Oct. 1910, pp. 167/193.)

— Idem. — V. Analyse d'ouvrages chinois mahométans rapportés par la Mission d'Ollone. (*Ibid.*, Janvier 1911, pp. 30/63.)

— Etudes sino-mahométanes par G. Cordier et A. Vissière. — Deuxième série, I. Renseignements envoyés par M. G. Cordier sur la chambre funéraire et le temple commémoratif du Seyyid Edjell à Yunnan-fou. (*Ibid.*, Juillet-Août 1911, pp. 60/69; ill.)

Notice : *Journ. N. C. B. R. As. Soc.*, XLIII, 1912, pp. 100/102. By C. M.

— Idem. — II. La « Mosquée » de Ta-houasseu. — III. Les Seyyid Edjell et les Bayan dans l'histoire et l'épigraphie mahométane de Chine. (*Ibid.*, Mars 1912, pp. 164/184.)

— Etudes sino-mahométanes par A. Vissière. — IV. Association cultuelle mahométane de Chang-hai. — V. Une chanson édifiante des Chinois musulmans. (*Ibid.*, XIX, Juin 1912, pp. 228/259; fig.)

— Etudes sino-mahométanes. — VI. Stèle sino-mahométane de Tientsin par Cl. Huart et A. Vissière. (*Ibid.*, Sept. 1912, pp. 268/281.)

— Idem. — VII. L'Islamisme à Hang-tcheou par A. Vissière. Le Pont des musulmans. Les Huit pavillons. Mar Sarghis. La grande mosquée et ses stèles. Autres mosquées. Cimetière mahométan. D'après des notes et documents communiqués par le Révérend A. C. Moule (*Ibid.*, vol. XXII, Mars 1913, pp. 1/84; fig.)

— A. Vissière. — Etudes sino-mahométanes (deuxième série), avec la collaboration de MM. G. Cordier et Cl. Huart et du Révérend A. C. Moule. — Paris, Leroux, 1913; in-8, pp. 160, avec figures et 12 planches hors texte.

Notice : *Journ. Asiatique*, Janvier-Février 1914, pp. 203/208. Par P. Pelliot.

— Etudes sino-mahométanes. — Troisième série. I. Identification de deux sépultures musulmanes voisines de la capitale du Yun-nan. Renseignements nouveaux et photographies de G. Cordier. Textes et traductions par A. Vissière. 1° Tombeau de Ma Ying. 2° Tombeau du maréchal Ma T'ien Long, de Kachgar. (*Revue du Monde Musulman*, vol. XXV, Déc. 1913, pp. 282/306; fig. et pl.)

— A. Vissière. — Les désignations ethniques *Houei-Houei* et *Lolo*. (*Journal Asiatique*, N° 1, Janvier-Février 1914, pp. 175/182.)

Notice : *Bull. Ecole franç. Ext.-Orient*, XV, no. 4, 1915, p. 38. Par Léonard Aurousseau.

— Etudes sino-mahométanes. — Troisième série, III. Les mosquées de Yun-nan-fou par G. Cordier. (*Revue du Monde Musulman*, vol. XXVII, Juin 1914, pp. 141/161, planches et plan.) — IV. Inscriptions sino-mahométanes de Fou-tcheou par A. Vissière. (*Ibid.*, pp. 162/173.) — Une manifestation musulmane en Chine par J. de Mecquenem. (*Ibid.*, pp. 174/182; planche.)

— Attitude des Mahométans chinois à l'égard de la Turquie. Par A. V. (*Ibid.*, Vol. XXX, 1915, p. 403.)

— Liste des mosquées de Pékin. (*Ibid.*, VI, Déc. 1908, p. 699.)

G. Cordier.

— Nouvaux [sic] documents sur la révolte musulmanne [sic] au Yun-nan par G. Cordier. (*Revue indo-chinoise*, Juillet 1909, pp. 656/675.)

— Un voyage à la Mecque par G. Cordier, Directeur des Ecoles françaises à Yunnan-fou. (*Revue du Monde Musulman*, Juin 1911, pp. 510/513.)

Par un ahong de la région.

— Les musulmans du Yun-nan par G. Cordier. (*Ibid.*, Sept. 1913, vol. XXIV, pp. 318/326.)

— L'Islam au Yun-nan par G. Cordier. (*Revue indo-chinoise,* Sept. 1913, pp. 251/259; *ibid.*, Nov.-Déc. 1913, pp. 617/627.)

— Etudes sino-mahométanes. — Troisième série, II. Prières des musulmans du Yunnan pour obtenir la pluie par G. Cordier. (*Revue du Monde Musulman,* vol. XXVI, Mars 1914, pp. 84/91; fig.) « Kaïfiyât al Istiskâ » par L. B. (*Ibid.*, pp. 92/94.)

— Idem. — V. Le barrage de Song-houa-pa, œuvre du Seyyid Edjell au Yun-nan par G. Cordier. (*Ibid.*, vol. XXXIV, 1917—1918, pp. 171/176; carte.)

— Idem. — VI. Les Mosquées du Yun-nan par G. Cordier. (*Ibid.*, Mars 1920, vol. XXXVIII, pp. 85/101.)

Martin Hartmann.

Col. 1364, 3136.

— Littérature des Musulmans chinois par Martin Hartmann. (*Revue du Monde Musulman,* V, Juin 1908, pp. 275/288.)

— Gloses chinoises-arabes. Par M. M. Hartmann. Par L. B. (*Revue du Monde Musulman*, Déc. 1910, pp. 537/538.)

Sem. f. Orient. Sprache zu Berlin, XIII, pp. 1/34.

— L'Islam en Chine. Par L. B[ouvat]. (*Revue du Monde Musulman*, Vol. XXVI, Mars 1914, pp. 360/361.)

A propos des ouvrages de M. Martin Hartmann sur l'Islam.

— Quellen und Forschungen zur Erd- und Kulturkunde — Band X — Hartmann. Zur Geschichte des Islam in China. Verlag von Wilhelm Helms. Leipzig 1921, in-8, pp. xxiv-152.

A la fin, pp. 149/152, Liste des caractères chinois; la préface est datée de Juin 1914.

Forme le Vol. X des *Quellen und Forschungen zur Erd- und Kulturkunde.*

Notice : *La Géographie*, Mai 1922, p. 551, par J. Nippgen.

∴

— Les Musulmans du Yun-nan par George Soulié. (*Revue du Monde Musulman,* Oct. 1909, pp. 209/223.)

— Les Musulmans du Yun-nan. Par G. Soulié, Vice-consul de France au Yun-nan. (*Revue indochinoise*, Nov. 1909, pp. 1053/1062.)

— A Tchentou. Lettre, Août 1909. (*Revue du Monde Musulman*, Oct. 1909, pp. 319/322.)

— Les Mahométans du Kansou et leur dernière révolte par Charles-Eudes Bonin. (*Ibid.*, X, Février 1910, pp. 210/233; fig.)

— Chine (*Politique Musulmane* par A. Le Chatelier). (*Revue du Monde Musulman,* Sept. 1910, pp. 142/145; 2 pl. du Comm. Dincher.)

— La Turquie et les musulmans de l'Asie Centrale. (*Bull. Com. Asie franç.*, Oct. 1910, pp. 439/440).

— Conférences de E. M. Wherry sur l'Inde et la Chine. Par L. B. (*Revue du Monde Musulman*, Nov. 1911, pp. 237/240.)

L. B. = Lucien Bouvat.

A propos de « Islam and Christianity in India and the Far East », by Rev. E. M. Wherry, Fleming H. Revell Company. — Voir col. 3136.

— * An inscription recording the restoration of a Mosque at Hangchow in China A. D. 1452 (Printed at the Cambridge University Press, 1911; brochure in-4 non paginée de 5 pages).

Notice : *T'oung Pao*, Juillet 1911, pp. 436/437. Par Ed. Chavannes.

— La date exacte de l'inscription de 1452 dans la mosquée de Hang-tcheou par Ed. Chavannes. (*Ibid.*, Oct. 1911, pp. 583/584.)

— F. Valentin. — Avertissement aux Musulmans chinois pour leur montrer la Turquie sous son véritable aspect. Communication d'un de nos confrères arabisants. (*Revue du Monde Musulman,* Oct. 1911, pp. 495/498.)

Trad. du journal de Pe-king, *King tou je pao.*

— Mémoire sur les Antiquités Musulmanes de Ts'iuan-tcheou 泉州 par Greg. Arnáiz et Max van Berchem. (*T'oung Pao*, Déc. 1911, pp. 677/727; pl.)

— Mémoire sur les Antiquités musulmanes de Ts'iuan-tcheou 泉州 par Greg. Arnáiz et Max van Berchem. — Extrait du

T'oung Pao, vol. XII. — E. J. Brill, Leide, 1911, in-8, pp. 53; 8 pl.

— La Vie et le Nombre des Musulmans en Chine. Par P. V. (*A travers le Monde*, XVII, 1911, p. 268.)

— Proceedings of the Central Asian Society. — Pan-Islamism by Professor D. S. Margoliouth, M. A., D. Litt. Read January 12, 1912 London Central Asian Society, 1912, in-8, pp. 24.

— * E. Sells. — Muslims in China. 1913. pp. 31.

Islam Series.

— *The Chinese Recorder* de février 1913 est consacré à *Work among the Mohammedans in China*, et comprend outre l'article de l'éditeur les articles suivants; il y a en tête du numéro une gravure représentant l'intérieur de la mosquée de T'ien tsin et un facsimile avec traduction d'une lettre en arabe d'un mollah chinois:

— The Present Day Aspect of the Moslem Problem. — Rev. S. M. Zwemer, pp. 73/74.

— The Pillars of Islam. (An inquiry into the Religions Belief of the Chinese Mullah.) F. Herbert Rhodes, pp. 75/87.

— Chinese Mohammedanism. — W. B. Pettus, pp 88/94.

— How Can We Best Reach the Mohammedan Women? Mrs. L. V. Söderström, pp. 94/97.

— How to Adequately Meet the Recognized Need of the Chinese Mohammedans. A Symposium, pp. 98/103.

— L'Orientalisme musulman et l'Italie moderne par Antoine Cabaton. (*Revue du Monde Musulman,* Juin 1914, vol. XXVII, pp. 1/52; pl.)

— Littérature sino-musulmane Analyse d'un recueil composé par l'archimandrite Palladius par R. Majerczak. (*Ibid.,* vol. XXVII, Sept. 1914, pp. 108/164.)

Titre russe, col. 1361.

— The Chinese Moslem Standpoint. By James Hutson. (*The National Review*, 1914.)

— L'Islam en Chine par Mobahat. Pour traduction : Azéri. (*Revue du Monde Musulman,* vol. XXVII, Juin 1915, pp. 397/405.)

Du Sébil-ur-Réchad, n° 285.

MARSHALL BROOMHALL.

— Islam in China A neglected Problem With Illustrations Monumental Rubbings, Maps, etc. By Marshall Broomhall, B. A. Editorial Secretary, China Inland Mission Preface by John R. Mott, Prof. Harlan P. Beach, M. A., Rev. Samuel M. Zwemer, D. D. Chairman and Members of Commission I. World's Missionary Conference, Edinburgh, 1910. London : Morgan & Scott . . . . China Inland Mission . . . MCMX, in-8, pp. xx-332.

Notices : *Lond. & China Express*, Dec. 2, 1910. — *Imp. & As. Quart. Review*, April 1911, pp. 413/417, by E. H. Parker. — *Revue Indochinoise*, Avril 1911, p. 418. — *Journ. N. C. B. R. As. Soc.*, XLII, 1911, pp. 239/240. — *Revue du Monde Musulman*, Nov. 1911, pp. 228/236, par Antoine Cabaton. — *Journal des Savants*, 1913, Janvier, pp. 30/35, Février, pp. 56/67, par Henri Cordier; réimp. dans les *Mélanges d'hist. et de géog. orientales*, II, 1920, pp. 85/107.

— * C. L. Ogilvie and S. M. Zwemer. — Classified Bibliography of Books on Islam in Chinese and Chinese Arabic. (*Chin. Rec.*, 1917.)

— L'islam en Chine. Par Antoine Cabaton. (*Revue du Monde Musulman*, Nov. 1911, pp. 228/236.)

A propos de : *Islam in China*. By Marshall Broomhall.

ISAAC MASON.

— * List of Chinese Moslem Terms. By Isaac Mason. Mission Book Co.

Notice : *Journ. N. C. B. R. As. Soc.*, L, 1919, p. 235.

Amplification d'une liste parue dans le *Chinese Recorder* en 1892, pp. 59/61 dans l'article de C. F. Hogg, *Mahommedanism*, voir *B. Sin.*, col. 1363.

— A Chinese Life of Mohammed. — Isaac Mason. (*Journ. N. C. B. R. As. Soc.*, LI, 1920, pp. 159/180.)

Read before the Society, April 29, 1919.

— * The Arabian Prophet: A Life of Mohammed from Chinese and Arabic Sources. A Chinese-Moslem Work by Liu Chai-lien, translated with Appendices by Isaac Mason. Illustrations. Shanghai, 1921, in-8.

Notices : *New China Review*, III, June 1921, pp. 237/238. — *Journ. N. C. B. R. As. Soc.*, LII, 1921, pp. 206/208. By M. E B. — *T'oung Pao*, Oct. 1922, par Pelliot.

— * Isaac Mason. — The Mahommedans in China. (*China Express and Telegraph*, March 23, 1922.)

Read on March 15, 1922, before the China Society at the School of Oriental Studies.

∴

— * G. F. Andrews. — The Crescent in North-West China. London, 1921.

— Die Mohammedaner in China. Von Professor Arthur Salz, z. Zt. Baden-Baden. (*Weltwirtschaftliches Archiv*, Bd. XVI, 1. Januar 1921, pp. 333/347.)

XII. — SCIENCES ET ARTS.

Ouvrages divers.

— W. Hoskyns-Abrahalt. — Chinese Observations of Nature. (*Nature*, London, LXXIV, 1906, 351.)

— * Th. Hiordthal : Chinesische Alchimie (Separatabdruck aus Diergart, Beiträge aus der Geschichte der Chemie, pp. 215/224).

Notice : *T'oung Pao*, Juillet 1909, pp. 389/390. Par Ed. C[havannes].

— * Descriptive Sociology. Classified and arranged by Herbert Spencer. No. IX. Chinese. By E. T. C. Werner. Edited by Henry E. Tedder. London : Williams and Norgate, 1910.

Notice : *Edinburgh Review*, vol. 213, January-April 1911, pp. 392/418.

— Baron Roger Budberg.— Zur Charakteristik chinesischen Seelenlebens. (*Globus*, Braunschweig, LXXXXVIII, 1910, pp. 111/113.)

— * Vergleichende und kritisierende Darstellung der chinesischen Philosophie (mit Anschluß der chinesischen Religionen) im Überblick von Theodor Bönner, Warstein 1909. Zu beziehen nur beim Verfasser, Dr. Bönner, Berlin-Steglitz, Peschkestr. 9.

Besprochen von A. Forke. (*Mitt. d. Sem. für orient. Sprachen*, Jahrgang XIII, 1910, pp. 350/353.)

— Alte asiatische Gedankenkreise. Vergleichende und kritisierende Betrachtung vom sinologischen Standpunkt über älteste babylonische, indogermanische und chinesische Geistesbestrebungen und Geistesgebilde. Für jeden Gebildeten. Von Dr. phil. Theodor Bönner (promoviert an der Berliner Universität im Hauptfach Sinologie am 20. Juni 1908). 1912. Selbstverlag: Dr. Bönner, Berlin-Steglitz, Peschkestr. 9, in-8, pp. 268.

— La science parmi les Chinois. — Quelques aspects de la conception chinoise de l'Univers, comparée avec les connaissances scientifiques modernes. Par C. K. Edmunds, Directeur du « Canton Christian College » (*North China Herald*). Traduit par P. Aucourt, Professeur, attaché à la Résidence supérieure au Tonkin comme interprète de la langue chinoise. (*Revue indochinoise*, Nov. 1911, pp. 520/542.)

— * Applied Science for China. Professor Smith. (*The National Review*, Dec. 7th, 1912, pp. 460/461.)

— Alchemy in China. By Prof. Herbert Chatley. (*Ibid.*, Oct. 25th, 1913, pp. 456/457.)

— * H. Hackmann. — Der Charakter der chinesischen Philosophie. (*Der Neue Orient* I, pp. 7, 8.)

— * D. H. Hackmann. — Altchinesischer Idealismus. (*Oesterr. Monatsheft. f. d. Orient*, XLII.)

— * New books on the religions and philosophy of China, by J. Genähr. (*The International Review of Missions*, vol. III, Janvier 1914, pp. 175/178.)

— The philosophy of Chinese Group-Action by E. T. C. Werner, H. B. M. Consul, Foochow (retired). (*New China Review*, III, Oct. 1921, pp. 338/349.)

— Montuclat. — Découvertes des Chinois dans les arts et dans les sciences. (*La Chine*, N° 16, 15 avril 1922, pp. 621/630.)

Sciences morales et philosophiques.

Livres Canoniques 經 *king*.

— R. Wilhelm. — Die chinesischen Klassiker. (*Zeitsch. Misskunde*, Heidelberg, XX, 1905, pp. 34/52, 73/81, 104/111, 129/139. 161/177.)

— * H. Otto. — Étude sur les classiques chinois. Société des Missions étrangères, Hongkong, 1913, pp. 333.

— * Paul Ernst. — Chinesische Klassiker. (*Der Tag*, 14. März 1917.)

YI-KING 易經.

Premier Livre Canonique du premier ordre.

Col. 1372.

« On sait qu'au début du XVIIIe siècle, le P. Bouvet crut retrouver dans le *Yi king* des traces de la révélation primitive. Le plus curieux est qu'entre 1708 et 1715 il sut intéresser l'empereur K'ang-hi à ses recherches, lui soumettant ses chapitres au fur et à mesure de leur rédaction. Le P. Foucquet fut adjoint à Bouvet, et partagea la plupart de ses idées Le P. de Prémare, qui y avait adhéré en partie, s'en sépara ensuite du moins en ce qui concerne le *Yi king*. Un très grand nombre de documents se rapportant à cet épisode singulier se trouvent à Rome, en particulier sous les cotes suivantes : 1° *Bibliothèque Vaticane* : Borgia, Cin. 317, 358, 366, 371, 437, 439 ; Borgia, Lat. 515 (p. 277 à la fin), 544, 565, 566 ; Estr. Or. Mss. 30 ; 2° *Bibliothèque Vittorio-Emmanuele*, Fondo Gesuitico, 1254 (3, 4, 6, 16, 17) ; 1257 (11, 30, 31). » (Pelliot.)

Col. 1373.

— J. H. Schumacher, 1763, cite de Johann Thomas Haupt, p. 56, un travail antérieur au sien, publié en 1763, sur le *Yi-king*.

Col. 1376.

— Les Figures symboliques du Yi-king par M. C. de Harlez. — Extrait du *Journal Asiatique*. Paris, Imprimerie Nationale, MDCCCXCVII, in-8, pp. 67.

Ext. du n° de Mars-Avril 1897.

— La monade chinoise. (*Revue indo-chinoise*, 30 juillet 1905, pp. 1022/1029.)

Extrait de «L'histoire d'une marque de commerce, par Olin D. Wheeler.» Traduit de l'anglais par Pierre Grossin.

— Gregorio Arnáiz. — El Pat-Koà y el I-King. (*El Correo Sino-Annamita*, XXXVII, 1910, pp. 57/77.)

— Die Etruskische Bronzeleber von Piacenza in ihrer symbolischen Bedeutung. Ein Versuch von W. von Bartels. Mit zwei Abbildungen. Berlin, Julius Springer, 1910, in-8, pp. v-42 + 2 ff. n. ch.

— Die Etruskische Bronzeleber von Piacenza in ihren Beziehungen zu den acht kwa der Chinesen von W. von Bartels. Mit drei Abbildungen. Berlin, Julius Springer, 1912, in-8, 1 f. n. ch. tab. + pp. 274 + 2 pl.

CHOU KING 書經 ou *CHANG CHOU*.

Second Livre Canonique du premier ordre.

Col. 1376.

— Pour la traduction du *Chou King* par le P. Benoît, cf. aussi *Lettres édifiantes* (*Panthéon litt.*, IV, 229.)

Col. 1378.

— Le vrai nom chinois du P. Benoît est *Tsiang Yeou-jen* 蔣友仁 (Pelliot).

— Le Джунгинъ n'est pas le *Chou King* mais le 忠經 *Tchoung King*, ou *Livre de la Loyauté*, attribué mais à tort à Majong (pp. 79/166 A D) (Pelliot).

— 書經 Chou King. Texte chinois avec une double traduction en français et en latin des annotations et un vocabulaire par S. Couvreur S. J. Ho Kien Fou, Imprimerie de la Mission catholique, 1897, in-8, 2 ff. n. ch. + pp. 464; 1 carte.

Notice : *Revue indo-chinoise*, Juillet-Août 1912, pp. 152/158.

— Extracts from Shu Ch'ing Historical Classic of China, which is commonly regarded as one of the Classics of Confucius Translated by W. Gorn Old And with Introductory Note by W. Loftus Hare — London, C. W. Daniel. (*The Oriental Classics No. 1*, pet. in-8 carré, pp. 35.)

Paper covers 4 d. — Cloth, one shilling.

— Das Kapitel Jü-Koung (禹貢) oder der Tribut des Jü. Von P. Albert Tschepe. (*Mitt. d. Sem. f. orient. Sprachen, Ost. asiat. Studien*, Jahrg. xiv, 1911, pp. 99/107.)

— A Study on Yu-Kung by Tazaki Mayasohi. Prof. Nagasaki College of Commerce.

Le vol. est imprimé entièrement en japonais, mais il y a une table en anglais.

— Le *Chou King* en caractères anciens et le *Chang chou che wen* par Paul Pelliot. (*Mémoires concernant l'Asie orientale*, II, 1916, pp. 123/177; 7 pl.)

— Some Questions concerning the texts of the Shu-ching by Arthur Morley. (*New China Review*, III, February 1921, pp. 18/31.)

CHE KING 詩經.

Troisième Livre Canonique du premier ordre.

Col. 1380.

— Le Ms. du *Chi-king* du P. de la Charme de la vente Pauthier appartient aujourd'hui (1922) à M. Pelliot.

Col. 1381.

— Le Ms. autographe d'une traduction latine du *Che King* due à Stan. Julien se trouve à la Vaticane, Est. Or. Mss. 17; il y est entré en 1859, donc du vivant de Julien. (Pelliot.)

— 詩經 Cheu King. Texte chinois avec une double traduction en français et en latin une introduction et un vocabulaire par S. Couvreur S. J. Ho Kien fou, Imprimerie de la Mission catholique, 1896, in-8, pp. xxxii-556; 1 carte.

Col. 1383.

— * Quelques heures au coin du feu. *Cheu King* 詩經 ou Le Livre des Vers, un des Classiques chinois, traduit par Mgr. Hubert Otto évêque titulaire d'Assura, Vicaire Apostolique du Kansou occidental, de la Congrégation du Cœur Immaculé de Marie. Hongkong, Imprimerie des Missions étrangères, 1907, pet. in-8, pp. v-216 + 1 f. n. ch.

— Chinas Urkundenbuch und Odenbuch. Von Dr. phil. Theodor Bönner (promovierte im Hauptfach Sinologie an Berliner Universität am 20. Juni 1908). 1910, Verlag von Dr. Bönner, pet. in-8, pp. 131.

Col. 1383.

— Nécrologie. — C. F. R. Allen. Par H. C[ordier]. (*T'oung Pao* Déc. 1918—1919, p. 434.)

— Marcel Granet, Directeur d'études à l'Ecole des Hautes Etudes — Fêtes et Chansons anciennes de la Chine — Paris, Ernest Leroux, 1919, in-8, pp. 301 + 2 ff. n. ch. add. et tab.

Bibl. de l'Ecole des Hautes Etudes . . . Sciences religieuses — Vol. 34.

Notices : *Bull. Ecole franç. Ext.-Orient*, XIX, nº 5, 1919, pp. 65/75, par H. Maspero. — *Rev. Hist. Religions*, LXXXIII, Janvier-Avril 1921, pp. 96/98, par P. Masson-Oursel.

LI KI 禮記.

Quatrième Livre Canonique du premier ordre.

— L'âge du Li-ki, ou Mémorial des Rites chinois. Par Mgr. C. de Harlez, Professeur à l'Université de Louvain. (*Trans. Ninth Int. Cong. Orient. London*, 1892, II, pp. 583/612.)

Voir col. 1384.

Col. 1384.

— *Li Ki* . . . ., par S. Couvreur. Seconde édition. 1913, 2 vol. in-8.

Notice : *Revue indo-chinoise*, Nov. 1912. pp. 485/486.

TCH'OUN TS'IEOU 春秋.

Cinquième Livre Canonique du premier ordre.

— Voir à la Bibl. Nat., Nouv. Acq. franç., 2491/2494, 8942/8943, les papiers de Leroux-Deshauterayes. Il y a, ibid., 7550, une lettre de Gaubil à Leroux-Deshauterayes datée du 12 mai 1755.

— * Träume aus Chinas Frühlings — Herbst — Annalen, I. Abschnitt. Als Manuskript gedruckt vom *Shanghai Mercury*.

Notice : *Journ. N. C. B. R. As. Soc.*, XLI, 1910, pp. 180/181. Par C. F.

Drame d'après le *Tch'oun Ts'ieou*.

— 春秋左傳 Tch'ouen Ts'iou et Tso Tchouan Texte chinois avec traduction française par Fr. S. Couvreur S. J. Ho kien fou Imprimerie de la Mission catholique 1914, 3 vol. in-8, 1 f. n. ch. + pp. 671, 585, 828.

— The religious element in the Tso chuan. — The Rev. H. K. Wright, M. A. (*Journ. N. C. B. R. As. Soc.*, XLVIII, 1917, pp. 171/188.)

— * V. Rosthorn. — Das Tch'un-tch'iu und seine Verfasser. (*Ak. d. Wiss. in Wien, Phil.-hist. Klasse*, 189. Bd., 5. Abh., 1919, p. 21.)

Notice : *Anthropos*, Bd XIV/XV, Jänner-Juni 1919—1920, fasc. 1, 2, 3, p. 584.

— Das Problem des Tsch'un-ts'iu und Tung Tschung-schu's Tsch'un-ts'iu fan lu. Von O. Franke. (*Mitt. Sem. f. Orient. Sprachen, Ostasiat. Studien*, Berlin 1918, XXI, pp. 1/80.)

Notice : *Anthropos*, Bd. XIV/XV, Jänner-Juni 1919—1920, fasc. 1, 2, 3, p. 584.

— Studien zur Geschichte des konfuzianischen Dogmas und der chinesischen Staatsreligion: Das Problem des Tsch'un-ts'iu und Tung Tschung-schu's Tsch'un-ts'iu fan lu. Von O. Franke, Dr. phil., Ord. Professor für Sprache und Kultur Chinas an der Universität Hamburg. — Hamburg, L. Friedrichsen & Co., 1920, gr. in-8, pp. 2 n. ch. + pp. 329 + pp. 11 texte.

Hamburgische Universität. Abhandlungen aus dem Gebiet der Auslandskunde (Fortsetzung der Abhandlungen des Hamburgischen Kolonialinstitutes) Band I.

SE CHOU 四書 *ou Quatre Livres (du second ordre).*

Col. 1386.

— Vers 1594, le P. Ricci avait déjà fait une traduction des *Quatre Livres* aujourd'hui perdue, mais dont il est question dans ses *Commentaires* et dans ses *Lettres*.

— Voir dans : *Petri Lambecii Hamburgensis Commentariorum de Augustissima Bibliotheca Caesarea Vindobonensi Liber Quintus*, Vindobonae, 1778, col. 648 seq. note sur les ouvrages du P. Prosper Intorcetta.

Col. 1387/1393.

— Sinarum Scientia Politico-Moralis; secundum authenticum exemplar, a R. ac Cl. Viro Prospero Intorcetta, Siculo e Soc. Jesu partim quidem anno Christi CIƆIƆCLXVII in urbe, Quam-Cheu, Metropoli Sinensis Provinciae Quam-Tum; partim autem anno Christi CIƆIƆCLXIX Goae in India intra Gangem primum in lucem editam. (*Analecta Monumentorum omnis aevi Vindobonensia opera et studio Adami Francisci Kollarii* . . . Vindobonae, Trattner, 1761, in-fol. col. 1210/1256.)

— 四書 Sse Chou. Traduction portugaise des Quatre Livres, avec des Remarques de Tchou Hi.

Ms. papier chinois, 2 vol. in-12. (Stephan Endlicher, XXX, p. 121, Vienne 1837.)

Col. 1398.

— 四書 Les Quatre Livres . . . ., par S. Couvreur. Seconde édition. Ho-kien-fou, 1910, in-8, pp. VII-748.

Col. 1898/1899.

— Seu Chou . . ., par un Missionnaire de la Congrégation du S. Cœur de Marie . . . 1896.

Par Mgr. Hubert Otto.

— * Commentary on the Four Books, adapted to Modern Times. By Rev. H. M. Woods. Vol. I, Analects.

Notice : *Chin. Rec.*, Aug. 1909, pp. 469/470, by B. C. Patterson.

— Doctrine de Confucius ou les Quatre Livres de Philosophie morale et politique de la Chine. — Traduits du Chinois par M. G. Pauthier. Paris, Garnier frères, s. d. [1914], in-18, pp. XXVIII-*h*-485 + 1 f. n. ch. tab.

1° TA HIO 大學 ou l'*École des Adultes.*
Premier Livre Canonique du second ordre.

Col. 1399/1402.

— 大學 Thai hio. « Confuzii Philosophi Sinensium primarii Tà-Hio, i. e. Magna Scientia, sive liber primus Tetrabiblii Su Xu dicti, translatus in sermonem latinum a R. P. Philippo Coupletio S. J. Textum vero sinicum, sive characteres et voces Sinensium, manu licet invalida adposui Christianus Mentzelius M. D. Fürstenwaldia Marchicus Brand. MSS. Anno salutis nostrae 1688, aetatis meae 66. »

Ms. original de Christian Mentzel, avec une dédicace à l'empereur Léopold I, in-8. (Stephan Endlicher, Vienne, 1837, XXII, p. 120.)

Col. 1399.

— « Dans la *Lettre sur les progres de la religion a la Chine*, p. 32 (*Bib. Sin.*, col. 835), il est question d'une traduction du *Tahio* due à Visdelou et envoyée en France fin 1690. J'ignore ce qu'il est advenu de ce ms., mais une autre copie de cette traduction se trouve à la Vaticane, Lat. 12853, pp. 217/284. » (Pelliot.)

— Ta-Hsiao. — Magna doctrina Confucii. Textus sinicus autographice exscriptus ab H. Geiger. München, in-8, pp. VI-20.

— Die Hohe Lehre des Confucius oder Die Kunst, Weise zu Regieren. Ein Beitrag zur Kenntnis der Sprache und Kultur China's. Von Dr. Ludwig Harald Schütz... Mit dem chinesischen Text des Ta⁴ Hsió² und Reproduktionen von Bildern Helman's nach den chinesischen Originalen des P. Amyot. — Frankfurt a. M., Verlag von J. St. Goar, 1909, in-8, pp. 64.

Notices : *Revue Hist. des Religions*, Mars-Avril 1910, pp. 247/248, par C. Blanchet. — *Anthropos*, V, fasc. 4, Juillet-Août 1910, pp. 828/829, par P. Franz Biallas, S. V. D.

2° TCHOUNG YOUNG 中庸 ou le *Milieu Immuable.*
Second Livre Canonique du second ordre.

— Voir col. 1388.

(TA HIO. — TCHOUNG YOUNG.)

— Un exemplaire du *Tchoung Young* de 1669 est à la Vaticane, Rossiani stampati, XV, pp. 422.

Col. 1402.

— « Dans la *Lettre sur les progrez de la religion à la Chine*, p. 32 (*Bib. Sin.*, col. 835), il est question d'une traduction du *Tchoung Young* due à Visdelou; une autre copie de cette traduction de Visdelou se trouve à la Vaticane, Lat. 12866, pp. 265/494. » (Pelliot.)

Col. 1403.

— Tchoung Young . . . par Schilling de Canstadt.

Un ex. de cette éd. lithographiée, 1 + 22 ff. se trouve à la Société Asiatique: un autre donné par Stan. Julien à Watson, est à la Vaticane, Racc. Gen. Or. II 162 (8). (Pelliot.)

— Tchoung Young . . . par Levasseur.

Ff. 1 + 21 + 1. Au bas du 21 v° : « Levasseur Ing. Géom. litho. » Au v° du f. n. ch. qui suit, l'énigme graphique chinoise étudiée par Rémusat. Un ex. est à la Vaticane, Racc. Gen. Or. VI p. 99. (Pelliot.)

— Sur une traduction latine inédite du *Tchoung Young* par Henri Cordier. (*T'oung Pao*, Oct. et Déc. 1916, pp. 553/554.)

Par le P. de Ventavon.

— Zur Textkritik des Chung-yung. Von Eduard Erkes. (*Mitt. Sem. f. Orient. Sprachen, Ostas. Studien,* Berlin, 1917, Jahrg. XX, pp. 142/154.)

3° LOUEN YU 論語 ou *Livre des Sentences.*
Troisième Livre Canonique du second ordre.

Col. 1404/1405, 3138.

— Wisdom of the East. The Sayings of Confucius. A new Translation of the Greater Part of the Confucian Analects with Introduction and Notes by Lionel Giles, M. A. (Oxon.) Assistant in the Department of Oriental Books and Manuscripts of the British Museum. London, John Murray, 1907, pet. in-8, pp. 132.

The Wisdom of the East-Series. Edited by L. Cranmer-Byng. — Dr. S. A. Kapadia.

— * The Sayings of Confucius. Translated by L. A. Lyall, of the Chinese Customs Service. London, Longman, 1909, in-8, pp. XIV-126.

— The Analects of Confucius. By William Edward Soothill Principal of the Imperial University, Shansi . . . — 1910. Published by the Author Printed by the Fukuio Printing Company, Ld., Yokohama, in-8, pp. v-1028 + 1 f. n. ch.; portr. de Confucius.

Traduction, texte, etc.

Notice : *Lond. & China Express*, Aug. 18th, 1911, p. 585.

(LOUEN YU.)

4° MENG TSEU 孟子 ou *le Livre de Mencius. Quatrième Livre Canonique du second ordre.*

Col. 1405/1407, 3138.

— * W. Grube. — Mandschu — Textprobe aus der Übersetzung des Mêng-tse mit deutscher Übersetzung. (*Marksteine der Weltliteratur*, herausg. von Baensch-Drugulin, p. 85 suiv.) Leipzig, 1901.

— Die chinesische Weltanschauung. Dargestellt auf Grund der ethischen Staatslehre des Philosophen MONG DSE von Heinrich Mootz. Mit sechs Abbildungen. Straßburg. Verlag von Karl J. Trübner. 1912, in-8 carré, pp. x-205 + 1 f. n. ch.

— * Mong dsi (Mong ko). Aus dem Chinesischen verdeutscht und erläutert von Richard Wilhelm. Eugen Diederichs, Jena, 1916, in-8, pp. XIX-207.

Religion u. Philosophie Chinas. Band 4. Notice par Bruno Schindler, *Ostasiat. Zeitsch.*, 5 Jhrg., 1916—1917, pp. 181/184.

— Verse translations of Mencius. By Ivan D. Ross, M. A. (*New China Review*, IV, April 1922, pp. 88/97.)

I LI 儀禮.

Col. 1407/1408.

— 儀禮 Cérémonial. Texte chinois et traduction par S. Couvreur S. J. Hsien Hsien. Imprimerie de la Mission catholique 1916, in-8, 1 f. n. ch. + pp. 667.

— 禮儀 The I-Li or Book of Etiquette and Ceremonial. Translated from the Chinese with Introduction, Notes and Plans by John Steele, M. A., D. Lit. — Probsthain & Co., 1917, 2 vol. in-8, pp. XXIV-288, VII-241; ill.

Probsthain's Oriental Series vol. VIII.

Notices : *Lond. & China Express*, Dec. 5th, 1917. — *Journ. R. As. Soc.*, Janvier 1918, pp. 140/145, par E. H. Parker. — *Journ. N. C. B. R. As. Soc.*, XLIX, 1918, pp. 160/163, par M. — *New China Review*, May 1919, pp. 229/230. — *Bull. Ecole franç. Ext. Orient.*, XVIII, n° 10, 1918, pp. 37/38, par P. Aucourt.

HIAO KING 孝經 ou *du Respect filial.*

Col. 1408/1409.

— Legge's *Hsiao King*. — Voir col. 1369.

Col. 1409.

— La Via della Pietà filiale. Testo giapponese trascritto, tradotto ed annotato da Carlo Valenziani. — Parte prima Testo riprodotto in fotolitografia. — Firenze, Smorti, 1878, in-8.

— — Parte seconda Trascrizione Traduzione e Note. Seconda edizione riveduta e corretta. — Firenze, Successori Le Monnier, 1878, in-8, pp. 78.

Pubb. d. R. Ist. di Studi Sup., Sezione di Filosofia e Filologia. — Accademia orientale. — Collezione scolastica.

— Piété filiale en Chine. (*Revue indo-chinoise*, 15 déc. 1906, pp. 1889/1890.)

Echo de Chine.

— * Ivan Chen. — The Book of Filial Piety, 1908.

— 孝經 Le Livre de la Piété Filiale. Traduit par le Lieutenant P. Babé du 1er Régiment de Tirailleurs Annamites. Cholon 1911. — Bienhoa 1912. (*Bull. Soc. Et. indo-chinoises*, n° 62, 1er sem. 1912, pp. 39/115.)

PIÉTÉ FILIALE.

— La Piété filiale et le Culte des Ancêtres en Chine par M. Henri Cordier. (*Conférences faites au Musée Guimet*; tome XXXV, Paris, Ernest Leroux, 1910, pp. 67/101.)

Fait partie de la *Bibliothèque de Vulgarisation* des *Annales du Musée Guimet.*

— La Piété filiale et le Culte des Ancêtres par M. Henri Cordier. — Paris, Ernest Leroux, 1910, in-18, pp. 35.

Extrait de la *Bibliothèque de Vulgarisation du Musée Guimet*, tome XXXV, 1910.

— Théorie et pratique de la piété filiale chez les Chinois. Par le P. Jos. Hoogers, Mongolie orientale. (*Anthropos*, V, fasc. 1, Janvier-Février 1910, pp. 1/15; fasc. 4, Juillet-Août 1910, pp. 688/702; fig.)

OUVRAGES DIVERS.

Dissertations sur Confucius et ses doctrines. — Philosophes orthodoxes. — Philosophes hétérodoxes. — Traités de morale.

Col. 1410/1428.

CONFUCIUS.

Voir Col. 3503/3505.

Col. 1414.

— Принципы . . . 1888.

Notices par A. Pozdnéev dans *ZVOJRAO*, III, pp. 136/137; par A I[vanovskii] dans J. Min. Nar. Prosv., Août 1888. (Pelliot.)

Col. 1417.

— Confucianism in the Nineteenth Century. By Herbert A. Giles, LL. D., Professor of Chinese in Cambridge University (pp. 3/30: *Great Religions of the World*, New

York and London, Harper & Brothers, 1901, in-8, pp. III-301).

— The Hibbert Lectures Second Series. — Confucianism and its Rivals Lectures delivered in the University Hall of Dr. Williams's Library. London, Oct.-Dec. 1914 by Herbert A. Giles, LL. D. Professor of Chinese in the University of Cambridge. London, Williams and Norgate 1915, in-8, pp. IX-271.

— * A. Ivanov. — *Oukaz o pojalovanij titoula Tze-se.* (Extrait des *Mémoires de la section orientale de la Société russe impériale d'Archéologie*; tome XIX, 1909, pp. 169/177.)

Notice : *T'oung Pao*, Mars 1910, p. 152. Par Ed. Chavannes.

— The Confucian Reformers in Japan in the 18th century. — Dazai's exposition of doctrine. Translated by J. C. Hall. (*Journ. N. C. B. R. As. Soc.*, XLI, 1910, pp. 1/25.)

— * Robert Cornell Armstrong. Light from the East. — University of Toronto Studies, 1914.

Notice : *Journ. Asiat.*, Nov.-Déc. 1916, pp. 533/535. Par R. Petrucci.

Ecoles confucianistes du Japon.

— Considerations from Confucius. Arranged with a Foreword by R. Dimsdale Stocker. — Siegel, Hill & Co. 2 Langham Place, London W., s. d. [1910], in-32, pp. 96.

The Langham Booklets.

— The Wisdom of Confucius. London : Gay and Hancock, 1909, pet. in-8, pp. VII-161.

Introduction signée : R. Dimsdale Stocker.

— The Position and Prospects of Confucianism in China. (*The Chinese Review*, vol. I, April 1914, pp. 50/51.)

Paper of the Rev. Dr. P. J. Maclagan in « The International Review of Missions », April number.

— The Economic Principles of Confucius and his School Volume I by Chen Huan-chang, Ph. D., Chin Shih of 2455 A. K. (1904 A. D.) Former Secretary of the Grand Secretariat, Peking, China. New York : Columbia University Longmans, Green & Co., London : P. S. King & Son 1911, in-8, pp. XV-362.

Foreword by Friedrich Hirth.

Studies in History, Economics and Public Law edited by the Faculty of Political Science of Columbia University, vol. XLIV, Whole number 112.

Notice : *Journ. N. C. B R. As. Soc.*, XLV, 1914, pp. 132/135, by C. S. M.

— Vol. II . . . 1911, pp. ch. 365/756.

Studies in History . . . vol. XLV, Whole number 113.

(CONFUCIUS.)

Notices : *Lond. & China Express*, March 8th, 1912, p. 173. — *Journ. R. As. Soc.*, April 1913, pp. 458/463, by J. Dyer Ball. — *Z. D. M. G.*, Bd. 67, IV. Hft., 1913, pp. 762/765, par R. Stübe.

— * The Confucian Ethics. Chien Wen-hsien, M. A. (*The World's Chinese Students' Journal*, Nov. 1912, pp. 95/98.)

— Confucius and New China. Confucius' Idea of the State and its Relation to the Constitutional Government by Wang Ching-Dao. — Printed at the Commercial Press, Limited. Shanghai 1912, in-8, pp. IV-105.

— * Ku Hung-ming. — The Universal Order of Confucius. London, 1913.

— 孔子誕跡 Origine de Confucius Exhortations du Philosophe — Traduction du Chinois par Michel Tinh Membre de la Société des Etudes Indochinoises . . . Saigon, Imprimerie Huyn-kim-Danh, 1913, pet. in-8, pp. 22 + 1 f. n. ch.

Texte chinois, traduction en français et en qu'oc ngu'.

Par Trân quang Tinh dit Michel Tinh.

— La démonstration confucéenne. — Note sur la logique chinoise prébouddhique. Par P. Masson-Oursel. (*Revue histoire des Religions*, Janvier-Février 1913, pp. 49/54.)

Col. 3504.

— Otto Messing. — Confuzianismus. (*Zeitsch. f. Ethnologie*, 1914, pp. 754/772, fig.)

— Das Dschong Lun [政論] des Tsui schi [崔寔]. Eine Konfuzianische Rechtfertigung der Diktatur aus der Han-Zeit (2. Jahrh. n. Chr.). Von Dr. Franz Kuhn in Berlin. (*Abh. d. kön. Preuß. Ak. d. Wiss., Phil.-hist. Kl.*, 1914, pp. 27.)

Notice : *Journ. Asiatique*, Juillet-Sept. 1920, pp. 167/169, par P. Pelliot.

— * Eduard Erkes. — Das « Zurückrufen der Seele » (Chao-Hun) des Sung-Yüh. Text, Übersetzung und Erläuterungen. Leipziger Dissertation. Leipzig, 1914.

— The Ethics of Confucius the Sayings of the Master and his Disciples upon the Conduct of « the Superior Man » Arranged according to the plan of Confucius with running Commentary by Miles Menander Dawson member of the Confucian Society of China. With a foreword by Wu Ting Fang late Minister to the United States from China. Prepared under the auspices of the American Institute for Scientific Research. — G. P. Putnam's Sons New York and London, 1915, in-8, pp. XXI-323; portr.

Notice : *Journ. R. As. Soc.*, January 1917, pp. 191/192, by W. P. Y.

(CONFUCIUS.)

— La question du Confucianisme et le gouvernement de Pékin. (*Bull. Asie française,* Oct.-Déc. 1916, pp. 175/176.)

— * R. H. Gruetzmacher. — Konfuzius, Buddha, Zarathustra. Leipzig, 1918, pp. 92.

Lebensideale der Menschheit, Heft 2.

— The Confucian Way of thinking of the World and God. By Dr. Lim Boon Keng (Prepared for publication and annotated by David Alec Wilson). (*The Asiatic Review,* April 1919, pp. 168/178.)

— * Das Spruchgut K'ung-tszĕs und Laotszĕs in gedanklicher Zusammenordnung. Leipzig, 1920, pp. 244.

— * *Cheng tsi t'ou* 聖蹟圖 « Scènes de la vie du Saint » (1 album oblong, formant le second des cahiers supplémentaires de la revue *Chen tcheou Kouo Kouang tsi*; Chang-hai, 1908).

Notice : *T'oung Pao,* Mars 1910, pp. 143/145. Par Ed. Chavannes. — Cf. Vol. XIII des *Recherches sur les Superstitions en Chine* par le P. H. Doré. Le *Cheng tsi t'ou* (les vestiges illustrés du Saint, ou Vie de Confucius illustrée) fut écrit pendant la première moitié du XIXe siècle par le lettré Kou Siang-tcheou.

— * Paul Louis Couchoud. — Une visite au tombeau de Confucius avec une note de Lin Tcheu et une préface de Lou Tseng-tsiang . . . (Extrait de : *Sages et Poètes d'Asie*). — Pékin, 1920, pp. 38 sur papier de Chine, texte français et chinois.

Collection de la « Politique de Pékin ».

— The Pu tzŭ-hsia tradition in Shansi by the Rev. A. W. Hummel. (*New China Review,* II, Oct. 1920, pp. 440/447.)

— An approach to the study of Confucian Ethics by William S. A. Pott. (*Ibid.,* pp. 448/455.)

— The 'natural' basis of Confucian Ethics by William S. A. Pott. (*Ibid.,* III, June 1921, pp. 192/197.)

— * Fragments of Confucian Lore. A Selection of short quotations with the original Text. By Thos. T. H. Ferguson. Shanghai, North-China Daily News and Herald, 1920.

Notice : *New China Review,* II, Dec. 1920, pp. 600/601.

— Note on the review of « Fragments of Confucian Lore » in the *New China Review,* Dec. 1920, pp. 600/601. By Harrison K. Wright. (*Ibid.,* III, April 1921, pp. 155/157.)

— Giuseppe Tucci. — Storia della Filosofia Cinese antica. Bologna, Nicolà Zanichelli, [11 oct. 1922], in-8, pp. XII-222 + 1 f. n. ch.

— Le culte de Confucius sous la République chinoise (1911—1922). Par Henri Doré. (*Les Etudes,* 20 août 1922, pp. 433/448.)

— Le Confucéisme sous la République 1911—1122. Par R. P. Henri Doré, S. J. (*New China Review,* August 1922, pp. 298/319.)

(CONFUCIUS.)

HAN FEI-TSEU 韓非子

— А. Ивановъ. — Матеріалы по китайской философіи. Введеніе. Школа фа. — Хань Фэй-цзы. Переводъ. (Изданія факултета Вост. Языковъ Импер. С. Петерб. Университета, No. 39.) St. Pétersbourg, 1912, gr. in-8, pp. LXXXVI-354/74.

Notice : *Journ. Asiat.,* Sept.-Oct. 1913, pp. 401/423, par Paul Pelliot.

— * Den Ädles Lag. Några grundtankar i Konfucianismen. Ingeborg Wikander. (*Svensk Missionstidskrift,* 1922 [3], pp. 118/130.)

HAN YU 韓愈 ou *HAN WEN KOUNG* 丨文公 (768—824 ap. J.-C.).

Col. 1418.

— Miscellanées. — Han Yu (768 à 824). Par M. Léonard Aurousseau. — I. Notice biographique. (*Bull. Assoc. amicale franco-chinoise,* II, Janvier 1910, pp. 50/52.) — — II. Placet à l'Empereur blamant le projet de recevoir avec honneur un os de Bouddha (Traduction). (*Ibid.,* pp. 52/56.)

— Hanyu; or, the Chinese Prince of Literature. By David Alec Wilson. (*Asiatic Quart. Review,* July 1913, pp. 103/109.)

HOUAI-NAN TSEU 淮南子 (*Liu Ngan* 劉安, † 122 av. J.-C.).

Col. 1418/1419.

— Hoaî-nân tzè et la musique par Louis Laloy. (*T'oung Pao,* Octobre 1914, pp. 501/530.)

— Das Weltbild des Huai-nan-tze. Ein Beitrag zur Ethnographie und Kulturgeschichte des alten China. Von Eduard Erkes. (*Ostasiat. Zeitsch.,* 5. Jhrg., 1916—1917, pp. 27/80.)

— * E. Erkes. — Das Weltbild des Huai nantze. Habil.-Schrift. Leipzig, 1917, pp. 54.

— Hwai-nan tsz, philosopher & prince by Professor E. H. Parker. (*New China Review,* I, Oct. 1919, pp. 505/521.)

— Some more on Hwai-nan-tsz's ideas by Professor E. H. Parker. (*Ibid.,* II, Dec. 1920, pp. 551/562.)

(HAN FEI-TSEU. — HAN YU. — HOUAI-NAN TSEU.)

KOUAN TCHONG, KOUAN TSEU.

Voir col. 1419.

— * Le traité des influences errantes de Quangdzu, traduit du chinois par Matgioi (A. de Pouvourville), 1896, pet. in-8, pp. 51.

— « Prussian » *Kultur*. 2500 years ago by Professor E. H. Parker. (*Asiatic Review*, July 1918, pp. 275/288.)

— Kwan-tsz by Professor E. H. Parker (Continued from page 11). (*New China Review*, III, Dec. 1921, pp. 405/413; IV, April 1922, pp. 77/87.)

Voir col. 3478.

LI TSEU 列子.

Voir col. 1419/1420.

— Wisdom of the East Taoist Teachings from the Book of Lieh Tzŭ Translated from the Chinese, with Introduction and Notes, by Lionel Giles, M. A. . . . London, John Murray, 1912, pet. in-8, pp. 121.

The Wisdom of the East Series. Edited by L. Cranmer Byng [&] Dr. S. A. Kapadia.

Notices : *Journ. R. As. Soc.*, Janvier 1914, p. 222, par J. Dyer Ball. — *Journ. N. C. B. R. As. Soc.*, XLIII, 1912, pp. 96/97, by C. S. M. — *Mitt. d. Sem. f. Orient. Sprachen*, XV, *Ostasiat. Studien*, 1912, p. 209.

LI SEU 李斯.

Col. 1419.

Transférer ici *Li-sze's Memorial* et les deux titres suivants.

ME TI 墨翟, 5ᵉ s. av. J.-C.

Col. 1420, 3139.

— L'idée de solidarité en Chine au Vᵉ siècle avant notre ère. Le Philosophe Meh-ti. Par Madame Alexandra David (Myrial). (*Bull. et Mém. Soc. Anth. Paris*, 1906, pp. 334/342.)

Notice : *Bull. Com. Asie franç.*, Mars 1909, p. 144.

SIUN TSEU 荀子.

Col. 1420/1421.

— The philosopher Sün-tsz by Professor E. H. Parker. (*New China Review*, vol. IV, February, 1922, pp. 1/19.)

TCHOUANG TSEU 莊子

Col. 1421/1422.

— * Richard Wilhelm. — Dschuang Dsi, Das wahre Buch vom südlichen Blütenland, Nan Hua Dschen Ging. Aus dem Chinesischen verdeutscht und erläutert. Eugen Diederichs, Jena 1912, in-8, pp. IV-268. Mit einem Porträt.

Notice : *Zeit. f. Ethnol.*, 1913, Heft I, pp. 190/191, par Otto Messing.

TCHOU HI 朱熹.

Voir col. 1122/1125.

Col. 1424.

— T'ūng-Sū des Čeū-tsï (Cap. IX—XX). Chinesisch und Mandschuisch mit Übersetzung und Commentar. Habilitationsschrift, durch welche mit Zustimmung der philosophischen Facultät der Universität Leipzig zu seiner Mittwoch, 18. Mai 1881, 4 Uhr nachmittag im Bornerianum, I. Etage, Auditorium No. VI zu haltenden Probevorlesung ergebenst einladet Dr. Wilhelm Grube. S. l. n. d. [Leipzig, 1881], in-8, pp. 46.

— A Japanese Philosopher. By George Wm. Knox, D. D. (*Trans. of the Asiatic Society of Japan*, XX, 1893, pp. 1/133.)

— Note on Japanese Schools of Philosophy. By T. Haga. (*Ibid.*, pp. 134/148.)

— A Comment upon Shushi's Philosophy. By George Wm. Knox, D. D. (*Ibid.*, pp. 148/156.)

— Remark by Professor Inoue. (*Ibid.*, pp. 155/156.)

— Ki, Ri and Ten. By George Wm. Knox, D. D. (*Ibid.*, pp. 157/177.)

— Something more about Shushi's Philosophy. By T. Haga. (*Ibid.*, pp. 178/192.)

— Historical Development of the Shushi Philosophy in Japan, by Arthur Lloyd. (*Ibid.*, XXXIV, IV, June 1907, pp. 5/80.)

— Le Lou Chan et le philosophe Tchou hi par M. J. Dautremer. (*Bull. Ass. am. franco-chinoise*, Juillet 1910, pp. 209/214.)

— * J. Percy Bruce. — An Introduction to the Philosophy of Chu Hsi and the Sung School. London, Probsthain, in-8.

— The Philosophy of Human Nature by Chu Hsi. Translated from the Chinese, with notes by J. Percy Bruce, M. A (London), Author of « An Introduction to the Philosophy of Chu Hsi and the Sung School ». Probsthain & Co. . . . London, W. C., 1922, in-8, pp. XVI-444.

WANG TCH'ONG 王充.

— Voir col. 681.

— * *Lun-Heng*: Part I. The Philosophical Essays of Wang Ch'ung: Translated from the Chinese, and annotated by Alfred Forke, Professor of Chinese at the Seminar für Orientalische Sprachen, Berlin. Leipzig, Otto Harrassowitz. — London, Luzac & Co.; Shanghai, Kelly & Walsh, 1907, in-8, pp. 577.

Notices : *Journ. N. C. B. R. As. Soc.*, XXXIX, 1908, pp. 180/186. by T. W. K[ingsmill]. — *Bull. Ecole franç. Ext. Orient.*, IX, 1909, pp. 377 379, par Ed. Huber. — *Journ. Asiat.*, Juillet-Août 1912, pp. 156/171, par Paul Pelliot. — Ed. Chavannes, *T'oung Pao*, 1906, pp. 712/718.

— *Lun-Heng*. Selected Essays of the Philosopher Wang Ch'ung. Translated from the Chinese and annotated by Alfred Forke. — [Continued from *Mitt. d. Sem. f. Orient. Sprachen* 1907, I. Abt. p. 173, referred to as II, p. . .] (*Ibid.*, Jahrg. XI, I. Abt., Berlin 1908, pp. 1/188.)

— — Part. II. Miscellaneous Essays of Wang Ch'ung. Translated from the Chinese and annotated by Alfred Forke, Professor of Chinese at the Seminar für Orientalische Sprachen, Berlin. Supplementary Volume to the *Mitt. d. Sem. f. Orient. Sprachen*, Jahrg. XIV, Berlin 1911. Georg Reimer . . . in-8, pp. VI-536.

Notices : *Journ. R. As. Soc.*, April 1913, pp. 454/456, by L. C. Hopkins. — *Journ. N. C. B. R. As. Soc.*, XLIII, 1912, pp. 95/96, par C. S. M.

— Ein chinesischer Kantverehrer. Von Alfred Forke. — Vortrag, gehalten am 14. August 1908 in der Sektion « China und Japan » des Orientalistenkongresses zu Kopenhagen. — (*Mitt. d. Sem. f. Orient. Sprachen*, Jahrg. XII, *Ostasiat. Studien*, pp. 210/220.)

WANG YANG-MING 王陽明 1472/1528 après J.-C

— A Study in the Life and Philosophy of Wang Yang-Ming. By Frederick Goodrich Henke, Ph. D. The University of Nanking. (*Journ. N. C. B. R. As. Soc.*, XLIV, 1913, pp. 46/64.)

— * The Philosophy of Wang Yang-Ming (A. D. 1473—1529). Translated from the Chinese by F. Goodrich Henke, Introduction by Jr. H. Tufts. With Index. The Open Court Publishing Co., Chicago, 1916, in-8, pp. XVII-512, 2 pl.

Notice : *Journ. N. C. B. R. As. Soc.*, XLVIII, 1917, pp. 197/198, by M.

YANG TCHOU 楊朱.

Col. 1425, 3139.

— Alexandra David. — Un « Stirner » chinois. (*Mercure de France*, 1er déc. 1908, pp. 445/452.)

— — Les Théories individualistes dans la Philosophie chinoise — Yang-tchou — Paris, V. Giard & E. Brière, 1909, in-12, pp. 150.

Notices : *Revue d'Ethnog. et de Sociologie*, 1910, Nos. 5—7, pp. 176/180, par E. Burle. — *Revue des Sciences Politiques*, Mai-Juin 1912, p. 506, par M. C[ourant]. — *Bull. Ass. amicale franco-chinoise*, Juillet 1909, pp. 412/413, par A. Vissière.

— * Yang Chu's Garden of Pleasure. Translated from the Chinese by Professor Anton Forke, Ph. D., etc. With an Introduction by Hugh Cranmer-Byng. London, John Murray, 1912.

Wisdom of the East Series.

Notice : *Journ. R. As. Soc.*, January 1914, p. 221. By J. Dyer Ball.

— * Lieh Yü-k'ou. — Die Lehren der Philosophen Liä Yukou und Yang Dschu. Jena, 1911, pp. 175.

YIN WEN-TSEU.

Voir col. 1425.

— Yin Wen-tseu 尹OO子 par P. Masson-Oursel, Agrégé de l'Université, et Kia-Kien Tchou 朱家樫, répétiteur de Chinois à l'Ecole des Langues Orientales vivantes (Paris). (*T'oung Pao*, Déc. 1914, pp. 557/622.)

∴

Voir col. 1426.

— Léon de Rosny, — *Tchoung-king*, le Livre sacré de la Fidélité, traduit pour la première fois du chinois. (*Revue orient. et amér.*, N. S., 1875, pp. 5, 57, 24.)

PHILOSOPHES DIVERS. SAINT EDIT.

Cheng yu kouang yun.

Col. 1426/1428.

— * Manual da lingua sinica escripta e fallada. Primeira parte: Traducção da « Amplificação » do « Santo Decreto ». Segunda parte: Phrases usuaes, dialogos e formulas de conversação. Compilado por Pedro Nolasco da Silva. Macau, 1903.

— Das heilige Edikt des Kaisers Kang Hi. Übers. von [R.] Wilhelm. (*Zeitsch. Miss.*-

Kunde, Heidelberg. XIX. 1904, pp. 1/14, 33/50, 65/75.)

Col. 1428.

— The Sacred Edict... By F. W. Baller... Second Edition, revised. 1907, in-8.

— * The Sacred Edict, Chinese Text, with English Translation of the Colloquial Rendering, by F. W. Baller. Third Edition, revised and recast in larger type. With Index. 1913, gr. in-8, pp. VIII-216.

— Fourth Edition, revised, 1917, in-8.

— Le Saint Edit est donné en anglais, pp. 133/134 de *Moral Tenets* de Wieger; voir du même *Morale et Usages populaires*.

∴

— The Conduct of Life, by Ku Hung-Ming.

No. 5 of the *Wisdom of the East Series*.

Notice : *As. Q. Rev.*, April 1908, pp. 412/413, by E. H. Parker.

— Psychic Phenomena in China by Herbert A. Giles M. A., LL. D. (Aberd.), Professor of Chinese in the University of Cambridge. (*Adversaria Sinica*, 1908, pp. 145/162.)

— The Spirit of Chinese Philanthropy. A Study in Mutual Aid by Yu-Yue Tsu, Ph. D. New York: Columbia University, Longmans, Green & Co. London: P. S. King & Son 1912, in-8, pp. 122.

Studies in History, Economics and Public Law edited by the Faculty of Political Science of Columbia University, vol. L, Number 1, whole number 125.

— Impressions sur la Philosophie chinoise. — Conférence faite à l'Institut Supérieur de Philosophie de l'Université de Louvain par Vincent Lebbe, Lazariste chinois, Directeur des Missions du Tchely maritime. — Extrait du tome III des *Annales de l'Institut Supérieur de Philosophie*. Louvain, Institut Supérieur de Philosophie, 1914, in-8, pp. 18.

— A brief History of early Chinese Philosophy by Daisetz Teitaro Suzuki, Lecturer in the Imperial University, Tokyo, ... — Probsthain & Co., London, 1914, in-8, 2 ff. n. ch. + pp. 188.

Probsthain's Oriental Series, vol. VII.

The Contents of this book were originally published in *The Monist* (1907/1908) as three separate articles.

Notices : *T'oung Pao*, Mai 1914, pp. 290/291, par Ed. Chavannes. *Bull. Ecole franç. Ext. Orient*, XV, No. 4, 1915, pp. 22/88, par Léonard Aurousseau. — *Lond. & China Express*, August 28, 1914. — *Revue Critique d'Hist.*, 27 juin 1914, p. 520, par Th. Sch. — *Journ. N. C. B. R. As. Soc.*, XLV, pp. 153/151, par C. E. C.

— Pascal Forthuny. — Au Seuil de l'Ame chinoise. Essai pour une Psychologie de l'Apprenti sinologue. Extrait du *Bulletin de l'Association Amicale Franco-Chinoise*. Paris, Paul Dupont, 1915, in-8, pp. 18.

— * Chinese Moral Sentiments before Confucius: A Study in the Origin of Ethical Valuations. By H. F. Rudd, published by the Christian Literature Society of Shanghai, pp. 220.

Notice : *Journ. N. C. B. R. As. Soc.*, XLVII, 1916, p. 148. By A. P. P.

— The theistic import of the Sung philosophy. — J. P. Bruce, M. A. (*Ibid*, XLIX, 1918, pp. 111/127.)

— Studies in Chinese psychology by Herbert Chatley, D. S. C. (Lond.) (*New China Review*, March 1919, pp. 71/76; May, pp. 145/150; August, pp. 368/371; Dec. pp. 621/623.)

MORALE.

— Les doctrines morales de la Chine (extrait de la *China Review*. Compte rendu analytique. Par G. Baudens, Lieutenant de vaisseau. (*Revue mar. et colon.*, XLII, Juillet 1874, pp. 392/395.)

— L'Ame chinoise. Par G. Labadie-Lagrave. (*A travers le Monde*, VI, 1900, pp. 302/303.)

— **Les prix de vertu en Chine par M. Edouard Chavannes.** (*Ctes. rendus Ac. Insc. et B. Lettres*, 1904, pp. 667/691.)

— Institut de France — Académie des Inscriptions et Belles-Lettres. — Les Prix de Vertu en Chine par M. Edouard Chavannes. Lu dans la séance publique annuelle du 18 novembre 1904. Paris, Firmin-Didot, MDCCCCIV, in-4, pp. 31.

— De quelques idées morales des Chinois, par Ed. Chavannes. (*Asie franç., Bull.*, Avril-Juin 1917, pp. 85/88.)

Conférence faite à la Sorbonne le 7 juin 1916 dans une solennité organisée par le Comité « France-Chine ».

— Ed. Chavannes. — De quelques idées morales des Chinois. — Extrait de l'*Asie franç.* (Avril-Juin 1917). Paris, Comité de l'Asie franç., 1917, in-8, pp. 12.

— Idem. (*La Revue Franco-étrangère*, Juillet-Sept. 1917, pp. 230/235.)

— Dr. L. Wieger's Moral Tenets and Customs in China. Texts in Chinese, Translated and annotated by L. Davrout, S. J. Of the Chihli S. E. Mission. With romanisation and illustrations. Ho-kien-fu, Catholic Mission Press, 1913, in-8, pp. III-604; ill.

Traduction du 4e vol. des *Rudiments* de Wieger : *Mœurs et Usages populaires*.

Notices : *Lond. & China Express*, August 22, 1913. — *Journ. N. C. B. R. As. Soc.*, XLIV, 1913, pp. 183/184.

— * La morale chinoise. Alex. David (*Les Documents du Progrès,* Paris, Avril 1913?)

— Alexandra David. — Chinesische Moral. (*Dokum. Fortschft.*, Berlin, VII, 1914, pp. 216/219.)

— The Chinese Idea of Righteousness. By Lee Teng Hwee (Member of the American Academy of Political and Social Service). An Address delivered at the Shanghai Missionary Association, on 6th May 1913. (*The National Review,* May 1913.)

— * Ernst Victor Zenker. — Soziale Moral in China und Japan. Duncker & Humblot, München, Leipzig 1914, in-8, pp. 42.

— Moral Development of the Chinese. By Frederick Goodrich Henke. (*Pop. Science Monthly,* July 1915, pp. 78/89.)

— * Touan Tchang-yuan, Président d'études à l'Ecole de Morale de Pékin. — La Grande Doctrine Morale de Dieu, traduit en français par le Colonel Tang-che. Pékin, 1918, pp. 97.

Collection de la «Politique de Pékin».

— * Sind die Chinesen uns als Volk moralisch überlegen? W. Oehler. (*Evangelisches Missions-Magazin,* Febr. 1922, pp. 48/52.)

ÉDUCATION.

Col. 1430/1440, 3140/3141.

Ouvrages divers.

— Memorandum on Education in China drawn up from information afforded by the Ex-Imperial Commissioner Yeh. By C. Alabaster, (*Journ. Asiat. Soc. Bengal,* XXVIII, 1859, pp. 49/53.)

— Education and Reform in China. By R. W. Swallow, Government University, T'ai-yuen-fu, Shansi, China. (*Imp. & Asiat. Quart. Rev.,* July 1905, pp. 138/147.)

— L'Instruction en Chine — Un Cycle scolaire de trente-trois ans. (*A travers le Monde,* XI, 1905, p. 215.)

— Règlement impérial des Ecoles chinoises (De l'*Echo de Chine*). (*Revue indo-chinoise,* 15 mars 1906, pp. 398/403.)

— Chine Règlement impérial de l'instruction (*Ibid*). (*Ibid.*, 15 avril 1906, pp. 555/561.)

— Règlement impérial sur l'instruction en Chine (*Ibid.*) (*Ibid.*, 30 avril 1906, pp. 634/638.)

— Les Ecoles de villages. Par Philippe Leurent, S. J. Koutcheng, février 1906. (*Chine Ceylan Madagascar,* Mars 1907, pp. 414/419.)

— Règlement impérial des Ecoles chinoises. (*Revue indo-chinoise,* 30 mars 1906, pp 477/483.)

— * Réforme de l'Instruction en Chine. Par Maurice Courant. (*Revue pédagogique,* 15 juin 1906.)

Notice : *Revue indo-chinoise*, 30 oct. 1906, pp. 1673/1674.

— Zi-ka-wei. — La rentrée des Ecoles. (*Rel. de Chine*, Kiang-Nan, Janvier 1907, p. 62.)

(Éducation.)

— La vie de collège en Chine. Lettre du P. Elie Hopsomer, S. J. Ou-i, Déc. 1905. (*Chine Ceylan Madagascar,* Mars 1907, pp. 397/413.)

Lettre adressée aux élèves de l'Ecole apostolique de Thien, près Mons (Belgique).

— Une école ... normale! — Lettre du P. J. Dannic. — Kouoyang, 28 nov. 1906. (*Rel. de Chine*, Kiang-Nan, Avril 1907, pp. 111/114.)

— L'éducation nouvelle en Chine. Par Noel Peri. (*Revue indo-chinoise,* 30 sept. 1907, pp. 1285/1301; 15 oct. 1907, pp. 1382/1398.)

Ext. de la *Revue de Paris*, des 1er et 15 juin 1907.

— Examens nouveau modèle. Par Paul Jubaru, S. J. (*Chine Ceylan Madagascar*, Juin 1909, pp. 358/365.)

Sien-hsien, 16 février 1908.

— * Education in the Far East. By Charles F. Thwing, LL. D. (President of Western Reserve University and Adelbert College, Cleveland). Boston and New York: Houghton, Mifflin Co.

Notice : *Lond. & China Express*, Suppl., Dec. 3, 1909, p. 2.

— Note sur l'enseignement en Chine et au Japon. Par Noel Peri. (*Revue indo-chinoise,* Novembre 1910, pp. 429/446.)

— Government Schools in Hunan. By Rev. Brownell Gage, Changsha. (*Chin. Rec.*, XXXVIII, Dec. 1907, pp. 667/674.)

— Opinion sur l'Instruction en Chine. (*Revue indo-chinoise*, 15 juin 1908, p. 868.)

— L'instruction publique à Yun-nan Fou. Par G. S. (*Ibid.*, 15 juillet 1908, pp. 1/10.)

— Recensement des écoles nouvelles. Par A. V. (*Ibid.*, p. 70.)

Tiré du *Bull. Assoc. franco-chinoise.*

— Un nouvel enseignement. (*Bull. Com. A. fr franç.*, Oct. 1908, p. 427.)

— La réforme de l'enseignement en Chine, son caractère et ses tendances. Par Ouang Ki-tseng. (*Ann. Sc. Politiques,* 15 mai 1909, pp. 396/404.)

— Notes sur la nouvelle organisation des écoles en Chine. Par J. Tobar, S. J. (*Rel. de Chine*, Kiang-Nan, Oct. 1909, pp. 417/425.)

Septembre 1908

— L'Enseignement Etranger en Chine — Pas de méthode — Pas de résultat. Par X. (*Bull. Com Asie franç.*, Nov. 1909, pp. 475/481.)

— Les livres scolaires dans les Ecoles secondaires. (*Revue indo-chinoise*, Nov. 1909, pp. 1141/1143.)

— *** L'éducation nouvelle en Chine. (*Questions diplom. et colon.*, 1910, t. XXX, pp. 103/116.)

— Proposal to establish in China a School for Higher Chinese Studies. By D. MacGillivray. (*Journ. N. C. B. R. As. Soc.*, XLI, 1910, pp. 120/121.)

— Fondation d'une école de sourds-muets à Hang-tcheou (Hang-tcheou). (*Bull. Assoc. amicale franco-chinoise*, II, Janvier 1910, pp. 66/67.)

Extr. du *Houei pao*, 28 juillet 1909.

— Opinion chinoise sur les obstacles au développement de l'instruction. (*Revue indo-chinoise*, Juillet 1910, pp. 71/73.)

— Livres occidentaux adoptés par l'Enseignement chinois. (*A travers le Monde*, XVI, 1910, p. 108.)

— Le vrai Caractère de l'Enseignement supérieur en Chine. (*Ibid.*, XVI, 1910, p. 372.)

(Éducation.)

— L'effort scolaire au Hounan. (*Asie française*, Août 1910, pp. 340/344.)

Par M. Rocher, des Douanes chinoises.

L'instruction publique [en Chine]. (*Ibid.*, p. 364.)

— L'enseignement en Chine. Par J. Legendre, Médecin des Troupes Coloniales. (*Revue indo-chinoise*, Septembre 1910, pp. 207/217.)

L'instruction des jeunes filles (en Chine). (*Ibid.*, Oct. 1910, pp. 381/382.).

L'enseignement supérieur en Chine. (*Bull. Soc. Géogr. Est*, XXXII, 1911, pp 286/287.)

A travers le Monde.

— La réforme scolaire. Par Léon Davrout. S. J. (*Chine Ceylan Madagascar*, Mai 1911, pp. 292/309; fig.)

— University teaching for the Chinese. By William Gascoyne-Cecil. (*Dublin Review*, vol. 148, January-April 1911, pp. 106/110.)

— Réforme scolaire et instruction publique au Yun-nan par G. C. (*Revue indo-chinoise*, Janvier 1912, pp. 25/61; *ibid.*, Février 1911, pp. 143/149.)

— Les réformes scolaires en Chine par Alexandre Brou. (*Etudes*, 20 mai 1911, pp. 461/479; *ibid.*, 5 juillet 1911, pp. 25/46.)

La discipline dans les établissements scolaires chinois. Par A. Brou. (*Revue indo-chinoise*, Oct. 1911, pp. 426/431.)

— * The educational conquest of China by W. E. Soothill. (*Contemp. Review*, Londres, Oct. [1910 ?])

A University for China. By Rev. W. E. Soothill, M. A. (President-elect, late Principal of the Shansi Imperial University.) (*United Empire*, III, July 1912, pp. 585/589.)

— La réforme de l'éducation. (*Rel. de Chine*, Oct. 1912, p. 550.)

— Proceedings of the Central Asian Society. — China and Education with special reference to the University for China by Principal W. E. Soothill. Read Nov. 8, 1911, London Central Asian Society, 1912, in-8, pp. 16.

— J. Kösters. — Das chinesische Schulwesen. (*Zeitsch. Miss. Wiss.*, Münster, II, 1912, pp. 49/64.)

— L'Instruction d'un futur empereur de Chine en l'an 1193 par Edouard Chavannes. (*Mémoires concernant l'Asie Orientale*, I, 1913, pp. 19/64 : 5 pl.)

D'après une stèle du temple de Confucius à Sou Tcheou pour l'instruction du futur empereur Ning Tsoung.

— L'enseignement en Chine par M le Docteur Claude Borel, Médecin aide-major de 1ère classe des troupes coloniales. (*Bull. Soc. Géog. Marseille*, XXXVII, 1913, pp. 192/197.)

(ÉDUCATION.)

— La question scolaire. — I. Ecoles du Gouvernement au Kiang-sou. Dépenses pendant l'année 1912. — II. La question des Ecoles chrétiennes dans les districts. Extraits de rapports adressés à Mgr. Paris par le P. Gauchet (Yng-tcheou-fou), le P. J. Thomas (Siu-tcheou-fou occidental), le P. Le Chevallier (Tsong-ming, Juillet 1913). (*Rel. de Chine*, Kiang-Nan, Janvier 1914, pp. 336/342; fig.)

— Foreign Education for Chinese Girls. (*The Chinese Review*, Vol. I, June 1914, p. 117.)

— L'éducation en Chine. Par C. Mus. (*Revue indo-chinoise*, Juin 1914, pp. 641/642.)

— A New University for China. (*Journ. Central Asian Soc.*, I, 1914, Pt. III, p. 58.)

— * L'école chinoise. Louis Bourquin. (*Revue pédagogique*, Paris, Déc. [1914 ?])

— L'évolution de l'Instruction Publique. Par C. Mus. (*Revue indo-chinoise*, Janvier-Février 1915, pp. 173/178.)

— University Education in China. (*Journ. Central Asian Soc.*, II, 1915, Pt. I, p. 49.)

— L. Desbuquois, S. J. — Les grèves d'étudiants et la solidarité — Ta-ming-fou, Mai 1920. (*Chine Ceylan Madagascar*, Avril-Juillet 1920, p. 112.)

— — La discipline dans les collèges chinois. Ta-ming-fou, Mai 1920. (*Ibid.*, pp. 112/113.)

— Scènes de la vie de collège en Chine. Par Emmanuel Aizier, S. J. (*Ibid.*, Oct. 1920, pp. 171/175; fig.)

— Address delivered at the Reception held on the occasion of the opening of the Society's new Quarters on March 30, 1920, by His Excellency Sao-Ke Alfred Sze (Minister of the Republic of China at the Court of St. James's). On China and Western Education. (*Journ. R. As. Soc.*, July 1920, pp. 397/411.)

— * A Report of the Girls' Schools in Szechuan. Ida Bella Lewis. Shanghai: Commercial Press, 1921, pp. 99.

— * The Report of the China Educational Commission of 1921—1922. [Printed at present for private circulation among the Mission Boards.]

— * An Outline of a System of Schools calculated to promote Mass Education in China. Yuan Shan Djang. (*Educational Review* [*China*], January 1922, pp. 30/40.)

— * Adopting the Primary School Curriculum to fit Life's Needs. Margaret A. Frame. (*Ibid.*, pp. 41/57.)

— * Die Folgen der Reformation im chinesischen Schulwesen. J. Zimmer. (*Evangelisches Missions-Magazin*, April 1922, pp. 110/116.)

— * Education in Chengtu, Szechwan. George D. Hubbard. (*Educational Review* [*China*], January 1922, pp. 8/29.)

— * Ernest D. Burton. — Christian Education in China. (*Intern. Review Missions*, Juillet 1922, pp. 177/189.)

— *L'Ecole en Chine.* Zikawei. — Voir col. 3635.

(ÉDUCATION.)

— * The Educational Directory of China, 1914. (Educational Directory of China Publishing Co., Shanghai.)

Notice : *Journ. N. C. B. R. As. Soc.*, XLV, p. 170.

— * Idem, 1915. (Educational Directory of China Publishing Co.)

Notice : *Journ. N. C. B. R. As. Soc.*, XLVI, 1915, p. 152. By S. C.

— * Idem, 1916. Shanghai. Chester, Cowen & Co.

Notice : *Ibid.*, XLVIII, 1917, p. 220. By M.

— The Educational Directory and Year Book of China, 1918. A Reference Book for all interested in Western Education in China including : Part I. General Information. — Part II. Directory of University Professors, Lecturers, etc. Teachers in Schools where English is Taught; Other Connected with Western Education. — Part III. List of Universities, Colleges and Schools where English is Taught . . . Shanghai, The Educational Directory and Year Book of China. Edward Evans & Sons, in-8, pp. 149-149-96.

Fifth Annual Issue.
Notice : *Ibid.*, XLIX, 1918, pp. 190/191. By M. O.

— * Idem, 1920. Shanghai : Edward Evans & Sons.

Notice : *Ibid.*, LI, 1920, p. 193.

— Idem, 1921. In-8, pp. 330.

Notice : *Ibid.*, LII, 1921, pp. 208/209. By M.

2° *San tseu king* 三字經.

Col. 1434/1438.

— 三千字 Tam Thiên Tu'. Texte chinois avec une triple traduction en annamite, français et en anglais par Michel Trân quang-tinh et Trân-kim-ky, Membres de la Société des Etudes indo-chinoises avec la collaboration de Trân-phung-nguo'n et Nguyên-van-tri, Lettrés. Premier tirage de 2000 exemplaires. 1919, Imprimerie Nam Taï, Saigon, in-8, pp. 150 sur 2 col.

— François Turrettini. Nécrologie par Henri Cordier. (*T'oung Pao*, Déc. 1908, pp. 706/707.)
Né le 20 août 1845; † 24 oct. 1908, à Cologny.

4° *Ts'ien tseu wen* 千字文.

Col. 1439/1440.

— L. Vanhée. — Edition spéciale du 千字文. (*T'oung Pao*, Mars 1914, pp. 188/189.)

(San tseu king. — Ts'ien tseu wen.)

Sciences mathématiques.

Col. 1440/1462.

MATHÉMATIQUES PURES.

Col. 1440/1443.

— Histoire des Mathématiques chez les Chinois. (Montucla, *Histoire des Mathématiques*, I, Paris, an VII, Seconde Partie, Livre IV, pp. 448/480.)

— Expressions numériques chinoises et annamites. Par V. Barbier. (*Revue indo-chinoise*, Novembre 1910, pp. 493/506.)

Louis Vanhée.

— Problèmes chinois du second degré par Louis Vanhée. (*T'oung Pao*, Oct. 1911. pp. 559/562.)

— Algèbre chinoise par le Rév. Père Vanhée, S. J. (*Ibid.*, n° 2, Mai 1912, pp. 291/300.)

— Sur l'algèbre chinoise par R. Petrucci. (*Ibid.*, n° 4, Oct. 1912, pp. 559/564.)

— Les cent volailles ou l'analyse indéterminée en Chine par le Rev. Père Vanhée, S. J. (*Ibid.*, Mai 1913, pp. 203/210; Oct. 1913, pp. 435/450.)

— Notes and Queries. — 1. Un caractère curieux — 2. Le bronze et le caractère 銅. — 3. Tables de logarithmes. Par L. Vanhée. (*Ibid.*, vol. XIV, n° 4, Oct. 1913, pp. 493/495.)

— La Notation algébrique en Chine au XIIIe siècle. Par L. Vanhée, S. J., in-8, pp. 14.

Extrait de la *Revue des Questions scientifiques*, Oct. 1913, pp. 574/587.

— Li-yé mathématicien chinois du XIIIe siècle par le Rév. Père Vanhée, S. J. (*T'oung Pao*, Déc. 1913, pp. 537/568.)

— Bibliotheca mathematica sinensis Pé-fou par le Rév. Père Vanhée, S. J. (*Ibid.*, Mars 1914, pp. 111/164.)

— Première mention des logarithmes en Chine par Louis Vanhée, S. J. (*Ibid.*, Juillet 1914, pp. 454/457.)

— Le Hai-tao Souan-King de Lieou par Louis Vanhée, S. J. (*Ibid.*, Janvier 1920—1921, pp. 51/60.)

∴

— Chinese Mathematics. By Prof. David Eugene Smith Teachers College, Columbia University [Reprinted from *The Popular Science Monthly*, June, 1912], in-8, pp. ch. 597/601.

(Mathématiques pures. — Vanhée.)

— The Development of Mathematics in China and Japan by Yoshio Mikami. With 67 figures in the text. Leipzig, B. G. Teubner, 1913, in-8, pp. x-347.

Abhandlungen zur Geschichte der Mathematischen Wissenschaften mit Einschluß ihrer Anwendungen, begründet von Moritz Cantor. XXX. Heft.

— The Chinese Numerals and their notational Systems. By L. C. Hopkins. (*Journ. Roy. As. Soc.*, April 1916, pp. 315/333; Oct., pp. 737/771.)

L. Gauchet.

— Note sur la trigonométrie sphérique de Kouo Cheou-king par L. Gauchet, S. J. (*T'oung Pao*, Juillet 1917, pp. 151/174.)

— Note sur la généralisation de l'extraction de la racine carrée chez les anciens auteurs chinois et quelques problèmes du 力童筭術 par L. Gauchet, S. J. (*Ibid.*, Oct. 1914, pp. 531/550; fig.)

∴

— Leibniz and Fu-hsi. By Arthur Waley. (*Bull. School Oriental Studies, London Institution*, Vol. 2, Pt. 1, 1921, pp. 165/167.)

— * Gino Loria. — Che cosa debbono le matematiche ai Cinesi? (*Bollettino della Mathesis*, anno XII, 1920, pp. 63/76.)

Principalement d'après Y. Mikami, 1912.

SOUAN-PAN 筭盤.

— Johannes Gehrmann. — Das Rechenbrett der Chinesen. (*Geist des Ostens*, München, I, 1913, pp. 35/42.)

— How to use the Chinese Abacus or « Suan-p'an » (筭盤). By Maiying Yoming Kwauk. (*New China Review*, III, April 1921, pp. 127/130; fig.)

ASTRONOMIE CHINOISE.

Col. 1443/1458.

— Planisphère céleste chinois, Avec des Explications, le Catalogue alphabétique des Etoiles, & la suite de toutes les Comètes observées à la Chine, depuis l'an 613 avant J. C. jusqu'à l'an 1222 de l'Ere Chrétienne, tirées des Livres Chinois. — Par M. Deguignes le fils. — Ouvrage présenté à l'Académie Royale des Sciences, & imprimé dans le Tome X des Mémoires des Savans Etrangers. — A Paris, De l'Imprimerie de Moutard, Imprimeur-Libraire de la Reine, de Madame, de Madame la Comtesse d'Artois, & de l'Académie Royale des Sciences, rue des Mathurins, Hôtel de Cluni. — M.DCC.LXXXII, in-4, pp. 76.

« J'ai dressé ce Planisphère céleste d'après un Ouvrage Chinois intitulé : FANG-SING-TOU-KIAI, ou *Explication de la Table de toutes les Étoiles*, fait à la Chine en 1711, par le P. Grimaldy. »

— Untersuchungen über die Ursprünglichkeit und Alterthümlichkeit der Sternkunde unter den Chinesen und Jndiern und über den Einfluß der Griechen auf den Gang ihrer Ausbildung. Von Dr. P. F. Stuhr, Professor an der Königlichen Friedrich Wilhelms-Universität zu Berlin. — Berlin 1831. Verlag von Fr. Laue, in-8, pp. VIII + 1 f. table + pp. 181.

— Notice respecting a pair of Chinese Planispheres brought from Chusan and presented to the Society, by Capt. Sir E. Home, Bart. R. N. By Mr. Woolgar. (*Monthly Notices of the Royal Astron. Soc.*, VII, 1847, p. 191.)

John Williams.

Col. 1144.

— Observations of Comets from B. C. 611 to A. D. 1640. Extracted from Chinese Annals. By John Williams. London 1871.

Notice : *Edinburgh Review*, vol. 209, January-April 1909, pp. 290/307.

— R. Wilhelm. — Chinesische Astronomie. (*Zeitsch. Miss.-Kunde*, Heidelberg, XXI, 1906, pp. 42/50.)

— The Two Zodiacs (solar and lunar). Their Origin and Connections. — A Study in the Earliest Dawn of Civilisation. By Thos. W. Kingsmill, in-8.

Journal of the North-China Branch of the Royal Asiatic Society, XXXVIII, 1907, pp. 165/215.

Léopold de Saussure.

Col. 3141.

— Léopold de Saussure. — Prolégomènes d'astronomie primitive comparée. (*Archives des Sciences physiques et naturelles*, Genève, 15 juin 1907.)

Notice : *T'oung Pao*, Déc. 1908, pp. 708/718. Par P. Puiseux. — Extrait du *Journal des Savants*, Oct. 1908.

— — Note sur les Etoiles fondamentales des Chinois. (*Archives des Sciences physiques et naturelles*, Genève, 15 juillet 1907.)

Notice : *T'oung Pao*, Déc. 1908, pp. 708/718. Par P. Puiseux. — Extrait du *Journal des Savants*, Oct. 1908.

— — Le texte astronomique du Yao-tien. Leyde, Brill, 1907.

Notice : *T'oung Pao*, Déc. 1908, pp. 708/718. Par P. Puiseux. — Extrait du *Journal des Savants*, Oct. 1908.

— — L'astronomie chinoise dans l'antiquité. (*Revue générale des Sciences*, 28 février 1907, pp. 135/144.)

Notice : *T'oung Pao*, Déc. 1908, pp. 708/713. Par P. Puisenx. — Extr. du *Journal des Savants*, Oct. 1908.

— Le cycle de Jupiter 歲星十二次 par Léopold de Saussure. (*T'oung Pao*, Juillet 1908, pp. 455/475.)

— P. Puiseux. — Le plus ancien monument de l'astronomie chinoise. (*Journal des Savants*, Oct. 1908, pp. 512/516.)

A propos de Léopold de Saussure.

— Les origines de l'astronomie chinoise par Léopold de Saussure. (*Ibid.*, Mai 1909, pp. 121/182; Juillet 1909, pp. 255/305; Mai 1910, pp. 221/292; Oct., pp. 457/488, fig.; Déc., pp. 583/648; Juillet 1911, pp. 347/374; Juillet 1913, pp. 387/426; Déc. 1914, pp. 645/696; Mars 1920—1921, pp. 86/116, fig.; Oct. 1922, pp. 251/318, fig.)

— Le Zodiaque lunaire asiatique antéhistorique par Léopold de Saussure. (*Cte.-rendu 9e Cong. Int. Géogr.*, Genève, 1908, III, pp. 52/56.)

— Le Zodiaque lunaire asiatique par Léopold de Saussure (avec 2 fig.). (*Archives des Sciences physiques et naturelles*, vol. I, Mars-Avril 1919, pp. 105/126.)

Notice : *New China Review*, III, Oct. 1921, pp. 400/401, by Herbert Chatley.

— Idem. — Genève, 1919, in-8, pp. ch. 105/126.

Extrait des *Archives des Sciences physiques et naturelles*. — Vol. I. — Mars-Avril 1919.

— The Lunar Zodiac, by Léopold de Saussure. (*New China Review*, III, Dec. 1921, pp. 458/459; fig.)

— Le Système astronomique des Chinois par Léopold de Saussure (avec 5 fig.) (Extrait des *Archives des Sciences physiques et naturelles*, vol. I, Mai-Juin 1919, pp. 186/216; *ibid.*, Déc., pp. 561/588, 11 fig.; *ibid.*, vol. II, Mai-Juin 1920, pp. 214/231, 1 fig.; *ibid.*, Sept.-Oct. 1920, pp. 325/350, 4 fig.)

— La symétrie du zodiaque lunaire asiatique. Par L. de S[aussure]. (*Journal Asiatique*, Juillet-Août 1919, pp. 141/148; fig.)

— Léopold de Saussure. — L'horométrie et le système cosmologique des Chinois. — Introduction à l'ouvrage Relations de l'Horlogerie suisse avec la Chine. — La Montre « chinoise ». Par Alfred Chapuis. Neuchatel, Attinger frères 1919, in-4, pp. 18.

Notice : *T'oung Pao*, Janvier 1920/1921, pp. 61/68, par Paul Pelliot.

(DE SAUSSURE.)

— Le système cosmologique des Chinois. Par Léopold de Saussure. (*Revue générale des Sciences pures et appliquées*, 30 déc. 1921, pp. 729/736; fig.)

.·.

— Donald Mc. Gillivray. — The Chinese and the Comet. (*Contemp. Rev.*, London, LXXXXVIII, 1910, pp. 409/412.)

— Chinese Notations of Comets. By E. H. Parker. (*Asiatic Quart. Rev.*, 1910, XXX, pp. 172/174.)

— A Chinese Sun-Dial. Prof. Dr C. du Bois-Reymond. (*Journ. N. C. B. R. As. Soc.*, XLV, 1914, pp. 85/90; fig.)

— * Historical Eclipses (Halley Lecture). — John Knight Fotheringham, M. A., D. Litt., Clarendon Press, Oxford, 1921.

Notice : *New China Review*, III, Dec. 1921, pp. 476/477. By Herbert Chatley.

OBSERVATIONS EUROPÉENNES.

Col. 1451/1458.

Col. 1458.

— Observations ‖ physiques ‖ et mathematiques ‖ pour servir ‖ a l'histoire naturelle ‖ & à la Perfection de l'Astronomie ‖ & de la Geographie : ‖ Envoyées de Siam à l'Academie Royale des ‖ Sciences à Paris, par les Peres Jesuites François ‖ qui vont à la Chine en qualité de Mathemati-‖ciens du Roy : ‖ Avec les Reflexions ‖ de Messieurs de l'Academie, ‖ & quelques Notes du P. Goüye, ‖ de la Compagnie de Jesus. ‖ A Paris, ‖ Chez la Veuve d'Edme Martin, ‖ Jean Boudot, ‖ & ‖ Estienne Martin, ‖ rüe Saint Jacques, au Soleil d'or. ‖ M.DC.LXXXVIII ‖ Avec privilege du Roy. In-8, 3 ff. n. ch. + pp. 278 + 3 ff. n. ch.

— L'observation du passage de Vénus à Pékin. [Par M. le lieutenant de vaisseau Fleuriais. Séance du 10 mai 1875 de l'Académie des Sciences; président, M. Fremy]. (*Revue mar. et coloniale*, XLVI, Juillet 1875, pp. 57/66.)

— Rapport du secrétaire perpétuel de l'Académie des Sciences sur le passage de Vénus [M. Dumas]. (*Ibid.*, Août 1875, pp. 566/567.)

— La marine et l'observation du passage de Vénus sur le soleil (9 déc. 1874). (*Ibid.*, Sept. 1875, pp. 661/691.)

II. Mission de Pékin (M. Fleuriais, chef de la mission), pp. 673/681.

— The Astronomical and Meteorological Magazine, vol. VII, No. 3. Sept. 1921.

(OBSERVATIONS EUROPÉENNES.)

Published by the Astronomical Society of China, in-8, cahier in-8.

Mensuel.

BOUSSOLE.

Col. 1458/1460.

— Memoria sulla bussola orientale. — Letta all' Università di Pavia da Giuseppe Hager. [grav.] Pavia, dalla tipografia Bolzani. 1809, in-4, 2 ff. n. ch. + pp. 31.

— * Fried. Hirth. — Origin of the Mariners' Compass. (*The Monist,* July 1906.)

— The Mariner's Compass. [Continued from p. 107.] By Herbert A. Giles, M. A., LL. D. (Aberd.) Professor of Chinese in the University of Cambridge. (*Adversaria Sinica*, pp. 219/222.)

— American Magnetic Research in China. (*Geogr. Journal,* June 1910, p. 722.)

D. C. Sowers.

∴

— * A. Schück. — Zur Entwicklung der Einteilungen der chinesischen Schiffs- und der «Gaukler» Bussole. Leipzig 1917, in-8. (*Mitt. zur Geschichte der Medizin* u. s. w. XVI, I.)

Sciences médicales.

— Chine par G. Morache. (*Dict. encyclop. des Sciences médicales,* de Dechambre. Première Série, XVI, 1876, pp. 127/224.)

— La Médecine chinoise. (*A travers le Monde*, VI, 1900, pp. 397/398.)

— Tee Han Kee. — [Chinese Medicine: Abstract.] (*British Med. J.*, London, 1905, II, pp. 1552/1653.)

— * H. Breitenstein. — Gerichtliche Medizin der Chinesen von Wang-in-Hoai. Nach der holländischen Übersetzung des Herrn C. F. M. de Grys herausgegeben von Th. Griebens. Verlag (L. Fernau), Leipzig 1908.

Voir *Si Youen Lou*, col. 552.

Notice : *Mitt. k. k. Geogr. Ges. Wien*, LI. Bd., 1908, p 512. Par Dr. E. G[allina].

— Gruenhagen. — Die Grundlagen der chinesischen Medizin. (*Janus*, Leyde, XIII, 1908, pp. 1/14, 121/137, 191/205, 268/278, 328/337.)

— Gordon Moir. — Achondroplasia occuring in a Chinaman. (*Brit. Med. J.*, London, 1909, II, 516.)

— George Cheever Shattuck. — Glimpses of Medicine in the Far East. (*Ibid.*, I, 1259.)

(BOUSSOLE. — SCIENCES MÉDICALES.)

H. VORTISCH VAN VLOTEN.

— Dr. H. Vortisch- van Vloten. — Vergleiche ärztlicher Erfahrungen in West-Afrika und China. (*Archiv für Schiffs- und Tropenhygiene*, XIII, 1909, pp. 153/157.)

— Chinesische Splenomegalie von Dr. H. Vortisch- van Vloten, Hoyùn, Kantonprovinz. (*Ibid.*, Leipzig, Bd. XVII, 1913, pp. 242/246.)

— Statistik einer chinesischen Poliklinik. Von Dr. H. Vortisch- van Vloten, Hoyùn, Kantonprovinz. (*Ibid.*, Nr. 8, 1913, pp. 253/262.)

— Dr. H. Vortisch- van Vloten. — Aus der ärztlichen Wissenschaft der Chinesen. (*Ibid.*, XIX, 1915, pp. 113/117.)

— — Land und Volk des Inneren der Kantonprovinz in hygienischer Beziehung. (*Ibid.*, pp. 641/654.)

— — Die Aussätzigen in China. (*Ibid.*, XX, 1916, pp. 141/147.)

∴

— Chinese Medicine. (*Lancet*, London, CLXXXII, 1912, pp. 1006/1007.)

— La Médecine et les Médecins en Chine, par M. le Dr Guillemet, Médecin-Major de 2e classe des troupes coloniales. (*Annales d'hygiène et de médecine coloniales*, XV, 1912, pp. 152/175, 234/254.)

EUGÈNE VINCENT.

— Académie des Sciences, Belles-Lettres et Arts de Lyon. — L'influence française en Chine et les entreprises allemandes. Nécessité de créer en Chine une faculté française de médecine par le Dr Eugène Vincent professeur agrégé à la Faculté de Médecine de Lyon, Chirurgien honoraire des Hôpitaux civils de Lyon, Membre de l'Académie de Lyon. — Lyon, A. Rey, imprimeur de l'Académie 4, Rue Gentil, 4, 1914, in-4, pp. 43.

— La médecine en Chine au XXe siècle la vieille médecine des Chinois, les climats de la Chine, l'hygiène en Chine et l'hygiène internationale par le Dr Eugène Vincent professeur agrégé à la Faculté de Lyon, Chirurgien honoraire des Hôpitaux civils de Lyon, Membre de l'Académie de Lyon. — Avec Préface de M. le Dr Matignon. Paris, G. Steinheil,

(VORTISCH VAN VLOTEN. — VINCENT.)

1915, gr. in-8, pp. 316; préface, bibliographie, table des figures, table des matières; 30 figures dont une carte hors texte.

Notice : *Miss. Cath.*, 18 déc. 1914, p. 612.

JEFFERYS AND MAXWELL.

— * W. H. Jefferys and J. L. Maxwell. — The Diseases of China. Philadelphia, 1910.

— * The Diseases of China, including Formosa and Korea. By W. Hamilton Jefferys, A. M., M. D. (Medical Missionary in China).... and James L. Maxwell, M. D. (Medical Missionary in Formosa). With 5 Coloured Plates, 11 Noso-Géographical Plates, and 360 illustrations in the Text. London: Bale, Sons and Danielsson, 1914, gr. in-8, pp. xvi-716.

Notices : *Lond. & China Express*, March 31, 1911, *Suppl.*, p. 2. — *Journ. N. C. B. R. As. Soc.*, XLII, 1911, pp. 237/238, par H. S. H.

∴

— * Dr. S. Weissenberg. — Medizinisches aus Zentralasien. (S.-A. aus der *Deutschen medizin. Wochenschr.*, 1913, Nr. 29.) Leipzig 1913; pp. 6, in-8.

Mitt. anthrop. Ges. Wien, XLIV. Bd., 1914, VI. Heft, *Sitzsb.* p. 61.

— Voir des fragments d'un traité de médecine dont la dédicace est du 24 juin 575, pp. 461/467, du tome I, 2e partie, *Sculpture bouddhique*, de la *Mission archéologique dans la Chine Septentrionale*, par Edouard Chavannes, 1915.

— * Lectures on Biology. By P. M. Bayne, M. A. Chengtu. Printed at the Canadian Methodist Mission Press.

Notice : *Journ. N. C. B. R. As. Soc.*, L, 1919, p. 220.

— La médecine chinoise. — Historique. Par le R. P. Léon Wieger S. J., docteur de l'Université de Strasbourg. (*Bull. médical franco-chinois, Pékin*, 1ère année, n° 1, Juill.-Oct. 1920, pp. 1/3.)

— Diagnostic des médecins chinois. (*Rel. de Chine*, Kiang-Nan, Avril 1921, pp. 509/513; fig.)

CHIRURGIE.

— Appendicitis in China. (*Lancet*, London, CLXXIV, 1908, 1115.)

— Kumagusu Minakata — Trepanning among ancient peoples. (*Nature*, London, XCII, 1914, pp. 555/556.)

ANATOMIE.

— Ancient Anatomical Drawings preserved in Tibet. By L. A. Waddell. (*Asiatic Quart. Rev.*, 1910, XXX, pp. 336/340.)

— F. Hübotter. — Über die Anatomie der Chinesen. (*Verh. d. Ges. D. Natf.*, Leipzig, LXXXV, 1913, II 2, 1914, pp. 325/326.)

MATIÈRE MÉDICALE ET PHARMACOLOGIE.

— Emile Perrot et Hurrier. — Matière médicale et pharmacopée sino-annamite. Paris, Vigot, 1907, 2 pl., 21 fig.

— O. Rammstedt. — Über die chemischen Kenntnisse der Chinesen im achten Jahrhundert. (*Apoth.-Ztg.*, Berlin, XXIV, 1909, p. 209.)

— * Rev. G. A. Stuart. — Chinese Materia Medica: Vegetable Kingdom. Extensively revised from Dr. F. Porter Smith's Work. With Appendix, Index of Chinese Names and of Botanical Terms, and English Index. Shanghai: The American Presbyterian Mission Press, 1911, in-8, pp. III-558-VI.

Chinese Words printed both in Chinese and Roman characters.

Notice : *Journ. N. C. B. R. As. Soc.*, XLIV, 1913, pp. 174/175, par A. S.

— Hübotter. — Beiträge zur Kenntniss der chinesischen sowie der tibetisch-mongolischen Pharmakologie. Berlin-Wien, Urban & Schwarzenberg, 1913, in-8, pp. 324.

— Japanische und chinesische Apotheken und Heilmittel. (*Pharm. Post Wien*, XLVII, 1914, pp. 459/463.)

— Emile Lutz. — Médecine et Pharmacopée chinoises. (Notes d'un Profane.) (*Mercure de France*, 16 mars 1918, pp. 368/373.)

HYGIÈNE.

— Georg Mayer. — Hygienische Studien in China. Leipzig (J. A. Barth), 1904, pp. VII + 167, mit 6 Taf.

— E. Jeanselme. — Hygiène et vie matérielle en Chine. (*Rev. gén. sci.*, Paris, XVI, 1905, pp. 195/204.)

— Étude d'hygiène chinoise. — L'habitation, par M. le Dr Jean Legendre. (*Ann. d'hyg. et de méd. colon.*, X, 1907, pp. 615/620.)

— E. Hagemann. — Zur Hygiene der alten Chinesen. (*Janus*, Leyde, XIII, 1908, pp. 468/485.)

— Baron Roger Budberg. — Einige hygienische Prinzipien im Volksleben der Chinesen. — (*D. med. Wochenschr.*, Leipzig, XXXVII, 1911, pp. 1707/1708.)

— Observations sur l'hygiène des Chinois à Canton, par M. Gauducheau, Médecin-Major de 2e classe des Troupes coloniales. (*Ann. d'hyg. et de méd. colon.*, XIV, 1911, n° 1, pp. 5/26.)

— Dr. Uthemann und Dr. Fürth. — Tsingtau. Ein kolonialhygienischer Rückblick auf die Entwicklung des deutschen Kiautschougebietes. (*Archiv für Schiffs- und Tropenhygiene*, XV, 1911, Beiheft 4, pp. 39; carte.)

— * H. F. Tillema. — Chineezen en volksgezondheid. (*Chung Hwa Hui Tsa Chih*, 1ste Jg. No. 2/3, Dec. 1917.)

THÉRAPEUTIQUE.

— Intoxication par des poissons de Chine, par le Dr Oudard, Médecin-Major de l'*Alger*. (*Arch. Méd. navale*, LXXXXII, Juillet 1909, pp. 38/47.)

FEMMES.

— Philip Rees. — Primitive Midwifery in South China. (*Lancet*, London, CLXXV, 1908, pp. 49/50.)

— Observation sur un énorme *Molluscum pendulum* du sein gauche opéré à l'hôpital de Pak-hoi (Chine du Sud) par M. le Dr Abbatucci. (*Ann. d'hyg. et de méd. colon.*, XI, 1908, pp. 444/447.)

— M. Yamasaki. — Über den Beginn der Menstruation bei den Japanerinnen, mit einem Anhang über die Menarche bei den Chinesinnen, den Riukiu- und Ainofrauen in Japan. (*Zentralbl. Gynäk.*, Leipzig, XXXIII, 1909, pp. 1296/1305.)

— Shou-shi-pien. — Ein chinesisches Lehrbuch der Geburtshülfe. Aus dem chinesischen Urtext übersetzt und erläutert von Dr. med. et phil. Hübotter, Arzt in Berlin. — Urban & Schwarzenberg, Berlin [u.] Wien, 1913, in-4, pp. 94 autog.

MALADIES TROPICALES.

— * Far Eastern Association of Tropical Medicine. Transactions of the second biennal Congress. — Hongkong, 1912, pp. 398.

— * E. R. Stitt. — The Diagnostics and Treatment of Tropical Diseases. London, H. K. Lewis, 1914, pp. 421.

Sir Patrick Manson.

Col. 3145/3146.

— * Sir P. Manson. — Tropical Diseases. London, Cassell, 1914, pp. 937.

— * Idem, 1917, pp. 968.

— Maladies des Pays chauds Manuel de Pathologie exotique par Sir Patrick Manson — Traduit de l'anglais par Maurice Guibaud Médecin de Réserve de la Marine — Deuxième édition d'après la quatrième édition anglaise entièrement revue et considérablement augmentée — Avec 241 illustrations et 7 planches en couleurs — Paris, Masson et Cie — 1908, in-8, pp. xv-814.

— The Filaria Sanguinis Hominis and certain new forms of Parasitic Disease in India, China, and Warm Countries by Patrick Manson, M. D., C. M. Amoy, China. London, H. K. Lewis, 1883, in-8, pp. VIII + 2 ff n. ch., ill.; 10 pl. + pp. 186.

Le Chap. est la réimp. d'un article inséré dans les *Pathological Society's Transactions* pour 1881, vol. XXXII.

Sir Patrick Manson, G. C. M. G., † à 77 ans, 9 avril 1922, 25 Portland Court, London, W.

— * J. R. Mac Dill. — Tropical Surgery and Diseases of the Far East. London, H. Kimpton, 1918, in-8, pp. 302.

Variole 天花 *T'ien houa.*

— Historique et pratique de la vaccine en Chine, par M. le Dr Féray. (*Ann. d'hyg. et de méd. colon.*, X, 1907, pp. 498/514.)

— Sir J. Preston Maxwell. — Small pox and vaccination in China. (*Brit. Med. Journ.*, London, 1907, II, 118.)

— E. H. Parker. — Smallpox and inoculation in China. (*Ibid.*, I, pp. 88/90.)

— The introduction of Vaccination into the Far East. By Berthold Laufer. (*The Open Court*, Sept. 1911; fig.) Pièce in-8, ch. pp. 524/531.

— Peter Besenbruch. — Zur Epidemiologie der Pocken in Nordchina. (*Arch. Schiffshyg.*, Leipzig, XVI, 1912, pp. 48/53.)

— Le service de la vaccine à l'Institut Pasteur de Tchentou (Setchouen), par le Dr Jouveau-Dubreuil. (*Bull. médical franco-chinois*, Pékin, 1ère année, No 1, Juillet Oct. 1920, pp. 4/11; graphiques.)

— La variolisation au Setchouan. Par H. Jouveau-Dubreuil. (*Bull. Soc. Pathologie exotique*, Paris, XIV, 1921, pp. 93/97.)

MALADIES VÉNERIENNES.

— B. Scheube. — Die venerischen Krankheiten in den warmen Ländern. (*Archiv für Schiffs- und Tropenhygiene*, VI, 1902, pp. 147/159, 187/207.)

— Résultats d'une enquête relative à la morbidité vénérienne dans la division navale d'Extrême-Orient et aux moyens susceptibles de la restreindre, par M. le Dr Chastang, médecin en chef de 2e classe, médecin de la division navale d'Extrême-Orient. (*Arch. Méd. navale*, tome 101, MDCCCCXIV, pp. 81/96.)

BÉRIBÉRI.

— * Dr. F. Grimm. — Klinische Beobachtungen über Beriberi. Verlag von F. Karger. Berlin, 1897.

Notice par Dr. Karl Däubler, *Archiv für Schiffs- und Tropenhygiene*, I, 1897, pp. 212/214, 339.

— * Jeanselme. — Le Béribéri Paris, Masson.

— Le Béribéri. — Le Mal des Mangeurs de Riz. — Le Riz n'est pas le coupable. (*A travers le Monde*, IX, 1903, p. 311.)

— * J. Legendre. — A propos de l'Etiologie de Béribéri. (*Bull. Soc. Méd. Chir. de l'Indochine*, 1912, tome III, p. 160.)

— * Béribéri par le Prof. Dr K. Miura, de Tokio. Vienne et Leipzig, 1913, Alfred Hölder, pp. 102.

— Voir à la suite de l'article du Dr. H. Schaumann, *Die Ætiologie der Beriberi, Archiv für Schiffs- und Tropenhygiene*, XVIII, 1914, pp. 232/246, une bibliographie.

— * J.-P. Maxwell. — Beriberi in the Province of Fukien. (*China Med. Journ.*, Nov. 1915, V, XXIX, No. 6, p. 376.)

— Le Béribéri au Setchouan (Chine). Par H. Jouveau-Dubreuil. (*Bull. Soc. Pathologie exotique*, Paris, XIV, 1921, pp. 666/685.)

CHOLÉRA 霍亂 *Houo louan.*

Dr. J. Tsuzuki. — Bericht über meine epidemiologischen Beobachtungen und Forschungen während der Choleraepidemie in Nordchina im Jahre 1902 und über die im Verlaufe derselben von mir durchgeführten prophylaktischen Maßregeln mit besonderer Berücksichtigung der Choleraschutzimpfung. (*Archiv für Schiffs- und Tropenhygiene*, VIII, 1904, pp. 71/82.)

— Le choléra en Chine. Par A. R., S. J. (*Rel. de Chine*, Kiang-Nan, Juillet-Oct. 1919, pp. 232/236.)

— P. Cannepin. — Le choléra, Tsing-fong, Déc. 1919. (*Chine Ceylan Madagascar*, Avril-Juillet 1920, pp. 105/106.)

— * Le Kaolin dans le traitement du choléra asiatique par Walker. (*The Lancet*, 6 août 1921, analysé dans la *Presse Médicale*.)

Notice : *Arch. Méd. navale*, CXI, Nov Déc. 1921, pp. 528/529.

PESTE.

— Note sur la distribution géographique et sur le lieu d'origine de la peste par M. le Dr H. Bourru. Avec une lettre de M. l'abbé Desgodins, provicaire apostolique au Thibet. (*Bull. Soc. Géogr.*, Rochefort, tome IV, 1882—1883, pp. 20/25; carte des foyers de la peste au XIXe siècle dans l'Inde, la Birmanie et le Yun-nan. 1881.)

— Une théorie chinoise sur l'étiologie et la thérapie de la peste par le Dr J. A. Portengen, Médecin de 1ère classe de la Marine Royale Neerlandaise. (*Janus*, Amsterdam, 1896—1897, I, pp. 461/468.)

— Rapport médical sommaire sur l'épidémie de peste bubonique observée à Mongtze (Chine) pendant les mois de Juillet-Août 1898, par le Dr Delay . . . Attaché à la Mission d'études des Chemins de fer en Chine. (*Ann. d'hyg. et de méd. colon.*, II, 1899, pp. 250/258.)

— Peste bubonique observée à Ping-shiang (Province de Kouang-si [Chine], Avril-Mai-Juin 1898). Extrait du rapport du Dr Thoulon . . . (*Ibid.*, pp. 390/399.)

— Les épidémies pesteuses du foyer chinois de Pak-hoi, par M. le Dr Abbatucci... (*Ibid.*, VI, 1903, pp. 272/289.)

— Les épidémies pesteuses en Chine et à Pak-hoï en particulier, par M. le Dr Abbatucci . . . (*Ann. d'hyg. et de méd. colon.*, XIV, 1911, N° 4, pp. 691/714.)

— Théories chinoises sur la peste, par M. Rouffiandis . . . (*Ibid.*, pp. 342/347.)

— Note sur l'épidémie de peste de Foutchéou (Avril à Octobre 1902) par M. le Dr Rouffiandis. (*Ibid.*, VII, 1904, pp. 417/433; 1 pl.)

— Le péril de la peste actuelle en Chine. (Traduit de *The Lancet*, 4 février 1911.) (*Arch. de Méd. navale*, LXXXXV, Mars 1911, pp. 234/237.)

— C. Marsh. Beadnell. — Chinese Remedies for plague. (*Brit. Med. Journ.*, London, 1911, II, p. 1446.)

— Peste. (*Relations de Chine*, Kiang-Nan, Juillet 1911, p. 206.)

— * Plague in Manchuria. By Dr. Reginald Farrar. (Reprinted from the *Proceedings of the Royal Society of Medicine*, 1911, vol. 5. (Epidemiological Section.) London, 1911, pp. 14. Sketchmap and Diagram.

— La peste en Chine. (*T'oung Pao*, Mai 1911, pp. 267/273.)

D'après le correspondant de Peking du *Times*; cf. *Times Weekly Edition*, March 24th and 31st, 1911.

— La peste de Mandchourie. (*Revue indo-chinoise*, Juillet 1911, pp. 81/83.)

D'après les *Lectures pour tous*.

— La peste de Mandchourie. Sa prophylaxie, par M. le Dr Lancelin, médecin de 1ère classe de la Marine. (*Arch. Méd. navale*, tome 98, MDCCCCXII, pp. 353/374.)

— Conclusions générales des délibérations de la Conférence internationale de la peste à Moukden (Avril 1911). Traduit de l'anglais par M. le Dr L.-V.-E. Robin, médecin de 1ère classe de la Marine, professeur à l'Ecole de Médecine de Tientsin. — Chapitre premier, Etude épidémiologique de la peste pulmonaire dans le Nord de la Chine (hiver 1910—1911). (*Ibid.*, tome 99, 1913, pp. 208/217; 285/293.) Chapitre deuxième, Résumé des caractères cliniques de la peste pulmonaire observés pendant l'épidémie de Mandchourie. (*Ibid.*, pp. 361/374; tome 101, 1914, pp. 441/448; tome 102, pp. 37/50.)

— Wolfgang Gothein. — Die Lungenpest in Ostasien auf Grund persönlicher Erfahrungen. (*Archiv für Schiffs- und Tropenhygiene*, XVI, 1912, Beiheft 1, pp. 184/191.)

— La Peste au Tché-ly (Chine). Lettre d'un missionnaire. — Pao-ting-Fou, 29 janvier 1911. (*Miss. Cath.*, 10 mars 1911, pp. 109/110.)

— La défense contre la peste pulmonaire dans la province du Petchili par M. le Dr Chabaneix, Médecin-Major de 1ère classe des troupes coloniales. (*Ann. d'hyg. et de méd. colon.*, XV, 1912, pp. 85/103.)

— Idem. (*Revue indo-chinoise*, Sept 1912, pp. 226/229; *ibid.*, Oct. 1912, pp. 346/354.)

— * A. Splendore. — La peste à Sin-lam, district de Heung-Shan, province de Kouang tong (Chine), surtout au point de vue de la vaccination. (*Presse médicale*, 4, VI, 1913.)

— Une épidémie de peste [au Chan-si]. (*Asie française*, Oct.-Déc. 1917, p. 194.)

— Pneumonic Plague in China. By Rodney Gilbert. (*Asia*, April 1918, pp. 337, 344.)

From *the North-China Herald*.

(PESTE.

LÈPRE 大麻風 *Ta-ma-foung* ou 癩病 *Lai ping*.

Un cas de lèpre tuberculeuse, par M. le Dr Sautarel . . . (*Ann. d'hyg. et de méd. colon.*, V, 1902, pp. 306/311.)

— Leprosy in China. (*British Medical Journ.*, London, 1905, II, pp. 346/347.)

— Les lépreux à Hoi-hao par le Dr Féray, Médecin-Major de 2e classe. (*Revue indochinoise*, 15 déc. 1906, p. 288.)

— James L. Maxwell. — Leprosy in China. (*Brit. Med. Journ.*, London, 1911, II, p. 1447.)

— Beiträge zur Medizin in China mit besonderer Berücksichtigung der Tropenpathologie. Von Dr. G. Olpp, 2. Direktor des Deutschen Instituts für ärztliche Mission. — Mit 39 Originalabbildungen. Leipzig, 1910, Johann Ambrosius Barth, in-8, pp. 144.

Beihefte zum Archiv für Schiffs- und Tropenhygiene . . . Bd. XIV, 1910.

PARASITOLOGIE.

— P. W. Bassett-Smith. — Kala-azar in the Far East. (*Brit. Med. Journ.*, London, 1909, II, p. 1614.)

— Alexander C. Lambert. — Kala-azar in the Yangtse Valley. (*Ibid.*, 1910, I, p. 750.)

— La Filariose en Chine. Par le Dr Lecalvé. (*Arch. Méd. et Pharmacie navales*, tome 112, Mai-Juin 1922, pp. 251/257.)

A propos du travail du Dr J. Preston Maxwell, du Peking Union Medical College, dans *The Philippine Journal of Science*, Sept. 1921 (72 pages, 4 fig., 24 pl. hors texte et une carte).

FIÈVRE.

— A. F. Cole. — Spirillar Fever in China. (*Brit. Med. Journ.*, 1906, II, p. 980.)

— Dr. Fürth. — Eine Scharlachepidemie in Schantung. Ein Beitrag zur Kenntnis des chinesischen Arznei- und Seuchenwesens. (*Archiv für Schiffs- und Tropenhygiene*, XIV, 1910, pp. 12/20.)

— Alexander C. Lambert. — Fever with an urticarial rash in the Yangtse Valley. (*Lancet*, London, CLXXVIII, 1910, 1925.)

— * Quelques formes vagues de fièvre dans le Nord de la Chine, par Fox (A.-C.). [*R. Army Med. Corps*, 1912, Août. Analyse traduite.]

Notice : *Arch. Méd. navale*, tome 101, MDCCCCXIV, pp 135/136.

— Fièvre epidémique observée à bord de la *Décidée* dans la vallée du Yang-tsé-

(LÈPRE. — PARASITOLOGIE. — FIÈVRE.)

kiang par M. le Dr P.-J.-L. Charpentier. (*Arch. Méd. navale,* Nov. 1919, pp. 351/374.)

— Etude clinique sur la fièvre récurrente du Setchouen (Chine occidentale). Par Jouveau-Dubreuil. (*Bull. Soc. Pathologie exotique,* XIII, 1920, pp. 38/62.)

MOUSTIQUES ET PALUDISME.

— Le Paludisme à Mong-tseu (Yunnan) par M. le Dr Barbezieux, Médecin du poste consulaire. (*Ann. d'hyg. et de méd. colon.,* VIII, 1905, pp. 100/102.)

— Notes succinctes sur le paludisme, à Mongtzeu (Yun-nan). (Extr. du rapport annuel, pour 1905), par M. le Dr Ayraud. (*Ibid.,* X, 1907, pp. 281/285.)

— Moustiques et paludisme à Tchentou (Chine) par M. le Dr J. Legendre. (*Ibid.,* XI, 1908, pp. 431/442.)

— Etude comparée des Culicides de Tchentou (Chine). Par Jean Legendre, Médecin-Major des Troupes Coloniales. (*Bull. Soc. Pathologie exotique,* I, 1908, pp. 227/229.)

— Paludisme et Culicides au Petchili. Par Ch. Broquet. (*Ibid.,* VII, 1914, pp. 110/111.)

— * L'hivernation des moustiques dans la Chine du Nord par H. I. Cazeneuve. (*Ibid.,* III, 1910, pp. 155/159.)

TUBERCULOSE.

Col. 1497.

— La tuberculose en Chine. — Du P. Bizeul. (*Rel. de Chine,* Kiang-Nan, Oct. 1908, pp. 179/184.)

TÉRATOLOGIE.

Col. 1489/1490.

— Dr Ern. Martin. — Les Monstruosités animales en Chine. (*La Science moderne,* 4 nov. 1893, pp. 294/295.)

FOLK-LORE MÉDICAL.

— [Treatment of Diseases : evil spirits]. (*Chronicle of the Lond. Miss. Soc.,* London, LXIX, 1905, p. 40.)

— R. Jackson. [Chinese God of Diseases.] (*Our Missions,* Darlington, 1905, p. 10.)

ART DENTAIRE.

— Le dentiste chinois. (*Rel. de Chine,* Kiang-Nan, Avril 1912, pp. 404/405; fig.)
[In Dr Barntier, *Echo de Chine,* 3 juin 1911.]

HYDROLOGIE.

— Analyse de quelques eaux du Pet-chi-li, par M. Bloch. (*Ann. d'hyg. et de méd. colon.,* IX, 1906, pp. 563/577.)

— Analyse de l'eau du Yang-tsé et du Fleuve jaune, par M. Bloch. (*Ibid.,* X, 1907, pp. 91/93.)

— Etude sur les eaux du Yunnan (Région de Laokay à Yunnan-fou). Par le Docteur G. Barbézieux, Médecin du Consulat de France à Yunnan-fou et M. Beaudouin, Chimiste de la Société de Construction de Chemin de fer. (*Bull. Médical, Rev. indo-chinoise,* 28 fév. 1907, pp. 45/51.)

OBSERVATIONS EUROPÉENNES.

— * T. Fox and T. Farquar. — On Certain Endemic Skin and other Diseases of India and Hot Climates generally, with coloured plates. London, 1876, in-8, pp. xi-288.

— B. Scheube. — Die Steinkrankheit in Canton und Bangkok. (*Archiv für Schiffs- und Tropenhygiene,* I, 1897, pp. 176/178.)

— Dr. Arimond. — Brief aus Kiautschou. (*Ibid.,* II, 1898, pp. 236/241.)

— Notes médicales sur la Chine, par M. le Dr Gaide, Médecin de 1ère classe des Colonies. (*Ann. d'hyg. et de méd. colon.* III, 1900, pp. 492/505.)

— Notes médicales recueillies à Tchen-tou, capitale de la province du Se-tchouen (Chine), par M. le Dr Bouffard, Médecin de 2e classe des Colonies. (*Ibid.,* pp. 172/183; carte.)

— Missionsarzt Dr. Wittenberg. — Ärztliche Erfahrungen aus Süd-China. (*Archiv für Schiffs- und Tropenhygiene,* IV, 1900, pp. 1/12.)

— K. Dove. — Das Klima der Länder der chinesischen Kriegsereignisse. (*Ibid.,* V, 1901, pp. 1/6.)

— H. Luce und A. Meinecke. — Bericht über das Marinelazarettschiff « Savoia » auf dem Kriegsschauplatz in Ostasien 1900—1901. (*Ibid.,* VII. 1903, pp. 401/433.)

— Dr. Morgenroth. — Über Ruhruntersuchungen in China, im besonderen über die Bakterienarten, die bei chinesischer

Ruhr gefunden und durch Blutserum agglutiniert wurden. (*Ibid.*, VIII, 1904, pp. 27/35.)

— L'école française de médecine de Tchen-Tou et l'action française au Seu-tch'oan. (*Bull. Soc. Géogr. Lyon*, XX, 1905, pp. 256/257.)

— Géographie médicale de la ville de Pakhoi (Chine) par le Dr Abbatucci. (*Bulletin médical*, 15 nov. 1906, pp. 244/254.)

— Prof. Martini. — Über ein Rinderpiroplasma der Provinz Schantung (China). (*Archiv für Schiffs- und Tropenhygiene*, XI, 1907, pp. 507/511.)

— Géographie médicale. — Le poste médical de Tchentou (Chine) par M. le Dr Mouillac. (*Ann. d'hyg. et de méd. colon.*, XI, 1908, pp. 5/29.)

— J. Preston Maxwell. — Diabetes Mellitus in Chinese. (*Brit. Med. Journ.*, London, 1908, I, p. 926.)

— Géographie médicale. — Rapport sur le fonctionnement du poste médical consulaire de Canton pendant l'année 1906, par M. le Dr Dupuy. (*Ann. d'hyg. et de méd. colon.*, XI, 1908, pp. 179/199.)

— L'œuvre médicale française de Canton (Chine) par M. le Dr Dupuy Médecin-Major de 2e classe des troupes coloniales. (*Ibid.*, XV, 1912, pp. 760/771.)

— Une curieuse épidémie observée à Tchentou par M. le Dr Legendre. (*Ibid.*, XI, 1908, pp. 287 seq.)

— Le service médical des postes consulaires en Chine. Par D. S. (*Revue indo-chinoise*, Janvier 1909, pp. 20/42; *ibid.*, Février 1909, pp. 131/152.)

— Entreprises médicales en Chine. (*Ibid.*, Sept. 1909, p. 928.)

— Le croiseur l'*Alger* en Extrême-Orient, par le Dr Oudard, Médecin de 1ère classe de la Marine. (*Arch. Méd. navale*, XCII, Sept. 1909, pp. 161/210.)

— * Eine « Borstenkrankheit » in Südchina. (*Une « maladie des poils » dans la Chine du Sud*), par le Médecin-Major Prahl (Tsingtau). Traduit d'un article de l'*Archiv für Schiffs- und Tropenhygiene* (année 1909, p. 116).

Notice : *Arch. Méd. navale*, tome 98, MDCCCCXII, pp. 150/153. Par le Dr Bellet.

— Le Poste médical de Yunnan-fou (Chine), par M. le Dr Feray, Médecin-Major de 2e classe des Troupes coloniales, Médecin du Consulat de France à Yun-nan-fou. (*Ann. d'hyg. et de méd. colon.*, XIII, 1910, no 3, pp. 373/410.)

— Tch'ong-k'ing. — Description. — Population. — Climatologie. — Maladies les plus fréquemment observées. Par M. le Dr Guillemet . . . Médecin du Consulat de France à Tch'ong-k'ing. (*Ibid.*, no 4, pp. 561/599.)

— * A Traveller's Study of Health and Empire. By Francis Fremantle (County Medical Officer of Health). London : John Ouseley.

Notice : *Lond. & China Express*, August 18, 1911, pp. 586/587.

— L'œuvre médicale française à Pekin, par M. le Dr Hazard, Médecin-Major de 1ère classe des Troupes coloniales, Médecin de la Légation de France à Pékin. (*Ann. d'hyg. et de méd. colon.*, XIV, 1911, no 1, pp. 187/193.)

— Etude succincte sur le caractère et la nature des maladies observées du 1er janvier au 28 février 1911 à Tong-Kou (Chine). — Extrait de la situation mensuelle du Peï-ho, par M. le Dr Le Page, médecin de 2e classe. (*Arch. Méd. navale*, tome 96, MCMXI, pp. 382/390.)

— Notes sur le second Congrès de Médecine tropicale tenu à Hong-Kong du 20 au 28 janvier 1912, par M. le Dr Ratel, médecin de 2e classe de la marine. (*Ibid.*, tome 97, MCMXII, pp. 383/389.)

— Relation sur les blessures de guerre observées à Hankéou pendant la révolution chinoise. Novembre 1911 — Mars 1912, par M. le Dr Ratel, Médecin-Major de la *Décidée* et M. le Dr Lepeuple, Médecin-Major du D'*Iberville*. (*Ibid.*, tome 98, MCMXII, pp. 241/270.)

— Medical Reports from Consulates in China. (*Brit. Med. Journ.*, London, 1912, I, pp. 846/847.)

— I. Studien über die Morphologie und Entwicklung der Entamoeba coli Lösch emendata Schaudinn in Japan. — II. Studien über die Ruhramöben in Japan und Nordchina von Dr. M. Akashi. Mit 2 einfachen und 2 Doppeltafeln. Leipzig, 1913, J. A. Barth, in-8, pp. 43.

Beihefte zum Archiv für Schiffs- und Tropenhygiene. Bd. 17, 1913, Beiheft 8.

— Ce qu'on dit de l'Ecole française de médecine à Changhai. — Une Faculté française de médecine pour Changhai par Maurice Courant. (*Débats*, 27 février 1914.) — La création d'une école de médecine à Changhaï. — L'effort allemand. — Le projet du

Dr Vincent. (*Echo de Chine*, 21, 25, 27 mars 1914.) — Une école française de médecine pour Changhaï (*Le Temps*.) — Article du *Ostasiatische Lloyd*, 3 avril 1914. — Une mission franciscaine passe sous protection allemande. (*Rel. de Chine*, Kiang-Nan, Juillet 1914, pp. 476/484; fig.)

— Walter Fischer. — Über Stuhluntersuchung bei Europäern und Chinesen in Shanghaï. (*Archiv für Schiffs- und Tropenhygiene*, XVIII, 1914, pp. 615/634.)

— Compte rendu du IIIe Congrès de Médecine tropicale (Far Eastern Association of tropical medicine), Saïgon, 8—15 nov. 1913, rédigé par M. le Dr Juhel, Médecin de 2e classe. (*Arch. Méd. navale*, tome 101, MCMXIV, pp. 454/474.)

— Nos postes consulaires en Extrême-Orient, par M. le Dr Clarac, Médecin Inspecteur des Troupes coloniales. (*Ann. d'hyg. et de méd. colon.*, XVII, 1914, pp. 5/24.)

— Un poste médical consulaire en Chine Yunnan-fou, par M. le Dr Vadon Médecin-Major de 2e classe des troupes coloniales. (*Ibid.*, pp. 501/525.)

— Ulcère phagédénique à Tchentou (Setchouen, Chine). Par H. Jouveau-Dubreuil. (*Bull. Soc. Pathologie exotique*, VII, 1914, pp. 469/472.)

— Note sur le Trachome au Setchouen (Chine). Par H. Jouveau-Dubreuil. (*Ibid.*, XI, 1918, pp. 815/819.)

— Méningite cérébro-spinale au Setchouen (Chine Occidentale). Par H. Jouveau-Dubreuil. (*Ibid.*, XII, 1919, pp. 356/362.)

— * Harvard Medical School of China Reports, 1911—1916. Collected by the Executive Committee, Cambridge, Mass. U. S. A., 1918.

Notice : *Journ. N. C. B. R. As. Soc.*, Vol. XLIX, 1918, p. 164. By A. S.

— Les examens de médecine à l'*Aurore*. (*Rel. de Chine*, Kiang-Nan, Juillet-Oct., 1920, pp. 389/390.)

De l'*Echo de Chine*.

— Idem. (*Rel. de Chine*, Kiang-Nan, Juillet 1921, pp. 582/583.)

— Un centre d'influence française en Chine. L'école de médecine de Tien-tsin, par M. le Dr Lestideau médecin de 1ère classe de la Marine. (*Arch. de Méd. et Pharmacie navales*, tome 112, Mars-Avril 1922, pp. 114/120.)

Col. 1349.

— Transactions of the Hongkong Medical Society. — Volume I. — Papers and Cases Read during the First Two Years of the Society's existence. — Edited by G. P. Jordan . . . . P. Manson . . . . and John C. Thomson . . . . — Hongkong : Printed by Kelly and Walsh. — 1889, in-8, pp. VIII-264 + 1 p. Index.

(OBSERVATIONS EUROPÉENNES.)

— Manuel de médecine par Constant Desaint, Missionnaire apostolique de la Société des Missions-Etrangères. Cinquième édition Hongkong Imprimerie de Nazareth 1895, in-12, pp. 360.

— * Far Eastern Association of Tropical Medicine. Transactions of the second biennal Congress, Hongkong, 1912. Hongkong, 1912, in-8, pp. 398.

— * Harold Balme. — Chinese and Modern Medicine.. 1921.

— * Schistosomiase dans la vallée du Yang-Tsé, par A. A. Sanders et J. L. Priston. (*Journ. Roy. Naval Medical Service*. Juillet 1921.)

Notice : *Arch. Méd. Navale*, tome CXI, Nov.-Déc. 1921, pp. 527/528.

OUVRAGES DIVERS.

— Hydrophobia in the East. By F. H. Skrine. (*Imp. & As. Quart. Rev.*, July 1905. pp. 125/137.)

— Herbert A. Giles. — Phrenology, Physiology, and Palmistry. (*Adversaria Sinica*. Shanghai, VI, 1908, pp. 178/184.)

— * Dr. Béla Révész — Die rassenpsychiatrischen Erfahrungen und ihre Lehren. (*Archiv für Schiffs- und Tropenhygiene*, XV, 1911, Beiheft 5, p. 194.)

— John Bell. — Cloven foot and cloven hands. (*Lancet*, London, CLXXX, 1911, p. 24.)

— * An English-Chinese Lexicon of Medical Terms, compiled for the Terminology Committee by P. B. Cousland. 1908, in-8.

Notice by B. : *Chin. Rec.*, Mars 1909, pp. 164/165.

— Dr Lucien-Graux. — Les Caractères Médicaux dans l'écriture chinoise. — Ouvrage orné de 270 figures. Paris, A. Maloine, 1914, pet. in-8, pp. 276.

Les 270 caractères chinois écrits par Ma Si-tsan.

Notice : *Revue du Monde musulman*, XXVIII, Sept. 1914, pp. 367/368. Par L. Bouvat.

— *Bulletin Médical franco-chinois*. Pekin Rue des Légations, in-8, pp. 54 + 38 texte chinois.

1ère année. No 1, Juillet-Oct. 1920. — No 2, Avril-Juillet 1921, pp. 55/109 + texte chinois.

Agriculture ; Économie rurale ; Acclimatation.

Col. 1498.

— La dessication chez les Chinois. (*Revue Cultures Coloniales*, VIII, 1901, pp. 144/147.)

Tiré de l'*Allgemeine Zeitung*, de Munich. — Traduit d'un article publié dans : *De Indische Mercuur*, 1er janvier 1901.

(OUVRAGES DIVERS.)

— Ginger. By F W. Thomas. (*Journ. R. As. Soc.*, January 1905, pp. 169/170.)

A propos d'un article sur le même sujet de J. Jolly dans le même numéro.

— L'élève du bétail de boucherie en Chine. (*Bull. Soc. Géogr. Lyon*, XX, 1905, p. 321.)

— La Badiane et sa culture en Indo-Chine. (*A travers le Monde*, XII, 1906, p. 319; fig.)

— Le Lait végétal. Comment ce produit et ses sous-produits sont utilisés en Chine. (*Ibid.*, XIV, 1908, p. 230.)

— Règlement concernant les industries agricoles. (*Bull. Assoc. amic. franco-chinoise*, Juillet 1909, p. 404.)

Du *Houei Pao*, 6 mars 1909.

— Instructions du ministère de l'agriculture, du travail et du commerce aux chambres de commerce (Changhai). (*Ibid.*, pp. 402/404.)

Extr. du *Houei Pao*, 8 mars 1909.

— Н. И. Кохановскій. — Землевладѣніе и земледѣліе въ Китаѣ. Владивостокъ, 1909, in-8, 2 ff. n. ch. + pp. 156-xvii.

Isviestiya de l'Université orientale de Vladivostok, tome XXIII, nº 2.

Avec un titre allemand :

N. I. Kohanovski. Dozent der Nationalökonomie und des Civil- und Handelsrechts am Oriental Institut in Wladiwostock. — Grundbesitz und Landwirtschaft in China.

— L'agriculture au Sseu-tch'ouan. (*Revue indo-chinoise*, Juillet 1910, pp. 70/71.)

— Industrie et agriculture au Sseu-tch'ouan (Sseu-tch'ouan). (*Bull. Assoc. amic. franco-chinoise*, Oct. 1910, pp. 414/415.)

Extr. du *Houei Pao*, 28 juin 1910.

— Dr. J. Legendre, Médecin-Major des troupes coloniales. L'Agriculture dans la plaine de Tchentou (Se-tchoan) Chine. (*Bull. écon. Indochine*, Sept.-Oct. 1910, pp. 584/595.)

— * Royaume de Belgique. Premier Congrès International des Associations Agricoles et de Démographie Rurale à l'Exposition Universelle et Internationale de Bruxelles 1910. L'Agriculture en Chine. Rapport . . . présenté par M. Rodolphe van Loo. Brussels, 1910, pp. 37.

— New Plant immigrants. By David Fairchild, Agricultural Explorer in Charge of Foreign Seed and Plant Introduction, United States Department of Agriculture. (*National Geogr. Mag.*, Washington, XXII, 1911, pp. 879/907; ill.)

Bambou de Chine, Tung-oil tree of China Alfala de Mongolie (graines), persimonne de Chine, pêche de Chine, raisin du Yang tse.

— F. H. King. — Farmers of Forty Centuries, or Permanent Agriculture in China, Korea, and Japan. Madison, Wis., Mrs. King, 1911, in-8, pp. ix-441; 248 ill.

Notices : *Lond. & China Express*, April 4, 1913. — *Petermanns Mitt.*, 1913, I, pp. 146/147, par Baelz. — *Mitt. k. k. Geogr. Ges.*, Wien, LVI, 1913, pp. 193/194, par Machatschek.

— Esprit routinier du paysan chinois. (*Asie française*, Février 1921, p. 74.)

— [Farm tools.] (*Foreign Field*, III, 1907, p. 400.)

(Agriculture; Économie rurale; Acclimatation.)

— Beauvais, Consul de France. — La cannelle au Kouang-tong et au Kouang-si. Son intérêt pour le Tonkin. (*Bull. écon. Indochine*, Sept.-Oct. 1911, pp. 875/877.)

— Kêng tschi t'u 耕織圖. Ackerbau und Seidengewinnung in China. Ein kaiserliches Lehr- und Mahn-Buch. Aus dem Chinesischen übersetzt und mit Erklärungen versehen von O. Franke, Dr. Phil., Professor für Sprachen und Geschichte Ostasiens. Mit 102 Tafeln und 57 Illustrationen im Text. Hamburg, L. Friederichsen & Co., 1913, in-4, pp. vi + 1 f. n. ch. + pp. 194; planches.

Abhandlungen des Hamburgischen Kolonialinstituts, Bd. XI. — Reihe B. *Völkerkunde, Kulturgeschichte und Sprachen*, Bd. 8.

Notices : *T'oung Pao*, Mai 1913, pp. 306/309, par Ed. C[havannes]. — *Lond. & China Express*, May 30, 1913. — *Asiatic Review*, February 1914, pp. 263/264, by E. H. Parker. — *Journ. N. C. B. R. As. Soc.*, XLV, 1914, pp. 149/150.

— A propos du *Keng tche t'ou* par Paul Pelliot. (*Mémoires concernant l'Asie orientale*, I, 1913, pp. 65/122, 51 pl.) 耕織圖

— Grandes conférences de Roubaix. — La Chine agricole, industrielle et commerciale. Par le P. de Maynard, Franciscain et missionnaire apostolique en Chine. (*Bull. Soc. Géogr. Lille*, tome LXI, nº 5, pp. 278/296.)

Conférence donnée le 18 février 1914.

— La Conservation du Raisin de table en Chine. (*A travers le Monde*, XX, 1914, pp. 134/135.)

— The Reindeer and its Domestication by Berthold Laufer. Reprinted from the *Memoirs of the American Anthropological Association*, vol. IV, nº 2, 1917, in-8, pp. ch. 91/147.

— Bienfaits et méfaits des sauterelles à Tai-tao-leou. Par R. Lecointre, S. J. (*Rel. de Chine*, Oct. 1917, pp. 540/541.)

— * I. C. Davis. — Agriculture in China. (*Journ. of Geography*, Madison, no. 4, 1918.)

— Les caoutchoucs d'Hainan. (*Bull. écon. Indochine*, nº 133, 1918, pp. 1129/1130.)

Bull. Comm. Extr.-Orient, nº 11, vol. IV, Juillet 1918, p. 367.

— * Aug. Chevalier. — Recherches sur les amydalées et les pommiers des parties froides de l'Indochine et du Sud de la Chine. (*Eveil écon. de l'Indochine*, 1920, Déc.)

— L'industrie de l'arachide en Chine. [D'après *The London and China Express*, 19 février 1920.] (*Bull. écon. Indochine*, nº 146, Janvier-Février 1921, pp. 125/126.)

— De quelques ouvrages chinois donnés à la Bibliothèque de l'Institut International d'Agriculture par M. Guido Perris. (*Bull. mensuel des renseignements agricoles et des maladies des plantes*, XII, nº 9, Sept. 1921, pp. 1137/1154; ill.)

(Agriculture; Économie rurale; Acclimatation.)

B. W. Skvortzow.

— Notes on the agriculture, botany and zoology of China. — B. W. Skvortzow (*Journ. N. C. B. R. As. Soc.*, L, 1919, pp. 49/107; LI, pp. 135/158; LII, p. 111; LIII, 1922, pp. 189/195; fig.)

Voir LII, pp. 104/111, *Bibliography of the Botany, Zoology and Rural Economy of Manchuria.*

— The Water Plant Euryale ferox as a product of the Chinese. (*Journ. of the Rur. Econ. in N. Manchuria*, no. 1/2. 1919.)

— The edible honey-suckle of Manchuria. (*Ibid.*)

— On some Plants employed by the Chinese in Manchuria for various handworks. (*Ibid.*)

— The Garden Beans of Manchuria and North China and their Origin. (*Ibid.*, no. 1/2, 3/4.)

— The Varieties of Kao liang and Barley in Manchuria. (*Ibid.*, no. 3/4, 1919.)

— The value of the horse-tail in China. (*Ibid.*)

— Freshwater algae, used as food in China. (*Ibid.*)

— The Awakening of vegetation at Harbin in 1918. (*Ibid.*, no. 5/9.)

— On some Plants cultivated in South Manchuria. (*Ibid.*)

— On Agriculture and relating to the waxtrade in China. (*Ibid.*)

— The results of cultivation of some Chinese Plants at Harbin in 1919. (*Ibid.*)

— On some varieties of horn cherries growing in North Manchuria. (*Ibid.*, no. 10/12, 1919.)

— Observations on melliferous Plants in North Manchuria in 1919. (*Ibid.*)

— On the study of Chinese Vegetable Gardening in North Manchuria, 1 part with 1 plate. (*Ibid.*, no. 1/4, 1920.)

— The Awakening and Growth of the Vegetation at Harbin in 1919. (*Ibid.*)

— Varieties of Wheat growing in 1919 on the experimental station of the Manch. Rus. Econ. Sc. (*Ibid.*)

— Experiments on the cultivation of the forage plants *Symphytum asperimum* at Harbin. (*Ibid.*)

— Weed Grass of North Manchuria and their forage qualities. (*Ibid.*)

— Apricots and Apricot Gardens at Harbin. (*Vestnik Manchuru*, no. 8, 1920.)

— On the Chinese Fruit Orchards at Ashiho. (*Ibid.*, no. 11, 1920).

— Silk Worm Culture in Manchuria and in the Russian Far East. (*Ibid.*, no. 161, 1919.)

— Vegetable Marrows and their cultivation by the Chinese in North Manchuria. (*Journal Primorski Hosiaen*, no. 1, 1920, Vladivostok.)

— The Chinese Millet *Pai-tzu*, their varieties and their cultivation in the Far East. (*Ibid.*, 1920.)

— Poppy Culture in North Manchuria. (*Russki Golos*, no. 41, 1920, Harbin.)

— Forage Plants of Manchuria and the Russian Far East and the Russian Chinese Dictionary of forage plants and products. (Mongolian exped. Material relating to the report 1915—1918, vol. XI, applic. IV, Shanghai, 1920.)

∴

— Cotton. — Insect Problems of China. Nanking College Agriculture, 1921.

— An Agricultural Explorer in China. By David Fairchild. (*Asia*, Jan. 1921, pp. 7/13; ill.)

— * The Economic History of China with Special Reference to Agriculture. By Mabel Ting-hua Lee, Ph. D., New York. Columbia University.

Notice : *Journ. N. C. B. R. As. Soc.*, LIII, 1922, pp. 261/263. By D. M. G.

— * Education and Chinese Agriculture : Kenyon L. Butterfield LL. D. Shanghai, China Christian Educational Association, 1922, pp. 62.

— Le « Zizania latifolia » Turcz. légume cultivé en Asie Orientale. Par Mlle A. Camus. (*Revue Botanique appliquée*, 30 sept. 1922. pp. 465/470.)

Canne a sucre, *Holcus saccharatus* et *Sorghum saccharatum*, *Kantché* 甘蔗.

Col. 1505/1506.

— La canne à sucre de Chine ou sorgho sucré. Par Leon de Roussen, Propriétaire-Agriculteur. (*Revue Cultures Coloniales*, VII, 1900, pp. 570 574; 663/666.)

Extr. du *Bull. Agricole d'Algérie et de Tunisie*, no 4.

— Réau, Vice-Consul. — L'industrie et le commerce du sucre à Hongkong. (*Bull. écon. Indochine*, 1903, pp. 527/537.)

— H. Brenier. — La production et le commerce du sucre en Extrême-Orient. (*Ibid.*, pp. 538/558.)

— Swatow Sugar Industry. By E. C. Hanson, American Consul. (*Lond. & China Express*, Sept. 14, 1915.)

— Les développements de l'industrie sucrière à Formose. Par A. V. (*Bull. écon. Indochine*, n° 144, Sept.-Oct. 1920, p. 706.)

Board of Trade Journal. (*Lond. & China Express*, Juin 1920.)

— L'industrie du sucre en Chine. — *Bull. commercial d'Extrême-Orient*, Avril 1921. (*Bull. écon. Indochine*, n° 148, Mai-Juin 1921. p. 349.)

— L'industrie du sucre en Chine. (*La Chine*, 15 juillet 1922, pp. 1087/1090.)

Extr. de l'*Echo de Chine*, 4 juillet 1922.

CHINA GRASS.

Col. 1506/1509.

— Ramie ou ortie de Chine. (*Revue mar. et colon.*, XLI, Juin 1874, pp. 905/906.)

— La production de fibre de ramie en Chine. (*Bull. écon. Indochine*, n° 122, Nov.-Déc. 1916, p. 812.)

— Production de la ramie en Chine. (*Ibid.*, n° 124, 1917, p. 267.)

Tiré du rapport de M. H. King, consul d'Angleterre à Kiukiang dans *Tropical Life*, n° 2, Février 1917.

— Ramie et fibres textiles en Chine. Par Ch. Ch. (*Bull. écon. Indochine*, n° 136, 1919, p. 488.)

— Ramie ordinaire et ramie de Chine. Par A. V. (*Ibid.*, n° 142, Mai-Juin 1920, p. 439.)

Far Eastern Review, Février 1920.

— Production et emplois d'une variété de ramie de Chine. (*Bull. écon. Indochine*, n° 142, Mai-Juin 1920, pp. 441/442.)

Lond. & China Express, n° 2951, Février 1920.

SOIERIES. — CULTURE DU MURIER. — VERS A SOIE.

— * Count Dandolo. — The Art of Rearing Silk Worms, with front. and 2 plates. London, 1825, in-8, pp. XXIV-364.

— * J. d'Homergue. — The Silk Culturist's Manual, or a Treatise on Planting and Cultivation of Mulbery Trees, Rearing of Silk Worms, &c., with a plate. Philadelphia, 1839, in-8, pp. XXXVI-408.

— Note sur la soie sauvage dans l'île de Hai-nan. Par XXX. (*Revue indo-chinoise*, 15 juin 1908, pp. 808/812.)

— Les soies sauvages du Seu-tchouan et du Kouei-tcheou. (*Bull. Com. Asie franç.*, Juillet 1909, pp. 306/307.)

D'après les renseignements de M. A. Bodard, gérant du vice consulat de France à Tchong-King.

— Le ministère de l'agriculture, du travail et du commerce adresse à toutes les provinces l'ordre de planter de l'indigo et d'élever des vers à soie (Pékin). (*Bull. Assoc. amic. franco-chinoise*, Juillet 1909, pp. 404/405.)

Du *Houei Pao*, 17 mars 1909.

— Le marché de la soie en Chine. (*Revue indo-chinoise*, Juin 1910, pp. 568/570.)

Tableaux des exportations pendant la saison 1909—1910, de l'*Union des Exportateurs de soie de Shanghai*.

— Récentes informations concernant les vers à soie (Tcho-Kiang). (*Bull. Assoc. amic. franco-chinoise*, Oct. 1910, p. 413, [chiffrée par erreur 414].)

Extr. du *Houei Pao*, 21 juin 1910.

(SOIERIES. — CULTURE DU MURIER. — VERS A SOIE.)

— La soie en Extrême-Orient. Introduction en Europe. — Etymologie. Par V. C. (*Bull. Assoc. amic. franco-chinoise*, Oct. 1910, pp. 409/412.)

V. C. = Victor Collin [de Plancy].

— Guide pour l'élevage des vers à soie sauvages par Tch'ang-ngen Préfet de Li-p'ing-fou (Kouei-tcheou). Traduit du chinois par M. Victor Collin. in-8, pp. 29.

Extr. du *Bull. de l'Assoc. amic. franco-chinoise*, vol. V, n° 1, Janvier 1913.

— O. von Falke. — Chinesische Seidenstoffe des XIV. Jahrhunderts und ihre Bedeutung für die Seidenkunst Italiens. (*Jahrb. Kunstsamml.*, Berlin, XXXIII, 1912, pp. 176/192).

— * Otto v. Falke. — Kunstgeschichte der Seidenweberei. Ernst Wasmuth, Berlin 1913, in-4, pp. 128, 212 Abb.: 147, 400 Abb.

I. 87 ff. Chinesische Seidenstoffe persischen Stils. — II. 50 ff. Chinesische Seidenstoffe des 14. Jahrhunderts. — III. 69 ff. Der chinesische Einfluß in Italien.

— L'élevage des vers à soie dans la vallée du Yalong (Kien tchang, Chine occidentale). Par A. F. Legendre, Médecin-Major des troupes coloniales, chargé de mission en Chine. (*Bull. écon. Indochine*, N° 100, Janvier-Février 1913, pp. 80/105.)

— La Production de la soie en 1912. (*Bull. écon. Indochine*, n° 103, Juillet-Août 1913, pp. 765/766.)

Extr. du *Bull. des soies et soieries*.

— Les exportations de soies de Canton pendant l'année 1912—1913. Par Reynaud, Interprète chancelier du Consulat de France à Canton. (*Bull. écon. Indochine*, n° 105, Nov.-Déc. 1913, pp. 1115/1124.)

— China 1912. Von Dr. G. Endrisz. (*Deutsche Rundschau f. Geogr. u. Stat.*, XXXVI, 1913—1914, p. 91.)

D'après le rapport de la *Niederl. Handels-Ges.*

— La production de la fabrique lyonnaise en 1914. (*Bull. écon. Indochine*, n° 114, Juillet-Août 1915, pp. 587/591.)

Extr. du *Bull. des soies et des soieries* du 10 juillet 1915.

— La récolte des Soies en Chine (Saison 1914—1915). (*Bull. écon. Indochine*, n° 114, Juillet-Août 1915, pp. 591/592.)

— L'industrie de la soie pendant la guerre. Par P. Vergne. (*Ibid.*, n° 117, Janvier-Février 1916, pp. 119/121.)

Extr. de la *Réforme économique*

— Zur Geschichte der Seidenweberei in Ostasien. Von Curt Glaser. (*Ostasiat. Zeit.*, IV. Jhrg., Jan.-März 1916, pp. 248/265.)

— La production et la consommation de la soie. Par Maurice Zimmermann, Chargé du cours de géographie à l'Université de Lyon. (*Bull. écon. Indochine*, n° 121, Sept.-Oct. 1916, pp. 654/658.)

Voir *Annales de Géographie*, n° 135, Mai 1916.

— Le développement des glandes des vers à soie par rapport à leur rendement. (*Bull. écon. Indochine*, n° 121, Sept.-Oct. 1916, pp. 658/661.)

Voir *Bull. des soies et des soieries*, n° 2046, Août 1916.

— * H. J. Lulofs. — De Oudheid over zijde en China. (*Tijdschr. v. Econ. Geogr.*, Hang, 8ste Jg., n° 9, 5 Sept. 1917, pp. 280/292.)

— La saison des soies en Chine (1916—1917). (*Bull. écon. Indochine*, n° 126, 1917, pp. 551/553.)

(SOIERIES. — CULTURE DU MURIER. — VERS A SOIE.)

— * Silk-Our strongest Oriental Tie. The new demand here stimulating search for broader Production Fields. By George A. Brakeley. (*Asia,* April 1917, pp. 110/116; ill.)

— * Economics of the Silk Industry : A Study in Industrial Organization. By Ratan C. Rawlley, M. A., M. Sc., London : P. S. King & Son. 1919, pp. xvi-349.

Notice : *Journ. Roy. As. Soc.*, Oct. 1920, pp. 620/622. By H. B. M.

— Les exportations des soies grèges de Canton en 1917. (*Bull. écon. Indochine,* n° 128, 1918, pp. 149/150.)

Bull. des soies et des soieries, n° 2102, Sept. 1917.

— Le marché des soies à Canton en 1917—1918. (*Bull. écon. Indochine,* n° 131, 1918, pp. 723/724.)

Bull. Chambre Commerce franç. de Canton, n° 4, Janvier 1918.

— Amélioration de la sériciculture en Chine. Par P. Vieil. (*Bull. écon. Indochine,* n° 133, 1918, pp. 1126—1128.)

— Projet d'essai pour améliorer la sériciculture dans le Kwong-Tung. Par P. Vieil. (*Ibid.*, n° 134, 1919, pp. 109/111.)

Bull. commerc. Extr.-Orient, n° 5, Janvier 1919.

— L'industrie de la soie. Par P. de Comny. (*Bull. écon. Indochine,* n° 138, 1919, pp. 790/792.)

La Réforme économique, n° 16, Août 1919.

— L'avenir des soies de Chine serait-il menacé? (*Revue indochinoise,* Janvier-Février 1920, pp. 167/168.)

De l'*Echo de Chine.*

— Le développement de la sériciculture en Corée. (*Bull. écon. Indochine,* n° 141, Mars-Avril 1920, p. 284.)

Bull. des soies et des soieries, n° 2225, Janvier 1920, p. 4.

— La récolte de cocons sauvages en Mandchourie. Par A. V. (*Bull. écon. Indochine,* n° 142, Mai-Juin 1920, p. 440.)

Board of Trade Journal, n° 1214, Mars 1920.

— La production de la soie dans le monde en 1919. (*Bull. écon. Indochine,* n° 143, Juillet-Août 1920, pp. 564/565.)

Bull. des soies et des soieries, n° 2246, Juin 1920.

— Le marché des soies en 1919. — *Extrait du Compte rendu des travaux de la Chambre de commerce de Lyon en 1919.* (*Bull. écon. Indochine,* n° 147, Mars-Avril 1921, pp. 212/217.)

— Amélioration de la sériciculture dans la région de Shanghai. Par J. Knight, Attaché commercial pour l'Extrême-Orient, membre du Comité de la Chambre de commerce française de Chine. (*Ibid.*, n° 148, Mai-Juin 1921, pp. 268/272.)

— * Perfectionnement de la sériciculture en Chine. (*Eveil écon. de l'Indochine,* n° 207, 1921.)

— Rapport du Comité international pour l'amélioration de la sériciculture en Chine. Par P. Vieil, Inspecteur de 1ère classe des Services agricoles de l'Indochine, Président du Comité pour l'amélioration de la sériciculture en Chine. (*Bull. écon. Indochine,* n° 148, Mai-Juin 1921, pp. 273/285; fig.)

— P. Vieil. — Rapport du Comité international pour l'amélioration de la sériciculture en Chine pour 1921. (*Ibid.*, Juillet-Août 1921, pp. 441/462.)

— * Sericulture (a translation from the Chinese). By Professor Gist Gee. M. A.

— * G. S. Boulger. — The History of Silk (U. S.) 1920.

BLÉ

— Aardrijkskundige Verbreiding en productie van den Tarwebouw door H. Zondervan. (*Tijdsch. v. het Kon. Ned. Aardrijksk. Genootsch.*, 1917, no. 1, pp. 54/78.)

— Les minoteries en Chine (*Y. L. Chang*). (*Bull. écon. Indochine,* n° 134, 1919, p. 113.)

Echo de Chine, n° 4, Janvier 1919.

— * A. W. Chernih. — The Export of North Manchurian Wheat. (*Bull. of the Depart. of Agriculture,* no. 5/6, Omsk.)

Skvortzow.

— — * Flour Mill Industry in China. (*Finance, Industry and Trade News,* no. 6, 1919, Omsk.)

Skvortzow.

— — Local Manchurian Cereals. (*Bull. of the Depart. of Agriculture,* no. 14/15, 1919, Omsk.)

Skvortzow.

RIZ 稻子 *Tao tseu.*

Col. 1526/1527.

— La Culture du Riz en Chine. Par Jacques Hardy et Charles Lenormand. (*A travers le Monde,* XII, 1906, pp. 141/142; ill.)

— La Question du riz, du maïs et des richesses minières. (*Ibid.*, XVII, 1911, p. 192.)

— Notes sur la riziculture en Italie en Espagne, en Portugal, en Egypte, etc. par M. Lam-Quan-tru Diplômé de l'Ecole d'Agriculture coloniale de Tunis. Paris, Imprimerie de la Cour d'Appel L. Maretheux, Directeur . . . . — 1914, in-8, pp. 69 + 1 p. n. ch. tab. + 25 pl.

La sélection du riz en Extrême-Orient, pp. 57/65. Par Ph. de Vilmorin.

— Un perforateur du Riz — Schoenobius incertellus WLK [Itten-O-Meiga]. Traduction de M. J. Lan, Ingénieur agricole, Chef des Services agricoles et commerciaux de l'Annam. (*Bull. écon. Indochine,* n° 131, 1918, pp. 533/590; planches; *ibid.*, n° 132, pp. 885/954; pl. et tableaux; *ibid.*, n° 133, pp. 1033/1104; pl. et table des matières.)

Par M. Tokuichi-Shiraki, entomologiste japonais. Formose.

— * Culture du riz à Formose. (*Moniteur d'Indochine,* 1921, Avril.)

Revue indo-chinoise, Juillet-Août 1921.

CIRE VÉGÉTALE.

Col. 1527/1529.

— Choses de Chine. Une nouvelle cire blanche. (*Revue indochinoise,* 15 février 1908, p. 233.)

— Chinese Vegetable tallow [*Stillingia*

sebifera]. London, *Journ. R. Soc. Arts*, LIII, 1908.

— La Cire de Chine, succédané de la Cire d'abeilles. Par H. L. (*A travers le Monde*, XVIII, 1912, p. 360.)
Pe-la.

VERT DE CHINE.

Col. 1529.

— Chambre de Commerce de Lyon. — Rapport sur le Vert de Chine, par M. A.-F. Michel, Membre de la Chambre. — Imprimé par ordre de la Chambre. — Lyon, Imprimerie de Barret, Grande rue Longue, 27. — 1856, in-8, pp. 19

Coton 棉花.

Col. 1530/1531.

— Les filatures de coton en Chine [Rapport de M. R. M. Odell, agent commercial des Etats-Unis à Shanghai]. (*Bull. écon. Indochine*, n° 115, Sept.-Oct. 1915, pp. 760/761.)
Extrait de «La Politique de Pékin».

— Les filatures de coton en Chine. (*Bull. Soc. Géogr. comm.*, Juillet 1908, pp. 492/494.)
D'après le *Bull. écon. Indochine.*

— Le marché des cotons en Extrême-Orient pendant l'année 1915. (*Bull. écon. Indochine*, n° 121, Sept.-Oct. 1916, pp. 666/667.)
Du *Bull. commerc. d'Extr.-Orient*, n° 10, Août 1916.

— Les Etats-Unis et l'industrie cotonnière chinoise. (*Bull. écon. Indochine*, n° 121, Sept.-Oct. 1916, pp. 667/668.)
Du *Bull. commerc. d'Extr.-Orient*, n° 1, Sept. 1916.

— La culture du coton en Chine. (*Bull. écon. Indochine.* n° 128, 1918, pp. 133/146.)

Tiré du *Bull. commerc. d'Extr.-Orient*, nos 1 à 4, Sept.-Déc. 1917.

— Le développement de la culture du coton en Corée. (*Bull. écon. Indochine*, n° 129, 1918, p. 320.)

— L'industrie cotonnière en Chine. (*Bull. écon. Indochine*, n° 130, 1918, pp. 493/494.)
Art. du *N. Ch. Herald*, dans *The Agricultural Journal of India*, v. XII, Pt. IV, pp. 658/661, Calcutta, Oct. 1917.

— Le développement de la culture du coton en Corée. (*Bull. écon. Indochine*, n° 134, 1919, p. 105.)
Explorateur français, n° 122, Nov. 1918.

— Le coton en Chine. (*Bull. écon. Indochine*, n° 134, 1919, pp. 105/106.)
Bull. commerc. Extr.-Orient, n° 2, Oct. 1918.

— A. D. — De Katoenproductie van China. (*De Indische Mercuur*, Nov. 1918.)

— — China's Katoenbouw, spin- en weesindustrie. (*Ibid.*, Jan. 1919.)

— Plantes et produits filamenteux et textiles de l'Indochine. Par Ch. Crevost, Inspecteur des Services agricoles et commerciaux, Directeur-Conservateur du Musée agricole et commercial de Hanoï, et Ch. Lemarié, Ingénieur-Agronome, Directeur des Services agricoles et commerciaux du Tonkin, lauréat de la Société Nationale d'Acclimatation. (*Bull. écon. Indochine*, n° 136, 1919, pp. 365/401; n° 137, pp. 553/591; n° 138, pp. 675/709; n° 139, pp. 813/837, pl., fig. et phot.)
Le coton en Extrême-Orient.

— Le développement de la culture du coton en Corée. (*Bull. écon. Indochine*, Janvier-Février 1920, n° 140, pp. 116/117.)
De l'*Océanie française*, n° 49, Sept.-Déc. 1919, p. 96.

— * Essais de culture du cotonnier américain en Chine — Maynard L., dans *Commerce Reports*, n° 164, p. 165. Washington, 1918.
Notice : *Bull. écon. Indochine*, n° 140, Janvier-Février 1920, pp. 124/125.
Bull. Mensuel des renseignements agricoles et des maladies des plantes, n° 5, Mai 1919, p. 608.

— La récolte du coton en Chine pour 1919. (*Bull. écon. Indochine*, n° 142, Mai-Juin 1920, p. 440.)
Board of Trade Journal, n° 1214, Mars 1920.

— La culture du coton dans le Anhwei — *Bull. commerc. d'Extr.-Orient*, Avril 1921. (*Bull. écon. Indochine*, n° 148, Mai-Juin 1921, p. 349.)

LAINE.

— La laine au Shantung. (*Ibid.*, Sept.-Oct. 1921, p. 658.)
D'après l'*Echo de Chine*, XXXIII, n° 2, 8 oct. 1921, p. 104.

Camphre 潮腦 *Tch'ao-nao* ou 樟腦 *Tchang-nao*, Camphrier, *Camphora officinarum, Laurus camphora.*

Col. 1531.

— R. B. — Le Camphre en Extrême-Orient. (*Bull. écon. Indochine*, 1900, pp. 731/737.)
D'après le *Tropical Agriculturist*, etc.

— L'industrie du camphre à Formose. Par R. K. (*Revue indochinoise*, 15 mars 1908, pp. 343/354.)

— Le camphre en Chine. (*Ibid.*, 15 juillet 1908, p. 70.)
D'après *Hong Kong Daily Press.*

— La production du camphre à Formose. (*Revue indochinoise*, Mai 1909, pp. 508/509.)

— La fabrication du camphre à Formose. (*Bull. Soc. Géogr. Est*, XXXI, 1910, pp. 78/79.)
Du *Japan Times.*

— Camphre à Formose. (*Bull. écon. Indochine*, n° 136, 1919, p. 491.)

— * Etat actuel de la production du camphre, essais de culture du camphrier. — Cayla V. dans l'*Agronomie coloniale, Bulletin mensuel du Jardin Colonial*, nouv. sér., an. IV, 1919–1920, n° 28, pp. 79/109 + 1 pl. hors texte. Paris, Janv.-Févr. 1920.
Notice : *Bull. écon. Indochine*, n° 143, Juillet-Août 1920, pp. 569/572.

— Le camphre à Formose. (*Asie française*, Février 1921, pp. 75/76.)

— La production du camphre à Formose. (*Bull. écon. Indochine*, n° 140, Janvier-Février 1920, pp. 118/119.)
Le Caoutchouc et la Gutta-Percha, n° 189, Nov. 1919, p. 10671.

— Le camphre à Formose. (*Asie française*, Déc. 1920, p. 431.)

— Les arbres producteurs de camphre. Par M. Aug. Chevalier. (*Rev. bot. appliquée*, 15 mai 1921, pp. 12/21.)
Chine, pp. 14/16.

— La production du camphre. (*Asie française*, Juillet-Août 1921, p. 332.)

— Ch. Crevost et F. de Fénis. — Le Camphrier au Tonkin. (*Bull. écon. de l'Indochine*, Juillet-Août 1921, pp. 367/427.)

Chou du Chan-Toung, *Brassica chinensis*, Linn., *Pe ts'aï* 白菜.

Col. 1531/1532.

— Présentation du Pé-sai [sic] ou Chou de Chine. (*Brassica chinensis* L.) par M. D. Bois Assistant de la chaire de culture. — Extrait du *Bulletin du Museum d'histoire naturelle*. — 1904, n° 7, p. 512. — Paris, Imprimerie nationale, MDCCCCV, in-8, pp. 2.

— D. Bois. — Le Pé-tsai ou Chou de Chine. (*Bull. écon. Indochine*, 1905, pp. 163/165.)

D'après le *Bulletin du Muséum d'Histoire naturelle*, n° 7. 1904.)

BOIS.

Col. 1532.

— * Chinese Forest Trees and Timber Supply. By Norman Shaw, B. A. London: T. Fisher Unwin. 1915. Map and Illustrations, in-8, pp. 351.

Notices : *Geogr. Journal*, Oct. 1916, pp. 305/306. — *Journ. N. C. B. R. As. Soc.*, XLVI, 1915, p. 143, by F. S. A. B. — *Lond. & China Express*, May 7, 1915.

— * The Industrial and Social Importance of Forestry in China. By Forsythe Sherfesee. Privately printed in Peking 1916.

Notice : *Journ. N. C. B. R. As. Soc.*, vol. XLVIII, 1917, pp. 211/212. By A. S.

— New Homes for China's Millions. The Modern Chinese Forestry Service is about to transform abandoned Barren Lands into Tree Nursery Homesteads for those of Cathay's Overcrowded Millions Who are Ready to Start a New Generation of Forest Planters. By Gertrude Emerson and Elsie F. Weil. (*Asia*, 1917, pp. 25/29; ill.)

— * H. H. Chapman. — Forests and floods in China. Ill. (*Amer. Forestry*, no. 302, vol. 25, Washington 1919, February, pp. 835/843.)

— * M. K. Gordieew. — The Forests of the large Hingan Mountains. (*Bull. of the Chinese Eastern Railway*, Harbin, 1920.)

Skvortzow.

— * Ryozō Kanehira. — Anatomical Characters and Identification of Formosan Woods with Critical Remarks from the Climatic Point of View. 2 and 317 pp.; diagr., ills., bibliogr., index. Bureau of Productive Industries, Taikoku, Formosa, 1921.

Notice : *Geographical Review*, vol. XII, January 1922, pp. 152/153, By Samuel J. Record.

SOYA.

Col. 1533.

— Le Soja, sa culture, sa composition, son emploi en médecine et dans l'alimentation, par M. Bloch. (*Ann. d'hyg. et de méd. colon.*, XI, 1908, pp. 85/122.)

Avec une bibliographie.

— Fabrication de l'huile et du tourteau de fève Soja. (*Revue indo-chinoise*, Oct. 1909, pp. 1046/1047.)

— Le Soja. (*Bull. Assoc. amic. franco-chinoise*, II, Janvier 1910, pp. 62/64.)

— J. H. Holland. — Soy beans [from *Proc. Linn. Soc.*]. (London, *J. R. Soc. Arts*, LVIII, 1910, 519. — *Pharm. Journ.*, London [Ser. 4], XXX, 1910, pp. 515/516.)

— Henri Labbé. — Le Soja et ses usages. (*Revue Scientifique*, 11 février 1911, pp. 171/176.)

— Le Soja. (*A travers le Monde*, XVII, 1911, p. 48.)

— Le Haricot Soja ou Fève de Mandchourie. Par H. L. (*Ibid.*, p. 288.)

— * The Soya Bean of Manchuria, China (Imperial Maritime Customs). II. Special Series no. 31. Shanghaï, 1911, in-4, pp. 32 avec ill. et carte.

— Le lait de Soja, sa fabrication et ses propriétés. (*A travers le Monde*, XVIII, 1912, p. 80.)

— * Li Yu-ying et L. Grandvoinnet. Le Soja, Paris, 1912.

— * A. Eggenberg. — « Soya », or the Chinese pea. (Journal *Primorki Hosiaen*, no. 7, 1913, Vladivostok.)

Skvortzow.

— * (C. V.) Piper. — The name of the Soy bean : a Chapter in its Botanical History. (Le nom du Soja.) *Journal of the American Society of Agronomy*, VI (1914), pp. 75/84.

Notice : *Rev. botanique appliquée*, 30 septembre 1922, pp. 535/536. Par A. Guillaumin.

— Une légumineuse alimentaire chinoise. Le Soja. (*Asie française*, Mai 1914, pp. 196/198.)

— Les exportations du Soja en Mandchourie. (*Bull. écon. Indochine*, n° 115. Sept.-Oct 1915, p. 773.)

De l'*Echo de Chine*.

— Note au sujet du tourteau de Soja employé à Swatow comme engrais. Par L. Eynard, Vice-consul de France à Swatow. (*Bull. écon. Indochine*, n° 130, 1918, pp. 475/476.)

— * L. Rouest. — Le Soja et son lait végétal, applications agricoles et industrielles (*Bibliothèque de technique agricole moderne*), Paris, Librairie des Sciences agricoles et chez l'auteur, à Luxey (Landes), 1921. 1 vol. gr. in-8, pp. 157 et 8 fig.

Notice : *Rev. botanique appliquée*, 30 janvier 1922, pp. 34/37. Par A. Ch.

— * (E. S.) Kinney and (G.) Roberts. — Soybeans (Sojas): Kentucky Agricult. Expt. *Bull.* 232, Lexington (Ky), 1921. 1 br. pp. 34.

Notice : *Rev. botanique appliquée*, 30 juin 1922, pp. 306/307. Par A. K.

— L'exportation du Soja entre 1912—1919. — *Bull. commerc. d'Extr.-Orient*, Avril 1921. (*Bull. écon. Indochine*, n° 148, Mai-Juin 1921, p. 348.)

— Dr Chauveau. — L'exportation du Soja de Chine. (*Moniteur d'Indochine*, Avril 1921.)

Revue indo-chinoise, Juillet-Août 1921.

— La production du Soja en Mandchourie par Aug. Chevalier. (*Rev. Botanique appliquée*, 31 mars 1922, pp. 113/115.)

— Les variétés de Soya d'Extrême-Orient Origine probable du Soya. Par A. Guillaumin, Assistant du Service de Culture au Muséum d'histoire naturelle. (*Ibid.*, 30 juin 1922, pp. 254/258.)

BANANES.

— Le *Musa Sinensis* et le transport des bananes. [Par M. Ch. Rivière.] (*Rev. Cultures Coloniales*, X, 1902, pp. 7/9.)

— Le bananier de Chine en Algérie et en Tunisie. [Par M. Ch. Rivière.] (*Ibid.*, XIV, 1904, pp. 49/52.)

— Le bananier en Chine. (*Bull. écon. Indochine*, Mai-Juin 1922, p. 361.)

D'après Aug. Chevalier et Proschowsky dans la *Rev. botanique appliquée*, n° 10, 1922.

CANARDS.

Col. 1533.

— L'élevage des canards. Par S. Bizeul, S. J. (*Rel. de Chine*, Kiang-nan, Avril 1911, pp. 116/118.)

PORC.

— L'exportation du Porc chinois. Par Louis Serve. (*A travers le Monde*, XVI, 1910, p. 127.)

MOUTONS.

Col. 1533.

— La race ovine du Yunnan. Par A. Hallot, Vétérinaire-Inspecteur de 2e classe du Service des Epizooties du Tonkin. (*Bull. écon. de l'Indochine*, n° 112, Mars-Avril 1915, pp. 165/181.)

— L'élevage du mouton en Corée par Ch. Chenet. (*Ibid.*, n° 134, 1919, pp. 117/118.)

(Bananes. — Canards. — Porc. — Moutons.)

APICULTURE.

— L'apiculture en Asie Centrale. Par J. Halévy. (*Journ. Asiatique*, Mai-Juin 1913, pp. 720/721.)

—* T. P. Beloousov. —The Statistical Report on Apiculture in Manchuria in 1916—1917. (*Journ. The Rur. Econ. in N Manchuria*, no. 1-2, 1918.)

Skvortzow.

HORTICULTURE.

Col. 1534.

— Plan général d'un jardin chinois et habitation, exécutés à 45 lieues de la ville de Pekin, appartenant à un Mandarin, levé et dessiné par M. Stornberg, jardinier, qui est resté dans ces contrées plusieurs années.

Pl. 95 et 96 de la seconde partie, 1810, de l'ouvrage de Krafft :

— Plans des plus beaux jardins pittoresques de France, d'Angleterre et d'Allemagne, et des edifices, monumens, fabriques, etc., qui concourrent à leur embellissement, dans tous les genres d'architecture, tels que chinois, égyptien, anglois, arabe, moresque, etc. Dédiés aux Architectes et aux Amateurs. Par J. Ch. Krafft, Architecte, Dessinateur . . . . Paris, de l'Imprimerie de Levrault, rue Mézières, n° 8, 1809, in-4 oblong.

Titre et texte en anglais, en français et en allemand.

— * F. Bourne. — Gardening in Shanghai, 1916.

PISCICULTURE.

Col. 1535/1538.

— Note sur la pisciculture en Chine. Par P. Dabry, Consul de France à Han-Keou (Chine). (*Rev. mar. et col.*, X, Février 1864, pp. 243/252.)

Mémoire présenté à la Société impériale zoologique d'acclimatation, dans sa séance du 28 août 1863, et publié dans le n° de Septembre du *Bulletin*.

— La pisciculture et la pêche en Chine. (*Rev. mar. et col.*, XXXIV, Août 1872, pp. 290/291.)

Extr. de l'ouvrage de Dabry de Thiersant.

— Pol Korrigan. — Causerie sur la Pêche fluviale en Chine. Chang-hai, Imprimerie de la Mission catholique à l'Orphelinat de T'ou-sè-wè, 1909, in-8, pp. 137 ; ill.

— Das chinesische Fischereiwesen. Von Leopold Katscher in Bern. (*Deutsche Rundschau f. Geogr. u. Stat.*, XXXII, 1909—1910, pp. 350/355, 507/510.)

— La pisciculture en Chine. (*Rel. de Chine*, Kiang-nan, Juillet-Oct. 1919, pp. 245/249.)

— The Ningpo Fisheries by C. A. S. Williams Acting Assistant Chinese Secretary, Inspectorate General of Customs, Peking.

(Apiculture. — Horticulture. — Pisciculture.)

(*New China Review*, I, August 1919. pp. 385/388.)

— * Fishing from the Earliest Times, by William Radcliffe. (John Murray, London, 1921.)

Notice : *New China Review*, III, Dec. 1921, pp. 475/476.

Industries diverses.

DIVERS.

Col. 1538/1541, 3149.

Col. 1539.

— Industries anciennes et modernes de l'Empire chinois par M. Stanislas Julien... 1869.

La pl. 7 manque dans tous les exemplaires.

— Utilisation du gaz des houillères en Chine et aux Etats-Unis. (*Bull. Soc. Géogr. Rochefort*, tome XII, 1890—1891, pp. 247/251.)

- L'Industrie Chinoise sur les bords du Yang-Tsé. (*A travers le Monde*, III, 1897, pp. 69/71 ; ill. et carte.)

— China. Its History Arts and Literature by Captain F. Brinkley. Keramic Art Illustrated. London, T. C. & E. C. Jack, 1904, in-8, pp. IX-426.

Forme le Vol. IX de *Japan and China. Their History Arts and Literature*.

— Tien-tsin Mud Figures. By J. Edge-Partington. (*Man*, IV, 1904, no. 47, p. 74.)

— L'industrie du sel en Chine. Par J. C. (*Revue indo-chinoise*, 15 juillet 1906, pp. 1078/1079.)

Du *Hongkong Press*.

— L'organisation industrielle en Chine. D'après le Rangoon Gazette par V. F. (*Revue indo-chinoise*, 15 février 1906, p. 229.)

— Les petits Métiers chinois. Par le Dr P. Richard. (*A travers le Monde*, XII, 1906, pp. 25/28 ; ill.)

— Chinese Methods of cutting hard stones. By W. L. Hildburgh. (*Journ. Roy. Anthrop. Inst.*, XXXVII, 1907, January to June, pp. 189/195.)

— L'ouvrier en Chine. Par S. B[izeul]. (*Rel. de Chine*, Kiang-nan, Janvier-Avril 1908, pp. 40/46.)

- Progrès réalisés dans le monde industriel. (*Houa Siuan sin pao.*) Par A. V[issière]. (*Revue indo-chinoise*, 15—30 sept. 1908, pp. 445/446.)

Bull. Association franco-chinoise.

— Les surintendances de l'industrie. (*Revue indo-chinoise*, Mai 1909, pp. 506/507.)

— L'evolution industrielle de la Chine. Par Daniel Bellet. (*Rev. Sciences Politiques*, Nov.-Déc. 1911, pp. 869/895.)

— La distillation. Par Sévère Bizeul S. J. (*Rel. de Chine*, Kiang-nan, Avril 1910, pp. 550/554 ; fig.)

— Fl. de Pr. — Distillerie en Chine (Mongolie orientale). (*La Chine*, 15 juillet 1922, pp. 1027/1033.)

— Die Industrialisierung Chinas. Von Waldemar Koch, Dr.-Ing., Dr. phil. Berlin, Julius Springer, 1910, in-8, pp. 86.

— Métiers chinois. — Maçons et Maçonnerie. Par S. Bizeul S. J. (*Rel. de Chine*, Kiang-nan, Avril 1911, pp. 90/101.)

— Importation de ciments à Swatow en 1911, 1912 et pendant le premier trimestre de 1913. Par H. Féer. (*Bull. écon. Indochine*, no 103, Juillet-Août 1913, pp. 777/778.)

— Le développement industriel de la Chine. (*Bull. Soc. Géog. Toulouse*, XXXe année, 1911, pp. 235/236.)

— Le développement industriel de la Chine. (*Bull. Soc. Géog. Est*, XXXII, 1911, pp. 288/289.)

Board of Trade Journal, de Londres.

— Fr. Zarnikó. Nordchinesische Gewerbe, Hausindustrie. (*Asien*, Berlin, XI, 1912, pp. 145/148.)

— Une exposition industrielle chinoise. (*Asie française*, Nov. 1912, pp. 494/495.)

— Le Mouvement industriel en Chine. (*Bull. Soc. Géog. Lyon*, 2e série, 1912, 2e sem., pp. 61/62.)

— * Manchester Art Gallery. — Catalogue of an Exhibition of Chinese Applied Art (Bronzes, Pottery, Porcelains, Jades, Embroideries, Carpets, Enamels, Lacquers, etc.); 16 pl., with Desc. Catalogue and Introduction by W. Burton. 1913, in-4.

— Les entreprises industrielles en Chine Protection des capitaux et capitalistes. (*Bull. écon. Indochine*, no 115, Sept.-Oct. 1915, pp. 767/769.)

— L'industrie chinoise. (*Ibid.*, no 116, Nov.-Déc. 1915, pp. 974/977.)

— L'industrie de la tresse de paille au Chantong. Par P. de P. (*Ibid.*, no 117, Janvier-Février 1916, pp. 126/128.)

Extr. du *Bulletin Commercial d'Extrême-Orient*.

— * Transportation in China. By Sidney J. Powell. (The Engineering Society of China, Session 1915—1916.) Shanghai, etc. : Kelly and Walsh, 1916, pp. 18.

— Die China-Sammlung Dr. Alexander von Frey, Berlin. Von Otto Burchard. (*Ostasiat. Zeit.*, 6. Jhrg., April-Sept. 1917, pp. 23/44.)

— Les soies de porcs en Chine. (*Bull. écon. Indochine*, no 124, 1917, pp. 268/271.)

Bull. comm. Extr.-Orient, no 8, Avril 1917.

— L'industrie des soies de porc en Chine. (*Bull. écon. Indochine*, no 139, 1919, pp. 931/934.)

Brosses pour machines, a commencé à Tientsin ; Hank'eou.

— * Household Industries in Soochow : Elizabeth A. Love.

Notice : *Journ. N. C. B. R. As. Soc.*, XLIX, 1918, pp. 189/190. By N. S.

— * Some Industries of Soochow : E. W. Jones, Ph. D.

Notice : *Journ. N. C. B. R. As. Soc.*, XLIX, 1918, pp. 189/190. By N. S.

— China's Efforts in Modern Industry. By Richard Washburn Child. (*Asia*, Nov. 1918, pp. 962/967 ; ill.)

— Chemical Industry in Kwang-tung province — Yan Tsz Chiu. (*Ibid.*, I, 1919, pp. 133/143.)

— The Enchantment of the Old order. By Alice Tisdale. (*Geographical Review,* VII, 1919, pp. 11/23, 14 photogr.)

— Les desiderata de l'industrie chinoise. (*Asie française*, Février 1921, p. 74.)

— L'industrie des filets de cheveux dans le Chantong. (*Bull. écon. Indochine*, Sept.-Oct. 1921, pp. 656/657.)
D'après le *Bull. financier de l'Indochine*, n° 565, 11 oct. 1921, p. 731.

— * Arts and Art Crafts of Ancient China. By the Literary Department of the American Woman's Club, Shanghai. Printed by the Presbyterian Mission Press, 1921.
Notice : *Journ. N. C. B. R. As. Soc.*, LIII, 1922, pp. 268/270. By F. A.

Berthold Laufer.

— B. Laufer. — Über den Wert der chinesischen Papier-Abklatsche. (*Ostasiat. Zeitsch.*, 2. Jhrg., 3, Okt.-Dez. 1913, pp. 346/347.)

— Optical Lenses. By Berthold Laufer. (*T'oung Pao*, Mai 1915, pp. 169/228, 562/563.)
Notices : *Bull. Ecole fr. Extr.-Orient*, XV, 1915, pp. 41/46, par H. Maspero. — *Journ. N. C. B. R. As. Soc.*, L, 1919, pp. 201/205, par C. B. M.

— Burning-Lenses in India. By B. Laufer. (*T'oung Pao*, Oct. 1915, pp. 562/563.)

— B. Laufer. — Asbestos and Salamander. (*Ibid.*, N. S., XVI [1915], pp. 299/373.)
Notices : *Bull. Ecole fr. Extr.-Orient*, XV, n° 4, 1915, pp. 41/46. Par H. Maspero. — *Journ. N. C. B. R. As. Soc.*, XLIX, 1918, pp. 163/164, by A. S.

— Cardan's Suspension in China. By Berthold Laufer (Extract from the Holmes Anniversary Volume). Washington 1916, gr. in-8, pp. chiff. 288/292, 1 pl.
Notice : *Journ. N. C. B. R. As. Soc.*, L, 1919, pp. 201/205. By C. B. M.

MÉTAUX.

Col. 1541/1542.

— Création d'une usine métallurgique (Wou-tch'ang). (*Bull. Assoc. amicale franco-chinoise*, II, Janvier 1910, p. 66.)
Extr. du *Houei Pao*, 17 juillet 1909.

— Chinese Art Metal work. By Arthur Stanley, M. D., Lond., Curator of the Shanghai Museum. (*Journ. N. C. B. R. As. Soc.*, XLIII, 1912, pp. 63/68 ; planches.)

— Les fonderies de fer et d'acier de Hanyang. (*Bull. écon. Indochine*, n° 122, Nov.-Déc. 1916, pp. 817/818.)
Du Rapport de 1915 de M. Francis A. Carl, commissaire des Douanes chinoises à Hankow.

VERRE.

Col. 1543/1544.

— Projet de création d'une verrerie à Hiang-Tcheou. Par L. Reynaud, Interprète-Chancelier du Consulat de France à Canton. (*Bull. écon. Indochine*, n° 107, Mars-Avril 1914, p. 242.)
Kouang Toung, N. E. de Macao.

(Métaux. — Verre.)

VERNIS.

Col. 1544/1545.

— A ‖ Treatise ‖ of ‖ Japaning ‖ and ‖ Varnishing, ‖ Being a compleat Discovery of those Arts. ‖ With ‖ The best way of making all sorts of Varnish for Japan, Wood, Prints, or Pictures. ‖ The Method of ‖ Guilding, Burnishing, and Lackering, ‖ with the Art of Guilding, Separating, and Refining Metals ‖ and of Painting Mezzo-tinto Prints. ‖ Also Rules for ‖ Counterfeiting Tortoise-shell, and Marble, and for ‖ Staining or Dying Wood, Ivory, and Horn. ‖ Together with ‖ Above an Hundred distinct Patterns for Japan-work, in ‖ Imitation of the Indians, for Tables, Stands, Frames, Cabinets, ‖ Boxes, &c. ‖ Curiously Engraven on 24 large Copper-Plates. ‖ — By George Parker, Varnisher and Japaner. ‖ — Oxford, ‖ Printed for, and sold by the Author, at Mr. Richard Wood's House over against the ‖ Theater in Oxford, in the Year MDCLXXXVIII, in-fol., 3 ff. n. ch. pref., contents + pp. 84 + 24 pl.

— Le Schio-Liao. Par Lhopital, Aide-commissaire de la marine. (*Revue mar. et coloniale*, XXXVII, Avril 1873, pp. 340/341.)
Vernis imperméable.

— Chinese Lacquer. (*Rhus vernicifera,* D.C. ; *Rhus sylvestris,* S. et Z.) (*Kew, Bull. Miscell. Information*, 1904, pp. 7/9.)
Report on some Samples of Chinese Lacquer, by Mr. J. K. Crow. Envoyé par Augustine Henry, Itchang.

— Ouvrages laqués de Chine. Par P. Ducret, Lieutenant-Colonel d'Artillerie coloniale. (*Revue indo-chinoise,* Janvier 1911, pp. 10/17.)

— Egan Mew. — Old Lacquer : some examples of Chinese Work. (*Connoisseur,* London, XXIX, 1911, pp. 161/172 ; XXX, pp. 21/31 ; XXXIII, 1912, pp. 177/188.)

— Idem : some examples of Peking and Soochow carved work. (*Ibid.*, XXXIX, 1914, pp. 98/107.)

— * P. Verneuil. L'industrie des laques d'Extrême-Orient en France. (*Bull. Soc. Encouragement ind. nationale,* Février 1921, pp. 179/192, 8 fig.)

COULEURS.

Col. 1545.

— La Préparation de l'indigo en Mandchourie. Par Mirabel. (*A travers le Monde*, X, 1904, p. 237 ; ill.)

(Vernis. — Couleurs.)

HUILE.

Col. 1546.

— L'Abrasin, arbre à huile et ses nombreux emplois. (*A travers le Monde*, XII, 1906, p. 392.)

Tong tse chou des Chinois.

— * J. M. Hillier. — Chinese Wood Oil. (*Aleurites Fordii* and other species.) (*Gard. Chron.*, pp. 117/119.)

— * Chinese Wood Oil. (*Aleurites*, sp.) (*Kew Bull.*, London, 1906, pp. 398/399.)

— Quelques mots sur la fabrication et la composition du Teou-fou. (Fromage de haricots chinois), par M. Bloch, Pharmacien-major . . . (*Ann. d'hyg. et de méd. colon.*, IX, 1906, pp. 298/304.)

— Variétés. — I. Le lait végétal. — II. Fromage de haricots (teou-fou). Par S. Bizeul S. J. (*Rel. de Chine*, Kiang-Nan, Juillet 1909, pp. 362/365.)

— Note sur le commerce des oléagineux au Yunnan par Jonery Attaché Commercial de la Compagnie française des Chemins de fer de l'Indochine et du Yunnan. (*Bull. écon. Indochine*, n° 128, 1918, pp. 108/116.)

— * Beans and Bean Products. By Shih Chi Yen, of the Biology Department, Soochow University.

Notice : *Journ. N. C. B. R. As. Soc.*, XLIX, 1918, pp. 188/189. By N. S.

— Utilisation des haricots du Yunnan dans l'alimentation. (*Bull. écon. Indochine*, n° 135, 1919, pp. 275/276.)

— * A. W. Chernih. — The export of Manchurian Beans. (*Finance, Industry and Trade News*; No. 20, 1919, Omsk.)

Skvortzow.

— L'exportation de l'huile de bois. — *Bulletin commercial d'Extrême-Orient*, Avril 1921. (*Bull. écon. Indochine*, n° 146, Mai-Juin 1921, p. 349.)

Hou-nan, Kouei-tcheou, Chen-si, Kiang-si.

PAPIER.

Col. 1547/1549, 3150/3151.

— A. Burgerstein. — Materielle Untersuchung der von den Chinesen vor der Erfindung des Papiers als Beschreibstoff benützten Holztäfelchen. (*Sitzb. d. k. Akad. d. Wiss. in Wien*, Phil.-hist. Kl. 170, 8. pp. 6, 1912.)

— Paper and Printing in China. By E. H. Parker. (*Imp. & Asiat. Quart. Rev.*, Oct. 1908, pp. 349/357.)

— Papierindustrie en papierhandel in Oost-Azië. (*Korte Berichten v. Landb. Nijverh. en Handel*, Jg. 2, 1911—1912, blz. 294 e. v.)

— Création d'une papeterie moderne à Kongmoon. Extrait d'un rapport de M. Reynaud, Chancelier du Consulat de France à Canton. (*Bull. écon. Indochine*, n° 105, Nov.-Déc. 1913, pp. 1124/1125.)

MIROIRS MAGIQUES.

Col. 1542/1543, 3149/3150.

— * 羅振 Lo Tchen-yu 右鏡圖錄 *Kou king t'ou lou* [« Album illustré d'anciens miroirs métalliques »]; 1916, 1 album in-folio de 1 + 3 + 17 + 34 + 23 + 1 ff.; 3 chapitres.

Notice : *T'oung Pao*, XX, n° 2, Mars 1920—1921, pp. 142/156. Par P. Pelliot.

— * 富岡謙藏 Tomioka Kenzō 古鏡、研究 *Kokei no kenkyū* [« Recherches sur les anciens miroirs métalliques »]; Kyōto, 1920, in-8, 2 pl. + 8 + 4 + 3 + 416 + 17 pages + 95 pl. + 1 f. d'errata; en vente à la librairie Maruzen, 8 yen.

Notice : *T'oung Pao*, XX, n° 2, Mars 1920—1921, pp. 142/156. Par P. Pelliot.

ORFÉVRERIE, ARGENTERIE.

— Oriental Silverwork Malay and Chinese. With over 250 Original Illustrations. A Handbook for Connoisseurs, Collectors, Students and Silversmiths by H. Ling Roth, Hon. Curator, Bankfield Museum, Halifax . . . London, Truslove & Hanson, 1910, 1 f. n. ch. + pp. 300.

— Oriental Silverwork. (*Nature*, London, LXXXVI, 1911, pp. 353/354.)

SCULPTURE SUR BOIS.

— Holzschneidekunst in China. (*Deutsche Rundschau f. Geogr. u. Stat.*, XXXII, 1909—1910, p. 233.)

— Chinese Wood Carving. By Arthur Stanley Curator of the Shanghai Museum. (*Journ. N. C. B. R. As. Soc.*, XLV, 1914, pp. 76/84; fig.)

— Karl Berger. — Acht farbige chinesische Holzreliefs in Münchener Privatbesitz. (*Münchener Jahrb. Kunst*, 1913, 1914, pp. 171/174 m. 4 Taf.)

— * Dr. Berger. — Chinesische Holzreliefs. (5 Abb.) (*Zeit im Bild*, 8. Jan.)

— Ornamental carving extraordinary by L. C. Arlington. (*New China Review*, August 1921, pp. 302/308.)

Polished carved peach-Stone.

EMAUX CLOISONNÉS.

— Eine Studie über chinesische Email-Vasen von Friedrich Lippmann. — Abdruck aus den Mittheilungen des k. k. Oesterr. Museums. — Wien, Selbstverlag des Verfassers, 1870, in-8, pp. 30 + 1 f. n. ch. + 7 pl.

— Confection des Emaux cloisonnés en Chine et au Japon. Par Jacques du Taurat. (*A travers le Monde*, X, 1904, pp. 273/275; ill.)

— * J. Getz. — Catalogue of the Avery collection of ancient Chinese cloisonnés. In-8, pp. 23/72; ill. New-York, Brooklyn Institute of Arts and Sciences Museum, 1912.

— On Chinese cloisonné Enamel. — I. By R. L. Hobson. (*Burlington Magazine,* June 1912, pp. 137/142.)

— A later Ming cloisonné vase. By the Editors. (*Ibid.*, pp. 142/145, 1 pl. en couleurs.)

Vase de la collection T. J. Larkin.

— R. L. Hobson. — A note on Canton Enamels. (*Ibid.*, London, XXII, 1912, pp. 165/168.)

— A. Nachbaur. — Les émaux cloisonnés. (*La Chine,* n° 17, 1er mai 1922, pp. 683/686; fig.)

CONSERVES.

— Hanzawa, Jun. — Notiz über die Eierkonservierung in China. (*Centralbl. Bakt. Jena* Abt., II, XXXVI, 1913, pp. 418/419.)

— L'industrie des conserves à Amoy. Par L. Eynard, Vice-Consul de France. (*Bull. écon. Indochine,* n° 109, Juillet-Août 1914, pp. 600/602.)

TEXTILES, BRODERIES, ETC.

Voir *Keng tche t'ou*, col. 3836.

— Les usines de cotonnades chinoises. Par George Johnson. (*Revue indo-chinoise,* Février 1911, p. 189.)

— Note sur le tissage aux cartons en Chine par A. van Gennep. (*T'oung Pao,* n° 5, Décembre 1912, pp. 693/698; fig.)

— Chinese Embroidery and other Art Textile Work. By Arthur Stanley, M. D., Lond. Curator of the Shanghai Museum, (*Journ. N. C. B. R. As. Soc.*, XLIV, 1913, pp. 65/75; fig.)

— A Chinese Tapestry. (*Burlington Mag.*, London, XXV, 1914, 231 with pl.)

— Studies in primitive looms. [With Plate XII.] By H. Ling Roth. (*Journ. Roy. Anthrop. Institute,* XLVI, 1916, pp. 284/308; fig.) [3. The Ainu looms, pp. 292/301.]

— Production et industrie des textiles en Chine. Par C. H. F. (*Bull. écon. Indochine,* n° 127, 1917, pp. 679/684.)

— The Pictures of Plowing and Weaving. By R. Meyer Riefstähl. (*Asia,* Dec. 1920, pp. 1059/1063; Jan. 1921, pp. 47/51; ill.)

— L'industrie de la broderie en Chine. (*Ibid.*, Sept.-Oct. 1921, pp. 657/658.)

D'après un rapport du consul américain de Swatow.

TAPIS, ÉTOFFES, ETC.

— * Dr. G. Griffin Lewis. — The Mystery of the Oriental Rug. The Prayer Rug and Some Advice to Purchasers of Oriental Rugs (including Chinese). With frontispiece in colour, 30 plate and text illustrations. 1914, pet. in-4.

— — The Practical Book of Oriental Rugs. With 20 Illustrations in colour, 93 in double tone, 70 designs in line chart and Map. (Including Chinese Rugs.) 4th edition revised. 1914, in-8 carré.

— * Die nordchinesische Teppichindustrie. (*Der Neue Orient,* III, pp. 11/12.)

— Reviving an Old Chinese Art. By Frederick Moore. (*Asia,* 1917, pp. 30/32; ill.)

— Der Chinesische Teppich. Von Adolf Hackmack. Mit 26 Tafeln, 1 Landkarte und 5 Abbildungen im Text. Hamburg, L. Friedrichsen & Co., 1921, in-8, pp. x-34.

— Handbuch der Orientalischen Teppichkunde von R. Neugebauer und J. Orendi mit einer Einführung von Richard Graul. Mit 152 Teilweise ganzseitigen Textabbildungen, 1 Titelbild, 16 mehrfarbigen Tafeln, 12 Motivblättern, 1 Karte. Zweiter Neudruck 1922. Leipzig 1922, Karl W. Hiersemann, in-8, pp. xii-246.

Hiersemanns Handbücher Band IV.

— * H. d'Ardenne de Tizac. — Les étoffes de la Chine : Tissus et broderies, 52 planches dont 16 en couleurs, 4 ff. n. ch., 4 pp. in-4 dans un portefeuille. Paris, s. d.

PORCELAINE ET POTERIE.

Col. 1549/1555.

— Berthold Laufer; Col. 3518.

— D'Hervey Saint-Denys. — De l'Ornementation des porcelaines de Chine. (*Revue Orient. et Amér.*, IV, 1860, p. 103; pl.)

— Alfred Jaquemart et Edmond Le Blant. — Des fables venues de l'Orient sur la porcelaine de Chine. (*Ibid.*, p. 25.)

— A Catalogue of Blue and White Nankin Porcelain forming the Collection of Sir Henry Thompson, illustrated by the Autotype Process from Drawings by James Whistler, Esq. and Sir Henry Thompson. London: Ellis and White, 1878, in-4, pp. vii-67; 36 pl.

Préf. signée : M. Marks. — Tiré à 120 exemplaires. — Voir col. 1552.

— * A. W. Franks. — Catalogue of a Collection of Oriental (Chinese, Japanese, Corean, &c.) Porcelain and Pottery. Second Edition, in-8, pp. xviii-246, with 25 plates of marks, &c. 1878.

— * A. B. Meyer. — Lung-Ch'üan-yao oder altes Seladon-Porzellan, nebst einem Anhange über damit in Verbindung stehende Fragen. 1889, in-4, pp. 41 with 3 plates and 24 illustrations.

— Ancient Chinese Porcelains and other Curios, belonging to Mr. George A. Hearn. —Descriptions by Hon. Chester Holcombe for many years Secretary of Legation and Acting U. S. Minister at Peking, China. Entered according to Act of Congress, in the year 1894, by George A. Hearn, in-16, pp. 177.

Col. 1554.

— The Metropolitan Museum of Art. — Hand-book of a Collection of Chinese Porcelains loaned by James A. Garland. — Compiled by John Getz. — Published by the Metropolitan Museum of Art, 1895, in-8, pp. 56; pl.

— Chinese Snuff Bottles of Stone, Porcelain, and Glass Utilized to Uprear a Fabric of Fancies concerning China and the Chinese Delivered at a Meeting of the Sette held at Limmer's Hotel, on Friday, February 1st, 1895 by Marcus B. Huish, LL. B., M. J. S. Arts-man to the Sette of Odd Volumes. To which is appended an Appendix. London, Imprinted at the Chiswick Press, MDCCCXCV, pet. in-8 carré, pp. 51; 13 pl.

Privately Printed Opuscula issued to Members of the Sette of Odd Volumes. No. XXXVII.

Tiré à 149 exemplaires.

— La Faience dans l'Asie Centrale. Par Charles Rabot. (*A travers le Monde*, IV, 1898, p. 156.)

— Catalogue de la Collection de Porcelaines anciennes de la Chine et du Japon apparte-nant à A. Revilliod de Muralt. Genève, Ch. Eggimann & Cie., s. d., in-4, 2 ff. n. ch. [int., Genève 1901], p. 192, 40 pl.

Il a été tiré de cet ouvrage 10 exempl. numérotés de 1 à 10 ornés de pl. photog. par Fréd. Boissonas.

— Chinese Porcelain by W. G. Gulland. With Notes by T. J. Larkin and four hundred and eighty-five Illustrations. Second Edition. London : Chapman & Hall, 1899, in-8, pp. XXIV-270.

— Chinese Porcelain by W. G. Gulland. With Notes by T. J. Larkin and four hundred and eleven illustrations arran-ged chronologically. Vol. II. London : Chapman & Hall, 1902, in-8, pp. XXXVIII + pp. chiff. 271/506.

— W. A. Gulland, formerly Managing Director of the China Mutual S. N. Co., † 16 May 1908, at Broadstairs.

(Porcelaine et Poterie.)

— Catalogue of the Morgan Collection of Chinese Porcelains. Privately printed by order of Mr. J. Pierpont Morgan. New York, MCMIV, in-8, pp. XVII-195, 77 pl.

Tiré à 250 exempl. — Composition and Printing of the Text by the De Winne Press.

En tête : Notes par W. M. L[affan].

— — Volume Two in two Parts. Parts I and II Privately printed by order of Mr. J. Pierpont Morgan. New York, MCMXI, in-8, pp. LXXIII-145, pl. 78 à 157.

250 exempl. imprimés par Frederic Fairchild Sherman.

Historical Introduction by S. W. B[ushell] en grande partie tirée de son *Chinese Art*.

— Catalogue of the Morgan Collection of Chinese Porcelains by Stephen W. Bushell and William M. Laffan. New York, The Metropolitan Museum of Art, MCMVII, in-8.

The original catalogue of Mr. Morgan's Collection was privately printed (1904) in a limited edition; Bushell revised it (1906).

— B. Laufer. — In Memoriam J. Pierpont Morgan. With a Notice of Catalogue of the Morgan Collection of Chinese Por-celains. (*Ostasiat. Zeitsch.*, 2. Jhrg., Hft. 2, Juli-Sept. 1913, pp. 222/225.)

— How to identifiy Old Chinese Porcelain by Mrs. Willoughby Hodgson... Chicago, A. C. McClure & Co., London : Methuen, 1907, in-8, pp. XIV-178.

— Mrs. Willoughby Hodgson. — Chinese Porcelain : Mr. William Hesketh Lever's Collection of Chinese Porcelain. (*Connoisseur*, London, XXIX, 1911, pp. 73/84.)

— A Catalogue of Chinese Porcelains collected by Mr. and Mrs. Charles P. Taft Cincinnati, Ohio. With Notes and Illustra-tions. Compiled and described by John Getz. New York, Privately Printed, MCMIV, in-4, pp. XXXII-127.

Tiré à 100 exempl. : De Winne Press, New York, 1904.

— * John Getz. — Catalogue of the Ma-comber Collection of Chinese Pottery. Boston, 1909, in-8; fig.

— Projet d'envoi en France d'élèves céramistes chinois. Par A. V[issière]. (*Revue indo-chinoise*, 30 juillet 1908, p. 131.)

Tiré du *Nan fang pao*.

∴

— Chinese Porcelain Sixteenth-Century co-loured illustrations with Chinese Ms. Text by Hsiang Yuan-p'ien translated and annotated by Stephen W. Bushell, C. M. G., M. D. late Physician to H. M. Legation, Peking. Eighty-three coloured

(Porcelaine et Poterie.)

20

plates. Oxford, at the Clarendon Press, 1908, pet. in-fol., pp. 46 impr. sur f. doubles à la manière chinoise + 83 pl. col. avec 1 f. de texte pour chaque pl.

Broché à la manière chinoise.

Le Cat. Ms. dont Bushell donne la reproduction a été présenté à la Peking Oriental Society. -- Voir le Mémoire *Chinese Porcelain before the Present Dynasty* cité dans la *Bib. Sinica*, col. 221 et col. 1553.

— Description of Chinese Pottery and Porcelain being a Translation of the T'ao Shuo 陶說. With Introduction, Notes, and Bibliography by Stephen W. Bushell. Oxford, at the Clarendon Press, 1910, in-8, pp. xxxi-222.

La lettre du P. Dentrecolles, de Jaotcheou ce 1er sept. 1712 est reproduite pp. 181/222; celle de Kim te chim, 25 janvier 1722, pp. 210/222.

L'auteur du *T'ao Shuo* est Chu Yen ou Chu T'ung-ch'uan, de Hai Yen, Tche Kiang.

Notices : *Journ. R. As. Soc.*, Oct. 1910, pp. 1369/1373, by J. Dyer Ball. — *London & China Express*, July 1, 1910.

— Chats on Oriental China by J. F. Blacker... Illustrated. London, T. Fisher Unwin, MCMVIII, in-8, pp. 408.

— * J. F. Blacker. — Chats on Oriental China. 1919, in-8.

— * Chats on Oriental China. By Mr. J. F. Blacker. T. Fisher Unwin, London, Illustrated.

Notice : *China Express and Telegraph*, Sept. 28, 1922, p. 651.

— * Notes on Chinese Porcelain. By F. E. Wilkinson. Shanghai : Kelly & Walsh.

Notice : *Journ. N. C. B. R. As. Soc.*, XL, 1909, p. 127. By J. C. F.

∴

— A Collection of Rare Old Chinese Porcelains collected by Sir William Bennett, K. C. V. O. Purchased & Exhibited by Gorer, 170 New Bond Street, London, W. May-June 1910, in-8, pp. 40; pl.

— * E. Zimmermann. — Porzellane der Ming-dynastie in der Porzellansammlung zu Dresden. (*Mitt. Kunstsamml.* Leipzig, I, 1910, pp. 21/30 mit 1 Taf.)

— — Wann ist das chinesische Porzellan erfunden und wer war sein Erfinder? (*Orient. Arch.*, Leipzig, II, 1911, pp. 30/34.)

— Chinesisches Porzellan. Seine Geschichte, Kunst und Technik von Prof. Dr. Ernst Zimmermann, Direktor der Königl. Porzellansammlung in Dresden. 1913, Klinkhardt & Biermann in Leipzig, 2 vol. in-4.

I. Band : Text, pp. x-235.
II. Band : Tafeln, pp. 31 + 140 pl. + 2 ff. n. ch.

(Porcelaine et Poterie.)

— * Dr. Oscar Embden. — Bemerkungen zu Professor Dr. Ernst Zimmermanns Chinesisches Porzellan. 2 Bde. 1913. München 1915. Als Manuskript gedruckt. In Kommission bei K. W. Hiersemann. Leipzig, in-8, pp. 32.

— Friedrich Perzyński. — Zur Würdigung des Chinesischen Porzellans. (*Ostasiat. Zeitsch.*, 3 Jhrg., Hft. 4, Jan.-März, 1915, pp. 477/481.)

A propos d'Ernst Zimmermann, *Chinesisch Porzellan*, 1913.

∴

— Chinese Porcelain and Hard Stones Illustrated by two hundred and fifty four pages of Gems of Chinese Ceramic and Glyptic Art and described by Edgar Gorer [and] J. F. Blacker. London, Bernard Quaritch, 1911, 2 vol. gr. in-4.

Tiré à 1000 exemplaires. — Il y a aussi un titre français.

Notices : *Times Weekly Edition Lit. Sup.*, Nov. 24, 1911. — *Journ. N. C. B. R. As. Soc.*, XLIII, 1912, p. 107, by F. W. A. — *London & China Express*, Feb. 9, 1912.

— Catalogue of the Collection of Old Chinese Porcelains formed by Richard Bennett, Esq. Thornby Hall, Northampton. Purchased and Exhibited by Gorer, 170 New Bond Street, London, W., gr. in-4, pp. 79, pl. en couleurs.

— Old Chinese Porcelain and Works of Art in China Being Description and Illustrations of Articles selected from an Exhibition held in Shanghai, November 1908 by A. W. Bahr. With frontispiece and 120 plates, 12 being in colour. Cassell and Co., London, 1911, in-8, pp. 161.

Notice : *London & China Express*, April 21, 1911. — *Journ. N. C. B. R. As. Soc.*, XLII, 1911, pp. 238/239.

— * Burlington Fine Arts Club. Illustrated Catalogue of the Exhibition of Early Chinese Pottery and Porcelain, 1910. With an Introduction by R. L. Hobson. Atlas 4to, pp. XLII and 97, with 58 plates (16 coloured), 1911.

— L. Katscher. — Keramisches aus China. (*Himmel u. Erde*, Leipzig, XXIV, 1911, pp. 32/37.)

— Les Porcelainiers chinois. — Lettre de M. Clerc-Renaud, lazariste, missionnaire au Kiang-si oriental. King-teh-chen, 15 janvier 1912. (*Miss. Cath.*, 1er mars 1912, pp. 97/99; fig.)

— * Hermann Hiober. Die Porzellansammlung der sächsischen Kurfürsten. (*Frankfurter Zeitung*, 24. Mai 1913, p. 236.)

— Chinese Porcelain in the Davies Collection. (*Burlington Mag.*, London, XXIII, 1913, pp. 162/167 with pl.)

— Chinese Porcelain and Applied Art at the Manchester City Art Gallery. (*Con-*

(Porcelaine et Poterie.)

noisseur, London, XXXVII, 1913, pp. 87/90.)

— Friedrich Poızyński. — Towards a grouping of Chinese Porcelain. (*Burlington Mag.*, London, XXII, 1913, pp. 309/310 with 2 pl.)

— A. H. Sayce. — The biscuit or egg-shell ware of the Sudan and China. (*Ancient Egypt*, London, I, 1914, pp. 145/147 with pl.)

— George Byron Gordon. — Chinese Ceramics. (Philadelphia Pa., *Mus. J.*, V, 1914, pp. 15/23.)

— C. W. B[ishop]. — A Pottery Statue of a Lo-han. (Philadelphia Pa., *Mus. J.*, V, 1914, pp. 129/135.)

— * Otto Pelka. — Chinesisches Porzellan. Schmidt und Günther. Leipzig, 1914, in-8, pp. 148, 16 pl.

Notice par William Cohn, *Ostasiat. Zeit.*, IV Jhrg., Jan.-März 1916, pp. 328/329.

— Chinesisches Porzellan von Dr. Otto Pelka. Leipzig, Schmidt & Günther 1921, in-8, pp. 148, 16 pl.

— * Porcelaines chinoises d'imitation européenne, par H. d'Ardenne de Tizac. (*Parisia*, 3e année 1914.)

R. L. Hobson.

— R. L. Hobson. — Sung und Yüan Wares in a New York Exhibition. (*Burlington Mag.*, London, XXIV, 1914, p. 321 with pl.)

— Chinese Pottery and Porcelain. An Account of the Potter's Art in China from Primitive Times to the Present Day by R. L. Hobson, B. A. Assistant in the Department of British and Mediaeval Antiquities and Ethnography, British Museum ... Forty Plates in Colour and Ninety-six in Black and White. Vol. I. Pottery and Early Wares. Cassell and Co., London ..., 1915, in-4, pp. xxx-227.

Bibliography, pp. xxvii-xxx.

— Vol. II. Ming and Ch'ing Porcelain. Ibid., pp. xvi-326.

Tiré à 1500 exemplaires.

Notice : *Journ. N. C. B. R. As. Soc.*, XLVI, 1915, pp. 139/142, par F. W. A.

— Hobsons Werk über chinesische Töpferkunst. Von Oscar Rücker Embden. (*Ostasiat. Zeitsch.*, 5 Jhrg., 1916—1917, pp. 116/137.)

R. L. Hobson's Chinese Pottery 1915.

— * Chinese, Corean and Japanese Potteries; descriptive catalogue of Loan Exhibition of selected examples. The Chinese and Corean authenticated by R. L. Hobson, B. A., of the British Museum, London, and the Japanese by Edward S. Morse, M. A., of the Museum of Fine Arts, Boston, All exhibited under the auspices of the Japan Society at the Galleries of M. Knoedler & Co., New York, March 2—21, 1914. With illustrations in colour and half-tone, and with a report on early Chinese Potteries compiled from original sources by Rose Sickler Williams, New York, Japan Society, 1914, in-fol., pp. 15/129.

Notice : *Journ. N. C. B. R. As. Soc.*, XLVI, 1915, pp. 139/142. Par F. W. A.

∴

— Field Museum of Natural History Publication 192 Anthropological Series vol. XV, no. 2. — The Beginnings of Porcelain in China by Berthold Laufer Curator of Anthropology. With a Technical Report by H. W. Nichols Assistant Curator of Geology — Twelve Plates and Two Text-Figures — The Mrs. T. B. Blackstone Expedition Chicago 1917, in-8, pp. chif. 79/183.

Notice : *Journ. N. C. B. R. As. Soc.*, XLIX, 1918, pp. 163/164, by A. S.

— H. L. Joly. — Chinese Porcelain. (*Asiatic Review*, April 1918, pp. 234/236.)

— Wechselbeziehungen zwischen ostasiatischer und vorderasiatischer Keramik. Von Friedrich Sarre. (*Ostasiat. Zeit.*, 8. Jhrg., 1919—1920, pp. 337/344, 1 pl.)

— Friedrich Hirths Verdienste um die Erforschung der Geschichte des chinesischen Porzellanes. Von Ernst Zimmermann. (*Ibid.*, pp. 388/394; 2 pl.)

— The World's Ancient Porcelain Center. By Frank B. Lenz. With Illustrations from Photographs by the Author. (*The Nation. Geog. Mag.*, XXXVIII, 1920, pp. 301/406.)

— Georges Lemaire. — Les grandes ventes. — La Collection Worch. (*Revue de l'Art ancien et moderne*, Nov. 1921, pp. 285/291; pl.)

Cette collection a été vendue à Paris à porter du 30 nov. 1921, à la Galerie Georges Petit.

— * Chinese Pottery of the Han, T'ang and Sung Dynasties, owned and exhibited by Parish Watson & Co., New York, pp. 109, 16 pl. en couleurs.

Privately Printed.

— Exhibition of Old Chinese Porcelain and Works of Art. (*Journ. N. C. B. R. As. Soc.*, XL, 1909. pp. 113/114.)

— Chinese Porcelain. By William King. Illustrated, Benn.

Notice : *The Nation & the Athenaeum*, Feb. 10, 1923, pp. 725/726.

— Art and Life in Chinese Porcelain. By A. E. Grantham. (*Asia*, Feb. 1923, pp. 122/126; ill., 148.)

— A few examples of Oriental Art, Illustrated in Colour selected from The Larkin Gallery, 104, New Bond Street, W., Consisting of Blue and White Famille Verte, Famille Rose, and Monochrome Porcelains, Pottery, Bronzes, Cloisonné, Hardstones, Rugs, etc. in-8, planches.

— Kingtehchen the Porcelain City. By John Knight Shryock. (*Asia*, Nov. 1920, pp. 997/1002, ill.)

— Documents d'Art. — Musée du Louvre. La Céramique Chinoise par J. J. Marquet de Vasselot et Mlle M.-J. Ballot du Musée du Louvre. De l'Epoque des Han à l'Epoque des Ming (206 av. J. C.—1643). Editions Albert Morancé, pet. in-4, pp. 32, 40 pl. [1921].

— — De l'Epoque de K'ang-Hi à nos jours (1662—1911). Editions Albert Morancé, pet. in-4, pp. 30, 44 pl. [1921].

— La Céramique dans l'Art d'Extrême-Orient par Henri Rivière Recueil de cent planches en couleurs reproduisant les plus belles pièces originales choisies dans les musées et les collections privées françaises et étrangères. Préface de Charles Vignier. Albert Lévy, Paris, MCMXXI, 2 vol. in-folio.

Tiré à 300 exempl. formant 4 livraisons dont la première a paru en mars 1921. Souscription 2000 fr.

— A. L. Hetherington. — The Pottery and Porcelain Factories of China; their geographical distribution and period of activity. London : Kegan Paul, 1921, in-4, pp. 16, carte en 3 couleurs.

— The Early Ceramic Wares of China. By A. L. Hetherington. With an Introduction by R. L. Hobson Keeper of the Department of Ceramics and Ethnography, British Museum. With one hundred illustrations of which twelve are in colour. London : Benn Brothers, 1922, gr. in-8, pp. XVIII-160.

50 exemplaires de luxe numérotés.

Notices : *China Express and Telegraph*, July 20, 1922, pp. 495/496. — *T'oung Pao*, n° 1, 1923, pp. 1 seq., by P. Pelliot.

— Chinesische Frühkeramik. Eine Einführung von Dr. Oscar Rücker-Embden. Mit 42 Abbildungen im Text und 46 Tafeln, davon 24 farbig, sowie einer Karte. Verlag von Karl W. Hiersemann, Leipzig, 1922, in-4, pp. XII-174, pl.

— British Museum Set C 8 15 Pictorial Postcards of Chinese Porcelain of the Ch'ing Dynasty. Printed in colours.

— Old Chinese Porcelain by Egan Mew. London : T. C. & E. C. Jack; New York : Dodd, Mead & Co., in-8 carré, pp. 100 + 4 ff. marques, 16 pl.

Masterpieces of Handicraft. Edited by T. Leman Hare, no. 2.

En préparation pour le printemps de 1923 :

— * The Wares of the Ming Dynasty, by R. L. Hobson, about 8 coloured plates and 50 other illustrations, in-4.

250 exemplaires de luxe.

Art militaire et navigation.

— The Military Establishments and Discipline of the Chinese. (*United Service Journal*, 1840, Part I, pp. 13/23.)

— F. M. Feldhaus. — Eine chinesische Stangenbüchse von 1421. (*Zeitsch. hist. Waffenk.*, Dresden, IV, 1907, p. 256.)

— The Book of War the Military Classic of the Far East. Translated from the Chinese by Captain E. F. Calthrop, R. F. A. London, John Murray, in-16, pp. 132.

Notices : *T'oung Pao*, Mai 1909, pp. 235/236, par Ed. Chavannes. — *London & China Express*, January 8, 1909.

— 法 兵 子 孫 Sun Tsŭ on the Art of War the Oldest Military Treatise in the World. Translated from the Chinese with introduction and critical notes by Lionel Giles, M. A. Assistant in the Department of Oriental Printed Books & Mss. in the British Museum. — London, Luzac & Co., 1910, in-8, pp. LIII-204 + 1 f. n. ch. corrigenda.

Notices : *Bull. Assoc. amic. franco-chinoise*, Oct. 1910, pp. 425/426, par A. Vissière. — *Journ. Asiatique*, Sept.-Oct. 1910, pp. 406/408, par A. Vissière. — *Journ. R. As. Soc.*, July 1910, pp. 961/966, par J. Dyer Ball. — *London & China Express*, 20 May 1910. — *Bull. Ecole franç. Extr.-Orient*, Oct.-Déc. 1910, pp. 709/710, par Léonard Aurousseau.

— * Das Buch vom Kriege. Der Militär-Klassiker der Chinesen. Verdeutscht von Bruno Navarra. Anhang « Altchinesische Kriegsgesänge ». Berlin, Boll & Pickardt, 1910, in-8, pp. 80.

— Thronbericht des Reichsverteidigungsamtes (Chün-tzĕ-ch'u), betreffend den Vorschlag vorläufiger Regulative für die Anstellung der Offiziere und Militärbeamten. (Regierungsamtsblatt vom 29. Nov. 1909.) Übersetzung von Dr. Hauer. (*Mitt. Sem.*

f. Orient. Sprachen, Jahrg. XIII, 1910, pp. 245/260; tableau.)

— Fuerzas militares de la China. (*Bol. Soc. Geogr. Madrid*, XVII, 1884, pp. 184/187.)

— Les Examens militaires en Chine. (*A travers le Monde*, V, 1899, pp. 6/7.)

— Examen des troupes militaires de Nanking. (*Revue indo-chinoise*, 15 août 1908, p. 203.)

Rapport au trône de Touan-fang, vice-roi des deux Kiang. — Traduction de l'*Echo de Chine*.

— Usages militaires en Chine. Par Villetard de Laguérie. (*A travers le Monde*, V, 1899, p. 415.)

— Les Chinois sont-ils militaires? Bataillons chinois levés par l'Angleterre et par la France. Par Villetard de Laguérie. (*Ibid.*, VIII, 1902, p. 260.)

— L'esprit militaire. (*Asie française*, Août 1911, pp. 380/381.)

— Les Armées jaunes. — Le remarquable Moral de l'armée japonaise. — Le Chinois n'a pas l'esprit militaire. (*A travers le Monde*, XVI, 1910, pp. 342/343.)

— Réforme de l'armée chinoise. (*Revue indo-chinoise*, 30 mai 1905, p. 757.)

Extr. du *Siam Observer*, 28 avril, reproduit du *Standard* du 17 mars.

— Impressions sur la nouvelle armée chinoise. (*Revue indo-chinoise*, 15 déc. 1906, pp. 1890/1892.)

« Echo de Chine ».

— Cadets chinois au Prytanée militaire de La Flèche. (*Bull. Com. Asie franç.*, Juin 1908, p. 252.)

— La réorganisation de l'armée chinoise. (*Ibid.*, Nov. 1908, p. 477.)

D'après le *N. Ch. Herald*.

— Les réformes militaires et navales [en Chine]. (*Bull. Com. Asie franç*, Juillet 1909, p. 304.)

— L'Organisation moderne de l'armée chinoise. Par H. L. (*A travers le Monde*, XV, 1909, pp. 193/196; ill. et carte.)

— Conduite des nouvelles troupes à Sou-tcheou. (*Revue indo-chinoise*, Juin 1910, p. 566.)

Source chinoise.

— * Vte de Montorgueil. Souvenirs de Chine (organisation militaire). (*Bull. Soc. Géog. Comm.* Bordeaux, 15 juin 1911)

— L'armée moderne chinoise. (*Asie française*, Oct. 1911, p. 455.)

— L'Etat de l'armée chinoise depuis ses transformations. — La Formation des Corps d'armée et le Recrutement des Officiers. (*A travers le Monde*, XVII, 1911, p. 412.)

— Edmond Rottach. — L'Armée dans la Révolution chinoise. (*La Revue de Paris*, 15 février 1912, pp. 741/754.)

— Nouvelles nomenclatures militaires en Chine, par M. A. Vissière. (*Journal Asiatique*, Janvier-Février 1914, pp. 59/70.)

Notice : *Bull. Ecole Fr. Extr.-Orient*, XV, n° 4, 1915, pp. 40 41, par Léonard Aurousseau.

— Le licenciement des troupes. Par un Chinois. (*Revue indo-chinoise*, Juillet-Août 1912, pp. 112/113.)

De l'*Echo de Tientsin*.

— L'armée chinoise en 1908. (*Bull. Com. Asie franç.*, Mars 1909, pp. 130/134.)

Extr. de la *Revue militaire des armées étrangères*, Janv. 1909.

— Publié sous la direction du 2e bureau de l'État-Major de l'Armée. — Situation de l'Armée chinoise au 1er mars 1910 par le Commandant Brissaud Desmaillet du 5e régiment d'infanterie ancien attaché militaire en Chine. Paris, R. Chapelot, 1910, in-8, pp. 26.

— Les Forces chinoises en 1910. Par M. le général de Négrier. (*Revue des Deux Mondes*, 1er août 1910, pp. 567/605.)

Pékin, 1er mai 1910.

— Général de Négrier. — Les Forces chinoises en 1910. — Extrait de la *Revue des Deux Mondes* du 1er août 1910. — Paris, Ch. Delagrave, s. d. [1910], in-16, pp. 81.

Notice : *Bull. Com. Asie franç*, Oct. 1910, p. 452.

— Opinion du général de Négrier sur les forces militaires de la Chine. (*Revue indo-chinoise*, Janvier 1911, pp. 81/84.)

Extr. des « Forces chinoises en 1910 », art. de M. le gén. de Négrier dans la *Revue des Deux Mondes*, LVIII, pp. 567/605.

— La situation de l'armée impériale et de la flotte à la fin du mois d'Octobre. (*Revue indo-chinoise*, Déc. 1911, pp. 665/666.)

— XXX. — Observations sur les Grandes Manœuvres chinoises exécutées en 1906. (*Revue des Troupes coloniales*, 1907, I, pp. 419/432.)

— L'armée chinoise Manœuvres de Chang-te-fu. Par V. F. (*Revue indo-chinoise*, 30 janvier 1907, pp. 139/140.)

D'après le *Times*.

— Les Manœuvres d'Automne de l'Armée Impériale Chinoise en 1908 d'après un Correspondant étranger. (*Revue des Troupes coloniales*, II, 1909, pp. 21, 159.)

Traduit de l'Anglais par le lieut.-col. d'artillerie Dubois.

— Emil S. Fischer. — Les Manœuvres d'Automne de l'Armée Impériale Chinoise en 1908. Traduction de M. le Lieutenant-Colonel d'Artillerie Dubois. (Extrait de la *Revue des Troupes coloniales.*) Paris, Henri Charles-Lavauzelle, s. d. [1910], in-12, pp. 36.

Bibl. Nat., 8° V. Pièce 16961.

— Les manœuvres chinoises. (*Bull. Com. Asie franç.*, Déc. 1908, p. 528.)

— A. Ressef. — Les Armées du Monde : Armée chinoise. (*La Chronique de Paris*, II, 1897, pp. 341/346, 380/382, 443/446.)

— Général Frey. — L'Armée chinoise. (*Revue des Deux Mondes*, 1er oct. 1903, pp. 528/569.)

— L'armée chinoise. (*Union géogr. du Nord de la France*, Douai, XXVII, 1906, pp. 283/289.)

— L'armée chinoise. (*Bull. Com. Asie franç.*, Février 1908, p. 76.)

— * O Exercito Chinez. Estudo de historia e d'organisação militar por Luciano José Cardeira. Conferencia realisada no Gremio Militar de Macau em 30 de Junho de 1909.

— Antoine de Tarlé. — L'Armée chinoise.

(*Nouvelle Revue,* 15 janvier 1912, pp. 145/154.)

L'armée chinoise du Kouang-toung. (*Revue indo-chinoise*, IV, 1900, pp. 753/755.)

— L'armée chinoise du Kouang-si. (*Ibid.*, pp. 635/637.)

— Les forces militaires de la province du Kouang-si. Par XXX. (*Ibid.*, Juin 1910, pp. 473/488.)

— La Situation militaire du Yunnan améliorée par les Japonais. — Nos Précautions à prendre. (*A travers le Monde*, X, 1904, pp. 254/255.)

— L'armée chinoise du Yunnan. Par G. S. (*Revue indo-chinoise,* 15 février 1908, pp. 171/180.)

— L'armée du Yunnan. (*Bull. Com. Asie franç.*, Avril 1908, pp. 158/159.)
D'après la *Revue indo-chinoise* (15 février 1908).

— L'Organisation Militaire du Yunnan. (*Revue des Troupes coloniales,* II, 1912, pp. 22/31.)

— Choses militaires du Yunnan. Par ***. (*Revue indo-chinoise,* Août 1914, pp. 209/215.)

– The Chinese as a Warrior in the Light of History. By S. G. Cheng. (*Asiatic Review,* February 15, 1916, pp. 212/226.)
Read before the China Society, January 27, 1916.

— * Idem. 1916, gr. in-8, pp. 15.

— Scènes de mœurs militaires dans la Chine nouvelle Soldats ou brigands? Par Raphaël Gaudissart. (*Etudes,* 20 nov. 1919, pp. 466/479.)

— Le militarisme en Chine. (*Revue indo-chinoise*, Janvier-Février 1920, pp. 163/165.)
Du *Journal de Pékin*, 30 déc. 1919.

— Civil War as a Profession in China. By John O. P. Bland. (*Asia,* Nov. 1920, pp. 957/963, ill., 1010.)

— J. Bouchot. — Quelques notes sur le soldat chinois. (*La Chine*, n° 6, 1er nov. 1921, pp. 404/414.)

— Arms an the Men in China. By Rodney Gilbert. (*Asia*, Sept. 1922, pp. 725/731, ill.; pp. 752/754.

— Der Festungskrieg im alten China. Von Alfred Forke. (*Ostasiat. Zeitsch.*, 8. Jhrg., 1919—1920, pp. 103/116.)

— Notes on Chinese Archery. By Professor Du Bois Reymond. (*Journ. N. C. B. R. As. Soc.*, XLIII, 1912, pp. 32/43.)
Voir col. 1550.

— Collection Henri Moser-Charlottenfels. Armes et armures orientales. — Leipzig, Karl W. Hiersemann, 1912; 44 planches in-folio dans un cartonnage, plus un frontispice en couleurs et une préface.

Notice : *Journal Asiatique*, Janvier-Février 1913, pp. 213/214. Par Cl. Huart.

— Etudes sur les Etablissements militaires créés en Chine par les Etrangers (1900—1907), par le capitaine A. Sabatier, ex-commandant du génie du corps d'occupation de Chine. — Paris, Berger-Levrault, 1909, in-8, pp. vii-214, 161 ill. et 1 pl.
Extr. de la *Revue du Génie militaire*.

— Achèvement d'une école militaire à Nankin (Nankin). (*Bull. Assoc. amic. franco-chinoise*, Oct. 1910, p. 414.)
Extr. du *Houei pao*, 28 juin 1910.

— E. Cholet. — L'art militaire chez les Chinois. Une doctrine bi-millénaire. Paris, Charles-Lavauzelle, 1922, in-8, pp. ix-170.

∴

— G. T.[issandier]. Les Ballons en Chine. (*La Nature*, 4 oct. 1884, pp. 287/288, 2 fig.)

— Kumagusu Minakata. — Flying Machines in the Far East. (*Notes and Queries*. London [Ser. 10], XI, 1909, pp. 425/426.)

— Délibération des membres du Grand Conseil au sujet des aéroplanes (Pékin). (*Bull. Assoc. amic. franco-chinoise*, Oct. 1910, p. 413 [chiffrée par erreur 414].)
Extr. du *Houei pao*, 17 juin 1910.

— *** L'aviation chinoise. (*La Chine*, n° 1, 15 août 1921, pp. 20/25.)

MARINE.

Col. 1562/1563.

— La marine chinoise et sa nouvelle nomenclature, par M. A. Vissière. (*Journal Asiatique*, Nov.-Déc. 1914, pp. 639/649; tableau.)

— Les projets navals de la Chine. (*Bull. Com. Asie franç.*, Sept. 1909, p. 396.)
D'après le *N. Ch. Herald.*

— Les projets navals de la Chine. (*A travers le Monde*, XV, 1909, p. 392.)

— * Chinese Junks. A Book of Drawings in Black and White. By Ivon A. Donnelly. Shanghai : Kelly & Walsh.
Notice : *Journ. N. C. B. R. As. Soc.*, LI, 1920, pp. 187/188.

Col. 1562.

— * N. Witsen. — Aeloude en hedendaegsche scheeps-bouw en bestier. Amsterdam, 1671, in-fol., front. et pl.
Cat. Fred. Muller, 1910, no. 3839, 120 flor.

— A Description of the Royal Chinese Junk « Keying ». — Fifth edition. — Printed for the Proprietors of the Junk, and sold only on board. — London, 1848, in-12, pp. 31; ill.
Jonque à l'ancre dans l'East India Dock, à Londres.

— La Chine pays de constructions navales. (*Asie française*, Oct.-Déc. 1917, pp. 193/194.)

— Fluß- und Seegefechte nach chinesischen Quellen aus der Zeit der Chou- und Han-Dynastie und der drei Reiche.

Von Friedrich Krause, Hauptmann und Batteriechef im Fußartillerie-Regiment v. Hindersin (1. Pomm.), Nr. 2. (*Mitt. Sem. f. Orient. Sprachen. Ostasiat. Studien*, Berlin, 1915, Jhrg. XVIII, pp. 61/97.)

— **La construction navale en Chine.** Par Charles Rabot. (*La Géographie*, 1916/1917, nº 5, pp. 368/369.)

Norges Handels og Sjöfartstidende.

— * Timber Rafts on The Lower Yangtze. Shanghai. Statistical Department of the Inspectorate General of Customs.

By Mr. S. F. Wright.

Notice : *Journ. N. C. B. R. As. Soc.*, L, 1919, pp. **211/212. By M.**

— A propos du mot *Sampan*. Par Noel Peri, Membre de l'Ecole française d'Extrême-Orient. (*Bull. Ecole franç. Extr.-Orient*, tome XIX, nº 5, 1919, pp. 13/19.)

— **La flottille chinoise.** Extrait de la *Rivista marittima* par **Ch. Hédon**, Chef d'escadrons d'artillerie de la marine. (*Revue mar. et coloniale*, XLVII. Nov. 1875, pp. 630/631.)

— **Le Kien-Wei**, corvette-école chinoise. (*Ibid.*, XXXVI, Février 1873, pp. 644/649.)

— **Crédits pour l'organisation de l'armée navale** (Pékin). (*Bull. Assoc. amic. franco-chinoise*, II, Janvier 1910, p. 65.)

Extr. du *Houei Pao*, **2 juin 1909.**

— **Préparation d'officiers pour la marine** [chinoise]. (*Bull. Com. Asie franç.*, Déc. 1908, p. 528.)

D'après le *N. C. Herald.*

— **Création d'écoles navales** (Pékin). (*Bull. Assoc. amic. franco-chinoise*, Juillet 1909, p. 407.)

Houei Pao, 6 mars 1909.

— **Ouverture** d'une école pour la marine de guerre (Hou-pei). (*Bull. Assoc. amic. franco-chinoise*, II, Janvier 1910, p. 67.)

Extr. du *Houei Pao*, 11 août 1909.

— **Choix** d'un port de guerre (Amoy). (*Bull. Assoc. amic. franco-chinoise*, II, Janvier 1910, p. 68.)

Extr. du *Houei Pao*, 6 octobre 1909.

— Das Seetransportwesen der Chinesischen Regierung. Ein Beitrag zur ostasiatischen Schiffahrtsgeschichte aus chinesischen Quellen. Von Dr. H. Bidder-Berlin, s. d., in-8, pp. 153/193.

Extr. de *Schmollers Jhrb.* XLV, 3.

— **Réformes** maritimes. (*Revue indo-chinoise*, 15 avril 1908, pp. 552/553.)

D'après *South China Morning Post* et *Avenir du Tonkin*.

— **La reconstitution** de la marine [en Chine]. (*Bull. Com. Asie franç.*, Oct. 1909, p. 455.)

— **Idem.** (*Ibid.*, Nov. 1909, p. 501.)

— **La réforme** de la marine [en Chine]. (*Ibid*, Déc. 1909, p. 536.)

ARSENAL DE FOU TCHEOU.

Col. 1563/1565.

— **L'arsenal** de Fou-tcheou. Par E. de Broutelles, Lieutenant de vaisseau. (*Revue mar. et coloniale*, XLII, Juillet 1874, pp. 360/361.)

A propos de la brochure de Prosper Giquel : *l'Arsenal de Fou-tcheou.*

— **L'arsenal** de Fou-tchéou. (*Revue mar. et coloniale*, XL, Janvier 1874, pp. 272/276.)

D'après les documents fournis par le contre-amiral Garnault et l'ingénieur Thibaudier.

— **L'Arsenal** maritime de Fou-tchéou. Par M. de Mathuisieulx. (*A travers le Monde*, V, 1899, pp. 246/247.)

ARSENAL DE CHANGHAI.

Col. 1565.

— **L'arsenal chinois** de Kiangnan. Par Duchaxel, Capitaine de **frégate.** (*Revue mar. et coloniale*, XXXVI, Février 1873, pp. 638/644.)

— **Les arsenaux** chinois. (*A travers le Monde*, XI, 1905, p. 24.)

Des *Neue militärische Blätter.*

— **L'arsenal** chinois de Kao-Chang-Miao. Traduit des *Mittheil. aus dem Geb. des Seewesens*, par R. Geck, Lieutenant de vaisseau. (*Revue mar. et coloniale*, XLIII, Déc. 1874, p. 962.)

— **Le ministère** de la guerre se propose de construire un arsenal (Pékin). (*Bull. Assoc. amic. franco-chinoise*, II, Janvier 1910, pp. 67/68.)

Extr. du *Houei Pao*, 11 août 1909.

Beaux-arts.

— Collection d'objets d'art de M. Thiers léguée au Musée du Louvre. — Paris, Imprimerie Jouaust et Sigaux — MDCCCLXXXIV, gr. in-4, pp. XIII-286.

Par Charles Blanc.

Col. 1569.

— De l'expression des vœux dans l'art populaire chinois. — Extrait du *Journ. asiat.* (Sept.-Oct. 1901). Paris, Imprimerie nationale. — MDCCCCI, in-8, pp. 43, 2 pl.

Ibid., IXe Série, XVIII, 1901, pp. 193/233.

— Edouard Chavannes Membre de l'Institut Professeur au Collège de France. — De l'expression des vœux dans l'art populaire chinois. Nombreuses illustrations dans le texte et hors texte. Editions Bossard, 43 rue Madame, Paris, 1922, in-8, pp. 43 + 14 pl. hors texte.

Publié à 9 fr.

— O. Schultze. — Der religiöse Einfluß auf die chinesische Kunst. (St. Gallen, *Mitt. Geogr. Comm. Ges.*, 1906, pp. 1/11.)

— Ostasiatische Kunst und ihr Einfluß auf Europa von Prof. Dr. Richard Graul, Direktor des Städt. Kunstgewerbemuseums in Leipzig. Mit 49 Abbildungen im Text und auf einer Doppeltafel. — B. G. Teubner, Leipzig, 1906, pet. in-8, pp. VI-88.

Aus Natur und Geisteswelt, 87 Bändchen.

— * N. Th. Katanoff. — Über einige Gegenstände der chinesischen Collection des Prof. N. Th. Vysotskij, Kasan, 1908, in-8, mit 4 Tafeln.

— Les bases de l'art chinois. — Par le professeur Dr Jenö de Cholnoky (Kolozsvár).

(*Cte. rendu 9e Cong. Int. Géogr.*, Genève, 1908, III, pp. 40/51; fig.)

HENRI CORDIER.

— La Chine en France au XVIIIe siècle par M. Henri Cordier Membre de l'Académie. (*Ctes-Rendus de l'Acad. des Inscr. et B. Lettres*, Nov. 1908, pp. 756/770.)

— Bibliothèque des Curieux et des Amateurs. — La Chine en France au XVIIIe siècle par Henri Cordier.... — Ouvrage illustré de seize planches hors texte. — Paris, Henri Laurens, 1910, in-4, pp. 138 + 1 f. n. ch. table des matières.

500 exempl. sur papier d'Arches + 1 sur Japon.

— Raymond Koechlin — La Chine en France au XVIIIe siècle. (*Gazette des Beaux-Arts*, Août 1910, pp. 89/103.)

— André Fontaine. — L'Art français et la Chine. (*La Revue du Mois*, 10 août 1910, pp. 236/239.)

Ouvrages de Mlle Belevitch-Stankevitch et de M. Henri Cordier.

— *Bull. Assoc. amic. franco-chinoise*, par Victor Collin. (Oct. 1910, pp. 428/429.)

— L'art chinois à Paris. (*Revue indo-chinoise*, Déc. 1910, pp. 614/617.)

∴

— J. B[ouchot]. — La Sinomanie en France au XVIIIe siècle. (La Chine, n° 20, 15 juin 1922, pp. 919/929.)

Suivi de : La Chine dans « l'Esprit des Lois », pp. VIII-21. De l'Empire de Chine, pp. 931/940.

— Le goût chinois en France au temps de Louis XIV par Mlle H. Belevitch-Stankevitch Docteur de l'Université de Paris. — Paris, Jouve & Cie, 1910, in-8, pp. XLIV-272.

Il y a des exemplaires avec des planches.
Notice : *Revue critique*, 22 sept. 1910, pp. 209/210, par J. M. V.

Col. 3153.

— ADVERSARIA SINICA by Herbert A. Giles. Nos. 2—7. — Shanghai, Kelly and Walsh, 1906—1909.

Notice : *Bull. Ecole franç. Extr.-Orient*, IX, 1909, pp. 598/600, par H. Maspero.

— — Part X. — Ibid., 1913.

Notice : *London & China Express*, March 21, 1913.

— — No. 6. . . . Ibid., 1908, pp. 145/188.

Psychic Phenomena in China. — Notes on Books. — Phrenology, Physiognomy, and Palmistry. — Swallowing Gold.

— — No 7. . . . Ibid., 1909, pp. 185/228.

Japan's Debt to China. — The Chinese Library at Cambridge. — Textual Criticism. — Art thou the Christ. — The Mariner's Compass. — The « Taxicab » in China. — A Feast : A. D. 1908.

— — Ibid., 1914, gr. in-8, pp. 438; ill.

Collection des articles précédents.
Notices : *Journ. N. C. B. R. As. Soc.*, XLIII, 1912, pp. 87/90, par R. K. W., fig.; XLVI, 1915, p. 126, par S. C.

(CORDIER.)

— Extrait du *Bull. de l'Ecole franç. d'Extr.-Orient* (Tome IX, n° 3, Juillet-Sept. 1909). Les nouvelles Revues d'Art et d'Archéologie en Chine par Paul Pelliot . . . — Hanoi, Imprimerie d'Extr.-Orient, 1909, gr. in-8, pp. 10.

— Les nouvelles Revues d'Art et d'Archéologie en Chine. Par P. Pelliot. (*Bull. Ecole franç. Extr.-Orient,* IX, Juillet-Sept. 1909, pp. 573/582.)

— Musée des Arts décoratifs — Le goût chinois en Europe au XVIIIe siècle — *Catalogue* — Meubles — Tapisseries — Bronzes — Faïences — Porcelaines — Peintures & Dessins. — Juin-Oct. 1910 — Paris, Emile Lévy, 1910, in-8, pp. 158; pl.

— Collection Alfred Forgeron — Objets d'Art de la Chine et du Japon Bronze et Bois sculpté Pièces en Jade . . . . . . Dont la Vente aura lieu Hôtel Drouot, Salle n° 6 Les Lundi 28 février, Mardi 1er et Mercredi 2 mars 1910 à 2 heures — Me André Desvouges Commissaire, priseur . . . M. Ernest Leroux expert . . . Préface par Hippolyte Buffenoir, in-4, pp. VII-90; 8 pl.

— Art Chinois. — Musée des Arts décoratifs. Par K. L. T. (*Bull. Assoc. amic. franco-chinoise*, vol. II, Juillet 1910, pp. 267/273.)

— Idem. — Collections Coope, Bennett et Kiss. Par K. L. T. (*Ibid.*, pp. 273/276.)

S. W. BUSHELL.

Col. 1569/3152.

— Board of Education, South Kensington, Victoria and Albert Museum — Chinese Art by the late Stephen W. Bushell. Volume I. With 104 illustrations. Second Edition revised. London : Printed for His Majesty's Stationery Office, by Eyre and Spottiswoode . . . 1909, in-8, pp. 160.

— Victoria and Albert Museum — Chinese Art. Stephen W. Bushell . . . — Volume II. London : Printed for His Majesty's Stationery Office. 1910, in-8, pp. XIII-158.

Il y a des exemplaires en grand papier.
Notice : *Chin. Rec.*, Oct. 1909, p. 590.

— Stephen W. Bushell. — L'art chinois — Traduit de l'anglais sur la deuxième édition et annoté par H. d'Ardenne de Tizac Conservateur du Musée Cernuschi. — Ouvrage illustré de 240 gravures hors texte. — Paris, Librairie Renouard,

(BUSHELL.)

H. Laurens, 1910, in-8, pp. IV-358 + 1 f. n. ch. tabl.

Notices : *Revue indo-chinoise*, Mai 1910, p. 469, par R. K. : Extrait du *Journal des Débats*. — *Revue indo-chinoise*, Oct. 1910, pp. 422/427, par Victor Collin ; Extrait du *Bull. de l'Assoc. amic. franco-chinoise*. — *Journ. Asiat.*, Sept.-Oct. 1910, pp. 408/410, par A. Vissière.

— Stephen Wootton Bushell. Nécrologie. (*Journ. Asiat.*, Sept-Oct. 1908, p. 354.)

Né 28 juillet 1844, mort 19 sept. 1908, à Harrow-on-the-Hill.

— Dr. S. W. Bushell. (*Geogr. Journal*, Dec. 1908, p. 630.)

Nécrologie.

— Dr. S. W. Bushell, C. M. G. Nécrologie. (*J. R. A. Soc.*, Jan. 1909, pp. 239/240.)

Oskar Münsterberg.

— Ostasiatisches Kunstgewerbe in seinen Beziehungen zu Europa-Bayern und Asien im XVI., XVII. und XVIII. Jahrhundert. Von Oskar Münsterberg. Mit 2 Heliogravüren und 28 Textillustrationen. Karl W. Hiersemann, Leipzig, 1895, in-4, pp. 30 à 2 col.

Sonderabdruck aus der *Zeitschrift des Münchener Alterthums-Vereins*. Neue Folge. VI. Jhrg. 1894.

— Die Ostasiatischen Museen in Paris. Von Dr. Oscar Münsterberg, Berlin. (*Internationale Wochenschrift f. Wissenschaft, Kunst u. Technik*, 28 nov. 1908, col. 1521/1536.)

— Influences occidentales dans l'Art de l'Extrême-Orient par O. Münsterberg. — (Extrait de la *Revue des Etudes Ethnographiques et Sociologiques*, 1909.) — Paris, Paul Geuthner, 1909, gr. in-8, pp. 22 ; 31 pl.

Notices : *Bull. Soc. amic. franco-chinoise*, II, Janvier 1910, pp. 82/83, par A. Vissière ; réimp. *Anthropos*, V, Juillet-Août 1910, pp. 829/831, par P. Fr. Biallas. — *Revue indo-chinoise*, Sept. 1910, p. 311.

— Chinesische Kunstgeschichte von Oskar Münsterberg. — Band I. *Vorbuddhistische Zeit — Die Hohe Kunst — Malerei und Bildhauerei*. — Mit 15 Kunstbeilagen und 321 Abbildungen im Text. — Esslingen a. N., Paul Neff Verlag, 1910, gr. in-8, pp. XIII + 1 f. n. ch. + pp. 350. Band II. *Die Baukunst — Das Kunstgewerbe — Bronze — Töpferei — Steinarbeiten — Buch- und Kunstdruck — Stoffe — Lack- und Holzarbeiten — Glas — Glasschmelzen — Horn, Schildpatt, Bernstein und Elfenbein*. — Mit 23 farbigen Kunstbeilagen und 675 Abbildungen im Text nach mehr als 1200 Gegenständen. — Ibid., 1912, gr. in-8, pp. XXI-500.

Notices : *T'oung Pao*, Mai 1910, pp. 303/305, par Ed. Chavannes. — *Globus*, 21 Juli 1910, p. 45, von Dr. R Stübe. — *Lond. & China Express*, July 1. — *Rev. d'Ethn. et de Soc.*, nos 9—12, 1911, pp. 350/351, par A. Van Gennep. — *Journ. N. C. B. Roy. As. Soc.*, XLII, pp. 245/246, by F. E. H. — *Anthropos*, VI, January-February 1911, pp. 218/219, par P. F. Hestermann. — *Lond. & China Express*, January 5, 1912. — *T'oung Pao*, Mars, pp. 132/133. — *Anthropos*, VII, July-Okt. 1912, pp. 813/814, par P. F. Hestermann. — *Journ. N. C. Br. Roy. As. Soc.*, XLIII, pp. 114/115, by F. E. H. — *Mitt. Sem. f. Orient. Sprachen*, XVI, *Ostasiat. Studien*, Berlin, 1913, pp. 177/181, par Ernst Boerschmann.

— R. Stübe. — Oskar Münsterbergs « Chinesische Kunstgeschichte ». (*Globus*, Braunschweig, LXXXXVIII, 1910, pp. 40/45.)

— * Oskar Münsterberg. — Vom chinesischen Kunstgewerbe. (16. Abb.) (*Westermanns Illustr. Deutsche Monatshefte*, Juli 1913.)

— — Gibt es eine autochthone chinesische Kunst ? (*Korr. Bl. D. Ges. Anthr.*, Braunschweig, XLV, 1914, pp. 40/43, 46/52.)

— — Chinesische Kunst in Amerika. Sonderdruck aus « Der Cicerone », VI. Jhrg., 1914, Heft 5/6, Verlag von Klinkhardt & Biermann in Leipzig, in-4, pp. 36.

Mit 25 Abbildungen.

Otto Kümmel.

— Kümmel. — Chinesische Figurenbilder. (*Amtl. Ber. Kunstsamml.*, Berlin, XXX, 1909, pp. 192/197.)

— — Bemalte chinesische Lacke. (*Ibid.*, XXXI, 1910, pp. 270/276.)

— * Meisterwerke chinesischer und japanischer Kunst. Sammlung Fuchs. Mit einem Geleitwort von Otto Kümmel, Stuttgart. Wilhelm Meyer-Ibschen.

Notice : *Ostasiat. Zeitsch.*, Jhrg. I, Heft 4, Januar 1913, p. 482. Par Curt Glaser (Berlin).

— Sesshū in China. Von Otto Kümmel. (*Ostasiat. Zeitsch.*, 8. Jhrg., 1919—1920, pp. 275/283.)

— Die Kunst Ostasiens von Otto Kümmel. — Mit 168 Tafeln und 5 Textabbildungen. — Bruno-Cassirer Verlag, Berlin 1921, in-4, pp. 48 + 168 ; pl.

Die Kunst des Ostens. — Herausgegeben von William Cohn. Band IV

∴

— Adolf Fischer. — Erfahrungen auf dem Gebiete der Kunst und sonstige Beobachtungen in Ostasien. Von Adolf Fischer. (*Zeit. f. Ethnolog.*, 1909, Heft I, pp. 1/21.)

— * Professor Adolf Fischer. Kleiner populärer Führer durch das Museum für Ostasiatische Kunst der Stadt Cöln. Cologne 1913, in-12, pp. 204.

Notice : *T'oung Pao*, Mai 1914, pp. 301/303. Par J. Hackin.

— Christian Art in China. By Berthold Laufer. (*Mitt. Sem. f. Orient. Sprachen*, Jhrg. XIII, 1910, pp. 100/118 ; ill.)

— * Berthold Laufer. — The Chinese Battle of the Fishes, 1 fig. (*The Open Court*, June 1913.)

— Raymond Koechlin. Les expositions d'Art Extrême-Oriental à Londres. (*Gazette des Beaux-Arts*, Oct. 1910, pp. 320/325; fig.)

— * Collection of Chinese bronze antiques. (The shimboi shoin, Tokyo, 1910, in-folio de 52 planches en héliogravure.)

Notice : *T'oung Pao*, Juillet 1911, p. 435 Par Ed. Chavannes.

— Stilprinzipien der primitiven Tierornamentik bei Chinesen und Germanen von Georg Friedrich Muth. Mit 504 Abbildungen auf 68 Tafeln. Leipzig, 1911, R. Voigtländer, in-8, pp. IX-128.

Vtes Heft : *Beiträge zur Kultur- und Universalgeschichte*. Herausgegeben von Karl Lamprecht.

Notice : *T'oung Pao*, Juillet 1911, pp. 433/434. Par Ed. Chavannes.

— Ausstellung alter Ostasiatischer Kunst in der Königlichen Akademie der Künste zu Berlin. (*Ostasiat. Zeitsch.*, I. Jhrg., Okt. 1912, pp. 335/359.)

— A. Clutton-Brock. – Chinese and European Religious Art. (*Burlington Mag.*, London, XX, 1912, pp. 197/200 with pl.)

— * W. von Bartels. — Die etruskische Bronzeleber von Piacenza in ihren Beziehungen zu den acht *kwa* der Chinesen. Berlin, J. Springer, 1912, in-8, pp. IV-274 mit 2 Tafeln.

Curt Glaser.

— Aus Museen und Sammlungen. Ausstellung alter ostasiatischer Kunst in der Königlichen Akademie der Künste zu Berlin. Von Curt Glaser (Berlin). (*Ostasiat. Zeitsch.*, Jhrg. I, Heft 3, Okt. 1912, pp. 335/359; fig.)

— * Curt Glaser. — Die Kunst Ostasiens. Der Umkreis ihres Denkens und Gestaltens. Mit 24 Bildertafeln. Inselverlag, Leipzig, 1913, in-8, pp. VIII-222.

Notice : *Ostasiat. Zeitsch.*, 2 Jhrg., 3, Okt.-Dez. 1913, pp. 360/365, par Ernst Grosse.

— Die Kunst Ostasiens. Der Umkreis ihres Denkens und Gestaltens von Curt Glaser. Zweite Auflage mit 36 Bildtafeln. Leipzig. Im Inselverlag, 1920, in-8, pp. VIII-239.

— Die Entwicklung der Gewanddarstellung in der Ostasiatischen Plastik. Von Curt Glaser. (*Ostasiat. Zeitsch.*, 4. Jhrg., 1/2, April-Sept. 1915, pp. 67/87.)

— * Otto Fischer. — Ein Werk des Tai Wên-chin? Mit 4 Abbildungen. (*Ibid.*, I, 1912—1913, p. 471.)

(Glaser.)

— Die Entwickelung der Baumdarstellung in der Chinesischen Kunst. Von Otto Fischer. (*Ibid.*, 2. Jhrg., II, Juli-Sept. 1913, pp. 157/177.)

— Catalogue of an Exhibition of Chinese Applied Art, Bronzes, Pottery, etc. City of Manchester Art Gallery, 1913. Manchester, Falkner, 1913, in-8, pp. 104.

— Chinese Art at Manchester. By F. R. (*Athenaeum*, London, 1913, I, p. 703.)

— The China Society — Symbolism in Chinese Art by W. Perceval Yetts [Read before the Society on January, 18th, 1912], in-8, pp. 28, 22 fig. dans et hors texte.

Printed by E. J. Brill, Leyden.

Notices : *Ostasiat. Zeitsch.*, Jhrg. I, Heft 4, Jan. 1913, p. 484, par William Cohn. — *Journ. N. C. B. R. As. Soc.*, XLV, p. 156, by C. D. M.

— Friedrich Muth. — Kurze Bemerkungen zu der Frage : wie verläuft die ornamentale Entwicklung bei den Chinesen? (*Ostasiat. Zeitsch.*, 2. Jhrg., 3, Okt.-Dez. 1913, pp. 334/346.)

R. Petrucci.

— Société Franco-Japonaise de Paris — Deux Chroniques Extrême-Orientales par M. Raphaël Petrucci. — Extrait des *Bulletins*, n° XXV et XXVI-XXVII. Mars et Juin-Sept. 1912. Paris, Bibliothèque de la Société, 1912, in-8, pp. 6/7.

— * R. Petrucci. — L'exposition d'Art bouddhique au Musée Cernuschi. (*Bull. Assoc. amic. franco-chinoise*, V, 3 juillet 1913.)

— — L'Art bouddhique en Extrême-Orient d'après les découvertes récentes. (*Gazette des Beaux-Arts*, Sept. 1911, pp. 193/213.)

Ernest F. Fenollosa.

— Epochs of Chinese & Japanese Art. An Outline History of East Asiatic Design by Ernest F. Fenollosa, Formerly Professor of Philosophy in the Imperial University of Tokio, Commissioner of Fine Arts to the Japanese Government, etc. London, William Heinemann, MCMXII, 2 vol. in-4, pp. XXXVII-204, XIV-212.

Notices : *The Athenaeum*, Oct. 26, 1912. — *London & China Express*, January 3, 1913. — *Journ. N. C. B. R. As. Soc.*, XLIV, 1913, pp. 160/166, par John C. Ferguson. — *Bull. Ecole franç. Extr.-Orient*, XIII, 1913, n° 7, pp. 56/58, par N. Péri.

— Ursprung und Entwicklung der chinesischen und japanischen Kunst. Von Ernest F. Fenollosa. Ins Deutsche übertragen von Fr. Milcke. Durchgesehen und bearbeitet von Shinkichi Hara, wissenschaft-

(Petrucci. — Fenollosa.)

lichem Assistenten am Museum für Kunst und Gewerbe in Hamburg. Erster Band. Mit 78 zum Teil farbigen Tafeln und zwei Zeichnungen im Text. Leipzig 1913. Karl W. Hiersemann, in-4, pp. XXVIII, 228. — Zweiter Band. Mit 113 zum Teil farbigen Tafeln. Ibid., in-4, pp. XI-240.

— * E. F. Fenollosa. — L'Art en Chine et au Japon (adaptation et préface par G. Migeon); avec 197 gravures en noir et 16 planches en couleur. Paris, Hachette, 1913, in-8.

Notices : *T'oung Pao*, Déc. 1913, pp. 792/793. Par Ed. Chavannes. *Asie française*, Juin 1914, pp. 267/268. — *Revue Critique*, 7 février, pp. 117/120, par Henri de Curzon.

∴

— * A. Breuer. — Die Ausstellung chinesischer und japanischer Drucke im Britischen Museum. Mit 5 Abbildungen. (*Ostasiat. Zeitsch.*, I, 1912—1913, p. 221.)

— A Catalogue of Japanese & Chinese Woodcuts preserved in the Sub-Department of Oriental Prints and Drawings in the British Museum by Laurence Binyon Assistant-Keeper in charge of the Sub-Department. Printed by order of the Trustees sold at the British Museum and by Messrs. Longmans & Co., . . . 1916, in-8 carré, pp. LII-605, fig. hors texte.

— Musée Cernuschi. — 4e Exposition des Arts de l'Asie *Art bouddhique,* Inde, Chine, Japon, Tibet. Avril-Mai-Juin 1913, in-8, pp. 13 + 2 ff. n. ch.

Par Victor Goloubew, H. d'Ardenne de Tizac.

— L'exposition d'Art bouddhique au Musée Cernuschi. — Extrait du *T'oung Pao,* vol. XIV. — E. J. Brill, Leide, 1913, in-8, pp. 28; 1 pl.

T'oung Pao, 1913, pp. 261/286.

— Guide illustré du Musée Guimet de Lyon Chalon-sur-Saône — 1913, in-16, pp. 191.

Chine, pp. 90/154.

— Herbert Müller (Peking). — Darstellungen von Europäern in einem chinesischen Dorftempel. (*Ostasiat. Zeitsch.*, 2. Jhrg., Heft 2, Juli-Sept. 1913, pp. 225/227.)

— Ausstellung chinesischer und japanischer Neuerwerbungen im Museum of Fine Arts zu Boston. Von William Cohn. (*Ostasiat. Zeitsch.*, Jhrg. I, Heft 4, Januar 1913, p. 478.)

— * William Cohn. — Chinesische und japanische Kunst. (*Der Neue Orient,* IV, pp. 11/12.)

ARS ASIATICA.

— Ars Asiatica. Etudes et Documents publiés sous la direction de Victor Goloubew.

— I. La Peinture chinoise au Musée Cernuschi Avril-Juin 1912, par Edouard Chavannes et Raphaël Petrucci — Bruxelles et Paris, G. Van Oest & Cie, 1914, gr. in-4, pp. 98 + 1 p. n. ch. (tabl.) + 47 pl.

25 exempl. sur Japon numérotés 1 à 25.

— — II. Six Monuments de la Sculpture chinoise par Edouard Chavannes Membre de l'Institut. Ibid., 1914, gr. in-4, pp. 40 + 1 p. n. ch. (tabl.) + 52 pl.

15 exempl. sur Japon numérotés 1 à 15.

— — III. Sculptures çivaïtes par Auguste Rodin, Ananda Coomaraswamy E.-B. Havell et Victor Goloubew. Ibid., 1921, gr. in-4, pp. 28 + pp. 2 n. ch. + 47 pl.

15 exempl. sur Japon numérotés 1 à 15.

Notice : *New China Review,* August 1921, pp. 320/321.

— — IV. Sculptures chames au Musée de Tourane. Par H. Parmentier, Architecte diplomé par le Gouvernement, Chef du Service archéologique de l'Ecole française d'Extrême-Orient. Ibid., 1922, gr. in-4, pp. 87 + 30 pl.

∴

— Max R. Funke. — Chinesische Kunsttradition. (*Monats. Kunstw.*, Leipzig, V, 1914, pp. 106/184.)

— * Otto Franke. — Zur Geschichte des Kêng Tschi T'u. Ein Beitrag zur chinesischen Kunstgeschichte und Kunstkritik. Mit 19 Abbildungen. (*Ostasiat. Zeitsch.*, 1914—1915, p. 169.)

— * Winifred Reed Tredwell. — Chinese Art Motives interpreted. G. P. Putnam's Sons. New York, London, 1915. With 23 Illustrations, in-8, pp. XIII-110.

Notice : *Journ. N. C. B. R. As. Soc.*, XLVII, 1916, p. 151.

— Chinesische Kunstwerke in Japan und in China. Von Ernst Grosse. (*Ostasiat. Zeitsch.*, 4. Jhrg., 1/2, April-Sept. 1915, pp. 88/108.)

JOHN C. FERGUSON.

— * Outlines of Chinese Art. — John C. Ferguson. Being the Scammon Lectures for 1918. With Index of names in Chinese and Roman Characters. Published for the Art Institute of Chicago by the University of Chicago Press, 1919, in-8, pp. 263; 96 ill.

Notices : *Journ. Roy. As. Soc.*, July 1920, pp. 368/372, by W. Perceval Yetts. — *Journ. N. C. B. R. As. Soc.*, LI, 1920, pp. 182/184, by Arthur Stanley.

— An Examination of Chinese Bronzes, *Ku t'ung ch'i k'ao*. By John C. Ferguson. (*Annual Report Smithsonian Institution*, 1914, pp. 587/592); [with 14 plates].

— Chinese Art and Modern Vandals. (*The Chinese Review*, vol. I, June 1914, pp. 111/112.)

Times of May 2nd.

— A Curious Chinese Plate. (*Connoisseur*, London, XXXVIII, 1914, p. 168.)

— Chinese Curios. (*Ibid.*, p. 170.)

— H. Schubart. — Das Chinesische T'ing-Stil. (*Zeitsch. Bauw.*, Berlin, LXIV, 1914, pp. 497/526, 734/760.)

— R. L. Hobson. — A new Chinese Masterpiece in the British Museum. (*Burlington Mag.*, London, XXV, 1914, pp. 69/72 with pl.)

— E. A. Voretzsch. — Chinesische Sammlungen. (*Ostasiat. Zeitsch.*, 3. Jhrg., Heft 1, April-Juni 1914, pp. 93/101.)

— Chinesische Kunst bei den Hunnen. Von Zoltán V. Takács. (*Ibid.*, 4. Jhrg., Okt.-Dez. 1915, pp. 174/188.)

— Alfred Salmony (Cöln). — China. — Kenner und die Wissenschaft. (*Ostasiat. Zeitsch.*, IV. Jhrg., Okt.-Dez. 1915, pp. 201/202.)

— Stilkritische Studien zur Kunst Chinesisch-Turkestans. Von Artur Wachsberger. (*Ibid.*, III. Jhrg., Heft 3, Okt.-Dez. 1914, pp. 277/325; Heft 4, Jan.-März 1915, pp. 424/450, ill.; IV. Jhrg., 1/2, April-Sept. 1915, pp. 12/57.)

Aus den Arbeiten des Kunsthistorischen Instituts der Universität Wien.

— Art Treasures of the East. (*Asia*, 1917, pp. 58/60, 63/64, 137/139, 220/221, ill.)

Col. 3547.

— The Beginnings of Buddhist Art and other Essays in Indian and Central-Asian Archaeology by A. Foucher of the University of Paris. Revised by the Author and translated by L. A. Thomas and F. W. Thomas. With a Preface by the Latter. Paris, Paul Geuthner, London, Humphrey Milford, MCMXVII, in-8, pp. XVI-316; ill.

— Early Buddhist Art by Christopher Irving. (*New China Review*, no. 1, March 1919, pp. 77/86.)

— * P. S. Reinsch. — Artistic Past of China, 1917/1918.

— The grotesque in Chinese Art. By Gerald Willoughby-Meade. (*Asiatic Review*, April 1918, pp. 186/209.)

Read before the China Society at the School of Oriental Studies, London, on February 28, 1918.

(DIVERS.)

— Die politische Karikatur in China. Von E. Krebs. (*Ostasiat. Zeitsch.*, VIII. Jhrg., 1919/1920, pp. 268/274.)

— Vereeniging van vrienden der Aziatische Kunst | Société des Amis de l'Art asiatique. — Catalogus der Tentoonstelling van Oost-Aziatische Kunst | Catalogue de l'Exposition d'Art d'Extrême Orient. — In het Stedelijk Museum te Amsterdam van 14 sept.—15. oct. 1919 au Musée Municipal d'Amsterdam du 14 sept. au 15 oct. 1919, in-8, pp. 110 + 3 ff. n. ch. + 20 pl.

— * Abel Bonnard. — Le goût du bibelot. Pékin, 1920, pp. 18, hors-texte.

Collection de la « Politique de Pékin ».

— Greek and Chinese Art Ideals. — Arthur Stanley Honorary Curator of the Shanghai Museum. (*Journ. N. C. B. R. As. Soc.*, LI, 1920, pp. 13/24.)

Read before the Society, Oct. 3rd, 1919.

— O. Jaeckel. — Das Problem der Chinesischen Kunstentwicklung. (*Zeitsch. f. Ethnol.*, LII—LIII, 1920/1921, pp. 493/518.)

— The Rubaiyat of Omär Khayyam. Lotus Library Publications No. 1, in-4, pl. hors texte.

Fraser & Neave, Singapore, [1921]. Les planches sont dessinées par un artiste chinois.

— Two art objects from the Collection of R. D. Abraham, Esq. (*New China Review*, Vol. III, Dec. 1921, p. 469, pl.; Vol. IV, Feb. 1922, p. 43, pl.; April 1922, p. 114, pl.; June 1922, p. 233; Oct. 1922, p. 391, pl.; Dec. 1922, pp. 468/469, 1 pl.)

— Some Elements in the chinese Renaissance. By Ph. de Vargas, Docteur ès Lettres (Concluded). (*Ibid.*, pp. 234/247.)

Paper read before the Wen Yu Hui Peking, February 15, 1922.

— Les Arts de l'Asie. — Les Animaux dans l'Art chinois. Cinquante planches en héliogravure et en couleurs. Introduction et Notices par H. d'Ardenne de Tizac, Conservateur du Musée Cernuschi. Librairie centrale des Beaux-Arts Albert Lévy, Paris, s. d. [1923], in-fol., pp. 7, 50 pl. et table des pl., pp. 2 n. ch.

— V.-F. Weber. — « Ko-ji Hô-ten ». Dictionnaire à l'usage des Amateurs et Collectionneurs d'objets d'art japonais et chinois . . . . . Chez l'auteur, 45 Avenue de Wagram, Paris, 1923, in-fol.

En préparation.

— Spontaneity. By Dr. Zoltán de Takács. (*New China Review*, IV, Dec. 1922, pp. 464 467.)

(DIVERS.)

PEINTURE.

— Museum of Fine Arts, Boston. — Department of Japanese Art. A Special Exhibition of Ancient Chinese Buddhist Paintings, lent by the Temple Daitokuji, of Kioto, Japan. Catalogue: Printed for the Museum by Afred Mudge & Son, 1894, in-8, pp. 37, 1 pl.

— Chinese Pictures Notes on Photographs Made in China by Mrs. J. F. Bishop .... Casseli and Co., London, 1900, in-8 carré, pp. VII-126.

HERBERT A. GILES.

— An Introduction to the History of Chinese Pictorial Art by Herbert A. Giles, M. A., LL. D. (Aberd.), Professor of Chinese in the University of Cambridge. With Illustrations. Shanghai, Kelly & Walsh, 1905, in-8, pp. x + 1 f. n. ch. + pp. 178 + 1 f. n. ch.; pl.

Printed by E.-J. Brill. — Leyden.

Notice : *T'oung Pao*, 1905, p. 251.

— — Second Edition, 1918, in-8.

Notices : By H. L. Joly. (*The Asiatic Review*, January 1919, pp. 137/140.) — *New China Review*, March 1919, pp. 101/104. — *Journ. N. C. B. R. As. Soc.*, L, pp. 220/221.

— Art thou the Christ. By Herbert A. Giles, M. A., LL. D. (Aberd.), Professor of Chinese in the University of Cambridge. (*Adversaria Sinica*, pp. 215/218.)

Voir col. 1570.

— Christ in the « Li tai shen hsien t'ung chien. » — A Letter from Dr. H. A. Giles. (*Journ. N. C. B. R. As. Soc.*, LIII, 1922, pp. 238/246.)

— Über chinesische Malerei. — Von Frau Olga-Julia Wegener (Berlin). — Auszug. (*Cte-rendu 9e Cong. Int. Géogr.*, Genève 1908, III, p. 39.)

— * *Tchong kouo ming houa tsi* 中國名畫集. « Recueil des peintures célèbres de la Chine » (Revue artistique publiée à *Chang-hai* par la maison d'édition *Yeou tcheng chou kiu* 有正書局; cinq fascicules petit in-folio, parus d'Octobre 1908 à Mai 1909.)

Notice : *T'oung Pao*, Oct. 1909, pp. 515/530. Par Ed. Chavannes.

LAURENCE BINYON.

— Painting in the Far East an Introduction to the History of Pictorial Art in Asia especially China and Japan by Laurence Binyon. London, Edward Arnold. 1908, gr. in-8, pp. XVI-287, 30 pl.

Notice : *Edinburgh Review*, July-Oct 1910, pp. 450/476.

— — Second Edition revised throughout. London, Edward Arnold, 1913, gr. in-8, pp. XVIII + 1 f. n. ch. + pp. 295, 39 pl.

Notice : *Journ. N. C. B. R. As. Soc.*, XLIV, 1913, pp. 157/160, par John C. Ferguson.

— British Museum. — Guide to an Exhibition of Chinese and Japanese Paintings (Fourth to Nineteenth Century A. D.) in the Print and Drawing Gallery. Printed by order of the Trustees, 1910, in-8, pp. 46.

— —. Guide to an Exhibition of Japanese and Chinese Paintings principally from the Arthur Morrison Collection. Printed by order of the Trustees, 1914, in-8, pp. 24.

Par Laurence Binyon.

— Wisdom of the East. The Flight of the Dragon. An Essay on the theory and practice of Art in China and Japan, based on original sources by Laurence Binyon. London, John Murray, 1911, pet. in-8, pp. 112.

Notices : *Journ. N. C. B. R. As. Soc.*, XLIII, 1912, pp. 86/87, by F. W. A. — *Ostasiat. Zeitsch.*, I, January 1913, pp. 482/483, par Curt Glaser.

— Admonitions of the Instructress in the Palace. A Painting by Ku K'ai-chih .. in the Department of Prints and Drawings, British Museum reproduced in coloured woodcut Text by Laurence Binyon, Assistant-Keeper in the Department. London. Printed by order of the Trustees of the British Museum 1912, in-8, pp. 30 + 1 f. n. ch.

London : Printed by William Clowes and Sons.

« The present reproduction has been executed by Japanese artists; the wood blocks have been engraved by S. Sugisaki and printed in colours by Y. Urushibara.

« This is the first time that a painting in a European Museum has been reproduced by the Japanese methods which have become famous through the illustrations to the 'Kokka', and the sumptuous publications of the Shimbi Shoin. »

Cf. *Burlington Magazine*, January 1, 1904.

Notices : *Journ. R. As. Soc.*, January 1914, pp. 215/218, by Lionel Giles. — *T'oung Pao*, Mars 1914, pp. 167/171, par Ed. Chavannes. — *Ostasiat. Zeitsch.*, 3. Jhrg., I, April-Juni 1914, pp. 105/108, par Otto Fischer.

— Note sur la peinture de Kou K'ai-tche conservée au British Museum. Par Edouard Chavannes. (*T'oung Pao*, Mars 1909, pp. 76/86.)

— Ku K'ai-chih's scroll in the British Museum. — John C. Ferguson, Ph. D. (*Journ. N. C. B. R. As. Soc.*, 1918, pp. 101/110.)

— The Art of Asia. By Laurence Binyon. Reprinted from the Transactions of the Japan Society of London, vol. XIV, in-8, pp. 23, pl.

From the *Transactions of the Japan Society*, vol. XIV. — Read at the Meeting of the 24th Nov. 1915.

— A Catalogue of Japanese & Chinese Woodcuts preserved in the Sub-Department of Oriental Print and Drawings in the British Museum by Laurence Binyon, Assistant-Keeper in charge of the Sub-Department. Printed by order of the Trustees. Sold at the British Museum . . . 1916, in-8, pp. LII-605.

Oscar Münsterberg.

— Oscar Münsterberg. — Einfluß Westasiens auf ostasiatische Kunst in vorchristlicher Zeit. (*Zeitsch. f. Ethn.*, 1908, II, Heft II, pp. 257/262.)

— — Chinesische Figurenmalerei. (*Westermanns Monatsh.*, Braunschweig, CV, 1909, II, pp. 686/695.)

— Leonardo da Vinci und die chinesische Landschaftsmalerei. Von Oscar Münsterberg. Mit 13 Abbildungen im Text und auf 2 Tafeln, in-4.

Sonderabdruck aus der Zeitschrift *Orientalisches Archiv* . . . Verlag von Karl W. Hiersemann in Leipzig, pp. 92/100 à 2 col. [1910.]

Notice : *T'oung Pao*, Mars 1911, p. 102, par Ed. Chavannes.

Raphael Petrucci.

— Extension de l'Université libre de Bruxelles. — L'Art d'Extrême-Orient par R. Petrucci, Collaborateur scientifique à l'Institut de Sociologie. Bruxelles, Imprimerie A. Maeck-Jaminon, 1909, in-8, pp. 40.

— Raphael Petrucci — La Philosophie de la Nature dans l'Art d'Extrême-Orient illustré. D'après les Originaux des Maîtres du Paysage des VIIIe au XVIIe Siècles de Quatre gravures sur bois de K. Egawa et S. Izumi. Tirées en couleurs par T. Tamura et T. Wada. Neuf héliotypies et une planche double en héliogravure Exécutées à Tokyo par les soins de The Kokka Publishing Co. — Paris, Librairie Renouard. H. Laurens, éditeur, in-fol., pp. IV-160 + 1 p. n. ch.

Achevé d'imprimer le 28 déc. 1910 par Paul Hérissey, d'Evreux. — Tiré à 365 exemplaires numérotés.

Notices : *Bull. Ecole franç. Extr.-Orient*, tome XII, n° 9, Hanoi, 1912, pp. 128/131. Par Noel Péri. — *Journ. N. C. B. R. As. Soc.*, XLIII, 1912, pp. 85/86, by F. W. A. — *Ostasiat. Zeitsch.*, I, Jan. 1913, pp. 482/483, par Curt Glaser.

(Münsterberg. — Petrucci.)

— Les Grands Artistes. Leur Vie — Leur Œuvre — Les Peintres Chinois par Raphaël Petrucci. Etude critique illustrée de vingt-quatre planches hors texte. Paris, Henri Laurens, s. d. [1912], in-8, pp. 126 + 1 f. n. ch. [tab.].

Notices : *Revue indo-chinoise*, Avril 1913, p. 484. — *Ostasiat. Zeitsch.*, 3. Jhrg., 3, Okt.-Dez. 1914, pp. 379,380, par Otto Fischer.

— * Chinese Painters. By Raphael Petrucci. Translated by Frances Seaver, with a biographical note by Laurence Binyon. New York, Brentano, in-8, pp. 155, 25 pl.

— Le *Kie tseu yuan houa tchouan* traduit et commenté par R. Petrucci. (*T'oung Pao*, Mars 1912, pp. 43/96, pl.; Mai, pp. 155/204; Juillet, pp. 313/350.)

Notice : *Bull. Ecole F. E. O.*, XII, 1912, p. 109, par Léonard Aurousseau.

— *Kiai-tseu-yuan houa tchouan.* Les Enseignements de la Peinture du Jardin grand comme un Grain de Moutarde. Encyclopédie de la Peinture Chinoise traduction et commentaires par Raphaël Petrucci, augmentés d'une préface d'un dictionnaire biographique des peintres et d'un vocabulaire des termes techniques Illustrés d'environ cinq cents gravures. — Paris, Librairie Renouard. — Henri Laurens, éditeur, 1918, in-folio, pp. XII-519.

Tiré à 550 exemplaires numérotés. — Imprimé par E. J. Brill, Leyde, Hollande.

Petrucci † 17 février 1917, à Paris. — Chavannes a terminé la révision de l'ouvrage.

Notice : *Journ. Asiat.*, Mars-Avril 1918, pp. 321/329, suivie de I. Bibliographie des publications de R. Petrucci, pp. 339/341, et de II. Legs de R. Petrucci à la Soc. Asiatique, pp. 341/345.

— Louis Laloy. — La Peinture chinoise d'après un ouvrage récent. (*Le Correspondant*, 10 mars 1923, pp. 894/906.)

— Morceaux choisis d'esthétique chinoise. Traduits et Commentés par R. Petrucci. (*Ostasiat. Zeitsch.*, I. Jhrg., Januar 1913, pp. 395/402.)

Fragments du XIe siècle : I. Discours sur la peinture par Kouo Hi de la dynastie des Song. — II. Discours sur la peinture par Kouo Sseu. — III. Discours sur la peinture par Sou Che [Sou T'oung-p'o], de la dynastie des Song.

— R. Petrucci. — Tchao Mong-fou Peintre chinois du XIIIe et du XIVe siècle. (*Revue de l'Art ancien et moderne*, XXXIV, 1913, pp. 171/185.)

— — Kou K'ai-tche Peintre chinois du IVe siècle. (*Ibid.*, XXXV, 1914, pp. 169/182; 8 fig.)

— Une Exposition d'Œuvres d'Art d'Extrême-Orient. — Bronzes antiques, Po-

(Petrucci.)

teries, Jades. — Les Portraits funéraires chinois. Par Raphaël Petrucci. (*Gazette des Beaux Arts,* Août 1916, pp. 317/332.)

Exposition organisée par Mme Langweil, rue de Varenne, du 5 mai au 20 juin 1916, au profit de l'œuvre « La Renaissance des foyers en Alsace ».

— Les peintures bouddhiques de Touen-houang (Mission Stein), par M. R. Petrucci. (*Annales Musée Guimet* . . . , Conférences faites au Musée Guimet en 1914, Paris, Imp. Nat... — MDCCCCXVI, pp. 115/140; 8 pl.)

— Shôtoku Taishi. Par R. Petrucci. (*Journ. asiat.*, Mars-Avril 1916, pp. 364/365.)

† 621.

— Raphaël Petrucci. Nécrologie par Edouard Chavannes. (*T'oung Pao*, Juillet 1916, pp. 391/393.)

∴

— Sammlung Hermann Emden Hamburg. Zweiter Teil : Ostasiatische Kunst — Japan und China. Ausstellung Sonnabend, den 16. Okt. bis Montag, den 18. Okt. 1909 . . . . Versteigerung Dienstag, den 19. Okt. bis Freitag, den 22. Okt. . . . . Rudolph Lepke's Kunst-Auction-Haus, Berlin, in-4, pp. 48; 36 pl.

MUSÉE GUIMET.

— La peinture chinoise au Musée Guimet par Tchang Yi-tchou et J. Hackin — Catalogue — Paris, Paul Geuthner, 1910, in-8, pp. 74.

Appendice par Charles Eudes Bonin.

— Annales du Musée Guimet — Bibliothèque d'Art — Tome quatrième — La Peinture chinoise au Musée Guimet par Tchang Yi-tchou et J. Hackin. — Paris, Paul Geuthner, 1910, Album in-4 oblong; 16 pl. + pp. VII-97.

— La peinture chinoise au Musée Guimet, par L. Dimier. (*Bull. Assoc. amic. franco-chinoise*, vol. II, Juillet 1910, pp. 279/281.)
Extrait de l'*Action française*, du 10 juillet 1910.

∴

— Catalogue de Peintures Chinoises Anciennes et Paravents Anciens en Laque Polychrôme & Champlevé de la Collection de Mme F. Langweil Exposés du 5 au 30 Décembre 1911 dans les Galeries Durand-Ruel, 16 rue Laffitte. Ce Catalogue a été rédigé par Mrs Tchangyi, Tchou et J. Hackin du *Musée Guimet*. De 10h à 6h. Dimanches et Fêtes exceptés. Paris MCMXI, in-8, pp. 37 + 1 f. n. ch.

Recto du dern. f. n. ch. : Frazier-Soye, graveur-imprimeur, 153 à 157, rue Montmartre, Paris.

— * Three Essays on Oriental Painting. By Sei-Ichi Taki, Editor of the « Kokka ». London, Bernard Quaritch, 1910, in-8, pp. 74, with pl.

Notice : *Lond. & China Express*, Dec. 2, 1910.

— * William Cohn. — Die Malerei in der Ostasiatischen Kunstabteilung der Berliner Museen (Sonderabdruck aus « Der Cicerone », Heft 23, 2. Jhrg., 1910). — Leipzig, in-4, pp. 31; 25 ill. dans le texte.

Cicerone, Leipzig, II, 1910, pp. 779/810.
Notice : *T'oung Pao*, Juillet 1911, pp. 431/433. Par Ed. Chavannes.

— Pictorial Art of Asia by Soissons. (*Contemporary Review*, vol. XCIX, Jan.-June 1911, pp. 571/586.)

— Early Chinese Paintings, Pottery and Bronzes. (*Athenaeum*, London, 1911, p. 665.)

— Les peintures ethnographiques de Li Long-mien. (Ch. Eudes Bonin, *Les Royaumes des Neiges* [Etats Himalayens], Paris, 1911, pp. 297/301.)

— Collection d'un Amateur — Objets d'Art, de la Corée, de la Chine et du Japon . . . dont la vente aura lieu à Paris Hôtel Drouot, Salle no 1 du Lundi 27 au Jeudi 30 mars . . . Paris, Ernest Leroux, 1911, in-4, pp. VIII-98; pl.

878 numéros.
Collection Victor Collin de Plancy.

— * Fans Painted by Famous Artists. The Commercial Press, Shanghai.

Notice : *Journ. N. C. B. R. As. Soc.*, XLIII, 1912, p. 108.

— 1ère Année Avril 1912 no 1 Parisia — La IIIe Exposition des Arts de l'Asie au Musée Municipal Cernuschi, 7 Avenue Velasquez (Parc Monceau) — Paris, rue Guersant, 45bis, gr. in-8, pp. 32; ill.

La peinture chinoise ancienne. — Les jades archaïques. — La Verrerie. — Les Jardins chinois. — Liste des Exposants.

— Musée Cernuschi. — Exposition de Peintures Chinoises anciennes Catalogue sommaire Avril-Mai-Juin 1912, in-16, pp. 88 + 3 ff. n. ch., 16 pl.

Préf. signée : Victor Goloubew, H. d'Ardenne de Tizac.

— Victor Goloubew. — Un peintre chinois du XIe siècle. — Li Long-mien. (*Gazette des Beaux-Arts,* Avril 1914, pp. 277/296.)

— Albert Maybon. — La peinture chinoise au Musée Cernuschi. (*L'Art décoratif,* 20 mai 1912, pp. 315/320, pl.)

— La Peinture en Orient et en Extrême-Orient par le Marquis de Tressan. Chine, Japon, Mésopotamie, Perse, Inde Musulmane. 100 Illustrations hors texte et dans le texte. — 4 Planches en couleurs.

(*L'Art et les Artistes,* Numéro spécial, Octobre 1913, gr. in-8, pp. 56.)

— A Catalogue of old Chinese Paintings and Drawings, together with a complete Collection of Books on Chinese Art. London, Probsthain, 1913, in-8, pp. 26.

— H. Hackmann. — Die Malweise der Chinesen. (*Geist d. Ostens,* München, I, 1913, pp. 65/76.)

OTTO FISCHER.

— Aus Museen und Sammlungen. Ein Werk des Tai wên-chin. Von Otto Fischer (München). (*Ostasiat. Zeitsch.*, I. Jhrg., Heft 4, Jan. 1913, pp. 471/475; fig.)

— * Otto Fischer. — Eine Landschaftsrolle des Sesshu (8 Abbild.). (*Kunst und Künstler,* XI, 9 juin 1913.)

— China und Japan. Eine psychologische Erörterung auf dem Gebiet der Malerei. Von Otto Fischer. (*Ostasiat. Zeitsch.*, 6. Jhrg., Heft 3/4, Okt. 1917—März 1918, pp. 161/179.)

— Achtzehn Stilarten der chinesischen Figurenmalerei. Von Otto Fischer. (*Ibid.*, 8. Jhrg., 1919—1920, pp. 85/102.)

— * O. Fischer. — Chinesische Landschaftsmalerei, 1921, in-4, 51 pl. et ill.

BERTHOLD LAUFER.

— A Chinese Madonna. By Berthold Laufer. Field Museum, Chicago, in-8, pp. 8.

Reprinted from *The Open Court,* January 1912.

— Christian Art in China. By Berthold Laufer. in-8, pp. 19 et 20 pl.

Sonderabdruck aus den *Mitteilungen des Seminars für Orientalische Sprachen zu Berlin.* Jhrg. XIII. — Abt. I. — *Ostasiat. Studien.* — Berlin 1910.

— Persische Miniaturen und Chinesische Malereï. Von B. Laufer (Chicago). (*Ostasiat. Zeitsch.*, Jhrg. I, Heft 3, Okt. 1912, pp. 391/392.)

— * Berthold Laufer. — The Development of Ancestral Images in China. (*Journ. of Religious Psychology*, VI, April 1913.)

— The Wang Ch'uan t'u, a landscape of Wang wei. By Berthold Laufer. (Sonderabdruck aus der « Ostasiatischen Zeitschrift » [The Far East] Jhrg. I, Heft I, herausgegeben von Otto Kümmel und William Cohn), in-4, pp. ch. 28/55; ill.

— Wang Chu'an 輞川圖. By John C. Ferguson. (*Ostasiat. Zeitsch.*, 3. Jhrg., I, April-Juni 1914, pp. 51/60.)

— A. E. Grantham. — Wang-Ch'uan (Manoir d'un artiste chinois). (*La Chine,* n° 18, 15 mai 1922, pp. 739/753.)

— — * Wang Wei, paysagiste. — Pékin, 1922, pp. 24 et 2 fig. hors texte.

Collection de la « Politique de Pékin ».

∴

— Lewis Einstein. — Some Notes on Chinese Paintings. (*Burlington Mag.*, London, XXI, 1912, ¹/₂, pp. 185/193, with 2 pl.)

— Curt Glaser. — Alte ostasiatische Kunst. (*Kunst u. Künstler,* Berlin, XI, 1912, pp. 163/169.)

— Early Chinese Paintings. (*Athenaeum,* London, 1912, p. 600.)

— Smithsonian Institution — United States National Museum Bulletin 78 — The National Gallery of Art — Catalogue of a Selection of Art Objects from the Freer Collection exhibited in the new Building of the National Museum. April 15 to June 15, 1912. Washington, Government Printing Office, 1912, in-8, pp. 37 + 1 f. n. ch.

Japanese and Chinese Paintings and Painters.

— * Otto Kümmel. — Die Chinesische Malerei im Kundaikwan Sayüchōki. (*Ostasiat. Zeitsch.*, I, 1912—1913, pp. 14, 196.)

— — Chinesische Gemälde in China und Japan. (*Ibid.*, 6. Jhrg., ³/₄, Okt. 1917/März 1918, pp. 289/292.)

— * Shinkichi Hara. — Ausstellung chinesischer Gemälde in der Gallerie Commeter. (*Ibid.*, I, 1912—1913, p. 93.)

WOU TAO-TSEU.

— * Zeichnungen nach Wu Tao-tze aus der Götter- und Sagenwelt Chinas. Herausgegeben von F. R. Martin. F. Bruckmann, München, 1913, in-folio oblong, 51 tabl. et v-12 pp. de texte.

— Zeichnungen nach Wu Tao-tze. Von William Cohn. (*Ostasiat. Zeitsch.,* 4. Jhrg., Okt.-Dez. 1915, pp. 197/200.)

∴

— * P. Carus. — Kwan Yin Pictures and their Artists. (*Open Court,* XXVII, April 1913, p. 683.)

— Joachim Benn. — Das Kölner Museum für ostasiatische Kunst. (*Rheinlande*, Düsseldorf, XIII, 1913, pp. 455/462.)

— Voir Simon A. Cunha, *Variétés sinologiques* no. 37, 1914, col. 3569.

— Ars Asiatica. Etudes et Documents publiés sous la direction de Victor Goloubew. — I. La Peinture chinoise au Musée Cernuschi Avril-Juin 1912 par Edouard Chavannes et Raphaël Petrucci. Bruxelles et Paris, G. Van Oest, 1914, in-4, 1 f. n. ch. + pp. 98 + 1 f. n. ch.; 47 pl.

Notices : *Lond. & China Express*, Dec. 19, 1913. — *Journ. R. As. Soc.*, Oct. 1914, pp. 1119/1122, by W. Perceval Yetts. — *Journ. N. C. B. R. As. Soc.*, XLV, 1914, pp. 148/149, par A. S.

— * Catalogue of a Special Exhibition of Chinese Paintings at the Metropolitan Museum of Art in New York. By J. C. Ferguson, 1914. With 15 ill.

Notice : *Journ. N. C. B. R. As. Soc.*, XLVI, 1915, p. 142, par A. S.

— * Georg Reismüller. — Chinesische Malerei. (*Bayerische Staatszeitung*, II, 13 Juli 1914.)

Zur Ausstellung in der Galerie Caspari.

— * Garrett Chatfield Pier. — Two Chinese Paintings (2 pl.). (*Art in America*, Oct. 1914.)

— * E. A. Strehlneek. — Chinese Pictorial Art. Illustrated by coloured and collotyped reproductions from the author's collection with descriptions and notes on the History of drawing, writing, etc., translated from Standard Chinese Authors. Commercial Press, Shanghai, 1914, pp. 73.

Notice : *Journ. N. C. B. R. As. Soc.*, XLVI, 1915 p. 142, par A. S.

— * Guide to an Exhibition of Paintings, Manuscripts and other Archaeological Objects collected by Sir A. Stein in Chinese Turkestan. London, 1914, pp. 58.

— * Catalogue of Chinese Paintings Ancient and Modern. The property of Mr. Liu Sung Fu : compiled by Florence Wheelock Ayscough, 1914.

Notice : *Journ. N. C. B. R. As. Soc.*, XLVI, 1915, p. 142, par A. S.

— * Early Chinese Painting. By William E. Gates. The Aryan Theosophical Press. Point Loma, California. 1916.

Notice : *Journ. N. C. B. R. As. Soc.*, XLVIII, 1917, pp. 212/213. By A. S.

— * Chinese Paintings. By Madame Wu Hsing-fên. 1915.

Notice : *Journ. Roy. As. Soc.*, January 1917, pp. 192/194. By W. P. Y.

— The Peterson Collection of Chinese Paintings and Lyrics inspired by them. By Barbara Scott. (*Asia*, Nov. 1917, pp. 729/731, ill.)

(Divers.)

— * F. W. Gookin. — Catalogue of a Loan Exhibition of ancient Chinese Paintings, Sculptures and Jade Objects from the Collection formed by Charles Lang Freer. Art Institute of Chicago, 1917, pp. 53; 9 Abb.

— * Notes on Chinese Painting with Reproductions from my collection. By R. D. Abraham.

Notice : *Journ. N. C. B. R. As. Soc.*, XLVIII, 1917, p. 226. By. F. A.

— T'ang and Sung Paintings : From the Collection of Vladimir G. Simkhovitch. (*Asia*, July 1918, pp. 561/568.)

Reproductions.

— Exhibition of Chinese Paintings and T'ang Sculptures. Collection Jessel. By F. A. A. (*Journ. N. C. B. R. As. Soc.*, XLV, p. 171.)

— A Ming Dynasty Painting. (*New China Review*, May 1919, p. 164; pl.)

— Des Devaraja des Wei-ch'ih I-seng. Von Herbert Mueller. (*Ostasiat. Zeitsch.*, 8. Jhrg., 1919—1920, pp. 299/309; 1 pl.)

— La peinture et la gravure européennes en Chine au temps de Mathieu Ricci, par Paul Pelliot. (*T'oung Pao*, Janvier 1920—1921, pp. 1/18.)

— Snow in Far Eastern Painting. By Kojiro Tomita. (*Asia*, Dec. 1922, pp. 969/971; ill.)

— Die chinesische Landschaftsmalerei. Orbis Pictus, Bd. 4. Vorwort v. Alfred Salmony. Berlin, E. Wasmuth, s. d., in-8, pp. 15; 48 pl.

— An Index of Chinese Artists represented in the Sub-Department of Oriental Prints and Drawings in the British Museum by Arthur Waley Assistant in the Sub-Department. Printed by order of the Trustees Sold at the British Museum . . . 1922, in-8, pp. XII-112.

Préface de Laurence Binyon.

Notices : *T'oung Pao*, Oct. 1922, pp. 322/362, par P. Pelliot. — *Journ. R. As. Soc.*, April 1923, p. 273.

— Arthur Waley. — Ricci and Ch'i-ch'ang. (*Bul. of The School of Oriental Studies*, Vol. II, Part II, 1922, pp. 342/343.)

Cf. Christian Art by B. Laufer, *Mitt. d. Sem. f. Orient. Sprache*, 1910.

— L'Art de l'Orient. — Le lavis en Extrême-Orient par E. Grosse. Traduction de Charlotte Marchand, 161 planches hors texte. Les Éditions G. Crès & Cie., Paris, in-4, pp. 43, pl.

Imp. A. Wohlfeld, Magdebourg.

Ed. française d'une collection publiée par Bruno Cassirer sous la direction de William Cohn.

(Divers.)

— British Museum, Set 8, Chinese Art. 15 Pictorial Postcards. Price 1 sh.

SCULPTURE.

— E. Erkes. — Ahnenbilder und buddhistische Skulpturen aus Altchina. (Leipzig, *Jahrb. Mus. Völker*, V, 1911—1912, 1913, pp. 26/32 m. 5 Taf.)

— Musée des Arts décoratifs Exposition d'estampages d'anciennes sculptures chinoises du 11 janvier au 12 février 1912, pet. in-8, pp. 18.

Paris, Imprimerie générale Lahure.

— Chinese Sarcophagi. By Berthold Laufer. (*Ostasiat. Zeitsch.*, I. Jhrg., Okt. 1912, pp. 318/334.)

Cf. J. Lampiey, *Transactions of the Royal Institute of British Architects*, 1867.

— Orbis Pictus | Weltkunst-Bücherei. Herausgegeben von Paul Westheim. — Band 5 : Asiatische Monumentalplastik. Mit einem Vorwort von Karl With. — Verlag Ernst Wasmuth A. G. Berlin, in-4, s. d., pp. 12 + 2 pp. n. ch. + 48 pl.

— — Band 12 : Chinesische Kleinplastik. Otto Burchard. — Verlag Ernst Wasmuth A. G. Berlin, in-4, pp. 10, 48 pl.

— Two early Chinese Statues. (*Burlington Mag.*, London, XXIV, 1913, pp. 109/110.)

— Victor Goloubew. — Notes sur quelques sculptures chinoises. (*Ostasiat. Zeitsch.*, 2. Jhrg., Heft 3, Okt.-Dez. 1913, pp. 326/340.)

— Victor Goloubew. — Notes sur quelques sculptures chinoises avec 10 figures, in-4, pp. ch. 326/340.

Sonderabdruck *Ostasiat Zeitsch.* Herausgegeben von Otto Kümmel und William Cohn Jhrg. II, Heft 3, Oesterheld & Co, Verlag, Berlin 1913.

— Alexander Scott. — Buddhistic Art. (Philadelphia Pa., *Mus. J.*, V, 1914, pp. 58/61.)

— — A carved Ivory Tablet and some other examples of Buddhistic Art with Notes by Dousand Ap. (Philadelphia Pa., *Ibid.*, pp. 62/114.)

— Early Chinese Sculpture. (*Burlington Mag.*, London, XXV, 1914, pp. 40 with 2 pl.)

— Hamilton Bell. — An early bronze Buddha. (*Burlington Mag.*, London, XXV, 1914, pp. 144/153, with 2 pl.)

— C. W. B[ishop]. — Two sculptured Chinese Heads. (Philadelphia Pa., *Mus. J.*, V, 1914, pp. 136/140.)

— Ars Asiatica. II. Six Monuments de la Sculpture chinoise par Edouard Chavannes, Membre de l'Institut. Bruxelles et Paris, G. Van Oest, 1914, in-4, pp. 40 + 1 f. n. ch., 52 pl.

— * Klas Fåhräus. — Tva kinesiska Stenhufvud. (2 ill.) (*Vor Tid*, Kopenhagen, Okt. 1914.)

— Die Entwicklung der Gewanddarstellung in der ostasiatischen Plastik. Von Curt Glaser. (*Ostasiat. Zeitsch.*, 3. Jhrg., Heft 4, Januar-März, 1915, pp. 393/423; ill.)

— * Curt Glaser. — Chinesische Skulpturen. Bemerkungen über die Ausstellung Perzyński. (*Kunst und Künstler*, XII, p. 4.)

— Zur altchinesischen Plastik. Erläuterung einiger Neuzugänge im Münchener Ethnographischen Museum von L. Scherman. Mit 22 Abbildungen. Vorgelegt am 3. Juli 1915. München 1915. Verlag der Königlich Bayerischen Akademie der Wissenschaften in Kommission des G. Franzschen Verlags (J. Roth), in-8, pp. 62; ill.

Tirage à part des *Sitzungsberichte der Königlich Bayerischen Akademie der Wissenschaften, philosophisch-philologische und historische Klasse*, Jhrg. 1915, 6. Abh.

— * J. E. L. — Introduction to the Collections of Chinese Sculpture. (9 fig.) (*Museum of Fine Arts Bulletin*, No. 78, 1915.)

— * S. C. Bosch Reitz. — Catalogue of an Exhibition of Early Chinese Pottery and Sculpture in the Metropolitan Museum of Art, New York. With Introduction on Chinese and Corean Potteries by R. L. Hobson, and Appendix on Keramic Wares of the Sung Dynasty by Rose Sickler Williams. With Glossary of Chinese Terms. 1916, gr. in-8, pp. xxvii-139; 142 ill. hors texte, représentant les 343 spécimens décrits.

— * Oscar Münsterberg. — Chinesische Marmorfiguren. (4 Abb.) (*Der Kunstwanderer*, I, 1, Novemberheft, 1917.)

— 雲崗石窟. Rock-Carvings om [*sic*] the Yun-kang Caves, Selected by Shinkai Taketaro, Member of the Art Committees to the Imperial Household Nakagawa Tadayori, Engineer of the Department of Education Photographs by Yamamoto Akira & Kishi Masakatsu. Published by Bunkyudō, Tokyo and Yamamoto Photographic Studio, Peking, 1921, 200 planches in-fol., dans un carton.

Voir Chavannes, col. 3515/3518.

PAUL MALLON.

— Collection Paul Mallon décrite par Gaston Migeon Conservateur au Musée du Louvre

Professeur à l'Ecole du Louvre. Premier Fascicule, 58 Boulevard Flandrin, in-folio, 13 pl. dont 2 en couleurs, avec texte explicatif.

— Collection Paul Mallon décrite par Gaston Migeon [et] Alexandre Moret Conservateur des Antiquités Egyptiennes au Musée Guimet. Deuxième Fascicule avec la collaboration de Maurice Pezard, Attaché au Musée du Louvre, ... A Paris, 58 Boulevard Flandrin et chez Paul Geuthner, in-folio, 23 pl.

— Quatorze Sculptures indiennes de la Collection Paul Mallon décrites par Victor Goloubew. A Paris, 58 Boulevard Flandrin, in-folio.

∴

— W. R. Giles — Cave Temples in China Exquisite Sculpture Revealed in Mountain Caverns. (*Asia*, March 1918, pp. 234/236; ill.)

— Museum für Ostasiatische Kunst | Köln. Band I. Alfred Salmony. Die chinesische Steinplastik. Berlin, 1922, Verlag für Kunstwissenschaft, in-4, pp. 71 dont les pp. 25/71 sont des pl.

— H. d'Ardenne de Tizac. — Les estampages de pierres sculptées chinoises. (*Art et Décoration*, Août 1922, pp. 33/42; fig.)

ARCHITECTURE.

— * W. Halfpenny. — New Designs for Chinese Temples, Triumphal Arches, Garden Seats, Palings, etc., on 14 copper plates. 1750, in-8.

— — Rural Architecture in the Chinese taste, being designs entirely new for the decoration of Gardens, Parks, Forests, insides of houses, etc. on 60 copper-plates with full instructions for workmen, also a near estimate of the charge, and hints where proper to be erected. Third Edition. — With numerous illustrations. 1755, in-8, pp. 814.

— Chinese Architecture. By Stephen W. Bushell. (*Annual Report . . . Smithsonian Institution for the year ending June 30*, 1904. Washington 1905, pp. 677/692.)

Chapter III. Chinese Art by Stephen W. Bushell.

— C. Ito. — Architecture (Chinese). (*Encyclop. of Religion and Ethics* ed. by J. Hastings. Edinb., I, 1908, pp. 693/696.)

GISBERT COMBAZ.

— Les Palais impériaux de la Chine. Par Gisbert Combaz . . . Des Presses de Vromant, Bruxelles, 1909, in-8, pp. 163, 30 pl. et ill.

Tiré des *Annales de la Société d'Archéologie de Bruxelles*, tome XXI, 3e et 4e livraisons 1908, pp. 425/583.

Notice : *T'oung Pao*, Juillet 1909, pp. 387/388, par Ed. C[havannes].

— Gisbert Combaz. — Les temples impériaux de la Chine. (*Ann. de la Soc. roy. d'Archéologie de Bruxelles*, XXVI, 1912, pp. 223/323.)

Notice : *T'oung Pao*, Mai 1913, p. 309, par Ed. C[havannes].

∴

— Der ostasiatische Einfluß auf die Baukunst des Abendlandes, vornehmlich Deutschlands, im 18. Jahrhundert von F. Laske, Professor an der Techn. Hochschule zu Berlin, Königl. Baurat. Mit 97 Abb. im Text und einer Tafel. Berlin 1909, Wilhelm Ernst & Sohn, in-8, pp. 116.

ERNST BOERSCHMANN.

— Architektur- und Kulturstudien in China. Von Ernst Boerschmann. (*Zeitsch. f. Ethnologie*, 1910, Heft 3 u. 4, 1910, pp. 390/426; ill.)

— Zur ostasiatischen Kunstgeschichte. Aus Anlaß eines neueren Werkes über chinesische Baukunst. Von P. Ferd. Hestermann, S. V. D., St. Gabriel-Mödling. (*Anthropos*, tome VIII, fasc. 4, 5. Juillet-Oct. 1913, pp. 836/853; fig.)

A propos de :

Ernst Boerschmann, P'u T'o Shan, die Heilige Insel der Kuan Yin, der Göttin der Barmherzigkeit. Bd. I; Die Baukunst und religiöse Kultur der Chinesen. in-4, XIX, p. 203. Mit 208 Bildern und 33 Tafeln. Berlin, Georg Reimer, 1911. — Voir col. 3317.

— Die Baukunst und religiöse Kultur der Chinesen. Berlin, 1911, Georg Reimer.

Notice : *Zeitsch. f. Ethnol.*, 1913, pp. 188/189, par Otto Messing.

— Chinese Architecture and its Relation to Chinese Culture. [With 10 plates.] By Ernst Boerschmann. (*Annual Report of the Smithsonian Institution for the year ending June 30*, 1911, pp. 539/567.)

Rep. from the *Zeitsch. f. Ethnol.*, 1910, pp. 390/426.

— Baukunst und Landschaft in China. Von Regierungsbaumeister Ernst Boerschmann. (*Zeitsch. d. Ges. f. Erdk. zu Berlin*, 1912, pp. 321/365; pl., plans, cartes, fig.)

— * Ernst Boerschmann. — Gedächtnistempel 祠堂 Tzé Tang. Mit zahlr. Abb.

u. 36 Tafeln. Berlin, 1914, Georg Reimer, in-4, pp. xxiv-288, 212 Abb.; 36 pl.

Die Baukunst und religiöse Kultur der Chinesen. Bd. II.

Notices : *Ostasiat. Zeitsch.*, 7. Jhrg., 1/2, April-Sept. 1918, pp. 141/143, par Max Kutschmann. — *Bull. Ecole franç. Extr.-Orient*, XIV, nº 9, 1914, pp. 68/72, par Léonard Aurousseau. — *Mitt. Sem. f. Orient. Sprachen, Ostasiat. Studien*, Berlin 1915, Jhrg. XVIII, pp. 298/299. — *Anthropos*, IX, Mai-August 1914, p. 686, par P. F. Hestermann. — *Lond. & China Express*, June 19, 1914.

∴

— Les piliers funéraires et les lions de Ya tcheou fou par M. Marcel Dieulafoy. (*Ctes. rendus Ac. Insc. et B. Lettres*, 1910, pp. 362/377.)

— A. Volpert. — Die Ehrenpforten in China. (*Orient. Archiv*, Leipzig, I, 1911, pp. 140/148, 190/195, mit 4 Tafeln.)

— Portiques chinois. (*Rel. de Chine*, Kiang-Nan, Juillet 1913, pp. 175/184; fig.)

— — (Suite). Par Louis Hermand, S. J. (*Ibid.*, Janvier 1914, pp. 326/333; fig.)

— * Friedrich Mahlke. — Chinesische Dachformen, Neuer Versuch zur Wiederlegung der Zelttheorie (Sonderdruck aus « Zeitschrift für Bauwesen », 1912; in-4, 26 pages avec 74 fig. dans le texte et 3 pl. hors texte.)

Notice : *T'oung Pao*, Mai 1913, pp. 302/303, par Ed. C[havan.es].

— F. Baltzer. — Chinesische Architektur. (*Die Kunstwelt*, Berlin, III, 1913, pp. 192/198, 7 Abb.)

— * D. J. Kavanagh. — Marvels of Chinese Architecture. Shanghai, 1915.

— Chinese Pagodas. (*Journ. N. C. B. R. As. Soc.*, XLVI. 1915, pp. 45/57.)

Read before the Society, May 13, 1915.

— The Splendor of Chinese Architecture. By Luther Anderson. (*Asia*, June 1917, pp. 278/285.)

— Magnificence of Manchu Palaces. (*Ibid.*, Aug. 1917, pp. 449/456; ill.)

— Les Tours funéraires par J. de Moidrey, S. J. (*Rel. de Chine*, Kiang-Nan, Juillet-Oct. 1919, p. 244; ill.)

— The fire-proof warehouses of Lin-an. By C. M. (*New China Review*, II, April 1920, pp. 207/210.)

— Notes on *Li-min* and *T'a-fang*. By C. M. (*Ibid.*, II, October 1920, pp. 490/491.)

— Tours Chinoises. Par Jean de la Brousse. (*Rel. de Chine*, Kiang-Nan, Janvier 1922, pp. 35/46; ill.)

— — II. Les T'a, Tours Chinoises après l'introduction du Bouddhisme. Par Jean de la Brousse. (*Ibid.*, Avril 1922, pp. 110/123, ill.; Juillet, pp. 169/176; Oct. pp. 223/230, fig.)

— China. Erster Teil: Das Land der Mitte. Ein Umriß von E. Furhmann. — Zweiter Teil: Der Tempelbau. Von Dr. B. Melchers. — China. I. Band, 1921. Folkwang-Verlag, G. m. b. H., Hagen i. W., in-4, pp. 42 + 147 pl.

Schriften-Serie. Geist, Kunst und Leben Asiens. Herausgegeben Karl With. Band IV u. V: China. 1921. Folkwang-Verlag. G. m. b. H., Hagen i. W.

— China. Der Tempelbau. Die Lochan von Ling-yän-sï. Ein Hauptwerk buddhistischer Plastik von Bernd Melchers. China. II. Band, 1921. Folkwang-Verlag, G. m. b. H., Hagen i. W., in-4, pp. 146 n. ch. + 18 pl.

MUSIQUE.

— * B. T. Gilman. — On some Psychological Aspects of the Chinese Musical System. Reprint, in-8, pp. 48, with Notes. 1892, 3 sh.

— * F. Dawes. — Chinese Music and Instruments. 1893.

— A List of the Musical and other Sound-Producing Instruments of the Chinese. By A. C. Moule, B. A. Trinity College, Cambridge. (*Journ. N. C. B. R. As. Soc.*, XXXIX, 1908, pp. 1/160 + 1 p. n. ch. + 13 pl.)

— Music in the Chinese Church by the Rev. F. L. Norris, Church of England Mission, Peking. (*Chin. Rec.*, April 1909, pp. 179/184.)

— Church Music. By Rev. D. Z. Sheffield, D. D. (*Ibid.*, pp. 184/189.)

— What the Missionary Can do for Church Music in China. By C. S. Champness, Wesleyan Mission, Yiyang, Hunan. (*Ibid.*, pp. 189/194.)

— A Symposium of Opinion Upon Church Music in China prepared by W. Nelson Bitton. (*Ibid.*, pp. 195/213.)

— A. Bonsey. — Chinese Hymnology and Church-Music. (*Ibid.*, May 1909, pp. 283/286.)

— Cerdannes. — La musique chinoise. (*Comœdia illustré*, 1er sept. 1909, pp. 487/488.)

— * Beiträge zur Erforschung der chinesischen Musik nach phonographischen Aufnahmen. Inaugural-Dissertation zur Erlangung der Doktorwürde, genehmigt von der philosophischen Fakultät der Friedrich-Wilhelms-Universität zu Berlin, vorgelegt von Erich Fischer, aus Kreuzlingen in der Schweiz. Tag der Promotion: 9. März 1910. Leipzig, Druck von Breitkopf & Härtel, 1910, in-8, pp. 32, 1 pl.

— Erich Fischer. — Beiträge zur Erforschung der chinesischen Musik. (*Sammelbde. intern. Musikgesch.*, Leipzig, XII, 1911, pp. 153/206, mit 2 Tafeln.)

— Les Musiciens célèbres. — La Musique chinoise par Louis Laloy. Etude critique illustrée de douze reproductions hors texte. Paris, Henri Laurens, s. d. [1910], pet. in-8, pp. 126 + 1 p. n. ch., tab. des grav.

Notices : *Rev. Ethnog. et Soc.*, 1910, p. 186, par A. v. Gennep. — *T'oung Pao*, Mai 1910, pp. 299/300, par Ed. Chavannes. — *Bull. Assoc. amic. franco-chinoise*, vol. II, Juillet 1910, pp. 300/301, par A. Mancini, Directeur de l'Ecole nationale de Musique de Caen. — *Revue indo-chinoise*, Oct. 1910, p. 428.

— The Music of China. By Thomas W. Kingsmill. (*Journ. N. C. B. R. As. Soc.*, XLI, 1910, pp. 26/56; fig., tableau.)

— La Musique en Chine par Georges Soulié, Vice-Consul de France. (Extrait du *Bulletin de l'Association Franco-Chinoise.*) Paris, Chez Ernest Leroux, 1911, in-8, pp. 119; ill.

Paris, Imp. Paul Dupont.

Avait paru dans le *Bull. de l'Assoc. franco-chinoise*, 1910, Janvier, pp. 13/23; Juillet, pp. 238/268; Oct., pp. 369/394.

— Essai historique sur la Musique classique des Chinois avec un Appendice relatif à la Musique coréenne. — Thèse pour le Doctorat présentée à la Faculté des Lettres de Lyon par Maurice Courant... (Extrait de l'*Encyclopédie de la Musique et Dictionnaire du Conservatoire.* [En préparation.]) Paris, Ch. Delagrave, s. d. [1912], gr. in-8, pp. ch. 77 à 241 à 2 col.

Notices : *Anthropos*, IX, Janvier-Avril 1914, pp. 353/356, par P. Fr. Biallas, S. V. D. — *Bull. Ecole franç. Extr.-Orient*, XIII, 1913, pp. 52/54, par N. Péri. — *Etudes*, 20 juillet 1913, pp. 287/288, par G. Mathieu. — *T'oung Pao*, Mai 1913, pp. 291/298, par Louis Laloy.

— W. Munn. — Chinese Music. (*Church Missionary Rev.*, London, LXIII, 1912, pp. 532/536.)

— M. Gabriel Sizes. — La résonance multiple des gongs et des tam-tams chinois. (*Assoc. franç. pour l'Avanc. des Sciences, Cte. rendu de la 41e Session*, Nîmes 1912, pp. 160/161.)

— G. P. Green. — Some Aspects of Chinese Music and some thoughts and impressions on Art Principles in Music. London, Reeves, 1913, in-8, pp. 149.

— Music as a means of education. By Alfred Westharp. (*The Chinese Review*, vol. I, July 1914, pp. 154/160.)

Lecture delivered at Wu Pan College.

— * Klabund. — Dumpfe Trommel und berauschter Gong. Nachdichtungen chinesischer Kriegslyrik. Inselverlag, Leipzig, 1915, in-16, pp. 45.

Inselbücherei Nr. 183.

— Le Système musical par G. Mathieu. (*T'oung Pao*, Juillet 1914, pp. 339/381; fig.; Oct. 1915, pp. 489/514; Mars et Mai 1917, pp. 31/48; Mars 1918—1919, pp. 41/49; Janvier 1920—1921, pp. 40/50; Déc. 1920—1921, pp. 355/360.)

— Chinese Opera. By William L. Hall. Illustrations by Gertrude Emerson. (*Asia*, April 1918, pp. 323/325.)

— * F. M. v. Hornbostel. Berlin-Steglitz. — Ch'ao-t'ien-tze. Eine chinesische Notation und ihre Ausführungen. Sonderabdruck aus dem Archiv für musikwissenschaftliche Forschung in E., Bückeburg, 477/498 S. S. Großoktav, geh. Bückeburg-Leipzig 1919.

XIII. — LANGUE ET LITTÉRATURE.

Origines. — Études comparées.

Col. 1579.

— Le P. de Prémare a consacré à l'origine des caractères chinois un opuscule spécial, le 六書實義 *Lieou chou che yi*, ou «Véritable sens des six [espèces de] caractères», daté de 1721 et signé du pseudonyme de 溫古子 Wen-kou-tseu. Rémusat en a dit un mot (*Nouv. Mél. Asiat.*, II, 274). Un exemplaire envoyé à Fourmont est à la Bibl. Nationale (Fourmont, nº XX); un autre avait été envoyé à Fréret en 1723. La Vaticane possède deux exemplaires (Borgia, Cinese, 357 [10] et 443 [4]), dont le second avait été donné à Montucci par Klaproth en 1816. Un exemplaire se trouve à la Bibl. Vittorio Emmanuele, Fº Gesuitico 1257 (87). (Pelliot.)

Col. 1585.

— О Корневомъ . . . . Aj. 88 pages impr. + 176 pages lithogr.

Compte rendu par A. Pozdnéev dans *Zapiski V. O. I. R. A. O.*, III, pp. 137/138. (Pelliot.)

— Анализъ . . . . 53 + 127 pages.

Compte rendu par A. I[vanovskii] dans *Zapiski V. O. I. R. A. O.*, III, pp. 279/285. (Pelliot.)

— * Moreau de Dammartin. — Origine de la forme des caractères alphabétiques de toutes les nations, des clefs chinoises, des hiéroglyphes égyptiens etc. Paris, 1839, in-folio.

— Chinese Translations of Sanskrit Texts. [March 1861.] (Max Müller, *Chips from a German Workshop*, I, 2 ed., 1868, pp. 292/304.)

Méthode sanscrite de Julien.

— * E. Denison Ross. — Alphabetical List of the Titles of Works in the Chinese Buddhist Tripitaka, being an Index to Bunyiu Nanjio's Catalogue and to the 1905 Kioto reprint of the Buddhist Canon. — Calcutta, Superintendent Government Printing. 1910; in-8, pp. XCVII.

Notice : *Bull. Ecole franç. Extr.-Orient*, Oct.-Déc. 1910, pp. 704 707. Par Léonard Aurousseau.

— The Preface to the Fan-i-ming-i, a sanskrit Chinese glossary. Translated into English by E. Denison Ross. (*T'oung Pao*, Juillet 1910, pp. 405/409.)

∴

Col. 1587.

— The Accadian Affinities of Chinese. By C. J. Ball, M. A. . . . (*Trans. Ninth Int. Cong. Orient. London*, 1892, II, pp. 677/728.)

— Chinese and Sumerian, by C. J. Ball, M. A., D. Litt. Lecturer in Assyriology in the University of Oxford. Oxford University Press; London : Humphrey Milford, 1913, in-4, pp. XXIII-151 + 14 pp. de signes.

Notices : *T'oung Pao*, Mai 1914, pp. 300/301, par Henri Cordier. — *Journ. N. C. B. R. As. Soc.*, XLV, pp. 157/159, by R. W. — *Ostasiat. Zeitsch.*, 4. Jhrg., 1/2, April-Sept. 1915, pp. 186/189, par O. Franke.

— * Chinese and Sumerian. By L. C. Hopkins. (*Proc. Soc. Biblical Archaeology*, 1915.)

— Chinese and Sumerian by Rev. Hugh W. White, D. D. (*New China Review*, II, February 1920, pp. 37/43; planche.)

— Henry Dugout, S. J. — Atlas philologique élémentaire. — Essai de Classification géographique des langues actuellement parlées. — Imprimerie de l'Orphelinat de T'ou-sè-wè Zi-ka-wei (près Chang-hai, Chine), in-8, pp. v-104; cartes.

∴

(ORIGINES. — ÉTUDES COMPARÉES.)

— Chinesisch-arabische Glossen. Von Martin Hartmann. (*Mitt. Sem. f. Orient. Sprachen*, Jhrg. XIII, 1910, pp. 261/294; ill.)

— Idem, in-8, pp. 34 + 2 pl.

Sonderabdruck aus den *Mitteilungen des Sem. f. Orient. Sprachen zu Berlin*. Jhrg. XIII. — Abt. I. Ostasiatische Studien, 1910.
Notice : *Bull. Ecole franç. Extr.-Orient*, Oct.-Déc., 1910, pp. 707/708, par Léonard Aurousseau.

— C. C. Hosseus. — Siamesische Stämme in Südchina und Französisch-Indochina. (*Petermanns geogr. Mitt.*, Gotha, LVII, 1911, II, pp. 199/200.)

— The Relation of Chinese and Siamese. — W. Clifton Dodd. (*Journ. N. C. B. R. As. Soc.*, LI, 1920, pp. 1/12.)

— * G. V. Strong. — Common Chinese-Japanese Characters. In-8.

Col. 1588.

— A. Conrady. Zu seinem fünfundzwanzigjährigen Dozentenjubiläum. (*Ostasiat. Zeitsch.*, IV. Jhrg., Januar-März 1916, p. 316.)

Né 28 avril 1864 à Wiesbaden.

— Über die dem Anschein nach unregelmäßige Verdoppelung des *n*-Lautes in einigen japanischen Wörtern chinesischen Ursprungs. Von Pietro Silvio Rivetta. (*Mitt. Sem. f. Orient. Sprachen, Ostasiat. Studien*, Berlin, 1914, Jhrg. XVII, pp. 194/205.)

— Quelques mots annamites d'origine chinoise. Par Henri Maspero, Professeur à l'Ecole française d'Extrême-Orient. (*Bull. Ecole franç. Extr.-Orient*, t. XVI, n° 3, 1916, pp. 35/39.)

— Idem, br. gr. in-8, pp. 5.

Extrait du *Bull. Ecole franç. Extr.-Orient.*, tome XVI, n° 3, 1916.

— The Kinship of the english and Chinese languages. — George Lanning, Historiographer to the Shanghai Municipal Council. (*Journ. N. C. B. R. As. Soc.*, XLVIII, 1917, pp. 91/114.)

— The reconstruction of ancient Chinese by Bernhard Karlgren. (*T'oung Pao*, Mars 1922, pp. 1/42.)

Lexicographie.

DICTIONNAIRES ET VOCABULAIRES.

Col. 1591.

— «Voyez aussi les *Mélanges asiatiques*, t. Ier, p. 81.» *Lire* «t. II». (Pelliot.)

(LEXICOGRAPHIE.)

ROBERT MORRISON.

Col. 1593.

The Public | Are hereby respectfully informed, that there is now Publishing at Macao, | in China, | a | DICTIONARY OF THE CHINESE LANGUAGE; | to consist of three parts. . . The Author of the above Work, the Rev. R. MORRISON, has directed his attention to the collection of materials for it during the last ten years. . . Canton, China, November 3, 1817. . . . Printed by P. Thoms, Macao.

[Prospectus du Dictionnaire de Morrison, 1 placard in-folio imprimé des 2 côtés, donnant aussi la liste des souscripteurs et des personnes chez qui on peut souscrire. A Paris, c'est chez Abel-Rémusat.] (Pelliot). — Voir col. 1593.

« Un exemplaire du Prospectus du Dictionnaire de Morrison est à la Vaticane. »

« Il y a une réimpression photolithographique du Dictionnaire de Morrison, faite à Changhai en 1879, et que Leroux (Catal. de 1902, n° 297) vendait 25 francs. Le format est très réduit; chaque page contient 4 pages de l'original; les caractères sont si petits qu'on les lit difficilement. » (Pelliot)

Col. 1603.

— Aj. Карманный Русско-Китайскій словарь, изданіе Пекинской Духовной Миссій, Pékin, Impr. de la mission ecclésiast. russe, 1906, pet. in-8, pp. III + 774.

C'est une refonte très complète du dictionnaire du P. Isaïe. (Pelliot)

— * J. A. Winn. — A Vocabulary of the Hokien Dialect, as spoken at Amoy and Singapore. Singapore 1866, in-8.

In manuscript, the Chinese is in the English type.

— * English-Chinese Vocabulary of the Shanghai Dialect, prepared by a Committee of the Shanghai Vernacular Society. 1901, pet. in-4, à 2 col.

Col. 1599.

— * A Syllabic Dictionary . . . by S. Wells Williams. 1903, in-4.

HERBERT A. GILES.

Col. 1611.

— Chinese-English Dictionary. By Herbert A. Giles, Professor of Chinese in the University of Cambridge, some time H. B. M. Consul at Ningpo. Second Edition, revised and enlarged. Hongkong: Kelly & Walsh. London: Bernard Quaritch. 1909—1912.

Notices: *Lond. & China Express*, june 18, 1909; dec. 27, 1912, *suppl.*, p. 1. By G. M. H. Playfair; february 18, 1910; sept. 16, 1910; oct. 27, 1911. — *Journ. N. C. B. R. As. Soc.*, XL, 1909, pp. 117/119, by J. C. F.; XLV, pp. 165/167, by J. C. F.

— * The Best Hundred Characters, by Herbert A. Giles, LL. D. Kelly & Walsh, 1919.

Notice: *New China Review*, I, December 1919, pp. 637/638.

— * D. Mac Iver. — A Hakka Index to the Chinese-English Dictionary of H. A. Giles and to the Syllabic Dictionary of S. Wells Williams. 1904, in-8.

— The Character 痺 *pi*. By H. A. Giles. (*New China Review*, Oct. 1920, p. 491.)

Cf. vol. II. (*Ibid.*, pp. 148/149.)

Col. 1611, 1612, 3155.

— Lexicographische Beiträge. Von E. von Zach. Heft I/IV. Peking, 1902—1906.

Notice: *Anthropos*, V, Januar-Februar 1910, pp. 291/292. Par P. Wg. M. Ibler, S. V. D.

— E. v. Zach. — Kritische Miscellen. — (*Mitt. d. Deutsch. Ges. f. Natur- u. Völkerk. Ostasiens*, XIII, Teil 1, pp. 19/40.) — Tōkyō, Hōbunsha, 1910.

Notice: *Bull. Ecole franç. Extr.-Orient*, Oct.-Déc. 1910, pp. 708/709. Par Léonard Aurousseau.

— Einige Verbesserungen zu Palladius' Kitaisko-Russki Slowarj von E. von Zach. — Sonderabdruck aus den « Mitteilungen der Deutschen Gesellschaft für Natur- und Völkerkunde Ostasiens », Bd. XII, Teil 1. — Wiederabdruck nur mit Angabe der Quelle gestattet. — Tokyo, Druck der Hobunsha, 1900, in-8, pp. 19.

— Notes by L. C. Arlington mostly on Giles' Dictionary. (*New China Review*, I, August 1919, pp. 440/442; Oct., pp. 534/541; Dec., pp. 630/636; 1920, Oct., pp. 491/499; 1921, February, pp. 69/73; April, pp. 140/145; June, pp. 233/236; August pp. 313/319.)

— The characters 汐 Hsi and 潮 Ch'ao. By L. C. Arlington. (*Ibid.*, vol. IV, February 1922, pp. 40/42.) — By A. C. Moule. (*Ibid.*, Oct., pp. 392/394.)

— The character 汐 Hsi. By Professor H. A. Giles, LL. D. (*Ibid.*, III, Dec. 1921, pp. 423/428; 470/473.)

— Sinological Notes by L. C. Arlington. (*Ibid.*, vol. IV, February 1922, pp. 52/61; April, pp. 134/147; Oct., pp. 408/417; Dec., pp. 505/508, 511/512.)

— Notes by Prof. E. H. Parker. (*Ibid.*, pp. 64/65.)

— Questions on some points in Giles' Dictionary by A. C. Moule. (*Ibid.*, April 1922, pp. 128/133.)

— * The Triglot Vocabulary. English, Malay, Chinese. — American Mission Press. Singapore, 1904, in-12.

Col. 1601.

— * An English and Cantonese Dictionary. . . By John Chalmers. . . Seventh Edition, revised and enlarged by T. K. Dealy. 1907, in-8.

Col. 1604.

— * An Alphabetic Dictionary of the Chinese Language... By Rev. R. S. Maclay... and Rev. C. C. Baldwin. Revised Edition, 1898.

Col. 1612.

— * An English and Chinese Dictionary... by Kwong Ki Chiu. 1913, in-8.

E. J. Eitel.

Col. 1616.

— * A Chinese-English Dictionary in the Cantonese Dialect. By Dr. Ernest John Eitel. Revised and enlarged by Immanuel Gottlieb Genähr, of the Rhenisch Missionary Society. Hong-Kong: Kelly & Walsh, 1912.

Notices : *Journ. Roy. As. Soc.*, Oct. 1911, pp. 1172—1176. By J. Dyer Ball; Jan. 1913, pp. 223/224. — *Lond. & China Express*, oct. 7, 1910; oct. 11, 1912.

— A Chinese-English Dictionary in the Cantonese Dialect by Dr. E. J. Eitel, revised and enlarged by J. G. Genähr. Besprochen von F. Hartmann in Paderborn. (*Mitt. d. Sem. f. Orient. Sprachen, Ostasiat. Studien*, Jbrg. XIV, 1911, pp. 375/381.)

— Ernst Johann Eitel. Nécrologie. Par H. C[ordier]. (*T'oung Pao*, Mars 1909, pp. 92/94.)

Séraphin Couvreur.

Col. 1617.

— Dictionnaire classique de la langue chinoise. Troisième édition. Ho Kien Fou, 1911, gr. in-4.

Col. 1618.

— *The Cantonese-Made-Easy Vocabulary... By J. Dyer Ball. 3rd edition revised and enlarged. 1908, in-8.

Col. 1618/1619.

— * An English-Cantonese Pocket Dictionary. By J. Dyer Ball... Fourth Edition, 1910.

Col. 1625.

— 典字粵法 Dictionnaire Français-Cantonnais par Louis Aubazac de la Société des Missions-Etrangères de Paris, Missionnaire apostolique. — Nouvelle Edition revue et augmentée. Hongkong. Imprimerie de la Société des Missions-Etrangères 1909, in-4, pp. XXVII + 469 + X.

Notice : *T'oung Pao*, Déc. 1909, pp. 713/716, par H. C[ordier].

— Dictionnaire des Formes Cursives des Caractères chinois. Par Stanislas Millot, Lieutenant de Vaisseau. Paris, Ernest Leroux, Editeur, 1909, in-fol., pp. 202 lith.

Notices : *Journ. R. A. Soc.*, January 1910, pp. 176/179. By Ernest Satow. — *T'oung Pao*, 1909, p. 586, par Ed. Chavannes. — *Journ. N. C. B. R. As. Soc.*, XLI, 1910, p. 123, par J. C. F. — *Bull. Ecole franç. Extr.-Orient*, IX, 1909, p. 811, par H. Maspero.

Cet ouvrage lithographié a d'abord paru en trois fascicules in-fol. autographiés en 1908.

Sir Walter Hillier.

— * English-Chinese Pocket Dictionary. By Sir Walter Hillier, K. C. M. G. Shanghai, 1910.

Notice : *Lond. & China Express*, suppl., oct. 28, 1910, p. 2.

— * An English-Chinese Dictionary of Peking Colloquial. By Sir W. Hillier, C. B. New Edition enlarged by Sidney Barton, C. M. G. and Edmund Backhouse. Shanghai, Printed at the American Presbyterian Mission Press, 1918, in-8, pp. 1030.

Notice : *Journ. N. C. B. R. As. Soc.*, L, 1919, pp. 196/199, by M.

∴

— * E. L. Woodward. — A Central China Syllabary. — Index to Soothill's and Baller's Dictionaries by number and to Giles, the new Williams, and other Wade System Dictionaries by Romanization. Locally adaptable. 1911, in-12, pp. 184.

— Д. Позднѣевъ. — Новый іероглифическій японо-корейско-китайскій словарь, какъ попытка опредѣленія минимальнаго числа іероглифовъ, общихъ для трехъ языковъ. (*Записки Восточ. Отдѣленія И. Русс. Археол. Общ.*, XX, вы. II—III, 1911, pp. 77—97.)

Col. 1620.

— A Pocket Dictionary [Chinese-English] and Pekingese Syllabary. By Chauncey Goodrich. With Radical Index. 1916, pet. in-8.

— * Petit Dictionnaire chinois-français-anglais, suivi d'une liste des caractères rangés par ordre de clefs ou radicaux, par le frère Denis, C. M. Imprimerie des Lazaristes, Pékin, 1906, in-16, pp. xxx-450.

Traduction française de *A Pocket Dictionary* (*Chinese-English*) de Chauncey-Goodrich.

Col. 1622.

— * An English and Chinese Pocket Dictionary, in the Mandarin Dialect. By Mrs.

Arnold Foster. . . . Fifth Edition, 1916, pet. in-8.

Col. 1623.

— * W. E. Soothill. — The Student's Chinese-English Pocket Dictionary, with radical index. 10th edition. 1917, pet. in-8.

Col. 1624.

— * J. Gatzelu. — Lexique Chinois-Français. 1906, pet. in-8.

— * Commercial Press English-Chinese Standard Dictionary, comprising 120.000 words and phrases, with translations, pronunciations, definitions, illustrations, etc., etc., with a copious Appendix. 1908, 2 vol. in-4.

Mots chinois en caractères seulement.

— * Commercial Press English and Chinese Pronouncing Pocket Dictionary, with an Appendix by Z. T. Woo and W. Y. Hu. Revised 18th edition. 1918, in-12, pp. 1092.

Col. 1625, 3156.

— A Mandarin-romanized Dictionary of Chinese. — Rev. D. Mac Gillivray. 3rd edition. 1918, in-8.

— * Hung Chung. — Deutsche Lektionen für chinesische Anfänger. Erstes Buch. Wuchang, 1906, in-8.

— Petit Dictionnaire Chinois-Français 華法字彙 (dialecte de Chang-hai) (上海土話) par J. de Lapparent S. J., W. Doherty S. J. — Chang-Hai, Imprimerie de la Mission Catholique à l'Orphelinat de T'ou-sè-wè. 1911, in-12, pp. VI-160 à 2 col.

Première partie. Caractères par classifiques et par nombre de traits. Notice : *Miss. Cath.*, 12 janvier 1912, p. 23.

— Contributions à la connaissance du langage de Pékin par L. Woitsch. — Pékin, Imprimerie des Lazaristes, 1909, in-8, pp. 13; 1912, in-8, pp. 14.

— Chinese New Terms and Expressions with English Translations, Introduction and Notes. — Evan Morgan. — Published at C. L. S. Book Depot. Kelly & Walsh, Shanghai. 1913, in-16, pp. IX-296 + 2 ff. n. ch.

Notice : *Journ. N. C. B. R. As. Soc.*, XLV, pp. 159/165, by Φ.

— A Modern French-English-Chinese Dictionary. — Nouveau Dictionnaire Français avec Explications Anglaises et Chinoises. Chung Hwa Book Company, Ltd. Shanghai, in-12, pp. II-477.

K. Hemeling.

Col. 3155.

— English-Chinese Dictionary of the Standard Chinese Spoken Language (官話) and Handbook for Translators, including Semitic, Technical, Modern, and Documentary Terms. By K. Hemeling, Ph. D., Commissioner of Chinese Maritime Customs. — Based on the Dictionary of the late G. C. Stent, published 1905 by the Maritime Customs. Shanghai : Statistical Department of the Inspectorate general of Customs. — 1916, in-8, pp. VI-1726, à 2 col.

Printed at the Presbyterian Mission Press, Shanghai.

Notices : *T'oung Pao*, Déc. 1920/1921, p. 364. Par H. C[ordier]. — *Journ. Roy. As. Soc.*, Oct. 1921, pp. 630/633, by L. Giles. — *New China Review*, II, April 1920, pp. 215/216. — *Journ. N. C. B. R. As. Soc.*, LI, 1920, pp. 197/199, by H. K. W.

— * Capitaine Dubreuil. — *Vocabulaire Franco-Chinois*, phrases usuelles employées dans l'industrie et dans l'armée. — Pékin, 1918, pp. 36.

Collection de la « Politique de Pékin ».

— Vocabulaire français-chinois des Sciences mathématiques, physiques et naturelles suivi d'un index anglais-français par le P. Ch. Taranzano S. J., Professeur au Collège de Sien-hsien (Tcheuli S. E.) — Préface du R. P. Wieger. Sien-hsien, Imprimerie de la Mission Catholique, in-4, pp. XII + 455 a 3 col. + 31 de pl. + 19. [English-French Index.]

— * Greek-Chinese-English Dictionary of the New Testament. By J. Leighton Stuart, D. D. Shanghai. Presbyterian Mission Press.

Notice : *Journ. N. C. B. R. As. Soc.*, L, 1919, pp. 209/210.

— A. M. D. G. Petit Dictionnaire chinois-français. S. l. n. d., sans pag.

Par ordre de radicaux ; radicaux 1 à 176 ; sur 2 col. Par Diericks.

Divers Dictionnaires Manuscrits.

Col. 1626.

Basile de Glemona.

Col. 1589.

« Il y a à la Vaticane une série intéressante de Mss. du dictionnaire de Mgr Basile. Je les décris sommairement ci-après :

1° Vat. Mss. Estr. Or. 2 [ancien Sss. 371]. *Dictionarium Sinico-Latinum*. Belle copie exécutée à Canton en 1726 par Filippo

Telli, puis remaniée et achevée par lui à Rome en 1733, du Dictionnaire de Mgr Basile. Cette copie est précédée d'un «mode d'emploi» dû au P. Matteo Ripa. La note initiale du P. Cerrù, Rome, 25 décembre 1733, montre que lui et Ripa avaient reçu du Souverain Pontife l'ordre de faire imprimer à Canton le dictionnaire de Mgr Basile; mais le projet avorta.

2° Vat. Mss. Estr. Or. 3. Autre exemplaire du *Dictionarium Sinico-Latinum*. Porte une note : «Ex dono Abbatis Mezzafalce 1732».

3° Vat. Mss. Estr. Or. 8. Autre exemplaire, ayant appartenu à Castorano, lequel a mis en tête sa Grammaire. Note Mss. en tête fait savoir que le P. Angelus à Burgo S. Syri ord. min. observ. Ref., né le 24 mai 1673, ayant pris l'habit franciscain le 11 mars 1695, est mort à Pékin en 1724 et a été enterré en dehors de P'ing-tseu-men, devant le cimetière des Jésuites, à gauche de la route. En outre, qqs. feuilles volantes, un exemplaire d'un décret de 1730 (qui ne concerne pas les chrétiens), et une lettre de Castorano à Pedrini.

4° Borgia Cinese 392—393. Copie du dictionnaire de Basile exécutée de la main de Titsingh et, semble-t-il, d'après une copie qui avait été exécutée à Canton par un certain Joannes Languasio. Ce mss. fut acquis en 1815 à Paris pour Montucci par Klaproth, au prix de 1200 francs. Divers documents provenant de Titsingh, Klaproth et Montucci sont collés en tête.

5° Borgia Cinese 423. Dictionnaire de Basile. Provient de Montucci qui l'avait acheté finalement en 1816 pour 1000 francs, par l'intermédiaire de Klaproth, à un propriétaire rouennais. Une longue lettre de Klaproth, mise en tête, est datée du 26 nov. 1815, donne l'histoire de l'acquisition, et affirme que c'est là le mss. autographe de Basile, beaucoup plus complet que le mss. de la Vaticane alors apporté à Paris (c'est le mss. Vat. Mss. Estr. Or. 2). L'importance de cet exemplaire n'est pas douteuse, car il contient un grand nombre de textes chinois qui manquent à la recension usuelle, et l'écriture doit bien être de circa 1700. Au v° du f° 203, signature de «Don Franco de Attienza y Bañez». Au v° de la p. 72 de l'appendice, note du crayon d'un possesseur français à propos des autels ancestraux. A la fin, des profils des approches de Macao, dessinés les 2 avril 1703 et 3 mars 1705, ainsi qu'un profil de Manille (celui-ci sur une feuille volante). Au v° de l'avant-dernier f°, noms de «Dn. Ju. Antio. Cortez de Arredondo (?) y . . .» et de Dn. Franco de Atienza y Bañez. Au v° du dernier f°, nom de «D. Emanuel Tavora (?)».

6° Borgia Cinese 495. «Dictionarium Sinico-Latinum Reumi P. Basilii à Glemona Itali», Cantone, Anno Domini 1722. Avec ses divers appendices. Fiche «Del Sig. Prof. Ab. Molza, Scrittore della Biblioteca Vaticana». (Pelliot.)

Col. 1626 et suiv.

— *Dictionnaire latin-chinois* du P. Vincent dell'Aguila, italien, XVIIIe s.

Le mss. est à la mission italienne de Wou-tch'ang (*J. Ch. Br. A. S.*, XX, 285). (Pelliot.)

— *Diccionario chino-español* de Miguel Roca (cf. col. 1201).

Un autre exemplaire est aux archives de Pastraña (cf. L. Perez, *Relación de la persecución en China*, p. 14). (Pelliot.)

— La Bibliothèque du Dr G. E. Morrison, aujourd'hui propriété du baron Iwasaki, contient un dictionnaire mss. chinois-latin dû au P. Juan Fernandez et achevé à Tchang-tö-fou en 1724 (cf. Couling, dans *J. Ch. Br. R. A. S.*, 1917, p. 89). (Pelliot.)

— Il y a un *Dictionarium Sinico-Latinum* décrit dans *Bibliotheca Marsdeniana*, p. 303. — Col. 1641.

La mission jésuite à Zikawei conserve les fiches du grand dictionnaire auquel avait longtemps travaillé le P. Zottoli en partant du *P'ei wen yun fou* et qui est resté inachevé. (Pelliot.)

Col. 1630.

— Raux.

Tout ce paragraphe est à reporter à la col. 2754. (Pelliot.)

Col. 1632/1633.

— *Dictionnaire* de Varo [et cf. col. 1635].

— «Au lieu de «Fr. Thomas Hortiz», il faut sans doute lire «. . Hortiz». Le P. Thomas Ortiz a peut-être repris [ou seulement recopié?] le travail de Varo. Il y a en effet dans les Archives des Indes à Séville un dictionnaire mss., au sujet duquel on lit dans le *J. A.*, de nov. 1844, p. 446 : «Le dictionnaire est en espagnol et en chinois; le chinois est écrit en caractères romains. Le manuscrit a 652 pages; il est très bien écrit et a pour auteur le P. Ortiz, un des premiers missionnaires espagnols en Chine.»

— «A la Bibl. Vaticane, Borgia Cinese 420, se trouve un «Vocabulario | Da lingoa Mandarina ordenado por el RR Pe Fr. Franco | Varo da orden Des Pregadores». Au début, un «Ao Leitor» signé «feite nella igreja de N. Pe Sto Domingo da Cidade de fŏ Nîng o 20 de Mayo do anno 1670». Ce mss. provient de Montucci, lequel l'avait acquis à Rome selon une lettre de Rome, 1er août 1811, signée Angiolo Bonelli et collée en tête de Borgia Cinese 407. D'après le *Catalogue* de Montucci (Borgia Cinese 396), n° XXX, ce serait là le mss. autographe de Varo; je n'en crois rien. Bien qu'il n'y ait pas lieu de douter de l'origine première du *Vocabulario*, la présente copie est faite sur un original qui avait subi bien des remaniements. D'abord, le *Vocabulario* n'est plus ici espagnol-chinois, mais foncièrement portugais-chinois (le chinois étant donné seulement en transcription d'après la prononciation mandarine); en outre l'espagnol, le portugais, le latin, le français s'y entremêlent. La copie est d'une première main jusqu'au milieu du *D*, puis une autre main continue jusqu'aux premiers mots de la lettre *L*; la suite manque. Le premier mot du vocabulaire est «ad» [= *a* simple]; le dernier mot du présent exemplaire est «Lacio. Cansado-floco», et la page suivante commençait par «Ladera». (Pelliot).

— *Dictionnaire* de Castorano.

— «Vat. Mss. Estr. Or. 4 : Dictionarium | Latino-italico-sinicum Tàm vocum, quàm Litterarum seù Characte- | rum vsualium Sinensium . . . à P. Fr. Carolo Horatii à Castorano . . . Opus etiam utilissimum prò DD. Mercatoribus Europeis, Gallis, Hispanis, Germanis, Moscovitis, Anglis, Holandis &c. in Imperio Sinico Contractus et Mercimonia exercentibus.

L'introduction de Charles de Castorano est datée de «Haitiēn propè Pekinum die 14a Augusti Anno Dñi 1732»; elle s'arrête à la p. 15. Les pages 17 - 103 sont une grammaire. Puis vient le dictionnaire, où le chinois est donné en caractères chinois et en transcription : le dictionnaire proprement dit, de langue parlée, occupe 510 ff. Dans une note finale, Castorano dit qu'il a commencé son travail en 1708, puis l'a longtemps presque interrompu pour le reprendre à Pékin en 1728. Un premier exemplaire, avec caractères chinois de sa main, fut achevé en 1731, et celui-ci, où les caractères sont écrits par un Chinois, fut achevé le 23 août 1732.

— «Vat. Mss. Estr. Or. 5. Autre exemplaire du dictionnaire de Castorano. Castorano dit avoir écrit ce «4e» exemplaire partie en mer, partie à Rome où il l'acheva le 20 mai 1736. Mais il faut alors ou qu'il ait amené un Chinois avec lui, ou qu'il ait fait écrire à l'avance en Chine les phrases chinoises, car celles-ci sont de la main d'un Chinois. Cet exemplaire est entré par l'intermédiaire du cardinal Monti.

— «Castorano tenta de faire imprimer son dictionnaire. Il y a à la Vaticane un paquet d'épreuves du début du *Dictionarium Latino-Italico-Sinicum*. Sur le paquet, une note porte : «Prime prove dell'infausto Dittionario Latino-Italiano-Cinese, Per l'iniquità e tradimto di Filippo Zenobj Incisore.» Au v° d'une épreuve de la p. 8, on lit : «Il P. Porto in S. Franca Romana.» Au v° de l'épreuve de la p. 9 : «P. Domenico da Spinetoli.» (Pelliot.)

— Autres *dictionnaires chinois de la Vaticane*:

— «Vat. Borgia Cinese 398. Mss. in-folio. Dictionnaire chinois rangé phonétiquement. Commence par *chă* 雜. Les premiers feuillets seuls ont une explication, qui est en français. Inachevé.

— «Vat. Borgia Cinese 406. Mss. in-folio. Titre au dos de la reliure : *Dictionarium sinico-latinum missionis hispan. cantonensis*. Plein maroquin rouge. A appartenu à Klaproth qui en 1812 écrivait à Montucci qu'il l'avait payé 300 écus d'or. A appartenu ensuite à Montucci. Je ne sais sur quoi s'appuie la mention de la «mission espagnole» au dos de la reliure.

— «Vat. Borgia Cinese 407. Dictionnaire italien-chinois. Mss. sans caractères chinois. Est en orthographe italienne, sauf qu'il garde, à la portugaise, *-m* final pour *-ng*. 3 pages d'*avvertimenti*, puis le dictionnaire, appelé par son auteur inconnu «*Vocabolario*», et qui commence, au f° 2, par «A babboccio; confusamente; Inón tì». A appartenu à Montucci qui l'a fait relier en un seul volume, mais avait appartenu antérieurement à Sir Georges Staunton et était alors en 3 volumes. De Staunton, le mss. passa aux mains de gens de Rome. En tête est une lettre écrite à Rome le 1er août 1811 par un certain Angiolo Bonelli et adressée à Montucci, alors à Berlin; elle concerne ce mss. et celui du dictionnaire de Varo (= Borgia Cinese 420). Le 1er volume ancien est folioté 1 (le f° 1 est le 2e des Avvertimenti) à 148 ; le 2e, 174 à 328 ; le 3e débute par le f° 329, mais n'est pas folioté ensuite ; il y a plus de 500 ff. en tout. Montucci dit que le saut de 148 à 174 résulte d'une erreur, vu qu'il n'y a pas de lacune. Mais en réalité le r° du f° 174 représente en grande partie le même texte que le r° du f° 148. Il a donc dû y avoir deux exemplaires de ce dictionnaire copiés de la même main, mais que le hasard de la copie amenait à folioter différemment. C'est avec des parties de ces deux exemplaires que l'unique exemplaire actuel a été constitué. Gros travail fort estimable, dont j'ignoré l'auteur.

— «Vat. Borgia Cinese 408. Mss. «Vocabulaire | François-chinois | tiré d'un manuscrit appartenant | à | M. Mathieu Raper | Membre de la Société Royale de Londres, et ci-devant | Subrécargue à Canton, au service de la | Compagnie des Indes Orientales. | copié, | avec permission du Propriétaire, | à Londres, en | MDCCCXI. In-4° carré de 4 + 89 ff. Provient de Montucci qui, en tête, renvoie dans une note à la *Quarterly Review* n° 22, p. 333, où il est parlé de ce vocabulaire. Collée en tête de l'exemplaire, une lettre de Keyser frères, du 12 juillet 1811, annonçant à Montucci que, sur la demande de Barrow, M. Raper a volontiers prêté son vocabulaire qu'ils ont alors fait copier pour 25 livres. Le vocabulaire est rangé par catégories ; les mots sont donnés en caractères chinois, puis en prononciation cantonaise, puis en prononciation mandarine, enfin en traduction française. Ce vocabulaire a des nomenclatures de produits qu'il vaudrait encore de dépouiller ; il contient en outre (ff 61—62) une précieuse liste des églises et autres bâtiments de Macao et (ff. 69—70) une liste des marchands hannistes. Ce vocabulaire n'a rien à voir avec le dictionnaire manuscrit provenant de Raper dont il est question aux col. 1635 et 1639, et qui est manifestement une adaptation de celui de Mgr Basile.

— «Vat. Borgia Cinese 412. Mss. «Vocabulario | de | Letra China | con la | Explicacion Castellana | por el | Padre Fr. Francisco Diaz. || 1 + 91 pages. Copie très soignée. Les caractères chinois sont rangés par ordre alphabétique, commençant par *Ça* 嗟, et finissant par *Xün* 旋 : à partir de la p. 79, les caractères chinois ne sont plus écrits qu'au crayon (jusque-là ils ont été repassés à l'encre). Sur la feuille de titre, une note : «Alvaro Agustino de Liaño, bibliothecario de S. M. Prusa. Berlin 6 de Abril 1816.» C'est une copie, exécutée pour Montucci, du mss. de Berlin (cf. col. 1634).

— «Vat. Borgia Cinese 421. Cahier où Montucci a collé par ordre alphabétique une épreuve de tous les caractères chinois qu'il avait fait graver sur bois, de 1810 à 1827, tant à Berlin qu'à Dresde. Une note initiale porte : «Opus inceptum die XV. Aug. 1810 — solemni propter Napoleonis Magni nativitatem.» Montucci renvoie, pour cette gravure des caractères destinés au dictionnaire qu'il projetait, au *Monthly Literary Advertiser*, n° 66 (10 oct. 1810), p. 80 ; n° 97 (10 mai 1813), p. 40 ; n° 114 (10 oct. 1814), p. 80. Ces caractères sont entrés à la Propagande avec la bibliothèque chinoise de Montucci, et se trouvent aujourd'hui, en tout ou en partie, à l'imprimerie du Vatican (ils y sont sans doute venus quand le «fonds Borgia» est passé de la Propagande à la Vaticane en 1902).

— «Vat. Borgia Cinese 422. «Dictionarium characterum sinicorum per pronunciationem digestorum. 2 » Tel est le titre au dos de la reliure ancienne. Il s'agit d'un index des caractères chinois par ordre alphabétique, les caractères de même prononciation étant rangés par ordre de tons. 50 caractères par page. Va de *ça* 雜 à *xun* 鬈, les caractères étant numérotés de 1 à 9520. Imprimé en Chine sur papier chinois. 95 ff. numérotés en chinois. Montucci a acheté cet exemplaire le 10 avril 1791 à Londres, à la vente du Rev. Michael Lort ; il y manquait le 1er f°, que son ami Paul Ko 柯 (Chinois) lui a refait (de manière fantaisiste) en 1792 ; Montucci a rétabli à nouveau ce f° 1, exactement cette fois, en 1801, d'après l'exemplaire de Sir William Jones passé dans la bibliothèque de la Société Royale de Londres. Le présent exemplaire a un titre manuscrit 西儒耳目資 *Si jou eul mou tseu* ; c'est là le titre d'un ouvrage de Trigault paru en 1626 (cf. col. 1588, 1638, et Cordier, *L'Imprimerie sino-européenne*, n° 309), mais je n'ai pas souvenir qu'il y ait rien de commun entre les deux ouvrages, et il me paraît plutot s'agir ici d'un de ces «index» dont parle Abel Rémusat, *Mél. Asiat.*, II, 67. Le présent exemplaire a été maculé d'un bout à l'autre par Montucci qui s'en servait pour la gravure de ses propres caractères chinois ; il le marque par une note finale : «Mihi labori hic finis die XX Februarij MDCCCXXVII. Laus Deo Deiparaeque Virgini in quorum nomine incepi Die XV Augusti 1810» (en 1827, le «grand Napoléon» est oublié!). Un autre exemplaire du même ouvrage se trouve à la Vaticane, Racc. Gen. III, 275 ; il n'a pas de titre.

— «Vat. Borgia Cinese 424. Mss. «Dictionorium [*sic*] Sinico-Latinum ordine Lusitano-alphabetico [*sic*] digestum.» Tel est le titre au dos de la reliure. 845 pages chiffrées ; papier de Chine. Provient de Montucci, qui l'a acheté à Klaproth. Celui-ci le tenait du comte Potocki ; antérieurement Bayer l'avait vu. Sur la feuille de garde, dédicace autographe : «Pour | Monseigneur | Le comte Sava Uladislauiche embassadeur | plenipotentiaire De L'empr De Russie | à la cour de Pekim . par son | tres humble et tres | obeissant seruiteur | Dominique Parrenin | jesuitte | missionaire a la Chine.» Les explications sont en latin, en portugais, en espagnol, en français. Ce dictionnaire diffère néanmoins de Vat. Borgia Cinese 420.

— «Vat. Borgia Cinese 473. Mss. 新纂古文字考 [*Sin tsouan kou wen tseu k'ao*], 5 chapitres. Dictionnaire chinois-portugais par clefs. La partie européenne paraît être entièrement de la main de Foucquet. En appendice, on trouve, entre autres, la même liste d'anciennes éditions chrétiennes par lieu de publication qui se trouve dans Courant, *Cat. des livres chinois*, n° 7046. Une note de Montucci montre qu'il a acquis ce dictionnaire en 1811 en même temps qu'un exemplaire de la grammaire de Varo ; mais, comme il avait déjà un exemplaire de la grammaire de Varo obtenu antérieurement à Londres, il repassa ce second exemplaire à Klaproth.

— «Vat. Borgia Cinese 475. Mss. Dictionnaire chinois-latin par clefs. Sur papier chinois. Commence par un «Operis ratio et usus». Provient de Montucci. Aurait appartenu autrefois «au Cardinal Antonelli de la Propagande de Naples», puis à Sir Georges Staunton ; Montucci renvoie à la *Quarterly Review*, n° 22, p. 333.

— «Vat. Borgia Cinese 503. Mss. Dictionnaire chinois-espagnol, avec caractères chinois, rangé par ordre alphabétique. 326 pages. Commence par «*çha* 嗟 ^*t'an*, interjection, suspirar» ; finit par «*xún* 旋 yr metiendo tornillo ....». En tête, les principales prières, en transcription et en texto espagnol. A la suite, texte chinois, avec traduction espagnole, du 聖教孝親解 [*Cheng kiao hiao ts'in kiai*, «Explication de la piété filiale dans la Sainte Loi (= le christianisme)»], par le Dominicain 黎玉範 Li Yu-fan (je crois bien que nous avons là, pour la première fois, le nom chinois du célèbre Jean Baptiste Morales, et que l'opuscule en question est celui-là même dont parlent Quétif et Echard, *Scriptores*, II, 611 ss., n° 6. et dont le P. Noel Alexandre, *Apologie des Dominicains*, ch. XI, et *Conformité des cérémonies chinoises*, p. 10, a contesté, à tort sans doute, l'attribution à Morales). Puis, texte chinois, avec transcription et traduction espagnole, des dialogues chrétiens 拜客問答 *Pai k'o wen ta* (anonyme ; débute 譬如中國有一个或是秀才監生舉人或是有職官員). En tête note espagnole où le «Fr. Juan Franco» inscrit que, le 23 septembre 1693, il a baptisé dans l'église de Yang-tcheou un médecin de Ngan-k'ing, appelé Hiu. A la fin est collé un feuillet imprimé en rouge concernant l'emploi de la «pierre de serpent» (嗡毒石用法. Débute 此石能解 ....; finit 宜自寶之 : ne se confond pas avec l'opuscule de Verbiest dont j'ai parlé *T'oung Pao*, 1916, 380, ni avec un autre texte contemporain qui provient aussi des missionnaires et dont j'ai retrouvé également un exemplaire). Le cahier de prières du début est forcément antérieur au 23 septembre 1693 ; il est vraisemblable, bien que le dictionnaire et les morceaux de la fin soient d'une autre main, que rien n'est sensiblement postérieur à cette date.

— «Vat. Mss. Estr. Or. 6. Dictionnaire sino-portugais par ordre alphabétique. Donne les caractères chinois. Contient un premier f° de termes religieux, indépendant du dictionnaire, et écrit «anno do Senhor 1695». A appartenu à Castorano.

— «Vat. Mss. Estr. Or. 7. Caractères chinois rangés par clefs, avec leur prononciation. Les *-ng* sont bien marqués *-ng* et non *-m* à la portugaise. En tête, qqs ff détachés, sans intérêt ; l'un d'eux donne une «explicatione di alcune lettere, secondo il P. Magino».

— «Vat. Mss. Estr. Or. 22. Dictionnaire italien-chinois (avec caractères chinois). Très sommaire.

— «Vat. Mss. Estr. Or. 23. Dictionnaire chinois-italien, rangé phonétiquement de *ça* à *xün*». (Pelliot.)

— K. HIMLY. *Handschriftliche Vocabulare zum praktischen Gebrauch beim Dolmetscherdienst.*

Der chinesisch-deutsche Teil umfaßt 390 SS. fol. mit den chinesischen Originalcharakteren, mit Transkription und deutscher Übersetzung, nach europäischer Art alphabetisch geordnet; der deutsch-chinesische Teil, 180 SS. fol., bringt das chinesische Wort nur in Transkription. Die Vocabulare sind offenbar im täglichen Gebrauch stetig vermehrt und verbessert, ganze Begriffsgruppen außerhalb des Alphabets noch einmal zusammengetragen (wie die Körperteile, Zeitrechnung, Stundenbezeichnung). Diese Collectaneen sind sicher eine reiche Fundgrube für den Sinologen und von nicht zu unterschätzender Bedeutung für den Praktiker im Verkehr mit Chinesen, 2 starke Hfrzbde.

Cat. 332, Harrassowitz, Leipzig, 1910, 40 M.

MANUELS DE CONVERSATION.

Col. 1645.

— * Chinese without a Teacher. . . . By Herbert A. Giles. 1907, in-8.

Col. 1648.

— F. S. Couvreur. — Guide de la Conversation. . . . 7e édition. 1904, in-8 oblong.

— — 9e édition. 1910, in-8, pp. 452.

— * J. Dyer Ball. — How to speak Cantonese : Fifty Conversations in Cantonese Colloquial. Third edition, revised and corrected. 1904, gr. in-8.

— * Chinese Merry Tales, collected and edited, by Baron Guido Vitale, Chinese Secretary to the Italian Legation. Peking, Pei t'ang Press, 1901, in-8, pp. VIII-118.

— — Seconde édition, 1908.

En caractères chinois.

— * Exercices de chinois parlé, suivis d'un vocabulaire, par Mgr. Favier, C. M. Edition revue et considérablement augmentée par E. Déhus, C. M. Pékin, Imprimerie des Lazaristes, 1903, in-12, pp. XII-340.

— Exercices de chinois parlé suivi d'un vocabulaire et d'appendices. — Cinquième mille. — Pékin, Imprimerie des Lazaristes. Pei t'ang, 1918, pet. in-8, pp. XII + 1 p. n. ch. + pp. 349.

— * Dialogorum familiarum, etc. Pekini, 1905, in-16, pp. 168.

M. Guilloux, directeur des grand et petit Séminaire du Vicariat de Peking, a publié ces *Dialogues* pour l'usage des étudiants séminaristes.

— * G. Mc Intosh, — Useful Phrases in the Shanghai Dialect (in Chinese and Roman Characters). With Index, Vocabulary and other helps. 1906, in-8.

— * C. Summers. — Odds and Ends. Aids to English Conversation. 1906, in-8.

En caractères latins.

— Kiao-yi Tch'ang-t'an 交易常談 Dialogues chinois. — Guide de la Conversation à l'usage des Commerçants par A. Guérin, Consul de France, in-fol. oblong, 4 ff. n. ch. tit., er., etc. + 114 ff.

Le texte est imprimé au recto sur 4 colonnes : caractères chinois, prononciation, et texte français.

Au bas de la f. 114 : La Presse orientale, Shanghai. — La préface est datée : Tchéfou, Juillet 1910.

— * T. C. Fulton. — Chinese-English Mandarin Phrase Book (Peking Dialect). 1911, in-8.

— * Ū Hniu. — A Grammatical Guide in Burmese. How to speak Chinese. Rangoon, 1916, pp. 365.

— 法英中會話 Manuel de Conversation français-anglais-chinois. — Tours, Imprimerie chinoise, 6 rue. de la Préfecture. 1919, in-8, pp. 94.

— A. Gasperment S. J. — 法語指南三集 Guide pour étudier la langue français à l'usage des Chinois. — Troisième livre. — Dialogues pratiques. Ho kien fou, Imprimerie de la Mission catholique. 1920, pet. in-8, pp. II-219.

GRAMMAIRES, ETC.

Col. 1650.

Il est hors de doute désormais que Thevenot a imprimé une grammaire chinoise ; un exemplaire s'en trouve dans l'exemplaire de Thevenot de la bibliothèque de Berlin. Selon toute vraisemblance, cette grammaire se confond avec celle de Martini, revue par Couplet, dont une copie manuscrite est conservée à Glasgow. Cf. Pelliot, dans *T'oung Pao,* 1922, pp. 380/381, 386.

Col. 1654 et suiv.

— *Arte de la lengua mandarina* de VARO.

— «L'*Arte de la lengua mandarina* de 1703 n'est pas la grammaire de Varo telle que Varo l'avait rédigée. En réalité, le texte primitif de Varo ne paraît nous avoir été conservé que dans une copie qu'en avait faite Foucquet et qui se trouve à la Vaticane, Borgia. Latino 523. Elle occupe 80 ff., sous le titre de «Facilis et perspicua Methodus ad Linguam mandarinam addiscendam, a Reverendo Patre f. Francisco Varo Ordinis Predicatorum in China Vicario Provinciali tradita anno Sal. 1684». Ce texte primitif est partie en latin, partie en espagnol. Rémusat (*Mél. As.*, II, 111) mettait à tort la rédaction de Varo au début du XVIIIe siècle. Je signale que dans la suite de ce même volume se trouvent plus de 100 ff. de «Principios da lingoa sinica mandarina», avec de nombreux exercices sino-portugais ; l'auteur m'en est inconnu. Dans le catalogue de livres chinois qui fait partie de sa *Parva Elucubratio*, Castorano (no 22, lettre Z) dit que l'*Arte* de Varo fut gravé à Canton sous la direction du P. Placidus a Valsio ; je n'ai pas souvenir d'avoir rencontré cette indication dans l'*Arte* même. Rémusat la donne aussi cependant (*Mél. As.*, II, 111) ; peut-être l'a-t-il empruntée à Castorano». (Pelliot.)

— «Au sujet des exemplaires décrits col. 1657, il y a lieu de remarquer :

Nº 1 : Il faut lire «Ad usum E. P. Johannis B. ab ilice», et il s'agit sûrement du Franciscain Jean-Baptiste d'Illiceto (ou Iliceto), comme l'a indiqué de Vincentiis, *Matteo Ripa*, p. 125.

Nº 2 : Neumann a répété cette opinion très exagérée dans *Ostasiat. Geschichte*, p. 465.

Plusieurs autres exemplaires sont connus, pour lesquels je continue la numérotation de la *Bibl. Sin.* :

Nº 11 : Un exemplaire imprimé est décrit dans la *Bibliotheca Marsdeniana*, p. 176 ; cette même bibliothèque comprenait aussi une copie manuscrite (cf. *ibid.*, p. 303). On sait que la bibliothèque de Marsden appartient aujourd'hui à la School of Oriental Studies de Londres.

Nº 12 : Le Musée Asiatique de Petrograd XI 5/13, Catal. Brosset, Classe II, nº 28 a, possède un exemplaire de l'*Arte* provenant de la bibliothèque de Schilling von Canstadt. Une note mss. de 1831 parle d'un projet de traduction de l'*Arte* en russe.

Nº 13 : Un très bel exemplaire de l'édition de 1703 se trouve à la Vaticane, Racc. Gen. Oriente III 246(7).

Nº 14 : Il y a à la Vaticane, Borgia Cinese 472, un exemplaire imprimé, dont les marges sont accrues par l'addition de bandes de papier européen. Il provient de Montucci. Les indications de Borgia Cinese 262—263, 265, 473 montrent que Montucci avait reçu 6 ouvrages, dont cet exemplaire-ci de l'*Arte*, en rétribution du travail que lui avait coûté le *Catalogue général* d'une bibliothèque chinoise, inséré par lui dans le *Literary Journal, Gentleman's Magazine* et *Monthly Magazine* du 1er février 1804. Plus tard, en 1811, Montucci acquit un second exemplaire qu'il céda à Klaproth, et qui est celui dont il est question *supra*, col. 1655—1656.

Nº 15 : L'exemplaire de Varo décrit par Castorano dans sa *Parva Elucubratio* n'est pas venu à la Vaticane en 1902 avec le fonds Borgia ; il se peut donc qu'il se trouve encore à la Propagande. — Il a été question col. 1657 et 1658 d'une réimpression lithographique de Varo faite à Naples en 1835 ; de Vincentiis, *Matteo Ripa*, p. 125, dit qu'on n'en trouve pas trace à l'ancien Collège chinois, aujourd'hui Institut Oriental. En réalité, il y a eu au moins deux rééditions, dont je ne connais pas d'exemplaire complet, mais dont j'ai rencontré des exemplaires incomplets dans le Mss. Varia 54 (= Mss. 614) de la Bibliothèque Vittorio-Emmanuele. Ce « mss. » contient en effet, entre autres, les 2 imprimés suivants :

1º 利學簡徑 | 天主降生一千八百三十五年 | 納玻璃石板印 || Au vº de ce 1er fº, note chinoise correspondant au rº du fº suivant qui dit : Grammatica | Linguae Sinensis | auctoribus | PP. Varo et De Cremona | ex Hispanico in Latinum idioma translata, et | aucta | *vignette* | Neapoli 1835 | Lithographice impressa. Cette page compte comme la p. 5. Puis préface, p. 7—10 ; enfin la grammaire, commencant p. 11. Les caractères chinois sont toujours donnés. Le présent exemplaire s'arrête à la p. 96, avant la fin d'une liste de verbes qui vient dans le ch. VIII, § De syntaxi verborum activorum. L'exemplaire est donc incomplet. Format in-24.

2º Un exemplaire in-8º, sans titre, également lithographié, et dont le texte proprement dit commence à la p. 7. C'est la même traduction latine que dans l'exemplaire précédent, avec quelques changements toutefois, et en particulier l'addition de quelques exemples nouveaux. Cet exemplaire, extrêmement incomplet, ne comprend que les pages 8/16 et 21/22. (Pelliot.)

Col. 1661.

— *Arte de Lengua chinica.*

Une copie de cette grammaire de Fray Juan Rodriguez, qui se trouvait aux Archives des Indes à Séville, est décrite dans *J. A.*, Nov. 1844, 446—447. (Pelliot.)

Col. 1663.

— *Arte China.*

Pour compte rendu de Neumann dans le *Canton Register*, cf. *ZDMG.*, XVIII, 294. (Pelliot.)

Col. 1669.

Intervertir les 2 alinéas «Chinese Proverbs» et «Pauthier (227), Fr. 31».

Col. 1674.

— J. A. Summers, 申瑪士 professeur d'anglais au T'oung wen kouan, de Canton depuis août 1893 ; entré dans les Douanes, août 1889.

Col. 1677.

— Notice sur la *Syntaxe nouvelle* de S. Julien, 1869 et le *Dictionnaire Français-Latin-Chinois* de Perny, 1869, par R. K. Douglas. (*The Academy*, January 15, 1871, pp. 100/102.)

Col. 1679.

— Gabelentz. — Chinesische Grammatik.

Notice par W. Grube, *Z. D. M. G.*, vol. XXXVI, pp. 712/719.

— * W. Grube. — Beiträge zur chinesischen Grammatik. Die Sprache des Lietsï. Bericht der Königlich Sächsischen Gesellschaft der Wissenschaften, philologisch-historische Klasse, 1889, pp. 155/184.

— * W. Grube. — Hans Georg Conon v. d. Gabelentz. (*Allgemeine Deutsche Biographie*, vol. L, 1904, pp. 548/550.)

— * Fleureau. — Elementa grammaticae latino-sinicae ad usum tironum. — Imprimerie de Nazareth, Hongkong, 1896, in-12, pp. 56.

— * A. Seidel. — Chinesische Konversations-Grammatik im Dialekt der nordchinesischen Umgangssprache. Heidelberg, 1901, in-8, pp. xvi-304.

Maurice Courant.

— Maurice Courant. — Note sur l'existence, pour certains caractères chinois de deux lectures distinguées par les finales *K—N, T—N, P—M.* (*Mém. Soc. Linguistique Paris*, XII, 1903, pp. 67/72.)

— Les Clefs Etude des caractères chinois. — Extrait de *La Langue Chinoise Parlée* par Maurice Courant, Professeur près la Chambre de Commerce de Lyon. A. Rey & Cie, Editeurs, 4 rue Gentil, Lyon, in-8, pp. 11.

Angers, Imp. A. Burdin.

— Extrait. — La langue chinoise parlée — Grammaire du Kwan-hwa septentrional par Maurice Courant... — Ouvrage honoré d'une souscription de la Chambre de Commerce de Lyon. — Lyon, Alexandre Rey, 1913, in-8, pp. xxiii.

Contient la Table et la Préface.

— La langue chinoise parlée — Grammaire du Kwan-hwa septentrional par Maurice Courant, Consul de France, Professeur près la Chambre de Commerce de Lyon,

Professeur à la Faculté des Lettres de Lyon. — Ouvrage honoré d'une souscription de la Chambre de Commerce de Lyon. — Paris, Ernest Leroux... Lyon, A. Rey... — 1914, in-8, pp. XXVII-384.

Notices : *Bull. Ecole franç. Extr.-Orient*, No. 9, 1914, pp. 75/78, par H. Maspero. — *Revue indo-chinoise*, Février 1914, pp. 249/251, par H. Maspero. — *T'oung Pao*, Mai 1914, pp. 283/285, par B. Karlgren. — *Lond. & China Express*, June 12, 1914.

∴

— * E. G. Terry. — Chinese simplified. Ngotshe, Natal, 1905, in-8, pp. 65.

— Grammaire de la langue cantonnaise par H. Varache Lieutenant d'Infanterie coloniale (breveté de langue cantonnaise et de caractères chinois). Hanoi, F.-H. Schneider, 1907, in-8 carré, pp. IV-102 + 1 f. n. ch. er.

— * J. Steele. — The Swatow Syllabary with Mandarin pronunciations. Shanghai, 1909, in-8.

— * Lieutenant Leblanc. — Grammaire de la langue cantonnaise. Hanoi, E. Schneider & Cie, 1910.

Notice : *Revue indo-chinoise*, Sept. 1910, pp. 311/312.

— * *King yin tseu houei* 京音字彙 « Dictionnaire de la prononciation de Pékin ». [Pékin.] Janvier 1911; 1 *pen* [58]—380 ff., un tableau hors texte.

Par Wang P'ou 璞. — Notice : *Bull. Ecole franç. Extr.-Orient*, XII, 9, 1912, p. 125.

— П. П. Шмидтъ. — Опытъ Мандаринской Грамматики съ текстами для упражненій. Пособіе къ изученію разговорнаго китайскаго языка Пекинскаго нарѣчія.

I. Лингвистическое введеніе въ изученіе китайскаго языка. Владивостокъ, Восточнаго Института. 1914, in-8, pp. 128.

Извѣстія de l'Institut oriental, T. 51, No. 1.

II. Начальныя чтенія по китайскому языку. Ibid., 1914, in-8, pp. V, ch. 129 à 320.

Ibid., T. 51, No. 2.

II. — — Ibid., 1915, in-8, pp. V, ch. 321/420.

Ibid., T. 52, No. 1.

III. Приложенія... Ibid., 1915, in-8, pp. ch. 421/484, pp. XIII avec un titre français.

Ibid., T. 52, No. 2.

IV. Китайскіе тексты для упражненій. Ibid., 1914, in-8, pp. 48.

Ibid., T. 56, No. 1.

(Divers.)

IV. — — Ibid., 1915, in-8, pp. ch. 49/87.

Ibid., T. 56, No. 2.

— 級等課工文法 Exercices gradués de langue française. — Le Troisième Livre de la Jeune France en Chine par Paul Vial, m. a. Imprimerie de Nazareth, Hongkong, 1915, in-8, pp. II-109.

Vial a composé aussi une grammaire.

— * Gramatica Chino-Espanola. By Rev. Father P. A. Gonzalez, Agustinian Missionary of Southern Hunan (China), in-4, pp. 290. Printed by « The Central China Post », Hankow 1917.

Notice : *Journ. N. C. B. R. As. Soc.*, L, 1919, pp. 227/228. By Juan Mencarini.

— P. P. Bornet S. J. Essai de Syntaxe du chinois parlé. Ho kien fou. Imprimerie de la Mission Catholique, 1918, in-8, pp. II-106-XXI.

— 初級法文文法 Grammaire française élémentaire par Tsen Tson-ming 曾仲鳴. Tours, Imprimerie chinoise, 6 rue de la Préfecture. 1920, in-8, 1 f. n. ch. + pp. 62 + 1 f. n. ch.

— 新國文 Sin kouo wen ou Nouveau Manuel de langue chinoise écrite. Traduit et expliqué en français et romanisé selon les principaux dialectes par H. Lamasse, Miss. Ap. de la Société des Missions étrangères, Licencié en Droit. Hong-kong. Imprimerie de la Société des Missions Etrangères 1921, in-8, pp. 674.

— *Marlborough's Self Taught Series.* — Chinese Self — Taught by the Natural Method. With Phonetic Pronunciation. — Thimm's System. By John Darroch, Litt. D., Chairman of the Executive Committee of the Educational Association of China; General Agent of the Religious Tract Society in China. — London: E. Marlborough & Co., 1914, in-8, pp. VI-153.

Notice : *Lond. & China Express*, August 28, 1914.

— * Dr. John Darroch. — Chinese Self Taught by the Natural Method, with Phonetic Pronunciation. Second Edition, 1916, pet. in-8.

— * Chinese Grammar Self Taught. By John Darroch, Litt. D., O. B. E. London, Marlborough, 1922, in-8, pp. 156.

Notices : *Asiatic Review*, July 1922, pp. 503/504, par E. H. Parker. — *New China Review*, August 1922, pp. 334/336. — *Journ.*

(Divers.)

N. C. B. R. As. Soc., LIII, 1922, pp. 260/261, by H. K. W. — *China Express & Telegraph*, May 11, 1922, p. 326.

Note by Dr. John Darroch. (*New China Review*, IV, Oct. 1922, pp. 420/421.)

Chrestomathies. — Manuels.

Col. 1683.

— *Chrestomathie chinoise.*

«Cette *Chrestomathie chinoise* avait été en réalité lithographiée aux frais du Comte de Lasteyrie (cf. Société Asiatique, *Livre du Centenaire*, p. 14), et le plan en fut modifié quand la Société Asiatique la recueillit. C'est ainsi que la Bibliothèque Vaticane a non seulement (Racc. Gen. Oriente III 274) une épreuve de la pièce *Houei Lan ki*, 48 ff., et aussi (Racc. Gen. Oriente II 162 [1]) des épreuves du *T'ai chang kan ying p'ien*, du *Yin tche wen*, du *Ts'ien tseu wen*, qui ont été finalement incorporés à la *Chrestomathie*, mais aussi, occupant les pages 80/101, une portion d'une œuvre que l'édition définitive de la *Chrestomathie* a écartée. Ces épreuves des pages 80/101 contiennent en effet la reproduction lithographique des sections 5/15 du commentaire consacré à l'inscription nestorienne de Si-ngan-fou par Emmanuel Diaz junior; une planche isolée montre que l'ouvrage de Diaz devait commencer à la page 60. Je ne crois pas qu'on ait signalé jusqu'ici cette réédition avortée, et j'ignore pourquoi ce texte fut finalement rejeté». (Pelliot.)

Col. 1691.

— Deutsch-Chinesisches Conversationsbuch. Zweite Auflage.

Des exemplaires portent Leipzig, 1886.

Notice : *Zapiski V. O. J. R. A. O.*, II, 163--164, par A. I[vanovskii].

Col. 1688.

— Wên Ta P'ien, S. l. n. d., in-4, pp. 41.

Au bas de la dernière page : Waterlow and Sons, Printers, Carpenters' Hall, London Wall.

Publié antérieurement au *Tzu-erh chi*.

A. Rudakov a donné en russe à Vladivostok en 1910—1911 un Manuel pratique pour l'étude du Dialecte mandarin d'après le système de T. F. Wade.

— Bericht über die wissenschaftliche Thätigkeit des Herrn Prof. Wassiljew. Von A. Schiefner. (*Bul. Cl. hist.-phil. Ac. Imp. Sc. St. Pét.*, XI, 1854, col. 300.)

Col. 1693.

— * First Lessons in Chinese. By Rev. M. T. Yates... Fifth Edition. 1909, in-8.

Col. 1701.

— Notes on Chinese Documentary Style. By F. Hirth, Ph. D., Professor of Chinese, Columbia University. Shanghai, Kelly & Walsh.

Notice : *Journ. N. C. B. R. As. Soc.*, XLI, 1910, pp. 131/134. Par J. C. F.

— Dr. Friedrich Hirth. — Syllabary of Chinese Sounds. Extr. from Carnegie Institution of Washington. Publication No. 54, Research in China, vol. 1, part II, pp. 511/517.

Notices : *Bull. Ecole franç. Extr.-Orient*, VII, Juillet-Déc. 1907, p. 392. Par H. Maspero.

(Chrestomathies. — Manuels.)

L. Wieger.

Col. 1697/1698, 3157.

II.

— Rudiments. 10. *Textes historiques* 河間府 Imprimerie de la Mission catholique, 1903, in-16, pp. 770.

— Rudiments. *Textes historiques* 2. Ibid., 1904, in-16, pp. ch. 777/1553.

— Rudiments. 11. *Textes historiques* 3. Ibid., 1905, in-16, pp. ch. 1555/2173.

— *Textes philosophiques*. Ibid., 1906, in-16, pp. 555.

Notices : *Revue indo-chinoise*, Juin 1909, p. 618. — Ext. du *Bull. Soc. belge d'Etudes coloniales*. — *Bull. Ecole franç. Extr.-Orient*, VII, 1907, p. 391, par C. B. Maybon.

— *Langue écrite. Mécanisme. Phraséologie.* Ibid., 1908, in-16, pp. 431.

— Parler et Style chinois. — Rudiments par le P. Léon Wieger S. J. Douzième volume. *Lexiques*. Ibid., 1900, in-16, pp. 223 + 206 + 197.

— * L. Wieger. — Chinese Characters: their Origin, Etymology, History, Classification and Signification. A thorough Study from Chinese Documents. Translated into English by L. Davrout. With List of Radicals. 1915, 2 vol. gr. in-8, pp. III, 602, 517.

I. Etymological Lessons, Phonetic Series. — II. Chinese-English Lexicons. Chinese characters, printed both in Chinese and Roman Characters.

Notice : *Lond. & China Express*, Nov. 17, 1915.

— Une belle récompense. Lettre du R. Card. Merry del Val au R. P. Wieger S. J. (*Rel. de Chine*, Kiang-Nan, Avril 1913, p. 65.)

A propos de ses ouvrages chinois.

∴

— * Rev. H. J. Stevens. — Cantonese Apothegms, classified, translated and commented upon. 1902, pet. in-8.

— * Capitaine Vaudescal. — Etude élémentaire de la langue chinoise. Pékin, 1903, in-fol., pp. 317 autogr.

— Cours élémentaire de Langue chinoise par le Capitaine Louvet de l'Artillerie coloniale. Paris, Presa Esperantista Societo, 33 rue Lacépède. 1907, gr. in-8, pp. xix + 1 p. n. ch. avert. + pp. 173 + 8 pp. n. ch.

Notice : *Revue indo-chinoise*, Avril 1911, p. 419.

(Wieger.)

— One thousand useful Chinese characters. Reprinted from « The Chinese Language » by Sir Walter Hillier, K. C. M. G., C. B. Professor of Chinese, King's College University of London. London, Kegan Paul, Trench, Trübner & Co. . . 1907, in-8, pp. 55.

— The Chinese Language and how to learn it. A Manual for Beginners by Sir Walter Hillier . . . London, Kegan Paul . . ., 1907, in-8, pp. VI + 1 p. texte + 1 p. [contents] + pp. 263.

Notices : *Bull. Ecole franç. Extr.-Orient*, VIII, Janvier-Juin 1908, pp. 263/264, par Ch. B. Maybon. — *Lond. & China Express*, January 4, 1910.

Vol. II. Second edition, revised, 1914, in-8.

4th edition, 1916.

5th edition, 1919.

Col. 1698.

— * J. Dyer Ball. — Cantonese made easy... Part I. — Third edition, revised and enlarged. 1904, gr. in-8. — Part II. — Third edition, revised and enlarged. 1907, gr. in-8.

— * Exercices élémentaires de la langue mandarine. Chang-haï, 1880, in-8, pp. 319. (Autographié.)

Sommervogel.

Par le P. Moise Riot S. J., † à Changhaï, 3 juillet 1886.

Col. 1704.

— * A Course of Mandarin Lessons, based on Idiom, with Index. New edition revised. Shanghai, 1903, 2 vol. in-4.

— * A Course of Mandarin Lessons . . by Rev. C. W. Mateer. . . Revised Edition. 1906, 2 vol. in-4.

— — Abridged Edition. 1916, in-4, pp. 299.

— * O. Gibson. — Easy questions for Beginners in English and Chinese. Second Edition. 1906, in-8.

Col. 1707/1708, 3157.

— A. Vissière. — Recueil de textes chinois. — Paris, Imprimerie Nationale, 1907; in-8, pp. XXXII-184.

Notice : *Bull. Ecole franç. Extr.-Orient*, VII, Juillet-Déc. 1907, p. 393. Par C. B. Maybon; réimp. dans la *Revue indo-chinoise*, 15—30 sept. 1908, p. 454.

— Premières leçons de Chinois. — Langue mandarine de Pékin. — Accompagnées de Thèmes et de Versions et suivies d'un exposé sommaire de la Langue écrite par A. Vissière, Consul général de France, Professeur à l'Ecole Spéciale des Langues Orientales Vivantes de Paris. — Leide, E. J. Brill, 1909, in-8, pp. x-185, 1 pl.

Notice : *Bull. Ecole franç. Extr.-Orient*, IX, Oct.-Déc. 1909, pp. 808/809, par H. Maspero.

— A. Vissière. — Premières leçons de chinois. Langue mandarine de Pekin, Accompagnées de Thèmes et de Versions et suivies d'un exposé sommaire de la Langue écrite. Deuxième édition. — Leide, Librairie et imprimerie E. J. Brill, 1914; in-8, pp. IX-192.

Notice : *Bull. Ecole franç. Extr.-Orient*, XV, no. 4, 1915, p. 39 Par Léonard Aurousseau.

Col. 3158.

— Manuel de Cantonnais par M. Raymond Deloustal, 1907.

Notice : *Revue indo-chinoise*, 31 juillet 1907, pp. 1049/1051.

— Über die Schreibung chinesischer Eigennamen. (*Deutsche Rundschau f. Geogr. u. Stat.*, XXX, 1907—1908, p. 187.)

— * Method of Learning to read, write, and speak English for the use of Chinese Pupils. 1908, in-8.

— 土話指南 *T'ou-wo tse né* — Boussole du langage mandarin traduite et romanisée en dialecte de Chang-hai, s. d. [T'ou-sè-wè, 1908], in-12, 138 ff. + pp. III.

Col, 1702.

— * Rev. Arnold Foster. — Eight easy Lessons in Every day Chinese. 1908, pet. in-8.

— * J. Endicott. — A Course of Lessons in Spoken Mandarin. Based on the Gouin Method. 1908, pet. in-4.

— Some Principles which should guide the Missionary in his Study of the Chinese Language. By Rev. A. Sydenstricker. (*Chin. Rec.*, July 1908, pp. 365/375.)

— * A Manual of the Foochow Dialect.

Primer compiled by Rev. C. E. and Mrs. Champness.

Notice : *Chin. Rec.*, Oct. 1908, by W. L. B.

— * Einige Hsieh-Hou-Yü. Von Dr. L. Woitsch. Peking, 1908, in-8, pp. 16.

Petit recueil de Calembours chinois.

— Zum Pekinger Suhua. I. Teil. Von Dr. L. Woitsch. . . . Peking, 1908, in-8, pp. 70.

— * Contribution à la connaissance du langage de Pékin, par L. Woitsch. Pékin, Imprimerie des Lazaristes, 1909, in-8, pp. 16.

— * Arthur H. Lay. — Chinese Characters for the use of students of the Japanese Language. Third edition. Yokohama, 1909, in-8.

Notice : *Revue française du Japon*, Sept. 1895, pp. 416/418, par T. E.

Col. 1701.

— * P. G. von Möllendorff. — Ningpo Colloquial Handbook. Edited by Rev. G. W. Sheppard. 1910, in-8.

— Quelques mots sur l'épel du Chinois. Imprimerie de l'Orphelinat de T'ou-sè-wè, Chang-hai, 1910, in-12, pp. XII-98.

— * N. G., frère mineur. — Notes pratiques sur la langue mandarine parlée. — Hongkong, Imprimerie de la Société des Missions Etrangères, 1911, pet. in-8, pp. 96-IV.

Notice : *Journ. asiat.*, Mai-Juin 1913, pp. 693/697. Par A. Vissière.

— An Introduction to Mandarin by Rev. J. S. Whitewright. Revised and Enlarged Shantung University Press, Weihsien, 2 parties pet. in-8, 3 ff. n. ch. + pp. 209, 44 p. texte chinois [1911].

— * A Chinese and English Handbook of Business Expressions. By L. de Gieter. T'ou Se We Press, pet. in-8, 1911.

Notice : *Journ. N. C. B. R. As. Soc.*, XLIV, 1913, pp. 184/185. By M.

— La langue parlée et la langue écrite de la Chine doivent être les mêmes. (*Revue indo-chinoise*, Juillet 1911, pp. 88/89.)

Traduit du *Sinvanpao* par l'*Echo de Chine*.

— Yamen und Presse Handbuch der neuchinesischen Schriftsprache. Eine Sammlung von Schriftstücken des amtlichen Schriftverkehrs nebst Zeitungsausschnitten mit Erläuterungen und Übersetzungen von Prof. Alfred Forke, Lehrer des Chinesischen am Seminar. I. Abteilung: Chinesischer Text. Berlin, Verlag von Georg Reimer, 1911, in-8, pp. XXIX-441.

— — II. Abteilung: Deutscher Text. Ibid., in-8, pp. 326.

Forme les vols. XXI$_1$ et XXI$_2$ des *Lehrbücher des Seminars für Orientalische Sprachen zu Berlin*.

Notices : *Bull. Ecole franç. Extr.-Orient*, Janvier-Juin 1911, pp. 214/215, par Léonard Aurousseau. — *T'oung Pao*, Juillet 1911, p. 440, par Ed. Chavannes.

(DIVERS MANUELS.)

— Einführung in die neuchinesische Schriftsprache. Übungsstücke gesammelt und bearbeitet von Hsüeh Shen, Lektor des Chinesischen am Seminar Adolf Kammerich, kaiserl. Marinekriegsgerichtsrat. I. Teil: Grammatikalische Erläuterungen. Umschreibung, Vokabular und Übersetzung. II. Teil: Chinesischer Text. Berlin, Verlag von Georg Reimer, 1912, in-8, pp. XXVIII-210-77.

Forme le Band XXII des *Lehrbücher des Seminars für Orientalische Sprachen zu Berlin*, herausgegeben von dem Direktor des Seminars.

— Marco Guseo, Interprete di lingua cinese della Legazione del Messico in Pechino. — Manuale pratico di Corrispondenza Cinese con annotazioni, regole, tavole, etc. Pékin, Imprimerie des Lazaristes. — Pei-t'ang 1912, gr. in-4, pp. VIII-392.

Notice : *Journ. N. C. B. R. As. Soc.*, XLV, 1914, pp. 145/146, by G. R.

— 漢語通釋 Lehrgang der nordchinesischen Umgangssprache von Ferd. Lessing und Dr. Wilh. Othmer. I, 1. — Tsingtau 1912, in-8, pp. XII-421. — I, 2: Umschrift und Uebersetzung. — Tsingtau 1912, in-8, pp. 160.

Col. 1708.

— Progressive Exercises in the Chinese Written Language by T. L. Bullock, M. A. Professor of Chinese in the University of Oxford. Second edition, revised and enlarged. Crosby Lockwood & Son, London, 1912, in-8, pp. 305.

Printed by E. J. Brill, Leyden (Holland).

Notice : *Bull. Ecole franç. Extr.-Orient*, XV, 1915, pp. 39/40 par Léonard Aurousseau.

— Nécrologie. — Thomas Lowndes Bullock. Par Henri Cordier. (*T'oung Pao*, Mars 1915, p. 165.)

— Obituary. Mr. T. L. Bullock. — Chinese Professor at Oxford. (*London & China Express*, March 26, 1915, p. 211.)

Né en 1845; † 20 mars 1915 à Woodlawn, Oxford.

— Recueil de nouvelles expressions chinoises 新名詞彙錄 — Chang-hai, Imprimerie de T'ou sè wè. — 1912, in-16, 1 f. n. ch. préf. et tab. + pp. 100.

— A Guide to Wenli Styles and Chinese Ideals. Essays, Edicts, Proclamations, Memorials, Letters, Documents, Inscriptions, Commercial Papers. Chinese Text with English Translation and Notes by Evan Morgan. — Published at Christian Literature Society for China. Shanghai. 1912, in-8, pp. VI + 1 f. n. ch. + pp. 414-46-26 + 2 + 1 f. n. ch. [col. 3951].

(DIVERS MANUELS.)

22

— * The Chinese Speaker; Readings in Modern Mandarin. By Evan Morgan, Shanghai, Christian Literature Society.
Notice : *Journ. N. C. B. R. As. Soc.*, XLVII, 1916, pp. 154/155.

— Colloquial Sentences With New Terms. Chinese and English Texts. By Evan Morgan. Shanghai : Kelly & Walsh, 1922, in-8, pp. III-170.
Notices : *Journ. N. C. B. R. As. Soc.*, LIII, 1922, pp. 256/257. By H. K. W. — *New China Review*, vol. IV, Oct. 1922, pp. 424/426.

— * F. C. Cooper. — Short Readings in the Shanghai Vernacular. 1913, in-8.
En caractères chinois seulement.

— * T. A. M. Castle. — Chinese Documentary Drafts. Hints for Beginners. 1913, gr. in-8.

— *The London Phonetic Readers* — A Cantonese Phonetic Reader by Daniel Jones, M. A. Lecturer on Phonetics at University College, London and Kwing Tong Woo, LL. B. Late Gilchrist Scholar for Chinese in the University of London. With an Introduction by Daniel Jones. London : University of London Press, s. d. [1913], pet. in-8, pp. XXII + 1 f. n. ch. + pp. 95.
Notice : *Lond. & China Express*, 4 april 1913.

— Phonetische Untersuchungen über die nordpekinesischen Sprachlaute. Von P. J. Mullie, Congr. von Scheut, Ch'ih-feng-chow, Jehol Gebiet, Nordchina. (*Anthropos*, Bd. VIII, Heft 2, 3, Mars-Juin 1913, pp. 436/466.)

— Zusätze, Verbesserungen und Druckfehlerkorrekturen zu P. J. Mullie: Phonetische Untersuchungen über nordpekinesische Laute. (*Ibid.*, VIII [1913] S. 436 ff.) (*Ibid.*, IX, 3, 4, Mai-August 1914, pp. 662, von P. Jos. Mullie.)

Col. 1704.

— * F. W. Baller. — Mandarin Primer. — Ninth Edition, revised and enlarged with Supplement. 1915, gr. in-8.

— — * Idem. — Character Analysis. 1916, in-18

— * Lessons in Elementary Wen-li 華文釋義 by the Rev. F. W. Baller.
Notice : *Chin. Rec.*, February 1913, pp. 105/108, par Walter J. Clennell.

— * F. W. Baller. — An Idiom a Lesson. Shanghai, 1920.

(DIVERS MANUELS.)

— Introduction to Modern Chinese by A. G. De Bruin. Late E. J. Brill Ltd. Leyden, 1914, 1915, 1917, 3 vol. in-8, pp. 136, VI-248, 276 + 1 f. n. ch.

— 集初蒙啓法華 Les Premières Lectures Enfantines Avec Traduction Chinoise A l'usage des Ecoles françaises en Chine. — Shanghai, Presse Commerciale. 1915, in-12, 1 f. n. ch. + pp 120 + 1 f. n. ch.
Préface signée : Éd. Rocherolles.

— | 二 | | | | Les Secondes Lectures Enfantines. . . Ibid., 1916, in-12, pp. 169 + 1 f. n. ch.

— | 三 | | | | Les Troisièmes Lectures Enfantines. . . Ibid., 1916, in-12, pp. 168 + 1 f. n. ch.

Col. 3158.

— * Rev. F. L. Hawks Pott. — Lessons in the Shanghai Dialect. Revised edition. 1917, pet. in-4.

— * Recueil de nouvelles expressions chinoises. 新名詞彙錄. — Chang-hai, Imprimerie de T'ou-sè-we, 1912; in-12 [II], pp. 100.
Notices : *Etudes*, 20 sept. 1912, par J. de la Servière, pp. 862/863. — *Journ. N. C. B. R. As. Soc.*, XLIV, 1913, p. 179, by M.

— 文華集廣 — Chrestomatie Sino-Annamite contenant 508 textes en quatre volumes par Edmond Nordemann. . . . Hanoi, Imprimerie Mac-Dinh-tu, 1917, 4 vol. (*peun*) in-8.
Première Partie : Classiques. — Deuxième Partie, Extraits divers, Contes et légendes. — Troisième Partie, Style administratif. — Quatrième Partie, Style privé, Actes et Contrats, Variétés.

— Exercices de Chinois parlé suivis d'un Vocabulaire et d'Appendices. — Cinquième mille. — Pekin, Imprimerie des Lazaristes Pei t'ang. 1918, in-12, pp. XII + 1 f. n. ch. + pp. 349.

— * R. T. Cowles. — Inductive Course in Cantonese. Hongkong, 1918.

— * F. E. A. Krause. — Die Aufgaben und Methoden der Sinologie, Sprache und Schrift in China und Japan. Heidelberg 1919 (Verlag der Weiss'schen Universitätsbuchhandlung), pp. 43.
Notice : *Ostasiat. Zeitschr.*, 7. Jahrg., 1/2, April-Sept. 1918, pp. 135/136, par A. Forke.

— A. Gasperment S. J. Etudes de chinois Langue mandarine. I. Grammaire. Sien-

(DIVERS MANUELS.)

hsien. Imprimerie de la Mission Catholique. 1919, pet. in-8, pp. 208 + IX pour la table.

Deuxième édition, 1919, pp. 217.

— — Idem. II. Mélanges. . . 1919, pet. in-8, pp. II-127.

Deuxième édition, 1920, pp. 131.

— — Idem. III. Dialogues. . . 1919, pet. in-8, pp. 3 + III + 232.

Deuxième édition, 1920.

— — Idem. IV. Récits. . . . 1920, pet. in-8, pp. V-174.

— Choix de Correspondance — Texte Franco-Anglais avec Traduction chinoise. — Select Correspondence — French and English Text with Chinese Translation. — Printed at the Commercial Press Ltd. Shanghai, 1920, in-12.

Par Tcheng-loh du Collège de Tze-chang, Wuchang.

— A Manual of Chinese Metaphor Being a Selection of Typical Chinese Metaphors, with Explanatory Notes and Indices. By C. A. S. Williams Acting Assistant Chinese Secretary of the Inspectorate General of Customs. . . . Author of Anglo-Chinese Glossary for Customs and Commercial Use. — Published by Order of the Inspector General of Customs by the Statistical Department of the Inspectorate General Printed by Commercial Press Limited, Shanghai. 1920, in-8, pp. XIV-320, imprimé seulement au recto des pages.

Notices : *Journ. N. C. B. R. As. Soc.*, LII, 1921, pp. 195/198, by F. A. — *Bull. School Orient. Studies*, vol. II, Pt. II, 1922, pp. 336/338, by 瑞. — *New China Review*, III, June 1921, pp. 238/239. — *T'oung Pao*, Déc. 1922, pp. 426/439, par Pelliot.

— L'enseignement des caractères chinois. Par Lê-Thuoc Elève diplomé de l'Ecole Supérieure de Pédagogie. (*Revue indochinoise*, Juillet-Août 1921, pp. 93/128; Sept.-Oct. 1921, pp. 275/294.)

Ouvrages divers. — Dissertations.

— Hager. — Lettre à M. Schutz, éditeur de la Gazette littéraire de Iena. (*Magasin encyclopédique,* de Millin, IXe année, III, Paris, 1803, pp. 158/168.)

A propos d'un article anonyme paru dans cette Gazette.

Col. 1712.

— Lettre écrite de Lintz par un Orientaliste allemand, au sujet d'un orientaliste françois, Celèbre par ses traductions, ses rédactions, ses éditions, ses notes, &c., &c., traduite sur l'original allemand, par F. P. J. . . . A Strasbourg, Chez Frédéric Offenhertzig, Et se trouve à Paris, Chez les Marchands de Nouveautés, in-8, pp. 43.

Contre Langlès.

L'ex. de M. Pelliot donne au verso du titre en écriture du temps, la note suivante : « Cette Brochure est de M. Abel-Rémusat. Elle a été imprimée, non pas à Strasbourg, mais à Besançon, chez Chalandre, au commencement de 1815. »

— Grande Exécution d'Automne. N° I, Weston. — Pe-king, Vingtième année Kia-king, huitième lune, jour malheureux. in-8, pp. 20.

— Idem. N° II. Langlès. — Moukden, Vingtième année Saitchounga Fengchen, neuvième lune, jour malheureux, in-8, pp. III-72.

Par J. d. Klaproth.

Col. 1710.

— Essai sur la langue. . . Par le P. Cibot.

Est en réalité par les PP. chinois Ko et Yang (cf. *Rev. Extr.-Or.*, III, 644).

Col. 1713.

— Seconde lettre.

Aj. auparavant :

Lettre | adressée | à la Société Asiatique | de Paris, | Par M. Louis de L'Or, | ancien officier de cavalerie. Paris, Imprimerie de Fain, Place de l'Odéon, 1823, in-8, pp. 16.

Col. 1720.

— R. K. Douglas. — The Progress of Chinese Linguistic Discovery. (*The Times,* 20 avril 1880.) — Further Progress in Chinese Studies. (*Ibid.*, 26 août 1884.)

— A new School of Oriental Studies. (*Nature*, XL, 1889, pp. 251/252.)

— Raoul de la Grasserie. — Essai de rythmique chinoise. (*Revue de Linguistique,* XXVI, 15 juillet 1893, pp. 183/212.)

— Les Européens et la langue chinoise par Fernand Farjenel. — Extrait de la *Revue des Questions Diplomatiques et Coloniales.* — Paris, aux Bureaux de la Revue, 16 rue Cassette, 1900, in-8, pp. 8.

— * J. G. H. Kinberg. — Novae literae Asiae orientalis. Ein neues Alphabet für China und Japan. Stockholm, 1901, gr. in-8, pp. 17.

— Results of Research in the Chinese Language. By the Rev. Joseph Edkins, D. D. (*Trans. Ninth Int. Cong. Orient. London,* 1892, II, pp. 668/676.)

— On mastering the Form and Use of the most frequent Words in the Mandarin Language. By Rev. D. William Lyon. (*Chin. Rec.*, July 1903, pp. 390/395.)

— Capitaine Raoul Pontus. — Cours de Chinois. — Inauguration de la Section des Langues Orientales au Cercle Polyglotte de Bruxelles. — Bruxelles, Imprimerie M. Dekonink, 1904, in-8, pp. 22 + 1 f. n. ch. (pl.)

L. Woitsch.

— Zum Pekinger Suhua. I. Teil. Von Dr. L. Woitsch. — Peking, 1908, in-8, 2 ff. n. ch. tit. et avert. + pp. 56.

Notice : *Bull. Ecole franç. Extr.-Orient*, IX, 1909, p. 593, par H. Maspero.

— Einige Hsieh-Hou-Yü. Von Dr. L. Woitsch. — Peking, 1908, in-8, pp. 14.

— * Varia Sinica. Herausgegeben von Dr. L. Woitsch. I. Heft. Wien, 1921.

Notice : *New China Review*, IV, April 1922, p. 160.

— * The Chinese Language and Western Thought, by the Rev W. Arthur Cornaby. (*China*)

— * Technical Terms : English and Chinese. Prepared by the Committee of the Educational Association of China, in-8, pp. 503.

— La langue chinoise. Par Arnold Vissière. (*Revue Indo-chinoise*, Nos 91/92, X, 15—30 oct. 1908, pp. 465/478.)

Conférence faite à l'Association amicale franco-chinoise.

— Examens de Langue Chinoise à Paris. Par A. V. (*Bull. Assoc. amicale franco-chinoise*, Juillet 1910, pp. 265/266.)

— Enseignement du Chinois à Paris. (*Ibid.*, II, Janvier 1910, pp. 57/60.)

— L'enseignement des langues orientales en Russie. Par J. Reby. (*Revue du Monde Musulman*, X, Mars 1910, pp. 357/380.)

— Wilhelm Grube. — Bausteine der chinesischen Kultur. I. II. *Grenzboten.* Berlin, LXX, 1911, III, pp. 108/121, 153/167.)

— Nécessité pour la Chine de posséder une langue commune à tout l'Empire. Par G. Giraud, Commis des Services civils. (*Revue indo-chinoise*, Août 1911, pp. 204/206.)

Traduit du *Hong Kong Daily Press*.

— Notes sur la prononciation de la langue mandarine de Pékin par R. Ch. Guernier, Diplomé de l'Ecole spéciale des Langues Orientales Vivantes de Paris, Vice-commissaire des Douanes chinoises. — Publié par l'Association phonétique internationale 1912, in-8, pp. 19.

Imprimerie de B. G. Teubner, Leipzig.

— La Réforme de l'Alphabet. (*A travers le Monde*, XVIII, 1912, p. 376.)

(Woitsch.)

— * A. Strindberg. — Kinesiska språkets härkomst. Stockholm, 1912, in-4, 2 part.

— Les Etudes Orientales, leurs leçons, leurs résultats. Par Sylvain Lévi. (*Revue indo-chinoise*, Janvier 1912, pp. 1/9.)

Conférence faite au Musée Guimet.

— Note à propos du caractère 銅. Par L. de Saussure. (*T'oung Pao*, Décembre 1913, pp. 808/809.)

Cf. Vanhée, Le bronze et le caractère 銅 *Ibid.*, p. 493.

— La facilité de la langue chinoise. — Etude de la Langue Chinoise orale et écrite par J. S. Harry Hirtzel. — Etablissements typographiques Judon Ciney [1913], in-8, pp. 39.

Notices : *Bol. reale Soc. Geogr.*, 10 nov. 1913, pp. 1338/1341, par P. Schiarini. — *Bol. Soc. Geogr. Lisboa*, 1914, p. 69, par G. V. — *Le Globe*, Nov. 1913—Janvier 1914, pp. 77/78, par Ch. Barth-Bourgeois.

— La Langue chinoise. Ce qu'en pense la «Jeune Chine». Lettre du P. Tosten S. J. (*Rel. de Chine*, Kiang-Nan, Janvier 1914, pp. 334/335.)

— Tone Accents of two Dialects of Chinese. [*A.* Cantonese. *B.* Pekingese.] By Cornelius B. Bradley. (*Proc. Amer. Philol. Ass.*, 1914 [1915], pp. XLIV-XLVI, 2 charts.)

— The Tone Accents of two Chinese Dialects. By Dr. Cornelius Beach Bradley. (*Journ. N. C. B. R. As. Soc.*, XLVI, 1915, pp. 38/44 ; 2 pl.)

A. Cantonese. — *B.* Pekingese.

— China and her Language. (*Far Eastern Review*, Dec. 1915, pp. 251/254.)

Henri Maspero.

— Sur quelques textes anciens de chinois parlé. Par Henri Maspero, Membre de l'Ecole française d'Extrême-Orient. (*Bull. Ecole franç. Extr.-Orient*, t. XIV, No 4, Hanoi, 1914, in-8, pp. 36.)

— The Prefix A in the Indo-Chinese Languages. By B. Laufer (Chicago). (*Journ. Roy. As. Soc.*, October 1915, pp. 757/780.)

A propos de Henri Maspero, *Bull. E. F. E. O.*, XIV, No. 4, 1914.

— Le dialecte de Tch'ang-ngan sous les T'ang. Par H. Maspero, Professeur à l'Ecole française d'Extrême-Orient. (*Bull. Ecole franç. Extr.-Orient*, t. XX, no 2, 1920, pp. 124.)

— Le dialecte de Tch'ang-ngan sous les T'ang par H. Maspero . . ., gr. in-8, pp. 124.

(Extrait du *Bull. Ecole franç. Extr.-Orient*, t. XX, no 2, 1920.)

∴

(Maspero.)

— Ein Vorschlag zur Lautphysiologie und Phonetik bezüglich der Transcription insbesondere im Chinesischen von Fr. Kühnert. (*T'oung Pao,* Décembre 1909, pp. 724/725.)

— Beitrag zur Phonetik des 官話. Von Jonny Hefter. (*Mitt. Sem. für Orient. Sprachen, Ostas. Studien,* Berlin, 1914, Jhrg. XVII, pp. 41/73.)

BERNHARD KARLGREN.

— Etudes sur la Phonologie chinoise I. — Thèse pour le Doctorat présentée à la Faculté des Lettres à Upsala et publiquement soutenue (en allemand) le 21 mai 1915, dès 10 heures du matin dans la salle 1 par Bernhard Karlgren. — Leyde et Stockholm 1915, in-8, pp. 388.

Au verso du titre : Leyde, Imprimerie orientale ci-d. E. J. Brill. — Stockholm 1915, P. A. Norstedt & Söner.

Forment dans les *Archives d'Études orientales* Publiées par J.-A. Lundell, vol. 15, 1, pp. 316 ; vol. 15, 2 (1916), pp. ch. 317 à 388 ; l'ouvrage est continué dans ce dernier fascicule par les pp. 389/469, et dans un troisième, vol. 15, 3 (1919), par les pp. 469/700.

Notices : *T'oung Pao,* Oct. 1915, pp. 565/570, par Robert Germain. — *Journ. N. C. B. R. As. Soc.,* LI, 1920, pp. 200/201. — *New China Review,* III, February 1921, pp. 77/78.

— Archives d'Etudes orientales. Publiées par J.-A. Lundell, vol. 15. — Etudes sur la Phonologie chinoise par Bernhard Karlgren. Pp. 1/316. — Leyde et Stockholm 1915, in-8, pp. 316.

— — Pp. 317/469. 1916, in-8.

— — Pp. 469/700. 1919, in-8.

— A Mandarin Phonetic Reader in the Pekinese Dialect with an Introductory Essay on the Pronunciation by Bernhard Karlgren. — Stockholm 1918. Kungl. Boktryckeriet. P. A. Norstedt & Söner, in-8, pp. 187.

Archives d'Études orientales, publiées par J.-A. Lundell, vol. 13. Notice : *New China Review,* III, February 1921, pp. 77/78.

— Le proto-chinois, langue flexionnelle, par M. Bernhard Karlgren. (*Journ. asiat.,* Avril-Juin 1920, pp. 205/232.)

Notice : *New China Review,* August 1921, pp. 322/323.

∴

— Der altchinesische Fragesatz und der steigende Ton. Von A. Conrady. (*Mitt. Sem. für Orient. Sprachen, Ostas. Studien,* Berlin, 1915, Jhrg. XVIII, pp. 261/297.)

— Zur Geschichte der Europäischen Sinologie. Von Eduard Erkes und Bruno Schindler. (*Ostasiat. Zeitsch.,* 5. Jhrg. 1916/1917, pp. 105/115.)

— * A. H. Mateer. — New Terms for New Ideas. — Changhai, Presbyterian Mission Press, 1917, in-4, pp. 189.

Notice : *Bull. École franç. Extr.-Orient,* t. XVIII, n° 10, 1918, p. 35. Par P. Aucourt.

— * Handbook of New Terms and Newspaper Chinese. By Mrs. A. H. Mateer. Mission Book Company, Shanghai.

Notice : *Journ. N. C. B. R. As. Soc.,* XLIX, 1918, pp. 183/184. By I. M.

— The Business Policy of Learning Chinese. From a Shanghai Correspondent. (*Asia,* July 1917, pp. 382/383, ill.)

— * A Character Study in Mandarin Colloquial. Prepared by Chauncey Goodrich.

Notice : *Journ. N. C. B. R. As. Soc.,* XLVIII, 1917, p. 221. By I. M.

— Notes on Chinese prosody. By Arthur Waley. (*Journ. Roy. As. Soc.,* April 1918, pp. 249/261.)

— Chinesischer Purismus bezüglich einiger Fremdnamen. Von J. J. M. de Groot. (*Ostasiat. Zeitsch.,* 8. Jhrg., 1919/1920, pp. 137/141.)

— On the Representation of Tones in Oriental Languages. By Sir George Grierson, K. C. I. E., M. R. A. S. (*Journ. Roy. As. Soc.,* Oct. 1920, pp. 453/479.)

— Notes by A. C. Moule. (*New China Review,* August 1921, pp. 310/313.)

— On the Origin of the ideo-phonetic Characters. By Léopold de Saussure. (*Ibid.,* III, October 1921, pp. 389/392 ; IV, April 1922, pp. 148/149.)

— Notes by Lionel Giles. (*New China Review,* IV, April 1922, pp. 149/151.)

TRANSCRIPTION ET ROMANISATION.

Col. 1730/1732.

— * John C. Gibson. — Learning to Read in South China : being a Plea for the Use of Romanised Vernacular in Mission Work, 1888, in-8.

— Méthode de Transcription française des sons chinois Adoptée par le Ministère des Affaires Etrangères. (*Bull. Com. Asie franç.,* Mars 1902, pp. 112/117.)

Par A. Vissière, Secrétaire-interprète. — Voir col. 1731.

— * Manuel international de transcription des sons de la langue mandarine, compilé conformément au vœu du XIIe Congrès des Orientalistes, par René Martin-Fortris, secrétaire de la Commission internationale de transcription des sons chinois. Paris, 1911, Imprimerie nationale, in-8, pp. II-80.

Notice : *Asie française*, Février 1912, p. 88. Par A. Vissière.

— La transcription des sons chinois. (*Ibid.*, Avril 1912, p. 161.) Martin Fortris.

— Transliteration. By C. M. (*Journ. N. C. B. R. As. Soc.*, XL, 1909, pp. 108/111.)

— The use of the roman character for oriental languages. By R. Grant Brown, I. C. S. (*Journ. R. As. Soc.*, July 1912, pp. 647/663.)

— Le Nouvel Alphabet chinois. Par L. Kuentz. (*A travers le Monde*, XIX, 1913, p. 69.)

— Jos. Mullie, C. I. C. M. — La Romanisation du Chinois, in-8, pp. 8.

Extrait du *Bull. Cath. de Pékin*, Juin-Juillet 1919.

BIOGRAPHIES. — DIVERS.

— * Dr. Franz Babinger. Gottlieb Siegfried Bayer (1694—1738). Ein Beitrag zur Geschichte der morgenländischen Studien im 18. Jahrhundert. Leipzig, O. Harrassowitz, 1916, in-8, pp. 85.

Notice : *T'oung Pao*, n° 5, Déc. 1920/1921, pp. 361/362. Par P. Pelliot.

— Edouard Chavannes, par Henri Maspero. (*Ibid.*, Mars 1922, pp. 43/56.)

Emmanuel Edouard Chavannes, né le 5 oct. 1865 à Lyon ; † à Paris, 29 janvier 1918. — Voir col. 3476.

— Notice sur Gabriel Devéria par Ed. Chavannes. — Extrait du *Journ. asiatique* Paris, Imprimerie nationale. — MDCCCC. in-8, pp. 17.

Col. 1703.

— Robert Kennaway Douglas. Nécrologie par Henri Cordier. (*T'oung Pao*, Mai 1913, pp. 287/290.)

— Sir Robert Kennaway Douglas. By F. Legge. (*Journ. R. As. Soc.*, Oct. 1913, pp. 1095/1099.)

— Nécrologie. — Christopher Thomas Gardner. Par H. C[ordier]. (*T'oung Pao*, Oct. 1914, pp. 553/554.)

† 30 sept. 1914.

— J. F. — Retirement of Dr. Friedrich Hirth. (*Asia*, 1917, p. 49, portr.)

— * Casimir Schnyder. — Eduard Huber, ein schweizerischer Sprachengelehrter, Sinolog und Indochinaforscher. Zürich, Art Institut Orell Füssli, 1920, in-8, pp. VIII-203, avec 40 ill. et 3 cartes.

Notice : *T'oung Pao*, n° 5, Déc. 1920/1921, p. 363. Par P. Pelliot.

— Notice biographique sur M. Klaproth. (*Nouv. Ann. des Voy.*, VIII, 3e sér., 1835, pp. 5/20.)

Par Larenaudière.

— Lodovico Nocentini. Nécrologie par H. C[ordier]. (*T'oung Pao*, Mars 1910, pp. 137/138.)

Né à Florence 10 oct. 1849 ; mort 5 janvier 1910.

(BIOGRAPHIES. — DIVERS.)

— Un Orientaliste allemand Jules Klaproth. Par M. Henri Cordier. Paris, Auguste Picard, MDCCCCXVII, in-8, pp. 12.

Extr. des *Comptes rendus des séances de l'Académie des Inscriptions et Belles-Lettres*, 1917, p. 297.

Réimp. dans les *Mélanges d'hist. et de géogr. orient.*, de Henri Cordier, IV, pp. 53/65.

— Théophile Piry. Nécrologie par H. C[ordier]. (*T'oung Pao*, Juillet 1917, pp. 240/241.)

— Alliance scientifique universelle. . . . — La Vieillesse et les idées de Cicéron à son égard par Léon de Rosny. Paris, Ernest Leroux, 1900, in-8, pp. ch. 259 à 278.

Extrait des *Annales de l'Alliance Scientifique*, t. XVI.

— Nécrologie. — Léon de Rosny. Par H. C[ordier]. (*T'oung Pao*, Oct. 1914, p. 553.)

— Dr L. Bouland. – Marques des livres de MM. Lucien et Léon de Rosny. (*Bull. du Bibliophile*, 15 nov.—15 déc. 1921, pp. 288/292, fig.)

— Fr. Babinger. — Wilhelm Schott. (*Hessische Biographien*, ed. par H. Haupt, t. I, Darmstadt, 1918, pp. 251/259.)

— F. de Stoppelaar. Nécrologie par Henri Cordier. (*T'oung Pao*, Mai 1906, p. 310.)

— William Dwight Whitney, né 9 février 1827 à Northampton, Massachussets ; † à New Haven, 7 juin 1894.

Ecriture.

Col. 3160.

— La Chine préhistorique. — Etude bibliographique par Th. Mercier-Beauné. (*Bull. Soc. Etudes indo-chinoises Saigon*, 1893, pp. 36/55 ; 1894, pp. 35/60.)

D'après *Prehistoric China* de Ernst Faber. (*Journ. C. B. R. As. Soc.*, 1889—1890.)

— Frank H. Chalfant. — Early Chinese Writing. . .

Notice : *Bull. Ecole franç. Extr.-Orient*, VIII, 1908, pp. 264/267, par H. Maspero.

— Histoire de l'Ecriture dans l'Antiquité par M. Philippe Berger. — Deuxième édition. — Paris, Imprimerie nationale, MDCCCXCII, gr. in-8.

Chapitre V. — Écriture chinoise, pp. 40/52.

— * K. Florenz. — Die (1200) wichtigsten chinesischen Schriftzeichen, ausgewählt vom Kaiserl. Japanischen Unterrichtsministerium, laut Verordnung vom August 1900. 1903, gr. in-8, pp. 114.

Col. 1744.

— * J. Dyer Ball. — How to Write Chinese. Containing general rules for writing Chinese, and particular directions for writing the Radicals. Second Edition. 1905, gr. in-8.

(ECRITURE.)

— — * How to write the Radicals. An Abridgement of the larger book « How to write Chinese. » 1905, pet. in-8.

— Stan. Millot. — Dictionnaire des Formes cursives, 1909. — Voir col. 3903.

— Über einige Besonderheiten der Schreibweise der chinesischen Schriftzeichen in Japan. Von R. Lange. (*Mitt. d. Sem. f. Orient. Sprachen,* Jhrg. XII., *Ostasiat. Studien,* Berlin, 1909, pp. 124/156.)

— Alfred Dobrée. — Chinese Characters: their structure and method of indexing them. (London, *Trans. and Proc. Japan Soc.,* VIII, 1909, pp. 248/268.)

— Die neuesten Versuche zur Vereinfachung der chinesischen Schriftzeichen. Von C. W. Kastler. (*Mitt. d. Sem. f. Orient. Sprachen,* Jhrg. XII, *Ostasiat. Studien,* Berlin, 1909, pp. 199/209.)

— The Evolution of Chinese Writing the Inaugural Lecture of the Michaelmas Term of the School of Chinese October 4th 1910 by Professor G. Owen, King's College, London. Oxford, Horace Hart, Printer to the University, s. d., in-8, pp. 32.

— * A. Seidel. — Die chinesisch-japanische Schrift. Berlin, 1912, pp. 261.

— The New Chinese Writing. By T. F. Lam. 中國新字. Published by T. F. Lam, London, N., pet. in-8, pp. 19/35.

Notice : *Lond. & China Express,* sept. 12, 1918.

— * F. W. Baller. — The ABC of Chinese Writing. 1913, pet. in-8.

— Docteur Lucien-Graux. — Les Caractères Médicaux dans l'Ecriture chinoise. — Ouvrage orné de 270 figures. Paris, A. Maloine, 1914, in-16, pp. 276.

Notices : *T'oung Pao,* XVI, Déc. 1915, pp. 693/694, par Henri Cordier. — *Lond. & China Express,* August 28, 1914.

— Die Entwicklung der chinesischen Schrift aus ihren Grundelementen. Von Bruno Schindler. Unter Berücksichtigung der Darstellung in der chinesischen Abteilung der « Kulturhalle » der « Weltausstellung für Buchgewerbe und Graphik, Leipzig 1914 ». (*Ostasiat. Zeitsch.,* 3. Jhrg., Hft. 4, Jan.-März, 1915, pp. 451/469, 7 pl.)

— Die Prinzipien der chinesischen Schriftbildung. Von Bruno Schindler. (*Ibid.,* IV. Jhrg., Jan.-April 1916, pp. 284/315.)

— Die äußere Gestaltung der chinesischen Schrift. Von Bruno Schindler. (*Ibid.,* 6. Jhrg., April—Sept. 1917, pp. 62/82; Okt. 1917—März 1918, pp. 213/266; ill.)

Notice : *Anthropos,* XIV—XV, 1919—1920, p. 585.

— The Origin of Chinese Writing. By E. H. Parker. (*Journ. of the Manchester Egyptian & Oriental Society* 1915—1916, pp. 49/62.)

— The Origin of Chinese Writing, by E. H. Parker, M. A. Reprinted from the *Journal of the Manchester Egyptian and Oriental Society,* 1915—1916. Manchester at the University Press.... Longmans, Green & Co. London, New York, Bombay, etc. 1916, in-8, pp. ch. 49/62.

— La réforme de l'écriture en Chine. (*Revue indo-chinoise,* Nov.-Déc. 1919, pp. 435/436.)
Politique de Pékin, 16 nov. 1919.

— * A. Rosthorn. — Die Anfänge der chinesischen Geschichtschreibung. (*Sitzb. d. Ak. d. Wiss. in Wien, Phil.-hist. Kl.,* 193 Bd., 5. Abh.) Wien, Hölder, 1920, in-8, pp. 28.

— * L. C. Hopkins. L'écriture dans l'ancienne Chine. (Reprint from *Scientia,* January, 1920.)

— The Wind, the Phoenix, and a String of Shells. By L. C. Hopkins. (*Journ. Roy. As. Soc.,* April 1917, pp. 377/383, pl.)

— The original hieroglyphic systems by The Rev. H. W. White, D. D. (*New China Review,* III, April 1921, pp. 131/137; planche.)

ESSAIS POUR REPRÉSENTER LES CARACTÈRES CHINOIS.

1° *IMPRIMERIE.*

Col. 1745/1751.

— Note sur l'Imprimerie, Papier, Encre & Reliure des Livres chinois.

Pages 45/51 de : « Dissertation sur l'Origine et les Progrès de l'Imprimerie en Franche-Comté, Pendant le Quinzième Siècle. A Dole, De l'Imprimerie de Jos.-Fr.-Xav. Joly, Imprimeur de la Ville. — M.DCC.LXXXV », in-8, pp. VI-51 + 1 p. n. ch. p. l. permis d'imprimer.

Par le Père Laire. — Bib. Nat. Rés. Q. 673 et Q. 3760.

— L'Imprimerie en Chine au temps présent. (*A travers le Monde,* XVIII, 1912, p. 239.)

— Note on the invention of woodcuts by Arthur Waley. (*New China Review,* I, August 1919, pp. 412/415.)

2° *TÉLÉGRAPHIE.*

— Les Télégraphes en Chine. (*A travers le Monde,* V, 1899, pp. 302/303.)

— Le télégraphe en Chine. Par A. E. Hückel, Élève-administrateur. (*Revue indo-chinoise*, 15 mars 1908, pp. 389/390.)
Extrait de l'*Ostasiatische Lloyd*.

— Les télégraphes en Chine. (*Ibid.*, 15 déc. 1908, pp. 828/829.)

— Les lignes télégraphiques de Mandchourie. (*Bull. Com. Asie franç.*, Février 1909, p. 81.)

(TÉLÉGRAPHIE.)

— Eastern Telegraph Co. und die Eastern Extension Australasia and China Telegraph Co. neues Kabel. Von Groll. (*Zeitsch. d. Ges. f. Erdk. zu Berlin*, 1913, pp. 645/646.)

— La télégraphie sans fil. (*Asie française*, Oct. 1918—Janvier 1919, p. 161.)

— Le régime des télégraphes à Péking. (*Bull. Com. Asie franç.*, Février 1909, p. 81.)

(TÉLÉGRAPHIE.)

LITTÉRATURE.

Ts'ai-tcheu-chou.

2° HAO K IEOU TCHOUAN.

— Tieh und Pinsing. — Ein chinesischer Familien-Roman in fünf Büchern. Von Haoh Kjöh. — Deutsche Säkular-Ausgabe. — Bremen. Verlag von J. Kühlmann's Buchhandlung, 1869, in-8, pp. xxx-314.

6° SI SIANG KI.

— The Romance of the Western Pavilion. A Chinese Tale of the Eighth Century. Translated by T. Y. Leo. (*Asia*, May 1920, pp. 392/399, ill.; p. 438.)

Traduction du *Houei Tchen ki*, par le poète Youen Tchen (779—831), prototype du *Si Siang ki*.

Romans, Contes et Nouvelles.

今古奇觀 KIN KOU K'I KOUAN.

Col. 1761.

— * Li, Duke of Ch'ien and the poor Scholar who met a chivalrous man. A Chinese Novel, translated into English, with the full Chinese text in Peking Colloquial, by J. A. Jackson, Master at the Hanbury School, Shanghai, 1922.

Notices by Professor E. H. Parker. *Asiatic Review*, Oct. 1922, p. 692. — *Journ. N. C. B. R. As. Soc.*, LIII, 1922, pp. 259/260. — *New China Review*, IV, April 1922, pp. 159/160.

Col. 1765.

— П. Шмидтъ. — *Судьба Фанъ дэ.* 房德 Повѣсть изъ сборника *Цзинь-гу ци-гуань* 今古奇觀. Часть I. Оригинальный текстъ и переводъ его на разговорный языкъ. — Владивостокъ, типо-литог. Восточнаго Института, 1909, in-8, pp. 60.

Исвѣстія Восточнаго Института, t. XXIX, вып. 4-й.

Il y a également un titre allemand : P. Schmidt. — 房德 Fang Tê's Schicksal. Eine Novelle aus der Sammlung Chin-ku ch'i kuan. 今古奇觀 Teil I. Originaltext mit einer Übersetzung in die Umgangssprache.

(TS'AI-TCHEU-CHOU. — ROMANS, CONTES ET NOUVELLES.)

— Chinesische Novellen. Deutsch von Paul Kühnel. — 1914, München bei Georg Müller, in-8, pp. xxix-368 + 1 f. n. ch. tab.

Meisterwerke orientalischer Literaturen. Herausgegeben von Hermann von Staden. Zweiter Band.

Il y a une bibliographie, pp. xiv/xxix.

Notices : *Ostasiat. Zeitsch.*, 3. Jhrg., Okt.-Dez. 1914, pp. 378/379, par A. Forke. — *Lond. & China Express*, July 24, 1914.

— Quand la fortune arrive. Traduit par Wou I-tai. (*La Chine*, n° 3, 15 sept. 1921, pp. 214/223.)

Traduit du *Tsin kou ki kouen*.

紅樓夢 HOUNG LEOU MENG.

— The Secret of the « Red Chamber » by W. Arthur Cornaby. (*New China Review*, I, August 1919, pp. 329/339.)

聊齋誌異 LIAO-TCHAI-TCHE-I.

— * Strange Stories from a Chinese Studio. Translated and annotated by H. A. Giles. Second edition, revised. 1909, in-8.

— * Idem. Third edition, revised 1916, in-8.

Col. 1773.

— Vasiliev. — Chrestomathie.

Liao-Tchai tche-i.

— Повѣсти изъ Сборника «Ляо-джай-джи-и» перевелъ съ китайскаго А. И. Ивановъ. С.-Пет., Сенатская тип., 1909, in-8, ch. pp. 48/66.

Travaux de la Sous-Section Troïtzkossawsk-Kiakhta, Section du pays d'Amour de la Société Impériale Russe de Géographie. Tome X. Livraison I-II (et dernier), 1907.

Contient : Хуанъ-инъ. — Ли-бо-янь. — Джу-цвнъ. — Као-чэнъ-хуанъ. — Тунъ-жэнъ-юй. — Хуа-би. — Джунъ-ли.

Notice : *Bull. Ass. amicale franco-chinoise*, II, Janvier 1910, p. 81, par Dautremer.

— * Alexéev. — Ляо Чжай, Дисьп уары. Petrograd, 1922, in-8, pp. 159.

Premier fascicule d'une traduction partielle du *Leao tchai tche yi*, paraissant dans la revue soviétique *Vsemirnaya literatura* (« Littérature universelle »).

(HOUNG LEOU MENG. — LIAO-TCHAI-TCHE-I.)

— La seconde édition du *Chinese Language*, 1914, de Sir Walter Hillier, renferme 14 contes du *Liao Tchai che i*.

∴

— P'ou Soung-lin. — L'examen du Génie protecteur de la ville. Traduit par Hoa King-chan. (*La Chine*, n° 1, 15 août 1921, pp. 26/29.)

— — Les prunelles causent. Traduit par Hoa King-chan. (*Ibid.*, n° 2, 1er sept. 1921, pp. 134/137.)

— — La Fresque. Traduit par Hoa King-chan. (*Ibid.*, n° 3, 15 sept. 1921, pp. 224/227.)

— — Comment on plante un poirier. Traduit par Hoa King-chan. (*Ibid.*, n° 4, 1er oct. 1921, pp. 276/277.)

— — Le taoïste du Mont Lao. (*Ibid.*, n° 5, 15 oct. 1921, pp. 360/363.)

— — Le bonze de Tch'ang-Ts'ing. Traduit par Hoa King-chan. (*Ibid.*, n° 6, 1er nov. 1921, pp. 463/465.)

— — Le mariage de la Fille du Renard. Traduit par Hoa King-chan. (*Ibid.*, n° 11, 1er fév. 1922, pp. 183/189.)

— — « Elégance délicate. » Traduit par Hoa King-chan. (*Ibid.*, n° 14, 15 mars 1922, pp. 395/411.)

— — Sorcellerie, conte chinois. Traduit par Hoa King-chan. (*Ibid.*, n° 15, 1er avril 1922, pp. 553/555.)

— Hoa King-chan. — Le lettré Yé. (*Ibid.*, n° 16, 15 avril 1922, pp. 609/613.)

— P'ou Soung-lin. — Tch'eng l'immortel. Traduit du chinois par Hoa King-chan. (*Ibid.*, n° 17, 1er mai 1922, pp. 671/681.)

— — Ouang-tch'eng. Traduit du chinois par Hoa King-chan. (*Ibid.*, n° 18, 15 mai 1922, pp. 729/738.)

— — Phenix Azuré. Traduit par Hoa King-chan. (*Ibid.*, n° 19, 1er juin 1922, pp. 809/816.)

— La peau maquillée, conte. Traduit par Hoa King-chan. (*Ibid.*, 15 juin 1922, pp. 911/917.)

— P'ou Soung-lin. — Le Fils du Marchand. Traduit par Hoa King-chan. (*Ibid.*, 1er juillet 1922, pp. 995/1001.)

— — Le Lettré Toung. Traduit par Hoa King-chan. (*Ibid.*, 15 juillet 1922. pp. 1045/1050.)

(P'ou Soung-lin.)

— — Douce Fillette. Traduit par Hoa King-chan. (*Ibid.*, 15 août 1922, pp. 1234/1253.)

— — L'assesseur Lou. Traduit par Hoa King-chan. (*Ibid.*, n° 23, 1er août 1922, pp. 1167/1177.)

— — Nie « Petite Grace », traduit par Hoa King-chan. (*Ibid.*, 15 août 1922, pp. 1313/1325.)

∴

— J. Halphen, ancien élève de l'Ecole Polytechnique. — Contes chinois traduits du Chinois. Paris, Honoré Champion, 1923, in-12, pp. 196 + 1 p. n. ch. tab.

∴

— Romance de Mou-lan. Traduit du Chinois par Stanislas Julien. (*Revue de Paris*, XXXVII, 1832, pp. 193/195.)

— Ho-Fi van den Geelen Gordel of De Chinesche - Blaauwbaard. (*Tijdschft. v. Neerl. Ind.*, I. D., 1842, pp. 552/560.)

— * The Golden-Horned Dragon King. A mythological story in eight chapters. Translated from the Chinese by the Rev. S. I. Woodbridge. Shanghai : Printed at the *North-China Herald* Office, 1895.

Avait paru dans le *North China Herald* depuis le n° du 23 août 1895, p. 326.

— * W. R. Hunt. — A Chinese Story-Teller, or the Changed Story. Illustrated. St. Louis, Mo., 1903, in-8, pp. 167.

— Novelita China, traducida y anotada por el P. Escalé O. P. — King Yu-Nu apalea á su marido. (*El Correo Sino-Annamita*, XXXIV, 1906, pp. 127/151.)

— Un conte chinois du VIe siècle. Par Charles B. Maybon. (*Bull. Ecole franç. Extr. Orient*, VII, Juill.-Déc. 1907, pp. 360/363.)

Yang-sien chou cheng 陽羨書生.

Notice : *T'oung Pao*, 1908, pp. 599/601.

— * Chinese Merry Tales. Translated into English by Y. T. Woo. Shanghai, Presbyterian Mission Press, 1909, pp. IV-58.

— Robert K. Douglas. — An Ancient Chinese Apologue. (*Lond. & China Express*, July 16, 1909.)

— The 'Ricksha Boy. By Philippa Bridges. (*Blackwood's Mag.*, vol. 190, Dec. 1911, pp. 768/786.)

— The Yamen prisoner. By Philippa Bridges. (*Ibid.*, vol. 191, April 1912, pp. 550/573.)

— Chang : his bell. By X. (*Ibid.*, vol. 196, August 1914, pp. 268/275.)

(Divers.)

— Variétés. — Nouvelle de Chine. Par le Marquis de Barthélemy. (*Revue indo-chinoise,* Février 1912, pp. 176/178.)

20 décembre 1911.

Col. 3536.

— 封神演義 *Fêng-shên-yên-i.* Die Metamorphosen der Goetter. Historisch-mythologischer Roman aus dem Chinesischen. Übersetzung der Kapitel 1 bis 46 von Wilhelm Grube, durch eine Inhaltsangabe der Kap. 47 bis 100 ergänzt, eingeleitet und herausgegeben von Herbert Mueller. Band I. — Erster Halbband. — E. J. Brill, Leiden, 1912, in-4, pp. XXIV-304, front. en couleurs.

— — Band I. — Zweiter Halbband. — Ibid., 1912, in-4, pp. ch. 305 à 657.

— Chinese Fiction, Ancient and Modern. By the Rev. Charles Bone, W. M. S. (*The National Review,* 23 August 1913, pp. 178/181.)

— * Chinesische Novellen. Aus dem Urtext übertragen von H. Rudelsberger. Zwei Bände. Leipzig, 1914 (Insel-Verlag), pet. in-8, pp. 265/307

Notice par O. Franke, *Ostasiat. Zeitsch.,* 5. Jhrg., 1916/1917, pp. 184/189.

— Contes imités du chinois. Par Jacques de Mecquenem. Illustrations de M.-M. de Mecquenem. (*Bull. Ass. amic. franco-chinoise,* Janvier 1914, pp. 5/24.)

— * Tales from the Arabic, Armenian, Tchetchen, Hebrew, Hindoo, Chinese, Japanese, Kartvelian, Lezgin, Sanskrit, Tartar. Translated into Esperanto, with a preface by B. Kotzin, editor of « La Ondo de Esperanto ».

Notice : *Asiatic Review,* July 1, 1914, p. 131.

— Ed. Chavannes. — Contes, voir col. 3544.

Col. 3544/3545.

— * Alfred Döblin. — Die drei Sprünge des Wang-lun. Chinesischer Roman. Berlin 1915, S. Fischer, in-8, pp. 511.

— Tales of a Chinese Village. By William L. Hall. (*Asien,* Nov. 1918, pp. 952/955.)

— Du Village à la Cité. Par Jean Marquet. (*Revue indo-chinoise,* Avril 1919, pp. 671/698.)

— George Soulié de Morant. — Les Contes Galants de la Chine. — Paris, Charpentier et Fasquelle, 1921, in-12, pp. 181 + 1 p. n. ch.

15 exemplaires sur papier du Japon numérotés.

(DIVERS.)

— La passion de Yang Kwei-fei Concubine impériale, par George Soulié de Morant. (*Mercure de France,* 1922, 1er sept., pp. 439/478; 15 sept., pp. 724/762; 1er oct., pp. 116/179.)

— * A Chinese Idol. By Carroll Lunt. London : John Lane.

Notice : *Journ. N. C. B. R. As. Soc.,* LII, 1921, p. 211. By M.

— Histoire de Fan Hsi-tcheou ou la Fidélité récompensée. Traduit par Montuclat. (*La Chine,* n° 14, 15 mars 1922, pp. 445/451.)

Traduit de la Collection chinoise des *Passions sentimentales* 情色.

Voir col. 1770.

— * The Chinese Fairy Book. By Dr R. Wilhelm. T. Fisher Unwin, London. Illustrated.

Notice : *China Express and Telegraph,* sept. 28, 1922, p. 651.

Théâtre.

— L'Orphelin ‖ de ‖ la Chine, ‖ Tragédie. ‖ Par M. de Voltaire, ‖ Représentée pour la première fois à ‖ Paris, le 20 Août 1755. ‖ — Le prix est de trente sols. — ‖ A Paris, ‖ Chez Michel Lambert, Libraire, ‖ rue & à côté de la Comédie Française, ‖ au Parnasse. ‖ — M.DCC.LV. In-12, pp. XI-72.

— Lieou Joei-yu. — Athalie et l'Orphelin de la Famille Tchao. (*La Chine,* n° 20, 15 juin 1922, pp. 893/909.)

Extrait de « Université de Changhai. — Bull. de littérature et de droit ». — N° 1. — T'ou sè-wè, 1920.

∴

— Une Soirée à Vladivostok. Par Paul Lebbé. (*A travers le Monde,* X, 1904, pp. 345/348; ill.)

— * F. P. Laurence. — Dragon and Coronet. A Poem founded on an Antique Chinese Play. 1906, in-18 carré, pp. VI-195.

— W. Schüler. — Etwas über das chinesische Theater. (*Zeitsch. Missionskunde,* Heidelberg, XXI, 1906, pp. 353/364.)

— W. Schüler. — Das chinesische Volkstheater in religiöser Bedeutung. (*Ibid.,* Heidelberg, XXV, 1910, pp. 27/38.)

— Le théâtre chinois. (*Revue indo-chinoise,* 15 février 1907, p. 221.)

— Das chinesische Schauspielwesen in Südschantung. Von P. A. Volpert, S. V. D.,

(THÉÂTRE.)

Tschui, Südschantung. (*Anthropos*, 1910, Mars-Juin, fasc. 2, 3, pp. 367/380.)

Illustrations.

— Beauty. A Chinese Drama. Translated from the Original by Rev. J. Macgowan. London, E. L. Morice, 1911, in-16, pp. 81.

Notices : *Lond. & China Express*, Oct. 6, 1911. — *T'oung Pao*, Déc. 1911, pp. 748/749, par Ed. Chavannes. — *Journ. R. As. Soc.*, April 1912, pp. 525/526, by J. Dyer Ball. — *Grande Revue*, Déc. 1911.

— * La transformation du Théâtre chinois, par le Lt. J. Coulon (Gabriel Noll). (*Revue France d'Indochine*, Saigon, Juillet 1913.)

— A. Corbett-Smith. — The Chinese Drama, Yesterday and To-day. (*The Fortnightly Review*, June 1913, pp. 1200/1212.)

— Chinesische Schattenspiele. Übersetzt von Wilhelm Grube. Auf Grund des Nachlasses durchgesehen und abgeschlossen von Emil Krebs. Herausgegeben und eingeleitet von Berthold Laufer. — Vorgelegt am 8. Juni 1912. — München 1915, in-4, pp. XXIV-442.

Abhandlungen der Königl. Bayer. Ak. d. Wissensch. Philos.-philolog. u. hist. Kl., XXVIII. Bd., 1. Abhdl.

— The Chinese Theatre. A Romantic Institution Fettering the Past and the Present in China. By Frank S. Williams. (*Asia*, April 1918, pp. 314/322; ill.)

— Notes on the Chinese Drama and Ancient Choral Dances by W. Arthur Cornaby. (*New China Review*, n° 1, March 1919, pp. 57/70.)

— J. Kessel. — Au Théâtre à Pekin. (*Journ. des Débats*, 17 janvier 1920.)

— * Edmond Gras. — Au théâtre chinois. (*Bull. des Amis du Vieux Hué*, 1921, Janvier-Mars.)

— Louis Laloy. Le Chagrin dans le Palais de Han. Drame chinois orné par René Piot et publié par la Société littéraire de France, 10 rue de l'Odéon à Paris. M.CM.XXI, in-8, pp. 76.

Tiré à 500 exemplaires dont 20 sur Chine (1 à 20) et 480 sur vélin Lafuma (21 à 500).

Voir col. 1784/1785.

— The Chinese Drama by R. F. Johnston, C. B. E., M. A. Member of the Royal Asiatic Society... With six illustrations reproduced from the Original Paintings by C. F. Winzer. Printed and Published by Kelly and Walsh, limited Shanghai-Hongkong-Singapore-Hankow-Yokohama, 1921, in-fol., 2 ff. n. ch. + pp. 36, relié en soie.

Notice : *Journ. N. C. B. R. As. Soc.*, LIII, 1922, pp. 257/258, by F. L. H. P.

— Le Théâtre chinois. Peintures, Sanguines et Croquis d'Alexandre Jacovleff. Texte de Tchou-kia-kien. M. de Brunoff, Editeur, 32 rue Louis-le-Grand, Paris, 1922, in-fol., pp. 30. — Suivi de *Les Images populaires théâtrales*, 3 ff. + 1 p. Table des Matières.

— The Chinese Theatre by Chu-chia-chien. Translated from the French by James A. Graham. With illustrations from Paintings, Sketches and Crayon Drawings by Alexandre Jacovleff. John Lane the Bodley Head limited London... MCMXXII, in-fol., pp. 36 + 8 p. n. ch.

Notice : *China Express and Telegraph*, June 8, 1922, p. 393.

— Théâtre chinois. — Le stratagème de la Ville vide [un acte traduit du chinois]. (*La Chine*, n° 23, 1er août 1922, pp. 1097/1104.)

Epoque des Trois Royaumes : Tchou-kouo Leang.

— La nuit inquiète. (*Ibid.*, 15 août 1922, pp. 1285/1289.)

— Dancing and the Drama east and west by Stella Bloch with an Introduction by Ananda Coomaraswamy. Orientalia, New York, 1922, in-8, 2 ff. n. ch. + pp. 13; ill.

— * Studies in the Chinese Drama. By Kate Buss. Boston, Mass., Four Seas Co.

Notice : *The Nation & the Athenaeum*, January 20, 1923.

Poésie.

Col. 1791.

— Le Printemps, premier chant du poème chinois des Saisons, traduit en vers français, Et mêlé d'allusions au Règne de Louis XVIII. Par Charles-Léopold Mathieu, ancien Substitut au ci-devant Parlement de Nancy, Membre de plusieurs Sociétés savantes, nationales et étrangères. A Nancy, Chez Haener, Imprimeur, rue Saint-Dizier, n° 19. — 1816, in-8, pp. 28.

— Китайскія женщины-поэты. Extrait. (Occupe pp. 57/64, mais de quelle revue?) Traduit de la *Revue britannique*.

— D'Hervey Saint-Denys. — Poésies chinoises composées sous la dynastie des Thang (Li-tai-pé; Tou-fou). (*Revue Orient. et Amér.*, II, 1859, p. 265.)

Col. 1798.

— C. de Harlez. — Poésies chinoises. — Extrait du *Magasin littéraire*. Gand, Typographie A. Siffer, 1892, in-8, pp. 30.

— * W. Grube. — Moderne chinesische Lyrik. (*Deutsche Rundschau*, 1905, vol. °°°, pp. 100/106.)

— Conrad Haussmann. — Altchinesische Lyrik. (*März,* München, Jhrg. 1, Bd. IV, 1907, pp. 413/424.)

— * O. Hauser. — Die chinesische Dichtung. Mit 9 Vollb. Berlin (Marquardt), 1908, pet. in-8, pp. 64.

G. M. C. Brandes. — *Die Literatur,* Bd. 34.

— La Poésie chinoise. (*A travers le Monde,* XV, 1909, p. 72.) De *Wissen und Leben,* de Zurich.

— Translation into Chinese. [By Mr. Ting Mien-ying, teacher in the Tungchow Normal School] (*Journal N. C. B. R. As. Soc.,* XL, 1909, pp. 111/112.)

— Histoire de la Montagne de la Cloche de pierre par Sou Tong-p'o (Littérature de l'époque des Song. Traduite du chinois par M. Alex. Fontanier). (*Bull. Ass. Amic. franco-chinoise,* Juillet 1909, pp. 396/399.)

— * Twenty Chinese Poems. Paraphrased by Clifford Bax. With four illustrations in colour by Arthur Bowmar-Porter. W. Budd & Co. The Orpheus Press ... 1910.

Notice : *Lond. & China Express,* April 29, 1910, suppl. p. 1.

— * Charles Budd. — A Few Famous Chinese Poems. Shanghai, 1911.

— Chinese Poem. Translated by Charles Budd. Henry Frowde, Oxford University Press, London ..., 1912, pet. in-8, pp. 174.

Notices : *Lond. & China Express,* Sept. 6, 1912. — *Journ. R. As. Soc.,* January 1913, pp. 225/226, by J. Dyer Ball.

— * H. Hermann. — Chinesische Gedichte. 1912.

— * A Lute of Jade. Being Selections from the Classical Poets of China. Rendered with an Introduction by L. Cranmer-Byng.

Wisdom of the East Series.

A. Forke.

— Yang Chu's Garden of Pleasure. Translated by Alfred Forke. London, Murray, 1912, in-12, p. 64.

— Alfred Forke. — Altchinesische Lyrik. (*D. Rev.,* Stuttgart, XXXVII, 1912, I, pp. 365/372.)

— Einige Verse des Wang Wei. Von A. Forke. (*Ostasiat. Zeitsch.,* 2. Jhrg., 2, Juli-Sept. 1913, pp. 129/132.)

— A. Forke. — Chinesische Lyrik in neueren deutschen Übersetzungen. (*Ibid.,* 4. Jhrg., 1/2, April-Sept. 1915, pp. 126/129.)

∴

— Chinesische Lyrik, gesammelt und übersetzt von Elisabeth Oehler-Heimerdinger, eingeleitet von W. Oehler. (*Geist d. Ostens,* I, 1913, pp. 108/118, 306/312, 368/376.)

— * H. Waddell. — Lyrics from the Chinese. 1914, in-8.

Col. 2533.

— Thu-Giang. — 翹雲金 Kim, Ven, Kièou. Poème populaire annamite Adapté en Français. Paris, Augustin Challamel, 1915, pet. in-8, pp. 139 + 1 f. n. ch.

— * The Pearl Chaplet. By the Author of « Verse and Fancy ». Foochow.

Notice : *Journ. N. C. B. R. As. Soc.,* XLVII, 1916, p. 142. By I. M.

Po Kiü-i 白居易.

— Aus den Gedichten Po-chü-i's. — Von Dr. L. Woitsch. — Peking, 1908, in-4, 2 ff. n. ch. p. l. tit. et l'avert. + pp. 76.

白居易. — «Der chinesische Text stützt sich auf die beiden Ausgaben 白氏長慶集 und 白香山詩集.»

— * Ein Briefwechsel in Versen. Zwei Gedichte von Po-Chü-i und Yuan Chên. Par E. von Zach. Extrait des Mitteilungen der deutschen Gesellschaft für Natur- und Völkerkunde Ostasiens. Tokyo, 1913, in-8, pp. 30.

— Thirty-eight Poems by Po Chü-i 白居易. Translated by A. D. Waley. (*Bull. of the School of Oriental Studies, London Institution,* 1917, pp. 53/78.)

— Further Poems by Po Chü-i, and an Extract from his Prose Works, together with two other T'ang Poems. Translated by Arthur Waley. (*Ibid.,* 1918, pp. 96/112.)

— Eine Dichtung Po Kiü-i's. Übersetzt von Anna Bernhardi. (*Ostasiat. Zeitsch.,* 8. Jhrg., 1919—1920, pp. 36/41.)

— More Translations from the Chinese by Arthur Waley ... London : George Allen & Unwin, s. d., in-8, pp. 109.

First published in 1919.

Asiatic Review, July 1919; imp. aussi séparément par la China Society.

— Notes on the « Lute-girl's song » — By A. Waley. (*New China Review,* II, Dec. 1920, pp. 591/597.)

Par Po Kiu-yi; déjà traduit par Giles, *Chinese Literature,* p. 165.

— Mr. Waley and « the Lute Girl's song » by Prof. H. A. Giles, LL. D. (*New China Review*, August 1921, pp. 281/288.)

— « The Lute Girl's Song. » — Mr. Waley's reply to Prof. Giles. (*Ibid.*, III, Oct. 1921, pp. 376/377.)

— Arthur Waley. — The everlasting wrong. (*Bull. of the School of Oriental Studies*, vol. II, Part II, 1922, pp. 343/344.)

A. D. WALEY.

— Pre-t'ang poetry. By A. D. Waley. (*Bull. of the School of Oriental Studies, London Institution*, 1917, pp. 33/52.)

— * Arthur Waley. — A Hundred and Seventy Chinese Poems. — London, Constable, 1918, in-8, pp. 168.

Notices : *Bull. Ecole franç. Extr. Orient*, t. XVIII, n° 10, pp. 36/37. Par P. Aucourt. — *Lond. & China Express*, sept. 4, 1918.

HERBERT A. GILES.

— A Poet of the 2nd. Cent. B. C. Professor H. A. Giles, LL. D. (*New China Review*, II, February 1920, pp. 25/36.)

枚乘 Mei Sheng.

— A re-translation by Professor H. A. Giles, LL. D. (*Ibid.*, August 1920, pp. 319/340.)

Cf. Arthur Waley, *The Statesman*, 31st May 1919, et *More Translations from the Chinese*.

— Dreams from China and Japan being Transfusions from the Japanese and Chinese Languages by Gounoské Komai. London, The Eastern Press, 1918, in-8, pp. XVI + 1 f. n. ch. + pp. 124 ; portr.

LI T'AI-PE 李太白.

— Le Tae-Pih. La Pèche à la ligne et son influence sur la civilisation et le progrès. Traduit de K. Li-Tai-Pé, lettré chinois. Paris [1878?], in-12, pp. 102.

— Li-tai-po. Gedichte aus dem Chinesischen übersetzt von Otto Hauser. — Zweite Auflage. — Alexander Duncker, Berlin, MCMXI, in-8, pp. x-29.

Aus fremden Gärten, I.

— Li T'ai-po. Von Anna Bernhardi. (*Mitt. d. Sem. f. Orient. Sprachen, Ostasiat. Studien*, Berlin, 1916, Jahrg. XIX, pp. 105/138.)

Voir une liste des poèmes déjà traduits, pp. 107/108.

— A Group of Poems by Li Po. Translated by Witter Bynner and Kiang Kang-hu. (*Asia*, Febr. 1922, p. 105, portrait de Li Po.)

— Drinking Song. By Li Po. Translated by L. A. Lyall. (*New China Rev.*, IV, Dec. 1922, pp. 509/510.)

T'AO YOUAN-MING 陶淵明.

— * Anna Bernhardi, Tau Juän-ming (365—428). Leben und Dichtungen. (Sonderabdruck aus den *Mitteilungen des Seminars für Orientalische Sprachen*, Bd. XV, 1912, Abt. I; Berlin, 1912; in-8, pp. 61.)

Notice : *T'oung Pao*, Juillet 1912, pp. 508/509, par Ed. Chavannes.

— T'ao Yuan-ming. Von A. Bernhardi und E. von Zach. (*Mitt. d. Sem. f. Orient. Sprachen, Ostasiat. Studien*, Berlin, 1915, Jahrg. XVIII, pp. 179/260.)

∴

— Stray Leaves of Chinese Poetry. By Alexander H. Williams. (*Asia*, Dec. 1917, pp. 801/804.)

— * Erwin Reiche. — Von chinesischer Lyrik. (*Frankfurter Zeitung*, Nr. 642, 1917.)

— * Chinese Lyrics. By Pai Ta-Shun, Kelly & Walsh.

Notice : *Journ. N. C. B. R. As. Soc.*, XLVIII, 1917, pp. 209/211. By D. K.

W. J. B. FLETCHER.

— * Gems of Chinese Verse. Translated into English Verse. By W. J. B. Fletcher. Shanghai, Commercial Press, 1919, pp. 242.

Notice : *Journ. N. C. B. R. As. Soc.*, XLIX, 1918, pp. 195/197. By C. E. C.

— * More Gems of Chinese Poetry. Translated into English Verse by W. J. B. Fletcher, with comparative passages from English Literature. Commercial Press. Shanghai, 1919, pp. 208.

Notices : *New China Review*, I, Dec. 1919, pp. 638/641. — *Journ. N. C. B. R. As. Soc.*, LI, 1920, pp. 190/191.

— A Trip to Hua Kang.

From the Chinese of Li Ta-shao. — W. J. B. Fletcher. (*Journ. N. C. B. R. As. Soc.*, LII, 1921, p. 192.)

— The Song of a Skirt.

From the Chinese of Ch'in T'ao-yü. — W. J. B. Fletcher. (*Ibid.*, p. 193.)

∴

— D. A. Wilson. — O Wine and Love and Wealth and Wrath. (*The Asiatic Review*, January 1919, p. 15.)

Voir p. 35, de *La Chine*, de Jules Arène.

— Tao Chien's Return to the Country (A Chinese Masterpiece). By David Alec Wilson. (*Asiatic Review*, January 1920, pp. 109/111.)

FLORENCE AYSCOUGH.

— * The Mentor Department of Art. Serial Number 168.

Notice : *Journ. N. C. B. R. As. Soc.*, L, 1919, pp. 210/211. By M.

— * Poetry. A Magazine of Verse [Translations of Poems from Chinese Written Wall Pictures by Mrs. Florence Ayscough and Miss Amy Lowell]. Chicago.

Notice : *Ibid.*, pp. 228/229. By M.

— Chinese Poetry and its Connotations. — Florence Ayscough. — (*Ibid.*, LI, 1920, pp. 99/134; ill.)

Read before the Society, March 26th, 1920.

— * Fir-Flower Tablets, Poems translated from the Chinese par Mme Florence Ayscough « English versions » de Melle Amy Lowell, Boston et New York, Houghton, Mifflin Company, 1921, pet. in-8, pp. xcv-227.

Notice : *T'oung Pao*, Mai et Juillet 1922, pp. 232/242. Par Paul Pelliot.

— Chinese Poetry. (*New China Review*, IV, February 1922, pp. 44/51.)

A propos de : Fir-flower Tablets : Poems translated from the Chinese by Florence Ayscough ; English versions by Amy Lowell. Houghton, Mifflin Co., Boston and New York, 1921. (Kelly & Walsh.)

— Fir-Flower Tablets. By Florence Ayscough. (*New China Review*, IV, April 1922, pp. 153/155.)

— Fir-flower tablets. — J. C. Ferguson. (*Journ. N. C. B. R. As. Soc.*, LIII, 1922, pp. 70/83.)

∴

— Gedichte von Tu Fu aus 杜詩註解 des 淦陽張 und 潛上若 übersetzt von E. von Zach. (*Ostasiat. Zeitsch.*, April-Sept. 1920—1921, pp. 1/9.)

— * A Little Garland from Cathay. Being a Translation, with Notes, of some Poems of the Tang Dynasty (Cent. VII/IX). By T. Gaunt, M. A. Shanghai : Printed at the Presbyterian Mission Press : 1919, pp. 64.

Notice : *Journ. N. C. B. R. As. Soc.*, LIII, 1922, pp. 255/256. By H. K. W.

— * H. Bethge. — Pfirsichblüten aus China : Nachdichtungen chinesischer Lyrik. S. d. [1920], pp. 97, 10 pl. col. par Haser.

— Comfortable words in sickness by Yüan Chên. Translation by Sir E. Trelawny Backhouse. (*New China Review*, II, April 1920, pp. 195/196.)

— Two Chinese Poems. (*The Nation & the Athenaeum*, July 16, 1921, p. 577.)

In the Days of Drought, by the poetess Choo Shoo-chen (end of XIIth cent. A. D.) — Lances and Shields, by Wang Chong (end of 13th century).

— Translating Chinese Poetry. By Witter Bynner. (*Asia*, Dec. 1921, pp. 993/997, ill.; pp. 1042/1043.)

— Lan-tsih. — Mrs. Elfrida Hudson. — Romance of the Second Century B. C. (*Journ. N. C. B. R. As. Soc.*, LIII, 1922, pp. 84/92; ill.)

— Ling Yin monastery poem. — Sung Chih-wên. (*Ibid.*, pp. 93/94.)

— Paillettes de Chine. (*Rel. de Chine*, Kiang-Nan, Janvier 1922, pp. 47/48 ; Avril 1922, pp. 124/125.)

— Collection de la « Politique de Pekin ». — L'empereur Yang-Ti. Le Sardanapale Chinois. Poésies traduites par Henri Imbert. Pekin. « Politique de Pekin », 1922, in-8, pp. 14, pliées à la chinoise.

Yang Ti 煬帝, des Souei.

— * Chinese Shadows, by Juliet Bredon. Pei Kuan Press, Peking, 1922.

Notices : *New China Review*, vol. IV, February 1922, p. 67. — *Journ. N. C. B. R. As. Soc.*, LIII, 1922, pp. 270/271, by G. C. S.

— * « O Mei ». Moon and other Poems. By Alan W. Simms Lee. Published by Erskine Macdonald, London.

Notice : *Journ. N. C. B. R. As. Soc.*, LIII, 1922, pp. 271/272. By F. A.

— Women and the Chinese Poets. By T. Bowen Partington. (*Asiatic Review*, January 1923, pp. 173/177.)

Proverbes.

— Algunos Proverbios y Apotegmas chinos. (*Correo Sino-Annamita*, XXVIII, 1894, pp. 134/152.)

Par le P. Ramón Colomer, de Formose. — Texte chinois, prononciation, traduction littérale, traduction.

— Quelques proverbes chinois. (*A travers le Monde*, XII, 1906, p. 272.)

— * Proverbs and Maxims in the Chinese Language. By H. Dawson Grone. Shanghai, Kelly & Walsh, 1911.

Notice : *Journ. N. C. B. R. As. Soc.*, XLIV, 1913, pp. 181/182. By M.

— * R. P. Cyr. van Belle. — Proverbes et dictons populaires du Kan-sou. (*Bull. Soc. belge Études Coloniales*, XIX, n° 5, Mai 1912, pp. 442/453.)

— * Proverbes chinois dans leur application à la vie courante, par un vétéran du Céleste-Empire. (*Ibid.*, Nov. 1913, Janvier 1914.) — (*Ibid.*, Juillet-Août, Sept.-Déc. 1914.)

— Variétés sinologiques n° 50. — Dictons et Proverbes des Chinois habitant la Mongolie Sud-Ouest par le R. P. Joseph van Oost Missionnaire de Scheut aux Ortos. — Imprimerie de l'Orphélinat de T'ou-sè-wè, Zi-ka-wei près Chang-hai. 1918, in-8, 2 pp. n. ch. + pp. 356.

Notice : *Journ. N. C. B. R. As. Soc.*, L, 1919, pp. 221/223. From the *N. C. D. News*.

— Chinese Ditties by E. T. C. Werner, H. B. M. Consul, Foochow (retired). (*New China Review*, III, August 1921, pp. 259/272; Oct., pp. 368/375; Dec., pp. 442/450; IV, Feb. 1922, pp. 23/31; April pp. 106/113.)

Littérature périodique.

— Voir A. Forke. — Yamen und Presse, col. 3921.

— La Presse Chinoise. Par Ch. Chusseau-Flaviens. (*A travers le Monde*, VII, 1901, pp. 13/14; fig.)

— Léon Charpentier. — Le Journalisme en Chine. (*Revue bleue*, 26 sept. 1903, pp. 414/416.)

— Les Journaux chinois en Chine. — Leur caractère dans le passé et le présent. — Leurs tendances nationalistes. (*A travers le Monde*, XII, 1906, p. 204.)

— La presse chinoise en Chine. (*Revue indo-chinoise*, 15 avril 1908, pp. 551/552.)

D'après *Nan-fang pao* et *Echo de Chine*.

— La presse chinoise. (*Revue indo-chinoise*, 15 déc. 1908, pp. 827/833.)

— La publicité et les réclames en Chine. (*Bull. Com. Asie franç.*, Mars 1909, p. 130.)

— Les Journaux illustrés chinois. (*Ibid.*, Juin 1909, pp. 606/607.)

— La presse chinoise : Conseils donnés au peuple. (*Ibid.*, Mars 1910, pp. 257/258.)

Extrait du *Che che pao*.

— Le journal indigène. Par Pol Korigan. (*Ibid.*, Avril 1911, pp. 409/411.)

— La presse en Chine. (*Rel. de Chine*, Kiang-Nan, Avril 1913, p. 132.)

— Literature and Liberty. (*The National Review*, 16 August 1913, p. 147.)

— Chine. La liberté de la presse et la république chinoise. Par René Surugue. (*Revue indo-chinoise*, Août 1913, p. 238.)

— Chine. La presse chinoise. Ce que la Chine toucherait de l'emprunt de 1913. Le commerce extérieur de la Chine en 1912. Le développement de Hongkong. Par René Surugue. (*Ibid.*, Sept. 1913, pp. 361/366.)

— * New Terms and New Ideas, A Study of the Chinese Newspaper by A. H. Mateer, Shanghai, Presbyterian Mission Press, 1913.

Notice : *Journ. N. C. B. R. As. Soc.*, XLV, pp. 159/165. By Φ.

— Une loi sur la presse. (*Asie franç.*, Mai 1914, p. 212.)

— Chine. — La loi sur la presse. (*Revue indo-chinoise*, Mai 1914, pp. 534/535.)

— Jacques Boyer. — Dans l'imprimerie d'un journal chinois. (*La Nature*, 5 oct. 1918, pp. 111/112.)

— The Press of China. By J. P. Donovan Late Commissioner Chinese Postal Service. (*The Asiatic Review*, April 1919, pp. 153/167.)

Histoire littéraire proprement dite.

— J. P. Abel-Rémusat. — Des institutions littéraires à la Chine. (*Revue de Paris*, II, 1829, pp. 18/31.)

Col. 1810/1811.

— Gems of Chinese Literature. By Herbert A. Giles, Hon. LL. D. (Aberdeen), Professor of Chinese in the University of Cambridge. — Revised and greatly enlarged. Shanghai, Kelly & Walsh, Limited 1922, in-4, pp. xiv-287; portr.

Tiré à 700 exemplaires. — Notice : *New China Rev.*, IV, Dec. 1922, pp. 513/516.

— Rapport annuel fait à la Société asiatique dans la séance du 20 juin 1895 par M. Edouard Chavannes. — Extrait du *Journal asiatique*. — Paris, Imprimerie nationale, MDCCCXCV, in-8, pp. 182.

Journ. Asiat., IXe Sér., VI, 1895, pp. 40/217.

— * J. Ware. — A Peep into a Chinaman's Library: Being a Popular View of Chinese Literature, with a Preface by E. T. Williams. Shanghai, 1896, in-8, pp. 104, 10 ill.

— * C. J. Holmes. — Some Chinese Masterpieces. 1900, gr. in-8, pp. 15, 5 pl.

Wilhelm Grube.

Col. 1812.

— Geschichte der chinesischen Literatur. Von Dr Wilh. Grube. 1902.

Notice : *Journ. des Savants*, 1903, pp. 275/283.

Il y a une deuxième édition : Leipzig, 1909.

— * W. Grube. — Die Kenntnis der chinesischen Literatur im Hinblick auf ihre theoretische und praktische Bedeutung. (*Zeitsch. f. Missionskunde u. Religionswissenschaft*, 1903, vol. XVIII, pp. 193/205.)

— Die chinesische Literatur. Von Wilhelm Grube. (*Die Kultur der Gegenwart*, herausgegeben von Paul Hinneberg. — *Die Orientalischen Literaturen* . . . Des Gesamtwerkes Teil I, Abt. VII, Berlin u. Leipzig, 1906, gr. in-8, pp. 313/359.)

— In Memoriam Wilhelm Grube (17. August 1855 bis 1. Juli 1908). Als Privatdruck gedruckt. — Berlin, 1908, in-4, pp. 15.

1er f. recto : Für . . . . bestimmt.

2e f. recto : In Memoriam Wilhelm Grube. Ein Gedenken der Art, des Lebens und des Schaffens dieses hervorragenden Menschen und Gelehrten für seine treuen Freunde und Schüler.

P. 15 : note signée : Berlin im Sommer 1908, Herbert Mueller.

P. 15 verso : Dieser Privatdruck ist gesetzt worden bei Otto v. Holten, Berlin C, 100 Abzüge hat man hergestellt, 1908.

Il y a une bibliographie pp. 12/14.

— Nécrologie. — Le professeur Wilhelm Grube. (*T'oung Pao*, 1908, pp. 593/595.)

Maurice Courant.

Col. 1831.

— Bibliothèque nationale. Département des Manuscrits. — Catalogue des livres chinois, coréens, japonais, etc. Par Maurice Courant. — Cinquième fascicule n°s 5665/6146. — Paris, Ernest Leroux, 1907, in-8, pp. 193/432.

Notice : *T'oung Pao*, 1908, pp. 602/603.

— — Sixième fascicule n°s 6147/6409. Ibid., 1910, in-8, pp. 434/624.

— — Septième fascicule n°s 6409/6689. Ibid., 1910, in-8, pp. 625/823.

— — Huitième fascicule n°s 6690/9080. Ibid., 1912, in-8, pp. 232.

∴

— Herbert Mueller. — Nährväter in der chinesischen Literatur. (*Zeitsch. f. Ethnol.*, 1909, Hft. II, pp. 266/269.)

— * La Chine littéraire : La littérature & la presse chinoises. Ly Chao Pée, mandarin. — Les journaux satiriques en Chine. — Commandant Harfeld (*La Revue*, Paris, 15 Mars). 1910?

— Sinologie et sinologue. Par A. Haouisée S. J. (*Rel. de Chine*, Kiang-Nan, Oct. 1910, pp. 677/680.)

— * Fried. Hirth. — Chinese Literature. Lectures on Literature. New York, Columbia University Press, 1911.

— * H. Borel. — De nieuwe banen der Sinologie. (*De Gids*, 7de Jg., 1 Nov. 1911.)

— An Alphabetical Index to the Chinese Encyclopaedia 欽定古今圖書集成 *Ch'in ting ku chin t'u shu chi ch'êng* compiled by Lionel Giles, M. A. Assistant in the Department of Oriental Printed Books and Mss. in the British Museum. Printed by order of the Trustees of the British Museum.... 1911, gr. in-4, pp. xx-100 à 2 col. + 1 f. n. ch.

Oxford, Horace Hart, M. A. Printer to the University.

Notices : *T'oung Pao*, 1911, pp. 757/758, par Ed. Chavannes. — *Journ. N. C. B. R. As. Soc.*, XLIII, 1912, pp. 90/91, par F. H. C. — *Bull. Ecole franç. Extr.-Orient*, 1911, p. 434, par Léonard Aurousseau.

— A Note on the Yung Lo Ta Tien by Lionel Giles. (*New China Review*, II, April 1920, pp. 137/153.)

— Wisdom of the East. — A Feast of Lanterns rendered with an Introduction by L. Cranmer-Byng. London, John Murray, pet. in-8, pp. 95.

— * Wenli Styles and Chinese Ideals. A Collection of Essays and other papers from Chinese Authors, ancient and modern, with English Translations and Notes. Prepared by Evan Morgan, Christian Literature Society : Shanghai, 1912, in-8.

Notice : *Journ. N. C. B. R. As. Soc.*, XLIII, 1912, pp. 115/117. By J. W. [Voir col. 3922.]

— * G. Soulié. — Essai sur la littérature chinoise. 1912, pp. 391.

— Essai sur la littérature chinoise par Georges Soulié. Deuxième édition, Paris, *Mercure de France*, 1913, in-8, pp. 391.

Notices : *Revue indo-chinoise*, Mai 1913, p. 594. — *Bull. Ecole franç. Extr.-Orient*, 1912, pp. 110/111, par Léonard Aurousseau.

— Katharina Zitelmann. — Die chinesische schöne Literatur. (*Preuss. Jahrb.* Berlin, CLIV, 1913, pp. 80/106.)

— Kinesisk Litteratur Essayer och översättningar av Harald Svanberg. Stockholm, P. A. Norstedt, s. d. [1913], in-8, pp. 114, front.

— One of the World's Literary Masterpieces. — Introduction to a Great Chinese Epic or religious allegory by Ch'iu Ch'ang Ch'un born A. D. 1148. — 41 years before Dante, 289 years before Spencer, 345 years before Milton. — Translated by Timothy Richard and read before the Society, March 6, 1913. (*Journ. N. C. B. R. As. Soc.*, XLIV, 1913, pp. 3/10.)

— *Einzelausgabe*. Sinologische Seminare und Bibliotheken von J. J. M. De Groot. Aus den *Abhandlungen der Königl. Preuss. Akademie der Wissenschaften*, Jhrg. 1913, *Phil.-hist. Classe*. Nr. 5. — Berlin, 1913. Verlag der Königl. Akademie der Wissenschaften. — In Commission bei Georg Reimer, in-4, pp. 48.

Jan Jakob Maria De Groot ; mort à Berlin, le 24 sept. 1921.

— * O. Franke. — Zwei wichtige literarische Erwerbungen des Ostasiatischen Seminars in Hamburg. (*Neue Hamburger Zeitung*, 25. Juli 1914.)

II. Das T'u schu tsi tch'eng.

— — * Zwei wichtige literarische Erwerbungen des Seminars für Sprache und Kultur Chinas zu Hamburg. C. Boyesen, Hamburg, 1915, in-8, pp. 19.

— Ed. Chavannes. — La Sinologie. (*La Science française*, II, Paris, 1915, in-8, pp. 137/146.)

— La Science française. — La Sinologie. Par Ed. Chavannes. Paris, Libraire Larousse, s. d., in-8, pp. 14, 2 portr.

— * Bruno Schindler. — Die Sinologie an den deutschen Universitäten. (*Leipziger Tageblatt* Nr. 321.)

— Oriental Philology. — Sinology. (*Science and Learning in France,* 1917, pp. 238/240.)

— * Th. Tj. H. . . . Enkele bijsonderheden over de Chineezen (in N. I.) en de Chineesche gewoonten. (*Ceres*, 3de Jg., Afl. 4, 17 Juli 1917.)

— Soong Tsung-Faung, Professeur à l'Université de Pékin. — La littérature chinoise contemporaine. — 1919. *Journ. de Pékin.* — Br. in-12, pp. 131.

— A little-known Chinese Writer by E. T. C. Werner H. B. M. Consul, Foochow (retired). (*New China Review,* I, August 1919, pp. 435/438.)

Wang K'ai-yün, † 1916.

王闓運.

— Montuclat. — Essai d'un parallèle entre la littérature chinoise et la littérature d'occident. (*La Chine,* n° 15, 1er avril 1922, pp. 509/532.)

— Société Asiatique. — Le Livre du Centenaire (1822—1922). — I : Historique de la Société, par L. Finot. — II : Cent ans d'Orientalisme en France, par des Membres de la Société Asiatique. Paul Geuthner, Paris, 1922, in-8, pp. VIII-294 + 1 p. n. ch.; tab.

XI. La Sinologie, par H. Maspero. — XII. Les Etudes japonaises, par J. Dautremer. — XIII. La Géographie, par Henri Cordier.

Notice : *T'oung Pao*, Oct. 1922, pp. 319/322.

— Henri Cordier. — Un siècle d'études asiatiques en France. — Le Centenaire de la Société asiatique. (*Le Correspondant,* 10 juillet 1922, pp. 62/91.)

Ouvrages divers.

Col. 1801.

— Pétillon. — Allusions littéraires. 2e édition, 1909.

— * P. Schmidt. — Das Schicksal Fan De. Erzählung aus dem Sammelwerk Zsinj-gu zi-yuan. Tl. I. (Originaltext mit russ. Übersetzung.) Vladiwostok, 1909, in-8.

— « Ink remains », by An I-Chou. John C. Ferguson, Ph. D. (*Journ. N. C. B. R. As. Soc.,* XLV, 1914, pp. 13/20.)

— Bulletin of the School of Oriental Studies, London Institution. — London, 1917, in-8, pp. 130.

Notice : *Bull. Ecole franç. Extr.-Orient*, t. XVII, n° 6, p. 33. Par L. Finot.

Parait régulièrement

Bibliographie.

— **類書目錄** un *peun* chinois.

Sur la couverture, la note ms. : Catalogue des livres chinois que le Départt Asiatique de St Pétersbourg a reçus de Péking, en juin 1848. Je tiens ce catalogue de l'obligeance de M Léon Seniavine. Paris, 4 juillet 1848, Stanislas Julien de l'Institut.

Passé à d'Hervey de St Denys, puis à Turrettini et acheté par Pelliot en 1922.

— Carlo Valenziani. — Catalogo di libri giapponesi a cinesi acquistate di recente dalla Biblioteca Vittorio Emanuele di Roma.* (*Bolletino italiano degli Studii orientali,* 25 dic. 1876, pp. 239/240, etc.)

— Catalogue de la bibliothèque Isidore Hedde Don gratuit fait à la Société de Géographie de Lyon. (*Bull. Soc. Géog. Lyon*, III, 1879—1880, pp. 190/192.)

Col. 1832.

— Extrait du *Bulletin de l'Ecole française d'Extrême-Orient* (Oct.-Déc. 1902). — Notes de bibliographie chinoise I. Le *Kou yi ts'ong chou.* Par Paul Pelliot professeur à l'Ecole française d'Extrême-Orient. Hanoi, F.-H. Schneider, imprimeur-éditeur, 1902, in-8, pp. 26.

— Notes de bibliographie chinoise. Par M. Paul Pelliot, professeur de chinois à l'Ecole française d'Extrême-Orient. — II. Le droit chinois. (*Bull. Ecole franç. Extr.-Orient,* IX, n° 1, Janvier-Mars 1909, pp. 123/152.) — III. L'œuvre de Lou Sin-yuan. (*Ibid.,* n° 2, Avril-Juin, pp. 211/249; Juillet-Sept., pp. 425/469.)

Voir *Bull. Ecole franç. Extr.-Orient*, II, pp. 315/340.

— Répertoire des « Collections Pelliot A » et « B » du fonds chinois de la Bibliothèque nationale par Paul Pelliot. (*T'oung Pao,* Déc. 1913, pp. 697/781.)

— * Biblioteca Filipina ó sea catálogo razonado de todos los impresos, tanto insulares como extranjeros, relativos a la historia, la ethnografia, la lingüistica, la botánica, la fauna, la flora, la geologia, la hidrografia, la geografia, la legislación, etc., de las Islas Filipinas, de Joló y Marianas. Por T. H. Pardo de Tavera. Washington, 1903, pp. 440.

— La Première Bibliothèque publique en Chine. (*A travers le Monde*, XII, 1906, p. 327.)

— Bibliothèque de feu M. Edouard Specht, Membre du Conseil de la Société asiatique. . . . — Vente publique . . . les lundi 25 et mardi 26 mai 1908, rue des Bons-Enfants 28.

. . . — Paris, Ernest Leroux, 1908, in-8, pp. 76.

— Bibliothèque de feu M. Gustave Delondre Orientaliste . . . — Livres chinois de feu l'abbé Perny — . . . Vente publique le mercredi 27 mai 1908, rue des Bons-Enfants 28 . . . — Paris, Ernest Leroux, 1908, in-8, pp. 28.

— A descriptive Catalogue of a unique Collection of Chinese Printed Books, Mss., Scrolls and Paintings offered for sale by Luzac & Co. Oriental Booksellers and Publishers. Compiled by Lionel Giles, M. A. (Assistant at the British Museum). London, Luzac & Co, 1908, in-8, pp. 34.

371 nos. — Collection Bradbrook.

— Catalogue des albums chinois et des ouvrages relatifs à la Chine conservés au Cabinet des Estampes de la Bibliothèque Nationale, par M. Henri Cordier. (*Journ. Asiat.*, Sept.-Oct. 1909, pp. 209/262.)

Tirage à part : Paris, Imprimerie Nationale, MDCCCCIX, in-8, pp. 54.

— * H. A. Giles. — Supplementary Catalogue of the Wade Collection of Chinese and Manchu Books in the Library of the University of Cambridge. Cambridge, 1915, gr. in-8.

— The Chinese Library at Cambridge. By Herbert A. Giles, M. A., LL. D. (Aberd.), Professor of Chinese in the University of Cambridge. (*Adversaria Sinica*, pp. 204/208 ; ill.)

— * *Lu t'ing tche kien tch'ouan pen chou mou* 郘亭知見傳本書目. « Liste des livres dont les textes transmis jusqu'à nous ont été connus et vus par *Lu-t'ing.* » (Imprimé à Péking ; 1909 ; 10 peun.)

Notice : *T'oung Pao*, Mars 1910, pp. 146/148. Par Ed. Chavannes.

— * *Lao che souei kin* 勞氏碎金. Un fascicule comprenant trois chapitres. Publication faite en 1909 par le possesseur du pavillon nommé *Chouang tchao leou* 雙昭樓. Titre calligraphié par *Wou Che-kien* 吳士鑑.

Notice : *T'oung Pao*, Mai 1910, pp. 294/296. Par Ed. Chavannes.

— [Note de Chavannes sur les livres chinois examinés à Peking par les prof. Ogawa, Kano, Naitô, Tomioka et Hamada, envoyés en 1910 par l'Université de Tokyo et dont le rapport a été résumé dans les nos du 23, 24, 25, 26, 28 février et 1 mars 1911 du *Chouen t'ien che pao* 順天時報]. (*T'oung pao*, 1911, pp. 286/289.)

— Lettre de M. Paul Pelliot à M. Chavannes. (*Ibid.*, Juillet 1911, pp. 447/450.)

— Libri sacra fames. Par Léon Wieger S. J. (*Chine Ceylan Madagascar*, Oct. 1911, pp. 444/456 ; portr.)

— Catalogue de la Bibliothèque orientale de feu M. François Turrettini . . . Vente publique du vendredi 24 mars au lundi 27 mars . . . Ernest Leroux, 1911 [Paris], in-8, pp. 56 + 4.

708 numéros.

— Catalogue d'une Collection de livres provenant de Deux Orientalistes . . . Vente publique lundi 27 mars . . . Ernest Leroux, 1911 [Paris], in-8, pp. 7.

— Edward E. Ayer. — Chinese, Japanese and Tibetan Books. (*T'oung Pao*, Déc. 1911, pp. 736/739.)

D'apres le *Chicago Record Herald*, 26 nov., 1911 : articles sur les livres rapportés par Berthold Laufer.

— The discovery of a lost book by Berthold Laufer. (*T'oung Pao*, Mars 1912, pp. 97/106 ; planche.)

— Descriptive account of the Collection of chinese, tibetan, mongol, and japanese books in the Newberry Library. By Berthold Laufer, Ph. D. The Newberry Library Chicago, Illinois, in-8 [1913], pp. IX-42, 6 pl.

Publications of the Newberry Library Number 4.

— Notes de M. L. Aurousseau sur ses acquisitions de livres faites au cours de sa mission en Chine. (*Bull. Ecole franç. Extr.-Orient*, t. XII, n° 9, Hanoi, 1912, pp. 198/202.)

— * Li Yi-chao 李翊灼. — *Touen-houang che-che king-kuan tchong wei-jou tsang king-louen tchou-tchou mou-lou* 敦煌石室經卷中未入藏經論著述目錄. « Catalogue des écrits extra-canoniques (sūtras et çastras) relevés parmi les rouleaux de livres saints de la grotte de Touen-houang ». — *Yi wei wai-tao mou-lou fou* 疑僞外道目錄附, « Appendice : Catalogue des (manuscrits) supposés faux et (des livres saints) non bouddhiques ». — Kou-hio houei-k'an, 1912, III, II, pp. 15 ff.

Notice : *Bull. Ecole franç. Extr.-Orient*, t. XII, n° 9, Hanoi, 1912, pp. 88/89. Par Léonard Aurousseau.

— Catalogo delle opere giapponesi e cinesi manoscritte e stampate conservate nella biblioteca della R. Acc. dei Lincei (Fondo Caetani e fondo Corsini). Nota del prof.

G. Vacca, presentata dal Socio I. Guidi. (*Rendiconti della R. Accad. dei Lincei*, Sa Vta, vol. XXI, fasc. 5°/6°, 1912, pp. 331/340.)

— * Miao Ts'iuan-souen 繆荃孫. — *Ts'ing Hio-pou T'ou-chou kouan chan-pen chou-mou* 清學部圖書館善本書目. « Catalogue des ouvrages précieux de la Bibliothèque du Ministère de l'Instruction publique, des Ts'ing. » — Kou hio bouei-k'an, I, I, *king* (classiques), pp. 29; II, I, *che* (histoire) 上, pp. 41; III, I, *che* 下, pp. 28. Chang-hai, Juin-Août-Oct. 1912.

Notice : *Bull. Ecole franç. Extr.-Orient*, t. XII, n° 9, Hanoi, 1912, pp. 63/88. Par Léonard Aurousseau.

— Chinese Books in the Bodleian Library. (*London & China Express*, Supplement, Déc. 5, 1913, pp. 5/6.)

— * Carl V. Klinkowstroem. — Die chinesische Enzyklopädie und die europäische Wissenschaft. (*Allgemeine Zeitung*, München, 2. Mai 1914.)

— A Survey of the Work by Western Students of Chinese History. By Prof. Kenneth Scott Latourette. (*Journ. N. C. B. R. As. Soc.*, XLVII, 1916, pp. 103/114.)

— The G. E. Morrison Library. — S. Couling, M. A. (*Ibid.*, XLVIII, 1917, pp. 88/90.)

— Un Orientaliste allemand: Jules Klaproth, par M. Henri Cordier, membre de l'Académie. (*Bull. Ac. Inscr. et Belles-Lettres*, Juill.-Août 1917, pp. 297/308.)

(Bibliographie.)

— L'Ecole française d'Extrême-Orient et sa bibliothèque, by Professor N. Peri. (*New China Review*, May 1919, pp. 209/219.)

— Recent books by a Chinese Scholar. — John C. Ferguson. (*Journ. N. C. B. R. As. Soc.*, L, 1919, pp. 122/132.)

Cf. sur Lo Tchen-yu.

— Die Erschließung der chinesischen Bücherschätze der deutschen Bibliotheken. Von H. Hülle. (*Ostasiat. Zeitsch.*, 8. Jhrg., 1919/1920, pp. 199/219.)

— Zur Geschichte der chinesischen Büchersammlung der Bayerischen Staatsbibliothek. Von Georg Reismüller. (*Ibid.*, pp. 331/336.)

— De quelques ouvrages chinois donnés à la Bibliothèque de l'Institut international d'Agriculture par M. Guido Perris. (*Bull. mensuel des renseignements agricoles et des maladies des plantes*, Institut international d'Agriculture, XII, n° 9, Sept. 1921, pp. 1137/1154; 8 fig. hors texte.)

— Bibliographical terms. A. C. Moule. (*New China Review*, August 1921, pp. 254/258.)

— The Charles W. Wason Library on China by Prof. Kenneth Scott Latourette. (*Ibid.*, III, Dec. 1921, pp. 451/452.) Cleveland, Ohio.

— A rare opportunity to own a complete set of Taoist Literature. Commercial Press, limited, Shanghai, China, in-12, pp. 6 + 12 ff. chinois.

Annonce de la reproduction de la « Chen-tung Library of Taoist Literature ».

(Bibliographie.)

XIV — MŒURS ET COUTUMES.

Ouvrages divers.

GÉNÉRALITÉS.

Col. 1843/1846.

— Norman G. Mitchell-Innes. — Birth, Marriage, and Death Rites of the Chinese. (*The Folk-Lore Journal*, V, 1887, pp. 221/245.)

— Chinese Humbug. By E. H. Parker. (*Contemporary Review*, vol. LXX, 1896, pp. 876/887.)

(Ouvrages divers. — Généralités.)

— [Mélanges sur la Chine] in-fol. oblong, pp. 20 autog., par le Marquis de Han, Tcheou; traduit par Ly Chao-pee.

Bib. Nat., $\frac{O^2 n}{534}$

— Quelques traits de caractère des Chinois. (*A travers le Monde*, VI, 1900, pp. 326/327.)

— Life in China. By the Rev. J. W. Heywood, of Ningpo. (*Manchester Geogr. Soc.*, 1902, pp. 38/49.)

— Dr. Krause. — Über Charakterzüge aus dem Leben der Chinesen. (*Mitt. d. Geogr. Ges. [für Thüringen] zu Jena*, XXI, 1903, pp. 105/107.)

Séance du 14 janvier 1903.

(Ouvrages divers. — Généralités.)

23*

— * Alfred S. Dyer. — Word Pictures of ChineseLife, illustrating an Unclosed Chapter of History. Ill. — 1905, in-12.

— * O. Reiniger. — Ein Tag in mitten chinesischer Dörfer. Frei nach dem Leben gezeichnete Bilder. Berlin, 1905, in-8, pp. 20.

— E. J. Eitel. — Social Life in China. (Adelaide, *Proc. S. Austral. Br., R. Geogr. Soc. Austral.*, VIII, 1906, pp. 1/20.)

— A. E. Claxton. — Chinese Characteristics. (*East and West*, London, IV, 1906, pp. 321/328.)

— R. J. Davidson and I. Mason. — Life in West China. London, 1906, pp. 1/248.

— * F. Karsch-Haack. — Gleichgeschlechtliche Liebe. München [1906], pp. xvi-134.

— Letters from an Old Missionary to His Nephew. VII. On Manners [禮]. (*Chin. Rec.*, XXXVII, July 1906, pp. 363/372.)

— W. Schüler. — Die amtlichen religiösen Feiern des zweiten und achten Monats in einer chinesischen Kreisstadt. (*Zeitsch. Missionskunde*, Heidelberg, XXI, 1906, pp. 281/285.)

— Les mendiants en Chine. Par V. F. (*Revue indo-chinoise*, 30 nov. 1907, pp. 1672/1674.)

— El Expósito de Hongkong y otras narraciones del Padre Antonio Huonder de la Compañía de Jesús. Traducidas del alemán por el Padre Vicente Gómez-Bravo de la misma Compañía, Con seis grabados. Segunda Edición. — Friburgo de Brisgovia (Alemania), B. Herder, pet. in-8, pp. 87.

Tome XXII de Desde Lejanas Tierras-Galeria de Narraciones ilustradas dedicadas à la Juventud.

Arthur H. Smith.

Col. 1840/1841.

— * Herääva Kina. Arthur H. Smith. Trad. par H. Alanko. Jyväskylä : K. J. Gummerus O. Y. 1922, pp. 192.

— * Studier och Bilder från det nya Kina. Ingeborg Wikander. Ill. Stockolm : Sveriges Kristligs Studentrörelses förlag. 1922, pp. 426.

Notice : *Int. Rev. of Missions*, January 1923, pp. 143/144, par Sigfrid Alm.

∴

— La vie chinoise. (*Union géogr. du Nord de la France, Douai*, XXVIII, 1907, pp. 266/272.)

Fragments d'un article de M. Régis Gervaix, missionnaire au Kouang-toung, publié dans les *Missions Catholiques* en octobre 1907. — Col. 3707.

(Smith.)

John Macgowan.

Col. 1843, 3164.

— Sidelights on Chinese Life . . . Philadelphia, Lippincott, 1908, in-8.

Notice : *Asiat. Quart. Rev.*, April 1908, pp. 403/406, by E. H. Parker.

— * Lights and Shadows of Chinese Life. By the Rev. J. Macgowan. Shanghai : *North China Herald*, Ltd. 1909, in-8 pp. 308.

Notice : *Lond. & China Express*, Suppl., January 14, 1910, pp. 6/7.

— Men and Manners of Modern China, by J. Macgowan. — With 38 illustrations. — T. Fisher Unwin, 1912, in-8, pp. 351.

Notices : *Lond. & China Express*, Sept. 20, 1920. — *The Athenaeum*, Sept. 28, 1912.

∴

— Le cocher chinois. Par Viator. (*Rel. de Chine*, Kiang-Nan, Juillet 1909, pp. 359/361.)

— La Casa Cinese. Note del dott. D. A. Mazzolani ... (con una illustrazione). (*Bol. Soc. Geog. Ital.*, vol. XLVI, 1909, pp. 634/645.)

— Baron Roger Budberg. — Bürg- und Haftpflicht im chinesischen Volksleben. (*Globus*, Braunschweig, LXXXXVIII, 1910, pp. 285/287.)

— Curious and characteristic customs of China. By Kenneth F. Junor, M. D. (*National Geog. Mag. Washington*, XXI, 1910, pp. 791/806; ill.)

— Der Chinese in der Öffentlichkeit und der Familie, wie er sich selbst sieht und schildert in 82 Zeichnungen nach Chinesischen Originalen erläutert von M. von Brandt. Verlag von Dietrich Reimer (Ernst Vohsen), Berlin, s. d. [1911], in-8 oblong, pp. viii-165.

Druck von J. J. Augustin in Glückstadt.
Notice : *Lond. & China Express*, January 19, 1912.

— * Berg- und Hüttenwesen in China. (Vortrag ... Otto Junghann.) Berlin, D. Reimer, 1911, in-8, pp. 62.

— * The Chinese at Home; or, The Man of Tong and his land. By J. Dyer Ball, I. S. O., M. R. A. S., M. China Br. R. A. S., &c., Hong Kong Civil Service (retired). London : The Religious Tract Society. 1911.

Notices : *Lond. & China Express*, Nov. 10, 1911. — *Journ. R. As. Soc.*, April 1912, pp. 529/531, by Hardy Jowett.

— * Isa Fyvie Mayo. — Old Stories and Sayings of Japan and China. London, Daniel, 1912, in-8, pp. 80.

— Les vertus chinoises. (*Revue indo-chinoise*, Janvier 1913, pp. 87/88.)

(Macgowan. — Divers.)

— L. Wieger's Moral Tenets and Customs . . . 1913. — Voir col. 3808.

— Elisabeth Oehler-Heimerdinger. — Chinesischer Humor. (*Geist d. Ostens*, München, I, 1913, pp. 540/543.)

— Coutumes chinoises. (*Rel. de Chine*, Kiang-Nan, Avril 1913, p. 132.)

— Countries and Custom. (*Nature*, London, XC, 1913, pp. 544/545.)

— * Isaac Taylor Headland. — Home Life in China. New York, Macmillan, 1913, pp. 331; ill.

— — * Idem. Methuen, 1914, pp. 319.

Notice : *Lond. & China Express*, Nov. 27, 1914.

Voir col. 1844.

— Old China and Young America. By Sarah Pike Conger. Illustrated. Chicago, F. G. Browne & Co., 1913, in-8, pp. 160.

— Osservazioni sulla vita nuova della Cina. — [Per] P. D. Fischer, Berlino. — (*Atti del X Congresso internazionale di Geografia*, Roma, MCMXIII. Pubblicati dal Segretario Generale Con illustrazioni e carte. Roma, 1915, pp. 1029/1034.)

— Village and Town Life in China by Y. K. Leong. . . . and L. K. Tao. . . . With a Preface by L. T. Hobhouse. (Martin White Professor of Sociology in the University of London.) London : George Allen & Unwin, s. d. [1915], in-8, pp. XI-155.

Notices : *Lond. & China Express*, May 28, 1915. — *Journ. N. C. B. R. As. Soc.*, XLVII, 1916, pp. 146/147, par S. C[ouling]. — *Man*, 1917, p. 52, par H. S. H.

— Chinesische Stempel. Von Anna Bernhardi. (*Baessler-Archiv*, VI, 1917, pp. 87/113, 116 fig. dans le texte.)

— A Gentleman of Old China. By Luther Anderson. (*Asia*, March 1918, pp. 209/310.)

— My Chinese Days. — Gulielma F. Alsop. — Illustrated from Photographs. Boston, Little, Brown and Co., 1918, in-8, pp. XI-271.

— Das soziale Leben der Chinesen. Auszug aus dem Vortrage des Gesandten A. Rosthorn in der Monatsversammlung am 15. April 1919. (*Mitt. k. k. Geogr. Ges. Wien*, Bd. 62, 1919, pp. 297/303.)

— Chinese Life on the Tibetan Foothills by the Rev. J. Hutson. — Book I : Domestic. (*New China Review*, I, July 1919, pp. 299/319; August, pp. 416/434; Oct., pp. 488/504; Dec., pp. 547/561; *ibid.*, II, Febr. 1920, pp. 69/88; April, pp. 154/179; August, pp. 366/397; Oct., pp. 456/489; Dec., pp. 563/590.)

— « The Man in the Street » in China. Some Characteristics of the Greatest Undeveloped Market in the World of Today. By Guy Magee, Jr. (*The Nation. Geogr. Mag.*, 1920, XXXVIII, pp. 406/422.)

— Shifting Scenes on the Stage of New China. (*Ibid.*, pp. 423/428.)

— Two Notes gathered in Conversation with an old Pekinese Friend. By J. C. H. (*New China Review*, II, Oct. 1920, pp. 499/501.)

— * A. G. de Bruin. — Het wezen van den Chinees; toegelicht uit de Chineesche litteratuur. (*Koloniaal Tijdsch.*, 9de Jg., blz. 585, 1920.)

— * M. Burkhardt. — Chinesische Kulturstätten u. Kulturgebräuche. Mit 2 farb., 8 schwarzen Tafeln u. 43 Bildern u. Zeichn. d. Verf. Zürich, 1920, in-8, pp. 176.

— Singing Craftsmen of Peking. By Sam Dean. (*Asia*, Aug. 1921, pp. 669/675, ill., 722, 724.)

— Le brigandage. (*Asie française*, Juillet-Août 1921, p. 332.)

— * The Chinese as they are. — J. R. Saunders, Th. D. New York and London, Revell, 1921, pp. 176; ill.

— * E. Fuhrman. — China. Das Land der Mitte. Ein Umriss. Mit 146 Bildertafeln. Hagen i. W., 1921, in-4.

— The Spirit of the Chinese People. — With an Essay on Civilization and Anarchy, by Ku Hung-Ming, M. A. (Edin.) — Second Edition. — The Commercial Press, Work Ltd. Peking, 1922, in-12, pp. 160.

— * C. Silvestri. — Come si vive in Cina. Firenze, Alfanie Venturi, pp. 362; grav.

FAMILLE.

— Herbert Mueller. — Nährväter in der chinesischen Literatur. (*Zeitsch. f. Ethnol.*, 1909, Hft. II, pp. 266/270.)

— * F. A. — Het familieleven der Chineezen. (*Indologenblad*, 4de Jg. No. 6, 15 Jan. 1913.)

— P. L. K. Tao. — Family Life in China. (*Sociol. Rev.*, London, VI, 1913, pp. 47/54.)

— Stammtafeln und Geschlechterkunde in China. Von Anna Bernhardi. (*Zeitsch. f. Ethnol.*, 1918, pp. 154/165.)

— Université de Genève. Faculté de Droit. — La Famille et l'institution du mariage et du divorce en Chine selon le projet de nouveau Code civil chinois avec des références aux coutumes et à la législation en vigueur. — Thèse présentée à la Faculté de Droit de l'Université de Genève par Houx Koung-Ou, licencié en Droit, de Ton-Liang (Chine). — Genève, Imprimerie Paul Richter, 1919, in-8, pp. 166.

— Multiple births among the Chinese by Berthold Laufer. (*New China Review*, II, April 1920, pp. 109/136.)

— A Note on multiple births in China by R. F. Johnston, C. B. E. (*Ibid.*, August 1920, pp. 415/418.)

— * Marcel Granet. — La polygynie sororale et le sororat dans la Chine féodale. Paris, Leroux, 1920, gr. in-8, pp. 95.

Notice : *Rev. hist. Religions*, t. LXXXIII, Janvier-Avril 1921, pp. 98/99, par P. Masson-Oursel.

Col. 1846.

— Chinese Family Nomenclature and its supposed relation to a primitive Group-Marriage by H. P. Wilkinson, B. C. L. (*New China Review*, III, June 1921, pp. 159/191 ; tableau généalogique.)

— * The Chinese Family System. By Sing Ging Su, M. A., Ph. D. International Press, New York City, 1922, in-8, pp. 112.

Notice : *New China Review*, August 1922, pp. 336/337.

FEMMES.

— * A. C. Safford. — Typical Women of China. Ed. by J. Fryer. With many illust. Shanghai, 1899.

— * R. L. McNabb. — Women of the Middle Kingdom, 1903.

— Mœurs chinoises. — Une Visite entre Femmes du monde. (*A travers le Monde*, X, 1904, pp. 14/15.)

— Katharina Zitelmann. — Über die Stellung der Frau in Indien, China und Japan. (*Mitt. Geogr. Ges. [für Thüringen] zu Jena*, XXIII, 1905, p. 45.)

Séance du 19 février.

— Katharina Zitelmann. — Die Frau in Indien und Ostasien. (*Jahresber. d. Frankfurter Vereins f. Geogr. u. Stat.*, 1905—1906, 70. Jhrg., p. 111.)

— Die Frauenbewegung in China. (*Deutsche Rundschau f. Geogr. und Stat.*, XXIX, 1906/1907, p. 519.)

— George-A. Lepage. — La Femme en Chine & au Japon. La Croix-Rouge au Japon. — Conférence faite le 23 mai 1907, dans les salons de l'Hôtel de Ville de Sedan à l'occasion de la fête donnée par le Comité Sedanais de l'Association des Dames Françaises de la Croix-Rouge. — Imprimerie de Sedan, Rahon, Place Nassau 1, 1907, in-8, pp. 42.

Il a été tiré 50 exemplaires numérotés de 1 à 50. — 2 exemplaires sur papier de Hollande.

— Women and children of the East. [By Eliza R. Scidmore.] (*National Geogr. Washington*, XVIII, 1907, pp. 248/271; ill.)

— Les femmes chinoises. (*Revue indo-chinoise*, 15 déc. 1908, p. 829.)

— Motherhood in China. (*Brit. Medical Journ.*, London, 1909, II, 1816—1817.)

— Le féminisme en Chine. Par Albert Maybon. (*Revue indo-chinoise*, Mai 1909, pp. 472/485.)

— Le féminisme en Chine. Par J. Manthim. (*Bull. Soc. Géogr. Est*, XXXI, 1910, pp. 149/150.)

A travers le Monde.

— Femmes Chinoises de l'Ancienne Ecole. Par Mme Bons d'Anty. (*Ibid.*, XVI, 1910, pp. 349/350 ; fig.)

— La femme chinoise. — Sa véritable condition. Par M. Fraser, missionnaire lazariste du Tché-Kiang. (*Miss. Cath.*, 18 nov. 1910, pp. 546/548.)

Publié par l'*Echo de Chine*.

— Margaret Noble. — The present position of woman. [In : Inter-racial problems. Edited by G. Spiller.] London, 1911, pp. 86/99.

— * M. E. Burton. — The Education of Women in China. 1911.

— Women of all Nations. (*National Geogr. Mag.*, Washington, XXII, 1911, pp. 49/61 ; ill.)

Extrait de : *Women of All Nations — their characteristics, habits, manners, customs and influence*. 2 vol. Th. Athol Joyce and N. W. Thomas, editors. Fellows of the Royal Anthr. Inst. of Gr. Britain.

— * Vries-Brandon, R. de. — Het Oude-China en zijn vrouwen. (*Vragen van den Dag*, 27ste Jg., Afl. 1, Jan. 1912.)

— Lady Blake. — The position of women in China. (*Nineteenth Century*, London, LXXII, 1912, pp. 1040/1051.)

— Hermann Fernau. — Die Liebe und die Frauen in China. (*Polit.-anthrop. Rev.*, Hildburghausen, X, 1912, pp. 46/52.)

— Pastoor A. Kortenhout. — De maatschappelijke toestand der Chineesche vrouw. (*Berichten v. d. St. Claverbond*, 1912, n° III.)

— The Changing Status for Oriental Women. By Saint Nihal Singh. (*Edinburgh Review*, vol. 216, July-Oct. 1912, pp. 163/186.)

— W. Munn. — Women in China. (*Church Mission Rev.*, London, LXIV, 1913, pp. 211/215.)

— Chinesische Frauennamen. Von Anna Bernhardi. (*Mitt. d. Sem. f. Orient.*

Sprachen, Jhrg. XVI, *Ostasiat. Studien*, Berlin 1913, pp. 50/60.)

— A Woman in China. By Mary Gaunt. London : T. Werner Laurie, 1914, pp. XVI-390. Illustrations [voir *Voyages*].

— * Ed. van Biema. — Iets over Chineesche vrouwen. (*Vragen van den Dag*, 31ste Jg., Febr. 1916.)

— The Woman of China. Her Equal Authority with Man over her Children, a Procept of Confucius, the Basis of her near-absolute Power. By Dr. Yamei-Kin. (*Asia*, April 1917, pp. 101/104, ill., 148.)

— * Love Letters of a Chinese Lady. By Elizabeth Cooper. T. N. Foulis.

Notice : *Lond. & China Express*, January 8, 1920, pp. 21/22.

Couvade.

Col. 1848.

— « Couvade ». By H. Ling Roth. (*Report Brit. Ass. Adv. Science*, August 1891, pp. 800/801.)

Voir *B. Sinica*, col. 1848 ; cf. Yule's *Marco Polo*, 3rd ed., II, p. 596.

— De la « Covada » en España. Por el Prof. Dr. Telesforo de Aranzadi, Barcelona. (*Anthropos*, t. V, fasc. 4, Juli-August 1910, pp. 775/778.)

— Das sogenannte « Männerkindbett ». Von Hugo Kunike. (*Zeitsch. f. Ethnol.*, 1911, Heft III u. IV, pp. 546/563.)

Avec une bibliographie qui omet le *Marco Polo*, édition Yule-Cordier, Vinson, etc.

Notice de J. D. dans l'*Anthropologie*, Mai-Août 1912, pp. 507/508.

Petits pieds.

Col. 1848/1850, 3165.

— Die « Liga gegen die kleinen Füße ». (*Deutsche Rundschau f. Geogr. u. Stat.*, XXXI, 1908—1909, pp. 426/427.)

— * Kotondo Hasebe (de Tokio). — Der verkrüppelte Fuß der Chinesinnen. (*Zeitsch. f. Morphologie u. Anthropologie*, t. XIV, pp. 453/494, 1912.)

— Hans Virchow. — Skelett des künstlich deformierten Fußes einer etwa sechzigjährigen Chinesin. (*Zeitsch. f. Ethnol.*, 1913, Heft III, p. 640.)

Notice : *T'oung Pao*, 1903, pp. 419/421. — Voir col. 1850.

— Observations sur le pied des jeunes chinoises. Par M. G. Variot et Mme Chatelin, Interne des Hopitaux. (*Bull. et Mém. de la Soc. d'Anth. de Paris*, 1914, pp. 239/248, 5 fig.)

(FEMMES. — COUVADE. — PETITS PIEDS.)

— Footbinding. By L. C. Arlington. (*New China Review*, I, March 1919, pp. 92/94.)

— Further Note on Foot-binding by L. C. Arlington. (*Ibid.*, II, April 1920, pp. 211/214.)

ENFANTS.

— Enfants chinois. (*A travers le Monde*, I, 1895, pp. 178/179.)

— Kinderkauf in China. (*Deutsche Rundschau f. Geogr. u. Stat.*, XXXII, 1909—1910, pp. 425/426.)

— J. de Banzemont. — Enfants Chinois. (*La Revue*, 1er mars 1913, pp. 98/105 ; ill.)

NOMS.

Col. 1850.

— W. Schüler. — Die chinesischen Familiennamen. (*Zeitsch. f. Missionskunde*, Heidelberg, XXIII, 1908, pp. 1/11, 33/39.)

— Les noms propres chinois. Par H. Hell. (*Revue indo-chinoise*, Avril 1910, pp. 335/342.)

— Noms de famille chinois. Par Louis Tourcher S. J. (*Chine Ceylan Madagascar*, Mai 1911, pp. 275/279.)

EUNUQUES.

Col. 1850.

— L'eunuque du printemps éternel. Par Albert Maybon. (*Revue indo-chinoise*, Juillet 1910, pp. 55/61.)

ASSOCIATIONS, ETC.

Col. 1851/1852, 3165/3166.

— Chinese Benevolent Institutions in Theory and Practise. By Rev. T. J. Preston. (*Chin. Rec.*, XXXVIII, May 1907, pp. 245/253.)

— The Gilds of China, with an Account of the Gild Merchant or Co-Hong, of Canton. By Hosea Ballou Morse, Sometime Statistical Secretary, Inspectorate-General of Customs, China. With 2 Illustrations. Longman and Co., London, 1909, in 8, pp. IX—92.

— The Spirit of Chinese Philanthropy. A Study in Mutual Aid by Yu-yue Tsu, Ph. D. New York, Columbia University, 1912, in-8, pp. 122.

Studies in History, Economics and Public Law. . . vol. L, No. 1.

— Trade Unions in China. The Gilds or « Tongs » into which all trades and business are organized. By Richard Washburn Child. (*Asia*, August 1917, pp. 466/467.)

ESCLAVAGE.

Col 1852.

— Abschaffung der Sklaverei in China. (*Deutsche Rundschau f. Geogr. u. Stat.*, XXXII, 1909—1910, p. 378.)

(ENFANTS. — NOMS. — EUNUQUES. — ASSOCIATIONS, ETC.)

EMBLÈMES, COULEURS, ETC.

Col. 1853, 3166.

— Chinese Names of Colours. By L. (*Nature*, London, LXXIII, 1906, p. 535.)

— E. H. Parker. — Chinese Names of Colours. (*Ibid.*, p. 297.) — Sang. (*Ibid.*, p. 390.) — G. Vacca. (*Ibid.*, p. 365.) — Prof. Reginald A. Fessenden. (*Ibid.*, p. 390.) — Alfred Sang (*Ibid.*); L. (*Ibid.*, p. 535.)

— Alfred Tingle. — Chinese Names of Colours. (*Ibid.*, LXXXI, 1909, p. 367.)

— An imperial Chinese sceptre. By J. G. (Philadelphia Pa., *Mus. J.*, V, 1914, pp. 24/25.)

— * L. Sogny. — Les sceptres ou bâtons de bon augure appelés « nhu-y », en chinois : « Jou-I ». (*Bull. Amis du Vieux Hué*, 1921, n° 3.)

OUVRAGES D'IMAGINATION.

Col. 1855/1858.

— * Ch. Hannan. — The Captive of Pekin, or a Swallow's Wing, with 25 illustrations. London, 1897, in-8, pp. 363.

— * Lise Boehm. — China Coast Tales. 10 parts in 6 vols., in-8. 1897—1906.

Contents : I., No. 1, Dobson's Daughter; No. 2, Of the Noble Army, pp. 132. — II., No. 3, In the Sixties; No. 4, Playing Providence, pp. 78 and 30. — III., No. 5, Coming Home; No 6, Peter Wong, pp. 34 and 63. — IV. No. 7, Two Women; No 8, A-Kuei, pp. 42 and 91. — V., No. 9. The Acting Third Assistant, a tale of the Tientsin Massacre, pp. 100. — VI., No. 10, Formosa, a tale of the French Blockade of 1884—1885, pp. 159.

Notice : *China Review*, XXIII, No. 1, pp. 52/53, par W. B.

— * Les amis de mon ami Fou Than, par Léo Biran. Paris, Plon-Nourrit et Cie, in-16, pp. 329.

Histoire des soldats français des corps d'occupation de Chine et des mille incidents de leurs séjours dans les villes chinoises.

— * S. E. Brady. — The Jewel in the Lotus, and other Stories, in-8, pp. 213.

Contents : The Jewel in the Lotus. — Little Mertens. — A Thing apart. — With the aid of White Poppies. — The Reason Why. — The Pride of Fu Hsing.

— * C. Halcombe. — Children of Far Cathay, a Social and Political Novel. With Plan of Battle of Temple Mount. Hongkong, 1906, in-8, pp. 478.

— * The Little Chinese Girl. London : Robert Culley.

Notice : *Lond. & China Express*, Suppl. Nov. 13, 1908, p. 2.

— * The Daughter of Heaven. By Pierre Loti and Judith Gautier. Translated by Ruth Helen Davies. Constable and Co.

Notice : *Ibid.*, May 23, 1913.

— * The Chartered Junk. A Tale of the Yangtsze Valley. By William A. Rivers. Shanghai : Kelly and Walsh, Limited. London : Simpkin, Marshall and Co.

Notice : *Ibid.*, Dec. 16, 1910.

— * The Red Lantern. By Edith Wherry. London and New York : John Lane.

Notice : *Ibid.*, August 25, 1911.

— * The Yellow Pearl. By Adeline M. Teskey. Hodder and Stoughton.

Notice : *Ibid.*, Oct. 27, 1911.

Col. 1856.

— * The Tribulations of a Chinaman. By Jules Verne. Translated by Ellen E. Frewer. New and cheaper edition. London : Sampson Low.

Notice : *Ibid.*, January 5, 1912.

— * The Flying Boat. A Story of Adventure and Misadventure. By Herbert Strang. With illustrations. London : Henry Frowde and Hodder and Stoughton.

Notice : *Ibid.*, January 5, 1912.

— * Junk Ahoy! A Tale of the China Seas. By W. C. Metcalfe . . . Illustrated. London : Jarrold and Sons.

Notice : *Ibid.*, January 5, 1912.

— * A Chinese Command. A Story of Adventure in Eastern Seas. By Harry Collingwood. London : Blackie and Son.

Notice : *Ibid.*, Nov. 27, 1914.

Col. 1856.

— La Balance Chinoise. (*La Semaine littéraire*, Samedi 21 avril 1917, Genève, pp. 191/192.)

La Balance Chinoise parut en 1763 à Amsterdam et à Leipzig.

— * L. De Hoyer et Ch. Damien. — *Ombres Pékinoises, roman de mœurs modernes.* — Pékin, 1917, in-4, pp. 139 et hors-texte.

24 exempl. de luxe sur papier coréen, numérotés.
Collection de la « Politique de Pekin ».

— * Twinkletoes : a Tale of Chinatown. By Thomas Burke (Grant Richards).

Notice : *Lond. & China Express*, March 20, 1918.

— The Petals of Lao-Tze, by J. Allan Dunn . . . . London, Skeffington & Son, s. d. [1919], in-8, pp. 256.

Notice : *Ibid.*, Sept. 4, 1919.

— * Madame Prune, by Pierre Loti (translated from the French). T. Werner-Laurie.

Notice : *Ibid.*, February 5, 1920.

— * The Bells of the Blue Pagoda : The Strange Enchantment of a Chinese Doctor.

Jean Carter Cochran. Philadelphia: Westminster Press, 1922, ill., pp. IX-280.

— * « Kai Lung's Golden Hours. » By Ernest T. Bramah. Grant Richards.

Notice : *China Express and Telegraph*, Dec. 21, 1922.

— * « Taian » a Novel by Oswald Arnold v. Sien. Frankfurter Societäts-Druckerei.

Notice : *Ibid.*, January 11, 1923. By G. W. T.

Costume.

Col. 1858.

— Specimina vestitus Sinici virilis & muliebris; virilis quidem in Xun Chi, Tartarorum ac Sinarum Rege, item in Cl. ac R. Viro Joanne Adamo Schall, Coloniensi, Regis Chinesis Monitore, e S. J. muliebris autem in illustri quapiam matrona Sinensi, potionem ex herba Thée decoquente; adstante puella & focum flabello excitante. (*Analecta Vindobonensia* de A. F. Kollar, 1761, in-fol., col. 1293/1302, 4 pl. dont portraits de Chouen Tchi et de Schall.)

— M. v. Brandt. — Der chinesische Fächer. (*Orient. Archiv*, Leipzig, I, 1911, pp. 87/91, 2 tab.)

— La question de la tresse. (*Asie franç.*, Déc. 1910, p. 546.)

— Das Ende des Zopfes in China. Von —th. (*Mitt. k. k. Geogr. Ges. Wien*, LIII. Bd., 1910, p. 654.)

— La suppression de la natte. (*Revue indo-chinoise*, Février 1911, pp. 188/189.)

— Les Chinois vont décidément couper leur queue. (*A travers le Monde*, XVII, 1911, p. 31.)

— Benj. Walker. — Pigtails. (*Notes and Queries*, London, Ser. 11, V, 1912, pp. 413/414.)

— La suppression de la natte en Chine. (*Bull. Soc. Géogr. Lille*, 2e sem. 1912, pp. 116/117.)

Extr. du *Petit Messager* de Ning-Po.

— Le Commerce des Cheveux en Chine. (*A travers le Monde*, XVIII, 1912, p. 148.)

— La révolution chinoise et la tresse. Par Albert Perrot S. J. (*Chine Ceylan Madagascar*, Oct. 1920, pp. 176/183; fig.)

— Débouchés offerts par la Chine aux articles d'habillement. — Conseils aux exportateurs. (*Bull. Soc. Géogr. Lille*, 2e sem. 1912, p. 126.)

D'après une communication du Consulat de France, à Tchefou.

— La transformation du vêtement en Chine. (*Ibid.*, 2e sem. 1913, pp. 306/307.)

— How the world is shod. (*Nat. Geogr. Mag. Washington,* XIX, 1908, pp. 649/660; ill.)

Col. 3855.

— Victoria and Albert Museum Department of Textiles. Brief Guide to the Chinese Embroideries. London: Published under the authority of His Majesty's Stationery Office, 1921, in-12, pp. 12.

First printed August 1921.

— Broderies chinoises. Ernest Henri, Editeur, 18 rue du Mont-Cenis, Paris [1922], 3 fasc. in-fol., 36 pl. en couleurs, 2 pp. d'introduction et table.

Les 36 pl. renferment 95 motifs en couleurs.

— China Clothes Own Feet with Foreign Hose Knitting Industry Grows Apace and Its Products Cause Great Decline of Importations By Herbert M. Bratter. (*Trans-Pacific* Tokyo, September 1922, pp. 48/49, ill.)

Alimentation.

— Nutrition Investigations among Fruitarians and Chinese at the California Agricultural Experiment Station 1899—1901. By M. E. Jaffa, M. S., Assistant Professor of Agriculture, University of California. Washington, Government Printing Office, 1901. in-8, pp. 43, 1 pl.

U. S. Department of Agriculture. Office of Experiment Stations. Bulletin n° 107.

— M. Pfeiffer. — Fleischgenuß der Chinesen. (*Zeitsch. Veterinärk.*, Berlin, XVII, 1905, pp. 488/493.)

— [Kitchen Gods]. (*Church Abroad*, London, III, 1905, p. 47.)

— F. Brunet. — The influence of diet in China on Natives and Europeans. [Abstract]. (*Brit. Med. Journ.*, London, 1905, II, pp. 41/42.)

— La légende du riz dans la cuisine chinoise. (*A travers le Monde*, XI, 1905, pp. 414/415.)

— Die Chinesen als Gourmets. (*Deutsche Rundschau f. Geogr. u. Stat.*, XXXII, 1909—1910, p. 283.)

A propos de l'article du lieutenant de marine italienne Betteloni dans le *Bull. de la Soc. de Géogr. italienne*.

— Earth-eating. (*Notes and Queries*, London, Sér. XI, VI, 1912, p. 514.)

— * J. Witte. Kannibalismus in China. (*Zeitsch. f. Miss. u. Rel.-W.*, 1913.)

— * James Hornell. The Indian Bêche de mer industry: its history and recent revival.

— Les Chinois et le riz de la Cochinchine française. (*Bull. Soc. languedocienne Géog.*, Montpellier, XXXVII, 1914, pp. 189/190.)

— Les œufs desséchés Lindet, dans *Comptes rendus des séances de l'Académie d'Agriculture de France*, t. III, n° 40, pp. 1116/1119, 19 déc. 1917. (*Bull. écon. Indochine*, n° 130, 1918, pp. 494/495.)

Usine américaine à Hang-tcheou; frigorifique de Clichy.

— Lettre d'un missionnaire lazariste sur le dîners chinois (Tché-kiang oriental). (*Miss. Cath.*, 1er mars 1918, pp. 99/100.)

FAMINE.

— A Silent War or The Great Famine in Kiangpeh by Walter Kirton. Being, to some extent, a reproduction of certain articles appearing in « The North-China Daily News » and the « North-China Herald » while the author was acting as a special Correspondent for those organs in the Famine Area of Central China. — Copiously illustrated by photographs taken by the author and reproduced in certain supplements to the «North-China Herald», Shanghai: Printed at the North-China Daily News & Herald — 1907, in-8, 1 f. n. ch. + pp. 91.

— Starving Celestials and how we fed them being a story of Famine Relief in North China for Old and Young by J. Heywood Horsburgh, M. A. Marshall Brothers, London, Edinburgh & New York, s. d. [1912], in-8, 2 ff. n. ch. + pp. 63.

— La famine en Chine. (*Bull. Soc. Géogr. Lille*, 2e sem. 1912, pp. 114/116.)

Extr. du *Petit Messager de Ning-Po*. (Vicariat Apostolique du Tché-Kiang Oriental, N° du 1er avril 1912.)

— La vie chère et la famine. — Rapport du P. Simon Li. (*Chine Ceylan Madagascar*, Avril-Juillet 1920, p. 104.)

— La famine dans le Nord de la Chine. (*Asie franç.*, Déc. 1920, pp. 419/422.)

— La famine au Tche-li Sud-Est. Par les PP. Paul Jubaru, Duquesne, Debeauvais, Taranzano, Joliet, Mertens, Louis Ghestin, Simon Li, Tsoei, Joseph Yang, Cannepin, Bornet, Desbuquois, Mgr. Lécroart, Héraulle, Leurent, Anatole Ghestin, Wetterwald, Desreumaux S. J. (*Chine Ceylan Madagascar*, Mars 1921, pp. 5/24; fig.).

— * J. P. Donovan. — The causes of the great famine in China. (*The Asiatic Review*, April 1921).

— Encore la famine. Par Albert Wetterwald S. J. (*Chine Ceylan Madagascar*, Juin 1921, pp. 83/92; fig.).

Mariage.

— La Polygamie en Chine. (*A travers le Monde*, III, 1897, p. 206.)

Col. 1865.

— Le Mariage chinois au point de vue légal, par le P. Pierre Hoang, 1898.

Notice : *Miss. Cath.*, 24 mars 1899, p. 144.

— Le Mariage en Chine dans la haute Société. (*A travers le Monde*, IX, 1903, pp. 158/159.)

— [Betrothal and Marriage.] (*Mission f.*, London, 1905, 21.)

— Un mariage chinois nouveau modèle. Par V. F. (*Revue indo-chinoise*, 15 avril 1907, p. 189. D'après le *N. C. Daily News*.)

— Un grand mariage sino-mandchou. (*Asie française*, Avril 1911, p. 198.)

— Pietro Silvio Rivetta. — Il matrimonio nel diritto cinese. (Estratto dalla *Rivista italiana di sociologia*, Anno XVI, Fasc. II. — Marzo-Aprile 1912.) Roma presso la «Rivista Italiana di Sociologia» Via Venti Settembre, 8 = Scansano, tipografia edit. degli olmi di Carlo Tessitori — 1912, in-8, pp. 46.

— Coutumes matrimoniales de la Chine antique par M. Granet. (*T'oung Pao*, N° 4, Octobre 1912, pp. 517/558.)

— Carl Dziobek. — Hochzeits-Nachfeier in China. (*Geist d. Ostens*, München, I, 1913, 448/451.)

(Famine. — Mariage.)

— Fiançailles à la vieille mode chinoise. Par J. Dannic, S. J. Suivi de : Le Mariage, nouveau style. (*Rel. de Chine*, Kiang Nan, Janvier-Avril 1918, pp. 48/55; ill.)

— Ein Beitrag zur historischen Entwicklung des Universismus auf Grund ältester überlieferter Heiratssitten. Von Erich Schmitt. (*Ostasiat. Zeitsch.*, 8. Jhrg., 1919—1920, pp. 354/361.)

— Chinese Marriages, as regarded by the Supreme Court of the Straits Settlements. By Roland St. John Braddell. (*Straits Br. Roy. As. Soc., Journ.*, No. 83, April 1921, pp. 153/165.)

— E. J. Hardy. — Chinese Marriage Customs. (*Ind. Rev.*, Madras, VI, 1906, pp. 81/83.)

— * My Chinese Marriage. By M. T. F. (London: John Lane, the Bodley Head.)

Notice : *China Express and Telegraph*, nov. 9, 1922, p. 752.

Infanticide.

— Une société contre l'infanticide. Par le P. Finck S. J. (*Chine Ceylan Madagascar*, Sept. 1908, pp. 233/236.)

Traduit du *Pei-yang-koang-pao*, Juin 1906.

— Appel au peuple du Kiang-si. Traduit par Auguste Finck S. J. (*Rel. de Chine*, Kiang-Nan, Janvier 1909, pp. 193/196.)

Société contre l'infanticide.

— L'infanticide. Extrait d'une lettre du P. Chevallier-Chantepie. (*Rel. de Chine*, Kiang-Nan, Janvier 1909, pp. 196/198, une fig.)

— * P. G. B. Travella : L'infanticidio e la S. Infanzia con particolare riguardo alla Cina. Milano, 1920, Ist. delle Missioni Estere. In-16, pp. 171.

— L'infanticide en Chine. (*Rel. de Chine*, Kiang-Nan, Oct. 1922, pp. 195/203, fig.; Janvier-Avril 1923, pp. 25/31, ill.)

SUICIDE.

— Swallowing Gold by Herbert A. Giles, M. A., LL. D. (Aberd.) Professor of Chinese in the University of Cambridge. (*Adversaria Sinica*, pp. 185/188.)

— [Ordeals]. (*Report of the Church Missionary Society*, London, 1905, p. 359.)

— L. Byrde. — Revenge Suicide. (*Church. Miss. Intell.*, London, LVII, 1906, 378.)

— Le Suicide en Chine. (*Revue indo-chinoise*, 15 février 1907, pp. 221/223.)

Echo de Chine.

Funérailles.

— Voir Tombeaux des Ming et des Ts'ing; col. 3302. — De Groot, col. 3528.

— Dr. W. Eatwell. — On Chinese Burials. (*Journ. Anthrop. Inst.*, Vol. I, No. II, Oct. 1871, pp. 207/208.)

— E. Amélineau. — Les coutumes funéraires de l'Egypte ancienne comparées avec celles de la Chine.

(Infanticide. — Suicide. — Funérailles.)

Dans *Études de critique et d'histoire, par les Membres de la Section des Sciences religieuses de l'École des Hautes Études*, 1906, 2e série, in-8, pp. 1/34.

— Ern. Martin. — Les sépultures dans l'Extrême-Orient. (*Revue scientifique*, 9 déc. 1893, pp. 753/756.)

— Totenbräuche in Schantung von Pfarrer Wilhelm, Tsingtau. (*Mitt. Deutsch. Ges. f. Nat. u. Völkerk. Ostasiens*, Tōkyō, 1906, Bd. XI, Teil 1, pp. 33/45.)

— R. Wilhelm. — Totenbräuche in Schantung. (*Zeitsch. Missionsk.*, Heidelberg, XXIII, 1908, pp. 78/88, mit 2 Taf.)

— Mrs. F. Child. — [Burial in Kuei-lin, China.] (*Church. Miss. Intell.*, London, LVII, 1906, 378.)

— In Memoriam. Dr. J. L. Brandes (Met Portret), door Prof. Dr. H. Kern. (*Bijdragen tot de T., L., en Volk. v. Ned. Ind.*, LIX, 1, 1906, pp. 1/6.)

Jan Laurens Andries Brandes, né 13 janvier 1857 à Rotterdam.

— L'Importance et l'Agencement des Tombeaux Chinois. Par J. Hardy et Ch. Lenormand. (*A travers le Monde*, XII, 1906, pp. 409/412, ill.)

— L'Etiquette ou la Mort : Mœurs d'Extrême-Orient. Par G. Vigna dal Ferro. (*Ibid.*, IV, 1898, pp. 366/367.)

— La Mort et les Chinois. Par Jacques Davia. (*Ibid.*, V, 1899, pp. 150/151.)

— Mariage de Morts au Chan-Si. (*Ibid.*, V, 1899, p. 191.)

— Le Corps diplomatique et les rites mortuaires au Palais de Pékin. (*Bull. Com. Asie franç.*, Janvier 1909, pp. 28/29.)

— Au sujet des sacrifices et offrandes chinoises pour les morts. Par P. Jos. Hoogers, Congr. de Scheut, Chin-chow-fou, Mandchourie. (*Anthropos*, IV, fasc. 2, Mars-Avril 1909, p. 526.)

— Burial Customs in Sz-chuan. By Thomas Torrance. (*Journ. N. C. B. R. As. Soc.*, XLI, 1910, pp. 57/75; ill.)

— Burial Customs. (*Ibid.*, pp. 119/120.)

— Les Préliminaires de l'Enterrement en Chine. Par le Dr J. J. Matignon, Ancien attaché à la Légation de France en Chine. (*Bull. Soc. Géogr. comm. Bordeaux*, 38e année, 1912, pp. 244/249; ill.)

— Variétés sinologiques no 33. — Tombeau des Liang, Famille Siao, 1ère partie : Siao Choen-tche par le P. Mathias Tchang S. J. — Chang-hai, Imprimerie de la Mission catholique, Orphelinat de T'ou-sè-wè. 1912, in-8, pp. XIII-108, planches et cartes.

— Le faire-part de décès du général Wou Lou-tchen. Par J. de Mecquenem. (*Bull. Assoc. amic. franco-chinoise*, Janvier 1914, pp. 36/44; fig.)

— Alice Schalek. — Chinesische Sterbesitten. (*Welt auf Reisen*, Berlin, XIV, 1914, pp. 57/60.)

— * Von Br., Een Chineesche begrafenis (m. afb.). (*Weekblad voor Indië*, 14de Jg., No. 11, Juni 1917.)

— Les enterrements en Chine. Par le P. E. Hopsomer. (*Chine Ceylan Madagascar*, Mars 1922.)

(FUNÉRAILLES.)

Culte des Ancêtres et Piété filiale.

Col. 1871.

— Quelques particularités du Culte des Ancêtres en Chine par Fernand Farjenel. — Extrait du *Journal Asiatique*. — — Paris, Imprimerie Nationale, MDCCCCIII, in-8, pp. 16.

— The Development of ancestral images in China. By Berthold Laufer, Ph. D., Associate Curator of Asiatic Ethnology, Field Museum of Natural History, Chicago, in-8.

Reprinted from *Journal of Religious Psychology*, April 1913, Vol. VI, pp. 111/123.

Folk-Lore, Légendes, Animaux monstrueux, Superstitions, etc.

Col. 1872/1882, 3168/3169.

— Légende de l'entrevue du Docteur Iuthsingi avec l'Esprit du Foyer. Traduit du Chinois. Par M. E. Zacquet, Membre de la Société Asiatique. — Tiré à 45 exemplaires. — Paris. Librairie grecque-latine-allemande-anglaise et départementale de J. Albert Mercklein, 11 rue des Beaux-Arts. 1835, in-8, ch. pp. 144/175 + 1 f. n. ch. errata.

— Die Überreste vorweltlicher Riesenthiere in Beziehung zu Ostasiatischen Sagen und Chinesischen Schriften. Von J. Fr. M. v. Olfers. — Gelesen in der Akademie der Wissenschaften am 13. Juni und in der öffentlichen Sitzung am 4. Juli 1839. — Mit 5 Holzschnitten. — Berlin, in der Nicolaischen Buchhandlung, 1840, in-4, pp. 31.

— Stanislas Julien. — Fables indiennes, traduites pour la première fois sur une ancienne version chinoise. (*Revue orient. et américaine*, t. I, 1859, p. 20.)

(La tête et la queue du serpent; le Perroquet et le Hibou; les deux Oies et la Tortue.)

— Euphemism and Tabu in China. By the Reverend Hilderic Friend, late of Canton, China. (*Folk-Lore Record*, IV, 1881, pp. 71/91.)

— C. Gardner. — Folk-Lore in Mongolia. (*Folk-Lore Journal*, III, 1885, pp. 312/328; IV, 1886, pp. 18/45.)

D'après G. N. Potanin.

— * Le Spiritisme en Chine et en Indo-chine par M. Anastay. (Extrait du *Bulletin de la Société d'Études psychiques de*

(CULTE DES ANCÊTRES ET PIÉTÉ FILIALE.)

Marseille ou *Revue psychique du Sud-Est.*) — Imprimerie Mistral, Cavaillon, br. in-8.

— M. T. Mansfield. — Chinese Legends. (*The Folk-Lore Journal*, V, 1887, pp. 124/127.)

— — Chinese Superstitions. (*Ibid.*, pp. 127/129.)

— G. Taylor. — Folk-Lore of Aboriginal Formosa. (*Ibid.*, pp. 139/153.)

— Lafcadio Hearn. — Some Chinese Ghosts. — Boston, 1887.

— Some Chinese Ghosts by Lafcadio Hearn. . . Boston, Little, Brown, and Co., 1910, in-8, pp. VIII-203.

Préface datée : New Orleans, March 15, 1886.

— J. H. Stewart-Lockhart. — Chinese Folk-Lore. (*Folk-Lore*, I, 1890, pp. 359/368.)

Traduit du journal quotidien chinois, *Chang Ngoi San Po*, publié à Hongkong.

— A. R. Wright. — Some Chinese Folk-lore. (*Folk-Lore*, XIV, 1903, pp. 292/298.)

— A. R. Wright. — Tree Worship in China. (*Folklore*, XVII, 1906, p. 190.)

— The Soul of an Idol. (*Our Missions*, Darlington, 1905, p. 80.)

— Miss M. I. Bennett. [Procession to propitiate evil spirits.] (*Church Mission. Intell.*, London, LVI, 1905, p. 58.)

— [Evil Spirits : giants in procession.] (*Report of the Church Missionary Society*, London, 1905, p. 351.)

— [Idols]. (*Ibid.*, p. 389.)

— Phrenology, Physiognomy and Palmistry. By Herbert A. Giles, M. A., LL. D. (Aberd.) Professor of Chinese in the University of Cambridge. (*Adversaria Sinica*, pp. 178/184.)

— Superstitions concernant les monnaies chinoises. Par le Lieutenant Baulmont. (*Revue indo-chinoise*, 30 mars 1906, pp. 421/426 ; tableau.)

— J. Vale. — Chinese Superstitions. London. (*China Inl. Mission*, 1906, p. 48.)

— * Chinese Superstitions. By J. Vale. London : C. I. M., Morgan and Scott. 1906. Price 6d.

Notice : *Chin. Recorder*, XXXVII, June 1906, pp. 331/332. Par G. M.

— Soul Catching. (*Report of the Church Missionary Society*, London, 1906, p. 319.)

— P. J. Laird. — [Exorcism of an evil spirit as a cure in China.] (*Church Mission. Intell.*, London, LVII, 1906, p. 540.)

— * Haberer. — Chinesische und japanesische Votive. (*Mitt. Anthrop. Ges. Wien*, XXXVI, 1906.)

— The Dido Story in Asia. (Pages 282/284 of *The Relations of the Chinese to the Philippine Island* by Berthold Laufer, *Smithson. Miscell. Col.*, vol. 50, 1907.)

— Choses de Chine. Le bambou (Légende chinoise). (*Revue indo-chinoise*, 15 février 1908, p. 231.)

— Die Sage von den goldgrabenden Ameisen von Berthold Laufer. (*T'oung Pao*, Juillet 1908, pp. 429/452.)

— * China in Legend and Story. By C. Campbell Brown, formerly Davis scholar of Chinese at Oxford, and for ten years resident in China. Edinburgh and London : Oliphant, Anderson and Ferrier, pp. 253.

Notice : *Chin. Rec.*, May 1908, p. 277, by A. H. S.

— Léon Wieger S. J. — Folk-Lore chinois moderne. — 河間府 Imprimerie de la Mission catholique, 1909, in-16, pp. 422.

Pièces postérieures à la période 開元 *k'ai youen* 713/741.

Notices : *Bull. Ecole franç. Extr.-Orient*, IX, No. 1, Janvier-Mars 1909, pp. 171/173, par J. Przyluski. — *Bull. Ass. Amicale franco-chinoise*, Juillet 1909, p. 413, par J. Dautremer. — *Journ. Asiat.*, Sept.-Oct. 1909, p. 365, par M. C. — *Imp. & As. Quart. Review*, Oct. 1909, pp. 408/410, par E. H. Parker. — *Ostasiat. Zeitsch.*, 4. Jhrg., 1/2, April-Sept. 1915, pp. 131/136, par H. Hackmann.

— Chinese Folk-lore. By the Rev. John Macgowan, D. D. — I. A Chapter on Fairies. (*N. C. Herald*, 1909, January 30, pp. 269/270, 292/293.) — II. The infamous Chou sin and the beautiful T'a ki. (*Ibid.*, February 13, pp. 392/395.)

— * Chinese Folk-lore Tales. By Rev. J. Macgowan, D. D. Macmillan & Co. 1910, pp. 197.

Notices : *Man*, 1911, No. 33, p. 48, by T. H. J. — *Revue indo-chinoise*, Juin 1911, pp. 633/634.

— * Arnold van Gennep. — *Les rites de passage*; Paris, Nourry, 14 Rue Notre Dame de Lorette, 1909; in-8, pp. 288.

Notice : *T'oung Pao*, Mai 1909, pp. 232/235. Par Ed. Chavannes.

— Croyances populaires au Yunnan. Par G. Cordier, Directeur de l'Ecole française de Yun-nan-fou. (*Revue indo-chinoise*, Juin 1909, pp. 597/601.)

— La divination chinoise : Clef des songes. Traduit du Chinois par Georges Cordier, Directeur de l'Ecole française de Yunnan-fou. (*Ibid.*, Oct. 1909, pp. 1033/1041 ; Nov., pp. 1135/1140 ; Déc., pp. 1241/1243 ; Déc. 1911, pp. 638/653 ; Mai 1912, pp. 484/491.)

— * La Magie dans l'Inde antique. Par Victor Henry, 2e édition. Paris, E. Nourry, 1909, in-12, pp. XL-286. (*Bibliothèque de critique religieuse.*)

Notice : *T'oung Pao*, Juillet 1909, pp. 390/391. Par G. Coedès.

— Mary Hayes Davis and Chow Leung. — Chinese Fables and Folk stories. New York, American Book Co., 1909, pp. 214.

— * Folk Songs of China by A. K. — Illustrated by H. W. G. Hayter. 1909, in-fol. oblong.

— Kumagusu Minakata. — Sneezing Superstition. (*Notes and Queries*, London [Ser. 10], XII, 1909, pp. 97/98.)

— Cinq Cents Contes . . . par Chavannes, 1910—1911. — Col. 3544/3545.

— Ed. Chavannes. — De l'expression des voeux dans l'art populaire chinois. — Voir col. 3870.

— * V. Alexeieff. — O niekotorych glavnych tipach kitaiskich zaklinatelnych izobrajenii po narodnym kartinam i amuletam. (De quelques types principaux d'images chinoises d'exorcisme d'après les peintures populaires et les amulettes.) — Extrait des Mémoires de la section orientale de la Société Impériale russe d'Archéologie, t. XX, 1910, in-8, pp. 76 dont 17 planches hors texte.

Notice : *T'oung Pao*, Mars 1911, pp. 94/96. Par Ed. Chavannes.

— Apuntes sobre las creencias de la otra vida entre los Chinos. Muerte y entierro, supersticiones y ceremonias gentílicas. Per el P. Fr. Clemente Fernandez. (*El Correo Sino-Annamita*, XXXV, 1907, pp. 612/628; XXXVII, 1910, pp. 569/577.)

— Recherches sur les Superstitions en Chine par le P. Henri Doré. 1911 et seq.

Variétés sinologiques, n° 32, etc. — Voir col. 3569/3570.

— * Researches into Chinese Superstitions. By Henry Doré S. J. T'u se wei Printing Press, Shanghai, 1914.

(Rendered into English by M. Kennelly, a Jesuit Father.)

Notice : *London & China Express*, Sept. 25, 1914.

— Superstitions chinoises pour les enfants. Par le Père H. Doré S. J. (*Rel. de Chine*, Kiang-Nan, Oct. 1911, pp. 247/253; fig.)

— Travaux de missionnaires. Par Frédéric Bouvier. (*Les Etudes*, 5 août 1912, pp. 375/399.)

— Superstitions chinoises. Par M. Nicouleau, des Missions Etrangères de Paris, missionnaire à Canton. (*Miss. Cath.*, 15 déc. 1911, pp. 595/597, fig.; 22 déc., pp. 610/611.)

— * M. W. de Visser. — The snake in Japanese Superstition. — Berlin, 1911, in-8, ext.

— The Dragon in China and Japan. By Dr. M. W. De Visser. — Verhandelingen der Koninklijke Akademie van Wetenschappen te Amsterdam. Afdeeling Letterkunde Nieuwe Reeks. Deel XIII N° 2. — Amsterdam, Johannes Müller, 1913, in-8, pp. XII-242 + 1 f. n. ch. er.

Notice : *T'oung Pao*, Mai 1913, pp. 304/306, par Ed. C[havannes].

— Fire and ignes fatui in China and Japan. By Dr. M. W. de Visser. (*Mitt. d. Sem. f. Orient. Sprachen, Ostasiat. Studien*, Berlin, 1914, Jhrg. XVII, pp. 97/193.)

— La « Vie des Saints Barlaam et Josafat » et la légende du Bouddha (Pages XXXXVII/LVI, T. I des *Contes populaires de Lorraine*, par Emmanuel Cosquin, Paris, Vieweg, s. d. [1886?], in-8.)

Cf. Yule-Cordier, *Marco Polo*, II, II, 323 seq.

— Emmanuel Cosquin, Correspondant de l'Institut [Académie des Inscriptions et Belles-Lettres]. — Les Mongols et leur prétendu rôle dans la transmission des contes indiens vers l'occident européen. — Etude de folk-lore comparé sur l'Introduction du « Siddhi-Kûr » et le conte du « Magicien et son Apprenti ». — Extrait de la *Revue des Traditions populaires* (Année 1912). — Niort, Imprimerie nouvelle G. Clouzot. — 1913, in-8, pp. 128.

— * Zeichnungen nach Wu Tao-Tze aus der Götter- und Sagenwelt Chinas. Herausgegeben von F. R. Martin. Munich, 1913, in-fol. carré, 51 pl.

Voir col. 3888.

— C. J. Voskamp. — Die animistischen Vorstellungen im Volksglauben der Chinesen. (*Religion u. Geisteskult.*, Göttingen, VII, 1913, pp. 207/212.)

— A. Nagel. — Heimführung einer Schattenbraut in China. (*Geist d. Ostens*, München, I, 1913, pp. 193/195.)

— — Heimführung einer Nebenfrau in China. (*Ibid.*, pp. 256/258.)

— — Abergläubische Umbeschreibungen der Chinesen. (*Ibid.*, 1914, pp. 628/635.)

— La divination par l'aiguille flottante et par l'araignée dans la Chine méridionale. Par Jean Przyluski. (*T'oung Pao*, Mai 1914, pp. 214/224.)

— Elizabeth Oehler-Heimerdinger. — Chinesische Märchen. (*Geist d. Ostens*, München, I, 1914, pp. 681/687.)

— Field Museum of Natural History Publication 184, Anthropological Series vol. XV, no. 1. — The Diamond a Study in Chinese and Hellenistic Folk-lore by Berthold Laufer Curator of Anthropology. Chicago 1915, in-8, pp. 75.

Notice : *Journ. N. C. B. R. As. Soc.*, XLII, 1916, pp. 151/152.

— Dr Gieseler. — Le Mythe du Dragon en Chine. (*Revue Archéologique*, Juillet-Oct. 1917, pp. 104/170.)

— — Idem. Paris, Ernest Leroux, 1917, in-8, pp. 68.

Extrait de la *Revue Archéologique*, 1917, VI, pp. 104/170.

— The Dragon. — Rev. Lewis Hodous, D. D. (*Journ. N. C. B. R. As. Soc.*, XLVIII, 1917, pp. 29/41.)

— A Chapter of Folklore. — I. The Kite festival in Foochow, China by Lewis Hodous, D. D. (*Ibid.*, XLIX-1918, pp. 76/81.) — II. On a method of divination practised at Foochow by H. L. Harding. (*Ibid.*, pp. 82/85.) — III. Note on the Tu t'ien hui (都天會) held at Chinkiang on the 31st May 1917. (*Ibid.*, pp. 86/92.) — IV. The domestic Altar. James Hutson. (*Ibid.*, pp. 93/100.)

— Chinesische Volksgebräuche beim T'chi jü, Regenbitten. Von P. A. Volpert S. V. D., Missionär, Schantung. (*Anthropos*, XII/XIII, 1917—1918, pp. 144/151.)

— La Mandragore. Par Berthold Laufer. (*T'oung Pao*, Mars et Mai 1917, pp. 1/30.)

— * R. Wilhelm. — Chinesische Volksmärchen. 1917, pp. 409.

Die Märchen der Weltliteratur. Reihe 2.

— Sur une collection d'amulettes chinoises par Raphael Blanchard et Bui Van Quy, Médecin colonial de l'Université de Paris, Médecin à l'hôpital consulaire français de Yunnan-fou. Dessins de Mlle Gilberte Zaborowska. (*Revue Anthropologique*, Mai-Juin 1918, pp. 131/172; fig.)

— Idem. Extrait de la *Revue Anthropologique*. Librairie Félix Alcan. Juillet-Août 1918, in-8, pp. ch. 131/172.

— Siamese Witchery 訂頭. By Arthur H. Sanders. (*New China Review*, I, August 1919, pp. 442/443.)

— La Tortue et le Serpent. Par L. de Saussure. (*T'oung Pao*, Juillet et Oct. 1918—1919, pp. 247/248; fig.)

— * The Chinese Isles of the Blest, by Major W. Perceval Yetts. (Reprinted from *Folk-Lore*, March 1919.)

Notices : *New China Review*, I, August 1919, p. 449. — *Journ. N. C. B. R. As. Soc.*, L, 1919, p. 235, by M.

(FOLK-LORE, LÉGENDES, ANIMAUX MONSTRUEUX, ETC.)

— * A Chinese Wonder Book. Fairy Tales of China re-told by Norman Hinsdale Pitman. T. M. Dent & Sons, 1919, in-8 oblong, pp. 219.

Notice : *London & China Express*, Dec. 25, 1919, p. 751.

— The Land of Peach Bloom. — Charles Kliene, F. R. G. S. (*Journ. N. C. B. R. As. Soc.*, L, 1919, pp. 108/121.)

Read before the Society, 17th January 1919.

— Chinese Metaphorical Zoology. — C. A. S. Williams. (*Ibid.*, pp. 26/34.)

— Chinese Legends by T. Gaunt, M. A. (*New China Review*, I, Dec. 1919, pp. 604/620.)

— A Chinese Legend The Hay Kong Pass. Translated by the Rev. T. Gaunt. (*Ibid.*, II, Dec. 1920, pp. 544/550.)

— Folklore chinois, par P. Saintyves. (*Revue d'Ethnographie et des Traditions populaires*, 1ère année, n° 4, 4e trim. 1920, p. 264.)

— Les tables tournantes en Chine. Par H. Doré S. J. (*Rel. de Chine*, Kiang-nan, Janvier-Avril 1920, pp. 309/311.)

— Les tables tournantes en Chine. Par le P. Leurent. (*Chine Ceylan Madagascar*, Mars 1921, p. 31.)

— Notes by L. C. Arlington. — The Mystery of the Great State-Seal. (*New China Review*, III, Oct. 1921, pp. 395/398.)

— Chinese Ditties by E. T. C. Werner, H. B. M. Consul, Foochow (Retired). (*Ibid.*, August 1921, pp. 259/272; voir col. 3949, *Proverbes*.)

Notice : *China Express*, 31 May, 1923.

— * Myths and Legends of China. By E. T. C. Werner. Illustrated. Harrap.

Notice : *The Nation & the Athenaeum*, February 10, 1923, pp. 723/724, by A. C. Haddon.

— * Demonism Verified and Analysed. By Hugh W. White, D. D., Yenchang, Kiangsu, Shanghai : Mission Book Co. Richmond, Virginia : Presbyterian Committee of Publication, 1922.

Notice : *Int. Rev. of Missions*, January 1923, pp. 144/145, par H. G. Hewat.

— Ancient Tales from many lands a collection of folk stories by R. M. Fleming. With an introduction by H. J. Fleure, D. Sc. Professor of Geography and Anthropology University College of Wales, Aberystwyth London : Benn Brothers, 1922, in-8, pp. 193; preface, foreword, contents, list of illustrations, appendices.

Chine; voir pp. 39, 124, 142, 144.

— * Louis Laloy. — Légendes des Immortels (d'après les auteurs chinois).

Notice : *Revue indo-chinoise*, Juillet-Août 1922, pp. 127/128. Par le Lieut.-Colonel Bonifacy.

(FOLK-LORE, LÉGENDES, ANIMAUX MONSTRUEUX, ETC.)

— Superstitions common in Kiangsi province by Fred. R. Brown. (*New China Review,* IV, Dec. 1922, no. 6, pp. 493/504.)

Read before the Nanchang Discussion Club.

— * Chinese Natural Philosophy and Magic, by Professor Herbert Chatley. (*Journ. Roy. Soc. of Arts*, Londres, 2 avril [1911?].)

— Magical practice in China. — Herbert Chatley, D. Sc. (Lond.) (*Journ. N. C. B. R. As. Soc.*, XLVIII, 1917, pp. 16/28.)

— * A. Dease. — Chinese Lanterns. Catholic Truth Society, 1911, etc.

— A. R. Wright. — Chinese Tree-worship and trial by ordeal. (*Folklore,* London, XXII, 1911, pp. 233/234.)

∴

- Chants chinois. (*Revue indo-chinoise*, Déc. 1911, pp. 661/664.) Du *Journal de Pékin*.

— Chinese Legends and Lyrics by W. A. P. Martin, D. D., LL. D. . . . — Second edition — much enlarged. — Shanghai, Kelly & Walsh, 1912, pet. in-8, pp. VII-123.

Notices : *London & China Express*, June 21, 1912, Supp. — *Journ. R. As. Soc.*, January 1913, pp. 226/227, par J. Dyer Ball.

— Chansons populaires chinoises de la région Sud des Ortos, sur la lisière de la Grande Muraille, entre Ju-lin et Hoa-ma-tch'e. Par le P. van Oost C. M. I. (Congr. de Scheut), Saratsi, Ortos. (*Anthropos*, Bd. VII, Heft 1/2, Jänner-April 1912, pp. 161/193; Heft 3, Mai-Juni, pp. 372/388; Heft 4/5, Juli-Okt., pp. 765/782; Heft 6, Nov.-Dez., pp. 893/919; fig.)

∴

— Der ostasiatische Tierzyklus im Hellenismus. Vortrag gehalten am 9 April 1912 auf dem XVI. Internationalen Orientalisten-Kongress zu Athen von Franz Boll in Heidelberg. Mit 8 Tafeln. (*T'oung Pao*, n° 5, Déc. 1912, pp. 699/718.)

Voir col. 3468/3469.

— Ancient Chinese Spiritualism. By Professor E. H. Parker. (*Asiatic Review*, January 1923, pp. 117/123.)

Chouei Yang 水羊.

Col. 1879.

— Chavannes. — *Agnus scythicus.* (*T'oung Pao*, 1907, p. 183.)

— The Story of the Pinna and the Syrian Lamb. By Berthold Laufer. [Reprinted from *The Journal of American Folk-Lore*, vol. XXVIII, No. CVIII., April-June 1915.] In-8, pp. 103/128.

Notice : *Journ. N. C. B. R. As. Soc.*, L, 1919, pp. 201/205, by C. B. M. — *Journ. Asiat.*, Juillet-Août 1917, p. 176, par Cl. H. [uart].

Foung Chouei 風水.

Col. 1882.

— La fin du «Fong Chouei» ou la disparition des Esprits des Eaux et des Airs. Par le Cap. P. A. Lapicque. (*Revue indo-chinoise*, Sept. 1911, pp. 299/301.)

Prostitution.

Col. 1882.

— Etude historique et médicale sur la prostitution dans l'Empire chinois par le Dr Er. Martin, Médecin de la Légation de France à Pékin, Membre de la Société d'Anthropologie, Chevalier de la Légion d'honneur, de l'ordre impérial d'Autriche, etc., etc. — Paris, G. Masson, éditeur. 1872, in-8, pp. 15.

— Baron Roger Budberg. — Chinesische Prostitution. (*Globus*, Braunschweig, LXXXXVII, 1910, pp. 317/319.)

Mobilier.

— Der Orientteppich, seine Geschichte und seine Kultur von Werner Grote-Hasenbalg. Berlin, Scarabeus-Verlag G. m. b. H. 1922, 3 vol. in-4, Bd. I, pp. XVI-228, ill. et pl. hors texte. — Bd. II, 60 pl. — Bd. III, pl. ch. 61 à 120.

— Monograph on Chinese Rugs by G. Glen Gould. . . Illustrated by Corcine Duncan. First Edition. Published by James Mc Creery & Co., New York, in-12, pp. 20, fig. dans le texte, 2 pl. hors texte.

— Odilon Roche. — Les Meubles de la Chine. — Cinquante-quatre planches accompagnées d'une préface et d'une table descriptive. Paris, A. Calavas, 80 francs.

— * Chinese Furniture. With an Introduction. By Herbert Cescinzky. Illustrated. Benn, 50 s.

Notices : *The Nation & the Athenaeum*, Dec. 9, 1922. — *China Express and Telegraph*, March 1, 1923.

Transports.

— The Chinese Taxi-Cab. (From *The Times Engineering Supplement*, February 17.) (*The Times Weekly Edition*, February 19, 1909, p. 127, 1 fig.)

D'après Giles.

— H. A. Giles. — The Chinese Taxi-Cab. (*N. China Herald*, 27th March 1909, 1 fig.)

— A new Discovery : The ancient Chinese «Taxi-Cabs». By E. H. Parker. (*Imp. and Asiat. Quart. Rev.*, April 1909, pp. 380/387.)

— Herbert A. Giles. — The Chinese «Taxi-Cab». (*Ibid.*, July 1909, pp. 184/186.)

— E. H. Parker. — The Chinese «Taxi-Cab». (*Ibid.*, Oct. 1909, pp. 399/400.)

— The «Taxi-Cab» in China. By Herbert A. Giles. (*Adversaria Sinica*, pp. 223/227; ill.)

— * F. B. Wright. — Ancient Caravan Routes of China. (*Records of the Past*, III, pp. 163/166.)

— Le transport des grains par radeaux en peaux en Chine. (*Bull. Soc. Géogr. Est*, XXXI, 1910, pp. 256/257.)

Du *North China Daily News*.

— Le transport des grains par radeaux en peaux en Chine. (*Revue indo-chinoise*, Avril 1911, p. 401.)

— * Transportation in interior China. By Eliot Blackwelder. (*Journal of Geography*, Mad. Wis. Nov. [1911?].)

— Das Transitsystem in China. Von Dr. Braklo. (*Mitt. d. Sem. f. Orient. Sprachen, Ostasiat. Studien*, Berlin, 1914, Jhrg. XVII, pp. 18/40.)

— Les routes en Chine. (*Asie française*, Sept.-Oct. 1921, p. 392.)

Fêtes diverses. — Cérémonial, etc.

— W. Schüler. — Ein Tempeleinweihungsfest in China. (*Zeitsch. Missionsk.*, Heidelberg, XXI, 1906, pp. 110/115.)

— Das Fest der Natur in China. (*Deutsche Rundschau f. Geog. u. Stat.*, XXXI, 1908—1909, p. 376.)

— La Suppression des Processions en Chine. (*A travers le Monde*, XV, 1909, p. 14.)

— Une fête chinoise. Par H. Hell (E. de T.). (*Revue indo-chinoise*, Déc. 1910, pp. 607/609.)

— The Ch'ing Ming Festival [清明]. By Rev. Lewis Hodous. (*Journ. N. C. B. R. As. Soc.*, XLVI, 1915, pp. 58/60.)

— Les trois premiers de l'an. (*Rel. de Chine*, Kiang-nan, Janvier 1921, pp. 441/442.)

Extr. de l'*Echo de Chine*.

— La nouvelle année chinoise. Usages et coutumes par G. Bouillard. (*La Chine*, n° 11, 1er février 1922, pp. 127/182.)

— Les Pélerinages de la Première Quinzaine de la Première Lune par G. Bouillard. (*Ibid.*, n° 12, 15 février 1922, pp. 193 seq.)

— F. Lanoë. — La danse des diables au temple de Hei-seu. (*Ibid.*, n° 15, 1er avril 1922, pp. 557/558.)

— The Reception of Spring observed in Foochow, China. Lewis Hodous. Kennedy School of Missions, Hartford, Connecticut. (*Journ. Amer. Orient. Soc.*, vol. 42. Parts 1 and 2. 1922, pp. 53/58.)

— The Feast of cold food by Lewis Hodous. (*New China Review*, IV, Dec. 1922, No. 6, pp. 470/473.)

Col. 1885, 3568.

— Simon Kiong. — Quelques mots sur la politesse chinoise, 1906.

Notice : *T'oung Pao*, 1906, pp. 585/586, par Ed. Chavannes.

— A. J. Jones. — Desultory Notes on Chinese Etiquette. (*Chinese Recorder*, XXXVIII, 1906, No. 10.)

Jeux.

Col. 1885/1887, 3170.

— * Official Catalogue of the World's Columbian Exposition, Anthropological Building, Chicago, 1893, in-8, pp. 90.

Contains an article of St. Culin on Chinese games and playing cards.

— La Loterie Hua-Hoey ou Jeu des Trente-six Bêtes. (*A travers le Monde*, IX, 1903, pp. 403/404.)

— Das chinesisch-japanische Go-Spiel. Eine systematische Darstellung und Anleitung zum Spielen desselben von L. Pfaundler, Professor der Physik an der Universität Graz. Mit einem Deckelbildchen und zahlreichen erklärenden Abbildungen im Texte. Leipzig, B. G. Teubner, 1908, in-8 carré, pp. v-75.

— Francis P. Marchant. — Kite flying in the East. (*Notes and Queries*, London [S. 10], IX, 1908, p. 147.)

— * T. R. Jernigan. Shooting in China. London 1908, Simpkin, in-8.

— * H. F. Cheshire. — Goh or Wei Chi, the Great Military and Strategic Game of Eastern Asia, adapted for European Players : a Handbook of the Game and Full Instructions for Play. With Introduction and Critical Notes by Prof. T. Komatsubara. With Appendix, Index. 1911, in-8, pp. 157, portr., 3 pl. et 21 ill. dans le texte.

— Variétés. — Les échecs chinois. Par G. Cordier, Directeur des Ecoles françaises de Yunnan-fou. (*Revue indo-chinoise*, Juillet 1911, pp. 60/72; fig.)

— * Sport in Five Continents. By A. E. Leatham. William Blackwood & Sons. Edinburgh and London.

Notice : *London & China Express*, Oct. 18, 1912.

— B. Greiser. — Das chinesische Schachspiel. (*Geist d. Ostens*, München, I, 1913, pp. 227/233.)

— Les sports en Chine. Par C. Mus. (*Revue indo-chinoise*, Juin 1914, pp. 642/643.)

— Chinesische Schattenspiele. Herausgegeben von Wilhelm Grube und Emil Krebs. — Leipzig, Otto Harrassowitz, 1915, Druck der Katholischen Mission von Yen-chou-fu, Schantung, in-4, pp. III-754.

Sur la couverture extérieure : 燕影劇. Une version allemande de l'ouvrage a paru dans les *Abh. d. Königl. Bayr. Ak. d. Wiss.* (München, 1915).

Notices : *Anthropos*, XII—XIII, 5, 6, Sept.-Déc. 1917–1918, pp. 1145/1146, von P. Fr. Biallas — *Journ. R. As. Soc.*, Oct. 1921, pp. 662/668, by A. Waley.

— Wilhelm Grube. — Chinesische Schattenspiele. Übersetzt von W. G. Auf Grund des Nachlàsses durchgesehen und abgeschlossen von Emil Krebs. Herausgegeben und eingeleitet von Berthold Laufer. Verlag der Königlich Bayerischen Akademie der Wissenschaften, München 1915, in-4, pp. XXIV-442.

Abh. d. Königl. Bayr. Ak. d. Wiss., Phil.-philol. und hist. Klasse, XXVIII. Band, 1. Abhandlung. [Voir col. 3941.]

— Quelques considérations sur les jeux en Chine et leur développement synchronique avec celui de l'Empire chinoïs. Captain Georges Edward Mauger. (*Bull. et Mém. de la Soc. d'Anth. de Paris*, 1915, pp. 238/281; fig.)

Tirage à part : 1917, pp. 44.

— Présentation d'un jeu d'enfants [*Pseudo-Cartes*] de Chine. Par le Dr Marcel Baudouin. (*Ibid.*, pp. 189/190.)

Col. 3386.

— Sport and Science on the Sino-Mongolian Frontier. — Arthur de Carle Sowerby. London : Andrew Melrose. 1918, pp. XVI-295. Frontispiece and Plates I/XVII.

Notice : *Geogr. Journ.*, March 1920, pp. 225/226. By M. A. C. H.

— Big Game Hunting at the Eastern Tombs. By Roy Chapman Andrews. (*Asia*, Sept. 1920, pp. 795/799; ill.)

— K. T. Liou. — Le jeu de Matchang. (*La Chine*, n° 5, 15 oct. 1921, pp. 380/388; n° 6, 1er nov. 1921, pp. 424/438.)

Monnaies, Poids et Mesures, Sociétés d'argent.

Col. 688/694, 1887/1894, 3109/3110, 3511/3515.

— Comm. A. Bardi. — La Moneta in Cina. — (*L'Esplorazione commerciale*, Milano, XI, 1896, pp. 296/298.)

— La Monnaie en Chine. D'après un rapport du Commandeur A. Bardi, ministre à Pékin. Rome, 1896. (*A travers le Monde*, II, 1896, p. 416.)

Du *Bollettino del Ministero degli Affari Esteri*.

— The Absence of Standards in China. (*Board of Trade Journal*, London, vol. XXIV, no. 139, February 1898, pp. 226/227.)

— * A Gold Standard without a Gold Currency. 1903, pet. in-8.

— * J. W. Jenks. — Considerations on a New Monetary System for China. *Ithaca*, 1904, in-8, pp. 87.

— Les monnaies d'argent en Indochine et en Extrême-Orient. Par le Comt P. Ducret. (*Bull. écon. Indochine*, 1905, pp. 637/660.)

— L'Unification monétaire en Chine. (*A travers le Monde*, XII, 1906, p. 84.)

— Le système monétaire chinois. (*Revue indo-chinoise*, 30 juillet 1908, p. 183.)

D'après le *Japan Times*, *Echo de Tientsin*.

— La Circulation des Monnaies d'argent en Extrême-Orient et leur complexité fâcheuse. Par C. D. (*A travers le Monde*, XIV, 1908, p. 20.)

— La réforme monétaire en Chine. (*Bull. Com. Asie franç.*, Nov. 1908, pp. 476/477.)

— Réforme des poids et mesures. (*Revue indo-chinoise*, 31 déc. 1908, pp. 903/904.)

D'après l'*Annuaire de Zikaw'ei*.

— Le P'o lo peut-il être un poids ? Par P. Pelliot. (*Bull. Ecole franç. Extr.-Orient*, IX, n° 1, Janvier-Mars 1909, pp. 158/160.)

— * Otto Rose. — Chinesische Muenzen, 1909.

— Chine. — Législation monétaire. — Décret du 5 oct. 1908. (*Administration des Monnaies et Médailles — Rapport au Ministère des Finances*, 1909, pp. 238/239.)

— — Edit Impérial du 24 mai 1910. — Réglement organisant le système monétaire présenté au trône par le Ministre des finances, du 25 mai 1910. (*Ibid.*, 1910, pp. 266/271.)

— Le Gouvernement chinois adopte en principe le Système métrique. (*A travers le Monde*, XVI, 1910, p. 32.)

H. A. Ramsden.

Col. 3512/3514.

— Corean Coin Charms and Amulets. By H. A. Ramsden, F. R. N. S. . . . . Jun Kobayagawa Co., Yokohama, Japan, 1910, in-8, pp. II-40, pl. et ill. dans le texte.

— Modern Chinese Copper Coins by H. A. Ramsden, F. R. N. S. President of the Yokohama Numismatic Society . . . — Reprinted from *The Numismatist*. — The Numismatist Press, Worcester, Mass., 1911, in-8, pp. 27, ill. dans le texte.

— Manuals of Far Eastern Numismatics. — No. 1. Chinese Paper Money. By H. A. Ramsden, F. R. N. S. President of the Yokohama Numismatic Society . . . —

Jun Kobayagawa Co., Yokohama, Japan, 1911, in-8, pp. 37, 2 pl. et ill. dans le texte. — Voir col. 3513.

— La réforme de la circulation monétaire [en Chine]. (*Bull. Com. Asie franç.*, Juin 1910, pp. 290/291.)

— La réforme monétaire [en Chine]. (*Ibid.*, Juillet 1910, p. 329.)

— Règlement d'exécution de la Loi concernant la nouvelle Monnaie Nationale Chinoise, présenté et annoté par le Ministère des Finances et sanctionné par Edit Impérial en date du 16e jour de la 4e lune de la 2e année du règne Siuan-t'ong. Traduit par M. Ouang Ki-tseng. (*Bull. Assoc. amic. franco-chinoise*, Oct. 1910, pp. 400/408.)

— La situation monétaire en Chine. (*Revue indo-chinoise*, Oct. 1910, pp. 382/385.)

— Prochaine mise en circulation des nouvelles monnaies d'argent par le Ministère des finances (Pékin). (*Bull. Assoc. amic. franco-chinoise*, Oct. 1910, p. 415.)

Extr. du *Houei Pao*, 8 juillet 1910.

— La réforme monétaire en Chine. (*Bull. Com. Asie franç.*, Oct. 1910, pp. 428/432.)

— * C.-J. Dudgeon. — Roupies, yen et cash de cuivre. (*Num. Circular*, 1910, 12394.)

— La réforme monétaire chinoise. (*Asie franç.*, Mai 1911, pp. 219/220.)

— L'emprunt pour la réforme monétaire et le développement de la Mandchourie. (*Ibid.*, Mai 1911, p. 252.)

— L'emprunt de la réforme monétaire. (*Ibid.*, *Bull.*, Juin 1911, pp. 298/300.)

— * Ching-Chun Wang. La nouvelle monétaire légale chinoise. (*American Rev.*, Juin 1911.)

— *** Le chaos des cours des monnaies en Chine. (*Economist*, 19 août 1911.)

— Oriental steelyards and bismars. By H. Ling Roth. (*Journ. Roy. Anthrop. Institute*, XLII, 1912, pp. 200/234; fig., 2 planches.)

— * H. Schmidt. — Un tael de Shanghai, frappé. (*Berliner Münzbl.*, 1912, pp. 263/264; fig.)

Ecusson aux Armes d'Angleterre avec la date de 1867 au R dragon orné de rayons.

— Le système monétaire en Chine. (Extrait de l'*Echo de Chine.*) (*Rel. de Chine*, Kiang-Nan, Janvier 1912, pp. 305/311; fig.)

— Publication de l'Institut ethnographique international de Paris. — J.-A. Decourdemanche. — Traité des Monnaies, Mesures et Poids anciens et modernes de l'Inde et de la Chine. Paris, Ernest Leroux, 1913, in-8, pp. 172.

Notices : *Revue critique*, 28 mars 1914, p. 255, par M. G. D. — *Bull. Soc. Géog. Rochefort*, XXXV, 1913, p. 243, par J. S. — *Lond. & China Express*, Oct. 31, 1913.

— Note sur l'estimation de la longueur du degré terrestre chez les Grecs, les Arabes et dans l'Inde, par M. J.-A. Decourdemanche. (*Journ. Asiat.*, Mars-Avril 1913, pp. 427/444.)

Observation complémentaire, pp. 443/444.

— Le papier-monnaie en circulation en Chine. (*Bull. écon. Indochine*, n° 109, Juillet-Août 1914, p. 666.)

De l'*Echo de Chine*.

— * G. Vissering. — On Chinese Currency. Preliminary Remarks on the Monetary and Banking Reform in China. Vol. II. The Banking Problem. Amsterdam, J. H. de Bussy, 1914, pp. 299.

— The Currency Problem in China by Wen Pin Wei, Ph. D. New York, Columbia University, 1914, in-8, pp. 156.

Studies in History, Economics and Public Law, edited by the Faculty of Political Science of Columbia University [Vol. LIX]. [Number 3 — Whole Number 144.]

— Notes and comments on the new chinese national coinage law and the special regulations for its execution. (*The Chinese Review*, Vol. I, June 1914, pp. 61/66.)

— Finance in China. By Srinivas R. Wagel. North-China Daily News & Herald, Shanghai, 1914, in-8, 2 ff. n. ch. + pp. 503.

— Chinese Currency and Banking. By Srinivas R. Wagel, Author of Finance in China. Shanghai : North-China Daily News & Herald, 1915, in-8, 2 ff. n. ch. + pp. 457.

— * Eastern Exchange Currency and Finance. By W. F. Spalding, of the Hongkong and Shanghai Banking Corporation. London : Sir Isaac Pitman and Sons.

Notice : *London & China Express*, Nov. 7, 1917.

— * Ancient Chinese Paper Money as described in a Chinese Work on Numismatics. (*Proceedings of the American Academy of Arts and Sciences.* June 1918.)

Notice : *Journ. N. C. B. R. As. Soc.*, L, 1919, pp. 206/207. By M.

— * Mediaeval Chinese Currency. (*Museum of Fine Arts Bulletin*, Boston, Aug. 1918.)

— * A. W. Ferrin. — Chinese Currency and Finance. Washington, 1919, pp. 57.

U. S. A. Bureau of Foreign and Domestic Commerce. Special Agent Series. 186.

— Les poids, mesures et monnaies des Mers du Sud aux XVIe et XVIIe siècles par Gabriel Ferrand. — Extrait du *Journ.*

Asiat. (Juillet-Déc. 1920). Paris, Imprimerie nationale. — MDCCCCXXI, in-8, pp. 269 + 1 p. n. ch. table des matières.

— On Mexican Dollars by A. M. Tracey Woodward, F. R. G. S., F. R. N. S. (*New China Review,* III, Dec. 1921, pp. 414/422.)

— The Nyi tsye-ch'ung medallions of Anhui by A. M. Tracey Woodward, F. R. G. S., F. R. N. S. (*Ibid.*, IV, February 1922, pp. 20/22; planche.)

— The influence of Yüan Shih-K'ai on Chinese coins by A. M. Tracey Woodward, F. R. G. S., F. R. N. S. (*Ibid.*, April 1922, pp. 98/105; 3 planches.)

Sociétés secrètes.

Col. 1894.

— Francesco Cerone. — Le Associazioni lecite e le Società secrete in Cina. (*Nuova Antologia,* LXXXVIII, Ser. IV, 16 Luglio, 1900, pp. 249/272.)

— Les Sociétés secrètes en Chine. Par G. Labadie-Lagrave. (*A travers le Monde,* VI, 1900, pp. 222/223; p. 230.)

— Associations, Congrégations et Sociétés secrètes chinoises. Par P. d'Enjoy. (*Revue indo-chinoise,* 15 avril 1907, pp. 440/452.)

— Albert de Pouvourville. — La Révolution et les Sociétés secrètes en Chine. (*La Revue de Paris,* 1er mars 1912, pp. 119/132.)

— И. Пѣтелинъ. Китайское общество 公議會 въ Уссурійскомъ краѣ. (Подъ ред. П. Шмидта.) (*Извѣстія Восточнаго Института,* Т. XXIX, вып. 3-й, 1909, pp. 17/34.)

— I. Petelin. Chinesische Gesellschaft Kung-i-hui im Ussuriegebiet. (Redigiert von P. Schmidt.)

— Lady Blake. — The Triad Society and the Restoration of the Ming Dynasty. (*Nineteenth Cent.*, London, LXXI, 1912, pp. 667/687.)

— Les Sociétés de «Frères Jurés» en Chine par le Commandant Favre. (*T'oung Pao,* Mars 1918/1919, pp. 1/40.)

— China and Freemasonry. (*A new Encyclopaedia of Freemasonry* . . . by Arthur Edward Waite. . . . With sixteen full-page plates and other Illustrations, London, William Rider and Son, 1921, in-8, pp. 104/107.)

(SOCIÉTÉS SECRÈTES.)

Pirates.

Col. 1900/1902.

— * Livro de contas do chefe dos piratas Apat. Ningpo, 1855. China.

— * Episodes of Piracy in the Eastern Seas, 1519 to 1851. By S. Charles Hill. Reprinted from the *Indian Antiquary.* Bombay, British India Press, 1920, in-8, pp. 96.

Opium.

Col. 1903/1916.

— C. A. de Challaye. — Opportunité de la légalisation du commerce d'opium en Chine. (*Annales marit. et colon.,* 1847, vol. 100, pp. 288/301.)

— École supérieure de Pharmacie de Paris. — . . . Thèse sur l'OPIUM présentée et soutenue à l'Ecole de Pharmacie de Paris le 2 février 1856. Par Mohamed Effendy Charkauy Égyptien . . . — Paris, Henri Plon, 1856, in-4, pp. 104.

Chap. XV. Consommation et Commerce de l'Opium en Chine.

— Poem on the growth of the Medical Plant *Ying Su* or Poppy. By Su-che, of the Sung Dynasty. (*N. C. Herald,* May 12, 1882, p. 503.)

蘇轍 Sou-Tché, 1039/1112, frère de Sou Toung-po.

— History of Opium, Opium Eating, and Smoking. (*Journ. Anthrop. Institute,* London, vol. XXI, 1892, pp. 329/332.)

— * Dr. W. Hector Park. — Opinions of over 100 Physicians on the Use of Opium in China. Shanghai, 1899, in-8, pp. XIV-95.

— Une Fumerie d'Opium. Par Meslay. (*A travers le Monde,* X, 1904, pp. 118/119.)

— Société pour développer l'esprit guerrier par la suppression volontaire de l'opium. (De l'*Echo de Chine.*) (*Revue indo-chinoise,* 15 janvier 1906, pp. 68/71.)

— Importation de l'opium de l'Inde en Chine. Par J. C. (*Revue indo-chinoise,* 15 juillet 1906, pp. 1079/1080.)

Du *South China Morning Post.*

— La Culture du Pavot et l'Opium. Par Jacques Hardy et Ch. Lenormand. (*A travers le Monde,* XII, 1906, pp. 337/340; ill.)

— G. Olpp. — Die chronische Opiumvergiftung der Chinesen. Handelspolitik, Geschichte und Herstellung des Opiums. Art und Instrumente des chinesischen Opiumrauchers. Ätiologie. Symptomatologie. Therapie. Erfolg. Antiopiumbewegung. Statistik. (*Münchener med. Wochensch.,* LIII, 1906, pp. 428/432, 474/477, 524/526.)

(PIRATES. — OPIUM.)

24*

— La Suppression du trafic de l'opium en Chine. (*Soc. Géog. comm. Nantes*, 1907, pp. 182/184.)

— The Progress of the Anti-opium Movement among the Chinese. (*Chin. Rec.*, March 1908, pp. 148/155.)

— La question de l'opium. (*Bull. Com. Asie franç.*, Mars 1908, pp. 111/112.)

— La lutte contre l'opium. (*Ibid.*, Avril 1908, pp. 157/158.)
D'après le *Tcheng Tchih Kouan Pao.*

— * Drugging a Nation. The Story of China and the Opium Curse. A personal investigation during an extended tour of the present conditions of the opium trade in China and its effects upon the nation. By Samuel Merwin. F. H. Revell Co., 1908, pp. 212.

Notice : *Chin. Rec.*, May 1909, pp. 289/290, by A. H. S.

— La question de l'opium. (*Bull. Com. Asie franç.*, Juin 1908, pp. 250/251.)

— La lutte contre la morphine. (*Ibid.*, Sept. 1908, pp. 387/388.)

— La lutte contre l'opium. (*Ibid.*, p. 388.)
North China Herald, 22 août 1908.

— Le commerce de l'opium. Edit impérial du 19 oct. 1908. (*Bull. Com. Asie franç.*, Nov. 1908, p. 477.)

— China's « Black List » [黑籍]. (*Imp. & Asiat. Quart. Rev.*, January 1909, p. 99.)

Facsimile et traduction d'une notice contre l'opium envoyé du Se-tch'ouan par le Rev. J. Vale.

— La commission de l'opium. (*Bull. Com. Asie franç.*, Février 1909, pp. 80/81.)

— La question de l'opium. (*Revue indo-chinoise*, Février 1909, pp. 174/176.)

— La commission internationale de l'opium. (*Bull. Com. Asie franç.*, Mars 1909, pp. 128/129.)
D'après le *Times*.

— Quelques mots sur l'opium. Par S. Bizeul S. J. (*Rel. de Chine*, Kiang-nan, Avril 1909, pp. 313/318.)

— La lutte contre l'opium. (*Bull. Com. Asie franç.*, Mai 1909, p. 213.)

— La question de l'opium au Se-tchouen. Par le Dr A. Legendre. (*Ibid.*, Juin 1909, pp. 242/244.)

— The Opium Question. By Major J. F. A. McNair. (*Imp. and Asiat. Quart. Rev.*, July 1909, pp. 147/157.)

— L'Opium en Chine. (Memorandum sur l'opium — présenté à la Commission internationale de l'opium à Shanghai — Février 1909.) Traduit par Raymond de Villeneuve-la-Colette. (*Revue indo-chinoise*, Août 1909, pp. 747/766; Sept., pp. 865/880; Oct., pp. 1008/1016.)

— La Commission Internationale de l'Opium. (*Ibid.*, Oct. 1909, pp. 1012/1016.)

— La question de l'opium [en Chine]. (*Bull. Com. Asie franç.*, Nov. 1909, p. 501.)

— L'Opiomanie en France. — Visite à un fumeur d'Opium. Par Dr R. Millant. (*A travers le Monde*, XV, 1909, pp. 257/260; fig.)

— Les Ravages de l'Opium en Amérique. Par le Dr R. Millant. (*Ibid.*, p. 399; pp. 406/407.)

— Un Coin de Chine à Londres. — Les Fumeries d'Opium de l'East End. Par le Dr R. Millant. (*A travers le Monde*, XVI, 1910, pp. 369/372; fig.)

(Opium.)

— Dr Richard Millant. — « La Drogue » (Fumeurs et Mangeurs d'Opium. — Avec un hors porte en couleurs, 14 photogravures et une carte.) Paris, René Roger, 1910, in-8, pp. x-420.

Notice : *Revue indo-chinoise*, Avril 1911, p. 419.

— Une Entente internationale contre l'Opium. Par Francis Mury, Membre du Conseil Supérieur des Colonies. (*A travers le Monde*, XVI, 1910, pp. 65/68; fig.)

— Les Chinois et l'Opium. (*Ibid.*, p. 208.)
Du *Times*.

— La question de l'opium. (*Bull. Com. Asie franç.*, Janvier 1910, pp. 62/63.)
Rapport de M. Max Müller, conseiller à la légation britannique de Pékin.

— La question de l'opium. (*Revue indo-chinoise*, Mai 1910, pp. 460/461.)

— Le commerce de l'opium. (*Bull. Com. Asie franç.*, Juin 1910, p. 291.)

— * Black Opium. By Eric Lewis, B. A. Marshall Bros.

Notice : *Lond. & China Express*, July 1, 1910, suppl., pp. 2/3.)

— La question de l'opium. (*Asie franç.*, Août 1910, p. 364.)

— Idem. (*Ibid.*, Sept. 1910, pp. 405/406.)

— Relâchement dans la « guerre à l'opium ». (*Bull. Com. Asie franç.*, Oct. 1910, p. 443.)

— La prohibition de l'importation des feuilles et fleurs de chanvre indien. (*Asie franç.*, *Bull.*, Nov. 1910, p. 484.)

— * La lutte contre l'opium. Charles Gide. (*Rev. Econ. Intern.*, Bruxelles, 15—20 nov. [1910?].)

— La question de l'opium. (*Asie franç.*, Déc. 1910, pp. 545/546.)

— La culture du Pavot (Rapport de M. King-tcheng, lecteur impérial au Trône). (*Revue indo-chinoise*, Déc. 1910, pp. 617/618.)

— Der Kampf um das Opium in China. (*Deutsche Rundschau f. Geogr. und Stat.*, XXXIII, 1910—1911, pp. 587/588.)
De la « Post ».

— La question de l'opium. (*Asie franç.*, Janvier 1911, p. 36.)

— Idem. (*Ibid.*, Mars 1911, p. 140.)

— Les dangers de l'opium. (*Revue indo-chinoise*, Avril 1911, pp. 411/412.)

— L'Angleterre et la question de l'opium. (*Asie franç.*, Avril 1911, pp. 196/198.)

— * *** La nouvelle convention sur l'opium. (*Saturday Review*, 13 mai 1911.)

— * *** Le traité de l'opium. (*Statist.*, 13 mai 1911.)

— La culture de l'opium. (*Asie franç.*, *Bull.*, Juin 1911, p. 300.)

— La question de l'opium. (*Ibid.*, Juillet 1911, p. 333.)

— Idem. (*Ibid.*, Oct. 1911, p. 468.)

— La Campagne contre l'Opium en Chine. — Terribles châtiments infligés aux cultivateurs d'opium. Traduit du *Kobe-Herald* par G. Giraud. Extrait d'un rapport d'un missionnaire de Kweichow (cité par le *Shang-hai Mercury*). (*Revue indo-chinoise*, Oct. 1911, pp. 421/422.)

— O commercio do opio na China. (*Bol. Soc. geog. Lisboa*, 29e Sér., 1911, p. 209.)

— Où en est la Question de l'Opium? Par Labadie-Lagrave. (*A travers le Monde*, XVII, 1911, p. 164.)

— La Chine et le commerce de l'Opium. (*Ibid.*, p. 180.)

(Opium.)

— Le matériel de la fumerie d'opium et son emploi par M. le Dr E. Deyrolle. (*Bull. et Mém. de la Soc. d'Anth. de Paris,* 1911, pp. 124/127, fig.; 1912, pp. 438/440.)

— The Work of the International Opium Conference at the Hague. By William J. Collins. (*Contemporary Review*, January-June 1912, pp. 317/327.)

— Après la conférence internationale de l'opium. (*Asie franç.*, Février 1912, pp. 63/64.)

— La deuxième conférence internationale de l'opium. Par Robert Dalcan. (*Ibid.*, Janvier 1912, pp. 16/18.)

— La culture du pavot à opium. (*Ibid.*, Avril 1912, p. 161.)

— La question de l'opium. (*Ibid.*, Mai 1912, p. 203.)

— Idem. (*Ibid.*, Juin 1912, p. 253.)

— La culture de l'opium. (*Ibid.*, Juillet 1912, pp. 288/289.)

— La question de l'opium. (*Ibid.* Août 1912, p. 350.)

— L'opium en Chine. (*Revue indo-chinoise*, Sept. 1912, pp. 257/259.)

Du *Hong Kong Daily Press*, 14 août 1912. Traduit par G. Giraud, Commis des Services civils.

— Les conséquences de la reprise de la culture de l'opium. (*Asie franç.*, pp. 388/389.)

— * La question de l'opium à l'époque contemporaine par G. Thibout. Thèse pour le doctorat en médecine. Paris, G. Steinheil, 1912, pp. 341.

Notice : *Revue indo-chinoise*, Nov. 1912, p. 486.

— La question de l'opium. (*Asie franç.*, Déc. 1912, pp. 530/531.)

— La Deuxième Conférence internationale de l'Opium. (*A travers le Monde*, XVIII, 1912, p. 71.)

— * G. Miraben. — La lutte antitoxique. La Fumée divine (Opium), Paris, Giard et Brière, 1912.

Notice : *Revue des Sciences Politiques*, Sept.-Oct. 1913, pp. 299/300. Par J. Silvestre.

— La question de l'opium. (*Asie franç.*, Janvier 1913, p. 39.)

— Opium, an unsettled question. By Theodore Cooke Taylor. (*Contemporary Review*, January-June 1913, pp. 783/786.)

— Opium : a live question. By Theodore C. Taylor. (*Ibid.*, pp. 40/48.)

— La question de l'opium. (*Asie franç.*, Février 1913, pp. 95/96.)

— La Chine républicaine et l'opium. Par Raoul Bande. (*Soc. Géogr. comm. de Paris, Bull.*, Février 1913, pp. 113/116.)

1er Novembre 1912.

— La Chine républicaine et l'opium. Par Raoul Baude. (*Revue indo-chinoise*, Avril 1913, pp. 469/471.)

Du *Bull. de la Soc. Géogr. comm.*

— La question de l'opium. (*Asie franç.*, Mars 1913, pp. 138/139.)

— Nouvelle interdiction de l'opium. (*Rel. de Chine*, Kiang-Nan, Avril 1913, p. 132.)

— L'opium au Kouo-yang. — Kouo-yang, 12 juin 1913. Par J. Dannic S. J. (*Ibid.*, Oct. 1913, pp. 264/267.)

— La question de l'opium en Chine : Continuation de la campagne contre la drogue. (*A travers le Monde*, XIX, 1913, p. 271.)

(Opium.)

— * W. G. Stirling. — Opium-smoking among the Chinese. 12mo. pp. 33. Illust. Ipoh, Federated Malay States; The Times of Malaya Press, 1913.

— La Questione dell' Oppio nell' Estremo Oriente — [Per] Domenico Mazzolani, Tripoli —. (*Atti del X Congresso internazionale di Geografia,* Roma MCMXIII. Pubblicati dal Segretario Generale. Con illustrazioni e carte. Roma, 1915, pp. 1035/1043.)

— La lutte contre l'opium. (*Asie franç.*, Avril 1914, p. 165.)

— International aspects of the Opium Question. By Joseph G. Alexander. (*The Chinese Review*, vol. I, June 1914, pp. 96/98.)

— Opium-Smoking in Shanghai. (*Ibid.*, July 1914, p. 170.)

— Pekin Opium Burning. (*Ibid.*, pp. 174/175.)

— British Opium Investigation in Che-chiang. (*Ibid.*, p. 174.)

— On the Trail of the Opium Poppy a Narrative of Travel in the chief Opium — producing provinces of China by Sir Alexander Hosie, M. A., L L. D., F. R. G. S. London, George Philip & Son, 1914, 2 vol. in-8, pp. VIII-300, ill. et cartes; 2 ff. n. ch. + pp. 308, ill. et carte.

Notices : *Journ. N. C. B. R. As. Soc.*, XLVI, 1915, pp. 148/149, par S. C. — *Geogr. Journ.*, June 1915, pp. 523/524, par W. R. C. — *Lond. & China Express*, Dec. 18, 1914, pp. 1/2. — *Contemporary Review*, Janvier-Juin 1915, pp. 129/130.

— Le gouvernement de Pékin et l'opium. (*Asie franç.*, Mai-Sept. 1918, p. 115.)

— La culture de l'opium. (*Ibid.*, Oct. 1918—Janvier 1919, p. 161.)

— Opiumproduktion und Handel mit besonderer Berücksichtigung Kleinasiens. (*Mitt. k. k. geogr. Ges. Wien*, Bd. 61, 1918, pp. 531/534.)

— * T. V. Holbé. Chandoo, Alcool, ou Morphine? — Extrait de la *Revue anthropologique,* 1919, nos 3/4 (Mars-Avril), pp. 77/103.

Notice : *Revue indo-chinoise*, Mai-Juin 1919, pp. 922/923. Par P. B.

— La lutte contre l'opium. (*Asie franç.*, Déc. 1919, p. 315.)

— Où en est la question de l'opium? Par Ch. P. (*Revue indo-chinoise*, Juillet-Avril 1920, pp. 117/124.)

— La reprise de la culture du pavot à opium. (*Asie franç.*, Avril 1921, pp. 166/167.)

— The World Campaign against Opium. By Chao-Hsin Chu (Chinese Chargé d'Affaires in London). (*Asiatic Review*, July 1922, pp. 442/447.)

— The War Against Opium. — The International Anti-Opium Association Peking. — Tientsin. Tientsin Press Ltd., 1922. — In-8, pp. 250.

Historique de la lutte contre l'opium avec les principaux textes administratifs et législatifs sur la matière.

(Opium.)

Col. 3172.

— *China*. No. 1 (1908). — Correspondence respecting the Opium Question in China. [With Map.] — Presented . . . February 1908. — London [Cd. 3881]. Price 7 *d*, in-fol., pp. 48.

— — No. 2 (1908). — Despatch from His Majesty's Minister in China forwarding a General Report by Mr. Leech respecting the Opium Question in China. [In continuation of « China No. 1 (1908) »: Cd. 3881.] — Presented . . . Oct. 1908. — London [Cd. 4316]. Price 2$^1/_2$ *d*, in-fol., pp. 17.

(Opium.)

— — No. 1 (1909). — Despatch from His Majesty's Minister in China forwarding a General Report by Sir Alexander Hosie respecting the Opium Question in China. [In continuation of « China No. 2 (1908) ».] — Presented . . . June 1909. — London [Cd. 4702.] Price 2$^1/_2$ *d*, in-fol., pp. 21.

— — No. 2 (1909). — Correspondence relative to the International Opium Commission at Shanghae, 1909. — Presented . . . November 1909. — London [Cd. 4898]. Price 1$^1/_2$ *d*, in-fol., pp. 8.

(Opium.)

DEUXIÈME PARTIE

LES ÉTRANGERS EN CHINE

I. — CONNAISSANCES DES PEUPLES ÉTRANGERS SUR LA CHINE.

Temps anciens et moyen âge.

NOTES DIVERSES.

ALBERT HERRMANN.

— Die alten Seidenstrassen zwischen China und Syrien. Beiträge zur alten Geographie Asiens von Albert Herrmann. — I. Abteilung. Einleitung. Die chinesischen Quellen. Zentralasien nach Ssĕ-ma Ts'ien und den Annalen der Han-Dynastie. Mit einer Karte von Zentralasien. Berlin, Weidmann, 1910, in-8, pp. VII-129.

Heft 21 de : *Quellen und Forschungen zur alten Geschichte und Geographie.* Herausgegeben von W. Sieglin . . .

Notices : *Revue Critique*, 9 déc. 1911, p. 441, par René Dussaud. — *T'oung Pao*, Mars 1911, pp. 91/94, par Ed. Chavannes. — *Journ. Roy. As. Soc.*, Oct. 1911, pp. 1160/1168, by J. Dyer Ball.

— Die alten Seidenstrassen zwischen China und Syrien. Aus dem zweiten Buch: Zentralasien nach Ssĕ-ma Ts'ien und den Annalen der Han-Dynastie. — Inaugural-Dissertation zur Erlangung der Doktorwürde der hohen philosophischen Fakultät der Georg August-Universität zu Göttingen, vorgelegt von Albert Herrmann aus Hannover. — Mit einer Karte im Maßstabe 1 : 5,000.000. — Göttingen 1910. — Druck von Herrosé & Ziemsen, G. m. b. H., Wittenberg, 1910, in-8, pp. 71 + 1 f. n. ch.

— Alte Verkehrsbeziehungen zwischen China und Vorderasien. Von Dr. Albert Herrmann, Hannover. Pièce in-4 à 2 col., ch. pp. 557/562.

Separatabdruck aus *Weltverkehr und Weltwirtschaft*, März 1912.

— Die Verkehrswege zwischen China, Indien und Rom um 100 nach Chr. Geb. Originalkarte in Zweifarbendruck mit erläuterndem Text von Dr. Albert Herrmann, Charlottenburg. Leipzig, J. C. Hinrichs'sche Buchhandlung 1922; br. in-8, pp. 3/8; carte.

Forme le N° 7 de *Veröffentlichungen des staatlichen Forschungsinstituts für vergleichende Religionsgeschichte an der Universität Leipzig*, herausgegeben von Prof. Dr. Hans Haas.

— Ein alter Seeverkehr zwischen Abessinien und Süd-China bis zum Beginn unserer Zeitrechnung. Von Dr. A. Herrmann, Charlottenburg. (*Zeitsch. d. Ges. f. Erdk.* Berlin, 1913, pp. 553/561.)

Notice : *T'oung Pao*, Déc. 1913, p. 788, par P. Pelliot. — *Geogr. Journ.*, Déc. 1913, pp. 576/577.

— Ein alter Seeverkehr zwischen Abessinien und Süd-China bis zum Beginn unserer Zeitrechnung. Von Dr. A. Herrmann, Charlottenburg, in-8, pp. 9.

Sonderabdruck aus der *Zeitschrift der Gesellschaft für Erdkunde zu Berlin*, 1913. Nr. 7.

— * A. Herrmann. — Die Seidenstrassen vom alten China nach dem römischen Reich. (*Mitt. d. Geogr. Ges. Wien*, 1915, 11 u. 12, pp. 472/501; carte.)

BIBLE.

— Montuclat. — « Those from the Land of Sinim. » (*La Chine*, n° 5, 15 oct. 1921, pp. 314/318.)

GRECS ET ROMAINS.

-- Textes d'Auteurs grecs et latins relatifs à l'Extrême-Orient depuis le IVe siècle av. J.-C. jusqu'au XIVe siècle recueillis et traduits par George Coedès. — Paris, Ernest Leroux, 1910, in-8, pp. XXXI-183 + 2 ff. n. ch., cartes.

Forme le T. I de *Documents historiques et géographiques relatifs à l'Indochine publiés sous la direction* de MM. Henri CORDIER et Louis FINOT.

Notice : par My [Beaudouin, Pierre Mario Moodry], *Revue Critique*, 13 juillet 1912.

— * Parthian Stations. By Isidore of Charax. An account of the Overland Trade Route between the Levant and India in the First Century B. C. The Greek text, with a translation and commentary by Wilfred H. Schoff. Philadelphia, 1914, pp. 46. Sketch-maps and Illustrations.

Cf. *Geogr. Journ.*, Aug. 1915, pp. 158/159.

— * The Eastern Iron trade in the Roman Empire. By Wilfred H. Schoff.

Notice : *Journ. Roy. As. Soc.*, July and October 1918, pp. 592/595. By J. K.

— * Navigation to the Far East under the Roman Empire. By Wilfred H. Schoff.

Notice : *Ibid.*

— * The Transcontinental Silk trade at the Christian Era. By Wilfred H. Schoff.

Notice : *Ibid.*

— The Sea-route to the Far East under the Roman Empire. (*Geogr. Journ.*, June 1918, pp. 403/404.)

A propos d'un article de M. W. H. Schoff, du Commercial Museum de Philadelphie, paru dans le *Journal of the American Oriental Society*, vol. 37, 1917, pp. 240/249.

— Note sur les anciens itinéraires chinois dans l'Orient romain. Par Paul Pelliot. (*Journ. Asiat.*, Janvier-Mars 1921, pp. 139/145.)

— Montuclat. — Sur ce que Pline l'Ancien et ses contemporains connurent de la Chine. (*La Chine*, n° 8, 15 déc. 1921, pp. 563/574.)

PTOLÉMÉE.

— Les Voies de Commerce dans la *Géographie* de Ptolémée par M. Vidal de la Blache Sous-Directeur à l'Ecole Normale. — Extrait des Comptes rendus de l'Académie des Inscriptions et Belles-Lettres, Séance du 6 nov. 1896. Paris, Imprimerie Nationale, MDCCCXCVI, in-8, pp. 32.

Avec une carte de l'*Etat économique du Monde gréco-romain au IIe siècle de l'ère chrétienne* et une esquisse de carte du Commerce de la Soie.

— Researches on Ptolemy's Geography of Eastern Asia (Further India and Indo-Malay Peninsula). By Colonel G. E. Gerini. London, 1909, in-8, pp. XXII-945 et 2 cartes hors texte. Published in conjunction with the Royal Geographical Society.

Forme le vol. I des *Asiatic Society Monographs*, publiées par la Royal Asiatic Society.

Notice : *T'oung Pao*, 1910, pp. 296/299, par Ed. Chavannes.

— Die Ptolemäische Geographie von Ostasien. Von Paul Graf v. Teleki, Pribekfalva. (*Petermanns Mitt.*, 1910, vol. II, pp. 204/305.)

— Die alten Verkehrswege zwischen Indien und Süd-China nach Ptolemäus. Von Dr. Albert Herrmann. — Charlottenburg. (*Zeitsch. d. Ges. f. Erdk. zu Berlin*, 1913, pp. 771/787; carte dans le texte d'après Ptolémée.)

— Idem. In-8, pp. 17.

Sonderabdruck aus der *Zeitschrift der Gesellschaft für Erdkunde zu Berlin*, 1913.

COSMAS.

Col. 1922.

— The Christian Topography of Cosmas, an Egyptian Monk. Translated from the Greek, and edited, with Notes and Introduction by J. W. Mc Crindle .... London, Printed for the Hakluyt Society, MDCCCXCVII, in-8, pp. XXVII-398.

— Cosmas Indicopleustes. The Christian Topography, edited with Geographical Notes by E. O. Winstedt. Cambridge, 1909, in-8, with 14 plates.

LES ARABES.

LES DEUX VOYAGEURS.

— La version latine des *Anciennes Relations* par Renaudot, se trouve à la Bibl. Nat., Collection Renaudot, Nouv. Acq. Fr. 7482.

— Les Classiques de l'Orient. — Voyage du marchand arabe Sulaymân en Inde et en Chine rédigé en 851 suivi de remarques par Abû Zayd Hasan (vers 916). Traduit de l'arabe avec introduction glossaire et index par Gabriel Ferrand Ministre plénipotentiaire. Bois dessinés et gravés par Andrée Karpelès. Editions Bossard, 43 rue Madame, Paris, 1922, in-8, pp. 155 + 1 p. n. ch.

Vol. VII des *Classiques de l'Orient.* — 15 exempl. sur japon, 140 exempl. sur papier d'Arches, 1500 ordinaires.

Notice : *T'oung Pao,* Déc. 1922, pp. 399/413, par P. Pelliot.

— Un voyageur arabe en Extrême-Orient au IXe siècle de notre ère. (*Revue indochinoise,* Juillet-Août 1915, pp. 131/144.)

Extrait de M. Gabriel Ferrand.

— P. Revelli. — I « Classiques de l'Orient » e il viaggio in India e in Cina d'un mercante arabo del secolo nono. (*Boll. R. Soc. Geogr. italiana,* Gennajo-Febbraio 1922, pp. 79/80.)

DIVERS.

— Rev. J. Edkins. — The Persians in the Far East. (*Korean Repository,* I, 1892, p. 197)

— Itinéraire des marchands juifs et russes qui se rencontrent dans les parages de la mer Caspienne. (*Revue du Monde musulman,* Juin 1910, pp. 273/274.)

D'après Ibn Khordadbeh, par N. Slousch.

— Relations de voyages et textes géographiques arabes, persans et turks relatifs à l'Extrême-Orient du VIIIe au XVIIIe siècles, traduits, revus et annotés par Gabriel Ferrand. Paris, Ernest Leroux, 1913—1914, 2 vol. in-8, pp. XII-296, 297/743.

Documents historiques et géographiques relatifs à l'Indochine publiés sous la direction de MM. Henri Cordier et Louis Finot.

Notices : *Journ.-Asiat.,* Nov.-Déc. 1914, pp. 659/662, par Cl. Huart; Juillet-Août 1918, pp. 173/177, par Cl. Huart.

— Gabriel Ferrand. — *La plus ancienne mention du nom de l'île de Sumatra.* Extr. du *Journ. Asiat.* (Mars-Avril 1917.) Paris, Imp. Nat., 1917, in-8, pp. 7.

∴

— * Wisû, das « Land der Finsternis ». Von R. Hennig. (*Zeitsch. d. Ges. f. Erdk. zu Berlin,* 1915, pp. 448/455.)

Discusses the « Land of Darkness » of the Arab geographers.

— Chinese Records of the Arabs in Central Asia. By H. A. R. Gibb. (*Bull. School Orient. Studies,* London Institution, Vol. II, Part IV, 1923, pp. 613/622.)

Rachid Eddin.

— Introduction à l'Histoire des Mongols de Fadl Allah Rashid Ed-din par E. Blochet. Leyden; E. J. Brill. — London: Luzac & Co., 1910, in-8, pp. 398.

Forme le vol. XII de « E. J. W. Gibb Memorial » Series.

Notices : *Journ. Asiat.,* Juillet-Août 1910, pp. 166/172, par Cl. Huart. — *Bull. Ass. amic. franco-chinoise,* II, Juillet 1910, pp. 293/294, par A. Vissière.

— *Djami-el-Tévarikh.* Histoire générale du Monde par Fadl Allah Rashid Ed-din. Tarikh-i Moubarek-i Ghazani Histoire des Mongols, éditée par E. Blochet. Tome II. Contenant l'histoire des empereurs mongols successeurs de Tchinkkiz Khagan. Leyden: E. J. Brill. — Luzac & Co., 1911, in-8, pp. 72 + texte et pl.

Forme le vol. XVIII/2 de « E. J. W. Gibb Memorial » Series.

Vol. III, contenant l'histoire des Mongols de Perse, sous presse; pour paraître ensuite, vol. I, contenant l'histoire des tribus turkes et de Tchinkkiz Khaghan.

CHEMIN DE LA CHINE ET DE LA TARTARIE AU MOYEN ÂGE.

COLLECTIONS GÉNÉRALES DE VOYAGES, etc.

(Moyen âge et Temps modernes.)

— L'Extrême Orient dans la Littérature et la Cartographie de l'Occident des XIIIe, XIVe et XVe siècles. — Etude sur l'histoire de la géographie par Ivar Hallberg. — Göteborg, 1906. Wald. Zachrisson, in-8, pp. VIII-573.

Sur la couverture extérieure :

Göteborg Kungl. Vetenskaps — och Vitterhets — Samhälles Handlingar Fjärde Följden. VIII. Göteborg, Wettergren & Kerber.

Notices : *T'oung Pao,* Juillet 1909. pp. 383/385, par H. C[ordier]. — *Revue indo-chinoise,* Janvier 1909, pp. 84/85. Par E. V. [*Japon et Belgique.*]

— Yule-Cordier. — Cathay and the Way Thither being a Collection of Medieval Notices of China. . . . New Edition. Vol. I. Preliminary Essay on the Intercourse between China and the Western Nations previous to the Discovery of the Cape Route. London, Hakluyt Society, 1915. — Vol. II. Odoric of Pordenone. Ibid., 1913. — Vol. III. Missionary Friars — Rashíduddín — Pegolotti — Marignolli. Ibid., 1914. — Vol. IV. Ibn Batuta — Benedict Goës — Index. Ibid., 1916; 4 vol. in-8, pp. XXIII-318, XII-367, XV-269, XII-359.

Notices : *Geogr. Journ.,* Nov 1917, pp. 373/375, by C. Raymond Beazley. — *Boll. Reale Soc. Geogr.,* Marzo 1916, p. 250.

C. Raymond Beazley.

— The Dawn of Modern Geography. A History of Exploration and Geographical Science from the Conversion of the Roman Empire to A. D. 900, with an Account of the Achievements and Writings of the Early Christian, Arab and Chinese Travellers and Students. By C. Raymond Beazley . . . With Reproductions of the Principal Maps of the Time. London: John Murray, 1897, in-8, pp. xvi-538.

Notice : *English Historical Review*, XII, July 1896, pp. 538/543, by Guy le Strange.

— — Part II. A History of Exploration and Geographical Science from the close of the ninth to the middle of the thirteenth century (c. A. D. 900—1260) . . . London: John Murray, 1901, in-8, pp. xix-651.

— — Vol. III. A History of Exploration and Geographical Science from the middle of the thirteenth to the early years of the fifteenth century (c. A. D. 1260—1420) . . . Oxford, at the Clarendon Press, 1906, in-8, pp. xvi-638.

G. Golubovich.

— P. Girolamo Golubovich O. F. M. — Bibliotheca bio-bibliografica della Terra Santa e dell' Oriente francescano. — — Tomo I. (1215—1300.) Quaracchi presso Firenze Tipografia del Collegio di S. Bonaventura 1906, in-8, pp. 479. — Tomo II. (Addenda al Sec. XIII, e Fonti pel Sec. XIV) con tre carte geografiche dell'Oriente francescano de' Secoli XIII—XIV. Ibid., 1913, in-8, pp 641, 3 cartes. — Tomo III (dal 1300 al 1332). Ibid., 1919, in-8, pp. v-496.

— Bibliotheca bio-bibliografica della Terra Santa e dell'Oriente francescano. — Nuova Serie. — Documenti diretta dal P. Girolamo Golubovich O. F. M. — Acta S. Congregationis de Propaganda Fide pro Terra Sancta. — Pars I. 1622—1720. Collegit, edidit, illustravit P. Leonardus Lemmens O. F. M. — Pars II. 1721—1847 . . . Quaracchi presso Firenze Collegio di S. Bonaventura 1921—1922. 2 vol. in-8, pp. xxxii-429, xxxvi-333.

∴

— Mappa Mundi. By A. C. M. (*New China Review*, vol. IV, February 1922, pp. 62/63.)

(Beazley. — Golubovich.)

Benjamin de Tudèle (XIIe siècle).

Col. 1953/1955.

— Viajeros españoles de la edad media. — Conferencia pronunciada en la Sociedad geográfica de Madrid el dia 7 de Marzo de 1882, por Don Ángel Lasso de la Vega. (*Bol. Soc. Geogr. Madrid*, XII, 1882, pp. 227/257.)

— Viajes de Benjamin de Tudela 1160—1173 por primera vez traducidos al castellano con introducción, aparato crítico y anotaciones por Ignacio González Llubera. Madrid, V. H. Sanz Calleja, 1918, in-8, pp. 182 + 1 p. n. ch., 1 facsimile, 3 cartes.

Junta para ampliacian de Estudios Centro de Estudios históricos.

Jean du Plan de Carpin.

Col. 1955/1960.

Col. 1956.

— Opera dilettevole.

L'exempl. de Beckford est passé dans la Bibliothèque James de Rothschild dans le Catalogue duquel la figure du titre est reproduite, T. IV, p. 464.

— Doria d'Istria. — Russes et Mongols. — Jean du Plan de Carpin. (*Revue des Deux Mondes*, 15 février 1872, pp. 800/832.)

Col. 1958.

— Fra Giovanni da Pian di Carpine nel Contado di Magione Viaggiatore e Descrittore di Tartaria e Mongolia nel Secolo XIII. — Monografia di Monsignor Francesco Liverani. — Perugia, Tip. V. Bartelli, 1876, in-8, pp. 141 + 1 f. n. ch.

Giorgio Pullé.

— Il Viaggio di Giovanni dal Piano del Carpine. — Osservazioni del Dott. Giorgio Pullé. (*Riv. geogr. ital*, XVI, 1909, pp. 249/261; 331/346.)

— Idem. — Estratto dalla *Rivista geografica italiana*. Anno XVI. — Fascicolo V/VI. — 1909. — Firenze, Tipografia di M. Ricci, 1909, in-8, pp. 30.

— Sulla biographia di Giovanni dal Piano del Carpine. — Nota del Dott. Giorgio Pullé. (*Atti e Mem. della R. Accad. di Scienze Let. ed Arti in Padova*, 1909—1910, pp. 113/121.)

— Dott. Giorgio Pullé. — Sulla biografia di Giovanni dal Piano del Carpine.

(B. de Tudèle. — Plan de Carpin. — Pullé.)

Padova, Tip. Giov. Batt. Randi, 1910, in-8, pp. ch. 113 à 121 (pp. 8).

Atti e Memorie R. Accad. di Scienze, Let. ed Arti in Padova, vol. XXVI, Dispensa II.

— Giorgio Pullé. – Historia Mongalorum. Viaggio di F. Giovanni da Pian del Carpine ai Tartari nel 1245—1247. Firenze, Tipografia G. Carnesecchi, 1913, in-8, pp. XXVII-303.

Estratto dagli Studi Italiani de Filologia Indo-Iranica, vol. IX.

Notice : *Boll. Reale Soc. Geografia*, 10 dic. 1913, pp. 1445/1455, par Mario Longhena.

.·.

— * A. I. Malein. — Ioann de Plano Karpini : Istoriya Mongalor. Viligelim de Rubruk : Putechestvie v vostochnyya strany. (Jean du Plan de Carpin, Histoire des Mongols. Guillaume de Rubrouck, Voyage aux contrées orientales.) — A. S. Suvorin, St. Pétersbourg, 1911, in-4, pp. XVI-224.

— Notes sur le Voyage de Fr. Jean de Plan-Carpin (1245/1247) par H. Matrod. — Œuvre de Saint François d'Assise Maison Saint-Roch. Couvin (Belgique). — Bureau des Publications franciscaines, 6, Rue Cassette, Paris, 1912, in-8, pp. 80.

— 1245—1248. — Fr. Giovanni da Piancarpino. Note ed osservazioni per una nuova edizione critica della sua relazione sui Tartari; segue il testo della sua Prima redazione estratta da un Cod. Torinese inedito, ecc. (Golubovich, *Bibliotheca bio-bibliografica*, I, 1906, pp. 190/215.)

— 1245 s. — Fr. Benedictus Polonus : De itinere fratrum Minorum ad Tartaros, quae frater Benedictus Polonus viva voce retulit. (Golubovich, I, pp. 213/215.)

GUILLAUME DE RUBROUCK.

Col. 1961/1963.

— Henri Matrod. — Le Voyage de Fr. Guillaume de Rubrouck (1253—1255). Extrait des *Etudes franciscaines*. Couvin, Maison Saint-Roch (Belgique), 1909, in-8, pp. 127.

Imprimé par Desclée, De Brouwer et Cie, Lille, Paris, Bruges.

— * Sven Hedin. En medeltida resande i Asien. (Un voyageur en Asie au Moyen âge.) Jarl Charpentier. Franciskermunken Vilhelms av Ruysbroeck resa genom Asien (1253—1255). Original översättning, jämte inledning och anmärkningar, Stockholm, 1919, Häftad 14 Kr. (Voyage du moine franciscain Vilhelm de Rijsbroeck à travers l'Asie [1253—1255].)

Traduction de l'original, avec préface et annotations.

— 1253—1255. — Fr. Willelmus de Rubruk : Itinerarium fratris Willelmi de Rubruk de Ordine fratrum Minorum, anno gratiae M.CC.LIII. ad partes Orientales. (Golubovich, I, pp. 229/230.)

MARCO POLO.

I. — *EDITIONS.*

Col. 1964/1988.

A. — ÉDITIONS ALLEMANDES.

Col. 3175.

— Die Reisen des Venezianers Marco Polo im 13. Jahrhundert. Bearbeitet und herausgegeben von Dr Hans Lemke. Mit einem Bilde Marco Polos. Hamburg, Ernst Schultze, 1908, in-8, pp. 573.

Bibliothek wertvoller Memoiren. Lebensdokumente hervorragender Menschen aller Zeiten und Völker. Herausgegeben von Dr. Ernst Schultze. 1. Band.

Édition revue de la traduction de Bürck du texte italien de Ramusio publié en 1845.

— * Marco Polo : Abenteuerliche Fahrten. Neu herausgegeben von Dr. Otto St. Brandt. Mit 3 Spezialkarten. Druck und Verlag von August Scherl in Berlin, pet. in-8, pp. 309.

Notices : *Mitt. k. k. Geogr. Ges. Wien*, Bd. LVI, 1913, pp. 258/259. Von E. G. — *Geogr. Zeitschr. Leipzig*, XIX, 1913, p. 531. By K Kretschmer.

C. — ÉDITION ITALIENNE.

Col. 1969/1974.

— Marco Polo. Il Milione secondo il testo della « Crusca » reintegrato con gli altri codici italiani a cura di Dante Olivieri. — Bari, Gius. Laterza & Figli, 1912, in-8, 2 ff. n. ch. + pp. 317.

Scrittori d'Italia.

E. — ÉDITION ESPAGNOLE.

Col. 1975

— Cosmographia breue introductoria en el libro d'Marco Polo. Seville, 1518. — — See II, p. 566.

Le libraire Karl W. Hiersemann, de Leipzig, a, dans son catalogue *America*, n° 356, en 1907, n° 2525, marqué M. 11.000 un exemplaire de la *Cosmographia* avec, le colophon : Elql se emprimio por Juan varela | d'salamãca en la muy noble y muy | leal ciudad de Seuilla. Año de | mill y quientos y diez y ocho | año a. XVI. dias de mayo. — Fol., 4 ff. n. ch. + ff. 31 ch. sur 2 colonnes.

F. — ÉDITIONS FRANÇAISES.

Col. 1977/1981.

— Collection des Historiens occidentaux de la Chine. — Le Livre de Marco Polo citoyen de Venise, Conseiller privé et Commissaire impérial de Koubilai Khan rédigé en français sous la dictée de l'auteur en 1295 par Rusticien de Pise revu et corrigé, par Marco Polo lui-même, en 1307, publié par G. Pauthier en 1867, mis à jour et annoté par Montuclat. — Pékin, Editions de Nachbaur, 16 Kan yu hutung.

Titre et programme publiés dans *la Chine*, du 1er août 1922.

L'édition [1 vol. de 500 p. environ] comportera trois tirages qui ne dépasseront pas, en totalité, 550 exemplaires, savoir :

Série A. — Dix exempl. sur papier coréen, numérotés de 一 à 十 à la chinoise.

Serie B. — Quarante exempl., sur papier des Manufactures du Honan, numérotés de 11 à 50.

Serie C — 500 exempl. sur papier pelure chinois, numérotés de 51 à 550.

— Montuclat. — Trois chapitres de Marco Polo. Albert Nachbaur, Éditeur, 16 Kan yu hutung, Pekin, gr. in-8, 8 doubles feuillets.

Renferme les chapitres CXXXV, CXXXVI, CXXXVII, de Polo.

— Montuclat. — Mongols et Chinois, au temps de Marco Polo. (*La Chine*, n° 13, 1er mars 1922, pp. 193/315.)

G. — ÉDITIONS ANGLAISES.

Col. 1981/1986.

— Ser Marco Polo Notes and Addenda to Sir Henry Yule's Edition, containing the Results of Recent Research and Discovery. By Henri Cordier. . . . With Frontispiece. London, John Murray, 1920, in-8, pp. x-161.

Notice : *Geogr. Journ.*, February 1921, pp. 143/144, par P. M. Sykes.

— Voyages and Travels of Marco Polo. With an Introduction by Henry Morley. Cassell and Company. London, Paris, New York and Melbourne. MCMIV, in-16, pp. 192, front.

— Everyman's Library edited by Ernest Rhys. — Travel and Topography. — Marco Polo's Travels with an Introduction by John Masefield. The Travels of Marco Polo the Venetian. London : Published by J. M. Dent & Co. and in New York by E. P. Dutton & Co., in-16, pp. XVI-461, s. d. [1907].

(Polo : Éditions.)

I. — ÉDITION SUÉDOISE.

Col. 1988.

— Venetianaren Marco Polos Resor i det XIII. århundraded. Översättning samt inledning och anmärkningar av Bengt Thordeman. — Stockholm : Albert Bonniers Förlag, s. d. [1917], 2 vol. in-8, pp. xx-248, 249/490, Table généalogique des Tartares, carte.

Pages 345/480 are devoted to notes.

Notice : *Ymer*, 1919, pp. 351/353, par Hanna Rydh.

II. — *BIOGRAPHIES, etc.*

Col. 1988/1991.

— *Noted Men who have helped China.* II. *Marco Polo.* By Dr. Gilbert Reid. (*North China Herald*, April 6, 1906.)

III. — *COMMENTAIRES GÉOGRAPHIQUES, etc.*

Col. 1991/1997.

— *Histoire des Établissements européens aux Indes orientales* par A. Chardin, suivie d'un extrait de l'article sur *Marco Polo*, de M. Walckenaer, Membre de l'Institut; d'un extrait de la vie de Jonh [*sic*] Mandeville, par Washington Irving; et d'une notice sur le Camoens, par Mme de Stael. — Paris, Rue et Place Saint-André des Arts, n° 30 — 1832, in-12, pp. 104.

Marco Polo, p. 87. — John Mandeville, p. 94.

Marco Polo, d'après la *Biographie universelle*; Mandeville, d'après l'*Histoire de Christophe Colomb*, de W. Irving.

Fait partie de la *Bibliothèque populaire ou l'Instruction mise à la portée de toutes les classes et de toutes les intelligences par* MM. Arago . . . et Ajasson de Grandsagne, chargé de la Direction.

— Notice sur l'arbre du Soleil, ou Arbre sec, décrit dans la relation des voyages de Marco Polo, par M. Roux de Rochelle. (*Bull. Soc. Géogr.*, 3e Sér., III, 1845, pp. 187/194.)

— Marco Polo's Legend concerning Bayan. By W. F. Mayers. (*Notes and Queries on China & Japan*, Nov. 1868, p. 162.)

— Notes on Col. Yule's Edition of Marco Polo's « Quinsay ». — By the Rev. G. E. Moule. (*Journ. North China Br. Roy. Asiatic Soc.*, N. S., IX, 1875, pp. 1/24.)

Read before the Society on the 8th dec. 1873.

(Polo : Biographies, etc. Commentaires géogr., etc.)

Col. 1994.

— PALLADIUS' *Elucidations*. — Voir Polo, II, p. 579, n° 63.

Compte-rendu dans *Magazin für die Litteratur des Auslandes*, 1876, p. 345. — Mentioned by Barthold, Minaev's *Marco Polo*, p. XV.

— Om det inflytande Marco Polos reseberättelse utöfvat på Gastaldis Kartor öfver Asien. Af A. E. Nordenskiöld. (*Ymer*, 1899, pp. 33/43.)

— A. E. Nordenskiöld såsom forskare i historisk geografi och Kartografi. Af E. W. Dahlgren. (*Ibid.*, 1902, pp. 249/276.)

— Marriage of the Dead. By Kumagusu Minakata. (*Nature*, LV, 1896—1897, pp. 224/225.)

Marco Polo, I, p. 267.

— *Un capitaine du règne de Philippe le Bel*, Thibaut de Chepoy par Joseph PETIT. (*Le Moyen Age*, Paris, 1897, pp. 224/239.)

— A. Slieptsov. — Маркъ Поло и его странствованія по царству Монгольскому, по Китаю и Индіи, pet. in-8, pp. 83, fig. [St. Petersb., 1901.]

«Книжка за книжкой», кн. 108-ая.

— Cesare-Augusto LEVI. — *Il vero Segreto di Dante e Marco Polo.* — Comunicazione al Comitato di Treviso della «Dante Alighieri» letta la sera del 17 Novembre 1905. — Treviso, Zoppelli, 1905, in-8, pp. 37.

— SYKES, Major P. Molesworth, H. B. M.'s Consulate-General, Meshed. (*Geogr. Journ.*, XXVI, Oct. 1905, pp. 462/466.)

— I. Did Marco Polo visit Baghdad? — II. Did Marco Polo visit the Tabas.

— Henri Cordier's reply, *Ibid.*, Dec. 1905, pp. 686/687.

— Marco Polo's Travels; new editions; his «Arbre Sol» not «Sun-tree», but Cypress of Zoroaster. By A. Houtum-Schindler. (*Journ. R. As. Soc.*, January 1909, pp. 154/162.)

Teheran, Oct. 20, 1908.

— *L'itinéraire de Marco Polo en Perse*, par M. Henri CORDIER, membre de l'Académie. (*Bull. Ac. Inscr. et Belles-Lettres*, Comptes-rendus, Mai 1911, pp. 298/309.)

— Marco Polo's Sinjumatu by A. C. Moule. (*T'oung Pao*, Juillet 1912, pp. 431/433.)

(POLO : DIVERS.)

— Notices of Christianity in China. Extracted from Marco Polo. By Rev. A. C. Moule. (*Journ. N. C. B. R. As. Soc.*, XLVI, 1915, pp. 19/37; pl.)

Facsimile d'une page du Ms. français 1116 de la Bibl. Nat.

— Hang-chou to Shang-tu A. D. 1276 by A. C. Moule. (*T'oung Paò*, Juillet 1915, pp. 393/419.)

— MOULE, Rev. A. C. — Documents relating to the Mission of the Minor Friars to China in the thirteenth and fourteenth centuries. (*Journ. R. As. Soc.*, July 1914, pp. 533/599.)

— A. C. M[OULE]. — A Note on the Chinese Atlas in the Magliabecchian Library, with reference to Kinsay in Marco Polo. (*Ibid.*, July 1919, pp. 393/395.)

— The ten thousand bridges of Quinsai by A. C. Moule. (*New China Review*, vol. IV, February 1922, pp. 32/35.)

— * C. Meyer-Frommhold. — Vor 600 Jahren im Reiche der Mitte. Marco Polos Berichte über seine Reise nach China, in «*Erlebtes und Erschautes*». Leipzig, 1912.

— Where Marco Polo Journeyed. (*United Empire*, III, March 1912, p. 196.)

Dr Stein Voyages.

— Karajang. By B. LAUFER (Chicago) (*Journ. R. As. Soc.*, Oct. 1915, pp 781/784.)

Cf. *Geogr. Journ.*, February 1916, p. 146.

— Das Buch des Marco Polo als Quelle für die Religionsgeschichte. Von Missionsdirektor Lic. theol. Dr. phil. J. Witte in Berlin. Hutten-Verlag, Berlin, in-8, s. d. [1916], pp. 126.

— En medeltida resande i Asien. Av Sven Hedin. (*Ymer*, 1919, pp. 338/344.)

— Marco Polo's Account of a Mongol Inroad into Kashmir Sir Aurel Stein, K. C. I. E. (*Geogr. Journ.*, August 1919, pp. 92/103.)

— C. L[anglois]. Marco Polo. (*Hist. litt. de la France*, XXXV, 1921, pp. 232/259.)

HETOUM 1er.

Col. 1998.

— 1289 s. — Fr. Giovanni o Aitone, re d'Armenia, e frate Minore ecc. Cenni biografici. (Golubovich, I, pp. 328/339.)

(HETOUM.)

— Fr. Giovanni o Aitone II. — Re d'Armenia. — Nuovi documenti e dati storici. (Ibid., II, pp. 456/465.)

HETOUM, dit l'HISTORIEN.

Col. 2000/2004.

— Golubovich, II, pp. 459/464.

— Das Mongolenreich nach der Darstellung des Armeniers Haithon. Von F. E. A. Krause. (*Ostasiat. Zeitsch.*, 8. Jhrg., 1919/1920, pp. 238/267.)

GIOVANNI DA MONTE CORVINO
et autres frères mineurs.

Col. 2004.

— The early Christian Road to China. By E. H. Parker. (*Imp. & Asiat. Quart. Rev.*, Oct. 1903, pp. 350/354.)

— 1279 s. — Fr. Giovanni da Montecorvino, Missionario in Armenia, Persia, India e Cina : e primo Arcivescovo di Pekino. — Sue lettere dall'Oriente, ecc. (Golubovich, I, pp. 301/309.)

— Fr. Giov. da Montecorvino alla Corte di Argun Kan : 1289. (Golubovich, II, pp. 440/442.)

— Fr. Andrea (Mozzi) da Firenze. — Missionario in Persia e Cina. (Golubovich, II, p. 426.)

— Fr. Gerardo da Prato e compagni Nunzi in Persia e in Cina. (Aprile 1278.) (Ibid., pp. 426/428.)

— Documents relating to the mission of the Minor Friars to China in the thirteenth and fourteenth centuries. By A. C. Moule. (*Journ. R. As. Soc.*, July 1914, pp. 533/599 ; pl.)

— Idem. [From the *Journal of the Royal Asiatic Society*, July 1914.] In-8, pp. ch. 533/599.

— The Minor Friars in China. By A. C. M. (*Journ. R. As. Soc.*, July 1917, pp. 612/613.)

— The early Franciscan Mission in China by A. C. Moule. (*New China Review*, II, Dec. 1920, pp. 538/543.)

Cf. The Early Franciscan Missions in China by Bishop Collins. (*The East and the West*, April 1904, pp. 121/142.)

(MONTE CORVINO.)

— The Minor Friars in China. By A. C. Moule. (*Journ. R. As. Soc.*, January 1921, pp. 83/116.)

D'après le T. II de Golubovich.

— The Minor Friars in China by the Rev. A. C. Moule. [From the *Journal of the Royal Asiatic Society*, January 1921.] In-8, pp. ch. 83 à 115.

A propos du Texte de Wadding.

— Cathay and the Way thither. — Some Notes on « Letters and Reports of Missionary Friars ». By A. C. Moule. (*New China Review*, III, June 1921, pp. 216/228.)

— Chrétiens d'Asie centrale et d'Extrême-Orient par Paul Pelliot. (*T'oung Pao*, Dec. 1914, pp. 623/644.)

— Chrétiens d'Asie centrale et l'Extrême-Orient par Paul Pelliot. — Extrait du *T'oung Pao*, 2e série, vol. XV, n° 5, Déc. 1914. — E.-J. Brill, Leide, 1914, in-8, pp 24, 1 pl.

— Le Christianisme en Chine et en Asie centrale sous les Mongols, par M. Henri Cordier. Col. 3574/3575.

— « Isol » le Pisan. Par P. Pelliot. (*Journ. Asiat.*, Nov.-Déc. 1915, pp. 495/497.)

ODORIC DE PORDENONE.

Col. 2005/2018.

— Della Patria e della Nationalità del Beato Odorico da Pordenone, por V. Savi. (Estratto del *Nuovo Archivio Veneto*, tomo XI, parte II, coi tipi del Fratelli Visentini, Venezia, 1896.)

Nuovo Archivio Veneto, 1896, XI, pp. 301/325.

— Vita fratris Odorici de Utino. (*Analecta franciscana*, III, 1897, pp. 499/504.)

— Dr Nob. Luigi Tinti Canonico Decano Prof. di Teologia e pastorale nel Seminario vescovile di Portugruaro Delegato del Vescovo di Concordia. — Vita e Missioni nell'Indo-Cina del Beato Odorico da Pordenone dei Frati Minori (1285—1331). (Con illustrazioni.) — Roma, Desclée, Lefebvre & Ci — 1901, in-8, pp. 178+1 f. n. ch. ind.; ill.

Donne p. 161 une esquisse du sarcophage tel qu'il existait avant le XVIIIe siècle ; surmonté d'un buste d'Odoric, montrant le projet de restauration.

— Il B. Fr. Odorico da Pordenone. — Note critiche bio-bibliografiche. (Golubovich, III, pp. 374/394.)

(ODORIC DE PORDENONE.)

— Friar Odoric's Travels. By E. H. Parker. (*Geogr. Journ.*, August 1914, pp. 222/223.)

A propos de *Cathay and the Way thither* . . . by Henri Cordier, vol. 2.

— A life of Odoric of Pordenone by A. C. Moule. (*T'oung Pao,* Août 1920 - 1921, pp. 275/290.)

— A small contribution to the Study of the Bibliography of Odoric by A. C. Moule. (*Ibid.*, No. 5, Dec. 1920—1921, pp. 301/322.)

— Friar Odoric. (*Geogr. Journ.*, June 1922, p. 478.)

— Bibliographical Notes on Odoric (see *T'oung Pao*, 1921, pp. 301/322) by A. C. Moule. (*T'oung Pao,* Déc. 1922, pp. 387/393.)

— Un missionnaire à travers l'Asie. Le bienheureux. Odoric de Pordenone. (—1331). (Georges Goyau — *Figurines franciscaines,* Paris, Henri Laurens, 1921, pp. 78/84; 1 fig.)

— Silkies by A. C. Moule. (*New China Review,* III, June 1921, pp. 213/215; ill.)

— * Il contributo geografico del B. Odoric da Pordenone, di M. Parodi. (*Rivista di Studi missionari,* Milano, n. 1, 1921.)

— Was Odoric of Pordenone ever in Tibet? By Berthold Laufer. (*T'oung Pao*, Juillet 1914, pp. 405/418.)

— Idem. — Extrait du *T'oung Pao,* 2ᵉ sér., vol. XV, n° 3, Juillet 1914. — Librairie et Imprimerie ci-devant E. J. Brill. Leide, 1914, in-8, pp. 16.

— Le nom turc du vin dans Odoric de Pordenone par Paul Pelliot. (*T'oung Pao,* Juillet 1914, pp. 448/453.)

— Idem. — Extrait du *T'oung Pao,* 2ᵉ sér., vol. XV, n° 3, Juillet 1914. — Librairie et imprimerie ci-devant E. J. Brill. Leide, 1914, in-8, pp. 7.

Jean de Cora.

Col. 2018.

— A Historico-Geographical Document of the Fourteenth Century. (*Geogr. Journ.*, March, 1908, pp. 340/341.)

C. R. Beazley. (*American Historical Review,* XII, n° 4, XIII, n° 1, July & Oct. 1907.)

Jourdain de Séverac.

Col. 2018/2020.

— [Epistola fratris Jordani. — 12 oct. 1321.] (Golubovich, II, pp. 69/70.)

— Epistola fratris Jordani de Ordine Predicatorum de martirio supradictorum sanctorum fratrum Minorum. — 12 oct. 1321. (Ibid., p. 113.)

— C. L[anglois]. Jordan Catala. (*Hist. litt. de la France,* XXXV, 1921, pp. 260/277.)

Notice : *T'oung Pao,* Mars 1922, pp. 67/68, par P. Pelliot.

— H. O[mont]. Guillaume Adam, missionnaire. — (*Hist. litt. de la France,* XXXV, 1921, pp. 277/284.)

— P. Michael Bihl, O. F. M. et A. C. Moule. — De duabus Epistolis Fr. Minorum Tartariæ Aquilonaris an. 1323. — Extractum ex Periodico « Archivum Franciscanum historicum », An. XV. — Fasc. I-II. — Typ. Collegii S. Bonaventuræ Ad Claras Aquas prope Florentiom. 1923, in-8, pp. 24.

Jean dei Marignoli.

Col. 2020/2021.

— The Minor friars in China. By A. C. Moule. (*Journ. R. As. Soc.,* January 1917, pp. 1/36.)

I. Extracts from the Chronicle of the Right Reverend John surnamed of the Marignolli of Florence Bishop of Bisignano.

Franç. Balducci Pegolotti.

Col. 2021/2022.

— Der Mittelalterliche Welthandel von Florenz in seiner Geographischen Ausdehnung (nach der Pratica della Mercatura des Balducci Pegolotti) von Dr. Eduard Friedmann, mit 2 Tafeln. — *Abhandlungen der k. k. Geographischen Gesellschaft in Wien,* X. Band, Nr. 1. — Wien, 1912, R. Lechner, gr. in-8, pp. viii-114.

Die Handelsstraße nach China, pp. 10/25.

Sir John de Maundeville.

Col. 2022/2045.

— Voir *Quarterly Review,* April 1917.

— H. Pirenne. — Mandeville (Jehan de). (*Biographie nationale publiée par l'Acad. Roy. . . de Belgique,* XIII, col. 213/323.)

— Der Wortschatz des Englischen Maundeville nach der Version der Cotton-Handschrift (Brit. Museum, London) Titus c. XVI. — Inaugural-Dissertation zur Erlangung der Doctorwürde bei der philosophischen Fakultät der Universität

Leipzig, vorgelegt von Robert Hendon Fife, Jr. aus Charlottesville, Virginia, U. S. A. — 1902. Dr. Seele & Co., Leipzig, in-8, pp. 292.

— Early English Text Society. Original Series, no. 153. — Mandeville's Travels, Translated from the French of Jean d'Outremeuse. Edited from MS. Cotton Titus c. XVI, in the British Museum. By P. Hamelius, Professor of English Literature in the University of Liége. Vol. I : Text. London : Published for the Early English Text Society by Kegan Paul, Trench, Trübner Co., MDCCCCXIX, in-8, pp. xv-217.

IBN BATOUTAH.

Col. 2045/2047.

— Die Reise des Arabers Ibn Batūta durch Indien und China (14. Jahrhundert). Bearbeitet von Dr. Hans von Mžik. Mit 2 Karten. Hamburg, Gutenberg-Verlag, 1911, in-8, pp. 490.

Bibliothek denkwürdiger Reisen. 5. Band.

Notices : *Deutsche Rundschau f. Geogr. u. Stat.*, XXXV, 1912—1913, p. 332, von Dr. J. Weiß. — *Journ. Asiat.*, Mai-Juin 1913, pp. 700/711, par Cl. Huart. — *Journ. R. As. Soc.*, Janvier 1913, pp. 216/219 par D. S. M.

RUY GONÇALEZ DE CLAVIJO.

Col. 2047/2048.

— Clavijo's Embassy to Timur. (*Calcutta Review*, vol. 34, 1860, pp. 251/279.)

Markham's edition.

HANS SCHILDTBERGER.

Col. 2048/2050.

— Das Itinerar des Münchener Orientreisenden Hans Schiltberger von der Zeit seines Aufbruchs aus der Heimat (1394) bis zu seiner Gefangennahme durch Tamerlan in der Schlacht bei Angora (1402). Von Joseph Bergbauer, München. (*Petermanns Mitt.*, Dez. 1914, pp. 263/265; carte.)

NICOLO DE' CONTI.

Col. 2052/2054.

— Vincenzo Bellemo. — La Cosmografia e le Scoperte geografiche nel Secolo XV e i Viaggi di Nicolò de'Conti. Padova, Tipografia del Seminario, 1908, in-8, pp. 370 + 1 f. n. ch. indice, + 1 f. errata.

TOSCANELLI.

Col. 2054/2057.

Voir Henri Cordier : Henry Vignaud. (*Journ. de la Société des Américanistes* de Paris, N. S., t. XV, 1923, pp. 1/17.)

Tirage à part : 1923, in-8, pp. 17.

Voyages dans les temps modernes.

Col. 2062/2174.

— Lettera di Giovanni da Empoli a Leonardo suo padre intorno al viaggio da lui fatto a Malacca e frammenti di altre lettere del medesimo aggiuntavi la vita di esso Giovanni scritta da Girolamo da Empoli suo zio. (*Archivio storico italiano,* Appendice, T. III, Firenze, 1846, pp. 7/91.)

FERNÃO MENDES PINTO.

Col. 2065/2070.

— Voir (col. 3567) *Labor evangélica* . . . por el P. P. Pastells, 1904, I, p. 51 n., 254 n., 267[1], 268 n., 364[3], 397[1], 398 n.; III, 495[1], 496 n.

ANTHONY JENKINSON.

Col. 2070/2071.

— Early Voyages and Travels to Russia and Persia by Anthony Jenkinson and other Englishmen. With some account of the first intercourse of the English with Russia and Central Asia by way of the Caspian Sea. Edited by E. Delmar Morgan, Member of the Hakluyt Society; and C. H. Coote, of the British Museum. London : Printed for the Hakluyt Society, MDCCCLXXXVI, 2 vol. in-8, pp. xv + 1 f. n. ch. + pp. CLXII-176, et pp. 177 à 496 + pp. 16 + 2.

Forme les vol. 72 et 73 des *Works issued by The Hakluyt Society.*

— Le Voyage d'Anthony Jenkinson dans l'Asie Centrale en 1558. Par H. Conrad, Professeur agrégé de l'Université Secrétaire-général de l'Union géographique. (*Union géogr. Nord France, Douai,* XVIII, 1897, pp. 28/42, 120/135, 224/242; XIX, 1898, pp. 57/69, 108/120.)

BENOÎT DE GOËS.

Col. 2072/2074, 3177.

— *Cathay and the Way thither.* New Edition, IV, MDCCCCXVI, in-8, pp. 167/259.

Voir Bibliographie, pp. 194/197.

— Berigt van een || Mahometaans Koopman, || aangaande || Cambalu. || Mitsgaders de moeijelijke Reys van || Benedictus Goes, || Gedaan van Lahor over Land door || Tartaryen na China, || In't Jaar 1598. en vervolgens. || Nu aldereerst uyt het Portugys vertaald, met nodige || Konst-Printen en een Register verrijkt || [grav.] || Te Leyden, || By Pieter Vander Aa, Boekverkoper, 1706. || — Met Privilegie. in-fol., pp. 17.

Carte; 2 grav. dans le texte.

— Atti del VII Congresso geografico italiano, Palermo, 30 aprile—6 maggio 1910. — La identificazione della Cina con il Cataio dovuta al p. Matteo Ricci (n. Macerata 1552 — m. Pechino 1610) Geografo e Apostolo della Cina. Memoria del Prof. Ettore Ricci. — Palermo, Virzi, 1911, in-8, pp. 14.

Itinéraire de Goes, pp. 8/10.

— Opere storiche del P. Matteo Ricci S. I. edite a cura del Comitato per le Onoranze nazionali con prolegomeni note e tavole dal P. Pietro Tacchi Venturi S. I. — Volume primo I Commentarj della Cina. Macerata, Filippo Giorgetti, 1911, gr. in-8, pp. LXVIII-650 + 3 ff. n. ch., portr., grav., cartes, facsim., etc.

Voir les trois chapitres consacrés à Goes :

Capitolo XII. Del Viaggio del fratello Benedetto di Gois della nostra Compagnia che fece per terra dall'India verso Levante, mandato da'suoi Superiori per scoprire il Gran Cataio, sino alla città regia del regno di Cascar. [Gennaio — novembre 1603], pp. 526/537.

Capitolo XIII. Il resto del viaggio del fratello Benedetto di Gois della nostra Compagnia di Cascar sino al Cataio, che ritrovò esser l'istesso che la Cina. [Decembre 1603—novembre 1605], pp. 538/548.

Capitolo XIV. Della morte del fratello Benedetto di Gois, e come fu liberato dalle mani de' Saraceni Isac Armenio dal fratello Giovanni Fernandes, che era stato a Socceo di Pacchino. [Ultimi di decembre 1605—28 ottobre 1606], pp. 549/558.

— Bento de Goes S. J. Een Ontdekkingsreiziger in Centraal-Azië (1603—1607) door C. Wessels, in-8, pp. 46, 1 pl. monument.

Overgedrukt uit *De Studiën* Tijdschrift voor Godsdienst Wetenschap en Letteren. Afl. no 1 & 2, Jaargang 43, Deel LXXV. Uitgegeven te Nijmegen door L. C. G. Malmberg . . . 1911, pp. 72/96, pp. 229/248.

— Joseph Brucker. — Pour le Centenaire du P. M. Ricci. — Publications du P. Tacchi Venturi, du marquis Ricci Riccardi, de M. Laufer, etc. (*Études . . . par des Pères de la Compagnie de Jésus*, 20 avril 1912, pp. 215/229.)

(DE GOËS.)

De Feynes.

Col. 2074/2075.

— Bibl. Nat. Nlles. Acq. fr., I, 7503, Sieur de Feynes. Papier 121 ff., 128 × 75 mill. Rel. mar. olive fleurdelisée.

. . .

Col. 2075.

— The credit due to the book entitled «The Voyages and Travels of J. Albert de Mandelslo into the East Indies». By Vincent A. Smith. (*Journ. R. As. Soc.*, April 1915, pp. 245/254.)

— The Travels of Peter Mundy, in Europe and Asia, 1608—1667. Vol. I. Travels in Europe, 1608—1628. Edited by Lt.-Col. Sir Richard Carnac Temple, Bart . . . . Cambridge : Printed for the Hakluyt Society MCMVII, in-8, pp. LXIII-284 + 1 p. n. ch.

Hakluyt Society, Second Series No. XVII.

— — Vol. II. Travels in Asia, 1628—1634. Ibid., MCMXIV, in-8, pp. LXXIX-437.

Hakluyt Society, Second Series, No. XXXV.

— — Vol. III. Travels in England, India, China, etc. 1634—1638. Part I. Travels in England, Western India, Achin, Macao, and the Canton River, 1634—1637. Ibid., MCMXIX, in-8, pp. L-316.

Hakluyt Society, Second Series, No. XLV.

Notice : *Geogr. Journ.*, Juin 1920, pp. 471-472, par W. F. — *Journ. R. As. Soc.*, July 1920, pp. 364/368, par H. B. M.

— — Vol. III. . . Part II. Travels in Achin, Mauritius, Madagascar, and St. Helena, 1638. Ibid., MCMXIX, in-8, pp. VII—ch. 318/577.

Hakluyt Society, Second Series, No. XLVI.

. . .

— William Dampier, voir col. 1456/1461, 2418, *Bibliotheca Indosinica.*

Col. 2090.

— Giovanni Ghirardini, voir *Documenti . . . sul Matteo Ripa,* 1904, pp. 12 seq., note.

— Voyage à la Chine au XVIIIe siècle du P. Pierre d'Incarville publié avec des notes, par M. Henri Cordier, Membre de l'Institut. (*Bulletin de la Section de Géographie du Comité des Travaux historiques et scientifiques du Ministère de l'Instruction publique et des Beaux-Arts,* Année 1917, pp. 165/194; fig.)

Voir col. 3661.

(DE FEYNES. — DIVERS.)

— Les Voyages de Pierre Blancard, Navigateur marseillais, importateur du Chrysanthème (1741—1826). (*Bull. Soc. Géogr. Marseille,* 1910, pp. 72/88, 205/225.)

Journal de Voyage.

Col. 2100.

— Voyages de Pierre Poivre de 1748 jusqu'à 1757. (Henri Cordier, *Mélanges d'Hist. et de Géogr. orientales,* III, 1922, pp. 55/137.)

Extr. de la *Revue de l'Histoire des Colonies françaises,* 1er trimestre de 1918.

— Fragments tirés du Journal de Charles de Constant (1762—1796). — Genève, Imprimerie Charles Schuchardt 1888, in-12, pp. 76.

Tiré du *Journal de Genève,* octobre-novembre 1888.

Publié par Mr. Picot, juge au Tribunal fédéral, à Lausanne, mari de la petite-fille de Charles de Constant.

— * C. de Gujs Gen. Uitstapje in China. 1861, in-8, pp. 15.

— Travels and Adventures of an Officer's wife in India, China, and New Zealand. By Mrs. Muter, wife of Lieut. — Col. D. D. Muter, Thirteenth (Prince Albert's) Light Infantry. London, Hurst and Blackett, 1864, 2 vol. in-8, pp. xi-324, vi-314.

— * F. J. Rendell, midshipman, Journal of his Voyages in H. M. S. S. *Liverpool, Serpent* and *Pelorus,* June 1864 to Sept. 1867, to the West Indies, Batavia, China and Japan. Original Mscr. Log Book. With 5 mscr. sketches of maps, 3 coats of arms in water colours and 4 photogr., in-4. Bound hf. calf, covered with cloth, 80 leaves.

Cat. K. W. Hiersemann, Leipzig, 490, 1921. Neatly written manuscript. — M. 160.

1. H. M. S. *Liverpool,* 39 guns, 2656 tons, 600 H. P., 540 men. From Port Royal (Jamaica) to Rio Grande, Habana and Plymouth, 1864. Including some observations on the war at the northern frontier of Mexico.

2. H. M. S. *Serpent,* 4 guns, 695 tons, 200 H. P., 90 men. From Sherness to Cape of Good Hope, St. Pauls, Keeling Islands and Batavia, 1865. To Labuan Hongkong, Shanghai, Nagasaki, Yokohama, Shimonoseki and Nagasaki, 1866. With interesting remarks on the Japanese civil war between Chōshū and Satsuma.

3. H. M. S. *Pelorus,* 21 guns, 1464 tons, 400 H. P., 275 men. From Shanghai to Nagasaki, Osaka and Yokohama, 1867. With interesting remarks on the Japanese and their intercourse with the strangers.

Col. 2125.

— Reise der österreichischen Fregatte *Novara* . . . 1857 . . . Dr. C. v. Scherzer . . . Wien, 1865.

Compte rendu : *Zeitsch. d. Ges. f. Erdk. Berlin,* I, 1866, pp. 81/84. Par v. Kl.

— Der indische Ueberlandweg nach China. Von R. (*Ibid.,* II, 1867, p. 528.)

De Sndya au Se tch'ouen.

(Divers.)

— Voyage en Asie par Théodore Duret. Le Japon — la Chine — la Mongolie — Java — Ceylan — l'Inde. Paris, Michel Lévy frères, 1874, gr. in-18, pp. iii-367.

La seconde partie, pp. 65/161, composée de onze chapitres est consacrée à la Chine et à la Mongolie. L'auteur était le compagnon de voyage de M. Henri Cernuschi.

— * An Account of a Voyage to India, China, &c., in His Majesty's Ship *Caroline,* performed in the years 1803—1804—1805. Interspersed with descriptive Sketches and cursory Remarks, by an Officer of the *Caroline.* London, 1806, in-8, pp. iv-138, carte et table statist.

Col. 2107.

— Reis naar Madras en China, en terug over St. Helena, door James Wathen. — Uit het engelsch vertaald door N. Messchaert. Met platen. — In een deel compleet. — Te Dordrecht, bij A. Blussé & Zoon, 1816, in-8, pp. viii-357.

— * A Narrative of Voyages, etc. By A. Delano. Boston, 1817

— * J. Boelen. — Reize naar de Oost en Westkust van Zuid-Amerika en, van daar, naar de Sandwichs-en-Philippijnsche Eilanden, China enz. gedaan, in de jaren 1826, 1827, 1828 en 1829. Te Amsterdam, bij ten Brink & de Vries. MDCCCXXXV. 3 vol. in-8.

Retana, 632.

Col. 2113.

— * Gab. de Lurcy Lafond. — Viaggio in Cina pell' Atlantico il Mare delle Indie le Isole della Sonda e le Filippine. Prima versione italiana (di P. Veroli). Prato, tipogr. Giachetti 1842, in-8, pp. 231, 7 cartes.

— Naufrage du brick le *Kite* sur les côtes de la Chine, et relation de la captivité de son équipage et de ses passagers, écrits par Mme Anne Noble. (Traduit de l'anglais.) (*Nouv. Ann. des Voyages,* LXXXXI, 1841, pp. 32/56.)

— * Viage por el Istmo de Suez, desde China á Europa, y de Europa á China, por D. Domingo Ortíz de Zárate. Con superior permiso. Manila, 1848. En la Imprenta del Colegio de Santo Tomas, por D. Manuel Rodriguez, gr. in-8, pp. 123 + 3 n. ch.

Retana, 762.

(Divers.)

— * N. P. Diaz. — De Villahermosa a la China; coloquios de la vida intima. Madrid, 1858, 2 vol. in-12, pp. 330, 388.

— * Noticias históricas, geográphicas, estadísticas, administrativas y militares de las Islas Filipinas, y de un viaje á las mismas por el Cabo de Buena — Esperanza, y regreso á España por la China, la India, la Arabia, Egipto, Malta y Gibraltar, por M. Cánovas. Madrid: Imprenta y Litografía Militar de Atlas, á cargo de J. Walls, . . . 1859, in-4, pp. 98 + 2 n. ch.

Retana, 943.

Col. 2130.

— Nekrologie. — Dr. med. et phil. Adolf Bastian (*Deutsche Rundschau f. Geogr. u. Stat.*, XXVII, 1904—1905, pp. 329, 420/423, von W. Wolkenhauer, Bremen; portr.)

Mort à 79 ans à Port of Spain le 25 février 1905.

Col. 2136.

— Autour du Monde Inde, Chine, Japon, Californie, Amérique du Sud par A.-D. Carlisle. Ouvrage traduit et extrait de l'anglais par Gabriel Marcel . . . Paris, à la Librairie géographique, 16 rue du Croissant, 1876, in-12, pp. 416.

— * M. Weppner. — The North Star and the Southern Cross, being the Personal Experiences in a Two Years' Journey round the World. 1875, 2 vol. in-8.

Inde, Chine, Japon.

Col. 2138.

— Obituary. — John Thomson. By J. S. K. (*Geogr. Journ.*, Dec. 1921, p. 470.)

— Memoria sobre el progreso de los trabajos geográficos, leida en la junta general del 12 de Noviembre de 1876, por el presidente Don Francisco Coello. (*Bol. Soc. geogr. Madrid*, I, 1876, pp. 393/444.)

Asia, pp. 403/410.

— Memoria sobre el progreso de los trabajos geográficos, leida en la junta general del 10 de Mayo de 1877, por el presidente Don Francisco Coello. (*Ibid.*, II, 1877, pp. 363/427.)

Asia, pp. 373/382.

— Memoria sobre el progreso de los trabajos geográficos, leida en la junta general del 11 de Noviembre de 1877, por el presidente Don Francisco Coello. (*Ibid.*, III, 1877, pp. 385/457.)

Asia, pp. 398/409.

— Noticias sobre las exploraciones del *Challenger* en las cercanías de los territorios pertenecientes a España, por Don José Mac-Pherson. (*Ibid.*, II, 1877, pp. 327/343.)

Mer de Chine.

— Memoria sobre el progreso de los trabajos geográficos, leida en la junta general del 12 de Mayo de 1878, por el presidente Don Francisco Coello. (*Ibid.*, IV, 1878, pp. 405/489.)

Asia, pp. 415/431.

— Memoria sobre el progreso de los trabajos geográficos leida en la junta general del 10 de Noviembre de 1878, por el capitán de navío Don Cesáreo Fernández Duro. (*Ibid.*, V, 1878, pp. 293/346.)

Asia, pp. 314/321.

— Memoria sobre el progreso de los trabajos geográficos, leida en la junta general del 4 de Mayo de 1879, por el capitán de navío Don Cesáreo Fernández Duro. (*Ibid.*, VI, 1879, pp. 267/315.)

Asia, pp. 289/290.

— Memoria sobre el progreso de los trabajos geográficos leida en la junta general de 9 de Noviembre de 1879, por el capitán de navío Don Cesáreo Fernández Duro. (*Ibid.*, VII, 1879, pp. 277/323.)

Asia, pp. 300/305.

— Memoria sobre el progreso de los trabajos geográficos, leida en la junta general de 6 de Mayo de 1880, por Don Martín Ferreiro. (*Ibid.*, VIII, 1880, pp. 378/441.)

Asia, pp. 398/405.

— * R. N. Fowler. — A Visit to Japan, China, and India. London, 1877, in-8, pp. 294.

— * Raimundo Lozano. — Viaje á China con algunas observaciones útiles y provechosas para los que vayan aquel [*sic*] Imperio. Manila, Imp. de Amigos del País, 1879, in-4, pp. 267.

Retana, 1685.

— Le tour du monde en 240 jours. Conférence faite le 20 avril 1882. Par M. Michel, avocat à Nice. (*Bull. Soc. Géogr. Lyon*, IV, 1881, pp. 240/271.)

Chine, p. 257.

— Exploraciones en China. (*Bol. Soc. geogr. Madrid*, XII, 1882, p. 165.)

J. Cameron et T. W. Pigott dans le Chen-si.

(Divers.)

(Divers.)

— Flora, Fauna, Avventure. — Appunti di un viaggio nell'India e nella Cina : Civiltà Cattolica, Serie XII, Vol. II Quad. 792, pp. 688/707. Vol. III, Quad. 793, pp. 48/65; Quad. 794, pp. 179/200. Juni, Juli 1883.

Col. 2145.

— The Life of Isabella Bird (Mrs. Bishop). (*Blackwood's Mag.*, Dec. 1906, pp. 821/830.)

— Nekrologie. — Frau Isabella Bishop (Bird). (*Deutsche Rundschau f. Geogr. u. Stat.*, XXVII, 1904—1905, pp. 136/137, 279/280; portr.)

Née 15 oct. 1832 à Boroughbridge dans le Yorkshire; morte 7 oct. 1904 à Edimbourg.

Col. 2148.

— Major-General James Harrison Wilson. — Travels and Investigations in the Middle Kingdom. New York, 1888, pet. in-8, carte.

— — * New York, 1894.

Col. 2140.

— Gaston de Bezaure. — La Vraie Chine, in-8, pp. 32.

N° 32. — *Bibliothèque illustrée des Voyages autour du Monde par terre & par mer.* Directeur : C. Simond. [Plon, 1898.]

— From Hai-phong in Tong-king to Canton, overland. By A. R. Agassiz. (*Proc. R. Geogr. Soc.*, XIII, 1891, May, pp. 249/264; carte, p. 312.)

— De Pékin aux Indes Britanniques. — Voyage de M. Rockhill. (*Bull. Soc. Géogr. Rochefort*, t. XIII, 1891—1892, p. 233.)

Col. 2151.

— Dr Louis Pichon. — Un voyage au Yun-nan. — Paris, Plon, 1893, in-12.

Notice : *Bull. Soc. Géogr. Rochefort*, t. XV, 1893, pp. 140/141.

Col. 2154.

— Exploration du Nan-Chan par le voyageur Russe Obroutcheff. (*A travers le Monde*, I, 1895, pp. 273/275; portr. et fig.)

MISSION LYONNAISE.

Col. 2160/2161.

— Notices : *Revue Cultures coloniales*, V, 1899, p. 349. — *A travers le Monde*, V, 1899, p. 63.

— Une Mission commerciale française en Chine. L'initiative de la Chambre de Commerce de Lyon. — I. Le Tonkin. (*A travers le Monde*, II, 1896, pp. 249/252; ill. et carte.) — II. Le Yun-nan. (*Ibid.*, pp. 265/268, ill.; pp. 313/316.) — III. Yun-nan-fou et les environs. (*Ibid.*, pp. 401/404; ill.)

— Le Se-Tchouen — Soui-Fou — Le Yang-Tsé — Kiating-Fou. (*Ibid.*, III, 1897, pp. 97/100, ill.; pp. 153/156; ill.) — De Tchen-Tou à Tchung-King. (*Ibid.*, pp. 265/268; ill. [chiffré par erreur 465/468].)

— De Yun-nan-Fou vers le Se-Tchouen. (*Ibid.*, III, 1897, pp. 9/12.)

Voyage d'une Section de la Mission Lyonnaise.

— Dans la Chine Méridionale (suite et fin) par Al. Legrand. (*Bull. Soc. Bretonne Géogr. Lorient*, n° 96, 1er trim. 1905, pp. 186/207.)

Mission Lyonnaise.

— Capne Paul Cassou. — Souvenirs d'Extrême-Orient. Paris, André, 1898, in-12, pp. 171.

— Through Upper Burma and Western China. By John Foster Fraser. (*Trans. Asiat. Soc. Japan*, XXVI, 1898, pp. v/xxvii.)

Col. 2158/2159.

— Karl Futterer. — Durch Asien, 1901.

Notice : *Man*, 1901, pp. 43/44, by A. H. Keane.

— — Idem, 1909.

Notice : *Mitt. k. k. Geogr. Ges. Wien*, 1910, pp. 389/390, par C. Diener.

Col. 2161/2162.

— Reise über Indien und China nach Japan. . . . Wien, 1899.

Notice : *Mitt. k. k. Geogr. Ges. Wien*, XLV, 1902, pp. 162/163, par Dr Ernst Gallina.

Col. 2162.

— Marcel Monnier. — Nécrologie par H. C[ordier]. (*T'oung Pao*, Juillet 1917, pp. 239/240.)

— Nécrologie. — Marcel Monnier par Paul Labbé. (*Soc. de Géogr comm.*, Bull., Avril-Mai-Juin 1918, p. 128.)

— Marcel Monnier par Henri Froidevaux. (*La Géographie*, 1918—1919, pp. 633/634.)

— Voyage de deux Français sur la Jonque Chinoise « Fleur de Lotus ». (*A travers le Monde*, VI, 1900, p. 63.)

M. Brac de Bourdonnel et le propriétaire de la Jonque, qui doivent venir par la Seine au pied du Trocadéro visiter l'Exposition de 1900.

— * China und Japan. Erlebnisse, Studien, Beobachtungen von Ernst v. Hesse-Wartegg. Zweite, vermehrte und verbesserte Auflage. Mit 61 Vollbildern, 21 in den Text gedruckten Abbildungen und einer Generalkarte von Ostasien. Verlagsbuchhandlung von J. J. Weber in Leipzig 1900, pp. 657.

Notice : *Mitt. k. k. Geogr. Ges. Wien*, XLV, 1902, pp. 314/315. Par C.

Col. 2163/2164

— Nekrologie. — Graf Eugen Zichy von Vasonykeő. (*Deutsche Rundschau f. Geogr. u. Stat.*, XXIX, 1906—1907, p. 280.)

Né le 5 juillet 1837 à Mihaly en Hongrie, mort à Méran le 26 déc. 1906.

Col. 2166.

— Clive Bingham. — A Year in China 1899—1900. London, 1901.

Notice : *A travers le Monde*, VII, 1901, p. 215.

— * O. Wachs. — Schlaglichter auf Ostasien und den Pacific. R. Schröder, Berlin, 1901. M. 1.

— * Henri Turot. — D'une gare à l'autre : Indochine, Philippines, Chine, Japon. Paris, P. V. Stock, 1901, in-18.

Notice : *A travers le Monde*, VII, 1901, p. 191.

Col. 2166.

— En Chine, par Gaston Donnet, 1901.

Notice : *Revue critique*, 7 avril 1902, pp. 277/278, par Ed. Chavannes.

— Jacques Cœur. — Lettres de Chine. — Roman d'Outre Mer. — Paris, Librairie Molière, 1902, in-18, pp. 278 + 1 p. n. ch.

— Pour aller de Paris à Pékin par le Transsibérien. (*A travers le Monde*, VIII, 1902, p. 285.)

— Compte rendu de la Conférence faite par M. Siegfried sur la Chine et les Chinois. (*Bull. Soc. Géogr. de l'Aisne, Laon, 1902*, pp. 93/107.)

Col. 2167.

— G. Weulersse. — Chine ancienne et moderne, 1902.

Notices : *A travers le Monde*, VIII, 1902, p. 87. — *Revue critique*, 7 avril 1902, pp. 276/277, par Ed. Chavannes.

G. L. Dickinson.

— Letters from John Chinaman. Third Impression. London, R. Brimley Johnson, 1902, in-16, pp. 63.

By G. L. Dickinson.

« Of the following letters the first four have already appeared in the pages of the *Saturday Review*, and are reprinted here with the permission of the Editor. The remainder are now published for the first time. »

— An Essay on the Civilisations of India, China & Japan. G. Lowes Dickinson, MCMXIV. London and Toronto, J. M. Dent & Sons, pet. in-8, pp. 86.

This Essay is a Report of the author's travels as a Fellow of the Albert Kahn Travelling Fellowships and is published by direction of the Albert Kahn Trustees.

— Appearances being Notes of Travel by G. Lowes Dickinson. MCMXIV. London & Toronto, Dent, in-8, pp. x-234.

A. F. Legendre.

Col. 3341, 3444, 3556.

— Le Far West Chinois. — Deux Années au Se tchouen. Récit de Voyage, Etude géographique, sociale et économique par le Dr A. F. Legendre. . . . — Ouvrage accompagné d'une carte et de gravures. — Deuxième édition. Paris, Plon, 1905, in-16, pp. XVI-546 + 1 p. n. ch.

Notices : *Bull. Soc. Géogr. Lyon*, XXI, 1906, pp. 73/75, par M. Z[immermann]. — *Revue indo-chinoise*, 30 juillet 1906, p. 1172.

— Le Far West Chinois. — Kientchang et Lolotie . . . 1910. — Voir col. 3557.

Notices : *Bull. Soc. Géogr. Lyon*, 1911, pp. 78/81, par M Z[immermann]. — *Bull Soc. Géogr. com. Bordeaux*, 1911, p. 47, par A. G. — *Revue indo-chinoise*, Février 1911, pp. 200/203, extr. de *La Quinzaine Coloniale*.

— Mission A.-F. Legendre. — Au Yun-nan et dans le massif du Kin-ho (fleuve d'or) par le Dr A.-F. Legendre médecin principal des troupes coloniales. — Avec 20 gravures et une carte. Paris, Librairie Plon. . . . 1913, in-16, pp. XII-433 + 1 f. n. ch.

Notice : *Revue critique*, 14 février 1914, pp. 136/137, par H. de Curzon.

— Exploration du Dr Legendre dans les massifs des Oua-pao-chan. Par A. Legendre. (*La Géographie*, 15 déc. 1908, pp. 395/398.)

— Dr. Legendre's Explorations in Western Se chuan. (*Geogr. Journ.*, March 1909, p. 327.)

— Exploration du Dr A. F. Legendre dans la région alpestre du Sseu-tch'ouan occidental. (*La Géographie*, 15 avril 1909, pp. 286/290.)

Tch'eng-tou, le 21 février 1909.

— Dr A. F. Legendre. Lettres datées de Ning Yuen Fou, 12 janvier 1911 et de Ya Tcheou, 2 février 1911. (*T'oung Pao* Mai 1911, pp. 282/285.)

— Exploration du Dr Legendre dans la Chine méridionale. Par Charles Rabot. (*La Géographie*, 15 sept. 1911, pp. 173/174.)

— Exploration dans le Yun-nan et dans le Sseu-tch'ouan. Par le Dr A. F. Legendre. (*Ibid.*, 15 oct. 1911, pp. 225/232 ; fig.)

— Lettre du Dr A. F. Legendre. Ning-Yuen-fu, Kien-tch'ang, 12 avril 1911. (*T'oung Pao*, Oct. 1911, pp. 584/586.)

— Le massif du Ya-long (Chine Occidentale) entre le 28e et le 30e parallèle, par M. le Dr Legendre. (Extrait.) (*Bull. Mus. Hist. Nat.*, 1911, n° 6, pp. 503/505.)

— Lettre de Chine. Par le Dr A. Legendre. (*Bull. Soc. Géogr. comm.*, Oct. 1911, pp. 688/689.)

— Les Missions françaises en Chine. (*Asie franç.*, Nov. 1911, pp. 479/480.)

Mission du Dr Legendre.

— Récente exploration du Dr Legendre. (Planche II.) (*La Géographie*, 15 déc. 1911, pp. 345/354.)

Mien-Ning, 31 juillet.

— Mission Legendre. (*Ibid.*, pp. 414/415.)

— La mission Legendre. (*Asie franç.*, Déc. 1911, pp. 558/559.)

Lettre de Ning-youen-fou, 23 oct. 1911.

— Lettre du Dr A. F. Legendre à M. Henri Cordier. (*T'oung Pao*, Déc. 1911, pp. 765/771.)

Mien-ning, 13 août 1911.

— L'attaque de la mission Legendre. (*Bull. Soc. Géogr. Est*, 33e année 1912, pp. 200/202.)

— La mission Legendre. (*Asie franç.*, Janvier 1912, pp. 39/40.)

— Dr. Legendre's Explorations in Western China. (*Geogr. Journ.*, January 1912, pp. 72/73.)

— Mission Legendre. (*La Géographie*, 15 janvier 1912, pp. 57/60.)

— Explorations du Dr A. F. Legendre dans les montagnes de la Chine occidentale. (*Ann. de Géogr.*, 15 mars 1912, p. 181.)

— Lettres du Dr A. F. Legendre à M. Henri Cordier. — I. Ning Youen fou, 23 oct. 1911. — II. Ning Youen fou, 15 nov. 1911. — III. Hongkong, 13 février 1912. (*T'oung Pao*, Mars 1912, pp. 144/152.)

— Dr. Legendre's Explorations in Western China. (*Geogr. Journ.*, March 1912, pp. 280/281.)

— Mission Legendre. (*La Géographie*, 15 avril 1912, pp. 299/301.)

— Retour de la mission Legendre. (*Ibid.*, 15 août 1912, pp. 109/110.)

— Exploration dans la Chine occidentale et les Marches thibétaines. Conférence de M. le docteur A.-F. Legendre, Médecin militaire, Chef de la Mission scientifique dans l'Ouest chinois. (*Bull. Soc. normande*

Géogr. Rouen, XXXIV, 1912, pp. 191/220; carte et portr.)

Séance du Mardi 26 nov. 1912.

— Exploration dans la Chine occidentale et les Marches thibétaines. Par A.-F. Legendre. (*La Géographie*, 15 déc. 1912, pp. 365/375; carte.)

— Exploration dans la Chine occidentale et dans les Marches Thibétaines. Par M. le Dr A. Legendre, Médecin Principal des troupes coloniales. (*Bull. Soc. Géogr. Lille*, 2e sem. 1912, pp. 334/357; carte itinéraire.)

Conférence du Jeudi 19 déc. 1912.

— Exploration dans l'Ouest chinois, par le docteur A. F. Legendre. (*La Géographie*, 15 déc. 1912, pp. 423/426 [chiffré 226 par erreur].)

— Dr Legendre in Zuidelijk China. (*Tijdsch. v. h. Kon. Ned. Aardrijksk. Genootsch.*, 1912, No. 1, pp. 116/117.)

— L'exploration du docteur Legendre dans la Chine occidentale. (*Bull. Soc. Géogr. Lille*, 2e sem. 1912, pp. 174/176.)

— La Portée économique de l'Exploration du Dr Legendre dans l'Ouest-Chinois et ses conséquences possibles pour l'industrie roubaisienne. (*Ibid.*, pp. 358/359.)

— Un récit de la Mission Legendre par le capitaine Noiret et le lieutenant Dessirier. (*A travers le Monde*, XVIII, 1912, pp. 102/103.)

— La mission Legendre. (*Bull. Soc. Géogr. Est*, 33e année 1912, pp. 88/89.)

— A travers la Chine occidentale et les Marches Thibétaines. Conférence du Dr Legendre, des troupes coloniales. (*Bull. Soc. Géogr. comm. Bordeaux*, 39e année 1913, pp. 113/117.)

Séance du 29 janvier 1913.

— Exploration dans la Chine occidentale et les Marches Thibétaines, par le Dr A.-F. Legendre. (*Bull. Soc. Géogr. Marseille*, XXXVII, 1913, pp. 40/44.)

Résumé de la conférence faite le 6 février 1913, dans les Salons Massilia.

— Dr. Legendre and Captain Noiret in Western China. (*Geogr. Journ.*, April 1913, pp. 384/385.)

— Exploration dans la Chine occidentale et les Marches Thibétaines. Par le Dr Legendre. Par J. L. (*Union géogr. du Nord de la France, Douai*, XXXIV, 1913, pp. 22/27.)

— L'attaque de la première mission Legendre. (*Bull. Soc. Géogr. Est*, 35e année, 1914, pp. 44/47.)

Conférence du lieutenant Dessirier le 28 janvier 1914, à la Soc. de Géogr. de Nancy.

— Une seconde mission Legendre. (*Bull. Soc. Geogr. Est*, 35e année, 1914, pp. 89/90.)

Parti par le Transsibérien le 23 nov. 1913, avec M. Léopold Finelle, pharmacien major des troupes coloniales.

— Dr. Legendre's New Expedition. (*Geogr. Journ.*, April 1914, p. 441.)

— Nécrologie. — Mort au Champ d'Honneur Jean-Louis Dessirier. (*La Géographie*, Nov. 1915, pp. 414/415.)

† avril 1915.

Col. 2168.

— Voyage de M. Bons d'Anty au Hou-Nan et au Kouei-Tcheou. (*Bull. Soc. Géogr. Lyon*, No 138, 1907, pp. 202/203.)

D'après les *Annales de Géographie*, Nov. 1907.

— Mission Bons d'Anty Journal de marche III. (*Bull. Com. Asie franç.*, Mars 1908, pp. 97/107.)

— The Bons d'Anty Mission in South Central China. (*Geogr. Journ.*, August 1908, p. 184.)

Tiré du *Bull. du Com. Asie française*.

— Voyage de la Mission Bons d'Anty. Conférence de M. le lieutenant Noiret. (*Union géogr. du Nord de la France, Douai*, XXX, 1909, pp. 39/42.)

— Pierre Bons d'Anty. Nécrologie par H. C[ordier]. (*T'oung Pao*, Juillet 1916, pp. 395/396.)

Mort Mars 1917.

(Legendre.)

Col. 2169.

— Explorations and Economic Conditions in Western China. By Lieut.-Col. C. C. Manifold. (*Report Brit. Ass. Science*, Southport, 1903, pp. 716/717.)

Col. 2169/2170.

— Correspondance. — Lettre de M. Grillières, Lieutenant au 4me Zouaves à M. Armand Mesplé, Alger. (*Bull. Soc. Géogr. Alger*, VIII, 1903, pp. 675/677.)

Tsenkou, le 6 sept. 1903.

Détails de son voyage.

— Voyage au Yunnan, au Yang-Tsé et au Thibet-Conférence du Lieutenant Grillières. (*Bull. Soc. Géogr. Marseille*, 1901, pp. 402/415.)

— Du Yunnan au Thibet. Par M. le lieutenant Grillières. (*Bull. Soc. Géogr. Toulouse*, XXIIIe année, 1904, pp. 1/7.)

Conférence du Lundi 4 janvier 1904 à la Société.

— Nécrologie. — Le lieutenant Grillières. (*Bull. Soc. Géogr. Lyon*, XX, 1905, pp. 247/248.)

Col. 2171 et 3182.

— * Une Croisière en Extrême-Orient par le comte de Marsay. Paris, Delagrave, 1904.

Notice : *A travers le Monde*, X, 1904, p. 303.

Col. 3182.

— * *Chine occidentale. Voyage* du comte de Marsay et du comte Louis de Las-Cases (Février-Juillet 1906). *Itinéraires* levés par le comte de Marsay. Paris, Delagrave, 3 p. de texte, 3 cartes (chemin de fer de Lao-Kay à Yun-nan-sen, 1 : 500.000e; itinéraire de Yun-nan-sen à Houei-li-tcheou, 1 : 250.000; reconnaissance de la boucle du Yang-tsé et du Yalou-Kiang, 1 : 250.000), sur deux feuilles de 0,70 × 0,53 et 0,76 × 0,54.

Col. 2170.

— Souvenirs d'Extrême-Asie. — Cinquième partie Chine du Sud. — Par Henri Maitre, Ancien Assistant du Service civil des Douanes impériales maritimes chinoises. (*Revue indo-chinoise*, 15 décembre 1905, pp. 1722/1736; Vision d'Annam, *ibid.*, 15 janvier 1906, pp. 41/59.)

— Travels in China. By R. Logan Jack. (*Report Brit. Ass. Science*, Glasgow, 1901, pp. 726/727.)

Col. 2171.

— « Indiscretions » of Lady Susan, by Lady Susan Townley. — Thornton, Butterworth, London, s. d. [1922]; in-8, pp. 314.

Notice : *China Express and Telegraph*, Nov. 23, 1922, p. 790.

Col. 2172.

— Lettres sur le Transsibérien adressées par M. Jacques Faure à la Société de Géographie Commerciale de Nantes, faisant suite à celle parue dans notre précédent Bulletin — Vers Péking par la Sibérie (suite). (*Soc. Géogr. comm. Nantes*, 1904, pp. 45/55.)

(Divers.)

Jacques Faure. Nécrologie par le Comte Charles de Polignac. (*La Géographie*, 15 janvier 1911, pp. 79/80.)

Mort dans une expédition de chasse dans les forêts du Canada.

— Conférences de M. Servel (24 déc. et 11 janvier) sur son séjour dans le Nord de la Chine au cours de l'année 1900. (*Bull. Soc. Bretonne Géogr. Lorient*, n° 96, 1er trim. 1905, pp. 226/228.)

Résumé par G. Le Corre.

H. Hackmann.

Col. 2173.

— Von Omi bis Bhamo, 1905.

Notices : *Geogr. Zeitsch. Leipzig*, XI, 1905, pp. 596/597, par Dr. Holderer. — *Deutsche Rundschau f. Geogr. u. Stat.*, XXVIII, 1905—1906, pp. 95/96.

— * H. Hackmann. — Welt des Ostens. Mit einer Landkarte. Karl Curtius, Berlin W., 1912, in-8, pp. XII-448.

Notices : par Fritz Jäger, *Ostasiat. Zeitsch.*, I. Jhrg., Jan. 1913, pp. 484/485. — *Geogr. Zeitsch. Leipzig*, XVIII, 1912, p. 711, par Alfred Hettner. — *Deutsche Rundschau f. Geogr. u. Stat.*, XXXV, 1912—1913, p. 335, von Friedrich J. Bieber.

— A German Scholar in the East. Travel Scenes and Reflections by H. Hackmann. Translated by Daisie Rommel. With 21 illustrations from the Author's Photographs. London, Kegan Paul, Trench, Trübner & Co., New York : James Pott & Co. 1914, in-8, pp. XI-223.

Notice : *Lond. & China Express*, Janvier 30, 1914.

— Het Karakter van het Midden-Chineesche landschap (H. F. Hackmann) 8 Nov. 1919. (*Tijdsch. van het Kon. Ned. Aardrijksk. Genootsch.*, 1920, p. 424.)

. . .

— Pauline Gräfin Montgelas. — Ostasiatische Skizzen. 1905.

Notice : *Geogr. Zeitsch. Leipzig*, XII, 1906, pp. 596/597. Par W. C. Korthals.

— — Bilder aus Süd-Asien. 1906.

Notice : *Ibid.*

— En Wagon de Pékin à Paris. Par Jean de Nettancourt-Vaubecourt. (*A travers le Monde*, IX, 1903, pp. 337/340, ill.; pp. 345/348.)

Col. 3184.

— Reise durch Inner-China und quer durch Tibet von Nord nach Süd. (*Geogr. Zeitsch. Leipzig*, XII, 1906, p. 227.)

Comte de Lesdain en 1904.

— Chine. Communication de M. Maximilien Foy à la Société de Géographie Commerciale de Paris. (*Bull. Soc. Géogr. Toulouse*, XXIVe année 1904, pp. 103/104.)

Col. 2174.

— Félicien Challaye. — Au Japon et en Extrême-Orient, 1905.

Notices : *A travers le Monde*, XI, 1905, p. 191. — *Geogr. Zeitsch. Leipzig*, XI, 1905, p. 632, par W. C. Korthals.

— Fortschritte der geographischen Forschungen und Reisen im Jahre 1905. Von Dr. J. M. Jüttner. 2. Asien. (*Deutsche Rundschau f. Geogr. u. Stat.*, XXVIII, 1905—1906, pp. 495/508.)

— Fortschritte der geographischen Forschungen und Reisen im Jahre 1906. 2. Asien, von Dr. J. M. Jüttner. (*Deutsche Rundschau f. Geogr. u. Stat*, XXIX, 1906—1907, pp. 451/460.)

Sven Hedin, Pelliot, Le Coq, Stein, etc.

— Fortschritte der geographischen Forschungen und Reisen im Jahre 1907. Von Dr. Fr. Umlauft. 2. Asien. (*Deutsche Rundschau f. Geogr. u. Stat.*, XXX, 1907—1908, pp. 498/507.)

— Fortschritte der geographischen Forschungen und Reisen im Jahre 1908. Von Dr. Fr. Umlauft. 4. Asien. (*Ibid.*, XXI, 1908—1909, pp. 549/557.)

Litton, Forrest pour le cours de la Salween, Brunhuber et Schmitz, Lunet de Lajonquière, F. Bernard, d'Ollone, Legendre, Bacot. Cap. Toussaint, Jean Rodes, Diehr (Hainan), Madrolle, Koslow, Pelliot, Merzbacher, Sven Hedin, etc.

— Fortschritte der geographischen Forschungen und Reisen im Jahre 1909. Von Dr. Fr. Umlauft, 2. Asien. (*Ibid.*, XXXII, 1909—1910, pp. 548/555.)

Duc des Abruzzes, Massieu, Bernard, Lajonquière, d'Ollone, Legendre, Brunhuber, Schmitz, Clark, Sowerby, Arnold, Prinz, Merzbacher, Sven Hedin, Laufer, etc.

— Fortschritte der geographischen Forschungen in Asien im Jahre 1910. Von Dr Fritz Machatschek, Wien. (*Deutsche Rundschau f. Geogr. u. Stat.*, XXXIII, 1910—1911, pp. 377/380.)

Le Coq, Koslow, Tachibana, Sobolew, Bacot, Carruther, Longstaff, Merzbacher, Clark, Sowers, etc.

— Tai Yuan fu to Hankow : an Overland Trip in North China. By Professor R. W. Swallow. (*Journ. Manchester Geogr. Soc.*, 1905, pp. 13/29.)

Cf. Letters of Prof. Swallow, *Ibid.*, pp. 48/49 ; 1906, pp. 143/144.

— W. S. Percival. — Twenty Years in the Far East. Sketches of sport, travel and adventure. London, Simpkin Marshall, 1905, pp. 365, with pl.

Col. 3183.

— Franz Doflein. — Ostasien fart . . . 1906.

Notices : *Geogr. Zeitsch. Leipzig*, XII, 1906, pp. 595/596, par W. C. Korthals. — *Revue indo-chinoise*, 15 mai 1908, p. 714, par E. Colin.

— * A. G. Plate. — A Cruise through Eastern Seas ; being a Traveller's Guide to the Far East. Map, plans and illustrations. 1906, in-8.

— E. Mathé. — De Bordeaux à Paris par la Chine, le Japon et l'Amérique. — Bordeaux, Feret, 1907, in-12, pp. 306 ; ill. dans le texte et hors texte.

— * Through China to Tibet in 1906. By J. W. Brooke. [London, 1907], pp. 82.

— The Murder of Mr. J. W. Brooke by Lolos. (*Geogr. Journ.*, May 1909, p. 597.)

— Commandant Mordrelle. — Impressions sur Pékin et Schanghai. (*Revue des Troupes coloniales*, 1907, II. pp. 13/23, 87/100.)

MISSION D'OLLONE.

Col. 3183, 3357, 3782.

— Mission d'Ollone 1906—1909. — Les Derniers Barbares Chine—Tibet—Mongolie par le Commandant d'Ollone. — Ouvrage orné de 146 Illustrations, de 4 Cartes et d'un Portrait de l'auteur. — Pierre Lafitte & Cie, Paris, 1911, gr. in-8, pp. VI-371 + 1 f. n. ch.

Notices : *Asie franç.*, Avril 1911, pp. 203/204. — *Bull. Soc. Géogr. Lyon*, 1911, pp. 164/167, par M. Z[immermann]. — *Bull. Soc. Géogr. Marseille*, 1911, p. 162. — *Etudes*, 20 août 1911, pp. 513/524, par Guillaume de Jerphanion. — *Journ. R. As. Soc.*, Oct. 1911, pp. 1168/1172, par J Dyer Ball. — *Journ. Asiat.*, Nov.-Déc. 1911, pp. 645/646, par J. Bacot. — *Geogr. Journ.*, March 1912, pp. 268/270, par E. C. Wilton — *Revue d'Ethnologie et Sociologie*, 1912, p. 158, par A. van Gennep. — *Journ. N. C. B. R. As. Soc.*, XLIV, 1913, pp. 188/191, par C. D. B. — *Bull. Soc. Géogr. Toulouse*, 1912, pp. 35/45, par le Cap. de Fleurelle.

— In Forbidden China. — The d'Ollone Mission 1906—1909 China—Tibet—Mongolia by Vicomte d'Ollone Major in the French Army. Translated from the French of the second edition by Bernard Miall. With 126 illustrations, a map and a portrait. T. Fisher Unwin, London, Leipsic, 1912, in-8, pp. 318.

Notice : *Lond. & China Express*, May 17, 1912.

— Recherches sur les musulmans chinois. 1911. — Col. 3782.

Notice : *Asie franç.*, Avril 1912, pp. 167/168, par A. Vissière.

— Ecritures des Peuples non chinois de la Chine. 1912. — Col. 3357.

Notice : *Asiatic Review*, Feb. 1914, pp. 258/263.

— Mission d'Ollone 1906—1907 — Langues des peuples non chinois de la Chine par le Commandant d'Ollone — Le capitaine de Fleurelle — Le capitaine Lepage — Le Lieutenant de Boyve, Ouvrage comprenant quarante-cinq vocabulaires avec une carte hors texte. Paris, Ernest Leroux, 1912, gr. in-8, pp. 244 + 1 p. n. ch.

— La mission du capitaine d'Ollone. Traversée du pays des Lolos. (*Bull. Soc. Géogr. Lyon*, XXII, 1907, pp. 147/148.)

— Mission d'Ollone. — Rapport du lieutenant de Fleurelle. (*La Géographie*, 15 février 1908, pp. 158/161.)

— Mission d'Ollone. (*Ibid.*, 15 mars 1908, pp. 247/252.)

— De Yun-nan-sen à Tch'eng-tou (Mission d'Ollone.) (*Ibid.*, 15 juin 1908, pp. 431/438.)

— Mission d'Ollone. Lettre du lieutenant de Fleurelle, datée de Song Pan Ting, 13 avril 1908. (*Ibid.*, 15 juillet 1908, pp. 57/58.)

— La Mission d'Ollone dans les provinces occidentales de la Chine. (*A travers le Monde*, XIV, 1908, pp. 405/406; carte.)

— La Mission d'Ollone. Par Fernand Farjenel. (*Bull. Com. Asie franç.*, Août 1908, pp. 321/325.)

— Mission d'Ollone. (*La Géographie*, 15 déc. 1908, p. 420.)

— Exploration en Chine. — Rapport du Commandant d'Ollone. Pe-King, 10 oct. 1908. (*Ibid.*, 15 janvier 1909, pp. 55/58.)

(MISSION D'OLLONE.)

— Captain d'Ollone on the Eastern Tibetan Frontier. (*Geogr. Journ.*, January 1909, p. 89.)

— Comité de l'Asie française. — Déjeuner du 20 février [1909]. Discours de M. Emile Senart. (*Bull. Com. Asie franç.*, Février 1909, pp. 50/52.)

— La Mission d'Ollone. Par Henri Cordier. (*Ibid.*, pp. 52/53.)

— Mission d'Ollone. (*La Géographie*, 15 février 1909, pp. 165/166.)

— Exploration en Chine. Rapport du capitaine d'Ollone sur sa mission en Chine. [Pe-King, 10 octobre 1908.] (*T'oung Pao*, Mars 1909, pp. 87/90.)

— Retour de la mission d'Ollone. (*La Géographie*, 15 mars 1909, pp. 245/246.)

— Réception de la Mission d'Ollone. Séance solennelle du 12 mai 1909. Présidence de M. Doumergue Ministre de l'Instruction Publique. (*Ibid.*, 15 juin 1909, pp. 481/485.)

— Le commandant d'Ollone chez les musulmans chinois et les populations non chinoises du Céleste Empire. (*Bull. Soc. Géogr. Est*, XXX, 1909, pp. 158/161.)

— Le commandant d'Ollone chez le Grand Lama. Par P. C. (*Ibid.*, pp. 201/202.)

— Conclusion of the d'Ollone Expedition. (*Geogr. Journ.*, March 1909, p. 327.)

— La Mission d'Ollone dans la Chine occidentale, le Tibet Nord-Est et la Mongolie (1906—1909), par M. le Lieutenant des Prades de Fleurelle, Membre de la Mission. (*Bull. Muséum d'hist. nat.*, 1909, 5, pp. 280/288.)

— Idem. — Extrait du *Bulletin du Muséum d'histoire naturelle.* — 1909, n° 5, p. 280. — Paris, Imprimerie nationale, MDCCCCIX, in-8, pp. 8.

— Expedition in den Grenzgebieten von China und Tibet in den Jahren 1906—1909. (*Geogr. Zeitsch. Leipzig*, XV, 1909, pp. 476/477.)

D'Ollone, Lepage

— Positions astronomiques de Song-pan-ting et du sommet de la boucle du Fleuve Jaune. Par le Commandant d'Ollone. (*La Géographie*, 15 juin 1910, p. 438.)

— Positions fixed by Major d'Ollone in North-Western China. (*Géogr. Journ.*, Sept. 1910, p. 357.)

Extr. *La Géographie*, Juin 1910.

— La Mission d'Ollone (1906—1909), Chine occidentale, Tibet, Mongolie. — Conférence du Commandant d'Ollone. (*Bull. Soc. Géogr. Marseille*, 1910, pp. 39/52.)

— * Recherches archéologiques et linguistiques dans la Chine occidentale, par le commandant d'Ollone. — Avec photogravures. A. Picard et fils, Paris, 1910, in-8, pp. 16.

— La mission d'Ollone. — Dans la Chine septentrionale. (*Revue indo-chinoise*, Mai 1911, pp. 517/519.)

« Echo de Chine. »

— * Commandant d'Ollone : Chez les nomades du Tibet. Comment ils résistent au froid. (*Revue des Deux-Mondes.*)

Notice : *Revue indo-chinoise*, Mai 1911, pp. 528/529.

— Les bijoux préférés des Tibétains.

Tiré de la *Revue Hebdomadaire.*

— Über alte Beziehungen Chinas zu Indien und dem Abendland. (*Deutsche Rundschau f. Geogr. u. Stat.*, XXXIV, 1911—1912, pp. 39/40.)

A propos de d'Ollone.

(MISSION D'OLLONE.)

— **Mission d'Ollone.** — (*Revue du Monde Musulman*, Juillet-Août 1911, p. 204.)

— **La Chine méridionale et le Tibet** (Mission d'Ollone). Conférence du Capitaine de Fleurelle du 11 février 1913. (*Revue Soc. Géogr. Tours*, 1913, pp. 117/118.)

— **E. H. Parker.** — Two monumental works on China. (*Asiatic Review*, Febr. 1914, pp. 258/263.)

Mission d'Ollone.

.·.

— Hélène de Harven. — En Chine. (*Revue bleue*, 24 août 1907, pp. 247/252.)

— Letters from the Far East, by Sir Charles Eliot, K. C. M. G. London, Edward Arnold, 1907, in-8, pp. VII-188; ill.)

— 28,740 Miles. Ceylon—Saigon—Angkor —Hong-kong—Manila—Shanghai—The Yang-tse and the Pe-han Peking, the Land of the Morning Calm. The Land of the Rising Sun. Transpacific. Our Ruins. Transatlantic. — N. Maisondeau Sketches and Maps by A. A. W. — 1907, printed by Herbert Clarke, 338, rue St. Honoré, Paris, in-16, pp. 177 + 1 f. n. ch. Distances.

— * Klein Friedrich : Nordamerika und Ostasien, Reiseerinnerungen mit besonderer Berücksichtigung der österreichischen Interessen. 12 Tafeln. Leipzig, Hiersemann, 1907, 2 vol. in-8, pp. 285.

Notices : *Mitt. d. k. k. Geogr. Ges. Wien*, L, 1907, p. 514. Par F. X. Schaffer. — *Ibid.*, LIII, 1910, p. 660, par F. X. Schaffer.

— Research in China. 1907. — Col. 3263.

— Photographs from Northern China. (*Geogr. Journ.*, February 1911, p. 212.)

Venant de l'expédition envoyée par la Carnegie Institution de Washington en 1903—1904, conduite par le Dr Bailey Willis, et placées à la Smithsonian Institution.

— * I. Mallik. — Chín-Bhraman. Travels in China. [In Bengali.] Calcutta, 1907, in-16, pp. 168.

— Queer methods of travel in curious corners of the world. By Hon. O. P. Austin Chief U. S. Bureau of Statistics. (*Nat. Geogr. Mag. Washington*, XVIII, 1907, pp. 687/715; ill.)

Wheelbarrow, etc. China.

Georg Wegener.

— Studienreise Dr. Wegeners durch Süd- und Ostasien. (*Deutsche Rundschau f. Geogr. u. Stat.*, XXIX, 1906—1907, p. 474.)

— Über seine Reise in Mittel-China. Von Dr. Georg Wegener in Berlin. (*Zeitsch. d. Ges. f. Erdk., Berlin*, 1907, pp. 589/596.)

— Georg Wegener. — Meine Reisen in Innerchina. (*Jahresber. d. Württ. Ver. f. Handelsgeogr., Stuttgart*, XXVI/XXIX, 1907—1910, pp. 81/82.)

Séance du 27 nov. 1907.

— Dr. Georg Wegener. — Über seine neueren Reisen in Innerchina. (*Mitt. d. Geogr. Ges.* [*für Thüringen*] *zu Jena*, XXVI, 1908, pp. 128/129.)

Séance du 22 déc.

. · .

— Capitaine Vaudescal. — Dix mille kilomètres en Chine par Pékin, Shanghaï, Hankéou, Canton, Tchoung-king et Pékin. (*Revue des Troupes coloniales*, 1907, II, pp. 483/502; 1908, I, pp. 46/61, 169/185, 287/303, 388/411, 513/532, 630/648.)

— Capitaine Vaudescal de l'Infanterie Coloniale. — Dix mille kilomètres en Chine par Pékin, Shanghaï, Hankéou, Canton, Tchoung-king et Pékin. — (Extrait de la *Revue des Troupes coloniales.*) Paris, Henri Charles-Lavauzelle, s. d. [1908], in-8, pp. 129 + 1 f. n. ch. tab., grav.

— A travers la Colombie britannique, les Montagnes Rocheuses et le Canada par Nikko, la ville sainte du Japon, et Soutchéou (Chine). Conférence de M. Alfred Bertrand. (*Le Globe*, Février-Avril 1908, pp. 157/166.)

Prince Scipion Borghese.

Col. 3184.

— Luigi Barzini. — La Metà del Mondo vista da un' automobile. — Da Pechino a Parigi in sessanta giorni. — Con 126 illustrazioni originale, 13 tavole, una carta itineraria ed introduzione del Principe Scipione Borghese. Ulrico Hoepli, Milano, 1908, in-8, pp. XXIX-523.

3e édition, 1908.

— Le Voyage du prince Scipion Borghese. De Pékin à Paris en automobile, par M. Luigi Barzini. (*Tour du Monde*. 1908, pp. 1/48.)

— Prince Scipion Borghèse. — De Pékin à Paris, La moitié du Monde, Vue d'une automobile en soixante jours, Relation de Voyage par son Compagnon de Route Louis Barzini. Ouvrage illustré de 129 gravures et 1 carte. — Hachette et Cie, Paris, 1908, in-8, pp. XVI-448.

Notice : *Geogr. Zeitsch. Leipzig*, XIV, 1908, p. 583, par Félix Lampe.

— * L. Barzini. — Nell' Estremo Oriente. Milano, 1915, pp. 277.

. · .

— De Mien ning hien à Tseu ta ti par Charles-Eudes Bonin. (*T'oung Pao*, Juillet 1908, pp. 478/480.)

— From Peking to Mandalay A Journey from North China to Burma through Tibetan Ssuch'uan and Yunnan by R. F. Johnston... District Officer and Magistrate, Weihaiwei. With Map and Illustrations. London, John Murray, 1908, in-8, pp. XII-460.

Notices : *Geogr. Journ.*, Aug. 1908, pp. 164/165. — *Lond. & China Express*, June 12, 1908. — *Revue indo-chinoise*, Mars 1909, p. 299, par H. C[ordier]., extr. du *T'oung Pao*.

Col. 2172.

— * A Wandering Student in the Far East. By the Earl of Ronaldshay, M. P. London : William Blackwood & Sons. 1908, 2 vol. in-8, pp. XVIII-318, VIII-360; Map and ill.

Notice : *Geogr. Journ.*, April 1909, pp. 489/490. By W. R. C.

— Impressions d'un voyageur turc [Suleïmân Chukri Bey, dit *Seyyâh* «le Voyageur»]. Par L. Bouvat. (*Revue du Monde Musulman*, vol. IV, Avril 1908, pp. 770/798.)

— * My tour in the Far East. By Captain Charles Slack. (Reprinted from the *Territorial Service Gazette*, August 26—October 28, 1908.) London, 1908, pp. 22; Illustrations.

— Docteur Albert E. Le Play. — Notes et Croquis d'Orient et d'Extrême-Orient. — Ouvrage orné de 224 Phototypies hors texte. Paris, Moreau frères, 1908, in-8, pp. 428.

5 exempl. sur Japon. — 10 sur papier de Hollande.

— Giovanni Vacca. Lettere della Cina. (*Riv. Geogr. Ital.*, XV, 1908, pp. 44/48.)

— Dans les provinces du fond de la Chine par Emile Labarthe. (*Tour du Monde*, 1908, pp. 565/588; 1909, pp. 217/252.)

Col. 2174.

— Mgr Vay de Vaya et de Luskod, P. A. — Empires et Empereurs traduit de l'anglais par le Marquis d'Avaray. — Paris, Emile-Paul, 1908, in-8, pp. XXIV-370.

— Journey in Western China. (*Geogr. Journ.*, Dec. 1908, pp. 619/620.)

T. Smith, de Tch'eng-tou.

— The Far East revisited Essays on Political, Commercial, Social, and General Conditions in Malaya, China, Korea and Japan. By A. Gorton Angier, Editor of the «London and China Telegraph» and «London and China Express». With a Preface by Sir Robert Hart... Witherby & Co., London, 1908, in-8, pp. XII-364.

Notices : *Chin. Rec.*, Jan. 1909, pp. 49/50. — *Lond. & China Express*, Dec. 11, 1908, by R. S. Gundry.

— Von Changai nach dem Altai. Von Hans Leder in Katharein bei Troppau. (*Deutsche Rundschau f. Geogr. u. Stat.*, XXXI, 1908—1909, pp. 7/23, 69/79; ill.)

— Die Himalajareise des Herzogs der Abruzzen. (*Ibid.*, XXXII, 1909—1910, p. 330.)

— Von der Expedition des Hauptmanns Kozlow. (*Ibid.*, pp. 377/378.)

Fouilles de Chorechoro.

— * Ferne Fahrt. Reisebilder aus Brasilien und Ostasien. Von Wilhelm Eichbaum-Lange. Tübingen 1909. Verlag der H. Lauppschen Buchhandlung, pp. VIII-168.

Notice : *Deutsche Rundschau f. Geogr. u. Stat.*, XXXI, 1908—1909, p. 431.

Chine, Singapore.

E. G. Kemp.

— The Face of China — Travels in East, North, Central and Western China with some account of the new Schools, universities, missions, and the old religious sacred Places of Confucianism, Buddhism, and Taoism the whole written & illustrated by E. G. Kemp, F. R. G. S. London, Chatto & Windus MCMIX, in-8, pp. XV-276, pl. en couleurs.

Pub. à 20 s. — 100 exempl. grand papier, 425.

— — New York, 1910.

— Chinese Mettle Written and Illustrated by E. G. Kemp... Hodder and Stoughton, London, s. d. [1921], in-8, carré, pp. 227; ill. et carte.

Notice : *New China Review*, IV, February 1922, pp. 72/75.

— Conférence de Miss E. G. Kemp. [Son voyage en Chine en 1920]. (*La Géographie*, Juillet-Août 1922, pp. 253/254.)

— China, its Marvel and Mystery by T. Hodgson Liddell, R. B. A. With 40 illustrations in colour by the Author. London : George Allen & Sons, 1909, gr. in-8, carré, pp. XIII-203.

Notice : *Lond. & China Express*, 26 nov. 1909. — Voir col. 3266.

— * Walter Volz. — Reiseerinnerungen aus Ostasien, Polynesien und Westafrika. Mit einer biographischen Einleitung von Fritz Lotmar. A. Francke, Bern, in-8, pp. 164.

Notice : *Mitt. k. k. geogr. Ges. Wien*, LII. Bd., 1909, p. 486. Par Machaček.

— Nekrologie. — Dr. Walter Volz. (*Deusche Rundschau f. Geogr. u. Stat.*, XXIX, 1906—1907, pp. 472/473 ; portr.)

Zoologiste suisse ; né à Wynau (canton de Berne) le 17 déc. 1875 ; élève du Prof. Dr. Th. Studer à Berne ; mort le 20 avril 1907 à Bussedu, frontière de la Guinée française. — Voyages de recherches au Siam, Cochinchine, Shanghai, etc.

— Pierre Duchesne-Fournet. — A travers la Chine par le Yunnan et le Seu-tchouan — Conférence du 26 novembre 1909. Texte extrait du « Bulletin du Comité de l'Asie française ». — Comité de l'Asie française, Paris, in-8, pp. 31 ; ill.

— * De vigtiste af danske foretagne Rejser og Forskninger i Asien. Af Oberst Emil Madsen. (*G. Ts., K. Danske G. S.*, XX, 1909—1910 ; pp. 111/117, 148/152. 196/202, 231/237, 295/301.)

— Général de Beylié de l'Etat-Major général des troupes coloniales. — Journal de Voyage en Orient et en Extrême-Orient. Avec 54 gravures dans la texte. Extrait de la « Revue des Troupes coloniales ». Paris, Henri-Charles Lavauzelle, s. d. [1908], in-8, pp. 94.

Notice : *Bull. géogr. hist. et descr.*, 1909, n° 3, pp. 406/407. Par E. Aymonier.

— A Scamper through the Far East, including a visit to Manchurian Battlefields. By Major Herbert H. Austin. ... With illustrations and Maps. London : Edward Arnold, 1909, in-8, pp. XVI-332.

— Ermordung der Forschungsreisenden Brunhuber und Schmitz. (*Deutsche Rundschau f. Geogr. u. Stat.*, XXXI, 1908—1909, p. 474.)

— Mission Schmitz et Brunhuber. (*La Géographie*, 15 juillet 1909, pp. 51/52.)

— Erforschung des südwestlichen Chinas. (*Geogr. Zeitsch. Leipzig*, XV, 1909, p. 354.)

Meurtre de Brooke ; de Brunhuber et Schmitz.

— Disaster to a German Expedition in Western Yunnan. (*Geogr. Journ.*, Sept. 1909, p. 341.)

Meurtre des Drs Brunhuber et Schmitz.

— Die Ermordung der Forschungsreisenden Schmitz und Dr. Brunhuber. (*Deutsche Rundschau f. Geogr. u. Stat.*, XXXII, 1909—1910, p. 89.)

— Exploration du haut Salouen par les Drs Brunhuber et Schmitz. Par J. Deniker. (*La Geographie*, 15 Juillet 1912, pp. 46/48.)

— * Dr. Robert Brunhuber. An Hinterindiens Riesenströmen. Mit einem Vorwort von Sven Hedin. Mit 2 Porträts, 30 Abbildungen und 1 Karte. Berlin-Friedenau. Dr. Franz Ledermann, o. J. (1912).

Notice : *Deutsche Rundschau f. Geogr. u. Stat.*, XXXV, 1912—1913, pp. 331/332. Von Friedrich J. Bieber.

— Une Mission anglaise sur les frontières du Tibet. Par E. Dupuy. (*A travers le Monde*, XVI, 1910, pp. 35/36.)

Mission C. H. Mears ; meurtre de M. J. A. Brooke.

(DIVERS.)

— « Het Daghet in den Oosten » door Henri Borel. Met 50 Afbeeldingen. — L. J. Veen. Amsterdam. MCMX, in-4, pp. VIII-228.

— The New China A Traveller's Impressions by Henri Borel Official Chinese Interpreter in the Dutch East-Indies translated from the Dutch by C. Thieme With forty eight illustrations. T. Fisher Unwin, London, Leipsic 1912, in-8, pp. 282.

Notice : *Lond. & China Express*, April 12, 1912. — *Geogr. Journ.*, Aug. 1912, pp. 205/206.

— New China : A Story of Modern Travel by W. Y. Fullerton (Melbourne Hall, Leicester) and C. E. Wilson, B. A. With preface by Rev. Richard Glover, D. D. Morgan and Scott, London, MCMX, pp. XIV-261, carte et ill.

Notice : *China Rec.*, April 1910, pp. 301/302, par E. W. B.

— Jules Leclercq — Chez les Jaunes Japon — Chine — Mandchourie — Avec 16 gravures hors texte. — Paris, Plon, 1910, in-16, pp. 299 + 3 ff. n. ch. p. l. tab.

Notices : *Bull. Ass. franco-chinoise*, vol. II, Juillet 1910, pp. 297/299, par F. Valentin, Prof. au Lycée Janson de Sailly. — *Lond. & China Express*, May 20, 1910. — *Bull. Soc. Géogr. Lyon*, 1911, pp. 75/76.

JACQUES BACOT.

Col. 3184, 3333.

— Recent Events on the Western Chinese Frontier. (*Geogr. Journ.*, August 1908, pp. 181/182.)

Voyage de M. Jacques Bacot. Extr. du *Bull. du Com. de l'Asie franç.*

— Lettres de M. Jacques Bacot à M. Henri Cordier : Tse-Kou, 15 janvier 1910 ; Li-Kiang, 21 février 1910. (*T'oung Pao*, Mai 1910, pp. 312/313.)

— Lettre de M. Jacques Bacot à M. Henri Cordier. (*Ibid.*, Mars 1910, p. 162.)

Tse-Kou, 9 déc. 1909.

— Voyage de M. Jacques Bacot. (*La Géographie*, 15 mars 1910, pp. 208/209.)

Lettre de Tsé-Kou, 9 déc. 1909, à M. Henri Cordier.

— Voyage de M. Jacques Bacot. [Lettres adressées à M. Cordier : Tse-Kou, 15 janvier 1910 ; Li-Kiang, 21 février 1910.] (*Ibid.*, 15 mai 1910, pp. 249/250.)

— Voyage de M. Jacques Bacot. — (*Ibid.*, 15 juin 1910, pp. 460/461.)

— Mission dans la Chine occidentale et le Tibet. Conférence de M. Jacques Bacot. (*Ibid.*, 15 janvier 1911, pp. 78/79.)

— La Chine méridionale et le Tibet Conférence de M. Jacques Bacot, Explorateur. Du 27 janvier 1911. (*Revue Soc. Géogr. Tours*, 1911, pp. 63/64 ; carte.)

— * H. Bluth. — Wandervögel. Bilder und Gedanken aus Amerika und China. Berlin 1910, Wilh. Weicher, pp. 167, 6 Abb.

Notices : *Deutsche Rundschau f. Geogr. u. Stat.*, XXXIII, 1910—1911, pp. 446/447. Par Dr Otto Jauker, Laibach. — *Geogr. Zeitsch Leipzig*, XVIII, 1912, p. 176, par D. Häberle.

(BACOT. — DIVERS.)

— * Giuseppe de Luigi. — La Cina contemporanea. Viaggio e note. Milano, Treves, in-8, pp. 290, 146 ill. et 4 cartes.

— * Sport and Travel in the Far East. By J. C. Grew. With 80 Illustrations from Photographs by the Author. London: Constable and Co., 1910, pp. XIV-264.

Notice : *Lond. & China Express*, August 12, 1910, Suppl. pp. 4/5.

— * R. Farial. — Viaje de un Español á tierra de China. (*España Moderna*, Julio 1910.)

— La Chine méridionale. Par F. Barbedette. (*Bull. Soc. Géogr. Alger*, XV, 1910, pp. 84/102.)

Col. 3278.

— Nouvelle exploration dans la Chine occidentale. Par Charles de Polignac. (*La Géographie*, 15 oct. 1910, pp. 260/262.)

— Explorations dans l'Ouest chinois. Boucle sud du Yang-tseu, Cours inférieur du Ya-long. Conférence du comte Charles de Polignac. (*Ibid.*, 15 nov. 1910, pp. 369/375.)

— Eine Forschungsreise des Grafen Polignac in Westchina. (*Deutsche Rundschau f. Geogr. u. Stat.*, XXXIII, 1910–1911, p. 187.)

— Voyage dans l'Ouest-Chinois, par le comte Charles de Polignac. (*Bull. Soc. Géogr. Marseille*, 35e année, 1911, pp. 375/377.)
Résumé de sa conférence le 30 oct. 1911, à la Faculté des Sciences.

— Chine. — Cartes intinéraires d'I Tch'ang à Yun nan fou et Li Kiang par le Yang tseu Kiang et la vallée du Kien tch'ang. — Voyage du comte Ch. de Polignac Levés du capitaine de frégate Audemard. — Index géographique. Paris, Imprimerie Nationale. — Augustin Challamel, éditeur, MDCCCCXIII, in-4, pp. 12, 15 cartes.

. . .

— * A. S. Roe. — China as I saw it: A Woman's Letters from the Celestial Empire. With 32 illustrations. 1910, in-8.

— * A. N. Arkady-Petrov. — Китай за послѣднее десятилѣтіе. — Спб., 1910, pp. 232.

— Maurice Rondet-Saint. — La grande Boucle — Notes et Croquis de l'ancien Continent et des deux Amériques. — Avec une Préface de Pierre Baudin. Paris, Plon, 1910, in-18, pp. IV–314.

— * A Scamper Round the World. By Lady Moss. John Ousley . . .

Notice : *Lond. & China Express*, Suppl., Sept. 2, 1910, pp. 1/2.

— Voyage de MM. Sonnery et Martin en Extrême-Orient. (*La Géographie*, 15 avril 1910, pp. 295/296.)

— Voyage de MM. Sonnery et Martin en Birmanie et en Chine. (*Ibid.*, 15 juin 1910, p. 462.)
Lettre datée de Yun-nan-sen, 28 mars 1910.

— Souvenirs de Chine. Par le Vte de Montgriveul. (*Bull. Soc. Géogr. comm. Bordeaux*, 37e année, 1911, pp. 132/137.)

(DIVERS.)

— Summary of Geographical Observations taken during a Journey from Kashgar to Kowloon (1907—1908) by Cecil Clementi, M. A. . . . Assistant Colonial Secretary, Hongkong. — Hongkong: Printed by Noronha & Co, 1911, in-fol., 3 ff. n. ch. + pp. 112.

— Cecil Clementis Reise von Kaschgar nach Hongkong. Von —n. (*Mitt. k. k. geogr. Ges. Wien*, Bd. LVI, 1913, p. 306.)

— Strange Siberia along the Trans-Siberian Railway: a journey from the Great Wall of China to the sky-scrapers of Manhattan. By Marcus Lorenzo Taft. New York: Eaton & Mains, s. d. [1911], pet. in-12, pp. 260. Illustrations.

— Ed. Ducoté. — De Moscou à Shanghai. (*Revue bleue*, 1911, Sept. 20, 30; Oct. 7.)

— * H. Bachgarten. — Aus einem Schiffstagebuch. Zwei Jahre in Japan und China. 1911, in-8.

— The Chinese at Home or the Man of Tong and his land. By J. Dyer Ball, I. S. O., M. R. A. S. M. China Br. R. A. S. etc. Hongkong Civil Service (retired) . . . London The Religious Tract Society . . . 1911, in-8, pp. XII-370; pl. hors texte.

— The Surgeon's Log: Being Impressions of the Far East. By J. Johnston Abraham. With forty-four Illustrations. London: Chapman & Hall, 1911, in-8, pp. XII-338.

Notice : *Lond. & China Express*, Sept. 22, 1911, p. 666.

— Von Tsingtau nach Nanking. Von Dr. jur. Joachim Schulze. (*Mitt. d. Sem. f. Orient. Sprachen*, Jhrg. XIV; *Ostasiat. Studien*, 1911, pp. 1/56; fig. et 1 carte.)

— Reise des Dr. Joachim Schulze in den Provinzen Schantung und Kiangsu. Von M. Groll. (*Zeitsch. d. Ges. f. Erdk. zu Berlin*, 1912, pp. 147/148.)

— From Japan to Jerusalem. By the Right Rev. E. Graham Ingham, D. D. Sometime Bishop of Sierra Leone, Home Secretary of the Church Missionary Society. London, Church Missionary Society, 1911, in-8, pp. VIII-232.

— * F. Elias. — The Far East. China, Korea & Japan. 1911, pp. 12.

Peeps at many Lands.

— Judith Gautier. — Les Beaux Voyages — En Chine. Merveilleuses histoires. Préface de Jean Aicard. Vincennes, 1911, in-16, pp. 117.

— Letters from China and some Eastern Sketches. By Jay Denby. Illustrated by H. W. G. Hayter. London, Murray & Evenden, s. d. [1911], in-8, pp. 438.

(DIVERS.)

— Where half the World is waking up. — The old and the new in Japan, China, the Philippines, and India, reported with especial reference to American Conditions by Clarence Poe. Garden City New York, Doubleday, Page & Co., 1911, in-8, pp. xviii-276; ill.

— * Tecugiro, Nisci. — L'Asia Centrale, Note di Viaggio e Studi di un Diplomatico Giapponese. Torino : Unione Tipografico — Editrice Törinese. 1911, in-8, pp. xx-317.

Notice : *United Empire*, II, April 1911, p. 289.

— * From Western China to the Golden Gate : the Experiences of an American University Graduate in the Orient. By Robert Sprague. Berkeley, Cal. : Lederer, Street & Zeus Co., 1911, pp. 128. Illustrations.

— * Sixty Years : Life and Adventure in the Far East. — By John Dill Ross. With 25 Illustrations including 3 Photogravure Plates and a Map. London : Hutchinson & Co.... 1911, 2 vol. in-8, pp. xv-364, xi-412.

— Henry Asselin. — Paysages d'Asie — Sibérie — Chine — Ceylan. — Paris, Hachette, 1911, in-16, pp. 234 + 1 f. n. ch. tab.

Notice : *United Empire*, II, Déc. 1911, p. 899.

— D. Bozóky. — Két év Keletázsiában. 2 kőt. Nagyváradon, 1911.

— Across China on foot Life in the Interior and the Reform Movement. By Edwin J. Dingle. With numerous Illustrations. Bristol, J. W. Arrowsmith, s. d. [1911], in-8 pp. xvi-446; carte.

— Voyage de Chine en France par l'Amérique. (*Revue des Troupes coloniales*, 1911, II, pp. 445/467, 644/661; 1912, I, pp. 76/100, 203/215, 311/334.)

— Eine aërologische Studienreise nach Nordchina. (*Deutsche Rundschau f. Geogr. u. Stat.*, XXXIII, 1910—1911, p. 492.)
Lieutenant Blau dans la plaine de Peking.

— Das Verkehrswesen Chinas. (Mit einer Karte.) Von H. F. (*Ibid.*, XXXIV, 1911—1912, pp. 335/337.)

— Through Shên-Kan the Account of the Clark Expedition in North-China 1908—1909. By Robert Sterling Clark and Arthur de C. Sowerby. Edited by Major C. H. Chepmell. T. Fisher Unwin, London, Leipsic, 1912, gr. in-8 carré, pp. 8-247.

Carte au 1 : 1.000.000. — Ill. en noir et 6 pl. en couleurs.
Notices : *Lond. & China Express*, Déc. 13, 1912. — *The Athenaeum*, Nov. 16, 1912. — *Geogr. Journ.*, March 1913, pp. 276/277, by W. R. C.

(Divers.)

— Asie. Exploration du capitaine Robert Clark. (*La Géographie*, 15 mars 1910, p. 208.)
Chan-si, Chen-si, Kan-sou.

— American Expedition in North-West China. (*Geogr. Journ.*, May 1910, p. 595.)
Capt. Robert Clark.

— Commandant René Largemain. — Ecrits et Lettres — En Afrique — En France — En Chine — Après son retour — Documents réunis après la mort de l'auteur. Paris, Imprimerie Chaix, 1912, in-8, pp. 160.

— Through the Lutzu Country to Menkong. By F. Kingdon Ward, F. R. G. S. (*Geogr. Journ.*, June 1912, pp. 582/592; fig.)

— De Tien-Tsin à Marseille par la Sibérie, l'Autriche et l'Italie. Par le Capitaine Casaux, de l'Infanterie coloniale. (*Revue Troupes Coloniales*, Juillet-Déc. 1912, pp. 37/67.)

Col. 3280.

— Sur le Haut Yang-tseu Guide du Voyageur par Capitaine P. A. Lapicque avec une carte Hanoi—Haiphong. Imprimerie d'Extrême-Orient. — 1912, gr. in-8, pp. 16.

Annales de la Société de Géographie commerciale (Section Indochinoise), Déc. 1912.

— Sur le haut Yang-tseu Guide du Voyageur. Par le Capitaine P. A. Lapicque. (*Revue indo-chinoise*, Déc. 1912, pp. 493/508; carte.)

— Impressions d'Extrême-Orient (Chine, Japon, Corée). Notes de voyage Communication de M. Emmanuel Santter. (*Le Globe*, Nov. 1911 — Janvier 1912, pp. 25/27.)

— * Dr. Hendrik P. N. Muller. — Azië gespiegeld. I. H. Honig, Utrecht, 1912.

Notice : *Tijdschr. v. het Kon. Ned. Aardrijksk. Genootsch.* 1913, no. 1, pp. 115/117. Par S.
Corée, Mandchourie, Chine.

— * J. v. Haaften. — Drie jaar in China op Wacht. Amsterdam, 1912.

— Aus chinesischen Städten. Von Leopold Katscher, London. (*Deutsche Rundschau f. Geogr. u. Stat.*, XXXV, 1912—1913, pp. 154/159.)

— * A. Paquet. Li oder im neuen Osten. (*Ibid.*, pp. 381/382.)
Mandchourie, Chine, Tsingtau.

— Voyage de Mien-Ning à Tchong-King pendant la révolution chinoise, par le capitaine Noiret. (*La Géographie*, 15 déc. 1912, pp. 426 [chiffré par erreur 226]/429.)

— In the Land of the Blue Gown. — Mrs. Archibald Little. — London, Everett & Co., 1912, pet. in-8, pp. 240

Everett's Library.

— * The Heart of China. By Oliver Bainbridge.

Notice : *London & China Express*, Sept. 12, 1913, Suppl., p. 1.

(Divers.)

— * Aus den Waldungen des fernen Ostens. Forstliche Reisen und Studien in Japan, Formosa, Korea und den angrenzenden Gebieten Ostasiens. Von Dr. Amerigo Hofmann, k. k. Oberforstkommissär. Mit 9 Textfiguren, 94 zum Teil farbigen Abbildungen auf 51 Kunstdrucktafeln, zumeist nach Originalaufnahmen des Verfassers, 4 farbigen Abbildungen formosanischer Holzarten in Faksimiledruck und 3 geographischen Karten. Wien 1913. Verlag Wilhelm Frick, pp. VIII-225.

Notice : *Mitt. k. k. geogr. Ges. Wien*, Bd. LVII, 1914, pp. 123/124. Par C. Diener.

— Three Men on a Chinese Houseboat the Story of a River Voyage by the Rev. W. Munn C. M. S. Missionary in Western China. With preface by the Right Rev. W. Wharton Cassels Bishop in Western China and eight illustrations by J. Finnemore. London, Church Missionary Society, Salisbury Square, E. C. 1913, in-8, pp. 176.

— The Big Game of Central and Western China being an Account of a Journey from Shanghai to London overland across the Gobi Desert by Harold Frank Wallace. . . . With a Frontispiece, ten full-page and twelve half-page illustrations from drawings by the Author, and thirty-eight photographs. London, John Murray, 1913, in-8, pp. XVIII-318.

Notices : *Journ. N. C. B. R. As. Soc.*, XLV, 1914, pp. 138/139. — *United Empire*, IV, June 1913, p. 526.

Voir col. 3388.

— A Wayfarer in China. Impressions of a Trip across West China and Mongolia. By Elizabeth Kendall. With Illustrations. London, Constable, 1913, in-8, pp. XIV-338.

Notices : *Boll. R. Soc. Geogr. Roma*, 1 dic. 1914, p. 1364. — *Lond. & China Express*, March 21, 1913.

— Österreichische botanische Expedition nach Ostasien. (*Deutsche Rundschau f. Geogr. u. Stat.*, XXXVI, 1913—1914, p. 138.)

Kamillo Schneider et Dr Freiherr von Handel-Mazzetti, de l'Institut Botanique de Vienne. Au Yunnan et au Se-tch'ouan. Devait partir à Noel 1913.

— Die österreichische Jünnanexpedition. (*Ibid.*, p. 431.)

Kamillo Schneider, quitte Yünnanfou le 5 mars.

— Eine asiatische Expedition. (*Ibid.*, p. 189.)

Walter Stoetzner, directeur de la mission, va au Se-tch'ouan, étudier au point de vue géographique, zoologique et ethnographique, accompagné du Dr Weigold, ornithologue; E. Funke, entomologiste; Dr Israël, géographe; Fritz Secker, interprète.

— Reise durch West-China und Ost-Tibet (*Zeitsch. d. Ges. f. Erdk. zu Berlin*, 1913, p. 720.)

Stötzner, ethnographe; Funke, ethnologue; Weigold, biologue; Secker, interprète.

— * Fritz Secker. — Zwischen Yang-tse und Peiho. Tsingtau, W. Schmidt, 1913, in-8, pp. 95.

— * History of Geography. By Dr. J. Scott Keltie and O. J. Howarth. — London : Watts & Co., 1913, pp. IX-154. Facsimile maps and illustrations.

— Mission de M. Jean Rodes en Chine. (*La Géographie*, 15 nov. 1913, pp. 332/333.)

— Reiseskizze aus Süd-China. Von H. Simotomai. (*Zeitsch. d. Ges. f. Erdk.*, Berlin, 1913. pp. 538/553.)

— * H. Herman, Noordom, naar China en Japan. (*Marineblad*, Jg. 28, blz. 43, 1913.)

— La mission de M. Dautremer en Extrême-Orient. (*Bull. Soc. Géogr. comm. Paris*, Sept. 1913, pp. 606/609.)

— Canton, Hong-Kong, Macao. Par H. Varache. (*Bull. Soc. Géogr. comm. Bordeaux*, 39e année, 1913, pp. 57/67; cartes.)

— E. H. Wilson. — A Naturalist in Western China with vasculum, camera, and gun. Methuen 1913, 2 vol. — Voir col. 3371.

— A Woman in China by Mary Gaunt... London, T. Werner Laurie, s. d. [1914], in-8, pp. XVI-390; ill.

Notices : *Lond. & China Express*, Déc. 18, 1914. — *Geogr. Journ.*, June 1915, pp. 524/525.)

— A Broken Journey. Wanderings from the Hoang-Ho to the island of Saghalien and the upper reaches of the Amur River. Sixty-one illustrations. By Mary Gaunt. London, T. Werner Laurie [1919], in-8, pp. XII-295.

Notice : *Lond. & China Express*, April 10, 1919, p. 294. — *Geogr. Journ.*, July 1919, pp. 55/57, par C. H. H.

— Two Undergraduates in the East. — By W. Carey Jeffries, B. A. — With Illustrations. — London : « Sports & Sportsmen » Ltd., 41 and 42, King Street, Covent Garden, W. C. — 1914, in-8, pp. XVI-167.

Notice : *Lond. & China Express*, August 7, 1919, pp. 542/543.

— * J. Hospital, Bishop of Cauna. — Notas y Escenas de Viaje. Cartas del Extremo Oriente. Barcelona, 1914, pp. 216.

— * M. B. Greaves. — Vignettes of Japan, China and America. Morland : Amersham, 1914, in-4, pp. 63.

— Through the Land of Deep Corrosions. — From Batang to Menkong. — By Rev. J. Huston Edgar, F. R. G. S. (*Journ. N. C. B. R. As. Soc.*, XLV, 1914, pp. 32/45; carte.)

— Brieux de l'Académie française. — Au Japon par Java, la Chine, la Corée. — Nouvelles Notes d'un Touriste, s. d. [1914], in-12, pp. 307.

— China revisited. By Alice Little. (*The Chinese Review*, vol. I, April 1914, pp. 17/25.)

— De Pékin aux Houillères du Chansi. Par Edmond Rottach. (*A travers le Monde*, XX, 1914, pp. 97/100; ill.)

— Notes et Documents en Chine par J. Reynier. (*Revue indo-chinoise*, Juin 1914, pp. 633/640.)

Extrait d'un Rapport de voyage présenté à M. le Recteur de l'Académie de Paris, par M. J. Reynier, professeur de philosophie au Lycée d'Orléans. (*Bull. de la Société autour du Monde* [Avril 1914].)

— Souvenirs de Chine : un Camp de «Réfugiés». Par H. de la Rochefoucauld. (*A travers le Monde*, XX, 1914, pp. 126/127.)

— * H. Colijn. — Van een reis door China. Reisbrieven. (*Tijdsch. v. h. Binn. Bestuur.*, Dl. XLVIII, afl. 2, Aug. 1914.)

— China im neuen Gewande. Kultur und Wirtschaft im fernen Osten von Georg Schweitzer. — Berlin 1914. Verlag von Karl Siegismund, in-8, pp. 243.

— * Sir A. Hosie. — On the Trail of the Opium Poppy. G. Philip & Son, 1914, 2 vol. — Voir col. 3994.

— * Otto Goebel. — Über Sibirien nach Ostasien; St. Petersburg und Moskau, Tschejabinsk, Mandschuria, Wladiwostok und Dairen. (Hendschels Luginsland Heft 15.) Frankfurt am Main, 1914, pp. 169.

Notice : *Geogr. Zeitsch. Leipzig*, XX, 1914, pp. 418/419. Par H. Schmitthenner.

Victor Segalen.

— Lettre du Dr Victor Segalen à M. Henri Cordier datée de Han-tchong-fou (province de Chen-si, Chine) le 20 mars 1914. (*Ctes. rendus Acad. Inscr. et B.-Lettres*, Avril-Mai 1914, pp. 218/219.)

— Lettres du Dr Ségalen communiquées par M. Henri Cordier à la séance de l'Académie des Inscriptions et Belles-Lettres du 17 juillet 1914. (*Ibid.*, Juillet 1914, pp. 478/481.)

Tchao houa hien, 4 avril 1914. — Pao-ning-fou, 6 avril 1914. — Tseu t'ong hien, 20 mai 1914.

— Rapport de M. Victor Segalen sur les résultats archéologiques de la Mission Voisins, Lartigue et Segalen. (*Ibid.*, Août-Sept.-Oct. 1914, pp. 553/560.)

Ya-tcheou, 25 juin 1914.

Séance du 18 sept. 1914.

— Note sur les travaux topographiques de la mission Voisins-Segalen. Lartigue dans la Chine occidentale, 1914. (*La Géographie*, Juillet 1915, pp. 308/310, croquis de l'itinéraire.)

— Expeditions in Western China curtailed by the War. (*Geogr. Journ.*, Sept. 1915, p. 240.)

Mission Dr Segalen, Comte de Voisins, Capitaine Lartigue.

— Nécrologie. — Victor Segalen. Par H. C[ordier]. (*T'oung Pao*, Mars 1918—1919, p. 52.)

† 21 mai 1919.

— Nécrologie. — Dr Victor Segalan [sic]. (*Bull. méd. franco-chinois*, 1ère année, no 1, Juill.-Oct. 1920, p. 53.)

— Gilbert de Voisins. — Victor Segalen. (*La Revue de Paris*, 15 mars 1921, pp. 246/260.)

— Victor Ségalen. Par Ch. Guibier. (*Revue indo-chinoise*, Nov.-Déc. 1921, pp. 327/330.)

— [Victor Ségalen.] Par G. Meesemaecker. (*Ibid.*, pp. 331/342.)

A. R. Colquhoun.

— Archibald Colquhoun : a Memoir. By Ethel Colquhoun. (*United Empire*, February 1915, pp. 99/108; portr.)

— Obituary. — Archibald Ross Colquhoun. (*Geogr. Journ.*, February 1915, pp. 165/166.)

— Archibald Colquhoun né 1848 à bord d'un navire au large du Cap de Bonne Espérance, † 16 déc. 1914, 26 Iverna Gardens, Kensington, âgé de 66 ans.

∴

— * Marie von Bunsen. — Aus der Asiatischen Welt. Eine Wanderung in den Tempelbergen Chinas. (*Deutsche Rundschau*, Februar 1915.)

— An Irishwoman in China by Mrs De Burgh Daly. — Illustrated. — London, T. Werner Laurie, s. d. [1915], in-8, pp. xi-295.

— Westelijk China. (*Tijdsch. v. het Kon. Ned. Aardrijksk. Genootsch.*, 1915, no 7, pp. 889/890.)

— 2 expéditions : Segalen au Seu-tch'ouan. — Handel-Mazzetti.

— * Dr. Cav. Uff. D. A. Mazzolani. Verso la Cina. (Con 68 fotografie originali e una carta fuori testo.) Tripoli, 1915, tipografia Pirotta e Bresciano.

Notice : *Boll. Reale Soc. Geogr.*, Gennaio 1916, pp. 66/67. Par Francesco Béguinot.

H. von Handel-Mazzetti.

Col. 3339, 3344.

— Die österreichische Expedition nach Südwestchina. (*Petermanns Mitt.*, Juli 1914, p. 26.)

Ning-juan fu, 30. April 1914. Dr. Frh. v. Handel-Mazzetti.

Cf. *Petermanns Mitt.*, Juni 1914, p. 344.

— Ibid. (Dez. 1914, p. 289.)

Li kiang fu, 9 Juli 1914.

— Ibid. (Mai 1915, p. 193.)

Jünnanfu, 7 Dez. 1914.

— Ibid. (Dez. 1915, p. 482.)

Tschungtien, 19 Aug. 1915.

— Österreichische Expedition nach Südwestchina. (*Mitt. k. k. geogr. Ges. Wien*, Bd. 59, 1916, pp. 170/171.)

— Die österreichische Expedition nach Südwestchina unter Führung von Dr. H. von Handel-Mazzetti. (*Ibid.*, pp. 462/463.)

— Zuidwestelijk China. (*Tijdsch. v. het Kon. Ned. Aardrijksk. Genootsch.*, 1917, no. 4, pp. 611/612.)

— Die österreichische Expedition nach Südwestchina. (*Mitt. k. k. geogr. Ges. Wien*, Bd. 61, 1918, pp. 298/299.)

— Vorläufiger Bericht über meine Forschungen in Yünnan 1914—1919. Von Dr. H. Handel-Mazzetti. (*Ibid.*, Bd. 62, 1919, pp. 385/391.)

— Forschungen in Yünnan 1914—1919 von Dr. H. Handel-Mazzetti. (*Geogr. Zeitsch. Leipzig*, 1920, p. 95.)

— * H. Handel-Mazzetti. — Neue Aufnahmen in Nordwest-Yünnan und Süd-Setchuan, pp. 12. (*Denksch. d. Ak. d. Wiss. Wien, math.-naturw. Kl.* III c.) Wien, 1919.

— * Handel-Mazzetti in China. (*Tijdsch. v. het Kon. Ned. Aardrijksk. Genootsch.*, 1920, p. 583.)

∴

— * C. W. Bishop. — The Expedition to the Far East. (*The Museum J. Philadelphia*, VII, 1916, pp. 97/118; ill.)

— * Notes from a Frontier. By T. M. Ainscough. Kelly & Walsh, Shanghai.

Notice : *Journ. N. C. B. R. As. Soc.*, XLVII, 1916, pp. 142/144. By Karola Porter.

— * En el Extremo Oriente de Tokio a Pekin por Baldomero Garcia Sagastume. Madrid, 1916.

— Doc. T. G. Halles resa till Kina. (*Ymer*, 1916, p. 272.)

— M. v. Geuns. — De ontwikkeling v. h. universitaire onderwijs in Oost- en Zuid-Azië (de Filippijnen, Japan, China, Fransch Indo-China en Britsch-Indië). s-Grav., 1917. Av. grande carte, gr. in-8, br., T. à p.

— * Abbé Laurent Lemoine. De France en Extrême-Orient (Marines et Croquis). Essai monographique. Rennes, Francis Simon, 1918, nouv. éd. augm., in-8, pp. xv-208, 8 grav. hors texte.

— Traveling in China's Southland. By Roy Chapman Andrews. (*Geogr. Review*, VI, 1918, pp. 133/146; fig.)

Voir col. 3336.

— * Travels in War-Time. (*Chambers's Journ.*, January 1918.)

Col. 3386.

Sport and Science on the Sino-Mongolian. Frontier by Arthur de Carle Sowerby... London : Andrew Melrose, 1918, in-8, pp. xvi-295; portr. et ill.

Notice : *Journ. N. C. B. R. As. Soc.*, L, 1919, pp. 214/215, par G. L.

— The Wanderer on a thousand hills by Edith Wherry author of «The Red Lantern» New York : John Lane Company London : John Lane, The Bodley Head Toronto : S. B. Gundy. MCMXVII, in-8, pp. 305.

— The Wanderer on a thousand hills by Edith Wherry author of «The Red Lantern» London : John Lane, The Bodley Head New York : John Lane Compagny Toronto : S. B. Gundy : MCMXVIII, in-8, pp. 305.

Notice : *Lond. & China Express*, April 17, 1918, p. 219.

— La France et le Monde * * L'Heure du Japon (Pacifique—Japon—Chine) par Hugues Le Roux. Paris, Plon, 1918, in-16, pp. 336.

— * Dr. Hendrik P. N. Muller. Azië gespiegeld (Malakka en China), 290 blz., 26 platen in 3 Kaarten. — Leiden, A. W. Sijthoff's Uitg. Mij, 1918.

Notice : *Tijdsch. v. het Kon. Ned. Aardrijksk. Genootsch.*, 1919, no. 2, pp. 231/232. Door E.

— Thirty thousand miles in China. Charles Keyser Edmunds, Ph. D., President of Canton Christian College and Observer-in-Charge Magnetic Survey of China, Carnegie Institution of Washington, 1906—1917. (*Journ. N. C. B. R. As. Soc.*, L, 1919, pp. 1/25; ill.)

— Old Tartar Trails by A. S. Kent. Illustrated with Photographs taken by the Author Shanghai North-China Daily News and Herald, limited, 1919, in-8, pp. 1 n. ch. 153 + 4 n. ch. (index), plus List of illustrations et index.

— * Professor J. G. Anderssons forskningar i Kina (Les explorations du professeur J. G. Andersson en Chine). (*Ymer*, 1919, cah. 2/3, pp. 157/173, 6 fig.)

— Professor J. G. Anderssons samlingar av fossila däggdjur från Kina par Carl Wiman. (*Ibid.*, 1920, pp. 76/77.)

— Professor J. G. Anderssons vetenskapliga arbeten i Kina. — En översiktlig redogörelse. Av Gunnar Andersson. Einar Lönnberg. T. G. Halle. Carl Wiman. (*Ibid.*, 1922, H. 2, pp. 129/163; fig.)

— Retour de Chine. Par André Duboscq. (*Revue écon. franç., Soc. Géogr. comm.*, 1/2, Janvier-Avril 1919, pp. 62/67.)

— Friedrich Perzyński. — Von Chinas Göttern. Reisen in China. Mit 80 Bildtafeln. — Kurt Wolf Verlag, München, s. d. [1920], pet. in-4, pp. 261 + 1 f. n. ch.

— * Charles de Beistegui. — En Chine. Paris, Impr. de Vaugirard, 1920, in-8, pp. 31.

(DIVERS.) (DIVERS.)

— De l'Oural à Pékin. Traversée des steppes Kirghises et du Turkestan chinois. Conférence du capitaine de Kerangat. (*La Géographie*, Déc. 1920, pp. 545/546.)

Séance du 5 nov. 1920.

— H. de Kerangat. — De l'Oural à Pékin par la route du thé. (*L'Illustration*, 2 avril 1921, pp. 305/306.)

— Reise der Kapitänleutnant Straehler und Kapitän zur See Sachse im Januar 1916 durch China-Ost-Turkestan nach Afghanistan. (*Geogr. Zeitsch. Leipzig*, 1920, pp. 298/299.)

Avaient été faits prisonniers par les Japonais.

— George Ernest Morrison, Nécrologie par H. C[ordier]. (*T'oung Pao*, Janvier 1920—1921, p. 71.)

— An American in Asia. — I. Willard Straight's First Days in Peking. By Louis Graves. Illustrations from the Sketch-Book of Willard Straight. (*Asia*, Sept. 1920, pp. 757/764.) — II. William Straight's Peking Diary. (*Ibid.*, Oct., pp. 862/868, ill., 908, 910, 912.) — III. (*Ibid.*, Nov., pp. 964/972, ill.) — IV. (*Ibid.*, Dec., pp. 1079/1086, ill.) — V. Willard Straight as Consul-General at Mukden. By Louis Graves. (*Ibid.*, January 1921, pp. 14/20, ill.) — VI. Willard Straight in Far Eastern Finance. By Louis Graves. (*Ibid.*, February, pp. 160/166.) — VII. William Straight and the Chinese Currency Loan. By Louis Graves. (*Ibid.*, March, pp. 255/260, ill., 272, 274, 276, 280.) — VIII. Willard Straight and the Revolution in Peking. By Louis Graves. (*Ibid.*, April, pp. 337/343, ill.) — IX. William Straight Back Home from China. By Louis Graves. (*Ibid.*, May, pp. 432/438.)

— * China. The Mysterious and Marvellous. By Victor Murdoch, New York, Fleming H. Revell Co.

Notice : *Journ. N. C. B. R. As. Soc.*, LII, 1921, p. 220.

— Record of Trip in North-East Kiangsu. Chinese Maritime Customs, Special Series, No. 35, 1921.

— Slow Americans. By Paul S. Reinsch. (*Asia*, New York, March 1922, pp. 186/192, 224, 226/228 ; ill.)

— A Fortnight on a Cargo-boat. — I. Chungking to Hochow. By William L. Hall. (*Ibid.*, pp. 167/172, 220/221.) — II. Hochow to the River Gorges. (*Ibid.*, April, pp. 295/300, ill.) — III. Through the River Gorges to Suining. (*Ibid.*, May 1922, pp. 352/357, ill.)

— L'Ouest Chinois. La Province du Setchoan et les Marches tibétaines. Par M. le Consul A. Bodard. (*La Géographie*, Février 1922, pp. 196/222.)

Conférence faite le 16 déc. 1921, à la Séance de la Société de Géographie.

(Divers.)

— In the Land of Kublai Khan. Sixteen Illustrations in Full Color, Autochromes by Stephane Passet. (*National Geographic Magazine*, Washington, May 1922.)

— * Letters from China and Japan. By John and Alice Chipman Dewey. New York. E. P. Dutton and Company.

Notice : *Journ. N. C. B. R. As. Soc.*, LIII, 1922, p. 274.

— *.R. C. and Y. B. Andrews. Camps and Trails in China. A Narrative of Exploration, Adventure and Sport in Little-Known China. Maps, ill., index. D. Appleton & Co., New York and London, 1920. pp. xxv-334.

Notice : *Geographical Review*, vol. XII, January 1922, pp. 148/149.

— On the Open Road in the Chinese Autumn. By A. E. Grantham. (*Asia*, Nov. 1922, pp. 863/870, ill. ; 917/918.)

— Politics and Paleontology. By Roy Chapman Andrews. (*Asia*, May 1922, pp. 360/364, 400/401 ; ill.)

— The Quest of the Golden Fleace. I. The Wilds of Shensi. By Roy Chapman Andrews. (*Ibid.*, June 1922, pp. 440/446 ; ill. Monument Nestorien.)

— The Quest of the Golden Fleece. II. Takin on Their Rugged Peaks. By Roy Chapman Andrews. (*Ibid.*, July 1922, pp. 515/520, ill. ; 568.)

— Shin-lou-ti. — Au Pays du Dragon. — Illustrations de Shin-lou-ti. — Paris, Maisonneuve et fils, 1922, gr. in-8, pp. 381 ; carte.

Shin-lou-ti, *pseud.* d'un prêtre des Missions étrangères.

— Yvonne Vernon. — Chine, Japon, Stamboul. Préface de Charles Diehl, Membre de l'Institut. . . . A. Tolmer, Paris, in-4, pp. 149 + 4 ff. n. ch., 5 grav.

Tiré à 500 exemplaires.

Col. 3340.

— Travels of a consular Officer in North-West China by Eric Teichman, C. I. E., B. A. (Cantab.) of His Britannic Majesty's Consular Service in China. With original maps of Shensi and Kansu and illustrated by photographs taken by the author. — Cambridge at the University Press 1921, in-8, pp. xiii-219 ; preface, contents, list

(Divers.)

of illustrations, list of maps, index, carte, planches hors texte.

Notices : *The Times Literary Supp.*, August 25, 1921. — *T'oung Pao*, Mars 1922, pp. 68/69, par H. Cordier. — *Journ. N. C. B. R. As. Soc.*, LIII, 1922, pp. 263/265, par M.

— Abel Bonnard. — Dans la Chine d'Aujourd'hui (Juin-Déc. 1920). — I. Pékin. (*Revue des Deux Mondes*, 15 oct. 1922, pp. 780/805.) — II. 15 nov. — III. Le Yangtse. (*Ibid.*, 1er janvier 1923, pp. 168/189.) — IV. Les Villes. (*Ibid.*, 15 fév., pp. 862/882.)

— Extrait d'un journal de voyage. Par A. Saimpeyre S. J. (*Rel. de Chine*, Kiang-Nan, Juillet 1922, pp. 179/182; ill.)

— Idem (suite). (*Ibid.*, Janvier-Avril, 1923, pp. 37/46; ill.)

— Extrait d'un journal de voyage (*Rel. de Chine*, Kiang-Nan, Oct. 1922, pp. 233/245; fig.)

∴

GUIDES

Claudius Madrolle.

Col. 2156/2157.

— La Mission Madrolle. (*Bull. Com. Asie franç.*, février 1908, p. 62.)

— Madrolle. — Chine du Nord et Vallée du Fleuve Bleu Corée. — 39 cartes et 21 plans. — 2e édition. — Paris, Hachette, 1911, in-16, pp. 12-xix-454-24.

Notices : *Revue indo-chinoise*, Nov. 1911, p. 554. — *Asie franç.*, Déc. 1911, p. 572. — *Bull. Soc. Géogr. Lille*, 2e sem. 1913, pp. 34/35.)

— Madrolle's Guide Books. — Northern China the Valley of the Blue River Korea. 43 Maps and Plans. — Hachette & Co., Paris [&] London, 1912, pet. in-8, pp. 12 + xxvii + 471 + 12 + 8.

Notices : *Geogr. Journ.*, June 1913, p. 580, par E. A. R. B. — *Journ. Roy. As. Soc.*, January 1914, pp. 222/223, par J. Dyer Ball.

— Madrolle. — Chine du Sud-Java. Japon, Presqu'île Malaise, Siam, Indochine, Philippines, Ports américains. — 54 Cartes ou Plans. — Deuxième édition. — Librairie Hachette, Paris. — 1916, in-12, pp. 12-xxvii/cxxxvi-520-8-8.

Notice : *La Géographie*, Mars 1921, pp. 302/308.

DIVERS.

— * Publications de la Société Belge d'Etudes Coloniales. Renseignements à l'usage des voyageurs et des résidents en Chine. Rédigés à l'aide de documents inédits ... Par Emile Hennin. (Extrait du *Bulletin de la Société Belge d'Etudes Coloniales*, 1909—1910.) Bruxelles, 1910, pp. 328, Carte.

— Cook's Handbook for Tourists to Peking, Tientsin, Shan-hai-kwan, Mukden, Dalny, Port Arthur, and Seoul. — With Maps, Plans, and Illustrations. — London : Simpkin, Marshall & Co., Thos. Cook & Son, ... 1910, in-16, pp. 116.

— Changhai—Paris. — Itinéraires et Tarifs au début de l'année 1910. (*Rel. de Chine*, Kiang-Nan, Juillet 1910, p. 615.)

— * Stewart. — Tourists' Guide to the Far East. Raphael's, 1912, pp. 128.

— * The Traveller's Handbook for China. By Carl Crow, with 8 Maps and Plans and 32 Illustrations. Shanghai : Hwa-Mei Book Concern, 1913.

Notice : *Chin. Rec.*, February 1913, pp. 108/110, par G. H. B.

— Second Edition, 1916.

— Third Edition, 1921.

∴

— An Official Guide to Eastern Asia Trans-Continental Connections between Europe and Asia. — Vol. I. Manchuria & Chōsen. — Prepared by The Imperial Japanese Government Railways Tokyo, Japan. — 1913, in-16, pp. xii/lxxxvi-350.

— — Vol. II. South-Western Japan. — Ibid., 1914, in-16, pp. xii/cciv-370.

— — Vol. III. North-Eastern Japan. — Ibid., 1914, in-16, pp. x-488.

— — Vol. IV. China. — Ibid., 1915, in-16, pp. xviii/cxxiv-414.

— — Vol. V. East Indies including Philippine Islands, French Indo-China, Siam, Malay Peninsula, and Dutch East-Indies. — Ibid., 1917, in-16, pp. xxx-519.

Tous ces volumes renferment des gravures, des plans et des cartes.

Notices : *Geogr. Journ.*, May 1916, pp. 377/378, par C. W. C. — *Bull. Ecole franç. Extr. Orient*, XVIII, 1918, p. 19, par E. Chassigneux.

— Guides Pratiques et Pittoresques en Trois Parties. — Indes, Extrême-Orient, Océanie. ... Marcel Cottreau et H. Le Chartier. — Indes, Extrême-Orient, Océanie. — 1re Partie : De Marseille à Colombo, 8 cartes, 12 plans, 102 gravures. — Méditerranée, Canal de Suez, Mer Rouge, Djibouti, Aden, Indes, Ceylan. —

Paris, Librairie du Tourisme, 13 bis Boulevard du Montparnasse, in-12, pp. x-394.

— — 2e Partie : De Ceylan en Océanie, 20 cartes, 12 plans, 132 gravures. — Océan Indien, Australie, Nouvelle Guinée, Tasmanie, Nouvelle Zélande, Nouvelle Calédonie, Nouvelles-Hébrides, Iles Salomon, Iles Fidji, Iles Tonga, Iles Samoa, Tahiti, Iles Cook, Iles Marquises, Iles Sandwich. — Ibid., in-2, pp. xxvi-732.

En préparation 3e Partie : De Colombo en Indochine, Chine et Japon.

Notice : *Revue des Sciences politiques*, Janvier-Février, 1911, p. 149, par A. M.

(Divers.)

(Divers.)

II. — COMMERCE.

Ouvrages divers.

Col. 2175/2188, 3185.

— Du commerce français en Chine et des modifications à apporter aux taxes d'importation pour aider à son développement; par M. Jules Itier, inspecteur principal des douanes, délégué des ministres du commerce et des finances auprès de la mission française en Chine. (*Annales marit. et colon.*, 1847, vol. 102, pp. 20/61, 97/161.)

— Der Thee- und Seiden-Export aus China vor, während und nach der Tei-Ping-Revolution. Von —r. (*Zeitsch. d. Ges. f Erdk. Berlin*, II, 1867, pp. 521/522.)

D'après Ti-Ping Tien-Kwoh; the History of the Ti-Ping-Revolution by Lin-Le. London 1866.

— * Friedr. Hirth. — China als Produktionsland des Handels. (*Österr. Monatssch. f. d. Orient*, März u. April 1877.)

Col. 2183.

— La Chine industrielle et commerciale. — Conférence faite à la Société de Géographie de Lyon, le 1er mars 1888 par M. H. Castonnet Des Fosses. (Extrait du Bulletin de la Société de Géographie de Lyon.) — Lyon, Vitte & Perrussel, 1888, in-8, pp. 35.

— Der Kampf um den Ostasiatischen Handel. — Vortrag von C. Busley, Professor, Geh. Regierungsrat. — Mit 1 Karte und 18 Tabellen, in-8, pp. ch. 196/244 et les tables.

Deutsche Kolonial-Gesellschaft, Heft 6. — Berlin, 1897, Dietrich Reimer.

— La conquête du marché chinois. Conférence de M. Marcel Dubois. (*Union géogr. Nord France, Douai*, XVIII, 1897, pp. 257/264.)

— F. M. Knobel. — De oeconomische ontwikkelingsgang van China. (*Tijdschft. voor Nederl. Ind.*, N. S., 1 Jaarg., 1897, pp. 491/522.)

— — China in economisch opzicht. (*Ibid.*, 2 Jaarg., 1898, pp. 376/404.)

Cf. No. 14 : *Consulaire Verslagen en Berichten* : « Economisch bericht over China 1897. »

— Een belangriik rapport over Zuid-China. (*Tijdschft. voor Nederl. Ind.*, N. S., 2 Jaarg., 1898, pp. 930/936.)

Cf. F. J. Haver Droeze, Consulgeneraal te Hongkong in : *Consulaire Verslagen en Berichten.*

— Le Commerce Chinois en 1896. [Des *Petermanns Mitteilungen*, Gotha, 1898.] (*A travers le Monde*, IV, 1898, p. 280.)

— Les nouveaux services de Chine par M. D. Stapfer. — Extrait du *Bulletin de la Société scientifique de Marseille.* — Marseille, Barlatier, 1898, in-8, pp. 13, 3 pl.

Paquebots de Chine : Messageries Maritimes et P. & O.

— The Trade and Shipping on the Yangtze-Kiang. (*Board of Trade Journal*, London, vol. XXIV, no. 139, February 1898, pp. 174/179.)

— Chine. — Commerce de l'Allemagne. (*Bull. Soc. Géogr. Dunkerque*, I, 1898—1899, pp. 207/210)

— * O. P. Austin. — Commercial China in 1899. Area, population, production, railways, telegraphs, transportation routes, foreign commerce, and commerce of the United States with China. With a map. 1899, pp. iv-148, in-4.

— Die wirtschaftliche Erschließung Chinas (*Österr. Monatsch f. d. Orient*, Wien, 1899, pp. 17/18.)

D'après v. Brandt : China u. seine Handelsbeziehungen.

— Le Commerce français à Shanghai. (*A travers le Monde*, VI, 1900, p. 260.)

Rapport de M. de Bezaure.

— Ecoles de commerce Anglo-Chinoises. (*Ibid.*, p. 336.)

De la *Koloniale Zeitschrift.*

(Ouvrages divers.)

(Ouvrages divers.)

26*

Col. 2187.

— La classe marchande et le commerce indigène en Chine. — Conférence de M. A. Hauchecorne. (*Bull. Soc. Géogr. comm. le Havre,* 1900—1901, pp. 133/157.)

Séance du 12 oct. 1900.

— Dr. Athola. — Le commerce de Ssé-mao pendant l'année 1900. (*Bull. écon. Indochine,* 1901, pp. 988/994.)

— L'importation européenne en Chine. — Ce qu'elle est, ce qu'elle doit être. (*A travers le Monde,* VIII, 1902, p. 132.)

— Coutumes commerciales en Chine. — Le Comprador et le Shroff. (*Ibid.,* VIII, 1902, p. 372.)

— Une ligne de navigation chinoise. — Commerce et mœurs commerciales de la Chine au IXe siècle. Par A. Pauchont Commis des services civils. (*Revue indo-chinoise,* 30 juin 1904, pp. 864/871; *ibid.,* 15 juillet, pp. 50/57.)

Chaudoc (Conchinchine), 11 mai 1904.

— La guerre et nos exportations dans l'Extrême-Orient Par Paul Dreyfus-Bing. (*Bull. Soc. Etudes col. et marit.,* 25e année, 1904, pp. 33/36.)

— Les Progrès rapides du Commerce étranger en Chine. — Le Japon est en tête du Mouvement. (*A travers le Monde,* X, 1904, p 208.)

— Central Asian Proceedings. — Our Commercial Policy in the East by General E. F. Chapman, C. B. London, Central Asian Society, 1904, in-8, pp. 16.

— Fremde Handelshäuser in China. (*Deutsche Rundschau f. Geogr. u. Stat.,* XXVII, 1904—1905, p. 327.)

— Commerce américain avec la Chine. Par J. C. (*Revue indo-chinoise,* 30 nov. 1906, pp. 1821/1822.)

Du *Hongkong Telegraph.*

— * H. R. Burrill and R. F. Crist. — Report on Trade Conditions in China. 1906, pp. 130.

Senate Documents. 59th Congress, 1st Session, vol. 8.

Col. 3185.

— Anglo-Chinese Commerce and Diplomacy (mainly in the Ninetheenth Century). By A. J. Sargent (M. A. Oxon). Oxford : at the Clarendon Press, 1907.

Notices : *Journ. Roy. As. Soc.,* Oct. 1908, pp. 1162/1164. By S. W. B. — *Revue indo-chinoise,* 15 février 1908, p. 237. — *T'oung Pao,* Mars 1908, pp. 117/118, par H. C[ordier]; réimp. *Revue indo-chinoise,* Février 1909, p. 181.

— La lutte commerciale dans le Yang-tse-Kiang. Par V. F. (*Revue indo-chinoise,* 15—30 mars 1907, pp. 415/417.)

D'après l'*Echo de Chine.*

— Commerce chinois (Thé et Soie). (*Revue indo-chinoise,* 15 déc. 1907, p. 1755.)

D'après le «*Peking Times*» dans l'*Avenir du Tonkin.*

— Handel in Schanghai. (*Deutsche Rundschau f. Geogr. u. Stat.,* XXX, 1907—1908, p. 181.)

— * Notes on the Chinese Government Bank, by Jules Gory, Chinese Customs. Peking, May 1908, pp. 40.

(Ouvrages divers.)

— The Trade and Administration of the Chinese Empire by Hosea Ballou Morse, A. B., Harvard. . . . With Illustrations, Maps and Diagrams. Longmans, London, 1908, in-8, pp. XI + 1 f. n. ch. + pp. 451.

Voir col. 3452/3453.

— The Gilds of China with an Account of the Gild Merchant or Co-Hong of Canton by Hosea Ballou Morse Sometime Statistical Secretary, Inspectorate General of Customs, China. With 2 Illustrations. Longmans, London, 1909, in-8, pp. IX-92.

Notice : *Lond. & China Express,* Supp., July 23, 1909.

— Récompenses aux Commerçants et Industriels chinois. (*Revue indo-chinoise,* 15 juin 1908, pp. 869/870.)

D'après l'*Echo de Chine.*

— Le commerce extérieur de la Chine en 1906. Par Pierre Clerget. (*La Géographie,* 15 sept. 1908, pp. 177/182.)

— Le commerce extérieur de la Chine en 1907. (*Bull. Com. Asie franç.,* Oct. 1908, pp. 428/429)

— La crise commerciale de Tien-tsin. Par R. C[aix]. (*Ibid.,* Nov. 1908, pp. 447/448.)

Tien-tsin, 1er nov. 1908.

— Le commerce de Swatow. Par E. P. (*Revue indo-chinoise,* 15 nov. 1908, n° 93, pp. 621/630.)

— Le commerce Américain en Chine. (*Ibid.,* 15 déc. 1908, pp. 829/830.)

— Ch. Chenet. — Le commerce des peaux brutes, de bufles et de vaches en Chine. (*Bull. écon. Indochine,* 1908, pp. 562/569.)

— Die Geld- und Währungsverhältnisse Chinas. Von Dr. A. Serbin in Friedenau bei Berlin. (*Deutsche Rundschau f. Geogr. u. Stat.,* XXXI, 1908—1909, pp. 171/175, 220/224.)

— Conseils pratiques à nos industriels et négociants. Par A. Guérin, Consul de France. (*Bull. Soc. Géogr. comm. Paris,* Janvier 1909, pp. 31/46.)

Tchéfou, 18 nov. 1908.

— Conseils pratiques à nos industriels et négociants — Création de Comptoirs Franco-Chinois — Moyens de publicité, Distribution d'échantillons, Marques de fabrique spéciales pour l'Extrême-Orient — Prix de vente — Emballage — Relations directes avec les Maisons Chinoises — Les jeunes commerçants devraient étudier la langue mandarine ordinaire. Par A. Guérin, Consul de France-Tchéfou, le 18 novembre 1908. (*Soc. Géogr. comm. Nantes,* 1909, pp. 1/21.)

Rapport consulaire communiqué par le Ministre des Affaires étrangères.

— Le commerce extérieur de la Chine. (*Revue indo-chinoise,* Janvier 1909, pp. 71/73.)

— Conseils pour développer le commerce français en Chine. (*Bull. Com. Asie franç.,* Février 1909, p. 80.)

Rapport de M. A. Guérin, consul de France à Tchéfou.

— La situation commerciale à T'ien-tsin. (*Revue indo-chinoise,* Février 1909, pp. 172/174.)

— La crise commerciale en Chine. (*Bull. Com. Asie franç.,* Avril 1909, pp. 165/167.)

— Le commerce de la Chine avec l'Indochine en 1907. (*Ibid.,* pp. 176/177.)

(Ouvrages divers.)

— L'exportation de la soie à Tche-fou. (*Revue indo-chinoise*, Mai 1909, pp. 505/506.)

— [Chine.] La situation commerciale. (*Ibid.*, Juin 1909, pp. 603/605.)

— Le mouvement commercial chinois durant les trois premiers mois de 1909. (*Bull. Com. Asie franç.*, Juillet 1909, p. 305.)

D'après la *Gazette des Douanes.*

— Le commerce des machines et appareils électriques. (*Bull. Com. Asie franç.*, Juillet 1909, pp. 305/306.)

D'après le *Bulletin commercial* de Bruxelles.

— Projet de fondation de banques dans les régions des mers du Sud (Pékin). (*Bull. Ass. Amic. franco-chinoise*, Juillet 1909, p. 406.)

Houei pao, 1er mars 1909.

— Trade-routes and Communications in Northern China. (*Geogr. Journ.*, August 1909, p. 212.)

— Le commerce dans la région du Yalu. (*Bull. Com. Asie franç.*, Août 1909, p. 353.)

— Le commerce de Swatow avec la France. (*Ibid.*, Sept. 1909, pp. 396/397.)

Rapport de M. H. Feer, vice-consul de France à Swatow.

— Le commerce maritime de la Chine en 1908. Par Pierre Clerget. (*La Géographie*, 15 sept. 1909, pp. 187/188.)

— Les progrès du commerce français au Yunnan. (*Revue indo-chinoise*, Déc. 1909, pp. 1244/5.)

— Les grands ports extra-européens et le commerce international. Par Emile Chantriot Docteur ès Lettres. (*Bull. Soc. Géogr. de l'Est*, 1909, 1er trimestre, pp. 5/30.)

Hong-Kong, Shanghai, Yokohama, etc.

— Н. И. Кокановскій. — Краткое обозрѣніе системы мѣръ и денегъ въ Китаѣ. (*Извѣстія Восточнаго Института.* T. XXIX, 2, pp. 27/35, Vladivostok, 1909.)

— Le Commerce français en Chine; nous achetons beaucoup; nous vendons très peu. (*A travers le Monde*, XV, 1909, p. 260.)

— Trade Routes Past and Present. — East and West. By Richard Kalisch. (*Journ. Manchester Geogr. Soc.*, 1910, pp. 1/20.)

— Albert Girard. — Les routes du commerce vers l'Extrême-Orient à la fin du XVIIe et au commencement du XVIIIe siècle. (*Revue d'Histoire moderne et contemp.*, XIV, Sept.-Oct. 1910, pp. 332/354.)

— Les Routes de Commerce vers l'Extrême-Orient à la fin du XVIIe et au commencement du XVIIIe siècle par A. Girard. — Extrait de la *Revue d'Histoire moderne et contemporaine*, 1910, t. XIV, pp. 332/354. — In-8, pp. 23. [Macon, Protat.]

— Les cotonnades japonaises en Chine. (*Revue indo-chinoise*, Mars 1910, pp. 258/259.)

— Mouvement commercial [en Chine]. (*Bull. Com. Asie franç.*, Février 1910, pp. 98/99.)

— Le commerce de T'ien-tsin. (*Revue indo-chinoise*, Juin 1910, pp. 570/572.)

— Le commerce d'importation dans la Chine intérieure. Par le Docteur J. Legendre. (*Ibid.*, Juillet 1910, pp. 1/6.)

— Le commerce de Fou-tchéou. Rapport de M. Leduc, consul de France. (*Asie franç.*, Août 1910, pp. 364/365.)

Extrait du *Moniteur officiel du Commerce.*

— La crise de Changhai. (*Asie franç.*, Bull., Nov. 1910, pp. 489/490.)

— Le commerce de la Chine avec l'étranger en 1909 Par Tanant, Officier des Douanes chinoises. (*La Géographie*, 15 déc. 1910, pp. 423/424.)

Communiqué par Mr Henri Cordier.

(Ouvrages divers.)

Os progressos da China sob o ponto de vista economico. (*Bol. Soc. Geogr. Lisboa*, 28e sér., 1910, pp. 158/159.)

A propos d'une conférence faite à la Société de Géographie de Paris par M. Casenave, ministre plénipotentiaire.

— Les Habitudes commerciales des Chinois. (*A travers le Monde*, XVI, 1910, pp. 46/47.)

— Fernand Roy. — Statuts de la Banque impériale de Chine. — Traduction. Extrait du « Bulletin de l'Association Amicale Franco-chinoise », vol. 3, n° 1. — Janvier 1911. — Paris, Paul Dupont, 1911, in-8, pp. 8.

Les statuts ont été publiés en chinois comme annexe à un rapport au Trône présenté par le Tou-tche-pou, ou Ministère des Finances, sur les règlements particuliers des banques en Chine.

— Lettre de Changhai. Signée : Félicien Vin. (*Soc. de Géogr. comm. Paris, Bull.*, Février 1911, pp. 154/155.)

Changhai, 23 janvier 1911.

— *** Le commerce extérieur en 1909 et 1910 (lettre d'Angleterre). (*Econ. Fr.*, 15 juillet 1911.)

— * P. Dreyfus. Chine : les importations et exportations. (*Ibid.*, 16 et 23 sept. 1911.)

— Liquidation de la Compagnie asiatique de navigation. (*Asie franç.*, Sept. 1911, p. 427.)

De Changhai à Ningpo, et sur le Yang-tseu.

— Le rachat du syndicat du Yunnan. (*Ibid.*, pp. 427/428.)

— Le commerce extérieur en 1910. (*Ibid.*, Oct. 1911, pp. 468/469.)

— La China Merchants Steamship Co. Par Jourkin. (*Revue indo-chinoise*, Déc. 1911, pp. 654/656.)

Du *Journal de Pekin.*

— Le commerce étranger en Chine et la Révolution chinoise. Traduit du *Kobe Herald* par G. Giraud. (*Revue indo-chinoise*, Déc. 1911, pp. 664/665.)

— Chine. — Moyens propres à développer le commerce en Chine. (*Bull. Soc. Géogr. Lille*, 1911, 2e sem., pp. 188/189.)

Des *Daily Consular and Trade Reports.*

— La Pénétration commerciale au Kouang-Si. (*A travers le Monde*, XVII, 1911, p. 264.)

— Aldo Peregrini. — L'attuale condizione del mercato di Hankow. (*L'Esplorazione commerciale*, Milano, 18 marzo 1912, pp. 37/38.)

— Le développement commercial et industriel de la Chine nouvelle. (*Asie franç.*, Juin 1912, pp. 252/253.)

— * Les Grands Marchés d'Extrême-Orient (Chine et Japon). Une campagne d'Attaché commercial, par Fernand Pila, Consul de France, Attaché commercial pour les pays d'Extrême-Orient.

Notice : *Soc. de Géogr. comm. Paris*, Bull., Juillet 1912, pp. 495/496. Par Paul Labbé.

— Le régime des marques de fabrique et de commerce en Chine. (*Asie franç.*, Nov. 1912, p. 494.)

— Habileté commerciale en Chine. (*Bull. Soc. Géogr. Rochefort*, XXXIV, 1912, pp. 127/128.)

De la *Gazette de Francfort.*

Envoi de volailles à l'état d'œufs. — De Swatow à Bangkok ; les oies et les canards réussissent, pas les poulets; en une seule année, 41,930.035 œufs éclos.

— * Südchina. Wirtschaftliche Verhältnisse (Nr. 16 der « Kommerziellen Berichte » herausgegeben vom k. k. österreichischen Handelsmuseum) von k. u. k. Generalkonsul Dr. Karl Bernauer in Shanghai. Wien, 1912, Kommissionsverlag Manz.

Notice : *Mitt. k. k. geogr. Ges. Wien*, Bd. LVI, 1913, pp. 191/192.

(Ouvrages divers.)

— Arabic and Chinese Trade in Walrus and Narwhal ivory by Berthold Laufer. (*T'oung Pao,* Juillet 1913, pp. 315/370.)

Avec un Addenda par Paul Pelliot, pp. 365/370.

Notice : *Journ. N. C. B. R. As. Soc.*, XLV, 1914, pp. 150/151, by S. C.

— Wilhelm von Kries. — **Seezollverwaltung und Handelsstatistik in China.** (Kiel. Universität. Institut für Seeverkehr und Weltwirtschaft. Probleme der Weltwirtschaft. Schriften des Instituts. [v.] 13.) Jena : G. Fischer, 1913, pp. x-111, in-4.

— Le commerce extérieur de la Chine en 1912. (*Revue indochinoise*, Sept. 1913, pp. 363/365.)

D'après les statistiques des Douanes.

— Le commerce de la Chine en 1912. (*Bull. économique Indochine*, n° 104, Sept.-Oct. 1913, pp. 940/946.)

— Chinese Credit. (*The National Review*, 15 nov. 1913, pp. 547/548.)

— * Chine. Le commerce de Hoi-hao en 1912, par G. D. de la Prade, vice-consul de France. 23 pages in-8.

Supplément n° 1063 du *Moniteur officiel du Commerce*, 4 déc. 1913.

— * Engineering Society of China, Report and Proceeding 1913—1914.

— Les relations économiques de la France avec l'Extrême-Orient. Par Pascal Forthuny. (*Bull. Assoc. amic. franco-chinoise*, Janvier 1914, pp. 25/28.)

— Une concession à la Standard Oil Company. (*Asie franç.*, Mars 1914, pp. 120/121.)

— Le marché chinois. Commerce et industrie Par Fernand Pila. (*Asie franç.*, Mai 1914, pp. 188/191.)

— Conditions générales du marché de Chine pendant le deuxième semestre 1913. Par Ch. Chenet, Attaché commercial de l'Indochine pour la Chine et le Japon. (*Bull. écon. Indochine*, n° 108, Mai-Juin 1914, pp. 246/328, tableaux.)

— Idem. (Le marché des soies ; le marché du thé ; suite et fin.) (*Ibid.*, n° 109, Juillet-Août 1914, pp. 545/586.)

— Le commerce en Chine des sacs et des nattes de toute nature. Par Ch. Chenet, Attaché commercial de l'Indochine à Shanghai. (*Bull. écon. Indochine*, n° 111, Janvier-Février 1915, pp. 44/66.)

— Nanking 8 per cent. Military Bonds. (*The Chinese Review*, vol. I, June 1914, p. 115.)

— Note sur le *Houa fou-lou* du *Ming Che*. Par Gabriel Ferrand. (*Journ. asiat.*, Juillet-Août 1914, pp. 157/160.)

— * W. P. Wei. — The Currency Problem in China. New York, 1914.

— British Trade in China. (*Journ. Central Asian Soc.*, I, 1914, Pt. III, p. 59.)

— China needs experts : and how to get them. By Chin-Chun Wang. (*Far Eastern Rev.*, June 1915, pp. 30/33.)

(Ouvrages divers.)

— Finance in China. By Srinivasa R. Wagel. Shanghai : *North China Daily News and Herald*.

Notice : *Lond. & China Express*, January 29, 1915, p. 81. — Voir col. 3459.

— Chinese Currency and Banking. By Srinivasa R. Wagel. Shanghai : *North China Daily News and Herald.*

Notice : *Lond. & China Express*, July 7, 1915.

— Note sur le commerce de la soie à Canton du 1er mai 1914 au 31 Mars 1915. Par C. Crépin, Vice-Consul, Interprète chancelier du Consulat de France à Canton. (*Bull. écon. Indochine*, n° 112, Mars-Avril 1915, pp. 195/201.)

— Renseignements sur l'importation des couleurs et teintures au Yunnan. (*Ibid.*, n° 112, Mars-Avril 1915, pp. 239/242.)

— La situation économique [en Chine]. (*Asie franç.*, Avril-Juillet 1915, p. 75.)

— Trading with the Enemy in China. (*United Empire*, July 1915, p. 497.)

— Le commerce extérieur de la Chine en 1914. (*Revue indochinoise*, Juillet-Août 1915, pp. 160/164.)

— China and British Trade. (*United Empire*, Sept. 1915, p. 643.)

— Le commerce étranger de la Chine en 1914. Traduction de M. H. Maury. (*Bull. écon. Indochine*, n° 115, Sept.-Oct. 1915, pp. 774/781, tableaux.)

Du *Far Eastern Review*.

— Enquêtes économiques en Chine. Par D. A. F. Legendre. (*Bull. Soc. Géogr. comm.*, Oct.-Nov.-Déc. 1915, pp. 273/283.)

Yunnan-fou, 7 juillet 1914

— Commerce général de Ch'ong-King. Année 1914. Par Marcel Baudet, Gérant le Vice-Consulat de France. (*Bull. écon. Indochine*, n° 117, Janvier-Février 1916, pp. 75/92.)

— Le commerce du port de Swatow en 1915. Par R. Soulange Teissier, Vice-consul de France. (*Ibid.*, pp. 110/113.)

— Les achats de la Chine au dehors. (*Asie franç.*, Janvier-Mars 1916, p. 48.)

— Rapport commercial de la ligne Haiphong-Yunnanfou pour l'année 1915. (*Bull. écon. Indochine*, n° 118, Mars-Avril 1916, pp. 199/253.)

— Rapport commercial de la ligne Haiphong—Yunnanfou pour l'année 1918. (*Ibid.*, n° 139, 1919, pp. 838/893.)

— Transit Yunnan-Hongkong. (*Bull. écon. Indochine*, n° 118, Mars-Avril 1916, pp. 270/278.)

— Trade Organization and Trade Controle in China. By Albert C. Muhse. (*Amer. Econ. Rev.*, June 1916, pp. 309/323.)

— * The Tariff Probleme in China. By Chin Chu, Ph. D. New York : Columbia University, Longmans, Green & Co.

Notice : *Journ. N. C. B. R. As. Soc.*, XLVIII, 1917, pp. 213/215. By G. L.

— * T. M. Ainscough. — British Trade in China, 1916.

— Le commerce du thé en Chine. (*Bull. écon. Indochine*, n° 121, Sept.-Oct. 1916, pp. 664/665.)

Du *Bulletin commercial d'Extrême-Orient* n° 1, Sept. 1916.

— Le commerce extérieur de la Chine en 1915. Par H. M. (*Bull. écon. Indochine*, n° 122, Nov.-Déc. 1916, pp. 819/825.)

Extrait du rapport de M. E. F. Taylor, secrétaire de la statistique des Douanes chinoises.

(Ouvrages divers.)

— Le commerce extérieur de la Chine en 1917. (*Bull. écon. Indochine*, n° 134, 1919, pp. 83/98.)

Extr. du Rapport de M. E. F. Taylor, sec. de la Statistique des Douanes chinoises.

— Le commerce extérieur de la Chine en 1916. Traduction de H. Maury, Inspecteur des Services Agricoles et Commerciaux. (*Bull. écon. Indochine*, n° 125, 1917, pp. 361/378.)

Extr. d1 Rapport de M. E. F. Taylor, secrétaire de la Statistique des Douanes Chinoises pour l'année 1916.

— L'Exportation Française en Extrême-Orient. Rapport du Délégue Général de l'Union Nationale, M. Daltroff. (*La France Universelle, Revue d'expansion française illustree*, 1er avril 1917, pp. 3/8.)

— Reviving the Cotton Piece-goods Trade with China. By Howard Ayres. (*Asia*, May 1917, p. 219.)

— The Ways of Chinese Business. By Richard Washburn Child. (*Asia*, July 1917, pp. 341/348; ill.)

— Profits on Investments in China. (*Ibid.*, pp. 378/379.)

— Foreign Loans and Trade with the Far East. (*Ibid.*, June 1917, pp. 302/305, ill., by L. W. S.)

— Handel und Verkehrswege in China. (*Mitt. k. k. geogr. Ges. China*, Bd. 60, 1917, pp. 72/78.)

— * J. H. de Reus. — Economische toestand van China in 1916. (*Econ. Verslagen* Haag, XI, 1917, No. 3.)

— * H. — Chineesche Kaneel, geschiedenis en gebruik. (*De Indische Mercuur*, 40ste Jg., No. 30, Juli 1917.)

— The Trade of Asia. (*Asia*, Aug. 1917, pp. 468/471; ill.)

— * List of the Principal Foreign and Chinese Industrial Enterprises in China and Hongkong. Revised to December 31st 1917. Shanghai, 1918, in-fol., pp. 60.

— * F. J. H. Geraets. — De spoorwegen in China en hunne economische beteekenis. (*Econ. Weekbl.*, 1ste Jg., blz. 343, 1918.)

— Bank Clearings in China. By A. W. Ferrin. (*Asia*, April 1918, pp. 328, 332, 337, ill.)

— The New Chinese Loan. By John Foord. (*Asien*, Sept. 1918, pp. 729/731.)

— E. B. Kielstra. — De Java—China—Japan-lijn. (*Tijdsch. v. Econ. Geogr.*, 10de Jg., No. 1, Jan. 1919.)

— Studies in history, economics and public law edited by the Faculty of Political Science of Columbia University, Volume LXXXVII. [Whole Number 199.] — The Foreign Trade of China by Chong Su See, Ph. D., published under the auspices of the China Society of America New York, U. S. A. New York Columbia University 1919; in-8, pp. 451; appendices, bibliography, et index.

Notices : *T'oung Pao*, Août 1920—1921, pp. 291/292, par H. C[ordier]. — *Journ. N. C. B. R. As. Soc.*, LI, 1920, pp. 199/200, par H. K. W.

— The Chinese on themselves. By E. H. Parker. (*Asiatic Review*, April 1920, pp. 316/322.)

Notices sur *Modern China* de Sih-gung Cheng et de *The Foreign Trade of China*, by Chong Su See.

(Ouvrages divers.)

— T. W. Overlach. — Foreign Financial Control in China. New York, 1919, in-8, pp. 295.

— * An Anglo-Chinese Glossary for Customs and Commercial Use. By C. A. S. Williams. Shanghai. Commercial Press.

Notice : *Journ. N. C. B. R. As. Soc*, L, 1919, pp. 212/213. By M.

— Entrées et sorties des navires et mouvement commercial du port de Haiphong en 1917—1918. (*Bull. écon. Indochine*, n° 137, 1919, pp. 620/639; n° 138, pp. 765/780.)

Extr. de Documents de M. F. Vidry, entrepreneur des docks de la Chambre de Commerce.

Transit Yunnan, pp. 631 et seq.

— Le commerce extérieur de la Chine en 1918. Par H. M. (*Ibid.*, pp. 901/916.)

— Rapport sur le commerce de la Chine en 1919. Par F. S. Unwin, Secrétaire des Statistiques Inspection générale des Douanes à Shanghai [Traduction]. (*Ibid.*, n° 144, Sept.-Oct. 1920, pp. 659/683.)

— * Commercial Handbook of China. Volume II. By Julean Arnold, American Commercial Attaché in China. Published by the Department of Commerce at Washington. 1920.

Notice : *Journ. N. C. B. R. As. Soc.*, LII, 1921, pp. 194/195. By H. H. F.

— * A. Nord. — Die Handelsverträge Chinas. Leipzig, 1920, pp. 215.

Auslandswirtschaft in Einzeldarstellungen, Bd. 5.

— * Yves Guyot. — Le commerce de la Chine. Communication faite à la Société de Statistique de Paris, séance du 18 février. (*Journ. Soc. de Statistique de Paris*, Mars 1920.)

— Le métal argent en Chine. (*Asie franç.*, Mars 1920, pp. 99/100.)

— Répartition du commerce actuel en Extrême-Orient, d'après *The Board of Trade Journal*, 18 mars 1920. (*Bull. écon. Indochine*, n° 146, Janvier-Février 1921, p. 120.)

— * Finance and Commerce. A weekly Review, devoted to the economic development of China, etc.

Notice : *New China Review*, II, Dec. 1920, p. 509.

— Les attachés commerciaux en Extrême-Orient. (*Revue indochinoise*, Mars-Avril 1920, pp. 414/416.)

Extr. de l'article de M. Daltroff dans le *Journal de Pékin*, du 5 février 1920.

— * Chance and Change in China. — By A. S. Roe. London : Heinemann, 1920.

Notice : *Lond. & China Express*, April 22, 1920, p. 211.

— * Merchant Adventurers, 1914—1918. By F. A. Hook, London : A. and C. Black.

Notice : *Ibid.*, June 17, 1920, p. 318.

— * The New Financial Consortium in China. Blue Book, Miscellaneous, No. 9, 1921.

(Ouvrages divers.)

— Le Commerce de la Chine. (*L'Economiste franç.*, 1921, 29 janvier; 5, 12, 19 février.)

Commerce sino-britannique. (*Bull. écon. Indochine*, n° 146, Janvier-Février 1921, pp. 120/121.)

— Article de M. Fernand Jacq dans la *Revue générale de l'Electricité* du 12 février 1921, sur l'Exportation des machines électriques en Chine.

Notice : *Génie Civil*, 28 mai 1921, p. 466.

— * E. J. Dingle & F. L. Pratt. — Far Eastern Products Manual. 1921.

— The Chinese Market. (*United Empire*, May 1921, pp. 318/319.)

— Trade Conditions in China. (*Ibid.*, vol. XII, no. 5, May 1921, p. 388.)

Lettre de Tientsin.

— La situation financière de la Chine depuis 1895 jusqu' à ce jour. (*La Chine*, n° 8, 15 déc. 1921, pp. 575/585 et seq.)

— P. Raubert. — Comment s'y prendre pour développer le commerce français en Chine. (*La Chine*, n° 1, 15 août 1921, pp. 44/49.)

— Pratique du commerce d'importation. Relations avec le Commerçant chinois. Par le Dr Berliner, traduit de l'allemand par J. Ralph. (*Ibid.*, n° 14, 15 mars 1922, pp. 461/481 ; n° 15, 1er avril 1922, pp. 491/507.)

— Dr Berliner, traduit par J. Ralph. — Pratique des affaires d'exportation. (*Ibid.*, 15 juin 1922, pp. 851/864; 1er juillet 1922, pp. 949/958.)

— Principales Places d'exportation en Chine. Par le Dr Berliner. Traduit de l'allemand par J. Ralph. (*Ibid.*, n° 16, 15 avril 1922, pp. 583/594, seq.)

— The Commercial future of China. A New Power for Good at Work. — Bankers and Merchants. By T. Bowen Partington. (*Asiatic Review*, July 1922, pp. 459/467.)

— * Report on Commercial, Industrial and Economic Situation of China in July 1922. 1*s* 9*d*.

— Banking in China Requires Local Control Hongkong and Shanghai Banking Corporations, Success Due to Local Management. By George E. Sokolsky. (*Trans Pacific*, Tokyo, Sept. 1922, pp. 62/66 ; ill. et portr.)

— Last Year Momentous One in China Trade Old Stocks Were Cleared Away, Prices Reduced and Economic Situation Stabilized. By George E. Sokolsky. (*Ibid.*, pp. 71/75 ; ill.)

— Economic China of Today-Growth and Future Healthy Development Shown In Commerce and Industry. With Encouraging Prospects. By M. T. Z. Tyau. (*Ibid.*, Nov. 1922, pp. 46/50 ; ill.)

— Université de Changhai (L'Aurore). — Etude Juridique sur les Effets de Commerce chinois. — Thèse pour le doctorat en droit, par Wang Toen-Tch'ang (R. C., An XI). — Imprimerie de l'orphelinat de T'ou-Sè-Wè. Zi-Ka-Wei. — Chang-Hai. 1922. — In-8, pp. 119-XII-CXII, texte chinois.

— Chapters and documents on Chinese National Banking, par Ray Ovid Hall. — Printed by the Commercial Press, Ltd., Shanghai. — In-8, pp. 126/172.

— * Central and Local Finance in China. A Study of the Fiscal Relations between the Central, the Provincial, and the Local Governments. By Chuan Shih Li, Ph. D., Instructor of Economics in Futan College, Shanghai.

Studies . . . Columbia University, Vol. 99, No. 2.

— * Bulletin Commercial d'Extrême-Orient, organe officiel de la Chambre de Commerce Française de Chine, Changhai.

— * W. H. Hosking. The great Squeeze. Geo. Routledge and Sons.

— * E. J. Dingle. — New Atlas and Commercial Gazetteer of China. — Voir col. 3300.

— * Commercial Map of China (Philips). Edited by Sir Alexander Hosie, M. A. . . . . with Handbook and Index. 55 *s*.

Douanes chinoises.

(Maritime Customs.)

Col. 2188/2204, 3185/3188.

Les Publications des Douanes chinoises forment quatre séries distinctes :

I. — Statistical Series.
II. — Special Series.
III. — Miscellaneous Series.
IV. — Service Series.

Col. 2190.

— China : The Maritime Customs. — I. Statistical Series : No. 6. — Decennial Reports on the Trade, Industries, etc., of the Ports open to Foreign Commerce, and on the Condition and Development of the Treaty Port Provinces 1902—1911. — Third Issue. — Vol. I. — *Northern and Yangtze Ports.* — Published by Order of the Inspector General of Customs. — Shanghai, . . . 1913, in-4, pp. IV-435, cartes, etc.

— — Vol. II. — Southern and Frontier Ports, *with Appendix*, . . . Shanghai, 1913, in-4, pp. V-367, cartes, etc.

— — Vol. III. — Moukden . . . Shanghai, 1913, in-4, pp. VII-42, cartes.

— * Friedr. Hirth. — Die Verwaltung der chinesischen Seezölle. (*Österr. Monatssch. f. d. Orient,* Mai u. Juni 1881.)

— Catalogue of Scientific and Valuable Books and Instruments, belonging to the Estate of the late E. C. Taintor, to be sold by Public Auction, on Tuesday, the 20th August, 1878, Commencing at 10.30 o'Clock A. M. in the Large Room on the ground Floor of Mr. Fisher's Premises, Foochow Road. Hy. Meller, Auctioneer. [Shanghai], in-4, pp. 16.

— British commercial Relations with China, and the Establishment of the Inspectorate general of Chinese Imperial Maritime Customs. (*Board of Trade Journal,* London, vol. XXIV, No. 139, February 1898, pp. 143/150.)

— Les Réformes douanières en Chine. Par Ch. Lemire. (*Bull. Soc. Géog. de l'Est,* 1903, pp. 329/340.)

— Les Douanes impériales maritimes chinoises. Par Aug. Holstein. (*Revue indo-chinoise,* Nov. 1910, pp. 516/518.)

— Le rôle des Douanes maritimes chinoises pendant la révolution. Traduit par G. Giraud. (*Ibid.*, Février 1912, pp. 195/196.)

Du *Hongkong Daily Press,* 19 janvier.

— Les recettes des douanes maritimes. (*Asie franç.*, Janvier 1913, pp. 39/40.)

— Les recettes des douanes. (*Ibid.*, Janvier 1914, p. 39.)

— La France et le relèvement des tarifs douaniers chinois. (*Ibid.*, Mars 1914, pp. 119/120.)

— Maritime Customs Revenue. (*The Chinese Review,* Vol. I, June 1914, p. 116.)

— Increase in Customs Revenue. (*Ibid.*, July 1914, p. 174.)

— Les recettes des Douanes Impériales chinoises. (*Asie franç.*, *Bull.*, Janvier-Mars 1917, p. 48.)

— Le rendement des Douanes. (*Ibid.*, Janvier-Avril 1918, p. 48.)

— Obituary. Sir Robert Bredon. (*Lond. & China Express,* July 10, 1918, p. 372.)

— * Sir Robert Bredon. — China : Tariff Revision and Inland Taxation Questions Allied Thereto.

— Le régime douanier chinois. (*La Chine,* n° 19, 1er juin 1922, pp. 801/807.)

Extrait du *Bull. Commercial d'Extrême-Orient,* Changhai, avril 1922.

— Le régime douanier chinois. Par A. Janvier. (*Moniteur d'Indochine,* n° 182, Juillet 1922.)

Col. 2203.

— Les Douanes impériales Maritimes chinoises. (Henri Cordier, *Mélanges d'hist. et de géogr. orientales,* II, 1920, pp. 194/211.)

Extr. du *Temps,* 15 et 16 août 1908.

— Idem. (*Ibid.*, pp. 212/229.)

Extr. du *Bulletin du Comité de l'Asie française,* Mai 1902, et du *T'oung Pao,* Oct. 1902 ; réimp. en 1905.

(Douanes chinoises.)

— Les Douanes chinoises par *** (*Revue du Pacifique,* 1ère année, N° 2, Juin 1922; pp. 37/49 · *ibid.*, N° 5, Sept. 1922, pp. 51/61.)

Sir Robert Hart.

Col. 2204.

Remplacé en Oct. 1911, par Sir Francis A. Aglen.

— Le départ de Sir Robert Hart. (*Bull. Com. Asie franç.*, Avril 1908, pp. 153/154.)

— Robert Hart. (*Revue indo-chinoise,* 30 mai 1908, p. 791.)

D'après le *Yu-louen Pao, Echo de Chine.*

— Départ de Sir Robert Hart. (*Revue indo-chinoise,* 30 mai 1908, p. 792.)

D'après le *N. Ch. Herald, Echo de Chine.*

— Sir Robert Hart. The Romance of a Great Career (1835—1898). Told by his niece Juliet Bredon. With photogravure portrait and thirty-two Illustrations. London : Hutchinson & Co., 1909, in-8, pp. VIII-252.

Notice : *Journ. N. C. B. R. As. Soc.*, XL, 1909, p. 122. By J. C. F.

— Sir Robert Hart. Deceased Sept. 20, 1911. (*Lond. & China Express,* Sept. 22, 1911, pp. 674/675.)

† Fingest Grove, Marlow.

— In Memoriam. — Sir Robert Hart, Bart., G. C. M. G. By P. H. K. (*Journ. N. C. B. R. As. Soc.*, XLII, 1911, p. 233 ; portr.)

— Sir Robert Hart. (*Asie franç.*, Sept. 1911, pp. 413/414.)

— Sir Robert Hart. Nécrologie. Par H. C[ordier]. (*T'oung Pao,* Oct. 1911, p. 563.)

— Sir Robert Hart. Nécrologie. (*T'oung Pao,* Oct. 1911, pp. 563/567.)

Extr. du *Times.*

— Sir Robert Hart. Par Henri Cordier. (*Le Correspondant,* 10 février 1912, pp. 503/518.)

— Sir Robert Hart. Door Henri van der Mandere-Haarlem. — H. D. Tjeenk Willink & Zoon, pp. 40; portr.

Fait partie de *Mannen en Vrouwen van Beteekenis.* — Deel XLI.

Postes.

Col. 2204.

— * China Imperial Postal Guide. Peking, Pei-t'ang Press, 1899, in-8, pp. 174.

En anglais et en chinois. — Tiré à 500 exempl.

— La Poste en Chine. (*A travers le Monde,* V, 1899, p. 92.)

— Les Postes françaises en Chine. (*Ibid.*, XI., 1905, p. 356.)

— * Postage Stamps of China, 1878—1905. (J. Mencarini, *Customs Trade Returns,* 1905. — Part. I. Appendix M.)

(Sir Robert Hart.)

— Bureaux des Postes et Télégraphes en Chine. — 31 août 1907. — Chang-hai, Imprimerie de la Mission catholique à l'Orphelinat de T'ou-sè-wè. — 1907, in-16, pp. 50.

— Le nouveau service postal pour la Chine. (*Chine Ceylan Madagascar*, Déc. 1907, p. 65.)

— Les Postes en Chine. (*Revue indo-chinoise*, 15 mars 1908, pp. 390/391.)

D'après la *Hongkong D. P.* et *l'Avenir du Tonkin.*

— Courriers postaux étrangers. (*Revue indo-chinoise*, 15 août 1908, p. 201.)

D'après le *Japan Times*, *Echo de Chine.*

— Les Postes et les Télégraphes [en Chine]. (*Revue indo-chinoise*, 15—30 sept. 1908, pp. 446/447.)

D'après *l'Echo de Chine.*

— Postämter in China. (*Deutsche Rundschau f. Geogr. u. Stat.*, XXXI, 1908—1909, p. 230.)

— La réorganisation des postes chinoises. (*Bull. Com. Asie franç.*, Février 1909, p. 81.)

Extr. du *North China Herald.*

— Les postes chinoises. (*Bull. Com. Asie franç.*, Avril 1909, p. 176.)

— * Ein deutscher Reiterposten in Schantung. Von M. Pfeiffer, Oberveterinär im III. Seebataillon, Tsingtau. Mit 121 Bildern, meist nach eigenen Aufnahmen des Verfassers, und 9 Tafeln. Berlin, 1909, Dietrich Reimer.

— Das moderne Postwesen in China. (*Deutsche Rundschau f. Geogr. u. Stat.*, XXXII, 1909—1910, pp. 130/131.)

— Création d'un service postal entre la Chine et le Tibet par l'Inde. (*Revue indo-chinoise*, Janvier 1910, pp. 96/97.)

— Les Postes chinoises au Yunnan. (*Ibid.*, Avril 1910, pp. 343/344.)

— Le service chinois des postes. (*Asie franç.*, Mai 1911, p. 252.)

— Le service des postes. (*Ibid.*, *Bull.*, Juin 1911, pp. 300/301.)

— Le transfert du Post-Office. (*Revue indo-chinoise*, Oct. 1911, pp. 424/425.)

De *l'Echo de Chine.*

— Le nouveau timbre poste chinois. (*Asie franç.*, Avril 1912, p. 161.)

— Chinese Phonography. — First edition. — 1912, in-8, pp. VIII + 1 f. n. ch. + pp. 16 + pp. 34 de texte chinois.

Préface : Chinese Post Office. Canton, 13th July, 1912. — Cheung Man-ling.

Notice : *Lond. & China Express*, Dec. 13, 1912.

— Die deutsche Post in der Türkei, in China und in Marokko unter besonderer Berücksichtigung der anderen fremden Postanstalten in diesen Ländern. Von Dr. jur. et rer. pol. Max Andersch, Postinspektor in Berlin. — Mit drei Karten. — Berlin, 1912, R. v. Decker, in-8, pp. 183.

— New Chinese Commemorative Stamps. By H. A. Ramsden. (*The Numismatic and Philatelic Journal of Japan*, January 1913, pp. 6/9.)

— Changhai et le service postal aérien. (*Asie franç.*, Février 1921, p. 74.)

— Post Office Demonstrates Chinese Ability Abolition of Foreign Offices. Step Towards Abolition of Extra-Territorial Rights. By George E. Sokolsky. (*Trans-Pacific*, Tokyo, Nov. 1922, pp. 75/76.)

∴

Col. 2205.

— Index to the Postal Working Map. Published for the use of the Postal Service. By the Inspector General of Customs and Posts. Peking, Printed at the Lazarist Press, 1904, in-4, pp. 172.

— China. — Ministry of Posts and Communications. — Directorate general of Posts. — II. Public Series : No. 2. — Report on the Working of the Chinese Post Office, for the 3rd year of Hsüan t'ung, of the former Ch'ing Dynasty (1911). (English and Chinese texts.) Eighth issue. — Shanghai : Supply Department of the Directorate general of Posts. — 1912. [Price $ 0.50], in-4, pp. 38, carte + pp. 54 texte chinois.

— Chine. — Ministère des Communications. — Direction générale des Postes. — — II. Série publique : n° 2. Rapport de l'Administration des Postes Chinoises pour l'année 1917 (Sixième année de la République). Quatorzième publication. — Shanghai : Publié au Secrétariat des Fournitures postales de la Direction générale des Postes. . . — 1918, in-4, pp. 36 + 43 pp. texte chinois.

— Enclosure to «Report on the Working of the Chinese Post Office» for The Sixth Year of Chung-Hua Min-Kuo (1917) and 7th issue of The Postal Guide. — *Postal Map of China.* — Published by the Directorate General of Posts 1918.

— — Rapport pour l'année 1919 (Huitième année de la République). . . . Shanghai, 1920, in-4.

— — Rapport pour l'année 1920. (Neuvième année de la République). . . . Shanghai, 1921, in-4.

— Chine. — Ministère des Communications. Direction générale des Postes, Rapport de l'Administration des Postes chinoises pour l'année 1921 (Dixième année de la

République) comprenant l'historique de la Poste pour le quart de siècle (1896—1921). Changhai . . . 1922. [Traduit de l'anglais], in-4, pp. 133, pl. et grav.

II. — Série publique : n° 2.
Les pl. renferment des reproductions des timbres.

— Postal Map of China, 1918, voir col. 3300.

— Atlas postal de la Chine, 1919, voir col. 3300.

(Divers.)

— Chine. — Ministère des Communications. — Direction générale des Postes. — II. Série publique : C. d'É. P. N° 1. Rapport sur les Opérations de la Caisse d'Épargne Postale pour l'année 1919 (Huitième année de la République). Première Publication. Shanghai, 1920, in-4, pp. 27.

— La suppression des postes étrangères en Chine. Par Ernest Outrey. Député de Cochinchine, Délégué du Cambodge au Conseil Supérieur des Colonies. (*Revue du Pacifique*, 1ère année. N° 6, Oct. 1922, pp. 56/57.)

(Divers.)

III. — PORTS OUVERTS AU COMMERCE ÉTRANGER.

Col. 2207/2287, 3187/3192.

Ouvrages divers.

Col. 2211/2213, 3187.

— * J. Ralph. — Alone in China, and other Stories. Illustrated by Weldon, London, 1877, in-8, pp. xi-388; ill.

— * The Shen's Pigtail and other Cues of Anglo-China Life. By Mr. M., 1894, in-12, pp. 246.

— The Treaty Ports of China. (*Board of Trade Journal*, London, vol. XXIV, no. 139, February 1898, p. 227.)

— * O. G. Ready. — Life and Sport in China, 1903, in-8; ill.

— * Dolly. — China Coasters. — Tales, Hongkong, 1903, in-8, pp. 152.

— Les principaux ports de commerce de l'Extrême-Orient. Par V. F. (*Revue indo-chinoise*, 15 juillet 1906, pp. 1080/1081.)
D'après la *Rangoon Gazette*.

— * R. W. Thompson and John Griffith. — The Story of Fifty Years in China. London, 1906, in-8, pp. xvi-544, ind., 2 photogr. et 16 ill.

— * A Millionaire's Courtship. By Mrs. Archibald Little. T. Fisher Unwin, London.

Notice : *Journ. N. C. B. R. As. Soc.*, XXXVII, 1906, p. 215. By J. C. F[erguson].

— * Gleanings from Fifty Years in China. By the late Archibald Little. Revised by Mrs. Archibald Little. London : Sampson Low, Marston and Co., 1910.

Notices : *Lond. & China Express*, Nov. 18, 1910. — *Journ. N. C. B. R. As. Soc.*, XLII, 1911, p. 240. — *Geogr. Journ.*, April 1911, pp. 437/438.

— * Seaports of the Far East : Historical and Descriptive, Commercial and Industrial Facts, Figures, and Resources, 1907, in-4, pp. ii-300, with over 200 illustrations.

The Far East in general—Hongkong—Shanghai—Manila—Singapore.

— Twentieth Century Impressions of Hongkong, Shanghai, and other Treaty Ports of China : their History, People, Commerce, Industries, and Resources. — Editor-in-Chief : Arnold Wright (London). Assistant Editor : H. A. Cartwright (Hongkong and Shanghai). — London, Durban, Perth (W. A.), Colombo, Singapore, Hongkong, Shanghai, Bangkok (Siam), Batavia (Netherlands India) and Cairo : Lloyd's Greater Britain publishing Company, Ltd. 1908, in-4, pp. 848.

— * J. C. Grew. — Sport and Travel in the Far East. London : Constable & Co., 1910, in-8, pp. xiv-264.

Notice : *United Empire*, Sept. 1910, p. 873.

— I «Settlements» europei e le Concessioni in fitto nella Cina di Andrea Galassi Dottore in Scienze Sociali. — Studio storico-giuridico. — Firenze, Tipografia di Mariano Ricci, 1910, in-8, pp. 65.

— Houseboat Days in China. By J. O. P. Bland. Illustrated by W. D. Straight. London, Edward Arnold, 1909, in-8. pp. ix-289; carte.

(Ouvrages divers.)

— Houseboat Days in China. By J. O. P. Bland. Illustrated by W. D. Straight. Cover Design and Frontispiece by Mrs. Ronald Macleod. 1919. — London: William Heinemann, in-8, pp. VIII-289; carte.

Notices : *Lond. & China Express*, July 10, 1919, p. 423. — *La Géographie*, XXXV, Mai 1921, pp. 545/546 par Chassigneux.

— Sixty Years' Life and Adventures in the Far East. By John Dill Ross. With 25 Illustrations, including three Photogravure Plates and a Map. London: Hutchinson and Co., 1911, 2 vol. (voir Col. 4041).

Notice : *Lond. & China Express*, Nov. 10, 1911, *Suppl.*, pp. 6/7.

— Le costume européen en Chine. Débouché pour les chapeaux et les chaussures. (*Asie franç.*, Oct. 1912, pp. 450/451.)

— Hafenkolonien und kolonieähnliche Verhältnisse in China, Japan und Korea. Eine kolonialpolitische Studie von Dr. Ernst Grünfeld, Privatdozent an der Universität Halle. Mit 3 Kartenbeilagen. Jena, Gustav Fischer, 1913, in-8, pp. VII-236.

— Opening of Chinese Ports. (*Journ. Central Asian Soc.*, I, 1914, Pt. III, p. 59.)

— Villes ouvertes au commerce étranger. (*Asie franç.*, Janvier 1914, p. 39.)

— Villes et ports de Chine ouverts au commerce international. Par A. Vissière. (*Journ. Asiat.*, Juillet-Août 1914, pp. 161/173.)

— Nuovi porti aperti in Cina. (*Boll. R. Soc. Geogr. Roma*, 1° Giugno 1915, p. 691.)
De la *Géogr.*, Paris, Avril 1915.

— * A Merry Banker in the Far East (and South America). By Walter H. Young, London: John Lane.

Notice : *Lond. & China Express*, March 14, 1916, p. 178.

— * Tai, En Sai. — Treaty Ports in China (A Study in Diplomacy). New York, 1918.

— A few remarks by Professor Herbert A. Giles, LL. D. (*New China Review*, No. 1, March 1919, pp. 4/6.)

— The Open ports of China. By E. T. Williams University of California. (*Geogr. Review*, vol. IX, April-Mai-June 1920, pp. 306/334; ill. and map.)

— * Lieut. C. Cradock. — Sporting Notes in the Far East.

Listes de Résidents étrangers.

Col. 2213, 3187.

— Les Etrangers en Chine. — Les Ports ouverts ou Ports à traité. (*A travers le Monde*, X, 1904, p. 71.)

— Les Chinois et les concessions étrangères. (*Bull. Com. Asie franç.*, Juillet 1906, p. 284.)

— La popolazione straniera in Cina nel 1920. (*Boll. R. Soc. Geogr. ital.*, Agosto-Settembre 1921, p. 370.)

— * Carroll Lunt. — The China Who's Who 1922. Shanghai, 1922.

— * Who's Wo in China. Shanghai. Millard's Review.

Notice : *Journ. N. C. B. R. As. Soc.*, LII, 1921, p. 202.

PIDGIN ENGLISH.

Col. 2214.

— * G. C. Leland. — Pidgin-English Sing-Song or, Songs and Stories in the China-English Dialect. With a Vocabulary. 9th edition. 1918, in-12.

— * A. P. Hill. — Vocabulary of Pidgin English. Shanghai, 1920.

— * Pidgin Inglis Tails. By F. W. Airey. Shanghai, 1920.

Nieou-tchouang 牛莊 (*Ying k'eou* 營口)

— Les améliorations du port d'Inkoou. (*Asie franç.*, Oct. 1911, p. 470.)

Ts'in-wang-tao 秦王島.

Arrondissement de Fou-ning hien, Tche-li. — Ouvert par dépêche du Tsoung-li Yamen du 31 mars 1898.

— Capitaine Chaudron. — Tsinn-Wang-Tao (Le Port de l'Est de la Chine). (*Revue des Troupes Coloniales*, 1908, II, pp. 129/149.)

— Tching-ouan-tao. — Un Port naissant de la Chine du Nord e la Traite des Jaunes. Par Pont-Pinet. (*A travers le Monde*, XI, 1905, pp. 125/126, carte.)

T'ien-tsin 天津.

— * Tien-Tsin après la défaite des Boxeurs. Par M. Villetard de Laguérie. (*Tour du Monde*, n° 41 de-12-10-901.)

— Mort du Dr Laville, directeur de l'Ecole de Médecine de Tien-tsin. (*Bull. Com. Asie franç.*, Sept. 1904, pp. 438/439.)

— Les concessions étrangères à Tien-tsin. Par A. E. Huckel. Elève administrateur. (*Revue indo-chinoise*, 30 déc. 1907, pp. 1833/1835.)
(*Ostasiatische Lloyd*, 1er nov. 1907.)

— Situation commerciale de Tientsin. (*Revue indo-chinoise*, 30 juin 1908, p. 938.)
D'après l'*Echo de Tientsin*.

— La situation monétaire à Tien-tsin. (*Bull. Com. Asie franç.*, Avril 1909, pp. 177/178.)
Rapport de M. Claudel, consul de France à Tien-tsin. (*Moniteur officiel*, 8 avril 1909.)

— Giuseppe de' Luigi Delegato della Missione Italiana in Cina. — Tientsin e la Concessione Italiana. — Estratto dal Fasc. VIII (Agosto 1910) del *Bollettino della Società italiana di Esplorazioni geografiche e commerciali*. — Tip. della

Soc. « La Stampa Commerciale », Milano. gr. in-8, pp. 16; carte.

Pages 12/18, texte de « Accordo con la Cina per il ‚Settlement' di Tientsin ».

— * La Concession belge de Tientsin carte. (*Chine et Belgique,* Novembre 1913.)

— * A Sportsman's Miscellany. By Arthur de Carle Sowerby. Tientsin: Tientsin Press, 1917, pp. 226-VIII. Illustrations.

— Obituary. Mr. Bromley Eames. (*Lond. & China Express,* July 4, 1916, p. 415.)

Professor of Law at the Imperial University of Tientsin 1898 to 1900 ; † at Bath, 1st July 1916.

— Ligue patriotique des mendiants [à Tien-tsin]. (*Rel. de Chine,* Kiang-Nan, Juillet-Oct. 1920, p. 392.)

De l'*Echo de Chine.*

— Il Commercio di Tientsin. (*Boll. R. Soc. geogr. ital.,* Agosto-Sett. 1921, p. 370.)

— Musée-Laboratoire de Tien-tsin. (*Chine Ceylan Madagascar,* Sept. 1921, p. 182.)

Dirigé par le P. Licent

— A l'Arsenal de Tien-tsin. (*Ibid.,* Sept. 1922, p. 195.)

— Tientsin's Native Industries the Turning Point of Chinese Industry. By O. D. Rasmussen. (*Far Eastern Review,* October 1922, pp. 613/619; ill.)

— Un Institut de Hautes Etudes à Tien-Tsin. Par Paul Jubaru S. J. (*Ibid.,* Mars 1923, pp. 5/10; ill.)

— * *L'Echo de Tientsin.*

Quotidien.

Loung-k'eou.

— La città di Lungcou (Sciantung). (*Boll. R. Soc. Geogr.,* Roma, 1° agosto 1914, p. 916.)

— Le port de Long-k'eou, nouvellement ouvert en Chine. Par A. Vissière. (*La Géographie,* Avril 1915, pp. 211/214; carte.)

Kiao-tcheou 膠州.

Voir col. 3310.

— Die Bevölkerung von Kiautschou. (*Deutsche Rundschau f. Geogr. u. Stat.,* XXX, 1907—1908, p. 134.)

— Prahl. — Ueber Selbstmorde bei den Chinesen unter besonderer Berücksichtigung des deutschen Schutzgebiets Kiaoutschou und der Provinz Schantung. (*Arch. Rassenbiol.,* München, V, 1908, pp. 669/706.)

— E. Präger. — Chinesisches Volksleben in Kiautschou. (*Aus d. Schule,* Leipzig, XX, 1908, pp. 336/340, 382/384.)

— Wilhelm Schüler. — Volksgebräuche zur Zeit der Dürre im Hinterland von Kiaoutschou. (*Zeitsch. Missionskunde,* Heidelberg, XXIV, 1909, pp. 152/155.)

— Kiao-chou. By C. M. Salwey. (*Asiat. Review,* Nov. 16, 1914, pp. 426/430.)

— William Blane. — Tsingtau and its significance : with some impressions from a recent visit. (*Nineteenth Century,* Dec. 1914, pp. 1213/1226.)

— The Fall of Sei-to (Tsing-tao) and its aftermath. By Shinji Ishii. (*Asiat. Review,* January 1, 1915, pp. 17/21.)

— The Kiao-chow Problem. — After The Decision of The Peace Conference. (*Far Eastern Pol. Science Review,* I, No. 1, Sept. 1919, pp. 61/84.)

Chang-hai 上海.

OUVRAGES DIVERS.

Col. 3187/3192, 3314/3315.

— « The Battle of Muddy Flat » (4 april 1854). By C. J. Dudgeon. (*United Empire,* June 1914, pp. 476/482.)

— The Battle of Muddy Flat. — Réimp. dans la *National Review.* Voir col. 2219/2220.

— Commerce de quelques ports étrangers 1870—1872. (Mers des Indes, de Chine et du Japon.) — Bombay. — Calcutta. — Akiab. — Rangoon. — Maulmein. — Pinang. — Singapore. — Shanghai. — Osaka. — Yokohama. — Kanagawa. — Manille. Par J. Aubert. (*Revue mar. et coloniale,* XXXVII, Mai 1873, pp. 535/561.)

Tiré des *Annales du Commerce extérieur* (1872 et 1873); du *Recueil consulaire belge* (1872 et 1873) et du *Rapport* de M. Ed. Renard (1869).

— La Concession de Changhai. (*A travers le Monde,* V, 1899, pp. 93/94 ; plan.)

— Verse & Worse Selections from the Writings of Tyng-Chia (J. O. P. Bland). With Illustrations by W. D. Straight — Published in Shanghai. A. D. 1902, in-8, pp. VI-154 + 2 ff. n. ch.

Printed by the *Oriental Press,* Shanghai.

— St. John's College, Shanghai. By Rev. F. L. Hawks Pott, D. D. (*East of Asia,* Special Number, June 1904, pp. 125/128.)

— * C. M. Dyce. Personal Reminiscences of Thirty Years' Residence in the Model Settlement, Shanghai, 1870—1900. 1906, in-8, pp. 238.

— La cour mixte de Changhai. (*Bull. Com. Asie franç.,* Juin 1906, p. 257.)

— Les Chinois et la concession internationale de Changhai. (*Ibid.,* Juin 1908, p. 251.)

— The Library. (*Journ. N. C. B. R. As. Soc.,* XXXIX, 1908, pp. 161/163.)

— L'extension de la concession de Chang-hai. (*Revue indo-chinoise,* 15—30 sept. 1908, p. 446.)

D'après le *North China Daily News.*

— Les grands ports extra-européens et le commerce international. Par Emile Chantriot Docteur ès Lettres. (*Bull. Soc. Géogr. Est,* XXX, 1909, pp. 5/30.)

Hong-Kong ; Shanghai.

Col. 2235.

— * The Sound of a Voice that is Still. A Selection of Sermons preached by the late Dean Butcher, of Cairo. London, J. M. Dent.

Notice : *Lond. & China Express*, January 15, 1909.

Charles Henry Butcher, † 18 janvier 1907 au Caire. — Né à Clifton, January 25, 1833 ; 1864, Consular Chaplain, Shanghai ; 1876, Dean of the Cathedral Church Shanghai ; 1883, Chaplain of All Saints, Cairo.

— T. W. Kingsmill. Nécrologie par H. C[ordier]. (*T'oung Pao*, Déc. 1910, p. 689.)

— In Memoriam. — Thos. W. Kingsmill. By George Lanning. (*Journ. N. C. B. R. As. Soc.*, XLI, 1910, pp. 116/118.)

† 26 juillet 1910, âgé de 73 ans.

— Letters of a Shanghai Griffin to his Father, and other exaggerations. By Jay Denby. — Printed by the China Printing Company, limited, Shanghai. — 1910, pet. in-8, 1 f. n. ch. + pp. 326.

— Une école municipale française à Chang-hai. (*Asie franç.*, Oct. 1911, pp. 470/471.)

— L'enseignement européen à Shanghai. Par Henri Gourdon. (*Revue indo-chinoise*, Déc. 1912, pp. 509/524.)

— Extrait de la *Revue indo-chinoise*, n° 12, Décembre 1912. — L'Enseignement européen à Shanghai par Henri Gourdon. — Hanoi — Haiphong, Imprimerie d'Extrême-Orient, 1912, gr. in-8, pp. 16.

— Les élections chinoises de Changhaï. (*Rel. de Chine*, Kiang-Nan, Avril 1913, p. 132.)

— Chronique de l'Extrême-Orient I. Chine. Le fouet à Shanghai. Par René Surugue. (*Revue indo-chinoise*, Juin 1913, p. 684.)

— Mixed Justice in Shanghai. By Nathaniel Peffer. Illustrations by C. Le Roy Baldridge. (*Asia*, July 1920, pp. 606/608 ; ill.)

— * Letters of (from Shanghai, &c., 1853—1866) Sir Thomas Hanbury : China as I knew it, Shanghai revisited, &c. 1869—1871. 1913, in-4, pp. VIII-260.

— La Charité à Changhaï. — III. Enfants abandonnés ou volés. Par Léop. Gain, S. J. (*Rel. de Chine*, Kiang-Nan, Juillet 1914, pp. 439/444 ; fig.)

— Deux écoles de la municipalité française. (*Ibid.*, pp. 492/493.) De l'*Echo de Chine*, 3 avril 1914, par Jean Frédet.

— Building Progress of Shanghai. (*Far Eastern Rev.*, Sept. 1916, pp. 144/152 ; Oct., pp. 181/183, 28 fig.)

— * The Gateway to China. Pictures of Shanghai. By Mary Ninde Gamewell. London : F. H. Revell Company, 1916, in-8, pp. 252. Illustrations.

Notice : *Journ. N. C. B. R. As. Soc.*, XLVIII, 1917, pp. 217/218.

— Some Pages in the History of Shanghai, 1842—1856. By W. R. Carles. (*Asiatic Review*, Aug. 15, 1916, pp. 127/146.)

Read before the China Society, May 23, 1916.

— China Society. Some pages in the history of Shanghai, 1842—1856. By W. R. Carles. (*Lond. & China Express*, May 30, 1916, *Suppl.*, pp. 1/2.)

— * Rev. C. E. Darwant. — Shanghai : A Handbook for Travellers and Residents. 1920.

— Names and Nicknames of the Shanghai Settlements. — George Lanning. (*Journ. N. C. B. R. As. Soc.*, LI, 1920, pp. 81/98.)

Read before the Society, Dec. 12th, 1919.

— L'agitation ouvrière à Shanghai. (*Asie franç.*, Déc. 1920, p. 429.)

— Un hôtel des monnaies à Chang-haï. (*Ibid.*, Janvier 1921, p. 41.)

— * A. G. Hicknott. — Guide to Shanghai. 1921.

— L'Institut franco-chinois de Chang-hai. (*Revue indo-chinoise*, Mars-Avril 1921, pp. 247/264.)

— Le 11 novembre à Changhai. (*Rel. de Chine*, Kiang-Nan, Avril 1921, pp. 515/516.)

— Dans les prisons de Chang-hai. (*Ibid.*, pp. 517/518.)

— The Port of Shanghai — Pulse of China. Faith in Country's Future Indicated by Millions Spent in New Offices and Warehouses. By Paul Page Whitham. Asia Development Company. (*Trans-Pacific*, Tokyo, June 1922, pp. 43/47 ; ill. et carte.)

— British Business Prestige High in Shanghai Trade Interests Have Recovered From Effects of War and Are Gaining Ground Rapidly. By R. Wood, M. C., D. C. M. M. M. (*Ibid.*, pp. 55/59 ; ill.)

— Shanghai Center of America's Chinese Trade Organized and Private Activities Lay Foundation for Great Increase of Growing Business. By D. J. Lewis Secretary, American Chamber of Commerce of China. (*Ibid.*, pp. 53/54 ; ill.)

— Japanese Business Active Factor in Shanghai Healthy Development of Trade Has Been Going On Despite the Depression. By J. Noda Japanese Vice-Consul at Shanghai. (*Ibid.*, pp. 60/62 ; ill.)

— Shipping and Shipbuilding at Shanghai Ranks Already Among World's Great Shipping Centers : Still Extensions Are Planned. By Don D. Patterson. (*Ibid.*, pp. 63/68 ; portr. et ill.)

— Shanghai Is Cradle of Press in China Influence of Publications Is Increasing Rapidly as Reading Public Is Developed. By Oong Zang-Hyi. (*Ibid.*, pp. 76/78 ; ill. et portr.)

— * The Vicinity of Shanghai, by W. W. (*Far East*, I, No. 8.)

SOCIÉTÉ ASIATIQUE.

Col. 2237.

— Le Vol. I (1864) a été réimprimé en 1914, et le Vol. II (1865) en 1915.

Col. 3187.

— Journal of the North-China Branch of the Royal Asiatic Society for the year 1908. New Series. Vol. XXXIX. Shanghai, in-8, pp. II-202-XI.

Contents :

— A List of the Musical and other Sound-Producing Instruments of the Chinese. By A. C. Moule, B. A. Trinity College, Cambridge, pp. 1/160.

— Notes and Queries, pp. 161/176.

— Literary Notes, pp. 177/202.

— Recent Books on China and the Far East, pp. I/II.

— List of Members, pp. III/XI.

— Ibid. . . . for the year 1909. Vol. XL. Shanghai, in-8, pp. 138-10.

Contents :

- — Archaeological Survey of the Environs of China's Ancient Capitals. By V. Alexeieff of the University of St. Petersburg, pp. 1/9.
- — The Principles of Chinese Law and Equity. By E. H. Parker, pp. 10/43.
- — The Ascent of Mt. Morrison (Niitaka Yama). By Julean H. Arnold, pp. 44/68.
- — The Collection of Birds in the Shanghai Museum. By J. D. D. La Touche, C. M. Z. S., M. B. O. U., pp. 69/107.
- — Notes and Queries, pp. 108/115.
- — Literary Notes, pp. 116/127.
- — Recent Books on China and the Far East, p. 128.
- — Proceedings, pp. 129/138.
- — List of Members, pp. I/X.

— Ibid. . . . for the year 1910. Vol. XLI. Shanghai, in-8, pp. 142-10.

Contents :

- — The Confucian Reformers in Japan in the 18th century. — Dazai's Exposition of Doctrine. Translated by J. C. Hall, pp. 1/25.
- — The Music of China. By Thomas W. Kingsmill, pp. 26/56.
- — Burial Customs in Sz-Chuan. By Thomas Torrance, pp. 57/75.
- — The Christian Monument at Hsi-an fu (as described by Father Havret, S. J.). By A. C. Moule, B. A. Trinity College, Cambridge, pp. 76/115.
- — In Memoriam. — Thos. W. Kingsmill. By George Lanning, pp. 116/118.
- — Notes and Queries, pp. 119/121.
- — Literary Notes, pp. 122/134.
- — Recent Books on China, p. 135.
- — Proceedings, pp. 136/142.
- — List of Members, pp. I/X.

— Ibid. . . . for the year 1911. Vol. XLII. Shanghai, Kelly & Walsh, in-8, pp. 264 + x, portr. de Williams.

Contents :

- — The Journal of S. Wells Williams, LL. D. Edited by his son Frederick Wells Williams, pp. 3/232.
- — In Memoriam. — Sir Robert Hart, Bart., G. C. M. G. By P. H. K., p. 233.
- — Literary Notes, pp. 234/246.
- — Books contributed to the Library, p. 247.
- — Recent Books and Re-publications on China, pp. 248/249.
- — Recent Accessions to the Library, pp. 250/254.
- — Proceedings, pp. 255/264.
- — List of Members, pp. I/X [265/274].

— Ibid. . . . for the year 1912. Vol. XLIII. Shanghai . . . in-8, pp. 216-XI.

Contents :

- — T'ai Shan. By Rev. A. C. Moule, pp. 3/31.
- — Notes on Chinese Archery. By Professor Du Bois-Reymond, pp. 32/43.
- — Three Sites in Hunan connected with the classical legendary history of China. — By Rev. G. G. Warren, pp. 44/62.
- — Chinese Art Metal Work. By Arthur Stanley, M. D., Lond. Curator of the Shanghai Museum, pp. 63/68.
- — The Great Summer festival of China as observed in Foochow : a study in popular religion. — By Lewis Hodous, pp. 69/80.

(SOCIÉTÉ ASIATIQUE.)

- — In Memoriam — George Evans Moule, pp. 81/84.
- — Literary Notes, pp. 85/117.
- — Notes and Queries, pp. 118/120.
- — Books presented to the Library, pp. 121/122.
- — Recent Accessions to the Library, pp. 123/125.
- — In Memoriam. — Dr. Griffith John. By T. R., p. 126.
- — China's Monuments. By Frederick Mc Cormick, pp. 129/188.
- — Proceedings, pp. 189/200.
- — List of Articles Which have appeared in the Journal of N. C. B. R. As. Soc. classified according to the Dewey Decimal Index as in use in the Library. — Arranged by Mrs. F. W. Ayscough, pp. 201/216.
- — List of Members, pp. I/XI [217/227].

— Ibid. . . . for the year 1913. Vol. XLIV. Shanghai . . . in-8, pp. 216-XII.

Contents :

- — One of the World's Literary Masterpieces. — Introduction to a Great chinese Epic or religious Allegory by Ch'iu Ch'ang Ch'un born A. D. 1148. — 41 years before Dante, 289 years before Spencer, 345 years before Milton. — Translated by Timothy Richard and read before the Society, March 6, 1913, pp. 3/10.
- — The State religion of China during the Manchu dynasty. By E. T. Williams, M. A., pp. 11/45.
- — A Study in the Life and philosophy of Wang Yang Ming. By Frederick Goodrich Henke, Ph. D. The University of Nanking, pp. 46/64.
- — Chinese Embroidery and other Art textile Work. By Arthur Stanley, M. D., Lond. Curator of the Shanghai Museum, pp. 65/75.
- — Mongolia after the Genghizides and before the Manchus. By E. H. Parker, pp. 76/99.
- — Omei San : the Sacred Mountain of West China. By E. T. Shields M. D., pp. 100/109.
- — Check List of Birds of the lower Yangtse Valley from Hankow to the Sea. Compiled by Lacy I. Moffett and N. Gist Gee, pp. 111/143.
- — Obituary. — Mr. Herbert James Allen, p. 144.
- — Literary Notes, pp. 145/192.
- — Notes and Queries, pp. 193/200.
- — Books presented to the Library, pp. 201/203.
- — Recent Accessions to the Library, pp. 204/208.
- — Proceedings, pp. 209/216.
- — List of Members, pp. I/XII [217/228].

— Ibid. . . . for the year 1914. Vol. XLV. Shanghai . . . in-8, pp. XIV-183-XII.

Contents :

- — Proceedings, pp. VII/XIV.
- — On the Sources of Chinese Taoism. By Richard Wilhelm, Dr. Theol., pp. 1/12.
- — «Ink Remains», by An I-chou John C. Ferguson, Ph. D., pp. 13/20.
- — The Collection of Chinese Reptiles in the Shanghai Museum. By Arthur Stanley, M. D., Lond. Curator of the Shanghai Museum, pp. 21/31.
- — Through the Land of deep corrosions. — From Batang to Menkong. — By Rev. J. Huston Edgar, F. R. G. S., pp. 32/45.
- — The great Weal : or a Christmas Journey to the Huangho Mouth. — By Rev. J. Huston Edgar, F. R. G. S., pp. 46/56.
- — Notes on temperatures in high altitudes on the Tibetan border. — By Rev. J. Huston Edgar, F. R. G. S., pp. 57/64.
- — The Oracle-Bones from Honan. By Samuel Couling, M. A., pp. 65/75.
- — Chinese Wood Carving. By Arthur Stanley, Curator of the Shanghai Museum, pp. 76/84.

(SOCIÉTÉ ASIATIQUE.)

— A Chinese Sun-Dial. Prof. Dr. C. du Bois-Reymond, pp. 85/90.

— Reminiscences of a Chinese Viceroy's Secretary. Being the Opinions and Recollections of a Secretary on the Staff of the late Viceroy Chang Chih-tung for over twenty years. Translated by «Ardsheal», pp. 91/109.

— A bibliographical introduction to the study of chinese Law by Charles Sumner Lobingier, Ph. D., L. L. M., Judge of the United States Court for China, pp. 110/123.

— A Table of the Emperors of the Yüan dynasty. By A. C Moule, p. 124.

— Reviews of recent books, pp. 125/170.

— Notes and Queries, pp. 171/176.

— Books presented to the Library. May 31st 1913—May 1914, pp. 177/179.

— Additions to the Library. May 1913—May 1914, pp. 180/183.

— List of Members, pp. I/XII.

— Ibid. . . . for the year 1915. Vol. XLVI. Shanghai . . . in-8, pp. XVII-178.

Contents :

— Proceedings, pp. VII/XVII.

— Putoshan. A Draught at the Well-Springs of Chinese buddhist Art. — By Arthur Stanley, Curator of the Shanghai Museum, pp. 1/18.

— Notices of Christianity in China. Extracted from Marco Polo. By Rev. A. C. Moule, pp. 19/37.

— The Tone-Accents of two Chinese dialects By Dr. Cornelius Beach Bradley, pp. 38/44.

— Chinese Pagodas, pp. 45/57

— The Ch'ing Ming festival. By Rev. Lewis Hodous, pp. 58/60.

— Reminiscences of a Chinese Viceroy's Secretary Being the Opinions and Recollections of a Secretary on the Staff of the late Viceroy Chang Chih-tung for over twenty years, translated by «Ardsheal» [Continued from p. 109 of Journal 1914] pp. 61/76.

— The Wu Pan tablet an Amateur study in Chinese epigraphy. — By Rev. G G. Warren, pp. 77/100.

— On a large meteorite which fell in the sea near Video, Chusan Archipelago, on the 13th February, 1915. — By W. F. Tyler, pp. 101/116.

— William Woodville Rockhill 1854—1914. By Frank E. Hinckley, pp. 117/119.

— Reviews of recent books, pp. 120/152.

— Notes and Queries, pp. 153/154.

— Books presented to the Library, pp. 155/157.

— Additions to the Library, June 1914 — June 1915, pp. 158/162.

— Books added to the Library by Exchange of Publications, pp. 163/164.

— List of Exchanges, pp. 165/166.

— List of Members 1915, pp. 167/178.

— Ibid. . . . for the year 1916. Vol. XLVII. Shanghai . . . in-8, pp. XVII-178.

Contents :

— Proceedings, pp. VII/XVII.

— Early Chinese bronzes by John C. Ferguson, Ph. D., pp. 1/11.

— M. Chavannes' edition of Ssŭ-ma Ch'ien. By Rev. G. G. Warren, pp. 12/38.

— Notes on the Flora of the W. Ssŭch'uan Mountains by F. Kingdon Ward, pp. 39/48.

— Freshwater sponges from the T'ai hu (Great Lake) of the Kiangsu province, China. By N. Annandale, D. Sc., F. A. S. B. (Indian Museum, Calcutta), pp. 49/52.

— Recent research upon the Mammalia of North China by Arthur de Carlé Sowerby, pp. 53/82.

(Société asiatique.)

— Two new Species of Chinese Snakes by Arthur Stanley, Curator of the Shanghai Museum, pp. 83/84.

— Some Notes on the history and folk-lore of Old Shanghai, pp. 85/102.

— A Survey of the Work by Western Students of chinese history by Prof. Kenneth Scott Latourette, pp. 103/114.

— Chinese State papers from the Boxer days translated from the Chinese, pp. 115/135.

— Reviews of recent books, pp. 136/155.

— Notes and Queries, pp. 156/159.

— List of Books on China recently published, pp. 160/161.

— Books presented to the Library, pp. 162/163.

— Additions to the Library, July 1915 — June 1916, pp. 164/165.

— Books added to the Library by exchange of Publications, p. 166.

— List of Members 1916, pp. 167/178.

— Ibid. . . . for the year 1917. Vol. XLVIII. Shanghai . . . in-8, pp. XVI-265.

Contents :

— Proceedings, pp. VII/XVI.

— The Vows of Amida. A comparative study. — Rev. J. W. Inglis, M. A., pp. 1/11.

— The Nestorian share in buddhist translation. — Rev. J. W. Inglis, M. A., pp. 12/15.

— Magical practice in China. — Herbert Chatley, D. Sc. (Lond.), pp. 16/28.

— The Dragon. — Rev. Lewis Hodous, D. D., pp. 29/41.

— The Country and some customs of the Szechwan Mantz . — Rev. J. H. Edgar, pp. 42/56.

— Shrines of history. Peak of the East-T'ai Shan! — F. Ayscough, pp. 57/70.

— Land Birds and others met with at sea off the Coast of China in 1915. — H. E. Laver, pp. 71/82

— The method of making ink rubbings. — Arthur Stanley, Curator of the Shanghai Museum, pp. 83/84.

— Stone implements on the Upper Yangtze and Min Rivers. — J. Huston Edgar, pp. 85/87.

— The G. E. Morrison Library. — S. Couling, M. A., pp. 88/90.

— The Kinship of the english and chinese languages. — George Lanning, Historiographer to the Shanghai Municipal Council, pp. 91/114.

— Introduction to the buddhist library of Huen Chwang. — By the Emperor Tai Tsung A. D. 627—649, pp. 115/117.

— Coins of the Republic of China. — Dr. Giuseppe Ros, pp. 118/144.

— Recent Discoveries in ancient Chinese sculpture. — Victor Segalen, pp. 145/162.

— Four examples of chinese Bronze Statuary. — J. C. Ferguson, Ph. D., pp. 163/170.

— The religious element in the Tso chuan. — The Rev. H. K. Wright, M. A., pp. 171/188.

— Reviews of recent books, pp. 189/234.

— Notes and Queries, pp. 235/247.

— Additions to the Library July 1916 — June 1917, pp. 248/252.

— List of Members 1917, pp. 253/265.

— Ibid. . . . for the year 1918. Vol. XLIX. Shanghai . . . in-8, pp. XVI-223

Contents :

— Proceedings, pp. IX/XVI.

— River Problems in China. — Herbert Chatley, D. Sc. (Engr.) Lond., M. Inst. C. E. IRE. Engineering Department, Whangpoo Conservancy Board. pp. 1/12.

— Some Notes on Land-Birds, including also general remarks on the birds observed at sea on the Coast of China in 1916. — H. E. Laver, pp. 13/37.

(Société asiatique.)

— Animistic Elements in Moslem Prayer. Samuel M. Zwemer, F. R. G. S., pp. 38/52.

— The eight Immortals of the Taoist Religion. Peter C. Ling, pp. 53/75.

— A Chapter of Folklore. — I. The Kite festival in Foochow, China. Lewis Hodous, D. D., pp. 76/81. — II. On a Method of Divination practised at Foochow. — H. L. Harding, pp. 82/85. — III. Note on the Tu T'ien Hui held at Chinkiang on the 31st May 1917, pp. 86/92. — IV, The Domestic Altar-James Hutson, pp. 93 100.

— Ku K'ai-Chih's Scroll in the British Museum. — John C. Ferguson, Ph. D., pp. 101/110.

— The theistic import of the Sung philosophy. — J. P. Bruce, M. A., pp. 111/127.

— A Case of Ritualism. — Evan Morgan, pp. 128/143.

— Chinese Puzzledom. — Charles Kliene F. R. G S., pp. 144/159.

— Reviews of recent books, pp. 160/199.

— Notes and Queries, pp. 200/207.

— Additions to the Library, June 1917 — June 1918, pp. 208 210.

— List of Members 1918, pp. 211/223.

— Ibid. . . . for the year 1919. Vol. L. Shanghai . . . in-8, pp. xvi-261.

Notice : *New China Review*, I, Oct. 1919, pp. 542/544.

Contents :

— Proceedings, pp. VII/XVI.

— Thirty thousand miles in China. — Charles Keyser Edmunds, Ph. D., President of Canton Christian College and Observer-in-charge Magnetic Survey of China, Carnegie Institution of Washington, 1906—1917, pp. 1/25.

— Chinese Metaphorical Zoology. — C. A. S. Williams, pp. 26/34.

— The early Malays and their neighbours A brief Survey of Primitive Cultural Influences Affecting the Filipinos. (With an Incidental Review of the Philippine Academy's Work.) — Charles Sumner Lobingier, D. C. L., Ph. D., Chancellor of the Academy 1909—1914 ; Now Chancellor Emeritus, pp. 35/48.

— Notes on the Agriculture, Botany and the Zoology of China. — B. W. Skvortzow, pp. 49/107.

— The Land of Peach Bloom-Charles Kliene, F. R. G. S., pp. 108 121.

— Recent books by a Chinese scholar. — John C. Ferguson, pp. 122/132.

— Chemical Industry in Kwangtung Province. — Yan Tsz Chiu, pp. 133/143.

— A List of the Birds in the Museum of the Anglo-Chinese College of Foochow China. — C. R. Kellogg, pp. 144/157.

— Formosa. — By Old Cathay, pp. 158/161.

— The Attractions of Entomology Enhanced by a simple Method of Preserving Insects, etc., pp. 162/169.

— A Beginning of the Study of the Flora and Fauna of Soochow and Vicinity. — N. Gist Gee Soochow, China, pp. 170/184.

— Notes on Kansu. — George E. King, M. B. Ch B. Lanchowfu, Kansuh, pp. 185/188.

— An Exhibition of pictures by a Russian Artist. — E. B. Howell, pp. 189/190.

— Reviews of recent Books, pp. 191/235.

— Notes and Queries, p. 236.

— Additions to the Library, July 1918 — June 1919, pp. 237/240.

— Obituary, Edouard Chavannes, pp. 241/244. — In Memory of Arthur Evans Moule, pp. 244/246. — Timothy Richard, by Evan Morgan, pp. 247/248.

— List of Members 1919, pp. 249/261.

— Ibid. . . . for the year 1920. Vol. LI. Shanghai . . . in-8, pp. xvii-223.

Notice : *New China Review*, III, Febr. 1921, pp. 74 75.

Contents :

Proceedings, pp VII/XVII.

(Chang-hai : Société asiatique.)

— The Relation of Chinese and Siamese. — W. Clifton Dodd, pp. 1/12.

— Greek and Chinese Art Ideals. — Arthur Stanley Honorary Curator of the Shanghai Museum, pp. 13/24.

— Destiny, fate — Evan Morgan, pp. 25/44.

— China's potrified Sun-Rays — Herbert Chatley, D. Sc. (London), pp. 45/50.

— Chinese Ideas of Antiques. I. Copper Ware. — Rev. J. Hutson, pp. 51/80.

— Names and Nicknames of the Shanghai Settlements. — George Lanning, pp. 81/98.

— Chinese Poetry and its Connotations. — Florence Ayscough, pp. 99/134.

— Notes on the Agriculture, Botany and the Zoology of China. — B. W. Skvortzow, pp. 135/158.

— A Chinese Life of Mohammed. — Isaac Mason, pp. 159/180.

— Reviews of recent books, pp. 181/203.

— Notes and Queries, pp. 204/206.

— Additions to the Library July 1919 — June 1920, pp. 207 209.

— List of Members, pp. 210/223.

— Ibid. . . . for the year 1921. Vol. LII. Shanghai . . . in-8, pp. xiii-250.

Contents :

— Proceedings, pp. VII/XIII.

— The Operations and Manifestations of the Tao exemplified in history or the Tao confirmed by history 12th Essay in Huai Nan Tzŭ. — Evan Morgan, pp. 1/39.

— The Hainanese Miao. — (Miss) M. M. Moninger, pp. 40/50.

— Notes on the Symbolism of the Purple forbidden City Which stands within the District of «Obedience to Heaven». — Florence Ayscough, pp. 51/78.

— Notes on the Agriculture, Botany and Zoology of China. — B. W. Skvortzow, pp. 79/111.

— Exogamy in China. — H. P. Wilkinson, B. C. L., pp. 112/136.

— Lampacao, a mystery of the Far East. — H. B. Morse, pp. 137/138.

— The Marriage Maker. — Charles Kliene, F. R. G. S., pp. 139/155.

— The Highways and Byways of Kweichow. — Emily G. Kemp, pp. 156/185.

— Christ in the «Li Tai shên Hsien t'ung chien». — E. T. C. Werner, H. B. M. Consul, Foochow (retired), pp. 186/191.

— A Trip to Hua Kang. — W. J. B. Fletcher, p. 192.

— The Song of a Skirt. From the Chinese of Ch'in T'ao-yü. — W. J. B. Fletcher, p. 193.

— Reviews of recent books, pp. 194/229.

— Notes and Queries, pp. 230/233.

— Additions to the Library, July 1920—June 1921, pp. 234/236.

— List of Members, 1921, pp 237/250.

— Ibid. . . . for the year 1922, Vol. LIII. Shanghai . . . in-8, pp. xiv-304.

Notice : *New China Review*, IV, Oct. 1922, pp. 422/424.

Contents :

— Proceedings, pp. VII/XIV.

— The Natural history of China. — Arthur De Carle Sowerby, F. R. G. S., F. Z. S., pp. 1/20.

— The Growth of the Yangtze Delta. — H. von Heidenstam, C. E., pp. 21/36.

— The Shuh Country. — Rev. J. Hutson, pp. 37/60.

— Notes on names of non-chinese tribes in Western Szechewan [sic]. — J. Huston Edgar, F. R. G. S., F. R. A. I., pp. 61 69.

— Fir-Flower Tablets. — J. C. Ferguson, pp. 70 83.

— Lan-tsih. — Mrs. Elfrida Hudson. — Romance of the Second Century B. C., pp. 84/92.

(Chang-hai : Société asiatique.)

27

— Ling Yin Monastery poem. — Sung Chih-wên, pp. 93/94.

— Some geological Notes on the Coal and iron ore deposits in the carboniferous sediments of Central Shansi. — E. Norin, pp. 95/104.

— Chinese Names of plants. A preliminary list of the trees and shrubs of North Honan. — J. Hers, pp. 105/117.

— Oribatoidea sinensis I. — Arthur Paul Jacot Shantung-Xtian University, pp. 118/130.

— The distribution and habits of the Argali Sheep of Central Asia. — David Sjölander, pp. 131/157.

— Plants from Peitaiho. — N. H. Cowdry. From the Departments of Pharmacology and Anatomy, Peking Union Medical College, pp. 158/188.

— Notes on the agriculture, botany and zoology of China. — B. W. Skvortzow, pp. 189/195.

— A partial bibliography of Chinese birds. — By J. H. Riley and Dr. C. W. Richmond of the Smithsonian Institution, pp. 196/237.

— Christ in the «Li Tai shen hsien t'ung chien». — A Letter from Dr. H. A. Giles, pp. 238/240. — Mr. Werner's reply, pp. 240/246.

— Records of the Geological Committee of the Russian Far East. By A. B., pp. 247/248.

— Obituaries. — Sir E. D. H. Fraser, K. C. M. G., pp. 249/250. — Samuel Couling, pp. 250/252.

— Reviews of recent books, pp. 253/283.

— Notes and Queries, pp. 284/285.

— Additions to the Library July, 1921 – June 1922, pp. 286/288.

— List of Members, 1922, pp. 289/304.

— Catalogue of the Library of the North China Branch Royal Asiatic Society contained in the Society's Building No. 5. Museum Road Shanghai, s. d. [1910], pet. in-8, pp. IX-119.

Edited by Florence Wheelock Ayscough, Hon. Librarian, July 24th, 1909.

Published by the *Shanghai Times*.

PUBLICATIONS PÉRIODIQUES.

Col. 2258.

— The National Review of China 中國公論西報 [25 Nanking Road, Shanghai] gr. in-4, à 2 col., hebdomadaire.

Le No. 20 Cents Chinese Currency. — Paraissant le Samedi.

— *The New China Review.* — Edited by Samuel Couling, M. A. — Hong Kong : Kelly and Walsh, limited Shanghai — Singapore — Yokohama.

Imprimé à Hong-kong.

— *The New China Review.* Edited by Samuel Couling, M. A. (Edinb.) — Vol. I. — 1919. Shanghai : *The New China Review Office,* 73 Chaoufoong Road. in-8.

— — Vol. I. March, 1919. No. 1, in-8, pp. 110.

Notices : *Journ. N. C. B. R. As. Soc.*, L, 1919, p. 213, par M. — *Journ. R. As. Soc.*, by L. C. Hopkins, 1920, pp. 106/107. — *Bul. Ecole F. E. O.*, XXIX, N° 5, 1919, pp. 75/78, par H. Maspero

Contents :

— Portrait. — Edouard Chavannes. Frontispiece.

— Editor's Foreword, pp. 1/3.

— A few Remarks by Professor Herbert A. Giles, LL. D., pp. 4/6.

— Edouard Chavannes. By the Editor, pp. 7/10.

— Taoist Tales by Major W. Perceval Yetts, pp. 11/18.

— A Note on Head-Flattening by E. T. C. Werner H. B. M. Consul, Foochow (Retired), pp. 19/22.

— A short lived Republic. (Formosa, May 24th to June 3rd, 1895.) By Hosea B. Morse, LL. D., pp. 23/37.

— Note on a School of Oriental Languages in China by Sir E. Denison Ross, K. C. I. E., LL. D., etc., pp. 38/40.

— Le grand pèlerinage bouddhique de Lang-chan et les Cinq Montagnes de Tong-tcheou by Henri Doré S. J., pp. 41/56.

— Notes on the Chinese Drama and ancient Choral dances by W. Arthur Cornaby, pp. 57/70.

— Studies in Chinese Psychology by Herbert Chatley, D. Sc. (Lond.), pp. 71/76.

— Early Buddhist Art by Christopher Irving, pp. 77/86.

— Notes and Queries, pp. 87/95.

— Recent Literature, pp. 96/110.

— Ibid. . . . Vol. I. May, 1919, No. 2, in-8, pp. 111/232.

Contents :

— Portrait. — Prof. Herbert A. Giles, LL. D., Frontispiece.

— Working the Oracle by Lionel C. Hopkins, I. S. O., pp. 111/119.

— Le grand pèlerinage bouddhique de Lang-chan et les Cinq Montagnes de Tong-tcheou by Henri Doré S. J. [Continued from p. 56], pp. 120/144.

— Studies in Chinese psychology by Herbert Chatley, D. Sc. (Lond.), pp. 145/150.

— Wu-T'ai-shan and the Dalai Lama by Christopher Irving, pp. 151/163.

— A Ming Dynasty Painting, p. 164.

— Archibald J. Little, pp. 165/168.

— Taoist Tales by Major W. Perceval Yetts. [Continued from page 18], pp. 169/175.

— A Study in early chinese religion by Arthur Morley, pp. 176/208.

— L'Ecole française d'Extrême-Orient et sa Bibliothèque by Professor N. Peri, pp. 209/219.

— Notes and Queries, pp. 220/226.

— Recent Literature, pp. 227/232.

— Ibid. . . . Vol. I. July, 1919. No. 3, in-8, pp. 233/327.

Contents :

— Portrait. — The Rev. Timothy Richard, D. D., Litt. D., etc. Frontispiece.

— An ancient Monument by Rev. Benjamin L. Ancell, D. D., pp. 233/236.

— La Domination chinoise en Annam (111 av. J. C. — 939 ap. J. C.) par Ch. B. Maybon, pp. 237/248.

— Working the Oracle by Lionel C. Hopkins, I. S. O. [Concluded from p. 119], pp. 249/261.

— A Study in early Chinese Religion by Arthur Morley, pp. 262/281.

— Le Grand Pèlerinage bouddhique de Lang-chan et les Cinq Montagnes de Tong-tcheou par Henri Doré S. J. [Continued from p. 144], pp. 282/298.

— Chinese Life on the Tibetan Foothills by the Rev. J. Hutson, pp. 299/319.

— Notes and Queries, pp. 320/327.

— Ibid. . . . Vol. I. August, 1919. No. 4, in-8, pp. 329/452.

Contents :

— Prospect Hill, Peking (Etching). Major W. Perceval Yetts Frontispiece.

— The Secret of the «Red Chamber» by W Arthur Cornaby, pp. 329/339.

— La Domination chinoise en Annam (111 av. J. C. — 939 ap. J. C.) par Ch. B. Maybon (Suite et fin), pp. 340/355.

— The first League of Nations by Rev. G. G. Warren, pp. 356/367.

— Studies in Chinese psychology by Herbert Chatley, D. Sc. (Lond.), pp. 368/371.

— A Study in early chinese Religion, by Arthur Morley, pp. 372/384.

— The Ningpo fisheries by C. A. S. Williams Acting Assistant Chinese Secretary, Inspectorate General of Customs, Peking, pp. 385/388.

— Some incidents in Confucius' Days by Prof. E. H. Parker, pp. 389/396.

— A Trip up the Yang-tze-Kiang, pp. 397/411.

— Note on the invention of woodcuts by Arthur Waley, pp. 412/415.

— Chinese Life on the Tibetan foothills by the Rev. J. Hutson, pp. 416/434.

— A little known Chinese writer by E. T. C. Werner H. B. M Consul, Foochow (Retired), pp. 435/438.

— Notes and Queries, pp. 439/443.

— Recent Literature, pp. 444/452.

— Ibid. . . . Vol. I. October, 1919. No. 5, in-8, pp. 453/546.

Contents :

— Sir E. Trelawny Backhouse, Bart. Frontispiece.

— The Burial-place of Gengis Khan by E. T. C. Werner H. B. M. Consul, Foochow (Retired), pp. 453/456.

— Le grand pèlerinage bouddhique de Lang-chan et les Cinq Montagnes de Tong-tcheou par Henri Doré S. J., pp. 457/479.

— Gregory Lopez, bishop by the Rev. A. C. Moule, pp. 480/487.

— Chinese Life on Tibetan foothills by the Rev. J. Hutson, pp. 488/504.

— Hwai-nan tsz, philosopher & Prince by Professor E. H. Parker, pp. 505/521.

— A Chinese «Temple of the Cross» by Christopher Irving, pp. 522/533.

— Notes and Queries, pp. 534/541.

— Recent Literature, pp. 542/546.

— Ibid. . . . Vol. I. December, 1919. No. 6, in-8, pp. 547/642.

Contents :

— A Winter Landscape I Frontispiece.

— Chinese Life on the Tibetan foothills by the Rev. J. Hutson, pp. 547/561.

— A buddhist Apologetic by Harrison K. Wright, M. A., pp. 562/587.

— Le Grand pèlerinage bouddhique de Lang-chan et les Cinq Montagnes de Tong-tcheou par Henri Doré S. J., pp. 588/603.

— Chinese Legends by T. Gaunt, M. A., pp. 604/620.

— Studies in Chinese psychology by Herbert Chatley, D. Sc. (Lond.), pp. 621/623.

— Notes and Queries, pp. 624/636.

— Recent Literature, pp. 637/642.

— *The New China Review.* Edited by Samuel Couling, M. A. (Edinb.) Vol. II, 1920. — Shanghai, *The New China Review Office,* 3 Chaoufoong Road, in-8.

— Ibid. . . . Vol. II. February, 1920. No. 1, in-8, pp. 1/108.

Contents :

— Portrait. — Prof. E. H. Parker. Frontispiece.

— The Romance of an Emperor by R. F. Johnston, C. B. E., M. A., pp. 1/24.

— A Poet of the 2nd Cent. B. C. Professor H A. Giles, LL. D., pp. 25/36.

— Chinese and Sumerian by Rev. Hugh W. White, D. D., pp. 37/43.

— Le grand pèlerinage bouddhique de Lang-chan et les Cinq Montagnes de Tong-tcheou by Henri Doré S. J., pp. 44/68.

— Chinese Life on the Tibetan foothills by the Rev J Hutson, pp. 69/88.

— The Japanese-chinese Question by Professor E. H. Parker, pp. 89/98.

— Notes and Queries, pp. 99/102.

— Recent Literature, pp. 103/108.

— Ibid. . . . Vol. II. April, 1920. No. 2, in-8, pp. 109/221.

Contents :

— Portrait. — Prof. Henri Cordier. Frontispiece.

— Multiple Births among the Chinese by Berthold Laufer, pp. 109/136.

— A Note on the Yung lo ta tien by Lionel Giles, pp. 137/153

— Chinese Life on the Tibetan foothills by the Rev. T Hutson, pp. 154/179.

— The Romance of an Emperor by R. F. Johnston, C. B. E., M. A. (Continued), pp. 180/194.

— Comfortable words in sickness by Yüan Chên, Translation by Sir E. Trelawny Backhouse, pp. 195/196.

— Saint François-Xavier et la Chine par le Rev. Père Joseph de La Servière S. J., pp. 197/206.

— The fire-proof Warehouses of Lin-an, by C. M., pp. 207/210.

Notes and Queries, pp. 211/214.

— Recent Literature, pp. 215/221.

— Ibid. . . . Vol. II. June, 1920. No. 3, in-8, pp. 221/318.

Contents :

— Portrait. — Lionel C. Hopkins I. S. O. Frontispiece.

Reform in Chinese Mourning Rites by E. T. C. Werner H. B. M. Consul, Foochow (Retired), pp. 223/247.

— The earliest articulate chinese philosopher Kwan-tsz (350 years junior to Solomon, one generation senior to Solon) by E. H. Parker, pp. 248/266.

— D'Ollone's investigations on Chinese Moslems by the Rev. G. G. Warren, pp. 267/289.

— Taoist Tales by Major W. Perceval Yetts, Part III, pp. 290/297

— The Chronology of the Bamboo Annals by Arthur Morley, pp. 298/305.

— Notes and Queries, pp. 306/314.

— Recent Literature, pp. 315/318.

— Ibid. . . . Vol. II. August, 1920. No. 4, in-8, pp. 319/422.

Contents :

— A Re-translation by Professor H. A. Giles, LL. D., pp. 319/340.

— Lu in Confucius early years by Arthur Morley, pp. 341/365.

— Chinese Life on the Tibetan foothills by the Rev. J. Hutson, pp. 366/397.

— D'Ollone's investigations on Chinese Moslems by Rev G. G. Warren (Concluded), pp 398/414.

— A Note on multiple births in China by R. F. Johnston, C. B. E., pp. 415/418.

— Notes and Queries, pp. 419/422.

— Ibid. . . . Vol. II, October, 1920. No. 5, in-8, pp. 423/512.

Contents :

— Ibid. . . . Vol. II, December, 1920. No. 6, in-8, pp. 513/603.

Contents :

— *The New China Review.* Edited by Samuel Couling. Vol. III, 1921. — Shanghai, *The New China Review Office,* in-8.

— Ibid. . . . Vol. III. February, 1921. No. 1, in-8, pp. 1/78.

Contents :

— Ibid. . . . Vol. III. April, 1921, No. 2, in-8, pp. 79/157.

Contents :

(Chang-hai : Publications périodiques.)

— Ibid. . . . Vol. III. June, 1921. No. 3, in-8, pp. 159/241.

Contents :

— Ibid. . . . Vol. III. August, 1921. No. 4, in-8, pp. 243/324.

Contents :

— Ibid. . . . Vol. III. October, 1921. No. 5, in-8, pp. 325/404.

Contents :

(Chang-hai : Publications périodiques.)

— Notes and Queries, pp. 393/399.

— Recent Literature, pp. 400/404.

— Ibid. . . . Vol. III. December, 1921. No. 6, in-8, pp. 405/477.

Contents :

— Kwan-tsz by Professor E. H. Parker (Continued from page 11), pp. 405/413.

— On Mexican Dollars by A. M. Tracey Woodward, F. R. G. S., F. R. N. S., pp. 414/422.

— The Character 汐 Hsi. By Professor H. A. Giles, LL. D., pp. 423/428.

— Une nouvelle Histoire de la Chine par Joseph de la Servière S. J., pp. 429/441.

— Chinese Ditties by E. T. C. Werner, H. B. M. Consul, Foochow (Retired) (Continued from page 375), pp. 442/450.

— The Charles W. Wason Library on China by Prof. Kenneth Scott Latourette, pp. 451/452.

— The Lunar Zodiac by Léopold de Saussure, pp. 453/459.

— A T'ang Manuscript of the *Sou shên chi* by Lionel Giles (Continued), pp. 460/468.

— Two Art Objects from the Collection of R. D. Abraham, Esq., p. 469.

— Notes and Queries, pp. 470/474.

— Recent Literature, pp. 475/477.

— *The New China Review.* Edited by Samuel Couling. Vol. IV, 1922. Shanghai. *The New China Review Office.* in-8.

— Ibid. . . . Vol. IV. February, 1922, No. 1. in-8, pp. 1/76.

Contents :

— Portrait — Léopold de Saussure, Frontispiece.

— The Philosopher Sün-tsz by Professor E. H. Parker, pp. 1/19.

— The Nyi tsye-Ch'ung Medallions of An-hui by A. M. Tracey Woodward, F. R. G. S., F. R. N. S, pp. 20/22.

— Chinese Ditties by E. T. C. Werner, H. B. M. Consul, Foochow (Retired) (Continued from Vol. III, p. 450), pp. 23/31.

— The Ten Thousand Bridges of Quinsai by A. C. Moule, pp. 32/35.

— Liao-yüan-fo-yin by Professor H. A. Giles, LL. D, pp. 36/37.

— A Tibetan hymn, pp. 38/39.

— The Characters 汐 Hsi and 潮 Ch'ao. By L. C. Arlington, pp. 40/42.

— Art Objects from the Collection of R. D. Abraham, Esq., p. 43.

— Chinese Poetry, pp. 44/51.

— Sinological Notes by L. C. Arlington, pp. 52/61.

— Notes and Queries, pp. 62/65.

— Recent Literature, pp. 66/76.

— Ibid. . . . Vol. IV. April, 1922. No. 2, in-8, pp. 77/160.

Contents :

— Kwan-tsz by Professor E. H. Parker (Continued from page 413, Vol. III), pp. 77/87.

— Verse Translations of Mencius. By Ivan D. Ross, M. A., pp. 88/97.

— The Influence of Yüan Shih-K'ai on Chinese Coins by A. M. Tracey Woodward, F. R. G. S, F. R. N. S., pp. 98/105.

— Chinese Ditties by E. T. C. Werner, H. B. M. Consul, Foochow (Retired) (Continued from p. 31), pp. 106/113.

— Two Art Objects from the Collection of R. D. Abraham, Esq., p. 114.

— Some Elements in the Chinese Renaissance by Ph. de Vargas, Docteur ès Lettres, pp. 115/127.

— Questions on some points in Giles' Dictionary by A. C. Moule, pp. 128/133.

— Sinological Notes by L. C. Arlington, pp. 134/147.

— Notes and Queries, pp. 148/156.

— Recent Literature, pp. 157/160.

— Ibid. . . . Vol. IV. June, 1922. No. 3. in-8, pp. 161/248.

Contents :

— A Chinese Expedition across the Pamirs and Hindukush A. D. 747 by Sir Aurel Stein. K. S. I. E., pp. 161/183.

Wou-P'ing-hien 武平縣.

Note sur l'ancienne Géographie de la Mongolie Orientale, par Jos Mullie, Missionnaire de Scheut, pp. 184/194.

— The historical Setting of Chinkiang or a bit of «Consular Bluff» by W. J. Clennell, one of H. B. M's Consuls in China, pp. 195/232.

— Two Art Objects from the Collection of R. D. Abraham, Esq., p. 233.

— Some Elements in the Chinese Renaissance. By Ph. de Vargas, Docteur ès Lettres (Concluded), pp. 234/247.

— Note by Editor, p. 248.

— Ibid. . . . Vol. IV. August, 1922. No. 4. in-8, pp. 249/339.

Contents :

— The Historical Setting of Chinkiang or a bit of «Consular Bluff» by W. J. Clennell, one of H. B. M's Consuls in China (Continued from p. 232), pp. 249/282.

— Ancient Religions of China by Rev. C. Waidtlow, Danish Missionary Society, pp. 283/297.

— Le Confucéisme sous la République 1911—1922. Par R. P. Henri Doré, S. J., pp. 298/319.

— Minted Shantung Coins by A. M. Tracey Woodward, F. R. G. S, F. R. N. S., pp. 320/328.

— Notes and Queries, pp. 329/331.

— Some Questions by E. T. C. Werner, H. B. M. Consul, Foochow (Retired), pp. 332/333.

— Recent Literature, pp. 334/339.

— Ibid. . . . Vol. IV, October, 1922. No. 5. in-8, pp. 341/426.

Contents :

— Introduction to the « Documents chinois découverts par Aurel Stein dans les Sables du Turkestan Oriental » by Edouard Chavannes, Membre de l'Institut, Professeur au Collège de France. Translated from the French by Madame Edouard Chavannes and H. Wilfred House, pp. 341/359.

— The philosopher Sün-tsz by Professor E. H. Parker. (Continued from page 19), pp. 360/372.

— Ancient Religions of China by Rev. C. Waidtlow, Danish Missionary Society (Continued from page 297), pp. 373/386.

— Verse translations of Mencius by Ivan D. Ross, M. A., pp. 387/390.

— Two Art Objects from the Collection of R. D. Abraham, Esq. p. 391.

— More about the Characters 汐 and 潮 (See Vol. III, p. 423, and Vol. IV, p. 40). A. C. Moule, pp. 392/394.

— «The Caps and Belts» by Prof. H. A. Giles, pp. 395/400.

— The Thousand Buddhas of the Tun-huang Caves by Harrison K. Wright, M. A., pp. 401/407.

— Sinological Notes by L. C. Arlington, pp. 408/417.

— Notes and Queries, pp. 418/421.

— Recent Literature, pp. 422/426.

— Ibid. . . . Vol. IV. December, 1922. No. 6, in-8, pp. 427/524.

Contents :

— Portrait, Samuel Couling Frontispiece.

— Introduction to the «Documents chinois découverts par Aurel Stein dans les Sables du Turkestan Oriental» by Edouard Chavannes. Membre de l'Institut, Professeur au Collège de France. Translated from the French by Madame Edouard Chavannes and H. Wilfred House. (Continued from page 359), pp. 427/442.

— Liu Hiang and Ts'ien Ta-hin on Sun-tsz. Translated and annotated by Professor E. H. Parker, pp. 443/449.

— The first arrival of the Jesuits at the Capital of China by A. C. Moule, pp. 450/456.

— On the antiquity of the Yin-yang theory by Léopold de Saussure, pp. 457/463.

— Spontaneity by Dr. Zoltán de Takács, pp. 464/467.

— Two Art Objects from the Collection of R. D. Abraham, Esq., pp. 468/469.

— The Feast of Cold Food by Lewis Hodous, pp. 470/473.

— Historical and traditional Data about Nanchang by Francis Clair Gale, pp. 474/492.

— Superstitions common in Kiangsi province by Fred. R. Brown, pp. 493/504.

— Sinological Notes by L. C. Arlington (Continued from page 417), pp. 505/508.

— Drinking Song. By Li Po. Translated by L. A. Lyall, pp. 509/510.

— Notes and Queries, pp. 511/512.

— Recent Literature, pp. 513/521.

— Obituary. — Samuel Couling, M. A. (齡壽庫) pp. 522/524.

— Editorial Note, p. 524.

La mort de Samuel Couling à Chang-Haï a arrêté la publication.

Sou tcheou.

— Some notes from the history of Soochow, by R. A. Haden. — Shanghai Mercury, Ltd. Print. — Read before the Literary Society of Soochow, 4th Dec. 1915, in-8, pp. 18.

— * W. M. Smith. — Charities in Soochow, 1915.

Tchen Kiang.

Col. 2275.

— The historical setting of Chinkiang or a bit of «Consular Bluff» by W. J. Clennell, one of H. B. M.'s Consuls in China. (*New China Review*, Vol. IV, June 1922, pp. 195/232; Aug. 1922, pp. 249/282.)

Pou K'eou.

— Die Hafenstadt Pukow. (*Deutsche Rundschau f. Geogr. u. Stat.*, XXXIII, 1910—1911, p. 492.)

Ouverture du port à traité de Pukow, d'après la *Geogr. Zeitschr.*, 1911, p. 282.

Nan-king.

Col. 2275.

— Huit jours à Nankin . . . et le voyage. Par Ch. Guibier. (*Revue indo-chinoise*, Mars-Avril 1922, pp. 205/235.)

Han-k'eou.

Col. 2275.

— * Hankow Ancient & Modern. Hankow, 1921.

— Hankeou. D'après le *Rangoon Gazette*. Par V. Fournier. (*Revue indo-chinoise*, 15 février 1906, p. 228.)

— Hankéou et son avenir. (*Bull. Soc. Géogr. Est*, XXXII, 1911, pp. 85/86.)

— The Wu-Han Cities Chicago of the East, whose busy and varied industries reach from the Sea to Siberia and the Borders of Thibet. By Elsie F. Weil. (*Asia*, May 1917, pp. 183/190; ill.)

— Hankow Club Library. «China Class». 1922, in-8, pp. 176.

Cha Che.

— Report for the year 1897 of the Trade of Shasi. By H. B. M's Acting Consul, W. J. Clennell. — Shanghai. Printed at the «Shanghai Mercury» Office, 1898, in-4, pp. 19, Carte du Hupeh.

I tch'ang.

— Désordres à I-tchang. (*Asie franç.*, Janvier 1921, p. 42.)

Tch'oung K'ing.

Col. 2276.

— Un Comptoir français à Tchung-king [Communication du Ministère du Commerce, de l'Industrie, des Postes et des Télégraphes, signée Henri Boucher, Paris, 11 nov. 1897]. (*Union géogr. Nord France*, XVIII, 1897, pp. 374/375.)

Amoy.

Col. 2280.

— * Amoy Club. — Rules and Regulations, Hongkong, 1863, in-12, pp. 6.

— L'ampliamento del porto di Amoi. (*Boll. R. S. G. ital.*, Luglio — Ottobre 1920, p. 295.)

Wen tcheou.

Col. 2278.

— Crèche païenne de Wen-tcheou. (*Rel. de Chine*, Kiang-nan, Juill.-Oct. 1920, p. 389.)

Du *Bull. cath. de Pékin*.

— Une crèche payenne à Wen-tcheou. (*Rel. de Chine*, Kiang-nan, Juillet 1921, p. 583.)

Du *Bull. cath. de Pékin*.

Canton.

Col. 2280/2287.

Col. 2284.

— * W. C. Hunter. — Bits of Old China. Second Edition. With plan, 1911, in-8.

— — The «Fan Kwae» at Canton, before Treaty Days, 1825—1844, by an Old

Resident. Second Edition. Portrait of Houqua. 1911, in-8.

Notice : *Journ. N. C. B. R. As. Soc.*, XLII, 1911, p. 241.

— Old Canton Days. The Spirit of Confidence and Mutual Trust nowhere more highly developed than between the Foreign and Chinese Merchants of Canton in the Early Part of the Last Century. By John Foord. (*Asia*, May 1917, pp. 191/195, ill., 226, 228.)

— W. W. Willoughby. — The Canton Government, 1922.

— *Far Eastern Political Science Review.* Vol. I. No. I. Sept. 1919. — Printed by the Diplomatic Association 2. East Bund Canton, China, in-8, pp. 139.

— * China. — A Series of Curious and Quaint Stories and Letters, many signed «P», addressed to and published by the Editor of the *Canton Press*, between the years 1826—1840. Sq. 8vo, half calf, pp. 68, in fine print (no title-page). N. d. (Very scarce) 17 s 6 d.

Contents : Invention of Chinese written character — Provoke to a Feast at Faa-Tee — Chinese Sayings and Mottos — Temple of Longevity — The Buffalo's Complaint (translation) — Chinese Ancient History — Chinese Interpreters — About a Chinese Doctor — Chinese Gentlemen's Cards — Translations of Shop Cards — Chinese Oaths — Anecdote of Confucius — Laws prohibiting Speculations in Grain, 1830 — Chinese Pagodas — Remains of Foreigners at Honam, opposite Canton — Specimen of Chinese Comedy — Canton Newspapers — Chinese Brotherhoods — Some Account of the Successors of Pwang-Koo, the Chinese Adam — Chinese Custom of Illuminating the Streets — A Chinese Hell — Curious instance of Fidelity and Filial Piety — A Chinese Judical Examination — Dragon Boat Festival — «Foreign Devils» (a translation) — Two Chinese Characteristics: Activity and Slowness — An Account of a Rumpus — About Opium — Translation of a Licence of Chop to Foreign Compradores, caused by the Stoppage of the Opium Trade — Translation of Papers from the Hong Merchants and the Hoppo, on the occasion of Foreigners leaving Canton for Macao — About Training — The Mourning of the Empress by the Mandarins — Punishments in China — Chinese Opinion of the Creation, &c.

Morice's *Orient. Cat.*, No. 7, 1910, 341, London.

(CANTON.)

Hoi Heou.

— Le trafic commercial du port d'Hoi-hao en 1917. (*Asie franç.*, Janvier 1920, pp. 35/36.)

— Considérations générales sur le trafic commercial du port d'Hoi-hao en 1917. (D'après les Statistiques et Rapports commerciaux des Douanes maritimes chinoises pour l'année 1917.) Par Esserteau Gérant du vice-consulat de France. (*Bull. écon. Indochine*, n° 137, 1919, pp. 610/616.)

— Mouvement du port de Hoi-hao et trafic commercial en Hainan au cours de l'année 1918. Par Esserteau, Gérant du vice-consulat de France à Hoi-hao. (*Ibid.*, Janvier-Février 1920, n° 140, pp. 76/101.)

— Mouvements du port de Hoi-hao pendant le second trimestre 1919. Par Esserteau Vice-Consul de France à Hoi-hao. (*Ibid.*, n° 138, 1919, p. 786.)

— Dr Mouillac, Gérant du vice-consulat à Hoi how. — Mouvement commercial du port de Hoi how en 1920. (*Ibid.*, Juillet-Août 1921, pp. 467/478.)

Pak-hoi.

Col. 2288.

— Commerce du port de Pakhoi en 1920. Par L. Reynaud, Consul de France à Pakhoi. (*Bull. écon. Indochine*, n° 147, Mars-Avril 1921, pp. 192/194.)

— The Dried Lizard Trade of Pakhoi. (*Board of Trade Journal*, London, vol. XXIV, No. 139, February 1898, p. 228.)

D'après le *Bolletino di Notizie Commerciali.*

Nan Ning.

Col. 2288.

— Ouverture de Nanning au commerce Etranger. Par J. C. (*Revue indo-chinoise*, 30 sept. 1906, pp. 1509/1510.)

Du *Hong kong Telegraph.*

Loung Tcheou.

— * C. Bos. — Notes on Lungchow, s. d.

— Rapport commercial de Lungchow. Par J. C. (*Revue indo-chinoise*, 15 janvier 1907, pp. 64/66.)

Tiré des *Douanes impériales chinoises.*

Mong Tseu.

— Mongtseu. — Notes sur le commerce de transit en 1916. (*Bull. écon. Indochine*, n° 124, 1917, pp. 250/257.)

— Mouvement commercial de Mongtze pendant le quatrième trimestre de 1920, par M. Alfred Meynard. (*Ibid.*, Juillet-Août 1921, pp. 479/481.)

(HOI HEOU. — PAK-HOI. — LOUNG TCHEOU.)

TROISIÈME PARTIE

RELATIONS DES ÉTRANGERS AVEC LES CHINOIS

I — OUVRAGES DIVERS.

— Les relations de la Chine ancienne avec les peuples étrangers par M. de Milloué. (*Soc. Géogr. Lyon*, Procès-verbaux, n° 10 Mai 1883, pp. 95/98.)

— GeorgI HornI. De Originibvs Americanis Libri Qvatvor. Hagae Comitis, Sumptibus Adriani Vlacq. — c|o|ocLII, pet. in-8, 8 ff. n. ch. + 282.

A la fin : Lvgdvni Batavorvm, Typis Philippi de Cro-y, Arnhemo-Geldri, 1652.

— Georgi Horni ‖ De ‖ Originibvs ‖ Americanis. ‖ Libri Qvatvor. ‖ [vig.] Hemipoli ‖ Sumptibus Joannis Mülleri Bibl. ‖ Anno 1669, in-12, pp. 11 n. ch. + 503.

Très rare.

— * *Hwang ch'ao ching shih wên su pien.* (« The Blue Book of China ») 1898.

Notice : *Quarterly Review*, 187, April 1898, pp. 546/566.)

— Elisée Reclus. — La Chine et la Diplomatie européenne. — Paris, Editions de l'*Humanité Nouvelle*, 15 rue des Saints-Pères, 1900, in-8, pp. 16.

— René Pinon. — La Chine et les Puissances européennes 1894—1904. (*Revue des Deux Mondes*, 1er août 1904, pp. 627/666.)

— Comment est possible la Pénétration de la Chine par les Etrangers. (*A travers le Monde*, X, 1904, p. 406.)

(Ouvrages divers.)

Col. 2297.

— La Vie politique dans les Deux Mondes (1er oct. 1906—30 sept. 1907) . . . Félix Alcan . . . in-8, pp. 600.

Notice : *Revue indo-chinoise*, 15—30 sept. 1908, pp. 455/466. Extr. du *Bull. du Com. Asie franç.*

Col. 2297/2298, 3193.

— La Vie politique dans les Deux Mondes. Deuxième année, 1er oct. 1907—30. sept. 1908. — Extrait. — Paris, Félix Alcan, 1909.

Extrême-Orient, pp. 438/474. — Par Maurice Courant.

— La Vie politique dans les Deux Mondes. . . . Troisième Année 1er oct. 1908—30 sept. 1909 . . .

Extrême-Orient par Maurice Courant, pp. 401/444.

— Bibliothèque d'histoire contemporaine — La Vie politique dans les Deux Mondes publiée sous la direction de A. Viallate et M. Caudel professeurs à l'Ecole des Sciences Politiques. — Quatrième Année, 1er oct. 1909—30 sept. 1910. — Paris, Librairie Félix Alcan . . .

Extrême-Orient, pp. 409/448. — Par Maurice Courant.

(Ouvrages divers.)

— Chronique de Chine (1907—1908) par Maurice Courant. (*Annales Sc. politiques*, 15 nov., 1908, pp. 823/839.)

∴

— Etudes sur la politique extérieure des Etats. — IV. L'Extrême-Orient Chine—Japon—Russie par Albert Métin. — Librairie de « Pages libres », 17 rue Séguier, 1905, in-16, pp. 126 + 1 f. n. ch. tab.

— La Chine. Ses relations avec l'Occident. Le péril Jaune. Conférence de M. le Commandant Fonssagrives du 12 déc. 1906. (*Revue Soc. Géogr. Tours*, 1906, pp. 128/131.)

— Université de Montpellier. — Faculté de Droit. — Affaires d'Extrême-Orient de 1842 à 1902. Thèse pour le Doctorat (Sciences politiques et économiques) par Eugène Balmelle, Avocat. — Carcassonne, Imprimerie André- Cab·lle, 1906, in-8, pp. 197.

— * 杓章述要 China's Treaty Relations. By Dr. G. Reid, Director of the International Institute. Shanghai, 1907. Printed at the Presbyterian Mission Press.

Notice : *Chin. Rec*, Sept. 1908, pp. 515/517, by W. A. P. M.

— Der Eintritt des chinesischen Reiches in den völkerrechtlichen Verband. — Inaugural-Dissertation zur Erlangung der Doctorwürde, genehmigt von der juristischen Fakultät der Königlichen Friedrich-Wilhelms-Universität zu Berlin und zugleich mit den ausgehängten Thesen öffentlich zu verteidigen am 18. Juli 1907, 12 Uhr von Ma-Do-Yün aus Tschau Yan (China). . . . Berlin, E. Ebering, in-8, pp 75 + 2 ff. n. ch.

Ma né 15 mars 1881, Hou Pe.

— La Chine et les Puissances. (*Revue indo-chinoise*, 29 février 1908, pp. 303/304.)

D'après le *Hong Kong Daily Press* et l'*Avenir du Tonkin*.

— L'Australie et l'Extrême-Orient. Conférence faite le 17 juin 1908 à l'Asie française par M. Chassigneux, professeur au Lycée de Cherbourg. (*Bull. Com. Asie franç.*, Juillet 1908, pp. 261/269.)

— Règlement des difficultés entre Européens et Chinois. (*Revue indo-chinoise*, 31 août 1908, pp. 275/276.)

Extrait d'un rapport de M. Hopkins, Consul général britannique à Tientsin.

— La protection des sujets ottomans [en Chine]. (*Bull. Com. Asie franç.*, Oct. 1908, p. 426.)

— * Foreign Judgments and Jurisdiction. By Sir Francis Piggott, Kt., M. A., LL. M., Chief Justice of Hongkong. London : Butterworth and Co. Hongkong : Kelly and Walsh.

Notice : *Lond. & China Express*, Déc 11, 1908.

Col. 3193.

— La Question d'Extrême-Orient, par Edouard Driault. Paris, Félix Alcan, 1908, in-8, pp. 391.

Bibliothèque d'Histoire contemporaine.

Notices : *Bull. Com. Asie franç.*, Mars 1908, p. 132. — *Bull. Soc Géogr. Lyon*, 1909, p. 86, par M. Z[immermann]. — *Bull. Ecole franç. Extr. Orient*, IX, 1909, pp. 588/592, par H. Maspero.

— Les Succès de la Littérature européenne en Chine. (*A travers le Monde*, XIV, 1908, pp. 238/239.)

— Le manque de solidarité entre Européens [en Chine]. (*Bull. Com. Asie franç.*, Oct. 1909, pp. 457/458.)

Article de M. Edwin J. Dingle dans le *South China Morning Post* du 31 août.

— * A. Dauge. — De la condition juridique des étrangers en Chine. (*Journ. de Droit international privé*, 1909—1910.)

HOSEA BALLOU MORSE.

— The International Relations of the Chinese Empire by Hosea Ballou Morse . . . *The Period of Conflict* 1834—1860. With Illustrations, Maps and Diagrams. Longmans, 1910, in-8, pp. XXXVII-727.

Notices : *Lond. & China Express*, January 6, 1911. — *Times Lit. Sup.*, 31 mars 1911. — *Imp. & Asiat. Quart. Rev.*, April 1911, pp. 404/407. — *Journ. N. C. B. R. As. Soc.*, XLII, 1911, pp. 243/245, by F. E. H. — *Edinburgh Rev.*, January-April 1912, pp. 190/212.

— — Volume II. *The Period of Submission* 1861—1893. With Illustrations, Diagrams and Maps. Ibid., 1918, in-8, pp. XLI-479.

— — Volume III. *The Period of Subjection* 1894—1911. With Illustrations, Diagrams and Maps. Ibid., 1918, in-8, pp. XVI-530.

Notices : *Journ. R. As. Soc.*, Janvier 1919, pp. 91/98, par E. H. Parker. — *Journ. N. C. B. R. As. Soc.*, L, 1919, pp. 273/226, par K. H. F. — *Lond. & China Express*, February 6, 1919, p. 90. — *New China Rev.*, March 1919, pp. 106/109. — *Asiat. Rev.*, by H. L. Joly, p. 261. — *Geogr. Rev*, Nov. 1920, pp. 352/353, by E. T. Williams.

∴

— Extra-territoriality in China. — A lecture delivered at Kuling 4th August 1910 by Arnold Foster, B. A. London Missionary Society, Wuchang. — London, Luzac & Co., Shanghai, Hongkong, Singapore, Yokohama, Kelly & Walsh, Limited. — In-8, pp. 31.

— * W. Tondon. — « Les cours mixtes en Chine. » (*Revue pratique de droit international privé*, 1912.)

— Les puissances et la Chine. — Commentaires du comte Okima (*Revue indo-chinoise*, Juin 1912, pp. 609/610.)

Traduit par G. Giraud du *Japan Chronicle*, 18 mai 1912.

— The Status of Aliens in China by Vi Kyuin Wellington Koo, Ph. D., English Secretary to the President of China New York Columbia University 1912, in-8, pp. 359.

Studies in History, Economics and Public Law edited by the Faculty of Political Science of Columbia University, Volume L [Number 2] Whole Number 126.

Notice : *Lond. & China Express*, April 25, 1913.

Col. 2298.

— Europe and the Far East 1506—1912 by Sir Robert K. Douglas Late Keeper of Oriental Printed Books and M. S. S. at the British Museum; and Professor of Chinese at King's College, London. Revised and corrected with an additional Chapter (1904—1912) by Joseph H. Longford, Professor of Japanese at King's College, London; late H. M. Consul and Judge of H. M. Consular Courts in Japan. Cambridge : at the University Press 1913, in-8, pp. VII-487, cartes.

Cambridge Historical Series, edited by G. W. Prothero.

Notice : *Lond. & China Express*, May 23, 1913.

— Faculté de Droit de l'Université de Paris. — Essai sur la condition juridique des étrangers en Chine. — Thèse pour le Doctorat Soutenue le Vendredi 28 novembre 1913, à 1 heure ½ par Marcel Baudez, Vice-Consul de France. . . . — Paris, A. Pedone, 1913, in-8, pp. 360.

— Essai sur la condition juridique des étrangers en Chine par Marcel Baudez, Docteur en Droit, Vice-Consul de France. . . . Paris, A. Pedone, 1913, gr. in-8, pp. 360.

En annexe sont publiés les réglements municipaux des concessions de T'ien Tsin.

Notices : *Bull. Ecole franç. Extr.-Orient.*, XIII, N° 7, 1913, pp. 51/52, par N. Peri. — *Asie franç.*, Février 1914, pp. 83/84, par R. Tisler.

— R. F. Johnston. — A league of the Sacred Hills. (*Nineteenth Century*, Lond., LXXIII, February 1913, pp. 305/316.)

— Les Forces navales étrangères dans le port de Chang-haï, le 1er août 1913. (*Rel. de Chine*, Kiang-Nan, Oct. 1913, p. 257.)

— Proceedings of the Central Asian Society. — Europe and Asia by Sir Francis Younghusband, K. C. I. E. Read December 11, 1912. London Central Asian Society, 1913, in-8, pp. 27.

— L'Allemagne, la Russie et la Chine. (*Asie franç.*, Avril 1914, pp. 164/165.)

— Chine. — Les Etrangers et le développement économique. Par C. Mus. (*Revue indo-chinoise*, Mai 1914, pp. 537/540.)

— * Ernst Grünfeld. — Kurzer Abriß der Geschichte der Fremden in China. (*Oesterreichische Monatssch. f. d. Orient.* 41. Jhrg., Nr. 1/2.)

— Enrico Catellani Prof. ord. nella R. Università di Padova. — La penetrazione straniera nell'Estremo Oriente Sue forme giuridiche ed economiche. Firenze, G. Barbèra, editore. — 1915, in-8, pp. 500; plans.

— * Chu Ao-hsiang. — Le régime des capitulations et la réforme constitutionelle en Chine. Univ. Press, Cambridge, 1915, in-8, pp. 230.

— * L. de Hoyer et Damien. — Ombres Pekinoises, fantaisie humoristique sur le monde des Légations à Pékin. — Pékin, 1916, in-8, imp. à la chinoise, pp. 140.

— Les Droits conventionnels des Etrangers en Chine par M. Georges Soulié Vice-Consul de France. . . . — Préface de M. Stéphen Pichon, Sénateur. . . . — Introduction de M. Camille Jordan, Consul général de France. . . . — Le Chapitre III «Juridiction» a été publié dans la *Revue de Droit international Privé et de Droit Public international.* «Recueil Sirey», Léon Tenin, Paris, 1916, in-8, pp. XIX-222.

— A Guide to Diplomatic Practice by the Rt. Hon. Sir Ernest Satow, G. C. M. G. Formerly Envoy Extraordinary and Minister Plenipotentiary. Longmans, Green and Co., London, New York, Bombay, and Calcutta. 1917, 2 vol.

Notice : *London & China Express*, July 4, 1917, p 402.

— A Guide to Diplomatic Practice by the Rt. Hon. Sir Ernest Satow, G. C. M. G., . . . formerly Envoy Extraordinary and Minister Plenipotentiary . . . Second and revised Edition. Longmans, Green and Co., London, 1922, 2 vol. in-8, pp. XIX-419, IX-436.

Fait partie de la collection *Contributions to International Law and Diplomacy.* Edited by L. Oppenheim

— * Tchou Wei. — Organisation juridique de la Société internationale. Fribourg, 1917.

— * S. Tcheou-wei, ingénieur E. C. P., docteur en droit, secrétaire à la Commission de la Société des Nations à la conférence de la Paix. — Le mouvement pour la Société des Nations en Chine. — Pékin, 1920, pp. 8 et hors texte.

Collection de la «Politique de Pekin».

— * W. Wagner. — Aufenthalt und Niederlassung Fremder in China. Berlin, 1918, pp. 80.

— * China and the World War. By W. R. Wheeler. New York, The Mac Millan Co., 1918.

Notice : *Journ. N. C. B. R. As. Soc.*, L, 1919, pp. 208/209. By H. K. W.

— Etablissement d'une ambassade de Chine auprès du Saint-Siège. (*Miss. Cath.*, 9 août 1918, p. 376.)

Extr. de l'*Osservatore romano.*

— J. A. Nederbragt. — «Pénétration pacifique» in China. 's Gravenhage, 1918, in-8, 3 ff. n. ch. + pp. 226, 2 ff. de pl.

— Foreign Financial Control in China. By T. W. Overlach. New York, The Macmillan Co., 1919, in-8, pp. XIII-295.

Notice : *Journ. N. C. B. R. As. Soc.*, L, 1919, pp. 219/220. By H. K. Wright.

— * A. v. Rosthorn. — Unser Verhältnis zu China vor und nach dem Kriege. Verlag «Der neue Geist», Leipzig, 1919.

— Nos Alliés d'Extrême-Orient, Chine et Japon. Par L. S. (*Revue indo-chinoise*, Mai-Juin 1919, pp. 916/919.)

— * Status of Subjects of Non-Treaty Countries in China. (*Board of Trade Journal,* 9 oct. 1919.)

— * S. Tomimas. — The Open-Door Policy and the Territorial Integrity of China. New York, 1919, pp. 161.

— La Chine et la grande guerre européenne au point de vue du Droit international d'après les documents officiels du Gouvernement Chinois par Dr. Nagao Ariga, Conseiller juridique auprès de la Présidence de la République chinoise. — Ouvrage accompagné d'une préface par M. Paul Fauchille, Directeur de la *Revue générale de droit international public.* — Paris, A. Pedone, 1920, in-8, pp. 342.

— Quelques vues intéressantes de la politique occidentale en Extrême-Orient : l'Allemagne et le marché asiatique ; les gains de la flotte japonaise comparativement aux pertes de celle de la France ; l'instruction publique et les transports aériens en Chine. Par Ch. P. (*Revue indo-chinoise*, Nov.-Déc. 1920, pp. 461/473.)

— * Rapport de la Commission d'Enquête en Mandchourie-Sibérie. — Pékin, 1920, pp. 20 et hors texte.

Collection de la «Politique de Pekin».

— * La Chine moderne vue par ses hommes d'état, ses écrivains et ses conseillers étrangers. . . . Pékin, 1920, gr. in-4, pp. 115, 140 fig. 1 carte en couleurs.

No. spécial de la «Politique de Pékin».

(DIVERS.)

— Foreign Rights and Interests in China. By Westel W. Willoughby, Professor of Political Science at the John Hopkins University, Legal Adviser to the Chinese Republic, 1916—1917. Baltimore, The John Hopkins Press, 1920, in-8, pp. xx-594.

— China at the Conference a Report by Westel W. Willoughby. . . . Baltimore, The John Hopkins Press, 1922, in-8, pp. XVI-419.

— Aperçu des relations internationales de l'Empire chinois par Hyacinthe Tomasini Docteur en Droit. Poitiers, Marc Texier, 1920, in-8, pp. 205.

Thèse.

— China's Foreign Relations. — A historical survey of China's Foreign Relations during the First two years of the Chinese Republic. By Fo Sun, M. Sc. (*Far Eastern Pol. Science Rev.*, II, nº 1, January 1920, pp. 9/24.)

— Relations Internationales de la Chine. — Etude de la diplomatie chinoise pendant les deux premières années de la République. (*Ibid.*.)

— La question des juridictions consulaires. (*Asie franç.*, Juin 1920, p. 201.)

— L'enseignement technique et la propagande étrangère. (*Ibid.*, pp. 201/202.)

— La Chine et la Société des Nations. (*Ibid.*, Mai 1921, pp. 221.)

— L. Y. Chen. — China and Europe. (*The Nation & the Athenaeum*, July 16, 1921, pp. 574/575.)

— La question de l'extraterritorialité. (*Asie franç.*, Juillet-Août 1921, pp. 331/332.)

— La Chine et la Conférence de Washington. Par André Duboscq. (*Revue politique et parlementaire,* 10 février 1922, pp. 233/241.)

— P. S. — Diritti, extraterritorialità e concessioni degli stranieri in Cina. (*Boll. R. Soc. geogr. italiana*, Gennaio-Febbraio 1922 pp. 80/82.)

— «Foreign Devils» by W. Somerset Maugham. Illustrations by John Held Jr. (*Asia*, February 1922, pp. 94/99, 152; ill.)

— Polonais à Changhai. (*Rel. de Chine*, Kiang-Nan, Janvier-Avril 1923, p. 60.)

— * Georges Padoux. — Jurisprudence de la Cour Suprême de Pékin. — Pékin, 1919 et hors texte.

Collection de la «Politique de Pékin».

— * Georges Padoux, Ministre plénipotentiaire, Conseiller du Gouvernement chinois. — Du Recours à la Société des Nations en cas de difficultés internationales. Pékin, 1919, pp. 16 et hors texte.

Ibid.

— * Idem. — La loi chinoise du 5 août 1918 sur l'application des lois étrangères en Chine. — Pékin, 1921, pp. 92.

Ibid.

(DIVERS.)

— Collection de la «Politique de Pékin». — G. Padoux, Ministre plénipotentiaire, Conseiller de la Commission de Codification des lois chinoises. — La loi chinoise du 5 août 1918 sur l'application des lois étrangères en Chine. — Seconde édition revue et augmentée. Pékin, 1922, in-8, pp. 116.

— The legal obligations arising out of treaty relations between China and other States (Thesis Approved for the Degree of Doctor of Laws in the University of London). By Min-ch'ien T. Z. Tyau, LL. D. Lecturer on International Law, Tsing Hua College, Peking. . . . With Prefaces by Sir John Macdonell, K. C. B., M. A., LL. D. . . . and Hon Wu Ting-fang, LL. D. . . . — Shanghai Commercial Press. . . . — 1917, in-8, pp. xxii-304.

— The Foreign Relations of China. Part III. The Policy of Japan in China. A Dissertation Submitted to the Board of University Studies of the John Hopkins University in conformity with the requirements for the degree of Doctor of Philosophy. By Mingchien Joshua Bau, May 1921, pp. ch. 181 à 281.

Pau né 18 mars 1894, à Yu Yao, Tche Kiang.

— The Foreign Relations of China. A History and a Survey by M. J. Bau, M. A., Ph. D. London, Nisbet & Co., 1922, in-8, pp. xii-541.

— A Sketch of the Diplomatic History of China. — Policies of the Great Powers in China. — The Policy of Japan in China. — Impairments of China's Sovereignty. — New Problems arising since the War. — A Foreign Policy for China.

Notice : *China Express and Telegraph*, Oct. 12, 1922, p. 681.

— The Problem of China. By Bertrand Russell. Sometime Professor of Philosophy in the Government University of Peking. London : George Allen & Unwin, s. d. [1922], in-8, pp. 260.

China and the Western Powers. — Modern China. — Modern Japan. — Japan and China during the War. — The Washington Conference. — Present Forces and Tendencies in the Far East. — Chinese and Western Civilization Contrasted. — Industrialism in China.

— Les Relations Politiques et Economiques entre la Chine et les Puissances de 1842 à 1860. — Thèse pour le Doctorat de l'Université présentée à la Faculté des Lettres de Paris par Mao-yee-hang. London, Bosc frères et Riou, 1923, in-8, pp. 215.

Col. 3194.

— Treaties between the Empire of China and Foreign Powers. (1st Edition, By W. F. Mayers. 1877.) 5th Edition. Shanghai, 1906, in-8.

Notice : *Edinburgh Review*, Vol. 215, January-April 1912, pp. 190/212.

Col. 2300.

— *Hertslet's China Treaties.* — Treaties, &c., between Great Britain and China; and between China and Foreign Powers; and Orders in Council, Rules, Regulations, Acts of Parliament, Decrees, &c., affecting British Interests in China. — In force on the 1st January, 1908. — Third Edition : Revised, under the Superintendence of the Librarian of the Foreign Office, by Godfrey E. P. Hertslet, with the assistance of Edward Parkes. — London : Printed for His Majesty's Stationery Office, by Harrison and Sons, 1908, 2 vol. in-8. 4 ff. n. ch. + pp. 623, 625 à 1300, cartes dans le Vol. I.

Publié à 35 sh. les 2 volumes.

Notice : *Lond. & China Express*, July 24, 1908.

— China. Imperial Maritime Customs. III. Miscellaneous Series, N° 30. Treaties, Conventions, etc., between China and Foreign States. Shanghai, 1908.

Notice : *Edinburgh Review*, Vol. 215, January-April 1912, pp 190/212.

— Second Edition. Shanghai, 1917.

— * Traités et Conventions entre l'Empire du Japon et les Puissances Etrangères. Ministère des Affaires Etrangères; Tokyo, Maruya & Co., publishers, 1908.

— Treaties, Conventions, International Acts, Protocols and Agreements between the United States of America and other Powers 1776—1909. Compiled by William M. Malloy under resolution of the Senate of January 18, 1909 (Res. No. 252, Sixtieth Congress, Second Session). In two volumes. Washington, Government Printing Office, 1910, 2 vol. in-8, pp. xxvi-1230, v-1231 à 2491.

Forme les Vol. 47 et 48 des *Senate Documents*, 61st Congress, 2d Session, 1909—1910.

— * Treaties, Conventions, etc., between China and Foreign States : Hsuan Tung Period, edited by C. P. Hu. Peking, 1913.

— * *Chung Hua Fa Kuei Ta Ch'uan.*

Compilation of the Laws of China, together with a Collection of the Treaties with Foreign Countries. Shanghai, 1913.

Pas officiel.

— Treaties and Agreements with and concerning China 1894—1919. A collection of state papers, private agreements, and other documents, in reference to the rights and obligations of the Chinese Government in relation to foreign powers, and in reference to the interrelation of those powers in respect to China, during the period from the Sino-Japanese War to the conclusion of the World War of 1914—1919 compiled and edited by John V. A. Mac Murray Counselor of Embassy of the United States, assigned to Tokyo; late Secretary of the American Legation at Peking. Vol. I Manchu Period (1894—1911). New York, Oxford University Press, American Press . . . 1921, in-4. pp. XLVI-928.

Avec carte : United States Dep't of Commerce Bureau of Foreign & Domestic Commerce Railway Map of China. Peking, Oct. 1918, Paul P. Whitham, Consulting Engineer, Trade Commissioner. — Maps of Eastern Shantung, Liaotung Peninsula, Kuangchouwan and Leichow Peninsula, Hongkong Extension. — Plan of Boundaries of Legation Quarter at Peking.

— — Vol. II : Republican Period (1912—1919). Ibid. . . ., 1921, in-4, pp. ch. 929/1729.

Railway map of North China (100 miles to the inch), compiled by J. V. A. Mac Murray from the Russian Government Map of the Ways of communication of Asiatic Russia (1911) and other sources, and drawn by Mr. Y. Y. Wu and the supervision of Mr. Murray Sullivan of the Chu-chow Chin-chow Railway Administration. Oct. 1918.

Notice : *Geogr. Journ.*, Sept. 1922 pp. 223/224, by R. H. H.

— The Consortium. The Official Text of the Four-Power Agreement for a Loan to China and Relevant Documents. Washington, Published by the Endowment 1921, in-8, pp. IX-76.

Pamphlet Series of the Carnegie Endowment for International Peace Division of International Law No. 40.

(DIVERS.)

II. — PORTUGAL.

— Afonso d'Albuquerque por J. Benedito Gomes. (*Bol. Soc. Geogr. Lisboa*, 34e Ser., 1916, pp. 5/87; portr.)

Ouvrages divers.

— Cartas de Affonso de Albuquerque seguidas de documentos que as elucidam publicadas de Ordem da Classe de Sciencias moraes, politicas e bellas-lettras da Academia real das Sciencias de Lisboa e sob a direcção de Raymundo Antonio de Bulhão Pato Socio da mesma Academia. Tomo I. — Lisboa, Typographia da Academia Real das Sciencias MDCCCLXXXIV, in-4, pp. XXIII-448.

— — Tomo II. — Ibid., MDCCCXCVIII, in-4, pp. LVIII-454 + 1 f. n. ch.

— — Tomo III. — Ibid., MDCCCCIII, in-4, pp. XV-406 + 1 f. n. ch.

— — Tomo IV. — Ibid., MDCCCCX, in-4, pp. XXXVI-332.

Collecção de Monumentos ineditos para a Historia das Conquistas dos Portuguezes em Africa, Asia e America. — Tomo X, XII, XIII, XIV. — 1a Serie. *Historia da Asia.*

(OUVRAGES DIVERS.)

— The Book of Duarte Barbosa. An Account of the Countries bordering on the Indian Ocean and their Inhabitants, written by Duarte Barbosa, and completed about the year 1518 A. D. Translated from the Portuguese text, first published in 1812 A. D. by the Royal Academy of Sciences at Lisbon, in Vol. II of its Collection of Documents regarding the History and Geography of the Nations beyond the seas, and edited and annotated by Mansel Longworth Dames, Indian Civil Service (retired); Vice-President Royal Asiatic Society and Royal Anthropological Institute. . . . Vol. I. Including the Coasts of East Africa, Arabia, Persia, and Western India as far as the Kingdom of Vijayanagar. London: Printed for the Hakluyt Society. — MCMXVIII, in-8, pp. LXXXV-238.

No. XLIV. Second Series of Works issued by The Hakluyt Society.

Notices : *Journ. Asiat.*, Oct.-Déc. 1921, pp. 303/321, par Gabriel Ferrand. — *Geogr. Journ.*, April 1922, pp. 299/301, par R. C. Temple. — *Journ. Roy. As. Soc.*, April 1922, pp. 289/290, par R. C. Temple.

(OUVRAGES DIVERS.)

— — Vol. II. Including the Coasts of Malabar, Eastern India, Further India, China and the Indian Archipelago. Ibid., MCMXXI, in-8, pp. XXXI-286.

No. XLIX. Second Series of Works issued by the Hakluyt Society.

— Obituary Notice. — Mansel Longworth Dames. (*Journ. Roy. As. Soc.*, April 1922, pp. 301/304, by R. C. Temple; *ibid.*, pp. 304/305, by H. H. Howorth.)

Né en 1850 à Bath.

— * Sociedade de Geographia de Lisboa. A India Portugueza. Por Hypacio de Brion. Lisboa, 1908, pp. 30. Illustrations.

— * Prince Henry of Portugal and the African crusade af the Fifteenth Century. By C. Raymond Beazley. (Reprinted from the *American Historical Review*, vol. 16, No. 1, October 1910, pp. 23.)

— L'arrivée des Portugais en Chine. Par Henri Cordier. (*T'oung Pao*, Oct. 1911, pp. 483/543.)

Tirage à part : Brill, Leide, 1911, in-8, pp. 63; réimp. dans l'*Hist. générale de la Chine*.

— Notice : *Bull. Ecole franç. Extr. Orient*, XII, 1912, pp. 117/118, par L. A[urousseau].

— Histoire de la Science nautique portugaise à l'époque des grandes découvertes: Collection de Documents publiés par ordre du Ministère de l'Instruction publique de la République portugaise (Décret du 29 déc. 1913) par Joaquim Bensaude. Vol. I. Munich, Carl Kuhn, 1914, pet. in-fol., facsimiles.

5 vol. in-folio, 1914—1915.

∴

Col. 2314/2316.

— * Tratado com a China 1902—1903. Embaixador José de Azevedo Castelo Branco.

— * Tratado com a China. Por João Feliciano Marques Pereira. Collecção de artigos publicados no jornal «A Lucta» de 17 Junho a 31 de Agosto de 1908. São 13 artigos e mais um de 6-3-909.

— * Tratado com a China Macau, etc., 1908. (Recorte de jornais portugueses estrangeiros.)

— * Tratado com a China 1909. Recortes de jornais sobre o assunto.

Macao.

OUVRAGES DIVERS.

Col. 2316/2328.

— * Condições da Companhia de Macao que sua Magestade concedeo por tempo de dez anos. Administradores della Luiz Marciel, Manuel de Sousa Soares, Gonçalo Pacheco Pereyra & Manuel Velh da Costa, Lisbôa, Na oficina Real Valentine da Costa Deslandes o fez imprimir ano de 1710 Está paginado á mão ao canto superior esquerdo de 82 a 89.

Col. 2319.

— Relacion ‖ sincera, y verdadera ‖ De la justa defension ‖ De las ‖ Regalias, y privilegios de la Corona ‖ de Portugal ‖ En La Ciudad de Macao. ‖ Escrita ‖ Por el Doctor D. Felix Leal de Castro ‖ En la misma Ciudad ‖ A 4 de Febrero de 1712. ‖ — Impresa en Hiang Xan ‖ con las Licencias necessarias, in-8, imp. sur le recto seulement des pages.

Cat. 403, Maggs Bros., Londres, 1901, No. 383, avec un facsimile du titre, p. 149. — Il est dit par erreur que Hiang Xan (= Hiang Chan, l'île dans laquelle est bâti Macao) est Hang Tcheou, Tche Kiang!

— Observations pour la longitude de Macao, par le Pere Noël. (*Observations* . . . du P. Goñye, *Mém. de l'Acad. des Sciences*, VII, 1729, pp. 789/791.)

— * Ordem do Dia Eleição de Macao na forma seguinte. 1843. É a acta da sessão da Câmara dos Deputados em que se discutiu e se juntou o parecer da Comissão de Verificação de Poderes, àcerca da eleição de deputados por Macao.

— * Eleição de Deputados em Macau e Timor, 1843—1844. Folheto de 8 pags. com 18,5 × 15 cm. Contém a copia do Decreto de 19 de Julho de 1843 em que se dão as providencias relativas ás eleições de deputados em estabelecimentos de Macau, Timor e Solor.

— * Estatutos da Sociedade do Theatro de D. Pedro V. Macao, 1859.

— * Plano d'Associação Catholica para a conversão dos gentios e o progresso religioso e moral da illustre e antiga colonia de Macau. Proposto ao clero e ao povo da mesma cidade no dia 27 de Junho de 1862.

— * Relatorio ácerca do serviço de saude de Macau apresentado ao Conselho de Saude Naval e do Ultramar pelo Dr Lucio Augusto da Silva. — Macau, 1866.

— * As alfandegas chinesas de Macau. Analise do parecer da junta consultiva do ultramar sobre este objecto por

A. Marques Pereira. Macau, 1870, in-8, carte.

— * Postos fiscais em Macaù. Discursos pronunciados na camara dos deputados, por F. M. da Cunha e Mello Gouveia, em 8 e 13 de Setembro de 1871.

— * Relatorio da comissão encarregada de coligir produtos em Macau para a Exposição Universal de Paris de 1900. In «Boletim oficial do Governo da Provincia de Macau» de 30-11-1889. É importante este relatorio sob o ponto de vista económico porque nelle se encontram informações acerca de certos productos macaenses, como o cimento, o bambum, as embarcações e redes de pesca, trabalhos em prata, seda, pannos, marfim, chavenas de porcelanas, porcelanas, etc., etc., productos mal conhecidos na metropole.

— * Carta da peninsula de Macau. Feita e desenhada por Freire Corte Real, 1900. Dimensões 1,22 × 0,61. É um manuscrito colorido em que está indicado o projecto dos melhoramentos do porto de Macau, do sr. Adolpho Loureiro.

Col. 2325.

— Mitras lusitanas no Oriente. — Catalogo dos Vigarios Geraes e Visitadores das Missões do Norte e do Sul de Goa, e dos Superiores Ecclesiasticos de Cranganor, Cochim, Meliapor, Malaca, Macao e Moçambique e suas circumscripções, com a recopilação das ordenanças por elles expedidas. Pelo Pe Casimiro Nazareth. (*Bol. Soc. Geogr. Lisboa,* 26e sér., 1908, pp. 249/263, 281/306, 330/337, 359/376, 413/417; *ibid.*, 27e sér., 1909, pp. 64/75, 114/132, 155/164, 183/186, 222/226, 249/255, 288/299, 339/351, 377/386, 407/418; *ibid.*, 28e sér., 1910, pp. 59/64, 186/192, 333/337.)

— * Estatistica do Commercio e Navegação da India, Macau e Timor nos annos de 1901, 1902 e 1903 e Resumos do Movimento Commercial dos annos de 1890 a 1904. — 2 vol.

— * Idem, anno de 1904. — 2 vol.

— * Idem, anno de 1905. — 2 vol.

— Idem, anno de 1906. — 2 vol.

— Sermão prégado dentro das ruinas da egreja da Immaculado Conceição vulgarmante chamada de S. Paulo em Macau por occasião do lançamento da primeira pedra para a reconstrucção d'este antigo e historico templo destinado á futura egreja Parochial de Santo Antonio no dia 4 de Dezembro de 1904. Anno Jubilar da Immaculada Conceição pelo Missionario Padre Antonio José Gomes. Macau, 1905.

— * Plano hydrographico de Porto Exterior de Macau, 1904. Escala de 1 : 100.000.

— * J. Dyer Ball. Macao : the Holy City, the Gem of the Orient Earth. Canton, 1905, in-8, pp. 83.

— * Relatorio da Comissão sobre a venda de carne de porco em Macau, 4-2-905. Este relatorio foi assinado pelos seguintes individuos : Arnaldo de Novaes Guedes Rebello, Feliciano Marques Pereira, Christovam Pinto e José Augusto Pereira Gonçalve Junior. É uma das provas impressas occupando 20 graneis.

— * Santa Casa da Misericordia de Macau. Conta da gerencia, conta da loteria, conta do deposito dos concessionarios, inventorio geral, conta geral do hotel Boa Vista, com relação aos anos de 1902, 1903, 1904 e 2o semestra de 1904. Relatorio apresentado pelo Provedor da Santa Casa da Misericordia de Macau Eduardo Marques á mesa da mesma irmandade em sessaõ de 14 de Janeiro de 1905. Macau, 1905.

— Macao. Par V. Fournier. D'après le Hong Kong Daily Press. (*Revue indo-chinoise*, 30 déc. 1905, p. 1880.)

— * Camões nunca esteve em Macau. Carta de Londres á Sociedade de Geografia. Por Gonçalo da Gama. (Inserta no Jornal «A Openião» de Lisboa, em 19 de Setembro de 1906.)

— * Questão de Macau em 1908. Recortes de jornaes portugueses e ingleses.

— Work among Chinese in Macao. By Rev. T. W. Pearce. (*Chin. Rec.*, Sept. 1909, pp. 510/512.)

— Die portugiesisch-chinesische Grenzfrage. (*Deutsche Rundschau f. Geogr. u. Stat.*, XXXI, 1908—1909, p. 331.)

Demande de nomination de plénipotentiaires pour régler la question des frontières de Macao et des autres possessions du Portugal.

— La Chine et le Macao. (*Bull. Com. Asie franç.*, Juin 1909, pp. 261/262.)

Extr. de la *Gazette de Voss*.

— La délimitation de Macao. (*Bull. Com. Asie franç.*, Déc. 1909, pp. 535/536.)

— La délimitation de Macao. (*Revue indo-chinoise*, Juin 1910, pp. 563/566.)

— Faits de guerre près de Macao. (*Ibid.*, p. 329.)

— Les incidents de Macao. (*Asie franç.*, août 1910, pp. 363/364.)
Combat de l'île de Kolouan.

— Troubles à Macao. (*Ibid.*, Déc. 1910, p. 547.)

— * Esboço dos confins militares de Macau pelo cap. Azambuja Martins. (*Rev. Militar.* Lisboa. Dezembro.) (1910?)

— * Les Colonies portugaises d'Extrême-Orient. Angel Marvaud. (*Questions dipl. et col.*, Paris, 16 sept.) (1910?)

— Les Colonies portugaises d'Extrême-Orient. (*Bull. Soc. Géogr. Lille*, 1911, 1er sem., pp. 224/237.)
D'après un article de la *Revue des Questions diplomatiques et coloniales*.

— * Vasco da Gama and His Successors, 1460—1580. By K. G. Jayne. With 21 Illustrations and Map. Methuen and Co.
Notice : *Lond. & China Express*, Feb. 3, 1911, p. 1, *Suppl.*

— Les Portugais et les Chinois à Macao. Par Labadie-Lagrave (*A travers le Monde*, XVII, 1911, pp. 117/118; carte.)

— Reg men monetario colonial; pelo Prof. Ruy Ennes Ulrich. (*Bol. Soc. Geogr. Lisboa*, 29e sér., 1911, pp. 215/232, 263/269; *ibid.*, 30e sér., 1912, pp. 17/38.)
Macau, 30e sér., 1912, pp. 34/35, 37.

— * Camões em Macau por Jordão de Freitas. Lisboa, 1911.

— Portugal e Macau Problemas economicos e politicos por C. A. Montalto de Jesus. Conferencia realisada na noite de 6 de novembro de 1911, na sala «Algarve» da Sociedade Geographia de Lisboa. (*Bol. Soc. Geogr. Lisboa*, 29e sér., 1911, pp. 437/446.)

— Adolfo Loureiro. (*Ibid.*, p. 423.)
Ingénieur-Vice-prés. de la Soc. de Géogr. de Lisbonne. Mort. A écrit : No Oriente. De Napoles à China. Lisboa : 1898, 2 vol. — O porto de Macau, Ante projecto para o seu melhoramento, Lisboa, 1874. — Macau e o seu porto. Conferencia feita na S. G. na sessão de 14 de novembro de 1895.

— Homenagem à memoria do Dr. Lourenço Pereira Marques. (*Bol. Soc. Geogr. Lisboa*, 29e sér., 1911, pp. 93/95.)
Traduzido do *South China Morning Post* de Hong-Kong de 7 de Março de 1911 por J. J. da Silva.
Né à Macao 27 sept. 1852; élevé au collège de S. José de Macao, chez les Jésuites; fait ses études de médecine à Dublin; retourne à Macao en 1879; y exerce ainsi qu'à Hong-Kong; s'occupe des varioleux, des cholériques; y meurt dans sa résidence do Largo de Camões le 5 mars 1911.

— * Obras do Porto de Macau. Conferencia realisada no Gremio Militar de Macau em 25 de Julho de 1910 por Antonio Pinto de Miranda Guedes. Macau, 1911.

— Impressions de Macao. Par Robert de Caix. (*Bull. Soc. Géogr. Est*, XXXII, 1911, pp. 49/56.)
Du *Bull. Com. Asie franç.*, Juillet 1910, pp. 316/319.

— * Duas palavras sobre o porto de Macau, por Hugo de Lacerda. (*Annaes do Club Militar Naval*, Lisboa. Agosto.)

— * Esboço critico da civilisacao chinesa, por J. Antonio Filippe de Moraes Palha. Macau, 1912, vol. LXIX, pp. 64.

— * Congresso colonial. Conferencias do sr. dr. Gonçalves Pereira. Delimitação de Macau, causas que a prejudicaram. Necessidades de uma rapida solução. (*Revista Colonial*, Lisboa, Abril [1912]?)

— * Ecos de Macau por Jayme do Inso. (*Annaes do Club Militar Naval*, Lisboa, Février [1912?]; Maio [1912?])

— Macau, Joia do Oriente. — Conferencia realisada na Sociedade de Geographia de Lisboa na sessão de 15 de março de 1913 pelo 2° tenente Jayme do Inso. (*Bol. Soc. Geogr. Lisboa*, 31e sér., 1913, pp. 227/251.)

— Colonias portuguesas em países estranjeiros. (*Bol. Soc. Geogr. Lisboa*, 30e sér., 1912, pp. 89/159, 169/207, 581/609; 31e sér., 1913, pp. 23/119, 142/153, 197/218, 283/298, 394/406; *ibid.*, 32e sér., 1914, pp. 50/59, 331/334, 363/375, 411/421, 445/470; *ibid.*, 33e sér., pp. 31/37.)
Réponse du Consul de Portugal à Canton; 31e sér. 1913, pp. 109/119. Sorte de recensement; réponses des consuls; Commerce, Macao, Canton, etc.

— * Orçamento da receita e tabelas da despesa ordinaria e extraordinaria da Provincia de Timor, Macau, Estado da India, Angola, Cabo Verde, Guiné, S. Tomé è Principe para o ano economico de 1913—1914. (Ministerio das Colonias, Republica Portuguesa.) Lisboa, 1913—1914.

— * Projecto das obras a executar no Porto de Macau. Memoria descritiva e justificativa precedida duma resenha historica e seguida dum projecto de caderno de encargos e mais documentos para a execução das obras por empreitada. (Ministerio das Colonias.) Lisboa, 1913.

— * Oração de acção de graças recitada na Igreja Cathedral de Macau pelo R. P. Fr. Francisco Xavier da Madre Deus, Religioso, Reformado, e Capellaõ do Leal Senado de Macao, no dia 13 de Mayo por ocasião da Pomposa, festiva Solenidado, em que o Leal Senado de Macao rendeu graças a Deus Omnipotente pela prodigiosa maneira, com que sua Magestade Fidelissima o Muito Alto e poderoso Rei D. João VI havia reassumido o pleno exercicio dos seus Reaes e Inauf riveis Direitos, magestaticos. Macao.

— Subsidios para a historia da cartografia portuguesa nos seculos XVI, XVII e XVIII por Ernesto de Vasconcellos. (*Boll. Soc. Geogr. Lisboa*, 34e sér., 1916, pp. 88/116.)

— Makao. (*Mitt. k. k. geogr. Ges. Wien*, Bd. 60, 1917, pp. 246/247.)

— * Plano da Coseria de Pacappeio e do Vai-seng (en chinois) Macau.

— Macao Fragment van een reisverhaal door Dr. Hendrik P. N. Muller. (*Tijdsch. van het Kon. Ned. Aardrijksk. Genootsch.*, 1918, n° 3, pp. 402/413.)

— * Eudore de Colomban. — Hommes et choses d'Extrême-Orient (1ère série). Macao, 1919.

Eudore de Colomban = Abbé Gervaix.

(MACAO.)

— The Portuguese and Turks in the Indian Ocean in the Sixteenth Century. By M. Longworth Dames. [From the *Journal of the Royal Asiatic Society*, January, 1921], in-8, pp. 28.

— Lampaçao, a mystery of the Far East. — H. B. Morse. (*Journ. N. C. B. R. As. Soc.*, LII, 1921, pp. 137/138.)

— Macao's Big Harbor Improvement Scheme. (*Far Eastern Review*, October 1922, p. 647.)

PUBLICATIONS PÉRIODIQUES.

— * *Boletim do Governo Eclesiastico da Diocese de Macau.*

Mensuel. — In-12, pp. 52.

(MACAO.)

III. — ESPAGNE.

— * [Compañia real de Filipinas en Cadiz] † ‖ Don Phelipe ‖ por la gracia de dios rey ‖ de Castilla, de Leon. . . Por quanto la opulencia, y riqueza de las Monarchias. . . . A la fin : Establecimiento de la Compañia Real de Philipinas en Cadiz, y Reglamento para el Comercio de ella. [Madrid, 1733], in-fol., pp. 19.

«Real cédula dada en Sevilla, á 29 marzo de 1733, con el fin indicado. . . . Aquello no cuajó; estaba inspirado en la Compañia de las Indias Orientales que con más fortuna explotaron los Holandeses. Después vino la Compañia del Rosario, que tampoco cuajo, y por último la Real Compañia de Filipinas, creada en tiempo de Carlos III, que acabó también de mala manera». Retana, 241.

— Ordenanzas ‖ de la ‖ Compañia de Comercio, ‖ qve se ha formado ‖ en esta civdad de Manila ‖ bajo del Patrocinio ‖ de nvestra Señora ‖ del Rosario, ‖ y ‖ de la Proteccion ‖ de Sv Magestad, ‖ y en sv real Nombre, ‖ de la de el mvy illvstre Señor D. Pedro Manvel de ‖ Arandia, y Santestevan, Cavallero Professo del Orden de Ca-‖latrava, Gentil-hombre de Camara de entrada del Rey de las ‖ dos Sicilias, Mariscal de Campo de los Exercitos de su Ma-‖gestad, Capitan del Regimiento de sus Reales Guardias Es-‖pañolas de Infanteria, de su Consejo, Governador, y Capitan ‖ General de estas Islas Philipinas, y Presidente de su Real Audiencia. ‖ — Impressas en el Collegio, y Vniversidad del Señor Santo Thomas ‖ de Manila, por Thomas Adriano, Año de 1755, in-fol., 6 ff. n. ch.

Retana, 306, donne un facsimile réduit du titre.

— * Real Cédula de ereccion de la Compañia de Filipinas de 10 de Marzo de 1785. Madrid, Ibarra [1785], in-fol., pp. 2 n. ch. + 57.

La f. qui précède le titre porte les armes d'Espagne. — La Compagnie cessa d'exister en 1830. — Retana, 385.

— Memoria sobre la Campaña de la corbeta «Doña María de Molina» en las costas de China y el Japón, desde Abril de 1880 á Enero de 1881, por el Comandante de dicho buque coronel capitán de fragata Don Tomás Olleros y Mansilla. (*Bol. Soc. Geogr. Madrid*, XIII, 1882, pp. 233/246; *ibid.*, XIV, 1883, pp. 110/128, 175/185, 286/296, 354/376; *ibid.*, XV, 1883, pp. 54/69, 218/226; *ibid.*, XVI, 1884, pp. 59/90.)

Shanghai 20 de Diciembre de 1880.

(ESPAGNE.)

IV. — HOLLANDE.

— Dirck Gerritsz Pomp, alias Dirck Gerritsz China. De eerste Nederlander die China en Japan bezocht (1544—1604). Zijn reis naar en verblijf in Zuid-Amerika grootendeels naar Spaansch bescheiden bewerkt. Door J. W. Ijzerman. Met twee kaarten. s'Gravenhague, M. Nijhoff, 1915, in-8, pp. xxii-190.

No. IX de la *Linschoten Vereeniging*.

— De eerste schipvaart der Nederlanders naar Oost-Indië onder Cornelis de Houtman 1595—1597. Journalen, Documenten en andere bescheiden uitgegeven en toegelicht door G. P. Rouffaer en J. W. Ijzerman. I. D'Eerste Boeck van Willem Lodewycksz. Met Titelplaat, 2 Portretten, 8 Kaarten en 47 platen. s'Gravenhage, Martinus Nijhoff, 1915, in-8, pp. xxxiv-248.

— Comte de Moucheron. — Notes sur ma famille. — Rome, Imprimerie polyglotte de la S. C. de la Propagande, 1900—1901, in-4, pp. 107 + 2 ff. n. ch., pl.

Voir pp. 98/105 : Discours de Balthazar de Moucheron prononcé à Middlebourg le 6 avril 1595 sur la proposition faite par MM. les Députés des Etats de Hollande et de Zélande au sujet de ce qui peut être tenté pour favoriser la communication par mer avec la Chine à travers le détroit de Nassau. [Inédit. — Traduit sur le Ms. original qui se trouve aux Archives de Veere.]

— Relacion en qve se da aviso de como los Olandeses que escaparon de la Rota de los Portugueses de Macan, fueron a la Provincia de Foquin, à pedirles puerto para tener comercio con ellos, y no se lo quisieron conceder. Y como yendo à pedir lo mismo a otra Provincia, los mandaron que mar, y se executò en algunos que de su Armada cogieron. Año de 1629. ¶ Tambien se declara en el estado en que van las cosas de los Religiosos de la Compañia de Iesus, en la China, y el grande agasajo que les hazen los Potentados, dexandoles predicar, y exercer sus buenos intentos en la Fede de nuestro Señor, y convirtieron dentro de un año mas de mil personas. a la Santa Fee. Pièce in-fol. de 2 ff. n. ch.

Titre ut supra en haut recto f. 1. — Verso f. 2 : Con licencia. En Sevilla por Iuan de Cabrera, junto al Correo Mayor. British Museum, 593 h. 17(93).

(HOLLANDE.)

Col. 2333.

— * W. IJz. Bontekoe. — Journael [avec Raven]. Utrecht, W. Snellaert, 1649, in-4, portrait et 8 pl.

Non cité par Tiele.

Cat. Fred. Muller, 1910, No. 3030, 30 flor.

Col. 2335.

— * W. IJz. Bontekoe. — Journael van de Oost-Indische reyse 1618—25, waer by gevoeght is het Journael van D. Az. Raven. Amsterdam, M. de Groot, 1664, in-4, portrait et figures gravées sur bois.

Non cité par Tiele.

Cat. Fred. Muller, 1910, No. 3032, 30 flor.

— Herdrukken van de Maatschappij der Nederlandsche Letterkunde No. 1. Journael ofte gedenckwaerdige Beschrijvinghe van de Oost-Indische Reijse van Willem Ysbrantsz Bontekoe, opnieuw uitgegeven en van aanteekeningen voorzien door Dr. G. J. Hoegewerff. Utrecht, A. Oosthoek, 1915, in-8, pp. 150, pl. hors texte.

Notice : *Tijdsch. v. het Kon. Ned. Aardrijksk. Genootsch.*, 1915, no. 5, pp. 683/689. Par L'H. N. (L'Honoré Naber).

— The Embassy of Peter de Goyer and Jacob de Keyzer from the Dutch East India Company to the Emperor of China in 1655. By John Nieuhoff, Steward to the Embassadors. [Translated from the Dutch.] (Pinkerton's *Coll. of Voyages*, VII, 1811, pp. 231/270.)

— Cornelis Petrus Tiele. Nécrologie par G. Schlegel. (*T'oung Pao*, 2e sér., III, no 1, Mars 1902, pp. 39/40.)

Né à Leyde le 16 déc. 1830; † 11 janvier 1902 à Leyde.

— * H. Muller. — Onze vaderen in China, in-8, pp. 105, carte.

Extr. de *De Gids*, Amsterdam, 1917, Nos. 2/5.

Notice par O. Nachod. (*Petermanns Mitt.*, 1918, p. 135.)

— Over den Chinaschen Handel der Oost-Indische Compagnie in de eerste dertig jaar van de 18e eeuw door Dr. J. de Hullu. (*Bijdr. T., — L. en Volk. v. Ned. Ind.*, D. 73, 1 afl., 1917, pp. 32/154.)

(HOLLANDE.)

V — GRANDE BRETAGNE.

Col. 2353/2444, 3197/3198.

Premières Relations avec la Chine. — East-India Company. — Ouvrages divers.

Col. 2353/2373.

— A true report of the honourable seruice at Sea perfourmed by Sir Iohn Burrough Knight, Lieutenant generall of the fleet prepared by the honour. Sir Walter Ralegh Knight, Lord warden of the Stanneries of Cornwall and Deuon. Wherin chiefly the Santa Clara of Biscay, a ship of 600 tunnes was taken, and the two East Indian caraks, the Santa Cruz and the Madre de Dios were forced, the one burnt, and the other taken and brought into Dartmouth the seuenth of September, 1592. (R. Hakluyt, *Collection of Voyages*, New ed., III, 1810, pp. 9/14.)

William Foster.

— The English Factories in India 1618—1621. A Calendar of Documents in the India Office, British Museum and Public Record Office by William Foster. . . . Published under the Patronage of His Majesty's Secretary of State for India in Council. Oxford, at the Clarendon Press, 1906, in-8, pp. xlvii-379.

— — 1622—1623. . . . Ibid., 1908, in-8, pp. xl-389.

— — 1624—1629. . . . Ibid., 1909, in-8, pp. xlviii-388.

Notice : *Journ. R. As. Soc.*, July 1909, pp. 798/805, by Donald Ferguson.

— — 1630—1633. . . . Ibid., 1910, in-8, pp. xxxix-354.

— — 1634—1636. . . . Ibid., 1911, in-8, pp. xl-355.

— — 1637—1641. . . . Ibid., 1912, in-8, pp. xlvi-339.

— — 1642—1645. A Calendar of Documents in the India Office, Westminster. . . . . Ibid., 1913, in-8, pp. xxxvii-339.

— — 1646—1650. . . . Ibid., 1914, in-8, pp. xxxii-362.

— — 1651—1655. . . . Ibid., 1915, in-8, pp. xxxix-324.

— — 1655—1660. . . . Ibid., 1921, in-8, pp. viii-440.

Cette série a été précédée des six volumes de *Letters received by the East India Company from its Servants in the East*, 1602—1617, publiés en 1896—1902.

Ethel Bruce Sainsbury.

— A Calendar of the Court Minutes etc. of the East India Company 1635—1639 by Ethel Bruce Sainsbury with an Introduction and Notes by William Foster. Published under the Patronage of His Majesty's Secretary of State for India in Council. Oxford, at the Clarendon Press, 1907, in-8, pp. xxxvi-396.

Notice : *Revue indo-chinoise*, Avril 1910, pp. 354/355, par H. C[ordier]. — Tiré du *T'oung Pao*.

— — 1640—1643 . . . . Ibid., 1909, in-8, pp. xxix-407.

— — 1644—1649 . . . . Ibid., 1912, in-8, pp. xxviii-424.

— — 1650—1654 . . . . Ibid., 1915, pp. xxxii-404.

— — 1655—1659 . . . . Ibid., 1916, pp. xxxiv-388.

— — 1660—1663 . . . . Ibid., 1916, pp. xlvi-402.

∴

— The Journal of Indian Art. — Illustrations from the Records and Relics of the late Honourable East India Company. By Sir Geo. C. M. Birdwood, in-fol., pp. ch. 41/48, album avec 32 illustrations.

— The Trade of the East India Company from 1709 to 1813 by F. P. Robinson, B. A. Late Scholar of Pembroke College. The Le Bas Prize Essay 1911. Cambridge : at the University Press 1912, in-8, pp. vi + 1 page non chiffrée-186.

— Le début des Anglais dans l'Extrême-Orient par Henri Cordier. (*T'oung Pao*, Juillet 1917, pp. 175/234.)

Tirage à part; réimp. dans *l'Histoire générale de la Chine*.

— George III's Embassy under Chinese Convoy. (*Asia*, Oct. 1920, ill. en couleurs.)

— * Observations on the Expediency of Opening a Second Port in China. Macao, 1817, in-8.

Bibliotheca Marsdeniana.

— On the Trade to China, and the Indian Archipelago; with Observations on the insecurity of the British Interests in that quarter. — By Charles Assey, Esq., Late Secretary to the Government of Java. — London, 1919, pp. 516/543, de *The Pamphleteer*, Vol. XIV, 1819.

— Idem. — London : Printed for Rodwell and Martin, Bond-Street. — 1819, in-8, pp. 71.

— * G. M. H. Playfair. — Compendium of Instructions issued to Her Majesty's Consuls in China (for private circulation). 1892, gr. in-8.

— — Le même. Second Edition. — 1903, gr. in-8.

Trubner's Cat., N. S. No. 4, No. 786.

— Robert Thom. His career as Consul and Litterateur. By Walter Haydon. (*China Express and Telegraph*, May 31, 1923.)

Né à St. Andrew's Square, Glasgow, 10 août 1807. — Consul à Ning Po.

— Order in Council for China and Japan, 1881. Shanghai, 1881, in-8, pp. 20.

Reprint.

— Les Intérêts Anglais en Chine. D'après un article de M. A. Michie. — Janvier 1896. (*A travers le Monde*, II, 1896 p. 88.)

The Imp. and As. Quart. Review.

— England through Chinese spectacles. — — Leaves from the Notebook of Wo Chang. — London : The Cotton Press . . ., s. d. [1897], in-8, pp. 5 ff. n. ch.-291.

Wo Chang, *pseud.*

— Les Tergiversations de l'Angleterre en Chine. (*A travers le Monde*, VI, 1900, p. 210.)

Du *Nineteenth Century*, Londres.

Col. 2364.

— * Stanley Lane-Poole. — Sir Harry Parkes in China. With a Portrait and Maps. London, 1901, in-8.

— Master-Builders of Greater Britain XXVIII. — Sir Harry Parkes. By Byron Brenan. (*United Empire*, April 1914, pp. 306/311; portr.)

— * England. Foreign Office. Miscellaneous Regulations for the British Consular Districts in China. Peking, 1902, etc., fol.

— Kenneth Beaton. — Great Britain in North China. (*Empire Review*, Nov. 1906.)

(Divers.)

— Un exemple. La British-Chinese Association. Par Kim Min. (*Revue indo-chinoise*, 15 août 1907, p. 1123: 31 août 1907, pp. 1199/1201.)

D'après *l'Echo de Chine*.

— Sir Nicholas Roderick O'Conor. Nécrologie Par H. C[ordier]. (*T'oung Pao*, Mai 1908, p. 266.)

— 19 mars 1908 à Constantinople.

— Un commissaire chinois en Angleterre [M. Ouang]. (*Bull. Com. Asie franç.*, Juin 1908, p. 251.)

— L'affaire de l'Opium (*Revue indo-chinoise*, 31 août 1908, pp. 274/275.)

D'après le *Tcheng-tche Kouan pao*. Accord entre l'Angleterre et le *Wai Wou pou*.

— The English People overseas : a History by A. Wyatt Tilby. Volume the first. London, Francis Griffiths, 1908, in-8, pp. VIII-456.

— The English in China being an Account of the Intercourse and Relations between England and China from the year 1600 to the year 1843 and a Summary of later Developments by James Bromley Eames, . . . of Worcester College, Oxford, and of the Middle Temple, Barrister-at-law, Professor of Law in the Imperial Tientsin University 1898 to 1900, Legal Adviser to the Tientsin Provisional Government 1901. London : Sir Isaac Pitman, 1909, in-8, 4 ff. n. ch. + pp. 622.

Notices : *The Athenaeum*, Sept. 4, 1909. — *The Times Lit. Supp.*, June 25, 1909.

— Un boycott anti-anglais dans la vallée du Yang-tseu. (*Bull. Com. Asie franç.*, Oct. 1909, p. 456.)

— * China and England : Misunderstandings. A pamphlet. 1909.

— British action and its results. By Sir Francis Younghusband. (*T'oung Pao*, Oct. 1910, pp. 527/534.)

From *The Times Weekly Edition*, 5th and 12th August 1910.

— British Trade Prospects in China. By Stafford Ransome (Author of «Japan in Transition»). (*United Empire*, III, January 1912, pp. 53/56.)

— How England saved China by J. Macgowan, author of «Men and Manners of Modern China». With 38 illustrations. T. Fisher Unwin London : Adelphi Terrace. Leipsic : Inselstraße 20, s. d. [1913], in-8, pp. 319.

Notice : *Lond. & China Express*, March 14, 1913.

— L'Angleterre et la politique des zones d'influence économique en Chine. (*Asie franç.*, Février 1914, pp. 52/54.)

— An Anglo-Chinese Entente. By H. Wilson Harris. (*The Chinese Review*, Vol. I, April 1914, pp. 12/16.)

— The Anglo-Chinese Friendship Bureau. (*Ibid.*, p. 51.)

Article of Mr. H. Wilson Harris in this Review.

— Canada's Trade with the Far East. (*United Empire*, April 1914, p. 376.)

— Agitation Against Chinese Seamen in British Ships. (*The Chinese Review*, Vol. I, June 1914, p. 109.)

— Things english from a Chinese Woman's point of view. By J. Kong Sing. (*Ibid.*, July 1914, pp. 134/137, 1 planche.)

— Les Anglais et le commerce avec les maisons allemandes. (*Asie franç.*, Avril-Juillet 1915, p. 75.)

En Chine.

(Divers.)

— British Trade and the new China. By Francis Aldridge. (*Empire Rev.*, July 1915, pp. 261/265.)

— China : British trade prospects. (*Manchester Guardian*, Suppt. 21 Sept. 1915, pp. 32 ; ill.)

— Nécrologie. — Sir Claude Macdonald. (*Lond. & China Express*, Sept. 14, 1915, pp. 660/661.)

— Sir Claude Macdonald. Soldier and Ambassador. Appointment to China. Approval of Policy. The Boxer outbreak. Transferred to Tokyo. (*Ibid.*, pp. 661/662.)

— Sir Claude Macdonald [Obituary]. (*Geogr. Journ.*, Oct. 1915, pp. 320/321.)

Né en 1852 ; † 10 sept. 1915.

— British trade with China. — An Article upon the Address delivered on the 2nd March 1917 to the Members of the Manchester Chamber of Commerce by Mr. Archibald Rose, C. I. E., H. B. M's Commercial Attaché at Shanghai. Written by Mr. J. Scott Harston for publication in the *South China Morning Post* but precluded therefrom by prior publication in that Newspaper of the Address itself, br. in-8, pp. 19.

— The British in the Far East. By Professor C. A. Middleton Smith, M. Sc., M. I. Mech. E., Taikoo Professor of Engineering in the University of Hong-Kong. (*United Empire*, April 1920, pp. 168/177.)

Paper read at a meeting of the Royal Colonial Institute held at Central Hall, Westminster, on Dec. 16, 1919.

— The British in China and Far Eastern Trade by C. A. Middleton Smith, M. Sc., Taikoo Professor of Civil and Mechanical Engineering in the University of Hongkong . . . London, Constable & Co., 1920, in-8, pp. VII + 1 p. n. ch. + pp. 295.

Notice : *Journ. N. C. B. R. As. Soc.*, LIII, 1922, pp. 272/273, by H. K. W

— * British Jurisdiction in China. (Orders in Council, 1904 to 1915 ; Rules of Court, 1905 to 1916 ; edited by Mr. W. B. Kennett.)

Notice : *Journ. N. C. B. R. As. Soc.*, LI, 1920, pp. 181/182.

— La conférence des Chambres de commerce britanniques à Changhai. (*Asie franç.*, Janvier 1921, p. 41.)

— Anglo-Chinese Friendship and the Washington Conference. By Chao-Hsin Chu (Chinese Chargé d'Affaires in London). (*Asiatic Review*, January 1922, pp. 9/14.)

— Trade Co-operation between China and Great Britain. By Chao-Hsin-Chiu (Chinese Chargé d Affaires in London). (*Asiatic Review*, January 1923, pp. 146/151.)

— The Provision of Funds for the East India Company's Trade at Canton during the Eighteenth Century. By H. B. Morse, LL. D. (*Journ. R. As. Soc.*, April 1922, pp. 227/255.)

— Sir E. D. H. Fraser, K. C. M. G. (*Journ. N. C. B. R. As. Soc.*, LIII, 1922, pp. 249/250.)

Né 17 février 1859 à Protobello, près d'Edinburgh ; Consul-général à Changhai.

— William Gavin Stronach, retired 1 March 1889 ; † 26 nov. 1905.

— Robert William Mansfield, † April 26, 1911, à Hastings, à l'âge de 60 ans.

Guerre d'Opium.

Col. 2367/2373.

Col. 2370.

— The War in China . . . ou Récit de l'expédition anglaise en Chine, depuis son origine, en avril 1840, jusqu'au traité de paix, conclu en août 1842, par Duncan Mc Pherson. . . . — Extrait du Journal des Savants, octobre 1844, in-4, pp. 18.

Par Biot. — Imprimerie royale. — 1844.

— Ouchterlony's Chinese War, London, 1844.

Notice : *Calcutta Review*, I, 1844, pp. 152/188.

Lord Elgin et les Expéditions de 1858 et de 1860.

Col. 2373/2380, 3197.

— The Hostilities at Canton. By Augustus G. Stapleton. London : Published by Hatchard . . . and Ridgway . . . 1857 ; br. in-8, pp. 16.

— Recollections of forty Years' Service by Major-General Sir Alexander Bruce Tulloch K. C. B., C. M. G. William Blackwood and Sons, Edinburgh and London MCMIII ; in-8, pp. x-386.

— A Soldier's Sailoring by Major-General Sir Alexander Bruce Tulloch K. C. B., C. M. G. All rights reserved. London, Jarrold & Sons . . . 1912 ; in-8, pp. 341 ; portr.

Third Voyage : China, pp. 37/78.

Notice : *Lond. & China Express*, Sept. 6, 1912.

Col. 2380.

— The Earl of Elgin by George M. Wrong, M. A. With nineteen illustrations and a map. Methuen & Co., London, s. d. [1905], in-8, pp. XII-300.

— Major-General Shaw Stewart. Nécrologie. (*Geogr. Journ.*, August 1908, p. 195.)

† 6 juillet 1908 à l'âge de 76 ans. Commandait les Sapeurs de Madras pendant la campagne de Chine en 1860.

— New light on the « Blood is thicker than water » episode. [Account of the aid given by Capt. Tatnall of the U. S. Navy, to the English and French at the battle of the Peihô Forts, 1859.) By Edgar Stanton Maclay. (*United Service Mag.*, Feb. 1915, pp. 464/479.)

— Boat actions and river fights : the repulse on the Pei-Ho, 25 june 1859. By E. Hamilton Currey. (*Ibid.*, March 1915, pp. 600/610; April, pp. 21/31.)

Lond. & China Express, April 9, 1915, p. 256.

— Boat actions and river fights : the capture of Pehtang and the Taku forts, 1860. By E. Hamilton Currey. (*United Service Mag.*, July 1915, pp. 394/406.)

— War with China, 1860 : capture of Pekin. By Sir Edward T. Thackeray. (*Roy. Engineers Journ.*, Nov. 1915, pp. 257/264.)

— At Home and on the Battlefield. Letters from the Crimea, China and Egypt, 1854—1888. By Sir Frederick Charles Arthur Stephenson, G. C. B. Late Scots Guards, Colonel of the Coldstream Guards and Constable of the Tower of London. Together with a short Memoir of himself of his brother, Sir William Henry Stephenson, K. C. B. and of their father, Sir Benjamin Charles Stephenson, G. C. H. Collected and arranged by Mrs. Frank Pownall. With an introduction to the Egyptian Letters by Field-Marshal Lord Grenfell, G. C. B., G. C. M. G. With Portraits and illustrations. London, John Murray, 1915, in-8, pp. xvi-383.

Notices : *United Empire*, May 1915, p. 386. — *Lond. & China Express*, March 26, 1915, pp. 218/219.

— «China Jim» : Being Incidents and Adventures in the Life of an Indian Mutiny Veteran. By Major-General J. T. Harris. With Portrait. London : William Heinemann, 1912, in-8, pp. 217.

Notice : *Lond. & China Express*, Sept. 6, 1912.

— * Capt. Pasfield Oliver. — Autograph Letters to Members of his Family during the Expedition to and from China and Japan, July 1860 to Dec. 1861, plans and illustrative sketches, in-8, veau, £ 1 10 s.

A series of interesting private letters, most minute and circumstantial descriptions of people met and places visited, including Gibraltar, Malta, Cairo, and the Pyramids, the Red Sea, Aden, Point de Galle, Penang, Singapore, Hongkong (Aug. 19th to 30th), Canton Heights (where he was quartered with his battery from Sept. 1860 to June 1861). Chefoo, off the Peiho Forts, Taku Forts, Tientsin, Pekin, Nagasaki, Yeddo, Yokohama, &c. (Edward's *Orient. Cat.*, Pt. V, Oct. 1903, London.)

(Lord Elgin et les Expéditions de 1858 et de 1860.)

Hong kong.

Col. 2396/2418.

— * Sir Edmund Hornby. — Instructions to H. M's. Consular Officers in China and Japan, on the mode of conducting judicial business, with comments on the China and Japan Order in Council, 1865. — Shanghai, 1867, in-8.

— — Shanghai, 1885.

— Rapport administratif sur Hongkong pour 1919. (*Bull. écon. Indochine*, n° 147, Mars-Avril 1921, p. 239.)

— Obituary. The Right Hon. Sir Cecil Clementi Smith, G. C. M. G. By C. P. Lucas. (*United Empire*, March 1916, p. 247.)

Né en 1840; élève-interprète en 1862 à Hong Kong; y resta jusq'en 1878 dans le Hong Kong Civil Service.

— Les constructions navales à Hong-Kong. (*Asie franç.*, *Bull.*, Janvier-Mars 1917, p. 48.)

— * Rev. W. R. Beach. — Visit of His Royal Highness the Duke of Edinburgh to Hongkong in 1869 compiled from local journals and other sources. Illustrated by a Portrait and photographs of local scenes and incidents. Hongkong, 1869, in-4, pp. 59, phot.

— * List of villages in New Kowloon in the Southern District [of the New Territory of Hong-Kong] (pp. 3). List of villages in the Northern District of the New Territory (pp. 10). Chinese names of islands, bays, hills, and passes in the War Office map of Hong Kong and the Leased Territory (pp. 5). [Hong Kong, 1907.]

— La population de Hong-Kong. Par V. F. (*Revue indo-chinoise*, 15 oct. 1906, pp. 1588/1589.)

D'après le «*Hong Kong Daily Press*».

— Die Bevölkerung von Hongkong. (*Deutsche Rundschau f. Geogr. u. Stat.*, XXX, 1907—1908, p. 277.)

— La population de Hongkong. (*Asie franç.*, Août 1911, p. 381.)

— Idem. (*Bull. Soc. Géogr. Est*, 33e année, 1912, pp. 89/90.)

— La population de Hong Kong. (*Revue indo-chinoise*, Juin 1912, pp. 604/605.)

De la *Société de Géographie de l'Est.*

— Un plébiscite à Hong-Kong sur la politique de M. Chamberlain. Par Georges Nessler, Commis des Services Civils de l'Indochine. (*Revue indo-chinoise*, 30 janvier 1904, pp. 90/94.)

— Hong-Kong, le premier port du monde. (*Bull. Soc. Géogr. Lyon*, XXI, 1906, pp. 53/54.)

— Les désastres de Hongkong. Par J. C. (*Revue indo-chinoise*, 15 nov. 1906, pp. 1742/1744.)

S. C. M. P.

— In and around Hongkong. By Dr. Robert Gibson. (*Journ. Manchester Geogr. Soc.*, 1906, pp. 108/112.)

— General Sir Richard Strachey, G. C. S. I., F. R. S., LL. D. Obituary. By T. H. Holdich. (*Geogr. Journ.*, March 1908, pp. 242/244.)

Né en 1817; mort 9 février 1908.

— L'entente cordiale à Hong-Kong. (*Revue indo-chinoise*, 15—30 oct. 1908, p. 590.)

D'après l'*Echo de Chine* et le *Che Pao*.

(Hong kong.)

— Asile de la Sainte-Enfance French Convent directed by the Sisters of Saint-Paul of Chartres at Hong-kong. — Monography. — MDCCCCX, pet. in-8, pp. 11 ; ill.

— Variétés. — Hongkong. Par De Barthélemy. (*Revue indo-chinoise*, Juin 1911, pp. 602/605.)

— Progress of Hongkong. (*United Empire*, II, Dec. 1911, p. 836.)

— Accommodation for Refugees. (*Ibid.*, III, January 1912, p. 97.)

— Hospital Apparatus on Board Ship. (*Ibid.*, May 1912, pp. 416/417.)

— Hong-kong's Part in China's Reform. By the Ven. E. Judd Barnett, M. A., Archdeacon of Hongkong. (*United Empire, The Royal Colonial Institute Journal*, May 1912, pp. 387/397.)

Read at a Meeting of the Royal Colonial Institute, February 27, 1912.

— Proposed Government Control of Liquor. (*United Empire*, III, May 1912, p. 416.)

— * Hongkong and part of leased Territory. London, 1913, War Office, carte.

— Chronique de l'Extrême-Orient. I. Chine. La cherté de la vie à Hongkong. Par René Surugue. (*Revue indo-chinoise*, Juin 1913, pp. 683/684.)

— Le développement de Hongkong. Par René Surugue. (*Revue indo-chinoise*, Sept. 1913, pp. 365/366.)

— Notes et documents. Impressions de Hongkong. Par M. Gabriel Noll. (*Ibid.*, Août 1913, pp. 217/230.)

Extr. de *Bull. de la Société des Etudes indo-chinoises*.

— Hongkong. (*Mitt. k. k. geogr. Ges. Wien*, Bd. 60, 1917, pp. 31/34.)

— * Clodion. — Quinze jours à Hong Kong. (*Eveil économique de l'Indochine*, 1919, Oct., Nov.)

— * Le voyage de l'Indochine à Hongkong. Par Cucherousset. (*Ibid.*, 1920, Janvier.)

— * Cucherousset. — Histoire de Hongkong. — Port de Hongkong. — Instruction publique. — Hôpitaux, Hospices. — Les œuvres françaises à Hongkong. — Le Commerce français à Hongkong. (*Ibid.*)

— Great Waterworks Scheme for Hongkong. (*Far Eastern Review*, Oct. 1922, pp. 635/636.)

Map.

— Extrait de la *Revue indo-chinoise*, n° 3, Mars 1911. — Henri Gourdon, Inspecteur-Conseil de l'Enseignement de l'Indochine. L'Enseignement anglo-chinois à Hongkong. Hanoi, Imprimerie d'Extrême-Orient, 1911, gr. in-8, pp. 14.

— L'enseignement anglo-chinois à Hong-Kong. Par Henri Gourdon. (*Revue indo-chinoise*, Mars 1911, pp. 211/224.)

— * Souvenir presented by Mr. H. N. Mody and the Committee of the Hong-Kong University to commemorate the laying of the foundation stone of the Hong-Kong University Building by His Excellency Sir F. J. D. Lugard.

— The Hongkong University. (*United Empire*, Dec. 1910, p. 890.)

— Hong-Kong University. (*Ibid.*, III. August 1912, pp. 627/628.)

(HONG KONG.)

— Britain's work in the Far East. By Richard L. Hope (*Ibid.*, Dec. 1916, pp. 776/779.)

University in Hong Kong, ouverte 11 mars 1912.

— A University for Hong-Kong. By F. D. Lugard. (*Dublin Review*, Vol. 147, July-Oct. 1910, pp. 346/355.)

— Hong-Kong University : The R. C. I. and Equipment Work. (*United Empire*, IV, January, 1913, p. 15.)

— Meteorological Observations made at the Hongkong Observatory in the year 1909 (with two plates). Hongkong : Printed by Noronha & Co., Government Printers. — 1910, in-fol., pp. 10 + 108.

F. G. Figg, Director.

— * Report of the Director of the Royal Observatory, Hong Kong, for the year 1915. T. F. Clauton. Hong Kong, 1916.

— Le mouvement commercial et de la navigation à Hongkong en 1903. (*Bull. écon. Indochine*, 1905, pp. 434/479.)

Extr. d'un rapport de M. Gaston Liébert, Consul de France à Hongkong.

— L'action économique japonaise et américaine dans la zone commerciale de Hongkong. (Période 1898—1903.) (*Ibid.*, pp. 281/361.)

Extr. des rapports de M. Gaston Liébert, Consul de France à Hongkong.

— Gaston Liébert, Consul de France à Hongkong. Lignes de Navigation desservant Hongkong. (*Ibid.*, 1906, pp. 157/216.)

— Le commerce entre Hong-Kong et l'Indochine française. (*Bull. Soc. Géogr. Lyon*, XXI, 1906, pp. 54/56.)

— La concurrence allemande à Hong Kong. Par A. L. (*Bull. Soc. Bretonne Géogr. Lorient*, n° 100, 3e et 4e trim. 1906, pp. 545/547.)

— Le mouvement maritime du port de Hongkong en 1906. Par V. F. (*Revue indo-chinoise*, 30 avril 1907, pp. 576/577.)

D'après le *Hongkong Daily Press*.

— Les finances de Hong-kong. (*Bull. Com. Asie franç.*, Avril 1910, pp. 205/206.)

— Hong Kong and Trade. (*United Empire*, III, January 1912, p. 97.)

— Lettre de Hongkong. La question monétaire et le boycottage des tramways. Par Jean Coulon. (*Revue indo-chinoise*, Janvier 1913, pp. 63/70.)

— Mouvement de la Navigation du port de Hongkong en 1911—1912. (*Bull. écon. Indochine*, n° 102, Mai-Juin 1913, pp. 453/454.)

— Les cuirs et les noix de galle de Hongkong. (*Ibid.*, pp. 454/456.)

— Trade and Industry Committee and Hong Kong. (*United Empire*, IV, August 1913, pp. 626/627.)

— La situation commerciale de Hong Kong. Traduit par G. Giraud. (*Bull. écon. Indochine*, n° 120, Juillet-Août 1916, pp. 556/558.)

Rapport du Consul général d'Amérique à Hong Kong.

— Note sur les statistiques commerciales officielles de Hongkong pour 1918. Par Réau Consul de France. (*Ibid.*, n° 139, 1919 pp. 927/931.)

— Les produits métalliques et métallurgiques à Hongkong. (*Ibid.*, n° 140, Janvier-Février 1920, pp. 123/124.)

L'Exportateur français, nos 156/158, Juillet-Août 1919, pp. 29/30.

(HONG KONG.)

— * Hong-Kong Economic Resources Committee : Factory, and Home, and Cottage Industries Sub-Committee. Report, with minutes of proceedings, appendices, and illustrated memorandum on sericulture, pigbreeding, tobacco, cotton, fruit, and vegetable growing. Hong-Kong, 1920.

Notice : *United Empire*, vol. XII, nº 5, May 1921, p. 381.

— Le commerce de l'Indochine avec Hongkong pendant les neuf premiers mois de 1920. Par Raymond Gérant du Consulat de France à Hongkong. (*Bull. écon. Indochine*, nº 147, Mars-Avril 1921, pp. 157/160.)

— British Trade possibilities in Hong-Kong and South China. By T. B. Partington. (*United Empire*, May 1921, pp. 340/352.)

Paper read at a meeting of the Royal Colonial Institute, held at Edward VII Rooms, Hotel Victoria, on Tuesday, March 22, 1921.

— Commerce de Hongkong en 1919 et 1920. — *Bull. commercial d'Extrême-Orient*, Mai 1921. (*Bull. écon. Indochine*, nº 148, Mai-Juin 1921, pp. 336/338.)

— Activité du port de Hongkong en 1920. Par Reynaud, Consul général de France. (*Ibid.*, pp. 338/339.)

— Le marché du riz à Hongkong en 1919 et 1920. Par Rougni. (*Ibid.*, pp. 339/340.)

— La grève maritime de Hongkong. Par L. Robert. (*Revue du Pacifique*, 1ère année, nº 6, Oct. 1922, pp. 10/19.)

PUBLICATIONS PÉRIODIQUES.

Col. 2411/2418.

— * *The China Record.* — Chronicle of Events, Political, Commercial, Maritime, and General. January to June 1861, in-fol.

Col. 2416.

— * Index to the *China Review*, or Notes and Queries on the Far East. Prepared by John C. Ferguson. Shanghai : Kelly & Walsh, 1918.

Notices : *New China Review*, No. 1, March 1919, pp. 100/101. — *Journ. N. C. B. R. As. Soc.*, L, 1919, p. 210, by H. K. W. — *Chin. Rec.*, April 1919, p. 268.

Col. 2417.

— * *The Directory and Chronicle for China, Japan, Corea, Indo-China, Straits Settlements, Malay States, Siam, Netherlands-India, Borneo, the Philippines, &c.* for the year 1912. Fiftieth year of publication. Published at the « Hong Kong Daily Press » Office. London Office, in-8.

Notice : *Lond. & China Express*, April 26, 1912, p. 308.

— — for the year 1922.

Notice : *China Express and Telegraph*, June 22, 1922, p. 427.

— * *The Yellow Dragon.* Conducted in the interests of the students at Queen's College. Hongkong, 1900.

— * *The Rock.* (The Hongkong Catholic Magazine.)

Premier Nº. 1er oct. 1920, in-8, pp. 48. Hongkong, Noronha.

(Publications périodiques.)

Parliamentary Papers.

(*Blue Books.*)

Col. 2419/2444.

— Voir col. 3995/3996, Opium.

— *China.* No. 3 (1909). — Despatches from His Majesty's Minister at Peking, forwarding Reports respecting the Opium Question in China. [In continuation of « China No. 1 (1909) ».] — Presented.... December 1909. — London. [Cd. 4967.] Price $5^1/_2$ *d.*, in-fol., pp. 49.

— *China.* No. 1 (1918). — Text of Notes exchanged between the United States and Japanese Governments regarding their Policy in China and Declaration of the Chinese Government on the subject. — Presented... January 1918. — London. [Cd. 8895.] Price 1 *d.*, in-fol., pp. 4.

∴

— Opium growing in China. Sir Alexander Hosie's Report. Parliamentary Paper. [Cd 5658.]

Notice : *Lond. & China Express*, June 16, 1911.

— Diplomatic and Consular Reports on Trade and Finance in 1895. (China and Japan.)

Notice : *Edinburgh Review*, 183, January 1896, pp. 237/266.

— Le Livre bleu d'Angleterre sur les Affaires de Chine par le Bon Denys Cochin. (*Le Correspondant*, 10 sept. 1900, pp. 801/818.)

(Parliamentary Papers.)

VI — RUSSIE.

— Be.[in] — Sur le Commerce de la Russie et de la Chine par la voie de Kiachta. (*Ann. Marit. et Colon.*, 1816, 2e part., pp. 373/376.)

— Notice sur l'établissement religieux des Russes à Péking. (*Nouv. Ann. Voyages*, XXI, 1824, pp. 215/219.)

— Alex. Bonneau. — Relations diplomatiques et commerciales de la Russie avec la Chine. (*Rev. contemporaine*, 15 juillet 1859, pp. 97/128.)

Voir col. 2451.

— Les Russes sur le fleuve Amoor. Par C. Pigeard, Capitaine de vaisseau. (*Revue mar. et coloniale*, IV, Janvier et Février 1862, pp. 288/296.)

Compte-rendu de *The Russians on the River Amoor*, par E. G. Ravenstein.

— Die Wege des Landhandels zwischen Rußland und China. Aus dem Russischen von Dr. F. Marthe. (*Zeitsch. d. Ges. f. Erdk. Berlin*, II, 1867, pp. 305/324.)

Des *Iswestija der Kais. Russ. geogr. Ges.* 1865, pp. 1/16.

— Двѣ китайскія записки о паденіи Кульджи и о занятіи ея Русскими. In-8.

Occupe pp. 180/191, mais de quelle revue? Musée Roumiantsov, Archives Asiatiques, XI, 49.

— Les Russes dans l'Asie Centrale, Conquête et Colonisation. (*A travers le Monde*, I, 1895, pp. 141/143, portr. et fig.)

Extr. des voyages d'Edouard Blanc.

— La France et la Russie en Chine. D'après un article de M. Holt S. Hallett. — Mars 1897. (*Ibid.*, III, 1897, p. 128.)

Dû *The Nineteenth Century*.

— Modern Russia and asiatic traditions. By E. H. Parker. (*Imp. & As. Quart. Rev.*, 3rd. Ser., III, 1897, pp. 294/308.)

— En Extrême-Orient. Les Russes et les Anglais dans la Mer Jaune. Par Villetard de Laguérie. (*A travers le Monde*, V, 1899, pp. 54/55.)

— Russes et Anglais en Chine. — Leur Accord Officiel. — Leurs Sphères d'action économique. (*Ibid.*, p. 156.)

— Conférence faite le Dimanche 19 mars 1899, par M. le Chef de Bataillon Lambin, du 45e Régiment d'Infanterie, à Laon, dans la Salle des Assises du Palais de Justice. La Russie : Puissance asiatique. La Sibérie : le Transsibérien. La Chine : Sa situation en présence des intérêts Russes, Anglais, Français, Allemands, Japonais et Américains. (*Bull. Soc. Géogr. Aisne*, Laon, n° 38, Avril-Juin 1899, pp. 1336/1365; *ibid.*, n° 39, Juillet-Sept., pp. 1381/1399.)

— * G. Calderon. — Russian Trade in China. 1900, in-8, pp. 8.

(Divers.)

— Кн. Эсперъ Ухтомскій. — Къ Китаю. — Объ отношеніяхъ Запада и Россіи къ Востоку. — С.-Петербургъ, 1900, in-8, pp. v + 1 f. n. ch. + pp. 87.

— B. de Zenzinoff. — La politique russe en Chine. (*Le Correspondant*, 25 août 1900, pp. 662/669.

— — Les relations russo-chinoises depuis leurs origines jusqu'à nos jours. (*Revue d'Europe*, février 1901, Paris.)

— A. de Lapradelle. — La Question chinoise. (*Revue générale de Droit international public*, 1901—1903, Paris.)

— Situation navale de la Russie en Extrême-Orient. (*A travers le Monde*, VIII, 1902, p. 256.)

Extr. du *Sviet*.

— La Russie et la Mandchourie. (*Ibid.*, p. 279.)

— * Baron A. v. Bukshewden. — Russisch-China; Abriß der diplomatischen Verhandlungen zwischen Rußland und China zu Peking i. J. 1860. Port Arthur, 1902 (russisch), pp. 240.

— A. Tridon. — Les premières relations diplomatiques et commerciales russo-chinoises. (*Le Monde économique*, 8. 22 mars 1902.)

— * The Russian Advance. By Albert J. Beveridge. London: Harper & Brothers, 1903.

Notice : *Edinburgh Review*, vol. 199, January-April 1904, pp. 511/526.

— Une Vice-Royauté russe en Extrême-Orient. (*A travers le Monde*, IX, 1903, p. 278.)

— Les nouveaux points d'appui de la Russie en Extrême-Orient : Port-Arthur et Dal'nii. Par J. Legras. (*Bull. Soc. Géogr. Lyon*, XIX, 1904, pp. 79/82.)

Extr. des *Annales de Géographie*, janvier 1903.

— Les progrès de la puissance russe en Asie. Par Armand le Maire, Attaché à la Trésorerie du Tonkin. (*Revue indo-chinoise*, 15 mars 1904, pp. 307/311.)

— Le Lac Baikal et le Transsibérien. Par Paul Labbé. (*A travers le Monde*, X, 1904, pp. 265/268; ill.)

— Die ersten hundert Jahre russisch-chinesischer Politik. — Von Dr. Bogdan Krieger, königlicher Hausbibliothekar. Berlin, Carl Heymann, 1904, in-8, pp. 72.

— * Clemens Brandenburger. Russisch-asiatische Verkehrsprobleme. (« Ango-

(Divers.)

wandte Geographie», II, 7.) Halle a. S., Gebauer-Schwetschke 1905.

Notice : *Geogr. Zeitsch. Leipzig*, XII, 1906, pp. 234/235. Par Max Friederichsen.

— Russia and China. By E. H. Parker. (*Imp. & Asiat. Quart. Rev.*, January 1905, pp. 11/47.)

— La grande Voie fluviale de Russie en Extrême-Orient. (*A travers le Monde*, XII, 1906, pp. 101/102; carte.)

— * C. von Zepelin. — Der ferne Osten. I. Teil. (Rußland in Asien, Bd. VIII.) Mit zwei Skizzen im Text und einer Karte von Port Arthur mit seinen Umgebungen und den vor dem Kriege und den beim Beginn der Belagerung vorhandenen Befestigungen und seinen Hafenanlagen. Berlin, Zuckschwerdt & Co. 1907.

— — Idem. II. Teil. Mit Skizzen des in der russischen Duma angenommenen Entwurfes der Richtung der Amurbahn und des Amurgebietes. pp. VIII—184. . . . 1909.

Notice : *Geogr. Zeitsch. Leipzig*, XVI, 1910, 236. Par A. Paquet.

— — Idem. III. Teil (Rußland in Asien): Das Küstengebiet und Wladiwostok. pp. 224. Mit einigen Ansichten der Stadt und einem Plane der Stadt und des Kriegshafens von Wladiwostok. Berlin, Zuckschwerdt & Co. 1911.

Notice : *Ibid.*, XVII, 1911, pp. 713/714. Par A. Paquet.

— La Russie et le Péril Jaune. (*Revue indo-chinoise*, 15 mars 1908, pp. 391/392.)

D'après le *Hongkong D. P.*, et l'*Avenir du Tonkin*.

— Un nouveau ministre de Russie [Korostovetz] [en Chine]. (*Bull. Com. Asie franç.*, Mai 1908, p. 204.)

— Les Russes en Mongolie. (*Revue indo-chinoise*, 15 juin 1908, p. 870.)

— Le Comte Nicolas Ignatiev. Nécrologie. Par H. C[ordier]. (*T'oung Pao*, Juillet 1908, p. 476.)

† 3 juillet 1908 à St. Pétersbourg, où il était né le 29 janvier 1832.

— Le retrait des troupes russes. (*Bull. Com. Asie franç.*, Nov. 1908, p. 477.)

— Dr Rouire. — La Rivalité anglo-russe au XIXe siècle en Asie. (Golfe Persique. — Frontière de l'Inde.) Paris, Colin, 1908, in-12, pp. VIII/298; carte.

— А. Кохановскій. — Переселенческое дѣло въ Китаѣ и наша дальневосточная окраина. (*Извѣстія Восточнаго Института*; Vladivostok, 1909, T. XXIX, 2, pp. 1/14.)

— * M. Grulew. — Das Ringen Rußlands und Englands in Mittelasien. (Rußland in Asien, Bd. X.) Mit Genehmigung des Verf. übersetzt von Rottmann, pp. XII-180. Berlin, Zuckschwerdt & Co., 1909.

Notice : *Geogr. Zeitsch. Leipzig*, XVI, 1910, pp. 659/660. Par Paul Rohrbach.

— L'arrangement russo-chinois à propos de la Mandchourie. (*Bull. Com. Asie franç.*, Juin 1909, pp. 263/264.)

Texte signé à Pékin le 10 mai 1909.

D'après le *Times* du 1er juin.

— The Russian Road to China by Lindon Bates, Jr. With Illustrations from Photographs. London, Constable, 1910, in-8, pp. IX-391; carte.

Notice : *Lond. & China Express*, Aug. 12, 1910.

— L'évolution de la colonisation russe en Extrême-Orient. Par Camille Fidel. (*Bull. Com. Asie franç.*, Mai 1910, pp. 227/230.)

— La Russie, le Japon et la Mandchourie. (*Ibid.*, pp. 253/254.)

— La Russie et la Chine. (*Asie franç.*, Déc. 1910, p. 547.)

— The First Struggle for the Amour. By H. Havelock. (*Asiatic Quart. Rev.*, 1910, XXIX, pp. 379/397.)

— La Russie et la Chine. Par Robert de Caix. (*Asie franç.*, Février 1911, pp. 46/50.)

— Idem. (*Ibid.*, Mars 1911, pp. 106/111.)

— La fin du conflit russo-chinois. (*Ibid.*, pp. 139/140.)

Note chinoise du 27 mars 1911.

— E. J. Dillon. — Russia and China. (*Contemporary Review*, March 1911, pp. 374/379.)

— *** Le problème russo-chinois. (*Revue Contemporaine*, 3 mai 1911.)

— Les relations russo-chinoises (*Asie franç.*, Mai 1911, pp. 252/253.)

— Le Dernier Conflit russo-chinois et la Pénétration des Russes en Mongolie. Par R. J. (*A travers le Monde*, XVII, 1911, pp. 185/188; ill.)

— Les relations de la Chine avec la Russie et le Japon. Par G. Giraud, Commis des Services Civils. (*Revue indo-chinoise*, Août 1911, pp. 208/209.)

Traduit du *Japan Chronicle*.

— Les intérêts Russes en Extrême-Orient. Par G. Giraud, Commis des Services civils. (*Ibid.*, pp. 210/219.)

Traduit du *Japan Chronicle*.

— Histoire des Relations de la Russie avec la Chine sous Pierre le Grand (1689—1730). — Thèse pour le Doctorat ès Lettres présentée à la Faculté des Lettres de l'Université de Paris par Gaston Cahen Chargé de mission scientifique en Russie par le Ministère de l'Instruction publique Ancien pensionnaire de l'Ecole française d'Extrême-Orient. — Paris, Félix Alcan, 1911, in-8, pp. 274-CCXVII + 2 ff. n. ch. er. et tab.

Notices : *Lond. & China Express*, May 31, 1912, p. 390. — *Revue Critique*, 29 nov. 1912, pp. 432/433, par Jules Legras.

— Les relations de la Russie avec la Chine sous Pierre le Grand (1689—1730). Par Etienne Clouzot. (*La Géographie*, 15 mai 1913, pp. 379/381.)

A propos de : *Histoire des Relations de la Russie avec la Chine sous Pierre le Grand* par Gaston Cahen.

— Gaston Cahen. — Deux ambassades chinoises en Russie au commencement du XVIIIe siècle. (*Revue historique*, Janvier-Février 1920, pp. 82/89.)

— Le Livre de Comptes de la Caravane russe à Pékin en 1727—1728. Texte — Traduction — Commentaire. — Thèse pour le Doctorat ès Lettres présentée à la Faculté des Lettres de l'Université de Paris par Gaston Cahen, Chargé de mission scientifique en Russie par le Ministère de l'Instruction publique, Ancien pensionnaire de l'Ecole française d'Extrême-Orient. Paris, Félix Alcan, 1911, in-8, pp. XII-143 + 1 f. n. ch. tab.

Notices : *Lond. & China Express*, May 31, 1912, p. 390. — *Revue Critique*, 29 nov. 1913, p. 433, par Jules Legras.

— Les Cartes de la Sibérie au XVIIIe siècle. — Essai de bibliographie critique par M. Gaston Cahen. (*Nouvelles Archives des Missions scientifiques et littéraires*, Nouvelle Série, Fascicule 1, Paris, 1911, pp. 544.)

Notice : *Bull. Ecole franç. Extr.-Orient*, XII, Hanoi, 1912, pp. 157/159, par L. A[urousseau].

— Der Konflikt zwischen Rußland und China vom Frühjahr 1911 im Rahmen der völkerrechtlichen Beziehungen beider Staaten. Von Dr. K. Strupp, Frankfurt a. M. Beiheft II zum V. Bande der Zeitschrift für Völkerrecht und Bundes staatsrecht... — Breslau, 1911, J. U. Kern, in-8, pp. 32.

— Russo-chinese Relations (A. D. 1224—1912). (*Edinburgh Review*, Vol. 215, January-April 1912, pp. 190/212.)

— Die Besiedlung Russisch-Ostasiens. (*Geogr. Zeitsch. Leipzig*, XVIII, 1912, p. 51.)

— Les ports russes de l'Extrême-Orient. Du *Japan Chronicle*, 11 juillet 1912. Traduit par G. Giraud, Commis des Services civils, Gouvernement Général. (*Revue indo-chinoise*, Juillet-Août 1912, pp. 128/129.)

— Chine et Russie. (*Revue indo-chinoise*, Nov. 1912, pp. 469/471.)

Du *Hong Kong Daily Press* du 9 nov. 1912. Traduit par G. Giraud, Commis des Services civils.

— La convention Russo-mongole et la Chine. (*Revue indo-chinoise*, Déc. 1912, pp. 553/555.)

Du *Hong Kong Daily Press*, du 20 nov. 1912.

— И. Ѳ. Бабковъ. — Воспоминанія о моей службѣ въ Западной Сибири. 1859—1875 г. — Разграниченіе съ Западнымъ Китаемъ 1869 г. — С.-Петербургъ, В Ѳ. Киршбаума, 1912, in-8, 1 f. n. ch., pp. x-575

— Les ports russes de l'Extrême-Orient. (*Revue indo-chinoise*, Janvier 1913, pp. 91/92.)

D'après le *Japan Chronicle*.

— Un nouveau chemin de fer transsibérien. (*Ibid.*, pp. 92/93.)

D'après le *Russkoe Slovo*.

— Le Japon et les menées russes en Chine. (*Ibid.*, pp. 93/95.)

— Les dépendances extérieures de la Chine. L'action russe en Mongolie. (*Ann. de Géogr.* 1913, pp. 105/107.)

— Early Russo-Chinese Relations. By Adolf Greisbach. (*The National Review*, 1913, 23 august, p. 177; 30 august, pp. 205/206; 6 sept., p. 235; 20 sept., pp. 299/300; 4 oct., p. 376; 11 oct., pp. 393/394, 409; 18 oct., pp. 427/429; 25 oct., pp. 459/460; 8 nov., pp. 518/519; 15 nov., pp. 545/547.)

— А. Н. Куропаткинъ. — Русско-Китайскій Вопросъ. — С.-Петербургъ, 1913, in-8, pp. 223.

— Russes, Kalmouks et Mantchous à propos de travaux récents par Maurice Courant. Paris, Librairie Félix Alcan, in-8.

Extrait de la *Revue des Sciences Politiques*, Tome XXXI. — II. 15 avril 1914, pp. 202/216.

A propos de l'ouvrage de Gaston Cahen.

— La politique asiatique de la Russie. — (*Asie franç.*, Mai 1914, pp. 181/182.)

— Vertrag zwischen Rußland und China. (*Geogr. Zeitsch. Leipzig*, 1915, pp. 469/470.)

— La Russie, la Mongolie et la Chine (*Asie franç.*, Juillet-Sept. 1916, p. 137.)

— La Révolution russe, l'intervention américaine et les affaires d'Asie. Par R. C. (*Revue indo-chinoise*, Mai-Juin 1917, pp. 453/457.)

Extrait de l'*Asie française*.

— Faculté de Droit de l'Université de Paris. — Les bases conventionnelles des relations modernes entre la Chine et la Russie. — Thèse pour le Doctorat, présentée et soutenue le mercredi 26 juin 1918, à 1 heure 1/2 par Hoo Chi-tsai Lauréat de l'Ecole libre des Sciences politiques. — Président : M. Geouffre de Lapradelle, professeur; Suffragants : M. Lesur, professeur; M. Cordier, professeur à l'Ecole des langues orientales vivantes. — Paris, Jouve, 1918, in-8, pp. 481. — Index, pp. 471/509.

— Hoo Chi-tsai. Docteur en Droit, Diplomé de l'Ecole libre des Sciences politiques. — Les bases conventionnelles des relations modernes entre la Chine et la Russie. Préface de M. Henri Cordier, Membre de l'Institut. — Carte de la frontière sino-russe. — Paris, Jouve, 1918, in-8, pp. 509 + 1 p. er.

Des exemplaires sur grand papier.

Notices : *Revue des Sciences Politiques*, 15. déc. 1918, pp. 465/466, par E. d'Eichthal. — *Lond. & China Express*, April 10, 1919, p. 224. — *Journ. R. As. Soc.*, Janvier 1919, pp. 98/102, par Alfred E. Hippisley.

— Russia, Mongolia, China Being some Record of the Relations between them from the beginning of the XVIIth Century to the Death of the Tsar Alexei Mikhailovich A. D. 1602—1676. Rendered mainly in the form of Narratives dictated or written by the Envoys sent by the Russian Tsars, or their Voevodas in Siberia to the Kalmuk and Mongol Khans & Princes; and to the Emperors of China. With Introductions, Historical and Geographical, Also a Series of Maps showing the progress of Geographical Knowledge in regard to Northern Asia During the XVIth, XVIIth, & early XVIIIth Centuries. The Texts taken more especially from Manuscripts in the Moscow Foreign Office Archives The Whole by John F. Baddeley Author of *The Russian Conquest of the Caucasus.* In two volumes. London, Macmillan and Company . . . 1919, 2 vol. in-fol., pp. 15-CCCLXV + 1 f. er. + tab. généal. A-I; cartes dans et hors texte, ill., etc., XII-466 + 1 f. n. ch.

Tiré à 250 exemplaires.

— The early history of Northern Asia. By Bryce. (*Geogr. Journ.*, May 1920, pp. 388/390.)

A propos de *Russia, Mongolia, China*. . . . By John F. Baddeley.

— The early history of Northern Asia. By W. A. T. (*Ibid.*, pp. 390/393.)

A propos de *Russia, Mongolia, China*. . . . By John F. Baddeley.

— The historical geography of Northern Eurasia. By E. Heawood. (*Geogr. Journ.*, Dec. 1920, pp. 491/496.)

A propos du livre de M. Baddeley.

— Interview d'un officier chinois sur la question de Sibérie. (*Revue indo-chinoise*, Nov.-Déc. 1919, pp. 432/434.)

— Le bolchevisme en Chine et dans l'Inde — La rupture des relations sino-russes et ses conséquences. Par Ch. P. (*Ibid.*, Nov.-Déc. 1920, pp. 473/487.)

— La Sibérie Colonie russe jusqu à la construction du Transsibérien par Maurice Courant. . . . Paris, Félix Alcan, 1920, in-8, pp. 95.

Tiré de la *Revue historique*.

(DIVERS.)

— Le recul de la Russie en Extrême-Orient. Par S. Reizler. (*Asie franç.*, Juin 1921, pp. 237/244.)

— * The Memoirs of Count Witte. Translated from the original Russian manuscript and edited by Abraham Yarmolinsky. Published by William Heinemann, London.

Notice : *Lond. & China Express*, July 14, 1921, pp. 358.

— * Russia in the Far East. By Leo Pasvolsky. New York : The Macmillan Company.

Reviewed by T. Bowen Partington. (*Asiatic Review*, Oct. 1922, pp. 691/692.)

— Les Relations Sino-Russes par A. M. (*Revue indo-chinoise*, Nov.-Déc. 1922, pp. 463/469.)

Ambassades.

— Новыя данныя о службѣ Николая Спаѳарія въ Россіи (1671—1708). — Юрія Арсеньева. — Изданіе имп. общества Исторіи и Древностей Россійскихъ при Московскомъ Университетѣ. — Москва, Университет тип., 1900, in-4, pp. 63.

— Н. І. Спаѳарій. — Описаніе . . . Церковно-славянскій текстъ, по рукописи, принадлежащей Ѳ. Т. Васильеву, съ біографіей Н. І. Спаѳарія, написанной А. И. Яцимирскимъ, съ описаніемъ рукописи, сдѣланнымъ А. А. и съ предисловіемъ и указателемъ Н. Ѳ. Катанова. — Казань, типо-литогр. Имп. Университета, 1910, in-fol., pp. LVI-271.

— О двухъ договорахъ, заключенныхъ между Россіей и Китаемъ въ 1879 и 1881 годахъ. Par Б. Б.

Occupe pp. 489/505; dans quelle revue? Musée Roumiantsov, N 18/168.

— * Agreements between Russia and China in regard to Railways, Posts and Telegraphs, and Customs (*Soglashenia mejdu Rossiei i Kitaem po Voprosam Jeleznodorojnuim, Pochtovo-telegrafnuim i Tamojennuim*), published by the Russian Ministry for Foreign Affairs as a Supplement to Volumes III and IV of the *Izviestia* for 1916.

— Convention Cassini. — Voir Henri Cordier, *Relations de la Chine*, III, pp. 339/348. — A. Gérard, *Ma Mission en Chine*.

(AMBASSADES.)

VII. — FRANCE.

Col. 2478.

— Henri Froidevaux. — Les premières navigations des Français à la Chine à propos d'un livre récent. Paris, 19 rue Bonaparte, 1903, in-8, pp. 16.

Extr. des *Questions diplomatiques et coloniales* (15 sept. 1903). A propos de l'ouvrage de Madrolle, *Les premiers voyages français à la Chine*, 1901.

— Ch. de la Roncière. — Un manuscrit à retrouver. — Le premier voyage français autour du Monde. (*La Revue hebdomadaire*, 7 sept. 1907, pp. 22/36.)

Pierre Olivier Malherbe, de Vitré en Bretagne. — Règne d'Henri IV.

Henri Cordier.

— Le Consulat de France à Canton au XVIIIe siècle par Henri Cordier. (*T'oung Pao*, Mars 1908, pp. 47/96, 6 pl.)

— — E.-J. Brill, Leide, 1908, in-8, pp. 52, 6 pl.

— Deux lettres de De Guignes fils (*T'oung Pao*, Juillet 1908, p. 481.)

— Le Voyage à la Chine au XVIIIe siècle. Par Henri Cordier. — Extrait du journal de M. Bouvet, Commandant le Vaisseau de la Compagnie des Indes, *Le Villevault*, pour le voyage à la Chine, armé au port de Lorient en 1765 et son retour audit port en 1766. (*Revue de l'histoire des Colonies françaises*, 1ère année 1913, IIe trimestre, pp. 163/216.)

— La Mission de M. le Chevalier d'Entrecasteaux à Canton, en 1787, d'après les Archives du Ministère des Affaires Etrangères, par M. Henri Cordier, Membre de l'Institut. (*Bull. Géogr. hist. et descriptive*, année 1911, n° 3, pp. 407/446.)

Tirage à part. — Réimp. dans les *Mélanges d'Hist. et de Géogr.*, par Henri Cordier, 1922, III, pp. 1/54.

Col. 3574.

— Les Correspondants de Bertin, Secrétaire d'Etat au XVIIIe siècle par Henri Cordier. (*T'oung Pao*, Mai 1913, pp. 227/257.)

I. — Raux.

— — (*Ibid.*, Oct. 1913, pp. 465/472.)

II. — Grammont.

— — (*Ibid.*, Déc. 1913, pp. 497/536.)

III. — De Guignes.

— — (*Ibid.*, Juillet 1914, pp. 307/338.)

IV. — Pierre Poivre.

— — (*Ibid.*, Mars 1915, pp. 27/60.)

V. — James Hutton.

— — (*Ibid.*, Mai 1915, pp. 229/235.)

VI. — Antoine Court de Gébelin.

— — (*Ibid.*, Oct. et Déc. 1917, pp. 295/379.)

VII. — Michel Benoist. — VIII. — François Bourgeois.

— — (*Ibid.*, Déc. 1922, pp. 394/398.)

Table des lettres.

∴

— Les Correspondants de Bertin, Secrétaire d'Etat au XVIIIe siècle, par Henri Cordier. — Extr. du *T'oung Pao*. 2e sér., vol. XIV, XV, XVI, XVIII et XXI, 1913—1922. — E.-J. Brill, Leide. 1922, in-8, pp. 246.

Tiré à 25 exemplaires.

— La Mission Dubois de Jancigny dans l'Extrême-Orient (1841—1846). Par Henri Cordier, de l'Institut. (*Revue de l'Histoire des Colonies françaises*, 4e année, 1916, 2e trim., pp. 129/232.)

— Société de l'Histoire des Colonies françaises. — La Mission Dubois de Jancigny dans l'Extrême-Orient (1841—1346) par Henri Cordier. . . . Paris. Edouard Champion, in-8, pp. 108.

Réimp. dans les *Mélanges d'Hist. et de Géogr.* par Henri Cordier. . . . IV, 1923, pp. 66/165.

— Henri Cordier. — La Chine en France au XVIIIe siècle. — Voir col. 3871.

Notice : *Lond. & China Express*, Aug. 12, 1910.

— Mlle. H. Belevitch-Stankevitch. — Le goût chinois en France. 1910. — Voir col. 3871.

∴

— Les Origines de l'Inde française. — La Compagnie des Indes Orientales et François Martin. — Etude sur l'histoire du Commerce et des Etablissements français dans l'Inde sous Louis XIV (1664—1719). — Thèse présentée à la

Faculté des Lettres de Paris par Paul Kaeppelin... — Paris, Augustin Challamel, 1908, in-8, pp. xv-673, 1 plan, 1 carte.

Notices : *Journ. Roy. As. Soc.*, April 1909, pp. 502/510. By W. Irvine. — *Revue indo-chinoise*, Déc. 1909, pp. 1253/1258, par P. Cultru. [Extr. de la *Quinzaine coloniale*.]

— Voyages français . . . par M. W. E. Dahlgren. 1907. — Voir col. 3201.

Notice : *T'oung Pao*, Mars 1908, pp. 110/113. Par H. C[ordier].

— Les relations commerciales et maritimes entre la France et les Côtes de l'Océan Pacifique (commencement du XVIIIe siècle) par E. W. Dahlgren. — Tome premier. Le Commerce de la Mer du Sud jusqu'à la Paix d'Utrecht. Paris, Honoré Champion, 1909, in-8, pp. xvi-740.

— La France et l'Océan Pacifique par M. Ch. de La Roncière. — (Extr. du *Bulletin de géographie historique et descriptive*, n° 3, 1909.) Paris, Imprimerie Nationale, MDCCCCIX, in-8, pp. 8.

— Premiers Voyages des Français dans l'Extrême-Orient par M. Paul Gaffarel. (*Bull. Soc. Géogr. Marseille*, 1910, pp. 165/196.)

— Inventaire des Archives de la Compagnie des Indes par M. Al. Legrand, Professeur d'histoire au Lycée de Lorient. (Extr. du *Bulletin de la Section de Géographie*, n°s 1/2, 1913.) Paris, Imprimerie Nationale, MDCCCCXIII, in-8, pp. 96.

— Les Relations de la France et de la Chine. (*A travers le Monde*, IV, 1898, pp. 70/71.)

Analyse du Discours de M. Hanotaux à la Chambre.

— La décadence de notre Marine marchande. — Absence presque complète du pavillon français en Chine. (*Ibid.*, VII, 1901, pp. 126/127.)

— Note sur la marine marchande japonaise suivie de quelques réflexions sur la situation du pavillon français en Extrême-Orient. Par P. A. Lapicque, Capitaine au Long-Cours. (*Bull. écon. Indochine*, n° 117, Janvier-Février 1916, pp. 67/74.)

∴

— Eine französisch-chinesische Universität. (*Deutsche Rundschau f. Geogr. u. Stat.*, XXVI, 1903—1904, p. 43.)

Tch'eng-tou.

— La France et l'enseignement officiel chinois de 1910 à 1914 [à Peking]. (*Asie franç.*, Juin 1914, pp. 238/239.)

— L'Ecole franco-chinoise de Tchen-tou. (*Ibid.*, Oct. 1918—Janv. 1919, p. 161.)

— Les étudiants chinois en France. (*Revue indo-chinoise*, Nov.-Déc. 1919, pp. 436/437.)

Politique de Pékin, 21 déc. 1919.

— Le baccalauréat français en Chine. (*Chine Ceylan Madagascar*, n° 47, Janvier 1920, pp. 30/31.)

— Les Chinois revenus de France. Par Elie Hopsomer S. J. (*Ibid.*, Avril-Juillet 1920, pp. 95/96.)

Enseignement officiel de la langue française dans les écoles. (*Asie franç.*, Nov. 1920, p. 382.)

(Divers.)

— Tchang Ki. — L'enseignement du français dans la Chine républicaine. (*Revue politique et littéraire*, 15 janvier 1921, pp. 39/43.)

Conférence prononcée à la Ligue de l'Enseignement le 19 mars 1920.

— Un centre d'influence française en Chine, l'Ecole de Médecine de Tien-tsin par M. le Dr Lestideau médecin de 1ère classe de la Marine. (*Arch. de méd. et pharmacie navales*, T. CXII, Mars-Avril 1922, pp. 114/120.)

— Jean Bouchot. — Les études de langue française à l'Université Nationale chinoise de Pékin. (*La Chine*, n° 19, 1er juin 1922, pp. 819/837.)

∴

— Les Etablissements Français en Chine. Par M. Ch. Lemire. (*Congrès nat. Soc. franç. de Géogr.*, Rouen 1903, Ctes. rendus, pp. 311/324.)

— La France en Extrême-Orient. — Compte rendu de la conférence, faite à la Société de Géographie commerciale de Nantes, le 21 oct. 1904. Par M. Eug. Gallois. (*Soc. Géogr. comm. Nantes*, 1904, pp. 19/32.)

— Les intérêts de la France au Yunnan. Par le Capitaine Jaquet. (*Bull. Soc. Etudes Col. et marit.*, 29e année, 1904, pp. 36/44; 87/94.)

De la *Revue des Troupes Coloniales*.

— Idem. (*Revue indo-chinoise*, 31 mars 1904, pp. 343/360.)

— La navigation française en Extrême-Orient. (*Bull. Com. Asie franç.*, Mars 1908, p. 123.)

— Troubles à la frontière du Tonkin. (*Ibid.*, Mai 1908, p. 202.)

— Les violations de la frontière du Tonkin. (*Ibid.*, Juin 1908, pp. 225/227.)

— Le commerce français à Fou-tchéou. (*Ibid.*, Juin 1909, pp. 260/261.)

Rapport de M. L. Reynaud, gérant du Consulat de France à Fou-tchéou, inséré au *Moniteur officiel du Commerce*, 3 juin 1909.

— C. G. Laverrière. Nécrologie par H. C[ordier]. (*T'oung Pao*, Juillet 1909, p. 382.)

† noyé à Han-k'eou le 28 mai 1909.

— Les œuvres françaises en Chine (Canton). (*Revue indo-chinoise*, Déc. 1911, pp. 656/661.)

Du *Journal de Pékin*.

— Une exposition permanente des produits indo-chinois à Changhai. (*Asie franç.*, Oct. 1912, pp. 441/442.)

— Exportations cantonnaises sous certificats d'origine sur la France et les colonies françaises en 1913. Par L. Reynaud, Interprète Chancelier du Consulat de France à Canton. (*Bull. écon. Indochine*, n° 107, Mars-Avril 1914, pp. 187/199.)

— La Commission franco-chinoise. (*Asie franç.*, Juin 1914, p. 252.)

Incidents de frontière sino-tonkinoise.

— La France et l'équilibre naval en Extrême-Orient. Par le Marquis de Barthélemy. (*Ibid.*, Août 1910, pp. 336/338.)

— Henri Quesvin. Nécrologie. (*Bull. Assoc. amic. franco-chinoise*, Oct. 1910, pp. 418/419.)

Né à Douai, 14 février 1884; † à Swatow, 17 juillet 1910.

(Divers.)

— Pour la pénétration française en Chine. — Au Yunnan. Par Hippolyte. (*Revue indo-chinoise*, Mai 1911, pp. 512/517.)
«Echo de Chine».

— Un demi-siècle de services à la France. (*Rel. de Chine*, Kiang-Nan, Avril 1913, pp. 70/72.)
Portrait de Tchang-tche-yn, premier lettré du Consulat de France à Chang-hai.

— La France et le commerce de l'Extrême-Orient. Par Albert Maybon. (*Asie franç.*, Février 1914, pp. 62/65.)
D'après F. Pila, *Les Grands Marchés d'Extrême-Orient*. (Japon et Chine.) Une campagne d'attaché commercial. Paris, M. Rivière, 1912, in-12.

— L'activité française à Shanghai. (*Revue indo-chinoise*, Sept.-Oct. 1914, pp. 371/378.)

— Académie des Sciences, Belles-Lettres et Arts de Lyon. — L'influence française en Chine et les entreprises allemandes. — Nécessité de créer en Chine une faculté française de médecine par le Dr Eugène Vincent, Professeur agrégé à la Faculté de Médecine de Lyon, Chirurgien honoraire des Hôpitaux civils de Lyon, Membre de l'Académie de Lyon. — Lyon, A. Rey, imprimeur de l'Académie. . . . — 1914, in-8, pp. 43.
Notice : *Miss. Cath.*, 7 août 1914, p. 384.

— La frontière sino-annamite. (*Revue indo-chinoise*, Juillet-Août 1915, pp. 144/147.)
Documents officiels.

— Une Chambre de commerce française en Chine. (*Asie franç.*, Avril-Juin 1916, pp. 97/98.)
A Chang Hai.

— L'installation du président du tribunal consulaire de France à Shanghai. (*Revue indo-chinoise*, Mai-Juin 1917, pp. 459/463.)

— L'Avenir Français en Chine par René de Maynard, Missionnaire apostolique... (*La France universelle, Revue d'expansion française illustrée*, 1er août 1917, pp. 3/6.)

— La représentation consulaire française en Extrême-Orient. (*Asie franç.*, Oct. 1918—Janvier 1919, pp. 149/150.)

— * Documents officiels chinois (publication de la Légation de France en Chine), 3 fascicules : I. *Recrutement de la main d'œuvre chinoise.* (Réglement concernant l'émigration des Travailleurs chinois. — Règlement concernant les Entrepreneurs de recrutement.) — II. *Emprunts extérieurs chinois.* (Emprunt public 6% de la 7e année de la République.) — III. *Décrets et règlements concernant le séquestre des biens et le rapatriement des sujets ennemis.* Pékin, 1918 et 1919, pp. 6, 4, 14.
Collection de La «Politique de Pekin».

— Une nouvelle entreprise sino-française. (*Rel. de Chine*, Kiang-nan, Juillet-Oct. 1919, p. 264.)
Société franco-chinoise de constructions métalliques à Chang-Hai.

— Une Société franco-chinoise de constructions métalliques à Chang-haï. (*Asie franç.*, Mars 1920, p. 100.)

(Divers.)

— Un Yunnanais mort pour la France. Par G. Cordier. (*Revue indo-chinoise*, Juillet-Août 1919, pp. 87/88 ; portr.)
Ma Yu-pao; touché en Woëvre par les gaz asphyxiants ; tué sur le champ de bataille au sud d'Amiens, 2 sept. 1918.

— Le théâtre français en Chine. (*Chine Ceylan Madagascar*, Avril-Juillet 1920, p. 109.)

∴

— La France en Chine. La mission Painlevé et l'association économique franco-chinoise. Les études chinoises en France. Par Ch. P. (*Revue indo-chinoise*, Juillet-Août 1920, pp. 109/117.)

— Le voyage de M. Painlevé. (*Asie franç.*, Déc. 1920, pp. 428/429.)

— Mission de M. Paul Painlevé en Chine. (*Miss. Cath.*, 10 déc. 1920, p. 582.)
D'après l'*Echo de Chine*, l'*Avenir du Tonkin*, le *Mémorial indochinois*.

— * La Mission Painlevé en Chine. (Juin—Septembre 1920.) — Pékin, 1921, pp. 140, avec 9 illustrations hors texte.
Collection de la «Politique de Pekin».

— Les résultats de la mission Painlevé. (*Asie franç.*, Avril 1921, p. 165.)

∴

— Le Yunnan et le commerce français. Par Knight, Consul de France, Attaché Commercial pour l'Extrême-Orient. (*Bull. écon. Indochine*, no 143, Juillet-Août 1920, pp. 540/544.)

— Développement de notre influence en Chine. (*Revue indochinoise*, Sept.-Oct. 1920, pp. 294/295.)

— Action française au Yunnan. (*Ibid.*, pp. 295/299.)

— * G. Valeran. — Nos relations commerciales en Chine. (*Moniteur d'Indochine*, 1920, Nov.)

— Inauguration de l'Institut franco-chinois d'industrie et de commerce de Changhai. (*Asie franç.*, Juin 1921, pp. 266/267.)
11 mars 1921. — Directeur Charles B. Maybon.

— [Ouverture de] l'Institut franco-chinois. (*Rel. de Chine*, Kiang-Nan, Juillet 1921, p. 583.)
Echo de Chine, 12 mars.

Lettre de Chine. (*Asie franç.*, Juillet-Août 1921, pp. 302/304.)
Institut franco-chinois d'Industrie et de Commerce. Lettre de Shanghai, Avril 1921.

— Prosper Tilleroye. — Les pionniers de l'influence française en Chine. (*La Chine*, no 1, 15 août 1921, pp. 10/18.)

— Pour le maintien de l'influence française en Chine. Par Henri Froidevaux. (*Asie franç.*, Janvier 1922, pp. 6/10.)

— J. B[ouchot]. — La Sinomanie en France au XVIIIe siècle. (*La Chine*, 15 juin 1922, pp. 919/929.)

— La Chine dans «l'Esprit des Lois». VIII-21. — De l'Empire de la Chine. (*Ibid.*, pp. 931/939.)

— Visite du maréchal Joffre. — Du P. P. Jubaru, 5 mars. (*Chine Ceylan Madagascar*, Sept. 1922, p. 195.)

— Photographie du Maréchal Joffre et de Tchang So-lin, à Moukden, le 23 fév. 1922. (*La Chine*, 1er sept. 1922, p. 1326.)

— Le Maréchal Joffre à Pékin. Visite au Pei t'ang. (*Ibid.*, no 14, 15 mars 1922, p. 483.)

— Le Maréchal Joffre en Chine par J. Bouchot. (*Ibid.*, no 13, 1er mars 1922, pp. 385 seq. ; no 14, 15 mars 1922, pp. 483 seq.)

— Le Maréchal Joffre à Changhai. (*Rel. de Chine*, Kiang-Nan, Juillet 1922, pp. 129/138; ill.)

∴

(Divers.)

— L'anarchie chinoise au point de vue de l'Indochine. Par L. Archimbaud. (*Revue du Pacifique*, 1ère année, nº 6, Oct. 1922, pp. 1/9.)

— Nécrologie. — Victor Collin, par H. C[ordier]. (*T'oung Pao*, Déc. 1922, p. 445.)

— Publications de la Mission laïque française Comité lyonnais. — La France et le Développement des Idées modernes en Chine. Prix : 50 centimes, in-16, pp. 35.

Lyon, Imp. Réunies.

Ambassades.

T. de Lagrené.

Col. 2489/2493.

— Sur les papiers de Lagrené, mis en vente par le libraire Meynial, voir la *Revue de l'Histoire des Colonies*, 1922, 4e trimestre, p. 367.

— Campagne, dans les mers du Sud, de l'Inde et de Chine, de la corvette *la Danaïde*, commandée par M. Joseph Ducampe de Rosamel, capitaine de corvette. (*Annales marit. et colon.*, 1840, I, p. 532; II, p. 574; 1842, I, p. 273.)

— Rapport de M. le capitaine de corvette Paris, commandant le vapeur l'*Archimède*, à M. le contre-amiral Cécille, commandant la station des mers de l'Inde et de la Chine, sur la navigation de cette corvette, de Brest à Macao. (*Ibid.*, 1845, vol. 90, pp. 177/196.)

A bord de l'*Archimède*, rade de Typa, près Macao, 16 sept. 1844.

— Second Rapport de M. le capitaine de corvette Paris, sur la navigation de la corvette à vapeur l'*Archimède*, depuis son arrivée en Chine jusqu'à son retour à Suez. (*Ibid.*, vol. 95, pp. 785/813.)

A bord de l'*Archimède*, rade de Suez, le 19 mai 1846.

— Campagne de la corvette à vapeur l'*Archimède* dans les mers de la Chine et de l'Inde, années 1844, 1845, 1846 et 1847, par M. Durand, lieutenant de vaisseau, commandant l'*Archimède*. (*Ibid.*, 1847, vol. 101, pp. 653/691.)

Durand, successeur de Paris.

— Voyage de la corvette *la Favorite* dans les Mers de l'Inde et de la Chine pendant les années 1841, 1842, 1843 et 1844. (*Nouv. Ann. des Voyages*, CXVIII, 1848, pp. 328/353.)

La *Favorite*, Commandant Page, capitaine de corvette, quitta Brest le 3 juin 1841.

— Campagne de la corvette l'*Alcmène* sur la côte nord de Chine et aux îles Lioutchou, en avril, mai, juin, juillet et août 1844, par un élève de la Marine [B. Grivel]. (*Annales marit. et colon.*, 1845, vol. 90, pp. 325/341, 749/788.)

— Suite des opérations, dans les mers de Chine et du Japon, de la division navale sous les ordres de M. le contre-amiral Cécille. (*Ibid.*, 1847, vol. 100, pp. 25/29.)

— Extrait d'une lettre particulière relative aux opérations dans les mers de Chine et du Japon, de la division navale sous les ordres de M. le contre-amiral Cécille. (*Ibid.*, pp. 279/288.)

Macao, 24 nov. 1846.

— Idem. (*Ibid.*, pp. 426/429.)

Macao, le 20 janvier 1847.

— Nécrologie. — Le vice-amiral Cécille (1787—1873). Par Henry Durassier. (*Revue mar. et colon.*, XLI, Juin 1874, pp. 845/847.)

Jean-Baptiste Thomas Médée, comte Cécille, né à Rouen, le 16 oct. 1787 ; † 9 nov. 1873, à Saint-Servan.

— Campagne de l'*Alcmène* en Extrême-Orient (1843, 44, 45, et 46). D'après le Journal du Commandant Fornier-Duplan. (*Bull. Soc. de Géogr. de Rochefort*, 1907, nº 4, pp. 289/313; 1908, nº 1, pp. 17/37.)

Bénigne Eugène Fornier-Duplan, né à Orléans, en 1788 ; prisonnier sur les pontons anglais ; lieutenant de vaisseau, 1821 ; capitaine de corvette, 1832 ; cap. de frégate, puis de vaisseau ; à la retraite 1848 ; conseiller municipal et administrateur de l'Hospice civil de Rochefort ; † 1872.

Son Ms. a été donné par sa fille Mme Duchêne, veuve du lieut.-colonel Duchêne de l'infanterie de Marine.

Ratti-Menton. — Callery. — Lieou-kieou — Forcade, etc., Basilan.

— Nécrologie. — Charles Lavollée. [Par H. Cordier.] (*T'oung Pao*, Juillet 1913, p. 429.)

— [Bernard d'Harcourt]. — Né 28 mai 1821 ; † 11 rue Vaneau, 1912.

— Docteur Gestin. — Le Traité d'amitié et de commerce avec la Chine en 1844 et l'Expédition de Basilan. — Extrait de la *Nouvelle Revue* des 1er et 15 juillet et 1er août 1906. Editions de la *Nouvelle Revue*, 1906, in-8, pp. 63.

Extr. des *Mémoires* du Dr Gestin. — Voyage de l'*Archimède*.

∴

— Jules Patenôtre, Ancien Ambassadeur. — Souvenirs d'un Diplomate. Voyages d'autrefois. — Avec un portrait en héliogravure. — Paris, Librairie Ambert, s. d., 2 vol. pet. in-8, pp. 329, 332.

∴

— A. Gérard. — L'Extrême-Orient pendant la guerre (1914—1917). (*Revue des Deux Mondes*, 1er juillet 1917, pp. 121/149.)

— Ma Mission en Chine. Par Auguste Gérard, Ambassadeur de France. (*Revue hebdomadaire*. 6 avril 1918, pp. 33/48.)

— A. Gérard, Ambassadeur de France. — Ma Mission en Chine (1893—1897). — Avec un portrait et quatre cartes. Paris, Plon, 1918, in-8, pp. LI-347.

Notices : *Lond. & China Express*, March 13, 1919, p. 163. — *Miss. Cath.*, 29 nov. 1918, pp. 575/576.

— Un diplomate français en Extrême-Orient. Par Maurice Courant. (*Revue Sciences politiques*, 15 oct. 1918, pp. 285/295.)

A propos des volumes de M. A. Gérard : *Ma Mission en Chine* (1893—1897), Paris 1918 ; *Nos Alliés d'Extrême-Orient*, Paris 1918 ; *La Triple Entente et la guerre*, Paris 1918.

— A. Gérard, Ambassadeur de France. — Ma Mission au Japon (1907—1914). — Avec un épilogue de 1914 à 1919 et quatre portraits. Paris, Plon, 1919, in-8, pp. III-412.

— A. Gérard, Ancien Ambassadeur de France à Tokyo. — Nos Alliés d'Extrême-Orient. Payot, Paris, 1918, in-16, pp. XXI-219 + 1 p. n. ch.

— A. Gérard, Ambassadeur de France. — L'Extrême-Orient et la Paix**. Payot, Paris, 1919, in-16, pp. 221 + 1 p. n. ch.

Ces deux vol. font partie de la *Bibliothèque Politique et Economique*.

Notice : *Revue des Sciences politiques*, 15 déc. 1920, pp. 780/781, par Maurice Courant.

— A. Gérard. — La Chine nouvelle. — Ses hommes d'état et son personnel politique. (*Revue bleue*, 6—13 sept. 1919, pp. 513/517.)

— A. Gérard, Ambassadeur de France. — — La situation politique et économique de l'Extrême-Orient après la guerre de 1914—1918. (*Revue Économique internationale*, Août 1920, pp. 7/26.)

— Yves-Guyot. — Les rapports économiques de la Chine et des Étrangers. (*Ibid.*, pp. 27/57.)

— Auguste Gérard. — Nécrologie par H. C[ordier]. (*T'oung Pao*, Déc. 1922, p. 444.)

∴

— Le retour de M. Bapst. (*Bull. Com. Asie franç.*, Janvier 1909, p. 40.)

— M. Conty à Changhai. Par J. de la Servière, S. J. (*Rel. de Chine*, Kiang-Nan, Avril 1914, pp. 395/397 ; fig.)

— Monsieur Boppe à Changhai. (*Ibid*, Juillet-Oct. 1918, pp. 123/128 ; fig.)

— Nos Visiteurs. — Monsieur le Ministre de France [Boppe] à Zi-ka-wei. — La mission Painlevé à Chang-Hai. — Les Salésiens à Chang-Hai. — Les Marins français à Nankin (Lettre du P. Ancel). (*Ibid.*, Janvier 1921, pp. 420/427.)

— Le nouveau ministre de France à Pekin. [M. de Margerie.] (*Bull. Com. Asie franç.*, Mai 1909, p. 213.)

— La représentation de la France en Extrême-Orient à la Chambre des Députés. (*Ibid.*, Sept.-Oct. 1920, pp. 326/334.)

(DIVERS.)

Expédition de 1858.

— * Th. Aube. — La Chine à la veille de la guerre, souvenirs d'une campagne dans les mers de Tartarie, de Chine et du Japon. 1858, in-8.

Léon de Rosny. — L'expédition en Chine et au Japon du Baron Gros et de Lord Elgin (1857—1858). (*Revue Orient. et Amér.*, VI, 1861, p. 319.)

Le Baron Gros et l'Expédition de 1860.

— De Brest à Pékin par le Cap de Bonne-Espérance. Expédition militaire de 1860 récits anecdotiques et curieux dédiés á l'armée et aux gens du monde par un Chasseur de Vincennes. — Paris, chez Humbert. — 1862, in-12, pp. 87.

— * E. C. de Fortavion. — La guerre de Chine. Grand Panorama illustré historique et anecdotique. Pont-à-Mousson, Lithographie artistique de la Lorraine, 1862. Avec 16 pl. lithogr. d'après les dessins de C. C. de Fortavion, fol.-obl. avec 2 lithog. dont 1 coloriée.

— Le Naufrage du *Weser*. Épisode maritime de la grande expédition de Chine par le Docteur Aurillac, Médecin de la Faculté de Paris, Médecin de la Marine et des Colonies en retraite, . . . Médecin consultant à Vichy. — Vichy, Imprimerie Wallon. 1883, in-16, 1 f. n. ch. + pp. 94 + 1 f. n. ch., 1 fig. en tête.

— Capitaine Vallier. — Historique des Troupes coloniales. — Expédition de Chine de 1860. (*Revue des Troupes Coloniales*, I, 1909, pp. 345/356, 428/439, 485/501 ; II, pp. 61/78, 134/158, 243/267.)

La France, l'Annam et la Chine.

Col. 2499/2503.

— Quelques considérations sur le conflit franco-chinois. (*Cte. rendu Soc. Géogr.*, 1883, pp. 567/571.)

Communication de F. Romanet du Caillaud.

— * E. Schultz. — Erlebnisse eines deutschen Deserteurs, angeworben in Frankreich bei der Fremdenlegion nebst einer Bearbeitung des Krieges zwischen Frankreich und China von 1883—1885. Ca. 1890.

— Vice-Amiral de Jonquières. — Combats de Fou-tchéou (23—29 août 1884). Paris, Delagrave, s. d. [1917], in-12, pp. 23.

— Chinese Superstition. (*Journ. Anthrop. Institute*, London, vol. XVII, 1888, p. 80.)

A propos du massacre de Haitce.

(EXPÉDITIONS. LA FRANCE, L'ANNAM ET LA CHINE.)

Protectorat des Missions.

Col. 2503.

— J. Brucker. — Protectorate of Missions. (*Catholic Encyclopedia,* XII, pp. 488/492.)

— Le Saint-Siège et le protectorat catholique de la France. Par R. C. (*Asie franç.*, Mai-Sept. 1918, pp. 69/73.)

— La France en Chine. – La protection de la France. Par Viator. (*Rel. de Chine*, Kiang-Nan, Oct. 1913, pp. 258/259 ; fig.)

— Nonciature pontificale en Chine et Protectorat religieux de la France. Par Yves de la Brière. (*Études,* 5 oct. 1918, pp. 95/110.)

— Le Protectorat français en Chine. Par M. Philippe Clément, lazariste. (*Miss. Cath.*, 29 nov. 1918, pp. 565/567.)

(Protectorat des missions.)

Traités.

Col. 2503/2504.

— L. de Reinach, Ancien Administrateur des Services civils de l'Indochine. — Recueil des Traités conclus par la France en Extrême-Orient (1684—1902). — Paris, Ernest Leroux, 1902, in-8, pp. 442.

— — Tome second (1901—1907). — Paris, Ernest Leroux, 1907, in-8, pp. 146.

Notice : *Bull. Soc. Géogr. Marseille*, 1911, p. 424.

— Un arrangement franco-chinois pour la police frontière. (*Asie franç.*, Avril-Juillet 1915, pp. 74/75.)

Signé à Pékin le 13 avril 1915.

(Traités.)

X — ETATS UNIS.

Col. 2509/2520.

— Outward Bound. — The Voyage of the «Empress of China». The First Foreign Trade Venture of the United States. By John Foord. (*Asia*, 1917, pp. 16/18, ill., Portrait de Shaw.)

— Letters and Recollections of John Murray Forbes, edited by his daughter Sarah Forbes Hughes. Boston and New York, Houghton, Mifflin & Co., 1900, 2 vol. in-8, pp. IX + 1 f. n. ch. + pp. 353, VIII + 1 f. n. ch. + pp. 264, portraits et ill.

— * Charles A. Conant. — The United States in the Orient. Boston, 1900.

— * Fried. Hirth. — American Opportunities in China. (*The World's Work*, May 1903, pp. 3454 seq.)

— *Journal of the American Association of China.* Vol. I, No. 13, July 1904, Shanghai, 1904, in-8 carré, pp. 34. — Vol. I, No. 14, January 1905, Shanghai, 1905, in-8 carré, pp. 52. — Vol. I, No. 15, July 1905, Shanghai, 1905, in-8 carré, pp. 55.

— La Chine et le traité américain d'exclusion. Par P. G. (*Revue indo-chinoise*, 15 août 1905, pp. 1121/1122.)

Extr. de *Far Eastern Review.*

— L'opinion à Manille sur la loi d'exclusion. Par P. G. (*Ibid.*, pp. 1122/1123.)

— La Lutte des Etats-Unis et de la Chine. (*A travers le Monde*, XII, 1906, p. 52.)

— American Goods in China. (*National Geogr. Magazine Washington*, XVII, 1906, pp. 173/175 ; ill.)

(Divers.)

— La Chine et les Etats-Unis (*Bull. Com. Asie franç.*, Août 1908, p. 336.)

Tang Chao-yi.

— Une ambassade [chinoise] aux Etats-Unis. (*Ibid.*, Oct. 1908, pp. 426/427).

— La Chine, le Japon et les Etats-Unis. — Pékin, 12 nov. 1908. Par Robert de Caix. (*Ibid.*, Déc. 1908, pp. 495/501.)

— Une ambassade chinoise à la Maison-Blanche. (*Ibid.*, p. 528.)

Tang Chao-yi.

— Le retour de Tchang Tchao Yi. (*Ibid.*, Août 1909, pp. 352/353.)

— Les Etats-Unis, le Japon et la Chine: (*Ibid*, Oct. 1909, pp. 454/455.)

Crane.

— L'Amérique et la Chine. (*Ibid.*, Déc. 1909, p. 535.)

— A Sketch of the Relations between the United States and China by F. W. Williams Yale University. S. l. n. d., in-8, pp. ch. 47 à 82.

Au verso du titre : Published, March 1910.

— Les Etats-Unis et les questions chinoises. (*Bull. Com. Asie franç.*, Mai 1910, p. 254.)

— * T. F. Millard. — America in China. (*Forum*, July 1910.)

— * America and the Far Eastern Question. By Thomas F. Millard. New York: Moffat, Yard & Company.

Notice : *Journ. N. C. B. R. As. Soc.*, XL, 1909, pp. 123/126. By J. O'S.

— Our Eastern Question. America's Contact with the Orient and the trend of relations with China and Japan by Thomas F. Millard. . . . Illustrated with

(Divers.)

photographs and maps. New York, The Century Co. 1916, in-8, 3 ff. n. ch. + pp. 543.

— Democracy and the Eastern Question. The Problem of the Far East as Demonstrated by The Great War, and Its Relation to the United States of America. By Thomas F. Millard. New York, The Century Company, 1919, in-8, pp. XII-446.

Notice : *Journ. N. C. B. R. As. Soc.*, vol. LII, 1921, pp. 220/222.

— The United States and the Far East. (*United Empire*, II, Jan. 1911, p. 8.)

— Les Etats-Unis et le marché chinois. Par E. R. (*Bull. Soc. Géogr. Lille*, 1911, 1er sem., pp. 189/191.)

— Les intérêts américains en Chine. (*Revue indo-chinoise*, Juin 1912, pp. 605/606.)

Traduit par G. Giraud du *Japan Chronicle*, 4 mars 1912.

Anson Burlingame and the first Chinese Mission to Foreign Powers. By Frederick Wells Williams Assistant Professor of Oriental History in Yale University. New York, Charles Scribner's Sons, 1912, in-8, pp. x + 1 f. n. ch. + pp. 370; portr.

Voir col. 2518, 2554/2556.

Notice : *Journ. N. C. B. R. As. Soc.*, XLIV, 1913, pp. 185/188, by J. C. F.

— China's Dayspring after thirty Years. By Frederick Brown, F. R. G. S. of Peking Chairman of District and Officiating Wesleyan Chaplain in the North China Command. With forewords by the late Sir Robert Hart, K. C. M. G. and the Rev. F. B. Meyer, B. A., D. D. (Hon. Secretary National Council of Evangelical Free Churches). Introduction by the Rev. T. A. Seed. With numerous maps and illustrations. London : Murray and Evenden, Ltd., in-8, pp. 263, s. d. [1914].

— America through the spectacles of an oriental diplomat by Wu Tingfang LL. D. Late Chinese Minister to the United States of America.... With illustrations from sketches by the author and from photographs. New York, Frederick A. Stokes Company publishers, s. d. [1914], in-8, pp. x + 2 ff. n. ch.-267.

— America and the Americans from a chinese point of view by Dr. Wu Tingfang. London, Duckworth & Co. 1914; in-8, pp. XVI-267; portr.

Notice : *The Athenaeum*, 25 july 1914.

— Les Américains au Ngan-houei. (*Asie franç.*, février 1914, pp. 74/75.)

— L'expédition de Tsing-tao et les relations de la Chine et de l'Amérique. (*Revue indo-chinoise*, Sept.-Oct. 1914, pp. 378/382.)

(DIVERS.)

— Obituary. Mr. W. W. Rockhill. (*Lond. & China Express*, Dec. 11, 1914, p. 810.)

— Obituary. — William Woodville Rockhill. (*Geogr. Journ.*, January 1915, pp. 84/85.)

Né à Philadelphie, en 1854 ; † Honolulu, 8 déc. 1914.

— Henri Cordier. — William Woodville Rockhill. (*T'oung Pao*, Mars 1915, pp. 160/164.)

— Obituary Notice. — William Woodville Rockhill. By Alfred E. Hippisley. (*Journ. R. As. Soc.*, April 1915, pp. 367/374.)

— Nécrologie. — William Woodville Rockhill. By B. Laufer. (*T'oung Pao*, Mai 1915, pp. 289/290.)

— William Woodville Rockhill 1854—1914. By Frank E. Hinckley. (*Journ. N. C. B. R. As. Soc.*, XLVI, 1915, pp. 117/119; portr.)

— * P. Myron. — Our Chinese Chances through Europe's War. With illustrations. Chicago, Linebarger Bros., 1915, in-8, pp. 220.

— American Diplomacy in the Orient by John W. Foster, 1904. [Voir col. 2516.]

Notice : *T'oung Pao*, Mars 1908, pp. 113/117. Par Henri Cordier; réimp. dans *Revue indo-chinoise*, 31 août 1908, pp. 282/284.

— Les Etats-Unis et les besoins financiers de la Chine (*Asie franç.*, Avril-Juin 1916, p. 98.)

— Entreprises américaines [en Chine]. (*Ibid.*, Juillet-Sept. 1916, pp. 137/138.)

— A propos des projets américains sur le Grand Canal. Par P. A. Lapicque. (*Revue indo-chinoise*, Sept.-Oct. 1916, pp. 255/265; croquis et cartes.)

— Prêts américains au Gouvernement chinois. (*Asie franç.*, *Bull.*, Janvier-Mars 1917, pp. 48/49.)

— L'industrie cotonnière chinoise et le commerce américain. (*Ibid.*, Avril-Juin 1917, pp. 93/94.)

Rapport publié par le Département du Commerce de Washington, reproduit dans le *Bulletin commercial d'Extrême-Orient.*

— An Objection to American Co-operation with Japan in China. A Chinese Student's Opinion. (*Asia*, June 1917, pp. 299/300.)

— The United States, China and Japan. What the new understanding means to Japan. By Adachi Kinnosuke. (*Ibid.*, Dec. 1917, pp. 788/791.)

— The History of Early Relations between The United States and China 1784—1844 by Kenneth Scott Latourette. Yale University Press, New Haven, Connecticut, 1917, in-8, pp. 209.

Transactions of the Connecticut Academy of Arts and Sciences, vol. 22, pages 1/209, August 1917.

Notices : *Asia*, March 1918, p. 237. — *Journ. N. C. B. R. As. Soc.*, XLIX, 1918, pp. 174/176, par G. L.

— Pre-Treaty Relations of the United States with China By A. E. H. (*Journ. R. As. Soc.*, April 1918, pp. 317/319.)

— A. Gérard. — Les Etats-Unis et l'Extrême-Orient. (*Revue des Deux Mondes*, 15 février 1918, pp. 912/934.)

— American Policy in China. By James Francis Abbott. (*Asia*, Sept. 1918, pp. 711/714.)

— Broadening our Chinese Trade. By Frank F. Davis. (*Asia*, 1907, pp. 41/48; ill.)

(DIVERS.)

— Pioneers in Foreign Trade. The Spirit of Drake and Frobisher behind the daring of the Sailormen of New England, Founders of our Foreign Commerce. By John Foord. (*Ibid*, April 1917, pp. 95/100; ill., 150.)

— * Les banques américaines et la Chine. (*Moniteur d'Indochine*, 1919, Janvier-Mai.)

— Les Etats-Unis et l'Extrême-Orient. (*Revue indo-chinoise*, Mai-Juin 1919, pp. 912/916.)

— * The American Woman's Club Annual 1919/1920.

Notice : *Journ. N. C. B. R. As. Soc.*, LII, 1921, p. 206. By M.

— * Giraud. — Le commerce présent et futur de l'Amérique avec la Chine. (*Eveil économique de l'Indochine*, Janvier 1920.)

— Face to Face with Business in Szechuan. Possibilities for Big Developments in American-Chinese Partnerships. By H. K. Richardson. (*Asia*, May 1920, pp. 426/434; ill.)

— Le commerce de la Chine avec les Etats-Unis. (*Asie franç.*, Déc. 1920, p. 480.)

— * American's Aims and Asia's Aspirations. By Patrick Gallagher. New York : The Century Co.

Notice : *Journ. N. C. B. R. As. Soc.*, LII, 1921, pp. 202/206. By M.

— Les droits d'importation des marchandises américaines en Chine. (*Asie franç.*, Mai 1921, pp. 221/222.)

— The Growth of American Trade with China Most Hopeful Sign is Tendency of American Capital To Invest in Chinese Enterprise. By Julean Arnold, American Commercial Attache, Peking. (*Trans-Pacific*, Tokyo, June 1922, pp. 48/52 ; ill.)

— Genoa and the Washington Conference with special reference to the interests of the U. S. A. in China. By Brigadier-General C. D. Bruce, C. B. E. (*Asiatic Review*, July 1922, pp. 371/380.)

— Unifying American Interests in China. (*Far Eastern Review*, Oct. 1922, pp. 606/607.)

— * China, the United States and the Anglo-Japanese Alliance, pp. 176. The Chino-Japanese Treaties of May 25, 1915, pp. 151. The Twenty-one Demands : Japan versus China, pp. 178. By G. Zay Wood, formerly editor of «The Far Eastern Republic», etc. Fleming H. Revell Company.

Notice : *New China Review*, August 1922, pp. 337/338.

— American Merchant Adventurers in China. By Paul S. Reinsch. (*Asia*, February 1922, pp. 106/112.)

— An American Diplomat in China by Paul S. Reinsch. William Heinemann, London, Anno Domini : One thousand Nine hundred and twenty-two, in-8, pp. XII-396.

— An American Diplomat in China by Paul S. Reinsch American Minister to China, 1913—1919. London : George Allen & Unwin, Ltd. Ruskin House : 40 Museum St. W. C. 1, s. d. [1922], in-8, pp. XII-396.

Notices : *China Express*, 25 may 1922. — *Revue du Pacifique*, Sept. 1922, pp. 109/110.

— * T. Dennett. — Americans in Eastern Asia, a critical study of the Policy of the United States with reference to China, Japan and Korea in the 19th century. 1922, in-8, pp. XVI-725.

— American Money and Chinese Road Building Practical Plan Evolved to Extend Famine Relief Funds for Permanent Road Building. By John Earl Baker. (*Trans-Pacific*, Tokyo, Nov. 1922, pp. 56/60 ; ill.)

— The U. S.-Russo-Chinese Combination. (*Far Eastern Review*, January 1923, pp. 1/2.)

— Universités américaines en Chine. Par Bernard Truxler, S. J. (*Chine Ceylan Madagascar*, Mars 1923, pp. 11/13.)

∴

— *China*. No. 1 (1918). — Text of Notes exchanged between the United States and Japanese Governments regarding their Policy in China, and Declaration of the Chinese Government on the subject. — Presented to both Houses of Parliament by Command of His Majesty. January 1918. — London, 1918. [Cd. 8895.] Price 1*d* net.

(Divers.)

(Divers.)

XI. — ALLEMAGNE.

Col. 2519/2526.

— La Compagnie prussienne d'Embden au XVIIIe siècle par Henri Cordier. (*T'oung Pao*, Juillet et Octobre 1918—1919, pp. 127/243.)

(Divers.)

— La marine militaire allemande dans l'Asie orientale pendant la guerre [de 1870]. Par J. L. (*Revue mar. et coloniale*, XXXIV, Août 1872, pp. 263/265.)

A propos d'une brochure intitulée : *Die norddeutschen Schiffe in Ost-Asien während des deutsch-französischen Krieges*, Berlin, 1872.

— Le Programme Commercial des Allemands au Chan-Toung. (*A travers le Monde*, V, 1899, p. 368.)

De la *Deutsche Kolonialzeitung*.

(Divers.)

— * A. v. Mumm v. Scharzenstein. — Meinen Mitarbeitern in Peking, ein Tagebuch in Bildern. Mit 268 Taf. Peking, 1902, in-4.

Publication privée.

— L'Action allemande en Chine en 1902. (*A travers le Monde*, VIII, 1902, p. 415.)

— L'action allemande en Chine en 1902. (*Union géogr. du Nord de la France, Douai*, XXIV, 1903, pp. 80/81.)

— Procédés commerciaux allemands [en Chine]. (*Ibid.*, p. 168.)

— L'Allemagne et les stations de charbon dans les mers d'Asie. Par A. L. (*Ibid.*, pp. 242/244.)

— Un raid Tien-tsin—Pékin. (*A travers le Monde*, IX, 1903, p. 184.)
Organisé par les officiers allemands de la garnison de T'ien-tsin.

— Progrès du Commerce Allemand en Chine. — L'Allemagne fabrique l'article chinois. (*Ibid.*, p. 184.)

— Dans la Banlieue de Kiao-tcheou. (*Ibid.*, X, 1904, p. 288.)
De la *Kolonialzeitung* de Berlin.

— Les Allemands au Chan-toung. (*A travers le Monde*, X, 1904, pp. 358/359.)

— Conférence de M. André Chéradame du 25 mars 1905. Sur le rôle des Allemands en Extrême-Orient. (*Revue Soc. Géogr. Tours*, n° 2, 1905, pp. 49/52.)

— * U. Lignitz. — Deutschlands Interessen in Ostasien und die Gelbe Gefahr. Front. et carte. 1907, in-8.

— * Progrès allemands à Hong-Kong. (*Revue française de l'Etranger et des Colonies*, 1907.)

— Chinaforschung. — Von Dr. W. Knappe. (*Asien*, 1907, . . nov., pp. 20/22.)

— A German Gunboat on the Upper Yangtse. (*Geogr. Journ.*, July 1908, p. 84.)
Le *Vaterland*, cap. Toussaint. — *Marine Rundschau*, Februar 1908. — *Geogr. Zeitsch.* 1908, No. 4.

— * E. Tonnelat. — L'expansion allemande hors d'Europe (Etats Unis, Brésil, Chantong, Afrique du Sud). Paris, Armand Colin, in-18, pp. 278.

Notices : *Revue indo-chinoise*, Mai 1910, p. 469, par Georges Blondel; 30 juin 1908, p. 942. Tirée de la *Société Belge d'Et. Colon.*

— La pénétration allemande. (*Revue indo-chinoise*, Mars 1909, pp. 291/292.)

— Les croisières fluviales allemandes en Chine. (*Bull. Com. Asie franç.*, Mai 1909, pp. 213/214.)
Du *Nouvelliste de Hambourg*.

— Politique allemande en Chine et en Abyssinie. Par Camille Fidel. (*Bull. Soc. Etudes Col. et marit.*, 34e année, 1909, pp. 97/104.)

— Chinas Handel und Deutschland. (*Deutsche Rundschau f. Geogr. u. Stat.*, XXXII, 1909/1910, p. 133.)

— Deutsch-asiatische Gesellschaft in Berlin. (*Ibid.*, p. 190.)
Séance du 12 Nov. 1909 ; conférence du Dr. Max Bosberg-Rekow sur les rapports des pays d'Extrême-Orient.

— Deutsch-asiatische Gesellschaft in Berlin. (*Ibid.*, p. 287.)
Rapport de S. E. Fischer sur les relations avec la Chine, les progrès, etc.

— Deutschland in China voran? Von Dr. Paul Rohrbach. — Mit zahlreichen Abbildungen nach Photographien. — 1912. Protestantischer Schriftenvertrieb G. m. b. H. Berlin-Schöneberg, in-8, pp. 78.

(Divers.)

— Deutsche Kulturaufgaben in China. Beiträge zur Erkenntnis nationaler Verantwortlichkeit. Herausgegeben von Paul Rohrbach. Buchverlag der «Hilfe», Berlin-Schöneberg, 1910, in-8, pp. 125.

1. Wandlungen im chinesischen Geistesleben. Von Dr. O. Franke. — 2. Was steht für Deutschland in China auf dem Spiel? Von Lic. Dr. P. Rohrbach. — 3. Gesundheitliche Volkshilfe als Mittel deutscher Kulturarbeit in China. Von Prof. Dr. A. Bier und Dr. zur Werth. — 4. Berg- und Hüttenwesen in China. Von Dr. O. Junghann.

— * P. Rohrbach. — Deutschland und China nach dem Kriege. Berlin, 1916, pp. 105.

Schriften des Deutsch-Chinesischen Verbandes, Nr. 2.

— Le voyage du Kronprinz allemand. (*Asie franç.*, Février 1911, p. 87.)

— Expansion extérieure de l'Allemagne en Extrême-Orient. Par Fontenoy. (*Bull. Soc. Géogr. Toulouse*, XXXe année, 1911, pp. 230/235.)

— Kanghi-Tschu: Deutschland, der Kaiser und der Simplizissimus. Aus den Berichten eines chinesischen Diplomaten. E. W. Bonsels & Co., München, in-8, s. d. [1911], pp. 72.

Notice : *Lond. & China Express*, 24 nov. 1911.

— Le prince Henri de Prusse à Kiao-tchéou. Une opinion de la presse anglaise sur Kiao-tchéou. (*Asie franç.*, Oct. 1912, pp. 451/452.)

— Achat des mines du Chantoung par la Compagnie allemande des chemins de fer du Chantoung. (*Ibid.*, p. 452.)

— L'influence allemande en Chine d'après la presse germanique. (*Ibid.*, Nov. 1912, pp. 490/494.)

— La Compagnie allemande des mines du Chantoung. (*Ibid.*, p. 494.)

— Deutsche Leistungen und deutsche Aufgaben in China. Von Dr. Fritz Wertheimer. Mit zwei Kartenskizzen. Berlin, Julius Springer, 1913, in-8, pp. 136.

Notice : *Geogr. Zeitsch. Leipzig*, 1915, p. 598, par H. Schmitthenner.

— * Dr. Fritz Wertheimer. — Deutschland und Ostasien. D. Verlags-Anst. Stuttgart u. Berlin, 1914.

— — * Deutsche Chinapolitik. Güldenkammer. Mai 1914.

— * Deutsche Vereinigung Schanghai, Denkschrift zur Förderung des Deutschtums in China, in-4, pp. 54

— Les intérêts allemands en Chine. (*Asie franç.*, Février 1913, pp. 96/99.)

— A. Tibal. — Les Allemands en Chine. (*La Revue du Mois*, 10 nov. 1913, pp. 593/605.)

Rohrbach : Deutsch-chinesische Studien, 1909. — Koch : Die Industrialisierung Chinas, 1912. — Wertheimer : Deutsche Leistungen und deutsche Aufgaben in China, 1913.

— Le réveil de la Chine. (D'après un rapport consulaire.). Par Georges Blondel. (*Bull. Soc. Géogr. comm.*, Paris, Nov. 1913, pp. 741/743.)
D'après F. Pila.

(Divers.)

— * Ostasien und Europa, von J. Witte. Tübingen, Mohr, 1914; gr. in-8, pp. VIII-244.

Notice : *Revue Critique*, 16 janvier 1915, pp. 33/34, par Alfred Loisy.

— Les Allemands en Chine. (*Rel. de Chine*, Kiang-Nan, Avril 1914, pp. 423/424.)

Schmidlin.

— Les démarches du Docteur Schmidlin en Chine. Par X. (*Chine Ceylan Madagascar*, N° 46, Juin 1914, pp. 14/24; portr.)

Portraits des PP. Isoré, Andlauer, Ignace Mangin, Paul Denn Lomuller, tués par les Boxeurs en 1900.

— Les concessions allemandes. (*Asie franç.*, Juin 1914, p. 259.)

— Les intérêts allemands en Chine. (*Revue indochinoise*, Sept.-Oct. 1914, pp. 356/362.)

Extr. de *La Politique de Pékin*, Sept. 1914.

— L'Allemagne et la Guerre en Extrême-Orient. Par Pierre Paradan. (*Asie franç.*, *Bull.*, Janvier-Mars 1915, pp. 14/18.)

— Imperialist. — The Final Expulsion of Germany from China. (*Fortnightly Review*, April 1915, pp. 733/740.)

— Correspondence. Germans in China. To the Editor of the *Fortnightly Review*. By F. T. Pigott (late Chief Justice of Hongkong). (*Ibid.*, June 1915, pp. 1125/1126.)

Réponse à *Imperialist*.

— Recollections of the Germans in China, 1900. By Major-General Sir G. K. Scott Moncrief, K. C. B., C. I. E. (*Blackwood's Mag.*, vol. 198, July 1915, pp. 71/88.)

— Fernand Farjenel. — Les Allemands en Extrême-Orient. (*La Revue de Paris*, 15 oct. 1915, pp. 867/894.)

— La propagande allemande en Chine. — [Lettre adressée de Changhai à la *Gazette de Francfort*.] (*Asie franç.*, Août-Déc. 1915, pp. 113/114.)

— Deutschland und China vor, in und nach dem Kriege... Vortrag gehalten am 29. Januar 1915 zu Bonn a. Rh. von Dr. O. Franke, Professor am Hamburgischen Kolonialinstitut. Hamburg, L. Friedrichsen, 1915, in-8, pp. 28.

— Les intrigues allemandes en Chine. (*Asie franç.*, Janvier-Mars 1916, p. 48.)

— Chine. Les intrigues allemandes. (*Ibid.*, Avril-Juin 1916, p. 96.)

— I. Jahrgang, 24. Februar 1916, Heft 1/2, China Archiv. Herausgegeben vom Deutsch-Chinesischen Verbande E. V. durch Geh. Adm.-Rat Dr. W. Schrameier. Verlag von Karl Curtius in Berlin...., in-8, pp. 64.

— What a German Victory would mean to Burma and China. By David Alec Wilson. (*Asiatic Review*, May 15, 1916, pp. 365/374.)

(DIVERS.)

— Claude du Bois-Reymond. — Deutschlands Interesse am Studium der Ostasiaten an deutschen Hochschulen. (*Hochschulhefte*, A, Nr. 5.)

— Les Allemands en Extrême-Orient. Par R. L. (*Revue indochinoise*, Janvier-Février 1923, pp. 261/266.)

— Britons v. Germans in China. — By Dennis K. Moss Hongkong. — Published by The Hongkong Daily Press, Ltd. . . . — January 1917, in-8, pp. 100 + 2 n. ch. pour un appendix.

— La rupture de la Chine avec l'Allemagne. — (*Asie franç.*, *Bull.*, Janvier-Mars 1917, pp. 19/22.)

— Germany and China. (*United Empire*, August 1917, p. 491.)

— La déclaration de guerre de la Chine à l'Allemagne et la tentative de Restauration. — I. Les Evènements. — II. Répercussion de l'incident à travers la Mission. Lettres des PP. Thomas, Richard, Le Bihoel, Ancel, Couturier, S. J. (*Rel. de Chine*, Oct. 1917, pp. 506/517.)

— Les intrigues allemandes en Chine. (*Asie franç.*, *Bull.*, Janvier-Avril 1918, pp. 48/49.)

Dr Gilbert Reid.

— Louis Texier. — Les Allemands en Chine. (*Mercure de France*, 1er Février 1918, pp. 445/455.)

— La destruction de l'influence allemande. (*Asie franç.*, Oct. 1918—Janvier 1919, pp. 160/161.)

— Les revendications chinoises et la situation des Allemands. (*Ibid.*, Août—Novembre 1919, pp. 283/284.)

— Kong-Siang-ko. — La Chine et le Chantoung. (*La Revue Mondiale*, 1—15 juillet 1919, pp. 31/37.)

— L'ex-« Ecole allemande de médecine et d'ingénieurs » de Changhai. Par H. F. (*Asie franç.*, Avril 1920, pp. 115/117.)

— Idem. (*Ibid.*, Mars 1921, pp. 107/108.)

— Bedeutung und Zukunft der deutschen Chinamission. Von Missionsinspektor Beyer, Berlin. (*Ostasiatische Rundschau*, 1. Dez. 1922, pp. 196/197.)

— Le retour des Allemands à Canton. (*Asie franç.*, Janvier 1921, pp. 41/42.)

— Fin de l'état de guerre avec l'Allemagne. (*Ibid.*, Mai 1921, p. 220.)

— Le traité sino-allemand de Pékin et les biens allemands en Chine. (*Ibid.*, Juin 1921, p. 266.)

— Reprise des relations diplomatiques avec l'Allemagne. (*Ibid.*, Juillet-Août 1921, p. 332.)

— L'accord sino-allemand du 20 mai 1921. (*Ibid.*, Nov. 1921, pp. 422/427.)

Kiao tcheou.

Col. 2524/2536, 3310/3312.

— Ein deutscher Reiterposten in Schantung von M. Pfeiffer, Oberveterinär im III. See-Bataillon, Tsingtau. Mit 121 Bildern, meist nach eigenen Aufnahmen des Verfassers, und 9 Tafeln. Berlin, 1909, Dietrich Reimer (Ernst Vohsen), in-8, pp. VIII-150.

— Les Allemands en Chine : la Situation actuelle de Kiao-Tchéou. (*A travers le Monde*, XVI, 1910, pp. 377/379; carte et fig.)

— The German Colony in China. By L. Hamilton. (*United Empire*, III, Sept. 1912, pp. 717/722; 2 cartes dans le texte.)

(KIAO TCHEOU.)

— Idem. (*Ibid.*, Sept. 1914, pp. 724/727; 2 cartes de Kiao-chau dans le texte.)

— Tsingtau and the Pacific. (*Ibid.*, Dec. 1914, pp. 851/852.)

— * Aus Tsingtaus schweren Tagen im Weltkrieg 1914. Tagebuch von Dr. Richard Wilhelm. Hutten-Verlag, Berlin.

(Kiao tcheou.)

— The Fall of Tsingtau with a study of Japan's ambitions in China by Jefferson Jones with illustrations. Boston and New York, Houghton Mifflin Company. The Riverside Press, Cambridge, 1915, in-8, pp. xviii-214.

(Kiao tcheou.)

XII. — AUTRICHE.

Col. 2525/2530.

— Geographische Nekrologie. Todesfälle. Dr. Karl Ritter v. Scherzer. Von W. Wolkenhauer. (*Deutsche Rundschau f. Geogr. u. Stat.*, 1902—1903, pp. 518/520; portr.)

Karl v Scherzer né à Vienne le 1er mai 1821; mort le 20 février 1903 à Görz en Istrie.

— *** L'Autriche et l'emprunt chinois. (*Der Economist*, 25. Mai 1912.)

— Pièces diverses sur la Compagnie d'Ostende.

Bib. de Bruxelles, 13176/13179. — Recueil in-folio, de diverses pièces n'offrant qu'un intérêt relatif; nous en tirons quelques renseignements:

— Jaques André Cobbé, lieutenant général d'artillerie fut gouverneur général en chef aux Indes Orientales pour le service de S. M. I. et celle de la Cie d'Ostende.

— Sa Majesté Impériale et Catholique avait voulu établir une Cie à l'exemple de celles d'Angleterre et de Hollande. «Il a fallu travailler dans toutes les cours de l'Europe pour establir le droit de Sa Majesté pour un tel établissement, malgré les traittés de Munster.» Le Sir. Cobbé fut envoyé au Bengal pour établir une factorerie au nom de Sa Majesté, la Cie fut enfin établie par l'octroi du 19 décembre 1722.

— Les Directeurs de la Cie Imp. des Indes établirent pour leur commissionaires dans la ville et le port d'Ostende Louis Bernaert & Jean Albert van Cotthem dont l'engagement est du 21 août 1723.

(Divers.)

(Divers.)

XIII. — BELGIQUE.

Col. 2529/2532.

— * Revue économique de l'Empire chinois. Publiée par la Chambre de Commerce Sino-Belge. Nov. & Dec. 1906, Mars, Mai, Juin, Juillet, Août 1909. Bruxelles, in-8.

— Mission Spéciale Belge en Chine confiée à M. Raoul Warocqué, Envoyé Extraordinaire de S. M. le Roi des Belges près S. M. l'Empereur de Chine par Raoul Pontus Capitaine Commandant d'Artillerie, Adjoint d'Etat Major Attaché à la Mission. Bruxelles, Falk Fils, 1911. in-8, pp. 128 + 1 f. n. ch. tab., carte et tableau, ill.

Notice: *Revue indo-chinoise*, Juin 1911, pp. 631/632.

— * Rodolphe Van Loo. — La Belgique industrielle et la Chine commerciale. Bruxelles, Falk fils, 1911, pp. 73.

Notice: *Ibid.*, p. 634.

— * Baron J. de Villenfagne de Sorinnes, conseiller à la Légation de Belgique. — L'Attitude de la Belgique pendant la guerre. Pékin, 1918, pp. 11.

Collection de la «Politique de Pekin».

(Divers.)

(Divers.)

XIV. — ITALIE.

Col. 2531/2534.

— * Camera di Commercio Italiana in Cina. Shanghai e la sua Colonia Italiana. Note del Signor Giuseppe Ros, R. Interprete. Shanghai. Tipografia del North-China Herald, 1911.

— Il nostro Compito nella rinnovazione della Cina. — Tenente-colonello Enrico Caviglia. — (*Nuova Antologia,* 16 juin 1912, pp. 633/642.)

— * De Benedetti Cerruti Giovanni : Contributo agli studi per una nostra maggior penetrazione commerciale in China. Perugia, 1914. Tipografia V. Bartelli e C., in-8, pp. 106.

(DIVERS.)

XVIIbis — BOLIVIE

— Un traité sino-bolivien. (*Asie franç.*, Juin 1920, pp. 200/201.)

XVIII. — PEUPLES DE L'ASIE.

Col. 2535/2550.

Japon.

Col. 2535/2545.

— Los contrastes entre China y el Japón. — Las grandes ciudades del Extremo Oriente. — Conferencia pronunciada el dia 12 de Junio de 1883 por D. Tiburcio Rodriguez y Muñoz. (*Bol. Soc. Geogr. Madrid*, XIV, 1883, pp. 444/463.)

— Story of China and Japan Embracing their Geographical positions, enormous resources, wealth, emperors and courts, governments and people, manners and customs, how the people of these great nations live and die and maintain in oriental splendor the China and Japan of To-day, Together with a sketch of Corea and the Coreans, and the causes leading to the Conflict of 1894 by James Hyde Clark, From choicest Chinese and Corean Literature extant. Assisted by Chang Wong, of China, and K. Tatoni, of Japan, Both residing in the United States. — Elaborately illustrated. — Oriental Publishing Co. S. l. n. d. [Philadelphie, Alfred M. Slocum Co., 1894], in-4, pp. 416, sur papier bleu; ill.

— Despatch from Her Majesty's Minister at Tôkiô, forwarding copy of the Treaty of Peace concluded between China and Japan, April 17, 1895. (*T'oung Pao,* VI, n° 4, Oct. 1895, pp. 381/392.)

— The triumph of Japan. By Robert K. Douglas. (*Nineteenth Century,* XXXVII, January 1895, pp. 156/164.)

— Ed. Chavannes. — Les résultats de la guerre entre la Chine et le Japon. (*Annales de Géographie,* V, 15 janvier 1896, pp. 216/233.)

(JAPON.)

— * J. Allan. — Under the Dragon-Flag. My Experiences in the Chino-Japanese War. 1898, in-8, pp. 122.

— Les Japonais dans l'armée internationale en Chine. (*A travers le Monde*, VI, 1900, p. 294.)

— La pénétration du Japon en Chine. (*Union géogr. du Nord de la France, Douai*, XXV, 1904, pp. 165/167.)

— L'infiltration japonaise en Chine. (*Bull. Soc. Géogr. com. Havre*, 1902—1903, pp. 385/398.)

Trad. par Louis Guitton d'après *The Nineteenth Century*, 1903.

— La Japonisation de la Chine. (*A travers le Monde*, IX, 1903, p. 328.)

Extr. d'un article de M. George Lynch, dans *The Nineteenth Century*.

— La Pénétration du Japon en Chine. (*A travers le Monde*, X, 1904, p. 119.)

— L'Infiltration des Japonais en Chine. (*Ibid.*, IX, 1903, pp. 251/252.)

— René Pinon. — La Japonisation de la Chine. (*Revue des Deux Mondes*, 15 août 1905, pp. 786/824.)

— * L'Avenir de la Russie et du Japon par M. Rodolphe Martin. Berlin, Karl Heymann.

Notice : *Revue indo-chinoise*, 15 nov. 1905, pp. 1591/1592. Par P. de la Brosse.

Extr. du *Berliner Tagblatt*.

— Les Lignes de communications japonaises en Corée et en Mandchourie. (*A travers le Monde*, XI, 1905, pp. 157/158.)

— L'Infiltration japonaise en Extrême-Orient. (*Ibid.*, p. 132.)

— Japan and the Peace. By R. G. Corbet. (*Imp. & Asiatic Quart. Rev.*, January 1906, pp. 36/42.)

— Un Conseiller japonais au Hou-Koang. Par V. F. D'après l'*Echo de Chine*. (*Revue indo-chinoise*, 15 janvier 1906, pp. 67/68.)

— La Chine nouvelle. Par Mgr. P.-M. Reynaud, Evêque de Fussulan, Vicaire apostolique du Tche-kiang. (*Bull. Soc. Géogr. Lille*, I, 1906, pp. 100/109.)

— Les Japonais en Chine. (*Revue indo-chinoise*, 15 août 1906, pp. 1259/1262.)

— L'Infiltration des Japonais en Chine se poursuit activement. — Explorations économiques et Enseignement. (*A travers le Monde*, XII, 1906, pp. 318/319.)

— * Japans Beziehungen zu China. Rev. Albert Tschepe. Jentschoufu, 1907, in-8, pp. VIII-328.

Stud. u. Schild. aus China, Bd. 3.

Notices par E. H. Parker, *As. Q. Rev.*, April 1908, pp. 398/399 ; par J. T. (*Journ. N. C. B. R. As. Soc.*, XXXIX, 1908, pp. 177/179.)

— * The Forbidden Boundary, and Other Stories. By B. L. Putnam-Weale. London : Macmillan, 6 s.

Notice : *Lond. & China Express*, Supp., Nov. 6, 1908, p. 6.

— Réunion politique chinoise au Japon. (*Revue indo-chinoise*, 29 février 1908, pp. 304/305.)

D'après la *Japan Chronicle* et l'*Avenir du Tonkin*.

— L'incident du « Tatsu-Maru » et les relations sino-japonaises. (*Bull. Com. Asie franç.*, Mars 1908, p. 120.)

— Le boycottage des marchandises japonaises [en Chine]. (*Ibid.*, Avril 1908, pp. 154/155.)

(Japon.)

— Les relations sino-japonaises. (*Ibid.*, Mai 1908, pp. 202/203.)

— Le boycottage des marchandises japonaises [en Chine]. (*Ibid.* p. 203.)

— L'attitude du Japon envers la Chine. (*Ibid.*, Juin 1908, pp. 251/252.)

— La concurrence japonaise. (*Ibid.*, p. 252.)

— Opinion d'étudiants japonais sur la Chine. (*Revue indo-chinoise*, 15 juillet 1908, p. 69.)

D'après la *Japan Chronicle*, *Echo de Chine*.

— Une Constitution en Chine. (*Bull. Com. Asie franç.*, Sept. 1908, p. 387.)

— Emprunts de la guerre sino-japonaise. (*Revue indo-chinoise*, 15—30 oct. 1908, pp. 590/591.)

D'après l'*Annuaire financier et économique du Japon*.

— Un Japonais au Chan-tong. (*Revue indo-chinoise*, n° 98, 15 nov. 1908, p. 675.)

D'après l'*Echo de Chine*, *Echo de Tientsin*, *South China Morning Post*.

— La colonie Japonaise de Pékin. (*Revue indo-chinoise*, 15 déc. 1908, p. 832.)

— La Concorde ne règne plus entre Chinois et Japonais. Par Francis Mury. (*A travers le Monde*, XIV, 1908, pp. 41/44 ; ill.)

— Erforschung Sachalins durch die Japaner. (*Deutsche Rundschau f. Geogr. u. Stat.*, XXXI, 1908—1909, p. 283.)

— Rußland und Japan auf Sachalin. (*Ibid.*, p. 377.)

— Les Japonais au Fou-kien. Par Robert de Caix. (*Bull. Com. Asie franç.*, Février 1909, pp. 55/55.)

Hong-kong, 2 janvier.

— Les Japonais à Formose. (*Revue indo-chinoise*, Février 1909, pp. 95/105.)

— Etat des relations du Japon avec la Chine. (*Ibid.*, Janvier 1909, pp. 77/78.)

— Les Japonais au Fou-kien. Par Robert de Caix. (*Ibid.*, Mai 1909, pp. 509/514.)

— Les difficultés sino-japonaises. (*Bull. Com. Asie franç.*, Juin 1909, p. 262.)

— L'entente sino-japonaise en Mandchourie. (*Ibid.*, Sept. 1909, p. 397.)

— Work among Chinese in Tokyo by W Nelson Bitton. (*Chin. Rec.*, Sept. 1909, pp. 512/514.)

— Chinese Students in Japan. By J. M. Clinton. (*Ibid.*, Oct. 1909, pp. 570/579.)

— Les affaires de Mandchourie. — L'attitude des Etats-Unis. — Exécution du traité sino-japonais. — La question de l'administration des terrains concédés aux chemins de fer. (*Bull. Com. Asie franç.*, Nov. 1909, pp. 500/501.)

— The Far Eastern Question an Examination of Modern Phases of the Far Eastern Question, including the new Activities and Policy of Japan and the Situation of China by Thomas F. Millard. Maps and Illustrations. — T. Fisher Unwin, London, 1909, in-8, pp. XXIV-576.

— Un projet de remboursement des indemnités chinoises. Par Fernand Farjenel. (*Asie franç.*, Sept. 1910, pp. 391/393.)

Extr. du *Yuan Tong Pao*, 27 avril 1910.

— Kina och Japan Studier af August Strindberg, Stockholm, Björck & Borjesson, 1911, in-8, pp. 86 + 1 f. n. ch.

Tiré à 350 exempl. numérotés.

— Dissentiments entre les Anglais et les Japonais en Chine. — Traduction d'un article remarquable d'un journaliste japonais, M. Ishikawa Hanzan, correspondant à Pekin du *Hochi*. (*Revue indo-chinoise*, Août 1911, pp. 212/213.)

Traduit de la *Japan Chronicle* par G. Giraud, Commis des Services civils.

(Japon.)

— Le Japon et la Révolution chinoise. (*Revue indo-chinoise*, Déc. 1911, pp. 667/669.)
Traduit du *Hong Kong Daily Press*. Par G. Giraud.

— * Geographical Environment and Japanese Character. By Professor Ellsworth Huntington. (*Journal of Race Development*, vol. I, April 1911; vol. 2, January 1912.)

Compte rendu : *Geogr. Journ.*, June 1912, pp. 596/597. Par Geo. G. Chisholm.

— La presse japonaise et les évènements de Chine. (*Revue indo-chinoise*, Mai 1912, pp. 517/518.)
Du *Mingliépao*.

— Le Japon et la Révolution chinoise. (*Revue indo-chinoise*, Mai 1912, pp. 524/525.)
Dépêche de Tokyo au *Times*.

— Les relations Russo-japonaises. (*Revue indo-chinoise*, Juin 1912, pp. 606/608.)
Traduit par G. Giraud du *Hong Kong Daily Press*, 15 mai 1912.

— Le Japon et la Mongolie. — Nouveaux soupçons russes. (*Revue indo-chinoise*, Juin 1912, pp. 608/609.)
Traduit par G. Giraud de la *Japan Chronicle*, 17 mai 1912.

— Les Japonais en Mandchourie. (*Asie franç.*, Juillet 1912, p. 290.)

— * Is Japan Persecuting Christians in Korea? George Kennan. (*The Outlook*, Dec. 14th 1912, pp. 804/810.)

— * Japan and the Position in China. (*The National Review*, Dec. 21st 1912, p. 501.)

— Empires of the Far East A Study of Japan and of her colonial Possessions of China and Manchuria and of the Political Questions of Eastern Asia and the Pacific by Lancelot Lawton. London, Grant Richards, 1912, 2 vol. in-8, pp. x-731, vii-ch. 733 à 1598, carte.

— Japon. Le Japon et les menées russes en Chine. (*Revue indo-chinoise*, Janvier 1913, pp. 93/96.)

— The Silent War in Formosa. By Shinji Ishii. (*The Asiatic Quart. Rev.*, July 1913, pp. 77/92.)

— Le Japon et la Révolution Chinoise. (*Revue indo-chinoise*, Sept. 1913, pp. 366/368.)

— Les incidents sino-japonais de Nankin et de Changli. (*Ibid.*, Oct. 1913, pp. 517/519.)

— Pourquoi et comment «Jap» colonise. (*A travers le Monde*, XIX, 1913, pp. 97/100; ill.)
Formose, Fou-san, Sakhaline.

— Les intérêts japonais en Chine. (*Bull. Soc. Géogr. Lyon*, 2e série, 1913, 2e sem., pp. 107/108.)
Du *Bull. Soc. Géogr. comm. Paris*, Sept. 1913.

— * M. v. Brandt. — China und Japan (Zwischen Krieg und Frieden, H. 9), pp. 53. Leipzig, Hirzel, 1914.
Notice : *Geogr. Zeitsch. Leipzig*, 1915, pp. 237/238. Par Schmitthenner.

— * Ringelsberger. — «Japan und Deutschland, ihre kulturellen und politischen Beziehungen» und «Die japanische Gefahr für China, Amerika und Europa». Vortrag, gehalten zu Heidelberg. Winter, Heidelberg, 1914, in-8, pp. 38.

— Les troupes japonaises dans le Tchéli. (*Asie franç.*, Janvier 1914, p. 38.)

— Les progrès du Japon en Chine. (*Quinzaine Coloniale*, 10 février 1914, p. 84.)

— Les intérêts japonais en Chine. (*Soc. Géogr. Lyon, Bull.*, 2e sem. 1914, pp. 107/108.)
D'après le *Bull. Soc. Géogr. comm. Paris*, Sept. 1913.

— Les Progrès du Japon en Chine. (*A travers le Monde*, XX, 1914, p. 199.)

— La Révolution chinoise de 1911—1912 dans la province du Shensi par le P. de Maynard, Franciscain et missionnaire apostolique en Chine. (*Bull. Soc. Géogr. Lille*, Mars 1914, pp. 129/145.)

— L'Action Japonaise en Chine pendant la guerre. (*Asie franç.*, *Bull.*, Janvier-Mars 1915, pp. 9/11.)

— Le Japon entre l'Europe et la Chine. Par André Chéradame. (*Rev. pol. et parlem.*, Paris, 10 mars 1915, pp. 234/255.)

— Le Japon et la Chine pendant la guerre. (*Asie franç.*, Avril-Juillet 1915, pp. 64/66.)

— William Blane. — The Japanese in China. (*The Nineteenth Century*, May 1915, pp. 1103/1118.)

— Les accords sino-japonais. Extr. du *Temps* du 13 mai 1915. (*T'oung Pao*, Mai 1915, pp. 296/298.)

— Brow-beating of China : critical exposition of Japan's directorial trespass upon the sovereignty of China. (*Far Eastern Rev.*, May 1915, pp. 467/486.)

— Closing the door in China : an historical and critical survey of Sino-Japanese relations. (*Ibid.*, February 1915 pp. 331/341; 2 portr.)

— Japan's demands on China : from the point of view of China and the Treaty Powers. (*Ibid.*, April 1915, pp. 433/443.)

— China, Japan, and the hundred days. By E. Bruce Mitford. (*Atlantic Monthly*, February 1916, pp. 233/237.)

— Le conflit sino-japonais. Par C. Mus. (*Revue indo-chinoise*, Mai-Juin 1915, pp. 497/506.)

— L'Ultimatum Japonais à la Chine. Par C. Mus. (*Ibid.*, pp. 463/473.)
Traduction de la note en anglais communiquée à la Presse par le gouvernement de Tokio, le 7 mai 1915.

— Le Japon en Chine par M. Fernand Farjenel. (*Revue des Deux Mondes*, 1er juin 1915, pp. 622/645.)

— Le rapprochement russo-japonais et la question chinoise par M. Fernand Farjenel. (*Ibid.*, Paris, 15 déc. 1915, pp. 818/847.)

— Une échauffourée sino-japonaise. Demandes du Japon à la Chine. (*Asie franç.*, Juillet-Sept. 1916, pp. 134/135.)

— Japan's «Special Position» in China. America's Diplomatic Notes and Japan's

Objection to them. By Frederick Moore. (*Asia*, July 1917, pp. 337/340; ill.)

— Henry Chung. — China's Distrust of Japan. (*Ibid.*, March 1918, pp. 225/226.)

— China and Japan. (*United Empire*, June 1915, pp. 408/409.)

— Imperialist. — The Causes and Nature of the Japanese Demand on China. (*The Fortnightly Review*, June 1915, pp. 1026/1034.)

— Chine. — Après l'ultimatum japonais. (*Revue indo-chinoise*, Juillet-Août 1915, pp. 155/160.)

— J. O. P. Bland. — Japanese Policy in China. (*Nineteenth Century*, Nov. 1915, pp. 1198/1212.)

— The Relations between China and Japan during the last Twenty-five Years. Published for the China National Defence League in Europe, Le Comité démocratique chinois en France, The Central Union of the Chinese Students in Great Britain by George Allen & Unwin Ltd. ... in-8, pp. 16.

— Chino-Japanese Treaties of 1915. Published for the China National Defence League in Europe, Le Comité démocratique chinois en France, The Central Union of the Chinese Students in Great Britain by George Allen & Unwin Ltd., in-8, pp. 20.

— * Paris. Association général des étudiants chinois. La vérité sur le différend sino-japonais 1915, pp. 32.

— The Chino-Japanese Negociations. — Chinese Official Statement with Documents and Treaties with Annexures. — Peking 1915, in-8, pp. 67.

Imprimerie de Vaugirard [1919].

— China and Japan. By Louis Ngaosiang Tchou, Author of «Le régime des capitulations en Chine» (published by the Cambridge University Press). London, Printed by A. R. Jackson, s. d. [1915], in-8, pp. 22.

— Japan's Debt to China. By Herbert A. Giles, M. A., LL. D. (Aberd.), Professor of Chinese in the University of Cambridge. (*Adversaria Sinica*, pp. 189/203.)

— * The Truth about the Sino-Japanese «Conversations». Chinese Students' Union, 1915, pp. 16.

(Japon.)

— L'influence japonaise à Changhai. (*Asie franç.*, Janvier-Mars 1916, p. 48.)

— Un accord militaire sino-japonais. (*Ibid.*, Mai-Sept. 1918, p. 73.)

— L'effort japonais en Chine. (*Ibid.*, Oct. 1918—Janvier 1919, pp. 144/148.)

— Le dernier accord Mandchourien entre la Russie et le Japon. (*Ibid.*, Juillet-Sept. 1916, pp. 108/109.)

— A. Gérard, Ancien Ambassadeur de France à Tokyo. — Nos Alliés d'Extrême-Orient. Payot & Cie, 1918, in-16, pp. 249 + 1 p. n. ch. tab.

Voir col. 4145.

— Chine et Japon. Nos alliés d'Extrême-Orient d'après des études récentes. Par L. S. (*Revue indo-chinoise*, Mai-Juin 1919, pp. 203/208.)

A propos des articles de M. A. Gérard dans la *Revue des Deux-Mondes*.

— Concerning the Sino-Japanese Question. — Tientsin Press. — Tientsin, 1920, in-16, pp. 130, 2 cartes.

Critique de la politique japonaise en Chine.

— Les Japonais au Shantung. (*Revue indo-chinoise*, Sept.-Oct. 1922, pp. 291/295.)

— Au Chantong. (*Ibid.*, Janvier-Février 1923, pp. 272/273.)

— Relations Sino-japonaises. (*Ibid.*, pp. 274/275.)

Du *Jiji*.

— Délégation Chinoise. — Conférence de la Paix. — Exposé des Revendications de la Chine tendant à faire abroger par la Conférence de la Paix les Traités et Accords conclus avec le Japon le 25 mai 1915 comme une Tractation née de la Guerre entre des États Alliés et Associés et les Puissances centrales, et liée à elle. — Paris, Avril, 1919, in-fol., pp. 55, 2 cartes.

Cinq Appendices.

Au verso de la p. 91 : Imprimerie de Vaugirard, H. L. Motti, Paris. Publié aussi en anglais.

— * China vs. Japan. Published by Chinese Patriotic Committee. New York City, February 1919; Alliance Printing Company. In-12, pp. 79.

— Les articles du traité de paix relatifs à l'Asie. (*Asie franç.*, *Bull.*, Février-Juillet 1919, pp. 167/169.)

— La Chine, le Japon et la Paix. (*Ibid.*, pp. 193/203.)

— La question du Chantoung et les désordres intérieurs. (*Ibid.*, pp. 225/227.)

— L'Amérique et le Chan-Toung. (*Revue indo-chinoise*, Juillet-Août 1919, pp. 104/105.)

— Robert Machray. — The Sino-Japanese Military Convention. (*Fortnightly Review*, August 1918, pp. 245/255.)

— — China, Japan and the Peace. (*Ibid.*, August 1919, pp. 248/258.)

(Japon.)

— Henri Cordier. — M. Liang K'i-tch ao, la Chine et le Japon. (*Le Correspondant*, 25 août 1919, pp. 626/644.)

— Japanese Asiatic-Monroe Doctrine versus The «Open Door» Policy. (*Far Eastern Pol. Science Rev.*, I, no. 3, Nov. 1919, pp. 5/28; II. no. 2, February 1920, pp. 114/120.)

— La politique de la «Porte ouverte» en Chine et la doctrine Monroe japonaise. (*Far Eastern Pol. Science Rev.*, I, no. 3, November 1919, pp. 6/25; II, no. 2, February 1920, pp. 102/107.)

— Will Japan control China's Steel? By P. A. Hutchinson. (*Asia*, May 1918, pp. 410/413.)

— Boycottage des marchandises japonaises à Ning-po. (*Miss. Cath.*, 12 sept. 1919, p. 438.)

— The Shantung Question. — Memorandum presented to the Peace Conference by Chinese Delegates. — Part 1 : Origin and extent of Germany's leasehold and other rights respecting Shantung. (*Far Eastern Pol. Science Rev.*, I, no. 1, Sept. 1919, pp. 121/125.)

— La Chine peut-elle traiter directement avec le Japon au sujet du Shantung? (*Ibid.*, I, no. 3, Nov. 1919, pp. 26/38.)

— Can the Shantung Problem be settled directly between China and Japan? (*Ibid.*, pp. 29 39.)

— La Question du Chan Toung. (*Echo de Chine*, 9, 12, 13, 14, 15, 18 déc. 1919.)

— La Question du Chan-tung. (*Revue indo-chinoise*, Nov.-Déc. 1919, pp. 425/429.)

A propos des articles de *l'Echo de Chine*, Déc. 1919.

— The Japanese-Chinese Question by Professor E. H. Parker. (*New China Review*, II, February 1920, pp. 89/98.)

— Après le Shantoung . . . Quoi? (*Revue indo-chinoise*, Janvier-Février 1920, pp. 161/163.)

Putnam Weale dans le *Journal de Pékin*, 19 déc. 1919.

— L'organisation bancaire au Japon. (*Revue indo-chinoise*, Mars-Avril 1920, pp. 389/402.)

Banque de Taiwan (Formose), pp. 398/399.

Extr. de l'*Annuaire financier et économique du Japon* 1919, Tokyo.

— L'organisation bancaire au Japon. (*Revue indo-chinoise*, Mars-Avril 1920, pp. 389/402.)

Banque de Chôsen (Corée), pp. 399/400.

Extr. de l'*Annuaire financier et économique du Japon* 1919, Tokyo.

— L'Amérique luttera-t-elle en faveur de la Chine ou coopérera-t-elle avec le Japon? (*Revue indo-chinoise*, Mars-Avril 1920, pp. 405/407.)

A propos de l'article de M. Geo. Bronson Rea reproduit dans la *Politique de Pékin*, 14 mars 1920.

— Les agissements des Japonais au Chan-tung. (*Revue indo-chinoise*, Mars-Avril 1920, pp. 407/409.)

A propos d'un article de M. Timmons dans la *China Press*, reproduit dans *l'Echo de Chine*, 14 février 1920.

— Les Japonais au Yunnan. Par G. Joutel. (*Revue indo-chinoise*, Mars-Avril 1920, pp. 409/412.)

Dans la *Presse Coloniale*.

— Boycottage japonais et relations sino-japonaises. (*Asie franç.*, Avril 1920, p. 137.)

— Chine. — Les relations sino-japonaises. Par Ch. P. P. (*Revue indo-chinoise*, Mai-Juin 1920, pp. 552/558.)

(JAPON.)

— Chine. — Les procédés d'expansion du Japon. — Le Japon dans le monde. Par Ch. P. P. (*Ibid.*, pp. 558/565.)

Mandchourie et Corée.

— Félicien Challaye. — La Question du Chantoung. (*La Revue de Paris*, 15 juin 1920, pp. 868/894.)

F. Challaye. — Politique intérieure en Chine (15 oct. 1919).

— * S. Akizuki. — La question du Chantoung. Plon, 1920.

— Félicien Challaye. — La Chine et le Japon politiques. Paris, F. Alcan, 1921, in-12, pp. VIII-323.

Collection *Les Questions actuelles*.

Notices : *Revue Sciences politiques*, Avril-Juin 1922, p. 297. — *Les Etudes*, 20 juin 1922, pp. 757/758, par A. Brou.

— L'alliance anglo-japonaise et la Chine. Par Ch. P. (*Revue indo-chinoise*, Juillet-Août 1920, pp. 124/127.)

— Chronique de l'Extrême-Orient. — II. Les projets d'alliance japonaise. — La neutralité japonaise en Chine. — Les questions de Sibérie, de Corée et de Formose. Par Ch. P. (*Ibid.*, Sept.-Oct. 1920, pp. 312/326.)

— * H. C. — Les agissements des Japonais au Chang-Tung. (*Eveil économique de l'Indochine*, 1920, Oct.)

— Japonais et Chinois en Mandchourie. (*Asie franç.*, Déc. 1920, pp. 430/431.)

— *** Le Japon et l'Avenir de l'Extrême-Orient. (*Le Correspondant*, 10 janvier 1921, pp. 3/40.)

— Encore le Japon et la question californienne. L'Empire du Soleil Levant à Formose, en Corée, en Chine et aux Philippines. Par Ch. P. (*Revue indo-chinoise*, Janvier-Février 1921, pp. 91/106.)

— Japon et Chine à la Société des Nations. (*Asie franç.*, Février 1921, p. 72.)

— La question du Chan-toung. (*Ibid.*, Mai 1921, pp. 220/221.)

— Chronique de Chine. — La politique japonaise dans le Céleste Empire. — Situation politique générale. — Les troubles d'I-tchang et de Wu-Tchang et la grève des professeurs. Par Ch. P. (*Revue indo-chinoise*, Juillet-Août 1921, pp. 131/145.)

— Chronique du Japon. — Relations de l'Empire du Soleil Levant avec la Sibérie et la République d'Extrême-Orient. — La question du renouvellement de l'alliance anglo-japonaise. — Japon et Etats-Unis. Par Ch. P. (*Ibid.*, pp. 145/155.)

— Une ligne japonaise de navigation entre Formose et le Tonkin. (*Asie franç.*, Sept.-Oct. 1921, p. 372.)

— Japonais et Américains à Changhai. (*Ibid.*, pp. 390/391.)

— Le règlement de la question du Chantoung. (*Ibid.*, p. 391.)

— La Question du Chantoung. (*Ibid.*, pp. 393/394.)

— Secret Diplomacy and the Twenty-one demands. By **Paul S. Reinsch.** (*Asia*, Nov. 1921, pp. **937/943**, ill., 972, 974.)

— **La politique japonaise en Mandchourie et le problème extrême-oriental d'après un publiciste anglais. Par J. Blociszewski.** (*Revue Sciences politiques*, Oct.-Déc. 1921, pp. 591/601.)

Cf. J. O. P. Bland, dans *Edinburgh Review*, Oct. 1921.

— A. Nachbaur. — Le Japon Chinois. (*La Chine*, nº 7, 15 nov. et 1er déc. 1921, pp. 499/513.)

— J. Bouchot, — Qu'est-ce que le Chantoung? (*Ibid.*, pp. 520/540.)

(JAPON.)

— P. Raubert. — Les entreprises japonaises au Chantoung et à Tsingtao. (*Ibid.*, pp. 541/544.)

— Dr A. F. Legendre. — Le différend sino-japonais et la décision de la Conférence de la Paix. (*Ibid.*, pp. 545/551.)

— Lou Teou Tze. — L'opinion nationale chinoise et le Chan Toung. (*Ibid.*, pp. 552/558.)

— Hoshien Tchen docteur en droit. — Les Relations Diplomatiques entre la Chine et le Japon de 1871 à nos jours, traités, conventions, échange de lettres, etc. . . . avec une carte de la Chine et du Japon. Paris, Editions de « la Vie Universitaire » . . . — 1921, in-8, pp. 328; carte.

— The Truth about China and Japan by Putnam Weale. London : George Allen & Unwin Ltd. . . ., s. d. [1921], in-8, 2 ff. n. ch., pp. 156.

— The Truth about China and Japan by B. L. Putnam Weale. New York : Dodd, Mead and Company, 1919, in-8, pp. 4 ff. n. ch. + 248.

— * China, Japan and Korea. By J. O. P. Bland. Heinemann, 1921.

— The Sino-Japanese Negotiations of 1915. Japanese and Chinese Documents and Chinese Official Statement. Washington, Published by the Endowment, 1921, in-8, pp. VIII-76.

— Japan en de Buitenwereld in de 18e eeuw door J. Feenstra Kuiper. 's-Gravenhage, Martinus Nijhoff, 1921, in-8, pp. XXV-330.

Thèse de doctorat, 11 mars 1921.

— Japanese Yen in Chinese Politics. By Paul S. Reinsch. (*Asia*, New-York, January 1922, pp. 11/17, 62/64.)

— J. Ellis Barker. — The Washington Conference and the Far East. (*The Fortnightly Review*, January 1922, pp. 122/123.)

— Marcel Rouff. — La Chine et la Conférence de Washington. (*Mercure de France*, 1er janvier 1922, pp. 5/35.)

— La Question du Pacifique. Par Léon Archimbaud, Député. (*Revue du Pacifique*, 1ère année, n° 1, Mai 1922, pp. 3/17.)

— Le commerce entre le Japon et la Chine. (*Ibid.*, n° 3, Juillet 1922, pp. 47/50.)

— Baron Ijuin, Governor General of Kwantung Veteran Diplomat Will Apply Long Experience in China in New Administrate Work. (*Trans-Pacific*, Tokyo, Oct. 1922, p. 44; portr.)

— Japan's Live and Let Live Policy in Kwantung Real Sino-Japanese Friendship Fostered. By Such Officials as Director General. (*Ibid.*, pp. 67/68; portr. et ill.)

— * The Shantung Question, by Ge-Zay Wood, B. A. (Yale), M. A. (Harvard). New York : Fleming H. Revell Company, pp. 372.

Notice : *New China Review*, IV, Déc. 1922, pp. 520/521.

(JAPON.)

Annam.

Col. 2545/2547.

— XXX. — Le boycottage des Chinois. (*Moniteur d'Indochine*, 1920, Mai.)

— C.-L. A. — Le boycottage des Chinois par les Annamites. (*Ibid.*, Sept. 1919.)

— * La politique chinoise de M. Albert Sarraut, par Edmond Rottach. (*La Presse Coloniale*, 21 janvier 1914.)

— Itinéraire & Cérémonial suivis par les Ambassadeurs du Royaume d'Annam lors de l'offrande tributaire à la Cour de Chine, en 1755. — Extrait du recueil intitulé *Ting-yu-ka-g-pi-ki* 聽雨軒筆記 (ou Mémoires de la Balustrade d'où l'on écoute tomber la pluie). (*Bull. de la Soc. des Études Indochinoises de Saigon*, n° 70, 1er et 2e Sem. 1919, Saigon, 1921, pp. 5/11.)

Traduit du chinois par Maurice Verdeille.

— Les sources chinoises et annamites de la géographie de l'Annam (XVe—XIXe siècles). (*Revue hist des Colonies*, 11e année, t. XV, 1923, pp. 313/318.)

A propos du compte-rendu de M. L. Aurousseau sur l'*histoire du pays d'Annam* par M. Ch. B. Maybon.

Siam.

Col. 2547.

— Siam's Intercourse with China. (Seventh to Nineteenth Centuries.) By Major G. E. Gerini. (*Imp. & Asiatic Quart. Rev.*, July-Oct. 1900, pp. 365/394; January-April 1901, pp. 155/170, 379/385; January 1902, pp. 119/147; April, pp. 361/368; Oct., pp. 391/407.)

— * U. Malpuech. — Historique de la province de Savannakhet. (*Revue indochinoise*, Juillet-Août 1920, pp. 1/26, 2 pl. h. t.)

Notice : *La Géographie*, Mars 1921, p. 303. Par Cl. Madrolle.

— Siamesische Gesandtschaften an die ersten Ming-Kaiser. Von H. Bidder. (*Ostasiat. Zeit.*, April 1922—März 1923, pp. 1/13.)

Nepal.

Col. 2548/2549.

— Sylvain Lévi. — Le Népal. Col. 2549.

Notices : *Revue indochinoise*, 15 sept. 1907, pp. 1283/1284, par A. F. — *T'oung Pao*, 1908, pp. 609/610. — *Revue indo-chinoise*, Nov. 1909, p. 1147. Par Ed. Chavannes. Extr. du *T'oung Pao*.

— Nepal et Pays himalayens par Isabelle Massieu. . . . Avec 6 cartes et 74 figures

(ANNAM. — SIAM. — NEPAL.)

hors texte d'après les clichés de l'auteur et les photographies d'objets de ses collections. — Paris, Félix Alcan, 1914, gr. in-8, pp. 228.

Notices : *T'oung Pao*, Juillet 1914, pp. 458/459, par Henri Cordier. *Journ. Asiat.*, Mars-Avril 1916, pp. 352/353. Par Julien Vinson.

Divers.

Col. 2549/2550.

— India and China. By A. Michie. (*Imp. and Asiatic Quart. Review*, January 1892, pp. 1/12.)

— * Sikhim and Bhutan : Twenty-one Years on the North-East Frontier. By

John Claude White. London : E. Arnold. 1909.

Notice : *Geogr. Journ.*, February 1910, pp. 182/183. By T. H. H.

— Notes on the relations and trade of China with the Eastern Archipelago and the Coasts of the Indian Ocean during the fourteenth century by the Hon. W. W. Rockhill. (*T'oung Pao*, n° 4, Oct. 1913, pp. 473/476 ; Juillet 1914, pp. 419/447 ; Déc. 1915, pp. 604/626.)

— Early Chinese Relations with Malay Lands. By H. Otley Beyer. (*Asia*, Nov. 1921, pp. 924/928, ill., 964.)

XIX. — QUESTIONS CONTEMPORAINES.

Col. 2551/2626.

Ouvrages divers.

Col. 2551/2580.

— H. B. Oppenheim. — La Chine contemporaine. (*Revue de Paris*, XXXVIII, 1er juillet 1857, pp. 109/123.)

— Gaston Routier. — Le rôle futur de la Chine en Asie. (*Bull. Soc. Géogr. Marseille*, XIII, 1889, pp. 229/244.)

Col. 2557.

— Notices et Documents sur les Prêtres de la Mission et les Filles de la Charité de S. Vincent de Paul Massacrés, le 21 juin 1870, à Tien-tsin (Pe-tche-ly, Chine). En haine de la Religion Catholique et de ses Saintes Œuvres ou les Premiers Martyrs de l'Œuvre de la Sainte-Enfance par un Prêtre de la Mission. — Se vend pour aider à la reconstruction de l'église de N.-D. des Victoires, à Tien-tsin. — Paris, rue de Sèvres, 95, et rue du Bac, 140. Péking, typographie du Pé-t'ang, Shanghay, Procure des Lazaristes, rue Laguerre, 1895, in-8, pp. XII-609 + 1 p. n. ch. ; portr. du P. Chevrier.

— Une chapelle sur des Tombes. Par M. Henry Bordeaux. (*Miss. Cath.*, 15 sept. 1911, pp. 433/436, fig. et portraits des Dix Filles de la Charité victimes du massacre de Tien-tsin (21 juin 1870).
Extr. de l'*Echo de Paris*.

— Conférence de M. Ly-Chao-Pee sur «les progrès accomplis en Chine depuis 1860». (*Bull. Soc. Géogr. de l'Aisne, Laon*, n° 18, Avril-Mai-Juin 1894, pp. 330/332.) — Col. 2562/2563.

— Robert K. Douglas. — Some Peking Politicians. (*Nineteenth Century*, vol. XL, 1896, pp. 896/906.)

Col. 2568.

— * V. Chirol. — Die Lage in Ostasien. Uebers. v. J. v. Bojanowski, 1896.

— * H. v. Samson-Himmelstjerna. — Die westöstlichen Kontraste. 1897, pp. 58.

— — Die gelbe Gefahr. China und die Chinesen. O. J.

— Un manifeste Chinois contre les Barbares d'Occident. (*A travers le Monde*, IV, 1898, p. 412.)
Tiré de l'*Avenir du Tonkin*.

— Arthur Diósy. — The New Far East. — 1900. — Col. 2575.

Notice : *T'oung Pao*, X, Mars 1899, pp. 75/81.) — Col. 2576.

— * R. S. Gundry. — China : Spheres of Interest and the Open Door. (*Fortnightly Review*, July 1899.)

— La Mansuétude des autorités chinoises pour les rebelles. (*A travers le Monde*, V, 1899, p. 316.)

— Le Péril Jaune. (*Ibid.*, pp. 406/407.)

— Les Sphères d'influence en Chine. (*Ibid.*, VI, 1900, p. 253; carte.)

— René Pinon et Jean de Marcillac. — La Chine qui s'ouvre. . . .

Notices : *A travers le Monde*, VI. 1900, p. 95. — *Le Temps*, 17 juillet 1900, par Gaston Deschamps.

— * Wildman, Rounsevelle. — China's Open Door. Boston, 1900.

— A Refugee's Experiences at Peking and on the Route South. (*N. C. Herald*, August 8, 1900.)

— * P. Leroy-Beaulieu. — Die Chinesische Frage. Deutsch von A. Südekum. 1900. — Col. 2572.

— Des remèdes que réclame la situation actuelle de la Chine. (*Bull. Soc. Géogr., Toulouse*, 1900, pp. 286/294.)

D'après M. Playfair, consul à Swatow, dans le *Journal of the Manchester geographical Society*, XV, April to June 1899.

— * Henry Tepper. — China and the West. (*Institutes of Bankers' Journ.*, London, 1901, vol. XXII.)

— La dette publique chinoise. — Comment la Chine payera-t-elle l'indemnité? Par Villetard de Laguérie. (*A travers le Monde*, VII, 1901, pp. 302/303.)

— Intrigues chinoises. — La « Face » du Fils du Ciel. Par Villetard de Laguérie. (*Ibid.*, VIII, 1902, pp. 241/244; ill.)

— * Fried. Hirth. — China im Zeichen des Fortschrittes. (*Deutsche Monatssch. f. d. ges. Leben der Gegenwart*, I. Jhrg., Januar 1902.)

— * Ein Jahr des Fortschrittes in China. (*Nauticus, Jahrbuch für Deutschlands Seeinteressen*, 1903.)

Par Fried. Hirth.

— * Die Erschließung Chinas. (*Ibid.*, 1902.)

Par Fried. Hirth.

— La Chine nouvelle. — Coup d'œil sur la Chine actuelle. Par le capitaine Moreau. (*Bull. Soc. Géogr. Dunkerque*, n° 16, 1902, pp. 221/252.)

— * G. Reid. — Methods of Reform in China and their Net Results. Shanghai, 1903, in-8, pp. 8 à 2 col.

— Les Néo-Boxers. — Comment ils préparent la Revanche. (*A travers le Monde*, IX, 1903, p. 140.)

— The Hunan Proclamation. (Specially translated for the *North China Daily News*.) (*Manchester Geogr. Soc.*, 1903, pp. 169/172.)

— * De Lapradelle. — Revue générale de droit international public : La question chinoise (1901—1902—1903).

— Reformed China and her destiny. By Taw Sein Ko. (*Imp. & Asiat. Quart. Rev.*, July 1903, pp. 93/100.)

— La situation en Chine. Par Ch. Lemire. (*Annales Coloniales*, 1er sept. 1903, pp. 265/268.)

— New Forces in Old China. An Unwelcome But Inevitable Awakening. By Arthur Judson Brown. . . . New York. Chicago, Toronto, Fleming H. Revell Company London and Edinburgh; s. d. [1904], in-8, pp. 382; carte et pl. hors texte.

— * J. Ernst (E. v. Ungern-Sternberg). — Zur « gelben Gefahr » nebst Schlußbemerkungen zur Missionsfrage. 1904, pp. 52.

— George Lynch. — Corée, Chine et Mandchourie. Les Convoitises russes et japonaises (The Path of Empire). Traduit de l'anglais par G. Giluney. Paris, Dujarric et Cie, 1904, in-12.

Notice : *A travers le Monde*, X, 1904, p. 239.

— Extrême-Orient nouveau. Par Alfred Schreiner. (*Revue indo-chinoise*, 15 déc. 1904, pp. 790/793.)

— Pierre Leroy-Beaulieu. — La Rénovation de la Chine et l'Exemple du Japon. (*Bull. Soc. Géogr. com. Havre*, 1904—1905, pp. 391/411.)

Conférence faite à la Société.

Col. 2576.

— * War and Neutrality in the Far East. By T. J. Lawrence, 1904.

Notice : *Edinburgh Review*, vol. 200, July-Oct. 1904, pp. 320/337.

— * Die gelbe Gefahr und ihre Abwehr. Von Martin Maier. Basel 1905. Verlag der Missionsbuchhandlung, pp. 55.

Compte-rendu : *Deutsche Rundschau f. Geogr. u. Stat.*, XXVII, 1904—1905, p. 580.

— Situation des puissances européennes en Chine. Communication de M. Gallois à la Société de Géographie de Tunis. (*Bull. Soc. Géogr., Toulouse*, XXIVe année 1905, pp. 101/102.)

— Le Réveil de la Chine. (*A travers le Monde*, XI, 1905, p 324.)

— Zonenzeit in China. (*Deutsche Rundschau f. Geogr. u. Stat.*, XXVIII, 1905—1906, pp. 571/572.)

Col. 2578.

— L'Extrême-Orient. — Etudes d'hier, Evènements d'aujourd'hui par Alexandre Halot, Consul impérial du Japon, Membre correspondant de la Société d'histoire diplomatique de Paris. Avec une préface de M. Michel Revon, Ancien professeur à l'Université de Tokio, Chargé du cours d'histoire des civilisations d'Extrême-Orient à la Sorbonne. — Avec une carte. — Bruxelles, Librairie Falk fils. — 1905, pet. in-8, pp. 212 + 1 f. n. ch.; carte.

— Les causes du mouvement anti-étranger en Chine. D'après le *Rangoon Gazette*. Par V. F. (*Revue indo-chinoise*, 30 mai 1906, p. 814.)

— La Situation en Chine. Par V. Fournier. (*Ibid.*, 15 sept 1906, pp. 1431/1433.)

D'après le *Rangoon Gazette*.

— La Situation économique et politique de la Chine depuis la Guerre russo-japonaise. (*A travers le Monde* XII, 1906, pp. 38/39.)

— La Chine aux Chinois. (*Union géogr. du Nord de la France, Douai*, XXVII, 1906, pp. 205/207.)

— Les Réformes en Chine procèderont-elles de l'organisation française? — Et d'abord se réaliseront-elles? (*A travers le Monde*, XII, 1906, pp. 334/335.)

— La Rénovation de la Chine. — Progrès marqués de l'Instruction et des idées militaires. (*Ibid.*, pp. 382/383.)

— Giuseppe de' Luigi. — Nelle regioni dell' Aurora. (*La Perseveranza*, Milano, 10 luglio 1906.)

A propos de *The Coming Struggle in Eastern Asia* de B. L. P. Weale.

— — Progetti e realtà. (*L'Esplorazione commerciale*, Milano, 1—15 sett. 1906, pp. 265/274.)

— Réflexions sur la Chine. — Son état d'âme, son armée, son avenir. — Par Mac-Ready. Paris, R. Chapelot, 1906, in-8, pp. 40.

— Japan, America and the Orient. By Hon. Eki Hioki, Chargé d'Affaires of Japan, 1905—1906. (*National Geogr. Mag. Washington*, XVII, 1906, pp. 498/504.)

Open-door policy in China-Japanese influence in China, etc.

— Le Réveil de la Chine. Par M. Francis Mury. (15 déc.) (*Bull. Soc. Géogr. Lyon*, XXI, 1906, pp. 98/99.)

Résumé de la conférence.

— Le Réveil de la Chine et le Péril Jaune. Par M. Mury, Membre du Conseil supérieur des Colonies. (*Bull. Soc. Géogr. Toulouse*, XXVe année, 1906, pp. 18/29.)

Séance du Lundi 19 février 1906.

— La Chine en évolution. — Conférence de M. Francis Mury. (*Bull. Soc. Géogr. Marseille*, 1906, pp. 151/178.)

— Conférence de M. F. Mury sur la Chine nouvelle. (*Soc. Géogr. comm. Nantes*, 1907, pp. 28/42.)

Séance du Vendredi 30 nov. 1906.

— Present Conditions in China. By Hon. John W. Foster, Formerly U. S. Secretary of State. (*National Geogr. Mag. Washington*, XVII, 1906, pp. 651/672, 709/711.)

An address to the National Geographic Society, Dec. 7, 1906.

— L'évolution de la Chine. (*Bull. Soc. Géogr. Dunkerque*, no 31, 2e trim. 1906, pp. 111/123.)

Résumé d'après le *Bulletin du Comité de l'Asie française*.

— Choses chinoises. Par V. F. (*Revue indo-chinoise*, 15 juillet 1907, pp. 970/971.)

Extr. du *Hong-Kong Daily Press* et de l'*Echo de Chine*.

— La Chine hétérogène. Par V. F. (*Revue indo-chinoise*, 15 août 1907, pp. 1127/1128.)

D'après le *Foochow Echo*.

— Choses de Chine. Par V. F. (*Revue indo-chinoise*, 30 oct. 1907, pp. 1513/1514.)

D'après le *Singapore Free Press*, l'*Echo de Chine*, et le *Hong Kong Daily Press*.

— Où va la Chine? Par Archibald R. Colquhoun. [Traduit par E. C.] (*Revue indo-chinoise*, 30 sept. 1907, pp. 1357/1362.)

— Conférence faite par M. Gilbert-Gidel sur le Péril Jaune. — Chine et Japon. (*Bull. Soc. Géogr. de l'Aisne, Laon*, 1907, pp. 181/194.)

— Les questions politiques de l'Océan Pacifique. Les puissances d'Extrême-Orient Russie, Chine, Japon. Conférence de M. Gilbert Gidel du 7 mars 1908. (*Revue Soc. Géogr. Tours*, 1908 pp. 58/60.)

— La politique intérieure de la Chine de 1898 à 1907. Par Paul Pelliot. Professeur à l'Ecole française d'Extrême-Orient. (*Revue indo-chinoise*, 15 nov. 1907, pp. 1523/1537.)

— La politique interieure de la Chine de 1898 à 1907. Par A. Maybon. (*Ibid.*, 30 nov. 1907, pp. 1617/1629.)

Suite de l'article de Pelliot.

— De la Solidarité des Races humaines devant le Problème de la Paix armée — Chine & Europe par M. E. Izard, Secrétaire général de l'Institut international de la Paix. Monaco, Institut international de la Paix. — 1907, pet. in-8, pp. XII-65 + 1 p. n. ch.

— Cap. d'Ollone. — La Chine novatrice et guerrière. — Col. 2579, 3207.

Notice : *Bull. Soc. Géogr. Lyon*, XXII, 1907, pp. 75/79. Par Maurice Zimmermann.

— A propos de la Chine novatrice et guerrière. (*Bull. Ecole Extr.-Orient*, Juillet-Déc. 1908, pp. 613/626.)

Lettre de M. d'Ollone, Saigon, 10 déc. 1908. — Réponse de M. Cl. E. Maître.

Col. 2579.

— Signs and Portents in the Far East by Everard Cotes. With thirty-five illustrations. Methuen & Co. . . ., London, s. d. [1907], in-8, pp. XII-308.

— The Awakening of China. By W. A. P. Martin, 1907. — Col. 3207.

Notice : *Journ. N. C. B. R. As. Soc.*, XXXIX, 1908, pp. 194/197 By C. D. Bruce.

— The Evolution of New China. By William N. Brewster, a Missionary to the Chinese. — Cincinnati : Jennings and Graham. New York : Eaton and Mains [1908], in-8, pp. 316.

Notices : *Mitt. d. k. k. geogr. Ges. Wien*, LII, 1909, p. 87, par Fehlinger. — *Chin. Rec.*, Oct. 1908, pp. 577/578.

— Imperial Edicts of 1907. (*Chin. Rec.*, January 1908, pp. 28/37.)

D'après les traductions du *North-China Herald*.

— Université de Paris. Faculté de Droit. — Etude des divers procédés d'action politique des puissances en Chine, thèse pour le doctorat . . . par Pierre Guerlet. . . . — Paris, A. Rousseau, 1907, in-8, pp. XIII-163.

— The Unveiled East by F. A. McKenzie. With 29 Illustrations and 3 Maps. London, Hutchinson, 1907, in-8, pp. VIII-347.

— [Révolutionnaires chinois.] (*Bull. Ecole franç. Extr.-Orient*, VII, Juillet-Déc. 1907, pp. 442/454.)

— A. H. Smith. — The Uplift of China. With 2 Maps and 32 Illustrations, 1907, in-8, pp. 325 [voir col. 4193].

The Foreign Mission of the Church of Scotland.

Notice : *Revue indo-chinoise*, 30 nov. 1908, p. 759. (*Bull. Soc. Belge d'Et. Colon.*)

— La Chine nouvelle. (*Revue indo-chinoise*, 15 janvier 1908, p. 77.)

South China M. P. — Avenir du Tonkin.

— Proceedings of the Central Asian Society. — Some Problems of Western China : Commerce, Communications, and Reform by the Earl of Ronaldshay. Read February 12, 1908, London, Central Asian Society, 1908, in-8, pp. 26.

— Choses de Chine. Les emprunts chinois à l'étranger. (*Revue indo-chinoise*, 15 février 1908, p. 232.)

— Dr. Vosberg-Rekow. — Die Modernisierung Chinas und ihr Folgen für die europäische Weltpolitik. (*Jahresber. d. Württ. Ver. f. Handelsgeogr. Stuttgart*, XXVI—XXIX, 1907—1910, pp. 93/94.)

Séance du 1er avril 1908.

— La question mandchou-chinoise. — Lettre d'un missionnaire du Tche-ly sur la situation actuelle en Chine. Par Albert Wetterwald, S. J. — Hsien-hsien, Oct. 1907. (*Etudes*, 5 avril 1908, pp. 92/100.)

— The Dragon's Awakening. By Rev. E. I. Doty, Canton. (*Chin. Rec.*, April 1908, pp. 205/214.)

— La Chine aux Chinois. (*Bull. Com. Asie franç.*, Avril 1908, pp. 155/156.)

— Idem. (*Ibid.*, Juillet 1908, p. 294.)

— Portrait de Yuan Shih-kai. (*Chin. Rec.*, May 1908, p. 236.)

— Les moyens dont doit se servir la Chine pour éviter la ruine. (*Revue indo-chinoise*, 30 juin 1908, p. 937.)

D'après *Tchong, wai-je pao*, *Echo de Chine.*

— Portrait de Tuan Fang. (*Chin. Rec.*, Aug. 1908, p. 420.)

— La dette extérieure de la Chine. (*Bull. Com. Asie franç.*, Oct. 1908, p. 427.)

— Le patriotisme chinois. (*Revue indo-chinoise*, n° 94, 30 nov. 1908, pp. 751/753.)

Extr. du *Temps*, 7 juin 1908.

— Réformistes et Révolutionnaires. (*Revue indo-chinoise*, 31 déc. 1908, pp. 904/905.)

— Present Day Conditions in China. Notes Designed to show the Moral and Spiritual Claims of the Chinese Empire by Marshall Broomhall, B. A. Editorial Secretary, China Inland Mission London, Philadelphia, Toronto, Melbourne, Morgan & Scott, Ltd . . . London, E. C. 1908, in-8, pp. VIII-58 ; ill. et cartes.

— La Politique chinoise. — Etude sur les Doctrines des Partis en Chine (1898 — 1908), par Albert Maybon. Paris, V. Giard et E. Brière, éditeurs. 1908, in-12, pp. 368.

Collection des Doctrines politiques.

Notices : *Bull. Soc. Géogr. comm.*, Août 1908, p. 552, par P. W. — *T'oung Pao*, 1908, pp. 598/599. — *Revue indo-chinoise*, 15 déc. 1908, pp. 911/912, par H. d'Ardenne de Tizac (d'après la *Dépêche coloniale*). — *Bull. Ecole franç., Extr.-Orient*, VIII, Janvier-Juin 1908, pp. 252/259, par H. Maspero. — *Ann. Sciences Politiques*, 15 mars 1909, pp. 285/286, par Maurice Courant.

— * Young China. By the Venerable Archdeacon Moule, B. D. London : Hodder and Stoughton.

Notice : *Lond. & China Express*, Supp., Nov. 13, 1908, pp. 1/2.

— The Coming Struggle in Eastern Asia by B. L. Putnam Weale. . . . With Illustrations & a Map. Macmillan and Co., London, 1908, in-8, pp. XIV-656.

Notice : *T'oung Pao*, Mai 1908, pp. 275/276. Par H. C[ordier].

Jean Rodes.

Voir col. 3493.

— L'état actuel de la Chine. Par Jean Rodes. (*La Géographie*, 15 août 1908, pp. 81/98.)

— La Chine aux Chinois. Par J. R. (*Bull. Soc. Etudes Col. et marit.*, 33e année, 1908, pp. 101/104.)

— Mission Jean Rodes en Chine : Les réformes au Yunnan. Lettre de Hanoi, 4 janvier 1911. (*La Géographie*, 15 mars 1911, pp. 231/234.)

— Idem : Lettre de Changhaï, 7 mars 1911. (*Ibid.*, 15 mai 1911, pp. 403/405.)

— La situation dans la Chine du Sud. Par Jean Rodes. (*Asie franç., Bull.*, Juin 1911, pp. 270/273.)

Canton.

— Mission Jean Rodes en Chine. Lettre de Changhaï. (*La Géographie*, 15 juillet 1911, p. 65.)

— Lettre de Chine. Par Jean Rodes. Pékin, 1er déc. (*Asie franç.*, Déc. 1911, pp. 535/539.)

— Evolution et révolution en Chine. Par M. Jean Rodes. (*La Géographie*, 15 juin 1912, pp. 456/458.)

Conférence faite le 29 avril 1912.

— Evolution, révolution et république en Chine. Par M. Jean Rodes. (*Ibid.*, 15 juillet 1914, pp. 55/57.)

— Lettre de Jean Rodes sur son séjour au Fo-kien. (*Miss. Cath.*, 5 nov. 1915, p. 531.)

Extr. de l'*Asie française.*

— La situation en Chine. Par Jean Rodes. (*Asie franç.*, Avril-Juin 1916, pp. 84/87.)

— La situation politique en Chine. Par Jean Rodes. (*Asie franç., Bull.*, Oct.-Déc. 1916, pp. 171/173.)

.·.

— La Dette chinoise. (*Bull. Com. Asie franç.*, Janvier 1909, pp. 41/43.)

— Révolutionnaires à Pékin. Par A. Monestier. (*Rel. de Chine*, Kiang-Nan, Janvier 1909, pp. 254/255.)

De l'*Echo de Chine*, 24 mai 1908.

— Les Finances chinoises. (*Bull. Com. Asie franç.*, Février 1909, pp. 69/76 ; tableau.)

— La disgrâce de Chen-Pi. (*Ibid.*, p. 79.)

Président du Conseil des Communications.

— Il faut réformer l'Empire. (*Revue indo-chinoise*, Février 1909, pp. 171/172.)

— La transformation de la Chine. Par Pierre Rocheverre. (*Revue pour les Français*, 25 mars 1909, pp. 236/249.)

— Emprunts [chinois] faits à l'Etranger. (*Revue indo-chinoise*, Avril 1909, p. 395.)

— Quelques discours officiels. (*Ibid.*, Juin 1909, pp. 605/606.)

Discours de S. E. Toan-fang, vice-roi des deux Kiang.

— L'opinion française et la rénovation de la Chine, par M. A. Messimy. (*L'Action Nationale*, Juillet 1909, pp. 570/574.)

— L'état de la Chine d'après Sir Robert Hart. (*Rel. de Chine*, Kiang-Nan, Juillet 1909, p. 368.)

— La Question des emprunts chinois. Par Robert de Caix. (*Bull. Com. Asie franç.*, Sept. 1909, pp. 365/374.)

Pékin, juillet 1909.

— Les provinces anarchiques de la Chine. (*Revue indo-chinoise*, Août 1909, pp. 818/820.)

Massacre de MM. Brunhuber et Schmitz. — Voir col. 4037.

— Un prétendant. (*Ibid.*, p. 818.)

— Ostasiatische Probleme. Eine Unterredung [von Dr. Friedrich Hirth, Professor des Chinesischen an der Columbia University in Newyork]. (*Hamburger Fremdenblatt*, Sonnabend, 11 sept. 1909.)

— Regent of China. (*Whitehall Review*, Oct. 1909.)

— Les assemblées provinciales [en Chine]. (*Bull. Com. Asie franç.*, Oct. 1909, pp. 453/454.)

Résumé du Dr Morrison, correspondant du *Times*, à Peking.

— Gius. de' Luigi. — La diffusione della cultura moderna in Cina. (*L'Esplorazione commerciale*, Milano, Ottobre 1909, pp. 289/308.)

— La Question de l'Emprunt chinois. Par R. C. (*Bull. Com. Asie franç.*, Nov. 1909, pp. 471/472.)

— Conférence de M. Robert de Caix à l'Ecole des Sciences Politiques. (*Ibid.*, Déc. 1909, pp. 514/521.)

Sur la situation actuelle de l'Extrême-Orient.

— Les assemblées provinciales chinoises. — Inquiétantes perspectives [Tien-tsin, oct]. (*Ibid.*, Nov. 1909, pp. 484/487.)

— La disgrâce du vice-roi Touan-Fang. (*Ibid.*, p. 501.)

— La première exposition internationale chinoise. (*Ibid.*, Déc. 1909, p. 536.)

— Chambre provinciale des députés du Kouang-tong. (*Revue indo-chinoise*, Déc. 1909, p. 1246.)

— Lessons from China. (*Nat. Geogr. Mag. Washington*, XX, 1909, pp. 18/29.)

From President Roosevelt's message to Congress, Dec. 8, 1908.

— La Réaction en Chine. — Révocation d'un Ministre libéral. (*A travers le Monde*, XV, 1909, p. 20.)

— La Lutte entre l'ancienne et la nouvelle civilisation en Chine. Par Joseph Manthim. (*Ibid.*, pp. 49/52 ; ill.)

— La garde des Légations à Pékin. (*Ibid.*, p. 80.)

— Un Changement dans la Mentalité chinoise. (*Ibid.*, p. 404.)

— Choses de Chine. — Par T. (*Bull. Soc. Géogr. Est*, XXX, 1909, pp. 259/262.)

Du *Bull. Assoc. amic. des anc. off. de vaisseau.*

— * A. R. Kelley. — The Great Chinese Awakening : Glimpses at China and its People. 1910, in-12, pp. 240.

— * W. P. Wassiljew. — Die Erschließung Chinas. Kulturhistorische und wissenschaftliche Aufsätze zur Geschichte Ostasiens. Deutsche Bearbeitung von Dr. Rudolf Stübe. Mit Beiträgen von Prof. Dr. A. Conrady und zwei Karten. Leipzig, Dieterich, 1909, pp. xi-236.

Notices : Par M. v. Brandt, *Petermanns Mitt.*, 1909, Ltbt., p. 241. — *Zeitsch. d. Deutschen Morgenl. Ges.*, 1912 pp. 506/512, par Martin Hartmann.

— Zur Erschließung Ostasiens. Von Dr. H. v. Mžik, Wien. (*Deutsche Rundschau f. Geogr. u. Stat.*, XXXIII, 1910—1911, pp. 573/576.)

A propos de : W. P. Wassiljew. *Die Erschließung Chinas.*

— Avesnes. — En face du Soleil levant. — Les idées de Jean-Jaques Rousseau en Chine. — Le traditionalisme japonais en Indochine. — Le conflit américain-japonais et l'opinion publique américaine. Paris, Plon, 1909, in-16, pp. xii-296 + 1 p. n. ch.

Notices : *Bull. Com. Asie franç.*, Mai 1909, p. 228. — *Bull. Soc. Géogr. Lyon*, 1909, pp. 83/84, par M. Z[immermann].

Avesnes = Comte Louis de Blois.

— Die Verwaltungsreformen in China. II. Die Provinzialbehörden. Von Dr. Betz. (*Mitt. d. Seminars f. orient. Sprachen*, Jhrg. XII, *Ostasiat. Studien*, Berlin, 1909, pp. 26/31.)

— Idem. III. Die Justizbehörden. Von Dr. Betz. (*Ibid.*, pp. 32/48.)

— Idem. IV. Die lokale Selbstverwaltung in China. Von Dr. Betz. (*Ibid.*, pp. 49/60.)

— Idem. V. Die Entwickelung der Selbstverwaltungsreform in der Provinz Tschili. Von Archibald Mac Lean, kaiserlicher Dolmetscher in Shanghai (gest. 31. Januar 1909). (*Ibid.*, pp. 61/93.)

— Idem. VI. Justizreform in der Provinz Mukden. Von Dr. Siebert. (*Ibid.*, pp. 94/109.)

— Idem. Fortsetzung von Bd. XII. (*Ibid.*, Jhrg. XIII, 1910, pp. 119/209.)

Contient : VII. Örtliche Selbstverwaltung in China. Von Max Müller, pp. 119/150. — VIII. 1. Die Provinziallandtage in China. Von G. Pernitsch, pp. 151/162. 2. Entwurf eines Wahlgesetzes für die Provinziallandtage, pp. 163/176. — IX. Regulationen der Provinziallandtage. (Entworfen vom Verfassungsreformamt.) Von G. Pernitsch, pp. 177/194. — X. Geschichtliches und Systematisches über die Entwicklung und Gestaltung des Mukdener Provinzialrats. (Von Dr. F. Siebert, pp. 195/209.)

— Letters from China. With particular reference to the Empress Dowager and the Women of China by Sarah Pike Conger (Mrs. E. H. Conger). With eighty illustrations from photographs and a map. Chicago, A. C. McClurg & Co., 1909, in-8, pp. xv-392.

Autre édition : Hodder and Stoughton, London MCMIX.

— Old China and Young America by Sarah Pike Conger, author of «Letters from China» etc. Illustrated. Chicago F. G. Browne & Co., 1913, in-8, pp. 160.

— Discours de M. Eug. Etienne à l'Ecole libre des Sciences Politiques. (*Bull. Com. Asie franç.*, Janvier 1910, pp. 7/11.)

— La session de la Chambre provinciale du Kouang-tong. (*Ibid.*, Février 1910, pp. 96/98.)

Hong-Kong, 14 janvier.

— Opinion chinoise sur les emprunts étrangers. (*Revue indo-chinoise*, Février 1910, pp. 177/178.)

— L'Extrême-Orient en 1909. Par Robert de Caix. (*Ibid.*, Mars 1910, pp. 193/212.)

Conférence faite le 11 déc. 1909 à l'Ecole des Sciences Politiques.

— * E. J. Dillon. — Ex oriente lux; ex occidente Knox. (*Contemporary Review*, April 1910, pp. 492/503.)

— — * Dual Alliance for the Far East. (*Ibid.*, July 1910, pp. 107/119.)

— La question de l'emprunt chinois. (*Bull. Com. Asie franç.*, Mai 1910, pp. 224/225.)

— La Chine aux Chinois. (*Ibid.*, pp. 254/255.)

— L'agitation en Chine. Lettre. Changhaï, le 20 mai 1910. (*Ibid.*, Juin 1910, pp. 273/276.)

— Les dettes des Chinois envers les étrangers. (*Revue indo-chinoise*, Mai 1910, pp. 459/460.)

— Giuseppe De Luigi. — I Torbidi in Cina. (*La Perseveranza*, Milano, Martedì 14 Giugno 1910.)

— L'accomplissement des promesses de réformes en Chine. (*Bull. Com. Asie franç.*, Juin 1910, pp. 276/277.)

— L'agitation en Chine. (*Ibid.*, p. 290.)

— * T. F. Millard. — Our Blundering Diplomacy in the Far East. (*American Magazine*, July 1910, pp. 817/825.)

— The significance of the Awakening of China. — Address by Dr Wu Ting-fang, Envoy Extraordinary and Minister Plenipotentiary of China to the United States. (*Annals of the American Acad. of Polit. Science*, July 1910, pp. 27/31.)

— Intrigues et luttes d'influences à Pékin. (*Asie franç.*, Sept. 1910, pp. 376/378.)

— Albert Maybon. — Deux opinions chinoises sur les entreprises étrangères. (*Revue du Mois*, 10 oct. 1910, pp. 465/471.)

— * Réveil du peuple chinois. Dr F. R. Martinau. (*Les Documents du Progrès.*) Paris, Oct. (1910?).

— La presse japonaise et les réformes chinoises. (*Bull. Com. Asie franç.*, Oct. 1910, p. 445.)

— The Awakening of China. (*United Empire*, Nov. 1910, pp. 757/758.)

A propos d'un discours du Dr Morrison à Londres.

— The Chinese Western Movement. (*Ibid.*, p. 758.)

Dr Morrison's letters.

— La question des emprunts. (*Asie franç., Bull.*, Nov. 1910, p. 489.)

— Opinions anglaises favorables à la Chine. (*Ibid.*, pp. 490/491.)

— Le projet d'emprunt sino-américain. Par R. C. [Robert de Caix.] (*Ibid.*, Déc. 1910, pp. 503/505.)

— L'agitation dans les provinces. (*Revue indo-chinoise*, Déc. 1910, pp. 610/614.)

— La Chine d'aujourd'hui. Par M. Jacoubet, professeur agrégé de l'Université. (*Bull. Soc. Géogr. Toulouse*, XXIX, 1910, pp. 2/6.)

— La Chine parlementaire. (*Bull. Soc. Géogr. Est*, XXXI, 1910, p. 83.)

Du *Courrier d'Haïphong*.

— Race prejudice in the Far East. By Melville E. Stone, General Manager of the Associated Press. (*National Geogr. Mag. Washington*, XXI, 1910, pp. 973/985; ill.)

— L'Institution d'un Sénat en Chine : Rivalité à prévoir entre le Parti mandchou et le Parti chinois. (*A travers le Monde*, XVI, 1910, pp. 238/239.)

— * Les questions actuelles de politique étrangère en Asie, par MM. le baron de Courcel, P. Deschanel, Paul Doumer, le général Lebon, Victor Bérard, R. de Caix, M. Revon, Jean Rodes, le Dr Rouire. In-16.

Bibliothèque d'Histoire Contemporaine, Félix Alcan, éditeur.

Notice : *Revue indo-chinoise*, Mars 1911, pp. 308/309.

Tiré des *Questions diplomatiques et coloniales*.

— Réflexions sur la Chine et le Japon. Par le Général de Taradel. (*Bull. Soc. Etudes col. et marit.*, 35e année, 1910, pp. 194/197.)

— * The Conflict of Colour. By B. L. Putnam Weale. London : Macmillan and Co., 1910.

Notice : *Edinburgh Review*, vol. 213, January-April 1911, pp. 419/442.

— China's Progress. By E. H. Parker. (*Asiatic Quart. Rev.*, 1910, XXIX, pp. 118/135.)

— Deux Opinions chinoises sur les entreprises étrangères. Par Albert Maybon. (*Revue du Mois*, Paris, 10 oct. 1910, pp. 465/471.)

— * A. W. Tushilin. — Das gegenwärtige China. 2 Bde. St. Petersb., 1910, in-8. Mit Abbildgn. pp. 427, 341 [en russe].

— * L. R. O. Bevan. — Constitution Building in China, 1910.

— China and the Far East Clark University Lectures. Edited by George H. Blakeslee, Head of the Department of History, Clark University. New York, Thomas Y. Crowell & Co. Publishers, s. d. [1910], in-8, pp. xxii-455.

— * G. H. Blakeslee. — Recent Developments in China. New York, 1913. Clark University Addresses, Nov. 1912.

Ku Hung-ming.

— The Story of a Chinese Oxford Movement. — An Essay in political and social Criticism in China. By Ku Hung-Ming, M. A. (Edin.) *Ab integro saeclorum nascitur Ordo*. Shanghai : Shanghai Mercury, 1910, in-16, pp. xvii-141.

Notice : *Lond. & China Express*, May 6, 1910.

— Idem. — By Ku Hung-Ming. — Second edition, with Letter from Chinese official to German Pastor and Appendices. Shanghai : Shanghai Mercury, 1912, in-8, pp. xxix-125.

— Ku Hung-Ming. Chinas Verteidigung gegen europäische Ideen. Kritische Aufsätze. Herausgegeben mit einem Vorwort von Alfons Paquet. Verlegt bei

Eugen Diederichs in Jena 1911, in-8, pp. XIV + 1 f. n. ch. + pp. 149.

Notice : *Ostasiat. Zeitsch.*, Juli-Sept. 1913, pp. 233/235, par Ludwig Riess (Berlin).

— * Ku Hung-ming. — Der Geist des chinesischen Volkes und der Ausweg aus dem Krieg. Jena, Diederichs, 1916, in-8, pp. 181.

Notice par Bruno Schindler, *Ostasiat. Zeitsch.*, VI. Jhrg., April-Sept. 1917, pp. 125/128.

.·.

— Changing China by the Rev. Lord William Gascoyne-Cecil assisted by Lady Florence Cecil. London, James Nisbet, 1910, in-8, pp. XVI-342; ill.

Notices : *Geogr. Journ.*, Sept. 1910, p. 344. — *Lond. & China Express*, April 29, 1910. — *Imp. & Asiat. Quart. Rev.*, April 1911, pp. 419/422.

— La question de l'emprunt américain. (*Asie franç.*, Janvier 1911, p. 36.)

— La famine. — Changhai, 15 déc. 1910. (*Rel. de Chine*, Kiang-Nan, Janvier 1911, p. 64.)

— La Chine et la Conférence de la Paix (Source chinoise). (*Revue indo-chinoise*, Janvier 1911, p. 80.)

— Rouire. — La transformation de la Chine. (*Revue des Deux Mondes*, 1er mars, pp. 180/208; 1er mai 1910, pp. 204/228.)

Notice : *Revue indo-chinoise*, Février 1911, p. 204.

Extr. de la *Revue des Troupes Coloniales*.

— La crise financière [Chine]. Par David H. Smith. (*Revue indo-chinoise*, Février 1911, pp. 187/188.)

— Le socialisme chinois. Ly Chao Pée. (*La Revue*, Paris, Mars 1911, pp. 654/659.)

— La Chine au vingtième siècle. Traduit du *Kobe Herald* par Gaston Giraud Commis des Services Civils. (*Revue indo-chinoise*, Avril 1911, pp. 397/400.)

A propos d'une interview du Dr G. E. Morrison, de Peking, parue dans le *London Magazine*.

— Le dernier emprunt chinois. (*Asie franç.*, Avril 1911, pp. 171/172.)

— Painting the Map. With reference to the Far East. By L. Stacpoole Haycraft. (*Imp. and Asiat. Quart. Rev.*, April 1911, pp. 332/344.)

— Lancelot Lawton. — The Powers and the Far East. (*Fortnightly Review*, May 1911, pp. 817/838.)

— La création d'un cabinet responsable [Chine]. (*Asie franç.*, Mai 1911, pp. 251/252.)

— Vers la constitution. Par Léon Davrout S. J. (*Chine Ceylan Madagascar*, Mai 1911, pp. 310/320; fig.)

— Georges Weulersse. — Le réveil de la Chine. (*Revue bleue*, 10 juin 1911, pp. 713/717.)

Conférence faite à l'Ecole des Hautes-Etudes sociales.

— L'emprunt international. Par Gaston Giraud. (*Revue indo-chinoise*, Juin 1911, pp. 626/628.)

Traduit du *Hong Kong Daily Press*.

— Affaires de Chine. — Par G. Giraud. (*Revue indo-chinoise*, Juin 1911, pp. 625/626.)

Traduit du *Peking and Tien-Tsin Times*.

— Phobie antiétrangère. (*Asie franç.*, *Bull.*, Juin 1911, pp. 301/303.)

— Le nouveau cabinet chinois. Par Kataphronète. (*Ibid.*, Juillet 1911, pp. 310/314.)

Suivi du texte des réglements, traduit par M. Si Tchang Yi Tch'ou, publiés dans le *Chouen T'ien che pao*, 11 mai 1911. (*Ibid.*, pp. 315/317.)

— *** La Chine moderne et sa dette. (*Economist*, 22 juillet 1911.)

— *** Finances chinoises. (*Economist*, 26 août 1911.)

— La politique chinoise est en désordre. (*Revue indo-chinoise*, Juillet 1911, pp. 86/87.)

Traduit du *Ming-liépao*, par l'*Echo de Chine*.

— La conduite des mandarins d'aujourd'hui. (*Revue indo-chinoise*, Juillet 1911, pp. 87/88.)

Traduit du *Che-pao* par l'*Echo de Chine*.

— J. de Guébriant. — La Question chinoise. Illusions et réalités. (*Correspondant*, 25 sept. 1911, pp. 1041/1053.)

— Les débuts du Mouvement insurrectionnel au Seu-tchouan. [Lettre de Tchoung-King, 8 sept.] (*Asie franç.*, Oct. 1911, pp. 457/459.)

— Révolutionnaires et « Constitutionnels » chinois. Par Albert Maybon. (*Ibid.*, Oct. 1911, pp. 456/457.)

— La révolution chinoise. Par Albert Maybon. (*Ibid.*, Nov. 1911, pp. 491/496.)

— Idem. (*Ibid.*, Déc. 1911, pp. 539/544.)

— Origine et développement des idées réformistes en Chine. Par Emile Lutz. (*Ibid.*, Nov. 1911, pp. 488/491.)

— The hope of China's future. By M. T. Z. Tyau. (*Contemporary Review*, July-Dec. 1911, pp. 822/831.)

Cf. Oct. 1910, par W. E. Soothill.

— * La Jeune-Chine et la presse française par M. Tcheng Tong. (*Courrier européen*, Paris, 10 déc. [1911 ?].)

— China — A Republic? By Archibald R. Colquhoun. (*Fortnightly Review*, Dec. 1911, pp. 1032/1043.)

— Will China break up? By Sir Henry A. Blake, G. C. M. G. (formerly Governor of Hong Kong). (*Nineteenth Century*, Dec. 1911, pp. 1102/1108.)

— La haine de l'Europe chez les Chinois. (*A travers le Monde*, XVII, 1911, p. 168.)

Du *Geogr. Journal*.

— Le développement de la Chine. (*Bull. Soc. Géogr. Est*, XXXII, 1911, pp. 84/85.)

Du corr. du *Nouvelliste de Hambourg* en Chine.

— Present conditions in China. By Frederick McCormick. (*National Geogr. Mag. Washington*, XXII, 1911, pp. 1120/1138; ill.)

— The Changing Chinese the Conflict of Oriental and Western Cultures in China by Edward Alsworth Ross, Ph. D., LL. D. Professor of Sociology in the University of Wisconsin. . . . New York The Century Co. 1911, in-8, pp. XVI-356.

Notice : *Journ. N. C. B. R. As. Soc.*, XLIII, 1912, pp. 108/111.

— La Chine qui vient. Par Edward-Alsworth Ross, Professeur à l'Université de Wisconsin. Traduction française par Florian-Marie Delhorbe. Paris, Payot, 1914, in-12, pp. 305, 26 illustr.

Notices : *New China Review*, No. 1, March 1919, pp. 99/100, par A. Vissière. — *Revue des Sciences Politiques*, 15 juin 1918, pp. 469/471, par Maurice Courant.

— * O. Franke. — Ostasiatische Neubildungen. Beiträge zum Verständnis der politischen und kulturellen Entwicklungs-Vorgänge im fernen Osten. — Mit einem Anhange : Die sinologischen Studien in Deutschland. — Hamburg, Verlag von C. Boysen, 1911, in-8, pp. x-396.

Notices : *Bull. Ecole franç. Extr. Orient*, Juillet-Déc. 1911, pp. 436/439. Par Léonard Aurousseau. — *Lond. & China Express*, July 1911. — *T'oung Pao*, Mai 1911, pp. 276/277, par Ed. Chavannes.

— Intellectual and political Currents in the Far East by Paul S. Reinsch. Boston and New York, Houghton Mifflin Company, 1911, in-8, pp. VIII + 1 f. n. ch. + pp. 396.

— P. S. Reinsch. — Intellectual and Political Currents in the Far East. London, Constable, 1912, in-8, pp. 296.

— A. B. Hart. — The Obvious Orient. Appleton, New York, 1911, pp. 369.

— * The West in the East. From an American Point of View. By Price Collier. London : Duckworth and Co. — New York, 1912.

Notice : *Lond. & China Express*, July 7, 1911, *Suppl.*, p. 1.

— * The Civilisation of China. By Herbert A. Giles, M. A., LL. D. London : Williams and Norgate.

Notice : *Lond. & China Express*, Nov. 24, 1911, *Suppl.*, p. 1.

— * Asia and Europe : Studies Presenting the Conclusions formed by the Author in a long life devoted to the subject of the relations between Asia and Europe. By Meredith Townsend. Fourth Edition. London : Constable and Co.

Notice : *Lond. & China Express*, Dec. 1, 1911, *Suppl.*, p. 1.

— * Letters from China and Some Eastern Sketches. By Jay Denby. Illustrated by H. W. G. Hayter. London : Murray and Evenden.

Notice : *Lond. & China Express*, Dec. 8, 1911, *Suppl.*, pp. 6/7.

— Les incidents de Mongtzé. (*Asie franç.*, Janvier 1912, p. 35.)

— Le problème de l'intervention. Traduit par G. Giraud. (*Revue indo-chinoise*, Janvier 1912, pp. 105/108.)

Du *Japan Chronicle*, 18 nov. 1911.

— La vérité sur les projets et le but des Rebelles. Traduit par P. Aucourt, Professeur attaché à la Résidence Supérieure. (*Revue indo-chinoise*, Janvier 1912, pp. 108/109.)

Du *Hongkong Daily Press*, 14 déc. 1911.

— Chine. — Analyse de la situation. — Phases de la Réforme en Chine. Article de M. Archibald Colquhoun dans le *Morning Post*. Traduit par G. Giraud. (*Revue indo-chinoise*, février 1912, pp. 187/188.)

Du *Kobe Herald*, 22 nov. 1911.

— Les idées du réformiste Liang-chi-Chao. Un Etat ou une Confédération ? — République ou Monarchie ? (*Revue indo-chinoise*, Février 1912, pp. 188/191.)

— * Le syndicalisme jaune. F. Challaye. (*Rev. Métaph. et de Morale*, Paris, Mars [1912 ?].)

— * L'avenir de la Chine. Dr J. Matignon. (*Rev. Géogr. comm. Bordeaux*, Mars [1912 ?].)

— Les intérêts français et la révolution chinoise. Conférence faite par M. Robert de Caix le Samedi 23 Mars 1912 au Comité de l'Asie française. (*Asie franç.*, Mars 1912, pp. 92/97.)

— La question des emprunts chinois. (*Ibid.*, pp. 102/105.)

— Instantanés d'Extrême-Orient. — Lettre de Changhai, printemps de 1911, de Henri Myles. (*Ibid.*, pp. 119/121.)

— Henri Cordier. — La Situation en Chine. (*Revue bleue*, 20 avril 1912, pp. 485/490.)

— The Destiny of China. By C. J. L. Gilson. (*Dublin Review*, vol. 150, January-April 1912, pp. 325/337.)

— Chine. — La politique intérieure. (*Asie franç.*, Avril 1912, pp. 159/160.)

— La Question des Emprunts chinois. Par Robert de Caix. (*Ibid.*, pp. 133/135.)

— Une alliance pour la rénovation sociale [en Chine]. (*Revue indo-chinoise*, Mai 1912, pp. 510/511.)

— Chen Yun. (*Ibid.*, pp. 512/513.)

Maréchal tartare.

— La Question des Emprunts chinois. Par Robert de Caix. (*Asie franç.*, Mai 1912, pp. 174/177.)

— L'anarchie au Kouang-toung. (*Ibid.*, pp. 202/203.)

— Pierre Leroy-Beaulieu. La situation politique et économique en Chine. (*Economiste franç.*, 11 mai 1912, pp. 705/706.)

— *** La Chine et les Banques des six nations. (*Statist*, 18, 25 mai et 1er juin 1912.)

— *** Le prêt des six nations à la Chine. (*Economist*, 25 mai 1912.)

— *** La Chine et le problème financier. (*Quinzaine Coloniale*, 25 mai 1912.)

J. O. P. Bland.

— J. O. P. Bland. — The Yellow Peril. (*The Nineteenth Century*, May 1912, pp. 1017/1028.)

— — The Causes of Chinese Unrest. (*The Edinburgh Review*, July 1912, pp. 21/40.)

— The Future of China. By J. O. P. Bland. (*Ibid.*, vol. 220, July-Oct. 1914, pp. 427/451.)

— The last Imperial Manchu by John O. P. Bland. (*Asia*, Dec. 1920, pp. 1047/1053; ill.)

Siouen Toung.

— A financial house-clearing for China. By John O. P. Bland. (*Asia*, January 1921, pp. 55/61; ill.)

— Recent Events and Present Policies in China. By J. O. P. Bland, Joint Author, with E. Backhouse, of « China under the Empress Dowager ». Illustrated. London, William Heinemann, MCMXII, in-8, pp. XI-482.

Notices : *Journ. N. C. B. R. As. Soc.*, XLIV, 1913, pp. 145/150. — *Lond. & China Express*, Nov. 29, 1912.

— Le devenir de la Chine. Par Gabriel Noll. (*Revue indo-chinoise*, Nov.-Déc. 1913, pp. 611/615.)

∴

— New China and the re-grouping of the Powers. By E. J. Dillon. (*Contemporary Review*, January-June 1912, pp. 714/736.)

— The dismemberment of China. By E. J. Dillon. (*Nineteenth Century*, Oct. 1912, pp. 645/664.)

— La Question des Emprunts chinois. Par Robert de Caix. (*Asie franç.*, Juin 1912, pp. 219/222.)

— Chine. La retraite de Tang Chao Yi. (*Ibid.*, pp. 249/250.)

— Les désordres. (*Ibid.*, p. 250.)

— *** L'emprunt chinois et la situation à Pékin. (*Economist*, 29 juin, 1912.)

— * China, its History and Civilization. H. E. Alexander, B. A. (*The World's Chinese Students' Journal*, July 1912, pp. 867/871.)

— Hain-Jou-Kia et Louis Laloy. — Une héroïne de la révolution chinoise Ts'ieou-kin. (*La Revue du Mois*, 10 juillet 1912, pp. 74/80.)

— La question de l'emprunt chinois. (*Asie franç.*, Juillet 1912, p. 271.)

— Chine. La situation intérieure. (*Ibid.*, p. 287.)

— Chine. La situation dans les dépendances extérieures. (*Ibid.*, pp. 287/288.)

— Nouvelles de Chine. — Au Seutchouan. (*Revue indo-chinoise*, Juillet-Août 1912, pp. 108/109.)
De l'*Echo de Tientsin*, Juillet 1912.

— La Chine économique. (D'un collaborateur chinois.) (*Revue indo-chinoise*, Juillet-Août 1912, pp. 110/112.)
De l'*Echo de Tientsin*.

— Suggestions for the Reconstruction of China. By J. Lowe. July 1912, in-8, 7 ff. n. ch. de port. et de texte chinois. pp. IV-67.

Dedicated to the President, officials and all interested in the Republic of China. By J. Lowe, 31st july 1912. — Printed at the Commercial Press, Limited, Shanghai, 1912.
J. Lowe = Lowe Min-tseu.
Preface by Dr. Timothy Richard. — Foreword by D. Duncan Main.

— La question de l'emprunt chinois. (*Asie franç.*, Août 1912, pp. 299/301.)

— La position internationale des annexes de la Chine — Mandchourie — Mongolie-Turkestan chinois — Tibet. Par Kataphronète. (*Ibid.*, Août 1912, pp. 301/310.)

— La situation intérieure. (*Ibid.*, pp. 348/349.)

— Nomination d'un conseiller militaire français. (*Ibid.*, p. 349.)
Commandant Brissaud-Desmaillet.

— Le Dr Morrison nommé conseiller politique. (*Ibid.*, p. 349.)
Né à Geelong en Australie en 1862.

— Dans les dépendances extérieures. (*Ibid.*, p. 350.)

— * The Chinese Republic. Bishops J. W. Bashford and W. S. Lewis. (*Men and Missions*, Sept. 1912, pp. 6/13.)

(OUVRAGES DIVERS.)

— La question de l'emprunt chinois. (*Asie franç.*, Sept. 1912, pp. 367/370.)

— La situation intérieure. (*Ibid.*, pp. 396/397.)

— Un nouveau ministre des Affaires étrangères. (*Ibid.*, pp. 397/398.)

— La guerre civile au Tche-li. Par Pierre-Xavier Mertens, S. J. (*Chine Ceylan Madagascar*, Sept. 1922, pp. 187/188.)

— L'emprunt indochinois. (*Revue indo-chinoise*, Sept. 1912, pp. 230/234.)

— Chine. — Nouvelles de Chine. (*Ibid.*, pp. 234/236.)
De l'*Echo de Tientsin*, Août 1912.

— Chine. — Politique générale (*Revue indo-chinoise*, Sept. 1912, pp. 236/242.)

— A. Corbett-Smith. — Some Aspects of Chinese Reform. (*Nineteenth Century*, Sept. 1912, pp. 615/626.)

— * The Duty of the Hour towards China. Arthur Judson Brown. (*The Continent*, Oct. 17th 1912, p. 1451.)

— * A Field for Further Fairness to China. Mark Allison Matthews. (*Ibid.*, Oct. 24th, 1912, pp. 1491/1492.)

— La question de l'emprunt chinois. (*Asie franç.*, Oct. 1912, pp. 444/447.)

— A côté de la révolution. — Histoires de queues. Par Am. Robinet. (*Rel. de Chine*, Oct. 1912, pp. 524/528; fig.)

— L'emprunt étranger. (*Ibid.*, pp. 553/554.)

— Nouvelles de Chine. Par P. d. H. (*Revue indo-chinoise*, Oct. 1912, pp. 356/368.)

— La République chinoise et la politique de l'emprunt. — Questions diverses. (*Ibid.*, Nov. 1912, pp. 471/472.)
Du *North China Daily News* du 12 au 15 oct. 1912. Traduit par G. Giraud, Commis des Services civils.

— Pour augmenter les ressources financières de la Chine. (*Revue indo-chinoise*, Nov. 1912, pp. 474/476.)
Du *Hongkong Daily Press* du 29 oct. 1912. Traduit par G. Giraud, Commis des Services civils.

— La Russie, le Japon et la République chinoise. (*Revue indo-chinoise*, Nov. 1912, pp. 476/478.)
Du *Japan Chronicle* du 1er Nov. 1912. Traduit par G. Giraud, Commis des Services civils.

— L'emprunt et les finances chinoises. (*Asie franç.*, Nov. 1912, pp. 471/475.)

— — * T. T. Read. — China's Great Problem. (*Popular Science Monthly*, Nov. 1912, pp. 457/464.)

— Conférence de M. le mandarin Ly-tchao-pée sur la Chine contemporaine. (*Bull. Soc. Bretonne Géogr. Lorient*, n° 104, 3e et 4e trim. 1912, 1er et 2e trim. 1913, pp. 249/251.)

— * J. H. Maurer. — The Far East. Reading, 1912.

— L'Evolution en Chine : derrière la « Face ». Par Raymond Bel. (*A travers le Monde*, XVIII, 1912, pp. 1/4, ill. ; pp. 9/12, ill.)

— Le Canal de Panama donnera-t-il la Chine aux Etats-Unis? (*Ibid.*, p. 95.)

— La Chine nouvelle. (*Ibid.*, p. 168.)

— L'Avenir de la Chine. Par le Dr J. Matignon. (*Bull. Soc. Géogr. comm. Bordeaux*, 38e année, 1912, pp. 108/112 ; ill.)

— Le nouveau Kouang-Toung (Pamphlet chinois). (*Revue des Troupes coloniales*, II, 1912, pp. 377/397, 563/581.)
Traduit par le lieutenant J. Coulon, de l'Infanterie coloniale.

— Max Breitung. — Die Ereignisse in China im Lichte der politischen Anthropologie. (*Polit.-anthr. Rev.*, Hildburghausen, XI, 1912, pp. 91/97.)

(OUVRAGES DIVERS.)

— China und seine jüngste Entwicklung. Von Georg Wegener. (*Geogr. Zeitsch. Leipzig*, XVIII, 1912, pp. 185/202, 269/283.)

— Université de Paris — Faculté de Droit — La Politique de la Porte ouverte en Chine — Thèse pour le Doctorat (Sciences Politiques et Economiques). Présentée et soutenue le Mardi 28 mai 1912, à heure 1/2 par Tchen-Ki chan. — Président : M. Renault, professeur. Suffragants : MM. Leseur, professeur, Politis, agrégé. — Paris, M. Giard & É. Brière, 1912, in-8, pp. 136 + 1 p. n. ch. tab.

— Old forces in New China, An Effort To exhibit the Fundamental Relationships of China and the West in their True Light : Together with an Appendix dealing with the Story of the Chinese Revolution down to the End of June, 1912 : and A New Map showing the Natural Resources of China. By George Lanning, Ex-Principal of the Shanghai Public School. . . . Shanghai ; « The National Review » Office ; in-8, pp. x-408 + 1 f. n. ch. ; carte, sans date ; préface signée Shanghai, 27th June 1912.

Notice : *Lond & China Express*, May 1, 1914.

— The New China. A Traveller's Impressions by Henri Borel, Official Chinese Interpreter in the Dutch East-Indies. Translated from the Dutch by C. Thieme. With forty-eight illustrations. T. Fisher Unwin, 1912, in-8, pp. 282.

— China in transformation by Archibald R. Colquhoun. . . . Revised and enlarged with two Maps. London and New York, Harper & Brothers, 1912, in-8, pp. VIII-299.

Notices : *United Empire*, III, April 1912, pp. 340/341, par E. L. — *Lond. & China Express*, March 22, 1912.

— * China As It Really Is. By a Resident in Peking. London : Eveleigh Nash. 1912.

Notice : *Lond. & China Express*, May 3, 1912, *Suppl.*, pp. 2/3.

— L'emprunt chinois. Par Kat. (*Asie franç.*, Janvier 1913, pp. 19/21.)

— Idem. (*Ibid.*, Février 1913, pp. 60/61.)

— Idem. (*Ibid.*, Mars 1913, pp. 116/119.)

— Idem. (*Ibid.*, Déc. 1913, pp. 520/522.)

— Désordres. (*Ibid.*, Janvier 1913, pp. 38/39.)

— Chine. La situation intérieure. (*Revue indo-chinoise*, Janvier 1913, pp. 86/87.)

D'après le *Hongkong Daily Press*.

— La mode et le progrès industriel. (*Revue indo-chinoise*, Janvier 1913, pp. 89/91.)

De l'*Echo de Tien-tsin*.

(Ouvrages divers.)

— La situation intérieure. (*Asie franç.*, Février 1913, pp. 93/94.)

— Lettre de Pékin par Albert Maybon. (*Ibid.*, pp. 68/72.)

Déc. 1912.

— Lettre de Chine. Par Albert Maybon. (*Ibid.*, Mars 1913, pp. 110/114.)

Changhai, Février.

— Mission de M. Albert Maybon. (*La Géographie*, 15 avril 1913, pp. 301/302.)

Lettre de Changhai, 2 février 1913.

— Les Elections Chinoises et la crise de demain. Par Robert de Caix. (*Asie franç.*, Mars 1913, pp. 108/110.)

— L'indépendance des autorités provinciales. (*Ibid.*, p. 138.)

— A. Gervais. — La Chine parlementaire. (*Revue bleue*, 17 mai 1913, pp. 609/612.)

— Chine. — L'anarchie intérieure — Les partis politiques — Les Sociétés secrètes — L'ouverture du parlement. Par René Surugue. (*Revue indo-chinoise*, Mai 1913, pp. 573/580.)

— Le Réveil de la Chine. Par Georges Blondel. (*Bull. Soc. Géogr. comm.*, Mai 1913, pp. 348/350.)

— Idem. (*Revue indo-chinoise*. Juillet 1913, pp. 101/102.)

— Chronique de l'Extrême-Orient. I. Chine. La terreur en Chine. Par René Surugue. (*Ibid.*, Juin 1913, pp. 684/686.)

— La situation politique. — Lettre de Chine. Par A. P. — Tientsin, 22 mai 1913. (*Rel. de Chine*, Kiang-Nan, Juillet 1913, pp. 167/171 ; fig.)

Extr. de *La Croix*, 10 juin 1913.

— Chine. Les troubles dans la vallée du Yang-Tseu. (*Revue indo-chinoise*, Août 1913, pp. 231/235.)

— Revolution breeds Revolution. By Leang Chi-chiao. (*The National Review*, 23 August 1913, pp. 175/176.)

Traduit du *Yung Yen*, magazine publié trois fois par mois par Liang Ki-tchao.

— Ce que la Chine toucherait de l'emprunt de 1913. (*Revue indo-chinoise*, Sept. 1913, pp. 362/363.)

— Chine. La Politique intérieure. (*Ibid.*, Oct. 1913, pp. 519/522.)

— Political Tendencies in China. By Wu Kwan-yin. (*The National Review*, 25 oct. 1913, pp. 454/455.)

Translated from the *Yung Yen*.

— Mouvement des idées et des choses en Chine au cours de ces quinze dernières années. Par le R. P. Vincent Lebbe, Lazariste. (*Bull. Soc. Géogr. Lille*, 2e sem. 1913, pp. 136/156.)

Conférence du Jeudi, 30 oct. 1913.

— La Chine nouvelle. Conférence de M. Ly-Chao-Pée, du 18 déc. 1912. (*Revue Soc. Géogr. Tours*, 1913, pp. 38/40.)

Extr. de la *Dépêche* du 21 déc. 1912.

— Coup d'œil rétrospectif sur la situation en Chine. (*Revue indo-chinoise*, Nov.-Déc. 1913, pp. 657/660.)

— Chine. Problèmes urgents. (*Ibid.*, pp. 669/673.)

— Modern China. (*Tijdsch. v. het Kon. Ned. Aardrijksk. Genootsch.*, 1913, no. 1, p. 136.)

— De Chineesche volkstelling. (*Ibid.*, pp. 136/137.)

— * Sir F. Piggott. — « Huafeng Lao Jen. » Letters on the Chinese Constitution. Shanghai, 1913.

— The Flowery Republic. By Frederick McCormick, Special Correspondent at Peking. With special illustrations by the author and from photographs and the Chinese Press ; maps, etc. London : John Murray, 1913, in-8, pp. XIV-489.

(Ouvrages divers.)

— * R. A. von Janson. — Die Entwicklung Chinas. 1913.

Militär-Wochenblatt, Heft 1, 1913, Beiheft.

— W. A. Hosking. — The Great Squeeze. Routledge, 1913, pp. 135.

— Proceedings of the Central Asian Society. — Chinese Affairs by Eugene Ch'en of the Ministry of Communications, Peking, and lately Editor of the «Peking Daily News». Read February 13, 1913. London, Central Asian Society, 1913, in-8, pp. 15.

— The Passing of the Dragon the story of the Shensi Revolution and Relief Expedition by J. C. Keyte, M. A. With numerous illustrations. Hodder and Stoughton, London, New York, Toronto, in-8, s. d. [1913], in-8, pp. XII-311; carte.

Notice : *Journ. N. C. B. R. As. Soc.*, XLIV, 1913, pp. 182/183, by M.

— * F. L. H. Pott. — The Emergency in China. New York, 1913.

— — * Idem. Allahabad, 1914, pp. 269.

— * J. S. Thomson. — China Revolutionized. Werner Laurie, 1913, in-8, pp. 590.

Col. 2568.

— * Jas. Cantlie & C. S. Jones. — Sun Yat-sen & the Awakening of China. London, s. d.

— International extortion in China. By T. Edmund Harvey. (*Contemporary Review*, January-June 1914, pp. 316/320.)

— Chinese Minister in London. (*Journ. Central Asian Soc.*, I, 1914, Pt. III, p. 58.)

— La situation dans les provinces chinoises voisines du Tonkin. Conférence de M. Albert Maybon, faite le 22 janvier à Paris. (*Asie franç.*, Janvier 1914, pp. 9/14.)

— Chine. (*Ibid.*, pp. 37/38.)

— Troubles et désordres. (*Ibid.*, pp. 38/39.)

— Chine. Le Programme du Cabinet. (*Revue indo-chinoise*, Janvier 1914, pp. 119/123.)

— Esprit nouveau en Chine. Par A. de Lapparent, S. J. (*Rel. de Chine*, Kiang-Nan, Janvier 1914, pp. 303 [chiffré par erreur 503]/304; portr.)

— Les bandes du «Loup Blanc». (*Asie franç.*, 10 février 1914, p. 75.)

— F. Farjenel. — La vie politique en Chine. (*Revue Politique et Parlementaire*, 10 février 1914, pp. 399/408.)

— Le Réveil de la Chine. Résumé de la communication de M. Louis-Frédéric Choisy, docteur ès-lettres, dans la séance du 27 mars 1914, de la Société de Géographie de Genève. (*Le Globe*, nº 2, Février-Avril 1914, pp. 104/105.)

— Les Exploits du Loup Blanc. (*Miss. Cath.*, 6 mars 1914, p. 113.)

Tiré de l'*Echo de Chine*, Changhai.

— Idem. (*Asie franç.*, Mars 1914, pp. 122/123.)

— Rivalités d'influence en Chine. Edmond Rottach. (*Revue Politique et Parlementaire*, Paris, 10 avril 1914, pp. 38/45.)

— Un nouvel emprunt chinois. (*Asie franç.*, Avril 1914, pp. 163/164.)

(OUVRAGES DIVERS.)

— Les Exploits du Loup Blanc. (*Ibid.*, pp. 166/167.)

— La carrière de Tchang Hsoun. (*Ibid.*, p. 167.)

— The Eclipse of Young China. By J. W.-Q. (*The Chinese Review*, vol. I, April 1914, pp. 8/11.)

— The Spirit of the Chinese people. By Ku Hung Ming. (*Ibid.*, pp. 26/32; *ibid.*, June 1914, pp. 75/85; *ibid.*, July 1914, pp. 145/153.)

A Paper that was to have been read before the Oriental Society of Peking.

— Is the Chinese Democratic? Letter from H. K. Khoo to the Editor, The Chinese Review. (*Ibid.*, April 1914. pp. 41/43.)

— «East and West.» (*Ibid.*, pp. 44/45.)

Death of the Dowager Empress of Japan.

— «The Chinese Chaos.» (*Ibid.*, pp. 45/46.)

Article of Mr. J. O. P. Bland in the «Observer» of April 12th.

— The Indemnity Question. (*Ibid.*, pp. 48/49.)

— The New Autocracy in China. (*Ibid.*, pp. 51/52.)

Article of an anonymous writer in the March issue of «the Round Table».

— The Death of Ex-Premier Chao Ping Chun. (*Ibid.*, p. 57.)

— White Wolf. (*Ibid.*, p. 57.)

— La situation en Chine. Par X. (*Rel. de Chine*, Kiang-Nan, Avril 1914, pp. 400/401.)

— Absolutisme et Centralisation. (*Revue indo-chinoise*, Avril 1914, pp. 445/447.)

— L'agitation intérieure et le banditisme. (*Ibid.*, pp. 447/449.)

— * La situation économique et financière de la Chine. J. O. P. Bland. (*Revue écon. intern.*, Bruxelles, 15—20 mai [1914?].)

— Chine. Une Proclamation du Loup Blanc. (*Revue indo-chinoise*, Mai 1914, pp. 586/587.)

— The Political Situation in China. (*The Chinese Review*, vol. I, June 1914, p. 111.)

Socialist Review.

— China in Chaos. (*United Empire*, June 1914, pp. 462/463.)

— Le problème de la défense nationale. Par C. Mus. (*Revue indo-chinoise*, Juin 1914, pp. 644/649.)

A propos des articles de la *Politique de Pékin*.

— La situation financière. (*Asie franç.*, Juin 1914, pp. 258/259.)

— Pillages et désordres. (*Ibid.*, p. 259.)

Le Loup Blanc.

— La reconstruction des forts de Takou. (*Ibid.*, p. 259.)

— The new outlook in China. By J. W.-Q (*The Chinese Review*, vol. I, July 1914, pp. 119/121.)

— La situation en Chine. (*Rel. de Chine*, Kiang-Nan, Juillet 1914, pp. 485/487.)

Extr. du *Temps*, 6 mai 1914. Signé R. D.

— La situation politique. (*Revue indo-chinoise*, Juillet 1914, pp. 123/125.)

— Problèmes financiers. (*Ibid.*, pp. 127/130.)

— The Situation in China in 1914. The Yangtze Valley and the South. By the Honorable W. W. Rockhill. (*Journal of the American Asiatic Association*, August 1914, pp. 200/206.)

— Quelques opinions chinoises sur la guerre. Par ***. (*Revue indo-chinoise*, Sept.-Oct. 1914, pp. 237/246.)

— La situation politique. (*Ibid.*, pp. 363/366.)

— La situation financière. (*Ibid.*, pp. 366/368.)

— La Chine et la guerre. (*Asie franç.*, Juillet-Déc. 1914, pp. 292/293.)

— The Re-Making of China by Adolf S. Waley. London, Constable & Co., 1914, in-8, 2 ff. n. ch. + pp. 93.

(OUVRAGES DIVERS.)

— The Uplift of China by Arthur H. Smith, D. D. . . . New edition revised and partly re-written. London United Council for missionary Education. . . . 1914; in-8, pp. 156 [voir col. 4177].

— * J. F. Niermeyer. — China, een land des vredes. (*Vragen des Tijds*, 41ste Jg., Dl. I, blz. 238, 1914.)

— * China's dayspring after thirty years. By Frederick Brown. With forewords by the late Sir Robert Hart and the Rev. F. B. Meyer, Introduction by the Rev. T. A. Seed. London : Murray & Evenden [1914], pp. 264. Illustrations.

— «China's Dayspring after Thirty Years.» (*The Chinese Review*, p. 170.)

By the Rev. Frederic Brown, F. R. G. S.

— Some Roads towards Peace. A Report to the Trustees of the Endowment On Observations Made in China and Japan in 1912 by Charles W. Eliot. — Published by the Endowment Washington, D. C. 1914, in-8, 2 ff. n. ch. + pp. 88.

Carnegie Endowment for International Peace-Division of Intercourse and Education, Publication No. 1.

— * Rowland R. Gibson. — Forces mining and Undermining China. New York, 1914, in-8, pp. 301.

— * Georg Schweitzer. — China im neuen Gewande. Kultur und Wirtschaft im fernen Osten. Berlin, Siegismunde, 1914, in-8, pp. 244.

— La situation politique et financière de la Chine. (*Asie franç., Bull.*, Janvier-Mars 1915, pp. 20/22.)

— La Chine et la neutralité. (*Ibid.*, pp. 30/31.)

— Le brigandage au Kouang-toung. (*Ibid.*, p. 48.)

— F. T. Piggott. — China and the War. (*Nineteenth Century*, March 1915, pp. 531/559.)

— Une gendarmerie suédoise [en Chine]. (*Asie franç.*, Avril-Juillet 1915, p. 75.)

— At the sign of the velvet glove : a study in autocracy. By J. O. P. Bland. (*Atlantic Monthly*, June 1915, pp. 748/754.)

— China's vital question. By Jeremiah W. Jenks. (*North American Review*, Dec. 1915, pp. 835/846.)

— Monarchical movement in China. (*Far Eastern Review*, Nov. 1915, pp. 228/231.)

— Nascent agitation for a revival of monarchy in China [with] memorandum submitted by Dr. Goodnow to Yuan Shih-kai. (*Ibid.*, August 1915, pp. 102/105.)

— Restoration of Monarchy in China. (*Ibid.*, Dec. 1915, pp. 257/261.)

— Reviving the monarchy in China. (*Ibid.*, Oct. 1915, pp. 171/174, 175/176.)

— Restoration of Monarchy in China [Yuan Shih-kai]. By J. O. P. Bland. (*Edinburgh Review*, January 1916, pp. 100/120.)

— How President Yuan became emperor. By Frances Aldridge. (*Fortn. Review*, February 1916, pp. 317/325.)

— Public Opinion and political parties in China. By Y. K. Leong. (*Contemp. Review*, May 1916, pp. 576/584.)

— Political Situation in China. By Gilbert Reid. (*Open Court.*, May 1916, pp. 308/312.)

— Can China save herself? By Gilbert Reid. (*Ibid.*, August 1916, pp. 463/466.)

— President Yuan Shih-kai at the Altar of Heaven. By Frederick Moore. (*Far Eastern Review*, February 1915, pp. 349/354, 14 fig.)

— Idem. (*Chin. Rec.*, Oct. 1915, pp. 606/613.)

From the *Far Eastern Review*.

— The significance of the monarchical movement in China. By K. C. Lim. (*Contemp. Review*, July-Dec. 1915, pp. 643/647.)

— The Great War and the Middle East. By Lieut.-Colonel A. C. Yate. (*Journ. Central Asian Soc.*, II, 1915, Pt. I, pp. 3/16.)

Read on November 11, 1914.

— Brief Review of present conditions in China. By W. Woodville Rockhill. (*Journ. Central Asian Soc.*, II, 1915, Pt. I, pp. 34/46.)

— La question du Régime [en Chine]. (*Revue indo-chinoise*, Nov.-Déc. 1915, pp. 541/544.)

— Fernand Farjenel. — Le rapprochement russo-japonais et la question chinoise. (*Revue des Deux Mondes*, 15 déc. 1915, pp. 818/847.)

— Our Chinese Chances through Europe's War. By Paul Myron. With illustrations. Chicago, Linebarger brothers, MCMXV, in-8, pp. 220.

— Le régime des Capitulations et la réforme constitutionnelle en Chine. Thèse de doctorat présentée pour l'obtention du grade de Docteur en Sciences politiques et diplomatiques par Louis Ngaosiang Tchou, Licencié en sciences politiques et diplomatiques. Cambridge : at the

University Press 1915, in-8, pp. VIII-230; portr.)

— * Kang Yu-wei. M. E. Tsur. 1915.

— La situation en Chine. (*Asie franç.*, Janvier-Mars 1916, pp. 27/31.)

— Chinese honour dead patriot : [General] Tsai-ao [leader of the anti-monarchical revolution, 1915. Description of funeral]. (*Far Eastern Review*, Dec. 1916, pp. 246/247, 7 fig.)

— The strong man of China, Yuan Shih-kai, to whom his country's waking look at the present crisis. By J. W. McConaughy. (*Munsey's Mag.*, March 1916, pp. 277/289; ill.)

— The terrible Yuan Shi-kai. By Frederick Moore. (*Century Mag.*, April 1916, pp. 852/864; ill.)

— Yuan Shih-kai. (*World's Work*, May 1916, pp. 496 and 500/503; portr.)

— Yuan Shih-kai's place in Chinese history; the link between the old and the new. (*Far Eastern Review*, June 1916, pp. 10/12; 2 portr.)

— Yuan Shih-kai [Political career]. (*Statist*, 10 June 1916, p. 1195.)

— Yuan Che-kai. Par Fernand Farjenel. (*Revue de Paris*, 1 juillet 1916, pp. 196/218.)

— The statesmanship of Yuan Shi-kai. By William Elliot Griffis. (*North American Review*, July 1916, pp. 70/74.)

— Yuan Shih-kai. By J. Carey Hall. (*Positivist Review*, July 1916, pp. 145/149.)

— China reverts to Republicanism : Yuan Shih-kai abandons absolutism. (*Far Eastern Review*, April 1916, pp. 426/430.)

— Idem : factional struggles for power. (*Ibid.*, May 1916, pp. 473/484.)

— Restoration of Republicanism in China : Yuan Shih-kai dies and is succeeded by Li Yuan-hung. (*Ibid.*, June 1916, pp. 18/21.)

— Democracy in China in the light of tradition : the influence of classical literature [*i. e.* Chinese scholarship] upon present today developments. By Rodney Gilbert. (*Ibid.*, June 1916, pp. 26/28.)

— New regime in China : review of political developments since the death of President Yuan Shih-kai. (*Ibid.*, Oct. 1916, pp. 176/178.)

— President Yuan Shih-kai and the monarchical movement in China. By E. C. Cooper. (*Lond. Quart. Review*, July 1916, pp. 72/81.)

— Four Years of the Chinese Republic. By F. Lionel Pratt. (*Quart. Review*, July 1916, pp. 152/175.)

— China's new President and the political outlook. By E. C. Cooper. (*Lond. Quart. Review*, Oct. 1916, pp. 241/250.)

(OUVRAGES DIVERS.)

— What is the matter with China? By Frederick McCormick. (*Forum*, Nov. 1916, pp. 603/610.)

— Les choses chinoises vues de Pékin. (*Asie franç.*, Avril-Juin 1916, pp. 87/89.)

— Chine. Les désordres dans le Nord. (*Ibid.*, p. 96.)

— Social Reform in China. By Gardner L. Harding. (*Century Mag.*, June 1916, pp. 284/291; ill.)

— Present-Day China. A narrative of a Nation's advance by Gardner L. Harding. . . . Illustrated. New York, The Century Co., 1916; in-8, pp. x-2 ff. n. ch.-250; pl. hors texte.

Notice : *Journ. N. C. B. R. As. Soc.*, XLVIII, 1917, pp. 222/223, by B.

— La situation dans les provinces. (*Asie franç.*, Juillet-Sept. 1916, p. 137.)

— Parlementaires chinois contrebandiers. (*Ibid.*, pp. 136/137.)

— Some forces in modern China. By Timothy Richard. (*Contemporary Review*, July-Dec. 1916, pp. 749/754.)

— Recent Social and Political Changes in China. By Frederick Goodrich Henke. (*Open Court*, August 1916, pp. 449/462.)

— Mort de deux notables du parti républicain [Chine]. (*Asie franç.*, *Bull.*, Oct.-Déc. 1916, p. 175.)
Hoang Hsing et Tsai Ao.

— China's new Vice-President [General Feng Kuo-Chang]. (*Far Eastern Review*, Nov. 1916, pp. 204/206; portr.)

— China's new Foreign Minister [Wu Ting-fang]. (*Ibid.*, pp. 203/204; portr.)

— China's new President [Li Yuan-hung]. (*Ibid.*, June 1916, pp. 13/14; portr.)

— * M. A. van Heekeren. — De monarchale quaestie in China. (*Nieuwe Gids*, Jg. 31, Dl. I, blz. 562, 1916.)

— Contemporary Politics in the Far East by Stanley K. Hornbeck, B. A. (Oxon.), Ph. D. Assistant professor of political science, University of Wisconsin; sometime instructor in the Chekiang provincial college and in the Fengtien (Mukden) Law College. D. Appleton and Company, New York, London, 1916; in-8, pp. XII-1 f. n. ch-466.

Notice : *Journ. N. C. B. R. As. Soc.*, XLVIII, 1917, pp. 218/219, by A. P. P.

— La situation intérieure. (*Asie franç.*, *Bull.*, Janvier-Mars 1917, pp. 47/48.)
Extr. de la Correspondance du *Times*.

— * Arthur Bonus. — China und unsere religiöse Zukunft. (*Der Tag*, 29. März 1917.)

— Why China enters the War. Her strange position on the side of Japan and her hopes of Support from England and the United States. By Frederick Moore. (*Asia*, April 1917, pp. 88/90; ill.)

— « The Great-President » Li Yuan-hung the Real Choice of the Chinese People. His Extraordinary Career. By Frederick Moore. (*Ibid.*, May 1917, front., pp. 172/177; ill.)

— Counter Revolutions in China. Causes of the New Rebellion and the Unfortunate Consequences. By Frederick Moore. (*Ibid.*, July 1917, pp. 331/336; ill.)

(OUVRAGES DIVERS.)

— China's Republic survives The Cross Currents of Chinese Character and System of Government which made possible a week of restored Monarchy. By Frederick Moore. (*Ibid.*, August 1917, pp. 440/441, 480, 488.)

— The Plot that failed The German proposal to Japan and its sharp reaction. China, Japan and the United States as Allies. By David Lawrence. (*Ibid.*, April 1917, pp. 91/94, 146; ill.)

— People and Events in the Far East. (*Ibid.*, pp. 120/121; ill.)

— China's National Debt. By Crawford M. Bishop, Formerly United States Vice-Consul in China. (*Ibid.*, pp. 135/136.)

— La situation financière [Chine]. (*Asie franç.*, *Bull.*, Avril-Juin 1917, p. 93.)

— Scandales politiques [Chine]. (*Ibid.*)

— Y a-t-il une Chine moderne? Par B. Van Vorst. (*La Revue hebdomadaire*, 5 mai 1917, pp. 58/86.)

— The War and Chinese Treaties. (*Asia*, May 1917, pp. 215/218.)

∴

— A. Gérard. — L'ambassade extraordinaire du vice-roi Li Hong-tchang en Europe (1896) et la Politique chinoise dans ses rapports avec l'Occident. (*Le Correspondant*, 10 juin 1917, pp. 807/826.)

A. Gérard, Ambassadeur de France au Japon, ancien Ministre à Péking.

— A. Gérard. — La Psychologie des Belligérants. — La Chine. (*Revue bleue*, 18—25 mai 1918, pp. 289/297.)

— L'Extrême-Orient et la Paix. Par A. Gérard, Ambassadeur de France. (*Revue Sc. Politiques*, 15 août 1919, pp. 1/12.)

∴

— Comment les Chinois ont compris la Révolution française. Par Farjenel. (*Journ. Asiat.*, Mai-Juin 1917, pp. 535/543.)

— L'entrée de la Chine dans la guerre. (*Asie franç.*, Juillet-Sept. 1917, pp. 112/117.)

— Chang Hsun surrenders the Forbidden City. By W. R. Giles. (*Asia*, Sept. 1917, pp. 519/525; ill.)

— Fédération des Amitiés Franco-Etrangères. — La République chinoise et les Alliés, in-8, 2 feuillets.

Programme d'une séance à la Sorbonne le jeudi 7 juin 1916. — Cf. *Revue franco-étrangère*, Juillet-Sept. 1917.

— Albert Métin. — Les Relations sociales et ouvrières de la Chine avec les Démocraties occidentales. (*Revue franco-étrangère*, Juillet-Sept. 1917, pp. 228/230.)

— Victor Bérard. — La Chine et le Monde nouveau. (*Ibid.*, pp. 237/246.)

— Lettre de M. J. de Lapeyrine à M. Labbé, secrétaire-général de la Société de Géographie commerciale. (*Bull. Soc. Géogr. comm.*, Juillet-Oct. 1917, pp. 257/264.)

Cheu [lire Chen]-Kia-Tchouang, le 3 juillet 1917.

— The Change of Scene in China. By Treaty Port. (*Contemporary Review*, July-Dec. 1917, pp. 25/31.)

(Gérard. — Ouvrages divers.)

— China totters on. By Richard Washburn Child. (*Asia*, Oct. 1917, pp. 611/616.)

— China's Part in the War. Her contributions of Labor, Raw Materials, Munitions and Food to the Allies. By Gardner L. Harding. (*Ibid.*, pp. 644/646.)

— La politique chinoise et la guerre. (*Asie franç.*, Oct.-Déc. 1917, pp. 182/189.)

— Chine. — L'agitation politique. (*Ibid.*, p. 192.)

— L'aide chinoise aux alliés. (*Ibid.*, p. 192.)

— La guerre et les finances chinoises. (*Ibid.*, pp. 192/193.)

— Le manque de fret et le commerce de thé. (*Ibid.*, p. 193.)

— [Chine]. Nouveaux emprunts. (*Ibid.*, p. 193.)

— Un Maître de la jeune Chine : Liang K'i-tchao par Pascal M. d'Elia, S. J. (*T'oung Pao*, Oct. et Déc. 1917, pp. 247/294.)

— People and Events of the Far East. (*Asia*, 1917, pp. 44/45; ill.)

— * W. Feldwick. Present Day Impressions of the Far East, and prominent & progressive Chinese at home and abroad, pp. 1211. Globe Encyclopedia Co., 1917, in-4.

— * Our Eastern Question. By Thomas F. Millard. The Century Co., New York.

Notice : *Journ. N. C. B. R. As. Soc.*, XLVIII, 1917, pp. 226/229.

— The Altar Fire or the Story of the Chinese Revolution by Putnam Weale. Methuen & Co. . . . London, s. d. [1917]; in-8, pp. vi-312.

— The Fight for the Republic in China by B. L. Putnam Weale. With illustrations. New York Dodd, Mead and Company, 1917, in-8, pp. xiii-1 f. n. ch.-490.

— Idem. . . — With 28 illustrations. London: Hurst & Blackett . . . 1918, in-8, pp. viii-368.

— Official Documents relating to the War (For the year 1917). — Ministry of Foreign Affairs, Peking, China (1918). — Br. in-8, pp. 196.

— The Great War from the Confucian Point of View, and Kindred Topics. — Being Lectures delivered During 1914—1917. With an Introduction by A. W. Still. By Lim Boon Keng. — Singapore : The Straits Albion Press, 1917, in-8, 3 ff. n. ch. + pp. 115.

— * The Development of China. By Kenneth Scott Latourette, formerly of the College of Yale in China. Published by the Houghton Mifflin Company, Boston and New York, 1917, in-8, pp. 273.

Notices : *Journ. N. C. B. R. As. Soc.*, XLIX, 1918, pp. 172/173. By G. L. — *Geogr. Review*, vol. X, Nov. 1920, pp. 352/353, by E. T. Williams.

(Ouvrages divers.)

— R. H. Chandless. — China not hopeless. (*Asia*, January 1918, pp. 31/32.)

— La situation intérieure. (*Asie franç.*, *Bull.*, Janvier-Avril 1918, pp. 47/48.)

— Les inondations. (*Ibid.*, p. 48.)

— Le désordre politique. (*Ibid.*, Mai-Sept. 1918, pp. 114/115.)

— La question des sujets ennemis. (*Ibid.*, p. 115.)

— Le désordre financier. (*Ibid.*)

— Chang Chien, A Man Who Would Reform a Nation by Precept and Practice in a Model City. By Frederick R. Sites. (*Asia*, July 1918, pp. 587/592; ill.)

— L'anarchie intérieure. (*Asie franç.*, Oct. 1918—Janvier 1919, pp. 158/160.)

— * H. P. N. Muller. — Inleiding tot China. (*Indische Gids*, 40ste Jg., no. 11, Nov. 1918.)

— La politique intérieure et extérieure de la Chine par M. Félicien Challaye. [Paris, 1918], in-8, pp. 35.

Conférence faite le 3 juin 1918 au *Comité National d'Etudes sociales et politiques*.

— The Far East Unveiled An Inner History of Events in Japan and China in the Year 1916. By Frederic Coleman, F. R. G. S. . . . Cassell and Company Ltd. London, New York, Toronto and Melbourne 1918; in-8, pp. XIII-304.

— «Penetration Pacifique» in China door Dr. J. A. Nederbragt. — Tweede Druk. — 's-Gravenhage, Drukkerij «Voortvaren», 1918, in-8, 3 ff. n. ch. + pp. 226, 2 ff. de pl.

— China's New Constitution and International Problems. By Min-ch'ien. T. Z. Tyau, LL. D. Editor of *the Peking Leader*, Peking,... Shanghai Commercial Press.... — 1918, in-8, pp. XV-286.

— Autour de l'armistice. (*Rel. de Chine*, Kiang-Nan, Janvier-Avril 1919, pp. 148/157; fig.)

— * Wickevoort Crommelin, H. S. M. van. — De Toekomst van Oost Azië. (*Staten en Volkeren*, II. 1) (36 blz.). Baarn 1919.

— L'Extrême-Orient pendant la guerre de 1914—1917. (*Revue indo-chinoise*, Mai-Juin 1919, pp. 908/912.)

— La Chine et la paix. (*Ibid.*, Juillet-Août 1919, pp. 91/98.)

— La Chine et le Traité de paix. Par J. S. (*Rel. de Chine*, Kiang-nan, Juillet-Oct. 1919, pp. 212/214.)

— Chine Misère financière et désordres militaires. (*Asie franç.*, Août-Novembre 1919, p. 283.)

— The Chinese Internal Peace. (*Far Eastern Pol. Science Review*, I, no. 3, Nov. 1919, pp. 44/49.)

— La Paix intérieure en Chine. (*Ibid.*, pp. 43/48.)

— The Boycott is not anti-foreign. (*Ibid.*, pp. 40/43.)

— La crainte d'un mouvement anti-étranger ne doit pas exister. (*Ibid.*, pp. 39/42.) [Partie française.]

— * Great China's Greatest Need, translation of a letter addressed to the Scholars of China by Archdeacon A. E. Moule, B. D., Mid-China. (*East and the West.*)

— * F. Hughes-Hallett. — China Looking West. London: Church Missionary Society, 1919, pp. 60; ill.

— La Chine et la Paix mondiale par Liang Chi Chao Ex-Ministre de la Justice et Ex-Ministre des Finances de la République de Chine, in-8, pp. 30, [1919].

Au verso du dernier f. n. ch. : Paris, Imprimerie Paul Dupont....

— The Awakening of Asia. By H. M. Hyndman. Cassell and Company, Ltd. London, New York, Toronto and Melbourne, 1919, in-8, pp. VIII-1 p. n. ch.-291.

Notice : *Journ. N. C. B. R. As. Soc.*, L, 1919, pp. 216/217.

— Democracy and the Eastern Question. The Problem of the Far East as demonstrated by the Great War, and its relation to the United States of America by Thomas F. Millard. . . . New York, The Century Co. 1919, in-8, pp. IX + 1 f. n. ch. + pp. 446.

— Idem. . . . London : George Allen & Unwin . . . s. d. [published May 1919], in-8, pp. XII-446.

— The Open-Door Policy and The Territorial Integrity of China. With Verses in Japanese. By Shutaro Tomimas, A. M. William Bayard Cutting Travelling Fellow in International Law. . . . A. G. Seiler, New York, 1919, in-8, pp. XI-1 f. n. ch. + pp. 161 + 16 ff. texte japonais.

— * W. Foth. — Der politische Kampf im Fernen Osten und Chinas finanzielle Schwäche. Gotha, 1919, pp. 116.

— * China and the World-War. By W. Reginald Wheeler, of the Faculty of Hangchow College. New York : Macmillan Company, 1919.

Notice : *London & China Express*, March 27, 1919, p. 192.

CONFÉRENCE DE LA PAIX (1919).

— Délégation chinoise. — Conférence des Préliminaires de Paix. — Exposé des revendications de la Chine touchant la restitution directe du territoire cédé à bail de Kiaochow, du chemin de fer de Tsingtau à Chinan et des autres droits allemands à la province du Shantung. — Paris, Février 1919, in-fol., pp. 91, 2 cartes.

— Chinese Delegation. — Preliminary Peace Conference. — The Claim of China for direct restitution to herself of the leased territory of Kiaochow, the Tsingtao-Chinan railway and other German rights in respect of Shantung province. — Paris, February 1919, in-fol., pp. 87, 2 cartes.

— Délégation chinoise. — Conférence de la Paix. — Exposé des Revendications de la Chine tendant à faire abroger par la Conférence de la Paix les Traités et Accords conclus avec le Japon le 25 mai 1915 comme Tractation née de la Guerre entre des États Alliés et Associés et les Puissances Centrales, et liée à elle. — Paris, Avril 1919, in-fol., pp. 55, 2 cartes.

— Chinese Delegation. — The Peace Conference. — The Claim of China submitting for abrogation by the Peace Conference the Treaties and Notes made and exchanged by and between China and Japan on May 25, 1915, as a transaction arising out of and connected with the War between the Allied and Associated States and the Central Powers. — Paris, April 1919, in-fol., pp. 47, 2 cartes.

— Délégation chinoise. — Conférence de la Paix. — Questions à résoudre soumises par la Chine à la Conférence de la Paix. — Paris, Avril 1919, in-fol., pp. 43.

— Chinese Delegation. — The Peace Conference. — Questions for Readjustment Submitted by China to the Peace Conference. — Paris, April 1919, in-fol., pp. 41.

— Telegrams received by the Chinese Delegation in support of their stand on the Shantung Question, in-8, pp. 37 [1919].

— Appendix V. — The Provisional Criminal Code of the Republic of China. Translated by T. T. Yuen & Tachuen S. K. Loh, in-8, pp. II + 1 p. n. ch. + pp. 102 [1919].

— Appendice VI. — Loi sur l'organisation judiciaire de la République chinoise. — Traduit par la Commission de la Codification des Lois et publié par le Ministère de la Justice, in-8, pp. II-43 [1919].

— Appendix VI. — The Law of the Organization of the Judiciary of The Chinese Republic. — Translated by the Law Codification Commission and Published by the Ministry of Justice, in-8, 1 f. n. ch. + pp. 33 [1919].

— Appendice VII. — Règlement provisoire pour les Tribunaux Supérieurs et ceux qui leur sont subordonnés de la République chinoise. — Traduit par la Commission de la Codification des lois et publié par le Ministère de la Justice, in-8, 1 f. n. ch. + pp. 31 [1919].

— Appendix VII. — Provisional Regulations of the High Courts and their Subordinate Courts of the Chinese Republic. — Translated by the Law Codification Commission and Published by the Ministry of Justice, in-8, 1 f. n. ch. + pp. 24 [1919].

— Appendix VIII. — Commercial Associations Ordinance of the Chinese Republic. — Translated and Published by Ministry of Justice, in-8, 1 f. n. ch. + pp. 63 [1919].

— Appendix IX. — The Regulations of the Arbitration Court of the Chinese Republic. — Translated and published by Ministry of Justice, in-8, pp. 11 [1919].

— Appendix XII. — Rules for the Government and Administration of Prisons in China. — Ministry of Justice. Order No. 284 1/12/2, in-8, pp. 24 [1919].

— Appendix XIII. — Provisional Regulations for the Detention Houses. — (Promulgated on the 28th of January, the 2nd Year of the Republic of China), in-8, pp. 13 [1919].

— Appendix XIV. — The First Peking Prison. — 1916, in-8, pp. II-77 [1919].

∴

— Peace in China. (*Far Eastern Pol. Science Review*, II, no. 1, January 1920, pp. 25/30.)

— La Paix en Chine. (*Ibid.*, pp. 25/31.)

— La Jeune Chine. (*Revue indo-chinoise*, Janvier-Février 1920, pp. 165/166.)

D'après le *Journal de Pékin*, 5 janvier 1920.

— China as she will stand in the future. (*Far Eastern Pol. Science Review*, II, no. 2, February 1920, pp. 75/97.)

— La Chine de demain. (*Ibid.*, pp. 77/101.)

— André Duboscq. — La Question d'Extrême-Orient. (*Revue Politique et Parlem.*, 10 déc. 1919, pp. 325/332.)

— — Les préludes politiques d'Extrême-Orient. (*Ibid.*, 10 février 1920, pp. 262/270.)

— — La Chine et la Question d'Extrême-Orient. (*Ibid.*, 10 avril 1920, pp. 79/89.)

Notice : *La Géographie*, XXXIV, Juin 1920, p. 80. Par S. Reizler.

— The new leaven in Chinese Politics. By John Dewey. (*Asia*, April 1920. pp. 267/272 ; ill.)

— What holds China back ? By John Dewey. (*Ibid.*, May 1920, pp. 373/377 ; ill.)

— Chine. — La situation intérieure ; les puissances et la politique financière et économique. Par Ch. P. P. (*Revue indo-chinoise*, Mai-Juin 1920, pp. 545/552.)

— La Chine et le Traité de Versailles. — Par L. Gain, S. J. (*Rel. de Chine*, Kiang-nan, Juillet-Oct. 1920, pp. 346/358 ; ill.)

— *** [L. Lévy-Bruhl]. L'ébranlement du Monde Jaune. (*La Revue de Paris*, 15 Oct. 1920, pp. 871/894.)

— L'ébranlement du Monde Jaune. — — Extrait de la «Revue de Paris» du 15 octobre 1920. — Paris, Imprimerie L. Pochy — 1920, in-8, pp. 24.

Signé *** = Lucien Lévy-Bruhl.

— Chiawei Kwo. — China economically interpreted. (*The Fortnightly Review*, Oct. 1920, pp. 627/635.)

— China after the War by Hsu Shih-chang President of the Republic of China. — Translated by the Bureau of Economic Information. Peking, China, 1920, in-8, pp. 164.

— * Les Hommes du Jour. — M. Tcheng-Loh, Ministre de Chine à Paris. Pékin, 1920, pp. 5, 1 p. autogr.

Collection de la «Politique de Pekin».

— * Les Hommes du Jour. — M. Wang Ki-tsen, Ministre de Chine à Mexico et Cuba. Pékin, 1920, pp. 4, 1 p. autogr.

Collection de la «Politique de Pékin».

— Soumé Tcheng. — Souvenirs d'Enfance et de Révolution Transcrits par B. van Vorst. Avec 2 photographies hors texte. Payot & Cie, Paris, 1920, in-16, pp. VIII-255.

25 ex. tirés sur papier Lafuma.
Notice : *Revue du Pacifique*, 1ère année, n° 6, Oct. 1922, p. 132.

— G. T. Orme. — China and the West. (*Nineteenth Century*, January 1921, pp. 60/70.)

— Robert Machray. — The Crisis in China. (*Fortnightly Review*, January 1921, pp. 28/38.)

— Chinese shallows and deeps. By John Foord. (*Asia*, February 1921, pp. 122/124.)

— La tentative d'unification et ses obstacles. (*Asie franç.*, Février 1921, pp. 72/74.)

— Old China and New. By John Dewey. (*Asia*, May 1921, pp. 445/450, ill., 454, 456.)

— Saving China. By J. O. P. Bland. (*Ibid.*, June 1921, pp. 499/503; ill.)

— New Culture in China. By John Dewey. (*Ibid.*, July 1921, pp. 581/586, ill., 642.)

— Le mouvement de non-coopération dans l'Inde et le bolchevisme en Chine. Par Ch. P. (*Revue indo-chinoise*, Mai-Juin 1921, pp. 401/407.)

— La situation de l'Empire du Milieu. Par Ch. P. (*Ibid.*, pp. 407/414.)

— Nouvelles d'Outremer. La Chine par Jean Dorsenne. (*Economiste franç.*, 16 juillet 1921, pp. 74/75; 23 juillet, pp. 106/107; 30 juillet, pp. 138/139; 6 août, pp. 170/171.)
Voir Nos. du 2 et 9 juillet 1921.

— La Conférence de Washington et les questions d'Extrême-Orient. (*Asie franç.*, Juillet-Août 1921, pp. 330/331.)

— La Conférence de Washington et la Chine. (*Ibid.*, p. 331.)

— La guerre civile dans le Sud. (*Ibid.*, p. 332.)

(Ouvrages divers.)

— Le gouvernement de Pekin et l'anarchie. (*Ibid.*, Sept.-Oct. 1921, p. 390.)

— L'attitude de la Chine. (*Ibid.*, p. 391.)

— La Conférence de Washington et les questions d'Extrême-Orient. (*Asie franç.*, *Bull.*, Nov. 1921, pp. 443/444.)

— La Chine à la Conférence de Washington. (*Ibid.*, p. 444.)

— Le memorandum chinois du 15 novembre. (*Ibid.*, pp. 444/445.)

— Dr. Wei. — La situation en Chine au moment de la conférence. (*La Chine*, n° 7, 15 nov. et 1er déc. 1921, pp. 483/498.)

— Un ancien diplomate chinois. — Les Puissances étrangères en Chine. (*Ibid.*, pp. 515/528.)

— Chronique de l'Extrême-Orient. — I. La situation en Chine, au Japon et chez les Soviets de la République extrême-orientale. Par Ch. P. (*Revue indo-chinoise*, Nov.-Déc. 1921, pp. 493/503.)

— Idem. — II. La Société des Nations et les conflits internationaux en Asie. — Philippins et Américains. — Hindous et Anglais. — Japonais en Sibérie et en Chine. — Jugements défavorables sur l'Alliance anglo-japonaise. Par Ch. P. (*Ibid.*, pp. 504/514.)

— Idem. — III. Les propositions de la Chine à la Conférence du Pacifique. Par Ch. P. (*Ibid.*, pp. 514/516.)

— La Conférence de Washington et les questions d'Extrême-Orient à la Chambre des Députés. (*Asie franç.*, *Bull.*, Déc. 1921, pp. 483/490.)

— Le Sénat et la Conférence de Washington. (*Ibid.*, pp. 490/492.)

— La Chine et les questions d'Extrême-Orient. (*Ibid.*, pp. 493/494.)

— Les problèmes chinois à la Conférence de Washington. (*Ibid.*, p. 494.)

— La question des réformes. (*Ibid.*, p. 494.)

— Les questions d'Extrême-Orient et l'opinion japonaise. (*Ibid.*, pp. 494/495.)

— The Rise and Fall of Yuan Shih-kai. By Paul S. Reinsch. (*Asia*, Dec. 1921, pp. 1000/1005, ill., 1045/1047.)

—* Kenneth Scott Latourette. — China under the Republic. International Relations, Clubs, Syllabus No. IX. New York : Institute of International Education, 1921, pp. 24.

— * Das Lebensproblem in China und Europa. Rudolf Eucken, Carsun Chang. Leipzig, Quelle und Meyer, 1921, pp. 208.

— * Les Hommes du Jour. — M. Wang King-ki, Ministre de Chine à Bruxelles. Pékin, 1921, pp. 3, 4 hors texte et 1 p. autogr.

— * Les Hommes du Jour. — M. Lou Tseng-tsiang, Ancien Président du Conseil. — Pékin, 1921, pp. 16 sur papier de Chine, 7 hors texte et 1 p. autogr.

Collection de la «Politique de Pekin».

— Les Questions actuelles. Etudes de Culture générale, publiées sous la direction de Emile Borel & Georges Dumas, Professeurs à la Sorbonne. — La Chine et le Japon politiques par Félicien Challaye.

(Ouvrages divers.)

Paris, Félix Alcan, 1921, in-8, pp. VIII-323; table des matières, préface.

— * Gilbert Reid, A. M., D. D., Director International Institute of China. — China, Captive or Free? A Study of China's Entanglements. New York : Dodd Mead, 1921, pp. IX-332. — London : Allen & Unwin, 1922.

— André Duboscq. — L'évolution de la Chine. — Politique et Tendances (1911—1921) avec 1 carte hors texte. Editions Bossard, Paris, 1921, in-16, pp. 194 + 1 f. n. ch., carte.

Notices : *Revue Sciences Politiques*, Avril-Juin 1922, pp. 297/298. — *Les Etudes*, 20 juin 1922, p. 759.

— André Duboscq. — La Chine. (*Revue bleue*, 21 janvier 1922, pp. 37/40.)

— L'Etat politique actuel de la Chine. Conférence de M. André Duboscq. — Présidence de M. Maurice Croiset. Séance du Lundi 22 mai 1922, in-8, pp. 25.

Comité national d'Etudes sociales et politiques : Secrétariat : 45 rue d'Ulm. — Fasc. nº 192.

— Les affaires de Chine par André Duboscq. (*Revue du Pacifique*, 1ère année, nº 4, Août 1922, pp. 55/61.)

— * China, Japan and Korea. By J. O. P. Bland. Published by Heinemann, London.

Notices : *Journ. N. C. B. R. As. Soc.*, LII, 1921, pp. 227/229. By 卜. — *Geogr. Journ.*, Nov. 1921, pp. 382/384, par A. R.

— Le Gouvernement de la République chinoise et sa représentation diplomatique, par M. A. Vissière. (*Journ. Asiat.*, Janvier-Mars 1922, pp. 49/62.)

— Currents and Characters in China. By Nathaniel Peffer. (*Asia*, New York, January 1922, pp. 41/46, 72/73; ill.)

— As the Chinese think. By John Dewey. (*Ibid.*, New York, January 1922, pp. 7/10, 78/79; ill.)

— Marcel Rouff. — La Chine et la Conférence de Washington. (*Mercure de France*, 1er janvier 1922, pp. 5/35.)

— Chronique de l'Extrême-Orient. — I. La Chine à la Conférence de Washington. Par Ch. P. (*Revue indo-chinoise*, Janvier-Février 1922, pp. 173/189.)

— Chronique l'Extrême-Orient. — I. En Chine : La situation intérieure et la prochaine guerre civile. — La politique extérieure : quelques documents diplomatiques. — La grève de Hong-kong : le bolchevisme, la xénophobie et l'influence de Sun-Yat-Sen. (*Ibid.*, Mars-Avril 1922, pp. 337/358.)

— La situation politique actuelle en Chine. Par Henry Dugout. (*Les Etudes*, 20 février 1922, pp. 431/437.)

— Peace by law in the Far East by William Hard. (*Asia*, February 1922, pp. 134/138, 142, 144.)

— Citizens of the Far Eastern Republic. (*Ibid.*, pp. 139/141; ill.)

— * Chang Hsin-hai. — China and the True Internationalism. (*Yale Review*, April 1922, pp. 509/524.)

(OUVRAGES DIVERS.)

— Some elements in the Chinese Renaissance. By Ph. de Vargas, Docteur ès Lettres. (*New China Review*, IV, April 1922, pp. 115/127.)

Paper read before the Wên Yu Hui, Peking, February 15, 1922.

— Resources Make Sakhalin Prized Possession Russian Experts and Industries Proved Province's Riches in Coal, Oil, Gold, Fish, etc. By C. P. Lavrov. (*Trans-Pacific*, Tokyo, May 1922, pp. 63/67; ill.)

— The March of Trans-Pacific Events Shanghai — Key to the Progress of China. (*Ibid.*, June 1922, pp. 37/42; portr.)

— Young China Adopts Modern Methods Thousands Trained in All Branches of Industry by Great B. A. T. Organization. By George E. Sokolsky. (*Ibid.*, pp. 69/72; ill.)

— An Index of China's Intellectual Awakening Development of Commercial Press Meets Demand for Textbooks and General Reading. By Fong F. Sec. (*Ibid.*, pp. 79/80; ill.)

— Wu Ting-fang. (*China Express and Telegraph*, June 29, 1922.)

— Wou T'ing-fang 伍廷芳. Nécrologie par H. C[ordier]. (*T'oung-Pao*, Oct. 1922, p. 365.)

— J. Bouchot, Maître de conférences à l'Université de Pékin. — La Chine souveraine. (*Mercure de France*, 15 juin 1922, pp. 577/599.)

Notice : *Revue indo-chinoise*, Juillet-Août 1922, pp. 128/131, par J. V.

— China's Annual Civil War. By Nathaniel Peffer. (*Asia*, July 1922, pp. 511/514, ill., portr. du général Wu Pei-fu; pp. 582/583.)

— The March of Trans-Pacific Events. (*Trans-Pacific*, Tokyo, July 1922, pp. 37/42; portr.)

— China Produces Own Telephone Equipment Workmen Show Particular Aptitude for Work and Several Large Systems Have Been Built. By H. M. Bratter. (*Ibid.*, pp. 64/65; ill.)

— Li Yuan-hung, President of China. Portrait. (*Asia*, August 1922, front.)

— * Vital Forces in China To-day. (Paul S. Reinsch, *Current History*, Sept. 1922, pp. 933/938.)

— En Chine. Le retrait de l'exterritorialité. Par Henry Dugout. (*Etudes*, 20 sept. 1922, pp. 681/696.)

— Sun Yat-sen. Will China Come Under the Influence of Germany and Russia, or Drift Into an Alliance with Japan? By G. B. R. (*Far Eastern Review*, Oct. 1922, pp. 603/606.)

— A Chinese Court of Justice. By H. B. Morse. (*Journ. R. As. Soc.*, Oct. 1922, pp. 573/575.)

— En guerre civile. Journal de Sién-hsien. Avril-Mai 1922. Par Albert Wetterwald S. J. (*Chine Ceylan Madagascar*, Déc. 1922, pp. 246/253; ill.)

— An indiscreet Chronicle from the Pacific by Putnam Weale. . . . New York Dodd, Mead and Company 1922, in-8, pp. 3 n. ch.-310.

— * China To-day through Chinese Eyes. T. T. Lew, Hu shih, Y. Y. Tsu and C. Y. Cheng. London : Student Christian Movement. 1922, pp. 144.

Notice : *Int. Rev. of Missions*, January 1923, pp. 145/146, par A. L. W.

(OUVRAGES DIVERS.)

— China's Place in the Sun by Stanley High, New York, The Macmillan Company 1922, in-8, preface pp. VII-XI, introduction par Paul S. Reinsch, pp. XIII-XXIX; contents, list of illustrations, pp. 3/212; ill. hors texte.

— Reminiscences of a Chinese Official. — Revelations of Official Life under the Manchus. — Reprinted from the *Peking Gazette* and the *China Illustrated Review*. 1922. — Printed and published by Tientsin Press, Limited, Tientsin, in-8, pp. 158.

Tableaux de la vie officielle pendant les dernières années de la dynastie Mandchoue, composés par un fonctionnaire chinois élevé à l'étranger, d'après des publications chinoises clandestines.

— * China at the Conference. By Westel W. Willoughby. Baltimore, John Hopkins' Press, 1922.

Notice : *China Express and Telegraph*, July 20, 1922. p. 496.

— * Le Flot montant du P. Léon Wieger....

Notice : *Chine Ceylan Madagascar*, Juin 1922, pp. 116/117.

— The Problem of China by Bertrand Russell Sometime Professor of Philosophy in the Government University of Peking. London, George Allen & Unwin Ltd., s. d. [1922], in-8, pp. 260.

— The Problem of the Pacific in the twentieth Century. By General N. Golovin in collaboration with Admiral A. D. Bubnov, translated by C. Nabokoff introduction by Harold Williams Gyldendal, 11 Hanover Square, London, W. 1 Copenhagen, Berlin, Christiania 1922, in-8, pp. 256, cartes hors texte, foreword, contents, introduction 3 appendix.

Shantung, South Manchuria, Corea etc.

— La situation en Chine. (*Revue indo-chinoise*, Sept.-Oct. 1922, pp. 273/275.)

D'après la *Politique de Pékin*.

— Les déclarations de Sun-Yat-sen et le Kominter. (*Ibid.*, pp. 278/287.)

Alliance sino-russo-allemande.

— La constitution yunannaise. (*Ibid.*, pp. 287/291.)

D'après l'*Echo de Chine*.

— China Awakened by Min-Ch'ien T. Z. Tyau, LL. D. (London).... With Special Honorific Endorsement by His Excellency Hsu Shih-ch'ang, President of the Chinese Republic, as well as Introductions by Right Honorable Sir John Newell Jordan, K. C. B., K. C. M. G., G. C. I. E., etc., and the Honorable Charles R. Crane, United States Minister to China. — Illustrated. New York. The Macmillan Company 1922, in-8, pp. XVI + 1 p. n. ch. + pp. 475.

Notice : *China Express and Telegraph*, May 25, 1922, p. 359.

— China's Christian General Crusade by Thomas Meloy. (*Asia*, New York, January 1923, pp. 40/45, 60/61.)

— Les tribulations du Parlement chinois. Par Georges Dubarbier. (*La Revue du Pacifique*, 2e année, Février 1923, pp. 150/159.)

— China waiting for development. By Chao-Hsin Chu, Chinese Chargé d'Affaires, London. (*Asiatic Review*, July 1923, pp. 386/395.)

— Chinese troubles. By Digby C. H. D'Avigdor. (*Ibid.*, pp. 555/560.)

— China and the League of Nations by V. K. Wellington Koo, Ph. D. Chinese Plenipotentiary to the Peace Conference, Minister at Washington and Cheng-ting T. Wang, M. A. Chinese Plenipotentiary to the Peace Conference, Ex-Vice-President of the Senate, Ex-Minister of Industry and Commerce. Published for the China National Defence League in Europe Le Comité démocratique chinois en France The Central Union of the Chinese Students in Great Britain by George Allen & Unwin Ltd. Ruskin House, 40 Museum St., W. C. 1. — Price Threepence net, in-8, pp. 16.

— The Relations between China and Japan during the last Twenty-five Years. Ibid., in-8, pp. 16.

— Law Reform in China. By C. H. Wang, D. C. L.

— The World Peace and Chinese Tariff Autonomy. Ibid., in-8, pp. 12.

— Chino-Japanese Treaties of 1915. Ibid., in-8, pp. 20.

— China's Position in International Finance. Ibid., in-8, pp. 16.

.˙.

— * H. T. Hodgkin. — China in the Family of Nations. 1923, in-8.

— Memorandum for the National Commission for Study of Financial Problems. — The Financial Reconstruction of China and the Consolidation of China's present Indebtedness by G. Padoux, Adviser to the Chinese Government. Peking, January 1923, in-4, pp. 22.

Cf. Special Supplement to *The China Express and Telegraph*, March 29, 1923, pp. 4.

— The Funding of China's Debt by Rodney Gilbert. Shanghai. Reprinted from the

North China Daily News. 1923, in-4, pp. 15.

Commentaire et critique du plan de consolidation exposé par la brochure ci-dessus.

— La Réforme et les Réformateurs en Chine. Par XXX. in-8, pp. 18.

Extr. du *Bull. de la Soc. de Géogr. de Rochefort*. XXX. = R. Réau, interprète en Chine.

Evènements de Chine, Boxeurs, 1900—1901.

Col. 2580/2599.

— Les Evènements de Chine. — L'Impératrice Douairière et les Boxeurs. (*A travers le Monde*, VI, 1900, pp. 198/199.)

— Les Boxers et la route de Ta-Kou à Pékin. (*Ibid.*, pp. 206/207.)

— Les Causes du soulèvement chinois. (*Ibid.*, pp. 238/239.)

— Une proclamation des Boxers. (*Ibid.*, p. 268.)

— La vérité sur les Boxeurs d'après Eugène Wolf. (*Ibid.*, p. 300.)

— A Diary of Events in Peking. — From first days of June to 27 idem. (Specially translated for the «*N.-C. Daily News*».)

N.-C. Herald, 1 August 1900, p. 251; 8 August, p. 307.

Col. 2590.

— Die Belagerung von Peking. — Auszüge aus dem Tagebuch des Herrn Hermann Bismarck, Beamten im Kaiserl. Chinesischen Zolldienst. — Druck und Verlag der Deutschen Druckerei und Verlagsanstalt Shanghai-Tsingtau, in-8, pp. ch. 93/143.

Heft 5. Jhrg. I. *Ostasiatische Rundschau*.

— * J. Scheibert. — Der Krieg in China 1900—1901 nebst einer Beschreibung der Sitten, Gebräuche und Geschichte des Landes. 1901—1902, 2 Teile.

— Les derniers évènements de Chine. — Conférence de Mgr. Favier. (*Bull. Soc. Géogr. Marseille*, 1901, pp. 41/46.)

Signé J. L.

— La Société des Boxeurs en Chine au commencement du XIXe siècle. (*Journ. Asiat.*, IXe Sér., XVII, 1901, pp. 164/168.)

— * Protocole final. Réglement des troubles de 1900. Pékin, 1901, gr. in-4, pp. 70.

Imprimerie des Lazaristes.

— * Korsakoff. — Peking Events: Personal Reminiscences, portrait, in-12, St. Petersburg, 1901 [en russe].

— * Reports of the Lieut.-Gen. commanding the Army and Department Commanders, Part 4, concerning the Operations in the District of the Visayas (Philippines) and the Military Operations in China, 1900—1901, in-8, pp. 620, with Index, 50 maps and plans (24 folded) and 17 full-page illustrations. Washington, 1901.

— Gaston Donnet. — En Chine, 1900—1901. 4e édition. — Paris, P. Ollendorff, 1902, in-18, pp. 380.

— Meine Kriegs-Erlebnisse in China Die Expedition Seymour. Mitgeteilt von Korvetten-Kapitän Schlieper. Mit Karten, Photographien und zahlreichen nach Skizzen des Verfassers entworfenen Illustrationen von Marinemaler C. Schön. Zweite Auflage. 25.—60. Tausend. Minden in Westfalen. Druck und Verlag von Wilhelm Köhler. 1902, in-8, pp. 138 + x

— The China-Expedition 1900—1901 Unter besonderer Berücksichtigung der Thätigkeit des Armee-Oberkommandos und des Deutschen Expeditionskorps. Von Otto Löffler, Hauptmann und Kompagniechef im 10. königlich sächsischen Infa terieregiment Nr. 134. — Mit einer Karte in Steindruck. — Berlin, 1902, Ernst Siegfried Mittler und Sohn, in-8, pp. 48; carte.

— Les Marins en Chine — Souvenirs de la Colonne Seymonr par Jean de Ruffi de Pontevès enseigne de vaisseau chevalier de la Légion d'Honneur. — Illustré de dessins d'Henri Rousseau de photographies et de croquis. — Troisième édition. Paris, Plon. . . . — 1903, in-16, pp. XII-330.

— My Naval Career and Travels by Admiral of the fleet The Right Hon. Sir Edward H. Seymour. With illustrations. London, Smith, Elder & Co., 1911, in-8, pp. XVI-429.

Notice : *London & China Express*, Oct. 6, 1911.

— On active Service with the Chinese Regiment. A Record of the operations of the first Chinese Regiment in North China from March to October 1900. By Captain A. A. S. Barnes. London, Grant Richards Leicester Square, MCMII, in-8, pp. XV-228; ill.

Col. 2594.

— From Tientsin to Peking with the Allied Forces by the Rev. Frederick Brown, F. R. G. S. Methodist Episcopal Mission, Tientsin, London, Charles H. Kelly. . . . 1902, in-8, pp. 126.

— * Négociations de Pékin, 1900—1902. Pékin, Imprimerie des Lazaristes, 1902, in-4. pp. 570.

Col. 2592.

— D'Anthouard. — Les Boxeurs. . . . 1902.
Notice : *A travers le Monde*, VIII, 1902, p. 71.

— Die Kämpfe des deutschen Expeditionskorps in China und ihre militärischen Lehren vom Kriegsberichterstatter E. Baron Binder-Krieglstein. Berlin, 1902, E. S. Mittler und S., in-8, pp. x-273; carte.

— Ordered to China Letters of Wilbur J. Chamberlin Written from China while under Commission from the New York Sun during the Boxer uprising of 1900 and the international complications which followed. London, Grant Richards, 1903, in-8, pp. VIII-340. — Autre édition. Même titre : Methuen & Co. . . . London, 1904, in-8, pp. VIII-340.

— * Barascud. — Campagne de Chine, 1900—1901. Service vétérinaire du corps expéditionnaire français et dans les armées alliées. Avec nombr. gravures. 1903, in-8, 6 fr.

— * Rev. G. Reid. — The Sources of the Anti-Foreign Disturbances in China, with an Account of the Uprising of 1900. Shanghai, 1903, in-16, pp. 155.

— Journal d'un officier du Corps expéditionnaire de Chine. Par X. (*Tour du Monde*, 1903, pp. 277/288, 289/300; ill.)

— * Daoulas. — Histoire du siège de Tien-Tsin en 1900 (15 juin au 15 juillet 1900). 1903, in-12. Avec carte et gravures.
La défense des concessions étrangères.

— Général H. Frey. — L'entrée des Alliés à Pékin (14, 15 août 1900) (*Revue des Deux Mondes*, 1er janvier 1904, pp. 114/155.)

— Horizons chinois. — 1. Le théâtre de la Guerre, 1° Le Pei-tcheli, 2° L'armée chinoise. Par J. Ollivier Henry, Capitaine d'Infanterie Coloniale. (*Revue indo-chinoise*, 30 sept. 1904, pp. 413/429; carte.)
Hanoi, Août 1904.

— * M. Valli (Tenente di Vascello). Gli avvenimenti in Cina nel 1900 e l'azione della R. Marina Italiana. — Milano, Hoepli, 1905, gr. in-8, pp. XVI-731 + 38 ill.
Cat. Raffaele Zelli, Roma, N° 24, 1909, N° 1678, L. 7.

— Lieutenant M. Saillens. — Campagne de Chine (Mai à Septembre 1900). Journal d'un officier. Paris, Charles-Lavauzelle, 1905, in-8, avec grav. et cartes.

— Le Génie en Chine. — Période d'occupation 1901—1906. Par A. Sabatier, Capitaine du Génie, Ex-Commandant du Génie du Corps d'occupation de Chine. — Avec 90 figures dans le texte et une planche hors texte. Berger-Levrault, Paris [et] Nancy, 1906, in-8, pp. 252.

— Dr Albert Vandenbossche. — Au Pe-Tchi-li. — Deuxième campagne de Chine (1900—1901). Lyon, Storck et Cie, 1906, in-12; 31 fig.
Notice : *Revue indo-chinoise*, 15 juillet 1908, pp. 74/76. Par P. Cultru.
Tirée de la *Quinzaine coloniale*.

— * Aus Ost und Süd. Wanderungen und Stimmungen von Generalleutnant z. D. v. Hoffmeister. Heidelberg, 1907, pp. 1/48, *Eine Chinafahrt*.
[*Expédition en Chine*, pp. 1/48.]

— Behind the scenes in Peking being experiences during the siege of legations by Mary Hooker with illustrations. London, John Murray. . . . 1910, in-8, pp. VIII-209, plan de Peking.
Notices : *Lond. & China Express*, January 20, 1911. — *Journ. R. As. Soc.*, January 1911, pp. 246/248, by J. Dyer Ball.

— Journal de marche d'un soldat colonial en Chine. (*Revue des Troupes coloniales*, I, 1907, pp. 26, 145, 263.)

— Les débuts de la campagne de Chine en 1900. (*Ibid.*, II, 1909, pp. 385, 495.)
Lieutenant Fabiani.

— Evolution de la mentalité chinoise. Le siège des Légations en 1900, par M. le Dr Matignon Ex-attaché à la légation 1896—1900. Chargé de Mission, Médecin-consultant à Châtel-Guyon. (*Bull. Soc. Géogr. Toulouse*, XXXIe année, 1912, pp. 131/137.)
Séance du Lundi 15 avril 1912.

— * J. H. Wilson. Under the Old Flag. Recollections of military operations in the Boxer Rebellion. New York, Appleton, 1912, 2 vol. in-8.

— Studies in history, economics and public law edited by the Faculty of Political Science of Columbia University, Volume LXVI [Number 3, Whole Number 160]. — The Boxer Rebellion. A Political and Diplomatic Review by Paul H. Clements, Ph. D. Sometime Fellow in International Law, Columbia University, Lecturer at Columbia on Far Eastern Politics and Diplomacy, New York, Columbia University, Longmans, Green & Co.... London, P. S. King & Son, Ltd., 1915, in-8, pp. 243.

Notice: *Journ. N. C. B. R. As. Soc.*, XLVII, 1916, pp. 136/139, by M

— Chinese State Papers from the Boxer days translated from the Chinese. (*Ibid.*, pp. 115/135.)

Supplied by Prof. E. H. Parker.

— Léon Henry. — Le Siége du Pé-t'ang dans Pékin en 1900. Le Commandant Paul Henry et ses trente marins. — En vente à l'Imprimerie des Lazaristes du Pé-t'ang à Pekin. — 1921, in-8, pp. VI-414 + 1 p. n. ch.

— J. M. Planchet, Missionnaire Lazariste. — Documents sur les Martyrs de Pékin, pendant la persécution des Boxeurs. Pékin, Imprimerie des Lazaristes, 1922, in-8, pp. XIX-418.

— * Réglements de police des Légations. Imprimerie des Lazaristes, Pékin.

Ce réglement a été édité par l'imprimerie du Pei t'ang en six langues : français, anglais, allemand, italien, chinois et japonais.

Guerre Russo-Japonaise.

Col. 2599/2621, 3209/3214.

— * M. Haberlandt. — Bilder vom japanisch-chinesischen Kriegsschauplatze und über die Zaubermuster der Orang Sémang. (*Mitt. d. Anthrop. Ges. Wien*, XXV, 1895.)

— Les Russes à Port-Arthur. Leur installation et leurs travaux de défense. Par Villetard de Laguérie. (*A travers le Monde*, IV, 1898, p. 381; carte.)

— Difficultés Russes et Japonaises en Extrême-Orient. (*Ibid.*, IX, 1903, p. 58.)

— Dans quelle mesure les Russes ont évacué la Mandjourie. (*Ibid.*, p. 124.)

— Le conflit russo-japonais. Par A. Raquez. (*Revue indo-chinoise*, 15 janvier 1904, pp. 41/48.)

— Idem. (*Ibid.*, 30 janvier 1904, pp. 113/114.)

— René Pinon. — La guerre russo-japonaise et l'opinion européenne. (*Revue des Deux Mondes*, 1er mai 1904, pp. 186/219.)

— Après la chute de Port Arthur. (*Ibid.*, 1er juin 1905, pp. 545/566.)

— La bataille de Kin-tchéou. — Ses conséquences. — Les perspectives de guerre. Par Leser. (*Revue indo-chinoise*, 15 juin 1904, pp. 880/882.)

Traduit de l'*Ostasiatischer Lloyd* du 3 juin 1904.

— Raphaël-Georges Lévy. — Finances de guerre Russie et Japon. (*Revue des Deux Mondes*, 1er juillet 1904, pp. 113/138.)

— La guerre russo-japonaise. Par le capitaine Jaquet [Hanoi, fin Juin 1904]. (*Revue indo-chinoise*, 15 juillet 1904, pp. 17/38.)

— Der Ostasiatische Krieg, von Generalleutnant z. D. v. Caemmerer. In-8, pp. ch. 369 à 380.

Sonderabdruck aus den *Preußischen Jahrbüchern* herausgegeben von Hans Delbrück. — Band 118, 3. Heft. — Berlin, 1904.

— Les Forces russes et japonaises en présence dans les Régions d'Extrême-Orient. (*A travers le Monde*, X, 1904, pp. 22/23.)

— La Guerre russo-japonaise et les Missions françaises en Extrême-Orient. (*Ibid.*, p. 86.)

— Port-Arthur. Son Importance stratégique. (*Ibid.*, pp. 102/103.)

— L'Enjeu de la Guerre russo-japonaise. Par Villetard de Laguérie. (*Ibid.*, pp. 126/127.)

— Le service des ambulances russes en Extrême-Orient. (*Ibid.*, p. 232.)

— La Guerre russo-japonaise et le Transport du Thé. (*Ibid.*, p. 248.)

Col. 2605.

— Russia and Japan. By Baron Suyematsu. (*Imp. & Asiat. Quart. Review*, July 1904, pp. 1/27.)

— * Rebillot. — Huit mois de guerre en Extrême-Orient. 1904, in-8.

Col. 2615.

— * The War in the Far-East (1904—1905) par le Correspondant militaire du Times. London, John Murray, 1905, in-8, pp. 672.

Notice: *Revue indo-chinoise*, 15 mars 1906, p. 405. — Extr. du Bull. du *Comité de l'Asie française*.

Col. 2616.

— Gaston Donnet. — Histoire de la guerre russo-japonaise, documentaire, illustrée, hebdomadaire. — Paris, C. Delagrave (1904—1905), 2 vol. gr. in-8, cartes, pl. et fig.

— With Russian, Japanese and Chunchuse the experiences of an Englishman during the Russo-Japanese War. By Ernest Brindle. With a map. London, John Murray, 1905, in-8, pp. x-210.

— * Der russisch-japanische Krieg in seinen Rückwirkungen auf den Weltfrieden. Mit besonderer Bezugnahme auf die Frage der Gestaltung und Beschaffenheit der Zukunftsflotten (Panzer-Linienschiffe oder Kleinschiffe) und der zukünftigen Weltmachtstellung der europäischen Großstaaten. Auf Grundlage eigener Beobachtungen zur Kriegszeit in Japan zusammengestellt von Julius Meurer, k. k. Offizier a. D. Halle a. S., 1905. Verlag von Gebauer-Schwetschke, Druckerei und Verlag m. b. H., pp. 110.

Compte-rendu: *Deutsche Rundschau f. Geogr. u. Stat*, XXVII, 1904—1905, p. 578.

— Général N.-A. Orlov. — Les Cosaques de Transbaïkalie en Mandchourie. — Aperçu de la campagne du détachement de Khaïlar Commandé par le Général N.-A. Orlov pendant les troubles de Chine en 1900. — Avec une carte et plusieurs croquis. Paris, Henri Charles-Lavauzelle, s. d. [1905], in-8, pp. 182 + 1 f. tab. + 5 cartes ou croquis.

— The Consequences of a Japanese Victory. By E. G. J. M. (*Blackwood's Mag.*, January 1905, pp. 127/132.)

— A Study of the Russo-Japanese War. By Chasseur. — I. The Naval Campaign. (*Blackwood's Mag.*, January 1905, pp. 144/174. — II. The Land Campaign to the passage of the Yalu, *ibid.*, February, pp 290/306. — III. The Land Campaign up to the end of June, *ibid.*, March, pp. 400/410 (with a map). — IV. The Advance to Liauyang (with maps), *ibid.*, April, pp. 566/588. — V. Port Arthur, *ibid.*, May, pp. 712/730. — VI. Rojdestvensky's Armada (with map), *ibid.*, June, pp. 824/839. — VII. The Overthrow of the Armada, *ibid.*, July, pp. 117/126. — VIII. The preliminaries to the battle of Mukden (with map), *ibid.*, August, pp. 264/278. — IX. The battle of Hei-kou-tai (with map), *ibid.*, Sept., pp. 395/406. — X. The battle of Mukden (with map), *ibid.*, Oct., pp. 574/590).

— The War in the Far East. — VI. By O. The Blockade-runner. (*Ibid.*, January 1905, pp. 26/37. — VII. *Ibid.*, February, pp. 187/206.)

— Une alliance russo-japonaise. Par P. G. (*Revue indo-chinoise*, 15 juillet 1905, p. 971.)
Extr. du *Siam Observer*, 2 juin.

— The Battle of the Japan Sea. (*Edinburgh Review*, July-Oct. 1905, pp. 306/329.)

— *** La bataille de Tsoushima. (*Revue des Deux Mondes*, 1er août 1905, pp. 519/547.)

— Etude sur l'emploi de l'artillerie pendant la guerre russo-japonaise. Par G. Rumilly, Capitaine breveté au 4e Régiment d'Artillerie coloniale. (*Revue indo-chinoise*, 15 sept. 1905, pp. 1209/1224; *ibid.*, 30 sept., pp. 1301/1319.)

— Conférence de M. Raymond Recouly du 19 novembre 1905. «En Mandchourie avec l'armée russe.» (*Revue Soc. Géogr. Tours*, 1905, n° 4, pp. 125/127.)

— Sur la Mandchourie et la Guerre russo-japonaise. Conférence de M. Giffard du 23 déc. 1905. (*Ibid.*, n° 1, pp. 7/11.)

— La Chute de Port-Arthur. (*A travers le Monde*, XI, 1905, p. 12.)

(Guerre Russo-Japonaise.)

— La première année de la Guerre russo-japonaise. (*Ibid.*, pp. 62/63.)

— Sur le Théâtre de la Lutte maritime en Extrême-Orient. (*Ibid.*, pp. 165/166; carte.)

— Port-Arthur. Impressions de siége. (*Ibid.*, p. 232.)

Du *Down's Agriculturist*, Toouwmba (Queensland, Australie).

— Conférence du commandant Perreau sur la Guerre russo-japonaise, (*Bull. Soc. Géogr. Lyon*, XX, 1905, pp. 67/76.)

— * W. Greener. — A Secret Agent in Port Arthur, 1905, in-8.

— * H. W. Wilson. — Japan's Fight for Freedom. The Story of the War between Russia and Japan. 1905, in-4.

— * Note sur l'armement Russe et l'armement Japonais comparés. Paris, 1905, in-8, pp. 28.

— Général de Négrier. — Quelques enseignemens de la guerre russo-japonaise. (*Revue des Deux Mondes*, 15 janvier 1906, pp. 295/335.)

— Lessons from the Battle of Tsu sima. By the Author of «A Retrograde Admiralty». (*Blackwood's Mag.*, February 1906, pp. 151/165.)

— China's Attitude towards Japan and Russia. By Sir R. K. Douglas. (*Imp. & Asiatic Quart. Review*, Oct. 1906, pp. 225/232.)

— La guerre russo-japonaise. — Historique — Enseignements par Le Chef d'escadron d'artillerie breveté R. Meunier, Professeur à l'École d'Application de l'Artillerie et du Génie. — Avec 19 croquis dans le texte et 17 planches hors texte. — Berger-Levrault & Cie., Paris [et] Nancy, 1906, in-8, pp. VIII + 2 ff. n. ch. + pp. 676.

— * Ivan de Schaeck. — Visions de guerre. Six mois en Mandchourie avec S. A. I. le Grand-duc Boris de Russie. Paris, Plon... in-8.

Notice : *A travers le Monde*, XII, 1906, p. 87.

— Le Siège de Port-Arthur par Clément de Grandprey, Colonel du Génie, breveté. — Avec 11 figures et 8 planches hors texte. — Berger-Levrault et Cie., Paris [et] Nancy, 1906, in-8, pp. 152.

∴

La plus grande partie de l'étude suivante a paru dans la *Revue du Génie militaire* en six articles (Janvier, Février, Mars, Avril, Juin et Août 1906).

— Comptes rendus publiés par le *Rousskii Invalid* de Conférences sur la guerre russo-japonaise Faites à l'Académie d'Etat-Major Nicolas. (Traduit du russe.) —

(Guerre Russo-Japonaise.)

1er Fascicule. — Origine de la guerre et ses débuts. — Combats de Tiourentchen et de Vafangoou. — Avec trois croquis hors texte. — Paris, Henri Charles-Lavauzelle, s. d. [1906], in-8, pp. 158.

— — 2e Fascicule. — Opérations dans les montagnes de la Mandchourie méridionale pendant l'été de 1904 entre le combat de Vafangoou et la bataille de Liao-Iang. — Avec trois croquis hors texte. Ibid. [1907], in-8, pp. 101.

— — 3e Fascicule. — Les préliminaires de la bataille de Liao-Iang. — Avec trois croquis hors texte. Ibid. [1907], in-8, pp. 122.

— — 4e Fascicule. — Bataille de Liao-Iang. — Avec quatre croquis hors texte. Ibid. [1907], in-8, pp. 187.

— — 5e Fascicule. — Les batailles d'octobre sur le Cha-Ho. — Avec neuf croquis hors texte. Ibid. [1907], in-8, pp. 238.

— — 6e Fascicule. — Le raid sur Inkéou en janvier 1905. — Avec cinq croquis hors texte. Ibid. [1908], in-8, pp. 206.

— — 7e Fascicule. — Aperçu stratégique de la IIe armée de Mandchourie en janvier 1905. — Le détachement monté du général Michtchenko pendant l'offensive de la IIe armée en janvier 1905. — Avec douze croquis hors texte. Ibid. [1908], in-8, pp. 209.

— — 8e Fascicule. — Bataille de Moukden. — Avec seize croquis et deux appendices hors texte. Ibid., s. d. [1909], in-8, pp. 446.

— — 9e Fascicule. — Port Arthur. — Avec quatre croquis hors texte. — Compte rendu du procès du Général Stessel. Ibid., s. d. [1910], in-8, pp. 588.

∴

— Die volkswirtschaftliche Entwickelung Japans seit dem Ende des russisch-japanischen Krieges. Von F. Thiel. (*Mitt. d. Deutsch. Ges. f. Nat. u. Völkerk. Ostasiens*, Tōkyō, 1906, Bd. XI, Teil 1, pp. 77/107.)

— Der russisch-japanische Krieg seit dem Fall von Port Arthur. — Von Aubert, Hauptmann.... Mit 5 Skizzen. — Berlin, 1906. Ernst Siegfried Mittler, in-8, pp. 34.

(Guerre Russo-Japonaise.)

— * Von Tettau. — Achtzehn Monate mit Rußlands Heeren in der Mandschurei. Vol. I: Vom Beginn des Krieges bis zum Rückzug nach Mukden. Berlin, 1906, ill. et 8 cartes. Gr. in-8, pp. VIII-400.

— * Einzelschriften über den russisch-japanischen Krieg. Parts 6 and 7, pp. IV, VIII, 72. Wien, 1906. Gr. in-8, 5 cartes et 4 pl.

Les Parties 6 and 7 contiennent: Takuschan-Armeegruppe, die japanische. Die Kämpfe bei Wafangou.

— Les Avaries de combat pendant la guerre russo-japonaise, par M. C. Ferrand, ... — Paris, Gauthier-Villars, 1906, gr. in-8, pp. 42.

Extr. du *Bulletin de l'Association technique maritime*, n° 17, Session 1906.

— A. Oskar Klaussmann. — Auf den Schlachtfeldern der Mandschurei. Erlebnisse eines jungen Deutschen während des russisch-japanischen Krieges. Mit 4 Dreifarbendruckillustrationen und 1 Umschlagbild von R. Knötel. Leipzig: C. Siwinna, 1906. pp. 156 in-8; 2 pl.

— * Meine Hochzeitsreise durch Korea während des russisch-japanischen Krieges. Von Rudolf Zabel. Mit Titelbild, einer Karte und 200 Abbildungen im Text, zumeist nach eigenen Aufnahmen des Verfassers. Altenburg, S.-A., 1906. Stephan Geibel Verlag, pp. XVI-462.

Notice: *Deutsche Rundschau f. Geogr. u. Stat.*, XXIX, 1906—1907, p. 95. Von L. F.

Col. 2620.

— Guerra Russo-Giapponese — La Battaglia di Mukden narrata da Luigi Barzini. — Con 52 incisioni, da istantanee prese sul luogo dell'autore, 15 piante e una grande carta a colori [fig.]. Milano, Fratelli Treves, 1907, in-8, pp. XIX-294.

— * (A) Russo-Japoneza Guerra [por] F. Sá Chaves. (A Cavallaria na campanha da Mandchuria.) Conferencias feitas na Escola Pratica de Cavallaria no periodo escolar de 1905—1906. Lisboa, 1907.

— Les grenades à main et leur utilisation dans la guerre de Mandchourie (1904—1905). Par M. C. Curey, Capitaine d'artillerie. — Avec douze figures dans le texte. — Berger-Levrault & Cie, Paris [et] Nancy, 1907, in-8, pp. 26.

Extr. de la *Revue d'Artillerie*.

(Guerre Russo-Japonaise.)

TADAYOSHI SAKURAI.

— Human Bullets. A Soldier's Story of Port Arthur by Tadayoshi Sakurai, Lieutenant Imperial Japanese Army. With an Introduction by Count Okuma. Translated by Masujiro Honda. Edited by Alice Mabel Bacon. — London, Archibald Constable, Boston and New York, Houghton, Mifflin & Co., 1907, in-8, pp. VIII-270 + 1 f. n. ch., front.

The Riverside Press, Cambridge, Massachusets.

— Idem. London, Constable and Co., in-8, pp. XVI-270.

Verso du faux-titre : Translated by Masujiro Honda. Edited by Alice Mabel Bacon. — Au verso du titre : Copyright 1907 by Houghton, Mifflin and Co., first published 1908, reprinted 1914. — Dernier f. n. ch. : Printed by William Brendon and Son, Plymouth.

— Живыя Ядра . . . сочиненіе Тадеуи Сакурай . . . С. Пет., 1909, in-8, pp. 248

— Niku-Dan Menschenopfer. — Tagebuch eines japanischen Offiziers während der Belagerung und Erstürmung von Port Arthur. Von Tadayoshi Sakurai, Hauptmann in der japanischen Armee. Übersetzt von A. Schinzinger, Major a. D. Mit 3 Bildern sowie einer Kartenskizze von Walther Schmidt, Hauptmann im 5. Bad. Infanterieregiment Nr. 113. Freiburg (Baden), J. Bielefelds Verlag, 1911, in-8, pp. 206 + 1 f. n. ch., carte, portr. et ill.

— Niku-Dan. Mitraille Humaine. — Récit du siège de Port-Arthur par le lieutenant d'infanterie Tadeyoshi Sakurai. — Introduction du maréchal Oyama. Autographe et strophes du Général Nogi. Préface par le comte Okuma. Traduit avec l'autorisation de l'auteur. Paris, Challamel. — Troisième édition. — 1913, in-16, pp. 378.

— Commandant de Balincourt. — Fusil en main. Souvenirs du siége de Port-Arthur par le capitaine Tada-Yoshi Sakouraï Auteur de Nikou-dan (Mitraille humaine). Introduction du commandant de Balincourt. Préface du comte Okouma, président du Conseil. Préface de Kintaro-Mori. — Paris, Challamel, 1916, in-16, pp. 398, 3 cartes.

∴

— Les Opérations navales de la guerre russo-japonaise d'après un ouvrage japonais. Paris, R. Chapelot, 1907, in-8, pp. 32, planches.

Revue maritime. — *Marines étrangères.*

(TADAYOSHI SAKURAI.)

— Idem. (*Revue Maritime*, Nov. 1907, pp. 291/324.)

Extraits du *Nichi Rô Kaï Sen ki* par M. Bourgois. enseigne de vaisseau.

— War Department. . . . Office of the Chief of Staff Second (Military Information) Division General Staff No. 11. — Epitome of the Russo-Japanese War. — July 1, 1907.—Washington, Government Printing Office, 1907, in-8, pp. 175 + 14 cartes hors texte.

— Trafalgar et Tsoushima. Traduit et analysé de l'allemand par M. Fournier, lieutenant de vaisseau en retraite. (*Revue Maritime*, Juillet 1907, pp. 124/136.)

D'après Lassen, *Trafalgar und Tsushima, Marine-Rundschau*, Janvier 1907, pp. 3/33.)

— En Mandchourie. — Campagne avec les Japonais, par M. le Dr Matignon. (*Bull. Soc. Géogr. Toulouse*, XXVIe année 1907, pp. 410/417.)

Séance du Lundi 16 déc. 1907.

— * The Tragedy of Russia in Pacific Asia. By Frederick McCormick, Illustrations by the Author, Maps, &c. In two Volumes. New York : The Outing Publishing Co., 1907.

Notice : *London & China Express*, Oct. 2, 1908.

— The Tragedy of Russia in Pacific Asia by Frederick McCormick. Illustrations by the Author, Half-Tones from Photographs; Maps, etc. London, Grant Richards, 1909, 2 vol. in-8, pp. x-481.

— Les évènements de la guerre navale russo-japonaise au point de vue de leur action sur le développement des constructions navales. Traduit par M. Fournier, lieutenant de vaisseau en retraite. (*Revue Maritime*, Janvier 1908, pp. 116/132.)

D'après : Neudeck. — Die Ergebnisse des russisch-japanischen Seekrieges in ihrer Wirkung auf die Weiterentwickelung im Kriegsschiffbau. (*Schiffbau*, 8e année, nº 23, pp. 859/865; nº 24, pp. 899/904.)

— Le Ravitaillement du Transsibérien, par l'Océan Glacial pendant la Guerre Russo-Japonaise. (*Bull. Soc. Etudes Col. et marit.*, 32e année, 1907, pp. 33/40.)

Conférence de M. Edouard Blanc à la Société des Etudes Coloniales et Maritimes le Jeudi 24 janvier 1907, sous la présidence de M. Bouquet de la Grye.

KARL VON DONAT.

— * The Russo-Japanese War : The Yalu. Prepared in the Historical Section of the German General Staff. Authorised Trans-

(DIVERS.)

lation by Karl von Donat. With Nine Appendices and Six Maps. Hugh Rees.

Notice : *London & China Express*, Suppl., Nov. 6, 1908, p. 5.

— * The Russo-Japanese War : Wa-fan-gou and Actions Preliminary to Liao-yang. Prepared in the Historical Section of the German General Staff. Translated by K. von Donat. With Appendices, 1909, in-8, pp. 272.

— * The Russo-Japanese War : The Battle of Liao-Yang. Prepared in the Historical Section of the German General Staff. Authorised Translation by K. von Donat, 1909, in-8, pp. 252.

— * The Russo-Japanese War : The Battle on the Scha-ho. Prepared in the Historical Section of the German General Staff. Authorised Translation by Karl von Donat. With 11 maps and 18 appendices, including five photographic views. Hugh Rees.

Notice : *Lond. & China Express*, Suppl., Sept. 16, 1910, p. 1.

— * The Russo-Japanese War between San-de-Pu and Mukden. Prepared in the Historical Section of the German General Staff. Authorised Translation by Karl von Donat. With 14 Photographic Views, three Sketches in Text, five Maps and nine Appendices. London : Hugh Rees.

Notice : *Lond. & China Express*, Oct. 3, 1913, p. 674.

∴

— Le Cour Grandmaison, Enseigne de vaisseau. — Études sur Tsu-shima. (*Revue Maritime*, Février 1908, pp. 329/365; mars, pp. 540/572.)

— Le service de santé de la Marine russe pendant la guerre russo-japonaise. Extrait du Rapport du Dr Raymond Spear, Médecin de la Marine des États-Unis. Traduction et analyse par le Dr Thémoin, Médecin en chef de 2e classe de la Marine. (*Archives Médecine navale*, LXXXIX, Mars 1908, pp. 226/232; Avril, pp. 299/304; Mai, pp. 371/378; Juin, pp. 456/463.)

— A. Piérart, chef de bataillon du génie, d'après le lieutenant-colonel du génie russe von Schwarz. — De l'influence des combats livrés sous Port-Arthur sur la construction des forts. Paris, Berger-Levrault, 1909, in-8, 8 fig. et 5 pl. hors texte, dont 1 en couleurs.

Notice : *Revue indo-chinoise*, Mars 1909, p. 300.

(Karl von Donat.)

V. Semenov.

— Commandant de Balincourt. — L'agonie d'un Cuirassé Carnet de notes Du commandant Sémenoff de l'État-Major de l'Amiral Rodjestvensky. — Paris, Augustin Challamel, 1908, in-8 carré, pp. 187 + 1 f. n. ch.

— * «Rasplata» (the Reckoning). By Commander Wladimir Semenoff. His diary during the blockade of Port Arthur and the voyage of Admiral Rojestvensky's fleet. Translated by L. A. B. London : J. Murray, 1909, in-8, pp. xvi-490.

Col. 2619.

— * Après Tsoushima. Le prix du sang. Carnet de notes du commandant Sémenoff, de l'État-Major de l'amiral Rojestvensky. Traduction du commandant de Balincourt. Deuxième édition. Paris, 1910, Auguste Challamel, pet. in-8.

Notices : *Bull. Assoc. amicale franco-chinoise*, II, Janvier 1910, pp. 80/81. Par A. Vissière. — *Lond. & China Express*, 5 nov. 1909.

— * The Price of Blood. (The Sequel to «Rasplata» and «The battle of Tsushima»). By Captain Vladimir Semenoff. London : J. Murray, 1910, in-8, pp. xii-228.

∴

— Tactique d'infanterie. — Les Enseignements de la guerre russo-japonaise par le Capitaine Fouquet du 33e régiment d'infanterie. Paris, R. Chapelot et Cie, 1908, in-8, pp. 31.

— * Official History of the Russo-Japanese War. Part II. From the Battle of the Yalu to Liao-Yang, Exclusive. Prepared by the Historical Section of the Committee of Imperial Defence.

Notice : *Times Lit. Suppl.*, Oct. 30, 1908.

— * The Russo-Japanese War. Reports from British Officers attached to the Japanese and Russian Forces in the Field. Wyman, 3 vol. and 2 cases of maps.

Notice : *Times Weekly ed.*, Lit. Suppl., Nov. 27, 1908.

— Le Siège de Port-Arthur. Par J. (*Revue des Quest. scientif.*, Bruxelles, 20 juillet 1908, pp. 236/264.)

— La campagne de Mandchourie. De Séoul à Moukden. Par J. (*Ibid.*, 1908, pp. 496/526.)

(V. Semenov.)

— The truth about Port Arthur. (*Blackwood's Mag.*, Vol. 183, May 1908, pp. 720/727.)

— The Truth about Port Arthur by Monsieur E. K. Nojine Accredited Russian War Correspondent during the Siege. Translated and abridged by Captain A. B. Lindsay 2nd King Edward's Own Gurkha Rifles. . . . Edited by Major E. D. Swinton, D. S. O. Royal Engineers. . . . London, John Murray, 1908, in-8, pp. XXII-395; ill., carte de Port Arthur.

— Kriegsgeschichtliche Einzelschriften. — Herausgegeben vom Großen Generalstabe. Kriegsgeschichtliche Abteilung I. — Siebenter Band (Heft 37/42). — Berlin, 1908. Ernst Siegfried Mittler und Sohn, in-8.

Contient :
Erfahrungen außereuropäischer Kriege neuester Zeit.
II. Aus dem russisch-japanischen Kriege 1904—1905.
Heft 37/38 — 1. Port-Arthur.
Heft 39/40 — 2. Ya lu.
Heft 41/42 — 3. Wa fan gou und Vorkämpfe von Liao yan.

— Idem. — Heft 45/46. Erfahrungen außereuropäischer Kriege neuester Zeit. — II. Aus dem russisch-japanischen Kriege 1904 bis 1905. 5. Die Schlacht am Scha ho. — Mit 5 Ansichten und 11 Skizzen in Steindruck. — Berlin, 1909. Ernst Siegfried Mittler und Sohn, in-8, pp. VIII-258 ; cartes sous couverture spéciale.

Col. 2620.

— Journal de route d'un officier d'état-major pendant la guerre russo-japonaise par le lieutenant général Sir Ian Hamilton. Traduit de l'anglais par le lieutenant Verdet. Préface par le général Langlois. Paris, 1909. 2 vol. in-8, pp. x-329, VI-355. Avec 32 photographies, 15 cartes et 27 vues panoramiques.

— Un livre anglais sur la Guerre russo-japonaise. (*Revue indo-chinoise*, 15 juin 1907, pp. 811/818.)
A propos de : A Staff officers Scrap-Book, Edward Arnold, London. Publié par le Général Sir Jan Hamilton.

Col. 4037.

— A Scamper through the Far East. (Including a Visit to Manchurian Battlefields). By Major H. H. Austin, C. M. G., D. S. O., R. E. With Illustrations and Maps. London : Edward Arnold, 1909, in-8, pp. 32.

Notice : *Lond. & China Express*, Suppl., 26 nov. 1909, p. 1.

— Story of the Russo-Japanese War, 1904—1905. From the Outbreak of Hostilities to the 24th August 1904. By Lieut.-Col. H. M. E. Brunker. London, Forster Groom & Co., 1909 ; in-8, pp. 141 ; cartes.

— — Part II. From 23rd August to End of October 1904. . . . London, 1911, in-8, pp. IX-119 ; cartes.

Notice : *Lond. & China Express*, Dec. 1, 1911.

— Записки генерала Куропаткина о русско-японской войнѣ Итоги войны. Berlin, J. Ladyschnikow, 1909, in-8, pp. VIII-549.

.˙.

— The Russian Army and the Japanese War, being historical and critical Comments on the Military Policy and Power of Russia and on the Campaign in the Far East. By General Kuropatkin. Translated by Captain A. B. Lindsay, 2nd King Edward's Own Ghurka Rifles translator of «the Battle of Tsu-shima» ; «the Truth about Port Arthur», etc. Edited by Major E. D. Swinton, D. S. O., R. E., author of «the Defence of Duffer's Drift», and Editor of «the Truth about Port Arthur». With Maps and Illustrations. London, John Murray, 1909, 2 vol. in-8, pp. XXVIII + 2 ff. n. ch. + pp. 309, VI + 1 f. n. ch. + pp. 348 ; ill. et cartes.

— General Kuropatkin Memoiren (Die Lehren des Russisch-Japänischen Krieges). Mit einer Einleitung von Oberst a. D. Richard Gädke. Zweite Auflage. Berlin W. 15., Verlag von Hans Bondy, 1909, in-8, pp. XXXV-569.

— Général Kouropatkin. — Mémoires de la Guerre Russo-Japonaise. (*Revue bleue*, 16 oct. 1909, pp. 481/486. . .)

— Rechenschaftsbericht an den Zaren über den Russisch-Japanischen Krieg bis zu den Mukdener Kämpfen einschließlich. — Unter Redaktion von General-Adjutant A. Kuropatkin, Oberkommandierender aller Land- und Seestreitkräfte, welche gegen Japan operierten. Deutsche, autorisierte Übersetzung von Navi, Stabsoffizier in fremdländischen Diensten. — Berlin, 1909, Risels Deutsche Centrale für Militärwissenschaft, in-8, pp. XXIV-371.

— * *McClure's Magazine*, Sept. 1908.
Memoirs of Kuropatkin.

.˙.

— Die südliche Mandschurei zum Verfolg der Operationen im russisch-japanischen

Kriege. (*Petermanns Geogr. Mitt.*, 1909, Tafel 45.)

Echelle 1 : 2,000.000.

— *Special Campaign Series.* No. 10. The Russo-Japanese War. A Sketch First Period. — The Concentration by Captain F. R. Sedgwick Royal Field Artillery. With Maps and Plans. London, Swan Sonnenschein, 1909, pet. in-8, pp. xi-192, 9 cartes.

Bibl. Nat., 8° G., 8304.

— * The Russo-Japanese War : The Campaign in Manchuria, 1904 to 1905. Second Period. — The Decisive Battles, Aug. 22 to Oct. 17, 1904. By Captain F. R. Sedgwick, Royal Artillery (Professor of Strategy, &c., at the Royal Military College of Canada....) With Maps and Plans. London: Geo. Allen and Co. . . .

Notice : *Lond. & China Express*, Suppl., Nov. 1, 1912.

— The Russo-Japanese War on Land, 1904—1905 up to the battle of Liao-Yang. By J. H. Anderson, F. R. Hist. Soc. Barrister-at-law. . . . London, Hugh Rees, Ltd. . . . 1909, in-8, pp. 105, 5 plans.

— The Russo-Japanese War on Land, 1904—1905, August 24 to October 30, 1904. By J. H. Anderson, F. R. Hist. Soc. Barrister-at-law. . . . Volume II. London, Hugh Rees, Ltd. . . . 1911; in-8, pp. 135; 2 sketch-maps and a general map.

— The Battle of Liao-Yang. By J. H. Anderson, F. R. Hist. Soc. Barrister-at-law. . . . London, Hugh Rees, Ltd. . . . 1910, in-8, pp. 55; carte.

— Etude sur les Caractères Généraux de la Guerre d'Extrême-Orient. Par le Capitaine Breveté F. Culmann. Paris, 1909, Berger-Levrault & Cie, in-8, 5 l.

Extr. de la *Revue militaire générale.*
Notice : *Lond. & China Express*, Suppl., Nov. 5, 1909, p. 5.

— Aperçus sur la tactique des armées russe et japonaise pendant la Campagne de Mandchourie, d'après les témoins oculaires. Par le lieutenant-colonel d'infanterie breveté Janin. Paris, Charles-Lavauzelle, 1909, in-8, pp. 193. Avec illustrations.

Extr. de la *Revue d'Infanterie.*

— Positions défilées de l'Artillerie en Mandchourie. — Extrait de la *Revue d'Artillerie.* — Janvier 1910. Berger-Levrault, Paris [et] Nancy, 1910, in-8, pp. 35.

Extr. de l'*Artilleriskii Journal*, nos 10 de 1905 et 2 de 1906. — Par le Colonel Biélaïev.

— L'accord russo-japonais. Par Robert de Caix. (*Bull. Com. Asie franç.*, Juillet 1910, pp. 298 301.)

— Traduit de l'Allemand par le Capitaine Le Merre de l'État-Major de l'Armée. — Ce que disent les Japonais de leurs succès maritimes. — Relation des opérations navales pendant la guerre russo-japonaise. D'après l'ouvrage de l'Etat-Major naval Japonais. Par le Comte Richard V. Pfeil und. Klein-Ellguth Général-Major en retraite. Paris, Henri Charles-Lavauzelle, s. d. [1910], in-8, pp. 56.

— Histoire officiélle de la Guerre maritime russo-japonaise. Publiée par l'État-Major général de la marine japonaise (traduite du japonais par l'enseigne de vaisseau Rouvier). (*Revue maritime*, 1910, Mars, pp. 505/533; Avril, pp. 14/46; Mai, pp. 351/374; Juin, pp. 576/658; Juillet, pp. 5/106.) (Traduite du japonais par l'enseigne de vaisseau Moncouduit.) Oct., pp. 5/102; Nov., pp. 360/419; Déc., pp. 673/708. — 1911, Janvier, pp. 100/143; Février, pp. 392/431; Mars, pp. 689/736; Mai, pp. 343/368.

— General Rennenkampf. — La bataille de Moukden. — Les vingt jours de combat de mon détachement de Tsinkhétchen à Matsiadan. Paris, L. Fournier, 1910, in-8, pp. 251; croquis.

Notices : *Revue indo-chinoise*, Mai 1911, pp. 529/530. Par A. Dussof. — Tiré de la *Revue Hebdomadaire.* — *Bull. Soc. Géogr. com. Paris*, Février 1911, p. 176, par A. Dussof.

— Cte A. H. — Guerre russo-japonaise. — Leçons tactiques. — Le Combat de Tkaouan-Ianselin 31 juillet 1904. Paris, L. Fournier, 1910, in-8, pp. viii-139; 3 croquis.

Vannes, Imprimerie Lafolye.

— Un incident de la guerre russo-japonaise. Le dernier train entré à Port-Arthur. Par A. H. — Paris, R. Chapelot, 1910, in-8, pp. 12.

— Opinions sur l'accord russo-japonais. (*Revue indo-chinoise*, Déc. 1910, pp. 618/622; *ibid.*, Janvier 1911, pp. 85/91.)

— Renforcement des Russes et des Japonais en Mandchourie. (*Asie française*, Janvier 1911, p. 38.)

— * G. Silber. — Les Origines de la guerre russo-japonaise, d'après des documents secrets. (*Revue du Mois*, 10 juin 1911.)

— Colonel d'Infanterie breveté Cordonnier Ancien Professeur à l'École supérieure de guerre. — Les Japonais en Mandchourie. Avec 9 croquis hors texte. — Paris, Henri Charles-Lavauzelle, s. d. [1911], in-8, pp. 286.

— * The Japanese in Manchuria, 1904. By Colonel E. L. V. Cordonnier. Vol. 1 : The Yalu and Te-li-ssu. London : H. Rees, 1912, pp. XII-282.

Notice : *Lond. & China Express*, June 22, 1912, pp. 1/2.

Cte WITTE.

— Графъ С. Ю. Витте. — Вынужденныя разъясненія по поводу отчета ген.-Ад. Куропаткина О войнѣ съ Японіей. [Москва, 1911], in-8, pp. 100.

— Comte Witte Ancien ministre des Finances de Russie. — La Guerre avec le Japon. — Déclarations nécessaires. — Réponse à l'ouvrage du général Kouropatkine. — Traduction de E. Duchesne spécialement autorisée par l'auteur. Berger-Levrault, éditeurs, Paris, Nancy, 1911, in-8, pp. VII-75 + 1 f. n. ch.

— Graf S. J. Witte. — Erzwungene Aufklärungen aus Anlaß des Berichtes des Generaladjutanten Kuropatkin über den Krieg gegen Japan. Einzige vom Grafen Witte autorisierte Übersetzung von Dr. Carl Živný, Chefredakteur des « Parlamentär » in Wien. Wien und Leipzig, Kommissionsverlag von Halm & Goldmann, 1911, in-8, p. 111.

— * G. Bourgarel. La guerre russo-japonaise (mémoire du Cte Witte) (*Econ. Eur.*, 8 sept.) [1911.]

∴

— Rapport officiel sur l'organisation et le fonctionnement du service de Santé dans la Marine japonaise, pendant la Guerre Russo-Japonaise. Traduit du japonais, par M. le Dr Chemin, médecin de 1ère classe. (Extraits.) (*Arch. Méd. Navale*, T. 96, 1911, pp. 81/126, 161/202, 241/279, 321/346 ; T. 97, 1911, pp. 167/211 ; T. 98, 1912, pp. 401/425 ; T. 99, 1913, pp. 161/183.)

— * My Experiences at Nan Shan and Port Arthur with the Fifth East Siberian Rifles. By Lieut.-General N. A. Tretyakov, R. A. Translated by Lieut. A. C. Alford, R. A. Edited by Capt. F. Nolan Baker, R. A. With Maps and Illustrations. London : Hugh Rees.

Notice : *Lond. & China Express*, Nov. 3, 1911, pp. 781/782.

(Cte WITTE.)

— An Outline of the Russo-Japanese War 1904/1905 by Colonel Charles Ross D. S. O., P. S. C. Author of « Representative Government and War », « the Problem of National Defence », Volume I, Up to, and including, the Battle of Liao-Yang. Macmillan and Co., . . . London 1912, in-8, pp. XXV-490, cartes.

Notice : *Lond. & China Express*, June 21, 1912.

— Une situation stratégique vécue. — Les Prodromes de Moukden par Le Commandant Mordacq de l'Ecole supérieure de guerre. — Berger-Levrault, Paris [et] Nancy, 1912, in-8, pp. 37 + 1 f. n. ch. tab., carte.

— * Le Siège de Port-Arthur, par le commandant A. H. (Fournier, éditeur.)

Compte-rendu : *Revue Troupes Coloniales*, 2e Sem. 1912, pp. 613/614.

— Capitaine breveté Bertin, Guerre russo-japonaise. Liao-Yang. Six mois de manœuvre et la bataille. Paris, Chapelot, 1913, in-8, pp. VI-788, avec atlas de trente cartes en couleurs.

Notice : *Revue Critique*, 11 avril 1914, p. 298. Par A. Ch.

— The « Novik » and the part she played in the Russo-Japanese War, 1904 by Lieutenant A. P. Steer Imperial Russian Navy, translated by L. A. B., translator and editor of « Rasplata ». London, John Murray. . . ., 1913, in-12, pp. VI-179.

Notice : *Lond. & China Express*, May 30, 1913.

— Capitaine de Saligny, de l'infanterie coloniale. Essais sur la guerre russo-japonaise. Paris, Berger-Levrault, 1913, in-8, pp. XX-464 avec cinq croquis hors texte.

Notice : *Revue Critique*, 13 déc. 1913, pp. 478/479. Par A. Chuquet.

— * The Campaign of Liao-Yang. By Major H. Rowan-Robinson, R. A. With Maps and Plans. London : Constable and Co.

Notice : *Lond. & China Express*, Suppl., February 27, 1914, p. 1.

— Quelques années de politique internationale. Antécédents de la guerre russo-japonaise par Pierre Marc. Leipzig, K. F. Koehler, 1914, in-8, pp. XXVII-214.

Études sur l'histoire de l'Europe orientale. Publiées par M. le Prof Dr Uebersberger, Vienne, II.

— Das japanische Generalstabswerk über den japanisch-russischen Krieg 1904—1905. Proben des Stiles und ein Überblick über die Bearbeitungsweise. Nach dem japanischen Original. Von Haupt-

(DIVERS.)

mann Trautz. (*Mitt. d. Sem. f. Orient. Sprachen, Ostas. Studien*, Berlin, 1914, Jhrg. XVII, pp. 74/96; *ibid.*, 1915, Jhrg. XVIII, pp. 98/178; *ibid.*, 1916, Jhrg. XIX, pp. 183/210.)

Chemins de fer.

— Ferrocarriles en China. (*Bol. Soc. Geogr. Madrid*, XI, 1881, p. 237.)
Du *Shanghai Mercury*.

— Etat actuel du Chemin de fer Transsibérien. (*A travers le Monde*, III, 1897, pp. 317/318; carte.)

— * C. Denby and E. P. Allen. — Chinese Railway Development. (*Engineering Magazine*, London, 1898, Vol. XVI, pp. 339/348.)

— Le Chemin de fer de Tientsin à Pékin. Par Alfred Perrenoud. (*A travers le Monde*, IV, 1898, pp. 17/20; fig.)
Tientsin, Oct. 1897.

— Les Chemins de fer en Chine. (*Ibid.*, p. 79.)

— Railways in China. (*Board of Trade Journal*, London, XXIV, no. 139, February 1898, pp. 179/180.)
D'après Leroy-Beaulieu.

— Paul Combes. — Les Chemins de fer de la Chine. (*A travers le Monde*, 1er oct. 1898, pp. 313/316; carte.)

— Le Chemin de fer Transsibérien. Par Paul Combes. (*Ibid.*, V, 1899, pp. 113/116; ill.)

— La Ligne ferrée de Pékin à Han Koou. (*Ibid.*, p. 164.)

— * C. Cary. — China's Present and Prospective Railways. New York, 1899.

— Les Chemins de fer Chinois. (*A travers le Monde*, VI, 1900, p. 23.)

— H. Br. — Les chemins de fer dans le nord de la Chine au commencement de juin 1900. (*Bull. écon. Indochine*, 1900, pp. 563/572.)

— * Wm Barclay Parsons. — Railway Development in China. (*McClure's Magazine*, New York, 1900, XV.)

— — An American Engineer in China. (New York, 1900.)

— Pénétration de l'Europe en Chine par les Chemins de fer. [Conférence de M. le Docteur Pascal le Vendredi 23 mars 1900.] (*Bull. Soc. Géogr. Alger*, V, 1900, pp. 58/61.)

— B. de L. — La Pénétration en Chine. — Le Chemin de fer du Yunnan. (*La Dépêche Coloniale*, Lundi 6 mai 1901; ill.)

— * T. Johnstone Browne. — Railway Engineering in China. (*Cassier's Magazine*, New York, 1901, vol. XX.)

— Les Chemins de fer Mandchouriens. (*Bull. Soc. Géogr. Dunkerque*, no 19, 1902, pp. 187/192.)

— Le Chemin de fer Transmandjourien. (*A travers le Monde*, VIII, 1902, p. 412.)

— Le nouveau Tracé du Chemin de fer du Yun-nan. (*Ibid.*, IX, 1903, pp. 317/318; carte.)

— Excursion sur le Chemin de fer Hankéou-Pékin. Par de Kerchove de Denterghem. (*Ibid.*, pp. 369/372; 377/380; ill.)

— L'Alliance franco-russe en Asie. — Le Tonkin relié à la Sibérie par une Voie ferrée. (*Ibid.*, pp. 397/398; carte.)

— Banque et Chemins de fer. Par Joseph Joûbert. (*Bull. Soc. Etudes Colon. & Maritimes*, 28e année, 1903, pp. 289/292.)
Chemin de fer de l'Est Chinois.

— Le Chemin de fer Transmandjourien. (*Union Géogr. du Nord de la France*, Douai, XXIV, 1903, pp. 263/265.)

— Les Chemins de fer russes en Asie. — Nouvelles Lignes et Nouveaux Projets. (*A travers le Monde*, X, 1904, pp. 13/14; carte.)

— Proceedings of the Central Asian Society. London Central Asian Society 1904. Railways in Western Asia by Lieutenant-Colonel H. Picot Indian Army (Retired) in-8, pp. 31.

— Die Eisenbahnen Chinas. (*Deutsche Rundschau f. Geogr. u. Stat.*, XXVII, 1904-1905, p. 131.)

— Nordchinesische Zentralbahn. (*Ibid.*, p. 425.)

— Le Chemin de fer allemand du Chantoung. (*Bull. Soc. Géogr. Lyon*, XIX, 1904, p. 162.)
D'après le *Mouv. Géogr.*, 6 déc. 1903.

— Carte chinoise des Chemins de fer en Mandchourie. (*T'oung Pao*, 1904, pp. 218/225, 336/338.)

— * K. Baedeker. — Rußland. Europäisches Rußland, Eisenbahnen in Russisch-Asien, Teheran, Peking. Handbuch für Reisende. 6. Auflage, pp. 530, 20 K., 40 Pläne u. 11 Grundrisse. Leipzig, Baedeker, 1904.
Notice : *Geogr. Zeitsch. Leipzig*, XI, 1905, pp. 61/62. Par W. Köppen.

— Die Amurbahn. (*Deutsche Rundschau f. Geogr. u. Stat.*, XXVIII, 1905-1906, pp. 424/425.)

— Chemins de fer dans le Nord et le Centre de la Chine. (*Revue indo-chinoise*, 30 sept. 1905, pp. 1344/1346.)
Extr. de l'*Ostasiatische Lloyd*.
Traduit par MM. Lejeune et Tragan.

— La question du Transindo-Chinois. (*Bull. Soc. Bretonne Géogr. Lorient*, no 98, 4e trimestre 1905, pp. 376/379.)

— Inauguration du Chemin de fer reliant le Hoang Ho et le Yang Tseu Kiang. (*Bull. Soc. Géogr. Lyon*, XX, 1905, pp. 85/86.)

— Inauguration du Chemin de fer de Pékin-Hankeou. (*Ibid.*, p. 321.)

— La Mission de M. Maximilien Foy en Extrême-Orient. — Projets de Voies ferrées en Chine. (*A travers le Monde*, XI, 1905, pp. 69/70; carte.)

— * Ed. Hulme Rigby and W. O. Leith. — Railway Construction in N. China. (*Institution of Civil Engineers, Min. of Proc.*, CIX, London, 1905.)

— * E. Cammaerts. — Le Réseau des Chemins de fer chinois. (*Revue écon. intern.*, Bruxelles, 1905, vol. VI, no 1.)

— Le Chemin de fer du Yunnan. (*Union Géogr. du Nord de la France*, Douai, XXVI, 1905, pp. 238/240.)
Lettre du 28 oct. du Yun-nan, adressée à M. Henri Cordier.

— Petit aperçu des profits réalisés dans l'exploitation des Chemins de fer chinois. Par V. F. D'après le *Nan fang pao* journal chinois. (*Revue indo-chinoise*, 15 janvier 1906, p. 68.)

— Proceedings of the Central Asian Society. — Russian Railways towards India by Colonel C. E. de la Poer Beresford Late Military Attaché at St. Petersburg. London Central Asian Society, 1906, in-8, pp. 24.

— Le Chemin de fer Hankeou-Canton et l'avenir de Hong-Kong. (*A travers le Monde*, XII, 1906, pp. 285/287 ; carte.)

— Nouveaux Chemins de fer d'Asie. (*Bull. Soc. Géogr. Lyon*, XXI, 1906, pp. 239/242.)

De Chang-Haï à Nankin.

De Fousan à Séoul.

De Hanoï à Lao-Kaï et à Yunnan-Sen.

— Note sur les Chemins de fer en Chine. (*T'oung Pao*, 1906, pp. 546/551.)

— Die Schantung-Eisenbahn in China. (*Deutsche Rundschau f. Geogr. u. Stat.*, XXX, 1907—1908, p. 133.)

— Die neue Bahn Orenburg-Taschkent. hauptsächlich in handelsgeographischer Beziehung. Von Prof. Dr. H. Krollick in Berlin. (*Ibid.*, pp. 211/215.)

— Die südmandschurische Bahn. (*Ibid.*, p. 477.)

Ouverture de la ligne, 27 mai 1908.

— Chemin de fer du Sud Mandchourien, in-8 (?), pp. VI-193; ill. et carte; s. d.

— * Réglement général de la Compagnie des Chemins de fer impériaux chinois; Ligne de Pékin à Hankow. Pékin, 1907, in-4, pp. 100.

— * Livret des Tarifs . . . in-4, pp. 40.

— Albert Maybon. — Les Chemins de fer chinois. — (*La Nouvelle Revue*, Paris, 1907, XLVI, pp. 202/216.)

Col. 3214.

— Railway Enterprise in China. An Account of its Origin and Development by Percy Horace Kent. With Maps. London, Edward Arnold, 1907, in-8, pp. IX + 1 f. n. ch. + pp. 304.

Notices : *Geogr. Journ.*, April 1908, pp. 427/429, by G. G. C[hisholm]. — *Journ. N. C. B. R. As. Soc.*, XL, 1909, pp. 126/127, by J. C. F.

— La compagnie de Chemins de fer de la Mandchourie méridionale. (*Revue indo-chinoise*, 15 février 1908, p. 234.)

D'après le *Taiyo* et l'*Echo de Tientsin*.

— Les Chemins de fer [en Chine]. (*Bull. Com. Asie franç.*, Mars 1908, p. 122.)

— Idem. (*Ibid.*, Avril 1908, pp. 156/157.)

— Le Chemin de fer du Yunnan. (*Ibid.*, Mai 1908, p. 200.)

— Notice sur les Chemins de fer en Chine. Par J. de Lapeyrière, Ingénieur sous-chef du service des travaux des Chemins de fer du Chan-si. (*Bull. Soc. Géogr. comm.*, Paris, Mai 1908, pp. 338/349.)

— Le Chemin de fer de la Mandchourie. (*Bull. Com. Asie franç.*, Juin 1908, p. 252.)

— Le réseau ferré de la Chine. Par Charles Rabot. (*La Géographie*, 15 juin 1908, pp. 467/468.)

Extr. du *Calendrier Annuaire* de l'Observatoire de Zi-ka-wei, 1908.

— Le Chemin de fer du Yunnan. Par E. P. (*Bull. Com. Asie franç.*, Juillet 1908, pp. 269/273.)

— Le Japon et les Chemins de fer en Chine. (*Ibid.*, Août 1908, p. 336.)

— Le rachat du Chemin de fer de Pékin à Hankéou. (*Ibid.*, Oct. 1908, p. 428.)

— Les Chemins de fer de Mandchourie. (*Ibid.*, Nov. 1908, pp. 477/478.)

(Chemins de fer.)

— Les Chemins de fer de Formose. (*Ibid.*, p. 482.)

— Rachat du Chemin de fer Péking-Hankéou. (*Revue indo-chinoise*, n° 94, 30 nov. 1908, p. 753.)

D'après l'*Echo de Chine*.

— Le rachat du Chemin de fer de Pékin à Hankéou. (*Bull. Com. Asie franç.*, Déc. 1908, p. 528.)

— Plan général des Réseaux ferrés de la Chine, construits, en construction ou projetés. (*A travers le Monde*, XIV, 1908, pp. 165/166 ; carte.)

— The Hu-Kia or Kiangsu Railway.

Carte, *Shanghai Trade Report*, 1908.

— Shanghai-Nanking Railway.

Carte, *Shanghai Trade Report*, 1908.

— Sketch Plan of the Chinese Section of the Canton-Kowloon Railway.

Shanghai Trade Report, 1908.

— Die neue im Baue befindliche Eisenbahnstrecke von Peking nach der Mongolei mit beabsichtigtem Anschluß nach der sibirischen Route am Baikalsee. Von Emil S. Fischer. (*Mitt. d. k. k. Geogr. Ges. Wien*, LI Bd. 1908, pp. 398/401.)

— Das Eisenbahnnetz Chinas. (*Geogr. Zeitsch. Leipzig*, XIV, 1908, pp. 168/169.)

— Eine Eisenbahn von Kalgan nach Urga. (*Deutsche Rundschau f. Geogr. und Stat.*, XXXI, 1908—1909, p. 378.)

— Eisenbahn Mukden—Andun. (*Ibid.*, p. 474.)

— Eisenbahnen in China. (*Ibid.*, p. 568.)

— Le Chemin de fer du Yunnan. [Rapport de M. François Deloncle, 21 déc. 1908.] (*Bull. Com. Asie franç.*, Janvier 1909, p. 40.)

— Le Pékin - Han-Kéou et le Han-Kéou—Canton. (*Revue indo-chinoise*, Février 1909, pp. 170/171.)

— La Chine et les emprunts étrangers pour voies ferrées. (*Bull. Com. Asie franç.*, Mars 1909. pp. 129/130.)

D'après l'*Economist*.

— Le Chemin de fer du Yunnan. (*Bull. Com. Asie franç.*, Avril 1909, p. 173.)

— Le Chemin de fer de Hankéou—Canton et les concours étrangers. (*Ibid.*, pp. 175/176.)

— Le Chemin de fer du Yunnan. Par Pierre Dessier. (*Ibid.*, Mai 1909, pp. 211/212.)

— La zone du Chemin de fer russe en Mandchourie. (*Ibid.*, p. 214.)

— Le Chemin de fer de Hankéou. (*Ibid.*, p. 214.)

D'après le *Temps*.

— Le Chemin de fer de Hankéou à Canton. (*Bull. Com. Asie franç.*, Juin 1909, pp. 262/263.)

— Une excursion sur la ligne du Yunnan. Par Robert de Caix. (*Ibid.*, Juillet 1909, pp. 282/290.)

Canton, 16 juin 1909.

— Le Chemin de fer du Yunnan. (*Ibid.*, p. 302.)

— L'administration de la zone du Chemin de fer en Mandchourie. (*Ibid.*, p. 304.)

— Les Chemins de fer chinois et les étrangers. (*Ibid.*, pp 304/305.)

— Un conflit sino-japonais. — Le Chemin de fer de Antoung à Moukden. (*Ibid.*, Août 1909, pp. 325/328.)

— Le Chemin de fer de Hankéou au Seu-tchouan (*Ibid.*, pp. 353/354.)

— L'attitude des Chinois en matière de Chemins de fer. (*Ibid.*, pp. 354/355.)

— The French Railway to Yunnan. (*Geogr. Journ.*, Nov. 1909, p. 571.)

— * Geo. B. Rea. — Railway Loan Agreements and Their Relation to the Open Door. (*Far Eastern Review*, VI, no. 6, Nov. 1909.)

(Chemins de fer.)

— La question de l'emprunt pour les Chemins de fer Hankéou—Canton et Hankéou—Seu-tchouan. (*Bull. Com. Asie franç.*, Déc. 1909, pp. 534/535.)

— Faut-il prolonger le Chemin de fer du Yunnan ? (*Bull. Soc. Géogr. Est*, XXX, 1909, pp. 370/372.)

— La Locomotive à Mong-Tsé et l'avenir du Yunnan. (*A travers le Monde*, XV, 1909, pp. 173/174 ; carte.)

— Eröffnung der Eisenbahn Peking—Kalgan. (*Geogr. Zeitsch. Leipzig*, XV, 1909, pp. 705/706.)

— Eine neue Eisenbahn durch die Mongolei. (*Deutsche Rundschau f. Geogr. u. Stat.*, XXXII, 1909—1910, p. 282.)

De Peking à Kalgan par Kiachta.

— Chemin de fer de Pékin à Hankéou. — Mission technique spéciale en Chine Confiée en 1901 à M. Bousigues, Ingénieur en chef au Corps des Ponts et Chaussées en résidence à Paris. — Rapport de Mission, s. l. n. d., in-4, pp. 88 ; carte.

A la fin : Paris, le 18 juin 1909, E. B.

Imprimerie *L'Union Typographique*, Villeneuve-Saint-Georges (S.-et-O.)

— Idem. — Deuxième édition. —Villeneuve-Saint-Georges, Imprimerie «L'Union typographique», 1909, in-4, pp. 88 ; carte.

Cette édition contient les renseignements complémentaires recueillis en 1909.

— * Otto E. Preyer. — Das Eisenbahnwesen Chinas. (*Archiv für Eisenbahnwesen*, Jahrg. 32, 1909.)

— Подъесаулъ Третьякъ. — Императорская желѣзная дорога Пекинъ—Калганъ—Урга. [Carte]. (*Извѣстія Восточнаго Института*, T. XXIX, 2, pp. 15/26, Vladivostok, 1909.)

— Railway Development in China. By Arthur John Barry. (*Journ. R. S. Arts*, 57, [1909], pp. 541/560.)

— Proceedings of the Central Asian Society. — Railway Expansion in China and the influence of foreign Powers on its Development by Mr. A. J. Barry. Read April 13, 1910. London Central Asian Society, 1910, in-8, pp. 27.

— Cie Française des Chemins de fer de l'Indo-Chine et du Yunnan. — Société de construction de Chemin de fer Indo-Chinois. — Le Chemin de fer du Yunnan. Avril 1910. Paris, Imprimerie G. Goury, in-fol., pp. 48, pl.

— Construction d'un embranchement de la ligne de Pékin à Hankéou (Pékin). (*Bull. Assoc. amicale franco-chinoise*, II, Janvier 1910, p. 69.)

Extr. du *Houei pao*, 6 oct. 1909.

— Tarifs du Chemin de fer de Pékin à Kalgan (Pékin). (*Bull. Assoc. amicale franco-chinoise*, II, Janvier 1910, p. 66.)

Extr. du *Houei pao*, 21 juillet 1909.

— La Question du Chemin de fer Tchin-tchéou—Aïgoun. Par R. C. (*Bull. Com. Asie franç.*, Février 1910, pp. 72/74.)

— Le Chemin de fer de Tchin-tcheou à Aïgoun. (*Ibid.*, Avril 1910, pp. 201/202.)

— La Chine aux Chinois et la construction des Chemins de fer. (*Ibid.*, p. 202.)

(Chemins de fer.)

— La Compagnie du Sud-Mandchourien. (*Revue indo-chinoise*, Mai 1910, p. 462.)

— Completion of the French Yunnan Railway. (*Geogr. Journ.*, June 1910, p. 722.)

— L'emprunt des Chemins de fer. (*Bull. Com. Asie franç.*, Juillet 1910, p. 328.)

— Les Chemins de fer du Tcho-Kiang. (*Ibid.*, Oct. 1910, p. 444.)

— Les progrès du transsibérien. Par Paul Labbé. (*Bull. Soc. Géogr. comm. Paris*, Oct. 1910, pp. 648/655.)

— Les Chemins de fer. — Ligne de Kirin. — Ligne Canton—Kaoloung. — Un projet allemand. Question du Chemin de fer Hankéou—Seu-tchouan. (*Asie franç.*, Déc. 1910, p. 546.)

— Faut-il prolonger le Chemin de fer du Yunnan ? (*A travers le Monde*, XVI, 1910, p. 84.)

— Américains et Japonais en Mandchourie. — L'internationalisation des Chemins de fer. (*Ibid.*, pp. 37/38 ; carte.)

— La Pénétration en Mandchourie et en Mongolie : une nouvelle Voie ferrée de 1200 kilomètres. (*Ibid.*, pp. 333/334 ; carte.)

— Le Chemin de fer de Pékin vers la Mongolie. (*Ibid.*, p. 111.)

— Achèvement du Chemin de fer du Yunnan. (*Bull. Soc. Géogr. Lyon*, 2e série, III, fasc. 1 et 2, 1910, pp. 71/72.)

— Le Chemin de fer du Yunnan. Par J. L. (*Bull. Soc. Etudes Colon. et maritimes*, 35e année, 1910, pp. 20/23.)

Tiré de la *Dépêche coloniale*; traduit d'une lettre parue dans le *Financial News*.

— Le Chemin de fer d'Hankéou. (*Bull. Soc. Géogr. Est*, XXXI, 1910, p. 82.)

— L'établissement d'une voie ferrée entre l'Inde et la Chine. (*Revue indo-chinoise*, Oct. 1910, pp. 419/420.)

Extr. d'une communication de M. Noël Williamson à la *Royal Geographical Society*.

— Die Eisenbahn Moskau—Peking. (*Deutsche Rundschau f. Geogr. u. Stat.*, XXXIII, 1910—1911, p. 346.)

— * Le Chemin de fer du Yunnan. Par le Commandant d'Ollone. (*Revue franç.*, XXXV, 1910, pp. 68/81.)

— * The all-rail route between the Far East and Europe. London : Christophers, 1910, in-12, pp. 138. Sketch-map and illustrations.

— Le Chemin de fer du Houpé. (*Asie franç.*, Janvier 1911, pp. 36/38.)

Extr. du *Bull. économique de l'Indochine*, Nov.-Déc. 1909.

— Le Chemin de fer du Seu-tchouan. (*Asie franç.*, Janvier 1911, p. 38.)

— La ligne de Tientsin à Poukou. (*Ibid.*, Février 1911, pp. 87/88.)

— Les Chemins de fer chinois. — Etude historique. Par Edouard de Laboulaye. (*Ibid.*, pp. 73/79.)

— Les Chemins de fer. (*Revue indo-chinoise*, Mars 1911, p. 301.)

— Un nouveau Chemin de fer allemand au Chantoung. (*Asie franç.*, Mars 1911, p. 140.)

D'après la *Gazette de Cologne*.

— Chemin de fer Kalgan—Kiakhta. (*Asie franç.*, Mars 1911, p. 143.)

— Le Chemin de fer du Yunnan. Par Jean Rodes. (*Ibid.*, Avril 1911, pp. 187/192.)

Hanoï, Janvier 1911.

— L'emprunt pour les Chemins de fer Hankéou—Canton et Hankéou—Seu-tchouan. (*Ibid.*, Mai 1911, pp. 215/216.)

— Exploitation du Chemin de fer du Chansi. (*Ibid.*, Juillet 1911, p. 333.)

(Chemins de fer.)

— Le peuple chinois et les Chemins de fer. Par G. Giraud, Commis des Services civils. (*Revue indo-chinoise*, Juillet 1911, pp. 85/86.)
Traduit du *Hongkong Daily Press*.

— * *** L'emprunt impérial des Chemins de fer de Hu Kuang : Une déclaration politique du gouvernement chinois. (*Economist*, 1er juillet 1911.

— * Ching-Chun Wang. L'emprunt du Chemin de fer de Hankéou—Tsi-Chuang. (*Amer. J. of Int. Law*, Juillet 1911.)

— Situation des Chemins de fer en Chine au 1er janvier 1911. Par J. de Lapeyrière, Ingénieur au Tcheng-taï. (*Bull. Soc. Géogr. comm.*, Juillet 1911, pp. 483/494.)

— Note sur les Chemins de fer chinois. Par M. J. Simon, Ingénieur au Corps des Mines. (*Annales des Mines*, 10e sér., XX, 1911, pp. 61/99.)

— Idem. (Extr. des *Annales des Mines*, livraison d'août 1911.) Paris, H. Dunod et E. Pinat, 1911, in-8, pp. 43.

— Le développement des Chemins de fer en Chine. Par Gustave Regelsperger. (*La Géographie*, 15 août 1911, pp. 122/125.)

— Un Chemin de fer chinois au Hounan. (*Asie franç.*, Août 1911, p. 381.)

— * A. Maybon. La nationalisation des Chemins de fer chinois. (*Opinion*, 16 sept. 1911.)

— * P. Dreyfus. Chine : les Chemins de fer. (*Econ. Fr.*, 30 sept. 1911.)

— Le Chemin de fer de Hang-tcheou à Ning-po. (*Asie franç.*, Sept. 1911, p. 426.)

— Le Chemin de fer de Souateou à Tchao-tchéou-fou. (*Ibid.*, pp. 426/427.)

— L'ouverture au trafic du Chemin de fer Kaoloun—Canton. (*Ibid.*, Oct. 1911, p. 469.)

— * *** Sheng Hsuan Huai et les projets concernant les Chemins de fer chinois. (*Economist*, 28 oct. 1911.)

— Les grands courants commerciaux du Far-West chinois et notre Chemin de fer du Yunnan. Par le Dr Legendre. (*Bull. Soc. Géogr. comm.*, Nov. 1911, pp. 697/724; carte.)

— La ligne de Tientsin à Poukou. (*Bull. Soc. Géogr. Est*, XXXII, 1911, pp. 166/167.)

— Railway Situation in China. — By George E. Anderson, Consul General at Hongkong. Washington, Government Printing Office, 1911, in-8, pp. 32.
Department of Commerce and Labor Bureau of Manufactures A. H. Baldwin, Chief-Special Consular Reports, no. 48.

— Le long du Chemin de fer du Yunnan par le Capitaine Am. Aymard. (*Le Tour du Monde*, 1911, nos 48/52.)

— Proceedings of the Central Asian Society. — Railways in the Middle East by Mr. H. F. B. Lynch. Read March 1, 1911 London Central Asian Society, 1911, in-8, pp. 25.

— * Die Eisenbahnen der Mandschurei von Prof. D. K. Thiess. (*Mitt. deutsch. Ges. f. Natur u. Völk. Ostasiens*, Tokio, XIII, pp. 157/159.)

(Chemins de fer.)

— Die französische Eisenbahn nach Yünnan. (*Mitt. k. k. Geogr. Ges. Wien*, Bd. LIV, 1911, p. 69.)
Du *Journ. Géogr.*

— Deutsch-chinesische Eisenbahnlinie Tientsin – Pukow. (*Geogr. Zeitsch. Leipzig*, XVII, 1911, p. 282.)

— Eröffnung der Antung – Mukdener Eisenbahn. (*Ibid.*, pp. 706/707.)
3 nov. 1911.

— Les Chemins de fer de Chine par Edouard de Laboulaye. Préface de M. Robert de Caix. — Une carte hors texte. — Paris, Emile Larose, 1911, in-8, pp. 340.
Notices : *La Géographie*, 15 déc. 1911, pp. 410/411. — *Lond. & China Express*, Nov. 16. 1911. — *Journ. N. C. B. R. As. Soc.*, XLIII, 1912, pp. 91/93, by G. W. S.

— Les conférences de M. A.-J. H. Charignon sur les Chemins de de fer chinois. (*La Géographie*, 15 déc. 1911, pp. 411/412.)

— Les Chemins de fer chinois. — Un programme pour leur dévelopement. Ouvrage contenant une carte d'ensemble coloriée des Chemins de fer chinois; 21 cartes séparées des différents réseaux et de nombreux tableaux statistiques par A. J. H. Charignon, Ingénieur civil, Conseiller technique au Ministère des Communications. — Pékin, Imprimerie des Lazaristes du Pei-T'ang. — 1914, in-8, pp. VIII-222.
Notices : *Journ. N. C. B. R. As. Soc.*, XLVI, 1915, pp. 128/130, par A. R. — *Asie franç.*, Bull., Janvier-Mars 1915, pp. 34/36, par A. Vissière.

— Les Chemins de fer chinois. Par Raoul Baude. (*Bull. Soc. de Géogr. comm.*, Février 1912, pp. 107/111.)
Hokéou, 1er oct. 1911.

— Idem. (*Revue indo-chinoise*, Mai 1912, pp. 506/508.)
Hokéou, 1er oct. 1911.
Du *Bull. Soc. Géogr. comm. de Paris*.

— Un Chemin de fer français en province chinoise. Par Am. Aymard. (*Bull. Soc. de Géogr. comm.*, Avril 1912, pp. 241/257.)

— Le Chemin de fer d'An-tong à Moukden. (*Ann. de Géogr.*, 15 mai 1912, pp. 278/279.)

— * Comt Meillet. — Les Chemins de fer en Chine en 1910. (*Monde économique*, 25 mai 1912.)

— L'achèvement de la ligne de Tientsin – Poukoou. (*Asie franç.*, Juin 1912, pp. 250/251.)

— Nouveau Chemin de fer transsibérien projeté. Du *Japan Chronicle*, 26 juillet 1912, traduit par G. Giraud. (*Revue indo-chinoise*, Juillet-Août 1912, pp. 129/130.)

— Travaux publics. (*Rel. de Chine*, Oct. 1912, p. 550.)

— Le Chemin de fer de Kaifongfou à Honanfou. (*Asie franç.*, Oct. 1912, pp. 447/449.)

— La politique des Chemins de fer en Chine et le point de vue commercial. (*Revue indo-chinoise*, Nov. 1912, pp. 467/468.)
Du *Hong Kong Daily Press* du 7 oct. 1912. Traduit par G. Giraud Commis des Services civils.

— Les Chemins de fer et le Dr Sun-yat-Sen. [De notre collaborateur chinois.] (*Revue indo-chinoise*, Nov. 1912, pp. 473/474.)
De l'*Echo de Tientsin* du 24 oct. 1912.

— * D. Mazzolani. — In ferrovia da Junnansen—Lao Cai. (*Boll. Soc. Geogr. Ital.*, 1912.)

(Chemins de fer.)

— * A travers la Chine, de la mer à la frontière du Thibet. La construction d'une grande voie 2000 Kilomètres de longueur concédée à une société belge. Carte. (*Mouvement géographique*, 29, 1912, pp. 577/580.)

— Pour aller au Japon ; le Chemin de fer d'An-tong à Moukden. (*A travers le Monde*, XVIII, 1912, p. 188.)

— Die neue Tientsin-Puckaubahn. (*Deutsche Rundschau f. Geogr. u. Stat.*, XXXV, 1912—1913, p. 425.)

— Burmo-Chinese Railway. (*United Empire*, IV, May 1913, pp. 439/440.)

— * Ligne du Chan-si. Société française de construction et d'exploitation de chemins de fer en Chine. Paris, 1913, Ambert, imprimeur-éditeur, 47 rue de Berri, un album oblong de 38 × 28 cm., contenant 194 pages de texte et illustrations.

Notice ; *Asie franç.*, février 1914, pp. 82/83. Par A. Vissière.

— La ligne française du Yunnan et ses environs immédiats, essai de description géographique. Par Ch. Patris. (*Revue indochinoise*, Août 1913, pp. 125/144 ; fig. et carte.)

— Chine. — Le Chemin de fer belge de Hai-tcheou à Lan-tchéou (Kan-Sou). (*Bull. Soc. Géogr. Lyon*, 2e série, 1913, 2e sem., p. 109.)

Du *Mouvement Géographique de Bruxelles*, 24 août 1913.

— Les Chemins de fer russes en Asie centrale et en Mongolie. (*Bull. Soc. languedocienne Géogr. Montpellier*, XXXVI, 1913, pp. 315/316.)

— Le Transsibérien. (*Bull. Soc. Géogr. Lille*, 1er sem. 1913, pp. 312/314.)

Du *Bull. de l'Association des Licenciés de l'Université de Liège*.

— Le Chemin de fer du Yun-nan et l'expansion économique française dans la Chine occidentale. Par le Dr A. F. Legendre. (*Ann. de Géogr.*, 1913, pp. 358/362.)

— Idem. (*Bull. Soc. Géogr. Lyon*, 1914, pp. 72/74.)

D'après les *Annales de Géographie*, no du 15 juillet 1913.

— Un nouveau Chemin de fer français. (*Asie franç.*, Janvier 1914, p. 38.)

— Une nouvelle concession de Chemins de fer. (*Ibid.*, Mars 1914, p. 120.)

— International Intrigues in Chinese Railways. (*The Chinese Review*, vol. I, April 1914, pp. 46/48.)

— La dilapidation d'une entreprise de Chemins de fer. (*Asie franç.*, Juin 1914, pp. 259/260.)

Nan-king—Tch'ang-cha.

— Rapport commercial de la ligne Haiphong—Yunnan-fou en 1913. (*Bull. écon. Indochine*, no 109, Juillet-Août 1914, pp. 470/516.)

— German Railway Construction in North China. (*Journ. Central Asian Soc.*, I, 1914, Pt. I, p. 20.)

— Studies in History, economics and Public Law edited by the Faculty of Political Science of Columbia University, Volume LXVI [Number 2], Whole Number 159. — Railway problems in China by Mongton Chih Hsu, Ph. New York Columbia University Longmans, Green & Co., London : P. S. King & Son, Ltd. 1915, in 8, pp. 184, carte.

— Railway and Industrial Schemes in China. By A. C. Clear. (*Journ. Roy. Soc. of Arts*, 21 May 1915, pp. 636/639.)

— Peking—Kalgan—Tatung Railway. [Report of Inspection.] By Sen Chi. (*Far Eastern Review*, June 1915, pp. 27/29, 6 fig., 1 carte.)

— Status of the Chinese National Railway Corporation : Report [1912, on financial matters] by the technical Secretary [Geo-Bronson Rea]. (*Ibid.*, January 1915, pp. 302/308.)

— Struggle for the Manchurian Railways ; précis of the diplomatic and military combats leading to Japan's dominance in South Manchuria. (*Ibid.*, March 1915, pp. 375/397, 52 fig., 3 cartes.)

— New Railways in North Manchuria ; Russia consolidates her position. (*Ibid.*, April 1916, pp. 15/19, 20 fig.)

— The administration of Chinese Government Railways. By Ching-chun Wang. (*Ibid.*, June 1916, pp. 22/25.)

— The case for machinery on Railway construction in China. By Harold Stringer. (*Engineering*, 18 August 1916, pp. 145/147.)

— American Railway constructors begin work in China : projected Railway through Kwangsi Province. (*Far Eastern Review*, Nov. 1916, pp. 217/224, 6 fig., 4 cartes.)

— Railways of Chosen. [Report on the Korean Railways for 1912.] (*Ibid.*, August 1915, pp. 109/116, 20 fig.) — [Report for 1914—1915.] (*Ibid.*, Oct. 1916, pp. 189/192 ; carte.)

— * Railway Loan Agreements of China, compiled by Ching-Chun Wang, Ph. D., and Others. Privately printed by the Railway Association, Peking, 1916.

— * Kotô, Bundjirô. — New railways in North Manchuria : Russia consolidates her position, Map, ill. (*Far Eastern Review*, Shanghai, vol. 12, 1916, no. 11, pp. 415/419.)

— Building China's Railroads International Cooperation the Essential to Success. By Louis D. Froelick. (*Asia*, 1917, pp. 5/12 ; ill., carte.)

— Das nordmandschurische Eisenbahnsystem. Von Dr. oec. publ. Arthur Heber, Hamburg. (*Petermanns Mitt.*, 1917, pp. 119/120.)

— Rapport commercial de la ligne Haiphong—Yunnanfou pour l'année 1916. (*Bull. écon. Indochine*, n° 125, 1917, pp. 303/360.)

— Rapport commercial de la ligne Haiphong-Yunnanfou pour l'année 1917. (*Ibid.*, n° 131, 1918, pp. 629/687.)

— Rapport commercial de la ligne Haiphong—Yunnanfou pour l'année 1919. (*Ibid.*, n° 146, Janvier-Février 1921, pp. 36/95.)

— Entrées et sorties des navires et mouvement commercial du Port de Haiphong en 1916—1917. (*Ibid.*, n° 131, 1918, pp. 688/710.)

Yunnan-Hongkong.

— Les Chemins de fer chinois en projet (*La Géographie*, n° 7, 1918-1919, pp. 503/505.)

— L'état actuel des Chemins de fer chinois, par G. Bouillard, ingénieur en chef des Chemins de fer de l'Etat Chinois. (*Le Génie civil*, 5 avril 1919, pp. 273/275; carte.)

— L'état actuel des Chemins de fer chinois. (*Revue indo-chinoise*, Sept.-Oct. 1919, pp. 267/268.)

M. G. Bouillard dans le « Génie civil », Paris, 1919.

— Les Chemins de fer en Chine et les intérêts français. (*Revue indo-chinoise*, Sept.-Oct. 1919, pp. 266/267.)

D'après le *Temps*, 12 juillet 1919.

— Jacques Raindre. — Les Chemins de fer chinois. — Contrats et Historique. — Pékin, Imp. Na-Che-pao, 1920. — In-8, pp 323.

Historique et texte des contrats de construction de Chemins de fer concédés par la Chine de 1912 à 1918.

— Le Chemin de fer du Setchouan. (*Revue indo-chinoise*, Mars-Avril 1920, pp. 412/414.)

De la *Far Eastern Review*.

— Projets de Chemin de fer. — Mai 1920. (*Chine Ceylan Madagascar*, Avril-Juillet 1920, p. 110.)

— Crimail. — Le développement des Chemins de fer chinois et la France. (*La Chine*, n° 2, 1er sept 1921, pp. 94/105.)

— Republic of China. Ministry of Communications. Statistics of Government Railways for the Year ending December 31. 1921. — Peking, in-4, s. d. (1923), pp. 80, 9 graphiques et 52 pages de tableaux statistiques.

(Chemins de fer.)

— Les Chemins de fer chinois et les intérêts français. Par Honoré Paulin. (*Colonies et Marine*, Mars 1922, pp. 187/196; carte hors texte.)

— Travaux publics. — Concours pour la construction d'un nouveau pont de chemin de fer sur le Fleuve Jaune (Chine). Par Mesnager, Inspecteur des Ponts et Chaussées, Membre de l'Institut. (*Le Génie Civil*, Samedi 25 mars 1922, pp. 265/272; *ibid.*, 1er avril 1922, pp. 292/295; fig.)

— North Manchuria and the Chinese Eastern Railway, 1922. — Printed Harbin, the Chinese Eastern Railway Printing House. In-8 pp. 98.

Notice économique sur les ressources et les moyens de transport de la Mandchourie du Nord.

— The Chinese Railway system, by H. Stringer, B. A., Resident Engineer, Peking-Mukden Railway. Shanghai. Kelly & Walsh, Ltd., 1922, in-8, pp. 212.

— The Chinese Eastern Railway Data from Last Annual Report. (*Far Eastern Review*, January 1923, pp. 55/58; portr. et ill.)

— The Tangshan Works H. Stringer, B. A., A. M. I. C. E. (*Ibid.*, pp. 13/19; ill. et plan.)

Locomotives-wagons du Peking railway.

— Chemin de fer et autos. Du P. Jung. — Ta-ming-fou, Déc. 1922. (*Chine Ceylan Madagascar*, Mars 1923, pp. 35/36; carte.)

— * Investment Values of Chinese Railway Bonds. Sold by La Librairie Française. 1923. (Pekin.) In-4, pp. 70.

(Chemins de fer.)

QUATRIEME PARTIE

LES CHINOIS CHEZ LES PEUPLES ÉTRANGERS

I. — CONNAISSANCES DES CHINOIS SUR LES PEUPLES ÉTRANGERS.

Col. 2627/2648.

Col. 2628.

— Le *Tcheu la foung tou ki* a été publié dans la *Chrestomathie chinoise* de Klaproth.

— 四譯館 Collège des Interprètes. — S. l. n. d., gr. in-8, pp. 167.

Par Gabriel Devéria, avec un portrait en tête; sans titre; imprimé sans doute à Pe-king. On lit en tete de l'exemplaire de la Société asiatique, la note manuscrite suivante : « Cet essai, trouvé dans les papiers de Mr. Gabriel Devéria, après son décès en Juillet 1899 — n'était pas destiné à être publié à raison des nombreuses fautes typographiques et corrections que l'auteur avait relevées. Il n'y en avait que quelques exemplaires dont un a été relié à titre de curiosité pour la Société asiatique. 8bre 1900. »

L'article de Devéria sur le Collège des Interprètes paru dans les *Mélanges de Harlez* n'est qu'un fragment d'un ouvrage sur le même sujet dont il a été tiré deux exemplaires, s. l. n. d., sans titre, probablement à l'imprimerie du Pe-t'ang à Pe-king :

四譯館 Collège des Interprètes, gr. in-8, pp. 167.

L'auteur a donné un de ces exemplaires à M. Drouin, le numismate, qui l'a fait relier avec le tirage à part des *Mélanges de Harlez*, un portrait de Devéria, et 26 pl. de spécimens d'écritures. En tête, M. Drouin avait mis la note suivante :

« Cet ouvrage est resté en épreuves d'imprimerie et n'a jamais paru Mr. Devéria ayant reconnu au dernier moment qu'il y avait de nombreuses rectifications et modifications à faire. Il a seulement donné un extrait sous le même titre, dans les *Mélanges de Harlez* 4º Leyde 1896. M. Devéria m'a donné cet exemplaire d'épreuves à titre privé pour mon usage personnel en avril 1898. » (E. Drouin.)

Cet exemplaire appartient, Janvier 1913, au libraire Genthner, Paris; il est passé dans la collection Pelliot.

— Les Ecoles d'interprètes chinois. Par A. E. Hückel, Elève-Administrateur. (*Revue indo-chinoise*, 30 mai 1908, pp. 791/792.)

D'après l'*Ostasiatischer Lloyd*.

— Note on a School of Oriental languages in China by Sir E. Denison Ross, K. C. I. E., LL. D., etc. (*New China Review*, no. 1, March 1919, pp. 38/40.)

— Lo Che. — *T'ai Ping Houan-yu Ki* 太平寰宇記. Géographie du Monde. (976—983.)

Cité par Groeneveldt, p. VIII.

— Wang K'i-tsoung. — *Toung Si Yang K'au* (1618) 東西洋考. Recherches sur l'Océan oriental et occidental.

Cité par Groeneveldt, p. VIII.

— Voyage et séjour en France par ordre du Roi, de deux particuliers chinois, Les Sieurs Kô & Yang. Pièce in-4, s. l. n. d. [1765].

— Les Chinois de Turgot, par M. Henri Cordier. (*Florilegium Melchior de Vogüé*, 1909, pp. 151/158.)

Col. 2635.

— Léon de Rosny. — Extraits du *Ti-tou-tsoung-yao*, relatifs aux peuples étrangers à la Chine, traduit pour la première fois du chinois. (*Revue orient. et amér.*, XI, 1872, p. 213, 2 pl.)

A. Wylie.

Col. 2634.

— History of the South-Western Barbarians Chaou-séén. Translated from the «Tseen Han Shoo», Book 95, by A. Wylie, Esq. With introduction, by H. H. Howorth, Esq. F. S. A. (*Journ. Anthrop. Institute*, London, vol. IX, 1880, pp. 53/96.)

With Appendix : Memoir of Yen Ts'oo. Translated from the «Tseen Han Shoo», Book LXIV, fol. 1/17.

— Notes on the Western Regions. Translated from the «Tsëen Han Choo», Book 96, Part 1. By A. Wylie, Esq. (*Ibid.*, vol. X, 1881, pp. 20/73.)

With Appendix.

— Idem, Part 2. By A. Wylie, Esq. [Introductory Note by H. H. Howorth, Esq., F. S. A.] (*Ibid.*. vol. XI, 1882, pp. 83/115.)

∴

Notices chinoises sur les îles Maldives. Traduit de l'anglais par G. Baudens, Lieutenant de vaisseau. (*Revue mar. et colon.*, XXXIX, Déc. 1873, pp. 808/811.)

Extr. de la *China Review*; notes tirées d'une géographie chinoise des pays étrangers publiée sous l'ancienne dynastie avant l'admission des Jésuites.

— The Island of Sumatra. By E. H. Parker. (*Imp. & Asiat. Quart. Review*, 3rd Ser., IX, 1900, pp. 127/144.)

— De Chineesche Naam Ts'e-ts'un voor Grësik. Door G. P. Rouffaer. (*Bijd. Taal-, L.- en Volk. v. Ned. Ind.*, D. LIX, 1 afl., 1906, pp. 178/179.)

— Early Chinese notices of East African territories. — By Friedrich Hirth. . . . (*Journ. American Oriental Soc.*, XXX, Part I, 1909, pp. 46/57.)

TA TS'IN. — FOU LIN.

Col. 2636.

— The Mystery of Fulin. — By Friedrich Hirth, Professor in Columbia University, New York City. . . . (*Journ. American Oriental Soc.*, vol. XXX, Part I, 1909, pp. 1/31.)

— Idem. Part II. (Continued from vol. XXX, 1909, p. 31). (*Ibid.*, vol. XXXIII, Part II, 1913, pp. 193/208, in-8.)

Notice : *T'oung Pao*, Déc. 1913, pp. 798/799, par Ed. Chavannes.

— P. Pelliot. — Fou-lin. (*Journ. Asiat.*, Mars-Avril 1914, pp. 497/500.)

— Li-Kien, autre nom du Ta-ts'in (Orient Méditerranéen). Par P. Pelliot. (*T'oung Pao*, vol. XVI, no. 5, Déc. 1915, pp. 690/691.)

— Kannten die alten Chinesen das Römerreich? Die Lösung des Rätsels von Ta-tschin. Von Prof. O. Franke, Hamburg. — Separatabdruck aus der Neuen Zürcher Zeitung, s. d. [1921], in-8, pp. 8.

∴

— Comm^t Harfeld. — Opinions chinoises sur les Barbares d'Occident. — Paris, Plon-Nourrit; Bruxelles, Albert Dewit, 1909; in-8, pp. VIII-308; ill.

Notices : *Bull. Ecole franç. Extr.-Orient*, IX, n° 3, Juillet-Sept. 1909, pp. 592/593. Par H. Maspero. — *Revue indo-chinoise*, Juillet 1909, pp. 729/730, extr. du *Bull. de la Soc. belge d'Et. colon.*

— Chinese Riddles on Ancient Indian Toponymy. I. Ch'a-po-ho-lo and Ka-p'i-li. By Colonel G. E. Gerini, M. R. A. S. (*Journ. Roy. As. Soc.*, Oct. 1910, pp. 1187/1203.)

— Idem. II. Nan-ni-hwa-lo. By Colonel G. E. Gerini, M. R. A. S. (*Ibid.*, April 1911, pp. 437/445.)

Gabriel Ferrand.

— Se-tiao. By B. Laufer. (*T'oung Pao*, Juillet 1916, p. 390.)

— Ye-tiao, Sseu-tiao et Java. Par Gabriel Ferrand. (*Journ. Asiat.*, Nov.-Déc. 1916, pp. 521/532.)

— Idem. (Extrait du *Journal Asiatique*, Novembre-Décembre 1916.) Paris, Imprimerie nationale. — MDCCCCXVI, in-8, pp. 16.

— La plus ancienne mention du nom de l'île de Sumatra. Par Gabriel Ferrand. (*Journ. Asiat.*, Mars-Avril 1917, pp. 331/335.)

— Idem. — Extr. du *Journ. Asiat.* (Mars-Avril 1917). Paris, Imprimerie nationale. — MDCCCCXVII, in-8, pp. 7.

— A propos d'une carte javanaise du XVe siècle par Gabriel Ferrand. — *Ibid.* (Juillet-Août 1918). Paris, Imprimerie nationale. — MDCCCCXVIII, br. in-8, pp. 16.

— Malaka. Le Malāyu et Malayur par Gabriel Ferrand. — *Ibid.* (Mai-Juin et Juillet-Août 1918). Paris, Imprimerie nationale. — MDCCCCXVIII, br. in-8, pp. 202.

— Idem. (*Journ. Asiat.*, Mai-Juin 1918, pp. 391/484.)

— Idem. (Suite.) (*Ibid.*, Juillet-Août 1918, pp. 51/154.)

— Le K'ouen-louen et les anciennes navigations interocéaniques dans les mers du Sud, par Gabriel Ferrand. (*Ibid.*, Mars-Avril 1919, pp. 239/333; *ibid.*, Mai-Juin. pp. 431/492; *ibid.*, Juillet-Août, pp. 5/68; *ibid.*, Sept.-Oct., pp. 201/241.)

— Idem. — Extr. du *Journ. Asiat.* (1919). — Paris, Imprimerie nationale. — MDCCCCXIX, in-8, pp. 267.

— L'Empire sumatranais de Çrīvijaya, par Gabriel Ferrand, ministre plénipotentiaire. (*Journ. Asiat.*, Juill.-Sept. 1922, pp. 1/104; *ibid.*, Oct.-Déc. 1922, pp. 161/246.)

Textes chinois, pp. 3/51.

— L'Empire Sumatranais de Crīvijaya par Gabriel Ferrand Ministre Plénipotentiaire. — Paris, Imprimerie Nationale. — MDCCCCXXII, in-8, pp. 190.

TCHAO JOU-KOUA 趙汝适

Tchou Fan Tche 諸蕃志.

Col. 2637.

— Chau Ju-kua: His Work on the Chinese and Arab Trade in the twelfth and thirteenth Centuries, entitled *Chu-fan-chï*, Translated from the Chinese and Annotated by Friedrich Hirth and W. W. Rockhill. — St. Petersburg. Printing Office of the Imperial Academy of Sciences, 1912, gr. in-8, pp. x-288.

Notices: *Journ. Asiat.*, Janvier-Février 1914, pp. 196/202, par A. Vissière. — *Journ. N. C. B. R. As. Soc.*, XLV, pp. 167/168, by J. C. F. — *The Times Lit. Sup.*, May 10, 1912. — *Journ. R. As. Soc.*, Oct. 1912, pp. 1114/1117, by L. C. Hopkins. — *T'oung Pao*, Juillet 1912, pp. 446/481, par Paul Pelliot.

— 諸蕃志 — 大正三年五月一日日本東京民友社刊行, un peun, in-8.

Texte du *Tchou fan tche* édité par Rockhill.

— Some Remarks on Chau Ju-kua's Chu Fan Chi. By C O Blagden. (*Journ. Roy. As. Soc.*, January 1913, pp. 165/169.)

— Early Chinese Trade. By E. H. P. (*Geogr. Journ.*, April 1913, pp. 374/376.)

A propos de *Chau Ju-kua* . . . de Frederick Hirth and W. W. Rockhill.

— Eduard Schaer. — Das Buch «Chu-fan-chï» des Chau Ju-kua, ein neu erschlossenes ethnographisch-kommerzielles chinesisches Werk des XII./XIII. Jahrhunderts. (*Archiv f. Gesch. u. Naturw.*, Leipzig, VI, 1913, pp. 329/337.)

(TCHAO JOU-KOUA.)

— Das Buch des Tschau Ju-kua über die fremden Völker und ihr Seeverkehr mit China bis zum 13. Jahrhundert. Von Dr. Albert Herrmann, Charlottenburg. (*Petermanns Mitt.*, 1913, II, pp. 313/314.)

— Viḍaṅga and Cubebs. By B. Laufer. (*T'oung Pao*, Mai 1915, pp. 282/288.)

∴

— Le nouveau Kouang-toung par un Réfugié au delà de l'Océan Pacifique (sans indication de date ni d'imprimerie). Traduit du chinois par le Lieutenant J. Coulon, du Régiment des Tirailleurs Annamites (*Bull. Soc. Etudes indochinoises Saigon*, n° 61, 2e sem. 1911, pp. 29/116.)

Ouvrage attribué à Liang Ki-tch'ao.

— Risch. — Schiffahrt der Chinesen im Mittelalter. (*Geist d. Ostens*, München, I, 1913, pp. 422/428.)

— Alexander M'Allan. — Ancient Chinese account of the Grand Canyon or course of the Colorado. Brooklyn, 1913, in-8, pp. 44; ill.

— The Later Kushans. By J. Kennedy. (*Journ. Roy. As. Soc.*, Oct. 1913, pp. 1054/1064.)

— The name Kushan. By J. F. Fleet, I. C. S. (Retd.), Ph. D., C. I. E. (*Ibid.*, April 1914, pp. 369/381.)

— A Note on the name Kushan. By J. Allan. (*Ibid.*, pp. 403/411.)

— Notes on the Relations and Trade of China with the Eastern Archipelago and the Coast of the Indian Ocean during the fourteenth Century. By W. W. Rockhill. (*T'oung Pao*, Juillet 1914, pp. 419/447; Mars 1915, pp. 61/159, pl.; Mai, pp. 236/271; Juillet, pp. 374/392; Oct., pp. 435/467; Dec., pp. 604/626.)

— Orthographe officielle chinoise des noms de capitales étrangères, par M. A. Vissière. (*Journ. Asiat.*, Nov.-Déc., 1914, pp. 651/658.)

— 垂傳指南. Chinese Names of Places which have commercial or other connections with the Straits Settlements. By Ho Chin Hock 何進福 1918. Phu Vik Press, Singapore, in-8, pp. 35.

(DIVERS.)

32*

— G. Coedès. — Le Royaume de Çrivija. *Bulletin de l'Ecole française d'Extrême-Orient*, t. XVIII, fasc. 6, pp. 36, avec 3 planches. — Hanoi, 1918.

Compte-rendu : *Journ. Asiat.*, Juillet-Août 1919, pp. 149/200. Par Gabriel Ferrand.

— Albert Herrmann. — Die ältesten chinesischen Karten von Zentral- und Westasien. (*Ostasiat. Zeitsch.*, Vol. 8, 1919/1920, pp. 185/198.)

Notice : *The Geographical Review*, April 1923.

— Identification of the « Ka-p'i-li country » of Chinese Authors. By Vincent A. Smith. (*Journ. Roy. As. Soc.*, April 1920, pp. 227/229.)

II. — VOYAGES ET AMBASSADES.

Pélerins bouddhistes.

CHI FA-HIAN et SOUNG YUN.

(*Fo Kouo ki.*)

Col. 2649/2653.

— The Date of Buddhadasa of Ceylon from a Chinese source. By Edward R. Ayrton. (*Journ. Roy. As. Soc.*, Oct. 1911, pp. 1142/1144.)

— * Buddhaghôsa and Fa Hian : Dates of their Visits to Ceylon. By John M. Senaveratne. (*The Ceylon Antiquary and Literary Register*, vol. I, 1915/1916.)

— The Travels of Fa-hsien (399—414 A. D.), or Record of the Buddhistic Kingdoms Re-translated by H. A. Giles, M. A. . . . With an illustration and a map. Cambridge University Press, 1923, in-8, pp. xvi-98.

HOUEI CHIN 慧深.

(*Question du Fou sang.*)

Col. 2653/2658, 3217.

— Ryozaburo Sakaki. — Une nouvelle interprétation du pays de Fou-Sang. (Wien, *Verhandl. XVI. Amerik. Kongr.*, 1910, pp. 35/50.)

— * Professeur Panduranga S. S. Pissurlancar, Recherches sur la découverte de l'Amérique par les anciens hommes de l'Inde, Sanquelim-Goa, 1920, in-8, pp. 22.

Notice : *T'oung Pao*, XX, n° 2, Mars 1920/1921, pp. 156/157. Par P. Pelliot.

HIOUEN TSANG 玄奘 [元|]

Col. 2658/2664, 3217/3218.

— O. W. Allan. — The Priest Hsuan Tsang and the Sian Monuments. (*Chin. Rec.*, Oct. 1908, pp. 576/577.)

— The Monolithic Pillars or Columns of Asoka. By Vincent A. Smith. (*Zeitsch. d. Deutsch. Morg. Ges.*, Bd. 65, Hft. II, pp. 221/240.)

— Identification of Aśoka Pillar N. E. of Benares City described by Hiuen Tsang. By Vincent A. Smith. (*Ibid.*, LXIII, II. Bd., 1909, pp. 337/345.)

— Note on Po-lo-hih-mo-pu-lo and Su-fa-la-na-chu-ta-lo. By A. H. Francke. (*Journ. Roy. As. Soc.*, April 1910, pp. 489/490.)

— *Tai Tō Seiiki-ki* (*Ta T'ang Si-yu-ki*) 大唐西域記. « Mémoires sur les Contrées occidentales » [de Hiuan-tsang]; et *Tai Tō Seiiki-ki-kōi.* « Variantes du *Si-yu-ki.* » — Kyōto Tei koku Daigaku Bunkwa Daigaku sōsho. — (Collection publiée par la Faculté des Lettres de l'Université Impériale de Kyōto), n° 1; Tōkyō 1911; 2 vol. in-8.

Notice : *Bull. Ecole franç. Ext.-Orient*, t. XII, n° 9, Hanoi, 1912, pp. 132/136. Par Henri Maspero.

— The Life of Hiuen-tsiang. By the Shaman Hwui Li. With an Introduction containing an account of the works of I-tsing. By Samuel Beal, B. A., D. C. L., professor of Chinese, University College,

London; Rector of Greens Norton, Northamptonshire, etc. etc. New edition. With a preface by L. Cranmer-Byng. London : Kegan Paul. . . . 1911, in-8, pp. XLVII-218.

Notice : *Lond. & China Express*, Sept. 22, 1911, pp. 666/667.

— * The Life of Hiuen-Tsiang; by the Shaman Hwui Lī. [Translated] by Samuel Beal. Popular Edition. Kegan Paul, 1914.

Notice : *Lond. & China Express*, Nov. 27, 1914.

— Introduction to the Buddhist Library of Huen Chwang. — By the Emperor Tai Tsung A. D. 627/649. (*Journ. N. C. B. R. As. Soc.*, XLVIII, 1917, pp. 115/117.)

— The Desert Crossing of Hsüan-tsang, 630 A. D. Sir Aurel Stein, K. C. I. E. (*Geogr. Journ.*, Nov. 1919, pp. 265/277, map.)

— La traversée du désert par Hiuan-tsang en 630 ap. J. C. par Sir Aurel Stein. (*T'oung Pao*, n° 5, Déc. 1920/1921, pp. 332/354.)

— To the East of Samatata (On the six countries mentioned but not visited by Yuan Chwang). By Professor Padmanath Bhattacharya Vidyavinod, M. A. (*Journ. Roy. As. Soc.*, January 1920, pp. 1/19.)

— Hiuan-tsang and the Far East. By Louis Finot. (*Ibid.*, Oct. 1920, pp. 447/452.)

— Hiuan-tsang and the Far East by L. Finot. ([From the *Journ. Roy. As. Soc.*, Oct. 1920], in-8, ch. pp. 447/452.)

En réponse à un article du Professeur Padmanath Bhattacharya Vidyavinod *To the East of Samatata* paru dans le n° de Janvier.

— Hsüan-tsang and modern research. By Baron A. von Staël-Holstein. (*Journ. N. C. B. R. As. Soc.*, LIV, 1923, pp. 16/24.)

I TSING 義淨.

Col. 2664/2665.

— Compte rendu de : I-TSING, *A Record of the Buddhist religion, . . . translated by* J. TAKAKUSU, 1896. (*Revue de l'Hist. des Religions*, XXXV, 1897, pp. 350/353.)

WANG HIUEN-TS'E 王玄策.

(Ep. des T'ang, VII° S.)

Col. 2665.

— Wang Hiuan-ts'ö et Kaniṣka par Sylvain Lévi. (*T'oung Pao*, n° 2, Mai 1912, pp. 307/309.)

OU-K'ONG 悟空.

Col. 2065.

— Voyages des Pélerins Bouddhistes. — L'Itinéraire d'Ou-k'ong (751—790), traduit et annoté par MM. Sylvain Lévi et Éd. Chavannes. — Extr. du *Journal Asiatique*. — Paris, Imprimerie Nationale. — MDCCCXCV, in-8, pp. 48.

PÉLERINS BOUDDHISTES (DIVERS).

Col. 2666.

— Le nord-ouest de l'Inde dans le Vinaya des Mūla-Sarvāstivādin et les textes apparentés, par M. J. Przyluski. (*Journ. Asiat.*, Nov.-Déc. 1914, pp. 493/568.)

Introduction par Sylvain Lévi.

— The early History of India from 600 B. C. to the Muhammedan Conquest including the Invasion of Alexander the Great by Vincent A. Smith. . . . Second Edition, revised and enlarged. Oxford, at the Clarendon Press, 1908, in-8, pp. x + 1 f. n. ch. + pp. 461; ill., cartes et plans.

The Chinese Pilgrims, pp. 20/23.

Notice : *T'oung Pao*, Oct. 1909, pp. 536/537, par H. C[ordier].

Divers.

Col. 2666/2672.

— The Story of Chang K'ien China's Pioneer in Western Asia. Text and translation of Chapter 123 of Ssï-ma Ts'ién's Shï-ki by Friedrich Hirth, Emeritus Professor of Chinese, Columbia University. — Reprinted from the Journal of the American Oriental Society, vol. 37, pp. 89/152. — 1917, in-8.

— The History of the City of Kanauj and of King Yasovarman. By Vincent A. Smith. (*Journ. Roy. As. Soc.*, July 1908, pp. 765/793.)

— Le Chinois Tchong-a-sam à Paris; Note et rapport inédits de L.-F. Jauffret et de Le Blond à la *Société des Observateurs de l'Homme* (an VIII). Par M. Georges Hervé. (*Bull. et Mém. de la Soc. d'Anth. de Paris*, 1909, pp. 171/179.)

— Extrait des *Bulletins et Mémoires de la Société d'Anthropologie de Paris*. — Le Chinois Tchong-A-Sam à Paris; Note et rapport inédits de L.-F. Jauffret et de Le Blond à la *Société des*

Observateurs de l'Homme (an VIII). Par M. Georges Hervé, in-8, ch. pp. 171/179.

— * Yung Wing. — My Life in China and America. With a Portrait. New York, 1910, in-8, pp. VI-286.

— London through Chinese Eyes or my seven and a half years in London by Min-ch'ien T. Z. Tyau, LL. D. (Lond.) Sometime Lecturer on International Law, Tsing Hua College, Peking; . . . With a Preface by Sir John Newell Jordan, K. C. B., K. C. M. G., C. M. G., G. C. I. E., H. B. M's Minister to China. Illustrations by Miss Kong Sing. The Swarthmore Press Limited. . . . London, W. 1, 1920, in-8, pp. 331.

(DIVERS.)

(DIVERS.)

III. — EMIGRATION.

Ouvrages divers.

Col. 2671/2677.

— Eastern Coolie Labour. By W. L. Distant. (*Journ. Anthrop. Institute*, London, vol. III, 1874, pp. 139/145.)

— L'émigration chinoise dans l'état actuel et au point de vue de l'avenir. — Conférence faite au Palais du Commerce par M. X. Lançon avocat. (*Bull. Soc. Géogr. Lyon*, II, 1878, pp. 437/455.)

— Trabalhadores Asiaticos por Salvador de Merdonça, Consul Geral do Brazil nos Estados Unidos obra mandada publicar pelo Exmo. Sr. Conselheiro João Lins Vieira Cansansão de Sinimbú, Presidente do Conselho de Ministros a Ministro e Secretario de Estado dos Negocios da Agricultura, Commercio e Obras publicas. — New York : Typographia do «Novo Mundo», 1879, in-12, pp. 278 + 1 f. n. ch. er.

Bib. Nat., O²n 705

— Les émigrants chinois. (*Bull. Union géogr. Nord France, Douai*, II, 1881, pp. 739/740.)

D'après Sir Walter Medhurit [sic]. — De l'*Exploration*.

— Max Leclerc. — L'émigration chinoise et les relations internationales. (*Revue des Deux Mondes*, 1er avril 1889, pp. 650/688.)

— La main d'œuvre chinoise dans nos colonies. Par A. A. Fauvel, Ancien officier des Douanes Chinoises. (*Bull. Soc. Etudes Col. & mar.*, 28e année, 1903, pp. 229/240.)

— L'émigration et la main-d'œuvre chinoises. Par le Comte de Jouffroy d'Abbans. (*Ibid.*, pp. 365/375.)

— L'immigration chinoise. Par Henri Tirard. (*Revue indo-chinoise*, 15 juin 1904, pp. 764/768.)

— La Main-d œuvre aux Colonies-Travailleurs noirs, hindous, chinois et japonais. Par Francis Mury. (*Bull. Soc. Géogr. comm. Le Hâvre*, 1904—1905, pp. 110/127.)

— Chine. — La cuisine des Célestes. (*Bull. Soc. Géogr. Dunkerque*, n° 30, Déc. 1905, pp. 55/57.)

— The Asiatic Danger in the Colonies. By L. E. Neame. London, George Routledge & Sons. . . . 1907 ; in-8, pp. XVI-192.

— Statistik der Chinesen im Auslande. (*Deutsche Rundschau f. Geogr. und Stat.*, XXX, 1907—1908, p. 277.)

— La question de l'émigration asiatique. (*Bull. Com. Asie franç.*, Février 1908, pp. 63/64.)

— Chinois établis à l'étranger. Par A. V. (*Revue indo-chinoise*, 30 juillet 1908, p. 131.)

Tiré du *Bull. Assoc. franco-chinoise*.

— L'Exode des Chinois du Centre vers la Mandchourie (fin de l'Hiver 1908). Par Léo Byram. (*A travers le Monde*, XIV, 1908, p. 229, ill.)

— L'émigration chinoise par le port de Swatow. Par Pierre Clerget. (*La Géographie*, 15 déc. 1908, pp. 398/399.)

— L'émigration chinoise par le port de Swatow. Par Pierre Clerget. (*Revue indo-chinoise*, Mai 1909, p. 506.)

— Les colonies chinoises au dehors. (*Bull. Com. Asie franç.*, Oct. 1909, pp. 455/456.)

— П. Шмидтъ. — Изученіе Китая за границею. (*Извѣстія Восточнаго Института*, Т. XXIX, вып. 3й, 1909, pp. 16.)

P. Schmidt. Chinaforschung im Auslande.

— La Chine à l'exposition de Bruxelles par le Docteur Édouard Mène. (*Bull. Assoc. amic. franco-chinoise*, Oct. 1910, pp. 336/346.)

— Expansion des Chinois vers l'Ouest. Traduit du *Hong Kong Daily Press*, par G. Giraud. (*Revue indo-chinoise*, Oct. 1911, pp. 423/424.)

— Projet de création en Europe d'une banque nationale chinoise. (*Asie franç.*, Nov. 1912, p. 495.)

(OUVRAGES DIVERS.)

(OUVRAGES DIVERS.)

— Les colonies chinoises de l'Asie méridionale. (*Revue indo-chinoise*, Juin 1912, p. 604.)
De l'*Asie française*.

— * M. J. H. Böeseken. — De invloed van China in Midden-Azië. (*Tijdsch. v. Gesch., Land- en Volkenkunde*, 27ste Jg., Afl. 3, 1912.)

— * Heinrich Mootz. — Die Chinesische Weltanschauung. Straßburg, Karl J. Trübner, 1912, in-8, pp. x-205.

— Les Etudiants chinois à l'étranger. Par C. Mus. (*Revue indo-chinoise*, Juin 1914, pp. 643/644.)

— Oriental Emigration. By J. Wong-Quincey. (*The Chinese Review*, vol. I, July 1914, pp. 122/124.)

— L'invasion des Jaunes en Europe. (*A travers le Monde*, XX, 1914, p. 156.)

— * The Transmarine Emigration of Chinese and its influence on the white and yellow races; a study in Political Economy. By H. Gottwaldt.
Notice : *Journ. N. C. B. R. As. Soc.*, XLV, 1914, pp. 143/144. By C. d. B. R.

— Les Chinois à l'Étranger. (*Bull. Soc. Géogr. Lyon*, 1914, pp. 74/75.)

— * Li, Tien-lu. — Congressional Policy of Chinese Immigration. Carcassonne, 1916.

— The Chinese Students. (*Far Eastern Pol. Science Rev.*, II, no. 1, January 1920, pp. 31/37.)

— Les Etudiants chinois. — Le plus grand espoir de la Chine. (*Ibid.*, pp. 32/39.)

— Les aspirations politiques des étudiants chinois. (*Asie franç.*, Nov. 1920, pp. 381/382.)

— The Psychology of the Chinese Coolie. By A. Neville J. Whymant, Ph. D. (Late Lieutenant of the Chinese Labour Corps in France.) (*Asiatic Review*, Oct. 1922, pp. 645/654.)

— Chinese Coolie Songs Taken down from the lips of Chinese Coolies with the B. E. F. in France, and translated by A. Neville J. Whymant, late Lieutenant of the Chinese Labour Corps; 1919. (*Bull. School Oriental Studies*, London Institution, Vol. I, Part IV, 1920, pp. 145/166.)

— Chinese Labor Seeking Better Conditions Will China Be Able to Compete With Other Countries When Her Labor Cost Increases? By George L. Sokolsky. (*Trans-Pacific*, Tokyo, August 1922, pp. 48/50; ill.)

— Coolies Of Dairen Are Best Cargo Handlers Steamers Touching at Manchurian Port. Make Up Time Lost in Other Harbors of Far East. By Mr. Y. Aioi President of the Dairen Chamber of Commerce. (*Ibid.*, Tokyo, Oct. 1922, pp. 68/69; portr. et ill.)

Etats-Unis.

Col. 2677/2692.

— * R. E. Cowan and B. Dunlap. — Bibliography of the Chinese Question in the United States. A. M. Robertson, San Francisco, 1909, pp. 68.

— * P. J. Healy and Ng Poon Chew : a Statement for Non-Exclusion (concerning Chinese). San Francisco, 1905, in-8, pp. III-255.

— Ville chinoise. Par J. C. (*Revue indo-chinoise*, 15 août 1906, pp. 1257/1259.)
De la *Weekly Press*.

— Américains et Chinois. — Le Quartier chinois de San Francisco sera-t-il rebâti? (*A travers le Monde*, XII, 1906, p. 287.)

— La Question de l'Immigration asiatique dans l'Amérique du Nord. (*Bull. Com. Asie franç.*, Mars 1908, pp. 110/111.)

— A Digest of the Treaty, Laws, and Regulations governing the Admission of Chinese their residence in and transit through the United States and its insular possessions for the use of diplomatic and consular officers by Frederick D. Cloud American Vice-Consul-General, Shanghai. — Approved May 5, 1908. — Washington, Government Printing Office 1908, in-8, pp. 19.

— Mission Work among the Chinese in San Francisco. By Rev. Ng Poon-chew, San Francisco. (*Chin. Rec.*, Sept. 1909, pp. 491/493.)

— Conseils aux étudiants Chinois partant pour l'Amérique. (*Revue indo-chinoise*, Déc. 1909, pp. 1245/1246.)

— La question du travail asiatique en Amérique. (*Asie franç.*, Août 1910, p. 363.)

— Chinois et Japonais en Californie. (*A travers le Monde*, XIX, 1913, pp. 366/367.)

— U. S. Department of Labor Bureau of Immigration. — Treaty, Laws, and Rules governing the Admission of Chinese. — Rules of May 1, 1917. — Washington, Government Printing Office, 1917, in-8, pp. 62.

— * Who's Who of the Chinese in New York. By W. M. Van Norden.
Notice : *Journ. N. C. B. R. As. Soc.*, XLIX, 1918, p. 184. By M.

Canada.

Col. 2692.

— Rapport sur l'immigration chinoise au Canada et dans la Colombie anglaise. — Ottawa, 1885. — Col. 2692.
Notice : *Bull. Soc. Geogr. Rochefort*, t. X, 1888—1889, pp. 242/243. Par J. S.

— L'immigration chinoise au Canada. (*Bull. Com. Asie franç.*, Juillet 1909, p. 305.)
D'après le *Times*.

— Le Canada et l'immigration chinoise. (*Asie franç.*, Février 1911, p. 87.)

Amérique méridionale et Antilles.

Col. 2693.

— * Federico Ordás Avecilla. Los Chinos fuera de China y el antagonismo de razas. Habana, Miranda y Cª, 1893, in-8, pp. 104.
Retana, 3379.

— L'émigration asiatique au Mexique. Par le Comte Maurice de Périgny. (*Bull. Com. Asie franç.*, Janvier 1909, pp. 19/20.)

— Les Chinois au Mexique. (*Asie franç.*, Sept.-Oct. 1921, p. 392.)

— The Chinese in British Guiana by Cecil Clementi Government Secretary of British Guiana; Lately Assistant Colonial Secretary of Hongkong. — «The Argosy» Company. — 1915, in-8, pp. XIV-416-XXIX; 4 cartes.

Notice : *Geogr. Journ.*, Oct. 1922, p. 303, par E. A. B.

— Les Chinois à la Jamaïque. (*Asie franç.*, Mars 1922, p. 130.)

Indes anglaises.

— An interesting but little-known Chinese Corner of British India. By Pinya. (*Imp. & Asiat. Quart. Rev.*, Oct. 1903, pp. 337/349.)

Détroit de Malacca, etc.

Col. 2693/2694.

— L'immigration chinoise dans les Etablissements des Détroits en 1908. (*Bull. Com. Asie franç.*, Déc. 1909, p. 546.)

— Les Chinois de Singapore. Par C. Mus. (*Revue indo-chinoise*, Avril 1914, pp. 451/452.)

D'après le *Straits Times*.

— * Ho-Chin-fu. — Chinese Names of Places which have commercial or other connections with the Straits Settlements. Singapore, 1918, pp. 65.

Birmanie.

— Les Chinois en Birmanie. Par M. J. Dautremer. (*Bull. Assoc. amicale franco-chinoise*, II, Janvier 1910, pp. 9/12.)

Siam.

— L'émigration Asiatique. Par Reader. (*Revue indo-chinoise*, 15 avril 1907, pp. 490/492.)

Siam Free Press.

Indochine.

— Les Chinois en Indochine. (Conférence faite à l'Ecole Coloniale.) (*Revue indochinoise*, n° 87, 15 août 1908, pp. 153/171.)

— Notice sur la situation des Chinois en Indochine. Par ***. (*Ibid.*, Nov. 1909, pp. 1063/1100.)

Faculté de Droit de l'Université de Bordeaux. — L'Immigration chinoise en Indochine. — Thèse pour le Doctorat (Sciences politiques et économiques), Soutenue devant la Faculté de Droit de Bordeaux le Jeudi 11 novembre 1909, à 2 h 1/2 par Jean-André Lafargue Commis des Douanes et Régies d'Indochine. — Paris, Henri Jouve, 1909, in-8, pp. 382.

— Université de Paris. — Faculté de Droit. — De la Condition des Chinois et leur Rôle économique en Indochine. — Thèse de Doctorat. — L'acte public sur les matières ci-après sera soutenu le Vendredi 11 novembre 1910, à 1 h 1/2 par René Dubreuil Docteur en droit.... — Bar-sur-Seine, Ve C. Saillard, 1910, in-8, 1 f. n. ch. + pp. 120.

— Le Péril chinois en Indochine. (*A travers le Monde*, XVII, 1911, p. 172.)

— Les Chinois au Tonkin. (*Asie franç.*, Février 1921, pp. 65/66.)

— Les Chinois en Cochinchine. (*Ibid.*, Mars 1921, pp. 110/111.)

— Projet de création d'un consulat chinois. (*Ibid.*, Sept.-Oct. 1921, p. 372.)

A Saïgon.

— Inauguration d'une école franco-chinoise à Hanoi. (*Ibid.*, Nov. 1922, pp. 397/398.)

Japon.

— Les étudiants chinois au Japon. Par V. F. D'après la *Rangoon Gazette*. (*Revue indo-chinoise*, 15 déc. 1905, p. 1746.)

— Les étudiantes chinoises à Tokio (Extr. de l'*Européen* du 14 oct. 1905). (*Revue indo-chinoise*, 15 déc. 1905, pp. 1746/1747.)

— Japon. — Les étudiants chinois. (*Bull. Soc. Géogr. Dunkerque*, n° 30, Déc. 1905, pp. 57/58.)

— Les étudiants chinois au Japon. Par J. C. (*Revue indo-chinoise*, 15 oct. 1906, pp. 1589/1590.)

Du *China Mail*.

— Les étudiants chinois à Tokio. Par J. O. (*Revue indo-chinoise*, 15 nov. 1906, pp. 1744/1755.)

Du *Straits Times*.

— Choses de Chine. Ce que deviennent les étudiants chinois au Japon. (*Revue indo-chinoise*, 15 février 1908, pp. 232/233.)

— Work among Chinese in Tokyo. By W. Nelson Bitton. (*Chin. Rec.*, Sept. 1909, pp. 512/514.)

— Les étudiants chinois à Tokyo. (*Revue indo-chinoise*, Mai 1910, pp. 461/462.)

Indes Néerlandaises.

(Col. 2695/2703.)

— Repertorium op de Litteratur betreffende de Nederlandsche Koloniën in Oost- en West-Indië, voor zoover zij verspreid is in tijdschriften en mengelwerken. — Eerste Vervolg (1894—1900). Met een alphabetisch zaak- en naamregister. Samengesteld door A. Hartmann. Hoofdcommies bij het Ministerie van Koloniën. — 's-Gravenhage, Martinus Nijhoff, 1901, in-8, pp. XVI-224 + 1 f. n. ch.

— — Tweede Vervolg (1901—1905).... Ibid., 1906, in-8, pp. XVI-233 + 1 f. n. ch.

∴

— Dr. J. J. M. de Groot. — Over het Belang der Kennis van China voor onze Koloniën. Leiden, 1891, in-8, pp. 35.

— — China's Consulaire Politiek, 1891.

— — Heeft bezorgdheid voor overgrooten toevloed van Chineezen naar onze koloniën recht van bestaan? Lezing met debat. (*Verslagen der vergaderingen van het Indisch Genootschap*, 's Gravenhage, 1894, bl. 67/91. — Opmerkingen van J. A. Schröder. (*Insulinde* 1896, No. 4. — Cf. *Insulinde* 1896, N° 5, 6, 45.)

A. Hartmann.

— — * De nieuwe regeling van het privaatrecht der Chineezen in onze koloniën. (Nota met naschrift en aanhangsel.) (*Indische Gids*, 1898, I, bl. 133. — Cf. *Ind. Weekbl. v. h. R.*, 1897, N° 1787, 1788, 1790, 1797.)

A. Hartmann.

— * Verdaging der inwerkingtreding van de Wetgeving omtrent het burgerlijk Recht voor de Chineezen in Ned. Indië. (Stbl. 1892, N° 238.) . . . (*Nederlandsch. Zendingstijdschft.*, IV [1894], 320.)

A. Hartmann.

— * P. Vellema. — Aanteekeningen omtrent de regeling van het rechtswezen door de Chineezen op Java en Madoera. (*Indische Gids*, 1894, I, bl. I, 220, 387.)

Cf. P. Vellema, *Bijdr. omtrent Ind. vraagstukken*, Semarang, 1894, bl. 32.

A. Hartmann.

— * J. van der Spek. — Chineesche gewoonten ten aanzien van kinderen. (*Indische Gids*, 1894, I. 940; II, 1116.)

A. Hartmann.

— * Emile Barré. — De ethnographische en economische strijd van blanken en Chineezen. (*Ibid.*, I, 147.)

A. Hartmann.

— * Der Chinese in den außerchinesischen Ländern des Ostens. (*Oesterr. Monatsschrift f. d. Or.*, 1896, 151.)

A. Hartmann.

— * W. P. Groeneveldt (in de *Nieuwe Rotterd. Courant*) over de Chineezenquaestie in Ned.-Indië; met aanteekeningen. (*De Indische Gids*, 1897, I, 521/523.)

A. Hartmann.

— * W. P. Groeneveldt. — Advies over de ontworpen nieuwe regeling van den privaat-rechtelijken toestand der Chineezen. (*Ibid.*, 1898, I, bl. 389.)

A. Hartmann.

— * H. G. Heyting. — De Chineezenkwestie. Met voorstellen omtrent een verscherpt toezicht op de beweging der Vreemde Oosterlingen in Ned.-Indië. (*Tijdschrift voor het Binnenlandsch Bestuur*. Batavia, XV, 175. — Cf. *Ind. Gids*, 1897, II, 1081.)

A. Hartmann.

— Een Chineesch reiziger op Sumatra. (I-tsing in 672/695 A° D.) (H. Kern, *Verspreide Geschriften*, VI Deel, 's Gravenhage, M. Nijhoff, 1917, pp. 211/220.)

Tijdschrift voor Nederlandsch-Indië, 2e Nieuwe Serie, 1e Jrg., s'Gravenhage, 1897.

— * Een ontwerp-regeling van den privaatrechtelijken toestand der Chineezen in Ned. Indië. (*Indische Gids*, 1897, II, bl. 1331. — Cf. *Het Recht in Nederl. Indië*, LXIX, 149.)

A. Hartmann.

— * Mr. J. A. Nederburgh — Het Indisch Chinezeenrecht der toekomst. (*Wet en Adat*, Bd. I, Batavia.)

A. Hartmann.

— * G. A. Römer. — Chineezenvrees in Indië. (*Vragen des tijds*, Jrg. 23, II, 193, 289.)

A. Hartmann.

— * Nietigheid van Chineesche Testamenten. (*Het Recht in Nederl.-Indië*, LXXI, 93/96. — Cf. *Ibid.*, LXX, 435.)

A. Hartmann.

— * De privaat-rechtelijke toestand der Chineezen in Ned.-Indië. (Overzicht van de brochure van Mr. A. Paets tot Gansoijen «Eenige opmerkingen over het Ontwerp eener regeling ter zake. Soerabaia, 1897.» (*Tijdschft. v. Nederl.-Ind.*, 1898, pp. 210/232.)

A. Hartmann.

— * Henri Borel. — Opmerkingen over de ontworpen nieuwe regeling van den privaat-rechtelijken toestand der Chineezen. (Bestrijding van de door Prof. Dr. J. J. M. de Groot ter zake verkondigde stellingen.) (*Ind. Gids*, 1898, II, 780. — Repliek van J. J. M. de Groot. — *Ibid.*, 987.)

A. Hartmann.

— * H. Borel. — De Chineesche beweging in Nederlandsch-Indië. (*Verslag. vergad. Ind. Genootschap*, 15 april 1913.)

— H. Br. — L'organisation du travail et la main-d'œuvre chinoise dans les plantations de tabac de Sumatra. (*Bul. économ. Indo-Chine*. 1900, pp. 491/498.)

— * Mr. J. Sibenius Trip. — Heeft de Wetgever in art. 75 al. 3 en 4 van het Regeeringsreglement, voorzoover het Chineezen betreft, bedoeld dat de rechter in de zaken, waar in zij niet onderworpen zijn aan het Europeesche recht of zich niet vrijwillig daaraan hebben onderworpen, recht zal spreken volgens de godsdienstige wetten, instellingen en gebruiken zooals die in China ageeren, dan wel naar die in Indië onder hen bestaande? (*Het Recht in Nederl. Ind.*, LXXIV, 1.)
— Chineesch of Indo-Chineesch recht? Door Mr. A. A. van Oven. (Naar aanleiding van vorenst. opstel.) (*Ind. Weekblad v. h. R.*, 21 Mai 1900, N° 1925.)

A. Hartmann.

— * H. N. Stuart. — Over verdeeling van het familiegoed en stamvoortzelting bij de Chineezen. (Naar aanleiding van een te Soerabaia verschenen geschrift over de Chineesche erfopvolging van d luitenant-Chinees-titulair Tjoa Sien Hie, 1900.) (*B. in N. I.*, LXXV, 273.)

A. Hartmann.

— Le Péril Jaune dans les Indes Hollandaises. (*A travers le Monde*, XII, 1906, p. 300.)

— Les Chinois dans les Indes Néerlandaises. Par V. F. (*Revue indo-chinoise*, 15—30 mars 1907, pp. 414/415.)
D'après une correspondance adressée à l'*Echo de Chine*.

— Les Chinois à Java. (*Revue indo-chinoise*, 15 sept. 1907, pp. 1280/1281.)
D'après une correspondance adressée à l'*Echo de Chine*.

— Chineezen onder hollandsche Vlag eene *niet-uitsluitend Koloniale* quaestie populair behandeld, in verband met China's heden en verleden en de eigenaardigheden van den Chinees in het algemeen. Door Mr. W. de Veer Rechterl. Ambtenaar N. I., met verlof, laatstelijk President van de Landraden te Cheribon en Koeningan, Amsterdam Scheltema & Holkema's Boekhandel 1908; in-8, pp. xx-397.

— * L. H. W. van Sandick. — Chineezen buiten China. Hunne beteekenis voor de ontwikkeling van Zuid-Oost-Azië, speciaal van Nederlandsch-Indië. 's Gravenhage. 1909, gr. in-8.

— * P. H. Fromberg. — De Chineesche beweging op Java. (*Verslagen Indisch Genootschap*, 1912—1913, blz. 25.)

— Het Landschap Poli van de chineesche Geschiedboeken door J. C. van Eerde. (*Tijdsch. v. het Kon. Ned. Aardrijksk. Genootsch.*, 1913, No. 4, pp. 506/516.)

— J. G. Sinia. — Chineesche wyken te Batavia. (*Ned. Ind. huis.* Amsterdam, I, 1914, pp. 211/217 met Abb.)

— * Djajabaja. — De plaats van den Chinees in de Indische Samenleving. (*Goentoer-Bergerak. Orgaan gewijd a. d. belangen van Indië.* 1ste Jg., No. 3, 13 Mrt. 1915.)

— * Ch. B. Bakhuizen van den Brink. — De Chineezen op Java. (*Het Koloniaal Weekblad*, 9 Sept. 1915.)

— So Bing Kong. — Het eerste hoofd der Chineezen te Batavia (1619—1636) door B. Hoetink. (*Bijdr. T.-L. en Volk. v. Ned. Indië*, D. 73, 3 & 4 afl., 1917, pp. 344/414.)

— * A. G. de Bruin. — De Chineezen ter Oostkust van Sumatra. (*Oostkust van Sumatra-Instituut*, Mededeeling No. 1, 1918.)

— Ni Hoekong, Kapitein der Chineezen te Batavia in 1740, door B. Hoetink. (*Bijdr. T.-, L. en Volk. v. Ned. Indië*, D. 74, 4 afl., 1918, pp. 447/518.)

— Chineesche Officieren te Batavia onder de Compagnie. Gegevens, verzameld door B. Hoeting. (*Ibid.*, D. 78, 1 & 2 afl., 1922, pp. 1/136.)

— * J. L. J. F. Ezerman. — Beschrijving van den Koan Iem Tempel «Tiao'-Kak-Sie» te Cheribon (*Bataviaasch Genootschap van Kunsten en Wetenschappen. Populair-Wetenschappelijke Serie*, No. II). In-4, s. l. n. d.

— Les Chinois aux Indes néerlandaises. (*Asie franç.*, Avril 1921, pp. 174/175.)

— Dott. Giovanni Ceresa della Società Pirelli-Giava. — La coltura ed il commercio della China nell' isola di Giava. (*Agricoltura Coloniale*, Firenze, Anno XVI, Agosto-Settembre 1922, pp. 319/324; pl.)

Iles Philippines.

Col. 2704/2705.

— Demande de main d'œuvre chinoise à Manille. Par P. G. (*Revue indo-chinoise*, 15 juin 1905, pp. 821/823.)
Extr. de *The Hongkong Weekly Press*, 15 mai.

— * Relacion del Levantamiento de || los Sangleyes, naciõ Gentil, habitadores en las Islas Filipinas, las quales son mas de mil. muchas || dellas del Rey nuestro señor, y algunos son Christianos. Los quales queriã alçarse con la ciudad || de Manila, cabeça de las Islas conquistadas : el qual alçamiento fue el dia de san

Francisco de 1603. || Siēdo Gouernador y Capitan General de las dichas Islas, por su Magestad, dō Pedro de Acuña, Cauallero del abito de San Iuan, Comēdador de Salamāca : y de la vitoria q dellos vuo; y castigo || q se les dio. Vino esta nueua a Mexico a 5. de Deziēbre de. 1605. y a España a 1. de Mayo de. 1606. || A la fin : Con licencia, en Seuilla, por Alonso Rodriguez. Año 1606. In-fol., pp. 4 n. ch.

Retana, 63.

— * Relacion verdadera del Levantamiento qve los Sangleyes o Chinos hizieron en las Filipinas, y de las vitorias que tuuo cōtra ellos el Gouernador Dō Sebastian Hurtado de Corcuera, el año passado de 1640. y 1641. — Con Licencia. Impressa en Madrid. por Catalina del Barrio y Angulo. Y por fu original, en Seuilla, con licencia del señor Oydor D. Iuan de Gongora, por Iuan Gomez. Año 1642.

Retana, 110, pp. 122/125.

— * La Inmigracion China en Filipinas. Exposicion del comercio y de la industria à S. M., sobre los perjuicios que de acquella se siguen actualmente y los peligros en el porvenir, á fin de que se tomen las medidas convenientos. [Manila], Imprenta de La Oceanía Española. [1886], in-fol., pp. 12 réunies.

Daté Manille, 1er juin 1886. — Probablement écrit par D. José Felipe del Pan. — Retana, No. 2364.

— * La Immigracion china y japonesa en Filipinas Documentos. Madrid, 1892, Imprenta de Don Luis Aguado, 8, Pontejos, in-4, pp. 19.

Retana, 3165.

— * Isabelo de los Reyes. — Expedición de Li-Ma-Hong contra Filipinas en 1574. Manila, Estab. tipog. de Ramirez y Compañia, 1888, in-4, pp. 24.

Retana, 2650.

— * China en Filipinas || Colección de articulos publicados || en el || Diario de Manila || acerca de la immigracion asiática || en el Archipiélago || Manila || Establecimiento tipográfico de Ramirez y Compañia || . . . || 1889, in-8, pp. 266.

Retana, 2706.

— * Chinos. Sus reglamentos y sus contribuciones. || Manila || Estab. Tipo-litográfico de Ramirez y Comp.. || Calle Magallanes. 1. — Succursal Escolta, 12 || 1893. in-4, pp. 115.

«Collección de *El Faro Administrativo*». — Une autre édition de 1892. — Retana, 3313.

— * Juan Caro y Mora. — Ataque de Li-Ma-Hong á Manila en 1574. Manila, Imp. de Amigo del País, 1894, in-fol., pp. 80; grav.

Retana, 3458.

— — Idem. Segunda edición. Manila, Chofré y Comp., 1898, in-4, pp. 20 n. ch. + 155; dessins de V. Rivera y Mir, Filippin.

Retana, 3974.

— Les Chinois aux Philippines. Par V. Fournier. (*Revue indo-chinoise*, 30 juin 1906, pp. 984/985.)

D'après la *Rangoon Gazette*.

— The Relations of the Chinese to the Philippine Islands. By Berthold Laufer. (*Smithsonian Miscellaneous Collections*, Vol. L, No. 1725, 1907, pp. 248/284.)

— Idem. Reprinted from *Smithsonian Miscellaneous Collections* (Quarterly Issue). Vol. 50, Part 2. No. 1734. City of Washington Published by the Smithsonian Institution, September 13, 1907, in-8, pp. ch. 248/284.

Pages 282/284 : Appendix. The Dido Story in Asia.

Samoa.

Col. 2705.

— La main-d'œuvre chinoise dans l'île de Samos [*sic*]. (*Revue indo-chinoise*, n° 93, 15 nov. 1908, p. 673.)

Lire Samoa.

— Disparition des travailleurs chinois aux îles Samoha. (*Asie franç.*, Avril 1922, p. 182.)

Iles Hawaii.

Col. 2705.

— Chinese Conditions in Hawaii. By Rev. E. W. Thwing. (*Chin. Rec.*, May 1906, pp. 287/288.)

— Chinese Mission Work in Hawaii under the Hawaiian Board. By Rev. E. W. Thwing. (*Ibid.*, Sept. 1909, pp. 507/509.)

Australie.

Col. 2705/2706.

— Die Chinesen in Victoria. Vortrag gehalten im «Verein für Erdkunde zu Dresden» am 29. Juni 1866 von Richard Oberländer. (*Zeitsch. d. Ges. f. Erdk. Berlin*, I, 1866, pp. 499/503.)

— The Chinese Question in Australia, 1878—1879. Edited by L. Kong Meng. Cheok Hong Cheong. Louis Ah Mouy. Melbourne : F. F. Baillière. 1879, in-8, pp. 31.

— Les réformistes chinois en Australie. (*Revue indo-chinoise*, 15 mai 1908, pp. 708/709.)

D'après *Hongkong Daily Press* (V. F.), *Echo de Chine*, *Echo de Tientsin*.

— The Decreasing Chinese. (*United Empire*, III, March 1912, p. 195.)

— Chinese in Australia. (*Ibid.*, August 1912, p. 686.)

Borneo.

— H. Meyners d'Estrey. — Une visite aux colonies chinoises dans l'Ouest de Bornéo. (*Journ. des Economistes*, Nov. 1893.)

— Mission Work among the Chinese of British North Borneo by Rev. W. Ebert. (*Chin. Rec.*, Sept. 1909, pp. 487/490.)

— The Chinese in Malaysia by Rev. W. G. Shellabear. (*Ibid.*, pp. 502/506.)

— North Borneo. — A Chinese Colony. By G. C. Irving. (*Far Eastern Review*, Oct. 1922, pp. 620/622; ill.)

— Les Chinois dans le Nord-Bornéo Britannique. (*Asie franç.*, Mars 1923, pp. 86/88.)

De la *Far Eastern Review* et de l'*Echo de Chine*.

— Le Nord de Bornéo. Une colonie chinoise. Par Intérim. (*Revue indo-chinoise*, Nov.-Déc. 1922, pp. 471/475.)

Iles Sandwich.

— L'immigration chinoise aux îles Sandwich. (*Bull. Union géogr. Nord France, Douai*, II, 1881, p. 745.)

Iles Fidji.

— Les Chinois aux îles Fidji. (*Asie franç.*, Avril 1921, p. 167.)

Afrique.

— Octave J.-A. Collet. — Contre l'introduction de la main-d'œuvre chinoise au Congo belge. (*Bull. Soc. belge Et. Colon.*, 1914, pp. 415/465.)

— L. D. — La main-d'œuvre chinoise au Katānga. (*Ibid.*, pp. 593/598.)

Afrique du Sud.

Col. 2706/2707.

— Henri Cordier. . . . — Le Périple d'Afrique. — Du Cap au Zambèse et à l'Océan Indien. — Photographies prises par l'auteur avec le Vérascope Richard. E. Guilmoto, Paris, in-8, pp. 233.

Chap. VIII. — L'émigration chinoise au Transvaal, pp. 103/138.

— La Main-d'œuvre chinoise au Transvaal. (*A travers le Monde*, X, 1904, p. 175.)

— * Rapports commerciaux des agents diplomatiques et consulaires de France: Transvaal, les mines du Rand. Paris. Office National du Commerce extérieur.

Notice : *Revue indo-chinoise*, 31 août 1908, pp. 280/282. Par J. L. (*Ann. Inst. Col. Bordeaux.*)

A propos de la main-d'œuvre chinoise.

— Le Péril jaune au Transvaal. Par J. Robert. (*A travers le Monde*, XI, 1905, pp. 197/198; ill.)

— La Banqueroute de la Main-d'œuvre chinoise dans le Sud Africain. (*Ibid.*, XII, 1906, pp. 86/87.)

— L'Existence des Coolies chinois dans l'Afrique australe. Par Edgar Hare. (*Ibid.*, XIV, 1908, pp. 29/30; ill.)

Madagascar.

— La main-d'œuvre chinoise à Madagascar. Par le Général Gallieni. (*Revue indo-chinoise*, 31 mai 1904, pp. 659/670; tableaux.)

France.

— Baptême de deux Chinois en France. Par C. L. (*Miss. Cath.* 18 juin 1909, pp. 289/290; fig.)

— Une Société d'éducation franco-chinoise. (Janvier-Mars 1916, p. 49.)

— With the Chinks by Daryl Klein, 2nd lieutenant in the Chinese Labour Corps with illustrations London : John Lane The Bodley Head New York : John Lane Company MCMXIX; in-8, pp. XIII-1 f. n. c.-208.

Notice : *Lond. & China Express*, Déc. 25 1919, p. 751.

— Les étudiants chinois en France. (*Asie franç.*, Nov. 1920, pp. 382/383.)

— Les étudiants chinois à Lyon. (*Ibid.*, Avril 1921, pp. 165/166.)

— Les étudiants chinois en France. (*Ibid.*, Mars 1922, pp. 130/131.)

— L'Institut franco-chinois de Lyon. Par Maurice Courant, Professeur à la Faculté des Lettres de Lyon. (*Ibid.*, Avril 1922, pp. 167/168.)

Allemagne.

— Chinois et Japonais à Berlin. Par A. E. Hückel, Elève-Administrateur. (*Revue indo-chinoise*, 30 juillet 1908, p. 132.)

D'après l'*Ostasiatischer Lloyd*.

Russie.

— * Gottwaldt. — Die überseeische Auswanderung der Chinesen und ihre Einwirkung auf die gelbe und weiße Rasse. Bremen, 1903.

— L'Infiltration chinoise dans les Possessions russes d'Extrême-Orient. (*A travers le Monde*, XVIII, 1912, pp. 158/159.)

— La colonisation chinoise et l'Extrême-Orient russe. (*Asie franç.*, Avril 1912, pp. 165/166.)

Conférence faite par M. Merkoulof, de Vladivostok, au Club National de Saint-Pétersbourg.

CINQUIÈME PARTIE

LES PAYS TRIBUTAIRES DE LA CHINE

I. — TARTARIE.

OUVRAGES DIVERS.

Col. 2711/2718.

— Observations de la hauteur du Pole en plusieurs Villes de la Chine, par le Père Noël. (*Observations . . . du P. Goüye, Mém. de l'Acad. des Sciences*, VII, 1729, pp. 797,810.)

— De la Tartarie, Frontière de la Chine. (*Ibid.*, pp. 815/816.)

— Berättelse om de i Stora Tartariet boender *Tartarer* som träffats längst nordost i Asien på Ärkebiskop Benzelii begäran upsatt af Ambjörn Molin Ryttmästare wid Norra Stånska Cavalleri-Regementet 1725. — Stockholm, Jos. Seligmann, 1880, in-8, pp. 28.

Préface d'Aug. Strindberg.

— * A. Spitsyne : Tatarskiia baïcy (P'aitseu tartares). (*Izviestiia imperatorskoi — archeologitcheskoi Kommissii*; 29e livraison, 1909; pp. 130/141.)

Notice : *T'oung Pao*, Mars 1911, p. 104, par Ed. Chavannes.

— Altaische Streiflichter? Von W. Bang. — Louvain, Librairie universitaire des Trois Rois, 1910, in-8, pp. 16.

— Chinese Colonies. By Minnie Throop England. (*Mid-West Quart.*, At. 1916, pp. 42/62.)

— Note sur les T'ou-yu-houen et les Sou-p'i par Paul Pelliot. (*T'oung pao*, n° 5, Déc. 1920/1921, pp. 323/331.)

— Old Tartar Trails. By A. S. Kent. Shanghaï : North China Daily News and Herald. Voir col. 4048.

Notice : *Journ. N. C. B. R. As. Soc.*, LI, 1920, pp. 185/186.

— China, the Avars, and the Franks. By E. H. Parker. (*Imp. & Asiat. Quart. Rev.*, April 1902, pp. 346/360.)

LANGUES TARTARES.

Col. 2718/2721.

— Die nichtslawischen (altbulgarischen) Ausdrücke in der bulgarischen Fürstenliste von J. Marquart. (*T'oung Pao*, Déc. 1910, pp. 649/665.)

— Nachschrift. (*Ibid.*, pp. 666/680.)

— Zu der Moskauer Polowzischen Wörterliste von W. Bang. . . . Bruxelles, 1911, in-8.

Extr. des *Bulletins de l'Académie royale de Belgique* (Classe des lettres, etc.), n° 4 (avril), 1911, pp. 91/108, 1 pl.

Col. 2719.

— Mathias Alexander Castrénin satavnotispäi vänä . . . pitänyt E. N. Setälä. (*Journ. de la Soc. Finno-Ougrienne*, XXX, 1913—1918, pp. 1/39.)

— Centenaire de la naissance de Mathias-Alexandre Castrén. — Discours d'ouverture à la séance annuelle de la Société Finno-Ougrienne le 2 décembre 1913 par Emile Setälä. (*Ibid.*, XXX, pp. 1/44.)

— * Altaian Studies. By V. A. Obrucheff Moscow, 1915, pp. 71. Maps and Illustrations. (From *Zemleryedenije*, 1915, Part 3.

Geogr. Journ.

Tartares orientaux.

Col. 2721/2726, 3219.

HISTOIRE.

Col. 2721/2736.

SI HIA (Tangout).

Col. 2722/2723, 3219.

— Compte rendu de : G. Devéria, *L'écriture du royaume de Si-hia ou Tangout.* (*Revue critique*, 27 nov. 1899, p. 441.) Par Ed. Chavannes.

— Compte rendu de : G. Morisse, *Ecriture et langue Si-hia.* (*Revue critique*, 17 oct. 1904, pp. 262/264.) Par Ed. Chavannes.

— A. Ivanov. — Zur Kenntniss der Hsi-hsia-Sprache. Mit 1 Tafel. St. Petersburg, Buchdruckerei d. Kais. Akad. der Wissenschaften, 1909, in-4, pp. ch. 1221 à 1233.

Bulletin de l'Académie impériale des Sciences de St.-Pétersbourg.
Notice : *T'oung Pao*, Mars 1910, pp. 148/151, par Ed. Chavannes.
Documents trouvés par Koszlov à Kara Khoto.

— A. I. Ivanov. — Страница изъ исторіи Си-ся. (*Bulletin de l'Académie impériale des Sciences de St.-Pétersbourg*, 1911, pp. 831/836.)

Notice : *T'oung Pao*, Juillet 1911, pp. 441/446. Par Edouard Chavannes.

— The Si-hia language, a Study in Indo-chinese Philology. By Berthold Laufer. (*T'oung Pao*, vol. XVII, Mars 1916, pp. 1/26.)

SIEN PI et *TOUNGOUSES.*

Col. 2723/2724.

— Опытъ Географіи и Статистики Тунгусскихъ племенъ Сибири. . . . С. Паткановъ. . . . С. Пет., 1905, 2 vol. in-8.

Записки Imp. Russ. Geogr. Obtchestra, XXXI.

LIAO (K'i-tan).

Col. 2724.

— The Cathayans. By E. H. Parker. (*Imp. & Asiat. Quart. Rev.*, July-Oct. 1900, pp. 342/364.)

— Les anciennes villes de l'empire des Grands Leao 大遼 au royaume mongol de Bārin par Jos. Mullie, Missionnaire de Scheut. (*T'oung Pao*, Mai et Juillet 1922, pp. 105/231 ; carte hors texte.)

KIN (Niu-tchen).

Col. 2724/2726.

— Léon de Rosny. — Les Niu-Tchih ; leur langue et leur littérature. (*Revue Orient. et Amér.*, VI, 1861, p. 379, pl.)

— Kin. (*Grande Encyclopédie*, XXI, pp. 537/538.) Par Ed. Chavannes.

Compte rendu de : W. Grube, *Die Sprache und Schrift der Jučen*, 1896. (*Journ. Asiat.*, IXe Sér., VII, 1896, pp. 554/559.) Par Ed. Chavannes.

— Note sur l'inscription joutchen de K'ien tcheou [乾州]. (Ed. Chavannes, *Monuments de l'ancien empire de Kao-keou-li*, 1908, pp. 29/31 ; pl.)

— Idem. Par Edouard Chavannes. (*T'oung Pao*, Mai 1908, pp. 263/265.)

Tartares Occidentaux.

Col. 2726/2729.

HUNS.

Col. 2726/2727, 3219/3220.

— History of the Heung-Noo in their relations with China. Translated from the Tseen-Han-shoo Book 94, etc. By A. Wylie, Esq. (*Journ. Anthrop. Institute*, vol. III, 1874, pp. 401/452.)

Col. 3220.

— G. Inostranzeff. — Chiong-nu und die Hunnen. 1900.

— Die Hunnenfrage. Von Schiller-Tietz in Kleinflottbek bei Hamburg. (*Deutsche Rundschau f. Geogr. u. Stat.*, XXVI, 1903/1904, pp. 266/267.)

— Mr. Kingsmill and the Hiung-nu. — By Friedrich Hirth. . . . (*Journ. American Oriental Soc.*, XXX, Part I, 1909, pp. 32/45.)

— Kingsmilliana by Friedrich Hirth. — For Private Circulation. — Leipzig, Otto Harrassowitz, 1910, in-8, pp. 6.

— The Historic-geographical Proofs of the Hiung-Nu — Hun Identity. By Kálmán Némäti Librarian of the Budapest Library. (*Imp. & Asiat. Quart. Rev.*, April 1910, pp. 352/369.)

— * Kálmán Némäti. — A Hiung-nu-Hún azonosság földrazi bizonyi ţákai. Budapest. 1909.

Compte rendu de : *Kálmán Némäti, Hiung-nu-Hun*. (*T'oung Pao*, 1910, pp. 306/307.) Par Ed. Chavannes.

— Hunnen und Chinesen. (*Mitt. k. k. geogr. Ges. Wien*, Bd. 61, 1918, pp. 592.597.)

— * J. J. M. De Groot. — Die Hunnen der vorchristlichen Zeit. Chinesische Urkunden zur Geschichte Asiens, übersetzt und erläutert; 1ère partie. Berlin u Leipzig, Vereinigung wissenschaftlicher Verleger (W. de Gruyter), 1921, in-4, pp. x-304.

Notice : *Bibl. de l'Ecole des Chartes*, Juillet-Déc. 1922, pp. 412/413, par Louis Halphen.

— Die Wiedergabe fremder Völkernamen durch die Chinesen. Eine Bemerkung zu J. J. M. De Groots's letztem Werke. Von O. Franke. (*Ostasiat. Zeitsch.*, April-Sept. 1921, pp. 144/148.)

— Sur l'origine des Hiong-nou, par Kurakichi Shiratori. (*Journ. Asiat.*, Janvier-Mars 1923, pp. 71/81.)

TURCS.

Col. 2727/2729.

— E. Blochet. — Les Inscriptions turques de l'Orkhon. Paris, Ernest Leroux, 1898, in-8, pp. 61.

Extr. de la *Revue Archéologique*, XXXII, 1898, pp. 356/382 ; XXXIII, pp. 351/365. . . .

— Le nom des Turks dans l'Avesta. Par E. Blochet. (*Journ. R. As. Soc.*, April 1915, pp. 305/308.)

— Сборникъ трудовъ орхонской экспедицiи. — VI. Documents sur les Tou-Kiue (Turcs) occidentaux. — Recueillis et commentés par Edouard Chavannes. . . . — Avec une carte. — (Présenté à l'Académie Impériale des Sciences de St. Pétersbourg le 23 août 1900.) St. Pétersbourg, 1903, gr. in-8, pp. iv-378.

— Notes additionnelles sur les Tou-kiue (Turcs) occidentaux. (*T'oung Pao*, 1904, pp. 1/110.)

Tirage à part, in-8, pp. 110.

— * O. Franke. — Beiträge aus chinesischen Quellen zur Kenntniss der Türkvölker und Skythen Zentralasiens. Berlin, 1904.

— Compte rendu de : O. Franke, *Beiträge aus chinesischen Quellen zur Kenntniss der Türkvölker*, 1904. (*T'oung Pao*, 1904, pp. 487/490.) Par Ed. Chavannes.

— Ein Blatt in türkischer «Runen» schrift aus Turfan. Von Vilhelm Thomsen. (*Sitzb. d. Kön Preuß. Ak. d. Wiss.*, 1910, pp. 296/306, 1 pl.)

Notices : *T'oung Pao*, Mai 1910, p. 303, par Ed. Chavannes. — *Journ. Asiat.*, Mai-Juin 1910, pp. 538/544, par Robert Gauthiot.

(Tartares occident. : Turcs.)

— * Festschrift Vilhelm Thomsen, zur Vollendung des siebzigsten Lebensjahres am 25. Januar 1912, dargebracht von Freunden und Schülern. — Leipzig. (Harrassowitz), 1912, in-8, pp. viii-236 et 4 pl.

Notice : *Journ. Asiat.*, Mars-Avril 1912, pp. 396/399. Par A. Meillet.

— Une lettre méconnue des inscriptions de l'Iénissei. Par Vilh. Thomsen. (*Journ. Soc. Finno-Ougrienne*, XXX, 1913—1918, pp. 9.)

— Turcica Etudes concernant l'interprétation des inscriptions turques de la Mongolie et de la Sibérie par Vilhelm Thomsen. — *Mémoires de la Société Finno-Ougrienne*, XXXVII. — Helsingfors, 1916, Société Finno-Ougrienne, in-8, pp. 108.

— A. Meillet. — Un grand linguiste danois Vilhelm Thomsen. (*Revue des Deux Mondes*, 1er février 1922, pp. 688/696.)

Thomsen, né à Copenhague en janvier 1842.

— Bulletin de l'Académie Impériale des Sciences de St. Pétersbourg. — 1910. — W. W. Radloff. Alttürkische Studien. III. — St. Petersburg, 1910, gr. in-8, pp. ch. 1025 à 1036, 1 pl.

1. Ein Fragment in türkischer Runenschrift. — 2. Manichäisch-uigurisches Fragment aus Turfan.

— Извѣстія Императорской Академiи Наукъ. — 1911. — Dr. W. Radloff. — Alttürkische Studien. IV. — St. Petersburg, 1911, gr. in-8, ch. 305/326.

IV. Einleitende Gedanken zur Untersuchung der alttürkischen Dialekte. (Mit einer Schrifttafel.)

— — V. — Ibid., gr. in-8, ch. 427/452.

V. Die alttürkischen Dialekte.

— W. Radloff. — Kuan-ši-im Pusar : Eine türkische Übersetzung des 25. Kapitels der chinesischen Ausgabe des Suddharmapundarika. London, Luzac, 1911, in-8, 128 avec 4 suppl. et 2 pl.

Bibliotheca Buddhica, 14.

— Zu den köktürkischen Inschriften und den türkischen Turfan-Fragmenten. F. W. K. Müller. (*Berlin. Sitzb.*, 1909, p. 726.)

Notice : *Wiener Zeitsch. f. d. Kunde d. Morgenl.*, 1910, XXIII. Bd., pp. 416/419, par W. Bang.

— Beiträge zur Kritik des Codex Cumanicus von W. Bang. . . . Bruxelles, Hayez, 1911, in-8, pp. 40.

Extr. des *Bulletins de l'Académie royale de Belgique* (Classe des lettres, etc.), n° 1 (Janvier), 1911.

Réponse à W. Radloff, *Kudatku Bilik*, II, 2, 1910, p. 549, Anm. 2.

(Tartares occident. : Turcs.)

— Beiträge zur Erklärung des komanischen Marienhymnus. Von W. Bang. Mit einem Nachwort von F. C. Andreas in Göttingen. — Aus den Nachrichten der k. Gesellschaft der Wissenschaften zu Göttingen. Philologisch-historische Klasse 1910, in-8, pp. 61 à 78.

— Ueber einen komanischen Kommunionshymnus von Willy Bang. Bruxelles, Hayez, 1910, in-8, pp. 11 + 1 pl.

Extr. des *Bulletins de l'Académie royale de Belgique* (Classe des lettres, etc.), n° 5 (Mai), 1910.

— Zur Kritik des Codex Cumanicus von W. Bang. — Louvain, Librairie universitaire des Trois Rois, 1910, gr. in-8, pp. 16 + 1 pl.

— Komanische Texte von W. Bang, Mitglied der Akademie. Bruxelles, Hayez.... — 1911, in-8, pp. ch. 469/473, 1 planche.

Extr. des *Bulletins de l'Académie royale de Belgique* (Classe des lettres, etc.), nos 9/10 (Sept.-Oct.), 1911.

— Über die Rätsel des Codex Cumanicus. Von Prof. W. Bang in Löwen (Belgien). (*Sitzb. d. Kön. Preuß. Ak. d. Wiss., Phil.-hist. Kl.*, 1912, pp. 334/353, 2 pl.)

— Über die Herkunft des Codex Cumanicus. Von Prof. Dr. W. Bang. (*Ibid.*, 1913, pp. 244/245.)

— Zur Geschichte der Gutturale im Osttürkischen. Von Prof. Dr. W. Bang. (*Ibid.*, 1915, pp. 268/277.)

— Zur Kritik und Erklärung der Berliner Uigurischen Turfanfragmente. Von Prof. Dr. W. Bang. (*Ibid.*, pp. 623/635.)

— Studien zur vergleichenden Grammatik der Türksprachen. Von Prof. Dr. W. Bang. (*Ibid.*, 1916, pp. 522/535, 910/928, 1236/1254.)

— Einzelausgabe. — Vom Köktürkischen zum Osmanischen Vorarbeiten zu einer vergleichenden Grammatik des Türkischen. 1. Mitteilung: Über das türkische Interrogativpronomen von W. Bang.... Aus den Abhandlungen der Kön. Preuß. Ak. d. Wiss., Jhrg. 1917. Phil.-hist. Kl. Nr. 6. Berlin, 1917, Georg Reimer, in-4, pp. 62.

— — 2. Mitteilung: Über einige schallnachahmende Verba. — 3. Mitteilung: Das Formans-*γu* bei Verben auf -*a* usw. von W. Bang. . . . Ibid., 1919. Nr. 5. Berlin, 1919, in-4, pp. 79.

(TARTARES OCCIDENT. : TURCS.)

— — 4. Mitteilung: Durch das Possessivsuffix erweiterte Nominalstämme von W. Bang. . . . Ibid. 1921. Nr. 2. Berlin, 1921, in-4, pp. 26.

— Aus dem Leben der Türksprachen. Von W. Bang. (*Ostasiat. Zeitsch.*, 8. Jhrg., 1919/1920, pp. 22/35.)

— Köktürkisches aus Turfan (Manuskriptfragmente in köktürkischen «Runen» aus Toyoq und Idiqut-Schäri [Oase von Turfan]). Von A. von Le Coq. (*Sitzber. d. Kön. Preuß. Ak. d. Wiss., Phil.-hist. Kl.*, 1909, Bd. I, pp. 1047/1061, tab.)

— Ein christliches und ein manichäisches Manuskriptfragment in türkischer Sprache aus Turfan (Chinesisch-Turkistan). Von Dr. phil. A. von Le Coq. (*Ibid.*, Bd. II, pp. 1202/1218; tab.)

— Zwei soghdische Exkurse zu Wilhelm Thomsens: Ein Blatt in türkischer «Runen»schrift. Von Prof. Dr. F. C. Andreas in Göttingen. (*Ibid.*, 1910, pp. 307/314.)

— Einzelausgabe. — Türkische Manichaica aus Chotscho. III. Nebst einem christlichen Bruchstück aus Bulayïq von Prof. A. von Le Coq in Berlin. Aus den Abhandlungen der Preuß. Ak. d. Wiss., Jhrg. 1922, Phil-hist. Kl. Nr. 2. Mit 3 Tafeln. Berlin, 1922, Verlag der Ak. d. Wiss., in-4, pp. 49.

— Die türkisch-mongolische Hypothese. Von Julius Németh. (*Zeitsch. d. D. Morg. Ges.*, 66. Bd., IV. Heft, 1912, pp. 549/576.)

— L'origine de T'ou-kiue, nom chinois des Turcs. Par P. Pelliot. (*T'oung Pao*, vol. XVI, n° 5, Déc. 1915, pp. 687/690.)

— A propos des Comans, par Paul Pelliot. (*Journ. Asiat.*, Avril-Juin 1920, pp. 125/185.)

— Idem. — Extr. du *Journal Asiatique*. (Avril-Juin 1920.) Paris, Imprimerie nationale, MDCCCCXX, in-8, pp. 61.

— The Turks of Central Asia. By M. A. Czaplicka. . . . Oxford, 1918. — Voir T'IEN CHAN PE LOU et T'IEN CHAN NAN LOU.

— * Examples of the Various Turki dialects with Turki text and English translation. Mohammedan narratives of the Prophets. Turki text with English translation. By G. W. Hunter.

Notice : *Journ. N. C. B. R. As. Soc.*, LI, 1920, p. 189.

(TARTARES OCCIDENT. : TURCS.)

MONGOLS.

— Voir : MONGOLIE.

OUIGOURS.

Col. 2728/2729.

— Voir : MANICHÉISME.

— Das *Kudatku Bilik* des Jusuf Chass-Hadschib aus Bälagasun. — Theil II. Text und Übersetzung nach den Handschriften von Wien und Kairo herausgegeben von Dr. W. Radloff. — I. Lieferung: p. 2—95 der Wiener Handschrift. — St. Petersburg, 1900, gr. in-4, pp. xxiv-228.

— — II. Lieferung: p. 96—185 der Wiener Handschrift. — St. Petersburg, 1910, gr. in-4, pp. 229 à 560.

F. W. K. MÜLLER.

— Uigurica. 1. Die Anbetung der Magier, ein christliches Bruchstück. 2. Die Reste des buddhistischen «Golglanz-Sûtra». Ein vorläufiger Bericht. Von F. W. K. Müller. (*Abh. d. Kön. Preuß. Ak. d. Wiss.*, 1908, *Phil.-hist. Kl., Abh.* II, pp. 60, 2 tab.)

Notices : *Wiener Zeitsch. f. d. Kunde des Morgenl.*, 1909, pp. 231/239, par W. Bang. — *T'oung Pao*, 1909, pp. 98/100, par Ed. Chavannes.

— Uigurica II. Von F. W. K. Müller. (*Abh. d. Kön. Preuß. Ak. d. Wiss.*, 1910, *Phil.-hist. Kl.*, Abh. III, pp. 110, in-4, tabl.)

Notice : *T'oung Pao*, 1911, pp. 489, par Ed. Chavannes.

— Einzelausgabe. — Uigurica III. Uigurische Avadāna. — Bruchstücke (I—VIII) von F. W. Müller. Aus den Abhandlungen der Preuß. Ak. d. Wiss., Jhrg. 1920, Phil.-hist. Kl. Nr. 2. — Berlin, 1922, Verlag der Ak. d. Wiss., in-4, pp. 93.

— Friedrich W. K. Müller. — Der Hofstaat eines Uiguren-Königs. [In: *Festschrift für Vilhelm Thomsen*....] (Leipzig, O. Harrassowitz, 1912, pp. 207/213.)

— Uigurische Glossen. Von F. W. K. Müller. (*Ostasiat. Zeitsch.*, 8. Jhrg., 1919/1920, pp. 310/324.)

— Ǧuwainī's Bericht über die Bekehrung der Uiguren. Von Prof. Dr. Jos. Marquart in Berlin. (*Sitzb. d. Kön. Preuß. Ak. d. Wiss., Phil.-hist. Kl.*, 1912, pp. 486/502.)

— Zwei uigurische Runeninschriften in der Nord-Mongolei. Aufgefunden und mit Transkription, Übersetzung und Bemerkungen veröffentlicht von G. J. Ramstedt. (*Journ. de la Soc. Finno-Ougrienne*, XXX, 1913—1918, pp. 63.)

Notice : *T'oung Pao*, Déc. 1913, pp. 789/791, par Ed. Chavannes.

— La version ouigoure de l'histoire des princes Kalyāṇaṃkara et Pāpaṃkara par Paul Pelliot. (*T'oung Pao*, Mai 1914, pp. 225/272; lexique.)

Cf. I. J. Schmidt, *Der Weise und der Thor*, pp. 262/282. — Schiefner, *Tibetan Tales, The Two Brothers.*
Huart, *Journ. Asiat.*, Janvier-Février 1914, pp. 1/57.

— La version ouigoure de l'histoire des princes Kalyāṇaṃkara et Pāpaṃkara par Paul Pelliot. — Extr. du *T'oung Pao*, 2e série, vol. XV, no 2, Mai 1914. — Librairie et imprimerie ci-devant E. J. Brill, Leide. — 1914, in-8, pp. 50.

YUE TCHE 月氏.

— Zwei Handschriftenblätter in der alten arischen Literatursprache aus Chinesisch-Turkistan. Von Prof. Dr. Sten Konow in Christiania. (*Sitzb. d. Kön. Preuß. Ak. d. Wiss., Phil.-hist. Kl.*, 1912, pp. 1127/1139.)

— Khotan Studies. By Sten Konow. (*Journ. Roy. As. Soc.*, April 1914, pp. 339/353.)

— Indoskytische Beiträge. Von Prof. Dr. Sten Konow in Hamburg. (*Sitzb. d. Kön. Preuß. Ak. d. Wiss.*, 1916, pp. 787/827.)

— Beitrag zur Kenntniss der Indoskythen. Von Sten Konow. (*Ostasiat. Zeitsch.*, 8. Jhrg., 1919/1920, pp. 220/237.)

— Kopano und Yüe-shih. Von Dr. Baron A. von Staël-Holstein in St. Petersburg. (*Sitzb. d. Kön. Preuß. Ak. d. Wiss., Phil.-hist. Kl.*, 1914, pp. 643/650.)

— The Language of the Yüe-chi or Indo-Scythians by Berthold Laufer, Ph. D. Curator, Department of Anthropology. Field Museum of Natural History. Chicago, R. R. Donnelley & Sons Co., 1917, in-8, pp. 14.

Fifty Copies printed for the Author.
Notice : *T'oung Pao*, Juillet 1917, pp. 235/237, par H. Cordier.

Mandchourie.

OUVRAGES DIVERS.

— Notice sur l'Archipel de Jean Potocki, situé dans la partie septentrionale de la Mer Jaune. Par Jules Klaproth. — Avec une carte. — Paris, J.-M. Eberhart, 1820, in-4, pp. 8, carte.

∴

— Die Russen in der Mandjurei. Von —r. (*Zeitsch. d. Ges. f. Erdk. Berlin*, II, 1867, pp. 288/289.)

Expéditions Helmersen et Timrot, Buditschew et Krapotkine.

— L'œuvre des Russes en Mandchourie. (*A travers le Monde*, X, 1904, p. 31.)

— Les Russes en Mandchourie. Par B. de Zenzinoff. (*Ibid.*, pp. 49/52; ill.)

— Russian Development of Manchuria. By Henry B. Miller, United States Consul to Niuchwang, Manchuria. (*National Geographical Magazine Washington*, XV, 1904, pp. 113/127; ill.)

— Russie et Mandchourie. Par J. C. (*Revue indo-chinoise*, 15 février 1907, pp. 223/224.)

De la *Singapore free Press*.

— * Russes, Japonais et Américains en Mandchourie. Josef Anlneau? (*Revue pol. et parl.*, Paris, 10 avril [1911?].)

∴

— * A. R. Agassiz. — Our Commercial relations with Chinese Manchuria, 1894, in-8, pp. 23.

— Les Etats-Unis et la Mandchourie. (*Bull. Com. Asie franç.*, Avril 1908, p. 153.)

— La proposition américaine et la question de Mandchourie. Par R. C. (*Ibid.*, Janvier 1910, pp. 32/37.)

— Les Américains et la Russie en Mandchourie. (*Ibid.*, Juin 1910, p. 291.)

— La proposition américaine et la question de Mandchourie. Par R. C. (*Revue indo-chinoise*, Juillet 1910, pp. 62/70.)

∴

— Les Japonais en Mandchourie. (*Bull. Com. Asie franç.*, février 1908, pp. 75/76.)

— Le commerce japonais en Mandchourie. (*Ibid.*, février 1910, p. 99.)

— Les Japonais et la Mandchourie. (*Ibid.*, Mars 1908, pp. 121/122.)

— Les Japonais en Mandchourie. (*Ibid.*, Juillet 1908, pp. 294/295.)

— Les Difficultés du Japon en Mandchourie. (*A travers le Monde*, XIV, 1908, pp. 102/103.)

— La colonisation japonaise en Mandchourie. (*Bull. Com. Asie franç.*, Oct. 1909, pp. 423/424.)

Pékin, Septembre.

— L'entente sino-japonaise en Mandchourie. Par Péralda. (*Ibid.*, pp. 424/426.)

Accord du 4 sept. 1909.

— * The Japanese in Manchuria, 1904. By Colonel E. L. V. Cordonnier. In two volumes. Maps. Hugh Rees.

Notice : *Lond. & China Express*, July 24, 1914, *Suppl.*, p. 1.

— South Manchuria under Japanese Control. Reign of Law and Order Reason for Prosperity, Enjoyed by Residents of Leased Territory. By Prince Isaburo Yamagata Retiring Governor-General of Kwantung. (*Trans-Pacific*, Tokyo, Oct. 1922, pp. 46/79; ill.)

— Kwantung Chinese Receive Liberal Education Japan Instructs Native Manchurian Youth in Ways of Progress and Co-operation. By Soku Kanai. (*Ibid.*, pp. 58/60; ill.)

∴

(Mandchourie : Ouvrages divers.)

— Notes on a visit paid to the coal districts of Huatzu-ling and Pen-hsi-hu in the neighbourhood of Newchwang. (*North-China Daily News*, 10 june 1872.)

— En Mandchourie. — Faune et Flore. (*A travers le Monde*, I, 1895, p. 187.)

— Ten Years in Manchuria. A Story of Medical Mission Work in Moukden. 1883—1893. By Dugald Christie, L. R. C. P., L. R. C. S. Ed., Medical Missionary, United Presbyterian Church of Scotland. J. and R. Parlane, Paisley. The Religious Tract and Book Society of Scotland, Edinburgh. Houlston and Sons, London, s. d. [1895], in-8, pp. 100.

— Thirty Years in Moukden. 1883—1913 being the experiences and recollections of Dugald Christie, C. M. G. F. R. C. S., F. R. C. P. Edin. Edited by his wife. Illustrated. — Constable and Company Ltd. London, MCMXIV, in-8, pp. XIV-303.

Notices : *Lond. & China Express*, 1 may 1914. — *Asiat. Review*, July 1, 1914, pp. 130/131.

— Die klimatischen Verhältnisse der Mandschurei. (*Deutsche Rundschau f. Geogr. u. Stat.*, XXVI, 1903/1904, p. 331.)

∴

— Les Positions navales de la Mer Jaune Taï-Lien-Wan et Port-Arthur. Par R. Villetard de Laguérie. (*A travers le Monde*, IV, 1898, pp. 113/116; ill.) Wei-Hai-Wei. (*Ibid.*, pp. 129/132; ill.)

— La Création d'une Ville nouvelle. — Dalny, le grand Port russe de la Chine septentrionale. (*Ibid.*, VIII, 1902, p. 237 carte.)

— The Building of Dalny. (*National Geogr. Magazine*, Washington, XIV, 1903, p. 360.)

Advance Sheets of Consular Reports, July 28, 1903, No. 1708.

— La Création de Dalny, la «Ville lointaine». Par Paul Labbé. (*A travers le Monde*, X, 1904, pp. 161/164; carte et ill.)

— The Port of Dairen (Dalny). (*Geogr. Journ.*, February 1910, p. 196.)

— Dans la Mandchourie méridionale; une visite à Dalny et à Liao-Yang. (*A travers le Monde*, XVII, 1911, pp. 89/92; ill.)

— Dairen — The City of Great Connection Location and Thoroughly Extensive and Modern Facilities Assure Brilliant Future. By E. F. Christy. (*Trans-Pacific*, Tokyo, Oct. 1922, pp. 53/58; ill.)

— Port-Arthur. — Son Importance stratégique. (*Bull. Soc. languedocienne Géogr., Montpellier*, XXVII, 1904, pp. 86/89.)

— Le «Grand Hôtel» de Port-Arthur. (*A travers le Monde*, X, 1904, p. 152.)

De la *Kölnische Zeitung*.

— La Genèse de Port-Arthur. Par Paul Robert. (*A travers le Monde*, X, 1904, pp. 165/167; ill.)

— Wiedereröffnung des Hafens von Port Arthur. (*Deutsche Rundschau f. Geogr. u. Stat.*, XXXI, 1908/1909, p. 575.)

∴

— Die Chunchusen in der Mandschurei. (*Ibid.*, XXVI, 1903/1904, p. 233.)

Prov. de Kirin, vallée de la Soungari.

(Mandchourie : Ouvrages divers.)

Une Confusion à éviter. Il y a Khounkhouzes et Toungouses. (*A travers le Monde*, X, 1904, p. 87.)

— * Torii Ryûzo. — 鳥居龍藏: Rapport sur une exploration de la Mandchourie méridionale 南滿洲調査報告 (in-8, pp. 175 + 58 planches hors texte; Tôkyô, 1910). — Sur les vestiges des Tung-hu dans la région du Shira-muren et des monts Khingan (Mongolie orientale). (Extrait des nos 256—258 du tome XXII de la revue 地學雜誌; in-8, pp. 34.)

Notice : *T'oung Pao*, Juillet 1911, pp. 437/438. Par Ed. Chavannes.

— Un mois en Mandchourie avec les Houngouses. Par M. Francis Mury, Membre du Conseil supérieur des Colonies. (*Tour du Monde*, XVIII, 1912, pp. 181/192, 193/204, 205/216; ill. et carte.)

— Les Houngouses et le Brigandage en Mandchourie. Par Francis Mury, Ancien Commissaire des Colonies. (*A travers le Monde*, XI, 1905, pp. 113/116; ill.)

— Les Houngouses avant la guerre Russo-Japonaise. (*Revue indo-chinoise*, 30 juin 1906, pp. 985/988.)

D'après l'*Echo de Chine*.

— Baron Roger Budberg. — Aus der Mandschurei. — Die Chunchudsen. (*Globus*, Braunschweig, LXXXXVII, 1910, pp. 149/153, 168/173.)

∴

— Le climat de la Mandchourie. (*Bull. Soc. Géogr. Lyon*, XIX, 1904, pp. 329/330.)

D'après le *Bull. Soc. Etudes Coloniales*, Bruxelles, mai 1904, p. 392.

— Climatic and economic conditions of Northern Manchuria. By Robert T. Turley. (*Geogr. Journ.*, July 1912, pp. 57/59.)

— La Mandchourie. (*Soc. Géogr. comm. Nantes*, 1904, pp. 14/23.)

De la *Revue française*, Mars 1904.

— Mandchourie. — Le port d'Inkeou-Niou-Tchang. (*Bull. Soc. Géogr. Dunkerque*, no 26, Sept. 1904, pp. 55/56.)

— Le port de Niéoutchouang. (*Revue indo-chinoise*, Mai 1911, pp. 519/520.)

— Lumbering in Manchuria. By Henry B. Miller, Niuchwang. (*National Geogr. Magazine Washington*, XV, 1904, pp. 131/132.)

— Notes on Manchuria. By U. S. Consul Henry B. Miller, Niuchwang, Manchuria. (*Ibid.*, pp. 261/262.)

— Moukden. (*Bull. Soc. languedocienne Géogr. Montpellier*, XXVII, 1904, pp. 364/365.)

— La popolazione di Mukden. (*Boll. Reale Soc. Geogr.*, 1o agosto 1915, p. 901.)

— Mukden, the Manchu Home and its great Art Museum. By Eliza R. Scidmore. . . . (*National Geogr. Magazine Washington*, XXI, 1910, pp. 289/320; ill.)

— * Karte der südlichen Mandschurei und Nord-Korea im Maße von 1:1,500.000. Auf Grundlage des offiziellen russischen Kartenmateriales ausgeführt im k. u. k. militär-geographischen Institute zu Wien. III. Ausgabe, Wien, R. Lechner (Wilhelm Müller), k. u. k. Hof- und Universitäts-Buchhandlung.

Compte rendu : *Deutsche Rundschau* etc., XXVII, 1904/1905, p. 336.

— Notes sur la Mandchourie. Par Jacques du Taurat. (*A travers le Monde*, X, 1904, pp. 193/195; ill.)

— Les Gisements aurifères de la Mandchourie. (*Ibid.*, pp. 246/247.)

— Les maisons mandchoues. (*Ibid.*, p. 423.)

— Manchuria . . . by A. Hosie. London, 1901. — Voir col. 2741.

— — Second Edition. London, 1904.

Notice : *National Geogr. Mag.*, Washington, XV, 1904, pp. 504/506.

— Mandchourie. — Les cultures indigènes. (*Bull. Soc. Géogr. Dunkerque*, no 28, Juin 1905, pp. 220/221.)

Da-doou; on en fait de l'huile. — Gaolian: on en fait de l'eau de vie.

— Manchuria. (*Catholic Missionary*, London, XIX, 1905, p. 174.)

— Henri Cordier. — Manchuria. (*Catholic Encyclopedia*, pp. 585/587.)

— Résumé de la Conférence de M. Francis Mury sur la Mandchourie. [4 février 1907.] (*Union géogr. du Nord de la France*, Douai, XXVIII, 1907, pp. 64/67.)

— Chinois et Mandchous. (*Revue indo-chinoise*, 30 oct. 1907, pp. 1515/1517.)

D'après l'*Echo de Chine*.

— Mukden e Cinesi e Manciù in Manciuria. Conferenza . . . dal cav. Cesare Poma. (*Bol. Soc. Geogr. Ital.*, XLIV, 1907, pp. 382/404.)

— Le froment en Mandchourie. (*Bull. Soc. Géogr. Comm.*, Paris, Mai 1908, pp. 368/369.)

D'après les *Nachrichten für Handel und Industrie*.

— Expédition en Mandchourie. Par Alphonse Damerval, S. J. (*Chine Ceylan Madagascar*, Sept. 1908, pp. 237/251.)

Hsien-hsien, 3 déc. 1907.

— * T. A. Dobrolowskij. — Description de la Province de Heloungkiang. No 1. Harbin, 1908, pp. 39 [en russe].

— Mandchourie. (*Revue indo-chinoise*, no 94, 30 nov. 1908, pp. 755/756.)

D'après le *Lond. & China Telegraph* et l'*Echo de Tientsin*.

— * Dr. Karl Bernauer. — Handelsverhältnisse in der Mandschurei. (Kommerzielle Berichte, herausgegeben vom k. k. österr. Handelsmuseum, Nr. 12.)

Notice : *Mitt. k. k. Geogr. Ges. Wien*, LI. Bd., 1908, pp. 513/514.

— Compte rendu de : Naito Konan, *Album de photographies de Mandchourie*, 1908. (*T'oung Pao*, 1908, p. 602.) Par Ed. Chavannes.

Réimp. dans la *Revue indo-chinoise*, Avril 1910, p. 356.

— La souveraineté de la Chine en Mandchourie. (*Bull. Com. Asie franç.*, Février 1909, p. 81.)

— L'administration de Kharbine. (*Ibid.*, Mars 1909, p. 129.)

— Harbin. (*Bull. Assoc. amicale franco-chinoise*, II, Janvier 1910, pp. 60/61.)

— La Mandchourie aux Chinois : Kharbine-la-Russe devient Kharbine-la-Chinoise. (*A travers le Monde*, XV, 1909, p. 172.)

— L'affaire de Kharbine. (*Bull. Com. Asie franç.*, Février 1910, pp. 75/83.)
Tien-tsin, Déc. [1909].

— Les Russes et les étrangers à Kharbine. (*Ibid.*, p. 99.)

— La question mandchou-chinoise. Par Albert Wetterwald, S. J. (*Chine Ceylan Madagascar*, Juin 1909, pp. 351/357.)
Sien-hsien, 2 oct. 1907.

— * J. Webster. — The Revival in Manchuria. 1909, in-8, pp. 128.

— Le port de Lien-chan-wan serait ouvert au commerce international (Moukden). (*Bull. Ass. Amic. franco-chinoise*, Juillet 1909, p. 406.)
Houei pao, 6 mars 1909.

— Le commerce dans la région du Yalu. (*Revue indo-chinoise*, Nov. 1909, pp. 1143/1144.)

∴

— Le Transmandchourien. (*Bull. Com. Asie franç.*, Juin 1909, p. 267.)

— La pénétration en Mandchourie; une voie ferrée de 800 milles. (*Bull. Soc. Géogr. Est*, XXXI, 1910, pp. 152/154.)
De l'*Economist*.

— Nouveaux chemins de fer russes en Mandchourie. (*Asie franç.*, Janvier-Mars 1915, p. 49.)

— * Kotô, Bundjirô. — The Railways of Manchuria and Korea. Maps, ill. (*Far Eastern Review*, Vol. XIV, 1918, No. 4, pp. 143/153. Shanghai.)

∴

— Formation d'une société d'immigration (Hei-long-kiang). (*Bull. Assoc. amicale franco-chinoise*, II, Janvier 1910, p. 69.)
Extr. du *Houei Pao*, 9 oct. 1909.

— * The Face of Manchuria, Korea, and Russian Turkestan. Written and Illustrated with XXIV Plates by E. G. Kemp, F. R. G. S., . . . London : Chatto and Windus, 1910.

Notices : *Lond. & China Express*, Suppl., Dec. 2, 1910, pp. 1/2. — *Imp. & Asiat. Quart. Rev.*, Jan. 1911, pp. 188/190.

— La question de la navigation du Soungari. (*Asie franç.*, Août 1910, pp. 360/362.)
Lettre d'un Russe, le 11 août, au *Standard*.

— Въ Трущобахъ Маньчжуріи . . . . М. Н. Левитскаго. . . . Одесса, 1910, in-8, pp. II-520 + 1 f. n. ch.

— L'ethnographie de la Mandchourie. (*Bull. Soc. Géogr. Est*, XXXI, 1910, pp. 212/221.)
Conférence faite par M. Louis Marin, professeur du collège d'Economie sociale à la Société de Géographie.

∴

— Pestkarte der Mandschurei. Entworfen von Dr. Rudolf Pöch. Maßstab 1:5,000.000. *Petermanns Mitt.*, Jhrg. 1911, I, Tafel 35. Gotha: Justus Perthes, 1911.

La peste en Mandchourie. (*Asie franç.*, Janvier 1911, p. 35.)

— * International Plague Conference. — Report of Proceedings at Mukden 1911. Manila, 1912.

— * North Manchurian Plague Prevention Service. Reports (1911—1913). Edited by Wu Lien-Teh (G. L. Tuck), M. D.; Cambridge University Press, pp. 187.

Notice : *Lond. & China Express*, July 24, 1914, *Suppl.*, p. 1.

∴

— Un nouveau vice-roi de Mandchourie. (*Asie franç.*, Avril 1911, p. 198.)
Si Liang.

— Die wirtschaftliche Bedeutung der Mandschurei. Von M. (*Deutsche Rundschau f. Geogr. u. Stat.*, XXXIV, 1911/1912, p. 43.)

— Le réveil de la Chine. — L'armement de la Mandchourie. Par M. Gaston Giraud, Commis des Services Civils. (*Revue indo-chinoise*, Avril 1911, pp. 394/397.)
Traduit du *Japan Chronicle*.

— Louis Aubert. La question de Mandchourie. (*Revue de Paris*, 15 avril et 15 mai 1911.)

— * P. Weale. — One Solution of the Manchurian Problem. (*Annals of the American Academy of Political and Social Science*, January 1912, pp. 39/55.)

— La seule solution possible du problème mandchourien. Par Putnam Weale. (Traduit du *Japan Chronicle* par G. Giraud.) (*Revue indo-chinoise*, Sept. 1911, pp. 312/325.)

— * Th. K. Borjimski. — Carte de la province de Khoulounbouir avec sa division schematique en «Khochoung», 40 verstes au pouce.

— La séparation de la Mandchourie. — Projet des princes mandchous. (*Revue indo-chinoise*, Février 1912, pp. 198/201.)
Du *Journal de Pékin*.

— Les Puissances et la Mandchourie. — L'annexion. Traduit par G. Giraud. (*Revue indo-chinoise*, Février 1912, pp. 196/198.)
Du *Japan Chronicle*, 11 janvier.

— William Blakeney. Obituary. (*Geogr. Journ.*, February 1912, pp. 168/169.)
† Bath, 2 january 1912, aged seventy-seven.

— * Economische toestant van Noord-Mandsjoerije, door Th. H. De Meester, Vice-Consul. (*Econ. Versl.*, 7de Jg., No 14, 1913.)

— * Manchurian Tussore Silk. By Norman Shaw, B. A., . . . Charles Odell, printers, Hendon, N. W., pp. 44, carte.

Notice : *Lond. & China Express*, May 1, 1914, *Suppl.*, pp. 1/2.

— Etudes Anthropologiques. Les Mandchoux. Par R. Torii. Avec 7 cartes. (*Journ. College Science Tokyo*, XXXVI, Art. 6, Dec. 30, 1914, pp. 35.)

— Etudes archéologiques et ethnologiques. Populations préhistoriques de la Mandchourie méridionale. Par R. Torii, avec 51 illustrations, 24 planches et 1 carte. (*Ibid.*, Art. 8, Oct. 21st, 1915, pp. 80; fig. et pl.)

— Islam in Manchuria. [Supplementary to M. Broomhall's «Islam in China» 1910.] By James W. Inglis. (*Moslem World*, July 1916, pp. 296/300.)

— From a Manchurian notebook. By Alice Tisdale. (*Atlantic Monthly*, Dec. 1916, pp. 721/731.)

— Notes on the Kirin province, Manchuria. (*Geogr. Journ.*, January 1917, pp. 56/58; ill.)
Sent by Mr. K. H. von Lindholm, Commissioner of Chinese Customs at Hunchun, South-East Manchuria.

— * The dye plants in Manchuria. By B. W. Skvortow. (*Rural Economy in North Manchuria*, No. 7/8, 1918, Harbin.)

— Names in Manchuria. By A. R. H. (*Geogr. Journ.*, Nov. 1918, pp. 311/314.)

— De Amoer-spoorweg. (*Tijdsch. v. het Kon. Ned. Aardryksk. Genootsch.*, 1918, no. 3, pp. 446/450.)

— Die Veränderungen in dem Verkehrsleben der Nord-Mandschurei. Von G. Buetz. (*Geogr. Zeitsch. Leipzig*, 1918, pp. 270/273.)

— Beiträge zur altmandschurischen Geschlechterkunde. Von E. Hänisch. (*Ostasiat. Zeitsch.*, 8. Jhrg., 1919/1920, pp. 171/184.)

— Wasteful Exploitation of Manchurian Forests. (*Geographical Review*, vol. IX, January 1920, p. 69.)

— Il commercio delle pellicie a Mukden. (*Bol. Soc. Geogr. italiana*, Aprile-Maggio 1921, p. 175.)

— J. O. P. Bland. — The Future of Manchuria. (*Edinburgh Review*, Oct. 1921, pp. 209/226.)

— La Mandchourie et le Japon. Paris, Pierre Roger et Cie, 1922, in-8, pp. 196 + 1 f. n. ch. pour la table des matières.
Première partie. — La Mandchourie. — Deuxième partie. — I. L'avenir de la Mandchourie. Par J. O. P. Bland. (Article paru dans *The Edinburgh Review*, Oct. 1921.) — II. Le droit du Japon à l'existence. Analyse de la Question du Pacifique. Par George Bronson Rea, éditeur de la *Far Eastern Review*, Shanghai, Chine.

— China May Develop Own Manchuria Port Revival of Scheme for Creating at Hulutao Promises. Progress of Great Territory Possessing Many Natural Advantages and Resources. (*Trans-Pacific*, Tokyo, July 1922, pp. 75/77; ill.)

— South Manchuria RR., Great Civilizing Agent Continent of Asia Benefits. By Better Schools, Better Hospitals and Better Towns. By Senkichiro Hayakawa, Late President of the South Manchuria Railway Company. (*Ibid.*, Oct. 1922, pp. 61/63; ill.)

— Obituary Sir Henry Evan Murchison James, K. C. I. E. By F. E. Y. (*Geogr. Journ.* Oct. 1923, p. 320.) — Voir col. 2748.

HISTOIRE.

— * The Economic History of Manchuria. Compiled and published by order of the Bank of Chosen, Seoul, 1920.

— * T. Hoshing. — Economic History of Manchuria, 1921.

(Mandchourie : Histoire.)

VOYAGES.

— Excursion en Mandchourie, en 1845, par M. de la Brunière, coadjuteur-élu du Vicaire apostolique de Léa-tong. (*Nouv. Ann. des Voyages*, CXX, 1848, pp. 82/115.)
Adressée aux Missions étrangères, de l'Ousouri, 5 avril 1846.

— En Mandjourie. — Sur le Transmandjourien. — Une Visite à Moukden. Par Paul Labbé. (*A travers le Monde*, VIII, 1902, pp. 297/280, carte et ill.; 309/310.)

— Voyage en Sibérie, Japon, Mandchourie. Conférence par M. Paul Labbé. (*Bull. Soc. normande Géogr.*, Rouen, XXV, 1903, pp. 153/168.)
Séance du Jeudi 22 janvier 1903.

— A travers la Sibérie orientale et la Mandchourie. Par M. Paul Labbé. (*Bull. Soc. Géogr. Lyon*, XIX, 1904, pp. 142/144.)
Conférence du 5 mars.

— Avec les lamas de Sibérie. Par M. Paul Labbé. (*Tour du Monde*, XV, 1909, pp. 313/324; 325/336; 337/348; 349/360; 361/372; 373/384; ill.)

— * A. Wereschtschagin. — Quer durch die Mandschurei in den Kämpfen gegen China 1900—1901. Deutsch von Ullrich. 1903.

— * Salvatore Minocchi : Per la Manciuria a Pechino (Ottobre 1903), illustrato da 58 incisioni fototipiche. Firenze 1904. Libreria Bernardo Seeber, pp. 360.
Compte-rendu : *Deutsche Rundschau f. Geogr. u. Stat.*, XXVII, 1904—1905, p. 191.

Col. 2751.

— Cte Vay de Vaya et Luskod. — A travers la Mandchourie — Notes de Voyage. (*Revue des Deux Mondes*, 1er sept. 1904, pp. 132/162.) — En Mandchourie et en Corée — Notes de Voyage. (*Ibid.*, 15 oct. 1904, pp. 897/922.)

— De Pékin à Tsitsikhar. (*A travers le Monde*, X, 1904, p. 352.)
Du *Geographical Journal*.

— Manchuria and Korea. By H. J. Whigham. — 1904. Voir col. 2751.
Notice : *National Geogr. Magazine Washington*, XV, 1904, p. 337.

— Manchuria and Korea. (*Ibid.*, pp. 128/130; ill.)

— Raymond Recouly. — En Mandchourie. — Les populations de Mandchourie au cours de la dernière guerre. (*Revue des Deux Mondes*, 1er nov. 1905, pp. 207/218.)

— Moukden, capitale de la Mandchourie. Par le Médecin-Major L. Matignon, En mission aux armées japonaises de Mandchourie. (*A travers le Monde*, XI, 1905, pp. 241/244; ill.; 253/254.)

(Mandchourie : Voyages.)

— Moukden et ses tombes par Le Docteur J.-J. Matignon. . . . (*Annales du Musée Guimet*, Bibl. de Vulgarisation, t. XXIX, *Conférences*, 1908, pp. 189/244.)

— Экскурсія по Синдзинтинскому, Фынхуанченскому и Ляоянскому Округамъ Шенцинской Провинціи въ Южной Маньчжуріи. Я. С. Эдельштейна . . . С.-Пет., 1906, in-8, pp. 163, 2 pl., carte.

Записки Imp. Russ. Geogr. Obtchestva, XXXVIII, No. 2.

— * Ivan de Shaeck. — Six mois en Mandchourie avec S. A. I. le Grand-Duc Boris de Russie. Paris, 1906, in-8; ill. et carte.

— A Trip to Manchuria. By Dr. W. A. P. Martin. (*Chin. Rec.*, January 1908, pp. 55/56.)

— Lieutenant-Colonel Lavenir. — Voyage d'études en Mandchourie. (*Revue des Troupes Coloniales*, I, 1910, pp. 313/332, 391/410.)

— Major H. H. Austin. — A scamper through the Far East. — Voir col. 4037.

— Strange Siberia Along The Trans-Siberian Railway A Journey from the Great Wall of China to the Sky-Scrapers of Manhattan by Marcus Lorenzo Taft. — New York : Eaton & Mains. — Cincinnati : Jennings & Graham, s. d. [1911], in-12, pp. 260; ill.

— The Exploration of Manchuria. Captain Arthur de C. Sowerby, F. Z. S. (*Geogr. Journ.*, August 1919, pp. 73/92; ill.)

Read at the Meeting of the Society, 26 may 1919.

— The Exploration of Manchuria. By Captain Arthur de C. Sowerby, F. R. G. S., F. Z. S. — [With 4 plates.] (*Annual Report of the Board of Regents of the Smithsonian Institution showing the operations, expenditures, and condition of the Institution for the year ending June 30, 1919*, Washington, 1921, pp. 455/470; fig.)

— * The Naturalist in Manchuria. By Arthur de Carle Sowerby, F. R. G. S., F. Z. S., M. B. O. U. (Tientsin Press.)

Notice : *China Express and Telegraph*, June 7, 1923, p. 399.

— * Bajkow, N. A. — In den Bergen und Wäldern der Mandschurei. St. Petersburg, 1915, «Nascha Ochota».

— * An Irishwoman in China. By Mrs. De Burgh Daly. Colonial Edition. T. Werner Laurie.

Notice by E. H. Parker, *Asiatic Review*, February 15, 1916, pp. 234/236.

(MANDCHOURIE : VOYAGES.)

— Menace to travel in Manchuria Train Wrecking as a Pastime or a Policy? (*Far Eastern Review*, Oct. 1922, p. 612; ill.)

LANGUE.

Col. 2752.

— Le véritable auteur des «Elementa Linguae Tartaricae» par Paul Pelliot. (*T'oung Pao*, Déc. 1922, pp. 367/386.)

— Le Père Verbiest, auteur de la première grammaire mandchoue, par le P. Karel de Jaegher, missionnaire de Scheut. (*Ibid.*, Juillet 1923, pp. 189/192.)

Col. 2755.

— Lettres sur la Littérature mandchou, traduites du russe de M. Afanasii-Lariowitch Leontiew. — Paris, de l'imprimerie de Fain, rue de Racine, n° 4. . . . — 1815, in-8, pp. III-76 ch. par erreur 75.

Préface signée : Jules de Klaproth. — Dédié à Montucci.

— А. О. Ивановскій. — *Mandjurica.* — I. Образцы солонскаго и дахурскаго языковъ. — Санкт Пет., 1894, in-4, pp. XIV-79.

Publ. de l'Académie Imp. des Sciences, Oct. 1894.

— * E. von Zach. — Auszüge aus einem chinesischen Briefsteller. . . . Kritische Miscellen. . . . Einige Ergänzungen zu Sacharow's Mandžuesko-russki slowarj. . . .

Notice : *T'oung Pao*, Mars 1912, p. 134. Par Ed. Ch[avannes].

— * Weitere Ergänzungen zu Sacharow's Mandzurko-Russki Slowarj. Par E. von Zach. Extrait des Mitteilungen der Deutschen Gesellschaft für Natur- und Völkerkunde Ostasiens. Tokyo, 1913, in-8, pp. 13.

— Notizen zur mandschurischen Bibliographie von Konsul E. von Zach. (*T'oung Pao*, Mai 1914, pp. 273/277.)

— А. В. Гребенщиковъ. — Очеркъ Изученія Маньчжурскаго въ Китаѣ. — Владивостокъ, 1913, in-8, pp. XXIV-XXII-194 + 97 p. texte chinois.

Izviestiya de l'Université orientale de Vladivostok; t. XXXII, n° 3. Avec un titre allemand :

— A. W. Grebenschtschikow. Skizze des Studiums der Manjurischen Sprache in China. — In zwei Teilen : I. Russischer Text. II. Chinesischer Text. Mit drei zinkographischen Tafeln.

Mongolie.

OUVRAGES DIVERS.

Col. 2760/2765, 3222/3223.

— Albert Montémont. — La Mongolie. (*Bull. Soc. Géogr.*, XX, 1833, pp. 78/94.)

D'après Hyacinthe. — Cf. Klaproth, *Nouv. Annales des Voyages*, Janvier 1833.

(MANDCHOURIE : LANGUE.)

Col. 2789.

— Über die zum mongolischen Bogen gehörigen Spannringe und Schutzplatten. Von Dr. S. Weissenberg, mit 15 Textillustrationen. (*Mitt. d. Anthrop. Ges. Wien*, 1895, pp. 50/55.)

— Notes sur les Mongols et la Mongolie. (*A. travers le Monde*, III, 1897, p. 295.)
M. Hans Leder, en 1892.

— Henri Cordier. — Mongolia. (*Catholic Encyclopedia*, pp. 479/482.)

— Religiöse Bewegung in der Mongolei. (*Deutsche Rundschau f. Geogr. u. Stat.*, XXVI, 1903/1904, pp. 521/522.)

— * Arier und Mongolen. Weckruf an die europäischen Kontinentalen unter historischer und politischer Beleuchtung der gelben Gefahr. Von Dr. C. Spielmann. Halle a. S. 1905. Verlag von Hermann Gesenius, pp. xii-254.

Compte rendu : *Deutsche Rundschau f. Geogr. u. Stat.*, XXVII, 1904/1905, p. 527.

— Kiachta. (Echo de Chine.) (*Revue indo-chinoise*, 15 déc. 1905, pp. 1748/1749.)

— Fakumên. By David Fraser. (*Blackwood's Mag.*, vol. 181, March 1907, pp. 400/412.)
Frontière mongole.

— Südsibirien und die Nordwestmongolei. Politisch-geographische Studie und Reisebericht an die Geographische Gesellschaft (für Thüringen) zu Jena. Von Dr. Alfons Paquet. Mit 2 Karten und zahlreichen Abbildungen. (*Mitt. d. Geogr. Ges.* [*für Thüringen*] *zu Jena*, XXVII, 1909, pp. 1/127.)

Notice : *Geogr. Zeitsch. Leipzig*, XVI, 1910, pp. 658/659, par Max Friedrichsen.

— La colonisation de la Mongolie [Correspondance du Dr Morrison au *Times*]. (*Bull. Com. Asie franç.*, Oct. 1909, pp. 456/457.)

— La Mongolie pittoresque. — La Montagne. — La Forêt impériale. — Le haut plateau. Par le R. P. Louis Kervyn du Séminaire de Scheut-les-Bruxelles, missionnaire à Notre-Dame des Pins (Mongolie orientale). (*Miss. Cath.*, 7 janvier 1910, pp. 5/8, fig.; 14 janvier, pp. 18/21, fig.; 21 janvier, pp. 28/33, fig.; 28 janvier, pp. 43/45, fig; 4 février, pp. 57/59; 11 février, pp. 70/71, fig.; 18 février, pp. 81/84; 25 février, pp. 94/96; 4 mars, pp. 106/108; 11 mars, pp. 117/120, fig.; 18 mars, pp. 125/128, fig.)

— Origin of «Mongol» and «Kitat». By E. H. Parker. (*Asiat. Quart. Rev.*, 1910, XXX, pp. 165/171.)

— Idem. In-8, pp. 7.
Reprinted from the *Asiat. Quart. Rev.*, July 1910.

(Mongolie : Ouvrages divers.)

— Beiträge zur Kenntnis der Eiszeit in der nordwestlichen Mongolei und einigen ihrer südsibirischen Grenzgebirge. Geomorphologische Studien aus den Jahren 1905, 1906, 1907 und 1909. Mit 9 Karten, 19 Tafeln und 18 Figuren im Text. Von J. G. Granö. [Abdruck aus «Fennia», 28, No. 5, 1910.] Helsingfors, 1910, pp. 1/230.

Notices : *Geogr. Zeitsch. Leipzig*, XVII, 1911, p. 420, par Max Friedrichsen. — *Deutsche Rundschau f. Geogr. u. Stat.*, XXXIV, 1911/1912, pp. 239/240, von Machatschek.

— La Russie et la Mongolie. (*Asie franç.*, Janvier 1911, p. 38.)

— Deux illustres Pagodes Impériales de Jehol (Mongolie Orientale). Par le P. Ernest van Obbergen, des Missions de Scheut, Mongolie Orientale. (*Anthropos*, VI, Fasc. 3, 4, Mai-August 1911, pp. 594/601; fig.)

— * E. Robourd. — L'extermination des Mongols par les Chinois. (*Opinion*, 2 sept. [1911].)

— * The Mongolian Altai at the sources of the Irtish and Kobdo, by Prof. W. W. Sapozhnikoff. Tomsk, 1911.

Notice : *Géogr. Journ.*, Sept. 1912, pp. 323/325. By D. C.

— Les Brigands de Mongolie. (*A travers le Monde*, XVII, 1911, p. 344.)
De l'*Echo de Chine*, Chang-hai.

— * The volcanic district Uyun Kholdon in Northern Manchuria, 1000 versts from the sea, as it appeared between 1720—1722. By J. K. Vislukh. [In Russian.] Plan and Illustrations. (*Iz. Imp. Russ. G. S.*, 47, 1911, pp. 339/345.)

— * Explanation of a map of North-Western Mongolia, constructed by Mongols. By B. Vladimirtzoff. [In Russian.] Map. (*Ibid.*, pp. 491/494.)

— L'indépendance de la Mongolie. Traduit par G. Giraud. (*Revue indo-chinoise*, Février 1912, p. 194.)
De la *Hong Kong Daily Press*, 10 janvier.

— La Russie et la Mongolie. (*Revue indo-chinoise*, Février 1912, p. 195.)
Du *Temps*, 14 janvier.

— La Russie et la question mongole. (*Asie franç.*, Avril 1912, pp 135/136.)

— La question de Mongolie. (*Ibid.*, Mai 1912, p. 201.)

— * La Mongolie hésitante, par A. de Pouvourville. (*Dépêche Coloniale* du 2 mai.)
Compte-rendu : *Rev. Troupes Coloniales*, Janvier-Juin 1912, pp. 743/744.

— La situation en Mongolie, au Turkestan et au Tibet. (*Asie franç.*, Juin 1912, pp. 251/252.)

— R. P. Verbrugge, de Scheut. — Lamamiao (Mongolie). (*Bull. Soc. belge Et. Colon.*, 1912, pp. 239/248.)

— — Si-wan-ze (Mongolie). (*Ibid.*, pp. 759/772.)

(Mongolie : Ouvrages divers.)

— Le Pays Mongol au Nord-Est de Si-Wanze par le R. P. le Dr R. Verbrugge des Missions de Scheut. — Extrait du *Bulletin de la Société belge d'Etudes Coloniales*, nos 7/8, Juillet-Août 1921. Des presses de Leherte-Courtin Renaix, in-8, pp. 34.

— Idem. (*Bull. Soc. belge Et. Colon.*, Juillet-Août 1921, pp. 351/384.)

— Mongolie orientale. — Jehol par le R. P. Verhaert, de Scheut, missionnaire à Pakeou. (*Miss. Cath.*, 1920, pp. 296/297.)

— Mongolie et Thibet. (*Revue indo-chinoise*, Sept. 1912, pp. 259/267.)

— Les affaires de Mongolie. (*Asie franç.*, Sept. 1912, p. 397.)

— Le Traité Russo-Mongol du 3 novembre 1912. Par Kat. (*Ibid.*, Nov. 1912, pp. 459/461.)

— L'avance chinoise en Mongolie. (*Revue indo-chinoise*, Nov. 1912, pp. 470/471.)

Du *Japan Chronicle*, 11 oct. 1912. Traduit par G. Giraud, Commis des Services Civils.

— Le protocole annexe de l'accord russo-mongol du 3 novembre 1912. Par Kat. (*Asie franç.*, Déc. 1912, pp. 522/524.)

— * Khalkha. Ved Alfred Schønebeck. Sketch-map and Illustrations. (*G. Ts., K. Danske G. S.*, 21, 1912, pp. 289/298.)

— * W. Rjesnitschenko. — Über alte und gegenwärtige Gletscher des südwestlichen Altai. Vorläufiger Bericht (en russe). (*Iswestija d. Kais. Russ. Geogr. Gesellsch.*, XLVIII, 1912, pp. 357/360.)

Notice : *Zeitsch. d. Ges. f. Erdk. zu Berlin*, 1913, pp. 396/397. Par A. v. Reinhard.

— Die Mongolei. Von Dr. A. Serbin, Friedenau bei Berlin. (*Deutsche Rundschau f. Geogr. u. Stat.*, XXXV, 1912/1913, pp. 173/176.)

— Les confins sino-mongols. Géographie et ethnographie par le R. P. Dr R. Verbrugge des Missions de Scheut. (*Bull. Soc. belge Et. Colon.*, 1913, pp. 1/51, 176/216.)

— La vie des pionniers chinois en Mongolie aux prises avec un sol ingrat. (Etude économique.) Par le R. P. Dr R. Verbrugge des Missions de Scheut. (*Anthropos*, Janvier-Juin 1921/1922, pp. 265/297.)

— La Russie, la Chine et la Mongolie. (*Asie franç.*, Janvier 1913, pp. 37/38.)

— La question mongole. (*Revue indo-chinoise*, Janvier 1913, pp. 81/84.)

— Chronique de l'Extrême-Orient. — I. Chine. La question mongole. — Le mouvement socialiste en Chine. Par René Surugue. (*Ibid.*, Février 1913, pp. 218/225.)

— La question Mongole. — Télégramme du Hutuktu (Bouddha vivant) d'Ourga au Président Yuan Shi kai. — Télégramme du Président de la République chinoise au Cheptsundampa Hutukta, Ourga. (*Ibid.*, Mars 1913, pp. 333/335.)

Publié par le *Pékin Daily News*.

— L'accord russo-mongol [Conclu le 3 Novembre 1912]. (*Bull. Soc. Géogr. Est*, 34e année, 1913, p. 193.)

— Indépendance de la Mongolie : la Russie et la Chine. Par Jacques Léotard, secrétaire général de la Société de Géographie. (*Bull. Soc. Géogr. Marseille*, XXXVII, 1913, pp. 96/98.)

— H. Gipperich. — Die Chalchu-Mongolen. (*Geist d. Ostens*, München, I, 1913, pp. 21/27.)

— La Mongolie et le Tibet. (*Asie franç.*, Mars 1913, p. 139.)

— Mongolia. (*Journ. Central Asian Soc.*, I, 1914, Pt. III, pp. 59/60.)

— La Russie et la Mongolie. (*Asie franç.*, Janvier 1914, p. 39.)

— Mongolie et Tibet. (*Revue indo-chinoise*, Janvier 1914, pp. 127/128.)

— La Russie et la Mongolie. (*Asie franç.*, Mars 1914, p. 121.)

— * Torii Riuzo et Torii Kimiko. — Etudes archéologiques et ethnologiques. Populations primitives de la Mongolie Orientale. (*Journ. of the College of Science*, Imperial University of Tōkyō, vol. XXXVI, art. 4, 29 mars 1914.) — Tōkyō, 100 pp. avec 13 planches, dont 1 carte. (Edit. française par le R. P. Aug. Talpin, Miss. Apost.)

Notices : *Bull. Ecole franç. Extr. Orient*, T. XIV, n° 9, 1914, pp. 79/80. Par H. Maspero. — *Rev. Hist. Religions*, Mai-Juin 1915, pp. 287/289, par P. Masson-Oursel.

— L'autonomie de la Mongolie extérieure. (*Ann. de Géogr.*, 1914, pp. 89/90.)

— Mongolia : its economic and political aspect. By Captain R. B. Otter-Barry. (*Journ. Central Asian Soc.*, I, 1914, Pt. III, pp. 3/19.)

Read April 1, 1914.

— La Russie et la Mongolie. (*Asie franç.*, Avril 1914, pp. 165/166.)

— Les Chinois dans la Mongolie intérieure. (*Ibid.*, Mai 1914, pp. 212/213.)

— Rußland und Mongolei. (*Geogr. Zeitschr. Leipzig*, XX, 1914, p. 48.)

— Le règlement de la question de Mongolie. (*Asie franç.*, Avril-Juillet 1915, p. 74.)

Arrangement signé le 8 juin à Kiakhta par les délégués chinois, russes et mongols.

— Mongol Boghdo, «Saint». By E. Blochet. (*Journ. R. As. Soc.*, April 1915, pp. 308/310.)

— La musique chez les Mongols des Urdus. Par le P. Joseph van Oost de la Congrégation de Scheut, missionnaire aux Urdus (Mongolie Sud-Ouest). (*Anthropos*, X/XI, 1915/1916, pp. 358/396, fig.)

— * En Butinant : Scènes et Croquis de Mongolie. Par le Père Joseph van Oost. Changhai, T'ou Sè We.

Notice : *Journ. N. C. B. R. As. Soc.*, XLIX, 1918, pp. 182/183. By M.

— * J. van Oost.... Notes sur le T'oemet.

Notice : *Etudes*, 5 sept. 1923, pp. 637/638. Par J. de la Servière.

— Le règlement de la question mongole. (*Revue indo-chinoise*, Juillet-Août 1915, pp. 164/165.)

— Nouvelles divisions politiques de la Mongolie. Par A. Vissière. (*La Géographie*, Novembre 1915, pp. 376/379.)

— Quelques notes pour contribuer à l'étude du peuple mongol par M. le Dr. Bertaud du Chazaud. (*Arch. de Médecine navale*, Sept. 1916, pp. 161/180, 241/264, 321/342, 422/433.)

— The Desert Principality of Mongolia. Intrigue and Diplomacy at Urga by Luther Anderson. (*Asia*, January 1918, pp. 17/22; ill.)

Eskimoisch-Mongolisches in der vorarischen Bevölkerung des Britischen Inselreiches. Von P. W. Koppers, S. V. D. (*Anthropos*, XII/XIII, 3, 4, Mai-August 1917/1918, pp. 706/709.)

— Annulation de l'indépendance mongole. (*Revue indo-chinoise*, Nov.-Déc. 1919, pp. 430/432.)

— Mongolia — the Texas of Asia by Luther Anderson. (*Asia*, January 1920, pp. 45/50; ill.)

— Annulation de l'indépendance de la Mongolie Extérieure. (*Asie franç.*, Mars 1920, pp. 98/99.)

— L'infanticide en Mongolie. — Lettre du R. P. Maurice de Clippela, de la Congrégation de Scheut à Cheulaousouhao (Mongolie centrale). (*Miss. Cath.*, 2 juillet 1920, pp. 303/304.)

— Mongols et Soviets. Par Ch. P. (*Revue indo-chinoise*, Janvier-Février 1921, pp. 110/112.)

— The People of the Wilderness. The Mongols, Once the Terror of all Christendom, Now a Primitive, Harmless Nomad Race. By Adam Warwick. (*National Geogr. Mag.*, May 1921, pp. 507/551.)

— Indépendance de la Mongolie extérieure. (*Asie franç.*, Avril 1922, p. 182.)

— Wou-p'ing-hien 武平縣. Note sur l'ancienne Géographie de la Mongolie Orientale, par Jos. Mullie, Missionnaire de Scheut. (*New China Review*, vol. IV, June 1922, pp. 184/194; pl. et carte.)

— At Home with the Mongolians. (*Trans-Pacific*, Tokyo, June 1922, p. 72.)

— Setting out for the buried treasure of Mongolia. By Roy Chapman Andrews. (*Asia*, April 1923, pp. 241/245.)

— A Paradise for Dinosaurs. By Roy Chapman Andrews. (*Ibid.*, May 1923, pp. 336/340.)

— Untying red tape in Urga. By Roy Chapman Andrews. (*Ibid.*, June 1923, pp. 420/424.)

(Mongolie : Ouvrages divers.)

— Tenting in Lama Land. By Roy Chapman Andrews. (*Ibid.*, July 1923, pp. 516/520.)

— Mongolie. (*La Géographie*, Janvier 1923, p. 97.) Roy Chapman Andrew.

— Present Conditions in Inner Mongolia. L. H. Dudley Buxton (Albert Kahn Travelling Fellow 1921). Read at the Meeting of the Society, 23 April 1923. (*Geogr. Journ.*, June 1923, pp. 393/413; ill.)

— Black Magic of Mongolia. By Ferdinand Ossendowski. Rendered into English by Lewis Stanton Palen. (*Asia*, July 1923, pp. 556/561; ill.; 584, 586.)

HISTOIRE.

Col. 2765/2779.

— Quatremère. — Lettre à M.*** sur la publication du Tome premier de l'Histoire des Mongols, in-8, s. l. n. d., pp. 20.

Au bas de la dernière p. : Paris. — Imprimerie de H. Fournier et Cie, rue Saint-Benoît, 7.

Col. 2770.

— А. Ивановъ. — Указъ о пожалованiи титула Дзы-Сы [子思]. — Китайскiй текстъ съ транскрипцiе й монгольскимъ квадратнымъ письмомъ. — С.-пет., тип. имп. Академiи Наукъ. in-8, pp. 9.

Зап. восточнаго отд. Имп. руссаго археол. Общества, т. XIX.

Col. 2776.

— Bericht ueber eine Inschrift aus der aeltesten Zeit der Mongolen-Herrschaft: von I. J. Schmidt. . . . St. Petersburg, . . . MDCCCXXXIII, in-4, pp. 16, 2 pl.

Ueber ein von Tschinggis-Chan errichtetes Denkmaal.

Col. 2778.

— Исторiя Восточныхъ Монголовъ въ перiодъ Династiи Минъ. 1368—1634 (по китайскимъ источникамъ). — Д. Покотилова. — Санктпетербургъ. Тип. Имп. академiи Наукъ, 1893, in-8, pp. vi-230.

— Die chinesische Redaktion des Sanang Setsen. Geschichte der Ostmongolen, im Vergleiche mit dem mongolischen Urtexte. Inaugural-Dissertation zur Erlangung der Doktorwürde, genehmigt von der Philosophischen Fakultät der Friedrich-Wilhelms-Universität zu Berlin. Von Erich Haenisch aus Berlin. Berlin 1904.

(Mongolie : Histoire.)

Druck der Reichsdruckerei in Berlin [1904], in-8, pp. 29 + 1 f. n. ch.

Extr. de Jhrg. VII (1904) der *Mitt. d. Sem. Orient. Sprachen* (Abt. I. *Ostasiatische Studien*).

— В. Бартольдъ. — Образованіе Имперіи Чингиизъ-Хана. — Санктпет., Тип. имп. академіи Наукъ, 1906, in-8.

Pages 105/119, *Зап. Вост. Отдѣл. Имп. Русск. Археолог. Общ.*, T. X.

Col. 2767.

— Rudolf Stübe. — Tschingiz-Chan, seine Staatsbildung und seine Persönlichkeit. (*N. Jahrb. Älter. u. Päd.*, Leipzig, XXI-XXII, 1908, pp. 532/541.)

Col. 3223.

— Jeremiah Curtin. — The Mongols. 1908, in-8.

Notice : *Bull. Ecole franç. Extr. Orient*, Juill.-Déc. 1908, pp. 571/573. Par H. Maspero.

— The factitious genealogies of the Mongol rulers. By Sir Henry H. Howorth, K. C. I. E., F. R. S., etc. (*Journ. R. As. Soc.*, July 1908, pp. 645/668.)

— Obituary Sir Henry Howorth. By P. M. S. (*Geogr. Journ.*, Sept. 1923, p. 239.) — By R. C. T. (*Journ. Roy. As. Soc.*, Oct. 1923, p. 670.) — *T'oung Pao*, Oct. 1923, p. 329, par H. Cordier.

Né à Lisbonne, 1er juillet 1842; † 15 juillet 1923.

— An Introduction to the History of the Mongols. By E. H. Parker. (*Asiat. Quart. Review*, 1910, XXX, pp. 104/112.)

— Idem. In-8, pp. 9.

Reprinted from the *Asiatic Quarterly Review*, July 1910.

— Introduction à l'histoire des Mongols de Fadl Allah Rashid-Eddin par E. Blochet. Leyden : E. J. Brill . . .; London-: Luzac & Co., 1910, in-8, pp. 398.

«E. J. W. Gibb Memorial Series», Vol. XII.

Notice : *Journ. R. As. Soc.*, Oct. 1910, pp. 1365/1369, par J. Dyer Ball.

— Djami el-Tévarikh. Histoire générale du monde par Fadl Allah Rashid-ed-Din-Tarikhi Moubarek-i Ghazani. Histoire des Mongols, éditée par E. Blochet. Tome II. Contenant l'histoire des empereurs mongols successeurs de Tchinkkiz Khagan. Leyden: E. J. Brill. — London, Luzac, 1911, in-8, pp. 72/617.

«E. J. W. Gibb Memorial Series», Vol. XVIII.

Notice : *Journ. Asiat.*, Sept.-Oct. 1914, pp. 458/462, par Cl. Huart.

— Note on the illustrations by La rence Binyon. (*Journ. R. As. Soc.*, April 1918, pp. 495/496.)

— * Ala'u'd-din 'Ata Malik-i Juwayni. The Ta'rikh-i-Jahan-Gushá. Part I, containing the History of Chingiz Khán and his successors, edited with an introduction, notes and indices from several old Mss. by Mirzá Muhammad Ibn 'Abdu'l-wahhábi Qazwini. Leyde & London, Brill & Luzac, 1912; in-8, pp. xciv-294-128.

«E. J. W. Gibb Memorial Series», Vol. XVI, I.

Notice : *Revue critique d'histoire et de littérature*, n° 25, 20 juin 1914, pp. 481/482. Par Cl. Huart.

— Mongolia after the Genghizides and before the Manchus. By E. H. Parker, M. A. (*Journ. N. C. B. R. As. Soc.*, XLIV, 1913, pp. 76/99.)

— Tamerlane. By Lieut.-Colonel P. M. Sykes, C. M. G., C. I. E. . . . (*Journ. Central Asian Soc.*, II, 1915, Pt. I, pp. 17-33.)

Read Dec. 9, 1914.

— Burkhan. — By Berthold Laufer, Curator at the Field Museum of Natural History, Chicago; ill. — From the *Journal of the American Oriental Society*, Vol. XXXVI, 1917, pp. 390/395, in-8.

Col. 2770.

— The Burial-place of Genghis Khan by E. T. C. Werner, H. B. M. Consul, Foochow (retired). (*New China Review*, I, Oct. 1919, pp. 453/456.)

Cf. pp. 379/396 de *Chinese Social and Political Science Review*, Dec. 1918.

Voir Mongolie.

— Montuclat. — Gengis Khan. (*La Chine*, 15 juillet 1922, pp. 1035/1044.)

Extr. d'une nouvelle édition de *Marco Polo*.

VOYAGES.

Col. 2779/2792, 3223/3224.

Col. 2783.

— N. Prjévalski. — Mongolie et Pays des Tangoutes. Ouvrage traduit du russe avec l'autorisation de l'auteur. Par G. Du Laurens, Membre de la Société de Géographie de Paris précédé d'une Préface de M. E. Delmar-Morgan et d'une introduction du Col[el] Yule traduites de l'anglais avec l'autorisation des auteurs par J. Belin de Launay et contenant : 42 gravures sur bois et 4 cartes. — Paris, Hachette, 1880, in-8, pp. lvi-344.

Col. 2786.

— Gregor Potanin's Reise in der westlichen Mongolei. (*Globus*, XXXI, 1877, pp. 238/239.)

— * A. A. Borradaile. — Notes of a Journey in Northern Mongolia in 1893. With Note by Ney Elias. 1895, in-8, pp. 13 5 ill.

Col. 2789.

— * V. A. Obroutchev. — L'Ordos. Étude orographique et géologique. (Extr. d'un ouvrage publié à la mémoire de J. V. Obroutchev.) Saint-Pétersbourg, 1905, gr. in-8, pp. 225/310; carte.

— Une Lettre de M. Chaffanjon. A Travers la Mongolie. (*A travers le Monde*, II, 1896, pp. 62/63.)

— M. Ch.-Eudes Bonin en Chine. — Lettre. — Ourga, 15 sept. (*Ibid.*, p. 359.)

— Un Voyage Archéologique dans la Mongolie Occidentale. (*Ibid.*, V, 1899, pp. 94/95.)

M. Dmitri Klementz.

— Eine russische Expedition in Mongolei. (*Deutsche Rundschau f. Geogr. u. Stat.*, XXV, 1902/1903, p. 522.)

Capitaine Popof.

Col. 2790.

— A travers la Mongolie. (*A travers le Monde*, IX, 1903, p. 64.)

Extr. du voyage de M. Mario Valli, explorateur italien, paru dans la *Nuova Antologia*.

— Mongolie. — Exploration de M. Campbell [consul anglais à Wuchow]. (*Bull. Soc. Géogr. Dunkerque*, n° 25, Juin 1904, pp. 352/354.)

— To Kalgan and the Mongolian Grassland by Mrs. Archibald Little. — Reprinted from the «Shanghai Mercury». Shanghai: Shanghai Mercury, Ltd. 1904, in-16, pp. 30.

— Die Reise des Prinzen Friedrich Leopold durch die Mongolei. (*Deutsche Rundschau f. Geogr. u. Stat.*, XXVII, 1904/1905, pp. 521/522.)

Col. 3224.

— On Tramp among the Mongols by the Rev. John Hedley, F.R.G.S. — (Reprinted from the North-China Daily News.) — Shanghai: North-China Daily News & Herald Ltd., 1906, in-8, pp. 118 à 2 col.; carte.

— Tramps in Dark Mongolia by John Hedley, F. R. G. S. With illustrations and a map. T. Fisher Unwin, London, 1910, in-8, pp. xii-371.

Notices: *Lond. & China Expr.*, May 6, 1910. — *Geogr. Journ.*, Aug. 1910, p. 207.

P. K. Kozlov.

Col. 2791/2792.

— Nouvelle exploration de M. P. K. Kozlov en Mongolie et dans le Sseu-tch'ouan. Par J. Deniker. (*La Géographie*, 15 juillet 1908, pp. 55/57.)

— Exploration de M. Kozlov en Mongolie. Par J. Deniker. (*La Géographie*, 15 février 1909, pp. 139/141.)

— The Mongolia-Sze-chuan Expedition of the Imperial Russian Geographical Society. By Captain P. K. Kozlöff. (*Geogr. Journ.*, Oct. 1909, pp. 384/408.)

— Idem. By Colonel P. K. Kozloff. (*Ibid.*, Sept. 1910, pp. 288/310; fig.; map.)

(Mongolie : Voyages : Kozlov.)

— Exploration du lieutenant-colonel Kozlov en Mongolie et dans le Sseu-tch ouan. Par J. Deniker. (*La Géographie*, 15 janvier 1910, pp. 27/33.)

— Exploration en Mongolie et dans le Sseu-tch'ouan. Par J. Deniker. (*Revue indo-chinoise*, Oct. 1910, pp. 385/390.)

Exploration du lieutenant-colonel russe Kozlov. Extr. de la *Géographie*.

— Le lieutenant-colonel Kozlov dans le Gobi et au Koukou Nor. (*Bull. Soc. Géogr. Lyon*, 2e sér., III, fasc. 1 et 2, 1910, pp. 69/70.)

— Die wirtschaftliche Erschließung der Mongolei durch russische Handelsexpeditionen. (*Geogr. Zeitsch. Leipzig*, XVI, 1910, p. 457.)

∴

— A Journey in Southern Siberia the Mongols, their Religion and their Myths by Jeremiah Curtin. . . . With a Map, and Numerous Illustrations from Photographs. London, Sampson Low, s. d. [1909], in-8, pp. xiv-319.

Publié par Charles W. Eliot.

— Problems in exploration. II. Ordos. By W. R. Carles, C. M. G. (*Geogr. Journ.*, June 1909, pp. 668/679.)

Carte.

Commandant de Lacoste.

— Exploration du commandant de Lacoste en Mongolie. Lettre de Kobdo, du 25 sept. 1909. (*La Géographie*, 15 oct. 1909, pp. 251/253.)

— Lettre du commandant de Lacoste à M. Emile Senart. (*Bull. Com. Asie franç.*, Nov. 1909, pp. 470/471.)

Kobdo (Mongolie septentrionale), 27 sept. 1909.

— Voyage du Commandant de Lacoste en Mongolie. Par R. C. (*Bull. Com. Asie franç.*, Avril 1910, pp. 176/179; carte.)

— Exploration en Mongolie septentrionale, par le Commandant de Lacoste. (*La Géographie*, 15 mai 1910, pp. 375/384; carte.)

— Major de Lacoste's Journey across Mongolia. (*Geogr. Journ.*, July 1910, p. 103.)

— A Travers la Mongolie: 3000 kilomètres dans la steppe par le Commandant de Lacoste. (*A travers le Monde*, XVI, 1910, pp. 69/70; carte.)

— Mission du Commandant de Lacoste en Mongolie. (*Bull. Soc. Géogr. Lyon*, 2e série, 1910, pp. 68/69.)

— Voyage du commandant de Lacoste en Mongolie. (*Bull. Soc. Géogr. Est*, XXXI, 1910, pp. 80/82.)

— La Mission du Commandant de Lacoste dans la Mongolie septentrionale, par le Dr Bertaud du Chazaud, Médecin de la Marine, attaché à la Mission. (*Bull. Muséum nat. d'Hist. nat.*, 1910, 1, pp. 50/59.)

— Quelques notes sur la Mongolie septentrionale par M. le Dr Bertaud du Chazaud, Médecin de 1ère classe de la Marine, attaché à la Mission de Lacoste (1909). (*Archives de Médecine navale*, LXXXXIV, Nov. 1910, pp. 321/343.)

— Commandant de Bouillane de Lacoste. — Au Pays sacré des Anciens Turcs et des Mongols. Ouvrage contenant

(Mongolie : Voyages : Comm. de Lacoste.)

84 illustrations tirées hors texte, Gravées d'après les Photographies de l'Auteur, et trois Cartes. Paris, Émile-Paul, 1911, gr. in-8, pp. 232.

— Lacostes Reise durch die äußere Mongolei. Von R. W. (*Mitt. k. k. Geogr. Ges. Wien*, Bd. LIV, 1911, pp. 69/75.)

∴

— * Excursion d'été en Mongolie, au groupe Ekhété-Khoukhté ou Oulan-Khada en 1908. Par I. A. Moltchanoff. Carte et Diagramme. [En Russe.] (*Travaux Sous-Sect. Troïtzkossawsk-Kiakhta, Imp.-Russ. G. S.*, 11, 1910, pp. 65/74.)

— Beiträge zur Kenntnis der Eiszeit in der nordwestlichen Mongolei und einigen ihrer südsibirischen Grenzgebirge. Geomorphologische Studien aus den Jahren 1905, 1906, 1907 und 1909. — Mit 9 Karten, 19 Tafeln und 18 Figuren im Texte von J. G. Granö. — Helsingfors, 1910. — (*Fennia*, XXVIII, pp. IV-230.)

— * Archäologische Beobachtungen von meiner Reise in Südsibirien und der Nordwestmongolei im Jahre 1909. Von J. G. Granö. (Sonderabdruck aus dem *Journal de la Société Fino-Ougrienne*, XXVIII.) Helsingfors, 1910, pp. 68. Cartes, Plans et Illustrations.

— * Ueber die geographische Verbreitung und die Formen der Altertümer in der Nordwestmongolei. Von J. G. Granö. (*Ibid.*) Helsingfors, 1910, pp. 56; ill.

— Die Nordwest-Mongolei. Eine geographische Skizze. Von Dr. J. G. Granö in Helsingfors. (*Zeitsch. d. Ges. f. Erdk. zu Berlin*, 1912, pp. 561/588, 1 pl.)

— Exploration du Dr J. G. Granö dans la Mongolie occidentale par A. Allix. (*La Géographie*, 15 avril 1913, pp. 293/295.)
A propos de l'ouvrage de J. G. Granö, Die Nordwest-Mongolei, dans la *Zeitsch. der Ges. f. Erdkunde zu Berlin*, 1912, n° 8, pp. 561/588, 1 phot.

— Prof. Saposhnikoff's Latest Journey in the Altai Region. (*Geogr. Journ.*, February 1910, pp. 195/196.)

— In und außer Dienst in der Mongolei von Fritz Jobst, Oberleutnant der Reserve des Husaren-Regiments Fürst Blücher, ehem. Dolmetscher-Offizier der Gesandtschafts-Schutzwache in Peking. Mit 88 Illustrationen und 2 Karten. Jena, Hermann Costenoble, 1910, in-8, pp. XII-188.

— Une Expédition archéologique Finlandaise en Mongolie. Par E. Γ. (*A travers le Monde*, XVI, 1910, p. 31.)

— Une expédition anglaise en Mongolie. (*Bull. Soc. Géogr. Est*, XXXI, 1910, pp. 151/152.)

(Mongolie : Voyages : Divers.)

— A Journey across the Ordos. By Major George Pereira. (*Geogr. Journ.*, March 1911, pp. 260/264; fig. et carte.)

— Rückkehr in Rußland von den beiden Expeditionen in der Mongolei von Prof. Soboljew und Oberst Popow. (*Geogr. Zeitsch. Leipzig*, XVII, 1911, pp. 281/282.)

Douglas Carruthers.

— Exploration in North-West Mongolia. By Douglas Carruthers. (*Geogr. Journ.*, February 1911, pp. 165/170.)

— An Expedition to North-West Mongolia. (*Geogr. Journ.*, March 1910, p. 333.)
Expédition composée de MM. Douglas Carruthers, J. H. Miller et M. P. Price.

— Mr. Carruthers' expedition to North-West Mongolia. (*Ibid.*, Oct. 1910, pp. 404/405.)

— Expedition nach der Nord-West-Mongolei. (*Geogr. Zeitsch. Leipzig*, XVI, 1910, pp. 224, 649.)
Douglas Carruthers, J. H. Miller et M. P. Price.

— Carruthers Reise in der Nordwestmongolei. (*Deutsche Rundschau f. Geogr. u. Stat.*, XXXIII, 1910/1911, pp. 187, 346.)
D'après le *Geogr. Journ.* (1910, p. 404.)

— Un voyage anglais dans le Nord-ouest de la Mongolie. (*Asie franç.*, Mai 1911, pp. 220/222; carte.)
Voyage de M. Douglas Carruthers.

— Exploration de M. Carruthers dans le nord-ouest de la Mongolie. Par J. Deniker. (*La Géographie*, 15 mai 1911, pp. 375/377.)

— Exploration in North-West Mongolia and Dzungaria. By Douglas Carruthers. (*Geogr. Journ.*, June 1912, pp. 521/553; fig.)

— Unknown Mongolia A Record of Travel and Exploration in North-West Mongolia and Dzungaria by Douglas Carruthers Gold Medallist of the Royal Geographical Society With three Chapters on Sport by J. H. Miller, F. Z. S. and a Foreword by the Right Hon. Earl Curzon of Kedleston, K. G., . . . With 168 Illustrations, Panoramas and Diagrams, and 6 Maps. London, Hutchinson, 1913, 2 vol. in-8, pp. XVIII-318, X-659.
Notices : *Lond. & China Express*, Dec. 5, 1913. — *Geogr. Journ.*, February 1914, pp. 189/191, par F. E. Y. — *Journ. N. C. B. R. As. Soc.*, XLV, p. 170.

— Notes on the maps illustrating the exploration in Mongolia and Dzungaria. By Douglas W. Carruthers. (*Geogr. Journ.*, April 1913, pp. 346/349; 2 maps.)

— Mr. Carruther's Maps of Mongolia and Dzungaria. By W. W. Obrucheff. (*Ibid.*, June 1914, p. 708.)

— Reply of Douglas Carruthers. (*Ibid.*, pp. 708/709.)

— Douglas Carruthers. — Mongolia and the Russian Altaï. (*The Gun at home & abroad*, IV, *The Big Game of Asia and North America*, London, 1915, pp. 179/191.)

∴

(Mongolie : Voyages : Carruthers.)

— Excursion en Mongolie de Péking au Plateau mongol par le R. P. Dr Verbrugge. (*Bull. Soc. royale belge de Géogr.*, 1913, pp. 83/128, 153/184.)

— Les voies de communication dans la Mongolie intérieure par le R. P. Benoni de Wilde, des Missions de Scheut, Missionnaire aux Ortos. (*Bull. Soc. belge Et. Colon.*, 1913, pp. 823/836.)

— The Chuyan Alps. By H. G. C. Perry-Ayscough. March 14, 1914. (*Journ. Central Asian Soc.*, I, 1914, Pt. II, pp. 31/32.)

— With the Russians in Mongolia by H. G. C. Perry-Ayscough M. A. (Oxon.), F. R. G. S., the Chinese Postal Service and Captain R. B. Otter-Barry F. R. G. S., The Royal Sussex Regiment With a preface by the Right Honourable Sir Claude Macdonald G. C. M. G., G. C. V. O., K. C. B., &c., H. B. M. Minister at Peking (1896—1900) and ambassador at Tokio (1900—1912). Illustrated with 50 photographs and a map. London : John Lane the Bodley Head; New York : John Lane Company; Toronto : Bell & Cockburn, MCMXIV, in-8, pp. XXII-344, carte et illustrations.

Notices : *Lond. & China Express*, February 20, 1914. — *Geogr. Journ.*, June 1914, pp. 683/684, par D. C. — *Journ. N. C. B. R. As. Soc.*, XLVI, 1915, par G.

— A visit to Mongolia. By E. Manico Gull. (*Journ. Central As. Soc.*, I, 1914, Part I, pp. 3/13.)

Read December 10, 1913.

— Question of Outer Mongolia. [History and present political position.] By W. W. Rockhill. (*Far Eastern Rev.*, June 1915, pp. 1/13, 27 fig., 1 carte.)

— Life in a Khalkha Steppe Lamasery. By G. C. Binsteed, Lieutenant, The Essex Regiment. (*Journ. R. As. Soc.*, Oct. 1914, pp. 847/900; 2 planches.)

— Some topographical notes on a Journey through Barga and north-east Mongolia. By Lieut. G. C. Binsteed, the Essex Regiment. (*Geogr. Journ.*, Dec. 1914, pp. 571/577.)

— Weideplätze der Mongolen im Reiche der Chalcha von Hermann Consten. In 2 Bänden. Dietrich Reimer (Ernst Vohsen) in Berlin 1919—1920.

Band I mit 68 Tafeln und 1 Karte, 1919, in-8, pp. XII-308.

Band II mit 63 Tafeln und 1 Karte, 1920, in-8, pp. VII-314.

Notices : *Mitt. Anth. Ges. Wien*, Bd. LI, 1921, pp. 146/147, par V. Christian.

Col. 4048.

— Old Tartar Trails, by A. S. Kent. Shanghai : North China Daily News and Herald, 1919, pp. 153. Illustrated.

Notice : *New China Review*, II, February 1920, pp. 105/106.

— * Beatrix Bulstrode. — A Tour in Mongolia. With an Introduction bearing on the Political Aspect of that Country, by David Fraser. London, Methuen, 1920, in-8; ill.

Notices : *Journ. N. C. B. R. As. Soc.*, LII, 1921, p. 194, by W. — *Lond. & China Express*, Dec. 9, 1920.

— * Across Mongolian Plains : a Naturalist's Account of China's «Great North-West». — Roy Chapman Andrews. New York : D. Appleton & Co. 1921. Illustrations.

Notices : *Geogr. Journ.*, April 1922, pp. 301/302. By W. R. C. — *Journ. N. C. B. R. As. Soc.*, LII, 1921, pp. 224/225, by M.

— Fra Mongoliet og Urjan-Chaj. Af Laege, Secondtltnt. i Den kgl. Livgarde C. I. Krebs. (*Geografisk Tidskrift*, 26 Bind. H. III, 1921, pp. 69/76; fig. et carte dans le texte.)

— With Baron Ungern in Urga. By Ferdinand Ossendowski. Rendered into English by Lewis Stanton Palen. (*Asia*, Aug. 1922, pp. 614/618.)

— Third Asiatic Expedition in Mongolia. (*Ibid.*, Nov. 1922, pp. 890/891; ill.)

— Mongolie. — Troisième expédition asiatique. (*La Géographie*, Janvier 1923, p. 93.)

Prof. Henri Fairfield Osborn.

— Present Conditions in Inner Mongolia L. H. Dudley Buxton (Albert Kahn Travelling Fellow 1921). Read at the Meeting of the Society, 23 april 1923. (*Geogr. Journ.*, June 1923, pp. 393/413; ill. et cartes.)

LANGUE.

Col. 2792/2802, 3224.

Col. 2800.

— Elementi della grammatica mongolica di Carlo Puini. Firenze, Successori Le Monnier, 1878, in-8, pp. 42.

Pubb. d. R. Istituto di Studi Sup.-Coll. Scolastica.

Col. 2800/2801.

— Compte rendu de : A. POZDNÉIEF, *Sur un Monument nouvellement découvert de la littérature mongole du temps de la dynastie des Ming*, 1895. (*Journ. Asiat.*, IXe Sér., VII, 1896, pp. 173/179.) Par Ed. Chavannes.

— Skizze der mongolischen Literatur. Von Berthold Laufer. (*Keleti Szemle*, VIII, 1907, pp. 165/261.)

— Introduction of written language in Mongolia in the Thirteenth Century. By

Rai Sarat Chandra Das. (*Journ. & Proc. Asiat. Soc. Bengal,* Vol. III, No. 2, 1907, pp. 109/111.)

— Das Schriftmongolische und die Urgamundart Phonetisch verglichen von G. J. Ramstedt. — (*Journ. de la Soc. Finno-ougrienne* XXI,₂.) Helsingfors, 1902. — (Vom Verfasser revidierte und verbesserte russische Auflage.) — St. Petersburg, Buchdruckerei der Kaiserlichen Akademie der Wissenschaften, 1908, in-4, in-8 carré, pp. VIII-65.

Titres allemand et russe. — Texte russe.

— G. J. Ramstedt. — Mongolische Briefe aus Idiqut-Schähri bei Turfan, mit einer Einleitung von A. von Le Coq. (*Sitzb. d. Kön. preuß. Akad. d. Wiss.*, 1909, XXXII, p. 838/848 et une planche hors texte.)

Notice : *T'oung Pao*, Oct. 1909, pp. 582/583, par Ed. Chavannes.

Col. 2802.

— А. д. Рудневъ. — Мелодіи монгольскихъ племенъ. (Съ рисункомъ и нотами). — С. Петерб., 1909, in-8.

Записки И. Р. Г. О. по отд. Этн., т. XXXIV, pp. 395/430 + 28 p. de musique.

— Mongolische Literaturdenkmäler. (*Deutsche Rundschau f. Geogr. u. Stat.*, XXXI, 1908/1909, p. 473.)

Rapportés par Sven Hedin.

— Ein iranisches Sprachdenkmal aus der nördlichen Mongolei. Von F. W. K. Müller. (*Sitzb. d. Kön. Preuß. Akad. d. Wiss.*, XLVII, 1909, pp. 726/730.)

— * G. Z. Zybikow. — « Die Stufen des Weges zur Seligkeit. » Das Werk Zsonchapas in mongol. u. russ. Uebersetzg. Bd. I: Die niedere Stufe des gemeinsamen Wegs. Liefrg. 1: Mongol. Uebersetzg. Wladiwostok 1910, in-8, pp. XLVIII-312.

— Proben der mongolischen Umgangssprache. Von Wilhelm Grube. (Zu Ende geführt von E. von Zach.) (*Wiener Zeitsch. f. d. Kunde d. Morgenl.*, 1911, pp. 263/289.)

Cf. XVIII. & XIX. Bd.

— Le titre mongol du *Yuan tchào pi che*. Par Paul Pelliot. (*T'oung Pao*, Mars 1913, pp. 131/132.)

(Mongolie : Langue.)

II. T'IEN CHAN PE LOU. — T'IEN CHAN NAN LOU.

— Éclaircissements sur la chaine du Thian-chan, d'après les textes chinois, traduits par M. Stanislas Julien. (A. de Humboldt, *Asie centrale*, II, 1843, pp. 335/364.)

— Eclaircissements sur les chaines du Bolor et du Kouen-lun, d'après les textes chinois; traduits par M. Stanislas Julien. (A. de Humboldt, *Ibid.*, pp. 441/488.)

— Hydrographie de la Nouvelle Frontière ou Description des Rivières, des Fleuves et des Lacs de la Dzongarie et du Turkestan oriental. Extrait de l'ouvrage chinois *Sin-khiang-tchi-lio*, ou Statistique abrégée de la Nouvelle Frontière. Par M. Stanislas Julien. (*Nouv. Ann. des Voyages*, CXI, 1846, pp. 20/74.)

(Divers.)

— C. de Sabir. — Le Pays de Bolor et les sources de l'Amou-Daria. (*Ibid.*, 1862, II, pp. 20/32.)

— G. R. Aberigh-Mackay. — A Bibliography of Central Asia. (*Calcutta Review*, Vol. 61, 1875, pp. 332/345.)

Simla, 15th June 1875.

Col. 2813.

— Shifting sands and strange noises and demons, see Forsyth, *Proc. Roy. Geogr. Soc.*, XXI, 1876/1877, p. 29.

Col. 2820.

— Lettre de M. le Colonel Prjevalski. (*Bull. Union géogr. Nord de la France, Douai*, I, 1880, pp. 120/122.)

Houi-dè-Tin, plateau de Houan-Hé, mai 1880.

Voyage sur les bords du Fleuve Jaune.

(Divers.)

Col. 2823/2825.

— Exploración de M. de Ujfalvy. Por F C. (*Bol. Soc. Geogr. Madrid*, III, 1877, pp. 335/339.)

— Geographische Nekrologie. Karl Eugen von Ujfalvy von Mezö-Kövesd. Von Julius Dienel. (*Deutsche Rundschau f. Geogr. u. Stat.*, XXVI, 1903/1904, pp. 280/282; portr.)

— Etude sur l'Asie Centrale — Angleterre — Russie — Chine. — Première partie. Turkestan Oriental-Conférence faite à la Séance de rentrée du 5 décembre 1878 par Le Lt-Colonel d'Etat-Major Debize, Secrétaire-Géneral de la Société. (*Bull. Soc. Géogr. Lyon*, II, 1878, pp. 521/560; carte.) — Deuxième partie Turkestan russe. (*Ibid.*, III, 1879, pp. 1/32; carte.)

— L'Asie centrale à vol d'oiseau, par J.-B. Paquier . . . 1881. — Col. 2825.

Notice : *Bull. Soc. Géogr.*, Rochefort, t. IV, 1882/1883, p. 214.

Col. 2825.

— Demetrius Charles Boulger. — Three Chinese Generals. (*Calcutta Review*, Vol. 71, 1880, pp. 301/310.)

Col. 2828.

— Positions géographiques déterminées par deux missionnaires Jésuites dans le Turkestan Oriental et la Dzoungarie en 1756 d'après deux lettres inédites des PP. Amiot et Gaubil par Le P. Brucker de la Compagnie de Jésus. (*Bull. Soc. Géogr. Lyon*, III, 1879/1880, pp. 365/371.)

— Mélanges géographiques et historiques. Manuscrit inédit du Père A. Gaubil S. J., publié avec des notes par Henri Cordier. (*T'oung Pao*, Oct. 1915, pp. 515/561.)

Col. 2830.

— Reisen in Central-Asien, 1876—1879. Von Dr. A. Regel. (*Petermanns Mitth.*, 1879, 25. Bd., pp. 376/384, 408/417.)

— Turfan. Von Dr. A. Regel. (*Ibid.*, 1880, 26. Bd., pp. 205/210.)

— Meine Expedition nach Turfan, 1879. Von Hofrath A. Regel. (*Ibid.*, 1881, 27. Bd., pp. 380/394.)

— Los volcanes centrales en Asia. (*Bol. Soc. Geogr. Madrid*, XII, 1882, p. 165.)

Tian-shan.

— * Ney Elias. — Report of a Mission to Chinese Turkistan, Badakhshan and Kattagan in 1885—1886. Calcutta, 1886, gr. in-8, pp. 114, with Appendices: carte.

— India and Chinese Central Asia. (*Times Weekly Edition*, Dec. 25th, 1887.)

Col. 2833.

— La traversée du Pamir Conférence de M. Bonvalot. (*Bull. Soc. Géogr. Rochefort*, t. IX, 1887/1888, pp. 298/300.)

Séance du 10 mars 1888.

— La traversée du Caucase à l'Himalaya Conférence faite le Mercredi 10 janvier 1890, par M. G. Capus, docteur ès-lettres à la Société de Boulogne. (*Union géographique Nord France, Douai*, XI, 1890, pp. 46/53.)

Col. 2836.

— Obituary. — Rev. Henry Lansdell, D. D. (*Geogr. Journ.*, Nov. 1919, p. 327.)

— Nécrologie. — Henry Lansdell. Par H. C[ordier]. (*T'oung Pao*, Juillet et Octobre 1918/1919, p. 253.)

† 4 oct. 1919 à Blackheath Park.

Emil Schlagintweit.

Col. 2808, 3225.

— Emil Schlagintweit. — Bericht über das Denkmal für Adolf Schlagintweit in Kaschgar. (*Sitzb. d. philos.-philol. u. hist. Cl. d. K. b. Akad. d. Wiss. zu München*, 1890, 1. Bd., pp. 457/472.)

— Nekrologie. — Dr. Emil Schlagintweit. (*Deutsche Rundschau f. Geogr. u. Stat.*, XXVII, 1904/1905, pp. 136; 182/183; portr.)

Né 7 juillet 1835 à Munich; mort le 20 oct. 1904 à Deux-Ponts dans le Palatinat du Rhin.

P. Petrovitch Semenov.

Col. 2810, 3226.

— Necrologia. — Pietro Petrovich Semenov Tiansciamskii. (*Boll. Reale Soc. Geogr.*, 1° maggio 1914, pp. 569/570.)

Né le 14 janvier 1827 à Ourossovo, dans le gouvernement de Riasan; mort le 11 mars 1914 à Saint-Pétersbourg.

— Nécrologie. — M. Pierre Semenov-Tian-Shansky. Par Paul Labbé. (*Bull. Soc. Géogr. comm. Paris*, Juin 1914, pp. 449/450.)

Col. 2840.

— On the Great Central Asian Trade Route from Peking to Kulja and Semirechensk, and to Yarkand and India. By Colonel Mark S. Bell, V. C., R. E. (*Report Brit. Ass. Adv. Science*, Newcastle-upon-Tyne, pp. 660/662.)

Dutreuil de Rhins.

Col. 2841/2842.

— Rapport sur la mission de M. Dutreuil de Rhins en Asie par M. E.-T. Hamy. (*Bull. Géogr. hist. et descr.*, VI, 1891, pp. 506/509.)

— Mission Scientifique Française dans la Haute-Asie. [Par M. Fernand Grenard.] (*A travers le Monde*, II, 1896, pp. 1/4; carte et ill.)

— Estampages d'inscriptions chinoises provenant de la mission de MM. Dutreuil de Rhins et Grenard. Note de M. G. Devéria. (*Acad. Insc. Belles-Lettres, Ctes. rendus*, 21 mai 1897, pp. 268/281.)

— Fragments de poteries provenant de Yotkán (Mission Dutreuil de Rhins-Greuard) décrits par J. Hackin. (*Bull. arch. Musée Guimet*, fasc. II, pp. 21/23.)

— La légende de Satok Boghra Khân et l'Histoire par M. F. Grenard. — Extrait du *Journal Asiatique*. Paris, Imprimerie Nationale, MDCCCC, in-8, pp. 79.

Extr. du Nº de Janvier-Février 1900.

— Le dialecte des fragments Dutreuil de Rhins, par M. Jules Bloch. (*Journ. Asiat.*, Mars-Avril 1912, pp. 331/337.)

∴

— Le voyageur Joseph Martin. Par M. Gustave Regelsperger (*Bull. Soc. Géogr. Rochefort*, t. XIII, 1891/1892, pp. 199/201.)

— Le dernier voyage de Joseph Martin à travers la Chine et l'Asie centrale (1889—1892). (Résumé et extraits de son journal de route.) Par Allemand-Martin, Docteur ès sciences. (*La Géographie*, 15 déc. 1912, pp. 376/398.)

Col. 2848.

— A travers l'Asie Centrale. M. et Mme Littledale. (*A travers le Monde*, I, 1895, pp. 55/56; fig.)

Col. 2858.

— Du Turkestan au Kachmir par les Pamirs M. E. de Poncins. (*Ibid.*, pp. 173/176; fig.)

— La Convention Anglo-Russe des Pamirs [par M. Ed. de Poncins]. (*Ibid.*, pp. 277/279; carte.)

Remarkable Sounds. By C. Tomlinson. (*Nature*, LIII, Nov. 28, 1895/1896, p. 78.)

— Remarkable Sounds. By Kumagusu Minakata. (*Ibid.*, 1895/1896, p. 605.)

Remarkable Sounds.

The following passage in a Chinese itinerary of Central Asia — Chun Yuen's «Si-yih-kien-wan-luh» (British Museum, No. 15271, b. 14), tom. VII, fol. 15, b. — appears to describe the icy sounds similar to what Major Head observed in North America:

«Muh-süh-urh-tah-fan (= Muzart), that is Ice Mountain,[1]) is situated between Ili and Ushi. . . . In case that one happens to be travelling there close to sunset, he should choose a rock of moderate thickness and lay down on it.[2]) In solitary night then, one would hear the sounds, now like those of gongs and bells, and now like those of strings and pipes, which disturb ears through the night: these are produced by multifarious noises coming from the cracking ice.»

— Kumagusu Minakata. (*Nature*, LIII, 1895/1896, April 30, 1896, p. 605.)

— Remarkable Sounds. By Kumagusu Minakata. (*Ibid.*, LIV, 1896, p. 78.)

La lutte commerciale en Asie Centrale. (*A travers le Monde*, II, 1896, pp. 350/351.)

— L'Islam en Chine. — La révolte des Doungunes. Par Paul Combes. (*Revue de l'Islam*, 2e année 1897, pp. 9/10.)

1) Prjevalsky, *From Kulja*, Lond., 1879, footnote p. 177.
2) Hiouen Ts'ang cité par Schuyler, *Turkestan*, London, 1876, I, p. 391.

(Divers.)

E. H. Parker.

Col. 2832.

— China and the Pamirs (with Map). By E. H. Parker. (*Contemporary Review*, Vol. LXXII, 1897, Dec., pp. 867/879.)

— Central Asia. By E. H. Parker. (*Imp. & Asiat. Quart. Rev.*, January 1911, pp. 114/124.)

— The ancient City and State of Kutchar. By E. H. Parker. (*Asiat. Quart. Review*, July 1911, pp. 141/166.)

— Ibid., in-8, pp. 27.

Reprinted from the *Asiatic Quarterly Review*.

Edouard Blanc.

Col. 2844/2846.

— La Fauconnerie en Asie Centrale. (*A travers le Monde*, I, 1895, pp. 225/226; fig.)

D'après Ed. Blanc.

— Note sur les gisements de pétrole de l'Asie centrale, par M. Edouard Blanc. (*Bull. Muséum nat. d'Hist. nat.*, 1909, 4, pp. 212/222.)

— Les gisements de naphte du Ferganah, par M. Edouard Blanc. (*La Géographie*, 15 avril 1909, pp. 326/330.)

Karl Futterer.

Col. 2159, 2925.

— Durch Asien. . . . 1905.

Notice: *Geogr. Journ.*, February 1908, pp. 204/205, by J. S. F.

— Karl Futterers geologische Studien in Zentralasien. Von Prof. Dr. L. v. Lóczy, Budapest. (Mit 2 Karten.) (*Petermanns Mitt.*, 1909, XII, pp. 349/351.)

— Holderer's u. Futterer's Expedition in Zentral-Asien 1898—1899. Sektion III. Prof. Dr. Karl Futterer's Routenaufnahme von Min-Tschôu bis Long-Kü-Tsai (Nordwestliches China) vom 1.—31. Dezember 1898. Echelle 1 : 500.000. 2 feuilles. (*Petermanns Mitt.*, Jahrg. 1909, Tafeln 42 u. 43. Gotha: Justus Perthes, 1909.)

— Nekrologie. — Dr. Karl Futterer. (*Deutsche Rundschau f. Geogr. u. Stat.*, XXVIII, 1905/1906, pp. 423, 470; portr.)

Mort à l'âge de 40 ans à peine le 17 février 1906 dans la maison de santé badoise Illenau, à Carlsruhe.

Col. 2859/2860.

— Une Traversée du Continent Asiatique. La Mission Chaffanjon. (*A travers le Monde*, III, 1897, pp. 237/238; carte.)

— Jean Chaffanjon, Voyageur naturaliste (1854—1913), par M. Henri Lecomte. (*Bull. Mus. Hist. Nat.*, 1913, nº 7, pp. 411/415.)

(Parker. — Blanc. — Futterer.)

— M. Jean Chaffanjon. Nécrologie. (*Bull. Soc. Géogr. Est*, 35e année, 1914, p. 115.)

— * F. R. Martin. Moderne Keramik von Centralasien, gr. in-4, with 15 plates (6 coloured). 1897.

— Les Traversées de l'Asie. (*A travers le Monde*, IV, 1898, pp. 205/206.)

Relevé des explorateurs qui ont traversé l'Asie d'une mer à l'autre, par M. Paul Barré de l'Association Polytechnique.

De Jean du Plan Carpin à Mme Massieu.

— Correspondance. — Lettre de Tachkent – Tachkent, le 30 janvier (11 février) 1899. Par Em. Muller (de Lyon), Professeur au Lycée impérial russe de Tachkent, Asie Centrale. (*Bull. Soc. Géogr. Alger*, IV, 1899, pp. 70/71.)

— Correspondance. — Lettre de M. Em. Muller, Tachkent, le 3—16 déc. 1900. (*Ibid.*, VI, 1901, pp. 163/166.)

Pétrole ; charbon, sable aurifère de l'Amou-Daria.

— Le Désert de Gobi est-il un désert? (*A travers le Monde*, V, 1899, p. 300.)

A propos d'un article de M. Edmond Plauchut.

— Les Anes sauvages en Asie Centrale. Par G. Labadie-Lagrave. (*Ibid.*, VII, 1901, p. 175; 183.)

— Importantes découvertes archéologiques dans le Turkestan chinois. (*Ibid.*, p. 359.)

— Expédition dans le Tian-Chan (Monts Célestes). (*Ibid.*, IX, 1903, p. 104.)

Expédition scientifique, organisée par l'Université de Tomsk et dirigée par le Dr Sapajnikov.

— La Culture en Asie Centrale. (*Ibid.*, 1903, pp. 149/151; ill.)

— Avenir de la nation russe en Asie centrale. Par le Docteur Durrieux. (*Bull. Soc. Géogr. Alger*, VIII, 1903, pp. 226/247.)

— Les débuts de l'expansion russe en Asie centrale. Conférence de M. le Commandant Krien. (*Bull. Soc. normande Geogr. Rouen*, XXV, 1903, pp. 91/116.)

Séance du Samedi 7 février 1903.

— Découvertes en Asie centrale et au Thibet. (*Bull. Soc. Géogr. Dunkerque*, no 20, Mars 1903, pp. 248/251.)

— Fortschritte der geographischen Forschungen und Reisen im Jahre 1903. 1. Asien. Von Dr. J. M. Jüttner. (*Deutsche Rundschau f. Geogr. u. Stat.*, XXV, 1902/1903, pp. 489/454.) 2. Asien. (*Ibid.*, XXVI, 1903/1904, pp. 494/512.)

Filchner, Sven Hedin, Stein, etc.

— Fortschritte der geographischen Forschungen und Reisen im Jahre 1904. 1. Asien. Von Dr. J. M. Jüttner. (*Ibid.*, XXVII, 1904/1905, pp. 433/446.)

Sven Hedin, Merzbacher, Grillières, Filchner, Crosby et Anginieur, etc.

F. W. K. Müller.

— * F. W. K. Müller, « Handschriften-Reste in Estrangelo-Schrift aus Turfan, Chin. Turkistan », I : *Sitzber. d. Kön. Preuß. Ak. d. Wiss.*, 1904, IX. « Handschriften-Reste », II : Anhang zu d. *Abh. d. Kön. Preuß. Ak. d. Wiss.*, 1904.

Notice : *T'oung Pao*, 1904, pp. 217/218.

— — « Eine Hermas-Stelle in manichaeischer Version. » (*Sitzber. d. Kön. Preuß. Ak. d. Wiss., phil.-hist. Kl.*, 1905, LI.)

— Beitrag zur genaueren Bestimmung der unbekannten Sprachen Mittelasiens. Von F. W. Müller. (*Ibid.*, 1907, II, pp. 958/960, 1 pl.)

Notice : *Bull. Ecole franç. Extr.-Orient*, VII, Juillet-Déc. 1907, pp. 402/403, par C. B. Maybon.

— Neutestamentliche Bruchstücke in soghdischer Sprache. Von F. W. K. Müller. (*Ibid.*, 1907, I, pp. 260/270, 2 tab.)

Notice : *T'oung Pao*, Mars 1908, pp. 124/125, par Ed. Chavannes.

— F. W. K. Müller. — Ein iranisches Sprachdenkmal aus der nördlichen Mongolei. (*Ibid.*, XXVII, pp. 726/730 : *Sitzung der phil.-hist. Kl.* vom 27. Mai 1909.)

Notice : *T'oung Pao*, Juillet 1909, pp. 386/387. Par Ed. C[havannes].

— Soghdische Texte. I. Von F. W. K. Müller. (*Abh. d. Kön. Preuß. Ak. d. Wiss., phil.-hist. Kl.*, 1912, Abh. II, pp. 111, 2 pl.)

— Maitrisimit und « Tocharisch ». Von F. W. K. Müller und E. Sieg. (*Sitzb. d. Kön. Preuß. Ak. d. Wiss.*, 1916, pp. 395/417, 1 pl.)

— Toχrï und Kuišan (Kušän). Von F. W. K. Müller. (*Sitzb. d. phil.-hist. Kl. vom 6. Juni 1918, Preuß. Ak. d. Wiss.*, pp. 566/586, 2 pl.)

— Einige Bemerkungen zu F. W. K. Müllers « Toχrï und Kuišan (Kušän) ». Von O. Franke. (*Ostasiat. Zeitsch.*, 6. Jhrg., April-Sept. 1917, pp. 83/86.)

— Ein einheimischer Name für Toχrï. Von Prof. Dr. E. Sieg in Kiel. (*Sitzb. d. phil.-hist. Kl. vom 6. Juni 1918, Preuß. Ak. d. Wiss.*, pp. 560/565.)

— Baron A. von Staël-Holstein. — Tocharisch und die Sprache. I. br. in-8, St. Petersbourg, 1909.

— — Tocharisch und die Sprache. II. br. in-4. St. Petersbourg, 1908.

— Sylvain Lévi. — Une légende du Karuṇāpuṇḍarika en langue tokharienne. [In : *Festschrift für Vilhelm Thomsen*...] (Leipzig, O. Harrassowitz, 1912, pp. 155/165.)

— Essai d'identification des *Gāthas* et des *Udānas* en prose de l'Udānavarga de Dharmatrāta, par M. de La Vallée Poussin. (*Journ. Asiat.*, Mars-Avril 1912, pp. 311/330.)

— Etymologies tokhariennes, par M. G. A. Grierson. (*Ibid.*, pp. 339/346.)

— Tokharian Pratimoksa fragment. By Professor Sylvain Levi (Communicated by Dr. Rudolf Hoernle). (*Journ. Roy. As. Soc.*, January 1913, pp. 109/120.)

— L'alphabet araméen-sogdien par le Lt-Col. Allotte de la Fuÿe, correspondant de l'Académie. (*Ctes. rendus Ac. I. et B. L.*, Nov.-Déc. 1921, pp. 357/359.)

Communication faite dans la séance du 16 déc. 1921.

— Proceedings of the Central Asian Society. — Notes on a Journey across Asia by the Earl of Ronaldshay. — Dec. 14, 1904. London Central Asian Society, 1904, in-8, pp. 24.

— * N. Bourdoukoff. — Céramique de l'Asie centrale. St. Pétersbourg, 1904, gr. in-4, 22 pl. coloriées, texte français et russe.

Col. 2861.

— Les problèmes géographiques de l'Asie Centrale par M. G. Saint-Yves Explorateur, Membre de la Société de Géographie. (*Bull. Soc. Géogr. Marseille*, XXXVII, 1913, pp. 180/191.)

— P. Krylows Reise in das Urjanchaiskische Gebiet. (*Deutsche Rundschau f. Geogr. u. Stat.*, XXVII, 1904/1905, p. 90.)

— Les foyers de production de l'Or dans l'Antiquité et au Moyen-Age. Par Maurice Zimmermann. (*Bull. Soc. Géogr. Lyon*, XX, 1905, pp. 155/175, 232/242.)

Asie Centrale-Tibétains, pp. 164/165.

— Tibet and Turkestan. By Oscar Terry Crosby. With illustrations, map, and index, pp. 321. New York and London: G. P. Putnam's Sons. 1905, in-8. — Col. 2873.

Notice : *National Geogr. Mag. Washington*, XVII, 1906, pp. 239/240.

— Preußische Forschungsreise nach Chinesisch-Turkestan. (*Deutsche Rundschau f. Geogr. u. Stat.*, XXVIII, 1905/1906, p. 90.)

— Preußische Expedition nach Chinesisch-Turkestan. (*Ibid.*, p. 521.)

V. A. Obruchev.

(Voir col. 2857.)

— Reise nach der Dsungarei an der russisch-chinesischen Grenze in Zentral-Asien. (*Geogr. Zeitsch. Leipzig*, XI, 1905, p. 708.)

Obrutschew; d'après la *Zeitsch. d. Berl. Ges. f. Erdk.*, 1905, Nr. 8.

— Obrucheff's Explorations in Chinese Dzungaria. (*Geogr. Journ.*, June 1908, pp. 673/674.)

— Reise im Djair, Urkaschar und Ssemisstai im Sommer 1906. Von Prof. W. A. Obrutschew, Tomsk. (*Petermanns Mitt.*, 1908, II, carte, pp. 25/39.)

— Exploration du professeur Obroutcheff dans le Djair, l'Ourkachar et le Semistaï. Par D. Aitoff. (*La Géographie*, 15 déc. 1908, pp. 387/390.)

— * Frontiers of Jungaria. Report on investigations carried out in 1905, 1906 and 1909, under the direction of the Emperor Nicholas II. Technological Institute of Tomsk by V. A. Obrucheff and colleagues. Vol. 1, Route Observations. Part I. Journals relating to the mountain systems of Barlik and Maila-Jair and the neighbouring valleys and plains. By V. A. Obrucheff. Tomsk, 1912, pp. XLII-426. Maps and Illustrations [en russe].

— Suomalais-Ugrilainen Seura Société finno-ougrienne. Beschreibung einiger Schädel aus Turkestan von G. Retzius Stockholm (Separatabdruck aus: «Alterthümer aus dem Thale des Talas in Turkestan»). — Helsingfors, 1901. Actiengesellschaft F. Tilgmann, Buch- und Steindruckerei, in-4.

Groum-Grzimailo.

Col. 2847.

— * Opisanie Puteshestviya v Zapadny Kitai', sostavleno G. E. Grum-Grzhimailo. Tom III. St. Pétersbourg : Typographiya V. F. Kirshbaum. 1907, pp. 531. Carte en 3 feuilles, 25 Phototypes, et 29 Zincographes dans le Texte.

Notice : *Geogr. Journ.*, June 1908, pp. 662/663.

— Giuseppe Ros. — Gli Stati del Turkestan orientale al tempo della dinastia 晉 Chin (265—419 e. v.). — Estratto dal *Bessarione*. — Rivista di Studi Orientali. Anno XII, Serie 3a, vol. III, fasc. 97/99. — Roma, Tipografia del Cav. V. Salviucci, 1908, in-8, pp. 48 + 1 pl. texte chinois.

A. F. Rudolph Hoernle.

Col. 2849/2851.

— Archaeological Survey of India. — The Bower Manuscript. Facsimile Leaves, Nāgari transcript, Romanised Transliteration and English Translation with Notes. Edited by A. F. Rudolph Hoernle, late Principal, Calcutta Madrasah. Published by Order of the Government of India and under the Patronage of the Bengal Government, Calcutta Superintendant Government Printing, India. 1893—1912, in-4.

Forme le Vol. XXII de l'Archaeological Survey of India, New Imperial Series.

Notices : *Journ. Roy. As. Soc.*, July 1913, pp. 699/705. By F. E. Pargiter. — *Zeitsch. d. D. M. G.*, 67. Bd., pp. 363/371, par J. Jolly.

— The Bheda Samhita in the Bower Manuscript. By A. F. Rudolf Hoernle. (*Journ. Roy. As. Soc.*, July 1910, pp. 830/833.)

— The « Unknown Languages » of Eastern Turkestan. By A. F. Rudolf Hoernle. (*Ibid.*, pp. 834/838.)

— Idem. (*Ibid.*, Oct. 1910, pp. 1283/1300; fig.)

— Note on the « Unknown Languages » of Eastern Turkestan. By A. F. Rudolf Hoernle. (*Ibid.*, January 1911, pp. 201/203.)

— The « Unknown Languages » of Eastern Turkestan. II. By A. F. Rudolf Hoernle. (*Ibid.*, April 1911, pp. 447/477; 6 planches.)

— The Buddhist Monastic terms *Samatittika*, *Sapadana*, and *Uttari-Bhanga*. By A. F. Rudolf Hoernle. (*Ibid.*, July 1912, pp. 736/742.)

A propos de Mss. de l'Asie centrale.

— A peculiarity of the Khotanese script. By A. F. Rudolf Hoernle. (*Ibid.*, July 1915, pp. 487/493.)

— Manuscript Remains of Buddhist Literature found in Eastern Turkestan. Facsimiles with transcripts, translations and notes edited in conjunction with other scholars by A. F. Rudolf Hoernle. . . . — Volume I. — Parts I and II : Manuscripts in Sanskrit Khotanese Kuchean Tibetan and Chinese. With twenty-two plates. Oxford at the Clarendon Press, 1916, in-8, pp. xxxvi-412, 22 pl.

— Obituary Notice. — Augustus Frederic Rudolf Hoernle. By G. A. Grierson. (*Journ. Roy. As. Soc.*, January 1919, pp. 114/124.)

Sven Hedin.

Col. 2851/2856.

— Lettre du Dr Sven Hedin. Kachgar, 12 janvier 1895. (*A travers le Monde*, I, 1895, p. 135.)

— Le Docteur Sven-Hedin aux Pamirs. (*Ibid.*, pp. 325/328, portr. et fig.)

— Le Dr Sven Hedin perdu dans les Sables. (*Ibid.*, p. 378.)

— Quelques esquisses de la Commission anglo-russe de délimitation des Pamirs (Août & Sept. 1895). Par Sven-Heddin. (*Ibid.*, II, 1896, pp. 177/180; ill. et portr.)

— Découverte par Sven-Heddin d'une Ville ancienne. (*Ibid.*, p. 343.)

Dans le désert de Gobi.

— O.-G. de Heidenstam. — Sven Hedin dans l'Asie centrale. (*Revue de Paris*, 15 oct. 1897, pp. 868/894.)

— Die Geographisch-wissenschaftlichen Ergebnisse meiner Reisen in Zentralasien 1894—1897. Von Dr. Sven Hedin. (*Peterm. Mitt.*, Ergänzungsh. Nr. 131. Gotha, 1900, in fol., pp. vii-399, cartes.)

— En färd genom Asien. Föredrag i Svenska sällskapet för antropologi och geografi den 15 oktober 1897. Af Sven Hedin. (*Ymer*, 1898, pp. 97/125.)

— Dans les sables de l'Asie centrale. — Les Voyages de M. Sven Hedin par A. de Lapparent, Membre de l'Institut. — Extr. du *Correspondant*. — Paris, L. de Soye, 1898, in-8, pp. 22.

— M. Sven Hedin dans l'Asie Centrale. (*A travers le Monde*, IV, 1898, pp. 37/38; carte.)

— A travers les glaces et les sables de l'Asie centrale, par M. le Dr Sven Hedin. Résumé par M. Charles Rabot. (*Le Tour du Monde*, IV, 1898, pp. 505/600.)

Voyage exécuté en 1895—1896.

— Ny forskningsfärd af S. Hedin. (*Ymer*, 1899, pp. 214/215.)

— De vetenskapliga resultaten af Sven Hedins resa i Centralasien 1899—1902. (*Ibid.*, 1923, pp. 227/228.)

— Dr Sven Hedins resa i Centralasien. Af G. A. (*Ibid.*, 1900, pp. 110/111.)

— Idem. (*Ibid.*, pp. 465/467; fig. d'après une photographie de Charles Bonin.)

— La nouvelle expédition du docteur Sven Hédin au Tibet. Par Charles Rabot. (*A travers le Monde*, VII, 1901, pp. 181/182; carte.)

Takla Makan.

— Nouvelles de l'explorateur suédois Sven Hédin. Traduit par Moriak. (*Ibid.*, VIII, 1902, pp. 126/127, 134/135.)

— Résultats de l'Exploration du Dr Sven Hedin au Tibet. (*Ibid.*, pp. 358/359.)

— Sven Hedin. (*Mitt. k. k. Geogr. Ges. Wien*, XLV, 1902, pp. 157/159.)

Lettre à Brockhaus, datée de Kargil (entre Srinagar et Ladak), 19 mars 1902.

— Sven Hedins återkomst från Centralasien. Af G. A. (*Ymer*, 1902, p. 431.)

G. A. = Gunnar Andersson.

— Resa genom Centralasien. Föredrag i Svenska sällskapet för antropologi och geografi den 7 november 1902 af Sven Hedin. (*Ymer*, 1903, pp. 5/48; fig.)

— * Sven Hedin, Asien, tusen mil på okändä vägar, Med öfver 400 illustrationer (hvaraf 165 helsidesbilder) samt 4 Kartor. 2 Band. Stockholm, Albert Bonniers förlag 1903.

Notice : *Ymer*, 1904, pp. 113/114 par le Dr M. Friederichsen. — Göttingen.

— Docteur Sven Hedin. — L'Asie inconnue. — Dans les sables de l'Asie, traduit du suédois. Par Charles Rabot. — Ouvrage accompagné de 3 cartes et de reproductions de photographies de l'auteur. Paris, Félix Juven, s. d. [1903], gr. in-8, pp. 393 + 1 p. n. ch.

Dédié à la Société de Géographie de Paris.

Notice : *Bull. Soc. Géogr. Lyon*, XIX, 1904, pp. 166/167, par E. Chambeyron.

Col. 2853.

— Sven Hedin. — Scientific Results of a Journey in Central Asia 1899—1902. Vol. I. *The Tarim River* by Dr. Sven Hedin. Stockholm, Lithographic Institute of the General Staff of the Swedish Army, s. d. [1904], in-4, pp. 523, 39 pl.; 446 fig. dans le texte; 17 cartes.

— — Vol. II. *Lop-nor* by Dr. Sven Hedin. Ibid., s. d. [1905], in-4, pp. 716 + 1 p. n. ch., 45 pl.; 297 fig. dans le texte; 31 cartes.

— — Vol. III. *North and East Tibet* by Dr. Sven Hedin. Ibid., s. d. [1905], in-4, pp. 593, 72 pl.; 466 fig. dans le texte; 16 cartes.

— — Vol. IV. *Central and West Tibet* by Dr. Sven Hedin. Ibid., s. d. [1907], in-4, pp. 654, 61 pl.; 379 fig. dans le texte; 12 cartes.

— — Vol. V, Part I, a. *Meteorologie* von Dr. Nils Ekholm. I. Die Beobachtungen 1894—1897 und 1899—1902. Ibid., s. d. [1905], in-4, pp. 401.

— — Vol. V, Part II. *Les Observations astronomiques calculées et rédigées* par Dr. K. G. Olsson. Ibid., s. d. [1907], in-4, pp. 472.

— — Vol. VI, Part I. *Zoologie* von Prof. Dr. Wilhelm Leche. Ibid., s. d. [1904], in-4, pp. 69; 80 fig. dans le texte; 5 photogravures.

— — * Vol. VI, Part II. *Geology* von Dr. Helge Backström and Harald Johansson, pp. 18; 2 cartes.

— — Vol. VI, Part III. *Racial Types from Western and Central Asia* drawn by Dr. Sven Hedin, s. d. [1907]. in-4, 271 types sur 86 pl.

Vol. VI. Part IV, *Archaeology* n'a pas paru, L'auteur Karl Himly est mort prématurément.

Les 6 vol. de texte comprennent 3405 pages et 2390 illustrations et cartes.

Il faut ajouter un Atlas in-folio en 2 vol. renfermant 84 cartes au 1 : 200.000 et 27 facsimilés d'après les cartes originales de l'auteur.

— Neue Forschungsreise Hedins. (*Deutsche Rundschau f. Geogr. u. Stat.*, XXVIII, 1905/1906, p. 185.)

— * Central Asia and Tibet. By Sven Hedin. With 8 illustrations in color. 16 drawings by distinguished artists, 400 photographs, and 4 maps. 2 vol. gr. in-8. New York : Chas. Scribner's Sons, 1903. — Voir col. 3852.

Notice : *National Geogr. Magazine Washington*, XV, 1904, pp. 83/84; ill.

— Dr. Sven Hedin. (*Ibid.*, XIV, 1903, pp. 27/29; portr.)

— Sven Hedins jüngste Forschungsreise nach Zentralasien. (*Deutsche Rundschau f. Geogr. u. Stat.*, XXVI, 1903/1904, pp. 218/221.)

— De vetenskapliga resultaten af min sista resa. Af Sven Hedin. (*Ymer*, 1904, pp. 237/258; carte.)

— Nouveau voyage de M. Sven Hedin en Asie centrale. (*Bull. Soc. Géogr. Lyon*, XX, 1905, p. 321.)

— Le nouveau grand voyage de M. Sven Hedin. (*Ibid.*, XXII, 1907, pp. 61/62.)

— Sven Hedin's Berichten. (*Geogr. Zeitschr. Leipzig*, XIV, 1908, pp. 640/641.)

— Le Retour de Sven Hedin. — Son itinéraire à travers le Tibet. — Résultats de son voyage. (*A travers le Monde*, XIV, 1908, pp. 341/342; carte.)

— Nachrichten von Sven Hedin. (*Deutsche Rundschau f. Geogr. u. Stat.*, XXX, 1907/1908, p. 185.)

— Sven Hedin : Scientific results of a journey in Central Asia. Af Otto Nordenskjöld. (*Ymer*, 1908, pp. 192/211; carte et fig.)

— Voyage du Dr. Sven Hedin. (*Ibid.*, 1908, p. 327.)

— Dr. Sven Hedin's Return. (*Geogr. Journ.*, Oct. 1908, pp. 420/427.)

— Dr. Sven Hedin's Journey in Central Asia, 1899—1902 : Scientific results. By Major W Broadfoot. (*Ibid.*, January 1909, pp. 65/68.)

— Résultats de la dernière expédition de Sven Hedin au Tibet (*Bull. Soc. Géogr. Est*, XXX, 1909, pp. 95/96.)

— Sven Hedin. Par L. Pervinquière. (*Ibid.*, pp. 172/175.)

De l'*Opinion*.

— Sven Hedin Illustre Explorateur Suédois. Par Joseph Joûbert. (*Bull. Soc. Etudes Col. et Marit.*, 34ème année 1909, pp. 129/144.)

— Sven Hedin Illustre Explorateur Suédois. Par Chevalier Joseph Joûbert. (*Bol. Soc. Geogr. Lisboa*, 27e Sér., 1909, pp. 227/228.)

— Dernières explorations en Asie centrale. Conférence du Dr. Sven Hedin. (*Le Globe*, Genève, *Bull.*, XLIX, Nov. 1909—Janvier 1910, pp. 30/35.)

Résumé.

— Die wissenschaftlichen Ergebnisse meiner Reise in Tibet 1906—1908. Von Dr. Sven v. Hedin, Stockholm. (Mit 1 Karte und 6 Lichtbildern.) (*Petermanns Mitt.*, 1910, Vol. II, pp. 1/6.)

— Sven Hedins Anteil an der Erforschung Zentralasiens. Von Max Rieger. Köln, 1911, J. P. Bachem, in-8, pp. 116; carte.

— Le désert de Lop à la lumière des récentes explorations. Par Sven Hedin. (*La Géographie*, 15 mai 1911, pp. 321/330; fig.)

— Renats Karte über den Lop-nor. Von August Strindberg und Sven v. Hedin,

Stockholm... (*Petermanns Mitt.*, 1911, pp. 75/76.)

Traduit du suédois par Emil Sekering.

— * Svar på *Tal*. Af Sven Hedin. Stockholm : Albert Bonniers Förlag. 1910, pp. 61, 75 öre.

Notice : *Geogr. Journ.*, April 1911, pp. 486/487.
Contre Strindberg. — Lob Nor.

— * Sven Hedin : Von Pol zu Pol. Drei Folgen. Leipzig, F. A. Brockhaus, 1911—1912, in-8, pp. 312, 296, 296.

Notice : *Zeitsch. d. Ges. f. Erdk. zu Berlin*, 1918, pp. 781/782. Par Penck.

— * S. Hedin. — En medeltida resande i Asien. (*Ymer*, Stockholm, XXXVIII, 1919, pp. 338/344.)

— Die chinesischen Handschriften- und sonstigen Kleinfunde Sven Hedins in Lou-lan. — Herausgegeben, übersetzt und unter Benutzung von Karl Himlys hinterlassenen Vorarbeiten behandelt von August Conrady. Mit 53 Tafeln. — Stockholm Generalstabens Litografiska Anstalt 1920, in-4, pp. xv-191.

P. K. Kozlov.

Col. 2858/2859.

— Deux Explorateurs Russes en Asie Centrale — Roborovsky et Kosloff. (*A travers le Monde*, I, 1895, pp. 465/466 ; portr.)

— L'expédition Kosloff. (*Ibid.*, VII, 1901, p. 415.)

— L'expédition Koslow au Gobi. (*Ibid.*, VIII, 1902, p. 80.)
De *Petermanns Mitt.*

— Neue Reise Koslows nach Zentralasien. (*Deutsche Rundschau f. Geogr. u. Stat.*, XXX, 1907/1908, p. 48.)

— Von Koslows Expedition im östlichen Zentral-Asien. (*Geogr. Zeitsch. Leipzig*, XIV, 1908, p. 528.)

— L'Expédition du Colonel Koslow en Asie Centrale. Par E. Dupuy. (*A travers le Monde*, XV, 1909, p. 298.)

— Zentralasiatische Expedition unter Oberstleutn. Koslow. (*Geogr. Zeitsch. Leipzig*, XV, 1909, p. 410.)

— Le lieutenant-colonel Kozlov dans le Gobi et au Koukou Nor. (*Bull. Soc. Géogr. Lyon*, 2e série, 1910, pp. 69/70.)

— Ergebnisse der großen zentralasiatischen Expedition von Koslow (1907—1909). (*Geogr. Zeitsch. Leipzig*, XVII, 1911, pp. 587/588.)

— Kosloff's New Expedition to Central Asia. (*Geogr. Journ.*, August 1922, pp. 152/153.)

— Nekrologie. — Wsewolod Iwanowitsch Roborowskij. (*Deutsche Rundschau f. Geogr. u. Stat.*, XXXIII, 1910/1911, p. 140.)
Mort le 5 août 1910.

O. Olufsen.

Col. 2861/2862.

— Le Lieutenant danois Olufsen au Pamir. (*A travers le Monde*, V, 1899, pp. 230/231.)

— La seconde expédition du Lieutenant Olufsen au Pamir. (*Ibid.*, VI, 1900, p. 220.)

— * O. Olufsen. — Through the unknown Pamirs. The second Danish Pamir Expedition 1898—1899, pp. xxii-229. London : Heinemann, 1904.

Notice : *Geogr. Zeitsch. Leipzig*, XI, 1905, pp. 651/652. Par Max Friederichsen.

Charles-Eudes Bonin.

Col. 2859.

— Les Voyages de M. Bonin en Asie Centrale. (*A travers le Monde*, VII, 1901, pp. 109/110 ; carte.)

— A la mémoire du général Ivanov Gouverneur général du Turkestan Russe. Par Charles-Eudes Bonin. (*Revue indo-chinoise*, 31 août 1904, pp. 221/222.)
Hanoi, 1er août 1904.

— Charles-Eudes Bonin. — Le Royaume des Neiges (États Himalayens). — Avec 3 cartes dans le texte et 16 planches de reproductions photographiques hors texte. Librairie Armand Colin, Paris, 1911, in-18, pp. x-306.

Avertissement. — I. Sur la Frontière Nord-Ouest de l'Inde. — II. La Conquête du Petit-Thibet. — III. Le Bhoutan inconnu. — IV. Dans la jungle de l'Assam. — V. La Papesse du Lamaïsme. — VI. Le Tueur de Lamas. — Appendices : I. Les routes de l'Asie centrale. — II. Les Sources du Gange. — III. Les Mossos. — IV. Les Peintures ethnographiques de Li Long-mien.

Notices : *Revue du Monde Musulman*, XXII, Mars 1913, pp. 337/338, par L. Bouvat. — *Bull. Ecole franç. Ext. Orient*, XII, Hanoi, 1912, p. 51, par Cl. E. Maître. — *Bull. Soc. Géogr. Lyon*, 1912, 2e sem., pp. 94/96, par I. A. — *Bull. Soc. Géogr. Marseille*, 1911, pp. 437/438. — *Asie franç.*, Janvier 1912, p. 48, par J. Bacot ; Sept. 1912, pp. 405/406, par A. M. — *Geogr. Zeitsch. Leipzig*, XX, 1914, p. 235, par Al. Kraus.

— Les routes de l'Asie Centrale. (Ch. Eudes Bonin, *Les Royaumes des Neiges* [Etats Himalayens] Paris, 1911, pp. 239/256.)

Max Friederichsen.

Col. 2860/2861.

— Dr. Max Friederichsen. — Ueber seine 1902 unternommene Forschungsreise durch Transkaspien und die südliche Kirgisensteppe zu den Hochregionen des Tiën-schan. (*Mitt. d. geogr. Ges. [für Thüringen] zu Jena*, XXIII, 1905, pp. 88/89.)
Séance du 13 novembre.

— * Die heutige Vergletscherung des Khan-Tengri-Massives und die Spuren einer diluvialen Eiszeit im Tiën-Schan. Von Prof. Dr. Max Friederichsen. Carte et Illustrations. (*Zeitsch. Gletscherkunde*, II, 1908, pp. 241/270.)

— Russisch-Zentralasien. Von Max Friederichsen. (*Petermanns Mitt.*, 61, 1915, pp. 428/437, 466/473.)

Sir Aurel Stein.

Col. 2864/2867, 3227.

— Preliminary Report... 1901. — Col. 2864.

Notice : *Man*, 1902, No. 56, pp. 77/78, by E. J. Rapson.

— Un relevé topographique du Turkestan Chinois. (*A travers le Monde*, VII, 1901, p. 311.)

Du *Geogr. Journ.* : M. Aurel Stein.

— A Journey of Geographical and Archaeological Exploration in Chinese Turkestan. By M. A. Stein, Indian Educational Service. (*Annual Report . . Smithsonian Institution for the year ending June 30*, 1903, pp. 747/774.)

Rep. from *The Geographical Journal*, Lond., XX, No. 6, Dec. 1902, pp. 575/610.

Col. 2867.

— On the Physical Anthropology of the Oases of Khotan and Keriya. (Based on anthropometrical observations made by Dr. M. A. Stein during his recent archaeological explorations in Chinese Turkestan.) [With Plates XXVI, XXVII.] By T. A. Joyce, B. A. (*Journ. Anthrop. Institute*, London, Vol. XXXIII, 1903, pp. 305/324.)

— Notes on the Physical Anthropology of Chinese Turkestan and the Pamirs. [With Plates XXXI/XXXV.] By T. A. Joyce, M. A. (*Journ. Roy. Anthrop. Institute*, XLII, 1912, pp. 450/484; fig.)

— Idem. — Published by the Royal Anthropological Institute of Great Britain and Ireland, gr. in-8, pp. ch. 450 à 484.

— Cités englouties et retrouvées dans le Sable en Asie. — La Civilisation gréco-bouddhique. — Exploration du Dr Stein. (*A travers le Monde*, IX, 1903, pp. 334/335.)

— Archäologische Expedition Dr. Steins nach Ost-Turkestan. (*Deutsche Rundschau f. Geogr. u. Stat.*, XXVIII, 1905/1906, p. 521.)

— Expedition nach Zentral-Asien. (*Geogr. Zeitsch. Leipzig*, XII, 1906, p. 531.)

Dr M. A. Stein.

— Ancient Khotan : a Review. (*Scottish Geogr. Mag.*, XXIII, 1907, pp. 568/574.)

D'après Stein.

— Nachrichten Dr. Steins Expedition in der Wüste von Ost-Turkestan. (*Geogr. Zeitsch. Leipzig*, XIII, 1907, p. 112.)

— Dr. Steins Expedition am Südrande der Wüste von Ost-Turkestan. (*Ibid.*, pp. 453/454.)

Voir *Geogr. Journal*, Vol. 33, pp. 71 et seq.

— Dr. Steins Expedition in Zentral-Asien. (*Geogr. Zeitsch. Leipzig*, XIII, 1907, pp. 705/706.)

— Dr. M. Aurel Stein. — Geographische und archäologische Forschungsreisen in Zentralasien. (*Jahresber. d. Württ. Ver. f. Handelsgeogr., Stuttgart*, XXVI/XXIX, 1907/1910, pp. 118/119.)

Séance du 16 février 1910.

— Von Dr. A. Steins Forschungsreise in Zentralasien. (*Deutsche Rundschau f. Geogr. u. Stat.*, XXX, 1907/1908, pp. 572/573.)

D'après le *Geogr. Journal*.

— Aus einem Schreiben Aurel Steins über seine jüngsten Forschungen in Zentralasien. Von X. Y. (Budapest). (*Deutsche Rundschau f. Geogr. u. Stat.*, XXX, 1907/1908, pp. 172/174.)

Lettre datée du 30 juin 1907 de Wang-fu-hsia, Kan-sou, au Dr. Ignace Goldziher de Budapest.

(Sir Aurel Stein.)

— Schreiben Aurel Steins an Koloman Szily in Budapest [Bibliothécaire en chef de l'Académie hongroise des Sciences de Budapest]. (*Ibid.*, pp. 461/463.)

Lettre datée du 13 février 1908; du camp de Taklamakan.

— Briefe Dr. Steins vom 15 Juli aus Chotan über den weiteren Verlauf seiner zentralasiatischen Forschungen. (*Geogr. Zeitsch. Leipzig*, XIV, 1908, pp. 639/640.)

Voir *Geogr. Journal*, Vol. 32, pp. 347 et seq.

— Explorations en Asie Centrale. — Sven Hedin au Tibet. — Aurel Stein dans le Turkestan. — C. D. Bruce de Leh à Pékin. (*Bull. Soc. Géogr. Lyon*, 2e sér. 1908, pp. 46/50.)

— Importantes découvertes archéologiques dans le Turkestan. Par V. F. (*Revue indo-chinoise*, 15 février 1908, pp. 233/234.)

D'après le *Pioneer* d'Allahabad.

— La mission de M. Aurel Stein au Turkestan chinois. (*Bull. Com. Asie franç.*, Mars 1908, pp. 123/124.)

Extr. des *Annales de Géographie*, 15 mars 1908.

— Dr. Stein's Central Asian Expedition. Communication from Dr. M. A. Stein. dated «Kara-Shahr», Dec. 10, 1907. (*Geogr. Journ.*, May 1908, pp. 509/514.)

— Les récentes explorations du Dr Stein en Asie Centrale. Par J. Deniker. (*La Géographie*, 15 juillet 1908, pp. 33/38.)

— Un document photographique sur les Kouen-loun. Par J. Deniker. (*Ibid.*, 15 août 1908, p. 131.)

— Dr. Stein's Expedition in Central Asia. (*Geogr. Journ.*, Oct. 1908, pp. 347/353.)

Dated Khotan, July 15, 1908.

— Lettres du Dr. Stein. (*The Times*, 21 sept.; 28 nov. 1908; réimp. dans le *T'oung Pao*, Déc. 1908, pp. 720/726.)

— Exploration archéologique du Dr Stein en Asie Centrale. Par J. Deniker. (*La Géographie*, 15 déc. 1908, pp. 392/395.)

— Dr Stein's expedition in Central Asia. By M. A. Stein. (*Geogr. Journ.*, Dec. 1908, pp. 598/601).

Leh, Oct. 24, 1908.

— Mountain Panoramas from the Pamirs and Kwen lun photographed and annotated by M. Aurel Stein, Ph. D., F. R. G. S. London, The Royal Geographical Society, Edward Stanford, 1908, in-fol., pp. 36 + 9 panoramas divisés en section et 1 carte coloriée.

Voyage de 1900—1901.

Notice : *T'oung Pao*, 1908, p. 603, par Ed. Chavannes.

— Geographische und archäologische Forschungsreisen in Zentralasien 1906—1908. Von M. Aurel Stein, Oxford. (Mit 8 Abbildungen auf 4 Tafeln.) (*Mitt. d. k. k. Geogr. Ges. Wien*, LII. Bd., 1909, pp. 289/324.)

Séance du 26 avril 1909 de la Soc. Imp. et Roy. de Géographie de Vienne.

— Dr. Stein's Expedition in Central Asia. (*Geogr. Journ.*, May 1909, p. 597.)

— Réception du Docteur Stein. Séance du 17 mai 1909. Présidence de M. Edmond Perrier, de l'Institut. (*La Géographie*, 15 juin 1909, pp. 486/487.)

— Explorations in Central Asia, 1906—1908. By Dr. M. Aurel Stein. (*Geogr. Journ.*, July 1909, pp. 5/36; fig.)

(Sir Aurel Stein.)

— Idem. (*Ibid.*, 1909, Sept., pp. 241/271.)

— Idem. . . . [Reprinted from the « Geographical Journal » for July and September 1909], in-8, pp. 66; carte et illustrations.

— Exploration géographique et archéologique en Asie centrale (1906—1908). Par A. Stein. (*La Géographie*, 15 sept. 1909, pp. 137/154.)

— Dr. Stein's Expedition in Central Asia. (*Scottish Geogr. Mag.*, XXV, 1909, pp. 28/29.)

— Expedition in Zentral-Asien. (*Geogr. Zeitschr. Leipzig*, XV, 1909, pp. 53/54.)

Dr. Stein. Lettre de Leh.

— Archaeological Notes during explorations in Central Asia in 1906—1908. By Dr. M. Aurel Stein. (*Indian Antiq.*, XXXVIII, pp. 297/302; XXXIX, January 1910, pp. 11/18; February, pp. 33/43.)

Extracts from the *Geogr. Journ.*, July and Sept. 1909.

— Explorations in Central Asia, 1906—1908. By Dr. M. Aurel Stein. (With illustrations.) (*Scottish Geogr. Mag.*, XXVI, 1910, pp. 224/240, 281/293.)

— Idem. (*Journ. Manchester Geogr. Soc.*, 1910, pp. 113/142.)

— Note on a Number of Fire-Sticks from ruined Sites on the South and East of the Takla-makan Desert, collected by Dr. M. A. Stein. By T. A. Joyce, M. A. (*Man*, 1911, No. 24, pp. 34/36; fig.)

— Note on maps illustrating Dr. Stein's explorations in Chinese Turkestan and Kansu. By Dr. M. Aurel Stein. (*Geogr. Journ.*, March 1911, pp. 275/280.)

Maps.

— Note on Maps illustrating Explorations in Chinese Turkestan and Kansu. By M. Aurel Stein . . . [From « The Geographical Journal » for March 1911], in-8, pp. ch. 275 à 280, 3 cartes.

— L'œuvre cartographique du Dr A. Stein en Asie centrale. Par J. Deniker. (*La Géographie*, 15 mai 1911, pp. 377/378.)

— Another unknown language from Eastern Turkestan. By A. Cowley. (*Journ. Roy. As. Soc.*, January 1911, pp. 159/166; fig.)

— Note sur la langue et l'écriture inconnues des documents Stein-Cowley. Par R. Gauthiot. (*Ibid.*, April 1911, pp. 497/507.)

— Camille Vallaux. — La découverte de l'Asie centrale Explorations d'Aurel Stein, de Kozlov et de Pelliot. (*Revue du Mois*, 10 sept. 1911, pp. 288/305.)

— Documents sanscrits de la seconde collection de M. A. Stein. By L. de La Vallée Poussin. (*Journ. Roy. As. Soc.*, July 1911, pp. 759/777; pl.)

— Documents sanscrits de la seconde collection M. A. Stein. By L. de la Vallée Poussin (continued from the July-Journal, p. 777). (*Ibid.*, Oct. 1911, pp. 1063/1079; pl.)

— Idem. (*Ibid.*, April 1912, pp. 355/377.)

— Idem. Fragments du Saṃyuktakāgama. (*Ibid.*, Juillet 1913, pp. 569/580.)

Notice : *Bull. Ecole franç. Extr.-Orient*, XIII, n° 7, 1913, pp. 78/81. Par H. Maspero.

— Fragment final de la Nilakanthadharani en brahmi et en transcription sogdienne par L. de la Vallée Poussin et R. Gauthiot. (*Journ. Roy. As. Soc.*, July 1912, pp. 629/645.)

Rapporté par Stein de Touen houang.

— Nilakanthadharani. Par Sylvain Levi. (*Ibid.*, Oct. 1912, pp. 1063/1066.)

— A propos de la datation en Sogdien. Par R. Gauthiot. (*Ibid.*, April 1912, pp. 341/353.)

— Dr. M. A. Stein's Manuscripts in turkish « runic »-script from Miran and Tun-huang. Published and Translated by Vilhelm Thomsen. (*Ibid.*, January 1912, pp. 181/227; 3 plates.)

— Ruins of Desert Cathay Personal Narrative of Explorations in Central Asia and Westernmost China by M. Aurel Stein. With numerous illustrations, colour Plates, Panoramas, and Maps from Original Surveys. In two volumes. Macmillan and Co., London, 1912, 2 vol. in-8, pp. xxxviii-546, xxi-517.

Notices : *The Times Lit. Supp.*, March 8, 1912. — *United Empire*, III, March 1912, pp. 195/196. — *Contemp. Review*, January-June 1912, pp. 893/897. — *Man*, 1912, No. 89, pp. 162/164, par O. M. D. — *Geogr. Journ.*, May 1912, pp. 172/174, par F. E. Y. — *Lond. & China Express*, March 1, 1912.

— A Buried Civilisation. By A. R. C. (*United Empire*, III, April 1912, pp. 341/342.)

A propos de *Ruins of Desert Cathay* by Dr. Stein.

— La dernière exploration de M. Aurel Stein en Asie Centrale (1906—1908). Par F. Grenard. (*Ann. de Géogr.*, 15 nov. 1912, pp. 458/462.)

M. A. Stein. *Ruins of Desert Cathay*. etc.

— Sir M. A. Stein's Archaeological Explorations on the North-West Frontier of India. (*Geogr. Journ.*, Sept. 1912, pp. 330/331.)

— Documents de l'Asie centrale (Mission Pelliot). Le « tokharien B » langue de Koutcha par Sylvain Lévi. (*Journ. Asiat.*, XIe série, t. II, Sept.-Oct. 1913, pp. 311/380.)

Notice : *Bull. Ecole franç. Extr.-Orient*, XIII, No. 7, 1913, pp. 73/78. Par H. Maspero.

— Les Documents chinois découverts par Aurel Stein dans les sables du Turkestan oriental publiés et traduits par Edouard Chavannes. . . . Oxford, Imprimerie de l'Université, 1913, gr. in-4, pp. xxiii-232, 37 pl.

Notices : *Journ. R. As. Soc.*, April 1914, pp. 472/477, by L. C. Hopkins. — *Bull. Ecole franç. Extr.-Orient*, XIII, No. 7, 1913, pp. 25/27, par H. Maspero. — *Asiatic Review*, January 1914, pp. 124/128, par E. H. Parker. — *Asie franç.*, Mars 1914, pp. 129/130, par Henri Cordier. — *Journ. Asiat.*, Janvier-Février 1914, pp. 212/222, par Paul Pelliot. — *T'oung Pao*, 1914, pp. 171/176, by E. H. Parker.

— Introduction to the « Documents chinois découverts par Aurel Stein dans les Sables du Turkestan Oriental » by Edouard Chavannes, Membre de l'Institut, Professeur au Collège de France. Translated from the French by Madame Edouard Chavannes and H. Wilfred House. (*New China Review*, IV, Oct. 1922, pp. 341/359; Dec. 1922, pp. 427/442.)

— Lettre de M. L. de Saussure au sujet de l'article de M. Pelliot dans le *Journal Asiatique*, Janvier 1914, p. 217, rendant compte du récent ouvrage de M. Chavannes : Les Documents chinois découverts par Aurel Stein. (*T'oung Pao*, Juillet 1914, pp. 463/464.)

— Notes on « Les Documents Chinois découverts par Aurel Stein dans les sables du Turkestan Oriental » by Edouard Chavannes. By L. C. Hopkins. (*Journ. Roy. As. Soc.*, April 1914, pp. 428/435.)

— Notes on Sir Aurel Stein's Collection of Tibetan Documents from Chinese Turkestan. By the Rev. A. H. Francke, Ph. D. (*Ibid.*, January 1914, pp. 37/59.)

— Archeology of Central Asia. By E. H. Parker. (*Geogr. Journ.*, August 1914, pp. 221/222.)

A propos des « Documents chinois découverts par Aurel Stein ». Published and translated by Edouard Chavannes. . . .

— Berichte über Aurel Steins zentralasiatische Forschungsreise. (*Deutsche Rundschau f. Geogr. u. Stat.*, XXXVI, 1913/1914, p. 330.)

D'après le *Geogr. Journal*.

— Neue Expedition von Aurel Stein. (*Zeitsch. d. Ges. f. Erdk. zu Berlin*, 1913, p. 799.)

— Sir Aurel Stein's New Expedition. (*Geogr. Journ.*, Nov. 1913, pp. 490/491.)

— Sir Aurel Stein's New Expedition in Central Asia. By Sir Aurel Stein, K. C. I. E., D. Sc. (*Ibid.*, Dec. 1913, pp. 540/545.)

— The Caves of a Thousand Buddhas. By H. F. Amedroz. (*Journ. Roy. As. Soc.*, July 1913, pp. 694/696.)

— Nouvelle exploration de Sir Aurel Stein en Asie Centrale. Par Charles Rabot. (*La Géographie*, 15 avril 1914, p. 287.)

A propos de : *Sir Aurel Stein's new expedition in Central Asia*, in *The Geographical Journal*, XLII, 6, Déc 1913, p. 540.

— The Caves of the Thousand Buddhas. By E. Denison Ross. (*Journ. Roy. As. Soc.*, April 1913, pp. 434/436.)

Réponse à F. Legge, *J. R. A. S.*, Jan. 1913.

— Henri Cordier. — Les Fouilles en Asie centrale. (*Journ. des Savants*, Mai 1910, pp. 210/224; Juin 1910, pp. 241/252.)

Réimp. dans les *Mél. d'Hist. et de Géogr. Orient.*, II, 1920, pp. 140/162, 163/179.

Cf. The Athenaeum, July 30, 1910, p. 133.

(Sir Aurel Stein.)

— Henri Cordier. — Les Fouilles en Asie centrale. (*Journ. des Savants*, Sept.-Nov. 1914, pp. 424/434.)

Réimp. dans les *Mélanges*, II, 1920, pp. 180/193.

— Stein's expeditie in Midden-Azië. (*Tijdsch. v. h. Kon. Ned. Aardrijksk. Genoot.*, 1914, No. 5, pp. 677/679.)

— Sir Aurel Stein's New Expedition. (*Geogr. Journ.*, April 1914, pp. 440/441.)

— Herrmann. — Aurel Steins neue Expedition nach Zentral-Asien. (*Zeitsch. d. Ges. f. Erdk. zu Berlin*, 1914, pp. 568/569.)

— Dritte Expedition Aurel Steins nach Zentral-Asien. (*Geogr. Zeitsch. Leipzig*, XX, 1914, pp. 47/48.)

— La nuova spedizione Stein nell' Asia Centrale. (*Boll. R. Soc. Geogr. Roma*, 1° ottobre 1914, pp. 1111/1112.)

— * Guide to an Exhibition of Paintings, Manuscripts, and other Archaeological Objects collected by Sir Aurel Stein, K. C. I. E., in Chinese Turkestan. London, 1914, pp. 58. Map.

— Jean-Paul Lafitte. — Trois ans et vingt siècles au Turkestan chinois. (Feuilleton du *Temps* du 28 juillet 1914.)

— Zentralasiatische Expedition Sir Aurel Steins. (*Geogr. Zeitsch. Leipzig*, XX, 1914, pp. 409/410.)

— Sir Aurel Stein's expedition in Central Asia. (*Geogr. Journ.*, July 1914, pp. 69/75.)

Communication, dated Camp Ch'ien-fu-dung, April 7, 1914.

— Nouvelle expédition de Sir Aurel Stein en Asie Centrale. Par Charles Rabot. (*La Géographie*, Avril 1915, pp. 209/211.)

— Sir Aurel Stein's expedition in Central Asia. (*Geogr. Journ.*, May 1915, pp. 405/411.)

Communication from Sir Aurel Stein, K. C. I. E., Ph. D., D. Sc. dated Turfan, Nov. 22, 1914.

— La spedizione Stein nell' Asia Centrale. (*Boll. R. Soc. Geogr. Roma*, 1° Maggio 1915, pp. 547/548.)

Dal *Times*, Londra, 7 aprile 1915.

— Stein's nieuwe tocht in Midden-Azië. (*Tijdsch. v. het Kon. Ned. Aardrijksk. Genootsch.*, 1915, no. 5, pp. 711/712.)

— Sir Aurel Stein in Central Asia. (*Geogr. Journ.*, August 1915, p. 154.)

— Aurel Steins Forschungsergebnisse aus Hochasien. Von Prof. Dr. Gottfried Merzbacher, München. (*Petermanns Mitt.*, Sept. 1915, pp. 344/350.)

— Il viaggio di Sir Aurel Stein nell' Asia Centrale. (*Boll. R. Soc. Geogr. Roma*, 1° settembre 1915, p. 992.)

— Aurel Stein Expedition in Zentral-Asien. (*Geogr. Zeitsch. Leipzig*, 1915, p. 470.)

— Sir Aurel Stein's expedition in Central Asia. (*Geogr. Journ.*, Oct. 1915, pp. 269/276.)

Communication from Sir Aurel Stein, K. C. I. E., Ph. D., D. Sc., dated « Camp Bostan-Arche, Ulughart Valley, July 10, 1915 ».

— Nouvelle exploration de Sir Aurel Stein en Asie Centrale. Par Charles Rabot. (*La Géographie*, Nov. 1915, pp. 379/383.)

— Sir Aurel Stein's Expedition. (*Geogr. Journ.*, Dec. 1915, p. 477.)

Lettre datée 27 oct. 1915 de Bokhara.

(Sir Aurel Stein.)

— **Serindia Detailed Report of Explorations in Central Asia and Westernmost China carried out and described under the orders of H. M. Government by Aurel Stein, K. C. I. E. Indian Archaeological Survey. Vol. I. Text. With Descriptive Lists of Antiques by F. H. Andrews, F. M. G. Lorimer, C. L. Woolley, and others; and Appendices by J. Allan, L. D. Barnett, L. Binyon, E. Chavannes, A. H. Church, A. H. Francke, A. F. R. Hoernle, T. A. Joyce, R. Petrucci, K. Schlesinger, F. W. Thomas. Oxford, at the Clarendon Press, 1921, gr. in-4, pp. xxxix-547.**

— — Vol. II. Text. ... *Ibid.*, 1921, gr. in-4, pp. viii-ch. 549/1088.

— — Vol. III. Text. ... *Ibid.*, 1921, gr. in-4, pp. xi-ch. 1089-1580, 59 pl.

— — Vol. IV. Plates. ... *Ibid.*, 1921, gr. in-4, pp. x-175 pl.

— — Vol. V. Maps :

General Map, 1 : 3,000.000. — Index Map, 1 : 3,000.000 to Maps Nos. 1/94. — Maps, Nos. 1/94, 1 inch = 4 miles or 1 : 253.440.

Notice : *Geogr. Journ.*, May 1922, pp. 385/386, by T. H. H.

— **Expedition in Central Asia. Sir Aurel Stein, K. C. I. E., D. Sc. Dated Dalbandin, Seistan-Nushki route, 17 february 1916. (*Geogr. Journ.*, May 1916, pp. 358/364.)**

— La spedizione Stein nell' Asia Centrale. (*Boll. Reale Soc. Geogr.*, Roma, 1º febbraio 1916, p. 133.)

— Stein's torugkeer. (*Tijdsch. v. het Kon. Ned. Aardrijksk. Genootsch.*, 1916, no. 4, p. 647.)

— Stein's jongste reis in Azië. (*Ibid.*, no. 5, pp. 803/805.)

— Nouvelles découvertes archéologiques dans le Turkestan chinois. (*Asie franç.*, Avril-Juin 1916, pp. 99/100.)

Par Sir Aurel Stein.

— Correspondance. — Lettre de M. Charles-Eudes Bonin, Montréal, 20 janvier 1916. (*La Géographie*, Année 1916/1917, nº 1, p. 56.)

A propos de la découverte par Sir Aurel Stein de vestiges de la ligne fortifiée à Sa-tchéou et demande de rectification.

— **A third Journey of exploration in Central Asia, 1913—16. Sir Aurel Stein, K. C. I. E., D. Sc., D. Litt. Read at the Meeting of the Society, 5 june 1916. (*Geogr. Journ.*, August 1916, pp. 97/130, pl.; *ibid.*, Sept., pp. 193/229, pl. et carte.)**

— **A third Journey of exploration in Central Asia, 1913—1916. By Sir Aurel Stein, K. C. I. E., D. Sc., D. Litt., Indian Archaeological Survey, in-8, pp. 71; carte.**

[From «the Geographical Journal» for August and September 1916.]

— Expédition de Sir Aurel Stein dans l'Himalaya occidental et l'Asie centrale (*Ann. de Géogr.*, 1916, pp. 71/74.)

— L'expédition Aurel Stein. Traversée des Pamirs et reconnaissance du Seistan. (*Ibid.*, pp. 314/316.)

— Stein's nieuwe tocht in Midden-Azië. (*Tijdsch. v. het Kon. Ned. Aardrijsk Genootsch.*, 1916, nº 1, pp. 136/137.)

— Die Forschungsreise von Aurel Stein in Zentralasien. (*Mitt. k. k. geogr. Ges. Wien*, Bd. 59, 1916, pp. 62/63.)

— Sir Aurel Stein. Zentral-Asien betriebenen Forschungsarbeiten. (*Geogr. Zeitsch. Leipzig*, 1916, pp. 343/344.)

— [Sir Aurel Stein.] (*Ctes. rendus Ac. Inscr. et B. L.*, 1917, pp. 339/342.)

— **Note on the Routes from the Panjab to Turkestan and China recorded by William Finch (1611)—By Sir Aurel Stein, K. C. I. E. — Lahore: 1917. [Reprinted from the Journal of the Panjab Historical Society, Vol. VI.] in-4, pp. 5.**

— Routes from the Panjab to Turkestan and China recorded by William Finch (1611) : discussed by Sir Aurel Stein. (*Geogr. Journ.*, March 1918. pp. 172/175.)

— **Une tablette Kharoṣṭhī-sanskrite de la collection de Sir Aurel Stein. (Nº XXIV, VIII, 9.) (*Journ. Asiat.*, Sept.-Oct. 1918, pp. 319/327.)**

Par MM. Boyer, Rapson et Senart.

— **Kharoṣṭhī Inscriptions discovered by Sir Aurel Stein in Chinese Turkestan. Part I. Text of Inscriptions discovered at the Niya Site 1901. Transcribed and edited by A. M. Boyer, E. J. Rapson, and E. Senart. Published under the Authority of His Majesty's Secretary of State for India in Council. Oxford, at the Clarendon Press 1920, gr. in-4, 2 ff. n. ch. + pp. 153 + 6 pl.**

Cf. *Ancient Khotan*, Oxford, 1907.

Notice : *Journ. Roy. As. Soc.*, April 1921, pp. 277/281, par F. W. Thomas.

— * **The Work of Sir M. Aurel Stein, K. C. I. E. Principal publications noticed.**

Notice : *Ibid.*, January 1919, pp. 49/61. By Vincent A. Smith.

— * Arthur Waley. — A Sketch from Tun Huang, British Museum, Print Room, Stein Collection (2 grav.). (*Burlington Mag.*, February 1919.)

— Air Photography of Ancient Sites. By Aurel Stein. (*Geogr. Journ.*, Sept. 1919, p. 200.)

Camp Mohand Marg, Kashmir, 29 june 1919.

— **Ancient Chinese Figured Silks excavated by Sir Aurel Stein at Ruined Sites of Central Asia. Drawn and described by F. H. Andrews Principal Amar Singh Technical Institute, Srinagar. Published under the Orders of H. M. Secretary of State for India. Reprinted with fifteen illustrations from «the Burlington Magazine» July-September 1920. London, Bernard Quaritch, 1920, in-4, pp. 20.**

Notice : *Bull. Ecole franç. Extr.-Orient*, XX, 1920, pp. 170/174, par Victor Goloubew; pp. 175/176, par L. Aurousseau.

— **Central-Asian Relics of China's Ancient Silk Trade. By Sir Aurel Stein. Notes** additionnelles de P. Pelliot. (*T'oung Pao*, XX, nº 2, Mars 1920/1921, pp. 130/141.)

— Explorations in the Lop Desert. By Sir Aurel Stein, K. C. I. E., &c. (*Geogr. Review*, Vol. IX, January 1920, pp. 1/34; sketch-map and ill.)

— Sir Aurel Stein Maps. (*Geogr. Journ.*, August 1920, pp. 144/145.)

— The Thousand Buddhas Ancient Buddhist Paintings from the Cave-Temples of Tun-Huang on the Western Frontier of China. Recovered and described by Aurel Stein, K. C. I. E. With an Introductory Essay by Laurence Binyon. Published under the Orders of H. M. Secretary of State for India and with the co-operation of the Trustees of the British Museum. Text. London, Bernard Quaritch, Ltd. 1921, in-4, pp. XII-65. — [Atlas] gr. in-fol., 48 pl. (les pl. 35/48 plus petites).

Notice : *Journ. Roy. As. Soc.*, April 1923, pp. 274/275, by W. Perceval Yetts.

— The Thousand Buddhas of the Tun-Huang Caves. By Harrison K. Wright, M. A. (*New China Review*, Vol. IV, Oct. 1922, pp. 401/407.)

— Notes on ancient Chinese Documents, discovered along the Han frontier Wall in the desert of Tun-huang by Sir Aurel Stein, K. C. I. E., Indian Archaeological Survey. (*New China Review*, August 1921, pp. 243/253; fig.)

— A Chinese expedition across the Pamirs and Hindukush, A. D. 747. By Sir Aurel Stein, K. C. I. E. (*Geogr. Journ.*, February 1922, pp. 112/131; sketch-maps.)

— Idem. (*New China Review*, Vol. IV, June 1922, pp. 161/183.)

— Idem. (*The Indian Antiquary*, 1923, May, pp. 98/103; June, pp. 139/145, July, pp. 173/177.)

Reprinted from the *Geogr. Journ.*, for February 1922.

— Memoir on Maps of Chinese Turkistan and Kansu from the Surveys made during Sir Aurel Stein's Explorations 1900—1901, 1906—1908, 1913—1915 by Aurel Stein, K. C. I. E. Indian Archaeological Survey With Appendices by Major K. Mason, M. C., R. E. and J. de Graaf Hunter, Sc. D. Trigonometrical Survey Office Dehra Dun, 1923, in-fol., pp. XV-208 + 30 pl.

Forme le Vol. XVII des *Records of the Survey of India*. Avec Index Map. Scale 1 : 3.000.000 et 47 cartes Scale 1 : 500,000, dans un carton spécial.

Albert Grünwedel.

— Bericht über archäologische Arbeiten in Idikutschari und Umgebung im Winter 1902—1903 von Albert Grünwedel. (*Abh. d. I. Kl. d. k. Akad. d. Wiss.*, XXIV. Bd., I. Abt., München, 1906, in-4, pp. 196, 31 pl.)

— Rückkehr Prof. Grünwedels aus Asien. (*Deutsche Rundschau f. Geogr. u. Stat.*, XXX, 1907/1908, pp. 42/43.)

— Königlich preußische Turfan-Expeditionen. — Altbuddhistische Kultstätten in Chinesisch-Turkestan. Bericht über archäologische Arbeiten von 1906 bis 1907 bei Kuča, Qarašahr und in der Oase Turfan, von Albert Grünwedel. Herausgegeben mit Unterstützung des Baessler-Instituts in Berlin. Mit 1 Tafel und 678 Figuren. Berlin, 1912, Georg Reimer. In-4, pp. 371.

Notice : *Ostasiat. Zeitsch.*, Jhrg. I, Heft 4, Januar 1913, pp. 479/482. Par Josef Strzygowski (de Vienne).

— Veröffentlichung der Preußischen Turfan-Expeditionen mit Unterstützung des Bässler-Instituts. — Alt-Kutscha archäologische und religionsgeschichtliche Forschungen an Tempera-Gemälden aus Buddhistischen Höhlen der ersten acht Jahrhunderte nach Christi Geburt. Von Professor Dr. Albert Grünwedel, Geheimer Regierungsrat und Direktor beim Museum für Völkerkunde. . . . Berlin, Otto Elsner, 1920, in-4, pp. 89/118 + 3 ff. n. ch., 49 pl.

Tiré à 400 ex.

Notice : *Journ. Asiat.*, Janvier-Mars 1922, p. 111, par P. Pelliot.

A. von Le Coq.

— Für die Aussendung einer wissenschaftlichen Expedition nach Chinesisch-Turkestan. (*Geogr. Zeitsch. Leipzig*, XI, 1905, pp. 477/478.)

Grünwedel et von Le Coq.

— Preußische Expedition nach Chinesisch-Turkestan. (*Deutsche Rundschau f. Geogr. u. Stat.*, XXVIII, 1905/1906, p. 234.)

Von Le Coq.

— Nachrichten von der Turfanexpedition. (*Ibid.*, XXIX, 1906/1907, p. 186.)

Von Le Coq.

— Von der Preußischen Turfanexpedition. (*Ibid.*, pp. 232/233.)

— Bericht über Reisen und Arbeiten in Chinesisch-Turkistan. Von A. v. Le Coq. (*Zeitsch. f. Ethnologie*, 1907, Heft IV u. V, pp. 509/524.)

— Ein manichäisch-uigurisches Fragment aus Idiqut-Schahri. Von A. von Le Coq. (*Sitzb. d. Kön. Preuß. Ak. d. Wiss.*, *Sitz. d. phil.-hist. Kl.* vom 2. April 1908, XIX, ch. 398 à 414, 1 table.)

— Compte rendu de : W. Radloff, *Chuastuanit*, 1909. (*T'oung Pao*, 1909, pp. 718/719.)

— Compte rendu de : A. von Le Coq, *Chuastuanift*, 1910. (*Ibid.* 1911, p. 97.)

— A short account of the origin, journey, and results of the first Royal Prussian (second German) Expedition to Turfan in Chinese Turkistan. By A. v. Le Coq. (*Journ. Roy. As. Soc.*, April 1909, pp. 299/322.)

— Reise und Ergebnisse der Zweiten Deutschen Turfan-Expedition. Mit 5 Tafeln. Von Dr. A. von Le Coq. (*M. Geogr. Ges. München*, 5, 1910, pp. 175/188.)

— Dr. A. v. Lecoq. — Reisen u. Ergebnisse der zweiten Turfan-Expedition (1904/1907). (*Jahresber. d. Württ. Ver. f. Handelsgeogr. Stuttgart*, XXVI/XXIX, 1907/1910, p. 127.)

Séance du 14 déc. 1910.

— Conférence de M. A. von Le Coq à la Sorbonne le 14 juin 1909. (*Bull. Com. Asie franç.*, Juin 1909, p. 230.)

— Exploration archéologique à Tourfan par A. von Le Coq. — Extr. du *Journal Asiatique* (Septembre-Octobre 1909). Paris, Imprimerie nationale, MDCCCCIX, in-8, pp. 18.

— Köktürkisches aus Turfan. (Manuskriptfragmente in köktürkischen «Runen» aus Toyoq und Idiqut-Schähri [Oase von Turfan].) Von A. von Le Coq. — Mit vier Tafeln. (*Sitzb. d. Kön. Preuß. Ak. d. Wiss., phil.-hist Kl.*, 21. Oct. Mitt. vom 8. Juli, 1909, pp. 1047/1061.)

Notice : *T'oung Pao*, Déc. 1909, p. 717, par Ed. Chavannes.

— Exploration archéologique à Tourfan, par M. A. von Le Coq. (*Journ. Asiat.*, Sept.-Oct. 1909, pp. 321/334.)

— Exploration archéologique à Tourfan par von Le Coq. (*Conférences faites au Musée Guimet*, T. XXXV, Paris, Ernest Leroux, 1910, pp. 267/289.)

Fait partie de la *Bibliothèque de Vulgarisation des Annales du Musée Guimet*.

— Expeditionen zur Erforschung der alten Kulturstätten im nördlichen Ost-Turkestan. (*Geogr. Zeitsch. Leipzig*, XVI, 1910, pp. 456/457.)

Dr. A. von Le Coq; Grünwedel.

— Sprichwörter und Lieder aus der Gegend von Turfan mit einer dort aufgenommenen Wörterliste von Albert v. Le Coq. Mit einer Tafel. Leipzig und Berlin, B. G. Teubner, 1911, gr. in-4, pp. IV-100.

Beiheft I. — *Baessler-Archiv*. Beiträge zur Völkerkunde, herausgegeben aus Mitteln des Baessler-Instituts. Unter Mitwirkung der Direktoren der Ethnologischen Abteilungen des Königlichen Museums für Völkerkunde in Berlin, redigiert von P. Ehrenreich.

Notices : *T'oung Pao*, Déc. 1910, p. 695, par Edouard Chavannes. — *Anthropos*, Bd. VI, Fasc. VI, pp. 1051/1053, par Dr. Friedrich von Kraelitz-Greifenhorst.

— Ergebnisse der Kgl. Preußischen Turfan-Expeditionen. — CHOTSCHO, Facsimile-Wiedergaben der wichtigeren Funde der ersten Königlich Preußischen Expedition nach Turfan in Ost-Turkistan im Auftrage der Generalverwaltung der Königlichen Museen aus Mitteln des Baessler-Institutes, herausgegeben von A. von Le Coq. — 45 farbige und 30 schwarze Lichtdrucktafeln mit beschreibendem Text. — Dietrich Reimer (Ernst Vohsen), Berlin, 1913, gr. in-fol.

Notice : *Journ. des Savants*, Août 1913, pp. 378/370, par Ed. Chavannes.

— Explorations in Chinese Turkestan. (*Journ. Central Asian Soc.*, I, 1914, Pt. II, p. 40.)

Dr. von Le Coq.

— * A. v. Le Coq : Königlich preußische Turfan-Expedition. Volkskundliches aus Ostturkestan. Mit einem Beitrag von O. v. Falke. (Mit Unterstützung der Orlopstiftung.) Berlin (Dietrich Reimer), 1916. Mit 25, davon 5 farbigen Tafeln in Lichtdruck und 110 Zinkätzungen, in-fol., pp. VII, 72.

Notices : *Mitt. d. anthropol. Ges. Wien*, XXXXVII. Bd. (Dritte Folge XVII. Bd.), V/VI. Heft, 1917, pp. 153/154. Von Dr. Lasch. — *Ostasiat. Zeitsch.*, 5. Jhrg., 1916/1917, pp. 180/181, par Strzygowski (Vienne). — *Anthropos*, X/XI, 5, 6, Sept.-Dec. 1915/1916, p. 1127, par P. Wilh. Koppers, S. V. D.

Ein chinesisch-türkischer Erlaß aus dem Doppelflecken Qara-Chōdscha-Astana bei Turfan. Von A. v. Le Coq. (*Ostasiat. Zeitsch.*, 8. Jhrg., 1919/1920, pp. 284/288.)

— * A. v. Le Coq. — Altbuddhistische Räuchergefäße aus Ostasien. (*Berliner Museen*, Dez.-Jan. 1921.)

— * A. von Le Coq. — *Die buddhistische Spätantike in Mittel-Asien*. Erster Teil: *Die Plastik*, Berlin, D. Reimer, 1922, in-fol., pp. 30 + 45 planches, dont 10 en couleurs. [Fait partie des *Ergebnisse der Kgl. preußischen Turfan-Expeditionen*.]

Notice : *T'oung Pao*, Mars 1923, pp. 57/59, par P. Pelliot.

GOTTFRIED MERZBACHER.

Col. 2870/2871.

— Die Erforschung der Hochregionen des Tian-Schan durch Dr. G. Merzbacher. Von August Albért in München. (Mit einer Karte.) (*Deutsche Rundschau f. Geogr. u. Stat.*, XXVIII, 1905/1906, pp. 1/10; ill.)

La carte est l'œuvre du Dr. M. Friederichsen dans les «*Mitt. d. Geogr. Ges. in Hamburg*», 1904, Bd. XX.

— Dr. Gottfried Merzbacher. — Die Erforschung der Hochregionen des Tian-Schan. (*Jahresbericht d. Frankfurt. Vereins f. Geogr. u. Stat.*, 1905/1906, 70. Jhrg., pp. 103/110.)

— Aus den wissenschaftlichen Ergebnissen der Merzbacherschen Tian-Schan Expedition. — Ein Profil durch den nördlichen Teil des zentralen Tian-Schan. Von H. Keidel und P. St. Richarz. (Mit 5 Tafeln.) (*Abh. d. math.-phil. Kl. d. Kgl. Bayer. Ak. d. Wiss.*, XXIII. Bd., Erste Abt., München, 1906. pp. 89/211.)

I. Geologische Übersicht über den Bau des zentralen Tian-Schan von H. Keidel, p. 89.

II. Die Gesteine des Profils durch das Bayum-kol-Tal im nördlichen Teil des zentralen Tian-Schan von P. Steph. Richarz, S. V. D., p. 193.

III. Die Gesteine des Profils durch das südliche Musart-Tal im zentralen Tian-Schan. Von P. A. Kleinschmidt und P. H. Limbrock, S. V. D. (Mit 2 Tafeln), p. 213 à 232.

Bib. Nat., Inv. $\frac{5536}{23}$

— Geologische Ergebnisse der Merzbacherschen Expedition in den zentralen Tiën-schan in den Jahren 1902/1903. Von Prof. Dr. Max Friedrichsen, Bern. (*Petermanns Mitt.*, 1907, XI, pp. 260/265.)

— Von Professor Merzbachers Reise in Zentralasien. (*Deutsche Rundschau f. Geogr. u. Stat.*, XXX, 1907/1908, p. 476.)

— Merzbachers neue Reise in Zentralasien. Briefliche Mitteilung von Prof. Dr. G. Merzbacher. (*Petermanns Mitt.*, 1908, IV, pp. 94/97.)

Kuldscha, 15 Febr. 1908.

— Expedition in Zentral-Asien. Von Toepfer. (*Geogr. Zeitsch. Leipzig*, XIV, 1908, pp. 341/343.)

Prof. Merzbacher; lettre de Kouldja.

— Aus den wissenschaftlichen Ergebnissen der Merzbacherschen Tian-Schan-Expedition. Carbon und Carbonfossilien des nördlichen und zentralen Tian-Schan. Von Paul Gröber. Mit 3 Tafeln. (*Abh. d. Kgl. Ak. d. Wiss. München*, XXIV, 1909, pp. 341/384.)

— Expedition im östlichen Tian-schan. (*Geogr. Zeitsch. Leipzig*, XV, 1909, pp. 223/225.)

Prof. Merzbacher.

— Exploration in the Tian-shan Mountains. By Dr. Gottfried Merzbacher. (*Geogr. Journ.*, March 1909, pp. 278/288.)

— * Ueber Verlauf und Ergebnisse meiner neuen Forschungsreise in den Tian Schan 1907 und 1908. Von Professor Dr. G. Merzbacher. Illustrations. (*M. V. E.*, Leipzig, 1909 [1910], pp. 51/62.)

— Meine neue Tian-schan-Expedition. Von Prof. Dr. G. Merzbacher, München. (*Petermanns Mitt.*, 1909, II, pp. 34/40.)

— Rückkehr Dr. G. Merzbachers aus Asien. (*Deutsche Rundschau f. Geogr. u. Stat.*, XXXI, 1908/1909, pp. 283/281.)

(Merzbacher.)

— Von meiner neuen Tian Schan-Expedition 1907 und 1908. Von Prof. Dr. G. Merzbacher in München. (*Zeitsch. d. Ges. f. Erdk. zu Berlin*, 1910, pp. 225/244, 303/322.)

— Von meiner neuen Tian schan-Expedition 1907 und 1908 von Prof. Dr. G. Merzbacher in München. Mit vier Abbildungen. 1910, in-8.

Pages 225/322 de la *Zeitsch. f. Erdk. zu Berlin.*

— Meine letzte Tian-Shan-Expedition, 1907/1908. Von Prof. Dr. G. Merzbacher. Mit 4 Tafeln. (*M. Geog. Ges. München*, V, 1910, pp. 347/359.)

— * Physiographie des Tian-Schan in ihren Beziehungen zum Klima und zur Entwicklung des Pflanzenlebens. Von Prof. Dr. G. Merzbacher. (*Verh. 18. Deutschen Geographentages Innsbruck*, 1912, pp. 36/60.)

— * Die Physiographie des Tian-schan. Von Gottfried Merzbacher. (*Geog. Zeit.*, 19, 1913, pp. 1/20.) Illustrations.

— Wissenschaftliche Ergebnisse der Reise von Prof. Dr. G. Merzbacher im zentralen und östlichen Tian-Schan 1907/1908. — I. Vögel von A. Laubmann. Vorgelegt am 11. Januar 1913. — München, 1913, in-4, pp. 105. — II. Fische von Erich Zugmayer. Mit 1 Tafel. Vorgelegt am 11. Januar 1913. — München, 1913, in-4, pp. 18. — III. Mollusken von Alois Weber. Mit 4 Tafeln. Vorgelegt am 11. Januar 1913. München, 1913, in-4, pp. 26. Faunen aus dem Unterkarbon des südlichen und östlichen Tian-Schan von Erich Krenkel in Leipzig. Mit 2 Tafeln und Profilen. Vorgelegt am 5. Juli 1913. — München, 1913, in-4, pp. 44, 2 pl.

Abhandlungen d. Kgl. Bayr. Ak. d. Wiss., *math.-physik. Kl.*, XXVI. Bd.

— Die Gebirgsgruppe Bogdo Ola im östlichen Tianschan von Gottfried Merzbacher unter Mitarbeit von P. Gröber und mit Beiträgen von: G. Glungler, Fr. Lex, Jul. Schuster, Maurice Leriche, Otto M. Reis und Boris Fedtschenko. Mit 3 Karten u. 24 Lichtdr.-Taf. von Panoramen etc. sowie Profilen u. 1 S. Diagrammen. (*Abh. d. Kgl. Bayr. Ak. d. Wiss.*, *math.-phys. Kl.*, XXVII, 1916, 5. Abd.), München, in-4, pp. 330.

— Entgegnung auf Prof. Machatscheks Besprechung meines Bogdo Ola-Werkes. Von Prof. Dr. Gottfried Merzbacher, München. (*Petermanns Mitt.*, 1919, pp. 105/106.)

(Merzbacher.)

— Fritz Machatschek. — Bemerkungen zu obiger Entgegnung. (*Ibid.*, pp. 106/107.)

— * Ueber das Alter der Gesteine der Angaraserie in den Vorketten der Bogdo Ola-Gruppe. By Gottfried Merzbacher. Moscow, 1913, pp. 15. Illustrations.

Résumé russe.

— Les déserts de l'Asie Centrale (La vie des nomades). Conférence par M. Paul Labbé. (*Bull. Soc. normande Géogr. Rouen*, XXVIII, 1906, pp. 61/81.)

Séance du Lundi 4 déc. 1905.

— Nouvelle campagne de M. et Mme Bullock Workman dans les Himalayas. Par Henri Cordier. (*La Géographie*, 15 oct. 1906, pp. 216/217.)

Arnulf von Bayern.

— Die bayrische Expedition nach Zentralasien. (*Deutsche Rundschau f. Geogr. u. Stat.*, XXIX, 1906/1907, p. 425.)

Prince Arnolphe de Bavière, Dr Merzbacher.

— Von der zentralasiatischen Expedition des Prinzen Arnulf von Bayern. (*Ibid.*, XXX, 1907/1908, p. 43.)

— Von der bayrischen Expedition nach Zentralasien. (*Ibid.*, p. 185.)

— Des Prinzen Arnulf von Bayern Jagdexpedition in den Tian-Schan. Nach Tagebuch und Briefen zusammengestellt von Therese Prinzessin von Bayern. Mit 2 Karten, Titelbild, 11 Vollbildern und 114 Textbildern nach photographischen Aufnahmen des Prinzen und einem Bild nach photographischer Aufnahme des Professors Merzbacher. — München und Berlin, R. Oldenbourg, 1910, gr. in-8, pp. xvi-304 + 1 f. n. ch.

Notices : *Mitt. k. k. geogr. Ges. Wien*, LIII. Bd., 1910, p. 658, par M. — *Geogr. Zeitsch. Leipzig*, XVII, 1911, p. 354, par Max Friedrichsen. — *Deutsche Rundschau f. Geogr. u. Stat.*, XXXV, 1912/1913, p. 146, von J. Stadlmann.

— Nekrologie. — Prinz Arnulf von Bayern. Von Dr. J. Reindl. (*Deutsche Rundschau f. Geogr. u. Stat.*, XXX, 1907/1908, pp. 231/232 ; portr.)

Né le 6 juillet 1852 à Munich ; mort à Venise ; Compagnon du Dr Merzbacher dans l'expédition des Tian-shan.

Raphael Pumpelly.

Col. 2872.

— Explorations in Turkestan Expedition of 1904. Prehistoric Civilizations of Anau Origins, Growth, and Influence of Environment. — Edited by Raphael Pumpelly, Director of the Expedition. — In two volumes. Washington, D. C. Published by the Carnegie Institution of Washington, 1908, 2 vol. in-4, pp. xxxv-240-vi, x-pp. ch. 243-x.

Contient :

Ancient Anau and the Oasis-World, and General Discussion of Results by Raphael Pumpelly.

Archeological Excavations in Anau and Old Merv by Hubert Schmidt.

Note on the Occurence of Glazed Ware at Afrosiab, and of Large Jars at Ghiaur Kala by Homer H. Kidder.

Description of the Kurgans of the Merv Oasis by Ellsworth Huntington.

Chemical Analyses of Metallic Implements by F. A. Gooch.

Physiography of Central-Asian Deserts and Oases by R. Welles Pumpelly.

Animal Remains from the Excavations in Anau, and the Horse of Anau in its Relation to the Races of Domestic Horses by J. Ulrich Duerst.

Description of some Skulls from the North Kurgan, Anau by G. Sergi.

Some Human Remains found in the North Kurgan, Anau by Th. Mollison.

Wheat and Barley from the North Kurgan, Anau by H. C. Schellenberg.

Stone Implements and Skeletons excavated in Anau, by Langdon Warner.

Ellsworth Huntington.

Col. 2872/2873.

— Über den Fortgang der Expedition von Prof. Huntington in Zentral-Asien. (*Geogr. Zeitsch. Leipzig*, XI, 1905, pp. 640/641.)

Voir *Geogr. Journal*, 1905, p. 451.

— Expedition nach Zentral-Asien. (*Geogr. Zeitsch. Leipzig*, XII, 1906, pp. 411/412.)

Ellsworth Huntington.

— The Pulse of Asia A Journey in Central-Asia illustrating the Geographic Basis of History by Ellsworth Huntington. Illustrated. Boston and New York, Houghton, Mifflin and Company, 1907, in-8, pp. xxi-415.

Notice : *Geogr. Journ.*, April 1909, pp. 490/491, par T. H. H. — *Revue indo-chinoise*, 15—30 sept. 1908, pp. 456/461, d'après A. Van Gennep, *Revue des Etudes Ethnographiques et Sociologiques*. — Voir col. 3228.

— The Pulse of Asia : A Review. (*Scottish Geogr. Mag.*, XXIV, 1908, pp. 202/206.)

— Medieval Tales of the Lop Basin in Central Asia. By Ellsworth Huntington. (*Nat. Geogr. Mag. Washington*, XIX, 1908, pp. 289/295 ; ill.)

Abstract of an address to the *Nat. Geogr. Society*, January 17, 1908.

— An Archipelago of Sand Dunes in a lake of Central Asia. By Ellsworth Huntington. Map. (*Bul. American Geog. S.*, 40, 1908, pp. 1/6.)

— New Expedition of Prof. Ellsworth Huntington. (*Geogr. Journ.*, January 1909, pp. 87/88.)

— Life in the great desert of Central Asia. By Ellsworth Huntington, of Yale University. (*Nat. Geogr. Mag. Washington*, XX, 1909, pp. 749/760 ; ill.)

— Problems in Exploration — Central Asia. By Ellsworth Huntington. (*Geogr. Journ.*, April 1910, pp. 395/419.)

— Bibliographische Notizen über zwei nordarische und zwei sanskritische Fragmente. Von Ernst Leumann. (*Z. D. M. G.*, Bd. 67, IV. Heft, 1913, pp. 679/680.)

Quatre fragments recueillis par Huntington, au nord de Khotan.

∴

— Bruchstück einer Sanskrit-Grammatik aus Sängim Agïz, Chinesisch-Turkistan. Von Dr. E. Sieg, in Berlin. (*Sitzb. d. Kgl. Preuß. Ak. d. Wiss., phil-hist. Kl.*, 1907, I, pp. 466/491; 2 pl.)

— Neue Bruchstücke der Sanskrit-Grammatik aus Chinesisch-Turkistan. Von Dr. E. Sieg in Berlin. (*Ibid.*, 1908, Bd. I, pp. 182/206, pl.)

Notice : *Bull. Ecole franç. Extr.-Orient*, VII, Juillet-Déc. 1907, pp. 401/402. par L. Finot.

— Tocharisch, die Sprache der Indoskythen. Vorläufige Bemerkungen über eine bisher unbekannte indogermanische Literatursprache. Von Dr. E. Sieg und Dr. W. Siegling in Berlin. (*Sitzb. d. Kgl. Preuß. Ak. d. Wiss.*, 1908, XXXIX, pp. 915/934, 1 pl.) — Nachwort. Von R. Pischel, pp. 932/934.)

Notice : *T'oung Pao*, 1908, pp. 604/605, par Ed. Chavannes.

— Das Märchen von dem Mechaniker und dem Maler in tocharischer Fassung. Von E. Sieg. (*Ostasiat. Zeitsch.*, 8. Jhrg., 1919/1920, pp. 362/369.)

— Königlich Preußische Turfanexpeditionen. — Tocharische Sprachreste herausgegeben von E. Sieg und W. Siegling. I. Band Die Texte; A. Transcription. — Berlin und Leipzig, 1921, Walter de Gruyter & Co., in-4, pp. XII-258. — — B. Tafeln. — Ibid., in-fol., pp. 64.

∴

— Notes d'un voyage en Asie centrale. — De l'Oural à Tachkent — Steppe Kirghize et désert du Kara-koum Mer d'Aral et Syr-Daria. — Par M. J.-A. Castagné Professeur au Gymnase d'Orenbourg (Russie). (*Bull. Soc. normande Géogr. Rouen*, XXVII, 1905, pp. 109/127.)

— Notes & Impressions de voyage en Asie Centrale. Par M. J.-A. Castagné Professeur au Gymnase d'Orenbourg (Russie). (*Ibid.*, XXX, 1908, pp. 1/15; ill.)

(Huntington. — Divers.)

C. D. Bruce.

Col. 2329.

— In the Footsteps of Marco Polo. Being the Account of a Journey Overland from Simla to Pekin by Major Clarence Dalrymple Bruce Late commanding the Chinese Regiment of Infantry. — With Illustrations. — William Blackwood and Sons, Edinburgh and London, MCMVII, in-8, pp. XIV-379; ill., carte.

Notice : *Journ. N. C. B. R. As. Soc.*, XXXIX, 1908, pp. 201/202 by F. S. A. Bourne.

— Proceedings of the Central Asian Society. — Chinese Turkestan by Major C. D. Bruce. London Central Asian Society, 1907, in-8, pp. 27.

— A Day's sport with the Turkis of Chinese Turkestan. By Clarence Dalrymple Bruce. (*Blackwood's Mag.*, Vol. 181, May 1907, pp. 658/664.)

— Eine Forschungsreise durch das unbekannte Asien. (*Deutsche Rundschau f. Geogr. u. Stat.*, XXIX, 1906/1907, p. 88.)

Bruce et Layard, officiers anglais; de Leh au Tibet, Kouen-loun, Lobnor, Peking.

Mission Pelliot.

Col. 2874/2875.

— La ville de Bakhouân dans la Géographie d'Idrîçî par Paul Pelliot. — Extr. du *T'oung Pao*, série II, vol. VII, n° 5. — E. J. Brill, Leide, 1906, in-8, pp. 6.

— Les Âbdâl de Païnâp par M. Pelliot. — Extrait du *Journal Asiatique* (Janvier-Février 1907). Paris, Imprimerie nationale, MDCCCCVII, in-8, pp. 27.

Kachgar, 8 oct. 1906.

Cf. Grenard, *Mission scientifique dans la Haute-Asie*, II, pp. 308/315.

— Une bibliothèque médiévale retrouvée au Kan-sou. Par M. Paul Pelliot, Professeur de chinois à l'Ecole française d'Extrême-Orient, chargé de mission en Asie centrale. (*Bull. Ecole franç. Extr.-Orient*, Juill.-Déc. 1908, pp. 501/529.)

Ts'ien-fo-tong de Touen-houang, le 26 mars 1908.

Extrait d'une lettre adressée à M. Senart, membre de l'Institut.

— Une bibliothèque médiévale retrouvée au Kan-sou par Paul Pelliot. . . . Hanoi, Imprimerie d'Extrême-Orient, 1908, gr. in-8, pp. 29.

Extr. du *Bull. de l'École franç. d'Extr.-Orient* (T. VIII, nos 3/4, Juillet-Déc. 1908).

— Une bibliothèque médiévale retrouvée au Kan-sou. (*Journ. Asiat.*, Janvier-Février 1909, pp. 153/156.)

Lettre de Pelliot, *Bull. Ecole Extr.-Orient*.

(Bruce. — Mission Pelliot.)

— Les populations du Turkestan chinois. Par Paul Pelliot. (*Revue indo-chinoise*, Mars 1909, pp. 256/273.)

Lettre à M. Senart, publiée dans le nº 84 du *Bull. du Comité de l'Asie française.*

— Paul Pelliot. — Les Influences iraniennes en Asie centrale et en Extrême-Orient. Leçon d'ouverture du Cours de langues, histoire et archéologie de l'Asie Centrale au Collège de France — 4 décembre 1911. — Revue d'Histoire et de Littérature religieuses, 62 rue des Ecoles, Paris (Vᵉ), in-8, pp. 25.

Notice : *Journ. N. C. B. R. As. Soc.*, XLIV, 1913, pp. 156/157, by D. MacG.

— Les Influences iraniennes en Asie Centrale et en Extrême-Orient. Leçon d'ouverture du Cours de langues, histoire et archéologie de l'Asie Centrale au Collège de France. Par Paul Pelliot. (*Revue indo-chinoise*, Juillet-Août 1912, pp. 1/15.)

— La fille de Mo-tch'o Qaghan et ses rapports avec Kül-Tegin par Paul Pelliot. (*T'oung Pao*, nº 2, Mai 1912, pp. 301/306.)

— Kao-tch'ang, Qočo, Houo-tcheou et Qâra-Khodja, par M. Paul Pelliot, avec une note additionelle de M. Robert Gauthiot. (*Journ. Asiat.*, Mai-Juin 1912, pp. 579/603.)

— Idem. — Extrait du *Journal Asiatique* (Mai-Juin 1912). Paris, Imprimerie Nationale, MDCCCCXIII, in-8, pp. 27.

— Sur quelques mots d'Asie Centrale attestés dans les textes chinois. — I. Mängü et Möngkä (Mōṅka). — II. Nankiās. — III. Šaman. Par Paul Pelliot. (*Journ. Asiat.*, Mars-Avril 1913, pp. 451/469.)

— Sur quelques mots d'Asie Centrale attestés dans les textes chinois par M. P. Pelliot. — Extrait du *Journal Asiatique* (Mars-Avril 1913). Paris, Imprimerie Nationale, MDCCCCXIII, in-8, pp. 23.

— Les documents chinois trouvés par la Mission Kozlov à Khara-Khoto, par M. Paul Pelliot. (*Journ. Asiat.*, Mai-Juin 1914, pp. 503/518.)

— Idem. — Extrait du *Journal Asiatique* (Mai-Juin 1914). Paris, Imprimerie Nationale, MCMXIV, in-8, pp. 20.

— Le «Cha tcheou tou fou T'ou King» et la colonie sogdienne de la région du Lob Nor. Par Paul Pelliot. (*Journ. Asiat.*, Janvier-Février 1916, pp. 111/123.)

(MISSION PELLIOT.)

— Idem. — Extrait du *Journal Asiatique* (Janvier-Février 1916). Paris, Imprimerie Nationale, MDCCCCXVI, in-8, pp. 15.

— Lundi 25 Septembre. — Conférence sur l'exploration et la science françaises dans l'Asie Orientale. Par M. Paul Pelliot, Explorateur, Professeur au Collège de France, Membre de l'Institut. Sous la présidence du Général Marchand. (*Exposition coloniale nationale de Marseille. — Semaine internationale des géographes, des explorateurs et des ethnologues*, 22—28 Septembre 1922, . . . *Compte rendu* . . . pp. 51/55.)

— Note sur les anciens noms de Kučā, d'Aqsu et d'Uč-Turfan par Paul Pelliot. (*T'oung Pao*, Mai 1923, pp. 126/132.)

— Extrait du *Bulletin de l'École française d'Extrême-Orient* (Juillet-Décembre 1906). — Notes sur l'Asie centrale par Paul Pelliot. . . . — Hanoi, Imprimerie F.-H. Schneider, 1906, gr. in-8, pp. 15.

— Notre mission en Asie centrale. Par Paul Pelliot. Lettre adressée à la Société de Géographie, et datée de Chats'iuan-tse, 3 février 1908. (*La Géographie*, 15 juin 1908, pp. 425/430.)

— Mission Pelliot. (*Ibid.*, 15 mai 1908, p. 410.)
Lettre datée de Tourfan, 10 janvier, à M. Senart.

— Notre mission en Asie centrale, gr. in-8, pp. ch. 425/430.

Tiré de *La Géographie*, XVII, nº 6, 15 juin 1908.
Lettre de Pelliot : Cha-ts'iuan-tse, 3 février 1908.

— La Mission Pelliot. (*Bull. Com. Asie franç.*, Mars 1908, pp. 87/95.)

Lettre de Paul Pelliot, datée de Tourfan, 10 janvier 1908, à M. Emile Senart, président du Comité.

— Conférence de M. Paul Pelliot au grand amphithéâtre de la Sorbonne 10 Décembre 1909. (*Bull. Com. Asie franç.*, Janvier 1910, pp. 11/24.)

Figures.

— Trois ans dans la Haute Asie. — Conférence de M. Paul Pelliot au Grand Amphithéâtre de la Sorbonne le 10 Décembre 1909. — Extrait du «Bulletin du Comité de l'Asie française» (Janvier 1910). — Paris, Comité de l'Asie française, 1910, in-4, pp. 16 à 2 col., carte et fig.

— Explorations géographiques et archéologiques dans le Turkestan chinois et en Chine. [Par M. Paul Pelliot.] (*La Géographie*, 15 janvier 1910, pp. 66/70.)

Conférence faite à la Sorbonne, 10 déc. 1909.

(MISSION PELLIOT.)

— Extrait des *Comptes rendus des séances de l'Académie des Inscriptions et Belles-Lettres*, 1910, p. 58. — Rapport de M. Paul Pelliot sur sa mission au Turkestan chinois (1906—1909), in-8, pp. 11, 2 fig. hors texte.

Reproduit dans le *Bull. de l'Ecole franç. d'Extr.-Orient*, Juillet-Sept. 1910, pp. 655/660.

— Paul Pelliot. — Trois ans de mission dans la Haute Asie. (*Bull. Soc. Géogr. Lille*, LIII, 1910, pp. 103/206.)

— Trois ans de mission dans la Haute-Asie. Par Paul Pelliot. (*Bull. Soc. Géogr. comm. du Havre,* 1910/1911, pp. 73/83, 121/135; carte.)

Conférence faite à la Société le 19 Janvier 1910.

— En Asie Centrale. Conférence de M. Paul Pelliot. (*Bull. Soc. normande Géogr. Rouen,* XXXIII, 1911, pp. 1/26.)

Séance du Mardi 8 nov. 1910.

Allocution de Henri Cordier, pp. 6/7.

— En Asie Centrale. Conférence faite à la Société normande de Géographie le 8 novembre 1910. Par M. Paul Pelliot. Rouen, Imprimerie E. Cagniard, 1911, in-4, pp. 28.

Extr. du *Bulletin de la Société normande de Géographie*

— L'archéologie au Turkestan Chinois. Conférence de M. Paul Pelliot du 28 mars 1911. (*Revue Soc. Géogr. Tours*, 1911, pp. 71/72.)

— La Mission Pelliot par Paul Pelliot. (*Bull. arch. Musée Guimet,* fasc. II, pp. 5/8.)

— Documents de la Mission Pelliot (exposés au Musée Guimet), décrits par J. Hackin. (*Ibid.*, pp. 9/20.)

— Mission Paul Pelliot en Turkestan chinois. (*Bull. Soc. Géogr. Lyon*, XXI, 1906, pp. 57/58.)

— Französische archäologische Expedition nach Zentral-Asien. (*Geogr. Zeitsch. Leipzig*, XII, 1906, p. 49.)

Prof. P. Pelliot et Dr. Vaillant.

— Mission archéologique de M. Paul Pelliot. (*Bull. Soc. Géogr. Lyon*, XXII, 1907, pp. 62/63.)

— La Mission Pelliot en Kachgarie. (*Revue indo-chinoise*, 15—30 mars 1907, pp. 420/421.)

— Mission Pelliot. (*La Géographie,* 15 déc. 1908, pp. 419/420.)

— La Mission Pelliot. (*Bull. Com. Asie franç.*, Janvier 1909, p. 7.)

— Mission Pelliot. (*La Géographie*, 15 février 1909, p. 165.)

— La rentrée en France de M. Paul Pelliot. (*Bull. Com. Asie franç.*, Oct. 1909, p. 410.)

— *Annales de la Société de Géographie commerciale.* (Section indo-chinoise.) — La Mission Pelliot en Asie Centrale. Hanoi, Imprimerie d'Extrême-Orient, 1909, in-8, pp. VII-47; carte.

Fascicule 4 des *Annales*.

(MISSION PELLIOT.)

— Archäologische Funde in China. (*Deutsche Rundschau f. Geogr. u. Stat.*, XXXII, 1909/1910, p. 378.)

Pelliot; grottes de T'oung-houang.

— * Au Turkestan Chinois. La Mission Pelliot. Par Georges Demanche. (*Revue franç.*, 35, 1910, pp. 8/19.)

— Die Mission Pelliot in Chinesisch-Turkestan. (Mit einer Karte.) (*Deutsche Rundschau f. Geogr. u. Stat.*, XXXII, 1909/1910, pp. 404/410.)

Tiré de l'article de Georges Demanche dans la *Revue française de l'étranger et des colonies*, n° 373.

— La Mission Pelliot en Asie centrale. (*Bull. Soc. Géogr. Lyon*, 2e série, III, fasc. 1 et 2, 1910, pp. 70/71.)

— Mission Pelliot. (*Revue hist. des Religions*, Mars-Avril 1910, pp. 266/268.)

— The Pelliot Expedition in Central Asia. (*Geogr. Journ.*, May 1910, pp. 594/595.)

— Les Collections archéologiques de la mission Pelliot. Par C. (*Bull. Ass. am. franco-chinoise*, Juillet 1910, pp. 264/265.)

— * Albert Maybon. — L'art bouddhique du Turkestan oriental (Mission Pelliot 1906—1909). (*L'Art décoratif*, XIIe année, n° 143, Août 1910.)

— Résultats de la Mission Pelliot. (*Bull. Soc. Géogr. Est*, XXXI, 1910, pp. 84/85.)

— Sylvain Lévi. — La Mission Pelliot en Asie centrale. (*Ann. de Géogr.*, XIX, 1910, pp. 274/276.)

— La Mission Pelliot en Asie Centrale. (*Bull. Soc. Géogr. Lyon*, 2e série, 1910, pp. 70/71.)

— La Mission Pelliot en Asie Centrale. Découvertes précieuses pour l'Archéologie et la Sinologie. (*A travers le Monde*, XVI, 1910, p. 58, carte.)

— Une Mission archéologique japonaise en Chine. Par N. Peri, Pensionnaire de l'Ecole française d'Extrême-Orient. Hanoi, Imprimerie d'Extrême-Orient, 1911, gr. in-8, pp. 28.

Extr. du *Bull. de l'Ecole franç. d'Extr.-Orient* (Tome XI, nos 1/2, Janvier-Juin 1911.)

Examen de documents rapportés de la grotte de Touen houang à Pe king par ordre du gouvernement chinois.

— Sylvain Lévi. — L'Asie centrale et la mission Pelliot. (*Revue Archéologique*, Juillet-Août 1911, pp. 174/178.)

D'après *Le Temps*, 19 mai 1911.

— A. Meillet. — Les Nouvelles langues indo-européennes trouvées en Asie centrale. — Paris, Félix Alcan, s. d. [1912]. in-8, pp. 20.

Extr. de la *Revue du Mois*, T. XIV, 10 août 1912, n° 80, pp. 135/152.

Notice : *Bull. Ecole franç. Extr.-Orient*, XII, 1912, pp. 148/151, par L. A[urousseau].

— Les Grottes des Mille Bouddhas. Par P. Pelliot. (*Journ. Roy. As. Soc.*, April 1914, pp. 421/426.)

— Caves of a Thousand Buddhas. By H. F. Amedroz. (*Ibid.*, p. 426.)

— Caves of a Thousand Buddhas. By F. Legge. (*Ibid.*, pp. 426/427.)

— 敦煌石室遺書 *Touen-houang che che yi chou.*

3 peun in-8. — Textes découverts par la mission Pelliot dans une grotte de Touen-houang, publiés et étudiés par des savants chinois, à Peking.

— The Art of Tun-Huang. (*The Times Lit. Sup.*, Aug. 26, 1920, p. 546.)

Fasc. I de Pelliot, Grottes de Touen houang

(MISSION PELLIOT.)

— Mission Pelliot en Asie centrale, Série in-quarto. — I. Les Grottes de Touen Houang. Peintures et Sculptures bouddhiques des époques des Wei, des T'ang et des Song par Paul Pelliot. — Tome premier Grottes 1 à 30, 64 planches en phototypie et un plan général des Grottes. Paris, Paul Geuthner, 1914.

Le fascicule I des *Grottes de Touen Houang* était presque entièrement imprimé dès la fin de juillet 1914. La guerre en a suspendu l'apparition jusqu'en 1920. Robert Gauthiot qui devait être un des principaux collaborateurs est mort le 11 septembre 1916 d'une fracture au crâne reçue à son poste de combat.

— — Tome second. Grottes 31 à 72, 64 planches en phototypie. *Ibid.*, 1920.

— — Tome troisième. Grottes 72 à 111, 64 planches en phototypie. *Ibid.*, 1920.

— — Tome quatrième. Grottes 111 à 120 N, 64 planches en phototypie. *Ibid.*, 1921.

— — Tome cinquième. Grottes 120 N à 146, 64 planches en phototypie. *Ibid.*, 1921.

Notices : *New China Review*, II, Oct. 1920, pp. 505/506. — *Journ. N. C. B. R. As. Soc.*, LII, 1921, pp. 226/227, par H. K. W. — *New China Review*, III, Dec. 1921, p. 477. — *Journ. N. C. B. R. As. Soc.*, LIII, 1922, p. 268. — *Journ. Roy. As. Soc.*, Janvier 1921, pp. 136/140, par W. Perceval Yetts. — *La Géographie*, XXXV, Mai 1921, p. 545. — Les Grottes de Touen-houang, par Hackin. (*La Géographie*, Juin 1921, pp. 82/84.)

— R. Gauthiot et P. Pelliot. — Le Sutra des causes et des effets, texte sogdien de Touen-Houang, publié en facsimilé, avec transcription, traduction et commentaire par R. Gauthiot, accompagné du facsimilé et de la traduction de la version chinoise par P. Pelliot, et un glossaire sogdien-français-chinois par R. Gauthiot et P. Pelliot.

Mission Pelliot en Asie centrale; série linguistique, tome I.

— Mission Pelliot en Asie centrale. — Série petit in-octavo, tome I. Robert Gauthiot. Essai de Grammaire Sogdienne avec préface de A. Meillet. Première Partie *Phonétique* avec une planche & deux cartes. — Paris, Paul Geuthner, 1914—1923, in-8, pp. x + 1 p. n. ch. + xviii + 183.

Ce volume forme le tome I des Publications de la *Mission Pelliot en Asie Centrale*. Il a été en partie détruit dans l'incendie de Louvain en 1914. Le tome II, continué par E. Beneviste, sous la direction de A. Meillet est en préparation.

Le sogdien est une langue indo-européenne du groupe iranien, autrefois répandue en Asie Centrale, des confins de la Perse jusqu'en Chine.

Les documents sogdiens connus sont parfois en écriture manichéenne, plus souvent en écriture syriaque, ou en écriture «sogdienne» (archaïque ou récente).

M. Gauthiot a, le premier, déchiffré la forme ancienne de cette écriture, et publié des textes notés dans la forme récente, en transcription et avec traduction.

Dans la présente publication il donne la grammaire et le lexique complet des textes parus et à paraître.

∴

(Mission Pelliot.)

— Etudes linguistiques sur les documents de la Mission Pelliot. — Fasc. I. Les noms de nombre en Tokharien B, par S. Lévi et A. Meillet. Paris, Honoré Champion, in-8. — Fasc. II. Le Sūtra du Religieux Ogles-longs. Texte sogdien avec traduction et version chinoise par Robert Gauthiot. . . . Paris, Honoré Champion, 1912, in-8, pp. 11 + 1 pl.

Extr. des *Mémoires de la Société de Linguistique de Paris*, T. XVII.

— Idem. — Fasc. III. Remarques sur les formes grammaticales de quelques textes en Tokharien B. I. Formes verbales, par S. Lévi et A. Meillet. Paris, 1912, in-8.

— Idem. — Fasc. IV. Un fragment du Suvarṇaprabhāsasūtra en iranien oriental par P. Pelliot, Professeur au Collège de France. Paris, Librairie Honoré Champion, éditeur. . . . — 1913, in-8, pp. 37.

Extr. des *Mémoires de la Société de Linguistique de Paris*, T. XVIII.

Notice : *Bull. Ecole franç. Extr.-Orient*, XIII, 1913, p. 81, par H. Maspero.

— Idem. — Fasc. V. Remarques sur les formes grammaticales de quelques textes en Tokharien B II. Formes nominales, par S. Lévi et A. Meillet. Paris, 1913, in-8.

∴

— Documents de l'Asie centrale. (Mission Pelliot.) — Textes sanscrits de Touen-Houang. — Nidâna-sûtra. — Daçabala-sûtra. — Dharmapada. Hymne de Mâtṛceṭa, par M. Sylvain Lévi. (*Journ. Asiat.*, Nov.-Déc. 1910, pp. 433/456; fig.)

De l'alphabet sogdien, par M. Robert Gauthiot. (*Ibid.*, Xe Série, T. XVII, Janvier-Février 1911, pp. 81/95.)

— L'alphabet sogdien d'après un témoignage du XIIIe siècle par MM. E. D. Ross et R. Gauthiot. — Extr. du *Journal Asiatique* (Mai-Juin 1913). Paris, Imprimerie Nationale. — MDCCCCXIII, in-8, pp. 15.

— Note préliminaire sur les documents en tokharien de la Mission Pelliot. Par Sylvain Lévi. (*Journ. Asiat.*, Xe Série, T. XVII, Janvier-Février 1911, pp. 138/140.)

— Etude des documents tokhariens de la Mission Pelliot, par M. Sylvain Lévi. (*Ibid.*, Mai-Juin 1911, pp. 431/449.) — Remarques linguistiques par M. A. Meillet. (*Ibid.*, pp. 449/464.)

1 planche.

(Mission Pelliot : Divers.)

35

— Idem. I. Les Bilingues [suite]. (*Ibid.*, Juill.-Août 1911, pp. 119/144; planche.) — Remarques linguistiques par M. A. Meillet. (*Ibid.*, pp. 144/150.)

— Documents de l'Asie Centrale (Mission Pelliot). — Le «tokharien B», langue de Koutcha, par M. Sylvain Lévi. (*Ibid.*, Sept.-Oct. 1913, pp. 311/380.)

— Documents de l'Asie centrale (Mission Pelliot). — Fragments du Vinaya Sanskrit par M. Louis Finot. — Extr. du *Journal Asiatique* (Nov.-Déc. 1911). — Paris, Imprimerie nationale, MDCCCCXII, in-8, pp. 11.

D'après trois feuillets des Mss. Pelliot, cotés M. 496, 5/7, provenant de l'ancien temple de Douldour âqour, à Koutcha.

— Documents de l'Asie Centrale (Mission Pelliot). — Une version sogdienne du Vessantara Jātaka, publiée en transcription et avec traduction par M. R. Gauthiot. — Extr. du *Journal Asiatique* (Janvier-Février et Mai-Juin 1912). Paris, Imprimerie Nationale, MDCCCCXII, in-8, pp. 114.

— Une version sogdienne du Vessantara Jātaka, publiée en transcription et avec traduction par M. R. Gauthiot. (*Journ. Asiat.*, XIX, Janvier-Février 1912, pp. 163/193.)

— Idem. (Suite et fin.) (*Ibid.*, Mai-Juin 1912, pp. 429/510.)

— Avestique *Mərəzu-*, par M. Robert Gauthiot. — Extr. des *Mémoires de la Société de Linguistique de Paris*, Tome XVIII, in-8, pp. 5.

— Mission Pelliot en Asie Centrale. — Série petit in-octavo, Tome I. Robert Gauthiot. Essai de Grammaire Sogdienne avec préface de A. Meillet. Première Partie : Phonétique avec une planche & deux cartes. — Paris, Paul Geuthner, 1914—1923, in-8, pp. x-xviii-183, 1 pl. et 2 cartes.

— — Série des Recherches et Etudes, Tome II : *Mantramudropadeça*, texte tibétain, commenté et traduit par J. Hackin, in-8, paraîtra en 1914, Mission Pelliot en Asie Centrale, Série in-8, tome II.

Introduction — Texte tibétain — Texte en transcription — Traduction d'après la version tibétaine — Etude phonétique du texte — Commentaire, notes philologiques — Notes — Index bibliographique — Index phonétique alphabétique — Index sanscrit-tibétain numérique des commentaires.

— Documents de l'Asie Centrale. (Mission Pelliot.) — Le conte bouddhique des deux frères, en langue turque et en caractères ouïgours, par M. Cl. Huart. (*Journ. Asiat.*, Janvier-Février 1914, pp. 5/57; pl.)

— — Trois actes notariés arabes de Yârkend, par M. Cl. Huart. (*Ibid.*, Nov.-Déc. 1914, pp. 607/627.)

— — Trois actes notariés arabes de Yârkend, par M. Cl. Huart. — Extr. du *Journal Asiatique* (Nov.-Déc. 1914). Paris, Imprimerie Nationale. — MCMXV, in-8, pp. 23.

— Le plus ancien manuscrit hébreu, par MM. Ph. Berger et M. Schwab. (*Journ. Asiat.*, Juillet-Août 1913, pp. 139/175.)

— Les plus anciens monuments de l'écriture arabe en Chine, par M. Paul Pelliot, avec des notes de MM. Cl. Huart et Denison Ross. (*Ibid.*, Juillet-Août 1913, pp. 177/191; planche.)

Louis Vaillant.

— Note sur le Zamusch-tâgh (province de Koutchar, Turkestan chinois), par M. le Dr Louis Vaillant. ... (mission Pelliot-Vaillant). (*Bull. Muséum nat. d'Hist. Nat.*, 1908, 1, pp. 91/93.)

— Note sur le Zamusch-tâgh (Province de Koutchar, Turkestan chinois), par M. le Dr Louis Vaillant, Médecin-Major des Troupes coloniales, voyageur du Muséum (mission Pelliot-Vaillant). Extr. du *Bull. du Muséum d'histoire naturelle.* — 1908, n° 1, p. 91, in-8, pp. 2 [ch. 91/92].

Imprimerie nationale. — Avril 1908.

— Itinéraire de la mission Pelliot-Vaillant de Tourfan à Pékin. — Excursion de M. le Dr Louis Vaillant dans la région de Siming-Fou. (*Bull. Muséum nat. d'Hist. Nat.*, 1908, 7, pp. 420/421.)

— Itinéraire de l'expédition archéologique de l'Asie centrale, par M. le Dr Louis Vaillant, Médecin-Major des Troupes coloniales, voyageur du Muséum attaché à la Mission. (*Ibid.*, 1909, 1, pp. 49/52.)

— Remarques sur la disparition des forêts entre Kachgar et Kourlac (Turkestan chinois), par le docteur Louis Vaillant. (*Ibid.*, 4, pp. 206/207.)

— Le Turkestan chinois. Par M. le Dr Louis Vaillant. (*Bull. et Mém. de la Soc. d'Anth. de Paris*, 1910, pp. 8/17.)

— Les habitants du Turkestan chinois. Par le Dr Louis Vaillant. (*Bull. Soc. Géogr. Est*, XXXI, 1910, pp. 132/138.)

Conférence faite le 6 janvier 1910 à la Société d'Anthropologie.

— Du Pamir à Pékin, Conférence de M. le Dr Vaillant. (*Bull. Soc. Géogr. comm. Bordeaux*, 36e année 1910, pp. 104/107.)

Séance du 28 février 1910.

— Note sur quelques points astronomiques déterminés en Asie Centrale (Mission Pelliot, 1906—1909). Par le Dr Louis Vaillant, Médecin-Major des troupes coloniales. (*La Géographie*, T. XXXV, Mai 1921, pp. 494/500, tableau.)

∴

— Charles Nouette. Nécrologie par Paul Pelliot. (*T'oung Pao*, Mai 1910, p. 293.)

† 2 Mai 1910.

— Charles Nouette. — Nécrologie. (*La Géographie*, 15 juin 1910, p. 465.)

Jules Prinz.

Col. 2875.

— * Reiseskizzen aus Centralasien. Von Dr Gyula Prinz. IV-VIII. (*Földrajzi Közlemenyek*, 35 [1907], 405/411; 36 [1908], 6/23. Cartes et Illustrations.) (*Abrégé B. S. Hongroise G.* 35, 1907, pp. 182/209; 36, 1908, pp. 4/12, 80/92.)

— Die Vergletscherung des nördlichen Teiles des zentralen Tien-schan-Gebirges. Von Dr. Gyula Prinz, Budapest. (Mit 1 Karte, 7 Tafeln und 22 Figuren im Text.) (*Mitt. k. k. Geogr. Ges. Wien*, LII. Bd., 1909, pp. 10/75.)

— Beiträge zur Morphologie des Kuldschaer Nan-Schan. Von Dr. Gyula Prinz. (Mit 2 Tafeln und 9 Textabbildungen.) (*Ibid.*, LIII. Bd., 1910, pp. 154/195.)

— Vorläufiger Bericht über meine zweite mittelasiatische Reise. Von Dr. Gyula Prinz, Budapest. (*Petermanns Mitt.*, 1910, I, pp. 74/78.)

— Übersicht der Reisewege von Dr. Gyula Prinz in Mittel-Asien 1909.

Carte, Tafel 13, dans *Petermanns Mitt.*, 1910, 1 : 2,500.000.

— * J. Prinz. — Ethnographische Beobachtungen im Tien-schan. (Anzeiger der Ethnographischen Abteilung des Ungarischen National-Museums. S. 76 bis 99. 23 fig. dans le texte, 1 tab. en couleurs et 2 cartes, Budapest, 1915.)

Notice par A. Schultz, *Petermanns Mitt.*, p. 114.

— Eine chinesische Tempelinschrift aus Idikutšahri bei Turfan (Turkistan). Übersetzt und erklärt von Dr. O. Franke in Berlin. (*Abh. d. Kön. Preuß. Ak. d. Wiss., Phil.-hist. Abh. nicht zur Akad. gehör. Gelehrter*. 1907. I, pp. 92, 2 pl.)

Notices : *T'oung Pao*, Mars 1908, pp. 121/124, par Ed. Chavannes. — *Bull. Ecole franç. Extr.-Orient*, Janvier-Mars 1901, pp. 164/166, par P. Pelliot.

(Prinz.)

— Das Datum der Chinesischen Tempelinschrift von Turfan von O. Franke. (*T'oung Pao*, Mai 1909, pp. 222/228.)

— Das alte Ta-hia der Chinesen. Ein Beitrag zur Tocharer-Frage. Von O. Franke. (*Ostasiat. Zeitsch.*, 8. Jhrg., 1919/1920, pp. 117—.)

W. R. Rickmers.

— W. R. Rickmers, Radolfzell : Meine Reise durch Turkestan und seine höchsten Gebirge. (*Jahresber. d. Württ. Ver. f. Handelsgeogr.*, *Stuttgart*, XXVI/XXIX, 1907—1910, pp. 76/77.)

Séance du 24 avril 1907.

— Proceedings of the Central Asian Society. — Impressions of the Duab (Russian Turkestan) by W. Rickmer Rickmers. Read March 27, 1907. London Central Asian Society, 1907, in-8, pp. 22.

— The climatology of West Turkestan. By W. R. Rickmers. (*Geogr. Journ.*, June 1908, pp. 647/649.)

A propos de : *Zur Meteorologie von West-Turkestan.* Heinz von Ficker. Wien, 1907. (*Denksch. d. math.-naturw. Kl. d. Kais. Ak. d. Wiss.*, 81, pp. 85, 1 carte.)

— Pamir-Forschungsreise. (*Deutsche Rundschau f. Geogr. u. Stat.*, XXXV, 1912/1913, p. 425.)

Départ pour le Pamir de W. Rickmer-Rickmers accompagné des Drs. Deimler et R. v. Klebelsberg.

— Pamir-Expedition. (*Zeitsch. d. Ges. f. Erdk. zu Berlin*, 1913, pp. 475, 643/645, 719/720, 798/799.)

Ed. Rickmer-Rickmers.

— Mr. Rickmers' New Expedition in Central Asia. (*Geogr. Journ.*, Dec. 1913, pp. 570/571.)

— * Willy Rickmers. — The Duab of Turkestan. A physiographic sketch and account of some travels, with 207 Maps, Diagrams and plates. Cambridge, University Press, 1913. 564 pag.

Notices : *Zeitsch. d. Ges. f. Erdk. zu Berlin*, 1913, pp. 575/580. Par Fritz Machatschek. — *Journ. R. As. Soc.*, April 1913, pp. 483/488.

— A typical day's march in eastern Bokhara. By C. Mabel Rickmers. (*Journ. Central Asian Soc.*, I, 1914, Pt. III, pp. 52/57.)

— Expédition Ed. Rickmer-Rickmers dans le Pamir occidental. (*Ann. de Géogr.*, 1914, pp. 183/184.)

— Die Pamirexpedition. (*Geogr. Zeitsch. Leipzig*, XX, 1914, p. 47.)

Rickmer-Rickmers.

∴

— Oberamtmann Dr. Holderer-Kehl. — Quer durch Zentralasien, II. Teil, von Kaschgar bis zur Gelben See. (*Jahresber. d. Württ. Ver. f. Handelsgeogr.*, *Stuttgart*, XXVI/XXIX, 1907—1910, p. 73.)

Séance du 13 février 1907.

— Prof. Dr. Martin Hartmann, Hermsdorf (Mark) : Die kulturellen und wirthschaftlichen Verhältnisse Kaschgariens. (*Ibid.*, p. 75.)

Séance du 20 mars 1907.

— Central Asian Society. Par L. B. (*Revue du Monde Musulman*, II, Juin-Juillet 1907, pp. 609/611.)

L. B. = L. Bouvat.

(Rickmers.)

— Ist Zentral-Asien im Austrocknen begriffen? Von L. Berg. (*Geogr. Zeitsch. Leipzig*, XIII, 1907, pp. 568/579.)

— Les glaciers de la chaine du Turkestan. Par le Dr Laloy. (*La Géographie*, 15 avril 1908, pp. 298/299.)

A propos de l'exploration de M. L. Berg.

— Der englisch-russische Vertrag. (*Geogr. Zeitsch. Leipzig*, XIII, 1907, p. 705.)

Signé le 31 août 1907.

— Taw Sein Ko. — Two Chinese Inscriptions from Bai in Central Asia. (*Archaeological Survey of India*, 1907/1908, pp. 277/279.)

I. Inscription of Liu P'ing Kuo. — II. Legend inscribed on the gateway of a Buddhist monastery.

— Proceedings of the Central Asian Society. — The Amir Abdur Rahman Khan by the Right Hon. Sir H. Mortimer Durand, G. C. M. G., etc. Delivered November 6, 1907. London Central Asian Society, 1907, in-8, pp. 23.

— Proceedings of the Central Asian Society. — Annual Meeting of the Central Asian Society Wednesday, June 12, 1907. The Strategic Position of Russia in Central Asia by Mr. David Fraser. Read June 12, 1907. London Central Asian Society, 1907, in-8, pp. 23.

– Kashgaria. By David Fraser. (*Blackwood's Mag.*, Vol. 181, June 1907, pp. 798/809.)

— * A Sketch of the Geography and Geology of the Himalaya Mountains and Tibet. Parts I, II and III. By Colonel S. G. Burrard, R. E., F. R. S., Superintendent Trigonometrical Surveys; and H. H. Hayden, B. A., F. G. S., Superintendent Geological Survey of India. Price 6 Rs.

Notice : *Geogr. Journ.*, Oct. 1908, pp. 416/418. By H. L. C.

— * The junction of the Indian and Russian triangulation work in the Pamirs. By Colonel Sir Sidney G. Burrard, Lieut.-Colonel G. P. Lenox-Conyngham, and Captain K. Mason. (*R. Engineers J.*, 23 [1916], pp. 241/250.)

— * The junction of the Indian and Russian triangulation work in the Pamirs. By Captain K. Mason. (*Ibid.*, 24, 1916, pp. 9/24, 59/73.)

— Les routes commerciales au Turkestan. (*Bull. Com. Asie franç.*, Février 1908, pp. 78/79.)

— Le Temple chinois «Bei-iun-djuan», dans la passe d'Ak-su, province d'Ili par N. Pantoussoff (Vièrny, Turkestan russe). (*Revue des Etudes ethnogr. et sociol.*, Paris, Août 1908), gr. in-8, pp. 6, 2 pl.

Notices : *T'oung Pao*, Déc. 1908, p. 714, par H. C[ordier]. — *Bull. Ass. amicale franco-chinoise*, II, Janvier 1910, pp. 81/82, par A. Vissière.

— Eine Reise durch Zentralasien im Jahre 1906 von Dr. Erich Zugmayer. — Mit 10 farbigen Tafeln nach Originalgemälden von Heinz Pinggera, 117 Abbildungen nach photographischen Aufnahmen des Verfassers und einer Übersichtskarte. Berlin 1908. Dietrich Reimer (Ernst Vohsen), in-8, pp. xi-441.

Notices : *Mitt. k. k. geogr. Ges. Wien*, LI, 1908, pp. 503/507, par le Dr. E. Gallina. — *Geogr. Zeitsch. Leipzig*, XIV, 1908, p. 718, par A. Tafel. — *Geogr. Journal*, March 1909, pp. 313/314. par W. R. C.

— L'irrigation dans l'Asie Centrale et la migration des peuples. Par le professeur Dr Jenö de Cholnoky (Kolozsvár). (*Cte.-rendu 9e Cong. int. Géogr.*, Genève 1908, t. III, pp. 5/29.)

— Künstliche Berieselung in Inner-Asien und die Völkerwanderung. Von Jenö v. Cholnoky. (*Geogr. Zeitsch. Leipzig*, XV, 1909, pp. 241/258.)

— Commandant de Bouillane de Lacoste — Autour de l'Afghanistan (Aux frontières interdites) Ouvrage contenant 120 illustrations tirées hors texte Gravées d'après les Photographies de l'Auteur et cinq Cartes. Préface de M. Georges Leygues. Paris, Hachette, 1908, in-8, pp. xxv + 1 f. n. ch. + pp. 223.

— L'accord Anglo-Russe en Asie Centrale. (*Bull. Soc. Géogr. Lyon*, 2e sér., 1908, pp. 41/46.)

— Über die einheimischen Sprachen von Ostturkestan im früheren Mittelalter. Von Ernst Leumann. — Zweiter Teil. — (*Zeitsch. d. Deutschen Morgenl. Ges.*, LXII, I. Heft, 1908, pp. 83/110.)

— Notes sur quelques explorations récentes faites par les Français dans l'Asie Centrale et Orientale. — Par Henri Cordier, Dr ès-Lettres, Membre de l'Institut de France, Professeur à l'Ecole des langues orientales vivantes (Paris). (*Cte.-rendu 9e Cong. int. Géogr.*, Genève 1908, III, pp. 425/431.)

— Découverte d'une langue aryenne prétendue primitive dans le Turkestan oriental. Par Zaborowski. (*Bull. et Mém. Soc. Anth. Paris*, 1908, pp. 709/712.)

— Die Turfan-Recensionen des Dhammapada. Von R. Pischel. (*Sitzb. d. Kgl. Preuß. Ak. d. Wiss.*, 1908, XXXIX, pp. 968/985, 1 pl.)

— «A Varied Life.» — General Sir T. E. Gordon. By R. E. Forrest. (*Imp. & Asiat. Quart. Rev.*, Oct. 1908, pp. 358/364.)

Notice.

— Le régime des eaux dans l'Asie centrale. (*Bull. Soc. Géogr. Est*, XXX, 1909, p. 370.)

Du *Cosmos*.

— The Khojas of Eastern Turkistan. — By H. Beveridge. . . . (*Journ. Asiat. Soc. Bengal*, Vol. LXXI, Pt. I, No. 1, 1909, pp. 45/46.)

— Die Zukunft der innerasiatischen Landschaften und Verkehrswege. Von Dr. Rudolf Stübe in Leipzig. (*Deutsche Rundschau f. Geogr. u. Stat.*, XXXII, 1909/1910, pp. 103/109.)

— Automobillinien durch die Wüste Gobi. (*Ibid.*, p. 235.)

Décision du gouvernement chinois d'établir un service automobile pour transporter le thé de Ourga à Kalgan, à travers le désert de Gobi.

— Notes on the Bābar-Nāma. I. Dr. Heinrich Julius Klaproth's Part Translation of the Book II. On the Origin and Meaning of the word Tāshkand. By Annette S. Beveridge. (*Journ. Roy. As. Soc.*, April 1909, pp. 452/460.)

— Proceedings of the Central Asian Society = Eastern Turkestan : the Chinese as rulers over an alien race by G. Macartney, C. I. E. Read March 10, 1909. London Central Asian Society . . . 1909, br. in-8, pp. 23.

— Henri Cordier. — Turkestan. I. Chinese Turkestan. (*Catholic Encyclopedia*, pp. 95/97.)

— Un projet de chemin de fer au Turkestan chinois. (*Bull. Com. Asie franç.*, Oct. 1909, p. 457.)

— Nieve Penitente in the Himalayas. (*Geogr. Journ.*, Nov. 1909, pp. 570/571.)

Dr. Hunter Workman.

— Otto Donner. — Nécrologie par H. C[ordier]. (*T'oung Pao*, Déc. 1909, pp. 698/700.)

— E. Delmar Morgan. Obituary. (*Geogr. Journ.*, July 1909, pp. 94/95.)

Born at Stratford, in Essex, 1840; † 18 may 1909 in London.

— * Collection of papers in commemoration of the seventieth birthday of Gregory Nikolaevich Potanin. Portrait, Map, and Illustrations. (*Zap. Imp. Russian. G. S., Ethnography*, 34, 1909, pp. VIII-668.)

— Une Excursion en Asie Centrale. Conférence du Docteur Le Fort. (*Union géogr. du Nord de la France*, Douai, XXX, 1909, pp. 37/39.)

— * Notes sur l'Orographie, les Villes, la Population, et l'Administration du Turkestan Oriental. Par H. Bourgeois. (*B. S. R. Belge G.*, 33, 1909, pp. 97/108.)

Tirage à part : Bruxelles, typo-lithographie générale, 1909, in-8, pp. 16.

Notice : *Journ. Asiat.*, Mai-Juin 1910, pp. 530/534, par Cl. Huart.

PAUL GRÖBER.

— Explorations in the Tian Shan and in Dzungaria. (*Geogr. Journ.*, June 1910, pp. 721/722.)

Dr. Paul Gröber. — Extr. des *Petermanns Mitt.* pour 1910.

— Aus den Ergebnissen einer Forschungsreise im südlichen Tiën-Schan. Habilitationsschrift, durch welche mit Genehmigung der Philosophischen Fakultät der Universität Leipzig zu seiner am 27. Juli 1911 im Hörsaal № 15 von 5—6 Uhr stattfindenden Probevorlesung über die Praeoligocäne Landoberfläche in Deutschland ganz ergebenst einladet Dr. phil. nat. Paul Gröber. — Druck von B. G. Teubner in Leipzig 1911, gr. in-8, pp. 35.

— Der südliche Tiën-Schan von Paul Gröber. Mit 7 Abbildungen im Texte, 12 Tafeln und 3 Karten. — Geographische Abhandlungen herausgegeben von Prof. Dr. Albrecht Penck in Berlin, Band X, Heft 1. — Leipzig und Berlin, B. G. Teubner, 1914, in-8, pp. v-104.

Notice : *Geogr. Zeitsch. Leipzig*, 1915, pp. 420/421, par Max Friedrichsen.

— Les variations de niveau des lacs de l'Asie centrale russe. Par Charles Rabot. (*La Géographie*, 15 janvier 1910, pp. 55/56.)

— Central Asian Archaeology. By C. H. H. (*Geogr. Journ.*, January 1910, pp. 61/64.)

Pumpelly — Prehistoric Civilizations of Anau, near Ashkabad.

— L'Asie centrale et occidentale au Moyen Age. Par L. B. (*Revue du Monde Musulman*, X, Avril 1910, pp. 601/603.)

A propos d'une nouvelle édition des œuvres du Dr. Emile Bretschneider. L. B. = L. Bouvat.

— La légende du lac Issyk-Koul. (*Bull. Soc. Géogr. Est*, XXXI, 1910, pp. 150/151.)

Du *Bull. Soc. Géogr. Marseille*.

— Hendricks (R. P.). Nécrologie. (*T'oung Pao*, Déc. 1910, p. 689.)

Extr. de la *Géographie*.

— L'industrie et les mines du Turkestan. (*Bull. Com. Asie franç.*, Oct. 1910, pp. 450/451.)

— * Tian-schan : Jagd- und Reisebriefe. Von O. Freiherrn von Dungern-Oberau. Berlin: D. Reimer [1910], pp. XII/222. Illustrations.

— * Afghanistan : the Buffer State. Great Britain and Russia in Central Asia : a comprehensive treatise on the entire Central Asian question. By Capt. Gervais Lyons. (Published with the official sanction of the Army Council.) Madras 1910, pp. VIII, 232, and x. Maps.

— Sport on the Roof of the World. By T. A. St. Quintin. (*Blackwood's Mag.*, Vol. 188, Oct. 1910, pp. 429/447.)

— * A. Wachsberger. — Stilkritische Studien zur Wandmalerei Chinesisch-Turkestans. 1910, in-4, pp. 120, 51 ill. (*Ostasiat. Zeitsch.*: Sonderveröffentl.)

— L'Asia Centrale e le sue lotte. — F. de Novellis. (*Nuova Antologia*, Roma, 1° aprile 1910, pp. 504/515.)

— Un Journal turc en Chine. (*Revue du monde musulman*, Oct. 1910, p. 358.)

— The Ranges of the Karakoram. By Arthur Neve, F. R. C. S. E. (*Geogr. Journ.*, Nov. 1910, pp. 571/577; fig.)

T. G. LONGSTAFF.

— Glacier exploration in the Eastern Karakoram. By T. G. Longstaff, M. A., M. D. Oxon. (*Geogr. Journ.*, June 1910, pp. 627/658; ill. and Map.)

Read at the Royal Geographical Society, April 18, 1910.

— Exploration du Dr. Longstaff dans le Karakoram. Par Charles Rabot. (*La Géographie*, 15 janvier 1910, pp. 56/57.)

— Expédition T.-G. Longstaff dans le Karakoroum. (*Bull. Soc. Géogr. Lyon*, 2e série, 1910, p. 68.)

∴

— * A note on W. H. Johnson's ascents in the Kuen-Luen. By T. G. Longstaff. (*Alpine J.*, XXIV, 1908, pp. 133/138.)

— Mr. Johnson's Ascents in the K'un-lun south of Khotan. (*Geogr. Journ.*, April 1922, pp. 310/311.)

— Through the Heart of Asia from India to Siberia. By Lieut. P. T. Etherton. (*Journ. Manchester Geogr. Soc.*, 1910, pp. 149/151.)

— * Through the Heart of Asia. By Lieut. P. T. Etherton. Illustrations. (*J. R. United Service*, I, 54 (1910), pp. 1555/1579.)

— * Lieut. P. T. Etherton. — Across the Roof of the World. A Record of Sport and Travel through Kashmir, Gilgit, Hunza, The Pamirs, Chinese Turkistan, Mongolia and Siberia. 1911, gr. in-8, pp. XVI-437. Index, Portrait, carte et 75 ill.

Notices : *Geogr. Journ.*, June 1911, p. 649, by T. H. Holdich. — *Lond. & China Express*, March 31, 1911.

— Heart of a Continent [China and Turkestan]. By P. T. Etherton. (*Chambers' Journ.*, June 1915, pp. 358/362.)

— Notes on the journey to the Arpa and Ak-sai plateaus in Russian Turkestan. By Douglas Carruthers. (*Geogr. Journ.*, Nov. 1910, pp. 563/570; fig., carte.)

— The Carruthers-Miller Expedition in Central Asia. (*Geogr. Journ.*, Oct. 1911, pp. 395/396.)

— Expedition in Zentral-Asien. (*Geogr. Zeitsch. Leipzig*, XVII, 1911, p. 648.)

Carruthers.

∴

(LONGSTAFF. — DIVERS.)

— Vorläufiger Bericht über meine Pamirexpedition 1909. Von Arved v. Schultz, Giessen. (*Petermanns Mitt.*, 1910, Vol. I, pp. 140/141.)

— Volks- und wirtschaftliche Studien im Pamir. Von Arved v. Schultz, Giessen. (Mit 5 Abbildungen und 4 Lichtbildern.) (*Ibid.*, pp. 250/254.)

— Bericht über den bisherigen Verlauf meiner Pamirexpedition 1911/1912. Von Arved v. Schultz. (*Ibid.*, 58, 1912, II, pp. 261/265.) Mit 2 Karten, Tafel 28 u. 29, u. 12 Abbild.

— * A. Schultz. — Landeskundliche Forschungen in Pamir. (*Abh. d. Hamb. Kolonialinst.* XXXIII.) In-8, pp. 224, 66 Ill. et 37 Tab., 60 Textabb. u. 4 Karten. Hamburg, 1916, L. Friedrichsen & Cie.

Notice par O. Olufsen, *Petermanns Mitt.*, 1918, pp. 135/136.)

ZUICHO TACHIBANA.

— Manuscrits de l'Asie Centrale. (*Revue du Monde musulman*, X, Juillet 1910, pp. 436/437.)

— Japanische Forschungsreise in Zentralasien. (*Deutsche Rundschau f. Geogr. u. Stat.*, XXXII, 1909/1910, p. 574.)

— Japanese Expedition to Chinese Turkestan and Mongolia. (*Geogr. Journ.*, April 1910, pp. 448/449.)

— Mr. Tachibana's Second Expedition to Central Asia. (*Ibid.*, January 1914, pp. 80/81.)

∴

— Les peuples de l'Asie Centrale. — Chronologie extraite du *T'ong kien kang mou* 通鑑綱目. Par Georges Soulié. (*Revue indo-chinoise*, Déc. 1910, pp. 556/564; Janvier 1911, pp. 33/39; Février, pp. 166/177; Mars, pp. 245/277; Avril, pp. 367/388; Mai, pp. 482/498; Juin, pp. 586/601; Juillet, pp. 46/59; Août, pp. 166/179; Sept., pp. 286/298; Oct., pp. 400/418; Nov., pp. 509/517; Déc., pp. 608/634.)

— En Asie Centrale. Textes nestoriens, magiques, mazdéens, bardesanites, marcionites, manichéens, moniens. Par F. Nau. Annexe au procès-verbal de la séance du 19 juin 1913. (*Journ. Asiat.*, Sept.-Oct. 1913, pp. 451/463.)

— Zur alten Geographie Zentralasiens. Von Dr. Albert Herrmann. Hannover, in-4, ch. pp. 12 à 15 à 2 col., carte.

Abdruck aus Dr. A. Petermanns *Geographische Mitteilungen*, 1911, I, Heft 1.

— Die ältesten chinesischen Karten von Zentral- und Westasien. Von Albert

(TACHIBANA. — DIVERS.)

Herrmann. (*Ostasiat. Zeitsch.*, 8. Jhrg., 1919/1920, pp. 185/198; carte.)

Aus der *Festschrift für Friedrich Hirth*, in-8, pp. 12, 1 pl.

— L'évolution du relief de l'Asie centrale. D'après des publications récentes. Par Emmanuel de Martonne. (*La Géographie*, 15 janvier 1911, pp. 39/58; planches et carte 1 : 25,000.000.)

— Some Ancient Local Pottery from Chinese Turkestan. By C. Leonard Woolley. (*Man*, 1911, No. 83, pp. 129/132; with Plate I—J; fig.)

— The Stone Age in Chinese Turkestan. By R. A. Smith, with Plate F. (*Ibid.*, No. 52, pp. 81/83.)

— G. V. Callegari. — Il grande Altopiano dell' Asia Centrale. — Feltre, P. Castaldi di O. Boschiero, 1911, in-8, pp. 211 + 1 f. n. ch. ind.

— La récolte de coton en Asie Centrale en 1910. Par Vautier, Consul de France. (*Bull. Soc. Géogr. Lille*, 1911, 2e sem., pp. 125/126.)

— Rivalité des intérêts dans l'Asie Centrale. Par G. Giraud. (*Revue indo-chinoise*, Mai 1911, pp. 510/512.)
Traduit du *Japan Chronicle*.

— Flüchtige Reiseeindrücke aus dem Innern und von den Rändern Asiens. Von Prof. Dr. Eugen von Romer (Lemberg). (*Mitt. k. k. geogr. Ges. Wien*, Bd. LIV, 1911, pp. 48/67, 127/164.)

— Les glaciers du Moustaou. Par J. Deniker. (*La Géographie*, 15 avril 1911, pp. 280/282.)

— Les steppes de l'Ancien Monde. Par Etienne Lager, Diplômé d'études d'histoire et de géographie. (*Bull. Soc. Géogr. de Lyon*, 2e sér. = 1911, t. IV, fasc. 1, pp. 1/19.)

— Turkestan : «The Heart of Asia» by William Eleroy Curtis. . . . Pictures by John T. McCutcheon. Hodder & Stoughton, London, MCMXI, in-8, 4 ff. n. ch. tit., etc. + pp. 344; ill.

— * Nisci Tocugirò. L'Asia centrale. Note di viaggio e studi di un diplomatico giapponese. Traduzione di L. Nocentini. 1 Carte 1 : 10 Mill. Unione Tipografico Turin 1911 [1910], pp. xx-318.

Notice : *Deutsche Rundschau f. Geogr. u. Stat.*; XXIII, 1910/1911, pp. 596/597. Von Machatschek.

F. Machatschek.

— Vorläufiger Bericht über die Forschungsreise Prof. Dr. F. Machatscheks. (*Mitt. k. k. geogr. Ges. Wien*, Bd. LIV, 1911, pp. 404/405.)

— II. Vorläufiger Bericht über (*Ibid.*, p. 454.)

— III. Vorläufiger Bericht über . . . (*Ibid.*, p. 494.)

— Expedition in den westlichen Tian-schan. (*Geogr. Zeitsch. Leipzig*, XVII, 1911, p. 648.)
Prof. Machatschek.

(Divers. — Machatschek.)

— Über einige Ergebnisse neuerer geographischer Forschung im Tian-schan. Von Dr. Fritz Machatschek, Wien. (*Deutsche Rundschau f. Geogr. u. Stat.*, XXXIV, 1911/1912, pp. 241/248.)

— Prof. Machaček's Researches in the Western Tian Shan. (*Geogr. Journ.*, January 1912, p. 72.)

— Vorläufige Mitteilungen über die Ergebnisse einer Studienreise in den westlichsten Tian-schan. Von Dr. Fritz Machatschek. (*Mitt. k. k. geogr. Ges. Wien*, Bd. LV, 1912, pp. 107/126.)

— Der westlichste Tienschan. Ergebnisse einer geographischen Studienreise von Dr. Fritz Machatschek, k. k. Professor und Privatdozent an der Universität Wien. — Mit 1 Kartenskizze, 14 Bildtafeln und 27 Figuren im Text. (Ergänzungsheft No. 176 zu «Petermanns Mitteilungen».) Gotha : Justus Perthes, 1912, in-4, pp. vi-141.

— * Zum Klima von Turkestan. Von Fr. Machatschek. (*Meteorologische Z.*, 29, 1912, pp. 449/454.)

— * Gletscher- und Eiszeitstudien im westlichen Tian-Schan. Von Prof. Dr. Fritz Machatschek. (*Verh. 18. Deutschen Geographentages Innsbruck*, 1912, pp. 61/72.)

— Exploration du professeur Machaček dans le Tien-Chan occidental. Par A. Allix. (*La Géographie*, 15 sept. 1912, pp. 210/214.)

— Österreichische Forschungsreise nach dem Tienschan. (*Deutsche Rundschau f. Geogr. u. Stat.*, XXXVI, 1913/1914, p. 190.)
Dr. Fritz Machatschek.

— Eine Forschungsreise von Prof. Dr. Fritz Machatschek nach Russisch-Turkestan. (*Zeitsch. d. Ges. f. Erdk. zu Berlin*, 1914, p. 65.)

— Fritz Machatscheks morphologische Forschungen im westlichen Tienschan im Jahre 1911. Von Max Friederichsen, Greifswald. (*Geogr. Zeitsch. Leipzig*, XX, 1914, pp. 159/166.)

— Prof. Fritz Machatscheks Forschungsreise nach Russisch-Turkestan. (*Ibid.*, p. 168.)

— Neuere Arbeiten zur Morphologie von Zentral-Asien. Von Fritz Machatschek. (*Ibid.*, pp. 257/274.)

— Zur physiogeographischen Entwickelung Zentral-Asiens in der Quartärperiode. Von Fritz Machatschek. (*Ibid.*, pp. 368/383.)

— Seconda esplorazione del dott. Machatschek nel Turkestan. (*Boll. Reale Soc. Geogr.*, 1° aprile 1914, pp. 440/441.)

La seconda spedizione Machatschek nel Turkestan. (*Boll. R. Soc. Geogr. Roma*, 1° dic. 1914, pp. 1346/1347.)

— Die Forschungen Fritz Machatscheks im westlichen Tienschan. Von Dr. J. G. Granö, Helsingfors. (*Petermanns Mitt.*, 1914, pp. 260/261.)

— * Gröbers Forschungen im Tian-schan. Von Fritz Machatschek. (*Zeitsch. d. Ges. f. Erdkunde*, Berlin, 1915, pp. 230/234.)

— Merzbachers Forschungen in der Bogdo-Olagruppe. Von Prof. Dr. Fritz Machatschek, Prag. (*Petermanns Mitt.*, 1918, pp. 166/168.)

— Fritz Machatschek. — Die Geologie Zentralasiens. (*Ibid.*, pp. 267/268.)
A propos de Kurt Leuchs.

(Machatschek.)

— Kurt Leuchs. — Die Geologie Zentralasien. (*Ibid.*, 1919, pp. 146/147.)

— Nochmals die Geologie von Zentralasien. Von Prof. Dr. Fritz Machatschek, Prag. (*Ibid.*, 1920, pp. 225/226.)

Cf. Dr. Kurt Leuchs, *ibid.*, 1918, pp. 267/268; 1919, p. 146.

— * F. Machatschek. — Landeskunde von Russisch-Turkistan. 1921, gr. in-8, 21 pl. et 33 ill.

Martin Hartmann.

Col. 3230.

— Chinesisch-Turkestan, 1908; voir col. 3230.

Notice : *Deutsche Rundschau f. Geogr. u. Stat.*, XXX, 1907/1908, p. 527.

— Martin Hartmann. — Über einige Anlagen und Bauwerke Jarkends (Chinesisch-Turkestan). (*Orient. Archiv*, Leipzig, II, 1911, pp. 17/22 mit 2 Taf.)

Heinrich Lüders.

— Bruchstucke buddhistischer Dramen, herausgegeben von H. Lüders. (*Kgl. Preuß. Turfan-Expeditionen*, Kleine Sanskrit-Texte, Heft 1.) — Berlin, G. Reimer, 1911, in-8, pp. 89 et 6 planches.

Notice : *Journ. Asiat.*, Juillet-Août 1911, pp. 167/171. Par Jules Bloch.

— Die Šakas und die «nordarische» Sprache. Von Heinrich Lüders. (*Sitzb. d. Kgl. Preuß. Ak. d. Wiss., phil.-hist. Kl.*, 1913, pp. 406/427)

— Die Praṇihibilder im neunten Tempel von Bäzäklik. Von Heinrich Lüders. (*Ibid.*, pp. 864/883.)

— * Heinrich Lüders. — Über die literarischen Funde von Ostturkestan. (*Int. Monatssch. f. Wiss., Kunst u. Technik*, Sept. 1914.)

Lu à l'Académie des Sciences de Berlin, 29 janvier 1914.

— Les découvertes dans l'Asie centrale. Par Joseph Brucker. (*Etudes*, 5 février 1912, pp. 352/372.)

— * M. Pierre Kouznietsov, docteur de l'Université de Paris. La lutte des civilisations et des langues dans l'Asie Centrale. — Paris, Jouve et Cie, 1912, in-8, pp. 357.

Notice : *Journ. Asiat.*, Mars-Avril 1913, pp. 483/486. Par Cl. Huart.

— Positions determined by Mr. Cecil Clementi on his journey from Kashgar to Hongkong. (*Geogr. Journ.*, Dec. 1912, pp. 624/628.)

Kurt Leuchs.

— Geologische Untersuchungen im Chalyktau, Temurlyktau, Dsungarischen Alatau (Tian-Schan). Von Kurt Leuchs. (*Abh. d. Kgl. Bayr. Ak. d. Wiss., math.-phys. Kl.*, 25 [1912] : 8. Abh., pp. 95. Mit 8 Tafeln und 18 Textfiguren.)

Notice : *Zeitsch. d. Ges. f. Erdk. zu Berlin*, 1913, pp. 152/153, par Max Friedrichsen.

— * Kurt Leuchs. — Zentralasien. (*Handb. f. regionale Geologie*, V, Abt. 7.) Heidelberg, 1916, C. Winter, in-8, pp. 138 avec 54 fig. et 2 tab.

— Kurt Leuchs. — Die wissenschaftlichen Ergebnisse von Merzbachers Reisen im östlichen Tian-Schan. (*Zeitsch. d. Ges. f. Erdk. zu Berlin*, 1919, pp. 269/276.)

— * Kurt Leuchs. — Marines Oberkarbon im zentralen Tianschan. (S.-A. aus den *Sitzungsberichten der Bayerischen Akademie der Wissenschaften, math.-phys. Kl.*, Jahrg. 1919.) München, 1919, pp. 12, 1 pl. et 2 fig.

Notice : *La Géographie*, Déc. 1920, p. 526, par J. N.

Filippo de Filippi.

— Dr. De Filippi, Expedition nach dem westlichen Himalaja und dem Karakorum. (*Geogr. Zeitsch. Leipzig*, XVIII, 1912, p. 701.)

Du *Geogr. Journ.*, 1912, II, p. 559.

— * F. De Filippi. — Karakoram and Western Himalaya 1909. An account of the expedition of H. R. H. Prince Luigi Amadeo of Savoy, Duke of the Abruzzi. Mit Vorrede von S. K. H. pp. 467 Text, darunter 4 Anhänge (Photogrammetrie von F. Negrotto — Meteorologie von D. Omodei — Geologie von V. Novarese und R. D. Oldham — Botanik) mit Index, 3 Karten, 18 Panoramen und vielen Abbildungen nach Photos von V. Sella. London, Constable and Comp., 1912, 2 vol.

Notice : *Zeitsch. d. Ges. f. Erdk. zu Berlin*, 1913, pp. 730/731. Par Oestreich.

— Dr. de Filippi's scientific expedition to Karakoram and Eastern Turkestan. (*Geogr. Journ.*, July 1913, pp. 53/54.)

— Plan einer Expedition in das östliche Karakorum-Gebirge. (*Zeitsch. d. Ges. f. Erdk. zu Berlin*, 1913, p. 147.) F. de Filippi.

— Dr. F. de Filippi's Asiatic Expedition. (*Geogr. Journ.*, June 1914, pp. 672/676.)

— Dr. de Filippi's Asiatic Expedition. (*Ibid.*, Dec. 1914, pp. 528/534.)

Letter dated August 13, 1914, from Suget Karaul (Chinese Turkestan).

— Dr. de Filippis Expedition nach dem westl[illegible] Himalaya. (*Geogr. Zeitsch. Leipzig*, XX, 1914, p. 112.)

— Mitteilungen von Dr. de Filippi über seine Expedition im Himalaya. (*Ibid.*, p. 410.)

De Leh.

— De Karakoram-expeditie. (*Tijdsch. v. h. Kon. Ned. Aardrijksk. Genootsch.*, 1914, no. 6, pp. 799/800.)

— La spedizione De Filippi nell' Asia Centrale. Relazione sui lavori compiuti dal 5 novembre 1913 al 31 marzo 1914 del socio corrispondente, dott. Filippo de Filippi. (*Boll. Reale Soc. Geogr.*, 1° giugno 1914, pp. 663/669.)

Leh, Ladakh, 31 marzo 1914.

— La spedizione De Filippi nell' Asia Centrale. Terza relazione del socio corrispondente, dott. Filippo de Filippi. (*Ibid.*, Roma, 1° dic. 1914, pp. 1307/1314.)

Suget Karaul (Turchestan Chinese), 30 agosto 1914.

— Ein Bericht von Dr. de Filippi über seine Expedition. (*Zeitsch. d. Ges. f. Erdk. zu Berlin*, 1914, pp. 65/66.)

— Dr. F. de Filippi's Expedition. (*Geogr. Journ.*, January 1915, pp. 77/78.)

— Dr. F. de Filippi's asiatic expedition. Fourth Report. (*Ibid.*, March 1915, pp. 228/232.)

— Expedition to the Karakoram and Central Asia, 1913—1914. By Cav. Dr. Filippo de Filippi. (*Ibid.*, August 1915, pp. 85/105; pl. et carte.)

— La missione De Filippi nell' Asia Centrale. (*Boll. Reale Soc. Geogr. Roma*, 1° gennaio 1915, p. 76.)

— La spedizione De Filippi nell' Asia Centrale. Quarta relazione del Socio corrispondente, dott. Filippo De Filippi. (*Ibid.*, 1° febbraio 1915, pp. 109/114.)

— Spedizione asiatica de Filippi. — Rendiconto finanziario al 28 febbraio 1915. Par Filippo De Filippi. (*Ibid.*, 1° aprile 1915, pp. 354/364.)

Roma, 28 febbraio 1915.

— Conferenza del 15 aprile 1915. Dott. Filippo De Filippi : Spedizione nell' Asia Centrale, 1913—1914. (*Ibid.*, 1° maggio 1915, pp. 469/472.)

— Spedizione scientifica italiana in India ed in Asia Centrale negli anni 1913—1914. Conferenza tenuta dal capo della spedizione Dott. Filippo de Filippi nell' Anfiteatro Augusteo il 15 aprile 1915. (*Ibid.*, 1° giugno 1915, pp. 645/685; 12 fig., carte.)

— Expédition du Dr De Filippi dans le Karakorum. Par Charles Rabot. (*La Géographie*, Avril 1915, p. 209.)

— Exploration du Dr Filippo De Filippi dans le Karakoram et en Asie Centrale. Par Charles Rabot. (*Ibid.*, Déc. 1915, pp. 463/467.)

(de Filippi.)

— De Filippi's tocht in Azië. (*Tijdsch. v. het Kon. Ned. Aardrijksk. Genootsch.*, 1915, no. 1, pp. 129/131.)

— De Filippi's expeditie. (*Ibid.*, no. 3, pp. 415/417.)

— Abschluß der Forschungsexpedition in den Karakoram von Filippi. (*Geogr. Zeitsch. Leipzig*, 1915, pp. 232/233.)

— * Giuffrida-Ruggeri V. — A proposito di alcuni risultati antropologici della spedizione De Filippi al Caracorám. (Estr. dal «Rendiconto della R. Accademia delle Scienze fisiche e matematiche», vol. XXIV, pp. 1/5.) Napoli, 1918, in-8.

— The exploration of the Upper Yarkand Valley in 1914 by the De Filippi Expedition Lieut.-Colonel H. Wood, R. E., Survey of India. (*Geogr. Journ.*, May 1922, pp. 375/379; sketch-map.)

— Scientific Results of the De Filippi Expedition of 1913—1914. (*Ibid.*, Sept. 1923, p. 234.)

— Relazioni scientifiche della Spedizione italiana de Filippi nell' Himàlaia, Caracorùm et Turchestàn Cinese (1913—1914). — Piano dell' Opera. — Bologna, Nicola Zanichelli Editore, in-4, pp. 7.

— Spedizione italiana de Filippi, ... Serie II. Sotto la Direzione di Giotto Dainelli. — Vol. III. Giotto Dainelli — *Studi sul Glaciale.* Bologna, Nicola Zanichelli, Editore, in-4, pp. VII-658.

Finito di stampare a Firenze nella tipografia «Enrico Ariani» il XV novembre MCMXXII.

— — *Tavole.* Ibid., 177 pl. + pp. x.

∴

— * William Cohn. — Die Ausstellung der Funde aus Turfan im Berliner Völkerkundemuseum. (*Ostasiat. Zeitsch.*, I, 1912/1913, p. 92.)

— L'Asie centrale au XVIIe et XVIIIe siècles. Empire Kalmouk ou Empire Mantchou? — Thèse pour le doctorat présentée à la Faculté des Lettres de l'Université de Lyon par Maurice Courant. . . . Lyon, A. Rey, 1912, in-8, pp. 151.

Notices : *T'oung Pao*, Mars 1913, pp. 139/141, par Ed. Chavannes. — *Asie franç.*, Mars 1913, p. 147, par Henri Froidevaux.

E. G. Kemp.

— Proceedings of the Central Asian Society. — An Artist's Impressions of Western Tibet and the Turkestans by Miss E. G. Kemp. Read May 7, 1913. London Central Asian Society, 1913, in-8, pp. 16.

(Divers. — Kemp.)

Wanderings in Chinese Turkestan. By Emily G. Kemp. (*The Chinese Review*, Vol. I, April 1914, pp. 33/40; planche.)

— Wanderings in Chinese Turkestan. Yarkand. By Emily G. Kemp. (*Ibid.*, June 1914, pp. 90/95; 2 planches.)

— Wanderings in Chinese Turkestan. Kashgar. By Emily G. Kemp. (*Ibid.*, July 1914, pp. 138/144; 1 planche.)

— * The Big Game of Central and Western China. Being an Account of a Journey from Shanghai to London Overland across the Gobi Desert. By Harold Frank Wallace, F. R. G. S., F. Z. S., Author of «Stalks Abroad». With Illustrations from Drawings by the Author, and Thirty-Eight Photographs. London: John Murray, 1913, in-8, pp. XVIII-318.

Notice : *Lond. & China Express*, May 16, 1913, *Suppl.*, p. 1.

— The Climate of Turkestan. (*Geogr. Journ.*, January 1913, pp. 66/67.)

— Western Manichaeism and the Turfan discoveries. By F. Legge. (*Journ. Roy. As. Soc.*, January 1913, pp. 69/94.)

— Idem. (*Ibid.*, July 1913, pp. 696/698.)

— The question of Kanishka. By J. F. Fleet, I. C. S. (Retd.), Ph. D., C. I. E. (*Ibid.*, January 1913, pp. 95/107.)

— La morphologie du Tian-Chan. Par Ph. Arbos. (*La Géographie*, 15 juillet 1913, pp. 45/47.)

A propos de : Die Physiographie des Tian-Schan, von Gottfried Merzbacher. (*Geogr. Zeitsch.*, 1913, pp. 1/20.)

— The Lama's motor-car. A Trip Across the Gobi Desert by Motor-Car. By Ethan C. Le Munyon. (*National Geogr. Mag., Washington*, XXIV, 1913, pp. 641/670; ill.)

— H. Klaatsch. — Morphologische Studien zur Rassendiagnostik der Turfanschädel. (Berlin, *Abh. d. Ak. d. Wiss.*, 1913, Anh. (52 m. 4 Taf.)

— Colonisation Russe. — Les chemins de fer et le développement économique du Turkestan. Par P. Bure, Consul Général de Belgique à Moscou. (*Bull. Soc. Etudes col. et marit.*, 38e année, 1913, pp. 123/127.)

— Sigmund Feist. — Sprachliche Neuentdeckungen in Zentralasien und ihre Erschließung. (*Ostasiat. Zeitsch.*, 2. Jahrg., 3, Okt.-Dez. 1913, pp. 352/360.)

— Sur l'Aridité et la Sécheresse du Turkestan. Par E. Blochet. (*Journ. Roy. As. Soc.*, January 1914, pp. 163/169.)

— Connection of the British and Russian Triangulation on the Pamirs. (*Geogr. Journ.*, March 1914, pp. 336/337.)

— Six months in the Tian Shan Mountains. By C. Howard Bury. (*Journ. Central As. Soc.*, 1914, I, Pt. II, pp. 12/27.)

Read March 11, 1914.

— La colonizzazione russa nell'Asia Centrale. Note di geografia coloniale ed economica, del socio prof. Giorgio Pullé. — I. Notizie storiche dell' espandersi della potenza russa nelle regioni dell' Asia Centrale. — II. Posizione geografica, cenni oro-idrografici è notizie climatologiche sulle terre dell' Asia centrale russa. — III. Le popolazioni indigene del Turchestan — Loro distribuzione geografica — L'immigrazione russa — Sue correnti e suo sviluppo. (*Boll. Reale Soc. Geogr.*, 1° aprile 1914, pp. 368/402.) — V. [*sic*] Centri di colonizzazione russa — I centri indigeni — Gruppi di oasi del Turchestan meridionale — Loro condizioni agricole in rapporto ai nuovi lavori d'irrigazione — Coltivazioni alimentari e coltivazioni industriali — Praterie e foreste — Produzione animale — Produzione mineraria e sviluppo industriale. — VI. [*sic*] — Le ferrovie del Turchestan — Loro importanza come vie transcontinentali — Gli scambi commerciali del Turchestan. — VI. Conclusione — Asia Centrale Russa ed Africa Settentrionale Francese — Isistemi coloniali dei Russi. (*Ibid.*, 1° maggio 1914, pp. 487/526; cartes.)

— Das Austrocknungsproblem in Innerasien. Von —r. (*Mitt. k. k. geogr. Ges. Wien*, Bd. LVII, 1914, pp. 323/328.)

— Über die Gewässer Russisch-Turkestans und die Zukunft der Bodenkultur des Landes. (*Geogr. Zeitsch. Leipzig*, XX, 1914, p. 409.)

Communication de Woeikof dans la *Zeitsch. d. Ges. f. Erdk.*, 1914, n° 5.

— A propos de l'article de Sylvain Lévi. — Le «Tokharien B», langue de Koutcha. (*Journ. Asiat.*, 1913, II, p. 311/380.) Par Léonard Aurousseau. (*T'oung Pao*, Juillet 1914, pp. 391/404.)

— Central Asian Studies. By Sylvain Lévi. Extracted from a paper read June 16, 1914. (*Journ. Roy. As. Soc.*, Oct. 1914, pp. 953/963.)

— Trois Notes. I. La date de Kaniṣka. II. Le nom de Kuṣaṇa. III. Les rois Fou-tou de Khotan. Par Sylvain Lévi. (*Ibid.*, pp. 1016/1021.)

— Les exploits d'Emîrzâdé Omar Cheikh fils de Timour, à Kachgar, en Ferghana et en Mongolie. Traduit par L. Zimine. (*Revue du Monde musulman*, vol. XXVIII, Sept. 1914, pp. 244/258.)

Extrait du Ms. persan, sans nom d'auteur, du British Museum (Or. 1556).

— Die Pamirexpedition des Deutschen und Oesterreichischen Alpenvereins 1913. Von Dr. H. v. Ficker. (*Zeitsch. d. Ges. f. Erdk. zu Berlin*, 1914, pp. 355/364.)

— * H. Gipperich. — Durch die Wüste Gobi. (*Beitr. z. Kenntn. d. Orients,* XI, 1914, pp. 125/151.)

— Dzungaria. (*Geogr. Journ.*, Nov. 1914, p. 504.)

— Captain F. M. Bailey's latest Exploration. By A. C. Yate. (*Journ. Central As. Soc.*, I, 1914, Pt. I, pp. 14/19.)

— Le Turkestan Russe. Par A. Woeikoff, Professeur honoraire de géographie physique à l'Université de Saint-Pétersbourg. Paris : Colin, 1914, pet. in-8, pp, xii-360, 8 gravures dans le texte, 1 carte et 16 planches de reproductions photographiques hors texte.

Notice : *Geogr. Journ.*, March 1915, pp. 243/244.

MARIE A. DE CZAPLIČKA.

— Expedition to the Yenisei. (*Journ. Central As. Soc.*, I, 1914, Pt. III, p. 59.)

— The Turks of Central Asia in History and at the Present Day. An Ethnological Inquiry into the Pan-Turanian Problem, and Bibliographical Material relating to the Early Turks and the present Turks of Central Asia. By M. A. Czaplicka, Mary Ewart Lecturer in Ethnology in the School of Anthropology, University of Oxford. . . . Oxford at the Clarendon Press, 1918, in-8, pp. 242; carte.

Bibliographie, pp. 121/234.

Notices : *Geogr. Journ.*, June 1919, pp. 421/423, by J. F. B. — *Boll. Reale Soc. Geogr. ital.*, Gen.-Feb. 1919, pp. 110/111. — *Journ. Roy. As. Soc.*, April 1919, pp. 266/268, by Henry Beveridge. — *Man*, Sept. 1919, p. 143, by W. Crooke.

— History and Ethnology in Central Asia. By M. A. Czaplicka. (*Man*, February 1921, pp. 19/24.)

— Obituary. — Marie A. de Czaplička : Died May 27th, 1921. By R. R. Marrett. (*Ibid.*, July 1921, pp. 105/106; portrait.)

∴

— Les explorations récentes dans l'Asie centrale. (*Bull. Soc. Géogr. Lyon*, 1914, pp. 64/70.)
D'après la *Quinzaine coloniale*, n° du 10 déc. 1913.

— Zentralasien als Forschungsgebiet. Von Joseph Strzygowski. (*Oesterr. Monatsch. f. d. Orient*, 40. Jahrg., Nr. 3/6, 1914, pp. 68/82, pl.)

— Tun huang lu : Notes on the District of Tun-huang. By Lionel Giles. (*Journ. Roy. As. Soc.*, July 1914, pp. 703/728; planches.)

— Notes on Dr. Lionel Giles' article on «Tun Huang Lu». By Suh Hu. (*Ibid.*, January 1915, pp. 35/39.)

— The Tun Huang Lu, Re-Translated. By Lionel Giles. (*Ibid.*, pp. 41/47.)

∴

— Note de M. Gauthiot sur les résultats de son voyage au Pamir lue par M. Henri Cordier à la séance de l'Académie des Inscriptions et Belles-Lettres du 30 octobre 1914. (*Ctes. rendus Acad. Insc. et B.-L.*, Août-Sept.-Oct. 1914, pp. 579/582.)

— L'alphabet sogdien d'après un témoignage du XIIIe siècle, par MM. E. D. Ross et R. Gauthiot. (*Journ. Asiat.*, Mai-Juin 1913, pp. 521/533; planche.)

— Notes sur le Yazgoulami, dialecte iranien des confins du Pamir, par M. R. Gauthiot. (*Ibid.*, Mars-Avril 1916, pp. 239/270.)

— Robert Gauthiot. — Nécrologie par Henri Cordier. (*T'oung Pao*, Mai 1916, pp. 265/267.)

∴

— Three tokharian Bagatelles. 1. A Chinese Loan-Word in Tokharian A. 2. A Tokharian Loan-Word in Chinese. 3. Tuman. By B. Laufer. (*T'oung Pao*, Mai 1915, pp. 272/281.)

— Notes on the Geology of Chitral, Gilgit and the Pamirs, by H. H. Hayden, Director, Geological Survey of India; 6 pl. (*Records Geolog. Survey India*, 1915, Vol. XLV, Pt. 4, pp. 271/335.)

— * Sketch of the journeys of D. A. Klementz in the interior of Asia and their geographical and geological results. By V. A. Obrucheff. (From the *Isvyestia E. Siberian Sect., Imp. Russian G. S.*, vol. 45.) Irkutsk, 1915, pp. 34. Map and Portrait.

— * Nishi-Hongwan-ji 西本願寺. — *Seiiki kōko zufu* 西域考古圖譜. Tōkyō, Kokka sha, 1915; 2 vol. de planches in-folio.

Notice : *Bull. Ecole franç. Extr.-Orient*, t. XV, n° 4, 1915, pp. 57/64. Par H. Maspero.

— * Lamavaeldet i Centralasien. Af Alfred Schönebeck. (*G. Ts.*, 23, 1916, pp. 225/237; ill.)

— The Support of the Mountains of Central Asia. (Being an Appendix to the Memoir on the Structure of the Himalayas, and of the Gangetic Plain, as elucidated by Geodetic Observations in India.) By

R. D. Oldam. (*Rec. Geol. Surv. India*, Calcutta, XLIX, 1918, pp. 117/135; carte.)

— Physics of the Crust in Central Asia. (*Geogr. Journ.*, Sept. 1919, pp. 193/194.)

— Altturkestanische Volksweisheit. Von Carl Brockelmann. (*Ostasiat. Zeitsch.*, 8. Jahrg., 1919/1920, pp. 50/73.)

— Der gegenwärtige Stand des Tocharerproblems. Von S. Feist. (*Ibid.*, pp. 74/84, 1 pl.)

— Skizzen zur geschichtlichen Völkerkunde von Mittelasien und Sibirien. Von Jos. Marquart. (*Ibid.*, pp. 289/299.)

— The Kharosthi Alphabet. By R. D. Banerji. (*Journ. Roy. As. Soc.*, April 1920, pp. 193/219.)

— Through Deserts and Oases of Central Asia by Miss Ella Sykes F. R. G. S. . . . and Brigadier-General Sir Percy Sykes K. C. I. E., C. B., C. M. G. Gold Medallist of the Royal Geographical Society. . . . Macmillan and Co. . . . 1920, in-8, pp. xii-340; pl. hors texte et carte.

Notices : *Lond. & China Express*, April 22, 1920, p. 210. — *Geogr. Journ.*, May 1920, pp. 394/395, by T. H. H. — *La Géographie*, Mai 1920, pp. 448/449, par J. Nippgen. — *Man*, Sept. 1920, p. 144, by W. Crooke. — *Geogr. Review*, January 1922, pp. 148/149.

— Ella Christie. — Russian Central Asia. (With Illustrations.) (*Scott. Geogr. Mag.*, April 1920, pp. 85/94.)

— Beyond the Great Wall of China. A Trail into the Gobi Desert. By Olive Gilbreath. (*Asia*, May 1920, pp. 9/16.)

— Renseignements historiques sur les Kazaks ou Kirghizes-Kazaks depuis la formation de la Horde Kazake jusqu'à la fin du XIXe siècle. Par R. Majerczak. (*Revue du Monde musulman*, vol. XLIII, Février 1921, pp. 54/220.)

— Les grandes routes de l'Asie centrale. Par Feu Edmond Hippeau. (*Asie franç.*, Mars 1921, pp. 103/106; Avril 1921, pp. 140/143.)

— * Giorgio Abetti. — Determinazioni astronomiche di latitudini e longitudini eseguite nell' Asia Centrale. (*Rendiconti R. Acc. Naz. dei Lincei*, 1921, 8 mai, pp. 305/308.)

— Ein frühes Knüpfteppich-Fragment aus Chinesisch-Turkistan von F. Sarre und Th. Falkenberg. (*Berliner Museen*, Juni-Juli 1921, pp. 110/115.)

— Travels in Turkistan 1918—20. Captain L. V. S. Blacker, Q. V. O. Corps of Guides, Punjab F. F. (*Geogr. Journ.*, Sept. 1921, pp. 178/198; pl.)

Read at the meeting of the Society, 2 May, 1921. Map following p. 248.

— * On Secret Patrol in High Asia. — Captain L. V. S. Blacker. London : John Murray, 1922, pp. xiv-302; Maps and illustrations.

Notice : *Geogr. Journ.*, July, 1922, p. 74. By P. M. Sykes.

— A travers le désert de Gobi. (Mars 1920.) Par le Capitaine de Kerangat. (*La Géographie*, Sept.-Oct. 1921, pp. 340/349.)

— Geographical Coordinates in Central Asia. (*Geogr. Journ.*, March 1922, p. 219.)

— * Maurice Heim : Sur les pentes du Pamir. Paris, Editions Sansot, 1922, in-12, pp. 334.

Notice : *Asie franç.*, Mars 1923, p. 94.

— Gobi — A Desert «Wonder-House». By Roy C. Andrews and W. D. Matthew. (*Asia*, Dec. 1922, pp. 959/962, ill.; 1000.)

— The distribution and habits of the Argali sheep of Central Asia. — David Sjölander. (*Journ. N. C. B. R. As. Soc.*, LIII, 1922, pp. 131/157; fig. et carte.)

— Important Discovery of Fossil Remains in the Gobi Desert. (*Geogr. Journ.*, June 1923, pp. 465/466.)

Journey of Mr. A. C. Andrews.

— James G. Forlong Fund Vol. II. — The Arab Conquests in Central Asia by H. A. R. Gibb, M. A. Lecturer in Arabic, School of Oriental Studies, London. The Royal Asiatic Society, 1923, in-8, pp. viii-102.

∴

— Journal of the Central Asian Society. Part I, 1914. — Published by the Central Asian Society 22 Albemarle Street, W., in-8, pp. 27. — Vol. I, 1914, Part II, in-8, pp. 46-12. — Vol. I, 1914, Part III, in-8, pp. 73. — Vol. II, 1915, Part I, in-8, pp. 56.

(Divers.) (Divers.)

III. — TIBET.

OUVRAGES DIVERS.

— A Contribution to the Bibliography of Tibet. By Johan van Manen. (*Journ. & Proc. Asiat. Soc. Bengal,* N. S., Vol. XVIII, 1922, No. 8.)

Issued Nov. 1923.

∴

Col. 2877/2898.

— Sur le Dalai-Lama et sur son culte. (*Nouv. Ann. Voyages,* XXII, 1824, pp. 273/281.)

— Note on the Limits of Perpetual Snow in the Himalayas. By Capt. J. D. Cunningham, Engineers. (*Journ. As. Soc. Bengal,* XVIII, Pt. II, 1849, pp. 694/697.)

— Die Bon-pa-Sekte in Tibet. Von —r. (*Zeitsch. d. Ges. f. Erdk. zu Berlin,* I, 1866, pp. 253/254.)

Voir Schlagintweit, *Kgl. Bayr. Ak. d. Wiss.*, 1866, I, p. 1, et Hodgson. (*Journ. Roy. As. Soc.*, 1861, XVIII.)

— Die Troglodyten-Stadt Daba in Thibet. Von —r. (*Zeitsch. d. Ges. f. Erdk. zu Berlin,* I, 1866, p. 447.)

A propos du Capt. Adrian Bennett. (Voir *Proc. Roy. Geogr. Soc.*, X, 1866, pp. 165 et seq.)

— Tibet. — By Wilfred L. Heeley. (*Calcutta Review,* Vol. 59, 1874, pp. 139/179.)

— Le Thibet et la Chine occidentale. — Conférence publique, faite au Palais du Commerce, par M. A. Ganneval, Professeur de Géographie à l'Ecole supérieure de commerce de Lyon. (*Bull. Soc. Géogr. Lyon,* I, Juin 1876, pp. 385/399.)

Col. 2886/2887.

— Terrien de La Couperie. — The Silver Coinage of Tibet. (*Numismatic Chronicle,* 1881, pp. 340/353.)

— D. Boulger. — Tibet and the Way thither. (*Calcutta Review,* LXXIV, 1882, pp. 1/16.)

— Le Grand-Lama du Thibet d'après Vereschaguin. (*Union géogr. Nord France Douai,* X, 1889, pp. 282/285.)

De la *Tribune.*

— E. C. Witton, C. M. G. — With the Mission to Lhassa. (*Lond. & China Express,* Supp., March 1, 1892.)

Meeting of the China Society.

— Hor C'os Byun. Geschichte des Buddhismus in der Mongolei, in tibetischer Sprache. Von Georg Huth, Dr. Phil. (*Trans. Ninth Int. Cong. Orient. London,* 1892, II, pp. 636/641.)

— Georg Huth. — Eine tibetische Quelle zur Kenntniss der Geographie Indiens. (*Gurupūjākaumudi* — Festgabe. . . . Albrecht Weber. Leipzig, O. Harrassowitz, 1896, pp. 89/92.)

Cf. Schiefner, *Mél. Asiat.*, I, 1851, p. 415.

— Tibet. (*Tarikh-i-Rashidi,* 1895, pp. 404 seq., voir col. 2858.)

— Географія Тибета переводъ изъ тибетскаго сочиненія Миньчжулъ Хутукты. — В. Васильева. — Доложено въ засѣданіи Истор. — Филолог. Отдѣленія, 2 Мая 1889 г. — Санктпет., 1895, in-8, pp. 95.

— * J.-A.-H. Louis. — The Gates of Thibet. — A Birds eye view of independent Sikkim, British Bhootan and the Dooars. Calcutta, Catholic Orphan Press, 1894, in-8, pp. 182, 20 ill., 1 carte.

Notice : *A travers le Monde,* III, 1897, p. 15.

Col. 3233.

— Catalogue des Peintures Népâlaises et Tibétaines de la Collection B.-H. Hodgson à la Bibliothèque de l'Institut de France par A. Foucher. — Extrait des Mémoires présentés par divers Savants à l'Académie des Inscriptions et Belles-Lettres 1ère Série, Tome XI, 1ère Partie. — Paris, Imprimerie Nationale, MDCCCXCVII, in-4, pp. 34.

Col. 2889.

— The Exploration of Tibet Its History and Particulars from 1623 to 1904. By Graham Sandberg, B. A., . . . Calcutta, Thacker, Spink & Co., 1904, in-8, pp. VI-324, 2 cartes. [Tibet et Lhasa].

LAURENCE AUSTIN WADDELL.

Col. 2890/2891.

— The Tibetan House-Demon. By Surgeon-Major L. A. Waddell, F. L. S., F. R. G. S. (*Journ. Anthrop. Institute,* London, Vol. XXIV, 1895, pp. 39/41.)

— Some Ancient Indian Charms, from the Tibetan. By L. A. Waddell. (*Ibid.*, pp. 41/42, planche.)

— Chinese imperial Edict of 1808 A. D. on the origin and transmigrations of the grand Lamas of Tibet. By L. A. Waddell, C. B., LL. D. (*Journ. Roy. As. Soc.*, January 1910, pp. 69/86.)

— Tibetan Invasion of India in 647 A. D. and its Results. By L. A. Waddell. (*Imp. & Asiat. Quart. Review*, January 1911, pp. 37/65, carte.)

— Tibetan Invasion of India in 747 A. D. By L. A. Waddell. (*Journ. Roy. As. Soc.*, January 1911, pp. 203/204.)

— Ancient historical Edicts at Lhasa. By L. A. Waddell, C. B., LL. D. (*Ibid.*, Oct. 1909, pp. 923/952.)

— Ancient historical Edicts at Lhasa. By L. A. Waddell, C. B., LL. D. (Continued from *Journ. Roy. As. Soc.*, 1909, p. 952.) (*Ibid.*, Oct. 1910, pp. 1247/1282.)

II. Potala Pillar Inscription A, circa 730 A. D. — III. Potala Pillar Inscription B, circa 764 A. D. — IV. Potala Pillar Inscription C, circa 842 A. D. Text of the Potala Pillar Edicts.

— Idem. (Continued from *Journ. Roy. As. Soc.*, 1910, p. 1282.) (*Ibid.*, April 1911, pp. 389/435.)

— The Tibetan anatomical system. By E. H. C. Walsh. (*Ibid.*, Oct. 1910, pp. 1215/1245; fig.)

— Ancient Anatomical Drawings in Tibet. (*Brit. Med. Journ.*, London, 1910, II, pp. 1361/1362.)

— Ancient Indian Anatomical Drawings from Tibet. By L. A. Waddell. (*Journ. Roy. As. Soc.*, January 1911, pp. 207/208.)

— Note on the Dalai Lama's seal and the tibeto-mongolian characters. By A. H. Francke, Moravian Missionary. (*Ibid.*, Oct. 1910, pp. 1205/1214; tables.)

— Seal of the Dalai Lama. By L. A. Waddell. (*Ibid.*, pp. 204/206.)

— Seal of the Dalai Lama. By E. H. Walsh. (*Ibid.*, January 1911, pp. 206/207.)
December 15 1910.

— The Dalai Lama's Seal. By A. H. Francke. (*Ibid.*, April 1911, pp. 528/530.)

— Examples of Tibetan seals. By E. H. Walsh. (*Ibid.*, January 1915, pp. 1/15; fig. et pl.)

— Examples of Tibetan seals: supplementary note. By E. H. Walsh. (*Ibid.*, July 1915, pp. 465/470; fig.)

— The Dalai Lama's Seal. By L. A. Waddell. (*Ibid.*, July 1911, pp. 822/825.)

(WADDELL.)

— Another version of the Dalai Lama's Seal. By A. H. Francke. (*Ibid.*, July 1912, pp. 746/747.)

Col. 2895/2898.

Col. 2894.

— Előadások Kőrösi Csoma Sándor Emlékezetére. I. szám. — ISMERETEINK TIBETRŐL. Alkami beszéd. A Magyar Tudományos Akadémia 1900. évi Aprilis hó 30-diki Kőrösi Csoma-ünnepén tartotta Gróf Kuun Géza. Budapest, Magyar Tudományos Akadémia, 1900, in-8, pp. 80.

— Renato Biasutti. — Il Tibet secondo una vecchia relazione italiana. (Firenze, *Archivio Soc. ital. antrop. etnol.*, XXXIV, 1904, pp. 453/459.)

— How the Tibetans grew. By E. H. Parker. (*Imp. & Asiat. Quart. Review*, Oct. 1904, pp. 238/256.)

— Notes on Tibet. (*National Geogr. Magazine Washington*, XV, 1904, pp. 292/294; ill.)

— Tibet. — Commerce avec les pays voisins. (*Bull. Soc. Géogr. Dunkerque*, nº 26, Sept. 1904, pp. 53/54.)

— Les Moines et les Monastères du Tibet. Par H. Hamson. (*A travers le Monde*, X, 1904, pp. 197/198; ill.)

— Un Théâtre démoniaque au Tibet. (*Ibid.*, p. 383.)
De *Kansas City Star*, Kansas City.

Col. 2893.

— F. Grenard. — Le Tibet. Le Pays et les Habitants. — Avec une carte en couleur hors texte, Paris, A. Colin, 1904. In-18, pp. III-387.

Notices: *Bull. Soc. Géogr. Lyon*, XX, 1905, pp. 181/184. Par M. Z. — *Revue indo-chinoise*, Février 1909, pp. 183/184. (Extr. de *Japon et Belgique*.)

— Tibet The Country and its Inhabitants by F. Grenard Translated by A. Teixeira de Mattos. London, Hutchinson, 1904, in-8, pp. VIII-373, carte.

— Lhassa, das Mekka der Buddhisten. (Mit einem Plane.) (*Deutsche Rundschau f. Geogr. u. Stat.*, XXVII, 1904/1905, pp. 166/168; ill.)

— H. Marx. — The position and influence of the Lamas. (*Period. Acc. Morav. Mission*, London, III, 1905, pp. 72/75.)

— Musikalische Studien in Westtibet. Von A. H. Francke. (*Zeitsch. d. Deutschen Morg. Ges.*, LIX. Bd., 1 Heft, 1905, pp. 91/104.)

— Bericht über eine Adresse an den Dalai Lama in Lhasa (1902) zur Erlangung von Bücherverzeichnissen aus den dortigen buddhistischen Klöstern. Von Emil Schlagintweit. (Mit 2 Tafeln.) (*Abh. d. philos.-philol. Kl. d. Kgl. Bayr. Ak. d. Wiss.*,

(DIVERS.)

XXII. Bd., III. Abt., München 1905, pp. 657/674.)

∴

— The Foundation of Lha'ssa and its two great Shrines. By Sarat Chandra Das. (*Buddhism*, Rangoon, Vol. 1, No. 4, Nov. 1904, pp. 575/579.)

— The Monasteries of Tibet. — By Rai Sarat Chandra Das, Bahadur. (*Journ. & Proc. Asiat. Soc. Bengal*, Vol. I, No. 4, 1905, pp. 106/116.)

Compiled from *Pagsam Jon zân* and other Tibetan historical works.

— Tibet, a dependency of Mongolia. — (1643—1716 A. D.) — By Rai Sarat Chandra Das, Bahadur, C. I. E. (*Journ. & Proc. Asiat. Soc. Bengal*, Vol. I, No. 4, 1905, pp. 152/155.)

— Tibet under her Last Kings (1434—1642 A. D.). By Rai Sarat Chandra Das, Bahadur. (*Ibid.*, No. 6, pp. 165/167.)

— A short history of the House of Phagdu, which ruled over Tibet on the decline of Sakya till 1432 A. D. — By Rai Sarat Chandra Das, Bahadur. (*Ibid.*, No. 8, pp. 202/207.)

— The Origin of Mankind (according to the Lamaic Mythology). By Rai Sarat Chandra Das, Bahadur. (*Journ. & Proc. Asiat. Soc. Bengal*, Vol. II, No. 1, 1906, pp. 10/14.)

∴

— Urga and the Tashi Lama. By Pu-lu-ssu. (*Blackwood's Mag.*, July 1905, pp. 111/116.)

— V. A. Smith. — Tibetan Illustration of Yandheya tribal Organisation. (*Ind. Ant.*, Bombay, XXXV, 1906, pp. 290/291.)

Col. 2894.

— Tibet, the Mysterious by Sir Thomas Holdich, . . . With Maps. Diagrams, and other Illustrations and Map by W. &. A. K. Johnston. London, Alston Rivers, s. d. [1906], in-8, pp. IX + 1 f. n. ch. + pp. 356.

Fait partie de la collection : *The Story of Exploration*, edited by J. Scott Keltie.

— Russian Buddhists and the so-called Tibetan Medicine. (*Lancet*, CLXXI, 1906, pp. 1297/1298.)

— Gyantse Rock Inscription of Chos-rgyal-gnis-pa, a ruler under the Sakyapa Hierarch in the fourteenth century A. D. — By Mahāmahopādhyāya Satis Chandra Vidyābhūṣaṇa, M. A. (*Ibid.*, No. 4, 1906, pp. 95/103.)

(Divers.)

— An Old Form of Elective Government in the Chumbi Valley. — By E. H. Walsh. (*Ibid.*, No. 7, 1906, pp. 303/308.)

— Historique des relations Britanniques avec le Thibet. D'après la *Rangoon Gazette*. Par V. F. (*Revue indo-chinoise*, 15 mai 1906, pp. 719/721.)

— Le Thibet. (De l'*Echo de Chine*.) (*Revue indo-chinoise*, 30 mai 1906, pp. 812/813.)

— Au Thibet. — La danse des Esprits. (*Revue indo-chinoise*, 15 juin 1906, p. 892.)
D'après le «*Statesman*».

— Un combat au Thibet. Par J. C. (*Revue indo-chinoise*, 30 juillet 1906, p. 1169.)
Du *North China Daily News*.

— Der Dalaj-Lama und die Bewegung unter den Mongolen. (*Deutsche Rundschau f. Geogr. u. Stat.*, XXIX, 1906/1907, pp. 42/43.)

— A History of Western Tibet One of the Unknown Empires by Rev. A. H. Francke, Moravian Missionary. With Maps and Illustrations. London, S. W. Partridge & Co., s. d. [1907], in-8, pp. XIV-191.

— The Paladins of the Kesar Saga. A Collection of Sagas from Lower Ladakh. By A. H. Francke. (*Journ. & Proc. Asiat. Soc. Bengal*, Vol. II, No. 10, 1906, pp. 467/490; Vol. III, No. 2, 1907, pp. 67/77; No. 5, 1907, pp. 261/388.)

— Archaeology in Western Tibet. By the Rev. A. H. Francke. (*Indian Antiq.*, XXXVI, April 1907, pp. 85/98; May 1907, Supplem. Suite. Note, p. 148; ill.)

— The Sāṁkhya Philosophy in the Land of the Lamas. (*Journ. & Proc. Asiat. Soc. Bengal*, Vol. III, No. 8, 1907, pp. 571/578.)

— Indian Logic as preserved in Tibet by Mahāmahopādhyāya Satis Chandra Vidyābhūṣana. (*Ibid.*, Vol. III, No. 2, 1907, pp. 95/102; No. 5, pp. 241/255; No. 7, pp. 541/549.)

— Notices of Orisa in the Early Records of Tibet. By Rai Sarat Chandra Das. (*Ibid.*, Vol. III, No. 4, 1907, pp. 221/223.)

— On the Kāla Cakra system of Buddhism which originated in Orisa. By Rai Sarat Sandra Das. (*Ibid.*, pp. 225/227.)

∴

— Die Faunen der tibetanischen Klippen von Malla Johar (Zentral-Himalaya) von Prof. Dr. Karl Diener. (Vorgelegt in der Sitzung am 25. April 1907.) (*Sitzb. d. Kais. Ak. d. Wiss. Wien, math.-naturw.*

(Divers.)

Kl., Jahrg. 1907, April und Mai, pp. 603/614.)

— * S. G. Burrard and H. H. Hayden. — A Sketch of the Himalaya Mountains and Tibet. Published by order of the Government of India. Part I, II, III. Calcutta, 1907, in-4, pp. 230, cartes. IV. The Geology of the Himalaya.

Notices : *Geogr. Journ.*, Nov. 1909, pp. 559/560, by H. L. Crosthwart. — *The Athenaeum*, Oct. 5, 1908.

— The Geography of the Himalaya Mountains and Tibet. (*Scottish Geogr. Mag.*, XXV, 1909, pp. 18/23.)

D'après l'ouvrage du Col. S. G. Burrard.

— The Geology of the Provinces of Tsang and U in Central Tibet. By H. H. Hayden, . . . Superintendent, Geological Survey of India. (*Memoirs of the Geological Survey of India*, Vol. XXXVI, Part 2, 1907, pp. 80, 14 pl. et 1 carte.)

— La géologie du Tibet central. Par Charles Rabot. (*La Géographie*, 15 avril 1908, pp. 300/302.)

A propos des ouvrages de M. H. H. Hayden, Superintendent du Geological Survey of India.

— La géographie et la géologie de l'Himalaya et du Tibet d'après le colonel Burrard et M. Hayden. Par J. Deniker. (*Ibid.*, 15 déc. 1908, pp. 379/386.)

— * Esquisse de la Géographie et de la Géologie des Montagnes de l'Himalaya et du Thibet, par le colonel S. G. Burrard, R. E., F. R. S., et H. H. Hayden, B. A., F. G. S., Superintendent du Geological Survey of India. Publiée par l'ordre du Gouvernement de l'Inde, traduite et résumée par le vicomte François de Salignac-Fénelon, membre du Club Alpin français. — Impr. et Librairie Ed. Privat, Toulouse, 1911, in-4, pp. 39.

Notices : *Le Globe*, Nov. 1911—Janvier 1912, p. 78, par Ch. Barth-Bourgeois. — *Zeitsch. d. Ges. f. Erdk. zu Berlin*, 1913, pp. 729/730, von Oestreich.

— * Tibet and adjacent countries. Scale 1 : 2,500.000 or 1 inch to 39.457 stat. miles. Four sheets, each 17 by 23 inches. Published under the direction of Sir S. G. Burrard, K. C. S. I., R. E., F. R. S., Surveyor-General of India. Dehra Dun : Survey of India Offices, 1914.

— La monnaie d'argent au Thibet. Par le Capitaine Baulmont. (*Revue indo-chinoise*, 30 sept. 1907, pp. 1349/1350.)

— Vertrauliche Mitteilungen aus den Kreisen der tibetanischen Meister. Herausgegeben von Dr. Franz Hartmann. Leipzig und Berlin, Jaeger, s. d., in-8, pp. 162.

(Divers.)

Jacques Bacot.

— Anthropologie du Tibet. Les Populations du Tibet sud-oriental. Par M. J. Bacot. (*Bull. et Mém. Soc. Anth. Paris*, 1908, pp. 462/473.)

— Tibetanische Altertümer. (*Deutsche Rundschau f. Geogr. u. Stat.*, XXXI, 1908/1909, pp. 91/92.)

Musée Guimet, rapportées par Bacot.

— Impressions d'un tibétain en France. — Voyage du nommé Adjroup Gumbo, de Patong, avec le grand homme français Pa [Jacques Bacot]. (*Bull. Com. Asie franç.*, Janvier 1910, pp. 53/58.)

— L'art tibétain par M. Jacques Bacot. (*Ann. Musée Guimet, Bibl. de vulgarisation*, T. 36, 1911, pp. 191/220; fig.)

— La question du Tibet. Par Jacques Bacot. (*Asie franç.*, Sept. 1912, p. 371.)

— Les populations du Tibet Oriental. Par M. Jacques Bacot (Paris). — (*Revue d'Ethnogr. et Sociol.*, 1912, nos 5/8, pp. 203/210.)

Deuxième conférence de l'Institut Ethnographique, faite le 21 mars 1912.

— Nouvelle organisation du Tibet. (*Revue indo-chinoise*, 15 juin 1908, p. 870.)

— L'original chinois du Sūtra tibétain sur la Grande-Ourse par Sylvain Lévi. (*T'oung Pao*, Juillet 1908, pp. 453/454.)

Cf. Laufer, *T'oung Pao*, Juillet 1907, pp. 391 seq.

— The Trade and Resources of Tibet. By C. E. D. Black. (*Imp. & Asiat. Quart. Review*, July 1908, pp. 87/104.)

— C. E. D. Black. — The Trade and Resources of Tibet. (London, *Journ. East Ind. Association.* XLI, 1908, No. 48, 1/18.)

— References to the Bhottas or Bhauttas in the Rajatarangini of Kashmir. Translations and Notes on the Sanskrit Texts by Pandit Daya Ram Sahni. Notes from the Tibetan Records by A. H. Francke. (*Indian Antiquary*, July 1908, pp. 181/192.)

— The Dalai Lama. (*The Lond. & China Express*, Sept. 4, 1908.)

— * Pag Sam Jon Zang. [Dpag bsam ljon bzan.] Part I : History of the Rise, Progress, and Downfall of Buddhism in India. Part II : History of Tibet from Early Times to 1745 A. D. By Sumpa Khan-po Yése Pal Jor. [Sum-pa Mkhan-po Ye śes Dpal Hbyor.] Edited, with

(Bacot. — Divers.)

an analytical list of contents in English, by Śrī Sarat Chandra Das. Calcutta, 1908.

Notice : *Journ. Roy. As. Soc.*, April 1909, pp. 521/524. By C. Mary Ridding.

— Sur les caractères physiques des populations du Tibet sud-oriental. Par le Dr F. Delisle. (*Bull. et Mém. Soc. Anth. Paris*, 1908, pp. 473/486, carte et pl.)

— * Tibetan Outposts, or Tibetan Border Sketches, by David P. Ekvall, Christian and Missionary Alliance, New York.

Notice : *Chin. Rec.*, July 1909, p. 412, by D.

— The Tibetan Tripiṭaka. By X. (*Imp. & Asiat. Quart. Review*, Oct. 1909, pp. 335/337.)

— * P. Lemosof. — Le Tibet, Melun, 1909, in-8, pp. 34.

— * Johannes Hertel, Tantrâkhyâyika, die älteste Fassung des Pañcatantra, aus dem Sanskrit übersetzt mit Anleitung und Anmerkungen. (Erster Teil, Einleitung, x + 159 pp ; Zweiter Teil, Übersetzung und Anmerkungen, 159 p., 2 vol. in-8°, 1909, Leipzig und Berlin, chez Teubner.)

Notice : *T'oung Pao*, Oct. 1909, pp. 530/532, par Ed. Chavannes.

— Quelles sont les Régions encore inexplorées de l'Asie? (*A travers le Monde*, XV, 1909, pp. 270/271.)

— Notes on Some Tibetan and Bhutia Amulets and Folk-Medicines, and a few Népalese Amulets. By W. L. Hildburgh. (*Journ. Roy. Anthrop. Inst.*, XXXIX, 1909, pp. 386/396, 3 pl.)

— A. H. Francke. — Historical Documents from the Borders of Tibet. (*Archaeological Survey of India*, 1909/1910, pp. 104/112.)

— The Kingdom of gNya khri btsanpo, the first King of Tibet. By Rev. A. H. Francke. (*Journ. & Proc. Asiat. Soc. Bengal*, VI, No. 3, March 1910, pp. 93/99.)

— Die Geschichte des Dogra-Krieges. Nach dem Manuskript C des *Ladvags rgyalrabs*. Von Missionar A. H. Francke. (*Zeitsch. d. Deutschen Morg. Ges.*, 64. Bd., Heft III, 1910, pp. 537/552.)

Vorbemerkung. — Text. — Übersetzung : Die Geschichte des Krieges, welchen die Soldaten des Mahārādzā *Gulāb Singg* gegen Ladakh und Tibet führten, ist [im folgenden] enthalten. (Abgeschrieben aus dem *rGyal rabs* des *Munshi dPal rgyas*.)

— * The Long Line of Dalay Lamas. (*The National Review*, Vol. VII, No. 10, 5 March, 1910.)

— Le Dalai-lama. (*Bull. Com. Asie franç.*, Avril 1910, pp. 202/204.)

— Les affaires du Tibet. (*Revue indo-chinoise*, Mai 1910, pp. 453/459.)

(Divers.)

— Henri Cordier. — Le Tibet, la Chine et l'Angleterre. (*La Revue hebdomadaire*, 9 juillet 1910, pp. 168/194.)

— — Tibet. (*Catholic Encyclopedia*, pp. 718/720.)

— Le retour du dalai-lama à Lhassa. (*Asie franç.*, Sept. 1910, p. 406.)

— La situation au Tibet. (*Bull. Com. Asie franç.*, Oct. 1910, pp. 443/444.)

— Kurt Boeck. — Aus dem Reiche des Dalai Lama. (*Velhagens Monatshefte*, Berlin, XXIV, 1910, III, pp. 138—145)

Paul Pelliot.

— Le cycle sexagénaire dans la chronologie tibétaine, par M. P. Pelliot. (*Journ. Asiat.*, Mai-Juin 1913, pp. 633/667.)

— Le cycle sexagénaire dans la chronologie tibétaine par M. P. Pelliot. — Extrait du *Journal Asiatique* (Mai-Juin 1913). Paris, Imprimerie Nationale. — MDCCCCXIII, in-8, pp. 39.

— The Application of the Tibetan Sexagenary cycle with reference to P. Pelliot, *Le cycle sexagénaire dans la chronologie tibétaine*. (*Journ. Asiat.*, Mai-Juin 1913, pp. 663/667.) By Berthold Laufer. (*T'oung Pao*, Déc. 1913, pp. 569/596.)

— Les noms tibétains des T'ou-yu-houen et des Ouigours. Par Paul Pelliot. (*Journ. Asiat.*, Nov.-Déc. 1912, pp. 520/523.)

— Quelques transcriptions chinoises de noms tibétains par Paul Pelliot. — Extrait du *T'oung Pao*, 2e Série, Vol. XVI, N° 1, Mars 1915. — Librairie et imprimerie ci-devant E. J. Brill. Leide, 1915, in-8, pp. 26.

∴

— Über einige geographische Namen Tibets und ihre Rechtschreibung. Von Günther Schulemann. (*Petermanns Mitt.*, 57, 1911, [II], pp. 8/10.)

— * Die Geschichte der Dalailamas. Von G. Schulemann. Heidelberg: Carl Winter, 1911, pp. 262.

Notices : *Journ. Roy. As. Soc.*, April 1912, pp. 517/519. By L. A. Waddell. — *Revue de l'Histoire des Religions*, Juillet-Août 1913, pp. 97/99. Par P. Oltramare.

— Le dalai-lama. (*Asie franç.*, Janvier 1911, p. 38.)

— La Vie et les Mœurs des Femmes du Tibet. Par P. V. (*A travers le Monde*, XVII, 1911, pp. 349/350; ill.)

— L'insurrection du Tibet. (*Asie franç.*, Avril 1912, pp. 160/161.)

— La situation du Thibet. (*Revue indo-chinoise*, Avril 1912, pp. 432/433.)

Traduit du *Hongkong Daily Press*, par G. Giraud.

(Pelliot.)

— A Short Description of Sikhim, Lhasa, and Part of Tibet. By J. C. White. (*Asiatic Quart. Review*, April 1912, pp. 361/367.)

— The World's Strangest Capital. By John Claude White. (*National Geographic Mag.*, March 1916, pp. 273/295; fig.)

Lhasa.

— La Politique Chinoise au Tibet et au Yunnan et l'avenir des relations anglo-chinoises. Par Charles Mourey. (*Asie franç.*, Mai 1912, pp. 190/192.)

— La situation au Tibet. (*Ibid.*, p. 202.)

— Les agissements du Bouddha vivant. (*Revue indo-chinoise*, Juillet-Août 1912, pp. 126/128.)

De l'*Echo de Tien tsin*.

— Some aspects from the tibetan problem. By Aylmer Strong. (*Contemporary Review*, July-Dec. 1912, pp. 527/533.)

— Un épisode du soulèvement des Tibétains dans les Marches. (*Asie franç.*, Sept. 1912, pp. 398/399.)

Rapport de Mgr. Giraudeau, évêque du Tibet.

— Stamps for Tibet. (*United Empire*, III, Sept. 1912, p. 706.)

— Les affaires thibétaines. (*Revue indo-chinoise*, Sept. 1912, pp. 268/270.)

Du *Hongkong Daily Press* du 15 août 1912. Traduit par G. Giraud, Commis des Services civils.

— Obituary. — Alfred Wallis Paul. By J. C. W. (*Geogr. Journ.*, Oct. 1912, pp. 449/450.)

— The most extraordinary city in the world. Notes on Lhasa — The Mecca of the Buddhist Faith. By Shaoching H. Chuan, M. D. Medical Officer of the Chinese Mission to Tibet. Photographs and Text Copyright by Dr. Shaoching H. Chuan. (*The National Geogr. Magazine*, Washington, Oct. 1912, pp. 959/995; ill.)

— La situation dans les Dépendances Extérieures de la Chine, Mongolie et Tibet. Par Kat. (*Asie franç.*, Oct. 1912, pp. 415/417.)

— * Some Aspects of the Tibetan Problem. — Aylmer Strong. (*The National Review*, Nov. 30th, 1912, pp. 434/436.)

— Le Cas du Tibet. Par R. J. (*A travers le Monde*, XVIII, 1912, pp. 357/358, vue de Lhassa.)

— La question du Tibet. (*Asie franç.*, Déc. 1912, p. 531.)

— Un traité entre la Mongolie et le Tibet. (*Ibid.*, Janvier 1913, p. 38.)

— Mongolie et Tibet. (*Ibid.*, Février 1913, pp. 94/95.)

— La Mongolie et le Tibet. (*Ibid.*, Mars 1913, p. 139.)

— The Tibetan Mode of the Disposal of the Dead. Some side-light thrown by it on some of the details of the Iranian Mode as described in the Vendidad. (*Memorial Papers* by Shams-ul-ulma Jiwanji Jamshedji Modi, Bombay, pp. 1/54.)

— La question thibétaine. (*Revue indo-chinoise*, Janvier 1913, pp. 84/86.)

— Idem. (*Ibid.*, Mars 1913, pp. 330/333.)

D'après le *North China Daily News*.

— La situation au Thibet. Par X.... (*Revue indo-chinoise*, Avril 1913, pp. 480/482.)

— Sur des illustrations tibétaines d'une légende du Divyāvadāna par J. Hackin.

(DIVERS.)

(*Ann. Musée Guimet*, Bibl. de vulgarisation, t. 40, 1913, pp. 145/157; pl.)

— Some Notes on Tibetan Paintings. By J. Hackin. (*Rupam, an ill. Quart. Journ. of Orient. Art*, Calcutta, July 1921, pp. 11/13.)

— Satis Chandra Vidyabhusana. — Sridpa-ho, a Tibeto-Chinese Tortoise Chart of Divination. (Calcutta, *Journ. Mem. As. Soc. Beng.*, V, 1913, 1/11 with 1 pl.)

— * B. Laufer. — Das Citralakshaṇa nach dem tibetischen Tanjur herausgegeben und übersetzt (= *Dokumente der indischen Kunst*, I. Heft : Malerei). — Leipzig, Harrassowitz, 1913, in-8, pp. x-193.

Notice : *Bull. Ecole franç. Extr.-Orient*, t. XIII, n° 7, 1913, p. 18. Par G. Cœdès.

— L'indépendance du Tibet. (*Bull. Soc. Géogr. Lyon*, 2e série, 1913, 1er sem., pp. 87/88.)

D'après le *Bull. Soc. Géogr. com. Paris*, Juin 1913.

— * Howland Wood. — Le monnayage du Thibet. (*The Numismatist*, XXVI, n° 5, Mai 1913.)

— The Weird new Stamp for Tibet. — Postage Stamps for the Forbidden City. The Proposed New Stamp of the Dalai Lama. (*The Numismatic and Philatelic Journal of Japan*, January 1913, p. 17. From *The Stamp Lover*.)

— Among Tibetan Nomads. (*North-China Herald*, March 14, 1914.)

— Jiwanji Jamshedji Modi. — A few Tibetan Customs and a few thoughts suggested by them. The prayer-flags. (Bombay *Journ. Anthrop. Soc.*, X, 1914, pp. 64/81 with 1 pl.) The Prayer-wheels. (*Ibid.*, pp. 88/94 with 1 pl., pp. 139/156.)

— — Tibetan Salutations and a few thoughts suggested by them. (*Ibid.*, pp. 165/178.)

— — A devil-driving procession of the Tibetan Buddhists as seen at Darjeeling and a few thoughts suggested by it. (*Ibid.*, pp. 209/228 with 2 pl.)

— Bird Divination among the Tibetans (Notes on Document Pelliot No. 3530, with a study of tibetan phonology of the ninth century). By Berthold Laufer. (*T'oung Pao*, Mars 1914, pp. 1/110.)

— George Byron Gordon. — Some Art Objects from Tibet. (Philadelphia Pa., *Mus. Journ.*, V, 1914, pp. 10/14.)

— — The Alexander Scott Collection [of art Objects from Tibet and Nepal]. (*Ibid.*, pp. 55/57.)

(DIVERS.)

— C. W. B[ishop]. — Tibetan Sacred Art, illustrated by two Tibetan Paintings in the Museum. (*Ibid.*, pp. 178, 179, 181, 189/205.)

— * Het Chineesch-Tibetaansche grensgebied. (*Tijdsch. v. h. Kon. Ned. Aardrijksk. Genootsch.*, 1914, No. 4, p. 577.)

— Tibet. (*Ibid.*, No. 5, p. 680.)

— * Note in vindication of Kinthup. By Captain G. F. T. Oakes. (To be included in the *Records of the Survey of India* for 1913—1914.) Dehra Dun, 1914, pp. 5; portr.

— Archaeological Survey of India, New Imperial Series, Vol. XXXVIII. — Antiquities of Indian Tibet by A. H. Francke, Ph. D., of the Moravian Mission. Part I. Personal Narrative with Map, 45 Plates and 4 Text-Illustrations. Edited under the authority of the Government of India. Calcutta, Superintendent Government Printing India, 1914, in-4, pp. xiv-133-iv.

otice : *Calcutta Review*, N. S., III, 1915, pp. 125/126. by W. S. U

— The Meaning of the Om-mani-padme-hum formula. By the Rev. A. H. Francke, Ph. D., Moravian Missionary. (*Journ. Roy. As. Soc.*, July 1915, pp. 397/404.)

— Lamasery Life by Francis H. Nichols. Reprinted from the *Bulletin of the American Geographical Society*, Vol. XLVII, February 1915, in-8, pp. ch. 100/114; portr.

— European Names in the Himalaya and Tibet. (*Geogr. Journ.*, Nov. 1918, pp. 328/329.)

— La question thibétaine. (*Revue indo-chinoise*, Nov.-Déc. 1919, pp. 429/430.)
Politique de Pékin, 7 déc. 1919.

— Eastern Tibet. — Oliver Coales Read at the Meeting of the Society. 27 January 1919. (*Geogr. Journ.*, April 1919, pp. 228/253; pl.)

— Isaac Jakob Schmidt, 1779—1847. Ein Beitrag zur Geschichte der Tibetforschung. Von Franz Babinger. (*Ostasiat. Zeitsch.*, 8. Jahrg. 1919/1920, pp. 7/21.)

— Alexandra David. — La question du Thibet. (*Mercure de France*, 1[er] juin 1920, pp. 366/375.)

— The Tibetan Problem. (*Far Eastern Pol. Science Review*, II, No. 2, February 1920, pp. 98/113.)

— * The History, Customs and Religion of the Ch'iang. By Rev. Thos. Torrance. («The Shanghai Mercury», Shanghai.)

Notice : *Journ. N. C. B. R. As. Soc.*, LI, 1920, pp. 192/193. By I. M.

羌 K'iang.

— Pilgrim-Paths in the Lama Country. By Will. Thompson. (*Asia*, June 1921, pp. 504/508; ill., 552.)

— * Chinese Life in the Tibetan Foothills. By the Rev. James Hutson. Shanghai : Far Eastern Geographical Establishment, 1921, pp. 210.

Notice : *Journ. Roy. As. Soc.*, April 1923, p. 273, by W. Perceval Yetts.

Les articles avaient paru dans la *New China Review*.

— * Work in Tibet. By Theo. Sörensen, Tatsinlu, Ssŭchuen.

Notice : *Journ. N. C. B. R. As. Soc.*, LII, 1921, p. 210.

— * T. Sörensen. — A Lecture on Buddhism of Tibet, 1921.

— Major H. T. Morshead. — Report on the expedition to Kamet, 1920. (*Geogr. Journ.*, London, Mars 1921, pp. 213/219; 2 fig.)

Notice : *La Géographie*, t. XXXV, Mai 1921, p. 545, par J. Nippgen.

— La modernisation du Tibet. (*Asie franç.*, Février 1921, p. 74.)

— Life among the People of Eastern Tibet. By Dr. A. L. Shelton for Seventeen Years Medical Missionary at Batang, near the Chino-Tibetan Border. (*The National Geogr. Mag.*, Sept. 1921, pp. 295/326; ill.)

— A Welcome Guest in Forbidden Tibet. By Muriel Percy Brown. (*Asia*, New York, March 1922, pp. 179/185, 230; ill.)

— The natural history of South-western Tibet A. F. R. Wollaston Read at the Meeting of the Society, 20 February 1922. (*Geogr. Journ.*, July 1922, pp. 5/20; ill.)

— The Emperor Kang Hsi's edict on mountains and rivers of China W. R. Carles, C. M. G. (*Ibid.*, April 1922, pp. 258/269.)

— * Alfred Salmony. Tibetanische Plastik (6 Abb.). (*Das Kunstblatt*, 1922, 7.)

— The Religion of Tibet. By J. E. Ellam. (*The Buddhist Annual of Ceylon*, 1923, Vol. II, No. 1, pp. 8/15.)

CHINE ET TIBET.

Col. 2548.

— Les projets de réorganisation des marches tibétaines. Par P. Bons d'Anty avec traductions du Rapport présenté au Trône par S. Exc. Tchao Eur-fong, . . . et du Règlement des mesures à prendre . . . (*Bull. Com. Asie franç.*, Juillet 1908, pp. 279/283.)

— La convention anglo-chinoise relative au Tibet. (*Ibid.*, Avril 1908, pp. 159/160.)

— Convention anglo-chinoise au sujet d. Tibet. (*Revue indo-chinoise*, 15—30 sept. 1908, pp. 447/448.)

— Le gouvernement chinois et le Tibet. (*Bull. Com. Asie franç.*, Mai 1908, pp. 204/205.)

— The Dalai Lama at Peking. By E. H. P[arker]. (*Manchester Guardian.* — Rep. *Lond. and China Express*, Oct. 2, 1908.)

— La visite du Dalaï Lama à Pékin. (*Bull. Com. Asie franç.*, Oct. 1908, p. 427.)

— [Voyage du Dalaï Lama à Peking.] (*Bull. Ecole franç. Extr.-Orient*, Avril-Juin 1909, pp. 416/418.)

— Réception du Dalaï Lama à Pékin. (*Bull. Soc. Géogr. Est*, XXX, 1909, pp. 98/100.)

Du *Manchester Guardian*.

— Le Gouvernement chinois et le Tibet. (*Revue indo-chinoise*, n° 93, 15 nov. 1908, pp. 672/673.)

D'après le *Bull. de l'Asie française*.

— La Chine et le Tibet. (*Bull. Com. Asie franç.*, Janvier 1909, p. 41.)

— La Chine s'installe au Tibet. (*A travers le Monde*, XVI, 1910, pp. 86/87.)

— La politique chinoise au Tibet. (*Bull. Com. Asie franç.*, Février 1910, pp. 99/100.)

D'après le *Pioneer* de Allahabad.

— The Dalai Lamas of Lhasa and their Relations with the Manchu Emperors of China. 1644—1908. By W. W. Rockhill. (*T'oung Pao*, Mars 1910, pp. 1/104.)

— Idem. Reprinted from the *T'oung Pao*, Series II, XI, Oriental Printing Office, late E. J. Brill, Leyden, 1910.

Notice : *Journ. N. C. B. R. As. Soc.*, XLII, 1911, p. 239.

— La conquête du Petit-Tibet. Par Charles-Eudes Bonin. (*Revue du Monde musulman*. Juin 1910, pp. 207/231.)

— La politique chinoise au Tibet et l'Angleterre. (*Asie franç.*, Déc. 1910, pp. 546/547.)

— Les Chinois au Tibet; fuite du Dalaï Lama. (*Bull. Soc. Géogr Est*, XXXI, 1910, pp. 159/160.)

— Bruchstücke aus der Geschichte Chinas unter der gegenwärtigen Dynastie von E. Haenisch. — I. Die Eroberung von Tibet, aus dem «Feldzug gegen die Dsungaren» auszugsweise übersetzt. (*T'oung Pao*, Mai 1911, pp. 197/235; *ibid.*, Juillet 1911, pp. 375/424.)

— Former Relations of Tibet with India and China. (*Geogr Journ.*, July 1911, pp. 72/73.)

— La Chine au Thibet. (*Bull. Soc. Géogr. Est*, XXXII, 1911, pp. 81/82.)

— La révolution au Thibet et les affaires de Chine. (*Revue indo-chinoise*, Sept. 1912, pp. 67/68.)

Du *Kobé-Herald* et du *North China Daily News* des 13 et 19 août 1912. Traduit par G. Giraud.

— La campagne thibétaine. — Les soldats chinois sont dans une situation désespérée. (*Revue indo-chinoise*, Nov. 1912, pp. 469/470.)

Du *Japan Chronicle* du 8 oct. 1912. Traduit par G. Giraud, Commis des Services civils.

— Le Dalai Lama et la Chine. (*Revue indo-chinoise*, Déc. 1912, pp. 552/553.)

Du *Hong Kong Daily Press* du 19 nov. 1912.

— L'Angleterre, la Chine et le Tibet. (*Asie franç.*, Janvier 1913, p. 38.)

— Chine. La question thibétaine. (*Revue indo-chinoise*, Janvier 1913, pp. 84/86.)

— The Relations of Tibet to the Chinese Empire. (*Geogr. Journ.*, August 1914, p. 229.)

GRANDE BRETAGNE ET TIBET.

Col. 2895/2898, 3233/3234.

— Une Mission anglaise au Tibet. — Protestations des Journaux russes. (*A travers le Monde*, IX, 1903, p. 372.)

— Wettererfahrungen der englischen Tibetexpedition. (*Deutsche Rundschau f. Geogr. u. Stat.*, XXVI, 1903/1904, p. 425.)

— L'expédition du Thibet. (*Revue indo-chinoise*, 30 janvier 1904, p. 107.)

Extr. du *Times of India*.

— L'Angleterre et le Tibet. (*A travers le Monde*, X, 1904, pp. 5/6, carte.)

— Ceux qui sont entrés dans la mystérieuse Cité de Lhassa. (*Ibid.*, p. 6.)

— La Campagne des Anglais au Tibet. (*Ibid.*, pp. 142/143.)

— L'entrée des Anglais à Lhassa. (*Ibid.*, pp. 278/279.)

— Le Traité Anglo-tibétain. (*Ibid.*, p. 310.)

— Le Traité Anglo-tibétain. (*Bull. Soc. Géogr. Lyon*, XIX, 1904, pp. 326/328. Par M. Z.)

— Tibet. [Détails du nouveau traité avec la Grande-Bretagne.] (*Revue indo-chinoise*, 30 mai 1905, p. 758.)

Extr. du *Siam Observer*, 24 avril.

— Echo de l'Expédition anglaise au Tibet. (*A travers le Monde*, X, 1904, p. 391.)

— L'Angleterre et le Thibet. Par Joseph Joûbert. (*Bull. Soc. Etudes col. et marit.*, 29e année 1904, pp. 97/101.)

— Les Anglais à Lhassa. (*Bull. Soc. Géogr. Lyon*, XIX, 1904, pp. 240/242.)

— Effets de l'altitude sur l'expédition anglaise au Tibet. (*Ibid.*, pp. 328/329.)

(*Soc. Géogr. de l'Est*, 3e trim. 1904, p. 292.)

— Our Relations with Tibet. By Captain George E. Bruce. (*Imp. & Asiat. Quart. Review*, July 1904, pp. 28/43.)

— A. W. C. Young. — With the Tibet mission force to Lhassa. (Aberdeen, *Proc. Univ. Anat. Anthrop. Soc.*, 1904—1906, 1906, pp. 22/34.)

— Vertrag zwischen Großbritannien und Tibet. (*Deutsche Rundschau f. Geogr. u. Stat.*, XXVII, 1904/1905, p. 90.)

Sept. 1904.

— The Expedition to Tibet. (*Blackwood's Mag.*, March 1905, pp. 429/448. With map.)

— The Heart of Nature or The Quest for Natural Beauty. By Sir Francis Younghusband, K. C. S. I., K. C. I. E. . . . . London,

John Murray, 1921, in-8, pp. XXVIII-235; preface, contents, introduction.

Notice : *Geogr. Journ.*, Dec. 1921, pp. 454/456, by D. W. F[reshfield].

— Geographical Results of the Tibet Mission. By Sir Frank Younghusband. (*Annual Report .... Smithsonian Institution for the year ending June 30*, 1905, pp. 265/277.)

Rep. from *The Geogr. Journ.*, London, XXV, No. 5, May 1905.

— Über die Ergebnisse der geologischen Untersuchungen im südlichen Tibet während der Englischen Expedition nach Lhassa. (*Geogr. Zeitsch. Leipzig*, XI, 1905, p. 640.)

Voir rapport de C. Diener dans les *Mitt. k. k. Geogr. Ges. Wien*, 1905, p. 498, d'après le rapport de Hayden, délégué du *Geological Survey of India*.

— L'entrée des Anglais à Lhassa. (*Union géogr. du Nord de la France, Douai*, XXVI, 1905, pp. 68/69.)

— Rouire. — Les Anglais au Thibet. (*Revue des Deux Mondes*, 1905, 15 juillet, pp. 296/321; 1er août, pp. 677/708.)

— To Lhassa at Last. By Powell Millington. London : Smith, Elder & Co., 1905, in-8, pp. x-200.

Notice : *Edinburgh Review*, Vol. 201, January-April 1905, pp. 338/360.

— Georg Wegener. — Tibet, Lhassa und die englische Expedition. (*Mitt. Geogr. Ges.* [für Thüringen] *zu Jena*, XXIII, 1905, pp. 42/44.)

Séance du 8 janvier 1905.

Col. 2896.

— Lhasa ... by Perceval Landon ... 1905.

Notice : *Edinburgh Review*, January-April 1905, pp. 338/360.

— A Lhasa la Ville interdite ... 1906.

Notice : *A travers le Monde*, XI, 1905, p. 407.

— « A Lhassa. » (*Ibid.*, XII, 1906, pp. 57/60; ill.)

A propos de l'ouvrage de M. Perceval Landon.

— Tibet, China, and India. By Perceval Landon. (*The Fortnightly Review*, Oct. 1912, pp. 655/662.)

L. Austine Waddell.

Col. 2897.

— Lhasa and its Mysteries ... 1905.

Traduit en hongrois, Budapest, 1910, in-8, pp. VI-287, 48 pl.

.·.

— The Unveiling of Lhasa by Edmund Candler. With Illustrations and Map. London, Edwin Arnold, 1905, in-8, pp. XVI-304.

Notice : *Edinburgh Review*, January-April 1905, pp. 338/360.

— Idem. Thomas Nelson & Sons. London, Edinburgh, Dublin and New York, s. d. [1909], in-16, pp. 375; ill.

(Grande Bretagne et Tibet. — Waddell.)

— Die wissenschaftlichen Ergebnisse der britischen Tibetexpedition. (*Deutsche Rundschau f. Geogr. u. Stat.*, XXVIII, 1905/1906, pp. 282/283.)

Col. 2898.

— * W. J. Ottley. — Tibet. Mit der bewaffneten britischen Gesandtschaft bis Lhasa. Übersetzt von M. Plüddemann. Berlin, Karl Siegismund, 1907, in-8, pp. xv-243; ill. et 1 carte.

Notice : *Petermanns Mitt.*, 1908, VIII, pp. 129/130, par E. Wagner.

— Alexander Macdonald. — Through the Heart of Tibet. London, Blackie & Son, 1910, in-8, pp. 384; pl.

— Réception du Dalaï Lama à Pékin. (*Bull. Soc. Géogr. de l'Est*, 1909, 1er trim., pp. 98/100.)

Extr. du *Manchester Guardian*.

— Das Schicksal des Dalai-Lama. (*Deutsche Rundschau f. Geogr. u. Stat.*, XXXII, 1909/1910, p. 473.)

— Die Flucht des Dalai Lama nach Indien. Von Dr. Sven v. Hedin, Stockholm. (*Petermanns Mitt.*, 1910, I, pp. 181/182.)

Francis Younghusband.

— * India and Tibet. A History of the relations which have subsisted between the Two Countries from the time of Warren Hastings to 1910; with a Particular Account of the Mission to Lhasa of 1904. By Sir Francis Younghusband, K. C. I. E. London, John Murray, 1910, in-8; 26 pl. et 2 cartes.

Notices : *Lond. & China Express*, Nov. 18, 1910. — *United Empire*, II, February 1911, pp. 126/127, by P. E. L[andon]. — *Geogr. Journ.*, January 1911, p. 83.

— Sir Francis Younghusband. — Lamaism in Tibet. (*Sociol. Review*, IV, 1911, pp. 98/109.)

— Proceedings of the Central Asian Society. — Our Positions in Tibet by Colonel Sir Francis Younghusband, K. C. I. E. Read Nov. 2, 1910. London Central Asian Society, 1910, in-8, pp. 15.

— The Tibet Conference. By Francis Younghusband. (*Journ. Central Asian Soc.*, I, 1914, Pt. III, p. 57.)

— La Chine, l'Angleterre, la Russie et le Tibet. (*A travers le Monde*, XVI, 1910, p. 295.)

— L'Angleterre et le Tibet. (*Bull. Com. Asie franç.*, Juillet 1910, pp. 328/329.)

Extr. du *Livre Bleu*.

— L'Angleterre et la Chine au Tibet. Par Jacques Bacot. (*Asie franç.*, Janvier 1911, pp. 22/25; carte.)

— * Tibet, and our Relations with it. (*The Quarterly Review*, January 1911.)

— Le statut du Tibet. — Le nouveau traité anglo-chinois. (*Asie franç.*, Mai 1914, pp. 179/181.)

— * *East India* (Tibet). Further Papers relating to Tibet. London : Wyman & Sons, 1910, pp. XVI-230.

— Tibet et Angleterre. (*Asie franç.*, Février 1922, pp. 80/81.)

(Younghusband.)

VOYAGES ET MISSIONS.

Col. 2898/2928, 3234/3236.

— Histoire ‖ orientale, ‖ des grans progres de ‖ l'Eglise Cathol. Apost. & Rom. en la reduction des anciens Chrestiens, dits de S. Tho- ‖ mas, de plusieurs autres Schismatiques & He- ‖ retiques a l'vnion de la vraye Eglise. Con- ‖ uersion encor des Mahometains, Mores & ‖ Payens. ‖ Par ‖ Les bons deuoirs du R^me. & Illust^me. Sr. Don ‖ Alexis de Meneses, de l'Ordre des Eremites de S. ‖ Augustin, Archeuesque de Goa, & Pri- ‖ mat en tout l'Orient. ‖ Composée en langue Portugaise par le R. P. F. Antoine Gouea, ‖ & puis mise en Espagnol par venerable P. F. François Mu- ‖ noz, & tournée en François par F. Iean Baptiste de ‖ Glen, Docteur en Theologie, tous Religieux ‖ du mesme Ordre. ‖ A Brvxelles, ‖ Par Rutger Velpius, Imprimeur juré, à l'Aigle ‖ d'or. pres de la Court, l'an 1609. ‖ — Auec Priuilege. Buschere. Pet. in-8, 22 ff. n. ch. tit., déd. etc. + pp. 748.

ANTONIO DE ANDRADE.

Col. 2898/2903.

— * C. Wessels. S. J. — Antonio de Andrade, S. J. (*Studien : Tijdschrift voor Godsdienst, Wetenschap en Letteren,* 1911, LXXVII, 1912, liv. 3, pp. 408/440.)

— * Idem. Een ontdekkingsreiziger in de Himalaya en in Tibet (1624—1630). Nijmegen 1912, in-8. (*Studien*, Jaarg. 44.)

Notice : *Tijdsch. v. h. Kon. ned. Aardrijksk. Genootsch.*, 1912, no. 5, pp. 688/690. Par F. C. W.

— * Antonio de Andrade S. I. viajante no Himalaia e no Tibete (1624—1630) por C. Wessels. Traduzido do hollandez por A. R. Gonçalves Viana (Sociedade de Geographia de Lisboa), Lisboa.

— Antonio de Andrade's Journey to Tibet, 1624. (*Geogr. Journ.*, Sept. 1912, pp. 332/333.)

D'après C. Wessels.

— Academia das Sciências de Lisboa. — O Descobrimento do Tibet pelo P. António de Andrade Da Companhia de Jesus, em 1624, narrado em duas cartas do mesmo religioso. Estudo histórico por Francisco Maria Esteves Pereira. Coimbra, Imprensa da Universidade 1921, in-8, pp. 137 + 2 ff. n. ch.

GEORGE BOGLE.

Col. 2908/2909.

— Narrative . . . Second Edition . . . 1879.

— * C. R. Markham. Aus dem Lande des lebenden Buddhas. Die Erzählungen von der Mission G. Bogles nach Tibet und Th. Mannings Reise nach Lhasa (1774 und 1812). Übersetzt von M. von Brandt. Mit Karte. Hamburg, 1909.

— A Description of Tibet, or Tibbet. (Pinkerton's *Coll. of Voyages*, VII, 1811, pp. 541/576.)

From Green's Collection, Vol. IV, p. 449.

— Travels through Tibet, to and from China : by several Missioners. (*Ibid.*, pp. 587/606.)

— [E. Schlagintweit.] Die katholischen Missionen nach Lhassa bis zum Jahre 1864. (*Globus*, 1864, VI, Nr. 4, pp. 104/106.)

— * C. Lenox Conyngham. — Exploration in Tibet and neighbouring regions. 1865—1879. pp. 224, carte; 1879—1892, pp. 226 et 411 carte. (*Rec. of the Surv. of India*, VIII, 1 & 2.) Dehra Dun 1915, Office of the Trigonometrical Survey.

— Der See Pangong in Thibet. Von —r. (*Zeitsch. d. Ges. f. Erdk. zu Berlin*, II, 1867, p. 193.)

Voir Capt. H. H. Godwin-Austen. (*Proc. R. G. Soc.*, XI, 1867, p. 32. — Voir col. 2912.

— Voyage de M. G.-Ch. Toussaint au lac Pang-Kong. (*La Géographie*, 15 déc. 1908, pp. 421/422.)

Lettre à M. Henri Cordier.

— Lettre de Monseigneur Chauveau à Monsieur le Président de la Société de Géographie de Lyon. (*Bull. Soc. Géogr. Lyon*, II, Mai 1878, pp. 270/271.)

Thibet, altitude de Ta-tsien-lou.

A. DESGODINS.

Col. 2914/2916.

— Notes ethnographiques sur le Thibet par M. l'Abbé Desgodins Missionnaire apostolique à Yerkalo (Thibet). (*Mém. Soc. Acad. indo-chinoise*, I, 1879, pp. 289/293.)

— Les lamaseries au Thibet. — Lettre de M. l'Abbé Desgodins, Missionnaire apostolique au Thibet. (*Bull. Soc. Géogr. Lyon*, III, 1879—1880, pp. 130/144.)

— Le Thibet. Lettre de M. l'Abbé Desgodins au Président de la Société de Géographie. — Orographie et hydrographie du Thibet. (*Ibid.*, pp. 349/358.)

Yerkalo, frontière est du Thibet.

— M. Desgodins et la Mission du Thibet. (*Miss. Cath.*, 23 mai 1913, pp. 249/252, portrait.)

Cf. *La Semaine religieuse de Verdun*, 12 avril 1913.

Né 16 oct. 1826 à Manheulles (Meuse); † à Padong, frontièrre du Tibet, 14 mars 1913.

— Obituary. — Abbé Desgodins. (*Geogr. Journ.*, Dec. 1913, p. 579.)

— Nécrologie. — Auguste Desgodins. Par Henri Cordier. (*T'oung Pao*, Déc. 1913, pp. 783/784.)

— Sur la récente exploration du Tibet par un pundit (1878—1883). (*Cte. rendu Soc. Géogr.*, 1883, pp. 148/151.)

Communication de M. Dutreuil de Rhins.

— * Explorations on the Tsang-po in 1880—1884. By explorer Kinthup, with extracts from Colonel Sir H. R. Thuillier and Colonel H. C. B. Tanner's Reports, 1886—1887. Published under the direction of Colonel S. G. Burrard. Dehra Dun, 1911, pp. 16; map.

— Paulino Bassó. — Relacion sobre algunas costumbres y prácticas supersticiosas de los Lamas ó bonzos del Tibet y su concordancia con las supersticiones de los demas bonzorios de China principalmente de Fo-kien. (*El Correo Sino-Annamita*, XXII, 1888, pp. 179/203.)

Foo-chow, 12 de Mayo de 1888.

— Vers le Thibet. — Lettre de M. Ch. E. Bonin. (*A travers le Monde*, II, 1896, p. 77.)

— A travers le Thibet inconnu De Ta-Li à Ta-Tsien-Lou. — Lettre de Charles-Eudes Bonin, Vice-résident de France en mission. (*Ibid.*, II, 1896, p. 213.)

Tchen-Tou, 30 mars 1896.

— Une voyageuse française au Ladak. (*Ibid.*, pp. 225/228; ill.)

Mme Massieu.

— Deux explorations au Thibet. (*Ibid.*, III, 1897, p. 124.)

Cap. Wellby et lieut. Malcolm de Leh à Pékin; et Cap. H. H. P. Deasy et M. Arnold Pike au Thibet occidental.

— Through unexplored Asia. By William Jameson Reid. Illustrated by L. J. Bridgman. Boston, Dana Estes & Co., s. d. [1899], in-8, pp. 499.

« The present journey is an account of a journey of exploration through the hitherto unknown regions of Western China and Eastern Thibet, during the year 1894, in conjunction with the late George Burton. »

Col. 2918/2920.

— Nécrologie. — William Woodville Rockhill. Par Henri Cordier. (*T'oung Pao*, Mars 1915, pp. 160/164.)

Né en 1854 à Philadelphie; † 8 déc. 1914 à Honolulu.

A. H. Savage Landor.

Col. 2922.

— * A. H. Savage Landor. — In the Forbidden Land; an Account of a Journey into Tibet; Capture by the Tibetan Lamas and Soldiers, Imprisonment, Torture and ultimate Release; with the Government Enquiry and Report and other official Documents by J. Larkin. With many Illustrations and a Map. New York, 1909, in-8; pp. 249.

— * The Gems of the East. Sixteen Thousand Miles of Research Travel Among Wild and Tame Tribes of Enchanting Islands. By A. Henry Savage Landor. In-8, pp. 13/567. Profusely illustrated New York and London: Harper & Brothers, 1904.

Notice : *National Geogr. Magazine Washington*, XV, 1904, p. 336. By M. C. G.

— Tibet and Nepal. Painted and described by A. Henry Savage Landor, London: A. & C. Black, 1905. — Voir col. 2922.

Notice : *Edinburgh Review*, Vol. 201, January-April 1905, pp. 338/360.

— La Vie de l'Explorateur H. Savage Landor. (*A travers le Monde*, III, 1897, p. 364.)

S. C. Rijnhart.

Col. 2923.

— With the Tibetans in Tent and Temple. Narrative of four years' Residence on the Tibetan Border, and of a Journey into the Far Interior by Susie Carson Rijnhart, M. D. — Oliphant, Anderson & Ferrier, Edinburgh, London, 1901, in-8, 5 ff. n. ch. + pp. 406; ill., carte.

— Idem. Fleming H. Revell Co., MCMI, in-8, 5 ff. n. ch. + pp. 400; ill., carte.

Ekai Kawaguchi.

Col. 2923.

— Kawaguchi: Journeys in Thibet. (*Trans. Asiat. Soc. Japan*, XXXI, 1904, pp. 26/37.)

— Three Years in Tibet with the original Japanese illustrations by the Shramana Ekai Kawaguchi Late Rector of Gohyakurakan Monastery, Japan. Published by the Theosophist Office, Adyar, Madras, 1909, in-8, pp. xv-719; ill. et carte.

Bib. Nat. 8° O² m 219.

Notices : *Journ. Asiat.*, Juillet-Août 1910, pp. 189/190, par J. Hackin. — *Geogr. Journ.*, March 1910, pp. 324/325. — *Journ. Roy. As. Soc.*, January 1910, pp. 234/239, par L. A. W[addell].

Une grande planche par N. Nakasawa et K. Tamaki dans le recueil du British Museum, in-fol., 1757, d, 1.

— Russia: Tibetan Policy. [From « Three Years in Tibet ».] By Ekai Kawaguchi. (*Open Court*, June 1916, pp. 370/380.)

SARAT CHANDRA DAS.

Col. 2034/2035.

— * Narrative of a Journey to Lhasa in 1881—1882. Calcutta, 1885, pet. in-fol., carte.

Edition originale. — « To be kept strictly confidential. » — *Ms. Note.*

— Journey to Lhasa . . . . 1902.

Notices : *Edinburgh Review*, January-April 1905, pp. 338/360. — *Mitt. k. k. geogr. Ges. Wien*, XLV, 1902, pp. 310/311, par C. Diener.

— Journey to Lhasa and Central Tibet by Sarat Chandra Das, C. I. E. of the Bengal Educational Service . . . Edited by the Hon. W. W. Rockhill. New edition. London. John Murray, 1904, in-8, pp. xvi-368 ; carte, ill.

P. K. KOZLOV.

— Die Tibet-Expedition P. K. Koslow's. (*Mitt. k. k. geogr. Ges. Wien*, XLV, 1902, pp. 19/22.)

De la *St. Petersburger Zeitung*.

— L'Expédition thibétaine du lieutenant Kozloff. (*A travers le Monde*, VII, 1901, p. 159.)

— Expédition du capitaine russe Kozlov au Thibet, 1899—1901. Traduit du russe par Moriak. (*Ibid.*, VIII, 1902, pp. 93/95 ; carte.)

— Through Eastern Tibet and Kam. By Captain P. K. Kozloff. (*Geogr. Journ.*, April 1908. pp. 402/415 ; 522/534 ; June, pp. 649/661.)

Translated by Capt. A. B. Lindsay. — Cf. *Geogr. Journ.*, Vol. 19, p. 576.

— Explorations in Tibet. (*National Geogr. Magazine Washington*, XIV, 1903, pp. 353/355.)

— En rysk forskare i Lassa. (*Ymer*, 1903, pp. 483/485.)

Du *Scottish Geogr. Journal*, 1903.

Col. 2925.

— Un Explorateur russe à Lhassa. — Description de la Ville sainte. (*A travers le Monde*, IX, 1903, pp. 286/287.)

M. Zybikoff.

Col. 2926.

— Round Kangchenjunga. A Narrative of Mountain Travel and Exploration by Douglas W. Freshfield. With Illustrations and Maps. London, Edwin Arnold, 1903, in-8, pp. xvi-373.

— Voyages et Explorations au Tibet. (*A travers le Monde*, X, 1904, pp. 241/244 ; ill.)

— Au pays des Lamas. Par Al. Legrand. (*Bull. Soc. bretonne Géogr. Lorient*, nº 94, 2e trim. 1904, pp. 31/57.)

— Le Thibet et la ville de Lhassa. (*Union géogr. du Nord de la France, Douai*, XXV, 1904, pp. 254/256.)

— Le Thibet et la ville de Lhassa. (*Bull. Soc. Géogr. Dunkerque*, nº 25, Juin 1904, pp. 349/351.)

— The Crosby Expedition to Tibet. (*National Geogr. Magazine Washington*, XV, 1904, pp. 229/231 ; ill.)

(SARAT CHANDRA DAS. — KOZLOV.)

— E. M. Clerke. — Catholic Missionaries in Thibet. (*Catholic Missionary*, Lond., XIX, 1905, pp. 142/143.)

— Urga and the Tashi Lama by Pu-lu-su. (*Blackwood's Mag.*, London, CLXXVIII, 1905, pp. 111/117.)

WILHELM FILCHNER.

Col. 2926/2927.

— Wilhelm Filchner. — Bericht über meine Expedition zum Oberlauf des Hoangho in Osttibet. (*Jahresbericht d. Frankfurter Vereins f. Geogr. u. Statist.*, 1905—1906, 70. Jahrg., pp. 99/101.)

— Über einige Ergebnisse seiner Expedition, unter Vorlage der 1. Sektion seines Kartenwerkes « Nordost-Tibet ». Von Leutnant Wilhelm Filchner. (*Verhandl. d. XVI. Deutschen Geographentages, Nürnberg*, 1907, pp. 35/36.)

— Das Kloster Kumbun . . . . 1906.

Notice : *Deutsche Rundschau f. Geogr. u. Stat.*, XXVIII, 1905/1906, p. 479.

— * Wilhelm Filchner : Wissenschaftliche Ergebnisse der Expedition Filchner nach China und Tibet, 1903—1905. II. Bd. Bilder aus Kan-su von W. Filchner, bearbeitet von Herbert Mueller. Berlin, 1912, E. S. Mittler & Sohn. In-8, pp. 157 ; Ill. Taf. — III. Bd. Karte der Chinesischen Provinz Kan Su bearbeitet von W. Filchner und G. Scholz. 1910. Berlin, Ernst Siegfried Mittler & Sohn.

— * Wissenschaftliche Ergebnisse der Expedition Filchner nach China und Tibet 1903—1905. Herausgegeben von Dr. Wilhelm Filchner. IV. Bd. Ergänzungsband zum Kartenwerk Nordost-Tibet, in-8, pp. viii-148. — V. Bd. Ergänzungsband zum Kartenwerk Nordost-Tibet, 4 p., 115 ill. et 3 cartes. Berlin, 1913, Mittler & Sohn.

Notice : *Petermanns Mitt.*, 1914, p. 156, par Hans Fischer.

Compte-rendu : *Boll. R. Soc. Geogr. Roma*, 1º novembre 1914, pp. 1229/1230.

— * Wissenschaftliche Ergebnisse der Expedition Filchner nach China und Tibet 1903—1905. Bd. VII. Katalog der Ausbeute an ethnographischen Gegenständen. China, 1910.

Notice : *La Géographie*, 15 sept. 1910, pp. 223/224. Par D. Aitoff.

— * Wissenschaftliche Ergebnisse der Expedition Filchner nach China und Tibet 1903—1905. IX. Band. Barometrische Höhenmessungen und meteorologische

(FILCHNER.)

Beobachtungen bearbeitet von Georg von Elsner, Observator am Königl. Preußischen Meteorologischen Institut. Mit zwei Bildertafeln. Berlin 1908. Ernst Siegfried Mittler & Sohn, Königl. Hofbuchhandlung, pp. VIII-237.

Notices : *Deutsche Rundschau f. Geogr. u. Stat.*, XXXI, 1908/1909, p. 382. — *La Géographie*, 15 sept. 1910, pp. 223/224, par D. Aitoff.

— * Wissenschaftliche Ergebnisse der Expedition Filchner nach China und Tibet 1903—1905. (10 Bde., Berlin, E. S. Mittler & Sohn, 1906—1912, dazu 6 Kartenmappen mit 97 Karten, konstruiert und bearbeitet im Kartographischen Institut von Dietrich Reimer, Berlin.)

Notice : *Mitt. k. k. geogr. Ges. Wien*, Bd. LVI, 1913, pp. 697/701. Par Machatschek.

— * Wissenschaftliche Ergebnisse der Expedition Filchner nach China und Tibet 1903—1905. X. Bd., 1. Teil, 1. Abschnitt : Zoologische Sammlungen, bearbeitet von C. Attems (Wien), Malcolm Burr (London), A. Forel (Chigny bei Morges), H. Friese (Schwerin in M.), Dr. Grünberg (Berlin), Heinrich Karny (Wien), Prof. Fr. Klápalek (Prag), Prof. H. J. Kolbe (Berlin), Fr. Konow (Teschendorf b. Stargard), Dr. Th. Kuhlgatz (Berlin), Prof. Matschie (Berlin), Dr. Obst (Berlin). Dr. Pappenheim (Berlin), Dr. K. Parrot (Berlin), J. Weise (Berlin). 2. Abschnitt : Botanische Sammlungen, bearbeitet von Prof. Dr. Diels (Marburg). Mit 6 Lichtdrucktafeln, 20 Autotypietafeln und 1 Karte. Berlin, 1908, Ernst Siegfried Mittler & Sohn; Königl. Hofbuchhandlung, pp. XII-288.

Notice : *Deutsche Rundschau f. Geogr. u. Stat.*, XXX, 1907/1908, p. 526.

— * Wissenschaftliche Ergebnisse der Expedition Filchner nach China und Tibet 1903—1905. Bd. XI. v. Flotow : Astronomische Beobachtungen; E. Przybyllok : Erdmagnetische Beobachtungen. Herausgegeben von Wilhelm Filchner. Berlin, E. S. Mittler & Sohn, 1914, pp. 56; ill.

— Wilhelm Filchner. (*Deutsche Rundschau f. Geogr. u. Stat.*, XXX, 1907/1908, pp. 39/40.)
Né le 13 sept. 1877 à Munich.
Publication de son voyage; 17 vol. de texte prévus.

— The Great Plateau being an Account of Exploration in Central Tibet, 1903, and of the Gartok Expedition, 1904—1905 by Captain C. G. Rawling Somersetshire Light Infantry. With Illustrations and Maps. London, Edwin Arnold, 1905, in-8, pp. XII-319.

— Über eine Forschungsreise im westlichen Tibet. (*Geogr. Zeitsch. Leipzig*, XI, 1905, pp. 347/348.)
Capt. Rawling, Lieut. Hargreaves, Ram Singh, etc., 1903.

— Exploration au Tibet. Par P. G. (*Revue indo-chinoise*, 30 juillet 1905, pp. 1043/1046.)
Extr. de la *Rangoon Gazette*, 12 juin.
A propos du Major C. H. D. Ryder et de son Mémoire : Exploration et relevé typographique [sic] par la commission frontière du Tibet et de Gyang-tse à Sim-la, par Gar-tok.

— Eine Expedition nach Tibet (Pelliot). (*Deutsche Rundschau f. Geogr. u. Stat.*, XXVIII, 1905/1906, p. 425.)

Albert Tafel.

— Dr. Tafels weitere Reisen in Nord-China. (Aus einem Briefe von Dr. Albert Tafel an Frhrn. v. Richthofen, d. d. Kuei-h'oa-sch'eng-t'ing, 13 August 1905). (*Zeitsch. Ges. f. Erdk. Berlin*, 1905, pp. 637/649.)

— Expedition von China nach Tibet. (*Geogr. Zeitsch. Leipzig*, XII, 1906, p. 412.)
Dr. Tafel.

— Dr. Tafels Reise in das westlichste China und Tibet. (*Ibid.*, XIII, 1907, pp. 112/113.)

— Dr. Tafels Reise in Zentralasien. (*Deutsche Rundschau f. Geogr. u. Stat.*, XXX, 1907/1908, p. 43.)
Géologue de Stuttgart.

— Das Ende der Tafelschen Expedition. (*Ibid.*, p. 282.)

— Dr. med. Albert Tafel : Ergebnisse in Tibet. (*Jahresber. d. Württ. Ver. f. Handelsgeogr. Stuttgart*, XXVI—XXIX, 1907—1910, pp. 95/97.)

— Vorläufiger Bericht über seine Studienreise in Nordwest-China und Ost-Tibet. Von Dr. Albert Tafel in Stuttgart. (*Zeitsch. Ges. Erdk. Berlin*, 1908, pp. 377/395.)

— Voyages de Albert Tafel et du capitaine d'Ollone dans le Tibet oriental. (*Bull. Soc. Géogr. Lyon*, 2e sér., 1908, pp. 177/179.)

— Dr. Albert Tafel Reise in China und Tibet 1905—1908. — Kartographische Ergebnisse. Teil I. : China 31 Karten im Maßstabe 1 : 200.000. — Herausgegeben von der Gesellschaft für Erdkunde zu Berlin. — Berlin, 1912, Ernst Siegfried Mittler & Sohn, in-fol.

— ~~Das Kartenwerk : Dr. Albert Tafel, Reisen in China und Tibet. Von Albrecht Penck.~~ (*Zeitsch. d. Ges. f. Erdk. zu Berlin*, 1913, pp. 81/84.)

— ~~Das Kartenwerk~~ : Dr. Albert Tafel, Reisen in China und Tibet von Albrecht Penck, in-8, pp. 4; 2 cartes.

Sonderabdruck aus der *Zeitschrift der Gesellschaft für Erdkunde zu Berlin*, 1913, Nr. 2.

— Meine Tibetreise. Eine Studienfahrt durch das nordwestliche China und durch die innere Mongolei in das östliche Tibet von Dr. Albert Tafel. — Union Deutsche Verlagsgesellschaft, Stuttgart, Berlin, Leipzig, 1914, 2 vol. in-8.

Erster Band : Mit 20 Abbildungen im Text, 79 Tafeln und einem farbigen Titelbild, pp. xi-352.

Zweiter Band : Mit 16 Abbildungen im Text, 75 Tafeln, einem Titelbild und einer Übersichtskarte im Maßstab 1 : 300.000.

Notices : *Geogr. Zeitsch. Leipzig*, 1915, pp. 651/653, par Machatschek. — *Geographical Review*, X, Déc. 1920, p. 425, by Cyrus C. Adams. — *Ostasiat. Zeitsch.*, 4. Jahrg., 1/2, April-Sept. 1915, pp. 129/131.

— Dr. Tafel's travels in Tibet. By W. R. Carles. (*Geogr. Journ.*, August 1916, pp. 159/165.)

— Dr. Albert Tafels Reise in Tibet. Von Prof. Dr. Eugen v. Cholnoky, Klausenburg. (*Petermanns Mitt.*, Oct. 1917, pp. 309/311.)

Sven Hedin.

Col. 2928.

— Neueste Nachrichten von Sven Hedin. (*Deutsche Rundschau f. Geogr. u. Stat.*, XXIX, 1906—1907, p. 282.)

— Dr. Sven von Hedin. — Von meiner Reise in Tibet. (*Jahresber. d. Württ. Ver. f. Handelsgeogr., Stuttgart*, XXVI—XXIX, 1907—1910, pp. 111/115.)

Séance du 25 novembre 1909.

— Sven Hedin et le voyage de Mme Massieu. (*La Géographie*, 15 déc. 1908, pp. 420/421.)

— * My discoveries in Tibet. By Dr. Sven Hedin (From *Harper's Monthly Magazine*, London, Nos. 699 and 700, August-Sept. 1908, pp. 339/348, 545/555.)

— La dernière exploration de Sven Hedin au Tibet. (*Bull. Com. Asie franç.*, Sept. 1908, pp. 372/375.)

— La nouvelle exploration du Dr Sven Hedin au Tibet. Par Charles Rabot. (*La Géographie*, 15 oct. 1908, pp. 249/252.)

— Sven Hedin au Thibet. (*Revue Soc. Géogr. Tours*, 1908, pp. 92/93.)

— Sven Hedins letzte große Tibetexpedition. (*Geogr. Zeitsch. Leipzig*, XIV, 1908, pp. 522/523.)

Voir le *Harpers Monthly Mag.* du mois d'août.

— Eine Karte Tibets von Sven Hedin. (*Deutsche Rundschau f. Geogr. u. Stat.*, XXXI, 1908/1909, pp. 233/234.)

— Map of Dr. Sven Hedin's recent Journeys in Tibet. (*Geogr. Journ.*, Nov. 1908, p. 527.)

— Dr. Sven Hedin's expedition in Tibet. By Major C. H. D. Ryder, R. E. (*Ibid.*, Dec. 1908, pp. 585/590.)

— Sven Hedins Rückkehr von seiner zweiten Forschungsreise. Von Oberlehrer Dr. Rosenberg in Uerdingen. (*Deutsche Rundschau f. Geogr. u. Stat.*, XXXI, 1908/1909, pp. 104/109.)

— Die wissenschaftlichen Ergebnisse der fünften Forschungsreise Dr. Sven v. Hedins in Tibet von 1906 bis 1908. Von Max Funke in Leipzig. (Mit einer Karte.) (*Ibid.*, pp. 444/450.)

— Dr. Sven Hedins resa. (*Ymer*, 1909, p. 154/155.)

— En resa i Tibet 1906—1908. Af Sven Hedin. (*Ibid.*, pp. 161/196 ; fig.)

— Trans-Himalaya. Discoveries and Adventures in Thibet. By Sven Hedin. With 388 Illustrations from Photographs, Water-Colour Sketches, and Drawings by the Author, and 10 Maps. London : Macmillan & Co., 1909, 2 vol. in-8, pp. xxiv-436, xviii-442.

Notices : *Lond. & China Express*, Suppl., Dec. 24, 1909, p. 5 ; May 23, 1913. — *Journ. N. C. B. R. As. Soc.*, XLI, 1910, pp. 124/130, par L. F. H. — *Geogr. Journ.*, March 1910, pp. 322/324, by W. Broadfoot.

— Trans-Himalaya Discoveries and Adventures in Tibet by Sven Hedin. With 156 illustrations from Photographs, Water Colour Sketches and Drawings by the Author and 4 Maps. Volume III. Macmillan, London, 1913, in-8, pp. xv-426.

— * Sven Hedin : Transhimalaya. Trå band om tillsammans 1258 sidor, med cirka 400 illustrationer och tio Kartor. Albert Bonniers förlag.

Notice : *Ymer*, 1909, pp. 442/443. Par J. G. A.

— Transhimalaja. Entdeckungen und Abenteuer in Tibet. Von Sven Hedin. Mit 397 Abbildungen nach photographischen Aufnahmen, Aquarellen und Zeichnungen des Verfassers und mit 10 Karten. Leipzig, F. A. Brockhaus, 1909/1912, 3 vol. in-8, pp. xviii-405, x-406, x-390.

Notices : *Mitt. k. k. geogr. Ges. Wien*, LII. Bd., 1909, p. 706, par Machaček. — *Geogr. Zeitsch. Leipzig*, XVI, 1910, pp. 710/712, par Max Friedrichsen. — *Mitt. k. k. geogr. Ges. Wien*, Bd. LVI, 1913, pp. 90/91, par F. M. — *Zeitsch. d. Ges. f. Erdk. zu Berlin*, 1913, pp. 319/320, par Albert Tafel.

— Sven Hedins «Transhimalaja». Von Max Funke in Leipzig. (*Deutsche Rundschau f. Geogr. u. Stat.*, XXXII, 1909/1910, pp. 165/171, 219/221.)

— Sven Hedin et le Transhimalaya. (*Bull. Soc. Géogr. Lyon*, 2e série, 1910, p. 67.)

— Sven von Hedin. — Entdeckungen in Tibet. (*Zeitsch. d. Ges. f. Erdk. Berlin*, 1909, pp. 153/163.)

— Journeys in Tibet, 1906—1908. By Dr. Sven Hedin. (With Map and Illustrations.) (*Scottish Geogr. Mag.*, XXV, 1909, pp. 169/195.)

— Journeys in Tibet, 1906—1908. By Dr. Sven Hedin. (*Geogr. Journ.*, April 1909, pp. 353/440.)

Avec gravures et carte.

— Réception du Dr. Sven Hedin par la Société de Géographie à la Sorbonne le 8 mars 1909. (*La Géographie*, 15 avril 1909, pp. 332/336.)

— Religionsgeschichtliches aus Sven Hedin's «Transhimalaja». Von A. v. Ow, Piesing-Burghausen, Oberbayern. (*Anthropos*, V, Heft 5 et 6, Sept.-Déc. 1910, pp. 1058/1071 ; fig.)

— Résultats de la dernière expédition de Sven Hedin au Tibet. (*Bull. Soc. Géogr. de l'Est*, 1909, 1er trim., pp. 95/96.)

— Through unknown Tibet. By Dr. Sven Hedin. (*Journ. Manchester Geogr. Soc.*, 1909, pp. 1/17.)

— Sven Hedin, le grand Explorateur de l'Asie centrale et du Tibet. (*A travers le Monde*, XV, 1909, pp. 101/102; portr.)

— Ein Hedin-Gebirge. (*Deutsche Rundschau f. Geogr. u. Stat.*, XXXII, 1909/1910, p. 473.)
Décision du Service géographique de l'Inde de nommer «chaîne Hedin» les montagnes du Tibet découvertes par Sven Hedin, dans toutes les publications de l'Institut de l'État indien.

— Sven Hedins Pläne. (*Ibid.*, p. 521.)
Pour la publication de son voyage au Tibet.

— Sven Hedin. — Overland to India with 308 Illustrations from Photographs, Water-Colour Sketches, and Drawings by the Author and 2 Maps. Macmillan and Co., London, 1910, 2 vol., in-8, pp. XIX-416, XIV-357.

— Dr. Sven Hedin's Overland Journey to India. (*Contemporary Review*, XCIX, January-June 1911, Lit. Suppl., No. 40, pp. 12/14.)

— Zu Land nach Indien durch Persien, Seïstan, Belutschistan. Von Sven Hedin. Mit 308 Abbildungen nach photographischen Aufnahmen, Aquarellen und Zeichnungen des Verfassers und mit 2 Karten. Leipzig: F. A. Brockhaus. — 1910, 2 vol. in-8, pp. XI-407, 394.

— Le Tibet dévoilé par Sven Hedin. Traduit et adapté par M. Ch. Rabot. (*Tour du Monde*, XVI, 1910, pp. 109/120; 121/132; 133/144; 145/156; 157/168; 169/180; 181/192; 193/204; ill. et carte.)

— Sven Hedin. — Le Tibet Dévoilé Ouvrage traduit et adapté par M. Charles Rabot. Soixante-neuf Gravures tirées hors Texte. Une Carte en Couleurs. Paris, Hachette, 1910, in-8, pp. 255.
Notices: *Bull. Soc. normande de Géogr.*, Rouen, XXXII, 1910, pp. 173/174. — *Bull. Soc. Géogr. Com.*, Juillet 1910, p. 501, par Paul Labbé. — *Bull. Ass. am. franco-chinoise*, vol. II, Juillet 1910, pp. 294/295, par Georges Soulié.

— Dr. Sven Hedin in Tibet: A Review. (*Scottish Geogr. Mag.*, XXVI, 1910, pp. 131/141.)

— Die Flucht des Dalai-Lama nach Indien. Von Dr. Sven v. Hedin, Stockholm. (*Petermanns Mitt.*, vol. I, 1910, pp. 181/182.)

— Sven Hedin. — The Policy of the Dalaï Lama. (*Contemporary Review*, August 1910, pp. 140/156.)

— The Kumdan Glaciers in 1902. By Dr. Sven Hedin. (*Geogr. Journ.*, August 1910, pp. 184/194.)

— * Svar på «tal». Af Sven Hedin. Stockholm: A. Bonnier, pp. 64. Facsimile Cartes.

— Das Hochland von Tibet zur Übersicht von Sven Hedins Reisen 1894—1908. Entwurf und Terrain von H. Habenicht, Situation und Schrift von C. Barich. Maßstab 1 : 3,700.000. (*Petermanns Mitt.*, Jahrg. 1910, II, Tafel 2. Gotha: Justus Perthes, 1910.)
Notice: *Geogr. Journ.*, August 1910, pp. 245/246.

∴

— Southern Tibet Discoveries in former Times compared with my own Researches in 1906—1908 by Sven Hedin. — Vol. I. Lake Manasarovar and the Sources of the Great Indian Rivers. — From the remotest Antiquity to the end of the eighteenth Century. Stockholm, Lithographic Institute of the General Staff of the Swedish Army, s. d. [1917], in-4, pp. XXXII-293.

— — Vol. II. Lake Manasarovar and the Sources of the Great Indian Rivers. — From the end of the eighteenth Century to 1913. Ibid., s. d. [1917], in-4, pp. XI-330.

— — Vol. III. Transhimalaya. Ibid., s. d. [1917], in-4, pp. XI-369.

— — Vol. IV. Kara-Korum and Chang-Tang. Ibid., s. d. [1922], in-4, pp. XI-428.

— — Vol. V. Petrographie und Geologie von Prof. Dr. Anders Hennig. Ibid., in-4, s. d. [1916], pp. 220 et pl.
Avec un titre spécial:
Zur Petrographie und Geologie von Südwest-Tibet. — Von Anders Hennig. Mit 21 Textfiguren, 11 Tafeln und 2 geologischen Übersichtskarten. Stockholm, 1915, P. A. Norstedt & Söner.

— — Vol. VI. Part I: Die Meteorologischen Beobachtungen bearbeitet von Prof. Dr. Nils Ekholm. Ibid., s. d. [1920], in-4, pp. VII-193 + 1 f. n. ch., 11 pl.
Avec un titre spécial:
Die Meteorologischen Beobachtungen. — Bearbeitet von Prof. Dr. Nils Ekholm.

— — Vol. VII. History of Exploration in the Kara-Korum Mountains. Ibid., s. d. [1922], in-4, pp. x + 1 f. n. ch. + 605.

— — Vol. VIII. Part I: The Ts'ung-Ling Mountains by Sven Hedin and Albert Herrmann. — Part II: Die Westländer in der chinesischen Kartographie vor Albert Herrmann. — Part III: Zwei Osttürkische Manuscriptkarten unter Mitwirkung von A. v. Lecoq, herausgegeben von Albert Herrmann. Part IV: Chinesische Umschreibungen von älteren geographischen Namen, zusammengestellt von A. Herrmann. Ibid., 1922, in-4, pp. XVI-456; pl.

— — Vol. IX. Part I : Journeys in Eastern Pamir by Sven Hedin. — Part II : Osttürkische Namenliste mit Erklärungsversuch von A. v. Lecoq — Part III : Zur Geologie von Ost-Pamir. Auf Grundlage der von Sven Hedin gesammelten Gesteinsproben von Bror Asklund mit zehn Tafeln und einer geologischen Übersichtskarte. — Part IV : Eine chinesische Beschreibung von Tibet, vermutlich von Julius Klaproth, nach Amiot's Übersetzung bearbeitet. Herausgegeben von Erich Hänisch. — Das Goldstromland im chinesisch-tibetischen Grenzgebiete nach dem großen Kriegswerk vom Jahre 1781, dargestellt von Erich Hänisch. Mit fünf Aufnahmen des Verfassers und drei Kartentafeln. Part V : General Index. Ibid., 1922, in-4, pp. VII-130/176.

— Southern Tibet by Sven Hedin. — Atlas of Tibetan Panoramas. Stockholm Lithographic Institute of the General Staff of the Swedish Army, in-fol., 105 pl., s. d. [1917].

— Southern Tibet by Sven Hedin. — Maps I, II, III, in-fol.

— Prospectus. — Southern Tibet Discoveries in former times compared with my own Researches in 1906—1908, by Sven Hedin. Nine Volumes of Text and three Volumes of Maps. Stockholm Lithographic Institute of the General Staff of the Swedish Army, s. d. [1922], in-4, pp. 32 et pl.

∴

— Sven Hedins forskningar i Södra Tibet 1906—1908. En granskande öfversikt. Af E. W. Dahlgren, Karl D. P. Rosén och H. Wison Ahlmann. (*Ymer*, 1918, pp. 101/186; pl. et cartes.

I. Historisk geografi och Kartografi. Af E. W. Dahlgren, pp. 103/124. — II. Kartarbeten. Af Karl D. P. Rosén. (Härtill tavl. III-V); pp. 125/157. — III. Geomorfologi. Af. Hans Wison Ahlmann, pp. 158/186.

— Sven Hedins « Süd-Tibet ». Von Prof. Dr. Ernst Tiessen, Berlin. (*Petermanns Mitt.*, April-Mai-Heft, pp. 88/89.)

— Jarl Charpentier. Some additional remarks on Vol. I, of Dr. Sven Hedin's « Southern Tibet ». (*Geografiska Annaler*, 1919, pp. 269/289.)

Notice : *La Géographie*, XXXIII, Mai 1920, pp. 437/438.

(SVEN HEDIN.)

— Sven Hedin. Early European Knowledge of Tibet. (*Geografiska Annaler*, 1919, pp. 290/339.)

Notice : *La Géographie*, XXXIII, Mai 1920, p. 438.

— Sven Hedin. — European Names in Tibet. (*Geogr. Annaler*, 1920, II, 4, pp. 363/366.)

Cf. *Geogr. Journ.*, Nov. 1913, p. 328.

— Der Manasarovar und die Quellen der indischen Ströme. Zu Sven Hedins neuestem Tibetwerk. Von A. Herrmann, Charlottenburg. (*Zeitsch. d. Ges. f. Erdk. Berlin*, 1920, pp. 193/197.)

— * Sven Hedin. — Tsangpo Lamas Wallfahrt. Die Pilger, Roman. F. A. Brockhaus, Leipzig, 1922, in-8, pp. 346.

DR. ERICH ZUGMAYER.

— Eine Durchquerung Tibets von Chinesisch-Turkestan nach Indien. (*Geogr. Zeitsch. Leipzig*, XII, 1906, pp. 293/294.)

— Nachrichten von Dr. Zugmayers Reise nach Tibet. (*Deutsche Rundschau f. Geogr. u. Stat.*, XXIX, 1906/1907, p. 88.)

— Meine Reise im westlichen Tibet (1906). (Vorläufiger Bericht.) Von Dr. Erich Zugmayer. (*Mitt. k. k. Geogr. Ges. Wien*, L, 1907, pp. 359/368.)

— Dr. Erich Zugmayers Durchkreuzung des westlichen Tibet. (*Geogr. Zeitsch. Leipzig*, XIII, 1907, pp. 158/159.)

— Bericht über eine Reise in West-Tibet. Von Dr. Erich Zugmayer, München. (*Petermanns Mitt.*, 1909, VII, pp. 145/151.)

Cartes 1 : 1,000.000 et 1 : 3,000.000.

— Geographische Resultate der Reise in West-Tibet von Dr. Zugmayer. (*Geogr Zeitsch. Leipzig*, XV, 1909, pp. 531/532.)

— Voyage du Dr Erich Zugmayer dans le Tibet occidental. Par Charles Rabot. (*La Géographie*, 15 mai 1909, pp. 389/392.)

— Erich Zugmayer. — Über religiöse Vorstellungen und Volkssitten der Tibetaner. (*Geist d. Ostens*, München, I, 1913, pp. 219/227.)

— Jane E. Duncan. — A Summer Ride through Western Tibet. London, 1906, pp. XVIII + 341, with pl.

Notice : *Athenaeum*, 1906, I, pp. 634 635.

— * A Summer Ride through Western Tibet. By Jane E. Duncan. [Reprint, with a memoir of the Author.] London, etc. : Collins, [1913], pp. 316; portr. and ill.

HANS LEDER.

— Der Reisende Hans Leder beim Dalai Lama. (*Deutsche Rundschau f. Geogr. u. Stat.*, XXVIII, 1905/1906, p. 235.)

— Das geheimnisvolle Tibet. Reisefrüchte aus dem geistlichen Reiche des Dalai-Lama. Von Hans Leder. Mit 14 Abbildungen, meist nach eigenen Auf-

(ZUGMAYER. — LEDER.)

nahmen. — Leipzig, Th. Grieben's Verlag (L. Fernau), 1909, in-8, pp. VII-110; 10 pl.

Notices : *Mitt. k. k. geogr. Ges. Wien*, LIII. Bd., 1910, p. 396, par L. B. — *Anthropos*, Mars-Juin 1910, p. 604, par P. F. Hestermann, S. V. D.

∴

— Kleine archäologische Erträge einer Missionsreise nach Zangskar in Westtibet. Von Missionar A. H. Francke. (*Zeitsch. d. Deutschen Morg. Ges.*, LX. Bd., 3. Heft, 1906, pp. 645/661.)

— Das Königreich Guge in Tibet. (*Deutsche Rundschau f. Geogr. u. Stat.*, XXXIII, 1910/1911, p. 179.)

Voyage du missionnaire A. H. Francke, envoyé par le gouvernement anglo-indien. — Leh ?

Comte de Lesdain.

— Count de Lesdain. — From Pekin to Sikhim, through Gobi and Tibet. (*Calcutta Review*, 1906, April, pp. 162/239; July, pp. 349/412; Oct., pp. 647/669; 1907, January, pp. 27/45; July, pp. 299/320; Oct., pp. 411/426.)

— From Pekin to Sikhim through the Ordos, the Gobi Desert, and Tibet. By Count de Lesdain. With Map and Illustrations. London, John Murray, 1908, in-8, pp. XII-301.

Notices : *Lond. & China Express*, May 1, 1908. — *Geogr. Journ.*, Sept. 1908, pp. 295/296, par W. Broadfoot.

— Count de Lesdain's Travels across Asia. By C. E. D. Black. (With Map.) (*Scottish Geogr. Mag.*, XXIV, 1908, pp. 141/151.)

— The Count de Lesdain's Journey across Central Asia. (*Geogr. Journ.*, April 1908, pp. 441/442.)

— Comte de Lesdain. — Voyage au Thibet par la Mongolie : De Pékin aux Indes. Paris, Plon-Nourrit & Cie, 1908, in-12, pp. 346; 27 ill. et une carte.

Notices : *Bull. Soc. Géogr. Lyon*, 1909, Tome II, Fasc. I-II, pp. 84/86. Par Maurice Zimmermann. — *Bull. Comité Asie franç.*, Sept. 1908, p. 396, par C. M.

— De Péking aux Indes par le Gobi et le Tibet. Résumé d'une conférence faite à la Société de Géographie (Déc. 1907) par le Comte de Lesdain, par Frédéric Lemoine dans *La Géographie*. (*Revue indo-chinoise*, 15 juillet 1908, pp. 63/65.)

∴

— Special Correspondent. — With Tashi Lama in India. (*Calcutta Review*, April 1907, pp. 205/228.)

— E. A. Neve. — A glimpse of Western Tibet. (*Foreign Missionary Chronicle*, Edinburgh, VII, 1906, pp. 124/127.)

— C. N. Magniac. — Visit to the Court of the Tashi Lama. (*Nineteenth Century*, London, LIX, 1906, pp. 255/270.)

(Lesdain.)

— Western Tibet and the British Borderland. (*Scottish Geogr. Mag.*, XXIII, 1907, pp. 28/33.)

D'après l'ouvrage de Sherring. (Voir col. 2927.)

Notice : *Geogr. Zeitsch. Leipzig*, XIII, 1907, p. 715, par Oestreich.

— Carlo Puini. — Una recente pubblicazione sul Tibet occidentale. (*Riv. Geogr. Ital.*, XIV, 1907, pp. 172/176.)

Voir Sherring, Col. 2927.

Col. 3253.

— Diary of a Journey through « East Tibet », by Edw. Amundsen. (*Chin. Rec.*, Dec. 1907, pp. 649/659; February 1908, pp. 86/97.)

Jacques Bacot.

— Conférence de M. Jacques Bacot sur la politique chinoise dans le Sud-Est du Tibet. Réunion du 19 février 1908. (*Bull. Com. Asie franç.*, Février 1908, pp. 55/62.)

— Voyage de M. Jacques Bacot en Extrême-Orient. (*La Géographie*, 15 mars 1908, pp. 252/253.)

— Le pèlerinage du Dokerla (Tibet oriental), par M. Jacques Bacot. (*Ibid.*, 15 mai 1908, pp. 416/420; carte.)

— M. Bacot's Journey in South-Eastern Tibet. (*Geogr. Journ.*, August 1908, pp. 182/183.)

(Extr. de *La Géographie*, Mai 1908.)

— Collection tibétaine de M. Jacques Bacot. (Exposition temporaire au Musée Guimet, *Annales du Musée Guimet*, Bibl. de Vulgarisation, tome XXVIII, *Catalogue*. — Paris, 1908, pp. 35/71.)

— Pèlerinage du Dokerla (Tibet sud-oriental), par M. J. Bacot. (*Conférences faites au Musée Guimet*, XXXII, pp. 195/218.)

— A propos de documents tibétains par J. Bacot. (*Bull. arch. Musée Guimet*, fasc. II, pp. 25/27.)

— Documents tibétains de la mission J. Bacot décrits par J. Hackin. (*Ibid.*, pp. 29/38.)

Col. 3333.

— Dans les Marches tibétaines Autour du Dokerla, Novembre 1906—Janvier 1908. Par Jacques Bacot. — Avec une carte et deux gravures hors texte. Paris, Plon, 1909, in-16, pp. III-215 + 1 p. n. ch.

Notice : *Journ. Asiat.*, Nov.-Déc. 1909, pp. 536/537, par Sylvain Lévi.

— M. Bacot on the China-Tibetan Frontier. (*Geogr. Journ.*, May 1910, p. 595.)

— Idem. (*Ibid.*, July 1910, pp. 102/103.)

Lettres à Henri Cordier.

(Bacot.)

— Quelques réflexions sur des voyages au Tibet. Par Jacques Bacot. (*Asie franç.*, Mars 1911, pp. 112/119; carte.)

Paris, 25 mars 1911.
A propos de Savage Landor et de Sven Hedin.

— La Chine méridionale et le Tibet. Conférence de M. Jacques Bacot, du 27 janvier 1911. (*Soc. géogr. de Tours*, 2e trim. 1911, pp. 63/64.)

— A travers le Tibet oriental (Planches II à VII). Par J. Bacot. (*La Géographie*, 15 avril 1911, pp. 241/248.)

— A travers le Tibet oriental. Par J. Bacot. (*T'oung Pao*, Mai 1911, pp. 262/267.)
Extr. de *La Géographie*, T. XXIII, 1911.

— Jacques Bacot. — Le Tibet révolté Vers Népémakö, la Terre promise des Tibétains. Ouvrage illustré de 60 gravures tirées hors texte et de 7 cartes en couleurs, suivi des Impressions d'un Tibétain en France. Paris, Librairie Hachette et Cie, 1912, in-8, pp. 364 + 2 ff. n. ch. tabl. et colophon.

L. Moreau, imprimeur éditeur, 159 Boulevard Saint-Germain, Paris.
Notices : *Geogr. Journ.*, Nov. 1912, p. 551. — *T'oung Pao*, Mars 1913, pp. 136/138, par H. C[ordier].

CAPITAINE D'OLLONE.

— Exploration dans les régions nord-est du Tibet. Par le Capitaine d'Ollone. (*La Géographie*, 15 nov. 1908, pp. 315/325.)
Lan Tcheou sen, le 20 juin 1908.

— Exploration dans les régions nord-est du Tibet. [Lettre et rapport du capitaine d'Ollone, Lan Tcheou sen, 20 juin 1908.] (*T'oung Pao*, Déc. 1908, pp. 696/705.)
Extr. de *La Géographie*, 15 nov. 1908, pp. 315/325.

— Commandant d'Ollone. — Chez les Nomades du Tibet. (*Revue des Deux Mondes*, 15 février 1911, pp. 837/866.)
Tiré de l'ouvrage *les Derniers Barbares*.

∴

— * Lady Jenkins. — Sport and Travel in Both Tibets. London : Blades, East & Blades, 1909, col. ill., gr. in-8, pp. 87.

— Dans les provinces du fond de la Chine, par M. Emile Labarthe [Suite] III. — Tchao-toung-fou et la frontière sino-tibétaine. (*Tour du Monde*, XV, 1909, pp. 217/228; 229/240; 241/252; ill.)

— L'expulsion de MM. Huc et Gabet du Tibet (1846). Documents inédits, par M. Henri Cordier. (*Bull. Géogr. hist. et descr.*, Année 1909, n° 2, pp. 223/233.)

— R. Geerts. — Chez les nomades du Thibet. (Bruxelles, *Bull. Soc. études colon.*, 1909, pp. 315/322.)

(CAPITAINE D'OLLONE.)

— Journeys in Bhutan. By J. Claude White, C. I. E. (*Geogr. Journ.*, January 1910, pp. 18/42.)

— Obituary. Mr. John Claude White, C. I. E. By F. E. Y. (*Geogr. Journ.*, June 1918, pp. 407/408.)
Sikkim, Bhutan et frontières du Tibet.

— Nain Singh's Work in Tibet. (*Geogr. Journ.*, May 1910, p. 595.)

— Adventure Sport and Travel on the Tibetan Steppes by W. N. Fergusson F. R. G. S. With illustrations from Photographs by the Author and the late Lieut. Brooke, and two Maps. London, Constable, 1911, gr. in-8, pp. XVI-343.

Notices : *Lond. & China Express*, May 5, 1911. — *Geogr. Journ.*, June 11, pp. 647/649, by T. H. Holdich. — *Times Lit. Sup.*, 7 april 1911.

CAPITAINE F. M. BAILEY.

— From the Outposts. A quiet day in Tibet. By F. M. Bailey. (*Blackwood's Mag.*, Vol. 189, Feb. 1911, pp. 270/275.)

— Journey through a portion of South-eastern Tibet and the Mishmi hills. By Captain F. M. Bailey. (*Geogr. Journ.*, April 1912, pp. 334/347; carte.)

— Exploration du capitaine F. M. Bailey au Tibet. (*La Géographie*, 15 sept. 1912, pp. 214/215. Par J. Bacot.)

— Captain Bailey's paper on «South Eastern Tibet and the Mishmi Hills». (*Geogr. Journ.*, Dec. 1912, p. 657.)

— Shooting Takin in Eastern Tibet. By Captain F. M. Bailey. (*Blackwood's Mag.*, Vol. 193, February 1913, pp. 170/180.)

— Note on the Falls of the Tsang-Po. By Captain F. M. Bailey. (*Scottish Geogr. Mag.*, 1914, pp. 90/92; carte.)

— Exploration on the Tsang-Po or Upper Brahmaputra. By Captain F. M. Bailey. (*Ibid.*, pp. 561/582; carte et ill.)

— Captain F. M. Bailey's latest Exploration. By Lieut. Col. A. C. Yate. (*Ibid.*, pp. 191/197.)

Publié aussi dans le *Journal of the Central Asian Society*, Part I, 1914.

∴

— Von Ta Chien Lu nach Tibet, Lu Ts'ang Tao Li Tsui Hsin T'u K'ao 鑪藏道里最新圖攷. Von Chang Shên An, übersetzt von T. Sperlein. (*Mitt. d. Seminars f. Orient. Sprachen*, Jahrg. XV, *Ostasiat. Studien*, 1912, pp. 118/161; carte.)

— In de Himalaja. (*Tijdsch. v. h. Kon. Ned. Aardrijksk. Genootsch.*, 1912, no. 5, pp. 716/717.)
Tsangpo-Brahmapoutra.

(CAPITAINE BAILEY.)

F. KINGDON WARD.

Voir Col. 3336, 3444.

— *Geological notes on the «Land of Deep Corrosions». By F. Kingdon Ward. (*Geol. Mag.*, V, 10, 1913, pp. 148/153; ill.)

— * Further notes on the Land of Deep Corrosions. By F. Kingdon Ward. (*Geol. Mag.*, VI, 3, Dec. [1916], pp. 209/219.)

— * The Land of the Blue Poppy. Travels of a Naturalist in Eastern Tibet, by F. Kingdon Ward, B. A., F. R. G. S. Cambridge University Press . . . 1913, gr. in-8, pp. XII-284. With 40 plates and 5 maps.

Notices : *Geogr. Journ.*, Dec. 1913, pp. 558/559, par H. R. D. — *Lond. & China Express*, July 11, 1913. — *Journ. N. C. B. R. As. Soc.*, XLV, 1914, pp. 125/126, par C. D. B.

— Mr. Kingdon Ward on the Yunnan-Tibet Border. (*Geogr. Journ.*, May 1914, pp. 578/579.)

— The Glaciation of Chinese Tibet F. Kingdon Ward. (*Ibid.*, May 1922, pp. 363/369; sketch-map.)

— Mr. Kingdon Ward's Latest Journey in the China-Tibet Borderlands. (*Ibid.*, March 1923, p. 224.)

— * The Mystery Rivers of Tibet. By Capt. F. Kingdon Ward, B.A., F.R.G.S. Seely Service and Co. Many illustrations, 3 maps. 1923, in-8, pp. 316.

Notices : *China Express and Telegraph*, Nov. 1, 1923. — *Geogr. Journ.*, March 1924, pp. 247/249, par H. R. Davies.

∴

— Die Tasam. Von V. Paschinger, Klagenfurt. (Mit einer Karte.) (*Deutsche Rundschau f. Geogr. u. Stat.*, XXXVI, 1913/1914, pp. 426/428.)

Grande route de Leh à Lhasa.

— The Marches of Chinese Tibet. By Thos. M. Ainscough. (*Journ. Manchester Geogr. Soc.*, 1914, pp. 1/26.)

— * Oliver Coales. — Eastern Tibet, Route from Tachienlu to Ch'amdo and Riwoch'e, traversed by Oliver Coales 1916—1917, échelle : 1 : 100,000e.

— Economic Notes on Eastern Tibet Oliver Coales, H. B. M. Consular Service. (*Geogr. Journ.*, Oct. 1919, pp. 242/247; map.)

— Viaggio di O. Coales nel Tibet orientale. (*Boll. Reale Soc. geogr. italiana*, Gennaio-Giugno 1920, pp. 186/190.)

— A recent trip into the Chumbi Valley, Tibet Lieut.-Colonel Sir Walter Buchanan, K. C. I. E., I. M. S., Calcutta. (*Geogr. Journ.*, June 1919, pp. 403/410; ill.)

* Exploration in Tibet and neighbouring regions. (*Nature*, London, 29 janvier 1919, pp. 570/571.)

— The Exploration and Occupation of the Centres on the Tibetan Marches. — J. Huston Edgar. (*Chin. Rec.*, Sept. 1919, pp. 606/613; carte.)

MONT EVEREST.

— A Journey to Tashirak in Southern Tibet, and the Eastern Approaches to Mount Everest. — Major J. B. Noel, M. G. Corps. (*Geogr. Journ.*, Vol. LIII, No. 5, May 1919, pp. 289/308; pl. et carte.)

— La spedizione inglese al Monte Everest. (*Boll. R. Soc. Geogr. italiana*, Luglio 1921, pp. 262/263.)

— Idem. (*Ibid.*, Agosto-Settembre 1921, p. 369.)

— The Mount Everest Expedition. (*Geogr. Journ.*, Oct. 1921, pp. 276/283; 22 photogr.)

Additional Note, p. 320.

— Idem. (*Ibid.*, Nov. 1921, pp. 371/377; pl.)

— Idem. (*Ibid.*, Dec. 1921, pp. 446/454; diagramme et ill.)

— The Mount Everest Expedition Lieut.-Colonel C. K. Howard-Bury, D. S. O., Chief of the Expedition. Read at the Joint Meeting of the Society and the Alpine Club at the Queen's Hall, 20 Dec. 1921. (*Ibid.*, February 1922, pp. 83/99; maps and ill.)

— Mount Everest : The Reconnaissance George Leigh Mallory. Read with the preceding paper at the Joint Meeting of the R. G. S. and A. C. on 20 Dec. 1921. (*Ibid.*, pp. 100/112.)

— The Mount Everest maps and photographs. (*Ibid.*, pp. 131/137.)

— * Mount Everest : The Reconnaissance, 1921. — Lieut.-Colonel Howard-Bury, D. S. O., and other Members of the Mount Everest Expedition. London : Edward Arnold & Co., 1922, pp. x-356; maps and ill.

Notice : *Geogr. Journ.*, June 1923, pp. 459/462. By D. W. Freshfield.

— L'expédition du mont Everest. Par J. Nippgen. (*La Géographie*, Février 1922, pp. 162/164.)

— The Mount Everest Expedition. (*Geogr. Journ.*, March 1922, p. 207.)

— Geological Results of the Mount Everest Expedition, 1921 A. M. Heron, D. Sc., F. G. S., Geological Survey of India Read at the Afternoon Meeting of the Society, 10 April 1922. (*Ibid.*, June 1922, pp. 418/436; phot. et carte.)

— The Mount Everest Expedition. (*Ibid.*, May 1922, pp. 379/383.)

— Idem. (*Ibid.*, August 1923, pp. 141/144.)

∴

— La Chine au Thibet. Par R. P. Goré. (*La Géographie*, Sept.-Oct. 1920, pp. 209/234.)

Tatsienlou, 1er déc. 1919.

— Dans le Tibet indépendant 6—13 sept. 1920. Par Francis Goré. (*La Géographie*,

Mars 1922, pp. 237/251; carte dans le texte.)

— Journeys through Kam (Eastern Tibet) Eric Teichman, C. I. E., B. A. Read at the Meeting of the Society 6 June 1921. (*Geogr. Journ.*, January 1922, pp. 1/19; map and ill.)

— * Travels of a Consular Officer in Eastern Tibet. By Eric Teichmann, C. I. E., B. A. Cambridge : University Press, 1922, in-8, pp. xxiv-248; 64 plates, and 8 maps.

Notices : *Journ. Roy. As. Soc.*, April 1923, p. 274, by W. Perceval Yetts. — *Geogr. Journ.*, April 1923, pp. 297/299, par W. R. C[arles]. — *China Express and Telegraph*, February 8, 1923, p. 95. — Voir col. 3340.

— Missions européennes au Tibet. (*Asie franç.*, Nov. 1922, p. 425.)

— The Alps of Chinese Tibet and their geographical relations Prof. J.W. Gregory, F. R. S., and C. J. Gregory, B. Sc. Read at the Meeting of the Society, 11 Dec. 1922. (*Geogr. Journ.*, March 1923, pp. 153/179; fig.)

— Spedizione nel Tibet cinese. (*Boll. R. Soc. Geogr. ital.*, Gennaio-Febbraio 1923, pp. 63/64.)

Extr. de *Nature*, Londres. — Exp. de J. C. Gregory.

— * To the Alps of Chinese Tibet. By J. W. Gregory, D. Sc. F. R. S., and C. J. Gregory, B. Sc. (Seely Service and Co. 1923, pp. 322. Map and Illustration.)

Notices : *China Express and Telegraph*, Nov. 1, 1923. — *Geogr. Journ.*, March 1924, pp. 247/249, by H. R. Davies.

— Expédition au Tibet chinois. (*La Géographie*, Janvier 1923, pp. 98/99.)

Prof. J. W. Gregory et M. C. J. Gregory, son fils, de la « Percy Sladen Trust ».

— A travers le Tibet mystérieux par Albert Bodard. (*Je sais tout*, Quinze février 1922, pp. 52/57; ill.) Préface du général d'Ollone.

— The Gorge of the Arun Captain C. J. Morris, 3rd Q. A. O. Gurkha Rifles Read at the Evening Meeting of the Society, 18 June 1923. (*Geogr. Journ.*, Sept. 1923, pp. 161/173; ill. et carte.)

— A Year in Lhasa. Sir Charles Bell, K. C. I. E. C. M. G. Read at the Meeting of the Society, 3 December 1923. (*Geogr. Journ.*, February 1924, pp. 89/105; ill.)

— Mr. Weatherbe's Journey through Chinese Tibet. (*Ibid.*, pp. 168/169.)

— Dr. McGovern's Visit to Lhasa. (*Ibid.*, pp. 170/171.)

General George Edward Pereira.

— A Proposed Journey across Eastern Tibet. (*Geogr. Journ.*, August 1922, pp. 155/156.)

Brigadier-General George Pereira.

— Brigadier-General George Pereira's Journey across Tibet. (*Ibid.*, January 1923, p. 62.)

(Divers.)

— Brigadier-General George Pereira's Journey to Lhasa. (*Ibid.*, February 1923, pp. 124/130; map.)

— Le voyage du général Pereira à Lhassa. Par J. Nippgen. (*La Géographie*, Avril 1923, pp. 457/459.)

— Brigadier-General Pereira. (*China Express and Teleg.*, Nov. 20, 1923.)

Né en 1865; † 1923, à la frontière tibétaine.

— Obituary. — Brigadier-General Pereira. (*China Express and Telegr.*, Nov. 29, 1923, pp. 802/803.)

— Late Brigadier-General Pereira. — Memorial Service to the Great Traveller at Chengtu : The Land of the Goloks. (*North-China Herald*, Dec. 22, 1923, p. 814.)

— Obituary. (*Geogr. Journ.*, January 1924, pp. 87/88.)

LANGUE.

Col. 2929/2940.

— Tibetan Buddhist Birth-Stories : Extracts and Translations from the Kandjur. — By Hon. William Woodville Rockhill.... (*Journ. Am. Orient. Soc.*, XVIII, 1897, pp. 1/14.)

— An Introduction to the Grammar of the Tibetan Language with the Texts of Situhi Sum-r Tags, Dag-je Sal-wai Mélong and Situhi Shal-Lün by Sarat Chandra Das, C. I. E., Rai Bahadur, ... Darjeeling : Printed at the Darjeeling Branch Press, 1915, in-4.

Portraits du Dalai Lama et d'Ekai Kawaguchi. — Facsimiles. — Dédié à W. W. Rockhill.

Col. 2033.

— * Tibetan Tales... by W. R. S. Ralston... New Edition, London, 1906, in-8, pp. lxv-368.

— Tibetan Primer No. I. — By Lama Wangdan, formerly Teacher, Government High School, Darjeeling. Revised, transcribed in Roman Characters and Translated into English by Satis Chandra Acharyya, Vidyabhusan, M. A., Professor of Sanskrit, Presidency College, Calcutta... Third Edition. Calcutta : Printed at the Bengal Secretariat Press, 1902, in-8, pp. 26.

— Tibetan Primer No. II..... Second Edition. Ibid., pp. 50.

(General Pereira. — Langue.)

— Sanskrit works on Literature, Grammar, Rhetoric and a Lexicography as preserved in Tibet. By Satis Chandra Vidyābhuṣaṇa. (*Journ. & Proc. Asiat. Soc. Bengal*, Vol. III, No. 2, 1907, pp. 121/132.)

E. H. C. Walsh.

Col. 2940.

— The Tibetan Language, and Recent Dictionaries. — By E. H. C. Walsh . . . (*Journ. Asiat. Soc. Bengal*, Vol. LXXII, Pt. I, No. 2, 1903, pp. 65/86.)

Dict. de Chandra Das.

— A list of Tibetan books brought from Lhasa by the Japanese monk, Mr. Ekai Kawa Gochi. — By E. H. C. Walsh. (*Ibid.*, LXXIII, Pt. I, No. 2, 1904, pp. 118/177.)

— A Vocabulary of the Tromowa Dialect of Tibetan spoken in the Chumbi Valley (So far as it differs from Standard Tibetan), together with a Corresponding Vocabulary of Sikhimese and of Central (Standard) Tibetan (Given for the purpose of comparison). Compiled by E. H. C. Walsh, I. C. S. (The corresponding Sikhimese words supplied by Sub-Inspector S. W. Laden La, Bengal Police.) Calcutta : The Bengal Secretariat Book Depôt, 1905, in-4, pp. x-34.

— A language map of West Tibet with notes. — By A. H. Francke. (*Journ. Asiat. Soc. Bengal*, LXXIII, Pt. I, No. 4, 1904, pp. 362/367; 1 pl.)

— Ein Siegel in tibeto-mongolischer Schrift von Bhutan. Von A. H. Francke. (*Zeitsch. d. Deutschen Morg. Ges.*, 64. Bd., Heft III, 1910, pp. 553/554; fig.)

Csoma de Körös.

Col. 2929/2931.

— Tibetan Studies, being a reprint of the articles contributed to the Journal of the Asiatic Society of Bengal by Alexander Csoma de Körös. Edited by E. Denison Ross. Calcutta, *Journ. Asiat. Soc. Bengal* extra No. 7, 1911 (1912), pp. 1/172.

— * *Memoirs of the Asiatic Society of Bengal.* Vol. IV, No. 1, pp. 1/127 : Sanskrit-Tibetan-English Vocabulary, being an edition and translation of the Mahāvyutpatti, by Alexander Csoma de Körös. Edited by E. Denison Ross, Ph. D., F. A. S. B., and Mahāmahopadhyāya Satis Chandra Vidyābhūsana, F. A. S. B. Part I.

Notices : *Journ. Roy. As. Soc.*, April 1912, pp. 509/514. By E. Müller, Berne, Nov. 1911. — *T'oung Pao*, 1911, p. 436, par Ed. Chavannes.

C. A. Bell.

Col. 2940.

— Grammar of Colloquial Tibetan. — By C. A. Bell . . . late of Indian Civil Service, late Political Officer in Sikkim. — Second Edition. — Calcutta : The Bengal Secretariat Book Depot, 1919, pet. in-8, pp. x + 2 ff. n. ch. + pp. 224; carte.

Notice : *Journ. Roy. As. Soc.*, Oct. 1922, pp. 593/595, by E. H. C. Walsh.

— English-Tibetan Colloquial Dictionary. — By C. A. Bell . . . — Second Edition. — Calcutta : The Bengal Secretariat Book Depot, 1920, pet. in-8, pp. xxxvi-562 à 3 col.

Calcutta : Printed at the Baptist Mission Press.

« In the first edition this dictionary was published as the Second part of a 'Manual of Colloquial Tibetan', the first part consisting of a Grammar of Colloquial Tibetan. In this second edition both parts have not only been revised, but have also been considerably enlarged. The map accompanying this edition — the latest from the Indian Survey Department — is bulkier than the Royal Geographical Society's Map of 1904, with which the first edition was furnished. It has therefore been found best to bring out the Grammar and Dictionary as separate books. The map accompanies the Grammar. »

Hermann Beckh.

Voir Col. 2940.

— Beiträge zur tibetischen Grammatik, Lexikographie, Stilistik und Metrik. Von Hermann Beckh. (*Abh. d. Kön. Preuß. Ak. d. Wiss., phil.-hist. Kl.*, 1908, *Anhang.* Abh. II, pp. 65.)

— Die Handschriften-Verzeichnisse der Königlichen Bibliothek zu Berlin — Vierundzwanzigster Band — Verzeichnis der Tibetischen Handschriften von Dr. Hermann Beckh — Erste Abteilung. — Berlin, Behrend & Co., 1914, gr. in-4, pp. x-192.

Erste Abteilung : Kanjur (Bkah-hgyur).

Notice : *Journ. Roy. As. Soc.*, Oct. 1914, pp. 1124/1139, par B. Laufer.

— Notes à propos d'un catalogue du *Kanjur*, par Paul Pelliot. (*Journ. Asiat.*, Juillet-Août 1914, pp. 111/150.)

A propos de : Dr Hermann Beckh. *Verzeichnis der Tibetischen Handschriften.*

— Notes à propos d'un Catalogue du *Kanjur*, par M. Paul Pelliot. — Extrait du *Journal Asiatique* (Juillet-Août 1914), Paris, Imprimerie Nationale — MCMXV, in-8, pp. 42.

— Quelques transcriptions chinoises de noms tibétains par Paul Pelliot. (*T'oung Pao*, Mars 1915, pp. 1/26.)

BERTHOLD LAUFER.

Col. 2937.

— Ein Sühngedicht der Bonpo. Aus einer Handschrift der Oxforder Bodleiana. Von Berthold Laufer. — Wien, 1900. In Commission bei Carl Gerold's Sohn, in-4, pp. 60.

Denkschriften d. Kais. Ak. d. Wiss. in Wien, phil.-hist. Kl. — Bd. XLVI. — VII.

— Berthold Laufer. — Die Kanjur-Ausgabe des Kaisers K'ang-hsi. (*Bull. de l'Acad. Imp. des Sciences de St.-Pétersbourg*, 1909, 1er mai, VIe Série, n° 8, pp. 567/574.)

Notice : *T'oung Pao*, Oct. 1909, pp. 533/534, par Ed. Chavannes.

— Der Roman einer Tibetischen Königin. Tibetischer Text und Übersetzung von Berthold Laufer. Mit 8 lamaistischen Abbildungen nach den Originalen gezeichnet von Prof. Grünwedel. Leipzig, Otto Harrassowitz, 1911, in-8, pp. x-264.

Notices : *T'oung Pao*, 1911, pp. 275/276, par Ed. Chavannes. — *Anthropos*, Bd. VII, Heft 1/2, Jänner-April 1912, pp. 261/264, par A. H. Francke. — *Ostasiat. Zeitsch.*, Januar 1913, p. 484, par William Cohn.

— The Stanzas of Bharata. By Berthold Laufer. (*Journ. Roy. As. Soc.*, Oct. 1912, pp. 1071/1073.)

Cf. Ed. Huber, dans les *Mélanges Sylvain Lévi*.

— * Berthold Laufer. — Das Citralakshaṇa, nach dem Tibetischen Tanjur herausgegeben und übersetzt. Leipzig, Harrassowitz, 1913, in-8, pp. x-193.

Notice : *T'oung Pao*, Mai 1913, pp. 303/304. Par Ed. C[havannes].

— Chinese Transcriptions of Tibetan names. By B. Laufer. (*T'oung Pao*, Juillet 1915, pp. 420/424.)

— Loan-words in Tibetan by Berthold Laufer. (*Ibid.*, Oct. et Déc. 1916, pp. 403/552.)

— Origin of Tibetan Writing Berthold Laufer Field Museum of Natural History, Chicago. — Reprinted from the *Journal of the American Oriental Society*, Vol. 38, 1918, in-8, pp. 34/46.

Notices : *T'oung Pao*, Juillet 1917, pp. 235/236, par H. C[ordier]. — *Journ. N. C. B. R. As. Soc.*, L, 1919, pp. 195/196, par J. Ch. T.

— Three Documents relating to the History of Ladakh : Tibetan Text, Translation and Notes. — By the late Dr. Karl Marx, Moravian Missionary at Leh, Ladak. (*Journ. Asiat. Soc. Bengal*, Vol. LXXI, Pt. I, No. 1, 1909, pp. 21/34.)

EDWARD AMUNDSEN.

Col. 3235.

— Primer of Standard Tibetan, by E. Amundsen. — The Scandinavian Tibetan Mission Press, Ghoom, Darjeeling, 1903, in-4, pp. 180.

— Trashilhamo (Story of a Tibetan Lassie). — A Study of Tibetan Character, Life, Customs, History, etc. By Edward Amundsen. (*Chin. Rec.*, June 1909, pp. 334/342; July, pp. 402/407; August, pp. 455/460; Sept., pp. 514/520; Oct., pp. 579/585.)

— In the Land of the Lamas. The Story of Trashilhamo. A Tibetan Lassie. In which are described Tibetan Character, Life, Customs, and History by Edward Amundsen.... Marshall Brothers, London and Edinburgh, in-8, pp. xii-82; ill. [1910].

Notice : *Lond. & China Express*, March 17, 1911.

∴

— Catalogue du Fonds tibétain de la Bibliothèque nationale par P. Cordier, Médecin-Major de 1ère classe des Troupes coloniales. — Deuxième partie Index du Bstan-ḥgyur (Tibétain 108—179). Paris, Imprimerie nationale. — Ernest Leroux. — MDCCCCIX, in-8, pp. vii-402.

Publié sous les auspices de l'Académie des Inscriptions et Belles-Lettres.

Notice : *T'oung Pao*, Oct. 1909, pp. 513/515, par G. Coedès.

— Nécrologie. — Le Dr Palmyr Cordier. Par Ed. Chavannes. (*T'oung Pao*, Oct. 1914, pp. 551/553.)

— Ein Besuch im Buddhistischen Purgatorium. Aus dem Tibetischen erstmalig übersetzt. Von Th. Schreve. (*Zeitsch. d. Deutschen Morgenl. Ges.*, 65. Bd., Heft III, 1911, pp. 471/486.)

— Tibetan Manuscripts and Books, etc., collected during the Younghusband Mission to Lhasa. By L. A. Waddell, LL. D.,

C. B. Archaeologist to the Mission. (*Imp. and Asiat. Quart. Rev.*, July 1912, pp. 80/113.)

— Remarks on the Tibetan Manuscript Vocabularies in Bishop's College, Calcutta. By the Rev. Father Felix, O. C. (*Journ. & Proc. As. Soc. of Bengal*, Vol. VIII, No. 10, Nov. 1912, pp. 379/397.)

Voir Francesco Orazio della Penna et sur Giuseppe Maria de' Bernini.

— A Grammar of the Tibetan Language literary and colloquial. With copious illustrations and treating fully of Spelling, Pronunciation, and the Construction of the Verb, and including Appendices of the various forms of the Verb. By Herbert Bruce Hannah, Esq., Barrister-at-Law, and advocate of the High Court, Calcutta. — Calcutta. Printed at the Baptist Mission Press. 1912, pp. xvii-396.

Notice : *T'oung Pao*, Déc. 1913, pp. 786/787. Par Sylvain Lévi.

JACQUES BACOT.

— L'écriture cursive tibétaine, par M. Jacques Bacot. (*Journ. Asiat.*, Janvier-Février 1912, pp. 5/78.)

— La table des présages signifiés par l'éclair. Texte tibétain, publié et traduit par M. J. Bacot. (*Ibid.*, Mars-Avril 1913, pp. 445/449; tableau.)

— Drimedkundan. — Une version tibétaine dialoguée du *Vessantara Jātaka*, par M. J. Bacot. (*Journ. Asiat.*, Sept.-Oct. 1914, pp. 221/305.)

— Les Classiques de l'Orient. — Représentations théatrales dans les Monastères

(DIVERS.)

du Tibet. — Trois Mystères tibétains : Tchrimekundan — Djroazanmo — Nansal, traduits avec introduction, notes et index par Jacques Bacot. Bois gravés d'après les dessins de V. Goloubew. Editions Bossard, Paris, 1921, in-8, pp. 298 + 1 p. n. ch. tab.

Les Classiques de l'Orient. Collection publiée sous le patronage de l'Association française des Amis de l'Orient et la direction de Victor Goloubew. Vol. III.

155 exempl. sur vélin d'arches. — 1500 sur vélin bouffant.

Notice : *Journ. Asiat.*, Janvier-Mars 1922, p. 115, par Gabriel Ferrand.

— * Sir M. Aurel Stein. — In Memoriam Theodore Duka, 1825—1908 (the Great Tibetan Scholar). 1914, gr. in-8, pp. 35; portrait.

Privately Printed.

— Sarach-Chandra Dāsa. An Introduction to the Grammar of the Tibetan Language. Darjealing, 1915, in-4.

— Die Geschichten der vierundachtzig Zauberer (Mahāsiddhas) aus dem Tibetischen übersetzt von Albert Grünwedel, pp. 137/228. (*Baessler-Archiv*, Bd. V, Heft 4/5, 1916.)

— P. F. Giraudeau. — Dictionarium Latino-Thibetanum, Hongkong, 1916, in-4, pp. 712.

— Three Tibetan Repartee Songs. By Johan van Manen. (*Journ. & Proc. Asiat. Soc. Bengal*, N. S., XVII, 1921, No. 4, pp. 287/318.)

— A Tibetan hymn. (*New China Review*, Vol. IV, February 1922, pp. 38/39.)

— G. Ch. Toussaint. — Le *Padma than yig.* (*La Chine*, No. 16, 15 avril 1922, pp. 593/601.)

Extr. du *Bull. de l'Ecole franç. d'Extr.-Orient*, 1921, XX, n° 4.

(DIVERS. — BACOT.)

IV. — CORÉE.

— Corea. — Por J. MP. (*Bol. Soc. Geogr. Madrid*, III, 1877, pp. 340/346.)

José Mac Pherson.

— Lettre du P. Lebouc. (*Soc. Géogr. Lyon*, Procès verbaux des séances, n° 8, déc. 1882, pp. 38/41.)

Corée.

— Une lettre de Li Hong-Chang. Communiqué à la Société de Géographie de

(DIVERS.)

Boulogne-sur-Mer. Par M. T. S. . . ., Officier de marine. (*Union géogr. Nord France, Douai*, V, 1884, pp. 414/422.)

A propos d'incidents produits en Corée. Traduite par Devéria.

— List of Korean geographical Names. — Prepared by Ernest Mason Satow, H. B. M. Agent and Consul-General in Siam, Late

(DIVERS.)

37*

Second Secretary and Japanese Secretary to H. B. M. Legation at Tokio; and forming an Index to the Map of Korea, published at Gotha, and copied from the Map of Korea, published in Tokio in 1875 by the Japanese War Department. — Printed for H. B. M. Legation. — Yokohama, «Japan Mail» Office, 1884, in-4, pp. vi-70.

— The Korean Imbroglio of 1884 and the consequent negociations with China. (*Japan Mail*, 1885, 29 avril; 15 mai.)

— Col. Chaillé-Long. — A Decade of Corean History. (*F. Leslie's Magazine*, New York, 1888.)

— — Corea. The Chösen Land. (*Harper's Weekly*, New York, January 1889.)

— — Art and the Monastery in Corea. (*Cosmopolitan Magazine*, New York, 1890.)

— — At the home of a Corean Nobleman. (*Ibid.*, April 1890.)

— — Corean Fetes and Festivals. (*The Republic Magazine*, New York, May 1890.)

— — Note sur la Corée et les Coréens. Conférence à l'Institut égyptien. Séance du 3 avril 1891. (*Bull. de l'Institut.*)

— Trois voyages en Corée [d'Ernest Oppert]. D'après la *Deutsche Rundschau für Geographie und Statistik.* (*Union géogr. Nord France, Douai*, IX, 1888, pp. 29/40.)

Par le lieutenant Glocker; fasc. Déc. 1886; février et mai 1887.

— Collin de Plancy. — Commerce de la Corée en 1888. (*Bull. consulaire franç.*, XIX, 1890, pp. 241/247.)

— — Commerce de la Corée en 1889. (*Ibid.*, XX, 1890, pp. 472/483.)

— — Commerce de la Corée en 1896 par Collin de Plancy, Chargé d'Affaires de France. (*Echo de Chine*, Shanghai, 1898, 14 et 18 mai.)

— * Sketches in Corea. (*Illustrated London News*, May 10, 1890, p. 595.)

— * O. N. Denny. — China and Korea. Kelly & Walsh, Shanghaï, 1888, pp. 47.

— Corea and the Powers. A Review of the Far Eastern Question — with appendices — by Chesney Duncan, Late of Royal Corean Customs service. — Shanghai. Printed and published at the «Shanghai Mercury» Office, 1889, in-8, pp. 96.

Col. 2967.

— Une mission en Corée. (*Le Monde illustré*, n° 1716, 15 février 1890.)

Article non signé sur le voyage de M. Varat avec son portrait et la reproduction des principaux objets de sa collection.

— North Korea. By C. W. Campbell. (*Report Brit. Ass. Adv. Science*, Edinburgh, 1892, p. 820.)

Publ. *Proc. R. G. S.*

— The Discovery of Korea; with a brief Sketch of Korean Physiography. By C. W. Campbell, of H. M.'s Consular Service in China. (*Trans. Ninth Int. Cong. Orient. London*, 1892, II, pp. 423/424.)

— Les missionnaires français en Corée (1836/1894) par le P. Adrien Launay de la Société des Missions étrangères. (*La Croix*, Sept. 1894, 14 (portr. de M. Maubant), 16/17, 19 (portr. de Chastan), 22 (portr. de Mgr. Imbert).

(Corée : Divers.)

— La Corée, son territoire, sa population, ses conditions économiques. (*L'Economiste franç.*, 1er sept. 1894.)

— La Corée-Conférence faite devant les Sociétés de Douai et de Boulogne-sur-Mer. Par Léon Lejeal. (*Union géogr. Nord France, Douai*, XV, 1894, pp. 298/312.)

— La Corée par Edouard Lockroy. (*L'Eclair*, 31 juillet 1894.)

— En Extrême-Orient par Jacques d'Urville. (*Ibid.*, 14 août 1894.)

— En Corée par M. Bourgarel. (*La Vie contemporaine*, 15 août 1894.)

— La guerre de Corée. (*Revue bleue*, 25 août 1894.)

— Lettre du Japon. (*Les Débats*, 26 août 1894.)

— Lettre de Chine. (*Ibid.*, 9 et 18 sept. 1894.)

— Gabriel Marcel. — La Corée Royaume du Calme matinal. (*La Nature*, 1894, II, pp. 346/348; carte.)

— La Corée. Royaume du Calme matinal. Par Gabriel Marcel. (*Soc. Géogr. comm. du Hâvre, Bull.*, Année 1894, pp. 314/320.)

Extrait de la *Nature*.

— Ed. Chavannes. — La Guerre de Corée. (*Revue de Paris*, I, n° 14, 15 août 1894, pp. 753/768.)

— L'investiture d'une reine de Corée. (*Les Débats*, 24 août 1894.)

D'après l'ouvrage de Scherzer.

— La Corée et la guerre Sino-Japonaise. Par J. Deniker. (*Bull. Soc. Géogr. Rochefort*, XVI, 1894, pp. 225/235.)

— Promenades japonaises et coréennes 1894—1896 (Suite) Par Daniel Lièvre, Sous-Commissaire de la Marine (*Bull. Soc. Géogr. com. le Havre* 1898—1899, pp. 1/33, fig.; pp. 97/113, fig.; pp. 129/165, fig.; pp. 193/211.)

— Der Koreakrieg in seinen natürlichen Beziehungen zu den Witterungs- und Bevölkerungsverhältnissen Ostasiens. — Von Wilhelm Krebs in Berlin. — Mit 5 Karten. — Hamburg, A. G. Richter, 1895, in-8, pp. 47.

— En Corée. (*A travers le Monde*, I, 1895, p. 25; fig.)

— * E. Zimmermann. — Koreanische Kunst, in-4, illustrations et 20 pl. lithographiques, en portfolio. Hamburg, 1895, pp. 22.

— Regulations of the Royal Korean Telegraph Service. — Published by order of Minister of Public Works. — Seoul, 1897, in-8, pp. 7.

— Korean Postal Guide for the information of Foreign Residents. — Published by order of the Minister of Public Works. Söul, 1897, in-8, pp. 10.

(Corée : Divers.)

— La Russie et le Japon en Corée. (*A travers le Monde*, III, 1897, p. 95.)

Texte de la Convention signée à Moscou le 28 mai—9 juin 1896 par le Ministre des Aff. Etr. Lobanoff et le maréchal Yamagata.

— La Corée. — Ses relations commerciales avec le Japon. (*Ibid.*, p. 279.)

— Die Koreanische Sammlung des Museum Umlauff, Hamburg, s. d. [1897], in-8, pp. 47, 35 pl.

— Seoul Electric Company Operating the Seoul Electric Street Railway and Seoul Electric Light and Power Plant, Seoul, Korea. — Offices of the Company : The Electric Building, Chong No, Seoul, br. in-8.

Organized : May 1899. — Seoul Press. — Hodge & Co., Printers.

— Rules and Regulations of the Imperial Korean Telegraph Service. — Seoul, 1899, in-8, pp. 8.

— General Rules and Regulations of the Foreign Cemetery at Yang wha chin as amended. 1899, in-12, pp. 4.

Seoul.

— La Corée & la Question d'Extrême-Orient. (*A travers le Monde*, IV, 1898, pp. 89/92 ; ill.)

Extrait de l'ouvrage de M. Villetard de Laguérie.

— La Russie et le Japon en Corée. Par Villetard de Laguérie. (*Ibid.*, VI, 1900, p. 39.)

— La Corée depuis le traité de Chimonoseki. Par Villetard de Laguérie. (*Ibid.*, pp. 157/159 ; carte.)

— The influence of China upon Korea. By Rev. Jas. S. Gale, B. A. (*Trans. Korea Branch Roy. As. Soc.*, Vol. I, 1900, pp. 1/24.)

— Korean Survivals. By H. B. Hulbert, Esq., F. R. G. S. (*Ibid.*, pp. 25/50.)

— Inscription on Buddha at Eun-Jin. Translation of the Inscription Tablet, Eun-Jin Buddha, Korea. (*Ibid.*, pp. 51/56.)

— Korea's Colossal Image of Buddha. By Rev. G. H. Jones. (*Ibid.*, pp. 57/70.)

— Korea, the Pearl of the Orient : traditional, historical, descriptive. By Charlotte M. Salwey. (*Imp. & Asiat. Quart. Rev.*, July-Oct. 1900, pp. 154/167.)

— Kang-Wha (江華). By Rev. M. N. Trollope, M. A. (*Trans. Korea Branch. Roy. As. Soc.*, Vol. II, 1901, Part I, pp. 1/36.)

— The Spirit Worship of the Koreans. By Rev. Geo. Heber Jones, M. A. (*Ibid.*, pp. 37/58.)

— Han-Yang (Seoul). By Rev. J. S. Gale, A. B. (*Ibid.*, 1902, Part II, pp. 1/43.)

(Corée : Divers.)

— * Commodore Joseph Billings. — An Account of a Geographical and Astronomical Expedition to the Northern Ports of Russia for ascertaining the degrees of latitude and longitude of the mouth of the river Kovima, of the whole coast of the Tshutski to East Cape and of the Islands in the Eastern Ocean stretching to the American Coast. London, 1802, in-4 ; carte et 14 planches.

— * Un pays convoité. La Corée. (*Illustration*, 29-5-1902.)

— La Corée en 1902 par Franz Goosens.... — Bruxelles, Imprimerie Vanbuggenhoudt, 1902, in-8, pp. 64.

— Rules and Regulations of the Imperial Korean Telephone Service. — Seoul : The Seoul Press. — Hodge & Co., 1902, in-8, pp. 6 + 1 f. n. ch.

— La France et la Corée. (*A travers le Monde*, VIII, 1902, pp. 411/412.)

Col. 3000.

— Transactions of the Korea Branch of the Royal Asiatic Society. — Vol. II. — Part II, 1902, in-8, pp. 87.

Han Yang (Seoul). By Rev. J. S. Gale, pp. 1/43. — Korean Folk tales. By H. B. Hulbert, pp. 45/79 — Minutes of the Annual Meetings. — Appendix [Officers 1902 — Members].

— Ch'oe Ch'i-wun : his life and times. By Rev. G. H. Jones, Ph. D. (*Trans. Korea Branch Roy. As. Soc.*, Vol. III, Pt. I, 1903, pp. 1/17.)

— The Culture and Preparation of Ginseng in Korea. By Rev. C. T. Collyer. (*Ibid.*, pp. 18/30.)

— La Corée. — Son Impuissance nationale. — Une future Colonie japonaise. (*A travers le Monde*, IX, 1903, pp 414/415.)

B. Koto.

Col. 2983.

— * B. Koto and S. Kanazawa. A Catalogue of the Romanised Geographical Names of Korea, in-8, pp. vi and 88, 1903.

Printed both in Chinese and Roman characters.

— Journeys through Korea. By B. Koto. (*Journ. College Science Tokyo*, XXVI, 1909, pp. 208.)

— Journeys through Korea (Contribution II). The Geology and Ore Deposits of the Hol-gol, Gold Mine, Su-an District, Korea. By B. Kotô. With 4 Plates. (*Journ. College Science Tokyo*, XXVII, Art. 12, May 28th, 1910, pp. 32.

— Die Gründung der Hauptstadt Koreas. (*Deutsche Rundschau f. Geogr. u. Stat.*, XXVI, 1903/1904, pp. 377/378.)

(Corée : Divers. — Koto.)

Col. 2941.

— En Corée. Par M. Francis Drouet. — Naufrage de l'*Epervier* sur les récifs de l'île de Quelpaërt en 1653. (*Bull. Soc. normande Géogr. Rouen*, XXVI, 1904, pp. 190/219.)

EMILE BOURDARET.

Col. 2981.

— Emile Bourdaret. — En Corée. — Paris, Plon, 1904. Un vol. in-12 avec 30 gravures hors texte.

Notices : *Bull. Soc. Géogr. Lyon*, XIX, 1904, pp. 337/338. Par le Dr E. Chappet. — *A travers le monde*, X, 1904, p. 359.

— Le Culte des Morts en Corée. Par Bourdaret. (*A travers le Monde*, X, 1904, pp. 177/180, 190/191 ; ill.)

— Les Sépultures en Corée. Par Bourdaret. (*Ibid.*, pp. 221/222 ; ill.)

— Manchuria and Korea. By H. J. Whigham. London : Isbister & Co., 1904. — Col. 2751.

Notice : *Edinburgh Review*, Vol. 199, January-April 1904, pp. 511/526.

— Korea. By Angus Hamilton. London : W. Heinemann, 1904. — Col. 2986.

Notices : *Edinburgh Review*, Vol. 199, January-April 1904, pp. 511/526. — *National Geogr. Mag.*, Washington, XV, 1904, p. 189.

— Notes sur la Corée et la Guerre Russo-Japonaise. Extraites de la correspondance de M. Clémencet, directeur du service postal de la Corée. (*Bull. Soc. Géogr. Lyon*, XIX, 1904, pp. 320/322.)

— La Corée. — Résumé d'une Conférence faite par M. le Docteur Matignon, Médecin-Major (Société de Géographie Commerciale de Bordeaux). (*Bull Soc. Etudes col. et marit.*, 29e année, 1904, pp. 57/59.)

Col. 2986.

— En Corée. — Conférence faite à la *Société des Etudes coloniales et maritimes* (26 mars 1904). Par Jean de Pange. (*Bull. Soc. Etudes col. et marit.*, 29e année, 1904, pp. 101/115.)

— A Travers la Corée. — Séoul. Par Jean de Pange. (*A travers le Monde*, X, 1904, pp. 65/68; ill.)

— A Travers la Corée : De Séoul à Gen-San. Les Montagnes de Diamants et la Région des Monastères. Par Jean de Pange. (*Ibid.*, pp. 73/76 ; ill.)

— A Travers la Corée. — Les Etrangers en Corée. Par Jean de Pange. (*Ibid.*, pp. 81/84 ; ill.)

— En Corée, par M. Jean de Pange. Illustré d'après les photographies de l'auteur. Paris. — Leroux, 1904, in-8, 2 fr.

Notice : *Bull. Soc. Etudes col. et marit.*, 29e année, 1904, pp. 222/223.

— L'Effervescence intérieure en Corée. (*A travers le Monde*, X, 1904, p. 47.)

— Situation politique et économique actuelle de la Corée. Par B. de Zenzinoff. (*Ibid.*, pp. 61/62 ; carte.)

— La Route stratégique de Séoul à Moukden. (*Ibid.*, p. 111.)

— L'Armée coréenne. Par Yi Tai Tjo. (*Ibid.*, pp. 117/118 ; ill.)

— L'habitat originel du tigre. (*Bull. Soc. Géogr. Lyon*, XIX, 1904, p. 83.)

— L'avenir de la Corée et les intérêts français. (*Ibid.*, pp. 162/164.)

Renseignements donnés dans le *Temps*, par M. Collin de Plancy.

— Some facts about Korea. (*National Geogr. Magazine, Washington*, XV, 1904, p. 79.)

Col. 2983.

— Huit jours en Corée Juin 1901. (Extrait d'une communication faite le 4 Février 1904.) Par F. Vernadet, Capitaine au 1er Zouaves. (*Bull. Soc. Géogr. Alger*, IX, 1904, pp. 200/208.)

— Notice sur la Corée. — Communication avec projections faite le 4 février 1904, par le Capitaine Vernadet du 1er Zouaves. (*Ibid.*, pp. 603/616.)

— L'Incendie du Palais de Séoul. (*A travers le Monde*, X, 1904, p. 151.)

— Le ravitaillement et les convois japonais en Corée. (*Ibid.*, p. 168.)

Du *Rowskii Invalid*.

— L'Ecole française de Séoul. Par Robert Eude. (*A travers le Monde*, X, 1904, pp. 373/374 ; ill.)

— La Corée. (*Bull. Soc. Languedocienne Géogr.*, Montpellier, XXVII, 1904, pp. 154/156.)

Soc. des Etudes coloniales et maritimes.

— Georges Ducrocq. — Pauvre et douce Corée. — Paris, H. Champion, 1904, in-12, pp. 87, 4e édition.

— On a Votive Offering from Korea. By E. Sidney Hartland. (*Report Brit. Ass. Science*, Cambridge, 1904, p. 726.)

Col. 2984.

— Laurent Crémazy, Premier Président de Cour honoraire, Ancien conseiller légiste près le Gouvernement coréen. — Texte complémentaire du Code pénal de la Corée. [Pavillon national coréen.] Paris, Marchal et Billard, 1906, in-8, pp. 28.

— Villetard de Laguérie. — La Corée. (*Revue des Deux Mondes*, 1er février 1904, pp. 682/696.)

— Villetard de Laguérie. — La Corée, indépendante, russe ou japonaise. Ouvrage contenant cinquante illustrations d'après des photographies. — Paris, Hachette, 1898, in-16, pp. VIII-304.

Notice : *Revue indo-chinoise*, 30 avril 1906, pp. 640/641. Par N. T.

— Japanische Bahnbauten in Korea. (*Deutsche Rundschau f. Geogr. u. Stat.*, XXVII, 1904/1905, p. 138.)

— Die Japaner in Korea. (*Ibid.*, pp. 376/377.)

— Corea, The Hermit Nation. — I. Ancient and Mediaeval History. — II. Political and Social Corea. — III. Modern and Recent History by William Elliot Griffis.... Seventh Edition, revised and enlarged with the Map and History to 1904. London, Harper & Brothers, 1905, in-8, pp. XXVII + 2 ff. n. ch. + pp. 502.

— Francis Mury. — En Corée et en Mandchourie. — Les Khoungouses. (*Bull. Soc. Géogr. Lille*, I, 1905, pp. 85/107.)

— Japon, Corée, Mandchourie, rivalité de la race blanche et de la race jaune. Conférence de M. Francis Mury, Rapporteur général du Congrès colonial de 1904. (*Bull.*

Soc. normande Géogr. Rouen, XXVII, 1905, pp. 33/56.)

Séance du dimanche 18 déc. 1904.

— Glimpses of the Far East : A Brief Sketch of Korea, Japan and Russia. By Isaac Horace Morley, Head Master to the Carrington Council School, Nottingham, . . . — London, Bovril, s. d. [1905?], in-8, pp. 23.

— Topographie de la Corée. (*A travers le Monde,* XI, 1905, pp. 413/414 ; carte.)

— An American girl in Korea by Annie M. Barnes, Author of «Mistress Moppett» etc. Illustrated by Carl Streihau. The Penn Publishing Company, Philadelphia, MCMV, in-8, pp. 392.

— La Corée. Par Al. Legrand. (*Bull. Soc. Bretonne Géogr. Lorient,* n° 98, 4e trim. 1905, pp. 315/351 ; *ibid.,* n° 99, 1er et 2e trim. 1906, pp. 391/413.)

— Das ostasiatische Küstenland zu Beginn des Jahres 1904. Von Dr. Albert Regel in St. Petersburg. (*Geogr. Zeitsch. Leipzig,* XI, 1905, pp. 51/55.)

Mandchourie, Mongolie, Corée.

— Sachalin. Von W. C. Korthals. (*Ibid.,* pp. 701/704.)

A propos de : Ch. H. Hawes. Im äußersten Osten. Von Korea über Wladiwostok nach der Insel Sachalin. 600 S., 5 K. u. 87 Abb. Berlin, Siegesmund, 1905.

— Koreanische Bahnen. (*Deutsche Rundschau f. Geogr. u. Stat.,* XXVIII, 1905/1906, p. 186.)

— Korea, das Reich der Morgenstille. (Mit einer Karte.) (*Ibid.,* pp. 259/266 ; ill.)

A propos de : Korea. Land und Volk nach eigener Anschauung, gemeinverständlich geschildert von W. Sieroszewski. Einzig autorisierte Uebersetzung von Stefania Goldenring. Mit 27 Abbildungen und einer Landkarte. Berlin. Verlag Continent. Theo Gutmann, pp. VII-302.

— En Corée. (De l'*Echo de Chine.*) (*Revue indo-chinoise,* 30 janvier 1906, pp. 149/150.)

— La culture du coton en Corée. (De l'*Echo de Chine.*) (*Revue indo-chinoise,* 28 février 1906, p. 315.)

— La situation en Corée. (*Revue indo-chinoise,* 30 nov. 1906, pp. 1824/1825.)

Du *Hong Kong Daily Press.*

— La défense de la Corée. Par V. Fournier. (*Revue indo-chinoise,* 30 déc. 1906, p. 1975.)

D'après le *Hongkong Daily Press.*

— Ausbeutung der Wälder in Korea. (*Deutsche Rundschau f. Geogr. u. Stat.,* XXIX, 1906/1907, pp. 233/234.)

— Proceedings of the Central Asian Society. — The Colonial policy of Japan in Korea by F. A. McKenzie. December, 1906. London, Central Asian Society, 1906, in-8, pp. 27.

— The Tragedy of Korea by F. A. Mackenzie. With Twenty Seven Illustrations. Hodder and Stoughton, London, MCMVIII, in-8, pp. XII-312.

— Die forstlichen Produktionsverhältnisse von Korea. (Eine Reise im Lande der Morgenfrische.) Von A. Hofmann, . . . (*Mitt. d. Deutschen Ges. f. Natur- u. Völkerk. Ostasiens,* Tōkyō, 1906, Bd. XI, Teil 1, pp. 47/76.)

— Meine Hochzeitsreise durch Korea während des russisch-japanischen Krieges. Von Rudolf Zabel. . . . Mit Titelbild, einer Karte und 200 Abbildungen im Text, zumeist nach eigenen Aufnahmen des Verfassers. Altenburg, S.-A. Stephan Geibel Verlag, 1906 ; in-8, pp. XVI-462.

— Über Schädel und Skelette der Koreaner. Von Dr. Y. Koganei, Prof. der Anatomie an der Kaiserlichen Universität zu Tokyo. (*Zeitsch. f. Ethnologie,* 1906, Heft IV u. V, pp. 513/535.)

— The passing of Korea. (*National Geogr. Mag. Washington,* XVII, 1906, pp. 575/580 ; ill.)

A propos de :

— «The Passing of Korea.» By Homer B. Hulbert. Profusely illustrated from photographs, pp. 475. New York : Doubleday, Page & Co. 1906.

Col. 3236.

— Extrait des *Comptes rendus des séances de l'Académie des Inscriptions et Belles-Lettres,* 1906, p. 549. — Rapport sur les Monuments de l'ancien royaume de Kao-keou-li. Paris, Alphonse Picard, MDCCCCVII, in-8, pp. 27, fig.

Comptes rendus, pp. 549/575. Peking, 27 mai 1907.

— Les monuments de l'ancien royaume coréen de Kao-keou-li par Edouard Chavannes. (*T'oung Pao,* Mai 1908, pp. 236/263.)

Cf. *Comptes rendus Académie des Inscriptions et Belles Lettres.*

— Les Monuments de l'ancien royaume de Kao-keou-li par Edouard Chavannes. — Extrait du «*T'oung Pao*», Série II, Vol. IX, N° 2. — E. J. Brill, Leide, 1908, in-8, pp. 31, ill. et 1 pl. hors texte.

— Wirthschaftliches aus Korea. (*Deutsche Rundschau f. Geogr. u. Stat.,* XXX, 1907/1908, pp. 36/37.)

— Volkszählung in Korea. (*Ibid.,* pp. 180/181.)

Col. 2987.

— Vay de Vaya. — La Fin d'un Empire. — La Japonisation de la Corée. (*Revue des Deux Mondes,* 1er janvier 1908, pp. 178/210.)

— Wie ich an den Koreanischen Kaiserhof kam. Reise-Eindrücke und Erinnerungen von Emma Kroebel. Mit zahlreichen Illustrationen. R. Jacobsthal, Berlin-Schöneberg, in-8, 3 ff. n. ch. + pp. 184 + 1 f. n. ch.; ill.

— In Korea with Marquis Ito. Part I. A Narrative of Personal experiences. Part II. A Critical and Historical Inquiry. By George Trumbull Ladd, LL. D. London: Longmans, Green & Co. 1908, pp. XIV-478. Illustrations.

Notice : *Lond. & China Express*, May 22, 1908.

— Conférence de M. Francis Mury sur la Corée. (*Soc. Géogr. com. Nantes*, 1908, pp. 62/66.)

Séance du Vendredi 24 janvier 1908.

— Notes and Scenes from Korea. (*Nat. Geogr. Mag. Washington*, XIX, 1908, pp. 498/508; ill.)

— Scenes from the land where everybody dresses in white. (*Ibid.*, pp. 871/877; ill.)

Photographs by Rev. J. Z. Moore, missionary to Korea, Meth. Episc. Board Foreign Missions.

— Les Etats-Unis et la Corée. (*Revue indo-chinoise*, 30 juin 1908, pp. 940/941.)

D'après *Taiyo*, *Asahi Shimbun*, *Echo de Tientsin*.

— L'insurrection de Corée. (*Bull. Com. Asie franç.*, Juillet 1908, p. 295.)

— L'administration du pays [Corée]. (*Revue indo-chinoise*, 30 juillet 1908, pp. 135/136.)

D'après l'*Echo de Chine*.

— La situation économique de la Corée. (*Bull. Com. Asie franç.*, Nov. 1908, pp. 482/483.)

Rapport de M. H. W. Davidson, sec. du Commissaire en chef des Douanes coréennes.

— La Corée, pays hanté. (*A travers le Monde*, XIV, 1908, p. 136.)

De l'*Independant* de New York.

— La colonisation japonaise en Corée. (*Revue indo-chinoise*, 15–30 sept. 1908, pp. 450/451.)

Daily Consular and Trade Reports, Washington.

— Manfredi Gravina di Ramacca. — La Fine di un Impero — La Corea. (*Nuova Antologia*, 16 settemb. 1908, pp. 295/304.)

— Priorité qu'on doit accorder aux Espagnols en ce qui concerne la découverte de la Corée. Par Alfredo Gumma y Marti, avocat (Barcelone). (*Cte. rendu 9e Cong. Int. Géogr.*, Genève, 1908, III, pp. 334/336.)

— La priorité des Espagnols dans la connaissance géographique de la Corée par M. Alfred Gumma y Marti. (*Bull. Soc. Géogr. Marseille*, 1908, pp. 205/210.)

— The Call of Korea, political, social, religious. By Horace G. Underwood, for twenty-three years a missionary in Korea. Illustrated. F. H. Revell Co. New-York, 1908, in-8, pp. 204.

Notices : *Chin. Rec.*, Aug. 1908, p. 461, by A. H. S. — *Lond. & China Express*, Nov. 13, 1908.

— Things Korean. A Collection of Sketches and Anecdotes Missionary and Diplomatic. By Horace N. Allen, M. D. Late Envoy Extraordinary and Minister Plenipotentiary of the United States to Korea. Illustrated. New York. . . . Fleming H. Revell Co., pet. in-8, pp. 256.

Notice : *Chin. Rec.*, June 1909, pp. 351/352, par A. H. S.

∴

— Annual Report for 1907 on Reforms and Progress in Korea. Compiled by H. I. J. M's Residency General. Seoul, Dec. 1908, pet. in-fol., pp. VIII-140; cartes.

— The second Annual Report on Reforms and Progress in Korea (1908/1909). Compiled by H. I. J. M.'s Residency General. Seoul, Dec. 1909, in-fol., pp. VIII-215; cartes.

— The third Annual Report on Reforms and Progress in Korea (1909/1910). Compiled by Government General of Chosen-Seoul, Dec. 1910, in-fol., pp. VIII-194; carte et ill.

— Annual Report on Reforms and Progress in Chosen (Korea) (1910/1911). Compiled by Government-General of Chosen. Keijo (Seoul), Dec. 1911, in-fol. pp. X-268; carte et ill.

— Idem. (1911/1912). . . ., Dec. 1912, in-fol., pp. XI-272; cartes et ill.

— La colonisation japonaise en Corée. Par Pierre Clerget. (*La Géographie*, 15 juin 1914, pp. 436/437.)

A propos de *Annual Report on Reforms and Progress in Chosen* (Korea) (1911/1912).

— La colonisation japonaise en Corée. Par Pierre Clerget. (*Revue indo-chinoise*, Août 1914, pp. 221/223.)

Annual Report on Reforms and Progress in Chosen (Korea) 1911/1912.

— Annual Report on Reforms and Progress in Chosen (Korea) (1912/1913). Compiled by Government-General of Chosen. Keijo (Seoul), Dec. 1914, in-fol., pp. XII-271; cartes et ill.

Notice : *Journ. N. C. B. R. As. Soc.*, XLVI, 1915, pp. 151/152, par F. W. A.

— Idem. (1913/1914). . . ., July 1915, in-fol., pp. IX-167; cartes et ill.

— Idem. (1914/1915). . . ., July 1916, in-fol., pp. X-183; cartes et ill.

— * Idem. (1917/1918). . . ., July 1920, gr. in-8, pp. XIII-171, 1 carte h. t., 7 pl., 14 phot. h. t.

∴

— L'Occupation japonaise en Corée : une colonie d'avenir. (*A travers le Monde*, XV, 1909, p. 164.)

— Progrès rapides de l'œuvre des Japonais en Corée. (*Ibid.*, pp. 206/207.)

— Dans la Région Coréenne du Bas-Yalou. Par W. Chaplin. (*Ibid.*, pp. 113/116; ill.)

— Gens et Choses de la Corée. (*Ibid.*, p. 104.)
De *The National Geographical Magazine* de Washington.

— Une Visite aux Mines d'or d'Unsan en Corée. Par W. Chaplin. (*A travers le Monde*, XV, 1909, pp. 137/140; ill.)

— Glimpses of Korea and China. By William W. Chapin, of Rochester. With Photographs by the Author. (*National Geogr. Mag. Washington*, XXI, 1910, pp. 895/934.)

— Le gouvernement de la Corée. (*Bull. Com. Asie franç.*, Février 1909, p. 82.)

— La situation économique. (*Revue indo-chinoise*, Mars 1909, pp. 297/298.)

— * H. A. Ramsden. — Modern Coins of Corea. (*Numismatist*, April 1909.)

— Coreans Coin Charms and Amulets by H. A. Ramsden. . . . Jun Kobayagawa Co., Yokohama, Japan. — 1910, in-8, pp. 40, ill. et 3 pl. hors texte.

— La Corée sous le protectorat japonais. (*Bull. Com. Asie franç.*, Mai 1909, pp. 214/215.)

— Les mines en Corée. (*Revue indo-chinoise*, Mai 1909, p. 508.)

— Le commerce de la Corée en 1907. Par G. D. (*Ibid.*, Juillet 1909, pp. 720/722.)

— Nouvelle convention nippo-coréenne. (*Bull. Com. Asie franç.*, Oct. 1909, pp. 458/459.)
12 juillet 1909.

— Le commerce extérieur de la Corée. (*Revue indo-chinoise*, Oct. 1909, p. 1047.)

— * Daybreak in Korea. A Tale of Transformation in the Far East. By Annie L. Baird, Missionary of the Presbyterian Board. F. H. Revell Co., 1909, pp. 123.
Notice : *Chin. Rec.*, July 1909, p. 412, by A. H. S.

— Die Annexion Koreas durch Japan. (*Deutsche Rundschau f. Geogr. u. Stat.*, XXXII, 1909/1910, p. 473.)

— L'assassinat du premier ministre de Corée. (*Bull. Com. Asie franç.*, Janvier 1910, p. 63.)

— Die japanische Verwaltung in Korea und ihre Tätigkeit. — Eine Studie von einer Urlaubsreise nach Ostasien von Dr. jur. Alfred Backhausen, königlich preußischer Regierungs-Assessor. — Mit einer Karte von Korea. — Berlin 1910, Dietrich Reimer (Ernst Vohsen), in-8, 2 ff. n. ch. tit. etc. + pp. 79.
Notices : *Lond. & China Express*, June 10, 1910. — (*Deutsche Rundschau f. Geogr. u. Stat.*, XXXIII, 1910/1911, pp. 40/48.)

— Dolmen und alte Königsgräber in Korea. Von E. Baelz, Stuttgart. (*Zeitsch. f. Ethnol.*, 1910, Heft V, pp. 776/781; ill.)
Notice : *T'oung Pao*, Mars 1911, pp. 88/91, par Ed. Chavannes.

— The Opening of Korea by Commodore Shufeldt by Charles Oscar Paullin. Reprinted from *Political Science Quarterly*, Vol. XXV, No. 3. Boston published by Ginn & Company 1910, in-8, pp. ch. 470/499.

(Corée : Divers.)

— Corée & Japon. Annexion de la Corée au Japon. Traité du 22 août 1910 et ses Conséquences par Perrinjaquet, Chargé de cours à la Faculté de droit d'Aix. — Extrait de la *Revue générale de Droit international public.* — Paris, A. Pedone, 1910, gr. in-8, pp. 16.

— La politique japonaise en Corée. (*Bull. Com. Asie franç.*, février 1910, p. 101.)

— Un document coréen. (*Revue indo-chinoise*, Mars 1910, pp. 259/262.)
Traduction du *Document destiné à l'Empereur*, publié par le journal coréen *Hoang Syeng*, à Séoul, le 7 déc. 1909.

— L'action du Japon en Corée. (*Revue indo-chinoise*, Avril 1910, pp. 346/349.)

— L'impérialisme japonais. — Souvenirs de Corée et de Mandchourie, par M. Henri Labroue, professeur agrégé d'histoire au lycée de Bordeaux et chargé de conférences à la Faculté des Lettres (création de la Chambre de commerce). (*La Géographie*, 15 mai 1910, pp. 352/358.)
Discours du Général Lebon.

— La politique japonaise en Corée. (*Bull. Com. Asie franç.*, Mai 1910, pp. 255/256.)

— Un pont sur le Yalou. (*Ibid.*, p. 256.)

— Encore un Péril jaune : l'Essor de la Sériciculture en Corée. Par M. Le Boulanger. (*A travers le Monde*, XVI, 1910, pp. 197/198; fig.)

— Comment les Japonais ont préparé l'Annexion de la Corée. Par E. Dupuy. (*Ibid.*, pp. 297/300; ill.)

— Les relations [du Japon] avec la Corée. (*Bull. Com. Asie franç.*, Juillet 1910, p. 329.)

— Lettre de Corée. La fondation d'écoles industrielles. Par Shosai H. (*Bull. Soc. Géogr. com.*, Juillet 1910, pp. 403/404.)

— L'annexion de la Corée. (*Asie franç.*, Août 1910, pp. 336.)

— L'annexion de la Corée. — Rescrit impérial du 29 août 1910. — Traité signé à Séoul le 22 août 1910 et promulgué le 29 août 1910. — Déclaration du gouvernement impérial du Japon, 29 août 1910. (*Ibid.*, pp. 365/367.)

— Idem. — Déclaration du gouvernement impérial du Japon. — Un édit de l'empereur de Corée. (*T'oung Pao*, Oct. 1910, pp. 542/546.)

— L'annexion et le régime international de la Corée. Par Kataphronète. (*Bull. Com. Asie franç.*, Oct. 1910, pp. 419/428.)

— Japanese Annexation of Korea. (*Geogr. Journ.*, Oct. 1910, p. 493.)

— Japon et Corée. Bête de somme en Extrême-Orient, Impressions de Voyage. Par O. M. Lannelongue. (*Rev. scient.*, Paris, 22 oct. 1910, pp. 521/526.)

— * I Diretti del Giappone sulla Corea por Rossi. Toesca (Istituto Coloniale Italiano). Roma, 1910.

— Réformes dans l'enseignement [en Corée]. (*Revue indo-chinoise*, Déc. 1910, pp. 625/633.)

— Das neue Abkommen über die Mandschurei zwischen Rußland und Japan und die Annexion Koreas. (*Deutsche Rundschau f. Geogr. u. Stat.*, XXXIII, 1910/1911, pp. 41/42.)

— Le suicide du ministre de Corée à Saint-Pétersbourg. (*Asie franç.*, Février 1911, p. 89.)

— Les Progrès de la Corée sous le Gouvernement Japonais. (*A travers le Monde*, XVII, 1911, pp. 325/326; carte.)

— J. C. Hannah. — Eastern Asia. A History. London, Fisher Unwin, 1911, in-8, pp. 327.

(Corée : Divers.)

— J. Robert Moose. — Village Life in Korea. Nashville, Tenn., Smith & Lamar, 1911, in-8, pp. 242; 18 pl.

Notice : *Petermanns Mitt.*, 1913, II, pp. 276/277, par Bunjirō Kotō.

— The Story of Korea by Joseph H. Longford late H. M. Consul at Nagasaki; professor of Japanese, King's College, London; Barrister-at-Law, Middle Temple, author of «the Story of Old Japan». With 33 illustrations and three maps. T. Fisher Unwin, London, Leipsic, 1911, in-8, pp. VII-400.

Notice : *Lond. & China Express*, Sept. 29, 1911.

— Madrolle. — Corée par Maurice Courant. — 5 Cartes et 1 Plan. — 2e édition. — Paris, Hachette, 1911, in-16, pp. 46 + 24.

Tirage à part de la 2e éd. du Guide Madrolle : *Chine du Nord et Vallée du Fleuve Bleu-Corée.*

— Madrolle's Handbooks. — Korea. With Maps and Plans. Hachette & Company. Paris, London, 1912, in-16, pp. 48 + *11* + 8.

— Annexion de la Corée au Japon. (*Revue indo-chinoise*, Avril 1911, p. 403.)

— Le service météorologique de Corée. Par L. Perruchot. (*La Géographie*, 15 mai 1911, p. 379.)

— La politique Japonaise en Corée. (*Revue indo-chinoise*, Juillet 1911, pp. 99/100.)

Traduit du *Japan Chronicle* par l'*Opinion*, de Saigon.

— La Situation en Corée. — Impression d'un voyageur arrivé récemment. Traduit du *Kobe Herald* par G. Giraud, Commis des Services Civils. (*Revue indo-chinoise*, Juillet 1911, pp. 100/102.)

Résumé du Correspondant du *Peking Daily News*; Moukden, 23 avril.

— Les monopoles du Gouvernement Japonais en Corée. Par G. Giraud. (*Revue indo-chinoise*, Juillet 1911, pp. 102/104.)

Traduit du *Japan Chronicle*.

— The Church of Christ in Corea. By Malcolm C. Fenwick. Hodder and Stoughton. New York : George H. Doran Company, 1911, in-8, pp. 134.

Notice : *Lond. & China Express*, Sept. 22, 1911, p. 667.

— Le commerce et les productions de la Corée. Par Pierre Clerget. (*La Géographie*, 15 oct. 1911, pp. 261/262.)

— Joseph de la Nézière. — En Extrême-Orient. Paris, Société d'édition et de publications, s. d. [1911], pet. in-8, pp. 94 + 1 f. n. ch.; ill.

— Koreanische Seidenproduktion. Von H. H. (*Deutsche Rundschau f. Geogr. u. Stat.*, XXXIV, 1911/1912, p. 347.)

Article de M. Le Boulanger dans *A travers le Monde*.

— Au Japon et en Corée. — Impressions de touriste. Par M. le Dr. René Le Fort, Professeur Agrégé à la Faculté de Médecine de Lille. . . . (*Bull. Soc. Géogr. Lille*, 1er sem. 1912, pp. 321/345; ill.)

Conférence du Jeudi 30 nov. 1911.

(Corée : Divers.)

— La population de la Corée. (*Asie franç.*, Mars 1912, p. 127.)

— L'exportation du riz coréen. (*Ibid.*, p. 127.)

— Untersuchungen über die japanischen und koreanischen Ortsnamen in alten Zeiten. Von S. Kanazawa, Bungakuhakushi. Generalgouvernement Chôsen. 1912, in-8, pp. 18 + 31 de texte.

— A Modern Pioneer in Korea. The Life Story of Henry G. Appenzeller by William Elliot Griffis, D. D., . . . New York, Chicago, Toronto, Fleming H. Revell Company, s. d. [1912], in-8, pp. 298; portr. et ill.

— * Ontwikkeling van Korea. (*Handelsberichten*, 6de Jg. No 277, 4 Juli 1912.)

— Corée. (*Revue indo-chinoise*, Sept. 1912, p. 271.)

De la *Soc. de Géogr. commerc. de Paris.*

— * How Injustice has its Way in Korea. W. W. Pinson. (*The Continent*, Nov. 14th 1912, pp. 1601/1602.)

— Raphael Petrucci. — Corean Pottery (with 8 fig.). (*Burlington Magazine*, Nov. 1912.)

— Ein handschriftliches chinesisch-koreanisches Geschichtswerk von 1451 von O. Franke. (*T'oung Pao*, no 5, Déc. 1912, pp. 675/692.)

— * Tsuda Sōkichi 津田左右吉. — *Chōsen rekishi chiri* 朝鮮歷史地理 (Géographie historique de la Corée.) — Tōkyō, Nan-Manshū tetsudō Kwaish. 南滿洲鐵道會社 (Compagnie des Chemins de fer de Mandchourie méridionale), 1913; 2 vol. in-8, I, pp. 6-2-5-366-21 et 6 cartes; II, pp. 3-5-393-17 et 5 cartes.

Notice : *Bull. Ecole franç. Extr.-Orient*, XV, no 4, 1915, p. 56. Par N. Peri.

— Wilhelm Haegeholz. — Korea und die Koreaner. Nach englischen Quellen dargestellt. Stuttgart, Steinkopf, 1913, in-8, pp. 296; ill. et carte.

— La fin de la vieille Corée. (*Asie franç.*, Février 1913, pp. 73/90.)

— La Main-d'œuvre coréenne. Par F. Souhart, Ministre plénipotentiaire de France. (*L'Océanie Française*, *Bull. mens.*, Mai 1913, pp. 142/144.)

— Japon et Corée. Par Jacques Léotard, Secrétaire Général de la Société de Géographie. (*Bull. Soc. Géogr. Marseille*, XXXVII, 1913, pp. 104/106.)

Accord anglo-japonais 13 juillet 1911.

— Un roi coréen sans couronne. Par G. Saint-Yves. (*Revue indo-chinoise*, Août 1913, p. 242.)

— La culture du riz en Corée en 1913. Par R. André, Vice-Consul, Gérant le Consulat de France à Séoul. (*Bull. écon. Indochine*, no 103, Juillet-Août 1913, p. 775.)

(Corée : Divers.)

— Le développement économique de la Corée. Par Joseph Dautremer. (*Bull. Soc. Géogr. comm.*, Nov. 1913, pp. 697/704.)
Shimonoséki, 1er sept. 1913.

— Terry's Japanese Empire including Korea and Formosa with chapters on Manchuria, the Trans-siberian Railway, and the chief Ocean Routes to Japan. A Guidebook for Travelers by T. Philip Terry, F. R. G. S. With 8 specially drawn maps and 21 plans. London, Constable & Co., 1914, pet. in-8, pp. CCLXXXIII-799.

— Modern Korea. By R. Malcolm Keir. (*B. American G. S.*, XLVI, 1914, pp. 756/769, 817/830; Sketch-map and Diagram.)

— Notes et Documents Histoire sommaire de l'enseignement en Corée. Traduit de l'anglais par G. Giraud. (*Revue indo-chinoise*, Août 1914, pp. 217/221.)
The Government General of Chosen. — Department of Internal Affairs. — Bureau of Education. — Manual of Education of Koreans. — Seoul. Published by Authority, the second year of Taisho (1913).

— * On the Geology and Coal Resources of Korea State, Central Provinces. By L. Leigh Fermor. Maps and illustrations. (*Mem. Geol. Survey India*, 41, Pt. 2, 1914, pp. III-148/245.)

— Im Lande der Morgenstille. Reise-Erinnerungen an Korea von Norbert Weber O. S. B. Erzabt von St. Ottilien. Mit 24 Farbentafeln nach Lumière-Aufnahmen des Verfassers, 25 Vollbildern und 279 Abbildungen im Text sowie mit 1 Karte. 1915. Verlag von Karl Seidel zu München, gr. in-8, pp. XI-457.
Notices : *Anthropos*, X/XI, Sept.-Dec. 1915/1916, pp. 1116/1119, par P. Fr. Biallas, S. V. D. — *Ostasiat. Zeitsch.*, 6. Jhrg., 6/4, Okt. 1917–März 1918, p. 103, par C. — *Petermanns Mitt.*, 1920, pp. 177/178, par K. Hanshofer.

— * Gouvernement général de Corée. — *Chosen Koseki zufu* 朝鮮右蹟圖譜 (Reproductions des Vestiges archéologiques de Corée). — Tōkyō, 1915; 2 vol. de planches in-folio, avec notices explicatives.
Notice : *Bull. Ecole franç. Extr.-Orient*, XV, no 4, 1915, pp. 54/56. Par N. Peri.

— L'œuvre japonaise en Corée. Par R. Surugue. (*Revue indo-chinoise*, Janvier-Février 1915, pp. 117/140.)

— Oro e carbone nella Corea. (*Boll. Reale Soc. Geografica*, 1o Agosto 1915, p. 901.)

— * Afforestation in Korea. By E. W. Koons. (*T. Korea Branch R. As. Soc.*, 6, 1915, pp. 35/42.)

— Forestry in Korea. — (*Geogr. Journ.*, Dec. 1915, pp. 473/474.)
D'après le Rev. E. W. Koons dans les *Trans. Korea Br. R. As. Soc.*, Vol. 6, Pt. 1, 1915.

— Afforestation in Korea. By Prof. Percy M. Roxby. (With Illustrations.) (*Scottish Geogr. Mag.*, January 15, 1923, pp. 3/6.)

— * N. Fukuchi. — The Minerals of Chôsen (Korea). (*Beitr. z. Min. von Japan*, Tokio, 1915, pp. 207/305; ill.)

— * S. Kalff. — Een schiereiland in het Verre Oosten (Korea); ill. (*Eigen Haard*, Jg. 41, Blz. 189, 1915.)

— La popolazioné della Corea. (*Boll. Reale Soc. Geogr.*, Marzo 1916, p. 241.)

— Popolazione della Corea. (*Boll. Reale Soc. Geogr. italiana*, 1o Settembre 1916, p. 784.)
D'après les *Commerce Reports*, Washington, no 170, 1916.

— La répartition de la population dans le Japon et la Corée en 1913. (*Ann. de Géogr.*, 1917, pp. 151/152.)
Mark Jefferson : Distribution of People in Japan in 1913.

— † Supplications, Intercessions and Giving of Thanks for the Diocese of Corea. August 1916, in-32, 2 ff. n. ch. [Spottiswoode, Ballantyne & Co., London.]

— La Sériciculture en Corée. (*Bull. écon. Indochine*, no 121, Sept.-Oct. 1916, p. 665.)
Du *Bulletin de l'Association séricicole* du Japon.

— * F. Omori. — Results of the meteorological observations made at Chosen, for the lustrum 1911—1915, pp. 27. (Meteorol. Observatory of the Government-General of Chosen, Jinsen [Chemulpo], 1917.)

— The English Church Mission in Corea : its Faith and Practice. With a preface by The Right Rev. Bishop Corfe, D. D. First Bishop in Corea. Illustrated. — A. R. Mowbray & Co., London, Oxford, Milwaukee, 1917, in-8, 2 ff. n. ch, + pp. 80; pl.

— La plantation du coton à Chosen (Corée). (*Bull. écon. Indochine*, no 124, 1917, pp. 266/267.)
Tiré du *Bull. comm. d'Extr.-Orient*, no 7, Mars 1917.

— Industrial Korea. The Hermit Kingdom under Japanese Administration. By Gertrude Emerson. (*Asia*, May 1917, pp. 208/213; ill.)

— Sviluppo della produzione agrária della Corea. (*Boll. Reale Soc. geogr. italiana*, Roma 1o luglio—1o agosto 1917, num. 7/8, p. 583.)
Extr. de *Ist. intern. di agricoltura. Boll. mensile delle istituzioni economiche e sociali*, Roma, n. 6, 1917.

— * M. A. van Heekeren. — Korea onder Japansche vlag. (*Onze Eeuw*, 17de Jg., No. Oct. 1917.)

— Iets over den naam Quelpaertseiland. Door Dr. J. de Hullu. (*Tijdsch. v. het Kon. Ned. Aardrijksk. Genootsch.*, 1917, no. 6, pp. 855/861.)

— * Renard Rackham. — Catalogue of the Le Blond Collection of Corean Pottery. Stationery Office, London, 1918.

— Korean Buddhism History. — Condition. — Art Three Lectures by Frederick Starr

Boston, Marshall Jones Company; 1918; in-8, pp. XIX-1 f. n. ch. 104; pl. hors texte.

— Chaillé-Long (Charles). — Nécrologie par H[ulot]. (*La Géographie*, XXXII, 1918, n° 1, p. 79.)

— La Corée et les Coréens. (*Ibid.*, 1918/1919, n° 8, pp. 591/593.)

— Nog iets over den naam Quelpaertseiland. Door F. E. Mulert. (*Tijdsch. van het Kon. Ned. Aardrijksk. Genootsch.*, 1918, n° 1, p. 111.)

— Les exportations de soja et de coton en Corée. (*Bull. écon. Indochine*, n° 130, 1918, p. 477.)

Extrait du *Board of Trade*.

— The Mastery of the Far East the Story of Korea's transformation and Japan's rise to supremacy in the Orient by Arthur Judson Brown. . . . Illustrated. London, G. Bell and Sons, 1919; in-8, pp. XII-671; carte; pl. hors texte.

— The truth about Korea. By Carlton Waldo Kendall (Delegate to the International Peace Conference, 1915). Second edition. Published by the Korean National Association. San Francisco, California, July 1919; in-8, pp. 104; ill. et carte.

— The Case of Korea. A Collection of Evidence on the Japanese Domination of Korea, and on the Development of the Korean Independence Movement. By Henry Chung, A. M., Ph. D. Member of Korean Commission to America and Europe. . . . With Foreword by Hon. Selden P. Spencer U. S. Senator from Missouri. London, George Allen & Unwin Ltd., s. d.; in-8, pp. 367; carte et pl. hors texte.

Printed in the U. S. A.

— Administrative Reforms in Korea. Articles Reprinted from the «Seoul Press». Published by the «Seoul Press» Office, Seoul, Chosen, Japan, s. d. [1919], in-8, 2 ff. n. ch. + pp. 74 à 2 col.

— * L'indépendance de la Corée et la Paix. La question coréenne et la politique mondiale japonaise. Paris, Bureau d'information Coréen, 1919, in-8, pp. 36, 10 photogr. et 2 cartes hors texte.

— * J. Stroomberg. — De economische beteekenis van Choten [Korea]. (*Handel en Bedrijf*, 18ste Jg., blz. 347, 1919.)

— Le mouvement antijaponais en Corée. (*Asie franç.*, *Bull.*, Février-Juillet 1919, pp. 228/230.)

— Corée. — Le mouvement national coréen et la presse japonaise. (*Revue indo-chinoise*, Juillet-Août 1919, pp. 100/102.)

Journal de Pékin, 17 août 1919.

— La Corée et le commerce de l'opium. (*Revue indo-chinoise*, Juillet-Août 1919, p. 102.)

De la *Revue Mondiale*, 15 juin 1919, et du *Japan Weekly Chronicle*.

— La situation en Corée. (*Revue indo-chinoise*, Nov.-Déc. 1919, pp. 437/439.)

De l'*Echo de Chine*, 28 oct. 1919.

— The other side of the Korean Question. — Fresh light on some important factors. — By Frank Herron Smith. — Reprinted by the «Seoul Press» from the «Japan Advertiser». — Seoul, May 1920; br. in-8, pp. 33.

— Korea's Fight for Freedom. By F. A. McKenzie.... London : Simpkin, Marshall and Co. New York : Fleming H. Revell Company. S. d. [1920]; in-8, pp. 320.

Notices : *Journ. N. C. B. R. As. Soc.*, LIII, 1922, p. 259, by H. K. W. — *Lond. & China Express*, Dec. 9, 1920, p. 626.

— Korea and Shantung versus the White Peril. By Charles H. Sherrill. Author of «French Memories of Eighteenth Century America», Modernizing the Monroe Doctrine. . . . Published by the «Seoul Press» Office, Seoul, Chosen, 1920, in-8, pp. 36.

— The Kongo-San Miss Hilda C. Bowser. (*Geogr. Journ.*, January 1920, pp. 48/50; ill.)

— The Climate of Korea. (*Ibid.*, April 1920, pp. 325/326.)

A propos de l'article de J. D. Van Buskirk, dans les *Trans. Korea Branch Roy. As. Soc.* (1919).

— Climate and Human Efficiency in Korea by Ellsworth Huntington. (*Geogr. Review*, Vol. X, July 1920, pp. 45/46.)

A propos d'une étude du Dr. J. D. Van Buskirk du «Severance Medical College at Seoul», sur la physiologie du peuple coréen, parue dans *Trans. Korea Br. R. As. Soc.*, Vol. 10. 1919, n° 15.

— Il clima della Corea. (*Boll. R. Soc. geogr. ital.*, Luglio-Ottobre 1920, p. 296.)

D'après le *Geogr. Journ.*, Londres, n° 4, 1920.

— Warring Mentalities in the Far East by Mrs. Robertson Scott. (*Asia*, August 1920, pp. 693/701; ill.)

— Outline of administrative reforms in Chosen. (Reprinted from the «Seoul Press».) — The «Seoul Press» Office, Seoul, August 1920, in-8, pp. 47.

— The Feet of the Mighty. I. A Korean Highroad. By Alice Tisdale. (*Asia*, Sept. 1920, pp. 789/794; ill.)

— Idem. II. Down the Yalu in a «Jumping Chicken». By Alice Tisdale. (*Ibid.*, Oct. 1920, pp. 902/907; ill.)

— Nouveau régime douanier en Corée. Par A. Hauchecorne. Vice-Consul de France à Séoul. (*Bull. écon. Indochine*, n° 144, Sept.-Oct. 1920, pp. 701/705.)

— Nouveau régime douanier en Corée [Documents transmis par M. Hauchecorne, vice-consul de France à Séoul]. (*Bull. écon. Indochine*, n° 146, Janvier-Février 1921, pp. 117/119.)

— Développement des industries en Corée. Par A. Hauchecorne, Gérant du vice-consulat de France à Séoul. (*Ibid.*, n° 147, Mars-Avril 1921, pp. 161/163.)

— * The Rebirth of Korea. The Reawakening of the People, its Causes and the Outlook. By Hugh Hueng-wo Cynn. Ill. London, Soc. P. C. K., 1920.

Notices : *Geogr. Journ.*, July 1921, pp. 62/63. By W. W. — *Lond. & China Express*, March 31, 1921, p. 156.

— Coréens contre Japonais. (*Asie franç.*, Mars 1921, p. 123.)

— Il commercio estero della Corea nel 1919. (*Boll. R. Soc. geogr. ital.*, Marzo 1921, p. 124.)

— Il commercio estero della Corea nel 1921. (*Ibid.*, Marzo-Aprile 1922, pp. 147/148.)

— H. J. Mullett-Merrick. — Japan's Record in Korea. (*The Asiatic Review*, April 1921, pp. 215/224.)

— La Corée contemporaine. Paris, Imprimerie de J. Dumoulin, 1921, pet. in-8, pp. 94 + 1 f. n. ch. pr. table des matières; pl. hors texte.

Comprend : I. La Corée d'aujourd'hui par H.-J. Mullett-Merrick ex-conseiller de la «South Manchuria Railway Company». — II. L'autre face de la question coréenne vues nouvelles sur quelques points importants par Frank Herron Smith. Édité par la «Seoul Press». Reproduction d'articles du «Japan Advertiser», Séoul, mai 1920. — III. La politique du Japon en Corée [par M. Smith à bord du *Shinyo*, paru dans le *Japan Advertiser* du 15 mai]. — IV. La politique et la religion en Corée. — V. La question scolaire en Corée. — VI. Le rôle du Japon en Corée. Une conversation avec l'amiral Saito par M. A. Maybon, Correspondant du «Temps».

— Recensement de la population en Corée. (*Bull. écon. Indochine*, n° 147, Mars-Avril 1921, p. 228.)

— La popolazione della Corea. (*Boll. R. Soc. geogr. italiana*, Giugno 1921, p. 226.)

— La population de la Corée. (*Asie franç.*, Sept.-Oct. 1921, p. 394.)

— * J. O. P. Bland. — China, Japan and Korea. London 1921; in-8, pp. 337.

— * Peter Jessen. — Japan, Korea, China, Reisestudien eines Kunstfreundes. Leipzig, E. A. Seemann, 1921; in-8, pp. 164.

— * T. Hoshing. — Economic History of Chosen, 1921.

— La nouvelle administration de la Corée d'après la brochure publiée en Juillet 1921 par le Gouvernement général de la Corée. Paris, Pierre Roger et Cie, éditeurs, 1922; pet. in-8 carré, pp. 117.

— L. Robert. — Deux voyages en Corée. — (*La Revue du Pacifique*, n° 3, Mars 1923.)

— L'agitation coréenne. (*Asie franç.*, Juillet 1923, p. 254.)

— 海東金石苑 *Hai tong kin che yuan*, 8 chap., par 劉喜海 Lieou Hi-hai; avec 2 ch. d'«appendice» (*fou-lou*), et 6 ch. de «supplément» (*pou-yi*); édité par Mr 劉承幹 Lieou Tch'eng-Kan.

Notice : *T'oung Pao*, No. 4, Oct. 1923, pp. 302/308. Par P. Pelliot.

TRAITÉS.

Col. 3000/3002.

— Korean Treaties. Compiled by Henry Chung, A. M. Fellow in Economics Northwestern University, H. S. Nichols, Inc. 17 East Thirty—Third Street New York, 1919, in-8, pp. xii-226.

LANGUE.

Col. 3002/3018, 3236.

Col. 2979.

— The Vanguard, A Tale of Korea. By James S. Gale.... Illustrated. Chicago,... Fleming, H. Revell Co., s. d. [1904], in-12, pp. 320.

— Korean Folk Tales Imps, Ghosts and Fairies, translated from the Korean of Im Bang and Yi Ryuk by James S. Gale. London, J. M. Dent, New York: E. P. Dutton, 1913, in-8, pp. x + 1 f. n. ch. + pp. 233.

Notices : *Asiatic Review*, January 1914, pp. 124/126, by E. H. Parker. — January 1916, p. 126, by H. M. H.

— * The Cloud Dream of the Nine : A Korean Novel. A Story of the Times of the Tangs of China. By Kim Man-Choong (1617—1682 A. D.), President of the Confucian College. Translated by James S. Gale. Daniel O'Connor, London.

Notice : *China Express and Telegraph*, Nov. 9, 1922, pp. 751/752.

— Korean Folk-tales. By H. B. Hulbert, Esq. F. R. G. S. (*Trans. Korea Branch Roy. As. Soc.*, Vol. II, Pt. II, 1902, pp. 45/79.)

— The Korean Language. By Homer B. Hulbert. (*Annual Report. . . Smithsonian Institution for the year ending June 30*, 1903, pp. 805/810.)

Rep. from *The Korean Review*, I, 1901, pp. 433/440.

— J. W. Hodge. — Corean Words and Phrases : a Handbook and Pocket Dictionary for Visitors and New Arrivals in the Country. Second edition, revised and greatly enlarged. 1902, in-12, pp. vii-369.

All Korean words are printed in Korean and Roman characters.

— The Study of Corean from the point of view of a Student of the Japanese

Language. (*Trans. of the Asiatic Society of Japan*, XXXIV, I, Aug. 1906, pp. 49/59.)

— О корейскомъ языкѣ и корейскомъ чтенiи китайскихъ iероглифовъ. К. И. Веберъ. In-fol., pp. 17 [1907].

Имп. русс. геог. общ. — Картографическая комиссiя.
Notes sur la langue coréenne et la prononciation des caractères chinois.

— Пробная транскрипцiя названiй всѣхъ городовъ Кореи. К. И. Веберъ. In-fol., pp. 5 [1907].

Имп. русс. геог. общ — Картографическая комиссiя.
Transcription proposée des noms de villes coréennes.

— Poésies coréennes. — Lettre de M. Lacrouts, des Missions Etrangères de Paris, missionnaire dans l'île Quelpart. (*Miss. Cath.*, 18 mars 1910, pp. 121/123; fig.)

— * William Elliot Griffis. — The Unmannerly Tiger and other Korean Tales. Thomas Y. Crowell Co., New York, 1911, in-16, pp. xi-155.

(Corée : Divers.)

V. — ILES LIEOU K'IEOU, ETC.

— A Trip to the Loochoos. (*Shanghai Evening Courier*, 27th January 1873.)
H. M. S. *Curlew* in search of the *Benares*.

— * Über eine Graburne von den Liukiu-Inseln. Von Dr. M. Haberlandt. (Mit 2 Text-Illustrationen.) (*Mitt. d. Anthrop. Ges., Wien*, XXIII, 1893.)

Verzeichnis der während des 50jährigen Bestandes der Anthropologischen Gesellschaft (1870—1919) erschienenen Aufsätze, erfolgten Ausflüge und abgehaltenen Vorträge, L. Bd., II—III. Heft, 1920, p. 31.

— Les îles Lequios (Formose et Riu-Kiu) et Ophir. Par J. Denucé. (*B. S. R. Belge G.*, XXXI, 1907, pp. 435/461.)

— New Light on the History of the Chinese Oriental College, and a 16th Century Vocabulary of the Luchuan language by E. Denison Ross. (*T'oung Pao*, Déc. 1908, pp. 689/695.)

Notice : *Bull. Ecole franç. Extr. Orient*, IX, Janvier-Mars 1909, par P. Pelliot.

— Les Iles Chinoises dépendant du Liao-Toung. (*A travers le Monde*, VII, 1901, p. 216.)
Nouv. de la Soc. Imp. russe de Géographie. Saint-Pétersbourg.

— * The Lu-chu Islands. By Walter J. Clutterbuck. Illustrations. (*Travel and Exploration*, IV, 1910, pp. 81/88.)

— Histoire d'une Principauté japonaise, les îles Riou-Kiou. Par le comte Maurice de Périgny. (*A travers le Monde*, XVI, 1910, pp. 393/395; ill.)

— E. v. Baelz. — Die Riu-Kiu-Insulaner, die Aino und andere kaukasierähnliche Reste in Ostasien. (*Korr-Bl. d. Deutschen Ges. f. Anthr.*, Braunschweig, XLII, 1911, pp. 187/191.)

— Japanese Monographs. No. XVI. — The Loo choo, or Ryū kyū Islands. By Charlotte M. Salwey. (*Asiatic Quarterly Review*, April 1912, pp. 313/327.)

— Edmund M. H. Simon. — Beiträge zur Kenntnis der Riukiu-Inseln. (*Beitr. z. Kulturgesch.*, Leipzig H., XXVIII, 1914, pp. xvi-182 m. 4 Kart. u. 1 Taf.)

(Divers.)

TABLE DES MATIÈRES.

Préface.

Divisions de l'Ouvrage :

Première partie : — *La Chine proprement dite.*
Deuxième partie : — *Les Étrangers en Chine.*
Troisième partie : — *Relations des Étrangers avec les Chinois.*
Quatrième partie : — *Les Chinois chez les Peuples étrangers.*
Cinquième partie : — *Les Pays tributaires de la Chine.*

PREMIERE PARTIE

LA CHINE PROPREMENT DITE

38

CHINA IN WESTERN LITERATURE

A Continuation of Cordier's Bibliotheca Sinica

Compiled by
TUNG-LI YUAN 袁同禮

Far Eastern Publications Yale University New Haven Conn. 1958

Library of Congress catalog number: 58-59833

Printed in the United States of America

重印袁同礼续考狄中国书目序

袁同礼的《西方文献中的中国：续考狄中国书目》1958年由耶鲁大学出版社出版，是一部西方汉学的目录学著作，继考狄《中国书目》而编，也是20世纪西方汉学的必读书。现在这部书终于有机会在中国出版。

袁同礼字守和，1895年生于北京，河北徐水人。1913年，袁同礼考入北京大学预科英文部甲班，与傅斯年、毛子水是同学。毕业后到清华学校（1928年更名国立清华大学）的图书馆工作。1920年，赴美留学，先后入哥伦比亚大学历史系与纽约州立图书馆专科学校学习，获美国纽约州立图书馆学校学士学位。1923年毕业后，袁同礼在美国国会图书馆实习。随后赴欧洲考察一年，在伦敦大学等院校学习工作。1924年，袁同礼受聘广东岭南大学图书馆馆长。1925年至1927年间，袁同礼受聘北京大学教职并任图书馆主任。1926年，受聘担任京师图书馆图书部主任，同年任京师图书馆副馆长。1929年，袁同礼出任京师图书馆馆长。京师图书馆改为国立北平图书馆后，1929年8月袁同礼任国立北平图书馆副馆长，代理馆长蔡元培主持馆务。抗日战争期间，袁同礼以国立北平图书馆名义与长沙临时大学（由北大、清华、南开三所大学组成）合作，任临时大学图书馆馆长。1938年3月，袁同礼随临时大学迁往昆明，设立北平图书馆昆明办事处。1942年，袁同礼改任国立北平图书馆馆长。1944年赴英美考察。1949年9月，袁同礼去美国，先服务于美国国会图书馆，再受聘于美国斯坦福大学研究所任编纂主任。1953年得鲁斯基金会支持去欧洲研究汉学书目。1957年后任职美国国会图书馆编目部。1964年7月，再度赴欧调查中国流散海外的艺术珍品。1965年1月退休，同年2月去世。

袁同礼是中国现代图书馆和图书馆学的开创者。1931年6月国立北平图书馆新馆开馆，至1949年，国立北平图书馆藏书已多达140余万册，包括中文普通书、善本书、敦煌写经、舆图、金石拓片、特藏书、中外文期刊、西文书、日文书、其他语种图籍等。“使受学之士观摩有所，以一洗往日艰閟之风。”（袁同礼《国立北平图书馆之使命》）袁同礼对图书资料的征集十分重视，比如他在欧洲学习工作期间，寻找《永乐大典》的佚散资料，获得大量《永乐大典》影像资料；派向达、王重民等人赴英法调查敦煌收藏资料；收购明代方志和明人别集，特别是天一阁藏明代珍稀方志；入藏海源阁、延古堂旧藏和朱希祖的明清戏曲收藏；派范腾端收集云南石刻拓片资料，派万斯年等收集彝族、纳西族资料；发起外国征书运动，先后得到英美捐赠图书几万册；复制了美国国家档案局档案324个胶卷入藏国立北平图书馆，包括1790年至1906年间美国各驻华机构的报告和1868 — 1906年间中国驻美公使致美国务卿的照会；成立中日战事史料征集会收集“本国、敌人、外国，伪组织所出的杂志报章，以及传单、标语、照片之类”，仅1939年一年就征集5300种书籍和小册子、1422种期刊、215种报纸以及公文、电稿、抄件、照片等500余种资料。袁同礼主持北平图书馆，整理出版大量善本丛书，编纂了目录如《善本甲、乙库书目》、《方志目录》、《清内阁大库舆图目录》、《西文参考书目录》、《北平各图书馆所藏西文图书联合目录》、《西文期刊联合目录》，中西文馆刊如《图书馆学季刊》、中英文的《图书季刊》等，资料引得如《国学论文索引》、《续编》、《三编》、《文学论文索引》、《续编》、《地学论文索引》、《石刻题跋索引》、《清代文集目录索引》。日军占领上海时，北图存寄上海的善本古籍2700余种，3万余册，在袁同礼和胡适的努力下，转移寄藏美国国会图书馆，并由美国代摄缩微胶卷1070卷，保护了遗世的珍宝并使之在全世界流通；为了这批善本，袁同礼孤身入上海，几至“神经病大发”（胡适）。这批善本书原定1946年归还中国，因为国共内战，1965年，方送交台湾。

袁同礼晚年去美国在国会图书馆当一个普通的编目员很“屈就”（唐德刚）。袁同礼的朋友胡适，曾经的驻美大使、北京大学校长，1950年也应聘成了普林斯顿大学葛斯德东方图书馆（Gest Oriental Library）馆长，并在两年后不被续聘。袁同礼对唐德刚说其理由，第一是养家活口，第二是为了将来的养老金，以保晚年。国会图书馆工作很艰苦，袁澄回忆，白天“父亲总站在国会图书馆前楼近千余万张‘联合目录室’的卡片柜前，从A到Z一张张卡片都仔细翻阅。每见一张关于中国的书名，他立刻写在随带的卡片上。这项工作，父亲永远是站着做的……每等到他手里卡片堆积到二三十张时，他便自己步入书库，把这些书一一找出来翻阅。这第二步工作也全是站着做的。”袁同礼常说：“编目录的工作，有一本书自己没查到都不放心。”晚饭后就对白天以卡片所获笔记加以分类整理，并用打字机打出，一直要“工作到近 11 点钟左右”。正如傅安明的纪念文章所说，“终身忙碌，终身快乐。即在快乐忙碌之中，完成一生之志业。”从国立北平图书馆馆长到编目员，隐忍淡定的工作成就了一个目录学家。除了《续考狄中国书目》，他还编了《俄文汉学书目》、《德文汉学著作选目》、《新疆研究丛刊》、《中国留美博士论文目录 1905~1960》、《中国留英及爱尔兰博士论文目录 1916~1961》、《中国留欧大陆博士论文目录 1907~1962》、《现代中国社会经济发展资料指南》、《中国数学书目》、《胡适先生西文著作目录》、《中国艺术考古西文书目》（未竟，Harrie A.Vanderstappen 续辑完成），并续辑了王重民的《美国国会图书馆中国善本书目》。

《西方文献中的中国：续考狄中国书目》收录了 1921 年到 1957 年以英文、法文、德文出版的 18000 种有关中国的著述，有专著也有论文和报章文字。大多是西方汉学家的书，也有中国学者出版的外文著作。一个特别的贡献是作者的中文名字都在罗马拼音旁标注了中文。《前言》说，“目前，对考狄书目续编的需求是明显的，因为数十年来，这里有巨大的汉学研究成果，这些研究对专家来说也是陌生的，这本续编就是要填补这个空白。”袁同礼为此书花费了十几年时间，跑了美国和欧洲许多图书馆，恒慕义（Arthur W.Hummel）《序》说：“书目中所有条目都一一亲自考订其准确性，而非录自其他数据。为了防止缺失，美国和欧洲的重要亚洲图书馆他大都一一访问到了。因此他的续编无论在语种还是在年代的覆盖面上，比任何一家图书馆都要全面。”

《西方文献中的中国：续考狄中国书目》全书分二十八大类：

1. 书目和参考书
2. 总论性著作
3. 地理和游记
4. 历史
5. 传记
6. 政治和政府
7. 陆军、海军和空军
8. 法律和法规
9. 对外关系
10. 经济、工业与商业

11. 社会状况和问题

12. 哲学

13. 宗教

14. 教育

15. 语言

16. 文学

17. 建筑和美术

18. 音乐和体育

19. 自然科学

20. 农业和林业

21. 医药与公共卫生

22. 东北省份（满洲）

23. 蒙古和蒙古人（包括唐努—图瓦）

24. 西藏

25. 新疆

26. 台湾（福尔摩沙）

27. 香港

28. 澳门

每个大类下分若干二级分类，比如哲学类下分总论性著作、儒家经典、孔子和儒家思想、老子、庄子和其他。文学类下分总论性著作、诗歌、戏曲、小说。地理和游记类下分历史地理和早期游记、现代地理、土地和土壤、山脉和河流、地理描述和游记、区域地理。把儒家经典和先秦诸子都列入哲学类，当然是权宜之法，

儒家经典中既有历史也有文学，儒家和诸子的著作都是以一家家古代思想家的“家”为分，所以基本都是伦理学、哲学、政治学、逻辑学、语言学、文学、军事学等等各种内容的混杂。二级分类下还分三级分类。袁同礼在三级分类中还特别有意义地设计了很多专题，比如“马可波罗研究”、“韩战研究”等专题。“中国共产主义运动”专题收入刘少奇的《论共产党员的修养》、陆定一的《百花齐放百家争鸣》等共产党文献；英文版前者出版于 1952 年，后者出版于 1957 年，都是北京的外语出版社出版。

作为专业的目录学家，袁同礼并不满意考狄《中国书目》的分类，他的分类更

具科学性。重视书目和参考书，列为一级大类，并列首位。分类法的前21个部分，显然是对国会分类法的承袭和调整。国会分类法共分20大类。

《美国国会图书馆分类法》（Library of Congress Classification）是根据美国国会图书馆藏书编制的综合性等级列举式分类法。1899年参考卡特的《展开式分类法》拟定最早的大纲，然后按大类陆续编制并分册出版。分类号由字母与数字组成，数字部分按整数顺序制编号。王云五这样理解卡特关于图书分类的定义："（一）须要按着'性质相同'的去分类；换句话说，就是按照图书内容在科学上所占的地位而分类，（二）须把所有图书按照他的种类分别陈列起来，务使同类的书不要分开，不同类的书不要掺入。"这里所强调的性质，就是现代科学意义上的性质。

现代广为图书馆使用的还有杜威十进分类法（Dewey Decimal Classification）。杜威分类法受美国圣路易斯市图书馆哈利斯分类法的影响，于1876年正式出版。分为10个大类：

000 总论

100 哲学

200 宗教

300 社会科学

400 语言

500 自然科学和数学

600 技术（应用科学）

700 艺术、美术和装饰艺术

800 文学

900 地理、历史及辅助学科

大类下分10类（divisions），又再分成10小类（sections）。每个学科都会给予特定范围的数字来表示。第二层的分类有100个divisions，是以三个数字中的第二个数字表示，如：500表示科学，510则表示数学、520是天文学、530则是物理学。

20世纪初，西方图书馆及其图书分类思想传入中国，沈祖荣、杜定友、刘国钧等在20年代初学成归国，开始了"新图书馆运动"。袁同礼在清华学习时，即受美国传教士韦棣华（Mary Elizabeth Wood）发起的这场中国现代图书馆运动的影响；在他主持国立北平图书馆工作期间，对传统的编目方法进行彻底的改造，即使古籍善本，也放弃中国传统的"经、史、子、集"四部分类法，参考杜威分类法和国会分类法，并按书名第一字笔画及作者姓名第一字笔画来分目。

现代图书馆的思想及其图书分类，是西方科学文明的传入。袁同礼在《国立北平图书馆之使命》中说："谋为中国之科学树一基础"。固然是科学之基础，但图书分类本身很难称得上科学，古代中国文化的图书分类能否就以"科学"的名义而被放弃？沈祖荣、杜定友、袁同礼、王云五等人在他们的编目实践中都在对杜威法、国会法做各种修改工作。美国国会图书法是据国会图书馆馆藏书制定，并相对偏重人文、艺术；杜威分类法更有着鲜明的西方古典学科分科的渊源。杜威法、国会法代表的其实也是西方文明的地方知识。或者是因为科学昌明带来的社会政治文明而使他们就愿意放弃本文化的地方知识？

图书分类有现实保存书籍实际的问题，但根本上还是知识的分类，杜威分类法根据17世纪英国哲学家培根关于知识分类的思想，将人类知识分为记忆（历史），想象（文艺）和理性（哲学，即科学）三大部分，并将其倒置排列，展开为10个大类。袁同礼他们为何要放弃传统四部分类而改用新的图书分类，其实有着更深层的中国文化内部原因。

福柯说他写《词与物》，是受博尔赫斯的启发，博尔赫斯曾引述过"某种中国百科全书"中出现的对动物的如下分类：

属于皇帝的动物、b) 散发香气的动物、c) 驯服的动物、d) 乳猪、e) 美人鱼、f) 臆想的动物、g) 自由的狗、h) 包括在此分类中的动物、i) 像疯子般激动的动物、j) 不可胜数的动物、k) 用很细的驼毛笔画的动物、1) 其他动物、m) 刚刚弄碎了罐子的动物、n) 远看像苍蝇的动物。

博尔赫斯笔下的中国，无论是长城与秦始皇的焚书，还是《小径分岔的花园》的主人公，都充满神秘。中国传统的知识分类在学习古典知识的中国人看来并不神秘，也不混乱。

所谓传统分类，通常是指经、史、子、集四部分类。这个分类法始于魏晋，荀勖因《中经》著《新簿》分甲乙丙丁四部。四部分类以《隋书·经籍志》、《四库全书总目提要》为标志，一直到晚清张之洞的《书目答问》还是这个分类法。经部收录儒家的经典和"小学"类书，史部收录各类史书，以及地理、职官、目录等类书，子部收录诸子百家著作和类书，以及佛教、道教等书。集部收录诗文词总集和专集等。在魏晋之前，还有西汉末年刘歆《七略》、《汉书·艺文志》的分类法，《七略》除集略外，是六艺略、诸子略、诗赋略、兵书略、术数略、方技略。六艺即经部，诗赋即集部，其他归子部，新增史部。

中国古代的知识是以经部为核心的。“经”是规训的知识。所谓六艺，说明了“经”的来源，春秋末，孔子以《诗》、《书》、《礼》、《易》、《乐》、《春秋》六部他整理的书籍课徒。作为一个人，《隋书·经籍志》说:“温柔敦厚，《诗》教也；疏通知远，《书》教也；广博易良，《乐》教也；洁静精微，《易》教也；恭俭庄敬，《礼》教也；属辞比事，《春秋》教也。”

春秋后期，略早于孔子，齐国的五官技和楚国的九门学也都是规训的知识。《管子·山权数》记录管子说，《诗》用来记物；时用来记岁；春秋用来记成败；行用来道民之利害；《易》者，用来守凶吉成败；卜用来卜凶吉利害。楚国九门之学，这是申叔时建议楚太子学习的九门课程。《国语·楚语上》：“教之春秋，而为之耸善而抑恶焉，以戒劝其心；教之世，而为之昭明德而废幽昏焉，以休惧其动；教之诗，而为之导广显德，以耀明其志；教之礼，使知上下之则；教之乐，以疏其秽而镇其浮，教之令，使访物官；教之语，使明其德，而知先王之务用明德于民也；教之故志，使知废兴者而戒惧焉；教之训典，使知族类，行比义焉。”

经部之外的其他部只是经部的扩充和修饰。史部之书发源于《尚书》和《春秋》。古有所谓左史右史，一记言一记行，分别是文件档案和历史。汉代以后，史书大增，有《史记》、《汉书》这样的正史，还有其他各类史。诸子在战国时期，也是如孔子这样的讲学教徒的老师，汉武帝独尊儒术，非儒家被排除在制度外。秦始皇焚书，但明令保护的“医药卜筮种树之书”，汉代以后，反而都被儒家规训知识消灭殆尽，了了残余和战国诸子一起混杂在子部。今天楚地出土简帛中，我们发现了大量的看相、保胎、房中、烹饪等等五花八门的技术书，才知道战国到西汉初文化之绚烂多姿。集部是诗文汇集，也发源于儒家的《诗》。

中国古代传统知识是规训的知识。是老辈人形塑、教化、规范小辈人，教育他们“其何以为人”如何做人的知识。在这种以人的规范教育为目的知识系统中，忽视自然界、忽视物质、忽视人自身的各种技术发明和创造。

与规训知识对应的是探索知识。这是积极认知自然界、积极认知客观物质、积极创造与发明各种技术的知识系统。在万千科举状元进士之外，还是有张华、郭璞、沈括、宋应星、徐霞客这些传统文化的异类。

中国古代事实上存在探索知识系统的知识分类，只是非常晦暗地保留在辞书和类书分类中。这个分类体系起源于“小学”《尔雅》，是孔子及其学生为解释《诗》、《书》、《礼》、《易》、《春秋》语词含义而开始编辑的词典，对应于物的词。《尔雅》现存19篇，按类别分为“释诂”、“释言”、“释训”、“释亲”、“释宫”、“释器”、“释乐”、“释天”、“释地”、“释丘”、“释山”、“释水”、“释草”、“释木”、“释虫”、“释鱼”、“释鸟”、“释兽”、“释畜”。以天、地、人、事、物、鬼、神无限展开的知识分类还呈现在唐宋类书中。《太平御览》分五十五部：天、时序、地、皇王、偏霸、皇亲、州郡、居处、封建、职官、兵、人事、逸民、宗亲、礼仪、乐、文、学、治道、刑法、释、道、仪式、服章、服用、方术、疾病、工艺、器物、杂物、舟、车、奉使、四夷、珍宝、布帛、资产、百谷、饮食、火、休征、咎征、神鬼、妖异、兽、羽族、鳞介、虫豸、木、竹、果、菜茹、香、药、百卉。

袁同礼说：“一国民智之通塞，与其图书馆事业之盛衰相为表里。”放弃传统四部分类而采用西方图书分类，袁同礼是要开通民智。国人民智闭塞，根本不在于有没有书、有多少书，而是这个文化的知识系统是探索知识的系统还是规训知识的系统，这个文化的知识是不是能够内在不断地创造和发明。“为未来之新运启一途径”，袁同礼开创的中国现代图书馆和目录学，根本是在为这个文化开出新命来。

朱渊清

2016年7月25日

TO A BETTER UNDERSTANDING OF CHINESE CULTURE --

A CULTURE WHICH HAS FLOURISHED

UNINTERRUPTEDLY FOR FORTY CENTURIES

THIS BOOK IS DEDICATED

FOREWORD

The first volume of Henri Cordier's *Bibliotheca Sinica* appeared in 1878. The final volume was printed in 1924. For several decades students throughout the world have been hoping for a continuation of Cordier's exhaustive work -- one that would record, as his did, all known books and monographs on China in the major languages of the West. Thanks to years of selfless labor on the part of Dr. T. L. Yuan, who from 1926 to 1948 was Director of the National Library of Peiping, these hopes have now been realized. Instead of being restricted to sporadic and incomplete lists, treating only special periods or subjects, students of Chinese affairs now have for ready reference a record of virtually all books concerning China published in English, French and German between the years 1921 and 1957. It is of more than passing interest that this Continuation appears on the Eightieth Anniversary of the publication of Cordier's first volume.

Highly competent in the techniques of library science, and widely read in the literature of his country, both in Chinese and in Western languages, Dr. Yuan was uniquely qualified to bring to completion this heavy task. The 18,000 works which he describes were not copied from other sources but were in nearly every instance examined by him personally to assure accuracy in all details. To provide against important omissions he visited most of the great Oriental libraries, first in the United States and then in Europe, gaining information and suggestions from bibliographers in all these centers. The consequence is that his Continuation embodies, for the period and for the languages treated, more works on China than are to be found in any single library, or in any catalog.

During his years as Director of China's greatest library, and in the course of his wide travels, Dr. Yuan had the opportunity to meet personally most of the writers of this generation whose books he describes. This is especially true of that growing number of Chinese scholars and men of letters who, fortunately for the West, have chosen to write about their country in English, French, or German. Acquaintance with these writers and knowledge of his own language enabled Dr. Yuan to assign the proper characters to their names, even though the title pages commonly omit them. Librarians, and students who read the Chinese language, will find their research lightened. For making this typographically possible, credit is due to Professor George A. Kennedy of Yale University.

The appearance of this work, despite the mental barriers that temporarily divide the world, testifies that China lives -- and will continue to live -- in the imagination of the West. One needs only to open the pages of this book to perceive what a broad and liberal spirit of intellectual cooperation pervades the world.

Arthur W. Hummel

Washington, D. C.

PREFACE

The first edition of Henri Cordier's monumental *Bibliotheca Sinica*, published in two volumes between the years 1878 and 1885, represents the first systematic attempt to record western publications on China from the sixteenth century to the eighties of the nineteenth century. A supplement published in 1895 lists such literature to the end of 1894. That Cordier's work filled a substantial need is attested by the fact that within a few years the first edition was exhausted. Considerably enlarged and revised, a second edition in four volumes was published between 1904 and 1908; and a supplementary volume appeared in 1924.

The need for a continuation of Cordier's bibliography is obvious -- all the more so because there has been a vast output of sinological studies, in recent decades, studies often unknown even to specialists. The present work is intended to fill this need.

The scope of this continuation is limited in several respects: it is restricted to the period from 1921 to 1957; it does not include articles in periodicals unless they were issued subsequently as independent monographs; it comprises only works in English, French and German, an exception being made for Portuguese, a language rich in works on Macao. Chinese texts with added titles in western languages, such as the Harvard-Yenching Sinological Index series, are generally excluded. Maps and charts are omitted because they require special treatment. Notwithstanding these limitations, the bibliography represents a comprehensive survey of all types of writings on China, with no attempt to select or reject, but rather, to record and describe.

It would have been a great help to investigators had it been possible to list articles in journals, for these are fugitive in character and often appear in unexpected places. Indeed, an effort was made in this direction, the labor being apportioned between my friend the late Dr. Cheuk-woon Taam and myself. While I was concentrating on monographic publications, he recorded articles in journals. Furthermore, we adopted a similar classification with a view to publishing the two bibliographies simultaneously. But Dr. Taam's untimely death on October 20, 1956 not only deprived me of his valued collaboration, but also prevented the carrying out of our plan. It is now my earnest hope that support may be found to bring his labors to fruition.

In the past thirty-five years, an increasing number of Chinese authors have written about China in western languages. But since their names do not generally appear on the title pages in Chinese characters, it is often very hard to identify them. The difficulty is increased by the natural desire of Chinese authors to romanize their names according to the sounds in their own local dialects. Furthermore, those who studied in France or Germany frequently adopted the French or German systems of romanization. To overcome this difficulty, efforts have been made to make a clear identification of all Chinese names, irrespective of the way they happen to be spelled. This is done by inserting the Chinese characters beside the romanized form. It is hoped that this more precise identification will be of help to students of Chinese studies and to librarians for the years to come.

In the catalogs of American and English libraries, Chinese names are usually romanized according to the Wade-Giles system as established in H. A. Giles' *Chinese-English Dictionary*. But since this system seems to many

Chinese authors not to represent properly the pronunciation of their names, the forms adopted by the authors themselves are accepted for the main entry in the present work. Any readers, however, who have access to the printed catalog cards of the Library of Congress will find there the names of these authors with the Wade-Giles romanization added in parentheses.

However great the debt we owe to the labors of Cordier, it has long been recognized that his scheme of classification was far from satisfactory. Hence, on the advice of a number of scholars, I have arranged the titles under broader subject groups in the hope that readers may find more readily the items desired. The geographical divisions, designed as they are for convenience, should not be taken too literally. For example, works on archaeological discoveries at Tunhuang are grouped with those under Sinkiang rather than under Kansu. It stands to reason that such classifications must be arbitrary, hence it is not expected that every reader will fully agree with them.

The bibliographical data comprising this work were collected at the Library of Congress and at twenty other leading libraries in the United States. Subsequently, search was made in London, Oxford, Cambridge, Paris, Frankfurt, Marburg, Munich, Zurich, Berne, Brussels, Leyden, and The Hague. The cordial assistance which I received from librarians of these institutions promoted the fulfillment of my task, and will always be remembered with gratitude. Titles not found in the above-mentioned depositories were culled from various national bibliographies. In particular, the National Union Catalog at Washington was a continual help, and greatly facilitated the work of checking.

Efforts have been made to render the entries complete in every detail, only the dimensions of the books have been omitted. In a work of this range and detail, omissions and misprints are inevitable. Despite every effort to be inclusive for the years treated, titles unknown to the compiler will doubtless be found. Any corrections and additions will be gratefully received, for it is hoped that important omissions may appear in a supplementary volume. The present work is to be regarded as no more than the first step in an unfulfilled task and a modest contribution toward a more thorough and systematic study of China.

Obviously, a work of this magnitude could not have been brought to completion without the help of many scholars. It is with sincere appreciation that I express my gratitude to Dr. Arthur W. Hummel and Dr. Hu Shih for their inspiration, guidance and continuing interest. I am indebted to Dr. Horace I. Poleman, Chief of the Orientalia Division, and Dr. Edwin G. Beal, Head of the Chinese Section in the Library of Congress, for their advice and constructive criticism. Grateful acknowledgement is due to Dr. L. Quincy Mumford, Librarian of Congress, and Mr. Verner W. Clapp, President of the Council on Library Resources, Inc. for their encouragement. In particular, I wish to record my indebtedness to Dr. A. Kaiming Chiu, Librarian of the Chinese-Japanese Library at Harvard University; Miss Gussie Gaskill, Curator of the Wason Collection at Cornell University; Miss Ruth Lapham Butler, Custodian of the Newberry Library; Dr. Rudolf Löwenthal of Georgetown University; and F. W. Paar of the New York Public Library; who generously verified many bibliographical details. I must express my gratitude also to Mr. Beverley H. Brown, Dr. J. M. Coopersmith, Mr. Nathan K. Kaganoff, Mr. Russell Le Gaer, Dr. Walter H. Maurer, Mrs. Grace E. M. May, Mr. Peter Petcoff, and Dr. K. T. Wu, my colleague at the Library of Congress, for their invariable and generous assistance. For help in identifying Chinese authors, I wish to express my appreciation to Professor

Chen Chou-Yi of the Claremont Graduate School; Professor Franklin L. Ho of Columbia University; Dr. Tch'en Hiong-Fei of the Chinese Embassy, Paris; Mr. Frank Tao of the Chinese News Service; Mr. Tao Pung-Fei of Los Altos, California; and Mr. Chia-pi Hsu of the East Asiatic Library at Columbia University.

In the course of my researches in Europe, I incurred obligations to Professor Walter Simon of the School of Oriental and African Studies, University of London; Mr. A. F. L. Beeston of the Bodleian Library; Professor Charles R. Boxer of the King's College, University of London; Professor Paul Demiéville of the Collège de France; Madame Marie R. Guignard of the Bibliothèque nationale; Madame Collette Meuvret of the Ecole nationale des langues orientales vivantes; Dr. W. Seuberlich of the Westdeutsche Bibliothek; Dr. Walter Heissig of the Universität Göttingen; Dr. Wolfgang Franke of the Universität Hamburg; Dr. A. F. P. Hulsewé of the Sinologisch Instituut at Leyden; and Dr. Gosta Montell of the Statens Etnografiska Museum at Stockholm, who responded cheerfully to my inquiries and requests. They saved me from many errors and their counsel and encouragement materially lightened my work.

My acknowledgements wouldbe incomplete if I did not mention the assistance I received from the Osterreichische Nationalbibliothek, the Bibliothèque royal de Belgique; the National Library of Canada; the Commonwealth National Library at Canberra; the Raffles Library at Singapore, the National Library of India, the National Library of Philippines; the National Central Library at Taipei; the National Diet Library at Tokyo and the Library of the University of Hong Kong. To their directors and staff, I extend my hearty thanks.

To the Rockefeller Foundation, I am under a great debt of gratitude for the generous support which enabled me to spend a year in Europe. The China Foundation furthered the completion of this work by several grants; to the Trustees of that Foundation, I express my grateful appreciation.

My obligation is great to Professor Serge Elisséeff, Director of the Harvard-Yenching Institute, and to Dr. Chang Chi-yun, Minister of Education, Republic of China, for substantial help in securing a subsidy toward the cost of printing.

A special word of acknowledgement is due to Professor George A. Kennedy, Director of Far Eastern Publications, Yale University, who took pains to see the bibliography through the press. In particular I wish to express my heartfelt thanks to Mr. and Mrs. Toshio Kono for their constant and invaluable service in expediting the production of this volume. To Mrs. Patricia Fleischer and Mr. George C. Hatch, Jr., I owe a special debt for their help in typing and reading proof. Mention should also be made of the assistance of my son, Cheng Yuan, who from time to time made valuable suggestions.

Finally, I must acknowledge the forbearance of my wife, Hui-Hsi Yuan, who saw me through the more difficult stages of research and who rendered valuable assistance in the preparation of the Index. Without her understanding help, this bibliography could hardly have been completed.

Tung-Li Yuan

ABBREVIATIONS

Abh.	Abhandlung
abp.	archbishop
arr.	arranged
Aufl.	Auflage
augm.	augmented
Ausg.	Ausgabe
b.	birth
Bd.	Band
Bde	Bände
bearb.	bearbeitet
BEFEO	Bulletin de l'École francaise d'Extrême-Orient
Bl.	Blatt
BMFEA	Bulletin of the Museum of Far Eastern Antiquities
bp.	bishop
Buchdr.	Buchdrucker, Buchdruckerei
bull.	bulletin
c.	copyright
ca.	circa
cf.	compare
ch.	chapter
Cie.	Compagnie
cm.	centimeter
Co.	Company
col.	colored
comp.	compile, compiler
corr.	corrected
d.	death
diagr.(s)	diagram(s)
Diss.	Dissertation
ed.	edited, editor, edition
éd.	édition
Eng.	England
enl.	enlarged
et al	et alii
evang.	evangelistic
facsim.(s)	facsimile(s)
fasc.	fascicle
fl.	flourished
fold.	folded, folding
front.(s)	frontispiece(s)
geb.	gebunden
gez.	gezeichnet
govt.	government
Govt. Print. Off.	Government Printing Office
hdgrs.	headquarters
HJAS	Harvard Journal of Asiatic Studies
hrsg.	herausgegeben
illus.	illustration(s), illustrated
impr.	imprimerie
inc.	incorporated
incl.	including

introd.	introduction
Jahrg.	Jahrgang
Jr.	Junior
l.	leaf, leaves
ltd.	limited
ms., mss.	manuscript(s)
Mitt.	Mitteilungen
n. d.	no date (of publication)
n. p.	no place (of publication)
n. s.	new series
no.	number(s), numéro
nouv.	nouveau, nouvelle
nr.	numer
numb.	numbered
off.	office
p.	page(s)
p. l.	preliminary leaf (leaves)
pl.	plate(s)
port., ports.	portrait(s)
pref.	preface
préf.	préface
print.	printing
priv. print.	privately printed
pseud.	pseudonym
pt., pts.	part(s), parte
pub.	publishing
publ.	publication(s)
rev.	revised
ser.	series
sér.	série
suppl.	supplement
t.	tome
t. p.	title page
tab.	table(s)
tr.	translator, translated, translation
übers.	übersetzt
univ.	university
ungez.	ungezeichnet
v., vol., vols.	volume(s)
verb.	verbesserte

SUMMARY OF CONTENTS

TABLE OF CONTENTS

I. BIBLIOGRAPHY AND REFERENCE

General Bibliographies

[AUSTRALIA. Joint Service Staff, Washington, D.C.] China; handbook of selected reference material. [Washington] 1949- 12 pts.

———. Supplement. no. 1. 1 v. (unpaged).

BATES, MINER SEARLE, 1897- An introduction to Oriental journals in western languages, with an annotated bibliography of representative articles. Nanking, Institute of Chinese Cultural Studies, the University of Nanking. 1933. 65 p. (Publications [of the Institute of Chinese cultural studies] ser. B).

BULLETIN of Far Eastern Bibliography, ed. by E.H. Pritchard. v. 1-5, February 1936-40. Washington, Committee on Far Eastern Studies, American Council of Learned Societies, 1936-40. 5 v.

CHAO, KUO-CHÜN, 趙國鈞 1918- Selected works in English for a topical study of modern China, 1840-1952. Cambridge, Regional Studies Program on East Asia, Harvard University, 1952. 38 p.

CHINA. Bureau of International Exchange. List of Chinese government publications. [Shanghai] Pub. by Academia Sinica. Bureau of International Exchange, 1930. 67 p.

CLAREMONT COLLEGE, Claremont, Calif. Library. Materials on the Pacific area, in selected libraries of the Los Angeles region. Claremont, Calif., Claremont Colleges Library, 1943-44. 3 pts.

CORDIER, HENRI, 1849-1925. Bibliotheca Sinica. Dictionnaire bibliographique des ouvrages relatifs à l'Empire chinois. 2. éd., rev., cor. et considérablement augm. Paris, E. Guilmoto, 1904-08. 4 v.

———. Supplément et index. Paris, P. Geuthner, 1922-24. 4 v. in 1.

———. Same; Reprint ed. Peking, 1938. 5 v.

———. Author index to the Bibliotheca Sinica of Henri Cordier (2nd edition, 4 v. Paris, 1904-08. Suppl. 1 v. Paris, 1924), compiled, issued and distributed by the East Asiatic Library, Columbia University Libraries. New York, 1953. iv, 84 p.

FAIRBANK, JOHN KING, 1907- Modern China; a bibliographical guide to Chinese works, 1898-1937, by John King Fairbank and Kwang-ching Liu, 劉廣京. Cambridge, Harvard University Press, 1950. xviii, 608 p. (Harvard-Yenching Institute studies, v. 1).

———. Japanese studies of modern China; a bibliographical guide to historical and social-science research on the 19th and 20th centuries, by John King Fairbank and Masataka Banno. Rutland, Vt., Published for the Harvard-Yenching Institute [by] C.E. Tuttle Co., 1955. xviii, 331 p.

FAR EASTERN bibliography. 1941-date. Ithaca, N.Y., Pub. for the Far Eastern Assn. by Cornell Univ. Press, 1941-date.

HANKOW CLUB, Library. Hankow. Bibliography of China, being a rough index to Cordier's "Bibliotheca Sinica." Volumes 1-4428. [Hankow] 1926. 14 p. (Its "China Class." Appendix vii. 1926).

INSTITUTE OF PACIFIC RELATIONS. American Council. Far Eastern bibliographies, 1947. New York [1947] [19] l.

JOHNSEN, JULIA EMILY, comp. Selected articles on China yesterday and today, with an introduction by Ping-wen Kuo, 郭秉文. New York, H.W. Wilson, 1928. lxxviii, [5]-362 p. fold. map, fold. tab. (The handbook series. Ser. II, v. 3).

KERNER, ROBERT JOSEPH, 1887-1956. Northeastern Asia, a selected bibliography; contributions to the bibliography of the relations of China, Russia, and Japan, with special reference to Korea, Manchuria, Mongolia, and eastern Siberia, in oriental and European languages. Berkeley, University of California Press, 1939. 2 v. [Publications of the Northeastern Asia seminar of the University of California].

KYOTO. UNIVERSITY. Research Institute of Humanistic Sciences. Annual bibliography of oriental studies for 1946-50. Compiled by J. Kurata [and] Y. Kawakatsu. Kyoto, 1952. x, 157, 118 p.

LÖWENTHAL RUDOLF, 1904- Bibliography of Russian literature on China and adjacent countries, 1931-36. Cambridge, 1949. iii, 93 l.

———. Works on the Far East and Central Asia published in the U.S.S.R., 1937-47. Ithaca, 1949. [12] p. Reprinted from Far Eastern Quarterly 8:2.

MARUZEN CO. Tokyo. A selected and classified catalogue of books written in European languages originally published in Japan and China. Tokyo, Maruzen Co., [1936] 89, [3] p.

PEKING. NATIONAL LIBRARY. Selected Chinese books, 1933-37, edited and published by the National library of Peiping through the generosity of the Rockefeller foundation, New York. [Peiping, The National Library of Peiping] 1940. vi, 214 p.

PROBSTHAIN, ARTHUR. Encyclopaedia of books on China. London, A. Probsthain (late Probsthain and Co.) 1927. [3]-283 (i.e. 289) p. plates.

QUARTERLY bulletin of Chinese bibliography. English ed. v. 1-4, 1934-37;n.s. v. 1-8, 1940-48. Edited by the National Library of Peiping. Peiping, Kunming, Chungking, 1934-48.

TÊNG, SSŬ-YÜ, 鄧嗣禹, 1906- An annotated bibliography of selected Chinese reference works. Rev. ed. Compiled by Ssŭ-yü Têng and Knight Biggerstaff. Cambridge, Harvard University Press, 1950. x 326 p. (Harvard-Yenching Institute studies, v. 2).

U.S. Dept. of State. Office of Intelligence Research. Research on China, completed and in progress. Compiled and distributed by External Research Staff. Washington, 1953-57. 8 v. (Its External research list, 2.1-2.8).

———. Library of Congress. China: a selected list of references on contemporary economic and industrial development with special emphasis on post-war reconstruction. Comp. by Helen F. Conover. Rev. ed. Washington, 1946. 118 p. 1st ed. 1945.

WALKER, RICHARD LOUIS, 1922- Western language periodicals on China; a selective list. New Haven, Far Eastern Publications, Yale University, 1949. i, 30 p.

WOO, KANG, 吳康, 1896- Histoire de la bibliographie chinoise. Paris, E. Leroux, 1938. [vii]-viii, 127 p. (Bibliothéque de l'Institut des hautes études chinoises. v. 5).

Reading Lists

AYSCOUGH, FLORENCE (WHEELOCK), 1878-1942. Friendly books on far Cathay, (being a bibliography for the student) and a synopsis of Chinese history. Shanghai, Commercial Press, 1921. cover-title, 58 p.

BENTLEY, WILDER, 1900- comp. Culture of the Far East in northern California; a check list of books and pamphlets available to students of inter-cultural relations. With a supplementary list of books on Japanese culture in the William Dallam Armes collection of Japanese prints, comp. by Chiura Obata. Stockton, Calif., Stockton Junior College, 1947. cover-title, 14 l.

CHINA INSTITUTE IN AMERICA. One hundred selected books on China (rev. list) New York, China Institute in America [1928?] cover-title, 16 p. (Bull. 6).

[———.] China; a brief list of introductory readings. [New York, 1939?] 25

numb. l.

———. China's changing civilization; a selected bibliography of books in the English language, by Loo Lai-han, 盧麗嫻. New York, China Institute in America [c1935] 35 p.

EAST AND WEST ASSOCIATION, New York. A miscellaneous [6] list of sources in the metropolitan area for teaching materials on China and India. [New York] East and West Association, c1943. cover-title, 6 numb. l.

———. What to read about China. New York, East and West Association, 1945-17 p. 1st ed. 1942.

HEIMERS, LILI, 1881- China; broadsides, charts and maps, exhibits, films, music-songs-games, pictures, publications, and recordings. Montclair institute and workshop on China for elementary and secondary school teachers, Dr. Bangnee A. Liu, 劉彭年, director, June 26-July 8, 1944. [Upper Montclair, N.J., 1944] 4 numb. l.

HORTON, MARION LOUISE. China, books for children and young people. Chicago, American Library Association [1942] folder (6 p.) "Reprinted from the Booklist, March 1, 1942."

HUMMEL, ARTHUR WILLIAM, 1884- Toward understanding China. Chicago, American Library Association, 1942. folder (6 p.) "Reprinted from the Booklist, January 1, 1942."

INSTITUTE OF PACIFIC RELATIONS. San Francisco Bay Region Division. Preliminary checklist of publications of the Institute of Pacific relations relating to China. San Francisco, Institute of Pacific Relations, San Francisco Bay Region Division, 1944. cover-title, 8 p.

ROBSON, HARRIET HARDISON, comp. Books for the traveller or sojourner in China, a selective bibliography, with introductory notes by Ruth Earnshaw. New York, American Council, Institute of Pacific Relations [c1937] 24 p.

THOMAS, S.B. Recent books on China, 1945-51. 1948-51 compiled by S. B. Thomas. 1945-47 compiled by Knight Biggerstaff. New York, American Institute of Pacific Relations, 1951. cover-title, 16 l.

U.S. Central Intelligence Agency. Chinese book list. No. 1- 1955. [Washington] 1955-

———. Library of Congress. What one should know about China; an annotated list of some dependable books. [n.p., 1942?] [4] p. "Reprinted from Wilson library bulletin, September 1942."

———. Office of Strategic Services. Research and Analysis Branch. Check-list of books on northwest China. [Washington] 1944. 7 l. (Its R and A 1846).

WILLIAMS, FREDERICK WELLS, 1857-1928. The best hundred books on China; a finding list of books in English, selected and annotated, by Frederick Wells Williams and the Rev. Frank W. Price. New Haven, Yale University Library, 1924. 20 p.

Yearbooks

The CHINA annual. 1944. Shanghai, The Asia Statistics Co. [1944] 1234 p. maps.

CHINA handbook. 1937/43, 1937/44, 1937/45, 1950, 1951, 1952/53, 1953/54, 1954/55, 1956/57. 9 v. illus., fold. maps. Compiled 1937/43-37/45 by the Chinese Ministry of Information; 1950- by the China Handbook Editorial Board. Imprint varies: 1937/43-37/44, Chungking. — 1937/43, 1937/45, New York, Macmillan. — 1950, New York, Rockport Press. — 1951-Taipei. Issues of 1937-43 ed. published in Chungking and New York.

The CHINA year book. 1912-39. London, G. Routledge; New York, E.P. Dutton, 1912-19; Peking and Tientsin, Tientsin Press, 1921-39. 20 v. fold. maps.

The CHINESE year book. 1st-5th issue; 1935/36-1940/41. Shanghai, Commercial Press, [1935-41] 5 v. fold. map, tables (part fold.) diagrs.

Almanacs and Calendars

CHINESE ASSOCIATION FOR THE UNITED NATIONS. A symposium on the World clanedar: 1. The Chinese and the world's ancient calendars by Tung Tso-pin, 董作賓. 2. On the so-called world calendar by Kao Ping-tze, 高平子. Taipei, 1951. 29 p.

HSÜEH, CHUNG-SAN, 薛仲三. A Sino-western calendar for two thousand years 1-2000 A.D., by Hsüeh, Chung-san and Ouyang, Yi, 歐陽頤. Changsha, Commercial Press, 1940. xx, 438 p.

100 YEARS Chinese-English calendar, 1864-1963. [Penang, Chee Chin Chong, 1950. 100 p.

KOEHN, ALFRED. comp. A year of the Horse. Peking, Lotus Court, 1943. iii, 45 p.

———. A year of the Ram. Peiping, Lotus Court, 1943. iii. 43 p.

———. A year of the Cock. Peiping, Lotus Court, 1945. [3] 12 p.

———. A year of the Dog. Peking, Lotus Court, 1946. 46 p.

———. A year of the Pig. Peiping, Lotus Court, 1947. 46 p.

———. A year of the Rat. Peiping, Lotus Court, 1948. 57 p.

TAN, PONG-GUAN, 陳邦元. Sixty years Anglo-Chinese calendar, 1876-1935. Singapore, Union Times Press Co., 1925. 126 p.

———. Eighty years Anglo-Chinese calendar, 1876-1955. Singapore, Hong Cheong Press, 1935. 168 p.

WELCH, WINDON CHANDLER. Chinese-American calendar for the 102 Chinese years commencing January 24, 1849, and ending February 5, 1951. Washington, Govt. Print. Off., 1928. vii, 102 p.

———. Chinese-American calendar for the 40th through the 89th year of the Chinese Republic, February 6, 1951 to January 23, 2001. [Supplement] Washington, Administrative Division, Immigration and Naturalization Service, 1953. vii, 102 p.

Libraries
Surveys (a) Chinese Libraries

CHEKIANG, (PROVINCE) PROVINCIAL LIBRARY, Hangchow. A brief guide to the Provincial library of Chekiang. Hangchow, 1926. folder ([1], 5 p.) illus.

LIBRARY ASSOCIATION OF CHINA. Libraries in China. Peiping, Library Association of China, 1929. iii numb. l., 43 p. illus., plates.

———. Libraries in China; papers prepared on the occasion of the tenth anniversary of the Library Association of China. Peiping, Library Association of China, 1935. 132 p. map.

PEKING. NATIONAL LIBRARY. Metropolitan library competition. [Peking, 1927] cover-title, 49 p. incl. illus., plans.

———. A short sketch of the National library of Peiping. Peiping, National library of Peiping, 1931. cover-title, 9 p. fold. plates (plans).

———. The report of the building committee of the National library of Peiping. Peiping, The China Foundation for the Promotion of Education and Culture, 1933. cover-title, 10, [13] p.

———. The National library of Peiping and its activities. Peiping, National library of Peiping, 1934, cover-title, 16 p. plates, plans.

———. La Bibliothèque nationale de Peiping et ses activités. [Peiping] La Bibliothèque nationale de Peiping, 1931. cover-title, 16 p. plates.

———. Some facts about the National library of Peiping. Peiping, National library of Peiping, 1934. 7 p.

SHANGHAI. ORIENTAL LIBRARY. A description of the Oriental library before and after the destruction by Japanese on February 1, 1932, prepared and published by the Board of directors of the Oriental library. Shanghai, 1932. 29, [1] p. plates, ports.

SHAW, CHARLES BUNSEN, 1894- The libraries of the Christian colleges of China; a report of a survey made in 1947-48. New York, United Board for Christian Colleges in China, 1948. 87 l.

TAAM, CHEUK-WOON, 譚卓垣 (T'an Cho-yüan] 1900-56. The development of Chinese libraries under the Ch'ing dynasty, 1644-1911. Shanghai, Commercial Press, 1935. ix, 107 p.

WONG, VI-LIEN, 黃維廉. The Low library-a history. Shanghai, St. John's University [1924] cover-title, 12 p. incl. tables, diagr. plates. (Stamped on cover: Bulletin no. 17). "Reprinted from 'The St. John's echo, 'February, 1924."

WU, KWANG-TSING, 吳光清 1905- Scholarship, book production and libraries in China, 618-1644. Chicago, 1944. vii, 291 l. Thesis-University of Chicago.

Surveys (b) Libraries outside of China

ELISSÉEF, SERGE, 1889- The Chinese-Japanese Library of the Harvard-Yenching Institute. Cambridge, 1956. [20] p. Reprinted from Harvard Library Bulletin 10:1.

HARVARD UNIVERSITY. Library. Harvard college library, Chinese-Japanese collection. Outline of classification and index to classes. Cambridge, 1930. 25 l.

———. Index arranged by the four corners of the first character, according to Wong's "Revised four-corner numeral system." [Cambridge, 1930] 12 l.

———. Library. Chinese-Japanese Library. A guide to the Chinese-Japanese library of Harvard university, under the auspices of the Harvard-Yenching Institute. Cambridge, 1932. 24 p.

JOINT COMMITTEE OF THE FAR EASTERN ASSOCIATION AND THE AMERICAN LIBRARY ASSOCIATION. Oriental collections, U.S.A. and abroad; minutes and discussions, sectional meeting, Far Eastern Association, Ann Arbor, Michigan, April 12, 1950. Ames, Iowa, Office of the Chairman [1950] 25 l.

LAUFER, BERTHOLD, 1871-1934. The Gest Chinese research library at McGill University, Montreal [Montreal, 1929] 8 p. illus.

RÉSILLAC-ROESE, ROBERT DE. The Gest Chinese research library, McGill university, Montreal, Canada. [Montreal] 1931. 2-10 numb. l.

TOKYO, TOYO BUNKO. Rough history and description of the Oriental library (Toyo Bunko) Tokyo, The Oriental Library, 1926. 14 p. plate, port. 1st ed. 1924.

———. The Toyo Bunko of the Oriental library of Japan, the Morrison collection, by Emil S. Fischer. Tientsin, 1934. 12 p. Reprinted from the 'Osaka mainichi' and 'The Tokio Nichi-Nichi' of Sept. 7-8, 1934, and the 'Peking and Tientsin Times' of Sept. 18, 1934.

Catalogs (a) Chinese Libraries

CANTON. SUN YAT-SEN UNIVERSITY. Library. Sun Yat-sen University library catalogue. [Canton] 1930. 345 p. (Western series no. 1).

CHINA. General Staff. Library. Classified catalog of the General Staff Office Library. [n.p., 1936] [12], 134 p.

———. Geological Survey. Library. Catalogue of the library of the National Geological Survey of China. Publication series, December 1927. [Peking, Peking Leader Press, 1927] cover-title, ii, 44 p., plates.

———. Ministry of Foreign Affairs. Library. Library catalogue, part I. Collection in western languages. Nanking, 1929. viii, 90 numb. l.

———. Supplement to the Library catalogue (Western languages section) no. 1- June-July 1929- [Nanking, 1929-

———. Ministry of Foreign Affairs. Library. Catalogue of books in foreign languages. [Nanking] 1935. vii, 382 p.

HANKOW CLUB, Library. Hankow. "China class." [Hankow] 1922. cover-title, [2] 176 p.
———. 1st Supplement. 1923. 63 p.
———. 2d Supplement. 1924. 139 p.
———. 3rd Supplement. 1924. [140]-162 p.
———. 4th Supplement. 1925. 31 p.
NANKING. NATIONAL CENTRAL UNIVERSITY. Library. Southeastern University Library catalogue April 1924; class list and author index. Nanking, National Southeastern University Library, 1924. cover-title, 4 l., 86 p., 1 l., 87-136 p.
———. Library. Classified catalog. Nanking, National Central University Library, 1929-36. 2 v.
NANKING. UNIVERSITY. Library. Loan books for rural workers in the University of Nanking library. [Nanking] Issued by the College of Agriculture and Forestry, 1926. 11 p. (Publications of the University of Nanking, College of agriculture and forestry, Nanking, China. Bulletin no. 16).
———. Library. The checklist of serials and periodicals. July 1934. Nanking, University of Nanking Library [1934] cover-title, iii, 128 numb. l.
———. Library. Books on China in the University of Nanking library; a classified list. Nanking, University of Nanking library, 1937. 129 numb. l.
PEKING. COLLEGE OF CHINESE STUDIES, Library. Books on China. Peiping, 1931. 359 p.
———. Supplement 1. 1934. 86 p.
PEKING. NATIONAL LIBRARY, ed. Union catalogue of books in European languages in Peiping libraries, edited by the National Library of Peiping. Peiping, Published by the National Library of Peiping and the National Academy of Peiping, 1931. 4 v.
———. A classified catalogue of the Möllendorff collection deposited in the library by Mr. Chu Chi-chien, 朱啓鈐 . Peiping, 1932. 285 p., 1 l., 65 p. port.
———. A classified list of reference books in the reading rooms of the National library of Peiping, 1932. Peiping, 1932. 353, 74 p.
———. Catalogue du fonds français de la Bibliothèque nationale de Peiping (par ordre d'auteurs) Peiping, Bibliothèque nationale de Peiping, 1934. 192 p.
———. A classified list of serial publications in the National library of Peiping. Peiping, 1936. 41 p.
PEKING. NATIONAL TSING HUA UNIVERSITY. Library. Classified catalog of the Tsing Hua college library. Peking, Tsing Hua College, 1927. xiii p., 1482 (i.e. 1484) p., plates.
PEKING. NATIONAL UNIVERSITY. Library. List of serials. [Peiping, Printed by the University Press, The National University of Peking] 1936. cover-title, 189 p.
PEKING. PEI-T'ANG LIBRARY. Catalogue of the Pei-t'ang Library. Peking, Lazarist Mission Press, 1944-48. 3 v. (1206 columns) facsims.
SHANGHAI. CHIAO-TUNG UNIVERSITY. Library. Library catalogue [Foreign books department] reclassified and compiled by Wolfe S. Hwang, 黃惠孚 . [Siccawei, Shanghai, Printed by Ming Chong Press] 1928. xxiv, 380 p., plates, ports.
———. Library. Library catalog, compiled by Tswen-hsuin Tsien, 錢存訓 . Shanghai, Chiao-tung University Library, 1934. 9 v. in 1.
SHANGHAI. CUSTOMS REFERENCE LIBRARY. Complete catalogue of books in European languages (correct up to December 31, 1933) Shanghai, Commercial Press, 1934. cover-title, 108 p.
SHANGHAI. SCIENCE SOCIETY OF CHINA. Library. Catalogue of the Science Society of China Library. Shanghai, 1939. xvi, 496 p.
SHANGHAI. SHANGHAI CLUB. Library. Catalogue of the non-fiction books, to 1st October, 1932. [Shanghai] Shanghai Times, 1932. 608 p.

SHANGHAI. SHANGHAI SCIENCE INSTITUTE. Library. List of scientific periodicals in the library of the Shanghai Science Institute. [Shanghai] 1934. cover-title, 83 p.

———. Library. Classified catalogue of books and periodicals in the Shanghai Science Institute. [Shanghai] 1937 . [814] p.

———. Supplement 1- [Shanghai, 1939- 1 v. (various pagings).

SOOCHOW. UNIVERSITY. Comparative Law School of China, Shanghai. Library. Library catalogue. Shanghai, Soochow University Law School, 1937. iii-iv, 218, ii, 84, ii, 85-160 p. 1933 ed. 30, 74 p.

TIENTSIN. NANKAI UNIVERSITY. Library. Library catalog 1925- v. 1- Tientsin and Peking, Printed by Kuang Hua Press, [1926]. 556 p. illus. (incl. plans).

WUCHANG. NATIONAL WU-HAN UNIVERSITY. Library. A classified catalogue of the National Wu-han University Library, 1928-34. v. 1. Wuchang, National Wu-han Univ. Press, 1935- 1332 p.

Catalogs (b) Libraries outside of China

ÉCOLE FRANÇAISE D'EXTRÊME-ORIENT, Hanoi. Bibliothèque. Inventaire du fonds chinois de la bibliothèque de l'École française d'Extrême-Orient. Hanoi, Imp. d'Extrême-Orient, 1929-54. 5 v.

ESSEX INSTITUTE, Salem, Mass. Library. Catalog of books on China in the Essex Institute, compiled by Louise Marion Taylor. Salem, Mass., The Essex Institute, 1926. ix, 392 p.

GARDNER, CHARLES SIDNEY, 1900- A union list of selected Chinese books in American libraries. Washington, D.C., American Council of Learned Societies, 1932. cover-title, iii, 50 p.

———. comp. A union list of selected western books on China in American libraries. 2d ed., rev. and enl. Compiled by Charles S. Gardner. Washington, D.C., Committee on Chinese studies, American Council of Learned Societies [c1938] xi, 111 p. 1st ed. 1932.

HARVARD UNIVERSITY. Library. Chinese-Japanese Library. A classified catalogue of Chinese books in the Chinese-Japanese library of the Harvard-Yenching Institute at Harvard University, compiled by A. Kaiming Chiu. Cambridge, Harvard-Yenching Institute, 1938-40. 3 v.

HERVOUET, J. Catalogue des monographies locales chinoises dans les bibliothèques d'Europe. La Haye, Mouton, 1956. 100 p. (Bibliographie scientifiques, 1).

SOUTH MANCHURIA RAILWAY COMPANY. Library. Dairen. Classified catalogue of books in European languages in the Dairen library of the South Manchuria Railway Co. Far East. [Dairen] The Dairen Library, 1937. vi p., 265 l.

———. Library, Mukden. Explanatory notes on some books and mss. of the Mukden library, prepared for the honourable members of Commission of Enquiry from League of Nations, by Toshiwo Etôh, librarian of the Mukden Library, South Manchuria Railway Co. Mukden, Manchuria, 1932. cover-title, 20, 8 p., plates.

TOKYO. TÔYÔ BUNKO. Catalogue of the Asiatic library of Dr. G.E. Morrison, now a part of the Oriental Library, Tokyo, Japan. Tokyo, Published by the Oriental Library, 1924. 2 v.

———. Index of a classified catalogue of books in European languages in the Toyo Bunko. Authors, 1917-36. Tokyo, 1951. 2 v.

Librarianship

CH'IU, ALFRED K'AI-MING, 裘開明 , 1898- comp. A classification scheme for Chinese and Japanese books, by A. K'ai-ming ch'iu, with the assistance of

H.Y. Fêng, 馮漢驥 [and] Zunvair Yue, 于振寰. Washington, D.C., Committees of Far Eastern Studies, American Council of Learned Societies, 1943. xxiv, 361 (i.e. 362) numb. l.

DOO, DING U., 杜定友, 1898- Book classification. Shanghai, Shanghai Library Association, 1925. [3]-19, 130, vi, 212, 63 p.

HUANG, MO-LING, 陳黃慕陵. Uniform headings for Chinese anonymous classics, for Course LS426. Urbana, University of Illinois Library School, 1949. Microfilm copy of typewritten manuscript. Negative. Collation of the original, as determined from the film: 36 l.

KUEI, CHIH-BER, 桂質柏, 1900- Bibliographical and administrative problems arising from the incorporation of Chinese books in American libraries. Peiping, The Leader Press, 1931. ix, 138 p. Thesis - Univ. of Chicago.

MATTICE, HAROLD ALLISON, 1879- English-Chinese-Japanese lexicon of bibliographical, cataloguing and library terms. New York, New York Public Library, 1944. 38 p. "Reprinted from the Bulletin of the New York public library of May-June 1944."

PEKING. NATIONAL LIBRARY. Chinese catalogue cards and how to order and use them. Peiping, National Library, 1936. ii, 12 p. illus.

PI, KAO-PING, 皮高品. Chinese decimal classification and relative index. Wuchang, Boone Library School, 1934. [578] p. 130 p. (Boone library school ser.).

SUN, TS'UNG-T'IEN, 孫從添. Bookman's manual (Ts'ang-shu chi-yao) 藏書紀要, translated by Achilles Fang, 方志彤. Cambridge, 1951. 45 p. Reprinted from HJAS, 14:1-2, June 1951.

TAI, TSE-CHIEN, 戴志騫, 1888- Professional education for librarianship, with an introduction by John Boynton Kaiser. New York, H.W. Wilson, 1925. x, 259 p.

U.S. Library of Congress. Catalog division. Classification of Chinese books based on the Imperial catalogue, Ssu k'u ch'üan shu tsung mu, 四庫全書總目, completed 1772-82, by Chi Yün, 紀昀, and a commission of scholars under the supervision of the Emperor Ch'ien Lung. Prepared and photographed in the office of the chairman of the Library committee, U.S. Department of agriculture. Washington, D.C., November, 1916. Revised March, 1922. [Washington, 1922] 5 numb. l., 22 l.

WOOD, MARY ELIZABETH, 1861-1931. comp. The Boxer indemnity and the library movement in China. A collection of official documents pertaining to the Boxer indemnity and public libraries in China. Hankow, Printed by the Central China Post [1924?] cover-title, 38, [10] p. plates.

YEH, TE-HUI, 葉德輝, 1864-1927. Bookman's decalogue (Ts'ang-shu shih-yueh) 藏書十約, translated by Achilles Fang, 方志彤. Cambridge, 1950. 41 p. Reprinted from HJAS, 13:1-2, June 1950.

Printing and Paper

CARTER, THOMAS FRANCIS, 1882-1925. The invention of printing in China and its spread westward. New York, Columbia University Press [1931] xxvi p., 282 p. plates, fold. map, facsims., fold. tab.

———. The same. Rev. by L. Carrington Goodrich. 2d ed. New York, Ronald Press [1955] xxiv, 293 p. illus., port., facsims.

CHIN, CHIEN, 金簡, d. 1795. A Chinese printing manual, 1776. 武英殿聚珍版程式 Translated from the Chinese with notes and introd. by Richard C. Rudolph. Los Angeles, Printed by the W. Ritchie Press for members of the Typophiles, 1954. xxvi, 20 p. 1 mounted col. illus., 16 plates. (Typophile chap books, 29).

GUPPY, HENRY, 1861-1948. Stepping-stones to the art of typography. With fourteen facsimiles. Manchester, The University Press; London, New York [etc.] Longmans, Green, 1928. 45 p. facsims.

HÜLLE, HERMANN, 1870-1940. Über den alten chinesischen Typendruck und seine Entwickelung un den Ländern des Fernen Ostens. [Berlin] Gedruckt auf Veranlassung der H. Berthold Messinglinienfabrik und Schriftgiesserei a.-g., 1923. 15 p. facsim.

HUNTER, DARD, 1883- Old papermaking in China and Japan. Chillicothe, O., Mountain House Press, 1932. 71 p. incl. front., illus. (part mounted; part col.; incl. map) plates (part mounted col. fold.) facsim., mounted samples (part fold.).

———. A papermaking pilgrimage to Japan, Korea and China. New York, Pynson Printers, 1936. 148, [2] p., front., illus., plates.

———. Chinese ceremonial paper; a monograph relating to the fabrication of paper and tin foil and the use of paper in Chinese rites and religious ceremonies. [Chillicothe, O.] The Mountain House Press, 1937. [9]-79, [3] p. front., illus., plates, samples.

KELLING, RUDOLF. Zum chinesischen Stempel-und Holztafeldruck, nebst vermischten Beiträgen aus dem Gesamtgebiete der Schrift-und Buchgeschichte, von Rudolf Kelling, Johannes Schubert und Otto Fischer. Leipzig, O. Harrassowitz, 1940. 142 p. plates (Buch und Schrift, Neue Folge, 3).

LAUFER, BERTHOLD, 1874-1934. Paper and printing in ancient China. Chicago, Printed for the Caxton Club, 1931. 33, [1] p.

P'AN, FRANCIS K., 潘光迥 [P'an Kuang-chiung] 1904- One year of rehabilitation of the Commercial Press. [Shanghai] 1933. 26 p. 1 illus., plates, ports.

PELLIOT, PAUL, 1878-1945. Les débuts de l'imprimerie en Chine. Paris, Impr. Nationale, Librairie d'Amérique et d'Orient, 1953. viii, 138 p. (His Œuvres posthumes, 4).

PRUSSIA. Staatsbibliothek, Berlin. Das Buch in China und das Buch über China; Buch-Austellung veranstaltet von der Preussischen Staatsbibliothek und dem China-Institut. Frankfurt a.M., 1928. xiii, 152 p.

RENKER, ARMIN, 1891- Papier und Druck im Fernen Osten. Mainz, Gutenberg-Gesellschaft, 1936. 7-55, [1] p. incl. plates, facsims. [Kleiner Druck der Gutenberg-Gesellschaft, 25].

RÜHL, INGEBORG. Die Papierwirtschaft in China, Japan und Mandschukuo. Erlangen, 1942. vi, 185 l. Diss.-Univ. Erlangen.

RUPPEL, ALOYS LEONHARD, 1882- Haben die Chinesen und Koreaner die Buchdruckerkunst erfunden? Mainz, Verlag der Gutenberg-Gesellschaft, 1954. 11 p. illus. (Kleiner Druck der Gutenberg-Gesellschaft, 56).

TSCHICHOLD, JAN, 1902- Der Erfinder des Papiers, Ts'ai Lun, in einer alten chinesischen Darstellung (Neujahrsgabe). Überreicht von der Züricher Papierfabrik an der Sihl. Zürich, 1955. 6 p. plate.

U.S. Bureau of Foreign and Domestic Commerce (Dept. of Commerce). Paper and Paper products in China. Comp. from special reports of consular officers of the Department of State and representatives of the Department of Commerce. Washington, Govt. Print. Off., 1925. ii, 19 p. incl. tables. (Trade information bulletin, 309).

WU, KUANG-TSING, 吳光清, 1905- Ming printing and printers. Cambridge, 1943. [57] p. plates. Reprinted from HJAS, 7:3, February, 1943.

———. Chinese printing under four alien dynasties (916-1368 A.D.) Cambridge, 1950. [76] p. plates. Reprinted from HJAS 13:3-4, December 1950.

Journalism and the Press

BRITTON, ROSWELL SESSOMS, 1897-1951. The Chinese periodical press, 1800-1912. Shanghai [etc.] Kelly and Walsh, 1933. vi, 151 p. 24 plates (facsim.) on 18 l.

CHAO, THOMAS MING-HENG, 趙敏恆, 1904- The foreign press in China, a preliminary paper prepared for the fourth biennial conference of the Institute of Pacific relations. Shanghai, China Institute of Pacific relations, 1931.

114 p. illus. (ports.), table.

CHINA COMMERCIAL ADVERTISING AGENCY, Shanghai. China publishers'directory; a practical guide to newspapers and periodicals for China advertisers. Shanghai, China Commercial Advertising Agency, 1934. 123, 4 p. port., maps (1 fold.).

CROW, CARL, INC., Shanghai. Newspaper directory of China (including Hongkong) with check list of newspapers and periodicals published in Japan, Chosen, Java, Sumatra, Borneo, Siam, Singapore and Federated Malay states, 1931- Shanghai, C. Crow, 1931. 52 p.

———. Newspaper directory of China (including Hongkong). Shanghai, C. Crow, 1935. 201 p.

LIANG, CH'I-CH'AO, 梁啓超, 1873-1929. Comments on journalism. Translated by James C.Y. Shen, 沈承怡. Columbia, Mo., Press of the Crippled Turtle, 1953. 7 p. (Oldtime comments on journalism, no. 4).

LIN, MOUSHENG, 林侔聖, 1906- A guide to leading Chinese periodicals. New York, China Institute in America [c1936] 30, [4] p.

LIN, SHU-SHEN, 林素珊. Histoire du journalisme en Chine. Avesnes-sur-Helpe, Éditions de "L'Observateur," 1937. 164 p. Thèse - Univ. de Lille.

LIN, YU-T'ANG, 林玉堂, 1895- A history of the press and public opinion in China. Shanghai [etc.] Pub. for China Institute of Pacific Relations by Kelly and Walsh, 1936; Chicago, University of Chicago Press, 1936. 179 p., 1 illus.

LÖWENTHAL, RUDOLF, 1904- The religious periodical press in China, with 7 maps and 16 charts by Rudolf Löwenthal, with the assistance of Ch'en Hung-shun, 陳鴻舜, Ku T'ing-ch'ang, 古廷昌, and William W.Y. Liang, 梁允彝. Peking, The Synodal Commission in China, 1940. vi, 294 p. incl. maps, tables.

[NORTH-CHINA DAILY NEWS AND HERALD]. China's attempt to muzzle the foreign press; an account of the endeavours of Nanking to suppress the truth about affairs in China. [Shanghai, North-China Daily News and Herald, 1929] 30, [2] p.

PATTERSON, DON DENHAM. The journalism of China. Columbia, Mo., 1922. 89 p. incl. 2 illus. (facsim.) plates. (The University of Missouri bulletin. v. 23, no. 34. Journalism series, no. 26).

TONG, HOLLINGTON KONG, 董顯光, 1887- Dateline: China; the beginning of China's press relations with the world. New York, Rockport Press, 1950. xiii, 269 p.

WOODHEAD, HENRY GEORGE WANDESFORDE, 1883- Adventures in Far Eastern journalism; a record of thirty-three years' experience. Far Eastern ed. with revisions. Tokyo, Hokuseido Press, 1935. ix p., 266 p. front., illus. (coat of arms) plates, ports., facsims. (part fold.).

YALE UNIVERSITY. Institute of Far Eastern Languages. Chinese newspaper manual. New Haven, 1952. xxiv, 262 p. (Mirror series A, 15).

YENCHING UNIVERSITY, Peking. Dept. of Journalism. Directory of Peking daily papers, compiled and published by the Department of Journalism, Yenching University. Peking, 1925. cover-title, v, 27 p.

YUI, CHIEN-HSUIN, 余建勛. Das alte chinesische Nachrichtenwesen und die chinesische Staatspresse. Berlin, Fährmannverlag, 1934. [3]-86, 4 p.

II. GENERAL WORKS

China: General Surveys

ABENSOUR, LÉON, 1889- La Chine. Paris, Éditions de "Sciences et voyages," 1928. 96. illus. (incl. maps).

AMERICAN ACADEMY OF POLITICAL AND SOCIAL SCIENCE, Philadelphia. China, edited by Henry F. James. Philadelphia, 1930. v, [1], 431 p., plates, maps, diagrs. (The annals of the American academy of political and social science. v. 152, November, 1930).

AMERICAN UNIVERSITY CLUB OF CHINA. Lectures 1921/22. Shanghai, Commercial Press, 1923. v. illus., plates, ports.

AUSTRALIAN INSTITUTE OF INTERNATIONAL AFFAIRS, Victorian Branch. China to-day. Melbourne, 194- . 47 p. maps, tables, (World affairs papers, 4).

AUXION DE RUFFÉ, REGINALD D', baron, 1875- Chine et Chinois d'aujourd'hui; le nouveau péril jaune. Paris, Berger-Levrault, 1926. xiii, 494 p., front., plates.

———. Is China mad? Translated from the French by R.T. Peyton-Griffin. Shanghai, Kelly and Walsh, 1928. xiv, 358, [xvi]-xvii, v p. incl. front. plates, ports.

BALL, JAMES DYER, 1847-1919. Things Chinese; or, Notes connected with China. 5th ed. Revised by E. Chalmers Werner. Shanghai [etc.] Kelly and Walsh, 1925; London, John Murray, 1926. iv, 766 p.

[BIBLIOGRAPHISCHES INSTITUT, Leipzig]. Schlag nach über China, Japan, und Mandschukuo, wissenswerte Tatsachen, übersichten und tabellen nebst einer vielfarbigen Übersichtskarte von China und Japan. [Leipzig, 1940] cover-title, 31, [1] p. fold. map.

BLAND, JOHN OTWAY PERCY, 1863-1945. China, Japan and Korea. London, W. Heinemann, 1921. x, 327 p. plates.

———. China: the pity of it. Garden City, N.Y., Doubleday, Doran; London, Heinemann, 1932. 358 p.

[BRITISH UNITED AID TO CHINA, London]. What do you know about China? [London, 1946] 12 (i.e. 23), [3] p. illus.

BUNKER, FRANK FOREST, 1873- China and Japan. Philadelphia, London and Chicago, J.B. Lippincott [c1928] viii, 253 p. illus. (Lands and peoples).

CHIN, LI-TSE. China-the prey? The social, economic and political background of the Chinese people by Chin Li-tse and George F. Green. London, International Publishing Co., 1938. 47 p. plates, map.

CLAPP, FREDERICK MORTIMER. A series of ten radio talks on China today (with select bibliography) by Frederick Mortimer Clapp, Lloyd P. Horsfall, William L. Nunn, [and] Benjamin H. Williams. [Pittsburgh] 1928. 5-96 p. (University of Pittsburgh. Radio publicatión no. 44).

CORDIER, HENRI, 1849-1925. La Chine. Paris, Payot, 1921. 138 p. fold. map. (Collection Payot. [8]).

DEKOBRA, MAURICE, 1885- Confucius in a tail-coat; ancient China in modern costume, translated from "Confucius en pullover" by Metcalfe Wood. London, T.W. Laurie [1935] 7-217, [1] p. front., plates, ports.

DONOVAN, JOHN PATRICK. Yesterday and to-day in China. London, Drane's [1924] 237 p. xxix pl. (incl. front., ports.).

DRIESCH, HANS ADOLF EDUARD, 1867-1941. Fern-Ost als gäste Jungchinas. Leipzig, F.A. Brockhaus, 1925. [5]-314 p., front., illus. (map, plan) plates (part col.) ports.

ETHERTON, PERCY THOMAS, 1879- China, the facts. London, E. Benn, 1927. vii-xiii, [1] p., 17-259 p. front., plates, ports., fold. map.

EICHHORN, WERNER. China; gestern, heute, morgen. Mit einer Einführung von Eduard Erkes. Leipzig, Hesse and Becker, 1929. 215 p. (Prometheus-Bücher).

GEORGE, SIR ANTHONY HASTINGS, 1886-1944. China - an international address at Washington: 1943. A Newcomen address, 1943. [Princeton, Princeton University Press, 1944] 40 p. illus.

GOODNOW, FRANK JOHNSON, 1859-1939. China; an analysis. Baltimore, Johns Hopkins Press, 1926. viii, 279 p.

GORDON, EDWARD. China in pictures, edited by Edward Gordon; foreword by His Excellency V.K. Wellington Koo. London, Williams and Norgate, 1942. 23, [1] p. illus. (incl. ports., map).

GRAYBILL, HENRY BLAIR. The new China; a civics reader for middle-school students, by Henry Blair Graybill and You-kuang Chu, 朱有光. A revision of Graybill's "Modern China." Boston, New York [etc.] Ginn [c1930] xi, [1], 361 p. col. front., illus. (incl. ports., maps) 1st ed. 1925.

GT. BRIT. Dept. of Overseas Trade. China. Notes on some aspects of life in China for the information of business visitors. London, H.M. Stationery Off., 1934. viii, 32 p.

GULL, EDWARD MANICO, 1883- Facets of the Chinese question. London, E. Benn, [1931] xxi, 198 p. incl. front., illus. (maps, music) plates.

HALL, RONALD ACOTT, 1892- Eminent authorities on China. London, G. Allen and Unwin, 1931. viii, 275 p. plates, 2 port.

HARVARD UNIVERSITY. Committee on Regional Studies. Papers on China from the East Asia regional studies seminar. Cambridge, 1947-55. 9 v.

HIGH, STANLEY, 1895- China's place in the sun. New York, Macmillan, 1922. xxix, 3-212 p. front., plates.

HODGKIN, HENRY THEODORE, 1877-1933. Living issues in China. New York, Friendship Press [c1932] viii, 215 p.

HOUSTOUN, JOHN FLEMING. China. Edinburgh and London, Oliver and Boyd, 1953. [4], 92 p. illus. tables, (One approach geography-history ser.).

HOVELAQUE, ÉMILE LUCIEN, 1865- China, tr. by Mrs. Laurence Binyon. London and Toronto, J.M. Dent; New York, E.P. Dutton, 1923. xxii, 272 p. French ed. Paris, E. Flammarion, 1920.

HU, SHIH, 胡適, 1891- China's own critics, a selection of essays by Hu Shih and Lin Yu-tang, 林玉堂, with Commentaries by Wang Ching-wei, 汪精衞. Peiping, China United Press [1931] vii, [11]-166 p. (Half-title: China United Press series [3]).

HUGHES, ERNEST RICHARD, 1883-1956, ed. China, body and soul; contributions by Laurence Binyon, Roger Fry, E. R. Hughes [and others]. Edited by E.R. Hughes. London, Secker and Warburg [1938] 166 p.

HUNDHAUSEN, VINCENZ, 1878-1955. Schlaglichter auf China; überlegungen eines unbefangenen Chinadeutschen aus den Jahren 1925 bis 1932. Peiping, Verlag der Pappelinsel-Werkstatt, 193- 211 p.

HUTCHINSON, PAUL, 1890-1956. China's real revolution. New York, Missionary Education Movement of the United States and Canada [c1924] x, 182 p. front., plates, ports.

JOHNSON, EMORY RICHARD, 1864- Interpretations. New York and London, D. Appleton, 1928. 3-223, [1] p. front. (4 port.).

KEIM, JEAN ALPHONSE, 1904- Panorama de la Chine. [Paris] Hachette [1951] 269 p. illus. (Le Tour du monde).

KERVYN, LOUIS MARIE. L'empire chinois et les barbares. Pékin, La Politique de Pékin, 1929. 74 numb. l. (Collection de la "Politique de Pékin").

LAMOTT, WILLIS, 1893- Look again at China. New York, Friendship Press, c1948. 64 p. illus., ports., map.

LEE, TENG-HWEE, 李登輝, 1872-1947, ed. Vital factors in China's problems; readings in current literature. Shanghai, Commercial Press, 1928. x(i.e. ix), 440 p.

LIU, YUAN-LUNG. The Far East is not very far; letters from Liu Yuan-lung and Wang Shou-ming [pseud.] edited by Anna Melissa Graves. [Baltimore] Priv. print. [by the Waverly Press] 1942. xx, 317 p. incl. front. ports.

MACNAIR, HARLEY FARNSWORTH, 1891-1947. China's new nationalism and other essays. Shanghai, Commercial Press, 1925. [v]-xi, 398 p.

———. ed. Voices from unoccupied China, by Liu Nai-chen, 劉迺誠, [and others]. Edited by Harley Farnsworth MacNair. Chicago, University of Chicago Press [1944] lv, 106, [1] p.

———. China. Berkeley and Los Angeles, University of California Press, 1946. ix-xxix, [6], 573, [1] p. illus. (incl. maps) plates, ports. [The United nations series].

MARTIN, WILLIAM, 1888-1934. Il faut comprendre la Chine. 2e éd. Paris, Librarie Académique Perrin, 1935. iv, iv, viii, 271 p. plates, map.

———. Understand the Chinese, translated from the French by E. W. Dickes; with an introduction by Sir Arthur Salter. New York, Harper, London, Methuen, 1934. xiii p., 249, [1] p. front., plates.

MONROE, PAUL, 1869-1947. China: a nation in evolution. Chautauqua, N.Y., Chautauqua Press, 1927; New York, Macmillan, 1928. xv, [1], 447 p. front., plates (1 fold.) ports., double maps.

MORGAN, EVAN, 1860- A new mind, and other essays. Shanghai, Kelly and Walsh [pref. 1930] 244 p.

NEW DELHI. Indian Institute of International Affairs. China. New Delhi, I.I.I.A., 1945. 24 p.

PERNITZSCH, MAX GERHARD, 1882- China. 2., erweiterte Aufl. Berlin, Junker und Dünnhaupt, 1943. 156 p. fold. map. (Half-title: Kleine auslandskunde, hrsg. von prof. dr. F.A. Six... Bd. 4/5). 1. Aufl. 1940.

ROWE, DAVID NELSON, 1905- ed. China: an area manual, v. 1, by Chih-tsing Hsia, 夏志清 [and others] Edited by David Nelson Rowe and Willmoore Kendall. Chevy Chase, Md., Operations Research Office, Johns Hopkins University [1954- 257 p. maps (1 fold. col. in pocket) (Johns Hopkins University. Operations Research Office. Project POWOW. Technical memorandum ORO-T-229).

ROXBY, PERCY MAUDE, 1880-1947. China. [London, New York, etc.] Oxford University Press, 1942. 32 p. (Oxford pamphlets on world affairs, 54).

———. La Chine. London, New York, etc. Oxford University Press, 1944. 32 p. maps (Études internationales, collection Oxford).

SHEN, YI, 沈怡, 1901- China und sein Weltprogram von Shen Yi und Heinrich Stadelmann. Dresden, F.M. Gutewort [1925] 164 p. front., plates, ports, facsims.

SMITH, JOHN NIND. China's hour. London, M. Hopkinson, 1930. 176 p. fold. map.

STANFORD UNIVERSITY. China Project. North China. New Haven, Human Relation Area Files, 1956. 2 v. maps (HRAF Subcontractor's monog. HRAF-27, Stanford-1).

———. China Project. Central South China. New Haven, Human Relation Area Files [1956] 2 v. maps (HRAF Subcontractor's monog. HRAF-28, Stanford 2).

———. China Project. East China. New Haven, Human Relation Area Files, 1956. 2 v. maps (HRAF Subcontractor's monog. HRAF-29, Stanford-3).

———. China Project. Southwest China. New Haven, Human Relation Area Files, 1956. 2 v. illus. maps (HRAF Subcontractor's monog. HRAF-30, Stanford-4).

STRAWN, SILAS HARDY, 1866-1946. China's problems: address at Tsinghua. China's problems internal not external. [Tientsin] Tientsin Press [1926?] 6 p.

T'ANG, LEANG-LI, 湯良禮, 1901- The foundations of modern China, with a preface by Wang Ching-wei. London, N. Douglas [1928] x, 290 p.

———. ed. China facts and fancies. Shanghai, China United Press, 1936. x, 296 p. (Half-title: "China to-day" series. [7]).

THAT untravell'd world, an elementary introduction to the study of China. Groton, Mass., Groton School [c1928] viii, [2], 181, [1] p. incl. front., illus. (incl. map).

TAYLOR, GEORGE EDWARD, 1905- Changing China, edited by Maxwell S. Stewart; cover by LaVerne Riess. A cooperative project between American council, Institute of Pacific Relations, and Webster Publishing Company. St. Louis, Dallas [etc., 1942] 94 p. illus. (incl. ports., maps).

THOMAS, W.J. China, what you want to know. Sydney, N.S.W., Bookstall Co., 1942. 63, [1] p.

VAN BERGEN, ROBERT. The story of China. New York, Cincinnati [etc.] American Book Co. [c1922] 236 p. front. (map) illus.

WALTER, WILHELM P.O. Das China von heute, 中國近況. Frankfurt am Main, Societäts-Verlag, 1932. 119, [1] p. 112 plates on 56 l.

WASHINGTON (STATE) UNIVERSITY. Far Eastern and Russian Institute. A general handbook of China. Seattle, 1956. 2 v. tables. (HRAF Subcontractor's monog. HRAF-55.Wash. 4).

———. Far Eastern and Russian Institute. A regional handbook on Northeast China. Seattle, 1956. lv, 561 p. maps, tables (HRAF-61. Wash. 9).

———. Far Eastern and Russian Institute. A regional handbook on Northwest China. Seattle, 1956. 2 v. maps, tables, (HRAF-59. Wash.-5).

WEGENER, GEORG, 1863-1939. China, ein Zukunftsproblem; sechs Vorträge. Berlin, A. Scherl, [c1925] 77, [1] p., (Flugschriften des "Tag." 19).

———. China, eine Landes- und Volkskunde. Leipzig und Berlin, B.G. Teubner, 1930. 233 p. illus. (maps) xvi plates (incl. ports.) on 8 l.

WENLEY, ARCHIBALD GIBSON, 1898- China, by A.G. Wenley and John A. Pope. Washington, Smithsonian Institution, 1944. v, 85 p. illus., 25 plates on 13 l., maps (part fold.) (Smithsonian institution. War background studies, 20).

WERNER, EDWARD THEODORE CHALMERS, 1864- Autumn leaves; an autobiography with a sheaf of papers, sociological and sinological, philosophical and metaphysical. Shanghai [etc.] Kelly and Walsh, 1928. 747, [1] p. front., plates, ports., map, facsim.

WHYMANT, A. NEVILLE JOHN, 1894- ed. A China manual. London, Chinese Govt. Information Off. [1949?] 352 p. illus., port.

WIEGER, LÉON, 1856-1933. ed. and tr. Chine moderne. Hien-hien, Impr. de [Hien-hien] 1920-32. 10 v illus.

WILLIAMS, EDWARD THOMAS, 1854-1944. China yesterday and to-day. 5th ed., rev. New York, Thomas Y. Crowell, [c1932] London, G.G. Harrap and Co., 1933. xxiv, 743 (i.e. 765) p. front., plates, ports., fold. map (in pocket) fold. plan. 1st ed. 1923.

WILSON, SADIE MAI. What do you know about China?. A source book of materials. Nashville, Tenn., Cokesbury Press, 1929. 266 p. illus. (incl. music) plates, diagr.

WINFIELD, GERALD FREEMAN, 1908- China: the land and the people. Rev. ed. New York, Sloane [1950] vii, 431 p. illus., maps. 1st ed. 1948.

WINN, VIOLA SCHULDT. A new China, a course for junior high school groups. New York, Friendship Press [1948] 126 p.

WRIGHT, ARTHUR F. 1913- China; a background essay for one in a series of film-discussion programs on international understanding. [Pasadena? Calif., 1952] 9 p.

YANG, YUNG-CH'ING, 楊永清, 1892-1956. China's modern aspirations and achievements. Honolulu,University of Hawaii, 1935. 13 p. (University of Hawaii. Occasional papers, 27).

YAUKEY, GRACE (SYDENSTRICKER) 1899- Let's read about China, by Cornelia Spencer [pseud.] Grand Rapids, Fideler Co. [c1955] 128 p. illus. ("Let's read about" books). 1st ed. 1948.

YEH, GEORGE, 葉公超, 1904- Introducing China, by George Yeh and C. P.

Fitzgerald. London, I. Pitman [1948] xvi, 116 p. illus., maps.

ZAU, FI-DAUNG, 邵芾棠, 1897- Glimpses into the problems of China; a series of letters by a Chinese contributor to the foreign press of Shanghai, by F.D.Z. Shanghai, Kelly and Walsh, 1930-33. 3 v.

Civilization and Culture

ABEGG, LILY, 1901- Ostasien denkt anders; Versuch einer Analyse des west-östlichen Gegensatzes. [Zürich] Atlantis Verlag [1949] 425 p.

———. The mind of East Asia. London, New York, Thames and Hudson [1952] 344 p. illus.

AMANN, GUSTAV, 1882- Im spiegel Chinas, vom Zusammenstoss unserer westlichen mit asiatischer Kultur und Bolschewismus. Berlin-Grunewald, K. Vowinckel, 1925. 198 p.

BARKER, ALDRED FARRER, 1868- China and the Chinese. With a "foreword" by His Excellency the Chinese minister to Australia (Dr. Hsu Mo, 徐謨) [Melbourne, Robertson and Mullens, 1944] cover-title, 52 p.

BECKMANN, JOHANNES, 1901- Altes und neues China, vom Glanz und Schatten seiner Kultur. Luzern, Räber, 1944. 176 p. plates.

BODDE, DERK, 1909- China's gifts to the West. Washington, American Council on Education, 1942. vi, 40 p., illus. ([American council on education. Committee on Asiatic studies in American education] Asiatic studies in American education, 1).

———. Chinese ideas in the West, prepared for the Committee on Asiatic Studies in American Education. Washington, American Council on Education [1948] viii, 42 p. illus. (Asiatic studies in American education, 3).

CARVER, SAXON ROWE. Carved on our hearts. Nashville, Tenn., Broadman Press [1946] 90 p. illus.

CHATLEY, HERBERT, 1885- The origin and diffusion of Chinese culture. London, China Society [1948] cover-title, 6 p.

CHÊNG, CHE-YU, 鄭啓愚, Oriental and occidental cultures contrasted: an introduction to "culturology." Berkeley, Gillick Press, 1943. v, [1], 158 p. illus. (map) diagrs.

CHINESISCH-DEUTSCHER Almanach, 1927-28, 1928-29, 1930, 1931, 1932, 1933, 1934, 1935. Frankfurt am Main, China-Institut, 1927-35. 8 v. illus.

CHU, FINLAY M., 朱鳳鳴, 1919- China's old culture and new order; a study of the Chinese revolutions in the light of the social movement theory. Madison, 1955. v. 731 l. Thesis - Univ. of Wisconsin.

CLARK, GROVER, 1891-1938. The great wall crumbles. New York, Macmillan, 1935. xvii, 406 p. illus.(incl. maps).

———. China am Ende? Fünf Jahrtausende chinesische Kultur, Gesellschaft, Religion, Politik und Wirtschaft. Ins Deutsche übertragen von [Alb. Otto] van Bebber. Leipzig, [etc.] W. Goldmann [1936] 336 p. illus.

CLAUDEL, PAUL, 1868-1954. Sous le signe du dragon. Avec un port. de l'auteur gravé sur bois par Gilbert Poilliot. [Paris] Table ronde [1948] 241 p. port. (Le Choix, 7). Nouv. éd. Paris, Gallimard, 1957.

DANTON, GEORGE HENRY, 1880- The Chinese people, new problems and old backgrounds. Boston, Marshall Jones, 1938. iii-vi, 312 p.

DECAUX, JACQUES. Orient and Occident; se rencontreront-ils jamais? Paris, J. Susse [1945] 181 p.

DICKINSON, GOLDSWORTHY LOWES, 1862-1932. An essay on the civilizations of India, China and Japan. New York, Doubleday Page, 1926. 85 p. 1st ed., 1913.

———. Indien, China und Japan; aus dem Englischen übers. von Albert Malata. Heidelberg, Niels Kampmann, 1927. 72 p.

———. Briefe eines chinesischen Gelehrten. Aus dem Englischen ins Deutsche übertragen von Albert Malata. Celle, Niels Kampmann, 1925. 58 p. English ed.: Letters from John Chinaman, London, 1901; Letters from a Chinese official, New York, 1903.

[———.] Hands off China! The letters of a Chinese official. New York, William Faro, 1932. 9-75, [1] p.

———. Letters from John Chinaman. London, G. Allen and Unwin [1939] 3-62, [2] p. 1st ed. 1901.

———. Letters from John Chinaman and other essays, with an introduction by E. M. Forster. London, G. Allen and Unwin [1946] 216 p.

DUBS, HOMER HASENPFLUG, 1892- China, the land of humanistic scholarship; an inaugural lecture delivered before the University of Oxford on 23 February 1948. Oxford, Clarendon Press, 1949. 24 p.

EAST AND WEST ASSOCIATION, New York. The people of China; who they are, how they live, what they like, why they are fighting. [New York] 1943. cover-title, 20 p. illus. (map). 1st ed. 1942.

ESTERER, MAXIMILIAN. Chinas natürliche Ordnung und die Maschine. Stuttgart und Berlin, Cotta [c1929] 175 p. plates. (Wege der technik).

FLEWELLING, RALPH TYLER, 1871- Reflections on the basic ideas of East and West; a study in cultural contrasts. Peiping, College of Chinese Studies, California College in China, 1935. cover-title, ix, 114 p.

FORMAN, HARRISON, 1904- Changing China; with 250 photos. by the author. New York, Crown Publishers [1948] 337 p. illus., ports., maps.

FORSTER, LANCELOT, 1882- The new culture in China, with an introduction by Sir Michael E. Sadler. London, G. Allen and Unwin [1936] 240 p.

FRANKE, OTTO, 1863-1946. Aus Kultur und Geschichte Chinas. Vorträge und Abhandlungen aus den Jahren 1902-42. Peking, Deutschland-Institut, 1945. viii, 405 p.

GALBRAITH, WINIFRED. The Chinese. Harmondsworth, Middlesex, Eng., New York, Penguin Books; Cairo, W.J. Eady [1943] Melbourne, Lothian, 1943. 147 p. incl. front. (port.) (Pelican books).

GOULD, RANDALL. China in the sun. Garden City, N.Y., Doubleday, 1946. ix-xi, [2], 403 p.

GROUSSET, RENÉ, 1885-1952. Les civilisations de l'Orient. Paris, G. Crès et Cie, 1929-30. 4 v. illus. (incl. ports.) t. 3: Chine.

———. The civilizations of the East, translated from the French by Catherine Alison Philips. New York, London, A.A. Knopf [1931-34]; London, H. Hamilton, 1931-34. 4 v. illus. v. 3: China.

HARVEY, EDWIN DEEKS, 1880- The mind of China. New Haven, Yale University Press; London, H. Milford, Oxford University Press, 1933. x, 321 p.

HONGKONG. UNIVERSITY. Institute of Oriental Studies. Radio talks on Chinese civilization, delivered under the auspices of the Institute of Oriental Studies and edited by F.S. Drake. Hong Kong, University Press, 1954. 6, 173 p. table.

HSIAO, CH'IEN, 蕭乾, 1911- ed. A harp with a thousand strings (a Chinese anthology in six parts). London, Pilot Press [1944] xxiv, 536 p. illus. (incl. facsims.) fold. tab.

———. The dragon beards versus the blueprints (meditations on post-war culture) by Hsiao Ch'ien. London, The Pilot Press [1944] viii, 34, [1]p. incl. front.

HSU, FRANCIS L.K., 許烺光, 1909- Americans and Chinese: two ways of life. New York, H. Schuman [1953] 457 p.

HU SHIH, 胡適, 1891- The Chinese renaissance. Chicago, University of Chicago Press [1934] xi, 110 p. (The Haskell lectures in comparative religion [1933]).

HUGHES, ERNEST RICHARD, 1883-1956. The invasion of China by the western world. London, A. and C. Black, 1937; New York, Macmillan, 1938. xvi, 323, [1] p. fold. front., maps (part fold.) (The pioneer histories).

———. L'invasion de la Chine par l'Occident. Traduit par Suzanne Le Quesne.

Paris, Payot, 1938. 288 p. maps (Bibliothèque historique).

KELLY, HOWARD. Dragon doodles, from fantasy to fact. London, Watts [1946] vii, 80 p. front., illus, (incl. plans) plates, port., diagrs.

KIANG, KANG-HU, 江亢虎, 1883-1946. On Chinese studies. Shanghai, Commercial Press, 1934. vi, 403 p.

——. Chinese civilization; an introduction to sinology. Shanghai, Chung Hwa Book Co., 1935, xxx, 676 p.

KOO, TS-ZUNG, 顧子仁, 1887- Basic values in Chinese culture; syllabus by T.Z. Koo. Iowa City, 1950. 86 p. Mimeographed.

KU, HUNG-MING, 辜鴻銘, 1857-1928. Chinas Verteidigung gegen europäischen Ideen: kritische Aufsätze. Übers. von Richard Wilhelm. Hrsg. mit einem Vorwort von Alfons Paquet. Jena, E. Diederichs, 1921. xiv p., 148 p. 1st ed. 1911.

——. The spirit of the Chinese people. With an essay on civilization and anarchy. 2nd ed. Peking, Commercial Press, 1922. 4, x, 160 p. 1st ed. 1915.

——. Der Geist des chinesischen Volkes. 2. ed. Jena, E. Diederichs, 1924. 181, [1] p. 1. ed., 1916.

——. L'esprit du peuple chinois. Traduit de l'anglais par P. Rival. Paris, Stock, 1927. viii, 180, [3] p.

——. Papers from a viceroy's yamen; a Chinese plea for the cause of good government and true civilization in China. [2nd ed.] Peking, North China Standard, 1923. 162 p. port. 1st ed., 1901.

KÜHN, HERBERT, 1895- Tat und Versenkung; Europa und Asien. Mainz / Rhein, Verlag Kirchheim, 1948. 161 p. 32 plates.

LATOURETTE, KENNETH SCOTT, 1884- The China that is to be. Eugene, Oregon State System of Higher Education, 1949. ix, 56 p. (Condon lectures).

LEE, SHAO-CH'ANG, 李紹昌, 1891- The development of Chinese culture, a synoptic chart and bibliography. Honolulu, Hawaii, Advertiser Publishing Co., 1926. 18 p. double map, fold. tab. (University of Hawaii, Occasional papers, 4).

——. A brief interpretative outline for the study of Chinese culture. Preliminary paper for the second general session of the Institute of Pacific Relations, July 15-29, 1927. Honolulu, 1927. 58 p.

——. China's cultural development. 2d rev. ed. [East Lansing] Michigan State College Press, c1952. sheet.

LEGENDRE, AIMÉ FRANÇOIS, 1867- La civilisation chinoise moderne. Paris, Payot, 1926. [7]-298 p., plates. (Collection d'études, de documents et de témoignages pour servir à l'histoire de notre temps).

——. Modern Chinese civilization. Translated from the French by Elsie Martin Jones. London, J. Cape [1929] vii-xxiii, 7-295 p.

MALRAUX, ANDRÉ, 1895- La tentation de l'Occident. Paris, B. Grasset, 1951 (c1926); Genève, Skira, 1945. 205 p.

MAURER, HERRYMON, 1914- Collision of East and West; with an introd. by Hu Shih. Chicago, H. Regnery Co., 1951. xvi, 352 p.

NAVILLE, PIERRE. La Chine future. [Paris] Éditions de Minuit [1952] 237 p. (Documents).

NEEDHAM, JOSEPH, 1900- Some thoughts about China; report of an address. London, The China Society [1946] cover-title, 4 p.

——. Science and society in ancient China. London, Watts [1947] 20 p. illus. (Conway memorial lecture).

NORTHROP, FILMER STUART CUCKOW, 1893- The meeting of East and West, an inquiry concerning world understanding. New York, Macmillan, 1946; London, Macmillan, 1948. xxii, 531 p. col. front., xvi plates (incl. plan) on 8 l., diagrs.

NOTT, STANLEY CHARLES, 1902- Voices from the Flowery Kingdom; being an illustrated descriptive record of the beginnings of Chinese cultural existence, incorporating a complete survey of the numerous emblematic forces selected from nature by the ritualistic leaders of the Chinese throughout the ages, with an introduction by Byron E. Eldred. New York, Chinese Culture Study Group of America, 1947. xxv, 278 p. illus., plates (part col.).

PARK, NO-YONG, 鮑訥榮, 1899- An Oriental view of American civilization. Boston and New York, Hale, Cushman and Flint, c1934. 128 p.

PEFFER, NATHANIEL, 1890- China: the collapse of a civilization. New York, John Day, 1930. viii, 3-306 p.

PIPER, HARTMUT, 1878- Der gesetzmässige Lebenslauf der Völker Chinas und Japans. Leipzig, T. Weicher, 1929. xv, 110 p.

PORAK, RENÉ. L'âme chinoise. Paris, Flammarion [1950] 284 p. (Bibliothèque de philosophie scientifique).

PRATT, HELEN GAY, 1889- China and her unfinished revolution. [New York] American Council, Institute of Pacific Relations, 1937. ix, 173 p. maps, (Her Peoples of the Pacific: I).

RATTENBURY, HAROLD BURGOYNE. Face to face with China, with 45 photographs by Cecil Beaton and 15 pictorial charts in colour designed by the Isotype Institute. London, Toronto [etc.] G.G. Harrap, [1945] 144 p. plates (part double) port., maps, diagrs.

———. Through Chinese eyes. London, Edingburgh House Press, 1945. 152 p.

———. This is China. London, F. Muller [1949] 254 p. plates, map (on lining papers).

ROBERTS, STEPHEN HENRY, 1901- The gifts of the old China to the new. Canberra, Australian Institute of Anatomy, 1939. 16 p. (George Ernest Morrison lectures).

RODES, JEAN. Les Chinois; essai de psychologie ethnographique. Paris, F. Alcan, 1923. iii, 232 p. (On cover: Bibliothèque d'histoire contemporaine).

SANTAYANA, SILVIO GEORGE, 1899- China. Minneapolis, Burgess, c1944. ii, 67 numb. l.

SAUNDERS, J. ROSCOE, 1873- The Chinese as they are. New York, Chicago [etc.] Fleming H. Revell [c1921] 176 p. front., plates, ports., fold. map.

SAUNDERS, KENNETH JAMES, 1883-1937. Whither Asia? A study of three leaders [Mahatma Gandhi, Hu Shih and Kagawa]. New York, Macmillan, 1933. 221 p.

———. The ideals of East and West. New York, Macmillan; Cambridge, Eng., The University Press, 1934. xxiii, 246, [2] p.

———. A pageant of Asia; a study of three civilizations. London, Oxford University Press, 1934. xii, 452 p. front., illus. (incl. plans) plates, ports.

SIÉ, C.K., 謝壽康, 1894- Est-Ouest, reflets croisés. Préfaces: Paul Hymans, Gustave van Zype. Paris, Maison du livre français; Bruxelles, Éditions "Labor" [1932] 9-213 p.

———. L'esprit chinois en face du problème des races. Paris, Plon [1939] 9-44 p.

SOONG, MAY-LINC,蔣宋美齡, 1897- This is our China. New York and London, Harper [c1940] 312 p., front., plates, ports.

———. China in peace and war. Preface by Charlotte Haldane. 3d impression. London, Hurst and Blackett, 1940. 255, [1] p. front., ports.

———. Unser China. Deutsche Übertragung von Dagmar Juul. Zürich, Rascher Verlag [1943] iv, 272 p.

———. China shall rise again. Including ten official statements of China's present progress. New York and London, Harper [c1941] xv, 356 p., incl. tables. 3 maps on 1 l.

———. The same. Preface by Generalissimo Chiang Kai-shek. 2nd impression. London, Hurst and Blackett, 1941. xii, 15-256 p. incl. 3 maps on 1 l., tables.

SPALDING, H.N., 1877-1953. Civilization in East and West; an introduction to the study of human progress. London, Oxford University Press, 1939. xv, 334 p.

The SPIRIT of China. Contributors: Christopher Dawson, P. Fitzgerald, C.S. Wang, 王承緒 [and others]. [London, Changing World Publications, 1942] 23, [1] p. illus. (incl. port., map) (The Changing world).

T'AO, PUNG-FAI, 陶鵬飛. Chinas Geist und Kraft, mit einem Vorwort von E. Rousselle. Breslau, Priebatsch, 1935. 250 p. front., illus., plates, ports.

THERE is another China [essays and articles for Chang Poling of Nankai] New York, King's Crown Press, 1948. viii, 178 p. port.

TIMPERLEY, HAROLD JOHN, 1898- Some contrasts between China and Japan in the light of history. London, The China Society (associated with the China Institute) [1941] cover-title, 10 p.

TITIEV, MISCHA, 1901- Chinese elements in Japanese culture. Canberra, Australian National University, 1954. 20 p. (George Ernest Morrison lectures).

[TOURRIER, THEODORE]. A Chinaman's opinion of us and of his own people (as expressed in letters from Australia to his friend in China) written by Hwuy-ung, translated by J.A. Makepeace. New York, Frederick A. Stokes Co.; London, Chatto and Windus, 1927. x, 322 p.

TSCHARNER, EDUARD HORST VON, 1901- Chinesischer Kulturgeist. Bern, F. Pochon-Jent AG, 1939. iv, 16 p.

TUNG, TSO-PIN, 董作賓, 1895- An interpretation of the ancient Chinese civilization. Taipei, Chinese Association for the United Nations, 1952. 34 p. (Unachina publications, ser. I, 9).

VISSERING, CARL EMMO. China. 12 Vorträge über Geschichte, Kultur und Kunst. Tientsin, Peiyang Press, 1943. 191 p. plates, map.

WEI, CHO-MIN, 韋卓民, 1888- The spirit of Chinese culture. New York, C. Scribner, 1947. xii, 186 p. (Hewett lectures, 1946).

WERNER, EDWARD THEODORE CHALMERS, 1864- A history of Chinese civilization, v. 1. Shanghai, Shanghai Times, 1940. 448 p. col. front., plates (part col.) maps.

WESTHARP, ALFRED. "Hsin Tao," version française "Moralité naturelle." Réinterprétation des anciennes idées chinois du point de vue de la science naturelle moderne. Pékin, A. Nachbaur, 1924. 10 p.

———. Esquisse d'une psychologie de collaboration entire l'Extrême-Occident et l'Extrême-Orient. Pékin, Impr. de la "Politique de Pékin," 1926. 46 p. (Collection de la "Politique de Pékin").

WHITE, VAUGHAN. Our neighbors, the Chinese. New York, Toronto, Rinehart, [1946] xiv, 267 p.

WILHELM, HELLMUT, 1905- Gesellschaft und Staat in China, acht Vorträge. Peking, H. Vetch [1944] 175 p.

WILHELM, RICHARD, 1873- 1930. Ostasien. Werden und Wandel des chinesischen Kulturkreises. Potsdam, Müller and Kiepenheuer; Zürich, Orell Füssli, 1928. 219 p. incl. map (Das Weltbild; Bücher des lebendigen Wissen. 5).

[YAUKEY, GRACE (SYDENSTRICKER)] 1899- China, by Cornelia Spencer [pseud.] Illustrated by Rafaello Busoni. [New York] Holiday House [1944] 25 p. col. front., col. illus.

———. Made in China; the story of China's expression by Cornelia Spencer [pseud.] Foreword by Lin Yutang, illustrated by Kurt Wiese. [2d ed., rev.] New York, Knopf; London, Harrap; Toronto, Ryerson Press, 1952. 258 p. illus. 1st ed. 1943.

Chinese Culture and the West

AMANN, GUSTAV, 1882- Kulturgegensätze zwischen Europa und China; ein verständigungs Versuch. Berlin, M. Krayn, 1921. 50 p.

AMBROSE, EDNA. Studying China in American elementary schools, prepared by Edna Ambrose and Kay Grimshaw at the Harvard workshop in social studies for the Committee on Asiatic Studies, American council on education, at the request of United China Relief. New York, N.Y. [United China Relief, 1943] cover-title, 16 p. illus. (ports.).

AMERICAN COUNCIL OF LEARNED SOCIETIES. Committee on the Promotion of Chinese Studies. Progress of Chinese studies in the United States of America: a report recommended by the American Council of the Institute of Pacific Relations for reference in connection with the conference to be held at Hangchow, China, October, 1931. 102 p. (Its Bulletin, 1).

———. Committee on the Promotion of Chinese Studies. Careers for students of Chinese language and civilization, edited for the Committee on the Promotion of Chinese Studies of the American Council of Learned Societies by Lewis Hodous, in collaboration with Esson M. Gale and Kenneth S. Latourette. Chicago, Pub. for the American Council, Institute of Pacific Relations, by the University of Chicago Press [c1933] ix, 65 p.

APPLETON, WILLIAM WORTHEN. A cycle of Cathay; the Chinese vogue in England during the seventeenth and eighteenth centuries. New York, Columbia University Press, 1951. xii, 182 p. illus., ports., map.

AURICH, URSULA. "China im Spiegel der deutschen Literatur des 18. Jahrhunderts." Berlin, E. Ebering, 1935. 174 p. (Germanische studien, 169).

BERNARD, HENRI, 1897- La Chine en France durant la renaissance. Shanghai, Impr. de T'ou-sè-wè, 1940. cover-title, 14 p. "Extrait du Bulletin de l'Université l'Aurore déc. 1940."

BODDE, DERK, 1909- Tolstoy and China, by Derk Bodde with the collaboration of Galia Speshneff Bodde. Princeton, Princeton University Press, 1950. v, 110 p. (History of ideas series, 4).

CARTER, EDWARD CLARK, 1878-1954. ed. China and Japan in our university curricula, with a special section on the University of Hawaii. Chicago, University of Chicago Press [1930] 191 p.

CENTRE D'ÉTUDES SINOLOGIQUES DE PÉKIN. Mélanges sinologiques. Pékin, 1951. 103 p.

CENTRE FRANCO-CHINOIS D'ÉTUDES SINOLOGIQUES, Peking. Deux siècles de sinologie française. Pékin, Centre franco-chinois d'études sinologiques, 1943. xii, 74 p., illus. (facsims.) double plates.

CHANG, CH'I-YUN, 張其昀, 1901- The centenary celebration of Sino-American intellectual friendship. Taipei, China Culture Pub. Foundation, 1953. 13 p. (Pamphlet on Chinese affairs).

CHANG, HSIN-CHANG, 張心滄. Allegory and courtesy in Spenser; a Chinese view. Edinburgh, University Press, 1955. x, 227 p. (Edinburgh University publications; language and literature, 8).

CH'EN, CH'UAN, 陳銓, 1905- Die chinesische schöne Literatur im deutschen Schrifttum. [Glückstadt und Hamburg, Druck von J.J. Augustin, 1933] 108, [6], 12 p. Diss. - Univ. Kiel.

CH'EN, SOPHIA H., 任陳衡哲. The outstanding cultural assets of the Chinese people. The Chinese point of view of the so-called material civilization of the West. Honolulu, Institute of Pacific Relations, 1927. 16 p.

———. Symposium on Chinese culture. Shanghai, China Institute of Pacific Relations, 1931. 373 p. illus.

CH'EN, SHOU-I, 陳受頤, 1899- The influence of China on English culture during the eighteenth century. Chicago, 1928. iii-xvi, 218, 7 l. Thesis - Univ. of Chicago.

CHINESISCH-SCHWEIZERISCHE GESELLSCHAFT. Reden und Vorträge gehalten an der Gründungsversammlung, Luzern 6 März, 1945. [Luzern, 1945] 52 p.

DANTON, GEORGE HENRY, 1880- The culture contacts of the United States and China; the earliest Sino-American culture contacts, 1784-1844. New York, Columbia University Press, 1931. 133 p.

DEMIÉVILLE, PAUL, 1894- Le réorganisation des études orientales en Grande-Bretagne, communication faité à la Société Asiatique le 18 Nov. 1949, par

Paul Demiéville et J. Sauvaget. Paris, Société Asiatique, 1950. 11 p.
DUBS, HOMER HASENPFLUG, 1892- A Roman city in ancient China. London, China Society, 1957. 4, 48 p. map. (China Society sinological ser., 5).
DUYVENDAK, JAN JULIUS LODEWIJK, 1889-1954. A bird's eye view of European sinology. New York, China Institute in America, [1931?] 11 p.
———. Holland's contribution to Chinese studies. London, China Society, 1950. 23 p. illus.
ÉCOLE FRANÇAISE D'EXTRÊME-ORIENT, Hanoi. Études asiatiques, publiées à l'occasion du vingt-cinquième anniversaire de l'École française d'Extrême-Orient par ses membres et ses collaborateurs. [Paris] G. Van Oest, 1925. 2 v. illus. (incl. plans) plates, maps (part fold.) (Publications de l'École française d'Extrême-Orient. [Vol. 19-20]).
ENGEMANN, WALTER, 1898- Voltaire und China: ein Beitrag sur Geschichte der Völkerkunde und zur Geschichte der Geschichts-schreibung sowie zu ihren gegenseitigen Beziehungen. Leipzig, 1932. 155 p. Diss.-Univ. Leipzig.
ERKES, EDUARD, 1891- China und Europa; Kontrast und Ausgleich zweier Weltkulturen. Leipzig, Volk und Buch Verlag [1947] 79 p. illus. (Die Humboldt-Bücherei, 1).
EUCKEN, RUDOLF CHRISTOF, 1846-1926. Das Lebensproblem in China und in Europa, von Rudolf Eucken und Carsun Chang, 張嘉森. Leipzig, Quelle and Meyer, 1922. viii, 200 p.
FAN, TS'UN-CHUNG, 范存忠, 1904- Dr. Johnson and Chinese culture. [Lecture delivered before the China Society on 15th December, 1944] London, China Society, 1945. 19, [1] p. illus., facsim. (China Society occasional papers. New series, 6).
FENN, WILLIAM PURVIANCE, 1902- Ah Sin and his brethren in American literature; delivered before the convocation of the College of Chinese Studies, June 1933. Peiping, College of Chinese Studies [1933] x, 131, xli p.
FOSTER, JOHN B., 1911- China and the Chinese in American literature 1850-1950. Mankato, Minn., 1952. 641 l. Thesis - Mankato State Teachers College.
FRANKE, HERBERT, 1914- Europa in der ostasiatischen Geschichts-schreibung des 13. und 14. Jahrhunderts. München, 1951. 10 p. (Saeculum II, 1).
———. Sinologie. Bern, A. Francke, 1953. 216 p. (Orientalistik, 1.T.) Wissenschaftliche Forschungsberichte. Geisteswissenschaftliche Reihe, Bd. 19).
FRANKE, WOLFGANG, 1912- Titelverzeichnis chinesischer Übersetzungen deutscher Werke, zusammengestellt von Wolfgang Franke unter Mitwirkung von Dsang Schau-dien, 張紹典. Peking, 1942. viii, 53 p. (Peking. Deutschland Institute. Bibliographische Reihe, 1.).
GOETHE, JOHANN WOLFGANG VON, 1749-1832. Chinesisch-deutsche Jahrs- und Tageszeiten. Mit einem Nachwort von Luitgard Albrecht-Natorp. Krefeld, Scherpe-Verlag, 1947. 23 p.
HARTMANN, HORST. Die Erweiterung der europäischen Chinakenntnis durch die "Description de la Chine" des Jesuitenpaters Du Halde. Ein Beitrag zur Würdigung der Verdienste des Jesuitenmissionare um die kulturelle Erschliessung des chinesischen Reiches und die kulturvermittlung zwischen China und Europa. Göttingen, 1949. 129 l. Diss. - Univ. Göttingen.
HUDSON, GEOFFREY FRANCIS, 1903- Europe and China; a survey of their relation from the earliest times to 1800. London, E. Arnold [1931] viii, 9-336 p. incl. maps, diagrs.
HUNG, CHENG-FU, 洪申黻. Un siècle d'influence chinoise sur la littérature française (1815-1930). Paris, F. Loviton, 1934. 280 p. Thèse - Univ. de Paris.
LACH, DONALD FREDERICK, 1917- Contributions of China to German civilization, 1648-1740. Chicago, 1941. 165 l. Thesis - University of Chicago.
LEW, TIMOTHY TINGFANG, 劉廷芳, 1894-1947. China in American school text-books, a problem of education in international understanding and world-

wide brotherhood. Peking, Chinese Social and Political Science Association [1923] 154 p. "Special supplement of the Chinese social and political science review, July 1923."

LÜTHI, KARL JACOB. Chinesisch in der Schweiz. Vortrag gehalten von K.J. Lüthi, an der Jahresversammlung des Vereins Schweizer. Gutenberg-museum in Bern. 4 März 1934. Bern, Bücher und Co., 1934. iv, 31 p. illus. plates.

MALLERET, LOUIS, ed. Le cinquantenaire de l'École française d'Extrême-Orient. Paris, E. de Boccard; en vente à la Librairie A. Maisonneuve, 1953. 176 p. plates, ports., facsims.

MARKEL, RUDOLF FRANZ. Leibniz und China. Berlin, Walter de Gruyter, 1952. 38 p. (Leibniz zu seinem 300 Geburtstag, 1646-1946. Lfg. 8). Diss.-Univ. Marburg.

MASON, MARY GERTRUDE, 1900- Western concepts of China and the Chinese, 1840-76. New York [Printed, The Seeman Printery] 1939. xv, 288 p.

MAVERICK, LEWIS ADAMS, 1891- Chinese influences upon Quesnay and Turgot. Claremont, Calif., 1942. 12 p. (Claremont Oriental Studies, 4).

———. China, a model for Europe. San Antonio, Tex., Paul Anderson, c1946. xi, [1], 334 p.

NOTES on Far Eastern studies in America. no. 1-12. June 1937-42. Washington, D.C., Committees on Chinese and Japanese studies, American Council of Learned Societies [1937-42] 12 nos. semiannual.

PINOT, VIRGILE. La Chine et la formation de l'esprit philosophique en France (1640-1740). Paris, P. Geuthner, 1932. [9]-480 p.

———. ed. Documents inédits relatifs à la connaissance de la Chine en France de 1685 à 1740. Paris, P. Geuthner, 1932. 130 p.

PITKIN, VICTOR ELLSWORTH, 1907- Studying China in American high schools, prepared by Victor Pitkin and Wilson Colvin at the Harvard workshop in social studies for the Committee on Asiatic studies, American council on education, at the request of United China Relief. New York [United China Relief, 1943] cover-title, 5-16 p. illus. (map).

POUZYNA, I.V. La Chine, l'Italie et les débuts de la renaissance (XIIIe-XIVe siècles) Paris, Les Éditions d'art et d'histoire, 1935. 102 p., plates.

REICHWEIN, ADOLF, 1898- 1945. China und Europa. Geistige und Künstlerische Beziehungen in 18. Jahrhundert. Berlin, Oesterheld and Co., 1923. 179 p. illus. (plan), plates.

———. China and Europe; intellectual and artistic contacts in the eighteenth century. Translated by J.C. Powell. New York, A.A. Knopf; London, Kegan Paul, 1925. vii, 174 p. illus., plates. (The history of civilization. [Modern history]).

RIDGE, WILLIAM SHELDON, 1875-1946. When the West came to the East, a lecture delivered at the College of Chinese Studies, Peiping. Peiping, College of Chinese Studies, 1935. 32 p.

SCHORER, EDGAR. L'influence de la Chine sur la genèse et le développement de la doctrine physiocratique. Paris, Éditions F. Loviton et Cie, 1938. 192 p. Thèse - Univ. de Fribourg (Suisse).

SCHULER, P. BERTRAM. Altes Erbe des neuen China. Ein Beitrag zur Verständigung von West und Ost. Paderborn, F. Schöningh; Wien, R. Fürlinger; Zürich, B. Götschmann, 1937. iv, 319 p. illus.

SCHULTHEIS, FREDERIC DWIGHT. The growth of the knowledge of China in the West; a lecture delivered at the College of Chinese Studies, Peking. Peking, College of Chinese Studies, 1938. cover-title, 23 p.

SELDEN, ELIZABETH S. 1888- China in German poetry from 1773 to 1883. Berkeley and Los Angeles, University of California Press, 1942. ix, 141-316 p. front. (University of California publications in modern philology, 25:3).

SWISHER, EARL, 1902- Asiatic studies program at the University of Colorado; report of activities of the Institute of Asiatic Affairs over the period 1944 to

1949. [Boulder] University of Colorado, 1950. 110 p.
TING, TCHAO-TSING, 丁肇青. Les descriptions de la Chine par les français (1650-1750). Paris, P. Geuthner, 1928. 112 p.
TSCHARNER, EDUARD HORST VON, 1901- China in der deutschen Dichtung bis zur Klassik. München, E. Reinhardt, 1939. iv, 126, [2] p., illus. plates.
———. Die Chinakunde als Wissenschaft; Antrittsvorlesung gehalten an der Universität Bern am 17. Juni 1939, in erweiterter Gestalt. St. Gallen, H.Tschudy, 1940. 24 p.
VENNE, PETER. China und die Chinesen in der neuren englischen und amerikanischen Literatur. Zürich, Juris Verlag, 1951. 85 p. Diss. - Univ. Zürich.
WINTERS, LEE E., JR., 1922- The relationship of Chinese poetry to British and American poetry of the twentieth century. Berkeley, 1956. 165 l.
WYLIE, ALEXANDER, 1815-87. Chinese researches. Shanghai, 1897. [London, K. Paul, Trench, Trubner and co., 1937] [549] p. front. (port.) illus., plates.
YIAN, TSOUAN-LIN, 閻宗臨. Essai sur le Père Du Halde et sa description de la Chine. Fribourg, Fraguière frères, 1937. 119 p. Thèse - Univ. Fribourg.
ZACH, ERWIN VON, 1872-1942. Sinologische Beiträge (Grammatik, Lexikographie, Übersetzungen). Batavia, Druckerei Tong Ah, 1930- 3 v.

III. GEOGRAPHY AND TRAVEL

Historical Geography and Early Travels
General Works

AL-MARWAZĪ, fl. 1056-1120. Sharaf al-Zamān Ṭāhir Marvazī on China, the Turks and India; Arabic text (circa A.D. 1120) with an English translation and commentary by V. Minorsky. London, Royal Asiatic Society, 1942. 170 p.; [1], 53 p. (James G. Forlong fund, vol. XXII).

BERNARD, AUGUSTIN, 1865- La mappemonde Ricci du Musée historique de Pékin. Pékin, Impr. de la "Politique de Pékin," 1928. [3], 13 p. port. fold. facsim. (Collection de la "Politique de Pékin").

BOURDON, LÉON, Une description inédite de la baie de Canton à la fin du XVIe siècle. Lisbonne, 1950. 28 p. map. "Breve informacão sobre algũas cousas das ilhas da China (texte)": p. 21-28.

CHANG, KUEI-SHENG, 張桂生1921- Chinese great explorers: their effect upon Chinese geographic knowledge prior to 1600. Ann Arbor, University Microfilms [1955] ([University Microfilms, Ann Arbor, Mich.] Publication no. 12, 550). vi, 439 l. illus., maps. Thesis-Univ. of Michigan.

CHOU, TA-KUAN, 周達觀, fl. 1297. Mémoires sur les coutumes du Cambodge de Tcheou Ta-kouan. Version nouvelle, suivie d'un commentaire inachevé [par Paul Pelliot] Paris, Librairie d'Amérique et d'Orient, 1951. 178 p. (Œuvres posthumes de Paul Pelliot, 3).

COUVREUR, SÉRAPHIN, 1835-1919. Géographie ancienne et moderne de la Chine. Sien Hsien, Impr. de la mission catholique, 1934. 426 p. maps. 1st ed. 1917.

DUYVENDAK, JAN JULIUS LODEWIJK, 1889-1954. Ma Huan, 馬觀, re-examined. Amsterdam, Noord-Hollandsche uitgeversmaatschappij, 1933. 74 p. (Verhandelingen der Koninklijke akademie van wetenschappen te Amsterdam. Afdeeling letterkunde. Nieuwe reeks, deel XXXII, no. 2 [i.e. 3]).

———. China's discovery of Africa; lectures given at the University of London on January 22 and 23, 1947. London, A. Probsthain, 1949. 35 p. plates, map.

FERRAND, GABRIEL, 1864-1935. ed. Le pilote des mers de l'Inde, de la Chine et de l'Indonésie par Sulaymān al-Mahrī et Sīhāb Ad-Dīn Ahmad bin Mājid. Text arabe. (reproduction phototypique de MS de la Bibliothèque Nationale de Paris). Paris, P. Geuthner, 1921-23. 2 v. plates, (Instructions nautiques et routiers arabs et portugais des 15e et 16e siècles, 2).

FROGER, FRANÇOIS, b. 1676- Relation du premier voyage des Francois à la Chine fait en 1698, 1699 et 1700 sur le vaisseau "L'Amphitrite," hrsg. von E.A. Voretzsch. Leipzig, Verlag der Asia Major, 1926. [iii]-xvi, 187 p.

FUCHS, WALTER, 1902- Der Jesuiten Atlas der Kanghsi Zeit; China und die Aussenländer. Peking, Verlegt bei der Katholischen Universität, 1941. cover-title, 35 folded maps (in portfolio) (Monumenta Serica. Monog. ser. 3).

———. Der Jesuiten-Atlas der Kanghsi-Zeit, seine Entstehungsgeschichte nebst Namens-vindices für die Karten der Mandjurei, Mongolei, Ostturkestan und Tibet, mit Wiedergabe der Jesuiten-Karten in originalgrösse. Peking, Fu-Jen Universität, 1943. iii, 414 p. maps, Atlas. (Monumenta Serica, Monog. ser. 4).

———. The "Mongol atlas" of China, by Chu-Ssu-pen, 朱思本, and the Kuang yü-t'u, 廣輿圖. With 48 facsimile maps dating from about 1555. Peiping, Fu Jen Univ., 1946. 32 p. maps. (Monumenta Serica. Monog. ser. 8).

GOODRICH, LUTHER CARRINGTON, 1894- China's first knowledge of the Americas, address before the convocation of the College of Chinese Studies, May 1937. Peking, College of Chinese Studies, California College in China, 1938. 18 p. 1 illus., fold. map.

ḤASAN IBN YAZĪD, ABŪ ZAID, al-Sīrāfī. Voyage du marchand arabe Sulaymân en Inde et en Chine, rédigé en 851, suivi de remarques par Abû Zayd Ḥasan (vers 916) Traduit de l'arabe avec introd., glossaire et index, par Gabriel Ferrand. Bois dessinés et gravés par Andrée Karpelès. Paris, Éditions Bossard, 1922. 155 p. illus. (Les Classiques de l'Orient, v. 7).

———. Aḫbār aṣ-Ṣīn wa l-Hind. Relation de la Chine et de l'Inde rédigée en 851. Text établi, traduit et commenté par Jean Sauvaget. Paris, Belles Lettres, 1948. xli, 27, 27, [28]-79 p. maps (Collection arabe). In part, opposite pages numbered in duplicate. In 2 books, the first said to be taken down from statements made by a merchant named Sulaimān, the second a continuation of the first, by Ḥasan. "Table bibliographique": p. ix-xiv.

HERRMANN, ALBERT, 1886- Die Verkehrswege zwischen China, Indien und Rom um 100 nach Chr. Geb. Leipzig, J.C. Hinrichs, 1922. 8 p. map (Leipzig. Universität. Forschungsinstitut für vergleichende Religionsgeschichte. Veröffentlichungen, 7).

———. Historical and commercial atlas of China. Cambridge, Mass., Harvard University Press, 1935. 5-112 p., incl. 119 maps (part col.) diagr. (Harvard-Yenching institute. Monograph series, v. 1).

———. Das Land der Seide und Tibet im lichte der Antike. Leipzig, K.F. Koehlers antiquarium, 1938. ix, 178 p., ix plates (incl. fold. maps) (Quellen und forschungen zur geschichte der geographie und võlkerunde...hrsg. von dr. Albert Herrmann...[bd. 1]).

HU, SHIH, 1891- A note on Ch'üan Tsu-wang, 全祖望, Chao I-ch'ing, 趙一清 and Tai Chên, 戴震; a study of independent convergence in research as illustrated in their works on the Shui-ching chu. Washington, 1944. cover-title, 970-982 p. "Reprinted from the biographical dictionary, Eminent Chinese of the Ch'ing period, Vol. II."

IBN BATUTA, 1304-77. Travels in Asia and Africa, 1325-54, translated and selected by H.A.R. Gibb, with an introduction and notes. London, G. Routledge and sons; New York, R.M. McBride and Co., 1929. vii, 398 p. front., plates, maps. (The Broadway travellers, ed. by Sir E. Denison Ross and Eileen Power). 1957 ed. 4 v. (Publications Hakluyt Soc.).

KAMMERER, ALBERT, 1875- La découverte de la Chine par les Portugais au XVIème siècle et la cartographie des portulans. Avec des notes de toponymie chinoise, par Paul Pelliot. Leiden, E.J. Brill, 1944. ix, 260 p. plates, maps. (T'oung pao; archives concernant l'histoire, les langues, la géographie, l'ethnographie et les arts de l'Asie orientale. Suppl. au vol. 39).

LATTIMORE, OWEN, 1900- Inner Asian frontiers of China. [2d ed.] Irvington-on-Hudson, N.Y., Capitol Pub. Co., and American Geographical Society, New York, 1951. lxi, 585 p. maps. (American Geographical Society [of New York] Research series no. 21) 1st ed. New York and London, 1940.

LAUFER, BERTHOLD, 1874-1934. China and the discovery of America. New York, China Institute in America [1931?] 7 p.

MENDES PINTO, FERNÃO, b. 1509. À propos des Voyages aventureux de Fernand Mendez Pinto; notes de A.J.H. Charignon, recueillies et complétées par M. Médard. Pékin, Impr. des Lazaristes, 1935 [i.e. 1936] [v]-xviii, 417, [2] p. front. (port.) plates, fold. maps.

ODORICO DA PORDENONE, 1286-1331. De Venise à Pékin au moyen age. Récit adapté en français moderne par Henriette Demoulin. Paris, P. Téqui, 1938. 126 p. map, (Collection Les beaux voyages d'autrefois).

ROBERTS, FRANCES MARKLEY. Western travellers to China. A personalized story of China's relations with the West in religion, commerce, diplomacy and culture, during eleven centuries. Shanghai [etc.] Kelly and Walsh, 1932. iii, 178 p. front. (map) illus.

SCHOFF, WILFRED HARVEY, 1874- Early communication between China and the Mediterranean; a paper submitted at the general meeting of the American philosophical society held at Philadelphia April 21, 1921 by Wilfred H. Schoff. [Philadelphia, Pa., 1921] 9, [1] p.

SELLMAN, ROGER RAYMOND. An outline atlas of Eastern history. London, E. Arnold [1954] 63 p. (p. 5-56 maps).

SHERWOOD, MERRIAM, 1892- The road to Cathay, by Merriam Sherwood and Elmer Mantz; decorations by William Siegel. New York, Macmillan, 1928. xii, 251 p. col. front., double maps.

SHUI CHING CHU, 水經注. Northern India according to the Shui-ching-chu. Translated and edited by Luciano Petech. Roma, Istituto italiano per il Medio ed Estremo Orient. 1950. viii, 89 p. (Série Orientale Roma, 2).

SINAÏSKI, VASILLI IVANOVICH, 1876- Rome et Chine dans quelques rapprochements (juridiques, économiques, religieux, chronologiques, astrologiques, totémiques et folkloristiques) Rīgā, 1936. 1 v.

SYKES, SIR PERCY MOLESWORTH, 1867-1945. The quest for Cathay. London, A. and C. Black, 1936. xii, 279, [1] p. col. front., illus., plates, maps.

———. À la recherche du Cathay; découverte de la Chine par l'Europe et de l'Occident par la Chine. Traduit par Robert Godet. Paris, Payot, 1938. 240 p. illus., plates, maps.

———. Europa sucht China. [Ins Deutsche Übertragen von van Bebber] Leipzig, W. Goldmann [1938] 189 p. plates, maps (part fold.)

YAMADA, KENTARO. A short history of ambergris by the Arabs and Chinese in the Indian ocean. Kinki, Institute of World Economics, Kinki University, 1955. 26 p. (Kinki. University. Institute of World Economics, Report 8).

Marco Polo

POLO, MARCO, 1254-1323? The Book of Ser Marco Polo, the Venetian, concerning the kingdoms and marvels of the east. Translated and edited, with notes, by Colonel Sir Henry Yule, 3d. ed., revised throughout in the light of recent discoveries by Henri Cordier. With a memoir of Henry Yule by his daughter, Amy Frances Yule. London, John Murray, 1921; New York, C. Scribner, 1926. 2 v. illus. fold. plates. fold. maps. facsims.

———. Trois chapitres de Marco Polo. Pékin, A. Nachbaur, 1921. 14 l.

———. Le livre de Marco Polo; traduit en français moderne et annoté d'après les sources chinoises par A.J.H. Charignon. Pékin, A. Nachbaur, 1924-28. 3 v.

———. The travels of Marco Polo. New York, J.H. Sears [1926] xii, 303 p. (The Royal blue library).

———. The travels of Marco Polo, the Venetian, with an introduction by John Masefield. Fully illustrated with twenty drawings in pen and ink by Adrian De Friston and eleven photogravure plates. London and Toronto, J.M. Dent; New York, E.P. Dutton, 1926. xviii, 461, [1] p. front., illus., plates, ports., fold. map, plan.

———. The travels of Marco Polo [the Venetian] Revised from Marsden's translation and edited with introduction by Manuel Komroff. New York, Boni and Liveright [c1926]; London, J. Cape [1928] xxxii, 369 p. illus.

———. The book of Ser Marco Polo, the Venetion, concerning the kingdoms and marvels of the East; edited with an introduction by George B. Parks. New York, Macmillan, 1929; N.Y. Book League of America, 1929. xxxiii p., 392 p. incl. front. 2 maps (1 fold.) (The modern readers' series) 1st ed. 1927.

———. The same. Translated and edited, with notes, by Colonel Sir Henry Yule, 3d ed., revised throughout in the light of recent discoveries by Henri Cordier, with a memoir of Henry Yule by his daughter, Amy Frances Yule. London, J. Murray [1929] 2 v. fronts., illus. (incl. coats of arms) plates (part col., part fold.) ports., maps (part fold.) plans, facsims. (part fold.)

"Third edition (reprinted) September 1929."

———. Les merveilleux voyages de Marco Polo dans l'Asie du XIIIe siècle, pub. par Maurice Turpaud. Paris, "Éditions Spes," 1929. 214 p. plates ("Des fleurs et des fruits").

———. The travels of Marco Polo [the Venetian] edited with introduction by Manuel Komroff, illustrations by Witold Gordon. The Kublai Khan ed. New York, H. Liveright [c1930] Garden City, N.Y., Garden City Pub. Co. [1935] xxxii p., 3-370 p. front., illus., plates.

———. The travels of Marco Polo, translated into English from the text of L.F. Benedetto by Professor Aldo Ricci, with an introduction and index by Sir E. Denison Ross. London, G. Routledge [1931] New York, Viking Press, 1931. xviii, 439 p. illus., IV plates. (incl. front., facsim.) 4 double maps. (The Broadway travellers, edited by Sir E. Denison Ross and Eileen Power).

———. The same. Introduction by Carl Van Doren. New York, Literary Guild of America, 193? xvii, 340 p. (The Guild classics).

———. The same. New York, Grosset and Dunlap [1931] xvii, 340 p. (Universal library).

———. The same. Revised from Marsden's translation and edited with an introduction by Manuel Komroff. New York, The Modern Library [1931] xxxi, 351 p. (The modern library of the world's best books) "First Modern library edition."

———. Le livre de Marco Polo, gentilhomme venitien, 1271-95. Eaux fortes de Mariette Lydis. [Paris] Les Cent vue, 1932. 200 p. incl. col. front., col. plates.

———. The travels of Marco Polo. London, J.M. Dent. New York, E.P. Dutton [1932] xvi, 461, [1] p. (Everyman's library, ed. by Ernest Rhys. Travel and topography. [no. 306]) "First published in this edition 1908. Reprinted... 1923. Reset 1932."

———. The same. The Marsden translation revised and edited with an introduction by Manuel Komroff; decorated by W.A. Dwiggins. Rochester, N.Y., The Printing House of Leo Hart, 1933. xxxvii, [1], 414 p. illus. (part col.).

———. The same. Revised and edited with an introduction by Manuel Komroff; illustrations by Nikolai Fyodorovitch Lapshin. New York, Printed for the members of the Limited Editions Club, 1934. 2 v. col. illus.

———. Der mitteldeutsche Marco Polo, nach der Admonter Handschrift herausgegeben von Ed. Horst von Tscharner. Berlin, Weidmann, 1935. lii, 102 p. facsim., diagrs. (Deutsche texte des mittelalters, hrsg. von der Preussischen akademie der wissenschaften. bd. XL).

———. The most noble and famous travels of Marco Polo, together with the travels of Nicolò de' Conti, edited from the Elizabethan translation of John Frampton, with introduction, notes and appendices by N.M. Penzer, M.A. 2d ed. London, A. and C. Black, 1937. lxiv, 381 p. maps (1 fold.) facsim. "First published 1929 by the Argonaut press in an edition limited to 1050 copies. Second edition, enlarged, 1937."

———. The description of the world [translated and annotated by] A.C. Moule and Paul Pelliot. London, G. Routledge and sons, limited, 1938. 2 v. fronts. (ports., 1 col.) illus. (incl. plan) plates, facsims., geneal. tables (1 fold.).

———. Die Reisen des Marco Polo. Seinen Aufzeichungen nacherzählt von Rudolf Eger. Schutzumschlag von Willi Schnabel. Aarau, H.R. Sauerländer and Co., 1944. iv, 219 p.

———. The adventures of Marco Polo, as dictated in prison to a scribe in the year 1298; what he experienced and heard during his twenty-four years spent in travel through Asia and at the court of Kublai-Khan. Ed. for the modern reader by Richard J. Walsh, with an introd. by Pearl S. Buck. Illus. by Cyrus Le Roy Baldridge. New York, John Day, 1948. xi, 193 p. illus., col. plates, col. maps. (An Asia book).

———. The travels of Marco Polo. the Venetian; tr. and ed. by William Marsden, re-ed. by Thomas Wright. Illus. by Jon Carbino. Garden City, N.Y., Doubleday; N.Y. Book League of America, c1948. 344 p. illus. (part col.) map (on lining-papers) (Doubleday limited editions).

———. Am Hofe des Grosskhans, bearb. von Albert Herrmann. Neue Ausg. Leipzig, F.A. Brockhaus, 1949 [c1924] 166 p. illus. 1. Aufl. 1924; 2. Aufl. 1926.

———. Itinerarium, Antverpiae, 1485. Reproduced in phototype from the original edition in possession of the Toyo Bunko (Oriental Library) by the National Diet Library, Tokyo, Japan. Tokyo, 1949. facsim. ([147] p.), [1] p. Title from colophon of reprint. The original has no imprint, but is generally assigned to the press of Gerardus Leeu, at Antwerp (or Gouda) ca. 1485. Cf. Campbell, Annales, 1434; Stillwell. 2d census, P822.

———. The travels of Marco Polo; rev. and ed., with an introduction, by Manuel Komroff. Illustrated by Nikolai Fyodorovitch Lapshin. New York, Heritage Press, 1950. xxix, 477 p. col. illus.

———. Die Weltreise des Marco Polo. [Nach den Originalberichten seiner Entdeckungsfahrten; bearb. von] Richard Euringer. Stuttgart, Verlag deutsche Volksbücher [1953] 326 p. maps.

———. Le livre de Marco Polo; ou, Le devisement du monde. Texte intégral, mis en français moderne et commenté par A. t'Serstevens. Paris, A. Michel [1955] 346 p. illus., map.

———. La description du monde. Texte intégral en Francais moderne, avec introduction et notes par Louis Hambis. Paris, C. Klincksieck, 1955. xvii, 433 p. col. plates, fold. map.

Works About Marco Polo

BONVALOT, GABRIEL, 1853-1933. Voyages. Les chercheurs de routes. Marco Polo. Paris, G. Crès et cie, 1924. 251 p., plates, maps (part fold.).

BRADHAM, C.M. Marco Polo. Exeter, A. Wheaton, 1937. 40 p. incl. front., illus.(map). (Makers of history, 14).

CHARIGNON, ANTOINE JOSEPH HENRI, 1872-1930. La grande Java de Marco Polo en Cochinchine; étude de géographie historique d'après les sources chinoises et arabes. [Saigon, 1930] 159 p.

COLLIS, MAURICE, 1889- Marco Polo. London, Faber and Faber [1950] ix, 190 p. illus., map.

DIEU, LÉON. Marco Polo chez le Grand Khan. Namur, Grands Lacs, 1947. 174 p. illus. map, (Collection Lavigerie, 14).

DRUTMAN, IRVING. Marco Polo; story by Irving Drutman and Jerry Felsheim, illustrations by Harrison Moore. Prepared and edited by developing new reading materials [and] conducted under the auspices of the U.S. Works progress administration. New York, Board of Education of the City of New York, 1939. 26 l. illus.

FINGER, CHARLES J. The travels of Marco Polo. Girard, Kan., Haldeman-Julius Co. [c1924] 64 p. (Little blue book, no. 513, ed. by E. Haldeman-Julius).

HART, HENRY HERSCH, 1886- Venetian adventurer, being an account of the life and times and of the book of Messer Marco Polo. Stanford, Stanford Univ. Press [1947] xiv, 286 p. illus., maps, facsims. "Third edition." 1st ed. 1942, 2d ed. 1943.

HOFFMANN, AGNES. Untersuchungen zu den altdeutschen Marco Polo-Texten. Ohlau i. Schlesien, H. Eschenhagen kg., 1936. x, 87 p. illus. (facsims.) (Freiburger forschungen zur kunst- und literaturgeschichte, 4). Diss.-Freiburg i. Br.

IWAMURA, SHINOBU. Manuscripts and printed editions of Marco Polo's travels Tokyo, National Diet Library, 1949. cover-title, 23 p.

KOMROFF, MANUEL, 1890- Marco Polo; illustrated by Edgard Cirlin. New

York, Messner [1952] 171 p. illus.

MOULE, ARTHUR CHRISTOPHER, 1873-1957. Quinsai, with other notes on Marco Polo. Cambridge [Eng.] University Press, 1957. xii, 92 p. front. (port.), illus. plates, (incl. map), plan.

OLSCHKI, LEONARDO, 1885- Marco Polo's precursors, with a map of Asia. Baltimore, Johns Hopkins Press, 1943. ix, 100 p. fold. map.

[RAPISARDA, ANTONIO] 1900- Vie et aventures de Marco Polo. 4. éd. Paris, Mercure de France, 1937. 306 p.

RIVERAIN, JEAN. Marco Polo à travers l'Asie inconnue. Paris, Larousse, 1954. 208 p. illus. col. plate (Contes et gestes historiques).

SCOTT, SIR JAMES GEORGE, 1851- Marco Polo. With twelve full-page illustrations, four of them in colour. London, A. and C. Black, 1927. v, [1], 89, [1] p. front. (port.) illus. (map) plates (part col.) (Peeps at great explorers).

SHKLOVSKIĬ, VIKTOR BORISOVICH, 1893- Le voyage de Marco Polo. Traduit du russe par Marc Slonim. Introduction de K. Kounine. Paris, Payot, 1948. 246 p. illus. map, (Bibliothèque géographique) 1er éd., 1938.

WALRAET, MARCEL. Sur les traces de Marco Polo. Bruxelles, Office de publicité, 1948. 98 p. illus., fold. map. (Collection Lebègue, 8. sér., no 93).

WALSH, RICHARD JOHN, 1886- Adventures and discoveries of Marco Polo; illustrated by Cyrus Le Roy Baldridge. New York, Random House [1953] 183 p. illus. (World landmark books, W-3).

Modern Geography

BUXTON, LEONARD HALFORD DUDLEY, 1889-1939. China, the land and the people; a human geography, with a chapter on the climate by W.G. Kendrew. Oxford, The Clarendon Press, 1929. xiii, [5], 333, [1] p. illus. (maps) xvi plates (incl front.) diagrs.

CHAO, SUNG-CHIAO, 趙松橋, 1919- Geographical regions of China. Worcester, 1948. 164 p. Thesis - Clark University.

CHU, CHI-JUNG, 朱繼榮, 1918- Jūnggwo dìlǐ gāngyàu. A sketch of Chinese geography in Yale romanization. New Haven, Far Eastern Publications, Yale University, 1954. x, 218 p. maps. (Mirror series A, 17).

COOLE, ARTHUR BRADDAN. A commercial geography of China for middle schools. [Tientsin, Chihli Press, 1931] viii, 110 p. diagr. tables, illus. 2 fold. maps.

CRESSEY, GEORGE BABCOCK, 1896- China's geographic foundations, a survey of the land and its people. New York and London, McGraw-Hill; Shanghai, United Book and Stationery Co., 1934. xvii, 436 p. illus., maps (1 fold.) tables (1 fold.) diagrs.

———. Géographie humaine et économique de la Chine. Préface et traduction de Charles Mourey. Paris, Payot, 1939. 471 p. plates, maps (Bibliothèque géographique).

———. Asia's lands and peoples; a geography of one-third the earth and two-thirds its people. 2d ed. New York, McGraw-Hill, 1951. London, McGraw-Hill, 1952. x, 597 p. illus., maps. (McGraw-Hill series in geography).

———. Land of the 500 million; a geography of China. New York and London, McGraw-Hill, 1955. xv, 387 p. illus., maps, tables. (McGraw-Hill series in geography).

ENGLAENDER, A.L. The origin and growth of deserts and the encroachment of the desert on North China. [n.p.] 1928. 32 numb. l.

FURZHOLZER, EDMUND. China. Land und Volk. Frankfurt a M., Limpert, 1954. 191 p. illus. (Limpert-Bild-Tschenbücher).

FUSON, CHESTER GARFIELD. The new geography of China, a senior middle school textbook. Shanghai, Commercial Press, [1933] xii, 273, 2 p., plates, fold. map.

GT. BRIT. Naval Staff. Naval Intelligence Division. Geographical Handbook : China proper, [edited by P.M. Roxby and T.W. Freeman] London, 1944-45. 3 v. illus., maps (Geographical Handbook ser. B.R. 530).

HANDEL-MAZZETTI, HEINRICH RAPHAEL EDUARD, FREIHERR VON, 1882- Kartenaufnahmen in Hunan und ihre geographischen Ergebnisse. (In Akademie der wissenschaften in Wien. Mathematisch-natur-wissenschaftliche klasse. Denkschriften. Wien, 1928. 101. bd., p. [195]-212. 2 maps (1 fold.)).

HAWKINS, HORATIO B. Commercial press geography of China. Rev. 13th ed. Shanghai, Commercial Press, 1923. viii, 86, ix p., illus. maps (part fold.).

HOSIE, ALEXANDER, 1853-1925. China, geographical, commercial, industrial. A handbook to Philip's Commercial map of China. London, G. Philip and Son, 1922. 24 p. fold. map.

JOÜON, RENÉ. Géographie de la Chine. 3e éd. [Shanghai, Impr. de l'Orphelinat] 1932. cover-title, iv, 82 p. illus., maps, diagrs.

———. Géographie commerciale de la Chine. 4e éd. Shanghai, Impr. de l'Orphelinat, 1937. 11, [2], 91 [i.e. 140] p. incl. illus. (1 col.), maps, col. diagrs.

LEHMANN, OTTO, 1884- Die geographischen Ergebnisse der Reise durch Guidschou (Kweitschou). (In Akademie der wissenschaften. Vienna. Mathematisch-natur-wissenschaftliche klasse. Denkschriften. Wien, 1926. 100. bd., p. [77]-99. plates., fold. map, diagrs.).

LOBB, HENRY BROUGHAM. A short regional geography of China, by H. B. Lobb and Llewelyn Tipping. Calcutta, London [etc.] Macmillan, 1926. 55 p. illus. (maps).

MENZ, GERHARD, 1885- China. Berlin, Zentral Verlag, 1930. 88 p. incl. tables, illus. (maps) (Weltpolitische Bücherei, 17).

U.S. Army Language School, Monterey, Calif. Geography of China. [Presidio of Monterey] Army Language School, Chinese-Cantonese Dept., 1953. 54 p. illus.

———. The same; character text. [Presidio of Monterey] Army Language School, Chinese-Cantonese Dept., 1953. 27 l.

VAN DEN BOSCH, JEAN. Capitales en Chine. Anvers, Le Papegay, 1953. 56 p.

Land and Soil

CHANG, CH'I-YÜN, 張其昀, 1901- The natural resources of China. New York, Sino-international Economic Research Center [1945] 71 p. illus. (maps) (Sino-international economic pamphlets: no. 1).

CHU, L.T., 朱蓮青. A reconnaissance soil survey of Ch'êngtu area, Szech'uan. Nanking, National Geological Survey of China [1937] 86, 53, 2 p., incl. maps, tables, diagrs. front., VIII plates. (Soil bulletin, 18, February 1937).

HOENIGFELD, ARLINE G. A comparison between the agricultural geography of the Szechwan Basin and the Yunnan Plateau. [n. p.] 1949. Microfilm copy of typescript. Negative. Collation of the original, as determined from the film: 165 l. illus., maps. Thesis - University of Maryland.

HOU, KUANG-CH'IUNG, 侯光炯, 1905- A soil survey of Tinghsien, Hopei province, by K.C. Hou, L.C. Chu, 朱蓮青, and L.C. Li, 李連捷. Peiping, The National Geological Survey of China, 1935. 76, 57, 3 p., IX plates, maps (1 fold.) tables (1 fold.) fold. profile. (Soil bulletin, 13).

LI, LIEN-CHIEH, 李連捷, 1909- Soils of Yungning, Kwangsi. Nanking, National Geological Survey of China [1936] 90, 58, 2 p. incl. illus., tables, diagrs. VI plates, fold. map (in pocket) (Soil bulletin, 16, October 1936).

LIU, HAI-P'ÊNG, 劉海蓬. Soils of Chengtu and Hwayang area, Szechuan. Pehpei, Chungking, [1941] 34, 3 p., fold. map, tables, fold. diagr. (Soil bulletin, 23).

LOWDERMILK, WALTER CLAY, 1888- History of soil use in the Wu t'ai shan area, by W.C. Lowdermilk and Dean R. Wickes. [Shanghai, Printed by Kelly and Walsh, 1938] cover-title, 31 p. plates, maps (1 fold.).

MA, Y.T., 馬溶之. Soils of northwestern Kansu. Changsha [1938] 8, 82, 2 p., plates, map (in pocket) tables (1 fold.) (Soil bulletin, 19).

MOYER, RAYMOND TYSON, 1899- Soils of Shansi province. Peiping, The National Geological Survey of China [1935] 60 p.; 6 p. illus. (incl. maps) plates, fold. tables. (Soil bulletin, 10, April 1935).

PENDLETON, ROBERT LARIMORE, 1890- A reconnaissance soil survey of the Harbin region, by Robert L. Pendleton, L.C. Ch'ang, 常隆慶, W. Chen, 陳偉, and K.C. Hou, 侯光炯. Peiping, Published by the National Geological Survey of China [1935] 134, 20 p., incl. tables. X plates, fold. map. (Soil bulletin, 11, July 1935).

RICHARDSON, H.L. Soils and agriculture of Szechuan. Chungking, National Agricultural Research Bureau, 1942. 162 p. (Special Bulletin, 27).

———. Grasslands of South China. Washington, 1945. 13 l. (United Nations Interim Commission on Food and Agriculture. Pam Misc., 14).

THORP, JAMES, 1896- A reconnaissance investigation of the saline delta soils of eastern Kiangsu, by James Thorp and K.C. Hou. Peiping, The Geological Survey of China [1934] 94, [48] p., incl. tables, diagrs. VI plates, fold. col. map (in pocket) (Soil bulletin, 7, May 1934).

———. Soils of northern and northwestern China, by James Thorp and K.C. Hou. Peiping, National Geological Survey of China [1935] 154, 34 p., incl. tables. XX plates, 2 fold. maps. (Soil bulletin, 12. July 1935).

———. Geography of the soils of China. Published by the National Geological Survey of China. Nanking, China, 1936. xv, [1], 552 p. incl. illus.,, charts, tables (1 fold.) diagrs. 96 plates on 49 l., maps (1 fold.).

———. Notes on Shantung, by James Thorp and T.Y. Tschau. Nanking, National Geological Survey of China [1936] 130, 50, 3 p., illus. XIII plates, 2 fold. col. maps, tables (part fold.) diagrs. (Soil bulletin, 14, May 1936).

———. Thirty-four representative soils of China. Nanking, National Geological Survey of China, 1936. 56 p.

TSCHAU, T.Y., 周昌雲, 1903- [Chou, Ch'ang-yün]. Bericht über die Bodenkartierung im bezirk Chüyung, Kiangsu, von T.Y. Tschau, L.C. Li, 李連捷, und E.F. Chen, 陳恩鳳. Peiping, The National Geological Survey of China [1934] 54, [48] p., incl. illus., tables, diagrs. fold. col. map (in pocket) (Soil bulletin, 8. August 1934).

———. Bericht über die Bodenkartierung des Weiho-Tales, Shensi, China, von T.Y. Tschau, N.F. Chang, K.C. Hou, 侯光炯, W. Chen, 陳偉, [und] L.C. Li, 李連捷. Peiping, The National Geological Survey of China [1935] 51, 35 p., incl. tables, diagr. fold. col. map (in pocket) (Soil bulletin, 9, April 1935).

———. Die Böden der kreise Changsha, Hsiangt'an, Hsianghsiang und Hengshan, Hunan, China. Nanking, The National Geological Survey of China [1937] 113, 72, 3 p., illus. tables (1 fold. in pocket) (Soil bulletin, 17).

Mountains and Rivers

BAKER, DWIGHT CONDO. T'ai Shan, an account of the sacred eastern peak of China. Shanghai, Commercial Press, 1925. xx, 225 p. front., illus. (incl. maps) plates.

DRANSMANN, FRANZ. T'aishan-Küfow guide. Yenchowfu, Catholic Mission Press, 1934. vi, 368 p. incl. plates, ports, facsims, col. front. added t.-p.: Täschan-Tchüfu Führer.

FISCHER, EMIL SIGMUND, 1865-1945. The sacred Wu Tai Shan, in connection with modern travel from Tai Yuan Fu viâ Mount Wu Tai to the Mongolian border. Shanghai, Kelly and Walsh, 1925. 37 p. front., plates (1 fold.) fold. map. Reprinted from the Journal of the Royal Asiatic society of Great Britain and Ireland. North China branch, Shanghai, v. 54, 1923.

GEIL, WILLIAM EDGAR, 1865-1925. The sacred 5 of China. London, The C. W. Daniel Co. [1926], Boston, Houghton Mifflin, 1926. xix, 355 p. front., illus., plates.

STÜBEL, HANS, 1885- Der Wu-i-schan. Tôkyô, Deutsche Gesellschaft für Natur- und Völkerkunde Ostasiens, 1937. 41 p., plates. (Added t.-p.: "Mitteilungen" der Deutschen gesellschaft für natur- und völkerkunde Ostasiens. bd. xxx, t. D).

Yellow River

ASIA DEVELOPMENT COMPANY, LTD. Turning the Whang Ho, Shantung, China. [Shanghai? 1923] 44 p.; 21 p. illus.

CHINA. Public Works Commission. Studies on Yellow River project. Publication no. 1-12. Nanking, 1947- 12 v.

HU, CHANG-TU, 胡長度, 1920- The Yellow River administration in the Ch'ing dynasty. Ann Arbor, University Microfilms [1954] ([University Microfilms, Ann Arbor, Mich.] Publication no. 8351). Collation of the original: vi, 273 l. illus. (part mounted) maps. Thesis - University of Washington.

KÖHLER, GÜNTHER. Der Hwang-ho, eine Physiogeographie. Gotha, J. Perthes, 1929. 104 p. illus., plates (1 fold.) fold. map. (Ergänzungsheft nr. 203 zu "Petermanns mitteilungen").

LIU, DSE-MING, 劉子明, 1911- Die wirtschaftliche Bedeutung der Regulierung des Huang-Ho. Münster i W., H. Buschmann, 1937. 120 p. illus. Diss.-Univ. Münster.

SHEN, YI, 沈怡, 1901- Der Flussbau in China. Dresden, 1925. 134 l. Diss.-Dresden Tech. Hochschule.

TÊNG, TZŬ-HUI, 鄧子恢, 1897- Report on the multiple-purpose plan for permanently controlling the Yellow River and exploiting its water resources, delivered on July 18, 1955, at the second session of the First National People's Congress. Peking, Foreign Languages Press, 1955. 48 p. illus.

Yangtze River

AYSCOUGH, MRS. FLORENCE (WHEELOCK) 1878- Der Yangtse Kiang; Chinas grosser Strom, seine Legende und seine Poesie. Tôkyô, Deutsche Gesellschaft für Natur- und Völkerkunde Ostasiens, 1937. 18 p. 2 plates, map. ("Mitteilungen" der Deutschen gesellschaft für natur- und völkerunde Ostasiens...bd. XXXIX, t. E).

BARBOUR, GEORGE BROWN, 1890- Physiographic history of the Yangtze (with 24 text figures, 1 plate and 1 frontispiece). Peiping, The National Geological Survey of China, 1935. 112 p; 1, 24 p. front., illus., tab., fold. plates. (Geological memoirs, ser. A, 14).

"CHARON," pseud. comp. "Excelsior," being an inadequate description of the upper Yangtze. Shanghai, North-China Daily News and Herald, 1934. 50 p. front., illus.

CHINA. Yangtse River Commission. Technical Committee. Annual report. 1922-26. [Peking, 1923-27] 5 v. plates, tables, diagrs. (part. fold.) charts. [Publication, no. 1-5].

——. Inspectorate General of Customs. Handbook for the guidance of shipmasters on the Ichang-Chungking section of the Yangtze River, by S.C. Plant. 2d issue, rev. and enl. by R.G. Everest. Shanghai, Statistical Dept. of the Inspectorate General of Customs; sold by Kelly and Walsh, 1932. x, 102 p. illus., fold. col. map, charts. (China. [Inspectorate General of Customs] The maritime customs. 2. Special series, no. 34).

——. Inspectorate General of Customs. Anchorages in general use on the Upper Yangtze. Addenda to the Handbook for the guidance of shipmasters on the

Ichang-Chungking section of the Yangtze River [by S. C. Plant] Shanghai, Statistical Dept. of the Inspectorate General of Customs, 1936. Microfilm copy made by the Interdepartmental Committee for Acquisition of Foreign Publications. Negative. Collation of the original, as determined from the film: 17 p.

———. Whangpoo Conservancy Board. General series. Report. no. 1-15? [Shanghai] 1911-36. no. illus., maps (part fold., part col.) diagrs.

FITKIN, GRETCHEN MAE. The great river; the story of a voyage on the Yangtze Kiang, with an introduction by Arthur de Carle Sowerby, illustrated with photographs by Donald Mennie. Shanghai, North-China Daily News and Herald, Kelly and Walsh, 1922. iii, v, 153 p. front., plates, port.

GT. BRIT. Hydrographic Office. Ch'ang chiang pilot, comprising the Ch'ang chiang from Wu-sung bar to the head of navigation; also P'o-yang hu and the rivers flowing into it, Han chiang, Tung-t'ing hu and the rivers flowing into it, Chia-ling chiang and Min chiang. [Prepared by F. N. Shearme] 3d ed. London, 1954. xlix, 394 p. illus., charts. 2d. ed., 1928.

MENNIE, DONALD. The grandeur of the gorges; fifty photographic studies, with descriptive notes, of China's great waterways, the Yangtze Kiang, including twelve hand-coloured prints, from photographs. Shanghai, A. S. Watson, 1926. 9 l. illus., mounted plates (part col.).

MEURVILLE, R. DE, d. 1946? La Chine du Yang-tsé; Shanghai, les villes du Han, le moyen fleuve, I-chang, le haut fleuve, Chungking. Préface de René Grousset. Avec treize cartes et plans. Paris, Payot, 1946. 157 p., illus. (incl. maps, plan) diagrs. (Bibliothèque géographique).

PLANT, CORNELL. Glimpses of the Yangtze gorges. Numerous illus. and drawings in black and white by Ivon A. Donnelly. 2d ed. Shanghai, Kelly and Walsh, 1936. xv, 86 p. illus., maps.

SAVAGE, JOHN LUCIEN, 1879- Preliminary report on Yangtse Gorge project. Preliminary report on Ta-Tu-Ho and Ma-Ping-Ho projects, Upper Ming-Kiang and Kwan-Hsien projects, Lung-Chi-Ho projects, Tang-Lang-Chuan projects. Chungking, National Resources Commission, 1944. 98, viii, 238 l. tables, charts.

WANG, CHUNG-CHI, 王鍾麒, 1898- La navigation du Yan Tseu. Paris, Les Presses Modernes, 1932. 315 p. fig., maps. Thèse - Univ. de Paris.

WOODHEAD, HENRY GEORGE WANDESFORDE, 1883- The Yangtsze and its problems. [Shanghai] Printed by the Mercury Press, 1931. 150 p. plates (1 fold.).

Other Rivers

CHATLEY, HERBERT, 1885- Report on the inspection of the Huai river project. Shanghai, 1933. 12, 14 p. 2 maps.

CHINA. Chihli River Commission. Public statement No. 1-5. Tientsin, 1918-25. 5 v. illus. map.

———. General report No. 1-3. Tientsin, 1921-24. 3 v.

———. Final report and grand scheme. 1918-25. Tientsin, Printed by the Hua Pei Press [1926?] 56 p. plates, fold. maps, fold. plans, fold. charts, tables, diagrs.

———. Directorate-general for Repairing of Yung Ting Ho Dyke Breaches. General report of the Directorate-general for the repairing of the Yung Ting Ho dyke breaches of 1924. Peking, 1926. [130] p. plates, ports., 2 plans (1 fold.) tables (part fold.) fold. diagr.

———. Hai-Ho Conservancy Commission. Report, 1914- Tientsin, 1915- irregular.

———. Huai River Commission. Projects of the flood control, navigation, and irrigation for the Huai river system (a translation). Huaiyin, 1930. [252] p. incl. tables. fold. plates, port., fold. maps, diagrs. (part fold.) (Its Official

technical report no. 1).
———. Min River Conservancy Board. Annual report, 1920- Shanghai, 1920-
FAWCETT, PHILIP NORRISON. Conservancy works on the Liao river, North China. London, The Institution of Civil Engineers, 1930. 17, [1] p. incl. tab., diagrs. fold. plates. (The Institution of civil engineers. Selected engineering papers, 100).
KWANGTUNG. Board of Conservancy Works. The Sunglung flood prevention project. Canton, 1928. 25 p. map.
———. River Conservancy Commission. Annual report No. 1-13. Canton, 1916-35. 12 v. Nos. 1-10 published under the name of Board of Conservancy Works.
LI, HSIEH, 李協, 1882-194-. Report on the Wei-Pei irrigation work, Shensi. Peking, Peking Leader Press, 1923. 19 p. maps, plan, plates, ports, tables.
OKAZAKI, BUNKICHI, 1872- Records of the Upper Liao river conservancy works. [Dairen, South Manchuria Railway Co., 1940] iv, 332 (i.e. 335) p., incl. tables, forms. plates, fold. plans, diagrs. (part fold.).
SZECHWAN. Bureau of Hydraulic Engineering. A note on the Tukiangyien, 都江堰, irrigation system. [Chengtu] 1943. 17, 35 p. illus. maps. (Szechwan hydraulic publication series, v. 1, no. 6).

Description and Travel - 1921-48

ANDERSON, JOHAN GUNNAR, 1874- Der Drache und die fremden Teufel. Leipzig, F.A. Brockhaus, 1927. 390 p. illus. ports. maps.
———. The dragon and the foreign devils; translated from the Swedish by Charles Wharton Stork. Boston, Little, Brown, 1928. xi, 341 p. front., plates, ports.
ARNHOLD, ERNA, 1881- Was ich in China sah. Breslau, F. Hirt, 1927. 30, [1] p. plates. (Her Draussen in fernen ländern).
AUXION DE RUFFÉ, REGINALD D', baron, 1875- In the shadow of the pagodas. Shanghai, Kelly and Walsh, 1926. 301 p.
BEATON, CECIL WALTER HARDY, 1904- Far East. London, B.T. Batsford, [1945] vi, 110, [1] p. col. front., illus. (incl. ports.) plates.
———. Chinese album. [London] B.T. Batsford, [1946] 77, [1] p. of illus. (incl. ports.).
BIGLAND, EILEEN. Into China. New York, Macmillan, [c1940]; London, Collins, 1940. 298 p. illus. (map) plates.
BLASCO IBÁÑEZ, VICENTE, 1867-1928. Chine; traduit de l'espagnol par Renée Lafont. Avec quatre planches hors-texte tirées en héliogravurs. Paris, Flammarion, [1932] 126, [2] p. front., illus. (map), plates.
BONNARD, ABEL, 1883- En Chine (1920-21) Paris, A. Fayard, c1924. 362 p.
———. In China, 1920-21, translated by Veronica Lucas. London, G. Routledge, 1926; New York, E.P. Dutton, 1927. ix, 361 p.
BORNAND, JEANNE. En Chine. Tisons arrachés du feu, par Jeanne Bornand et Gustave Bornand. Bâle, Librairie des Missions; Lausanne, Édition La Concorde [1925] iv, 173 p.
BRADFORD, RUTH. "Maskee!" The journal and letters of Ruth Bradford, 1861-72. Hartford, Prospect Press, 1938. [3]-162 p., illus., port.
BUXTON, LEONARD HALFORD DUDLEY. The eastern road. With 19 full-page plates. London, K. Paul; New York, E.P. Dutton, 1924. xii, 268 p. XIX plates (incl. front.) on 10 l.
CARPENTER, FRANK GEORGE, 1855-1924. China, with 105 illustrations from original photographs. Garden City, N.Y., Doubleday, Page, 1925. xiv, 310 p. front., plates. (Carpenter's world travels).
CARR, HARRY, 1877-1936. Riding the tiger; an American newspaper man in the Orient. Boston and New York, Houghton Mifflin, 1934. 262 p.
CARY, MELBERT BRINKERHOFF, 1892- The estivation of two mao tzu; being an informal and occasionally frivolous account of our vacation in China dur-

ing the summer of 1934. New York, Priv. print., The Press of the Woolly Whale, 1935. 124 (i.e. 126) numb. l., double front., illus. (map).

CASTELL, WULF DIETHER, GRAF ZU. Chinaflug. Berlin, Zürich, Atlantis-Verlag [1938] 192 p. incl. plates, ports.

CATLEEN, ELLEN. Peking studies. Shanghai, Kelly and Walsh, 1934. 87, [1] p. illus. (part col.; incl. col. plan).

CHADOURNE, MARC, 1895- Extrême Orient. Paris, Plon [1935] v, 249 p. (His Tour de la terre. [11]).

———. Ostasiatische Reise. [Einzig berechtigte Übersetzung von Vivian Rodewald-Grebin] Berlin, D. Reimer, 1936. 256 p.

CHAUVELOT, ROBERT, 1879- Visions d'Extrême-Orient; Corée - Chine - Indochine - Siam - Birmanie; avec un portrait de l'auteur, 27 ornements et lettrines et 80 photographies. Paris, Berger-Levrault, 1928. xii, 224 p., front., plates, ports.

CHESTERTON, ADA ELIZABETH (JONES) "MRS. CECIL CHESTERTON," 1888- Young China and new Japan. Philadelphia, J. B. Lippincott; London, G. G. Harrap, 1933. 310, [1] p. front., plates, ports., fold. map.

CLAYTON, EDWARD HYERS, 1886- Heaven below. New York, Prentice-Hall, 1944. v, [1], 282 p. illus. (maps).

CLUNE, FRANK, 1894- Sky high to Shanghai, an account of my Oriental travels in the spring of 1938, with side glances at the history, geography and politics of the Asiatic littoral. Sydney, Angus and Robertson, 1947. xiv, 379 p. plates, ports. 1st ed. 1939.

COLLINS, GILBERT, 1890- Far Eastern jaunts, with sixteen illustrations and a map. London, Methuen, [1924] vii, 282 p., front., plates, map.

———. Extreme oriental mixture, with twenty illustrations and a map. London, Methuen, ltd. [1925] xiii, 266 p. front., plates, map.

COLLINS, GRACE. Chin takes and talks, an absurd travel diary. Chicago, A. Kroch, 1943. 126 p. front. (port.) plates.

COLOMBAN, EUDORE DE. Grisailles. (1er - 3e série). Pékin, Impr. de la "Politique de Pékin," 1924-25. 3 v. illus. port. (Collection de la "Politique de Pékin").

———. Esquisses jaunes. Pékin, Impr. de la "Politique de Pékin," 1928. 153 p. (Collection de la "Politique de Pékin").

COMITÉ NATIONAL D'ÉTUDES SOCIALES ET POLITIQUES, Paris. Impressions de voyages en Chine et au Japon. Boulogne-sur-Seine, Impr. d'études sociales et politiques, 1929. 21 p.

CONSTANT, CHARLES SAMUEL DE, 1762-1835. Récit de trois voyages à la Chine (1779-93); passages choisis et annotés par Philippe de Vargas. Pékin, Yenching University, 1939. 58 p. front. (port.), illus. plates. (Petit collection "Chine-France," 3).

CORDES, ERNST, 1908- Kleines Volk-grosses Volk; Japan-China. Eine Gegenüberstellung japanischer und chinesischer Wesensart in Erlebnisberichten. Berlin, Safari-verlag [c1939] 268 p. plates, port.

———. Die Lotoslaterne; Erlebnisse in China. Stuttgart, Rowohlt [1948] 285 p.

CORMIER, GEORGES. Le raid Pékin-Paris. Paris, Éditions "Publi-Inter" [1954] 110 p. illus.

CRESSY-MARCKS, VIOLET OLIVIA (RUTLEY). Journey into China. London, Hodder and Stoughton [1940]; New York, E. P. Dutton, 1942. 324 p. front., plates, ports., maps, facsims.

CROISSET, FRANCIS DE, 1877- Le dragon blessé. Paris, B. Grasset [1936] 277 p.

———. The wounded dragon, translated from the French by Paul Selver. London, Geoffrey Bles, 1937. 215 p.

CROW, CARL, 1883-1945. Handbook for China (including Hongkong). With six maps and plans. 5th ed. Hong Kong [etc.] Kelly and Walsh, 1933. v, 390, [11] p. fold. map, fold. plans.

CURTIS, CLAUDE H., 1912- A marine along the idols. Grand Rapids, Zondervin Pub. House, 1949. 79 p.
DAVID-NEEL, ALEXANDRA, 1874- Sous des nuées d'orages [récit de voyage] Paris, Plon [1940] iii, 279 p. fold. map.
DAVIS, ROBERT HOBART, 1869- Oriental odyssey; people behind the sun, by Bob Davis; with forty-seven illustrations from photographs by the author and others. New York, Frederick A. Stokes, 1937. xii, 266 p. front., plates.
DAYE, PIERRE, 1892- La Chine est un pays charmant. Paris, Les Éditions de France, c1927. 211 p.
DIGBY, GEORGE. Down wind. New York, E.P. Dutton, [c1939] viii, 311 p.
DINGLE, EDWIN JOHN. Borderlands of eternity, embracing "Across China on foot." Los Angeles, Calif., Distributed by the Institute of Mental Physics [1939] 560 p. plates, ports.
DIXON, BENJAMIN FRANKLIN, 1892- Seeing China through a porthole; the running mate to "Seeing the world through a porthole": a year and a half in China with the U.S.S. Asheville; more pictures and stories for the folks at home. Manila, P.I., Mission Press, 1924. 137 p. plates, ports., map, facsims.
DOBSON, RICHARD PORTWAY. China cycle. London, Macmillan, 1946. vi, 216, [1] p. front., plates.
DONNELLY, IVON A. The China coast. With verse by Joan Power. [Tientsin] Tientsin Press, 1931. 71, [1] p. illus. col. plates, maps, plans.
DONOVAN, JOHN PATRICK. Yesterday and to-day in China. London, Drane's, [1924] 237 p. plates, port.
DREVET, CAMILLE. La Chine de Sun Yatsen; trois mois en Chine, 1927-28. Paris, l'auteur, 1928. 63 p.
EIGNER, JULIUS. Gelbe Mitte, goldener Kreis; ein Chinabuch. Hattingen, Hundt-Verlag [c1951] 327 p.
ENDERS, MRS. ELIZABETH CRUMP. Swinging lanterns. New York, London, D. Appleton, 1923. xiv, [1], 358, [1] p. front., plates, port., map.
———. Temple bells and silver sails. New York, London, D. Appleton, 1925. xii p., 337 p. front., plates.
ESTCOURT, DORIS. Maiden voyage; travel letters of a girl who ran away. Edinburgh and London, W. Blackwood, 1930. vii, 182, [1] p. 2 plates.
FARRÈRE, CLAUDE, 1876- Jonques et sampans, par Claude Farrère et Charles Fouqueray. Paris, Horizons de France, 1945. 158 p.
FILCHNER, WILHELM, 1877-1957. Tschung-kue, das Reich der Mitte. Alt-China vor dem Zusammenbruch. Berlin, Deutsche Buch-gemeinschaft [c1925] vii, [1], 360 p. illus. (incl. maps, plans) plates.
FIRMINGER, F.E. Action and counteraction in China. [Tokyo, Bunka Johokyoku] 1939. unpaged. illus.
FISCHER, EMIL SIGMUND, 1865-1945. Travels through Japan, Korea and China. Tientsin, Tientsin Press, 1928. 42 p. 2 plates, fold. map.
———. From Shanghai to Changsha in an automobile; interesting account of a test journey by Emil Fischer who accompanied Miss A. Viola Smith as her pilot. Shanghai [1935] 23 p. illus.
———. Travels in China, 1894-1940. Tientsin, Tientsin Press, 1941. xviii, 340 p. incl. illus., plates, ports., maps. front., plates, fold. map (in pocket).
FISCHER, FRIEDA (BARTDORFF). Chinesisches Tagebuch; Lehr- und Wanderjahre. München, F. Bruckmann [c1942] 214 p. front., plates, ports., facsim.
FISCHER, OTTO, 1886-1948. Wanderfahrten eines Kunstfreundes in China und Japan. Stuttgart [etc.] Deutsche Verlags-Anstalt [c1939] 507 p. front., plates.
FLEMING, PETER, 1907- One's company; a journey to China; illustrated with photographs taken by the author. New York, C. Scribner, 1934. London, J. Cape, 1934. 319 p. incl. front. plates, port., double map. 1950 ed., Cape, 287 p. [Traveller's Library].

FLEMING, PETER, 1907- A forgotten journey. London, R. Hart-Davis, 1952. 189 p. illus.

FORTUNE, ROBERT, 1813-80. Three years' wanderings in the northern provinces of China, including a visit to the tea, silk, and cotton countries; with an account of the agriculture and horticulture of the Chinese. New plants, etc. 2d. ed. London, J. Murray, 1847. Reprint ed. Shanghai, 1935. xxiv, 420 p. illus., map.

FOUQUET, GAËTAN. À pied en Birmanie et en Chine. Paris, J. Susse, 1946. 195 p. plates, illus.

FRANCK, HARRY ALVERSON, 1881- Wandering in northern China, illustrated with 171 unusual photographs by the author, with a map showing his route. New York, Century, [c1923] xx, 502 p. front., plates, fold. map.

———. Wandering in China; illus. with 171 unusual photos. by the author, with a map showing his route. London, T.F. Unwin, 1924. xx, 502 p. plates, ports., fold. col. map.

———. Roving through southern China, illustrated with 171 unusual photographs by the author, with a map showing his route. New York and London, Century [c1925] London, Fisher Unwin, 1926. xxi, 649 p. incl. front. plates, fold. map.

———. Marco Polo, junior; the true story of an imaginary American boy's travel-adventures all over China, illustrated with 11 photographs taken by the author and with a map showing the routes. New York and London, Century [c1929] xi, 293 p. front., plates.

———. China; a geographical reader; with many illustrations, largely from photographs by the author. Rev. 1935. Dansville, N.Y., F.A. Owen [c1935] 256 p. illus. (His Travels in many lands).

FRANCK, RACHEL (LATTA). I married a vagabond; the story of the family of the writing vagabond; drawings by Charles Child. New York, London, D. Appleton-Century, 1939. 241 p. illus.

FREUDMANN, W. Tschi-lai!--Erhebet euch! Erlebnisse eines Arztes in China und Burma, 1939-45. Linz, Verlag Neue Zeit, 1947. 219 p.

FRISCH, MAX, 1911- Bin; order, Die Reise nach Peking. Zürich, Atlantis Verlag [1945] 111 p.

FUNG, KWOK-YING, 馮國英, 1905- China; photographs arranged and edited by Fritz Henle. New York, H. Holt [1943] 192 p. incl. front., illus.

GARDINER, JAMES. In and out of China cities. Sydney, Donald F. Peltigrew, 1947-49. 2 v. illus. plates, ports.

GAUTIER, JULES. Jonques et pagodas. La Chine illustrée. Paris, 1934. 228 p.

GEORGE, MARIAN M., 1865- A little journey to China and Japan. Chicago, A. Flanagan, 1928. 3-166 p. illus. (Library of travel).

GERVAIS, ALBERT, 1892- Æsculape en Chine. 7. éd. [Paris] Gallimard [c1933] [7]-251 p.

———. A surgeon's China, translated from the French by Vincent Sheean. London, Hamilton [1934] 9-302, [1] p. front. (port.) illus.

———. Medicine man in China, translated from the French by Vincent Sheean. New York, Frederick A. Stokes, 1934. 336 p. illus.

———. Ein Arzt erlebt China. [Aus dem Französischen übertragen von Albert Freiherr von Bodman] Berlin, Wegweiser Verlag, 1935; Leipzig, W. Goldmann [1944] 235 p. illus. Translation of Æsculape en Chine.

———. The same. Neuausgabe. München, W. Goldmann, 1950. 236 p.

GIELGUD, L.E. About it and about; leaves from a diary of travel. Edinburgh and London, W. Blackwood, 1928. xxiii, 310 p. front. (facsim.).

GILBERT DE VOISINS, AUGUSTE, comte, 1877- Voyages; écrit en Chine. Paris, G. Crès, 1923. 2 v. 21 plates (incl. port.).

GOEKE, GERTRUD. Schwingende Laternen; China-Erlebnisse. Hamburg, Broschek [c1944] 247 p. illus.

GŒRGER, ANDRÉ. En marge de la croisière jaune; de Moscou en Chine - de

Beyrouth à Srinagar - le "tour du monde" - trois mois en Chine. Avec 121 gravures et une carte hors-texte. Paris, Rieder, 1935. [vii]-viii, 310 p., XLIX plates (incl. front.) on 25 l., fold. map.

GROSCH, EBERHARD. China. 6 Bilder zusammengestellt und beschrieben nach einem Aufenthalt in Ostasien, 1935-39. Frankfurt a.M. Ernst Grosch, Tee Import, 1952. 8 p. (Gross-Tee-Sammelbilder 1:3).

GROSSE, ERNST, 1877-1927. Ostasiatische Erinnerungen eines kolonial- und ausland-Deutschen. München, Neuer Filser-Verlag; inhaber: dr. Benno Filser, 1938. viii, 328 p. plates, fold. map.

GUNNING, ROBERT. China, by Robert and Mary Gunning. [Columbus, O., New York, American Education Press, c1939] cover-title, 32 p. illus. (incl. map) (Unit study book, 611).

HALDANE, MRS. CHARLOTTE, 1894- Deux mois en Chine. Paris, Association française "Les Amis du Peuple Chinois," 1939. 23 p.

HAYES, MRS. EVA FATIMA (MORRIS). If you were in China; a plan book for junior high school groups; drawings by Emily Jean Baer. New York, Friendship Press [c1940] 45, [3] p. illus. (incl. map).

HEATH, ARTHUR HAROLD, 1862- Sketches of vanishing China. London, T. Butterworth [1927] 184, [4] p. incl. col. mounted front., illus., col. mounted plates.

HEDIN, SVEN ANDERS, 1865-1952. Von Peking nach Moskau. 4. Aufl. Leipzig, F. A. Brockhaus, 1925. 321 p. incl. map, front., plates, ports.

HELFRITZ, HANS, 1902- Ewigkeit und Wandel im Fernen Osten; mit einer Einleitung von Dagobert von Mikusch. Berlin, Deutsche Verlagsgesellschaft [c1936] 111 p. incl. 96 plates (incl. 2 maps) on 48 l.

HENSLEY, MRS. MATIE MANARD. Oceanic interlude. San Antonio, Tex., The Naylor Co., 1941. ix, 192 p. front., plates, ports., fold. map, facsims.

HERRMANN, WILHELM KARL. Ein Ritt für Deutschland. Mit 1 Titelbild und 228 Abbildungen nach eigenen Aufnahmen des Verfassers, 14 Zeichnungen im Text und 6 Karten. Berlin-Leipzig, Nibelungen-Verlag, 1940. 591 p. front., illus., plates (1 fold.) ports., facsims., fold. map.

HERVÉ, GUY. Au pays des pagodes et des jonques. Paris, Jacques Lanore, 1937. 91 p.

HOMER, JOY. Dawn watch in China. Boston, Houghton Mifflin, 1941; London, Collins, 1941. 340 p.

HOPPENOT, HÉLÈNE. Chine; texte de Paul Claudel, photographies d'Hélène Hoppenot. [Genève] A. Skira [1946] [19] p., 81 plates.

HOROSE, S. La muraille de Pékin à Paris. Paris, Éditions Argo [1929] 220 p. (Collection univers).

HOSIE, DOROTHEA (SOOTHILL) lady, 1885- Brave new China. London, Hodder and Stoughton [1938] xii, 251 p. front. (group port.) plates.

HSU, SUZANNE. Le vin nouveau dans la vieille outre. (ou, Propos sur la Chine et les chinois) Pékin, Impr. de la "Politique de Pékin," 1933. 138 p. (Collection de la "Politique de Pékin").

HUC, ÉVARISTE RÉGIS, 1813-60. Une invraisemblable traversée de la Chine. Paris, Flammarion, 1934. 96 p. (Collection Bonnes Lectures).

HURST, IDA. Typist in China. London, J. Long [1941] 256 p. front., plates.

JACQUES, NORBERT, 1880- Auf dem chinesischen Fluss; Reisebuch von Norbert Jacques, mit Bildern nach Aufnahmen des Verfassers. Berlin, S. Fischer, 1921. 11-265, [3] p., plates.

JAPAN. Dept. of Railways. Guide to China, with land and sea routes between the American and European continents. 2d (rev.) ed. Issued by the Japanese government railways, Tokyo, Japan. Tokyo, 1924. xvi, iii, iii a-b, iv-cxxiv, 448 p., front., illus. (incl. plans) maps (part fold., 1 in pocket) (Official guide-books issued by the Japanese government railways. [Official series. vol. D]).

JOHNSTON, LENA E. China and her peoples. London, United Council for Missionary Education, 1923. 136 p. front., illus. (map) plates.

JOSEPH, BERTHA COBLENS. China. Developed in grade III, Commodore Sloat school, San Francisco, California. New York, Teachers college, Columbia University [c1932] 20 p. ([Columbia university. Teachers college] Teachers' lesson unit series. no. 36).

JOUGLET, RENÉ, 1884- Dans le sillage des jonques; orné de 15 pages en héliogravure. Paris, B. Grasset [1935] ix, [13]-252 p., front., plates.

KATZ, RICHARD. Funkelnder Ferner Osten! Erlebtes in China - Korea - Japan. Berlin, Ullstein [c1931] 298, [1] p., front., plates, fold. map.

KERBY, PHILIP. Beyond the Bund. New York, Payson and Clarke [c1927] 272 p.

KING, PAUL HENRY, 1853- ed. Voyaging to China in 1855 and 1904; a contrast in travel, edited by Paul King. London, Heath, Cranton, 1936. 187 p. front., plates.

KNAUSS, ROBERT, 1892- Im Grossflugzeug nach Peking; der erste Weltflug der Deutschen Luft-Hansa. Berlin, Union deutsche Verlagsgesellschaft 1927] 176 p. front. (port.) illus., fold. map.

KOLLBRUNNER, ULRICH. Meine Reise nach Sumatra, den Philippinen und Südchina. Zürich, J. Rügg Söhne, 1929. iv, 184 p. illus. plates.

KÖRBER, LILI. Adventures in the East. London, John Lane [1937] 7-347 p.

KRUG, HANS JOACHIM, 1893- Wanderungen und Wandlungen in China. Berlin, Scherl [c1941] 326 p. illus., maps, plans.

LALOY, LOUIS, 1874-1944. Miroir de la Chine; présages, images, mirages. Paris, Desclée, de Brouwer [c1933] 340 p. (Les fles).

———. Mirror of China. New York, A.A. Knopf, 1936. viii, [1] p., 3-307, [1] p.

LAMONT, FLORENCE HASKELL (CORLISS), 1873- Far Eastern diary, 1920. New York, Horizon Press, 1951. 95 p.

LANDENBERGER, EMIL, 1882- Ostasien im Zick-Zack, mit einem Bildnis des Verfassers. Stuttgart, E. Landenberger, 1931. 155 p. port.

LAY, ARTHUR CROALL HYDE, 1900- Four generations in China, Japan, and Korea. Edinburgh, Oliver and Boyd, 1952. 241 p. illus.

LEWIS, CECIL, 1898- Sagittarius rising. London, P. Davies [1936] vii-viii, 331, [1] p.

———. Schütze im Aufstieg; eine autobiographische Erzählung, Deutsch von Hans Reisiger. Berlin, Rowohlt [1937] 324, [1] p.

LEWISOHN, WILLIAM. China's wild west; a round trip of five thousand miles in a motor car. Shanghai, North-China Daily News and Herald, 1937. ix, 61 p. illus., map.

LINCOLN, IGNATIUS TIMOTHY TREBICH, 1879-1943. Der grösste Abenteurer des XX. Jahrhunderts!? Die Wahrheit über mein Leben. Leipzig [etc.] Amalthea-Verlag [c1931] 290 p. front., plates, ports., facsims., fold. map.

———. The autobiography of an adventurer; translated from the German by Emile Burns. London, L. Stein, 1931. New York, H. Holt [c1932] 3-291 p.

LÖHNDORFF, ERNST FRIEDRICH, 1899- Unheimliches China, ein Reisebericht. Bremen, C. Schünemann [1940, c1939] 262 p. 1953 ed. 211 p.

LONDRES, ALBERT. La Chine en folie. Paris, A. Michel [c1925] 254 p.

LYAUTEY, PIERRE. Chine ou Japon (1932-33) Paris, Plon [1933] 246 p.

LYTTELTON, HON. MRS. EDITH SOPHY (BALFOUR), 1865-1948. Travelling days, by Edith Lyttelton. London, G. Bles, 1933. 239, [1] p.

MACKIE, E.F. Chinese adventure. Sydney, Clarendon Pub. Co., 1944. 66 p.

MCMAHON, THOMAS J. The Orient I found; with 62 illustrations. New York, D. Appleton, London, Duckworth, 1926. 223 p. front., plates, ports., map.

MADER, FRIEDRICH WILHELM, 1866- Von Hankow bis zum Kukunor. Kapitän Münchhausens Abenteuer auf einen Reise durch China nach Tibet. Erzählung. Stuttgart, Union, 1930. 301 p. illus. (Fahrten und Abenteuer in aller Welt).

———. Im Banne des goldenen Drachen. Abenteuer-Erzählung. Neubearb. von G. Bröhl. Düsseldorf, Deutsche Buchvertriebs. und Verlag-Ges., 1952.

215 p.

MAGRINI, LUCIANO, 1885- China von heute und gestern; aus dem Italienischen übertragen von hofrat Franz Latterer-Lintenburg. Tübingen, F. F. Heine, 1934. viii, 232 p. front., plates.

MARSH, JAMES REID. The charm of the Middle kingdom. Boston, Little, Brown, 1922. xvi, 245 p. front., plates, ports.

MAURETTE, FERNAND, 1878- Tour de Pacifique. [Paris[Hachette [1934] 224 p.

MAY, KARL, 1842-1912. Der blaurote Methusalem; eine lustige Studentenfahrt nach China. Radebeul bei Dresden, Karl May Verlag [1929] 569 p. (Gesammelte Werke, 40).

MENON, KUMARA PADMANABHA SIVASANKARA, 1898- Delhi-Chungking, a travel diary. Foreword by Jowaharlal Nehru. [Bombay, New York] Indian Branch, Oxford University Press [1947] viii, 257 p. illus., 2 fold. maps (in pocket).

MONTMOLLIN, ERIC DE. Empire du Ciel. Neuchâtel, La Baconniere, 1941. iv, 225 p. illus.

———. Image de la Chine. Neuchâtel, La Baconniere, 1942. 139 p. illus.

———. Das Gesicht Chinas. Zürich/New-York, Oprecht [1943] 11-130, [6] p., incl. mounted front., mounted plates (part double).

MOORE, V. ELIZABETH. We go to China with Lady Cripps on a vivid and exciting tour of the new republic. Edited by Hector Hutt. London, P. J. Press, 1948. 243 p. ports.

MUTIUS, GERHARD VON, 1865- Ostasiatische Pilgerfahrt. Aus dem Tagebuch einer Reise nach China und Japan, 1908-09. Berlin, G. Stilke, 1921. 75 p. (Preussische Jahrbücher. Schriftenreihe, 2).

NACHBAUR, ALBERT, -1933. Pékinades, avec un préface de Jean Bouchot. Pékin, A. Nachbaur, 1921. 164, [2] p. illus.

———. Encor des pékinades. Pékin, A. Nachbaur, 1924. 170, [2] p.

NELSON, DANIEL, 1902-48. Journey to Chungking. Minneapolis, Augsburg Publishing House [1945] 154 p. 8 front. (incl. port.) on 4 l.

NEWMAN, MRS. LUCY WHEELER. Along the Yangtze river and stories retold. Boston, Christopher Publishing House [c1937] vii, 9-62 p.

NOURSE, MARY AUGUSTA. China, country of contrasts, by Mary A. Nourse and Delia Goetz. New York, Harcourt, Brace, [1944] x, 229 p. incl. front., illus. (incl. map).

NYBERG, RAGNAR. On the dragon seas; a sailor's adventures in the Far East, by Ragnar Nyberg and Alvar Zacke; translated from the Swedish by Edith M. Nielson. 2d impression. London, Hurst and Blackett [1935] 7-287 p. front., plates, ports.

NYE, JEAN PALMER. Ricsha rambles. Boston, R. G. Badger [c1930] 238 p. front., plates.

ORTMAN, MRS. BLANCHE SELLERS. New York to Peking. San Francisco, Priv. print., 1921. 146 p. front., plates.

OSSENDOWSKI, FERDYNAND ANTONI, 1876-1944. Hinter Chinas Mauer. [Übertragen von Otto Marbach] Dresden, C. Reissner, 1929. 311 p.

PAUL, CHARLES. Campagne en Chine. Paris, Stock (Delamain et Boutelleau) 1939. [9]-580 p., fold. maps, fold. plans.

PAYNE, JESSIE. What China looks like; illustrated by Bessie Darling Inglis. London, T. Nelson, 1933. iv, 5-94 p. illus. (Ready Practice, 93).

PECK, GRAHAM, 1914- Through China's wall, with illustrations by the author. Boston, Houghton Mifflin, 1940. London, Collins, 1941. 371 p. illus. (incl. maps, plan) plates.

PELKA, OTTO, 1875- Ostasiatische Reisebilder im Kunstgewerbe des 18. Jahrhunderts. Leipzig, K. W. Hiersemann, 1924. 58 p., 87 plates.

PERCKHAMMER, HEINZ VON. Von China und Chinesen. Zürich-Leipzig, Orell Fussli, 1930. iv, 16 p. plates. (Schaubücher, 28).

——. China and the Chinese. London, G. Routledge [1931] xvi p. 63 plates on 32 l. (1 double). (Seen by the camera. [2]).

PEYERIMHOFF DE FONTENELLE, HENRI DE, 1871- Impressions de voyage en Chine et au Japon. Boulogne-sur-Seine, Impr. d'études sociales et politiques, 1929. 23 p. (Comité national d'études sociales et politiques, séance du 3 juin 1929, fasc. 399).

PIERROT, GEORGE FRANCIS, 1898- The vagabond trail; around the world in 100 days; foreword by Lowell Thomas; illustrations by Robert M. Brinkerhoff. New York, London, D. Appleton-Century, 1935. xiv, 248 p. incl. front., illus.

PURCELL, VICTOR WILLIAM WILLIAMS SAUNDERS, 1896- Chinese evergreen. London, M. Joseph [1938] 286, [1] p.

PYKE, RICHARD LIONEL, 1899- The green edge of Asia. London, G. Allen and Unwin [1937] 151, [1] p. front., plates.

"RANGER," pseud. Up and down the China coast by "Ranger," [pseud.] with a foreword by L.E.O. Charlton. London, D. Archer, 1936. 286 p. front. plates, ports.

RATTENBURY, HAROLD BURGOYNE. China, my China. London, F.Muller ltd. [1944] 271 p. plates.

——. China-Burma vagabond. London, F.Muller ltd. [1946] 279 p. plates.

——. Let my people know! Being an account of a visit paid to Burma and China, by H.B. Rattenbury and Hilda M. Porter. London, Methodist Missionary Society, 1947. 135 p. illus. maps.

RAUCAT, THOMAS. De Shang-haï à Canton. Paris, Émile-Paul frères, 1927. 3-83, [1] p., front. (Ceinture du monde. [1]).

REIN, ELISABETH MARIA, 1897- Das Schmetterlingshaus. Heilbronn, E. Salzer, 1941; Stuttgart, Spemann, 1949. 277 p.

RODES, JEAN. À travers la Chine actuelle. Paris, Fasquelle [c1932] 194 p., front., plates, port.

ROSS, RALPH COLIN, 1923-41. Von Chicago nach Chungking; einem jungen Deutschen erschliesst sich die Welt, mit einem Vorwort von Colin Ross. Berlin, Verlag Die Heimbücherei, J. Jahr [c1941] 251, [1] p. front. (port.) plates.

LE ROY LIBERGE, G. Le Chine encore chinoise. La Chapelle-Montligeon (Orne), Impr. de Montligeon, 1926. 164 p.

RUPPRECHT, crown prince of Bavaria, 1869- Reise-erinnerungen aus Ostasien. München, J. Kösel and F. Pustet, 1923. xii, 501 p. plates.

SALZMANN, ERICH VON, 1876-1941. China siegt; Gedanken und Reiseeindrücke über das revolutionäre Reich der Mitte. Hamburg [etc.] Hanseatische Verlagsanstalt [1929] 197 p.

SARRAT, PIERRE. Impressions sur la Chine. Paris, Mariage, 1944. 40 p. illus.

SCHMITTHENNER, HEINRICH, 1887- Chinesische Landschaften und Städte. Stuttgart, Strecker und Schröder, 1925. x, 303 p. front. illus. maps, plans, plates.

——. China im Profil, mit 11 Karten im Text und einer farbigen Übersichtskarte. Leipzig, Bibliographisches Institut ag, 1934. 129 p. illus. (plans) maps (1 fold.).

SCHOLZ, OSKAR. China, unter Mitwirkung von Werner Vogel. Berlin, C. Heymanns Verlag, 1928. xi, 383 p. (Handbücher des Weltverkehrs. 2).

SCOTT, ERASTUS HOWARD, 1855-1928. Travel letters from the Orient. [Chicago, Scott, Foresman, c1922] 3-84 p. illus. (incl. map).

SEWELL, WILLIAM GAWAN. The land and life of China. London, Edinburgh House Press, 1933. 144 p. front., illus., plates, fold. map. [The "land and life" ser., I].

SHOR, JEAN BOWIE. After you, Marco Polo. New York, McGraw-Hill [1955] 294 p. illus.

———. The trail of Marco Polo. London, Muller, 1956. 251 p. plates (incl. ports) maps.

SITWELL, OSBERT, 1892- Escape with me! An Oriental sketch-book. London, Macmillan, 1939; New York, Harrison-Hilton books, 1940. xv, 339, [1] p. front., 15 plates.

SMEDLEY, AGNES, 1890-1950. Chinese destinies; sketches of present-day China. New York, Vanguard Press [c1933] viii, 315 p. front., plates.

———. Chinesische Schicksale, Skizzen aus dem China von heute. [Autorisierte Übertragung aus dem Amerikanischem von Julian Gumperz und Willi Schulz] Moskau, Verlagsgenossenschaft Ausländischer Arbeiter in der UdSSR, 1934. 116 p.

SPEAKMAN, HAROLD, 1888- Beyond Shanghai, with eight illustrations in full color from paintings by the author. New York, Cincinnati, The Abingdon Press [c1922] 198 p. col. front., col. plates.

STEELE, JAMES KING. Wandering feet along well-known highways and unfrequented byways of China and Japan; a collection of travel sketches. San Francisco, A. Carlisle and Co., 1923. 301 p. plates.

STEINLE, MICH. Mit der Nord-China Expedition; Reiseerlebnisse, Sitten und Gebräuche der Chinesen und Mongolen. Hamburg, Weltbund Verlag [1922] 158 p. front. fig., plates.

STEVENS, HERBERT. Through deep defiles to Tibetan uplands; the travels of a naturalist from the Irrawaddy to the Yangtse. London, H. F. and G. Witherby [1934] 250 p. front., plates, fold. map, plan.

SUES, ILONA RALF. Shark's fins and millet. Boston, Little, Brown, 1944. x, 331 p. plates, ports.

TANG, SHENG, 唐笙. The long way home. With an introduction by S. I. Hsiung, 熊式一, and 35 illus. by Deh Lan, 德蘭. London, New York, Hutchinson [1949] 191 p. illus.

THAI, VINH. Ancestral voices: recollections of Chungking, August-December 1943. Translated from the French [manuscript] by James Kirkup. London, Collins, 1956. 192 p.

THOMAS, JAMES A. A pioneer tobacco merchant in the Orient. Durham, N.C., Duke University Press, 1928. 3-339 p. col. front., plates, ports., facsims. (Duke university publications).

THOMAS, WILLIAM HERBERT EVANS. Vanished China: Far Eastern banking memoirs. London, Thorsons, 1956. 350 p.

THORPE, CARLYLE. A journey to the walnut sections of Europe and Asia. Los Angeles, Priv. print., 1923. 101 p. plates.

TICHY, HERBERT, 1912- China ohne Mauer. Mit 56 Bildern nach Zeichnungen des Pekinger Malers Chen Chih-nung. Wien, L. W. Seidel, 1954 [c1948] 199 p. illus.

TIETJENS, EUNICE (HAMMOND), 1884- China, edited by Burton Holmes; text by Eunice Tietjens and Louise Strong Hammond, illustrations by Burton Holmes. Chicago, Ill., Wheeler Pub. Co. [c1940] ix, [1], 420 p. illus. (The Burton Holmes travel stories).

TING, SING-WU, 丁星吾, ed. China the beautiful, edited by Ting Sing Wu. Translated by Liang Shih Chiu, 梁實秋, rev. by Wu Cha Chen, 伍稼青. [Hong Kong, International Culture Press, 1955] 216 p. (chiefly illus., col. plates, maps).

TINLING, CHRISTINE ISABEL, 1869- Bits of China, travel-sketches in the Orient, introduction by Anna A. Gordon. New York, Chicago [etc.] Fleming H. Revell [c1925] 222 p. front., plates.

TOYNBEE, ARNOLD JOSEPH, 1889- A journey to China; or, Things which are seen. London, Constable, 1931. x, 345 p. fold. map.

TRACY, JANE ALLYN (FOOTE). See China with me. Boston, Mass., Stratford [c1930] xiii, 216 p. incl. front., illus., ports.

TWEEDIE, ETHEL BRILLIANA (HARLEY) "MRS. ALEC TWEEDIE." An adventurous journey (Russia - Siberia - China) with four water colour sketches by the author, two maps and sixty-six other illustrations. London, Hutchinson [1926] viii, 397 p., col. front., plates (part col.) ports., maps (1 fold.) facsim.

UKERS, WILLIAM HARRISON, 1873- A trip to China. New York, Tea and Coffee Trade Journal Co., 1926. 43 p. incl. diagrs. table, illus. (Little Journey ser.).

U.S. Army Service Forces. Special Service Division. A pocket guide to China. Washington, War and Navy Depts. [1944] 64 p.

———. Navy. Pacific Fleet and Pacific Ocean Areas. Information bulletin. The coasts of North China, Manchuria and Korea. [n.p.] 1945. 2 v. (226 p.)illus., col. maps (part fold.) (Its Cincpac-Cincpoa bulletin, 48-45).

———. Navy. Pacific Fleet and Pacific Ocean Areas. Information bulletin. Shantung peninsula. [n.p.] 1945. cover-title, 114, [2] p. incl. illus. (part fold.; incl. maps, charts) tables. (Its Cincpac-Cincpoa bulletin, 119-45).

VANLANDE, RENÉ, 1886- Comptoirs en Chine. Paris, J. Peyronnet [c1935] [9]-206 p., front. (port.) (Collection "Outre mer").

VOGEL, HANS, 1887- China ohne Maske; 20000 km mit der schweizerischen Film-expedition. Mit 120 photographischen Aufnahmen auf 80 Kunstdrucktafeln. Zürich und Leipzig, A. Müller [c1937] 178, [2] p. plates.

WADE, MRS. MARY HAZELTON (BLANCHARD), 1860- Twin travelers in China and Japan, with a frontispiece in color and eight illustrations from photographs. New York, Frederick A. Stokes [1922] 3-179, [1] p. col. front., plates.

WAMPLER, ERNEST MICHAEL, 1885- China suffers; or, My six years of work during the incident. Elgin, Ill., Brethren Pub. House [1945] 277 p. illus. (incl. ports.).

WARD, HON. EDWARD HENRY HAROLD, 1905- Chinese crackers. [London] J. Lane [1947] 187 p. plates.

WARNER, LANGDON, 1881-1955. The long old road in China, with illustrations from photographs. Garden City, N.Y., Doubleday, Page, 1926. viii p., 168 p. front., illus. (map, plans) plates.

WELLS, CARVETH, 1887- North of Singapore. London, Jarrolds [1941] 256 p. illus. (map) plates, port.

WHEATCROFT, RACHEL. Siam and Cambodia in pen and pastel, with excursions in China and Burmah. London, Constable, 1928. x, 296 p. col. front., illus., plates (part col.) fold. map.

WHITE, HERBERT CLARENCE, 1896- Romantic China; an album containing thirty-two photographic studies of China's historic monuments and charming beauty spots complete with descriptive and historical notes, by the White brothers. Shanghai, Browhite Arts [c1930] [95] p. incl. front., illus., 41 plates.

WILHELM, RICHARD, 1873-1930. Die Seele Chinas; mit 36 Abbildungen. Berlin, R. Hobbing [c1926] 356 p. front., plates, ports.

———. The soul of China; the text translated by John Holroyd Reece; the poems by Arthur Waley. New York, Harcourt, Brace [c1928] 382 p.

[WILKINSON, IRIS GUIVER]. Dragon rampant [by] Robin Hyde [pseud.] 2d impression. London, Hurst and Blackett [1939] 317, [1] p.

WILLIS, BAILEY, 1857-1949. Friendly China; two thousand miles afoot among the Chinese. Stanford, Stanford University Press [1949] xviii, 312 p. illus., maps.

WINGATE, ALFRED WOODROW STANLEY, 1861-1938. A cavalier in China, with a foreword by Sir Francis Younghusband. London, Grayson and Grayson [1940] 5-327 p. front. (port.) plates.

WITTE, JOHANNES, 1877- Sommer-sonnentage in Japan und China; Reise-erlebnisse in Ostasien im Jahre 1924. Von missiondirektor d. dr. J. Witte. Göttingen, Vandenhoeck and Ruprecht, 1925. 217, [1] p. 16 plates on 8 l.

WOLF, RICHARD. Umgang mit Chinesen. 2 Aufl. Nürnberg, Luken and Luken, 1949. 31 p. (Umgang mit Völkern, 6). 1. Aufl., Berlin, 1943.
[WOLLSCHLÄGER, ALFRED], 1901- Kulis, Kapitäne und Kopfjäger; Fahrten und Erlebnisse zwischen Peking und der Timor-see, von A.E. Johann [pseud] Berlin, Ullstein [1936] 269, [1] p., plates, ports.
WOMEN'S INTERNATIONAL LEAGUE FOR PEACE AND FREEDOM. Report of the W.I.L.P.F. delegation to China, by Camile Drevet and Edith M. Pye. Genève, Women's International League for Peace and Freedom, 1928. 50 p.
YORKE, GERALD, 1901- China changes. London, J. Cape [1935] New York, C. Scribner's sons, 1936. 7-334 p. front., plates, fold. map.
ZÖRNER, HANS, 1895-1937. "Briefe aus China," etc. Berlin, Parey, 1937. 79 p. illus. plates.

1949 -

ALL-CHINA CONGRESS OF TRADE UNIONS, 7th. Glimpses of People's China. Peking, Foreign Languages Press, 1954. 93 p. ports.
AUSTRALIA-CHINA SOCIETY. New South Wales Branch. Report on China by members of the Australian Cultural delegation, May-June, 1956. Sydney, the Society, 1956. 56 p. illus.
BARTEL, KURT. Osten erglüht [von] Kuba [pseud. Berlin] Verlag Neues Leben, 1954. 261 p. illus.
BEAUVOIR, SIMONE DE, 1908- La longue marche; essai sur la Chine. [Paris] Gallimard [1957] 484 p.
BERLIOUX, MONIQUE. Mon séjour chez Mao Tsé-toung. Paris, Flammarion, 1955. 236 p.
BING, GEOFFREY H.C., 1909- M.P. in new China. London, Britain-China Friendship Association, 1953. 16 p.
BODDE, DERK, 1909- Peking diary, a year of revolution. New York, Schuman [1950]; London, J. Cape, [1951] xxi, 292 p. illus., ports.
———. Peking Tagebuch. Ein Jahr Revolution in China. Übertragen aus dem Amerikanischen. Wiesbaden, F.A. Brockhaus, 1952. 335 p. illus.
BRITONS in China, report of the first British delegation to visit new China, with a foreword by Sydney Silverman, M.P. London, Britain-China Friendship Association, 1952. 34 p.
BRULLER, JEAN, 1902- Les divagations d'un français en Chine [par] Vercors [pseud.] 70 dessins et 14 photochromes de l'auteur. Paris, A. Michel [1956] 307 p. illus.
CAMERON, JAMES, 1911- Mandarin red; a journey behind the "Bamboo Curtain." London, M. Joseph [1955]; New York, Rinehart [1955] 287 p. illus.
CAMPBELL, ERNEST WALTER. People's victory in China. Sydney, Current Book Distributors, 1948. 31 p.
CASSON, SIR HUGH MAXWELL, 1910- Red lacquer days; an illustrated journal describing a recent visit to Peking. London, Lion and Unicorn Press, 1956. 1 v. (unpaged) illus., facsims.
CHAUDHRY, RAHMATULLAH. A Pakistani in New China. [Lahore? 1955?] 50 p. illus.
CHINA. Erlebt von deutschen Künstlern. Ein Reisebericht in Studienarbeiten von Fritz Cremer, Bernhard Kretzschmar, Bert Heller und Werner Klemke. Red. und Gestaltung, Gerhard Pommeranz-Liedtke. Berlin, Deutsche Akademie der Kunste, 1955. 28 p. illus.
CHINA im Bild. 1956. Peking, Verlag für fremdsprachige Literatur, 1956. 40 p.
CHINA PICTORIAL. New China. [Edited by the China Pictorial. 2d ed.] Peking, Foreign Languages Press, 1953. 1 v. (unpaged, chiefly illus. (part col.)).
———. Neues China. Peking, Verlag für fremdsprachige Literatur, 1953. 69 p. illus
CLUNE, FRANK, 1894- Ashes of Hiroshima; a post-war trip to Japan and China. Sydney, Angus and Robertson [1950] xviii, 299, [2] p. plates, ports.,

maps.

COCTEAU, JEAN, 1889- Aux confins de la Chine. Illustrés par Lou Albert-Lasard. Paris, Lasard, 1955. 1 v. illus.

DEKKERS, RENÉ. Lettres de Chine. Bruxelles, Éditions de la librairie encyclopédique, 1956. 136 p. illus.

DUCHROW, ALFRED. China - eine Riese ist erwacht. Ein Reisebericht einmal anders. Berlin, Zentralkomitee der SED, Abteilung Agitation und Presse/Rundfunk, 1956. 63 p. illus.

ELEVEN visit China. London, Britain-China Friendship Association, 1951. 8 p.

FARGE, YVES, 1899- Von Peking bis Phjöngjang. Reportage. Berlin, Volk und Welt, 1953. 204 p. illus.

FRANCE. Direction de la documentation. La Chine. [Paris, Documentation française, 1954?] 1 v. (chiefly illus.).

FRÉDÉRIX, PIERRE, 1897- Une ports s'ouvre sur la Chine. [Paris] Hachette [1955] 256 p. illus. (Choses vues, aventures vécues).

FREUNDSCHAFTSBESUCH einer Delegation der Regierung der Deutschen Demokratischen Republik in der Volksrepublik China, in der Koreanischen Volksdemokratischen Republik und in der Mongolischen Volksrepublik vom 8 bis 28 Dezember, 1955. Hrsg. vom Presseamt beim Minister-präsidenten d. DDR. Berlin, Deutscher Zentralverlag, 1956. 95 p. illus.

GALE, GEORGE STAFFORD. No flies in China. London, Allen and Unwin [1955]; New York, Morrow [1955] 166 p.

GARLAND, MARGARET. Journey to new China. With a foreword by Ormond Wilson. Christchurch [N. Z.] Caxton Press, 1954. 200 p. illus.

GASCAR, PIERRE, 1916- Chine ouverte. Photos d'Ergy Landau. [Paris] Gallimard [1955] 183 p. illus.

———. Aujourd'hui la Chine. Texte de Pierre Gascar. Photos d'Ergy Landau. Ouverture de Claude Roy. Lausanne, Guilde du livre [1955] 163 p. illus.

GATTI, ARMAND. Chine. Paris, Éditions du Seuil, 1957. 192 p. illus. (Petite planète, 12).

GERVAIS, ALBERT, 1892- Æsculape dans la Chine en révolte. [Paris] Gallimard [1953] 317 p.

———. Morgenröte über China. Ein Arzt erlebt China zwischen Vergangenheit und Zukunft. Ins Deutsche Übertragen von Werner von Grünau. München, Goldmann, 1954. 262 p.

GESELLSCHAFT FÜR DEUTSCH-SOWJETISCHE FREUNDSCHAFT, Berlin. China - ohne Mauer. Ein Bericht von Peking nach Kanton. Fotos: G. Kiesling. Text: E. von Kügelgen. Berlin, 1957. 19 p. (Erläuterungsheft zum Bildband, 88).

GIGON, FERNAND. Chine en casquette. Paris, Del Duca, 1956. 317 p. plates, illus (photos).

GLIMPSES of People's China. [1st ed.] Peking, Foreign Languages Press [1954] 93 p.

GORAL, ANDRÉ. Où va la Chine? Paris, Laoste, 1956. 208 p. (Les Grands probl'ems humains).

GRISAR, ELISABETH. Retour de Chine. Lyon, Écrivains réunis, 1954. 376 p. illus.

GRÜMM, HANS. China heute; sechs Wochen im neuen China. Aus einem Reisetagebuch. Wien, Globus Verlag, 1951. 133 p. illus.

HERMLIN, STEPHAN. Ferne Nähe. Berlin, Aufbau-Verlag, 1954. 132 p. illus.

HOGARTH, PAUL, 1917- Looking at China: the journal of an artist. Drawings of a nation in transition. London, Lawrence and Wishart, 1956. 96 p. illus.

HYDE, DOUGLAS. The mind behind new China. London, Phoenix House [1956] 36 p. (A background book).

IM neuen China. Ein Reisebericht eines Schweizer Kulturdelegation 1955 (So sahen wir China von Hugo Kramer, Rene Mauroux, Margrit Lobsiger-Dellenbach, Max Winiger). Zürich, Verlagsvereinigung "Zeitdienst," 1956.

124 p. illus. plates.

JAIN, JAGDISH CHANDRA. Amidst the Chinese people. With a prefaratory[sic] letter by Mulk Raj Anand. Delhi, Atma Ram, 1955. 152 p. illus.

KENNEN Sie China? (Auswahlangebot) Leipzig, Leipziger Kommisions-und Grossbuchhandel, 1956. 24 p. illus.

KÖNIG, JOHANNES. Befreites China; Bilddokumente vom Kampf und Sieg und von der Aufbauarbeit des chinesischen Volkes. Dresden, Sachsenverlag [1951] 35 p. illus.

KYAW MIN, U, 1899- Through the Iron Curtain via the back door. Rangoon, Printed by Burmese Advertising Press [1952?] London, E. Benn, 1953(287 p.) 291 p. illus.

LABOULAYE, ÉDOUARD DE, 1885- Images d'une Chine défunte; souvenirs. Paris [Se trouve à la Maison du livre, 1953] 136 p.

LANDMAN, LYNN. Profile of Red China, by Lynn and Amos Landman. New York, Simon and Schuster [1951] x, 245 p.

LERICHE, FERNAND. Through People's China in a friendship train. Pref. by Louis Saillant. [London] W.F.T.U. Publications [1953] 63 p. illus.

LLEWELLYN, BERNARD, 1919- I left my roots in China. New York, Oxford University Press, 1953; London, Allen and Unwin, 1953. 175 p. illus.

LORENTZ, ANNA. China in Bewegung. Kleine Erlebnisse einer Frau. Berlin, Allgemeiner Deutscher Verlag, 1949. 143 p. (Berliner Reihe, 5).

MAGNIEN, MARIUS. Au pays de Mao-Tsé-Toung. Préf. de Marcel Cachin. Paris, Éditions sociales [1952] 351 p.

MALLESON, MILES, 1886- An actor visits China. London, Britain-China Friendship Association, 1953. 12 p.

MATTHIAS, LEO L. China auf eigenen Wegen. Ergebnis einer Reise. Hamburg, Rowohly, 1957. 240 p. map.

MONMOUSSEAU, GASTON. La Chine selon Jean Brécot. Paris, Éditeurs français réunis [1956] 176 p. illus., map.

MUJEEB, M.A. Glimpses of new China. Delhi, Maktaba Jamia, 1953. 96 p.

MUKHERJEE, SAILAKUMAR. A visit to new China. Calcutta, A. Mukherjee and Co., 1956. 147 p. illus.

PALMER, HELEN GWYNNETH. Australian teacher in China. Sydney, Teachers' Sponsoring Committee, 1953. ii, 50 p. ports, map.

PAYNE, PIERRE STEPHEN ROBERT, 1911- Journey to red China. London, W. Heinemann [1947] vi, 198 p. map (on lining-papers).

———. Journal de Chine; traduit de l'anglais par Henri Morisset. Paris, Delamain et Boutelleau, 1950. 350 p. map (Aspects du monde).

PECK, GRAHAM, 1914- Two kinds of time; illustrated by the author. Boston, Houghton, Mifflin, 1950. viii, 725 p. illus., maps.

PEN portaits from new China. Peking, Foreign Languages Press, 1956. 115 p.

PEOPLE'S China as we saw it [by Sudhindra Pramanik and others] Peking, Foreign Languages Press, 1955. 39 p. illus.

PHILLIPS, MORGAN, 1885- East meets West, a pictorial story of the Labour Party Delegation to the Soviet Union and China. With a foreword by C.R. Attlee. [1st ed.] London, Lincolns-Prager [1954] 96 p. illus.

ROBINSON, JOAN, 1903- Letters from a visitor to China. Cambridge [Eng.] Students' Bookshops, 1954. 35 p.

SANTHISTAN, VARKEY. New China at a glance. Kottayam, News India Publications [1952] 52 p.

SCHLEINITZ, KARL HEINZ. Reisebilder aus China. Berlin, Kongress-Verlag, 1956. 190 p. illus.

SEGONZAC, ÀDALBERT DE, 1912- Visa pour Pékin. Paris, Gallimard [1956] 291 p. illus. (L'Air du temps).

———. Visa for Peking. [Translated from the French by the author with the cooperation of Marion Barwick] London, Heinemann [1956] xiv, 205 p. illus.

SHASTRI, BRAJKISHORE. From my China diary. Delhi, Siddhartha Publications [1954] 55 p.

SOHONI, SHANKAR VINAYEK. Ceylon, Burma, China and Russia. Poona, Venus Book Stall [1951] 64 p. illus.

STAROBIN, JOSEPH ROBERT, 1913- Paris to Peking. New York, Cameron Associates [1955] 280 p.

SUNDARLAL. China today; an account of the Indian Goodwill Mission to China, September-October 1951. Allahabad, Hindustani Culture Society [1952] xxi, 701 p. plates, group ports., fold. map.

UHSE, BODO, 1904- Tagebuch aus China. Mit Bildern von Werner Klemke. Berlin, Aufbau-Verlag, 1956. 174 p. illus.

VAIKUNTHAVASAN, K. Three months in new China and Soviet Union. With a foreword by J.D. Bernal. Colombo, Ceylon, People's Press [1953] 147 p. illus.

VASSILIEFF, ELIZABETH (SUTTON). Peking Moscow letters; about a four months' journey, to and from Vienna, by way of People's China and the Soviet Union. Melbourne, Australian Book Society, 1953. 295 p. illus.

VIDAL, NICOLE. Voyage en Chine. Paris, Lacoste, 1955. 200 p. (Voyages).

WRIGHT, THOMAS. Australian's visit to People's China: report on the first Australian trade union delegation to People's China. Sydney, Sheet Metal Working, Agricultural Implement and Stove-making Industrial Union of Australia, 1952. 30 p. illus. ports.

Regions - North China
Peking, Tientsin and Jehol

ADAM, MAURICE, 1889-1932. tr. Description sommaire de 25 districts des environs de Pékin d'après le Je sia kieou wen k'ao, 日下舊聞考. Ch. CVIII à CXLIV. Pékin, Impr. des Lazaristes, 1928. vii, 135 p. front. plates.

ARLINGTON, LEWIS CHARLES, 1859-1942. In search of old Peking, by L.C. Arlington and William Lewisohn. Peking, H. Vetch, 1935. vi, [6], 382 p. front., illus. (incl. maps) plates (part fold.) ports., plans (part fold.).

BOUCHOT, JEAN. Scènes de la vie des Hutungs, croquis des moeurs pékinoises. 3e éd. Pékin, A. Nachbaur, 1926. ii, 127 p. plates.

BOUILLARD, GEORGES, 1862-1930. Pékin et ses environs, série 1-15? Pékin, A. Nachbaur, 1922-24. 15 v. ? illus. plates, fold. maps (in pockets) plans.

———. Les tombeaux impériaux: Ming et Tsing. historique, cartes, plans. Pékin, A. Nachbaur, 1931. 225 p. plates, (part fold., part col.) fold. plans, fold. maps.

BREDON, JULIET. Peking, a historical and intimate description of its chief places of interest. [3d ed., rev. and enl.] Shanghai, Kelly and Walsh, 1931. xvi, 571 p. plates, fold. maps, plans. 2nd ed. 1922, 522 p.

CASSEVILLE, HENRY. Pékin, ville éternelle. Paris, Fasquelle [1934] [9]-185 p.

CHAO, LILIAN, 趙麗蓮. A souvenir of Peking. Peiping, Hung Y. Hsiao, 1946. 128 p. illus. map.

CORDES, ERNST, 1908- Peking, der leere Thron. Erlebnisbericht aus Nordchina. Berlin, Rowolt, 1937. 223 p. plates.

DANBY, HOPE. The garden of perfect brightness; the history of the Yüan Ming Yüan and of the emperors who lived there. Introductory note by Sir John T. Pratt. London, Williams and Norgate [1950]; Chicago, H. Regnery Co. 1950. 239 p. illus., ports., map (on lining papers).

DEVARANNE, THEODOR, 1880- Von Tsingtau bis Peking; Streifzüge durch Nordchina, von Pfarrer Devaranne. Die Umschlagzeichnung wurde von Herrn Kunstmaler O. Delling...hergestellt. Berlin, Allgemeiner evangelisch-protestanischer Missionsverein, 1927. 35 p. plates.

ECKSTEIN, OSKAR, 1879- Sonne über Peking. Erlenbach-Zürich, Rotapfel-

Verlag [1942] 197 p. plates.

FISCHER, EMIL SIGMUND, 1865-1945. Guide to Peking and its environs near and far, by Fei-Shi [pseud.] Fully rev. ed. Tientsin, Tientsin Press, 1924. 237 p. illus.

———. The mausolea of the Manchu dynasty (1644-1912 A.D.) with particular reference to the desecrated Tung Ling, north-east of Peking. Tientsin, Tientsin Press, 1929. 4 p. illus. plates.

———. The Tung Ling, 東陵, and the Hsi Ling, 西陵; or, The eastern and western Manchu mausolea in China, revisited in 1936. Also reprint of "A journey along the east coast of China," China travels of Emil S. Fischer 1894-1936. Tientsin, Tientsin Press, 1936. 24 p. incl. table. illus. plates.

———. Souvenir of the sights of Jehol's capital. Tientsin, Tientsin Press, 1936. 12 p.

———. My third journey to the capital of Jehol in 1938. Tientsin, Tientsin Press, 1938. 12 p. illus. (incl. plan, ports.).

GESELLSCHAFT FÜR DEUTSCH-SOWJETISCHE FREUNDSCHAFT, Berlin. Peking, die Hauptstadt d. Volksrepublik China. Fotos: G. Kiesling. Text: E. von Kügelgen. Berlin, 1957. 16 p. (Erläuterungsheft zum Bildband, 87).

GRANTHAM, ALEXANDRA ETHELDRED (VON HERDER), 1867- The temple of heaven: a short study. Peking, Peking Institute of Fine Arts, 192? 40 p.

HEDIN, SVEN ANDERS, 1865-1952. Jehol, die Kaiserstadt; mit 78 Abbildungen nach Handzeichnungen des Verfassers und photographischen Aufnahmen von dr. Gösta Montell sowie einem Lageplan. Leipzig, F.A. Brockhaus, 1932. 211, [1] p. front., illus. (incl. plan) plates, ports.

———. Jehol, city of emperors, translated from the Swedish by E.G. Nash. New York, E.P. Dutton, 1933. xiv, 278 p. incl. plates. front., plates, ports, map.

HU, CHIA, 胡茄. Peking today and yesterday. Peking, Foreign Languages Press, 1956. 122 p. illus.

HUBRECHT, ALPHONSE. Grandeur et suprématie de Péking. Péking, Impr. des Lazaristes, 1928. xi, [5], 607 p. illus., plates, ports., maps, facsims., plans.

KATES, GEORGE NORBERT, 1895- The years that were fat; Peking, 1933-40; with photos. by Hedda Hammer Morrison. New York, Harper [1952] 268 p. illus.

KO, LING. 格林 My three years in Peking. Translated by T.H. Yang. Delhi, Siddhartha, 195? 146 p.

LEWISOHN, WILLIAM. The western hills of Peking; a route book and map. Peking, French Bookstore, 1933. 57 p. fold. map (in pocket).

LIN, CH'ING, 麟慶, 1791-1846. Extraits des carnets de Lin K'ing. Sites de Pékin et des environs, vus par un lettré chinois, avec 26 bois reproduits de l'édition chinoise originale, par Jean R. Baylin. Réédités par Albert Nachbaur. Peiping, 1929. [26] p. illus.

———. Visite aux temples de Pékin; extraits du carnet de voyage de Lin K'ing, traduit par Jean R. Baylin. Pékin, La "Politique de Pékin," 1921. 78 p. illus. port. (Collection de la "Politique de Pékin").

MALONE, CARROLL BROWN, 1886- History of the Peking summer palaces under the Ch'ing dynasty. [Urbana] University of Illinois, 1934. 247 p. illus. (incl. port., map, plans) ([Illinois. University] Illinois studies in the social sciences. Vol. XIX, no. 1-2).

MENNIE, DONALD. The pageant of Peking, comprising sixty-six Vandyck photogravures of Peking and environs from photographs by Donald Mennie, with an introduction by Putnam Weale [pseud.] descriptive notes by S. Couling. Shanghai, A.S. Watson, 1922. 40 p., 66 mounted plates.

MONTELL, GÖSTA, 1899- The Chinese lama temple, Potala of Jehol; exhibition of historical and ethnographical collections made by Dr. Gösta Montell, member of Dr. Sven Hedin's expeditions, and donated by Vincent Bendix.

New York, New York World's Fair 1939 [c1939] 65, [1] p. incl. front.(port.) illus. plates.

THE PEIPING CHRONICLE. Guide to "Peking." Peiping, Peiping Chronicle, 1933. v, 88 p. plates, 3 maps on fold. l. 1st ed. 1931.

PEKING. COLLEGE OF CHINESE STUDIES. Library. A bibliography of readings on Peiping for tourists, compiled by the Library of the College of Chinese Studies cooperating with California College in China. Peiping, China, 1936. 6 p.

PEKING Utility Book, published by the Mothers' Club of Peking, the Peking Friday study club, the Peking American college women's club. Peking, 1921-40. ? v. [Later published by Peking International Women's Club].

PERCKHAMMER, HEINZ VON. Peking; Geleitwort von Arthur Holitscher. Berlin, Albertus-Verlag [c1928] xx, 200 p. of illus. plan. (Das gesicht der städte).

QUENNELL, PETER, 1905- A superficial journey through Tokyo and Peking. London, Faber and Faber [1932] 250 p. front., plates, ports.

RASMUSSEN, OTTO DURHAM, 1888- Tientsin; an illustrated outline history. [Tientsin] The Tientsin Press, 1925. 320, xvi p. plates, ports., fold. plans, facsims.

SEKINO, TADASHI, 1868-1935. Summer palace and lama temples in Jehol. Tokyo, Kokusai bunka shinkokai (The Society for international cultural relations) 1935. 16, 2 p., mounted col. front., illus. (plan) plates [Kokusai bunka shinkokai. Publications, series - B., 9].

SIAO, EVA. Peking; Eindrücke und Begegnungen. Eingeleitet von Bodo Uhse. Dresden, Sachsenverlag, 1956 [c1955] 34 p. illus. (part col.) ports. (part col.).

THOS. COOK AND SON. Peking, North China, South Manchuria and Korea, with maps, plans and illustrations. 5th ed. Peking, Thos. Cook and Son, 1924. 143 p. front. (fold. map) illus. fold. plan.

TSOU, PAO-CHÜN, 鄒豹君. A regional study of Shantung and its significance in the life of North China. Chungking, 1943. Microfilm copy. (negative) of typescript. Collation of the original: 244 l., diagrs., maps, tables.

WHITE, HERBERT CLARENCE, 1896- Peking the beautiful; comprising seventy photographic studies of the celebrated monuments of China's northern capital and its environs complete with descriptive and historical notes, introduction by Hu Shih. Shanghai, Commercial Press [c1927] 154, [1] p. mounted front., mounted illus. (part col.).

Northwest China

ALDRICH, RICHARD LEWIS, 1897- Tun-Huang: The rise of the Kansu port in the T'ang dynasty. Ann Arbor, 1942. 186 l. plates. Thesis - University of Michigan.

BOHLIN, BIRGER, 1898- Notes on the hydrography of western Kansu. Stockholm [Tryckeri aktiebolaget Thule] 1940. 54 p. illus., plates, maps (part fold.) (Reports from the scientific expedition to the north-western provinces of China under the leadership of Dr. Sven Hedin. The Sino-Swedish expedition. Publication 10. III. Geology. 3).

CLARK, LEONARD FRANCIS. The marching wind. New York, Funk and Wagnalls, 1954. London, Hutchinson, 1955. 368 p. illus.

FARRER, REGINALD JOHN, 1880-1920. The rainbow bridge. London, E. Arnold, 1921. xi, 383 p. front., plates, fold. map. A continuation of his On the caves of the world.

KAN-SU, zwischen Gletscher und Wüste, hrsg. von einem Freundeskreis. Wien-Mödling, Missionsdruckerei St. Gabriel [1939] 120 p. plates, fold. map.

KAO, CHONG RWEN, 高鍾潤, 1914- Geographic influences upon the economic activities of the Kansu corridor of northwest China. Iowa City, 1949. v,

109 p. Thesis - State University of Iowa.
YANG, CHI, 楊紀. China's great northwest, translated and published by the International Department, Ministry of Information, Nanking, 1946. 48 l.

East China
Nanking and Soochow

HOFFMANN, ALFRED, 1911- Nanking. Shanghai; Max Nössler, 1945. 254 p. photos.
KWOK, K.W., 郭錫麒. The splendours of historic Nanking. Eighty photographic studies, with descriptive notes of ancient and modern Nanking. Shanghai, Kelly and Walsh, 1933. 12 p. 80 plates.
MA, CH'AO-CHÜN, 馬超俊, 1886- Nanking's development 1927-37; report on the activities of the municipality of Nanking, 1937. 137 p.
NANCE, FLORENCE RUSH. Soochow, the Garden City. Shanghai, Kelly and Walsh, 1936. 76 p. plates, fold. maps.

Shanghai

ALL about Shanghai and environs; a standard guide book; historical and contemporary facts and statistics. Shanghai, The University Press [1934- ? v. front., illus. (incl. ports.) fold. plans. annual.
ALMANAC-SHANGHAI, 1946/47. Ed. by Ossi Lewin. [Shanghai] "Shanghai Echo" Pub. Co. 1 v. illus., ports.
[ARDENNE DE TIZAC, ANDRÉE FRANÇOISE CAROLINE D'] 1878- Changhai et le destin de la Chine, par Andrée Viollis, pseud. Introduction par Henri Rohrer. Paris, R.A. Corrêa, 1933. [9]-258, [1] p. incl. plates, map. (Faits et gestes).
LE CURIEUX Changhai; traduit par Ting Oueng. Pékin, Impr. de la "Politique de Pékin," 1936. 45 l. illus. (Collection de la "Politique de Pékin").
DAY, RUTH. Shanghai: 1935. Claremont, Calif., The Saunders Studio Press, 1936. 86 p.
FEETHAM, RICHARD, 1874- Report of the Hon. Richard Feetham, to the Shanghai Municipal council. Shanghai, North-China Daily News and Herald, 1931- 2 v. fold. map, 3 fold. plans, tables (1 fold.) fold. diagrs.
HAUSER, ERNEST O., 1910- Shanghai: city for sale. New York, Harcourt, Brace [c1940] 3-323 p.
———. Blancs et jaunes à Chang-Haï, tr. de l'anglais par Maurice Beerblock. Paris, La Nouvelle édition [1945] 273 p. fold. map. (Collection diplomatique and politique internationale).
KARNS, MAURINE. Shanghai; high lights, low lights, tael lights. By Maurine Karns and Pat Patterson. Shanghai, The Tridon Press [1936] 52 p. front., illus.
KOUNIN, I.I. ed. The diamond jubilee of the International settlement of Shanghai. I.I. Kounin, managing editor; Alex Yaron, art editor. Shanghai, Post Mercury Co., designed and executed by Adcraft studios [1940] 270, [9] p. illus. (incl. ports.) mounted plates (1 fold.) mounted fold. facsim.
LANNING, GEORGE, 1852-1920. The history of Shanghai, by G. Lanning - S. Couling. Shanghai [etc.] For the Shanghai Municipal Council by Kelly and Walsh, 1921-23. 2 v. fold. front., plates (part fold.) ports. (1 fold.) fold. map, fold. plans.
MILLER, G.E., pseud. Shanghai, the paradise of adventurers. New York, Orsay Pub. House, 1937. 307 p.
POTT, FRANCIS LISTER HAWKS, 1864-1947. A short history of Shanghai, being an account of the growth and development of the international settlement. Shanghai [etc.] Kelly and Walsh, 1928. [ix]-xii, 336 p. fold. front., plates, fold. plan.

SECKER, FRITZ. Schen 申; Studien aus einer chinesischen Weltstadt. 2. Aufl. Schanghai, Max Nössler, 1932. [6] l., 130 p. plates.

SHANGHAI, photographed and depicted by Ellen Thorbecke with sketches by Scheff. Shanghai, North China Daily News and Herald, 1941. 82 p. illus.

U.S. Navy. Pacific Fleet and Pacific Ocean Areas. Information bulletin. Shanghai-Yin-hsien (Ningpo). [n.p.] 1945. cover-title, ii, 181 (i.e. 190), [2] p. incl. plates, maps, charts, tables. (Its Cincpac-Cincpoa bulletin no. 30-45).

WILKINSON, EDWARD SHELDON, 1883- Shanghai country walks. 2nd ed. Shanghai, North China Daily News and Herald, 1934. 149, [1] p. incl. front. illus. maps (part fold.).

YUAN, L.Z. Sightlights on Shanghai. Shanghai, Mercury Press [1934] 142 p. illus.

Chekiang

BIRD, GEORGE E. Hangchow holidays. "Where to go and what to see." Shanghai, Millington, 1948. vii, 90 p. illus. plates, fold. map.

CROW, CARL, 1883-1945. Chekiang highways. Shanghai [etc.] Kelly and Walsh, 1937. 173 p. illus. (part double, incl. maps, plan, facsim.).

FITCH, ROBERT FERRIS, 1873- Hangchow-Chekiang itineraries. 4th rev. and enl. ed. Shanghai, Kelly and Walsh, 1935. vii, 132 p. chart. front. illus. plans, port. plates. 1st ed. 1918, 2nd ed. 1922, 3rd ed. 1929.

——. Pootoo itineraries; describing the chief places of interest with a special trip to Lo-chia-shan. Shanghai, Kelly and Walsh, 1929. xx, 90 p. front. plates, fold. maps, plans.

Kiangsi

STONE, ALBERT H. Historic Lushan: the Kuling mountains; edited at the direction of the Kuling Council by Albert H. Stone and J. Hammond Reed. Hankow, Arthington Press, for the Religious Tract Society, 1921. 106 p. plates, map.

WEGENER, GEORG, 1863-1939. Im innersten China; eine Forschungsreise durch die Provinz Kiang-si. Berlin, A. Scherl, 1926. xi, [1], 409, [1] p. front., illus., plates, ports., map. and atlas of IV fold. maps.

Fukien

ANTI-COBWEB CLUB, Foochow. Fukien; a study of a province in China. Shanghai, Presbyterian Mission Press, 1925. ii, 113 p. col. front., plates, fold. map.

———. Fukien, arts and industries; papers by members of the Anti-cobweb society, Foochow, Fukien, China. Foochow, Christian Herald Industrial Mission Press, 1933. 310 p. col. front., illus., plates.

HURLBUT, FLOY, 1888- The Fukienese; a study in human geography. [Muncie? Ind., The author, c1939] xxiii, 143 p. incl. front., illus. (incl. maps) diagrs. Thesis - University of Nebraska.

Central and South China

BOŨINAIS, A.P.A. The Lungchow region; its frontier rivers, roads, towns and marts. Shanghai, Statistical Department, Inspectorate General of Customs, 1923. 33 p. illus. maps (China. Maritime Customs, II. Special ser., 39).

CAILLARD, GASTON FÉLIX. L'Indochine, géographie, histoire, mise en valeur. Kouang-Tchéou-Wan. Paris, Édition Notre domaine colonial [1922] 124, [4] p. illus. (incl. maps) (Notre domaine colonial, VIII).

CANTON, China. "Progressive Canton." Issued by the Canton Municipality.

[Canton, The Novelty Print. Co.] 1921. 35 p. plates.

———. Advertising and Commission Agency. Canton; its port, industries and trade. Canton, 1932. x, 250 p. illus. maps.

CENTRAL CHINA RAILWAY COMPANY. Guide-book for central China. Central China calls. Rev. ed. Shanghai, Central China Railways, 1942. 75, [1] p. illus. (incl. port., maps).

LEE, EDWARD BING-SHUEY, 李炳瑞, 1903-56. Modern Canton. Shanghai, Mercury Press, 1936. xv, [1], 176, [5] p. incl. front. (map) illus. plates, ports., fold. plans, diagrs. (part fold.).

McCLURE, FLOYD ALONZO, 1897- Notes on the island of Hainan. [Canton, 1922] [1], 66-79 p. plates, fold. map. "Reprinted from the Lingnaam agricultural review, vol. 1, no. 1."

MOULY. Haï-Nan; l'île aux cent visages. Paris, P. Lethielleux [1946] 134 p. illus., maps (part fold.).

NG, YONG-SANG, 伍陽生. Canton, city of the rams; a general description and a brief historical survey. With four stories from popular Cantonese folklore. Canton, M.S. Cheung, 1936. vii, 138 p. illus.

RAPPORT sur la situation administrative économique et financière du Territoire de Kouang-Tchéou-Wan durant la période 1931-32. Hanoi, Impr. G. Taupin et Cie, 1932. 43 p. (Gouvernement géneral de l'Indochine. Territoire de Kouang-Tchéou-Wan).

SAVINA, F.M., 1876- Monographie de Hainan. Conférence fait le 10 decembre à la société de géographie de Hanoi. Hanoi, 1929. p. (Cahiers de la société de géographie de Hanoi, 1929).

U.S. Office of Strategic Services. Research and Analysis Branch. Psychology Division. Short guide to South China. [Washington] 1942. 17 p. (R and A 654).

WEISKOPF, FRANZ CARL, 1900- Die Reise nach Kanton; Bericht, Erzählung, Poesie und weitere Bedeutung. Berlin, Dietz, 1953 [c1952] 149 p. (His Ausgewählte Werke in Einzelausgaben).

Southwest China

CORDIER, GEORGES, -1936. Un voyage in Yunnansen; guide. 2. éd. Hanoi, Impr. d'Extrême-Orient, 1923. 117 p. diag. maps. 1er éd. 1911.

———. La province du Yunnan. Hanoi, Impr. Mac-Dinh-Tu, 1928. 573 p. incl. tables.

DESSIRIER, JEAN LOUIS, d. 1915. A travers les marches révoltées; ouest-chinois: Yun Nan-Se-Tchouen-Marches Thibétaines; avec 61 gravures hors texte. Paris, Plon-Nourrit [1923] vii, 316 p. plates, ports.

DYMOND, MRS. M.M. Yunnan. London, Marshall Bros. 1929. 95 p.

CHINA INFORMATION COMMITTEE. A guide to Chungking; the city of double celebration. Chungking, The China Information Committee [1939] 65 p. tables, diagrs.

FISCHER, EMIL SIGMUND, 1865-1945. Journey to the sacred Mount Omei in western Szechuan. Tientsin, Tientsin Press, 1937. 19 p. illus. (incl. port.).

HUANG, SHOU-FU, 黃綬芙. A new edition of the Omei illustrated guide book, by Huang Shou-fu and T'an Chung-yo, 譚鍾嶽, A.D. 1887-91. With an English translation by Dryden Linsley Phelps, pictures redrawn from the original plates by Yü Tzu-tan, 俞子舟. Cheng-tu, Jih Hsing Yin Shua Kung Yeh Shê, 1936. [454] p. illus. (West China union university. Harvard-Yenching institute series).

KINGDON-WARD, FRANCIS, 1885-1958. From China to Hkamti Long. London, E. Arnold, 1924. 317 p. front., 1 illus., plates, fold. map.

LÉCORCHÉ, MAURICE. Vingt-cinq ans d'Indochine et de Yunnan; souvenirs 1919-43. Toulouse, É. Privat [1950] 286 p. illus., fold. maps (1 col.).

LE ROUX, P. Un pélerinage bouddhique en Chine: Le Mont Omi. Changhai?,

1925. 57 p. plates.

MOWLL, HOWARD KILVINTON WEST, 1890- West China as seen through the eyes of the westerner. Canberra, Australian Institute of Anatomy, 1940. 20 p. (George Ernest Morrison lectures).

OESTERHELT, OTTO, 1883- Routenaufnahmen in West-Szetschwan; die Sifangebirge im chinesisch-tibetischen Grenzgebiet nach den topographischen Ergebnissen der Stötznerschen Expedition 1914. Mit einem Geleitwort von Sven Hedin. Gotha, J. Perthes, 1938. 156 p. incl. tables. plates, maps (part fold.) diagrs. (part fold.) (Ergänzungsheft nr. 235 zu "Petermanns mitteilungen").

REITLINGER, GERALD, 1900- South of the clouds; a winter ride through Yünnan. London, Faber and Faber [1939] 9-327 p. front., plates, fold. map.

SCHULZE, DIETER. Das politisch-geographische und geopolitische Kräfteverhältnis zwischen den drei chinesischen Südwest-Provinzen [Jun-nan, Kwangsi, Kwang-tung], Britisch-Birma und Französisch-Indochina im Spiegel der Geschichte. Heidelberg, Heidelberger Verlag-Anstalt und Druckerei, 1940. 213 p. map. Diss. - Univ. München.

TAO, FRANK, 陶啓湘. Chungking--China's war capital. Chungking, Chinese Ministry of information, 1943. 30 p. (China Handbook ser., 21).

VASSAL, MME. GABRIELLE M. In and round Yunnan Fou. London, W. Heinemann, 1922. x, 187 p. front., plates, port., map.

———. Mon séjour au Tonkin et au Yunnan. Avant-propos de Charles Richet. Paris, P. Roger, 1928. 248 p. 16 plates, fold. map. (Voyages de jadis et d'aujourd'hui).

WIENS, HEROLD JACOB, 1912- The Shu Tao; or, The road to Szechuan. A study of the development and significance of Shensi-Szechuan road communication in west China. Ann Arbor, Mich., 1948. Microfilm copy of typewritten ms. Made in 1949 by University Microfilms (Publication no. 1122) Positive. Collation of the original: 200 l. illus., maps (part fold.) Thesis-Univ. of Michigan.

WISSMANN, HERMANN VON, 1895- Süd-Yünnan als teilraum Südostasiens. Heidelberg [etc.] K. Vowinckel, 1943. 30 p., illus. (incl. maps, diagr.) plates. (Schriften zur geopolitik, hft. 22).

YÜN-NAN PIEN TI WEN T'I YEN CHIU. 雲南邊地問題研究. Territoires et populations des confins du Yunnan, traduit du chinois par J. Siguret. Peiping, Chine, H. Vetch [1937-40] 2 v. fold. maps.

Burma Road

BRADLEY, NEVILLE. The old Burma road, a journey on foot and muleback from the diary, notes and reminiscences of Doctor Neville Bradley, for many years a medical missionary in China, with a foreword by Lady Erskine Crum. London, Toronto, W. Heinemann [1945] vii, [1], 138 p. front. plates.

EPSTEIN, SAMUEL and BERYL (WILLIAMS). The Burma road; story by Douglas Coe, illustrations by Winfield Scott Hoskins. New York, J. Messner inc. [1946] 192 p. incl. front. (map) illus.

FRIBERG, HANS DANIEL, 1908- West China and the Burma road. Minneapolis, Augsburg Publishing House [c1941] 174 p. front., illus. (maps) plates.

LONG, FRANK ANTHONY. The old Burma road, by Frank Anthony Long [and] Gertrude Joyce Long. Kansas City, Mo., Burton Pub. Co. [1942] 7-293 p.

LOWE, CHUAN-HUA, 駱傳華, 1902- The Yunnan-Burma highway. Chungking China Information Pub. Co. [1940] cover-title, 18 p. map (Chungking pamphlets, 5).

METFORD, BEATRIX. Where China meets Burma; life and travel in the Burma-China border lands. London and Glasgow, Blackie [1935] viii, 231 p. front. (ports.) plates, fold. map.

SAMSON, GERALD. The Burma Road; report of an address. London, China

Society [1946] cover-title, 8 p.

SLATER, ROBERT HENRY LAWSON. Guns through Arcady; Burma and the Burma road, with illustrations by the author. Sydney, London, Angus and Robertson, ltd., 1941. x, 239, [2] p. incl. illus., map. front.

SMITH, NICOL. Burma road, with illustrations from photographs by the author. Garden City, N.Y., Garden City Pub. Co. [1942] 333 p. plates. 1st ed. 1940.

T'AN, PEI-YING, 譚伯英, 1896- The building of the Burma road. New York, London, Whittlesey House, McGraw-Hill [1945] 200 p. plates, double map.

U.S. Army. Y-force Operations Staff. Reconstruction of the Burma road, operational, logistical and historical data current to October 24, 1944 on the rebuilding of the land supply route to isolated China by China's Yunnan-Burma highway engineering administration, the United States Army's Burma road engineers [and] Y-force operations staff, United States Army. Prepared and distributed by public relations officer, Y-force Operations Staff. New York [1944?] 19 numb. l. fold. plates. Reproduced from type-written copy.

IV. HISTORY

Historiography

BIELENSTEIN, HANS. The restoration of the Han dynasty; with prolegomena on the historiography of the Hou Han shu. [Stockholm, 1953] 209 p. fold. maps, diagrs., geneal. tables. Diss.-Stockholm.

CHU, SHIH-CHIA, 朱士嘉, 1905- Chang Hsüeh-ch'êng, 章學誠, his contributions to Chinese local historiography. Ann Arbor, University Microfilms, 1950. ([University Microfilms, Ann Arbor, Mich.] Publication no. 1644). Collation of the original: v, 225 l. 2 fold. tables.

FRANKE, OTTO, 1863-1946. Das Tse tschi t'ung kien, 資治通鑑, und das T'ung kien kang mu, 通鑑綱目, ihr Wesen, ihr Verhältnis zueinander und ihr Quellenwart. Berlin, Verlag der Akademie der Wissenschaften, 1930. 46 p. (Preussische Akademie der Wissenschaften zu Berlin. Sitzungbericht. Phil.-hist. Kl. 1930).

GARDNER, CHARLES SIDNEY, 1900- Chinese traditional historiography. Cambridge, Harvard University Press, 1938. xi, 3-120 p. (Harvard historical monographs. 11).

HAN, YU-SHAN, 韓玉珊, 1899- Elements of Chinese historiography. Hollywood, Calif., W.M. Hawley, 1955. 246 p. ports., facsims.

HUFF, ELIZABETH. Shih hsüeh. Cambridge, 1947. 229 l.

[KU, CHIEH-KANG] 顧頡剛, 1893- The autobiography of a Chinese historian, being the preface to a symposium on ancient Chinese history (Ku shih pien) translated and annotated by Arthur W. Hummel. Leyden, E.J. Brill, 1931. [v]-xliii, 199, [1] p. (Sinica leidensia edidit Institutum sinologicum Lugduno-Batavum, I).

LATOURETTE, KENNETH SCOTT, 1884- Chinese historical studies during the past seven years. [New York, 1921] cover-title, p. 703-716. "Reprinted from the American historical review, Vol.XXVI, no. 4, July, 1921."

LO, TCHEN-YING, 羅振英, [Lo Chên-ying]. Les formes et les méthodes historiques en Chine. Une famille d'historiens et son œuvre. Paris, P. Geuthner, 1931. 116 p. (Université de Lyon. Bibliotheca franco-sinica lugdunensis. Études et documents publiés par l'Institut franco-chinois de Lyon, t. IX).

NIVISON, DAVID SHEPHERD, 1923- The literary and historical thought of Chang Hsüeh-ch'eng 1738-1801; a study of his life and writing, with translations of six essays from the Wen-shih t'ung-i, 文史通義. Cambridge, 1953. 397 l. Thesis - Harvard University.

SSŬ-MA, CH'IEN, 司馬遷, ca. 145-ca. 86 B.C. Ssŭ-ma Ch'ien's historiographical attitude as reflected in four late warring states biographies. By Frank Algerton Kierman, Jr. Ann Arbor, University Microfilms [1953] ([University Microfilms, Ann Arbor, Mich.] Publication 6415). Collation of the original: lviii, 228, [7] l. map.

SWINGLE, WALTER TENNYSON, 1871-1952. Chinese historical sources. [New York, 1921] cover-title, 717-725 p. "Reprinted from the American historical review. Vol. XXVI, no. 4. July, 1921."

TEGGART, FREDERICK JOHN, 1870-1946. Rome and China; a study of correlations in historical events. Berkeley, University of California Press, 1939. xvii, 283 p. maps (1 fold.).

Chronology

AKIYAMA, AISABURŌ. A chronological list of Japan and China. Tokyo, 1930.

42 p.

CHAIT, RALPH MILTON, 1892- comp. A chronological arrangement of the names of all the Chinese emperors and the dates of their reign together with lists of Chinese seal, character and symbolic marks. New York, Priv. print. [c1928] 47, [1] p. illus.

MOULE, ARTHUR CHRISTOPHER, 1873-1957. The rulers of China, 221 B.C.-A.D. 1949; chronological tables. With an introductory section on the earlier rulers C. 2100-249 B.C. by W. Perceval Yetts. London, Routledge and K. Paul [1957] xxiii, 131 p.

SUSKI, PETER MARIE, 1875- The year names of China and Japan. Los Angeles, The Science Society; London, K. Paul, c1931. cover-title, 40 p.

Outlines, Study and Teaching

[AMERICAN HISTORICAL ASSOCIATION. Historical Service Board]. Our Chinese ally. [Madison, Wis., USAFI, 1944] cover-title, 61 p. incl. illus. (incl. ports., maps) tab., diagr. ([U.S.] War dept. Education manual EM 42. G I roundtable series).

BIGGERSTAFF, KNIGHT, 1906- China: revolutionary changes in an ancient civilization. Ithaca, N.Y., Cornell University Press, 1945. 78 p. (Cornell university curriculum series in world history. No. 4).

CHANG, P'ÊNG-CH'UN, 張彭春, 1892-1957. China: whence and whither? An outline of a high school unit of study. A preliminary draft for experimental use in the senior high schools of the territory of Hawaii. Honolulu, T.H., Institute of Pacific Relations, 1934. 130 p. illus. (incl. maps).

———. China at the crossroads; the Chinese situation in perspective, with a foreword by Professor Eileen Power. London, Evans Brothers [1936] 179, [1] p. illus. (incl. maps).

CHESNEAUX, JEAN. L'Extrême-Orient de 1840 à 1941, Chine et Japon. Paris, Centre de documentation universitaire [1955] 82 p. (Les Cours de Sorbonne).

FENN, HENRY COURTENAY, 1894- Jūnggwo lìshř gāngyàu. A sketch of Chinese history. New Haven, Institute of Far Eastern Languages, Yale University, 1952. 2 v. illus., maps (Mirror series A, 10-11).

GALE, ESSON McDOWELL, 1884- Basics of the Chinese civilization; a topical survey in outline, with readings. Shanghai, Kelly and Walsh, 1934. v-xi, 112 p.

GOODRICH, LUTHER CARRINGTON, 1894- A syllabus of the history of Chinese civilization and culture. 5th ed. [rev.] By L.C. Goodrich [and] H.C. Fenn. [New York, China Society of America, 1950] 55 p. illus. 1st ed. 1929.

JOHNSEN, JULIA EMILY, comp. China and Japan; a study outline. New York, H.W. Wilson [1922] cover-title, 51 p. (The reference shelf. v. 1, no. 2).

LEE, SHAO-CH'ANG, 李紹昌, 1891- China: ancient and modern. [Honolulu, 1937] cover-title, 31 p. illus. (maps) fold. tab. (University of Hawaii. Occasional papers. no. 33). Rev. ed. 1940. 28 p. (University of Hawaii Bull. 19: 7).

LATOURETTE, KENNETH SCOTT, 1884- China under the republic. [New York, Institute of International Education] 1921. 23 p. (Institute of international education. International relations clubs, syllabus, IX).

ROBERTSON, JAMES ALEXANDER, 1873- The Far East, with special reference to China, its culture, civilization and history, an outline for individual and group study. Chapel Hill, N.C., University of North Carolina Press [c1931] 87 p. ([North Carolina. University. University extension division] University of North Carolina extension bulletin. Vol. XI, no. 2).

General Works

CHANG, CH'I-YUN, 張其昀, 1901- China of the fifty centuries. Taipei, China Culture Pub. Foundation, 1953. 25 p. illus. maps (Pamphlet on Chinese Affairs).

COLLIS, MAURICE, 1889- The Great within. London, Faber and Faber [1941] 349 p. illus. (maps) plates, ports., fold. plan.

———. La cité interdite, traduit de l'anglais par Marc et Francois Laugier. Paris, Calmann-Lévy [1946] 389 p. plates, plans.

DE FRANCIS, JOHN FRANCIS, 1911- Talks on Chinese history, by John De Francis and Elizabeth Jen Young,楊任永甯. New Haven, Institute of Far Eastern Languages, Yale University, 1952. 2 v.

DOUGLAS, SIR ROBERT KENNAWAY, 1838-1913. China, with special article: Late events and present conditions, by Jeremiah W. Jenks. [Memorial ed.] New York, P.F. Collier [c1936] xiii, 366 p. front., illus. (maps) plates (1 col.) port. (The history of nations. Vol. VI).

EBERHARD, WOLFRAM, 1909- Chinas Geschichte. Bern, A. Franck [c1948] 403 p. plates, maps. (Bibliotheca sinica; chinesische Philosophie, Literatur, Kunst, Geschichte, Bd. 1).

———. A history of China [translated by E. W. Dickes] Berkeley, University of California Press, 1950. xvi, 374 p. illus., maps. Eng. ed.: London, Routledge and K. Paul, 1950. 368 p.

———. Histoire de la Chine des origines à nos jours. Traduction de George Denker. Paris, Payot, 1952. 351 p. maps, illus. (Bibliothèque historique).

ELWELL-SUTTON, ALBERT SIGISMUND, 1878- The Chinese people; their past, present, and future, with a foreword by J. Percy Bruce. London, I. Nicholson and Watson, 1934. 264 p. (The university extension library).

ERKES, EDUARD, 1891- Die Entwicklung der chinesischen Gesellschaft von der Urzeit bis zur Gegenwart. Berlin, Akademie Verlag, 1953. 30 p. (Sächs Akademie der Wissenschaften zu Leipzig. Bericht über die Verhandgn. Phil-hist. Kl. Bd. 100, Heft 4).

———. Geschichte Chinas von den Anfängen bis zum Eindringen des ausländischen Kapitals. Berlin, Akademie-Verlag, 1956. 155 p. illus.

———. The same. 2. durchges Aufl. Berlin, Akademie Verlag, 1957. 153 p. illus. maps (Best u. Verl., 5172).

ESCARRA, JEAN, 1885-1955. La Chine; passé et présent. Paris, A. Colin, 1937. Nouv. éd. 1949. 213, [1] p. incl. double map. (Collection Armand Colin nº 202).

———. China then and now. [Translated by C. C. Langhorne and W. Sheldon Ridge] Peking, H. Vetch, 1940. viii p., 289 p. front., plates, ports.

FITZGERALD, CHARLES PATRICK, 1902- China; a short cultural history; edited by Professor C. G. Seligman. London, Cresset Press, 1935; New York, D. Appleton-Century, 1938. xviii, [2], 615 p. front., illus. (incl. plans) plates, maps (1 fold.). Rev. ed. 1950.

———. The same. [4th rev. ed.] New York, Praeger; London, Cresset Press, 1954. xviii, 621 p. illus., maps (1 fold.).

FRANKE, OTTO, 1863-1946. Geschichte des chinesischen Reiches; eines Darstellung seiner Entsyehung, seines Wessens und seiner Entwicklung bis zur neuesten Zeit. Berlin, W. de Gruyter, 1930-52. 5 v. fold. map.

FRANKEL, HANS H., 1916- Catalogue of translations from the Chinese dynastic histories for the period 220-960. Berkeley, University of California Press, 1957. 295 p. (China dynastic histories translations: Supplement 1).

GOODRICH, LUTHER CARRINGTON, 1894- A short history of the Chinese people. New York, London, Harper [1943]; London, Allen and Unwin, 1948. xv p., 260 p. illus. (maps) plates.

———. The same. Rev. ed. New York, Harper [1951] xv, 288 p. illus., maps.

———. History of China, a self-teaching course, based on "A short history of the Chinese people." [Madison, Wis.] Pub. for the United States Armed Forces Institute by Harper [1944] ix, 320 p. incl. illus. (incl. maps (1 double)) forms. ([U.S.] War dept. Education manual EM 209).

GOWEN, HERBERT HENRY, 1864- An outline history of China, with a thorough account of the republican era interpreted in its historical perspective, by Herbert H. Gowen and Josef Washington Hall. New York, London, D. Appleton, 1926. xxviii p., 542 p. fold. map. 1st ed. 1913.

GRANET, MARCEL, 1884-1940. La civilisation chinoise; la vie publique et la vie privée; avec 5 cartes et 2 figures dans le texte et 10 planches hors texte. Paris, La Renaissance du livre, 1929. xxi, 523, [1] p. illus. (incl. maps) x plates. (L'Évolution de l'humanité, synthèse collective. [1. section. xxv]).

———. The same. Paris, A. Michel, 1948 [c1929] xxi, 523 p. illus., maps (part fold.) (L'Évolution de l'humanité; synthèse collective. 1. section, 25).

———. Chinese civilization. Translated by Kathleen E. Innes and Mabel R. Brailsford. London, Kegan Paul; New York, A. A. Knopf, 1930. xxiii, 444 p. front. 1 illus., plates, maps. (History of civilization).

———. The same. [Translated by Kathleen E. Innes and Mabel R. Brailsford] New York, Barnes and Noble, 1951. xxiii, 444 p. illus., maps.

GRANTHAM, ALEXANDRA ETHELDRED (VON HERDER), 1867- Hills of blue, a picture-roll of Chinese history from far beginnings to the death of Ch'ien Lung, A. D. 1799, with 19 portraits and a map. London, Methuen [1927] xi, 643, [1] p. front., ports.

GROOT, JAN JAKOB MARIA DE, 1854-1921, ed. and tr. Chinesische Urkunden zur Geschichte Asiens... in vollständiger Zusammenfassung übersetzt und erläutert von J. J. M. de Groot, mit Unterstützung durch die Preussische Akademie der Wissenschaften. Berlin und Leipzig, W. de Gruyter, 1921-26. 2 v. Vol. 1 was published in 1921 under title: Die Hunnen der vorchristlichen zeit; chinesische urkunden zur geschichte Asiens, 1. teil. Vol. 2, "aus dem nachlass des verfassers herausgegeben von O. Franke."

GROUSSET, RENÉ, 1885-1952. Histoire de la Chine. Paris, A. Fayard [1947, c1942] 428 p. maps. (Les Grandes études historiques).

———. The rise and splendour of the Chinese Empire. [Translated by Anthony Watson-Gandy and Terence Gordon. 1st American ed.] Berkeley, University of California Press, 1953. London, G. Bles, 1952. 312 p. illus., port., maps.

HAENISCH, ERICH, 1880- Chinas Weg vom Lehnsreich zum Einheitsstaat. Vorgetragen am 6. Juni, 1947. München, Verlag der Bayerischen Akademie der Wissenschaften, 1948. 23 p. (Sitzungsberichte der Bayerischen Akademie der Wissenschaften, Phil-hist. Kl., Jahrg. 1947, Heft 3).

HALOUN, GUSTAV, 1898-1951. Seit wann kannten die Chinesen die Tocharer oder Indogermanen überhaupt von Gustav Haloun. Leipzig, Verlag der Asia Major, 1926- 207 p. diagrs.

HERMANNS, MATTHIAS. Vom Urmenschen zur Hochkultur; Chinas Ursprung und Entwicklung. Bd. 1. Yenchowfu, Missionsdruckerei, 1935. 1 v. charts, col. front. plates, ports.

JAEGER-STUX, G. Histoire de la Chine. Paris, Richard-Masse, 1947 [c1946] 125, [3] p. illus., ports. (Collection Triptyque. Histoire, 3).

JONES, FRANCIS CLIFFORD. China. [London] Arrowsmith [1937] 2 v. (Modern states series. No. XIII-XIV).

KEETON, GEORGE WILLIAMS, 1902- China, the Far East and the future. 2d ed. London, Stevens, 1949. xi, 511 p. fold. col. map. (Library of world affairs, no. 6).

KRAUSE, FRIEDRICH ERNST AUGUST, 1879- Geschichte Ostasiens. Göttingen, Vandenhoeck and Ruprecht, 1925. 2 v. illus. (maps).

KUO, SHIEN-YEN, 郭先彦, 1905- 4600 Jahre China. Seine politischen, wirtschaftlichen und kulturellen Verhältnisse. Von Kuo Shien-yen und Karl Hinkel. Nebst einer Vorbemerkung über die chinesische Sprache und Schrift. Von Gu Bau-tschang, 顧葆常. Göttingen, Verlag "Offentliches Leben," 1930. viii, 133 p. fold. map. (Öffentliches leben. Neue folge. 7).

LAMB, GENE. A tabloid Chinese history. Introduction by Chiang Ch'ao-tsung,

红朝宗. Tientsin, Peiyang Press, 1936. 71, vi p. plates, maps, port., fold. facsim., fold. table.

LANE, JOHN E. ed. Researches in the social sciences on China; essays and abstracts by graduates of the East Asian Institute, Columbia University. New York, Reproduced for private distribution by the East Asian Institute of Columbia University, 1957. vi, 89 p. (Columbia University. [East Asian Institute] East Asian Institute studies, 3).

LATOURETTE, KENNETH SCOTT, 1884- The development of China. 6th ed., rev. Boston, New York, Houghton Mifflin, 1946. xi, [1] p., 343, [1] p. 1st ed. 1917.

———. The Chinese, their history and culture. 3d ed., rev. New York, Macmillan, 1946. xvi, 847 p. maps (1 fold.) 1st ed. 1934; 2nd ed. 1943.

LATTIMORE, ELEANOR (HOLGATE), 1895- China yesterday and today; edited by Marguerite Ann Stewart. A cooperative project between American Council, Institute of Pacific Relations and Webster Pub. Co. St. Louis, New York [etc., 1946] 111 p. illus. (incl. port., maps).

LÉGER, FRANÇOIS. Les influences occidentales dans la révolution de l'Orient: Inde, Malaisie, Chine, 1850-1950. Paris, Plon [1955] 2 v. maps. (Civilisations d'hier et d'aujourd'hui).

LI, CHIEN-NUNG. 李劍農. The political history of China, 1840-1928. Translated and edited by Ssu-yu Teng, 鄧嗣禹, and Jeremy Ingalls. Princeton, N. J., D. Van Nostrand; London, Macmillan [1956] 545 p.

LIANG, YÜN-LI, 梁鋆立, 1900- China, by Y. L. Liang and Neville Whymant. London, Macdonald [1946] xi, 13-192 p. (Cross-roads series.).

LOUZON, ROBERT. La Chine; ses trois millénaires d'histoire, ses cinquante ans de révolution. Cannes, Impr. Aegitna, 1954. 158 p. illus., ports., maps. (Collection de la révolution prolétarienne, 3).

LYALL, LEONARD ARTHUR, 1867-1940. China; with a foreword by H. A. L. Fisher. New York, C. Scribner, 1934. London, E. Benn, 1934. 7-383, [1] p. [The modern world; a survey of historical forces].

MASPÉRO, GEORGES, 1872- La Chine. Nouv. éd. mise à jour. Préface d'André Duboscq. Paris, Delagrave, 1925. 2 v. (Bibliothèque d'histoire et de politique) 1er éd., 1918.

MASPERO, HENRI, 1883-1945. Les institutions de la Chine; essai historique [par] Henri Maspero [et] Jean Escarra. Préf. de Paul Demiéville. [1. éd.] Paris, Presses universitaires de France, 1952. 174 p. maps.

———. La Chine antique. Nouv. éd. révisée d'après les corrections et additions laissées par l'auteur et pourvue de caractères chinois. Paris, Impr. nationale, 1955. xxiv, 519 p. fold. maps. 1er éd., 1927.

LA MAZELIÈRE, ANTOINE ROUS, marquis de, 1864- Quelques notes sur l'histoire de Chine. Paris, Librairie Plon, 1938. 98 p. illus. fold. map. 1er éd. 1901.

MENZ, GERHARD, 1885- Der Kampf um Nordchina. Leipzig, W. Goldmann [c1936] 91 p. map (on lining paper) (Weltgeschehen).

NOURSE, MARY AUGUSTA. The four hundred million; a short history of the Chinese. Indianapolis, New York, Bobbs-Merrill [c1935] 375 p. front., illus., plates, maps, facsim., diagr.

———. The same. 3d ed. New York, The New Home Library [1943] 17-413 p.

———. 400 millions d'hommes. Histoire des chinois. Paris, Payot, 1936. 351 p. maps (Bibliothèque historique).

———. 400 [i.e. Vierhundert] Millionen, die Geschichte der Chinesen. Mit einem Schlusskapitel über letzte Zeit und Gegenwart von Lin Tsiu-sen, 林秋生. Berlin, A. Metzner, 1936. 405 p. illus.

PERCHERON, MAURICE, 1891- La Chine. Illus. en couleurs de Zenker. Paris, F. Nathan, 1952 [c1935]; Neuchâtel, Delachaux et Niestle, 1946. 159 p. illus. (part col.) (Collection "Pays et cités d'arts") 1er éd., 1935.

POTT, FRANCIS LISTER HAWKS, 1864-1947. A sketch of Chinese history. 5th rev. ed. Shanghai, Kelly and Walsh, 1936. x, 305 p. fold. maps. 1st ed. 1903.

PULLEYBLANK, E.G., 1922- Chinese history and world history; an inaugural lecture. Cambridge [Eng.] University Press [1955] 35 p.

ROSTHORN, ARTHUR VON, 1862-1945. Geschichte Chinas. Stuttgart-Gotha, F.A. Perthes, 1923. 226 p. (Weltgeschichte in gemienverständlicher Darstellung, 10).

ROY, CLAUDE, 1915- Clefs pour la Chine. [Paris] Gallimard [1953] 353 p. illus.

———. Into China. Translated from the French by Mervyn Savill. [1st ed.] New York, McBride [1956] 420 p. illus.

———. Schlüssel zu China. Aus dem Französisch übers. von Lore Krüger. Berlin, Aufbau Verlag, 1956. 513 p.

SEEGER, ELIZABETH, 1889- The pageant of Chinese history, illustrated by Bernard Watkins. 3d ed. New York, Toronto, Longmans, Green, 1947. xvi, 414 (i.e. 418) p. illus. (incl. maps). 1st ed. 1934; 2nd ed. 1944.

[SIMPSON, BERTRAM LENOX] 1877-1930. The vanished empire, by B.L. Putnam Weale [pseud.] London, Macmillan, 1926. ix, 379 p. front. (ports.) plates, 2 maps, 2 facsim.

SOOTHILL, WILLIAM EDWARD, 1861-1935. A history of China. With a supplementary chapter by G.F. Hudson. [Rev. ed.] London, E. Benn [1950]; New York, Contemporary Books, 1951. 127 p. map (on lining papers) 1st ed. 1928.

SOULIÉ, CHARLES GEORGES, 1878- Histoire de la Chine de l'antiquité jusqu'en 1929, par George Soulié de Morant. Paris, Payot, 1929. [7]-539 p. illus. (maps) (Bibliothèque historique).

TOMKINSON, LEONARD. Studies in the theory and practice of peace and war in Chinese history and literature. [Shanghai] Published for the Friends' Centre, by Christian Literature Society, 1940. viii, 208 p.

TS'UI, CHI, 崔驥, 1902-50. A short history of Chinese civilization, with a preface by Laurence Binyon. London, Gollancz, 1942; New York, G.P. Putnam [1943] xix, 388 p. front., illus. (incl. maps).

———. Histoire de la Chine et de la civilisation chinois. Traduit d'après la 4e édition par George Deniker. Paris, Payot, 1949. 336 p. illus. maps. (Bibliothèque historique).

———. Geschichte Chinas und seiner Kultur, mit einem Vorwort von E.H. v. Tscharner, zahlreichen Karten und Anhang. Zürich, Pan-verlag [1945] xix, 492 p. front., illus. (incl. maps).

WALTZ, EMELYN. Far Eastern history. [Rev. ed.] Boston, Christopher Pub. House [1953] 578 p. illus.

WIEGER, LÉON, 1856-1933. La Chine à travers les âges. Précis. Index biographique. Index bibliographique. 2. éd. Hien-Hien, Impr. de Hien-Hien, 1924. 531 p. 1er ed., 1920.

———. China throughout the ages. Translated by Edward Chalmers Werner. [Hsien-hsien] Hsien Press, 1928. 508 p. illus. (incl. port.).

———. Textes historiques; histoire politique de la Chine depuis l'origine, jusqu'en 1929. 3. éd. rev. et complétée. [Hsien-hsien] Impr. de Hien-hien, 1929. 2 v. (2103 p.) illus.

WILHELM, HELLMUT, 1905- Chinas Geschichte, zehn einführende Vorträge. Peking, H. Vetch [1942] 208 p.

———. Geschichte der chinesischen Kultur. Mit einer Farbigen und 33 schwarzen Tafeln. München, F. Bruckmann a. g. [c1928] 300 p. illus., plates (1 col. mounted).

———. A short history of Chinese civilization; translated by Joan Joshua. With an introduction by Lionel Giles. London [etc.] G.G. Harrap [1929]; New

York, Viking Press, 1929. 283, [1] p. illus., 33 plates (incl. col. front.).
———. Histoire de la civilisation chinoise. Traduction française de G. Lepage. Paris, Payot, 1931. 303 p. (Bibliothèque historique).
WILLIAMS, EDWARD THOMAS, 1854-1944. A short history of China. New York and London, Harper, 1928. xviii, 670 p. front., plates, ports., maps. (Harper's historical series).
WILLIAMSON, HENRY RAYMOND. China among the nations. London, Student Christian Movement Press [1943] 125 p. front. (group port.).
WINGATE, LITITIA BERYL (TUCKER) "MRS. ALFRED WINGATE." China through the ages. London, C. Lockwood, 1932. 3-252 p. front. (map).
YANG, LIEN-SHÊNG, 楊聯陞, 1914- Topics in Chinese history. Cambridge, Harvard University Press, 1950, London, Oxford University Press, 1950. vii, 57 p. (Harvard-Yenching Institute studies, 4).
YAO, SHAN-YU, 姚善友, 1912- The chronological and seasonal distribution of floods and droughts in Chinese history, 206 B.C.-A.D. 1911. Philadelphia, 1942. 273-312 p. inc. tables. "Reprinted from HJAS, vol. 7."
[YAUKEY, GRACE (SYDENSTRICKER)] 1899- The land of the Chinese people, by Cornelia Spencer [pseud.] London, Museum Press [1947] viii, 136 p. plates, ports., fold. map. (Portraits of the nations series).
———. The same. Photos. by courtesy of Asia and World outlook. Rev. ed. Philadelphia, Lippincott [1951] 120 p. illus. (Portraits of the nations series) 1st ed. 1945.

Ancient
Earliest - 219

BAUER, WOLFGANG, 1930- Chang Liang, 張良, und Ch'en P'ing, 陳平, zwei Politiker aus der Gründungszeit der Han-Dynastie. München, 1953. 133 l. mounted illus., mounted map. Diss.-Univ. Munich.
BIELENSTEIN, HANS. Emperor Kuang-Wu, 光武, A.D. 25-57, and the Northern barbarians; the seventeenth George Ernest Morrison lecture in ethnology Wednesday, 2 November, 1955. Canberra, Australian National University, 1956. 23 p. (George Ernest Morrison lectures).
BODDE, DERK, 1909- China's first unifier; a study of the Ch'in dynasty as seen in the life of Li Ssŭ, 李斯 (280?-208 B.C.). Leiden, E.J. Brill, 1938. viii, 270 p. front. (facsim.) (Sinica leidensia, 3).
BRITTON, ROSWELL SESSOMS, 1897-1951. Chinese interstate intercourse before 700 B.C. (In American journal of international law. Concord, H.H., 1935. v. 29, p. 616-635).
DEBNICHI, ALEKSY. The Chu-shu-chi-nien, 竹書紀年, as a source to the social history of ancient China. Warszawa, Państwowe Wydawn. Naukowe, 1956. 101 p. (Prace orientalistyczne, t. 3). At head of title: Polska Akademia Nauk. Komitet Orientalistyczny.
DEBON, GÜNTHER, 1921- Die Kapitel 101 und 102 (die Biographien des Yüan Ang, 袁盎, und Ch'ao Ts'oh, 鼂錯, Chang Shih-chi, 張釋之, und Feng T'ang, 馮唐) aus Szema Ts'iens Shi-ki 史記. München, 1953. 116 l. Diss.-Univ. Munich.
ERKES, EDUARD, 1891- Neue Beiträge zur Geschichte des Choukönigs Yu. Berlin, Akademie Verlag, 1954. 44 p. (Sächsische Akademie der Wissenschaften zu Leipzig. Bericht über die Verhandlungen. Phil-hist. Kl. Bd.101: 3).
GRANET, MARCEL, 1884-1940. La féodalité chinoise. Oslo, Aschehoug; Cambridge, Harvard University Press, 1952. 227 p. (Instituttet for sammenlignende kulturforskning. Ser.A : Forelesninger, 22).
HIRTH, FRIEDRICH, 1845-1927. The ancient history of China to the end of the Ch'ou dynasty. New York, Columbia University Press, 1923. xx, 383 p.

map. 1st ed. 1908.

LÜ, PU-WEI, 吕不韋, -235 B.C. Frühling und Herbst des Lü Bu We; aus dem Chinesischen verdeutscht und erläutert von Richard Wilhelm. Jena, E. Diederichs, 1928. xii, 541 [1] p.

OLSVANGER, IMMANUEL, 1888- Fû-Hsî, 伏羲, the sage of ancient China. Jerusalem, Massadah, 1948. 16 p.

PAN, KU, 班固, 32-92. The history of the former Han dynasty. A critical translation, with annotations, by Homer H. Dubs, with the collaboration of Jen T'ai, 任泰, and P'an Lo-chi, 潘洛基. Baltimore, Waverly Press, 1938-49. 3 v. fold. map.

[——.] Die Monographie über Wang Mang, 王莽, Ts'ien-Han-shu kap. 99) kritisch bearbeitet, übersetzt und erklärt von Hans O. H. Stange. Leipzig, Deutsche morgenländische Gesellschaft, in Kommission bei F. A. Brockhaus, 1939. xli, 336 p. (Abhandlungen für die kunde des Morgenlandes, mit unterstützung der Deutschen forschungsgemeinschaft, hrsg. von der Deutschen morgenländischen gesellschaft. XXII [i. e. XXIII] 3).

[——.] Wang Mang; a translation of the official account of his rise to power as given in the History of the former Han dynasty, with introd. and notes [by] Clyde Bailey Sargent. [Shanghai, Graphic Art Book Co., pref. 1947] 206 p. geneal. tables.

PO HU T'UNG, 白虎通. Po hu t'ung; the comprehensive discussions in the White Tiger Hall, a contribution to the history of classical studies in the Han period, by Tjan Tjoe Som, 曾珠森. Leiden, E. J. Brill, 1949. 2 v. (Sinica leidensia, 6).

POHL, HERBERT. Schi Ki Kapitel 128. [龜策列傳] Ein Beitrag zur altchinesische Divination. Hamburg, 1948. ii, 62 l. Diss.-Univ. Hamburg.

RUDOLPH, RICHARD CASPER, 1909- Wu Tzŭ-hsü, 伍子胥, his life and posthumous cult: a critical study of Shih-chi 66. Berkeley, 1942. iv, 142 l.

SJÖQUIST, KARL OSKAR. Das Feng-chien-Wesen [封建] der chinesische Feudalismus nach Abhandlungen aus verschiedenen Dynastien. Berlin, 1938. 56 p. Diss.-Univ. Berlin.

[SSŬ-MA, CH'IEN] ca. 145-ca. 86 B.C. Statesman, patriot, and general in ancient China; three Shih chi biographies of the Ch'in dynasty (225-206 B.C.) translated and discussed by Derk Bodde. New Haven, American Oriental Society, 1940. xi, 75 p. front. (American oriental series, v. 17).

STANGE, HANS OTTO HEINRICH, 1903- Leben, Persönlichkeit und Werk Wang Mang's 王莽 dargestellt nach dem 99. Kapitel der Han-annalen. Erlangen-Bruck, Krahl, 1934. 98 p. Diss.-Univ. Berlin.

TSCHEPE, ALBERT, 1844- Histoire du Royaume de Ts'in (777-207 av. J.C.). 2e éd. Changhai, Impr. de la Mission catholique, 1923. ii, 2, 379, 19 p. fold. map. (Variétés sinologiques, 27). 1er éd. 1909.

WILBUR, CLARENCE MARTIN, 1908- Slavery in China during the Former Han dynasty, 206 B.C.-A.D. 25. [Chicago, 1943] 490 p. plates, fold. map. (Field museum of natural history. Publication 525).

220-617

CHIN SHU, 晉書. English. Selections. Biography of Ku K'ai-chih, 顧愷之 [Chin shu 92. 21a-22a] Translated and annotated by Chen Shih-hsiang, 陳世驤. Berkeley, University of California Press, 1953. Cambridge, Univ. Press, 1953. 31 p. (Institute of East Asiatic studies, University of California. Chinese dynastic histories translations, 2).

——. Account of the T'ŭ-yü-hún, 吐谷渾, in the history of the Chin dynasty [Chin shu 97. 4a-7b] Translated and annotated by Thomas D. Carroll. Berkeley, University of California Press, 1953. 47 p. (Institute of East Asiatic Studies, University of California. Chinese dynastic histories translations, 4).

——. The rise of the former Ch'in 前秦 state and its spread under Fu Chien,

符堅, through 370 A.D. based on Chin shu 113, translated and edited by Michael C. Rogers. Berkeley, 1953. iv, 393 l. maps, diagr. Thesis - University of California.

CHOU SHU. English. Selections. Biography of Su Ch'o [蘇綽] [Chou shu, chüan 23] Translated and annotated by Chauncey S. Goodrich. Berkeley, University of California Press, 1953. 116 p. (Institute of East Asiatic Studies, University of California. Chinese dynastic histories translations, 3).

EBERHARD, WOLFRAM, 1909- Das Toba-Reich Nordchinas; eine soziologische Untersuchung. Leiden, E.J. Brill, 1949. viii, 395 p.

IMBERT, HENRI. L'empereur Yang-ti, 煬帝. (Le Sardanapale chinois). Pékin, Impr. de la "Politique de Pékin," 1922. 14 p. (Collection de la "Politique de Pékin").

SCHREIBER, GERHARD, 1911- The history of the Former Yen 燕 dynasty, 285-370. Ann Arbor, University Microfilms [1955] ([University Microfilms, Ann Arbor, Mich.] Publication no. 11,469). Collation of the original: viii, 361 l. fold. maps, tables. Thesis - Columbia University.

SCOTT, MARGARET INVER. A study of the Ch'iang [羌] with special reference to their settlements in China from the second to the fifth century A.D. Cambridge, Eng., 1953. 208, 94 p. Thesis - University of Cambridge.

SSŬ-MA, KUANG, 司馬光, 1019-86. The chronicle of the Three Kingdoms (220-265) Chapters 69-78 from the Tzŭ chih t'ung chien, 資治通鑑, translated and annotated by Achilles Fang, 方志彤; edited by Glen W. Baxter. v. 1. Cambridge, Harvard University Press, 1952- 698 p. (Harvard-Yenching Institute studies, 6).

WENLEY, ARCHIBALD GIBSON, 1898- The Grand Empress Dowager Wên Ming, 文明皇后, and the Northern Wei necropolis at Fang Shan, 方山. Washington, 1947. 28 p. illus., port., maps. (Freer Gallery of Art, Washington, D.C. Occasional papers, 1:1).

Medieval
618 -1276

BINGHAM, WOODBRIDGE, 1901- The founding of the T'ang dynasty; the fall of Sui and rise of T'ang, a preliminary survey. Baltimore, Waverly Press, 1941. xiv, 183, [1] p. incl. geneal. tab. front. (port.) fold. maps. [American council of learned societies devoted to humanistic studies. Studies in Chinese and related civilizations, 4].

BURIKS PIETER. Fan Chung-yens, 范仲淹, Versuch einer Reform des chinesischen Beamtenstaates in den Jahren 1043/44. Göttingen, 1954. 75 l. Diss.-Göttingen.

FITZGERALD, CHARLES PATRICK, 1902- Son of Heaven, a biography of Li Shih-min [李世民], founder of the T'ang dynasty. Cambridge [Eng.] The University Press, 1933. ix, 232 p. incl. illus. (maps, plans) geneal. table, front. (port.) III plates.

———. Li Che-min, unificateur de la Chine 600 à 649. Avant-propos et traduction de G. Lepage. Paris, Payot, 1935. 247 p. illus. (maps, geneal. table). (Bibliothèque historique).

———. The Empress Wu. Melbourne, Cheshire for the Australian National University, 1955. London, Cresset Press, 1956. 252 p. illus.

FRANKE, OTTO, 1863-1946. Der Bericht Wang Ngan-schis [王安石] von 1058 über Reform des Beamtentmus. Berlin, W. de Gruyter, 1932. 51, x p. (Preussische Akademie der Wissenschaften zu Berlin. Sitzungbericht. Phil-hist. Kl. 1932).

FU, LO-HUAN, 傅樂煥. "Nat Pat" and "Ordos" (camps and tents). A study of the way of life and military organization of the Khitan emperors and their people. London, 1950. vii, 229 l. plates. Thesis - University of London, School of Oriental and African Studies.

HAENISCH, ERICH, 1880- Die Ehreninschrift für den Rebellengeneral Ts'ui Lih, 崔立, im Licht der konfuzianischen Moral, ein Episode aus dem 13. Jahrhundert. Berlin, In Kommission bei W. de Gruyter, 1944. 79 p. facsim. (Abhandlungen der Preussischen Akademie der Wissenschaften, Jahrg. 1944. Phil-hist. Kl. Nr. 4).

HAN, YÜ, 韓愈, 768-824. The veritable record of the T'ang emperor Shun-tsung, February 28, 805-August 31, 805. Han Yü's Shun-tsung shih-lu, translated with introd. and notes by Bernard S. Solomon. Cambridge, Harvard University Press, London, Oxford University Press, 1955. xxxi, 82 p. (Harvard-Yenching Institute studies, 13).

HSIN T'ANG SHU. Le traité des examens, traduit de la Nouvelle histoire des T'ang (chap. XLIV, XLV) par Robert Des Rotours. Paris, E. Leroux, 1932. [v]-viii, 414, [2] p. (Bibliothèque de l'Institut des hautes études chinoises. Vol. II).

———. Traité des fonctionnaires et Traité de l'armée, tr. de la Nouvelle histoire des T'ang (chap. XLVI-L) par Robert Des Rotours. Leyde, E. J. Brill, 1947-48. 2 v. 9 maps (part fold.) (Bibliothèque de l'Institut des hautes études chinoises, v. 6).

———. Biography of Huang Ch'ao, 黃巢, translated and annotated by Howard S. Levy. Berkeley, University of California Press, London, Cambridge University Press, 1955. 144 p. fold. maps (in pocket). (California. University. Institute of East Asiatic Studies. Chinese dynastic histories translations, 5).

[HUC, ÉVARISTE RÉGIS] 1813-60. Communism in China in the XI century, with an introduction by F. R. Martin. London [E. Ingham] 1927. 20 p.

KRACKE, EDWARD A., Jr., 1908- Civil service in early Sung China, 960-1067; with particular emphasis on the development of controlled sponsorship to foster administrative responsibility. Cambridge, Harvard University Press, 1953. xv, 262 p. diagrs. (Harvard-Yenching Institute. Monograph series, v. 13)

[LI, PO-YÜEH] 李百藥 565-648. Nachrichten aus der Geschichte der nördlichen Thsi. Von dr. August Pfizmaier. (In K. Akademie der wissenschaften, Vienna. Phil-hist. Kl. Denkschriften. Wien, 1884. 34. bd., 1. abth., p. 1-96).

PARKER, EDWARD HARPER, 1849-1926. A thousand years of the Tartars. 2d ed., rev. and reset. New York, A. A. Knopf; London, Kegan Paul, 1924. [xi]-xii, 288 p. front., plates, double maps. (History of civilization).

PULLEYBLANK, EDWIN GEORGE, 1922- The background of the rebellion of An Lu-shan, 安祿山. London and New York, Oxford University Press, 1955. x, 264 p. plates, col. fold. maps, tables. (London. University. School of Oriental and African Studies. London Oriental ser., 4).

SCHAFER, EDWARD H. Jr., 1913- The reign of Liu Ch'ang, 劉鬯, first emperor of southern Han: a critical translation of the text of Wu-tai-shih, with special inquiries into relevant phases of contemporary Chinese civilization. Berkeley, 1947. xvi, 199 l. map.

———. The empire of Min. Rutland, Vt. Published for the Harvard-Yenching Institute, by C. E. Tuttle, 1954. xii, 146 p.

SIU, SIANG-TCH'OU 徐象樞 [Hsü, Hsiang-shu]. L'oeuvre de T'ang T'ai-tsong, 唐太宗. Zi-ka-wei près Chang-hai, Impr. de l'Orphelinat de T'ou-sè-wè, 1924. v, 77, 77 p. Thèse - Université l'Aurore.

TCHEOU, HOAN, 周還. Le prêt sur récolte institué en Chine au XIe siècle par le ministre novateur Wang Ngan-che, 王安石. Paris, Jouve et Cie, 1930. 150 p. Thèse - Univ. de Paris.

WILLIAMSON, HENRY RAYMOND. Wang An Shih, 王安石, a Chinese statesman and educationalist of the Sung dynasty. London, A. Probsthain, 1935-37. 2 v. (Probsthain's Oriental series, vol. XXI-XXII).

WITTFOGEL, KARL AUGUST, 1896- History of Chinese society: Liao, 907-1125 [by] Karl A. Wittfogel and Fêng Chia-shêng, 馮家昇, with the assistance of John DeFrancis [and others] Philadelphia, American Philosophical

Society; distributed by Macmillan Co., New York, 1949. xv, 752 p. illus., maps (1 fold.) "Issued as Transactions of the American Philosophical Society, volume 36 (1946)."

1277-1643
(See also Mongolia - History)

BOXER, CHARLES RALPH, 1904- ed. South China in the sixteenth century, being the narratives of Galeote Pereira, Fr. Gaspar da Cruz, O. P. [and] Fr. Martin de Rada, O.E.S.A. (1550-75) London, Printed for the Hakluyt Society, 1953. xci, 388 p. illus., maps (part fold.) facsim. (Works issued by the Hakluyt Society, 2d ser., no. 106).

CHAN, ALBERT, 陳綸緒, 1915- The decline and fall of the Ming dynasty; a study of the internal factors. Cambridge, 1954. 296 l. Thesis - Harvard University.

CHAN, DAVID B., 陳少岳, 1927- The usurpation of the Prince of Yen, 1398-1402. Berkeley, 1956. 321 l. Thesis - Univ. of California.

CHANG, YU-CH'UAN, 張煜全, 1880- Wang Shou-jên, 王守仁, as a statesman. Peking, Chinese Social and Political Science Association, 1940. iv, [2], 31-99, [155]-252, [319]-374, 473-517, [3] p. Reprinted from the Review, v. 23).

FRANKE, OTTO, 1863-1946. Li Tschi, 李贄, ein Beitrag zur Geschichte der chinesischen Geisteskämpfe im 16. jahrhundert. Berlin, Akademie der Wissenschaften, in kommission bei W. de Gruyter u. co., 1938. 62 p. (Abhandlungen der Preussischen akademie der wissenschaften. Jahrg. 1937. Phil-hist. Kl., 10).

———. Li Tschi und Matteo Ricci. Berlin, Akademie der Wissenschaften, in kommission bei W. de Gruyter u. co., 1939. 24 p. (Abhandlungen der Preussischen akademie der wissenschaften. Jahrg. 1938. Phil-hist. Kl., 5).

FRANKE, WOLFGANG, 1912- Preliminary notes on the important Chinese literary sources for the history of the Ming dynasty, (1368-1644). Chengtu, Chinese Cultural Studies Research Institute, West China Union University, 1948. 118 p. (Studia serica. monographs. ser. a., 2).

HUCKER, CHARLES OSCAR, 1919- The Chinese Censorate of the Ming dynasty, including an analysis of its activities during the decade, 1424-34. Chicago, 1950. 381 l. Thesis - Univ. of Chicago.

MacSHERRY, CHARLES W. Impairment of the Ming tributary system as exhibited in trade involving Fukien. Berkeley, 1956. 347 l. Thesis - University of California.

PARSONS, JAMES B., 1921- The rebellion of Chang Hsien-chung, 張獻忠, as an example of the internal disturbances in China during the late Ming dynasty. Berkeley, 1954. 316 l. Thesis - University of California.

PELLIOT, PAUL. Le Hōja et le Sayyid Ḥussain de l'histoire des Ming. Leiden, E.J. Brill, 1948. 81-292 p. Reprinted from T'oung Pao, 38: 2-5.

PENG, TSUN-SZE, 彭遵泗. Shu Pi, 蜀碧, das kostbare Heldenblut von Shu. Erstmalig übertragen aus dem chinesischen Urtexte von Fritz Weiss. Berlin, Carl Heymann, 1929. vii, 106 p. map.

ROUSE, UTA M., 1912- Hu k'ou yu sheng 虎口餘生記;1642. A translation with socio-historical annotation. New Haven, 1945. 132 l. plates. Thesis - Yale University.

TRIGAULT, NICOLAS, 1577-1628. The China that was; China as discovered by the Jesuits at the close of the sixteenth century [by] L.J. Gallagher, S.J., from the Latin of Nicholas Trigault, S.J. Milwaukee, The Bruce Pub. Co. [1942] xx, 199 p. front., ports., fold. map.

YANG, YÜ, 楊瑀, 1285-1361. Beiträge zur Kulturgeschichte Chinas unter der Mongolenherrschaft: das Shan-kü sin-hua 山居新語 des Yang Yü, von Herbert Franke. Wiesbaden, F. Steiner, 1956. 160 p. (Abhandlungen für die Kunde des Morgenlandes, XXXII, 2).

Modern: Manchu Dynasty
1644 - 1800

BOUVET, JOACHIM, 1656-1730. The history of Cang-hy, 康熙, the present emperour of China, presented to the most Christian king, by Father J. Bouvet. London, Printed for F. Coggan, MDCXIX. [Washington, 1937] 61 l. Print from microfilm negative of original in the New York Public library.

HIBBERT, ELOISE TALCOTT. K'ang Hsi, emperor of China. London, Kegan Paul [1940] x, 3-298 p. front., plates, ports.

———. Jesuit adventure in China: during the reign of K'ang Hsi. New York, E. P. Dutton [1941] x, 3-298 p. front., plates, ports.

HUANG CH'ING K'AI KUO FANG LÜEH, 皇清開國方略. Huang ts'ing k'ai kuo fang lüeh. Die Grüdung des mandschurischen Kaiserreiches, übers. und erklärt von Erich Hauer. Berlin and Leipzig, W. de Gruyter, 1926. xxv, 710 p. fold. map.

MICHAEL, FRANZ, 1907- The origin of Manchu rule in China; frontier and bureaucracy as interacting forces in the Chinese empire, by Franz Michael. Baltimore, The Johns Hopkins press, 1942. viii, 127 p. fold. map.

ORLÉANS, PIERRE JOSEPH D', 1641-98. History of the two Tartar conquerors of China, including the two journeys into Tartary of Father Ferdinand Verbiest, in the suite of the Emperor Kang-Hi: from the French of Père Pierre Joseph d'Orléans. To which is added Father Pereira's journey into Tartary in the suite of the same emperor, from the Dutch of Nicolaas Witsen. Tr. and ed. by the Earl of Ellesmere. With an introduction by R. H. Major. London, Printed for the Hakluyt society, 1854; Reprint ed., Tientsin, 1940. xv, vi, 153 p. (Works issued by the Hakluyt society. [no. XVII]).

WANG, HSIU-CH'U, 王秀楚, fl. 1645. A ten day's massacre in Yangchow. Rendered into English by Lucien Mao, 毛如升. Shanghai, Hsi Feng Chê, 1930. 65 p.

1801-1861

CHIANG, SIANG-TSEH, 蔣湘澤. The Nien Rebellion. Seattle, University of Washington Press, 1954. xvi, 159 p. maps. (University of Washington publications on Asia).

COLLIS, MAURICE, 1889- Foreign mud, being an account of the opium imbroglio at Canton in the 1830's and the Anglo-Chinese war that followed. London, Faber and Faber [1946] New York, A. A. Knopf, 1947. 318 p. plates, ports., maps.

———. La guerre de l'opium (Foreign mud) Tr. de l'anglais par Marc et François Laugier. Paris, Calmann-Lévy [1948] 335 p. illus., ports., maps. (Nouvelle collection historique).

GRANTHAM, ALEXANDRA ETHELDRED (VON HERDER), 1867- A Manchu monarch; an interpretation of Chia Ch'ing. London, G. Allen and Unwin [1934] 223, [1] p. front. (port.).

KINDLER, OTTO, 1905- Opiumkrieg in China. Berlin, O. Uhlmann [1940] 47, [1] p. illus. (Weltpirat England, 8).

KUO, PIN-CHIA, 郭斌佳, 1908- A critical study of the first Anglo-Chinese war, with documents. Shanghai, Commercial Press, 1935. 315 p.

PALIKAO, CHARLES GUILLAUME MARIE APOLLINAIRE ANTOINE COUSIN DE MONTAUBAN, comte de, 1796-1878. L'expédition de Chine de 1860; souvenirs du général Cousin de Montauban, comte de Palikao, publiés par son petit-fils, le comte de Palikao; avec 8 gravures hors texte et une carte. Paris, Plon [1932] viii, 450 p. front. (port.) plates, fold. map, plan.

SMITH, DAVID BONNER-, 1890-1950, ed. The second China war, 1856-60. Edited by D. Bonner-Smith and E.W.R. Lumby. [London] Printed for the Navy Records Society, 1954. xxii, 413 p. maps. (Publications of the Navy Records Society, 95).

TÊNG, SSŬ-YÜ, 鄧嗣禹, 1906- Chang Hsi, 張喜, and the treaty of Nanking, 1842. Chicago, University of Chicago Press [1944] xi, 191 p. illus.(map).

T'ai p'ing t'ien kuo

BOARDMAN, EUGENE POWERS, 1910- Christian influence upon the ideology of the Taiping Rebellion, 1851-64. Madison, University of Wisconsin Press, 1952. xi, 188 p. map (on cover) facsim. A revision of the author's thesis, Harvard University.

CHENG, JAMES CHESTER, 鄭吉士. Some aspects of the Taiping rebellion in China. Cambridge, Eng., 1950. 310 p. Thesis - University of Cambridge.

CORNELSSEN, LUCY. Tai ping tien guo. Rebellen unterm Kreuz; ein Tatsachenbericht über die grosse chinesische Revolution, 1849-64. Berlin, Brunnenverlag, W. Bischoff [1938] 318, [4] p. 2 maps on 1 l.

HAMBERG, THEODORE. The visions of Hung-Siu-tshuen, 洪秀全, and origin of the Kwang-si insurrection. Hongkong, Printed at the China Mail office, 1854. [Peiping, Reprinted by Yenching University Library, 1935] [iii]-v, 63 p.; 30 numb. l.

LAAI, YI-FAAI, 賴義輝. The part played by the pirates of Kwangtung and Kwangsi provinces in the Taiping Insurrection. Berkeley, 1950. l. Thesis-Univ. of California.

MARX, KARL, 1818-83. Marx on China, 1853-60; articles from the New York daily tribune. With an introd. and notes by Dona Torr. London, Lawrence and Wishart, 1951. xxiii, 98 p.

———. Über China; das Eindringen des englischen Kapitalismus in China. [Artikel aus der New York Daily tribune] Besorgt vom Marx-Engels-Lenin-Stalin-Institut beim ZK der SED. [1.Aufl.] Berlin, Dietz, 1955. 156 p. (Bücherei des Marxismus-Leninismus, Bd. 46).

MEADOWS, THOMAS TAYLOR. The Chinese and their rebellions, viewed in connection with their national philosophy, ethics, legislation, and administration. To which is added, an essay on civilization and its present state in the East and West. Stanford, Calif., Academic Reprints [1953] lx, 656 p. maps (part fold.). Reprinted from the 1856 ed.

MORSE, HOSEA BALLOU, 1855-1934. In the days of the Taipings, being the recollections of Ting Kienchang, otherwise Meisun, sometime scoutmaster and captain in the ever-victorious army and interpreter-in-chief to General Ward and General Gordon; an historical retrospect, by H.B. Morse. Salem, Mass., The Essex institute, 1927. xii, 434 p. front., plates, ports., map.

OEHLER, WILHELM. Die Taiping-Bewegung. Geschichte eines chinesisch-christlichen Gottesreichs. Gütersloh, Bertelsmann, 1923. 175 p. (Beiträge zur Förderung christlichen Theologie, Bd. 28, 2).

SHIH, TA-K'AI, 石達開, 1831-63. "Le journal de Che Ta-kai," episodes de la guerre des Tai-ping; traduit par Li Choen. Pékin, Impr. de la "Politique de Pékin," 1927. 182 p. plates. (Collection de la "Politique de Pékin").

TÊNG, SSŬ-YÜ, 鄧嗣禹, 1906- New light on the history of the Taiping Rebellion. Cambridge, Harvard University Press, 1950. ii, 132 p.

1862-1911

CAMERON, MERIBETH ELLIOTT, 1905- The reform movement in China, 1898-1912. Stanford, Stanford University Press; London, H. Milford, Oxford University Press, 1931. 223 p. (Stanford university publications. University series. History, economics, and political science. 3:1).

CHEN, CHANGBIN, 陳翔冰. La presse française et les questions chinoises

(1894-1901) Étude sur la rivalité des puissances étrangères en Chine. Paris, Impr. R. Foulon, 1941. [7]-208 p. Thèse-Univ. de Paris.

CH'EN, TIEH-MING, 陳鐵民, 1906- The Sino-Japanese war, 1894-95: its origin, development and diplomatic background. Berkeley, 1944. 288 l. Thesis-Univ. of California.

CHING-SHAN, 景善, 1823-1900. The diary of His Excellency Ching-shan; being a Chinese account of the Boxer troubles. Published and translated by J. J. L. Duyvendak. Lugduni Batavorum, E.J. Brill, 1924. cover-title, viii, 85, 48 p.

———. The case of the Ching Shan diary by Ch'êng Ming-chou, 程明洲. ii, 7 p. (Occasional papers by the scholars, fellows and their advisers in Chinese studies at Yenching University, 2).

CHOU, HSIANG-KUANG, 周祥光. Modern History of China. Delhi, Metropolitan Book Co. [1952] vii, 167 p. fold. map.

CLEGG, ARTHUR. The birth of new China; a sketch of one hundred years, 1842-1942. London, Lawrence and Wishart [1943]; Allahabad, Kitab Mahal, 1943. 144 p. illus. (maps).

DER LING, princess, 德齡公主, d. 1944. Son of Heaven. New York, London, D. Appleton-Century, 1935. xi, 248 p. front., plates, ports.

DUBARBIER, GEORGES, 1888- Histoire de la Chine moderne. Paris, Presses universitaires de France, 1949. 126, [2] p. map. ("Que sais-je?" Le point des connaissances actuelles, 308).

DUCHESNE, ALBERT. Quand les Belges devaient partir pour la Chine. Un projet d'expédition contre les Boxers, 1900. Bruxelles, Éditions L'Avenir [1949?] 48 p. (Collection d'histoire militaire belge).

FAIRBANK, JOHN KING, 1907- ed. Ch'ing documents: an introductory syllabus, compiled by John King Fairbank for use in the seminar in modern Chinese history at Harvard University. Cambridge, Published with the assistance of the Harvard-Yenching Institute and distributed by Harvard University Press, 1952. 2 v.

FRANKE, WOLFGANG, 1912- Die Staatspolitischen Reformversuche K'ang Yuweis, 康有為, und seiner Schule. Ein Beitrag zur geistigen Auseinandersetzung Chinas mit dem Abendlande. Berlin, 1935. 83 p. incl. facsims.

JULLIAN, ÉLIE ALPHONSE, 1859- Souvenirs de l'expédition de Chine, 1900-02, avec deux croquis. Paris, J. Peyronnet, 1928. [7]-106 p., incl. maps. (Collection Les clochers de France. [n° 26]).

KENT, PERCY HORACE BRAUND, 1876- The twentieth century in the Far East; a perspective of events, cultural influences and policies. London, E. Arnold [1937] 390 p.

MA, TE-CHIH, 麥德智. Le mouvement réformiste et les événements de la cour de Pékin en 1898. Lyon, Bosc frères, M. and L. Riou, 1934. 125 p. Thèse-Univ. de Lyon.

MANNIX, WILLIAM FRANCIS. Memoirs of Li Hung Chang, by William Francis Mannix, with the story of a literary forgery, by Ralph D. Paine. Boston and New York, Houghton Mifflin, 1923. lxxxii, 298 p. front. (port. group).

RATTENBURY, HAROLD BURGOYNE. Understanding China. London, F. Muller [1942] 127 p. illus. (map).

REID, JOHN GILBERT, 1899- The Manchu abdication and the powers, 1908-12; an episode in pre-war diplomacy; a study of the rôle of foreign diplomacy during the reign of Hsüan-T'ung. Berkeley, Calif., University of California Press, 1935. xiii, 497 p. front. (ports.) fold. map.

SIMPSON, BERTRAM LENOX, 1877-1930. Indiscreet letters from Peking; being the notes of an eye-witness, which set forth in some detail, from day to day, the real story of the siege and sack of a distressed capital in 1900--the year of great tribulation; edited by B. L. Putnam Weale [pseud.]. New York, Dodd, Mead, 1922. vii, 447 p. plan.

SO, KWAN-WAI, 蘇均煒, 1919- Western influences and the Chinese reform

movement of 1898. Madison, 1950. i, 269 l. Thesis-Univ. of Wisconsin.
SPECTOR, STANLEY, 1924- Li Hung-chang and the Huai-chün. Ann Arbor, University Microfilms [1954] ([University Microfilms, Ann Arbor, Mich.] Publication 7200). Collation of the original: xi, 641 l. illus., maps. Thesis-University of Washington.
STEIGER, GEORGE NYE, 1883- China and the Occident; the origin and development of the Boxer movement. New Haven, Yale University Press; London, H. Milford, Oxford University Press, 1927. xix, 349 p. map.
TAN, CHESTER C., 譚春霖 [T'an, Ch'un-lin]. The Boxer catastrophe. New York, Columbia University Press; London, Oxford University Press, 1955. ix, 276 p. (Columbia studies in the social sciences, 583).
T'AN, YÜN-SHAN, 譚雲山, 1901- Modern China, a short history, political, economic and social. [Rev. and enl. ed.] Allahabad, Kitabistan [1944] 122 p. (Andhra University ser. 19).
THOMSON, HARRY CRAUFUIRD. The case for China. New York, C. Scribner; London, G. Allen and Unwin, 1933. 322 p. illus. (maps).
TYLER, WILLIAM FERDINAND, 1865- Pulling strings in China. London, Constable, 1929. x, 310 p. front. (port.) illus. (music) fold. maps.
VOSKAMP, C. J. ed. Chinesische Gegensätze, mit einer Vorbemerkung und Randbemerkungen von Fritz Wertheimer. Berlin, Buchhandlung der Berliner Missions-Gesellschaft, 1924. 71 p.
WAITE, CARLETON FREDERICK. Some elements of international military cooperation in the suppression of the 1900 antiforeign rising in China with special reference to the forces of the United States. Los Angeles, University of Southern California Press, 1935. 52 p. (University of Southern California. School of research studies, 12).
WANG, S. T. L'histoire anecdotique chinois--sous les Tsing. Pékin, Impr. de la "Politique de Pékin," 1924. 236 p. illus. (Collection de la "Politique de Pékin").
WASHINGTON (STATE) UNIVERSITY. Far Eastern and Russian Institute. Guide to the memorials of seven leading officials of nineteenth-century China. Prepared by the staff of the Modern Chinese History Project. Edited by Chung-li Chang, 張仲禮, and Stanley Spector. Translators: Mort Bobrow [and others] Foreword by Franz Michael. Seattle, University of Washington Press, 1955. xv, 457 p. (University of Washington publication on Asia).
WRIGHT, MARY CLABAUGH. The T'ung-chih restoration. Cambridge, 195- 589 l. Thesis - Radcliffe College.
———. The last stand of Chinese conservatism; the T'ung-chih restoration, 1862-74. Stanford, Stanford University Press [1957] x, 426 p. (Stanford studies in history, economics, and political science, 13).

Republic
1912-1936

BAKER, JOHN EARL, 1880-1957. Explaining China. London, A. M. Philpot, 1927. xviii, 312 p. incl. tables. front., plates, ports., maps (part double).
BERTRAM, JAMES M. Crisis in China; the story of the Sian mutiny. London, Macmillan, 1937. xxii, 318 p. front., plates, ports.
———. First act in China; the story of the Sian mutiny. New York, Viking Press, 1938. xviii p., 3-284 p. plates, ports.
CASSEVILLE, HENRY. De Chiang Kai Shek à Mao Tse Tung (Chine 1927-50). Paris, Charles-Lavauzelle [1950] 191 p. 3 fold. maps.
CHANG, PO-HSÜN, 張伯訓, 1910- China's revolution, 1911-12, and its foreign relations; a study of the fall of the Manchu Empire and the founding of the Chinese Republic. Washington, 1948. vi, 376 l. Thesis-Georgetown University.
CHEN, FOU-CHOEN, 沈福順 [Shen Fu-shün]. La révolution chinoise. Paris,

F. Alcan, 1929. 183 p. Thèse-Univ. de Paris.
CHINA. Ministry of Information. A Chinese chronology, 1931-46. London, U.K. office, Chinese Ministry of Information, 1946. 38 p.
THE CHINA PRESS, Shanghai. The silver jubilee of the Republic of China. 1911-October 10, 1936. With the 25th anniversary supplement of the China Press. Shanghai, [China Press, 1936] cover-title, 204 p. illus. (incl ports., map, facsims.) diagrs.
CROW, CARL, 1883-1945. China takes her place. New York and London, Harper [1944] xxi, 282 p.
FINCH, PERCY. Shanghai and beyond. New York, Scribner, 1953. 357 p.
FOSTER, JOHN. Chinese realities. London, Edinburgh House Press, 1928. 240 p. diagr.
GANNES, HARRY, 1900-41. When China unites; an interpretive history of the Chinese revolution. New York, A.A. Knopf, 1937. 3-293, xiii, [1] p. maps (1 fold.).
———. The same; a history of China's struggle for national independence. London, J.M. Dent, 1938. 276 p. including maps.
GANNETT, LEWIS STILES, 1891- Young China. Rev. ed. New York, The Nation [c1927] viii, 55 p. illus.
GILES, HERBERT ALLEN, 1845-1935. Chaos in China. Cambridge [Eng.] W. Heffer, 1924. 43, [1] p.
GLICK, CARL, 1890- Double ten, Captain O'Banion's story of the Chinese revolution. London, New York, Whittlesey House, McGraw-Hill [1945] 3-281 p. front., ports.
GREEN, OWEN MORTIMER. The story of China's revolution. London, New York [etc.] Hutchinson [1945] 240 p. front., plates, ports.
HALL, JOSEF WASHINGTON, 1894- In the land of the laughing Buddha; the adventures of an American barbarian in China, by Upton Close (Josef Washington Hall). New York and London, G.P. Putnam, 1924. xxiii, 359 p. front., plates, port.
HUTCHINSON, PAUL, 1890-1956. What and why in China. Chicago, Willett, Clark and Colby, 1928. 134 p. illus. (maps).
JOHNSTON, SIR REGINALD FLEMING, 1874-1938. Twilight in the Forbidden city. With a preface by the Emperor. London, V. Gollancz, 1934. 486 p. front., illus., plates (part fold.) ports., plans (1 fold.) facsims., geneal. tab.
KOTENEV, ANATOL M. New lamps for old; an interpretation of events in modern China and whither they lead. Shanghai, North-China Daily News and Herald, 1931. 371, [7] p.
KRARUP-NIELSEN, AAGE. The dragon awakes. Authorized translation from the Danish. London, John Lane; New York, Dodd, Mead [1928] xvi, 208 p. front., plates, ports., fold. map.
LA FARGUE, THOMAS EDWARD. China and the world war. Stanford, Stanford University Press; London, H. Milford, Oxford University Press, 1937. x, 278 p. illus. (map) (Hoover war library publications, 12).
LATOURETTE, KENNETH SCOTT, 1884- A history of modern China. London, Baltimore, Penguin Books [1954] 233 p. illus. (Pelican books, A302).
LATTIMORE, OWEN, 1900- China, a short history, by Owen and Eleanor Lattimore. New York, W.W. Norton [1947] London, Pelican Books. 218 p., illus. (maps).
———. The making of modern China, a short history by Owen and Eleanor Lattimore. Washington, The Infantry Journal [1944] 7-178 p. illus. (maps) (Fighting forces series).
———. The same. New York, W.W. Norton [1944] 212 p. illus. (maps).
———. The same. London, G. Allen and Unwin [1945] 7-212 p., illus. (maps).
———. La genèse de la Chine moderne, par Owen et Eleanor Lattimore. Paris, Payot, 1946. 156 p. map. (Bibliothèque géographique).

LOH, PICHON PEI-YUNG, 陸品清. The popular upsurge in China: Nationalism and westernization, 1919-27. Chicago, 1955. 362 l. Thesis-Univ. of Chicago.

MARQUÈS-RIVIÈRE, JEAN. La Chine dans le monde, la révolution chinoise de 1912 à 1935; préface du rév. P. J. de Reviers de Mauny, S. J.; avec dixsept croquis. Paris, Payot, 1935. [7]-284 p. illus. (incl. maps) (Collection d'études, de documents et de témoignages pour servir à l'histoire de notre temps).

MINKNER-CANTON, EDMUND. Ganz China unter dem Sonnenbanner des Südens. Die Lage im heutigen China. Berlin, Schlieffen-Verlag, 1928. 126 p. illus.

MISSELWITZ, HENRY FRANCIS, 1900- The dragon stirs; an intimate sketch-book of China's Kuomintang revolution, 1927-29. New York, Harbinger House [c1941] 293 p. front.

MOWRER, EDGAR ANSEL, 1892- Mowrer in China, by Edgar Ansel Mowrer; with six maps by Marthe Rajchman. Harmondsworth, Middlesex, Eng., Penguin Books [1938] ix, 11-216 p. illus. (maps).

———. The dragon wakes, a report from China. New York, W. Morrow, 1939. v, [1], 242 p. illus. (maps).

PARK, NO YONG, 鮑納榮, 1899- Making a new China; with an introduction by Honorable Henrik Shipstead. Boston, Stratford Co. [c1929] vii, 308 p.

QUIGLEY, HAROLD SCOTT, 1889- China today, by Harold S. Quigley. Chinese-American collaboration and economic development in China, by Chang Kia-ngau. A talk on Russia, by Eric A. Johnston. The Pope's way to peace, by the Reverend John A. O'Brien. New York, Carnegie Endowment for International Peace, Division of Intercourse and Education [1944] 589-663 p. (Interantional conciliation, October, 1944, no. 404).

RASMUSSEN, ALBERT HENRY. Return to the sea. London, Canstable [1956] 207 p. illus.

RODES, JEAN. La Chine nationaliste, 1912-30. Paris, F. Alcan, 1931. v, 193 p. (Les Questions du temps présent).

ROYAL INSTITUTE OF INTERNATIONAL AFFAIRS. Information dept. Chronology of events in China, 1911-27; with a foreword by Sir Frederick Whyte. London, Association for International Understanding [1928] 46 p.

STANTON, EDWIN F., 1901- Brief authority; excursions of a common man in an uncommon world. New York, Harper [1956] 290 p. illus.

STRONG, ANNA LOUISE, 1885- China's millions. New York, Coward-McCann, 1928. xiv, 413 p. front., plates, ports.

———. The same; the revolutionary struggles from 1927 to 1935. introduction by John Cournos. New York, Knight publishing co., 1935; London, V. Gollancz, 1936. vi, ix-xviii, 457 p. 1st ed. 1928.

———. China-Reise; mit Borodin durch China und die Mongolei aus dem Amerikanischen von Lucie Hecht. Berlin, Neuer Deutscher Verlag, 1928. 214, [2] p. plates, ports.

SÜHL, MARGA. Die Grossmächte und die chinesische Revolution bis zum Ausbruch des ersten Weltkrieges. Kiel, 1944. 115 p. illus. Diss.-Univ. Kiel.

T'ANG, LEANG-LI, 湯良禮, 1901- The inner history of the Chinese revolution. London, G. Routledge, 1930. xv, 391 p.

TÉRY, SIMONE. Fièvre jaune (la Chine convulsée). Paris, E. Flammarion [1928] xii p., [15]-294 p.

TSE, TSAN-TAI, 謝纘泰, 1872-193? The Chinese republic; secret history of the revolution. Hong Kong, South China Morning Post, 1924. ii, 30 p. port.

TYLER, WILLIAM FERDINAND, 1865- Pulling strings in China. London, Constable, 1929. x, 310 p. front.(port.) illus. (music) fold. maps.

VAIDYA, KESHAV BALKRISHNA, 1896- Reflections of the recent Canton revolt and after. Canton, K. B. Vaidya for National Pub. Ltd. [1936] 34, 36 p. plates, ports., facsims.

VALENTIN, FERDINAND. L'avènement d'une république; luttes intérieures de la Chine de 1911 à 1923. Paris, Perrin et Cie, 1926. ii, 316 p.

VAN DORN, HAROLD ARCHER, 1896- Twenty years of the Chinese republic; two decades of progress. New York, A.A. Knopf, 1932. xiv, 309, vii,[1] p. plates, map, diagr.

VANLANDE, RENÉ. Souvenirs de la révolution chinoise. Paris, J. Peyronnet, 1928. 64 p. (Collection Les clochers de France, [24]).

WOODHEAD, HENRY GEORGE WANDESFORDE, 1883- The truth about the Chinese Republic. London, Hurst and Blackett [1925] 287 p. front. (port.).

1937-

ABEGG, LILY, 1901- Chinas Erneuerung, der Raum als Waffe. Frankfurt a. M., Societäts-Verlag [c1940] 481, [3] p. 32 plates (incl. ports.) on 16 l., 2 maps on fold. l. (in pocket).

ALCOTT, CARROLL DUARD, 1901- My war with Japan. New York, H. Holt [1943] 368 p.

ANDERSSON, JOHAN GUNNAR, 1874- China fights for the world. London, K. Paul, Trench, Trubner and co. ltd. [1939] xiii, 272 p. illus., XVI plates (incl. front. (port.)) fold. map.

AUDEN, WYSTAN HUGH, 1907- Journey to a war, by W.H. Auden and Christopher Isherwood. New York, Random House [c1939] 13-301 p. front., plates, ports.

BERTRAM, JAMES M. North China front. London, Macmillan, 1939. xvi, 514 p. front., plates, ports.

———. Unconquered. Journal of a year's adventures among the fighting peasants of north China. New York, John Day [c1939] ix, 3-340 p. front. (port.) plates.

BISSON, THOMAS ARTHUR, 1900- Japan in China. New York, Macmillan, 1938. 417 p. plates, ports., maps (incl. fold. front.).

BISWAS, RAMNATH. China defies death. [Calcutta, Madhabendra Mitter, for the Paryatak Prakasana Bhawan, 1944] 176 p.

BOOKER, EDNA LEE. News is my job; a correspondent in war-torn China. New York, Macmillan, 1940. xii, 375 p. front., plates, ports.

———. Flight from China, by Edna Lee Booker, in collaboration with John S. Potter. Decorations by Peggy Bacon. New York, Macmillan, 1945. x p., 236 p. incl. front., illus.

CARLSON, EVANS FORDYCE, 1896- Twin stars of China, a behind-the-scenes story of China's valiant struggle for existence, by a U.S. marine who lived and moved with the people; illustrated from photographs taken by the author. New York, Dodd, Mead, 1940. xiv, 331 p. front., plates, ports.

CHESTER, WILFRED L. China at bay. Shanghai [etc.] Kelly and Walsh, 1938. 214 p.

CHIANG, NEWTON, 蔣翼振, 1900- On foot to freedom; a diary of experiences during the Sino-Japanese war. With an introduction by Douglas N. Sargent. New York, Friendship Press [1945] 48 p. front. (group port.) illus., map.

CHINA INFORMATION COMMITTEE. China after four years of war, prepared under the auspices of the China information committee, Chungking. Chungking, The China Pub. Co., 1941. iv, [2], 182 p.

CHINA. Consulate. San Francisco. Pacific coast press opinion of the fifth anniversary of China's war with Japan. Compiled by the consulate-general of the Republic of China, San Francisco, California, U.S.A. [San Francisco, 1942] 63 p. illus. (incl. port.).

———. Ministry of Information. China after five years of war. Prepared under the auspices of the Ministry of information of the Republic of China. New York, Chinese News Service [1942] iv, 233, v-vii p.

———. The same; with a preface by Dr. V.K. Wellington Koo. London, V. Gollancz, 1943. 230 p. illus. (map) plates, port., 2 fold. maps.

———. China after five years of war series. [Chungking, China Pub. Co., 1942]

19 nos.

———. China's fifth war anniversary, a collection of articles, messages, speeches and comments. Chungking, 1942. cover-title, iv, 86 p.

———. China after seven years of war. Chungking, Chinese Ministry of Information [1944] 157 p.

———. The same, by Hawthorne Cheng, 鄭鈞, Samuel M. Chao, 趙敏求, Chu Fu-sung, 朱撫松 [and others]; edited by Hollington K. Tong, 董顯光. New York, Macmillan, 1945. 246 p. plates.

———. Into the eighth year; messages and articles commemorating seven years of China's continuous resistance to aggression. With a foreword by V.K. Wellington Koo. London, Chinese Ministry of Information, 1945. 78 p. illus.

THE CHINA PRESS, Shanghai. China today, a special supplement issued on the occasion of the 28th anniversary of the founding of the Republic of China. Shanghai, 1939. cover-title, 66 p. incl. illus., ports.

EKINS, HERBERT ROSLYN, 1901- China fights for her life, by H.R. Ekins and Theon Wright. New York, London, Whittlesey House, McGraw-Hill Book Co. [c1938] xix, 335 p. plates, ports.

EPSTEIN, ISRAEL, 1915- The people's war; with six full-page woodcuts carved specially for this book by Chen Yin-chiao. London, V. Gollancz, 1939. 384 p. incl. front., illus.

FARMER, FRANCIS RHODES. Shanghai harvest, a diary of three years in the China war. London, Museum Press [1945] 294 p. illus. (map) plates, ports.

FITCH, GERALDINE. Blunder out of China; a commentary on the White-Jacoby book. [New York, American China Policy Assn., 1947?] 32 p.

GOULD, RANDALL. Chungking today. Shanghai, The Mercury Press, 1941. 11-97 p. plates, group port.

HALL, RONALD OWEN, bp., 1895- China's fight for freedom. [London, Odhams Press, 1943?] cover-title, 48 p. illus. (incl. ports., maps).

HANSON, HALDORE E. "Humane endeavour"; the story of the China war. New York, Toronto, Farrar and Rinehart [c1939] x, 390 p. front., illus. (map).

HSIAO, CH'IEN, 蕭乾, 1911- China but not Cathay. London, Pilot Press [1942] viii, 135, [1] p. incl. front., illus. fold. map.

I-FENG, 易風, pseud. Give back my rivers and hills! 還我河山. Translated from the Chinese by Innes Jackson. London, Macmillan, 1945. xviii, 135, [1] p. front., plates.

K'UNG, HSIANG-HSI, 孔祥熙, 1881- China's wartime progress. Chungking, The China Information Committee, 1939. cover-title, 18 p.

LAMOTT, WILLIS, 1893- The amazing Chinese. New York, Friendship Press, c1940. 48, [1] p. front., illus.

LEONARD, ROYAL. I flew for China. Garden City, N.Y., Doubleday, Doran, 1942. xx, 295 p.

LIN, ADET, 林無雙, 1923- Dawn over Chungking [by] Adet, Anor, 林如斯, and Meimei Lin, 林相如. New York, John Day [c1941] 3-240 p.

LIN, YU-T'ANG, 林玉堂, 1895- The vigil of a nation. New York, John Day [1944]; Toronto, Longmans, Green, 1945; London, Heinemann, 1946. vii, [2], 262 p. illus. (map) plates, ports.

MAURER, HERRYMON, 1914- The end is not yet; China at war. New York, Robert M. McBride [c1941]; London, Toronto, W Heinemann, 1942. 11-321 p.

MUNDAY, MADELEINE CONSTANCE. Rice bowl broken. London, New York [etc.] Hutchinson [1945?] 139 p. front., plates.

NOLDE, ANDRÉ. La Chine de Chiang Kaï Chek. Paris, Corrêa [1946] [7]-196 p., 2 l. incl. front. (map).

ON KIN, U. China as a Burman saw it. Rangoon, American Baptist Mission Press, 1939. vii, 63 p. illus. (incl. group port.).

PAYNE, PIERRE STEPHEN ROBERT, 1911- China awake. New York, Dodd, Mead [1947] ix, 424 p. map (on lining-papers).

PRICE, FRANCIS WILSON, 1895- China, twilight or dawn? New York, Friend-

ship Press [1948] vi, 184 p. fold. col. map.
SAMSON, GERALD. Warning lights of Asia. London, R. Hale [1940] 317 p. front., illus. (maps) plates, ports.
———. The Far East ablaze. [London] H. Joseph [1945] 183 p. illus. (maps) plates, ports.
SANDISON, ALEXANDER, 1885- Escape into activities. The flight into normality. Discipline and leadership. China under war conditions. [By] Drs. A. Sandison, R. Hargreaves, H. Crichton-Miller, and F. M. Edwards. October, 1940. London, C. W. Daniel [1940] 47, [1] p. (Individual psychology medical pamphlets, 22).
SCHENKE, WOLF. Reise an der gelben Front; Beobachtungen eines deutschen Kriegsberichterstatters in China, mit 24 Abbildungen auf Kunstdrucktafeln nach Aufnahmen des Verfassers sowie 2 Karten. Oldenburg i. O., G. Stalling [1940] 336 p. illus., ports., maps (on lining papers).
SMEDLEY, AGNES, 1890-1950. Battle hymn of China. New York, A. A. Knopf, London, V. Gollancz, 1944. 7-365 p. fold. map.
SNOW, EDGAR, 1905- Scorched earth. London, V. Gollancz, 1941. 396 p.
———. The battle for Asia. New York, Random House [c1941] xii, 431 p. illus. (map) plates, ports.
———. The same. Cleveland and New York, The World Pub. Co. [1942] ix, 431 p.
SOUTH MANCHURIA RAILWAY COMPANY. Information and Publicity Dept. North China in transition. [Tokyo? 1938] cover-title, 23 p. plates. (China incident series, 6).
STEWART, MAXWELL SLUTZ, 1900- War-time China. New York, San Francisco [etc.] American Council, Institute of Pacific Relations, 1944. 63 p. illus. (incl. ports., maps). (I. P. R. pamphlets, 10).
STRONG, ANNA LOUISE, 1885- One-fifth of mankind. New York, Modern Age Books [c1938] 215 p. incl. front. (map).
———. China fights for freedom. [London] L. Drummond [1939] viii, [2], 231 p. incl. front. (map) 1 illus.
SUBILIA, JEAN DANIEL. La Chine qui bouillonne. Genève, Éditions "Labor," 1941. iv, xx, 272 p. plates, illus. map.
———. Gärendes China. Übersetzung von Guy Sylwan und Karl Huber. Zürich, Verlag der Ostasienmission, 1943. 216, [2] p. plates.
TAYLOR, GEORGE EDWARD, 1905- The struggle for north China. New York, International Secretariat, Institute of Pacific Relations, 1940. xiv, 250 p. illus. (map) diagr. (I. P. R. inquiry series).
TONG, HOLLINGTON KONG, 董顯光, 1887- China and the world press. [n. p., 1948] 282 p.
UNITED SERVICE TO CHINA. What Li Wen saw. New York, United China relief [1941?] 31, [1] p. illus., diagr.
URACH, ALBRECHT, fürst, 1903- Ostasien, Kampf um das kommende Grossreich. Berlin, Steiniger-Verlage; Verlagsabteilung R. Hobbing [1940] 191, [5] p. illus. (maps) plates, ports.
UTLEY, FREDA. China at war. London, Faber and Faber [1939] xv, 306 p. incl. front. (port.) plates, ports., fold. map.
VAIDYA, KESHAV BALKRISHNA, 1896- The secret of China's resistance. Karachi, Educational Pub. Co., 1943. 2, 164 p. [His The Un-Pacific series, 2].
WARTIME China, as seen by westerners. Chungking, China Pub. Co. [pref. 1942] iv, [2], 319 p. diagrs.
WHITE, THEODORE HAROLD, 1915- Thunder out of China [by] Theodore H. White and Annalee Jacoby. New York, William Sloane Associates [1946]; London, V. Gollancz, 1947. xvi, 331 p. maps.
———. Donner aus China, von Theodore White und Annalee Jacoby. Aus dem Amerikanischen von Barbara Doyle-Reck. Stuttgart, Hamburg, Baden-Baden, Rowohlt Verlag; Zürich, Wien, Europa Verlag, 1949. 373 p.

V. BIOGRAPHY

General

ALLAN, CHARLES WILFRID, 1870- Makers of Cathay, 3rd ed. Shanghai, Kelly and Walsh, 1936. vi p., 363 p. 1st ed. 1909; 2d ed. 1925.

AMERICAN UNIVERSITY CLUB OF SHANGHAI. American university men in China, published by the American University Club of Shanghai. Shanghai, Comacrib Press, 1936. iii-xii, 233 p. plates.

CHINA. Ministry of Information. Chinese Who's Who. Chungking, Chinese Ministry of Information, 1943. cover-title, 75 p. (China Handbook ser. 23).

The CHINA who's who (foreign). ed. by Carroll Lunt. A biographical dictionary 1922- Shanghai, Union Printing and Service Agency, 1922- v. ports. annual.

COMMERCIAL PRESS. Chung-kuo jen-ming ta tz'u-tien. (Indexes) A romanized index to the surnames in the Chinese biographical dictionary. Chung-kuo jen-ming ta tz'u-tien, compiled by M. Jean Gates. Washington, D.C., Priv. print., 1942. cover-title, 32 p.

GILLIS, IRVIN VAN GORDER, 1875-1948. comp. Supplementary index to Giles' "Chinese biographical dictionary," compiled by I.V. Gillis and Yü Ping-yüeh, 于炳耀. Peiping, 1936. [88] p.

The GREAT international golden book of Peiping; a unique collection of portraits of well-known members of the diplomatic corps, administrators, military and navy officers [and others] Peiping, A. Yourieff, 1933. 1 v. (unpaged) ports.

HARVARD UNIVERSITY. Committee on International and Regional Studies. Biographies of Kuomintang leaders. Cambridge, Mass., 1948. 3 v. Mimeographed.

KUO, HELENA, 郭鏡秋. Giants of China; illustrated by Woodi Ishmael. New York, E.P. Dutton, 1944. 254 p. illus.

LLEWELLYN, BERNARD, 1919- China's courts and concubines: some people in Chinese history; illustrated by Pauline Diana Baynes. London, G. Allen and Unwin, 1956. 214 p. illus.

LY HOI-SANG, 黎海生, 1870-1944. Illustrious prime ministers of China, their ancient manners, customs and philosophies, a symphony of the spheres, by Ly Hoi Sang and Richard Alexander. [New York, Printed by Manger, Hughes and Manger, c1928] [vii]-xii, 13-108 numb. l., 6 l. incl. illus., ports. front.

MARTIN, BERNARD, 1897- The strain of harmony; men and women in the history of China. London, W. Heinemann [1948] xii, 187 p. plates, ports.

MAYERS, WILLIAM FREDERICK, 1831-78. The Chinese reader's manual; a handbook of biographical, historical, mythological, and general literary reference. Reprinted from the original edition. Shanghai, Presbyterian Mission Press, 1924. xvi, 444 p. 1st ed. 1874. First reprint ed. 1910.

NELLIST, GEORGE FERGUSON MITCHELL, 1889- ed. Men of Shanghai and North China; a standard biographical reference work. Shanghai, Oriental Press, 1933. 516 p. incl. ports.

NORTH, ROBERT CARVER, 1914- Kuomintang and Chinese communist elites, by Robert C. North with the collaboration of Ithiel de Sola Pool. Introd. by John K. Fairbank. [Stanford] Stanford University Press, 1952. vii, 130 p. maps, tables. (Hoover Institute studies. Series B: Elite studies, 8).

PANKING. Les chevaliers chinois. Pékin, Impr. de la "Politique de Pékin,"

1922. 220 p. (Collection de la "Politique de Pékin").

PERLEBERG, MAX, 1900- Who's who in modern China (from the beginning of the Chinese Republic to the end of 1953) Over 2000 detailed biographies of the most important men who took part in the great struggle for China, including detailed histories of the political parties, government organisations, a glossary of new terms used in contemporary Chinese together with a double index in Chinese and English and two charts. Hong Kong, Ye Olde Printerie, 1954. xii, 428 p. col. illus., 2 diagrs.

U. S. Library of Congress. Orientalia division. Some eminent Chinese of the seventeenth century; twenty-two biographies from a proposed dictionary of Ch'ing dynasty biography; Arthur W. Hummel, editor. Baltimore, Md., Waverly Press, 1936. vi, 21 p.

———. Eminent Chinese of the Ch'ing period (1644-1912) Edited by Arthur W. Hummel. Washington, Govt. Print. Off., 1943-44. 2 v.

WALKER, MERLE R. Contemporary Chinese leaders, brief sketches. New York, China Society of America (inc.) 1922. 31 p. (China society pamphlets, 3).

WEIG, JOHANN. Die chinesischen Familiennamen nach dem Büchlein. [Bei dja sing, 百家姓] nebst Anhang enthaltend Angaben über berühmte Persönlichkeiten der chinesischen Geschichte. Tsingtau, Missionsdruckerei, 1931. [v]-x, 285 p. illus., 2 port. on 1 l.

WHO'S Who in China. Shanghai, China Weekly Review, 1918-50. 1st ed. 1918; 2d. ed. 1920; 3d. ed. 1926; Supplement, 1928; 4th ed. 1931; Supplement, 1933; 5th ed., 1936; Supplement, 1940; 6th ed., 1950.

WU, EUGENE, 吳文津, 1922- Leaders of twentieth entury China; an annotated bibliography of selected Chinese biographical works in the Hoover Library. Stanford, Stanford University Press, 1956. vii, 106 p. (Hoover Institute and Library. Bibliographical series, 4).

Special
19th Century

BALES, WILLIAM LESLIE, 1893- Tso Tsung-t'ang, 左宗棠, soldier and statesman of old China. Shanghai, Kelly and Walsh, 1937. xvi, 436 p. front., illus. (maps), ports.

CHEN, GIDEON, 陳其田, [Ch'en, Ch'i-t'ien] Lin Tse-hsü, 林則徐, pioneer promoter of the adoption of western means of maritime defense in China. Peiping, Department of Economics, Yenching University, 1934. vi, 65 p. front (port.), illus., plates. (Modern industrial technique in China: part 1).

———. Tseng Kuo-fan, 曾國藩, pioneer promoter of the steamship in China. Peiping, Department of Economics, Yenching University, 1935. 98 p. front. illus., plates, ports., facsims. (Modern industrial technique in China: part 2).

———. Tso Tsung-t'ang, 左宗棠, pioneer promoter of the modern dockyard and the woollen mill in China. Peiping, Department of Economics, Yenching University [1938] v, 93 p. front., illus., plates, ports. (Modern industrial technique in China: part 3).

HAIL, WILLIAM JAMES. Tsêng Kuo-fan and the Taiping rebellion, with a short sketch of his later career. New Haven, Yale University Press; London, H. Milford, Oxford University Press, 1927. xvii, 422 p. maps. (Yale historical publications. Miscellany, XVIII).

Tz'ŭ-Hsi

BLAND, JOHN OTWAY PERCY, 1863-1945. comp. China under the empress dowager, being the history of the life and times of Tz'ŭ hsi, compiled from state papers and the private diary of the comptroller of her household, by J.

O. P. Bland and E. Backhouse. Peking, H. Vetch, 1939. xxiii, [2], 470 p., front., plates (1 col.) ports., 2 fold. maps, 2 facsim. (1 col.).

BACKHOUSE, SIR EDMUND TRELAWNEY, 1873-1944. Les empereurs Mandchous; mémoires de la cour de Pékin. Traduction de L. M. Mitchell. Préface de m. Henri Maspero. Paris, Payot, 1934. [7]-329, [1] p. (Bibliothèque historique).

CABANEL, FERNANDE. La dernière impératrice; vie de l'impératrice de Chine, Tseu-hi (1835-1909) Paris, La Nouvelle société d'édition[1936] [7]-219 p.

COLLIS, MAURICE, 1889- New sources for the life of the Empress Dowager Tz'ŭ Hsi; a lecture delivered before the China Society on March 21st, 1944. London, China Society, 1944. cover-title, 8 p.

DER LING, 德齡公主, princess. Old Buddha. New York, Dodd, Mead, 1928. xviii, 347 p. front., plates, ports.

———. Imperial incense; illustrations by Bertha Lumm. New York, Dodd, Mead, 1933. ix p., 267 p. col. front., illus., col. plates.

HUSSEY, HARRY, 1882- Venerable ancestor; the life and times of Tz'ŭ hsi, 1835-1908, Empress of China. Garden City, N.Y., Doubleday, 1949. xix, 354 p. illus.

VARÈ, DANIELE, 1880-1956. The last of the empresses and the passing from the old China to the new. London, J. Murray [1936] xiii, 258 p. front.(port.) illus. (incl. plan) plates.

———. The last empress. New York, Doubleday, Doran, 1936. xvii, 320 p. front. (port.) illus. (incl. plan) plates.

———. The same. Garden City, N.Y., The Sun Dial Press [1938, c1936] xvi, 320 p. front., illus. (incl. plan) plates, port.

———. Die latzte Kaiserin. Vom alten zum neuen China. Übers. aus dem Englischen. Wien, Erasmus-Verlag, 1952. 264 p.

WU, YUNG, 吳永. The flight of an empress, told by Wu Yung, whose other name is Yü-ch'uan, 漁川 ; transcribed by Liu K'un, 劉昆; translated and edited by Ida Pruitt; introduction by Kenneth Scott Latourette. New Haven, Yale University Press, 1936. xxiii, 222 p. plates, port., map.

20th Century
Sun Yat-sen

AMANN, GUSTAV, 1882- Sun Yatsens Vermächtnis; Geschichte der chinesischen Revolution; mit Vorworten von Karl Haushofer und Engelbert Krebs. Berlin-Grunewald, K. Vowinckel, 1928. xxvi, 270, [1] p. front., plates, ports., 2 maps.

———. The legacy of Sun Yatsen; a history of the Chinese revolution; with prefaces by Karl Haushofer and Engelbert Krebs, translated from the German by Frederick Philip Grove. New York and Montreal, L. Carrier [c1929] xii, 302 p. front., plates, ports.

BAKER, NINA (BROWN), 1888- Sun Yat-sen. Ilustrations by Jeanyee Wong, 黃如珍. New York, Vanguard Press [1946] 247 p. illus.

BUCK, PEARL (SYDENSTRICKER), 1892- The man who changed China: the story of Sun Yat-sen; illustrated by Fred Castellon. New York, Random House [1953] 185 p. illus. (World landmark books, W-9).

BURCHETT, GEORGE HAROLD. Building China's republic: epic of vision, valour, victory. Father of the republic Dr. Sun Yat-sen, man of vision and action, by George Harold Burchett and Winston Harold Burchett. Melbourne, Australia-China Cooperation Association, 1943. cover-title, 16 p.

CHAN, WILHELM, 1906- Der Einfluss der Gedankengänge von dr. Sun Yat Sen auf die Entwicklung der Sozialpolitik Chinas. Berlin-Charlottenburg, Gebrüder Hoffmann, 1931. 89, [1] p.

CHEN, STEPHEN, 程錫藩. Sun Yat-sen, a portrait by Stephen Chen and Robert Payne. New York, John Day [1946] 242 p. front. (port.).

CHIANG, MONLIN, 蔣夢麟, 1886- Sun Yatsen on international cooperation: On international development of China by Chiang Monlin. On Sino-Japanese relations, by Hollington K. Tong. Taipei, Cultural Pub. Foundation, 1953. 15 p. (Pamphlet on Chinese affairs).

CHU, CHI-HSIEN, 朱啓賢, 1911- A study of the development of Sun Yat-sen's philosophical ideas. Ann Arbor, University Microfilms, 1950. ([University Microfilms, Ann Arbor, Mich.] Publication no. 1837). Collation of the original: 233, 12, [3] l. Thesis-Columbia University.

HALL, JOSEF WASHINGTON, 1894- Eminent Asians; six great personalities of the new East, by "Upton Close." Portrait drawings of Orré Nobles. New York and London, D. Appleton, 1929. 3-510, [1] p. incl. ports. front.

HERRFAHRDT, HEINRICH, 1890- Sun Yatsen; der Vater des neuen China; ein Beispiel westöstlicher Begegnung. Hamburg, Drei-Türme-Verlag [c1948] 239 p.

HUNG JAIR. Les idées économiques de Sun Yat Sen. Toulouse, Impr. F. Boisseau, 1934. 197, [2] p. diagrs. Thèse-Univ. de Toulouse.

JAHN, WERNER. Der Einfluss Sun Yatsens auf die verfassungsrechtliche Entwicklung Chinas. Marburg, 1948. vi, 58 l. Diss.-Univ. Marburg.

JANSEN, MARIUS B. The Japanese and Sun Yat-sen. Cambridge, Harvard University Press, 1954; London, Oxford University Press, 1955. viii, 274 p. group port., facsims. (Harvard historical monographs, 27).

[KUO MIN TANG]. Dr. Sun Yat-sen, his life and achievements; published under the auspices of the Publicity department of the Central Executive Committee. [Shanghai] Shanghai Mercury [192-] [3]-71 p. plates, ports.

LEE, EDWARD BING-SHUEY, 李炳瑞, 1903-56. Dr. Sun Yat-sen's life and principles. Peiping, Leader Press [1931] vii, 43 p. incl. plates, port.

LI, CHAO-WEI, 李肇偉. La souveraineté nationale d'après la doctrine politique de Sun-Yet-sin. Dijon, Impr. du Palais, M. Pornon, 1934. [5]-153, [1] p. Thèse-Univ. de Dijon.

LI, TI-TSUN, 李迪俊, 1901- The political and economic theories of Sun Yat-sen. Madison, Wis., 1929. 203 p., 25 numb. l. Thesis-University of Wisconsin.

LINEBARGER, PAUL MYRON ANTHONY, 1913- The political doctrines of Sun Yat-sen; an exposition of the San min chu i. Baltimore, The Johns Hopkins Press, 1937. xiv, 278 p. (Johns Hopkins university studies in historical and political science. Extra volumes. New ser., 24).

LINEBARGER, PAUL MYRON WENTWORTH, 1871-1939. Sun Yat Sen and the Chinese republic. New York and London, Century [c1925] xviii, 371 p. front, plates, ports.

———. The gospel of Chung Shan, according to Paul Linebarger, edited with introduction and comment by Paul Myron Anthony Linebarger. Paris, Comité général executif du Kuomintang en Europe. For sale at Brentano's, 1932. 263, [1] p. illus. (incl. ports., facsims.).

———. Gegensätze und Aehnlichkeiten zwischen Sun Yat Sens "San min chi i" und dem deutschen National-Sozialismus, mit Anekdoten von Sun Yat Sen. Washington, D.C., Éditions Mid-nation [1937] 39 p.

———. The ocean men; an allegory of the Sun Yat-sen revolutions; edited with an introduction by P.M. Anthony Linebarger. Washington, D.C., Mid-nation editions, c1937. 67 p.

———. La Chine et la Judée, trop vieilles pour mourir; une esquisse des révolutions de Sun Yat-sen. Washington, D.C., Éditions Mid-nation [1937] 64 p.

———. Livret-questionnaire pour les étudiants sur les doctrines politiques de Sun Yat-sen, d'après The political dictrines of Sun Yat-sen - an expostition of the San min chu i. Washington, D.C., Éditions Mid-nation [1937] 30 p.

———. Mes mémoires abrégés sur les révolutions de Sun Yat-sen. Paris, Éditions Mid-nation, 1938. 201, [1] p., port.

MARTIN, BERNARD, 1897- Strange vigour, a biography of Sun Yat-sen. London, W. Heinemann [1944] xii, 248 p. port.

RESTARICK, HENRY BOND, bp., 1854-1933. Sun Yat Sen, liberator of China, with a preface by Kenneth Scott Latourette. New Haven, Yale University Press; London, H. Milford, Oxford University Press, 1931. xvii, 167 p. front., plates, ports.

———. Sun Yat-sen, libérateur de la Chine. Traduction de R.-Ch. Duval. Paris, Payot, 1932. 198 p. (Bibliothèque historique).

"SAGGITARIUS," pseud. The strange apotheosis of Sun Yat-sen. London, Heath, Cranton [1939] 189, [2] p.

SHARMAN, LYON, 1872- Sun Yat-sen, his life and its meaning; a critical biography. New York, John Day [c1934] xvii, 418 p. front. (port.).

SOULIÉ, CHARLES GEORGES, 1878- Soun Iat-Sènn, par George Soulié de Morant. Paris, Gallimard [1931] 223, [1] p. incl. front. (port.).

SUN, YAT-SEN, 孫中山, 1866-1925. Memoirs of a Chinese revolutionary, a programme of national reconstruction for China, with a frontispiece portrait of the author. London, Hutchinson [1927] 254 p. front. (port.) 1st ed. 1918.

———. The same. Taipei, China Cultural Service, 1953. ix, 206 p.

———. Souvenirs d'un révolutionnaire chinois. Préf. de H.G. Chiu, 丘漢興, adapté du chinois par E. Dalter. [Paris] Éditions de la Nouvelle revue critique [1933] 221 p.

———. Aufzeichnungen eines chinesischen Revolutionärs, hrsg. und eingeleitet durch eine Darstellung der Entwicklung Sun Yat Sens und des Sun-Yat-Senismus von K.A. Wittfogel. Wien, Agis-Verlag [1927?] 344 p.

———. 30 Jahre chinesische Revolution, ins deutsche Übertragen von Tsan Wan, 萬燦. Berlin, Schlieffen-Verlag, 1927. 88 p.

———. Sun Yat-sen, his political and social ideals; a source book, compiled, translated and annotated by Leonard Shihlien Hsü, 許仕廉. Los Angeles, University of Southern California Press [c1933] xxiii, 505 p. incl. front. (port.) diagrs.

———. The teachings of Sun Yat-sen; selections from his writings, compiled and introduced by Professor N. Gangulee. Foreword by Dr. V.K. Wellington Koo. London, Sylvan Press [1945] ix-xl, 132 p., incl. front. (port.) 1 illus., diagr.

———. 10 letters of Sun Yat-sen, 1914-16. Stanford, Stanford University Libraries, 1942. 58 p. front. (port.).

———. Sun Yat-sen: commemorative album. Peking, 1956. 17 p. port. plates.

TAI, CHI-T'AO, 戴季陶, 1890-1949. Die geistigen Grundlagen des Sun Yat Senismus, mit einer Systemtabelle der Philosophie des Volkslebens. Berlin, Lankwitz, Würfel Verlag, 1931. 93 p. table.

TCHENG, CHAO-YUEN, 陳紹源 [Ch'en, Shao-yüan]. L'évolution de la vie constitutionelle de la Chine, sous l'influence de Sun Yat Sen et de sa doctrine (1885-1937). Paris, Librairie générale de droit et de jurisprudence, 1937. 190 p. diagrs. Thèse-Univ. de Dijon.

TSUI, SHU-CHIN, 崔書琴, 1906-57. Influence of the Canton-Moscow entente upon Sun Yat-sen's political philosophy. Cambridge. 1933. 292 l. Thesis - Harvard University.

WILLIAM, MAURICE. Sun Yat-sen versus communism; new evidence establishing China's right to the support of democratic nations. Baltimore, Williams and Wilkins, 1932. xx, 232 p. diagr.

WOU, SAO-FONG, 吳秀峯, 1898- Sun Yat-sen, sa vie et sa doctrine; étude historique, philosophique, juridique, politique, économique et sociale. Paris, Les Presses universitaires de France, 1929. 219 p.

ZOLOTOW, MAURICE, 1913- Maurice William and Sun Yat-sen. London, R. Hale [1948] 128 p. ports.

Chiang Kai-shek

AMANN, GUSTAV, 1882- Chiang Kaishek und die Regierung der Kuomintang in

China. II., vom verfasser ergänzte Aufl. Heidelberg, K. Vowinckel, 1939. viii, 240 p. incl. front. (facsim.) illus. plates, ports., fold. map. (His Geschichte Chinas in neuester zeit, bd. II). 1. Aufl. 1936.

———. Bauernkrieg in China; Chiang Kaisheks Kampf gegen den Aufstand, 1932-35. Heidelberg, K. Vowinckel, 1939. 157, [1] p. plates, port., maps (1 fold.). (His Geschichte Chinas in neuester zeit. Bd. III).

BERKOV, ROBERT. Strong man of China; the story of Chiang Kai-shek. Boston, Houghton Mifflin, 1938. xv, 288 p. front., ports.

The BIG four: Churchill, Roosevelt, Stalin [and] Chiang Kai-shek, by Vernon Bartlett, Emil Ludwig, Marshal Voroshilov and S.I. Hsiung, 熊式一. London, Practical Press [1943] 32 p. (To-day's booklets, ed. by M. Grindea).

BURBIDGE, WILLIAM FRANK. Rising China; a brief history of China and a biographical sketch of Generalissimo and Madame Chiang Kai-shek. [Bognor Regis, London, J. Crowther, 1943] 40 p. front. (group port.).

CHANG, HSIN-HAI, 張歆海, 1898- Chiang Kai-shek, Asia's man of destiny. Garden City, New York, Doubleday, Doran, 1944. xv, 357 p. ports.

———. Tschiang Kai Schek, Chinas grosser mann. "Aus dem Englischen übersetzt von N.O. Scarpi [pseud.]" [Zürich, Büchergilde Gutenberg, 1945] 360 p. plates, ports.

CH'EN, PU-LAI, 陳布雷, 1890-1948. Chronology of President Chiang Kai-shek, edited by Ch'en Pu-lai [and] Tang Cheng-chu, 唐振楚. Translated by Sampson C. Shen, 沈錡. Taipei, Chinese Cultural Service, 1954. 82 p. (Pamphlet on Kuomintang affairs).

CH'ÊN, TSUNG-HSI, 陳宗熙. General Chiang Kai-shek: the builder of new China, by Chen Tsung-hsi, Wang An-tsiang, 王靄祥, and Wang I-ting, 王翼廷. Shanghai, Commercial Press, 1929. x, [3]-107 p. front., ports., map, facsim.

CLARK, ELMER TALMAGE, 1886- The Chiangs of China. New York, Abingdon-Cokesbury Press [1943] 123 p. front., plates, ports., facsim.

HAHN, EMILY, 1905- Chiang Kai-shek, an unauthorized biography. [1st ed.] Garden City, N.Y., Doubleday, 1955. 382 p.

HEDIN, SVEN ANDERS, 1865-1952. Chiang Kai-shek, marshal of China, translated from the Swedish by Bernard Norbelie. New York, John Day [c1940] xiv, 290 p. illus. (map) plates, ports.

L'HOMME providentiel de la Chine. [Chungking, Le Correspondant chinois, 1940] cover-title, 7, [1] p. ports.

HSIUNG, SHIH-I, 熊式一, 1902- The life of Chiang Kai-shek. London, P. Davies [1948] xvii, 398 p. illus., ports., maps (on lining papers).

LIN, TSIU-SEN, . Chiang Kai-shek, Erneuerer und Einiger Chinas. Zürich, Chinas Kulturdienst, 1943. iv, 54 p. (Schriften des chinesischen Kultur-Dienstes).

MARBACH, OTTO, 1901- Marschall Chiang Kai-shek und Frau, zwei Führergestalten im Fernen Osten. Bern, P. Haupt, 1938. 112 p.

MATHEWS, BASEL JOSEPH, 1879- Wings over China (Generalissimo and Madame Chiang Kai-shek). New York, Friendship Press, 1940. Melbourne, Book Depot, 1942. 20 p. (Eagle books, 25).

MILLER, BASIL WILLIAM, 1897- Generalissimo and Madame Chiang Kai-shek, Christian liberators of China. Grand Rapids, Mich., Zondervan Pub. House [1943] 157 p.

OWEN, FRANK, 1905- Our ally China, the story of a great people and its man of destiny, Chiang Kai-shek. London, W.H. Allen, 1942. 63 p.

PANETH, PHILIP. The Generalissimo Chiang Kai-shek. London, J. Bale and Staples [c1943] [7]-79 p.

———. Chiang Kai-shek carries on. London, Alliance Press [1944] 155, [1] p. incl. front. (port.).

REASON, JOYCE, 1894- Chiang Kai-shek and the unity of China. London, Edinburgh House Press, 1943. 79, [1] p. illus. (map).

REYNOLDS, ERNEST EDWIN, 1894- Four modern statesmen, Winston Churchill, Franklin D. Roosevelt, Joseph Stalin, Chiang Kai-shek. Oxford University Press, 1944. 132 p. (Living names).

SIÉ, CHÉOU-KANG, 謝壽康 [Hsieh, Shou-k'ang] 1894- Le maréchal Chiang Kai Shek: son enfance, sa jeunesse. [3. éd. Paris] Presses universitaires de France, 1947. 257 p. illus., ports. 1er éd. Paris-Bruxelles, 1941; 2e éd., Genève, 1942.

———. President Chiang Kai-shek: his childhood and youth. Taipei, China Cultural Service [1954] 131 p. illus.

SOONG, MAYLING, 蔣宋美齡, 1897- Sian: a coup d'état, by Mayling Soong Chiang (Madame Chiang Kai-shek). A fortnight in Sian: extracts from a diary by Chiang Kai-shek. Shanghai, The China Pub. Co., 1937. x, 119 p.

———. General Chiang Kai-shek; the account of the fortnight in Sian when the fate of China hung in the balance, by General and Madame Chiang Kai-shek. Garden City, N.Y., Doubleday, Doran, 1937. xi p., 187 p.

———. China at the crossroads; an account of the fortnight in Sian, when the fate of China hung in the balance, by General and Madame Chiang Kai-shek. London, Faber and Faber [1937] 7-232 p.

———. Les origines du drame chinois, par Tchang Kai-chek et Soong Mayling. Traduit de l'anglais par Robert Delle Donne. Paris, Gallimard [1938] xxii, [7]-205 p.

———. Gefangen in Sian, von Chiang Kai-shek und Chiang Soong May-ling. Mit einer Einführung von Tsiang Pa-lie, 蔣百里. [Diese deutsche Aufl. hat Lin Tsiu-sen, 林秋生, besorgt] München, F. Bruckmann [1938] 118 p. front. ports. (fold.), facsim. (Schriften des chinesischen Kultur-Dienstes).

———. The same. (Das Tagebuch des Marshalls und die Niederschriften seiner Gattin. Chinesisch geschrieben [und mit] einer Einführung von Tsiang Pa-lie. Deutsche Ausgabe besorgt von Lin Tsiu-sen. 2 Aufl. Erlenbach-Zürich, E. Rentsch Verlag, 1943. iv, 128 p. (Schriften des chinesischen Kultur-Dienstes).

TONG, HOLLINGTON KONG, 董顯光, 1887- Chiang Kai-shek, soldier and statesman; authorized biography. Shanghai, China Pub. Co., 1937. 2 v. fronts., ports., fold. map.

———. Chiang Kai-shek. [Rev. ed. Taipei] China Pub. Co. [c1953] 562 p.

———. Abridged biography of President Chiang. Taipei, China Cultural Service [1954] 29 p. (Pamphlets on Kuomintang affairs).

Soong Mayling

BRIGHT, JAGAT S. Madame Chiang Kai Shek (a biographical memoir). Lahore, The Hero Publications, 1943. [13]-142 p.

GARRETT, EVELYN. The four queens. London, MacDonald [1944] xi, 13-224 p.

HAHN, EMILY, 1905- The Soong sisters. London, R. Hale [1943]; Garden City, N.Y., Doubleday, Doran, 1943. xx, 287 p. front., ports., map. 1st American ed. 1941.

———. Chinas drei grosse Schwestern, die Schwestern Soong: Frau Chiang Kai-shek, Frau Sun Yat-sen, Frau Kung. [7. Aufl. Bern] A. Scherz [1942] 317 p. ports.

HULL, HELEN ROSE. Mayling Soong Chiang. New York, Coward-McCann, inc. [1943] 32 p.

NICOLAY, HELEN, 1866- China's first lady. New York, London, D. Appleton-Century [1944] ix, 224 p. front., ports.

SOONG, MAYLING, 1897- Madame Chiang Kai-shek's trip through the United States and Canada. [San Francisco, The Chinese Nationalist Daily, 1944?] cover-title, 3-150, [1] p. incl. illus., ports.

[THOMAS, HARRY J.] The first lady of China; the historic wartime visit of Mme. Chiang Kai-shek to the United States in 1943. [New York, Internation-

al Business Machines Corporation, c1943] [197] p. illus. (incl. ports.).
[YAUKEY, GRACE (SYDENSTRICKER)] 1899- Three sisters; the story of the Soong family of China, by Cornelia Spencer [pseud.] Illustrated by Kurt Wiese. New York, John Day [1939] viii, 279 p. incl. front., illus.

Others

BATE, DON. Wang Ching Wei, 汪精衛: puppet or patriot. Chicago, R.F.Seymour, 1941. 187 p.

BORREY, FRANCIS. Une sage chinois, Kou Hong Ming, 辜鴻銘; notes biographiques. Paris, M. Rivière, 1930. 105 p. front. (port.).

CHÊNG, T'IEN-HSI, 鄭天錫, 1884- East and West; episodes in a sixty years' journey. London, New York, Hutchincon [1951] 247 p. illus.

CHIANG, MONLIN, 蔣夢麟, 1886- Tides from the West, a Chinese autobiography. New Haven, Yale Univ. Press, 1947. vi, 282 p.

LEVENSON, JOSEPH RICHMOND, 1920- Liang Ch'i-ch'ao, 梁啓超, and the mind of modern China. Cambridge, Harvard University Press, 1953. xii, 256 p. (Harvard historical monographs, 26).

LI, EDWARD S.G. The life of Li Yuan-hung, 黎元洪 [1864-1928]. Tientsin, Tientsin Press[1925] 111 p. ports.

McALEAVY, H. Wang T'ao, 王韜 (1828?-90), the life and writings of a displaced person; with a translation of Mei-li hsiao chuan [媚黎小傳], a short story by Wang T'ao. London, China Society, 1953. 40 p. illus.

NING LAO T'AI-T'AI, 甯老太太, 1867- A daughter of Han; the autobiography of a Chinese working woman, by Ida Pruitt, from the story told her by Ning Lao T'ai-t'ai. New Haven, Yale University Press; London, H. Milford, Oxford University Press, 1945. viii p., 249, [1] p. illus. (map, plan) ports.

———. Eine Tochter chinas. Das Leben Ning Lao T'ai-t'ai, einer Frau aus dem Volke. Erzählt von ihr selbst und aufgeschrieben von Ida Pruitt. Deutsche übertragen von Magda H. Larsen. Zürich, Rotapfel Verlag, 1949. 279 p.

SHEN, JAMES CHENG-YEE, 沈成怡, 1920- Liang Chi-chao and his times. Ann Arbor, University Microfilms [1954] ([University Microfilms, Ann Arbor, Mich.] Publication no. 7589). Collation of the original: x, 372 l. illus., ports. Thesis-University of Missouri.

SIMON, PAUL. Deux personalitiés de la Chine contemporaine: Wu Pei-fu, 吳佩孚, et Wang Ching-wei, 汪精衛. Vervièrs, Leens, 1939. 7 p.

T'ANG, LIANG-LI, 湯良禮, 1901- Wang Ching-wei, a political biography. Peiping, China United Press [1931] ix, [11]-223 p. (China united press series, [2]).

TRET'ÎAKOV, SERGEĬ MIKHAĬLOVICH, 1892- Den Schi-chua, 鄧惜華, ein junger Chinese erzählt sein Leben; Biointerview. Berlin, Malik-Verlag [1932] 9-507, [2] p.

———. A Chinese testament; the autobiography of Tan Shih-hua, 鄧熙華, as told to S. Tretiakov. New York, Simon and Schuster, 1934. London, Gollancz, 1934. ix p., 3-316 p.

VERBRUGGE, RAPHAËL, 1872- Yuan Che-k'ai, 袁世凱; sa vie, son temps. Paris, P. Geuthner, 1934. [7]-242 p., XVIII plates (incl. ports.) on 9 l. (Les grandes figures de l'Orient, IV).

WANG, CHAO-MING, 汪兆銘, 1883-1944. À la mémoire de M. Tsen Tsonming, 曾仲鳴. Hanoi, Impr. d'Extrême-Orient, 1939. 12 p. port.

Mao Tse-tung

BOGDANOV, NIKOLAĬ. Erzählungen über Mao Tse-tung. [Deutsch von Veronica Ensslen] Berlin, Verlag Kultur und Fortschritt, 1952. 134 p. illus.

FROMENTIN, PIERRE, 1914- Mao Tsê Tung, le dragon rouge. Paris, Éditions Médicis [1949] 211 p. port. (Grandes vies, grandes destinées).

MAO, TSE-T'UNG, 1893- The autobiography of Mao Tse-tung [dictated by Edgar Snow, annotated by Tang Szu-chen, 唐思眞] 2nd ed. Canton, Truth Book Co., 1949 (c1938). 51 p.

———. Mao Tse-t'ung: Kurzbiographie. Aus dem Englischen. 2 Aufl. Berlin, Dietz, 1954. 20 p.

PAYNE, PIERRE STEPHEN ROBERT, 1911- Mao Tsê-tung, ruler of Red China. New York, Schuman [1950]; London, Secker and Warburg, 1951. xvii, 303 p. ports., maps.

———. Mao Tsé Toung. Avec trois poèmes par Mao Tsé Toung. Traduit de l'anglais par Janine Mitaud. Paris, P. Seghers [1949] 38 p. port. (Poésie 49.17).

———. Mao Tse-tung. Übers. von Franziska Meister-Weidner. Hamburg, Krüger, 1951. 385 p.

ROY, CLAUDE, 1915- Premières clefs pour la Chine; une vie de Mao Tse Toung. Paris, Éditeurs français réunis [1950] 84 p.

SIAO, EMI, 蕭三. Mao Tse-tung: his childhood and youth. Bombay, People's Publishing House, 1953. 76 p.

———. Kindheit und Jugend Mao Tse-tung. Deutsche Fassung mit Nachwort und Anmerkungen von Alex. Wedding. Berlin, Verlag Neues Leben, 1953. 124 p. illus. port.

STRONG, ANNA LOUISE, 1885- The thought of Mao Tse-tung. Chefoo, Chefoo News [1947] 28 p.

Other Communists

BATLIWALA, S.S. Makers of new China; 2nd and rev. ed. Bombay, People's Pub. House, 1944. vi, 189, viii p. photos, map. 1st ed. 1943.

ELEGANT, ROBERT S. China's Red masters; political biographies of the Chinese Communist leaders. New York, Twayne Publishers [1951]; London, The Bodley Head, 1952. 264 p. ports.

———. Chinas rote Herren. Die politischen Biographien der Kommunistischen Führer Chinas. Übers. von Michael Kogon. Frankfurt a. M., Verlag d. Frankfurter Helfte, 1952. 269 p. illus.

GT. BRIT. Foreign Office. Research Dept. List of aliases and alternative versions of the names of leading Chinese communists and fellow travellers. London, 1952. 11 p. (LR 22/42).

SMEDLEY, AGNES, 1890-1950. The great road; the life and times of Chu Teh, 朱德. New York, Monthly Review Press, 1956. 461 p. illus.

SNOW, HELEN (FOSTER) 1907- Red dust; autobiographies of Chinese Communists, as told to Nym Wales [pseud.] With an introduction by Robert Carver North. Stanford, Stanford University Press [1952] 238 p. illus., ports. map (on lining papers).

U.S. Dept. of State. Office of Intelligence Research. Leaders of Communist China. Washington, 1950. 280 p. (OIR Report 5126).

WEI CHEN, pseud. Who's who in communist China, a study of Russian domination. New York, Free Trade Union Committee, American Federation of Labor, 1954. 14 p.

Westerners associated with China

(See also Christianity and Foreign Missions-Lives of Missionaries)

Gordon and his Contemporaries

ABEND, HALLETT EDWARD, 1884-1955. The god from the West; a biography of Frederick Townsend Ward. Garden City, N.Y., Doubleday, 1947. xv, 304 p. map (on lining-papers).

ALLEN, BERNARD MEREDITH, 1864- Gordon in China. London, Macmillan, 1933. ix, 222 p. front., plates, ports., maps (1 fold.) plan.

CAHILL, HOLGER. A Yankee adventurer; the story of Ward and the Taiping rebellion. New York, The Macaulay Co., 1930. 11-296 p. front., illus.(incl. map) plates, ports.

CHACK, PAUL, 1876-1945. Courbet, le vainqueur de Fou-Tchéou. Paris, Amiot-Dumont [1949] 163 p.

CHEN, LYEN-TCHE, 沈鍊之. Rôle du général Charles-George Gordon dans la répression de l'insurrection des Thai-Phing (Mars 1863-juin 1864). Lyon, Bosc frères, 1933. 115 p. fold. map. (Lyon. Université. Bibliotheca franco-sinica lugdunensis. Étude et documents publiés par l'Institut franco-chinois de Lyon, 5).

HANSON, LAWRENCE. Gordon, the story of a hero [by] Lawrence and Elisabeth Hanson. London, P. Davies [1953] 256 p. illus.

———. Chinese Gordon: the story of a hero [by] Lawrence and Elisabeth Hanson. New York, Funk and Wagnalls Co., 1954. 256 p. illus.

MORISON, JOHN LYLE, 1875- The eighth Earl of Elgin; a chapter in nineteenth-century imperial history. [London] Hodder and Stoughton, 1928. 317, [1] p. front., plates (part col.) ports.

YEAGER, CARL FRANCIS, 1923- Anson Burlingame; his mission to China and the first Chinese mission to western nations. Washington, 1950. 112 l. illus. Thesis-Georgetown University.

Diplomats and Officials

ARLINGTON, LEWIS CHARLES, 1859-1942. Through the dragon's eyes; fifty years' experiences of a foreigner in the Chinese government service, with a foreword by E. Alabaster. London, Constable, 1931. lvii, 348 p. col. front., plates (part col.) ports., fold. map.

BOWER, LEON M. Willard D. Straight and the American policy in China, 1906-13. Boulder, Colo., 195- 247 l. Thesis-University of Colorado.

CHENNAULT, CLAIRE LEE, 1890- Way of a fighter; the memoirs of Claire Lee Chennault; ed. by Robert Hotz. New York, G.P. Putnam [1949] xxii, 375 p. illus., ports., maps.

CLUNE, FRANK, 1894- Chinese Morrison. Melbourne, The Bread and Cheese Club, 1941. 88 p., front. (port.).

HEWLETT, SIR WILLIAM MEYRICK, 1876-1944. Forty years in China. London, Macmillan, 1943. ix, 261, [1] p. illus. (plans) fold. map.

KING, PAUL HENRY, 1853-1938. In the Chinese customs service; a personal record of forty-seven years. London, T.F. Unwin [1924] 307, [1] p. illus. (facsims.) ports.

LOHBECK, DON, 1917- Patrick J. Hurley: a biography. Chicago, H. Regnery Co., 1956. 513 p.

OUDENDIJK, WILLEM JACOBUS, 1874-1953. Ways and by-ways in diplomacy. London, P. Davies [1939] xi, 386 p. front., plates, ports.

PANIKKAR, KAVALAM MADHAVA, 1896- In two Chinas, memoirs of a diplomat. London, G. Allen and Unwin [1955] 183 p.

———. Botschafter in beiden China. Mit ein Rede von Jawaharlal Pandit Nehru und eine Einführung von A.C.N. Nambiar. Übertragen von Arthur Seiffhart. Frankfurt a.M., Scheffler, 1956. 243 p. illus.

PAYNE, PIERRE STEPHEN ROBERT, 1911- The Marshall story; a biography of General George C. Marshall. [1st ed.] New York, Prentice-Hall [1951] xii, 344 p. ports.

———. General Marshall; a study in loyalties. London, Heinemann [1952] 335 p. illus.

REINSCH, PAUL SAMUEL, 1869-1923. An American diplomat in China. Garden City, N.Y., and Toronto, Doubleday, Page, 1922. xii p., 396 p.

SELLE, EARL ALBERT, 1906- Donald of China. Sydney, Invincible Press [c1948] 376 p. port., map (on lining-paper).

STUART, JOHN LEIGHTON, 1876- Fifty years in China; the memoirs of John

Leighton Stuart, missionary and ambassador. New York, Random House [1954] 346 p. illus.

VARÈ, DANIELE, 1880-1956. Laughing diplomat. New York, Doubleday, Doran, 1938; London, J. Murray, 1938. xii, 448 p. front. (port.).

———. Der lachende Diplomat. Übers. von Annie Polzer. Berlin [etc.] P. Zsolnay, 1938. 547 p., front. (port.).

VARG, PAUL A. Open door diplomat; the life of W. W. Rockhill. Urbana, University of Illinois Press, 1952. ix, 141 p. port. (Illinois studies in the social sciences, v. 33, no. 4).

WRIGHT, STANLEY FOWLER, 1873- Hart and the Chinese customs. Belfast, Published for the Queen's University [by] W. Mullan, 1950. xvi, 949 p. illus., ports.

WU, LIEN-TEH, 伍連德, 1879- Reminiscences of George E. Morrison; and Chinese abroad. Canberra, Australian Institute of Anatomy, 1936. 19 p. (George Ernest Morrison lectures).

Journalists and Lawyers

ABEND, HALLETT EDWARD, 1884-1955. My life in China, 1926-41. New York, Harcourt, Brace [1943] viii, 396 p.

———. My years in China, 1926-41. London, John Lane [1944] 3-395 p.

———. Mes années en Chine (1928 [i. e. 1926]-41) traduit de l'anglais par Jeanne Fournier-Pargoire. Paris, J. Tallandier [1946] [7]-318 p. (Témoignages sur notre temps).

ALLMAN, NORWOOD FRANCIS, 1893- Shanghai lawyer. New York, London, Whittlesey House, McGraw-Hill Book Co. [1943] 3-283 p.

POWELL, JOHN BENJAMIN, 1888-1947. My twenty-five years in China. New York, Macmillan, 1945. 436 p.

WOODHEAD, HENRY GEORGE WANDESFORDE, 1883- A journalist in China, with eight illustrations. London, Hurst and Blackett [1934] ix, 13-281 p. front., illus. (coat of arms) plates, ports.

———. Leaves from an editor's scrap book. Peking, 193- . 129 p.

Sinologues

CORDIER, HENRI, 1849-1925. Bibliographie des oeuvres de Henri Cordier. Paris, P. Geuthner, 1924. vii, 151 p.

JÄGER, FRITZ, 1886-1957. Otto Franke, 1863-1946. Wiesbaden, 1950. [18] p. port. Reprinted from Zeitschrift der Deutschen Morgenländischen Gesellschaft, Bd. 100, Hft. 1.

LATOURETTE, KENNETH SCOTT, 1884- Biographical memoir of Berthold Laufer, 1874-1934. Presented to the academy at the autumn meeting, 1936. [Washington, National Academy of Sciences, 1937] p. 43-68. front. (port.) (National academy of sciences. Biographical memoirs. vol. XVIII- 3d memoir).

PELLIOT, PAUL, 1878-1945. Henri Cordier: Nécrologie. Extrait du T'oung-pao, vol. XXIV, n° 1, année 1925/26. Leide, E.J. Brill, 1925. cover-title, 15 p. port.

REISCHAUER, EDWIN OLDFATHER, 1910- Serge Elisséef [a biography] Cambridge, 1957. 35 p. port. Reprinted from HJAS 20: 1-2.

RENOU, LOUIS. Notice sur la vie et les travaux de Paul Pelliot, lut dans la séance de 21 Avril 1950. Dijon, Impr. Darantière, 1950. 19 p. port. (Institut de France. Publications, 1950. 4).

RICHTHOFEN, FERDINAND PAUL WILHELM, freiherr VON, 1833-1905. Meister und Schüler; Ferdinand freiherr von Richthofen an Sven Hedin, mit einer Einleitung und Erläuterungen von Sven Hedin. Zur 100. Wiederkehr des Geburtstages von Ferdinand von Richthofen im namen des im Ferdinand von

Richthofentag vereinigten Schülerkreises, hrsg. von Ernst Tiessen. Berlin, D. Reimer, 1933. 148 p. 5 port., double facsim.

———. Ferdinand von Richthofen; ansprachen Anlässlich der Gedächtnisfeier zu seinem 100. Geburtstage an der Universität Berlin. Stuttgart, Kommissions-verlag von J. Engelhorns nachf., 1933. 17 p. front. (port.) (Berliner geographische arbeiten. hft. 5).

SOCIÉTÉ ASIATIQUE, Paris. Paul Pelliot [par Georges Salles et al. Paris] 1946 [i.e. 1947] 79 p. port.

WERNER, EDWARD THEODORE CHALMERS, 1864- Memorigrams. Shanghai, Shanghai Times, 1940. 160 p. ports.

WILHELM, SALOME (BLUMHARDT). Richard Wilhelm. Der geistige Mittler zwischen China und Europa, mit einer Einleitung von Walter F. Otto. Düsseldorff, E. Diederichs [1956] 392 p. port.

VI. POLITICS AND GOVERNMENT

Political History

CHOU, HSIANG-KUANG, 周祥光. Political thought of China. Foreword by S. Radhakrishnan. Delhi, S. Chand, 1954. iii, 244 p.

GRIMM, TILEMANN. Das Neiko der Ming-Zeit (1368-1643). Seine Entstehung, Konsolidierung und Bedeutung für die gesellschaftliche Entwicklung im China des 15. Jahrhunderts. Hamburg, 1953. ix, 104 p. Diss.-Univ. Hamburg.

HAENISCH, ERICH, 1880- Politische Systeme und Kämpfe im alten China. Berlin, W. de Gruyter, 1951. 27 p.

———. Fürst und Volk, Soldat und Beamter in Staatsnot; Betrachtungen aus der Geschichte Chinas. München, Verlag der Bayerischen Akademie der Wissenschaften, 1953. 40 p. fold. facsim. (Sitzungsberichte der Bayerischen Akademie der Wissenschaften. Phil-hist. Kl. Jahrg. 1952, Heft 6).

HSIAO, KUNG-CH'ÜAN, 蕭公權, 1897- China's contribution to world peace. Chungking, China Institute of Pacific Relations, 1945. iv, 52 p. (China council series, 1).

HSIEH, PAO-CHAO, 謝保樵, 1896- The government of China(1644-1911). Baltimore, Johns Hopkins Press, 1925. 414 p. (Johns Hopkins university studies in historical and political science. Extra volumes. New ser., 3).

HUANG, TSUNG-HSI, 黃宗羲, 1610-95. A plan for the Prince: the Ming-i tai-fang lu, 明夷待訪錄, of Huang Tsung-hsi; translated and explained [by] William Theodore De Bary. Ann Arbor, University Microfilms [1954] ([University Microfilms, Ann Arbor, Mich.] Publication 6599). vi, 455 l.

KUHN, FRANZ, 1889- Chinesische Staatsweisheit. Darmstadt, O. Reichl. 1923; Bremen, Storm, 1947. xxiv, 184, [2] p.

———. Altchinesische Staatsweisheit. [3. veränderte Aufl.] Zürich, Verlag Die Waage [1954] 198 p. illus.

LI, HSIUNG-FEI, 李雄飛. Les censeurs sous la dynastie mandchoue (1616-1911) en Chine. Paris, Impr. Les Presses modernes, 1936. 144, [5] p.

LIANG, CH'I-CH'AO, 梁啓超, 1873-1929. History of Chinese political thought during the early Tsin period, with two portraits. New York, Harcourt, Brace, London, K. Paul, 1930. viii, 210 p. 2 port. (incl. front.) diagr. (International library of psychology, philosophy and scientific method).

———. La conception de la loi et les théories des légistes à la veille des Ts'in. Extrait de l'Histoire des théories politiques à la veille des Ts'in. Traduction, introduction et notes par Jean Escarra [et] Robert Germain. Préface de Georges Padoux. Pékin, China Booksellers, 1926. xxxvii, 82 p.

LIEM, CHANNING. The influence of Western political thought upon China. Ann Arbor, University Microfilms [1952] ([University Microfilms, Ann Arbor, Mich.] Publication no. 2997). Collation of the original: 229, 9 l. Thesis - Princeton University

LIN, MOU-SHÊNG, 林侔聖, 1906- Men and ideas, an informal history of Chinese political thought; introduction by Pearl S. Buck. New York, John Day [1942] xiv, 256 p.

POTT, WILLIAM SUMNER, APPLETON, 1893- Chinese political philosophy. New York, A.A. Knopf, 1925. xi, 110 p. (Political science classics).

SIAO, KING-FANG, 蕭金芳 [Hsiao Chin-fang] 1902- La Chine, inspiratrice du despotisme éclairé. Paris, Les Presses universitaires de France [1939] cover-title, 19, [1] p.

TALBOTT, NATHAN M., 1917- Intellectual origins and aspects of political thought in the Jen Hsueh, 仁學, of T'an Ssu-t'ung, 譚嗣同, martyr of the 1898 reform. Seattle, 1956. 388 l. Thesis - Univ. of Washington

TEWKSBURY, DONALD GEORGE, 1894- Source book on Far Eastern political ideologies. 1. Modern period. China [and] Japan. New York, 1949. 189 p.

TEZUKA, R. Chün Ch'en Tao, 君臣道, Studien über das von Konfucius vertretene Tao von Herrscher und Untertan. Berlin, Würfel Verlag, 1930. 55 p. illus.

THEUNISSEN, PETER, 1906- Su Ts'in, 蘇秦, und die Politik der Längs-und Quer-Achse (Tsung-Heng Schule) in chinesischen Altertum. Breslau, Antonius Verlag, 1938. 87 p. Diss.-Univ. Berlin.

THOMAS, ELBERT DUNCAN, 1883-1953. Chinese political thought; a study based upon the theories of the principal thinkers of the Chou period; foreword by Edward Thomas Williams. New York, Prentice-Hall, 1927. xvi p., 317 p.

TSENG, YU-HAO, 曾友豪, 1900- Modern Chinese legal and political philosophy. Shanghai, Commercial Press, 1930. 320 p.

WALKER, RICHARD LOUIS, 1922- The multi-state system of ancient China. Hamden, Conn., Shoe String Press [1954, c1953] xii, 135 p. maps.

WIST, HANS, 1904- Das chinesische Zensorat. Hamburg, J.J. Augustin, 1932. 45, [1] p. Diss.-Univ. Hamburg.

WOO, KANG, 吳康, 1896- Les trois théories politiques du Tch'ouen ts'ieou interprétées par Tong Tchong-chou, 董仲舒, d'après les principes de l'école de Kong-yang. Paris, E. Leroux, 1932. iii, 254 p.

WU, KUO-CHENG, 吳國楨, 1903- Ancient Chinese political theories. Shanghai, Commercial Press, 1928. 340 p.

ZIAH, C.F. Philosophie-politique de la Chine ancienne 700-221 av. J.-C. Paris, L. Rodstein, 1934. 189 p. Thèse-Univ. de Paris.

General Surveys - 1912-1927

ABEND, HALLETT EDWARD, 1884-1955. Canton now; notes on what the Canton leaders are trying to do, spring and summer, 1926. Peking, Peking Leader Press, 1926. 41 p. (Peking leader reprints, 23).

BAKER, JOHN EARL, 1880-1957. Peace, unification and representative government. Peking, The Leader Press, 1925. 14 p. (Peking Leader reprints, 7).

BAU, MINGCHIEN JOSHUA, 鮑明鈐 [Pao Ming-ch'ien] 1894- Modern democracy in China. Shanghai, Commercial Press, 1923. x, 467 p.

BROWDER, EARL RUSSELL, 1891- Civil war in nationalistic China. Chicago, Labor Unity Pub. Association, 1927. 57 p.

CHEN, WAN-LI, 鄭文禮 [Chêng Wen-li]. Les développements des institutions politiques de la Chine depuis l'établissement de la république (1912) jusqu'à nos jours (1925) (étude d'histoire constitutionelle et de droit comparé) Paris, Jouve et c^ie, 1926. 182 p.

CLARK, ELMER TALMAGE, 1886- What's the matter in China? Nashville, Tenn., Board of Missions, Methodist Episcopal Church, South [c1927] 96 p. (The world parish series, edited by E. T. Clark).

CLARK, GROVER, 1891-1938. In perspective; a review of the politico-military situation in China in the summer of 1927. Peking, The Leader Press, 1927. 69 p. (Peking Leader reprint, 32).

———. China in 1927; a summary of the main events and tendencies in one of China's most eventful years. Peking, The Leader Press, 1928. 59 p.

COMITÉ NATIONALE D'ÉTUDES SOCIALES ET POLITIQUES, Paris. L'état politique actuel de la Chine. Conférence de M. André Duboscq. Boulogne-sur-Seine, Impr. d'études sociales et politiques, 1922. 27 p.

DUBARBIER, GEORGES, 1888- La Chine contemporaine et économique. Paris, P. Geuthner, 1926. [vii]-viii, 373 p. 2 fold. maps.

DUBOSCQ, ANDRÉ, 1876- L'évolution de la Chine; politique et tendances(1911-

21) avec carte hors texte. Paris, Éditions Bossard, 1921. 194 p. fold. map.

ETHERTON, PERCY THOMAS, 1879- China: the facts. London, Benn, 1927. 259 p. illus.

———. The crisis in China. Boston, Little, Brown, 1927. vii-xiv, 17-259 p. front., plates, ports., fold. map.

FOREIGN POLICY ASSOCIATION, New York. Forward or backward in China? discussed by Dr. Hu Shih, Mr. Grover Clark and Dr. Stanley K. Hornbeck; a stenographic report of the 96th New York luncheon discussion, February 26, 1927, of the Foreign policy association. New York [1927] 34 p. ([F. P. A.] Pamphlet, 43, series 1926-27).

GRIGGS, DAVID THURSTON, 1916- The anti-imperialist theme in Chinese nationalism, 1919-26. Cambridge, 1952. 2 v. Thesis-Harvard University.

HORNBECK, STANLEY KUHL, 1883- China to-day: political. Boston, World Peace Foundation [1927]p. [417]-566. (World peace foundation. Pamphlets 10:5).

———. The situation in China. New York, The China Society of America, 1927. 23 p.

HU, HAN-MIN, 胡漢民, 1879-1936. Government headquarters declarations. Canton, 1925. [1], 10 p.

———. Selected documents and addresses. Canton, Ministry of Foreign Affairs, 1925. 49 p.

KING, LOUIS MAGRATH, 1886- China in turmoil, studies in personality. London, Heath, Cranton, 1927. 11-233 p. front., plates, ports.

LAO-P'ONG-YO, pseud. La Chine nouvelle. Le double dragon chinois, jaune ou rouge? Paris, J. Peyronnet et cie, 1927. [9]-382 p. (Éditions coloniales).

McELROY, ROBERT McNUTT, 1872- The American constitution and the Chinese republic. 2d ed. New York, China Society of America (inc.) 1922. 15, [1] p. (China society pamphlets, II).

MALONE, CECIL L'ESTRANGE, 1890- New China; report of an investigation. London, Independent Labour Party Publication Department [1926- 2 v. illus. (incl. map) plates.

———. Das neue China und seine sozialen Kämpfe. Übersetzung und historisch-politische Einleitung von Franz Joseph Furtwängler. Berlin, Verlagsgesellschaft des Allgemeinen Deutschen Gewerkschaftsbundes, 1928. 158 p.

PYE, LUCIAN WILMOT, 1921- The politics of Tuchunism in North China, 1920-27. An aspect of political and social change in modern China. New Haven, 1941. 305 l. Thesis-Yale University.

RANSOME, ARTHUR, 1884- The Chinese puzzle, with a foreword by the Rt. Hon. David Lloyd George, M. P. London, G. Allen and Unwin [1927] [9]-189 p. illus. (plan).

[RINE, VICTOR] 1884- Letters from China; how the red sun dried up the red herring, by the Wandering eye [pseud.]; with a series of genial essayettes on the art of reading news. New York, Raimond and Bart, 1928. 5-71 p. front. plates.

RUSSELL, BERTRAND RUSSELL, 3d earl, 1872- The problem of China. London, G. Allen and Unwin ltd.; New York, Century, 1922. 7-260 p.

———. China und das Problem des Fernen Ostens, mit einer Einführung von Karl Haushofer. München, Drei Masken Verlag, 1925. vii, 224 p.

SIÉ, TON-FA, 謝東發. La situation actuelle de la Chine. Conférence de M. Sié Ton-fa. Boulogne-sur-Seine, Impr. d'études sociales et politique, 1925. 47 p. (Comité national d'études sociales et politiques, séance du 10 juillet 1925, fasc. 290).

TYAU, MIN-CH'IEN TUK ZUNG, 刁敏謙, 1888- China awakened. New York, Macmillan, 1922. xvi, 475 p. front., plates, ports., double map.

WANG, CHUNG-HUI, 王寵惠, 1882-1958. La Chine. Conférence de M. Wang Chung-hui. Boulogne-sur-Seine, Impr. d'études sociales et politiques, 1923. 21 p. (Comité national d'études sociales et politiques, Séance du 5 Novembre 1923, fasc. 233).

WHAT about China? Pertinent facts concerning the present situation in that country (questions and answers) Pittsburgh, Pa., Chinese Students' Club, 1927. 12 p.

WILLOUGHBY, WESTEL WOODBURY, 1867-1945. Constitutional government in China, present conditions and prostpects. Washington, Carnegie Endowment, 1922. viii, 61 p. (Pamphlet series of the Carnegie endowment for international peace. Division of international law, 47).

WITTFOGEL, KARL AUGUST, 1896- Das erwachende China, ein Abriss der Geschichte und der gegenwärtigen Probleme Chinas. Wien, Agis-Verlag, 1926. 174 p.

———. Schanghai-Kanton. Berlin, Internationaler Arbeiter-Verlag, 1927. 29 p.

1927-1937

ABEND, HALLETT EDWARD, 1884-1955. Tortured China. New York, I. Washburn, 1930; London, Allen and Unwin, 1931. xiii, 305 p. front., plates.

———. Can China survive? [By] Hallett Abend and Anthony J. Billingham. New York, I. Washburn [c1936] ix, 317 p. front., plates.

———. Chaos in Asia. New York, I. Washburn [c1939] 313 p. illus. (map).

ANGELICO. Mélanges chronologiques chinois. Pékin, Impr. de la "Politique de Pékin," 1929-31. 3 v. in 1. (Collection de la "Politique de Pékin").

FOREIGN POLICY ASSOCIATION, New York. Nationalist China, discussed by William Hung, 洪業, Arthur N. Holcombe, David Z. T. Yui, 余日章; 113th New York luncheon discussion, February 2, 1929. New York, Foreign Policy Association [1929] 23 p. ([F. P. A.] Pamphlet, 54. Series 1928-29. March, 1929).

GRANET, MARCEL, 1884-1940. Le droite et la gauche en Chine. Paris, 1934. 32 p. (Bulletin de l'Institut français de sociologie, Fasc. 111).

HOLCOMBE, ARTHUR NORMAN, 1884- The spirit of the Chinese revolution; Lowell Institute lectures, 1930. New York, A.A. Knopf, 1930. 3-185, vi p.

———. The Chinese revolution; a phase in the regeneration of a world power. Cambridge, Harvard University Press, 1931. xiii, 401 p. incl. diagr.

HOU, YONG-LING, 胡永齡. La vie politique et constitutionnelle en Chine. Pékin, Impr. de la "Politique de Pékin," 1935. 62 p. (Collection de la "Politique de Pékin").

KAO, KOUEI-FEN, 高桂芳. Politique intérieure et extérieure de la Chine depuis 1926 jusqu'à nos jours. Nancy, Impr. Grandville, 1935. 160 p. Thèse-Univ. de Nancy.

KLOCKE, EDUARD. Was geht in China vor? Ein Führer durch die Wirrnisse in Ostasien. Hannover, A. Sponholtz, 1928? 15 p.

KUO MIN TANG. Nationalist China. Published by the Secretariat, the Kuomintang of China, the Central Political Council, the Canton branch. Canton [1927] cover-title, [3]-38 p. port.

LEE, EDWARD BING-SHUEY, 李炳瑞, 1903-56. China in 1930. Peiping, Leader Press, 1930. 50 p.

LI, SHÊNG-WU, 李聖五, 1900- International law as applied to civil war, by F.S. Li. Shanghai, Commercial Press, 1933. vi, 223 p.

LIANG, HUBERT S., 梁士純, [Liang Shih-chün] 1903- China and her national crisis; a comprehensive and timely analysis and interpretation of some of the most pressing issues, domestic and foreign, facing the Chinese nation to-day. Shanghai, China Weekly Review, 1936. 34 p.

LINEBARGER, PAUL MYRON WENTWORTH, 1871-1939. La Chine navrée. [Paris, Impr. Dubois and Bauer, 1931] cover-title, 39 p. port.

LINEBARGER, PAUL MYRON ANTHONY, 1913- Government in republican China; foreword by Fritz Morstein Marx. New York and London, McGraw-Hill, 1938. xv, 203 p. (McGraw-Hill studies in political science).

LYNN, JERMYN CHI-HUNG, 凌啓鴻, [Ling, Ch'i-hung] Political parties in

China, with a foreword by J.C. Ferguson. Peiping, H. Vetch [1930] 255,[1] p.

MacNAIR, HARLEY FARNSWORTH, 1891-1947. China in revolution; an analysis of politics and militarism under the republic. Chicago, University of Chicago Press [c1931] xi, 244 p. front.

MÄNCHEN-HELFEN, OTTO, 1894- Drittel der Menschheit; ein Ostasienbuch. Berlin, Der Bücherkreis, c1932. 193 p.

MINKNER, EDMUND. Ganz China unter dem Sonnenbanner des Südens; die Lage im heutigen China. Im Anhang, eine chinesische Gedenkschrift zum dritten Todestage Sun Yat-sens, übers. vom Verfasser. Berlin, Schlieffen Verlag, 1928. 126 p. front. ports., plates.

MONESTIER, ALPHONSE, 1881-1955. À travers la crise nationaliste chinoise. Pékin, Impr. de la "Politique de Pékin," 1928-35. 18 v. (Collection de la "Politique de Pékin").

QUIGLEY, HAROLD SCOTT, 1889- Chinese politics today. [Minneapolis] University of Minnesota Press [c1934] 31 p. illus. (map) (The day and hour series of the University of Minnesota, 8).

RIBEIRO, EUGENIO. The nationalist movement in China. Washington, D.C. c1928. 54 numb. l. maps.

SFORZA, CARLO, conte, 1872-1952. L'énigme chinoise. Paris, Payot, 1928. [7]-208 p. (Bibliothèque politique et économique).

TCHANG, PI-KAI. Die Bodenzersplitterung in China. Freiburg, V.B., Schillinger, 1934. 65 p. Diss.-Univ. Freiburg.

TCHEOU, SOU-YUN, 周蜀雲 [Chou Shu-yun]. L'évolution de l'opinion publique depuis la révolution de 1911 et l'organisation des parties politiques actuels en Chine. Nancy, 1931. 192 p. Thèse-Univ. de Nancy.

TCHOU, LOUIS NGAO-SIANG, 朱鶴翔 [Chu Ho-hsiang] 1891- La Chine d'aujourd'hui. Conférence faite à l'Institut Belge des hautes études chinoises le 26 Févr. 1937. Bruxelles, Musée royaux d'art et d'histoire, 1937. 16 p.

TSEN, TSONMING, 曾仲鳴 [Tseng Chung-ming] 1896-1939. La Chine qui lutte. Pékin, A. Nachbaur, 1930. 184 p.

TYAU, MIN-CH'IEN TUK ZUNG, 刁敏謙, 1888- ed. Two years of nationalist China. Shanghai, Kelly and Walsh, 1930. 3-523 p. front., plates (2 col., 1 fold.) ports., maps (1 fold.) facsims., tables, diagrs. (part fold.).

VANDERVELDE, ÉMILE, 1866-1938. À travers la révolution chinoise; soviets et Kuomintang. Paris, Alcan; Bruxelles, L'Églantine, 1931. [9]-240 p., plates, ports.

WANG, CHAO-MING, 汪兆銘, 1884-1944. The Chinese national revolution; essays and documents, by Wang Ching-wei and others. Peiping, China United Press [1931] xi, [1], [15]-188 p. (China united press series, [1]).

———. China's problems and their solution, by Wang Ching-wei. Shanghai, China United Press, 1934. xxii, 199 p. port. ("China to-day" series, [2]).

———. Problèmes chinois et leurs solutions; cet ouvrage traduit de l'anglais par J.Em. Lemière et précédé d'une esquisse biographique de l'auteur par T'ang Leang-li. Shanghai, China United Press, 1935. 237 p. port. [La Chine d'aujourd'hui. 2].

———. China's leaders and their policies; messages to the Chinese people by Wang Ching-wei and Chiang Kai-shek. Supplement to the People's tribune. Shanghai, China United Press, 1935. cover-title, 18, 19-36 p. (China reconstruction series, 2).

———. À la jeunesse et au peuple chinois. Discours par Wang Ching-wei et Chiang Kai-shek. Paris, Agence Chekiai, 1936. 32 p. (La Chine d'aujourd'hui, 3).

WHYTE, SIR FREDERICK, 1883- La révolution chinoise et l'éveil politique de l'Asie. Bruxelles, Impr. médicale et scientifique, 1928. cover-title, 20 p. "Supplément de la Revue de l'Université de Bruxelles, n° 3, février-mars-avril."

WU, CHAO-CHU, 伍朝樞, 1886-1934. The Nationalist program for China. New Haven, Yale University Press; London, H. Milford, Oxford University Press, 1929. iv, 112 p.

WU, CHEW-CHONG, 吳超滄. L'évolution politique de la République chinoise. Paris, Presses modernes, 1936. 147 p. illus. Thèse-Univ. de Paris.

YOUNG, C. KUNGSON, 楊光泩, 1900-42. Nationalist China in retrospect(1926-30). Paris, Central Executive Committee of Kuomintang in Europe [1930] 35, [1] p.

———. L'œuvre du Gouvernement national, édité en français. Paris, Agence Chekiai, 1935 [c1934] 108 p. (La Chine d'aujourd'hui, 2).

1937-

BISSON, THOMAS ARTHUR, 1900- China's national front; problems and policies. New York, Foreign Policy Association [1941] p. [105]-124. illus.(map) (Foreign policy reports, 17:9. July 15, 1941).

CHANG, CARSEN, 張嘉森, 1886- The third force in China. New York, Bookman Associates [c1952] 345 p. illus.

CH'ÊN, CH'ÊNG, 陳誠, 1896- The road to security and peace. Taipei, 1951. 22 p.

———. Premier Chen Cheng speaks; a supplement to China handbook 1951. Taipei, Office of the Govt. Spokesman, 1951. 56 p.

———. Report on Free China. Taipei, 1952. 51 p. fold. map.

———. An oral report on Free China to the second session of the First National Assembly on March 4, 1954. [Taipei] Govt. Information Bureau, 1954. 23 p.; 17 p.

———. Report on Free China; as submitted to the second session of the First National Assembly on March 4, 1954. Taipei, Govt. Information Bureau, 1954. 60 p.

CHEN, PAKY, 陳伯驥. Theory and practice of Chinese democracy. London, 1939. ii, 247, 6, 29 l. Thesis-London School of Economics.

CHIANG KAI-SHEK, 蔣介石, 1886- Manifesto to the people. [Shanghai, Commercial Press, 1927] cover-title, 14 p.

———. Ausgewählte Reden des Marschalls Chiang Kaishek; aus dem Chinesischen übertragen von Tao Pung Fai, 陶鵬飛. Geleitwort von Tai Chi-tao, 戴季陶. Heidelberg-Berlin, K. Vowinckel, 1936. 105, [1] p. front., plates, ports., fold. facsim.

———. General Chiang Kai-shek and the communist crisis; Madame Chiang Kai-shek on the New life movement. Shanghai, China Weekly Review Press [1937?] viii, 86 p. incl. ports. front., port.

———. China's struggle for freedom; Generalissimo Chiang Kai-shek's wartime messages to the nation. Hankow, China Information Committee [1937?] cover-title, 29 p.

———. Chinas Kampf; Reden aus Frieden und Krieg, hrsg. von Konrad Frantz. Luzern, Vita Nova Verlag, 1940. 102 p. map. (Männer und Völker, eine Schriftenreihe, 4).

———. Resisting external aggression and regenerating the Chinese nation. Hankow, The China Information Committee [1938?] 54 p.

———. Generalissimo Chiang speaks. Hong Kong, The Pacific Pub. Co. [1939] cover-title, iii, [2], 219, [1] p.

———. A philosophy of action; or, What I mean by action, by Generalissimo Chiang Kai-shek; translated into English with a foreword and notes in the nature of a discursive commentary. Chungking, China Information Committee, 1940. cover-title, 28 p.

———. La philosophie de l'action. Chungking, Le Correspondant chinois, 1940. cover-title, 32 p.

———. China fights on; war messages of Chiang Kai-shek, translated by Frank

Wilson Price. Chungking, China Pub. Co. [1941?- 2 v. front. (port.).
———. All we are and all we have; speeches and messages since Pearl harbor [by] Generalissimo Chiang Kai-shek, December 9, 1941-November 17, 1942. New York, Chinese News Service [1942?]; New York, John Day Co., 1943. 61 p. illus. (port.).
———. Resistance and reconstruction; messages during China's six years of war, 1937-43. New York and London, Harper [1943] xxiv, 322 p.
———. Generalissimo Chiang Kai-shek's war speeches, July, 1937-January, 1944. Chungking, Chinese Ministry of Information [1944] 129 p. port.
———. The voice of China; speeches of Generalissimo and Madame Chiang Kai-shek between December 7, 1941, and October 10, 1943, including some recent messages to British leaders and the British people. With a foreword by V.K. Wellington Koo. London, New York [etc.] Published on behalf of the London Office, Chinese Ministry of Information by Hutchinson [1944] 112 p. incl. front.
———. Before final victory, speeches by Generalissimo Chiang Kai-shek, 1943-44. New York, Chinese News Service [1945] 80 p.
———. The collected wartime messages of Generalissimo Chiang Kai-shek, 1937-45, compiled by Chinese Ministry of Information. New York, John Day [1946] 2 v. ports., facsims.
———. China's destiny; authorized translation by Wang Chung-hui, with an introduction by Lin Yutang. New York, Macmillan, 1947; Taipei, China Cultural Service, 1953. xi, 260 p. "First edition (in Chinese), Chungking, March 1943. First English edition, New York, 1947."
———. The destiny of China. 1st ed. Translated and published by Wang Sheng-chih. [Singapore? 194-] 141 p.
———. China's destiny and Chinese economic theory, by Chiang Kai-shek, with notes and commentary by Philip Jaffe. New York, Roy Publishers [1947] 347 p.
———. Destin de la Chine [et La théorie économique chinoise] Présenté et commenté par Philip Jaffe. Tr. de l'américain par S.T. Vincenot et Francine Péris. Paris, Amiot-Dumont [1949] 293 p. fold. map. (Archives d'histoire contemporaine).
———. Selected speeches and messages, 1937-45. Taipei, China Cultural Service [195?] 279 p.
———. Selected speeches and messages, 1949-50. Taipei, Office of the Govt. Spokesman, 1950. 52 p.
———. Selected speeches and messages, 1949-52. [Taipei] Off. of the Govt. Spokesman [1952] 104 p.
———. Selected speeches and messages in 1954. Taipei, Govt. Information Bureau, 1954. 30, 24 p.
———. Address at the opening of the second session of the First National Assembly on February 19, 1954. [Taipei?] Govt. Information Bureau [1954] 16 p.; 15 p.
———. Messages, October 10, 1954-February 14, 1955. Taipei, Fourth Dept., Central Committee of the Kuomintang [1955] cover-title, 63 p.
———. Selected speeches and messages in 1955. [Taipei?] Govt. Information Office [1955] 65 p.
CH'IEN, TUAN-SHÊNG, 錢端升, 1900- China's national unification; some political and administrative aspects. Prepared for the 1939 study meeting of the Institute of Pacific Relations, Virginia Beach, Virginia, November, 1939. Kowloon, H.K., China Institute of Pacific Relations, 1939. 16 numb. l.
CHINA. Government Information Office. Why the Government bans the Democratic League? Nanking, Government Information Office, 1947. 30 p.
———. National Assembly. 1954. Free China's National Assembly: its second session, February 1954. Taipei, Fourth Department, Central Committee of the Kuomintang, 1955. 46 p.

CHINA NEWS PRESS. Free China in five years. Taipei, 1955. 30 p. illus. ports. maps.
FIELD, FREDERICK VANDERBILT, 1905- China's greatest crisis. New York, New Century [1945] 32 p. illus. (incl. ports.).
FORMAN, HARRISON, 1904- Blunder in Asia. New York, Didier [1950] 190 p.
GODDARD, WILLIAM G. The Ming sheng, 民生: a study of Chinese democracy. Canberra, Australian Institute of Anatomy, 1941. 24 p. (George Ernest Morrison lectures).
———. Two Chinas? Wellington, N. Z. Chinese Anti-Communist Union [1955] 15 p.
GUSE, FELIX. China; Ereignisse und Zustände; Eine Skizze. Berlin, G. Stilke, 1937. 77 p. maps. (Schriftenreihe der Preussischen Jahrbücher, 40).
HAO, CHIH-HSIANG, 郝志翔, 1904- China belongs to the Chinese people. With forewords by J. Leighton Stuart and Victor W. Odlum. Shanghai, Commercial Press, 1948. xxxiv, 518 p. illus.
L'INDÉPENDANCE BELGE. La Chine moderne [Special number of the Independance Belge]. Bruxelles, L'Indépendance Belge, 1937. 24 p. illus.
LACY, CREIGHTON. Is China a democracy? New York, John Day [1943] 154 p.
LIN, MOU-SHENG, 林侔聖, 1906- Chungking dialogues. New York, John Day [1945] x, 149 p.
LINEBARGER, PAUL MYRON ANTHONY, 1913- The China of Chiang K'ai-shek: a political study. Boston, World Peace Foundation, 1941. xi, 449 p. front., 2 ports. (incl. front.) diagrs. (part fold.).
MALOOF, LOUIS JOSEPH. Truth about China's crisis. Huntington, Ind., Our Sunday Visitor Press [1949?] 143 p.
MARTIN, R. ORMSBY. Tradition and transition in Chinese politics. Sydney, Australian Institute of International Affairs, 1943. 31, [1] p. (Australia in a new world, 3).
OU va la Chine? Saigon, A. Portail, 1939. 178 p. (Amicale des citoyens français d'origine chinois).
POLITICAL CONSULTATIVE CONFERENCE, Chungking, 1946. Political Consultative Conference. With relevant documents and references. [Shanghai] International Publishers [1946- 1 v.
PRINGLE, JOHN MARTIN DOUGLAS, 1912- China struggles for unity, by J. M. D. Pringle; with 24 maps by Marthe Rajchman. Harmondsworth, Middlesex, Eng., Penguin Books [1939] x, 11-182 p. incl. front. (map) illus. (maps).
QUIGLEY, HAROLD SCOTT, 1889- Free China. New York, Carnegie Endowment for International Peace, Division of Intercourse and Education [1940] 131-180 p. (International conciliation. April, 1940, no. 359).
RANNEY, JOHN CALYER. The major foreign powers: the governments of Great Britain, France, the Soviet Union and China [by] John C. Ranney [and] Gwendolen M. Carter, under the general editorship of Benjamin F. Wright. New York, Harcourt, Brace, 1949. xxix, 865, [xxxi]-cxlii p. maps, diagrs.
ROSINGER, LAWRENCE KAELTER, 1915- Deadlock in China. San Francisco, New York [etc.] American Council, Institute of Pacific Relations, 1940. 32 p. illus. (maps).
———. China's wartime politics, 1937-44. Princeton, Princeton University Press, 1945. viii p., 3-133 p.
———. China's crisis. New York, A. A. Knopf, 1945. xii, 259, xiii, [1] p. fold. map.
———. China in ferment. New York, N. Y., Foreign Policy Association [1947] 243-251, [1] p. (Foreign policy reports, 22:20. January 1, 1947).
SCHENKE, WOLF. China im Sturm; von Chiang Kai-shek zu Mao Tse-tung. Hamburg, H. H. Nölke, 1949. 326 p. illus., ports.
SHEN, SHIH-HUA, 沈士華, 1901- Chinese unity. London, Oxford University Press, Indian Branch [1943] 19 p. (The Russell lecture, 1943).
SOONG, MAYLING, 蔣宋美齡, 1897- War messages and other selections.

[Hankow, China Information Committee, 1938] iv p., 381 p.
———. We Chinese women; speeches and writings during the first United nations year, February 12, 1942-November 16, 1942. New York, John Day [1943] v, 55 p.
STEWART, MAXWELL SLUTZ, 1900- Divided China. [Toronto, Canadian Association for Adult Education and the Canadian Institute of International Affairs, 1946] cover-title, 20 p. illus. (map) (Behind the headlines. 6:5).
SUN, FO, 孫科, 1891- China looks forward. London, G. Allen and Unwin [1944] 260 p.
———. The same; with an introduction by Lin Yutang. New York, John Day [1944] xvi, 276 p. illus. (map).
———. La Chine de demain. Paris, Nagel [1946] iii, 403, [4] p. (Écrits politiques).
TAO, PUNG-FAI, 陶鵬飛. Die Volksführung im heutigen China. Berlin, 1941. 141 l. Diss. -Univ. Berlin.
TSÊNG, HSÜ-PAI, 曾虛白, 1894- A new China emerges. [Translated and published by MSA/JCRR Information Office. n.p., 1952] 13, 11 p.
WANG, CHENGTING T., 王正廷, 1882- Democratic China; an address delivered before the Philadelphia Board of trade, October 21, 1937. [Philadelphia? 1937] 5 numb. l.
WANG, EUGENE H.C., 王漢中. Free China during 1950, by Eugene H.C. Wang and others. Taipei, China Cultural Service, 1951. 52 p.
YIH, DACHIN, 葉達卿, 1911- The information of Chinese bureaucracy. Cambridge, 1946. 422 l. Thesis-Harvard University.

Central Government

[BISSON, THOMAS ARTHUR] 1900- The Nanking government. New York [Foreign Policy Association, 1929] p.[295]-312. illus. (map) (Foreign policy association. Information service. 5:17. October 30, 1929).
CHANG, HUI-WEN, 張匯文, 1907- The development of the civil service examination system in China since 1911. Stanford, 1932. xii, 526 l. fold. table. Thesis-Stanford University.
CH'IEN, TUAN-SHENG, 錢端升, 1900- The government and politics of China. Cambridge, Harvard University Press, 1950. xviii, 526 p. fold. map, diagrs.
CHINA. Government Information Office. The Chinese government--its work and policy. Toward a better understanding of the Chinese situation by Wu Te-chen, 吳鐵城. Nanking, Government Information Office, 1947. 18 p.
HOUN, FRANKLIN W., 侯服五 [Hou Fu-wu] 1920- Central government of China 1912-28 an institutional study. Madison, University of Wisconsin Press, 1957. ix, 246 p.
JOBEZ, ROBERT, ed. and tr. Organisation du gouvernement nationaliste d'après les textes législatifs. Traduction de Robert Jobez. Sienhsien, Impr. de la Mission [1929?] 175 p.
LO, KORCH HUANG, 羅篁, 1897- The civil service system of China. Taipei, China Cultural Service [1954?] 35 p.
LUM, KALFRED DIP, 林叠, 1899- Chinese government. Shanghai, Mercury Press, 1934. ix, 177 p. diagr.
OUANG, T.T., 王治焘, 1893- Le gouvernement de la Chine moderne. Essai sur la réglementation des pouvoirs publics et sur les rapports entre le gouvernement central et le gouvernement des provinces. Paris, Jouve, 1923. 186 p. Thèse-Univ. de Paris.
PEN, LY-TOAN, 彭禮端. Étude historique et critique sur l'organisation administrative de la Chine depuis 1912 jusqu'à 1931. Lyon, Bosc-Riou, 1931. 129 p. Thèse-Univ. de Lyon.
SHEN, JAMES, 沈劍虹. Chinese government structure. Chungking, Chinese Ministry of Information, 1943. 52 p. (China Handbook ser., 3).

WU, CHIH-FANG, 吳芷芳. Chinese government and politics, with a foreword by His Excellency Sun Fo. Shanghai, Commercial Press, 1934. xv, 473 p.

Provincial and Local Governments

CHANG, CH'UN-MING, 張純明, 1904- A new government for rural China: the political aspect of rural reconstruction. Preliminary paper prepared for the sixth conference of the Institute of Pacific relations held at Yosemite, California, August 15-29, 1936. [Shanghai] China Institute of Pacific Relations, 1936. 51 p. (Papers presented at the sixth conference of the Institute of Pacific relations, Yosemite national park, California, August 15 to 29, 1936. 4:4).

CHANG, YU-SING, 張又新? L'autonomie locale en Chine. Nancy, Impr. Grandville, 1933. 123 p. Thèse-Univ. de Nancy.

CH'ÊN, HAN-MING, 陳漢民. New life for Kiangsi. By C. W. H. Young [pseud.] Shanghai, [China Pub. Co.] 1935. xii, 196 p. illus., plates (part col.), ports., facsims.

GNIEU, HIS. Le régime administratif de la Chine; les rapports juridiques entre le gouvernement central et les gouvernement provinciaux. Paris, Jouve, 1923. 161 p. Thèse-Univ. de Paris.

HSU, HAN-HAO, 徐漢豪, 1907- L'administration provinciale en Chine. Nancy, Impr. de Grandville, 1931. 134 p. Thèse-Univ. de Nancy.

KOU, KI-YONG, 顧繼榮 [Ku Chi-yung]. La sous-préfecture chinoise, étude de son administration actuelle, origine-organisation-services (thèse pour le doctorat en droit - 1926) par Jean Kou Ki-yong. Zi-ka-wei-Chang-hai, Impr. de l'Orphelinat de T'ou-sè-wè, 1930. 134 p.

TUNG, MONG-SHENG, 童蒙聖. L'administration locale en France et en Chine. Nancy, Impr. Vagner, 1937. 140 p. Thèse-Univ. de Nancy.

WANG, KAN-YÜ, 王贛愚, 1906- The local government of China; a study of the administrative nature of local units. Chungking, China Institute of Pacific Relations, 1945. iii, 50 p. tables. (China council series, 6).

YAO, TING-CHEN, 姚定塵. Le gouvernement central et les gouvernements locaux en Chine. Paris, A. Pedone, 1933. ii, 170 p. Thèse-Univ. de Grenoble.

Nationalist Party: Kuo min tang

CHANG, CH'I-YÜN, 張其昀, 1901- The Kuomintang on the march; translated by Michael Tung. Taipei, China Cultural Service, 1954. 33 p. (Pamphlet on Kuomintang affairs).

———. The rebirth of the Kuomintang; the Seventh National Congress. Translated into English by Nee Yuan-ching, 倪元卿. Rev. and edited by Tsao Wen-yen, 曹文彥. Taipei, China Cultural Service [195-] 123 p.

CH'ÊN, CHIH-MAI, 陳之邁, 1908- Kuomintang-Communist relations; a historical survey. [Washington? D.C., 1949] 38 l.

CHIANG KAI-SHEK, 1886- Declaration to Kuomintang members, April, 1927. [Shanghai, Commercial Press, 1927] cover-title, 2, 19, [1] p. 2 port.

———. The reform of the Kuomintang. A resolution introduced by President Chiang Kai-shek and adopted at a meeting of the standing committee of the Central Executive Committee held on July 22, 1950. Taipei, 1950. 13 l.

———. Statement to all members of the Kuomintang, September, 1949; with Chinese text. Taipei, China Cultural Service [1954] 29 p. (Pamphlets on Kuomintang affairs).

———. Message on KMT's 60th anniversary, November 12, 1954; with Chinese text. Taipei, China Cultural Service [1954] 14 p. (Pamphlets on Kuomintang affairs).

CHINA INFORMATION COMMITTEE. An outline of the organization of the Kuomintang and the Chinese government. Chungking, The China Information Committee, 1940. 14 p.

FOREIGN POLICY ASSOCIATION, New York. The rise of the Kuomintang, a survey of government in China since 1911. [New York, Foreign Policy Association, 1928] p. [156]-186. illus. (map) (Information service. 4:8. June 22, 1928).

KOUANG, SIOU-WENG, 關修文 [Kwan Hsiu-wen]. Étude sur les rapports entre le gouvernement National et le Kuomintang. Nancy, Impr. Grandville, 1933. 120 p. Thèse-Univ. de Nancy.

KUO-MIN-TANG. The Kuomintang manifesto and platform. Adopted by the Seventh National Convention, October, 1952. Taipei, Fourth Dept., Central Committee, Kuomintang [1952?] cover-title, 11 p.

———. The same. Adopted by the Seventh National Convention, October 20, 1952. Taipei, China Cultural Service [1954] 35 p. (Pamphlets on Kuomintang affairs).

PARIS. Parti de la Jeune Chine. Combattre l'expansion de la terreur rouge, c'est non seulement pour défendre l'intégrité du territoire de la Chine, mais encore pour assurer la paix mondiale. Fontenay-aux-Roses, Impr. Louis Bellenand et fils, 1929. 1 v.

———. Le mouvement nationaliste et le Parti de Jeune Chine. Fontenay-aux-Roses, Impr. Louis Bellenand et fils, 1930. 8 p.

SHEN, JAMES, 沈劍虹. Kuomintang--China's ruling party. Chungking, Chinese Ministry of Information, 1943. 45 p. (China Handbook ser., 2).

SUN, YAT-SEN, 1866-1925. The three principles, by Sun Yat-sen; known to the Chinese as the "San min chu i"; translated from the original Chinese by a well-known sinologue with notes by an independent commentator. Shanghai, North China Daily News and Herald, 1927. 106 p.

———. San min chu i, The three principles of the people, by Dr. Sun Yat-sen. Translated into English, by Frank W. Price; edited by L. T. Chen, 陳立廷. Shanghai, China Committee, Institute of Pacific Relations, 1927. xvii, [3]-514 p. incl. front. (port.) diagrs. (International understanding series).

———. The same; translated by Frank W. Price; edited by L. T. Chen, under the auspices of China Committee, Institute of Pacific Relations. Chungking, Ministry of Information, 1943. xvii, [3]-514 p. incl. front. (port.) diagrs. (International understanding series).

———. The same. Translated into English by Frank W. Price, edited by L. T. Chen. [Calcutta] Calcutta Office, Chinese Ministry of Information, 1942[i.e. 1944] xvii, 317 p. port.

———. The same. Translated into English by Frank W. Price; abridged and edited by the Commission for the Compilation of the History of the Kuomintang. Taipei, China Cultural Service, 1953. xiv, 213 p.

———. The triple demism of Sun Yat-sen, translated from the Chinese, annotated and appraised by Paschal M. d'Elia, S. J. with introduction and index. English ed. Wuchang, The Franciscan Press, 1931. 747 p. incl. front.(port) illus. (1 col.) diagrs. (1 fold.).

———. Die drei nationalen Grundlehren. Berlin, Schlieffen-Verlag, 1927- 1 v. front. (port.) facsim. CONTENTS-I. Die Grundlehren von dem Volkstum, übertragen von Tsan Wan, 萬燦.

———. The principle of nationalism. [With Chinese text] Translated into English by Frank W. Price, abridged and edited by the Commission for the Compilation of the History of the Kuomintang. Taipei, China Cultural Service [pref. 1953] 69 p.

———. The principle of democracy. [With Chinese text] Translated into English by Frank W. Price; abridged and edited by the Commission for the Compilation of the History of the Kuomintang. Taipei, China Cultural Service [pref. 1953] 142 p.

———. The principle of livelihood. [With Chinese text] Translated into English by Frank W. Price; abridged and edited by the Commission for the Compilation of the History of the Kuomintang. Taipei, China Cultural Service [pref. 1953] 89 p.

——. The cult of Dr. Sun; Sun Wen hsueh shu, 孫文學說. Translation by Wei Yung, 韋榮. Shanghai, The Independent Weekly, 1931. ii, 230, xx p.

TSEN, TSONMING, 曾仲鳴, 1896-1939. La Chine et le Kuomintang. Shanghai, Librairie franco-chinoise [1930] [7]-121 p.

WANG, CHÊNG, 王政. The Kuomintang; a sociological study of demoralization. Stanford, Calif., 1953. iii, 179 p. Thesis-Stanford University.

WANG, CHI-WEN. The Chinese nationalist party (Kuomintang), imperialism and the two great internationals after the anti-communistic movement; translated by Tang Chung-tzu, 唐崇慈. Hankow, 1928. cover-title, 39, [34] p.

WHITE, THEODORE HAROLD, 1915- [Articles on the Kuomintang and the Chinese Communist Party and the reply of Dr. Liang Han-chao, 梁寒操, to the article on the Kuomintang. n.p., 1943?] Microfilm copy of typescript. 1 v. (various pagings).

WOO, THOMAS TZE CHUNG, 吳之椿, [Wu Chih-chun] 1893- The Kuomintang and the future of the Chinese revolution. London, G. Allen and Unwin [1928] 9-278 p.

Communist Party: Kung Ch'an tang
Bibliographies

CHAO, KUO-CHÜN, 趙國鈞, 1918- comp. Draft survey of materials relating to communism in China 1927-34, collected by Harold R. Isaacs. Stanford, Hoover Institute and Library, 1948. 57 l.

FAIRBANK, JOHN KING, 1907- Chinese Communist publications: an annotated bibliography of material in the Chinese Library at Harvard University, edited by J.K. Fairbank and E-tu Zen Sun for the Russian Research Center and mimeographed for private distribution. Cambridge, Russian Research Center, Harvard University, 1949. iv, 122 l.

QUAN, LAU KING, 關魯敬, 1906- A survey of material from Communist China in the Library of Congress and a pilot study on Chinese communist statements on the United States. Washington, Library of Congress, 1951. 113 p.

SHIRATO, ICHIRŌ. Japanese sources on the history of the Chinese Communist movement; an annotated bibliography of materials in the East Asiatic Library of Columbia University and the Division of Orientalia, Library of Congress. Edited by C. Martin Wilbur. New York, Reproduced for private distribution by the East Asian Institute of Columbia University, 1953. viii, 69 p. (Columbia University. [East Asian Institute] East Asian Institute studies, 2).

WILBUR, CLARENCE MARTIN, 1908- Chinese sources on the history of the Chinese Communist movement; an annotated bibliography of materials in the East Asiatic Library of Columbia University, edited by C. Martin Wilbur, with the assistance of Joan J. Feldman and Sophie Lou. New York, Reprodiced for private distribution by the East Asian Institute of Columbia University, 1950. 56 p. (Columbia University. [East Asian Institute] East Asian Institute studies, 1).

WRITINGS of the members of the Central Committee of Chinese Communist Party. New York, Columbia University East Asiatic Library, 1952. 41 p.

Ideology

CH'ÊN, PO-TA, 陳伯達, 1905- Mao Tse-tung on the Chinese revolution; written in commemoration of the 30th anniversary of the Communist Party of China. Peking, Foreign Languages Press, 1953. 86 p.

——. La théorie de Mao Tsê-toung sur la révolution chinoise. En commémoration du xxxe anniversaire du Parti communiste chinois. Pékin, Éditions en langues étrangères, 1953. 81 p.

———. Mao Tse-tung über die chinesische Revolution; zum 30. Jahrestag der Kommunistischen Partei Chinas [von] Tschen Bo-da. [Übers. von Siegfried Behrsing] Berlin, Dietz, 1953. 72 p.

———. Stalin and the Chinese revolution, in celebration of Stalin's seventieth birthday. Peking, Foreign Languages Press, 1953. 55 p.

LIU, SHAO-CH'I, 劉少奇, 1900- May day address. (April 29, 1950) Peking, 1950. 10 p.

———. Adresse du premier mai. Pékin, Éditions en langues étrangères, 1950. 33 p.

———. On inner-party struggle. A lecture delivered on July 2, 1941 at the party school for Central China. Peking, Foreign Languages Press [1950?]; Bombay, People's Pub. House, 1951. (64 p.) 92 p. port.

———. On the party. [3d ed.] Peking, Foreign Languages Press, 1951; Bombay, People's Pub. House, 1951. 190 p. port.

———. Über die Partei; Referat über die Abänderung des Parteistatuts auf dem VII. Parteitag der Kommunistischen Partei Chinas im Mai 1945. Berlin, Dietz, 1954. 176 p.

———. Internationalism and nationalism. [4th ed.] Peking, Foreign Languages Press, 1954. 50 p.

———. L'internationalisme et le nationalisme [par] Liou Chao-chi. [1. ed.] Pékin, Éditions en langues étrangères [1951] 56 p. illus.

———. How to be a good Communist. [2d rev. ed.] Peking, Foreign Languages Press [1952]; New York, New Century, 1952. 1st ed. 1951.

———. Pour être un bon communist par Liou Chao-tchi. Traduction de Paul Jamati. Paris, Éditions sociales, 1955. 120 p.

LU, TING-I, 陸定一, 1907- "Let flowers of many kinds blossom, divers schools of thought contend!", a speech on the policy of the Communist Party of China on art, literature and science delivered on May 26, 1956. Peking, Foreign Languages Press, 1957. 39 p.

MAO, TSÊ-TUNG, 毛澤東, 1893- Selected works. New York, International Publishers [1954-56] 5 v.

———. The same. London, Lawrence and Wishart, 1954-57. 5 v. illus.

———. The same. Bombay, People's Pub. House, 1954. 4 v. illus.

———. Oeuvres choises. Paris, Éditions sociales, 1955-57. 4 v.

———. Ausgewahlte Schriften. Übers. aus dem Russischen von Leon Nebenzahl. Berlin, Dietz, 1956. 4 v.

———. Three important writings: China's new democracy, the Dictatorship of People's democracy, Chinese revolution and the Communist Party of China. Bombay, People's Pub. House, 1950. 86 p.

———. New life in new China, by Mao Tse-tung and others. Calcutta, Purabi Publishers, 1945 (c1937). iv, 163 p.

———. The new stage. Report to the sixth enlarged plenum of the Central Committee of the Communist Party of China. Chungking, New China Information Committee [1938?] cover-title, 76 p.

———. China's strategy for victory. Bombay, People's Pub. House [1945] xxix, 116 p.

———. The fight for a new China. New York, New Century [1945] 80 p.

———. On coalition government; report to the 7th congress of the Chinese Communist Party of Yenan, September, 1945. Chungking, New China News Agency, 1945. 94 p.

———. On coalition government. Peking, Foreign Languages Press, 1955. 118 p. illus.

———. The way out of China's civil war; a report on coalition government delivered to the 7th national congress of the Chinese Communist Party. Bombay, People's Pub. House [1946] iv, 84 p.

———. China's new democracy; with an introduction by Earl Browder. Bombay,

People's Pub. House, 1944; New York, New Century [1945] 72 p. port.

———. Mao Tse-tung's "democracy," a digest of the bible of Chinese communism, commentary by Lin Yutang, with expurgated passages restored. [New York, Chinese News Service, 1947] 23 p.

———. Turning point in China. New York, New Century, 1948. 24 p.

———. New democracy; basis of social, political and economic structure of new China. Shanghai, Chinese-American Pub. Co. [1949] 83 p.

———. La nouvelle démocratie. Paris, Éditions sociales, 1951. 207 p.

———. On new democracy. Peking, Foreign Languages Press, 1954. 84 p. illus.

———. On people's democratic dictatorship, and Speech at the preparatory meeting of the new PCC. Peking, English Language Service, New China News Agency, 1949. cover-title, 27 p. port.

———. People's democratic dictatorship. London, Lawrence and Wishart, 1950. 40 p.

———. On people's democratic rule. [New York, New Century, 1950] cover-title. 24 p. (Marxist pamphlets, 5).

———. The dictatorship of people's democracy. Articles written for the 28th anniversary (July 1, 1949) of the Communist Party of China. Bombay, People's Pub. House, 1950. 13 p.

———. On people's democratic dictatorship, together with his two speeches delivered at the preparatory committee meeting and the first plenary session of the Chinese People's Political Consultative Conference. [3d ed.] Peking, Foreign Languages Press, 1950. 45 p. port.

———. La dictature de la démocratie populaire avec les deux discours prononcés à la réunion préparatoire et à la première session plénière de la Conférence consultative politique du peuple chinois. Pékin, Éditions en langues étrangères, 1949. 38 p. port.

———. Über die Diktatur der Volksdemokratie. Peking, Verlag für Fremdsprachige Literatur, 1950. 25 p. port.

———. The same. Berlin, Dietz, 1952. 21 p. (Kleine Bücherei des Marxismus-Leninismus).

———. The dictatorship of the people's democracy; edited by Tien-yi Li, 李田意. New Haven, Far Eastern Publications, Yale University, 1951. 13 p., 21 p. ([Yale University. Dept. of Oriental Studies] Mirror series C, 5).

———. Lessons of the Chinese Revolution [by] Mao Tse-tung and Liu Shao-chi. [1st Indian ed. Bombay, Published by J. Bhatt for People's Pub. House, 1950] 31 p.

———. La stratégie de la guerre révolutionnaire en Chine. Paris, Éditions sociales, 1950. 118 p. maps.

———. Strategic problems of China's revolutionary war. [1st Indian ed.] Bombay, People's Pub. House [1951] 82 p. maps.

———. The same. Peking, Foreign Languages Press, 1954. 132 p. illus.

———. Strategische Fragen des revolutionären Krieges in China. Berlin, Dietz, 1955. 115 p.

———. On practice; on the relation between knowledge and practice - between knowing and doing. Peking, 1951. 23 p. illus.

———. Concerning practice; on the connection between cognition and practice - the connection between knowledge and deeds. Bombay, People's Pub. House, 1951; London, Labour Monthly, 1951. 16 p.

———. Über die Praxis. Über den Zusammenhang von Erkenntnis über Praxis, von Wissen und Handeln. Berlin, Dietz, 1952. 26 p. (Kleine Bücherei des Marxismus-Leninismus).

———. On contradiction. Peking, Foreign Languages Press, 1952. 2d ed. 1953. 71 p. illus.

———. The same. New York, International Publishers [1953] 61 p.

———. Über den Widerspruch. [4. Aufl.] Berlin, Dietz, 1956. 60 p. (Kleine Bücherei des Marxismus-Leninismus).

———. Introductory remarks to "The Communist." Peking, Foreign Languages Press, 1953. 23 p.

———. Pour la parution de "La Communist." Pékin, Édition en langues étrangères, 1953. 24 p.

———. Einleitung zur Zeitschrift "Der Kommunist." Peking, Verlag für Fremdsprachige Literatur, 1953. 25 p. (Kleine Bücherei des Marxismus-Leninismus).

———. On the rectification of incorrect ideas in the Party. Peking, Foreign Languages Press, 1953. 19 p.

———. A single spark can start a prairie fire. Peking, Foreign Languages Press, 1953. 22 p.

———. Why can China's red political power exist? Peking, Foreign Languages Press, 1953. 17 p.

———. Contre le libéralisme. Pékin, Édition en langues étrangères, 1954. 6 p.

———. On the protracted war. Peking, Foreign Languages Press, 1954. 140 p. illus.

———. The question of independence and autonomy within the united front. Peking, Foreign Languages Press, 1954. 9 p.

———. Problems of war and strategy. Peking, Foreign Languages Press, 1954. 30 p.

———. On methods of leadership. Peking, Foreign Languages Press, 1955. 10 p.

———. Oppose the Party "eight-legged essay." Peking, Foreign Languages Press, 1955. 27 p.

———. Our study and the current situation. Appendix: Resolution on some questions in the history of our Party. Peking, Foreign Languages Press, 1955. 116 p. port.

———. Preface and postscript to "rural survey." Peking, Foreign Languages Press, 1955. 9 p.

———. Reform our study. Peking, Foreign Languages Press, 1955. 13 p.

———. Analysis of the classes in Chinese society. Peking, Foreign Languages Press, 1956. 17 p.

———. On the correct handling of contradictions among the people. [Peking, 1957] 26 p.

———. The same; text of a speech made on February 27, 1957, at the eleventh session (enlarged) of the Supreme State Conference. London, Communist Party, 1957. 15 p.

———. Maoism, a sourcebook; selections from the writings of Mao Tse-tung. Introduced and edited by H. Arthur Steiner. [Los Angeles] University of California at Los Angeles, 1952. 142 p.

PEOPLE'S DAILY, Peking. On the historical experience of the dictatorship of the proletariat. This article was written by the Editorial Department of the People's Daily on the basis of the discussion which took place at an enlarged meeting of the Political Bureau of the Central Committee of the Communist Party of China. Peking, Foreign Languages Press, 1956. 20 p.

———. More on the historical experience of the dictatorship of the proletariat. Peking, Foreign Languages Press, 1957. 43 p.

———. Nochmals über die historischen Erfahrungen der Diktatur des Proletariats. Artikel der Zeitung "Schenminschipao" vom 29. Dezember, 1956. Moskau, Verlag für fremdsprachige Literatur, 1957. 48 p.

WANG, CHIA-HSIANG, 王稼祥, 1907- Communists and the Three People's Principles by Wang Chia-hsiang, Chen Po-ta and Lo-fu, 洛甫 (Chang Wen-tien, 張聞天). Chungking, New China Information Committee, 1940. 76 p. (Its Bull., 16).

Organization

CHINA. Government Information Office. Chinese communist organizations and activities shown in graphic charts. Taipei, 1956. cover-title, [1] l. 1 map, 21 charts.

The COMMUNIST PARTY, leader of the Chinese revolution. Peking, Foreign Languages Press, 1951. 41 p. illus.

COMMUNIST PARTY. CHINA. Documents of the National Conference of the Communist Party of China, March 1955. Peking, Foreign Languages Press, 1955. 63 p

———. National Congress, 1956. The political report of the Central Committee of the Communist Party of China to the Eighth National Congress of the Party. Delivered on Sept. 15, 1956 [by] Lui Shao-chi. Peking, Foreign Languages Press, 1956. 100 p.

———. The same; 57 p. (Hsinhua News Agency release. Supplement.).

———. Full text of a political report by Liu Shao-ch'i, delivered on the opening day of the Congress in Peking on September 15, 1956. Singapore, 1956. 40 p. (Radio Malaya monitoring digest, 216).

———. Rapport politique du Comité central du Parti communiste chinois au 8e Congrès [presenté par] Liou Chao-chi [suivi de] Résolution du 8e Congrès sur le rapport politique. Pékin, Éditions en langues étrangères, 1956. 134 p.

———. Rechenschaftsbericht des Zentralkomitees der Kommunistischen Partei Chinas an den 8. Parteitag, von Liu Shao-chi. Berlin, Dietz, 1956. 63 p.

———. Report on revision of the Constitution of the Communist Party of China, by Teng Hsiao-ping, 鄧小平, on behalf of the Central Committee delivered on the opening day of the Congress in Peking on September 15, 1956. [Peking, 1956] 24 p. Issued also as a special supplement to Radio Malaya monitoring digest, 218.

———. Statuts du parti communiste chinois [suivi de] Rapport sur les modifications des statuts du Parti [par] Teng Siao-ping. Pékin, Édition en langues étrangères, 1956. 111 p.

———. The Constitution of the Communist Party of China. Report on the revision of the Constitution of the Communist Party of China [by] Teng Hsiao-ping. Peking, Foreign Languages Press, 1956. 109 p.

———. Über die Veränderungen im Statut der Kommunistischen Partei Chinas von Dōng Ssjau-ping, 鄧小平. Berlin, Dietz, 1956. 31 p. (Material vom 8. Parteitag der Kommunistischen Partei Chinas).

———. Eighth National Congress of the Communist Party of China. Peking, Foreign Languages Press, 1956. 3 v.

———. Der 8. Parteitag der Kommunistischen Partei Chinas. Dokumente. Peking, Verlag für fremdsprachige Literatur, 1956. 3 v.

———. Recueil de documents. Paris, 1957. 255 p. illus. (Les cahiers du communisme, numéro spécial. Janv., 1957).

DEMOCRATIC centralism in China; party rule and its disguise. [London, 1955] 15 p.

FANG, SHU, 方叔. Campaign of party-expansion of the Chinese Communist Party in 1952. Kowloon, H.K., Union Research Institute [1954] cover-title, 38 p. (Communist China problem research series [EC1]).

HU, CH'IAO-MU, 胡喬木, 1905- Thirty years of the Communist Party of China. Peking, Foreign Languages Press, 1952. 93 p. 1951 ed.: London, Lawrence and Wishart, 1951. 95 p.

———. Les trente années du Parti communiste chinois, par Hou Kiao-mou. Pékin, Éditions en langues étrangères, 1952. 117 p.

———. 30 [i.e. Dreissig] Jahre Geschichte der Kommunistischen Partei Chinas von Hu Tschiau-mu. [Übersetzt von Fritz Jensen] Berlin, Dietz, 1954. 111 p.

GOEL, SITA RAM. Communist Party in China: a study in treason. Calcutta, Society for Defence of Freedom in Asia [1953] 106 p. (Inside Communist Slave-Empire series, no. 5).

MAO, TSE-TUNG, 1893- Report to the Central Committee of the Chinese Communist Party, December 25, 1947; broadcast from North Shensi on January 1, 1948. New York, 1948. 12 l.

———. The Chinese revolution and the Chinese Communist Party; published in Chinese, November 15, 1939, translated into English March 22, 1949 by Huang Li. Shanghai, China Digest, 1949. 19 l.
———. The Chinese revolution and the Communist Party of China. New York, Committee for a Democratic Far Eastern Policy, 1949. 20 p.
———. Chinese revolution and the Communist Party of China. [Bombay] People's Pub. House [1950] 30 p.
———. La révolution chinoise et le Parti communiste chinois. Pékin, Édition en langues étrangères, 1953. 58 p.
———. The Chinese revolution and the Chinese Communist Party. Peking, Foreign Languages Press, 1954. 56 p. port.
———. The role of the Chinese Communist Party in the national war. Peking, Foreign Languages Press, 1956. 33 p.
———. The tasks of the Chinese Communist Party in the period of resistance to Japan. Peking, Foreign Languages Press, 1956. 44 p.
MAO'S China; party reform documents, 1942-44. Translation and introd. by Boyd Compton. Seattle, University of Washington Press, 1952. lii, 278 p. map (University of Washington publications on Asia).
MĪF, PAVEL ALEKSANDROVĪCH, 1901- Heroic China, fifteen years of the Communist Party of China. New York, Workers Library Publishers [1937] 96 p. illus. (map).
———. Pour une Chine libre et forte. Quinze années de lutte heroique du Parti communist de Chine. Paris, Bureau d'éditions, de diffusion et de publicité, 1937. 60 p. illus.
RESOLUTIONS and telegrams of the six Plenum of the Central Committee, Communist Party of China, November 6, 1938. Hong Kong, New China Information Committee, 1938. 22 p.

General Works: 1921-1948

AMANN, GUSTAV, 1882- Bauernkrieg in China; Chiang Kaisheks Kampf gegen den Aufstand, 1932-35. Heidelberg [etc.] Vowinckel, 1939. 157, [1] p. plates, port., maps (1 fold.) (His Geschichte Chinas in neuester zeit. Bd. III).
BAND, CLAIRE. Dragon fangs; two years with Chinese guerrillas, by Claire and William Band. London, G. Allen and Unwin [1947] xii, 347 p. illus. ports., maps.
———. Two years with the Chinese Communists, by Claire and William Band. New Haven, Yale University Press, 1948. xii, 347 p. illus., ports., maps.
[BISSON, THOMAS ARTHUR] 1900- The communist movement in China. New York, Foreign Policy Association [1933] p. [37]-44. illus. (map) (Foreign policy reports. 9:4. April 26, 1933).
BROWDER, EARL RUSSELL, 1891- Why America is interested in the Chinese Communists, [an address made before the Shanghai tiffin club, New York city. March 13, 1945] New York, New Century [1945] 16 p. illus. (incl. group port.).
BUKHARIN, NIKOLAI IVANOVICH, 1888-1938. Les problèmes de la révolution chinoise. Paris, Bureau d'éditions, de diffusion et de publicité, 1927. 61 p.
———. Die Probleme der chinesischen Revolution. Hamburg, C. Hoym Nachfolger, 1927. 63 p.
CHAPMAN, HERBERT OWEN. The Chinese revolution, 1926-27; a record of the period under communist control as seen from the nationalist capital, Hankow. London, Constable, 1928. xvii, 310 p. fold. map.
CH'ÊN, PO-TA, 陳伯達, 1905- Critique of "China's destiny," review of Marshal Chiang Kai-shek's book, by Chen Pai-ta. Bombay, People's Pub. House [1944] 49 p.
———. Notes on ten years of civil war, 1927-36. Peking, Foreign Languages Press, 1954. 108 p.

CHIANG, KAI-SHEK, 1886- Generalissimo Chiang's speech on the communist question delivered at the People's Political Council, Chungking, March 6, 1941. Chungking, The China Information Committee [1941] 7, [1] p.

CHINA. Government Information Office, Montreal. China's twenty-five year struggle against communism. Montreal, 1948. 32 p. (Pamphlet, 1).

CHINA: the march toward unity, by Mao Tse-tung, Wang Ming, 王明, Georgi Dimitroff [and others] New York, Workers Library Publishers [1937] 7-125 p.

ÜBER die antijapanische nationale Einheitsfront in China. [Articles by G. Demitrov, Wan Min, Mao Tse-tung and others]. Moskau, Verlagsgenossenschaft ausländischer Arbeiter in der UdSSR, 1937. 126 p.

CHINA'S democracy on the march. [Cheefoo] Cheefoo News [1947] cover-title, 47 p. Contents - At this decisive moment in our heroic struggle, let us resolutely meet the impending high tide of democracy, by Jao Su-shih, 饒漱石. Explanation of several basic questions concerning the post-war international situation, by Lu Ting-yi, 陸定一.

CHINA'S resistance in its sixth year. [n.p.] 1943. 85 p.

COLLINS, EDWARD MATTHEW, 1917- American communist support of communism in China, 1920-41. Washington, 1956. 238 l. Thesis-Georgetown University.

DOCUMENTS on the problem of the Chinese Communist Party, presented at the People's Political Council in March 1941, and the eleventh plenary session of the Central Executive Committee of the Kuomintang in October 1943. With appendices. Chungking, Secretariat of the Supreme National Defense Council, 1944. 70, 48 p. plates.

DRIDZO, SOLOMON ABRAMOVICH, 1878- Revolution und Konterrevolution in China, von A. Lozovski [pseud.] Moskau, Rote Gewerkschafts-Internationale, 1928. 79 p. incl. tables.

EPSTEIN, ISRAEL, 1915- I visit Yenan. Bombay, People's Pub. House, 1945. 96 p.

———. The unfinished revolution in China. Boston, Little, Brown, 1947. viii, 442 p. illus. (maps).

———. China. Von Sun Jat-sen zu Mao Tse-tung. Aus dem Amerikanischen übers. von Hanna Köditz. Berlin, Volk and Welt, 1950. 594 p.

FORMAN, HARRISON, 1904- Report from Red China. New York, H. Holt and company [1945] iv, [2], 250 p. plates, ports., maps.

———. The same. London, R. Hale limited, 1946. vii, 247, [1] p. front., plates, ports.

———. Ce que j'ai vue en Chine rouge. Traduit par Sabine Bernard-Derosne. Paris, P. Seghers, 1946. 274 p. illus. fold. map.

GAUTIER, JULES. La Chine brûle, sera-t-elle bolchevisée? Paris, Éditions d'Art, 1927. 273 p.

GELDER, GEORGE STUART, ed. The Chinese communists. London, V. Gollancz ltd., 1946. xlii, 290 p. incl. front., 1 illus.

HO, OWEN, 何適. L'évolution du socialisme en Chine. Nancy, Impr. G. Thomas, 1935. [5]-156 p. Thèse-Univ. de Nancy.

INTERNATIONAL ANTI-COMMUNIST ENTENTE. Bolshevism in China. Geneva, International Entente against the Third International, 1932. 27 p. fold. map.

———. Le bolchévisme en Chine. Genève, Entente internationale contre la IIIe Internationale, 1932. 27 p. fold. map.

ISAACS, HAROLD ROBERT, 1910- The tragedy of the Chinese revolution. [Rev. ed.] Stanford, Stanford University Press [1951]; London, Oxford University Press, 1951. xv, 382 p. map (on lining papers). 1st ed., London, Secker and Warburg, 1938. 501 p.

KE, HAN. The Shansi-Hopei-Honan border region; report for 1937-39. Pt. 1. Chungking, New China Information Committee [1940] 34 p. fold. map. (Its bulletin, 15).

[KISSELEFF] comp. A history of communism in China; formation and activities of the Communist Party. Valuable reports among Peking Soviet documents. Tientsin, Tientsin Press, 1927. cover-title, 67 p.

KUMARAMANGALAM, MOHAN, ed. Who threatens China's unity? Bombay, People's Pub. House [1944] 52 p.

KUOMINTANG Communist negotiations. [Yenan] New China News Agency, 1945. cover-title, 1, 2, 195 p. (on double leaves) (Liberated China series).

The LIBERATED regions of China behind the enemy lines. v. 1; Mar. 1945. [n.p.] 59 p.

LINDSAY, MICHAEL, 1909- North China front. With a preface by Lord Listowel. [London, China Campaign Committee, 1944?] 23 p. plates, port.

MAO, TSÊ-TUNG, 1893- Red China; being the report on the progress and achievements of the Chinese Soviet Republic, delivered by the president, Mao Tse-tung, at the second Chinese national soviet congress, at Juikin, Kiangsi, January 22, 1934. London, M. Lawrence, limited [1934]; New York, International Publishers, 1934. 34 p. illus. (map).

MÖLLER, HEINZ. Von Kanton bis Schanghai, 1926-27, von Asiatics, [pseud.]. Wien-Berlin, Agis Verlag, c1928. viii, 352 p.

NEW CHINA INFORMATION COMMITTEE. Friction aids Japan; documents concerning instances of friction, 1939-40. Chungking, New China Information Committee, 1940. 70 p. (Its Bull., 14).

NORTH-CHINA DAILY NEWS, Shanghai. A bolshevized China-the world's greatest peril; also Nationalists' deliberate policy attacking all missions; Chinese pastor stoned to death at Yochow, Hunan, and other reprints from the "North-China daily news" and the "China press." Shanghai, E.E. Strother [1927] 23, [1] p. illus. (incl. port.).

[NOSAKA, SANZŌ]. The war in the Far East and the tasks of the Communists in the struggle against imperialist war and military intervention; report of Comrade Okano [pseud.] at the XIIth Plenum of the Executive Committee of the Communist International. New York, Workers' Library Publishers [1932?] 51 p. ("Twelfth Plenum" series).

OTSUKA, REIZO. The red influence in China. Prepared for the sixth conference of the Institute of Pacific Relations to be held at Yosemite, California, August 15th to 29th, 1936. Tokyo, Japanese Council, Institute of Pacific Relations, 1936. ii, 5-97 p. (Japanese council papers, 17).

OUR task in 1945. [Yenan?] 1945. cover-title, 49 p.

PADOUX, GEORGES, 1867- L'échec du communisme en Chine. Commucation faité le 2 Novembre 1939 à l'Académie diplomatique internationale, Paris. Paris, A. Pedone, 1940. 15 p.

RÄTE-China, Dokumente der Chinesischen Revolution. Moskau, Verlagsgenossenschaft Ausländischer Arbeiter in der UdSSR, 1934. 730 p. fold. maps (part col., in pocket).

ROY, MANABENDRA NATH, 1893- 1954. Revolution und Konterrevolution in China. Übers. aus dem Englischen manuskript von Paul Frölich. [Berlin] Soziologische Verlagsanstalt [c1930] 9-478, [2] p. illus. (map).

———. Revolution and counter-revolution in China. Calcutta, Renaissance Publishers [1946] viii, 689 p.

———. My experiences in China. 2nd ed. Calcutta, Renaissance publishers, 1946. 70 p. 1st ed. 1938.

SCHMITZ, PETER. Der Bolschewismus in China. [Wien] 1931. 84 p. (Veröffentlichungen des Akademischen Missionsvereins, Wien, 6).

SENG, SIN-FU. China; a survey of the historical and economic forces behind the nationalist revolution. London, Communist Party of Great Britain, 1927. 104 p.

The SHENSI-Kansu-Ninghsia border region. Hong Kong, New China Information Committee, 1941. 17 p. ports.

——— Annual report, delivered by Chairman Lin Tsŭ-han, 林祖涵, in the fourth meeting of the Border Region government on June 6, 1944. Yenan, 1944. 1 v.

———. Laws and regulations. Yenan? 1945. 72 p.

———. Survey of Shensi-Kansu-Ninghsia border region, by Hsu Yung-ying, 徐永瑛. New York, International Secretariat, Institute of Pacific Relations, 1945. 97 p.

[SIMON, PAUL]. Le mouvement communiste en Chine. Verviers, Éditions Leens [1938] 2 v. (Faits et nouvelles d'Extrême-Orient, no. 3-4).

———. Le mouvement communiste en Chine des origines à nos jours. Paris, Recueil Sirey [1939] 253 p.

[SIMPSON, BERTRAM LENOX] 1877-1930. Why China sees red, by Putnam Weale [pseud.] New York, Dodd, Mead, 1925. xii, 337 p. front., plates, ports., maps.

———. Chang Tso-lin's struggle against the communist menace. By Putnam Weale [pseud.] Shanghai, Kelly and Walsh, 1927. vii, 167 p. front.(port.).

SMEDLEY, AGNES, 1890-1950. Red flood over China. Moscow, Cooperative Pub. Society of Foreign Workers in the USSR, 1934. 391 p.

———. China blutet. Vom Sterben des alten China. London, Malik Verlag; Moskau and Leningrad, Verlagsgenossenschaft Ausländ, 1936; 2. Aufl. Berlin, Dietz, 1953. 313 p.

———. China's Red army marches. New York, Vanguard Press, International Publishers, 1934. London, Lawrence and Wishart, 1936. xxi, 311 p. illus. (music) double map.

———. La Chine rouge en marche. Traduits et adaptés, de l'anglais par Renaud de Jouvenel. Paris, Editions sociales internationales, 1937. 320 p. map. (Collection Ciment).

———. China fights back; an American woman with the Eighth route army. New York, Vanguard Press [c1938] London, V. Gollancz, 1938 [286 p.] xxii,282 p. plates, ports.

———. China kämpft. Vom Werden des neuen China. London, Malik Verlag; Moskau and Leningrad, Verlagsgenossenschaft, Ausländ, 1936; 2. Aufl. Berlin, Dietz, 1953. 397 p.

SNOW, EDGAR, 1905- Red star over China. London, V. Gollancz, Toronto, Macmillan, 1937. 464 p.

———. The same. New York, Random House [c1938] xiv, 474 p. plates, ports.

———. The same. Rev. ed. New York, Garden City Pub. Co. [1939] xiv, 520 p. plates, ports.

———. The same. New York, Modern library [1944] xiii, 529 p. (The Modern library of the world's best books).

[SNOW, HELEN (FOSTER)] 1907- Inside red China, by Nym Wales. New York, Doubleday, Doran, 1939. xxiv, 356 p. plates, ports.

———. New China, by Nym Wales. Calcutta, Eagle Publishers, 1944. x, ii, 234 (i.e. 238) p. plates, ports.

STEIN, GUENTHER. The challenge of red China. New York, London, Whittlesey House, McGraw-Hill Book Co. [1945]; London, Pilot Press, 1945 [388 p.] x, 490 p. illus., plates, ports., maps (1 fold.).

———. La Chine rouge; traduit de l'anglais par André Stivène. Genève, Jeheber [1947] 424 p.

STRONG, ANNA LOUISE, 1885- The Kuomintang-communist crisis in China; a first-hand account of one of the most critical periods in Far Eastern history. [New York? 1941] 15 p. "Reprinted from 'Amerasia,' March 1941."

———. China's new crisis, with other authentic documents. [London] Fore Publications [1942?] 62 p. (Key books, no. 14).

———. Tomorrow's China. New York, Committee for a Democratic Far Eastern Policy [1948] 128 p. map (on cover) "Published in India, under the title, 'Dawn out of China.' "

———. The Chinese conquer China. Garden City, N.Y., Doubleday, 1949. xii,

275 p.

———. J'ai vu la Chine nouvelle; traduit par René Latour. Paris, Hier et Aujourd'hui, 1949. 340 p. map. (Essais et documents).

SUMMARY of conversations between the Chinese government and the representatives of the Chinese Communist Party. Shanghai, International Publishers, 1945. 12 p.

TAN, PING-SHAN, 譚平山, 1887- Entwicklungswege der chinesischen Revolution. Mit einem Vorwort von Karl A. Wittfogel und einem Nachwort von Raskolnikow. Hamburg, Carl Hoym Nachfolger [1927] 35 p.

T'ANG, LIANG-LI, 湯良禮, 1901- ed. Suppressing communist-banditry in China. [Rev. ed.] Shanghai, China United Press, 1934. xiii, 131 p. plates, ports. ("China to-day" series, 1).

———. Chinas Kampf gegen den Kommunismis. Shanghai, Verlag China United Press, 1935. xviii, 92 p. plates, ports. (Schriften-Reihe "China von heute," 1).

THOMAS, JAMES. Die Kantoner Kommune und der Kampf gegen den weissen Terror in den Kolonien und Halbkolonien. Zürich, Mopr. Verlag, 1933. 15 p.

TUNG, PI-WU, 董必武, 1886- Memorandum on China's liberated areas; a factual report on Chinese areas liberated from Japanese occupation. San Francisco, May 18, 1945. [San Francisco, 1945] 31, [1] p. illus. (map).

U.S. Office of Strategic Services. Research and Analysis Branch. News transmitted from communist China beamed to North America. Washington, 1945. v l., 30 p. fold. tables. (Its R and A no. 2986).

UTLEY, FREDA, 1898- Last chance in China. Indianapolis, Bobbs-Merrill Co. [1947] 408 p. map (on lining-papers).

VERS la fin du communisme et du banditisme en Chine. Édité en français par C. Kuangson Young, 楊光泩 . Paris, Agence Chekiai, 1934. 140 p. (Coll. de la Chine d'aujourd'hui).

WAN, YAH-KANG, 萬霞康, 1909- The rise of communism in China, 1920-50. Edited by C.S. Kwei, 桂中樞. Hongkong, Chung Shu Pub. Co. [1952] 77 p.

WANG, MING, 王明 [Ch'en, Shao-yu, 陳紹禹], 1907- Revolutionary China today; speeches by Wang Ming and Kang Sin, 康生【趙容】. Moscow [etc.] Co-operative Pub. Society of Foreign Workers in the U.S.S.R., 1934; New York, Workers' Library Publishers, 1934. 126, [1] p. At head of title: Thirteenth plenum of the Executive committee of the Communist International, December, 1933.

———. Das revolutionäre China von heute. Moskau-Leningrad, Verlagsgenossenschaft ausländischer Arbeiter in der UdSSR, 1934. 93, [1] p.

———. Le front unique dans le pays coloniaux, par Van Min. Paris, Bureau d'Éditions, 1935. 48 p.

———. The revolutionary movement in the colonial countries; speech, revised and augmented, delivered August 7, 1935. New York, Workers' Library Publishers, 1935. 64 p. At head of title: Seventh world congress of the Communist International.

———. Im zeichen der chinesischen Sowjets; die revolutionäre Bewegung in den kolonialen und halbkolonialen Ländern und die Taktik der kommunistischen Parteien. Umgearbeitetes und ergänztes Stenogramm der Rede in der 23 Sitzung des Kongresses (7. August 1935). Strassburg, Promethens Verlag, 1935. 61 p. map.

WEST MEETS EAST COMMITTEE. The truth about communism in China. Foreword by Dr. Harry McNeill. New York, West meets East Committee [1939] 32 p.

YANG, CHIEN, 楊銓 , 1893-1936. The communist situation in China. Nanking, 1931. 11 p.

[YOUNG COMMUNIST INTERNATIONAL]. La jeunesse avec la révolution chinoise. Paris, Bureau d'éditions, de diffusion et de publicité, 1927. 60 p. illus.

1949-

ABBAS, KHWAJA AHMAD. In the image of Mao Tse-tung. Bombay, People's Pub. House, 1953. 105 p. illus.

ABEGG, LILY. Im neuen China. [Zürich] Atlantis Verlag [1957] 285 p. illus.

ALLEN, STEWART, 1899- China under Communist control. [Toronto, Canadian Institute of International Affairs, 1954. 16 p. (Behind the headlines, v. 14, no. 1).

ALLEY, REWI, 1897- Yo banfa! (We have a way!) Edited by Shirley Barton. Foreword by Joseph Needham. Shanghai, China Monthly Review, 1952. 193 p. illus.

———. The people have strength. [1st ed.] Peking, 1954. 281 p. illus. Sequel to Yo banfa! (We have a way!).

AMERICAN ACADEMY OF POLITICAL AND SOCIAL SCIENCE, Philadelphia. Report on China, edited by H. Arthur Steiner. Philadelphia, 1951. ix, 291 p. map. (Its Annals, v. 277).

AMERICAN CONSULATE GENERAL, Hong Kong. Developments in Communist China: the documentary record (1950-52). Hong Kong, 1952. 15 p. (A listing of the Current Background ser., Nos. 1-200).

AMERICAN FEDERATION OF LABOR. Free Trade Union Committee. Sun Yat-sen vs. Stalin; the truth about life in Communist China. New York, Free Trade Union Committee, American Federation of Labor, 1951? 24 p.

ASTAFYEV, G. China from a semi-colony to a people's democracy. Bombay, People's Publishing House, 1950. 69 p.

BALL, WILLIAM MACMAHON, 1901- Notes on nationalism and communism in the Far East. Submitted by the IPR International Secretariat as a preparatory paper for the Eleventh Conference of the Institute of Pacific Relations to be held at Lucknow in Oct. 1950. New York, International Secretariat, Institute of Pacific Relations, 1950. 41 p. (Secretariat paper, 7).

———. Nationalism and communism in East Asia. [Carlton] Melbourne University Press; Cambridge [Eng.] University Press, 1952. 2nd ed. 1955. 210 p. illus.

BARNETT, A. Doak, 1921- Profile of Red China. New York, Published by the Foreign Policy Association in cooperation with the American Institute of Pacific Relations, 1950. [230]-243 p. (Foreign policy reports, 25:19).

BARTLETT, VERNON, 1894- China, by Vernon Bartlett and George Vine. London, News Chronicle, 1951. 20 p. illus. map.

BELDEN, JACK, 1910- China shakes the world. New York, Harper [1949] London, V. Gollancz, 1950. vii, 524 p.

———. La Chine ébranle le monde. Traduction de l'américan par Pierre Singer. Paris, Gallimard, 1951. 569 p.

———. China erschüttert die Welt. Einzig berechtigte deutsche Übersetzung von Hans L. du Mont. Braunschweig, O.E. Kleine, 1951. 382 p.

BLOFELD, JOHN EATON CALTHORPE, 1913- Red China in perspective. London, A. Wingate [1951] 242 p.

BRANDT, CONRAD, 1920- A documentary history of Chinese communism, by Conrad Brandt, Benjamin Schwartz and John K. Fairbank. London, Allen and Unwin [1952] 552 p.

———. Der Kommunismus in China; eine Dokumentar-Geschichte. Bearb. von Conrad Brandt, Benjamin Schwartz und John K. Fairbank. [Aus dem Amerikanischen übertragen von Margaret Montgelas] Mit einer Einführung von Robert Borchardt. München, R. Oldenbourg, 1955. 392 p.

BRIEUX, JEAN JACQUES, 1921- La Chine du nationalism au communisme. Paris, Éditions du Seuil [1951, c1950] 445 p. maps (1 fold.) diagrs. (Collections Esprit. "Frontière ouverte").

BROWDER, EARL RUSSELL, 1891- Chinese lessons for American Marxists; a lecture delivered before the discussion circle at the Woodstock Hotel, New

York City, January 17, 1949. New York, 1949. 48 p.

BUNZEL, RUTH. An anthropological approach to Chinese communism, by Ruth Bunzel and John Hast Weakland. New York, Research in contemporary cultures, Columbia University, 1952. 249 p. (U.S. Dept. of State, External research staff, Ser. 1 (143)).

BURCHETT, WILFRED GRAHAM, 1911- China's feet unbound. London, Lawrence and Wishart, 1952. 190 p.

———. The same. Melbourne, World Unity Publications, 1952. 190 p.

———. China verändert sich; übers. von Anni Seipel und Gottfried Lessing. Berlin, Verlag, Volk und Welt, 1952. 443 p.

CHAO, KUO-CHÜN, 趙國鈞, 1918- Thirty years of the communist movement in China--a chronology of major developments, 1920-50. Cambridge, Russian Research Centre, Harvard University, 1950. 32, 5 l.

———. The mass organizations in Communist China. [Cambridge] Center for International Studies, Massachusetts Institute of Technology, 1953 [i.e. 1954] 157 l.

———. Some current political developments in Communist China. Cambridge, Center for International Studies, Massachusetts Institute of Technology, 1954. 52 p.

CHASSIN, LIONEL MAX, 1902- La conquête de la Chine par Mao Tse-tung, 1945-49. Paris, Payot, 1952. 244 p. 12 maps. (Collection de mémoires, études et documents pour servir à l'histoire de la guerre).

———. L'ascension de Mao Tsé-tung, 1921-45. Paris, Payot, 1953. 216 p. 8 maps. (Collection de mémoires, études et documents pour servir à l'histoire de la guerre).

CH'ÊN, THEODORE HSI-EN, 陳錫恩, 1902- Chinese communism and the proletarian-socialist revolution. Los Angeles, University of Southern California Press, 1955. 36 p.

———. The Chinese communist regime; a documentary study. Los Angeles, 1956. 2 v. (380 p.).

CHENG, HSUEH-CHIA, 鄭學稼. An interpretation of the purge of Kao [Kang] and Jao [Shu-shih] in Chinese Communist Party. Taipei, Asian People's Anti-communist League, 1955. cover-title, 20 p.

CHINA fights for peace. Peking, Foreign Languages Press, 1950. iv, 64 p. illus., ports.

CHINA'S revolutionary wars. Peking, Foreign Languages Press, 1951. 47 p. illus.

CHINAS revolutionäre Kriege. Zum 30. Jahrestag des Gründung des Kommunistische Partei Chinas am 1. Juli 1951. Berlin, Diet-Verlag, 1953. 47 p. (Internationale Schriftenreihe, 19).

CHINE nouvelle. Paris, Démocratie nouvelle, 1950. 336 p.

CHIU, SIN-MING, 趙善鳴 [Chao Shan-ming]. Some basic conceptions and rules of conduct of Chinese Communism; initial collation towards the conceptual and operational code of Chinese Communist leaders. Lackland Air Force Base, Tex., Air Force Personnel and Training Research Center, Air Research and Development Command, 1955. xi, 39 p. ([U.S.] Human Resources Research Institute. Research memorandum, no. 34).

CHOU, EN-LAI, 周恩來, 1898- The first year of the People's China. Bombay, People's Pub. House, 1950. 39 p.

———. The first year of victory. [Reports submitted by Chou En-lai and others to the National Committee of the People's Political Consultative Conference in commemoration of the first anniversary of the founding of the People's Republic of China] Peking, Foreign Languages Press, 1950. 95 p. map.

———. Première année de victoire de la Chine nouvelle. Luttons pour la consolidation et le développement de la victoire du peuple chinois. Pékin, Éditions en langues étrangères, 1950. 32 p.

———. China advances; a report to a meeting of the People's Political Consultative Conference held in commemoration of the founding of the People's Republic of China. [Reprint ed.] London, Britain-China Friendship Association, 1950. 19 p.

———. Report on the work of the government, made at the first session of the First National People's Congress of the People's Republic of China, September 23, 1954. Peking, Foreign Languages Press, 1954. 55 p. illus.

———. Bericht über die von der Regierung der Volksrepublik China geleistete Arbeit. Peking, Verlag für fremdsprachige Literatur, 1954. 70 p. front. (port.).

———. Political report, delivered at the second session of the second national committee of the Chinese People's Political Consultative Conference on January 30, 1956. Peking, Foreign Languages Press, 1956. 47 p.

———. On present international situation, China's foreign policy, and the liberation of Taiwan, delivered at the third session of the First National People's Congress on June 28, 1956. Peking, Foreign Languages Press, 1956. 31 p.

CHUNG, WÊN-HUI, 陳鍾文惠, 1903- Chinese Communist anti-Americanism and the resist-America aid-Korea campaign. Lackland Air Force Base, Tex., Air Force Personnel and Training Research Center, Air Research and Development Command, 1955. xiii, 22 p. ([U.S.] Human Resources Research Institute. Research memorandum, no. 36).

———. Wartime "mass" campaigns in communist China; official country-wide "mass movements" in professed support of the Korean War. Lackland Air Force Base, Tex., Air Force Personnel and Training Research Center, Air Research and Development Command, 1955. xiv, 84 p. map. ([U.S.] Human Resources Research Institute. Research memorandum no. 43).

CLEGG, ARTHUR. Neues China--neue Welt. Berlin, Dietz Verlag, 1951. 91 p. map.

COMPLETE and consolidate the victory. Peking, Foreign Languages Press, 1950. 48 p. (New China library series, 1).

CORDES, ERNST, 1908- China; Revolution innerhalb einer Revolution. Berlin, Safari-Verlag [c1951] 154 p. illus.

COURTEDO, PIERRE. "La nouvelle Chine est à nous (Mao Tse-toung). Paris, L'humanité, 1953. 79 p.

DAI, SHEN-YU, 戴盛虞, 1921- Mao Tse-tung and confucianism. Philadelphia, 1953. 416 l. Thesis-Univ. of Pennsylvania.

DAVIDSON, BASIL, 1914- Daybreak in China. London, Cape [1953] 191 p. illus.

DEVERALL, RICHARD LAWRENCE-GRACE, 1911- The communist gospel of peace according to Marz, Mao Tze-tung, Lenin, and Stalin. Tokyo, 1952. 28 p. illus.

———. The great seduction; Red China's drive to bring free Japan behind the Iron Curtain. Tokyo, Printed by International Literature Print Co., 1953. 427 p. illus.

DUMONT, RENÉ. Révolution dans les campagnes chinoises. Paris, Éditions du Seuil, 1957. 464 p. (Coll. Esprit).

DUNLAP, ALBERT MENZO, 1884- Behind the Bamboo Curtain: the experiences of an American doctor in China. Foreword by Daniel T. MacDougal; introd. by John Leighton Stuart. Illus. by Eva Wyman Dunlap. Washington, Public Affairs Press [1956] 208 p. illus.

ENDICOTT, MARY AUSTIN. Five stars over China. [The story of our return to new China. 1st Canadian ed. Toronto, privately printed, 1953] 464 p. illus.

———. Fünf Sterne über China. Berlin, Union Verlag, 1956. xvi, 392 p. map, (Bibliothek d. CDU, 7).

EPSTEIN, ISRAEL, 1915- From opium war to liberation. Peking, New World Press, 1956. 146 p.

ERMASHEV, I.I. Morgenröte über Asien. Berlin, Dietz, 1951. 280 p.

FACTS about communist rule in China. London, 1956. 34 p.

FALCONER, ALUN. New China, friend or foe? Foreword by Joseph Needham. London, Naldrett Press [1950] 127 p. illus., map. (Books that matter series).

———. I saw new China. Preface by Joseph Needham. [London, Britain-China Friendship Association, 1954] 14 p.

FAURE, EDGAR, 1908- Le serpent et la Tortue. Les problèmes de la Chine populaire. Paris, Julliard, Sequana, 1957. 239 p.

FITZGERALD, CHARLES PATRICK, 1902- The revolutionary tradition in China. Canberra, Australian National University, 1951. 22 p. (George Ernest Morrison lectures).

———. Revolution in China. London, Cresset Press, New York, Praeger, 1952. 289 p. illus.

———. The same. Übers. von Joseph Kalmer. Frankfurt a.M., Europäische Verlag-Anst., 1955; Büchergilde Gutenberg, 1957. 286 p.

FREI DEUTSCHE JUGEND. Was weisst du über die Volksrepublik China? Hrsg. vom Zentralrat der FDJ, Abteilung Agitation/Propaganda. Berlin, Verlag Junge Welt, 1954. 11 p.

GERMANY (Deutsche Republic, 1949-) Ministerium für Volksbildung. Handreichungen für Aussprachen, Rezitationen und Feierstunden aus Anlass des Nationalfeiertages der Volksrepublik China am 1 Oktober. Hrsg. vom Ministerium für Volksbildung, Abteilung Gesamtdeutsche und Internationale Beziehungen. Berlin, Volk und Wissen, 1955. 45 p.

GOEL, SITA RAM. The China debate, whom shall we believe? Calcutta, Society for Defence of Freedom in Asia [1953] 48 p. (Inside Communist Slave-Empire ser., 1).

———. Mind-murder in Mao-land. [2d ed.] Calcutta, Society for Defence of Freedom in Asia [1953] 67 p. (Inside Communist Slave-Empire ser., 2).

———. Red brother or yellow slave. Calcutta, Society for Defence of Freedom in Asia [1953] 82 p. (Inside Communist Slave-Empire ser., 4).

———. Conquest of China, by Mao Tse-tung, commentary by Sita Ram Goel. Calcutta, Society for Defence of Freedom in Asia [1954] 276 p. illus. (World communism ser., 2).

GOSSET, PIERRE ET RENÉE. Chine rouge, an vii. Photos de Jean Philippe Charbonnier. Paris, R. Julliard, 1956. vii, 288 p. illus. (Terrifiante Asie, 2).

GOURLAY, WALTER E., 1921- The Chinese communist cadre; key to political control. Cambridge, Mass., Russian Research Center, Harvard University, 1952. iv, 122 p. Mimeographed.

GUETTIER, JEAN. Terreur sur le monde. Paris, Nouvelles éditions latines, 1956. 256 p.

A GUIDE to new China. 3rd. ed. Peking, Foreign Languages Press, 1953. iv, 124 p. plates, port. fold. tables. 1st ed. 1951

GUILLAIN, ROBERT, 1908- Revolution in China. Bombay, Hind Kitabs [1952] 39 p.

———. 600 [i.e. Six cent] millions de Chinois sous le drapeau rouge. Paris, R. Julliard [1956] 290 p.

———. The blue ants: 600 million Chinese under the red flag; translated by Mervyn Savill. London, Secker and Warburg, 1957. ix, 259 p. map.

———. 600 million Chinese. Translated by Mervyn Savill. New York, Criterion Books [1957] 310 p. German ed.: 600 millionen Chinesen. 1957. 256 p.

HAN, SUSAN SU-CHIN, 韓素珊, 1926- The concept of the proletariat in Chinese communism. Chicago, 1955. 156 l. Thesis-Univ. of Chicago.

HANDBOOK on People's China. Peking, Foreign Languages Press, 1957. 235 p. 3 col. illus. (1 mounted) tables.

HENDERSON, HORACE WRIGHT. The truth about China. Glasgow, J.S. Burns [1955] 39 p.

HO, CHEN-YUN, 何振榮. Communist China, 1955. Kowloon, Hong Kong, Un-

ion Research Institute, 1956. xlii, 198 p. (Communist China problem research ser., 15).
HSIA, ZOH-TSUNG, 夏淑貞 [Hsia Shu-chên]. Unbreakable China. Singapore, Low Phay Hock [1949?] 141 p. illus.
HU, CH'IU-YÜAN, 胡秋原, 1910- China: from cultural vacuum to Communism. Hongkong, Institute for the Study of Chinese Problems, 1950. 46 p.
HUTHEESING, GUNOTTAM PURUSHOTTAM. Window on China, by Raja Hutheesing. London, D. Verschoyle [1953]; Bombay, Casement Publications, 1953. 191 p.
———. The great peace; an Asian's candid report on Red China. New York, Harper [1953] 246 p.
JACQUEMYNS, GUILLAUME. Paix ou guerre? La politique des États-Unis et de l'U.R.S.S. La reconnaissance du governement de la Chine communiste. Bruxelles, Institut universitaire d'information sociale et économique, 1955. 60 p. (Institut universitaire. "Insoc" 2-3).
JEFREMOV, J.K. Land der Vulkane. Ins deutsche Übertragen von Bruno Tutenberg. Berlin, Neues Leben, 1953. 354 p.
JENKINS, ALFRED LE SESNE, 1916- China and the Communist "peace offensive." [Washington] Dept. of State [1954] 9 p. ([U.S.] Dept. of State. Public Services Division. Series S, 28).
JENSEN, FRITZ. China siegt. Mit 12 chinesischen Originalholzschnitten, 28 Tiefdruckbildern nach Aufnahmen des Verfassers. [2. Aufl., neu durchgesehen und ergänzt] Berlin, Dietz, 1950. 333 p. illus.
JOBEZ, ROBERT. De Confucius à Lénine; la montée au pouvoir du parti communiste chinois. Saigon, "France-Asie," 1951. 224 p.
———. L'expérience communiste en Chine. De Confucius à la nouvelle démocratie [par] Robert Magenoz [pseud.] Paris, Iles d'or [1954] 306 p.
JOHNSON, HEWLETT, 1874- I Appeal. London, Britain-China Friendship Association, 1952. 16 p.
———. China's new creative age. With drawings and maps by Nowell Johnson. London, Lawrence and Wishart; New York, International Publishers, 1953. 199 p. illus.
———. Ein Viertel der Menschheit. Chinas neues schöpferisches Zeitalter. Wien, Globus Verlag, 1954. 261 p. illus.
KEESING, DONALD B. Use of top-level personnel by the Chinese Communist Government, 1949-53. Cambridge, Center for International Studies, Massachusetts Institute of Technology, 1954. vi, 73 l.
KARANJIA, RUSTOM KHURSHEDJI, 1912- China stands up and Wolves of the wild West. Bombay, People's Pub. House, 1952. 256 p. illus.
KIERMAN, FRANK ALGERTON, 1914- The Chinese Communists in the light of Chinese history. Cambridge, Center for International Studies, Massachusetts Institute of Technology, 1954. 44 p.
———. The Chinese intelligentsia and the Communists. Cambridge, Center for International Studies, Massachusetts Institute of Technology, 1954. 24 p.
KNIGHT, MARY, 1899- Red blight. Los Angeles, L.L. Morrison [1951] 208 p. illus., ports.
KOVALEV, EVGENIĬ FEDOROVICH. Über die demokratischen Umgestaltungen in der Chinesischen Volksrepublik. [n.p., 1951?] 24 p. (Materialien für Propagandisten und Agitatoren, Heft 2).
KUO, PIN-CHIA, 郭斌佳, 1908- China: new age and new outlook. New York, Knopf, London, Gollancz, 1956. 231 p.
LIAO, KAI-LUNG, 廖蓋隆. From Yenan to Peking; the Chinese People's War of Liberation, from reconstruction to first five-year plan. Peking, Foreign Languages Press, 1954. 187 p.
LINDSAY, MICHAEL, 1909- China and the West. Canberra, Australian National University, 1953. 28 p. (George Ernest Morrison lectures).
———. China and the cold war; a study in international politics. [Carlton] Mel-

bourne University Press, London, Cambridge University Press [1955] 286 p.
LIU, SHAO-T'ANG, 劉紹唐, 1921- Out of Red China; translated from the Chinese by Jack Chia and Henry Walter. Introd. by Hu Shih. New York, Duell, Sloan and Pearce [1953] 269 p.
———. Ich komme aus Rot-China. Übertr. aus dem Englischen. Wien, Holzner, 1955. 289 p.
McCONAUGHY, WALTER P. China in the shadow of communism. [Washington] Dept. of State [1954] 9 p. ([U.S.] Dept. of State. Publication 5383. Far Eastern series, 63).
MARTINSON, HAROLD H., 1905- Red Dragon over China. Minneapolis, Augsburg Pub. House [1956] 328 p. illus.
MASSACHUSETTS INSTITUTE OF TECHNOLOGY. Center for International Studies. Essays on communism in Asia; papers from the CENIS China project. Cambridge, 1955 [i.e. 1956] 1 v. (various pagings).
MEHTA, ASOKA, 1911- China: the pathfinder. Bombay, Socialist Party, 1949. 9 p.
MONSTERLEET, JEAN, 1912- Vu en Chine [par] Louis Dransard [pseud.] Paris, P. Téqui [1952] 122 p.
———. L'empire de Mao Tsetung, 1949-54. Lille, S.I.L.I.C. [1954] 222 p. illus.
———. Wird der Gelbe Mann rot; Politik, Wirtschaft und Gesellschaft im kommunistischen China. [Ins deutsche Übertragen von Eduard Thomas Sauer] Freiburg, Herder, 1956. viii, 328 p. illus. maps.
MOORAD, GEORGE, 1908- Lost peace in China. New York, E.P. Dutton, 1949. 262 p.
MORAES, FRANCIS ROBERT, 1907- Report on Mao's China. New York and London, Macmillan, 1953. 212 p.
———. Behind the Bamboo Curtain. London, Phoenix House, 1956. 40 p. (Background books).
NIKIFOROV, V.N. Die Volksrevolution in China von V. Nikiforov, G. Erenburg und M. Jufev. Übers. von Leon Nebenzahl. Berlin, Dietz, 1952. 150 p.
PAYNE, PIERRE STEPHEN ROBERT, 1911- The Changing face of China. London, Bureau of Current Affairs, 1949. 20 p. (Current Affairs No. 73).
———. Red storm over Asia. New York, Macmillan, 1951. xiii, 309 p. col. map (on lining paper).
PROBLEMS of Red China. Hong Kong, Free Life Pub. House; London, Bailey and Swinfen, 1954. 123 p. tables.
REPORT on communist China; an NBC radio discussion by Derk Bodde, Albert Ravenholt and Phillips Talbot. Chicago, 1950. 16 p. (University of Chicago Round Table, 654).
ROSTOW, WALT WHITMAN, 1916- The prospects for Chinese communist society [by] W.W. Rostow in collaboration with Richard W. Hatch, Frank A. Kierman, Jr. [and] Alexander Eckstein, and with the assistance of others at the Center for International Studies. Cambridge, Center for International Studies, Massachusetts Institute of Technology, 1954. 2 v. (xiii, 400, xiic (i.e. xcii) p.).
———. The prospects for Communist China [by] W.W. Rostow in collaboration with Richard W. Hatch, Frank A. Kierman, Jr., Alexander Eckstein and with the assistance of others at the Center for International Studies, Massachusetts Institute of Technology. [Cambridge] Technology Press of Massachusetts Institute of Technology [1954] New York, John Wiley, 1954. London, Chapman and Hall, 1955. xx, 379 p. map. (Technology Press books in the social sciences).
———. A comparison of Russian and Chinese societies under communism. Cambridge, Center for International Studies, Massachusetts Institute of Technology, 1955. 25 p.
SCHUMAN, JULIAN. Assignment China. New York, Whittier Books; Toronto, Burns and MacEachern, 1956. 253 p.

SCHWARTZ, BENJAMIN ISADORE, 1916- Communism in China until the rise of Mao Tse-tung. Microfilm copy of typescript. Collation of the original: 5, 301, 14 l. Thesis-Harvard University.

———. Chinese communism and the rise of Mao. Cambridge, Harvard University Press, 1951. 258 p. (Russian Research Center studies, 4).

———. China and the Soviet theory of "peoples democracy" [by] Benjamin Isadore Schwartz. Summary [by CENIS staff] Cambridge, Center for International Studies, Massachusetts Institute of Technology [1954] 17 p.

SHAH, KHUSHAL TALAKSI. The promise that is new China. Bombay, Vora [1953] 342 p. illus.

THE SHANGHAI NEWS. Special supplement issued in celebration of the 1st anniversary of the founding of the People's Republic of China. Shanghai, 1950. 40 p. illus., ports., map.

SHEPHERD, CHARLES REGINALD, 1885- A nation betrayed; the story of communism in China. New York, Exposition Press [1954] 179 p.

SHERIDAN, WILLIAM JOHN, 1873- Watching the Chinese Curtain fall. [Vancouver, Mitchell] c1954. 126 p.

SIMONOV, KONSTANTIN MIKHAĬLOVICH, 1915- Das kämpfende China. [Übersetzung von A.E. Thoss] Berlin, Verlag Kultur und Fortschritt [1950] 157 p.

SOONG, CHING-LING, 孫宋慶齡, 1890- The struggle for new China. Peking Foreign Languages Press, 1952. 398 p.

SOZIALISTISCHE EINHEITSPARTEI DEUTSCHLANDS. Zentralkomitee. Tatsachen über die Volksrepublik China, die jeder wissen soll; Material für Agitatoren und Referenten. [n.p., 1954] 24 p. illus.

STAHMER, HANS GEORG, 1892- Japans Niederlage-Asiens Sieg. Aufstieg eines grösseren Ostasien. Bielefeld, Deutscher Heimat-Verlag, 1952. 318 p. illus.

STALIN, IOSIF, 1879-1953. Stalin on China; a collection of five writings of Comrade Stalin on the Chinese question. Bombay, People's Pub. House [1951] 106 p.

———. Über die Perspektiven der Revolution in China. Rede in der Chinesischen Kommission des EKKI 30. November 1926. Fragen der chinesischen Revolution, Thesen für Propagandisten, gebilligt vom ZK der KPdSU(B). Moskau, Verlag für Fremdsprachlige Literatur [1955?] 66 p.

STEINER, H. ARTHUR, 1905- ed. Chinese communism in action. [Los Angeles] Political Science 159, University of California at Los Angeles, 1953. 3 v. (xxiii, 313 l.).

SUIGO, CARLO. In the land of Mao Tse-tung. Translated from the Italian by Muriel Currey and edited by Clifford Witting. London, G. Allen and Unwin [1953] 311 p. plates, port. map.

TANG, PETER SHÊNG-HAO, 唐盛鎬. Communist China today; domestic and foreign policies. New York, F.A. Praeger [1957] xvi, 536 p. map (on lining papers) [Praeger publications in Russian history and world communism, 35].

TENNIEN, MARK A., 1900- No secret is safe behind the bamboo curtain. New York, Farrar, Straus and Young [1952] 270 p. illus.

———. Kein Geheimnis ist sicher hinter dem Bambus Vorhang. Einführung von Kardinal Spellman. Übertr. von Emil K. Pohl. Salzburg, Otto Müller, 1954. 266 p. illus.

THOMAS, S.B., Government and administration in Communist China. Rev. [i.e. 2d] ed. New York, International Secretariat, Institute of Pacific Relations [1955] iii, 196 p. 1st ed. 1953.

TOWNSEND, PETER, 1919- In China now. With an introduction by Basil Davidson. [London, Union of Democratic Control, 1953] 31 p.

———. China phoenix; the revolution in China. With an introduction by S. Radhakrishnan. London, Cape [1955] 406 p. illus.

TRULLINGER, O.O. Red banners over Asia. Oxford, Pen-in-Hand [1950] xi,

212 p.
UNION RESEARCH INSTITUTE. Index to the material on Communist China held by the Union Research Institute. Kowloon, Hong Kong [1957] xii, 250 p.
U.S. CENTRAL INTELLIGENCE AGENCY. Administrative divisions of China. [Washington] 1949. 128 p. illus.
U.S. Congress. House. Committee on Foreign Affairs. The strategy and tactics of world communism. Report of Subcommittee No. 5, National and International Movements. Supplement 3, Country studies; C. Communism in China. Washington, Govt. Print. Off., 1949. 106 p. (81st Cong., 1st sess. House Document, 154 Pt. 3).
———. Congress. Senate. Committee on the Judiciary. Nature of communism in occupied China; a documentary from the record of the Subcommittee to Investigate the Administration of the Internal Security Act and Other Internal Security Laws of the Committee on the Judiciary, United States Senate, Eighty-fifth Congress, first session. Washington, Govt. Print. Off., 1957. iv, 48 p. (chiefly illus., maps).
VAIDYA, KESHAV BALKRISHNA, 1896- Southward Mao; will Communism spread to Eastern regions? Bombay, Popular Book Depot [1950] 94 p.
VAN DER SPRENKEL, OTTO P.N.B., 1906- New China; three views by Otto B. Van der Sprenkel, Robert Guillain [and] Michael Lindsay. Edited by Otto B. Van der Sprenkel, with an introd. by Kingsley Martin. London, Turnstile Press [1950] xv, 241 p. illus.
WALKER, RICHARD LOUIS, 1922- China under communism, the first five years. New Haven, Yale University Press; London, G. Allen and Unwin, 1955. xv, 403 p. illus.
———. China unter dem Kommunismus. Die ersten fünf Jahre. Übers. von Eugene Ort. Stuttgart, Vorwerk, 1956. 452 p. illus.
WANG, CHARLES KILORD ATHEN, 王徵葵, 1904- Reactions in Communist China; an analysis of letters to newspaper editors. Lackland, Air Force Base, Texas. Air Force personnel and training research center, 1955. 115 p. (Air University. Maxwell field, Ala. Human Resources institute. Technical research report, 33).
WEI, HENRY, 韋文起, 1909- State and government in Communist China: their ideological basis and statutory pattern to the spring of 1953. Lackland Air Force Base, Tex., Air Force Personnel and Training Research Center, Air Research and Development Command, 1955. xvi, 56 p. map. ([U.S.] Human Resources Research Institute. Research memorandum, 38).
WHAT choice do we have in China; a NBC radio discussion by Herrlee G. Creel, Knight Biggerstaff and David N. Rowe. Chicago, 1950. 16 p. (University of Chicago Round Table, 618).
YÜ, FREDERICK T.C., 喻德基, 1921- The strategy and tactics of Chinese Communist propaganda as of 1952. Lackland Air Force Base, Tex., Air Force Personnel and Training Research Center, Air Research and Development Command, 1955. xv, 70 p. map. ([U.S.] Human Resources Research Institute. Research memorandum no. 39).
———. The propaganda machine in Communist China, with special reference to ideology, policy, and regulations, as of 1952. Lackland Air Force Base, Tex., Air Force Personnel and Training Research Center, Air Research and Development Command, 1955. xiii, 79 p. map. ([U.S.] Human Resources Research Institute. Research memorandum no. 37).

Counter Movements

ASIAN PEOPLES' ANTI-COMMUNIST LEAGUE. The international communist conspiracy in Asia. Taipei, 1954. 30 p.
———. All roads lead to freedom; report. 1st- Taipei, China [1955?- v. illus.

———. Communist tyranny and people's resistance on the Chinese aminland during 1954. Taipei, 1955. 82 p.
———. The current strategy and tactics of international communism. [n.p.] 1955. 32 p.
———. How to combat communism. Taipei, 1955. 38 p.
———. How to save Asia from communist menace by Tetsuzo Watanabe. Taipei, 1955. 22 p.
———. Nehru's illusions. Taipei, 1955. 38 p.
———. Provisional record of the forum on the anti-communist movement of Asia. Taipei, 1955. 28 p.
———. Provisional record of the forum on international situation and communist peace offensive. Taipei, 1955. 16 p.
———. A study of the Communist "peaceful co-existence" conspiracy. Taipei, 1955. cover-title, 54 p.
———. Charts about Chinese communists on the mainland. Taipei, 1955-56. 2 v.
———. Development of the Chinese People's anti-communist movement; report on the work of the Asian People's Anti-communist League, Republic of China. Taipei, 1956. 62 p.
———. Important documents of the second Asian Peoples' Anti-Communist Conference. Taipei, 1956. 33 p.
———. Communist menace to Asia. [Taipei] 1957. 45 p.
———. Documents of the Asian Peoples' Anti-Communist League. [Taipei,1957] 39 p.
———. How China fights Communsim. [Taipei, 1957] 49 p.
———. The overseas united front of the Chinese Communists. [Taipei, 1957] 70 p.
CHINESE WOMEN'S ANTI-AGGRESSION LEAGUE, Taipei. A pictorial report of the work of the Chinese women's anti-aggression league. Taipei, 1951. 66 p. illus.
FREE CHINA COMMITTEE FOR AIDING ANTI-COMMUNIST CHINESE POWS IN KOREA, Taipei. How we helped the anti-communist Chinese POWs regain freedom. Taipei, 1954. 29 p. plates.
GODDARD, WILLIAM G. Peaceful co-existence? Melbourne, Victorian Chinese National Salvation Association, 1955. 16 p.
LIANG, YOU-MING. True stories of anti-communist Chinese heroines. Taipei, Chinese Women's Anti-aggression League, 1955. 40 p.
SHIH, CH'ÊNG-CHIH, 史誠之. People's resistance in mainland China, 1950-55. Hong Kong, Union Research Institute [1956] v, 116 p. (Communist China problem research series EC 17).
WANG, TSUN-MING, 王俊明, 1926- Wang Tsun-ming, anti-Communist: an autobiographical account of Chinese Communist thought reform. Washington, Psychological Warfare Division, Human Resources Research Office, George Washington University, 1954. xi, 64 l. ([George Washington University, Washington, D.C. Psychological Warfare Division] Staff memorandum).
WU, TE-CHEN, 吳鐵城, 1888-1953. An appeal for the forma tion of an Asiatic peoples' anti-communist front. Hong Kong, Chinese People's Foreign Relations Association, 1949. 12 p.

Intervention in Korean War

ALL-CHINA ASSOCIATION OF THE FINE ARTS WORKERS. The paper-tiger; a collection of anti-aggression cartoons. Peking, Cultural Press, 1951. 82 p. (p. 13-82 illus.).
BRAZDA, JAROSLAV JAN, 1924- The Korean armistice agreement: a comparative study. Gainsville, Florida, 1956. 323 l. Thesis-Univ. of Florida.
BURCHETT, WILFRED GRAHAM, 1911- Koje unscreened, by Wilfred Bur-

chett and Alan Winnington. [1st ed.] Peking [1953] 171 p. illus.

———. The same. London, Britain-China Friendship Association [1953?] 111 p. illus.

CHANG, TAO-LI. Why China helps Korea. Bombay, People's Pub. House [1951] 43 p.

CHINESE PEOPLE'S COMMITTEE FOR WORLD PEACE. Exhibition on bacteriological war crimes committed by the Government of the United States of America. [Peking, 1952] 51 p. illus.

———. Report of the Joint Interrogation Group of Korean and Chinese Specialists and Newspaper Correspondents on the interrogation of war prisoners Enoch and Quinn; with supplementary material. Peking, 1952. 32 p.

———. Shall brothers be; an account, written by American and British prisoners of war, of their treatment at the hands of the Chinese people's volunteers and Korean people's army in P.O.W. camps in Korea. Peking, 1952. 81 p. illus.

———. Statements by two American Air Force officers, Kenneth Lloyd Enoch and John Quinn, admitting their participation in germ warfare in Korea, and other documents. [Peking?, 1952] 16 p. illus.

———. Aussagen von zwei gefangenen U.S. Luft-Waffen-Offizieren über ihre Beteiligung an der bakteriologischen Kriegführung in Korea, mit vollstandiger Wiedergabe ihrer Niederschriften in Faksimile. In deutsche Sprache hrsg. vom Deutschen Friedenskomitee. Peking, 1952. 95 p. illus.

———. Stop U.S. germ warfare! Peking, 1952. 5 pt. illus.

———. Documents and materials on the Korean armistice negotiations, with special reference to item 4 of the agenda dealing with the question of prison ers of war. Peking, 1952. 2 v.

———. The realization of the armistice in Korea. Peking, 1953. 95 p. illus. maps.

———. The struggle for peace in Korea; selected documents. Rev. ed. Peking, 1953. 76 p.

———. The struggle for the armistice in Korea; selected documents. Peking, 1953. 148 p.

———. United Nations P.O.W.'s in Korea. Peking, 1953. 92 p. illus.

CHOU, EN-LAI, 1898- Statements at the Geneva Conference. [Peking?] 1954. 15 p. "Supplement to 'People's China,' July 1, 1954."

CLEWS, JOHN. The Communists' new weapon: germ warfare. Foreword by A. V. Hill. London, Lincolns Prager, 1953. 32 p.

DEPOSITIONS of nineteen captured U.S. airmen on their participation in germ warfare in Korea. [Peking? 1953] 67 p. illus. "Supplement to 'People's China,' December 1, 1953."

FARGE, YVES, 1899- Témoignage sur la Chine et la Corée. Paris, Éditeurs français réunis [1952] 160 p. illus., ports.

FRIENDSHIP for peace. Peking, Foreign Languages Press [1953] ii, 66 p. illus. port.

GENEVA. CONFERENCE, 1954. Documents relating to the discussion of Korea and Indo-China at the Geneva Conference, April 27-June 15, 1954. London, H.M. Stationery Off. [1954] vii, 168 p. ([Gt. Brit. Foreign Office] Miscellaneous, 1954, no. 16).

GT. BRIT. Foreign Office. Further summary of events relating to Korea, October 1950 to May 1951, with annexes. London, H.M. Stationery Off., 1951. 65 p. ([Gt. Brit. Foreign Office] Korea, 1951, no. 2).

———. Korea; the Indian proposal for resolving the prisoners of war problem. London, H.M. Stationery Off. [1952] 19 p. (Its Korea, 1952, no. 2).

———. Korea; a summary of developments in the armistice negotiations and the prisoner of war camps, June 1951-May 1952. London, H.M. Stationery Off., 1952. 27 p. (Its Korea, 1952, no. 1).

———. Korea; a summary of further developments in the military situation, armistice negotiations, and prisoner of war camps up to January 1953. London, H.M. Stationery Off. [1953] 31 p. (Its Korea, 1953, no. 1).

HUNTER, EDWARD, journalist. Brainwashing; the story of men who defied it. New York, Farrar, Straus and Cudahy [1956] 310 p.

INTERNATIONAL SCIENTIFIC COMMISSION FOR THE INVESTIGATION OF THE FACTS CONCERNING BACTERIAL WARFARE IN KOREA AND CHINA. Report. [Prague? 1952] cover-title, 63 p. facsim.

———. Report (with appendices). Peking, 1952. 665 p. illus. map, tables.

JEBB, SIR GLADWYN, 1900- Korea. United Nations resolution on Chinese intervention in Korea, passed by the General Assembly of the United Nations on 1st February, 1951. Speeches of Sir Gladwyn Jebb, United Kingdom permanent representative to the United Nations, between 18th January and 1st February, 1951 and statement by the Prime Minister in the House of Commons on 1st February, 1951. London, H.M. Stationery Off. [1951] 23 p. ([Gt. Brit. Foreign Office] Korea, 1951, no. 1).

JOY, CHARLES TURNER, 1895-1956. How Communists negotiate. With a foreword by Matthew B. Ridgway. New York, Macmillan, 1955. 178 p.

KOREA (People's Democratic Republic, 1948-). Department of Cultural Relations with Foreign Countries. Documents on the Geneva Conference. [n.p.] Department of Cultural Relations with Foreign Countries, Ministry of Culture and Propaganda, PDRK, 1954. 80 p.

PASLEY, VIRGINIA (SCHMITZ) 1905- 21 stayed; the story of the American GI's who chose Communist China: who they were and why they stayed. With a prefatory note by Carl Sandburg. New York, Farrar, Straus and Cudahy [1955] 248 p. illus.

———. 22 stayed. London, W.H. Allen, 1955. 224 p. illus.

PRATT, SIR JOHN THOMAS, 1876- Korea, the lie that led to war. [London] Britain China Freindship Association [1951] [8] p.

RACING towards victory; stories from the Korean front. [1st ed.] Peking, Foreign Languages Press, 1954. 184 p.

RILEY, JOHN W. The Reds take a city; the Communist occupation of Seoul, with eyewitness accounts. By John W. Riley, Jr. and Wilbur Schramm. Narratives [by eminent Koreans] translated by Hugh Heung-wu Cynn. New Brunswick, Rutgers University Press [1951] 210 p.

SHIH CHIEH CHIH SHIH, 世界知識. A chronicle of principal events relating to the Korean question, 1945-54. Edited and published by Shihchieh chihshih (World culture) Peking, 1954. 93 p. "Translated from a special supplement to the April 20, 1954 issue (No. 8) of Shihchieh chihshih (World culture)."

UNITED NATIONS COMMAND. Special report of the Unified Command on the Korean armistice agreement signed at Panmunjom on July 27, 1953. London, H.M. Stationery Off., 1953. 35 p. ([Gt. Brit. Foreign Office] Korea, 1953, no. 2).

———. Military armistice in Korea and Temporary supplementary agreement, signed at Panmunjom, Korea, July 27, 1953, entered into force July 27, 1953. [Washington, Govt. Print. Off., 1953] iii, 127 p. (U.S. Dept. of State. Publication 5197. Treaties and other international acts series, 2782).

U.S. Dept. of State. The Korean problem at the Geneva Conference, April 26-June 15, 1954. [Washington, Govt. Print. Off., 1954] vii, 193 p. (Its Publication 5609. International organization and conference series II (Far Eastern), 4).

———. Dept. of the Army. Communist interrogation, indoctrination, and exploitation of prisoners of war. Washington, 1956. 71 p. illus. (Its Pamphlet no. 30-101).

VIEWS of Chinese scientists on U.S. bacterial warfare. Peking, Chinese Medical Association, 1952. 65 p. (Chinese medical journal. Suppl. v. 70).

WINNINGTON, ALAN. Plain perfidy. [The plot to wreck Korean peace, by] Alan Winnington [and] Wilfred Burchett. Peking [1954] 238 p. illus., ports.

——. The same. London, Britain-China Friendship Association [1954] 179 p. illus.

VII. ARMY, NAVY AND AIR FORCE

Military History

SADLER, A.L. Three military classics of China. Sydney, Australiasian Medical Pub. Co., 1944. 55, 23 p.

SUN TZŬ, 孫子, 6th cent. B.C. The principles of war; a new translation from a revised text. Ceylon, Royal Air Force, 1943. x, 77, [1] p.

———. The art of war; the oldest military treatise in the world, translated from the Chinese by Lionel Giles; introduction and notes by Thomas R. Phillips. Harrisburg, Pa., Military Service Pub. Co., 1944. 99 p. (Military classics).

———. The same; military manual written cir. B.C. 510, the original Chinese text appended; translated, with an introduction, by Cheng Lin, 鄭麐. Chungking, World Encyclopedia Institute, China Section [1945] v, [3], 59 p.; 6, 18 p. (Ancient Chinese classics series).

———. Sun Tse et les anciens chinois. Ou Tse, 吳子, et Se-ma Fa, 司馬法 (Ve au llle siècle avant J-C). Présentés et annotés par L. Nachin. Paris, Berger-Levrault, 1948. xix, 184 p. (Les Classiques de l'art militaire).

Dictionaries

CONSTANT, SAMUEL VICTOR, 1894- Chinese military terms; English-Chinese, Chinese-English. Peking, China Booksellers [1927] 122 p.

DAVIDSON-HOUSTON, JAMES VIVIAN, 1901- Chinese and English modern military dictionary; 5,500 army, navy, air, technical terms, compiled by Captain J.V. Davidson-Houston [and] Lieutenant R.V. Dewar-Durie. Issued under the patronage of H.E. Marshal Chang Hsüeh-liang. Peiping, H. Vetch [1935] 410 p., front.(facsim.) illus. (part col.).

———. The same; 6,500 army, navy, air, technical terms, compiled by Captain J.V. Davidson-Houston [and] Lieutenant R.V. Dewar-Durie. With appendices, revised by Major R.V. Dewar-Durie. Calcutta, Calcutta General Printing Co., 1942. [470] p. illus. (part col.).

GERR, STANLEY. Japanese-Chinese-English dictionary of aeronautical and meteorological terms, including aero- and hydrodynamics, airplane construction and stress analysis, propeller theory, internal combustion engines, airports and ground installations [and] meteorology, with a section in kana. New York, G.E. Stechert [1945] vi, 439 p.

LANZ, JOHN E. Lanz aviation dictionary in nine languages: English, Spanish, Portuguese, French, Italian, German, Russian, Chinese [and] Japanese. South Pasadena, Calif., P.D. and Ione Perkins, 1944. x, 430 p. illus.

U.S. Army Language School, Monterey, Calif. A glossary of Chinese military terms, prepared by Chinese Mandarin Dept. Presidio of Monterey, 1951. 126 p.

———. Military terminology (conversation) [Monterey] Army Language School, Far Eastern Lanugage Division, Chinese-Cantonese Language Dept. [1951] 52 l.

———. War Dept. Chinese military dictionary. Washington, Govt. Print. Off., 1945. x, 415 p. (War Dept. Technical manual TM30-533).

Army and Navy

BRISSAUD-DESMAILLET, GEORGE HENRI, 1869- L'armée chinois, le problème des troupes en excédent; armée nationale de défense, armée nationale de gendarmerie; armée nationale du travail. Paris, Charles-Lavanzelle et Cie, 1927. 86 p. tables.

CARLSON, EVANS FORDYCE, 1896- The Chinese army, its organization and military efficiency. New York, International Secretariat, Institute of Pacific Relations, 1940. ix, 3-142 p. illus.(map) (I.P.R. inquiry series).

CH'ÊN, HSIAO-WEI, 陳孝威, 1892- Present military problems in China; a reply to Major-General Walter S. Grant and other American military officers in Manila. Hong Kong, The Observatory, 1940. cover-title, vi, 82, [2] p.

CHINA INFORMATION COMMITTEE. China's guerilla fighters. Hankow, China Information Committee, 1938. 27 p.

DAVIS, GEORGE THOMPSON BROWN, 1873- China's Christian army, a story of Marshal Feng and his soldiers; introduction by Charles Gallaudet Trumbull. New York, Christian Alliance Pub. Co., c1925. 136 p. front., plates, ports.

IMPEY, LAWRENCE. The Chinese army as a military force. 2d and enl. ed.; illustrated with two sketch maps and many photographs taken by the author. Tientsin, Tientsin Press, 1926. 56 p. plates, ports., maps.

KAO, GEORGE, 高克毅, 1912- ed. How China trains her soldiers and civilians. New York, Trans-Pacific News Service, 1941. 29 p. (China reference ser.).

KOTENEV, ANATOL M. 1882- The Chinese soldier; basic principles, spirit, science of war, and heroes of the Chinese armies. Shanghai, Kelly and Walsh, 1937. xiii, 173 p. front., 1 illus., plates, ports.

LIU, FREDERICK FU, 劉馥. A military history of modern China, 1924-49. Princeton, Princeton University Press, 1956. 312 p. illus.

POWELL, RALPH LORIN, 1917- The modernization and control of the Chinese armies, 1894-1912. Cambridge, 1953. 2 v. Thesis-Harvard University.

———. The rise of Chinese military power, 1895-1912. Princeton, N.J., Princeton University Press, 1955. x, 383 p. map.

ROWE, DAVID NELSON, 1905- China's military potential and the enforcement of peace. New Haven, Conn., 1943. 19 numb. l. (Yale institute of international studies. [Memorandum, 4]).

U.S. Chinese-American Training Center, Ramgarh, Bihar, India. Ramgarh; a pictorial story of the Chinese-American training center in India where the soldiers of two great nations have combined their efforts to mould the means of defeating the common enemy. "Now it can be told." [Ranchi, Printed at the Catholic Press, 1945?] [5]-219 (i.e. 223), [3] p. illus. (incl. ports.).

———. Congress. House. Committee on Foreign Affairs. Assist China to modernize her armed forces. Report. [To accompany H.R. 6795] [Washington, Govt. Print. Off., 1946] 5 p. ([U.S.] 79th Cong., 2d sess. House. Rept. 2361).

———. Congress. House. Committee on Naval Affairs. Providing assistance to the Republic of China in augmenting and maintaining a naval establishment, and for other purposes. Report. [To accompany H.R. 5356] [Washington, Govt. Print. Off., 1946] 5 p. ([U.S.] 79th Cong., 2d sess. House. Rept. 1529).

———. Congress. Senate. Committee on Naval Affairs. Miscellaneous bills. Hearing before the Committee on naval affairs, United States Senate, Seventy-ninth Congress, second session. April 11, 1946. Washington, Govt. Print. Off., 1946. iii, 9 p.

WIDLER, ELLY. Six months prisoner of the Szechwan military. With 25 photographs of the Szechwan military, etc., and sketch showing the grand retreat from Chungking on 16th. October 1923. [Shanghai] China Press, 1924. 25-170 p., plates, ports.

Army, Communist

BASIC agreement for military reorganization and for the integration of the communist forces into the National Army. Signed Feb. 25, 1946. With Chinese text. Shanghai, International Publishers, 1946. 9, 9 p.

BELDEN, JACK, 1910- The New Fourth Army. Shanghai, Shanghai Evening Post and Mercury, 1940. 66 p. illus. port.

The CHINESE PEOPLE'S LIBERATION ARMY. Peking, Foreign Languages Press, 1950. 61 p. illus., ports.

L'ARMÉE POPULAIRE DE LIBÉRATION DE CHINE. Pékin, Éditions en langues étrangères, 1950. 71 p. plates.

Die CHINESISCHE VOLKSBEFREIUNGS ARMEE. Peking, Verlag für Fremdsprachige Literatur, 1951. 71 p.

———. Berlin, Kongress-Verlag, 1950. 63 p.

CHU, TÊ, 朱德, 1886?- On the battlefronts of the liberated areas. Peking, Foreign Languages Press, 1952. 91 p.

HANRAHAN, GENE Z. comp. Chinese communist guerrilla tactics, July 1952; a source book. [New York, Columbia University Press, 1952] 134 p. illus.

HSIANG, YING, 項英, 1897-1947. The Eighth Route and New Fourth Armies, by Hsiang Ying and Yeh T'ing, 葉挺. Chungking, New China Information Committee, 1939. 39 p. (Its Bull., 10).

LINDSAY, MICHAEL, 1909- The military prospects in a Chinese civil war. New York, Institute of Pacific Relations, 1946. 14 numb. l.

NEW CHINA INFORMATION COMMITTEE. How the eighth route army fights in North China. Hongkong [1939?] cover-title, 33 p.

PENG, TEH-HUEI, 彭德懷, 1900- Unity and the defence of North China. Chungking, New China Information Committee, 1940. 41 p. illus. maps (Its Bull., 13).

POOL, ITHIEL DE SOLA, 1917- Satellite generals; a study of military elites in the Soviet sphere, by Ithiel de Sola Pool with the collaboration of George K. Schueller [and others] Stanford, Stanford University Press [1955] vi, 165 p. (Hoover Institute studies, Series B: Elites, 5).

RIGG, ROBERT B. Red China's fighting hordes, a realistic account of the Chinese Communist army by a U.S. Army officer. Harrisburg, Pa., Military Service Pub. Co. [1951] xiv, 378 p. illus., ports., map.

TING, LI, 丁勵. Militia of Communist China. Kowloon, H.K., Union Research Institute [1954] 145 p. (Communist China problem research series, EC7).

U.S. Office of Strategic Services. Research and Analysis. Branch. The guerrilla front in north China. [Washington] 1943. iv l., 22 p. fold. map. (Its R. and A. no. 892).

YEH, CHIEN-YING, 葉劍英, 1902- Report on the general military situation of the Chinese communist party in the war of resistance. [Yenan?] 1944. cover-title, 48 p. fold. tab.

———. A general introduction to the Chinese Communist Party's war of resistance: an address to the Sino-Foreign Press Mission to Yenan, on 22 June 1944. Translated by O.W.I. Chungking, [U.S.] Office of War Information, 1944. Microfilm copy (positive) of typescript. Collation of the original: 29 l. fold. table.

Police

JAO, HOUA-SON, 饒華孫. La police administrative en Chine. Bordeaux, Impr. E. Castera, 1939. [5]-138 p.

YEE, FRANK KICHUN, 余秀豪, 1904- Police in modern China. Berkeley, 1942. 486 l. Thesis-University of California.

Air Force

FLYING TIGERS (American Volunteer Group, Chinese Air Force), Inc. Bill of rights requesting veteran recognition by Congress for the original Flying

Tigers, American volunteer group, Chinese Air Force, 1941-42, presented by Flying Tigers (AVG), Inc. New York [1945] 33 p.

GRAND CENTRAL ART GALLERIES, New York. Americans valiant and glorious, on exhibition, Grand Central Art Galleries. New York, N.Y. July 2nd-July 13th, 1945. [New York, 1945] 75, [1] p. illus. (ports.).

GREENLAW, OLGA (SOWERS). The lady and the Tigers. New York, E.P. Dutton, 1943. 11-317 p. front., plates, ports., facsims.

HAGER, ALICE (ROGERS) 1894- Wings for the dragon; the air war in Asia. New York, Dodd, Mead, 1945. xvi, 307 p. plates, ports., maps.

HOTZ, ROBERT B. With General Chennault; the story of the Flying tigers. New York, Coward-McCann, inc. [1943] x, 276 p. plates, ports.

LIANG, YU-MING, 梁又銘, 1906- Air combats, illustrated; Chinese Air Force. [Shanghai, Chen Chi Publisher, 1947] [4] l., 24 [i.e. 31] col. plates (incl. ports.), [1] l.

U.S. Air Force. Air Matériel Command. A chronicle of foreign nationals utilized as U.S. Army auxiliary military police in China, 1946-47. [n.p., 1952] cover-title. 1 v. (various pagings) photos.

WHELAN, RUSSELL, 1901- The Flying tigers; the story of the American volunteer group. Garden City, N.Y., Garden City Pub. Co. [1944] 224 p. plates, ports.

VIII. LAW AND LEGISLATION

Bibliographies and Dictionaries

[CHANG, CH'UNG-ÊN] 張崇恩, comp. Anglo-Chinese law dictionary. [Tientsin? 1936?] 2 v.

CHAO, MING-KAO, 趙明高, 1892- A dictionary of words and phrases of government, law, commerce, and education in English and Chinese. Pei Ling, Mukden, Sin Hua Press, 1930. [vii]-viii, [2], 231, [2] p. front. (port.).

CHINA. Ministry of Foreign Affairs. Dictionary of words and phrases of international law and diplomacy in English and French, with Chinese translations. [Peking, pref. 1925] 1 v. (various pagings).

PADOUX, GEORGES, 1867- List of English and French translations of modern Chinese laws and regulations. [Peking, 1936] [567]-644, 8 p. "Reprinted from the Chinese social and political science review, 19:4, Jan. 1936."

U.S. Bureau of Foreign and Domestic Commerce. "Finding list," bibliography of modern Chinese law in Library of Congress. Comp. and ed. July-Dec. 1944 by China Legal Section, Far Eastern Unit, Bureau of Foreign and Domestic Commerce, Dept. of Commerce. [Washington] Mimeographed by the China American Council of Commerce and Industry [1944?] 48 l.

———. Dept. of the Army. Army Library. Bibliography on foreign law of China, Japan, Korea, Philippine Islands, and USSR. Washington, Law Branch, Army Library, 1953. 9 l.

Legal History

BÜCKLING, GERHARD, 1883- Han Fe-dsi, 韓非子, in seinen Beziehungen zur chinesischen Rechtsschule und zum Kaisergedanken der Tsindynastie. Mayen [Buchdr. L. Schreder] 1948. 96, xxi p.

BÜNGER, KARL, 1903- Quellen zur Rechtsgeschichte der T'ang-Zeit. Peiping, Catholic Univ., 1946. xv, 311 p. (Monumenta serica. Monog. ser. 9).

———. ed. Religiöse Bindungen in frühen und in orientalischen Rechten, hrsg. von Karl Bünger und Hermann Trimborn. Wiesbaden, O. Harrassowitz, 1952. 69 p.

CHINA. Laws, statutes, etc. Manuel du Code chinois, par le P. Gui Boulais. Chang-Hai, 1923-24. 2 v. (Variétés sinologiques, 55).

ESCARRA, JEAN, 1885-1955. Le droit chinois; conception et évolution, institutions législatives et judiciaires, science et enseignement. Pékin, Éditions H. Vetch; Paris, Librairie du Recueil Sirey, 1936. xii, 559, [5] p.

———. Chinese law; conception and evolution, legislative and judicial institutions, science and teaching. Translated from the French by Gertrude R. Browne, for Work Projects Administration, W.P. 2799, University of Washington, Seattle. Seattle, 193? 696 l.

HAN, FEI, 韓非, d. 233 B.C. The complete works of Han Fei tzŭ, a classic of Chinese legalism; translated from the Chinese with introduction, notes, glossary, and index by W.K. Liao, 廖文奎. v. 1. London, A. Probsthain, 1939- xxxiii, 310 p. (Probsthain's oriental series. vol. 25).

The "HSI yüan lu", 洗冤錄, or, "Instructions to coroners", tr. from the Chinese by Herbert A. Giles. London, J. Bale and Danielsson, 1924. 49 p. illus. "Reprinted from the Proceedings of the Royal society of medicine, 1924, vol. 17."

HU, YAN-MUNG, 胡養蒙. Étude philosophique et juridique de la conception de "ming" et de "fen" dans le droit chinois. Préface de Jean Escarra. Paris,

Les éditions Domat-Montchrestien, 1932. xvii, [7]-139 p. fold. facsim. (Études de sociologie et d'ethnologie juridiques, 7).

HULSEWÉ, ANTHONY FRANÇOIS PAULUS, 1910- Remnants of Han law. v. 1. Leiden, E.J. Brill, 1955- 455 p. (Sinica Leidensia, v. 9). Vol. 1 issued also as thesis, Leyden.

KROKER, EDUARD JOSEF, 1913- Der Gedanke der Macht im Shang-kün-shu, 商君書. Mödling, 1951. 71 p. Thesis-Univ. Zürich.

———. The same. Mödling, Missionsdruckerei St. Gabriel Verlag, 1951. 280 p. (St. Gabrieler Studien, Bd. 12).

KUEI, WAN-JUNG, 桂萬榮. T'ang-yin-pi-shih, 棠陰比事. Parallel cases from under the peartree; a 13th century manual of jurisprudence and detection. Translated from the original Chinese with an introd. and notes by R. H. van Gulik. Leiden, E.J. Brill, 1956. xiv, 198 p. facsims. (Sinica Leidensia, 10).

KUNG-SUN YANG, 公孫鞅, d. 338 B.C. The book of Lord Shang, 商君書, a classic of the Chinese school of law; translated from the Chinese with introduction and notes by Dr. J. J. L. Duyvendak. London, A. Probsthain, 1928. xiv, 346 p. (Probsthain's oriental ser. vol. 17).

LI, SIN-YANG. Doctrines du droit public en Chine antique, specialement dans l'école légiste du VIIIe siècle avant J.C. Pars, les Presses modernes, 193? 114 p.

OU, KOEI-HING, 吳冠英. La peine d'après le Code des T'ang; étude de droit pénal chinois ancien. Shanghai, Université l'Aurore, 1935. ii, 116 p. Thèse-Univ. l'Aurore.

PHAM-QUANG-BACH. Essai sur l'idée de la loi dans le Code Gia-Long. Paris, Picart, 1935. 299 p. Thèse-Univ. de Paris.

PHAN-VAN-TRUONG. Le droit pénal à travers l'ancienne législation chinoise. Étude comparée sur le Code Gia-Long. Paris, E. Sagot, 1922. 190, [4] p.

RATCHNEVSKY, PAUL. Essai sur la codification et la législation à l'époque des Yuan. Paris, E. Leroux, 1937. [v]-xcic, [1] p. Thèse complémentaire-Univ. de Paris.

———. ed. and tr. Un code des Yuan. Paris, E. Leroux, 1937. 4, 348 p. (Bibliothèque de l'Institut des hautes études chinoise, 4).

SIAO, KING-FANG, 蕭金芳, [Hsiao Chin-fang] 1902- Les conceptions fondamentales du droit public dans la Chine antique, par Siao King-fang. Paris, Recueil Sirey, 1940. [xi]-xii, 101 p. (Bibliothèque d'histoire politique et constitutionelle. IV).

SIÉ, KUAN-SHENG, 謝冠生, 1897- Esquisse d'une histoire du droit chinois, 1: De l'origine jusqu'à la fin de l'époque féodale, par Sié Cheou-tchang, 謝壽昌. Paris, Jouve, 1924. 198 p.

SIU, TCHOAN-PAO, 徐傳保, [Hsu Ch'uan-pao] 1901- Le droit des gens et la Chine antique. Préface de M. Yves de la Brière. Paris, Jouve et cie, 1926, [i.e. 1927] - 181 p. illus.

TS'AO, WÊN-YEN, 曹文彥, 1908- The development of Chinese law. Rev. ed. Taipei, China Culture Pub. Foundation, 1953. 18 p. (Pamphlets on Chinese affairs).

WONG, HAO-HSIANG, 王孝祥. L'esprit de la loi et l'esprit du monde dans la philosophie de Han Fei tseu. Paris, Impr., R. Foulon, 1941. [5]-142 p. Thèse-Univ. de Paris.

General Works

CHÜ, CHENG, 居正, 1876-1951. On the reconstruction of the Chinese system of law, translated by Chang Chi-tai, 張企泰. Nanking, 1947. 32 p.

ESCARRA, JEAN, 1885-1955. Les problèmes généraux de la codification du droit privé chinois. Pékin, Impr. de la "Politique de Pékin," 1922. vii, 30 p. (Collection de la "Politique de Pékin."

———. Chinese law and comparative jurisprudence. Tientsin, La Librairie française, 1926. 35, [1] p.
———. L'enseignement et la science du droit en Chine. [Paris] Institut international de coopération intellectuelle, 1936. vi, [9]-103 p.
HAAS, OTTO. Gewohnheitsrechtliche Vertragstypen in China. Bonn, 1941. 81 l. plate. Diss.-Univ. Bonn.
HOLMES, OLIVER WENDELL, 1841-1935. Justice Holmes to Doctor Wu; an intimate correspondence, 1921-32. New York, Central Book Co. [1947?] 58 p. port.
NEEDHAM, JOSEPH, 1900- Human law and the laws of nature in China and the West. London, Oxford University Press, 1951. 44 p. (L. T. Hobhouse memorial trust lecture, 20).
POUND, ROSCOE, 1870- Law and the administration of justice, three lectures. Nanking, Sino-American Cultural Service, 1947. 2, 113 p.
RUETE, HANS HELLMUTH. Der Einfluss des abendländischen Rechtes auf die Rechtsgestaltung in Japan und China. Bonn a. Rh., L. Röhrscheid [1940] xxii, 122 p. (Rechtsvergleichende untersuchungen zur gesamten strafrechtswissenschaft, 12. hft.). Issued also as inaugural dissertation, Marburg.
STERN, JACQUES, 1876- Naturrecht und Weltrecht im Lichte der Rechtsentwicklung Japans und Chinas; Vortrag gehalten am 12. september 1927 in Tokio von dr. Jacques Stern. Tokio, Japanisch-deutsches Kulturinstitut; Berlin, Japaninstitut, 1927. 24 p.
SUN, T.C., 孫祖基. Anglo-American law maxims [compiled and translated into Chinese by T.C. Sun] Taipei, 1955. 77 p.
TCHANG, KIEN, 章劍. Le régime de ngan-tche, 安置制度, formule d'une variété de peine réadaptative, avec notes historiques comparatives sur la France et la Chine. Lyon, Bosc frères M. et L. Riou, 1941. 194 p. Thèse-Lyon.
TCHOU, KAO-YONG, 朱高融, [Chu Kao-jung]. De l'indivision sous ses deux principales formes en droit chinois comparé avec le droit étranger. Shanghai, Université l'Aurore; Paris, Librairie du Recueil Sirey; [etc., etc.] 1934. 64 p. Thèse-Université l'Aurore.
WU, JOHN C.H., 吳經熊, [Wu Ching-hsiung] 1899- Juridical essays and studies. Shanghai, Commercial Press, 1928. xvi, 267 p.
———. Legal systems of old and new China, a comparison; one of a series of lectures given at the Northwestern university law school in January 1930 under the auspices of the Rosenthal foundation lectureship. Chicago, 1930. 14 p.
———. The art of law and other essays juridical and literary. Shanghai, Commercial Press, 1936. xxi, 221 p.
———. comp. Essays in jurisprudence and legal philosophy, selected by John C. H. Wu and M.C. Liang. [Shanghai] Soochow University Law School [1938] [732] p.
———. Fountain of justice; a study in the natural law. New York, Sheed and Ward, 1955. 287 p.
YÜ, WEI, 呂渭, [Lü Wei]. Le statut des fonctionnaires en Chine depuis la révolution de 1926 à nos jours. Nancy, Impr. Vagner, 1937. 138 p. Thèse - Univ. de Nancy.

Constitution

CHENG, YEN-CHENG. Les principaux mouvements constitutionnels en Chine de 1897 à 1935. Lyon, Impr. P. Ferréol, 1936. [7]-156 p. Thèse - Univ. de Dijon.
CHIANG, HAI-CHÃO, 江海潮. Die Wandlungen im chinesischen Verfassungsrecht seit dem Zusammenbruch der Mandschu-dynastie unter besonderer Berücksichtigung der rechtlichen Stellung des Staatshauptes. Berlin, C. Heymann, 1937. x, 306 p. (Institut für ausländisches öffentliches recht und völkerrecht. Beiträge zum ausländischen öffentlichen recht und völkerrecht, 23).

CHINA. Commission on Extraterritoriality. Constitution and supplementary laws and documents of the Republic of China. Tr. and pub. by the Commission on Extraterritoriality. Peking, 1924. 198 p.

———. Constitution. Constitution of the Republic of China. English translation with Chinese text. [Peking, 1924] 34, [16] p. English and Chinese. Translated and published by the Commission on Extraterritoriality.

———. Organic law of the National government of the Republic of China. Nanking, 1928. cover-title, 12, 14 p. 2 fold. tab.

———. The same. Zi-ka-wei, Impr. de T'ou-sè-wè, 1928. cover-title, 12, [14] p. fold. tables.

———. The same. New York, China Institute in America [1929?] 8 p. fold. diagr.

———. Constitution provisoire et lois organiques de la République chinoise. Traduction officielle. Shanghai, La Presse orientale, 1932. 120 p.

———. First draft of the permanent constitution of China. Drafted by John C. H. Wu, 吳經熊, translated by Yui Ming, 余銘. Shanghai [China Press] 1933. 17 p. illus. Reprinted from the China Press, August 17, 1933.

———. Draft of the constitution of the Republic of China. Projet de constitution de la republique de Chine. Progetto di constituzione della repubblica della Cina. [n. p., 1936] 53 p. Chinese, English, French and Italian in parallel columns.

———. China's constitutions: permanent and provisional. Chungking, Chinese Ministry of Information, 1945. cover-title, 16 p.

———. The organic law of the Republic of China [and] The final draft constitution of the Republic of China. New York, Chinese News Service [1945] 24 p.

———. China's draft constitution, the full text of two important documents in the evolution of Chinese democracy: Organic law of the National government of the Republic of China. Final draft of the Constitution of the Republic of China. [New York, 1945] 30 p.

———. The Constitution of the Republic of China. New York, Chinese News Service [1947] cover-title, 25 p.

———. The same (with Chinese text) adopted by the National Assembly. Taipei, China Culture Pub. Foundation, 1954. 46 p. (Pamphlets on Chinese affairs).

HO, JEN CHING, 何任清. Histoire constitutionelle de la Chine. Toulouse, C. Dirion, G. Labadie, successeur, 1936. 190 p. Thèse - Univ. de Toulouse.

HSÜ, DAU-LIN, 徐道鄰, 1906- Die Verfassungswandlung. Berlin und Leipzig, W. de Gruyter and co., 1932. 182 p. (Beiträge zum ausländischen öffentlichen rect und võlkerrecht, 15).

KONG, CHIN TSONG, 孔慶宗, 1898- La constitution des cinq pouvoirs, théorie-application. Étude sur une doctrine nouvelle du droit public chinois et les institutions politiques de la Chine moderne. Paris, M. Rivière, 1932. iii, [7]-380 p., diagrs.

LO, HOAI, 羅懷, 1895- La nouvelle législation chinoise; ses fondements -ses tendances. Préface de m. le baron Silvercruys. Paris, A. Pedone, 1932. iii, 189 p.

PAN, WEI-TUNG, 潘維東, 1915- The Chinese constitution; a study of forty years of constitution-making in China. Washington, The Catholic University of America Press, 1945. xi, 327 p. (The Catholic university of America. Studies in politics, government and international law, vol. 3). Thesis-Catholic university of America.

SIAO, KING-FANG, 蕭金芳, 1902- L'évolution constitutionnelle de la Chine moderne. Bruxelles, 1938. 528 l. Thèse - Univ. Libre de Bruxelles.

———. Exposé historique et analytique de la théorie des cinq pouvoirs en Chine. Bruxelles, Impr. medicale et scientifique, 1939. cover-title, 13 p.

SIÉ, KUAN-SHENG, 謝冠生, 1897- A brief survey of the Chinese Constitution. Taipei, China Cultural Service [1954] 80 p. diagrs. (Pamphlets on Kuomintang affairs).

SIÉ, YING-CHOW, 謝瀛洲, 1893- Le fédéralisme en Chine; étude sur quelques constitutions provinciales. Paris, H. d'Arthez, 1924. 237 p.
SIU, QUI, 徐基. Le pouvoir de contrôle en Chine. Nancy, Impr. Vagner, 1937. 141, [1] p. Thèse-Univ. Nancy.
SONG, YUEN-ZOU, 宋淵如, [Sung Yüan-ju]. Le mouvement de la Constitution chinoise; étude du projet de Constitution du Yuan législatif du 16 octobre 1934. Nancy, Impr. Grnadville, 1935. [7]-264 p. Thèse-Univ. Nancy.
TCH'EN, HIONG-FEI, 陳雄飛, [Ch'en Hsiung-fei] 1912- Essai de droit constitutionnel chinois. Les cinq pouvoirs. Shanghai, Université l'Aurore; [etc., etc.] 1933. iv, 186 p. Thèse-Univ. l'Aurore.
TCHENG, SOUMAY, 鄭毓秀, [Cheng, Yu-hsiu] 1894- Le mouvement constitutionnel en Chine: étude de droit comparé. Paris, Recueil Sirey, 1925. 157 p. Thèse-Univ. de Paris.
TSAO, WEN-YEN, 曹文彥, 1908- The constitutional structure of modern China. [Melbourne] Melbourne Univ. Press [1947] xvii, 304 p. illus., ports.
———. The main features of the permanent Constitution of the Republic of China. Taipei, China Culture Pub. Foundation, 1953. 12 p. (Pamphlets on Chinese affairs).
TSI, TCHOU-SHENG, 漆竹生. Étude sur le projet de Constitution de la République chinoise du 5 mai 1936. Paris, Domat-Montchrestien, 1940. 242 p. Thèse - Univ. Paris.
TSU, DJENCHOW. Historique de l'évolution des constitutions chinoises (1905-31). Paris, Les Éditions Domat Montchrestien, Loviton et Cie, 1934. 196 p. illus. Thèse-Univ. de Paris.
WOO, JAMES, 吳凱聲, [Wu K'ai-sheng] 1900- Le problème constitutionnel chinois; la constitution du 10 octobre 1923, avec une table de transcription des mots chinois par Maurice Courant, et une préface par Edouard Lambert. Paris, M. Giard, 1925. [vii]-xiii, [6], 150 p. (Bibliothèque de l'Institut de droit comparé de Lyon. Études et documents. t. 11).
WOU, KACK-TCHENG, 何克誠, [Ho Ke-chêng]. L'évolution du droit dans les institutions fondamentales de la Chine depuis l'antiquité jusqu'à la révolution de 1911. Nancy, Société d'impressions typographiques, 1938. [9]-160 p. Thèse-Univ. Nancy.
WU, FRIEDRICH C., 吳騏, [Wu chi]. La nouvelle Chine et le gouvernement national: étude sur la loi organique du 10 Octobre 1928 et les organisations des pouvoirs publics dans le gouvernement national. Préface de Jean Escarra. Paris, Marcel Rivière, 1929. vi, 216 p.

Civil Law

BRYAN, ROBERT THOMAS, 1892- An outline of Chinese civil law. Shanghai, Commercial Press, 1925. vi, 92 p.
CHANG, CHU KUING, 張祖庚. Essai sur la nationalité chinoise. La Varenne Saint-Hilaire (Seine) Impr. M. and G. Durand, 1941. 152 p. Thèse-Univ. de Paris.
CHEN TSEN I, PIERRE CLAVER, 沈曾怡. De la responsabilité civile en droit chinois. Paris, Domat-Montchrestien, 1934. 142 p. fold. facsim. Thèse - Univ. de Paris.
CHINA. Laws, statutes, etc. The regulations relating to civil procedure of the Republic of China. Published by the Commission on Extraterritoriality. Peking, 1923. cover-title, iii, [3], 189 p.
———. Règlement de procédure civile de la République de Chine, promulgué le 22 juillet, 1921. Suivi du règlement d'exécution du même jour, et du règlement sur les voies d'exécution en matière civile du 3 août, 1920. Publié par la Commission de l'exterritorialité. Pékin, Impr. du Pei-t'ang, 1924. xxi, 259 p.
———. Revised law of nationality. Detailed rules for the application of Revised

law of nationality. Rules for the application of laws (with Chinese text) Translated and published by the Commission on Extraterritoriality. Peking, 1925. cover-title, 21, [12] p.

———. Draft Chinese Civil code. Presented by the Ministry of Justice to the chief executive of the Republic of China for promulgation on the 23rd day of the 11th month of the 14th year of the Republic (Nov. 23rd, 1925) Book 1. General principles, English and Chinese. Translated and published by the Commission of Extraterritoriality. Peking, 1926. 56, 36 p.

———. The Civil code of the Republic of China. Translated into English by Ching-lin Hsia, 夏晉麟, James L.E. Chow, 周福慶, Liu Chieh, 劉鍇 [and] Yu-kon Chang, 張與公. Introduction by the Hon. Foo Ping-sheung, 傅秉常. Shanghai [etc.] Kelly and Walsh, 1931. xxxii, 382 p.

———. The same. Preface by Hu Han-min. Introduction by Foo Ping-sheung. Shanghai [etc.] Kelly and Walsh, limited, 1930-31. 2 v.

———. Code civil de la République de Chine. Traduits du chinois par Ho Tchong-chan, 何崇善. Introduction de Foo Ping-sheung. Préface de son exc. Hu Han-min, Zi-Ka-Wei, près. Changhai, Impr. de l'Orphelinat de T'ou-Sè-Wè; Paris, Recueil Sirey (scoiété anonyme) 1930-31. 2 v.

———. Code de procédure civile (26 décembre 1930 et 3 février 1931) et Loi sur la conciliation en matière civile (20 janvier 1930) Texte chinois et traduction française par François Théry, S.J. Tientsin, Hautes études, 1932. ii, 111, 111, 18, [3] p. (Le droit chinois moderne, 15).

———. Commentaries on the Chinese Civil code, by Boyer P.H. Chu, 朱寶賢. Shanghai, Shanghai, Law Books Pub. Society, 1935- v.

———. Code de procédure civile (révisé) de la République chinoise (1er juillet 1935); texte chinois et traduction française rev. et mise à jour à la date de promulgation du nouveau code, par C.M. Ricard. Tientsin, Hautes études; [etc., etc.] 1936. [1], 125, 125, 19, [4] p. (Le droit chinois moderne, 25).

———. The law of compulsory execution of the Republic of China. Translated from Chinese by N.M. Shoolingin. Tientsin, International Law Office, 1946. v, 26 p.

———. Civil code of the Republic of China. Taipei, Law School of Soochow University, 1953. cover-title, 154 l.

CODEX juris civilis Reipublicae Sinicae. Tsinanfu, typis missionis catholicae, 1934. vii, 212 p.

ESCARRA, JEAN, 1885-1955. La codification du droit de la famille et du droit des successions (livres IV et V du Code civil de la République chinoise) Rapport présenté au Conseil législatif du gouvernement national. Shanghai, Impr. de l'Orphelinat de T'ou-Sè-Wè, 1931. ii, 87 p.

HO, TCHONG-CHAN, 何崇善, ed. and tr. Règlement provisoire relatif au notariat du 30 juillet 1935; règlement d'application et tarif du 14 février 1936; formules. Texte chinois et traduction française. Tientsin, Hautes études; [etc., etc.] 1936. [1], 44, 44 p. (Le droit chinois moderne, 27).

HOU, YOU-ING, 胡毓寅. Étude sur la parenté en droit chinois. Paris, Les Éditions Domat-Montchrestien, 1933. 254 p., diagrs., facsim.

JAMIESON, GEORGE, 1843-1920. Chinese family and commercial law. Shanghai [etc.] Kelly and Walsh, 1921. ii, 188 p.

LO, CHE-TSI, 羅時濟. La succession "ab intestat" dans le code civil chinois. Toulouse, Impr. Touloise, 1932. [7]-115, [1] p. Thèse-Univ. de Nancy.

MÖLLENDORFF, PAUL GEORG VON, 1848-1901. The family law of the Chinese. Translated from the German by Mrs. S.M. Broadbent. Rangoon, Supdt. Government Print. and Stationery, 1925. 43 p. 1st ed. Shanghai, 1879.

RIAZANOVSKIĬ, VALENTIN ALEKSANDROVICH, 1884- Fundamental institutions of Chinese civil law. Harbin, Chinese Eastern Railway, 1926. 74 p. [Condensed from the author's Modern Civil Law of China].

———. The modern civil law of China. Harbin, Printed by "Zaria," 1927-28.

2 v.

———. Chinese civil law. Tientsin, 1938. 310 p.

RICARD, C. M. ed. and tr. Règlement de détail pour l'application de la Loi sur l'état-civil; texte chinois et traduction française par C. M. Ricard et m. ph. Kou Cheou-hi, 顧守熙. Tientsin, Hautes études, 1934. 8, 8 p. (Le droit chinois moderne, 20-a).

SHIH, HUNG-SHUN, 施宏勛. Le testament dans le nouveau Code civil chinois. Nancy, Impr. G. Thomas, 1936. [5]-115, [1] p. Thèse-Univ. de Nancy.

SIAO, T'ONG, 蕭桐, [Hsiao T'ung]. De la succession et de l'adoption en droit chinois. ZI-Ka-Wei-Chang-Hai, Impr. de l'Orphelinat de T'ou-Sè-Wè, 1927. 112 p. Thèse-Université l'Aurore.

SUN, SI-FONG, 孫璽鳳. Du rôle des décisions d'interprétation (Kiai che li) comme source du droit chinois, principalement en matière de fiançailles. Paris, E. Duchemin, L. Chauny et L. Quinsac, successeurs, 1932. 179, [1] p. At head of title: Georges Sun.

TCH'EN, SI-TAN, 陳錫潭. L'adoption en droit chinois. Zi-ka-wei, Chang-Hai, Impr. de l'Orphelinat de T'ou-sè-wè, 1924. 84 p. Thèse-Université l'Aurore.

THÉRY, FRANÇOIS, 1890- ed. and tr. Code civil de la République de Chine. Livre IV: De la famille et livre V: De la succession, et lois d'application de ces deux livres. Texte chinois et traduction française. Tientsin, Procure de la Mission de Sienhsien, 1931. vii, [1], 43, 43, [2] p. [Le droit chinois moderne, 10].

———. Code foncier de la République de Chine. Texte chinois et traduction française. Tientsin, Procure de la Mission de Sienhsien, 1931. 80, 80, [5] p. [Le droit chinois moderne, 11].

———. Loi sur l'état-civil, promulguée le 12 décembre 1931, entrée en vigueur le 1 juillet 1934. Texte chinois et traduction française, par François Théry, S. J. et Hoang Jou-hsiang, 黃汝祥. Tientsin, Hautes études; [etc., etc.] 1934. ii, 32, 32, [2] p. (Le droit chinois moderne, 20).

———. Interprétations du Yuan judiciaire en matière civile [1929- Texte chinois et traduction française. Tientsin, Hautes études, 1936- 3 v. (Le droit chinois moderne. 26, 31, 35).

———. Éléments de droit civil chinois (livres I à III du Code civil). Tientsin, Hautes études, 1939-[42] 1233, [1] p. (Le droit chinois moderne, 33).

VALK, MARIUS HENDRIKUS VAN DER., 1908- An outline of modern Chinese family law. Peking, H. Vetch, 1939. 219 p. (Monumenta serica. Monograph series, 2).

———. Conservatism in modern Chinese family law. Leiden, E.J. Brill, 1956. 90 p. (Studia et documenta, ad iura Orientis antiqui pertinentia, 4).

WOO, SOO. L'antichrèse en droit comparé (Chine, Angleterre et France). Dijon, Impr. du Palais, M. Pornon, 1936. [9]-157 p. Thèse-Univ. de Dijon.

YÜ, TCHEN-P'ONG, 于振鵬. L'hypothèque dans le droit coutumier chinois. Lyon, Bosc frères, M. et L. Riou, 1940. 114 p. Thèse-Univ. de Lyon.

Criminal Law

AN, YÜ-KUN, 安裕琨. Reform von Vermögensverbrechen im deutschen, chinesischen und japanischen Strafrecht. Berlin, 1940. 80 p. Diss.-Univ. Berlin.

CHANG, CHUNG-KONG, 張仲絳, 1908- Unrechtsausschliessungsgründe im deutschen und chinesischen Recht. Marburg a. d. Lahn, Hessischer Verlag K. Euker, 1938. 47, [1] p. Diss.-Univ. Marburg.

CH'EN, SHU-CHIUNG, 陳叔絅, 1910- Die Strafzumessung im chinesischen und deutschen Recht. Eine rechtsvergleichende Studie. Zenlenroda, Sporn, 1937. 40 p. Diss.-Univ. Jena.

CHINA. Laws, statutes, etc. The provisional Criminal code of the Republic of China, embodying presidential mandates, the provisional Criminal code amendment act, the revised draft of the Law on offences relating to morphine, revised regulations governing military criminal cases, regulations governing naval criminal cases. Published by the Commission on Extraterritoriality. Peking, 1923. 2, 8, 2, 190 p.

——. Code pénal provisoire de la République de Chine, du 30 mars 1912. Suivi de l'acte modificatif du 24 décembre, 1914, du Code des contraventions, et des règlements sur la répression du trafic de la morphine et de la corruption des fonctionnaires publics. Publié par la Commission de l'exterritorialité. Pékin, Impr. du Pei-t'ang, 1923. x, 152 p.

——. The regulations relating to criminal procedure of the Republic of China (promulgated on Nov. 14, 1921) embodying presidential mandates, regulations relating to the enforcement of the regulations relating to criminal procedure, regulations relating to summary criminal procedure, and provisional regulations relating to sentence by order. Published by the Commission on Extraterritoriality. Peking, 1923. v, 131, 4, 3, 4, [2] p.

——. Règlement de procédure pénale de la République de Chine du 14 novembre. Suivi du Règlement d'exécution, du Règlement sur le décret pénal et du Règlement sur la procédure pénale sommaire. Publié par la Commission de l'exterritorialité. Pékin, Impr. du Pei-t'ang, 1923. xiii, 142 p.

——. The Chinese Criminal code (promulgated by the Chinese nationalist government) translated by Yu Tinn-hugh, 余天休. Shanghai, The International Pub. Co., 1928. [iii]-xii, 293 p.

——. The Criminal code of the Republic of China. (Promulgated on 10th March, 1928, by the National government). Translated into English by S. L. Burdett in collaboration with Judge Lone Liang, 梁龍. Shanghai, Despatch Print. Co., 1928? 103 numb. l.

——. Code pénal de la République de Chine, traduction française par Tch'en Hiong-fei, 陳雄飛. Zi-Ka-Wei près Chang-hai, Impr. de l'Orphelinat de T'ou-Sè-Wè, 1929. 2 p., 2 l., 87 p.

——. Code pénal de la République de Chine, promulgué le 10 mars 1928, entré en vigueur le 1er septembre 1928. Traduit du chinois, avec une introduction, des notes et une suite de textes complémentaires et de documents annexes, par Jean Escarra. Paris, M. Giard, 1930. lxxx, 214 p., 1 l. incl. geneal. tables. (Bibliothèque de l'Institut de droit comparé de Lyon. Série de criminologie et de droit pénal comparé. t. II (1. ptie.)).

——. The Criminal code of the Republic of China, embodying the Law governing the application of the Criminal code and the Penal code of army, navy, and air forces of the Republic of China. Translated into English by Chao-yuen C. Chang, 張肇元, foreword by the Hon. Sun Fo. Shanghai, Kelly and Walsh, 1935. 184 p.

——. The Chinese Criminal code and special criminal and administrative laws, translated and annotated by the Legal department of the Shanghai Municipal council. Shanghai, Commercial Press, 1935. [1], v-xi, v-xi, 178, 178, 179-216 p.

——. Code pénal de la République chinoise; texte chinois accompagné d'une traduction française par C. M. Ricard et m^{e}. ph. Kou Cheou-hi, 顧守熙, P. C. Leblanc, et Wang Tse-sin, 王自新. Tientsin, Hautes études, 1935. 98, 98, 10, [3] p. (Le droit chinois moderne, 21).

——. Code pénal de la République de Chine. Promulgué de 1er janvier 1935, entré en vigueur le 1er juillet 1935. Traduit du chinois avec une introduction et des notes, par Ho Tchong-chan, 何崇善. Préface de Wang Yung-pin, 王用賓. Zi-Ka-Wei, Impr. de l'Orphelinat de T'ou-Sè-Wè; Paris, Librairie du Recueil Sirey, 1935. xxv, 110 p.

——. Code de procédure pénale de la République chinoise. Texte chinois accompagné d'une traduction française, par le Bureau de traductions des Services de police de la concession française de Shanghai, sous la direction de P. C. Leblanc. Tientsin, Hautes études, 1935. [1], 114, 114, 12 p. (Le droit chinois moderne, 23).

———. The Code of criminal procedure of the Republic of China and the Court agreement relating to the Chinese courts in the international settlement of Shanghai, China, translated by the Legal department of the Shanghai Municipal council. Shanghai, Commercial Press, 1936. vii, 140, 140, 141-239 p.

———. Das chinesische Strafgesetzbuch vom 1. januar 1935, übersetzt von dr. Chang Chungkong, 張仲絳, und dr. H. Herrfahrdt. Bonn a. Rh., L. Röhrscheid, 1938. vi, 86 p. (Rechtsvergleichende untersuchungen zur gesamten strafrechtswissenschaft, hrsg, von dr. Erich Schwinge. 9, hft.).

KENNEDY, GEORGE ALEXANDER, 1901- Die Rolle des Geständnisses im chinesischen Gesetz. Berlin, 1939. 74 p. Diss.-Univ. Berlin.

KING, SHIH-DING, 金世鼎. Étude comparée de la justice pénale en Chine et en France. [Paris] Recueil Sirey [1945] 166 p. (Nouvelle collection de l'Institut de criminologie de l'Université de Paris, publiée sous la direction de mm. Hugueney et Donnedieu de Vabres. IV).

MEIJER, MARINUS JOHAN. The introduction of modern criminal law in China. Batavia, 1950. 214 p. (Sinica Indonesiana, v. 2). Proefschrift - Universiteit van Indonesie.

Commercial Law

ALLMAN, NORWOOD FRANCIS, 1893- Handbook on the protection of trademarks, patents, copyrights, and trade-names in China. Shanghai, Kelly and Walsh, 1924. iii, 207, [5] p. incl. forms.

———. tr. Chinese trade-mark law, regulations and classification of merchandise. Shanghai, The China Law Journal, 1931. cover-title, 19 numb. l.

———. tr. Revised Chinese trade-mark law, regulations and classification of merchandise. Shanghai, Allman and Co., 1936. cover-title, [1], 20, [20, [1] p.].

BAYLIN, J.R. Loi chinois sur les effets du commerce. Pékin, Impr. de la "Politique de Pékin," 1930. 32 p.

BRITISH CHAMBER OF COMMERCE, Shanghai. The Nanking government's laws and regulations affecting trade, commerce, finance, etc. v.1-15; Oct. 9, 1929-35. Shanghai, Issued by the British Chamber of Commerce, 1929-36. 15 v. Mimeographed.

———. Nanking laws and regulations. Index. Volumes I to XI. 7 numb. l., 1 l., 8-14 numb. l.

———. The same. Volumes I to XV. 9 numb. l., 1 l., 10-17 numb. l.

———. The Insurance enterprise law (revised and promulgated by the National government of the Republic of China, 11th January, 1937.) Regulations governing the enforcement of the Insurance enterprise law (passed by the Legislative yuan, 27th November, 1936, and promulgated by the National government of the Republic of China, 11th January, 1937.) Shanghai, British Chamber of Commerce, 1937. 17, 3 numb. l.

BÜNGER, KARL, 1903- Zivil- und handelsgesetzbuch sowie Wichsel- und Scheckgesetz von China. Marburg in Hessen, N.G. Elwert, 1934. 318 p. (Arbeiten zum handels- , gewerbe- und landwirtschaftsrecht, 73).

CHANG, YUKON, 張輿公, tr. The Bankruptcy law of the Republic of China, promulgated 1935; translated into English by Yukon Chang, and Lily C. Yung; introduction by the Hon. Foo Ping-sheung, 傅秉常. Shanghai, Kelly and Walsh, 1936. xvii, 53 p.

CHEN, THEODORE, 鄭希陶, comp. The modern commercial legislation of China, translated and compiled by Theodore Chen and Norwood F. Allman. Shanghai, 1926. 152, [92] p.

CHINA. Laws, statutes, etc. Trade mark law, and detailed regulations. Published by the Commission on Extraterritoriality. Peking, 1923. cover-title, 33 p.

———. Regulations relating to commerce. I. Ordinance for the general regulations of traders. II. Commercial associations' ordinance. III. Regulations of the Arbitration court of commerce. IV. Detailed regulations relating to the administration of the Arbitration court of commerce. V. The law of chambers of commerce. Published by the Commission on Extraterritoriality. Peking, 1923. cover-title, 126 p.

———. Législation commerciale de la République de Chine. (Textes mis à jour au 1er octobre, 1923) Publié par la Commission de l'exterritorialité. Pékin, Impr. Nashbaur, 1924. x, [9], 213 p.

———. Copyright law of China, National government regulations promulgated May 23, 1928, translated by Norwood F. Allman. Shanghai [1928] cover-title, 12 p.

———. Company law. [Promulgated by the National Government on the 26th December, 1929] Translated into English by H.K. Shih. Shanghai, Bureau of Industrial and Commercial Information, Ministry of Industry, Commerce and Labor [1929] cover-title, 41 p.

———. The Chinese insurance business act (promulgated by the National government on July 5, 1935) Translated by Wei Wen Han, 魏文瀚, and Samuel H. Chang, 張似旭. Shanghai, Mercury Press [1935?] 28 p.

———. The company law of China, promulgated 12th April, 1946. English tr. by Chao-yuen C. Chang, 張肇元. Foreword by the Hon. Sun Fo. 2d ed., rev. Shanghai, Kelly and Walsh, 1946. 103 p.

———. The same. Rev. 1946. [Translation by Chao-yuen C. Chang] [New York, Chinese News Service] 1946. 58 p.

———. Loi sur les sociétés du 12 avril 1946. Traduction française par André Bonnichon et P. Suen Li-che, 孫立時. Tientsin, Hautes études, 1946. 102 p. (Collection "Le droit chinois moderne").

———. Loi révisée sur les sociétés, traduit par Jean Escarra and Wei Teng-lin, 魏登臨. Paris, Librairie du Recueil Sirey pour Office d'Information du gouvernement chinois, 1948. vii, 82 p.

———. The company law of China, promulgated 12 April, 1946. English translation by Chao-yuan C. Chang. Foreword by Wang Chung-hui. Taipei, Law School of Soochow University, 1953. 59 numb. l.

ESCARRA, JEAN, 1885-1955. ed. and tr. Loi sur les effets de commerce du 30 octobre 1929. Texte chinois et traduction française, introduction et notes. Loi d'application de la Loi sur les effets de commerce. Tientsin, Hautes études; [etc., etc.] 1934. viii, 34, 34 p. (Le droit chinois moderne, 7-bis).

HUNG, WILLIAM SHIH-HAO, 洪士豪. Commercial law of China. [Shanghai?] 1932. xix, [3]-307 p.

———. Outlines of modern Chinese law; legal history, contracts, agency, sales, bailments and carriers, partnership, property, domestic relations, succession, private corporations, negotiable instruments, criminal law, including list of prevailing laws and table of degrees of punishment. [Shanghai? 1934] xxv, 317 p.

KIRFEL, HARALD WILLIBALD, 1914- Das Gewohnheitsrecht bei Kauf und Verkauf von Immobilien in China und Mandschukuo. [Bonn] 1940. 62 p. Diss.-Univ. Bonn.

LIU, SHIH-FANG FRANCIS, 劉士芳, 1901- tr. The Negotiable instrument law of the Republic of China; translation by S. Francis Liu, Boyer P.H. Chu, 朱寶賢, and Lin-chong Chen, 陳令莊. Shanghai, 1930. vii, 40, 40 p.

McNEILL, JOHN, ed. and tr. Code of maritime law (promulgated the 30th December, 18th year (1929), and enforced the 1st January, 20th year (1931) of the republic) Chinese text with English translation, translated and edited by John McNeill and Dr. Wei Wen-han, 魏文瀚. Shanghai, China Law Journal (1931) [1], 41, 41, 42-49, [1] p.

SUN, HAO-HSUAN, 孫浩煊, 1898- tr. The Chinese law on negotiable instruments (promulgated by the National government of China on the thirtieth of

October, 1929). Shanghai, Kelly and Walsh, 1930. viii, 78 p.

THÉRY, FRANÇOIS, 1890- Les sociétés de commerce en Chine. Tientsin, Société française de librairie et d'édition, 1929. 437 p. Thèse-Univ. de Louvain.

———. ed. and tr. La Loi du 26 décembre 1929 sur les sociétés commerciales, traduction française. Pékin, Impr. de la Politique de Pékin, 1930. 47 p. (Collection de la "Politique de Pékin").

———. ed. and tr. Loi sur les assurances, promulguée le 30 décembre 1929. Traduite du Se-fa kong pao du 18 janvier 1930. Zi-Ka-Wei près Chang-hai, Impr. de l'Orphelinat de T'ou-Sè-Wè, 1930. 28 p.

———. ed. and tr. Loi sur le commerce maritime, promulguée le 30 décembre 1929. Traduite du Se-fa kong pao du 25 janvier et du 1er février 1930. Zi-Ka-Wei près Shanghai, Impr. de l'Orphelinat de T'ou-Sè-Wè, 1930. 47 p.

———. ed. and tr. Loi sur les navires (4 décembre 1930) et Loi sur l'enrégistrement des navires (5 décembre 1930) Texte chinois et traduction française. Tientsin, Hautes études, 1931. 25, 25 p. (Le droit chinois moderne, 12).

———. ed. and tr. Loi sur la faillite, promulguée le 17 juillet 1935, entre en vigueur le 1 octobre 1935. Texte chinois, et traduction française. Tientsin, Hautes études, 1935. iii, 31, 31 p. (Le droit chinois moderne, 24).

WEI, TAO-MING, 魏道明, 1898- Le chèque en Chine. Paris, Recueil Sirey, 1925. 138 p. Thèse - Univ. de Paris.

WOLFE, ARCHIBALD JOHN, 1878- Protesting drafts in China. Washington, Govt. Print. Off., 1923. ii, 28 p. (U.S. Bureau of foreign and domestic commerce Trade information bull., 142).

Municipal Law

CH'EN, KYI-TSUNG, 陳繼貞. Le système municipal en Chine. Gembloux (Belg.) Impr. J. Duculot, 1937. viii, 178 p. (Université de Louvain. Faculté de droit. École des sciences politiques et sociales. Collection).

JAO, DAIN-HOUA, 饒詹華. La Loi municipale chinoise du 20 mai 1930. Bordeaux, Impr. E. Castera, 1939. [5]-146 p. Thèse-Univ. de Bordeaux.

LOO, KON-TUNG, 盧幹東. La vie municipale et l'urbanisme en Chine. Lyon, Bosc frères, M. et L. Riou, 1934. 172 p. Thèse-Univ. de Lyon.

SHANGHAI (French Concession). Compte-rendu de le gestion pour l'exercise 1910-33. Changhai, Impr. Municipale, 1911-34. 23 v.?

TCHANG, TENG-TI, 張登棣, [Chang Têng-ti]. Les titres de location perpétuelle sur les concessions de Shanghai. Tientsin, Hautes études, 1940. 178 p. incl. maps, facsims. (Le droit chinois moderne, 34).

TIENTSIN. (British Municipal Council) Ordinances, etc. Building and sanitary by-laws. 1936. [Tientsin] Tientsin Press [1937] xxiii, 76 (i.e. 92) p. plates.

———. Municipal by-laws. 1936. [Tientsin] Tientsin Press [1937] 14, [2], 19 p.

———. (French Concession) Ordinances, etc. Ordonnances, rapports et documents. Gestion financière de l'exercice. Tientsin, 1938-41. 4 v.?

Administration of Justice

CHINA. Commission on Extraterritoriality. A general statement of the present conditions of the Chinese judiciary. Pub. by the Commission on Extraterritoriality. Peking, 1925. cover-title, 19 p.

———. General and particular tables showing estimated amount of ordinary judicial expenditures under the control of the Ministry of Justice for Peking and various provinces for the 12th year of the Republic of China and General and particular tables showing actual amount of ordinary judicial expenditures under the control of the Ministry of Justice for Peking and various provinces for the 12th year of the Republic of China. Peking, 1925. cover-title, 31 p., incl. tables.

———. Tables showing the qualifications of the judicial officers of China and tables showing the length of service of the judicial officers of China. (Made in September, 1925). Peking, 1926. cover-title, 12, 11 p.

———. Tables showing the dates of the establishment of the courts of China, their localities, and the regions within their jurisdiction (with maps showing the locality of the various courts). Peking, 1926. cover-title, [1], 13 p. 22 maps.

———. Laws, statutes, etc. Laws, ordinances, regulations and rules relating to the judicial administration of the Republic of China. Translated and published by the Commission on Extraterritoriality. Peking, 1923. 364 p.

———. Ministry of Justice. Rules for the application of laws (translation) Peking, The Ministry of Justice, 1921. cover-title, 7 p.

———. Judicial statistics of the third to the tenth year of the Republic of China comp. by the Ministry of Justice. Pub. by the Commission on Extraterritoriality. Peking, 1925. 2 v.

———. Supreme Court. The Chinese Supreme Court decisions. (Relating to general principles of civil law, obligations, and commercial law.) Translated by F.T. Cheng, 鄭天錫. Published by the Commission on Extraterritoriality. Peking, 1923. ix, 6 p., 2 l., 229 p.

———. Recueil des sommaires de la jurisprudence de la Cour suprême de la République de Chine en matière civile et commerciale (1912-18) Publié par la Commission de l'Exterritorialité. Chang-Hai, Impr. de la Mission catholique, Orphelinat de T'ou-Sè-Wè, 1924-25. xxii, 258, [6], 259-528 p. fold. tables.

———. Tables of comparative statistics relating to civil and criminal cases in the Supreme Court from year I to year X of the Republic of China. Comp. by the Secretarial office of the Supreme Court. Tr. and pub. by the Commission on Extraterritoriality. Peking, 1925. cover-title, 25 p.

———. Supreme Court (Nanking). L'année judiciaire chinoise. Jurisprudence de la Cour suprême de Nanking. 1.- année; 1928- Affaires civiles, traduction par François Théry. Affaires pénales, traduction par Robert Jobez. Tientsin, Hautes études; Paris, Librairie du Recueil Sirey, 1933- 3 v. (Le droit chinois moderne, nº 16, 18, 19).

———. Supreme Court. Interpretations of the Supreme Court at Peking, years 1915 and 1916; translations, notes and introd. by M.H. van der Valk. Batavia, Sinological Institute, Faculty of Arts; University of Indonesia [1949] 382 p. (Sinica Indonesiana, 1).

HOU TS'OUEI, CHOU-YEN, 胡崔淑言. L'œuvre de la Cour suprême de Pékin (Ta li yuan) et le droit chinois des obligations. Paris, Librairie technique et économique, 1938. 200 p. Thèse-Univ. de Paris.

KING, SHIH-DING, 金世鼎, 1908- Le recrutement de la magistrature en Chine. Paris, Librairie sociale et économique, 1940. 194, [2] p.

THÉRY, FRANÇOIS, 1890- tr. Loi d'organisation des tribunaux (28 octobre 1932). Loi d'organisation de la Cour administrative (17 novembre 1932). Loi sur les procès administratifs (17 novembre 1932). Loi sur les recours (en matière administrative) (24 mars 1930). Texte chinois et traduction française, par François Théry, S.J. Tientsin, Hautes études; Shanghai, Université l'Aurore, 1933. 38, [1] p. (Le droit chinois moderne, 17).

WANG, MING-YANG, 王明揚. La responsabilité civile des fonctionnaires envers les particuliers en droit chinois. Paris, 1953. 201 l. Thèse-Univ. de Paris.

YEN, KU-WEI, 嚴可爲. Le droit administratif local en Chine. Nancy, Impr. G. Thomas, 1935. [7]-227 p. Thèse-Univ. de Nancy.

Extraterritoriality

AMERICAN CHAMBER OF COMMERCE OF TIENTSIN. Memorandum of the American Chamber of Commerce of Tientsin, relative to extraterritoriality in China. Tientsin, December, 1925. [Tientsin, Tientsin Press, 1925?] 62 p.

BAU, MINGCHIEN JOSHUA, 鮑明鈐, 1894- Relinquishment of extraterritoriality in China. Kyoto, 1929. 28 p.

CHINA. Commission on Extraterritoriality. Summary and recommendations of the report of the Commission on Extraterritoriality in China, Peking, September 16, 1926. (In American journal of international law. Concord, N.H., 1927. v. 21, suppl., p. 58-66).

CITIZENS' LEAGUE, Nanking. Syllabus on extraterritoriality in China. [Nanking] Pub. under the auspices of the Committee on the Abolition of Extraterritoriality in China [1929] 132 p.

COMMISSION ON EXTRATERRITORIAL JURISDICTION IN CHINA. Report of the Commission on Extraterritoriality in China, Peking, September 16, 1926, being the report to the governments of the commission appointed in pursuance to Resolution v of the Conference on the Limitation of Armaments, together with a brief summary thereof. Washington, Govt. Print. Off., 1926. xiv, 156 p. incl. tables.

———. Report of the Commission on Extraterritoriality in China. Presented by the secretary of state for foreign affairs to Parliament by command of His Majesty. London, H.M. Stationery Off., 1926. 130 p. ([Gt. Brit. Foreign office] China, no. 3 (1926)).

———. Declaration and memoranda by the Chinese commissioner. Presented to the Commission on Extraterritoriality in China [In continuation of "China no. 3 (1926)" (Cmd. 2774←)] London, H.M. Stationery Off., 1927. 15 p. ([Gt. Brit. Foreign office] China, no. 1 (1927)).

ESCARRA, JEAN, 1885-1955. The extra-territoriality problem; being a memorandum presented to the Commission for extra-territoriality. Peking, La Librairie française, 1923. cover-title, 30 p. "Reprinted from the Peking leader, June, 1923."

———. Droits et intérêts étrangers en Chine; préface de S. Exc. Dr. Wang Chung-hui, ministre de la justice du gouvernement national de la République chinoise. Paris, Librairie du Recueil Sirey, 1928. xxviii, 88 p.

———. Le régime des concessions étrangères en Chine. (In Hague. Academy of international law. Recueil des cours, 1929, II. Paris, 1930. v. 27, p. [1]-140. port.).

FISHEL, WESLEY R. The end of extraterritoriality in China. Berkeley, University of California Press, 1952. xi, 318 p.

FOREIGN POLICY ASSOCIATION, New York. Extraterritoriality in China. [New York, Foreign Policy Association, 1925] 9 numb. l. (Editorial information service. Series 1925-26. 1:6. December 18, 1925).

———. The conflict of policies in China, exterritoriality, customs autonomy, treaty revision, discussed by Dr.Ping Wen Kuo, 郭秉文, [and] Mr. Charles C. Batchelder. Mr. James G. McDonald, chairman. 82nd luncheon discussion, Hotel Astor, New York, December 5, 1925, of the Foreign Policy Association. New York [1925?] 29 p. (F.P.A. Pamphlet, 36. Series of 1925-26).

FRANKE, OTTO, 1863-1946. Zur Geschichte der Exterritorialität in China. Berlin, Verlag der Akademie der Wissenschaften in Kommission bei Walter de Gruyter u. co., 1935. 63 p. (Sitzungbericht der Preussischen Akademie der Wissenschaften, Phil-Hist. Kl. 1935. XXXI).

GT. BRIT. Foreign Office. Chinese mandate of December 28, 1929, regarding extraterritorial rights in China and correspondence between His Majesty's government in the United Kingdom and the Chinese government in connexion therewith. Presented by the Secretary of state for foreign affairs to Parliament by command of His Majesty. London, H.M. Stationery Off., 1930. 6 p. (China no. 1 (1930)).

KEETON, GEORGE WILLIAMS, 1902- The development of extraterritoriality in China. London, New York, Longmans, Green and co., 1928. 2 v.

KIANG YONG-TCHANG, 姜榮章. De la juridiction consulaire en Chine. Paris, Éditions de "La Vie universitaire," 1922. 120 p. Thèse-Univ. de Paris.

KOUO, KIN YAO, 郭錦堯. La Chine et les capitulations. Nancy, Impr. G. Thomas, 1938. 171 p. Thèse-Univ. Nancy.

LI TZU-HYUNG, ed. Abolition of extraterritoriality in China. With an introduction by Wei Tao-ming, 魏道明. (Published under the auspices of the International Relations Committee) [Nanking, China, 1929?] iv, 86 p. (International relations series).

LIU, SHIH-SHUN, 劉師舜, 1900- Extraterritoriality: its rise and its decline. New York, Columbia University, 1925. 235 p. (Studies in history, economics and public law, vol. CXVIII, no. 2; whole no. 263).

MAH, NGUI-WING, 馬如榮, 1893- Foreign jurisdiction in China. [New York, 1924] p. 676-695. Thesis-University of California, 1921. Reprint from the American journal of international law, 18: 4, October, 1924.

MARCHAND, MARCEL G. Dir Konsulargerichtsbarkeit unter besonderer Berücksichtigen der schweizerischen Konsularjurisdiktion in China. Bern, 1947. 112 p. Thesis-Univ. Bern.

MICKEL, HEINZ, 1912- Die Frage der Exterritorialität in China nach ihrem heutigen Stande. Giessen, Glagow, 1934. 83 p. Diss.-Univ. Giessen.

MILLARD, THOMAS FRANKLIN FAIRFAX, 1868-1942. The end of exterritoriality in China. Shanghai, A.B.C. Press, 1931. [3]-278 p.

OUANG, ROLAND HIAO-HI, 汪孝熙, 1904- Essai sur le régime des capitulations en Chine. Préface de m. Georges Scelle. Paris, Librairie du Recueil Sirey, 1933. [vii]-xvi, 419 p. Issued also as the author's thesis, Univ. de Genève.

PADOUX, GEORGES, 1867- La loi chinoise du 5 août 1918 sur l'application des lois étrangères en Chine. 2e éd. rev. et augm. Pékin, Impr. de la "Politique de Pékin," 1933. 116 p. (Collection de la "Politique de Pékin").

RICH, RAYMOND THOMAS. Extraterritoriality and tariff autonomy in China. Shanghai, China Committee of the Institute of Pacific Relations [1925?] iv, 95 p. (International understanding series).

RIEGE, HEINZ, 1907- Die Gebietshoheit Chinas und ihre Einschränkungen. Breslau, 1933. xii, 101 p. Diss.-Univ. Breslau.

SHOTWELL, JAMES THOMSON, 1874- Extraterritoriality in China. Preliminary paper prepared for the third general session of the Institute of Pacific relations to be held at Kyoto, Japan, October 28th to November 9th, 1929. [New York] American Council, Institute of Pacific Relations, 1929. 24 p.

SONG, KOUO TCHOU, 宋國樞. L'administration de la justice aux étrangers en Chine. Paris, Les Presses modernes, 1929. 144 p. Thèse-Univ. de Paris.

SOULIE, CHARLES GEORGES, 1878- Exterritorialité et intérêts étrangers en Chine, par Georges Soulié de Morant; préface par M. Stéphen Pichon. Paris, P. Geuthner, 1925. xvi, 508 p.

TAN, RAYMOND SHEN-CHI, 譚顯楫. La condition juridique des étrangers et particulièrement des sociétés commerciales françaises en Chine. Préface de m. P. Ravier du Magny. Paris, Librairie du Recueil Sirey, 1932. iv p., [7]-139, [1] p.

TSENG, JU-PAI, 曾如柏. Entwicklung und Abbau der extraterritorial-Jurisdiktion in China. Bonn a. Rh., L. Röhrscheid [1940] viii, 94 p. (Rechtsvergleichende untersuchungen zur gesamten strafrechtswissenschaft. 13. hft.) Issued also as Diss., Univ. Marburg.

WANG, CHIN-CHUAN, 王金泉. Essai historique et critique sur la question de l'abolition de l'exterritorialité en Chine. Paris, Impr. centrale de l'est, 1934. 118 p. Thèse-Univ. de Nancy.

WANG, CHING-CH'UN, 王景春, 1883- Extraterritoriality in China, a monograph. New York, China Institute in America [1931] 19, [1] p.

WANG, TIEH-YAI, 王鐵崖. The status of aliens and foreign enterprise in China.

Chungking, China Institute of Pacific Relations, 1945. viii, 61 p. (China council series, 4).
WILLOUGHBY, WESTEL WOODBURY, 1867-1945. Foreign rights and interests in China. Rev. and enl. ed. Baltimore, Johns Hopkins Press, 1927. 2 v. (Semicentennial publications of the Johns Hopkins university, 1876-1926).
WOODHEAD, HENRY GEORGE WANDESFORDE, 1883- Extraterritoriality in China, the case against abolition. Tientsin, Tientsin Press [1929] 72 p. illus. "Reprinted from the Peking and Tientsin times, September and October, 1929."
WRIGHT, QUINCY, 1890- Some legal consequences if extraterritoriality is abolished in China. (In American journal of international law. Concord, N. H., 1930. v. 24, p. 217-227).

Extraterritorial Courts

CHINA. Commission on Extraterritoriality. Documents relating to procedure in trials of mixed cases and tables showing the number of such cases. Tr. and pub. by the Commission on Extraterritoriality. Peking, 1925. cover-title, 8, 2-5 p. incl. fold. tables.
———. Laws, statutes, etc. Provisional regulations governing lawyers of non-exterritorial powers. [Pekin?] The Ministry of Justice, 1921. cover-title, 2 p.
———. Regulations and tables relating to cases involving subjects of non-extraterritorial powers of the Republic of China. Translated and published by the Commission on Extraterritoriality. Peking, 1925. cover-title, 12 p., 2 l., 64, 25 p.
JOHNSTONE, WILLIAM CRANE, 1901- The Shanghai problem. Stanford University, Calif., Stanford University Press; London, H. Milford, Oxford University Press [c1937] xi, 326 p. fold. map. [Stanford books in world politics].
KOTENEV, ANATOL M. Shanghai: its Mixed court and Council; material relating to the history of the Shanghai Municipal Council and the history, practice and statistics of the International mixed court. Chinese modern law and Shanghai municipal land regulations and bye-laws governing the life in the settlement. Shanghai, North-China Daily News and Herald, 1925. xxvi, 588 p.
———. Shanghai: its municipality and the Chinese; being the history of the Shanghai Municipal council and its relations with the Chinese, the practice of the International mixed court, and the inauguration and constitution of the Shanghai Provisional court. A companion volume to "Shanghai: its Mixed court and Council" by the same author. Shanghai, North-China Daily News and Herald, 1927. [xv]-xvii, 548 (i. e. 554) p., illus. (plan) fold. plan.
NANKING. CONFERENCE ON REORGANIZATION OF THE SHANGHAI PROVISIONAL COURT, Dec. 9, 1929-Feb. 17, 1930. Chinese courts in the International settlement at Shanghai. Agreement by diplomatic representatives in China of the United States of America, Brazil, France, Great Britain, Netherlands, and Norway, with the minister for foreign affairs of China, with attached notes and a unilateral declaration. Signed February 17, 1930. Washington, Govt. Print. Off., 1932. 9 p. ([U.S. Dept. of state. Publication, no. 362] Executive agreement series, 37).
———. The same. Agreement extending the duration of the agreement and attached notes of February 17, 1930, by diplomatic representatives in China of the United States of America, Brazil, France, Great Britain, Netherlands, and Norway, with the minister for foreign affairs of China. Effected by exchange of notes signed February 8, 11, and 12, 1933. And Unilateral declaration renewing the unilateral declaration of February 17, 1930. Signed February 8, 1933. Washington, Govt. Print. Off., 1933. 5 p. ([U.S. Dept. of state. Publication, no. 501] Executive agreement series, 45).

———. Exchanges of notes between the governments of the United Kingdom, Brazil, France, Netherlands, Norway and the United States and the Chinese government renewing the agreement and exchange of notes of February 17, 1930 relating to the Chinese courts in the International settlement at Shanghai. [With declaration] Nanking, February 8 to 12, 1933. London, H. M. Stationery Off., 1933. 6 p. ([Gt. Brit. Foreign office] Treaty series, no.20 (1933)) At head of title: Chinese courts at Shanghai. [Gt. Brit.] Parliament. Papers by command. Cmd. 4348.

TCHEN, YAOTONG, 陳耀東. De la disparition de la juridiction consulaire dans certains pays d'Orient. Paris, Les Presses modernes, 1931 [i. e. 1932]- 186 p. Thèse-Univ. de Paris.

THOMSON, JOHN SEABURY, 1921- The government of the International Settlement at Shanghai; a study in the politics of an international area. Ann Arbor, University Microfilms [1954] ([University Microfilms, Ann Arbor, Mich.] Publication 6722). Collation of the original: xii, 401 l. Thesis-Columbia University.

U. S. Consulate, Nanking. Manual of probate procedure in American consular courts in China. John K. Davis, American consul and Walter E. Smith, American vice consul. 1923. Washington, Govt. Print. Off., 1923. vii, 32 p. incl. forms.

———. Court for China. Rules of procedure for the United States Court for China. [Shanghai, A.R. Hager] 1939. xiv, 132, 3, 133-136 p.

———. The same. Extraterritorial cases. Including the decisions of the United States Court for China from its beginning, those reviewing the same by the Court of Appeals and the leading cases decided by other courts on questions of extraterritoriality. Compiled and edited by Charles Sumner Lobingier. Manila, Bureau of Printing, 1920-28. 2 v.

Laws of Communist China

BONNICHON, ANDRÉ. Le droit de la Chine communist, par André Bonnichon. Les droits de l'accusé, un témoignage, par Louis Watine. La Haye, Commission Internationale de Juristes, 1955. 2 v.

———. Law in communist China. [The Hague, International Commission of Jurists, 1956] 35 p.

CHAO, KUO-CHÜN, 趙國鈞, 1918- Basic level elections and the 1954 national constitution of mainland China. Cambridge, Center for International Studies, Massachusetts Institute of Technology, 1954. 54 p.

CHINA. (People's Republic of China, 1949-) All-China People's Congress. Documents of the first session of the first Natioanl People's Congress of the People's Republic of China. Peking, Foreign Languages Press, 1955. 231 p.

———. Constitution. The draft Constitution of the People's Republic of China. [Peking? 1954] 15 p. (Supplement to People's China, July 1, 1954.).

———. Constitution. [Peking? 1954] cover-title, 27 p.

———. Constitution of the People's Republic of China, adopted on September 20, 1954 by the first National People's Congress of the People's Republic of China, at its first session. Peking, Foreign Languages Press, 1954. 57 p.

———. The same. Peking, 1954. 63 p. (on double leaves) 2 col. plates.

———. Verfassung der Volksrepublik China. Berlin-Karlshorst, Botschaft die Volksrepublik China in die DDR, 1954. 20 p.

———. Laws, statutes, etc. The marriage law. [Peking?] All-China Democratic Women's Federation [1950?] 12 p.

———. The marriage law of the People's Republic of China, together with other relevant articles. Peking, Foreign Languages Press, 1950. iv, 41 p.

———. La Loi sur le mariage de la République populaire de Chine suivie de deux autres documents. Pékin, Éditions en langues étrangères, 1950. 52 p.

———. The electoral law for the All-China People's Congress and local People's

Congresses of all levels, with an explanation. [1st ed.] Peking, Foreign Languages Press, 1953. 48 p.

———. Electoral law for the All-China People's Congress and local people's congresses of all levels, and An explanation of the Electoral law, by Vice-Premier Teng Hsiao-ping, 鄧小平. [Peking? 1953] 15 p. "Supplement to 'People's China' April 1, 1953."

CHINESE SOVIET REPUBLIC. Laws, statutes, etc. Fundamental laws of the Chinese Soviet Republic, with an introduction by Bela Kun. London, M. Lawrence [1934] New York, International Publishers [1934] 87, [5] p. illus. (map) diagrs.

———. Constitution de la Chine soviétique; recueil des lois fondamentales du gouvernement soviétique chinois. Préface de Bela Kun. Paris, Bureau d'éditions, de diffusion et de publicité, 1935. 101 p.

———. Die grundgesetze der Chinesischen Räterepublik. Moskau-Leningrad, Verlagsgenossenschaft ausländischer Arbeiter in der UdSSR, 1934. 96 p. diagrs.

CHUNG KUO-JÊN-MIN-CHÊNG-CHIH-HSIEH-SHANG-HUI-I, 中國人民政治協商會議. The important documents of the first plenary session of the Chinese People's Political Consulative Conference. Peking, Foreign Languages Press, 1949. 44 p.

———. Documents importants de la première session plénière de la Conférence consultative politique du peuple chinois. Pékin, Éditions en langues étrangères, 1949. 49 p.

———. The common program and other documents of the first plenary session of the Chinese People's Political Consultative Conference. Peking, Foreign Languages Press, 1950. 44 p.

———. Das gemeinsame Programm und andere Dokumente der politischen Konsultativ-Conferenz des chinesische Volkes. Peking, Verlag für fremdsprachige Literatur, 1952. 48 p.

———. New China forges ahead; important documents of the third session of the First National Committee of the Chinese People's Political Consultative Conference. Peking, Foreign Languages Press, 1952. 78 p. illus.

DEUTSCHES INSTITUT FÜR RECHTSWISSENSCHAFT. Die Verfassungen der asiatischen Länder der Volksdemokratie. [Übers. und bearb. von einem Kollektiv der Deutschen Akademie für Staats- und Rechtswissenschaft Walter Ulbricht, Potsdam-Babelsberg, unter verantwortlicher Redaktion von Heinz Engelbert] Berlin, Deutscher Zentralverlag [1955] 101 p.

LIU, SHAO-CH'I, 1900- Report on the draft constitution of the People's Republic of China. Constitution of the People's Republic of China. [Adopted on September 20, 1954 by the First National People's Congress at its first session] Peking, Foreign Languages Press, 1954. 101 p. port.

———. Bericht über den Verfassungsentwurf der Volksrepublik China. Die Verfassung der Volksrepublik China. [Von] Liu Schao-tschi. Peking, Verlag für Fremdsprachige Literatur, 1954. 121 p. port.

IX. FOREIGN RELATIONS

General Works

ALFONSI, MARC. Les cessions à bail en Chine; histoire diplomatique et de droit international public. Paris, Domat-Montchrestien, 1940. [vii]-xxxiv, 154 p.

BAU, MINGCHIEN JOSHUA, 鮑明鈐, 1894- The foreign relations of China: a history and a survey. Rev. and enl. ed. New York, Chicago, Fleming H. Revell, 1922. v-xii, 541 p.

———. China and world peace; studies in Chinese international relations. New York, Chicago, Fleming H. Revell [c1928] 7-194 p.

———. Foreign navigation in Chinese waters. Preliminary paper prepared for the fourth biennial conference of the Institute of Pacific Relations to be held at Hangchow, from Oct. 21 to Nov. 4, 1931. Shanghai, China Institute of Pacific Relations [1931] cover-title, 29 p. incl. tables.

[BISSON, THOMAS ARTHUR] 1900- The dismemberment of China. New York, Foreign Policy Association [1934] p. [41]-52. illus. (map) (Foreign policy reports. 10:4. April 25, 1934).

———. Struggle of the powers in China. New York, Foreign Policy Association [1936] p. [121]-132. (Foreign policy reports. 12:10. August 1, 1936).

BLAKESLEE, GEORGE HUBBARD, 1871-1954. Oriental affairs in the light of the Kyoto conference, discussed by George H. Blakeslee and James G. McDonald. 119th New York luncheon discussion, December 7, 1929. New York, Foreign Policy Associaton [1929] 27, [1] p. [Foreign policy association. Pamphlet no. 62. Series 1929-30. January, 1930].

CHAN, CHUNG-SING, 陳宗城, 1900- Les concessions en Chine. Paris, Les presses universitaires de France, 1925. 149 p. Thèse-Univ. de Paris.

CHANG, CHUNG-TAO, 張忠道. Les traités inégaux de la Chine et l'attitude des puissances. 中國之不平等條約及各國之態度 Paris, M. Rivière, 1929. [7]-216 p.

CHAO, CHIN-YUNG, 趙金鏞. A brief history of Chinese foreign relations. Taipei, China Cultural Service [195?] 62 p.

———. Foreign advisers and the diplomacy of the Manchu empire. Taipei, China Culture Pub. Foundation, 1954. 49 p.

———. Chinese diplomatic practice and treaty relations, 1842-1943, with special reference to the period of Ch'ing Dynasty. Taipei, China Cultural Service, 1955. 65 p.

CHAO, MING-KAO, 趙明高, 1892- Essays on Chinese and foreigners, with Chinese notes. Pei Ling, Mukden, Sin Hua Press, 1930. vii-xii, 125 p. front., illus., ports.

CHAO, TSUN-SHIN, 趙俊欣. Essai d'analyse juridique du problème de la révision des traités; un appel à la révision des traités inégaux entre la Chine et les pays étrangers. Paris, Domat-Montchrestien, 1937. 9-221 p.

CH'EN, WU-WO, 陳無我. True facts about the Lincheng incident. 臨案紀實 Peking, Peking Express Press, 1924. 26, 31 p.

CHEN, YAO-SHENG, 陳堯聖. The International Settlement at Shanghai. London, 1939. iv, 3, 526 l. Thesis-London School of Economics.

CHU, CHAO-HSIN, 朱兆莘, 1880-1933. Revision of unequal treaties. China appeals to the League of Nations. Official text of the speeches of Mr. Chao-Hsin Chu, and press comments thereon. [2d ed.] [London, Printed by the London Caledonian Press, 1926] 48 p. front. (port.).

CHU, HUNG-TI, 朱鴻題, 1908- China and the League of Nations. Urbana,

1937. 399 l. Thesis-University of Illinois.

CURTIS, LIONEL, 1872-1955. The capital question of China. London, Macmillan, 1932. xix, 322 p. 4 fold. maps.

DUBOSCQ, ANDRÉ, 1876- La Chine en face des puissances. Paris, Delagrave, 1926. 127, [1] p., illus.(map) (Bibliothèque d'histoire et de politique).

DUNCAN, ROBERT MOORE. Peiping municipality and the diplomatic quarter. Peiping, Department of Political Science, Yenching University, 1933. vii, 146 p. fold. plans, tables (1 fold.).

ESCARRA, JEAN, 1885-1955. La Chine et le droit internationale, préface de m. Marcel Sibert. Paris, A. Pedone, 1931. xx, 419, [7] p. fold. map. (Publications de la Revue générale de droit international public, 4).

FARRÈRE, CLAUDE, 1876- L'Europe en Asie. Paris, Flammarion [1939] 101 p.

FOREIGN POLICY ASSOCIATION, New York. Foreign interests in China. [New York, Foreign Policy Association, 1927] p. [303]-317 incl. tables. (Information service. 2:25. February 16, 1927).

———. Treaty revision in China. [New York, Foreign Policy Association, 1928] p.[297]-320. (Information service. 4:15. September 28, 1928).

FOX, CHARLES JAMES, 1877- The protocol of 1901, charter of Peking's diplomatocracy. Tientsin, North China Star, 1926. 57 p. fold. tables.

FU, LO-SHU, 傅樂淑, 1920- Sino-western relations during the K'ang-hsi period, 1661-1722. Chicago, 1952. 363 l. Thesis-Univ. of Chicago.

GILBERT, RODNEY YONKERS, 1889- What's wrong with China. New York, Frederick A. Stokes [1926] 315 p.

———. The unequal treaties; China and the foreigner. London, J. Murray [1929] v, vii-xi, 248 p.

GODSHALL, WILSON LEON, 1895- Tsingtau under three flags. Shanghai, Commercial Press, 1929. xi, [3]-580 p. fold. front., plates, maps (part fold.).

GREEN, OWEN MORTIMER. The foreigner in China. London, New York, Hutchinson [1943] 7-190 p. front., plates, ports.

HINZELMANN, HANS HEINZ, 1889- Chinesen und fremde Teufel; der Roman von den fünftausendjährigen Geheimnissen in China. Hamm, G. Grote [1950] 241 p.

HODGKIN, HENRY THEODORE, 1877-1933. China in the family of nations. London, G. Allen and Unwin ltd. [1923] 9-267 p. (Selly Oak colleges publications, no. 4).

HSIA, CHIN-LIN, 夏晉麟, 1896- Studies in Chinese diplomatic history. Shanghai, Commercial Press, 1925. xii, 226 p.

———. The status of Shanghai; a historical review of the international settlement. Its future development and possibilities through Sino-foreign co-operation. [Under the auspices of the China Council of the Institute of Pacific Relations] Shanghai, Kelly and Walsh, 1929. xiv, 202 p. (International understanding series).

HSU, EMMANUEL C.Y., 徐中約, 1923- China's entrance into the family of nations. Cambridge, 195- 280 p. Thesis-Harvard University.

HSÜ, SHU-HSI, 徐淑希, 1892- China and her political entity (a study of China's foreign relations with reference to Korea, Manchuria and Mongolia) New York, London [etc.] Oxford University Press, 1926. xxiv, 438 p.

———. An introduction to Sino-foreign relations. Prepared under the auspices of the Council of international affairs, Chunking. Shanghai, Kelly and Walsh, 1941. 165 p. ([Council of international affairs] Political and economic studies, 14).

HU, SHÊNG, 胡繩. Imperialism and Chinese politics. Peking, Foreign Languages Press, 1955. 308 p.

HU, SHIH, 胡適, 1891- Two papers on post-war China. 1. Requirements for a joint peace in the Pacific. 2. Asia and universal world order. Chungking, China Council, Institute of Pacific Relations [1942] 13 numb. l. (China Council papers, 1.).

HU, TAO-WEI, 胡道維. The case for China; abolition of special foreign privileges and immunities. [Peking] Peking Express Press [1926] 2 v.

JOSEPH, PHILIP, 1901- Foreign diplomacy in China, 1894-1900; a study in political and economic relations with China. With an introduction by Sir A. Frederick Whyte. London, G. Allen and Unwin [1928] [9]-458 p. illus.(maps) (Studies in economics and political science, no. 93 in the series of monographs by writers connected with the London school of economics and political science).

KAO, LOU, 高魯, 1881-1947. Conception d'une fédération mondiale. Paris, Librairie du Recueil Sirey, 1930. 116 p. (Bibliothèque de l'Académie diplomatique internationale. I).

KEETON, GEORGE WILLIAMS, 1902- Some factors in a Far Eastern peace settlement. Submitted by the International secretariat of the Institute of Pacific Relations as a document for the eighth conference of the IPR to be held in December 1942. New York, International Secretariat, Institute of Pacific Relations [1942] 30 (i.e. 29) numb. l. (Secretariat paper, 6).

KING, WUNSZ, 金問泗 1892- ed. V.K. Wellington Koo's foreign policy, some selected documents. Shanghai, Kelly and Walsh, 1931. xii p., 1 l., 141 p., 1 l., 6, 153 p. front. (ports.).

KING-HALL, STEPHEN, 1893- The China of to-day. London, L.and V.Woolf, 1927. 44, [2] p.

KU, DJAO-FING. Essai sur les idées pacifistes et le droit international en Chine (après la révolution de 1911). Nancy, Impr. Grandville, 1933. 160 p. Thèse-Univ. de Nancy.

KUO, SHUN-P'ING, 郭舜平, 1908- Chinese reaction to foreign encroachment, with special reference to the first Sino-Japanese War and its immediate aftermath. Ann Arbor, University Microfilms [1954] 323, 3 l. ([University Microfilms, Ann Arbor, Mich.] Publication 6652). Thesis-Columbia University.

LEVI, WERNER, 1912- Modern China's foreign policy. Minneapolis, University of Minnesota Press [1953] 399 p. map.

LIAU, HAN-SIN. Die ungleichen Verträge und die chinesische Revolution. Berlin, Vertretung der Kuo-Min-Tang, 1927. 39 p. port., map.

LIN, TSIU-SEN, 林秋生. Organismus und Organisation; ein chinesicher Beitrag zur Ordnung der Welt. Erlenbach-Zürich, E. Rentsch [1944] v. 48 p. (Schriften des chinesischen Kultur-Dienstes).

LIU, PINGHOU C., 劉平侯, 1903- Chinese foreign affairs - organization and control. [New York] Pub. under the auspices of the Graduate School of New York University [c1937] v, [1], 27 p. diagrs. Abridgment of thesis-New York university.

MacNAIR, HARLEY FARNSWORTH, 1891-1947. ed. Modern Chinese history; selected readings; a collection of extracts from various sources chosen to illustrate some of the chief phases of China's international relations during the past hundred years. Shanghai, Commercial Press, 1937 (c1923). xxxvii, 910 p. front., illus. (incl. ports., plan). 1st ed. 1923.

———. China's international relations and other essays. Shanghai, Commercial Press, 1926. [v]-vii, 326 p.

MAO, YEE-HANG, 毛以亨, 1896- Les relations politiques et économiques entre la Chine et les puissances de 1842 à 1860. Lyon, Impr. Bosc frères et Riou, 1923. 215 p. Thèse-Univ. de Paris.

MENG, SSŬ-MING, 蒙思明, 1908- The organization and functions of the Tsungli Yamen. Cambridge, 1949. iii, 188 l. Thesis- Harvard University.

MENZ, GERHARD, 1885- Flutwende; die Entwicklung der Beziehungen Chinas zum Abendlande in den letzen 100 Jahren. Leipzig, J.C. Hinrichs, 1926. 163, [1] p. fold. map.

MILLARD, THOMAS FRANKLIN FAIRFAX, 1868-1942. China, where it is to-day and why. New York, Harcourt, Brace [c1928] vi, 3-350 p.

THE NORTH-CHINA DAILY NEWS, Shanghai. China in chaos; a brief outline of the foreign concessions, with examples of China's disruption and failure to observe her obligations due to civil war, Bolshevist propaganda and mob law. [Shanghai, North-China Daily News and Herald, 1927] cover-title, 56 p. illus.

NORTON, HENRY KITTREDGE, 1884- China and the powers. New York, John Day, 1927. London, G. Allen and Unwin, 1927. xi, 264 p., 1 l. incl. front., maps.

PARIS. École Libre des Sciences Politiques. Société des anciens élèves et élèves chinois. La Chine et le monde, étude des questions politiques, diplomatiques, économiques, juridiques et sociales; publiée avec la collaboration des anciens élèves et élèves chinois de l'École libre des sciences politiques de Paris. Paris, Les Presses universitaires de France, 1925- 3 v.

PERGAMENT, MIKHAIL ĨAKOVLEVICH, 1866-1932. The diplomatic quarter in Peking, its juristic nature. Peking, China Booksellers, 1927. 133 p.

PHAN, YUNG-KING, 潘瀛江. La politique extérieure de la Chine de 1842 à nos jours. Nancy, Impr. Grandville, 1932. 126 p. Thèse-Univ. de Nancy.

PARK, NO-YONG, 鮑訥榮, 1899- China in the League of Nations, a chapter on China's foreign relations. Cambridge, 1932. 299 p. Thesis-Harvard University.

POLLARD, ROBERT THOMAS, 1897-1939. China's foreign relations, 1917-31. New York, Macmillan, 1933. x, 416 p. Thesis-University of Minnesota.

PRATT, SIR JOHN THOMAS, 1876- The expansion of Europe into the Far East. London, Sylvan Press [1947] 218 p. maps.

———. War and politics in China. London, J. Cape [1943] 9-289, [1] p. fold. maps.

The PRESENT situation in China. Tokyo, Philip Dodge International Study Club of Tokyo, 1925. 14 p.

QUAN, LAU-KING, 關魯敬, 1906- China's relations with the League of Nations, 1919-36. [Hong Kong, The Asiatic Litho. Printing Press] 1939. xiii (i.e. xviii), 414 p. diagrs.

QUIGLEY, HAROLD SCOTT, 1889- Chinese politics and foreign powers. Syllabus on recent Chinese politics and diplomacy. New York, Carnegie Endowment for International Peace, Division of Intercourse and Education [1927] 46 p. (International conciliation, 227).

RASMUSSEN, OTTO DURHAM, 1888- What's right with China; an answer to foreign criticisms. Shanghai, Commercial Press, 1927. xx, 249 p., [251]-255 p.

REID, GILBERT, 1857-1927. China, captive or free? A study of China's entanglements. New York, Dodd, Mead, 1921. vii, 332 p.

———. Der Kampf um Chinas Freiheit; eine Darstellung der politischen Verwickelungen Chinas, übers. von W. E. Peters. Leipzig, K. F. Koehler, 1923. xvi, 279 p.

SEE, CHONG SU, 施宗樹, 1892- The Chinese question; the underlying cause of the present crisis in China. Manila, The Bulletin Pub. Co., 1925. [7]-32 p.

———. The same. [Oxford, Bridge and Co., 1926] cover-title, 40 p.

SHEN, WEI-TAI, 沈惟泰, 1906- China's foreign policy, 1839-60. New York, 1932. v-vii, 9-197, [1] p. Thesis-Columbia university.

SOOTHILL, WILLIAM EDWARD, 1861-1935. China and the West, a sketch of their intercourse. London, Oxford University Press, H. Milford, 1925. viii, 216 p. front., fold. map.

SŬHL, MARGA. Die Grossmächte und die chinesische Revolution bis zum Ausbruch des ersten Weltkriegs. Kiel, 1944. 115 l. Diss. -Univ. Kiel

SWEN, WEN-MING, 孫文明, [Sun Wên-ming]. Étude sur les traités politiques sino-étrangers; la politique de la révision des traités inégaux du gouvernement national de Chine. Paris, P. Bossuet, 1937. 255 p.

SUN, YAT-SEN, 孫中山, 1866-1925. The vital problem of China. Taipei, China Cultural Service [1953] 174 p.

SZE, SAO-KE ALFRED, 施肇基, 1877-1958. Addresses. Baltimore, Johns Hopkins Press, 1926. ix, 131 p.

———. China and the treaty powers; an address. Washington, 1927. 17 p.

SZE, TSUNG-YU, 施宗嶽, 1900- China and the most-favored-nation clause. New York, Chicago, Fleming H. Revell [c1925] 267 p.

TAI, SIEOU TSIN, 戴修駿, 1894- Le pacifisme de la Chine de la Conférence de la Haye à la Société des Nations. Paris, Éditions de "La vie universitaire," 1922. 206 p. Thesis-Univ. de Paris.

T'ANG, LIANG-LI, 湯良禮, 1901- China in revolt; how a civilisation became a nation; foreword by Dr. Tsai Yuan-pei, 蔡元培, preface by the Hon. Bertrand Russell. London, N. Douglas [1927] xvii, 19-176 p.

———. China in Aufruhr. Deutsch von Else Baronin Werkmann. Leipzig, C. Weller and Co., 1927. 349 p. map.

TCHAI, HENRI TSOUN-TCHUN, 翟俊千, [Chai Chün-ch'ien] 1893- Essai historique et analytique sur la situation internationale de la Chine; conséquences des traités sino-étrangers. Paris, P. Geuthner, 1929. 235 p. (Bibliotheca Franco-Sinica Lugdunensis. Études et documents publiés par l'Institut franco-chinois de Lyon, t. 3).

TCHAO, TCHUN-TCH'EOU, 趙春洲, [Chao Chun-chou]. Évolution des relations diplomatiques de la Chine avec les puissances (1587-1929). Paris, A. Pedone, 1931. 207 p. Thèse-Univ. de Paris.

TEICHMAN, SIR ERIC, 1884-1944. Affairs of China; a survey of the recent history and present circumstances of the Republic of China. With three maps. London, Methuen [1938] 3-311, [1] p. illus. (maps).

TÊNG, SSŬ-YÜ, 鄧嗣禹, 1906- China's response to the West; a documentary survey, 1839-1923 [by] Ssŭ-yü Têng [and] John K. Fairbank, with E-tu Zen Sun, 孫任以都, Chaoying Fang, 房兆楹, and others. [Prepared in coöperation with the International Secretariat of the Institute of Pacific Relations] Cambridge, Harvard University Press, 1954. vi, 296 p.

———. Research guide [by] Ssŭ-yü Têng [and] John K. Fairbank, with the collaboration of E-tu Zen Sun, Chaoying Fang, and others. Cambridge, Harvard University Press, 1954. 84 p.

TROUCHE, MARCEL. Le quartier diplomatique de Pékin; étude historique et juridique. Rodez, Impr. G. Subervie [1935] 208 p. fold. plans. Thèse-Univ. de Paris.

TSENG, YU-HAO, 曾友豪, 1900- The termination of unequal treaties in international law; studies in comparative jurisprudence and conventional law of nations. Shanghai, Commercial Press, 1931. 549 p.

TUAN, MAO-LAN, 段茂瀾, 1899- Le situation internationale actuelle de la République chinoise. Exposé fait à l'Académie diplomatique internationale à Paris, le 21 mai 1952. Paris, Grou-Radenez, 1952. 16 p.

TUNG, LIN, 董霖, 1907- China and some phases of international law. With a foreword by Quincy Wright. Issued under the auspices of the China Institute of Pacific Relations. London and New York, Oxford University Press, 1940. xiv, 210 p.

TYAU, MIN-CH'IEN TUK ZUNG, 刁敏謙, 1888- China's diplomatic relations 1931-32; a survey. Preliminary paper prepared for the fifth biennial conference of the Institute of Pacific Relations to be held at Banff, Canada, August 14 to 28, 1933. Shanghai, China Institute of Pacific Relations, 1933. 57 p.

UNION OF CHINESE ASSOCIATIONS IN GREAT BRITAIN. China's case by Lo Wen-kan, 羅文幹, V.K. Ting, 丁文江, Hu Shih, 胡適, and H.L. Yen, 嚴鶴齡. London, Caledonian Press, 1925. 7, [1] p.

WALKER, RICHARD LOUIS, 1922- ed. China and the West: cultural collision; selected documents. [New Haven] Far Eastern Publications, Yale University, 1956. 254 p.

WANG, CHAO-MING, 汪兆銘, 1884-1944. China and the nations; being the draft of the report on international problems prepared for the International problems committee of the People's conference of delegates at Peking in April, 1925. Rendered in English, and edited with an introduction, explanatory footnotes and a map, by I-sen Teng and John Nind Smith. New York, Frederick A. Stokes, 1927. xxiv, 141, [1] p. fold. map.

———. La Chine et les Nations; traduction française de C. Heywood d'après la version anglais de I-sen Teng et John Nind Smith. Paris, Gallimard, 1928. 222 p. map. (Collection "Documents bleus").

WANG, CHUNG-HUI, 王寵惠, 1882-1958. Peaceful means of settling international disputes. Peking, Peking Leader Press, 1927. cover-title, 6 p. (Peking Leader reprints, 19).

———. Ten years of China's foreign relations. Readjustment of Sino-foreign relations through diplomatic channels. Nanking, Chinese League of Nations Union, 1937. 10 p.

WARE, EDITH ELLEN, 1882- Business and politics in the Far East. New Haven, Pub. for the Carnegie Endowment for International Peace by Yale University Press; London, H. Milford, Oxford University Press, 1932. x, 250 p. illus. (maps) diagrs. (The Carnegie endowment for international peace. World economic problems).

WHYTE, SIR FREDERICK, 1883- China and foreign powers, an historicl review of their relations. Published under the auspices of the Royal Institute of International Affairs. 2d and rev. ed. London, Oxford University Press [1928] viii, 93 p.

———. Der Ferne Osten, von England aus gesehen. Stuttgart [etc.] Deutsche Verlag-Anstalt [1936] 68, [1] p. (Weltwende; eine schriftenreihe, hrsg. von Hermann Stegemann).

WOO, JAMES K'AI-SHÊNG, 吳凱聲, 1900- La politique étrangère du gouvernement national de Chine et la revision des traités inégaux. Préface par Édouard Lambert. Paris, M. Giard, 1931. 112 p. (Bibliothèque de l'Institut de droit comparé de Lyon. Études et documents. t. 28).

WOU, KIENPANG, 吳建邦. La Chine et les grandes puissances; étude d'histoire diplomatique contemporaine. Gand, Impr. S. Hussein, 1926. ix, 414 p. (Collection de l'École des sciences politiques et sociales de l'Université de Louvain).

WOU, P., 吳本中, [Wu Pên-chung] 1904- Histoire diplomatique de la Chine depuis 1919; la révision des traités sino-étrangers. Paris, Rousseau et cie, 1932. xx, 334 p.

YANG, LÉON, 楊柳風, [Yang Liu-feng] Les territoires à bail en Chine; étude d'histoire diplomatique et de droit international. Paris, Presses universitaires de France, 1929. viii, 215 p. Thèse-Univ. de Paris.

YEH, GEORGE K. C., 葉公超, 1904- Foreign policy speeches, 1955. [Taipei, Ministry of Foreign Affairs, 1956] 52 p.

General Treaties

CARNEGIE ENDOWMENT FOR INTERNATIONAL PEACE. Division of International Law. Treaties and agreements with and concerning China, 1919-29. Washington, Carnegie Endowment for International Peace, 1929. xiv, 282 p. (Pamphlet series of the Carnegie endowment for international peace, Division of international law, 50).

CH'ÊN, YIN-CHING, 陳英競, 1907- ed. Treaties and agreements between the Republic of China and other powers, 1929-54; together with certain international documents affecting the interests of the Republic of China, compiled and edited by Yin Ching Chen. Washington, Sino-American Pub. Service, 1957. xiii, 491 p.

CHINA. Treaties, etc., 1901. Final protocol between China and the powers rep-

resented at Peking. Settlement of matters growing out of the Boxer uprising in 1900. Signed at Peking, September 7, 1901. Washington, Govt. Print. Off., 1924. 29 p. incl. tables. ([U.S.] Treaties, etc. Treaty series, 397).
———. 1925. Treaties between China and other countries, other than Japan, Great Britain, United States, France, and Russia. Tokyo, Treaty Bureau, Department of Foreign Affairs, 1926. 2000 p.
———. 1928. Sino-foreign treaties 1928. Nanking, Intelligence and Publicity Dept., Ministry of Foreign Affairs, Republic of China [1929] vi, vi, 90, 90 p. ports.
———. 1928. Sino-foreign treaties of 1928; texts of the documents which lay the new foundations for Sino-foreign relations. Peking, Peking Leader Press, 1929. 3-52 p. fold. tables. (Peking leader reprints, 43).
———. 1929? The Sino-foreign treaties. Shanghai, British Chamber of Commerce [1929?]-38. 4 v.
MacMURRAY, JOHN VAN ANTWERP, 1881- ed. Treaties and agreements with and concerning China, 1894-1919; a collection of state papers, private agreements, and other documents, in reference to the rights and obligations of the Chinese government in relation to foreign powers, and in reference to the interrelation of those powers in respect to China, during the period from the Sino-Japanese war to the conclusion of the world war of 1914-19, comp. and ed. by John V. A. MacMurray. New York [etc.] Oxford University Press, 1921. 2 v. front., fold. maps, double plan. (Publications of the Carnegie endowment for international peace. Division of international law, Washington).

Washington Conference

BUELL, RAYMOND LESLIE, 1896-1946. The Washington conference. New York, London, D. Appleton, 1922. xiii, 461 p. fold. map.
CANADA. Delegate to the Conference on the Limitation of Armament Washington, D.C., 1921-22. Conference on the limitation of armament held at Washington November 12, 1921, to February 6, 1922. Report of the Canadian delegate including treaties and resolutions. Ottawa, F.A. Acland, printer, 1922. 222 p. ([Parliament] 1922. Sessional paper, no. 47).
COUNCIL ON FOREIGN RELATIONS. Conference of the Council on foreign relations, Hotel Astor, New York City, February 17, 1922. Subject: comments upon the Conference on the limitation of armaments and Far Eastern questions, presiding, Hon. John W. Davis; speaker, Hon. Norman H. Davis; discussion led by Mr. Paul D. Cravath. [New York? 1922] 48 p.
FRANCE, Ministère des Affaires Etrangères. Documents diplomatiques. Conférence de Washington. Juillet 1921-février 1922. Paris, Impr. Nationale, 1923. xi, 208 p.
ICHIHASHI, YAMATO. The Washington conference and after; a historical survey. Stanford, Calif., Stanford University Press, 1928. xii, 443 p.
JACQUEMART, ANDRÉ. La Conférence de Washington (11 novembre 1921- 6 février 1922) Le désarmement naval, l'accord du Pacifique. Paris, Jouve, 1923. 144 p.
KANE, ALBERT ELI, 1901- China, the powers and the Washington conference. [Shanghai, Commercial Press, 1937] vi, 233, [1] p. Thesis-Columiba University.
TOMIMAS, SHUTARO. The Nine-power treaty and the Kellogg-Briand treaty (review of Secretary Stimson's position) [n.p.] 1932. 37 p.
U.S. President, 1921-23 (Harding). Conference on the limitation of armament. Address of the President of the United States submitting the treaties and resolutions approved and adopted by the Conference on the limitation of armament together with the Report of the American delegation of the proceedings of the Conference on the limitation of armament, submitted to the President February 9, 1922. Washington, Govt. Print. Off., 1922. xiii, 132 p. (67th

Cong., 2d sess. Senate. Doc. 125).

WANG, T.L., 王祖廉. Introduction to China and the Washington Conference. Chicago, Chinese Students Alliance in the U.S.A. [1921] 32 p. (Series on China and the Washington Conference, 1).

WASHINGTON, D.C. CONFERENCE ON THE LIMITATION OF ARMAMENT, 1921-22. Washington Conference on the limitation of armaments. New York, American Association for International Conciliation [1921-22] xxxiii, 382 p. 2 v. (International conciliation, pub. monthly by the American association for international conciliation. December, 1921, no. 169, March, 1922, no. 172).

———. Conference on the limitation of armament, Washington, November 12, 1921-February 6, 1922. Conférence de la limitation des armements, Washington, 12 novembre 1921-6 février 1922. Washington, Govt. Print. Off., 1922. 1757 p.

———. Conference on limitation of armament. Washington, 1921-22. (Treaties, resolutions, etc.) London, Printed and pub. by H.M. Stationery Off., 1922. 88 p. ([Gt. Brit. Foreign office] Miscellaneous, no. 1 (1922)).

———. Conference on the limitation of armament. Subcommittees. Washington, November 12, 1921-February 6, 1922. Conférence de la limitation des armaments. Sous-commissions. Washington, 12 novembre 1921- 6 février 1922. Washington, Govt. Print. Off., 1922. 747 p. incl. tables.

———. Resolutions adopted by the Conference on the limitation of armament in the discussions of Pacific and Far Eastern questions. [Peking? 1922? cover-title, [56] p.

———. Armament conference treaties. Treaties and resolutions approved and adopted by the Conference on the limitation of armament submitted by the President of the United States to the Senate for advice and consent to their ratification. Washington, Govt. Print. Off., 1922. 44 p. ([U.S.] 67th Cong., 2d sess. Senate. Doc. 124).

———. Treaties and resolutions of the Conference on the limitation of armament as ratified by the United States Senate; facts and tables. New York and Washington, Federal Trade Information Service, c1922. 60 p. incl. tables.

———. Nine powers treaty on China. Treaty, submitted by the President of the United States, between the United States, Belgium, the British empire, China, France, Italy, Japan, the Netherlands, and Portugal, relating to principles and policies to be followed in matters concerning China. Washington, Govt. Print. Off., 1922. 11 p. ([U.S.] 67th Cong., 2d sess. Senate. Executive P).

———. Treaty between all nine powers relating to principles and policies to be followed in matters concerning China. Traité entre les neuf puissances relatif aux principes et politiques à suivre dans les addaires concernant la Chine. [Peking, 1922?] cover-title, 13, 13, [14] p.

———. Treaty between the United States, Belgium, the British Empire, China, France, Italy, Japan, the Netherlands, and Portugal. Regarding principles and policies to be followed in matters concerning China. Signed at Washington, February 6, 1922. Washington, Govt. Print. Off., 1925. 10 p. ([U.S. Treaties, etc.] Treaty series, no. 723).

———. The same. Relating to the revision of the Chinese customs tariff. Signed at Washington, February 6, 1922. Washington, Govt. Print. Off., 1925. 11 p. ([U.S. Treaties, etc.] Treaty series, no. 724).

———. Treaty between the United States of America, Belgium, the British Empire, China, France, France, Italy, Japan, the Netherlands and Portugal, relating to principles and policies to be followed in matters concerning China. Washington, February 6, 1922. [Ratifications deposited at Washington, August 5, 1925.] London, H.M. Stationery Off., 1925. 6 p. ([Gt. Brit. Foreign office] Treaty series, 1925, 42). Gt. Brit. Parliament. Papers by command. Cmd. 2517.

[———.] Treaty between the United States of America, Belgium, the British Empire, China, France, Italy, Japan, the Netherlands and Portugal, relating to the Chinese customs tariff. Washington, February 6, 1922. [Ratification deposited at Washington, August 5, 1925.] London, H.M. Stationery Off., 1925. 7 p. (Foreign Office. Treaty series, 43).

———. Principles and policies to be followed in matters concerning China. Treaty between the United States of America, Belgium, the British empire, China, France, Italy, Japan, the Netherlands, and Portugal (Nine power treaty) Signed at Washington, February, 1922. And Procès verbal of deposit of ratifications. Washington, Govt. Print. Off., 1937. 11 p. ([U.S. Treaties, etc.] Treaty series, no. 723).

WILLOUGHBY, WESTEL WOODBURY, 1867-1945. China at the conference; a report. Baltimore, Johns Hopkins Press, 1922. xvi, 419 p.

Relations with Asiatic Countries
China and Asia

BARNES, JOSEPH, 1907- ed. Empire in the East. Contributors, Owen Lattimore, John E. Orchard, Joseph Barnes, Grover Clark, Frederick V. Field, H. Foster Bain, Carl L. Alsberg, Pearl S. Buck, Tyler Dennett, Nathaniel Peffer. Garden City, N.Y., Doubleday, Doran, 1934. vii, 3-322 p.

CAMERON, MERIBETH ELLIOTT, 1905- China, Japan, and the powers, by Meribeth E. Cameron, Thomas H.D. Mahoney [and] George E. McReynolds. With a foreword by Kenneth Scott Latourette. New York, Ronald Press [1952] xiii, 682 p. maps.

CHOW, S.R., 周鯁生, 1889- Winning the peace in the Pacific; a Chinese view of Far Eastern postwar plans and requirements for a stable security system in the Pacific area, with a foreword by Hu Shih. Published in cooperation with the International Secretariat, Institute of Pacific Relations. New York, Macmillan, 1944. xi, 98 p.

———. The Far East in a new world order. Chungking, China Institute of Pacific Relations, 1945. iii, 35 p. (China council series, 7).

CHOW, TEH-KAO, 周德高. Postwar historical events and foreign policies of the great powers in the Far East. Peiping, Printed by St. James Cooperative Print. Society, 1937. 98 p.

CLYDE, PAUL HIBBERT, 1896- A history of the modern and contemporary Far East; a survey of western contacts with eastern Asia during the nineteenth and twentieth centuries. New York, Prentice-Hall, 1937. xix, 858 p. incl. front., illus. (incl. ports.) maps (1 fold. in pocket) (Prentice-Hall history series).

———. The Far East; a history of the impact of the West on eastern Asia. 2d ed. New York, Prentice-Hall [1952] 942 p. illus. 1st ed. 1948.

DAVID, HEINRICH, 1902- Zur Politik der Grossmächte im Fernen Osten 1894-1902; eine Studie zur Erklärung der Vorgänge der Gegenwart. Zürich, Rascher, 1932. 73, [2] p.

DEWEY, JOHN, 1859-1952. China, Japan and the U.S.A.; present-day conditions in the Far East and their bearing on the Washington conference. New York, Republic Pub. Co., 1921. 64 p. (New republic pamphlet, I).

DUBOSCQ, ANDRÉ, 1876- La Chine et le Pacifique. Paris, A. Fayard [c1931] [11]-204 p.

FRANKE, OTTO, 1863-1946. Die Grossmächte in Ostasien von 1894 bis 1914; ein Beitrag zur Vorgeschichte des Krieges, hrsg. mit Unterstützung der Hamburgischen Wissenschaftlichen Stiftung. Braunschweig und Hamburg, G. Westermann, 1923. xxiv, 407, [1] p. (Hamburgische forschungen; wirtschaftl. u. politische studien aus hanseatischem interessengebiet, 10.).

GODDARD, WILLIAM G. The new order in Asia; an essay on the future of civilisation. [Sydney, Epworth Press, 1940] 56 p. incl. front., illus. (ports., facsims.).

HOU, YONG LING, 胡永齡, [Hu Yung-ling]. Condition de paix en Extrême-Orient (Japon-Chine-Société des Nations) Plan Henri-Demont de 1908 proposé aux alliés en 1918. Paris, Union universelle "Pour supprimer ce crime: la guerre," 1936. 290 p. front. (port.) fold. tab.

HUDSON, GEOFFREY FRANCIS, 1903- The Far East in world politics, a study in recent history. 2d ed. London, Oxford University Press, H. Milford, 1939. vii, [2], 276, [5] p. front., plates, ports. 1st ed. 1937.

———. An atlas of Far Eastern politics, by G. F. Hudson and Marthe Rajchman. Enl. ed., with a supplement for the years 1938 to 1942 by George E. Taylor and additional maps by Marthe Rajchman. New York, Issued under the auspices of the International Secretariat, Institute of Pacific Relations, by John Day, 1942. 7-207 p. illus. (maps) 1st ed. 1938.

———. Questions of East and West; studies in current history. London, Odhams Press [1953] 191 p.

KIRBY, EDWARDS STUART, 1909- Some political aspects of Far Eastern economic development. New York, International Secretariat, Institute of Pacific Relations, 1950. 55 p. (Secretariat paper, 4).

LATOURETTE, KENNETH SCOTT, 1884- A short history of the Far East. Rev. ed. New York, Macmillan [1951] xiv, 730 p. maps (1 fold.) 1st ed. 1946.

———. The American record in the Far East, 1945-51. New York, Macmillan, 1952. 208 p.

LATTIMORE, OWEN, 1900- Solution in Asia. Boston, Little, Brown; London, Cresset, 1945. 214 p. illus. (map) (Fighting forces series).

———. The situation in Asia. Boston, Little, Brown, 1949. 244 p. map (on lining papers).

LÉVY, ROGER, 1887- Extrême-Orient et Pacifique. Paris, A. Colin, 1935. [5]-220 p. illus.(maps) (Collection Armand Colin (Section de géographie), 184).

———. Regards sur l'Asie: Chine, Japon, Corée, Viet Nam, Haute-Asie. Paris, A. Colin, 1952. 230 p. illus. (Collection "Sciences politiques").

———. Situations en Extrême-Orient. Avec une introd. de Pierre Gourou et une carte originale de Joseph Hackin. Paris [Centre d'études de politique étrangère] 1954. 18, [15] p. map.

LINEBARGER, PAUL MYRON ANTHONY, 1913- Far Eastern governments and politics: China and Japan [by] Paul M. A. Linebarger, Djang Chu, 章楚, [and] Ardath W. Burks. 2d ed. Princeton, Van Nostrand [1956] 643 p. illus. (Van Nostrand political science series) 1st ed. 1954.

MacNAIR, HARLEY FARNSWORTH, 1891-1947. Modern Far Eastern international relations, by Harley Farnsworth MacNair and Donald F. Lach. New York, Van Nostrand [1950] London, Macmillan, 1950. xi, 681 p. illus., ports., maps (part col.).

MAKI, JOHN McGILVREY, 1909- comp. Selected documents, Far Eastern international relations (1689-1951) [Seattle] University of Washington, 1951. ii, 333 l.

MATHEWS, BASIL JOSEPH, 1879-1951. World tides in the Far East. London, Edinburgh House Press, 1933; New York, Friendship Press, 1934. 160 p. illus. (map).

MICHAEL, FRANZ H., 1907- The Far East in the modern world [by] Franz H. Michael [and] George E. Taylor. New York, Holt; London, Methuen [1956] 724 p.

MOGI, SOBEI. The problem of the Far East, by Sobei Mogi and H. Vere Redman. Philadelphia, J. B. Lippincott; London, Gollancz; Toronto, Ryerson Press [1935] 348 p. diagrs.

MORLEY, FELIX. Our Far Eastern assignment, with an introduction by the Honorable Henry Morganthau. Council of Christian Associations. New York, Association Press, 1926. vii-viii, ix-xiv, 185 p. illus. (maps) plates, diagr.

MORSE, HOSEA BALLOU, 1855-1934. Far Eastern international relations, by Hosea Ballou Morse and Harley Farnsworth MacNair. Boston, New York [etc.] Houghton Mifflin [c1931] xvi, [3]-846 p. front., maps (part double) 1st ed. Shanghai, 1928.
NEXT step in Asia [by] John K. Fairbank [and others. Cambridge] Harvard University Press, 1949. 90 p.
NOURSE, MARY AUGUSTA. Gärung in Fern-ost. Übers. von Helen Scherer. Frankfurt a.M., Wolfgang Metzner, 1951. 316 p. map.
OSTWALD, PAUL, 1884- Ostasien und die Weltpolitik. Bonn, K. Schroeder, 1928. 186 p.
PARK, NO-YONG, 鮑納榮, 1899- Retreat of the West; the white man's adventure in eastern Asia. Boston, Hale, Cushman and Flint [c1937] xiv, 336 p.
PEFFER, NATHANIEL, 1890- Must we fight in Asia? New York and London, Harper, 1935. v, 244 p.
QUIGLEY, HAROLD SCOTT, 1889- The Far East, an international survey, by Harold S. Quigley and George H. Blakeslee. Boston, World Peace Foundation, 1938. x, 353 p. fold. maps.
REINHARD, ERNST. Die imperialistische Politik im Fernen Osten. Bern und Leipzig, E. Bircher, 1926. 237 p. fig. maps.
ROYAL INSTITUTE OF INTERNATIONAL AFFIARS. Problems of the post-war settlement in the Far East; interim report by a group of members of the Royal Institute of International Affairs. London, Royal Institute of International Affairs [1942] 7 v. (United Kingdom paper, 1).
———. British reactions to the war in the Far East, 1941/2; interim report by a group of members of the Royal Institute of International Affairs. London, Royal Institute of International Affairs [1942] 6 numb. l. (United Kingdom paper, 4).
SCHMITT, ERICH, 1893- Ostasien in der Weltpolitik. Bonn, Bonner Univbuchdr., 1940. 24 p. (Kriegsvorträge der Rheinischen Friedrich-Wilhelms-Univ. Bonn.[a.Rh.] Heft 6).
SCHNEE, HEINRICH, 1871- Völker und Mächte im Fernen Osten; Eindrücke von der Reise mit der Mandschurei-kommission. Berlin, Deutsche Buch-Gemeinschaft [c1933] 365, [1] p., illus. (maps) plates, ports., diagrs.
SOYESHIMA, MICHIMASA. Oriental interpretations of the Far Eastern problem. [Lectures on the Harris foundation, 1925] by Michimasa Soyeshima [and P.W. Kuo, 郭秉文. Chicago, University of Chicago Press [c1925] ix, 219, [1] p.
STRAELEN, HENRICUS VAN, 1903- New diplomacy in the Far East, a blueprint for the training of future diplomats. With an introduction by Professor Dr. J.A. Veraart. London, Luzac [1944] 40 p.
———. The Far East must be understood. With a preface by Djang Tsukung, 張資拱. London, Luzac [1945] 151 p.
TONG, HOLLINGTON KONG, 董顯光, 1887- Problems and personalities in the Far East. Shanghai, China Press [1933] cover-title, 157 p. illus.(incl. ports., maps).
———. Men and events in the Far East. Shanghai, The Joint Publication Co. [1933] 158 p. illus.(incl. ports., maps) (Contemporary history series, 2).
TŌYŌ BUNKO. Tokyo. Seminar on Modern China, ed. List of the Blue Books concerning the Far East in the libraries of Tōyō Bunko and Hitotsubashi University. Tokyo, 1956. 94 p.
TREAT, PAYSON JACKSON, 1879- The Far East; a political and diplomatic history. Rev. ed. New York and London, Harper [c1935] xi, 563 p. fold. front., maps. [Harper's historical series] 1st ed. 1928.
U.S. Congress. Senate. Committee on Armed Services. Military situation in the Far East. Hearings before the Committee on Armed Services and the Committee on Foreign Relations, United States Senate, Eighty-second Congress, first session, to conduct an inquiry into the military situation in the Far East and the facts surrounding the relief of General of the Army MacArthur from

his assignments in that area. Washington, Govt. Print. Off., 1951. 5 pts. (iii, 3691 p.).

VINACKE, HAROLD MONK, 1893- A history of the Far East in modern times. 5th ed. New York, Appleton-Century-Crofts [1950] xix, 785 p. maps (part fold., 1 col.). 1st ed. 1928.

———. Far eastern politics in the postwar period. New York, Appleton-Century-Crofts; London, G. Allen and Unwin, 1956. 497 p. illus.

WHYTE, SIR FREDERICK, 1883- The future of East and West; an essay in surmise. London, Sidgwick and Jackson [1932] 180 p. (World problems of today).

———. A British view of Pacific affairs in 1936. Prepared for the sixth conference of the Institute of Pacific Relations held at Yosemite, California, from August 15th to 29th, 1936. London, Royal Institute of International Affairs, 1936. 29 p. (United Kingdom papers, 5).

WOODHEAD, HENRY GEORGE WANDESFORDE, 1883- Occidental interpretations of the Far Eastern problem. Lectures on the Harris Foundation, 1925. By H. G. W. Woodhead, Julean Arnold [and] Henry Kittredge Norton. Chicago, University of Chicago Press, 1926. ix, 252 p.

China and India

BAGCHI, PRABODH CHANDRA, 1898-1956. India and China; a thousand years of cultural relations. 2d ed., rev. and enl. Bombay, Hind Kitabs [1950] New York, Philosophical Library, 1950. vi, 234 p. fold. map.

CHANG, CARSUN, 張嘉森, 1886- China and Gandhian India. Edited by D. Kalidas Nag. Allahabad, Indo-Chinese Literature Publications, 1956. xiii, 318 p.

CHOU EN-LAI in India, a souvenir. Delhi, People's Pub. House, 1954. 52 p. illus. ports.

DIKSHITAR, V. R. RAMACHANDRA. Southern India and China. Madras, 1945. 28 p. (Madras. University. Endowment lecture).

FEER, MARK CECIL ISELIN, 1928- India's China policy, 1949-54. Medford, The Fletcher School of Law and Diplomacy, 1954. 283 l. Thesis-Fletcher School of Law and Diplomacy.

FISHER, MARGARET WELPLEY, 1903- Indian views of Sino-Indian relations [by] Margaret W. Fisher [and] Joan V. Bondurant. Berkeley [Institute of International Studies] University of California, 1956. 163, xxix p. (Indian press digests. Monograph series, 1).

INDIA. Ministry of Education. Exhibition of Professor Raghu Vira's collection of Chinese, Tibetan, Mongolian, Manchurian and Hsi Hsia literatures, paintings, estampages of inscriptions, colored movies and slides, illustrative of the interflow of culture between India and High and East Asia. Exhibition court of Eastern court, New Delhi, from 29th September to 6th October, 1955. New Delhi, 1955. 2 p. plates.

"INDIA'S heart is one with China"; Generalissimo and Madame Chiang Kai-shek's visit; comradeship-in-arms of two great countries, a turning point in history. [Bombay, Times of India Press, 1943?] 34 p. illus. (incl. ports.).

The INDIAN CULTURAL DELEGATION in China, 1955. Peking, Foreign Languages Press, 1955. 103 p. illus.

KHAN, SIR MUHAMMAD ZAFRULLA, 1893- India and China. Allahabad, Kitabistan [1944] 34 p. (The Indian Institute of International Affairs, New Delhi. [Publications] 17).

LOHIA, RAM MANOHAR. India on China; foreword by Jawaharlal Nehru. Allahabad, Kitabistan, 1938. 52 p. (All India Congress Committee. Political economic ser., 9).

MOTHER INDIA. The folly of recognising Red China. Bombay, 1950. 28 p.

MUKERJI, PRABHAT KUMAR. Indian literature abroad (China) Calcutta, Calcutta Oriental Press [1928] ii, 98 p. (Calcutta Oriental ser. 22, E 14).

———. Indian literature in China and the Far East. Calcutta, Greater Indian Society, 1932. iv, 334, 18, 4 p.
NAIR, V.G. Short studies on China and India (Reproduced from the Indian journals). Madras [Sino-Indian Cultural Society in India] printed at Thompson and Co., 1949. 164 p.
PANIKKAR, KAVALAM MADHAVA, 1896- India and China: a study of cultural relations. Bombay, Asia Pub. House, London, Luzac, 1957. 107 p.
RADHAKRISHNAN, SIR SARVEPALLI, 1888- India and China, lectures delivered in China in May 1944. Bombay, Hind kitabs [1944] 3rd ed. 1954.168 p.
SOONG, CHING-LING, 孫宋慶齡, 1890- Good neighbours meet, speeches in India, Burma and Pakistan, 1955-56. Peking, Foreign Languages Press, 1956. 86 p. illus.
TAGORE, SIR RABINDRANATH, 1861-1941. Talks in China; lectures delivered in April and May, 1924. Calcutta, Visva-Bharati Book Shop, 1925. 157, iii p.
———. China and India. Santiniketan, Sino-Indian Cultural Society, 1938. 16 p.
TAI, CHI-T'AO, 戴季陶, 1890-1949. On cultural relations between China and India; with a biographical introduction by Tan Yun-shan, 譚雲山. Santiniketan, Sino-Indian Cultural Society in India, 1947. vii, 15 p. (Sino-Indian pamphlet, 8).
———. Goodwill message to India, with a biographical introduction by Tan Yun-shan. Santiniketan, Sino-Indian Cultural Society in India, 1948. 14 p. (Sino-Indian pamphlet, 11).
TAN, YUN-SHAN, 譚雲山, 1901- Cultural interchange between India and China. Santiniketan, Sino-Indian Cultural Society in India, 1937. 16 p.
———. India's contributions to Chinese culture and Chinese studies in India. Santiniketan, Sino-Indian Cultural Society of India, 1942. 19 p.
———. China, India and the war. Calcutta, China Press [pref. 1944. 74 p. group port.
———. The Visva-Bharati Cheena-Bhavana and the Sino -Indian Cultural Society Santiniketan, Sino-Indian Cultural Society of India, 1944. 25 p.
———. China's civilization and the spirit of Indian and Chinese cultures. Santiniketan, Sino-Indian Cultural Society of India, 1949. 26 p.
———. Ahimsa in Sino-Indian culture. Santiniketan, Sino-Indian Cultural Society of India, 1949. 22 p.
———. Inter-Asian cultural co-operation and the union of Asia. Santiniketan, Sino-Indian Cultural Society of India, 1949. 19 p.
———. An appeal to conscience and Sino-Indian relationship. Santiniketan, Sino-Indian Cultural Society of India, 1950. 23 p.

China and Japan
Treaties, Documents, etc.

CARNEGIE ENDOWMENT FOR INTERNATIONAL PEACE. Division of International Law. The Sino-Japanese negotiations of 1915; Japanese and Chinese documents and Chinese official statement. Washington, The Endowment, 1921. viii, 76 p. (Pamphlet series of the Carnegie endowment for international peace. Division of international law, 45).
CHINA. Delegation to the Conference on the Limitation of Armament, Washington, D.C., 1921-22. Conversations between the Chinese and Japanese representatives in regard to the Shantung question. Treaty for the settlement of outstanding questions relative to Shantung. Agreed terms of understanding recorded in the Minutes of the Chinese and Japanese delegations concerning the conclusion of the treaty for the settlement of outstanding questions relative to Shantung. Prepared by the Chinese delegation. Washington, Govt. Print. Off., 1923. vi, 74 p.
———. Treaties, etc., 1922. Treaty between China and Japan for the settlement of outstanding questions relating to Shantung - with an agreement supplemen-

tary thereto. Concluded at Washington on February 4, 1922. Washington, Govt. Print.Off., 1922. 14 p. ([U.S.] 67th Cong., 2d sess. Senate.Doc.166).

———. Treaty for the settlement of outstanding questions relative to Shantung. [Peking? 1922?] cover-title, 16, 4, 6, [22] p.

———. Agreement concerning the exchange of correspondence between the Republic of China and the Empire of Japan. [Peking? 1922?] cover-title, [30] p.

———. Agreement concerning the exchange of insured letters and boxes between the Republic of China and the Empire of Japan. [Peking? 1922?] cover-title, [20] p.

———. Agreement concerning the exchange of money orders between the Republic of China and the Empire of Japan. [Peking? 1922?] cover-title, [46] p. incl. forms.

———. Agreement concerning the exchange of postal parcels between the Republic of China and the Empire of Japan. [Peking? 1922] cover-title, [46] p.

———. 1915. Les 21 demands et les traités et accords du 25 mai 1915 entre la Chine et le Japon. Textes et documents. Paris, Impr. de Vangirard, 1931. 48 p.

CHINA. Treaties, etc., 1952. Treaty of peace between the Republic of China and Japan. [Taipei? 1952?] 1 v. (unpaged).

JAPAN. Delegation to the Conference on the Limitation of Armament, Washington, D.C., 1921-22. Conversations between the Chinese and Japanese representatives in regard to the Shantung question. Treaty for the settlement of outstanding questions relative to Shangtung. Agreed terms of understanding recorded in the Minutes of the Japanese and Chinese delegations concerning the conclusion of the treaty for the settlement of outstanding questions relative to Shantung. Minutes prepared by the Japanese delegation. Washington, Govt. Print. Off., 1922. iii, 396 p.

General Works

AMERICA'S position on the Shantung question as indicated in public speeches, by President Harding, ex-President Wilson, Senator Lodge, etc., and in official hearings and state papers. [Washington, D.C., Press of Ransdell Inc., 1921?] 40 p. "Published by the Weekly review of the Far East, Shanghai, China."

[ASADA, KEIICHI]. Expenditures of the Sino-Japanese war, by Giicho Ono. New York [etc.] Oxford University Press, 1922. xv, 330 p. incl. tables. (Publications of the Carnegie endowment for international peace. Division of economics and history.).

ASSOCIATION FOR THE STUDY OF JAPANESE AFFAIRS, Nanking. Anti-Chinese and anti-foreign teachings in new textbooks and publications of Japan. Nanking, 193- 52, 52 p.

BAU, MINGCHIEN JOSHUA, 1894- The Shantung question. Edited by the English editorial committee for the Washington conference of the Chinese students' alliance. [Chicago] Chinese Students' Alliance in the United States of America [c1921] 47 p. (Series on China and the Washington conference, 2).

CASSEVILLE, HENRY. Nankin contre Tokyo (Chine 1928-33) 2 portraits et 2 cartes hors texte. Paris, Éditions Berger-Levrault, 1934. xv, 224 p. ports., fold. maps.

CHALLAYE, FÉLICIEN, 1875- La Chine et le Japon politiques. Paris, F. Alcan, 1921. viii, 323, [1] p. (Les questions actuelles, études de culture générale, pub. sous la direction de Émile Borel et Georges Dumas).

CHANG, CHÜN, 張羣, 1889- Sino-Japanese relations and America. Taipei, Off. of the Govt. Spokesman, 1952. cover-title, 58 p.

CHINESE CONSOLIDATED BENEVOLENT ASSOCIATION, New York. Free China protests peace conference exclusion. Earned equal participation on record of resisting Japanese aggression for twenty years at staggering cost and ruinous sacrifice. National government's fight against glaring injustice supported and urged by free Chinese the world over. New York, 1951. 28 p.

DOTSON, LILLIAN YOTA, 1921- Sino-Japanese war of 1894-95. New Haven, 1951. 2-205 l. ii-xii, ii-xxxv l. Thesis-Yale University

GODSHALL, WILSON LEON, 1895- The international aspects of the Shantung question. Philadelphia, 1923. 172 p. Thesis-University of Pennsylvania.

HARVIN, HARRY L., JR., 1923- The Far East in the Peace Conference of 1919. Durham, N.C., Duke University, 1956. 2 v. Thesis-Duke University.

HO, YING-CHIN, 何應欽, 1889- Report on the acceptance of the Japanese surrender. Nanking, Ministry of Information [1946] 12 numb. l.

HSÜ, SHU-HSI, 徐淑希, 1892- The treaties and notes of 1915. Peiping, 1932. 30 p. Reprinted from Chinese Social and Political Science Review, April 1932.

HUNTER, EDWARD. The France and Germany of Asia. Chicago, Esquire-Coronet, inc. [c1938] 17, [1] p. 1 illus.

KAWAKAMI, KIYOSHI KARL, 1875- Japan's Pacific policy, especially in relation to China, the Far East, and the Washington conference. New York, E.P. Dutton [c1922] xiv, 3-380 p.

KWONG, TSE-WING, 鄺子榮. The Shantung settlement. Los Angeles, University of Southern California, 1923. 30, [1] l.

LÉVY, ROGER, 1887- Relations de la Chine et du Japon. Paris, Paul Hartmann, éditeur, 1938. [11]-135, [1] p. incl. map. (Centre d'études de politique étrangère. Section d'information. Publication, 8).

LU, ALBERT T., 魯潼平. Hirota's three principles vis-à-vis China. Nanking, Council of International Affairs, 1936. 32 p. Reprinted from Information Bulletin, Nanking, 1:7).

MAH, NGUI WING, 馬如榮, 1893- Sino-Japanese relations since the Tangku truce, May 31, 1933. A brief historical survey by N. Wing Mah [and] C.F. Chang, 張忠黻. [New York? 1936] 20 numb. l. (Papers presented at the sixth conference of the Institute of Pacific relations, Yosemite national park, California, August 15 to 29, 1936. 11:2).

MILLARD, THOMAS FRANKLIN FAIRFAX, 1868-1942. The A B C's of the twenty-one demands. Shanghai, Weekly Review of the Far East, 1921. 12 p.

———. The same. N[ew] Y[ork] Chinese Students' Committee on Washington Conference, 1921. 15 p. "Reprinted with the consent of the Weekly review of the Far East."

———. The Shantung case at the conference. 2nd ed. Shanghai, Millard's Review of the Far East, 1921. 76 p. illus. (map, facsim.).

OSAKA. Chamber of Commerce and Industry. Résumé des relations politiques et économiques entre le Japon et la Chine établi par la chambre du commerce et de l'industrie d'Osaka. Quels sont les intérêts et les privilèges du Japon en Chine? Comment la Chine a-t-elle violé les droits que le Japon tient des traités? Osaka, Société d'impr. Hamada, 1931. cover-title, 11 p.

———. Fédération économique sur les Problèmes de Chine d'Osaka. Ensignements anti-étrangers. Osaka, 1931. iv, 128 p. plates.

OSBORNE, SIDNEY. The new Japanese peril. New York, Macmillan, 1921. viii, 184 p.

OZAKI, HOTSUMI. Recent developments in Sino-Japanese relations. Prepared for the sixth conference of the Institute of Pacific Relations to be held at Yosemite, California, August 15th to 29th, 1936. Tokyo, Japanese Council, Institute of Pacific Relations, 1936. 22 p. (Japanese council papers, 14).

PIPPON, ANTON, 1909- Wo stehen heute China und Japan? Kevelaer, Butzon und Bercker [1949] 80 p. maps.

RINE, VICTOR, 1884- Machiavelli of Nippon; Japan's plan of world conquest, willed by Emperor Meiji, developed by Premier Tanaka; "Tanaka memorial" proven genuine by Victor Rine. New York, The Wandering eye, 1932. [5]-111 p. front. (port.) map.

ROYAL INSTITUTE OF INTERNATIONAL AFFAIRS. China and Japan. 3d. ed.

London, Royal Institute of International Affairs; New York, Toronto [etc.] Oxford University Press [1941] xi, 163 p. maps (1 fold.) (Chatham house information papers, 21a).

SHIGEMITSU, MAMORU, 1887-1957. Revolutionary foreign policy of China; a report submitted to the Japanese Government. [Tokyo?] 1931. 151 p.

STRUNK, ROLAND. Achtung! Asien marschiert! Ein Tatsachenbericht, von Roland Strunk und Martin Rikli. Berlin, Drei Masken Verlag a.g. [1934] 221, [1] p. illus.(maps) plates, ports., facsims.

SUN, YAT-SEN, 1866-1925. China and Japan: natural friends - unnatural enemies; a guide for China's foreign policy. With a foreword by President Wang Ching-wei. Edited by T'ang Leang-li. Shanghai, China United Press, 1941. vii-xx, 182 p. illus. (facsim.).

TANAKA, GIICHI, baron, 1863-1929. Tanaka memorial: Japanese imperialism stripped. The secret memorandum of Tanaka, Premier of Japan. New York, Workers Library Publishers [1927] 37 p.

———. Japan's positive policy in Machuria. [n.p., 1931] cover-title, 30 p. incl. map. Caption title: Memorial presented to His Majesty the Emperor of Japan by Premier Tanaka, outlining the positive policy in Manchuria.

———. The memorial of Premier Tanaka; or, A Japanese secret design for the conquest of China as well as the United States and the rest of the world. N[ew] Y[ork] World Peace Movement [1931?] 44 p.

———. Tanaka's secret memorial to the Japanese emperor. Peiping, Northeastern Affairs Research Society [1932] 55 p.

———. Eingabe an den japanischen Kaiser über positive Politik gegen die Mandschurei und Mongolei, eingereicht am 25 Juli 1927 vom Premierminister Tanaka. Übersetz vom I-Djiu-Bund. Schanghai-Woosung, Tung chi Universität, 1932. 78 p. map.

———. Secret memorial concerning Manchuria, Mongolia, China, U.S.A. and the world, submitted by General Tanaka (the then premier of Japan) to the Japanese emperor in 1927. 11th ed. Shanghai, The China Critic [1932] cover-title, ii, 42 p. "Reprinted from the China Critic, 4:39, Sept. 24, 1931."

———. Die Kriegsziele des japanischen Imperialismus; das geheime Memorandum des japanischen Ministerpräsidenten Tanaka über die japanische Politik in der Mandschurei. Mit einem Vorwort, einem einleitenden Artikel und einer Übersichtskarte der Mandschurei. Hamburg-Berlin, C. Hoym nachf.[c1932] 39, [1] p. illus.(double map).

———. Le brigandage japonais en Mandchourie; mémorandum présenté par le président du conseil japonais à l'empereur du Japon. Paris, Bureau d'éditions, 1932. 54 p.

———. The Tanaka memorial; an outline presented to the Japanese emperor on July 25, 1927 by Premier Tanaka for the Japanese conquest of China and other nations. With introduction by V. Kwonglee Kwong, 鄺兆榮. [San Francisco, T.W. Chinn, 1937?] cover-title, 14 p.

———. Japan to use "blood and iron" policy on China. Japan must first crush the United States to accomplish the "blood and iron" policy. Marysville, Calif., Chinese Patriotic Society, 1937. 24 p.

———. Le mémoire Tanaka; le plan prémédité de l'aggression japonaise. Genève, Le Bureau de presse de la Délégation chinoise, 1938. 47 p. map.(China. Delegation to the League of Nations. Press Bureau publications, 11).

———. Japanese imperialism exposed, the secret Tanaka document. New York, International Publishers [1942] 47 p.

———. Japan's dream of world empire; the Tanaka memorial. Edited, with an introduction, by Carl Crow. New York, London, Harper [1942] 118 p.

———. The same. London. G. Allen and Unwin [1943] 68 p.

TCHEN, HOSHIEN, 陳和銑, 1894- Les relations diplomatiques entre la Chine et le Japon de 1871 à nos jours; traités, conventions, échange de lettres, etc., avec une carte de la Chine et du Japon. Paris, Éditions de "La Vie universitaire," 1921. 328 p. fold. map.

TS'AO, YUN-HSIANG, 曹雲祥, 1881- comp. Symposium concerning Japan's Far Eastern policy. Compiled by Y.S. Tsao and J.S. Tow, 屠汝涑. Shanghai, China Institute of International Relations, 1934. iii, [1], 44 p.

[TSINAN Affair]. The facts and circumstances of the collision between Japanese and Chinese troops at Tsinan. [Osaka] The Osaka Chamber of Commerce and Industry [1928] cover-title, 11, 9 p.

TSINAN affair; sixty-two photographs showing effect of indiscriminate bombardment at Tsinan and results of wanton murders of Chinese by Japanese troops in Shantung as well as documents concerning Japanese military action, with English translation. Shanghai, International Relations Committee, 1928. 1 v.

The TSINAN case and the League of nations. [n.p., 1928] cover-title, 18 p.

TSINAN incident, 1928. [Edited by] Shinichiro Kato. Tsingtao, 1928. cover-title, 30 p. plates, fold. plans.

The TSINANFU crisis, published by the faculty and students of Tsing Hua university, Peking. [Peking, 1928] cover-title, 5, 58 p. port., maps.

TSUNODA, RYŪSAKU, 1877- tr. Japan in the Chinese dynastic histories: Later Han through Ming dynasties. Editor: L. Carrington Goodrich. South Pasadena [Calif.] P.D. and I. Perkins, 1951. vii, 187 l. maps. (Perkins Asiatic monographs, no. 2).

U.S. Congress. Senate. Committee on Foreign Relations. Payment to government of Japan for proposed deportation of enemy aliens from China during the world war. Report. [To accompany S. 1607] [Washington, Govt. Print. Off., 1937] 5 p. (75th Cong., 1st sess. Senate. Rept. 384).

VERNON, YVONNE. Chine, Japon, Stamboul. Préface de Charles Diehl. Paris, A. Tolmer, 1925. 157 p.

VOICE of the Chinese people regarding Sino-Japanese questions. Shanghai, 1928. 78 p.

WANG, I-T'UNG, 王伊同, 1914- Official relations between China and Japan, 1368-1549. Cambridge, Harvard University Press, 1953; London, Oxford University Press, 1953. xi, 128 p. (Harvard-Yenching Institute studies, 9).

WERMANN, ERNST. Die Schantung-frage. Leipzig, R. Noske, 1931. viii, 95 p., 1 l. incl. maps. (Abhandlungen des Instituts für politik, ausländisches öffentliches recht und völkerrecht an der Universität Leipzig. hft. 12).

WOOD, GE-ZAY, 何傑才, 1897- The twenty-one demands, Japan versus China. New York, Chicago [etc.] Fleming H. Revell [c1921] [7]-178 p.

———. The Chino-Japanese treaties of May 25, 1915. New York, Chicago [etc.] Fleming H. Revell [c1921] 151 p.

———. The Shantung question; a study in diplomacy and world politics. New York, Chicago [etc.] Fleming H. Revell [c1922] [5]-372 p.

———. China, the United States, and the Anglo-Japanese alliance. New York, Chicago [etc.] Fleming H. Revell [c1921] viii, [2], 11-176 p.

WOODRUFF, GEORGE, 1881- What of China and Japan? [Chicago] The Illinois Chamber of Commerce, 1921. 36 p.

YONG, THADDÉE ANN-YUEN, 楊安然. Chine et Japon à la Conférence de la paix. Lophem-lez-Bruges [Belgique] Abbaye de Saint-André, 1934. viii, 304 p. fold. map. (École des sciences politiques et sociales de l'Université catholique de Louvain. [Bibliothèque]).

Japan's Invasion, 1931 (including attack on Shanghai)
(See also Northeastern Provinces)

AKAGI, ROY HIDEMICHI, 1892- Manchuria, discudded by Roy H. Akagi, T. Z. Koo, 顧子仁, [and] Joseph P. Chamberlain, January 23, 1932. New York luncheon discussion. New York, Foreign Policy Association [1932] 27 p. [Foreign policy association. Pamphlet, 79. Series 1931-32. March, 1932].

ALBRECHT, DIETGER. Der chinesisch-japanische Konflikt und das Völkerrecht.

Leipzig, R. Noske, 1933. v-vi, 164 p. map. (Frankfurter Abhandlungen zum modernen Völkerrecht, 41).

AMERICAN COMMITTEE FOR JUSTICE TO CHINA. The case for China; a summary of recent events in Manchuria. [New York] American Committee for Justice to China, 1933. 34 p.

AMOY. University. A manifesto on the Japanese invasion of Manchuria, issued by the faculty and staff of the Univeristy of Amoy. [Amoy] 1931. cover-title, 1 v. (various pagings) illus.

BASSETT, REGINALD, 1901- Democracy and foreign policy; a case history, the Sino-Japanese dispute, 1931-33. London, London School of Economics and Political Science, University of London; New York, Longmans, Green [1952] xxiii, 654 p. (Publications of the London School of Economics).

BALET, JEAN CYPRIEN, 1867- Le drame de l'Extrême-Orient. Que veut le Japon? Que veut la Chine? Préface de Georges Leygues; fac-similé d'un autographe du général Nogi. Paris, Éditions du "Temps présent" [1931] 189 p. 1 l. incl. facsim. fold. map.

CUTLACK, FREDERIC MORLEY, 1886- The Manchurian arena; an Australian view of the Far Eastern conflict. Sydney, Angus and Robertson, 1934. viii, 76 p., 1 l. incl. front.(map).

DIETRICH, PAUL R. La guerre en Chine. Paris, Bureau d'éditions, 1932. 44 p.

FRÊNE, VICTOR. The meaning of the Manchurian crisis. [Shanghai, Shameen Print. Press, 1931] 24 p.

GOTHEIN, GEORG, 1857- China and Japan: a world coalition against Japan. London, Hamilton Press [1934] 32 p.

HALL, HENRY. War in the Far East. New York, International Pamphlets [c1930] 31 p. (International pamphlets, 2).

HISHIDA, SEIJI GEORGE, 1874- Comments on John Bassett Moore's discussion with reference to Manchurian incident, embargo and neutrality, "aggressor," Kellogg pact, League, American "birthright," etc. 2d ed. including additional considerations on the boycott. Tokyo [The Maruzen Co.] 1934. ix, 21, [1], [21]-69 p., port.

HOLMES, WALTER M. An eye-witness in Manchuria. London, M. Lawrence [1932] 60 p. map.

HOSTILE activities of Japanese troops in the northeastern provinces of China. (From September 18, 1931 to November 7, 1931). Nanking, 1931. cover-title, 18 p.

HSU, DAU-LIN, 徐道鄰, 1906- Chronik der chinesisch-japanischen Beziehungen; eine Materialsammlung; für die Liga für Vaterlands-verteidigung der Chinesen in Deutschland, von Hsu Dau-lin und Chu Chi, 朱偰. Berlin, O. Elsner, 1931. 54 p. fold. map.

HSÜ, SHU-HSI, 徐淑希, 1892- The Manchurian question. Rev. ed. Peiping, 1931. iii, 120 p. 1st ed. 1929.

———. The Manchurian dilemma; force or pacific settlement by Shu-hsi Hsu and Robert Moore Duncan. Shanghai, China Council, Institute of Pacific Relations, 1931. 88 p.

———. Questions relating to Manchuria. Prepared for the fourth general session of the Institute of Pacific Relations to be held at Hangchow, October 21 to November 3, 1931. Shanghai, 1931. 30 p.

———. Manchuria at Hangchow. Peiping, 1931. cover-title, 16 p.

———. A reply to Mr. Matsuoka. 3rd ed. Peiping, The Leader Press, 1932. 24 p. 1st ed. 1930.

———. Background of the Manchurian situation. Peiping, 1932. 43 p.

———. Essays on the Manchurian problem. Shanghai, China Council, Institute of Pacific Relations, 1932. v-xxii, 349 p.

———. Japan's fifty-four cases. Peiping, 1932. 63 p.

HSU, TUN-CHANG, 徐敦璋, 1905- ed. Secret documents relating to the Japanese policy toward Manchuria and Mongolia. Peiping [China Institute of

International Affairs] 1932. cover-title, viii, 80 p. maps. (China institute of international affairs. Studies on matters of current international interest, 2).

Les INCIDENTS sino-japonais en Mandchourie. Paris, Éditions internationales, 1932. 167 p.

INSTITUTE OF PACIFIC RELATIONS. American Council. Conflict in the Far East, 1931-32. New York, 1932. 47 p.

———. The conflict around Manchuria and America's part in it; a study course in six parts for American women. New York, American Council, Institute of Pacific Relations, 1933. 65 numb. l.

INTERNATIONAL RELATIONS COMMITTEE. One year of Japanese occupation of Manchuria. Nanking, International Relations Committee [1932] iv, [2], 118 p.

JAPANESE ASSOCIATION IN CHINA, Shanghai. Presenting Japan's side of the case. Shanghai, Japanese Association in China, 1931. cover-title, 77 p.

JAPANESE CHAMBER OF COMMERCE, New York. Background of the Manchurian trouble; a companion pamphlet to the "Background of the Shanghai trouble." New York, Bureau of Information, Japanese Chamber of Commerce [1932] 29 p. map.

JOHNSEN, JULIA EMILY, comp. Chinese-Japanese war. New York, H. W. Wilson Co., 1933. 196 p. (The reference shelf, 8:8).

KATSUKI, Z. The Manchurian incident: inforamtion on its causes and status. n. p. [1931] 20 p. map.

KAWAKAMI, KIYOSHI KARL, 1875- Japan speaks on the Sino-Japanese crisis, with an introduction by Tsuyoshi Inukai. New York, Macmillan, 1932. xvi, 184 p. fold. map.

———. Japan spricht! Der chinesisch-japanische Konflikt. Mit einer Einführung von Tsuyoshi Inukai. [Autorisierte Übersetzung von Else Baronin Werkmann] Wien, W. Braumüller, 1933. 175 p. map.

KUEI, CHUNG-SHU, 桂中樞, 1897- Plain speaking on Japan; a collection of articles on the Sino-Japanese conflict, originally published in the "Shanghai evening post and mercury" under the column, "As a Chinese sees it." Shanghai, Commercial Press, 1933. 229 p.

K'UNG, T. P., 龔德柏, 1891- The tragic death of Chang Tso-lin, 張作霖; a documentary survey of a prelude to the Japanese invasion of Manchuria. Peiping, 1932. 39 p.

KUO MIN TANG. Central Executive Committee. Publicity Dept. The Japanese invasion of Manchuria. Shanghai, 1932. cover-title, 135 l.

LEE, EDWARD BING-SHUEY, 李炳瑞, 1903-56. One year of the Japan-China undeclared war and the attitude of the powers, with forewords by Sun Fo, Hu Han-min [and others] Shanghai [Mercury Press] 1933. xxi, 587 p. plates, ports., maps (1 double) plans, facsim.

———. Two years of the Japan-China undeclared war and the attitude of the powers, with forewords by Sun Fo, Hu Han-min [and others] and introduction to second edition by Eugene Chen. Shanghai, [Mercury Press] 1933. xxv, [3], 613 p. front., plates, ports., maps (1 double) plans, facsim.

LEI, K. N., 雷國能, 1896- ed. Information and opinion concerning the Japanese invasion of Manchuria and Shanghai, from sources other than Chinese. Shanghai, Shanghai Bar Association, 1932. xi, 445 p.

LÉVY, ROGER, 1887- A qui la Mandchourie? Paris, A. Pedone, 1932. 294 p. 2 maps (1 fold.) (Le droit international et l'actualité).

LI, TSI-GZIOU, 李濟歐, 1908- La défense passive des populations civiles contre la guerre aéro-chimique en Chine. Lyon, Bosc et Riou, 1933. 59 p. illus. (Lyons. Université. Faculté de médicine et de pharmacie. Section de médicine. Thèse, 351).

LIANG, YUN-LI, 梁鋆立, 1900- Rechtsprobleme des Mandschureikonflikts. Breslau, J. U. Kerns, 1935. 14 p.

LING, CHONG-YUN, 林崇墉. La position et les droits du Japon en Mandchourie.

Préface de m. Marcel Sibert. Paris, A. Pedone, 1933. ii, 464 p. fold. map. (Publications de la Revue générale de droit international public, 7).

LYON. Université. Institut franco-chinois. A qui le bon droit: Chine ou Japon? Opinion mondiale sur le conflit sino-japonais. Publié par les étudients de l'Institut franco-chinois de Lyon. Lyon, Impr. M. Camus, 1932. 63 p.

MARK, FUNG CHAU, 麥逢秋. Le conflit sino-japonais en Mandchourie et le droit international. Nancy, Société d'impressions typographiques, 1933. [5]-131 p. Thèse-Univ. de Nancy.

MEMORANDUM on the disturbances in Tientsin of November 1931. Submitted by the people of Tientsin, the twenty-first year of the Republic of China. [Tientsin, 1932] 16 p. incl. map.

MEMORANDUM submitted to the Commission of inquiry of the League of nations, by professors and administrators of the educational and cultural institutions of Peiping. [Peiping] 1932. 39 p.

MENG, CHIH, 孟治, 1900- China speaks on the conflict between China and Japan, with an introduction by W. W. Yen. New York, Macmillan, 1932. xx, 211 p. illus., mounted fold. map.

———. China spricht, der Streitfall zwischen China und Japan; mit einer Einleitung von W. W. Yen. Berlin, Sektion der Kuomintang in Deutschland, 1933. 150 p.

MÊNG, G., 孟鞠如, [Mêng Chü-ju] 1910- La position juridique du Japon en Mandchourie; avec une carte en couleurs hors-texte des chemins de fer en Mandchourie. Paris, A. Pedone, 1933. 263 (i. e. 265) p. fold. map.

MERCIER, DÉSIRÉ FÉLICIEN FRANÇOIS JOSEPH, cardinal, 1851-1926. L'invasion et l'occupation de la Mandchourie jugées à la lumière de la doctrine catholique par les écrits du cardinal Mercier, publiés par dom P. C. Lou Tseng-tsiang, 陸徵祥. Paris, Les Éditions du Foyer [1934?] 36 p. front, plates, port.

MICHAEL, FRANZ, 1907- Der Streit um die Mandschurei; die chinesisch-japanischen Rechtsbeziehungen in den "drei östlichen Provinzen" Chinas vor Ausbruch des Konfliktes im september 1931. Leipzig, R. Noske, 1933. viii, 101 p. illus. (map) (Abhandlungen des Instituts für politik, ausländisches öffentliches recht und völkerrecht an der Universität Leipzig, 29).

MUELLER, HANS JOACHIM, 1911- Die Rechtslage im chinesisch-japanischen Konflikt 1931-33. Marburg, 1933. 74 p. Diss.-Univ. Marburg.

NORTHEASTERN AFFAIRS RESEARCH INSTITUTE, Peiping. Japan's aggressive policy carried on in the name of the Mikado by the military party, based on material from Japanese sources. Peiping, The Northeastern Affairs Research Institute, 1932. 22 p.

———. Japan's deceitful diplomacy. Peiping, The Northeastern Affairs Research Institute, 1932. cover-title, 22 p.

———. Japan's responsibility for banditry in the three eastern provinces (Manchuria). Peiping, The North-Eastern Affairs Research Institute, 1932. cover-title, 11 p.

PEPING-LIAONING RAILWAY. Peping Liaoning railway and Japanese occupation of Manchuria. Prepared by the Peping-Liaoning railway administration for the Commission of Inquiry of the League of Nations. Tientsin, Tientsin Press, 1932. vi, 92 p. fold. maps, diagr.

PENLINGTON, JOHN N. The Mukden mandate; acts and aims in Manchuria. Tokio, Maruzen, 1932. ii, 264, vi p. port. plates.

The PRESS UNION, Shanghai. The Sino-Japanese conflict: the situation reviewed by American and British editors in China. Shanghai, Press Union [1932] cover-title, 32 p.

RASMUSSEN, OTTO DURHAM, 1888- The China-Japan war. Tonbridge, The author, 1932. cover-title, 24 p.

REA, GEORGE BRONSON, 1869-1938. The highway to hostilities in the Far East. Shanghai, Japanese Association in China, 1932. 35 p.

SAINT-PIERRE, RENÉ. La guerre en Extrême-Orient: est-elle prochaine? est-elle fatale? Exposé de R. Saint-Pierre et J.C. Balet. Paris, Le Redressement français [1935] 83 p. map.

SALCEDO, A. Kuramoto plot exposed. Shanghai, 1934. 51 p. illus.

SATO, YASUNOSUKE. Sino-Japanese problems. Tokyo, Japan Council, Institute of Pacific Relations, 1931. 48 p. (Institute of Pacific Relations. 4th Conference. Documents, v. 2).

SAUZEY, J.A., 1896- La guerre en fourrures; notes de campagne. Paris, Les Éditions de France, c1933. ii, 294 p., 1 illus., fold. map.

SCELLE, GEORGES, 1878- Le conflit sino-japonais. Le droit dans le conflit sino-japonais par Georges Scelle; Le conflit sino-japonais et l'opinion publique par Louis de Brouckère. Glaris, Impr. Rod. Tschudy, 1932. 20 p. (Série en langue française des brochures de l'Association suisse pour la Société des Nations, 8).

SHANGHAI. Chamber of Commerce. An open letter to the League of Nations commission of inquiry into the Manchurian situation; accompanied by the article "A refutal of Japanese misrepresentations with regard to the causes leading to the Sino-Japanese crisis." Shanghai, The Mercury Press, 1932. 42 p.

———. Manchurian Refugees' Relief Association. Japanese brutalities in Manchuria. The seven death penalties. The Fushun massacre. Shanghai, 1932. 8 p.

SINO-SCOTTISH SOCIETY, Edinburgh. Appeal from the Chinese Government. [Statement issued in Edinburgh on February 13th, 1932] Geneva, 1932. [3] l.

SMITH, SARA RECTOR, 1890- The Manchurian crisis, 1931-32; a tragedy in international relations. New York, Columbia Univ. Press; London, Oxford University Press, 1948. ix, 281 p. map.

SNOW, EDGAR, 1905- Far Eastern front. New York, H. Smith and R. Haas [c1933] xv, 336 p. front., plates, ports., map.

SORGE, WOLFGANG, 1891- Krieg entbrennt am Pazifik. Berlin, Scherl [c1934] 228, [1] p. plates, 3 fold. maps.

SOUTH MANCHURIA RAILWAY COMPANY SERVANTS' SOCIETY. Declaration on Sino-Japanese clashes issue, by the Servants' Society of the South Manchuria Railway Company. Dairen, 1931. cover-title, 16 p.

STEWART, RAY. War in China. New York, International Pamphlets [1932] cover-title, 31 p. incl. map. (International pamphlets, 19).

STIMSON, HENRY LEWIS, 1867-1950. The Far Eastern crisis; recollections and observations. New York, London, Pub. for the Council on Foreign Relations by Harper, 1936. xii, 293 (i.e. 295) p. front., illus. (maps) plates, ports.

STORY, RUSSELL McCULLOCH, 1883-1942. The struggle for Manchuria. An address before the convocation of the North China Union Language School, Nov. 24, 1931. Peiping, North China Union Language School [1932] cover-title, 19 p.

———. The present situation in China, an address. Peiping, North China Union Language School, 1932. 13 p.

SZE, SAO-KE ALFRED, 施肇基, 1877-1958. The broader issues of the Sino-Japanese question. [An address given before the Chicago Council on Foreign Relations, November 10, 1932] New York, Chinese Cultural Society [1933] 15 p.

———. Some questions answered; address before the Richmond College Club, Richmond, Va., February 14, 1933. New York, Chinese Cultural Society [1933] 9 p.

———. Some plain speaking with regard to the Chinese-Japanese situation. Baltimore, J.H. Furst [1933]; Nanking, Waichiaopu, 1933. 15 p.

UNGERN-STERNBERG, LEONIE VON. Krieg in China, der Bürgerkrieg in China und der chinesisch-japanische Konflikt. Berlin, Junker und Dünnhaupt,

1933. 116 p. (Fachschriften zur Politik und staatsbürgerlichen Erziehung).

U.S. Library of Congress. A list of recent references on the Sino-Japanese dispute, with special reference to the action of the League of nations. [Prepared by the Reading room of the Library of Congress, Study room reference service, James T. Ruby] May 20th, 1933. [Washington, D.C., 1933] 2-22(i.e. 23) numb. l.

WHAT the Japanese have done in northeast China (Manchuria) since September 18, 1931; a report prepared by the refugees from northeast China in consequence of Japanese invasion and presented to the Commission of Inquiry appointed by the League of Nations. Peiping, 1932. 57 p.

WHYMANT, A. NEVILLE JOHN, 1894- The Chinese-Japanese puzzle; a study of origins, causes and effects. London, V. Gollancz, 1932. 158, [1] p.

WOODHEAD, HENRY GEORGE WANDESFORDE, 1883- Current comment on events in China; the Sino-Japanese crisis. [Dairen?] South Manchuria Railway Co. [1932?] 99 p. "Reprint of a selection of articles appearing in 'The Shanghai Evening Post and Mercury,' Oct. 1931-June 1932."

WRIGHT, QUINCY, 1890- Some legal aspects of the Far Eastern situation. (In American journal of international law. Concord, N.H., 1933. v. 27, p. 509-516).

[WU, HERBERT HAN-TAO], 吳瀚濤, 1898- Japan's acts of treaty violation and encroachment upon the sovereign rights of China in the north-eastern provinces (Manchuria) Peiping, North-eastern Affairs Research Institute, 1932. cover-title, 208 p.

———. A legal study. Japan's acts of treaty violation and encroachment upon the sovereign rights of China in the north-eastern provinces (Manchuria). Peiping, North-eastern Affairs Research Institute, 1932. 208 p.

YONG, THADDÉE ANN-YUEN, 楊安然, 1905- Aux origines du conflit mandchou: Chine, Japon, paix de Versailles. Honoré d'une préface de son exc. le d^r V.K. Wellington Koo. Paris, P. Geuthner, 1934. vii, [1], 304 p. fold. map.

YU, JOSEPH, 俞佑世. Memoirs of Kupeikow; a photographic story of the fighting in North China. Shanghai, Liang Yu Publishing Co., 1933. 93 p. illus. maps.

ZUMOTO, MOTOSADA, 1862- ed. Sino-Japanese entanglements, 1931-32 (a military record) Tokyo, Herald Press [1932] iii, iii, 335 p., 1 l. incl. illus. (maps) plates. fold. maps.

———. ed. Die Chinesisch-japanischen Schwierigkeiten, 1931-32; übersetzt von Jacob Fischer. [Tokyo, Printed by M. Kobayashi and co.] 1932. v, iv, v, 315 p., [317]-384 p., 1 l. incl. illus. (maps) plates.

Japan's Attack on Shanghai, 1932

CHANG, CHIH-CHUNG, 張治中, 1891- The fifth army in the Shanghai war. Shanghai, 1932. [122], 68, 4 p. illus. (incl. maps), ports.

JAPAN. Consulate. Shanghai. The Shanghai incident; communiques. [Shanghai, 1932- 1 v.

———. Ministry of Foreign Affairs. Appeal of the Chinese Government. Statement by the Japanese Government. Feb. 7, 1932. Geneva, 1932. 4 l. Referring to the despatch of expeditionary force to Shanghai occasioned by the presence of the Chinese 19th Army.

———. The same. Communication from the Japanese Delegation. February 1, 1932. Incidents at Shanghai. [Official telegram received by the Japanese Delegation] Geneva, 1932. [3] l.

———. The same. Communication from the Chinese Delegation dated February 14th. Shanghai incidents. Official telegram received by the Japanese Delegation. Geneva, 1932. [1] l.

———. The same. Communication from the Japanese Delegation. Incidents at

Shanghai. Substance of a telegram dated Tokio, March 8th from Mr. Yoshizawa, Minister for Foreign Affairs. Geneva, 1932. [1] 1.

———. Navy Dept. The Shanghai incident and the imperial Japanese navy. Tokyo, Navy Dept., 1932. cover-title, 2, 36 p.

JAPAN'S military aggression in Shanghai as seen by neutral observers; four reports by the Committee of Enquiry set up at Shanghai under article XV, paragraph 1, of the Covenant of the League of Nations. Nanking, Department of Intelligence and Publicity, Waichiaopu, 1933. 20 p. (China. Ministry of Foreign Affairs. Information Bull., 2).

JAPANESE CHAMBER OF COMMERCE, Los Angeles. The present situation in Manchuria and Shanghai. The reason why Japan decided to dispatch a portion of her army to Shanghai. Los Angeles, 1932. 30 p.

———. Shanghai. Aspects of anti-Japanese movements in China; situation after the conclusion of the agreement on the cessation of hostilities around Shanghai. Shanghai, Japanese Chamber of Commerce, 1932. cover-title, 28 p.

KEY, SARGENT, ed. Eighty-eight years of commercial progress ruined; Shanghai shelled and bombed; a collection of editorials and reports written by impartial foreign observers on the local war situation for leading American and British papers including "The Shanghai evening post and mercury," "The China press," "North China daily news," etc.; compiled and edited by Sargent Key. Shanghai, 1932. ix, 162 p. plates.

LEAGUE OF NATIONS. Reports of the Committee of Enquiry set up at Shanghai under article 15, paragraph 1, of the Covenant. [Geneva] 1932. 10 p. (A. [Extr.] 3. 1932. VII).

———. Correspondence and resolutions respecting events in Shanghai and neighbourhood, February-March 1932. [In continuation of "Miscellaneous no. 4 (1932)"] London, H.M. Stationery Off., 1932. 15 p. ([Gt. Brit. Foreign office] Miscellaneous no. 5 (1932)).

———. Consular Committee to Report on Events at Shanghai. Reports to the League of Nations by the committee of representatives at Shanghai of certain states members of the League Council appointed to report on events in Shanghai and neighbourhood, Shanghai, February 6 and 12, 1932. London, H.M. Stationery Off., 1932. 10 p. ([Gt. Brit. Foreign office] Miscellaneous no. 4 (1932)).

———. Special Assembly, 1932- Cessation of hostilities in Shanghai and neighbourhood and withdrawal of Japanese forces. Resolution adopted by the Special Assembly of the League of Nations, Geneva, April 30, 1932. and Agreement concluded between the Chinese and Japanese representatives with the assistance of representatives of friendly powers, Shanghai, May 5, 1932. London, H.M. Stationery Off., 1932. 6 p. ([Gt. Brit. Foreign office] China no. 1 (1932)).

LOWE, CHUAN-HUA, 駱傳華, 1902- comp. Official documents relating to Japan's undeclared war in Shanghai. Shanghai, Chinese Chamber of Commerce, 1932. 77 p.

NATIONAL CRISIS SALVATION ASSOCIATION OF CHINA. Appeal from the Chinese Government. Communication from the Chinese Delegation. [Telegram, dated the 2nd of March] Geneva, 1932. [1] 1.

———. The same. [Telegram] Mar. 4, 1932. Geneva, 1932. [1] 1.

———. The same. [Telegram from the Hon. Mr. Wen Tsung-yao, 溫宗堯, representing the National Crisis Salvation Association] Nov. 22, 1932. Geneva, 1932. [1] 1.

The PRESS UNION, Shanghai. The Shanghai incident. Shanghai, Press Union [1932] cover-title, 45 p.

———. Shanghai. The Shanghai incident misrepresented. Shanghai editors draw attention to incorrect reports in American newspapers. Shanghai, Union [1932] 10 p. illus. (facsim.).

SHANGHAI. Secretariat. Japanese invasion of Shanghai (January 28-March 7,

1932) A record of facts. Secretariat, City Government of Greater Shanghai. [Shanghai? 1932] 11, [1] p.

SHINOBU, JUMPEI. International law in the Shanghai conflict. Tokyo, Maruzen, 1933. iv, vi, 267 p.

SYMPOSIUM on Japan's undeclared war in Shanghai. Contributors: Kwei Chung-shu, 桂中樞, Y.S. Tsao, 曹雲祥, Stewart Yui, 余日宣, [and ten others] Shanghai, Chinese Chamber of Commerce [1932] 207, [1], xv, [1] p. illus., plates, fold. map, facsim.

WONG, CHI-YUEN, 王志遠, ed. The Japanese invasion and China's defence; a symposium edited by Wong Chi-yuen and T'ang Leang-li. Shanghai, Publicity department of the 19th Route Army; distributing agents: China United Press [1932] 72 p. illus. (map) plates, ports.

WRIGHT, QUINCY, 1890- Responsibility for losses in Shanghai. (In American journal of international law. Concord, N.H., 1932. v. 26, p. 586-590).

ZUMOTO, MOTOSADA, 1862- Fightings around Shanghai. Tokyo, Herald Press, 1932. 39 p. 3 fold. maps. (Herald of Asia library of contemporary history, 8).

Japan's Invasion and the League of Nations
Documents

CHINA. Appeal by the Chinese Government under article 11 of the Covenant. Text[s] of cablegram[s] received by the Chinese Delegation, from Nanking. Nos. 1-94, Sept. 21-Oct. 31, 1931. Geneva, 1931. 94 pts. in 34.

———. Appeal from the Chinese Government. Statement communicated by the Chinese Delegation in conformity with article 15, paragraph 2, of the Covenant of the League of Nations. [Geneva, 1931] 48 p. fold. map.

———. Appeal from the Chinese Government under article 15 of the Covenant. Statement communicated by the Chinese Delegation in conformity with article 15, paragraph 2. [Geneva] 1932. 48 p. fold. map. (League of Nations. Series of publications. VII. Political. 1932. VII. 3).

———. Document. no. 1-29. Peiping [etc.] 1932- 29 nos. maps. Memoranda presented to the League of Nations.

———. Assessor to the Commission of Enquiry into Sino-Japanese Dispute. [Memoranda presented to the Lytton Commission] Doc. no. 1-29. Peiping, 1932. 29 nos. maps.

———. Memoranda submitted April-August 1932. Nanking, Waichiaopu [1932] xxxviii, 661 p. illus., col. maps.

———. Memoranda presented to the Lytton Commission by V.K. Wellington Koo, assessor. New York, Chinese Cultural Society [1932-33] 3 v. maps.

———. Delegation to the League of Nations. The Sino-Japanese dispute from September 18, 1931 to February 22, 1932. Statement of the case with all the relevant facts submitted by the Chinese delegation to the League Council in conformity with article XV, paragraph 2 of the Covenant of the League of Nations. Nanking, Waichiaopu, The Intelligence and publicity department [1933] 69 p. fold. map. (China. Ministry of foreign affairs. Information Bull., 1).

———. China's reply to Japan's observations on the Lytton report. Communication from the Chinese delegation to the members of the Council and of the League. Nanking, Waichiaopu, The Intelligence and publicity department [1933] [3]-50 p. (China. Ministry of foreign affairs. Information Bull., 4).

———. Ministry of Foreign Affairs. Appeal from the Chinese Government. Preliminary statement [dated February 9th] forwarded by the Chinese representative in compliance with Article XV (paragraph 2) of the Covenant and with the notes exchanged with the Secretary-General on the subject of this statement. Geneva, 1932. 5 l.

JAPAN. Appeal by the Chinese government. Observations of the Japanese government on the report of the Commission of enquiry. [Geneva, 1932] 40 p.

At head of title: [Communicated to the Council and the members of the League]
Official no.: C. 775. M. 366. 1932. VII. Geneva, November 19th, 1932.
League of nations.
———. Observations of the Japanese government on the Report of the Commission of enquiry, appointed by the resolution of December 10, 1931, of the Council of the League of Nations. [Tokyo] League of Nations Association of Japan, 1932. 63, [82] p.
———. Delegation to the League of Nations. Appeal from the Chinese government in virtue of article 15 of the Covenant. Explanatory note communicated by the Japanese government. [Geneva] 1932. 13 p. map.
———. The Manchurian question; Japan's case in the Sino-Japanese dispute as presented before the League of Nations. Geneva, Japanese delegation to the League of Nations, 1933. 167, [1] p.
———. Supplement to The Manchurian question; Japan's case in the Sino-Japanese dispute as presented before the League of Nations. Geneva, Japanese delegation to the League of nations, 1933. 19 p.
———. Japan's case as presented before the Special session of the Assembly of the League of nations. Geneva, Japanese delegation to the League of Nations, 1933. 47, [1] p.
———. Japan's case in the Sino-Japanese dispute as presented before the Special session of the Assembly of the League of nations. Geneva, Japanese delegation to the League of nations, 1933. 64 p.
———. Ministry of Foreign Affairs. Appeal of the Chinese Government under Article 11 of the Covenant. Communication from the Japanese Government, October 7th. Geneva, 1931. [1] l.
———. The same. Reply from the Japanese Government, dated October 9th, to the Chinese note of October 5th. Geneva, 1931. [1] l.
———. The same. Communication from the Japanese Government. Memorandum. Oct. 9. Geneva, 1931. 2 l.
———. The same. Communication by the Japanese Government. Reply to the telegram of the President of the Council dated October 9th. Geneva, 1931. 4 l.
———. The same. Official telegram received by the Japanese Delegation, Tokio, October 11th, 1931. Geneva, 1931. 4 l.
———. The same. [Note concerning certain facts mentioned in Marshal Chang Hsuehliang's circular telegram dated Nov. 9, 1931, handed by Japanese Minister in China to Chinese Foreign Office, Nov. 13, 1931. Paris, 1931] 4 l.
———. The same. Communication from the Japanese Delegation concerning the incidents at Tientsin. Protest made by [the] Japanese Minister in China, to the Minister of Foreign Affairs at Nanking. [Nov. 28, 1931] Paris, 1931. 2 l.
———. The same. Communication from the Japanese Delegation. Declaration made by the Japanese Government on December 27th, 1931. Geneva, 1931. 3 l.
———. Appeal from the Chinese Government. [Note] Feb. 23, 1932. Geneva, 1932. 6 l.
———. The present condition of China, with reference to circumstances affecting international relations and the good understanding between nations upon which peace depends. [n. p.] 1932. xi, 142 p. (Document A).
———. La situation actuelle en Chine, en tant qu'elle effecte les relations internationales et la bonne entente entre les nations, dont la paix dépend. [n. p., 1932] xii, [747] p. incl. tables. fold. map. (Document A).
———. Appeal from the Chinese Government. Communication from the Japanese Delegation. February 24th, 1933. Statement of the Japanese Government in virtue of paragraph 5 of article 15 of the Covenant of the League. Geneva, 1933. 16 l.
LEAGUE OF NATIONS. Appeal from the Chinese government in virtue of article 15 of the Covenant. Report of the Secretary-General on the action taken by the League on the Sino-Japanese dispute. [Geneva] 1932. 30 p. (A. (Extr.)

4. 1932. VII).

———. Commission of Enquiry into the Sino-Japanese Dispute. Preliminary report on conditions in Manchuria from the Commission of Enquiry appointed by the Council of the League of Nations. Mukden, April 30, 1932. London, H. M. Stationery Off., 1932. 6 p. ([Gt. Brit. Foreign office] China no. 2).

———. Appeal by the Chinese Government. Report of the Commission of Enquiry signed by the members of the commission on September 4th, 1932, at Peiping. [Geneva, 1932] 148 p. (Series of League of Nations publications: VII. Political. 1932. VII. 12).

———. Report. [n. p.] 1932. 291, 16 p.

———. Appeal by the Chinese Government. Supplementary documents to the Report of the Commission of Enquiry. [Geneva, 1932] 280 p. fold. map. (Series of League of Nations publications: VII. Political. 1932. VII. 14).

———. Appel du gouvernement chinois. Rapport de la Commission d'étude. Genève, 1932. 160 p. (c663. M. 320. 1932, VI).

———. Documents annexés au Rapport de la Commission d'étude. Genève, 1932. 300 p. (C663. M320. 1932, VII).

———. The report of the Commission of Inquiry into the Sino-Japanese dispute. Tokyo, 1932. cover-title, 129 p. Reprinted from Japan Advertiser, Oct. 6, 1932.

———. The report of the Commission of Enquiry into the Sino-Japanese Dispute. [Tokyo?] League of Nations Assn. of Japan [1932] 245 p.; 307 p.

———. Der Lytton-Bericht; Bericht der Untersuchungskommission des Völkerbundes über den chinesisch-japanischen Streit in der Mandschurei mit Schlussbericht der Völkerbundversammlung vom 24. Februar 1933 und Anhängen; übersetzt nach den englischen Original. Mit einer Karte der Mandschurei. Leipzig, B. Tauchnitz, 1933. xv, 276 p. fold. map. (Urkunden und Forschungen zum internationalen Recht, hrsg. von Mitgliedern der Hamburgischen Juristen-Fakultät, 1).

———. Delegation from China. Appeal from the Chinese Government. Communication from the Chinese Government. Apr. 21, 1932. The puppet Government of Manchuria. Geneva, 1932. 12 (i. e. 13) l.

———. The same. Communication from the Chinese Delegation. [Geneva, 1932] 34 p. (League of Nations. Series of publications. VII. Political 1932. VII. 16) Official no.: A(Extr.) A. 155. 1932. VII. "Chinese comments on the 'Observations of the Japanese Government on the report of the Commission of Enquiry' and on the statements made by the Japanese representative on the Council."-p. [5].

———. The same. Communication from the Chinese Delegation. Apr. 13, 1932. [Memorandum concerning measures taken by the Chinese Government in compliance with the Council resolutions of September 30 and December 10, 1931] Geneva, 1932. 13 l.

———. The same. Communication from the Chinese Delegation. 26th April. A memorandum on the Japanese occupation of Manchuria. Geneva, 1932. 21 l. Official no.: A(Extr.) 106. 1932. VII. Legal recapitulation of the Chinese case, with summary of events. Supplements memorandum of April 21 (A. (Extr.) 105. 1932. VII).

———. Non-recognition of "Manchukuo." Letter dated May 1, 1934 [from the Chinese Delegation] Geneva, 1934. 2 p. Official no.: C. 188. M. 77. 1934. VII. Concerning measures proposed by the Assembly's Advisory Committee in circular letter (official no.: C. L. 117(a) 1933. VII) with particular reference to narcotic drugs.

———. Appeal from the Chinese Government. Communication from the Chinese Delegation [Note, dated September 17th, addressed by the Chinese delegate to the President of the Extraordinary Assembly] Geneva, 1932. 3 l. Official no.: C. 654. M. 317. 1932. VII. [A. (Extr.) 140. 1932. VII] Concerns legal aspect of Japanese recognition of Man-chu-kuo.

———. The same. Communication from the Chinese Delegation. Dec. 26th, 1932. Geneva, 1932. 16 l. Official no.: C.859.M.401.1932.VII. Chinese comments on the Japanese delegate's memorandum of Nov. 28, 1932, and statements in the Special Assembly of Dec. 6 and 8, 1932.

———. Delegation from Japan. Japan's case as presented before the special session of the Assembly of the League of Nations. [Addresses delivered by Yosuke Matsuoka, chief Japanese delegate, before the ninth and fourteenth plenary meetings, December, 1932] Geneva, 1933. 47 p.

———. Japan's case in the Sino-Japanese dispute as presented before the Special session of the Assembly of the League of Nations. Geneva, 1933. 64 p.

———. The Manchurian question; Japan's case in the Sino-Japanese dispute as presented before the League of Nations. Geneva, 1933. 167 p.

———. Supplement to The Manchurian question; Japan's case in the Sino-Japanese dispute as presented before the League of Nations. Geneva, 1933. 19 p.

———. Secretariat. Information Section. Summary of the Report of the Commission of enquiry into the Sino-Japanese dispute. [Geneva, 1932] 15 p.

———. Übersicht über den Bericht der Studien-kommission für den chinesisch-japanischen Konflikt. Hrsg. von der Informationsabteilung des Völkerbundes, Genf. 1933. 24 p. (Genf. Sekretariat des Völkerbundes, 1933).

———. Special Assembly, 1932-33. Records of the Special session of the Assembly convened in virtue of Article 15 of the Covenant at the request of the Chinese Government. Geneva, 1932. 5 v. (Official Journal. Special Suppl. No. 101-102, 111-113).

———. Actes de la session extraordinaire de l'Assemblée convoquée en vertu de l'article 15 du Pacte sur la demande du gouvernement chinois. Genève, 1932. 5 v. (Journal Officiel. Supplement spécial. No. 101-102, 111-113).

———. Appeal of the Chinese government. Draft of the report provided for in article 15, paragraph 4, of the Covenant. (Submitted by the Special committee of the Assembly in execution of part III (paragraph 5) of the resolution of March 11th, 1932.) [Geneva] 1933. 27 p. (A.(Extr.) 22. 1933. VII).

———. The League's verdict on the Sino-Japanese dispute. Report on the Sino-Japanese dispute unanimously adopted by the Special Assembly of the League of nations on February 24, 1933, under article 15, paragraph 4, of the Covenant. Nanking, Waichiaopu, The Intelligence and Publicity Department [1933] [3]-50 p. ([China. Ministry of foreign affairs] Information bulletin, 5.).

———. Assembly report on the Sino-Japanese dispute, adopted on February 24th, 1933. [Geneva, 1933] 22 p.

———. Sino-Japanese dispute; report adopted on February 24, 1933, by the Assembly of the League of Nations. Washington, Govt. Print.Off., 1933. 22 p. ([U.S.] Dept. of state. [Publication, no. 449]).

———. The verdict of the League; China and Japan in Manchuria; the official documents, with notes and an introduction by Manley O. Hudson. Boston, World Peace Foundation, 1933. 102, iv p. [World peace foundation publications].

———. Report of the League Assembly on the Manchurian dispute. Nanking, International Relations Committee [1933] iii, 88 p.

General Works

BLAKESLEE, GEORGE HUBBARD, 1871-1954. The Lytton report, discussed by Dr. George H. Blakeslee [and] Nathaniel Peffer, November 5, 1932. New York luncheon discussion. New York, Foreign Policy Association [1932] 26 p. [Foreign policy association. Pamphlet, 86. Series 1932-33. December, 1932].

BRETSCHER, WILLY, 1897- Der chinesisch-japanische Konflikt vor dem Völkerbund-Die Genfer Ratstagung im Januar und Februar 1932 - die ausserordentliche Versammlung im März 1932, von W. Bretscher und Walther Weibel.

Zürich, SA. aus der Neuen Züricher Zeitung, 1932. 137 p.

[BUELL, RAYMOND LESLIE] 1896-1946. International action on the Lytton report. New York, Foreign Policy Association [1932] p. [207]-218. (Foreign policy reports. 8:18. November 9, 1932).

ESCARRA, JEAN, 1885-1955. Cours sténographié de m. le professeur Jean Escarra. La Société des nations et le conflit sino-japonais, jeudi 12 janvier 1933-[jeudi 23 février 1933. Paris, Centre européen de la Dotation Carnegie, 1933] 190 p. [Carniegie endowment for international peace. Division of intercourse and education. European center. Cours de 1932/33].

———. Jean Escarra: Le conflit sino-japonais et la Société des nations. Jean Ray: La position, l'œuvre et la politique du Japon en Mandchourie. Paris, Publications de la Conciliation internationale [1933] 3-278 p., fold. map. ([Conciliation internationale] Bulletin n° 3-4 - 1933).

The FAR EASTERN problem; official texts and summary of the Lytton report. New York, Carnegie Endowment for International Peace, Division of Intercourse and Education [1933] 91 p. (International conciliation, 286. January, 1933).

GENEVA RESEARCH CENTER. The League and Manchuria; the first-third phase of the Chinese-Japanese conflict, September 18 - December 31, 1931. Geneva, Geneva Research Information Committee, 1931. 34, 60, 91 p. (Geneva special studies, 2:10-12, October-December 1931).

———. The League and Shanghai; the fourth phase of the Chinese-Japanese conflict, January 1-April 30, 1932. Geneva, Geneva Research Center [1932] 104 p. (Geneva special studies, 3:5, May 1932).

———. The League and the Lytton report; the fifth phase of the Chinese-Japanese conflict (May 1-December 31, 1932) Geneva, Geneva Research Center [1932] 36 p. (Geneva special studies, 3:10, 1932).

———. The League and "Manchukuo"; the sixth phase of the Chinese-Japanese conflict, January 1, 1933-August 1, 1934. Geneva, Geneva Research Center [1934] 40 p. (Geneva special studies. 5:3, 1934).

HERALD OF ASIA. The Lytton report and Japanese reaction. Tokyo, Herald Press [1932?] cover-title, 22 p. (Its history of contemporary history, 10).

———. Le rapport Lytton et la réaction japonaise. Traduit de l'anglais. Tokyo, Herald Press, 1932. cover-title, 22 p. (Its Bibliothèque d'histoire contemporaine).

HSU, TUN-CHANG, 徐敦璋, 1905- The League of nations and the Manchurian crisis. Peiping, 1931. cover-title, iii, 45 p. (China institute of international affairs. Studies on matters of current international interest, 1).

INTERNATIONAL ASSOCIATION OF JAPAN. Les conclusions logiques du rapport Lytton. [Genève] Association japonaise pour la Société des nations [1932?] 23, [1] p.

INTERNATIONAL RELATIONS COMMITTEE, Nanking. Public opinion towards the report of the League enquiry commission on Sino-Japanese dispute. Nanking, International Relations Committee [1932] vi, 105 p.

ISHII, KIKUJIRO, 1866-1945. The League of Nations and the Chinese problem. Tokyo, The League of Nations Association, 1932. 14 p.

JOHNSON, GRACE ALLEN (FITCH) "MRS. LEWIS JEROME JOHNSON," 1871- The case of China and Japan before the League of nations; a dramatization of the events of 1931-33, by Mrs. Lewis Jerome Johnson and Sir Herbert B. Ames, kt. [Boston? 1933] x, 50 p. front.(ports.) diagrs.

KOBAYASHI, JUNICHIRO. Le conflit sino-japonais et la Société des nations. The Sino-Japanese dispute and the League of Nations. Genève, Kundig, 1932. [1], 3-35, 3-35, [2] p.

KOO, VI KYUIN WELLINGTON, 顧維鈞, 1888- A statement of the views of the Chinese government on the report of the Commission of enquiry of the League of Nations. Geneva, Chinese Delegation to the League of Nations, 1932. 46 p.

———. Views of the Chinese government on the Lytton report. Statement by V.K. Wellington Koo, China's representative on the Council of the League of Nations. Nanking, Waichiaopu, The Intelligence and Publicity Department [1933] [3]-42 p. (China. Ministry of foreign affairs. Information Bull., 3).

LO, WÊN-KAN, 羅文幹 , 1888-1942. Appeal from the Chinese Government. Communication from the Chinese Delegation. [Text of a speech on August 29th] Geneva, 1932. 7 l.

LYTTON, VICTOR ALEXANDER GEORGE ROBERT BULWER-LYTTON, 2nd earl of, 1876-1947. An address: [broadcast from Geneva, November 20,1932] concerning the work of the Commission of Inquiry sent to Manchuria by the League of Nations. New York, China Institute in America, 1932. 6 p.

———. The Lytton report and after. London, League of Nations Union, 1933. 79 p.

———. The League, the Far East and ourselves. The Ludwig Mond lecture in the University of Manchester, delivered on May 17, 1934, and published by the League of Nations Union with the permission of the University. London, League of Nations Union, 1934. 15, 1 p. front. (port.).

———. The Far Eastern problem and world peace. New York, Chinese Cultural Society, 1935. 14 p.

MARTIN, WILLIAM, 1888-1934. Le Japon contre la Société des nations. [Genève] Impr. du "Journal de Genève," 1932. 158 p.

MATSUOKA, YOSUKE, 1880-1946. Japan's case in the Sino-Japanese dispute, as presented before the assembly of the League of Nations, at the final meeting on the subject. New York, Japanese Chamber of Commerce, Inc., 1933. 19 p.

SAITO, HIROSI, 1886-1939. Manchuria and the Lytton report: an address at the American Academy of Political and Social Science, Philadelphia, Nov. 28, 1932. [Washington] 1932. 12 p.

SOKOLSKY, GEORGE EPHRAIM, 1893- The Lytton report; an address before the League of Nations Association at New York, October 13, 1932. New York, League of Nations Association [1932] [11] p.

[SUN, JUI-CHIN], 孫瑞芹, 1898- ed. and tr. Welcome to the League of Nations inquiry commission. What leading Chinese papers in Peiping and Tientsin think of your mission and the Manchurian question. Peiping, 1932. 45 p.

———. comp. Chinese public opinion as reflected in leading North China newspapers concerning League Commission of Inquiry. Peiping, Northeastern Affairs Research Institute, 1932. 45 p.

TSURUMI, YUSUKE, 1885- Le conflit sino-japonais. I. Japon et Société des nations. II. La question de Mandchourie. III. Le boycottage anti-japonais en Chine. Paris, Librairie du Recueil Sirey, 1932. 60 p.

TULLIÉ, A.R. La Mandchourie et le conflit sino-japonais devant la Société des nations. Paris, Librairie du Recueil Sirey, 1935. 379 p. fold. map, diagrs. Thèse-Univ. de Toulouse.

WEIBEL, WALTHER, 1882- Völkerbundsversammlung: die Tagungen von 1932 und 1933. Zürich, Neue Züricher Zeitung, 1933. 350 p.

WILLOUGHBY, WESTEL WOODBURY, 1867-1945. The Sino-Japanese controversy and the League of Nations. Baltimore, Johns Hopkins Press, 1935. xxv, 733 p.

[YOSHIDA, ISABURO] 1878- Notes et informations présentées par l'assesseur japonais à la commission d'étude de la société des nations. Tokio, 1932. 6 v. illus. (incl. map, facsims), tables (part fold.).

ZUMOTO, MOTOSADA, 1862- Lytton commission on China and Manchuria. Tokyo, Herald Press, 1932. cover-title, ii, 19 p. (Herald of Asia library of contemporary history, 9).

———. Lytton report and Japanese reaction. Tokyo, Herald Press, 1932. cover-title, 22 p. (Herald of Asia library of contemporary history, 10).

Japan's Invasion, 1937
Documents

BRUSSELS. NINE-POWER CONFERENCE, 1937. The Conference of Brussels, November 3-24, 1937, convened in virtue of article 7 of the Nine-power treaty of Washington of 1922. Washington, Govt. Print. Off., 1938. iv, 82 p. [U.S. Dept. of state. Publication 1232. Conference series 37]

———. Report of the Conference dated November 24th, 1937. Brussels, Printed by A. Lesigne [1938?] 32 p.

CHINA. Delegation to the Nine-Power Conference, Brussels, 1937. Japanese aggression and the Nine-Power Conference at Brussels. Brussels, Pub. by the Press Bureau of the Chinese Delegation, Hotel Astoria [1937] 2 v.

———. Ministry of Information. Chronology of major events in Sino-Japanese War. Chungking, 1943. cover-title, 14 p.

CHINA INFORMATION COMMITTEE. Japanese actions in contravention of the Nine-power pact since the Mukden incident. Hankow, China Information Committee [1937?] cover-title, 58 p. illus.(maps).

———. Can China win? Hankow, Publ. by the China Information Committee [Hong Kong, Printed by the South China Morning Post, ltd., 1938] 18 p.

———. Documentary evidence of Japan's national policy; authentic expositions of Japan's imperialistic designs on the Asiatic continent and elsewhere her tentacles can reach. Hankow, China Information Committee [1938?] cover-title, 72 p.

———. Japan's invasion engulfs China in horror and sorrow. The world has known no greater historical tragedy than that now being wrought by Japan upon the 450,000,000 peaceful people of China and their cultural and economic regeneration into a modern state. Hankow, China Information Committee [1938] cover-title, 38 p. illus.

———. Japanese propaganda in the mirror of events. Hankow, China Informa tion Committee [1938] cover-title, 14 p.

———. Japanese trample on foreign rights in China. Hankow, Publ. by the China Information Committee [Hong Kong, Printed by South China Morning Post, 1938] 16 p.

———. Air raids upon Chungking; Japan's policy of terrorism. Chungking, China Information Committee, 1939. 13 p.

———. China's spiritual mobilization; outline of the plan. Chungking, China Information Committee, 1939. 18 p.

CHINA PUBLISHING COMPANY. China fights back. [Chungking, etc., The China Pub. Co., 1941?] 58, [2] p. illus.(incl. ports.).

GT. BRIT. Ministry of Information. The war in China. [London, 1945] 9 p.

JAPAN. Ministry of Foreign Affairs. Appeal of the Chinese Government. Japanese Government's reply to the invitation addressed to it by the Council. Telegram, Tokyo, September 22nd, 1938. Geneva, 1938. [1] l. Official no.: C:326.M.193.1938.VII.

LEAGUE OF NATIONS. Sino-Japanese conflict. Appeal by the Chinese government. Geneva, 1937. 59 p. (League of nations. Official journal. Special supplement no. 177).

———. Assembly. Far East Advisory Committee. First[-Second] report of the sub-committee of the Far East Advisory committee adopted by the Committee on October 5th, 1937. [Geneva] 1937. 2 v. (A.78.1937.VII; A.80.1937. VII).

———. Council. The League of Nations resolution and report on the Sino-Japanese dispute adopted in September, 1938. [Geneva?] 1938. 3 p.; 4 p.

———. Delegation from China. Japanese aggression and world opinion, July 7 to October 7, 1937. Geneva, Press Bureau of the Chinese Delegation [1937] 127 p.

———. ———. Japanese aggression and the League of Nations. 1937-39/40. Ge-

neva, Press Bureau of the Chinese Delegation [1937-40] 8 v.
——. ——. L'agression japonaise et la Société des Nations, 1937. Genève, Bureau de presse de la Délégation chinoise [1937] 2 v.
——. ——. Communication from the Chinese Delegation. Mar. 1, 1939. Geneva, 1939. 12 p. Official no.: C. 86. M. 46. 1939. VII. [Concerns Japanese bombings of open cities, also continues day-by-day account of the war.]
——. ——. The same. July 1st, 1939. [Some facts concerning the indiscriminate bombardment and killing of Chinese non-combatants and the destruction of non-military objectives by the Japanese forces, January-May, 1939] Geneva, 1939. 19 p. Official no.: C. 205. M. 133. 1939. VII.
——. Delegation from New Zealand. Sino-Japanese conflict: report on proceedings at the League of Nations and "Nine Power" Conference. [Wellington, E. V. Paul, Govt. Printer, 1938] 4 p.
U.S. Congress. House. Committee on Foreign Affairs. Requesting the President of the United States to furnish certain information to the House of Representatives relative to the conflict between Japan and China. Adverse report. [To accompany H. Res. 364] [Washington, Govt. Print. Off., 1937] 19 p. incl. tables. (75th Cong., 2d sess. House. Rept. 1651).
——. Dept. of State. American diplomacy in the Far East; official press releases of the U.S. Department of State on the Sino-Japanese situation during 1938-41, 1942-44, edited by K. C. Li, 李國欽. New York, 1942, 1946. 2 v.
——. ——. Japan: 1931-41. Washington, Govt. Print. Off., 1943. 2 v. (Its Foreign relations of the United States: diplomatic papers).
——. Office of Strategic Services. Research and Analysis Branch. A decade of Japanese aggression. [Washington] 1941. 5 l. (Its R and A no. 109).
——. ——. Bombing objectives in Canton, China. Interview with Mr. L. K. Little, by Mr. R. D. Wolcott. [Washington] 1942. 2 l. (Its Interview no. 5).

General Works

ACCOUNT of the Japanese atrocities at Nanking during the winter of 1937-38. With an introductory note by John LeRoy Christian. Washington, D. C., 1942. iii, 21 numb. l.
ALL-CHINA UNION OF NATIONAL LIBERATION ASSOCIATION. All-China Union fighting for national liberty and world peace. Paris, Asie-Asia-Shudian] 1937? cover-title, 37 p.
AMERICAN COMMITTEE FOR NON-PARTICIPATION IN JAPANESE AGGRESSION. America's share in Japan's war guilt. New York, American Committee for Non-Participation in Japanese Aggression [1938] 80 p.
[——.] Shall America stop arming Japan? [New York, 1940] 40 p. illus. (incl. maps) diagrs.
AMERICAN INFORMATION COMMITTEE, Shanghai. After three years of war in China. "Europe capitulates - China fights on for liberty, democracy, independence!" Shanghai, American Information Committee [1940] cover-title, 23 p. [Its Publications, 12].
AUXION DE RUFFÉ, REGINALD D', baron, 1875- Chine et Japon 1938; les coulisses du drame. Avec, hors texte, 31 reproductions photographiques et 2 cartes. Paris, Éditions Berger-Levrault, 1939. xii, 421 p. front., plates, ports., 2 maps (1 col., fold.).
[BALET, JEAN CYPRIEN] 1867- L'économie et les finances du Japon dans le conflit avec la Chine. [Paris, Société parisienne d'imprimerie, c1938] 37 p.
BOMBS on China. War letters from missionaries. London, Livingston Press, 1938. 30 p. (On the Spot booklet, 2).
BONCHON, HENRY. Le redoutable drame d'Extrême-Asie. Hanoi, G. Taupin et Cie, 1938. 63 p. (Éditions de la Volonté indochinoise, numéro spécial du 8 juillet, 1939).
BORREY, FRANCIS. L'aggression japonaise à la Chine. Paris, L. Rodstein,

1938. 39 p.

[BRATTER, HERBERT MAX] 1900- The cases for Japan and China. Frank arguments for both sides. [Tokyo] The Foreign Affairs Association of Japan [1938] cover-title, 26 p.

BRUECHER, MAX. China und Japan; Gegensätze und Gemeinsames. Hrsg. vom Luftwaffenführungsstab IC/VIII. Leipzig, Schwartzhäupter-Verlag [1942?] 70 p.

BUSS, CLAUDE ALBERT, 1893- War and diplomacy in eastern Asia. New York, Macmillan, 1941. xi, 570 p. fold. maps.

CANDELON, RENÉ. La politique aggressive du Japon en Chine depuis l'affaire de Formose (1874) jusqu'à nos jours. Hanoi, Impr. du Trung-Bac Tan-Van, 1938. vii, 91 p.

CANTON COMMITTEE FOR JUSTICE TO CHINA. The bombing of Canton, published by the Canton Committee for Justice to China. [Canton, 1938] [28] p. illus.(incl. map).

CHALLAYE, FÉLICIEN, 1875- La Chine, le Japon et les puissances. Paris, Éditions Rieder, 1938. 95, [1] p. (Préoccupations de notre temps).

CHALUX, pseud. Autour du conflit sino-japonais. Bruxelles, Office de publicité, 1938. 241 p. illus.

CHAMBERLIN, WILLIAM HENRY, 1897- Japan in China. London, Duckworth [1940] 143 p.

CH'EN CHENG, 陳誠, 1896- A study of fundamental aspects of two years of China's war of resistance. Chungking, People's Foreign Relations Association of China, 1939. [2], 6 p. port.

CH'EN, LIN, 陳霖. China's fight for national liberation. New York, Workers Library Publishers, 1938. 62 p.

———. Chine héroïque; la lutte du peuple chinois contre l'aggresseur japonais par Tchen Lin. Paris, Bureau d'éditions, 1938. 87 p.

CHIANG, KAI-SHEK, 1886- Generalissimo Chiang assails Konoye's statement. Chungking, China Information Committee, 1939. 16 p.

———. Generalissimo Chiang Kai-shek's message to the Japanese people, July 7, 1940. Chungking, China Information Committee, 1940. cover-title, 14 p.

[CHINA CAMPAIGN COMMITTEE, London] China. The world's oldest civilisation fighting against Japanese aggression. [London, Lawrence and Wishart, 1938?] 8 l. illus. (incl. ports.).

CHINA im Kampf für Sammelband über den imperialistischen Einfall Japans in China. Hrsg. unter der Redaktion von G. Friedrich und F. Lang. Strassbourg, Éditions Prométhée, 1937. 190 p.

CHINA WEEKLY REVIEW. Japan's war in China. Shanghai, China Weekly Review Press [1938-40] 5 v. maps (part fold.).

CHINA'S air raid experiences, a symposium by U Tun Hla Oung [and others] [Calcutta] Calcutta Office, Chinese Ministry of Information, 1942. cover-title, 23 p. (Pamphlet, 2).

CHINESE CONSOLIDATED BENEVOLENT ASSOCIATION, Los Angeles. True facts of Japanese aggression in China. Los Angeles, Chinese Consolidated Benevolent Association, 1937. 16 p.

———. Rhode Island. The Sino-Japanese undeclared war. Providence, R.I., the Association, 1938. cover-title, 15 p.

———. San Francisco. Japan in China, a symposium of authoritative statements and world opinion. Editor: Victor K. Kwong, 鄺兆榮. San Francisco, the Association, 1937. cover-title, 3-34 p. illus. (incl. ports., map).

———. ———. Analyses of the Sino-Japanese conflict, edited by Churchill T. Chiu, 趙九疇. San Francisco, the Association, 1938. cover-title, 3-31 p. illus.

CHINESE INSTITUTE OF INTERNATIONAL RELATIONS, Shanghai. Communication from the Chinese Delegation. [Telegraphic message to the Assembly from Dr. W. W. Yen, President of the Chinese Institute of International Relations] Geneva, 1937. [1] p.

CHOW, S.R., 周鯁生, 1889- China's relations with Japan since 1931, by S.R. Chow and P.C.Kuo, 郭斌佳. Kowloon, China Institute of Pacific Relations, 1939. 48 l.

CHRÉTIEN, MAXIME. La "guerre totale" du Japon en Chine. Paris, A. Pedone, 1939. iv, 75 p.

CLAVERY, ÉDOUARD, 1867- L'anarchie en Chine et le rôle du Japon. Paris, Presses modernes, 1938. 100 p.

CROW, CARL, 1883-1945. I speak for the Chinese. New York and London, Harper, 1937. viii, 84 p.

DIFFENDORFER, RALPH EUGENE, 1879- China and Japan? New York, The Methodist Book Concern [c1938] 59 p. diagrs.

DOUGLAS, HENRY HULBERT. Japan's record. [n.p., 1940?] 16 numb. l.

EAGLETON, CLYDE, 1891- The Far Eastern crisis. Dallas, Tex., Southern Methodist University, 1938. 34 p. (Arnold foundation studies in public affairs. 7:2. Autumn, 1938).

ESCARRA, JEAN, 1885-1955. L'honorable paix japonaise. Paris, B. Grasset [1938] 238 p.

———. Réflexions sur la politique du Japon à l'égard de la Chine et sur quelques aspects juridiques du conflit actuel. [Perpignan? 1938?] cover-title, 27 p.

FARRÈRE, CLAUDE, 1876- Le grand drame de l'Asie. Paris, Flammarion [1938] 197 p.

FEDERATION OF CHINESE CULTURAL ASSOCIATIONS. The Sino-Japanese conflict; a chronicle of important events from Sept. 18, 1931 to Sept. 18, 1937. Shanghai, Federation of Chinese Cultural Association [1938?] 19 p. illus.(maps).

———. Overseas Chinese rally to aid of fatherland. Shanghai, Federation of Chinese Cultural Associations, 1938. 9 p.

La FERMETURE aux navires chinois des ports chinois. Genève, Bureau du Japon pour les conférences internationales, 1937. 15 p.

FIELD, FREDERICK VANDERBILT, 1905- China's capacity for resistance. New York [etc.] American Council, Institute of Pacific Relations [c1937] 20 p.

FOREIGN AFFAIRS ASSOCIATION OF JAPAN. How the North China affair arose. [Tokyo, H. Toyoshima, Foreign Affairs Association of Japan, 1937] cover-title, 52 p. illus., plates, maps (part fold.).

———. The Sino-Japanese conflict: a short survey. [Tokyo, H. Toyoshima, Foreign Affairs Association of Japan, 1937] cover-title, 10 p. plates.

[———.] The Sino-Japanese conflict and financial resources, a symposium. [Tokyo, 1937] 37 p. diagrs.

FRY, VARIAN. War in China; America's role in the Far East; with maps and charts by Henry Adams Grant. [New York] Foreign Policy Association [c1938] 95, [1] p. illus.(maps) diagrs. (Headline books, 13).

GOETTE, JOHN ANDREW, 1896- Japan fights for Asia. New York, Harcourt, Brace [1943] 3-248 p.

———. The same. London, MacDonald [1945] v, 7-190 p.

GREEN, OWEN MORTIMER. China's struggle with the dictators; foreword by H.E. the Chinese ambassador. London and Melbourne, Hutchinson [1942] 283 p. plates, ports.

HANNICH, GUSTAV. Krieg und Flüchtlingsnot in China. Stuttgart, Basel, Evang. Missionsverlag, 1939. 16 p. (Mission und Gemeinde, 52).

HARCOURT-SMITH, SIMON. Japanese frenzy. London, H. Hamilton [1942] ix, [1], 217, [1] p. fold. map.

———. Fire in the Pacific. New York, A.A.Knopf, 1942. xv, 236 p. fold. map.

HSÜ, SHIH-YING, 許世英, 1872- Sino-Japanese relation in prospect. Hankow, Chinese League of Nations Union [1938] cover-title, 6 p. (Special publication series, 12).

HSÜ, SHU-HSI, 徐淑希, 1892- The North China problem. Shanghai [etc.] Kelly and Walsh, 1937. 112 p. ([Council of international affairs] Political and economic studies, 1).

———. How the Far Eastern war was begun. Shanghai [etc.] Kelly and Walsh, 1938. 97 p. ([Council of international affairs, Hankow] Political and economic studies, 2).

———. The war conduct of the Japanese. Shanghai [etc.] Kelly and Walsh, 1938. 217 p. ([Council of international affairs, Hankow] Political and economic studies, 3).

———. Three weeks of Canton bombings. Shanghai [etc.] Kelly and Walsh, 1939. ([Council of international affairs] Political and economic studies, 5).

———. comp. A digest of Japanese war conduct. Shanghai [etc.] Kelly and Walsh, 1939. 102 p. ([Council of international affairs] Political and economic studies, 6).

———. ed. Documents of the Nanking safety zone. Shanghai [etc.] Kelly and Walsh, 1939. 167, [1] p. ([Council of international affairs] Political and economic studies, 7).

———. Japan and the third powers. Shanghai [etc.] Kelly and Walsh, 1941. 4 v. ([Council of international affairs] Political and economic studies, 10-13).

———. comp. A new digest of Japanese war conduct. Shanghai [etc.] Kelly and Walsh, 1941. xii, 273 p. ([Council of international affairs] Political and economic studies, 15).

———. Whither Japan. Shanghai [etc.] Kelly and Walsh, 1941- 2 v. ([Council of international affairs] Political and economic studies, 16).

HU, SHIH, 胡適, 1891- The issues behind the Far Eastern conflict. "An address delivered before Foreign Policy Association, New York, November 13, 1937." [New York, China Institute in America, 1937] 8 p.

———. China, too, is fighting to defend a way of life, an address delivered at Washington, D.C., March 23, 1942. [San Francisco, Grabhorn Press, 1942] 17, [1] p.

———. China's place in the present world struggle. A Howard Crawley memorial lecture delivered before the faculty and students, Wharton school of finance and commerce, University of Pennsylvania, April 20, 1942. Philadelphia, University of Pennsylvania Press, 1942. 14 p.

INAHARA, KATSUJI. Japan's continental policy. [Tokyo, Foreign Affairs Association of Japan, 1938] 51, [1] p.

INUI, KIYO SUE. The United States and Japan in Asia, address delivered at Commonwealth Club of California April 26, 1940. San Francisco, Japanese Chamber of Commerce [1940] 17 p.

JAP beast and his plot to rape the world, uncensored photos. [Louisville, Ky., C. T. Dearing Printing Co., 1942] cover-title, 3-66 p. illus. (incl. ports., maps).

JAPAN FOREIGN TRADE FEDERATION. Official view of the Sino-Japanese conflict. [Tokyo] Japan Foreign Trade Federation [1937?] 25 p.

JAPAN in East Asia. [Bristol] Printed for private distribution [by Western Printing Services, 1939] 152 p.

THE JAPAN TIMES AND MAIL. The truth behind the Sino-Japanese crisis. Japan acts to keep Eastern civilization safe for the world. Tokyo, The Japan Times and Mail, 1937. 104 p. 1 illus., plates, ports., map.

JAPANESE ASSOCIATION OF AMERICA, San Francisco. What is Japan fighting for? The truth about the Sino-Japanese conflict. [San Francisco, 1937?] cover-title, 8 p.

JAPANESE CHAMBER OF COMMERCE, New York. The Sino-Japanese crisis, 1937; first comprehensive, authentic, factual statement, with official Amercan and Japanese documents. New York, Japanese Chamber of Commerce of New York [1937] cover-title, 91, [1] p.

———. Seattle. The undeclared Sino-Japanese war: questions and answers. What does Japan want in China? What of Japan's overpopulation? Will communism save China? Why was Manchukuo born? Who are the most misruled people on earth? etc. Seattle, Japanese Chamber of Commerce and Japanese Association of North America, 1937. 13 p.

JEN, TAI, 任泰, 1904- comp. Documents illustrative of Japan's national policy. Nanking, Council of International Affairs, 1937. 62 p.

JOHNSEN, JULIA EMILY, comp. Chinese-Japanese war, 1937- New York, H. W. Wilson, 1938. 257 p. (The reference shelf. 11:9).

JONES, ELI STANLEY, 1884- An open letter to the people of Japan. Nanking, Reprinted by the Chinese League of Nations Union [1937] 12 p. (Chinese League of Nations Union, Sino-Japanese issue series, 3).

KANAI, KIYOSHI. A few thoughts and facts on the Sino-Japanese conflict of 1937-38, by "Tiger" Kiyoshi Kanai. Shanghai [South Pasadena, Calif., Perkins Oriental Books] 1938. 16 p.

KAWAI, TATSUO, 1889- The goal of Japanese expansion. Tokyo, Hokuseido Press, 1938. viii, 9-120 p. front.(port.) fold. map.

KAWAKAMI, KIYOSHI KARL, 1875- Japan in China, her motives and aims, with introductory notes by the Right Hon. Sir John Tilley and Captain the Right Hon. Lord Sempill and a foreword by Viscount Ishii. London, J. Murray [1938] xix, 188 p. illus. (map).

———. Le Japon en Chine, ses mobiles et ses buts. Paris, B. Grasset [1938] [7]-296 p.

KING, WENSZ, 金問泗, 1892- Development of the crisis in the Far East in the last six years brought about by continuous Japanese aggressions against China. Brussels, The Press Bureau of the Chinese delegation, 1937. 44 p. tables.

KUNMING. NATIONAL SOUTHWEST ASSOCIATED UNIVERSITY. Library. Japan's aggression and public opinion, compiled and published by the National Southwest Associated University Library, Kunming. [Kunming, 1938] vii, 498 p. tables.

KUO MIN TANG. La presse chinoise en le conflit sino-japonais, 1937. Japanese aggression and Chinese opinion. Par le Bureau du Kouomintang en Europe (Paris) Paris, Éditions A. Pedone, 1938. 156 p.

KYOTO. BUSINESS MEN OF KYOTO. The Sino-Japanese conflict. Kyoto, Business men of Kyoto [1937] 24 p. illus.

LAVES, WALTER HERMAN CARL, 1902- A radio discussion of crisis in the Orient by Walter Laves, Clifton Utley and Quincy Wright. Chicago, 1939. 28 p. (University of Chicago. Round table, 69).

LIANG, HUBERT S., 梁士純, 1903- China fights; a collection of timely and outspoken articles dealing with the Sino-Japanese struggle. Shanghai, China Weekly Review [1938?] 59 p.

LIANG, LONE, 梁龍, 1894- China muss siegen, drei Vorträge. Mit einer Kundgebung des Generalissimus Tschiang Kaischek und Geleitworten von Sun Fo, Quo Tai-chi [und] Tsien-Tai. [Prag, H. Mercy Sohn, 1938?] 115 p. map.

———. Warum China kämpft; sechs Vörtrage. Prag, H. Mercy Sohn, 1938. 11 p. map.

———. La guerre d'idéologie en Extrême-Orient (cinq conférences faites en 1940) Lisbonne [Composta e impresso na "Gráfica lisbonense"] 1942. 219 p.

LIN, MOUSHÊNG, 林侔聖, 1906- American press opinion on the Sino-Japanese conflict. New York, Chinese Cultural Society [1937] 36 p.

———. International law and the undeclared war. New York, Chinese Cultural Society [1937] 23 p.

———. ed. Facts and figures concerning the Far Eastern situation. New York, China Institute in America [1940] 47 p. illus. (map).

LIN, TSIU-SEN, 林秋生. China und Japan im Spiegel der Geschichte. Erlenbach-Zürich, E. Rentsch [1944-46] 2 v. maps (2 fold.) geneal. tables. (Schriften des chinesischen kulturdienstes).

LIN, YU-T'ANG, 林語堂, 1895- The birth of a new China, a personal story of the Sino-Japanese war. New York, John Day [c1939] [xviii]-xix, 349-421 p.

MA, CHIH-CHÊN, 馬志振. Controverses et conventions internationales au regard de la guerre sino-japonaise. Paris, Recueil Sirey, 1941. 218 p. Thèse-Univ. de Paris.

MacNAIR, HARLEY FARNSWORTH, 1891-1947. The real conflict between China and Japan; an analysis of opposing ideologies. Chicago, University of Chicago Press [1938] xvi, 215, [1] p.

MAO, TSE-TUNG, 毛澤東, 1893- Aspects of China's anti-Japanese struggle. Bombay, People's Pub. House, 1948. 80 p.

———. On the tactics of fighting Japanese imperialism. Peking, Foreign Languages Press, 1953. 47 p.

———. Strategic problems in the anti-Japanese guerrilla war. Peking, Foreign Languages Press, 1954. 65 p. illus.

———. Questions of tactics in the present anti-Japanese united front. On Policy. Peking, Foreign Languages Press, 1954. 36 p.

———. The policies, measures and perspectives of combating Japanese invasion. Peking, Foreign Languages Press, 1954. 14 p.

———. Economic and financial problems during the anti-Japanese war and other articles. Peking, Foreign Languages Press, 1955. 64 p. front.(port.).

———. The situation and tasks in the anti-Japanese war after the fall of Shanghai and Taiyuan. Peking, Foreign Languages Press, 1956. 25 p.

MIKI, KIYOSHI, 1897-1945. Introductory studies on the Sino-Japanese conflict, by Kiyoshi Miki and Karoku Hosokawa. Tokyo, Japanese Council, Institute of Pacific Relations, 1941. xiv, 104 p. ("Far Eastern conflict" series [I]).

MOSSDORF, OTTO, 1882- Der Krieg in Ostasien. Bd. 1. Der chinesisch-japanische Konflikt. 3. und weitere Aufl. von "Der Krieg in Fernost." Leipzig, W. Conrad [1943, c1941] 298 p. maps.

MUKHERJEE, HIREN. China calling. Calcutta, Anti-Fascist People's Union, 1942. viii, 90 p. photo, map.

NEHRU, JAWAHARLAL, 1889- China, Spain and the war: essays and writings. Allahabad, Kitabistan, 1940. 269 p. front. photos.

NOËL, PERCY. When Japan fights. [Tokyo] The Hokuseido Press, 1937. x,249 p.

OLIVER, FRANK. Special undeclared war. With an introduction by Peter Fleming. London, J. Cape [1939] 368 p. front., plates, ports., fold. maps.

OSAKA. CHAMBER OF COMMERCE AND INDUSTRY. Bushido and Chinese military leaders, differences in racial traits between Japanese and Chinese manifested in China emergency. [Osaka] The Investigation committee on Chinese affairs of the Osaka Chamber of Commerce and Industry, 1938. cover-title, 26 p. illus.

———. Japan's righteous course; right will prevail in the end. [Osaka] The Investigation committee on Chinese affairs of the Osaka Chamber of Commerce and Industry, 1938. cover-title, 11, [1] p. plates.

P'AN, STEPHEN CHAO-YING, 潘朝英, 1908- China fights on, an inside story of China's long struggle against our common enemies. New York, London [etc.] Fleming H. Revell [1945] 188 p. front., plates, ports.

PRATT, SIR JOHN THOMAS, 1876- China and Japan. [London] Pub. for the Historical Association by P.S.King, 1944. cover-title, 30 p. (Historical association pamphlet, 129).

The PULSE of Japan; that ideals and aims behind Japanese action in east Asia may be better perceived. Tokyo, Tokyo Information Bureau [1938?] 133 p. plates.

QUIGLEY, HAROLD SCOTT, 1889- Far Eastern war, 1937-41. Boston, World Peace Foundation, 1942. xi, 369 p. 2 fold. maps.

RAYNAUD, JEAN. Le Maréchal Tchang Kaï-chek devant le Prince Konoye; conférence donnée au Théâtre des Ambassadeurs, le 2 décembre, 1938. Dinard, Braun et Liorit, 1939. 32 p.

——. Guerre en Asie. Dinard, Braun et Liorit [1939] 256 p.

RUBINOW, EDWARD SAUL, 1914- Sino-Japanese warfare and the League of nations. [Geneva, Geneva Research Centre, 1938] cover-title, 93 p. (Geneva studies, 9:3, May, 1938).

SCHLESINGER, RUDOLF, 1901- Ein Volk kämpft für seine Freiheit. Ursachen, Verlauf und Aussichten des Krieges in China. Prag, A. Werner, 1939. 204 p. map.

SCIZE, PIERRE, Le conflit sino-japonais; conférence faité par Pierre Scize à son retour de Chine. Paris, Agence Chekiai, 1938. 15 p.

SEKINE, GUMPEI, 1886- The open door under new order. [Tokyo] To-a Kensetsu Kyokai [1939] cover-title, iii, 53 p.

SHEPHERD, CHARLES REGINALD, 1885- The case against Japan; a concise survey of the historical antecedents of the present far eastern imbroglio. New York, D. Ryerson; London, Jarrold [c1938] viii, 242 p.

SIEN, FOON. comp. Three years' resistance; a comprehensive review of events in the Sino-Japanese war. [Vancouver, 1940] 26 p. illus.

SIMON, PAUL. Les atrocités japonaises en Chine? Vervièrs, Leens, 1938. 16 p. (Faits et nouvelles d'Extrême-Orient).

——. Bombardement aériens. Vervièrs, Leens, 1938. 16 p. illus. (Faits et nouvelles d'Extrême-Orient).

——. Le démembrement de la Chine: Condition de paix. Vervièrs, Leens, 1938. 8 p. (Faits et nouvelles d'Extrême-Orient).

——. La guerre en Extrême-Orient. Réponse à Mgr. Paul Yu-pin. Vervièrs, Leens, 1938. 64 p. illus.

——. Pourquoi la guerre de Chine se prolonge-t-elle? Fays-Polleur, 1940. 11 p.

SIU, KING-YUAN, 徐鏡遠, [Hsü Ching-yüan] 1905- Le règlement des différends internationaux et le conflit sino-japonais. Louvain, Belgique, R. Fonteyn, 1934. vii, 351 p. [Bibliothèque de l'École des sciences politiques et sociales de l'Université de Louvain].

SNOW, HELEN (FOSTER), 1907- China resists. Calcutta, Modern Publishers, 1944. vi, 178 p.

SOUTH MANCHURIA RAILWAY COMPANY. China incident and Japan. [Tokyo, Printed at the Herald Press, 1937] cover-title, 43 p. (China incident series-No. 3).

SUMA, YAKICHIRO, 1892- Where Japan stands; addresses delivered in America on the Sino-Japanese conflict. Tokyo, Hokuseido Press, 1940. vii, 237 p. front. (port.).

TAI, ERH-CHING, 戴爾卿. British opinion of the Sino-Japanese war, 1937-41. London, 1952. iv, 240 p. Thesis-London School of Economics.

TAKAISHI, SHINGORO, 1878- Japan speaks out. [Tokyo] Hokuseido Press [1938] viii, 173 p. front., port.

[TAMAI, KATSUNORI]. Barley and soldiers, by Ashihei Hino [pseud.] Translated by K. and L.W. Bush. Tokyo, Kenkyusha, 1939; Rev. ed. 1941. ii, 207 p. map.

[——.] Mud and soldiers, by Ashihei Hino [pseud.] Translated by Lewis Bush. Tokyo, Kenkyusha, 1939. iii, 160 p.

[——.] Wheat and soldiers, by Corporal Ashihei Hino [pseud.] translated by Baroness Shidzué Ishimoto. New York [etc.] Farrar and Rinehart [c1939] xii, 191 p.

[——.] Weizen und Soldaten, Kriegbriefe, Aufzeichnungen und Tagebücher eines japanischen Unteroffiziers von Ashihei Hino. Aus dem Japanischen von A. von Choinatzky und Teisuke Kosima. Stuttgart, Cotta, 1940. [11]-494 p. fold. map.

[——.] War and soldier, by Ashihei Hino [pseud.] translated from the Japanese by Lewis Bush. London, Putnam [1940] vi, 3-579 p. illus. (maps).

[——.] Flower and soldiers, by Ashihei Hino [pseud.] Translated by Lewis

Bush. Tokyo, Kenkyusha [1940] ii, 213 p.

[——.] Sea and soldiers, by Ashihei Hino [pseud.] Translated by Lewis Bush. Tokyo, Kenkyusha [1940] 172 p. Third edition.

TANIGUCHI, MASARU. The soldiers log: 10,000 miles of battle, translated by R. Toombs Fincher and Yoshi Okada. [Tokyo] The Hokuseido Press [1940] xi, 176 p. front.(port.).

TCHENG, KIA-KAN, 陳家幹, [Ch'en Chia-kan] Le conflit sino-japonais et l'équilibre des puissances en Extrême-Orient. Dijon, Impr. Bernigaud et Privat, 1938. 190 p. Thèse-Univ. de Dijon.

THOMAS, ANDREW FRANK, 1896- Sino-Japanese conflict: What history says. [Tokyo, 1939] 98 p.

THORMAGNE, WERNER. La bataille pour l'Asie; l'heure du Japon. Neuchâtel et Paris, V. Attinger, 1939. vi, 275 p. incl. table, illus.(map).

TIMPERLEY, HAROLD JOHN, 1898- ed. What war means: the Japanese terror in China; a documentary record. London, V. Gollancz, 1938. 288 p. illus.(plan).

——. ed. Japanese terror in China. New York, Modern Age Books [c1938] 220 p. illus.(map).

——. ed. The same. Calcutta, Thacker, Spink [c1938] 222 p. illus. (map).

——. ed. La guerre telle qu'elle est: la terreur japonaise en Chine; compte rendu documentaire. Paris, A. Pedone, 1939. 278, [2] p. illus. (map).

TWINEM, MARY (FINE). A message to the West from a former westerner [by] (Mrs. Paul D.) Mary Fine Twinem. Nanking, Chinese League of Nations Union, 1937. 5 p. (Chinese League of Nations Union. Sino-Japanese issue ser. 2).

UTLEY, FREDA, 1898- Japan can be stopped! by Freda Utley and David Wills. London, The "News Chronicle" publications department [1937] 63, [1] p.

——. On peut arrêter le Japon! par Freda Utley et David Wills. Traduction de l'anglais et publié en français par le Bureau de presse de la Délégation chinoise, Genève. Bruxelles, M. Weissenbruch, 1937. 64 p. tables. (China. Delegation to the League of Nations. Press Bureau publications, 6).

——. Japan's feet of clay. New York, W.W. Norton [1937] 393 p. incl. tables.

——. Japan's gamble in China. [London] Secker and Warburg, 1938. x, 302 p. map.

VIATTE, AUGUSTE. La Chine, le Japon et la justice internationale. Paris, Les Éditions du Cerf, 1938. iv, 49 p.

WALSH, TOM. The Sino-Japanese conflict. Sydney and London, Angus and Robertson, 1939. 111, [1] p.

WANG, CHÊNG-T'ING T., 王正廷, 1882- Japan's aggressions upon China. Address at the Armistice eve banquet of the International good-will congress, November 10, 1937, Boston, Massachusetts. [Boston? 1937] 6 numb. l.

——. Selected statements and addresses concerning the Sino-Japanese conflict. [n.p.] 1938. cover-title, 12 p.

WANG, CHING-CH'UN, 王景春 1883- Japan's continental adventure, with an introduction by the Right Hon. Viscount Cecil of Chelwood, P.C. London, G.Allen and Unwin [1941] [9]-224 p.

WANG, MING, 王明, 1907- China can win; The new stage in the aggression of Japanese imperialism and the new period in the struggle of the Chinese people. New York, Workers Library Publishers, 1937. 47 p. illus. map.

——. Pour comprendre l'agression du Japon contre la Chine, par Van Min. Paris, Bureau d'éditions, 1937. 61, [1] p.

——. Old intrigues in new clothing, by Chen Shao-yu (Wang Ming) On the development, the difficulties and the future of the national anti-Japanese united front, by Chin Po-ku, 秦博古. [Hongkong, 1939] cover-title, 31 [1] p. (Bulletin, New China information committee, 7).

WEI, HENRY, 韋文起, 1909- The Sino-Japanese hostilities and international law. [Chicago, University of Chicago libraries, Dept. of photographic reproduction,

1945] Film copy of type-written manuscript. Collation of the original: 8, 220-241, 245-253 numb. l.

WILLIAMS, FREDERICK VINCENT. Behind the news in China. New York, Nelson Hughes [1938] vii, 122 p.

WILLOUGHBY, WESTEL WOODBURY, 1867-1945. Japan's case examined, with supplementary chapters on the Far Eastern policies of the United States, and the significance to the world of the conflict in the Far East. Baltimore, Johns Hopkins Press, 1940. x, 237 p.

WRIGHT, QUINCY, 1890- The existing legal situation as it relates to the conflict in the Far East. New York, International Secretariat, Institute of Pacific Relations, 1939. vii, [1], 3-129 p. (I. P. R. Inquiry series).

———. Legal problems in the Far Eastern conflict. Part I. The legal background in the Far East, by Quincy Wright. Part II. The problem of non-recognition, by H. Lauterpacht, Edwin M. Borchard and Phoebe Morrison. New York, International Secretariat, Institute of Pacific Relations, 1941. xi, 211 p. (I. P. R. inquiry series).

YAMAMOTO, S. Le point de vue catholique sur la conflit sino-japonais. Tokyo, 1937. 16 p.

YAMATO, TAKIO. Considération sur le conflit sino-japonais. Point de vue d'un Japonais. Bruxelles, Impr. Van Buggenhoudt, 1938. 58 p. map.

YOUNG, ARTHUR A. ed. China faces Japan. New York, Chinese Students' Christian Association in North America, 1937. 80 p. illus.

YOUNG, ARTHUR MORGAN, 1874- Japan's war on China. [London, Fact, 1937] cover-title, [3]-97, [1] p. illus.(maps) (Fact, a monograph a month, 9).

YOUNG, C. KUANGSON, 楊光泩 , 1900-42. ed. The Sino-Japanese conflict and the League of nations, 1937; speeches, documents, press comments. Geneva, Press bureau of the Chinese delegation [1937] 250 p.

YOUNG, STONELAKE Y. P., 楊蔭溥, 1898- A few vital data concerning the economic aspects of the Sino-Japanese conflict. Geneva, Chinese delegation to the League of Nations, 1937. 39 p. tables.

YŮ, PIN, bp., 于斌, 1901- La guerre en Extrême-Orient. Un problème psychique international; appel aux hommes de bonne foi, aux hommes de bonne volonté, par mgr. Paul Yu-Pin. Bruxelles, Éditions de la Cité chrétienne, 1937. 36 p.

———. The war in the Far East, by Paul Yu-pin. Oxford, Catholic Social Guild, 1938. 32 p.

Japan's Attack on Shanghai, 1937

AUXION DE RUFFÉ, REGINALD D', baron, 1875- La bataille de Shanghaï. Les mauvais bergers. Avec, en hors texte, le fac-similé d'une étiquette d'emballage d'un paquet d'opium et, dans le texte, une carte des concessions internationales. Paris, Berger-Levrault, 1938. vii, [1], 258 p. illus.(map) facsim.

BRUCE, GEORGE C. Shanghai's undeclared war. [An illustrated factual recording of the Shanghai hostilities, 1937] Shanghai, Mercury Press [1937] 88 p., 116 p. of illus.

FOREIGN AFFAIRS ASSOCIATION OF JAPAN. Japan's case in the Shanghai hostilities. [Tokyo] Foreign Affairs Association of Japan [1937] cover-title, 13, [1] p.

———. Why Japan had to fight in Shanghai. [Tokyo, Hiromu Toyoshima, Foreign Affairs Association of Japan, 1937] 54 p. plates (1 fold.) maps (2 fold.).

———. Why the fighting in Shanghai. [Tokyo, H. Toyoshima, Foreign Affairs Association of Japan, 1937] 54 p. plates (1 fold.) maps (2 fold).

HSŮ, SHU-HSI, 1892- Japan and Shanghai. Shanghai, Kelly and Walsh, 1938. 104 p. ([Council of international affairs] Political and economic studies, 4).

JAPANESE CHAMBER OF COMMERCE, Los Angeles. Japan's position in the

Shanghai and North China hostilities; issued by the Japanese chamber of commerce of Los Angeles to present true facts concerning the present Orient conflict. Los Angeles, 1937. 21, [2] p.

[POLLEY, CLAD ELMER] ed. U.S.S. Augusta under fire; Sino-Japanese incident, 1937-38, Shanghai, China. [Shanghai, North China Daily News, 1938] 136 p. illus.(incl. ports.).

SHANGHAI CITIZEN'S LEAGUE. Shanghai's refugee problem. Shanghai, Shanghai Citizen's League [1937?] cover-title, 15 p. incl. plates.

WOODHEAD, HENRY GEORGE WANDESFORDE, 1883- My experiences in the Japanese occupation of Shanghai. London, China Society, 1943. 17 p. (China Society occasional papers, n.s., 4).

Japan's Puppet Governments

CENTRAL China in motion. Asiatic echoes, ed. by F.E. Firminger. [Tokyo, F.E. Firminger, 1939?] cover-title, iii, 70 p. plates, ports.

CHIANG, KAI-SHEK, 1886- Generalissimo Chiang's statements following the publication of Wang Ching-wei's secret agreement with Japan. Chungking, China Information Committee, 1940. 32 p.

CHINA. Ministry of Information. Agreements between Wang Ching-wei, 汪精衛, and Japan. Chungking, Chinese Ministry of information, 1943. cover-title, 16 p.

———. (New Reformed Government of the Republic of China). China-Japan. Treaty concerning basic relations and protocol annexed thereto. Signed at Nanking, November 30, 1940. (In American journal of international law. Concord, N.H., 1941. v. 35, suppl., p. 125-128).

———. Fundamental points for readjustment of Sino-Japanese relations [An agreement signed 30 December 1939 between Japan and the New Reformed Government of the Republic of China of Wang Ching-wei] Nanking, 1940. 8 p.

———. The National Government of China, organization and personnel, October 1941. Nanking, Compilation Bureau, International Publicity Board [1941] 1 v. unpaged. illus.

FOREIGN AFFAIRS ASSOCIATION OF JAPAN. Japanese relief work in the occupied areas. Tokyo, Foreign Affairs Association of Japan [1938?] 22, [2] p. incl. map. plates (incl. ports.).

GT. BRIT. Ministry of Information. Economic developments in Japan and Japanese-controlled territory from September 1944 to the time of her collapse. [London, 1945] 36 p.

———. Treaties, etc., 1936-52 (George VI). Arrangement between His Majesty's government in the United Kingdom and the Japanese government relating to local issues at Tientsin, June 19, 1940. London, H.M. Stationery Off., 1940. 3 p. ([Foreign office] China no. 1 (1940)) Cmd. 6212.

ITŌ, TAKEO, 1895- Problems in the Japanese occupied areas in China. Tokyo, Japanese Council, Institute of Pacific Relations, 1941. 102 p. ("Far Eastern conflict" series, 4).

KUO MIN TANG. Publicity Board. Documents concerning the secret agreement between Wang Ching-wei and Japan on December 30, 1939, containing the full text of the agreement and Generalissimo Chiang Kai-shek's message to peoples of friendly powers. Chungking, Central Executive Committee of Kuomintang, 1940. 20 p. illus.

———. Secret agreements and contracts between the "Nanking Reformed Government" and Japan, originally signed in 1938; subsequently acknowledged by Wang Ching-wei. Chungking, Central Executive Committee of Kuomintang, 1940. 15 p.

MOTE, FREDERICK W., 1922- Japanese-sponsored governments in China, 1937-45; an annotated bibliography compiled from materials in the Chinese collection of the Hoover Library. Stanford, Stanford University Press, 1954. viii, 68 p. (Hoover Institute and Library. Bibliographical series, 3).

STATISTICAL data on Japanese and Far Eastern occupied cities and towns. [Washington, 1945?] vi numb. l., 152 p. incl. maps.

U.S. Office of Strategic Services. Research and Analysis Branch. Financial programs of Japan in Japan and occupied areas. Assemblage #44. Rev. ed. Honolulu, 1944. 2 v. in 1 (263 p.) (Its R and A 2629).

———. Biographical intelligence on former puppet China. Honolulu, T.H., 1945. 262 l. (Its R and A 3363).

———. The puppet governmental bodies of occupied North China. [Washington] 1945. iii l., 16 p. (Its R and A 3075).

———. Personnel of the North China Political Council. Washington, 1945. xi, 30 p. diagrs. (Its R and A 3102).

———. Structure and personnel of the Nanking puppet government and Hong Kong administration. [Washington] 1945. iii, 84 l. (Its R and A 2565).

———. Japanese attempts at indoctrination of youth in occupied areas. [Washington] 1945 7 l. (Its Current intelligence study, 3).

———. Japanese-controlled firms in occupied China and inner Mongolia. Washington, 1945. ii l., 32 p. (Its R and A no. 3109).

———. Programs of Japan in China: central coastal provinces, with biographies. Assemblage #49. Honolulu, 1945. vi, 222 l. (Its R and A 2896).

———. The same. Part II. Southern coast, with biographies. Assemblage #51. Washington, 1945. viii l., 262 p. (Its R and A 2896. 1).

———. The same. Part III. Northern coast, with biographies. Assemblage #52. Honolulu, 1945. vii l., 262 p. (Its R and A 3049).

———. The Japanese occupation of the southeast China coast. [Washington] 1945. 7 l. (Its R and A 2659S).

WARD, ROBERT SPENCER, 1906- Asia for the Asiatics? The techniques of Japanese occupation. Introduction by Laurence Salisbury. Chicago, University of Chicago Press [1945] xiv, 204, [1] p.

China and other Asiatic Countries

BEYER, HENRY OTLEY, 1883- Early history of Philippine relations with foreign countries, especially China. Manila, National printing co., 1948. 17 p.

BURMA (UNION). Dept. of Information and Broadcasting. Kuomintang aggression against Burma. [Rangoon] Ministry of Information, Government of the Union of Burma, 1953. 221 p. illus. facsims. maps.

CHINA and the Asian-African Conference; documents. Peking, Foreign Languages Press, 1955. 80 p. illus.

HOONTRAKUL, LIKHIT, 雲茂倫. The historical records of the Siamese-Chinese relations commencing from ancient times up to the time when the Siamese people formed themselves into a State called Siam with the town of Sukhotai as capital. 中暹兩族關係史 Bangkok, C. Limsaro, 1953. 137 p. maps, illus.

JAIN, GIRILAL C. Chinese "Panchsheela" in Burma. Bombay, Democratic Research Service, 1956. 45 p.

NAIR, V.G. China and Burma interpreted. Madras, [Sino-Indian Cultural Society in India] printed at Thompson and Co., 1947. 139 p.

MAUNG MAUNG, U. Grim war against Kuomintang. With a foreword by U. Thant. Rangoon, Nu Yin Press, 1953. iv, 86 p. illus.

RHEE, SYNGMAN, 1875- Syngman Rhee's state visit to China; a collection of statements and remarks on Free China. Edited by Eugene H.C. Wang, 王漢中. Taipei, China Culture Pub. Foundation, 1953. 28 p. illus. (Pamphlets on Chinese affairs).

THOMAS, S.B. Communist China and her neighbors. [Toronto] Canadian Institute of International Affairs, 1955. 16 p. (Behind the headlines, 15:2).

Relations with Western Countries
China and Australia and New Zealand

BAKHAP, THOMAS JEROME KINGSTON. Trade between the commonwealth [of Australia] and China. Report by Senator Thomas J.K. Bakhap. [Melbourne] Printed and pub. for the government of the Commonwealth of Australia [1922] 15 p.

BURCHETT, GEORGE HAROLD. China the senior partner. Melbourne, Australian-China Cooperation Association, 1943. 16 p.

———. China and the White Australia policy. [Melbourne] Australia-China Cooperation Association, 1944. 47 p.

CH'EN, WEI-PING, 陳維屏. The objects of the foundation of the Lectureship, and a review of Dr. Morrison's life in China. Canberra, Australian Institute of Anatomy, 1932. 11 p. (George Ernest Morrison lectures).

FOCUS on China: toward the understanding of one of Australia's Pacific neighbours. Sydney, Church Missionary Society, 1944. 100 p. plates.

LOCKWOOD, RUPERT ERNEST. China our neighbour. Sydney, Current Book Distributors, 1951. 15 p.

MATHEWS, PHILIP. China and New Zealand; a talk on the cultural, political and economic importance of China to New Zealand. Auckland, Chinese Bookshop, 1949. 15 p.

MELBOURNE, ALEXANDER CLIFFORD VERNON. Report on Australian intercourse with Japan and China, submitted to the Senate of the University of Queensland by A.C.V. Melbourne. Brisbane, F. Phillips, Government Printer, 1932. ix, [1], 159, [1] p.

MILNER, IAN FRANK GEORGE. New Zealand's interests and policies in the Far East. New York, International Secretariat, Institute of Pacific Relations, 1940. xi, 131 p. (I.P.R. inquiry series).

SHEPHERD, JACK. Australia's interests and policies in the Far East. New York, International Secretariat, Institute of Pacific Relations, 1940. xiv, 212 p. (I.P.R. inquiry series).

TSAO, WEN-YEN, 曹文彥, 1908- Two Pacific democracies: China and Australia. Introduction by R.M. Crawford. Melbourne, F.W. Cheshire pty., 1941. xvii, 157, [1] p. front., plates, ports.

China and Belgium and Netherlands

CHINA. Ministry of Foreign Affairs. Statements of the Chinese government and other official documents relating to the negotiation for the termination of the Sino-Belgian treaty of amity, commerce and navigation of November 2, 1865. With the said treaty as an appendix. Peking, Wai Chiao Pu, 1926. cover-title, [3], 54 p.

DUYVENDAK, J.J.L., 1889-1954. The last Dutch embassy to the Chinese court, 1794-95. Leiden, E.J. Brill, 1938. 137 p. plates, map, tables. Reprinted from T'oung Pao, vol. 34.

ELST, LÉON GEORGES JOSEPH MARIE PHILOMÈNE, baron VAN DER, 1856- Léopold II et la Chine. Bruxelles, A. Dewit, 1924. cover-title, 55 p. Reprinted from Revue Générale, Avr.-mai, 1924.

FROCHISSE, J.M. La Belgique et la Chine; relations diplomatiques et économiques (1839-1909) Bruxelles, L'Édition universelle [1936] [9]-459 p. [Bibliothèque de l'École des sciences politiques et sociales de l'Université de Louvain].

HAGUE. PERMANENT COURT OF INTERNATIONAL JUSTICE. Affaire relative à la dénonciation du traité sino-belge du 2 novembre 1865. Denunciation of the treaty of November 2nd, 1865, between China and Belgium. Leyde, Société d'édtions A.W. Sijthoff, 1927. 15, 4-15 p. (Publications. Sér. A, no. 8).

———. The same. Ordonnance du 21 février 1928. Denunciation of the treaty of November 2nd, 1865, between China and Belgium. Order of February 21st, 1928. Leyde, Société d'éditions A.W. Sijthoff, 1928. 7, [4]-7 p. (Publications. Sér. A, no. 14).

———. The same. Ordonnance du 13 août 1928. Denunciation of the treaty of November 2nd, 1865, between China and Belgium. Order of August 13th, 1928. Leyde, Société d'éditions A.W Sijthoff, 1928. 7, [4]-7 p. (Publications. Sér. A, no. 16).

———. Affaire relative à la denonciation du traité sino-belge du 2 novembre 1865. Affaire relative à l'usine de Chorzów (Indemnités) Ordonnances du 25 mai 1929. Denunciation of the treaty of November 2nd, 1865, between China and Belgium. Case concerning the factory at Chorzów (Indemnities) Orders of May 25th, 1929. Leyde, Société d'éditions A.W. Sijthoff, 1929. 15, [4]-8, [11]-15 p. (Publications. Sér. A, no. 18/19).

MELOTTE DE LAVAUX, ADRIEN DE, 1874- Les derniers jours d'une légation. Liège, Impr. nationales des militaires mutilés et invalides de la guerre, 1925. 87 p.

WANG, KING-KY, 王景岐, 1882-1941. La voix de la Chine; addresses, discours, déclarations, lettres, interviews. 2e éd. Préfaces de m. Jules Destrée et de m. Paul Gille. Bruxelles, Office de publicité, 1929. [7]-241 p. 1st ed. 1927.

China and Canada

ANGUS, HENRY FORBES, 1891- Canada and the Far East, 1940-53. [Toronto] University of Toronto Press, 1953. 129 p.

CANADA. Dept. of Trade and Commerce. The trade of Canada with Japan and China. Ottawa, 1931. 17 numb. l. incl. tables.

———. Treaties, etc., 1944. Treaty between the government of Canada and the government of the Republic of China concerning the relinquishment of extraterritorial rights and the regulation of related matters (with exchange of notes) Ottawa, 14th April, 1944. [Ratifications exchanged at Chungking, 3rd April, 1945] London, H.M. Stationery Off. [1946] 5 p. ([Gt. Brit. Foreign office] Treaty series no. 43 (1946)) Gt. Brit. Parliament. Papers by command. Cmd. 6948.

GARDNER, D.H. Canadian interests and policies in the Far East since World War II. Submitted by the Canadian Institute of International Affairs as a preparatory paper for the Eleventh Conference of the Institute of Pacific Relations to be held at Lucknow in October 1950. Toronto, Canadian Institute of International Affairs; distributed by International Secretariat, Institute of Pacific Relations, New York, 1950. 15 l. (Canadian paper, 1).

LOWER, ARTHUR REGINALD MARSDEN, 1889- Canada and the Far East - 1940. New York, International Secretariat, Institute of Pacific Relations, 1940. ix, 3-152 p. incl. tables. (I.P.R. inquiry series).

STRANGE, WILLIAM. Canada, the Pacific and war. Toronto, New York [etc.] T. Nelson [c1937] ix, 220 p. front. (fold. map) illus. (International affairs, 1).

WOODSWORTH, CHARLES JAMES, 1909- Canadian policies in Asia. Prepared for the Twelfth Conference of the Institute of Pacific Relations to be held at Kyoto, Japan, in September 1954. Toronto, Canadian Institute of International Affairs, 1954. i, 44 p. tables. (Canadian Institute of International Affairs. Canadian paper, 1).

China and France

BONIFACY, AUGUSTE LOUIS M. À propos d'une collection de peintures chinoises représentant divers épisodes de la guerre franco-chinoise de 1884-

85 et conservées à l'École française d'Extrême-Orient. Hanoi, Impr. d'Extrême-Orient, 1931. 43 p. map, fold. plates.

BONNINGUE, ALFRED EDMOND VICTOR. La France à Kouang-Tchéou-Wan. Préface de M.A. Silvestre. Paris, Berger-Levrault, 1931. x, 70 p. maps, plates.

BURTON, WILBUR. The French strangle-hold on Yunnan; a first-hand survey. Shanghai, China Weekly Review [1933?] 46 p. illus. (map).

CHANG, YEN-SHEN T.H., 張雁深. Essays on Sino-French relations. Peking, sold at Yenching University Bookstore, 1940. 64 p.

CHO, HUAN-LAI, 卓還來, 1912-42. Les origines du conflit franco-chinois à propos du Tonkin jusqu'en 1883. Paris, Jouve et cie, 1935. 228 p. Thèse - Univ. de Paris.

DES COURTILS, LOUIS. La concession française de Changhaï. Paris, Recueil Sirey, 1934. 230 p. fold. plan.

FREDET, JEAN, 1879-1948. Les Français en Chine, Charles de Montigny, créateur de la concession française de Changhai, d'après des documents inédits. Chànghai, 1923. 16 p.

———. Quand la Chine s'ouvrait; Charles de Montigny, consul de France. Shanghai, Impr. de T'ou-sè-wè [1943] iv, 310 p. front., plates (1 fold.) ports., map, facsim.

———. The same. Paris, Société de l'histoire des colonies françaises; en vente: Librairie Larose, 1953. xv, 292 p. illus., ports., map. (Bibliothèque d'histoire coloniale, nouv. sér.).

GROSSE-ASCHHOFF, ANGELUS FRANCIS J., 1910- The negotiations between Ch'i-ying and Lagrené, 1844-46. St. Bonaventure, N.Y., Franciscan Institute, 1950. vii, 196 p. (Franciscan Institute publications. Missiology series, 2). Thesis-Columbia University.

LÉVY, ROGER, 1887- La politique française en Extrême-Orient, 1936-38. Paris, Paul Hartmann, 1939. 181 p. (Centre d'études de politique étrangère. Section d'information. Publication no. 13-1939).

———. French interests and policies in the Far East. Part. I. A century of French Far Eastern affairs, by Roger Lévy, with a supplement by Guy Lacam: The economic relations of Indo-China with southern China. Part II. French Indo-China in transition, by Andrew Roth. New York, International Secretariat, Institute of Pacific Relations, 1941. xi, 209 p. illus. (map) (I.P.R. Inquiry series).

MAYBON, CHARLES B., 1872- La concession française d'autrefois. B. Edan, Chancelier et consul de France à Changhai (1850-61) Conférence faite par Charles B. Maybon. Pékin, A. Nachbaur, 1924. 58 p. map.

———. Histoire de la concession française de Changhai, publiée sous le haut patronage de s.e.m. le ministre des affaires étrangères, du Conseil d'administration municipale de la concession française et de la Chambre de commerce française de Chine. Paris, Plon [1929] vii, 458 p. plates (1 fold.) ports., maps (1 double) plans (part double).

PAINLEVÉ, PAUL, 1863-1933. La Mission Painlevé en Chine, édité par Alphonse Monestier. Pékin, La "Politique de Pékin," 1921. 150 p. illus. plates, ports., (Collection de la "Politique de Pékin").

PALIKAO, CHARLES GUILLAUME MARIE APOLLINAIRE ANTOINE COUSIN DE MONTAUBAN, comte DE, 1796-1878. L'expédition de Chine de 1860; souvenirs du général Cousin de Montauban, comte de Palikao, publiés par son petit-fils, le comte de Palikao; avec 8 gravures hors texte et une carte. Paris, Plon [1932] viii, 450 p. front. (port.) plates, fold. map, plan.

PELLIOT, PAUL, 1878-1945. L'origine des relations de la France avec la Chine: Le premier voyage de "l'Amphitrite" en Chine. Paris, P. Geuthner, 1930. 78 p.

TCHENG, TSE-SIO, 鄭子修. Les relations de Lyon avec la Chine; étude d'histoire et de géographie économiques. Paris, L. Rodstein [1937] 17-182 p.

incl. illus., maps (1 fold.) diagrs. (Bibliothèque de l'Institut de géographie de l'Université de Lyon et des "Études rhodaniennes").

VERBRUGGE, RAPHAËL, 1872- La belle route maritime de France en Chine (Marseille-Changhai). Bruxelles, A. Dewit, 1926. 211 p. illus. incl. maps. Reprinted from Bull. de la Société royale de géographie d'Anvers.

China and Germany

BEE, BENJAMIN MING-CHŬ, 皮名舉, 1908- The leasing of Kiaochow; a study in diplomacy and imperialism. Cambridge, 1935. 450 l. Thesis-Harvard University.

BLOCH, KURT. German interests and policies in the Far East. New York, International Secretariat, Institute of Pacific Relations, 1940. xiv, 75 p. (I. P. R. inquiry series).

CHINA. Treaties, etc., 1921. L'accord sino-allemand et les documents annexés. Signed in Peking, May 20, 1921. [Pékin, 1921?] cover-title, [56] p.

EHLERS, OTTO E. Im Osten Asiens. 7. Aufl. mit einem Nachtrag: Tsingtau im Weltkrieg. Neu-Finkenkrug bei Berlin, Hermann Paetel [1924] viii, 184 p. plates, maps.(Sammlung belchrender Unterhaltungs-schriften, 2).

DJANG, FENG-DJEN, 張鳳楨, [Chang Feng-chên] 1902- The diplomatic relations between China and Germany since 1898. Shanghai, Commercial Press, 1936. iii-iv, 281, [1] p. Thesis-Johns Hopkins University.

FISCHER, OTTO, 1886-1948. China und Deutschland, ein Versuch. Münster in Westfalen, Aschendorff, 1927. 110 p. (Deutschtum und Ausland, Heft 12).

HEYKING, ELISABETH (VON FLEMMING) baronin VON, 1861-1925. Tagebücher aus vier Weltteilen 1886/1904, hrsg. von Grete Litzmann. Leipzig, Koehler und Amelang [1926] 413 p. front.(port.).

KLEHMET, OBERST D. Tsingtau; Rückblick auf die Geschichte, besonders der Belagerung und des Falles der Festung, mit kritischen Betrachtungen. Berlin, G. Bath, 1931. 46 p. incl. table, maps, plates.

LINEBARGER, PAUL MYRON WENTWORTH, 1871-1939. Deutschlands gegenwärtige Gelegenheiten in China. Brüssel (Belgien) [Impr. aux Presses Tilbury, L. Flas et fils] 1936. 55 p.

NOREM, RALPH AUGUSTINE, 1897- Kiaochow leased territory. [Berkeley, University of California Press, 1936] 150 p. 3 maps (1 fold.) (Publications of the University of California at Los Angeles in social sciences. 6:1).

RADOWITZ, JOSEPH MARIA FRIEDRICH WILHELM LUDWIG VON, 1839-1912. Briefe aus Ostasien, hrsg. von Hajo Holborn. Stuttgart, Berlin [etc.] Deutsche Verlags-Anstalt, 1926. vi, [1], 123, [1] p.

SCHOEN, WALTER VON. Auf Vorposten für Deutschland; unsere Kolonien im Weltkrieg. Berlin, Ullstein, c1935. 250, [1] p. illus.(maps), plates, ports., facsim.

U.S. Office of Coordinator of Information. Research and Analysis Branch. Far Eastern Section. German-Chinese relations, 1933-41. Washington [1942?] 18 l. (Its Memorandum no. 11).

WALDERSEE, ALFRED HEINRICH KARL LUDWIG, graf VON, 1832-1904. Denkwürdigkeiten des General-Feldmarschalls Alfred grafen von Waldersee; auf Veranlassung des Generalleutnants Georg grafen von Waldersee bearb. und hrsg. von Heinrich Otto Meisner. Stuttgart und Berlin, Deutsche Verlags-Anstalt, 1923-25. 3 v. front. (port.).

———. A field-marshal's memoirs: from the diary, correspondence, and reminiscences of Alfred, count von Waldersee. Condensed and translated by Frederic Whyte. London, Hutchinson and co., 1924. xxi, 22-286 p. front.(port.).

WOOD, CARLTON LEROY, 1911- Die Beziehungen Deutschlands zu China. Eine historische Betrachtung in politischer und ökonomischer Hinsicht vom 19. Jahrhundert bis zum Jahre 1934. [München, Gebrüder Giehrl Bücher, 1936] 110 p. incl. tables. Diss.-Univ. Heidelburg.

China and Great Britain
Treaties, Documents, etc.

CHINA. Courts: Mixed Court, Shanghai. Trial of rioters at the Mixed Court, Shanghai. A verbatim report of the trial of the Chinese arrested during the riot of May 30, 1925, at the International Mixed Court, Shanghai, on June 2, 3, 9, 10 and 11 from the Mixed Court Register. Shanghai, North China Daily News and Herald, 1925. 24 p.

———. Ministry of Foreign Affairs. [A collection of notes exchanged concerning the Shameen massacre in Canton] Peking, 1925. 29, 59 p.

———. Treaties, etc., 1943. Sino-British treaty for the abolition of extraterritoriality and related rights in China. [Chungking, 1943] cover-title, 19 p.; cover-title, 21 p.

GT. BRIT. Colonial Office. Weihaiwei. Report for 1902-29. London, H. M. Stationery Off., 1920-30. 28 v. (Colonial Reports. Annual ser.).

———. Foreign Office. Papers respecting the first firing in the Shameen affair of June 23, 1925. Presented by the Secretary of state for foreign affairs to Parliament by command of His Majesty. London, H. M. Stationery Off., 1926. 15 p. (China no. 1 (1926)) (Parliament. Papers by command. Cmd. 2636).

———. Report of the advisory committee together with other documents respecting the China indemnity. Presented by the Secretary of state for foreign affairs to Parliament by command of His Majesty. London, H. M. Stationery Off., 1926. 197 p. incl. tables. ([Foreign office] China, no. 2 (1926)) (Parliament. Papers by command. Cmd. 2766).

———. Papers respecting the agreements relative to the British concessions at Hankow and Kiukiang. Presented by the Secretary of state for foreign affairs to Parliament by command of His Majesty. London, H. M. Stationery Off., 1927. 14 p. (China no. 3 (1927)) (Parliament. Papers by command. Cmd. 2869).

———. Papers relating to the Nanking incident of March 24 and 25, 1927. Presented by the Secretary of state for foreign affairs to Parliament by command of His Majesty. London, H. M. Stationery Off., 1927. 31 p. (China no. 4 (1927)).

———. Papers relating to the settlement of the Nanking incident of March 24, 1927. Presented by the Secretary of state for foreign affairs to Parliament by command of His Majesty. London, H. M. Stationery Off., 1928. 6 p. (China no. 1 (1928)).

———. Exchange of notes between His Majesty's government in the United Kingdom and the Chinese government regarding the rendition of the British concession at Chinkiang. Nanking, October 31, 1929. London, H. M. Stationery Off., 1930. 4 p. (Treaty series, 1930, no. 3).

———. Exchange of notes between His Majesty's government in the United Kingdom and the Chinese government regarding claims for losses sustained by British subjects at Chinkiang in 1927. Nanking, November 9, 1929. London, H. M. Stationery Off., 1930. 4 p. (Treaty series, 1930, no. 4).

———. Exchange of notes between His Majesty's government in the United Kingdom and the Chinese government regarding the rendition of the British concession at Amoy. Nanking, September 17, 1930. London, H. M. Stationery Off., 1930. 3 p. (Treaty series, 1930, no. 44).

———. Papers regarding the disposal of the British share of the China indemnity of 1901. September 19-November 14, 1930. Presented by the Secretary of state for foreign affairs to Parliament by command of His Majesty. London, H. M. Stationery Off., 1930. 15 p. (China no. 3 (1930)).

———. Exchange of notes between His Majesty's government in the United Kingdom and the Chinese government regarding the disposal of the British share of the China indemnity of 1901. Nanking, September 19 and 22, 1930. Lon-

don, H. M. Stationery Off., 1931. 9 p. (Treaty series, no. 18 (1931)).
———. Legation. China. Exchange of notes (December 20, 1928) relative to the renunciation of the rights of His Majesty's government in Canada to benefit by the provisions of existing treaties limiting the right of China to settle her national customs tariffs or to impose tonnage dues. Ottawa, F. A Acland, 1930. 8 p. (Canada. [Treaties, etc.] Treaty series, 1929, no. 5).
———. Treasury. China. Copy of Treasury minutes, dated the 7th December 1927, relative to the leases of His Majesty's government in the British concessions in China. London, H. M. Stationery Off., 1927. 3 p.
———. Treaties, etc. List of treaties, etc., between Great Britain and China (1842-1922), including international treaties, and treaties between Great Britain and foreign powers relating to China. London, H. M. Stationery Off., 1925. 113 p. ([Foreign office] Treaty series, 1925, no. 34).
———. Treaties, etc. 1910-36 (George V). Agreement between the British and German governments relating to German debts and property in China. Signed at London, April 5, 1923. London, H. M. Stationery Off., 1923. 7 p. ([Foreign office] Treaty series, 1923, no. 8).
———. Treaty between His Majesty and the President of the Chinese Republic together with other documents relating to the Chinese customs tariff, etc. Nanking, December 20, 1928. [Ratifications exchanged at London, March 14, 1929] London, H. M. Stationery Off., 1929. 12 p. ([Foreign office] Treaty series, 1929, no. 10).
———. Agreement between His Majesty's government in the United Kingdom and the Brazilian, Netherlands, Norwegian, and United States governments and the Chinese government relating to the Chinese courts in the International settlement at Shanghai, with relative exchange of notes and declaration. Nanking, February 17, 1930. London, H. M. Stationery Off., 1930. 9 p. ([Foreign office] Treaty series, 1930, no. 20).
———. Convention between His Majesty and the President of the national government of the Republic of China for the rendition of Weihaiwei and Agreement regarding certain facilities for His Majesty's navy after rendition. Nanking, April 18, 1930. [The Convention and Agreement have not been ratified by His Majesty] Presented by the Secretary of state for foreign affairs to Parliament by command of His Majesty. London, H. M. Stationery Off., 1930. 10 p. (Foreign office. China no. 2 (1930)).
———. The same. [With map and two plans] Nanking, April 18, 1930. [Ratifications exchanged at Nanking, October 1, 1930] London, H. M. Stationery Off., 1930. 10 p. fold. map., fold. plans. ([Gt. Brit. Foreign office] Treaty series, 1930, no. 50).
———. Exchange of notes between His Majesty's government in the United Kingdom and the government of India and the Chinese government regarding the establishment of a commission to determine the southern section of the boundary between Burma and Yunnan. Nanking, April 9, 1935. London, H. M. Stationery Off., 1935. 4 p. ([Foreign office] Treaty series, no. 15 (1935)).
———. Treaties, etc., 1936-52 (George VI). Exchange of notes between His Majesty's government in the United Kingdom and the Chinese government regarding air services over China. Hankow, December 18, 1937. London, H. M. Stationery Off., 1938. 3 p. ([Foreign office] Treaty series no. 28 (1938)).
———. Exchange of notes between the government of the United Kingdom and the Chinese government regarding the air service between south-west China and British ports. Chungking, January 24, 1939. London, H. M. Stationery Off., 1939. 3 p. ([Foreign office] Treaty series no. 52 (1939)).
———. Treaty between His Majesty in respect of the United Kingdom and India and His Excellency the President of the National Government of the Republic of China for the relinquishment of extra-territorial rights in China and the regulation of related matters (with Exchange of notes and Agreed minute) Chungking, January 11, 1943. [The treaty has not yet been ratified by His

Majesty] London, H.M. Stationery Off., 1943. 8 p. ([Gt. Brit. Foreign office] China no. 1 (1943)).

———. The same. Ratifications exchanged at Chungking May 20, 1943. London, H.M. Stationery Off., 1943. 32 p. ([Gt. Brit. Foreign Office] Treaty series, 1943, no. 2).

———. Air transport agreement between the Government of the United Kingdom of Great Britain and Northern Ireland and the Government of the Republic of China, with exchanges of notes, Nanking, 23rd July, 1947. London, H.M. Stationery Off. [1947] 37 p.([Gt. Brit. Foreign Office] Treaty series, 1947, no. 71).

———. Exchanges of notes between His Majesty's Government in the United Kingdom and the Government of Burma, and the National Government of the Republic of China concerning the Burma-Yunnan boundary, Chungking, 18th June, 1941. London, H.M. Stationery Off. [1947] 17 p. fold. maps. ([Gt. Brit. Foreign Office] Treaty series, 1947, no. 80) [Gt. Brit. Parliament. Papers by command] Cmd. 7246.

———. Exchange of notes constituting an agreement between the Government of the United Kingdom and the Government of the Republic of China for the transfer of certain British naval vessels to China and the mutual waiver of claims in respect of the loss of other vessels, with annex, London, 18th May, 1948. London, H.M. Stationery Off. [1948] 4 p. ([Gt. Brit. Foreign Office] Treaty series, 1948, no. 39) [Gt. Brit. Parliament. Papers by command] Cmd. 7457.

———. Exchanges of notes between His Majesty's Government in the United Kingdom of Great Britain and Northern Ireland and the Government of the Chinese Republic for the prevention of smuggling between Hong Kong and Chinese ports, with annexes and maps, Nanking, 12th January and 18th October 1948. London, H.M. Stationery Off. [1949] 18 p. fold. maps ([Gt. Brit. Foreign Office] Treaty series, 1949, no. 9).

———. Exchanges of notes between His Majesty's Government in the United Kingdom and the Government of Burma, and the National Government of the Republic of China concerning the Burma-Yunnan boundary, Chungking, 18th June 1941. London, H.M. Stationery Off., 1956. 16 p. fold. col. maps (1 in pocket) ([Gt. Brit. Foreign Office] Treaty series, 1956, no. 48).

INTERNATIONAL COMMISSION OF JUDGES, 1925. A report of the proceedings of the International commission of judges. [Shanghai? 1925?] [211] p.

WEI-HAI-WEI. Commissioner. Commissioner's speech at the Government offices, Weihaiwei. Weihaiwei, 1930. 24 p.

General Works

BLOFELD, JOHN EATON CALTHORPE, 1913- Sino-British cultural relations; report of an address. London, China Society [1946] cover-title, 9 p.

BRITISH imperialism in east Asia - its invasion and retreat. [n.p., 194-] (Pamphlets on the world freedom, no. 5). Microfilm. Positive. Collation of the original, as determined from the film: 52 p.

BURNS, ELINOR. British imperialism in China. London, 1926. 64 p. fold. map. (The Colonial series of the Labour Research Department, 1926, v. 3).

COMMUNIST PARTY OF GREAT BRITAIN. Murder! An indictment of British imperialism in China. London, Communist Party of Great Britain [1925] cover-title, 18 p.

COSTIN, WILLIAM CONRAD. Great Britain and China, 1833-60. Oxford, The Clarendon Press, 1937. vi, [2], 362 p. fold. maps.

EARL, LAWRENCE. Yangtse incident; the story of H.M.S. Amethyst, April 20, 1949 to July 31, 1949. With a foreword by J.S. Kerans. London, Harrap [1950]; New York, Knopf, 1951; London, Hamilton, 1956. 240 p. illus., ports., maps.

FEETHAM, RICHARD, 1874- Great Britain and China; the future of Shanghai. London, China Association, 1931. 23 p.
FORD, JULIA ELLSWORTH (SHAW) 1859- Peace depends on Great Britain. [Rye, N.Y., The Rye Chronicle Press, 1921] 11 p.
FOX, GRACE ESTELLE, 1899- British admirals and Chinese pirates, 1832-69. London, K. Paul [1940] xiv, 227 p. front., plates, fold. map, facsims. Issued also as thesis, Columbia University.
[FRIEDMAN, IRVING SIGMUND] 1915- The relations of Great Britain with China: 1933-39. New York, International Secretariat, Institute of Pacific Relations, 1939. 141 numb. l.
HALL, RONALD OWEN, bp., 1895- China and Britain. London, Edinburgh House Press, 1927. 175 p.
HAUSHOFER, ALBRECHT, 1903- Englands Einbruch in China. Berlin, Junker und Dünnhaupt, 1940. 52, [2] p. (Das Britische reich in der weltpolitik, hft. 31).
HODGKIN, HENRY THEODORE, 1877-1933. Recent events in China. London, Friends' Bookshop, 1925. 15 p.
HSIA, CHIN-LIN, 夏晉麟 1896- British Far Eastern policy, 1937-40. Chungking, Published by the China Information Pub. Co. [1940] cover-title, 25 p. (Chungking pamphlets, 1).
[HUBBARD, GILBERT ERNEST] 1885- British Far Eastern policy. London, Royal Institute of International Affairs [1939] v, 53 p. maps (Information department papers, 24).
———. The same. London, Royal Institute of International Affairs [1942] 52 numb. l. (United Kingdom paper, 2).
———. The same. New York, International Secretariat, Institute of Pacific Relations, 1943. xi, 97 p. (I.P.R. Inquiry series).
KIERNAN, E. VICTOR GORDON. British diplomacy in China, 1880 to 1885. Cambridge [Eng.] The University Press, 1939. xi, 327 p.
McCORDOCK, ROBERT STANLEY, 1897- British Far Eastern policy, 1894-1900. New York, Columbia University Press; London, P.S. King, 1931. 376 p. (Studies in history, economics and public law, 346). Published also as thesis, Columbia University.
PELCOVITS, NATHAN ALBERT, 1912- Old China hands and the Foreign Office. New York, Pub. under the auspices of American Institute of Pacific Relations by the King's Crown Press, 1948. xi, 349 p.
PHILLIPS, CECIL ERNEST LUCAS, 1898- Escape of the Amethyst, by C.E. Lucas Phillips with the co-operation of J.S. Kerans. London, Heinemann [1957] 274 p. illus.
PRATT, SIR JOHN THOMAS, 1876- Great Britain and China. [London, New York, etc.] Oxford University Press, 1942. 32 p. (Oxford pamphlets on world affairs, 58).
———. China and Britain. London, Collins [1944] 126, [2] p. col. front., illus., col. plates, maps. (The Nations and Britain).
PRITCHARD, EARL HAMPTON, 1907- Anglo-Chinese relations during the seventeenth and eighteenth centuries. Urbana, University of Illinois [1930?] 244 p. illus.(map) fold. tables, diagrs. (University of Illinois studies in the social sciences. vol. XVII, no. 1-2).
———. The crucial years of early Anglo-Chinese relations, 1750-1800. Pullman, Wash., [1937?] [95]-442 p. illus.(map) diagrs. (Research studies of the State college of Washington. 4:3-4).
ROLOFSON, WILLIAM M. Relations between the Chinese and the British Government of Malaya up to 1942. Microfilm copy of typescript. Collation of the original, as determined from the film: iv, 181 l. Thesis-University of Chicago.
SMITH, EDWARD GEORGE, 1874- Britain in China. London, National Council for Prevention of War [1927?] 7, [1] p.

SMITH, RENNIE, 1888- Peace with China. London, National Council for Prevention of War [1927] 11, [1] p.
SOOTHILL, WILLIAM EDWARD, 1861-1935. China and England. London, Oxford University Press, H. Milford, 1928. 228 p.
TANG, LI, 趙唐理. Anglo-Chinese diplomatic relations 1858-70. London, 1951. Thesis-London School of Economics. x, 404, 31 l.
TOYNBEE, ARNOLD JOSEPH, 1889- British interests in the Far East. [Nottingham Citizen Press, 1938] cover-title, [2], 16 p. (University college, Nottingham. Cust foundation lecture, 1938).
WAI. La crise nationaliste chinoise; les incidents de Shanghai. Pékin, A. Nachbaur, 1925. 99 p.
WANG, SHÊN-TSU, 王繩祖. The Margary affair and the Chefoo agreement. London, New York [etc.] Oxford University Press, 1940. viii, 138 p. 2 fold. maps.

China and Italy

TAMAGNA, FRANK M., 1910- Italy's interests and policies in the Far East. New York, International Secretariat, Institute of Pacific Relations, 1941. xiii, 91 p. incl. tables. (I. P. R. inquiry series).

China and Russia
Treaties, Documents, etc.

CHINA. Treaties, etc., 1924. Agreements between the Republic of China and the Union of Soviet Socialist Republics and annexes [May 31, 1924] (In American journal of international law. Concord, N.H., 1925. v. 19, suppl., p. 53-63).
———. (National Government of the Republic of China) Treaties, etc. Treaty of friendship and alliance between the Republic of China and Union of Soviet Socialist Republics, concluded at Moscow, August 14, 1945. [Shanghai] International Publishers, 1946. 18, 17 p.
———. (People's Republic of China, 1949-) Treaties, etc., 1950. Sino-Soviet treaty and agreements, signed in Moscow on February 14, 1950. Peking, Foreign Languages Press, 1950. 25 p.
RUSSIA. Treaties, etc., 1950. Treaty and agreements between Soviet Union and the Chinese People's Republic concluded February 14, 1950. Moscow, New Times, 1950. 8 p.

General Works

ARSEN'EV, VLADIMIR KLAVDIEVICH, 1872-1930. Russen und Chinesen in Ostsibirien, übersetzt von Franz Daniel. Berlin, A. Scherl [1926] 228 p. illus. fold. map.
CAHEN, GASTON. Some early Russo-Chinese relations. Translated and edited by W. Sheldon Ridge. Shanghai, "The National Review" office, 1914. [Peiping, Wên-tien-ko shu-chuang, 1936] 128 p.
CH'ÊNG, T'IEN-FANG, 程天放, 1899- A history of Sino-Russian relations. Introd. by John Leighton Stuart. Washington, Public Affairs Press [1957] viii, 389 p.
CHINA. Ministry of Foreign Affairs. Documents with reference to the Sino-Russian dispute, 1929. Nanking, The Far Eastern Information Bureau [1929] 66 p. illus.
DALLIN, DAVID J., 1889- Soviet Russia and the Far East. New Haven, Yale Univ. Press, 1948. vii, 398 p. maps (1 fold.).
———. The rise of Russia in Asia. New Haven, Yale Univ. Press, 1949; London, Hollis and Carter, 1950. xi, 293 p. maps.

[DEAN, MRS. VERA (MICHELES)]. Russia and China in Manchuria. New York [Foreign Policy Association , 1929] p. [193]-202. illus.(map) (Foreign policy association. Information service. 5:11. August 7, 1929).

DUDGEON, JOHN HEPBURN. Historical sketch of the ecclesiastical, political, and commercial relations of Russia with China, drawn chiefly from original sources. ["Anastic edition"] Peking, 1872. [Peking, Wen tien ko, 1940] iii, 8, 53, 23 p.

EVANS, JACK EARL, 1925- Russia on the Amur, 1643-89. Washington, 1952. 196 l. illus. Thesis-Georgetown University.

FREEMAN, ALWYN VERNON, 1910- Status of Dairen under the Sino-Soviet agreement of August 14, 1945. (In American journal of international law. Lancaster, Pa., 1948. v. 42, p. 142-148).

INTERNATIONAL RELATIONS COMMITTEE. The Sino-Russian crisis; the actual facts brought to light. Nanking, The International Relations Committee [1929] 105 p. illus.(incl. facsims.) plates.

KORFF, SERGÎEÏ ALEKSANDROVICH, baron, 1876- Russia in the Far East. Washington, Carnegie Endowment for International Peace, 1921. vi, 50 p. (Carnegie Endowment. Division of International Law. Pamphlets. Confidential print. 4).

KRAKOWSKI, ÉDOUARD, 1896- Chine et Russie; l'Orient contre la civilisation occidentale. Paris, La Colombe [1957] 412 p. facsims.

LEW, DANIEL H., 劉毓棠, [Liu Yü-tang]. Manchurian booty and international law. (In American journal of international law. Concord, N.H., 1946. v. 40, p. 584-591).

LIPMAN, NATAN DAVIDOVICH. Mit der roten Armee im Fernen Osten, Aufzeichnungen eines Rotarmisten. Moskau, Verlagsgenossenschaft ausländischer Arbeiter in der UdSSR, 1932. 244 p. front.(port.). "Russischer titel: Записки красноармейца. Berechtige übersetzung aus dem russischen Josef Kagan."

LOBANOV-ROSTOVSKY, ANDREI, 1892- Russia and Asia. New York, Macmillan, 1933. viii, 334 p. incl. maps.

———. The same. Ann Arbor, G. Wahr Pub. Co., 1951. 342 p. illus.

MANDEL, WILLIAM, comp. Soviet source materials on USSR relations with East Asia, 1945-50. With an Introductory survey of Soviet Far Eastern policy since Yalta, by Max Beloff. Prelim. ed. New York, International Secretariat, Institute of Pacific Relations [1950] 289 p.

MOORE, HARRIET LUCY, 1912- A record of Soviet Far Eastern relations, 1931-42. Submitted as a document for the eighth conference of the IPR. New York, International Secretariat, Institute of Pacific Relations [1942] 92 l. (Secretariat paper, 4).

———. Soviet Far Eastern policy, 1931-45. Princeton, N.J., Princeton University Press, 1945. xv, 284 p. [Institute of Pacific relations. I.P.R. inquiry series].

PARRY, ALBERT, 1901- Russian (Greek orthodox) missionaries in China, 1689-1917; their cultural, political and economic role. Chicago, 1938. 140 l. Thesis-Univ. of Chicago.

PASVOLSKY, LEO, 1893-1953. Russia in the Far East. New York, Macmillan, 1922. ix, 181 p.

PAVLOVSKY, MICHEL N. Chinese-Russian relations. New York, Philosophical Library [1949] viii, 194 p. fold. maps.

PETROV, VICTOR P., 1907- Manchuria as an objective of Russian foreign policy. Washington, 1954. 373 l. Thesis-American University.

ROMANOV, BORIS ALEKSANDROVICH, 1889- Russia in Manchuria, 1892-1906. Translated from the Russian by Susan Wilbur Jones. Ann Arbor, Published for American Council of Learned Societies by J. W. Edwards [1952] x, 549 p. (Russian Translation Project series of the American Council of Learned Societies, 15).

ROY, MANABENDRA NATH, 1893-1954. Sino-Soviet treaty. Calcutta, Renaissance Publishers [1945] cover-title, 50 p.

SUMNER, BENEDICT HUMPHREY, 1893-1951. Tsardom and imperialism in the Far East and middle East, 1880-1914. London, H. Milford [1942] 43, [1] p. (The Raleigh lecture on history. British academy, 1940). "From the Proceedings of the British academy. Volume xxvii."

TANG, PETER S.H., 唐盛鎬. Russian and soviet policy in Manchuria and Outer Mongolia, 1911-31. New York, 1954. 589 l. Thesis-Columbia University.

TSAI, WEI-PING, 蔡維屏, 1911- The Russo-Japanese conflict in the Far East. Urbana, 1938. 264 l. Thesis-University of Illinois.

U.S. Office of Strategic Services. Research and Analysis Branch. Russo-Chinese relations and potential Soviet contributions to China's postwar economic development. Washington, 1945. 37 p. (Its R and A No. 3331).

WEIGH, KEN-SHEN, 魏艮聲, 1899- Russo-Chinese diplomacy. Shanghai, Commercial Press, 1928. xxi, [3]-382 p. Published also as thesis, Johns Hopkins University.

WU, AITCHEN K., 吳藹宸, 1892- Aspects of Sino-Soviet relations. London, 1950. 617 l. Thesis-London School of Economics.

———. China and the Soviet Union, a study of Sino-Soviet relations. London, Methuen; New York, John Day, 1950. xvi, 434 p.

YAKHONTOFF, VICTOR A., 1881- Russia and the Soviet Union in the Far East. New York, Coward-McCann, inc.[c1931] London, G. Allen and Unwin, 1932. xxii, 454 p. 2 fold. maps.

Moscow and Chinese Communists

ASIAN PEOPLES' ANTI-COMMUNIST LEAGUE. "Asia First" in Soviet Russia's strategy for world conquest. Taipei, 1956. cover-title, 37 p.

———. Intrigues of Soviet imperialists and Chinese Communists. [Taipei] 1956. cover-title, 73 p.

———. Mao Tse-tung can never be a Tito. [Taipei] 1957. 61 p.

Die ASIENPOLITIK der UdSSR, 1939-51. Bonn, 1952. 111 p.

BELOFF, MAX, 1913- Soviet Far Eastern policy since Yalta. Submitted by the IPR International Secretariat as a preparatory paper for the Eleventh IPR Conference to be held at Lucknow in October 1950. New York, International Secretariat, Institute of Pacific Relations, 1950. 36 p. (Secretariat paper, 2).

———. Soviet policy in the Far East, 1944-51. London, New York, Oxford University Press, 1953. vi, 278 p.

BOORMAN, HOWARD L., 1920- Moscow-Peking axis: strengths and strains, by Howard L. Boorman [and others] Foreword by Arthur H. Dean. New York, Published for the Council on Foreign Relations by Harper, 1957. xxi, 227 p. tables. (Publications of the Council on Foreign Relations).

BRANDT, CONRAD, 1920- Soviet failure in China, 1920-27. Cambridge, 1956. 181 l. Thesis-Harvard University.

CHIANG, KAI-SHEK, 1886- Soviet Russia in China; a summing-up at seventy, Chiang Chung-cheng. New York, Farrar, Straus and Cudahy, Toronto, Ambassador Books, 1957. London, Harrap, 1957. 392 p.

CHINESE ASSOCIATION FOR THE UNITED NATIONS. Can Mao Tse-tung become a Tito? [Taipeh] 1950. 36 p. (Its Unachina publications, ser.I, 3).

CHINESE communism and its relation to Soviet communism. [n.p., 1951] 131 p.

COLONNA di Stigliano, Ferdinand Joseph, principe d'Altora, 1871- Les Soviets en Chine (pour comprendre le drame chinois). Paris-Bruges, Desclée de Brouwer, 1930. 114 p.

COMMUNIST INTERNATIONAL (Monthly). China at bay; [special supplement to the Communist International] London, Modern Books, 1936. 79, [1] p. map.

———. [La Chine soviétique]; numero spécial de l'Internationale Communiste,

organe mensuel du Comité exécutif de l'Internationale Communiste. Paris, Bureau d'éditions de diffusion et de publicité, 1936. 119 p.
———. Executive Committee. China in revolt; [a reprint of some of the speeches made during the consideration of the Chinese question by the Executive Committee of the Comintern at its 7th plenary session] Chicago?, 1927. 64 p.
———. Die chinesische Frage auf dem 8 Plenum der Exekutive der Kommunistischen Internationale, Mai, 1927. Hamburg, C. Hoym Nachfolger [c1927] 160 p.
CREEL, GEORGE, 1876-1955. Russia's race for Asia. Indianapolis, Bobbs-Merrill Co. [1949] 264 p.
DAI, SHEN-YU, 戴盛虞, 1921- Peking, Moscow, and the communist parties of colonial Asia. Cambridge, Center for International Studies, Massachusetts Institute of Technology, 1954. 167 l.
ECKSTEIN, ALEXANDER, 1915- Moscow-Peking axis; the economic pattern. [Rev. November 1, 1956]. Cambridge, Mass., 1956. 64 p.
EUDIN, XENIA JOUKOFF. Soviet Russia and the East, 1920-27; a documentary survey, by Xenia Joukoff Eudin and Robert C. North. Stanford, Stanford University Press, 1957. xviii, 478 p. illus. (The Hoover Library on War, Revolution, and Peace. Publication, 25).
FAHNE DES KOMMUNISMUS. Der Kampf um die Kommunistische Internationale; dokumente der russischen Opposition nicht veröffentlicht vom Stalin'schen ZK. Veröffentlicht vom Verlag der "Fahne des Kommunismus." Berlin, Druckerei für Arbeiter-Literatur Willy Iszdonat, 1928. 176 p.
FUSE, KATSUJI. Soviet policy in the Orient. East Peking, Enjinsha, 1927. 5, 2, 409 p. illus., ports.
GILBERT, RODNEY YONKERS, 1889- Competitive coexistence: the new Soviet challenge. New York, Distributed by the Bookmailer [1956] 182 p.
HIDAKA, NOBORU, comp. The Comintern's intrigues in Manchoukuo. [Dairen?] Manchuria Daily News, 1940. 64 p.
HUDSON, GEOFFREY FRANCIS, 1903- Soviet Chinese relations, 1917-27. Oxford, St. Antony's College, 1954. 12 l. (St. Antony's papers on Soviet affairs).
JAMES, MAURICE. Soviet China, by M. James and R. Doonping. New York, International Pamphlets [1932] cover-title, 31 p. incl. 1 illus., map. (International pamphlets, 20).
KREITNER, GUSTAV, RITTER VON. Hinter China steht Moskau. Berlin, E.S. S. Mittler, 1932. vii, [1], 144, [3] p. illus.(maps, 1 double).
LEUNG, SHAU-YAN, 梁受欣, 1910- The sino-soviet relations, 1919-29. Washington, D.C., 1943. 313 l. Thesis-Georgetown University.
The MANCHURIA DAILY NEWS. The Comintern's activity in Manchuria; a general survey. Hsinking, 1940. 49 p.
MARTIN, PAUL. De quoi comprendre les événements d'Extrême-Orient; les menées du Komintern. Paris, Éditions Baudinière [1937] cover-title, 22, [1] p. fold. map.
MĪTAREVSKIĬ, N. World wide Soviet plots. As disclosed by hitherto unpublished documents seized at the U.S.S.R. embassy in Peking. Tientsin, The Tientsin Press [1927] 203 p. plates, fold. map, fold. facsim., diagrs. (part fold.)
MÖDLHAMMER, FRANZ LUDWIG. Moskaus Hand im Fernen Osten; hrsg. im Auftrage der Anti-Komintern. Mit einem Geleitwort seiner Exzellenz des kaiserlich japanischen ausserordentlichen und bevollmächtigten Botschafters in Berlin, graf Mushakoji, und einer Erklärung des ausserordentlichen und b bevollmächtigten Botschafters des deutschen Reiches, Joachim von Ribbentrop. Berlin-Leipzig, Nibelungen-verlag, 1937. xvi, 186 p. illus. (maps) plates, ports. (Schwertbücher, schriften über Ostprobleme und bolschewismus. bd. III).
———. Moscow's hand in the Far East; translated from German. Tokyo, Nippon

Dempo Tsushinsha [1938] 202 p., plates, ports.
NEUT, ÉDOUARD. Le Bolchevisme russe et la jeunesse intellectuelle chinoise. Rapport présenté par Dom Édouard Neut. Louvain, Semaine de missiologie, 1927. 15 p.
NORTH, ROBERT CARVER, 1914- Moscow and Chinese Communists. Stanford, Stanford University Press [1953] ix, 306 p. (Hoover Institute studies. Special studies).
NORTH CHINA DAILY NEWS, Shanghai. The Soviets in China unmasked; documents revealing bolshevistic plans and methods seized in the USSR embassy, Peking, April 6, 1927. Shanghai, North-China Daily News and Herald, 1927. 48 p. Reprinted from North-China Daily News, May 11, 1927.
PEKING AND TIENTSIN TIMES, Tientsin. Bolshevik activities in China; some documents seized in the Soviet military attachés office at Peking on April 6, 1927. [Tientsin, 1927] 13 p. illus.(incl. facsims.).
PICK, EUGENE, pseud. China in the grip of the Reds; sketches of the extravagant effort made by Soviet Russia to set up and control a red regime in China, with strong light upon the ruthless character of Borodin and his agents, by Captain Eugene Pick, late of the Red army intelligence service in China. Shanghai, North-China Daily News and Herald, 1927. 46, [2] p. port.
The PROCESS of the USSR's bolshevization of China until the conclusion of the Sino-Soviet pact. Tokyo, The Times Publishing Co., 1937. 32 p.
"RED" hands on China. London, Bemrose, 1927. 79 p.
700 MILLIONS for peace and democracy. Peking, Foreign Languages Press, 1950. ii, 82 p. illus., ports.
SOUTH MANCHURIA RAILWAY COMPANY. Information and Publicity Dept. Communist plottings in the Far East. [Tokyo? 1938] 22 p. fold. map, diagrs. (China incident series, no. 5).
SOVIET intrigues in China; mischievous interference in internal affairs. Hong Kong, Publicity Bureau for South China [1927?] xxiii, 96 p.
SOVIET plot in China. no. I-VI (Documents 1-32 inclusive) Peking, Metropolitan Police Headquarters, 1927. 6 no. in 1 v. illus.(facsims.).
SOWJETCHINA in Gefahr! Moskau-Leningrad, Verlagsgenossenschaft ausländischer Arbeiter der UdSSR, 1933. 38, [1] p. illus.
STARLINGER, WILHELM. Hinter Russland China. Würzburg, Marienburg-Verlag, 1957. 141 p.
STEINER, H. ARTHUR, 1905- Mainsprings of Chinese communist foreign policy. New York, 1950. 100 p. Reprinted from American J. of International Law, January 1950.
SWANK, EMORY C., 1922- The Moscow-Peking axis: an interpretation based primarily on Communist source materials, 1949-February 1953. [Washington] External Research Staff, Office of Intelligence Research, Dept. of State [1953] ii, 39 p.
TELLKAMP, A. Hammer und Sichel über China. Siegburg, F. Schmitt [1949] 208 p.
THOMPSON, ELIZABETH M. Chinese-Soviet relations. Washington, 1952. 16 p. (Editorial research reports, 11).
TROTSKIĬ, LEV, 1879-1940. The draft program of the Communist International, a criticism of fundamentals. Introduction by James P. Cannon. New York, "The Militant," 1929. xi, 139, [1] p.
———. L'Internationale communiste après Lénine (le grand organisateur de la défaite) Paris, Rieder, 1930. 438 p.
———. Problems of the Chinese revolution, with appendices by Zinoviev, Vuyovitch, Nassunov and others. Translated with an introduction by Max Shachtman. New York, Pioneer Publishers, 1932. 432, [15] p.
TSŬ, JOHN BING-MIN, 祖炳民, 1914- Sino-Soviet relations 1946-52. New York, 1953. 2 v. Thesis-Fordham University.
[URBAHNS, HUGO]. ed. Wie die chinesische Revolution zugrunde gerichtet wur-

de; Brief aus Schanghai gerichtet an das Executiv-Komitee der Kommunistischen Internationale, von Stalin unterschlagen. Berlin, Verlag der "Fahne des Kommunismus," 1927. 32 p.

VAIDYA, KESHAV BALKRISHNA, 1896- And now China: inside story of Soviet designs on China. Bombay, Thacker, 1945. vi, 125 p. (His :The Un-Pacific ser., 3).

WALTERS, EDISON KERMIT. Communism in China and its effect on Sino-Soviet foreign relations. Washington, 1948. 71 l. Thesis-Georgetown University.

WEI, HENRY, 韋文起, 1909- Mao Tse-tung's "lean-to-one-side" policy. Lackland Air Force Base, Tex., Air Force Personnel and Training Research Center, Air Research and Development Command, 1955. 52 p. (Human Resources Research Institute. Research memorandum, 40).

———. China and Soviet Russia; with an introduction by Quincy Wright. Princeton, N.J., Van Nostrand [1956] xvi, 379 p. maps.

WHITING, ALLEN SUESS, 1926- Soviet policy in China, 1917-24. Ann Arbor, University Microfilms, 1953. ([University Microfilms, Ann Arbor, Mich.] Publication 5213). Collation of the original: 2, viii, 314 l. Thesis-Columbia University.

———. Soviet policies in China, 1917-24. New York, Columbia University Press, 1954. x, 350 p. (Studies of the Russian Institute of Columbia University).

WILBUR, CLARENCE MARTIN, 1908- ed. Documents on communism, nationalism, and Soviet advisers in China, 1918-27; papers seized in the 1927 Peking raid. Edited, with introductory essays, by C. Martin Wilbur and Julie Lien-ying How, 夏連蔭. New York, Columbia University Press, 1956. xviii, 617 p. facsims.

YAKHONTOFF, VICTOR A., 1881- The Chinese soviets. New York, Coward-McCann, 1934. xiv, 296 p.

China and the United States
Treaties, Documents, etc.

CHIAO, MING-SHUN, 喬明順. The beginning of American-Chinese diplomatic relations: the Cushing mission and the Treaty of Wanghia of 1844. Notre Dame, Ind., 1954. xii, 289 l.

CHINA. Treaties, etc., 1943. Treaty between the Republic of China and the United States of America for the relinquishment of extra-territorial rights in China and the regulation of related matters. [Chungking, Ministry of Foreign Affairs, 1943. 13 p.; cover-title, 12 p.

U.S. Congress. House. Committee on Foreign Affairs. Chinese indemnity. Hearings before the Committee on Foreign Affairs, House of Representatives, Sixty-eighth Congress, first session, on H.J. Res. 201, to provide for the remission of further payments of the annual installments of the Chinese indemnity. March 31 and April 1 and 2, 1924. Washington, Govt. Print. Off., 1924. ii, 98 p.

———. Revision of treaties with China. Report. [To accompany H. Con. Res. 46] [Washington, Govt. Print. Off., 1927] 15 p. (69th Cong., 2d sess. House. Rept. 1891).

———. Amending the China aid act of 1948. Report to accompany H.R. 3830. [Washington, Govt. Print. Off., 1949] 6 p. ([U.S.] 81st Cong., 1st sess., 1949. House. Report no. 329).

———. Foreign policy of the United States in the Far East [Formosa] report to accompany H. Res. 452. Washington, Govt. Print. Off., 1950. 7 p. (81st Cong., 2nd sess., 1950. House. Report 1619).

———. Denial of passports by Department of State to correspondents wishing to visit Communist China. Hearing before the Subcommittee on the Far East and the Pacific of the Committee on Foreign Affairs, House of Representatives, Eighty-fifth Congress, first session. March 28, 1957. Washington, Govt. Print. Off., 1957. v, 37 p.

U. S. Congress. Senate. Committee on Appropriations. United States aid to Formosa. Staff report of the special committee on Foreign economic cooperation of the Senate appropriation commitee, August 7, 1951. Washington, Govt. Print. Off., 1951. 8 p.

———. Congress. Senate. Committee on Foreign Relations. Remission of Chinese indemnity. Report. [To accompany H. J. Res. 248] [Washington, Govt. Print. Off., 1924] 8 p. (68th Cong., 1st sess. Senate. Rept. 518).

———. Friendship, commerce, and navigation with China. Hearing before a subcommittee of the Committee on Foreign Relations, United States Senate, Eightieth Congress, second session, on a Treaty of friendship, commerce, and navigation between the United States of America and the Republic of China, together with a protocol thereto, signed at Nanking on November 4, 1946. Apr. 26, 1948. Washington, Govt. Print. Off., 1948. iii, 82 p.

———. Aid to China. Report on S. 2393, a bill to promote the general welfare, national interest, and foreign policy of the United States by providing aid to China. Washington, Govt. Print. Off., 1948. iii, 20 p. fold. map. ([U.S.] 80th Cong., 2d sess., 1948. Senate. Report no. 1026).

———. Authorizing the President to employ the Armed Forces of the United States for protecting the security of Formosa, the Pescadores, and related positions and territories of that area. Report of the Committee on Foreign Relations and the Committee on Armed Services on S.J. Res. 28. Washington, Govt. Print. Off., 1955. ii, 9 p. map. (84th Cong., 1st sess. Senate. Report no. 13).

———. Mutual defense treaty with China; report on Executive A, Eighty-fourth Congress, first session. Washington, Govt. Print. Off., 1955. iii, 15 p. fold. map. (84th Cong., 1st sess. Senate. Executive report no. 2).

U. S. Dept. of State. List of treaties, conventions, exchanges of notes, and other international agreements in force between the United States and China, and between the United States and other powers in relation to China. Submitted in pursuance of article I of the resolution (no. XI) regarding existing commitments of China or with respect to China, adopted by the Conference on the Limitation of Armament, February 1, 1922. Washington, Govt. Print. Off., 1925. ii, 7 p.

———. Text of letter from the Secretary of State, the Honorable Henry L. Stimson, to the Honorable William E. Borah, chairman, Committee on Foreign Relations, United States Senate. February 23, 1932. Washington, Govt. Print. Off., 1932. 7 p. [Publication, no. 296].

———. Text of proposed China aid bill and background information on economic assistance program for China, submitted to the Committee on Foreign Affairs. Feb. 20, 1948. Washington, Govt. Print. Off., 1948. iii, 54 p.

———. Report on the operations of the Department of State. Message from the President of the United States transmitting a report by the Secretary of State. [Washington, Govt. Print. Off., 1948] 15 p. ([U.S.] 80th Cong., 2d sess., 1948. House. Document no. 562). Relates to executive agreements establishing the United States Educational Foundation in China and the United States Educational Foundation in Burma.

———. A summary of American-Chinese relations; letter from the Secretary of State [Dean Acheson] to the President transmitting the record of United States relations with China. [Washington, 1949] 16 p. (Its Publication 3608. Far Eastern series, 31).

———. United States relations with China, with special reference to the period 1944-49, based on the files of the Department of State. [Washington, Govt. Print. Off., 1949] xli, 1054 p. fold. col. map. (Its Publication 3573. Far Eastern series, 30).

———. Transcript of round table discussion on American policy toward China, held in the Department of State October 6, 7 and 8, 1949. [Reported by E. Moyer and E. Voce. Washington, 1949] 1 v.(various pagings).

———. The China problem and U.S. policy. [Washington] Dept. of State [1954] 20 p. (U.S. Dept. of State. Publication 5460. Far Eastern series, 64).

———. The Far East. Washington, Govt. Print. Off., 1954. 1008 p. (Its Foreign relations of the United States: diplomatic papers 1937. v. 3).

———. Renunciation of force; U.S. and Chinese communist positions. [Washington, 1956] 15 p. (Its Publication 6280. General foreign policy series, 107).

———. China, 1942- Washington, Govt. Print. Off., 1956- v. (v. 1: 782 p.) (Its Foreign relations of the United States: diplomatic papers).

U. S. Economic Cooperation Administration. Economic aid to China under the China aid act of 1948. Washington, 1949. 129 p maps.

———. U.S. economic assistance to Formosa, 1 January to 31 December 1950. [Washington, 1951] 46 p. illus., maps.

U. S. Office of Coordinator of Information. Research and Analysis Branch. American aid to China. [Washington, 1941?] 74 l. (Its Far Eastern study no. 21).

U. S. President, 1945-53 (Truman). Aid to China. Message transmitting recommendation that the Congress authorize a program for aid to China in the amount of $570,000,000 to provide assistance until June 30, 1948. [Washington, Govt. Print. Off., 1948] 4 p. ([U.S.] 80th Cong., 2d sess., 1948. House. Document no. 536).

———. The same. Message transmitting a proposed program of aid to China. [Washington, Govt. Print. Off., 1948] 4 p. ([U.S.] 80th Cong., 2d sess., 1948. Senate. Document no. 120).

U. S. Treaties, etc., 1913-21 (Wilson). Treaty between the United States and China. Confirming the application of a five per cent ad valorem rate of duty to importations of goods into China by citizens of the United States. Signed at Washington, October 20, 1920. Washington, Govt. Print. Off., 1922. 19 p. (Treaty series, 657).

U. S. Treaties, etc., 1923-29 (Coolidge). Treaty between the United States and China. Regulating tariff. relations. Signed at Peiping, July 25, 1928. Washington, Govt. Print. Off., 1929. 2 p. (Treaty series, 773).

U. S. Treaties, etc., 1929-33 (Hoover). Arbitration. Treaty between the United States of America and China. Signed at Washington, June 27, 1930. Washington, Govt. Print. Off., 1933. 15 p. (Treaty series, no. 857).

U. S. Treaties, etc., 1933-45 (Franklin D. Roosevelt). Principles applying to mutual aid in the prosecution of the war against aggression. Preliminary agreement between the United States of America and China, signed at Washington June 2, 1942, effective June 2, 1942. Washington, Govt. Print. Off., 1942. 3 p. ([U.S. Dept. of State. Publication 1766] Executive agreement series 251).

———. Relinquishment of extraterritorial rights in China and the regulation of related matters. Treaty and an accompanying exchange of notes between the United States of America and China, signed at Washington January 11, 1943. Proclaimed by the President of the United States May 24, 1943. Washington, Govt. Print. Off., 1943. 35 p. ([U.S. Treaties, etc.] Treaty series 984).

———. Jurisdiction over criminal offenses committed by armed forces. Agreement between the United States of America and China, effected by exchange of notes signed at Chungking, May 21, 1943, effective May 21, 1943. Washington, Govt. Print. Off., 1944. 14 p. ([U.S. Dept. of state. Publication 2071] Executive agreement series 360).

———. Military service. Agreement between the United States of America and China, effected by exchanges of notes, signed at Washington November 6, 1943 and May 11 and June 13, 1944. Washington, Govt. Print. Off., 1945. 4 p. ([U.S. Dept. of state. Publication 2262] Executive agreement series 426).

U. S. Treaties, etc., 1945-53 (Truman). Disposition of lend-lease supplies in the United States. Agreement between the United States of America and China, signed at Washington June 14, 1946. Effective from September 2, 1945. [Washington, Govt. Print. Off., 1946] 6 p. ([U.S. Dept. of state. Publication 2605] Treaties and other international acts series 1533).

———. Air transport services. Agreement and accompanying exchange of notes between the United States of America and China signed at Nanking December 20, 1946, entered into force December 20, 1946. [Washington, Govt. Print. Off., 1947] iii, 34 p. ([U.S.] Dept. of State. Publication 2855. Treaties and other international acts series, 1609).

———. Mutual aid. Agreement between the United States of America and China, implementing preliminary agreement of June 2, 1942, signed at Washington June 28, 1946, entered into force June 28, 1946. [Washington, Govt. Print. Off., 1948] 3 p. (U.S. Dept. of State. Publication 3186. Treaties and other international acts series, 1746).

———. United States armed forces in China. Agreement between the United States of America and China effected by exchange of notes signed at Nanking August 29 and September 3, 1947, entered into force September 3, 1947. [Washington, Govt. Print. Off., 1948] 8 p. (U.S. Dept. of State. Publication 3095. Treaties and other international acts series, 1715).

———. Claims resulting from activities of United States military forces in China. Agreement between the United States of America and China, effected by exchange of notes dated at Nanking October 13, 1947 and March 17, 1948, entered into force March 17, 1948. [Washington, Govt. Print. Off., 1948] 10 p. (U.S. Dept. of State. Publication 3258. Treaties and other international acts series, 1776).

———. Relief assistance. Agreement and exchange of notes between the United States of America and China, signed at Nanking October 27, 1947, entered into force October 27, 1947. [Washington, Govt. Print. Off., 1948] iii, 43 p. ([U.S.] Dept. of State. Publication 3026. Treaties and other international acts series, 1674).

———. United States Educational Foundation in China. Agreement between the United States of America and China signed at Nanking November 10, 1947, entered into force November 10, 1947. [Washington, Govt. Print. Off., 1948] iii, 25 p. (U.S. Dept. of State. Publication 3050. Treaties and other international acts series, 1687).

———. Transfer of United States naval vessels and equipment to the Chinese Government. Agreement and accompanying notes between the United States of America and China signed at Nanking December 8, 1947, entered into force December 8, 1947. [Washington, Govt. Print. Off., 1948] iii, 35 p. (U.S. Dept. of State. Publication 3069. Treaties and other international acts series, 1691).

———. Friendship, commerce and navigation. Treaty and protocol between the United States of America and China signed at Nanking, November 4, 1946. Proclaimed by the President of the United States of America January 12,1949, entered into force November 30, 1948, and exchange of notes signed at Nanking November 29, 1948. [Washington, Govt. Print. Off., 1949] iii, 107 p. ([U.S.] Dept. of State. Publication 3425. Treaties and other international acts series, 1871).

———. Trade, application of most-favored-nation treatment to areas under occupation or control. Agreement between the United States of America and China effected by exchange of notes signed at Nanking July 3, 1948, entered into force July 3, 1948. [Washington, Govt. Print. Off., 1949] 14 p. (U.S. Dept. of State. Publication 3372. Treaties and other international acts series, 1839).

———. Economic cooperation with China under Public law 472, 80th Congress. Agreement between the United States of America and China, signed at Nanking July 3, 1948, entered into force July 3, 1948. [Washington, Govt. Print.

Off., 1949] 42 p. (U.S. Dept. of State. Publication 3375. Treaties and other international acts series, 1837).

——. The same. Agreement between the United States of America and China amending Agreement of July 3, 1948 effected by exchange of notes signed at Canton March 26 and 31, 1949, entered into force March 31, 1949. [Washington, Govt. Print. Off., 1949] 5 p. (U.S. Dept. of State. Publication 3545. Treaties and other international acts series, 1923).

——. Joint Commission on Rural Reconstruction in China. Agreement between the United States of America and China effected by exchange of notes signed at Nanking August 3 and 5, 1948, entered into force August 5, 1948. [Washington, Govt. Print. Off., 1949] 19 p. (U.S. Dept. of State. Publication 3389. Treaties and other international acts series, 1848).

——. The same. Agreement between the United States of America and China extending and modifying Agreement of August 5, 1948, effected by exchange of notes signed at Canton June 27, 1949, entered into force June 27, 1949. [Washington, Govt. Print. Off., 1949] 2 p. (U.S. Dept. of State. Publication 3678).

——. Air transport services. Agreement between the United States of America and China, extending and amending Agreement of December 20, 1946, effected by exchange of notes dated at Washington December 1 and 19, 1950, entered into force December 20, 1950. [Washington, Govt. Print. Off., 1951] 3 p. (U.S. Dept. of State. Publication 4118. Treaties and other international acts series 2184).

——. Mutual defense assistance. Agreement between the United States of America and China effected by exchange of notes signed at Taipai January 30 and February 9, 1951, entered into force February 9, 1951. [Washington, Govt. Print. Off., 1951] 9 p. (U.S. Dept. of State. Publication 4350. Treaties and other international acts series, 2293).

——. Mutual security, assurances under Mutual security act of 1951. Agreement between the United States of America and China effected by exchange of notes signed at Taipei Decamber 29, 1951, and January 2, 1952, entered into force January 2, 1952. [Washington, Govt. Print. Off., 1953] 11 p. (U.S. Dept. of State. Publication 4891. Treaties and other international acts series, 2604).

——. Mutual defense assistance. Agreement between the United States of America and China, amending Agreement of January 30 and February 9, 1951, effected by exchange of notes signed at Taipei October 23 and November 1, 1952, entered into force November 1, 1952. [Washington, Govt. Print. Off., 1953] 15 p. (U.S. Dept. of State. Publication 5064. Treaties and other international acts series, 2712).

——. Economic cooperation, guaranties under Public law 472, 80th Congress, as amended. Agreement between the United States of America and China, effected by exchange of notes signed at Taipei June 25, 1952, entered into force June 25, 1952. [Washington, Govt. Print. Off., 1953] 10 p. (U.S. Dept. of State. Publication 4936. Treaties and other international acts series, 2657).

——. Economic cooperation with China, under Public law 472, 80th Congress. Agreement between the United States of America and China, amending Agreement of July 3, 1948, as amended, effected by exchange of notes, signed at Taipei January 21 and 31, 1950, entered into force January 31, 1950; operative retroactively December 31, 1949. [Washington, Govt. Print. Off., 1955] 9 p. (U.S. Dept. of State. Publication 5808. Treaties and other international acts series, 3077).

——. Relief supplies and packages; reimbursement of ocean freight charges. Agreement between the United States of America and China effected by exchange of notes dated at Taipei Ocotober 20 and December 12, 1952, entered into force December 12, 1952; operative retroactively July 1, 1952. [Washington, Govt. Print. Off., 1954] 10 p. (U.S. Dept. of State. Publication 5168. Treaties and other international acts series, 2749).

U. S. Treaties, etc., 1953- (Eisenhower). Relief supplies and packages; postal charges. Agreement between the United States of America and China, amending Agreement of November 5 and 18, 1948, as amended, effected by exchange of notes dated at Taipei July 12 and October 26, 1954, entered into force October 26, 1954. [Washington, Govt. Print. Off., 1955] 5 p. (U.S. Dept. of State. Publication 5822. Treaties and other international acts series, 3151).

———. Defense; loan of vessels to China. Agreement between the United States of America and China, effected by exchange of notes signed at Taipei January 13, 1954, entered into force January 13, 1954. [Washington, Govt. Print. Off., 1955] 11 p. (U.S. Dept. of State. Publication 5406. Treaties and other international acts series, 2916).

———. Defense; loan of vessels and small craft to China. Agreement between the United States of America and China, effected by exchange of notes signed at Taipei May 14, 1954, entered into force May 14, 1954. [Washington, Govt. Print. Off., 1955] 14 p. (U.S. Dept. of State. Publication 5543. Treaties and other international acts series, 2979).

———. Atomic energy, cooperation for civil uses. Agreement between the United States of America and China signed at Washington July 18, 1955. [Washington, Govt. Print. Off., 1955] 6 p. (U.S. Dept. of State. Publication 5962. Treaties and other international acts series, 3307).

———. Mutual defense treaty between the United States of America, and the Republic of China signed at Washington, December 2, 1954, and Exchange of notes signed at Washington December 10, 1954. [Washington, Govt. Print. Off., 1956] 24 p. (U.S. Dept. of State. Publication 5850. Treaties and other international acts series, 3178).

———. Air transport services. Agreement between the United States of America and China amending Agreement of December 20, 1946, as extended and amended, effected by exchange of notes dated at Washington February 7 and April 15, 1955. [Washington, Govt. Print. Off., 1956] 2 p. (U.S. Dept. of State. Publication 6121. Treaties and other international acts series, 3347).

———. Defense; loan of vessels and small craft to China. Agreement between the United States of America and China, amending Agreement of May 14, 1954, effected by exchange of notes signed at Taipei March 22 and 31, 1955. [Washington, Govt. Print. Off., 1956] 5 p. (U.S. Dept. of State. Publication 6143. Treaties and other international acts series, 3215).

———. The same. Agreement between the United States of America and China amending Agreement of May 14, 1954, as amended, effected by exchange of notes dated at Taipei June 18, 1955. [Washington, Govt. Print. Off., 1956] 5 p. (U.S. Dept. of State. Publication 6119. Treaties and other international acts series, 3346).

———. The same. Agreement between the United States of America and China, amending Agreement of May 14, 1954, as amended, effected by exchange of notes dated at Taipei October 16 and 20, 1956. [Washington, Govt. Print. Off., 1956] 6 p. (Treaties and other international acts series, 3676).

———. Establishment of United States Navy Medical Research Center at Taipei, Taiwan. Agreement between the United States of America and China, effected by exchanges of notes dated at Taipei March 30, April 26, and October 14, 1955. [Washington, Govt. Print. Off., 1956] 20 p. (Treaties and other international acts series, 3493).

———. Passport visas. Agreement between the United States of America and China effected by exchange of notes dated at Taipei December 20, 1955, and February 20, 1956. [Washington, Govt. Print. Off., 1956] 12 p. (Treaties and other international acts series, 3539).

———. Mutual defense assistance: disposition of equipment and materials. Agreement between the United States of America and China effected by exchange of notes signed at Taipei April 3, 1956. [Washington, Govt. Print.

Off., 1956] 8 p. (Treaties and other international acts series, 3571).

———. Surplus agricultural commodities. Agreement and exchange of notes between the United States of America and China signed at Taipei, August 14, 1956. [Washington, Govt. Print. Off., 1956] 20 p. (Treaties and other international acts series, 3666).

———. The same. Agreement between the United States of America and China amending article I, paragraph 1, of Agreement of August 14, 1956, effected by exchange of notes signed at Taipei October 5 and 12, 1956. [Washington, Govt. Print. Off., 1957] 4 p. (Treaties and other international acts series, 3718).

———. Mutual defense assistance; construction of military installations and facilities. Agreement between the United States of America and China effected by exchange of notes signed at Taipei November 21, 1956. [Washington, Govt. Print. Off., 1957] 16 p. (Treaties and other international acts series, 3713).

———. United States Navy Medical Research Center at Taipei, Taiwan. Agreement between the United States of America and China amending Agreement of October 14, 1955, effected by exchange of notes signed at Taipei December 27, 1956. [Washington, Govt. Print. Off., 1957] 7 p. (Treaties and other international acts series, 3720).

———. Mutual security: investment guaranties. Agreement between the United States of America and China amending Agreement of June 25, 1952, effected by exchange of notes signed at Taipei May 3, 1957. [Washington, Govt. Print. Off., 1957] 8 p. (Treaties and other international acts series, 3831).

———. Defense: loan of vessels and small craft to China. Agreement between the United States of America and China amending annex to Agreement of May 14, 1954, effected by exchange of notes dated at Taipei May 16, 1957. [Washington, Govt. Print. Off., 1957] 6 p. (Treaties and other international acts series, 3837).

General Works

ALLEN, WILLIAM DANGAIX, 1904- American enlightened imperialism, and essays on our cultural relations with India, Philippines, China. Peking, San Yu Press, 1933. iii, 168 p. plates, facsim.

AMERICAN COUNCIL OF LEARNED SOCIETIES. Directory of organizations in America concerned with China. Prepared and published by the American Council of Learned Societies. Washington, D.C., 1942. 116, [7] p.

ARNOLD, JULEAN HERBERT, 1875-1946. comp. China through the American window. Shanghai, American Chamber of Commerce, 1932. 85 p. illus. (incl. map) diagrs.

———. China's fate and America's future. Washington, 1939. 3-14 p.

BARNETT, ROBERT W., 1911- China, America's ally. New York, American Council, Institute of Pacific Relations, 1942. 48 p. illus. (maps) (Far Eastern pamphlets, 5).

BAU, MINGCHIEN JOSHUA, 1894- The open door doctrine in relation to China. New York, Macmillan, 1923. xxviii, 245 p. (Knights of Columbus historical series).

BISSON, THOMAS ARTHUR, 1900- Showdown in the Orient. New York, N.Y., Foreign Policy Association [1940] 48 p. illus. (map) (World affairs pamphlets. [New series], 8, April 1940).

———. American policy in the Far East, 1931-41. Rev. ed., with a supplementary chapter by Miriam S. Farley. New York, International Secretariat, Institute of Pacific Relations, 1941. xiii, 206 p. (I. P. R. Inquiry series). 1st ed. 1939.

———. America's Far Eastern policy. New York, International Secretariat, Institute of Pacific Relations, distributed by Macmillan, New York, 1945. xiii, 235 p. (I. P. R. Inquiry series).

BORG, DOROTHY, 1902- American policy and the Chinese revolution, 1925-28. New York, American Institute of Pacific Relations, Macmillan, 1947. x, 440 p. Issued also as thesis, Columbia University.

BULLITT, WILLIAM CHRISTIAN, 1891- Report to the Joint Committee on Foreign Economic Cooperation concerning China, pursuant to section 124 of Public law 472, 80th Congress. Washington, Govt. Print. Off., 1948. ii, 13 p.

CHINA and America; a chronicle of cultural relations. v. 1-2, no. 3; Mar. 1948-June 1949. [New York] China Institute in America. 2 v. in 1. ports.

CHOU, I-KUA, 周宜适, 1916- The American policy in China, 1929-39. [Medford, Mass.] 1949. 7 p. ([Fletcher School of Law and Diplomacy, Medford, Mass.] Thesis abstract, 1949, no. 2).

CH'OU PAN I WU SHIH MO. 籌辦夷務始末. China's management of the American barbarians; a study of Sino-American relations, 1841-61, with documents. By Earl Swisher. New Haven, Published for the Far Eastern Association by Far Eastern Publications, Yale University [1953] xxi, 844 p. (Far Eastern Association. Monograph, 2).

CHRISTOPHER, JAMES WILLIAM. Conflict in the Far East; American diplomacy in China from 1928-33. Leiden, E.J. Brill, 1950. xiv, 335 p. fold. maps.

CHU, CHARLES CHIA-HWEI, 朱家恢, 1920- The China policy of the Taft-Knox administration, 1909-13. Chicago, 1956. 565 l. Thesis-University of Chicago.

CLYDE, PAUL HIBBERT, 1896- ed. United States policy toward China; diplomatic and public documents, 1839-1939. Durham, N.C., Duke Univ. Press, 1940. xv, 321 p. incl. front.(facsim.) (Duke University publications).

CONFERENCE ON AMERICAN RELATIONS WITH CHINA, Baltimore, 1925. American relations with China; a report of the Conference held at Johns Hopkins University, September 17-20, 1925, with supplementary materials, and arranged to be of use to discussion groups, current events clubs, and university classes. Published for the Conference on American Relations with China. Baltimore, Johns Hopkins Press, 1925. 198 p.

CURRY, ROY WATSON. Woodrow Wilson and Far Eastern policy, 1913-21. New York, Bookman Associates [c1957] 411 p. (Bookman monograph ser.).

DENNETT, TYLER, 1883-1949. Americans in eastern Asia; a critical study of the policy of the United States with reference to China, Japan and Korea in the 19th century. New York, Barnes and Noble, 1941. xviii, 725 p. illus. (maps) [A reprint of 1922 ed. published by Macmillan].

DULLES, FOSTER RHEA, 1900- China and America; the story of their relations since 1784. Princeton, N.J., Princeton Univ. Press, 1946. vii, 277 p.

FAIRBANK, JOHN KING, 1907- The United States and China. Cambridge, Harvard Univ. Press, 1948. xiv, 384 p. maps (part col.) (The American foreign policy library).

FARLEY, MIRIAM SOUTHWELL, ed. American Far Eastern policy and the Sino-Japanese war; a report of seven discussion conferences held under the auspices of the American Council, Institute of Pacific Relations, March to May, 1938. New York, American Council, Institute of Pacific Relations [c1938] viii, 71 p. (Studies of the Pacific, I).

FEIS, HERBERT, 1893- The China tangle; the American effort in China from Pearl Harbor to the Marshall mission. Princeton, Princeton Univ. Press, 1953. x, 445 p. maps.

FIFIELD, RUSSELL HUNT, 1914- Woodrow Wilson and the Far East; the diplomacy of the Shantung question. New York, Crowell [1952] xv, 383 p. map (on lining papers).

GAING, OHN, 1923- American policy in China, 1922-27. Washington, D.C., 1953. 388 l. Thesis-Georgetown University.

GANDHI, SHANTI SWARUP, 1915- United States diplomatic relations with China, 1869-82. Washington, D.C., 1953. 479 l. Thesis-Georgetown University.

GOETZ, DELIA. The dragon and the eagle; America looks at China. Pictures by

Thomas Handforth. [New York] Foreign Policy Association, distributed through the Vanguard Press [1945] 61, [1] p. incl. col. front., col. illus. (incl. map).

GRIGGS, DAVID THURSTON, 1916- Americans in China: some Chinese views. Washington, Foundation for Foreign Affairs, 1948. 59 p. (Foundation pamphlet, 5).

GRISWOLD, ALFRED WHITNEY, 1906- The Far Eastern policy of the United States. New York, Harcourt, Brace [c1938] 3-530 p. double map.

HANSON, HALDORE E., 1912- America's need for understanding China. Washington, Govt. Print. Off., 1944. 14 p. [U.S. Dept. of State. Publication 2230. Far Eastern series 7].

HAWKINS, EVERETT DAY, 1906- America's role in China. New York, American Council, Institute of Pacific Relations, 1947. 64 p. illus., ports. (I.P.R. pamphlets, 26).

HORNBECK, STANLEY KUHL, 1883- China and American foreign policy. [Washington, 1928] 18 l.

———. Address on American policy and the Chinese-Russian dispute, at Williamstown institute of politics on Aug. 27, 1929. Washington, Dept. of State, 1929. 13 l. (Dept. of State. Press Release, Aug. 29, 1929).

———. The United States and the Far East: certain fundamentals of policy. [Boston] World Peace Foundation, 1942. vi, 100 p.

JOHNSTONE, WILLIAM CRANE, 1901- Memorandum on the efforts of the Sino-Japanese conflict on American rights and interests in China. New York, American Council, Institute of Pacific Relations [1939] 53 numb. l.

JUDD, WALTER H., 1898- Our ally China; a speech made in the United States Congress. Shanghai, International Publishers, 1945. 13, 14 p.

KARIG, WALTER, 1898- Asia's good neighbor; we were once... can we be again? Indianapolis, Bobbs-Merrill [c1937] 308 p. fold. map.

KOO, VI KYUIN WELLINGTON, 顧維鈞, 1888- The open door policy and world peace; given under the auspices of the Dunford House Cobden memorial association in London on 28 June 1939, the Rt. Hon. the Earl of Lytton, in the chair. London, New York [etc.] Oxford University Press, 1939. 24 p. (Richard Cobden lecture. 11th).

LI, T'IEN-I, 李田意, 1915- The United States and the recognition of the Chinese Republic. Peiping, National Peking Univ. Press, 1948. 43 p. (National Peking University. College of Arts, Semicentennial papers, 17.).

———. Woodrow Wilson's China policy, 1913-17. [Kansas City, Mo.] Univ. of Kansas City Press; [distributed by] Twayne Publishers, New York, 1952. 268 p.

LIN, CHING-JÜN, 林景潤, 1898-1947. The "open door" in China. New York, Chinese Students Committee on Washington Conference, 1921. 16 p.

LINEBARGER, PAUL MYRON WENTWORTH, 1871-1939. Our common cause with China against imperialism and communism. Los Angeles, Kuomin-tang (Chinese Nationalist party) [1927] 30, [2] p. ("Chinese politics made easy" series).

LOCKWOOD, WILLIAM WIRT, 1906- America and the Far Eastern war. New York, American Council, Institute of Pacific Relations [c1937] 20 p.

MA, WÊN-HUAN, 馬文煥, 1900- American policy toward China as revealed in the debates of Congress. Shanghai, Kelly and Walsh [1934] x, 293, [4] p.

MILLARD, THOMAS FRANKLIN FAIRFAX, 1868-1942. The A B C's of the Hay doctrine. Shanghai, Weekly Review of the Far East, 1921. cover-title, 10 p.

NORTH, JOSEPH. What are we doing in China? New York, New Century Publishers [1945] 23 p. illus.

PECK, WILLYS RUGGLES, 1882-1952. State department aid to cultural exchange with China. Washington, Govt. Print. Off., 1944. 20 p. [U.S. Dept. of State. Publication 2159. Far Eastern series 6].

REA, GEORGE BRONSON, 1869-1936. The highway to hostilities in the Far East.

Shanghai, The Japanese Association in China, 1932. cover-title, 35 p.

ROBINSON, GEROID TANQUARY. Asia's American problem; a diffident discussion of the project sometimes called the new international Chinese consortium, and of certain other combustible matters pertaining thereto. New York, B.W. Huebsch, 1921. 3-27 p. (The Freeman pamphlets).

SHEN, YUN-KUNG, 沈允公, 1909- American official attitudes toward governments in China, 1898-1947. Madison, 1948. i, 217 l. Thesis-Univ. of Wisconsin.

SHERRY, JOHN C., 1909- Aspects of American policy regarding the unification of the Chinese nationalistic government, 1944-48. New York, 1956. 270 l. Thesis-Fordham University.

SOONG, MAY-LING, 蔣宋美齡, 1897- Addresses delivered before the House of Representatives and the Senate of the United States, February 18, 1943. Stamford, Conn., The Overbrook Press, 1943. 15, [1] p. illus.

———. Addresses delivered before the Senate of the United States and the House of Representatives on February 18, 1943, together with other addresses delivered during her visit to the United States. Washington, 1943. 26 p.

———. China, as told by Madame Chiang Kai-shek in a series of addresses in New York, San Francisco, Chicago and in Ottawa, Canada, in behalf of the Chinese relief and of the Chinese government. York, Pa., The Maple Press Co., 1944. 47, [1] p. col. illus.

T'ANG, LIANG-LI, 湯良禮, 1901- American imperialism in China. Shanghai, China United Press, 1943. x, 208 p. ("Tribune" monographs, 1.).

TORREGROSA, MANUEL FRANCIS, 1924- U.S. dollar diplomacy in China, 1909-13. Washington, 1951. iv, 366 l. Thesis-Georgetown University.

UHLMANN, GEORGES. La Chine, nouvelle Amérique. Pékin, Impr. de la "Politique de Pékin," 1935. 60 p. map. (Collection de la "Politique de Pékin").

U.S. policy toward China with general foreign and Far Eastern policy statements, letters and speeches by Harry S. Truman, James F. Byrnes and John Carter Vincent. With Chinese translation. Shanghai, International Publishers, 1946. 20, 18 p.

U.S. Commissioner to China, 1900-01. Affairs in China. Report of William W. Rockhill, late commissioner to China, with accompanying documents. [n. p.] Reprinted in China, 1941. 391 p. Issued in 1901 as U.S. 57th Cong. 1st sess., Senate doc. 67, with title: Report of William W. Rockhill, late commissioner to China.

———. Executive Headquarters, Peiping. History of the Executive headquarters, January 1946 to February 1947. Peiping, 1947. 42 p.

———. Judge-Advocate-General's Dept. (Army). Report of the judge advocate, United States Forces, China Theater, United States Army Forces China, Nanking Headquarters Command, and Army Advisory Group China, 1 January 1945 to 10 June 1947. [Washington, 1948] iii, iv-vi, 128 p.

WALLACE, HENRY AGARD, 1888- Soviet Asia mission. New York, Reynal and Hitchcock [1946] 254 p. plates (incl. ports., map).

———. Ma mission en Asie soviétique, tr. de l'américain. Introd. de Philippe Soupault. Paris, R. Julliard [1947] 266 p. fold. map. (Sequana).

———. Sondermission in Sowjet-Asien und China. [Autorisierte Übertragung von William G. Frank] Zürich, Steinberg [1947] 216 p. map.

WANG, SAMUEL HSUAN, 王瑄, 1914- The Sino-Japanese war and the American Far Eastern policy, 1931-41. Ithaca, 1947. [7], 373 l. Thesis-Cornell University.

WHITAKER, URBAN G., JR., 1924- American and Chinese political problems 1912-23. Seattle, 1954. 415 l. Thesis-Univ. of Washington.

WILLIAMS, BENJAMIN HARRISON, 1889- The protection of American citizens in China. [New York, 1923] 2 pt. Thesis-Univ. of California, 1921. Reprinted from the American journal of international law, 16:1, January, 1922 and 17:3, July, 1923.

WILLOUGHBY, WESTEL WOODBURY, 1867-1945. Far Eastern policies of the United States. (In American journal of international law. Concord, N.H., 1940. v. 34., p. 193-207).

YEN, EN-TSUNG, 嚴恩椿. The open door policy. Boston, The Stratford Co., 1923. 191 p.

1949-

ACHESON, DEAN GOODERHAM, 1893- United States policy toward Asia; address. [Washington, 1950] 16 p. (Dept. of State. Publication 3817. Far Eastern series, 33).

———. Crisis in Asia, an examination of U.S. policy; remarks. [Washington] Office of Public Affairs, Dept. of State [1950] 111-118 p. (Dept. of State. Publication 3747. Far Eastern series, 32) "Reprinted from the Department of State bulletin of January 23, 1950."

———. Our Far Eastern policy; debate, decision and action. Address [delivered before the Women's National Press Club, Washington, D.C.] April 18, 1951. [Washington] Dept. of State [Division of Publications, Office of Public Affairs, 1951] 11 p. (Dept. of State. Publication 4201. Far Eastern series, 41).

———. American policy toward China, statement before a Joint Senate Committee June 4, 1951. [Washington, Govt. Print. Off., 1951] 49 p. (Dept. of State. Publication 4255. Far Eastern series 43).

ALLISON, JOHN M., 1905- Our Far Eastern policy. [Washington, Govt.Print. Off., 1952] 652-657 p. (Department of State publication 4595. Far Eastern series, 56). "Reprinted from the Department of State bulletin of April 28, 1952."

BABCOCK, FENTON, 1926- Issues of China policy before Congress, September 1945 to September 1955. New Haven, 1956. ii-ix, 152, iv l. Thesis-Yale University.

CHANG, YU-NAN, 張煜南, 1920- American security problems in the Far East, 1950-52. Seattle, 1954. 342 l. Thesis-Univ. of Washington.

CHEN, LI-FU, 陳立夫, 1899- Chinese-American relations as affected by Communist conspiracy in recent years. New York, 1953. 22 p.

CHINESE ASSOCIATION FOR THE UNITED NATIONS. The Sino-American treaty of mutual defense. Taipei, 1955. 40 p.

COUNCIL ON FOREIGN RELATIONS. American policy toward China; a report on the views of leading citizens in twenty-three cities, edited by Joseph Barber. New York [1950] iv, 49 p. (Its Publications).

DINWIDDIE, JOSEPH. Aid to Nationalist China. New York, Vantage Press [1957] 177 p.

DODGE, DOROTHY RAE, 1927- Recognition of the Central people's government of the People's Republic of China: legal and political aspects, an analysis of United States recognition policy as seen in the China case. Minneapolis, 1955. ii, 634 l. Thesis-Univ. of Minnesota.

DULLES, JOHN FOSTER, 1888- The threat of a Red Asia. [Text of speech before the Overseas Press Club of America, New York, N.Y., March 29, 1954. Washington] Dept. of State [1954] 10 p. ([U.S.] Dept. of State. Public Services Division. Series S, no. 13).

FLYNN, JOHN THOMAS, 1883- While you slept; our tragedy in Asia and who made it. New York, Devin-Adair, 1951. 192 p. illus.

GULICK, LUTHER HALSEY, 1892- A new American policy in China. [An International Committee report. Washington, National Planning Assn., 1949] vi, 35 p. (Planning pamphlets, 68).

HILLIS, DICK, 1913- Dare we recognize Red China? Grand Rapids, Zondervan Pub. House [1956] 32 p.

HUANG, WILLIAM YUNG-NIEN, 黃永年, 1917- China's role with respect to major political and security questions under consideration by the United

States. Ann Arbor, 1953. 826 l. Thesis-University of Michigan.

KAMP, JOSEPH PETER, 1900- America betrayed; the tragic consequences of Reds on the Government payroll! New York, Constitutional Educational League, c1950. 63 p.

LINDBECK, JOHN M.H., 1915- Communist China and American Far Eastern policy; [based on an address made at Ohio State University on July 21, 1955. Washington] Dept. of State [1955] 21 p. ([U.S.] Dept. of State. Publication 6198. Far Eastern series, 70).

LIU, TA-NIEN, 劉大年. Geschichte der amerikanischen Aggression in China [von] Lju Da-njän. [Aus dem Russischen übersetzt von Nikolai Stscherbina] Berlin, Dietz, 1956. 352 p.

LUCE, CLARE (BOOTHE) 1903- The mystery of American policy in China; an address at testimonial dinner honoring the Most Reverend Paul Yu-Pin, D. D., Archbishop of Nanking, New York, June 14, 1949. [New York, Plain Talk, 1949] 34 p.

MID-WEST DEBATE BUREAU. Debate handbook: Recognition of communist China. Resolved: That the United States should extend diplomatic recognition to the communistic government of China. Normal, Ill. [1954] ii, 198 p.

MOY, EARNEST K., 梅其駒, 1895-1958. Why not recognize red China even now? New York, The author, 1952. 15 p.

NEW CHINA NEWS AGENCY. The Truman doctrine in China. Hong Kong, New China News Agency, 1949. 39 p.

———. La doctrine Truman en Chine. Hong Kong, New China News Agency, 1949. 40 p.

NIXON, RICHARD MILHOUS, 1913- US Vice-President Nixon's state visit to Free China; a collection of speeches and remarks on Free China. Edited by Eugene H. C. Wang, 王漢中. Taipei, China Culture Pub. Foundation, 1953. 33 p. illus. (Pamphlets on Chinese affairs).

REISCHAUER, EDWIN OLDFATHER, 1910- Toward a new Far Eastern policy [by] Edwin O. Reischauer. The economic task in Asia [by] Howard C. Gary. [New York, Foreign Policy Association, 1950] 61 p. illus., maps. (Headline series, no. 84).

———. Wanted: an Asian policy. New York, Knopf, 1955. 276 p.

RUSK, DEAN, 1909- The underlying principles of Far Eastern policy. Address before the World Council, Seattle, Wash., on Nov. 6. Washington, Division of Publications, Office of Public Affairs, 1951] 821-824 p. (U.S. Dept. of State. Publication 4417. Far Eastern series, 52). "Reprinted from the Department of State bulletin of November 19, 1951."

TOMPKINS, ELON FARNSWORTH, 1887- Disaster in Asia; a series of articles revealing how American Far Eastern policy became a program for communist mastery of Asia, reprinted from New York Journal American. [n. p., 1950] folder (7 p.).

UTLEY, FREDA, 1898- The China story. Chicago, H. Regnery Co., 1951. xiii, 274 p.

VALEO, FRANCIS RALPH, 1916- The China white paper; a summary with commentary of the Department of State's "United States relations with China." Washington, 1949. iii, 57 p. (Public affairs bulletin, 77).

VINACKE, HAROLD MONK, 1893- The United States and the Far East. Submitted by the American Institute of Pacific Relations as a preparatory paper for the Eleventh Conference of the Institute of Pacific Relations to be held at Lucknow, India, in October 1950. New York, American Institute of Pacific Relations [1950] 53 p. (United States paper, 1).

———. The United States and the Far East, 1945-51. Stanford, Stanford University Press, 1952. vi, 144 p.

WALCH, JOHN WESTON, 1902- Complete handbook on recognition of communist China. Portland, Me., c1954. 192 p.

WINFIELD, GERALD FREEMAN, 1908- What can the United States do in China? New York, Foreign Policy Assn., 1949. 12 p. (Foreign policy reports, 25:1).

WU, HSIU-CH'ÜAN, 伍修權, 1909- China accuses! Speeches of the Special Representative of the Central People's Government of the People's Republic of China at the United Nations. Peking, Foreign Languages Press [1951] 107 p. illus.

———. La Chine accuse! Discours de l'envoyé spécial du Gouvernement populaire central de la République populaire de Chine à l'Organisation des Nations Unies. Pékin, Éditions en langues étrangères, 1951. 120 p. illus.

YEN, HSI-SHAN, 閻錫山, 1883- Comments on the White Paper on China, a speech delivered to the members of the Chinese anti-aggression league. Canton, 1949. 16 p.

China and other Western Countries

CHINA. Ministry of Foreign Affairs. Exchange of notes between China and Mexico embodying an agreement for the provisional modification of the Sino-Mexican treaty of 1899. [Peking? 1921?] cover-title, 11, 13, [16] p.

———. Treaties, etc., 1940. Treaty of amity between the Republic of China and the Dominican Republic. [n.p., 1941] cover-title, 8 p.; 4 p.

———. Treaties, etc., 1937. Treaty of amity between the Republic of China and the Republic of Estonia, London, 1937. [London, 1938?] cover-title, 3 p.; cover-title, 4 p.

EGYPT. Treaties, etc., 1917- (Fuad I). Accord commercial provisoire entre l'Égypte et la Chine le 23 avril 1930. (Extrait du "Journal officiel" no. 61 du 26 juin 1930) Le Caire, Impr. Nationale, 1930. [2], [4] p.

China and World War II

AMERICAN IRON AND STEEL INSTITUTE, New York. Steel products manual; packaging, loading and shipping methods for China Defense Supplies, inc. New York, American Iron and Steel Institute, 1942. cover-title, 25 p. illus.

BELDEN, JACK, 1910- Still time to die. New York and London, Harper [1944] ix, 322 p.

———. Il est toujours temps de mourir. Adapté de l'anglais par Julien Blanc. Paris, La Jeune Parque, 1946. 251 p. (Fenêtres sur le monde, 6).

———. Zum Sterben ist immer noch Zeit. Aus dem Englischen übertragen von Leonhard Kolb. Zürich, Büchergilde Gutenberg, 1945. lv, 448 p. illus. maps.

BURR, SAMUEL ENGLE. China A.P.O.: more than experience; a story of the China theater, 1944-45. [1st ed.] Washington, 1952- v.

CALDWELL, JOHN COPE, 1913- American agent [by] Mark Gayn and John Caldwell. New York, H. Holt [1947] 220 p.

CHANG, CH'I-YUN, 張其昀, 1901- Record of the Cairo conference. Taipei, China Culture Pub. Foundation, 1953. 16 p. port. (Pamphlet on Chinese affairs).

CHATTOPADHYAYA, KAMALADEVI, 1903- In war-torn China. [3d ed.] Bombay, Padma Publications [1944] xvi, 74 p. (Current topics series, no. 1).

CHINA. Ministry of Information. Inside wartime China. [Chungking, Printed by the Prabasi Press, 1943] cover-title, [100] p. illus. (incl. ports.).

DOMEI TSUSHINSHA. The greater east Asia war, its cause and aims, with Shanghai proclamations. Shanghai, Domei News Agency [1942?] 60 p.

ELDRIDGE, FRED. Wrath in Burma; the uncensored story of General Stilwell and international maneuvers in the Far East. Garden City, N.Y., Doubleday, 1946. 320 p. plates, ports.

HO, YUNG-CHI, 何永佶, 1902- The big circle. New York, Exposition Press [1948] 152 p. group port., maps.

KARAKA, DOSOO FRAMJEE, 1911- Chungking diary, with a foreword by Ed-

gar Snow. Bombay, Thacker, 1944. viii, 223 p. 1st ed. 1942.
LEE, KUNG-SAM, 李公三. The secrets of China's victory. [Shanghai, 1946] viii, 169 p. illus.
LIN, YU-T'ANG, 林語堂, 1895- Between tears and laughter. New York, John Day [1943]; London, Dorothy Crisp, 1945. 216 p.
McROBERTS, DUNCAN. While China bleeds; introduction by H.A. Ironside. Grand Rapids, Mich., Zondervan Pub. House [c1943] 162, [3] p.
MAO, TSE-TUNG, 1893- China and the second imperialist world war. Chungking, New China Information Committee, 1939. 50 p. (Its Bull., 9).
MORRIS, DAVID ELWYN, 1920- China changed my mind. London, Cassell [1948]; Boston, Houghton, Mifflin [1949] 202 p. plates.
PAYNE, PIERRE STEPHEN ROBERT, 1911- Chungking diary. London, Toronto, W. Heinemann [1945] vi, 526 p. front.
———. Forever China. New York, Dodd, Mead [1945] ix, 573 p.
ROMANUS, CHARLES F. Stilwell's mission to China, by Charles F. Romanus and Riley Sunderland. Washington, Office of the Chief of Military History, Dept. of the Army, 1953 [c1952] xix, 441 p. illus., ports., maps (3 fold. col. in pocket) (United States Army in World War II: China-Burma-India theater).
———. Stilwell's command problems, by Charles F. Romanus and Riley Sunderland. Washington, Office of the Chief of Military History, Dept. of the Army, 1956 [c1955] xviii, 518 p. illus., ports., maps (4 fold. col., 2 in pocket) diagrs., tables. (United States Army in World War II: China-Burma-India theater).
ROSINGER, LAWRENCE KAELTER, 1915- Strategy of the war in Asia. New York, Foreign Policy Association [1943] [25]-35, [1] p. illus.(map) (Foreign policy reports, 19:3, April 15, 1943).
SNOW, EDGAR, 1905- People on our side. New York, Random House [1944] xii, 324 p. illus.(maps) plates, ports.
———. Glory and bondage. London, V. Gollancz ltd., 1945. 263 p.
———. The same. Sydney, Angus and Robertson, 1946. ix, 257, [1] p.
STILWELL, JOSEPH WARREN, 1883-1946. The Stilwell papers, arr, and ed. by Theodore H. White. New York, W. Sloane Associates [1948]; London, Macdonald, 1949. xvi, 357 p. illus., ports., maps, facsims.
———. L'aventure chinoise 1941-44. Traduction de l'américain par F. Veillet-Lavallée. Neuchâtel, La Baconniere, 1949. 322 p. (Histoire et société d'aujourd'hui).
STRATTON, ROY OLIN. SACO, the rice paddy navy. Pleasantville, N.Y.] C.S. Palmer Pub. Co., 1950. xvi, 408 p. illus., ports., maps.
TAMURA, KOHSAKU. Genesis of the Pacific war. Tokyo, The Foreign Affairs Association of Japan. 73 p.
TIPTON, LAURANCE, 1909- Chinese escapade. London, Macmillan, 1949. vii, 247 p. plates, maps.
TSUJI, MASANOBU, 1902- Underground escape; a translation from the Japanese. Tokyo, R. Booth and T. Fukuda [c1952] 298 p. illus.
U.S. Army. Forces in the Far East. Army operations in China; prepared by Headquarters, USAFFE and Eighth U.S. Army (Rear) [Tokyo?] Distributed by Office of the Chief of Military History, Dept. of the Army [1956] 2 v. maps, plans. (Japanese monograph no. 71-72).
———. South China area operations record, 1937-41. Prepared by Military History Section. [n.p.] Distributed by Office of the Chief of Military History, Dept. of the Army [1956] cover-title, 139 p. maps, tables. (Japanese monograph no. 180).
———. National Archives. Preliminary inventory of the records of the American War Production Mission in China (Record group 220) Compiled by John E. Maddox. Washington, 1955. v, 10 p. (Its Publication no. 56-6. Preliminary inventories, no. 88).
WHITE, MARY CULLER, 1875- I was there when it happened in China. Nash-

ville, Abingdon-Cokesbury Press [1947] 123 p.

China and the United Nations

BROOK, DAVID. The U.N. and the China dilemma. New York, Vantage Press [1956] 87 p.

BROWN, BENJAMIN HOUSTON, 1915- Chinese representation; a case study in United Nations political affairs. Pt. 1 [by] Benjamin H. Brown, pt. 2 [by] Fred Greene. New York, Woodrow Wilson Foundation, 1955. 52 p.

BRYAN, D.H. DEREK. The United Nations need China. London, Britain-China Friendship Association, 1953. 12 p.

CHINA. News Service. China at U.N. Assembly, October 23 to December 16, 1946. Selected documents [presented by the Chinese Delegation] [New York, 1946] cover-title, 40 p. group ports. (on cover).

GREW, JOSEPH CLARK, 1880- Invasion alert! The Red China drive for a UN seat. Baltimore, Maran Publishers [1956] 81 p.

SMITH, ROBERT AURA, 1899- Should the UN admit Red China; with Chinese translation. Taipei, China Culture Pub. Foundation, 1954. 18 p. (Pamphlets on Chinese affairs).

TSIANG, TINGFU F., 蔣廷黻, 1895- The charter of the United Nations and the package deal. New York, Chinese Delegation to the United Nations, 1955. 37 p.

UNITED NATIONS. Delegation from China. China presents her case to the Uni-Nations. New York, 1949. cover-title, 79 p.

———. China fights for peace and freedom. New York, 1951. 99 p.

———. General Assembly. Political and Security Committee. Threats to the political independence and territorial integrity of China and to the peace of the Far East, resulting from Soviet violations of the Sino-Soviet treaty and of the charter of United Nations. Lake Success, 1949. 20 p. (A/C. 1/sR. 338).

U.S. Congress. House. Committee on Foreign Affairs. Opposing the admission of Communist China to membership in the United Nations. Washington, Govt. Print. Off., 1951. 1 p. (82nd Cong. 1st sess. House. Report 463).

———. Reiterating the opposition of the House of Representatives to the seating of the communist regime in China in the United Nations. Report to accompany H.Res. 627. Washington, Govt. Print. Off., 1954. 6 p. (83d Cong. 2d sess. House. Report 2213).

———. Expressions by the House of Representatives, the Senate, and the Committee on Foreign Affairs that the Chinese Communists are not entitled to and should not be recognized to represent China in the United Nations. 84th Congress, 2d session, Committee on Foreign Affairs, House of Representatives. [Washington, Govt. Print. Off., 1956] 8 p.

X. ECONOMICS, INDUSTRY AND COMMERCE

Bibliographies and Dictionaries

CHIANG, NAI-YUNG, 蔣乃鏞, 1913- Anglo-Chinese dictionary of textile terms. [Enl. 3d ed. Shanghai, Tso chê shu shê, 1950] 8, 214 p.

HO, SHIH-FANG, 何士芳. A dictionary of economic terms. Shanghai, Commercial Press, 1934. xi, 349 p.

KYOTO. UNIVERSITY. Dept. of Economics. Bibliography on the industry and mining in China in European languages. [Kyoto] 3rd Section, Sina-Keizai-Kanko-Tyosabu, Dept. of Economics, Kyoto Imperial University, 1940. 2 v.

PAAUW, DOUGLAS SEYMOUR, 1921- Bibliographical guide to Modern China: works in Western languages. Section 5: Economic; compiled by Douglas S. Paauw and John K. Fairbank. Cambridge, 1952. 50 p.

YÜAN, T'UNG-LI, 袁同禮, 1895- Economic and social development of modern China: a bibliographical guide. New Haven, Human Relations Area Files, 1956. viii, 130, v, 87 p. (Behavior science bibliographies).

Economic History

BALAZS, ÉTIENNE, 1905- Études sur la société et l'économie de la Chine médiévale. Leiden, E.J. Brill, 1953-54. 3 v. fold. tables. (Bibliothèque de l'institut des hautes études, 9).

———. Beiträge zur Wirtschaftsgeschichte der T'ang-Zeit (618-906). Berlin, 1931-32. 92, 73 p. (Berlin. Universität. Seminar für orientalische Sprachen. Mitteil. Bd. 34-35, Abt. 1).

BÖHME, KARL, 1882- Wirtschaftsanschauungen chinesischer Klassiker. Hamburg, Ackermann und Wulff, 1926. iii, 76 p. Diss.-Univ. Tübingen.

CHANG, T'IEN-TSÊ, 張天澤. Sino-Portuguese trade from 1514 to 1644; a synthesis of Portuguese and Chinese sources. Leyden, E.J. Brill, 1934. [v]-viii, 157 p.

CHEN, CHIH-JANG, 陳志讓. The state economic policies of the Ch'ing dynasty, 1840-95. London, 1956. 478 l. Thesis-School of Oriental and African Studies, University of London.

CHI, CH'AO-TING, 冀朝鼎, 1903- Key economic areas in Chinese history, as revealed in the development of public works for water-control. London, G. Allen and Unwin [1936] xxiii, 168 p. front. (map) plans. Thesis-Columbia University.

ENCHES, EVELYN LESLIE. The economic principles of the Confucian school. [Pasadena, Calif.] 1935. 29 numb. l.

FAIRBANK, JOHN KING, 1907- Factors of change in the Chinese economy of the late Ch'ing period by John K. Fairbank, A. Eckstein and L.S. Yang, 楊聯陞. Cambridge, Chinese Economic and Political Studies, Harvard University, 1956. 46 p. (1956 Conference on the Chinese economy. Conference paper.).

FRANKE, HERBERT, 1914- Geld und Wirtschaft in China unter der Mongolen-Herrschaft; Beiträge zur Wirtschaftsgeschichte der Yüan-Zeit. Leipzig, O. Harrassowitz, 1949. 171 p. fold. map (inserted) (Das Mongolische Weltreich; Quellen und Forschungen, 3).

FRANKE, OTTO, 1863-1946. Staatssozialistische Versuche im alten und mittelalterlichen China. Berlin, 1931. 27 p. (Sitzungbericht der Preussian Akademie der Wissenschaften. Phil. hist. Kl., 1931).

HINTON, HAROLD C., 1924- The grain tribute system of China, 1845-1911.

Cambridge, Chinese Economic and Political Studies, Harvard University; distributed by Harvard University Press, 1956. 163 p. (Chinese Economic and Political Studies. Special series).

HUAN K'UAN, 桓寬. Discourses on salt and iron, 鹽鐵論, a debate on state control of commerce and industry in ancient China, chapters I-XIX, translated from the Chinese of Huan K'uan, with introduction and notes, by Esson M. Gale. Leyden, E.J. Brill, 1931. lvi, 165 p. (Sinica leidensia edidit Institutum sinologicum Lugduno-Batavum. vol. II).

———. The genesis and meaning of Huan K'uan's "Discourses on salt and iron" by Chün-ming Chang, 張純明. Peiping, printed by San Yu press, 1934. 52 p. incl. tables. "Reprinted from the Chinese Social and Political Science Review, April 1934."

KIRBY, E[DWARD] STUART, 1909- Introduction to the economic history of China. London, Allen and Unwin [1954] 202 p.

———. Einführung in die Wirtschafts-und Sozial-geschichte Chinas, übers. von G. Felten unter Mitwirkung von Walter Stromeyer. München, R. Oldenbourg, 1955. 239 p.

KUAN, CHUNG, 管仲, d. 645 B.C. Les doctrines juridique et économique de Koan-tse, par Chen Kia-i, 沈家詒. Zi-Ka-Wei-Chang-Hai, Impr. de l'Orphelinat de T'ou-Sè-Wè, 1928. 70 p. Thèse-Université l'Aurore.

———. Kuan-tse, das Leben und Wirken eines altchinesischen Staatsmannes, von Ernst Victor Zenker. Wien, Hölder-Pichler-Tempsky, 1941. 32 p. (Akademie der Wissenschaften in Wien. Phil.-hist. Klasse. Sitzungsberichte, 219. Bd., 5. Abhandlung).

———. Economic dialogues in ancient China; selections from the Kuan-tzŭ, a book written probably three centuries before Christ. Translators: T'an Po-fu, 檀伯孚, and Wen Kung-wen, 溫孔文, (Adam K. W. Wen) Expert critic: Hsiao Kung-chüan, 蕭公權. The enterprise directed, the book edited and published by Lewis Maverick. [Carbondale, Ill.] 1954. x, 470 p.

LEE, MABEL PING-HUA, 李美步, 1897- The economic history of China, with special reference to agriculture. New York, Columbia University, 1921. 461 p. fold. tables. (Studies in history, economics and public law, vol. XCIC, no.1).

LIANG, FANG-CHUNG, 梁方仲. The single-whip method (I-t'iao-pien fa) 一條鞭法, of taxation in China; translated from the Chinese by Wang Yü-ch'uan, 王毓銓. Cambridge, Chinese Economic and Political Studies, Harvard University; distributed by Harvard University Press, 1956. 71 p. ([Harvard University] Chinese Economic and Political Studies, Special series).

LŬ, LIEN-TCHING, 呂濂敬. Les greniers publics de prévoyance sous la dynastie des Ts'ing. Paris, Jouve et Cie, 1932. 212 p.

PAN, KU, 班固, 32-92. Food and money in ancient China; the earliest economic history of China to A.D. 25, Han shu 24, with related texts, Han shu 91 and Shih-chi 129. Translated and annotated by Nancy Lee Swann. Princeton, Princeton Univ. Press, 1950. xiii, 482, [79] p. illus., maps (1 fold.).

SCHÖPPLEIN, MARIANNE (RIEGER). Die Entwicklung der Grundlasten unter der Ming Dynastie 1368-1643. Eine Beitrag zur Finanzgeschichte Chinas. Frankfurt a.M., 1942. 111 p. Diss.-Univ. Frankfurt.

[SUNG, LIEN], 宋濂, 1310-81. Economic structure of the Yüan dynasty; translation of chapters 93 and 94 of the Yüan shih, by Herbert Franz Schurmann. Cambridge, Harvard Univ. Press, 1956. xviii, 251 p. 3 maps. (Harvard-Yenching Institute studies, 16).

TING, WEN-TSI, 丁文治, 1911- Die geschichtliche Entwicklung der chinesischen Landwirtschaftspolitik von der Chou-Dynastie (1134-247 v. Chr.) bis zum Ch'ing-Dynstie (1644-1911). Stradtroda, E. und E. Richter, 1940. 70 p. Diss.-Univ. Jena.

TWITCHETT, DENIS CRISPIN. Financial administration under the T'ang dynasty. Cambridge, Eng., 1955. 324 l. Thesis-University of Cambridge.

YANG, LIEN-SHENG, 楊聯陞, 1914- Notes on the economic history of the

Chin dynasty. Cambridge, 1946. 145 p. Thesis-Harvard University.
———. Money and credit in China, a short history. Cambridge, Harvard Univ. Press, 1952. 143 p. (Harvard-Yenching Institute. Monograph series, 12).

Statistics

CHINA. Directorate General of Budgets, Accounts and Statistics. Statistical abstract of the Republic of China, 1935, 1940, 1945. Chuugking [sic] 3 v.
———. Statistical abstracts of the Republic of China, 1955- Taipei, 1955- v.
———. The Directorate General of Budgets, Accounts and Statistics: its establishment, structure, powers and duties, personnel and work. Prepared by the Directorate General of Budgets, Accounts and Statistics of the National government of the Republic of China. [Chungking?] 1946. cover-title, 36 p.
HWANG TSONG, 黃鍾, 1904- Methode und Ergebnisse der neuesten Bevölkerungsstatistik Chinas. Leipzig und Berlin, B.G. Teubner, 1933. 77 p. incl. tables. fold. map. (Ergänzungsheft zum Deutschen statistischen zentralblatt, hft. 13).
LIEU, D.K., 劉大鈞, [Liu Ta-chün] 1890- Statistical work in China. Shanghai, 1930. 41 p. At head of title: XIXe session de l'Institut international de statistique, Tokio, 1930.
LIN, PETER WEI, 林暐, 1894- A statistical study of the personnel of Chinese National government (for the year 1929). Shanghai, 1930. 76 p.
WANG, C.Y. JOHN, 王仲武. Statistical terms translated into Chinese. Shanghai, Commercial Press, 1930. iii, [3], ii, 34 p.

National Income

LIU, TA-CHUNG, 劉大中, 1914- China's national income, 1931-36, an exploratory study. Washington, D.C., Brookings Institution, 1946. xii, 91 p.
OU, PAO-SAN, 巫寶三, 1905- National income of China; 1933, 1936 and 1946. Nanking, Institute of Social Sciences, Academia Sinica, 1947. 26 p. (Academia Sinica. Institute of Social Sciences. Social science study papers, 1).
———. Capital formation and consumers' outlay in China. Cambridge, 1949. 219 l. Thesis-Harvard University.

General Surveys

AMERICAN BANKERS' ASSOCIATION. China, an economic survey, 1923. [New York] American Bankers Association [1923] cover-title, 40 p. diagr.
ARNOLD, JULEAN HERBERT, 1875-1946. Changes in the economic life of the Chinese people. Washington, Govt. Print. Off., 1922. 25 p. incl. tables. (Bureau of foreign and domestic commerce. Trade information bull., 5).
———. China, a commercial and industrial handbook. Washington, Govt. Print. Off., 1926. xvi, 818 p. incl. illus., tables, diagrs. 2 fold. maps. (Bureau of foreign and domestic commerce. Trade promotion ser., 38).
———. Some bigger issues in China's problems. Shanghai, Commercial Press, 1928. iv, 11 p.; 5, 10 p. fold. map, 2 fold. diagr.
ASSOCIATION NATIONALE DES CHAMBRES DE COMMERCE DE CHINE. La Chine d'aujourd'hui; rapport sur la situation économique en Chine. Paris, 1929. 76 p.
AUXION DE RUFFÉ, REGINALD D', baron, 1875- Les grands problèms actuels de politique en Chine envisagés aux points de vue démographiques et économiques. Communication faité à la Société de Statistique de Paris, le 27 avril, 1927. Nancy, Berger-Levrault, 1927. ii, 11 p.
CHAI, HAY-TSOU, 翟海舟, 1894- La situation économique et politique de la

Chine et ses perspectives d'avenir. Louvain, Impr. F. Ceuterick, 1921. vii, 69 (i.e. 169) p. (Collection de l'École des sciences politiques et sociales (de Louvain]).
[CH'I, CH'AO-TING, 冀朝鼎, 1903-]. Wartime economic development of China. New York, International Secretariat, Institute of Pacific Relations [1940] 149 numb. l. maps, diagrs.
CHING, PETER, 荆磐石, [Ching P'an-shih]. China's wartime economics. With a foreword by Edward Bing-Shuey Lee, 李炳瑞. Chungking, People's Foreign Relations Assn. of China [1941] 29 p.
CLARK, GROVER, 1891-1938. Economic rivalries in China. New Haven, Yale Univ. Press; London, H. Milford, Oxford Univ. Press, 1932. [3]-132 p. tables (part fold.) iv diagr. (The Carnegie endowment for international peace. World economic problems).
CONDLIFFE, JOHN BELL, 1891- China to-day: economic. Boston, World Peace Foundation, 1932. 214 p. 3 maps on 1 fold. l., diagr.
DOLSEN, JAMES H. The awakening of China. [Chicago, The Daily Worker Pub. Co., c1926] 267, [1] p. illus.
ECONOMIC conditions in China, January 1934-March 1935; a brief review. Shanghai, Chinese Workers Correspondence, 1935. cover-title, 48 p.
FREYN, HUBERT, 1897- China's progress in 1940. Chungking [etc.] China Pub. Co. [1941?] ii, 41 p.
———. Free China's new deal. New York, Macmillan, 1943. xviii, 277 p. incl. tables.
GENERAL MOTORS CORPORATION. Economic survey of China. [New York, foreword 1943] 192 p. maps (part fold.).
HELLAUER, JOSEF, 1871- ed. China, Wirtschaft und Wirtschaftsgrundlagen, von K. Blickle [et. al.] Berlin, W. de Gruyter, 1921. 281 p.
HSÜ, YUNG YING, 徐永瑛, 1902- comp. Chinese views of wartime economic difficulties, translated from the Chinese press. New York, International Secretariat, Institute of Pacific Relations [1942] 30 numb. l. (Secretariat paper, 8).
INSTITUTE OF PACIFIC RELATIONS. Economic preparedness in China and Japan. New York [etc.] American Council, Institute of Pacific Relations [c1937] 32 p.
K'O, SIANG-FENG, 柯象峯. L'organisation de la production, du crédit et de l'échange en Chine de 1894 à 1914. Lyon, Impr. Bosc frères et Riou, 1929. iv, 202 p. chart. Thèse-Univ. de Lyon.
KUO, SHIEN-YEN, 郭先彦, 1905- Kapitalismus und Grundeigentum in China. [Gelnhausen, O. Wetig, 1930] 80 p. Diss. -Frankfurt am Main.
LACHIN, MAURICE. La Chine capitaliste. Paris, Gallimard [c1938] [11]-303, [1] p. maps (1 fold.) (Problèmes et documents).
LEVY, MARION JOSEPH, 1918- The rise of the modern Chinese business class; two introductory essays. New York, International Secretariat, Institute of Pacific Relations, 1949. iii, 64 p.
———. Some problems of modernization in China. New York, International Secretariat, Institute of Pacific Relations, 1949. 35 l.
LI, BANGHAN, 李邦漢, 1896- Die chinesische Volkswirtschaft unter dem Einfluss der fremden Mächte. Borna-Leipzig, 1926. Diss. -Univ. Frankfurt
LIANG, CHIANG, 梁強. Die chinesische Wirtschafts-und Sozialverfassung zwischen Freiheit und Bindung. Ein Überblick bis zum Jahre 1937. Wurzburg, Triltsch, 1938. vi, 121 p. Diss. -Univ. Jena.
LIANG, SSU-MU, 梁師目. Die Wirtschaftsstruktur Chinas und die Wirtschtspolitik der Nanking-Regierung. Frankfurt, 1934. 29 p. Diss. -Univ. Frankfurt.
MORSE, HOSEA BALLOU, 1855-1934. The trade and administration of the Chinese empire. 3rd rev. ed. London and New York, Longmans, Green, 1921.

xi, 451 p. incl. tables, plates, fold. maps, diagrs. 1st ed. 1908. Rev. ed. 1913.

MURRAY, JOHN LOVELL, 1874- China today and tomorrow. Statement on the cultural life of China by Dr. V.K. Wellington Koo. Foreword by Dr. George Yeh. London, Great Britain and the East [1943] 64 p. ports., maps.

NAGANO, AKIRA. Development of capitalism in China. Prepared for the fourth bi-annual conference of the Institute of Pacific Relations to be held at Hangchow from Oct. 21 to Nov. 4, 1931. Tokyo, Japan Council, Institute of Pacific Relations [1931] 139 p.

NEARING, SCOTT, 1883- Whither China? An economic interpretation of recent events in the Far East. New York, International Publishers [c1927] vi, 9-225 p. incl. maps.

NELSON, JOHN H. Changing factors in the economic life of China. Washington, Govt. Print. Off., 1925. ii, 21 p. incl. tables. (Bureau of foreign and domestic commerce. Trade information bull., 312).

OEHLER, WILHELM, 1877- Chinas Erwachen auf dem nationalen, wirtschaftlichen, sozialen, geistigen und religiosen Gebiet. Erlebtes und Erforschtes. Wernigerode, Verlag "Die Aue," c1925. 137 p.

OTTE, FRIEDRICH W.K. China; wirtschaftspolitische Landeskunde, mit 1 Karte, 6 Diagrammen und einer Vorrede von Carsun Chang, 張嘉森. Gotha, J. Perthes, 1927. xi, [1], 111 p. fold. map, diagrs. (Ergänzungsheft nr. 194 zu "Petermanns mitteilungen").

REMER, CHARLES FREDERICK, 1889- ed. Readings in economics for China, selected materials with explanatory introductions. Shanghai, Commercial Press, 1933 (c1922). x, 685 p. diagrs.

ROWE, DAVID NELSON, 1905- China among the powers. New York, Harcourt, Brace [1945] x, 205 p. illus.(map).

SIÉ, TSO-TCHÉOU, 謝作舟. La révolution économique dans la Chine contemporaine, 1840-1929. Paris, Albert Mechelinck, 1930. 180 p.

TCHANG, PI-KAI, 張丕介. Die Bodenzersplitterung in China. Freiburg v. B., Schillinger, 1934. 65 p. Diss.-Univ. Freiburg.

UNITED NATIONS. Economic Commission for Asia and the Far East. Report on the first session held at Shanghai, 16-25 June 1947. [Lake Success] 1947. 24 p. (United Nations. [Document] E/452).

U.S. Industrial College of the Armed Forces. Committee on Foreign Resources. The economic war potential of China; report. Industrial mobilization course, Jan.-June 1946. Washington [1946] 84 p.

———. Office of Strategic Services. Research and Analysis Branch. Current food, coal and transportation situation prevailing in China. Washington, 1946. 24, xxxvi p. fold. maps. (Its R and A No. 3433).

WILHELM, RICHARD, 1873-1930. Chinesische wirtschaftspsychologie. Leipzig, Deutsche Wissentschaftliche Buchhandlung, 1930. 120 p. fold. map. (Schriften des Weltwirtschafts-Instituts der Handelshochschule, Leipzig, 5).

———. Chinese economic psychology, tr. from the German by Bruno Lasker. New York, International Secretariat, Institute of Pacific Relations, 1947. 64 l.

WITTFOGEL, KARL AUGUST, 1896- New light on Chinese society; an investigation of China's socio-economic structure. New York, International Secretariat, Institute of Pacific Relations, 1938. 41 p.

YANG, SUEH-CHANG, 楊雪章, 1918- China's depression and subsequent recovery, 1931-36; an inquiry into the applicability of the modern income-determination theory. Cambridge, 1950. 265 l. Thesis-Harvard University.

Regional Surveys

BARNETT, ROBERT W., 1911- Economic Shanghai: hostage to politics, 1937-41. New York, International Secretariat, Institute of Pacific Relations, 1941.

xiii, [1], 210 p. front., plates, fold. map, plans. (I. P. R. inquiry series).

CHINA. Bureau of Foreign Trade. China industrial handbooks. Kiangsu. First series of the reports by the national industrial investigation. Compiled and published by Bureau of Foreign Trade, Ministry of Industry. Shanghai, 1933. xxv, 1083, [3] p. fold. map, tables (1 fold.).

———. The same. Chekiang. Second series of the reports by the national industry investigation. Compiled and published by Bureau of Foreign Trade, Ministry of Industry. Shanghai, 1935. xx, 954 p. incl. tables.

GAUSS, CLARENCE EDWARD, 1887- Economic development of Shantung Province, 1912-21. Excerpts from advance copy of Decennial report of the Tsingtau customs. Washington, Govt. Print. Off., 1922. 20 p. incl. tables. (Bureau of foreign and domestic commerce. Trade information bull., 70).

HINDER, ELEANOR M. Social and industrial problems of Shanghai, with special reference to the administrative and regulatory work of the Shanghai Municipal Council. New York, International Secretariat, Institute of Pacific Relations, 1942. v, 74 numb. l. incl. map. (I. P. R. International research series).

HOSIE, SIR ALEXANDER, 1853-1925. Szechwan, its products, industries and resources. Shanghai, Kelly and Walsh, 1922. 185, vii p. fold. maps.

KYI, ZUH-TSING, 季澤晉. Tsingtao; a historical, political and economic survey. Tsingtao, Cathölic Mission Press, 1930. xvi, 125 p. incl. 2 front. (5 port.) illus.

KWANGTUNG. Drafting Committee of the Five-Year Reconstruction Plan. Outline of the five-year reconstruction plan of Kwangtung Province. [Canton] 1947. 1 v. (unpaged).

KWANGTUNG RECONSTRUCTION RESEARCH COMMITTEE. Post-war Kwangtung; reconstruction and prospects. [Canton] 1947. cover-title, 108 p. plates, port., fold. map.

LI, TEH, 李德, 1913- Hankau und sein Wirtschaftsleben. Charlottenburg, Druck: K. u. R. Hoffmann [1938] 69 p. illus. (maps). Diss. -Univ. Berlin.

LOH, S. Y., 陸世宜, [Lu Shih-i]. The forerunner in the reconstruction of China. [n. p.] 1921. 13 p.; 8 p.

MURPHEY, [WILLIAM] RHOADS, 1919- Shanghai, key to modern China. Cambridge, Harvard University Press, 1953. London, Geoffrey Cumberlege, 1954. xii, 232 p. illus., maps.

REVIEW of Tsingtao, 1928-29. Tsingtao, "The Tsingtao times," 1928. 44 p. illus., ports., 2 fold. maps (in pocket).

TIEFENSEE, FRANZ WILHELM. Die provinz Dschi-li nebst Djing-dschau in wirtschafts-geographischer Betrachtung. Rastenburg, Sack, 1928. 76 p. Diss. -Univ. Königsburg.

U. S. Bureau of Foreign and Domestic Commerce (Dept. of Commerce). Plan for industrial development of Szechwan Province, China. With related information. Washington, Govt. Print. Off., 1922. ii, 10 p. incl. tables. (Trade information bull., 62).

Money and Banking
Currency

ARAKI, MITSUTARŌ, 1894- Report on the currency system of China, prepared for the Fourth Bi-annual Conference of the Institute of Pacific Relations to be held at Hangchow from Oct. 21st-Nov. 4th, 1931. Tokyo, Japan Council of the Institute of Pacific Relations [1931] 94 p.

BOULEAU, MARCEL. Étude practique des opérations de change en Extrême-Orient. Pékin, A. Nachbaur, 1923. 180 p. forms, illus., tables.

———. Practical guide to Far Eastern exchanges. Peking, La Librairie Française, 1923. xii, 148 p. incl. tables.

BUSCH, MANFRED VON. Der Silberkrieg in Ostasien. Berlin, Duncker und

Humblot, 1942. 143, [1] p. illus. (map).

CHANG, LIANG-ZUNG, 張樑任, 1908- Die Shanghaier Goldbörse. Ihre Währungspolitische und weltwirtschaftliche Bedeutung. Berlin, 193? 85 p. Diss.-Univ. Berlin.

CHAO, PAO-CHUAN, 趙葆全, 1900- Silver. Ithaca, N.Y., 1936. 277 p. tables, diagrs. Thesis-Cornell University.

CHEN, CHIN-TAO, 陳錦濤, 1871-1939. The silver situation in China: A memorandum presented to the American Economic Mission to China. Nanking, 1935. 24 p. charts.

CHENG, SHAO-TEH, 程紹德. Étude sur le marché monétaire de Changhai. Paris, L. Rodstein, 1932. 494 p. incl. tables.

CHINA. Commission of Financial Experts. Memorandum on certain matters relating to the currency, submitted to the National Government through the Minister of finance, on March 27, 1929. [Shanghai, 1929] 6 numb. l.

———. Memorandum on the withdrawal of copper coins from circulation. [Shanghai, 1929] 21 numb. l.

———. Project of law for the gradual introduction of a gold-standard currency system in China, together with a report in support thereof. Submitted to the Minister of finance by the Commission of Financial Experts on November 11, 1929. [Nanking? 1929?] v numb. l., 206 numb. l. maps, tables (1 fold.) fold. diagr.

———. L'étalon or en Chine. Projet de loi remis au Ministère des finances par la mission Kemmerer le 11 novembre 1929, et exposé des motifs justifiant son adoption. Traduction française par J.R.B. Nouv. éd., avec le texte chinois. Tientsin, Hautes études; Shanghai, Université l'Aurore, 1934. 68, [68] p. (Le droit chinois moderne, 8).

———. Currency Reserve Board. The new monetary policy of China. Currency Reserve Board, Shanghai, January 15, 1936. [Shanghai, 1936] cover-title, 20 p.

———. Ministry of Industry. Silver and prices in China; report of the Committee for the study of silver values and commodity prices, Ministry of industries. Shanghai, Commercial Press, 1935. xxi, 245 p. incl. maps, diagrs. tables (part fold.).

CHINA NEWS SERVICE, New York. Temporary foreign exchange regulations and temporary foreign trade regulations of the National Government of China. New York, Chinese News Service, 1946. 16 p.

CH'U HUI-EN, 褚會恩. Exchange control and intervention. Tientsin, Hautes études, 1941. 40 p. (Tientsin. Institut des hautes études industrieles et commerciales. Economic studies, 17).

CHUNG, MONG SOO, 鍾夢甦. L'ancien régime et les dernières réformes monetaires de la Chine. Dijon, Impr. du Palais-M. Pornon, 1935. [7]-145 p. Thèse-Univ. de Dijon.

DSCHANG, KOWEI, 張果爲, [Chang Kuo-wei] 1901- Die chinesische Geldverfassung. Berlin, W. Christians, 1930. 127, [1] p. incl. fold. tables, diagrs. (Christians volkswirtschaftliche bücherei, 15).

GT. BRIT. Treasury. Chinese currency. Arrangements proposed in regard to the Chinese currency stabilisation fund. Presented to Parliament by the financial secretary to the Treasury by command of His Majesty, March, 1939. London, H.M. Stationery Off., 1939. 3 p. ([Parliament. Papers by command] Cmd. 5963).

GUREVICH, M.S. China and the silver problem. Translated by I. Epstein. Tientsin, A.J. Serebrennikoff and Co., 1935. 64 p.

HOU, TSEU-KIANG, 胡自強, [Hu Tzŭ-chiang]. Le cours du change extérieur en Chine depuis 1912. Nancy, Impr. G. Thomas, 1936. [5]-192 p. incl. tables, diagrs. Thèse-Univ. de Nancy.

HU, HSIEN-CHIN, 胡先進, 1915- Inflation and inflation control in China, 1937-47. Urbana, 1950. 22 p. Abstract of thesis-University of Illinois.

KANN, EDUARD, 1880- The currencies of China; an investigation of gold and silver transactions affecting China, with a section on copper; foreword by Julean Arnold, with six illustrations. Shanghai, Kelly and Walsh, 1926. xviii, 374, [375]-540, [xxi]-xlviii p. col. front., plates, fold. tables.

KOH, TSO-FAN, 谷春帆, [Ku Chün-fan]. Silver at work, with special reference to China. Shanghai, Finance and Commerce, 1935. 51 p.

KUO, SUNG-CHUAN, 郭松泉. Paper money. Tientsin, Hautes études, 1938. 81 p. (Tientsin. Institut des hautes études industrieles et commerciales. Economic studies, 10).

LAI, KWOK-KO, 賴國高. Études sur le marché du change de Changaï et ses relations avec la balance des comptes de la Chine. Lyon, Bosc frères, M. et L. Riou, 1935. [ix]-xi, 191, [1] p. Thèse-Univ. de Lyon.

LEE, FREDERIC EDWARD. Currency, banking, and finance in China. Washington, Govt. Print. Off., 1926. x, 220 p. incl. tables. (Bureau of foreign and domestic commerce. Trade promotion series, 27).

LEE, JEAN, 李鴻一. La crise économique et la réforme monétaire en Chine (1935). Paris, A. Pedone, 1936. 118 p. Thèse-Univ. de Paris.

LIAO, BAO-SEING, 廖寶賢. Die Bedeutung des Silberproblems für die Entwicklung der chinesischen Währungsverhältnisse. Berlin, Duncker und Humblot, 1939. viii, 144 p. (Neue reihe staatswissenschaftlicher arbeiten, 6. hft.).

LIN, WEI-YING, 林維英, 1908- China under depreciated silver, 1926-31. Shanghai, Commercial Press, 1935. xiii, 230 p. fold. tables, fold. diagrs. (The Foreign trade association of China. Monograph, 1). Thesis-Columbia University.

———. The new monetary system of China; a personal interpretation. Shanghai [etc.] Kelly and Walsh, 1936 [i.e. 1937] 175 p. incl. tables (1 fold.).

LIU, SIEN-WEI, 劉先緯. Les problèmes monétaires et financiers de la Chine avant et depuis les hostilités sino-japonaises. Paris, Domat-Montchrestien, 1940. 200 p. Thèse-Univ. de Paris.

LIU, SING-CHEN, 劉星晨. La dépréciation actuelle de l'argent en Chine et ses remèdes. Nancy, Poncelet, 1931. cover-title, 146 p. Thèse-Univ. de Nancy.

MEI, YUNG-MOU, 梅遠謨. La crise de l'argent en Chine et la réforme monétaire du 4 novembre 1935. Nancy, Impr. G. Thomas, 1936. [5]-178 p. diagrs. (1 fold.) Thèse-Univ. de Nancy.

MONETARY AND ECONOMIC CONFERENCE, London, 1933. Silver. Memorandum of agreement between the United States of America, Australia, Canada, China, India, Mexico, Peru and Spain. With supplementary undertakings. Signed at London, July 22, 24, and 26, 1933. Effective April 24, 1934. Washington, Govt. Print. Off., 1934. 12 p. ([Dept. of State. Publication no. 613] Executive agreement series no. 63).

———. Silver agreement between the governments of Canada, the commonwealth of Australia, India, China, Mexico, Peru, Spain and the United States, with supplementary undertakings signed July 24 and 26, 1933, London, July 22, 1933. [Ratifications deposited at Washington by His Majesty's governments in Canada and the commonwealth of Australia and the government of India, March 28, February 16 and March 21, 1934, respectively] London, H.M. Stationery Off., 1934. 13 p. ([Gt. Brit. Foreign office] Treaty series, no. 24 (1934)).

NEW exchange rules and revised temporary trade regulations of the Republic of China, August 1947. Shanghai, North China Daily News and Herald, 1947. 10 p.

PINNICK, ALFRED WILLIAM. Silver and China; an investigation of the monetary principles governing China's trade and prosperity. Shanghai, Kelly and Walsh, 1930. xvii, 90 p.

REVISED temporary regulations with regard to trade and foreign exchange transactions. Shanghai, China Daily Tribune Pub. Co., 1947. 40 p.

SALTER, JAMES ARTHUR, 1881-1939. China and silver. New York, Economic

Forum, 1934. [3]-117 p.
———. China and the depression; impressions of a three months visit. Shanghai, National Economic Council, 1934. 149 p. (National Economic Council. Special ser., 3).
SHEN, LIN-YU, 沈麟玉, 1902- China's currency reform; a historical survey. Shanghai, Mercury Press, 1941. xiv, 184 p. plates, tables.
T'ANG, LIANG-LI, 湯良禮, 1901- China's new currency system. Shanghai, China United Press, 1936. ix, 138 p. port. ("China to-day" series. [8]).
TSON, HAUIN-KIO, 曾還九. Le système monétaire en Chine. Nancy, Impr. Grandville, 1934. 149 p. Thèse-Univ. de Nancy.
U.S. Office of Coordinator of Information. Research and Analysis Branch. Stabilization and silver in American aid to China. [Washington, 1941] 26 p.(Its Memorandum no. B.R.6).
———. Office of Strategic Services. Research and Analysis Branch. Inflation in free China. [Washington, 1945] 8 l. (Its Current intelligence study, 36).
WU, CHI-YUEN, 伍啓元, 1912- Currency, exchange and prices in wartime China, July 1937 to June 1944. [Preliminary report] Chungking, China Institute of Pacific Relations, 1945. i, 111 l.
YÄN, TJING-HSI, 1910- Die Silberentwertung im Rahmen der chinesischen Geldverfassung. Jena, Gedruckt in der Buchdruck-werkstätte, g.m.b.h., 1933. 102 p. Diss.-Univ. Jena.
YEN, CHI-CHIN, 顏既金. Le problème de la monnaie chinoise. Paris, L.Rodstein, 1933. 166 p., tables. Thèse-Univ. de Caen.

Banking

BANK OF CHINA. An analysis of the accounts of the principal Chinese banks, 1921-31. Compiled and published by the Research Department, Bank of China, Shanghai. [Shanghai, 1933] x, 353 p., 1 l. incl. illus., tables (part fold.) diagrs. fold. maps.
BUREAU, ANDRÉ. La crise bancaire en 1921-23 (Banque industrielle de Chine, Banca di sconto, Landmandsbank, Andresens og Bergens kreditbank) Étude juridique et politique de l'intervention de l'État. Paris, Société anonyme de publications périodiques, 1923. 144 p.
CHÊN, CHIA-TSÜN, 陳家駿. Das chinesische Bankwesen, unter besonderer Berücksichtigung der neuen chinesischen Banken. Berlin-Wien-Zürich, Österreichischer Wirtschaftsverlag, Kommanditgesellschaft Payer und co., 1938. viii, 104 p. incl. tables. (Bank- und kreditwirtschaft; betriebswirtschaftliche abhandlungen, hft. 1).
CHEN, SHIH-CHEN, 陳世振, 1913- A proposed banking system for China: with special reference to the system of the United States. Ann Arbor, University Microfilms [1955] ([University Microfilms, Ann Arbor, Mich.] Publication no. 13,463). Collation of the original: vi, 256 l. Thesis-University of Illinois.
CHINA. Commission of Financial Experts. Project of a general banking law, together with a report in support thereof. Submitted to the National Government through the Minister of finance on December 10, 1929. [Shanghai, 1929] 68 numb. l.
———. Project of law for the creation of the Central reserve bank of China, together with a report in support thereof. Submitted to the National Government through the Minister of finance on December 10, 1929. [Shanghai, 1929] 142 numb. l.
———. Directorate General of Postal Remittances and Savings Banks. Report on the postal remittances and savings banks. 1930-36. First-6th issue. Shanghai [1931-36] 6 v. tables.
———. Directorate General of Posts. Report on the working of the Chinese post office savings bank. 1919-20. Shanghai, 1920-21. 2 v. tables. ([Publications]

II. Public series: S.B. no. 1).

DZEN, TIEN-YUE, 曾天宇, 1889- Das Bankwesen in China, ein Beitrag zur Organisation und den Problemen der inländischen und ausländischen Banken in China. Berlin, W. Christian Verlag, 1927. 143 p. incl. tables, diagrs. (Christians Volkswirtschaftliche Bücherei, 3).

HALL, RAY OVID, 1891- The Chinese national banks, from their founding to the moratorium. Berlin, privately printed, 1921. 291 p. Thesis-Columbia University.

HO, FENG-SHAN, 何鳳山, 1903- Das Bankwesen in China und seine Probleme. Murnau Obby, Fürst, 1932. vi, 194 p. fold. tables. Diss. -Univ. München.

HSIA, CHIN-HSIUNG, 夏晉熊, 1908- La reconstruction monétaire et bancaire de la Chine contemporaine. Paris, Librairie technique et économique, 1938. [7]-162 p.

HSU, WEI-CHU, 徐維初. Die Tätigkeit des ausländischen Bankwesens in China insbesondere in Hinsicht auf die "Deutsch-Asiatische Bank." München, 1941. 177 l. Diss. -Univ. München.

KAO, MONG-TSANG, 高莽蒼. Die Bedeutung von Schanghai für die chinesische Volkswirtschaft unter besonderer Berücksichtigung des Bankwesens. Berlin, 1938. xix, 289 p. Diss. -Univ. Berlin.

KU, SUI-LU, 顧綏祿. Die Form bankmässiger Transaktionen im inneren chinesischen Verkehr, mit besonderer Berücksichtigung des Notengeschäfts. Hamburg, Kommissionsverlag L. Friederichsen, 1926. vi, 77 p. illus.(facsims.) (Veröffentlichungen des Seminars für Sprache und Kultur Chinas an der Hamburgischen universität, 1).

LEE, BAEN ELMER, 李培恩, [Li P'ei-ên] 1889- Modern banking reforms in China [1842-1941] Ann Arbor, University Microfilms, 1941 [i.e. 1951] ([University Microfilms, Ann Arbor, Mich.] Publication no. 2349). Collation of the original: xi, 266 l. tables. Thesis-Columbia University.

LEE, TUH-YUEH, 李德燏. The evolution of banking in China. New Brunswick, N.J., Rutgers University, 1952. 60 l. Thesis-Rutgers University.

LI, CHIEN-MING, 李建名. The accounting system of native banks in Peking and Tientsin. Tientsin, Hautes études, 1941. xiv, 301 p. (Tientsin. Institut des hautes études industrieles et commerciales. Economic studies, 19).

PU, SHOU-HAI, 浦壽海, 1920- Banking reform in China. Cambridge, 1946. 239 p. Thesis-Harvard University.

SHEN, KI-FEIN, 沈其蕃. Essai sur l'origine et l'évolution des banques en Chine. Paris, Domat-Montchrestien, 1936. vii, 261 p. Thèse-Univ. de Caen.

TAMAGNA, FRANK M., 1910- Banking and finance in China, with a preface by T.V. Soong. New York, International Secretariat, Institute of Pacific Relations, 1942. xxi, 400 p. incl. tables, diagr. (I.P.R. inquiry series).

TCHEN, TSOU-SIANG, 鄭祖驤. La circulation fiduciaire et les banques d'émission centrale en Chine. Nancy, Impr. G. Thomas, 1931. [7]-159 p. Thèse-Univ. de Nancy.

YUEN, TSE-KIEN, 袁子健, 1908- Étude sur les établissements de crédit en Chine. Paris, Au commerce des idées, 1929. 135 p. Thèse-Univ. de Grenoble, 1929.

Public Finance and Taxation

Public Finance

BANK OF CHINA. Research Department. Chinese government loan issues and obligations, compiled and edited by the Research Department, Bank of China. Shanghai, Bank of China, 1930. 109, 5, 7 p. charts (part fold.) and fold. tables.

BAYLIN, J.R. Chinese internal loans [by] J.R. Baylin [and] E.Kann. [Peiping] A. Nachbaur by arrangement with the Bureau of Industrail and Commercial

Information, 1929. 3-38 [i. e. 52] p. fold. diagrs.
———. Emprunts intérieurs chinois (caractéristiques et tables d'amortissement) par J.R. Baylin. Memorandum de T.V. Soong sur la situation financière du gouvernement national (janvier 1929). Pékin, A. Nachbaur [1929] 28 p. incl. tables, charts. (Encyclopédie des questions chinoises).
CHANG, YING-HUA, 張英華, 1886- The financial reconstruction of China. Peking, 1923. 49 p. incl. tables.
CH'EN, P'ING-TSANG, 陳炳章, 1899- Recent financial developments in China, 1934-36. [Shanghai, 1937] Reprinted from the Chinese Year Book, 1936-37, p. 548-778.
CHINA. Commission of Financial Experts. Report on revenue policy. Submitted to the National government through the Minister of finance by the Commission of financial experts on December 10, 1929. [Shanghai, 1929] [2], 14 p. Manifold copy.
———. Project of an organic law setting up a department of national debt within the Ministry of Finance, together with a report therof and regulations governing the organization of the department. Submitted to the National government through the Minister of finance on June 14, 1929. [Shanghai, 1929] 18 numb. l.
———. Projects of law dealing with financial planning, budget, preparation, budget enforcement, accounting, fiscal control, supervisory inspection and audit; together with reports in support thereof. Submitted to the National government through the Minister of finance on December 10, 1929. [Nanking? 1929?] 2 v. tables, diagrs. (4 fold.).
———. Project of a public credit rehabilitation law, together with a report on the national debt of China and the rehabilitation of China's credit. Submitted to the National government through the Minister of finance on December 10, 1929. [Nanking? 1929?] 2 v. tables (part fold.) diagr.
———. Ministry of Finance. Report on progress in Chinese finances. Nanking, August 5, 1932. [Geneva, Printed by Sonor, 1932] 20 p. incl. tables.
CHU, CHI, 朱偰 1907- Hauptproblems der Finanzreform Chinas. Peiping, Universitätsverlag, 1932. v, 258, 6 p. incl. tables. Diss.-Univ. Berlin.
CHU, PAKONG, 朱伯康. Der staatshaushalt und das finanzsystem Chinas. Leipzig, H. Buske, 1937. 133 p. (Frankfurter wirtschaftswissenschaftliche studien, 2).
La DETTE chinoise. Emprunts intérieurs et emprunts extérieurs. Tables d'amortissements. Pékin, A. Nachbaur, 1925. 21 tables, f° (Encyclopédie des questions chinoises).
DUNG, BI, 董璧, 1909- Eine Studie über die chinesische Finanzwirtschaft mit besonderer Berücksichtigung ihrer gegenwärtigen Neuordnung. Hamburg, E. Korff, 1934. 171 l. Diss.-Univ. Hamburg.
FINANCE and commerce year book. 1921/22-29// Shanghai, China, "Finance and commerce" [etc.] 1921- 7 v.
KANN, EDUARD, 1880- The history of China's internal loan issues. Shanghai, 'Finance and Commerce,' 1934. 104 p. tables (part fold.).
LEAGUE OF NATIONS. Delegation from China. The financial situation in China and Japan. Geneva, Press Bureau of the Chinese Delegation [1933?] 44 p.
LEE, CHOU-YING, 李超英, 1901- The system of Chinese public finance; a comparative study. London, P.S. King, 1936. xiii, 256 p. diagr.
LI, CHUAN SHIH, 李權時, 1895- Central and local finance in China; a study of the fiscal relations between the central, the provincial, and the local governments. New York, Columbia University, 1922. 187 p. (Studies in history, economics and public law, whole no. 226).
LONG, YIN, 龍吟. Le contrôle du budget en Chine, comparaison avec les systèmes anglais et français. Lyon, Impr. générale lyonnaise, 1943. cover-title, 196 p.
PAAUW, DOUGLAS SEYMOUR, 1921- Chinese public finance during the Nan-

king government period. Cambridge, 1950. 389 p. Thesis-Harvard University.

PADOUX, GEORGES, 1867- The financial reconstruction of China and the consolidation of China's present indebtedness. 3d printing. Peking, La Librairie française [1924?] 22 p. incl. tables.

———. The consolidation of China's unsecured indebtedness and the creation of a Chinese consolidated budget, memorandum for the Commission for the Readjustment of Finance. Tientsin, Librairie française, 1925. 28 p.

PEKING. AMERICAN CHAMBER OF COMMERCE. Chinese government finances; a study made by a committee of the American Chamber of Commerce, Peking. [Peking, 1923] cover-title, 20 p. fold. tables.

SHAW, KINN WEI, 壽景偉, [Shou Ching-wei] 1891- Democracy and finance in China; a study in the development of fiscal systems and ideals. New York, Columbia University Press, 1926. 215 p. (Studies in history, economics, and public law. No. 282).

TAY, MING-CHUNG, 戴鳴鍾, 1914- Das Finanz- und Steuerwesen Chinas unter besonderer Berücksichtigung der Einkommensteuer. Jena, G. Fischer, 1940. viii, 98 p. (Forschungen zur finanzwissenschaft, schriften des Instituts für finanzwesen der Wirtschaftshochschule Berlin, 4).

TCHÉOU, JEUNGENS, 周鴻鈞. Des dettes publiques chinoises. Lyon, Bosc frères et Riou, 1927. 107 p. incl. tables.

UCHIDA, KATSUSKI. The problem of China's loan adjustment. Prepared for the fourth bi-annual conference of the Institute of Pacific Relations to be held at Hangchow from Oct. 21 to Nov. 4, 1931. Tokyo, Japan Council, Institute of Pacific Relations, 1931. [4], 15 p. tables.

YIN, WEN-CHING, 尹文敬. Le système fiscal de la Chine. Paris, Impr. du Montpanasse et de Persan-Beaumont, 1929. 212 p. Thèse-Univ. de Paris.

YOUNG, ARTHUR NICHOLS, 1890- China's financial progress. New York, Foreign Policy Association [1938] p. [25]-36. (Foreign policy reports. 14:3. April 15, 1938).

———. China's economic and financial reconstruction. [New York] 1947. cover-title, 81 p. (Papers submitted to the Committee on International Economic Policy by its Advisory Committee on Economics. 13).

Tariff and Taxation

BAU, MINGCHIEN JOSHUA, 鮑明鈐, 1894- Tariff autonomy of China. Kyoto, 1929. 12 p.

BEAL, EDWIN GEORGE, 1913- The origin of likin. Ann Arbor, University Microfilms, 1950. ([University Microfilms, Ann Arbor, Mich.] Publication no. 1739). Collation of the original: xiii, 324 l. diagrs. Thesis-Columbia University.

BUSS, CLAUDE ALBERT, 1893- The relation of tariff autonomy to the political situation in China. Philadelphia, 1927. 141 l. illus.(map) diagrs. Thesis-Univ. of Pennsylvania.

CHAU, YAU-PIK, 周有壁, [Chou You-pi] 1905- The taxation reforms of the Chinese national government in the decade 1927-37. Chicago, 1945. 316-363 p. Part of thesis-University of Chicago.

CHINA. Central Salt Administration. Accounts. Issue 1-18; 1913-29. Shanghai, 1915-31. 16 v.?

———. Statistical review of the work of the inspectorate, 1913-33, with special attention given to the evaluation of results achieved during the last five years, prepared by F.A. Cleveland. Shanghai, 1934. iii, 240 f. incl. charts, tables.

CHINA. Commission of Financial Experts. Project of law for a documentary stamp tax, together with a report in support thereof. Submitted to the Minister of finance on November 18, 1929. [Shanghai, 1929] 27 numb. l.

———. Project of law for a special consumption tax on Portland cement. Submitted to the National government through the Minister of finance on December 10, 1929. [Shanghai, 1929] 16 numb. l.

——. Project of law for increasing the customs revenue from import duties, for simplifying import duties, and for the eventual abolition of customs duties levied upon the internal trade of China, together with a report thereof. Submitted to the National government through the Minister of finance on December 10, 1929. [Shanghai, 1929] 12 numb. l.

——. Project of law for placing customs duties on imports from abroad upon a gold basis. Submitted to the National government through the Minister of finance on December 10, 1929. [Shanghai, 1929] 11 numb. l.

——. Project of tariff law, together with a report in support thereof. Submitted to the National government through the Minister of finance on December 10, 1929. [Shanghai, 1929] 103 numb. l.

CHINA. Inspectorate General of Customs. General tariff of import and export duties, including the lists of duty-free goods and of articles which are contraband or subject to special regulation. Shanghai, Statistical Dept., Inspectorate General of Customs, 1929. 72 p. (Its Imperial maritime customs III. Miscellaneous series, no. 8).

——. Customs export tariff of the Republic of China. (1931). Promulgated by the National government on 7th May, 1931 and showing rates effective from 1st June 1931. Shanghai, Statistical Dept., Inspectorate General of Customs, 1931. iv, 37 p.

——. Guide to the metric edition of the export tariff (1931) and classification of returns: effective from the 1st February, 1934. English version. Shanghai, Statistical Dept., Inspectorate General of Customs, 1934. 138 p. (Maritime customs. III. Miscellaneous series: 41).

——. Customs export tariff of the Republic of China, 1934, showing rates effective from 21st June 1934. Shanghai, Statistical Dept., Inspectorate General of Customs, 1934. iv, 39 p.

——. The same. Rev. Sept. 1945. Shanghai, Statistical Dept., Inspectorate General of Customs, 1946. iv, 30 p.

——. Customs import tariff of the Republic of China (1931) Promulgated by the National government on 29th December 1930 and showing rates effective from 1st January 1931. Shanghai, Statistical Dept., Inspectorate General of Customs, 1932. vi, 105 p. incl. tables.

——. Guide to the import tariff (1931) and classification of returns. English version. Shanghai, Statistical Dept., Inspectorate General of Customs, 1933. 212 p. (Maritime customs. III. Miscellaneous series: 40).

——. Customs import tariff of the Republic of China, 1934, showing rates effective from July 1934. Shanghai, Statistical Dept., Inspectorate General of Customs, 1934. vi, 106 p.

——. The same. Rev. Sept. 1945. Shanghai, Statistical Dept., Inspectorate General of Customs, 1946. vi, 79 p.

——. Code of customs regulations and procedure. 2d ed.: rev. and enl. Shanghai, Statistical Dept., Inspectorate General of Customs, 1935. xii, 463 p. incl. forms (part fold.) (Maritime customs. III. Miscellaneous series: 44).

——. Documents illustrative of the origin, development and activities of the Chinese Customs Service. Shanghai, Statistical Dept., Inspectorate General of Customs, 1937-40. 7 v. (Its The maritime customs. IV: Service series, 69).

CHINA. Laws, statutes, etc. The income tax law of the Republic of China (promulgated by the President on December 23, 1955 and enforced on January 1, 1956) Taipei, Ministry of Finance, 1956. 54 p.

——. The income tax law of the Republic of China (1956). Taipei, Bank of China, 1956. 40 p.

——. Ministry of Finance. Direct tax laws and regulations, translated into English and published by the Direct tax administration of the Ministry of Finance at Chingking, July 1, 1943. Washington, China-American Council of Commerce and Industry, 1944. 30 p. tables.

CHOW, LIANG-DONG, 周良棟. L'impôt du sel en Chine. Nancy, Impr. G. Thomas, 1936. [7]-119 p. Thèse-Univ. de Nancy.

FOREIGN POLICY ASSOCIATION, New York. The Chinese tariff conference - October 26, 1925. [New York, Foreign Policy Association, 1925] 11 numb. l. (Editorial information service. Series 1925-26. 1:2. October 24, 1925).

FU, CH'UAN-PO, 符傳鉢. Étude historique et critique sur le régime douanier de la Chine. Paris, P. Geuthner, 1930. 155, [1] p. diagr. (Université de Lyon. Bibliothèque franco-sinica lugdunensis. Études et documents publiés par l'Institut franco-chinois de Lyon. t. VIII).

HOU, HON-CHUN, 胡鴻鈞. Histoire douanière de la Chine de 1842 à 1911. Paris, Les Presses modernes, 1929. 222 p. Thèse-Univ. de Paris.

LEE, EDWARD BING-SHUEY, 李炳瑞, 1903-56. China's struggle for tariff autonomy, with an introduction by Chengting T. Wang and a preface by T. V. Soong. [Shanghai? 1929] xiii, 90 p. (International relations series).

LI, PAO-CH'EN, 李寶震. Income tax in China. Tientsin, Hautes études, 1937. 105 l. Appendix, 15 l. (Tientsin. Institut des hautes études industrieles et commerciales. Economic studies, 7).

LIU, T'ING-MIEN, 劉廷冕, 1897- Modern tariff policies with special reference to China. New York, Alliance Print. Corp., 1924. ix, 140 p. Thesis-Columbia University.

LU, WELLINGTON T. Y., 陸東亞, 1910- comp. Current Chinese industrial and commercial tax laws and regulations. [Taipei, Taxes Affairs Publication, 1952. xi, 136 p. ports.

MAO, CHO-TING, 毛卓亭, 1926- Taxation and accelerated industrialization, with special reference to the Chinese tax system during 1928-36. Ann Arbor, University Microfilms [1954] ([University Microfilms, Ann Arbor, Mich.] Publication no. 10, 308) Collation of the original: xi, 334 l. illus. Thesis-Northwestern University.

PEKING. SPECIAL CONFERENCE ON THE CHINESE CUSTOMS TARIFF, Oct. 1925-April, 1926. The Special conference on the Chinese customs tariff (October 1925-April 1926) Peking, 1928. iv, 629 p.

SIAO, STÉPHANE, 蕭子風. Les régimes douaniers de la Chine. 中國關稅制度 Paris, P. Bossuet [1931?] 230 p.

SUN, I-SHUAN, 孫義宣, 1920- Salt taxation in China. Madison, 1953. ii, 230 l. Thesis-Univ. of Wisconsin.

T'AO, ALFRED C., 陶潔卿, [T'ao Chieh-ching] 1911- A study of the tax structure in China, with some recommendations for the post-war period. Peiping, National Peking University, 1946. 75 p.

TING, TSO-CHAO, 丁作韶. La douane chinoise. Paris, P. Geuthner, 1931. 214 p.

[U.S. Office of Coordinator of Information. Research and Analysis Branch] The importance of salt in the economy of the Sino-Japanese struggle. June 17, 1942. [Washington, 1942] 4 p. (Office of Strategic Services. Far Eastern Section. Situation report, 11).

WANG, KAI-HUA, 王開化. Die Bedeutung der listischen Lehre für China. Shanghai, Lo-chun Book Co., 1929. v, 153 p. Diss.-Univ. Tübingen.

WRIGHT, STANLEY FOWLER, 1873- The collection and disposal of the maritime and native customs revenue since the revolution of 1911, with an account of the loan services administered by the Inspector General of Customs. Second ed. rev. and enl. Shanghai, Statistical Dept., Inspectorate General of Customs, 1927. 276 p. incl. tables, fold. diagr. (China. Inspectorate general of customs. The maritime customs. II. - Special series: no. 41).

——, China's customs revenue since the revolution of 1911. 3d ed., rev. and enl. Shanghai, Statistical Dept., Inspectorate General of Customs, 1935. [iii]-iv, 674 p. incl. tables. fold. diagr. (China Inspectorate general of customs. The Maritime customs. II. - Special series: no. 41).

———. China's struggle for tariff autonomy: 1843-1938. Shanghai, Kelly and Walsh, 1938. xi, 775 p.

———. The origin and development of the Chinese customs service 1843-1911; an historical outline. Shanghai, privately printed, 1939. 147 p.

YU, TSUNG-FAN, 余宗范. L'impôt foncier en Chine depuis 1912. Paris, Impr. J. Delalain, 1939. [7]-104, [6] p. Thèse-Univ. de Paris.

Prices - Index Numbers

BANK OF CHINA. Research Dept. An analysis of Shanghai commodity prices, 1923-32. Shanghai, 1933. v, 352 p. diagrs. tables.

CHINA. Bureau of Markets. The index number of customs import prices in Shanghai. 上海輸入貨物關價指數表, by T. Sheng, 盛俊. Shanghai, 1925. cover-title, 6, 2, [1], 24, 18, 2 p. incl. tables.

———. Index numbers of supplementary import prices in Shanghai. By T. Sheng. Shanghai, 1925. 63 p. incl. tables.

———. Remarks on revision of the tables of prices in Shanghai. Explanations of the index numbers of import and export prices in Shanghai. Shanghai, 1925. 110 p. incl. tables.

———. The Shanghai wholesale price index number. 上海物價指數論叢 Ed. by T. Sheng. Shanghai, 1925. cover-title, 3 l., 55, 75, [4] p.

———. Monthly report on prices and price indexes in Shanghai. 上海物價月報 October, 1925-June 1928. Vol. 1-Vol. 4, no. 6. Shanghai [1925-28] 4 v. tables, diagrs.

———. Prices and price indexes in Shanghai, 上海物價月報, July 1928-June 1940. Shanghai, 1928-40. 13 v. tables, diagrs. From April 1929 to June 1940, issued under the name of the National Tariff Commission.

CHINA. National Tariff Commission. The Shanghai market prices report. Jan.-March, 1923 [-Oct.-Dec. 1933] Shanghai [1923-34?] 40 v. in 6. quarterly.

———. The cost of living index number in Shanghai. Shanghai, 1930. cover-title, 28 p. incl. tables, diagr. (Bulletin. Statistical series, no. IV).

———. The revision of the price index numbers. By T. Sheng. (With appendices) Shanghai, 1931. cover-title, iii, 22, 30 p. incl. tables, diagrs. (Bulletin. Statistical series, VI).

———. Basic prices of commodities in the index numbers of the wholesale, export and import prices of Shanghai. Shanghai, 1934. 15 p. (Its Statistical series, 10).

———. Price index numbers in Shanghai ending December 1933. Shanghai, 1934. ii, 15 p. charts.

———. A report on the revision of the index numbers of import prices in Shanghai. Shanghai, 1934. [2], 10 p.

———. Annual report of Shanghai commodity prices 上海物價年刊, 1934-38. Shanghai, 1935-39. 4 v. tables, diagrs.

HO, FRANKLIN LIEN, 何廉, 1895- comp. Wholesale prices and price index numbers in North China, 1913 to 1929. Tientsin, Nankai University Committee on Social and Economic Research, 1929. 145 p. (Its Bull. Price Ser., 1).

———. Index numbers of the quantities and prices of imports and exports and of the barter terms of trade in China, 1867-1928. Tientsin, Nankai University Committee on Sociel and Economic Research, 1930. 24 p. (Its Bull. Price Ser., 4).

INSTITUTE OF SOCIAL RESEARCH. Peiping. Monthly index numbers of the cost of living in Peiping. v. 1-9. Peiping, China [1929-Je 1937] 9 v. diagrs. monthly.

NANKAI UNIVERSITY. Nankai Institute of Economics. Bulletin. Price series. no. 1- May 1929-Je. 1930// Tientsin, Printed by China Press, 1929-

2 v. tables, diagrs. annual.

———. Nankai index numbers, 1934-36 (of commodity-prices at wholesale, cost of living, foreign exchange rates, and quantities and prices of imports and exports) Tientsin, Nankai Institute of Economics, Nankai University, 1935-37. 3 v. diagrs.

YANG, SIMON, 楊西孟. An index of the cost of living in Peiping. Peiping, [Institute of Social Research] 1928. 16 p. incl. tables, diagrs. (Institute of Social Research, Bull., 1).

———. A study of the standard of living of working families in Shanghai, by Simon Yang and L.K. T'ao, 陶孟和. Peiping, Institute of Social Research, 1931. 86, lvi p. tables. (Social Research Publ. Monog. 3).

The YENCHING index numbers. v. 1-2. Jan. 1940-Aug. 1941. Peking, Dept. of Economics, Yenching Univ. 2 v. tables. monthly.

Modern Industries and Industrialization
Textile Industries

BARKER, ALDRED FARRER, 1868- The textile industries of China, their present position and future possibilities, by Aldred Farrer Barker and Kenneth Crookes Barker. A report presented to Chiao-tung University with particular reference to the proposed institution of a school of textile industries. Shanghai, 1934. iv, 224 p. illus.

BLANCHARD, FESSENDEN SEAVER, 1888- The textile industries of China and Japan; post-war opportunities and problems for America. New York, Textile Research Institute [1944] v, 71 p.

CHIN, CHIEN-YIN, 金建寅. Wool industry and trade in China. Tientsin, Hautes Études, 1937. a-h, 152 p. diagrs. (Hautes Études industrielles et commerciales. Economic studies, 6).

CHIN, ROCKWOOD QUOCK-PING, 陳國平, [Ch'en Kuo-ping] 1911- Cotton mills, Japan's economic spearhead in China, a study in international competition. New Haven, 1937. 371 l. Thesis-Yale University.

CHINA. Cotton Industry Commission. The organization and activities of the Central Bureau of Cotton Anti-adulteration. Shanghai, 1937. 23 p. plates.

———. A preliminary report of the classification of Chinese cotton in China. Shanghai, 1936. 32 p. (Special report, 4).

———. Tentative cotton standards. Rev. ed. Shanghai, 1936. 58 p. illus. plates.

CHINA CORPORATION, New York. A review of the cotton textile industry of China, prepared by China Corporation in association with William Hunt and Company. [New York, 1944] cover-title, v, 52 numb. l. incl. tables.

CHÜ, T.S., 曲直生. Marketing of cotton in Hopei province by T.S. Chü and T. Chin, 秦𧶘. Peiping, Institute of Social Research, 1930. 54 p. (Its Bull., 3).

FONG, H.D., 方顯庭, 1902- Cotton industry and trade in China. Tientsin, Chihli Press, 1932. 2 v. illus.(map) fold. tables, diagrs., fold. form.(Nankai institute of economics. Industry series. Bull., 4).

———. Terminal marketing of Tientsin cotton. Tientsin, Chihli Press, 1934. 47 p. map, tables.

GT. BRIT. Cotton Mission. Report of the Cotton Mission. London, H.M. Stationery Off., 1931. 96 p.

HUANG, CHIH-YAO, 黃植堯. Die Bedeutung der Baumwolle in der chinesischen Volkswirtschaft. Marburg/Lahn, Gleiser, 1941. 69 p. Diss.-Univ. Marburg.

KING, S.T., 金秀清. China's cotton industry. A statistical study of ownership of capital, output, and labor conditions, by Miss S.T. King and D.K. Lieu. [Shanghai?] 1929. cover-title, 51 p. In vol. XXII of "Documents of the third conference, Institute of Pacific relations, Kyoto, Japan, 1929."

LEVY, BENAS. Baumwolle und Baumwollindustrie in Ostindien, Japan und China. Berlin, L. Schöttlander, 1930. 48 p. illus.

LIANG, LELAND SUNG, 梁勳, 1920- Problems of the cotton manufacturer in China. Philadelphia, 1955. 202 l. Thesis-Univ. of Pennsylvania.

MOSER, CHARLES KROTH, 1877- The cotton textile industry of Far Eastern countries. Boston, Pepperell Manufacturing Co., 1930. 144 p. plates.

PEASE, ARNO S., 1872- The cotton industry of Japan and China, being the report of the journey to Japan and China, February-April 1929. Manchester, International Federation of Master Cotton Spinners' and Manufacturers' Associations, 1929. vi, 51, 52-254 p. front. illus.

SCHWEIGER, KARL-HEINZ. Strukturwandlungen auf dem Gebiet der Textilwirtschaft in überseeischen Ländern, gezeigt an den Beispielen China und Indien in den Jahren 1938-47. Hamburg, 1948. x, 128 l. tables. Diss.-Univ. Hamburg.

TCHAO, KAUANG-TCHEN, 趙光宸, [Chao Kuang-chên]. Textile raw materials. Tientsin, Hautes études, 1935. 3 v. (Tientsin. Institut des hautes études industrieles et commerciales. Economic studies, 2).

TING, LEONARD G., 丁佶, 1909-43. Recent development in China's cotton industry. Shanghai, China Institute of Pacific Relations, 1936. 43 p.

WANG, TING-HSIEN, 王庭顯. Research on raw cotton and its trade in Tientsin. Tientsin, Hautes études, 1935. iii, 97 p. (Tientsin. Institut des hautes études industrieles et commerciales. Economic studies, 4).

Electrical Industries

BOARD OF ARBITRATION IN THE ARBITRATION CASE BETWEEN RADIO CORPORATION OF AMERICA VERSUS THE NATIONAL GOVERNMENT OF THE REPUBLIC OF CHINA, April 11-13, 1935. Decision in the arbitration case between Radio Corporation of America versus the National government of the Republic of China. The Hague, 1935. 22 numb. l.

CHAO, TSÊNG-CHIO, 趙曾鈺, 1901- The public utilities of Shanghai, 1946-47 [by] T.C. Tsao. [Shanghai, 1948?] ix, 122 p. port., diagrs.

CHINA. National Construction Commission. Electrification of the lower Yangtze area, Schedule 1. Nanking, 1930. 14 p. map.

———. National Resources Commission. Central electrical manufacturing works, National Resources Commission, Republic of China. New York, 1944. 19 p.

MANGOLD, RUDOLF. Die elektrotechnische Industrie und der chinesische Markt, hrsg. von der Chinastudien-Gesellschaft für deutsch-chinesische wirtschaftliche Zusammenarbeit unter Mitwirkung der Wirtschaftsgruppe Elektroindustrie. Berlin, Leipzig, W. de Gruyter, 1935. 154 p. fold. map, tables (part fold.).

YEH, KUNG-CHIA, 葉孔嘉, 1924- Electric power development in mainland China: prewar and postwar. Santa Monica, Rand Corp., 1956. 119 p. tables. (Rand research memorandum-1821).

ZEPPERNICK, GÜNTHER. Die bergwirtschaftliche Bedeutung der chinesischen Kohlenverkommen für die Gestaltung der Kraftstoffwirtschaft Chinas. Freiberg, 1942. 119 l. illus. map. Diss.-Univ. Freiberg.

Handicrafts

FONG, H.D., 方顯廷, 1902- Tientsin carpet industry. Tientsin, Printed by the Chihli Press, 1929. 77, [1] p. incl. tables. (Nankai university Committee on social and economic research. Industry ser. Bull., 1).

———. Rayon and cotton weaving in Tientsin. Tientsin, Chihli Press, 1930. 79, [1] p. (Nankai Univ. Committee on social and economic research. Industry ser., Bull., 2).

———. Hosiery knitting in Tientsin. Tientsin, Chihli Press, 1930. 76 p. (Nankai Univ. Committee on social and economic research. Industry ser. Bull., 3).

———. Rural industries in China, by H. D. Fong, with the assistance of Chih Wu, 吳知. Tientsin, Chihli Press, 1933. 68 p. tables. (Nankai Institute of Economics. Industry ser. Bull., 5).

———. Rural weaving and the merchant employers in a North China district. Tientsin, Chihli Press, 1935. 80 p. map, diagrs. (Nankai Institute of Economics. Industry ser., Bull., 7).

———. The growth and decline of rural industrial enterprises in North China, by H. D. Fong with the assistance of H. H. Pi, 畢相輝. Tientsin, Chihli Press, 1936. 83 p. incl. maps, tables. (Nankai Institute of Economics, Industry ser., Bull., 8).

HERMAN, THEODORE, 1913- An analysis of China's export handicraft industries to 1930. Ann Arbor, University Microfilms [1954] ([University Microfilms, Ann Arbor, Mich.] Publication no. 8348). Collation of the original: 270 l. illus., maps. Thesis-University of Washington.

HOMMEL, RUDOLF P. China at work; an illustrated record of the primitive industries of China's masses, whose life is toil, and thus an account of Chinese civilization. New York, John Day [c1937] x, 366 p. illus.

LI, P'U-LUNG, 李步龍. The brick industry in Tientsin and the problems of its modernization. Tientsin, Hautes études, 1940. 42 p. (Tientsin. Institut des hautes études industrieles et commerciales. Economic studies, 15).

SWIRE, G. WARREN. The coast and river trade of China. London, Royal Institute of International Affairs, 1931. [24] l. incl. tables. (Prepared for the 4th biennial conference of the Institute of Pacific Relations, Hangchow, 1931).

WOIDT, HANNA. Chinese handicrafts, a picture book. Peking, 1944. 51 p. plates (part col.).

Industrial Cooperatives

ALLEY, REWI, 1897- The Chinese industrial co-operatives. Chungking, China Information Pub. Co. [1940] cover-title, 25 p. (Chungking pamphlets, 4).

———. Two years of Indusco. Hong Kong, Chinese Industrial Cooperatives, Hong Kong Promotion Committee, 1940. 25 p. plates, ports., tables.

BURCHETT, GEORGE HAROLD. China's cooperative societies; their genesis and development [and other articles] Melbourne, Australia-China Cooperation Association, 1941. cover-title, 9 p. ports.

CHAND, MAHESH. Co-operation in China and Japan, by Maheshchand. Foreword by H. L. Kaji. Bombay, Vora [1946] 75 p.

CH'ÊN, FRANCIS J., 陳鵬. Cooperative enterprises in Fukien province. Translated by R. S. Ward. Foochow, 1940. 31 numb. l.

CH'ÊN, HAN-SHÊNG, 陳翰笙, 1897- Gung ho! The story of the Chinese cooperatives. New York, American Institute of Pacific Relations, 1947. 63 p. illus., double map. (I. P. R. pamphlets, 24).

CH'ÊN, JACK, 陳伊範. Progress of China's industrial cooperatives; a series of twenty drawings. New York, Indusco, 194? 20 p. illus.

CH'ÊN, KUO-FU, 陳果夫, 1892-1951. The co-operative movement in China. Shanghai, China Co-operators' Union, 1933; 2nd ed. 1947. 48 p. map, tables, diagrs.

CHINA. Ministry of Social Affairs. Central Cooperative Administration. The Chinese cooperative movement. Nanking, 1947. 48 p.

CHINESE INDUSTRIAL COOPERATIVES. General report. [Hong Kong, 1938-41] 3 v.

———. Chinese industrial cooperatives; for a new economic offensive, for prolonged resistance, for productive relief, for the salvation of China's industry, for victorious peacetime reconstruction. [Hong Kong, 1938] 64 p. illus. fold. map.

———. The people strike back! Or, The story of Chinese industrial cooperatives. [Hongkong, Hongkong-Shanghai Industrial Cooperatives Promotion

Committee, 1938] 68 p. illus., fold. map.

———. China's industrial reconstruction; the story of the Chinese industrial co-operatives. [Hongkong, Hongkong-Shanghai Industrial Cooperatives Promotion Committee, 1939] 68 p. illus., map.

———. Appeal, Chinese industrial co-operatives. [Hongkong, Printed by S.C.M. post, 1939] cover-title, 15 p. illus., plates.

———. A nation rebuilds; the story of the Chinese industrial cooperatives. [New York? 1943?] cover-title, 32 p. illus. (incl. ports.).

———. Shantan Bailie School, 1948, technical training school of the Chinese Industrial Cooperatives. Shanghai, International Committee for Chinese Industrial Cooperatives, 1948. 49 p.

———. Chengtu Depot. Report. 1940- [Hongkong] Chinese Industrial Cooperatives, Hongkong Promotion Committee. 1 v. illus.

———. Northwest headquarters. Reports, prepared by the staff of the Northwest headquarters. [1938/39-40] [Hongkong] Chinese Industrial Cooperatives, Hongkong Promotion Committee, 1940-41. 2 v. illus., plates, ports., diagrs.

DZUNG, KYI-UNG, 陳繼恩, [Ch'en Chi-ên] 1914- The Chinese industrial co-operative movement. Ann Arbor, University Microfilms [1952] ([University Microfilms, Ann Arbor, Mich.] Publication no. 2940) Collation of the original: 1 v. (various pagings) diagrs., tables. Thesis-Princeton University.

GOULLART, PETER. Report on the industrial cooperatives of Likiang, Yunnan. New York, 1945. 7 l.

HOGG, GEORGE AYLWIN. I see a new China. Boston, Little, Brown, 1944. London, V. Gollancz, 1945. xv, 210, [1] p. front.(port.).

HSU, YAN-KEE. Le mouvement coopératif en Chine. Paris, L. Rodstein, 1933. 183 p. incl. tables. Thèse-Univ. de Caen.

[SNOW, HELEN (FOSTER)] 1907- China builds for democracy; a story of co-operative industry, by Nym Wales [pseud.] New York, Modern Age Books, 1941. Allahabad, Kitabistan, 1942. xv, 310 p. incl. illus.(map) tables (1 fold.) plates, ports.

STEVENS, WAYNE MACKENZIE, 1893- Cooperative organization and management with special references to China. [n.p. 1936?] 2 v. illus., tables(part fold.) diagrs.

Industrialization

ALLEN, GEORGE CYRIL, 1900- Western enterprise in Far Eastern economic development, China and Japan, by G. C. Allen and Audrey G. Donnithorne. London, Allen and Unwin, 1954; New York, Macmillan, 1954. 291 p. maps.

BARNETT, ROBERT W., 1911- ed. Factors in Chinese economic reconstruction, a summary of discussions organized by the Washington office of the IPR. This study is submitted by the American council as a document of the eighth conference of the IPR to be held in December, 1942. New York, American Council, Institute of Pacific Relations [1942] 12 numb. l. (American council paper, 8).

CHEN, GIDEON, 陳其田. Chinese government economic planning and reconstruction since 1927. Shanghai, China Institute of Pacific Relations, 1933. 56 p.

CHIANG, KAI-SHEK, 1886- China's post-war economic reconstruction, by Chiang Kai-shek and T. V. Soong. With English translation. Shanghai, International Publishers [1945] 16, 13 p.

CHINA. National Construction Commission. The National Construction Commission of the National Government. [Nanking] 1930. cover-title, 16 p. fold. diagr.

———. National Economic Council. The National Economic Council: history, organization, and activities. Chin Fen, 秦汾, Secretary-General. Nanking, 1935. cover-title, 3 numb. l., 79, 34 p. incl. tables, diagr.

———. Annual report. 1935-36. Nanking, 1936-37. 2 v. plates, ports., tables, diagrs. (part fold.).

CHINA-AMERICAN COUNCIL OF COMMERCE AND INDUSTRY. Guide to the industrialization of China. 2d ed. [New York] 1945. 3 v. v. 1. Mining and metallurgy by Guy C. Riddel. - v. 2. Chemicals and basic processing by Ralph C. Lamis. - v. 3. Power report by Robert F. Hamilton.

CHUNG, AN-MIN, 鍾安民, 1921- The development of modern manufacturing industry in China, 1928-1949. Philadelphia, 1953. 301 l. Thesis-Univ. of Pennsylvania.

CLEMENTS, JULIUS MORGAN, 1869- Cement industry of China. Washington, Govt. Print. Off., 1922. ii, 8 p. incl. tables. (Bureau of foreign and domestic commerce. Trade information bull., 7).

FONG, H.D., 1902- Industrialization and labor in Hopei, with special reference to Tientsin. Shanghai, National Christian Council, 1931. 17 l.

———. China's industrialization; a statistical survey. Preliminary paper prepared for the fourth biennial conference of the Institute of Pacific Relations, to be held in Hangchow, from October 21st to November 4th, 1931. Shanghai, China Institute of Pacific Relations [1931] 46 p., 1 l. incl. tables (part fold.) fold. diagrs.

———. Toward economic control in China. [Shanghai] China Institute of Pacific Relations, 1936. 91 p. fold. map. (Papers presented at the sixth conference of the Institute of Pacific Relations, Yosemite national park, California. 4:3).

———. Industrial organization in China. [Tientsin, Printed by Chihli Press, 1937] 88 p. (Nankai institute of economics. Industry series. Bull., 10).

———. Problems of economic reconstruction in China, by H.D. Fong, K.Y. Yin, 尹國墉 and Tso-fan Koh, 谷春帆. (Pt. 1. Principles of post-war economic reconstruction in China. Pt. 11. Capital stock in China. Chungking, China Council, Institute of Pacific Relations, 1942. 38 l. incl. tables. (China Council paper, 2).

———. The post-war industrialization of China. [Washington, National Planning Association, 1942] iii, [1], 92 p. illus. (map) (Planning pamphlets, 12 and 13).

GULL, EDWARD MANICO, 1883- China's economic reconstruction; an outline of its determining factors and predictable trends, constituting part I of a larger I.P.R. research report on the same subject. Submitted by the Royal Institute of International Affairs as a document for the Ninth Conference of the I.P.R. to be held in January 1945. London, Royal Institute of International Affairs [1945] 22 numb. 1. (United Kingdom paper, 2).

———. Essentials of reconstruction in China. Constitutes part of a larger IPR research report. Submitted by the Royal Institute of International Affairs as a document for the Tenth Conference of the IPR to be held at Stratford-upon-Avon, England, September 1947. London, Royal Institute of International Affairs, 1947. 63 l. (United Kingdom paper, 2).

HAN, KWEI-CHANG, 韓貴章. Die Beziehungen zwischen Industrieaufbau und Verkehrsgestaltung im modernen China. Leipzig, 1942. ii, 192 l. illus. Diss.-Univ. Leipzig.

HO, FRANKLIN LIEN, 何廉, 1895- Extent and effects of industrialization in China, by Franklin L. Ho and Hsien Ding Fong. A data paper submitted to the biennial conference of the Institute of Pacific relations, October 1929. [Tientsin, 1929] cover-title, 34 p. incl. tables.

———. Industrialization in China; a study of conditions in Tientsin, by Franklin L. Ho and H.D. Fong. [Tientsin] 1929. cover-title, 30 p. incl. forms.

HSU, IH-SEN, 徐益生, 1921- A study of possible factors affecting the acceleration of industrial development in China. Ann Arbor, University Microfilms [1954] ([University Microfilms, Ann Arbor, Mich.] Publication no. 10,218). Collation of the original: vii, 317 l. maps, diagr., tables. Thesis-State University of Iowa.

HUBBARD, GILBERT ERNEST, 1885- comp. Eastern industrialization and its effect on the West; with a conclusion by Professor T.E. Gregory. London, Oxford University Press, H. Milford, 1938. xx, 418 p. "First published October 1935; 2d ed. enl. and rev., July 1938."

KIRBY, E. STUART, 1909- Some political aspects of Far Eastern economic development. New York, Institute of Pacific Relations, 1950. 55 p. (Its Secretariat paper, 4).

LIEU, D.K., 劉大鈞, [Liu Ta-chün] 1890- China's industries and finance, being a series of studies in Chinese industrial and financial questions. Peking [etc.] The Chinese Government Bureau of Economic Information [1927] xiv, 238 p. incl. tables. port., diagr.

———. A preliminary report on Shanghai industrialization. Shanghai, 1933. cover-title, 68 p. incl. tables (part fold.) (The China institute of economic and statistical research, 1:1).

———. The growth and industrialization of Shanghai. Shanghai, China Institute of Pacific Relations, 1936. ix, 473 p. incl. tables (part fold.) diagrs.

———. International aspects of China's economic reconstruction. Shanghai, China Institute of Pacific Relations, 1947. 32 l. (Institute of Pacific Relations, 10th conference, Stratford-upon-Avon, 1947, China paper, 2).

———. China's economic stabilization and reconstruction. New Brunswick, Rutgers Univ. Press, 1948. x, 159 p. map.

LOH, ARTHUR TSUNG-YUAN, 陸宗源, 1923- The theory of economic development and planning in an underdeveloped country, as applicable to China. Urbana, 1952. 8 p. Abstract of thesis-University of Illinois.

MA, TSIE, 馬節. Eine Untersuchung über die Grundlagen der Industrialisierung Chinas. München, 1941. 131 l. Diss.-Univ. München.

NIEH, C.L., 聶其璐. China's industrial development: its problems and prospect. Shanghai, China Institute of Pacific Relations, 1933. 53 p. (Institute of Pacific Relations. 5th Conference, Banff, 1933. Documents, 10:2).

RECONSTRUCTION in China; a record of progress and achievement in facts and figures. Shanghai, China United Press, 1935. xiv, 401 p. plates, ports., maps (part fold.). "China to-day ser. [3]).

RISCHE, BERNO, 1897- Stand und Entwicklung der chinesischen Industrie, mit besonderer Berücksichtigung der Absatzmöglichkeiten für ausländische Maschinen. Berlin, Maschinenbau-Verlag [1931] 176, [2] p. incl. tables.

ROSEN, GEORGE, 1920- Patterns of Far Eastern industrial development, with special reference to their influence on foreign trade in the Far East. New York, Institute of Pacific Relations, 1950. 32 l. (Secretariat paper, 5).

SUN, YAT-SEN, 1866-1925. The international development of China. New York and London, G.P. Putnam's sons, 1929. xvi, 265 p. plates (2 plans) 17 maps (1 fold. in pocket). 1st ed., 1922.

———. The same. Reprinted from the second ed. Chungking, China Pub. Co., 1941. xv, 265 p. plates (2 plans) 17 maps (1 fold.).

———. The same. Reprinted from the 2d ed. [Calcutta] Calcutta office, Chinese Ministry of Information, 1942. xiii, 191 p. plates (2 plans) maps (1 fold.).

———. The same. Reprinted from the 2d ed. Chungking, Ministry of Information, 1943. xiii, 191 p. plates (2 plans) maps (1 fold.).

———. The same. London, New York [etc.] Pub. on behalf of the London office, Chinese Ministry of Information, by Hutchinson [1945?] 176 p. plates (2 plans) maps (1 fold.).

———. The same. Nanking, Ministry of Information, 1947; Taipei, China Cultural Service, 1953. 233 p. illus. maps.

———. The same. [With Chinese text, New ed,] Taipei, China Cultural Service [1953] 330 p. illus.

———. Fundamentals of national reconstruction. Chungking and Calcutta, Chinese Ministry of Information [1945] iv, 96, [1] p. incl. facsim., diagrs., front. (port.) "Translator's preface" signed: Z. B. Toong, 董壽彭.

———. The same. [With Chinese text. Taipei] China Cultural Service [1953] vii, 266 p. port., diagrs., facsim.

———. Dr. Sun Yatsen's principles of industrial development of China, abridged and annotated by Ling Ping, 凌冰. Shanghai, The New Age Pub. Co., 1928. 4, 63 p.

SZE, SAO-KE ALFRED, 施肇基, 1877-1958. Reconstruction in China. New York, Chinese Cultural Society [1934?] cover-title, 15 p.

TAMAGNA, FRANK M., 1910- Politics and economics in Far Eastern reconstruction. New York, Institute of Pacific Relations [1947] 22 l. (Secretariat paper, 5).

TAO, SIU, 陶秀. L'œuvre du Conseil national économique chinois. Nancy, Impr. G. Thomas, 1936. [5]-175 p. Thèse-Univ. de Nancy.

TAYLOR, GEORGE EDWARD, 1905- The reconstruction movement in China. Submitted as a preparatory paper for the Sixth Conference of the Institute of Pacific Relations held at Yosemite, California, August 1936. London, Royal Institute of International Affairs, 1936. 2-35 numb. l. (United Kingdom papers, 6).

TAYLOR, JOHN BERNARD, 1878- Farm and factory in China: aspects of the industrial revolution. London, Student Christian Movement, 1928. 106, [1] p.

TING, CHEN, 丁忱, 1919- Industrialization, capital formation and internal savings, with special reference to the post-war industrialization of China. Cambridge, 1945. 256 l. Thesis-Harvard University.

U.S. Foreign Economic Administration. Guide to the industrialization of China, edited by Alexander Taube. Washington, D.C., Foreign Economic Administration, 1945. 10 v. 3400 l. Typescript.

VINACKE, HAROLD MONK, 1893- Problems of industrial development in China; a preliminary study. Princeton, Princeton University Press, 1926. ix, 205 p.

WANG, FOH-SHEN, 汪馥蓀. China's industrial production 1931-46. Nanking, Institute of Social Sciences, Academia Sinica, 1948. 17 p. diagr. tables. (Academia Sinica. Institute of Social Sciences. Social Science study papers, 2).

WANG, YAO-T'IEN, 汪堯田. China's economic reconstruction. [Shanghai, Longmans Book] 1948. v, 108 p.

WHAT the Chinese think about post-war reconstruction: Internal economic development, by Ching-chao Wu, 吳景超; China in world economy, by Choh-ming Li, 李卓敏; Post-war foreign policy by Yuan Chen, 陳源. New York, Foreign Policy Association [1943] [213]-228 p. (Foreign policy reports, 19: 16, November 1, 1943).

WONG, WÊN-HAO, 翁文灝, 1889- China's economic development. [Hankow, Chinese League of Nations Union, 1938] 5 p. (Special publications series, 13).

———. Report on economic affairs. Nanking, The International Department, Ministry of Information [1946] 16 l.

WU, CHI-YUEN, 伍超元, 1912- China's social environment and her economic future. Shanghai, China Institute of Pacific Relations, 1947. 19 l. (China paper, 3).

WU, CHING-CH'AO, 吳景超, 1901- Industrial planning in China. Chungking, China Institute of Pacific Relations, 1945. iii, 41 p. (China council series, 3).

WU, DING-CHANG, 吳鼎昌, 1884-1950. International economic co-operation in China. Peping, 1929. 14 p.

WU, HSI-YUNG, 吳希庸. L'industrialisation de la Chine et l'économie nationale chinoise. Nancy, Poncelot, 1931. [9]-182 p. Thèse-Univ. de Nancy.

WU, TAO-KUN, 吳道昆, 1907- Mathematisch statistische Untersuchung zur chinesischen Industrie. Jena, 1937. 65 p. Diss.-Univ. Berlin.

WU, YUANLI, 吳元黎, 1920- Capital formation and the economic order: an analytical study with special reference to the case of a poor country [China] London, 1945. iv, 548 l. Thesis-London School of Economics.

———. China's economic policy; planning or free enterprise? New York, Sino-International Economic Research Center [1946] 60 p. incl. tables. (Sino-international economic pamphlets, 4).

———. China's international economic position. Shanghai, China Institute of Pacific Relations, 1947. 28 l. (China paper, 1).

Foreign Trade
General Works

ABEND, HALLETT EDWARD, 1884-1955. Treaty ports. Garden City, Doubleday, Doran, 1944. viii, [2], 271 p. illus.(map).

AHLERS, JOHN. Western interests under fire. Chungking, The China Information Pub. Co. [1940] cover-title, 28 p. (Chungking pamphlets, 3).

———. Japan closing the "open door" in China. Prepared under the auspices of the Council of International Affairs, Chungking. Shanghai, Kelly and Walsh, 1940. viii, 140 p. ([Council of international affairs] Political and economic studies, 8).

CHANG, HSIAO-MEI, 張肖梅, 1906- The position of China as a producer of raw materials and a consumer of manufactured products. Preliminary paper prepared for the Fifth Biennial Conference of the Institute of Pacific Relations, to be held at Banff, August 14 to 28, 1933. [Shanghai] China Institute of Pacific Relations, 1933. 45 p. of diagrs., tables.

CHANG, YU-SHIN, 張與新? Die Entwicklungstendenzen des chinesischen Aussenhandels nach dem Weltkriege (eine Untersuchung über die internationale Wirtschaftsverflechtung Chinas). Gelnhausen, Dissertations-druck von F. W. Kalbfleisch, 1936. 93 p. Diss. -Univ. Frankfurt.

CHAO, ZOO BIANG, 趙祖邦. Étude sur le commerce extérieur de la Chine de 1864 à 1932. Lyon, Impr. franco-suisse [1935] 176 p. Thèse-Univ. de Paris.

CHÊNG, YU-KWEI, 鄭友揆, 1909- Foreign trade and industrial development of China, an historical and integrated analysis through 1948. Washington, University Press of Washington, D.C. [1956] xi, 278 p. map, diagrs., tables.

CHINA. Inspectorate General of Customs. Dangerous and hazardous cargo usually imported into China: its nature and treatment. 3d ed., rev. Shanghai, Statistical Dept., Inspectorate General of Customs, 1940. ix, 27 l. (Its Maritime customs II. Special series, no. 40).

CHINA WEEKLY REVIEW. Japan's war on foreign business. Shanghai, China Weekly Review Press [1938?] 74 p.

CHOW, KWONG-SHU, 周光庶. A handbook of Chinese trade customs. Shanghai, Far Eastern Press, 1933. 3-236 p.

FAIRBANK, JOHN KING, 1907- Trade and diplomacy on the China coast; the opening of the treaty ports, 1842-54. Cambridge, Harvard University Press; London, Oxford University Press, 1953. 2 v. port., maps. (Harvard historical studies, v.62-63).

FENG, CHAOI, 馮兆異, 1894- [Der Aussenhandel Chinas von 1913-23] Leipzig, Fickers-Verlag [1926] 56 p. Diss. -Univ. Leipzig.

HO, PING-YIN, 何炳賢, 1903- The foreign trade of China. Shanghai, Commercial Press, 1935. xvi, 826 p. tables (part fold.).

HSU, OSCAR T., 徐則駿. Handel und Handelpolitik Chinas. Hamburg, 1934. 54 p. incl. charts, tables. Diss. -Univ. Hamburg.

HUNTER, WILLIAM C., 1812-91. The 'fan kwae' at Canton before treaty days, 1825-44, by an old resident (William C. Hunter). [Reprint ed.] Shanghai, The Oriental Affairs [1938] 97, [1] p. fold. plan. First published in 1882.

LAU, CHUNG-HIM, 劉仲謙, [Liu, Chung-ch'ien]. Names of commodities and other appellatives in Chinese and English, edited by Lau Chung-him and Yao Yuan-lum, 姚元綸. Hong Kong, Lau Chung-him, 1955. 479 p.

LI, CHEN-NAN, 李振南, 1898- Factors affecting China's foreign trade. Shanghai, Chiao-tung University Research Institute, 1938. 54 p.

LIEU, D.K., 劉大鈞, 1890- Notes on China's foreign trade and trade policy. New York, Institute of Pacific Relations, 1945. 34 numb. l. incl. tables. (Institute of Pacific Relations, Secretariat paper, 5).

MORSE, HOSEA BALLOU, 1855-1934. The guilds of China, with an account of the guild merchant or Co-hong of Canton. 2d ed. London, New York, Longmans, Green, 1932. ix, 111 p. plates (incl. front.). 1st ed. 1909.

[MOSER, CHARLES KROTH] 1877- Where China buys and sells. Washington, Govt. Print. Off., 1935. iv, 57 p. incl. tables. (U.S. Bureau of foreign and domestic commerce. Trade information bull., 827).

PRATIQUE commerciale en Chine, d'après Berliner. 2. éd., rev. et. cor. par J.R. Baylin. Pékin, A. Nachbaur, 1928. 179 p. incl. tables. plates (part col.) maps, diagrs. (Encyclopédie des questions chinoises).

REMER, CHARLES FREDERICK, 1889- The foreign trade of China. Shanghai, Commercial Press, 1926. [v]-xii, 269 p. diagrs.

ROSINGER, LAWRENCE KAELTER, 1915- China as a post-war market. New York, Foreign Policy Association [1945] 251-263, [1] p. incl. tables. (Foreign policy reports. 20:20. January 1, 1945).

THEOPHILE, HANS. Der Überseeverkehr Chinas. Ein Beitrag zu den östasiatischen Schiffahrtsproblemen. Hamburg, 1942. ix, 251 l. Diss.-Univ. Hamburg.

TSANG, CHIH, 章植. China's postwar markets. New York, International Secretariat, Institute of Pacific Relations, distributed by Macmillan, 1945. xi, 239 p.

U.S. Bureau of Foreign and Domestic Commerce. China trade facts, by Julean Arnold. Washington, Govt. Print. Off., 1925. 12 p.

———. Sales territories in China, by Charles K. Moser. Washington, Govt. Print. Off., 1929. 50 p. incl. map.

WANG, SHAO-CHENG, 王紹成. 1906- Aussenhandel und Zollproblem Chinas. Berlin, Funk, 1935. 73 p. Diss.-Univ. Berlin.

WATSON, ERNEST. The principal articles of Chinese commerce (import and export) with a description of the origin, appearance, characteristics, and general properties of each commodity; an account of the methods of preparation or manufacture together with various tests, etc., by means of which the different products may be readily identified. 2d ed. Shanghai, Statistical Dept., Inspectorate General of Customs, 1930. ix, 630 p. illus. (The Maritime customs. II. Special series, no. 38). 1st ed. 1923.

WILLIAMS, CHARLES ALFRED SPEED, 1884- Manual of Chinese products. Peiping, Printed at Kwang Yuen Press, 1933. vii-x, 256 p. front.

WU, CHAO-CHANG, 吳兆璋. Trade in bristles. Tientsin, Hautes études, 1938. v, vi, 108 p. incl. diagrs. illus. (charts) (Tientsin. Institut des hautes études industrieles et commerciales. Economic studies, 13).

ZIMMERMANN, EDWIN. Chinas wirtschaftliche Verhältnisse und seine Beziehungen zur schweizerischen Export-Industrie. St. Gallen, J. Zehnder, 1923. vi, 119 p. fold. tables. Thèse-Univ. de Neuchatel.

Statistics

BANK OF CHINA. Research Dept. Statistics of China's foreign trade, 1912-30. With complete texts of tariff regulations, compiled and edited by the Research Department, Bank of China. Shanghai, Bank of China, 1931. viii, 133 p. incl. charts, tables.

———. Statistics of China's foreign trade, 1930-33, compiled and edited by the Research Department, Bank of China. Shanghai, Bank of China, 1934. 111 p. 1 l. incl. tables, diagrs.

———. Supplement, Jan.-Nov. 1934. Shanghai, 1934. 14 p. incl. tables.

CHENG, MING-JU, 鄭名儒. The statistical comparisons of the foreign trade of China before and after the great war. Fribourg, 1936. ii, vii, iii, 123 p.

Thèse-Univ. de Fribourg (Suisse).

CHINA. Custom-House, Antung. Antung customs monthly returns. 1922-28. [Antung, 1923-29] 8 v.

——. Inspectorate General of Customs. Quarterly returns of trade, 華洋貿易統計册季刊. Shanghai, 1869-1931. v. (The maritime customs. I. -Statistical series: no. 2). Title varies: 1869-1913, Customs gazette. 1914- Quarterly returns of trade.

——. Annual trade report and returns, 1920-31, 華洋貿易統計年刊. Shanghai, 1921-32. 12 v. fold. map, fold. plan, tables. (The maritime customs. I. -Statistical series: nos. 3 to 5).

——. Decennial reports on the trade, navigation, industries, etc., of the ports open to foreign commerce in China and Corea, and on the condition and development of the treaty port provinces [1892-1901, 1902-11, 1912-21, 1922-31] Shanghai, 1904-33. 6 v. plates, maps, plans, tables, diagrs. profile (China. Imperial maritime customs. 1. Statistical ser. 6).

——. Foreign trade of China, 1920-31. Shanghai, 1921-32. 36 v. fold. map, tables, diagrs. (part col., part fold.).

——. The trade of China, 1932-46. Shanghai, 1933-47. 15 v. fold. map, tables, diagrs. (part fold.) (The maritime customs. I-Statistical series: no.1).

——. The trade of China, 1935-40. Introductory survey with tables for revenue, value, treasure, and shipping. Shanghai, 1936-41. 6 v. tables.

——. Monthly returns of the foreign trade of China, 海關進出口貿易統計月報. Nov. 1931-49? [Shanghai] v. in (Its Chinese maritime customs. I. Statistical series: no. 8). Publication suspended May 1943?-June 1946.

——. Shanghai monthly returns of foreign trade, 1932-42. Shanghai, 1932-43// 10 v. tables.

——. Shanghai annual returns of foreign trade, 1936-40. Analysis of imports and exports. Published by order of the inspector general of customs. Shanghai, Statistical Department of the Inspectorate General of Customs, 1937-41. v. tables. (The maritime customs. I. -Statistical series: no. 2).

CHINA. Ministry of Industry. Foreign trade of China; statistical series, Nos. 1-V. Nanking, Ministry of Industry, Commerce and Labor, 1929. 5 v. tables, diagrs. 1. Value of the export of Chinese goods, 1912-18. 2. Value of the import of foreign goods, 1912-18. 3. Statistics of the export of silk, silk materials and products, 1912-18. 4. Statistics of the export of tea, 1912-18. 5. Statistics of the export of beans and peas, 1912-18.

CHUN, Y.S., 陳伯莊. Statistics of commodity flow of Chinese maritime customs and railways, 1912-36, 中國海關鐵路主要商品流通概況, by Y.S. Chun and Y.L. Huang, 黃蔭萊. Shanghai [Chiao-Tung University, Research Institute] 1937. 430 p. (Chiao-Tung University Research Institute. Special ser. 7:1).

TS'AI, CH'IEN, 蔡謙, 1908- Trend and character of China's foreign trade, 1912-31; a statistical analysis of exports and imports by country as well as by products, by Chien Tsai and Kwan-wai Chan, 陳君慧. Rev. ed. [Shanghai] China Institute of Pacific Relations, 1933. 52 p. incl. tables, diagrs.

——. Statistics of foreign trade of different Chinese ports with various countries (1919, 1927-31) [by] Chien Tsai and Yu-kwei Cheng, 鄭友揆. Shanghai, Commercial Press, 1936. xii, 427 p. (Institute of social sciences, Academia sinica. Studies and reports, 5).

U.S. Bureau of Foreign and Domestic Commerce. Monthly trade report, China. [Shanghai, etc., 1922-40] v. in maps, tables, diagrs. irregular.

YANG, TUAN-LIU, 楊端六, 1885- Statistics of China's foreign trade during the last sixty-five years [by] C. Yang, H.B. Hau, 侯厚培, and others. [Nanking?] 1931. xxiv, xiv, 189 p. diagrs., tables. (Academia Sinica, National Research Institute of Social Sciences. Monog., 4).

Trade with Germany

BARTSCH, KARIN. Hamburgs Handelsbeziehungen mit China und Britisch Ostindien, 1842-67. Hamburg, 1956. iii, 165 l. Diss.-Univ. Hamburg.

BEUTLER, HEINZ. Hundert Jahre Carlowitz und Co., Hamburg und China. Ein Beitrag zur wirtschaftsgeschichtliche Entwicklung des deutsche China-Handels. Hamburg, 1946. 182 l. plate, map. Diss.-Univ. Hamburg.

REICHSVERBAND der deutschen Industrie. Bericht der China-Studien-Kommission. Berlin, Selbstverlag des Reichsverbandes der deutschen Industrie, 1930. 191, [1] p. fold. front. illus., maps. (Veröffentlichungen des Reichsverbandes der deutschen Industrie, 57).

RÖSER, WALTER. Deutsch-Chinesische Wirtschaftsbeziehungen. Buckeburg, H. Prinz, 1935. 163 p. incl. tables. Diss.-Univ. Frankfurt a.M.

WIDMANN, EDUARD. Gegenwartsprobleme des deutschen Aussenhandels mit China unter besonderer Berücksichtigung der deutschen Einfuhrorganisation in China. Heidelberg, Heidelberg Verlag-Anst, 1935. 143 p. Diss.-Univ. Heidelberg.

Trade with Great Britain

GT. BRIT. Dept. of Overseas Trade. Report on economic and commercial conditions in China. 1919-37. London, H.M. Stationery Off., 1920-37. 17 v.

———. Economic Mission to the Far East. Report of the British Economic Mission to the Far East. 1930-31. London, H.M. Stationery Off., 1931. 156 p. incl. tables.

———. Trade Mission to China. Report, October to December, 1946. London, H.M. Stationery Off., 1948. 231 p. fold. col. maps.

GREENBERG, MICHAEL. British trade and the opening of China, 1800-42. Cambridge [Eng.] University Press, 1951. xii, 238 p. (Cambridge studies in economic history).

GULL, EDWARD MANICO, 1883- The future of British economic interests in the Far East. London, The Royal Institute of International Affairs [1942] 20 numb. l. (United Kingdom paper, 3).

———. British economic interests in the Far East. Prepared as a report in the International research series of the Institute of Pacific Relations. Issued under the auspices of the Royal Institute of International Affairs. London, Oxford University Press, H. Milford; New York, International Secretariat, Institute of Pacific Relations, 1943. vii, 272 p.

JONES, SIR CLEMENT WAKEFIELD, 1880- Chief officer in China, 1840-53. Liverpool, C. Birchall [1955] 119 p. illus.

KUO, CHUNG-YING, 鈂郭冲頴 1912- British trade in China, 1894-1914. Madison, 1947. iii, 288 l. Thesis-Univ. of Wisconsin.

LUBBOCK, ALFRED BASIL, 1876-1944. The China clippers. 5th ed. Glasgow, J. Brown, 1922. xv, 388, xxxvi p. front., plates, ports., map. 1st ed. 1914.

MORSE, HOSEA BALLOU, 1855-1934. The chronicles of the East India compaby, trading to China, 1635-1834. Cambridge, Harvard University Press; Oxford, The Clarendon Press, 1926-29. 5 v. fronts., plates, ports., fold. maps, 2 plans. (Vol. v supplementary, 1742-74).

Trade with Japan

CHEN, TSUNG-CHING, 陳宗經. Les relations commerciales entre la Chine et le Japon depuis l'avènement de la République chinoise à nos jours. Paris, P. Bossuet, 1936. ix, 331 p., 1 l. incl. tables, diagrs. Thèse-Univ. de Paris.

ITANI, ZENICHI, 1899- The export of Japanese capital to China. Prepared for the 4th bi-annual conference of the Institute of Pacific Relations to be held at Hangchow, 1931. Tokyo, Japan Council of the Institute of Pacific Relations, 1931. 36 p. incl. tables.

JENZOWSKI, SIEGFRIED. Die chinisisch-japanischen Boykottfälle als völkerrechtliches Problem. Köhn, 1939. 61 p. Diss.-Univ. Köhn.

LOWE, CHUAN-HUA, 駱傳華, 1902- Japan's economic offensive in China; introduction by Professor Paul H. Douglas. London, G. Allen and Unwin [1939] 179, [1] p. front., plates, fold. maps, diagr.

NATIONAL INDUSTRIAL CONFERENCE BOARD. Economic aspects of Sino-Japanese relations. [New York] National Industrial Conference Board, 1933. 21 numb. l. incl. tables, diagrs. (Conference board information service: Foreign affairs. Memorandum, 3).

OSAKA. CHAMBER OF COMMERCE AND INDUSTRY. A synopsis of the boycott in China. The Chinese government encourages and directs the anti-Japanese boycott. The anti-Japanese boycott by China is tantamount to an act of war. [Osaka] 1932. 9, [1] p.

PRESS UNION, Shanghai. The anti-Japanese boycott movement in China (from October, 1931 to January, 1932) [Shanghai, 1932] cover-title, 66 p. diagr.

REMER, CHARLES FREDERICK, 1889- A study of Chinese boycotts, with special reference to their economic effectiveness [by] C.F. Remer with the assistance of William B. Palmer. Baltimore, Johns Hopkins Press, 1933. xii, 306 p. double diagrs.

TSHA, T.Y., 蔡正雅, [Ts'ai Chêng-ya]. Statistics of Sino-Japanese trade [by] T.Y. Tsha, Z.L. Chen, 陳善林, and others. [Shanghai] Sino-Japanese Trade Research Institute, The Chinese Economic Society, 1933. xvi, 222, 110 p. incl. tables, diagrs.

Trade with United States

AUGUR, HELEN. Tall ships to Cathay. Garden City, N.Y., Doubleday [1951] 255 p. illus., ports.

BROWN, DONALD MACKENZIE, 1908- ed. China trade days in California; selected letters from the Thompson papers, 1832-63. Berkeley, Univ. of California Press, 1947. xvii, 94 p. ports.

CAMPBELL, CHARLES SOUTTER, 1911- Special business interests and the open door policy. New Haven, Yale University Press, 1951. 88 p. (Yale historical publications. Miscellany, 53). Thesis-Yale University.

CHAO, TSI-CHING, 趙梓慶. Les relations économiques sino-américaines. Paris, L. Rodstein, 1933. 243 p. fold. tables. Thèse-Univ. de Paris.

DIETRICH, ETHEL BARBARA, 1891- Far Eastern trade of the United States. New York, International Secretariat, Institute of Pacific Relations, 1940. xii, 116 p. incl. tables, diagrs. (I.P.R. inquiry series).

DULLES, FOSTER RHEA, 1900- The old China trade. Boston and New York, Houghton Mifflin, 1930. 228 p. front., plates, ports., facsim., diagr.

GREENBIE, SYDNEY, 1889- Gold of Ophir; the China trade in the making of America, by Sydney Greenbie and Marjorie Barstow Greenbie. Rev. ed. with introduction by Rufus Rockwell Wilson. New York, Wilson-Erickson, 1937. xix, 330 p. front., plates, ports. 1st ed. N.Y., Doubleday, Page, 1925

GRIFFIN, ELDON, 1895- Clippers and consuls; American consular and commercial relations with eastern Asia, 1845-60. Ann Arbor, Mich., Edwards Brothers, 1938. xxii, 533 p. incl. front., illus., plates, maps, facsims. (1 fold.) tables.

HENDERSON, DANIEL MacINTYRE, 1880- Yankee ships in China seas; adventures of pioneer Americans in the troubled Far East. New York, Hastings House [1946] xiv, 274 p. plates, 2 port. (incl. front.).

HEWES, AGNES (DANFORTH). Two oceans to Canton; the story of the old China trade; illustrated by Harry Roth. New York, A.A. Knopf, 1944. [3]-184, [1], vii p. illus., double maps.

KEARNY, THOMAS. Commodore Lawrence Kearny and the open door and most favored nation policy in China in 1842-43, an American viewpoint, based on newly discovered Chinese documents. Newark, N.J., New Jersey Historical

Society, 1932. [28] p.

LATOURETTE, KENNETH SCOTT, 1884- Voyages of American ships to China, 1784-1844. New Haven, Connecticut Academy of Arts and Sciences [1927] p. [237]-271. (Transactions of the Connecticut academy of arts and sciences, v. 28 [art. iv]).

LIN, LIN, 林霖, 1906- American imports from China, prior to and immediately following the Sino-Japanese war, 1932-38. New York, Research Department, Trans-Pacific News Service, 1940. 2-9 numb. l. tables, diagr. (China economic information bull., 1).

LOINES, ELMA, 1882- ed. The China trade post-bag of the Seth Low family of Salem and New York, 1829-73. Manchester, Me., Falmouth Pub. House, 1953. ix, 324 p. illus., ports., maps, facsims.

MALIN, MORTON V., 1922- American economic interests in China, 1900-08. [College Park, Md.] 1954. iv, 183 l. Thesis-University of Maryland.

MILNAR, ANTHONY LEE, 1910- Chinese-American relations with especial reference to the imposition of the boycott, 1905-06. Washington, 1948 [i.e. 1949] iv, 307 l. Thesis-Georgetown University.

NEW YORK. METROPOLITAN MUSEUM OF ART. The China trade and its influences. New York [Printed by the Harbor Press] 1941. xi, 21 p. 101 plates on 30 l.

PAN, SHŪ-LUN, 潘序倫, 1895- The trade of the United States with China. New York, China Trade Bureau [c1924] vii-xix, 367 p. diagr. Thesis-Columbia University.

REA, GEORGE BRONSON, 1869-1936. What American[s] don't know about "the open door." Shanghai, The Japanese Association in China, 1932. 3-40 p.

SHEWAN, ANDREW. The great days of sail, some reminiscences of a tea-clipper captain, edited by Rex Clements. Boston, Houghton Mifflin, 1927. 240 p. front., plates, ports.

TSAI, WILLIAM WEI-LIN, 蔡蔚林, 1922- China's foreign exchange position and export trade to the United States, 1937-48. Ann Arbor, University Microfilms [1953] ([University Microfilms, Ann Arbor, Mich.] Publication no. 5911). vii, 326 l. illus. map, tables. Thesis-Univ. of Washington.

U.S. Bureau of Foreign and Domestic Commerce (Dept of Commerce). Trade of the United States with China, Hongkong and Kwangtung. 1937- [Washington, 1938- v. tables, diagrs.

——. China trade act, 1922, with regulations and forms. Edition of 1935, with amendments as of February 26, 1925, and June 25, 1938. Washington, Govt. Print. Off., 1940. ii, 29 p. incl. tables, forms.

U. S. Congress. House. Committee on the Judiciary. Incorporation of companies to promote trade in China. Report. [To accompany H.R. 4810] [Washington, Govt. Print. Off., 1921] 7 p. (67th Cong., 1st sess. House. Rept. 13).

U. S. Congress. Senate. Committee on Commerce. To amend the China trade act of 1922. Report. [To accompany H.R. 7190] [Washington, Govt. Print. Off., 1925] 20 p. (68th Cong., 2d sess. Senate. Rept. 1205).

U. S. Congress. Senate. Committee on Foreign Relations. Study of treaties of United States and other governments affecting our commerce and trade with China. Report. [To accompany S.Res. 256] [Washington, Govt. Print. Off., 1930] 2 p. (71st Cong., 2d sess. Senate. Rept. 719).

——. Commercial relations with China. Hearings before a subcommittee of the Committee on Foreign Relations, United States Senate, Seventy-first Congress, second[-third] session, pursuant to S. Res. 256, a resolution authorizing an examination and study of stipulations relating to commerce in existing treaties of the United States and other governments with the Republic of China, and conditions that may affect our commerce and trade with China. Printed for the use of the Committee on Foreign Relations. Washington, Govt. Print. Off., 1930-31. 4 pt. tables, diagrs.

——. Commercial relations with China. Partial report. [Pursuant to S. Res.

256] [Washington, Govt. Print. Off., 1931] 26 p. incl. tables. (71st Cong., 3d sess. Senate. Rept. 1600).

———. Commercial relations with China. Report. [To accompany S. Res. 442] [Washington, Govt. Print. Off., 1931] 28 p. (71st Cong., 3d sess. Senate. Rept. 1716).

———. Treaty of friendship, commerce, and navigation with China. Report to accompany Executive J, Eightieth Congress, first session. [Washington, Govt. Print. Off., 1948] 8 p. ([U.S.] 80th Cong., 2d sess., 1948. Senate. Executive rep[or]t no. 8).

U. S. Congress. Senate. Committee on Government Operations. Control of trade with the Soviet bloc. Interim report of the Committee on Government Operations made by its Senate Permanent Subcommittee on Investigations pursuant to S. res. 40, a resolution authorizing the Committee on Government Operations to employ temporary additional personnel and increasing the limit of expenditures. Washington, Govt. Print. Off., 1953. iv, 57 p. tables. (83d Cong., 1st sess. Senate. Report no. 606).

———. East-West trade. Hearings before the Permanent Subcommittee on Investigations. Eighty-fourth Congress, second session. Washington, Govt. Print. Off., 1956. 3 v.

U. S. Congress. Senate. Committee on Interstate and Foreign Commerce. Export controls and policies in the Far East; special report of the Subcommittee on Export Controls and Policies of the Committee on Interstate and Foreign Commerce pursuant to S. Res. 365, 81st Congress, continued by S. Res. 56, 82d Congress, a resolution authorizing ths study and investigation of export policies and control regulations. Washington, Govt. Print. Off., 1951. iii, 66 p.

———. Investigation of shipments to Communist China. Hearings before a subcommittee of the Committee on Interstate and Foreign Commerce, United States Senate, Eighty-first Congress, second session [-Eighty-second Congress, second session] on investigation of shipments of strategic materials to Communist China. Washington, Govt. Print. Off., 1951. 3 pts. facsims.

U. S. Congress. Senate. Committee on the Judiciary. Promotion of trade in China. Hearing before a subcommittee of the Committee on the Judiciary, United States Senate, Sixty-seventh Congress, first session, on H.R. 4810, a bill to authorize the incorporation of companies to promote trade in China. May 10, 1921. Washington, Govt. Print. Off., 1921. 72 p.

U. S. Office of Strategic Services. Research and Analysis Branch. North American trade with China and Japan. Prelim. [Washington] 1945. iii, 19, [12] l. tables. (Its R and A no. 2839).

U. S. Tariff Commission. An analysis of the trade between China and the United States. Prepared in response to Senate resolution 334, 72d Congress, 2d session. February 1934. [Washington, 1934] cover-title, 29 l. tables (part fold.).

———. United States imports from China, an analysis of the prewar trade. Washington, 1945. cover-title, vi, 241 (i. e. 243) p. incl. tables.

VALEO, FRANCIS RALPH, 1916- Far eastern economic development and the west coast economy, by Francis R. Valeo and Jean C. Curtis. Washington, 1950. 83 p. diagrs. (Public affairs bull., 84).

VEVIER, CHARLES, 1924- The United States and China, 1906-13; a study of finance and diplomacy. New Brunswick, N.J., Rutgers University Press, 1955. ix, 229 p. map.

VINCE, ANDRÉ. La doctrine américaine de la porte ouverte en Chine et son application dans la politique internationale. Besançon, Impr. Jacques et Demontrond, 1946. 148 p.

WRIGHT, PHILIP GREEN, 1861-1934. The American tariff and oriental trade. Chicago, Pub. for the American Council, Institute of Pacific Relations, by the University of Chicago Press [c1931] [5]-177 p. incl. tables, diagrs.

Opium Trade

ASIAN PEOPLES' ANTI-COMMUNIST LEAGUE. The illicit narcotic trade of the Chinese Communists. [Taipei, 1957] 28 p.

AUXION DE RUFFÉ, REGINALD D', 1875- La farce de l'opium. Paris, Berger-Levrault, 1939. 72 p. plates.

CHINA. Cultivation and trade of opium in China: situation in the Province of Hupeh. Geneva, 1934. 4 p. "Translation of an extract from the 'Gazette of the Ministry of the Interior,' series 6, no. 52, dated 29th December, 1933": p. 1-3. "Extract from 'Peking and Tientsin Times' of 8th January 1934": p. 4.

———. Committee for the Investigation of the Chinese Communist Narcotic Traffic. Chinese communists' world-wide narcotic. [Taipei] 1956. [194] p.

CHINA. Inspectorate General of Customs. Second conference on opium. Letter to the Secretary-General [of the League of Nations] transmitting the observations of the Chinese customs authorities on certain questions connected with the traffic in opium and other drugs. Geneva, 1924. [4] l.

———. Circular issued by the Inspector-General of Customs in China in regard to the use of the registered letter post for smuggling drugs into China. Geneva, 1926. 8 l.

———. Narcotics. Geneva, 1928. [5] l.

CHINA. Laws, statutes, etc. Regulations of the Nanking Government concerning opium. Amendment of the law for the suppression of opium. Geneva, 1928. 4 l.

———. Text of a law on the prohibition of opium and regulations thereunder, promulgated on September 17th, 1928, by the National Government of the Chinese Republic. Geneva, 1929. 9 l.

CHINA. Ministry of Finance. A scheme for the prohibition within three years of the illicit use of opium, submitted by the Ministry of Finance to the Central Political Council. Circulated at the request of Mr. Lyall. [Geneva, 1927] 4 l.

CHINA. National Opium Suppression Commission. Traffic in opium and other dangerous drugs. Annual report. 1928-36. Nanking, 1929-37. 8 v.

———. The same. Important regulations, rules and instructions promulgated by the Chinese government in recent years. [Nanking, 1934] 37 p.

DEVERALL, RICHARD LAWRENCE-GRACE, 1911- Mao Tze-tung: stop this dirty opium business! How Red China is selling opium and heroin to produce revenue for China's war machine. Tokyo, Printed by Toyoh Print. and Bookbinding Co., 1954. 85 p. illus.

———. Red China's dirty drug war; the story of the opium, heroin, morphine and philopon traffic. With introductions by Masamutsu Nagahama and Matthew Woll. [3d ed.] Tokyo, 1954 [i.e. 1955] ix, 220 p. illus.

GAVIT, JOHN PALMER, 1868- "Opium." London, Routledge and sons, ltd., 1925; New York, Brentano, 1927. xi, 308 p.

GILES, HERBERT ALLEN, 1845-1935. Some truths about opium. Cambridge [Eng.] W. Heffer, 1923. 40 p.

GOLDSMITH, MARGARET LELAND, 1894- The trail of opium, the eleventh plague. London, R. Hale, 1939. 9-286 p. front., plates.

GT. BRIT. Foreign Office. Correspondence respecting the cultivation of opium in China. [In continuation of "China no. 2 (1913)" [Cd. 6876]] London, H. M. Stationery Off., 1921. iv, 117 p. (China no. 1 (1921)).

HOIJER, OLOF. Le trafic de l'opium et d'autres stupéfiants; étude de droit international et d'histoire diplomatique. Paris, "Éditions Spes," 1925. 300 p.

INTERNATIONAL ANTI-OPIUM ASSOCIATION, Peking. The war against opium. The International Anti-Opium Association, Peking. Tientsin, Tientsin Press, 1922. xiv, 238, 239-250 p. front. (port.) plates, facsims.

JAPAN. Ministry of Foreign Affairs. Ordinance for the purpose of regulating traffic in drugs by Japanese subjects in China. Geneva, 1928. 7 l.

LO, REN YEN, 羅運炎, 1890- The opium problem in the Far East. Shanghai, Commercial Press, 1933. [iii]-iv, 146 p.

LUBBOCK, ALFRED BASIL, 1876-1944. The opium clippers. Boston, Charles E. Lauriat, 1933. xiv, 392 p. front., 1 illus., plates (1 col., 1 fold.) ports., maps (part fold.).

OWEN, DAVID EDWARD, 1898- British opium policy in China and India. New Haven, Yale University Press; London, H. Milford, Oxford University Press, 1934. ix, 399 p. (Yale historical publications. Studies. VIII).

STACKPOLE, EDOUARD A., 1905- Captain Prescott and the opium smugglers. With illus. of the Chinese scene and period of 1840-50, together with famous ship-masters and ships which made history on the China coast. Mystic, Conn., Marine Historical Association, 1954. 78 p. illus. ports., facsim. (Marine Historical Association, Mystic, Conn. [Publication] 26).

STELLE, CHARLES CLARKSON, 1910- American trade in opium in the nineteenth century. Berkeley, 1941. Part of thesis-Univ. of Chicago. "Reprinted from the Pacific historical review, v. 9 (1940) p. 425-444 and v. 10 (1941) p. 57-74."

SZE, SAO-KE ALFRED, 施肇基, 1877-1958. comp. Geneva opium conferences; statements of the Chinese delegation. Baltimore, Johns Hopkins Press, 1926. vii, 163 p.

U.S. Congress. Senate. Committee on the Judiciary. Communist China and illicit narcotic traffic. Hearings before the Subcommittee to Investigate the Administration of the Internal Security Act and Other Internal Security Laws of the Committee on the Judiciary, United States Senate, Eighty-fourth Congress, first session. Washington, Govt. Print. Off., 1955. v, 100 p. illus., port.

WANG, KING KY, 王景岐, 1882-1941. China and the problem of narcotics before the League of Nations; views exposed during the 12th sitting of the Opium committee at Geneva. Brussels, "Ligue anti-opium d'outremer," 1929. 23 p.

———. La Chine et le problème des stupéfiants devant la Société des Nations. Vues exposées au cours de la XIIme session de la Commission d'Opium à Genève. Bruxelles, "Ligne anti-opium d'outremer," 1929. 20 p.

WANG, ADINE, 王亞徵. La Chine et le problème de l'opium. Paris, A. Pedone, 1933. 244 p.

WU, WEN-TSAO, 吳文藻, 1902- The Chinese opium question in British opinion and action. New York, Academy Press, 1928. 192 p. Thesis-Columbia University.

Directories

AMERICANS and American firms in China; directory. 1946. [Shanghai] Shanghai Evening Post and Mercury. 170 p.

CHINA. Bureau of Foreign Trade. China importers and exporters directory. Shanghai [1936] 700 p. illus.

The CHINA directory; annual publication. Hongkong [China Mail Office] v.

CHINA Hong List. General and business directory for Shanghai and the principal ports and cities of China. 1932- Shanghai, 1932- v.

CHINA-AMERICA COUNCIL OF COMMERCE AND INDUSTRY. Directory of the China-America Council of Commerce and Industry; a guide to nearly 400 American companies interested in developing trade between China and the U.S.A. New York, 1946. 359 p.

CHINA, JAPAN AND SOUTH AMERICA TRADING CO., LTD. Private code of China, Japan and South America trading co., ltd. for use between South and Central America, London, Manchester and the Far East and New York-New Orleans-San Francisco. Comp. and printed by American Code Co. (inc.) New York, c1921. [1], iv, 80, a-c, 212, [3] p.

CHINESE-AMERICAN trade; annual and directory. English section. 1937. New York, The Chinese Chamber of Commerce of New York, 1937. 291 p.

illus., diagrs.
COMACRIB directory of China, combined Chinese-foreign commercial and classified directory of China and Hong Kong. v. 1- Shanghai, Commercial Credit Information Bureau, c1925- v. Title varies.
CREDIT Men's business directory of China (with which is amalgamated the Rosenstock's Business Directory of China) 徵信工商行名錄. Shanghai, Bankers' Cooperative Credit Service, 1934, 1935. 2 v.
The DIRECTORY and chronicle for China, Japan, Corea, Indo-China, Straits Settlement, Malay States, etc. 1864-1941. Hong Kong and London, Hong Kong Daily Press, 1864-1941. v.
DIRECTORY of China; official, business and residential directory for the principal ports and cities of China, 中國行名簿, 1947, 1948. Shanghai section. Shanghai, China Daily Tribune Pub. Co., 1947-48. 2 v.
DIRECTORY of firms and institutions in Peking and Tientsin, including a residential list. Peking, The Peking chronicle. v. annual.
DOLLAR directory, 上海行名錄, 1943-48. Shanghai, Park Mercantile Co., 1943-48. 6 v.
FOREIGN TRADE ASSOCIATION OF CHINA. Directory of importers and exporters in China. Shanghai, 1948. 1 v.
———. Handbook of Chinese manufacturers. Shanghai, Foreign Trade Association, 1949. 528 p.
IMPORTERS AND EXPORTERS ASSOCIATION OF TIENTSIN. Directory of members. Tientsin. v.
JAPANESE trade directory of Shanghai. 1st- ed.; 1940- Shanghai, Japanese Chamber of Commerce [1940- v. illus. (ports.).
The NORTH-CHINA desk hong list; a general and business directory for Shanghai and the northern and river ports, etc. Shanghai, North-China Daily News and Herald [etc.] v. Title varies.
The NORTH CHINA hong list. Tientsin, Tientsin Press, 1923-27. v.
PHILIPPINE-CHINESE business guide and pictorial directory. Cebu City, D. Ingco. v. illus., ports., maps.
ROSENSTOCK'S directory of China and Manila, commercial, industrial, residential, 1913-29. Manila, P.L. Rosenstock Pub. Co., 1913-29. 16 v.
The SHANGHAI directory. 1939. 字林報行名簿. Shanghai, North-China Daily News and Herald, 1939. ? v.
SHANGHAI dollar directory, 1929-38. Shanghai, Mercury Press, 1930-39. v.

International Economic Relations
Foreign Investments and Technical Cooperation

BANK OF CHINA. Research Department. Chinese government foreign loan obligations, compiled and published by the Research Department, Bank of China. Shanghai, 1935. 95, 191 p. fold. tables, diagrs.
BAYLIN, J.R. comp. Foreign loan obligations of China; a compendium of such secured external loan obligations of China as are provided with regular amortization tables, compiled and edited by J.R. Baylin. Tientsin, La Librairie française, 1925. viii, 96 p. fold. tables. (Special series of the Chinese government bureau of economic information, no. 1 (2d ed.)).
CAMPBELL, WILLIAM KENNETH HUNTER, 1886- Technical collaboration with China. Co-operation for economically underdeveloped countries. [Geneva, 1938] 103 p.
CARNEGIE ENDOWMENT FOR INTERNATIONAL PEACE. Division of International Law. The consortium; the official text of the four-power agreement for a loan to China and relevant documents. Washington, The Endowment, 1921. ix, 76 p. (Pamphlet series of the Carnegie endowment for international peace. Division of international law, 40).
CHINA. Commission for the Readjustment of Finance. Tables of inadequately

secured foreign loans of the Ministry of Finance. Peking, 1925. cover-title, 5 p., 24 tables.

COONS, ARTHUR GARDINER, 1900- The foreign public debt of China. Philadelphia, University of Pennsylvania Press; London, H. Milford, Oxford University Press, 1930. v-xi, 251 p. tables (part fold.).

ELLIS, HOWARD SYLVESTER, 1898- French and German investments in China. Honolulu, Institute of Pacific Relations, 1929. 5-20 p. incl. tables (2 fold.).

FIELD, FREDERICK VANDERBILT, 1905- American participation in the China consortiums. Chicago, Pub. for the American Council, Institute of Pacific Relations by the University of Chicago Press [1931] vii-ix, 198 p.

GAUSS, CLARENCE EDWARD, 1887- U.S. loan to trade with China, by Clarence E. Gauss and Cornell Franklin. With Chinese translation. Shanghai, International Publishers, 1946. 10, 8 p.

GOODFRIEND, ARTHUR. The only war we seek; with a foreword by Chester Bowles. [New York] Published for Americans for Democratic Action by Farrar, Straus and Young [1951] 128 p. illus.

GT. BRIT. Foreign Office. Correspondence respecting the new financial consortium in China. London, H.M. Stationery Off., 1921. iv, [5]-56 p. (Miscellaneous, no. 9, 1921).

HOE, Y.C., 何永佶, 1902- The program of technical cooperation between China and the League of Nations. Shanghai, 1933. 30 numb. l. (Institute of Pacific Relations, 5th conference, Banff, 1933, Documents, v. 15).

HOU, CHI-MING, 侯繼明, 1924- Foreign capital in China's economic development, 1895-1937. Ann Arbor, University Microfilms [1954] ([University Microfilms, Ann Arbor, Mich.] Publication no. 10,267). Collation of the original: v, 373 l. tables. Thesis-Columbia University.

JONES, FRANCIS CLIFFORD. Shanghai and Tientsin, with special reference to foreign interests, with the co-operation of certain members of the Royal Institute of International Affairs. Prepared as a report in the International research series of the Institute of Pacific Relations. London, Oxford University Press, H. Milford; New York, American Council, Institute of Pacific Relations, 1940. x, 182 p. incl. tables. fold. plans.

KAO, PING-SHU, 高平叔. Foreign loans to China. New York, N.Y., Sino-international Economic Research Center [1946] 62 p. (Sino-international economic pamphlets, 2).

LEAGUE OF NATIONS. Council. Committee on Technical Collaboration with China. Report to the Council of its technical delegate on his mission in China from date of appointment until April 1, 1934. Shanghai, North-China Daily News and Herald, 1934. 51 p.

———. Report of the technical agent of the Council on his mission in China from the date of his appointment until April 1st, 1934. [Geneva, 1934] 72 p. (Series of League of Nations publications. General. 1934. 1).

———. Rapport du délégé technique du Conseil sur sa mission en Chine depuis la date de sa nomination jusqu'au 1er avril 1934. Genève, 1934. iv, 78 p. (Série de publications de la Société des Nations. Questions générales. 1934. 1).

———. Report on technical co-operation between the League of Nations and China, by Ludwig Rajchman, technical expert of the League of Nations. Peiping, Peiping Chronicle, 1934. 84 p. (China chronicle, 7).

LIEU, D.K., 劉大鈞, 1890- Foreign investments in China. A cooperative research study made under the joint auspices of the Institute of Pacific Relations (Honolulu, H.I.), Social Science Research Council (New York), Brookings Institute of Economics and Chinese Government Bureau of Statistics (Nanking). [Shanghai?] 1929. cover-title, 131 p. incl. tables.

LIN, WEI-YING, 林維英, 1908- China and foreign capital. Chungking, China Institute of Pacific Relations, 1945. iii, 50 p. (China council series, 2).

MILLARD, THOMAS FRANKLIN FAIRFAX, 1868-1942. China, America and international financial readjustment. Shanghai, The Weekly Review of the Far East, 1921. cover-title, 11 p.

P'U, YU-SHU, 蒲友書, 1918- The consortium reorganization loan to China, 1911-14; an episode in pre-war diplomacy and international finance. Ann Arbor, University Microfilms, 1950 [i.e. 1951] ([University Microfilms, Ann Arbor, Mich.] Publication no. 2446). Collation of the original: xxi, 671 l. Thesis-University of Michigan.

REMER, CHARLES FREDERICK, 1889- American investments in China. Honolulu, Institute of Pacific Relations, 1929. 5-39 p.

———. Foreign investments in China. New York, Macmillan, 1933. xxi, 708 p. illus. (maps) diagrs.

STANLEY, CHARLES JOHNSON, 1914- Hu Kuang-yung, 胡光墉, and China's early foreign loans. Cambridge, 1951. 164 p.

Relief and Rehabilitation

BARNETT, IRVING. UNRRA in China; a case study in financial assistance for economic development (with emphasis on agricultural programs). New York, 1955. vi, 338 l. Thesis-Columbia University.

CHINA. Relief and rehabilitation in China; a report by Tingfu F. Tsiang, 蔣廷黻. Washington, 1944. ii, iii-iv l., 37 p. incl. tables.

———. National Relief and Rehabilitation Administration. Opening address of Tingfu F. Tsiang at the National conference of CNRRA regional and field directors. Shanghai, 1946. 14 p.

———. National Relief Commission. China war relief; a special pictorial illustrating the activities of the National Relief Commission and National Red Cross Society of China during the Sino-Japanese hostilities. Chungking, 1940. 32 l. illus.

CHINA LIBERATED AREAS RELIEF ASSOCIATION. Information Department. UNRRA relief for the Chinese people; a report. Shanghai, 1947. 41 p.

NATIONAL PLANNING ASSOCIATION. China's relief needs. [Washington] National Planning Association [1945] cover-title, 52 p. (Planning pamphlets, 40).

RAY, JEFFERSON FRANKLIN, 1905- UNRRA in China; a case study of the interplay of interests in a program of international aid to an undeveloped country. New York, International Secretariat, Institute of Pacific Relations [1947] 64 l. (Secretariat paper, 6).

RED CROSS. China. Red Cross Society of China. Disaster strikes the Tachens; [report of an investigation into crimes committed by Chiang Kai-shek's troops, instigated and protected by the United States, during their withdrawal from the Tachens and other islands. Peking, 1955] 44 p. illus.

TAI, PAO-LIU, 戴寶鎏, 1907- Summary report on UNRRA activities in China. Brief notes prepared on behalf of UNRRA headquarters for the use of the Round Tables at the Tenth Conference of the I. P. R. at Stratford-upon-Avon. New York, International Secretariat, Institute of Pacific Relations [1947] 8 l.

UNITED NATIONS RELIEF AND REHABILITATION ADMINISTRATION. Anhwei weekly report for Office of the Economic and Financial Advisor. Report no. 1- 1946-

———. Chekiang-Fukien weekly report for Office of the Economic and Financial Advisor. Report no. [1] - Mar. 16, 1946-May 9, 1946.

———. China Office monthly report. July 1946-May 1947.

———. CNRRA-UNRRA news. No. 1-118. Shanghai, 1946-47.

———. Honan weekly report for Office of the Economic and Financial Advisor. Report no. 1- Mar. 25, 1946-Oct. 21, 1946.

———. Hopei-Jehol weekly report for Office of the Economic and Financial Advisor. Report no. 1- Mar. 18, 1946-Oct. 1946.

———. Hunan weekly report for Office of the Economic and Financial Advisor. Report no. 1- Apr. 27, 1946-Sept. 1946.
———. Kiangsi weekly report for Office of the Economic and Financial Advisor. Report no. 1- Apr. 27, 1946-Aug. 1946.
———. Kiangsu-Nanking weekly report for Office of the Economic and Financial Advisor. Report no. 1-10. Apr. 28-Oct. 14, 1946. [Nanking] 1946.
———. Kwangtung weekly report for Office of the Economic and Financial Advisor. Report no. 1- Nov. 1945-July 1946.
———. Northeast Regional Office weekly report for Office of the Economic and Financial Advisor. Report no. 1-13. May 8-Sept. 15, 1946.
———. Shanghai weekly report for Office of the Economic and Financial Advisor. Report no. 1-10. June 12-Aug. 31, 1946. Shanghai, 1946.
———. Taiwan weekly report. no. 1- May 26, 1946-
UNTED SERVICE TO CHINA. Purposes and program of United China relief. [New York, 1942?] cover-title, [6] p.

Transportation and Communication
Transportation

CHEN, CHIH-HWA, 陳澤華. Verkehrentwicklung und Verkehrsplanung in China und ihre Auswirkung auf die Volkswirtschaft. Wien, 1941. iv, 192, vii p. Diss.-Univ. Wien.
CH'EN, HO-SEN, 陳鶴聲. Entwicklung und Ausbaumöglichkeiten des chinesischen Transportwesens unter dem Gesichtspunkte der Industrialisierung. Jena, Fischer, 1937. [42] p. (Weltwirtschaftl. Archiv, 45).
CHENG, MING-JU, 鄭名儒. The influence of communications, internal and external, upon the economic future of China. London, G. Routledge, 1930. xiii, 177 p. 2 maps (1 fold.).
CRAWFORD, WALLACE. Transportation in wartime China. Chungking, China Information Pub. Co. [1940] cover-title, 23 p. illus.(maps) (Chungking pamphlets, 8).
FLIEGNER, EBERHARD. Das Verkehrsbild im chinesischen Güterverkehr des letzten Jahrzehntes. Stuttgart, 1940. 79 l. illus. map. Diss.- Stuttgart Tech. Hochs.
U.S. Office of Strategic Services. Research and Analysis Branch. Transport facilities of the North China coast. [Washington] 1945. [6] l. (Its R and A no. 2899).
———. Transportation conditions and routes in eastern Suiyuan and southern Chahar. Washington, 1945. 17 p. (Its R and A no. 3335).
———. Transportation in northwest China. Washington, 1945. 40 p. fold. col. maps. (Its R and A no. 3088).

Railways

CHANG, KIA-NGAU, 張嘉璈, [Chang, Chia-ao] 1888- China's struggle for railroad development. New York, John Day [1943] vii, 340 p. incl. illus. (maps) tables. plates.
CHAO, YUNG-SEEN, 趙永新. Les chemins de fer chinois; étude historique, politique, économique et financière. Paris, Librairie technique et économique [1939] 272 p. illus.(map) Thèse-Univ. de Paris.
———. Railways in Communist China. Kowloon, H.K., Union Research Institute [1955] 101, 3 p. fold. map. (Communist China problem research series, EC10).
CHEN, LAWRENCE M., 陳文通. Chinese national railways and reconstruction. Nanking, 1936. 18 p. plates. (Council of International Affairs, Information bull.).
CHENG, LIN, 鄭麐. The Chinese railways, past and present. Shanghai, China

United Press [1937] xii, 332 p. fold. map, diagr. (China to-day series) "Revised and enlarged edition." First published 1935 under title: The Chinese railways; a historical survey. 214 p.

CHINA. Commission of Financial Experts. Report on railway finance. Submitted to the National government through the Minister of Finance on December 10, 1929. [Shanghai, 1929] cover-title, 54 numb. l. illus. maps.

——. Ministry of Communications. Statistics of government railways. 1915-22. Peking, 1916-23//? 7 v. fold. map, diagrs.

——. Chinese government railways. Store accounts manual. Prescribed by Ministry of Communications, October, 1921. [Peking, 1921] ii, 48 p.

——. Annual report 1920/21- Peking, 1922- v. tables (part fold.), diagrs.

——. Railway loan agreements of China. 2nd ed. Peking, 1922. 2 v. 1st ed., 1916.

——. Minutes of the standing committee on the unification of railway accounts and statistics. (first to tenth conference) Peking, 1925. [3], 591, 9 p. forms.

——. Outstanding debts. [Peking? 1925] cover-title, 34 p.

CHINA'S railways; a story of heroic reconstruction. Peking, Foreign Languages Press [1950?] 45 p. ports., fold. map.

CHU-KE, LING, 諸葛林, 1919- China's railway rolling stock; a study of postwar purchase. [Seattle, Pub. for the College of Economics and Business by the University of Washington Press, 1946] x, 110 p. incl. tables.

DSCHOU, FANG-SCHI, 周芳世, 1903- Das Eisenbahnwesen in China. Charlottenburg, Studentenhaus-Dr., 1934. 87 p. Diss.-Tech. Hoch. Berlin.

GRIFFIN, ELDON, 1895- China's railways as a market for Pacific Northwest products; a study of a phase of the external relations of the region. Seattle, Bureau of Business Research, College of Economics and Business, University of Washington, 1946. xii, 78 numb. l. front., plates, tables (2 fold.) maps on 2 fold. l.

INVESTMENT values of Chinese railway bonds. [Tientsin] La Librairie francaise, 1923. cover-title, 70 p. maps (1 fold.) tables (1 fold.).

LAYNG, CHARLES. Report on Chinese railways. Chicago, Economic Warfare Section, Dept. of Justice, 1944. unpaged. illus.

LING, HUNG-HSÜN, 凌鴻勛, 1894- Canton-Hankow railway; difficult work over middle section in full progress, entire line to be completed by end of 1936. [Hengchow, Hunan, 1935] 28 p. incl. illus., map.

LOCHOW, H.J. VON. China's national railways; historical survey and postwar planning. Peiping, 1948. 162 p. illus.

SIAO, WUISIN, 蕭偉信, 1898- Die Entwicklung des Eisenbahnwesens in China. Berlin, J. Springer, 1927. 102 p. map. Diss.-Univ. Basel.

STRINGER, HAROLD. The Chinese railway system. Shanghai [etc.] Kelly and Walsh, 1922. 216 p. plates, fold. map, tables, diagrs.

——. China, a new aspect. London, H.F. and G. Witherby [1929] 240 p. map.

TING, V.K., 丁文江, 1887-1936. A reconnaissance survey of a railway line from Chungching to Kuangchouwan, by V.K. Ting and S.Y. Tseng, 曾世英. Peiping, National Geological Survey of China [1930?] 14, 86, 6 p. incl. illus., tables, plates (incl. fold. maps, fold. profiles) (China. Geological survey. Memoirs, ser. B, no. 4).

ULLENS DE SCHOOTEN, JEAN. Les chemins de fer chinois: étude historique, économique et financière. Bruxelles, Maurice Lamertin, 1928. 266 p. map.

U.S. Bureau of Foreign and Domestic Commerce. Railway transportation in occupied China, prepared in Far Eastern Unit, Bureau of Foreign and Domestic Commerce. [Washington] 1943- 2 v. illus., fold. maps, diagrs.

——. Office of Strategic Services. Research and Analysis Branch. Free China railways; recent aspects of their construction, operation, and maintenance. Washington, 1943. 21 p. map. (Its R and A no. 1008).

[——.] Canton-Hankow Railway. [n.p., 194-]. Typescript.

[——.] Report on the Kowloon-Canton Railway. [n.p., 194-]. Typescript.
WALKER, GUY MORRISON, 1870- Some China. New York, A.L. Fowle, 1922. cover-title, 74 p.
ZEN, I-TU, 孫任以都 1921- Chinese railways and British interests, 1898-1911. New York, King's Crown Press, Columbia University, 1954. viii, 230 p. 2 maps.

(See also Northeastern Provinces-Railways)

Water Transportation

CHI, HENAN, 祁仍奚. The port of Hulutao (an international trade link in China's economic program). Shanghai, Commercial Press, 1930. ii, vi, 53 p. plates (part fold.) ports., fold. map, plans (1 fold.).
CHINA. Inspectorate General of Customs. The coastwise lights of China; an illustrated account of the Chinese maritime customs lights service. [Shanghai, Statistical Dept., Inspectorate General of Customs, 1932?] xviii, 243 p. illus., maps.
——. List of lighthouses, light-vessels, buoys, beacons, etc., on the coast and rivers of China, 1947. Corr. to 1st Dec. 1946. Shanghai, Statistical Dept., Inspectorate General of Customs, 1948. 162 p. illus.(part col.) fold. col. map. (Chinese maritime customs. III. Miscellaneous series, 6).
——. Marine Dept. Report. 1933-36. Shanghai, Statistical Dept., Inspectorate General of Customs, 1934-37. 4 v. in illus., maps (part fold.) annual. (The maritime customs. III. Miscellaneous series, no. 38).
DONNELLY, IVON ARTHUR, 1890- Chinese junks and other native craft. 3d ed. [Shanghai] Kelly and Walsh, 1939 (c1925). 3-142 p. incl. col. mounted front., illus., plates (part col. mounted).
DSCHU, GWENG-TZAM, 朱光贊, [Chu Kuang-tsan]. Die Binnenschiffahrt auf dem Jangtse-Kiang seit 1900. Berlin-Wilmersdorf, R. Mannheim, 1933. [1], vi, 95 p.
HUNT (WILLIAM) AND COMPANY. Review of pre-war merchant shipping in Far Eastern waters. Chungking, in association with the China Corporation, New York. [New York] China Corporation, c1944. 1 v. maps, charts, tables, diagrs.
JARDINE, MATHESON AND COMPANY, LTD. The China shipping manual, 1937-38. [Shanghai?] Published for private distribution [1937?] 228 p. illus. (part col.) fold. maps.
LEAGUE OF NATIONS. Committee for Communications and Transit. Committee of Experts on Hydraulic and Road Questions in China. Co-operation between the Organisation for Communications and Transit of the League of Nations and the National Government of China; report. [Geneva, 1936] 213 p. diagrs. (Series of League of Nations publications. VIII. Transit. 1936. VIII. 4).
LIU, KWANG-CHING, 劉廣京, 1921- Two steamship companies in China, 1862-77. Cambridge, 1956. 206 l. Thesis-Harvard University.
TS'EIN, SIANG-SUEN, 錢翔孫. Le port de Changhai; étude économique. Lyon, Bosc frères, M. et L. Riou, 1934. 164 p. incl. tables.
U.S. Office of Strategic Services. Research and Analysis Branch. Studies on selected Chinese ports. [Washington] 1945. 5 l. (Its R and A no. 3006).
WORCESTER, G.R.G. Junks and sampans of the Upper Yangtze. Shanghai, 1940. x, 96 p. plates (part col.) map. (China. Inspectorate General of Customs. The maritime customs. III. Miscellaneous series, 51).
——. The junks and sampans of the Yangtze; a study in Chinese nautical research. Shanghai, Statistical Dept., Inspectorate General of Customs, 1947-48. 2 v. illus., fold. col. map. (The maritime customs. III. Miscellaneous series, 54).

Highways

CHINA. Bureau of Public Roads. The new Shanghai Hangchow highway. Nanking, National Economic Council, 1932. 9 p. plates (1 fold.) maps (part fold.) fold. tables.

——. The Nanking-Wuhu and Süancheng-Changhing highways upon the occasion of their opening to traffic. Nanking, National Economic Council, 1933. 18, [24] p. plates (1 fold.) fold. maps.

——. The Soochow-Kashing highway upon the occasion of its opening to traffic. Nanking, National Economic Council, 1933. 15, [18] p. plates, 2 fold. maps, tables (1 fold.).

——. Highways in China; tables, charts and maps. Nanking, National Economic Council, 1935. [13] p. maps, tables, diagrs.

CLEMENTS, JULIUS MORGAN, 1869- China: automotive conditions and the good roads movement. Washington, Govt. Print. Off., 1922. 21 p. ([U.S.] Bureau of foreign and domestic commerce. Trade information bull., 2).

SMITH, A. VIOLA, 1893- Motor roads in China. Washington, Govt. Print. Off., 1931. v, 132 p. incl. illus., tables. fold. map. (U.S. Bureau of foreign and domestic commerce. Trade promotion ser., 120).

Postal Service

CHINA. Directorate General of Posts. Report on the working of the Chinese post office. (English and Chinese texts) 1904-38. Shanghai, 1905-39. v. fold. maps.

——. International parcel tariff (Provisional issue) Shanghai, Supply department of the Directorate General of Posts, 1922. cover-title, [18] p.

——. International parcel tariff [15th issue] Published for the use of the postal service and the information of the public. Shanghai, The Supply department of the Directorate General of Posts, 1931. 208 p. incl. tables. ([Publications] II.-Public series, 19).

——. China postal atlas, showing the postal establishments and postal routes in each province. [3d ed.] Nanking, Directorate General of Posts, 1933. 12, 3 p. 40 col. maps on [1], 29 numb. l. (part double, part fold.).

——. The postal law. English version. Rev. ed. Taipei, 1956. 28 p. (Public ser. II, 2).

——. Postal regulations. English version. Rev. ed. Taipei, 1956. 110 p. (Public series 11, 3).

——. Ministry of Communications. Statistics of international communications of China. Post. 1928-29. Shanghai, 1930- 1 v. tables.

——. A brief statistical report of communications, June 1931. Nanking, 1931. 68 p. tables.

CHU, CHIA-HUA, 朱家驊, 1893- The Ministry of communications in 1934. Shanghai, China United Press, 1935. cover-title, 18 p. [China reconstruction ser. 1].

——. China's postal and other communication services. Shanghai, China United Press [1937] ix, 259 p. port. diagrs. ("China to-day" ser. 9).

STARR, JAMES. The Chinese air-post, 1920-35, by James Starr and Samuel J. Mills. De luxe ed. [Philadelphia] The authors, 1937. 112 p. illus. (incl. maps).

Postage Stamps

AKAGI, ROY HIDEMICHI, 1892- The postage stamps of Manchoukuo. New York, 1941. 3-101 p. illus.

CHINA Reconstructs. Postage stamps of the People's Republic of China, 1949-54. Shanghai, 1955. 46 p.

LIVINGSTON, LYONS F. The postage stamps of China. Baltimore, L.F. Livingston, Inc., 1951-52. 2 v.

———. Classical China. Baltimore, Livingston and Martin, c1956. 1 v. (loose-leaf).

LISSINK, KALENIK. Notes of the Russian revolutionary stamps, 1920-22. Mongolia-its stamps, 1924-27, compiled and arranged by John L. Stroub. [New York, 1927] 16 p. illus. (facsims.).

MA, ZUNG-SUNG, 馬潤生. Ma's illustrated catalogue of the stamps of China. Compiled, supplemented and translated by Ma Ren-chuen, 馬任全. With 700 illustrations. Shanghai, Shun Chang, 1947. 568 p. illus. port.

MANCHOUKUO POSTAL SOCIETY. Postage stamps of Manchoukuo, 1940. Hsinking, Published by the Manchoukuo Postal Society [1940] 60 p. plates (part col.).

The POSTAGE stamp catalogue of People's Republic of China. Hong Kong, Wah Nan Stamp Service, 1955. 214 p. illus.

ROSENBERG, WILLIAM. Local post of China: history-description-prices; a study based upon private collections. Shanghai [The Willow Pattern Press, 1940] 141, [1] p. illus., col. plates, map, facsims.

STANDARD catalogue; People's posts of China. 1952- Hongkong, Universal Stamp Service, 1952. 282 p. illus.

Telegraphy

CHINA. Ministry of Communications. Rules and regulations for the acceptance and transmission of press telegrams. [Peking? 1922] cover-title, 6, [6] p.

———. Statistics of international communications of China. Telegraph. 1928-29. Shanghai, 1930- 1 v. tables.

———. Communications of China. A brief statistical report January-June, 1932. Nanking, Ministry of Communications, 1932? iv, 83 p., 1 l. incl. tables (1 fold.).

———. The selected statistics of transportation and communication in China. Nanking, 1948. 10 p.

Weights and Measures

CHINA. National Bureau of Standard Weights and Measures. Unification of weights and measures in China, by Chenlott C. Wu, 吳承洛, with Message from Kung P. Chin, 陳公博, Minister of industries, and notice to importers, dealers and manufacturers of commercial commodities. Nanking, 1934. cover-title, 2, 4, 46 p. plates, tables (1 fold.) diagrs.

CHOU, HSI-SAN, 周錫三. Standards of weights and measures. Shanghai, Commercial Press, 1935. 91 p.

LIU, CHIN-YU, 劉晉鈺. L'unification des mesures chinoises, par Liu Chin-yu et M. Vittrant. Changhai, Impr. Tou-sè-wè, 1927. 24 p.

RIGGS, SYDNEY C. Weights and measurements of cargo exported from Shanghai and North China. 1931 rev. ed. Shanghai, Official Measurer's Off., 1931. 165 p.

Miscellaneous

CHINA stock and share handbook. Shanghai, The North-China Daily News and Herald, 1925-29. v. tables, forms.

DUNG, YIEN, 鄧賢. Life insurance in China: a study of the factors hindering its development. Philadelphia, 1928. 124 p. Thesis-Univ. of Pennsylvania.

Economy of Communist China

ABBAS, KHWAJA AHMAD. China can make it; eye witness account of the amazing industrial progress in New China. Bombay, People's Pub. House, 1951. 16 p.

ADLER, SOLOMON. The Chinese economy. New York, Monthly Review Press, 1957; London, Routledge and K. Paul, 1957. xi, 276 p. maps (on lining papers) tables.

ASIAN PEOPLES' ANTI-COMMUNIST LEAGUE. An analysis of Japan's trade with the Chinese communists. Taipei, 1955. 34 p.

———. First five-year plan of the Chinese communists. Taipei, 1956. cover-title, 46 p.

BRITISH COUNCIL FOR THE PROMOTION OF INTERNATIONAL TRADE, London. China's foreign trade: an analysis and guide for the British businessmen. London, 1954. 67, 2 p.

CHAO, KUO-CHUN, 趙國鈞, 1918- Source materials from Communist China. Cambridge, Mass., 1952. 3 v.

CHENG, CHO-YÜAN, 鄭竹園. Monetary affairs of Communist China. Kowloon, H.K., Union Research Institute [1954] cover-title, 160 p. (Communist China problem research series, EC5).

———. The China mainland market under communist control. Kowloon, Hong Kong, Union Research Institute [1956] cover-title, 96 p. (Communist China problem research series, EC14).

CHINA. (People's Republic of China, 1949-). Customs import/export tariff. Provisional regulations effective from 16th May 1951. [unofficial translation] Hong Kong, O.K. Print. Press, 1951. 57, 31 p.

———. First five-year plan for development of the national economy of the People's Republic of China in 1953-57. Peking, Foreign Languages Press, 1956. 1 v. (chiefly illus.).

———. Le premier plan quinquennal pour le développement de l'économie nationale de la République populaire de Chine (1953-57). Pékin, Éditions en langues étrangères, 1956. 1 v. (chiefly illus.).

———. First five-year plan for development of the national economy of the People's Republic of China in 1953-57, adopted on July 30, 1955 by the first National People's Congress at its second session. Peking, Foreign Languages Press, 1956. 232 p.

———. All-China People's Congress. New China advances to socialism; a selection of speeches delivered at the third session of the First National People's Congress. Peking, Foreign Languages Press, 1956. 199 p.

———. State Statistical Bureau. Report on national economic development and fulfilment of the State plan in 1954. Peking, Foreign Languages Press, 1956. 48 p.

———. Report on fulfilment of the national economic plan of the People's Republic of China in 1955, with statistical summary. Peking, Foreign Languages Press, 1956. 57 p.

CHINA COMMITTEE FOR THE PROMOTION OF INTERNATIONAL TRADE. New China's economic achievements 1949-52. Peking, 1952. 285 p.

———. Réalisations économiques de la Chine nouvelle, 1949-52. Pékin, Éditions en langues étrangères, 1953. 156 p.

———. Die wirtschaftlichen Errungenschaften des neuen China 1949-52. Berlin, Verlag die Wirtschaft, 1953. 238 p.

CHINA RECONSTRUCTS. China in transition; selected articles 1952-56 by writers for China Reconstructs. Peking, Foreign Languages Press, 1957. 434 p. illus. maps.

CHINA wins economic battles. Peking, Foreign Languages Press, 1950. iii, 58 p.

COMMUNIST PARTY. CHINA. National Congress, 1956. Full text of a report by Chou En-lai on proposals for a Second five-year plan, delivered on the opening day of the Congress in Peking on September 15, 1956. Peking, 1956. 24 p.

———. Proposals of the Eighth National Congress of the Communist Party of China for the Second five-year plan for development of the national economy, 1958-62. Report on the proposals for the Second five-year plan for development of the national economy [by] Chou En-lai. [Peking, 1956] 104 p. "Supplement to Hsinhua News Agency release."

———. Full text of a resolution on proposals for China's second five-year plan passed by the Congress at the final session in Peking on September 28, 1956. Peking, Foreign Languages Press, 1956. 13 p.

ECKSTEIN, ALEXANDER, 1915- Summary of Conditions and prospects for economic growth in Communist China. Cambridge, Center for International Studies, Massachusetts Institute of Technology, 1954. 25 p.

ECONOMIC reconstructions in north China border regions. [n.p.] 1943- ?v.

L'ÉCONOMIE chinoise sur la voie du socialisme. Pékin, Éditions en langues étrangères, 1954. 132 p. illus.

GANGULI, BIRENDRANATH. Economic development in new China. Indian Council of World Affairs. Bombay, Oxford University Press [1955] 92 p.

GLUCKSTEIN, YGAEL. Mao's China: economic and political survey. London, Allen and Unwin, 1957. 438 p. tables. Boston, Boston Press, 1957.

GT. BRIT. Foreign Office. Correspondence between the Government of the United Kingdom of Great Britain and Northern Ireland and the Central People's Government of China on British trade in China. Peking, 12th April-5th July, 1952; with statement by the Secretary of State for Foreign Affairs in the House of Commons on 20th May, 1952. London, H.M. Stationery Off., 1952. 7 p. (Its China, 1952, no. 1).

HSIA, RONALD, 夏修永, [Hsia Hsiu-yung] 1918- Price control in Communist China. With an introd. by Douglas S. Paauw. New York, International Secretariat, Institute of Pacific Relations, 1953. iii, 81 p., 83-96 l.

———. Economic planning in Communist China. With a foreword by A. Doak Barnett. New York, International Secretariat, Institute of Pacific Relations, 1955. vi, 89 p.

HSIAO, CHI-JUNG, 蕭濟容, 1892- Revenue and disbursement of Communist China. Kowloon, H.K., Union Research Institute [1954] 118 p. (Communist China problem research series [EC8]).

HSIN, YING, 辛膺, 1915- The price problems of Communist China. Kowloon, H.K., Union Research Institute [1954] 125 p. diagr. (Communist China problem research series [EC3]).

———. The foreign trade of Communist China. Kowloon, H.K., Union Research Institute [1954] 161 p. diagr. (Communist China problem research series [EC4]).

KIRBY, EDWARD STUART, 1909- ed. Contemporary China; economic and social studies, documents, bibliography, chronology. [Hong Kong] Hong Kong University Press, 1956- v. illus.

LAVALLÉE, LEON. Économie de la Chine socialiste, par L. Lavallée [et autres] Genève, Librairie Rousseau, 1957. 512 p. maps, tables.

LI, FU-CHÜN, 李富春 1901- Report on the first five-year plan for development of the national economy of the People's Republic of China in 1953-57; deliviered on July 5 and 6, 1955 at the Second Session of the First National People's Congress. Peking, Foreign Languages Press, 1955. 134 p.

———. Bericht über den ersten Fünfjahrplan zur Entwicklung der Volkswirtschaft in der Volksrepublik China von 1953 bis 1957, gehalten auf der zweiten Tagung des 1. Nationalen Volkskongresses vom 5. bis 6. Juli 1955, von Li Fu-dshun. [Übers. von Rose Gromulat] Berlin, Dietz, 1956. 116 p.

LIEU, D.K., 劉大鈞, 1890- Industrial development in Communist China. [New York,, Sino-American Amity] c1955. 33 l.

NAN, HAN-CH'ÊN, 南漢宸, 1892- Prospects for the development of economic relations between China and other countries; speech delivered at the International Economic Conference, Moscow, April 4, 1952. Peking, China Committee for the Promotion of International Trade, Chinese Chamber of Foreign Trade [1952] 15 p.

REMER, CHARLES FREDERICK, 1889- Coal production in Communist China;

a paper on the economics of Communist China, prepared under a research grant from the Rackham School of Graduate Studies. Ann Arbor, University of Michigan, 1956. iii, 34 p. illus.

REVIEW on the economic situation of the Chinese mainland provinces during the year 1954. Taipei, Economic Stabilization Board, 1955. 92 p.

RIGGS, FRED WARREN, 1917- The economics of Red China. New York, Foreign Policy Association, 1951. [62]-72 p. (Foreign policy reports, 27:6).

TA KUNG PAO, Hongkong. Trade with China, a practical guide. Hong Kong, Ta kung pao, 1957. 147 p. (p. 125-147 advertisements).

UNION OF DEMOCRATIC CONTROL. 600 million customers in China; a report on Britain-China trade. Foreword by Harold Wilson. [London, 1954] 26 p. (A UDC publication).

U.S. Congress. Senate. Committee on Foreign Relations. Subcommittee on Technical Assistance Programs. Economic development in India and Communist China. Washington, Govt. Print. Off., 1956. 51 p. maps, tables.

———. Library of Congress. Legislative Reference Service. Economic development in India and Communist China [prepared by J. Clement Lapp of the Legislative Reference Service] Washington, U.S. Govt. Print. Off., 1956. v, 51 p. maps (part fold.) tables. (Staff study no. 6, Subcommittee on Technical Assistance Programs).

———. Office of Strategic Services, Research and Analysis Branch. Economy of Communist North China, 1937-45: 1. Areas of economic control; 2. Summary of economic policies. Washington, 1945. 2 v. fold. maps. (Its R and A No. 3024.1 and 3024.2). Mimeographed.

VLADIMIROVA, I. Erfolge des wirtschaftlichen Aufbaus in der Volksrepublik China, von I. Vladimirova und V. Zamin. Berlin, Dietz, 1955. 111 p.

Die VOLKSREPUBLIK China auf der Leipziger Messe, 1953. Leipzig, Messeamt, 1953. 6 p. illus.

WENTZEL, ALBERT K. Die weltwirtschaftliche Position des neuen China. Ludwigsburg, Hans A. Waichel, 1954. ii, 39 p.

WHAT China exports. [1st ed.] Peking, Foreign Languages Press, 1954. 53 p. illus.

WAS China ausführt. Peking, Verlag für fremdsprachige Literatur, 1954. 51 p. illus. plates.

WU, YUAN-LI, 吳元黎, 1920- An economic survey of Communist China. New York, Bookman Associates; London, Constable, 1956. x, 566 p. illus., maps.

XI. SOCIAL CONDITIONS AND PROBLEMS

Bibliographies and Dictionaries

U.S. Army Language School, Monterey, Calif. Civil affair terms. [Monterey] Army Language School, Far Eastern Language Division, Chinese-Cantonese Language Dept. [1951] 41 p.

ZEN, I-TU,孫任以都 1921- Bibliography on Chinese social history; a selected and critical list of Chinese periodical sources, by E-tu Zen Sun and John De Francis. New Haven, Institute of Far Eastern Languages, Yale University, 1952. xii, 150 p.

General Works
Social Life as seen by Westerners

ARNOLD, GEORGE. Chopsticks. Illus. by the author. Melbourne, National Press Pty., 1946. 154 p. illus.

AYSCOUGH, FLORENCE (WHEELOCK) 1878-1942. A Chinese mirror, being reflections of the reality behind appearance. London, Cape; Boston, Houghton, Mifflin [1926] 464 p. illus., fold. map.

———. Un mirror chinois; traduit de l'anglais par Maurice Thiéry. Paris, P. Roger [1926] 295 p. map, plates.

BARNES, GEORGE G. Enter China! A study in race contacts. London, Edinburgh House Press, 1929. 168 p. "First published, April 1928. Third impression, May 1929."

BARTLETT, MYRTH. By the Bridge of a thousand ages; the adventures of Lingsan. Los Angeles, Willing Pub. Co. [c1940] 9-232 p. illus.

BATISTE-MAYBORN, PIERRE. Essai sur les associations en Chine. Paris, Plon-Nourrit et Cie, 1925. 208 p.

BRINES, CELIA R. Dragon tales. Mountain View, Calif., Portland, Ore. Pacific Press Pub. Association [1942] 5-125 p. incl. illus., plates, ports.

CABLE, MILDRED, 1880-1952. China, her life and her people, by Mildred Cable and Francesca French. London, University of London Press [1946] 160 p. front., illus.(incl. map) plates, ports., diagrs.

CARTIER-BRESSON, HENRI, 1908- D'un Chine à l'autre. Photographies de H. Cartier-Bresson. Préface de Jean-Paul Sartre. Paris, R. Delpire, 1954. 1 v. (chiefly illus.) (Collection Neuf, 14).

———. China gestern und heute. Düssendorf, K. Rauch, 1955. 1 v. (unpaged, chiefly illus.).

———. From one China to the other. Photos. by Henri Cartier-Bresson. Text by Han Suyin [pseud.] Edited by Robert Delpire. New York, Universe Books; Toronto, Burns and MacEachern, 1956. 1 v. (chiefly illus., map).

———. China in transition; a moment in history. With an introd. and 144 photos. [Translated by Edward Hyams] London, Thames and Hudson [1956] 1 v. (chiefly illus.).

CHADOURNE, MARC, 1895- Chine. Paris, Plon [1931] 293 p. illus.

———. China; translated from the French by Harry Block. New York, Covici-Friede [c1932] 308 p. incl. plates.

CHILDERS, JAMES SAXON, 1899- Through Oriental gates; the adventures of an unwise man in the East. New York, London, D. Appleton, 1930. 333, [2] p. front., plates, ports.

COPLAND, DOUGLAS BERRY, 1894- The Chinese social structure. Sydney, Australasian Medical Pub. Co., 1948. 20 p. (George Ernest Morrison lectures).

CORNABY, WILLIAM ARTHUR, 1860-1921. A necklace of peach-stones, "A string of Chinese peach-stones" rewritten, with appendix of Chinese lighter literature, illustrations and index. Shanghai, North-China Daily News and Herald, 1925. 401 p. col. front., illus.

CRANE, LOUISE. China in sign and symbol; a panorama of Chinese life, past and present. London, B.H. Batsford; Shanghai, Kelly and Walsh, 1927. xx, 227 p. plates (part col., part fold.).

CRESSY, EARL HERBERT. Understanding China; a handbook of background information on changing China. New York, Nelson [1957] 278 p. illus.

CROW, CARL, 1883-1945. Four hundred million customers, the experiences - some happy, some sad, of an American in China, and what they taught him. New York, Harper, 1937; London, H. Hamilton, 1937. 11-316, [1] p. illus.

———. 400 millions de clients: la Chine, vue par un commerçant; traduction de Claudine Decourcelle. Paris, Les Editions de France, c1938. iii, 257 p. illus.

———. Vierhundert millionen kunden. Autorisierte übersetzung aus dem Englischen von Richard Hoffmann. Berlin, P. Zsolnay, 1937. 311 p. illus.

———. My friends, the Chinese. London, H. Hamilton [1938] 277, [1] p. illus.

———. The Chinese are like that. New York [etc.] Harper, 1939. viii, 328 p.

———. Mes amis les chinois. La vie quotidienne en Chine. Traduit de l'anglais par Charles Mourey. Paris, Payot, 1939. 228 p. illus.

———. Foreign devils in the Flowery kingdom. New York, Harper, 1940. London, H. Hamilton [1941] xi, 340 p. illus.

DANBY, HOPE. My boy Chang. London, Gollancz, 1955. 222 p. illus.

DARUVALA, J.C. The Chinese exodus. Bombay, Hind Kitabs [1944] viii, 119 p. front. (group port.) plates, double maps.

DENBY, JAY. Letters of a Shanghai griffin. Shanghai, Kelly and Walsh, 1923. 438 p. illus.

EBERHARD, WOLFRAM, 1909- Conquerors and rulers; social forces in medieval China. Leiden, Brill, 1952. xi, 129 p.

DUBOSCQ, ANDRÉ, 1876- L'élite chinoise; ses origines, sa transformation après l'empire. Paris, Nouvelles éditions latines [1945] [9]-135 p.

ELIASSEN, SIGURD, 1884- Dragon Wang's river. Translated by Katherine John from the Norwegian. New York, J. Day; London, Methuen [1957] 256 p. illus. Translation of Gamle Drage Wangs elv.

FARQUHARSON, RONALD. Confessions of a China-hand. London, Hodder and Stoughton [1950] New York, Morrow, 1951. 224 p. map (on lining papers).

FAWCETT, RAYMOND, ed. China. London, P.R. Gawthorn [1951] 47 p. illus. (His How did they live?).

FISHER, MRS. WELTHY (HONSINGER) 1880- Beyond the moon gate, being a diary of ten years in the interior of the Middle Kingdom. New York, Cincinnati, The Abingdon Press [c1924] 176 p. front., plates.

FÖLLMER, WILHELM. Schrei des Ostens, ein chinesisches Mosaik. Leipzig, Koehler und Voigtländer [1942] 300 p. plates.

FONTENOY, JEAN. Shanghaï secret, récit. Paris, B. Grasset [1938] 232 p.

———. Schanghai, Hölle des Ostens. Aus dem Französischen. Bern und Stuttgart, Hallwag, 1938. iv, 216 p.

———. The secret Shanghai. New York, Grey-hill Press [1939] 188 (i.e. 190) p.

[FRANKING, MAE M.]. My Chinese marriage, by M.T.F. New York, Duffield, 1921. 169 p.

GALBRAITH, WINIFRED. The dragon sheds his skin. London, J. Cape [1928] 221 p. front., plates.

———. In China now. New York, W. Morrow, 1941. 11-285 p.

GALE, ESSON McDOWELL, 1884- Salt for the dragon; a personal history of China, 1908-45. [East Lansing] Michigan State College Press, 1953. 225 p. illus.

GREGG, EVA A. Hints from squints in China. Cincinnati, O., Printed by the

Caxton Press [c1923] 216 p. front., 1 illus., ports.

GROFF, GEORGE WEIDMAN, 1884-1955. Glimpses of China, 1939. Canton, Lingnan University, 1939. [28] p. illus.

HAHN, EMILY, 1905- The picture story of China. New York, Reynal and Hitchcock [1946] [51] p. incl. front.(map) col. illus.

HAYES, ESTHER FRAYNE. At home in China. New York, W. Neale, 1931. x, 13-165 p. front., plates, ports.

HINZELMANN, HANS HEINZ, 1889- O China, Land auf alten Wegen; wahrhaftige Entdeckungen auf einer west-östlichen Lebensfahrt. 中國本地老道 Braunschweig, Schlösser Verlag [1948] 195 p.

HOBART, ALICE TISDALE (NOURSE) 1882- By the City of the long sand; a tale of new China. New York, Macmillan, 1926. xii, 329 p. illus., plates.

HODOUS, LEWIS, 1872-1949. Folkways in China. London, A. Probsthain, 1929. viii, 248 p. plates. (Probsthain's oriental series. vol. 18).

HOSIE, DOROTHEA (SOOTHILL) lady, 1885- Two gentlemen of China; an intimate description of the private life of two patrician Chinese families, their homes, loves, religion, mirth, sorrow, and many other aspects of their family life, with an introduction by Professor Soothill. 2d ed. London, Seeley, Service, 1924. 9-316 p. front., plates, ports.

———. Menschen in China; die politische und soziale Umwälzung in China von dem täglichen Leben zweier chinesischer Patrizierfamilien aus gesehen, mit einer Einführung von professor Soothill. Stuttgart, Berlin [etc.] Deutsche Verlags-Anstalt, 1926. xii, 393, [1] p. plates, port. "Berechtigte übersetzung aus dem Englischen von Rudolf Nutt."

———. The pool of Ch'ien Lung, a tale of modern Peking. London, Hodder and Stoughton [1944] 175, [1] p. col. front.

HUTCHINSON, PAUL, 1890-1956. China's real revolution. New York, Missionary Education Movement of the United States and Canada [c1924] x, 182 p. front., plates, ports.

HUTCHINSON, JAMES LAFAYETTE. China hand. Boston, Lothrop, Lee and Shepard, 1936. x, 418 p. incl. front., illus.

HUTSON, JAMES. Chinese life in the Tibetan foothills. Shanghai, Far Eastern Geographical Establishment, 1921. 210 p. diagrs.

JACKSON, INNES. China only yesterday, 華土歸來. [London] Faber and Faber [1938] 288 p. front., illus.(map) plates, ports.

JENKINS, LAWRENCE WATERS, 1872- Bryant Parrott Tilden of Salem, at a Chinese dinner party, Canton: 1819. A Newcomen address. [Princeton, Printed at Princeton University Press] 1944. 28 p. illus.

KISCH, EGON ERWIN, 1885-1948. China geheim. Berlin, E. Reiss, 1933; 4. Aufl. Berlin, Aufbau Verlag, 1949. 295 p.

———. La Chine secrète; traduit de l'allemand par Jeanne Stern. Paris, Gallimard [1935] 251 p. map. (Problèmes et documents).

———. Secret China; translated by Michael Davidson. London, John Lane [1935] vi, 279 p.

KUHN, MAY COLE. Lantern light. Mountain View, Calif., Portland, Ore., Pacific Press Pub. Association, 1939. 159 p. incl. front. illus.

KULP, DANIEL HARRISON, 1888- Country life in South China; the sociology of familism. Volume I. Phenix village, Kwangtung. New York, Bureau of Publications, Teachers College, Columbia University, 1925. xxx, 367 p. col. front., illus. (incl. maps) plates.

LEE, ESTHER (HAGGARD). The other side of the world; pages from the journal of a young missionary in pre-Communist China. New York, Vantage Press [c1956] 79 p. illus.

LEWIS, MRS. ELIZABETH (FOREMAN) 1892- Portraits from a Chinese scroll; illustrations by Virginia Hollinger Stout, calligraphy by Chen Chao-ming, 陳兆銘. Chicago, Philadelphia, John C. Winston [c1938]; London, Harrap, 1939. 267 p., plates.

McCORMICK, ELSIE. Audacious angles on China. Shanghai, Chinese-American Pub. Co., 1922. New York, Appleton, 1923. xi, [1], 3-305, [1] p. front. plates.

MÄNCHEN-HELFEN, OTTO, 1894- China. Dresden, Kaden [1931] 232 p. illus.(map) (Die Weltpolitik, 3).

MAIER-HUGENDUBEL, MARTIN. Hinter der chinesischen Mauer. Stuttgart und Basel, Evang. Missionsverlag, 1929. 174 p. front., plates, port.

MOORE, NELLE E. On the other side of the world; stories of China. New York, C. Scribner [c1938] vi, [2], 216 p. illus.

MORRILL, SAMUEL. Lanterns, junks and jade. New York, Frederick A. Stokes, 1926. viii, 287 p. 1 illus., plan.

OBER, GEORGE. Mission to China. Los Angeles, Wetzel Pub. Co. [1943] 79 p. illus. (incl. ports.).

PAKENHAM-WALSH, WILLIAM SANDFORD, 1868- Twenty years in China. Cambridge [Eng.] W. Heffer [1935] x, 127 p. front., plates, ports.

PERCHERON, MAURICE, 1891- Intermède chinois. Paris, Denoël [1944] 222 p.

[PETERSON, HENRY WILLIAM CHRISTIAN] 1896- Honourable and peculiar ways, by Pêh Der Chen [pseud.]; with a foreword by Ernest Bramah. London, H. Hamilton [1932] 224 p. incl. front., illus.

POLITICAL AND ECONOMIC PLANNING. Poverty and progress in China. London, P.E.P., 1943. 15 p. (Planning, 209).

POWELL, CHARLES AUSTIN, 1887- Bound feet. Boston, Warren Press [c1938] 3-339 p. plates, ports.

RASMUSSEN, ALBERT HENRY. China trader. New York, Crowell; London, Constable [1954] 274 p. illus.

———. Als die Zöpfe fielen. Zehn Jahre Zöllner und Kaufmann im alten China. Übers. von Willi Gustav Rickmer Rickmers. Wiesbaden, E. Brockhaus, 1956. 159 p. (Reisen und Abenteuer).

ROY, CLAUDE, 1915- La Chine dans un miroir. Illustrations photographiques de W. Bischof [et al.] Illustrations littéraires traduites du chinois par Hsou Lien-tuan et l'auteur. Lausanne, Guilde du livre [1953] 152 p. illus. (part col.).

SEGERS, ARTHUR. La Chine; le peuple, sa vie quotidienne et ses cérémonies, avec une préface par jhr. mr. F. Beelaerts van Blokland. Anvers, Éditions "De Sikkel"; Paris, 1932. 242, 160 p. incl. plates.

SETON, GRACE (GALLATIN) "MRS. ERNEST THOMPSON SETON," 1872- Chinese lanterns. New York, Dodd, Mead, 1924. xv, 373 p. front., 1 illus., plates, ports., facsims.

SMITH, ARTHUR HENDERSON, 1845-1932. Moeurs curieuses des chinois. Traduit par B. Mayra et le Lt.-Cl. de Fonlonge. Paris, Payot, 1935. 311 p. plates. (Collection d'études, de documents et de témoignages pour servir à l'histoire de notre temps). 1er éd. 1927.

SOOTHILL, MRS. LUCY (FARRAR) d. 1931. A passport to China; being the tale of her long and friendly sojourning amongst a strangely interesting people, with a foreword by her daughter, Lady Hosie. London, Hodder and Stoughton, 1931. xi, [1], 339 p. front., illus.(plan) plates, ports.

STARRETT, VINCENT, 1886- Oriental encounters; two essays in bad taste. Chicago, Normandie House, 1938. 11-45, [1] p.

STEEP, THOMAS. Chinese fantastics, 華國奇談. New York and London, The Century [c1925] viii, 222, [1] p. front.

TANDLER, JULIUS, 1869-1936. Volk in China; Erlebnisse und Erfahrung. Wien, Druck und Verlag "Thalia," 1935. 47 p.

THAN, WALTER. China ohne Zopf. Photos: Brüder Basch. Wien, Danubia-Verlag [c1949] 171 p. plates.

THORBECKE, ELLEN (KOLBAN). People in China; thirty-two photographic studies from life, with an introduction by Dr. W. J. R. Thorbecke. London [etc.]

G.G. Harrap [1935] 141 p., 1 l. incl. mounted plates. col. plates.

TOWNSEND, RALPH, 1900- Ways that are dark; the truth about China. New York, G.P. Putnam, 1933. vii-xiv, 336 p.

U.S. Office of Strategic Services. Research and Analysis Branch. Morale and social conditions in Japan and occupied areas as reported by American repatriates. [Washington] 1944. ix l., 63 p. (Its R and A no. 1717).

La VIE moderne chinoise. Pékin, Impr. de la "Politique de Pékin," 1932-34. 3 v. (Collection de la "Politique de Pékin").

WALN, NORA, 1895- The House of exile. Boston, Little, Brown, 1933. [3]-337 p. col. front., illus.

———. La maison d'exil. Moeurs et vie intime en Chine moderne. Traduction de l'anglais de Michel Epuy. Paris et Genève, J.H. Jeheber, 1934. iv, 299 p.

———. Süsse frucht, bittre frucht, China, übers. von Josephine Ewers-Bumiller und L. Günther. Berlin, W. Krüger [c1935] 326 p.

WARR, WINIFRED. China; a handbook for leaders. London, Edinburgh House Press, 1941. 80 p. illus. (incl map, plan) (Practical books - 2).

WELLS, LAURA PRESTON. Stories from a Chinese hospital. Shanghai, American Church Mission, 1930. 56 p. front., plates.

WIMSATT, GENEVIEVE BLANCHE. A griffin in China; fact and legend in the everyday life of the great republic. New York and London, Funk and Wagnalls Co., 1927. xx, 252 p. col. front., plates.

Social Life as seen by Chinese

BRIGGS, MARGARET (YANG) 1917- Daughter of the khans, by Liang Yen [梁琰] [pseud.] New York, W.W. Norton [c1955] 285 p. illus.

CHANG, CHUNG-LI, 張仲禮, 1919- The gentry in nineteenth century China: their economic position as evidenced by their share of the national product. Ann Arbor, University Microfilms [1953] ([University Microfilms, Ann Arbor, Mich.] Publication no. 6408). Collation of the original: xi, 514 l. tables. Thesis-University of Washington.

———. The Chinese gentry; studies on their role in nineteenth century Chinese society. Introd. by Franz Michael. Seattle, University of Washington Press, 1955. xxi, 250 p. diagrs. (University of Washington publications on Asia).

CHAO, CHENG-HSIN, 趙承信 . An ecological study of China from segmentation to integration. Ann Arbor, Mich., 1933. iii, 207 l. incl. maps, tables. (University microfilm. Pub. No. 320). Thesis-University of Michigan.

CHÊNG, CH'ÊNG-K'UN, 鄭成坤, 1906- The dragon sheds its scales. New York, New Voices Pub. Co., 1952. 192 p. illus.

CHENG, TCHENG, 盛成, [Shêng Ch'êng] 1899- Ma mère. Préface de Paul Valéry. Paris-Neuchâtel, V. Attinger, 1928. 191 p. incl. front. (port.) (His Vers l'unité. I).

———. Meine mutter. Mit einem Vorwort von Paul Valéry. Berlin, G. Kiepenheuer, 1929. xxiv, 151 p.

———. A son of China; translated from the French by Marvin McCord Lowes; preface by Paul Valéry. New York, W.W. Norton [c1930] viii, 9-286 p. Translation of Vers l'unité, I (Ma mère) and II (Ma mère et moi).

———. Ma mère et moi à travers la révolution chinoise. Paris, V. Attinger, 1929. 239 p. port. (His Vers l'unité, 2).

CHIANG, YEE, 蔣彝, 1903- A Chinese childhood. 3d ed. London, Methuen [1946] xii, 304, [2] p. illus., 8 col. plates (incl. front., ports.). 1st ed. 1940.

———. The same. [1st American ed.] New York, John Day [1952] 303 p. illus. (An Asia book).

CHINA to-day through Chinese eyes, by Dr. T.T. Lew, 劉廷芳, Prof. Hu Shih, 胡適, Prof. Y.Y. Tsu, 朱友漁, Dr. Cheng Ching Yi, 誠靜怡. London, Student Christian Movement, 1922. 144 p.

———. Second series. By T.C. Chao, 趙紫宸, P.C. Hsu, 徐寶謙, T.Z. Koo, 顧子仁, T.T. Lew, 劉廷芳, M.T. Tchou, 朱懋澄, F.C.M. Wei, 韋卓民, D.Z.T. Yui, 余日章. London, Student Christian Movement, 1927. viii, 151 p.

FEI, HSIAO-T'UNG, 費孝通, 1911- Peasant life in China; a field study of country life in the Yangtze valley. With a preface by Professor Bronislaw Malinowski. London, G. Routledge [1939] New York, Dutton, 1939, Oxford University Press, 1946. xxvi, 300 p. front., illus.(maps) plates, diagrs.

———. China's gentry; essays in rural-urban relations. Revised and edited by Margaret Park Redfield, with six life-histories of Chinese gentry families collected by Yung-teh Chow, 周榮德, and an introd. by Robert Redfield. Chicago, University of Chicago Press [1953] v, 289 p. illus.

HSU, FRANCIS L.K., 許烺光, 1909- Under the ancestor's shadow; Chinese culture and personality. New York, Columbia Univ. Press, 1948. London, Routledge, 1949. xiv, 317 p. illus.

———. Religion, science, and human crises; a study of China in transition and its implications for the West. London, Routledge and K. Paul [1952] x, 142 p. illus. (International library of sociology and social reconstruction).

———. Americans and Chinese: two ways of life. New York, H. Schuman, 1953; London, Cresset Press, 1955. 457 p.

HU, CHIEN-MIN, 胡鑑民. Les transformations morales et sociales de la Chine depuis la révolution de 1911, avec une présentation de m. Wang King Ky, 王景岐, et une préface de m. Paul Otlet. [Bruxelles] 1927. 134 p. (Union des associations internationales. Publication n° 123, 1927).

HWANG, TSU-YÜ, 黃祖瑜. Der blühende Granatapfelbaum; eine einfache Geschichte einer chinesischen Familie. [Aus dem Englishcen übertragen und bearb. von Hanna Hindbeck] München, Winkler-Verlag [c1948] 259 p.

KUO, HELENA, 郭鏡秋, [Kuo Ching-ch'iu]. Peach path. London, Methuen [1940] xv, 239, [1] p.

LEE, BEATRICE D., 李哲民, [Li Chê-min] 1898- Chih Ming's Chinese sketch book, as told by Beatrice Lee (Chih Ming) to Ida M. McCausland. Portland, Me., Falmouth Pub. House, 1948. 250 p.

LIN, YU-T'ANG, 林語堂, 1895- My country and my people. New York, Reynal and Hitchcock [c1935] xviii, 382 p. illus., plates, facsim., diagrs.

———. The same. Rev. illustrated ed. New York, John Day [1939]; London, Heinemann, 1939. xxvi, 440 p. front., illus., plates, port., facsim.

———. La Chine et les chinois; traduit par S. et P. Bourgeois. Paris, Payot, 1937. 396 p. (Étude de documents et de témoignages pour servir à histoire de notre temps).

———. Mein Land und mein Volk. [Aus dem Englischen übertragen von W.E. Süskind] Stuttgart, Deutsche Verlags-Anstalt [1946] [c1935] 437 p. diagrs.

LO, MÊNG-TS'Ê, 羅夢册, 1907- Declaration on human welfare. [Hongkong] Chu Lieu (Main Current) Society [1951] 156 p.

LO, REN YEN, 羅運炎, 1890- China's revolution from the inside. New York, Cincinnati [etc.] Abingdon Press [c1930] 307 p.

LONG, KIA-SIANG, 龍家驤. Le mouvement social en Chine; ses causes et ses tendances. Lyon, Bosc frères et Riou, 1930. 157 p. Thèse-Univ. de Lyon.

LOWE, H.Y., 盧興源. The adventures of Wu; the life cycle of a Peking man. Peking, Peking Chronicle Press [c1941] 2 v. illus.

LYNN, JERMYN CHI-HUNG, 凌啓鴻, [Ling Ch'i-hung]. Social life of the Chinese (in Peking). Peking-Tientsin, China Booksellers, 1928. 182 p. plates.

MA, ROBERTA, 馬心儀, 1902- China calls. Richmond, Va., William Byrd Press, 1938. 83 p. plates (1 double).

REMINISCENCES of a Chinese official. Revelations of official life under the Manchus. Tientsin, Tientsin Press, 1922. 518 p. front. "Reprinted from the Peking Gazette and the China Illustrated Review." French ed.: Moeurs des mandarins sous la dynastie mandchoue. Traduit par Eva Meyerovitch. Paris, Payot, 1935. 230 p.

SHEN, NELSON NAI-CHENG, 沈乃正. The changing Chinese social mind from 1911 to 1922. Peking, Peking Express Press, 1924. 42 p.

T'ANG, LIANG-LI, 湯良禮, 1901- The new social order in China. Shanghai, China United Press, 1936. xi, 282 p. diagr. ("China to-day" series. [6]).

T'AO, L.K., 陶孟和, 1887- Social changes. Shanghai, China Institute of Pacific Relations [1931] 15 p. Preliminary paper prepared for the 4th biennial conference of the Institute of Pacific Relations, Hangchow, 1931.

TING, CHOI-YUAN, 丁垂遠, 1922- Floating clouds. [Berlin, 1948] 86 p. illus.

TSCHANG, YEN-YŨ, 張彥如. Soziale Frage u. ständische Sozialpolitik im Westen und in China. Weidlingau-Wien, O. Andreas, 1935. 76 p.

WU, KANG, 吳康, 1896- Recent social changes and economic problems in China. [Taipei] Chinese Association for the United Nations, 1952. 43 p. (Unachina publications, Ser. I, 8).

YUAN, L. Z. Through a moon gate. Rev. ed. Shanghai, Mercury Press, 1948. 162 p. illus. 1st ed. 1938.

ZEN, E-TU孫任以都, 1921- ed. and tr. Chinese social history; translations of selected studies, by E-tu Zen Sun and John De Francis. Washington, American Council of Learned Societies, 1956. xix, 400 p. maps. (American Council of Learned Societies. Studies in Chinese and related civilizations, 7).

Social Customs and Folkways

ADAM, MAURICE, 1889-1932. tr. Us et coutumes de la région de Pékin, d'après le Je sìa kieou wen k'ao, 日下舊聞考. Ch. 146-147-148. Pékin, A. Nachbaur, 1930. viii, 48 p. plates.

BREDON, JULIET. The moon year, a record of Chinese customs and festivals [by] Juliet Bredon and Igor Mitrophanow. With chart of the Chinese year. Shanghai, Kelly and Walsh, 1927. xi, 514, [xiii]-xx p. front., plates (2 col.) fold. diagr.

———. Das Mondjahr; chinesische Sitten, Bräuche und Feste; Darstellung und Kulturbericht. Berlin, P. Zsolnay [c1937] 527 p. front., plates, diagr.

———. Chinese New Year festivals; a picturesque monograph of the rites, ceremonies and observances in relation thereto. Shanghai, Kelly and Walsh, 1930. 29 p. illus. (part mounted col.).

BURKHARDT, VALENTINE RODOLPHE, 1884- Chinese creeds and customs. Hong Kong, South China Morning Post [1954] 2 v. illus.

CONSTANT, SAMUEL VICTOR, 1894- Calls, sounds and merchandise of the Peking street peddlers. Peking The Camel Bell [1936?] xiv, 185 (i. e. 187) p. illus. (part col.; part mounted) plates, diagr.

CORMACK, ANNIE, "MRS. J. G. CORMACK." Chinese births, weddings and deaths. Peking, Printed at the North China Standard, 1923. 35 p. plates.

———. Chinese birthday, wedding, funeral, and other customs. 3d ed. Peking, China Booksellers [1927] 3-220 p. front., plates. 1st ed. 1922.

———. Everyday customs in China. Edinburgh and London, The Moray Press [1935] 264 p. front., plates.

CORTI, EGON CAESAR, conte, 1886- Chinesisches Bilderbuch. Leipzig, Bibliographisches Institut [c1935] 11-55, [1] p. col. illus. [Meyers bunte bändchen].

DER LING, princess, 德齡公主, d. 1944. Two years in the Forbidden city. New York, Dodd, Mead, 1924. ix, 383 p. front., plates, ports.

———. Kowtow. New York, Dodd, Mead [c1929] x, 322 p. front., plates.

———. Lotos petals. New York, Dodd, Mead [c1930] 267 p. front., illus., plates.

EBERHARD, WOLFRAM, 1909- Chinese festivals. New York, H. Schuman [1952] 152 p. illus. [Great religious festivals series].

GRAHAM, DOROTHY, 1893- Through the moon door; the experiences of an

American resident in Peking. New York, J. H. Sears, 1926. x, 341 p. front., plates, port.

HUMMEL, MARGARET GIBSON. Fun and festival from China. New York, Friendship Press, 1948. 48 p. illus.

IMBERT, HENRI. Poésies chinoises sur les fêtes annuelles. Pékin, "La Politique de Pékin," 1924. 34 p. illus. (Collection de la "Politique de Pékin").

JAMESON, RAYMOND DE LOY, 1896- Three lectures on Chinese folklore, delivered before the convocation of the North China Union Language School, March and April, 1932. Peiping, North China Union Language School, cooperating with California College in China [1932] ix, 13-164 p.

KALFF, L. Der Totenkult in Südschantung, ein Beitrag zur Volkskunde des Landes. Yenchowfu, Verlag der katholischen Mission, 1932. viii, 109 p. illus., plates, diagr.

MORGAN, HARRY TITTERTON, 1872- Chinese festivals. [Los Angeles, Broadway Press] 1941. 16 p. illus. [Chinese classics in miniature].

SWALLOW, ROBERT WILLIAM, 1878- Sidelights on Peking life; introduction by Hardy Jowett. Peking, China Booksellers, 1927. xviii, 135 p. plates (incl. ports.) plan.

TIEFENSEE, FRANZ WILHELM. Wegweiser durch die chinesische Höflichkeits-Formen. 3. Aufl. Tokyo, Verlag der deutschen Gesellschaft für Natur-und Völkerkunde Ostasiens, 1924. 7-224 p. illus. diagrs. (Tokyo. Deutsche Gesellschaft für Natur-und Völkerkunde Ostasiens. Mitteil., 18).

TUN, LI-CH'ÊN, 敦禮臣, 1855-1911. Annual customs and festivals in Peking as recorded in the Yen-ching Sui-shih-chi, 燕京歲時記; translated and annotated by Derk Bodde. Peiping, H. Vetch, 1936. [vii]-xxii, 147 p. illus., plates (part col., 1 fold., 2 mounted) diagr.

Magic and Superstitions

ADAM, MAURICE, 1889-1932. Chen Mou Tch'ang, 神木廠, le hangar du bois-genie. Pékin, La Politique de Pékin, 1927. 35 p. (Collection de la "Politique de Pékin").

ALEKSEEV, VASILIĬ MIKHAĬLOVICH, 1881-1951. The Chinese gods of wealth; a lecture delivered at the School of Oriental Studies, University of London, on 26th March, 1926. [London] Pub. by the School of Oriental Studies in conjunction with the China Society, 1928. 36 p. 24 plates (part col.).

BOUILLARD, GEORGES, 1862-1930. Notes diverses sur les cultes en Chine; les attitudes des Buddhas. 3e éd. Pékin, A. Nachbaur, 1933. 33 p. plates, illus.

CHOCHOD, LOUIS SIMON FORTUNÉ FRÉDÉRIC, 1877- Occultisme et magie en Extrême-Orient: Indie-Indochine-Chine. Paris, Payot, 1949 (c1945). [7]-404 p. illus., diagrs. (Bibliothèque scientifique).

COMBER, LEON. Chinese magic and superstitions in Malaya. Singapore, Donald Moore, 1955. 80 p. illus. (Malayan Heritage, 5).

DAY, CLARENCE BURTON, 1889- Chinese peasant cults; being a study of Chinese paper gods. Foreword by Clifford H. Plopper. Shanghai, Kelly and Walsh, 1940. xx, 243 p. col. front., plates (part col.) [Nanking theological seminary. English publications, 1].

DORÉ, HENRI, 1859-1931. Recherches sur les superstitions en Chine. Chang-hai, Impr. de la Mission Catholique, 1911-38. 18 v. illus. plates (part col.), ports., facsims. (part col.) (Variétés sinologiques No. 32, 34, 36, 39, 41-42, 44-46, 48-49, 51, 57, 61-62, 66).

———. Manuel des superstitions chinoises; ou, Petit indicateur des superstitions les plus communes en Chine. Chang-hai, Impr. de la mission catholique, 1926. v, 219 p.

ELLIOTT, ALAN JOHN ANTHONY. Chinese spirit-medium cults in Singapore. [London] Published for Dept. of Anthropology, London School of Economics and

Political Science [by Royal Anthropological Institute] 1955. 179 p. illus. (Monographs on social anthropology, 14).

FÊNG, HAN-YI, 馮漢驥, 1902- The black magic in China known as ku [by] H. Y. Fêng and J.K. Shryock. Philadelphia, American Oriental Society, 1935. cover-title, 30 p. (Publications of the American oriental society. Offprint series, 5).

GULIK, ROBERT HANS VAN, 1910- The mango "trick" in China; an essay on Taoist magic. (In Asiatic Society of Japan. Transactions. Tokyo, 3d ser., v. 3 (1954) p. 117-169. plates).

HEARN, LAFCADIO, 1850-1904, comp. Some Chinese ghosts; introduction by Manuel Komroff. New York, The Modern Library [c1927] ix, [13]-203 p. (The modern library of the world's best books) 1st ed. 1906.

HENTZ, CARL, 1883- Objets rituels, croyances et dieux de la Chine antique et de l'Amérique. Anvers, Éditions "De Sikkel," 1936. 119, [122] p. illus., XII plates.

HSU, FRANCIS L.K., 許烺光, 1909- Magic and science in western Yunnan, the problem of introducing scientific medicine in a rustic community. In cooperation with the Yenching-Yunnan station of sociological research, National Yunnan University. New York, International Secretariat, Institute of Pacific Relations, 1943. v, 53 p. (Social change in southwest China - case study 3).

KIANG, CHAO-YUAN, 红紹原, 1898- Le voyage dans la Chine ancienne, considéré principalement sous son aspect magique et religieux; traduit du chinois par Fan Jen, 范仁. Shanghai, Commission mixte des oeuvres franco-chinoises, Office de publications, 1937- 375 p.

KOEHN, ALFRED. Harbingers of happiness; the Door Gods of China. Peiping, Lotus Court, 1948. 38 p. col. illus.

LI, SHUN-FÊNG, 李淳風, 602-70. The great prophecies of China, by Li Chun-feng and Yuan Tienkang, 袁天綱; translated and annotated by Charles L. Lee [pseud.] [顏樸生] New York, Franklin Co. [1950] 64 p.

LUM, CHUNG PARK, 林松柏. Chinese fortune telling. New York, 1930. 15 p. illus.

———. Chinese astrology and interpretations of dreams. New York, Lop Quan and Co., 1932. 8 l. illus.

[MORGAN, HARRY TITTERTON] 1872- Chinese astrology. Edited for and copyrighted by Quon-Quon company. Los Angeles, Calif, c1945. 20 p. illus. [His Chinese classics in miniature]. A revision by T.C. Taylor of the work originally edited by H.T. Morgan.

SCMITT, ERICH, 1893- Die Chinesen. Tübingen, Mohr, 1927. 110 p.

SOULIÉ, CHARLES GEORGES, 1878- Sciences occultes en Chine. Le main. Paris, Éditions Nilsson, 1932. 136 p. illus.

WATERBURY, FLORANCE, 1883- Bird-deities in China. Ascona, Artibus Asiae, 1952. 191 p. plates. (Artibus Asiae. Supplementum 10).

WILLOUGHBY-MEADE, GERALD. Chinese ghouls and goblins. London, Constable, 1928. xv, 431 p. front., plates.

YANG, KUN, 楊堃, 1901- Recherches sur le culte des ancêtres comme principe ordonnateur de la famille chinoise; la succession au culte, la succession au patrimoine. Lyon, Bosc frères, M. et L. Riou, 1934. 174 p. Thèse-Univ. de Lyon.

Myth and Legends

COUCHOUD, PAUL LOUIS, 1879- ed. Mythologie asiatique illustrée. Paris, Librairie de France [1928] x, 431 p. front., illus., plates (part col.).

———. ed. Asiatic mythology, a detailed description and explanation of the mythologies of all the great nations of Asia, by J. Hackin [and others] with an introduction by Paul-Louis Couchoud. London, G.G. Harrap [1932] 459,[1] p.

front., illus. col. plates. Translated by F.M. Atkinson.

COYAJEE, SIR JEHANGIR COOVERJEE, 1875- Cults and legends of ancient Iran and China. Fort, Bombay, J.B. Karani [1936] 308, [xii] p. front.

CRANE, LOUISE. The magic spear, and other stories of China's famous heroes; with a foreword by Lin Yutang. New York, Random House [c1938] vi, xi-xx, [21]-244, ix-x p. incl. illus., plates.

DYSON, VERNE, 1879- Forgotten tales of ancient China. Shanghai, Commercial Press, 1927. xiii, 384 p. front., illus.(incl. ports., maps).

——. Land of the yellow spring, pen and ink drawings by Arthur G. Learned. New York, Chinese Studies Press, 1937. xi, 143, [1] p. incl. front., illus.

FERGUSON, JOHN CALVIN, 1866-1945. Chinese [mythology] by John C. Ferguson, Japanese [mythology] by Masaharu Aneski. Boston, Archaeological Institute of America, Marshall Jones Co., 1938. xii, 416 p. illus., XLIV plates (part col., incl. front.) on 32 l., map. (The mythology of all races. vol. 8).

FUCHS, WALTER, 1902- Der Wille der Kwan-yin. Eine chinesische Legende. Zürich und Stuttgart, Aldus Manutius Verlag, 1955. 46 p. plates (Kleine kostbarkeiten der Aldus Manutius-Drucke, 6).

GATES, MARY JEAN, 1887- The Chinese model emperor lore. [Washington, D.C., 1936] 88 numb. l.

GILES, LIONEL, 1875- tr. A gallery of Chinese immortals; selected biographies tr. from Chinese sources by Lionel Giles. London, J. Murray [1948] 128 p. (The Wisdom of the East series).

GRANET, MARCEL, 1884-1940. Danses et légendes de la Chine ancienne. Paris, F. Alcan, 1926. 2 v. fold. tables, diagrs. (Travaux de l'Année sociologique).

GRIFFIS, WILLIAM ELLIOT, 1843-1928. China's story in myth, legend, and annals. Rev. ed. With additional chapters by Arthur Walworth. Boston and New York, Houghton Mifflin, 1935. x, [3]-336 p. front., plates. 1st ed. 1922.

HAYES, L. NEWTON. The Chinese dragon, with an introduction by Fong F. Sec, 鄺富灼. Shanghai, Commercial Press, 1922. xvi, 66 p. illus. (incl.ports.).

HENTZ, CARL, 1883- Mythes et symboles lunaires (Chine ancienne, civilisations anciennes de l'Asie, peuples limitrophes du Pacifique) Apendice en langue allemande par Herbert Kühn. Anvers, Éditions "De Sikkel," 1932. xiii, 2-251, [1] p. illus., XIV plates.

——. Tod, Auferstehung, Weltordnung; das mythische Bild im ältesten China, in den grossasiatischen und zirkumpazifischen Kulturen. Mit Beiträgen von Herman Lommel und Hilde Hoffmann. Zürich, Origo Verlag [c1955] 2 v. illus. plates.

KRIEG, CLAUS WERNER. Chinesische Mythen und Legenden. Nacherzählt von C.W. Krieg. Zürich, Fretz und Wasmuth, 1946. iv, 298 p. illus. plates.

KÜHN, ALFRED. Berichte über den Weltanfang bei den Indochinesen und ihren Nachbarvölkern; ein Beitrag zur Mythologie des Fernen Ostens. Leipzig, Kommissionsverlag O. Harrassowitz, 1935. 3-176 p.

LALOY, LOUIS, 1874-1944. Légende des immortels d'après les auteurs chinois. Paris, A. Messin, 1922. 108 p.

LEE, ANDRÉ. Légendes chinoises. Pékin, Impr. de la "Politique de Pékin," 1937. 124 p. illus. (Collection de la "Politique de Pékin").

MacKENZIE, DONALD ALEXANDER, 1873-1936. Myths of China and Japan. London, The Gresham Pub. Co.[1923] xvi, 404 p. col. front., plates.(Myth and legend in literature and art).

MUNN, WILLIAM. Chinese heroes in legend and history. London, Church Missionary Society [1925] 94, [2] p. front., illus.(maps) plates, ports.

TAN, J.M. Légendes chinoises. Préface de l'Abbé A. Boland. Louvain, A.C. J.S., 1929. 126 p.

VALLEREY, GISÈLE, Contes et légendes de Chine. Paris, F. Nathan, 1936;

nouv. éd. Neuchâtel, Delachaux et Niestle, 1946. 254 p. illus., col. plates. (Collection des contes et légendes de tous les pays).
WANG, YATES, 王一之 Iconology of heart and mind. 心神表象 Leiden, A.W. Sijthoff, 1949. 94 p. illus.
WERNER, EDWARD THEODORE CHALMERS, 1864- A dictionary of Chinese mythology. Shanghai, Kelly and Walsh, 1932. xvii, 627 p.
———. Myths and legends of China. With thirty-two illustrations in colors by Chinese artists. London, G. Harrap, 1922; New York, Farrar and Rinehart [1933]; New ed. 1956. 7-453, [1] p. col. front., col. plates. (The myths series).

Symbolism

KOEHN, ALFRED. Embroidered wishes. Peking, Lotus Court, 1943. 46 p. illus.
———. Window flowers; symbolical silhouettes for the Chinese new year. Peiping, Lotus Court, 1948. [10], 50, [2] p. col. illus. port.
———. Chinese flower symbolism. Tokyo, 1955. 26 p. 21 prints.
LOEWENSTEIN, PRINCE JOHN. Swastika and Yin-Yang. London, China Society, 1942. 28 p. incl. front., illus. (China society Occasional papers. New ser., 1).
MORGAN, HARRY TITTERTON, 1872- Chinese symbolism. Los Angeles, Calif., c1941. 16 p. illus. [His Chinese classics in miniature].
———. Chinese symbols and superstitions. 100 illustrations from the Chinese. South Pasadena, Calif., P.D. and Ione Perkins, 1942. 192 p. incl. front., illus. (incl. music).
[———.] Chinese symbolism and its associated beliefs. Los Angeles, Quon-Quon company, 1945. 20 p. illus. [His Chinese classics in miniature].
WILHELM II, German emperor, 1859-1941. Die chinesische Monade; ihre Geschichte und ihre Deutung. Leipzig, K.F. Koehler, 1934. 66 p. incl. illus. (incl. maps) plates. col. front., col. plates.
WILLIAMS, CHARLES ALFRED SPEED, 1884- Outlines of Chinese symbolism and art motives; an alphabetical compendium of antique legends and beliefs, as reflected in the manners and customs of the Chinese. 2d rev. ed. Shanghai, Kelly and Walsh, 1932. xxi, 468, [1] p. col. front., illus., col. plates.

Social Institutions
Family and Marriage

ADDISON, J.T. Chinese ancestor worship, a study of its meaning and its relations with Christianity. Shanghai, Church literature committee of the Chung Hua Sheng Kung Hui, 1925. [3], vi, 85 p.
CHANG, TING-CHANG, 張鼎昌. Le mariage et la situation de la femme mariée en Chine au premier quart du xxe siècle. Paris, Rousseau et cie, 1930. [7]-130 p. Thèse-Univ. de Paris.
CHUNG, WÊN-HUI, 陳鍾文會 1903- The family revolution in Communist China. Lackland Air Force Base, Tex., Air Force Personnel and Training Research Center, Air Research and Development Command, 1955. xii, 65 p. ([U.S.] Human Resources Research Institute. Research memorandum, no. 35).
COMBER, LEON. Chinese ancestor worship in Malaya. Singapore, Donald Moore 1954. 41 p. plates. (Malayan heritage books, 1).
FÊNG, HAN-YI, 馮漢驥, 1902- The Chinese kinship system. Philadelphia, 1937. 141-275 p. diagrs. "Reprint from Harvard journal of Asiatic studies, 2:2.
FREEDMAN, MAURICE. Chinese family and marriage in Singapore. London, H. M. Stationery Off., 1957. 249 p. illus., tables. ([Gt. Brit.] Colonial Office. Colonial research studies, 20).

FRIED, MORTON HERBERT, 1923- Kin and non-kin in Chinese society; an analysis of extra-kin relationships in Chinese society, with special reference to a selected community - Ch'u Hsien. Ann Arbor, University Microfilms, 1951. ([University Microfilms, Ann Arbor, Mich.] Publication no. 2813). Collation of the original: ii, 281 l. illus., diagrs. Thesis-Columbia University.

———. Fabric of Chinese society; a study of the social life of a Chinese county seat. New York, Praeger [1953]; London, Atlantic Press, 1956. 243 p. map, diagrs.

GRANET, MARCEL, 1884-1940. Catégories matrimoniales et relations de proximité dans la Chine ancienne. Paris, F. Alcan, 1939. 254 p. diagrs. (part col.) (Bibliothèque de philosophie contemporaine).

HAENISCH, ERICH, 1880- Die Heiligung des Vater-und Fürstennamens in China, ihre ethischre Begründung und ihre Bedeutung in Lieben und Schriftum. Leipzig, S. Hirzel, 1932. 20 p. plates. (Sächsische Akademie der Wissenschaften zu Leipzig. Bericht über die Verhandlungen. Phil-hist. Kl. Bd. 84, Hft. 4).

HIGHBAUGH, IRMA, 1891- Family life in west China. New York, Agricultural Missions, 1948. xi, 240 p.

HSIAO CHING, 孝經. Book of Filial Piety, copied and illustrated by Chao Meng-fu, 趙孟頫. Kowloon, H.K., Chi Sheng Book Co., 1956. 27 l facim. 42 l.

HU, HSIEN-CHIN, 胡先晉, 1910- The common descent group in China and its functions. New York, 1948. 204 p. illus. (Viking Fund publications in anthropology, 10).

KOEHN, ALFRED. Piété filiale en Chine. Peking, Lotus Court, 1943. 24 p.

———. Filial devotion in China. 2nd ed. Peking, Lotus Court, 1944. 24 l. Translation of the Erh-shih-ssu-hsiao 二十四孝 [24 examples of Filial Devotion] by Kuo chü-ching, 郭居敬.

LANG, OLGA. Chinese family and society. New Haven, Yale University Press; London, G. Cumberlege, Oxford University Press, 1946. xv, [1], [3]-395 p. incl. tables.

———. La vie en Chine. Traduction de Aline Chalufour. [Paris] Hachette [1950] 287 p. (La Vie quotidienne).

LEVY, MARION JOSEPH, 1918- The family revolution in modern China. Issued in coöperation with the Institute of Pacific Relations. Cmabridge, Harvard Univ. Press, 1949. xvi, 390 p.

LIN, TSIU-SEN, 林秋生. Familienleben in China. Erlenbach-Zürich, E. Rentsch [c1943] 33 p. (on double leaves) (Schriften des Chinesischen Kultur-Dienstes).

LIN, YAO-HUA, 林耀華, 1910- The golden wing, a sociological study of Chinese familism. London, K. Paul [1948] xv, 234 p. geneal. table. (International library of sociology and social reconstruction).

PON, SIAN, 彭襄. Le mariage pendant la période Tch'ouen ts'ieou. Paris, Lipschutz, 1936. 176 p. Thèse-Univ. de Lyon.

ROHNER, JOANNES. Die Kinderverlobung in China. Eine ethischrechtliche Untersuchung. Rome, Pontificia universitas gregoriana, 1951. 79 p.

SCHMITT, ERICH, 1893- Die Grundlagen der chinesischen Ehe. Eine historisch-ethnographische Studie auf Grund des Gesetzbuchs der T'ang-Dynastie und Mandschu-Dynastie sowie ausgewählter Klassischer und philosophischer Literatur. Leipzig, Deutsche morganländische Gesellschaft, 1927. 223 p.

SCHRAM, LOUIS, 1883- Le mariage chez les t'ou-jen du Kan-sou (Chine). Changhai, Impr. de la mission catholique, 1932. x, 189 p. 12 plates. (Variétés sinologiques, 58).

SIÉ, TON-FA, 謝東發. L'évolution psychologique et sociale de la famille en Chine. Le passé et le present. Boulogne-sur-Seine, Impr. d'études sociales et politiques, 1926. 31 p.

SOOTHILL, WILLIAM EDWARD, 1861-1935. The hall of light; a study of early Chinese kingship, edited by Lady Hosie and G. F. Hudson. London, Lutterworth

Press [1951] xxii, 289 p. illus., ports. (Lutterworth library, v. 38. Missionary research series, 18).

SU, SING GING, 徐聲金, 1892- The Chinese family system. New York, Columbia University, 1922. 109 p. Thesis-Columbia University.

WANG, TSE-SIN, 王自新. Le divorce en Chine. Paris, Les Éditions Domat-Montchrestien, 1932. iii, 267 p. fold. plates. (Institut de droit comparé. Études de sociologie et d'ethnologie juridiques. XV). Thèse-Univ. de Paris, under title: Le divorce en droit chinois.

WILKINSON, HIRAM PARKES, 1866-1935. The family in classical China. Shanghai, Kelly and Walsh; London, Macmillan, 1926. 239 p. fold. geneal tables.

WU, PAO-AN, 吳保安, 1913- Kinship and law in feudal China; an inquiry into the nature of kinship and law in feudal China in the light of a comparison with kinship and law in feudal Europe. Cambridge, 1946. 227 p. Thesis-Harvard University.

YANG, CHING-KUN, 楊慶堃, 1910- The Chinese family in the Communist revolution. [Cambridge, Center for International Studies, Massachusetts Institute of Technology, 1954] 373 l.

Women in Traditional China

DAN, MRS. PAO TCHAO, 唐寶潮夫人. Hsiang Fei, 香妃. A love story of the Emperor Ch'ien Lung, by Madame Dan Pao Tchao, née Princess Shou Shan. Peiping, printed by the You Lien Press, 1934. 51 p. ports.

GRANTHAM, ALEXANDRA ETHELDRED, 1867- The twilight hour of Yang Kuei-fei, 楊貴妃; a dramatic poem in one act. Shanghai, Kelly and Walsh, 1923. 56 p.

HIBBERT, MRS. ELOISE TALCOTT. Embroidered gauze; portraits of famous Chinese ladies. London, John Lane [1938]; New York, E.P. Dutton, 1941. 332 p. front., plates, ports.

[HSI YUEN], 息園. Galerie des femmes vertueuses de la Chine; traduit par S. T. Wang. Pékin, la "Politique de Pékin," 1924. 118 p. illus. (Collection de la "Politique de Pékin").

HU, PING-SA, 朱胡彬夏 1886-1931. The women of old China; a review of the position of women in ancient China. Peiping, The Peking Leader, 1929. 10 p. (Peking Leader reprints, 45).

HUANG, SHU-CH'IUNG, 伍黃淑瓊 "MRS. WU LIEN-TEH." The most famous beauty of China; the story of Yang Kuei-fei. New York, D. Appleton, 1924. xv, 116, [1] p. mounted col. front., plates (part mounted, col.).

———. Yang Kuei-fei, the most famous beauty of China. London, Brentano [1924] xv, 103, [1] p. col. front., plates (part col.).

———. Hsi Shih, 西施, (pronounced See-she) beauty of beauties (a romance of ancient China about 495-472 B.C.) Shanghai, Kelly and Walsh, 1931. xvi, 116 p. incl. col. front., illus. plates (part col.).

———. Chao Chün, 昭君 , beauty in exile. Shanghai, Kelly and Walsh, 1934. xvi, 168 p. col. mounted front., illus., plates (part col. mounted).

———. Tchao Kiun [Chao Chün], héroîne chinoise à la cour tartare avant l'ère Chrétienne. Traduit de l'anglais par Magdeline Cluzel. Avec une préface de Li Yu-ying, 李煜瀛. Versions rythmiques de Guillot de Saix. Paris, Gustave Paul Maisonneuve, 1939. 222 p. plates.

IMBERT, HENRI. Si-cheu, 西施 , la Vénus chinoise; chansons traduites par Henri Imbert. Pékin, La Politique de Pékin, 1921. [6], 15 p. illus. (Collection de la "Politique de Pékin").

———. Les concubines chinoises célèbres, Pan Tsié-yu, 班婕妤 et Tchao-kiun, 昭君; chansons traduites par Henri Imbert. Pékin, La "Politique de Pékin," 1921. 16 p. illus. (Collection de la "Politique de Pékin").

LIN, J.B. tr. La merveilleuse histoire de Pao-Se, 褒姒. [Conte chinois] Paris, G. Servant [1925] 58 p. col. plates.

MAO, HSIANG, 冒襄, 1611-93. The reminiscences of Tung Hsiao-wan, 董小宛 [(影梅庵憶語)] by Mao P'i-chiang, 冒辟疆 ; translated into English by Pan Tze-yen, 潘子延 (Z.Q. Parker). Shanghai, Commercial Press, 1931. xv, 159 p.

O'HARA, ALBERT RICHARD, 1907- The position of woman in early China according to the Lieh nü chuan, 列女傳, "The biographies of eminent Chinese women." Washington, D.C., The Catholic University of America Press, 1945. xii, 301 p. (The Catholic University of America. Studies in sociology, v. 16). 1947. 341 p. Thesis-Catholic University of America.

OLSCHAK, BLANCHE CHRISTINE. Frauen um den Drachenthron; Verführung und Macht im Schicksal Chinas. Olten, Walter-Verlag [1956] 258 p. illus. plates, map.

PANKING. Hsiang Fei, 香妃, la "Concubine Parfumée." Pékin, Impr. de la "Politique de Pékin," 1922. 44 p. illus. (Collection de la "Politique de Pékin").

———. Galerie des femmes célèbres de la Chine. Pékin, Impr. de la "Politique de Pékin," 1924. 79 p. illus. (Collection de la "Politique de Pékin").

SOULIÉ, CHARLES GEORGES, 1878- La passion de Yang Kwé-feï, favorite impériale, d'après les anciens textes chinois, par George Soulié de Morant. Paris, L'Édition d'art [c1924] ix, [1], 201, [1] p. plates. ["Épopées et légendes"].

———. The passion of Yang Kwei-fei; from ancient Chinese texts, by George Soulié de Morant; rendered into English by H. Bedford-Jones. New York, Covici, Friede, 1928. 200 p.

SWANN, NANCY LEE, 1881- Pan Chao, 班超, foremost woman scholar of China, first century A.D.; background, ancestry, life, and writings of the most celebrated Chinese woman of letters. New York, London, The Century [c1932] xix, 179 p. incl. maps, geneal. tables, front., plates. Thesis-Columbia University.

WIMSATT, GENEVIEVE BLANCHE. The bright concubine and lesser luminaries; tales of fair and famous ladies of China. Boston, J. W. Luce [c1928] xxi, 204 p. front., plates.

———. Apricot cheeks and almond eyes. New York, Columbia University Press, 1939. xviii, 123 p. front., plates, ports., facsim.

———. A well of fragrant waters, 浣花溪, a sketch of the life and writings of Hung Tu, 薛濤 (洪度). Boston, John W. Luce [1945] 7-102 p. front.(port.) facsim.

Women in Modern China

[ALL-CHINA DEMOCRATIC WOMEN'S FEDERATION]. Women in new China. Peking, Foreign Languages Press, 1949. 55 p. illus.

———. Chinese women in 1950. Peking, 1950. 71 p. illus.

———. Women in China to-day. Peking, Foreign Languages Press, 1952. 10 pts. in 1 v. illus. ports.

———. From struggle to victory; sketches of the fighting women of New China. [2d ed. Peking, 1952] 112 p. ports.

———. Women of China. Peking, 1954. cover-title, 40 p. illus. (part fold.).

[———.] Femmes chinoises d'aujourd'hui. Pékin, Éditions en langues étrangères, 1954. 95 p. illus.

AYSCOUGH, FLORENCE (WHEELOCK) 1878-1942. Chinese women, yesterday and to-day. Boston, Houghton Mifflin company, 1937; London, J. Cape, 1938. xiv, 324 p. illus. (incl. plan) 2 ports., (incl. front.).

BULLE, MIL'DA OTTOVNA. Leben und Kampf der chinesischen Arbeiterinnen und Bäuerinnen. Übers. von Tranbenberg. Moskau, Verlagsgenossenschaft Ausländischer Arbeiter, 1932. 39 p.

———. Chinese toiling women; how they are helping the Chinese soviets. Moscow, Co-operative Publishing Society of Foreign Workers in the USSR, 1933. 31 p. "Originally published by Modern books, London."

CH'EN, SOPHIA H.,任陳衡哲, The Chinese woman, and four other essays. 2nd ed. Peiping, 1934. ii, 100, [1] p.

CHENG, HSIU, 程琇, 1904- La situation en droit privé de la femme chinois envisagée dans son évolution historique. Nancy, Impr. Bailly et Wettstein, 1935. 198 p. Thèse-Univ. de Nancy.

CHENG, SHOU-LIN, 鄭壽麟. Chinesische Frauengestalten; mit einem Vorwort von Bruno Schindler; illustriert von R. Hadl. Laipzig, Verlag der Asia major, 1926. 9-133 p. plates.

COOPER, ELISABETH (BEAVER), 1877-1945. My lady of the Chinese courtyard. Being a sequel to The letters of a Chinese lady. London, P. Davies, 1926. 126 p. plates, col. port. 1st ed. New York, 1914; London, 1920.

———. Dames de Chine; lettres d'un grande dame chinoise, adaptées d'après la version anglaise par Jeanne Foltz. Lausanne, Éditions Spes, 1931. iv, 139 p. illus.

DOCUMENTS of the women's movement of China. Peking, New China Women's Press, 1950. 46 p.

ESKELUND, KARL, 1917 or 18- My Chinese wife, illustrated by Hans Bendix. Garden City, N.Y., Garden City Pub. Co. [1946] 247 p. illus.

FISHER, MRS. WELTHY (HONSINGER) 1880- A string of Chinese pearls; ten tales of Chinese girls ancient and modern. New York, N.Y., Womans Press [1924] 3-187 p. illus.

FRICK, JOHANN. Die sozial-religiöse Stellung der Frau in Tsinghai. Wien, 1955. vii, 200 p. plates, map. Diss.-Univ. Wien.

GRISAR, ELIZABETH. La femme en Chine. Paris, Corrêa, 1957. 256 p. plates.

HOSIE, DOROTHEA (SOOTHILL) lady, 1885- Portrait of a Chinese lady and certain of her contemporaries. New York, W. Morrow, 1930; London, Hodder and Stoughton, 1931. 404 p. front., plates, ports.

HSIEH, PING-YING, 謝冰瑩. Autobiography of a Chinese girl; a genuine autobiography. Translated into English with an introduction by Tsui Chi, 崔驥. With a preface by Gordon Bottomley. London, G. Allen and Unwin [1943] 216 p. front. (port.) illus. (facsims.).

———. Girl rebel, the autobiography of Hsieh Ping-ying, with extracts from her New war diaries; translated by Adet, 林如斯, and Anor Lin, 林無雙; with an introduction by Lin Yutang. New York, John Day [c1940] xviii, 270 p. incl. front. (facsim.) ports.

HSÜ, CHUNG-P'EI,朱徐鍾珮, 1917- The position of women in Free China. Chinese women show their mettle in the arts. Taipei, China Culture Pub. Foundation, 1953. 18 p. (Pamphlets on Chinese affairs).

KOO, HUI-LAN (OEI), 顧黃蕙蘭. Hui-lan Koo [Madame Wellington Koo] an autobiography as told to Mary Van Rensselaer Thayer. New York, Dial Press [1943] vi, 421 p.

LOO, YU, 羅玉. La morale féminine en Chine à l'époque des Ming (1368-1644) Paris, Jouve et Cie, 1932. 153 p. Thèse-Univ. de Paris.

MARQUART, JAKOB. Die Frau in Schantung. Bilder aus Vergangenheit und Gegenwart. Ein Beitrag zur Volkskunde Chinas. Tsingtau, Missionsdruckerei Tsingtau, 1932. ix, [1], 93 p. illus.

MILLER, I.L. The Chinese girl, translated from the original manuscript in Russian by E. de Laberbis. Tientsin, 1932. 108 p. front., ports.

OEHLER-HEIMERDINGER, ELISABETH, 1884- Der Weg der Ho moi; Lebensschicksale chinesischer Frauen. Stuttgart und Basel, Evang. Missionsverlag [1932] 46 p. illus.

SPICER, EVA DYKES. Chinese women and the war. Chungking, The China Information Committee [1940)] cover-title, 27, [1] p.

TCHENG, SOUMAY, 魏鄭毓秀, 1891- Souvenirs d'enfance et de révolution.

Transcrits par B. Van Vorst. Paris, Payot, 1921. 255 p.
———. My revolutionary years, the autobiography of Madame Wei Tao-ming. New York, C. Scribner's, 1943. vi, 238 p.
TÊNG, YING-CH'AO, 周鄧穎超, 1902- The women's movement in New China. [Peking] All China Democratic Women's Federation, 1952. 25 p. illus.
———. Women of China build for peace; report made at the reception in honor of the women delegates to the Peace Conference of the Asian and Pacific regions. [Peking] All-China Democratic Women's Federation, 1952. 26 p. illus.
VAN VORST, BESSIE (McGINNIS), 1875- A girl from China (Soumay Tcheng). New York, Frederick A. Stokes, 1926. xi, 249 p.
WALN, NORA, 1895- The street of precious pearls. New York, Womans Press, 1921. 96 p.
WANG, CH'ANG-PAO, 王長寶. La femme dans la société chinoise, sa situation sociale, civile et politique. Lettre-préf. de Mme. C. Brunschvicg, préf. de Georgette Ciselet. Paris, A. Pedone, 1933. xi, 252 p.
WOMEN and the way; Christ and the world's womanhood, a symposium by Madame Chiang Kai-shek, Mrs. Z.K. Matthews, Tsêng Pao-swen, 曾寶蓀, [and others]. New York, Friendship Press [c1938] xvii 198 p.
WOMEN of China. London, British United Aid to China, 1946. 16 p. illus.
WONG, SU-LING, 王淑玲. Daughter of Confucius, a personal history by Wong Su-ling and Earl Herbert Cressy. New York, Farrar, Straus and Young [1952] 381 p.
———. Tóchter des Konfuzius. Geschichte eines Patrizier-Familie im China zwischen Gestern und Morgen, von Wong Su-ling und Earl Herbert Cressy. Ubers. von Susanna Rademacher. Hamburg, Kruger, 1954. 384 p.
YANG, BUWEI, 趙楊步偉, 1889- Autobiography of a Chinese woman. English by Yuenren Chao. New York, John Day, 1947. xvi, 327 p. illus.(incl. music), plates, ports., maps.

Secret Societies

FAVRE, BENOÎT, 1874- Les sociétés secrètes en Chine; origine-rôle historique-situation actuelle, par le lieutenant-colonel B. Favre. Paris, G.P. Maisonneuve, 1933. [7]-222 p.
GLICK, CARL, 1890- Swords of silence; Chinese secret societies, past and present, 洪門歷史, by Carl Glick and Hong Sheng-hwa, 洪聲華. New York, Whittlesey House [1947] xi, 292 p. front.
SCHLEGEL, GUSTAAF, 1840-1903. Thian ti hwui, 天地會. The Hung-league or Heaven-earth-league. A secret society with the Chinese in China and India. With an introduction and numerous cuts and illustrations. Batavia, Lange and Co., 1866; Reprint ed. 1957. [v]-xl, 253 p. illus., plates.
U.S. Office of Strategic Services. Research and Analysis Branch. Political implications of Chinese secret societies. Washington, 1945. 55 p. (Its R and A No. 2254).
WARD, JOHN SEBASTIAN MARLOW, 1885- The Hung society, or, the Society of Heaven and Earth, by J.S.M. Ward and W.G. Stirling. London, Baskerville Press, 1925-26. 3 v. col. fronts., illus., plates (part col.) facsims. (part col.) diagrs.

Slavery

BAUDRIT, ANDRÉ, 1896- Bétail humain; rapt, vente, infanticide dans l'Indochine française et dans la Chine du Sud. 2. éd. Saigon [Société des imprimeries et librairies indochinoises] 1942 [i.e. 1943] 211 p. plates.
ERKES, EDUARD, 1891- Das Problem der Sklaverei in China. Unveränderter Nachdruck. Berlin, Akademie-Verlag, 1954. 30 p. (Berichte über die Verhandlungen der Sächsischen Akademie der Wissenschaften zu Leipzig. Phil-

Hist. Kl. Bd. 100, Heft 1).

PIPPON, ANTON, 1909- Beitrag zum chinesischen Sklavensystem, nebst einer Übersetzung des "Chung kuo nu pei chih tu" (Das Sklavensystem Chinas) von Wang Shih Chieh, 王世杰 中國女婢制度. Eine juristisch-soziologische Darstellung, von Toni Pippon. Tokyo, Deutsche Gesellschaft für Natur-und Võlkerkunde Ostasiens, 1936. iii-iv, 140 (i.e. 139) p. ("Mitteilungen" der Deutschen gesellschaft für natur- und võlkerkunde Ostasiens. bd. XXIX, t. B).

Social Surveys
General Works

BATES, MINER SEARLE. The Nanking population: employment, earnings and expenditures; a survey conducted on behalf of the Nanking International Relief Committee, winter-spring, 1939. [Shanghai, Printed by the Mercury Press, 1939] cover-title, 32 p.

BURGESS, JOHN STEWART, 1883-1949. The guilds of Peking. New York, Columbia University Press; London, P.S. King, 1928. 270 p. (Studies in history, economics, and public law, no. 308).

BURNS, CECIL DELISLE, 1879-1942. Standard of living in China and Japan. An essay on policy. Prepared for the 4th bi-annual conference of the Institute of Pacific Relations to be held at Hangchow, 1931. London, Royal Institute of International Affairs, 1931. 22 numb. l.

DICKINSON, JEAN. Observations on the social life of a North China village (Chien Ying, Wu Ch'ing Hsien) Oct. -Dec. 1924. Peiping, 1928. 45 p. (Yenching University, Dept. of Sociology and Social Work, Publ. ser. C, 4).

GAMBLE, SIDNEY DAVID, 1890- Peking, a social survey conducted under the auspices of the Princeton University center in China and the Peking Young men's Christian association. Foreword by G. Sherwood Eddy and Robert A. Woods. New York, George H. Doran [c1921] xxiii, 25-538 p. front., illus. (plans) plates, diagrs.

———. The household accounts of two Chinese families. New York, China Institute in America [c1931] cover-title, 23 p. tables.

———. How Chinese families live in Peiping; a study of the income and expenditure of 283 Chinese families receiving from $8 to $550 silver per month. Field work in charge of Wang Ho-ch'en, 王賀宸, and Liang Jen-ho, 梁人和. New York and London, Funk and Wagnalls, 1933. xvii, 348 p. front., illus. (incl. plan) plates, diagrs.

———. Ting Hsien, a North China rural community. Foreword by Y.C. James Yen, 宴陽初. Field work directed by Franklin Ching-han Lee, 李景漢. New York, International Secretariat, Institute of Pacific Relations, 1954. xxv, 472 p. illus., map.

LEE, FRANKLIN CHING-HAN, 李景漢, 1895- Village families in the vicinity of Peiping, by F.C.H. Lee and T. Chin, 秦璧. Peiping, Social Research Department, China Foundation, 1929. 65 p. (Its Bull., 2).

MENG, TIEN-PEI, 孟天培. Prices, wages and the standard of living in Peking, 1900-24 by Tien-pei Meng and Sidney D. Gamble. Peking, Peking Express Press [1926] 113 p. incl. tables, illus. (charts).

MILAM, AVA BERTHA, 1884- A study of the student homes of China, with a foreword by Timothy Tingfang Lew, 劉廷芳. New York, Teachers College, Columbia University, 1930. viii, 98 p. (Studies of the International institute of Teachers College, Columbia University, 10).

SMYTHE, LEWIS STRONG CASEY, 1901- War damage in the Nanking area, December, 1937 to March, 1938. Urban and rural surveys on behalf of the Nanking International Relief Committee, completed June, 1938. [Shanghai, Printed by the Mercury Press, 1938] v, 31, [33] l. incl. tables, fold. maps.

T'AO, L.K., 陶孟和, 1887- Livelihood in Peking; an analysis of the budgets of sixty families. Peking, Social Research Department, China Foundation,

1928. 158, xxii p. incl. tables, forms. (Social research publications).
———. The standard of living among Chinese workers. Preliminary paper prepared for the 4th biennial conference of the Institute of Pacific Relations to be held in Hangchow, from October 21 to November 4, 1931. Shanghai, China Institute of Pacific Relations, 1931. 37 p. incl. tables.
WOO, TOH, 吳鐸. An analysis of 2,330 case work records of the Social Service department of the Peking Union Medical College. Peiping, Institute of Social Research, 1931. 20 p. (Its Bull., 5).
YANG, CHING-KUN, 楊慶堃, 1910- A Chinese village and its early change under communism. Cambridge, Center for International Studies, Massachusetts Institute of Technology, 1954. cover-title, 375 l.
YANG, MARTIN C., 楊懋春, [Yang Mou Ch'un] 1904- A Chinese village: Taitou, Shantung province. New York, Columbia University Press, 1945; London, K. Paul, 1948. xvii, 275 p. illus.(incl. maps, plans) diagr.
YENCHING UNIVERSITY, Peiping. Dept. of Sociology and Social Work. Study of a typical Chinese town. What survey revealed in Ching Ho, North China, which was taken as example, undertaken under the auspices of the Department of Sociology, Yenching University and reported by Leonard S. Hsü. Peiping, The Leader Press, 1929. 16 p.
———. Ching Ho, a sociological analysis: the report of a preliminary survey of the town of Ching Ho, North China. Peiping, Department of Sociology and Social Work, Yenching University, 1930. iii, ii, 146 p. incl. forms, tables, illus.(charts) (Social Research ser., 1).

New Life Movement

CHIANG, KAI-SHEK, 1886- Outline of the New life movement. Translated by Madame Chiang Kai-shek. Nanch'ang, The Association for the Promotion of the New Life Movement, 1930. 14 p.
———. Chapters on national fecundity, social welfare, education, and health and happiness. Written as supplements to Dr. Sun Yat-sen's lectures on The principle of people's livelihood. Rendered into English by Durham S.F. Chen, 陳石孚. Taipei, China Cultural Service [1952?] 107 p.
CHIU, CHENG-HO, 丘正歐. Le Mouvement de la vie nouvelle en Chine. Paris, Impr. R. Foulon, 1941. [7]-142 p. Thèse-Univ. de Paris.
SOONG, MAYLING, 1897- The new life movement in China, tr. by Madame Chiang Kai-shek. [Calcutta] Calcutta Office, Chinese Ministry of Information, 1942. cover-title, 19 p. port. (Pamphlet no. 1).
———. La vie nouvelle. Chungking, La Correspondant chinois, 1941. cover-title, 16 p.

Crimes

[BARUCH, HUGO] 1907- Chicago-Schanghai; Gangster in besonderer Verwendung, von Jack Bilbo]pseud.]. Berlin, Universitas [c1932] 221, [1] p.
BERTRAM, HANS, 1906- Ruf der weiten Welt. Berlin, Drei Masken Verlag [c1937] 230, [1] p. plates, ports.
CHINA. Commission on Extraterritoriality. Chinese prisons (with plans and illustrations) Pub. by the Commission on Extraterritoriality. Peking, 1925. 130 p. plates, 7 fold. plans, tables, form.
GEE, NATHANIEL GIST, 1876-1937. A class of social outcasts; notes on the beggars in China. Peking, Peking Leader Press, 1925. 30 p. (Peking leader reprints, 1).
GLASSPOOLE, RICHARD, 1788-1846. Mr. Glasspoole and the Chinese pirates; being the narrative of Mr. Richard Glasspoole of the ship Marquis of Ely: describing his captivity of eleven weeks and three days whilst held for ransom by the villainous ladrones of the China sea in the year 1809: together

with extracts from the China records and the log of the Marquis of Ely: and some remarks on Chinese pirates, ancient and modern, by Owen Rutter: and four engravings on wood by Robert Gibbings. [London] Golden Cockerel Press, 1935. 57, [1] p. front.

HOWARD, HARVEY JAMES, 1880-1956. Ten weeks with Chinese bandits, with illustrations from sketches and photographs by the author. New York, Dodd, Mead, 1926; Sydney, Cornstalk Pub. Co., 1927. xiv, 272 p. front., illus., plates, ports., facsim.

———. Zehn wochen bei chinesischen Banditen. Aus dem Englischen von Lothar Tobias. Leipzig, Brockhaus, 1930. 159 p.

LAMSON, HERBERT DAY, 1899- Social pathology in China; a source book for the study of problems of livelihood, health, and the family. Shanghai, Commercial Press, 1934. xviii, 607 p.

LILIUS, ALEKO E. I sailed with Chinese pirates. London, Arrowsmith [1930] 245 p. front., plates, ports.

MATIGNON, JEAN JACQUES, 1866- La Chine hermétique; superstitions, crime et misère (souvenirs de biologie sociale). Nouv. éd. Paris, Paul Geuthner, 1936. xx, 397 p. 42 plates (incl. facsims.) on 21 l.

PAWLEY, MRS. EDITH MURIEL (PHILLIPS) 1913- My bandit hosts, by Tinko Pawley as told to Joy Packer. London, S. Paul [1935] 288 p. front., plates, facsim.

YEN, CHING-YUEH, 嚴景耀, 1905- Crime in relation to social change in China. [Chicago, 1934] [1], 298-308 p. "Reprinted from American journal of sociology, 11:3, November 1934."

Labor Problems
General Works

ANDERSON, ADELAIDE MARY, 1863-1936. Humanity and labour in China; an industrial visit and its sequel (1923 to 1926). London, Student Christian Movement, 1928. xv, 285 p. front., plates, 7 ports. on 1 plate.

ARNOLD, JULEAN HERBERT, 1875-1946. Labor and industrial conditions in China, by Julean Arnold and William H. Gale. Washington, Govt. Print. Off., 1922. ii, 17 p. ([U.S.] Bureau of foreign and domestic commerce. Trade information bull., 75).

CH'EN, TA, 陳達, 1896- The labor movement in China. Peking, Peking Leader Press, 1927. cover-title, 30 p. (Peking leader reprints, 30).

CHINA. Ministry of Social Affairs. The social policies of China: population policy, labor policy, agrarian policy, social security policy. Nanking, 1947. 15 p.

CHINA FORUM. Five years of Kuomintang reaction; ed. by Harold R. Isaacs. Shanghai [China Forum Pub. Co.] 1932. 136 p. front., plates, map. "Reprinted from the special May edition of the China Forum."

EPSTEIN, ISRAEL, 1915- Notes on labor problems in Nationalist China, with a supplement by Julian R. Friedman. New York, International Secretariat, Institute of Pacific Relations, 1949. viii, 159 p.

FANG, FU-AN, 房福安. Chinese labour; an economic and statistical survey of the labour conditions and labour movements in China. With the recent labour laws promulgated by the National government, introduction by Chen Ta. Shanghai, Kelly and Walsh, 1931. 185 p. plates, fold. tables.

FRIEDLANDER, LILIAN M. Child workers in China. Honolulu, 1927. 20 p. (Institute of Pacific Relations preliminary paper for 2nd general session, 1927).

GT. BRIT. Foreign Office. Papers respecting labour conditions in China. London, H.M. Stationery Off., 1925. 130 p. (China no. 1 (1925)).

———. Memorandum on labour conditions in China. February 25, 1927. London, H.M. Stationery Off., 1927. 25 p. (China no. 2 (1927)).

HINDER, ELEANOR M. Life and labour in Shanghai, a decade of labour and social administration in the International settlement. New York, International

Secretariat, Institute of Pacific Relations, 1944. viii, 143 p.

INDUSTRIAL health in Shanghai, China. Shanghai, Chinese Medical Association [1935-37] 4 v. plates, tables (part fold.) diagrs. (Chinese medical association. Special report series no. 4, 6, 7, 9).

LATTIMORE, ELEANOR (HOLGATE) 1895- Labor unions in the Far East. New York, American Council, Institute of Pacific Relations, 1945. 56 p.

LIANG, YUNG-CHANG, 梁永章, 1912- The Kuomintang and the Chinese worker. Taipei, China Cultural Service [1954] 42 p. (Pamphlets on Kuomintang affairs).

LIM, HY-SOON, 林熙春. La question ouvrière en Chine. Nancy, Poncelet, 1931. 160 p. Thèse-Univ. de Nancy.

LOWE, CHUAN-HUA, 駱傳華, 1902- Facing labor issues in China. With introductions by Chen Kung-po, 陳公博, and Julean Arnold. London, G. Allen and Unwin [1934] v-xv, 211 p.

MA, CH'AO-CHŪN, 馬超俊, 1886- History of the labor movement in China. Translated by Peter Min Chi Liang, 梁明致. Taipei, China Cultural Service, 1955. 169 p.

PU, SHOU-CH'ANG, 浦壽昌, 1921- Labor policy in China. Cambridge, 1944. 191 p. Thesis-Harvard University.

[SNOW, HELEN (FOSTER)] 1907- The Chinese labor movement [by] Nym Wales [pseud.] New York, John Day [1945] xi, 235 p. illus. (map).

SOH, CHUAN-PAO, 束全保 , [Shu Chuan-pao]. La situation de l'ouvrier industriel en Chine. Gembloux, Impr. J. Duculot, 1937. 207, [1] p. (Université de Louvain. École des sciences politiques et sociales. [Collection]).

TSING CHIN-CHUN, 曾錦春 , [Tsêng Chin-chun]. Le mouvement ouvrier en Chine. Paris, P. Geuthner, 1929. 176 p. (Université de Lyon. Bibliotheca franco-sinica lugdunensis. Etudes et documents publiés par l'Institut franco-chinois de Lyon, t. VII).

TSO, SHIH KAN SHELDON, 祝世康. The labor movement in China. Shanghai, Commercial Press, 1928. iv, 230 p.

U.S. Bureau of Foreign and Domestic Commerce (Dept. of Commerce). Industrial conditions in China. Washington, Govt. Print. Off., 1922. ii, 7 p. incl. tables. (Trade information bull., 61).

WANG, SIMINE, 王錫民 , [Wang Hsi-min]. Le travail industriel des femmes et des enfants en Chine, 中國婦女童工. Préface de m. Émile Vandervelde. Paris, A. Pedone, 1933. vi, 298 p. incl. tables.

WOU, MON-PENG, 吳孟班. L'évolution des corporations ouvrières et commerciales dans la Chine contemporaine; préface de Kao Lou. Paris, Paul Geuthner, 1931. [7]-299 p.

WOU, P., 吳本中, 1904- Les travailleurs chinois et la grande guerre, 華工與歐戰之關係. Préface de m. Marius Moutet. Paris, A. Pedone, 1939. 36 p.

Legislation

ALLMAN, NORWOOD FRANCIS, 1893- tr. China's National factory law (English and Chinese texts) promulgated by the National government, December 30, 1929; translation by N.F. Allman and Lowe Chuan-hua. Shanghai, China Weekly Review [1930] cover-title, 11, [10] p.

CHANG, LÉON Y., 張隆延. La législation du travail en Chine. Nancy, Impr. G. Thomas, 1936. [7]-137 p. Thèse-Univ. de Nancy.

CH'EN, TA, 陳達, 1896- A study of the applicability of the factory act of the Chinese government. A preliminary survey of the Shanghai area. Shanghai, China Institute of Scientific Mangaement, 1931. 91 p. incl. tables, forms.

KOO, PING YUEN, 顧炳元, ed. China's labor laws, 1929-35, promulgated by the National government; Chinese text with English translation. Shanghai, Commercial Press, 1935. xiii, 156 p.; 144 p.

KOUNG SHIEN-MING, 龔賢明. Comment remédier à la situation tragique des travailleurs chinois, une assurance sociale appropriée à la Chine. [Louvain, E. Desbarax] 1927. [7]-254, [5] p. (Université de Louvain. École des sciences politiques et sociales. Collection).

LAMB, JEFFERSON D.H., 林東海, [Lin Tung-hai] 1895- The origin and development of social legislation in China. Edited by Maxwell S. Stewart. [Peking, 1930] 73 p. (Publication of the Department of sociology and social work, Yenching university, ser. C, no. 24, March 1, 1930).

———. The labour movement and labour legislation in China. Shanghai, China United Press, 1933. xii, 252 p. (China united press ser., [4]).

THANG, LE-VAN. L'oeuvre de l'Organisation International du Travail en Asie. Marseille, Université de Marseille, 1932. 176 p.

WAGNER, AUGUSTA BERTHA, 1895- Labor legislation in China. Peking, Yenching University, 1938. iii, 301 p.

Wages and Working Conditions

ARNDT, PAUL, 1870- Der Arbeitslohn in China, von Paul Arndt, Djini Shen, 沈覲宜, und Chü-fen Lo, 羅巨汾. Leipzig, Hans Buske Verlag, 1937. xii, 352 p. incl. tables.

LIN, SUNG-HO, 林頌河. Factory workers in Tangku. Peping, Social Research Department, China Foundation, 1928. x, 128 p. incl. tables. plates. (Social research publications).

LIU, HSIN-CHUAN, 劉心銓. Labor conditions in Chunghsing coal mine, Shantung. Peiping, Institute of Social Research, 1933. 45 p. (Its Bull., 7).

LOU, YEE-WEN, 盧郁文. Les œuvres sociales dans les chemins de fer chinois. Paris, Bossuet, 1937. [11]-135, [1] p. illus. (map). Thèse-Univ. de Paris.

SHANGHAI. Bureau of Social Affairs. The index numbers of earnings of the factory laborers in greater Shanghai, July-December, 1928. [Shanghai, 1929] 1 v. (various pagings).

———. Wages and hours of labor, Greater Shanghai, 1929. Shanghai, Commercial Press, 1931. 139, xv, 153 p. incl. tables.

———. The cost of living index numbers of laborers, Greater Shanghai, January 1926-December 1931. Shanghai, Chung Hwa Book Co., 1932. 56, xiii, 35 p. tables, diagrs.

———. Standard of living of Shanghai laborers. [Shanghai, Chung Hwa Book Co., 1934] xi, 186, [2] p. tables.

———. Wage rates in Shanghai. [Shanghai] 1935. xii, 178 p. illus. (Its Labor statistics series).

SHIH, KUO-HÊNG, 史國衡. Labor and labor relations in the new industries of southwest China, by Kuo-hêng Shih and Ju-k'ang T'ien, 田汝康, edited by Francis L.K. Hsu, 許烺光 . New York, International Secretariet, Institute of Pacific Relations, 1943. 45 p. (Social change in southwest China-case study 2).

———. The labour situation in war-time interior China, by Kuo-hêng Shih and Ju-k'ang T'ien; edited by Francis L.K. Hsu. [Kunming] Yenching-Yunnan Station of Sociological Research, 1943. 45 l. diagr.

———. China enters the machine age; a study of labor in Chinese war industry, by Kuo-hêng Shih with a supplementary chapter by Ju-k'ang T'ien; edited and translated by Hsiao-tung Fei and Francis L.K. Hsu. Cambridge, Mass., Harvard University Press, 1944. xxiv, 206 p. incl. tables, diagr.

T'AO, LING, 陶苓. Women in Tientsin industries; a study of the working conditions of women and girls; by T'ao Ling and Lydia Johnson. Peking, Peking Leader Press, 1928. cover-title, 11 p. (Peking Leader reprints, 40).

WANG, SHU-HSÜN, 王樹勳. Wages and labor mobility in a flour mill in Tientsin, translated by T.H. Ch'en, 陳宗漢 . Peiping, Institute of Social Research, 1932. 30 p. (Its Bull., 6).

Industrial Disputes

ANDREWS, R.F. War on the Chinese workers. London [Friends of the Soviet Union] 1932. 24 p.

CH'EN, TA, 1896- Analysis of strikes in China from 1918 to 1926. Peking [1927] 55 p. (Bureau of Economic Information Booklet ser., 4).

LIN, PETER WEI, 林暐, 1894- Chinese labor disputes since 1919. Nanking, Mei Chi Press, 1932. iii-iv, 118 p. tables (1 fold.).

SHANGHAI. Bureau of Social Affairs. Industrial disputes (not including strikes and lockouts), Greater Shanghai, 1929. Shanghai, 1931. 269, ii, ii, 164 p. incl. tables, charts.

———. The same, Greater Shanghai, 1930. Shanghai, 1932. 160, xi, 124 p.

———. Report on industrial disputes in Greater Shanghai, July-December 1928, 1930, 1930-32. Shanghai, Dah Tung Book Co., 1929-34. 4 v. tables (part fold.),fold. charts,(double plate).

———. Strikes and lockouts, Greater Shanghai, 1929. Shanghai, Commercial Press, 1930. 291 p. charts, maps, tables.

———. Strikes and lockouts in Shanghai since 1918. Shanghai, Chung Hwa Book Co., 1933. xi, [2], 180 p.

———. Industrial disputes in Shanghai since 1928. [Shanghai, Chung Hwa Book Co.] 1934. viii, [2], 78, 252 p. tables, diagrs.

WU, LEONARD T.K., 吳祖光. An analysis of labor disputes in Hopei province and the cities of Peiping and Tientsin, January 1927-June 1929. Peiping, Institute of Social Research, 1930. 21 p. (Its Bull., 4).

Labor since 1949

ALL-CHINA FEDERATION OF LABOR. Constitution of the All-China Federation of Labor, agreed unanimously by the sixth All-China labor conference, Harbin, August, 1948. New York, Committee for a Democratic Far Eastern Policy, 1949. 3 l.

———. Trade union delegations in China. Peking, 1952. 60 p. illus.

ALL-CHINA CONGRESS OF TRADE UNIONS. 7th, Peking, 1953. The Seventh All-China Congress of Trade Unions. Peking, Foreign Languages Press, 1953. 141 p. illus., ports.

ALL-CHINA FEDERATION OF TRADE UNIONS. China's women workers. [Peking, 1956] 1 v. (chiefly illus.).

ASIAN PEOPLES' ANTI-COMMUNIST LEAGUE. Slave labor under the Chinese Communist regime. [Taipei] 1955. 19 p.

CHINA (People's Republic of China, 1949-) Laws, statutes, etc. Labour insurance regulations. Peking, Workers' Press, 1952. 28 p.

———. The same. First promulgated by the Government Administration Council on Feb. 26, 1951, promulgated as amended by the Government Administration Council on Jan. 2, 1953. [2d ed.] Peking, Foreign Languages Press, 1953. 34 p. 1st ed. 1952, 42 p.

———. The Trade union law of the People's Republic of China, together with other relevant documents. [3d ed.] Peking, Foreign Languages Press [1952] 38 p. 1st ed. 1950.

———. La loi sur les syndicats ouvriers; suivi de deux autres documents. Pékin, Éditions en langues étrangères, 1950. 41 p.

———. Labour laws and regulations of the People's Republic of China. Peking, Foreign Languages Press, 1956. 87 p.

The CHINESE people celebrates May Day, 1952. [Peking, Workers' Press] 1952. 40 p.

CHINESE workers march towards socialism. Peking, Foreign Languages Press, 1956. 93 p. illus.

DETER, ADOLF. Das neue China und die chinesischen Gewerkschaften. Berlin,

Tribüne, 1954. 65 p. illus., port.

DEVERALL, RICHARD LAWRENCE GRACE, 1911- People's China: sweat-shop arsenal! 2d ed., rev. and enl. Tokyo, Printed by Toyoh Print. and Book-binding Co., 1954. 489 p. illus.

DRIDZO, SOLOMON ABRAMOVICH, 1878- The Pan-Pacific Trade Union Conference, Hankow, May 20-26, 1927, by A. Lozovsky [pseud.] Moscow, R.I. L.U., 1927. 62 p.

HSIA, RONALD, 夏修永, 1918- The role of labor-intensive projects in China's capital formation. [Working draft] Cambridge, Center for International Studies, Massachusetts Institute of Technology, 1954. 103 l. illus.

LABOUR insurance in new China. Peking, Foreign Languages Press, 1953. 32 p. illus.

LIU, SHAO-CHI, 1900- Manifesto and opening speech at the Trade Union Conference of Asian and Australian countries. Peking, 1949. Bombay, People's Pub. House, 1950. 18 p.

MAO, TSÊ-TUNG, 1893- Mind the living conditions of the masses and attend to the methods of work. Peking, Foreign Languages Press, 1953. 10 p.

ONG, SHAO-ER, 翁紹耳, [Wêng Shao-êrh] 1917- Labor problems in Communist China, to February 1953. Lackland Air Force Base, Tex., Air Force Personnel and Training Research Center, Air Research and Development Command, 1955. xv, 83 p. map, diagrs. ([U.S.] Human Resources Research Institute. Research memorandum, 42).

SU, WEI-CH'UAN, 蘇偉權. Reform through labor in China, by Su Wei-ch'uan and P'ei Yu-ming, 裴有明. Hong Kong, Asia Press, 1955. 113 p.

The SYSTEM of forced labor on mainland labor. [Taipei, 1956] 68 p. facsims. Appendix: Laws, regulations and facts relating to political persecution and slave labor. (Text in Chinese with English explanation).

TRADE unions in People's China. Peking, Foreign Languages Press, 1956. 58 p.

UNITED NATIONS. Economic and Social Council. Forced labor in Communist China; report by the Secretary-General of United Nations and Director General of the International Labor Office before the 21st session. 221 p. (Document E/2815).

WORLD FEDERATION OF TRADE UNIONS. Working class in the struggle for national liberation; reports and resolutions of trade union conference of Asian and Australian countries called by WFTU, Peking, Nov.-Dec. 1950. Peking, 1951. 143 p.

WU, YUN-TO, 吳雲鐸. Son of the working class; the autobiography of Wu Yun-to. [Translated by Huang Pin-chang and Tang Sheng] Peking, Foreign Languages Press, 1956. 224 p. illus.

Population
General Works

BALFOUR, MARSHALL C., 1896- Public health and demography in the Far East; report of a survey trip, September 13-December 13, 1948, by Marshall C. Balfour [and others. New York] Rockefeller Foundation, 1950. ii, 132 p. illus., maps.

CH'EN, CH'ANG-HENG, 陳長蘅, 1891- Some phases of China's population problem. Shanghai, 1930. 43 p. (XIXe session de l'institut international de statistique, Tokio, 1930).

CH'EN, CHUNGSHEN S., 陳鍾聲, 1895- The Chinese census of population since 1912. Shanghai, 1930. 14 p. (XIXe session de l'institut international de statistique, Tokio, 1930).

CH'ÊN, TA, 陳達, 1896- Population in modern China. Chicago, University of Chicago Press [1946] ix, 126 p. incl. tables.

———. Les problèmes démographiques en Chine. Paris, Dunod, 1950. 39, [1] p.

(Les Hommes et leur nourriture).

CH'EN, WARREN H., 陳華寅. Population and other aspects of the workingmen's families. [Nanking, 1929] 57 p. incl. tables, diagrs.

———. An estimate of the population of China in 1929. Shanghai, 1930. 35 p. (XIXe session de l'institut international de statistique, Tokio, 1930).

CH'IAO, CH'I-MING, 喬啓明, 1898- A study of the Chinese population. With a foreword by Edgar Sydenstricker. [New York, 1934] iii-iv, 56 p. illus. (map) diagrs. "Reprinted from the Milbank memorial fund Quarterly bulletin, October, 1933, January, April, and July, 1934."

———. An experiment in the registration of vital statistics in China by C. M. Ch'iao, Warren S. Thompson and D. T. Chen. Oxford, O., Scripps Foundation for Research in Population Problems, 1938. 115 p.

CHINESE ASSOCIATION FOR THE UNITED NATIONS. The balance between population and production. Taipei, Chinese Association for the United Nations, 1951. 21 p. (Unachina publications, ser. 1, 4).

HO, PING-TI, 何炳棣. The growth of the total population of China, 1750-1830, by Ping-ti Ho and Irene B. Tauber. Cambridge, Chinese Economic and Political Studies, Harvard University, 1956. 55 l. illus. (1956 Conference on the Chinese economy. Conference paper, 7).

LIEU, D.K., 劉大鈞, 1890- The 1912 census of China. Shanghai, 1931. 27 p. diagrs. tables.

LIU, NANMING, 劉南溟. Contributions à l'étude de la population chinoise. Genève [Impr. et éditions Union, 1935] 252 p. tables. Thèse-Univ. de Paris.

Internal Migration

CH'EN, HAN-SHÊNG, 陳翰笙, 1897- Notes on migration of nan min to the Northeast. Shanghai, China Council, Institute of Pacific Relations, 1931. 31 p. incl. tables.

CHINESE colonization in Northern Manchuria, 1929-40. [n.p., 1945] 34 l. (Studies of migration and settlement. Translation ser. T-122).

HO, FRANKLIN LIEN, 何廉, 1895- Population movement to the northeastern frontier in China. Preliminary paper prepared for the fourth biennial conference of the Institute of Pacific Relations to be held in Hangchow from October 21st to November 4th, 1931. Shanghai, China Institute of Pacific Relations [1931] 51 p. 4 fold. maps.

[PAN, QUENTIN] 潘光旦, 1899- Chinese colonization in Manchuria. [n.p., 1929?] 24 numb. l.

TSAO, LIEN-EN, 曹勵恆. Chinese migration to the three eastern provinces. Shanghai, Bureau of Industrial and Commercial Information, Ministry of Industry, Commerce and Labor, 1930. 93 p. incl. tables. (Chinese Economic Journal booklet ser. 15).

YOUNG, CARL WALTER, 1902-39. Chinese colonization and the development of Manchuria. Honolulu, The Insitute of Pacific Relations, 1929. 5-53 p. 2 illus. (maps).

Immigration and Emigration
General Works

CH'ÊN, TA, 1896- Chinese migrations, with special reference to labor conditions. July, 1923. Washington, Govt. Print. Off., 1923. vi, 237 p. illus., plates, fold. maps. (U.S. Bureau of labor statistics. Bulletin, 340. Miscellaneous series).

———. Emigrant communities in south China; a study of overseas migration and its influence on standards of living and social change. English version edited by Bruno Lasker. New York, Secretariat, Institute of Pacific Relations, 1940. xvi, 287 p.

CHEN, TA, 陳達, 1896- Japanese emigration to China. [New York?] Chinese Patriotic Committee of New York City [1921] 42 p. incl. illus. (map) tables.

DENNERY, ÉTIENNE. Foules d'Asie; surpopulation japonaise, expansion chinoise, émigration indienne. Paris, A. Colin, 1930. 247 p. illus. (maps).

———. Asia's teeming millions: and its problems for the West, translated from the French by John Peile, with a foreword by Harold Cox. London, J. Cape [1931] 248 p. front., illus. (maps) plates.

DJU, PETER, 朱伯奇. L'émigration japonaise depuis 1918. Paris, P. Bossuet, 1937. [11]-155, [2] p. incl. tables. Thèse-Univ. de Paris.

HUANG, TSENG-MING, 黃正銘, 1904- The legal status of the Chinese abroad. Taipei, China Cultural Service, 1954. 347 p.

LU, YU-SUN, 陸雨聲. Programs of Communist China for overseas Chinese. Kowloon, Hong Kong, Union Research Institute [1956] 82 p. (Communist China problem research series, EC12).

MacNAIR, HARLEY FARNSWORTH, 1891-1947. The Chinese abroad, their position and protection; a study in international law and relations, with an introduction by V. K. Wellington Koo and a foreword by Fong F. Sec. Shanghai, Commercial Press, 1924. xxii, 340 p.

PYE, LUCIAN WILMOT, 1921- Some observations on the political behavior of overseas Chinese. Cambridge, Center for International Studies, Massachusetts Institute of Technology, 1954. 24 p.

Asia

BONE, ROBERT C. The role of the Chinese in Indonesia; a paper submitted to Yale University and the Foreign Service Institute, Dept. of State, in conjunction with a detail for the study of Indonesian and the Southeast Asia ares, 1950-51. [New Haven?] 1951. 148, 2 l. ([U.S.] Foreign Service Institute. Monograph).

CATOR, WRITSER JANS. The economic position of the Chinese in the Netherlands Indies. Chicago, University of Chicago Press, 1936; London, Oxford University Press, 1936. xi, 264 p. illus. (map).

CHEN, SU-CHING, 陳序經, 1903- China and Southeastern Asia. Chungking, China Institute of Pacific Relations, 1945. iii, 54 p. (China council series, 5.).

CHIANG, FÊNG-CH'ÊN, 蔣逢辰. The anti-Chinese riot in Korea in 1931, by F. C. Chiang and K. K. Chang. Shanghai, 1931. 50 p.; 9 p. illus.

CHIEU, NGUYEN HUY. Le statut des Chinois en Indo-Chine. Paris, Les Presses modernes, 1939. 123 p. Thèse-Univ. de Paris.

FENN, WILLIAM PURVIANCE, 1902- Chinese schools and the education of Chinese Malayans; the report of a mission invited by the Federation Government to study the problem of the education of Chinese in Malaya. [By William P. Fenn and Wu Teh-yao, 吳德耀] Kuala Lumpur, Printed at the Government Press by H. T. Ross, 1951. iii, 42 p.

The FOOKIEN TIMES. Year book, 1949-55. [Manila] 6 v. illus. (part col.) ports.

HO, KUO-LIANG, 何國樑, 1919- Some contemporary interests of the Chinese in the Southwest Pacific. Ann Arbor, University Microfilms [1952] ([University Microfilms, Ann Arbor, Mich.] Publication no. 2972). Collation of the original: v, 329 l. tables. Thesis-Princeton University.

HORSLEY, MARGARET WYANT, 1918- Sangley: the formation of anti-Chinese feeling in the Philippines - a cultural study of the stereotypes of prejudice. Ann Arbor, University Microfilms, 1950. ([University Microfilms, Ann Arbor, Mich.] Publication no. 1746). Collation of the original: i, 239 l. Thesis-Columbia University.

[KER, WILLIAM POLLOCK] 1864-1945. Chinese under British rule in Malaya, Hongkong and Weihaiwei. [n. p., 1929?] 45 numb. l. In vol. XXVII of "Documents of the third conference, Institute of Pacific Relations, Kyoto, Japan,

1929."

LANDON, KENNETH PERRY, 1903- The Chinese in Thailand. London and New York, Oxford University Press, 1941. xi (i.e. ix), 310 p.

LEVASSEUR, GEORGES. La situation juridique des chinois en Indochine depuis les accords de Nankin (problèmes de droit international privé). 2e éd. Hanoi, Impr. d'Extrême-Orient, 1939. 262 p.

MEIJER, MARINUS JOHAN. The Chinese in Indonesia. [n.p., 195-] 60 l.

MOSOLFF, HANS. Die chinesische Auswanderung (Ursachen, Wesen und Wirkungen) unter besonderer Berücksichtigung der Hauptauswanderungs gebiete und mit einem ausführlichen Bericht über die chinesische Arbeiterbeschaffung für Samoa unter der deutschen Verwaltung. Rostock, C. Hinstorff, 1932. vii, 518 p. incl. tables. (Hamburger Schriften zur Wirtschafts-und Sozialpolitik, 22-23).

NEILL, DESMOND. Elegant flower; first steps in China. London, Murray [1956] 202 p. illus.

PHAN-VAN-THINH. Les Chinois au Viet-Nam. Paris, 1955. 170 p. map. Thèse-Univ. de Paris.

PLANTERS' ASSOCIATION OF MALAYA. Special Committee on Chinese Labour. Report. Kuala Lumpur, 1922. 35 p.

PURCELL, VICTOR WILLIAM WILLIAMS SAUNDERS, 1896- The Chinese in Malaya. Issued under the joint auspices of the Royal Institute of International Affairs and the Institute of Pacific Relations. London, New York, Oxford University Press, 1948. xvi, 327 p. fold. maps.

———. The position of the Chinese in Southeast Asia. Submitted by the IPR International Secretariat as a preparatory paper for the Eleventh Conference of the Institute of Pacific Relations to be held at Lucknow, India, Oct. 1950. New York, International Secretariat, Institute of Pacific Relations, 1950. 78 p. (Secretariat paper no. 3).

———. The Chinese in Southeast Asia. London, New York, Oxford University Press, 1951. xxxvii, 801 p. fold. maps.

———. The Chinese in modern Malaya. Singapore, D. Moore, 1956. 63 p. (Background to Malaya series, 9).

SIM, VICTOR, 沈渭澤, ed. Biographies of prominent Chinese in Singapore, compiled under the editorial supervision of Victor Sim. Ed. de luxe in English and Chinese. Singapore, Nan Kok Publication Co. [cover 1950] i, 111, i, 110 p. (on double leaves) ports.

SKINNER, GEORGE WILLIAM, 1925- Report on the Chinese in Southeast Asia, December 1950. [Ithaca, N.Y.] Southeast Asia Program, Dept. of Far Eastern Studies, Cornell University [1951] v, 91 l.

———. Chinese community leadership in Bangkok together with an historical survey of Chinese society in Thailand. Ithaca, 1954. xxiv, 814 l. illus., maps. Thesis-Cornell University.

———. Chinese society in Thailand: an analytical history. Ithaca, N.Y., Cornell University Press [1957] xvii, 459 p. maps (part fold.) diagrs., tables.

SONG, ONG SIANG, 宋旺相, 1871-1941. One hundred years' history of the Chinese in Singapore; being a chronological record of the contribution by the Chinese community to the development, progress and prosperity of Singapore; of events and incidents concerning the whole or sections of that community; and of the lives, pursuits and public service of individual members thereof from the foundation of Singapore on 6th February 1819 to its centenary on 6th February 1919. London, J. Murray, 1923. xxii, 602 p. front., plates, ports.

SUN, FANG-SI, 1898- Die Entwicklung der chinesischen Kolonisation in Sudasien (Nan Yang) nach chinesischen Quellen. Jena, 1931. 63 p. incl. tables. Diss.-Univ. Jena.

T'IEN, JU-K'ANG, 田汝康, 1916- The Chinese of Sarawak; a study of social structure. London, Dept. of Anthropology, London School of Economics and Political Science [1953] 88 p. fold. maps, tables. (Monographs on social anthropology, 12).

U.S. Office of Coordinator of Information. Research and Analysis Branch. Far Eastern Section. Our Chinese allies in Southeast Asia. [Washington] 1942. 12 p. (Its Report no. 52).

WANG, WÊN-YÜAN, 王文元. Les relations entre l'Indochine française et la Chine; étude de géographie économique. Paris, P. Bossuet, 1937. 199,[1]p. diagrs. Thèse-Univ. de Paris.

WENG, KWONG-HAN, 溫廣漢. Essai sur l'immigration chinoise en insulinde. Paris, P. Bossuet, 1937. 199 p. map. Thèse-Univ. de Paris.

WILLIAMS, LEA E., 1924- The rise of overseas Chinese nationalism in Netherlands India, 1900-16. Cambridge, 1956. 253 l. Thesis-Harvard University.

United States
Chinese Exclusion

CITIZENS COMMITTEE TO REPEAL CHINESE EXCLUSION AND PLACE IMMIGRATION ON A QUOTA BASIS, New York. [Miscellaneous publications] New York, 1943. 1 v.

McKENZIE, RODERICK DUNCAN, 1885-1940. Oriental exclusion, the effect of American immigration laws, regulations, and judicial decisions upon the Chinese and Japanese on the American Pacific coast. Chicago, University of Chicago Press [1928] viii, 9-200 p. diagrs.

[MENKEN, S. STANWOOD] 1870- Total Chinese exclusion must end. [New York, 1943] cover-title, 3 p.

RIGGS, FRED WARREN, 1917- Pressures on Congress; a study of the repeal of Chinese exclusion. New York, King's Crown Press, 1950. xii, 260 p.

SAWYER, JOHN B. Procedure in "section 6" and other Chinese immigration matters for the use of consular officers. Washington, Govt. Print. Off., 1926. iii, 54 p. incl. forms.

SHEN, TSO-CHIEN, 沈作乾. What "Chinese exclusion" really means. New York, China Institute in America, 1942. 58 p. [Hsueh-shu chien-kuo ts'ung-shu. No. 2].

STIDGER, OLIVER PERRY, 1873- Higher lights on Chinese exclusion and expulsion. The immigration law of 1924 as it effects persons of Chinese descent in the United States, their business interests, their rights and their privileges. San Francisco [1924] 28 p.

U.S. Congress. House. Committee on Immigration and Naturalization. Repeal of the Chinese exclusion acts. Hearings before the Committee on immigration and naturalization, House of representatives, Seventy-eighth Congress, first session, on H.R. 1882 and H.R. 2309, bills to repeal the Chinese exclusion acts, to put the Chinese on a quota basis, and to permit their naturalization. May 19, 20, 26, 27, and June 2, and 3, 1943. Washington, Govt. Print. Off., 1943. iv, 283 p.

———. Repealing the Chinese exclusion laws. Report. [To accompany H.R.3070] [Washington, Govt. Print. Off., 1943] 7 p. ([U.S.] 78th Cong., 1st sess. House. Rept. 732).

———. Congress. Senate. Committee on Immigration. Admission as nonquota immigrants of certain alien wives and children of United States citizens. Hearing before a subcommittee of the Committee on immigration, United States Senate, Seventieth Congress, first session, on S. 2271, a bill to permit the admission, as nonquota immigrants, of certain alien wives and children of United States citizens. February 6, 1928. Washington, Govt. Print. Off., 1928. ii, 29 p.

———. Repealing the Chinese exclusion laws and to establish quotas. Report. [To accompany H.R. 3070] [Washington, Govt. Print. Off., 1943] 9 p.([U.S.] 78th Cong., 1st sess. Senate. Rept. 535).

———. Dept. of State. Admission of Chinese into the United States. Supplement B of the Consular regulations. Notes to section 368. Effective October 1, 1936. Washington, Govt. Print. Off., 1936. iv, 49 p. incl. forms. ([Publication no. 910] Immigration series no. 3).
———. The same. Visa supplement B of the Foreign service regulations, notes to section XXII-2: January 1941. Washington, Govt. Print. Off., 1941. v, 35 p. incl. forms. [Its Publication 1542: Immigration series 3].
———. Laws, statutes, etc. Treaty, laws, and rules governing the admission of Chinese. Rules of October, 1926. Washington, Govt. Print. Off., 1926. iii, 44 p.
———. The same. Rules of October 1, 1926. Washington, Govt. Print. Off., 1934. iii, 87 p.
WURTZ, PIERRE. La question de l'immigration aux États-Unis; son état actuel. Paris, L. Dreux et M. Schneider, 1925. 334 p. Thèse-Univ. de Paris.

Hawaii

BURROWS, EDWIN GRANT. Chinese and Japanese in Hawaii during the Sino-Japanese conflict. Honolulu, Hawaii group, American Council, Institute of Pacific Relations, 1939. 79 p.
The CHINESE of Hawaii. 1929- Honolulu, Overseas Penman Club, 1929-35 + 207 p. illus. (incl. ports.).
COULTER, JOHN WESLEY, 1893- Chinese rice farmers in Hawaii, by John Wesley Coulter and Chee Kwon Chun, 陳致昆. [Honolulu] University of Hawaii, 1937. 70, [2] p. illus. (maps) 2 plates, diagrs. (University of Hawaii. Research publications, 16).
GLICK, CLARENCE ELMER, 1906- The Chinese migrant in Hawaii; a study in accommodation. [n.p., 1942] [1], 734-743, 667-679 p. "Reprinted from the American journal of sociology, vol. 43, March, 1938; vol. 47, March, 1942."
KINNEY, WILLIAM A. Hawaii's capacity for self-government all but destroyed. Salt Lake City, F.L. Jensen [1927] [13]-206, 60 p.
LAM, FREDERICK WING KWAI, 林榮貴, 1894- A survey of the Chinese people in Hawaii, historically, educationally, commercially, religiously and socially. [Honolulu?] Institute of Pacific Relations, 1929. 14 numb. l.
LORDEN, DORIS M., 1908- The Chinese-Hawaiian family. [Chicago, 1935] cover-title, p. 453-463. "Reprinted from the American journal of sociology, vol. 40:4, January 1935."
SHAPIRO, HARRY LIONEL, 1902- The Chinese population in Hawaii. New York, American Council, Institute of Pacific Relations, 1931. 29 p. incl. tables. (Prepared for the fourth bi-annual conference of the Institute of Pacific Relations, Hangchow, 1931).
SMITH, WILLIAM CARLSON, 1883- The second generation oriental in America. Honolulu, Hawaii [1927] 36 p.
———. Americans in process; a study of our citizens of oriental ancestry, introduction by Romanzo Adams. Ann Arbor, Edwards Brothers, 1937. xv, 359 p. diagrs.
U.S. Congress. House. Committee on Immigration and Naturalization. Labor problems in Hawaii. Report. [To accompany H. J. Res. 171.] [Washington, Govt. Print. Off., 1923] 9, 14 p. (67th Cong., 4th sess. House. Rept. 1717).

California

CALIFORNIA. State Board of Control. California and the Oriental: Japanese, Chinese and Hindus. Report of State Board of Control of California to Gov. Wm. D. Stephens. June 19, 1920. Rev. to January 1, 1922. Sacramento, California State Print. Off., 1922. 250 p. incl. tables, charts, diagrs.
CALIFORNIA Chinese chatter, 加省華人之趣談. San Francisco, A. Dressler,

1927. ix, 62 p. col. front., illus.

CHUNG, WEN-HUI陳鍾文會, 1903- Changing social-cultural patterns of the Chinese community in Los Angeles. Los Angeles, University of Southern California, 1952. xvii, 444 l. illus., map (fold.). Thesis-University of Southern California.

COLMAN, ELIZABETH. Chinatown, U.S.A.; text and photographs. New York, John Day [1946] 31, [88] p. illus.

DOBIE, CHARLES CALDWELL, 1881-1943. San Francisco's Chinatown, illustrated by E.H. Suydam. New York, London, D. Appleton-Century, 1936. xiv, 336 p. col. front., illus., plates.

EVANS, HENRY. Curious lore of San Francisco's Chinatown, with illustrations from old prints. San Francisco, The Porpoise Bookshop, 1956. 31 p.

GENTHE, ARNOLD, 1869-1942. Old Chinatown; a photographic calendar for the year 1946. Oakland, Mills College [1946] [53] p. incl. illus.(incl. port.) plates.

GRAHAM, VIRGINIA TAYLOR, 1897- The intelligence of Chinese children in San Francisco. [Baltimore, 1926] p.43-71. Reprint from the Journal of comparative psychology. 6:1, February, 1926.

HOY, WILLIAM, 謝開. The Chinese six companies; a short, general historical resumé of its origin, function, and importance in the life of the California Chinese. San Francisco, Chinese Consolidated Benevolent Association (Chinese six companies) [c1942] 33, [1] p. ports. (part fold.).

LOWE, PARDEE, 劉裔昌, 1904- Father and Glorious Descendant. Boston, Little, Brown, 1943. 3-322 p.

LUI, GARDING, 呂家定, 1895- Inside Los Angeles Chinatown. [Los Angeles? 1948] 207 p. illus., ports., maps.

McLEOD, ALEXANDER, 1895- Pigtails and gold dust. Caldwell, Id., Caxton Printers, 1947. 326 p. front., plates, facsims.

MEARS, ELIOT GRINNELL, 1889- Resident Orientals on the American Pacific coast; their legal and economic status. Chicago, University of Chicago Press [1928] xvi, 545 p. incl. tables, diagrs.

SAN FRANCISCO. Dept. of Public Health. The health of the Chinese in an American city-San Francisco. [San Francisco] 1939. 29 p. illus.

———. School of Social Studies. Living conditions in Chinatown, prepared by a study group in the School of Social Studies. San Francisco, 1939. 1 v.

SANDMEYER, ELMER CLARENCE, 1888- The anti-Chinese movement in California. Urbana, University of Illinois Press, 1939. 127 p. ([Illinois. University] Illinois studies in the social sciences, 24:3).

SCHRIEKE, BERTRAM JOHANNES OTTO, 1890- Alien Americans; a study of race relations. New York, Viking Press, 1936. xi, 208 p.

SHEPHERD, CHARLES REGINALD, 1885- The ways of Ah Sin; a composite narrative of things as they are. New York, Fleming H. Revell [c1923] 223 p. front.

———. The story of Chung Mei; being the authentic history of the Chung Mei home for Chinese boys up to its fifteenth anniversary, October, 1938. Philadelphia, The Judson Press [c1938] 3-264 p. front., plates, ports.

SPARKS, THERESA A. China gold. Fresno, Academy Library Guild, 1954. 191 p. illus.

WILSON, CAROL (GREEN) 1892- Chinatown quest; the life adventures of Donaldina Cameron. Rev. ed. Stanford, Stanford University Press [1950] xiii, 197 p. illus., ports.

New York and other Cities

CHEN, T'IEN-EN, 陳天恩, ed. Official Chinatown guide book. New York, [Henin and Co.] 1939. 96 p. illus.(incl. ports., plan).

CHÊNG, TÊ-CH'AO, 鄭德超, 1905- Acculturation of the Chinese in the United

States; a Philadelphia study. Philadelphia, 1948. x, 280 p. illus., maps, tables. Thesis-University of Pennsylvania.

ENG, YING-GONG, 伍英光. Tong war! The first complete history of the tongs in America; details of the tong wars and their causes; lives of famous hatchetmen and gunmen; and inside information as to the workings of the tongs, their aims and achievements, by Eng Ying Gong and Bruce Grant; with illustrations by Pedro Llanuza. New York, N.L. Brown, 1930. viii, [2], 11-287 p. front., plates.

FISK UNIVERSITY, Nashville. Social Science Institute. Orientals and their cultural adjustment; interviews, life histories and social adjustment experiences of Chinese and Japanese of varying backgrounds and length of residence in the United States. Nashville, Social Science Institute, Fisk University, 1946. x, 138 numb. l. (Its Social science source documents, 4).

GLICK, CARL, 1890- Shake hands with the dragon, illustrated by Donald McKay. New York, London, Whittlesey House, McGraw-Hill Book Co. [c1941]; London, Herbert Jenkins, 1942. vii, [1], 327 p. incl. front., illus.

HAWKS, JEAN ELIZABETH. A study of Chinese-American children. [Baltimore, 1932] p. 203-223, 375-384. diagrs. "Reprinted from the Journal of the American dietetic association, vol. VII, no. 3, 1931 and vol. VII, no. 4, 1932."

HEYER, VIRGINIA. Patterns of social organization in New York City's Chinatown. Ann Arbor, University Microfilms [1954] ([University Microfilms, Ann Arbor, Mich.] Publication no. 8686). Collation of the original: 191 l. Thesis-Columbia University.

HUIE, KIN, 許芹, 1854-1935. Reminiscences. Peiping, San Yu Press, 1932. 115 p. plates, ports.

LEONG, GOR YUN, 梁果仁. Chinatown inside out; illustrated with photographs by Creighton Peet and others, and with old wood-engravings. New York, B. Mussey [c1936] 256 p. incl. front., illus. plates.

MENEELY, ALEXANDER HOWARD. The anti-Chinese movement in the Northwest. Seattle, 1922. 121 l. Thesis-Univ. of Washington.

PALMER, ALBERT WENTWORTH, 1879- Orientals in American life. New York, Friendship Press [c1934] xi, 212 p.

TOW, JULIUS SU, 屠汝涑, 1895- The real Chinese in America; being an attempt to give the general American public a fuller knowledge and a better understanding of the Chinese people in United States. N[ew] Y[ork], Academy Press [c1923] xviii, 19-168 p. incl. front. (port.) plates, facsim.

TRULL, FERN COBLE. The history of the Chinese in Idaho from 1864 to 1910. Eugene, Ore., 1946. 235 l. Thesis-University of Oregon.

WU, CHARLES LING, 吳澤霖, 1900- Attitudes toward negroes, Jews, and Orientals in the United States. [Columbus, O., H. L. Hedrick] 1930. 442, [7] l. Thesis-Ohio State University.

Directories

CHINESE PUBLICITY BUREAU, Seattle. Chinese business directory and residents, Seattle-Tacoma-Spokane and vicinity; edited by Mor Cheolin, 馬超林. Seattle, 1950. 70 p.

LUM (JIMMY) ADVERTISING SERVICE, San Francisco. San Francisco Chinese directory; including Oakland-East Bay section. 1949. [San Francisco, Jimmy Lum] 1949. 72 p.

——. Map of San Francisco's Chinatown and vicinity. San Francisco, c1950. col. map.

SINO- AMERICAN PUBLICITY BUREAU, New York. Chinese directory of the Eastern States, 1953-54. New York, 1954. 1 v. (various pagings).

UNITED CHINESE ASSOCIATION OF NEW ENGLAND, Boston. The Chinese directory of New England. Boston, 1931. 96 p. illus. ports., plates.

Canada, Central and South America

BRITISH COLUMBIA. Bureau of Provincial Information. Report on oriental activities within the province. Prepared for the Legislative Assembly. Victoria, B.C., Printed by C.F. Banfield, 1927. 24 p. tables (1 fold.).
CANADA. Laws, statutes, etc. Chinese immigration act, 1923, and regulations. Issued by the Minister of immigration and colonization. Ottawa, Canada, 1926. [Ottawa, F.A. Acland, printer to the King, 1926] 27 p. incl. form.
———. Chinese immigration act and regulations. Ottawa, Can., Minister of mines and resources, 1939. 25 p. incl. forms.
———. Special Committee on Orientals in British Columbia. Report and recommendations. December, 1940. Ottawa, E. Cloutier, printer to the King, 1941. 20 p. incl. tables.
CHANG, CHING-CHIEH, 張景哲. The Chinese in Latin America, a preliminary geographical survey with special reference to Cuba and Jamaica. College Park, Md., 1956. 194 l. Thesis-University of Maryland.
CH'ÊNG, T'IEN-FANG, 程天放, 1899- Oriental immigration in Canada. Shanghai, Commercial Press, 1931. x, 306 p. map, tables, diagrs.
LUBBOCK, ALFRED BASIL, 1876-1944. Coolie ships and oil sailers. Glasgow, Brown and Ferguson [1935] x, 180 p. front., plates, ports.
McINNES, TOM, 1867- Oriental occupation of British Columbia. Vancouver, Sun Pub. Co., 1927. 170 p.
MacINNIS, GRACE (WOODSWORTH) 1905- Oriental Canadians, outcasts or citizens? By Grace and Angus MacInnis. [Vancouver, B.C., The Federationist Pub. Co., 1945?] 20 p.
STEWART, WATT, 1892- Chinese bondage in Peru; a history of the Chinese coolie in Peru, 1849-74. Durham, Duke University Press, 1951. x, 247 p. illus., port., map. (Duke University publications).
WOODSWORTH, CHARLES JAMES, 1909- Canada and the Orient; a study in international relations. Issued under the auspices of the Canadian Institute of International Affairs. Toronto, Macmillan Co. of Canada, 1941. xii, 321 p. diagrs.

Australia, New Zealand and Africa

CAMPBELL, PERSIA CRAWFORD. Chinese coolie emigration to countries within the British Empire. With a preface by the Hon. W. Pember Reeves. London, P.S. King, 1923. xxiii, 240 p. (Studies in economics and political science, no. 72 in the series of monographs by writers connected with the London school of economics and political science).
McNEUR, GEORGE HUNTER. The church and the Chinese in New Zealand. Christchurch, Presbyterian Bookroom, 1951. viii, 56 p. illus. map.
MIAO, TUNG, 繆通, 1916- Legal status of Chinese in the Union of South Africa. Johannesburg, Chiao Sheng Pao, 1947. 47 p.
SLEEMAN, JOHN H. C. White China; an Austral-Asian sensation. Sydney, The Author, 1933. viii, 344 p.
[YÜAN, CHUNG-MING] 袁中明, ed. A book to commemorate a common victory, issued by the Chinese community in N.S.W. [Sydney, Printed by Boylan and Co.] 1945. 64 p.; 19 p. 2 port.

Europe

JEROME, J.A. Chinese White; a study of Chinatown. London, Hampton Court Books [1948] 195 p.
WHITTINGHAM-JONES, BARBARA. China fights in Britain; a factual survey of a fascinating colony in our midst. London, W.H. Allen [1944] 68 p.

Anthropology and National Minorities
General Works

[BROOKBANK, THOMAS W.] Are the Chinese Semites? [Salt Lake City] Salt Lake Efficiency Ptg. Co., 1930. 33 p.

BURCKHARDT, CARL JACOB, 1891- Gespräch in Peking. Olten, Vereinigung Oltener Bücherfreunde, 1942. 47 p. (Veröffentlichung der Vereinigung Oltener Bücherfreunde, 13).

EBERHARD, WOLFRAM, 1909- Kultur und Siedlung der randvölker Chinas. Leiden, E.J. Brill, 1942. vii, [1], 506 p. 2 fold. maps. (T'oung pao. Suppl. au vol. 36).

———. Lokalkulturen im alten China. 1. Die Lokalkulturen des Nordens und Westens. Leiden, E.J. Brill, 1942. 447 p. (T'oung Pao. Suppl. au vol. 37).

———. The same. 11. Die Lokalkulturen des Südens und Ostens. Peiping, Catholic University, 1942. xiv, 588 p. (Monumenta Serica. Monog. 3).

GRANET, MARCEL, 1884-1940. Études sociologiques sur la Chine. Préf. de Louis Gernet; introd. de R.-A. Stein. Paris, Presses universitaires de France, 1953. 301 p. (Bibliothèque de sociologie contemporaine).

KARUTZ, RICHARD, 1867- Die Völker Nord- und Mittel-Asiens. Stuttgart, Franckh, 1925. 7-120 p. illus.(incl. map) (Atlas der völkerkunde, bd.I).

LI, CHI, 李濟, 1896- The formation of the Chinese people; an anthropological inquiry. Cambridge, Harvard University Press, 1928. [3]-283 p. maps, tables, geneal, tab., diagrs.

MICHALSKI, IRENEUSZ. Skladniki rasowe Chińczyków. Les éléments raciaux des Chinois. Warszawa, Towarzystwo naukowe warszawskie, 1938. 73 p. illus. (maps) tables, diagrs. plates. (Prace antropologiczne Instytutu nauk antropologicznych i etnologicznych Towarzystwa naukowego warszawskiego. 3).

NATIONAL minorities in new China. 新中國少數民族的生活 [Peking, Foreign Languages Press, 1954] [12] col. plates (in portfolio).

POLICY towards nationalities of the People's Republic of China. Peking, Foreign Languages Press, 1953. 70 p.

SHIROKOGOROV, SERGEĬ MIKHAĬLOVICH, 1887-1939. Anthropology of northern China. Shanghai, 1923. ii, ii, 127 p. incl. maps, diagrs. (part fold.) fold. map. (Royal Asiatic society. North China branch. [Publications] Extra vol. II).

———. Anthropology of eastern China and Kwangtung province. Shanghai, Printed by the Commercial Press, 1925. [v]-vi, 162 p. diagrs. (part fold.) (Royal Asiatic society. North China branch. [Publications] Extra vol. IV).

———. Process of physical growth among the Chinese. v. 1. The Chinese of Chekiang and Kiangsu, measured by V. Appleton. Shanghai, Commercial Press, 1925. 137 p. tables, diagrs.

STEVENSON, PAUL HUSTON, 1890- Detailed anthropometric measurements of the Chinese of the North China plain. [Ch'angsha] Commercial Press, 1938. 39 p. diagrs., maps, tables. (Academia sinica. The Institute of History and Philology. Anthropologia sinica. No. 2).

STÜBEL, HANS, 1885- Die Hsia min vom Tse-mu-schan; Ein Beitrag zur Volkskunde Chekiangs, 浙江景寧敕木山畲民調查記, von Hans Stübel und Li Hua-min, 李化民. Nanking, Institute of Social Sciences, Akademia Sinica, 1932. 115 p. illus.

TIEN, KHANG-KIAT. Genesis and the Chinese. Hong Kong, 1950. 97 p.

WANG, SHU-TANG, 王樹棠. China, land of many nationalities; a sketch. Peking, Foreign Languages Press, 1955. 63 p. illus.

———. China-Land der vielen Nationalitaten. Peking, Verlag für fremdsprachige Literatur, 1955. 71 p.

Minorities-Southwestern China

CHANG, CHI-JEN, 張其仁, 1914- The minority groups of Yunnan and Chinese political expansion into Southeast Asia. Ann Arbor, 1956. 208 l. Thesis - University of Michigan.

CHÊNG, TE-K'UN, 鄭德坤, 1907- The "South-Western barbarians." Chengtu, 1945. 22 p. (West China Union University. Museum. Translation ser., 1).

———. An introduction to the South-western peoples of China by Chêng Te-k'un and Liang Chao T'ao, 梁釗韜. Chengtu, 1945. 16 p. fold. map. (West China Union University. Museum. Guidebook ser., 7).

CREDNER, WILHELM, 1892- Kulturgeographische Beobachtungen in der Landschaft im Tali (Yünnan) mit besonderer Berücksichtigung des Nan Tsao problems. Bangkok, 1935. Reprinted from the Journal of the Siam Society, vol. 27, pt. 2, p. 135-151 (April, 1935).

———. Cultural and geographical observations made in the Tali (Yunnan) region with special regard to the Nan-Chao problem. Translated from German by Major Erik Seidenfaden. Bangkok, Pub. by the Siam Society, 1935. cover-title, 20 p. 6 plates (incl. maps, II fold. tables).

DAUDIN, PIERRE. Contribution aux études ethnographiques sur les tribus du Yunnan et du Seutch'oan. Saigon, 1936. cover-title, 10 p. 5 plates.

DODD, WILLIAM CLIFTON, 1857-1919. The Tai race, elder brother of the Chinese; results of experience, exploration and research of William Clifton Dodd Compiled and edited by his wife. Cedar Rapids, Iowa, Torch Press, 1923. xxi, [2], 353 p. front., plates, ports.

FITZGERALD, CHARLES PATRICK, 1902- The tower of five glories; a study of the Min Chia of Ta Li, Yunnan. London, Cresset Press, 1941. 280 p. plates, maps (1 fold.).

HENRY LESTER INSTITUTE OF MEDICAL RESEARCH, Shanghai. The Nosu tribes of west Szechuan; notes on the country and its peoples and on the diseases of the region, by E. R. Cunningham, Leslie G. Kilborn, James L. Maxwell [and others] with a foreword by J.L. Maxwell. Shanghai, 1933. 56 p. plates, facsim. fold. diagr.

HSU, ITANG, 徐益棠. Les trois grandes races de la province du Yun-nan. Paris, L. Rodstein, 1932. [5]-184 p.

IMBERT, HENRI. Les négritos de la Chine. Hanoi, Impr. d'Extrême-Orient, 1923. 11 p. illus.

STÜBEL, HANS, 1885- Ein Dorf der Ta-Hua Miao in Yunnan; mit einem Beitrag von Inez de Beauclair. Hamburg, Gesellschaft für Natur und Völkerkunde Ostasiens, 1954. 80 p. illus. plates. (Deutsche Gesellschaft für Natur- und Völkerkunde Ostasiens, Tokyo. Mitteilungen, 37).

T'IEN, JU-K'ANG, 田汝康, 1916- Religious cults and social structure of the Shan States of the Yunnan-Burma frontier. London, 1948. ii, 250 p. Thesis- London School of Economics.

Lolo

DESSIRIER, JEAN LOUIS, d. 1915. À travers les marches révoltées; Ouest-chinois: Yun Nan-Se-Tchouen-Marches thibétaines; avec 61 gravures hors texte. Paris, Plon-Nourrit [1923] vii, 316 p. plates, ports.

POLLARD, SAMUEL, 1864-1915. In unknown China; a record of the observations, adventures and experiences of a pioneer missionary during a prolonged sojourn amongst the wild and unknown Nosu tribe of western China. Philadelphia, J.B. Lippincott; London, Seeley, Service, 1921. [11]-324 p. front., plates, 3 maps (2 fold.).

YOUNG, CHING-CHI, 楊成志. L'écriture et les manuscrits lolos. Genève, 1935. cover-title, 70, [2] p. incl. facsims. plates. (Publications de la Bibliothèque sino-internationale, Genève, nº 4). Published also as Thèse-Univ. de Paris.

Moso

GOULLART, PETER. Forgotten kingdom. London, J. Murray [1955] 218 p. illus.

[LV-MBER IV-ZAW SSAW]. The romance of K'a-mä-gyu-mi-gkyi; a Na-khi tribal love story translated from Na-khi pictographic manuscripts, transcribed and annotated, by J. F. Rock. [Hanoi? Indo-China, 1939] 155 p. illus., XXXII plates (part col.) "Extrait du Bulletin de l'École française d'Extrême-Orient, t. XXXIX, 1939, fasc. I."

ROCK, JOSEPH FRANCIS CHARLES, 1884- Studies in Na-khi literature. [Hanoi, 1938] 119 p. illus., XLI plates (part fold.; incl. facsims.) diagrs. "Extrait du Bulletin de l'École française d'Extrême-Orient, t. XXXVII, fasc. 1, 1937."

———. The ancient Na-khi Kingdom of southwest China. Cambridge, Harvard University Press, 1947 [i. e. 1948] 2 v. (xx, 554 p.) illus., ports., 4 fold. col. maps (in pocket of v. 2) (Harvard-Yenching Institute. Monograph series, v. 8-9).

———. The Mùan bpö ceremony; or, The sacrifice to heaven as practiced by the Na-khi. Peiping, Catholic University [1948] 160 p. plates. "Monumenta Serica. Reprint from vol. 8, 1948."

———. The Na-khi Nāga cult and related ceremonies. Roma, Is. M. E. O., 1952. 2 v. illus., plates (part col.) (Serie orientale Roma, v. 4, pt. 1-2).

———. The ^{1}D'a ^{3}Nv funeral ceremony with special reference to the origin of ^{1}Na-^{2}khi weapons. Fribourg, Impr. St-Paul, 1955. 31 p. illus. Offprint of Anthropos, international review of ethnology and linguistics, v. 50, 1955.

———. The ^{2}Zhi ^{3}mä funeral ceremony of the ^{1}Na-^{2}khi of southwest China; described and translated from ^{1}Na-^{2}khi manuscripts. Vienna, St. Gabriel's Mission Press, 1955. xv, 228 p. 10 plates. (Studia Instituti Anthropos, v. 9).

Miao

CHIU, CH'ANG-K'ONG, 邱長康. Die Kultur der Miao-tse nach älteren chinesischen Quellen. Hamburg, Kommissionsverlag Friederichsen, De Gruyter und co. m. b. h., 1937. 31, [1] p. 41 plates. (Mitteilungen aus dem Museum für völkerkunde in Hamburg. XVIII).

GRAHAM, DAVID CROCKETT, 1884- Songs and stories of the Ch'uan Miao. Washington, Smithsonian Institution, 1954. xi, 336 p. 24 plates (incl. ports.) map. (Smithsonian miscellaneous collections, v. 123, no. 1).

MICKEY, MARGARET PORTIA, 1889- The Cowrie Shell Miao of Kweichow. Cambridge, The Museum, 1947. ix, 83 p. illus., maps. (Papers of the Peabody Museum of American Archaeology and Ethnology, Harvard University, v. 32, no. 1).

SAVINA, FRANCIS MARINA, 1876- Histoire des Miao. 2. éd. Hongkong, Impr. de la Société des missions-étrangères, 1930. 303 p. illus. 1er éd., 1924.

Yao

LEUSCHNER, FRIEDRICH WILHELM. Von den Ureinwohnern Chinas, erste Nachrichten eines Sachkundigen über das Volk der Jautze in den Bergen der Provinz Kwangtung. Mit einem Geleitwort von Siegfried Knak. Berlin, Heimatdienst-Verlag [1926] 96 p. illus.

LING, ZENG SENG, 凌純聲, 1901- Recherches ethnographiques sur les Yao dans la Chine du Sud. Paris, Les Presses universitaires de France, 1929. vi, 151 p. front. (map). Thèse-Univ. de Paris, 1929.

Minorities - South China

KRADER, RUTH S., 1911- Ch'ih-ya, 赤雅, an account of non-Chinese peo-

ples of southern China. New Haven, 1946. v, 170 l. Thesis-Yale University.
LIU, HANS, 劉咸. Hainan, the island and the people. [Shanghai, China Journal Pub. Co., 193-] 30 p. illus.
LUNT, CARROLL PRESCOTT, 1889- China, star of Asia's drama. Los Angeles, Walton and Wright [c1941] 200, [5] p. front. (map).
NAGEL, SHERMAN A. At home with the Hakkas in South China. Mountain View, Cal., Kansas City, Mo. [etc.] Pacific Press Pub. Association, 1921. 64 p. illus. (Wide world series, 4).
ODAKA, KUNIO, 1908- Economic organization of the Li tribes of Hainan Island. [Translation by Mikiso Hane. New Haven, Yale University, Southeast Asia Studies, 1950] 95 l. illus., maps. (Yale Southeast Asia Studies. Translation series).
RHEINWALD, OTTO. Die nichtchinesischen Stämme Südchinas, ein Überblick. Tôkyô, Deutsche Gesellschaft für Natur- und Völkerkunde Ostasiens; Kommissionsverlag von O. Harrassowitz, Leipzig, 1942. 87 p. plates, fold.map. (Mitteilungen der Deutschen Gesellschaft für Natur- und Völkerkunde Ostasiens, Bd. 33, T.A.).
STÜBEL, HANS, 1885- Die Li-Stämme der insel Hainan; ein Beitrag zur Volkskunde Südchinas, unter Mitwirkung von P. Meriggi. Berlin, Klinkhardt und Biermann, 1937. viii, 338 p. illus., 132 plates (part col.) on 66 l., fold. map, 12 tables on 10 fold. l.
WIENS, HEROLD JACOB, 1912- China's march toward the tropics; a discussion of the southward penetration of China's culture, peoples, and political control in relation to the non-Han-Chinese peoples of south China and in the perspective of historical and cultural geography. Hamden, Conn., Shoe String Press [1954] xv, 441 p. illus., maps.
WIST, HANS, 1904- Die Yao im Südchina, nach berichten neuer Chinesischer Feldforschungen. Berlin, D. Reimer, 1938. p. [73]-135. illus., plates incl. maps. (On cover: Bässler-Archiv 21, 3).

Jews

[GINSBOURG, ANNA]. Jewish refugees in Shanghai. Shanghai, China Weekly Review [1941?] vi, 32 p. plates.
LÖWENTHAL, RUDOLF, 1904- The Jewish press in China. Peking, Synodal Commission in China, 1940. cover-title, p. 251-265. fold. tables. "Reprinted from The religious periodical press in China."
———. The Jews in China, an annotated bibliography. [Peking? pref. 1940] iv, [119]-261 p. 1 illus., facsim. The first edition appeared in the Yenching journal of social studies, Peking, v. 1, no. 2, January, 1939, p. 256-291. "Reprinted from the Chinese social and political science review, Peking. [v. 24, no. 2, July-September, 1940].
———. The early Jews in China: a supplementary bibliography. [Peking] Catholic Univ. of Peking [1946] 353-398 p. At head of title: Folklore studies, published by the Museum of Oriental Ethnology, the Catholic University of Peking. Reprint from vol. v, 1946.
TORRANCE, THOMAS. China's first missionaries, ancient Israelites. London, Thynne, 1937. 125 p. front., plates.
WHITE, WILLIAM CHARLES, bp., 1873- comp. Chinese Jews, a compilation of matters relating to the Jews of K'aifeng Fu. Toronto, University of Toronto Press, 1942. 3 v. fronts., illus. (incl. facsims.) maps. [Monograph series of Chinese studies, no. 1, pt. 1-3].
WOO, H. SING. What a cultural Chinese thinks of the Jew? Asheville, N.C., The Pelley Publishers, 1939. 24 p.
YIDDISH SCIENTIFIC INSTITUTE. Catalogue of the exhibition, Jewish life in Shanghai, September 1948-January 1949. [Tr. from Yiddish] New York [1948] 29 p.

XII. PHILOSOPHY

General Works

BECK, LILY (MORESBY) ADAMS, d. 1931. The story of oriental philosophy, by L. Adams Beck (E. Barrington) New York, Cosmopolitan Book Corporation, 1928. viii, 429 p. front., plates (1 fold. col.).

BERNARD, HENRI, 1897- Sagesse chinoise et philosophie chrétienne; essai sur leurs relations historiques. Tientsin, Hautes Études, en vente à la procure de la Mission de Sienshien, 1935. 277, vi p.

———. The same. Paris, Cathasia [1950] 277, v p. (Les Humanités d'Extrême-Orient).

BRIÈRE, O. Les courants philosophiques en Chine depuis 50 ans (1898-1950). Changhai, 1949. [89] p. Reprinted from Bulletin de l'Université l'Aurore, Octobre, 1949.

———. Fifty years of Chinese philosophy, 1898-1950. Translated from the French by Laurence G. Thompson. Pref. by E.R. Hughes. London, Allen and Unwin [1956] 159 p.

CHAN, WING-TSIT, 陳榮捷, 1901- An outline and a bibliography of Chinese philosophy. Rev. Hanover, N.H., 1955. 65 l. 1st ed. 1953.

———. Historical charts of Chinese philosophy. [New Haven] Far Eastern Publications, Yale University, 1955. unpaged.

CH'ÊN, LI-FU, 陳立夫, 1900- Philosophy of life. [Tr. by Jen Tai, 任泰] With an introd. by Roscoe Pound. New York, Philosophical Library [1948] 148 p. diagrs.

CHÊNG, LIN, 鄭麐, 1901- comp. and tr. Chinese wisdom; thoughts for harmonious and victorious living, compiled and translated by Chêng Lin and Lin Susan, 林素珊. Shanghai, World Book Co., 1947. vii, 71, 35 p. illus.

CHINESE philosophy: sayings of Confucius, sayings of Mencius, sayings of Lao Tzu, sayings of Chuang Tzu and Lieh Tzu. Decorations by Paul McPharlin. Mount Vernon, N.Y., Peter Pauper Press [1952?] 109 p. illus.

CHINESE philosophy of life. Girard, Kan., Haldeman-Julius Company [c1922] 51 p. (Ten cent pocket series no. 153, ed. by E. Haldeman-Julius).

CHOW, YIH-CHING, 周毅卿. La philosophie chinoise. Paris, Presses universitaires, 1956. 128 p. (Que sais-je? Le point des connaissances actuelles, 707).

CREEL, HERRLEE GLESSNER, 1905- Sinism; a study of the evolution of the Chinese world-view. Chicago, Open Court Pub. Co., 1929. vii, 127 p. Published also as thesis-University of Chicago.

———. Chinese thought, from Confucius to Mao-Tsê-tung. [Chicago] University of Chicago Press [1953]; London, Eyre and Spottiswoode, 1954. ix, 292 p.

———. La pensée chinoise de Confucius à Mao Tse-t'ung. Traduction de Jean-François Leclerc. Paris, Payot, 1955. 288 p. (Bibliothèque historique).

EBERHARD, WOLFRAM, 1909- Beiträge zur kosmologischen Spekulation der Chinesen der Han-Zeit. Berlin, 1933. 100 p. diagrs. Diss.-Univ. Berlin. "Aus Baessler-archiv, band XVI, heft 1-2."

FAIRBANK, JOHN KING, 1907- ed. Chinese thought and institutions; exploring twenty-five centuries of Chinese ideas in action. Chicago, University of Chicago Press, 1957; London, Oxford University Press, 1957. xiii, 438 p.

FANG, THOMÉ H., 方東美, [Fang Tung-mei]. The Chinese view of life; the philosophy of comprehensive harmony. Hong Kong, Union Press [c1957] [xiv], 274 p.

FUNG, YU-LAN, 馮友蘭, 1895- A comparative study of life ideals; the way of decrease and increase with interpretations and illustrations from the philosophies of the East and the West. Shanghai, Commercial Press, 1924. xii, 264 p. Thesis-Columbia University.

———. A history of Chinese philosophy; the period of the philosophers (from the beginnings to circa 100 B.C.) Translated by Derk Bodde, with introd., notes, bibliography and index. Peiping, H. Vetch, 1937. 455 p. fold. map.

———. The spirit of Chinese philosophy. Tr. by E.R. Hughes. London, Kegan Paul [1947] xiv, 224 p.

———. A short history of Chinese philosophy, ed. by Derk Bodde. New York, Macmillan, 1948. xx, 368 p.

———. Précis d'histoire de la philosophie chinoise, d'après le texte anglais édité par Derk Bodde. Traduction de Guillaume Dunsteimer. Paris, Payot, 1952. 373 p. (Bibliothèque Scientifique).

———. A history of Chinese philosophy. Translated by Derk Bodde, with introd., notes, bibliography and index. Princeton, Princeton University Press, 1952-53. 2 v. fold. map, diagrs.

FORKE, ALFRED, 1867-1944. The world-conception of the Chinese; their astronomical, cosmological and physico-philosophical speculations. London, A. Probsthain, 1925. xiv, 300 p. (Probsthain's oriental series, vol. 14).

———. Die Gedankenwelt des chinesischen Kulturkreises. München und Berlin, R. Oldenbourg, 1927. cover-title, 215 p.

———. Geschichte der alten chinesischen Philosophie. Hamburg, Kommissionsverlag, L. Friederichsen, 1927. xvi, 594 p. (Hamburgische universität. Abhandlungen aus dem gebiet der auslandskunde. bd. 25. Reihe B. Völkerkunde, kulturgeschichte und sprachen. bd. 14).

———. Geschichte der mittelalterlichen chinesischen Philosophie. Hamburg, Friederichsen, 1934. xii, 410 p. (Hamburgische universität. Abhandlungen aus dem gebiet der auslandskunde. bd. 41. Reihe B. Völkerkunde, kulturgeschichte und sprachen. bd. 21).

———. Geschichte der neueren chinesischen Philosophie. Hamburg, Friederichsen, 1938. xviii, 693 p. (Hansische universität. Abhandlungen aus dem gebiet der auslandskunde. bd. 46. Reihe B. Völkerkunde, kulturgeschichte und sprachen. bd. 25).

GRANET, MARCEL, 1884-1940. La pensée chinoise. Paris, La Renaissance du livre, 1934. xxiii, 614 p. diagrs. (L'évolution de l'humanité synthèse collective, [1. section, 25 bis]).

GROUSSET, RENÉ, 1885-1952. Histoire de la philosophie orientale-Indie, Chine, Japon. Paris, Nouvelle Librairie Nationale, 1923. 376 p. (Bibliothèque française de philosophie).

HACKMANN, HEINRICH FRIEDRICH, 1864-1935. Chinesische Philosophie. Mit einem bildnis Bodhidharmas. München, E. Reinhardt, 1927. 407 p. front. (Geschichte der philosophie in einzeldarstellungen. abt. I: Das weltbild der primitiven und die philosophie des Morgenlandes, bd. 5).

HOANG, TSEN-YUE, 黃曾樾, [Huang, Tseng-yüeh]. Étude comparative sur les philosophies de Lao Tseu, Khong Tseu, Mo Tseu. Lyon, A. Rey; Paris, E. Leroux, 1925. xx, 299 p. (Annales de l'Université de Lyon. nouv. sér. ii. Droit, lettres. fasc. 37).

HU, SHIH, 胡適, 1891- The development of the logical method in ancient China. Shanghai, Oriental Book Co., 1922. 2, 10, 187 p.

HUANG, SIU-CHI, 黃秀璣, 1913- Lu Hsiang-shan, 陸象山, a twelfth century Chinese idealist philosopher. New Haven, American Oriental Society, 1944. 116 p. diagrs. (American Oriental series, v. 27) Issued also as thesis-University of Pennsylvania.

HUGHES, ERNEST RICHARD, 1883-1956. Oxford and the comparative study of Chinese philosophy and religion; an inaugural lecture delivered in the examination schools on 20 November 1934. Oxford, The Clarendon Press, 1935. 23 p.

———. ed. The individual in East and West, edited by E.R.Hughes. London, Oxford University Press, H.Milford, 1937. vi, 197, [1] p.
———. ed and tr. Chinese philosophy in classical times, edited and translated by E.R.Hughes. London, J.M. Dent; New York, E.P.Dutton [1942] xlii, [1], 336 p. (Everyman's library, ed. by Ernest Rhys. Philosophy, [973]).
HUMMEL, SIEGBERT. Polarität in der chinesischen Philosophie, dargestellt an Hand chinesischer Texte mit deutscher Übersetzung. Leipzig, O. Harrassowitz, 1949. vi, 36 p. (Forschungen zur Völkerdynamik Zentral- und Ostasiens, Heft 1).
[K'ANG HSI, emperor of China] 1655-1723. The Sacred edict; with a translation of the colloquial rendering, by F.W. Baller; prepared for the China Inland Mission. 6th ed. Shanghai, London [etc.] China Inland Mission, 1924. vi, 216 p.
LIANG, CH'I-CHAO, 梁啓超, 1873-1929. The great Chinese philosopher K'ang Yu-wei. Introduction by Dai-ming Lee, 李大明. San Francisco, Chinese World [1953] cover-title, 68, [64] p.
LIANG, SI-ING, 梁錫英. La rencontre et le conflit entre les idées des missionnaires chrétiens et les idées des Chinois en Chine depuis la fin de la dynastie des Ming. Paris, Domat-Montchrestien, 1940. 159 p. Thèse-Univ. de Paris.
LIN, YU-T'ANG, 林玉堂, 1895- The importance of living. New York, Reynal and Hitchcock [c1937]; London, Heinemann, 1938. xvi, 459 p.
———. The same. New York, John Day [1940] xvi, 459 p.
———. L'importance de vivre. Paris, Corréa, 1948. 288 p.
———. Weisheit des lächelnden Lebens. Aus dem Amerikanischen übertragen von Wilhelm Emmanuel Süskind. Stuttgart, Deutsche Verlags Anstalt, 1955. (c1938) 515 p. 1.Aufl. 1938.
———. Looking beyond. New York, Prentice-Hall; London, Bailey and Swinfen [1955] 387 p.
LUNG, CHÊNG-FU, 龍程芙, 1906- The evolution of Chinese social thought. Los Angeles, University of Southern California Press, 1941. 40 p. (The University of Southern California. Social science series, 23). Extract from thesis-University of Southern California.
LYON, DAVID WILLARD, 1870-1949. Changing thought currents in modern China. Claremont, Calif., 1940. 20 p. (Claremont Oriental Studies, 3).
MALEBRANCHE, NICOLAS, 1638-1715. Entretien d'un philosophe chrétien et d'un philosophe chinois, suivi de l'Avis au lecteur. Avec une introduction et des notes par A. Le Moine. Marseille, Impr. et lithographie A. Ged, 1936. [11]-119 p. Thèse complémentaire-Aix-Marseille.
MASSON-OURSEL, PAUL, 1882- La pensée en Orient. Paris, Colin, 1949. 215 p. (Collection Armand Colin, 255. Section de philosophie).
MOORE, RUSSELL FRANKLIN, 1920- Oriental philosophies, by William D. Gould, George B. Arbaugh [and] R.F. Moore. [3d ed., rev.] New York, R.F. Moore Co. [1951] xiii, 220 p. First ed., by R.F. Moore, published in 1946.
———. ed. Readings in Oriental philosophies. New York, R.F. Moore Co. [1951] 116 p.
PORTER, LUCIUS CHAPIN, 1880- comp. and tr. Aids to the study of Chinese philosophy, compiled by Lucius Chapin Porter. Translation by Fung Yu-lan, 馮友蘭, and Lucius Chapin Porter. [Peiping? 1934] 79 p. incl. tables, diagrs.
RICHARDS, IVOR ARMSTRONG, 1893- Mencius on the mind; experiments in multiple definition. New York, Harcourt, Brace; London, Kegan Paul, 1932. xv, [1], 131, 44 p. front. (port.) diagr. (International library of psychology, philosophy and scientific method).
SCHNUSENBERG, A. Terminologia philosophica latino-sinica, 拉丁中華哲學辭典 auctoribus A. Schnusenberg et Th. Mittler, Editio tertia. Yenchowfu, E. typis missionis catholicae, 1935. ix p. 678 columns.
SCHWARTZ, FRIEDEBURG. China und das englische Schrifttum des 18. Jahr-

hunderts. Köln, 1943. 180 l. Diss.-Univ. Köln.

SHU, SEYUAN, 許思園, [Hsü, Ssŭ-yüan]. Answers to the grand problems of philosophy. [Wusih, Kiangsu] 1929. cover-title, 24 p.

———. Une conception du bien moral. Paris, M. Vigne, 1941. 128 p.

SMALLEY, FRANK ALBERT. Chinese philosophy and religion. London, Produced by the Press and Publications Board of the Church Assembly for the Churches' Committee for Work Among Men in H. M. Forces, Westminster, 1947. 42 p. illus. (Religions of the East series, 4).

SPALDING, KENNETH JAY, 1879- Three Chinese thinkers. [Mo-ti, Chuang-tzŭ and Hsün-tzŭ] Nanking, National Central Library [1947] 207 p. (International series of Chinese studies).

TAZEROUT, MOHAND. La métaphysique intellectuelle d'Extrême-Orient. Rodez, Éditions Subervie [1955] 216 p. (His Au congrès des civilisés, 1).

THOMPSON, LAURENCE G., 1920- Ta T'ung shu: the one world philosophy of K'ang Yu-wei. Claremont, Calif. [1954] vii, 458 l. Thesis-Claremont College.

TOMKINSON, LEONARD. Mysticism, ethics and service in Chinese thought. London, Seekers Association, 1956. 24 p. (Seekers Association. Pamphlets).

TSUCHIDA, KYOSON. Contemporary thought of Japan and China. New York, A. A. Knopf, 1927. xi, 13-239, [1] p. (Library of contemporary thought).

VITALIS, J.H. Uralte chinesische Weisheit als moderne Weltauschaung. Bern, P. Haupt, 1944. 134 p.

WALEY, ARTHUR, 1889- Three ways of thought in ancient China. London, G. Allen and Unwin [1939] 275, [1] p.

———. The same. Garden City, N. Y., Doubleday, 1956. 216 p. (Doubleday anchor books, A75).

———. Trois courants de la pensée chinoise antique. Traduction de G. Deniker. Paris, Payot, 1949. 198 p. (Bibliothèque scientifique).

———. Lebensweisheit in alten China. Berechtigte Übersetzung von Eva Franziska Meister-Weidner. Hamburg, von Schröder, 1947. 227 p.

WANG, GUNG-HSING, 王恭行, 1908- The Chinese mind. New York, John Day [1946] viii, 192 p.

WEBER, HARALD, 1881-1942. Die Weltdeuter des Ostens. Braunschweig, G. Westermann [c1927] 172 p.

WIEGER, LÉON, 1856-1933. Textes philosophiques; Confucianisme, Taoisme, Buddhisme. 2e éd., rev. et augmenté. [Hien-hsien] Impr. de Hien-hsien, 1930. 418 p. illus. 1st ed. 1906.

WILHELM, RICHARD, 1873-1930. Chinesische Lebensweisheit. Darmstadt, O. Reichl, 1922. 107 p.

———. Chinesische philosophie. Breslau, F. Hirt, 1929. 128 p. illus., plates. (Jedermanns bücherei. Abt.: Philosophie).

———. Der Mensch und das Sein. Jena, E. Diederichs [c1931] v-x, [1], 337, [1] p. front. (port.).

———. Weisheit des Ostens. Düsseldorf, E. Diederich [1951] 58 p. (Deutsche Reihe, Bd. 155).

WRIGHT, ARTHUR F., 1913- ed. Studies in Chinese thought. With contributions by Derk Bodde [and others. Chicago] University of Chicago Press [1953] xiv, 317 p. illus. (Comparative studies in cultures and civilizations).

YUAN, CHAUCER, 袁擢英. La philosophie morale et politique de Mencius. Paris, P. Geuthner, 1927. 324 p. incl. diagrs. (Université de Lyon. Études et documents publiés par l'Institut franco-chinois de Lyon, 2).

ZACH, ERWIN VON, 1872-1942. 1) Weitere Verbesserungen zu Forke's Geschichte der chinesischen Philosophie III. bd. 2) Sung Yü's Chiu pien. 宋玉九辨 [Batavia, 1939] 25 p.

ZACHARIAS, HANS CONRAD ERNEST, 1874- Human personality, its historical emergence in India, China, and Israel. St. Louis, Herder, 1950. viii, 360 p. illus., maps.

ZENKER, ERNST VICTOR, 1865- Geschichte der chinesischen Philosophie. Reichenberg, Gebrüder Stiepel, 1926-27. 2 v.

———. Histoire de la philosophie chinoise; traduction par G. Lepage et Yves Le Lay. Paris, Payot, 1932. 527 p. (Bibliothèque historique).

ZOLLINGER, GUSTAV. Das Yang-und Yin-Prinzip ausserhalb des Chinesischen. —Tau, Tau-t-an=Serm-an (der Spätere Hermes Trismegistos) Auf sprachvergleichender Basis gewonnene Ergebnisse über alte kulturelle Zusammenhänge. Bern, A. Francke, 1949. 63 p. illus.

Confucian Classics
I ching 易經

I CHING. I Ging; das Buch der Wandlungen, aus dem Chinesischen verdeutscht und erläutert von Richard Wilhelm. Jena, E. Diederichs, 1924. 3 v. in 2.

———. The text of Yi king (and its appendixes) Chinese original, with English translation by Z. D. Sung, 沈仲濤. Shanghai, China Modern Education Co., 1935. xvi, 369, ii p. incl. diagrs.

———. I Ging, das chinesische Orakelbuck. In der Bearbeitung von Bill Behm. Klagenfurt, J. Leon Sen., 1940. 139 p.

———. I Ging; das Buch der Wandlungen. Aus dem Chinesischen, neu Übertragen [von Mario Schubert] Zürich, W. Classen [1949] 95 p. (Vom Dauernden in der Zeit, 48).

———. The I ching; or, Book of changes. The Richard Wilhelm translation rendered into English by Cary F. Baynes. Foreword by C. G. Jung. [New York] Pantheon Books [1950]; London, Kegan Paul, 1951. 2 v. (Bollingen series, 19).

———. Das chinesische Orakelbuch I Ging [von] Bill Behm. München, Drei Eichen Verlag; Berlin, Weltweite-Verlag [1955]. 173 p. 1. Aufl. 1940.

LIOU, TSE-HOUA, 劉子華, [Liu, Tzŭ-hua]. La cosmologie des Pa Koua et l'astronomie moderne. Situation embryonnaire du soleil et de la lune. Prévision d'une nouvelle planète; exposé du système scientifique universel concernant la genèse et l'évolution des mondes. Paris, Jouve, 1940. [5]-163, [1] p. front. (port.) tables (1 fold.) diagrs. Thèse-Université de Paris.

MEARS, I. Creative energy; being an introduction to the study of the Yih king, or Book of changes, with translations from the original text, by I. Mears and L. E. Mears. London, J. Murray [1931] xxiii, 239, [1] p. diagrs.

SUNG, Z. D., 沈仲濤, [Shen, Chung-t'ao). The symbols of Yi king; or, The symbols of the Chinese logic of changes. Shanghai, China Modern Education Co., 1934. iii, [2], viii, 159 p. incl. diagrs.

WILHELM, HELLMUT, 1905- Die Wandlung, acht Vorträge zum I-Ging. Peking, H. Vetch [1944] 157 p.

WILHELM, RICHARD, 1873-1930. Wandlung und Dauer; die Weisheit des I-Ging. Düsseldorf, E. Diederichs [1956] 170 p.

YUAN, KUANG, 圓光. I ging: Praxis chinesischer Weissagung. Übersetzung besorgte Fritz Werle. München, O. W. Barth, 1951. 310 p. diagrs.

———. Méthode pratique de divination chinoise par le "Yi-king," avec préface et notes explicatives de Tchou-Houa et Charles Canone. Dessins de Marcel Nicaud. Paris, Les Éditions Vega, 1952. 282 p. illus. (Bibliothèque des arts divinatoires et des sciences conjectureles). 1er éd. 1950.

Shu ching 書經

SHU CHING. Chou King; texte chinois avec une double traduction en français et en latin, des annotations et un vocabulaire, par Séraphin Couvreur, S. J. Sien Hsien, Impr. de la Mission catholique, 1927; 4th ed. 1934. 464 p. 2 fold. maps.

———. The same. Les annales de la Chine [traduit] par Séraphin Couvreur.

Paris, Cathasia [1950] 464 p. (Les Humanités d'Extrême-Orient).
———. The Book of Documents [by] Bernhard Karlgren. Stockhom, 1950. cover-title, 81 p. Reprinted from the Bulletin of the Museum of Far Eastern Antiquities, No. 22.
KARLGREN, BERNHARD, 1889- Glosses on the Book of Documents, 1-11. Stockholm, 1948-49. [276, 143] p. Reprinted from the Bulletin of the Museum of Far Eastern Antiquities, No. 20 and No. 21.

Shih ching 詩經

SHIH CHING. Schi-king. Das Liederbuch Chinas, Gesammelt von Kung-fu-tse; hundert Gedichte, dem deutschen Angeeignet, nach Friedrich Rückert, von Albert Ehrenstein. [Wien, Gesellschaft für graphische Industrie; Leipzig, E. P. Tal und Co., 1922. 141, [1] p.
———. Cheu king. Texte chinois avec une double traduction en français et en latin, une introduction et un vocabulaire, par Séraphin Couvreur, S. J. 2. éd. Sien Hien, Impr. de la Mission catholique, 1926. 3. éd. 1934. xxxii, 555 p. illus., 2 fold. maps.
———. The classics of Confucius. Book of odes (Shi-king) by L. Cranmer-Byng. London, J. Murray, 1927. 56 p.
———. The book of poetry; Chinese text with English translation by James Legge. Reprint ed. Shanghai, Chinese Book Co., 1931. iv, 487 p. 1st ed., London, 1876.
———. The book of songs, translated from the Chinese by Arthur Waley. London, G. Allen and Unwin; Boston and New York, Houghton Mifflin [1937] Reprint ed. 1954. 358 p.
———. "Shu ist jagen gegangen"; chinesische Gedichte aus dem Schi-King, übertragen von W. M. Treichlinger. Zürich, Die Arche [1948] 61 p.
———. The book of odes. Chinese text, transcription and translation by Bernhard Karlgren. Stockholm, Museum of Far Eastern Antiquities, 1950. 270 p.
———. The classic anthology defined by Confucius. [Translator] Ezra Pound. Cambridge, Harvard University Press; London, Faber and Faber, 1954. 223 p.
HAN, YING, 韓嬰, fl. 150 B.C. Han shih wai chuan, 韓詩外傳: Han Ying's Illustrations of the didactic application of the Classic of songs; an annotated translation by James Robert Hightower. Cambridge, Harvard University Press, 1952. vii, 368 p. (Harvard-Yenching Institute. Monograph series, 11).
KARLGREN, BERNHARD, 1889- The rimes in the Sung section of the Shi king. Göteborg, Elanders boktryckeri aktiebolag, 1935. 8 p. (Göteborgs högskolas årsskrift, XLI, 1935: 5).
LOON, P. VAN DER. Index to the Shih ching. Register zum Shih ching. Leiden, E. J. Brill, 1943. viii, 20 p.
TCHANG, TCHENG-MING, 張正明, [Chang, Chêng-ming]. Le parallélisme dans les vers du Cheu king. Changhai, Impr. et librairie de T'ou-sè-wè, Zi-ka-wei; Paris, P. Geuthner [1937] 100 p.

I li, 儀禮, Li chi, 禮記, and Chou li, 周禮

I LI. Cérémonial; texte chinois et traduction par Séraphin Couvreur, S. J. 2. éd. Sien Hsien, Impr. de la Mission catholique, 1928. 667 p. 1er éd. 1916.
———. The same. [Reprint ed.] Paris, Cathasia [1951] 667 p. (Les humanités d'Extrême-Orient) 1er éd. 1916; 2e éd., 1928.
LI CHI. Li gi, das Buch der Sitte des älteren und jüngeren Dai; Aufzeichnungen über Kultur und Religion des alten China; aus dem Chinesischen verdeutscht und erläutert von Richard Wilhelm. Jena, E. Diederichs, 1930. xviii, 48, [2] p. incl. front.

———. Mémoires sur les bienséances et les cérémonies, par Séraphin Couvreur. [Reprint ed.] Paris, Cathasia [1950] 2 v. (Les Humanités d'Extrême-Orient) 2e éd., 1913.

CHOU LI. Le Tcheou-li; ou, rites des Tcheou, traduit pour la première fois du chinois par feu Édouard Biot. Paris, Impr. Nationale, 1851. [Reprint ed.] Peking, Wen tien-k'o, 1939. 3 v. illus. plates, plans, fold. map.

Ch'un ch'iu, 春秋, and Tso chuan, 左傳

CH'UN CH'IU. Tch'ouen ts'iou et Tso-tchouan. La chronique de la principauté de Lòu [texte chinois avec traduction française] par Séraphin Couvreur. [Reprint ed.] Paris, Cathasia, 1951. 3 v. (Les Humanités d'Extrême-Orient) 1er. éd., 1914.

FRASER, SIR EVERARD DUNCAN HOME, 1859-1922. Index to the Tso chuan, compiled by Everard D. H. Fraser, revised and prepared for the press by James Haldane Stewart Lockhart. London, New York [etc.] Oxford University Press, 1930. x, 430 p.

KARLGREN, BERNHARD, 1889- On the authenticity and nature of the Tso chuan. Göteborg, Elanders boktryckeri aktiebolag, 1926. 65 p. (Göteborgs högskolas årsskrift. XXXII, 1926: 3).

———. The early history of the Chou li and Tso chuan texts. Stockholm, 1931. cover-title, 59 p. Reprinted from the Bulletin of the Museum of Far Eastern Antiquities, No. 3.

Ssŭ shu, 四書

SSŬ SHU. Les quatre livres, avec un commentaire abrégé en chinois, une double traduction en français et en latin, et un vocabulaire des lettres et des noms propres, par Séraphin Couvreur, S.J. 3. éd. Sien Hsien, Impr. de la Mission catholique, 1930. vii, 748 p. 2e éd. 1910.

———. The same; avec la préface et le vocabulaire par Séraphin Couvreur. [Reprint ed.] Paris, Cathasia, 1949. 4 v. in 3 (vii, 654 p.) (Les Humanités d'Extrême-Orient).

[———.] The four books: Confucian analects, The great learning, The doctrine of the mean, and the works of Mencius, with English translation and notes by James Legge. [Reprint ed.] Shanghai, Chinese Book Co. [1933] 1014 p.

———. The same; Confucian classics. Translated from the Chinese texts, rectified and edited with an introd. by Cheng Lin, 鄭麐. [Shanghai, World Publishers, c1948] xxxvi, 487 p. (Ancient Chinese classics series).

———. The gospel of China, "love virtue, and then the people will be virtuous." Edited and newly translated from the French of Pauthier with explanatory notes and prolegomena by Duncan Greenlees. Adyar, Madras, Theosophical Pub. House, 1949. lxxi, 180 p. port. (The World gospel series, 2).

———. Confucian analects; Dr. Legge's version. Edited with notes by Y. Ogaeri. Tokyo, Bunki Shoten [1950] 186 p.

CHUNG YUNG. The Chung-yung; or, The centre, the common, translated by Leonard A. Lyall and King Chien-kŭn. London, New York, Longmans, Green, 1927. vii-xxvii, 24 p.

———. Confucius; the unwobbling pivot and the Great digest; translated by Ezra Pound, with notes and commentary on the text and the ideograms, together with Ciu Hsi's "Preface" to the Chung yung and Tseng's commentary on the Testament. [n.p.] 1947. 52 p. (Pharos [no. 4]).

———. The same. Bombay, Pub. for Kavitabhavan by Orient Longmans [1949] 44 p.

———. L'invariable milieu, Tschoûng-Yoûng; traduit du chinois par Abel Rémusat et préface par A. Volguine. Nice, Éditions des Cahiers astrologiques, 1952. 62 p. plates. (Les Maitres de l'occultisme, 12).

———. Le Tchong yong, examen critique. Conférence donnée à la Faculté des Lettres le 23 février 1935 par Yoshio Takeuchi. Paris, J. Dumoulin, 1935. 14, [2] p. (Paris. Université. Institut d'études japonaise. Travaux et conférences, Fasc. 1).

CONFUCIUS. Les livres de Confucius; traduits et commentés par Pierre Salet. Paris, Payot, 1923. 102 p.

———. The sayings of Confucius, translated by Leonard A. Lyall. 2d ed. London, New York, Longmans, Green, 1925. xii, 112 p.

———. The same; a new translation of the greater part of the Confucian analects, with introduction and notes by Lionel Giles. London, J. Murray [1927] 132 p. (Wisdom of the East) "First impression September, 1907. Sixth impression August, 1927."

———. The wisdom of Confucius; a collection of the ethical sayings of Confucius and of his disciples. Edited by Miles Menander Dawson. Boston, International Pocket Library [c1932] 63 p. (International pocket library).

———. The Analects of Confucius, translated from the Chinese, with an introduction and notes, by Lionel Giles. Shanghai, Printed for the members of the Limited Editions Club by the Commercial Press, 1933. 114 numb. l. plates.

———. Digest of the Analects. [version of Ezra Pound] Milan [P. Vera, 1937] [20] p.

———. The Analects of Confucius; translated and annotated by Arthur Waley. London, G. Allen and Unwin [1938] New ed. 1956. [11]-268 p.

———. The wisdom of Confucius, edited and translated with notes by Lin Yutang, 林語堂. New York, The Modern Library; London, H. Hamilton [1938] xvii, 290 p. illus. (map) (The modern library of the world's best books).

———. Confucian analects; a selection from the philosophy and reflective writings of Confucius on harmony and equilibrium in living. Printed for the entertainment of the friends of Dr. C. C. Burlingame. New York and Hartford, 1939. 20 l.

———. The living thoughts of Confucius, presented by Alfred Doeblin. New York, Toronto, Longmans, Green, 1940; London, Toronto [etc.] Cassel and Co., 1942. 182 p. front. (port.) (The living thoughts library, ed. by A. O. Mendel).

———. The Analects; or, The conversations of Confucius with his disciples and certain others, as translated into English by William Edward Soothill, edited by his daughter Lady Hosie. London, New York [etc.] H. Milford, Oxford University Press [1941] lx, 254 p. front. (The World's classics, CDXLII).

———. The conduct of life; the basic thoughts of Confucius [by] Miles Menander Dawson. New York, Garden City Pub. Co. [1941] xxi, 323 p. First published, 1915, under title: The ethics of Confucius. Also published, 1939, under title: The basic thoughts of Confucius; the conduct of life.

———. The conduct of life; the basic teachings of Confucius arranged for easy reading by Miles Menander Dawson. New York, The New Home Library [1942] v-xxi, 323 p.

———. Worte des Konfuzius; aus dem Buch der Gespräche. Bearb. und eingeleitet von Rudolf Wrede [pseud.] München, P. Hugendubel [c1942] 157 p.

———. The wisdom of Confucius, edited and translated with notes by Lin Yutang; illustrated by Jeanyee Wong, 黃如珍. New York, Modern Library [1943] xvii, [1], 265, [1] p. illus. (incl. map) col. plates. (Illustrated modern library).

———. Selections from the Confucian texts [in Chinese and English] by Arthur Lindsay Sadler. Sydney, Australian Medical Pub. Co., 1944. 55, 23 p.

———. The sayings of Confucius, illustrated and decorated by E. A. Cox. Leigh-on-Sea, Eng., F. Lewis [1946] 9-16 p. col. illus.

———. Les pages immortelles de Confucius, choisies et expliquées par Alfred Doeblin. Paris, Corrêa [1947] 233 p. (Collection Les Pages immortelles).

———. Lun-yü. Gespräche des Konfuzius. Aus dem Chinesischen von Irmgard Grimm. Heidelberg, Mölich, 1948. 113 p.

———. Konfuzius; Leben, Aussprüche, Weltanschauung [von] Waldemar Oehlke. Hamburg, Deutscher Literatur-Verlag [1949, c1948] 104 p.

———. La sagesse de Confucius. Présentation, introd. et notes de Lin Yutang. Traduction de l'anglais par Th. Bridel-Wasem. Paris, V. Attinger, 1949. 252 p. map. (Orient, 18).

———. Die goldene Mitte; Besinnliches aus dem Lun Yü, eingeleitet und übersetzt von Friedrich Thiel. Stuttgart, Schuler-Verlag, 1950. 163 p.

———. The best of Confucius, translated from the Chinese by James R. Ware. Garden City, N.Y., Halcyon House [1950] 192 p. illus.

———. Confucian analects; translated by Ezra Pound. New York, Kasper and Horton, 1952. 98 p. (Square dollar ser.) Reprinted from the Hudson Review.

———. The philosophy of Confucius in the translation of James Legge. With illus. by Jeanyee Wong, 黃如珍. Mount Vernon, N.Y., Peter Pauper Press [1953?] 220 p. illus.

———. Pensées morales. Traduit du chinois par René Brémond. Paris, Plon, 1953. 136 p. (Collection Jacques Haumont).

———. Gedanken und Gespräche des Konfuzius: Lun-yü. Aus dem Chinesischen Urtext neu übertragen und eingeleitet von Hans O. H. Stange. München, R. Oldenbourg [1953] 187 p.

———. So spricht Konfuzius (Lun-yü). [Auszug, dt.] Bearb. von W. Plügge. München-Planegg, O. W. Barth, 1954. 125 p. (Lebendige Quellen zum Wissen um die Ganzheit der Menschen).

———. Kung-fu-tse. Worte der Weisheit. Luin-yü. Die Diskussionsreden Meister Kung's mit seinen Schülern. Aus dem Urtext übertragen und erläutert von Haymo Kremsmayer. Wien, Europäischer Verlag, 1954. 128 p.

———. Gespräche (Lun-yü); aus dem Chinesischen verdeutscht und erläutert von Richard Wilhelm. Jena, E. Diederiche, 1923; Düsseldorf und Köln, E. Diederichs, 1955. xxxii, 255 p. front. port. 1. Aufl. 1910.

———. The sayings of Confucius. A new translation by James R. Ware. [New York] New American Library [1955] 125 p. (N.A.L. mentor books, 151).

———. Confucian analects. Translated and introduced by Ezra Pound. London, P. Owen [1956] 135 p.

———. Confucius, by Shigeki Kaizuka; translated [from the Japanese] by Geoffrey Bownas. London, G. Allen and Unwin; New York, Macmillan [1956] 191 p. illus. (Ethical and religious classics of East and West, no. 17).

MENCIUS. Mong dsi (Mong ko) Aus dem Chinesischen verdeutscht und erläutert von Richard Wilhelm. Jena, E. Diederichs, 1921. xix, 206, [1] p. incl. front. (port.) [Die religion und philosophie Chinas, 4].

———. Mencius, translated by Leonard A. Lyall. London, New York [etc.] Longmans, Green, 1932. xxviii, 277 p. col. front.

———. The book of Mencius (abridged) Translated from the Chinese by Lionel Giles. London, J. Murray [1942] 128 p. (The wisdom of the East series).

TA-HSÜEH. Ta hio, the great learning, newly rendered into the American language, by Ezra Pound. Seattle, University of Washington Book Store, 1928. 35 p. (University of Washington chapbooks, ed. by G. Hughes, 14).

———. The same, newly rendered into the American language by Ezra Pound. Norfolk, Conn., New directions [1939] 30 p. (New directions pamphlets, 4).

———. The great learning and The mean-in-action; newly translated from the Chinese, with an introductory essay on the history of Chinese philosophy, by E. R. Hughes. London, J. M. Dent [1942]; New York, E. P. Dutton, 1943. xii, 176 p.

———. Confucius: the great digest and Unwobbling pivot. Stone text from rubbings supplied by William Hawley; a note on the stone editions, by Achilles Fang, 方志彤. Translation and commentary by Ezra Pound. [New York, 1951]; London, P. Owen, 1952. 187 p. illus.

AH KET, WILLIAM. Eastern thought with more particular reference to Confucius. Canberra, Australian Institute of Anatomy, 1933. 13 p. (George Ernest Morrison lectures).

ARLINGTON, LEWIS CHARLES, 1859-1942. Some remarks on the worship offered Confucius in the Confucian temple. Peiping, Peiping Chronicle, 1935. 8, [20] p. plates. (China Chronicle, 10).

BIALLAS, FRANZ XAVER, 1878-1936. Konfuzius und sein Kult. Ein Beitrag zur Kulturgeschichte Chinas und ein Führer zur Heimatsstadt des Konfuzius. Peking, Pekinger Verlag [c1928] 130 p. illus., ports., plans.

BONSALL, BRAMWELL SEATON. Confucianism and Taoism. London, Epworth Press [1934] 127 p. (Great religions of the East).

BROWN, BRIAN, 1881- ed. The story of Confucius, his life and sayings, with introduction by Ly Yu Sang. 黎曜生 Philadelphia, David McKay [c1927] 265 p. front. (port.) plates.

CHAN, NAY-CHOW, 陳汝舟, [Ch'en Ju-chow]. La doctrine du droit international chez Confucius. Paris, A. Pedone, 1941. 159 p.

CHANG, CH'I-YUN, 張其昀 1901- A life of Confucius. Translated by Shih Chao-yin, 時昭瀛. Taipei, China Culture Pub. Foundation, 1954. 113 p.

CHANG, KUANG-TSU, 張光楚. L'étude critique de la doctrine pédagogique de Confucius. Bruxelles, Éditions Cáducée, 1937. 184 p. Thèse-Univ. de Lille.

CH'EN, JOSEPH CHING-PAN. Confucius as a teacher. Toronto, 1940. 626 l. Thesis-Univ. of Toronto.

CHÊNG, LIN, 鄭麐, 1901- The study of ancient Chinese classics, a new approach. Shanghai, World Book Co. [1947] ii, 83 p. (Ancient Chinese classics ser.).

———. The teaching of the Four Books. [Shanghai] World Book Co. [1948] 36 p.

CHÊNG, T'IEN-HSI, 鄭天錫, 1884- China moulded by Confucius; the Chinese way in western light. Published under the auspices of the London Institute of World Affairs. London, Stevens, 1946. 264 p. front. (port.) illus. (map) plates. (The Library of world affairs, 2).

———. La Chine, oeuvre de Confucius; la vie chinoise vue de l'Occident. Traduit de l'original anglais par Auguste-Raynald Werner. Neuchâtel, Editions de la Baconnière [1947]; Bruxelles, Office de Publicité [1948] iv, 416 p. illus. map.

———. China, das Werk des Konfuzius; chinesisches Wesen im Lichte des Westens. [Aus dem Englischen übertragen von Anita Wiegand] Zürich, Rascher, 1949. 436 p. illus., port., map.

COLLIS, MAURICE, 1889- The First Holy One. London, Faber and Faber; New York, A.A. Knopf, 1948. 235 p. illus., maps.

COUCHOUD, PAUL LOUIS, 1879- Japanese impressions, with a note on Confucius, tr. from the French of Paul-Louis Couchoud by Frances Rumsey, with a preface by Anatole France. London, John Lane; New York, John Lane company, 1921. xxiii, 155 p.

CREEL, HERRLEE GLESSNER, 1905- Confucius, the man and the myth. New York, John Day [1949]; London, Routledge and Kegan Paul [1951] xi, 363 p. map.

CREEL, LORRAINE JOHNSON, 1915- The concept of social order in early Confucianism. Chicago, 1943. 140 l. Thesis-University of Chicago.

CROW, CARL, 1883-1945. Master Kung; the story of Confucius. New York and London, Harper, 1938. 344, [3] p. incl. front., plates.

———. Konfuzius Staatsmann, Heiliger, Wanderer; mit 12 Bildern nach chinesischen Vorlagen. Übers. von Richard Hoffmann. Berlin [etc.] P. Zsolnay, 1939. 391, [1] p. incl. plates.

DARRÉ, RICHARD WALTHER, 1895- Vom Lebensgesetz zweier Staatsgedanken (Konfuzius und Lykurgos) Goslar, Verlag Blut und Boden [1940] 90 p. plates, port. (Die Goslarer Volksbücherei [n. F.] 7).

DELIUS, RUDOLF VON, 1878- Kungfutse, seine Persönlichkeit und seine

Lehre. Leipzig, P. Reclam jun.[c1930] 66, [2] p. (On cover: Reclams universal bibliothek, 7065).

DEVARANNE, THEODOR, 1880- Konfuzius in aller Welt; ein tragisches Kapitel aus der Geschichte des Menschengeistes. Leipzig, J.C. Hinriches, 1929. 127 p.

EDWARDS, EVANGELINE DORA, 1888- Confucius. London and Glasgow, Blackie [1940] xii, 146 p. (What did they teach?).

FINGER, CHARLES J. The essence of Confucianism. Girard, Kan., Haldeman-Julius Co. [c1923] 64 p. (Pocket series, no. 471).

FOL, JEAN CHARLES. L'art de gouverner selon Confucius. Paris, La Nouvelle Édition [1947] 181 p.

FORD, EDDY LUCIUS, 1879- A comparison of Confucian and Christian ideals. Foochow, Bing Ung press [192-?] 54 p.

GRIPEKOVEN, JEANNE. Confucius et son temps. Bruxelles, Office de Publicité, 1955; Neuchâtel, La Baconnière, 1955. 116 p. (Collections Lebegue et Nationale, 115).

HSIEH, TEHYI, 謝德怡, 1884- Confucius said it first. Boston, Chinese Service Bureau [c1936] 91 p. front.(port.).

———. Konfuzius; eine Einführung in das Leben und Werken des Weisen und eine Auswahl seiner Gespräche und Gedanken. Übertr. von Ilse Krämer. Zürich, W. Classen [1954] 78 p. (vom Dauernden in der Zeit, 66).

HSU, C.Y., 徐慶譽. The philosophy of Confucius. With a foreword by J. Percy Bruce. London, Student Christian Movement, 1926. xxii, 23-63 p.

HSU, LEONARD SHIH-LIEN, 許仕廉, 1901- The political philosophy of Confucianism; an interpretation of the social and political ideas of Confucius, his forerunners, and his early disciples. With a frontispiece of Confucius. London, G. Routledge, 1932. xxii, 257, [1] p. front. (The Broadway oriental library).

JOHNSTON, SIR REGINALD FLEMING, 1874-1938. Confucianism and modern China; the Lewis Fry memorial lectures, 1933-34, delivered at Bristol University. London, V. Gollancz, 1934; New York, D. Appleton-Century Co., 1935. 272 p. front., 1 illus., plates, facsim.

KAO, JEAN BAPTISTE, père, 高思謙, 1906- La philosophie sociale et politique du confucianisme. Paris, [Schaebeek, "Votre imprimeur" Frans van Muysewinkel] 1938. 190, [2] p. Thèse-Univ. de Lille.

KENNEY, EDWARD HERBERT, 1891- A Confucian notebook, by Edward Herbert [pseud.] With a foreword by Arthur Waley. London, Murray [1950] xiii, 89 p. (The Wisdom of the East series).

KITAMURA, SAWAKICHI, 1874- Grundriss der ju-lehre. [Translated from the Chinese by Ferdinand Lessing and John Hefter.] Tokyo, Maruzen Co., 1935. xix, 372, 16 p. port., diagrs.

KOEHN, ALFRED. Confucius, his life and work. 2nd ed. Peking, Lotus Court, 1945. 42 p. illus.

KRAMERS, ROBERT PAUL. tr. K'ung tzu chia yü, 孔子家語; The school sayings of Confucius. Introduction, translation of sections 1-10. Leiden, E. J. Brill, 1949. vii, 379 p. (Sinica leidensia, 7).

KU, HUNG-MING, 1857-1928. Le catéchisme de Confucius; contribution à l'étude de la sociologie chinoise. Paris, M. Rivière, 1927. [9]-100 p.

The LIFE of Confucius, reproduced from a book entitled Shêng chi t'u, 聖蹟圖, being rubbings from the stone "Tablets of the Holy shrine. Shanghai, Kwang Hsueh Pub. House, Oxford University Press, China agency [1934?] 1 illus., 108 plates on 54 l.

LING, YU-SING, ed. Sketches of Confucius with illustrations. Foochow, Privately printed, 1948. 12 f. 12 col. plates.

LIU, WU-CHI, 柳無忌, 1907- A short history of Confucian philosophy. [Harmondsworth, Middlesex] Penguin Books [1955] 229 p. (Pelican books, A333).

———. Confucius, his life and time. New York, Philosophical Library [c1955]

189 p.

MAGRE, MAURICE, 1877- Le roman de Confucius. Paris, Charpentier et Fasquelle, 1927. 216 p.

———. Confucius and his quest, translated by Eliot Fay. London, T. Butterworth [1929] 186 p. front.

———. The kingdom of Lu, the virtuous reforms of Confucius therein, something about his rival sage Lâo-tsze and more about that deplorable vagabond and clown Mong Pi, translated by Eliot Fay and illustrated by Kate Rowland. New York, Cosmopolitan Book Corporation, 1929. x, 178 p. front., illus.

PEETERS, JAN. Eine Stimme aus der Sung-Zeit über die Heterodoxie: Lun-Yü, II, 16. Breslau, 1938. 83 p. Diss.-Univ. Berlin.

ROE, CHUNGIL YHAN. The true function of education in social adjustment, a comparative estimate and criticism of the educational teachings of Confucius and the philosophy of John Dewey with a view to evolving a project for a system of national education which will meet the needs of Korea. Lincoln, Neb., 1927. 60 p. Thesis-Univ. of Nebraska.

ROSENKRANZ, GERHARD, 1896- Der Heilige in den chinesischen Klassikern; eine Untersuchung über die Erlöser-Erwartung im Konfuzianismus und Taoismus. Leipzig, J.C. Hinrichs, 1935. vii, 188 p. (Missionswissenschaftliche forschungen, hrsg. von der Deutschen gesellschaft für missionwissenschaft durch M. Schlunk, 9).

RYGALOFF, ALEXIS, 1922- Confucius. Paris, Presses universitaires de France, 1946. [vii]-xii, 125 p. (Mythes et religions, collection dirigée par P.-L. Couchoud. [18]).

SCHMITT, ERICH, 1893- Konfuzius; sein Leben und seine Lehre. Berlin, Deutsche Bibliothek [c1926] 216 p. plates (Die unsterblichen; die geistigen heroen der menschheit in ihrem leben und wirken, 3).

SHERLEY-PRICE, LIONEL DIGBY. Confucius and Christ; a Christian estimate of Confucius. Westminster [Eng.] Dacre Press [1951] 248 p. illus.

SHRYOCK, JOHN KNIGHT, 1890- The origin and development of the state cult of Confucius; an introductory study. New York, London, The Century Co. [c1932] xiii, 298 p. illus. (plan).

SOULIÉ, CHARLES GEORGES, 1878- La vie de Confucius (Krong Tse) par G. Soulié de Morant. Paris, H. Piazza [1929] 213, [3] p. front. (port.) ("La sagesse antique").

———. Les préceptes de Confucius (Krong Tse) par G. Soulié de Morant. Paris, H. Piazza [1929] xiv, [1], 164, [1] p. ("La sagesse antique").

STARR, FREDERICK, 1858-1933. Confucianism; ethics, philosophy, religion. New York, Covici-Friede, 1930. ix, 3-250 p. incl. plates, ports. front. (port.).

WILHELM, RICHARD, 1873-1930. Kung-tse, Leben und Werk. Stuttgart, Frommann, 1925. 210 p. front. (port.) (Frommanns klassiker der philosophie, begründet von †R. Falckenberg, 25).

———. K'ungtse und der Konfuzianismus. Berlin und Leipzig, W. de Gruyter, 1928. 104 p. (Sammlung Göschen. [979]).

———. Confucius and Confucianism, translated into English by George H. Danton and Annina Periam Danton. New York, Harcourt, Brace; London, Kegan Paul, 1931. x, 181 p.

YANG, KEY P., 梁基伯, 1920- An outline of the history of Korean confucianism, by Key P. Yang and Gregory Henderson. Washington, State Dept., 1956. 34 p.

YEH, GEORGE K.C., 葉公超, [Yeh, Kung Ch'ao] 1904- The Confucian conception of jên. London, The China Society, 1943. 14 p. (China Society Occasional papers. n. s., 3).

YETTS, WALTER PERCEVAL, 1878-1957. The legend of Confucius. London, The China Society, 1943. 41 p. illus. (China Society Occasional papers, n. s., 5).

YOUN, LAURENT EULSU, 1907- Confucius, sa vie, son œuvre, sa doctrine. Paris, Adrien Maisonneuve, 1943. [7]-126 p.

ZIA, Z.K., 謝頌羔, [Hsieh, Sung-kao]. The Confucian civilization. An introduction by Bishop Birney. Rev. ed. Shanghai, Commercial Press, 1925. viii, 90 p.

Followers of Confucius
(Hsuntzu, Cheng I, Chou Tung-I, Chu Hsi, etc.)

CHENG, ANDREW CHIH-YI, 誠質怡, 1898- Hsüntzu's theory of human nature and its influence on Chinese thought. [Peking, 1928] 84, iii p. Thesis-Columbia University, 1928.

DUBS, HOMER HASENPFLUG, 1892- Hsüntze, the moulder of ancient Confucianism. London, A. Probsthain, 1927. [xi]-xxxi, 308 p. (Probsthain's oriental series; vol. XV).

GRAHAM, ANGUS CHARLES, 1919- The philosophy of Ch'eng Yi-ch'uan, 程頤伊川, and Ch'eng Min-tao, 程顥 明道 London, 1953. 350 l. Thesis-School of Oriental and African Studies, University of London.

HSÜN-TZE, 荀子. The works of Hsüntze, translated from the Chinese, with notes by Homer H. Dubs. London, A. Probsthain, 1928. 336 p. (Probsthain's oriental series. [vol. XVI]).

HWANG, KIEN-CHUNG, 黄建中, 1890- Hsun Tzŭ's logical doctrine and the theory of probability. Nanking, Sino-Polish Culture Society, 1934. 18 p.

GABAIN, ANNEMARIE VON, 1901- tr. Ein Fürstenspiegel: Das Sin-yü, 新語, des Lu Kia, 陸賈. Berlin, 1930. 82 p. Diss.-Univ. Berlin.

CHANG, CARSUN, 張嘉森, 1886- The development of neo-Confucian thought. With a preface by Arthur W. Hummel. New York, Bookman Associates, 1957. 376 p.

CHÊNG, I., 程頤, 1033-1107. The philosophy of Chêng I; a selection of texts from the complete works, edited and translated with introduction and notes [by] Yung-ch'un Ts'ai, 蔡詠春. Ann Arbor, University Microfilms, 1950. xiii, 376 p. (University Microfilms Publication No. 1756).

CHOU, TUN-I, 周敦頤, 1017-73. Ein Beitrag zur Kenntnis der chinesischen Philosophie. T'ung su des Čeū-Tsī, 周子通書, mit Čū-Hī's commentar, nach dem Sīng lī tsīng ī, 性理精義; chinesisch mit mandschuischer und deutscher Übersetzung und Anmerkungen hrsg. von Wilhelm Grube, kap. 1-20, fortgeführt und beendet von Werner Eichhorn, kap. 21-40. Leipzig, Verlag Asia Major, 1932. xvi, 173, 2 p. (China-Bibliothek der "Asia Major." Bd. 3). [Grube's translation published in Wien, 1880-81].

CHOW, YIH-CHING, 周毅卿. La philosophie morale dans le néo-confucianisme [Tcheou Touen-yi, 周敦頤] Préf. de Paul Demiéville. Paris, Presses universitaires de France, 1954 [c1953] xv, 230 p. (Bibliothèque de philosophie contemporaine. Morale et valeurs).

EICHHORN, WERNER. Chou Tun-i, 周敦頤, ein chinesisches Gelehrtenleben aus dem 11. Jahrhundert. Leipzig, Deutsche morgenländische Gesellschaft, in kommission bei F.A. Brockhaus, 1936. 66 p. (Abhandlungen für die kunde des Morgenlandes, mit unterstützung der Deutschen forschungs-gemeinschaft hrsg. von der Deutschen morgenländischen gesellschaft. XXI, 5).

———. Die Westinschrift des Chang Tsai, 張載, ein Beitrag zur Geistesgeschichte der nördlichen Sung. Leipzig, Kommissionsverlag F.A. Brockhaus, 1937. 93 p. (Abhandlungen für die kunde des Morgenlandes, mit unterstützung der Deutschen forschungsgemeinschaft, hrsg. von der Deutschen morgenländischen gesellschaft. XXII, 7).

CHU HSI, 朱熹 1130-1200. The philosophy of human nature, by Chu Hsi. translated from the Chinese, with notes by J. Percy Bruce. London, Probsthain 1922. xvi, 444 p. (Probsthain's Oriental series, vol. X).

———. Djin-si lu, 近思錄, von Dschu Hsi. Die Sung-konfuzianische Summa mit dem Kommentar des Yä Tsai, 葉采. Übersetzt und erläutert von Olaf Graf.

Tokyo, Sophia University Press, 1953. 3 v. in 4. (Monumenta Nipponica monog. 12).

BRUCE, JOSEPH PERCY, 1861-1934. Chu Hsi and his masters; an introduction to Chu Hsi and the Sung school of Chinese philosophy. London, Probsthain, 1923. xvi, 336 p. diagrs. (Probsthain's Oriental series. vol. XI).

LE GALL, STANISLAS, 1856-1916. Le philosophie Tchou Hi, sa doctrine, son influence. 2. éd. Changhai, Impr. de la Mission Catholique, 1923. 132 p. diagrs. (Variétés sinologiques, 6).

GRAF, OLAF, 1900- Kaibara Ekiken, ein Beitrag zur japanischen Geistesgeschichte des 17. Jahrhunderts und zur chinesischen Sung-philosophie. Leiden, E.J. Brill, 1942. x, 545 p.

HSU, PAO-CHIEN, 徐寶謙, 1892-1944. Ethical realism in neo-Confucian thought. [Peiping, 1933] vi, [2], 165, xix, [4] p. diagrs. Thesis-Columbia University.

PANG, CHING-JEN, 龐景仁. L'idée de Dieu chez Malebranche et l'idée de li chez Tchou Hi; suivies de: Du li et du k'i, traduction annotée du livre XLIX des Œuvres complètes de Tchou Hi. Paris, J. Vrin, 1942. 130 p. plates. Thèse-Univ. d Paris.

SARGENT, GALEN EUGENE. Tchou Hi contre le bouddhisme. Paris, Impr. Nationale, 1955. 158 p. Thèse-Univ. de Paris.

Wang Yang-ming, 王陽明

CADY, LYMAN VANLAW. Wang Yang Ming's "intuitive knowledge"; a study. [Tsinan? 1936?] iv, 44 p. "Two lectures delivered at the School of Chinese studies, Peiping. Jan. 15th and 17th. 1936."

WANG, TCH'ANG-TCHE, 王昌祉, [Wang, Ch'ang-chih]. La philosophie morale de Wang Yang-ming. [n.p.] 1936. 217, [1], 31*p. Thèse-Univ. de Paris.

Lao-tzŭ

LAO-TSŬ. Der Anschluss an das Gesetz; order, Der grosse Anschluss. Versuch einer Wiedergabe des Tao-te-king von Carl Dallago. Insbruck, Breuner, 1921. 111 p.

LAO-TZŬ. Tao te king; das Buch des Alten vom Sinn und Leben, aus dem Chinesischen verdeutscht und erläutert von Richard Wilhelm. Jena, E. Diederichs, 1921; Düsseldorf, Köhn, E. Diederichs, 1950. xxx, 119 p. 1. Aufl. 1911. 1957 ed. 160 p.

———. Theosophie in China; Betrachtungen über des Tao-teh-king (Der Weg, die Wahrheit und das Licht) übers. aus dem Chinesischen des Lao-tze. Bearbeitet von Franz Hartmann. Leipzig, Theosophische Central-Buchhandlung, 1922. 135 p.

———. Tao teh king; by Lao Tzu; a tentative translation from the Chinese, by Isabella Mears. [2d. ed.] London, Theosophical Pub. House, 1922. 111 p.

———. The simple way [by] Laotze (the "old boy"); a new translation of the Tao-teh-king, with introduction and commentary by Walter Gorn Old. 3d. ed. London, W. Rider, 1922. xi, 186 p. 1st ed. 1904; 3rd ed. 1913; reprinted 1922.

———. Des Laotse Tao-te-king. Deutsch von F. Fiedler; hrsg. von Gustav Wyneken. Hannover, P. Steegemann [1922] 97 p.

———. Mensch, werde wesentlich! - Laotse sprüche. Deutsch von Klabund [pseud., i.e. Alfred Henschke]. Berlin-Zehlendorff, F. Heyder, 1922. 32 p.

———. Le livre de la voie et de la vertu, Tao te king de Lao Tseu. Traduit et commenté par Pierre Salet. Paris, Payot, 1923. 96 p.

———. Die Bahn und der rechte Weg des Lao-Tse; der chinesischen Urschrift nachgedacht von Alexander Ular. Leipzig, Insel-Verlag, 1923. 106 p. 1. Aufl. 1903.

———. The simple way of Lao Tsze; an analysis of the Tao têh canon with comments by the editors of the Shrine of Wisdom. London, Shrine of Wisdom, 1924. 55 p. (Shrine of Wisdom. Manual no. 8).

———. Lao-tse's Taŏ tĕ kĭng; aus dem Chinesischen ins deutsche übersetzt, eingeleitet und commentirt von Victor con Strauss. Leipzig, Verlag "Asia Major," 1924. lxxx, 357 p. front. (port.).

———. Laotse Wollen ohne Wahl; die Grundweisheit des Tao-te-king in freier Umschöpfung vergegenwärtigt von Elisabeth Hahn. Rudolstadt, Greifenverlag, 1924. 63 p.

———. Tao, a rendering into English verse of the Tao teh ching of Lao Tsze (B.C. 604) Wheaton, Ill., Theosophical Press [c1926] 1945. [7]-79 p.

———. The sayings of Lao Tzŭ, translated from the Chinese, with an introduction, by Lionel Giles. London, J. Murray; New York, Dutton [1926] [7]-53, [1] p. (Wisdom of the East series). "First edition May 1905; reprinted January 1926."

———. Laotse Tao teh king; vom Geist und seiner Tugend, übertragung von H. Federmann. 4. Aufl. München, C.H. Beck, 1926. ix, 101, [1] p.

———. [The philosophy of Lao Tze, translated by Wu-wu-tze [pseud.] Chengtu, 1926] 59 numb. l. "Wu-wu-tze is a pseudonym. The translators are Dryden Linsley Phelps and Mr. Shae."

———. Tao-te-king, hrsg. und erläutert von J.G. Weiss. Leipzig, P. Reclam [1927] 92, [1] p. (Reclams universal bibliothek, nr. 6798).

———. The canon of reason and virtue, being Lao-tze's Tao-teh-king; Chinese and English by Paul Carus. Chicago and London, Open Court, 1927. 209 p. 1st ed. 1903.

———. Laotse (Tao teh king) translated from the Chinese by Shuten Inouye, with critical and exegetical notes, comparing various renderings in Chinese, Japanese and English, including new English versions by the translator. Tokyo, Duitokaku, 1928. 745, [2] p.

———. Die Bahn des All und der Weg des Lebens. Deutsch von E. Schröder. München, F. Bruckmann [1934] v, 101 p.

———. The way and its power; a study of the Tao tê ching and its place in Chinese thought, by Arthur Waley. London, G. Allen and Unwin [1934]; Boston, H. Mifflin, 1935. 11-262 p.

———. The way and its power; a study of the Tao te-ching and its place in Chinese thought, by Arthur Waley. London, G. Allen and Unwin; New York, Macmillan, 1956. 262 p. New York, Grove Press, 1958. 262 p.

———. Laotzu's Tao and wu-wei. 2d ed. rev. and enl. A new translation by Bhikshu Wai-Tao and Dwight Goddard. Interpretive essays by Henry Borel. Outline of Taoist philosophy and religion, by Dr. Kiang Kang-Hu, 江亢虎. Santa Barbara, Calif., D. Goddard, 1935. 7-149 p.

———. The same. Thetford, Vt., D. Goddard, 1939. 139 p. 1st ed. 1919.

———. Tao teh king (The way of peace) of Lao-Tzu, 600 B.C. As re-stated by A.L. Kitselman II. [Palo Alto, Calif., The School of Simplicity, c1936] vii, 55 p.

———. Tao teh ching, translated and annotated by Hu Tse Ling, 胡子霖. Chengtu, Canadian mission press [1936] iv, 128 p.

———. Lao-tze's Tao teh king, the Bible of Taoism; English version by Sum Nung Au-Young, 歐陽心農 With an introduction by Merton S. Yewdale. New York, March and Greenwood [1938] 15-123 p.

———. The simple way [by] Laotze: (the 'Old boy') A new translation of the Tao-teh-king, with introduction and commentary by Walter Gorn Old. 7th ed. Philadelphia, David McKay [1939] xi, 186 p. "First edition September 1904. 3rd edition 1913.

———. Lao-tzu's The Tao and its virtue; translated and annotated by John C.H. Wu, 吳經熊. Shanghai, 1939-40. Reprint from Tien Hsia, v.9, p. 401-23,

498-521 (1939); v. 10, p. 66-99 (1940).

———. Lau Dse. Dau do djing des alten Meisters Kanon vom Weltgesetz und seinem Wirken. Neuübertragung von Franz Esser. Peking, Verlag der Pekinger Pappelinsel [c1941] 81, 6 p.

[———.] Tao tê ching, a new translation by Ch'u Ta-kao, 初大告. London, The Buddhist lodge [1942] 94 p. "First published October, 1937. Third edition (war-time), 1942." Fourth edition, 1945, reprinted 1948.

———. Lao tze: The Tao-teh-king; a new translation with introduction and commentary (formerly published under the title "The book of the simple way.") By Walter Gorn Old. 8th ed. London, New York [etc.] Rider [1943] xi, [1], [3]-186 p. "First edition, September 1904."

———. Le doctrinal de Lao-tseu. Tr. by Stanislas Julien. Paris, Impr. de J. Haumont, 1944. 92 p. (Collection des petites œuvres).

———. The way of life according to Laotzu; an American version by Witter Bynner. New York, John Day [1944] 76 p.

———. The canon of reason and virtue, being Lao-tze's Tao teh king; Chinese and English by Paul Carus. Chicago, Open Court Pub. Co., 1945. [3]-209 p. front., illus. "This booklet is an extract from the author's larger work, Lao-Tze's Tao teh king." 1st ed. 1903.

———. Die Weisheit des Ostens. Tao-te-king von Lao-tse, übertr. von O. Sumitomo. Zürich, Scientia [1945] 95 p. illus. plate. (Vom Dauernden in der Zeit, 3).

———. The way of life according to Laotzu; translated by Witter Bynner. [London] Editions Poetry London [1946] 74 p.

———. The way of acceptance, a new version of Lao Tse's Tao tê ching, by Hermon Ould. London, A. Dakers [1946] 95 p.

———. Führung und Kraft aus der Ewigkeit [Dau-dŏ-ging] Aus dem Chinesischen Urtext übertragen von Erwin Rousselle. [Wiesbaden] Insel-Verlag, 1946. 70 p. (Insel-Bücherei, 253).

———. Tao Te King; das Buch des Alten vom Weltgrund und der Weltweise, aus dem Chinesischen Urtext, neu Übertragen und gedeutet von Haymo Kremsmayer. Salzburg, Igonta-Verlag, 1947. 122 p. illus.

———. The Tao teh of Laotse. A new version of the Chinese classic with comments and annotations by Frederick B. Thomas. [Oakland? Calif.] c1948. 122 l.

———. The wisdom of Laotse, tr., ed. and with an introd. and notes by Lin Yutang. New York, Modern Library [1948] xx, 326 p. (The Modern library of the world's best books [262]).

———. Lau Dse: Das als Weltgesetz und Vorbild. Deutsch von Vincenz Hundhausen. Peking, Pekinger Verlag, 1948. 83 p.

———. Kleines Laotse-Brevier. Zur Stärkung und Erleuchtung des Herzens in der Bedrängnis des Tages zusammengestellt aus dem Tao-te-king. [Hrsg. von Ferdinand Holzmann] Heidelberg, F. Holzmann, 1948. 8 p.

———. Das verborgene Juwel. Laotses Verkündung. Ausdeutung und Nachdichtung von Sprüchen aus dem Tao-te-king des chinesischen Weisen und Mystikers Laotse, von Josef Tiefenbacher. Stuttgart, Schuler Verlag, 1948. 108 p. plate. (Bücher d. Lebensweisheit).

———. The great Sindersis; being a translation [by Orde Poynton] of Tao tê-ching, attributed by tradition to Li Erh, 李耳 (Lao-tse). Adelaide, Hassell Press, 1949. [4] l, 85 p.

———. Lao Tse Tao-Te-king. Textgestaltung und Einführung: Rudolf Backofen. Herausgeber: Werner Zimmermann. Thielle/Neuchâtel, Verlag Fankhauser [1949] 223 p.

———. La voie et sa vertu; texte chinois présenté et traduit par Houang Kia Tcheng, 黃家誠, et Pierre Leyris. Paris, Édition du Seuil, 1949. 133 p.

(Collection poètique bilingue).
———. Truth and nature, popularly known as Dawder-jing; appended with Chinese texts and the oldest commentaries, edited and translated with an introduction by Cheng Lin, 鄭麐. [Shanghai] World Book Co. [1950] xii, 71, 118, 24 p. (Ancient Chinese classics series).
———. Ho-Shang-Kung's 河上公 commentary on Lao-Tse. Translated and annotated by Eduard Erkes. Ascona, Artibus Asiae, 1950. 136 p. Reprinted from Artibus Asiae, 8, 9, 12, (1940, 1946 and 1949).
———. Das Buch von der grossen Weisheit. Deutsch von André Eckardt. Frankfurt a.M., A. Lutzeyer [1950] 53 p. plate (Besitz der Erde, 2).
———. Tao Te King. Aus dem Chinesischen übers. und kommentiert von Victor von Strauss. Bearbeitung und Einleitung von W.Y. Tonn. Zürich, Manesse Verlag, 1950. 420 p. (Manesse Bibliothek der Weltliteratur).
———. Tao te king; le livre du Tao et de sa vertu; traduction nouvelle suivie d'Aperçus sur les enseignements de Lao Tseu. Lyon, P. Derain, 1951. 245 p. (Collection Taôisme).
———. Li Ör-Lao tse Tao-te-King; älteste und Lehrer als Führer zum Wege Gottes und zum echten Leben. Aus dem Chinesischen Urtext neu übersetzt und gedeutet von E. Müller. Mit einer Auslegung "Der Tempel des Tao"hrsg. von Gottfried Ginter. Bühl-Baden, Verlag Konkordia [1952] 66 p. port.(Grosse Erzieher der Menschheit, 1).
———. So spricht Lao tse. [Tao te king; übertragen von Walter Jerven] München-Planegg, O.W. Barth, 1952. 124 p. (Lebendige Quellen zum Wissen um die Ganzheit des Menschen).
———. Tao tö king, le livre de la voie et de la vertu. Texte chinois établi et traduit avec des notes critiques et une introd. par J.-J.-L. Duyvendak. Paris, Librairie d'Amérique et d'Orient, 1953. xiii, 187 p.
———. Tao te ching, the Book of the way and its virtue. Translated from the Chinese and annotated by J.J.L. Duyvendak. London, J. Murray [1954] vi, 172 p. facsim. (Wisdom of the East series).
———. The way of life. A new translation of the Tao tê ching, by R.B. Blakney. [New York] New American Library [c1955]; London, Muller, 1955. 134 p. (A Mentor book, M129).

Commentaries

BAUMANN, CAROL. Reflections prompted by Laotse, a psychological approach. Berne, A. Francke, 1946. cover-title, [49]-61 p. "Reprint from Bulletin de la Société suisse des amis de l'Extrême-Orient, vol. VIII, 1946."
BOREL, HENRI, 1869-1933. The rhythm of life, based on the philosophy of Lao-Tse; translated by M.E. Reynolds from the Dutch of Henri Borel. London, J. Murray, 1921. 9-89 p. (Wisdom of the East series). Revised edition of the translation published by Luzac in 1904 and 1909 under title: Wu-wei.
———. Wu Wei, 無爲, Fantaisie inspirée par la philosophie de Lao Tsé; traduit du hollandais par Félicia Barbier. Paris, Éditions du monde nouveau, 1931. 108 p.
———. The same. Eine Auslegung der Lehren Laotses. Übersetzung und Vorwort von Werner Zimmermann. Salzburg, Rorschach; München, Friedeus-Verlag, 1947. 107 p.
CHANG, AMOS IH TIAO, 張一調, 1916- The existence of intangible content in architectonic form based upon the practicability of Laotzu's philosophy. Princeton [Princeton University Press] 1956. 72 p. illus.
EWALD, OSCAR, 1881- Laotse. München, G. Müller, 1928. 86, [1] p. (Religio, religiöse gestalten und strömungen).
GRIFFITH, GWILYM OSWALD, 1882- Interpreters of reality; a comment on Heracleitus, Lao-tse and the Christian faith. London, Lutterworth Press

[label: Chicago, A.R. Allenson, 1946] 106 p.

ÎAN, KHIN-SHUN, 楊興順. Der chinesische Philosoph Laudse und seine Lehre, von Jang Ching-schun. [Übersetzt von G. Kahlenbach] Berlin, Deutscher Verlag der Wissenschaften, 1955. 136 p.

KARLGREN, BERNHARD, 1889- The poetical parts in Lao-tsï. Göteborg, Elanders boktryckeri aktiebolag, 1932. 45 p. (Göteborgs högskolas årsskrift. XXXVIII, 1932: 3).

LÜTH, PAUL E.H., 1919- Der seidene Mond. Die Legenden von Lao-tse und Li T'ai Po. Wiesbaden, Limes-Verlag [1947] 64 p.

MacINNES, TOM. The teaching of the Old Boy. London, Toronto, etc., Dent, 1928. ix, 11-227 p.

MAURER, HERRYMON, 1914- The Old Fellow. New York, John Day [1943] viii, 296 p.

SAITSCHICK, ROBERT. Schöpfer Lebenswerte von Lao-tse bis Jésus. Zürich, Rascher Verlag, 1945. iv, 456 p.

STADELMANN, HEINRICH, 1865- Laotse und die Biologie. [Genf, 1935] 22 p. illus. (Schriftenreihe der Bibliothek Sino-international, Genf, nº 2).

———. Die biologie des Laotse. Leipzig, Niels Kampmann, 1936. 20, [1] p.

[TRÖLTSCH, CHARLOTTE, FREIFRAU VON] 1876- Lao-tse; die bisher unbekannte Lebensgeschichte des chinesischen Weisen und sein Wirken; Aufgenommen durch besondere Begabung eines Dazu berufenen. München, Verlag "Der Ruf" [1935] 345, [1] p.

WELCH, HOLMES. The parting of the way; Lao Tzu and the Taoist movement. Boston, Beacon Press [1957] 204 p. illus.

WILHELM, RICHARD, 1873-1930. Lao-tse und der Taoismus. 2. Aufl. Stuttgart, F. Frommann, 1948 [c1925] 164 p. group port. (Frommanns Klassiker der Philosophie, 26).

WULFF, KURT, 1881-1939. Acht Kapitel des Tao-tê-king. Hrsg. von Victor Dantzer. København, E. Munksgaard, 1942. 98 p. (Det Kgl. danske videnskabernes selskab. Historiskfilologiske meddelelser. XXVIII, 4).

Chuang tzŭ and Others

CHUANG-TZŬ, 莊子. Dschuang Dsi. Das wahre Buch vom südlichen Blütenland, Nan hua dschen ging, 南華眞經; aus dem Chinesischen verdeutscht und erläutert von Richard Wilhelm. Jena, E. Diederichs, 1923; Reprinted, 1940. xxiv, 267, [1] p. incl. front. port. 1. Aufl. 1912.

———. Chuang Tzŭ, mystic, moralist, and social reformer, translated from the Chinese by Herbert A. Giles. 2d ed., rev. London, B. Quaritch; Shanghai, Kelly and Walsh, 1926. xxviii, 466 p.

———. Die Weisheit des Dschuang-dse in deutschen Lehrgedichten [von] Vincenz Hundhausen. [Peking, Leipzig, Pekinger Verlag, c1926] 2 v.

———. Musings of a Chinese mystic; selections from the philosophy of Chuang Tzŭ; with an introduction by Lionel Giles. London, J. Murray [1927] 112 p. (Wisdom of the East series) 1st ed. 1906.

———. Chuang Tzŭ; a new selected translation with an exposition of the philosophy of Kuo Hsiang, 郭象, by Yu-lan Fung, 馮友蘭. Shanghai, Commercial Press, 1933. vi, [3]-164 p. 1st ed. 1931.

———. Reden und Gleichnisse; deutsche Auswahl von Martin Buber. [Zürich] Manesse Verlag [1951] 243 p. port. (Manesse Bibliothek der Weltliteratur) 1st ed. Leipzig, 1918.

———. Dichtung und Weisheit [von] Tschuang-tse. Aus dem Chinesischen Urtext übersetzt von Hans O.H. Stange. [Wiesbaden] Insel-Verlag [1954] 77 p. (Insel-Bücherei, Nr. 499).

BUNGARTZ, LOTHAR. Der Gedanke des "Nicht-Handelns" bei Chuang'tse. Ein

Beitrag zu den Staatsphilosophischen Spekulationen des chinesischen Altertums. Köhn, 1956. v, 147 p. Diss.-Univ. Köhn.

CHAN, WING-TSIT, 陳榮捷, 1901- Philosophy of Chuang Tze. Cambridge, 1929. 248 p. Thesis-Harvard University.

LIE-TSŬ, 列子, B.C. 450-375. Liä Dsi. Das wahre Buch vom quellenden Urgrund, Tschung hü dschen ging, 冲虛眞經. Die Lehren der Philosophen Lia Yü Kou, 列禦寇, und Yang Dschu, 楊朱. Aus dem Chinesischen verdeutscht und erläutert von Richard Wilhelm. Jena, E. Diederichs, 1921. xxix, 175 p. plates. (Die Religion und Philosophie Chinas, Bd. 8, 1).

Mo Ti and Others

MO TI, fl. 400 B.C. Mê Ti des Sozialethikers und seiner Schüler philosophische Werke, zum ersten male vollständig übersetzt, mit ausführlicher Einleitung, erläuternden und textkristischen erklärungen versehen von professor Alfred Forke. Berlin, Kommissionsverlag der Vereinigung wissenschaftlicher Verleger, 1922. xiv, 638 p. (Mitteilungen des Seminars für orientalische sprachen an der Friedrich-Wilhelms-universität zu Berlin, beiband zum jahrg. XXIII/XXV).

———. The social teachings of Meh Tse [translated by L. Tomkinson] Tokyo, Asiatic Society of Japan [1927] 184 p. (The Transactions of the Asiatic society of Japan, 2d ser., vol. IV).

———. The ethical and political works of Motse, translated from the original Chinese text by Yi-Pao Mei. London, A. Probsthain, 1929. xiv, 275 p. (Probsthain's Oriental series, 19).

GEISSER, FRANZ, 1913- Das Prinzip der allgemeinen Menschenliebe im Reformprogramm Mo Ti's und seiner Schule und seine Aufnahme in China und Europa. Uznach, Gebr. Oberholzer, Buchdr., 1947. xi, 25-75, 173-175 p. Part of thesis-Zürich.

———. Mo Ti, der Künder der allgemeinen Menschenliebe. Bern, A. Francke, 1947. 180 p.

HOLTH, SVERRE. Micius; a brief outline of his life and ideas; with an introduction by Frank Rawlinson. Shanghai, Commercial Press, 1935. viii, 79 p.

LONG, WILBUR HARRY. Motze, China's ancient philosopher of universal love. Peiping, College of Chinese Studies, California College in China [193-] 38 p.

MEI, YI-PAO, 梅貽寶, 1900- Motse, the neglected rival of Confucius. London, A. Probsthain, 1934. xi, 222 p. fold. map. (Probsthain's Oriental series, 20).

ROWLEY, HAROLD HENRY, 1890- The Chinese philosopher Mo Ti. (In John Rylands Library, Manchester. Bulletin. Manchester, 1948. v. 31, p. 241-276).

WILLIAMSON, HENRY RAYMOND. Mo Ti, a Chinese heretic; a short sketch of his life and works. [Tsinan, The University Press, 1927] 38 p. "Lecture delivered before the Literary society of Tsinanfu in November 1926."-Pref.

HUAI-NAN TZŬ, 淮南子, d. B.C. 122. Tao, the great luminant; essays from Huai nan tzu, with introductory articles, notes, analyses, by Evan Morgan; foreword by J.C. Ferguson. London, Kegan Paul [1935] xlv, 287, [4] p. incl. diagrs.

KOU, PAO-KOH, 顧保鵠, [Ku, Pao-ku]. Deux sophistes chinois: Houei Che, 惠施, et Kong-souen Long, 公孫龍. Paris, Impr. Nationale, 1953. viii, 163 p. (Bibliothèque de l'Institut des Hautes Études chinoises, 8).

KUNG-SUN, LUNG, 公孫龍, 3d cent. B.C. Works; with a translation from the parallel Chinese original text, critical and exegetical notes, punctuation and literal translation, the Chinese commentary, prolegomena, and index, by Max Perleberg. Hongkong, 1952. xxiii, 160 p.

LIU, SHAO, 劉邵, 3d cent. The study of human abilities; the Jen wu chih, 人物

志, of Liu Shao, with an introductory study of J.K. Shryock. New Haven, American Oriental Society, 1937. x, 168 p. (American Oriental series, v. 11).

XIIIa. RELIGION - 1
General Works

BUNGER, KARL, 1903- Studien über Religion und Staat in China. Tübingen, 1949. vii, 179 l. Diss.-Univ. Tübingen.

CHAN, WING-TSIT, 陳榮捷, 1901- Religious trends in modern China. New York, Columbia University Press, 1953. xiii, 327 p. (Lectures on the history of religions sponsored by the American Council of Learned Societies. New series, 3).

———. Religiöses Leben im heutigen China. Ubers. von Marcella Roddewig und Grüfin Gertrud von Helmstädt. München-Planegg, O. W. Barth, 1955. 279 p.

CHÊNG, TE-KUN, 鄭德坤, 1907- The religious outlook of the Chinese. London, The China Society, 1956. 8 p. (China Society Occasional Papers, 9).

CLENNELL, WALTER JAMES, 1867- The historical development of religion in China. London, The Theosophical Pub. House [1926] xv, 11-262 p. 1st ed. 1917.

DE KORNE, JOHN CORNELIUS, 1888- Chinese altars to the unknown God; an account of the religions of China and the reactions to them of Christian missions. [Grand Rapids, Mich., 1926] ix-xiii, 139, [3] p. illus.

———. The Fellowship of goodness (T'ung shan she, 同善社 -a study in contemporary Chinese religion. [Grand Rapids, Mich., J. C. De Korne, 1941] vi, 109 (i. e. 124) numb. l. Thesis-Hartford seminary foundation, Kennedy school of missions.

DAVARANNE, THEODOR, 1880- Chinas Volksreligion; dargestellt nach einer Rundfrage und verglichen mit den Grundlehren des Laotze, Konfuzius und Buddha. Tübingen, J. C. B. Mohr (Paul Siebeck), 1924. 48 p. (Sammlung gemeinverständlicher Vorträge, 107).

———. Der gegenwärtige Geisteskampf um Ostasien; der religions-und missionskundliche Ertrag einer Ostasienreise. Gotha, L. Klotz, 1928. vi, [1], 96 p. (Bücherei der christlichen welt, 21).

ENDRES, FRANZ CARL, 1878- Ethik des alltags. Zürich und Leipzig, Rascher [c1939] 135 p. plates, ports.

FARRÈRE, CLAUDE, 1876- Forces spirituelles de l'Orient: Inde-Chine-Japon-Turquie. [Paris] E. Flammarion [1937] [5]-244 p.

GLASENAPP, HELMUTH VON, 1891- Die fünf grossen Religionen. Düssendorf, E. Diederichs Verlag, 1951-52. 2 v.

———. Les cinq grandes religions du monde. Traduit par Pierre Jundt. Paris, Payot, 1954. 558 p. (Bibliothèque scientifique).

GLICK, CARL, 1890- The secret of serenity; decorations by Joe Karov. New York, Crowell [1951] 237 p.

GRAHAM, DAVID CROCKETT, 1884- Religion in Szechuan province, China (with twenty-five plates). Washington, Smithsonian Institution, 1928. 83 p. plates on 13 l., diagrs. (Smithsonian miscellaneous collections, 8:4).

GRANET, MARCEL, 1884-1940. La religion des Chinois. 2. éd. Paris, Presses universitaires de France, 1951. xi, 175 p. (Bibliothèque de philosophie contemporaine) 1er éd. Paris, Gauthier-Villars, 1922.

GROOT, JAN JAKOB MARIE DE, 1854-1921. Sectarianism and religious persecution in China; a page in the history of religions. Reprint ed. Peking, 1940. 2 v. plates. 1st ed. 1903-04.

GRÜTZMACHER, RICHARD HEINRICH, 1876- Konfuzius, Buddha, Zarathustra, Muhammed. Leipzig, A. Deichert, 1921. 92 p. port. (Lebensideale der

Menschheit, 2).
———. Primitive und fernöstliche Religionen: China und Japan; eine religionsgeschichtliche Charakterkunde allgemeinverständlich dargestellt von professor dr. Richard H. Grützmacher. Leipzig, A. Deichert [1937] 49, [1] p. (His Religionsgeschichtliche charakterkunde. [hft. 1]).

HALL, MANLY PALMER, 1901- The way of Heaven; and other fantasies told in the manner of the Chinese. Los Angeles, Philosophical Research Society [c1946] 184 p.

HARDIE, ALEXANDER, 1841- Illustrious gentile Asiatics: Zoroaster, Buddha, Confucius. Los Angeles, The Times-mirror Press, 1931. xx, 218 p.

HENTZE, CARL, 1883- Objets rituels, croyances et dieux de la Chine antique et de l'Amérique. Anvers, Éditions "De Sikkel," 1936. 119, [122] p. illus. plates.

HUGHES, ERNEST RICHARD, 1883-1956. Religion in China, by E.R. Hughes and K. Hughes. London, New York, Hutchinson's University Library, 1950. 151 p. (Hutchinson's university library: world religions, 39).

KATO, JOKEN. Religion and thought in ancient China. Cambridge, 1953. 44 p. (Harvard-Yenching Doshisha Eastern cultural lectures, 3).

KERN, MAXIMILIAN, 1877- Das Licht des Ostens; die Weltanschauungen des mitteleren und fernen Asiens, Indien-China-Japan, und ihr Einfluss auf das religiöse und sittliche Leben, auf Kunst und Wissenschaft dieser Länder. Unter Mitwirkung von Museumsdirektor dr. Otto Fischer. Stuttgart, Union deutsche-Verlagsgesellschaft [1922] 597 p. front., illus., 3 col. plates.

KING, PAUL HENRY, 1853- Weighed in China's balance; an attempt at explanation. London, Heath, Cranton, 1928. 238 p.

KRAUSE, FRIEDRICH ERNST AUGUST, 1879- Ju-Tao-Fo, 儒道佛. Die religiösen und philosophischen Systeme Ostasiens. München, E. Reinhardt, 1924. 588 p.
———. Terminologie und Namensverzeichnis zu Religion und Philosophie Ostasiens. Beiheft zu Ju-Tao-Fo. München, E. Reinhardt, 1924. 226 p.

LEMAÎTRE, SOLANGE. Le mystère de la mort dans les religions d'Asie. Préface de Jacques Bacot. Paris, Presses universitaires de France, 1943. xi, 151, [1] p. (Mythes et religions. Collection dirigée par P.-L. Couchoud. [12]).

LIN, YU-T'ANG, 林語堂, 1895- Chinese ideals of life. London, Watts and Co. [1944] 32 p. (The Thinker's forum, 31).

LY HOI-SANG, 黎海生, 1870-1944. Book of everlasting gifts from ancient sages, by Ly Hoi Sang in collaboration with Richard Alexander. New York, Long Sang Ti Chinese Curios Co., 1927. 47 p.

MACLAGAN, PATRICK JOHNSTON, 1865- Chinese religious ideas; a Christian valuation. London, Student Christian Movement, 1926. 238, [1] p.

MASPERO, HENRI, 1883-1945. Mélanges posthumes sur les religions et l'histoire de la Chine. Paris, Civilisations du Sud, S.A.E.P., 1950. 3 v.(Publications du Musée Guimet. Bibliothèque de diffusion, t. 57-59).
———. Le Ming-T'ang, 明堂, et la crise religieuse chinoise avant les Han. Bruges, 1951. 72 p. (Mélanges chinois et Bouddhiques, t. 9).

[MORGAN, HARRY TITTERTON] 1872- Chinese religious beliefs. The ancient religions-new pages of history. The three religions of China: Taoism, Confucianism, Buddhism. The new tide, rev. ed. Los Angeles, Calif., Quon Quon Company, c1944. 20 p. illus.(ports.) [His Chinese classics in miniature] 1st ed. 1941.

NIVISON, DAVID SHEPHERD, 1923- Communist ethics and Chinese tradition. Cambridge, Center for International Studies, Massachusetts Institute of Technology, 1954. 83 l.

O'NEILL, FREDERICK WILLIAM SCOTT, 1870- The quest for God in China. New York, George H. Doran; London, G. Allen and Unwin, 1925. 272 p.

PERNITZSCH, MAX GERHARD, 1882- Die Religionen Chinas. Berlin, W. de Gruyter, 1940. 111 p. (Lehrbücher der Ausland-Hochschule an der Universität Berlin, 40).

RAWLINSON, FRANK JOSEPH, 1871-1937. Chinese ideas of the Supreme Being. Shanghai, Presbyterian Mission Press, 1927. 57 p.

———. Revolution and religion in modern China; a brief study of the effects of modern revolutionary movements in China on its religious life. Shanghai, Presbyterian Mission Press, 1929. [1], 97 p.

———. Chinese ethical ideals; a brief study of the ethical values in China's literary, social and religious life. Shanghai, 1934. x, 128 p.

REICHELT, KARL LUDVIG, 1877-1952. Religion in Chinese garment. Translated by Joseph Tetlie. New York, Philosophical Library [1951]; London, Lutterworth Press, 1951. 180 p. (Lutterworth library, v. 36. Missionary research series, 16).

———. Meditation and piety in the Far East; a religious-psychological study. Translated from the Norwegian [by] Sverre Holth. New York, Harper [c1954]; London, Lutterworth Press, 1954. 171 p. (Lutterworth library, v. 42. Missionary research series, 19).

ROSENKRANZ, GERHARD, 1896- Fernost-wohin? Begegnungen mit den Religionen Japans und Chinas in Umbruch der Gegenwart. Heilbronn, E. Salzer, 1940. 304 p. illus.

ROWLEY, HAROLD HENRY, 1890- Prophecy and religion in ancient China and Israel. [London] University of London, 1956. 154 p. (Jordan lectures in comparative religion, 4).

RUDD, HERBERT FINLEY, 1877- Chinese social origins. Chicago, University of Chicago Press [1928] ix, 221 p.

SAUNDERS, KENNETH JAMES, 1883-1937. The ideals of East and West. Cambridge [Eng.] The University Press, 1934. xxiii, 246, [2] p.

SCHMITT, ERICH, 1893- ed. Die Chinesen. Tübingen, Mohr, 1927. 110 p. (Religionsgeschichtliches lesebuch. 2. erweiterte aufl., 6).

SHRYOCK, JOHN KNIGHT, 1890- The temples of Anking and their cults; a study of modern Chinese religion. Paris, 1931. [5]-206 p. plates. Thesis-University of Pennsylvania, 1927.

SOOTHILL, WILLIAM EDWARD, 1861-1935. The three religions of China; lectures delivered at Oxford. 2d ed. London, New York [etc.] Oxford University Press, H. Milford, 1923. 271, [1] p. illus.

———. Les trois religions de la Chine, traduit par G. Lepage. Paris, Payot, 1946. 270 p.

STEWART, JAMES LIVINGSTONE. Chinese culture and Christianity; a review of China's religions and related systems from the Christian standpoint. New York and Chicago, Fleming H. Revell [c1926] 316 p. illus.

TAN, YUN-SHAN, 譚雲山, 1901- What is Chinese religion? Santiniketan, Sino-Indian Cultural Society of India, 1937. 16 p.

TIEN, TCHEU-KANG ANTOINE. L'idée de Dieu dans les huit premiers classiques chinois. Ses noms, son existence et sa nature étudiée à la lumière des découvertes archéologiques. Fribourg, Éditions de l'Oeuvre St. Justin, 1942. 224 p. Thèse-Univ. de Fribourg.

[VAN DURME, J.]. La notion primitive de "Dieu" en Chine. Bruges, Ch. Beyaert [1927] 16 p.

WEBER, MAX, 1864-1920. Konfuzianismus und Taoisms. Tübingen, J. C. B. Mohr, 1922. [260] p. (His Gesammelte Aufsätze zur Religionssoziologie, 1).

———. The religion of China: Confucianism and Taoism, translated and edited by Hans H. Gerth. Glencoe, Ill., Free Press, 1951; London, G. Allen and Unwin, 1952. xi, 308 p.

WERNER, EDWARD THEODORE CHALMERS, 1864- The Chinese idea of the second self. Shanghai, Shanghai Times, 1932. 49 p.

WIEGER, LÉON, 1856-1933. Histoire des croyances religieuses et des opinions philosophiques en Chine depuis l'origine, jusqu'à nos jours. 2. éd. augm. [Sienhsien (Hokienfu)] Impr. de [Sienhsien] 1922. 796 p. illus. (incl. ports.,

plans).
———. A history of the religious beliefs and philosophical opinions in China from the beginning to the present time. Translated by Edward Chalmers Werner. [Hsien-hsien] Hsien-hsien Press, 1927. 774 p. illus. (incl. plans).
———. Bouddhisme chinois. Paris, Cathasia [1951] 2 v. illus. (Les Humanités d'Extrême-Orient).
YANG, YUNG-CH'ING, 楊永清, 1892-1956. China's religious heritage. New York, Nashville, Abingdon-Cokesbury Press [1943] 196 p.
YU, SHIH-YU, 于式玉. Religions secrètes contemporaines dans le nord de la Chine. Chengtu, 1948. [1] l. 2, viii, 175 p. illus. (Studia serica. Monog. ser., 4).

Buddhism
Bibliographies
(See also Tibet - Literature)

BIBLIOGRAPHIE bouddique, v. 1- Paris, P. Geuthner et Adrien Maisonneuve, 1930-date.
———. Index: v. 1-6, 1938; v. 7-23, 1955.
HAMILTON, CLARENCE HERBERT, 1886- Buddhism in India, Ceylon, China and Japan; a reading guide. Chicago, University of Chicago Press [c1931] viii, 107 p.
MARCH, ARTHUR CHARLES, 1880- comp. A Buddhist bibliography. London, Buddhist Lodge, 1935. xi, 257, [1] p.
NANJIO, BUNYIU, 1849-1927, comp. A catalogue of the Chinese translation of the Buddhist Tripiṭaka, the sacred canon of the Buddhists in China and Japan. Oxford, Clarendon Press, 1883; [Tokyo, Japan, 1929] [ix]-xxxvi p., 480 col.
REGAMEY, C. Buddhistische Philosophie. Bern, A. Francke, 1950. 86 p. (Bibliographische Einführungen in das Studium der Philosophie, 20/21).
TOKIWA, DAIJO, ed. Japanese alphabetical index of Nanjiō's Catalogue of the Buddhist Tripiṭaka, with supplements and corrections; ed. by Daijō Tokiwa and Unrai Ogiwara, assisted by Kōjun Minō. Tōkyō, Nanjiō-hakushi kinen kankōkwai, 1930. ix, 142, [4] p. port.

Dictionaries and Indexes

BAGCHI, PROBODH CHANDRA, 1898-1956. Deux lexiques sanskrit-chinois: Fan yu tsa ming, 梵語雜名, de Li Yen, 禮言, et Fan yu ts'ien tseu wen, 梵語千字文, de Yi-tsing, 義淨. Paris, P. Geuthner, 1929-37. 2 v. (Sino-Indica; publications de l'université de Calcutta, 2, 3).
FAN FAN YÜ, 翻梵語. Fan-Fan-Yü, chaps. 43-55, 60-61; being a Chinese dictionary of Indian geographical names compiled in 517 A.D. from literature and accounts of travellers. The Chinese text transcribed into Devanagari and rendered into Sanskrit for the first time by Raghu Vira, together with restoration of Indian forms of names both geographical and literary. [Lahore, International Academy of Indian Culture, 1943] 11, 114 p. (Sarasvati vihara series, 14).
HACKMANN, HEINRICH FRIEDRICH, 1864-1935. Alphabetisches Verzeichnis zum Kao-seng-chuan, 高僧傳. Leiden, E.J. Brill, 1923. v, [81]-112 p. Reprinted from Acta Orientalia, v. 2.
———. Erklärendes Wörterbuch zum chinesischen Buddhismus. Chinesisch-Sanskrit-Deutsch. Nach seinem handschriftlichen Nachlass überarbeitet von Johannes Nobel. Leiden, E.J. Brill, 1951-52. 5 pts.
HÔBÔGIRIN, 法寶義林; dictionnaire encyclopédique du bouddhisme d'après les sources chinoises et japonaises, publié sous le haut patronage de l'Académie impériale du Japon et sous la direction de Sylvain Lévi et J. Takakusu. Rédacteur en chef, Paul Demiéville. Tôkyô, Maison franco-japonaise, 1929-

v. plates (part col.) illus. (incl. music).
———. Fascicule annexe. Tables du Taishô Issaikyo, nouvelle édition du Canon bouddhique chinois, publié sous la direction de J. Takakusu et K. Watanabe. Tôkyô, Maison franco-japonaise, 1931. cover-title, ii, 202 p.
NYANATILOKA, bhikku. Buddhist dictionary; manual of Buddhist terms and doctrines. Colombo, Frewin, 1950. [iii]-v, [13-189] p. fold. table. (Island hermitage publication, 1).
———. Buddhistisches Wörterbuch, kurzgefasstes Handbuch der buddhistischen Lehren und Begriffe in alphabetischer Anordnung. Konstanz, Christiani [1954] 277 p. (Buddhistische Handbibliothek, 3).
SCHMIDT, KURT. Buddhistisches Wörterbuch. Konstanz, C. Weller [1949, c1948] 110 p.
SOOTHILL, WILLIAM EDWARD, 1861-1935. A dictionary of Chinese Buddhist terms, with Sanskrit and English equivalents and a Sanskrit-Pali index, compiled by William Edward Soothill and Lewis Hodous. London, Kegan Paul, Trench, Trubner, 1937. xix, 510 p.

General Works

ĀRYABHADRAKALPIKĀSŪTRA. Tausend Buddhanamen des Bhadrakalpa, nach einer fünfsprachigen Polyglotte hrsg. von Friedrich Weller. Leipzig, Verlag der Asia Major, 1928. xxv, 268, [2] p. diagrs.
BAGCHI, PRABODH CHANDRA, 1898-1956. Le canon bouddhique en Chine; les traducteurs et les traductions. Paris, P. Geuthner, 1927-38. 2 v. (Sino-Indica; publications de l'Université de Calcutta. t.I, 4).
BARTHÉLEMY SAINT-HILAIRE, JULES, 1805-95. Hiouen-Thsang, 玄奘, in India, translated from the French by Laura Ensor. [Reprint ed.] Calcutta, Susil Gupta, 1952. 104 p. [An extract from the author's Bouddha et sa religion, 1895].
BLOFELD, JOHN EATON CALTHORPE, 1913- The jewel in the lotus; an outline of present day Buddhism in China. [London] Published for the Buddhist Society, London, by Sidgwick and Jackson [1948] 193 p. illus.
BOSE, PHANINDRA NATH. The Indian teachers in China. Triplicane, Madras, S.E., S. Ganesan, 1923. 148 p.
BOUILLARD, GEORGES, 1862-1930. Notes divers sur les cultes en Chine: Les attitudes des Buddhas. Pékin, A. Nachbaur, 1924. 28 p. plates.
BUDDHA, his life and teachings; illustrations by Jeanyee Wong, 黃如珍. Mount Vernon, N.Y., P. Pauper Press, 1954. 269 p. illus.
CHAVANNES, ÉDOUARD, 1865-1918. Contes et légendes du buddhisme chinois. Traduits du chinois. Paris, Bossard, 1921. 220 p. illus. fold. table. (Les classiques de l'Orient, 4).
CH'EN, KENNETH K.S., 陳觀勝, 1907- A study of the Svāgata story in the Divyāvadāna in its Sanskrit, Pāli, Tibetan and Chinese versions. Cambridge, 1946. 107 p. Thesis-Harvard University. Reprinted from HJAS 9:3-4 (1947).
CHINESE BUDDHIST ASSOCIATION. Buddhism in China. Peking, Nationalities Pub. House, 1955. [2] l., 24 col. plates (in portfolio).
———. Statues and pictures of Gautama Buddha. Peking, Nationalities Pub. House, 1956. [8] p. plates (part col.).
———. Buddhists in new China. 中國佛教畫集. Peking, Nationalities Pub. House, 1957. 189 p. (chiefly illus., part col.).
CHOU, HSIANG-KUANG, 周祥光. T'ai Hsu, 太虛; his life and teachings. Allahabad, Indo-Chinese Literature Publications, 1956. 76 p.
CHOU, TA-FU, 周達夫. Three Buddhist hymns restored into Snaskrit from Chinese transliterations of the tenth century A.D. Bombay, 1946. 62 p. Thesis-Univ. of Bombay.
CLEATHER, MRS. ALICE LEIGHTON. Buddhism, the science of life, two monographs by Alice Leighton Cleather; also Tibetan initiates on the Buddha with

explanations and comments by Basil Crump. Peking, China Booksellers, 1928. 19, [1], [25]-50, [52]-183 p. front., plates, ports., facsim.

COOMARSSWAMY, ANANDA KENTISH, 1877-1947. Le pensée du Bouddha; texte chinois, présentés par Ananda K. Coomarsswamy. Paris, Édition Corréa, 1949. 301 p.

DEMIÉVILLE, PAUL, 1894- Les versions chinoises du Milindapañha. Hanoi, 1924. 258 p. plates, tables. (Hanoi. École français d'Extrême-Orient, Bull. t. 24).

———. Sur l'authenticité du Ta tch'eng k'i sin louen, 大乘起信論 [ascr. to Aśvaghoṣa] Tokyo, 1929. 78 p. Reprinted from Bulletin, Maison franco-japonaise, Tokio. t. 2, no. 2).

———. Le concile de Lhasa; une controverse sur le quiétisme entre bouddhistes de l'Inde et de la Chine au VIII. siècle de l'ère chrétienne. Paris, Impr. Nationale de France, 1952. viii, 398 p. facsims. (Bibliothèque de l'Institut des hautes études chinoises, v. 7).

DUTT, NALINAKSHA. Aspects of Mahāyāna Buddhism and its relation to Hīnayāna with a foreword by Prof. Louis de la Vallée Poussin. London, Luzac, 1930. xiii, 358 p. (Calcutta oriental series, 23).

ELIOT, SIR CHARLES NORTON EDGECUMBE, 1862-1931. Hinduism and Buddhism; an historical sketch. London, E. Arnold, 1921. 3 v.

ENNIN, 793-864. Diary; the record of a pilgrimage to China in search of the law; translated from the Chinese by Edwin O. Reischauer. New York, Ronald Press [1955] xvi, 454 p. col. port., maps (on lining papers).

FELLMANN, FREDERICK MARIA. Der Bodhisattva. Werdewege fernöstliche Weisheit. Mit 15 chinesische Messerschnitte. Bremen, Z. Z. Schildhorst, Dünen Verlag, 1947. 62 p.

GERNET, JACQUES, 1921- Les aspects économiques du bouddhisme dans la société chinoise du ve au xe siècle. Saigon, École française d'Extrême-Orient, 1956. 331 p. illus. (Publications de l'École française d'Extrême-Orient, 39).

GETTY, ALICE. The gods of northern Buddhism, their history, iconography and progressive evolution through the northern Buddhist countries, with a general introduction on Buddhism translated from the French of J. Deniker; illustrations from the collection of Henry H. Getty. Oxford, Clarendon Press, 1928. lii, 220 p. col. front., plates (part col.) diagr.

GORDON, ELIZABETH ANNA. Asian Cristology [!] and the Mahāyāna; a reprint of the century-old "Indian church history" by Thomas Yeates, and the further investigation of the religion of the Orient as influenced by the apostle of the Hindus and Chinese by E. A. Gordon. Tokyo, Meruzen and Co., 1921. xiii, 334 p. col. front., 1 illus., plates (part col.).

GROUSSET, RENÉ, 1885-1952. Sur les traces du Bouddha. Paris, Plon [1929] iv, 329 p. front., plates, fold. map. 1957 ed. 312 p.

———. In the footsteps of Buddha. Translated from the French by Mariette Leon. London, G. Routledge, 1932. xi, 352 p. front., plates, fold. map.

GULIK, ROBERT HANS VAN, 1910- Siddham: an essay on the history of Sanskrit studies in China and Japan. Nagpur, 1956. 2 v. plates. (Sarasvati-Vihara ser., 36).

HÄRTEL, HERBERT. Karmavācanā. Formulare für Gebrauch im buddhistischen Gemeindeleben aus osturkistanischen Sanskrit-Handschriften. Göttingen, 1953. 178 p. Diss.-Univ. Göttingen.

HODOUS, LEWIS, 1872-1949. Buddhism and Buddhists in China. New York, Macmillan, 1924. xi, 84 p. (The World's living religions).

HSIEH, TEHYI, 謝德怡, 1884- Selected pearls of wisdom, and Buddhism. Boston, Chinese Service Bureau [c1937] 95, [1] p. front. (port.).

HSÜAN-TS'ANG, 玄奘, 603-664. Briefe der uigurischen Hüen-tsang-Biographie von Annemarie von Gabain. Berlin, Verlag der Akademie der Wissenschaften, 1938. 47 p. (Sitzungsberichten der Preussischen Akademie der Wissenschaften, Phil.-Hist. Kl. 1938. XXIX.).

KARUTZ, RICHARD, 1867- Maria im fernen Osten; das Problem der Kuan Yin. Leipzig, O.W. Barth, 1925. 99 p. illus.

KIMURA, RYUKAN. A historical study of the terms Hinayāna and Mahāyāna and the origin of Mahāyāna Buddhism. [Calcutta] University of Calcutta, 1927. xx, 203 p.

KITAYAMA, JUNYU, 1902- Metaphysik des Buddhismus; Versuch einer philosophischen Interpretation der lehre Vasubandhus und seiner Schule. Stuttgart-Berlin, W. Kohlhammer [1934] xv, 268 p. (Veröffentlichungen des Orientalischen seminars der Universität Tübingen. 7. hft.).

LEE, PI-CHENG, 吕碧城, 188?-1943. Kwan Yin's saving power; some remarkable examples of response to appeal for aid, made to Kwan Yin by his devotees. Collected, translated and edited by Pi-cheng Lee and published in England. Oxford, Printed at Kemp Hall Press, 1932. 39 p. port.

———. ed. and tr. An outline of Karma, edited, translated, and published by Picheng Lee of China. [n.p., 1941?] 97 p.

LEE, SHAO-CHANG, 李紹昌, 1891- Popular Buddhism in China, with translations of ten Buddhist poems, thirty-two Buddhist proverbs, Hsüan ts'ang's "Essence of the wisdom sutra," and Kumarajiva's "Diamond sutra." Introduction by Dr. Johannes Rahder. [Shanghai] Commercial Press, 1939. 52, 22 p. plates.

LIANG, CH'I-CH'AO, 梁啓超, 1873-1929. China's debt to Buddhist India, with a biographical note by Herbert A. Giles. New York, The Maha Bodhi Society of America [1927?] 15 p.

LIEBENTHAL, WALTER, 1886- Sanskrit inscriptions from Yunnan, and the dates of foundation of the main pagodas in that province. Peiping, Catholic University Press, 1947. 40 p.

———. Sanskrit inscriptions from Yunnan. II. (and more about the pagodas and statutes of that province). Santiniketan, 1955. 28 p. plates (Sino-Indian studies, 1).

McGOVERN, WILLIAM MONTGOMERY, 1897- An introduction to Mahāyāna Buddhism, with especial reference to Chinese and Japanese phases. London, Kegan Paul; New York, E.P. Dutton, 1922. iv, 233, [1] p. diagrs.

Die MEDITATIONS-SŪTRAS des Mahāyāna-Buddhismus. Vorwort von Lama Govinda. Übers. und eingeleitet von R. von Muralt. Zürich, Origo, 1956. 2 v.

MUSES, CHARLES ARTHUR, 1919- East-West fire; Schopenhauer's optimism and the Lankavatara sutra; an excursion toward the common ground between oriental and Western religion. London, J.M. Watkins; Indian Hills, Colo., Falcon's Wing Press, 1955. 67 p.

ORIENTAL philosophies, with an introduction by W.Y. Evans-Wentz. New York, Russell F. Moore [1946] xii, 32 p. (American philosopher series).

PETZOLD, BRUNO, 1873-1949. The Chinese Tendai teaching; a lecture delivered at the German Embassy in Tokyo before the Asiatic Society under the presidency of the German Ambassador, Dr. Solf. Tokyo, 193? 49 p. Reprinted from an unidentified work.

RAGHU VIRA. Chinese poems and pictures on Ahiṁsā. Nagpur, International Academy of Indian Culture, 1954. 101 p. illus. (Saraswatī-vihāra ser., 34).

REICHELT, KARL LUDVIG, 1877-1952. Der chinesische Buddhismus; ein Bild von religiösen Leben des Ostens. Aus dem Norwegischen, übers. von W. Oehler. Basel, Basler Missionsbuchhandlung, 1926. 230 p. front. plates.

———. Truth and tradition in Chinese Buddhism; a study of Chinese Mahāyāna Buddhism, translated from the Norwegian by Kathrina Van Wagenen Bugge. [4th ed.] rev. and enl. Shanghai, Commercial Press, 1934. [1st ed. 1927] xii, 415 p. front., plates (1 col.).

REISCHAUER, EDWIN OLDFATHER, 1910- Ennin's travels in T'ang China. New York, Ronald Press [1955] xii, 341 p.

ROBINSON, RICHARD, tr. Chinese Buddhist verse. London, J. Murray [1954] xxiv, 85 p. (Wisdom of the East series).

ROSENBERG, OTTO OTTONOVICH, 1888-1919. Die Weltanschauung des modernen Buddhismus im fernen Osten. Aus dem Russischen übers. von Ph. Schaeffer, mit einer biographischen Skizze von Theodor Stcherbatsky. Heidelberg, Institut für Buddhismuskunde, 1924. 47 p. (Materialien zur Kunde des Buddhismus, 6).

SASAKI, SHIGETSU, 1882-1945. The story of the giant disciples of Buddha; Ananda and Maha-Kasyapa. From the Chinese version of the Sutras of Buddhism. Restated in English by Sokei-ann Sasaki. [New York, First Zen Buddhism Institute, c1931] 32 p. illus.

SAUNDERS, KENNETH JAMES, 1883-1937, comp. Lotuses of the Mahāyāna. London, J. Murray [1924] 63 p. (Wisdom of the East series).

SCHLINGLOFF, DIETER. Buddhistische Stotras aus ostturkistanischen Sanskrittexten. Berlin, Akademie Verlag, 1955. 132 p. (Deutsche Akademie der Wissenschaften zu Berlin, Institut für Orientforschung. Veröffentlichung, 22.= Sanskrittexte aus den Turfanfunden. 1).

SCHOTT, MAGDALENE. Sein als Bewusstsein; ein Beitrag zur Mahāyāna-Philosophie. Heidelberg, C. Winters Universitätsbuchhandlung, 1935. 50 p. (Materialien zur kunde des buddhismus, 20). Issued also as thesis-Univ. Heidelberg.

SUZUKI, BEATRICE (LANE), 1878-1939. Impressions of Mahāyāna Buddhism by Beatrice Lane Suzuki, edited by Daisetz Teitaro Suzuki. Kyoto, Eastern Buddhist Society; London, Luzac, 1940. x, 249 p. ports. (Ataka Buddhist Library, 10).

———. Mahāyāna Buddhism. With an introd. by D. T. Suzuki and a foreword by Christmas Humphreys. [2d ed. enl.] London, D. Marlowe, 1948. xxxx, 146 p. 1st ed. 1938.

TAI HSÜ, 太虛, 1890-1947. Lectures in Buddhism. Paris [Imp. Union] 1928. 92 p. plates, port.

TAN, YUN-SHAN, 譚雲山, 1901- Buddhism in China to-day. Santiniketan, Sino-Indian Cultural Society of India, 1937. 18 p.

———. Ways to peace. Santiniketan, Sino-Indian Cultural Society of India, 1950. 23 p.

TUCCI, GIUSEPPE, 1894- On some aspects of the doctrines of Maitreya [natha] and Asaṅga, being a course of five lectures delivered at the University of Calcutta. Calcutta, The University, 1930. vi, 81 p. (Calcutta. University. Readership lectures).

UTSUKI, NISHU. The Shin sect; a school of Mahāyāna Buddhism, its teaching, brief history, and present-day conditions, with photographs. Kyoto, Publication Bureau of Buddhist Books, Hompa Honganji, 1937. ii, 45, [1] p. plates.

VALENTINO, HENRI. Le voyage d'un pèlerin chinois dans l'Inde des Bouddhas, précédé d'un exposé des doctrines de l'Inde antique sur la vie et la mort. Paris, G. P. Maisonneuve [1932] [9]-243 p. fold. map.

VISSER, MARINUS WILLEM DE, 1876-1930. The arhats in China and Japan. Berlin, Oesterheld, 1923. 215 p. plates.

———. The Bodhisattva Ākāśagarbha (Kokūzō) in China and Japan. Amsterdam, Koninklijke Akademie van Wetenschappen, 1931. 47 p. (Verhandelingen der Koninklijke Akademie van Wetenschappen te Amsterdam. Afdeeling Letterkunde. Nieuwe reeks, deel 30, 1).

WALEY, ARTHUR, 1889- The real Tripitaka, and other pieces. London, Allen and Unwin; New York, Macmillan, 1952. 291 p.

WATTERS, THOMAS, 1840-1901. The eighteen lohan of Chinese Buddhist temples. Reprint ed. Shanghai, Kelly and Walsh, 1925. 45 p. illus. 1st ed., 1899.

WEI, SHOU, 魏收, 506-572. Wei Shou on Buddhism, translated by James R.

Ware. Leiden, E.J. Brill, 1930. [81] p. Thesis-Harvard University. Reprinted from T'oung Pao, v. 30, p. 100-181.
———. Treatise on Buddhism and Taoism; an English translation of the original Chinese text of Wei-Shu CXIV and the Japanese annotation of Tsukamoto Zenryû, by Leon Hurvitz. [Kyoto] Jimbunkagaku Kenkyusho, Kyoto University, 1956. 25-103 p.
WELLER, FRIEDRICH, 1889- Die Fragmente der Jātakamālā in der Turfansammlung der Berliner Akademie. Berlin, 1955. 54 p. illus. (Berlin. Deutsche Akademie der Wissenschaften. Institut für Orientforschung. Veröffentlichung. Hft. 24).
———. Tibetisch-Sanskritischer Index zum Bodhicaryāvatāra. Berlin, Akademie Verlag, 1952-55. 2 v. (Sächsische Akademie der Wissenschaften zu Leipzig. Phil.-Hist. Kl. Abhandlungen. Bd. 46, Heft 3; Bd. 47, Heft 3).
WIEGER, LÉON, 1856-1933. Amidsme chinois et japonais. Hien-Hien, Impr. de Hien-Hien, 1928. 51 p. illus.
———. ed. and tr. Bouddhisme chinois. Extraits du Tripitaka, des commentaires, tracts, etc. par Léon Wieger. Peking, H. Vetch, 1940; Paris, Cathasia, 1951. 2 v. illus. ports. (Les humanités d'Extrême-Orient) "Edition originale: Tome 1, 1910, Tome 2, 1913."
WINTERNITZ, MORIZ, 1863- ed. Der Mahāyāna-Buddhismus, nach Sanskrit- und Prakrittexten. Tübingen, Mohr, 1930. vi, 88 p. (Religionsgeschichtliches Lesebuch. 2. erweiterte Aufl. 15).
WRIGHT, ARTHUR FREDERICK, 1913- Fo t'u-teng, 佛圖澄, a biography. Cambridge, 1947. 84 p. Thesis-Harvard University.
YANG, I-FAN, 楊一帆. Buddhism in China. Kowloon, Hong Kong, Union Press [1956] 98 p. illus.

Zen Buddhism

BENOIT, HUBERT. La doctrine suprême. Réflexions sur le bouddhisme Zen. Paris, Cercle du Livre, 1951. 240 p. (Les Univers de la connaissance).
———. The supreme doctrine: psychological studies in Zen thought; [translated from the French by Terence Gray] London, Routledge and Kegan Paul, 1955. xv, 248 p. diagrs.
DUMOULIN, HEINRICH. Die Entwicklung des chinesischen Ch'an nach Hui-nêng, 慧能, im Lichte des Wu-mên-kuan, 無門關. 32 p. Reprinted from Monumenta Serica, v. 6, 1941.
———. The development of Chinese Zen after the Sixth Patriarch in the light of Mumonkan. Translated from the German with additional notes and appendices by Ruth Fuller Sasaki. New York, First Zen Institute of America, 1953. xxii, 146 p. col. front., tables.
GODDARD, DWIGHT, 1861-1939. The Buddha's golden path; a manual of practical Buddhism based on the teachings and practices of the Zen sect, but interpreted and adapted to meet modern conditions. Rev. 2d ed. London, Luzac, 1931. x, 214 p. front., diagrs.
———. A Buddhist Bible, the favorite scriptures of the Zen sect; history of early Zen Buddhism, self-realisation of noble wisdom, the Diamond sutra, the Prajna paramita sutra, the sutra of the sixth patriarch, edited, interpreted and published by Dwight Goddard. Thetford, Vt., 1932. 316 p.
HU, SHIH, 胡適, 1891- Ch'an (Zen) Buddhism in China, its history and method. Is Ch'an (Zen) beyond our understanding? Honolulu, University of Hawaii Press, 1953. 24 p. Reprinted from Philosophy East and West, 3:1, Apr. 1953.
HUI, HAI, 慧海. The path to sudden attainment; a treatise of the Ch'an (Zen) school of Chinese Buddhism. Translated by John Blofeld. London, published for the Buddhist society by Sidgwick and Jackson, [1948] 51 p.
HUI-NÊNG, 慧能, 638-713. Sutra spoken by the sixth patriarch, Wei Lang, on the high seat of the gem of law (message from the East) Translated by Wong

Mou-lam, 黃茂林. [Shanghai, Yu Ching Press, pref. 1930] 76 p.
———. The sutra of Wei Lang (or Hui Neng) translated from the Chinese by Wong Mou-lam. New ed. by Christmas Humphreys. London, Pub. for the Buddhist Society by Luzac and Co., 1944. Rev. ed. 1953. 128 p.
SENZAKI, NYOGEN, ed. and tr. Buddhism and Zen, compiled, edited, and translated by Nyogen Senzaki and Ruth Strout McCandless. New York, Philosophical Library [1953] 91 p.
SUZUKI, DAISETZ TEITARO, 1870- Essays in Zen Buddhism. (first series) London, Luzac, 1927. x, 423 p. plates.
———. The same.(second series) London, Luzac, 1933. xii, 326 p. front., plates (1 fold.).
———. The same.(third series) London, Luzac, 1934. xiv, 392 p. fold.front., plates (part fold.).
———. The same. (first series) London, New York, Published for the Buddhist Society by Rider [1949]; New York, Harper, 1949. 383 p. illus. (His Complete works).
———. The same. (second series) With 25 collotype reproductions of old masters. [Edited by Christmas Humphreys] London, Rider, 1950; Boston, Beacon Press, 1952. 348 p. plates. (His Complete works).
———. The same. (third series) London, New York, Published for the Buddhist Society by Rider [1953] 367 p. illus. (His Complete works).
———. Essais sur le Bouddhisme Zen. Préf. de Jacques Bacot; traduction de Pierre Sauvageot. Paris, A. Maisonneuve, Neuchâtel, Delachaux et Niestlé, 1941-46. 4 v. (Bouddhisme et Jaïnisme).
———. Essai sur la Buddhisme Zen. Traduction sous la direction de Jean Herbert. Préface de J. Bacot. Paris, Albin Michel, 1954. 512 p. (Collection "Spiritualités vivantes").
———. The training of the Zen Buddhist monk, with illustrations by Zenchu Sato. Kyoto, Eastern Buddhist Society, 1934; London, Luzac, 1934. xiv, 111 p. illus. plates.
———. An introduction to Zen Buddhism. Kyoto, Eastern Buddhist Society, 1934. [3]-152, 8 p. [Ataka Buddhist library, 7].
———. The same. With a foreword by C. G. Jung. New York, Philosophical Library [1949]; London, Rider, 1949. 136 p. (His Complete works).
———. Die grosse Befreiung. Einführung in den Zen-Buddhismus. Geleitwort von C. G. Jung. Bearb. nach dem Englischen Original-Text von Heinrich Zimmer. Leipzig, C. Weller [1939] 3. Aufl., Konstanz, C. Weller, 1947. 188 p.
———. Manual of Zen Buddhism. Kyoto, Eastern Buddhist Society, 1935; London, Luzac, 1936. x, 232 p. front., illus., plates (1 fold.) (Ataka Buddhist library, 8).
———. The same. 2nd ed. London, New York, Published for the Buddhist Society, by Rider [1950] 192 p. illus. (His Complete works).
———. The Zen doctrine of no-mind; the significance of the Sutra of Hui-neng (Wei-lang), 慧能. London, New York, Published for the Buddhist Society, by Rider [1949] 155 p. diagrs. (His Complete works).
———. Le non-mental selon la pensée Zen. [Traduction de Hubert Benoit] 2e éd. Paris, Le Cercle du livre [1952] 216 p. diagrs. (Les Univers de la connaissance, 6).
———. Living by Zen. London, New York, Rider [1950] 187 p. (His Complete works).
———. Ein Leben aus Zen. Übers. von Ursula von Mangoldt. München-Planegg, O.W. Barth, 1955. 212 p.
———. Studies in Zen. Edited by Christmas Humphreys. New York, Philosophical Library [1955]; London, Rider, 1955. 212 p. illus.
———. Zen Buddhism, selected writings. Edited by William Barrett. Garden City, N.Y., Doubleday, 1956. 294 p. (Doubleday anchor books, A90).
WALEY, ARTHUR, 1889- Zen Buddhism and its relation to art. London, Luzac,

1922. 31 p.

WATTS, ALAN WILSON, 1915- The spirit of Zen: a way of life, work and art in the Far East. London, J. Murray [1936] 136 p. (Wisdom of the East series).

———. Vom Geist des Zen, einem Lebens-und Schaffensstil im Fernen Osten. Aus dem Englischen übertragen von Julius Schwabe. Basel, Stuttgart, Schwabe, 1956. 141 p. (Sammlung Klosterberg. Neue Folge).

———. Zen Buddhism, a new outline and introduction. London, Buddhist Society, 1947. 20 p.

———. Zen. Stanford, Calif., J.L. Delkin [c1948] 41 p. illus.

———. The way of Zen. London, Thomas and Hudson, New York, Pantheon Books, Toronto, McClelland, 1957. xvii, 236 p. plates.

Sacred Books, including Translations from Chinese and Tibetan Texts
Sacred Books - Translations and Commentaries

AMITĀYUḤ-SŪTRA. Buddhabhāsita-amitāyuḥ-sūtra (The smaller Sukhāvatī-vyūha). Translated from the Chinese version of Kumārajīva, by Nishu Utsuki. Kyoto, Educational Department of the West Hongwanji, 1924. iii, vii, [1]-43 p.

ARTHAPADA-SŪTRA. Arthapada sūtra, spoken by the Buddha; translated by the upāsaka Che-kien, 支謙, under the Wu dynasty (222-280 A.D.), by P.V. Bapat. Santiniketan, Visva-Bharati, 1951. Parts 1-2 in 1 v. (Visva-Bharati studies, 13).

ASAṄGA. La somme du Grand Véhicule d'Asaṅga (Mahāyānasaṃgraha) par Étienne Lamotte. Louvain, Bureaux du Muséon, 1938-39. 2 v. in 4. (Bibliothèque du Muséon. 7).

AŚOKĀVADĀNA. Chinese version. La légende de l'empereur Açoka (Açoka-avadāna), 阿育王傳, dans les textes indiens et chinois, par Jean Przyluski. Paris, P. Geuthner, 1923. xv, 459 p. (Annales du Musée Guimet. Bibliothèque d'études, t. 31 [i.e. 32]).

[AṢVAGHOṢA]. Bruchstücke der Kalpanāmaṇḍitikā des Kumāralāta, hrsg. von Heinrich Lüders. Leipzig, Deutsch morganländische Gesellschaft, 1926. 208, [4] p. plates. (Preussische Turfan-Expeditionen. Kleinere Sanskrit-Texte, 2).

———. Das Leben des Buddha von Aṣvaghoṣa. Tibetisch und deutsch, hrsg. von Friedrich Weller. Leipzig, E. Pfeiffer, 1926-28. 2 v. (Leipzig. Universität. Forschungs-institut für vergleichende Religionsgeschichte. Veröffentlichungen. II, hft. 3, 8).

———. The principle and practice of Mahayana Buddhism; an interpretation of Professor Suzuki's translation of Ashvaghosha's Awakening of faith, by Dwight Goddard. Thetford, Vt., 1933. xxiv, 100 p.

[———.] The Buddhacarita: or, Acts of the Buddha. Published for the University of the Panjab, Lahore. Calcutta, Baptist Mission Press, 1935-36. 2 v. [Panjab university Oriental publications, 31-32].

———. Zwei zentralasiatische Fragmente des Buddhacarita [von] Friedrich Weller. Berlin, Akademie-Verlag, 1953. 26 p. facsims. (Abhandlungen der Sächsischen Akademie der Wissenschaften zu Leipzig. Philologisch-historische Klasse, Bd. 46, Heft 4).

———. Buddhacarita. Sacred books of the East, with critical and biographical sketches by Epiphanius Wilson. Rev. ed. New York, Willey Book Co., 1945. v, 457 p. plates.

AVALOKITASIṀHA. Dharma-Samuccaya. Compendium de la loi; recueil de stances extraites du Saddharma-Smṛty-upasthāna-sūtra par Avalokitasiṁha, chap. 1-5. Texte sanskrit édité avec la version tibétaine et les versions chinoises et traduit en français par Lin Li-kouang, 林藜光. Paris, Adrien-Maisonneuve, 1946. 292 p. (Paris. Musée Guimet. [Annales] Bibliothèque d'études, t. 53).

———. Introduction au compendium de la loi, Dharma-Samuccaya [by Avalokitasiṁha] L'aide-mémoire de la vrai loi, Saddharma-Smṛtyupasthāna-sūtra, par Lin Li-kouang. Paris, Adrien-Maisonneuve, 1949. xv, 385 p. (Paris. Musée Guimet. [Annales] Bibliothèque d'études, t. 54).

AVATAṀSAKA-SŪTRA. The two Buddhist books in Mahāyāna (parts of the Avataṁsaka and other sūtras) compiled, translated and published by P.C. Lee, 呂碧城. 3rd ed. London, Luzac, 1939. 149 p.

BHAISHAJYAGURU VAIḌŪRYAPRABHĀ TATHĀGATA. The sūtra of the lord of healing. Translated into English from the Chinese version of Hsüan Ts'ang by Walter Liebenthal; edited by Chou Su-chia, 周叔迦. Peiping, Society of Chinese Buddhists [1936] xii, 32 p. fold. plates. (Buddhist scriptures ser., 1).

[BLAVATSKY, HELENE PETROVNA (HAHN)] 1831-91. The voice of the silence; being chosen fragments from the "Book of the golden precepts." For the daily use of lanoos (disciples). Translated and annotated by "H. P. B." Reprinted from the original edition with notes and comments by Alice Leighton Cleather and Basil Crump. Peking, Published under the auspices of the Chinese Buddhist Research Society, 1927. xi, 130 p. front. (facsim.), port.

BU-STON RIN-CHEN-GRUB-PA, 1290-1364. History of Buddhism (Chos-ḥbyung) by Bu-ston. Translated from Tibetan by E. Obermiller. Heidelberg, In kommission bei O. Harrassowitz, 1931-32. 2 v. (Materialien zur kunde des buddhismus. 18.-19.).

BYA CHOS RIN-CHEN 'PHREN-BA. The Buddha's law among the birds; translation and commentary by Edward Conze; with a preface by J. Bacot. Oxford, Cassirer, 1955. 65 p. front., illus.

[CANDRAKĪRTI]. Cinq chapitres de la Prasannapada, traduit et édité par Jan Willem de Jong. Leiden, E.J. Brill, 1949. 167 p.

CATUṢPARIṢATSŪTRA. Das Catuṣpariṣatsūtra. Eine kanonische Lehrschrift über die Begründung der buddhistischen Gemeinde. Text in Sanskrit und Tibetisch, verglichen mit dem Pali nebst einer Ubersetzung der chinesischen Entsprechung im Vinaya der Mūlasarvāstivādin. Auf Grund von Turfan-Handschriften hrsg. und bearb. von Ernst Waldschmidt. Berlin, Akademie Verlag, 1952. 1 v. (Deutsche Akademie der Wissenschaften zu Berlin. Abhandlungen. Klasse für Sprachen, Literatur und Kunst, Jahrg. 1952, 2).

CHANG, K'UN, 張琨, 1917- Kaṭhinavastu, a vinaya text - a comparative study of Sanskrit, Pali, Tibetan and Chinese texts. New Haven, 1955. 300 l. Thesis-Yale University.

CHAO LUN, 肇論. The Book of Chao. A translation from the original Chinese. With introduction, notes and appendices by Walter Liebenthal. Peiping, Catholic University Press, 1948. xvi, 195 p. (Monumenta Serica. Monog. 13).

[CHIH-I], 智顗, 531-597. Buddhist practice of concentration; dhyana for beginners, translation from the Chinese by Bhikshu Wai-dau and Dwight Goddard. Santa Barbara, Calif., D. Goddard, 1934. viii, 59 p.

———. Dhyâna pour les débutants (Traité sur la méditation) Suite de conférences données par le grand maître Chih-chi du Tien-tai au temple de Shiu-ch'an (dynastie des Sui 581-618) Traduction française de G. Constant Lounsbery d'après la transcription du chinois du Bhikshu Wai-dau et de Dwight Goddard. Paris, Adrien Maisonneuve, 1951 (c1944). 104 p.

CONZE, EDWARD, 1904- ed. Buddhist texts through the ages. Newly translated from the original Pali, Sanskrit, Chinese, Tibetan, Japanese and Apabhramsa. Edited in collaboration with I. B. Horner, D. Snellgrove, A. Waley. Oxford, B. Cassirer; New York, Philosophical Library, 1954. 322 p. diagr.

DAŚABHŪMĪŚVARA. Glossary of the Sanskrit, Tibetan, Mongolian and Chinese versions of the Daśabhūmika-sūtra, compiled by Jahannes Rahder. Paris, P. Geuthner, 1928. viii, 202 p. (Buddhica. Documents et travaux pour l'étude du bouddhisme. 2. sér.: Documents, t. 1).

DHAMMAPADA. Chinese version (Fa chü pi yü, 法句譬喻) English. Texts from the Buddhist canon, commonly known as Dhammapada, with accompanying narratives. Translated from the Chinese by Samuel Beal. Reprint ed. Calcutta, Susil Gupta, 1953. viii, 104 p. 1st ed. 1878.

DHARMASAṂGRAHA. Der chinesische Dharmasaṃgraha; mit einem Anhang über das Lakkaṇasuttanta des Dīghanikāya, hrsg. von Friedrich Weller. Leipzig, H. Haessel Verlag, 1923. 198 p. diagr.

DĪGHA-NIKĀYA. Das Chung-tsi-king, 衆集經, des chinesischen Dīrghāgama; übersetzt und mit anmerkungen von Siegfried Behrsing. Leipzig, Asia Major, 1931. 149 l. Diss. -Univ. Leipzig.

———. Brahmajālasūtra; tibetischer und mongolischer Texte; hrsg. von Friedrich Weller. Leipzig, O. Harrassowitz, 1934. 84 p.

DIVYĀVADĀNA. Udrāyaṇa, König von Roruka; eine buddhistische Erzählung. Die tibetische Übersetzung des Sanskrittextes, hrsg., ins Deutsche übertragen und mit einem Wörterbuch versehen von Johannes Nobel. Wiesbaden, O. Harrassowitz, 1955- 2 v.

EHRET, FRANCES H., 1910- Gāthās of the Saddharmapundarīka: a comparative study of the Sanskrit and Tibetan texts. Cambridge, 1949. 246 l. Thesis-Harvard University.

FĂ-HEEN, 法顯, fl. 399-414. The travels of Fa-hsien (399-414 A.D.), or, Record of the Buddhistic kingdoms, re-translated by H. A. Giles. Cambridge [Eng.] The University Press, 1923; 2nd impression, London, Routledge and Kegan Paul, 1956. xvi, 96 p. front.

GERNET, JACQUES, 1921- Entretiens du Maître de Dhyâna Chen-houei, 神會, du Ho-tsö, 荷澤, (668-760 A.D.). Hanoi, 1949. x, 126 p. (Publ. de École francais d'Extrême-Orient, 31).

GOKHALE, VASUDEV. Pratītyasamutpādaśāstra des Ullángha, kritisch behandelt und aus dem Chinesischen ins Deutsche Übertragen. Bonn, Scheur, 1930. 31 p. illus. Diss. -Univ. Bonn.

HOFFMAN, HELMUT, 1912- ed and tr. Bruchstücke des Āṭānāṭikasūtra aus dem zentralasiatischen Sanskritkanon der Buddhisten. Hrsg. und im Zusammenhang mit den Parallelversionen bearbeitet von Helmut Hoffmann. Leipzig, Deutsche morgenländische Gesellschaft, Kommission-Verlag, F. A. Brockhaus, 1939. 105 p. plates (Preussische Turfan-Expeditionen. Kleinere Sanskrit-texte, 5).

HSI-YÜN, 希運, 9th cent. The Huang Po doctrine of universal mind, 黃檗傳心法要, being the teaching of Dhyana master Hsi Yün as recorded by P'ei Hsiu, 裴休, a noted scholar of the T'ang dynasty. Translated by Chu Ch'an, 竹禪, [John Blofeld] London, Buddhist Society, 1947. 52 p.

———. Le mental cosmique selon le doctrine de Huang Po. Selon les Annales de P'ei Hsiu erudit bien connu sous la dynastie T'ang. Traduit de l'anglais par Y. Laurence. Préf. du Swami Siddheswarananda. Introd. du Hubert Benoit. Paris, Adyar, 1951. 143 p.

HSUAN-TS'ANG, 玄奘, 603 (ca)-664. Chang-Chen lun, 掌珍論; Karatalaratna; or, The Jewel in hand. A logico-philosophical treatise of the Madhyamaka school, by Acarya Bhavaviveka, translated into Sanskrit from the Chinese version by N. Aiyaswami Sastri. Santiniketan, Visva-Bharati, 1949. 124 p. (Visva-Bharati studies, 9).

HUI-K'AI, 慧開, 1184-1260. The gateless gate; translated from the Chinese by Nyogen Senzaki and Saladin Reps. Los Angeles, J. Murray, 1934. 5-70 p.

[K'UO-AN], 廓庵, fl. 12th cent. 10 bulls; a Chinese classic translated by Nyogen Senzaki and Saladin Reps. Los Angeles, Devorss, 1935. [29] p.

LAṄKĀVATĀRA-SŪTRA. The Laṅkāvatāra-sūtra, edited by Bunyiu Nanjio. Kyoto, Otani University Press, 1923. x, 376 p. tables. (Bibliotheca Otaniensis, v. 1).

———. Studies in the Lankāvatāra sūtra, one of the most important texts of Mahayana Buddhism, in which almost all its principal tenets are presented, including the teachings of Zen, by Daisetz Teitaro Suzuki. London, G. Routledge, 1930. xxxii, 464 p. front. (port.) fold. tables.

———. The Laṅkāvatāra sūtra; a Mahayana text, translated for the first time from the original Sanskrit by Daisetz Teitaro Suzuki. London, G. Routledge, 1932. xlix, 300 p. front., fold. plates. (Eastern Buddhist library).

———. Self realisation of noble wisdom; a Buddhist scripture; based upon Professor Suzuki's translation of the Laṅkāvatāra sūtra, edited, interpreted and published by Dwight Goddard. [Thetford, Vt., c1932] 152 p.

———. An index to the Laṅkāvatāra sūtra (Nanjio edition) Sanskrit-Chinese-Tibetan, Chinese-Sanskrit, and Tibetan-Sanskrit, with a tabulated list of parallel pages of the Nanjio Sanskrit text and the three Chinese translations (Sung, Wei, and T'ang) in the Taisho edition of the Tripitaka, compiled by Daisetz Teitaro Suzuki. 2d, rev., and enl. ed. Kyoto, The Sanskrit Buddhist Texts Pub. Society, 1934. 3-[214], x, 215-499 p.

LEVI, SYLVAIN, 1863-1935. ed. Mahā-Karmavibhaṅga (la grande classification des actes) et Karmavibhaṅgopadeśa (discussion sur le Mahā-Karmavibhaṅga). Textes sanscrits rapportés du Népal, édités et traduits avec les textes parallèlles en sanskrit, en pāli, en tibétan, en chinois et en koutchéen. Ouvrage illustré le 4 planches: le Karmavibhaṅga sur les bas-reliefs de Boro-Budor, à Java. Paris, E. Leroux, 1932. 270 p.

MAHĀ-PARINIBBĀṆA-SUTTA. Das Mahāparinirvāṇasūtra; Text in Sanskrit und Tibetisch, verglichen mit dem Pāli nebst einer Übersetzung der chinesischen Entsprechung im Vinaya der Mūlasarvāstivādins auf Grund von Turfan-Handschriften hrsg. und bearb. von Ernst Waldschmidt. Berlin, Akademie-Verlag, 1950-51. 3 v. (Abhandlungen der Deutschen Akademie der Wissenschaften zu Berlin. Philosophisch-historische Klasse. Jahrg, 1949-50. Nr. 1-3).

MAHĀVADĀNASŪTRAS. Das Mahāvadānasūtra; ein kanonischer Text über die sieben letzten Buddhas. Sanskrit, verglichen mit dem Pāli, nebst einer Analyse der in chinesischer Übersetzung überlieferten Parallelversionen. Auf Grund von Turfan-Handschriften hrsg. von Ernst Waldschmidt. Berlin, Akademie Verlag, 1953. 1 v. (Deutsche Akademie der Wissenschaften zu Berlin. Klasse für Sprachen, Literatur und Kunst. Abhandlungen. Jahrg. 1952, 8).

MAHĀYĀNASŪTRAS. The sutra of 42 sections, and two other scriptures of the Mahāyāna school. Newly translated from the Chinese by Chu Ch'an [John Blofeld] London, Buddhist Society, 1937. 38 p.

———. The Perfection of Wisdom; the career of the predestined Buddhas. A selection of Mahāyāna Scriptures translated from the Sanskrit by E. J. Thomas. London, J. Murray [1952] 90 p. front. (Wisdom of the East series).

MĀTṚICHETA. Satapañcāśatka of Mātṛceṭa. Sanskrit text, Tibetan translation and commentary, with an introduction, English translation and notes, edited by David Roy Shackleton Bailey. Cambridge [Eng.] Cambridge University Press, 1951. xi, 238 p.

MUS, PAUL, 1902- La lumière sur les six voies. Tableau de la transmigration bouddhique d'après des sources sanskrites, pāli, tibétaines et chinoises en majeure partie inédités. Paris, Institut d'ethnologie, 1939- 1 v. illus., plates. (Université de Paris. Travaux et mémoires de l'Institut d'ethnologie. XXXV).

NĀGĀRJUNA. Ga-las ḥjigs-med, die tibetische Version von Nāgārjuna's Kommentar Akutobhayā zur Mādhyamaka-kārikā; nach der Pekinger Ausgabe des Tanjur hrsg. von Max Walleser. Heidelberg, Institut für Buddhismuskunde, 1923. 34-114 p. incl. facsims. (Materialien zur Kunde des Buddhismus, 2).

———. Yukti-ṣaṣṭikā; die 60 Sätze des Negativismus, nach der chinesischen Version übersetzt von Phil. Schaeffer. Heidelberg, Institut für Buddhismuskunde, 1924. 21 p. facsims. (Materialien zur Kunde des Buddhismus, 3).

———. Mahāyānaviṁśaka; reconstructed Sanskrit text, the Tibetan and the Chinese versions with an English translation; edited by Vidhushekhara Bhattacharya. Calcutta, Visva-bharati Bookshop [1931] 4, 44 p. (Visva-bharati studies, 1).

———. Vigrahavyāvarttanī. By Āchārya Nāgārjuna. With the author's own commentary. Edited by K. P. Jayaswal and Rāhula Sāṅkṛityāyana. [Patna, Bihar and Orissa Research Society, 1937] [4], x, [2], 2, 31, [1], 9 p. (Issued as appendix to the Journal of the Bihar and Orissa Research Society, vol. 23, pt. 3) (Sanskrit texts from Tibet, No. 4).

———. Siddha. Le traité de la grande vertu de sagesse (Mahāprajñāpāramitāśāstra) [tr.] par Étienne Lamotte. Pub. avec le concours de la Fondation universitaire de Belgique. Louvain, Bureaux du Muséon, 1944- 1 v. (Bibliothèque du Muséon, v. 18).

OBERMILLER, E. comp. Indices verborum Sanscrit-Tibetan and Tibetan-Sanscrit to the Nyāyabindu of Dharmakīrti and the Nyāyabindutīkā of Dharmottara, compiled by E. Obermiller from the edition of the Sanscrit and Tibetan texts by Th. Stcherbatsky. Leningrad, Akademiia Nauk, 1927-28. 2 v. (Bibliotheca Buddhica, 24-25).

———. Analysis of the Abhisamayālaṃkāra. Fasc. 1-11. London, Luzac, 1933-36. 275 p. (Calcutta Oriental ser. 27).

PRAJÑAPĀRAMITĀS. Fragment of a Prajñapāramitā manuscript from Central Asia, by B. B. Bidyabinod. Calcutta, Central Publication Branch, 1927. [4], 11, [2] p. facsims. (India. Archarological Survey. Memoirs, v. 32).

———. The commentaries on the Prajñāpāramitās. Edited with introduction and indices by Giuseppe Tucci. Baroda, Oriental Institute, 1932. 1 v. (Gaekwad's Oriental series. no. LXII).

———. Die Prajñāpāramitā-Literatur, nebst einem Specimen der Suvikrāntavikrāmi-Prajñāpāramitā, von Tokumyo Matsumoto. Stuttgart, W. Kohlhammer, 1932. v, [3], 54, [2], 29 p. (Bonner orientalistische studien, 1).

———. The Diamond-sūtra: a Buddhist scripture. A new translation from the Chinese text of Kumārajīva by Bhikshu Wai-tao and Dwight Goddard. Santa Barbara, Calif., D. Goddard, 1935. 32 p.

———. Prajñā-pāramitā-ratna-guṇa-saṃcaya-gāthā; Sanscrit and Tibetan text, edited by E. Obermiller. Moscow, Akademiia Nauk, 1937. 15, [8]-125 p. (Bibliotheca Buddhica, 29).

———. The Diamond sūtra, 金剛經 ; or the jewel of transcendental wisdom; translated from the Chinese by A. F. Price, with a foreword by W. Y. Evans-Wentz. 2d ed. London, Buddhist Society, 1955. 75 p. 1st ed. 1947.

———. Selected sayings from the "Perfection of Wisdom," selected and translated by Eduard Conze, from the Prajñāpāramitā scriptures of Mahāyāna buddhism. London, The Buddhist Society, 1955. 133 p. front.

PRĀTIMOKṢA. A comparative study of the Prātimokṣa, on the basis of its Chinese, Tibetan, Sanskrit and Pali versions by W. Pachow, 巴宙. Santiniketan, Sino-Indian Cultural Society, 1955. 219, 34 p. (Sino-Indian Studies Publ).

RATNAKŪṬA. Kāśyapaparivarta. The Kāçyapaparivarta, 大寶積經, a Mahāyānasūtra of the Ratnakūṭa class, edited in the original Sanskrit, in Tibetan and in Chinese by Baron A. von Staël-Holstein. [Shanghai, Commercial Press, 1926] xxvi, 234, [2] p.

———. Index to the Tibetan translation of the Kāçyapaparivarta, by Friedrich Weller. Cambridge, Mass., Harvard-Yenching Institute, 1933. vi, 252 p. (Harvard Sino-Indian series, 1).

SADDHARMAPUṆḌARĪKA. The lotus of the wonderful law; or, The lotus gospel, Saddharma pundarīka sūtra, Miao-fa lien hua ching, 妙法蓮華經, by W. E. Soothill. Oxford, Clarendon Press, 1930. xi, 275, [1] p. col. front., 13 plates.

SAṂDHINIRMOCANA. Saṃdhinirmocana sūtra, l'explication des mystères; texte tibétain édité et traduit par Étienne Lamotte. Louvain, Bureaux du recueil, Bibliothèque de l'Université, 1935. 278 p. (Université de Louvain. Recueil de travaux publiés par les membres des Conférences d'histoire et de philologie. 2e sér., 34e fasc.).

SANGHABHEDAKAVASTU. Śāriputra et les six maîtres d'erreur. Fac-similé du manuscrit chinois 4524 de la Bibliothèque Nationale, présenté par Nicole Vandier-Nicolas. Avec traduction et commentaire du texte. Paris, Impr. Nationale, 1954. v, 32 p. facsim. of ms. fold. into 28 l., with col. illus. on verso. (Mission Pelliot en Asie centrale, Série in-quarto, 5).

SASAKI, SOKEI-ANN. The story of the giant disciples of Buddha, Ānanda and Mahā-Kāśyapa, from the Chinese version of the Sūtras of Buddhism. Restated in English. New York, First Zen Buddhism Institute, c1931. 32 p.

SASTRI, SHANTI BHIKSHU. Abhidharmāmṛta of Ghoṣaka, translated from the Chinese with notes and introductory study. Santiniketan, Visva-Bharati, 1953. iv, 8, 151 p.

[STHĪRAMATI]. A commentary to the Kāçyapaparivarta, edited in Tibetan and in Chinese by Baron A. von Staël-Holstein. Peking, Pub. jointly by the National Library of Peking and the National Tsinghua University, 1933. xxiv, 340 p.

SUKHĀVĀTĪ-VYŪHA. Buddhābhasita-amitayuh-sūtra (the smaller Sukhāvātī-vyūha) translated from the Chinese version of Kumārajīva, by Nishu Utsuki. Kyoto, Educational Dept. of the West Hongwanji, 1929. 43 p.

———. Sukhāvatī-vyūha in Manchu. Fučihi-I-Nomulaha-Abida-Nomun. Buddha-bhāshita-Amitāyus-Sūtra, edited by Y. C. Min, 閔泳珪, with three appendices. 1. Kumārajīva's Chinese text, Fo-shuo-o-mi-t'o-ching, 佛說阿彌陀經. II. A Korean translation Bul-sul-a-mi-ta-gyung issued in the early Li dynasty, A.D. 1464. III. Max Müller's English translation from the Sanskrit text, Sukhāvātī-vyhūa [sic] Seoul, Dong-guk University, 1950. 1 v. (unpaged).

The SUTRA of the teachings left by the Buddha, 佛遺教經, translated into Chinese by Kumārajiva in the latter part of the Tsin dynasty, 948-971 B.E.) [Osaka] K. Yamamoto [1952] 24 p.

SUVARṆAPRABHĀSA. Altan gerel, die westmongolische Fassung des Goldglanz-sūtra, nach einer Handschrift der Kgl. Bibliothek in Kopenhagen, hrsg. von Erich Haenisch. Leipzig, Asia Major, 1929. viii, 122 p.

———. Suvarṇaprabhāsa (Das Goldglanz-sūtra). Aus dem Uigurischen ins Deutsche übersetzt von W. Radloff. Nach dem Tode des Ubersetzere mit Einleitung von S. Malov herausgegeben. Leningrad, Akademii Nauk, 1930. 256 p. (Bibliotheca Buddhica, 27).

———. The Suvarṇaprabhāsa sūtra; a Mahāyāna text called "The Golden splendour." First prepared for publication by the late Prof. Bunyin Nanjio, and after his death revised and edited by Hokei Idzumi, under the auspices of the Keimeikwai. Kyoto, Eastern Buddhist Society, 1931. xxviii, 222 p. incl. tables. Sanskrit text.

———. Suvarṇabhāsottamasūtra; das Goldglanz-sūtra. Ein Sanskrittext des Mahāyāna-buddhismus, nach den Handschriften und mit hilfe der tibetischen und chinesischen Übertragungen hrsg. von Johannes Nobel. Leipzig, Otto Harrassowitz, 1937. liii, 275, [1] p. facsim. fold. tables.

———. The same. Ein Sanskrit-Text des Mahāyāna-Buddhismus, die tibetischen Übersetzungen mit einem Wörterbuch hrsg. von Johannes Nobel. Leiden, E. J. Brill, 1944-50. 2 v. facsim.

TRIPIṬAKA. Chinese version (Ta-tsang ching) French. Selections. Cinq cents contes et apologues extraits du Tripiṭaka chinois et traduits en français par Édouard Chavannes. Publiés sous les auspices de la Société Asitaique. Paris, E. Leroux, 1910-34. 4 v.

———. Fables chinoises du IIIe au VIIIe siècle de notre ère (d'origine hindoue) traduites par Édouard Chavannes, versifées par mme Édouard Chavannes; ornées de 46 dessins par Andrée Karpelès. Paris, Bossard [1921] 92, [3] p. incl. illus., plates.

———. English. Selections. Early Buddhist scriptures; a selection, translated and edited by Edward J. Thomas. London, Kegan Paul, Trench, Trubner, 1935. xxv, 232 p.

———. French. Selections. Les écrits primitifs du bouddhisme; choix de textes, traduits et édités par Edward J. Thomas. Traduit de l'anglais par S. Glachant. Paris, Adyar, 1949. 224 p.

———. German. Selections. Der ältere Buddhismus, nach Texten des Tripiṭaka, von M. Winternitz. Tübingen, Mohr, 1929. vi, 162 p. (Religionsgeschichtliches Lesebuch. 2. erweiterte Aufl., 11).

TUCCI, GIUSEPPE, 1894- ed. and tr. Pre-Diṅnāga Buddhist texts on logic from Chinese sources, translated with an introduction, notes and indices. Baroda, Oriental Institute, 1929. [373] p. (Gaekwad's Oriental series, XLIX).

———. ed. Minor Buddhist texts. Roma, 1956. 2 v. (Istituto italiano per il Medio ed Estremo Oriente. Serie orientale Roma, 9).

UDĀNAVARGA. The Udānavarga, verses collected from the Buddhist canon. Being the northern version of the Dhammapada, compiled by Dharmatrātā. Translated from the Tibetan of the Bkakhgyur and into metrical verse by Ayu Subhadra. London, Universalist Press [1946?]. 22 p.

VASU-BANDHU. L'Abhidharmakośa de Vasu-bandhu; traduit et annoté par Louis de la Vallée Pousson. Paris, P. Geuthner, 1923-31. 6 v.

———. Vijñaptimātratāsiddhi: la siddhi de Hiuan-Tsang, traduite et annotée par Louis de La Vallée Pousson. Paris, P. Geuthner, 1928-48. 3 v. (Buddhica; documents et travaux pour l'étude du bouddhisme. 1. sér.: Mémoirs, tome I, v, viii).

———. Un système de philosophie bouddhique. Matériaux pour l'étude du système Vijñaptimātra par Sylvain Lévi. Paris, H. Champion, 1932. 206 p. plates. (Bibliothèque de l'École des hautes études. Sciences historiques et philologiques. 260. fasc.).

———. Wei shih er shih lun, 唯識二十論, or, The treatise in twenty stanzas on representation-only, by Vasubandhu. Translated from the Chinese version of Hsüan Tsang, Tripiṭaka master of the T'ang dynasty, by Clarence H. Hamilton. New Haven, American Oriental Society, 1938. 82 p. (American oriental series, v. 13).

———. Sanskrit restoration of Yuan Chwang's Vijnapti-matratāsiddhi-śāstra, by Rāhula Sānkṛtyāyana, with the help of Wong Mow-lam, 黃茂林. [Patna, K. P. Jayaswal, 1953] [2], 72 p. (Appendix to Journal of the Bihar and Orissa research society, v. 19).

WALDSCHMIDT, ERNST, 1897- Bruchstücke des Bhikṣuṇī-Prātimokṣa der Sarvāstivādins; mit einer Darstellung der Überlieferung des Bhikṣuṇī-Prātimokṣa in den verschiedenen Schulen, hrsg. von Ernst Waldschmidt. Leipzig, F. A. Brockhaus, 1926. vi, 187 p. incl. tables. (Preussische Turfan-Expeditionen. Kleinere Sanskrit-Texte, 3).

———. Die Legende vom Leben des Buddha, in Auszügen aus den heiligen Texten; aus dem Sanskrit, Pali und Chinesischen übersetzt und eingeführt von Ernst Waldschmidt. Mit vielen zum teil farbigen Illustrationen wiedergegeben nach tibetischen Tempelbildern aus dem Besitz des Berliner Museums für Völkerkunde. Berlin, Volksverband der Bücherfreunde, Wegweiserverlag g.m.b.h. [c1929] 248 p. col. front., plates (part col.).

———. Bruchstücke buddhistischer Sūtras aus dem zentralasiatischen Sanskritkanon 1. Hrsg. und im Zusammenhang mit ihren Parallelversionen bearbeitet von Ernst Waldschmidt. Leipzig, Deutsche morgenländische Gesellschaft, 1932. 249 p. (Preussische Turfan-Expeditionen. Kleinere Sanskrittexte, 4).

WANG, JIH-HSIU, 王日休. [龍舒]. Laien-Buddhisms in China. Das Lung shu Ching T'u wên, 龍舒淨土文, des Wang Jih-hsiu aus dem Chinesischen übersetzt, erläutert und beurteilt von H[einrich Friedrich] Hackmann. Gotha/Stuttgart, F. A. Pertheus, 1924. xvi, 347 p.

Lamaism (See Tibet-Lamaism)

Taoism

BRÉMOND, RENÉ, tr. La sagesse chinoise selon le Tao. Pensées choisies et traduites par René Brémond. Paris, Librairie Plon, 1955. 208 p. (Éditions d'histoire et d'art).

CLASSIC on the conformity of Yin. Schrift von Konformität des Yin. Translated and explained by Franz Huebotter. Tsingtao, Druck de Missionsdruckerei, 1936. 12 p.

ERKES, EDUARD, 1891- Über den heutigen Taoismus und seine Literatur. [Leipzig, O. Harrassowitz, 1933] 10 p.

HACKMANN, HEINRICH FRIEDRICH, 1864-1935. Die dreihundert Mönchsgebote des chinesischen Taoismus. Amsterdam, Koninklijke Akademie van Wetenschappen, 1931. 60, [1], 23 p. (Verhandelingen der Koninklijke akademie van wetenschappen te Amsterdam, Afdeeling letterkunde. Nieuwe reeks, deel XXXII, 1).

HUMMEL, SIEGBERT. Zum ontologischen Problem des Dauismus (Taoismus) Untersuchungen an Lau Dsī, Kapitel 1 und 42. Leipzig, O. Harrassowitz, 1948. 45 p.

KENNEY, EDWARD HERBERT, 1891- A Taoist notebook, by Edward Herbert [pseud.] London, Murray [1955] 80 p. (Wisdom of the East series).

LI,CHIH-CH'ANG, 李志常, 1193-1278. The travels of an alchemist; the journey of the Taoist, Ch'ang-ch'un, 邱長春, from China to the Hindukush at the summons of Chingiz Khan, recorded by his disciple, Li Chih-ch'ang. Translated with an introduction, by Arthur Waley. London, G. Routledge [1931] xi, 166 p. double front. (map) (The Broadway travellers).

LIN, T'UNG-CHI, 林同濟, 1906- The other China. Chungking, Chinese-American Institute of Cultural Relations, 1944. cover-title, 16 p.

LIU, HSIANG, 劉向, 79-8 B.C. Le Lie-sien Tchouan, 列仙傳, biographie légendaires des immortels taoistes de l'antiquité, traduit et annoté par Max Kaltenmark. Pékin, Centre d'études sinologiques de Pékin, 1953. 204 p.

[MORGAN, HARRY TITTERTON] 1872- Kuan Yin; the legends of the eight immortals. Los Angeles, Quon Quon Co., c1944. 16 p. illus. [His Chinese classics in miniature].

[POUVOURVILLE, ALBERT DE]. La voie rationnelle, par Matgioi [pseud.] 2. éd., rev. et corr. Paris, Éditions traditionnelles, 1941. 269 p. illus.

PRÉAU, ANDRÉ. La fleur d'or et Le taoïsme sans Tao. Paris, Bibliothèque Chacornac, 1931. 62 p. "Réunit deux articles parus en février et avril 1931 dans la revue Le Voile d'Isis."

SHIU, MAURICE POY, 梅樹培, 1911- The eight immortals of the religion of Taoism in Chinese mythology. Illustrations by Thomas Shiu. [Chicago, Overseas Art Shop, c1941] [23] p. illus.

STEININGER, HANS. Hauch-und Körperseele und der Dämon bei Kuan Yin-tze, 關尹子; Untersuchungen zur chinesischen Psychologie und Ontologie. Leipzig, O. Harrassowitz, 1953. 93 p. (Sammlung Orientalistischer Arbeiten, 20).

T'AI-I CHIN-HUA TSUNG-CHIH. 太乙金華宗旨. Das Geheimnis der goldenen Blüte, ein chinesisches Lebensbuch. Übersetzt und erläutert von Richard Wilhelm, mit einem europäischen Kommentar von C. G. Jung. München, Dorn-Verlag [c1929] 161 p. front., illus., plates, diagr.

———. The same. Zürich und Leipzig, Rascher Verlag, 1939. xviii, 150 p. illus., plates, diagrs. front. New enl. ed. 1957.

———. The secret of the golden flower, a Chinese book of life, translated and explained by Richard Wilhelm, with a European commentary by C. G. Jung; with eleven plates and four text illustrations. Translated into English by Cary F. Baynes. London, Kegan Paul, 1931. ix, 151 p. incl. plates, diagrs. front. plates.

———. The same. New York, Wehman Bros. [1955] ix, 151 p. illus., plates.

T'AI-SHANG KAN-YING P'IEN. 太上感應篇. T'ai-shang kan-ying p'ien; treatise of the Exalted one on response and retribution; translated from the Chinese by Teitaro Suzuki and Dr. Paul Carus; containing introduction, Chinese text, verbatim translation, translation, explanatory notes and moral tales, edited by Dr. Paul Carus. With sixteen plates by Chinese artists and a frontispiece by Keichyu Yamada. Chicago, Open Court Pub. Co.; London, Kegan Paul, 1926. [3]-139 p. front., illus., plates.

———. Le livre des récompenses et des peines; ouvrage taoiste traduit du chinois avec des notes et des éclaircissements, par Abel Rémusat. Précédé d'une notice historique sur la vie et les ouvrages d'Abel Rémusat, par Silvestre de Sacy. Nouv. éd. Paris, P. Geuthner, 1939. 113 p. (Les joyaux de l'orient, 3).

TEN BROECK, JANET RINAKER. A Taoist inscription of the Yüan dynasty: the Tao-chiao Pei, 道教碑, by J.R. Ten Broeck and Yiu Tung, 尤桐. Leiden, E.J. Brill, 1950. [66] p. plates. Reprinted from T'oung Pao 40:1-3, 1950.

WANG, SIANG, 王湘. Das Buch der irdischen Mühe und das himmlischen Lohnes; übertragen von Klabund [pseud.] Hannover, Steegemann [1921] 21 p. (Die Silbergäule, 109-110).

WIEGER, LÉON, 1856-1933, ed. and tr. Les pères du système Taoiste. 1: Lao-tzeu, 11: Lie-tzeu, 111: Tchouang-tzeu. Paris, Société d'édition Les Belles lettres [1950] 521 p. illus. (Cathasia. Série culturelle des hautes études de Tientsin).

ZENKER, ERNST VICTOR, 1865- Der Taoismus der Frühzeit, die alt- und gemeinchinesische Weltanschauung. Wien, Hölder-Pichler-Tempsky, 1943. 56 p. (Akademie der Wissenschaften in Wien. Philosophisch-historische Klasse. Sitzungsberichte, 222. Bd., 2. Abhandlung).

Islam

ALI, AHMED, 1908- Muslim China. Karachi, Pakistan Institute of International Affairs [1949] 63 p.

ANDREW, G. FINDLAY. The crescent in north-west China. London, Philadelphia, China Inland Mission [1921] xii, 113 p. front., illus., plates, ports.

CHINA ISLAMIC ASSOCIATION. Moslems in China. Peking, Foreign Languages Press, 1953. unpaged (chiefly illus.).

———. The religious life of Chinese moslems. Peking, Nationalities Pub. House, 1956. 59 p. (chiefly illus.).

CORDIER, GEORGES. Les Musulmans au Yunnan. Hanoi, Impr. tonkinoise, 1927. 328 p.

FILCHNER, WILHELM, 1877-1957. Hui-Hui; Asiens Islamkämpfe. Berlin-Schöneberg, P.J. Ostergaard, 1928. 423 p. front (port.) illus. maps.

HARTMANN, MARTIN, 1851-1918. Zur Geschichte des Islam in China. Leipzig, W. Heims, 1921. xxiv, 152 p. illus. (Quellen und forschungen zur erd- und kulturkunde. bd. X).

LEW, CHE, 劉智, fl. 1724. The Arabian prophet; a life of Mohammed from Chinese and Arabic sources. A Chinese Moslem work, by Liu Chai-lien, 劉介廉, translated by Isaac Mason. With appendices on Chinese Mohammedanism. Foreword by Rev. Samuel M. Zwemer. Shanghai, Commercial Press, 1921. xvii, 313 p. front., illus., plates, fold. maps, fold. plan, facsims.

MU MING, 穆鳴. Chinese-Moslems, The three centuries, translated by Chang Wen-chuan. Peking, 1955. 17, 38 p.

PICKENS, CLAUDE L. Annotated bibliography of literature on Islam in China. Hankow, Society of Friends of the Moslems in China, 1950. 72 p.

U.S. Office of Strategic Services. Research and Analysis Branch. Japanese infiltration among Muslims in China. [Washington] 1944. iii l., 146 p. (Its R and A no. 890.1).

———. Peoples and politics of China's northwest. Washington, 1945. 60 p. (Its R and A no. 1921).

Christianity and Foreign Missions

CARY-ELWES, COLUMBA, 1903- China and the cross; a survey of missionary history. New York, P.J. Kenedy [1957]; London, Longmans, Green, 1957. 323 p. illus.

LATOURETTE, KENNETH SCOTT, 1884- A history of Christian missions in China. New York, Macmillan, 1929. xii, 930 p. fold. map.

Nestorianism

BERNARD, HENRI, 1897- La découverte de nestoriens Mongols aux Ordos et l'histoire ancienne du christianisme en Extrême-Orient. Tientsin, Hautes Études, 1935. 75 p. Reprinted from Dossiers de la Commission synodale de Pékin, Juin-juillet 1935.

COULING, CHARLOTTE ELIZA, 1860- The luminous religion, a study of Nestorian Christianity in China, with a translation of the inscriptions upon the Nestorian tablet. London, Carey Press, 1925. 63, [1] p. front. "Reprinted from the 'Chinese recorder,' April and May, 1924."

DUVIGNEAU, AYMARD BERNARD, 1879- L'expansion nestorienne en Chine d'après Marco Polo. Pei-ping, Impr. des Lazaristes, 1934. 90 p. illus., plates. "Extrait du Bulletin catholique de Pékin, avril-novembre 1934."

FOSTER, JOHN. The church of the T'ang dynasty. London, Society for promoting Christian Knowledge; New York, Macmillan [1939] xvi, 168 p. fold. map, fold. tables.

The HISTORY of Yaballaha III, Nestorian patriarch, and of his vicar, Bar Sauma, Mongol ambassador to the Frankish courts at the end of the thirteenth century, translated from the Syriac and annotated by James A. Montgomery. New York, Columbia University Press, 1927. 82 p. (Records of civilization: sources and studies, ed. under the auspices of the Department of history, Columbia University).

HOLM, FRITS, 1881- My Nestorian adventure in China; a popular account of the Holm-Nestorian expedition to Sian-fu and its results, with an introduction by the Rev. Prof. Abraham Yohannan, illustrated with a map and thirty-three photographs by the author and a frontispiece. New York, Chicago, Fleming H. Revell, 1923. London, Hutchinson, 1924. 335 p. plates, 2 port. (incl. front.).

KLETT, HEINZ. Aufstieg und Untergang einer christlichen Missionsarbeit. Eine Untersuchung über die Gründe, die zum Zusammenbruch und Untergang der. Missionskirche die Nestorianer in Chine im Zeitalter der Tang-Dynastie geführt haben. Greifswald, 1942. 99 l. Diss. -Greifswald Theol Fakultie.

The MONKS of Ḳûblâi Khân, emperor of China; or, The history of the life and travels of Rabban Ṣâwmâ, envoy and plenipotentiary of the Mongol khâns to the kings of Europe, and Marḳôs who as Mâr Yahbh-Allâhâ III became patriarch of the Nestorian church in Asia; translated from the Syriac by Sir E.A. Wallis Budge. London [etc.] The Religious Tract Society [1928] xvi,335 p. illus., XVI plates (incl. front., ports., facsims.).

MOULE, ARTHUR CHRISTOPHER, 1873-1957. Christians in China before the year 1550. London, Society for promoting Christian Knowledge; New York and Toronto, Macmillan, 1930. xvi, 293, [1] p. front., illus., plates, plans (part fold.) facsims. (part fold.).

———. Supplement; a list of the Chinese words which are found in the book.

Shanghai, 1931. 14 p.
———. Nestorians in China; some corrections and additions. London, The China Society, 1940. 43 p. front., illus., facsims. (Sinological ser., 1).
NESTORIAN TABLET OF SIAN-FU. The Nestorian tablet and hymn; translations of Chinese texts from the first period of the church in China, 635-c.900, by John Foster. London, Society for promoting Christian Knowledge [1939] 26 p. (Texts for students, 49). Reprinted from the translator's The church of the T'ang dynasty. cf. p. 4.
ROSENKRANZ, GERHARD, 1896- Die älteste Christenheit in China, in den Quellenzeugnissen der Nestorianer-Texte der Tang-Dynastie, mit einem Vorwort von Dr. Merkel. Berlin-Steglitz, Verlag der Ostasien-Mission, 1938. vii, 76 p. (Schriftenreihe der Ostasien-mission, 3/4).
SAEKI, YOSHIRŌ, 1871- The Nestorian documents and relics in China. [2d ed.] Tokyo, Toho Bunkwa Gakuin: Academy of Oriental Culture, Tokyo Institute, 1951; 3rd ed. 1955. 1 v. (various pagings) illus., maps, facsims. 1st ed. 1916; reprint ed. 1937.
———. Catalogue of the Nestorian literature and relics. Tokyo, Maruzen, 1950. 50 p.

Catholicism
General Works

AUFHAUSER, JOHANN BAPTIST, 1881- Christentum und Buddhismus im Ringen um Fernasien. Bonn und Leipzig, K. Schroeder, 1922. xii, 400 p. (Bücherei der kultur und geschichte, 25).
BECKMANN, JOHANNES, 1901- Die katholische Missionsmethode in China in neuester Zeit (1842-1912) geschichtliche Untersuchung über Arbeitsweisen, ihre Hindernisse und Erfolge. Immensee, Schweiz, Verlag des Missionshauses Bethlehem, 1931. xvi, 202 p.
[BERTREUX, HENRI]. Au pays du dragon; illstrations de Shin-lou-ti. Paris, Maisonneuve et fils, 1922. 381, [2] p. illus., fold. map.
BIERMANN, BENNO MARIA, father, 1884- Die Anfänge der neueren Dominikanermission in China. Münster in Westfalen, Aschendorff, 1927. [vii]-xxii, 236 p. illus. (maps) (Missionswissenschaftliche abhandlungen und texte, 10).
BOUSTON, GABRIEL M. Das blaue Tal; ein Chinabuch. Aus dem Flämischen übertragen von Georg Hermanowski. Recklinghausen, Paulus Verlag, 1954. 294 p. maps.
CATHOLIC CHURCH. Codex juris canonici. Tentamen sensum Codicis iuris canonici, litteris sinicis reddendi privatim susceptum et peractum a Cyrillo Rudolpho Jarre et Li Ki Jen, 李啓人. Shantung, Typis Missionis Catholicae Tsinan, 1943. xxii, 622 p.
CHANG, CHRYSOSTOMUS, 張基所. Essai d'une adaptation des exercises spirituels à l'âme chinoise. Rome, 1952. 31 p. Thèse-Pont. Univ. Gregoriana.
CHINA INFORMATION COMMITTEE. Catholic church activities in war afflicted China. Hankow, The Committee [1938] cover-title, 33 p. illus. (incl. ports., facsim.).
COSTANTINI, CELSO, abp. 1876- Contra spem in spem. Le drame actuel des missions en Chine. Bruges, Abbayé du Saint-André, 1931. 439 p. (Les questions missionaires, 9).
CUENOT, JOSEPH, 1888- La mission du Kouangsi; au pays des Pavillons-noirs. Hong Kong, Impr. de Nazareth, 1925. 173 p.
———. Kwangsi, land of the Black banners, translated by Reverend George F. Wiseman. St. Louis, Mo., and London, B. Herder, 1942. xvii, 279 p. front. (map) ports.
DEVINE, W. The four churches of Peking. London, Burns, Oates and Washbourne [1930] 7-225 p. plates (1 col.) 2 port.
DURIEUX, A. La grande pitié de l'Église de Chine. Quelques faits, les causes.

Louvain, Éditions de l'Aucam, 1928. 47 p. (Les brochures de l'Aucam, 7).

ELIA, PASQUALE M. D', 1890- Catholic native episcopacy in China; being an outline of the formation and growth of the Chinese catholic clergy, 1300-1926. Shanghai, Tu-sè-wè Printing Press, 1927. v, 107 p. front., plates, tables, diagrs.

———. The Catholic missions in China; a short sketch of the history of the Catholic church in China from the earliest records to our own days. Shanghai, Commercial Press, 1934. xi, 122 p. fold. tables.

FISCHER, HERMANN. China, das grösste Missionsland. Steyl, Verlag der Missiondruckerei [192?] 32 p. illus. (His Missions-album, 3.).

GARNIER, J. B. HENRI. Le Christ en Chine; morituri te salutant! Paris, Picart [1928] 261 p.

———. Les missionnaires de Chine répondent à M. Levaux. Dijon, Impr. de Bernigaud et Privat, 1948. 43 p.

GERVAIS, EMILE. Un mois en Chine avec les soeurs missionnaires N. D. des Anges du diocèse de Sherbrooke. Sherbrooke, Canada, Messager St. Michel, 1937. 129 p. illus. plates, port. map.

HUGON, JOSEPH, 1893-1929. Mes paysans chinois. Paris, Dillen et cie [1930] 206 p. incl. plates, front. illus. (incl. maps, ports.).

HUONDER, ANTON, 1858-1926. Der chinesische Ritenstreit. Aachen, Aachener Missionsdruckerei, 1921. 47 p. (Abhandlungen aus Missionskunde und Missionsgeschichte, 22).

HUSEMANN, DIETRICH. Die rechtliche Stellung christlicher Missionen in China. (Ein Beitrag zum Studium des Ausländerschutzes.) Berlin, C. Heymann, 1934. 119 p.

JENSEN, HANS-WERNER, 1912- Christliche und nichtchristliche Eheauffassung dargestellt am Konfuzianismus. Eine Missionswissenschaftliche Untersuchung. Gütersloh, C. Bertelsmann, 1940. 134 p. (Allgemeine Missionsstudien, 24).

JUNOD, ENMY. Sur les bords du Fleuve Bleu. Petites nacelles dans les grandes eaux. Récits d'expériences missionnaires en Chine. Orange [chez l'auteur] 1931. iv, 290 p.

KASBAUER, SIXTA, 1888- Du hast für mich dein Herz verschwendet; katholisches Frauenheldentum in China. Kevelaer, Butzon und Bercker [1956] 280 p.

KEARNEY, JAMES F. The four horsemen ride again. Shanghai, Impr. de T'ou-sè-wè, 1940. 219 p. (Portraits of China ser., 2).

LEBBE, VINCENT, 1877-1940. Problèmes missionnaires; une lettre inédité. Louvain, Éditions SAM, 1942. 27 p.

LEGRAND, FRANCIS XAVIER. Apostolat intellectuel en Chine: quelques suggestions pour l'après-guerre. Louvain, Éditions de l'Aucam [1947] 98 p.

———. The intellectual apostolate in China; preface by Thomas Cardinal Tien, 田耕莘. Hong Kong, Catholic Truth Society, 1949. 210 p.

LEVAUX, LÉOPOLD. La Chine et les missions. Liege, Pensée catholique, 1926. 36 p. (Études religieuses).

McGRATH, WILLIAM CECIL, 1896- The dragon at close range. Scarboro Bluffs, Ont., St. Francis Xavier Seminary; Printed by A. B. C. Press, S. A., Shanghai, 1937. 13-209, [2] p. front., illus. (incl. ports.).

MARY JUST, Sister. China-1925; a mission investigation. [Cincinnati] Catholic Students' Mission Crusade [c1925] 55 p. (Paladin series).

———. Our neighbors the Chinese, by F. D. David. New York, Field Afar Press [1944] 92 p. plates, ports., double map. (World horizons series).

MARY ROSALIA, sister. One inch of splendor. Designs by Joseph Notarpole. New York, Field Afar Press [c1941] 3-90 p. illus., plates.

MATHIS, MARCIAN JOSEPH, 1918- The constitution and supreme administration of regional seminaries subject to the Sacred Congregation for the Propagation of the Faith in China; a historical synopsis and a commentary. Washington, Catholic University of America Press, 1952. x, 172 p. map. (Catho-

lic University of America. Canon law studies, 331).
MENKE, WILLIBRORD. Der gefesselte Schinfu. Erlebnisse eines deutschen Missionars unter chinesischen Räubern. Paderhorn, F. Schöningh, 1934. 128 p.
MERTENS, PIERRE XAVIER. La légend dorée en Chine; scènes de la vie de mission au Tchely sud-est (Vicarist apostolique de Sienhsien). Paris, Desclée de Brouwer, 1920; Paris, Spès, 1926. 2 v. illus. plates, map, facsims.
———. Gerbes chinoises. Paris, Castermann, 1935. 178 p. plates, map.
———. Du sang chrétien sur le fleuve Jaune. Actes de martyrs dans la Chine contemporaine. Paris, Spès, 1937. 192 p. map.
MEYER, BERNARD F., 1891- Mission methods in China: like to leaven. Hong Kong, Catholic Truth Society, 1950. viii, 280 p.
MILLOT, RENÉ PIERRE. La Chine découvre le Christ. Paris, Fayard [1957] 218 p. (Bibliothèque Ecclesia, 36).
MOIDREY, JOSEPH TARDIF DE, 1858- Notes sur les vingt-quatre dernières années des cinq regions synodales de Chine. Zi-ka-wei, Impr. de T'ou-sè-wè, 1930. 23 p. illus. (incl. map, tables).
PÉLOQUIN, BONAVENTURE. Débuts d'un missionnaire. Montreal, 1921. 224 p.
RENAUD, ROSARIO. Süchow, diocèse de Chine. Montréal, Éditions Bellarmin, 1955. 504 p. plates (incl. port.) maps, tables ("Service de Dieu," 14).
RENAULT-ROULIER, GILBERT, 1904- Pourpre des martyrs [par] Rémy [pseud.] Paris, A. Fayard [1953] 379 p. illus.
ROSSO, ANTONIO SISTO, 1904- Apostolic legations to China of the eighteenth century. South Pasadena, P.D. and I. Perkins, 1948. 502 p. facsims. Issued also as thesis, Columbia University.
RYAN, THOMAS F., 1889- China through Catholic eyes. Hong Kong, Catholic Truth Society of Hong Kong; distributed by the Catholic Students' Mission Crusade, Cincinnati, Ohio [1942] [13]-149 p. illus. (incl. ports.) 1st ed. Hong Kong, 1941.
THAUREN, JOHANNES, 1892- Die Missionen in Schantung, mit allgemeiner Einführung über China und die chinesische Mission. [Steyl, Missionsdruckerei, 1931] 94 p. fold. maps.(His: Die Missionen der Gesellschaft des göttliches Wortes in den heidenländern, 1. 1.).
———. Die Mission in Kansu, Ost-Turkestan und Honan. [Steyl, Missionsdruckerei, 1931] 55, [1] p. fold. maps. (His: Die Missionen der Gesellschaft des göttliches Wortes in den heidenländern, 1. 2.).
THIRY, IGNACE. La passion des Frères Maristes en Chine. 2e éd. Genval, Éditions Marie-Médiatrice, 1956. 93 p. port. plates.
VANHEE, LOUIS. Retraites modernes en Chine. Paris, Lethielleux, 1921. 43 p. (Bibliothèque des exercises de Saint-Ignace).
[VIANI,] 1690 (ca.)-1739. Die Niederlage des Papstes vor dem Drachenthron. Ein erstmals veröffentlichtes Dokument aus der Geschichte der römischen Kirche, aus dem Italienischen übers. und hrsg. von Herbert Melzig. Leipzig, T. Fritsch (jun.) [c1935] 63 p.
The VOICE of the church in China, 1931-32, 1937-38, with a preface by Dom Pierre-Célestin Lou Tseng-tsiang. London, New York [etc.] Longmans, Green [1938] xxv, 120 p.
WATHÈ, HENRY. La Chine qui s'éveille; nouvelle édition des fleurs et épines du Kiangsi. Vichy, 1926. xxi, 271 p. front. illus., map.
———. La belle vie du missionnaire en Chine; récits et croquis. Vichy, Maison du Missionnaire [1931] 2 v. front., plates, ports.
WILLEKE, BERNWARD HENRY, 1913- Imperial government and Catholic missions in China during the years 1784-85. St. Bonaventure, N.Y., Franciscan Institute, 1948. xiv, 227 p. (Franciscan Institute publications. Missiology series, 1). Issued also as thesis, Columbia University.
WILMET, LOUIS, 1881- Les Frères Maristes en Chine. Genval, Secrétariat des Oeuvres et Missions des Frères Maristes de Belgique, 1942. 108 p.

Franciscans

AROUD, CYPRIEN. La vie en mission. Paris, Maison du missionnaire, 1936. 312 p. plates.

———. En mission. Extraits de lettres 1890-1928. Paris, Impr. franciscaine missionnaire, 1938. 298 p. (Collection missionarius).

AUMASSON, THEOBALD. La croix sur la pagode: Père Theodoric Balet, martyr franciscain. 2e éd. Brive, Éditions Echo des Grottes, 1946. 95 p. illus.

BATTON, ACHATIUS, 1886- Wilhelm von Rubruk, ein Weltreisender aus dem Franziskanerorden, und seine Sendung in das Land der Tataren. Münster in Westf., Aschendorff, 1921. xii, 78 p. (Franziskanische studien, 6).

DAWSON, CHRISTOPHER HENRY, 1889- ed. The Mongol mission; narratives and letters of the Franciscan missionaries in Mongolia and China in the thirteenth and fourteenth centuries. Translated by a nun of Stanbrook Abbey. New York and London, Sheed and Ward, 1955. xxxix, 246 p. illus., fold. map. (The Makers of Christendom).

GHELLINCK, JOSEPH DE, 1872- Les franciscains en Chine aux XIIIe et XIVe siècles. Louvain, Belgique [1927] 2 v. (Xaveriana. 4e sér., nº 42, juin 1927; nº 44, août 1927. [Série Chine: nº 3-4]).

GIOVANNI DI PLANO CARPINI, abp. of Antivari, 1245-47. Johann de Plano Carpini, Geschichte der Mongolen und Reisebericht 1245-47, übersetzt und erläutert von Friedrich Risch. Leipzig, Pfeiffer, 1930. xvi, 405 p. (Leipzig. Universität. Forschungs-instituts für vergleichende Religions-geschichte. Veröffentlichungen, 11. Reihe, Hft. 11).

HABIG, MARION ALPHONSE, 1901- In journeyings often; Franciscan pioneers in the Orient. New York, Franciscan Institute, St. Bonaventure University, 1953. 319 p.

———. Pioneering in China; the story of the Rev. Francis Xavier Engbring, O.F.M., first native American priest in China, 1857-95, with sketches of his missionary comrades, with a foreword by the Most Rev. Francis J. Beckman. Chicago, Franciscan Herald Press, 1930. xiv, 17-155 p. front., ports.

HSIANG, PAUL STANISLAUS, 向保祿, 1917- The Catholic missions in China during the Middle Ages, 1294-1368. Washington, Catholic University of America Press, 1949. xiii, 43 p. (The Catholic University of America. Studies in sacred theology, 2d ser., [37]). Excerpt from thesis-Catholic University of America.

KOMROFF, MANUEL, 1890- ed. Contemporaries of Marco Polo, consisting of the travel records to the eastern parts of the world of William Rubruck [1253-55]; the journey of John of Pian de Carpini [1245-47]; the journal of Friar Odoric [1318-30] and the oriental travels of Rabbi Benjamin of Tudela [1160-73]. Edited by Manuel Komroff. New York, Boni and Liveright [c1928] xxiii, [1], 3-358 p. illus. [The black and gold library].

LANGE, P. VITALIS. Das apostolische Vikariat, Tsinanfu; franziskanische Missionsarbeit in China. Werl, Provinzial-Missionsverwaltung, 1929. [211] p. front. illus. plates, ports., maps, tables.

LHOTTE, CÉLINE. Dame Pauvreté chez les Mongols; L'épopée franciscaine de Jean de Pian Carpin et de Guillaume de Rebrouck au XIII siècle [par Céline Lhotte et Elisabeth Dupeyrat] Paris, Édition franciscaines [1947] 190 p.

MASS, OTTO, 1884- Die Wiedereröffnung der Franziskanermission in China in der Neuzeit. Münster i. W., Aschendorffsche Verlagsbuchhandlung, 1926. xxix, 183 p. (Missionswissenschaftliche Abhandlungen und Texte. 9).

O'SULLIVAN, DANIEL FRANCIS. Life sketch of Mother Mary Lawrence, F.M.M. Boston, Propagation of the Faith [1925] 54 p.

RICCI, JEAN. Avec les Boxers chinois, traduit et préface par R.P. Théobald Aumasson. Bordeaux, Missions franciscaines, 1948. 92 p.

ROMB, ANSELM M. Mission to Cathay, the biography of Blessed Odoric of Pordenone. Paterson, N.J., St. Anthony Guild Press, 1956. 153 p.

RUYSBROEK, WILLEM VAN, 13th cent. Der Bericht des Franziskaners Wilhelm van Rubruk über seine Reise in das Innere Asiens in den Jahren 1253-55; erste vollständige Übersetzung aus dem Lateinischen, hrsg. und bearbeitet von Hermann Herbst. Leipzig, Griffel-Verlag, 1925. xxvii, 200 p. facsim. front. fold. map.

———. Reise zu den Mongolen 1253-55, übersetzt und erläutert von dr. Friedrich Risch. Leipzig, A. Deichertsche Verlagsbuchhandlung D. Werner Scholl 1934. viii, 336 p. ([Staatliche forschungsinstitute in Leipzig] Veröffentlichungen des Forschungsinstituts für vergleichende religionsgeschichte an der Universität Leipzig. II. reihe, 13).

———. The journey of William of Rubruck to the eastern parts of the world, 1253-55, as narrated by himself, with two accounts of the earlier journey of John of Pian de Carpine. Tr. from the Latin and ed., with an introductory notice, by William Woodville Rockhill. London, Printed for the Hakluyt Society, 1900. Reprint ed. Peking, 1941. lvi, 304 p. fold. map. (Works issued by the Hakluyt society. 2d ser. no. IV).

SALOTTI, CARLO, cardinal, 1870- Sister Mary Assunta, the seraphic flower of the Franciscan missionaries of Mary, translated by Rev. Thomas F. Cullen. North Providence, R.I., Franciscan Missionaries of Mary, 1931. 249 p. front., plates, ports.

WYNGAERT, ANASTAAS VAN DEN, 1884- ed. Sinica franciscana, collegit, ad fidem codicum redegit et adnotavit p. Anastasius van den Wyngaert. Ad Claras Aquas (Quaracchi-Firenze) apud Collegium s. Bonaventurae, 1929-54. 5 v. fold. maps.

See also Mongolia-missions

Jesuits

ALLAN, CHARLES WILFRID, 1870- Jesuits at the court of Peking. Shanghai, Kelly and Walsh [1935] 300 p. plate, ports., facsim.

BERNARD, HENRI, 1897- Aux portes de la Chine; les missionnaires du seizième siècle, 1514-88. Tientsin, Hautes Études, 1933. xxvii, 283 p.

———. Aux origines du cimetière de Chala, le don princier de la Chine au P. Ricci (1610-11). Tientsin, Hautes Études, 1934. 52 p. illus. fold. plan. Extract du Bulletin Catholique de Pékin, 1934.

———. L'apport scientifique du Père Matthieu Ricci à la Chine. Tientsin, Hautes Études, en vente à la Procure de la Mission de Sienshien, 1935. [7], 88 p.

———. Matteo Ricci's scientific contribution to China. Translated by Edward Chalmers Werner. Peiping, H. Vetch, 1935. 108 p. front., facsims.

———. Les îles Philippines du grand archipel de la Chine; un essai de conquête spirituelle de l'Extrême-Orient, 1571-1641. Tientsin, Hautes Études, en vente à la procure de la Mission de Sienhsien, 1936. viii, 227 p.

———. Le père Matthieu Ricci et la société chinoise de son temps (1552-1610). Tientsin, Hautes Études, 1937. 2 v.

———. Le voyage du Père de Fontaney au Siam et à la Chine, 1685-87, d'après des lettres inédites. Tientsin, Éditions Cathasia, 1942. cover-title, 54 p. "Extrait du Bulletin de l'Université l'Aurore, série III, tome III, 2."

———. Un correspondant de Bernard de Jussieu en Chine. Le Père Le Chéron d'Incarville, missionnarie francais de Pékin, d'après de nombreux documents inédits. Paris, J. Peyronnet, 1949. 58 p. plates. (Cathasia; série culturelle des Hautes études de Tientsin.) Reprinted from "Archives internationales d'histoire des Sciences" Tome 2, 1949.

BROU, ALEXANDRE, 1862- Jésuites missionnaires; une siècle, 1823-1923. Paris, "Éditions Spes," 1924. vii, 93 p. incl. tables.

———. Cent ans de missions, 1815-1934; les jésuites missionnaires au XIXe et au XXe siècle. Paris, Éditions Spes, 1935. 312 p. illus. (maps).

CHABRIÉ, ROBERT. Michel Boym, jésuite polonais et la fin des Ming en Chine (1646-62) Contribution à l'histoire des missions d'Extrême-Orient. Paris, Pierre Bossuet, 1933. A-Q, i, [1], 283 p. maps.

CHEN, STANISLAUS, 陳鳳同. Historia tentaminum mission ariorum Societatis Jesu pro liturgia Sinica in saeculo. Rome, 1951. xvii, 189 p. Thèse-Pont. Univ. Urbanianam.

CRONIN, VINCENT. The wise man from the West. London, R. Hart-Davis; New York, Dutton, 1955. 300 p. illus.

DUHR, JOSEPH. Une Jésuite en Chine: Adam Schall, astronome et conseiller impérial (1592-1666). Adaptation de l'ouvrage du Père A. Väth. Louvain, Lessianum; Bruxelles, L'Édition universelle, 1936. 184 p. front. ports. (Museum Lessianum, Section missiologique, 23).

DUNNE, GEORGE HAROLD, 1905- The Jesuits in China in the last days of the Ming dynasty. Chicago, 1947. Film copy of type-written manuscript. Positive. Collation of the original: 76 l. Part of thesis-University of Chicago, 1944.

FRANCISCO XAVIER, Saint, 1506-52. Briefe, 1542-52, ausgewählt, übertragen und kommentiert von Elisabeth Gräfin Vitzthum. [3. verb. Aufl.] München, Kösel-Verlag [1950] 364 p. front., fold. map. (Hochland-Bücherei).

HAY, MALCOLM [VIVIAN]. Failure in the Far East: why and how the breach between the western world and China first began. London, Spearman, 1957. xi, 202 p.

HERMAND, LOUIS. Les étapes de la mission du Kiangnan, 1842-1922. Zi-ka-wei, Impr. de la mission, Orphelinat de T'ou-sè-wè, 1926. vi, 59 p. incl. illus., port., maps, tables, diagr. fold. tables.

———. Les étapes de la mission du Kiangnan, 1842-1922 et de la mission de Nanking, 1922-32. Zi-ka-wei, Impr. de la mission, Orphelinat de T'ou-sè-wè, 1933. vi, 90 p. illus. (incl. ports., maps, diagrs.).

HUGON, JOSEPH, 1893-1929. La mission de Nankin. Vanves (Seine) Impr. franciscaine missionnaire [1925] 20 p. illus. (incl. map) diagr.

LA SERVIÈRE, JOSEPH DE. Les anciennes missions de la Campagné de Jésus en Chine 1552-1914. Changhai, Impr. de la mission, Orphelinat de T'ou-sè-wè, 1924. iv, 82 p. incl. front., illus. maps (1 fold.).

———. La nouvelle mission du Kiang-nan (1840-1922). Changhai, Impr. de la mission, Orphelinat de T'ou-sè-wè, 1925. iv, 50 p. illus. plates (ports.), map.

LAWLOR, RICHARD V., 1914- The basic strategy of Matthew Ricci, S.J., in the introduction of Christianity in China. Romae, 1951. 32, [1] p. Thèse-Pont. Univ. Gregoriana.

MISSION du Kiang-nan, 1867-1925. Aperçu sur les oeuvres des religieuses auxiliatrices des âmes du purgatoires. Changhai, Le Presse Oriental, 1926. 89 p.

PFISTER, ALOYS, 1833-91. Notices biographiques et bibliographiques sur les Jésuites de l'ancienne mission de Chine, 1552-1773. Chang-hai, Impr. de la Mission catholique, 1932-34. 2 v. plates, facsims. (Variétés sinologiques, 59-60).

PLATTNER, FELIX ALFRED, 1906- Jesuiten zur See; der Weg nach Asien. Ein Beitrag zur Geschichte der Entdeckungen. Zürich, Atlantis [1946] 367 p. plates, ports.

———. Jesuits go East. Translated from the German by Lord Sudley and Oscar Blobel. Dublin, Clonmore and Reynolds [1950]; Westminster, Md., Newman Press, 1952. 283 p. map (on lining papers).

PORTRAITS of China by American Jesuits in Shanghai, Nanking and Hai-Chow. Shanghai, Gonzaga College, 1936. 104 p. illus.

RICCI, MATTEO, 利瑪竇, 1552-1610. China in the sixteenth century: the journals of Matthew Ricci, 1583-1610; translated from the Latin by Louis J. Gallagher. With a foreword by Richard J. Cushing, Archbishop of Boston. New York, Random House [1953] xxii, 616 p. ports.

ROWBOTHAM, ARNOLD HORREX, 1888- Missionary and mandarin, the Jesuits at the court of China. Berkeley and Los Angeles, University of California Press, 1942. xi, 374 p. front., plates, ports.

SCHALL VON BELL, JOHANN ADAM, 湯若望, 1592?-1666. Relation historique [des événements qui se produisirent à l'occasion de la correction du calendrier chinois] Lettres et mémoires, édités par Henri Bernard. Texte latin avec traduction française du P. Paul Bornet. Tientsin, Hautes Études, 1942. xvi, 462 p. (Série culturelle des Hautes Études de Tientsin).

SCHICK, JULIUS M. Diplomatic correspondence concerning the Chinese missions of the American Vincentians, 1929-34. Washington, D.C., Catholic University of America, 1951. vi, 98 numb. l. map. Thesis-Catholic University of America.

SOULIÉ, CHARLES GEORGES, 1878- L'épopée des jésuites français en Chine (1534-1928) par George Soulié de Morant. Paris, B. Grasset, 1928. 295, [1] p.

TARANZANO, CHARLES. Sur les traces du Père Mathieu Ricci; tables analytiques des principaux ouvrages du Père Henri Bernard, S.J. concernant l'Extrême-Orient, avec une liste bibliographique et différentes cartes. Tientsin, Hautes Études, 1939. vi, 102 p. maps, plan.

TRIGAULT, NICOLAS, 金尼閣, 1577-1628. The China that was; China as discovered by the Jesuits at the close of the sixteenth century [by] L.J. Gallagher, S.J., from the Latin of Nicholas Trigault, S.J. Milwaukee, The Bruce Pub. Co. [1942] xx, 199 p. front., ports., fold. map.

VÄTH, ALFONS, 1874-1937. Johann Adam Schall von Bell, S.J., Missionar in China, kaiserlicher Astronom und Ratgeber am Hofe von Peking, 1592-1666; ein Lebens-und Zeitbild. Köln, J.P. Bachem, g.m.b.h., 1933. xx, 380 p. incl. illus. (incl. facsims.) geneal. tables. front. (port.) (Veröffentlichungen des Rheinischen museums in Köln. 2. bd.).

VERBIEST, FERDINAND, 南懷仁, 1623-88. Correspondance de Ferdinand Verbiest de la Compagnie de Jésus (1623-88) directeur de l'observatoire de Pékin, par H. Josson, S.I., et L. Willaert, S.I. Bruxelles, Palais des académies, 1938. xxiv, 591, [1] p. [Académie royale des sciences, des lettres et des beaux-arts de Belgique, Brussels. Commission royale d'histoire. Publications in-octavo. 49].

ZI-KA-WEI. BUREAU SINOLOGIQUE. Clergé chinois au Kiang-nan sous les Tatsing en excluant les jésuites et les élèves du séminaire de Nan-king. Bureau sinologique de Zi-ka-wei. Shanghai, Impr. de T'ou-sè-wè, près Zi-ka-wei, 1933. 67 p.

Lazarists

BOUCHOT, JEAN. Les plagiats du R.P. Evariste Huc, Lazariste, ou l'art d'accommoder les "Lettres édifiantes et curieuses." Hanoi, Impr. d'Extrême-Orient, 1925. 23 p.

BRANDT, JOSEPH VAN DEN, 1883- comp. Catalogue des principaux ouvrages sortis des presses des Lazaristes à Pékin de 1864 à 1930. Pékin, Henri Vetch, 1933. x, 124 p. facsims.

———. Les lazaristes en Chine, 1697-1935; notes biographiques recueillies et mises à jour par J. van den Brandt. Peiping, Impr. des Lazaristes, 1936. viii, 321 p.

CHATELET, ARISTIDE. Jean-Gabriel Perboyre de la Congrégation de la mission (Lazaristes) martyr. Meudon, Librairie vincentienne [1943] 364 p. illus., ports.

HENRY, LÉON. Le siège du Pé-t'ang dans Pékin en 1900, le commandant Paul Henry et ses trente marins. [Pékin, Impr. des Lazaristes du Pé-t'ang, 1921] vi, 366 p. illus., ports., plans.

HUBRECHT, ALPHONSE. Une effroyable hécatombe; les martyrs de Tientsin

(21 Juin 1870), d'après les documents contemporains. Pékin, Impr. des Lazaristes [1928] xxvi, 225 p. illus. (plan), plates, ports.

———. La mission de Pékin et les Lazaristes. Pékin, Impr. des Lazaristes, 1939. xliv, 382 p. front. (map) illus.

MONTGESTY, G. DE. Two Vincentian martyrs, Blessed Francis Regis Clet, C. M., Blessed John Gabriel Perboyre, C. M., adapted from the French of G. de Montgesty by Florence Gilmore. Maryknoll, N. Y., Catholic foreign mission society of America [c1925] v, 182 p. front., plates, ports. The original French edition appeared in 2 vols.: Soldat du Christ, le Bienheureux François-Regis Clet, par G. de Montgesty, Paris, 1906; and Temoin du Christ, le Bienheureux Jean-Gabriel Perboyre, par G. de Montgesty, Paris, 1905.

PLANCHET, JEAN MARIE. Documents sur les martyrs de Pékin pendant la persécution des Boxeurs. Pékin, Impr. des Lazaristes, 1922-23. 2 v. illus. (incl. plans) plates (part fold.) ports., maps (1 fold.).

———. Les Lazaristes à Suanhoafou, 1783-1927. Pékin, Impr. des Lazaristes, 1927. 185 p. illus. ports., fold. map.

———. Le cimetière et les oeuvres catholique de Chala, 1610-1927. Pékin, Impr. des Lazaristes, 1928. vii, 287, [1] p. illus., plates, ports., fold. plans.

THOMAS, A. Histoire de la mission de Pékin. Paris, L. Michaud, 1923-25. 2 v illus. (incl. ports., plans) facsim.

American Catholics

[BYRNE, PATRICK JAMES, bp.,] 1888-1950, ed. Father Price of Maryknoll; a short sketch of the life of Reverend Thomas Frederick Price, missioner in North Carolina, co-founder of Maryknoll, missioner in China. Compiled from the letters of his friends by a priest of Maryknoll. Maryknoll, N. Y., Catholic Foreign Mission Society of America [1923] xv, 93 p. front., plates, ports.

CARY, WILLIAM WALTER, 1887- Story of the National Holiness Missionary Society. Chicago, National Holiness Missionary Society, 1940. xii, 353 p. double front., plates, ports., map.

CATHOLIC FOREIGN MISSION SOCIETY OF AMERICA. Maryknoll mission letters, China; extracts from the letters and diaries of the pioneer missioners of the Catholic Foreign Mission Society of America. New York, Macmillan, 1923-27. 2 v. plates, ports., maps.

———. Maryknoll mission letters, China. (1942-46) New York, Field Afar Press, 1942-46. 10 v. (semi-annual).

COSGROVE, JOSEPH G. Accent on laughter; a life sketch of Father Lawrence A. Conley, M. M., Maryknoll missioner in South China. New York, McMullen Books [c1952] 102 p.

DEASE, ALICE. Bluegowns; a golden treasury of tales of the China missions. Maryknoll, N. Y., Catholic Foreign Mission Society of America, 1927. viii, 224 p. illus.

FORD, FRANCIS XAVIER, Bp., 1892-1952. Stone in the King's highway; selections from the writings of Bishop Francis Xavier Ford (1892-1952) with introductory memoir by Raymond A. Lane. New York, McMullen Books, 1953. 297 p.

GOODRICH, LUTHER CARRINGTON, 1894- American catholic missions in China. Peking, Express Press [1927] 18 p.

HAGSPIEL, BRUNO MARTIN, 1885- Along the mission trail. Vol. 4: China. Techny, Mission Press, S. V. D., 1927. 392 p. plates, map.

KROCK, GEORGE L. Stop killing dragons; letters to a Roman knight from a Maryknoll missioner; illus. by Weda Yap. [New York] D. X. McMullen Co. [1947] ix, 137 p. illus.

McSHANE, JOHN FRANCIS. My brother, the Maryknoll missionary; a life of the

Rev. Daniel Leo McShane, M.M. St. Meinrad. Ind., Abbey Press, 1932. 7-116 p. front., plates, ports.

MAGUIRE, THEOPHANE, father, 1898- Hunan harvest. Milwaukee, The Bruce Pub. Co. [1946] xii, 191, [1] p. illus.

MURRETT, JOHN C. The story of Father Price: Thomas Frederick Price, co-founder of Maryknoll. New York, McMullen Books [1953] 116 p.

REID, RICHARD, 1896- Three days to eternity; being the story of Father Sandy Cairns, Maryknoll missioner and modern apostle, by Richard Reid and Edward J. Moffett. Westminster, Md., Newman Press, 1956. 179 p.

TENNIEN, MARK A., 1900- Chungking listening post. New York, Creative Age Press, inc. [1945] xiv, 201 p. front., plates, ports.

WALSH, JAMES EDWARD, bp., 1891- Father McShane of Maryknoll, missioner in South China. New York, L. MacVeagh, Dial Press, Inc., 1932. 227 p. front., plates, ports.

——. The man on Joss Stick Alley. New York, Longmans, Green [1947] [6] l., 3-146 p. illus.

Lives of Catholic Missionaries

AULITZKY, JOSEF M. Fu-Shenfu; ein Sohn des "heiligen Land Tirols" im "heiligen Lande des Konfuzius." Kurzes Lebensbild des Père Josef Freinademetz, des ersten österreichischen Missionars der Gesellschaft des Göttlichen Wortes. Mödling bei Wien, Missionsdruckerei St. Gabriel [1932] 32 p.

BAUDRY, FERDINAND. The life of Henry Dorié, Martyr. Translated by Lady Herbert. New York, The Catholic Publication Society, n.d. xii, 116 p.

BAUR, JOHANNES. Der Diener Gottes, P. Joseph Freinademetz SVD, 1852-1908; das Leben eines heiligmässigen Chinamissionärs. 3., verb. und erweiterte Aufl. Varone (Trento) Missionshaus des Göttlichen Wortes, 1942. 84 p. illus., ports.

BAZIN, MARIE RENÉ, 1883- Mère Saint-Dominique, auxiliatrice du Purgatoire. Missionnaire en Chine 1842-1927. Paris, Spès, 1935. 260 p.

BEAUFAYS, IGNACE. Le père Victorin, martyr en Chine (1870-98). Bruxelles, Éditions du Chant d'oiseaux [1944] 49, [2] p.

BECKMANN, JOHANNES, 1901- Msgr. Theodor Josef, Prokurator der Propaganda in China und erster apostolischer Präfekt von Hongkong 1804-42. Freiburg, Buchdruckerei St. Paul, 1942. 39 p.

BLARER, M. TH. DE. Soeur Marie de Saint-Nathalie, une des sept victimes de Tai-yuan-fou, 1900. Vanves (Seine), Impr. franciscaine missionnaire, 1932. 30 p. plates, ports.

BOLAND, A. Le Père Lebbe, était-il jeune? 3e éd. Louvain, Éditions SAM, 1941. 32 p.

——. Le Père Lebbe donne des conseils. Louvain, Éditions SAM, 1942. 32 p.

——. Le Père Lebbe et ses bibelots de luxe. Louvain, Éditions SAM, 1942. 43 p.

BOWLBY, APOLLINE, Sister, 1877-1942. A Sister of Charity in China (Sister Apolline Bowlby) during the wars, 1926-42. London, To be bought at St. Vincent's [1946] 87 p. plates, ports.

DE JAEGHER, RAYMOND J., 1905- Father Lebbe, a modern apostle. Louvain, Éditions SAM; New York, Paulist Press, 1950. 40 p. front., illus.

DRAGON, ANTONIO. Le père Bernard. Montréal, Le Messager Canadien, 1948. 237 p. illus.

FLACHÈRE, A[UGUST]. Monseigneur de Guébriant: Le missionnaire. Préf. du duc de Broglie; lettre liminaire du R.P. Robert. Paris, Plon, 1946. 587 p. illus.

FOUCAULT, ALPHONSE GABRIEL, bp. 1843-1929. Le vénérable Jean-Matin Moyë, missionnaire apostolique, foundateur des Soeurs de la Providence en Lorraine et des Vierges enseignantes en Chine. Lille, Desclée de Brouwer,

1929. x, 95 p.
———. The Venerable Jean-Martin Moÿe, apostolic missionary: founder of the Sisters of providence in Lorraine: and the Christian virgins in China; translated from the French of the Most Reverend A.G. Foucault by the Sisters of divine providence of Kentucky; foreword to the English translation by Reverend Peter Guilday. Melbourne, Ky., Sisters of Divine Providence of Kentucky [c1932] xii, 103 p. incl. front. (mounted port.) plates.
GARNIER, HENRI. Introduction à la vie réelle de Père Lebbe. Dijon, Impr. de Bernigaud et Privat, 1949-51. 2 v.
GERARDY, G. Le Père Lebbe et nous. 2e éd. Louvain, Éditions SAM, 1942. 32 p.
GOSSET, E. Le Père Lebbe chez les curés. 2e éd. Louvain, Éditions SAM, 1942. 31 p.
GOYAU, GEORGES, 1869-1939. Jean-Martin Moyë, missionnaire en Chine, 1772-83. Paris, Alsatia, 1937. 234 p.
HENNINGHAUS, AUGUSTIN. P. Josef Freinademetz, SVD. Sein Leben und Wirken, zugleich Beiträge zur Geschichte der Mission Sud-schantung. 2 Aufl. Yenchowfu, 1926. vi, 653 p. front., ports., map.
H., M.L. [HINTON, MARY LOW]. Sister Xavier Berkeley (1861-1944) Sister of Charity of St. Vincent de Paul; fifty-four years a missionary in China, by M. L.H. With a foreword by John C.H. Wu. London, Burns, Oates, 1949. xxii, 257 p. plates, ports., map (on lining papers).
KASBAUER, SIXTA, sister, 1888- Gold, Weihrauch und Myrrhe, Lebensbild von schwester Laurentiana Kraemer, Chinamissionarin. Steyl, post Kaldenkirchen, Rheinland, Missionsdruckerei [1941] 167, [1] p. front., plates, ports.
KERVYN, JOSEPH. Réminiscences des beaux jours passés. Bruxelles, Impr. F. van Buggenhoudt, 1949. 15 p.
LEBBE, VINCENT, 1877-1940. En Chine, il y a du nouveau: le Père Lebbe nous écrit. Liège, La Pensée catholique, 1930. 236 p. incl. front. plates, ports. maps (1 fold.).
———. Les monastères du Père Lebbe. Deux lettres du Père Lebbe présentées par G. Renirkens. Louvain, Éditions SAM, 1942. 32 p.
———. Le Père Lebbe, apotre moderne de la Chine. Lille, Éd. Catholicité, 1944. 24 p. illus. maps.
———. Pensées et maximes du Père Lebbe, apôtre de la Chine moderne (1877-1940) Recueillies et présentées par Léopold Levaux. [Bruxelles, Éditions universitaires, 1951] 118 p. port.
LECLERCQ, CHANOINE JACQUES. Vie du Père Lebbe, le tonnerre qui chante au loin. Paris, Casterman, 1955. 353 p. plates, ports. map. (L'Église vivante).
LEVAUX, LÉOPOLD. Le Père Lebbe (1877-1940), apôtre de la Chine moderne. Bruxelles, Éditions universitaires [1948] 468 p. illus. map.
LOETSCHER, ANTON. Robert zieht gegen die Räuber. Eine Abenteuer-Geschichte von P. Anton Loetscher. Der. Flieger von Tschitembo. Eine Missions-Geschichte aus "Unsere Fahne." Umschlag und Zeichnungen von Armin Bruggisser. Luzern, Rex-Verlag, 1945. iv, 128 p.
[MARY OF ST. AUSTIN, mother]. Fifty-six years a missionary in China; the life of Mother St. Dominic, Helper of the holy souls, with a preface by Archbishop Goodier, S.J., and a foreword by the Bishop of Nanking. London, Burns, Oates [1935] xix, 249 p. front., plates, port.
MAZEAU, HENRY. L'heroïne de Pé-tang; Hélène de Jaurias. Paris, Téqui, 1928. 308 p.
———. The heroine of Pe-T'ang; Hélène de Jaurias, Sister of Charity (1824-1900). Translated from the French by an Ursuline, grand-niece of Hélène de Jaurias. New York, Benziger Brothers, 1928; London, Burns, Oates, 1928. viii, 252 p. front. (port.).

NANTEUIL, JACQUES. L'épopée missionnaire de Théophane Vénard. Paris, Bloud et Gay [1950] 119 p.

PÉLOQUIN, BONAVENTURE. Débuts d'un missionnaire. Montreal, 1921. 224 p.

PLUS, RAOUL, 1882- Jean-Martin Moyë, prêtre de la Société des missions étrangères de Paris. Foundateur des soeurs de la Providence. Paris, Beauchesne et ses fils, 1947. 173 p. illus.

———. Shepherd of untended sheep; John Martin Moyë, priest of the Society of the Foreign Missions of Paris, founder of the Sisters of Divine Providence. Translated from the French by Sister James Aloysius [and] Sister Mary Generosa. Westminster, Md., Newman Press, 1950. xv, 180 p. illus., ports.

STENZ, GEORGE MARTIN. Life of Father Richard Henle, S.V.D. 2d ed. Techny, Ill., Mission Press, 1921. 1st ed. 1915.

———. comp. Twenty-five years in China, 1893-1918. Techny, Ill., Mission Press, 1924. 134 p. incl. front., illus.

TROCHU, FRANCIS, 1877- Un martyr français au XIXe siècle, la bienheureux Théophane Vénard, prêtre de la Société des missions-étrangères de Paris (1829-61) d'après sa correspondance, les témoignages de sa cause et du nombreux documents inédits. Lyon, Paris, E. Vitte, 1929. xvi, 537, [1] p. front.(port.) illus.(incl. maps, plan) fold. facsim.

WEBER, ELIZABETH JOSEPHINE, 1896- Celestial honeymoon; the life of Sister Catherine Buschman of the Daughters of Charity of St. Vincent de Paul. Foreword by Mother Mary Joseph. New York, Benziger, 1950. viii, 167 p.

Lives of Chinese Catholics

BARBIER, JEAN. Monseigneur Tchou, colporteur de chaussettes. Paris, Le Centurion, 1955. 114 p. plates (L'aventure missionnaire, 3).

CASTEL, EUGÈNE, 1885- Rose de Chine, Marie-Thérèse Wang, 汪大潤, 1er avril 1917, 24 février 1932. Pékin, Impr. des Lazaristes, 1933. viii, 91, [2] p. front., plates, ports., facsim.

———. Rose of China, 1917-32; translated from the French of Rev. E. Castel, C.M., by Rev. Basil Stegmann, O.S.B. New York, Benziger Brothers, 1934. x, 13-131 p. incl. front., illus., ports., facsim.

COUTURIER, J. Un séminariste chinois, fidèle imitateur de St. Jean Berchmans, Berthélemy Zin, 1er Septembre 1903-4 juillet 1925. Changhai-Zi-ka-wei, 1926. v, 46 p. incl. illus. port., facsims.

DEJAIFFE, J. Mgr. Yupin, 于斌, vous parle. Introduction d'Yvonne Poncelet. Bruxelles, Éditions auxilliaires laiques des missions, 1945. 53 p. port.

DUHAMELET, GENEVIÈVE. Dom Lou, 陸徵祥, (1871-1949), homme d'État, homme de Dieu. Bruxelles, Foyer Notre-Dame, 1954. 16 p.

LO, PA-HONG, JOSEPH, 陸伯鴻, 1875-1937. China's apostle of charity, Joseph Lo Pa Hong, his life and works for the cause of God's poor. Shanghai, Catholic Mission Press, 1938. 24 p. illus.

LOU, TSENG-TSIANG, 陸徵祥, [Lu Chêng-hsiang], 1871-1949. Souvenirs et pensées. Bruges, Desclée, de Brouwer [1945]; Paris, Éditions du Cerf, 1948. 171 p. illus. ports.

———. Ways of Confucius and of Christ. Translated by Michael Derrick. London, Burns, Oates, 1948. x, 140 p. plates, ports.

———. Konfuzianer und Christ. Deutsche Übertragung von Kaspar Hürlimann. Luzern, Josef Stocker, 1947. iv, 219 p. illus. ports.

———. La rencontre des humanités et la découverte de l'Evangile. Bruges, Desclée, de Brouwer [1949] 152 p. illus. ports.

LY, ANDRÉ, 1692-1775. Journal d'André Ly, prêtre chinois, missionnaire et notaire apostolique, 1746-63. Texte Latin; introduction par Adrien Launay. 2e éd. Hong Kong, 1924. xxiv, 707 p. 1er éd. Paris, 1906.

MALOOF, LOUIS JOSEPH. Adveniat regnum tuum, the story of China's first cardinal [Thomas Tien, 田耕莘]. Tsingtao, Mission Press, S.V.D., 1946.

[13]-52 p. incl. plates, ports. front.

MASSON, JOSEPH, 1908- Un millionnaire chinois au service des gueux: Joseph Lo Pa Hong, 陸伯鴻, Shanghaï 1875-1937. Lettre-préf. de Monseigneur Costantini. Tournai, Casterman, 1950. 164 p. port. (Le Christ dans ses témoins).

MERTENS, PIERRE XAVIER. Une petite martyr chinoise: Anne Wang de Ma-kia-Tchoang. Paris, P. Lethielleux, 1935. ix, 54 p. plates.

OLICHON, ARMAND. La prêtre André Ly; missionnaire au Se-Tchoan, 1692-1775. Paris, Blond et Gay, 1933. 421 p. plates, map.

SAINT-ANDRÉ-LEX-BRUGES, Belgium (Benedictine abbey). La benediction abbatiale du Reverendissime Père Lou et sa reception officielle à Gand. Bruges, Abbaye de Saint-André, 1947. 54 p. illus. ports.

———. Les solennités de l'ordination sacerdotale du r. p. dom Pierre-Célestin Lou Tseng-tsiang, O.S.B. Abbaye de Saint-André, le 29 juin 1935. [Schaerbeek, Impr. F. van Muysewinkel, 1935] 39 p. front. (port.) plates (part col.).

SÉDÈS, JEAN-MARIE, 1913- Le prêtre chinois André Ly. Paris, Desclée, de Brouwer, 1943. 176 p.

SIH, PAUL K. T., 薛光前, [Hsüeh Kuang-ch'ien] 1909- From Confucius to Christ. New York, Sheed and Ward, 1952. 231 p. illus.

WU, JOHN C. H., 吳經熊, [Wu Ching-hsiung] 1899- Gedanken während des Haarschneidens. Ein Chinese über Europa; übertragen von Lotte Leber. Wien, Amandus-Edition, 1946. 35 p. (Schriftenreihe "Symposion," 9).

———. De confucianisme au catholicisme. Rome, Pont. Univ. Gregoriana, 1948. 45 p.

———. Dom Lou; sa vie spirituelle. Bruges, Desclée, de Brouwer, 1949. 71 p. illus. ports.

———. Beyond East and West. New York, Sheed and Ward, 1951; London, Sheed and Ward, 1952. xi, 364 p. ports.

———. Par delà l'Est et l'Ouest. Traduit de l'anglais par Franz Weyergans. Paris, Casterman, 1954; 2e éd., 1955. 272 p.

———. Jenseits von Ost und West. Übertragen aus dem Englischen. Mainz, Matthias-Grünewald-Verlag, 1955. 323 p. illus.

———. The interior Carmel: the threefold way of love. New York, Sheed and Ward, 1953. 257 p.

———. Le Carmel intérieur, ou Les trois étapes de la Voie d'amour. Traduit par Franz Weyergans. Paris, Castermann, 1956. 232 p. (Église vivante).

YU PIN, PAUL, 于斌, bp., 1901- Eyes east, selected pronouncements of the Most Reverend Paul Yu-Pin. Paterson, N.J., St. Anthony Guild Press, 1945. ix, [1], 181 p.

Catholicism under Communism

BAUER, THOMAS J. The systematic destruction of the catholic church in China. New York, World Horizons Reports, 1954. 42 p. illus.

DE JAEGHER, RAYMOND J., 1905- Que penser du communisme chinoise? Louvain, Éditions SAM, 1947. 49 p. ports., plates, map.

———. The enemy within; an eyewitness account of the communist conquest of China, by Raymond J. de Jaegher and Irene Corbally Kuhn. Garden City, N.Y., Doubleday, 1952. 314 p.

———. Tempête sur la Chine par Raymond de Jaegher er Irene Corbally Kuhn, traduit par Denise Meunier. Paris, Plon, 1953. 301 p. illus. port.

DRAGON, ANTONIO. En mission parmi les rouges. Montréal, Le Messager Canadien, 1946. 128 p.

DUFAY, FRANCIS, 1916- En Chine: l'étoile contre la croix. Hong Kong, Nazareth Press, 1952. 198 p.

———. L'étoile contre la croix. 9th éd. rev. et. augm. Tournai-Paris, Casterman, 1954. 240 p.

———. The star versus the cross; translated by Br. Cassien-Bernard. Hongkong, Nazareth Press [1953] 219 p.
———. Red star versus the cross; the pattern of persecution [by] Francis Dufay and Douglas Hyde. London, Paternoster Publications [1954] 144 p.
———. Gesetz und Taktik des kommunistischen Kirchenkampfes. China als Modell. Detusche Bearb. von Josef Stierli. Frankfurt a. M., Knecht, 1956. 260 p.
DUPERRAY, EDOUARD. Ambassadeurs de Dieu à la Chine. Tournai-Paris, Casterman, 1956. 280 p. (Église vivante).
GAVER, ALAIN VAN. J'ai été condamné à la liberté. Préf. de Rémy. [Paris] Le Centurion [1953] 221 p. illus.
GREENE, ROBERT W., 1911- Mon calvaire en Chine, traduit par Marguerite Dubois. Paris, Corréd., 1954. 256 p. (L'Esprit vivant).
———. Calvary in China. New York, Putnam [1953] London, Burns, Oates, 1954. 244 p.
GUETTIER, JEAN. Terreur sur le monde. Paris, Nouvelles éditions latines, 1956. 256 p.
HOMBURG, WILHELM. Zwei Jahre unter den Kommunisten Rot-Chinas. Hiltrup, Verlag Herz-Jesumissionhaus, 1952. 151 p.
KASBAUER, SIXTA. Du hast für mich dein Herz verschwendet. Katholischen Frauen heldentum in China. Kevelaer, Butzon und Bercker, 1956. 280 p.
LEFEUVRE, JEAN. Les enfants dans la ville; chronique de la vie chrétienne à Shanghaï, 1949-55. 3. éd. Paris, Témoignage chrétien, 1956. 366 p. illus. (La Collection Église vivante).
LEFFE, JEAN DE. Chrétiens dans la Chine de Mao. [Bruges] Desclée, De Brouwer [1955] 136 p. (Questions actuelles).
LEGRAND, FRANCIS XAVIER, 1883- Le communisme arrive au village chinois. Peiping, Scheut Editions; Bruxelles, Missions de Scheut, 1947. 44 p. (Scheut Éditions, Série IV, 2).
———. When communism infiltrates a Chinese village. Taipei, Govt. Information Office, 1957. 23 p.
McCORMICK, JAMES A. Blueprint for enslavement. St. Paul, Minn., Catechetical Guild Educational Society, 1952. 64 p.
MARY VICTORIA, Sister. Nun in Red China. New York, McGraw-Hill [1953] 208 p.
MELIS, FRANCESCO, 1898- Mon école dans la Chine en feu. Préf. du R. P. Borsi. Paris, Julliard [1954] 254 p.
———. Pater Francesco und die Kinder Chinas. Ein Bericht ungewöhnlich Erlebnisse. Übers. von Eberhard Gauhe. Bonn, Verlag Bonner Buchgemeinde, 1955; Zürich, Die Arche, 1955. 231 p.
MONSTERLEET, JEAN, 1912- Les martyrs de Chine parlent; l'empire de Mao Tsé-Toung, contre l'église du Christ. Préf de Jean de Fabrègues. Paris, Amiot-Dumont [1953] 224 p. plates, ports., fold. map. (Bibliothèque catholique).
———. Martyrs in China. Translated by Antonia Pakenham. With a foreword by John C. H. Wu. Chicago, H. Regnery Co. [1956]; London, Longmans, Green, 1956. 288 p. illus.
———. Chinas Märtyrer sprechen. Aus dem Französ. von Elisabeth Juhász. Wien und München, Verlag Herold, 1955. 399 p. plates. (Abenteuer Christentum).
PALMER, GRETTA. God's underground in Asia. New York, Appleton-Century-Crofts [c1953] 376 p.
———. Le maquis de Dieu en Asie. Traduit par Denise Meunier. Monaco, Éditions du Rocher, 1956. 329 p.
———. Chinas grosse Prüfung. Tatsachenbericht über die rote Christenverfolgung. Übers. und bearb. von Anton Lötscher. Luzern, Räber, 1954. 416 p. illus.

RENAULT-ROULIER, GILBERT, 1904- Pourpre des martyrs [par] Rémy [pseud.] Paris, A. Fayard [1953] 379 p. illus.

RIGNEY, HAROLD WILLIAM, 1900- Four years in a Red hell; the story of Father Rigney. Chicago, H. Regnery Co., 1956. 222 p.

SAUVAGE, ÉDOUARD, 1901- Dans les prisons chinoises. Provins, Seine-et-Marne [1957] 283 p. illus.

SCHÜTTE, JOHANNES. Die katholische Chinamission im Spiegel der rotchinesischen Presse. Versuch einer Missionar. Münster, 1954. xxix, 608 l. Diss.-Münster. Katholische-Theol. Fakultät.

———. The same. Versuch e. Missionarischen Deutung. Münster i.W. Aschendorff, 1957. 394 p. map. (Missionswissenschaftl. Abhandlungen und Texte, 21).

SCHYNS, JOSEPH, 1899- Aveux spontanés. Anvers Omega [1954] 105 p.

SEFFER, JEAN. Fleur de pêcher; scènes vécues en Chine rouge. Toulouse, Apostolat de la prière [1954] 105 p. illus.

SPELLMAN, FRANCIS JOSEPH, 1889- How red China tortures Protestant and Catholic missionaries. London, Friends of Free China Association, 1956. 23 p. (Friends of Free China Association. Pamphlets, 1).

SWORD OF THE SPIRIT. Religious freedom in China. [Hinckley, Leics., S. Walker, 1954] 25 p.

Protestantism
Handbooks, Directories, etc.

The CHINA Christian year book. Shanghai, Kwang Hsüeh publishing house, 1910-19; Christian Literature Society, 1923-39. 21 v. Title varies: 1910-25, The China mission year book. 1926-39, The China Christian year book.

CHINA MISSION YEAR BOOK. See China Christian year book.

A CHINESE Bible encyclopedia (Sheng king peh k'o ch'uen shu) 聖經百科全書, based chiefly on the International standard Bible encyclopedia edited by Dr. James Orr, and containing many articles from other valuable works, with original articles written specially for the Chinese Bible encyclopedia. Shanghai, Commercial Press, 1925. 4 v. fronts. (v. 2-3) illus., plates, double maps, facsim.

DIRECTORY of Protestant missions in China, edited for China Continuation Committee by Charles Luther Boynton. Shanghai, Christian Literature Society, 1916-50. v. 1932-39 published by North China Daily News and Herald; 1950- published by National Christian Council of China.

DIRECTORY of Protestant missions [of China] 1943. [Chengtu] United Christian Publishers, 1943. 64 p.

LUTHERAN BOARD OF PUBLICATION, Hankow, Committee on Technical Theological Terms. Dictionary of religious names and terms, 英漢宗教名彙, edited by the L. B. P. Committee on technical theological terms in consultation with the Committee on theological literature. First and tentative edition. Hankow, Lutheran Board of Publication, 1935. 195 p.

NATIONAL CHRISTIAN COUNCIL OF CHINA. 1936 Handbook of the Christian movement in China under Protestant auspices, edited by Charles Luther Boynton and Charles Dozier Boynton. Shanghai, Kwang Hsueh Pub. House, 1936. xvi, 352 p.

OSTASIEN-JAHRBUCH; Jahresbericht der Ostasien-Mission. 1921-41? Berlin, Ostasien-Mission. 21 v. ? illus.

OSTASIEN-MISSION, Berlin. 50 Jahre evangelischer Arbeit im Fernen Osten, 1884-1934; Ostasien Jahrbuch 1934 im Auftrage des Zentralvorstandes, hrsg. von missionsdirektor Devaranne. Berlin, Ostasienmission, 1934. 152 p. illus. tables.

General Works

ALBAUGH, DANA M., 1897- Between two centuries; a study of four Baptist mission fields, Assam, South India, Bengal-Orissa, and South China, edited by Baptist Board of Education, Department of Missionary Education. Philadelphia, Judson Press [1935] 245 p. front. plates, ports.

ALEXANDER, MARY C., 1886- Seedtime and harvest in the South China mission of the Southern Baptist convention, 1845-1933. Richard, Va., Foreign Mission Board, Southern Baptist Convention, 1933. [11]-199 p. incl. tables. illus. plates, ports.

AMERICAN BAPTIST FOREIGN MISSION SOCIETY. Report of the intermission conference of delegates from associations and missions in China connected with the American Baptist Foreign Mission Society. Shanghai, 1922. 35 p.

ANDERSON, KENNETH, 1917- This way to the harvest [by] Ken Anderson and Bob Pierce. Grand Rapids, Zondervan Pub. House [1949] 104 p. illus., ports.

ANDERSON, PARK HARRIS. "He knoweth not how," a story of Chinese Baptist initiative for the information of Baptists and others. Nashville, Broadman Press [c1936] 7-174 p. illus. (incl. ports.).

ANTI-CHRISTIAN MOVEMENT, Shanghai. Anti-Christian movement: A collection of papers originally issued by the Anti-Christian movement and translated for the student Y.M.C.A. and Y.W.C.A. of China. 2nd ed. Shanghai, 1925. 35 p.

AUGUSTANA EVANGELICAL LUTHERAN CHURCH. Board of Foreign Missions. Our second decade in China, 1915-25; sketches and reminiscences by missionaries of the Augustana synod mission in the province of Honan. [Rock Island, Ill.] Board of Foreign Missions of the Augustana Synod [1926] 224 p. incl. front., illus., ports., maps.

———. Thirty years in China, 1905-35, the story of the Augustana synod mission in the province of Honan, as told by the missionaries; Gustav Carlberg, managing editor. [Rock Island, Ill.] The Board of Foreign Missions of the Augustana Synod [1937] 230 p. incl. front., illus., plates, ports., maps, diagrs.

BACON, MRS. BESSIE (BLANCHARD) 1887-1923. "With heaps o' love"; the story of four years in China, told in letters of Bessie Blanchard Bacon, edited by her father, Charles Blanchard, "with the approval of the Foreign mission department of the United Christian Missionary Society." Des Moines, Ia., Nichols Book and Travel Co. [c1925] 288 p. illus. (incl. ports.).

BACON, CHARLOTTE. Where East meets West in China. London and Edinburgh, Marshall, Morgan and Scott [1929] 96 p. illus.

BAKER, GILBERT. The changing scene in China. London, S.C.M. Press, 1946; New and rev. ed. New York, Friendship Press [1948] vii, 152 p.

BAKER, RICHARD TERRILL, 1913- Methodism in China: the war years. [New York, Board of Missions and Church Extension, The Methodist Church] 1936. cover-title, [3]-46 p. illus. (incl. ports., double map).

———. Ten thousand years. The story of Methodism's first century in China. New York, Board of Missions and Church Extension, The Methodist Church, 1947. 173 p.

BALLOU, EARLE HOIT, 1892- Dangerous opportunity; the Christian mission in China today. New York, Friendship Press [c1940] xi, 211 p.

BALM, MRS. CATHERINE ATKINSON (MILLER) 1896- Chinese ginger; recreation programs from China. New York, Missionary Education Movement of the United States and Canada [c1924] viii, 85 p. illus.

BALME, HAROLD, 1878-1953. The awakening of China in relation to the modern missionary program. London, Church Missionary Society [1921] 20 p.

———. What is happening in China? London, Edinburgh House Press, 1925. 23 p.

BARBOUR, MRS. DOROTHY DICKINSON. Making the Bible desired. Garden City, N.Y., Doubleday, Doran, 1928. xii, 146 p.

BARCLAY, GWENDOLEN R. The way of partnership; with the C.M.S. in China.

London, Church Missionary Society, 1937. 3-97 p. plates (Partnership ser.).

BARHAM, MARIE. Blossom of the crag. London, China Inland Mission, 1950. 207 p.

BATES, MINER SEARLE, 1897- Missions in Far Eastern cultural relations. New York, American Council, Institute of Pacific Relations [1942] 40 numb. l. (American council paper, 6).

BATTY, JANE AGNES STAUNTON. Our opportunity in China. 2d ed. [London] Society for the Propagation of the Gospel in Foreign Parts, 1913. vi, [2], 112, [112a]-112r p. front., plates, maps (1 fold.).

BEATON, KENNETH J. West of the gorges. Toronto, United Church of Canada [c1948] viii, 168 p. maps.

BEYER, GEORG. China als Missionsfeld. Berlin, Buchhandlung der Berliner Evang. Missionsgesellschaft, 1923. 160 p. tables.

BITTON, NELSON. Pathfinders in China. London, Livingston Press [1933] 80 p. front., plates, ports.

BOAZ, MAUD ELIZABETH. "And the villages thereof." London, Marshall, Morgan and Scott [1925] vii, 173 p. front. plates.

———. The hundred-surname people. London, Zenana Missionary Society, 1928. vii, 132 p. col. front., plates, ports.

BOSSHARDT, RUDOLF ALFRED. The restraining hand: captivity for Christ in China. London, Hodder and Stoughton [1938] 288 p. front., ports., facsim.

BROCKMAN, FLETCHER SIMS, 1867-1944. I discover the Orient. New York, London, Harper, 1935. xii, 211 p.

BROOMHALL, A.J., 1911- Strong tower. London, China Inland Mission [1947] 255 p. plates, maps.

———. Strong man's prey. London, China Inland Mission, 1953. 256 p. illus.

BROOMHALL, MARSHALL, 1866-1937. Our seal; being the witness of the China Inland Mission to the faithfulness of God. London, Philadelphia, China Inland Mission, 1933. xiii, 173 p. front., plates, diagrs.

———. The Bible in China. London, Philadelphia, China Inland Mission, 1934. xv, 190 p. front., illus., plates, facsims.

———. The answer of God; a doxology on the seventieth anniversary of the China Inland Mission, 1865-1935. London, Philadelphia, China Inland Mission, 1935. x, 57 p.

———. By love compelled; the call of the China Inland Mission. London, Hodder and Stoughton [1936] x, 11-126 p.

BROWN, FREDERICK, 1860- "Boxer" and other China memories. London, A.H. Stockwell, 1936. 5-141 p. plates, port.

BROWN, T. COCKER. China's hour. London, Livingstone Press, 1948. 79 p.

BRUCE, MICHAEL. Opportunity in China. London, Society for Promoting Christian Knowledge [1947] viii, 67 p.

BRYAN, ROBERT THOMAS, 1855-1946. Christianity's China creations. Richmond, Va., Foreign Mission Board, Southern Baptist Convention [c1927] 119 p. front., plates, ports.

BURGESS, ANDREW SEVERANCE, 1897- In the lands of pagodas, temples and mosques. Ten studies in foreign missions. Minneapolis, Augsburg Pub. House [1945] 160 p. illus. (incl. maps) diagrs. [The Teachers training course books].

BURT, ERNEST WHITBY, 1867- Fifty years in China, the story of the Baptist mission in Shantung, Shansi and Shensi, 1875-1925. London, Carey Press [1925] 127 p. incl. diagr. ports.

BUTLER, ROSA KATE (SMITH) "MRS. THOMAS BUTLER." Missions as I saw them; an account of a visit to the important centres of the United Methodist Missionary Society in China and Africa, with an interesting description of many of the places passed through and incidents of the journey, both grave and gay. London, Seeley, Service, 1924. 9-284 p. front., plates, port. group.

CABLE, MILDRED, 1880-1952. Dispatches from northwest Kansu by Mildred Cable and Francesca French. London, China Inland Mission, 1925. 73,[1] p. illus. (map), plates.

CALDWELL, JOHN COPE, 1913- China Coast family. Chicago, H. Regnery Co., 1953. 228 p. illus.

———. Our friends the tigers. London, Hutchinson [1954] 176 p. illus.

CARLBERG, GUSTAV. China in revival. Rock Island, Ill., Augustana Book Concern [c1936] 258 p. double map.

CARTWRIGHT, FRANK THOMAS, 1884- From Foochow to the nation. A souvenir of the Eastern Asia jubilee celebrating the seventy-fifth anniversary of Methodism's beginnings in Eastern Asia. Prepared for the Jubilee committee, Foochow, November 14-21, 1923. Shanghai, Union Print. and Service Agency, 1923. 28 p. incl. table, front., illus., plates, ports.

CASSELMAN, ARTHUR VALE, 1874- Red and black and gold. A record of the China mission, 1938 and 1939, Evangelical and reformed church. Philadelphia, Board of Foreign Missions, Reformed Church in the United States, 1940. 128 p. illus. (front.).

CHAMBERLAIN, MARY ELEANOR (ANABLE) "MRS. W.I. CHAMBERLAIN." Fifty years in foreign fields, China, Japan, India, Arabia; a history of five decades of the Woman's board of foreign missions, Reformed Church in America, 1875-1925, issued in its jubilee year by the Woman's Board of Foreign Missions, Reformed Church in America. New York [c1925] xv, 292 p. front., plates, ports., fold. maps.

CHAO, TSU-CHEN, 趙紫宸, 1888- The church in China and the church universal; addresses at the annual meeting of the National Christian Council of China, May, 1923, by T.C. Chao and T.T. Lew, 劉廷芳. Shanghai, National Christian Council of China, 1923. 16 p.

CHAPMAN, BENJAMIN BURGOYNE. Flood-tide in China. London, Wesleyan Methodist Missionary Society, 1922. 79 p. front. plate (map).

CHENG, ANDREW CHIH-YI, 誠質怡, 1898- Some problems confronting the Christian movement in China, as seen by a Chinese Christian, an address delivered in Martyr's Memorial Hall, Shanghai, April, 1927. Shanghai, National Christian Council, 1927. 16 p.

CH'ÊNG, MARCUS, 鄭仲桂, 1884- Escape from Singapore; testimony of Marcus Cheng. Philadelphia, London, China Inland Mission [1944] 5-31 p.

———. Lamps aflame. The history of the Chungking theological seminary, with notes on some of the students. London, China Inland Mission, 1949. 120 p. ports.

CHIANG, KAI-SHEK, 蔣介石, 1886- Selected speeches on religion, by President and Madame Chiang Kai-shek. Compiled by Office of the Govt. Spokesman. [Taipei?] 1952. 38 p.

———. Eastern messages by President and Madame Chiang Kai-shek. Taipei, Govt. Information Bureau, 1955. 12, 10 p.

CHINA BAPTIST CENTENARY CELEBRATION. A century of Christian conquest in Cathay, 1836-1936; records and addresses of the China Baptist centenary celebrations, held at Tung Shan, Canton, Oct. 13-18, 1936. [Canton] 1936. 168 p. illus. plates.

CHINA CONTINUATION COMMITTEE. The Christian occupation of China; a general survey of the numerical strength and geographical distribution of the Christian forces in China, made by the Special committee on survey and occupation, China Continuation Committee, 1918-21. Milton T. Stauffer, secretary and editor. Shanghai, China Continuation Committee, 1922. 13, 468, cxii p. illus. (incl. maps) tables, diagrs.

CHINA INLAND MISSION. "We wrestle." Being the short report of the China Inland Mission. London, China Inland Mission, 1930. 60 p.

———. Through fire; the story of 1938. London, Philadelphia, China Inland Mission [1939] iv, 121 p. front.

———. Blossoms in the wilderness, edited by Anne Hazelton. London, China Inland Mission, 1941. 100 p. front. (port.), illus. (map), plates.

———. Attacking on all fronts; part of the story of the China Inland Mission in 1941, compiled by Bishop Frank Houghton. London, Philadelphia, China Inland Mission [1942?] 63 p.

———. The contested highway; part of the story of the China Inland Mission in 1942. Philadelphia, London, China Inland Mission [1943?] 78 p. front.(map).

———. According to plan, "I will build my church"; war time panorama of the China Inland Mission. London, Philadelphia, China Inland Mission [1944] 86 p. incl. front., illus.

———. God of the valleys: the story of the year 1949, containing the general director's survey of the China Inland Mission, edited by Anne Hazelton. London, China Inland Mission, 1950. 88 p.

———. Come wind, come weather; the story of the year 1950, edited by Anne Hazelton. London, Philadelphia, China Inland Mission, 1951. 77 p.

———. The hand that guided the story of the year 1951, edited by Anne Hazelton. London, China Inland Mission, 1952. 70 p. plates, table.

———. Ready sandais, the story of the year for 1952, edited by Anne Hazelton. London, China Inland Mission, 1953. 78 p.

———. Sound of abundance; the story of the year 1953, edited by Anne Hazelton. London, China Inland Mission, 1954. 77 p. illus. (Its annual report for 1953).

———. Lamp of grace, the story of the year for 1954, edited by Anne Hazelton. London, China Inland Mission, 1955. 78 p.

———. Swords drawn; the story of the year 1955, edited by Anne Hazelton. London, Philadelphia, China Inland Mission, 1956. 79 p.

———. Sounding chords; the story of the year 1956, edited by Eileen J. O'Rourke. London, Philadelphia, China Inland Mission, 1957. 69 p. (Its annual report for 1956).

CHIRGWIN, ARTHUR MITCHELL, 1885- Conflict: China, Japan and Christ. London, Student Christian Movement Press [1939] 143, [1] p.

CHRISTIAN LITERATURE SOCIETY FOR CHINA, Shanghai. "No speedier way"; a volume commemorating the golden jubilee of the Christian Literature Society for China: 1887-1937. Shanghai, Christian Literature Society for China, 1938. vii, 143 p. plates, ports.

The CHRISTIAN movement in China in a period of national transition; three papers prepared at the request of the Department of social and industrial research for the Tambaram meeting of the International Missionary Council, by T.C. Chao, 趙紫宸, the Right Rev. the Bishop of Hong Kong and Dr. Roderick Scott. Mysore City, Wesley Press and Pub. House, 1938. 93 p.

CHRISTIANS in action; a record of work in war-time China, by seven missionaries. London, New York, Longmans, Green [1939] xii, 115 p.

CHURCH MISSIONARY SOCIETY, London. Manual on China. London, 1925. 96 p. illus.

———. China. London, Church Missionary Society, 1931. 70 p. plates. (Africa and the East ser.).

CHURCH OF CHRIST IN CHINA. An adventure in church union in China; origin, nature and task of the Church of Christ in China. New York, North American Advisory Committee, 1944. 31 p.

CLARK, SIDNEY J[AMES] W[ELLS] 1862-1930. The art of using the China missionary survey. [Shanghai, Printed by The Shanghai Mercury, 1922] 16 p.

———. The first stage in the Christian occupation of rural China. The "life-bringing" stage. London, World Dominion Press [1923?] cover-title, 8 p.

———. The indigenous church. London, World Dominion Press [1923?] cover-title, 24 p.

[———.] A paper on mission policy, organization and administration in China, by a business man. [Chester?, Eng. n. d.] 15 p.

COATES, CHARLES H. The Red theology in the Far East. London, C. J. Thynne and Jarvis, 1926. 202 p.

CODRINGTON, FLORENCE ISABEL, 1867- Hot-hearted, 熱心; some women builders of the Chinese church. London, Church of England Zenana Missionary Society [1934] 111 p. col. front., plates, ports.

CONFERENCE OF MISSIONARY SOCIETIES IN GREAT BRITAIN AND IRELAND. Missionaries and the Chinese government. London, Edinburgh House Press, 1925. 7, [1] p.

COOKE, MRS. A. B. Honey Two of Lisu-land. Philadelphia, China Inland Mission [1932] 111 p. illus.

COUCHE, EDITH. Lighting Chinese lanterns. A cheerful missionary surveys the task. London, Chruch of England Zenana Missionary Society, 1941. 72 p. illus.

CRAWFORD, MARY K. The Shantung revival. Shanghai, China Baptist Publication Society [1933] 106 p. illus.

CRESSY, EARL HERBERT. Yellow rivers; adventures in a Chinese parish. New York and London, Harper, 1932. xiii, 153 p. incl. plates, front., illus.

———. China marches toward the cross. New York, Friendship Press, 1938. 79 p. double map.

CROUCH, ARCHIBALD ROY. Riksha rambles of Archie and Ellen; or, Adventures in Christian service. Cambria, Calif., Cambrian Press, 1937. 107 p.

———. Rising through the dust, the story of the Christian church in China. New York, Friendship Press [1948] viii, 179 p. fold. col. map.

CURTIS, CLAUDE HAMILTON, 1912- A marine among the idols. Grand Rapids, Mich., Zondervan Pub. House [c1940] 79 p.

DECKER, JOHN WILLIAM, 1890- Report on visit to South China; submitted to the Board of Managers of the American Baptist Foreign Mission Society. Nov.-Dec. 1933. [Hangchow?, 1934] 2-35 numb. l.

———. Report on visit to West China; submitted to the Board of Managers of the American Baptist Foreign Mission Society. [Hangchow?] 1934. 65 numb. l.

DEVARANNE, THEODOR, 1880- Christus an Torii und Pagode, eine Handreichung für die Mission daheim. Gotha, L. Klotz, 1931. viii, 267 p.

DIFFENDORFER, RALPH EUGENE, 1879- The situation in China; a report to the Board of foreign missions of the Methodist Episcopal Church of an official visit. New York, 1927. 70 p.

DINNEEN, A. M. D. Not of Gennesareth; romance and adventure in China. Wellington, N. Z., 1933. 143 p.

DIXON, STANLEY H. Chinese Christians face their war. London, Edinburgh House Press, 1939. 24 p. (War-time pamphlets, 2).

DRACH, GEORGE. ed. Our church abroad: the foreign missions of the Lutheran Church in America. Philadelphia, United Lutheran Pub. House, 1926. 277 p. front. plates, maps, tables.

EDDY, GEORGE SHERWOOD, 1871- I have seen God work in China; personal impressions from three decades with the Chinese. New York, Association Press, 1944. ix, 137 p.

ELY, LOIS ANNA. Disciples of Christ in China. Indianapolis, United Christian Missionary Society, 1948. 62 p. illus.

FEDERATION OF WOMAN'S BOARDS OF FOREIGN MISSIONS. Toward friendship with China; outline for discussion course on China. Manchester-by-the-sea, Mass., North Shore Press, 1926. 112 p.

FISCHLE, ERNST, 1897- Sechzehn Monate in chinesischer Gefangenschaft; mit einem Vorwort und 6 Zeichnungen von Ernst Walter. Stuttgart und Basel, Evang. Missionsverlag [1931] 190 p. front. (group port.) illus. (incl. map).

———. Seize mois de captivité chez les brigands chinois. Adapté de l'allemand par Gaston Victor Rosselet. Lausanne, Secrétariat romand de la Mission de Bâle, 1931. iv, 199 p. illus. plates.

———. Kidnapped in China; translated into English by Marie S. Christlieb, with six illustrations. Mangalore, Basel Mission Book and Tract Depository,

1932. 215 p. illus. plates.
———. Ein Volk ohne Sünde und die Kirche Christi, von Ernst Fischle und Ernst Walter. Stuttgart und Basel, Evang. Missionsverlag [1935] 30, [1] p.(Mission und Gemeinde 11/12).
FITCH MEMORIAL CHURCH, Shanghai. A virile, self-supporting church crippled by Japan's undeclared war. Shanghai, 1932. 26 p. plates.
FOREIGN MISSIONS CONFERENCE OF NORTH AMERICA. The present situation in China and its significance for Christian missions. New York, Committee of Reference and Counsel, Foreign Missions Conference of N.A. [1925] 40 p.
———. Addresses on China at the 34th annual session. Atlantic City, N.J. Jan. 11-14 [1927] New York, 1927. 45 p. diagr.
FOSTER, JOHN. The Chinese church in action. London, Edinburgh House Press, 1933. 144 p. fold. map.
———. Yarns on heroes of the church in China. London, Edinburgh House Press, 1937. 71 p.
———. The church and China. [London, Edinburgh House Press, 1943] 18 p. (World issues, 17).
FRANKLIN, JAMES HENRY, 1872- The Christian crisis in China. New York, American Baptist Foreign Mission Society, 1931. 149 p. illus. incl. map.
FRITZ, K[ARL]. Christentum und nationale Strömungen in China. Stuttgart, Evang. Missionsverlag; Basel, Basler Missionsbuchhandlungen, 1927. 31 p.
FULTON, CHARLES DARBY, 1892- Star in the east. Richmond, Va., Presbyterian Committee of Publication [1938] 264 p. illus.
GALBRAITH, WINIFRED. Willow pattern, a picture of China to-day. London, Edinburgh House Press, 1933. 63 p.
———. New life in China; the growth of the church in war-time. London, Edinburgh House Press, 1942. 24 p. (World issues, 2).
GALE, GODFREY LIVINGSTONE. Interned in China. London, Livingstone Press, 1946. 24 p.
GAMEWELL, MARY LOUISE (NINDE) 1858-1947. Ming-Kwong, "city of the morning light." West Medford, Mass., Central Committee of the United Study of Foreign Missions [c1924] 223 p. plates.
GARLICK, PHYLLIS L. Building the church: being the C.M.S. story of the year 1926-27. London, Church Missionary Society [1927] 130 p. maps.
———. Destiny at the door; China faces the future. London, Church Missionary Society, 1945. 39 p.
GENG, GEORGE YUEN-HSIOH, 耿元學, 1905- The promotion of the economic welfare of the Chinese people through the Protestant church in China. New York, 1951. 244 l. (Columbia University, Teachers College. Report Ed. D. Type B.).
GIH, ANDREW, 計志文. The power of the gospel in war-torn China; a message reprinted from Winona echoes. Grand Rapids, Mich., Zondervan Pub. House [1940] 5-15 p.
———. His faithfulness: stories of miracles of a native mission, the "Evangelize China Fellowship." Edited by Ruth J. Corbin. London, Marshall, Morgan and Scott, 1955. 54 p. front. illus. 1st ed. 1937.
———. Into God's family: a fascinating account of the lives and work of members of the famous Bethel evangelistic bands and some of their inspiring messages. Rev. and enl. ed. London, Marshall, Morgan and Scott, 1955. x, 11, 233 p. port.
GLOVER, ARCHIBALD EDWARD, 1860?- A thousand miles of miracle in China; a personal record of God's delivering pwer from the hands of the imperial Boxers of Shan-si. 17th ed. London, Glasgow, Pickering and Inglis [1931] xvi, 372 p. front., plates, ports., facsims. 1st ed. 1904.
———. The same. 22d ed. abridged by L.T. Lyall. Foreword by J.C. Pollock. London, China Inland Mission; Lutterworth Press, 1957. 192 p. front.(port.) map. 1st ed. 1904.

GODDARD, FRANCIS WAYLAND, 1877-1958. A century of Baptist missions to the Chinese. [n.p.] 1935. 41 p. ports.

GOERTZ, PETER SIEBERT. A history of the development of the Chinese indigenous Christian church under the American Board in Fukien province. New Haven, 1933. v, 394, xii p. charts. Thesis-Yale University.

GOFORTH, JONATHAN, 1859-1936. "By my spirit." Foreword by Mrs. Rosalind Goforth. Grand Rapids, Mich., Zondervan Pub. House [1942] 138 p.

GRAY, W. PARKER. Report of a visit to China, 1929; by W. Parker Gray and C.E. Wilson. London, Baptist Missionary Society [1929] 58 p.

GREGG, EVA A. Hints from squints in China. Cincinnati, O., Printed by the Caxton Press [c1923] 216 p. front., 1 illus., ports.

GROSE, GEORGE RICHMOND, bp., 1869- The new soul in China. New York, Cincinnati, Abingdon Press [c1927] 152 p.

HALL, RONALD OWEN, bp., 1895- The art of the missionary; fellow-workers with the church in China. London, Student Christian Movement Press [1942] 77 p.

———. The missionary-artist looks at his job. New York, International Missionary Council, 1942. 64 p.

———. Chinese Christianity speaks to the West, by Ronald Owen Hall and T.Z. Koo, 顧子仁. London, Student Christian Movement, 1950. 30 p.

HARRIS, E.F. About China; compiled by E.F. Harris and A.M. Robinson. London, Church of England, Zenana Missionary Society, 1936. 62 p. front. illus. plates.

HARTENSTEIN, KARL. Die Kirche Chinas unter dem Kreuz, von Karl Hartenstein und Jakob Keck. Stuttgart, Evang. Missionsverlag, 1951. 36 p. (Weltmission heute, 1).

HARTWELL, GEORGE EVERSON, 1863- "Granary of heaven." Toronto, Pub. by the Committee on missionary education, the Woman's Missionary Society, Literature dept. of the United Church of Canada [1939?] xii, 228 p. front., ports.

HAYES, EGBERT. Glimpses of a summer in Mongolia and a year's work in China; written for personal friends by Egbert and Eva M. Hayes. Shanghai, 1924. 68 p. illus.

HEEREN, JOHN J., 1875-1941. On the Shantung front; a history of the Shantung mission of the Presbyterian church in the U.S.A., 1861-1940 in its historical, economic, and political setting. New York, The Board of Foreign Missions of the Presbyterian Church in the United States of America, 1940. xiv, 264 p. front., maps.

HOBART, KENNETH GRAY. Early American Baptist missions to the Chinese. [Shanghai, Print. priv., 1939] cover-title, 68 p.

HODGKIN, HENRY THEODORE, 1877-1933. The missionary situation in China. An address delivered at the Foreign missions conference of North America in Atlantic City, N.J., Jan. 10-13, 1928. New York, 1928. 16 p.

HOLLISTER, MARY (BREWSTER), 1891- Lady Fourth Daughter of China, sharer of life; cover design by I. Lai Cho, 卓宜來. Cambridge, Mass., The Central Committee on the United Study of Foreign Missions, 1932. 237 p. front., 1 illus., plates, double map.

HOPP, WALTER. Filmstreifen aus Ost-Kansu. Limburg a.d. Lahn, Druck der Limburger Vereinsdruckerei, 1930. 118 p.

HORNING, EMMA. Junior folks at mission study-China; a symposium written by missionaries in China, Emma Horning, Anna Seese, Grace Clapper, F.H. Crumpacker. Elgin, Ill., General mission board, Church of the Brethren [c1921] 64 p. col. front., illus. (maps) plates, ports.

HOUGHTON, FRANK, 1894- The two hundred; why they were needed, how they responded, who they are, where they are. With foreword by the Rev. W. H. Aldis. London, China Inland Mission, 1932. 79 p. front., plates.

———. China calling. London, Philadelphia, China Inland Mission [1936] 187 p.

front., illus. (maps).

HOUGHTON, STANLEY, 1900-47. Chefoo, by Stanley Houghton, Edith B. Harman and Margaret Pyle, with foreword by F. McCarthy. London, Philadelphia, China Inland Mission, 1931. xi, 82 p. front., plates, ports., map.

HOWDEN, JOSEPH RUSSELL, 1872- My mission to China. London, Marshall Bros., 1926. 126 p.

HUDSPETH, WILLIAM HARRISON. Stone gateway and the Flowery Miao, with special reference to Samuel Pollard's missionary work among the Miao. London, Cargate Press, 1937. 87 p. plates, port. map.

———. The Bible and China. London, British and Foreign Bible Society [1952] 47 p. map. (Third jubilee books, 1).

HUNG, WILLIAM, 洪業, 1893- ed. As it looks to young China; chapters by a group of Christian Chinese. New York, Friendship Press; London, Student Christian Movement Press [1932] viii, 181 p.

HUNTINGTON, DANIEL TRUMBULL, bp., 1868- The diocese of Anking. Hartford, Conn., Church Missions Pub. Co. [c1943] cover-title, 7-23, [2], 24-81 p. illus. (map) port.

HUNTINGTON, VIRGINIA ETHEL (HAIST) 1889- Along the great river; illustrations by Lloyd Coe. New York, The National Council, Protestant Episcopal Church [c1940] 5-261, [1] p. illus.

HUSEMANN, DIETRICH. Die rechtliche Stellung christlicher Missionen in China. (Ein Beitrag zum Studium des Ausländerschutzes) Berlin, C. Heymann, 1934. v, 119 p.

INGLIS, THEODORA (MARSHALL). New lanterns in old China; with foreword by Isaac Taylor Headland. New York, Chicago, Fleming H. Revell [c1923] 175 p.

JANSEN, E.G. Jade engraved; New Zealand missionaries and their Chinese colleagues in Japan's "China incident." Christchurch, Presbyterian Bookroom [1947] xiii, 247 p. port., maps.

JENNESS, MARY. A wheelbarrowful of life; a dramatization of modern industry in China. New York, Missionary Education Movement of the United States and Canada [c1924] 23 p.

JOHNSON, CHRISTINE. For the women of China, and through Bible lands, translated from the Norwegian by Herman E. Jorgensen. Minneapolis, Norwegian Lutheran Church, 1927. 263 p. front. (port.) illus.

JOLLIFFE, R. ORLANDO. The Chinese church rides the storm. New York, Friendship Press [1946] 48 p.

JONES, CLARA J., 1900- Above the tumult in China; illus. by Edward Sovik. Minneapolis, Augsburg Pub. House [1948] viii, 182 p. illus.

KÄSER, GUSTAV. Es ist kein Preis zu teuer. Eine Geschichte aus China. Basel, Basler Missionsbuchhandlung, 1940. iv, 31 p. illus.

KANE, J. HERBERT. Twofold growth. Philadelphia, Toronto, China Inland Mission [1947] xv, 181 p. front., plates, ports.

KELLY, MARY FRANCES E. Some Chinese friends of mine. Cincinnati, Powell and White, 1924. 196 p. front. (port.) illus.

KEMPGEN, WILHELM. Glaubenskampf am Tigertor, Not und Verheissung einer Hundertjährigen Missionsarbeit. Wuppertal-Barmen, Verlag der Rheinischen Missionsgeschichte, 1948. 171 p. front. (map).

KERSCHNER, MABEL GARDNER. Young China; a handbook for leaders of intermediate groups. New York, Missionary Education Movement of the United States and Canada, c1924. 94 p.

KEYTE, JOHN CHARLES, 1875- In China now; China's need and the Christian contribution. London, United Council for Missionary Education; New York, George H. Doran, 1923. 160 p. front., illus.(map) plates, ports.

KILEN, JULIUS R. Forty years in China; a brief history of the Lutheran Brethren mission work in China, 1902-42. Fergus Falls, Minn. Borderbaandet Pub. Co., 1943. 156 p. map.

KILPPER, CHRISTIAN GOTTHILF, 1884- Mein Räuberhauptmann; Erinnerungen eines Gefangenen. Stuttgart, Evang. Missionsverlag, 1934. 98 p.

———. My robber-captain; a true story; translated by W.J. Kilpper. Grand Rapids, Mich., Wm. B. Eerdmans Pub. Co. [c1936] [7]-166 p.

KNOTT, MARGARET C. The light approaching; China and the L.M.S., with epilogue by Cecil W. Knott. London, Livingstone Press [1928] 142 p. front. plates, ports., map.

———. Trek to the west; a story of modern China. London, London Missionary Society, 1946. 63 p. illus.

KUHN, ISOBEL. Precious things of the Lasting Hills. London, China Inland Mission, 1938. 79 p.

———. Nests above the abyss. Philadelphia, London, China Inland Mission [1947] x, 254 p. front., plates, ports.

———. Stones of fire. The story of a young Lisu tribe woman and the Lisu church since 1941. London, China Inland Mission, 1951. 152 p. plates.

LACY, WALTER NIND. A hundred years of China Methodism. Nashville, Abingdon-Cokesbury Press [1948] 336 p. map.

LAUTENSCHLAGER, STANTON. Far west in China. New York, Friendship Press [1941] 48 p. double map.

LAYMEN'S FOREIGN MISSIONS INQUIRY. Re-thinking missions; a laymen's inquiry after one hundred years, by the Commission of appraisal, William Ernest Hocking, chairman. New York and London, Harper, 1932. xv, 349 p. diagrs.

———. Supplementary series. v. 2, v. 5. Orville A. Petty, editor. New York and London, Harper, 1933. 2 v. illus. (maps) diagrs.

LEE, ESTHER (HAGGARD). The other side of the world; pages from the journal of a young missionary in pre-Communist China. New York, Vantage Press [c1956] 79 p. illus.

LEE, FREDERICK. Travel talks on China. Washington, D.C., South Bend, Ind. [etc.] Review and Herald Pub. Association [c1926] 7-254 p. incl. front., illus.

LEE, SHAU-YAN, 李守仁. How to win the Chinese. Norfolk, Va., 1946 (c1944) 151, [1] p.

LEGER, SAMUEL HOWARD, 1891- Education of Christian ministers in China, a historical and critical study. Shanghai, 1925. xi, 118 p. Thesis-Columbia University.

LEHMANN, ARNO. ed. Licht für Fernost. Dresden-A und Leipzig, C.L. Ungelenk, 1937. 64 p. (Die mission der kirche; missionsstunden aus dem gesamtgebiet der deutschen evangelischen weltmission).

LEHMANN, EMILY. Verborgene Brücken. Wuppertal, R. Brockhaus [1955] 126 p. illus.

LENNOX, WILLIAM GORDON, 1884- The health of missionary families in China, a statistical study. Denver, University of Denver, 1921. 121 p. incl. tables, front., plates.

———. A comparative study of the health of missionary families in Japan and China and a selected group in America. Denver, University of Denver, 1922. 44 p. incl. charts, tables.

LERRIGO, PETER HUGH JAMES, 1875- comp. Northern Baptists rethink missions; a study of the report of the Laymen's foreign missions inquiry. New York, Baptist Board of Education, Department of Missionary Education [1933] 128 p. illus.

LEWIS, IDA BELLE, 1887- Grains of rice from a Chinese bowl, with introduction by Prof. Isaac T. Headland. New York, Chicago, Fleming H. Revell [c1926] 5-123 p. front., plates.

LIBERTY, ERIC, 1902- Chinese students at the cross-roads. London, China Inland Mission [1948] 93 p. plates, group ports.

LIPPHARD, WILLIAM BENJAMIN, 1886- Out of the storm in China; a review of recent developments in Baptist mission field; issued by the Department of missionary education of the Board of Education of the Northern Baptist Convention. Philadelphia and Boston, Judson Press [c1932] 201 p. front., illus. (maps).

LITTLE, LAURA NANCE. Darings in the dawn. Richmond, Va., Rice Press, 1938. 154 p. front. illus. plates, port.

LOBENSTINE, EDWIN CARLYLE, 1872-1958. The relation of church and mission in China; a statement prepared for the meeting of the International missionary council at Oxford, July 9th-16th, 1923. London, International Missionary Council [1923] 35 p.

LONDON MISSIONARY SOCIETY. Report of F. H. Hawkins of visit to China to attend the annual meeting of the China advisory council and the dedication of the new buildings of the Union Medical College, Peking, August-September, 1921. London, London Missionary Society, 1921. 75 p.

———. Report by F. H. Hawkins on his visit to China, as special deputation from the directors, August 1927 to March 1928. London, London Missionary Society, 1928. 174 p.

LÜTTICHAU, ELLI. "In unsres Königs Namen": Reisetagebuchblätter der Missionarinnen Gräfin Elli Lüttichau und Hildegard Spengler. Leipzig, Verlag und Bücherstube der Mädchen-Bibel-Kreise, 1927. 135 p. front. plates.

LUNDEEN, ANTON. In the grip of bandits and yet in the hands of God. [Rock Island, Ill., Augustana Book Concern, c1925] 143, [1] p. illus.

McMILLAN, ARCHIBALD MEMORY. For Christ in China. Nashville, Broadman Press [1949, c1948] 141 p. illus.

MacNAIR, HARLEY FARNSWORTH, 1891-1947. Critical moments in the history of Christianity in China. A paper read before the Shanghai Missionary Association Nov. 3, 1925. Shanghai, 1925. 20 p.

McROBERTS, DUNCAN, 1912- While China bleeds, introduction by H. A. Ironside. Grand Rapids, Mich., Zondervan Pub. House [c1943] 162, [3] p.

———. Pleading China. Grand Rapids, Mich., Zondervan Pub. House [1946] 141 p. plates, ports.

MADDOX, CATHERINE. The invincible company. London, Philadelphia, China Inland Mission [1951] 96 p. illus.

MANN, EBSENEZER JOHN, 1902-57. Testament of Grace. London, China Inland Mission, 1951. 70 p.

MANN, WALTER. Christianity in China: an exposure of foreign missions. London, Pioneer Press, 1927. 62 p.

MARBACH, OTTO, 1901- Chinas not und Japans hoffnung; Reiseerinnerungen eines Ostasienfreundes. Bern und Leipzig, Verlag von Paul Haupt, 1929. 144 p. front. plates.

———. 50 Jahre Ostasienmission; ihr Werden und Wachsen. Den Freunden der Ostasienmission zur Jubiläumsfeier im herbst 1934 freundlichst gewidmet. Berlin-Steglitz und St. Gallen, Verlag Ostasienmission [1934?] vii, 119 p. plates, ports.

MATHEWS, BASIL JOSEPH, 1879-1951. Torchbearers in China, by Basil Mathews and Arthur E. Southon. New York, Missionary Education Movement of the United States and Canada, c1924. 186 p. front., plates, ports.

MATHEWS, HAROLD SHEPARD. American Board of Commissioners for Foreign Missions; seventy-five years of the North China mission. Prepared in connection with the celebration of the seventy-fifth anniversary, Peking, 1935. Peking, 1942. 196 p.

METHODIST CHURCH (United States) Board of Missions. China, and what the Methodists are doing there. New York, Editorial department, Joint division of education and cultivation, Board of Missions and Church Extension [1941] 39 p. illus. (The World parish ser.).

MEYER, MINNA McEUEN. Chinese lanterns. Approved by the Committee on curriculum of the Board of Sunday Schools of the Methodist Episcopal Church. New York, Methodist Book Concern [1924] 142 p. front., plates.

MIAO, CHESTER S., 繆秋笙, [Miao Chiu-shêng] 1894- ed. Christian voices in China. New York, Friendship Press [1948] viii, 216 p. illus., fold. col. map.

MITCHELL, FRED. Over to China; record of a visit. London, China Inland Mission, 1948. 115 p. front. illus.(map), plates.

MOENNICH, MARTHA L. On the China road. Introduction by H. A. Ironside. Grand Rapids, Mich., Zondervan Pub. House [1947] 150 p. plates.

MONCRIEFF, ASCOTT ROBERT HOPE, 1846-1927. Are ministerial missionaries needed? Shanghai, 1929. cover-title, 25 p.

MORTON, T. RALPH. Life in the Chinese church. London, Student Christian Movement Press [1931] 94 p.

NANKING THEOLOGICAL SEMINARY, Nanking. The great migration and the church in West China; report of a survey made under the auspices of the Nanking Theological Seminary and the National Christian Council of China. Shanghai, 1940. iv, 106 p.

NATIONAL CHRISTIAN CONFERENCE, Shanghai, 1922. The Chinese church as revealed in the National Christian conference held in Shanghai, Tuesday, May 2, to Thursday, May 11, 1922. Shanghai, Oriental Press [1922] viii, xi, 724 p. illus.

NATIONAL CHRISTIAN COUNCIL OF CHINA. The Christian occupation of Kiangsu, reprinted from the Survey prepared for the National Christian Conference 1922. Shanghai, National Christian Council, 1922? 31 p. incl. tables, illus. (maps).

———. The Christian occupation of Chekiang, reprinted from the Survey prepared by the National Christian conference 1922. Shanghai, National Christian Council, 1922? 22 p. incl. tables. illus. (maps).

———. Report of conference on the church in China to-day; the report of a conference of Christian workers with Dr. John R. Mott January 5-7, 1921. Shanghai, National Christian Council, 1926. [1], 166 p.

———. Report of the conference on Christianizing economic relations held under the auspices of the National Christian Council of China August 18-28, 1927. Shanghai, National Christian Council, 1927. 128 p.

———. The National Christian council; a five years' review, 1922-27. [Shanghai, National Christian Council, 1927] cover-title, 44 p.

———. The church in China and its relation to the churches of Europe and America. Prepared by the members of the China delegation to the meeting of the International missionary council, Jerusalem, April 1928. Shanghai, National Christian Council of China, 1928. 20 p.

———. The church literacy movement, 1930. Shanghai, National Christian Council of China, 1931. 44 p.

———. Christian cooperation in China as illustrated by the biennial meeting, Shanghai, May 5-11, 1937. Impressions, addresses, recommendations approved. Shanghai, National Christian Council of China, 1937. 49 p.

———. National Committee for Christian Religious Education in China. Religious education in the Chinese church: the report of a deputation, 1931. Shanghai, 1931. 296 p.

———. Education for service in the Christian church in China. The report of a survey commission, 1935. Shanghai, The Christian Literature Society, 1935. 120, 99-157 p.

NELSON, DANIEL, 1902-48. A compendium of basic characters in Chinese Christian thought. Hartford, 1943. 369 p. Thesis-Hartford Theological Seminary.

NICHOLS, NETTIE D. comp. God's faithfulness in Ningpo, compiled by Nettie D. Nichols and Joshua Bang. Springfield, Mo., General Council of the Assemblies of God, 1938. 48 p. illus.

NORDMO, JACOB M., 1882- Demons despoiled. London, China Inland Missions, 1950. 95 p.

NOWACK, WILLIAM H. My Ebenezer, a personal testimony to the faithfulness of a prayer-hearing God. Green Bay, Wis., Reliance Pub. Co. [1946] [11]-

170 p.

[NOYES, HARRIET NEWELL]. History of the South China mission of the American Presbyterian church, 1845-1920. Shanghai, Printed at the Presbyterian Mission Press, 1927. 155 p. front., plates, ports.

ÖBERG, ELISABET. Light in the land of the shadow of death, sketches from the San-Miao orphanage at Saratsi, translated by Lizzie Lieden. Chicago, Emil Forslund Print. Co., 1926. 143 p. front., illus.

OEHLER, WILHELM, 1877- China und die christliche Mission in Geschichte und Gegenwart. Stuttgart, Evang. Missionsverlag, 1925. viii, 282 p. fold. map. (Handbücher für Missionsstudienkreise, 4).

———. Chinas Erwachen auf dem nationalen, wirtschaftlichen und religiösen Gebiet; Erlebtes und Erforschtes. Wernigerode, "Die Aue" [1925] 137 p.

———. Wege Gottes in China; das Hakkavolk und die Basler Mission. Stuttgart und Basel, Evang. Missionsverlag, 1931. 148 p. front., plates, ports., double map.

———. China nach dem Kriege. Bad Salzuffen, MBK-Verlag, 1947. 24 p.(Wenn Gottes Winde wehen, 4).

OEHLER-HEIMERDINGER, ELISABETH, 1884- Über den gelben Storm. Geschichten von Chinesen. Stuttgart, Evang. Missionsverlag, 1922. 95 p. (Stuttgarter Missionsbücher, 1).

———. Weihrauch und Gebet. Bilder aus dem chinesische Missionsarbeit. Stuttgart, Evang. Missionsverlag, 1924. 30 p. illus.

———. Scènes de la vie missionnaire en Chine. Traduction de l'allemand par Ernest Morel. Bâle, Librairie des Missions, Neuchâtel, Delachaux et Niestlé, 1925. iv, 96 p. plates.

———. Wie mir die chinesen Freunde wurden. Aus dem Tagebuch einer jungen Frau. Mit 8 original Aufnahmen von der Verfasserin. Stuttgart, Evang. Missionsverlag, 1925. 130 p.

OLDFIELD, WALTER HERBERT, 1879- Pioneering in Kwangsi; the story of Alliance missions in South China. Harrisburg, Pa., Christian Publications [c1936] 208 p. front., plates, ports.

ORCHARD, RONALD KENNETH. The situation of the China mission. London, Livingstone Press, 1951. 8 p.

ORR, JAMES EDWIN, 1912- Through blood and fire in China. London, Marshall, Morgan and Scott [1939] v, [1], 7-160 p. illus.(map) plates (incl. front., ports.).

OSS, JOHN. Mission advance in China. Nashville, Southern Pub. Association [1950, c1949] 284 p. illus., ports., map (on lining paper).

OSS, OLGA BERTINE (OSNES), 1897- Triumphs of faith; personal experience in service for the King by Mrs. John Oss. Takoma Park, Washington, D.C., South Bend, Ind., Review and Herald Pub. Association, c1935. 159 p. front. (port.).

OUR China mission. Part one: Hankow. St. Louis, Concordia Pub. House, 1926. 48 p. illus. (Men and Missions, 4).

PARKER, ALVIN P., 1850-1924. Southern Methodism in China. Nashville, Pub. House M.E. Church, South, 1924. 56 p. (Southern Methodist mission fields).

PASSIONISTS. Eyes East, interesting facts about China, presented by the Passionist missionaries. [Union City, N.J., The Sign, 193?] 72 p. illus.

PAYNE, JESSIE. The very heart of China. London, Carey Press [1930] viii, [100] p.

PEILL, SIDNEY GEORGE. Church planting [by] S.G. Peill and W.F. Rowlands. London, World Dominion Press [1924] cover-title, 12 p. [The indigenous church series] "Reprinted from World Dominion."

PENROSE, CECIL. The romance of China. London, Bible Churchmen's Missionary Society, 1927. 119, [1] p. plates.

PINSON, WILLIAM WASHINGTON, 1854- China in action; an elective course for adult and young people's classes, Sunday school teachers, and missionary

committees. Nashville, Cokesbury Press, 1930. 176 p.
PORTER, LUCIUS CHAPIN, 1880- China's challenge to Christianity. New York, Missionary Education Movement of the United States and Canada [c1924] vii, [1], 248 p. front. (port.) illus. (map) plates.
POTEAT, GORDON. Home letters from China; the story of how a missionary found and began his life work in the heart of China. New York, George H. Doran [c1924] vi, 9-159 p.
——. Stand by for China. New York, Friendship Press [c1940] x, 181 p.
POUSMA, RICHARD H. An eventful year in the Orient. Grand Rapids, Mich., Eerdmans, 1927. 233 p.
PRESBYTERIAN CHURCH IN CANADA. Together. Information on the cooperative effort of the Canadian Presbyterians with the Chinese Christians. [Toronto] Presbyterian Church in Canada, 1947. vii, 51 p.
PRESBYTERIAN CHURCH IN THE U.S.A. Tentative findings of the evaluation conference of the Presbyterian church in the U.S.A. held at Shanghai, Nov. 18-Dec. 3, 1926. [Shanghai, Presbyterian Mission Press, 1926] 105, viii p. incl. tables.
PRICE, FRANK WILSON, 1895- We went to West China. [Nashville, Presbyterian Church in the United States, Executive Committee of Foreign Missions, 1943] 30 p.
——. China, twilight or dawn? New York, Friendship Press [1948] vi, 184 p. fold. col. map.
——. The rural church in China, a survey. [2d ed.] New York, Agricultural Missions, 1948. xi, 274 p. maps. (Studies in the world mission of Christianity, 9).
PRICE, PHILIP FRANCIS, 1864-1954. Our Chinese investment: sixty-years of the Southern Presbyterian church in China with biographies, autobiographies, and sketches of all missionaries since the opening of the work in 1867. Nashville, 1927? 187 p.
PROCTOR, JOHN THOMAS. [Mission administration in China] A paper read before the Shanghai missionary association, Oct. 3, 1922. Shanghai, 1922? cover-title, 18 p.
[PROTESTANT EPISCOPAL CHURCH IN THE U.S.A.]. Beyond the eight horizons. [New York, 1943?] cover-title, 56 p. plates, double map. (Building the church around the world).
QUENTIN, A.P. A Taoist pearl. London, Society for promoting Christian Knowledge; New York [etc.] Macmillan [1928] xv, [1], 143, [1] p. front., illus.
RATTENBURY, HAROLD BURGOYNE. The seven churches of China. Being a picture of the seven China districts of the Methodist Church. London, Cargate Press [1934] 111 p. map.
RAWLINSON, FRANK JOSEPH, 1871-1937, ed. Progressive ideals of Christian work in China, by resident workers. Shanghai, E. Evans [192-?] iii, 86 p.
——. Naturalization of Christianity in China (a study of the relation of Christian and Chinese idealism and life) Shanghai, Presbyterian Mission Press, 1927. viii, 216 p.
——. Western money and the Chinese church; an attempt to find a modern approach to an old practice. Shanghai, Presbyterian Mission Press, 1929. cover-title, ii, 71 p.
REES, RONALD DAVIS, 1888- China faces the storm; the Christian church in China today, with a prologue and epilogue by George Osborn. London, Edinburgh House Press, 1937. 158 p.
——. China can take it. London, Edinburgh House Press, 1942. 64 p.
——. News from China. London, Livingstone Press, 1947. 48 p. map.
REICHELT, KARL LUDVIG, 1897-1952. The transformed abbot. Translated by G.M. Reichelt and A.P. Rose. London, Lutterworth Press [1954] 157 p. illus.
REYNOLDS, ARTHUR, 1909- Change and challenge in China. London, China

Inland Mission, 1947. 99 p. plates, map.

———. Das neue China ruft. Übers. aus dem Englischen von Ursula von Reiswitz. Bad Salzuflen, MBK Verlag, 1948. 48 p.

RICHARDSON, DONALD WILLIAM, 1879- The church in China. Richmond, Va., Presbyterian Committee of Publication [c1929] 224 p. plates, maps.

RICHTER, JULIUS, 1862- Das Werden der christlichen Kirche in China. Gütersloh, Bertelsmann, 1928. xvi, 584 p. fold. front. (Allgemeine Evangelische Missionsgeschichte, 4).

ROBINS, HENRY BURKE, 1874- Christian progress in the Far East; a report of a visit to Baptist mission fields in Japan, China and the Philippine Islands, 1920-21. New York, American Baptist Foreign Mission Society [1921] 51 p.

ROSE, JOHN RICHARD. A church born to suffer; being an account of the first hundred years of the Methodist church in South China, 1851-1951. London, Cargate Press, 1951. 172 p. illus. plates, tables.

ROSENKRANZ, GERHARD, 1896- Der Nomos Chinas und das Evangelium; eine Untersuchung über die Bedeutung von Rasse und Volkstum für die missionarische Verkündigung in China. Leipzig, J.C. Hinrichs, 1936. xii, 196 p. (Missionswissenschaftliche forschungen, hrsg. von der Deutschen gesellschaft für missionswissenschaft durch M. Schlunk, 10).

———. Fernost - wohin? Begegungen mit den Religionen Japans und Chinas im Umbruch der Gegenwart. Heilbroun, E. Salzer, 1940. 304 p. illus.

———. Buddha und Christus im Ringen um die Seele Chinas. Ein Kapitel chinesischer Religionsgeschichte und seine Bedeutung für die christliche Mission. Gütersloh, 1941. 58 p. (Allgemeine Missions-Studien, 25).

ROUTH, EUGENE COKE, 1874- Evening and morning in China. Nashville, Broadman Press [1950] ix, 125 p. illus.

ROWLANDS, E. End of an era; stories from Central China during the war years, 1938-45. London, Livingstone Press, 1947. 101 p. maps.

[ROWLANDS, WILLIAM FRANCIS]. Indigenous ideals in practice; a survey of the evangelistic and church work in the district of Siaochang, with some reference to developments during the decade 1914-24. Siaochang, North China, London Mission, 1925. 23 p. [Indigenous church series].

———. The same; evangelistic policy and work in the Siaochang field in North China. London and New York, World Dominion Press [1932] 43 p. [Indigenous church series].

———. The plain and the people; life changing and church planting on the North China plain. London, Livingstone Press, 1937? 110 p. front. plates.

———. Christ came to Bitter Market [Hopei]. London, Livingstone Press, 1951. 70 p. (Broadway Books, 1).

SADLER, J. True celestials: or, leaves from a Chinese sketch-book, by J. Sadler assisted by W.H. Muncaster. London, S.W: Partridge and Co., n.d. 144 p.

SAUNDERS, J. ROSCOE, 1873- The Chinese as they are. New York, Chicago, Fleming H. Revell [c1921] 176 p. front., plates, ports., fold. map.

SCHÄPPI, GERTRUD. Heimgefunden. Vom Leiden und Reisen einer jungen Chinesin. Stuttgart und Basel, Evang. Missionsverlag, 1929. iv, 30 p. illus.

———. Auf Bergpfaden in China. Aus dem Tagebuch einer Missionarin. Basel, Basler Missionsbuchhandlung, 1943. iv, 96 p. illus.

SCHEURER, HANS. Die Letzten werden die Ersten sein. Aus dem Leben einer chinesischen Frau. Stuttgart und Basel, Evang. Missionsverlag, 1937. iv, 19 p. illus.

SCHMAUSS, GEORG. Auf Missionspfaden in China; Reiseindrücke von Georg Schmauss. Marburg, Spenerverlag und Druckerei, 1937. 87 p. plates.

SCHÖNLEBER, ANNA. Zwischen Lotosblüten und Gobistaub; Erlebnisse deutscher Schwestern in China. Stuttgart, J.F. Steinkopf [1955] 232 p. illus.

SCHULTZE, OTTO, 1872- Wunderbare Führung eines Chinesenknaben. Stuttgart, Evang. Missionsverlag, 1921. 16 p. illus.

———. Der Fluch des Opiums und seine Bekämpfung in China. Basel, Basler

Missionsgesellschaft; Stuttgart, Evang. Missionsverlag, 1921. iv, 16 p. illus.

———. Lebensbilder aus der chinesischen Mission. 2. Aufl. Stuttgart, Evang. Missionsverlag, 1922. 90 p. (Stuttgarter Missionsbücherei, 4) 1st ed., Basel, 1905.

SCHWAGER, FRIEDRICH W. Kongregationale missionsarbeit in China. Redfield, S.D., 1927. 208 p. incl. illus.

SCOTT, CHARLES ERNEST, 1876- Answered prayer in China; some prayer-experiences of present-day Chinese Christians. Philadelphia, The Sunday School Times Co. [c1923] xv, 219 p.

———. Chinese twice-born: kingdom trophies in the Orient, introduction by Charles G. Trumbull. New York, Chicago, Fleming H. Revell [c1931] 159 p.

SCOTT, GEORGE A., 1904- In whose hands? A story of internment in China. London, China Inland Mission, 1947. 80 p.

SCOTT, PERCY MELVILLE. Is it worth while? (The present position of missions in China). London, Society for the Propagation of the Gospel in Foreign Parts, 1931. 24 p. (Problems of the mission field).

[SEAMAN, ROY] 1894- Ship that did not sink [a single outline history of the China Inland Mission], illustrated by Ellen Lister. London, China Inland Mission, 1952. 47 p.

SEWELL, WILLIAM GAWAN. China unbroken. London, Friends Service Council, 1940. 12 p. illus.

SHEBBEARE, U.K. China. London, Society for the Propagation of the Gospel in Foreign Parts, 1933. 105 p. map, plates (S.P.G. handbooks, n.s.).

SIMPSON, BARBARA. China post; letters in peace and war, with foreword by Pao-swen Tseng, 曾寶蓀. London, Edinburgh House Press, 1939. 103 p.

SKINSNES, CASPER C., 1886- Scalpel and cross in Honan. Minneapolis, Augsburg Pub. House [1952] 254 p. illus.

SKUES, ERIC. Shensi; China's mission to the Chinese. London, Society for the Propagation of the Gospel, 1935. 22 p. plates, ports.

SMITH, C. STANLEY. The development of Protestant theological education in China in the light of the history of the education of the clergy in Europe and America. Shanghai, Kelly and Walsh, 1941. xii, 171 p. (Nanking Theological Seminary. English publications, 2).

SMITH, DANIEL, 1907- Nosu nuggets from the Yunnan quarry. London, China Inland Mission [1940] 46 p. front., map.

SMYTHE, LEWIS STRONG CASEY, 1901- Changes in the Christian message for China by protestant missionaries. Chicago, 1928. v, 298, 8 l. Thesis-Univ. of Chicago.

SOONG, MAYLING, 蔣宋美齡, 1897- Christianity in China's national crisis. An address delivered at the Wuhan Monthly Missionary Prayer Meeting on April 6, 1938. Hankow, Printed by Chinese League of Nations Union [1938] 5 p. (Special publication ser., 14).

———. A propos du Resurgam de madame Chiang Kai-shek. Chungking, Le Correspondant chinois, 1940. cover-title, 20 p.

———. I confess my faith. New York, Board of Missions and Church Extension, the Methodist Church, 1943. 11 p.

———. The sure victory. [Westwood, N.J.] Revell [1955] 45 p.

SOUTHERN BAPTIST CONVENTION. A century for Christ in China. Richmond, Va., Foreign Mission Board, Southern Baptist Convention, 1936. 72 p. illus. map.

———. Southern Baptists in China. Richmond, Va., Foreign Mission Board, Southern Baptist Convention, 1939. 39 p.

SOUTHON, ARTHUR E. More yarns on China. London, Church Missionary Society, 1924. 79 p.

SPAICH, WILHELM. Erlebnisse einer Missionsschwester in China. Stuttgart und Basel, Evang. Missionsverlag [1928] iv, 16 p. illus.

SPEER, ROBERT ELLIOTT, 1867-1947. Report on Japan and China of the deputation sent by the Board of foreign missions of the Presbyterian church in the U.S.A. to visit these fields and to attend a series of evaluation conferences in China in 1926; presented by Mr. Robert E. Speer and Dr. Hugh T. Kerr. New York, Board of Foreign Missions of the Presbyterian Church in the U.S.A., 1927. viii, 528 p. diagrs.

———. "Re-thinking missions" examined; an attempt at a just review of the report of the Appraisal commission of the Laymen's foreign mission inquiry. New York, Fleming H. Revell [c1933] 7-64 p.

STAUFFER, MILTON THEOBALD, 1885- Looking towards a Christian China; a discussion course. New York, Missionary Education Movement of the United States and Canada [c1924] v, 7-128 p.

———. China her own interpreter; chapters by a group of nationals interpreting the Christian movement, assembled and edited by Milton Stauffer. New York, Pub. for the Student volunteer movement for foreign missions by the Missionary Education Movement of the United States and Canada [c1927] xv, 170 p. (Christian voives around the world).

STEPHANY, MARIE. The power of the gospel in Shansi province. Springfield, Mo., General Council of the Assemblies of God [1934] 45 p. illus.

STEWART, EMILY LILY, 1893- Forward in western China; foreword by the Archbishop of Sydney. London, Church Missionary Society, 1934. ix, [1], 77 p. col. front., illus.(map).

[STOCKWELL, FRANCIS OLIN] 1900- Contacts in China; a book with a devotional purpose, by a first termer. Foochow [Printed by the Bing Ung Press] 1932. 91 p. illus.

STOOKER, WILHELMINA. Friendship Center in China, a junior missionary project, supervised by Wilhelmina Stooker, guided and recorded by Janet Hill. New York, Missionary Education Movement of the United States and Canada [c1924] viii, 84 p. plates.

STURTON, STEPHEN DOUGLAS, 1896- From mission hospital to concentration camp. With a foreword by Will H. Hudspeth. London, Marshall, Morgan and Scott [1948] 128 p. plates.

TAYLOR, JOSEPH, 1869- West of the Yangtze gorges. Los Angeles, 1936. [New York, 1944] 152 p.

TAYLOR, JOSEPH JUDSON, 1855- Chinese missions, with an introduction by Robert E. Chambers. New York, W. Neale [c1928] xiii, 15-103 p. front. (port.).

TAYLOR, MARY GERALDINE (GUINNESS), 1862-1949. With P'u and his brigands. London, China Inland Mission, 1922. xiii, 76 p. incl. front.

———. The call of China's great north-west; or, Kansu and beyond. London, Philadelphia, China Inland Mission [1923] viii, 215 p. front., plates, ports., fold. map.

THOMPSON, DOUGLAS W. Rise and build; Chinese pattern for village life. London, Edinburgh House Press, 1949. 135 p.

THOMPSON, MAY BEL. Chinese teen-agers - and God! New York, Vantage Press [1956] 206 p.

THOMPSON, PHYLLIS. There came a day. London, China Inland Mission, 1945. 94 p.

———. King of the Lisu; illustrated by Carolyn Cranfield. London, China Inland Mission, Lutterworth Press, 1956. 63 p. illus. map.

———. Proving God: financial experiences of the China Inland Mission. London, China Inland Mission, 1956. 143 p.

THROUGH toil and tribulation; missionary experiences in China during the war of 1937-45 told by the missionaries. London, Carey Press [1947] 208 p. plates, map (on lining-papers).

TINLING, CHRISTINE ISABEL, 1869- Memories of the mission field. Foreword by the Rev. F.B. Meyer. London, Morgan and Scott [1927] 158 p.

TOWNSEND, RALPH, 1900- Ways that are dark; the truth about China. New York, G.P. Putnam, 1933. vii-xiv, 336 p.

TSU, YU YUE, 朱友漁, bp., 1886- The Chinese church: partner in a world mission. New York, Friendship Press, 1944. 24 p.

TSUCHIYAMA, TETSUJI. Victory of the cross, or, an account of my trip in China. Winona Lake, Ind., Light and Life Press [1939] 39 p. front. (port.).

TVEDT, KRISTOFER N., 1884- In captivity. Translated from Norwegian by Mrs. Mina Hellestad. Minneapolis, The Lund Press, 1937. 206 p. incl. front.

TYLER, ERNEST DELBERT. China at the crossroads; fifteenth award, essay winning first prize in competition of 1928, University of Kansas. [Lawrence, University of Kansas, 1929] [9]-44, [1] p. (Hattie Elizabeth Lewis memorial [essays in applied Christianity], XI).

VASEL, MATHILDE. Licht im Dunkel; Gottes wunderbares Tun und Wirken in der Blindenschule der Liebenzeller Mission Changsha. Bad Liebenzell (Württ) Buchhandlung der Liebenzeller Mission [1937] 62, [1] p. illus. (incl. ports.).

WALLACE, EDWARD WILSON, 1880-1941. Christian missions in China. Shanghai. [n.p., 1929?] 24 numb. l.

WALTER, ERNST, 1886- Chinesische Kirche im Wellenschlag der Zeit; zum hundertjährigen Jubiläum der Basler Mission im China. Basel, Basler Missionsbuchhandlung, 1946. iv, 107 p. front., plates, ports.

——. Sechzehn Monate Banditen-leben in China. Zeichnungen Fritz Krumenacher. Zürich, Schweizer. Jugendschriftenwerk, 1954. 32 p. illus.

WARD, RALPH ANSEL, 1882- A memorandum of a few recent observations in China (from Peking). Peking, 1925. 21 p.

WARNSHUIS, ABBE LIVINGSTON, 1877- comp. Data regarding the present legal position of American missionaries and missionary property in China. n.p., 1925. 6, [1] numb. l.

WATTS, ALICE. Silver; the story of a Chinese girl whose life has been touched and set aflame by the Spirit of God. By Miss Alice Watts and Miss Bessie B. Cordell. Chicago, National Holiness Association, Missionary Society [c1934] 24 p. illus. (ports.).

WELLER, PAUL. Aus Lenpin's Bergen; Bilder von chinesischem Leben und chinesischer Not. Mit Bildschmuck von Martha Welsch und 8 Bildtafeln. Stuttgart und Basel, Evang. Missionsverlag, 1929. 106 p. illus. plates. (Stuttgarter Missionsbücher, 16).

——. Chinesische Berglandsgestalten. Stuttgart und Basel, Evang. Missionsverlag, 1934. iv, 95 p. (Stuttgarter Missionsbücher, 20).

——. In Trübsal bewährt. Ein Frauenschicksal in China. Stuttgart und Basel, Evang. Missionsverlag, 1934. iv, 31 p. illus.

WHEELER, WILLIAM REGINALD, 1889- Flight to Cathay; an aerial journey to Yale-in-China. With a foreword by Henry Sloane Coffin. New Haven, 1949. 81 p. fold. col. map.

WHITE, MARY CULLER, 1875- comp. Stylus photographus; pictures of the Bible women and scholarship girls of the China mission. Nashville, Pub. House of the M.E. Church, South, 1922. 112 p. front. (port.).

WIETER, FRITZ. Das Ringen des Evangeliums um die Seele Chinas. Christus oder Konfuzius? Gütersloh, C. Bertelsmann, 1933. xi, 184 p. (Allgemeine Missions-Studien, 14).

WILEY, ELIZABETH ELLYSON, 1896- Three pairs of hands. Nashville, Broadman Press [1948] 128 p. illus., ports. (Foreign mission study series).

WILLIAMS, BASCOM WINTON, 1860- The joke of Christianizing China. New York, Peter Eckler Pub. Co., 1927. [3]-60 p. (Eckler large type series).

WILLIAMS, WALTER ROLLIN, 1909- Ohio Friends in the land of Sinim; being a record of the missionary work in China under the direction of the Ohio yearly meeting of Friends' Church. Mt. Gilead, O. [1925] 229 p. illus. ports.

——. These fifty years with Ohio Friends in China; an intimate story of missionary work in China, under the direction of Ohio yearly meeting of the Friends Church, 1890-1940. Damascus, O., Friends Foreign Missionary Society of Ohio Yearly meeting [c1940] 315 p. illus. (incl. ports., maps).

WILSON, SADIE MAI. Chinese gateways; a course for juniors based on the source book of materials, "What do you know about China?" Nashville, Cokesbury Press, 1929. 64 p.

———. What do you know about China? A source book of materials. Nashville, Cokesbury Press, 1929. 266 p. illus. (incl. music) plates, diagr.

WINSLOW, CAROLYN V. Tomorrow. Winona Lake, Ind., Young People's Missionary Society, 1945. 123 p. illus. (incl. map) ports.

WORKMAN, GEORGE BELL. The development of the motive of Protestant missions to China, 1807-1928. [New Haven] 1928. 3, 215 p. incl. charts.

WORLEY, HARRY WESCOTT. The central conference of the Methodist Episcopal Church; a study in ecclesiastical adaptation, or a contribution of the mission field to the development of church organization. Foochow, Printed by the Christian Herald Mission Press, 1940. 397 p. [English publications of the Nanking theological seminary, 4]. Thesis-Yale University.

WU, CHAO-KWANG, 伍朝光, 1904- The international aspect of the missionary movement in China. Baltimore, Johns Hopkins Press; London, H. Milford, Oxford University Press, 1930. ix, 285 p. (Johns Hopkins University studies in history and political science. Extra volumes. new ser., 11).

WU, YI-FANG, 吳貽芳, 1893- ed. China rediscovers her West; a symposium edited by Yi-fang Wu and Frank W. Price. London, G. Allen and Unwin [1942] xiii, [1], 210 p. illus.

WUNDERLI, MARIE. Er kann trösten. Zwei Geschichten aus China. Stuttgart und Basel, Evang. Missionverlag, 1931. iv, 30 p. illus.

YALE-IN-CHINA ASSOCIATION, INC., New Haven. The story of Yale in China. New Haven, 1945. 11 p. illus. maps.

YANG, CHANG-TUNG, 楊昌棟. A program for the church of Ping-tan hsien, Fukien, based on a study of twenty-seven successful rural churches and other rural service organizations in the United States of America. Shanghai, Pub. for the author by Kwang Hsueh Pub. House, 1935. v, 125 p. Thesis-Drew University.

YOUNG, FLORENCE S. H. Pearls from the Pacific. London, Marshall Bros. [1925] 256 p. front. (port.) map, plates.

ZIMMERMANN, KURT. ed. Fünfzig Jahre Allianz-China-mission. Grundsätzliches über Wesen und Arbeitsweise einer Allianz-mission in Mittel-China. Wuppertal-Barmen, 1939. 96 p. illus.

Medical Missions

ABBAS, KHWAJA AHMAD. And one did not come back! The story of the Congress medical mission to China; with a foreword by Lin Yutang. Bombay, Sound Magazine (Publication dept.) [1944] 129 p.

ADOLPH, PAUL ERNEST, 1901- Surgery speaks to China; the experiences of a medical missionary to China in peace and war. Philadelphia, Toronto, China Inland Mission [1945] 195, [1] p. front. (port.) illus. (map) plates.

ALLAN, TED. The scalpel, the sword; the story of Dr. Norman Bethune, by Sydney Gordon and Ted Allan. London, Hale [1954] 271 p. illus.

AYERS, THOMAS W. Healing and missions. Richmond, Va., Educational department, Foreign Mission Board, 1930. 123 p. front., plates, ports.

FEARN, ANNE (WALTER) 1867- My days of strength; an American woman doctor's forty years in China. 3rd ed. New York and London, Harper [c1939] xiii, [1], 297 p. front., plates, ports.

HOLMAN, NELLIE (PEDERSON). My most unforgettable patients. New York, Pageant Press [1953] 119 p.

HOUGHTON, FRANK, 1894- George King, medical evangelist. London, China

Inland Mission, 1930. vii, 97 p. front. (port.) plates.

KEYTE, JOHN CHARLES, 1875- Andrew Young of Shensi; adventure in medical missions. London, Carey Press [1924] 313, [1] p. front.

LEAVELL, GEORGE W. Some fruits of the Gospel; experiences of a medical missionary. Nashville, Tenn. Sunday School Board, Southern Baptist Convention [1928] 9-120 p. illus., port.

LIPPA, ERNEST M. Captive surgeon; adventures and misadventures of a doctor in Red China. New York, Morrow, 1953. 280 p.

———. I was a surgeon for the Chinese Reds. London, Harrap [1953] 240 p. illus.

———. J'étais médicin en Chine rouge. Traduit par René Jouan. Paris, Éditions France-Empire, 1955. 318 p. plates.

———. Chirurg hinter dem Bambusvorhang. Ins deutsche Übertr. von Helga Treichl. Wien, Ullstein, 1955. 300 p. map.

MORSE, WILLIAM REGINALD, 1874- The three crosses in the purple mists, an adventure in medical education under the eaves of the roof of the world. Shanghai, Mission Book Co., 1928. ix, 306 p. plates (part col.) fold. plan.

OSGOOD, ELLIOTT IRVING, 1871-1940. China's crossroads. Cincinnati, O., Powell and White [1922] 229 p. front., plates, port.

PALMBORG, ROSS W. China letters, Seventh Day baptist medical missionary to China 1894-1940. Plainfield, N.J., The Recorder Press, 1942. 278 p. front.

POTEAT, GORDON. A Greatheart of the South, John T. Anderson, medical missionary. New York, George H. Doran [c1921] ix, 11-123 p. front., plates, ports.

"ROBIN, DOCTOR," pseud. What it feels like; letters from a doctor out East to a colleague at home. London, Student Christian Movement, 1926. 78 p.

SELMON, BERTHA EUGENIA (LOVELAND) 1877- They do meet; cross-trails of American physicians and Chinese people. New York, Froben Press, 1942. xvii, 254 p. col. front., plates, ports., facsims.

SMITH, WILLIAM EDWARD. A Canadian doctor in West China; forty years under three flags. Toronto, Ryerson Press, 1939. xvi, 278 p. illus., front.

SPEER, ROBERT ELLIOTT, 1867-1947. "Lu Taifu," Charles Lewis, M.D., a pioneer surgeon in China. New York, Board of Foreign Missions, Presbyterian Church in the U.S.A., 193? 216 p. illus. ports.

Lives of Protestant Missionaries

ADAMS, ARCHIBALD GUINNESS. Joseph Samuel Adams of China, an original contribution to the history of Protestant world missions in the form of a biographical record of the missionary career of his father. [New York, 1939] 2 v. Thesis-Union Theological Seminary.

ALBUS, HARRY JAMES, 1920- Twentieth-century Onesiphorus, the story of Leslit M. Anglin and the Home of Onesiphorus. Grand Rapids, Eerdmans, 1951. 160 p. illus., ports.

ALEXANDER, MARY CHARLOTTE, 1874- Charles Arthur Hayes of China: as Jesus served. Nashville, Broadman Press [1954] 24 p. illus. (More than conquerors, intermediate, 5).

ALLEN, YOUNG JOHN, 1836-1907. The diary of a voyage to China, 1859-60, edited by Arva Colbert Floyd. Atlanta, Ga., The Library, Emory University, 1943. 39 p. (Half-title: Emory University publications. Sources and reprints, ser. I).

AYLWARD, GLADYS. Gladys Aylward, one of the undefeated; the story of Gladys Aylward as told by her to R.O. Latham. London, Edinburgh House Press [1950] 48 p.

BARTHOLOMEW, ALLEN R. The martyr of Huping: the life story of William Anson Reimert, missionary in China. Philadelphia, Board of Foreign Missions,

Reformed Church in the United States, 1925. 157 p. illus., ports.
BEATON, KENNETH J. Serving with the sons of Shuh. Fifty fateful years in West China, 1891-1941. Toronto, United Church of Canada [1941] x, 238 p.
BOTHAM, OLIVE (TRENCH). Two pioneers; life sketches of Thomas and Mark Botham by Mrs. Mark Botham. London, China Inland Mission, 1924. viii, 9-140 p. incl. plan, front. ports.
BRODBECK, EMMA, 1892- Chicago missionary on the Burma road; letters of Emma Brodbeck, Ipin, Szechuan, West China, edited and published by Louise Hayes. [Chicago, c1941] cover-title, 3-35 p. illus. (incl. ports., maps).
BROOMHALL, MARSHALL, 1866-1937. F.W. Baller, a master of the pencil. London, China Inland Mission, 1923. iv, [56] p.
———. W.W. Cassels, first bishop in Western China. London, Philadelphia, China Inland Mission, 1926. xxiii, 378 p. front., illus.(plan, facsim.) plates, ports., fold. map.
BROWN, FRANK AUGUSTUS, 1876- Charlotte Brown, a mother in China; the story of the work of Charlotte Thompson Brown in China from 1909-49. [Carville? La., 1953] 100 p. illus.
BRYAN, FERREBEE CATHARINE, 1886- His golden cycle; the life story of Robert Thomas Bryan, by his daughter, F. Catharine Bryan. Richmond, Va., Rice Press, 1938. xvii, 297, [1] p. front., plates, ports., facsims.
———. At the gates; life story of Mathew Tyson and Eliza Moring Yates of China. Nashville, Broadman Press [1949] xxii, 374 p. illus. ports., facsims.
BUCK, PEARL (SYDENSTRICKER) 1892- The exile. New York, Reynal and Hitchcock [c1936] London, Methuen, 1936. [9]-315 p.
———. L'exilée. Traduit par Germaine Delamain. Paris, Stock, 1937. 251 p.
———. Die Frau des Missionars; roman. Deutsch von Richard Hoffmann. Berlin [etc.] P. Zsolnay, 1936. 326, [1] p.
———. Fighting angel; portrait of a soul. New York, Reynal and Hitchcock [c1936] London, Methuen, 1937. [9]-302 p.
———. The spirit and the flesh. New York, John Day [1944] 378 p.
BURGESS, ANDREW SEVERANCE, 1897- Lan Ta-tê, Landahl of China; illustrations by Ed. Sovik, jr. Minneapolis, Augsburg Pub. House [c1941] vii, [3], 116 p. incl. front., illus.(incl. map).
BURKE, JAMES COBB, 1915- My father in China, [William B. Burke] New York, Toronto, Farrar and Rinehart [1942] xiv, 431 p.
———. The same. London, M. Joseph [1945] 288 p.
BUSSEMER, KONRAD. Karl Engler: Lehrer und Missions-Inspektor, 1874-1923, zur Erinnerung an einen Begnadigten. Barmen, Allianz-China-Mission, 1925. 111 p. plates.
CANDLER, WARREN AKIN, bp., 1857- Young J. Allen, "the man who seeded China." Nashville, Cokesbury Press, 1931. 245 p. front., ports.
CHAMBERS, CHRISTINE (COFFEE) 1885- Builder of dreams; the life of Robert Edward Chambers, by Ruth Carver Gardner and Christine Coffee Chambers. Nashville, Broadman Press [c1939] 200 p. plates, ports.
CHAPLIN, MAXWELL, 1890-1926. The letters of Maxwell Chaplin, edited by George Stewart, with a foreword by Robert E. Speer. New York, Association Press, 1928. ix, 3-239 p. front., plates, ports.
CRAIGHEAD, JAMES R.E. Hunter Corbett, fifty-six years a missionary in China. New York, Revell, c1921. 224 p. front., port.
CULLEN, ANDREW PATRICK. Lavington Hart of Tientsin. London, Livingstone Press [1947] 48 p. plates, port. (The Man and the work).
DE GRUCHÉ, KINGSTON. Dr. D. Duncan Main of Hangchow, who is known in China as Dr. Apricot of heaven below. London and Edinburgh, Marshall, Morgan and Scott [1930] 9-243 p. front., plates, ports.
DE MONTMORENCY, JAMES EDWARD GEOFFREY, 1866- Francis William Fox; a biography, with a prefatory note by G.P. Gooch. London, H. Milford, 1923. 141 p. front.(port.).

DUNAWAY, THOMAS SANFORD, 1872-1932. Pioneering for Jesus; the story of Henrietta Hall Shuck. Nashville, Sunday School Board of the Southern Baptist Convention [1930] 160 p. incl. front., illus.(incl. ports.).

DYSON, VERNE, 1879- A Hong Kong governor [Sir John Bowring] and his famous hymns (and other essays). Macao, The Macao Review [1930] 20 p. front.(port.).

EBERLE, EDITH. Macklin of Nanking; sketches by Rose Wright. St. Louis, Mo., Bethany Press [c1936] 173 p. illus.

ENGLISH, EUGENE SCHUYLER, 1899- By life and by death; excerpts and lessons from the diary of John C. Stam. Grand Rapids, Mich., Zondervan Pub. House [c1938] v-xii, [13]-62 p. illus.(facsim.) ports.

FOSTER, ARNOLD, 1846-1919. Arnold Foster. Memoir, selected writings, etc. by various authors. London, London Missionary Society, 1921. 188 p. front. (port.).

GAMMIE, ALEXANDER. Duncan Main of Hangchow. London, Pickering and Inglis [1935] 159 p. front., plates, ports.

GARSIDE, BETTIS ALSTON, 1894- One increasing purpose; the life of Henry Winters Luce. With an introd. by Henry P. Van Dusen. New York, F. H. Revell [1948] 271 p. illus., ports., map (on lining-papers).

GODDARD, FRANCIS WAYLAND, 1877- Called to Cathay. New York, Distributed by the Baptist Literature Bureau [1948] 159 p. illus., ports., map, geneal. table.

GOFORTH, ROSALIND (BELLSMITH) 1864- Miracle lives of China, by Rosalind and Jonathan Goforth. New York and London, Harper, 1931. x, 157 p.

——. Goforth of China, [Jonathan Goforth] Grand Rapids, Mich., Zondervan Pub. House [c1937]; London, Marshall, Morgan and Scott, Toronto, McClelland and Stewart, 1938. 364 p. front., plates (incl. music) ports.

——. Climbing; memories of a missionary's wife. Grand Rapids, Mich., Zondervan Pub. House [c1940] 216 p. front., ports.

GRAVES, FREDERICK R. Recollections, 1881-93. [Shanghai, 1928] 50 p.

GROSE, GEORGE RICHMOND, bp., 1869- James W. Bashford, pastor, educator, bishop. New York, Cincinnati, Methodist Book Concern [c1922] 252 p. front., plates, ports.

GUINNESS, JOY. Mrs. Howard Taylor, her web of time. Foreword by Amy Carmichael. 2nd ed. London, China Inland Mission, 1950. vii, 369 p. plates, ports.

HAMILTON, HORACE ERNST. China two generations ago; a family sketch of Guy and Pauline Ernst Hamilton, Presbyterian medical missionaries in the interior of North China. Denver, Big Mountain Press [1957] 102 p. illus.

HOLLOWAY, SADIE (LAWTON). Ida Deaver Lawton of China: happily ever after. Nashville, Broadman Press [1954] 23 p. illus. (More than conquerors, intermediate no. 6).

HOUGHTON, FRANK, 1894- Mason of Kwangchow. London, China Inland Mission, 1929. vii, 52 p.

HUIZENGA, LEE SJOERDS, 1881-1945. John and Betty Stam, martyrs. A short story of the life and death of Mr. and Mrs. John C. Stam. Grand Rapids, Mich., Zondervan Pub. House, c1935. 11-64 p. front., illus.(incl. ports., map).

——. The same. 2nd ed. Grand Rapids, Mich., Zondervan Pub. House, 1935. 101 p. incl. front. illus.

——. Pressing on; an autobiographical sketch. Grand Rapids, Mich., Wm. B. Eerdmans Pub. Co., 1946. 83 p. front.(port.) (Home devotional library).

HUPPENBAUER, HANS. Ein Wegbereiter Gottes in China, das Leben von Ernst Ruff (1877-1944). Basel, Basler Missionsbuchhandlung [c1946] 64 p. port.

KAMIIZUMI, HIDENOBU. A Japanese pastor in Peking; a story of the Reverend Yasuzo Shimidzu and his mission school for Chinese girls; translated from Ai-no-kensetsusha (One who builds with love) by Hidenobu Kamiizumi. Tokyo,

Hokuseido Press, 1940. xii, 223 p. front., plates, ports.

KENDALL, R. ELLIOTT. Beyond the clouds. The story of Samuel Pollard of South-west China. London, Cargate Press, 1948. ix, 150 p. plates, map.

KERNAHAN, COULSON, 1858- Cornaby of Hanyang, a great-souled missionary; an appreciation, with biographical chapters by Mrs. W.A. Cornaby, B.A. Introduction by the Rev. W.T.A. Barber and personal tributes by the Rev. Marshall Hartley and others. London, Epworth Press [1923] 156 p. front.(port.).

LAMBERTS, LAMBERTUS J. The life story of Dr. Lee S. Huizenga; an adventure in faith. Grand Rapids, Eerdmans, 1950. 194 p. ports.

LAWRENCE, UNA (ROBERTS) 1893- Lottie Moon. Nashville, Sunday School Board of the Southern Baptist Convention [c1927] 317 p. illus.(incl. ports., map).

LYON, DAVID NELSON, 1842-1927. Youth and the China journey in 1869. [Pebble Beach, Calif., c1937] 31, [1] p. [White cloud papers. 1].

MacBEATH, ANDREW. W[illiam] H[enry] Aldis. Foreword by Frank Houghton. London, Marshall, Morgan and Scott [1949] 100 p. ports.

McCARTEE, DIVIE BETHUNE, 1820-1900. A missionary pioneer in the Far East; a memorial of Divie Bethune McCartee, ed. by Robert E. Speer. New York, Chicago, Fleming H. Revell [c1922] 224 p. front.

McINTYRE, EMMA H., 1879- High privilege. Brisbane, W.R. Smith and Paterson, 1954. 97 p. illus.

MELROSE, PAUL C. On being a missionary. New York, Pageant Press [1957] 73 p.

MONTGOMERY, HENRY HUTCHINSON, 1847- Charles Percy Scott, first bishop in North China, for fifty-three years a missionary in China. London, Society for the Propagation of the Gospel in Foreign Parts, 1928. x, 144 p. front. (port.), plates.

MOULE, ARTHUR EVANS, 1836-1918. Arthur Evans Moule, missionary to the Chinese; a memoir, by his six sons. London, The Religious Tract Society, 1921. 112 p. plates, ports.

MUELLER, JOHN THEODORE, 1885- Great missionaries to China. Grand Rapids, Zondervan Pub. House [1947] 9-135 p.

MULLER, JAMES ARTHUR, 1884- Apostle of China, Samuel Isaac Joseph Schereschewsky, 1831-1906. New York, Milwaukee, Morehouse Pub. Co., 1937. 279 p. front., plates, ports.

NICHOLS, BUFORD L. It happened in China; random glimpses of life in China as seen through the eyes of Buford L. Nichols. Nashville, Broadman Press [1948] 100 p. illus., ports.

PAKENHAM-WALSH, WILLIAM SANDFORD. Twenty years in China. Cambridge [Eng.] W. Heffer, 1935. x, 127 p. front. plates, ports.

PATTERSON, L.D. If two agree. Nashville, Publishing House of the M.E. Church, South, 1921. 102 p.

PAYNE, ERNEST ALEXANDER, 1902- Harry Wyatt of Shanghai, 1895-1938. London, Carey Press, 1946. 83 p. front., plates, ports., map.

POLLARD, SAMUEL, 1864-1915. Eyes of the earth; the diary of Samuel Pollard, edited by R. Elliott Kendall. London, Cargate Press, 1954. 180 p. illus.

POLLARD, WALTER. The life of Sam Pollard of China; an account of the intrepid life of adventure, danger, toil and travel of a missionary in the far and little known interior of the vast Chinese empire, by his son, Walter Pollard. London, Seeley, Service, 1928. 13-188 p. incl. plates. front.(ports.)plates.

RATTENBURY, HAROLD BURGOYNE. David Hill, friend of China; a modern portrait. London, Epworth Press [1949] 214 p. port.

———. Greatheart; the tale of a country missionary, [Joseph Kimber Hill] London, Cargate Press [1953] 111 p.

REASON, JOYCE, 1894- The witch of Ningpo. London, Edinburgh House Press, 1940. 31 p. (Eagle Books, 30).

SALLEE, ANNIE (JENKINS). W. Eugene Sallee, Christ's ambassador. Nashville,

Sunday School Board, Southern Baptist Convention [c1933] viii, 256 p. front., plates, ports., facsim.

———. Torchbearers in Honan. Nashville, Broadman Press [1948] 192 p. ports.

SCHLYTER, HERMAN. Karl Gützlaff, als missionar in China, with a summary in English. Lund, C.W. K. Gleerup; Copenhagen, E. Munksgaard, 1946. viii, 318 p. Diss.-Univ. Lund.

SMITH, JAMES FRAZER, 1858- Life's waking part, being the autobiography of Reverend James Frazer Smith, pioneer medical missionary to Honan and missionary to Central India. Toronto, T. Nelson [c1937] 11, [1], 345 p. front.(port.).

SNOWDEN, RITA FRANCES. Never a dull moment; life and letters of Annie James. Christchurch [N.Z.] Presbyterian Bookroom [1948] 204 p. ports., map.

TAYLOR, FREDERICK HOWARD, 1862-1946. "By faith"; Henry W. Frost and the China Inland Mission, by Dr. and Mrs. Howard Taylor. Philadelphia, London, China Inland Mission, 1938. vii-xvii, 364 p. front., plates, ports., diagr.

TAYLOR, MARY GERALDINE (GUINNESS), 1862-1949. Guinness of Honan, by his sister Mrs. Howard Taylor. London, China Inland Mission, 1930. xi, 322 p. front., plates, ports.

———. Borden of Yale '09; "the life that counts," by Mrs. Howard Taylor. Philadelphia, China Inland Mission, 1930. rev. ed. 1952. xv, 285 p. plates, ports., map.

———. Margaret King's vision, by Mrs. Howard Taylor. Philadelphia, London [etc.] China Inland Mission, 1934. xiii, [1], 165 p. front., plates, ports.

———. Behind the ranges; Fraser of Lisuland, S.W. China, by Mrs. Howard Taylor. London and Redhill, Lutterworth Press and the China Inland Mission [1944] 255, [1] p. front., plates, ports.

———. The triumph of John and Betty Stam. Philadelphia, China Inland Mission, 1949. 129 p. ports. 1st ed. 1935.

THOMPSON, PHYLLIS. D.E. Hoste: "a prince with God," Hudson Taylor's successor as general director of the China Inland Mission, 1900-35. London, China Inland Mission, 1950. 222 p. illus. ports.

TOZER, AIDEN WILSON, 1897- Let my people go! The life of Robert A. Jaffray. Harrisburg, Pa., Christian Publications [c1947] 127 p. port.

TROXEL, ELLEN (ARMOUR) 1875- Cecil Troxel, the man and the work, by Mrs. Cecil Troxel and Mrs. John J. Trachsel. Chicago, National Holiness Missionary Society, 1948. 261 p. illus., ports., map (on lining-paper).

TURNER, WILLIAM H. Pioneering in China; introduction by Rev. J.H. King. Franklin Springs, Ga., Printed by the Publishing House of the P.H. Church [c1928] 17-312 p. front. (2 port.) illus., plates.

WALTER, ERNST, 1886- Mein Leben und Die Mission. Stuttgart und Basel, Evang. Missionsverlag, 1932. iv, 48 p. incl. front. (port.), illus.

WALTERS, THOMAS B. Charles T. Studd, cricketer and missionary. London, Epworth Press, 1930. 126 p. front.(port.).

WHEELER, WILLIAM REGINALD, 1889- John E. Williams of Nanking. New York, Fleming H. Revell [c1937] 222 p. front., plates, ports.

WHITE, MARY CULLER, 1875- The days of June; the life story of June Nicholson. Kingstree, S.C., Kingstree Lithographic Co. [1952] 128 p.

———. Just Jennie; the life story of Virginia M. Atkinson. Atlanta, Tupper and Love [1955] 103 p. illus.

WILLIAMS, WALTER ROLLIN. Me and my house, by Walter R. and Myrtle M. Williams. Grand Rapids, Eerdmans [1957] 187 p. illus.

WOOD, H.G. Henry T. Hodgkin; a memoir. London, Student Christian Movement Press [1937] 281 p. front. plates.

Robert Morrison

BLOCHER, JACQUES A. Robert Morrison, l'apôtre de la Chine (1782-1834). Illustrations de l'auteur. Paris, Les Bons semeurs, 1938. 86 p. incl. port., illus. map.

BROOMHALL, MARSHALL, 1866-1937. Robert Morrison, a master-builder. London, Student Christian Movement, 1924. xvi, 238 p. front.(port.) 1 illus. (plan) [The modern series of missionary biographies].

HAYES, ERNEST HENRY. Robert Morrison: China's pioneer. London, Livingstone Press [1925] 128 p. front.(port.) illus. (map) (The Pioneer series, 4).

MEARS, JOHN. The King's men in China: Robert Morrison, Griffith John, Chiang Kai-shek. Wellington, A.H. and A.W. Reed [1948] 109 p. illus. (His The King's men series).

MORRISON, ROBERT, 1782-1834. Robert Morrison: a souvenir of the centenary celebrations. Hong Kong, Morrison Centenary Celebrations Committee, 1934. [4], 16 p. plates.

RIDE, LINDSAY. Robert Morrison, the scholar and the man, an illustrated catalogue of the exhibition held at the University of Hong Kong, September 4 to 18, 1957 to commemorate the 150th anniversary of Robert Morrison's arrival in China. 54 p. illus.

Hudson Taylor

BENOIT, JEAN PAUL. Puissance du Seigneur; vie d'Hudson Taylor. Strasbourg, Éditions Oberlin, 1952 [c1946] 205 p. plates, ports., maps.

———. Wind aus der Feuerwolke. Das Leben Hudson Taylors, übers. aus dem Französischen. Konstanz, Christl.-Verlag, 195? 295 p.

BROOMHALL, MARSHALL, 1866-1937. Hudson Taylor, the man who believed God. London, Philadelphia, China Inland Mission, 1929. xii, 244 p. front. (port.) illus. (facsim.).

———. Ein Mann der es mit Gott wagte. Aus dem Leben des grossen China-Missionars Hudson Taylor. 4. Aufl. Basel, Brunnen-Verlag, 1948. 62 p. illus. (Brunnen-Bücherei, 7).

ELLIS, JAMES JOSEPH, 1853- J. Hudson Taylor, founder of China Inland Mission. London, Pickering and Inglis, 1929. 64 p. (Memoirs of Mighty Men).

———. James Hudson Taylor; a little man who did great things for God. London, Pickering and Inglis [1937] [9]-96 p. front.(port.), plates.

HELLER, MATHILDE. Die Geschichte einer Jugend, Hudson Taylor. Erzählt von Mathilde Heller. Mit einer Einführung von Elisabeth Brnadt. Bad Salzuflen, MBK-Verlag [1938] 79 p. 2 port.

HUNNEX, MRS. GLORIA G. James Hudson Taylor, pioneer missionary of inland China. Anderson, Ind., Gospel Trumpet Co. [c1925] 154 p. front.(port.) illus.

MILLER, BASIL WILLIAM, 1897- J. Hudson Taylor, for God and China. Grand Rapids, Zondervan Pub. House [1948] 136 p.

OEHLER, ANNA. Das Wagnis des Glaubens; Leben und Werk Hudson Taylors. Basel, Basler Missionsbuchhandlung [1948] 430 p. port. map.

RUDERSDORF, FRIEDHELM. Hudson Taylor, sein Werk und seine Missionsmethoden. Basel, Brunnen-Verlag [1942] 80 p. front.(port.) [Menschen, die den ruf vernommen, 13.].

SCHULTZE, OTTO. James Hudson Taylor. Ein Glaubensheld im Dienste der Evangelisation Chinas. 2. Aufl. Stuttgart, Evang. Missionsverlag; Basel, Basler Missionsbuchhandlung, 1924. 236 p. plates, ports. map, tables. 1. Aufl. 1906.

TAYLOR, [FREDERICK] HOWARD, 1862-1946. Hudson Taylor. Foundateur de la Mission dans l'intérieur de la Chine, 1832-1905, par le docteur et Madame Howard Taylor: v. 1. adapté de l'anglais et abrégé par Jean Rouffiac. v. 2-3. Traduit et adapté de l'anglais par MM Eugène Barnaud et Jean Barnaud. Lausanne, Librairie des Semailles, 1922-23. 3 v. port. map.

———. Hudson Taylor in early years; the growth of a soul, by Dr. and Mrs. Howard Taylor, with introduction by Mr. D.E. Hoste. 6th impression. London, Philadelphia, China Inland Mission [1923] xxi, 511 p. front.,illus.(plan) plates, ports., fold. map. 1st ed. 1911.
———. Hudson Taylor's spiritual secret, by Dr. and Mrs. Howard Taylor. London, Philadelphia, China Inland Mission, 1932. 178 p. front.(port.).
———. Hudson Taylor and the China Inland Mission. The growth of a work of God, by Mr. and Mrs. Howard Taylor. London, China Inland Mission, 1934. xi, [1], 640 p. front. ports., fold. map. 1st ed., 1918.
———. J. Hudson Taylor: ein Lebensbild, von Howard Taylor und Geraldine Taylor. Neue Aufl. Merligen und Thoune, China Inland Mission, 1948-49. 2 v. illus. plates.
TAYLOR, JAMES HUDSON, 1832-1905. A retrospect. [17th ed.] London, China Inland Mission; agents: Lutterworth Press [1951] 126 p. illus.
THOMPSON, PHYLLIS. God's venturer, Hudson Taylor. London and Philadelphia, China Inland Mission, 1954. 110 p. port.
WÜRZ, FRIEDRICH. Hudson Taylor. Ein Missionsleben. Stuttgart und Basel, Evang. Missionverlag, 1929. lv, 32 p. ports.

Timothy Richard

EVANS, EDWARD WILLIAM PRICE. Timothy Richard [1945-1919], a narrative of Christian enterprise and statesmanship in China. London, Carey Press [1945] 160 p. front., plates, port.
GARNIER, ALBERT J. A maker of modern China, [Timothy Richard]. London, Carey Press [1945] 120 p. plates, 2 port. (incl. front.) facsim.
The MAN who could not be denied, [Timothy Richard]. [London, Carey Press, 1945] cover-title, 16 p.
SOOTHILL, WILLIAM EDWARD, 1861-1935. Timothy Richard of China, seer, statesman, missionary and the most disinterested adviser the Chinese ever had, with a foreword by Sir John N. Jordan, bart. London, Seeley, Service, 1924. 17-330 p. front., plates, ports.
WARR, WINIFRED. Far into China; the story of Timothy Richard, pioneer. London, Carey Press [1945] 32 p. plates.

Lives of Chinese Protestants

BROOMHALL, MARSHALL, 1866-1937. In quest of God; the life story of pastors Chang and Ch'ü, Buddhist priest and Chinese scholar. London, Philadelphia, China Inland Mission [1921] xiii, 190 p. front., plates, ports., map, plan.
———. Marshall Feng, 'a good soldier of Christ Jesus.' Foreword by Major-General Sir George K. Scott Moncrieff. 5th ed. London, Philadelphia, China Inland Mission, 1924. x, 85 p. front.(port. group) plates.
———. General Feng, ein guter Streiter Jesu Christi. Berechtige deutsche Übersetzung nach dem 3. Auflage der 1924 englischer Original. Liebenzell, Buchhandlung der Liebenzeller Mission, 1924. iv, 97 p.
BROWN, MARGARET H. Mrs. Wang's diary, illustrated by Chang Hui-yuen. Shanghai, Christian Literature Society, 1936. ix, 161 p. illus.
BURGESS, ANDREW SEVERANCE, 1897- Peng Fu, 彭福; a biography. Minneapolis, Augsburg Pub. House [c1939] 128 p. incl. plates, ports., map, facsim.
CAMPBELL-BROWN, C. Bruder Mao; ein chinesischer Strassenprediger. Zürich, Kanaresische Mission, 1926. 115 p.
CARTWRIGHT, FRANK THOMAS, 1884- Life has no ceiling; a romance of changing China. New and rev. ed. New York, Friendship Press [1947] viii, 164 p. "Stories of James Cheng and Dorothy Lee, who were known in their earlier years not as James and Dorothy, but as Joo-mook and Daw-say."

CH'ENG, MARCUS, 鄭仲桂, 1884- Marshal Feng - the man and his work. Shanghai, Kelly and Walsh [1926] 107 p. front., plates, ports.

———. After forty years, autobiography. London and Melbourne, China Inland Mission, 1948. 18 p. port.

CHIU, Y.T., 趙恩賜, [Chao Ên-tz'ŭ] 1890- Meditations of a Christian Chinese. New York, Pageant Press [1956] 101 p.

CHURCH, M.M. tr. The seeker. The autobiography of a Chinese Christian. London, Church of England Zenana Missionary Society, 1931. 47 p.

EINE Chinesenfrau erzählt aus ihrem Leben. Übers. von Käthe Huber. Basel, Basler Missionsbuchhandlung, 1947. 32 p.

FORSYTHE, IRENE. Cheng's mother; decorated by Jim Lee. New York, Friendship Press [1948] 80 p. illus.

GIH, ANDREW, 計志文. Twice born - and then? The life story and message of Andrew Gih, autobiography, edited by J. Edwin Orr. London, Marshall, Morgan and Scott [1937] vii, 11-128 p.

HOLKEBCER, TENA. God's bridge; or, The story of Jin-gi. Grand Rapids, Mich., Wm. B. Eerdmans Pub. Co., 1944. 87 p. incl. front., illus., port.

HUNTER, EDWARD. The story of Mary Liu [劉永英]. London, Hodder and Stoughton, 1956; New York, Farrar, Straus and Cudahy, 1956. 248 p.

JÊN, CH'ÊNG-YÜAN, 任檉遠. A tamarisk garden blessed with rain; or, The autobiography of Pastor Ren, translated and edited by Herbert Hudson Taylor and Marshall Broomhall. London, Philadelphia, China Inland Mission, 1930. xvii, 228 p. front. (port.) facsim.

LIU, LING-PI, 劉令璧. Chinaman's chance; the story of Harry Liu of the Pocket Testament League, by Harry Liu and Ellen Drummond. Chicago, Moody Press [1956] 143 p. illus.

McNEUR, GEORGE HUNTER. China's first preacher, Liang A-fa, 梁阿發, 1789-1855. Shanghai, Kwang Hsueh Pub. House, Oxford University Press, China agency [1934?] 123, [4] p. plates, ports, ports., map, facsim.

MAIR, ALEXANDER. Pastor Hsieh, a wayfarer for Christ. London, China Inland Mission, 1933. 24 p.

MOYER, ELGIN SYLVESTER, 1890- Moy Gwong of South China; the story of Moy Gwong Han, 梅光顯, who burned out for the Lord. Elgin, Ill., Brethren Pub. House [1951] 77 p. illus., ports.

OSGOOD, ELLIOTT IRVING, 1871-1940. Shi, the story-teller; the life and work of Shi Kweipiao, Chinese story-teller and pastor. Cincinnati, O., Powell and White [1926] 228 p. front., plates, ports.

[SING, SAMUEL]. Captured by pirates: the adventure of a Chinese doctor [Samuel Sing] London, Church Missionary Society, 1930. 15 p.

TAYLOR, MARY GERALDINE (GUINNESS), 1862-1949. Pastor Hsi, 席勝魔, Confucian scholar and Christian. 20th ed. London, China Inland Mission, 1949. xvi, 293 p. maps. 1st ed. 1900.

TSAI, CHRISTIANA, 蔡蘇娟. Queen of the dark chamber; the story of Christiana Tsai as told to Ellen L. Drummond. Drawings by Ellen L. Drummond. Chicago, Moody Press [1953] 160 p. illus.

WELLER, PAUL. Ein chinesischer Volksmissionar Pan Nyen Sam. Stuttgart und Basel, Evang. Missionsverlag, 1929. iv, 27 p. illus.

WHITE, MARY CULLER, 1875- Meet Mrs. Yu. [The true story of an outstanding Chinese Christian] New York, Abingdon-Cokesbury Press [1948] 212 p.

WOO, ESTHER, 伍蘇羣. Paradise in war, translated by Eleanor J. Woo. New York, Island Press Cooperative [1947] viii, 117 p. front., plates, ports.

YÜ, DORA. God's dealings with Dora Yü, a Chinese messenger of the Cross. London, Morgan and Scott, 1927. 71 p.

Protestantism under Communism

ANDERSON, PALMER I., 1892- Young China in the valley of decision. Minneapolis, Augsburg Pub. House [1953] 123 p.

BARNABAS, pseud. Christian witness in communist China. New York, Morehouse-Gorham [1951]; London, S.C.M. Press, 1951; 2nd ed. 1952. 79 p.

———. Christliche Verkündigung im kommunistischen China, übers. und bearb. Ökumenische Centrale in Frankfurt/M. München, Kaiser, 1951. 91 p. map.

BOYLE, SAMUEL E. The church in red China "Leans to one side." A documented study of the influence of communism on the Protestant churches in China. Hong Kong, [The author] 1950. vi, 152 p.

BROWN, HOMER G. New China as we saw it, by Homer G. Brown and Muriel J. Brown. St. Marys, Ontario, the author, 1956. 27 p.

BURGESS, ALEXANDER. Passport from China; tells the story of an empty Scottish pew. Glasgow, Maclellan, 1956. 307 p.

CHAU, PIK-KUM, 周伯琴, [Chou, Po-chin] 1891- Commonism, a plan for implementing the Christian answer to communism. With forewords by Hollington K. Tong and John W. Bailey, and a biographical sketch of the author by Charles R. Shepherd. New York, Exposition Press [1957] 256 p. illus.

CHILDE, DONALD B. China now; an account of the church in China today. London, Cargate Press [1955] 34 p.

CHINA: an object lesson, by an observer. London, Edinburgh House Press, 1951. 23 p.

CHINESE communists and mission properties; Preface by A.G.M. [n.p.,1926] 60 p.

FERRIS, HELEN. The Christian church in Communist China, by Helen Ferris under the direction of Theodore H.E. Chen. Advance ed. [n.p.] 1952. 144 l. (Studies in Chinese communism, ser. 2, 5).

———. The Christian church in Communist China, to 1952. Produced under Contract no. AF 33(038)-25075. Research accomplished under contract with Human Resources Research Institute, Maxwell Air Force Base, Alabama. Lackland Air Force Base, Texas, Air Force Personnel and Training Research Center, Air Research and Development Command, 1956. xi, 76 p. map. ([U.S.] Human Resources Research Institute. Research Memorandum, 45).

HARTENSTEIN, KARL. Dir Kirche Chinas unter dem Kreuz von Karl Hartenstein und Jakob Keck. 3. Aufl. Stuttgart, Evang. Missionverlag, 1952. 26 p.

HAYWARD, VICTOR E.W. "Ears to Hear," lessons from the China mission. London, Edinburgh House Press, 1955. 64 p. (Tracts for the Times, 1).

HOYT, CHARLES. How Christianity fares in Chinese red areas. Nanking, Government Information Office, 1947? 30 p.

HUANG, K'UEI-YÜAN, 黃魁元, Bp., 1902- Now I can tell; the story of a Christian bishop under Communist persecution. New York, Morehouse-Gorham Co., 1954. 222 p.

HUTLEY, K.H. Ordeal in Tingchow. London, Livingstone Press., 1939. 30 p. map.

JAMES, ALFRED FRANCIS. Reports on deputation of Australian Churchmen to mainland China. New York, Division of Foreign Missions, National Council of the Churches of Christ in the U.S.A., 1957. 23 p. "Reprinted by the China Committee of the Division of Foreign Missions."

JAMES, ANNIE. I was in prison; being a first-hand account of the experience of one of the staff of the Presbyterian Mission in China at the hands of the Communists. Christ Church, N.Z., Presbyterian Book Room, 1952. 44 p. illus.

KIESOW, E. MARGARET. China: the challenge. London, Presbyterian Church of England, 1954. 40 p. illus.

KOETHER, LUELLA G. Two hundred days as prisoners of the Chinese Communists, by Luella G. Koether and T. Janet Surdam. [Mason City? Iowa, 1956] 248 p.

KUHN, ISOBEL. Green leaf in drought-time; the story of the escape of the last C.I.M. missionaries from Communist China. Chicago, Moody Press [1957] 160 p.

LACY, CREIGHTON, 1919- Protestant missions in communist China. New Haven, 1953. xxxiii, 670 p. Thesis-Yale University.

LAPWOOD, RALPH. Through the Chinese revolution, by Ralph and Nancy Lapwood. London, Spalding and Levy [1954] 216 p.

LAUTENSCHLAGER, STANTON. With Chinese communists. London, Edinburgh House Press, 1941. 24 p. illus.(map) (World issues, 4).

McCAMMON, DOROTHY SNAPP, 1923- We tried to stay. Scottdale, Pa., Herald Press [1953] 208 p. illus.

NELSON, DANIEL, 1902-48. The apostle to the Chinese communists. Minneapolis, Board of Foreign Missions of the Norwegian Lutheran Church of America [c1935] xi, 139 p. incl. front.(port.) facsims.

ORCHARD, RONALD KENNETH. The situation of the China mission. London, Livingstone Press, 1951. 8 p.

OUTERBRIDGE, LEONARD M. The lost churches of China. Philadelphia, Westminster Press [1952] 237 p.

RUST, AMBROS, 1910- Die rote Nacht; Schweizermissionare erleben den Kommunismus in China. Luzern, Schweizer Volksbuchgemeinde [1956]; München, Rex-Verlag, 1956. 264 p. illus.

STOCKWELL, FRANCIS OLIN, 1900- With God in Red China; the story of two years in Chinese Communist prisons. New York, Harper [1953] 256 p.

———. Meditations from a prison cell; devotional talks from a Chinese communist prison. Nashville, Upper Room, 1954. 112 p.

THOMPSON, DOUGLAS WEDDELL. Into red starlight, line drawings by Paul Jefferies. London, Edinburgh House Press, 1951. 104 p.

WEST, CHARLES C. [Materials gathered in the last months of missionary service in China, which ended in June 1950, for use in giving an insight into the place of the Christian forces in China under communist rule, and the response of Christian thinking and action to communist challenges] n.p.n.d. various paging.

WITTENBACH, H.A. Eastern horizons. London, Highway Press, 1954. 98 p. illus.

Missionary Stories

(For foreign missions in Manchuria, Mongolia, Tibet, Sinkiang, etc., see entries under respective areas)

DREYER, EDITH G. Light and shadow in China. London, Philadelphia, China Inland Mission [194-?] [9]-132 p. front. (port.) illus.(incl. map) plates.

DUNN, MARY NOREEN. Let's see China; a world friendship unit for junior girls and boys. Nashville, Cokesbury Press [c1937] 78 p. illus.

EVANS, ALICE (PICKFORD) 1868- Lee Chung; a son of Cathay. Philadelphia, Boston [etc.] Judson Press [c1936] 3-174 p. incl. front., plates.

FISHER, LENA LEONARD. The River dragon's bride; being some story beads gathered in South China and strung on a thread of memory. New York, Cincinnati, Abingdon Press [c1922] 142 p. front., illus., plates.

GRAHAM, JAMES ROBERT, 1863- Incense-bearers of Han; stories of twice-born Chinese, foreword by E. Schuyler English. Grand Rapids, Mich., Zondervan Pub. House [1941] 13-107 p.

HALL-LINDQUIST, ARTHUR. The tale of two steamer rugs. Moline, Ill., Christian Service Foundation [c1956] 202 p. illus.

HAYES, EVA FATIMA (MORRIS) comp. Tales from China. New York, Friendship Press [c1940] 78, [1] p. illus.

HOLLISTER, MARY (BREWSTER), 1891- South China folk. New York [etc.] Fleming H. Revell [c1935] 141 p.

HUSTON, ROSE A. How Yung Fu saved a Bible, and other stories. New York, London and Edinburgh, F.H. Revell [c1941] 64 p. front., plates.

LEWIS, ALICE HUDSON. Tales from China. New York, Friendship Press [1948]

79 p. illus., map.

MENAGH, LOUISE. Young Canada in China, continuing the travels of Dick and Mary Louise; for junior and internediate study. [Toronto] Women's Missionary Society of the Presbyterian Church in Canada, 1924. 213 p. plates.

MENKE, WILLIBRORD. Ki and Fu. Eine Erzählung aus der chinesischen Mission. Steinfeld-Eifel, Salvator-Verlag m. Tannerbauer, 1949. 223 p.

MILLER, BASIL WILLIAM, 1897- Twenty-four missionary stories from China. Kansas City, Mo., Beacon Hill Press [1948] 109 p.

NAIRNE, W. P. Yarns on heroes of China; a book for workers among boys. London, United Council for Missionary Education, n.d. 111 p.

OEHLER-HEIMERDINGER, ELISABETH, 1884- Die Söhne aus dem Hause Tsochhin; Erzählung aus China. Basel, Basler Missionsbuchhandlung [c1949] 159 p.

———. Niemand kann zwei Herren dienen. Eine Erzählung aus China. Stuttgart, Evang. Missionsverlag; Basel, Basler Missionsbuchhandlung, 1955. 16 p. (Von fernen ufern, 37).

PANTIN, MABEL. Flashlights on Chinese life, yellow dragon street and other stories. London, Church of England Zenana Missionary Society, 1926. 55 p. illus.

PATON, W. BERNARD. "The stanger people," a story and a challenge. London, Religious Tract Society, 1925. 151 p. plates.

SCHEURER, HANS. Im Banne des Drachenkönigs. Stuttgart und Basel, Evang. Missionsverlag, 1938. iv, 31 p. illus. (Aus fernen Ländern, 5).

———. Ein Brand aus dem Feuer. Eine Erzählung aus China. Basel, Basler Missionsbuchhandlung, 1942. iv, 16 p. illus. (Auf den Strassen der Welt, 18).

———. Im Schatten der Stammesburg. Erzählung aus China. Basel, Basler Missionsbuchhandlung, 1942. iv, 24 p. illus. (Von fernen Ufern, 7).

SPILLMANN, JOSEPH, 1842-1905. Die Brüder Yang und die Boxer. Eine Erzählung aus dem jüngsten Wirren in China. Freiburg, Herder und Co., 1923. vii, 99 p. (Aus fernen Landen, 19).

———. The Yang brothers and the boxers; a story from the Chinese missions, translated by H. A. Frommelt. Techny, Ill., Mission Press, 1930. [7]-132 p. (Tales of foreign lands. vol. XIII).

———. The Yang brothers; an unforgettable story of the Boxer uprising, adapted by James Rogan. Techny, Ill., Mission Press [1951] 120 p. illus. (Tales of valor series).

WELLER, PAUL. Eine von Vielen. Ein chinesisches Frauenlos. (Umschlag: Eine Erzählung aus China) Stuttgart und Basel, Evang. Missionsverlag, 1933. iv, 32 p. illus.

WIGET, JOSEPH MARIA. Jungchristliches Heldentum in China. Das Leben des Knaben Zyrill Sen und des Mädchens Maria Theresia Wang zwischen 1911 und 1932. Freiburg, Herder und Co., 1936. viii, 100 p. illus.

XIV. EDUCATION

Dictionaries

CHUANG, CHAI-HSUAN, 莊澤宣, 1895- An Anglo-Chinese dictionary of educational terms.. Shanghai, Intelligence Press, 1930. 165 p.

T'AN, JÊN-MEI, 檀仁梅, 1908- Dictionary of educational and psychological terms, by Jên-mei Tan and Hsi-chu Chen, 陳懿祝. Shaowu, Fukien, Dept. of Agricultural Education, Fukien Christian University, 1945. 346 p.

General Works

ARNDT, CHRISTIAN OTTOMAR, 1899- Education in China to-day, by Christian O. Arndt, K. Turosienski and Tung-yuan Fang, 方同源. Washington, D.C., Office of Education, 1944. 12 p. diagr. (Its leaflet, 69).

BECKER, CARL HEINRICH, 1876-1933. Educational problems in the Far and Near East; three lectures delivered in the institute. London, Pub. for the Institute of Education by Oxford University Press, H. Milford, 1933. 44 p. front.(port.) (University of London Institute of education. Studies and reports, I).

BUCK, PEARL (SYDENSTRICKER) 1892- Tell the people, talks with James Yen about the mass education movement. New York, John Day [1945] iii, 84 p.

———. The same. New York, American Council, Institute of Pacific Relations [c1945] 72 p. (I. P. R. pamphlets, 16).

BUSCH, HEINRICH, 1912- The Tung-lin Academy and its political and philosophical significance. Ann Arbor, University Microfilms [1954] ([University Microfilms, Ann Arbor, Mich.] Publication 6587) Collation of the original: xvii, 246, 2 l. Thesis-Columbia University.

CHAI, YU HENG, 柴有恆. Étude sur l'obligation scolaire et l'enseignement primaire en France et en Chine (historique, comparaison et avenir). Paris, Domat-Montchrestien, 1935. 296 p. Thèse-Univ. de Paris.

CHANG, CH'I-YÜN, 張其昀, 1901- Education in Free China. Taipei, China Culture Pub. Foundation, 1954. 20 p. illus. (Pamphlets on Chinese affairs).

CHANG, PE CHIN, 張伯謹, 1899- The administrative reorganization of the educational system of a county in China based on the analysis of Cheng ting hsien. Ithaca, 1935. Abstract of thesis-Cornell University. 10 p.

CHANG, PENG CHUN, 張彭春, 1892-1957. Education for modernization in China; a search for criteria of curriculum construction in view of the transition in national life, with special reference to secondary education. New York, Teachers College, Columbia University, 1923. 92 p. (Teachers college, Columbia University. Contributions to education, 137). Issued also as thesis-Columbia University.

CH'ÊN, LI-FU, 陳立夫, 1900- Chinese education during the war (1937-42). [Chungking?] Ministry of education, 1943. cover-title, ii, 41 p.

CH'EN, WEI-PING, 陳維屏. The new cultural movement in China. Canberra, Australian Institute of Anatomy, 1935. 15 p. (George Ernest Morrison lectures).

CHEN, WILLIAM JUNTUNG, 陳震東, 1915. Some controversies on Chinese culture and education. Ann Arbor, University Microfilms, 1951. ([University Microfilms, Ann Arbor, Mich.] Publication no. 2526). Collation of the original: 345 l. Thesis-Columbia University.

CHENG, HAWTHORNE, 鄭鈞. Education and research in China. Chungking, Chinese Ministry of Information, 1943. 63 p. (China Handbook ser., 10).

CHENG, RONALD YU-SOONG, 陳友松, [Ch'en Yu-sung] 1903- The financing of public education in China; a factual analysis of its major problems of reconstruction. [Shanghai, Commercial Press, 1935] xvi, 300 p. fold. map, fold. tables, diagrs. (part fold.) Thesis-Columbia University.

———. The Nien-erh movement [念二社] in China, its working program and future plans, being a new method for tackling the problems of China, a plea for help from world-minded foreign friends. Shanghai, 1935. 30 p. illus.

CH'ÊNG, T'IEN-FANG, 程天放, 1899- Educational developments and reforms in Free China. Taipei, Ministry of Education, 1953. 14 p.

———. Selected speeches and writings. Taipei, Ministry of Education, 1954. 209 p.

CHINA. Ministry of Education. Education in Free China. Taipei [1952?] 47 p.

———. Preparatory Committee of the Regional Study Conference on Fundamental Education. Fundamental education in China, a report. Nanking, 1947. 96 p. illus.

———. Education statistics of the Republic of China. Taipei, 1957. 54 p. tables.

CHINESE NATIONAL ASSOCIATION OF THE MASS EDUCATION MOVEMENT, Peking. The Ting Hsien experiment in 1934. Peiping, Chinese National Association of the Mass Education Movement [1934] 46 p. diagrs.

CHINNERY, JOHN DERRY, 1924- Problems of literary reform in modern China. 345 l. Thesis-School of Oriental and African Studies, University of London, 195-.

CHU, DON-CHEAU, 朱宕潛, 1910- Tao Hsing-chih, 陶行知, and Chinese education. New York, 1953. 254 l. Thesis-Teachers College, Columbia University.

CHU, PING-CHIEN, 朱炳乾, 1915- A proposed administrative pattern of the Hsien (county) school system in China. New York, 1947. 231 l. illus.

CHU, YOU-KUANG, 朱有光, 1902- Some problems of a national system of education in China; a study in the light of comparative education. Shanghai, Commercial Press [1933] xiii, [3]-394 p. diagrs. Thesis-Columbia University.

CHÜ, SHIH-YING, 瞿世英, 1899- Towards rural educational reconstruction. Ting-Hsien, Chinese National Association of the Mass Education Movement, 1936. 30 p. tables, charts.

CHUANG, CHAI-HSUAN, 莊澤宣, 1895- Tendencies toward a democratic system of education in China. Shanghai, Commercial Press, 1922. xvi, 176 p. Thesis-Columbia University.

DJUNG, LU-DZAI, 鍾魯齋, [Chung Lu-chai]. A history of democratic education in modern China. Shanghai, Commercial Press, 1934. xxxiii, 258 p. diagrs.

DUGGAN, STEPHEN PIERCE HAYDEN, 1870-1950. A critique of the report of the League of nations' mission of educational experts to China. [New York, 1933] 40 p. (Institute of international education. 14th series. Bulletin no. 1, Jan. 9, 1933).

FAN, CHUNG-TEH, 范崇德, 1913- Curriculum reorganization in rural China. [New York] 1948. 230 l. tables.

FANG, TUNG-YUAN, 方同源, 1900- An improved program of secondary education in post-war China. Philadelphia, 1945. 201 l. incl. tables, diagr. Thesis-Univ. of Pennsylvania.

FENN, WILLIAM PURVIANCE, 1902- The effect of the Japanese invasion on higher education in China. Kowloon, Hongkong, China Institute of Pacific Relations, 1940. 48 p. incl. tables. 3 fold. maps.

FORSTER, LANCELOT, 1882- English ideals in education for Chinese students. Shanghai, Commercial Press, 1936. vi, 177 p.

FREYN, HUBERT. Chinese education in the war, prepared under the auspices of the Council of International Affairs, Chungking. Shanghai, Kelly and Walsh, 1940. 137 p. map. ([Council of international affairs] Political and economic studies, 9).

FUGH, PAUL CHEN, 傅葆琛, 1895- Reconstruction of the Chinese rural elementary school curriculum to meet rural needs in China. [Ithaca, 1924?] viii, 346 l. tables, diagrs. Thesis-Cornell University.

GALT, HOWARD SPILMAN, 1872-1951. A history of Chinese educational institutions. v. 1. To the end of the Five Dynasties (A.D. 960). London, A. Probsthain, 1951 [i.e. 1952]- 400 p. (Probsthain's oriental series, v. 28).

HART, S. LAVINGTON, 1858- Education in China, a paper read before the China Society April 24, 1923. London, China Society, 1923. 22 p.

HSIAO, THEODORE E., 蕭恩承, [Hsiao En-ch'êng]. The history of modern education in China. Peiping, Peking University Press, 1932. xiv, [3]-164 p. illus. (map) plates, facsim., diagrs.

HUANG, CHING-SZE, 黃敬思, 1897- Elementary supervision on a county basis by specialized agents in selected states; professionalized supervision of instruction in selected states on a county basis with application to China. [Peiping, Printed by Peiping Cultural Association] 1927. 4, iii, 177, 5 p. Thesis-Columbia University.

INTERNATIONAL INSTITUTE OF INTELLECTUAL CO-OPERATION. The reorganisation of education in China, by the League of nations' mission of educational experts: C.H. Becker, M. Falski, P. Langevin, R.H. Tawney. Paris, International Institute of Intellectual Co-operation, 1932. [7]-200 p. plates, III maps.

———. La réorganisation de l'enseignement public en Chine. Par la mission d'experts éducateurs de la Société des Nations: C.H. Becker, M. Falski, P. Langevin, R.H. Tawney. Paris, Institut internationale de cooperation intellectuelle, 1932. 245 p.

KAO, CHUNG-JU, 高仲儒. Le mouvement intellectuel en Chine et son rôle dans la révolution chinoise entre 1898 et 1937. Paris, 1952. 250, iii p. Thèse-Univ. de Paris. Also Pub. by the author at Aix-en-Provence, 1957.

KIANG, YING-CHENG, 江應澄. The geography of higher education in China. New York, 1955. xl, 282 l. maps, diagrs. tables. Thesis-Teachers College, Columbia University.

LEAGUE OF NATIONS. Delegation from China. Comments by the Chinese Delegation on the report of the League of Nations mission of educational experts to China. Geneva, 1932. 16 l.

LI CHOW, CHUNG-CHENG, 李周仲錚 L'examen provincial en Chine (hiang che) sous la dynastie des Ts'ing (de 1644 à 1905 [i.e. 1911]). Paris, Jouve et cie, 1935. 137 p. Thèse-Univ. de Paris.

LIN, PAOTCHIN, 林寶權, [Lin Pao-ch'üan]. L'instruction féminine en Chine (après la révolution de 1911). Paris, Geuthner, 1926. 188 p. tables (4 fold.) diagrs.

LUND, RENVILLE CLIFTON, 1923- The Imperial University of Peking. Seattle, 1956. 358 l. Thesis-University of Washington.

MA, CHEN-LUAN, 馬承鑾. A proposed curriculum for the preparation of physical education teachers in middle schools of the Republic of China. New York, 1955. 227 l. Thesis-New York University.

MOHR, FRIEDRICH WILHELM, 1881-1936. Fremde und deutsche Kulturbetätigung in China; mit einem Anhang: Die Tung-chi Universität in Schanghai-Woosung von Max Linde. Münster i.W., Aschendorff, 1928. viii, 104 p. illus. plates.

MONROE, PAUL, 1869-1947. A report on education in China (for American educational authorities). New York, 1922. 41, [2] p. incl. tables. (The Institute of international education. Bulletin. 3d ser., 4).

NEW text-books of China. Tokyo, The Sokokusha [1932] iv, 109 p. On cover: Anti-foreign teachings in new text-books of China. Preface signed: The Sokokusha.

PAO, CHÜN-JIEN, 保君健, 1897- China to-day, with special reference to higher education. Canberra, Australian Institute of Anatomy, 1937. 15 p.

(George Ernest Morrison lectures).

PEAKE, CYRUS HENDERSON, 1900- Nationalism and education in modern China. New York, Columbia University Press, 1932. xiv, 240 p. Issued also as thesis-Columbia University.

PURCELL, VICTOR WILLIAM WILLIAMS SAUNDERS, 1896- Problems of Chinese education. London, Kegan Paul, 1936. viii, 261 p.

REGIONAL STUDY CONFERENCE ON FUNDAMENTAL EDUCATION, Nanking, 1947. Proceedings. Nanking, Ministry of Education, 1947. 100 p.

RUGH, ARTHUR DOUGLAS, 1907- American influence in China's changing education. [Seattle] University of Washington, 1940. iv, 207 l. incl. mounted illus. (group port.) tables. Thesis-University of Washington.

SAKAI, ROBERT K., 1919- Politics and education in modern China. Cambridge, 1953. 318 l. Thesis-Harvard University.

SARDI, ALESSANDRO, barone, 1889- Chine et cinema. Rome, Institut international du Cinématographie éducatif, 1932. 30 p.

SHEN, WEI-CHIH, 愼微之, 1896- The role of education in postwar China. Philadelphia, 1945. 199 l. Thesis-Univ. of Pennsylvania.

SHÜ, PEN-CHEN, 許本震, 1896- Die chinesische Erziehungslage im Hinblick auf die europäischen Reformen. Weimer, H. Böhlaus Nachfolger, 1928. iv, 105 p. diagrs. (Forschungen und Werke zur Erziehungswissenschaft, 2).

SMITH, HAROLD FRED, 1885- Elementary education in Shantung; a study of the reorganization of the curriculum in the elementary schools of rural Shantung, and plans for the preparation of teachers for these schools. Nashville, Amessu, 1931. vi, 159, [1] p. Thesis-Columbia University.

TAI, CHEN-HUA, 臺鎮華, 1914- A critical study of the resolutions of the Chinese Federation of Educational Associations, 1915-26. New York, 1954. 206 l. Thesis-Teachers College, Columbia University.

TAI, CHIN-HSIEO, 尤戴清旭 1906- The life and work of Ts'ai Yuan-p'ei, 蔡元培. Cambridge, 1952. 208 l. Thesis-Harvard University.

TAO, W. TCHISHIN, 陶行知, 1893-1946. Education in China, 1924, by W. Tchishin Tao and C. P. Cheng, 程其保. Shanghai, Commercial Press, 1925. 39 p. plates.

TCHANG, EDOUARD HUAI, 張懷. L'organisation d'un institut des sciences de l'éducation en Chine. Bruxelles, A. Dewit, 1929. viii, 231 p.

TCHANG, LAM, 陳廉. Étude sur l'organisation et le fonctionnement du service de l'instruction publique dans la Chine moderne. Lyon, Bosc frères, M. et L. Riou, 1939. 148 p. Thèse-Univ. de Lyon.

TENG, TSUI YANG, 鄧翠英, 1885- Education in China; papers contributed by the members of committees of the Society for the study of international education, ed. by T. Y. Teng and T. T. Lew, 劉廷芳. Peking, The Society for the Study of International Education, 1923. [227] p. tables, diagrs.

TSAI, YUAN-P'EI, 蔡元培, 1868-1940. The development of Chinese education; a paper read before the China Society on April 10, 1924. London, East and West, Ltd., 1924. 11 p.

TSANG, CHIU-SAM, 曾昭森, [Tseng Ch'ao-shen] 1901- Nationalism in school education in China since the opening of the twentieth century. Hong Kong, Printed by the South China Morning Post, 1933. [3]-241 p. Thesis-Columbia University.

TSO, CHENG-EN, 左承恩. La mesure scientifique dans l'éducation en Chine. Montpellier, Impr. Causse, Graillet et Castelnau, 1932. 190 p. illus. Thèse-Univ. de Montpellier.

VEY, DÉ TCHAO, 魏德昭, [Wei Tê-ch'ao]. Le pouvoir d'examen en Chine. Nancy, Impr. G. Thomas, 1935. [5]-140 p. Thèse-Univ. de Nancy.

WALMSLEY, LOUIS CALVIN. Western influences on Chinese national education. Toronto, 1945. 213 l. Thesis-Univ. of Toronto.

WANG, SHIH-CHIEH, 王世杰, 1891- Education in China. Shanghai, China United Press, 1935. cover-title, 45 p. (China reconstruction series, 3).

WEI, WILSON SHIH-SHENG, 衛士生. The history of educational philosophy in China. New York, 1934. 240 l. Thesis-New York University.
WONG, FENG-GANG, 黃方剛. Japanese influence on educational reform in China from 1895-1911. Peiping, Author's Bookstore, 1933. viii, 204 p.
WONG, YIN-KON. L'instruction publique de la Chine moderne. Paris, s.n.d'édit, 1937. 171 p. Thèse-Univ. de Paris.
YEN, JAMES Y.C., 晏陽初, 1894- The mass education movement in China. [Shanghai, Commercial Press, 1925. ii, 25 p. illus.(incl. port., facsims.) diagr.
YIN, CHILING, 殷芝齡, 1897- Reconstruction of modern educational organizations in China. Shanghai, Commercial Press, 1924. xviii, 5-171 p. diagrs.

Christian Colleges

ANDERSON, MARY RALEIGH, 1878- Protestant mission schools for girls in South China (1827 to the Japanese invasion). Mobile, Ala, Heiter-Starke Print. Co., 1943. xxvii, 365, [8] p. illus., plates, ports. Thesis-Columbia University.
BOONE UNIVERSITY, Wuchang. China's first library school. The Boone library and its forward movements. [Wuchang? 1928] cover-title, [20] p. incl. illus.
CHINA CHRISTIAN EDUCATIONAL ASSOCIATION. Christian higher education in China. A study for the year 1925-26, by Earl Herbert Cressy. Shanghai, China Christian Educational Association [1928] xii, 306, [5] p. maps, charts, tables. (Bulletin, 20).
———. The correlated program in 1930 as adopted by the Council of Higher Education. Shanghai, China Christian Educational Association, 1930. 32 p. tables.
CHINA EDUCATIONAL COMMISSION. Christian education in China; the report of the China educational commission of 1921-22. Shanghai, Commercial Press, 1922. iii, iii, 390 p. incl. tables, fold. charts.
———. The same; a study made by an educational commission representing the mission boards and societies conducting work in China. New York, Committee of reference and counsel of the Foreign Missions Conference of North America [c1922] xv, 430 p.
CHU, YOU-KUANG, 朱有光, 1902- An educational experiment at Lingnan. [Canton] Lingnan University, 1935. cover-title, 30 p. plates. (Lingnan University research lectures, 3).
[CONFERENCE ON CHRISTIAN EDUCATION IN CHINA, New York, 1925]. Chinese Christian education; a report of a conference held in New York City, April 6th, 1925, under the joint auspices of the International Missionary Council and the Foreign Missions Conference of North America. New York, 1925. 103 p.
CORBETT, CHARLES HODGE, 1881- Shantung Christian University (Cheeloo). New York, United Board for Christian Colleges in China, 1955. 281 p. illus.
DAY, CLARENCE BURTON, 1889- Hangchow University, a brief history. New York, United Board for Christian Colleges in China, 1955 [i.e. 1956] 183 p. illus.
[DUGGAN, STEPHEN PIERCE HAYDEN] 1870-1950. comp. Record of the testimonial dinner to Dr. Charles K. Edmunds, New York, March second, nineteen hundred twenty-two. [New York, 1922] 22 p. plates.
FOOCHOW, FUKIEN CHRISTIAN UNIVERSITY. What my education in Fukien Christian University means to me. Foochow, 1938. 16 p. ports.
FORD, EDDY LUCIUS, 1879- The history of the educational work of the Methodist Episcopal church in China; a study of its development and present trends. Foochow, Christian Herald Mission Press, 1938. 294 p. fold. map.
GREGG, ALICE HENRIETTA, 1893- China and educational autonomy; the changing role of the Protestant educational missionary in China, 1807-1937.

Syracuse, N.Y., Syracuse University Press, 1946. xvi, 285 p. Thesis-Columbia University, 1945.

LAMBERTON, MARY, 1883- St. John's University, Shanghai, 1879-1951. New York, United Board for Christian Colleges in China, 1955. 261 p. illus.

LEWIS, IDA BELLE, 1887- A report of girls' schools in North China supported by the Women's foreign missionary society of the Methodist Episcopal church. Shanghai, Commercial Press [1921] 98 p. map, charts.

LI, ANTHONY C., 李景文, 1920- The history of privately controlled higher education in the Republic of China. Washington, D.C., Catholic University of America Press, 1954. 157 p.

LUTZ, JESSIE (GREGORY), 1925- The role of the Christian colleges in modern China before 1928. Ithaca, 1955. vi, 375 l. Thesis-Cornell University.

MIAO, CHESTER S., 繆秋笙, 1894- Religion and character in Christian middle schools; a study of religious education in Christian private middle schools of China, by Chester S. Miao and Frank W. Price. Shanghai, China Christian Educational Association, 1929. iii-x, 240 p. incl. tables, plates, 2 plans.

[——.] ed. Education for service in the Christian church in China; the report of a survey commission, 1935. Shanghai, Pub. for The National Committee for Christian Religious Education in China, by the Christian Literature Society [1937?] 120, 99-157 p. 2 fold. tables.

MING SUM SCHOOL FOR THE BLIND, Canton. Ming Sum; the school of the understanding heart; the fiftieth anniversary 1889-1939. Hong Kong, Standard Press, 1939. 117 p. ports., illus.

NANCE, W.B., 1868- Soochow University. New York, United Board for Christian Colleges in China, 1956. 163 p. illus.

NATIONAL COMMITTEE FOR CHRISTIAN RELIGIOUS EDUCATION IN CHINA. Education for service in the Christian church in China: the report of a survey commission, 1935; with a supplementary chapter by C. Stanley Smith. New York, Nanking Theological Seminary, Board of Founders [1945] 165 p. charts.

PRICE, FRANK WILSON, 1895- ed. Religious life in Christian universities and colleges of China 1927-28. Shanghai, China Christian Educational Association, 1928. 47 p. (China Christian Educational Association. Bull. 24).

RELIGIOUS education in the Chinese church: the report of a deputation, 1931. Shanghai, National Committee for Christian Religious Education in China (National Christian Council of China) [1931] 296 p.

ST. JOHN'S UNIVERSITY, Shanghai. St. John's University, 1879-1929. [Shanghai, Printed by Kelly and Walsh, 1929?] 92, 58 p. front., plates, ports., fold. map.

SCOTT, RODERICK, 1885- Fukien Christian University, a historical sketch. New York, United Board for Christian Colleges in China, 1954. 138 p. illus.

STUART, WARREN HORTON. The use of material from China's spiritual inheritance in the Christian education of Chinese youth; a guide and sourcebook for Christian teachers in China. Shanghai, Kwang Hsueh Pub. House, Oxford University Press, China agency, 1932. iii-ix, 93, 95-202, vii p. diagr. Thesis-Yale University.

TAYLOR, JOSEPH, 1869- History of the West China Union University, 1910-35. Chengtu, Printed at the Canadian Mission Press [1936] 94 p. plates.

THURSTON, MATILDA S. (CALDER), 1875-1958. Ginling College. Part I [by] Mrs. Lawrence Thurston. Part II [by] Ruth M. Chester. New York, United Board for Christian Colleges in China, 1955 [i.e. 1956] 171 p. illus.

[UNITED BOARD FOR CHRISTIAN COLLEGES IN CHINA]. An impressive service; the story of the Christian colleges of China. [New York? 1940?] cover-title, 16 p. illus., map.

VAN PUTTEN, J. DYKE, 1899- Christian higher education in China; contributions of the colleges of arts and sciences to Chinese life. [Chicago] 1937. ii numb. l., 64 p. Part of thesis-University of Chicago.

WALLACE, EDWARD WILSON, 1880-1941. The place of private schools in a national system of education. Shanghai, China Christian Educational Association, 1925. 26 p. (CCEA Bull. 5).

WALLACE, LYDIA ETHEL, 1880- The history of Hwa Nan College, the woman's college of South China. New York, United Board for Christian Higher Education in Asia, 1956. 164 p.

WEBSTER, JAMES BENJAMIN, 1879- Christian education and the national consciousness in China. New York, E.P. Dutton [c1923] xi, 323 p.

Survey of Educational Institutions

CHYNE, W.Y., 莊文亞, [Chuang Wên-ya] ed. Handbook of cultural institutions in China. Shanghai, Chinese National Committee on Intellectual Co-operation, 1936. 282, xxiii p.

The EDUCATIONAL directory of China, a reference book for all interested in western education in China. 1914-21. Shanghai, The Educational Directory of China Pub. Co., 1914-22. v. plates.

LIN, MOUSHÊNG, 林侔聖, 1906- A guide to Chinese learned societies and research institutes. New York, China Institute in America [c1936] 3, [8], 5-48 p.

ACADEMIA SINICA. The Academia sinica and its national research institutes. (1931) Nanking, The Academia Sinica [1931] 3-173 p. 1st ed. 1929.

———. Institute of Social Sciences, Nanking. The summary report of the Institute of social sciences, Academia Sinica. Kunming, Yunnan [etc.] 1938- v.

AMOY. UNIVERSITY. The University of Amoy. Special publication in commemoration of its tenth anniversary. 1921-31. [Amoy, 1931] cover-title, 35, [13], 1, 187 p. illus., plates (part fold.) ports., diagrs.(part fold.).

CANTON. SUN YAT-SEN UNIVERSITY. The National Sunyatsen University, a short history. [Canton] Printed by Wai Hing Print. Co., 1935. viii, 160 p. plates (1 fold.) ports., diagrs. (1 fold.) 1st ed. 1931. 194 p.

———. College of Engineering: a short history. Canton, National Sun Yatsen University, 1935. 54 p. plates.

———. Institute of educational research. The Institute of educational research, Sun Yatsen University, Canton, China. 1928-32. [Canton, 1932] 26 p. 1st ed. 1930.

CHINA. Geological Survey. The National geological survey of China, 1916-22. A retrospect on the occasion of the opening of the Museum and library of the Survey in July, 1922. [Peking, 1922] 8 p.

———. The same, 1916-31; a summary of its work during the first fifteen years of its establishment. Peiping, 1931. cover-title, 13, [32] p. plates.

CHINA INSTITUTE IN AMERICA. China institute in America, incorporated. New York, China Institute in America [1930] 15 p. 1st ed. 1928.

INSTITUTE OF SOCIAL RESEARCH, Peking. Institute of social research; a summary of its work, 1926-32, prepared for a Century of progress exposition at Chicago, 1933. Peiping, Institute of Social Research, 1933. 20, 36, [2] p.

NATIONAL ACADEMY OF PEIPING. The National Academy of Peiping. Kunking [etc.] 19- v. plates.

NANKAI UNIVERSITY. Nankai Institute of Economics. Nankai institute of economics: its history and work, 1927-41. Shapingpa, Chungking, Nankai Institute of Economics, Nankai University, 1941. cover-title, 14 p. 1st ed. Tientsin, 1936. 26 p.

PEKING. PALACE MUSEUM. The Palace museum of Peiping. Peiping, The Palace Museum of Peiping, 1931. cover-title, 12 p. plates.

TSING HUA COLLEGE, Peking. Tsing Hua, 1911-21. A review. Published on the tenth anniversary of the founding of Tsing Hua College. Peking, 1921. 47, [3] p. incl. illus., ports., tables, diagr.

VERBAND FÜR DEN FERNEN OSTEN, Berlin. Denkschrift aus Anlass der feierlichen Einweihung der Tungchi technischen Hochschule in Schanghai-Woosung. [Berlin-Schöneberg, Meisenbach Riffarth und Co.] 1924. 60, [6] p. illus.(incl. ports.) plans (1 fold.).

Chinese Students

ALL-INDIA STUDENTS' FEDERATION, Bombay. Lessons of China's student movement. Bombay, Printed by J. Bhatt at New Age Print. Press, 1950. 31 p. illus. port.

BONNINGUE, A. Étudients chinois; silhouettes et tendances. Paris, Éditions Alsatia, 1948. 130 p.

CHIANG, WÊN-HAN, 江文漢, 1908- The ideological background of the Chinese student movement. New York, King's Crown Press, 1948. x, 176 p. map (on lining-papers) Thesis-Columbia University.

CHOU, HENRY HSÜEH CHANG, 周學章, 1894-1945. The measurement of composition ability. [New York? 1923] 107 p. fold. tables, diagrs. Thesis-Columbia University.

CHOU, TS'Ê-TSUNG, 周策縱, 1916- The May fourth movement and its influence upon China's socio-political development. Ann Arbor, University Microfilms [1955] ([University Microfilms, Ann Arbor, Mich.] Publication no. 12,553) Collation of the original: 3, viii, 849 l. illus., tables. Thesis-University of Michigan.

FRANKE, WOLFGANG. Chinas kulturelle Revolution. Die Bewegung vom 4. Mai 1919. München, Oldenbourg, 1957. 89 p. map. (Janus-Bücher, 1).

FREYN, HUBERT. Prelude to war; the Chinese student rebellion of 1935-36. Shanghai, The China Journal Pub. Co., 1939. 122 p. plates.

HU, I, 胡毅, 1904- An experimental study of the reading habits of adult Chinese. Chicago, 1928. x, 141 l. diagrs., mounted photos., tables. Thesis-University of Chicago.

LIU, HERMAN CHAN-EN, 劉湛恩, 1896-1941. Non-verbal intelligence tests for use in China. New York, Teachers College, Columbia University, 1922. viii, [2], 84 p. incl. illus., tables, diagrs. (Teachers College, Columbia University. Contributiona to education, 126).

SEWELL, WILLIAM GAWAN. China through a college window. New York, Friendship Press [1938] 183 p.

WANG, TSI CHANG, 王苣章 . The youth movement in China. New York, New Republic, 1927. xv, 245 p.

WEBSTER, JAMES BENJAMIN, 1879-1929. Interests of Chinese students. Shanghai, Bureau of Publications, University of Shanghai, 1932. cover-title, xxi, 166 p. (Studies in education and psychology, 1).

Chinese Students Abroad

CHAO, THOMAS MING-HENG, 趙敏恆, 1904- Shadow shapes; memoirs of a Chinese student in America, by T.M.C. Peking, Peking Leader Press, 1928. 215 p.

CHINA INSTITUTE IN AMERICA. Theses and dissertations by Chinese students in America. New York, China Institute in America [1927] cover-title, [2], 42 p. (Bulletin 4).

———. The same (supplementary list). New York, China Institute in America [1928?] cover-title, 12 p. (Bulletin 7).

———. The same, 1931-36, compiled by M. Hsitien Lin, 林倖聖. New York, China Institute in America [1936] 31 p.

———. Directory of Chinese university graduates and students in America. 1943, 1944, 1945, 1946-47. New York, 1943-47. 4 v.

———. Directory of Chinese students in colleges and universities in the United

States of America. New York, 1951-date. 6 v.

———. Directory of Chinese members of American college and university faculties. New York, 1951-date. 6 v.

———. A survey of Chinese students in American universities and colleges in the past one hundred years. In commemoration of the one hundredth anniversary of the graduation of the first Chinese from an American university, Yung Wing, B.A., Yale 1854. A prelim. report. New York, 1954. 68 p. forms, tables.

CHINESE STUDENTS' CHRISTIAN ASSOCIATION IN NORTH AMERICA. Directory of Chinese students in America. New York, Chinese Students' Christian Association in North America, c1934/35-1943/44. 9 v.

CHINESE STUDENTS' ALLIANCE IN THE UNITED STATES OF AMERICA. The handbook of the Chinese students in the U.S.A. [Chicago?] Chinese Students' Alliance, U.S.A. [1922-34] v.

CHU, JENNINGS PINKWEI, 朱斌魁, 1895- Chinese students in America: qualities associated with their success. New York, Teachers College, Columbia University, 1922. 55 p. incl. tables, diagrs. (Teachers College, Columbia University. Contributions to education, 127). Published also as thesis, Columbia University.

COMMITTEE ON EDUCATIONAL INTERCHANGE POLICY. Chinese students in the United States, 1948-55; a study in government policy. New York, 1956. 14 p.

HUANG, LUCY, 黃仁華 1920- Dating and courtship innovations of Chinese students in America. Chicago, 1954. 480 l. Thesis-Univ. of Chicago.

KAO, LIN-YING, 高麟英, 1918- Academic and professional attainments of native Chinese students graduating from Teachers College, Columbia University, 1909-50. New York, Teachers College, Columbia University, 1951. 153 l. map, tables.

KUNG, SAMUEL S., 龔希信, 1915- Personal and professional problems of Chinese students and former students in the New York metropolitan area. New York, 1955. 186 p. Thesis-Teachers College, Columbia University.

LA FARGUE, THOMAS EDWARD, 1900- China's first hundred. Pullman, State College of Washington, 1942. xiv, 176 p. ports.

LIU, YUNG-SZI, 劉蓉士, [Liu Jung-shih] 1902- The academic achievement of Chinese graduate students at the University of Michigan, 1907-50. Ann Arbor, University Microfilms [1956] Collation of the original: ix, 169 l. tables. Thesis-University of Michigan.

PARK, NO-YONG, 鮑訥榮, 1899- Chinaman's chance. 2d ed.-rev. Boston, Meador publishing company [1943] 198 p.

SZE, SZEMING, 施思明, 1908- Chinese students in Great Britain. London, China Society, 1931. 14 p.

U.S. International Educational Exchange Service. The program of emergency aid to Chinese students, 1949-55. [Washington, 1956] v, 29 p. illus. (U.S. Dept. of State. Publication 6343. International information and cultural series, 47).

WHO'S who of American returned students. Peking, Tsing Hua College, 1917. viii, vi, 215, iv, iv p. 4 fold. tables.

WHO'S who of the Chinese students in America. Berkeley, Calif., Lederer, Street and Zeus Co. [c1921- v. front. (ports.)

YIEH, TSUNG-KAO, 葉崇高, 1906- The adjustment problems of Chinese graduate students in American universities. Chicago, 1934. 127 p. Thesis-University of Chicago.

Chinese Students and English Teaching

CHAO, SANKEY C., 趙世澤, 1921- The teaching of English to Cantonese students: a critical study of some cultural and linguistic problems. New York,

1953. 153 l. Thesis-Teachers College, Columbia University.

LUM, CHUNG P., 林松柏, [Lin Sung-po]. Anglo-Chinese commercial conversation and classified phrases. [New York, Walters and Mahon, inc., c1926] xxxvii, [1], 507, [1] p.

———. Anglo-Chinese practical conversation. 2d ed. [New York, Walters and Mahon, 1928, (c1926)]. [194] p.

LIU, HSIAO-CHUAN, 劉笑娟, 1919- Introducing English poetry to Chinese college students. New York, 1954. 172 l. Thesis-Teachers College, Columbia University.

LOH, D.Y., 陸殿揚. Practical English readers for junior middle schools. [Chungking] China Book Co. [1944?]- 6 v. illus.

MENG, TSE-HOU, 孟子厚. Select English short essays on current events. Shanghai, K'ai-Ming Book Store, 1936. vii, 180 p.

MICHIGAN. UNIVERSITY. English language Institute. An intensive course in English for Chinese students, by Charles C. Fries and Yao Shen, 沈垚. [Ann Arbor] English Language Institute, University of Michigan, 1946- 4 v. diagrs.

MOK, P.K., 莫泮芹, 1906- The history and development of the teaching of English in China. Ann Arbor, University Microfilms, 1951. ([University Microfilms, Ann Arbor, Mich.] Publication no. 2546) Collation of the original: vii, 286 l. tables. Thesis-Columbia University.

RICHARDS, IVOR ARMSTRONG, 1893- Basic in teaching: East and West. London, Kegan Paul, 1935. 112 p. front.(fold. tab.) (Psyche miniatures. General series, 72).

———. A first book of English for Chinese learners. Under the authority of the Orthological Institute of China. [Peiping, Yu Lien Press], 1938. 426 p. illus.

SHUI, TIEN-TUNG, 水天同. Everyman's basic. Selections made under the authority of the Orthological Institute of China. [Peiping, 1937] v, 199 p. table.

T'ANG, CH'ING-I, 唐慶詒, comp. Selected modern English essays for college students. 2d ed. [Shanghai] Chung Hwa Book Co., 1947. 218 p.

YAO, MILTON T., 姚慕譚, comp. Specimens of English composition [for Chinese students]; selected and annotated by Milton T. Yao. [Shanghai] Commercial Press, 1946. x, 251 p.

YEN, ISABELLA YIYUN, 嚴倚雲. English for speakers of Mandarin Chinese. Washington, American Council of Learned Societies, 1955. 356 p. illus.(American Council of Learned Societies. Program in English as a Foreign Language. Spoken English textbooks).

Youth Movement

BOY SCOUTS OF CHINA. Boy Scouts of China; general regulations, policy, organization and rules. [Shanghai? 1933?] 10 p.

CHINA. Ministry of Social Affairs. Child welfare work in China: a report. Nanking, 1947. 20, 17 p.

HSIAO, YUNLAY, 蕭雲來, 1913- Die Bedeutung der Formationserziehung für die Vorbereitung der Landesverteidigung in den Jugendorganisationen Deutschlands und Chinas. Weida, Thür. [194-] 101 p. diagrs. Diss.-Univ. Berlin.

HU, NAN, 胡蘭, 1902- Étude comparée des programmes et des méthodes d'enseignement pour les enfants de 6 à 12 ans en Chine et en France. Paris, A. Pedone, 1935. vi, 186 p. Thèse-Univ. de Paris.

HWANG, YUNTZE. Chinesische Kinderfreuden in Bild, Wort und Musik. Gedichte. Einleitung von Chiang Yee. Deutsche Texte von Herm. Scherchen. Zürich, Büchergilde Gutenberg, 1946. 46 p.

KOEHN, ALFRED. Kindesehrfurcht in China. Peiping, Lotus Court, 1943. [4], 24 p.

LEE, FRANK W., 李錦綸, [Li Chin-lun] 1884-1956. Child welfare in China. New

York, Child Welfare Committee of America [1928] 11 p. ([Child welfare committee of America, inc.] Publication no. 56. Series 1928).

LI, HUAN, 李煥, 1916- Features and missions. China Youth Corps for anti-communism and national salvation. Taipei, Youth Publishers, 1955. 14 p.

ROHNER, JOANNES. Die Kinderverlobung in China. Eine ethischrechtliche Untersuchung. Romae, Pontificia Universitas Gregoriana, 1951. 79 p.

RUDY, STELLA M. Children of China. Chicago, Rand, McNally, c1937. [64] p. illus.

SAUNDERS, J. ROSCOE, 1873- China's children, a close-up view of China's boys and girls, prepared for the boys and girls of the West. New York, Chicago, Fleming H. Revell [c1929] 93 p. front., plates, ports.

TZEN, SHIAN-YUNG, 曾憲鎔, [Tseng Hsien-jung]. China youth warriors march. [Taipei] Youth Publishers [1953?] 20 p. illus.

UNITED SERVICE TO CHINA. One-fifth of the world's children. New York, United China Relief, 1944. 15 p. illus.

WEISS-SONNENBURG, HEDWIG. Li; das Buch vom kleinen Chinesen; Jugendbuch, von Hedwig Weiss-Sonnenburg. Leipzig, Payne Verlag [1938] 116, [1] p. incl. plates.

YUI, SHUFANG, 余蕭淑芳 Chinese children at play written and illustrated by Yui Shufang. London, Methuen, 1939. 21 p. illus.

Education and Youth Movement in Communist China

ALL-CHINA DEMOCRATIC WOMEN'S FEDERATION. Children in new China. [Peking, 1952] 42 p.

ALL-CHINA FEDERATION OF DEMOCRATIC YOUTH. We build a new country, stories of young Chinese workers. Peking, Foreign Languages Press, 1950.

———. China's youth marches forward. Peking, Foreign Languages Press, 1950. 70 p. plates, illus.

———. Die Chinesische Jugend marschiert vorwärts. Peking, Verlag für Fremdsprachige Literatur, 1951. 70 p.

———. Chinese youth enjoys a happy life. [Peking?] 1953. 78 p. illus.

———. Jeuness de la Chine nouvelle, par la Fédération nationale de la jeunesse democratique de Chine. Pékin, 1954. 38 l. (in portfolio) 1. éd. 1951, 80 p. illus.

———. The best sons and daughters of the Chinese people; stories of the heroic young fighters in the Chinese people's volunteers. [Peking, Foreign Languages Press] 1954. 60 p.

———. Söhne und Töchter Chinas; Erlebnisse heroischer junger Kämpfer aus den Reihen der chinesischen Volksfreiwilligen-Armee. [Ins Deutsche übertragen von Johannes Schellenberger. 1. Aufl. Berlin] Verlag Neues Leben, 1955. 68 p. illus.

ALL-CHINA STUDENTS' FEDERATION. Students of New China. [Peking? 1952?] unpaged (chiefly illus.).

———. Chinese students. Peking, Foreign Languages Press, 1955. 36 p. illus.

ALL-CHINA YOUTH CONGRESS, 2d, Peking, 1953. The second All-China Youth Congress. Peking, All-China Federation of Democratic Youth, 1953. 34 p. illus.

ARENS, RICHARD, 1912- The impact of communism on education in China, 1949-50. Chicago [Library, Dept. of Photographic Reproduction, University of Chicago] 1952. Microfilm copy (positive) of typescript. Collation of original: iv, 255 l. Thesis-University of Chicago.

CHAO, CHUNG, 趙聰. Students in mainland China, by Chao Chung [and] Yang I-fan, 楊一帆. Kowloon, Hong Kong, Union Research Institute [1956] v, 139 p. (Communist China problem research series, EC 13).

CH'EN, PO-TA, 陳伯達, 1905- Speech before the study group of research members of Academia Sinica. Peking, Foreign Languages Press, 1953. 33 p.

CHI, TUNG-WEI, 齊東煒. Education for the proletariat in Communist China. Kowloon, H.K., Union Research Institute [1954] cover-title, 73 p. (Communist China problem research series, EC6).

CHINA WELFARE INSTITUTE. Children's tears. Shanghai, China Welfare Institute, 1952. 76 p. plates.

CHINESE PEOPLE'S NATIONAL COMMITTEE IN DEFENCE OF CHILDREN. New China through her children's eyes. Peking, Foreign Language Press, 1953. 73 p. illus.

———. Children in new China. Peking, Foreign Languages Press, 1953. unpaged (chiefly illus.) 1954 ed. 40 p. illus.

———. Les enfants de la Chine nouvelle. 1954. [Pékin, Éditions en langues étrangères] 1954. 40 p. illus.

———. Our life [by children of New China] Peking, 1955. 71 p.

———. Children of China, 1956. Peking, Foreign Languages Press, 1956. cover-title, 39 p. (chiefly illus.).

———. Children of China. 1957. Peking, Foreign Languages Press, 1957. 48 p.

CHOU, EN-LAI, 1898- Report on the question of intellectuals, delivered on January 14, 1956 at a meeting held under the auspices of the Central Committee of the Communist Party of China. Peking, Foreign Languages Press, 1956. 44 p.

———. Bericht über die Frage der Intellektuellen. Gegeben am 14. Januar, 1956, auf einer vom Zentralkomitee der Kommunistischen Partei Chinas einberufenen Sitzung zur Diskussion der Frage der Intellektuellen von Tschou En-lai. Peking, Verlag für Fremdsprachige Literatur, 1956. 52 p.

CHUNG, SHIH, 鍾石. Higher education in Communist China. Kowloon, H.K., Union Research Institute [1953] cover-title, 97 p. (Communist China problem research series, EC2).

CULTURE and education in new China. Peking, Foreign Languages Press [1951?] 82 p. illus.

CULTURE, education and health in New China. Peking, Foreign Languages Press, 1952. 40 p.

HAPPY youth of China. L'heureuse jeunesse chinoise. [Peking, Chinese Youth Pub. House, 1955] 1 v. (unpaged).

HU, YAO-PANG, 胡耀邦. Unite all youth to march forward courageously in the great ranks of the construction of our motherland; work report to the second national congress of the New Democratic Youth League of China, June 24, 1953. [n.p., 1953] 25 p.

HUNTER, EDWARD, journalist. Brain-washing in Red China; the calculated destruction of men's minds. New and enl. ed. New York, Vanguard Press [c1953] 341 p. 1st ed. 1951.

KUO, MO-JO, 郭沫若, 1892- L'instruction et la culture dans la Chine nouvelle. Pékin, Éditions en langues étrangères, 1950. 35 p.

LIAO, CH'ÊNG-CHIH, 廖承志, 1908- Strive for the defence and construction of our motherland; report to the second All-China Youth Congress. [n.p., 1953?] 21 l.

LIN, EN-CHIN, 林恩卿. Educational changes in China since the establishment of the People's Republic and some steps leading to them: a report. Philadelphia, 1953. 131 numb. l. (Pennsylvania. University. Studies in education, 57).

LINDSAY, MICHAEL, 1909- Notes on educational problems in communist China, 1941-47, with supplements on developments in 1948 and 1949 by Marion Menzies, William Paget, and S.B. Thomas. New York, International Secretariat, Institute of Pacific Relations, 1950. iii, 194 p.

NEW DEMOCRATIC YOUTH LEAGUE OF CHINA. Young builders of China. [Edited by the Central Committee of the New Democratic Youth League of China.] Peking, Foreign Languages Press [1953] 75 p. illus., ports., map.

———. The second National Congress of the New Democratic Youth League of

China. Peking, Central Committee of the New Democratic Youth League of China, 1953. 78 p. port. illus.

PEOPLE'S CHINA. Nos progrès dans la culture et l'éducation. Pékin, Éditions en langues étrangères, 1954. 116 p. illus.

TS'UI, SHU-CH'IN, 崔書琴, 1906-57. From academic freedom to brainwashing; the tragic ordeal of professors on the Chinese mainland. Taipei, China Culture Pub. Foundation, 1953. 44 p. (Pamphlets on Chinese affairs).

WANG, CHARLES KILORD ATHEN, 王徵葵, 1904- The control of teachers in Communist China; a socio-political study. Lackland Air Force Base, Tex., Air Force Personnel and Training Research Center, Air Research and Development Command, 1955. x, 61 p. ([U.S.] Human Resources Research Institute. Technical research report, 36).

WORLD FEDERATION OF DEMOCRATIC YOUTH. Young builders of new China; the report of the WFDY delegation which visited the Chinese People's Republic in September-October 1950, on new China and its youth. Bombay, People's Pub. House [1951] 61 p.

YANG, I-FAN, 楊一帆. The case of Hu Feng, 胡風. Hong Kong, Union Research Institute [1956] v, 169 p. (Communist China problem research series EC 16).

YEN, MARIA, 燕歸來, 1928- pseud. The umbrella garden; a picture of student life in Red China. Adapted from the Chinese by Maria Yen with Richard M. McCarthy. New York and London, Macmillan, 1954. 268 p.

———. China kratzt den Reisnapf aus. Übers. von Alexander Voill. Wien, Stuttgart, Wancura, 1956. 397 p.

XV. LANGUAGE

General Works

BODMAN, NICHOLAS CLEAVELAND, 1913- A linguistic study of the Shih ming, 釋名: initials and consonant clusters. Cambridge, Harvard University Press, 1954. xi, 146 p. (Harvard-Yenching Institute studies, 11). "The original version was presented as a doctoral dissertation to Yale University in June, 1950."

BOUSACK, CHRISTIAN. Chinesische Wortkunde. Neue Methode, die chinesische Sprache durch die Wortquell-Rechtschreibung tonrein sprechen zu lernen. Spezialausg. für Schantung. Münster i. W., Aschendorff, 1957. x, 106 p. (Veröffentlichungen des Instituts für Missionswissenschaft des Westfälschen Wilhelms-Universität Münster/Westfalen. Hft. 5).

DE FRANCIS, JOHN FRANCIS, 1911- Nationalism and language reform in China. Princeton, Princeton University Press, 1950. xi, 306 p. Thesis-Columbia University.

DEMIÉVILLE, PAUL, 1894- Matériaux pour l'enseignement élémentaire du chinois; écriture, transcription, langue parlée nationale. Paris, Adrien-Maisonneuve, 1953. 86 p.; 73 p.; 16 p.

FORREST, ROBERT ANDREW DERMOD, 1893- The Chinese language. London, Faber and Faber [1948] 352 p. maps. (The Great languages).

HILLIER, SIR WALTER CAINE, 1849-1927. The Chinese language and how to learn it; a manual for beginners. 10th ed. London, Kegan Paul, 1942. viii, 297 p. incl. front.(facsim.).

HSIA, TAO-T'AI, 夏道泰, 1915- China's language reforms. New Haven, Institute of Far Eastern Languages, Yale University, 1956. 200 p. (Mirror series A, 21).

KARLGREN, BERNHARD, 1889- Philology and ancient China. Oslo, H. Aschehoug; Cambridge, Harvard University Press, 1926. 167 p. (Instituttet for sammenlignende kulturforskning. [Publikationer] ser. A: Forelesninger, VIII).

———. Sound and symbol in Chinese. London, Oxford University Press, H. Milford, 1946 (c1923). 112 p. ([The world's manuals] Language and literature series).

———. The Chinese language, an essay on its nature and history. New York, Ronald Press Co. [1949] vi, 122 p.

LIN, FÊNG, 林峰 1909- Memorandum; China's writing and language problem is solved at last. Shanghai, Liem Fueng Book House [1931] 5 p. tables.

LIU, FU, 劉復, 1891-1934. Les mouvements de la langue nationale en Chine. Paris, "Les Belles Lettres," Pékin, presse de l'université nationale, 1925. 56 p.

MARGOULIÈS, GEORGES, 1907- La lanuge et l'écriture chinoises. Paris, Payot, 1943. [7]-272 p. (Bibliothèque scientifique).

MILLER, ROY ANDREW, 1924- Problems in the study of Shuo-wen chieh-tzu, 說文解字. New York, 1953. xvi, 351 l. Thesis-Columbia University.

SCHINDLER, BRUNO, 1882- ed. Hirth anniversary volume. London, Probsthain [1923] lxxxiii, 705 p. illus., port., col. maps (1 fold. in pocket).

SERRUYS, PAUL L., 1912- Prolegomena to the study of the Chinese dialects of Han time according to Fang Yen, 方言. Berkeley, 1956. 605 l. Thesis-University of California.

TAN, YUN-SHAN, 譚雲山, 1901- History of the Chinese language and literature. Santiniketan, Sino-Indian Cultural Society of India, 1952. 18 p.

TSCHARNER, EDUARD HORST VON, 1901- Vom Wesen der chinesischen Sprache. St. Gallen, H. Tschudy und Co., 1942. 30 p. Reprinted from Mitteilungen der Schweizerischen Gesellschaft der Freunde ostasiatischer Kultur, III, 1941.
TUNG, T'UNG-HO, 董同龢, 1912- Languages of China. Taipei, China Culture Pub. Foundation, 1953. 14 p. (Pamphlet on Chinese Affairs).
WIEGER, LÉON, 1856-1933. Caractères chinois; etymologie, graphies, lexiques. 5e éd. Hien-Hien, Impr. de Mission catholique, 1932. 943 p. illus.
———. Chinese characters, their origin, etymology, history, classification and signification. A thorough study from Chinese documents. Translated into English by L. Davrout, S.J. 2d ed., enl. and rev. according to the 4th French ed. Hsien-hsien, Catholic Mission Press, 1927. Re-issue. Peking. H. Vetch [1940] 820 p. illus.
WULFF, KURT, 1881-1939. Chinesisch und Tai; sprachvergleichende Untersuchungen. København, Levin und Munksgaard, Ejnar Munksgaard, 1934. 260 p. (K. Danske videnskabernes selskab. Historisk-filologiske meddelelser. xx, 3).
———. "Musik" und "Freude" im chinesischen. København, Levin und Munksgaard, Ejnar Munksgaard, 1935. 39 p. (K. Danske videnskabernes selskab. Historisk-filologiske meddelelser. XXI, 2).

Writing

ALLEN, WILLIAM DANGAIX, 1904- 100 Chinese picture-words; compiled by William D. Allen. Ideographs done by L. C. Lui. New York, Universal Pub. Co. [1936] cover-title, [16] p.
———. Let's try Chinese, by William D. Allen and S. T. Shen, 沈守澤. Prepared by the Institute of Pacific Relations. [New York, 1936] 8 p.
BALLER, FREDERICK WILLIAM, 1852-1922. Mandarin primer, character analysis. Shanghai, China Inland Mission, 1926. 26 p.
BARRETT, DAVID DEAN, 1892- A primer in the writing of Chinese characters. 2d ed., rev. Shanghai, Kelly and Walsh, 1936. [v]-xi, 98 p. 1st ed. 1934.
BLAKNEY, RAYMOND BERNARD. A course in the analysis of Chinese characters. Shanghai, Commercial Press, 1935 (c1926). vi, 384 p. front.
———. The same. Peiping, College of Chinese Studies, 1948. 131 p.
CHANG, CHUNG-YUAN, 張鍾元, 1907- A study of the relative merits of the vertical and horizontal lines in reading Chinese print. New York, 1942. 64 p. incl. tables, diagrs. (Archives of psychology. No. 276). Thesis-Columbia University.
CHIANG, YEE, 蔣彝, 1903- Some Chinese words to be learnt without a teacher. [London, British United Aid to China, 1945] [36] p.
CHIANG, KER CHIU, 蔣克秋. How to write the Chinese characters listed in Mandarin made easy (the first ten lessons) [Singapore? 194-?] cover-title, 28 p. illus.
CLEFS ou racines des caractères chinois. Cholon, Impr. My-khouan, 1943. 28 p.
CREEL, HERRLEE GLESSNER, 1905- Chinese writing. Washington, D. C., American Council on Education, 1943. iv, 16 p. ([American council on education. Committee on Asiatic studies in American education] Asiatic studies in American education, 2).
DUN, FWU TARNG, 敦福堂. Aktualgenetische Untersuchung des Auffassungsvorganges chinesischer Schriftzeichen. Leipzig, Akademie Verlagsgesellschaft, 1939. [43] p. plate. Diss.-Univ. Jena.
FORKE, ALFRED, 1867-1944. Der Ursprung der Chinesen auf Grund ihrer alten Bilderschrift. Hamburg, L. Friederichsen, 1925. 31 p.
GILBERT, FRIEDRICH ROBERT. Die Bilderschrift von China und Japan als internationale Weltschrift und ihre schnelle Erlernung nach der mebiwegal-

Methode. Berlin, New York, O.G. Zehrfeld, 1924. 47, [1] p.

———. Das ABC der Chinaschrift. [Ausgabe mit Begründung der Methode auf Seite 18a bis 18n] Berlin, Verlag von O.G. Zehrfeld, A-G, 1926. [106] p. tables.

GILLIS, IRVIN VAN GORDER, 1875-1948. The characters ch'ao and hsi. Peiping [Standard Press] 1931. 44 numb. l.

HACKMANN, HEINRICH FRIEDRICH, 1864-1935. Der Zusammenhang zwischen Schrift und Kultur in China. München, E. Reinhardt, 1928. 88 p. illus.

HATTORI, UNOKICHI, 1867- On the convenience and inconvenience of Chinese characters. Tokyo, Japan Council of the Institute of Pacific Relation, 1931. 18 p.

HOANG, KYUAN-CHENG, 黃涓生. Origine et évolution de l'écriture hiéroglyphique et de l'écriture chinoise. Nouv. éd. Paris, P. Geuthner, 1939. 95 p. (Université de Lyon. Étude et documents publiés par l'Institut franco-chinois de Lyon, 1). 1er éd., Lyon, 1926.

HUBRECHT, ALPHONSE. Étymologie des caractères chinois. Pékin, Impr. des Lazaristes, 1932. viii, 406 p.

JOBEZ, ROBERT. L'expertise en écriture des documents chinois. Tientsin, Hautes études; Paris, Recueil Sirey; [etc., etc.] 1940. 86 p. illus. (incl. facsims.) diagrs. (Le Droit chinois moderne, 6) 1er éd. 1930. 42 p.

JONES, J. IRA. 6000 Chinese characters with Japanese pronounciation and Japanese and English renderings, by J. Ira Jones and H. V. S. Peeke. [3d ed.] Tōkyō, Kyōbun kwan [1925] xix, 223 p.

KALFF, LAMBERT. Einführung in die chinesischen Schriftzeichen. Kaldenkirchen, Rhld., Steyler, 1954. 80 p.

KUNZE, RICHARD, 1873- Bau und Anordnung der chinesischen Zeichen; oder: Wie lernen wir leichter Zeichen lesen? Tôkyô, Deutsche Gesellschaft für Natur- und Völkerkunde Ostasiens, 1937. 47 p. ("Mitteilungen" der Deutschen gesellschaft für natur- und völkerkunde Ostasiens. bd. XXX, t. A [i. e. B]).

LUC, KYNH, 盧謹, [Lu Chin]. An easy modern script for Chinese of all dialects taught in forty-five lessons. The teacher's book. Hong Kong, Nazareth Press, 1946. xii, 36 p.

MESTRE, ED. Quelques résultats d'une comparaison entre les caractères chinois modernes et les siao tchouan, 小篆. Paris, E. Leroux, 1925. 75 p. (Bibliothèque de l'École des hautes études. Sciences religieuses. 40. v.).

PURCELL, VICTOR WILLIAM WILLIAMS SAUNDERS, 1896- An index to the Chinese written language on a new non-radical system, with references to the dictionaries of Kanghi and Giles. Singapore, Printed at the Government Print. Off. by W.T. Cherry, government printer, 1929. xxiii, 419 p.

QUONG, ROSE, 鄺如絲, [Kuang Ju-ssŭ]. Chinese wit, wisdom and written characters. [New York] Pantheon Books [1944] [72] p.

SIMON, WALTER, 1893- The new official Chinese Latin script, gwoyeu romatzyh; tables, rules, illustrative examples. London, A. Probsthain, 1942. 63 p.

———. How to study and write Chinese characters; Chinese radicals and phonetics, with an analysis of the 1200 Chinese basic characters. London, Lund, Humphries, 1944. xliv, 405 p.

———. 1200 Chinese basic characters; an elementary text book adapted from the 'Thousand character lessons.' With a foreword by Wang Yun-wu. 2d rev. ed. London, Lund, Humphries, 1947; 3d rev. ed. 1957. xvi, 334 p. 1st ed. 1944.

TAI, T'UNG, 戴侗, 13th cent. The six scripts, 六書故 ; or, The principles of Chinese writing. A translation by L. C. Hopkins. With a memoir of the translator by W. Perceval Yetts. Cambridge, [Eng.] University Press, 1954. xxvii, 84 p. port., facsim.

TCHANG, TCHENG-MING, 張正明, [Chang Chêng-ming]. L'écriture chinoise et le geste humain, essai sur la formation de l'écriture chinoise. Changhai, Impr. et librairie de T'ou-sè-wè, Zi-ka-wei; Paris, P. Geuthner [1937]

205, [1] p. (Variétés sinologiques, 64). Thèse-Univ. de Paris.

TIPSON, ERNEST. Complete Chinese character course (graded) Kowloon, Hong Kong, Chinese Christian Literature Movement [pref. 1948] 158 p.

TU, HORACE TSOU CHOW, 杜佐周. The effects of different arrangements of the Chinese language upon speed and comprehension of silent reading; from the Psychological laboratories of the University of Iowa. [Worcester, Mass., 1930] p. 321-337. illus. Thesis-University of Iowa. Reprinted from Pedagogical Seminary and Journal of Genetic Psychology, 1930, 38.

U.S. Army. Forces in the Far East. List of the 1400 most frequently used Chinese characters. [n.p., 1st Radio Broadcasting and Leaflet Group, United States Army Forces, Far East, 195-] 48 p.

U. S. Army Language School, Monterey, Calif. Index of character in Chinese conversation. Presidio of Monterey, 1951. 12 p.

———. Index to Chinese-Japanese character cards. Presidio of Monterey [195-?] [16] p.

———. Practical exercise (character text) [Monterey] Army Language School, Far Eastern Division, Chinese-Cantonese Language Dept. [1952] 51 l.

VACCARI, ORESTE. Pictorial Chinese-Japanese characters, a new and fascinating method to learn ideographs, by Oreste Vaccari and Enko Elisa Vaccari. Tokyo, O. Vaccari; sold by the publisher and Brentano's New York [1950] xxxi, 264 p.

WAN, GRACE, 萬榮芳, [Wan Jung-fang]. Most commonly used Chinese characters and how to find them in dictionaries without using radicals [by] Grace Wan [and] Tao-tai Hsia, 夏道泰. New Haven, Institute of Far Eastern Languages, Yale University, 1957. 73 p. (Mirror series A, 22).

WHITAKER, KATHERINE POE KAN, 1912- 1200 Chinese basic characters; an adaptation for students of Cantonese of W. Simon's National Language version. With an introd. by W. Simon. London, Lund Humphries, 1953. xlii, 316 p.

WIESE, KURT, 1887- You can write Chinese. New York, Viking Press, 1945. [64] p. illus.(part col.).

WILDER, GEORGE DURAND, 1869-1946. Analysis of Chinese characters [by] G.D. Wilder and J.H. Ingram. [Peking] North China Union Language School, 1922. 2nd ed. 1934. xi, 364 p.

YEN, SUNG-PU, 閻松圃. The missionary's manual of Chinese penmanship, prepared by Yen Sung-pu and Harold A. Weller. Shanghai, China Inland Mission, 1937. 89, xvi p.

YEN, Y.C. JAMES, 晏陽初, 1894- 1000 Chinese foundation characters, by Y. C. James Yen and Daniel C. Fu, 傅智. [Toronto] School of Chinese Studies, University of Toronto, 1943-44. 4 v. illus.

Conversation

ALDRICH, HARRY STARKEY, 1895- Hua yü hsü chih, 華語須知. Practical Chinese, including a topical dictionary of 5000 everyday terms, with a foreword by Nelson Trusler Johnson. Peiping, H. Vetch, 1931. 2 v.

———. The same. American ed. New Haven, Dept. of Oriental Studies, Yale University, 1942. 2 v.

ANNAND, A.S. Every-day commercial Chinese as spoken in North China [Chinese text by Fan Chih-hsüeh, 樊志學] [Tientsin, 1926?] [1], 80 p.

BRANDT, ÎAKOV, 1869-1944. Introduction to spoken Chinese, 華言拾級. Peking, Henri Vetch, 1940. xvii, [1], 240, 130 p.

———. The same. New Haven, Pub. for the Dept. of Oriental Studies by Yale University Press; London, H. Milford, Oxford University Press, 1944. [v]-xvii, 240, 130 p.

———. The same. Reprint ed. 1954. iv, 504 p.

CHAN, SHAU WING, 陳受榮, [Ch'en Shou-jung] 1906- Elementary Chinese, with romanization and exercises in speaking and writing. Stanford, Stanford

University Press [1951] xxxi, 468 p.
CHAO, TÊ-CHIEH, 趙德潔. Chinese conversation in the national language. London, Lund, Humphries, 1947. vii, 121 p.
CHIANG, KER-CHIU, 蔣克秋, [Chiang K'o-ch'iu]. Mandarin made easy, with pronunciation in Hokkien and Cantonese. 國語易解附閩粵譯音. 7th ed. Syonan, Chin Fen book store [1940] 2 v.
———. An advanced course in Mandarin, specially preared for students in the Cambridge classes. Singapore, The Chin Fen Book-store [1940?]-46. 2 v.
DARROCH, JOHN, 1865- Chinese self-taught by the natural method. With phonetic pronunciation. Thimm's system. Philadelphia, David McKay [1944] vi, 154 p. (Marlborough's self-taught series [of European and Oriental languages]).
DAVID-BEY, MELIK S. La langue chinoise en 30 leçons suivie d'un manuel de conversation. Paris, Albin Michel, s.d. 115 p.
EASTLAKE, F. WARRINGTON. An Anglo-Chinese conversational dictionary, 華英會話文件辭典, rev. ed. for study and reference by F. Warrington Eastlake, ed. and tr. by P.S. Yie, 奚若. 12th ed. Shanghai, Commercial Press, 1921. 510 p.
DE FRANCIS, JOHN FRANCIS, 1911- Beginning Chinese, by John De Francis, edited by Henry C. Fenn [and] George A. Kennedy. New Haven, Yale University Press, 1946. [vii]-ix, [1], 197 p. illus. (diagr.) (Yale linguistic series).
GILES, HERBERT ALLEN, 1845-1935. Chinese without a teacher, being a collection of easy and useful sentences in the Mandarin dialect, with a vocabulary. 10th ed. Shanghai, Kelly and Walsh, 1939. ii, 89, [1] p. 1st ed. 1872.
HARTWELL, GERALDINE L. English-Chinese conversation book for nurses, with list of terms and chart forms. [Shanghai] Kwang Hsueh Pub. House, 1948. 173 p.
[HOCKETT, CHARLES FRANCIS] 1916- Spoken Chinese, basic course. [Madison, Wis.] Pub. for the United States Armed Forces Institute by the Linguistic Society of America and the Intensive language program, American Council of Learned Societies [1944-45] 2 v. ([U.S.] War dept. Education manual EM 506-507).
———. The same; by Charles F. Hockett and Chaoying Fang, 房兆穎. [Baltimore, Waverly Press, 1944-45] 2 v.
———. Guide's manual for Spoken Chinese, by Charles F. Hockett and Chaoying Fang. [New York] H. Holt [1945] 231 p. "Photo-lithoprint reproduction."
HUANG, LI-CH'ING. English and Chinese dialogues. 29th ed. Hong Kong, Empire Printing Co., 1938. 349 p.
KING, HARRY WILLIAM, 1893- King's English-Chinese dictionary and phrase book (self pronouncing) Dallas, The Story Book Press [1944] 154 p.
———. "Chinese made easy" [Mandarin] A correspondence course. [Dallas] c1945. 100 l.
———. King's Way to say it in conversational Chinese (Mandarin) Dallas, King Publications [1944] 100 p.
LEE, WILLIAM POY, 李培, 1896- A primer in Mandarin Chinese. [New York? 1948] c1949. 108 l.
LEI, WAI-HING, 李蕙馨. Chop suey; a mixture of the Chinese language, customs and culture, by Lei Wai-hing, Lei Wai-tsuen, 李蕙荃, Lin Shih-nge, 林士蕚, [and] Gladys L. Smith. Boston, Mass. [Printed by John Worley company, c1940] [1], 5-158 (i.e. 159), [2] p. illus.
McHUGH, JAMES MARSHALL, 1899- Introductory Mandarin lessons; or, Hua yü hsin chieh ching, 華語新捷徑. Shanghai, Kelly and Walsh, 1931. iii-xix, 251 p.
MATEER, CALVIN WILSON, 1836-1908. A course of mandarin lessons, based on idiom. 2d revised ed. 1906. Shanghai, Presbyterian Mission Press, 1922. iv, 3, 786 p. col. front.(fold. chart) 1st ed. 1892.
MICHIGAN. UNIVERSITY. English Language Institute. Mandarin Chinese for

English speakers; an oral approach, by Charles C. Fries and Yao Shen, 沈垚. [Ann Arbor] 1950- 4 v. diagrs.

NUYTS, JOSEPH, 1898- Le savoir-vivre en Chine. Peiping, 1946. vi, 138 p. illus. (Scheut editions. Ser. 2: Practical mission life, v. 1).

PEKING. CALIFORNIA COLLEGE IN CHINA. Hua-wen-ch'u-chieh, 華文初階. Chinese language lessons; Wade-Giles romanized translation for use with Chinese language records. Berkeley, California College in China [1948] 47 p. 1st ed. 1943, 312 p.

PHILIPPINE ISLANDS. Bureau of Internal Revenue. Manual of Chinese lessons. Given to students of the Bureau of internal revenue at Manila by Juan Mencarini, instructor in Chinese. Manila, Bureau of Printing, 1928. 29 p.

RATAY, JOHN P., 1893- Current Chinese; or, Shih yung hsin chung hua yü, 適用新中華語. Shanghai, Kelly and Walsh, 1927; London, K. Paul [1928] 2 v.

READ, BERNARD EMMS, 1887-1949. Hospital dialogue; English-Chinese sentences in dialogue for use by foreign practitioners in North China, with an outline of Chinese medical history and English bibliography. 2d ed. Peking, French Bookstore [1930] [1], 79 p.

SIMON, WALTER, 1893- Chinese sentence series, first fifty lessons (with two bibliographical appendices) by W. Simon and C. H. Lu, 陸建勛. London, A. Probsthain, 1942-44. 3 v.

———. Structure drill in Chinese. First fifty patterns by W. Simon and T. C. Chao, 趙德潔. London, L. Humphries, 1945. x, 101 p. (Structure drill through speech patterns, edited by B. Schindler and W. Simon. 1).

SUNG, YU-FENG, 宋育風. Chinese in 30 lessons, by Yu Feng Sung and Robert Black. [Hollywood, Calif.] The Marcel Rodd Co., 1944. 126 p. incl. front., illus. (facsims.) Reproduced from type-written and manuscript copy.

SWADESH, MORRIS, 1909- Chinese in your pocket. New York, H. Holt [1948] xvi, 158 p. illus., maps.

TCHEN, YON-SUN, 陳榮生, [Ch'en Jung-shêng]. Je parle chinois. Paris, Adrien-Maisonneuve, 1945. 203 p.

TÊNG, SSŬ-YÜ, 鄧嗣禹 1906- Conversational Chinese, with grammatical notes; prepared by Têng Ssŭ-yü, assisted by Chao Ching-hui, 趙景暉, [and others] Chicago, Univ. of Chicago Press [1947] ix, 441 p.

TEWKSBURY, MALCOLM GARDNER. Speak Chinese. New Haven, Pub. for the Institute of Far Eastern Languages by Yale Univ. Press, 1948. xvi, 189 p. (Mirror series A, 1).

U.S. Army Language School, Monterey, Calif. Practical exercises. Prepared by Chinese-Mandarin Language Dept. Presidio of Monterey, 1951- 122 p.

USOV, SERGEĬ NĪKOLAEVĪCH, 1891- A course of colloquial Chinese, 華語入門. English edition, adapted from the sixth Russian edition of Kitaiskii razgavornii yazik, in collaboration with C. Tyrwhitt. (Provisional issue) Peking, H. Vetch, 1937- 2 v.

WANG, FANG-YÜ, 王方宇, 1913- Chinese dialogues; edited by Henry C. Fenn and Pao-ch'en Lee, 李抱辰. New Haven, Institute of Far Eastern Languages, Yale University, 1953. vi, 385 p. (Mirror series A, 5).

WOOCHEFEE UNIVERSITY. Institute of Chinese Education. Everyday spoken Chinese, compiled and published by the Institute of Chinese Education, Woochefee University. New York, 1945. 87 p.

Readers

BALLER, FREDERICK WILLIAM, 1852-1922. An idiom a lesson; a short course in elementary Chinese. 8th impression. Prepared for the China Inland Mission. London, Philadelphia, Morgan and Scott; Shanghai, China Inland Mission, 1934. ii, 106 p.

BRANDT, ÎAKOV, 1869-1944. Modern newspaper Chinese; progressive readings with vocabularies, notes and translations. 2d ed. Peking, H. Vetch, 1939. xii, 321 p. 1st ed. 1935.

BRUCE, JOSEPH PERCY, 1861-1934. Chinese, by J. Percy Bruce, E. Dora Edwards, [and] C.C. Shu, 舒慶春. Spoken by C.C. Shu. With phonetic transcription in the alphabet of the International Phonetic Association. 3d ed. London, Linguaphone Institute [193-?] 2 v. (Linguaphone oriental language courses).

BULLOCK, THOMAS LOWNDES, 1845-1915. Progressive exercises in the Chinese written language. 3d ed., rev. by H.A. Giles. Shanghai, Kelly and Walsh, 1923; London, Crosby Lockwood, 1923. 295, [1] p.

CHAN, SHAU-WING, 陳受榮, [Ch'en Shou-jung] 1906- Chinese reader for beginners, with exercises in writing and speaking, 中國國語入門. Stanford University, Calif., Stanford University Press; London, H. Milford, Oxford University Press [1942] v-xxvi, 348 p.

CHANG, TSÊ-CHIH, 張則之, comp. and tr. Practical Chinese with English translation, compiled and translated by Kinchen Johnson [pseud.] Peiping, Science Association, 1936. 1 v. (various pagings).

CHIANG, KER CHIU, 蔣克秋. Progressive Mandarin readers for internediate students, with vocabulary, 國語進階. Rev. ed. Singapore, Chung Hwa Mandarin Institution, 1940- 33 p.

CHIH, YÜ-JU, 郅玉汝, 1917- Selections from Chinese newspaper. New Haven, Institute of Far Eastern Languages, Yale University, 1953. 113 p. (Mirror series A, 12).

———. A primer of newspaper Chinese. New Haven, Institute of Far Eastern Languages, Yale University, 1956. 219 p. (Mirror series A., 12).

CREEL, HERRLEE GLESSNER, 1905- ed. Literary Chinese by the inductive method, prepared by Herrlee Glessner Creel, editor, Chang Tsung-Ch'ien, 張宗騫, [and] Richard C. Rudolph. Chicago, University of Chicago Press [1938-52] 3 v.

———. ed. Newspaper Chinese by the inductive method, edited by Herrlee Glessner Creel, Têng Ssŭ-yü, assisted by Josiah Whitney Bennett [and others] Chicago, University of Chicago Press [1943] viii, 265 p.

———. The same. Translations of text selections and exercises in Newspaper Chinese by the inductive method, prepared by Herrlee Glessner Creel and Têng Ssŭ-yü, assisted by Chou Nien-tz'ŭ, 周念慈. Chicago, University of Chicago Press [1943] vi, 56 p.

HAĒNISCH, ERICH, 1880- ed. Lehrgang der klassischen chinesischen Schriftsprache. 4. Aufl. Leipzig, O. Harrassowitz, 1953-56. 4 v. 1. Aufl. 1929.

HUANG, TZŬ-TAN. One hundred reading and conversational lessons in Mandarin, with English notes. Singapore, 1946-48. 4 pts.

[KENNEDY, GEORGE ALEXANDER] 1901- Chinese reading for beginners. [New Haven] Dept. of Oriental Studies, Yale University, 1939. [1], 24, 34 p.

———. The same. Key to Chinese reading for beginners. [New Haven] Dept. of Oriental Studies, Yale University, 1939. 44 p.

———. The same. [New Haven] Dept of Oriental Studies, Yale University, 1939 [i.e. 1942] 32, [1], 23 p. ([Yale University. Dept. of Oriental Studies] Mirror ser. A, 5).

———. Simple Chinese stories. [New Haven] Dept. of Oriental Studies, Yale University [1942] 40, 36 p. ([Yale University. Dept. of Oriental Studies] Mirror ser. A, 6).

———. ed. Stories from ancient China, ed. by Mary Rouse and George A. Kennedy. New Haven, Pub. for the Institute of Far Eastern Languages by Yale Univ. Press, 1949. x, 44 p.; 56 p. ([Yale University. Dept. of Oriental Studies] Mirror series A, 7).

LAMASSE, H. Sin kouo wen, 新國文; ou, nouveau manuel de langue chinois écrite, traduit et expliqué en français et romanisé selon les principaux dialectes, avec un appendice. 2e éd. Hong Kong, Impr. de la Société des missions-étrangères, 1922. 2 v.

LEE, PAO-CH'ÊN, 李抱辰, 1907- Read about China. New Haven, Institute of Far Eastern Languages, Yale University, 1953. iv, 77 p.; 125 p. (Mirror series A, 16).

LEUNG, LOUIS LUEN, 梁鑾, 1887- Introduction to Chinese language and culture. Book I. [Los Angeles] Mimeographed by the Los Angeles City College Mimeographing Dept., c1950- 93 p.

LEVY, HOWARD S. ed. Selections of modern Chinese literature. [Denver, 1954] unpaged.

LI, CHEN-CH'ING T.H., 李振青. Practical Chinese lessons; first book. Rev. ed. n.p., 1928. 101 p.

MENDELSON, MRS. ANNE. An improved method of learning Chinese, by Anne Mendelson and Chin Tzu-chi, 金子齊. [Tientsin, Printed by the Chihli Press, 1937] [iii]-vii, 180 p.

MORGAN, EVAN, 1860- The new Chinese speaker; readings in modern Mandarin, 新官話彙編. 2d ed. Shanghai, Kelly and Walsh, 1933. 305 p.

ROESSLEIN, CHARLES GEORGE, 1910- Fu Jen reader. Peking, Catholic University [1940] 394, iv p.

SAN TZŬ CHING, 三字經. The three character classic (composed by Wang Po Hou, 王伯厚, during the Sung dynasty, A.D. 960) English translation with notes, romanized into Mandarin, Cantonese and Hokkien by Chiang Ker Chiu, 蔣克秋. [Singapore, Chung Hwa Mandarin Institution, 1941] cover-title, 36 p.

SHA, CHIH-P'EI, 沙志培, 1903- A Chinese first reader. Berkeley, University of California Press, 1938. xii, 36, iii, [1], 186 p. [University of California syllabus series, 262]. 1st ed. 1937.

SIMON, WALTER, 1893- Chinese national language (Gwoyeu) reader and guide to conversation, by W. Simon and C.H. Lu, 陸建勛. 2d rev. ed. London, Lund, Humphries, 1954. 195 p. illus. 1st ed. 1943.

SOMMER, FRANCIS ERICH, 1890- Reading Chinese, step by step. New York, Frederick Ungar Pub. Co. [1943] 28 p.

———. The same. Synopsis of written Japanese in seven lessons, with exercises. A supplement. New York, Frederick Ungar Pub. Co. [1944] 23, [1] p.

TRITTEL, WALTER, 1880- ed. Auswahl moderner chinesischer Prosastücke, von W. Trittel und M. G. Pernitzsch. Berlin und Leipzig, W. de Gruyter, 1936. 1, 404, iii p. (Lehrbuch der Ausland-Hochschule an der Universität Berlin, Bd. 38).

———. Wörterbuch zur Auswahl moderner chinesischer Prosastücke, von W. Trittel und M.G. Pernitzsch. Leipzig, O. Harrassowitz, 1942. 245 p. (Sprachenkundliche Lehr- und Wörterbücher, Bd. 41).

U.S. Army Language School, Monterey, Calif. Newspaper Chinese. Prepared by Chinese-Mandarin Language Dept. Presidio of Monterey, 1954. 2 v.

———. Màn tǎn jūng gwó. Read about China. Text. Presidio of Monterey, Chinese-Mandarin Language Dept., Army Language School, 1955. 78 p.

———. All in the same boat (Túng jōu gùng jì). Rev. Presidio of Monterey, Calif., Chinese Mandarin Language Dept., Army Language School, 1956. 2 v.

VISSIÈRE, ARNOLD JACQUES ANTOINE, 1858-1930. Recueil de textes chinois à l'usage des élèves de l'École Nationale des Langues Orientales vivantes, Supplement No. 1. Glückstadt et Hambourg, J.J. Augustin, 1922. 16 p.

WANG, CHI-CHEN, 王際真, 1899- ed. Readings in modern Chinese. New York, Columbia University Press, 1944. viii, [1], 219 p.

———. ed. Readings in traditional Chinese. New York, Columbia University Press [1944] xiv, [1], 243 p.

———. ed. Current Chinese readings. New York, Bookman Associates, 1950. 230 p.

WANG, FANG-YÜ, 王方宇, 1913- Read Chinese, a beginning text in the Chi-

nese character. New Haven, Institute of Far Eastern Languages, Yale University, 1952. 203 p. (Mirror series A, 4).
YANG, LIEN-SHÊNG, 楊聯陞, 1914- Selected Chinese texts in the classical and colloquial styles. Cambridge, Mass., Published for the Harvard-Yenching Institute, Harvard University Press, 1953. xviii, 192 p.

Phonetics and Romanization

BOUILLARD, GEORGES, 1862-1930. Essai sur une romanisation unique des sons de la langue chinoise. Pékin, n.d. [50] p.
CHAO, YUEN-REN, 趙元任, 1892- An equivalent table between the national romanization and the Wade system. Peiping, Society for the Unification of the National Language, 1930. 35 p.
DREHER, JOHN JAMES, 1920- A comparison of native and acquired language intonation. Ann Arbor, University Microfilms, 1950 [i.e. 1951] ([University Microfilms, Ann Arbor, Mich.] Publication no. 2396). Collation of the original: vii, 220 l. diagrs., tables. Thesis-University of Michigan.
HOCKETT, CHARLES FRANCIS, 1916- Progressive exercises in Chinese pronunciation. New Haven, Institute of Far Eastern Languages, Yale University, 1951. 57 p. (Mirror series A, 2).
HOPE, EARL R. Linguistic psychology and the Romanization of Chinese. Pt.1: General survey of the problem. Ottawa, 1951- 121 p.
———. Karlgren's glottal stop initial in ancient Chinese, with particular reference to the hPhags-pa alphabet and to certain points of linguistic psychology. Ottawa, 1953. xii, 88 p.
JASMIN, ERNEST. The Chinese national language, taught in fifty lessons by means of a new alphabetical script. Hong Kong, Nazareth Press, 1946. 32 p.
JOU, BIENMING, 周辨明, [Chou Pien-ming] 1891- Phonetic structure and tone behavior in Hagu (commonly known as the Amoy dialect) and their relation to certain questions in Chinese linguistics. Hamburg, 1930. 40 p.
———. A Quoyu pronouncing dictionary and cipher code. Amoy, Department of Linguistics, University of Amoy, 1937. 204 p.
———. Internationalizing the Chinese script: progress in quoyu romanization 1937-45. Amoy, College of Arts, National University of Amoy, 1945. 32, 11, 44, 11, 4 p.
KARLGREN, BERNHARD, 1889- Études sur la phonologie chinoise. [Upsala, K.W. Appelberg]; Leyde, E.-J. Brill, 1915-26. Reprint ed. Peking, 1941. 898 p. illus., diagr. (Archives d'études orientales, pub. par J.-A. Lundell. v. 15).
———. The romanization of Chinese, a paper read before the China Society on Jan. 19, 1928. London, China Society, 1928. 24 p.
———. Grammata serica; script and phonetics in Chinese and Sino-Japanese. Stockholm [Gothenburg, Printed by Elanders boktryckeri a.-b.] 1940. 471 p. "Reprinted from: The Bulletin of the Museum of Far Eastern antiquities. No. 12."
———. Compendium of phonetics in ancient and archaic Chinese. London, Kegan Paul, 1954. 156 p.
———. Grammata serica recensa. Stockholm, 1957. 332 p. (BMFEA, 29, pt. 1).
LI CHIN-SHI, 黎錦西, 1890- Chinese phonetic system and language (English translation) Tr. into English by Alex. R. Mackenzie. 2d ed. Shanghai, Commercial Press, 1922. ii, 56, ii, ii, ii p. illus.
LIU, FU, 劉復, 1891-1934. Étude expérimentale sur les tons du chinois. Paris, Société d'édition "Les Belles lettres," 1925. viii, 121 p. illus., fold. tab., fold. diagrs. and atlas of XXVIII fold. plates on 14 l. (Collection de l'Institut de phonétique et des Archives de la parole, fasc. I).
MARTIN, SAMUEL ELMO, 1924- The phonemes of ancient Chinese. New Haven, American Oriental Society, 1953. 46 p. (Supplement to the Journal of

the American Oriental Society, 16).

MERGENTHALER LINOTYPE COMPANY. China's national phonetic syllabary; or, Chu yin tzŭ-mu, 注音字母. How it has been adapted to the linotype by the Mergenthaler linotype company. Brooklyn, N.Y. [1921] folder (7 numb. l.).

MULLIE, JOSEPH, 1886- Notions élémentaires de phonétique [chinoises] et alphabet général. Changhai, La presse orientale, 1922. vii, 119, 2 p. illus. tables.

PEOPLE'S CHINA. Draft scheme for a Chinese phonetic alphabet simplifying Chinese characters. Peking, 1956. 16 p.

ROSTHORN, ARTHUR VON, 1862-1945. Indischer Einfluss in der Lautlehre Chinas. Wien, Hölder-Pichler-Tempsky, 1941. 22 p. (Akademie der Wissenschaften in Wien. Phil.-Hist. Kl. Sitzungsberichte, 219. Bd., 4. Abhandlung).

———. Studien zur chinesischen Lautgeschichte. Wien, Hölder-Pichler-Tempsky, 1942. 62 p. (Akademie der Wissenschaften in Wien. Phil. -Hist. Kl. Sitzungsberichte, 220. Bd., 1. Abhandlung).

RUSSELL, C.F. Rime store, 韻府, (You Fer). Los Angeles, Reed Litho., 1954. 48 p.

U.S. Army Language School, Monterey, Calif. Progressive exercises in Chinese pronunciation. Presidio of Monterey, Chinese-Mandarin Language Dept. [1952] 66 p.

———. Romanization list. [Presidio of Monterey] Army Language School, Chinese-Mandarin Dept., 1953. 16 p. 1st ed. 1951.

U.S. Army Map Service. Key to Wade-Giles romanization of Chinese characters, November 1944. Washington, D.C., War dept., Army Map Service, Corps of Engineers, U.S. Army [1944] 48 numb. l., 90, 8 p.

———. Geographic Names Branch. Guide to special readings of Chinese characters, for the use of place-name romanizers, prepared by the Orientalia Section, Geographic Names Branch, Army Map Service. [Washington, 194-?] cover-title, [21] l.

WANG, LI, 王力, 1901- Une pronounciation chinois de Po-Pei, 博白, (province de Kouangsi) étudiée à l'aide de la phonétique expérimentale. Paris, E. Leroux, 1932. xii, 158 p. illus. map.

Grammar

BALLER, FREDERICK WILLIAM, 1852-1922. A Mandarin primer. 14th ed., rev. and enl. with supplement. Prepared for the China Inland Mission. Shanghai, China Inland Mission; London, Philadelphia [etc.] Morgan and Scott, 1926. iv, [2], v-xxxviii, 462 (i.e. 522) p.

BRANDT, ÎAKOV, 1869-1944. Introduction to literary Chinese. Peking, North China Union Language School, 1927. 503, [1] p.

———. The same. New York, Frederick Ungar Pub. Co. [1944?] 503, [1] p.

———. Wenli particles, with a foreword by Hardy Jowett. Peiping, North China Union Language School, 1929. vii, 172 p.

BROUNER, WALTER BROOKS, 1869- Chinese made easy, by Walter Brooks Brouner and Fung Yuet Mow, 馮悅茂. With an introduction by Herbert A. Giles. Leiden, E.J. Brill, 1935. xiv, [2], 351 p. 1st ed. 1904.

CH'ÊN, THEODORE HSI-EN, 陳錫恩, 1902- Elementary Chinese reader and grammar, by Theodore Hsi-En Chen and Wen-Hui Chung Chen, 陳鍾文會. South Pasadena, P.D. and Ione Perkins, 1945. ix, 209 p.

DARROCH, JOHN. Chinese grammar self-taught. London, E. Marlborough [1936] 156 p. (Marlborough's self-taught series [of European and Oriental languages]).

GABELENTZ, GEORG VON DER, 1840-93. Chinesische Grammatik, mit Ausschluss des niederen Stiles und der heutigen Umgangssprache. [2. unveränderte Aufl.] Berlin, Deutscher Verlag der Wissenschaften, 1953. xxvii, 549 p.

1st ed., 1881; Reprint ed., 1944.

———. The same. Nachtrag. [Bearb. von] Eduard Erkes. Berlin, Deutsche Verlag der Wissenschaften, 1956. 101 p.

———. Anfangsgründe der chinesischen Grammatik, mit Übungsstücken. New York, F. Ungar [1954] 150 p.

GILES, HERBERT ALLEN, 1845-1935. How to begin Chinese. The hundred best characters. Shanghai, Kelly and Walsh, 1925. vi, 72 p.

———. The same. The second hundred best characters. 2d ed. Shanghai, Kelly and Walsh, 1925. [v]-vi, 35, [1] p.

———. Short cuts to Chinese, including the two hundred best characters. New York, Padell Book Co., 1943. [144] p.

HAAG, KARL. Der Ausdruck der Denkordnung im Chinesischen. Heidelberg, C. Winter, 1940. 25 p.

KAO, MING-K'AI, 高名凱. Essai sur la valeur réelle des particules prépositionnelles en chinois. Paris, L. Rodstein, 1940. [7]-240 p. Thèse-Univ. de Paris.

LESSING, FERDINAND, 1882- Vergleich der wichtigsten Formwörter der chinesischen Umgangssprache und der Schriftsprache. Ein Versuch. [Berlin, Reichsdruckerei, 1925] 58-138 p. (Mitteilungen des Seminars für orientalische sprachen zu Berlin, jahrg. XXVIII, abt. I: Ostasiatische studien. Sonderabdruck.).

MARGOULIÈS, GEORGES, 1907- Petit précis de grammaire chinoise écrite. Paris, A. Maisonneuve, 1934. 64 p.

MATHEWS, ROBERT HENRY. Kuoyü primer; progressive studies in the Chinese national language. Shanghai, China Inland Mission, 1938. xlvi, 790 p.

MISCH, JOHANNES, 1909- Der Konditionalsatz im klassischen Chinesisch. Berlin, 1935. 31 p. Diss.-Univ. Berlin.

MULLIE, JOSEPH, 1886- The structural principles of the Chinese language, an introduction to the spoken language (Northern Pekingese dialect) Translated from the Flemish by A. Omer Versichel. Peiping, Bureau of Engraving and Printing, 1932- 3 v. (Anthropos; linguistische bibliothek. V-VII bd.).

———. Le mot-particule 之 tche. Leiden, E.J. Brill, 1942. vii, 237 p. Reprinted from T'oung Pao, v. 36, livr. 3-5.

SCHMITT, ERICH, 1893- Einführung in das moderne Hochchinesisch, ein Lehrbuch für den Unterrichtsgebrauch und das Selbststudium nebst chinesischem Zeichenheft, von dr. Erich Schmitt und Lou Y†, 陸懿. Shanghai, M. Nössler, 1939. x, 117 p.

———. Chinesisches Zeichenheft zur Einführung in das moderne Hochchinesisch von dr. Erich Schmitt und dr. Lou Y†. Shanghai, M. Nössler und co., g.m.b.h., 1939. cover-title, 36 p.

SHADICK, HAROLD ERNEST, 1902- Structural analysis of literary Chinese, by Harold E. Shadick and Hsin-min Wu, 吳新珉. Preliminary ed. Ithaca, Department of Far Eastern Languages and Division of Modern Languages, Cornell University, 1950. 129 p.

SIMON, WALTER, 1893- Zur Rekonstruktion der altchinesischen Endkonsonanten. Partsl-II. Berlin, W. de Gruyter, 1927-28. [21], [30] p. (Berlin. Universität. Seminar für orientalische Sprachen. Mitteil. Bd. 30-31, Abt. 1).

TCHEN, TING-MING, 陳定民. Étude phonétique des particules de la langue chinoise. Préface de m. H. Maspero. Paris, Éditions Héraklès [1938] vi, 152 p. diagrs.

U.S. Army Language School, Monterey, Calif. Sentence drill, English for the Chinese-Mandarin language course. Presidio of Monterey [Chinese Language Dept.] 1951. 47 p.

———. Sentence patterns, English. [Monterey] Army Language School, Chinese-Mandarin Dept., 1953. 111 p.

WHYMANT, A. NEVILLE JOHN, 1894- Colloquial Chinese (northern) London, Kegan Paul; New York, E.P. Dutton, 1922. v, [1], 106 p.

WIEGER, LÉON, 1856-1933. Chinois écrit. Précis. Grammaire. Phraséologie. 4e éd. [Sienhsien] 1929. 102 p.

YEN, ISABELLA YIYUN, 嚴倚雲, 1912- A grammatical analysis of Syàu Jīng. Ithaca, 1956. xi, 218 l. illus. Thesis-Cornell University.

ZACH, ERWIN VON, 1872-1942. Zum Ausbau der gabelentzschen Grammatik. Nebst v.d. Gabelentz' eigenen "Additions." Peking, Deutschland-Institut, 1944. 101 p.

Dialects
Peking and Northern

BRÖRING, THEODOR, 1883- Laut und Ton in Süd-Schantung. Mit Anhang: Die Töne in Nordostschantung, Peking, Sötshuän, Shanghai, Amoy und Canton. Hamburg, L. Friederichsen, 1927. 63 p. fold. map, diagrs. (Veröffentlichungen des Seminars für sprache und kultur Chinas an der hamburgischen Universität. nr. 2). 1. Aufl. 1924.

CHAO, YUEN-REN, 趙元任, 1892- A phonograph course in the Chinese national language. Shanghai, Commercial Press, 1925. xxii, 288 p.

———. Mandarin primer, an intensive course in spoken Chinese. Cambridge, Harvard Univ. Press, 1948. viii, 336 p.

———. The same. Character text for Mandarin primer. Cambridge, Harvard Univ. Press, 1948. 142 p.

DENIKER, GEORGE. Le mécanisme phonologique du parler de Pékin; précédé de deux notes sur les alphabets et sur les méthodes phonologiques. Pékin, A. Nachbaur, 1925. 75 p. plates, tables.

GASPERMENT, A. Étude de chinois, langue mandarin. 3e éd. Sienhsien, Impr. de la Mission catholique, 1925-26. 5 v. illus. fold. map, fold. table.

GERMAIN, ROBERT. Essai de description phonétique du dialecte de Pékin. Pékin, A. Nachbaur, 1923. 30 p.

GIET, FRANZ. Zur Tonität nordchinesischer Mundarten. Wien-Mödling, Verlag der Missionsdruckerei St. Gabriel, 1950. xx, 184 p. illus., maps (part col., 12 in pocket) (Studia Instituti Anthropos, v. 2).

JASMIN, ERNEST. L'étude du chinois par la romanisation interdialectique. Tours de phrases et grammaire selon le mandarin du nord, spécialement de Mandchourie. [Texte en caractères Chinois] Tientsin, Procure de la mission de Sienhsien, 1938. 2 v.

KERVYN, LOUIS MARIE. Clichés usuels de la langue mandarine. Tientsin, Scheut Mission, 1935. 387, 88, x p.

LAMASSE, H. Nouveau répertoire de la romanisation interdialectique. Hong Kong, Nazareth Press, 1951. 126 p.

LESSING, FERDINAND, 1882- Han yu t'ung shih. Lehrgang der nordchinesischen Umgangssprache. Bd. 1-11. Umschrift und Übersetzung von F. Lessing und W. Othmer. 2. Aufl. Schanghai, 1933. 160 p.

MITTLER, THEODOR, 1887- Chinesische Grammatik; Einführung in die Umgangssprache, mit besonderer Berücksichtigung der Shantungsprache, hrsg. von Theodor Mittler. Yenchowfu, Verlag der Katholischen Mission, 1927. xxxvii, 515 p.

OKAMOTO, M. A Chinese pronunciation dictionary in Peking dialect. 12th ed. Tokyo, Bunkyudo-Shoten, 1940. 244 p. 1st ed. 1902.

SYA, SYIN-KE, 夏心客, [Hsia Hsin-k'o]. Mandarin in four weeks. 國語一月通 Taipei, Chi Ming Book Co. [1956] 3, xiv, 184, 43 p. fold. maps.

U.S. Army Language School, Monterey, Calif. Program of instruction for the Chinese-Mandarin language course; officer MOS 9330 and 9332; enlisted MOS 1267 and 1320; 30-OE-14. Presidio of Monterey, Chinese-Mandarin Language Dept., Army Language School, 1954. 24 p.

WANG, LIEN-TSENG, 王聯曾. Recherches expérimentales sur les tons du pékinois. Amsterdam, 1937-38. 40, 48 p. (Archives néerlandaises de phonétique expérimentale, tome, 13 and 14).

WIEGER, LÉON, 1856-1933. Chinois parlé, manuel. Koan-hoa du nord, non-pékinois. 4e éd. refondue. [Sienhsien, N. Vagner, S.J., 1936. [i.e. 1938] 1171 p. 1er ed., 1912.

YÜAN, YING-TS'AI, 袁英才. A guide to Mandarin, by Y.C. Yuen. Rev. ed. Hong Kong, The author, printed by Caslon Printers, 1952. 50 (i.e. 100) p.

Shanghai

HO, CHARLES. Shanghai dialect in 4 weeks, with map of Shanghai, by Charles Ho [and] George Foe. Shanghai, Chi Ming Book Co., 1940. 102, 5, 9, 9 p. illus., maps (part fold. col.).

McINTOSH, GILBERT. Conversations usuelles. Zi-ka-wei, Lithographie de T'ou-sè-wè, 1921. 97 p.

———. Useful phrases in the Shanghai dialect, with index-vocabulary and other helps. 5th ed. Shanghai, Presbyterian Mission Press, 1922. 121 p.

PARKER, R.A. Lessons in the Shanghai dialect. In romanized and character; with key to pronunciation. [Shanghai? 1923?] iii, 221, 44 p. incl. fold. plates, fold. forms.

POTT, F.L. HAWKS, 1864-1947. Leçons sur la dialecte de Changhai. Traduction et romanisation français par A.M. Bourgeois. Changhai, Impr. de la mission catholique, 1939. 399 p. 1er éd., 1922.

U.S. Office of Strategic Services. Research and Analysis Branch. Notes on main dialects of southeast China. [Washington] 1944. 4 l. fold. map. (Its R and A no. 2478).

Cantonese

BALL, JAMES DYER, 1847-1919. The Cantonese made easy: a book of simple sentences in the Cantonese dialect, with free and literal translations, and directions for the rendering of English grammatical forms in Chinese. 4th ed. rev. and enl. Hong Kong, Kelly and Walsh, 1924. 1st ed. 1883.

———. Kelly and Walsh's English-Cantonese handbook. Containing common words and phrases, printed without the Chinese characters, or tonic marks, the sounds of the Chinese words being represented by an English spelling as far as practicable. 6th ed. Shanghai, Kelly and Walsh, 1935. xi, 32 p. "First ed. 1886."

CAYSAC, GEORGES. Introduction à l'étude du dialecte Cantonais. 2e éd. Hong Kong, Catholic Truth Society, 1952 (c1926) iv, 348 p.

CHAN, YEUNG-KWONG, 陳陽光. Cantonese for beginners. Hong Kong, Man Sang Printers, 1946. 71 p.

———. Everybody's Cantonese; combined progressive and beginner's course. Hong Kong, Man Sang Printers, 1947. vii, 265 p.

CHAO, YUEN-REN, 趙元任, 1892- Cantonese primer. Cambridge, Pub. for the Harvard-Yenching Institute, Harvard University Press; London, Oxford University Press, 1947. vii, 242 p.

———. The same. Character text. Cambridge, Pub. for the Harvard-Yenching Institute, Harvard University Press, 1947. 112 p.

CHIANG, KER-CHIU, 蔣克秋. Cantonese for beginners, 粵語易解, with a vocabulary. Singapore, Chin Fen Book-store, 1946 (c1941) 2 v.

COWLES, ROY T. A pocket dictionary of Cantonese. Cantonese-English with English-Cantonese index. 2d ed. rev. and enl. Hong Kong, South China Peniel Press, 1949. 1 v. (various pagings).

KOK, GERARD P., 1912- Speak Cantonese, by Gerard P. Kok and Po-fei Huang, 黃伯飛. New Haven, Far Eastern Publications, Yale University, 1956. 432 p.

LEE, S.K., 李錫鈞, [Li Hsi-chün]. Cantonese simplified. Hong Kong, K. Weiss,

1954. 311 p. (Far East economic ser.) 1st ed. 1950.

MEYER, BERNARD F., 1891- The student's Cantonese-English dictionary, by Bernard F. Meyer and Theodore F. Wemple. 3d ed., 1947. New York, Field Afar Press [1947] 843, [3], 136 p. 1st ed. 1935.

OAKELEY, R.H. Rules for speaking Cantonese. Kuala Lumpa, Printed by the authority of the Malayan Govt., 1953. ii, 192 p.

O'MELIA, THOMAS A., 1898- First year Cantonese. 3d ed. Pref. by James E. Walsh. Hong Kong, Catholic Truth Society, 1954. 1 v. 2nd ed. 1941.

SERVUS, M.E.P. Locutions modernes. Dialecte cantonais. 粵法新詞句. Hong Kong, Impr. de la société des missions-étrangères, 1934. ii, 6, 827, 20 p.

SUNG, HOK-P'ANG, 宋學鵬, [Sung Hsueh-peng]. Cantonese conversation (with English notes). With preface by His Excellency Sir Cecil Clementi, the Rt. Rev. R.O. Hall and A. Morris. Hong Kong, 1934. 10, 10, 260 p.

TAM, WING KWONG, 譚榮光, [T'an Jung-kuang]. A new phonetic alphabet for the Cantonese dialect of the Chinese language. Hong Kong, Printed by the Yau Sang Print. Press, 1953. 28 p.

TIPSON, ERNEST. A Cantonese syllabary-index to Soothill's Pocket dictionary; incorporating all Cantonese colloquial characters and their meanings. London, Routledge and Kegan Paul, 1951. 79 p.

U.S. Army Language School, Monterey, Calif. Conversational Cantonese, Book II. [Presidio of Monterey] Army Language School, Far Eastern Language Division, Chinese-Cantonese Language Dept. [1951] 2 v.

———. Chinese-Cantonese. Presidio of Monterey, Chinese-Cantonese Language Dept., 1952. 4 v. in 5.

———. Chinese-Cantonese: basic course. v. 1. Presidio of Monterey, 1956- 97 p. illus.

WELLS, HERBERT RICHMOND. Cantonese for every one; a simple introduction to Cantonese by H.R. Wells and Cheung Tün-chi, 張端始. Hong Kong, Wing Fat and Co., 1929. [60] p.

———. Commercial conversations in Cantonese and English. Hong Kong, Printed by Kae Shean Print. Co., 1931. 82, 52 p.

———. comp. An English Cantonese dictionary. Hong Kong, Kelly and Walsh, 1931. 227 p.

WHITAKER, KATHERINE PO KAN, 1912- Characterization of the Cantonese dialect, with special reference to its modified tones. London, 1952. 2 v. Thesis-University of London, School of Oriental and African Studies.

———. Cantonese sentence series; an adaptation for students of Cantonese of W. Simon and C.H. Lu's "Chinese Sentence Series." London, A. Probsthain, 1954. xii, 150 p.

———. Structure drill in Cantonese, first fifty patterns. London, Lund Humphries, 1954. xxlx, 101 p. (Structure drill through speech patterns, 4).

YIU, T'UNG, 尤桐, 1896- The T'ai-shan dialect. Ann Arbor, University Microfilms [1952] ([University Microfilms, Ann Arbor, Mich.] Publication no. 3073). Collation of the original: vi, 121 l. Thesis-Princeton University.

YUAN, YING-TS'AI, 袁英才. A guide to Cantonese (self-taught) by Y.C. Yuen. 5th ed. Hong Kong, The author, 1954. 50 p. 3rd ed. 1951.

Other

BODMAN, NICHOLAS CLEAVELAND, 1913- Spoken Amoy Hokkien, by N.C. Bodman, assisted by the staff of the Government Officers' language school, Federation of Malaya, and many others. Kuala Lumpur, Published by the authority of the Government, Federation of Malaya, 1955. 2 v.

CORBATÓ, HERMENEGILDO, 1894- Chinese language; manual of the Foochow dialect. Revised for the California College in China by Paul P. Wiant. [Berkeley, Calif.] 1945. xviii, 206 (i.e. 207), 13, 5 numb. l. illus.

CORDIER, GEORGES, -1936. Méthode pratique de langue chinoise. (dialecte yunnanais). Hanoi, Impr. tonkinoise, 1928. 159 p.

DROUGHT, JAMES MATTHEW. Introduction to Hakka. Hong Kong, Nazareth Press, 1926. 298 p.

EGEROD, SØREN. The Lungtu dialect: a descriptive and historical study of a south Chinese idiom.. Copenhagen, Einar Munksgaard, 1956. xviii, 284 p.

FU, MAO-CHI, 傅懋勣. A study on the Lolo proverbs in and near the Taliang mountains. Hsichow, 1945. 15 p.

———. A descriptive grammar of Lolo. Cambridge, Eng., 1950. 382 p. plates. Thesis-Univ. Cambridge.

GROSVENOR, M. DONALD. A colloquial English-Chinese pocket dictionary in the Hankow dialect. Shanghai, Printed at the Presbyterian Mission Press, 1925. iii, [1], 269 p.

TIPSON, ERNEST. A pocket dictionary of the Amoy vernacular; English-Chinese. Singapore, Lithographers, 1934. 215 p.

WANG, SCHU-YÜN莊王淑雲. Die Frage im Dialect von Tschang dschou. Eine experimental phonet. Untersuchung. Charlottenburg, Hoffmann, 1935. 83 p. Diss.-Univ. Berlin.

Dictionaries
English-Chinese; Chinese-English

CHAN, SHAU-WING, 陳受榮, [Chen Shou-jung] 1906- A concise English-Chinese dictionary, with romanized standard pronunciation. 2d ed. Stanford, Stanford University Press [1955] xvii, 416 p. 1st ed. 1946.

CHANG, S.M., 張湘玫, 1904- A concise English-Chinese dictionary, by S.M. Chang and Shirley Maxwell. [Hollywood, Calif.] Marcel Rodd, 1944. 7-191 p. Title also in Chinese on cover.

CHAO, YUEN-REN, 趙元任, 1892- Concise dictionary of spoken Chinese, by Yuen Ren Chao and Lien Sheng Yang, 楊聯陞. Cambridge, Pub. for the Harvard-Yenching Institute by Harvard Univ. Press, 1947. xxxix, 291 p.

CHENG, I-LI, 鄭易禮. A new English-Chinese dictionary with index in Chinese, by Cheng Yi-li and Tsao Cheng-shiu, 曹成修. [Peking] Sheng Huo, Tu Shu, Hsin Chih, San lien shu tien [1953] 2143 p.

CHIANG, KER-CHIU, 蔣克秋, [Chiang K'o-ch'iu]. A new English-Mandarin romanized dictionary, specially prepared for Mandarin students. [Syonan, Chin Fen book store, 194-?] 192, 6 p.

———. Chinese idioms in romanized Mandarin with literal and free translations in English. Syonan, Pub. by Chin Fen book store, 2604 [i.e. 1944] cover-title, 114 p.

CHINESE-ENGLISH dictionary; comprising over 3,800 characters with translations, explanations, pronunciations, etc., etc. Shanghai, Commercial Press, 1933. 282, 10 p.

CHÜ, CHUNG-FU, 瞿重福. T.F. Chu's Chinese-English dictionary. Shanghai, Little Book Co. [1932] 109, 42 p. (Little book special).

COMMERCIAL Press English and Chinese pronouncing condensed dictionary, revised by T.K. Yoh, 郁德基. Shanghai, Commercial Press, 1929. ii, [2], 693, 16, 21, 2 p.

A COMPREHENSIVE English-Chinese dictionary. Edited by Shih-fu Huang, 黃士復, and T'ieh Chiang, 江鐵. Shanghai, Commercial Press, 1937. xvi, 1502, 172 p. illus. 1st ed. 1928.

FENN, COURTENAY HUGHES, 1866-1953. The five thousand dictionary; a pocket dictionary and index to the character cards of the Yenching School of Chinese Studies (Peking language school) Compiled by Courtenay H. Fenn, with the assistance of Chin Hsien Tseng, 金憲曾. Shanghai, Mission Book Co., 1926. 2, 578, 49, 5, [2] p.

———. The five thousand dictionary, a pocket dictionary and index to the character cards of the North China Union Language School; compiled by Courtenay

H. Fenn, with the assistance of Chin Hsien Tseng. Peiping, North China Union Language School, cooperating with California College in China, 1932. 2, 2, 578 (i.e. 610), 50, 7, [2] p.

———. The five thousand dictionary, a Chinese-English pocket dictionary and index to the character cards of the College of Chinese Studies, California College in China, originally compiled by Courtenay H. Fenn, with the assistance of Chin Hsien Tseng. 5th ed., with additions and revisions by George D. Wilder and Chin Hsien Tseng. Peking [Printed at Union Press] 1940. xxxviii, 697 p. 1 illus.

———. Chinese-English pocket-dictionary. Rev. American ed. Cambridge, Harvard University Press, 1944 [c1942). xxxvii, 694 p.

GILBERT, FRIEDRICH ROBERT. Mnemotechnisches Taschenlexikon der Chinaschrift. Tokyo, Taiheiyosha, 1934. xiii, 362 p.

———. A pocket-dictionary of Chinese characters on mnemonic principles. Tokyo, Sold at Maruzen Co., printed by Taiheiyosha [1936?] 42, 308, 47 p.

GOODRICH, CHAUNCEY, 1836-1925. A pocket dictionary (Chinese-English) and Pekingese syllabary. 15th thousand. Shanghai, Kwang Hsueh Pub. House, 1933. vii, 237, 70 p. 13th thousand published 1923, 14th thousand, 1927, both by Presbyterian Mission Press, Shanghai.

———. The same. New York, Columbia University Press, 1944. 237, 70 p.

GT. BRIT. War Office. General Staff. Geographical Section. Short glossary of Chinese. London [1943] cover-title, 30 p.

HARVARD-YENCHING INSTITUTE. Chinese-English dictionary project. Fascicle 39.0.1: preliminary print. Cambridge, Harvard University Press, 1953. 68, 27 p.

———. The same. Fascicle 39.0.1-3: preliminary print. Cambridge, Harvard University Press, 1953-54. 3 pts. in 2.

HILLIER, SIR WALTER CAINE, 1849-1927. An English-Chinese dictionary of Peking colloquial. New ed., enlarged by Sir Trelawny Backhouse and Sidney Barton. Shanghai, Printed at the Kwang Hsüeh Publishing House; London, Kegan Paul, 1933 (c1924). viii, 1030 p. Reprint ed. 1953.

HUNG, MING-HAN, 洪明漢, comp. Chiu Yih's gem, new concise English-Chinese dictionary. Shanghai, Chiu Yih Book Co. [1950] ix, 1006, 38 p.

KARLGREN, BERNHARD, 1889- Analytic dictionary of Chinese and Sino-Japanese. Paris, P. Geuthner, 1923. 436 p.

LEE, S.T., 李仕德, comp. A new complete Chinese-English dictionary. Kowloon, H.K., China Publishers Co., 1956. 1511, 68 p.

[LEE, YÜ-WÊN] 李玉汶. A new Chinese-English dictionary. Shanghai, Commercial Press [1937] 832, 73 p. 1st ed. 1918; 7th ed. 1925.

———. The same. American ed. Cambridge, Murray Printing Co., 1945; San Francisco, Service Supply Co., 1947. 832, 73 p.

LI, CHIH-YÜN, 厲志雲. The standard dictionary of English phrases, with bilingual explanations. Shanghai, Commercial Press, 1927. 897 p.

LI, RUMY, 李儒勉, -1956. A practical English-Chinese, Chinese-English pocket dictionary. Shanghai, Chung Hua Book Co. [1931] [962] p.

MacGILLIVRAY, DONALD, 1862-1931. A Mandarin-romanized dictionary of Chinese, including new terms and phrases, with new supplement. 9th ed. Shanghai, 1930; London, Kegan Paul, 1930. x, 1145, 43 p.

MATHEWS, ROBERT HENRY. A Chinese-English dictionary, compiled for the China Inland Mission. Shanghai, China Inland Mission [etc.] 1931. 1232 p.

———. The same. English index. Shanghai, China Inland Mission, 1931. 184, [2] p.

———. Mathews' Chinese-English dictionary. Rev. American ed. Published for the Harvard-Yenching Institute. Cambridge, Harvard University Press, 1943; 7th printing, 1956. xxiv, 1226 p.

———. The same. A Chinese-English dictionary. Revised English index. Published for the Harvard-Yenching Institute. Cambridge, Harvard University

Press, 1944. 186 p.
MODEL English-Chinese dictionary with illustrative examples, edited by Chang Shih-lu, 張世鎏, and others. Shanghai, Commercial Press, 1934. iii-xvi, 1431 p. Rev. ed. 1935. xxiv, 1687 p.
MODEL English-Chinese dictionary, with illustrative examples, compiled by H. Bain, 平海瀾. Rev. ed. Shanghai, Commercial Press, 1949. 1711 p.
A MODERN English-Chinese dictionary, giving pronunciations, definitions and translations of a large vocabulary of words in common use, and thousands of phrases of frequent occurrence, with an appendix containing various useful tables. Shanghai, Commercial Press, 1931. iii, ii, lviii, 1555, [1] p.
MORGAN, EVAN, 1860- Chinese new terms; revised and enlarged, with English translations, classifications, introduction and index. Shanghai, Kelly and Walsh, 1932. xiv, 614 p. 1st ed. 1903.
NASH, VERNON, comp. Trindex; an index to three dictionaries: Giles' Chinese-English dictionary, K'ang Hsi tzu tien, P'ei wen yun fu; in which are listed the 13,848 characters of Giles' dictionary, arranged in numerical sequence according to the Kuei hsieh system of converting characters into numerals devised by the editors of the Harvard-Yenching Institute Sinological index series. Peiping, Printed by Index Press, Yenching University [1936] lxx, 584, [2] p.
NELSON, DANIEL, 1902-48. An English-Chinese romanized dictionary. Minneapolis, Augsburg Pub. House [1944] xvi, 344 p. map (on lining-paper) [Series of Augsburg Publishing House lectureships, 1].
A NEW complete Chinese-English dictionary. Hong Kong, Chung Chien Pub. Co., 1956. 1224 p.
NIEH, N.Y., 倪灝森, [Ni Hao-sên]. An Anglo-Chinese dictionary of abbreviations and contractions with explanatory notes. Shanghai, Commercial Press, 1923. 224 p.
ONG, Y.F., 翁良, [Wêng Liang]. A complete dictionary of English phrases with bilingual explanations, by Y.F. Ong and Y.L. Yang, 楊士熙. [Shanghai] Commercial Press, 1939. 2, [vii]-xxvii, 1133 p. 1st ed. 1933.
A PRACTICAL English-Chinese dictionary; editors T.H. Lee, 李登輝, P.W. Kuo, 郭秉文, B.E. Lee, 李培恩 [and others] [Shanghai] Commercial Press [1935] iii-xiv, 1674 p.
QUO, JAMES C., 郭 鏵. Concise English-Chinese dictionary, romanized; containing over 10,000 English words and expressions with equivalent Chinese characters and their romanized readings. Tokyo, Rutland, Vt., C.E. Tuttle Co. [1956] xi, 323 p.
SIMON, WALTER, 1893- A beginners' Chinese-English dictionary of the national language (Gwoyeu) London, Lund, Humphries, 1947. cxxxiv, 880, 184 p. map (on lining-paper).
SOOTHILL, WILLIAM EDWARD, 1861-1935. The student's four thousand [characters] and general pocket dictionary. 17th ed. London, Kegan Paul, 1943. [iii]-xxxv, 428 p. 20th ed. 1952. 463 p.
TSANG, O.Z., 張鵬雲, [Chang P'êng-yün]. A complete Chinese-English dictionary, by O.Z. Tsang. Rev. ed. Shanghai, The Republican Press, 1932. iii, 756, 28, [6] p. 7th ed. 1923; Rev. ed. 1926.
———. The same. [New rev. ed. Hong Kong, Hop Kee Book Store, 1956] iii, 964, xxxvii, 30 p.
U.S. Army. 500th Military Intelligence Group. A Chinese-English dictionary of terms. [n.p., 1954] viii, 709 p.
U.S. Army Language School, Monterey, Calif. Consolidated vocabulary and notes index, Chinese-English. Presidio of Monterey, Chinese-Mandarin Language Dept., Army Language School, 1955. 2 v. (ii, 327 p.).
———. Chinese-Mandarin; consolidated vocabulary and index notes [introduced in the 12-month course] Presidio of Monterey, 1956. 2 v.
———. Chinese-Mandarin; eighteen months' course: advanced vocabulary. Pre-

sidio of Monterey, 1956- 2 v.

U.S. War Dept. Dictionary of spoken Chinese. Chinese-English, English-Chinese. Prepared by Charles F. Hockett and Fang Chao-ying. Washington, D.C., 1945. iii, 874 p. (War Dept. Technical Manual TM30-933).

WANG, I-T'ING, 王翼廷. A new Anglo-Chinese dictionary, by Wang I-Ting, Chao-Hsu Kwei, 桂紹盱 [and] Zung-Peh Chang, 張慎伯. Shanghai, Chung Hwa Book Co. [1948] ii, ii, 1075 p.

WEBSTER, NOAH, 1758-1843. Webster's collegiate dictionary with Chinese translation. Editors: P.W.Kuo, 郭秉文, S.L. Chang, 張世鎏. Shanghai, Commercial Press, 1933. xliii, 1768 p. front., illus., port.

YALE UNIVERSITY. Institute of Far Eastern Languages. IFEL vocabulary of spoken Chinese; edited by Po-fei Huang, 黄伯飛. New Haven, 1954. xvi, 347 p.

YEN, W.W., 顏惠慶, [Yen Hui-ch'ing] 1877-1950. ed. English and Chinese standard dictionary. Small type ed. Comprising 120,000 words and phrases with translations, pronunciations, definitions, illustrations, etc., etc., with a copious appendix. 3d ed. Shanghai, Commercial Press, 1921. [1307] p. illus.

———. ed. An abridged English and Chinese dictionary, comprising 65,000 words and phrases, with pronunciations, Chinese definitions, illustrations, etc., also a copious appendix. 4th ed. Shanghai, Commercial Press, 1922. 1441, 8, 9, 2 p. illus.

French-Chinese; Chinese-French

AUBAZAC, LOUIS. Dictionnaire français-cantonnais. Nouv. éd. rev. et augm. Hongkong, Catholic Truth Society, 1955. 1106, 10, 139 p. 1st ed. 1909.

COUVREUR, SÉRAPHIN, 1835-1919. Petit dictionnaire chinois-français. Ho Kien-fou, Impr. de la mission catholique, 1923; reprint ed., Sien-hsien, 1930. xiv, 736 p. 1st ed. 1903.

———. Dictionnaire classique de la langue chinoise. Sien-hsien, Impr. de la Mission catholique, 1930. xii, 1080 p. 1st ed. 1904.

———. The same. Peiping, Henri Vetch, 1947. xii, 1080 p. Reprinted from 3rd ed. 1911.

DEBESSE, A. Petit dictionnaire chinois-français. 3. éd. refondue et augm. Chang-hai, Impr. de la Mission catholique, 1924; Paris, Adrien-Maisonneuve [1945] iii, [1], 559 p.

GAZTELU, J. Petit dictionnaire français-chinois, par J. Gaztelu. Hongkong, Impr. de Nazareth, 1928. xxi, 677, [6] p. [1st ed. 1900].

———. Lexique chinois français. Hong Kong, Impr. de la Société des missions étrangères, 1934. 119 p. 1st ed. 1906.

HSIAO, TZŬ-CH'IN, 蕭子琴. Nouveau dictionnaire français-chinois, par Hsiao Tzŭ-ch'in [et al] 8e éd. Shanghai, Commercial Press, 1939 (c1923) 846 p.

LAPPARENT, J. DE. Petit dictionnaire chinois-français. Mandarin et dialecte de Changhai. 2e éd. Changhai, Impr. de la mission catholique à l'orphelinat de t'ou-sè-wè, 1929. vii, 474 p.

LAURE, CHARLES. Vocabulaire de la langue chinoise lai (franco-lai) précédé d'un essai grammatical. Hanoi, Impr. d'Extrême-Orient, 1924. 120 p.

LUC, KYNH, 盧謹, [Lu Chin]. Chinese-English-French dictionary, featuring a modern practical Chinese script. [n.p.] 1945. xxii, 702 p.

MÉDARD, JULES HENRI, 1883- Vocabulaire français-chinois des sciences morales et politiques. Tientsin, Société française de librairie et d'édition [1927] ii, 1380, 16 p.

SAVINA, FRANÇOIS MARIE, 1876- Dictionnaire étymologique français-nùng-chinois. Hong Kong, Société des missions étrangères, 1924. 528 p.

German-Chinese; Chinese-German

DEUTSCH-chinesisches Standard-Handwörterbuch. Chefred: Huang Po-ch'iao, 黄伯樵. 3. Ausg. Shanghai, Chung-kuo k'o-hsüe t'u schu i-ch'i kung-sze, 1953. Leipzig, 1953. 1364 p.

KOLLECKER, C.A. Anhang zum chinesisch-deutschen Wörterbuch von Werner Rüdenberg, enthaltend die 6400 Schriftzeichen mit ihren Aussprache-und Tonbezeichnungen in der Kantoner und Hakka-Mundart, bearbeitet von C.A. Kollecker. Hamburg, L. Friederichsen, 1925. 75 p.

KUNZE, RICHARD, 1873- Praktisches Zeichenlexikon, chinesisch-deutsch-japanisch, 6000 Zeichen etymologisch erklärt mit neuen praktischem Schlüssel. Nagoya, 1938. [720] p.

RÜDENBERG, WERNER. Chinesisch-deutsches Wörterbuch; 6400 Schriftzeichen mit ihren Einzelbedeutungen und den gebräuchlichsten Zusammensetzungen. 2. verb. Aufl. Hamburg, Friederichsen, 1936. ix, 686, [2] p. 1. Aufl. 1924.

STENZ, GEORG MARIA, 1869- Deutsch-chinesisches Wörterbuch. 2. verm. Aufl. [Shanghai, Sole agent: Van Chong Book Co.] 1947. vi, 773 p.

SUN, YUNG-CH'EN, 孫用震. Kleines deutsch-chinesisches Wörterbuch für den Anfang. 2 verm. Aufl. Bearb. von Sun Yung-chen und Wolfgang Franke unter Mitwirkung von Ku Hua, 顧華, und Ilse Martin. Peking, Deutschland Institute, 1945. vii, 103 p. (Hilfsmittel für den deutschen Sprachunterricht in China, 1).

WILHELM, HELLMUT, 1905- Deutsch-chinesisches Wörterbuch, in Gemeinschaft mit chinesischen Fachgelehrten ausgearbeitet von Hellmut Wilhelm. Schanghai, M. Nössler, 1945. x, 1236 p.

Other Dictionaries

CHINESISCH-Maleisch-Hollandsch-Engelsch Classificeerend-Woordenboek met Chineesche Uitspraak; a classified dictionary of Chinese-Malay-Dutch-English with Chinese pronunciation, compiled by Li Joek Koey, 李毓愷. Batavia, Kuo Min Book Co., 1931. xlix, 293, 2 p.

ESQUIROL, JOSEPH. Dictionnaire 'kaı nao-français et français-'kaı nao. Hong Kong, Impr. de la Société des Missions-étrangères, 1931. xliii, 519 p.

Vocabularies

BRANDT, ÎAKOV, 1869-1944. Brandt's English-Chinese vocabulary. [New Haven] Dept. of Oriental Studies, Yale Univ. [1944] 130 p. (Mirror series A, 13).

A CHINESE-English dictionary of terms. Compiled by 500th Military Intelligence [sic] Group, APO 613. [1954] viii, 709 p.

DAUDIN, PIERRE. L'écrin des gemmes en quatre caractères. 四字瓊林 Saigon, S.I.L.I., 1944. xvii, 557, 55, 50 p.

FENN, HENRY COURTENAY, 1894- ed. Chinese characters easily confused. New Haven, Institute of Far Eastern Languages, Yale University, 1953. ii p., 69 l., 71-84 p. (Mirror series A, 18).

HALL, RONALD ACOTT, 1892- The 3000 commonest Chinese terms, by Ronald Hall and Neville Whymant. London, Luzac, 1948. viii, 213 p.

INGRAM, JAMES HENRY, 187?-1936. Glossary of phrases found in "The three principles of the people" (San min chu i). Peking, 1930. 163 p.

KENNEDY, GEORGE ALEXANDER, 1901- A beginner's English-Chinese vocabulary. [New Haven] Dept. of Oriental Studies, Yale Univ., 1944. vii, 40 p. (Mirror series A, 10).

LI, CHI, 李祁. General trends of Chinese linguistic changes under communist rule. Berkeley, East Asia Studies, Institute of International Studies, University of California, 1956. 42 p. (Studies in Chinese communist terminolo-

gy, 1).
———. Literary and colloquial terms in new usage. Terms topped by numerals. Berkeley, East Asia Studies, Institute of International Studies, University of California, 1957. 51 p. (Studies in Chinese communist terminology, 3).
NANKING. UNIVERSITY. An introductory analytical vocabulary for the study of Chinese, consisting of one thousand of the more frequently used characters. Prepared by the University of Nanking, Department of Missionary Training. [Nanking, 19-] 240 numb. l., 20 p.
SIMON, WALTER, 1893- Gwoyeu romatzyh Chinese-English vocabulary, being a glossary to the Chinese sentence series. London, A. Probsthain, 1944. 54, [1] p.
SOSNOSKI, WALTER JOHN. Fun with Chinese. Waverly, N.Y., Mei Foo, 1940. 104 p.
STUART, J. LEIGHTON, 1876- Chinese four-character phrases compiled with explanations. Peiping, Yenching University [1946] 24 p.
U.S. Army Language School, Monterey, Calif. Chinese-Cantonese civil affair terms. [Monterey] Army Language School, Far Eastern Language Division, Chinese-Cantonese Language Dept., 1951. 41 p.
———. Chinese Mandarin, eighteen months' course: a sketch of Chinese geography, vocabulary. Presidio of Monterey, 1956. 36 p.
WARE, JAMES ROLAND, 1901- Vocabularies to the elementary Chinese texts used at Harvard University. Cambridge, Harvard-Yenching Institute, 1936. vi, 132 p.
———. Vocabularies to the intermediate Chinese texts used at Harvard University. Cambridge, Harvard-Yenching Institute, 1937. 160 p.
WONG, SING POO, 黄星甫, 1903- Methodical guide to Chinese. [San Francisco?] c1953. [8] p.

Lexicography and Indexing

[KENNEDY, GEORGE ALEXANDER] 1901- Serial arrangement of Chinese characters. [New Haven] Dept. of Oriental Studies, Yale University, 1941. cover-title, 16 p. ([Yale University. Dept. of Oriental Studies] Mirror ser. A, no. 8).
———. ZH guide, an introduction to sinology. New Haven, Sinological Seminar, Yale University, 1953. 171 p. map.
KUEI, CHUNG-SHU, 桂中樞, 1897- Kwei's system for the romanization of Chinese. New Haven, 1954. [10] l.
———. The three-positional system. New Haven, 1954. 8 p.
U.S. Army Language School, Monterey, Calif. Serial arrangements of Chinese characters. [Monterey] Army Language School, Chinese-Cantonese Dept., 1953. 18 p.
WANG, CHING-CH'UN, 王景春, 1883- Gueeyin system of indexing. Claremont, Calif., College Press [1955] 23 l.
WONG, Y.W., 王雲五, [Wang, Yün-wu] 1888- Wong's system for arranging Chinese characters, the revised four-corner numeral system by Y.W. Wong. Shanghai, Commercial Press, 1928. 143 p. First published, 1926, under title: Wong's system of Chinese lexicography, the four-corner numeral system.

Miscellaneous

BOODBERG, PETER ALEXIS, 1903- Exercises in Chinese parallelism. Berkeley and Los Angeles, University of California Press, 1943. 60 numb. l. (University of California syllabus series, 284).
———. UCI : an interim system of transcription for Chinese. Berkeley, University of California Press, 1947. 16 p. (University of California publications in East Asiatic philology, 1: 1).

CHAN, YING, 詹鍈, 1916- The development of parallel reading comprehension examinations in English and Chinese at the graduate level. New York, 1953. 25 p. Thesis-Teachers College, Columbia University.

HEWES, MINNA, comp. Korean-Japanese readings of selected Chinese characters, compiled by Minna and Gordon Hewes. Washington, D.C., 1944. cover-title, 15, 15 numb. l.

HOLMES, GEORGE FOX, comp. A numerical index of Chinese names. Calcutta, Printed by the Calcutta General Print. Co., 1944. 89 p.

LEW, TIMOTHY TING-FANG, 劉廷芳, [Liu T'ing-fang] 1891-1947. The psychology of learning Chinese; a preliminary analysis by means of experimental psychology of some of the factors involved in the process of learning Chinese characters. [Peking, 1924?] 377, ii p. illus., diagrs., facsim., tables. Thesis-Columbia University.

MANUEL, E. ARSENIO, 1909- Chinese elements in the Tagalog language, with some indication of Chinese influence on other Philippine languages and cultures, and an excursion into Austronesian linguistics. With a historical introd. by H. Otley Beyer. Manila, Filipiniana Publications, 1948. xxv, 139 p.

OTTE, FRIEDRICH W.K. Translations from modern Chinese. 3d ed. Shanghai, Commercial Press, 1923. 2 v.

PEKING. COLLEGE OF CHINESE STUDIES. Language study courses of the College of Chinese Studies cooperating with California College in China, 1937. [Peking? 1937?] 12 p.

PERNITZSCH, MAX GERHARD. Chinesische Buchhaltung, von dr. M.G. Pernitzsch und H. Tittel. Tokyo, Verlag der Deutschen Gesellschaft für Natur- und Völkerkunde Ostasiens; [etc., etc.] 1927. 2, 84 p. plates, facsims. (Supplement der Mitteilungen der Duetschen gesellschaft für natur- und völkerkunde Ostasiens. [Supplementband, 10]).

WANG, FUNG-CHIAI, 王鳳階, 1906- An experimental study of eye-movements in the silent reading of Chinese. Chicago, 1934. v, 33 p. Part of thesis-University of Chicago.

XVI. LITERATURE

General Works

ALEKSEEV, VASILII MIKHAILOVICH, 1881-1951. La littérature chinoise; six conférences au Collège de France et au Musée Guimet (novembre 1926) Paris, P. Geuthner, 1937. 232 p. (Annales du Musee Guimet. Bibliothèque de vulgarisation, t. 52).

AYSCOUGH, FLORENCE (WHEELOCK), 1878-1942. Der Yangtse Kiang; Chinas grosser Strom, seine Legende und seine Poesie. Tokyo, Deutsche Gesellschaft für Natur- und Völkerkunde Ostasiens, 1937. 18 p. plates, map. (Mitteilungen der Deutsche Gesellschaft für Natur- und Völkerkunde Ostasiens, bd. 29, t. E).

BÖTTGER, WALTER. Die ursprünglichen Jagdmethoden der Chinesen nach ihrer alten Literatur und der Paläographie. Leipzig, 1956. v, 105 l. Diss.-Univ. Leipzig.

BOVEN, HENRI VAN, 1911- Histoire de la littérature chinoise moderne. Peiping, Catholic University Press, 1946. 187 p. (Scheut editions. Sér. 1. Critical and literary studies, v. 2)

CHINESISCHE Liebesgeschichten. [Nach alten Quellen neu erzählt. Übertragungen von O. Sumitomo] Zürich, W. Classen [1947] 96 p. (Vom Dauernden in der Zeit, Kostbarkeiten alter und neuer Dichtung, 32).

CHOU, LING, 周麟, 1915- ed. and tr. La sagesse chinoise; textes choisis et traduits du chinois par Chou Ling. Paris, La Jeune Parque [1947] (c1944) 45, iii p.

DAVIDSON, MARTHA, ed. A list of published translations from Chinese into English, French, and German. (Tentative ed.) Pt. 1: Literature. Ann Arbor, Pub. for ACLS by J. W. Edwards, 1952. Pt. 2: Poetry. New Haven, Pub. for ACLS by Far Eastern Publications, Yale University, 1957. 2 v.

DOBBINS, NATALIA. Feng ching, 中國風景 Chinese sketches. Los Angeles and San Francisco, Suttonhouse, 1933. 134 p. illus, (incl. music, plan) plates, ports.

EDWARDS, EVANGELINE DORA. Chinese prose literature of the T'ang period, A.D. 618-906. London, A. Probsthain, 1937-38. 2v. (Probsthain's oriental series, vol 23).

———. ed. The dragon book. London [etc.] W. Hodge, 1946 (c1938) 367 p. illus.

ERKES, EDUARD, 1891- Chinesische Literatur. Breslau, F. Hirt, 1922. 104 p. incl. plates. (Jedermanns bücherei... abt.: Literaturgeschichte).

GILES, HERBERT ALLEN, 1845-1935, ed. and tr. Gems of Chinese literature: prose. 2d ed., rev. and greatly enl. London, B. Quaritch, ltd., 1923. Shanghai, Kelly and Walsh, 1923.

———. A history of Chinese literature. New York and London, D. Appleton, 1927. v-viii, 448 p.

GILLIS, IRVIN VAN GORDER, 1875-1948, comp. The square, compass, line and plumb in Chinese literature. Peiping, 1937. [47] l.

GOODRICH, LUTHER CARRINGTON, 1894- The literary inquisition of Ch'ien-Lung. Baltimore, Waverly Press, 1935. xii, 275 p. [American council of learned societies [devoted to humanistic studies] Studies in Chinese and related civilizations, 1].

HIGHTOWER, JAMES ROBERT, 1915- Topics in Chinese literature; outlines and bibliographies. Rev. ed. Cambridge, Harvard University Press, 1953. ix, 141 p. (Harvard-Yenching Institute studies, 3) 1st ed. 1950.

HSIAO, CH'IEN, 蕭乾, 1911- Etching of a tormented age; a glimpse of contemporary Chinese literature. London, G. Allen and Unwin. [1942] 48 p. (P.E.N. books).

———. Die chinesische Literatur der Gegenwart; ein Überblick. Einzig autorisierte Übersetzung von Joseph Kalmer. Herrliberg-Zürich, Bühl-Verlag [1947] 67p. (Bühl-Verlag-Blätter, 20).

HSU, SUNG-NIEN, 徐仲年, 1904- comp. and tr. Anthologie de la littérature chinoise des origines à nos jours, La Poésie.--Le roman.--Le théâtre.--La philosophie.--L'histoire. Paris, Librairie Delagrave, 1933. 445 p. (Collection Pallas).

KALTENMARK-GHÉQUIER, ODILE. La littérature chinoise. Paris, Presses universitaires de France, 1948. 128 p. (Que sais-je? Le point des connaissances actuelles, 296).

KING, PEI-YUAN, 景培元, Étude comparative des divers éditions du Chouo fou, 說郛, Peiping, 1946. 22p. (Scripta sinica, 1)

LIN, YU-T'ANG, 林語堂 1895- Letters of a Chinese amazon; and, War-time essays. Shangnai, Commercial Press, 1934. xiv, 211 p. illus. (map).

———. ed. The wisdom of China and India, edited by Lin Yutang. New York, Random House [1942] xiii, 1104 p.

———. the same. [1st Modern Library giant ed.] New York, Modern Library [1955, c1942] 1104 p. (The Modern library of the world's best books. [A modern library giant, G59]).

———. The wisdom of China. London, M. Joseph [1944] new ed. 1954, 516 p.

LIU, WU-CHI, 柳無忌, 1907- ed. Readings in contemporary Chinese literature, edited by Wu-chi Liu and Tien-yi Li, 李田意. New Haven, Institute of Far Eastern Languages, Yale University, 1953- 3 v. (Mirror series C, 7).

LOCKE, M. A. The early life of Ou-yang Hsiu, 歐陽修, and his relation to the rise of the Ku-wen movement of the Sung dynasty. London, 1951. 2 v. Thesis-University of London, School of Oriental and African Studies.

LU, CHI, 陸機, 261-303. The art of letters; Lu Chi's "Wen fu, 文賦," A.D. 302, a translation and comparative study, by E.R. Hughes. With a fore-note by I.A. Richards. [New York] Pantheon Books [1951] xviii, 261 p. illus. (1 fold. col.) facsim. (Bollingen series, 29).

———. Rhymeprose on literature: The Wen-fu of Lu Chi (A.D. 261-303); translated and annotated by Archilles Fang, 方志彤. Cambridge, 1951. [39] p. Reprinted from HJAS, 14:3-4, December, 1951.

———. Essay on Literature; written by the third century Chinese poet Lu Chi, 陸機 translated by Shih-hsiang Chen, 陳世驤. Revised ed. Portland, Me., The Anthoensen Press, 1953. 35p. Previously published under title: Literature as light against darkness; being a study of Lu Chi's Essay on Literature in relation to his life, his period in medieval Chinese history, and some modern critical ideas; with a translation of the text in verse. Peiping, Peking University Press, 1948. 71 p. (Peking University semi-centennial papers, 2).

MARGOULIÈS, GEORGES, 1907- Le "fou" dans le Wen-siuan, 文選, étude et textes. Paris, P. Geuthner, 1926. 138 p.

———. Le kou-wen chinois, recueil de textes avec introduction et notes. Paris, P. Geuthner, 1926. cxxvii, 464p.

———. Évolution de la prose artistique chinoise. München, Encyclopädie-Verlag 1929. ix, 334 p. (China-encyclopaedia... section iv, v. 6a).

———. ed. and tr. Anthologie raisonnée de la littérature chinoise. Paris, Payot, 1948. 458 p. (Bibliothèque scientifique).

———. Histoire de la littérature chinois-Prose. Paris, Payot, 1949. viii, 336 p. (Bibliothèque historique).

MONSTERLEET, JEAN, 1912- Sommets de la littérature chinoise contemporaine. Paris, Domat [1953] 167 p. (Connaissance de l'Est).

MOTE, FREDERICK W. 1922- T'ao Tsung-i, 陶宗儀, and his Cho-keng-lu, 輟耕錄. Seattle, 1954. 244 l. Thesis-Univ. of Washington.

NAGASAWA, KIKUYA, 1902- Geschichte der chinesischen Literatur und ihrer gedanklichen Grundlage nach Nagasawa Kikuya Shina gakujutsu bungeishi, übers. von Eugen Feifel. Peking, Catholic Univ., 1945. xii, 444 p. (Monumenta serica. Monograph series, 7).

PRŮŠEK, JAROSLAV. Die Literatur des befreiten China und ihre Volkstraditionen. [Übers. von Pavel Eisner und Wilhelm Gampert] Prag, Artia 1955. 736 p. illus.

REYNOLDS, PHILIP KEEP. The banana in Chinese literature, by Philip K. Reynolds, in collaboration with Mrs. C.Y. Fang, 杜聯喆. [Cambridge] Harvard-Yenching Institute [1940] cover-title, 165-181 p. incl. 3 plates. Reprinted from H.J.A.S. 5:2.

ROTTAUSCHER, ANNA, tr. Altchinesische Tiergeschichten. Aus dem chinesische Texten, übertragen von Anna Rottauscher. Wien, Neff, 1955. 264 p. plates (colored).

SCHÜLER, WILHELM, 1869-1935. ed. Proben chinesischer Literatur-und Umgangssprache-Selections from Chinese literature and everyday talk... unter Leitung von Wilhelm Schüler. Stuttgart, Otto Sperling, 1929. 1v. (various pagings).

SIÉ, KANG, 謝康, [HSIEH K'ANG] L'amour maternel dans la littérature féminine en Chine. Paris, A. Pedone, 1937. viii, 187, [1] p. Thèse-Univ. de Paris.

TSEN, TSONMING, 曾仲鳴, 1896-1939. Le Chine pacifique d'après ses écrivains anciens et modernes, morceaux choisis et traduits. Préface de M. Herriot. Lyon, J. Desvigne; Paris, E. Leroux, 1924. 101 p.

———. Une goutte d'eau. Paris, E. Leroux; Lyon, J. Desvigne, 1925. 166 p. incl. tables, col. mounted front.

TSENG, KUNG, 曾鞏, 1018-1083. Tseng Kung: Ein Beitrag aus der Litteratur der Sung-Zeit von F.E.A. Krause. Heidelberg, C. Winter, 1922. 47, 17 p. map, (Von Portheim Stiftung. Heidelberger Akten, 1).

TSO, PING-NAN, 左炳南. Selections from Chinese classics with English translation. Batavia, Nan-Yang yin-shu-chü, 1948. 112 p.

WILHELM, RICHARD, 1873-1930. Die chinesische Literatur. Wildpark-Potsdam, Akademische Verlagsgesellschaft Athenaion, [1925-28] 199, [1] p. illus., v mounted pl. (4 col.)(Handbuch der Literaturwissenschaft, [lfg. 51, 59, 64, 70, 74, 93]).

WYLIE, ALEXANDER, 1815-1887. Notes on Chinese literature: with introductory remarks on the progressive advancement of the art; and a list of translations from the Chinese into various European languages. Reprinted. Shanghai, Presbyterian Mission Press, 1922. xl, 307 p. 1st ed. 1867.

YU, PING-YAO, 于炳耀. Title index to the Ssu k'u ch'üan shu, compiled by P.Y. Yu. under the supervision of I. V. Gillis. Peiping [Printed by the Standard Press] 1934. [422] p.

Poetry: General Studies

BAXTER, GLEN WILLIAM, 1914- An index to the Ch'in ting tx'u p'u, 欽定詞譜, Cambridge, Harvard-Yenching Institute, 1951. viii, 71 l.

———. Hua-chien chi, 花間集, Songs of tenth century China: a study of the first tz'u anthology. Cambridge, 1952. 317 p. Thesis-Harvard University.

———. Index to the imperial register of tz'u prosody, Ch'in-ting tz'u-p'u. Prepared with a bibliographical note. Cambridge, Harvard University Press, 1956. xiii, 61 p. (Harvard-Yenching Institute studies, 15) First published in 1951 under title: An index to the Ch'in ting tz'u p'u.

BYNNER, WITTER, 1881- The persistence of poetry. San Fransisco, Book Club of California, 1929. 29, [1] p.

FENOLLOSA, ERNEST FRANCISCO, 1853-1908. The Chinese written character as a medium for poetry, by Ernest Fenollosa. An ars poetica. With a foreword and notes by Ezra Pound. New York, Arrow editions, London, S. Nott, 1936. 52 p. [Ideogramic series, ed. by Ezra Pound. I].

———. the same. With offset of the Calcutta edition of Pivot. New York, J. Kasper, 1951. cover-title. 96 p. (Square dollar ser.).

FENG, SHU-LAN, 馮淑蘭, 1902- La technique et l'histoire du ts'eu. Paris, L. Rodstein, 1935. 254 (i.e. 258) p. Thèse-Univ. de Paris.

HO, AGNÈS,何陳學昭. Le "tse". Toulouse, Impr. toulousaine Lion et fils, 1934. 58, [2] p. Thèse-Clermont-Ferrand.

HOLZMAN, DONALD ALBERT, 1926- Yuan Chi, 阮籍, and his poetry. New Haven, 1953. iii, 266 l. Thesis-Yale University.

——. La vie et la pensée de Hi K'ang, 嵇康, 223-262 ap. J.-C.) Leiden, Published for Harvard-Yenching Institute [by] E.J. Brill, 1957. vii, 186 p. Thèse-Univ. de Paris.

HSU, RUTH RUBY (SCHMID), 許仕廉夫人, comp. and tr. Chinese children's rhymes; with illustrations by Teng Kuei, 滕圭. Shanghai, Commercial Press, 1935. xxiv, 98 p. illus.

JABLONSKI, WITOLD. Les "siao-ha (i-eu) l-yu," 小孩兒語, de Pékin; un essai sur la poésie populaire de Chine. Kraków, Nakładem Polskiej Akademja u Umiejetności, 1935. 193 p. fold. plates. (Polska akademja umiejetności, Prace Komisji orjentalistycznez, 19).

JUBY, PHYLLIS, ed. Chinese poetry, with an essay. Pretoria, J.L. Van Schaik, 1943. [5]-46 p. (Chinese culture series, 1).

LEPLAE, CHARLES. Chant sur la rivière; essai sur la poésie chinoise. Avec la collaboration de G. van den Bos. Précédé d'une étude sur la poésie T'ang par Luc Haesaerts. [Bruxelles] Éditions des artisted [1945] 185, [1] p., 2 l. incl. front. (port.).

LUH, CHIH WEI,陸志韋, 1894- On Chinese poetry, five lectures. Peiping, 1935. 2-118 p.

MARGOULIÈS, GEORGES, 1907- Histoire de la littérature chinoise: poésie. Paris, Payot, 1951. 417 p. (Bibliothèque historique)

PURCELL, VICTOR WILLIAM WILLIAMS SAUNDERS, 1896- The spirit of Chinese poetry, an original essay; with illustrations from ancient Chinese drawings. Singapore, Kelly and Walsh, 1929. 43, [5] p. front., illus., plates.

TEELE, ROY EARL, 1915- Through a glass darkly; a study of English translations of Chinese poetry. Ann Arbor, 1949. xi, 173 p. Thesis-Columbia University.

TSEN, TSONMING, 曾仲鳴, 1896-1939. Essai historique sur la poésie chinoise. Lyon, J. Deprelle, 1922. 159 p. Thèse-Univ. de Lyon.

——. Histoire de la poésie chinoise. Shanghai, China United Press, 1936. 156 p.

Translations

ACTON, HAROLD MARIO MITCHELL, 1904- tr. Modern Chinese poetry, translated by Harold Acton and Ch'en Shih-hsiang, 陳世驤. London, Duckworth [1936] 176 p.

ALLEY, REWI, 1897- comp. and tr. Peace through the ages; translations from the poets of China. Peking, 1954. 205 p. illus.

——. The people speak out; translations of poems and songs of the people of China. Peking, 1954. 107 p. illus.

ANTHOLOGIE D'ÉCRIVAINS CHINOIS de l'époque des T'ang. Traduit et présentée par Bruno Belpaire. Paris, Éditions universitaires, 1957. 416 p. (Encyclopédie universitaire).

AYSCOUGH, FLORENCE (WHEELOCK), 1878-1942, tr. Fir-flower tablets; poems translated from the Chinese by Florence Ayscough. English version by Amy Lowell. Boston and New York, Houghton Mifflin, 1921. London, Constable, 1922. xcv, 227 p. front. (double map) plan, facsim.

——. Tablettes de fleur de sapin. L'adaptation anglaise de Amy Lowell; traduction française de Maurice Thiéry. Paris, E. Roger, 1928. 166 p. plates.

BETHE, HANS, 1876- Pfirsichblüten aus China. Mit 6 original-Lithographien von George A. Mathéy. Berlin, Rowohlt, 1922. 121 numb. l. illus.

——. Die chinesische Flöte. Nachdichtungen chinesischer Lyrik. Wiesbaden, Ingel-Verlag, 1955. 83 p. (Insel Bücherei, 465) 1st ed. 1929. 119 p.

BLACK, SHIRLEY MAXWELL, 1906- Rainbow skirts and feather jackets. Hollywood, Calif. W. M. Hawley, 1956. 44 p.

BÖHN, HANS. Lieder aus China, Nachdichtungen chinesischer Lyrik, mit seibzehn Zeichungen von Rudolf Grossmann. München, Callway, 1929. 62 p. incl. illus. plates.

CHAPIN, HELEN BURWELL, 1894-1950, tr. The round of the year; poems from the Chinese; prologue, epilogue and calligraphy by the translator, preface by Laurence Binyon. Mills College, Calif., Eucalyptus Press, 1936. 48 l.

Les CHANTS DE TSEU-YE, 子夜, et autres poèms d'amour. Traduits et annotés par Hsu Sungnien, 徐仲年. Pékin, Imrp. de la "Politique de Pékin," 1932. 25 p. (Collection de la "Politique de Pékin").

CHINESISCHE GEDICHTE IN VIERZEILERN AUS DER T'ANG ZEIT. Übers. und erweitert von Max Geilinger. Mit 6 Reproduktionen alter Gemälde aus dem kaiserlichen Palast zu Peking auf Tafeln und 20 Wiedergaben von Original-Pinselzeichungen von Richard Hadl. Zürich, Rascher Verlag, 1944. iv, iv, 143 p.

CHRISTY, ARTHUR, tr. Images in jade; translations from classical and modern Chinese poetry. New York, E. P. Dutton, 1929. 191 p.

CH'U, TA-KAO, 初大告, tr. Chinese lyrics, translated by Ch'u Ta-kao, with a preface by Sir Arthur Quiller-Couch. Cambridge [Eng.] The University Press, 1937. xvii, 55, [1] p.

CLACK, ROBERT WOOD, tr. From bamboo glade and lotus pool. Emory University, Atlanta, Banner Press [c1937] 71 p. plates. [Verse craft series].

COLVIN, IAN DUNCAN, 1877-1938, comp. and ed. After the Chinese. London, P. Davis, 1927. lx, 75 p.

CRANMER-BYNG, LAUNCELOT ALFRED, 1872-1945, comp. A lute of jade; being selections from the classical poets of China, rendered with an introduction. New York, E. P. Dutton. London, J. Murray, 1934. 116 p. (The Wisdom of the East series) 1st ed. 1909, 2nd ed. 1911.

———. A feast of lanterns, rendered with an introduction. London, J. Murray, 1945. 95 p.(The Wisdom of the East series). 1st ed. 1916.

CURTISS, FLORENCE RISING, tr. Translations from the Chinese T'ang dynasty poets, 618-906 A. D. New York, 1952? 52 l.

DAUDIN, PIERRE, tr. Nocturnes chinois; poésies des T'ang et des Song. Saigon, France-Asie, 1950. 11 p.

DUTTON, HELEN (WILEY) tr. Secrets told in the bamboo grove. Peking, French Bookstore, 1940. 52, [2] p.

EHRENSTEIN, ALBERT, tr. China Klagt, Nachdichtungen revolutionärer chinesischer Lyrik aus drei Jahrtausenden. [Berlin, Malik-Verlag, c1924] 48 p. (Malik-Bücherei 8)

ESTEB, ADLAI ALBERT. Driftwood, and other poems; including translations of Chinese poetry. Mountain View, Calif. Pacific Press Pub. Assn. [1947] 127 p.

FLEISCHER, MAX, tr. Der Porzellanpavillon; Nachdichtungen chinesischer Lyrik. Berlin P. Zsolnay, 1927. 117, [1] p.

FLETCHER, WILLIAM JOHN BAINBRIGGE, 1879- Gems of Chinese verse; translated into English verse. Shanghai, Commercial Press, 1932. xxiii, 246 p.

———. More gems of Chinese poetry; translated into English verse. With comparative passages from English literature. Shanghai, Commercial Press, 1933. xv, 209 p.

The FLOWER LOVER AND THE FAIRIES, anonymous (circa fourteenth century) from the translation of Chi- chen Wang, 王際真, handwritten and illustrated by Jeanyee Wong, 黄如珍. New York, Archway Press [1946]. 36 p. illus. (The Scribe).

FORKE, ALFRED, 1867-1944. Dichtungen der T'ang-und Sung-Zeit. Aus dem chinesische Metrisch übertragen von Alfred Forke. Hamburg, Verlag Friedrichsen, de Gruyter and Co., 1929-1930, 2 v. (Hamburg. Universität.

Seminar für Sprache und Kultur Chinas. Veröffentlichungen, 3-4).

FRENCH, JOSEPH LEWIS, 1858-1936, ed. Lotus and chrysanthemum; an anthology of Chinese and Japanese poetry, selected and edited by Joseph Lewis French. New York, Boni and Liveright, 1934. xxi, 237 p. 1st ed. 1927.

GILES, HERBERT ALLEN, 1845-1935, ed. and tr. Gems of Chinese literature: verse. 2d ed., rev. and greatly enl. London, B. Quaritch, 1923. 6, 279, [1] p.

———. Select Chinese verses, translated by Herbert A. Giles and Arthur Waley, Shanghai, Commercial Press, 1934. [v]-xi, 96 p.

HART, HENRY HERSCH, 1886- comp. and tr. A Chinese market: lyrics from the Chinese in English verse. Foreword by E. T. C. Werner. Peking, French Bookstore; San Francisco, J. J. Newbegin [c1931] xvii, [1]. 101 p.

———. tr. A garden of peonies,牡丹園, translations of Chinese poems into English verse. Stanford, Stanford University Press; London, H. Milford, Oxford University Press [c1938] xiii, 159 p.

———. comp. and tr. The hundred names, a short introduction to the study of Chinese poetry, with illustrative translations. Berkeley, University of California Press, 1933. 2nd ed. 1935. 231 p.

———, comp. and tr. Poems of the hundred names; a short introduction to Chinese poetry, together with 208 original translations. [3d ed.] Stanford, Stanford University Press, 1954. 263 p. 1st ed. 1933 under title The hundred names.

HAUSER, OTTO, 1876-1932. Die chinesische Dichtung. Mit vielen Kunstbeilagen. Berlin, Brandus, [1921] 2 p. l. 67 p. front. plates, (incl. ports) (Die Literatur Sammlung Brandus, 34).

HAUSMANN, MANFRED, 1898- ed. Hinter dem Perlenvorhang; Gedichte nach dem Chinesischen. [Frankfurt am Main] S. Fischer, 1954. 79 p.

HEADLAND, ISAAC TAYLOR, 1859- ed. and tr. Chinese rhymes for children, with a few from India, Japan and Korea. illustrated by Sui Wesley Chan. New York, London [etc.] Fleming H. Revell company [c1933] 156 p. illus.

[HENSCHKE, ALFRED] 1891-1928. Das Blumenschiff; Nachdichtungen chinesischer Lyrik, von Klabund [pseud]. Berlin, E. Reiss, [1921] [56] p. illus.

[———]. Gesammelte Nachdichtungen: China. Japan. Persien. Wien, Phaidon Verlag, 1930. 329, [1] p. Gesammelte werke in einzelausgaben).

[———]. Chinesische Gedichte; Nachdichtungen von Klabund [pseud]. Gesamt-Ausgabe. Wien, Phaidon Verlag, [1933]. 130 p. col. plates.

[———]. Dichtungen aus dem Osten, von Klabund [pseud]. Wien, Phaidon-Verlag, 1954 (c1929) 3 v.

HOFFMAN, ALFRED, 1911- Frühlingsblüten und Herbstmond春花秋月,ein Holzschnittband mit Liedern aus der Sung-Zeit, 960-1279. Aus dem Chinesischen, übertragen und erläutert von A. Hoffmann. Köhn, Greven Verlag, [1951]. 108 p. illus.

HUNDHAUSEN, VINCENZ, 1878-1955, tr. Chinesische Dichter in deutscher Sprache. Mit 2 Bildern nach Originalen des Wang Ting-dsche. Peking, Leipzig, Pekinger Verlag, 1926. 13-149 p. 2 mounted illus.

———. Chinesische Dichter des dritten bis elften Jahrhunderts. In deutscher Nachdichtung. Mit 2 Bildern von Wang Ting-Dsche. Eisenach, E. Röth, [1926) 149 p.

IVES, MABEL (LORENZ) tr. Chinese love songs, famous poems covering 26 centuries from the time of Confucius to the present; English verse renderings. Upper Montclair, N.J., B. L. Hutchinson [1949] 91 p. front.

LALOY, LOUIS, 1874-1944, comp. and tr. Poésies chinoises, tr. en français, avec une introd, et des notes. [Fribourg] Egloff [1944] 102 p.

LEE, ALAN SIMMS, tr. Flower shadows, translations from the Chinese. London, E. Mathews, 1925. 47 p.

LEPEL, FELIX VON, 1899- comp. Die Jadeschale; ausgewählte Gedichte aus dem alten China. Berlin-Reinickendorf, Chronos-Verlag [1944?] 16 p. (on double leaves) illus. (Die Drei-Ringe-Reihe, Bd. 4)

LO, TA-KANG, 羅大綱, tr. Cent quatrains des T'ang; traduits du chinois. Préface de Stanislas Fumet, avec dix reproductions de peinture ancienne du Palais impériale de Pékin et en fac-similé une lettre de Louis Laloy. 2. éd. Paris, Oreste Zeluck; Neuchâtel, La Baconnière, [1947]. 236 p. incl. facsim.

———. Homme d'abord, poète ensuite; présentation de sept poètes chinois. Avec sept portraits anciens. Neuchâtel, La Baconnière [1948] 283 p. incl. mounted plates

LYON, DAVID WILLARD, 1870-1949, tr. Inside the moon gate; poems translated from the Chinese. Foreword by Ch'en Shou Yi, 陳受頤. Claremont, Calif., 63 p.

MCCLELLAND, HARDIN T. comp. and tr. Various Chinese poets, their biographies and selected poems, translated by Ma-k'uei-lun...[i.e.] Hardin T. McClelland... Seattle, Wash. 1935. 520 numb. 1.

———. Art-themes in Chinese poetry, selected and translated by Ma K'uei-lun.. [i.e.] Hardin T. McClelland. Seattle, Wash., 1936. xi, 420 l. plates (part fold), facsims.

MARTIN, RICHARD ARTHUR ORMSBY. Shan-Shui; translations of Chinese landscape poems. Melbourne, Meanjin Press, 1946. 6 p.

OEHLER-HEIMERDINGER, ELISABETH, 1884- tr. Das Frauenherz; chinesische Lieder aus drei Jahrtausenden; ausgewählt und aus dem Chinesischen, übersetzt von Elisabeth Oehler-Heimerdinger. Stuttgart und Berlin, Union deutsche Verlags-gesellschaft, [1925] 173 p.

PAYNE, PIERRE STEPHEN ROBERT, 1911- ed. The white pony; an anthology of Chinese poetry from the earliest times to the present day, newly translated. New York, John Day [1947]; London, G. Allen and Unwin, 1949. xxviii, 414 p.

PETER PAUPER PRESS, Mount Vernon, N.Y. Chinese love poems, collected and published by the Peter Pauper Press. Mount Vernon, N.Y. [1942] 73 p.

LA POÉSIE CHINOISE. Anthologie des origines à nos jours. Préface, choix et notices par Patricia Guillermaz. Paris, Seghers, 1957. 294 p. illus. map (Collection Mélior).

REXROTH, KENNETH, 1905- One hundred poems from the Chinese. [New York] New Directions [1956] 159 p.

ROUSSEL, ALBERT, 1869- Deux poèms chinois. Paroles de H.-P. Roché (d'après la traduction anglais de Giles). Favorite abandonnée (Li-I). Vois, de belles filles (Huang Fu-Ian). [Op 47, No. 1-22]... Paris, Durand et Cie, [1934] 3 p.

SHIH, MIN, ed. 石民, English translations of Chinese classics; an anthology of Chinese poetry (from the Chou to T'ang dynasties) selected with notes by Shih Min. Shanghai, Pei Sin Book Co., 1933. 4, vi, 231 p. (English translations of Chinese classics).

SOULIÉ, CHARLES GEORGES, 1978- Florilège des poèms Song, 960-1277 après J.C.; traduit du chinois par George Soulié de Morant. 3. éd. Paris, Plon-Nourrit, 1923. ix, 233 p. (Collection d'auteurs étrangèrs).

———. tr. Anthologie de l'amour chinois; poèmes de lasciveté parfumée, traduits du chinois par George Soulié de Morant. Troisième édition. Paris, Mercure de France, 1932. [iii]-xx, 247 p.

STOLZENBURG, WILHELM. Östlicher Divan; umdichtungen chinesischer Lyrik. Baden, Ferdinand Acker, 1925. [41] p. (Els-druck, 7).

STRASSER, CHARLOT, 1884- Das Drachenpferd; chinesische Dichtungen, Betrachtungen darüber, nebst einer Einleitung von Hoo Chi-tsai, 胡世澤. Zürich, New York, Oprecht [c1942] 62 p. plate, ports.

T'ANG-SHIH SAN-PAI SHOU, 唐詩三百首. The jade mountain; a Chinese anthology, being three hundred poems of the T'ang dynasty, 618-906, translated by Witter Bynner from the texts of Kiang Kang-hu, 江亢虎. New York,

———. Selections from the Three hundred poems of the T'ang dynasty, translated by Soame Jenyns. London, J. Murray, 1943. 116 p. (The wisdom of the East series, ed. by L. Cranmer-Byng [and] A.W. Watts) 1st ed. 1940.

———. A further selection from the Three hundred poems of the T'ang dynasty, translated by Soame Jenyns. London, J. Murray [1944] 95 p. (The Wisdom of the East series, ed. by L. Cranmer-Byng).

TCHANG, FONG, 張鳳. The paon; ancien poème chinois, traduit par Tchang Fong, suivi d'une étude de l'évolution poétique en Chine. Paris, Jouve et Cie, 1924. 43 p.

TCHOU, KIA-KIEN, 朱家健. Anthologie de la poèsie chinoise, par Tchou Kia-kien et Armand Gandon. Pékin, Impr. de la "Politique de Pékin," 1927. 64 p. illus.

TREVELYAN, ROBERT CALVERLEY, 1872- ed. From the Chinese. Oxford, The Clarendon Press, 1945. xvi, 92 p.

TS'AI T'ING-KAN, 蔡廷幹, 1861-1934? Chinese poems in English rhyme. Chicago, University of Chicago Press [c1932] xxi, 145, [1] p.

[TS'AO, SHANG-LING]. Le flûte de jade, 失笛記. Poésies chinoises, traduit par Franz Toussaint. Paris, L'édition d'art H. Piazza [1926] 138 p., 2l. incl. col. plate, ("Ex oriente lux").

[———]. The lost flute, and other Chinese lyrics; being a translation from the French, by Gertrude Laughlin Joerissen of the book of Franz Toussaint entitled "La flute de jade: poèsies chinoise[s]." London, T.F. Unwin ltd. [1923] New York, Brentano, 1924. 177 p.

[———]. The same. New York, The Elf, 1929. ix-xiv, 185 p.

TSEN, TSON-MING, 曾仲鳴, 1896-1939. tr. Ancient poèmes chinois d'auteurs inconnues, 中國無名氏古詩選譯. nouv. éd. rev. et augm. Lyon, J. Desvigne; Paris, E. Leroux, 1927. 118 p. illus. ler éd., 1923.

———. Rêve d'une nuit d'hiver (cent quatrains des Thang). Lyon, J. Desvigne; Paris, E. Leroux, 1927. 113 p. illus.,

UNDERWOOD, EDNA (WORTHLEY) 1873- tr. Three Chinese masterpieces, translated into English by Edna Worthley Underwood and Chi-Hwang Chu, 朱其璜. Portland, Me., Mosher press, 1927. [13] p.

WADDELL, HELEN JANE, 1889- comp. and tr. Lyrics from the Chinese. New York, H. Holt, [1935] xiv, 41 p.

WALEY, ARTHUR, 1889- tr. The temple, and other poems. With an introductory essay on early Chinese poetry, and an appendix on the development of different metrical forms. London, G. Allan and Unwin, [1923] 150, [1] p.

———. The same. New York, A.A. Knopf, 1923. 150 p.

———. [Poems from the Chinese] London, E. Benn, 1927. 31 p. (The Augustan books of English poetry, 2nd ser., 7).

———. One hundred and seventy Chinese poems. London, Constable, New York, Knopf, 1939. xii, 168 p. 1st ed. 1918.

———. Translations from the Chinese, illustrated by Cyrus LeRoy Baldridge. New York, A.A. Knopf, 1941; Toronto, Ryerson Press, 1941. 3-325 p. illus., col. plates.

———. Chinese poems, selected from 170 Chinese poems, More translations from the Chinese, The temple and The book of songs. London, G. Allen and Unwin ltd [1946]; 3rd impression, 1956. 213, [1] p.

WILHELM; RICHARD, 1873-1930, tr. Chinesisch-deutsche Jahres- und Tageszeiten; Lieder und Gesänge, verdeutscht von Richard Wilhelm, mit 16 Nachbildungen chinesischer Holzschnitte. Jena, E. Diederichs, 1922. 129 numb. 1., 21.

WONG, MAN, 黃斐 [Huang Wên] tr. Poems from China, 詩詞譯選, translated by Wong Man. Hongkong, Creation Books [1950] xvii, 241 p.

YOUNG, CLARA MARGARET (CANDLIN) 1883- The herald wind, transaltions of Sung dynasty poems, lyrics and songs with an introduction by L. Cranmer-Byng, foreword by Dr. Hu Shih. London, J. Murray [1933] 113 p. (The Wisdom of the East).

Leading Poets: Chü Yuan 屈原

CHINESE PEOPLE'S COMMITTEE FOR WORLD PEACE. Commemoration of Chü Yuan, Nicolaus Copernicus, François Rabelais, Jose Marti. Peking, 1953. 41 p. illus.

CH'Ü, YÜAN, 屈原, ca. 343-ca. 277 B.C. The Li sao, 離騷, an elegy on encountering sorrows, by Ch'ü Yüan, of the state of Ch'u (circa 388-288 B.C.) Translated into English verse with introduction, notes, commentaries, and vocabulary by Lim Boon Keng, 林文慶. With an introductory note by Sir Hugh Clifford, and prefaces by H.A. Giles, Rabindranath Tagore, Chen Huan-Chang, 陳煥章. Shanghai, Commercial Press, 1929. xxxviii, 200 p. illus., col. plate, maps (1 fold.) facsim.

———. Küh Yuan's "Fahrt in die Ferne" (Yüan yu, 遠遊) von Franz Biallas. Leipzig, Verlag der Asia Major, 1928-31. Reprinted from Asia Major, v.4.

———. Das älteste Dokument zur chinesischen Kunstgeschichte, T'ien-wen, 天問... die "Himmelsfragen" des K'üh Yüan, übersetzt und erklärt von August Conrady, abgeschlossen und hrsg. von Eduard Erkes. Leipzig, Verlag Asia Major, 1931. vii, 266 p. (China-Bibliothek der "Asia Major," Bd. 2).

———. The great summons, 招魂. From the translation of Arthur Waley. Honolulu, The White Knight Press, 1949. 12 p.

———. Li sao, and other poems. Translated by Yang Hsien-yi and Gladys Yang. Peking, Foriegn Languages Press, 1953. xvii, 84 p. plates.

———. The nine songs, 九歌; a study of shamanism in ancient China [by] Arthur Waley. London, G. Allen and Unwin [1955] New York, Grove Press, 1956, 64 p.

LI PO 李白

LI, PO, 李白, 705?-762. Quarante poésies de Li Tai-pé; texte, traduction et commentaire par Bruno Belpaire. Paris, Impr. Nationale, 1921. 63 p.

———. Li-Tai-po: Gedichte. Aus dem Chinesischen übers. von Otto Hauser. 4. Aufl. Berlin und Weimar, Duncker, 1922. x, 30 p. (Aus fremden Gärten.1.) 1. Aufl. 1906.

———. Songs of Li-Tai-pe [and other Chinese poets] from the "Cancionerio chines" of Antonio Castro Feijo; an interpretation from the Portuguese by Jordan Herbert Stabler. New York, E.H. Wells, 1922. 43 p.

———. The works of Li Po, the Chinese poet, done into English verse by Shigeyoshi Obata; with an introduction and biographical and critical matter translated from the Chinese. New York, E.P. Dutton, 1922; London, Dent, 1923; New York, E.P. Dutton, 1928. xviii, 236 p. front. (port.).

———. La cigale éperdue; une transcription de Li Tai-peh d'après les caractères traduits et commentés par Yau Chang-foo, 姚昌復 [by] Jean Marie Guislain. Paris, Albert Messein, 1925. 160 p. (Collection la phalange).

———. Poems of Li Po, the Chinese poet; done into vignettes by Frank Ankenbrand, jr.; foreword by Beaumont Bruestle. Haddon Heights, N.J., W.L. Washburn, 1941. 53 l. incl. front. illus.

———. Der Pavillon aus Porzellan; Li-Tai-Pe's Spiegelgedicht in zwölffacher Abwandlung, von Carl Albert Lange. Wedel (Holstein), Alster Verlag, 1946. [27] p. illus.

———. Gedichte. Nach den unsterblichen des Li-Tai-Po von Hans Schiebelhuth. Darmstadt, Darmstädter Verlag, 1948. 23 l.

BECKERATH, ERICH VON, 1891- Balladen um Li Tai-Pe. Lorch/Württ., Burger-Verlag, 1947. 55 p. illus.

HSU, SUNG-NIEN, 徐仲年, 1904- Essai sur Li Po, avec une préface de M. Maurice Courant. Pékin, Impr. de la "Politique de Pékin," 1934. v, 14 (i.e.

140) l. fold map. (Collection de la "Politique de Pékin").
———. Li Thai-po, son temps, sa vie et son oeuvre. Lyon, Bosc frères, M. et L. Riou, 1935. 193, [2] p. Thèse-Univ. de Lyon.
WALEY, ARTHUR, 1889- The poetry and career of Li Po, 701-762 A.D. London, G. Allen and Unwin; New York, Macmillan [1950] x, 123 p. (Ethical and religious classics of East and West, 3).

Pai, Chü-i 白居易

PAI, CHÜ-I, 白居易, 772-846. Lieder eines chinesischen Dichters und Trinkers (Po Chü-i) übertragen von L. Woitsch. Mit Illustrationen von Richard Hadl. Leipzig, Verlag der Asia Major, 1925. iii, 110, [2] p. illus.
———. Aus dem Gedichten Po Chü-i's. Übers. von Erwin von Zach. Batavia, 1935. [12] p. "Overdruck uit het "Sin Po" gedenkboek 1910-1935, Batavia."
———. The everlasting woe. Ch'ang heng kuo, 長恨歌, by Po Chü-i (A.D. 772-846). Translated by Jen Tai, 任泰. Shanghai, Chung Hua Book Co., 1939. 27 p.
———. Po Chü-i as a censor; his memorials presented to Hsien-tsung during the years 808-810 [translated and explained by] Eugene Feifel. Ann Arbor, University Microfilms [1952] ([University Microfilms, Ann Arbor, Mich.] Publication no. 3885) Collation of the original: vii, 398 l. Feifel's thesis-Columbia University.
HOANG-XUAN-NHI. Plaintes d'une chinh-phou, femme dont le mari part pour la guerre, et autres poèmes. Paris, Stock (Delamain et Boutelleau) 1943. [9]-194 p., 2 l. "Plaintes d'une chinh-phou" was written in Chinese characters by Dang-trân-Côn in the 18th century. It was translated into Annamese by Doàn-thi-Diêm. cf. p. [21] "Le poète et la musicienne" was written by the Chinese poet, Po Chü-i. cf. p. [83].
LO, TA-KANG, 羅大綱. La double inspiration du poète Po Kiu-yi (772-846). Paris, P. Bossuet, 1939. [7]-156, [4] p. Thèse-Univ. de Paris.
WALEY, ARTHUR, 1889- The life and times of Po Chü-i, 772-846 A.D. London, G. Allen and Unwin [1949] 238 p. port., fold. map, geneal. table.

Su Shih, 蘇軾

SU, SHIH, 蘇軾, 1036-1101. Selections from the works of Su Tung-p'o, A.D. 1036-1101, translated into English, with introduction, notes and commentaries, by Cyril Drummond Le Gros Clark and wood engravings by Averil Salmond Le Gros Clark; the foreword by Edward Chalmers Werner. London, J. Cape, 1931. 9-180 p. incl. plates. front. (port.).
———. The red cliff by Su Shih (1036-1101), popularly known as Su Tung-po; translated by Honcan Bough... with biographical notes of the author and of Ts'ao Ts'ao, 曹操, and Chou Yu, 周瑜. New York, H. Bough, 1934. 8 p.
———. The prose-poetry of Su Tung-p'o; being translations into English of the... [fu] with introductory essays, notes and commentaries by Cyril Drummond Le Gros Clark; the foreword by Ch'ien Chung-shu, 錢鍾書. Shanghai, Kelly and Walsh, 1935; London, K. Paul, 1935. vii-xxii, 280 p. plates, fold. facsim.
LIN, YU-T'ANG, 1895- The gay genius; the life and times of Su Tungpo. New York, J. Day Co. [1947] [3] l., v-xi, 427 p. illus., ports., map.
———. The same. London and Melbourne, Heinemann [1948] xii, 370 p. illus., map.

T'ao Ch'ien, 陶潛

T'AO, CH'IEN, 陶潛, 372?-427? Tau Yüan-ming, ausgewählte Gedichte in deutscher Nachdichtung... von Vincenz Hundhausen. Peiping, Pekinger Verlag,

1928. 13-54 p. illus, (port.)

———. Les poèmes de T'ao Ts' ien, traduit du chinois par Liang Tsong tai, 梁宗岱; préface de Paul Valéry; avec trois eaux-fortes originales de Sanyu et un portrait du poète d'après Hwang Shen. Paris, Lemarget, 1930. 79, [1] p., front., plates.

[———]. T'ao Yuan-ming, par Wong Wen-po, 黃文博. Paris, Vigot Frères, 1934. viii, 128 p. Thèse-Univ. de Paris.

———. T'ao the hermit; sixty poems by T'ao Ch'ien (365-427) Translated, introduced and annotated by William Acker. London, New York, Thames and Hudson [1952] 157 p.

———. Poems; translated by Lily Pao-hu Chang, 張鄭寶滬, [and] Marjorie Sinclair. Brush drawings by Tseng Yu-ho, 曾幼荷. Honolulu, University of Hawaii Press [1953] ix, 133 p. illus.

Tu Fu, 杜甫

TU, FU, 杜甫, 712-770. The book of seven songs by Tu Fu, translated into English by Edna Worthley Underwood and Chi-Hwang Chu, 朱其璜. Portland, Me., Mosher Press, 1928. [13] p.

———. Tu Fu, wanderer and minstrel under moons of Cathay, translated by Edna Worthley Underwood and Chi Hwang Chu, 朱其璜. Portland, Me., Mosher Press, 1929. v-liv, 246, [3] p. plates.

———. Tu Fu, the autobiography of a Chinese poet, A. D. 712-770, including an historical year record, a biogrpahical index, and a topographical note, as well as maps, plans, and illustrations, arranged from his poems and translated by Florence Ayscough. London, J. Cape; Boston and New York, Houghton Mifflin [1929-34] 2 v. fronts, (ports.) illus. (incl. plans) plates, fold. map.

———. Tu-fu, China's great poet, the bard of T'sao t'ang ssu, 草堂寺. A translation of some of Tu Fu's poems written in Szechuan. By A. J. Brace. Translated with the hope of interesting Chinese students of English in studying English from Chinese sources. Chengtu, Rih hsin Press [1934?] cover-title, [ix]-xvii, 72 p. plates, port.

———. Tufu's Gedichte (nach der Ausgabe des Chang Chin, 張縉) Buch xi-xx, übersetzt von Erwin von Zach. Batavia, 1936. 171 p. ([Zach, Erwin von] Sinologische beiträge, iii).

———. Gedichte; übers. von Erwin von Zach. Edited with an introd. by James Robert Hightower. Cambridge, Harvard University Press, 1952. 2 v. (x, 864 p.) (Harvard-Yenching Institute studies, 8).

———. Die grossen Klagen des Tu Fu. Nachdichtungen von Werner Helwig. Bremen, Schünemann, 1956. 91 p. plates.

HUNG, WILLIAM, 洪業, 1893- Tu Fu, China's greatest poet. Cambridge, Harvard University Press, 1952. x, 300 p. map (on lining papers).

———. A supplementary volume of notes. Cambridge, Harvard University Press, 1952. 113 p.

Other Poets

FAN, CH'ÊNG-TA, 范成大, 1125-1193. The golden year of Fan Cheng-ta, a Chinese rural sequence rendered into English verse by Gerald Bullett; with notes and calligraphic decorations by Tsui Chi, 崔驥. Cambridge [Eng.] University Press, 1946. 43, [1] p.

HAN, YÜ, 韓愈, 768-824. Poetische Werke, übers. von Erwin von Zach. Edited with an introd. by James Robert Hightower. Cambridge, Harvard University Press, 1952. xi, 393 p. (Harvard-Yenching Institute studies, 7).

LI, YÜ, 李煜, 937-978. Poems of Lee Hou-chu; rendered into English from the Chinese by Liu Yih-ling, 劉翼凌, and Shahid Suhrawardy. With Chinese text

Bombay, Orient Longmans [1948] xv, 79 p.
———. Die Lieder des Li Yü, 937-978, Herrschers der südlichen T'ang-Dynastie. Als Einführung in die Kunst der chinesischen Lieddichtung aus dem Urtext vollständig übertragen und erläutert von Alfred Hoffmann. Köln, Greven Verlag [1950] xii, 274 p. illus.

LIN, PU, 林逋, 967-1028. Lin Ho-ching, 林和靖. Translated and annotated by Max Perleberg. Hong Kong, K. Weiss, 1952. 150, [2] p. plates, port. (Sino-British publication, 1)

LU, YU, 陸游, 1125-1210. The rapier of Lu, patriot poet of China, translations and biography by Clara M. Candlin (Mrs. W.A. Young) London, J. Murray [1946] 68 p. (The Wisdom of the East series).

MENG CHIANG NÜ, 孟姜女(Chinese drum song) The lady of the long wall, a ku shih, or drum song of China; translated from the Chinese by Genevieve Wimsatt and Geoffrey Chen (Chen Sun-han) New York, Columbia University Press, 1934. 13-84 p. incl. mounted front., mounted illus.

MÊNG, HAO-JAN, 孟浩然, 689-740. Biographies of Meng Hao-jan, translated by Hans Hermann Frankel. Berkeley, University of California Press, 1952. 25 p. (California, University, Institute of East Asiatic Studies. Chinese dynastic histories translations. 1).

NA-LAN, HSING-TÊ, 納蘭性德, 1655-1685. Na-lan Sing-tö, par Wang Soo-ying, 王淑瑛, Paris, Vigot frères, 1937. 99, [12] p. incl. port., facsims. Thèse-Univ. de Paris.

[SUNG, PO-JEN], 宋伯仁. The flowering plum, 梅花喜神譜 [poems; edited by] Alfred Koehn. Peiping, Lotus Court, 1947. 62 p. (on double leaves) illus.

TSAO CHIH, 曹植, 192-232. Six poems of the Tsao Tzu-chien, 曹子建, translated by K'uai Shu-p'ing, 蒯淑平. Peiping, Peking National University, 1948. 31 p. (Peking University semicentennial papers, 14).

WANG, WEI, 王維, 699-759. Wang Wei, le poète... par Liou Kin-ling. Paris, Jouve et Cie, 1941. 165, [1] p. plates.

WEN, TING-YÜN, 溫庭筠, -880. Wen Fei-ch'ing, 溫飛卿 und seine literarische Unwelt von Lu I, 陸易. Wurzburg, Aumühle, 1939. 65 p.

YEN, YÜ, 嚴羽, 12th cent. Tsang-lang Discourse on poetry, 滄浪詩話, by Yen Yü, translated from the Chinese by Peng Chun Chang, 張彭春, with a foreword by J.E. Spingarn. Pittsburgh, Laboratory Press, 1929. 10 p.

YÜ, HSÜAN-CHI, 魚玄機, 844-871. Selling wilted peonies; biography and songs of Yü Hsüan-chi, T'ang poetess [by] Genevieve Wimsatt. New York, Columbia University Press, 1936. 119 p. ports.

YUAN, MEI, 袁枚, 1716-1798. Yuan Mei, eighteenth century Chinese poet by Athur Waley. London, G. Allen and Unwin [1956] 227 p. port., map.

Modern Poetry

AIKEN, CONRAD POTTER, 1889- A letter from Li Po, and other poems. New York, Oxford University Press, 1955. 93 p.

ALLAN, PATRICIA. Shanghai picture-verse. Shanghai, Kelly and Walsh, [1939] 61 p. col. illus.

ALLEY, REWI, 1897- Gung ho; poems. Chosen and ed. by H. Winston Rhodes. Christchurch, Caxton Press, 1948. 67 p. illus., ports.
———. Leaves from a Sandan notebook. [Prose and verse] Chosen and edited by H. Winston Rhodes. Christchurch, Caxton Press, 1950. 64 p. illus., port.
———. This is China today, poems, chosen and edited by H. Winston Rhodes. [Christchurch?] Rewi Alley Aid Group, 1951. 30 p.

BALL, EVELYN HANNA. Pictures of old Cathay. Kansas City, Kan., Printed by the Johnston Typesetting and Printing Co., c1937. 3-42 numb. l.

BREDON, JULIET. Chinese shadows, child songs, songs of the people. Temple sketches. Peking, Printed by the Pei Ku'an Press, 1922. 91 p.

BURGESS, STELLA FISHER, 1881- A Peking caravan. [2d ed. Peking 1924]

Shanghai, Shanghai Times, 1924. 32 l.

CHAPIN, HELEN BURWELL, 1892-1950. Echoes. Berkeley, Printed at the Gillick Press, 1938. [62] p. mounted illus.

CHÊNG, CH'I-YÜ, 鄭啓愚 . New China in verse. Berkeley, Gillick Press, 1944. xxiv, 120 p.

CRARY, RUTH. Legends from ancient China. Mill Valley, Calif., Wings Press, 1952. 63 p.

FICKE, ARTHUR DAVISON, 1883- Christ in China; a poem, [Moline, Ill.] 1927. 40 p.

FROST, LOWELL CHESTER, 1882- Poems of Hua Lo. Los Angeles [Beverly Hills, McAndrew Press] 1946. ii-v, 3-78 p.

GARRETT, ERWIN CLARKSON, 1879- Jenghiz Khan, and other verses. Philadelphia, John C. Winston Co., 1924. 251 p.

GRAHAM, DOROTHY, 1893- Brush strokes on the fan of a courtesan; verse fragments in the manner of the Chinese, by Dorothy Graham and James W. Bennett. New York, H. Vinal, ltd., 1927. 46 p.

HANIGHEN, BERNARD DAVID, 1908- Pan Ku. [Poem. Winston-Salem, N.C.] c1953. 15 double l.

HAUSHOFER, ALBRECHT, 1903-1945. Chinesische Legende, eine dramatische Dichtung. [Berlin, L. Blanvalet, 1949] 126 p. 1947 ed., 81 p.

HAUSMANN, MANFRED. Hinter dem Perlenvorhang. Gedichte nach dem Chinesischen. 2 neubearb. Aufl. Frankfurt a M., S. Fischer, 1956. 79 p.

HEAD, FRANCES NOWLIN. Chin Chin, Chinese man, pictures by Janet Laura Scott. New York, E.P. Dutton [c1931] 64 p.

HOROSE, S. La symphonie des ombres chinoises, idylle. Paris, Éditions de la Madeleine [c1932] xix, 267 p.

HSIEH, TEHYI,謝德怡, 1884- Chinese epigrams inside out, and proverbs. New York, Exposition Press [1948] 75 p.

[HSIEH, WAN-YING, 謝婉瑩, 1902- Spring water, by Hsieh Ping Hsin, 謝冰心, [pseud.] translated by Grace M. Boynton. [Peking? 1929?] cover-title, 80 p.

KAIKINI, P. R. Shanghai: poems. Bombay, New Book Co., [1939] 63 p.

KASACK, HERMANN. Aus dem chinesischen Bilderbuch. [Gedichte]. Zeichnungen von Gaspar Neher. Frankfurt a. M., Suhrkamp, 1955. 49 p.

KEENEY, LOUELLA, 1882- Sky lanterns: vignettes of China, by Conly Keeney [pseud.] Los Angeles, Academy Publishers] 72 p.

KOMAI, GONNOSKÉ. Fuji-Yama and other poems, transcribed from the Chinese and Japanese originals. London, Eastern Press, [1934] 215 p.

KWAN, MOON,關文清[Kwan Wên-Ching] A Chinese mirror; poems and plays. Los Angeles, Phoenix Press, 1932. 68 p.

LEE, FRANK W., 李錦綸[Li Chin-lun], 1884-1956. Leaves from Chinese history in verse. [New York?] 1952-1955. 2 v.

LESTER, EMMA SERVICE. Poems to Wu; illustrations by C. Bockisch. Shanghai, Commercial Press, 1925. 3-70 p. front., illus.

LI, CHI, 李季, 1921- Wang Kuei and Li Hsiang-hsiang, 王貴與李香香. Translated by Yang Hsien-yi and Gladys Yang]. Peking, Foreign Languages Press, 1954. 33 p. illus.

———. Wang Gue und Li Hsiang-hsiang, von Li Dji. Peking, Verlag für Fremdsprachige Literature, 1954. 34 p.

———. Songs from the Yumen oilfields,玉門詩抄 [Translated by Yuan Ko-chia] Peking, Foreign Languages Press, 1957. 48 p.

LOOMIS, FREDERIC, 1877-1949. In a Chinese garden,及時行樂. [Piedmont, Calif., Loomis Book Co., c1946] ii, 15 p. illus.

LUM, CHUNG PARK, 林松柏, [Lin Sung-po]. Chinese verse [by] Chung Park Lum, translation [by] Sui Peng徐一朋; decoration [by] Edna Francess Edell. [New York, L. Quan and Co., c1927]. 169 p. front. (port.) illus.

MEISSNER, PATRICIA (JONES) 1923- Ilha Formosa; poems of Formosa. [Taipei, Chinese Petroleum Corp., 1954] 32 l.

NORTH, WILLIAM ROBERT, 1890- Chinese themes in American verse. Philadelphia, 1937. [11]-175 p. Thesis-University of Pennsylvania.

PAYNE, PIERRE STEPHEN ROBERT, 1911- ed. Contemporary Chinese poetry [an anthology] London, Routledge [1947] 168 p.

[RABBITT, JAMES A.] Ballads of the East, by Shamus A'Rabbitt [pseud.] illustrations by "Sapajou." Shanghai [A.R. Hager, 1937] 52 p. illus.

[———]. China coast ballads, by Shamus A'Rabbitt [pseud.] illustrations by "Sapajou." Shanghai [A.R. Hager, 1938] 3-125, [1] p. illus.

ROSSER; FLAVIA. Oriental lyrics. New York, Vantage Press [1955] 68 p.

SHEPHARD, ESTHER: The cowherd and the sky maiden, 牛郎織女, a retelling, in verse (decorated with rhyme and assonance) of an ancient Chinese legend, with an after-piece, explaining the background of the legend. San Jose, Calif., Pacific Rim Publishers [1950] 80 p. illus., facsims.

SWEENEY, THOMAS BELL, 1874- Makers of war. New York, Vantage Press [1951] 169 p.

TENNEY, HELEN. River of Golden Sands; verse impressions of China: 1915-20. New York, Exposition Press [1955] 95 p.

TSIANG, HSI-TSENG, 蔣希曾. Poems of the Chinese revolution, 中國革命詩 English ed. [New York, Printed by Liberal Press, c1929] cover-title, [3]-26 p.

WANG, CHAO-MING, 汪兆銘, 1884-1944. Poèmes et "tseu" choisis de Wang Ching-wei. Traduits et annotés par Hsu Sung-nien, 徐仲年. Pékin, Impr. de la "Politique de Pékin," 1932. 75 p. (Collection de la "Politique de Pékin").

———. Poems of Wang Ching-wei, translated into English with a preface and notes by Seyuan Shu, 許思園; foreword by T. Sturge Moore. London. G. Allen and Unwin. [1938] 96 p. front. (port)

WEISKOPF, FRANZ CARL, 1900- Des Tien Tschien Lied vom Karren. 田間趕車傳. Nachdictung aus dem Chinesischen. Berlin, Dietz, 1954. 252 p.

WU MING FU. [pseud.] The wisdom of Wu Ming Fu, edited by Stanwood Cobb. New York, H. Holt [c1931] xii, 50 p.

———. Patterns in jade of Wu Ming Fu, edited by Stanwood Cobb. Washington, Avalon Press [c1935] xi, [2] 52 p.

———. The way of life of Wu Ming Fu, edited by Stanwood Cobb. Washington, Avalon Press [c1942] xi. [2] 58 p.

YEOU, TA, 尤達, [Yu, Ta] Nuits de Chine, 華夜集 [par] Yeou Ta. Introd. et adaptation de Joséphine. Paris, P. Seghers [1954] 39 p. (Collection P.S., no. 389).

Plays: General Studies

ARLINGTON, LEWIS CHARLES, 1859-1942. The Chinese drama from the earliest times until to-day; a panoramic study of the art in China, tracing its origin and describing its actors (in both male and female rôles): their costumes and make-up, superstitions and stage slang: the accompanying music and musical instruments: concluding with synopses of thirty Chinese plays, with a pien... by Mei Lan-fang and a foreword by H.A. Giles. Shanghai, Kelly and Walsh, 1930. xxxi, 177 p., 1 l., xxxv-xli, [1] p. incl. illus., plates, col. front.

———. Le théâtre chinois depuis les origines jusqu'à nos jours; sources-rôles-costumes-grimages-superstitions-statuts-argot de scène-légendes- musique orchestrale-instruments de musique- programmes: une étude d'ensemble de l'art théâtral de la Chine suivie de trente résumés de pièces et enrichie de cent-quinze planches lithographiques en couleurs. Traduit de l'anglais par G. Uhlmann. Pékin, H. Vetch, 1935. xxi, 184, [25] p. incl. illus., plates, col. front.

BISHOP, JOHN LYMAN, 1913- A Chinese drama in eighteenth century Europe by

Marco Polo [pseud.] Cambridge, 1952. 24 p. (Susan Antholony Potter prize).

BUSS, KATE. Studies in the Chinese drama. Boston, The Four Seas Co. 1922, New York, J. Cape and H. Smith [1930]. 97 p. incl. plates, facsim. front. plates, port.

JOHNSTON, REGINALD FLEMING, 1874-1938. The Chinese drama, with six illustrations reproduced from the original paintings, by C. F. Winzer. Shanhai, Kelly and Walsh, 1921. 36 p. incl. 6 col. mounted pl.

LIU, CHÜN-JO, 劉君若, 1925- A study of the Tsa-chü, 雜劇 of the 13th century in China. Madison, 1952. 111, 185 1. Thesis-Univ. of Wisconsin.

LIU, JAMES, 劉若愚. Elizabethan and Yuan; a brief comparison of some conventions in poetic drama. London, the China Society, 1955. 12 p. front. (China Society occasional papers, 8).

LOWE, H. Y., 盧興源 ? Stories from Chinese drama; with illustrations by the author. Peking, Peking Chronicle Press, 1942. xxli, 413, xxxviii, p. illus.

MILLER, ROBERT PICKENS, 1909- The particles in the dialogue of Yuan drama; a descriptive analysis. [New Haven] 1952. 88 l. Thesis-Yale University.

YANG, RICHARD FU-SEN, 楊富森, 1918- Lü Tung-pin, 呂洞賓, in the Yüan drama. Seattle, Wash. 1956. 212, 10, 7 1. Thesis-University of Washington.

ZUNG, CECILIA S. L. 程修齡, 1903- Secrets of the Chinese drama; a complete explanatory guide to actions and symbols as seen in the performance of Chinese dramas. With synopses of fifty popular Chinese plays and 240 illustrations, including 54 colour plates. Shanghai, Kelly and Walsh, 1937. xxv, 3-299 p. incl. front., illus. (part col.; incl. ports., plans, facsim.).

Translations

ARLINGTON, LEWIS CHARLES, 1859-1942, ed. and tr. Famous Chinese plays, translated and edited by L. C. Arlington and Harold Acton. Peiping, H. Vetch, 1937. xxx, 443, [1] p. front., plates.

CH'ING TING CHU, 慶頂珠 [打魚殺家] The fisherman's revenge, a Peking opera. [Translated by Yang Hsien-yi and Gladys Yang] Peking, Foreign Languages Press, 1956. 53 p. illus.

[HSI HSIANG CHI], 西廂記. Das West-zimmer [hrsg. von] Vincenz Hundhausen; ein chinesisches Singspiel in deutscher Sprache. Mit 21 Bildern nach chinesischen Holzschnitten. Peking, Leipzig, Pekinger Verlag, 1926. 355, [1] p. front., plates.

[———]. L'amoureuse Oriole, jeune fille; roman d'amour chinois du xiii me siècle, par Soulié de Morant. Avec dix illustrations chinoises. Paris, E. Flammarion [c1928] [5]-246 p., incl. plates

[———]. Si syang ki, par Chen Pao-ki, 沈寶基. Lyon, Bosc frères, M. and L. Riou, 1934. 170 p. Chen's thèse-Univ. de Lyon.

[———]. The romance of the western chamber (Hsi hsiang chi); a Chinese play written in the thirteenth century, translated by S. I. Hsiung, 熊式一, with a preface by Gordon Bottomley. London, Methuen [1935] xxiii, 280, [2] p. incl. front., illus.

[———]. The west chamber, a medieval drama, translated from the original Chinese with notes by Henry H. Hart. Foreword by Edward Thomas Williams. Stanford, Stanford University Press; London, H. Milford, Oxford University Press [c1936] xxxix, 192 p.

[———]. Das Westzimmer. [hrsg. von] Vincenz Hundhausen. Ein chinesisches Singspiel des 13. Jahrhunderts. In deutscher Nachdichtung nach den chinesischen Urtexten des Wang Sche-fu, 王實甫 und des Guan Han-Tsching, 關漢卿 Mit 21 Holzschnitten eines unbekannten Meisters. Eisenach, Erich Röth, 1954. 355 p.

HUNG, SHENG, 洪昇, 1645-1704. The palace of eternal youth, 長生殿. [Translated by Yang Hsien-yi and Gladys Yang. 1st ed.] Peking, Foreign Languages

Press [1955] 322 p., music ([16] p.) plates, port.

KAO MING, 高明, fl. 1345. Die Flaute,琵琶記, von Gau Ming. Ein chinesisches Singspiel in deutscher Sprache von Vincenz Hundhausen. Mit zwanzig wiedergaben chinesischer Holzschnitte. Peking, Pekinger Verlag [c1930] 469 p., incl. plates.

———. The two wives (Die beiden Gattinnen); eight scenes of Kao Ming's classical drama, The Lute (Die Laute) in German language by Vincenz Hundhausen. English text-book translated from the German. [n. p. n. d.] 75 p. plates.

LALOY, LOUIS, 1874-1944, tr. Trois drames de l'Asie; (Le songe de la vie, drame en 4 actes et 1 prologue-Vikrâma et Ourvâsi, ou le Roi et l'apsára, drame in 5 actes-Le chagrin au palais de Hán, drame en 5 actes). Neuchâtel, Éditions de la Baconnière, 1943. 7-140 p., (Collection des cashiers du Rhone, sér. blanche, 21).

LI, HSING-TAO, 李行道. HUI LAN CHI, 灰闌記. Hui lan ki. Der Kreidekreis; Schauspiel in vier Aufzügen und einen Vorspiel, von Li Hsing-tao aus dem Chinesischen übersetzt von Alfred Forke. Leipzig, Philipp Reclam jun. 1927. 91 p. (Reclams Universal Bibliothek, 768).

———. Der Kreidekreis; Spiel in fünf Akten nach dem Chinesischen von Klabund [pseud] Wien, Phaidon Verlag [1929] 103 numb. l. illus. [1. aufl. Berlin, I. M. Spaeth, 1925].

———. The circle of chalk; a play in five acts, adapted from the Chinese by Klabund [pseud]. English version by James Laver. London, W. Heinemann, 1929. xii, 107 p.

———. Der Kreiderkreis, ein Spiel in sechs Bildern nach dem Chinesischen von Johannes von Guenther. Potsdam, Rütten and Loening, 1942. 184 p.

———. The same. ein Spiel in sechs Bildern nach dem Altchinesischen (Li Hsing-tao) von Johannes von Guenther; mit einer Einleitung des Verfassers. Stuttgart, Reclam [1953] 97 p. (Reclams Universal-Bibliothek, Nr. 7777).

———. The story of the circle of chalk; a drama from the old Chinese, translated by Frances Hume [from the French of Stanislas Julien] with illus. by John Buckland-Wright. London, Rodale Press [1954] 124 p. col. plates.

LIU YIN CHI, 柳蔭記. Love under the willows; a Szechuan opera. Liang Shanpo and Chu Ying-tai, 梁山伯與祝英台. [Translated by Yang Hsien-yi and Gladys Yang] Peking, Foreign Languages Press, 1956. 85 p. illus.

MA, CHIH-YUAN, 馬致遠, fl. 1251. Le rêve du millet jaune; Houang liang mong, 黃粱夢, drame taoiste du XIIIe siècle. Traduit du chinois par Louis Laloy. Paris, Desclée de Brouwer [1935] 134, [5] p. illus. (Courrier des iles, 5).

RUDELSBERGER, HANS, 1868- ed. Altchinesische Liebes-Komödien, aus dem chinesischen Urtexte ausgewählt und übertragen von Hans Rudelsberger. Wein, A. Schroll and co. ges. m. b. h. [c1923] 116 p. incl. col. mounted front., illus., col. mounted plates.

TANG, HSIEN-TSU, 湯顯祖, 1550-1617. Der Blumengarten, 牡丹亭 von Tang Hsian-Dsu. Ein chinesisches Singspiel in deutscher Sprache von Vincenz Hundhausen. Mit vier Wiedergaben chinesischer Holzschnitte. Peking, Pekinger Verlag, [1933] 138 p. front. illus.

———. Die Rückkehr der Seele, 還魂記. Ein romantisches Drama. In deutscher Sprache von Vincenz Hundhausen. Zürich, Leipzig, Rascher, 1937. 3 v.

———. Das Urteil in der zehnten Hölle. In deutcher Sprache von Vincenz Hundhausen. Peking, Pekinger Verlag, 1937. 32 p.

WANG, PAO-CH'UAN, 王寶釧. Lady Precious Stream; an old Chinese play done into English according to its traditional style by S. I. Hsiung, 熊式一; with a preface by Lascelles Abercrombie. London, Methuen, 1934. Acting ed. 1936. xx, 168, [1] p. incl. front., plates.

———. The same. New York, Liveright Pub. Corp.; xx, 168. [1] p. incl. front., plates.

———. The same. New York, Los Angeles, S. French; London, S. French, c1937. 126 p. diagr.

Theatre

ALLEN, B S. Chinese theatres handbook. Tientsin, La Librairie française [192-] 56 p. incl plates. front. (port.).

ALLEY, REWI, 1897- Peking opera; an introduction through pictures by Eva Siao. Illus. and back cover by Kuan Liang. Peking, New World Press, 1957. 99 p.

CHEN, JACK, 陳伊範. The Chinese theatre. Illustrated by the author. London, Dobson [1949] 63 p. illus. (part col.) (International theatre and cinema).

CHEN, LIN-JUI, 陳[illegible]瑞. The Peking opera. Shanghai, 1956. 22 p. plates (part col.).

CHI, JU-SHAN, 齊如山, 1877- Répertoire des maquillages de théâtre; avec une traduction françiase par André d'Hormon. [Shanghai, Shang-tien, 1934] 10 f. 69 col. figs. on 6 l.

CHIAO, CH'ÊNG-CHIH, 焦承志, 1902- Le théâtre chinois d'aujourd'hui. Paris, E. Droz, 1938. 180 p. plates, (Bibliothèque de la société des historiens du théâtre, 9).

CHINA MAGAZINE. Chinese opera. [New York? 1947?] [8] p. of illus., ports. "Reprinted from the China magazine, February 1947."

2e FESTIVAL INTERNATIONAL D'ART DRAMATIQUE. Le théâtre classique de Chine. Paris, Agence littéraire et artistique parisienne pour les échanges culturels, 1955. 71 p. illus. plates.

KALVODOVÁ. Chinese theatre [by] Kalvodová, Sís, [and] Vaniš. [Translated by Iris Urwin. London, Spring House, 1957] 39 p. 47 plates (part col., 3 fold. in pocket) (Spring books).

K'UN CH'U NIGHT, 崑曲晚會; two Chinese dramatic plays presented in the Great Hall, University of Hong Kong, January 23, 1954 under the auspices of the Institute of Oriental Studies and the Chinese Society of the University of Hong Kong. Hong Kong, 1954. [4], 9 2 p. English text; 1 16 p. Chinese text, plates.

LEUNG, GEORGE KIN, 梁社乾, [LIANG SHÈ-CH'IEN], 1899- Mei Lan-fang, foremost actor of China. Shanghai, Printed at the Commercial Press, 1929. xii, 132 p. front., col. plates, ports. (1 col.; part fold.).

———. Special plays and scenes to be presented by Mei Lan-fang on his American tour. Peking, 1929. 116 p. ports.

———. Three short addresses and articles, with a bibliography of the articles and lectures on the Chinese theatre. [Shanghai] 1931. Cover-title, 21 p.

MEI, LAN-FANG, 梅蘭芳, 1894- Selections from the répertoire of operatic songs and terpsichorean melodies of Mei Lan-fang recorded in both Chinese and European notation by Professor Liu Tien-hua, 劉天華, assisted by Professor Ch'i ju-shan, 齊如山, and others. Peiping, 1929. 2 v. ports. in portfolio.

[MOY, ERNEST K., 梅其駒, 1895-1958] Mei Lan-fang: Chinese drama. [New York, China Institute, 1929] cover-title, [40] p.

———. The Pacific coast tour of Mei Lan-fang, under the management of the Pacific Chinese dramatic club. San Francisco, 1930. 20 l. illus. incl. ports.

———. Mei Lan-fang; what New York thinks of him; compiled by Ernest K. Moy. New York, 1930. 39 p. illus.

———. The first American tour of Mei Lan-fang. New York, China Institute in America, 1930. 40 p.

POUPEYE, CAMILLE, 1874- Le théâtre chinois; 41 planches hor texte. Paris-Bruxelles, Éditions "Labor" [1933] 194, [2] incl. front. plates.

ROY, CLAUDE. L'opéra de Pékin. Illustrés de photos de Pic, commentaires de R. Ruhlmann. Paris, Cercle d'Art, 1955. 104 p. plates, illus. map.

SCOTT, ADOLPHE CLARENCE, 1909- The classical theatre of China. London, Allen and Unwin [1957] 250 p. illus. (part col.)

SOULIÉ, CHARLES GEORGES, 1878- Théâtre et musique modernes en Chine, par George Soulié de Morant. Avec une étude technique de la musique chinoise et transcriptions pour piano par André Gailhard. Paris, P. Geuthner, 1926. vii-xvi, 195 p. illus., plates (incl. ports.).

TCHENG, MIEN, 陳綿, [CH'ÊN MIEN], 1901- Le théâtre chinois moderne. Paris, Les Presses modernes, 1929. 195 p. Thèse-Univ. de Paris.

———. Répertoire analytique du théâtre chinois moderne, 中國近代戲目分類注解. Paris, Jouve, 1929. 182 p.

TCHOU, KIA-KIEN, 朱家健, [CHU CHIA-CHIEN] Le théâtre chinois. Texte de Tchou Kia-kien. Peintures, sanguines et croquis d'Alexandre Jacovleff. Paris, M. de Brunoff, 1922. 30 p. illus.

———. The Chinese theatre. Translated from the French by James A. Graham. With illustrations from painting, sketches and crayon drawings by Alexandre Jacovleff. London, John Lane, 1922. 35 p. plates.

TSIANG, UN-KAI, 蔣恩凱. K'ouen k'iu, le théâtre chinois ancien. Paris, Ernest Leroux, 1932. 130 p. 1 illus. (music).

WANG, KUANG-CHI, 王光祈, 1898-1936. Über die chinesische klassische Oper. Genf, 1934. cover-title, 46, [2] p. illus. (music) Diss. -Univ. Bonn.

YOU, YA-OUI, 李尤亞偉 Le théâtre classique en Chine et en France d'aprés l'Orphelin de la Chine [by Voltaire] et l'Orphelin de la famille Tchao [by Chi Chün-hsiang, 紀君祥 趙氏孤兒] Paris, Les Presses Modernes, 1937. vii, 187 p. Thèse-Univ. de Paris.

ZUCKER, ADOLF EDUARD, 1890- The Chinese theater, Boston, Little, Brown, 1925. xvi, 234 p. col. mounted front., plates (3 col. mounted).

Shadow Theatres

BENTON, PAULINE. The Red gate players introduce the actors and plays of the Chinese shadow theatre. Text by Pauline Benton. Peking, Lotus Court, 1940. 18 l. col. front.

JACOB, GEORG, 1862-1937. Schattenschnitte aus Nordchina. hrsg. und mit einer Einleitung versehen von George Jacob. Hannover, H. Lafaire, 1923. 32 p. 31 col. plates.

———. Das chinesische Schattentheater, bearbeitet von Georg Jacob und Hans Jensen. Stuttgart, W. Kohlhammer, 1933. xv, 130 p. illus. (incl. facsim.) (Das orientalische Schattentheater, 3).

———. Einführung in die altchinesische Schattenspiele. Stuttgart, W. Kohlkammer, 1935. 39 p. illus.

LAUFER, BERTHOLD, 1874-1934. Oriental theatricals. Chicago, Field Museum of Natural History, 1923. 59 p. illus. plates (part fold), (Field Museum. Dept. of Anthropology, Guide. pt. 1.).

MARCH, BENJAMIN, 1899-1934. Chinese shadow-figure plays and their making. With 3 pieces from the Chinese: Visiting Li Er Ssu, Fox bewitchment, The exorcism. Edited with notes by Paul McPharlin. Detroit, 1938. 57 p. illus. (Puppetry imprints, handbooks xi).

MELCHERS, BERND, 1886- Chinesische Schattenschnitte, ein Bilderbuck, gesammelt und herausgegeben von Bernd Melchers. München, H. Bruckmann, 1921; 3. Aufl. Kassel, Lometsch, 1954. 64 numb. l. incl. illus. (part col.) plates (part col.) (Druck d. Arche 5).

———. The same. 4. erw. Aufl. Kassel, Lometsch, 1956. 4 ungez. bl. illus. (Druck d. Arche 5).

RAABE, JOSEF. Die Donnergipfel-Pagode. Ein Beitrag zur Geschichte des chinesische Schattenspiels. Bonn, 1940. 66 p. plates. Diss.-Univ. Bonn.

WIMSATT, GENEVIEVE BLANCHE. Chinese shadow shows. Cambridge, Harvard University Press, 1936. xvii, 68 p. col. front. illus.

Modern Plays

[AITKEN, ANDREW] 1868- Mr. Ling, an incarnate deity and the moon, by Wilcox Arnold [pseud.] London, Wilkinson bros., ltd. (1933?] 132 p. pl.

BUCK, PEARL (Sydenstricker) 1892- Sun Yat-sen; a play. Preceded by a lecture by Hu Shih. [London, China Campaign Committee, 1944?] Cover-title, 32 p. illus. ports.

CARTER, IDA C MESSER. "The new tide in China"; a pageant in two acts. [New York] c1925. 15 p.

CHANG, TAO-FAN, 張道藩, 1897- Par sa propre faute; drame en cinq actes, Version française de Hsu Sung-nien, 徐仲年. Pékin, Impr. de la "Politique de Pékin," 1936. 85 p. illus. (Collection de la "Politique de Pékin").

CHEN, CHI-TUNG, 陳其通, 1916- The long march. Peking, Foreign Languages Press, 1956. 168 p. plates, port. double map, music.

COLLIS, MAURICE, 1889- The motherly and auspicious, being the life of the Empress Dowager Tzu Hsi in the form of a drama, with an introduction and notes. London, Faber and Faber, [1943]; New York, G.P. Putnam, 1944. 179 p. incl. geneal. tables, ports.

COLTON, JOHN, 1889- The Shanghai gesture: a play; with an introduction by John D. Williams. New York, Boni and Liveright, 1926. 256 p.

DAKIN, LAURENCE. Marco Polo, a drama in four acts. Portland [Me.] Falmouth Pub. House, 1946. 3-53, [1] p.

FARRÈRE, CLAUDE, 1876- Les tribulations d'un Chinois en Chine; comédie en 3 actes, tirée du roman de Jules Verne, par Claude Farrère et C. Méré. Paris, Hatchette, 1931. 46 p.

FIELD, ELLIOT, 1875- Chinese gold; a play in a prologue and two acts. Boston, Walter H. Baker [c1935] 48 p.

FRISCH, MAX, 1911- Die chinesische Mauer; eine Farce. Berlin, Suhrkamp, 1955. 154 p. 1. Aufl. Basel, B. Schwabe, 1947.

GAUTIER, JUDITH, 1846-1917. La fille du ciel; drame chinois. [15] éd. conforme à la représentation. Paris, Calmann-Lévy [1925] v. [3]-239 p.

GHÉON, HENRI, 1875-1944. Les trois sagesses du vieux Wang; drame chinois en quatre tableaux, d'après des documents authentiques. Paris, A. Blot, 1927. [9]-105, [1] p. (Les cahiers du théâtre chrétien. 13)

———. Die drei Weisheiten des alten Wang. Ein chinesisches Missionsspiel in vier Bildern. Übers. von Karl Fry. 2. Aufl. Luzern, Rex-Verlag, 1944. lv, 76 p.

GRANTHAM, ALEXANDRA ETHELRED (von Herder) 1867- The twight-house of Yang Kuei-fei; a dramatic poem in one act. Shanghai, Kelly and Walsh, 1923. 56 p.

GROVER, HARRY GREENWOOD, 1881- As the petals fall; a pantomime with words, by Ho Go Go; translated from the original ancient manuscript by Harry Greenwood Grover. New York, Los Angeles, S. French; London, S. French, c1935. 14 p. diagrs.

HAYDEN, GEORGE. Bandit's return; a two-act play about China. London, Edinburgh House Press, 1951. 48 p. (Everyland plays).

HENSEL, PAUL, 1893- Die Pagode Tien-ti; Schauspiel in vier Akten, von Paul Hensel-Haerdrich. Uraufgeführt am 12. februar 1942 im Braunschweigischen Staatstheater. Als unverkäufliches Manuskript vervielfältigt. Berlin-Charlottenburg, G. Kiepenheuer Bühnenvertriebs [c1942] xii (i.e. xiv), 115 p. plan.

HO, CHING-CHIH, 賀敬之, 1924- The white-haired girl; an opera in five acts, by Ho Ching-chih and Ting Yi, 丁毅. [Translated by Yang Hsien-yi and Gladys Yang] Peking, Foreign Languages Press, 1954. 97, [8] p. illus.

———. La fille aux cheveux blancs. Opéra chinoise en 5 actes par Ho Ching-chi et Ting-yi. Traduction de Jacques Dubois. Paris, Éditeurs français réunis, 1955. 224 p.

HOPKINS, MAY DE WITT. The oar song of the Emperor Wu-ti; a play in 4 acts and prologue. [Philadelphia, 1946] 161 p.

HSIUNG, FU-HSI, 熊佛西, 1901- Chinesisches Bauernleben; drei Stücke aus dem Chinesischen Landleben, von Hsiung Fu-hsi, übersetzt von W. Eichhorn. Tôkyô, Deutsche Gesellschaft für Natur- und Völkerkunde Ostasiens, kommissionsverlag von O. Harrassowitz, Leipzig, 1938. 161 p.

HSIUNG, SHIH-I, 熊式一, 1902- Mencius was a bad boy. London, Privately printed [1934] 23 p.

——. The professor from Peking; a play in three acts with a preface by Lord Dunsany. London,, Methuen [1939] xii, 198 p.

HU, K'O, 胡可, 1920- Steeled in battles; translated by Tang Sheng, 唐笙. Peking, Foreign Languages Press, 1955. 130 p. illus. port.

KU, TSONG-NEE, 顧宗沂. Modern Chinese plays; translated into English. With a preface by Koo Chung I, 顧仲彝. Shanghai, The Commercial Press, 1941. vi, 137 p.

KUO, MO-JO, 郭沫若, 1892- Chü Yuan, a play in five acts. Translated by Yang Hsien-yi and Gladys Yang. Peking, Foreign Languages Press, 1953. 126 p. illus.

——. K'iu Yuan. Traduction, préface et notes de Liang Pai-tchin. 6 éd. Paris, Gallimard, 1957. 206 p. (Collection Unesco d'oeuvres représentatives connaissance de l'Orient. Série chinoises, 5).

LI, CHIH-HUA, 李之華. Struggle against counter-struggle, a one-act play. Peking, China, Cultural Press, 1950. 74 p.

LOO, DING, 魯汀. Hirse für die Achte; ein chinesisches Volkstück von Loo Ding, Chang Fan [und] Chu Shin-nan. Deutsche Fassung für das Berliner Ensemble von Elisabeth Hauptmann und Manfred Wekwerth nach der Übersetzung aus dem Chinesischen von Yuan Miao-tze. Leipzig, Hofmeister c1956. 82 l. illus.

MARTENS, ANNE COULTER. James Hilton's Lost horizon, dramatized by Anne Coulter Martens and Christopher Sergel. Chicago, Dramatic Pub. Co., [1942] 133 p. front. (port.) diagrs.

O'NEILL, EUGENE GLADSTONE, 1888-1953. A play, Marco Millions. New York, Boni and Liveright, 1927. ix, 180 p.

OSTASIEN ALMANACH. Sonder-Ausgabe des "Bühnenspiegel im Fernen Osten" hrsg. aus Anlass der 25. Aufführung vom Deutschen Theater-Verein, Shanghai. Shanghai, M. Nössler, 1930. 213 p. illus.

PATON, MARGARET HAMILTON NOËL. More than conquerors. London, Edinburgh House Press, 1943. 16 p.

PEKING PEOPLE'S ART THEATRE. Between husband and wife; a play in one act written collectively by the Peking People's Art Theatre; translated by Sidney Shapiro. [Peking, 1953] 22 p. illus. (Supplement to China Reconstructs No. 6).

REACH, JAMES. China boy, a comedy in three acts, by James Reach and Tom Taggart. New York, Los Angeles, S. French; London, S. French, c1937. 112 p. diagr.

REASON, JOYCE, 1894- The wall between; a true tale from China. London, Livingstone Press, 1946. 24 p. (Everyland Plays, 8).

SATURDAY AFTERNOON AT THE MILL and other one-act plays. Peking, Foreign Languages Press, 1957. 134 p.

SHEN, TUAN-HSIEN, 沈端先, 1901- The Test; a play in five acts, by Hsia Yen, 夏衍. Peking, Foreign Languages Press, 1956. 107 p.

SHU, CH'ING-CHUN, 舒慶春, 1898- Dragon beard ditch, 龍鬚溝, a play in three acts by Lao Sheh [pseud] Translated by Liao Hung-ying, 廖鴻英. Peking, Foreign Languages Press, 1956. 97 p. plates, ports.

SIÉ, S. K., 謝壽康, 1894- Le jade brisé, 李碎玉. Pièce en six tableaux, jouée pour la première fois en Europe, le 17 mars 1927, au Théâtre Royal du Parc de Bruxelles. Peiping, Impr. de la "Politique de Pékin," 1928. 54 p.

——. Tse Kiou, 自救; Les Perles s'égrénent. Pièce en six tableaux, d'après l'oeuvre originale de Chang Tao-fan, 張道藩. Bruxelles, Éditions "Labor,"

1941. 157 p.

———. Tse Kiu (Save yourself). English adaptation of a play in six scenes by Chang Tao-fan. Rome, "Trumminelli," 1944. 148 p.

———. Marèse. Pièce en six tableaux et un prologue, d'après le roman de Julia Frezin. Berne, Chekiai, 1942. 171 p. (Collection "Chekiai").

SIKS, GERALDINE BRAIN. Marco Polo. Charleston, W. Va., Children's Theatre Press, c1941. 41 p. illus.

TAYLOR, GEORGE EDWARD, 1905- The phoenix and the dwarfs, a play in three acts, by George E. Taylor and George Savage. New York, Macmillan, 1944. xxxiv, 119 p.

TING, SY-LING, 丁西林, 1893- Théâtre chinois moderne; trois pièces de Ting Sy-ling: La Guepe, Dans l'ivresse, Mon cher mari. Traduit par Tchang Tien-ya. Pékin, Impr. de la "Politique de Pékin," 1932. 46 p. (Collection de la "Politique de Pékin").

VERÈ, DANIELE. Princess in Tartary: a play for marionettes. London, J. Murray, 1940. 60 p.

WAN, CHIA-PAO, 萬家寶, 1905- The sunrise, 日出; a play in four acts, by Tsao Yu, 曹禺, [pseud.] Done into English by Ho Yong,何永佶,with an introd. on modern Chinese drama. Shanghai, Commercial Press, 1940. 189 p.

THE WOMEN'S REPRESENTATIVE-three one-act plays. Peking, Foreign Language Press, 1956. 124 p.

WOLF, FREDERICK. Tai Yang erwacht. Ein Schauspiel unverkäuflich. [Bühnen] MS. Berlin, Aufbau-Bühnen Verlag, 1947. 97 p.

ZUNG, CECILIA SIEU-LING, 程修齡, 1903- Two too many; a Chinese comedy in fifteen scenes. New York, Los Angeles, S. French; London, S. French, c1939. 106, [5] p. plates, diagrs.

Novels: General Studies

BIRCH, CYRIL, 1925- Ku chin hsiao shuo, 古今小說: a critical examination. London, 1955. 499 l. Thesis-School of Oriental and African Studies, University of London.

BISHOP, JOHN LYMAN, 1913- The San-yen 三言 collections: a study of the colloquial short story in seventeenth century China. Cambridge, 1953. 252 p. Thesis- Harvard University.

———. The colloquial short story in China; a study of the San-yen collections. Cambridge, Harvard University Press, 1956. xi, 144 p. (Harvard-Yenching Institute studies, 14)

BUCK, PEARL (Sydenstricker), 1892- East and West and the novel. Sources of the early Chinese novel. Addresses before the convocation of the North China Union Language School, February 1932. Peiping, North China Union Language School cooperating with California College in China [1932] 40 p.

———. The Chinese novel; Nobel lecture delivered before the Swedish academy at Stockholm, December 12, 1938. New York, John Day [c1939] London, Macmillan, 1939. 59 p. front. (port).

CHINESISCHE NOVELLEN. Deutsche Fassung nach der französischen Übertragung durch Lo Ta-Kang, 羅大綱, von Richard B. Matzig. Umschlag von Peter Birkhäuser. Basel, Gute Schriften, 1946. iv, 80 p. (Gute Schriften Basel, 227).

EBERHARD, WOLFRAM, 1909- Die chinesische Novelle des 17.-19. Jahrhunderts; eine soziologische Untersuchung. Hrsg. mit Unterstützung des China-Instituts, Bern. Ascona (Schweiz) Artibus Asiae, 1948. xii, 239 p. (Artibus Asiae Supplementum 9).

EICHHORN, WERNER. Chinesische Liebes-Novellen. Bonn, E.A. Eriksen, 1948. 132 p. illus.

OU ITAÏ 吳益泰 [WU I-T'AI] Essai critique et bibliographique sur le roman chinois. Paris, Les Éditions Vega, 1933. 192 p. illus.

PRŮŠEK, JAROSLAV. Die Literatur des befreiten China und ihre Volkstraditionen. [Übers. von Pavel Eisner und Wilhelm Gampert] Prag, Artia 1955. 736 p. illus.

SCHYNS, JOSEPH, 1899- Romans à lire et romans à proscrire, 說部甄評. Tientsin, Chihli Press, 1946. 297, 23 p. (Scheut editions, Ser. 1. Critical and literary studies, 1).

———. 1500 modern Chinese novels and plays by Jos. Schyns and others. Present day fiction and drama in China by Su Hsueh-lin, 蘇雪林. Short biographies of authors by Chao Yen-sheng, 趙燕聲. Peiping, Catholic Univ. Press, 1948. iv, lviii, 484 p. (Scheut editions. Ser. 1, Critical and literary studies, v. 3).

[SHU, CH'ING-CH'UN], 舒慶春. T'ang love stories. An address by S. Y. Shu before the convocation of the North China Union Language School, February 1932. Peiping, North China Union Language School, 1932. 22 p.

WILLIS, DONALD S., 1917- The Nieh-hai-hua, 孽海花, and its place in the late Ch'ing social novel of protest. Seattle, 1951 100 l. Thesis-University of Washington.

Translations of Classical Novels: Chin ku ch'i kuan, 今古奇觀

[CHIN KU CH'I KUAN]. Die treulose Witwe, eine chinesische Novelle. Übertragung und nachwort von Eduard Grisebach. München, Hyperion-Verlag [1921] 98, [1] p.

———. A jolie fille, joli garçon; Le procès des épingles d'or; Miroir de beauté; Les amours de madame Fleur; adapté des Kin-Kou-Ki-Koan par Lucie Paul Margueritte. Paris, E. Flammarion [c1922]. vi, 269 p.

———. Die gelben Orangen der Prinzessin Dschau: aus dem chinesischen Urtext, von Walter Strzoda. München, Hyperion-Verlag, [1922]. 292 p. (Der chines. Novellensammlung Djin-gu-tji-guan, folge 1, Dichtungen des Ostens).

———. Chinesische Novellen, deutsch von Paul Kühnel. München, Georg Müller, 1924. xxix, 367, [3] p. (Meisterwerke orientalischer literaturen, 2). 1st ed. 1914.

———. The inconstancy of Madam Chuang, and other stories from the Chinese; translated by E. Butts Howell. With twelve illustrations by a native artist. Shanghai [etc.] Kelly and Walsh limited [19--]; London, T. W. Laurie, 1924. vii, 259 p. front., plates.

———. The restitution of the bride and other stories from the Chinese, translated by E. Butts Howell. With illustrations by a native artist. London, T. W. Laurie, [1926]; N. Y. Brentano, 1926. vii, 247 p. plates.

———. Die seltsame Hochzeitsfahrt; zwei chinesischen Novellen aus alter Zeit. Mit drei chinesischen Miniaturen. Aus den Urtexten übertragen von Anna von Rottauscher. Wien, W. Frick [1944] 77 p. plates (Wiener Bücherei, 14).

———. Chinesisches Novellenbuch. Deutsch von Eduard Grisebach. [Hrsg. und durchgesehen von Jan Tschichold] Basel, Birkhäuser [1945]. 228 p. [Sammlung Birkhäuser, Bd. 5].

———. Kin ku ki-kuan; chinesische Novellen, Ins Deutsche übersetzt von Eduard Grisebach. 3. durchges Aufl. Bremen-Horn, Dorn, [1947] 127 p. 1st ed. 1887.

———. Kin ku ki kwan: wundersame Geschichten aus alter und neuer Zeit; aus dem Chinesischen übers. von Franz Kuhn. [Zürich] Manesse Verlag [1952] 471 p. illus. (Manesse Bibliothek der Weltliteratur).

———. Blumenzauber; eine chinesische Novelle [entstammt dem Kin ku ki kuan] Die Übersetzung leisteten Tsou Ping-shou und Leo Greiner, eine letzte Redaktion Felix M. Wiesner. Zürich, Verlag die Waage [1953] 78 p. illus.

———. Chao-hsien-chün-chiao-sung-huang-kan-tzu, 趙縣君喬送黃柑子. Goldamsel flötet am Westsee. Erstmalig aus dem Chinesischen übers. von Franz Kuhn. Freiburg i Br., Klemm, 1953. 95 p. (Die Seemännchen, 4).

———. Chiang hsing k'o ch'ung hui chen chu shan. 蔣興哥重會珍珠衫. Das Perlenhemd; eine chinesische Liebesgeschichte. Aus dem chinesischen Urtext übertr. von Franz Kuhn. Leipzig, Insel-Verlag, 1928. 61 p. illus. (Insel-Bücherei, 216) 1948, 1956, 1957 ed., 51 p.

———. Chuang tzŭ hsiu ku p'ên ch'êng ta tao, 莊子休鼓盆成大道. Die treulose Witwe, eine chinesische Novelle. [Übertragung und Nachwort von Eduard Grisebach] München, Hyperionverlag [1921] 98 p.

———. Li yen k'ung chiung tu yu hsia k'o, 李研公窮途遇俠客. Li, Duke of Ch'ien and the poor scholar who met a chivalrous man. A Chinese novel, translated into English with full Chinese text in Peking colloquial by J. A. Jackson. Shanghai, Printed at the Methodist Publishing House, 1922. [4] p. 99 l.

———. [Mai yu lang tu chan hua k'uei], 賣油郎獨占花魁. Der ölhändler und das freudenmädchen; eine chinesische Geschichte in fünf Gesängen. Über. von Vincenz Hundhausen. [Peking, Leipzig, Pekinger Verlag, c1928]. 3 v.

———. [Mai yu lang tu chan hua k'uei] The oil vendor and the sing-song girl; a Chinese tale in five cantos, by Vincenz Hundhausen. Translated from the German by Fritz Ruesch. [New York, F. Ruesch, 1938] 3 v.

Chin p'ing mei, 金瓶梅

CHIN P'ING MEI. The Adventures of Hsi Men Ching, translated from the Chinese, illustrated in black and white. [New York] Priv. print. for the Library of facetious lore [c1927] 215 p., incl. front., plates.

———. Djin ping meh, unter weitgehender Mitwirkung von Artur Kibat aus dem ungekürzten chinesischen Urtext übersetzt, und mit Erläuterungen versehen von Otto Kibat. Gotha, Engelhard-Reyher [1928-1932] 2 v.

———. Kin Ping Meh; oder, Die abenteuerliche Geschichte von Hsi Men und seinen sechs Frauen. Aus dem Chinesischen übertragen von Franz Kuhn. Leipzig, Insel-verlag [1930] 920 p.

———. Chin p'ing mei; the adventurous history of Hsi Men and his six wives, with an introduction by Arthur Waley. [English translation by Bernard Miall from the abridged version by Franz Kuhn (Insel-verlag, Leipzig)] London, John Lane [1939]; New York, G. P. Putnam, [c1940] vii-xxii, 852 p.

———. The Golden Lotus; a translation, from the Chinese original, of the novel Chin p'ing mei, by Clement Egerton. London, G. Routledge [1939]; New York, Grove Press, 1954. 4 v.

———. Episoden aus dem Leben Hsi Mens und seiner sechs Frauen. Aus dem Chinesischen übertr. und in neuer Fassung hrsg. von Mario Schubert. Zürich, W. Classen, 1950. 336 p.

———. Kin Ping Mei, ou la fin de la merveilleuse histoire de Hsi Men avec ses six femmes. Version française de J.-P. Porret. Paris, Le Prat [1953] 342 p.

———. Kin Ping Meh; order, Die abenteuerliche Geschichte von Hsi Men und seinen sechs Frauen. Aus dem Chinesischen übertragen von Franz Kuhn. Wiesbaden, Insel-verlag, 1955. 926 p. 1954 ed. 921 p.

Ch'un meng so yen, 春夢瑣言

CH'UN MENG SO YEN. Ch'ung meng so yen. Trifling tale of a spring dream. A Ming erotic story, published on the basis of a manuscript preserved in Japan and introduced by R. H. van Gulick. Tokyo, 1950. 6, 19 p.

Er nü ying hsiung chuan, 兒女英雄傳

[ER NÜ YING HSIUNG CHUAN] Wen K'ang, 文康: Die schwarze Reiterin; Roman aus der Tsing Zeit aus dem Chinesischen verdeutscht von Franz Kuhn. Zürich, Manesse Verlag, 1954. 954 p. illus. (Manesse Bibliothek der Welt-

literatur).
[———]. La cavalière noire [par] Ouenn Kang; roman adapté de la version allemande de Franz Kuhn par Eugène Bestaux. Paris, Calmann-Lévy [1956] 299 p. (Collection "Traduit de").

Erh tu mei, 二度梅

ERH TU MEI. Die Rache des jungen Meh oder Das Wunder der zweiten Pflaumenblüte. Roman. Aus dem Chinesischen übertr. von Franz Kuhn. Leipzig, Insel-Verlag, 1927. 331 p.
[———]. The same. Zürich, Verlag der Arche, 1949. 304 p.

Fou shêng liu chi, 浮生六記

FOU SHÊNG LIU CHI. Shen Fu's, 沈復, Six chapters of a floating life, rendered into English by Lin Yu-tang. Shanghai, West Wind Monthly, 1935. xv, 326 p. illus.

Hao ch'iu chuan, 好逑傳

[HAO CH'IU CHUAN]. La brise au clair de lune, "Le deuxième livre de génie," roman chinois traduit par George Soulié de Morant. Paris, B. Grasset, 1925. 364 p., incl. plates ("Les Cahiers verts" 57).
[———]. The breeze in the moonlight, "The second book of genius," translated from the Chinese by George Soulié de Morant, and done into English by H. Bedford-Jones. New York and London, G. P. Putnam, 1926. xviii, 371 p. incl. front., plates.
[———]. Die Geschichte einer vollkommenen Liebe, der klassische Liebesroman der Chinesen. "Deutsche Übertragung von H. Brüggmann." Basel, Rhein Verlag, 1926; Luzern, J. Stocker [1944]. viii, 286 p.
———. Eisherz und Edeljaspis; oder, Die Geschichte einer glücklichen Gattenwahl, ein Roman aus der Ming-Zeit. Übers. von Franz Kuhn. [Wiesbaden] Insel-Verlag, 1947. 381 p. illus. 1st ed. Leipzig, 1926.

Hsi yu chi, 西遊記

HSI YU CHI. Le singe et le pourceau; adventures magiques chinoises du XIIIe. siècle, adaptées par George Soulié de Morant; illustrations de André Wilder. Paris, À la Sirène, 1924. 151 p. illus. col. plates.
———. The Buddhist Pilgrim's progress, by Helen M. Hayes, from the Shi yeu ki, "The records of the journey to the Western paradise," by Wu Ch'eng-en, 吳承恩. New York, E. P. Dutton; London, J. Murray, 1930. 105 p. (The Wisdom of the East series).
———. A mission to heaven, a great Chinese epic and allegory, by Ch'iu Ch'ang Ch'un, 邱長春. Translated by Timothy Richard. [n. p.] 1940. xxxix, 362, vi p. plates.
———. Monkey [by] Wu Ch'eng-en. Translated from the Chinese by Authur Waley. London, Allen and Unwin, 1942, 6th impression 1953; New York, John Day [1943] 306 p.
———. The magic monkey, adapted from an old Chinese legend by Plato and Christina Chan, 陳智誠 智龍. [New York] Whittlesey House, McGraw-Hill [1944] 50 p., illus. (part col.).
———. The adventures of Monkey, adapted from the translation made from the Chinese of Wu Ch'eng-en by Arthur Waley. Illustrated by Kurt Wiese. New York, John Day [1944] 143 p. illus.
———. Monkeys Pilgerfahrt, eine chinesische Legende. "Nach der englischen Ausgabe von Arthur Waley: Wu Ch'êng-ên: 'Monkey.' Übersetzung aus dem

Englischen von Georgette Boner und Maria Nils." Zürich, Artemis-verlag [1946] 4 p. l., 464 p., illus.

Hsing shih hêng yen, 醒世恆言

[HSING SHIH HÊNG YEN]. Glue and lacquer; four cautionary tales translated from the Chinese by Harold Acton and Lee Yi-hsieh, 李義協. Preface by Arthur Waley. With illustrations from drawings by Eric Gill interpreted on copper by Denis Tegetmeier. [London] The Golden cockerel press [1941] 139 p. incl. front., illus.

———. Four cautionary tales [from a collection, ed. and pub. in 1627 by Fêng Mêng-lung, 馮夢龍] Tr. from the Chinese by Harold Acton and Lee Yi-hsieh, 李義協: with a pref. by Arthur Waley. [London] J. Lehmann, 1947. 159 p.

———. Tse hiong hiong ti, 劉小官雌雄兄弟. The two brothers of different sex; a story from the Chinese. Translated from the French of Stanislans Julien by Frances Hume. Illustrated by Edy Legrand. London, Rodale Press, 1955. 51 p. col. illus.

SOULIÉ, CHARLES GEORGES, 1878- comp. and tr. Les contes galants de la Chine, par George Soulié de Morant. Paris, E. Fasquelle, 1921. 181 p.

[———]. The Chinese Decameron, now first rendered into English by Carlo de Fornaro. New York [The Lotus society] 1929. 205 p. incl. plates. front.

———. Der chinesische Dekameron, Berechtigte Übersetzung von Schiller Marmorek. Wien-Leipzig, Rhombus verlag [c1926] iv, 9-244 p., col. front., col. plates.

Hung lou mêng, 紅樓夢

HUNG LOU MÊNG. Dream of the red chamber, by Tsao Hsueh-chin, 曹雪芹, and Kao Ngoh, 高鶚. Translated and adapted from the Chinese by Chi-chen Wang, 王際真, with a preface by Arthur Waley. Garden City, N.Y., Doubleday, Doran, 1929; London, Routledge, 1929. xxvii, 371 p. illus.

———. Der Traum der roten Kammer (Ein Roman aus dem frühen Tsing-zeit) von Tsao Hsueh-chin. Aus dem Chinesischen, übertragen von Franz Kuhn. Leipzig, Insel-Verlag, 1932. 788 p. fold. geneal. table, 1948 ed., 796 p.; 1956 ed. 859 p.

KOU, LIN-KE, 郭麟閣. [KUO LIN-KÔ]. Essai sur le Hong leou mong (Le rêve dans le pavillon rouge) célèbre roman chinois du xviiie siècle. Lyon, Bosc frères, M. and L. Riou, 1935. 176 p. Thèse-Univ. de Lyon.

LEE, CHEN-TONG, 李辰冬, 1907- Étude sur le Songe du Pavillon Rouge, [by Tsao Hsueh-chin and Kao Ngoh]. Paris, L. Rodstein, 1934. 146, [2] p. Thèse-Univ. de Paris.

LU, YUEH HWA, 盧月化, 1907- La jeune fille chinoise d'après Hong-leou-mong. Paris, Domat-Montchrestien, 1936. 113 p. Thèse-Univ. de Paris.

I shan tsa tsuan, 義山雜纂

LI, SHANG-YIN, 李商隱, 813-858. The Miscellanea of I-shan: a little-known work of Li Shang-yin, ed. and tr. by E.D. Edwards. [London, 1930] [757]-785 p. "Reprinted from the Bulletin of the School of Oriental Studies, London Institution, vol. v, part iv, 1930."

———. Les notes de Li Yi-chan (Yi-chan tsa-ts'ouan). Traduit du chinois par Georges Bonmarchand. Tokyo, 1955. 84 p. (Bull. de la Maison Franco-japonaise, n. s. t. iv, 3).

Ju lin wai shih, 儒林外史

[JU LIN WAI SHIH]. Jou lin wai che, par Wu Ching-tzŭ, 吳敬梓: le roman des

lettres; étude sur un roman satirique chinois par Ho Shih-chün, 賀師俊. Paris, L. Rodstein, 1933. 207 p.
———. The scholars by Wu Ching-tzŭ. [Translated by Yang Hsien-yi and Gladys Yang] Peking, Foreign Languages Press, 1957. 721, [1] p. illus.

Ko lien hua ying, 隔簾花影

[KO-LIEN HUA-YING]. Blumenschatten hinter dem Vorhang. Aus dem Chinesischen verdeutscht von Franz Kuhn. Freiburg in Br., H. Klemm, 1956. 784 p. fold col. map.

Ku ching chi, 古鏡記

[KU CHING CHI]. Le mirror antique. Contes et nouvelles chinois des hautes époques, traduit par Lo Ta-kang, 羅大綱. Neuchâtel, Baconnière [1943] iv, 281 p. illus. plates.
[———]. Der magische Spiegel; chinesische Märchen und Novellen aus den Zeiten der Blüte. Deutsche Fassung nach der französischen Übertragung durch Lo Ta-kang von Richard B. Matzig. Bern, A. Francke [1944] 254 p. illus.

Lao ts'an yu chi, 老殘遊記

[LIU, Ê] 1857-1909. Tramp doctor's travelogue, English version by Lin Yi-chin, 林疑今, and Ko Te-shun, 葛德順, with a foreword by G.N. Ling, 林玉霖. [Shanghai] Commercial Press, 1939. vi, 263 p.
———. Mr. Decadent by Liu Ngo; translated by Yang Hsien-yi, 楊憲益, and G. M. Taylor [Gladys Yang] Nanking, Tu Li Pub. Co., 1947. 319 p.
———. Mr. Derelict by Liu Ngo; translated by Yang Hsien-yi and G. M. Taylor Gladys Yang. London, G. Allen and Unwin, 1948. 168 p.
———. The travels of Lao Ts'an, by Liu T'ieh-yün (Liu E); translated from the Chinese and annotated by Harold Shadick. Ithaca, Cornell University Press [1952] xxiii, 277 p. illus.

Liao chai chih i, 聊齋誌異

P'U SUNG-LING, 1640-1715. Seltsame Geschichten aus dem Liao-chai. Übertragen aus dem Urtext von Erich Schmitt. Berlin, A. Häger, [c1924] 216 p. plates, (Ex Oriente lux, 1. Abt.: China).
[———]. Strange stories from a Chinese studio, translated and annotated by Herbert A. Giles. New York, Boni and Liveright, 1925. xxiii, 488 p. 1st ed. 1880.
[———.] Contes magiques, d'après l'ancien texte chinois de P'ou Soung-lin (L'Immortel en exil) Traduit par Louis Laloy. Paris, l'Édition d'art [1925] xi, 213 p. (Épopées et légendes).
———. Der Pantoffel der kleinen Yen Dschi, 胭脂, zwei chinesische Novellen aus alter Zeit mit drei chinesischen Miniaturen, aus den Urtexten übertragen von Anna von Rottauscher. Wien, W. Frick, 1940. 72 p. col. plates, (Wiener Bücherei, 9).
———. Contes chinois, extraits du Liao-tchai-tche-yi traduits intégralement en français par Pierre Daudin. Saigon, Impr. de l'Union, Ng.-v-Cua, 1940. xii, 368, iv p. illus.
[———]. Chinese ghost and love stories. "A selection from the Liao-chai stories by P'u Sung-ling, translated by Rose Quong 鄺如絲." [New York] Pantheon [1946] 9-329 p. illus.
———. Die Füchsin und die tote Geliebte. Eine chinesische Liebes-und Geistergeschichte aus dem Liao Tschai (Liao Tschai Tsch-I). Berlin, Steuben-Verlag, 1947. 20 p. (Steuben-Blätter, 21).

———. Gankler, Füchse und Dämonen. Aus dem Chinesischen. Übertr. von Erich Peter Schrock und Liu Guan-ying, 劉冠英. Basel, B. Schwabe, 1955. 232 p. plates (Sammlung Klosterberg, N. F.).

———. The painted skin, 畫皮; a tale from Strange stories from a Chinese studio. Adapted and illustrated by Cheng Shih-fa. Translated by Yu Fan-chin. Peking, Foreign Languages Press, 1957. 40 p.

P'ing kuei chuan, 平鬼傳

P'ING KUEI CHUAN. Dschung-Kuei, 鍾馗. Bezwinger der Teufel (altes chinesisches Volksbuch, zum erstenmal unmittelbar aus der Ursprache übers und mit Nachbildungen echter chinesischer Zeichungen veranschaulicht von Claude du Bois-Reymond. Postdam, G. Kiepenheuer, 1923. 2 p. l. 7-279 p illus.

———. Dschung Kue; oder, Der Bezwinger der Teufel. Berlin, S. Fischer [1936] [9]-325, [3] p. incl. plates.

San kuo yen i, 三國演義

[LO KUAN-CHUNG], 羅貫中, 13th cent., supposed author. San kuo, or Romance of the three kingdoms, by C. H. Brewitt-Taylor. An English version. Shanghai, Kelly and Walsh, 1925. 2 v. front. (fold, map).

———. Die drei Reiche (San kwo tschi) Roman aus dem alten China. Übertragen und mit einem Nachwort versehen von Franz Kuhn. Berlin, G. Kiepenheuer Verlag [c1940] 546 p. illus.

———. Die Schwurbrüder vom Pfirsichgarten. Roman aus dem alten China. Übertragen und mit ein Nachwort versehen von Franz Kuhn. 2. Aufl. Köhn and Berlin, Kiepenheuer and Witsch, 1953. 462 p.

Shih san ts'êng t'a, 十三層塔

SHIH SAN TS'ÊNG T'A. Die dreizehnstöckige Pagode; altchinesische Liebesgeschichten. Deutsch von Franz Kuhn. Berlin, Steiniger Verlage im Dom-Verlag, [c1940] 488 p. Neu Aufl. 1956.

Shiu hu chuan, 水滸傳

[SHUI HU CHUAN]. Les chevalièrs chinois, roman de moeurs et d'aventures, traduit par Panking. Fékin, Impr. de la "Politique de Pékin," 1922. 8, 220 p. illus. (Collection de la "Politique de Pékin").

[———]. Räuber und Soldaten, Roman frei nach dem Chinesischen von Albert Ehrenstein. Berlin, Ullstein, [1927] 5-291, 2 p.

———. Robbers and soldiers, by Albert Ehrenstein, translated from the German by Geoffrey Dunlop. New York, A. A. Knopf, 1929; London, G. Howe, 1929 3-268 p.

———. Die Rauber vom Liang schan moor. Mit sechzig Holzschnitten einer alten chinesischen Ausgabe. Aus dem Chinesischen übertragen von Franz Kuhn. Leipzig, Insel-verlag [1934] 839, [1] p. incl. plates.

———. All men are brothers [Shui hu chuan] translated from the Chinese by Pearl S. Buck. 5th printing. New York, John Day [c1937] xiv, 1279 p. front., illus. 1st ed. 1933.

———. The same. With an introd. by Lin Yutang and illus. by Miguel Covarrubias. New York, For the members of the Limited Editions Club, 1948. 2 v. col. illus.

———. The same. New York, Grove Press [1957, c1937]; London, Methuen, 1957. 2 v. illus. (xiv, 1279 p.).

———. Water margin, written by Shih Nai-an, 施耐菴, translated by J. H. Jackson, edited by Fang Lo-tien, 方樂天. Shanghai, Commercial Press, 1937. 2 v.

———. Selections; ed. by J.I. Crump, Jr. New Haven, Pub. for the Institute of Far Eastern Languages by Yale University Press, 1947. viii, 20 p.; 34 p. ([Yale University. Dept. of Oriental Studies] Mirror series C, no. 4).

[———]. Die Raüber vom Liang schan moor. Aus dem Chinesischen von Franz Kuhn. Wien, Heidelberg, Überreuter, 1955. 313 p.

IRWIN, RICHARD GREGG, 1909- The evolution of a Chinese novel: Shui-hu-chuan. Cambridge, Harvard University Press, 1953. ix, 231 p. (Harvard-Yenching Institute studies, 10).

T'i kung an, 狄公案

T'I KUNG AN. Dee Goong An. Three murder cases solved by Judge Dee; an old Chinese detective novel translated from the original Chinese with an introduction and notes by Robert Hans van Gulick. Illustrated with three reproductions of original Chinese pictures, and six plates drawn by the author after ancient Chinese novels. Tokyo, Printed by Toppan Print. Co., 1949. xxiii, 237 p. plates.

Yen tan tzŭ, 燕丹子

YEN TAN TZŬ. Prince Dan of Yann, short story written about B.C. 226; original text appended. With illus.; translated with an introd. by Cheng Lin, 鄭麐. [Shanghai, World Book Co., 1946] ii, 13 p.; 4, 6 p. illus. (Ancient Chinese classics series).

Yü ching t'ing, 玉蜻蜓

SHEN, SHIH-SHING, 申時行, 1535-1614. Die Jadelibelle, Roman, 玉蜻蜓; aus dem Chinesischen von Franz Kuhn. Berlin, Schützen Verlag, 1936. 294 p.

———. The same. [Zürich] Manesse Verlag [1952] 279 p. (Manesse Bibliothek der Weltliteratur).

Yü chiao li, 玉嬌梨

YÜ CHIAO LI. Ein chinesischer familien Roman. In deutsch Bearb. von Emma Wuttke-Biller. Leipzig, Ph. Reclam jun. [1922] 87 p.

———. Rotjade und Blütentraum. Ein chinesischer Liebesroman. Aus dem Urtexten übertragen von Anna von Rottauscher. Wien, Frick, 1941. 319 p.

———. Das Dreigespann; oder, Yü-kiao-li. [Roman. Übersetzung aus dem Chinesischen von Mario Schubert.] Bern, A. Scherz [1949] 451 p.

Translation of Selections

BUBER, MARTIN, 1878- ed. Chinesische Geister-und Liebesgeschichten. Übers. von Martin Buber. Zürich, Manesse Verlag, Conzett and Ruber, 1948. 339 p. illus. (Manesse-Bibliothek der Weltliteratur) 1. ed. Frankfurt/M, 1920.

HSU, SUNG-NIEN, 徐仲年, 1904- Un enfant terrible: Siu Wen-tch'ang, 徐文長

———. Traduit des récits populaires de Mme Lin Lan, 林蘭. Peiping, Impr. de la "Politique de Pékin," 1931. 19 p. (Collection de la "Politique de Pékin").

———. Contes choisis des T'ang. Pékin, Impr. de la "Politique de Pekin," 1935. 26, 128 p. (Collection de la "Politique de Pékin").

KUHN, FRANZ, 1889- tr. Chinesische Meisternovellen. Aus dem chinesischen Urtext übertragen von Franz Kuhn. Leipzig, Insel Verlag, 1941 [c1926] 95 p. (Insel-Bücherei, 387).

———. Das Tor der östlichen Blüte; Novellen aus dem alten China. Deutsch von Franz Kuhn. Düsseldorf, A. Bagel [1949] 336 p.

———. Und Buddha lacht, 彌勒佛; Geschichten aus dem alten China. Baden-

Baden, Kairos Verlag [1950]. 80 p. (Der Weltkreis, 11).

———. tr. Der Turm der fegenden Wolken, altchinesische Novellen, 李漁 十二樓 Aus dem Chinesischen übertragen von Franz Kuhn. Freiburg I. Br., H. Klemm [1951] 557 p.

LIN, YU-T'ANG, 林語堂, 1895- tr. A nun of Taishan (a novelette) and other translations. Shanghai, Commercial Press, 1936. x, 272 p.

ROTTAUSCHER, ANNA tr. Irrlicht und Morgen röte, fünf chinesische Erzählungen [ins Deutsche übertragen] Zürich, Verlag Die Waage [1955] 132 p. illus.

———. Altchinesische Tiergeschichten; aus dem chinesischen Texten. Wien, P. Neff, 1955. (c1947) 264 p. illus.

RUDELSBERGER, HANS, 1868- tr. Chinesische Novellen; aus dem Urtext übertragen von Hans Rudelsberger. Wien, A. Schroll, c1924. xx, 296 p. plates.

SOULIÉ, CHARLES GEORGES, 1878- comp. and tr. Trois contes chinois du XVIIe siècle, traduites par G. Soulié de Morant. Paris, H. Piazza, [1926] 140 p. front. plates.

[———.] Love stories and gallent tales from the Chinese. English version by E. Powys Mathers. London, John Radker, 1928. 170 p. (Eastern love, 6).

———. Eastern shame girl. [Stories] Tr. from the French of George Soulié De Morant. Illus. by Marcel Avond. New York, Priv. print., 1929. 183 p. illus.

———. Chinese love tales; translated from the original of George Soulié de Morant, with illustrations by Valenti Angelo. New York, Three Sirens Press, 1935; Cleveland, World Pub. Co., 1935. 4 p. l., 11-161 p. incl. front., illus.

———. The same. Garden City, N.Y., Halcyon House [1950?] 161 p. illus. (Illustrated library).

YUAN, CHIA-HUA, 袁家驊, ed. Romance of the three kingdoms and A mission to heaven (selections) selected and annotated by Yuan and Shih, [石民]. Shanghai, The Peisin Book Co., 1931. 265 p. (English translations of Chinese classics. [vol. I]).

Novels: Chinese Authors

CHANG, DIANA C., 張粲芳. The frontiers of love. New York, Random House [1956] 246 p.

CHANG, EILEEN 張愛玲. The rice-sprout song. New York, Scribner, 1955. 182 p.

———. Das Reispflanzerlied. Ein Roman aus dem heutigen China, übers. von Gabriele Eckehard. Düsseldorf, Köhn, Diederichs, 1956. 225 p.

———. Naked earth. Hong Kong, Union Press, 1956. 365 p.

CHANG, FA-SHUN, 張法舜. The Sky River. Illustrated by Jeanyee Wong 黃如珍

———. New York, Lothrop, Lee and Shepard [1950] 156 p. illus.

———. Until the phoenix, a novel. New York, J. Day [1952] 310 p.

CHANG, HSIN-HAI, 張欣海, 1898- The fabulous concubine, a novel. New York, Simon and Schuster, 1956; London, J. Cape, 1957. 491 p.

CHANG, TIEN-YI, 張天翼, 1907- Stories of Chinese young pioneers. Peking, Foreign Languages Press, 1954. 49 p. illus.

———. Jeunes pionniers chinois-Récits. Pékin, Éditions en langues étrangères, 1954. 49 p.

———. Geschichten von Jungpionieren Chinas. Aus dem Chinesischen übers. von Tschen Yüan. Illus. von Dschang Wen-sin. Peking, Verlag für Fremdsprachige Literatur, 1954. 56 p.

CHANG, TSÊ-CHIH, 張則之, comp. and tr. Some famous Chinese stories, compiled and translated by Kinchen Johnson [pseud] for senior middle schools. Peiping, Chung Yuan Book Co., 1934. 395 p.

CHAO, CHING-SHÊN, 趙景深, 1902- comp. Contemporary Chinese short stories, compiled by Jörgensen. Shanghai, Pei hsin shu chü, 1946] 2 v.

in 1.

CHAO, SHU-LI, 趙樹理, 1905- Rhymes of Li Yu-tsai and other stories. With an introductory article by Chou Yang. Peking, Cultural Press, 1950. 195 p. illus.

———. Die Spruchlieder des Li Yu-T'sai von Dschau Schu-li. Peking, Kulturelle Presse, 1951. 109 p.

———. Die Lieder des Li Yü-ts'ai; eine Erzählung aus dem heutigen China. Übers von Jos. Kalmer. Berlin, Verlag Volk und Welt, 1950. 126 p.

———. Changes in Li Village. [1st ed. Translated by Gladys Yang] Peking, Foreign Languages Press, 1953. 224 p.

———. Die Wandlung des Dorfes Lidjiadschuang, von Dschao Schu-li. Deutsch von Tjen Nou. Berlin, Volk und Welt, 1952. 254 p.

CH'EN, T'ENG-KE, 陳登科, 1918- Living hell, translated [from Chinese] by Sidney Shapiro. Peking, Foreign Languages Press, 1955. 147 p.

CHIANG, HSIU-FÊNG, 蔣秀峯. Popular Chinese tales. 2d ed. Peiping, Printed by the Yu Lien Press, 1935. 62 p. illus. (map) plates.

CHIANG, PING-CHIH, 蔣冰之, 1907- When I was in Sha Chuan and other stories, by Ting Ling, 丁玲. Translated from the original Chinese by Kung Pu-sheng, 龔普生. Bombay, Kutub, 1945. 118 p.

———. The sun shines over the Sangkan River [by] Ting Ling [pseud.] Translated by Yang Hsien-yi, 楊憲益, and Gladys Yang] Peking, Foreign Languages Press, 1954. 348 p. illus.

———. Sonne über dem Sanggan von Ding Ling [pseud]. Berlin, Dietz Verlag, 1953. 468 p.

———. Sonne über dem Sangganfluss von Ding Ling, [pseud]. Übers. aus dem Russischen von Arthur Nestmann. Neubearbeitung. Berlin, Aufbau Verlag, 1954. 416 p.

CHIN, CHAO-YANG, 秦兆陽. Village sketches. Peking, Foreign Languages Press, 1957. 198 p.

CHOU, LI-PO, 周立波, 1908- The hurricane. [Translated from the Chinese by Hsu Meng-hsiung, 許孟雄. Illus. by Ku Yuan, 古元] Peking, Foreign Languages Press, 1955. viii, 409 p. illus., port.

———. Orkan, von Dschou Li-bo. Übers. aus dem Chinesischen von Yang En-lin, 楊恩林, und Wolfgang Müncke. Berlin, Tribune, 1953. 576 p.

———. The same. Wien, Stern-Verlag, 1954. 576 p. (Bücher der Zeit).

CHOU, SHU-JÊN, 周樹人, 1881-1936. Selected stories of Lu Hsun, 魯迅, [pseud]. Peking, Foreign Languages Press, 1954. 251 p. port.

———. Selected works of Lu Hsun [pseud.] Peking, Foreign Languages Press, 1956- v. illus.

———. Nouvelles de Lou Shun par Tchang Tien-ya. Pékin, Impr. de la "Politique de Pekin." 1932. 75 p. (Collection de la "Politique de Pekin").

[———]. The true story of Ah Q, by Lu-hsün [pseud.] Translated into English by George Kin Leung, 梁社乾. Shanghai, Commercial Press, 1927. vii, 100 p.

[———]. Ah Q and others, selected stories of Lusin [pseud.] Translated by Chi-chen Wang. New York, Columbia University Press, 1941. xxvi, 3-219 p.

———. The true story of Ah Q [by] Lu Hsun [pseud.] Peking, Foreign Langauges Press, 1953. 111 p. port.

———. La véritable histoire de Ah Q par Lou Sin [suivi de "Sur la véritable histoire de Ah Q." par Feng Soueh-feng, 馮雪峯] roman, traduit par Paul Jamati. Préface de Claude Roy. Paris, Éditeurs français réunis, 1953. 120 p.

———. Die wahre Geschichte des Ah Queh von Lu Hsin. Übers. aus dem Chinesischen von Herta Nan und Richard Jung. Mit einer Vorbemerkung und mit Anmerkungen von Richard Jung und mit einem Nachwort über das Werk und seinen Verfasser von Feng Hsüä-feng. Leipzig, List, 1954. 145 p.

———. Hesitation, by Lu Shun [pseud.] Compiled and annotated by Jörgensen, 趙景深. [Shanghai, Pei hsin shu chü, 1946] 271 p.

[———]. Segen, von Lu Hsün [pseud.] Aus dem Chinesischen übertragen von Joseph Kalmer. Herrliberg-Zürich, Bühl-Verlag [1947] 47 p. (Bühl-Verlag-Blätter, 21).

———. Erzählungen aus China, von Lu Hsün. Aus dem Russischen von Josi von Koskull. Berlin, Rütten und Löning, 1952. 100 p. (Kleine R und L-Bücherei).

———. Die Reise ist lang, gesammelte Erzählungen [von] Lu Hsün [pseud. Aus dem Chinesischen übers. von Joseph Kalmer] Düsseldorf, Progress-Verlag [1955] 524 p.

CHOW, YIH-ZAN, 周越然, 1885- Some Chinese tales. Shanghai, Commercial Press, 1928. vi, 107 p.

DER LING, princess 德齡公主-1944. Jades and dragons. New York, Mohawk Press [c1932] v, [2], 9-287 p. front. illus.. col. plates.

———. Golden phoenix, illustrated by Bertha Lum. New York, Dodd, Mead 1932. ix, 258 p. front., illus., plates.

HAI SCHANG SCHUO MONG JEN [pseud.], 海上說夢人 . Fräulein Tschang, ein chinesisches Mädchen von heute, Roman; aus dem Chinesischen original übertragen von Franz Kuhn. Berlin [etc.] P. Zsolnay, 1931. 325, [1] p.

HAN, SUYIN, 韓素瑛, [pseud.] [唐珊瑚] Destination Chungking. Boston, Little, Brown, 1942; London, Cape, 1943. 3-367 p.

———. The same. New ed. London, Cape; New York, Clarke, Irwin, 1953. 291 p.

———. Manches Jahr bin ich gewandert; übers. von Dorothea Naumann-Preiswerk. 2. Aufl. Darmstadt, Baden-Baden, Genf, Holle Verlag, 1955. 359 p.

———. A many-splendored thing. Boston, Little, Brown [1952] 366 p.

———. The same. London, J. Cape [1952] 384 p.

———. Multiple splendeur. Traduction de Daria Olivier. Introduction de Malcom MacDonald. Paris, Stock, 1957. 445 p. illus.

———. Alle Harrlichkeit auf Erden, übers. von Isabella Nadolny. [Darmstadt] Genf, Holle Verlag, 1953. Stuttgart, Zürich, Salzburg, Europäischer Buchklub, 1955. 438 p.

———. ...and the rain my drink. Boston, Little, Brown [1956] 306 p. (An Atlantic Monthly Press book).

———. The same. London, J. Cape [1956] 319 p.

HO, RO-SE, 何若茜. Love and duty: the love story of a Chinese girl. Shanghai, Commercial Press, 1932 (c1926) 3 p. l. 169 p.

HSIAO, CH'IEN, 蕭乾, 1911- The spinners of silk. London, G. Allen and Unwin, [1944] 7-104 p.

———. Die Seidenraupen. [Einzig autorisierte Übertragung von Joseph Kalmer] Herrliberg-Zürich, Bühl-Verlag (1947] 172 p.

[HSIAO, CHÜN], 蕭軍, 1908- Village in August [by] T'ien Chün, 田軍, [pseud.] Introd. by Edgar Snow. [Tower books ed.] Clevelang, World Pub. Co. [1944, c1942] xix, 313 p.

[———]. The same. New York, Smith and Durrell [1942] xix, 313 p.

[———]. Das erwachende Dorf; Roman. Übers. aus dem Amerikanischen von Hartmut Rebitzki. Berlin, Kantorowicz, 1950. 229 p.

HSIUNG, SHIH-I, 熊式一, 1902- The bridge of heaven, a novel with a prefatory poem by John Masefield. London, P. Davies [1943]; N. Y. Putnam, 1943 [305 p.]. 394 p.

———. Le pont du ciel, roman, traduit de l'anglais par J. Giraud. Paris, R. Laffont, 1948. 432 p.

———. The story of Lady Precious Stream, a novel; with a pref. by J. B. Priestley. Illustrated by A. C. Chang, 張安治. London, Hutchinson, 1950. 176 p. illus. (part col.).

HSIUNG, TAI-MEI, 熊蔡岱梅 Flowering exile; an autobiographical excursion. London, P. Davies [1952] 287 p.

HSÜ, KUANG-YAO, 徐光耀, 1925- The plains are ablaze. [Translated by Sidney Shapiro. 1. ed.] Peking, Foreign Languages Press, 1955. 277 p. illus.

HUA, SHAN, 華山. The shepherd's message. Drawings by Liu Chi-yu, 劉繼卣. Peking, Foreign Languages Press, 1954. 149 p. of illus.

———. Der Brief mit den Hahnenfedern. Übers. aus dem Russischen von Käthe Heinz. Berlin, Verlag Kultur und Fortschritt, 1953. 51 p. (Kleine Jugendreihe).

KAO, YU-PAO, 高玉寶, 1927- Child labour. Adapted by Hsu Kuang-yu, 徐光玉. Drawings by Chou Li, 周立, and others. Peking, Foreign Languages Press, 1954. 95 p. illus.

KUO, HELENA, 郭鏡秋. I've come a long way. New York, London, D. Appleton-Century, 1942. 369 p. front. (port.).

———. Westward to Chungking. New York and London, D. Appleton-Century, [1944] 297, [1] p.

KYN, YN-YU J. B., 敬隱漁. Anthologie des conteurs chinois modernes; établié et traduite, avec une introduction. Paris, Les éditions Rieder, 1929. 190 p. (Les prosateurs étrangèrs modernes).

[———]. comp. The tragedy of Ah Qui, and other modern Chinese stories. London, G. Routledge, 1930. xi, 146 p. (The golden dragon library) "Translated from the Chinese by J. B. Kyn Yn Yu and from the French by E. H. F. Mills."

LI, CHIN-YANG, 黎錦揚, 1917- The flower drum song, by C. Y. Lee. New York, Farrar, Straus and Cudahy [1957] 244 p.

LI, FEI-KAN, 李芾甘, 1905- Living amongst heroes [by] Pa Chin, 巴金 [pseud.] Peking, Foreign Languages Press, 1954. 132 p. illus.

———. Garten der Ruhe, von Pa Chin [pseud.] [autorisierte Übertragung aus dem Chinesischen von Joseph Kalmer] München, Carl Hauser, [1954] 219 p.

LI KAO, 立高. Racing towards victory by Li Kao and others. Peking, Foreign Languages Press, 1956. 184 p.

LI, TCHANG-CHIAN. Les écrivains contemporaine chinois, traduit des essais critiques de Tchien Hsing-tsoun, 錢杏邨. Peiping, Impr. de la "Politique de Pékin," 1933. 113 p. (Collection de la "Politique de Pékin").

LIANG, HSING, 梁星. Liu Hu-lan, 劉胡蘭, story of a girl revolutionary. Peking, Foreign Languages Press, 1953. 87 p.

LIM, BOON-KENG, 林文慶, 1869- Tragedies of Eastern life, an introduction to the problems of social psychology. Shanghai, Commercial Press, 1927. 264 p.

[LIN, ADET] 林如斯 1923- Flame from the rock, by Tan Yun [pseud.] New York, John Day, 1943; London, Toronto, W. Heinemann [1944] 220 p.

———. Our family, by Adet and Anor Lin, 林無雙, with a foreword and comments by Mei mei. New York, John Day [c1939] xiv, 256 p. front. (port. group) illus.

———. Le roc ardent, roman [par] Tan Yun [pseud.] Tr. par Danièle Audiane. Paris, Éditions du Pavois [1946] 323 p. (Bibliothèque internationale).

———. Das Mädchen und der Soldat, Roman von Tan Yün, [pseud.] Ins Deutche Übertragen von Eva Maria Röder. Zürich, Fretz und Wasmuth, 1947. iv, 340 p.

[LIN, ANOR] 林無雙 1926- War tide, a novel by Lin Taiyi. New York, John Day [1943] 281 p.

———. Marée montante. Traduit de l'anglais par Marcelle Sibon. Paris, Stock, 1947. 367 p.

[———]. Das Leben ist stärker, Roman. Übertragen ins Deutsch von Lino Rossi. Zürich, Büchergilde Gutenberg, 1945. iv, 352 p.

[———]. The golden coin. New York, John Day, [1946] 5-306 p.

LIN, HAZEL AI CHUN, 林愛羣, 1913- The physicians, a novel. New York, John Day, [1951] 250 p.

LIN, YU-T'ANG, 林語堂, 1895- Moment in Peking; a novel of contemporary Chinese life. New York, John Day [1939]; Berne, A. Scherz, 1943; Garden City, N. Y., Sun dial, 1942, 3-815 p.

———. Enfances chinoises, roman, traduit de l'anglais par François Fosca.

Genève, Éditions du Milieu du Monde, 1944. iv, 404 p.
———. Peking: Augenblick und Ewigkeit. Roman. Übers. von Lino Rossi. Zürich, Büchergilde Gutenberg, 1943. 2 v.
———. The same. Frankfurt a M., S. Fischer, 1951. 2 v.
———. With love and irony; illustrated by Kurt Wiese. New York, John Day [c1940]; Garden City, N.Y.; Blue Ribbon Books, 1945. xi, 291 p. illus.
———. Ein wenig Liebe...ein wenig Spott. Aus dem Amerikanischen übertragen von Ines Loos. Zürich, Rascher, 1943. iv, 309 p. illus.
———. A leaf in the storm, a novel of war-swept China. New York, John Day [c1941] 3-368 p. illus. (map).
———. The same. Berne, Phoenix Publishing Co., Scherz and Hallwag, 1947. 2 v. (The Scherz Phoenix Books, 83-84).
———. Feuille dans la tourmente, un roman de la guerre en Chine. Traduit par Charly Guyot, 1944. Neuchâtel-Paris, Delachaux et Niestlé, 1944. iv, 374 p.
———. Blatt in sturm. Roman aus dem kriegverheerten China. Übertragen ins Deutsch von Lino Rossi. Zürich, Büchergilde Gutenberg, 1944. iv, 454 p.
———. The same. Frankfurt a M. und Hamburg, G.B. Fischer, 1953. 543 p. (Die grossen Romane der Zeit).
———. Chinatown family, a novel. New York, John Day [1948] London, Heinemann; Toronto, Longmans, 1949. 307 p.
———. Chinesenstadt; Roman aus dem Englischen von Leonore Schlaich. Stuttgart, Deutsche Verlags-Anstalt, 1952. 365 p.
———. The same. Frankfurt a. M., Büchergilde Gutenberg, 1955. 390 p.
———. Miss Tu. London, W. Heinemann [1950] 124 p.
———. Die Kurtisane. [Erzählung] Übertr. aus dem Englischen von Leonore Schlaich. Stuttgart, Deutsche Verlags-Anstalt, 1951. 113 p. (Die Stern-Ausgaben).
———. tr. Widow, nun and courtesan; three novelettes from the Chinese, translated and adapted by Lin Yutang. New York, John Day [1951]; Toronto, Longmans, [1951] vi, 266 p.
———. Widow Chuan retold by Lin Yutang, based on Chuan chia chun by Lao Hsiang, 老向. London and Melbourne, W. Heinemann, 1952. viii, 158 p.
———. Famous Chinese short stories, retold by Lin Yutang. New York, John Day [1952] 299 p.
———. Die Botschaft des fremden chinesische Geschichten. Ins deutsche Übertragen von Ursula Löffler. Stuttgart, Deutsche Verlags- Anstalt, 1954. 340 p.
———. The vermilion gate, a novel of a far land. New York, John Day [1953] 438 p.
———. Leb wohl Sunganor. Roman aus einem fernen Land. Übers. von Maria Wolff. Berlin und Frankfurt a M., G.B. Fischer, 1954. 497 p. (Die grossen Roman der Zeit).
———. Lady Wu; a true story. London, Heinemann, 1957. 245 p. tables, diagrms.
LIU, BEATRICE, 劉艾碧珠. Little Wu and the watermelons. Illus. by Graham Peck. Chicago, Follett Pub. Co. [1954] 96 p. illus.
LIU, CHING, 柳青, 1916- Wall of bronze. [Translated by Sidney Shapiro] Peking, Foreign Languages Press, 1954. 283 p. illus.
LIU, PAI-YU, 劉白羽, 1915- Six A.M. and other stories. Peking, Foreign Languages Press, 1953. 149 p.
———. Six heures du matin. Pékin, Éditions de langues étrangères, 1953. 166 p.
———. Flames ahead. Peking, Foreign Languages Press, 1954. 166 p. map.
———. Flammen am Jangtse, Übers. von Walter Ecklelen. Berlin, Dietz, 1957. 212 p.
LO, KENNETH H.C., 羅孝建. Forgotten wave; stories and sketches from the Chinese seamen during the second World War, including the epic of Poo Lim, 彭濂, who sat alone on a raft and survived 133 days of the open Atlantic. Padiham [Eng.] Padiham Advertiser Ltd., 1947. 116 p. illus.
LOWE, H. Y., 盧興源? Stories from Chinese drama, with illustrations by the

author. Peking, Peking Chronicle Press, 1942. xxii, 413, xxxxviii p. illus.

LU, A.K. L'histoire de Fou Sang-siang. Pékin, Impr. de la "Politique de Pékin." 1928. [2] 43 p. (Collection de la "Politique de Pékin").

LU, CHU-KUO, 陸柱國. Der Mensch ist stärker als Eisen, von Lu Tschu-kou. [Ins Deutsche übertragen von Yuan Miautse] Berlin, Verlag der Kasernierten Volkspolizei, 1956. 145 p. illus.

A NEW HOME and other stories, by contemporary Chinese writers. Peking, Foreign Languages Press, 1955. 165 p.

PAI, WEI, 白危, 1911- The Chus reach haven. [Translated by Yang Hsien-yi and Gladys Yang] Peking, Foreign Languages Press, 1954. 108 p.

REGISTRATION, and other stories, by contemporary Chinese writers. Peking, Foreign Languages Press, 1954. 226 p.

SHEN, TS'UNG-WÊN, 沈從文, 1902- Nouvelles de Chen Tsong-wen par Tchang Tien-ya. Pékin, Impr. de la "Politique de Pékin," 1932. 40 p. (Collection de la "Politique de Pékin").

———. The Chinese earth; stories. Translated by Ching Ti and Robert Payne. London, G. Allen and Unwin [1947] 289 p.

SHEN, YEN-P'ING, 沈雁冰, 1896- Schanghai im Zwielicht, Roman. Aus dem Chinesischen übertragen von Franz Kuhn. Dresden, W. Heyne, 1938. 477 p.

[———.] Chinesische Novellen von Mao Tun. Die Übers. aus dem Chinesischen von Wolfgang Schmahl. Hrsg. von Walter Donat. Berlin, Hermann Hübener, 1946. 64 p. illus. (Kleine drei Birken Bücherei, 9).

———. Der Laden der Familie Lin. Aus dem Chinesischen übersetzt von Joseph Kalmer. Berlin, Volk und Welt, 1953. 186 p.

[———]. Spring silkworms and other stories, by Mao Tun [pseud] Translated by Sidney Shapiro. Peking, Foreign Languages Press, 1956. 278 p. port.

[———]. Seidenraupen im Frühlung. 2 Erzählungen von Mao Tun. Aus dem Chinesischen. Übertragen von Joseph Kalmer. Leipzig, Insel-Verlag, 1955. 78 p. (Insel-Bücherei, 589).

SHÊNG, CH'ÊNG, 盛成, 1899- Ma mère. Préface de Paul Valéry. Paris-Neuchâtel, V. Attinger, 1928. 191 p. incl. front. (port.) (His Vers l'unité. I).

———. Ma mère et moi. À travers la révolution chinoise. Paris et Neuchâtel, Éditions V. Attinger, 1929. iv, 240 p. (His Vers l'unité, 2).

———. A son of China; translated from the French by Marvin McCord Lowes; preface by Paul Valéry. New York, W. W. Norton [c1930] viii, 9-286 p.

———. Meine mutter. "Ubersetzt von Paul Cohen-Portheim." Mit einem Vorwort von Paul Valéry. Berlin, G. Kiepenheuer, 1929. xxiv, 151 p.

SHIH, YEN, 石言. It happened at Willow Castle. Peking, Cultural Press, 1951. 71 p.

———. Das Gelöbnis des Li Yin. Eine Liebeserzählung aus dem neuen China. Leipzig, Paul List Verlag, 1953. p.

SHU, CH'ING-CH'UN, 舒慶春, 1898- Auprès du temple de la grande désolation (Ta-pei-sseu) par Lao Che, [pseud]. Traduit du chinois par Madame le docteur Chow Chung-cheng, 周仲錚. Amsterdam, 1940. [20] p. (China; een driemaandelyksch tydschrift, Jahr. 14, No. 1-2).

———. Rickshaw boy, by Lau Shaw [pseud.] Tr. from the Chinese by Evan King [pseud.] New York, Reynal and Hitchcock [1945] 315 p.

———. The same. Sketches by Cyrus Le Roy Baldridge. New York, Reynal and Hitchcock, 1945. 383 p. illus.

———. The same. Garden City, N. Y., Sun Dial Press [1946] 315 p.

———. The Same. London, M. Joseph [1946] 254 p.

———. Coeur-Joyeux, coolie de Pékin (Rickshaw boy) [par] Lao Sheh [pseud.] Roman chinois tr. par Jean Poumarat d'après la version anglaise d'Evan King [pseud.] Grenoble, B. Arthaud [1948, c1947] 438 p. (Collection "De par le monde").

———. Rikscha Kuli. Roman, von Lao Sheh. Deutsche Ubertragung von Lena Frender. Zürich, Diana Verlag, 1947. iv, 446 p.

———. The quest for love of Lao Lee, by Lau Shaw (Lao Sheh) Tr. from the Chinese by Helena Kuo, 郭鏡秋 New York, Reynal and Hitchcock [1948] 306 p.
[———]. Divorce, tr. and adapted from the Pekinese of Venerable Lodge [pseud.] by Evan King [pseud.] [St. Petersburg] King Publications [1948] vii, 444 p.
———. Heavensent, by Shu She-yu, 舒舍予. London, J. M. Dent, 1951. 284 p.
———. The yellow storm [by] Lau Shaw [pseud. of] S. Y. Shu; translated from the Chinese by Ida Pruitt. New York, Harcourt, Brace [c1951] 533 p.
———. The drum singers, by Lau Shaw (S. Y. Shu) Translated from the Chinese by Helena Kuo. New York, Harcourt, Brace [1952] 283 p.
[SU, HSÜAN-YING], 蘇玄瑛, 1884-1918. The lone swan, 斷鴻零雁記, by the Reverend Mandju, 曼殊, [pseud.] translated into English by George Kin Leung. Shanghai, Commercial Press, 1929. (c1924) xii, 147 p. incl. front. (port.) 1st ed. 1924.
———. Der wunde Schwan; die Aufzeichungen des Möndes Man Ju. Roman. Aus dem Chinesischen übertragen von Anna von Rottanscher. Wien, Amandus-Edition, 1947. 152 p.
SU HUA, 凌淑華. Ancient melodies. With an introduction by V. Sackville-West. London, Hogarth Press, 1953. 255 p. illus.
———. Nie verklungne Melodie (Erinnerungen). Mit einem Geleitwort von V. Sackville West. Übertragen aus dem Englischen von Sonja Mariasch. Zürich, Verlag der Arche, 1954. 240 p. illus.
SZE, MAI-MAI, 施蘊珍. Echo of a cry, a story which began in China. Illustrated by the author. New York, Harcourt, Brace, [1945]; London, J. Cape [1947] 3-203 p. illus.
———. Silent children, a novel. New York, Harcourt, Brace [1948] 189 p.
TCHENG, MIEN, 陳綿, 1901- Les contes merveilleux de la Chine. Paris, Éditions Nilsson, 1929? 125 p.
TCHOU, KIA-KIEN; 朱家健, tr. La septième petit Madame Tch'en, 陳七奶奶, adapté du chinois par Tchou Lan [陸] 腴郎. Traduit par Tchou Kia-kien. Pékin, A. Nachbaur, 1926. 232 p. plates. (scènes de la vie des maisons de thé).
TING, CZE-MING, 丁則民, comp. and tr. Short stories from China, translated from the Chinese by Cze Ming Ting; with an introduction by Agnes Smedley. Moscow, Co-operative Pub. Society of Foreign Workers in the U. S. S. R., 1935. 89, [1] p.
TS'AO MING, 草明, pseud., 1913- The moving force. Peking, Cultural Press, 1950. 214 p.
———. Die treibende Kraft. Übers. von Gerhard Mehnert. Berlin, Dietz Verlag, 1953. 207 p.
TSIANG, H.T., 蔣希曾 [CHIANG HSI-TSÊNG] China red (a novel) New York, The author [c1931] [11]-155, [1] p., 1 illus.
———. The hanging on Union Square with a foreword by Waldo Frank. N[ew] Y[ork], The author [1935] 222 p.
———. And China has hands. New York, R. Speller [1937] 164 p.
WANG, CHI-CHEN, 王際真, 1899- tr. Traditional Chinese tales. New York, Columbia University Press, 1944. 225 p.
———. Contemporary Chinese stories. New York, Columbia University Press, 1944. ix, 242 p.
———. ed. Stories of China at war. New York, Columbia University Press, 1947; London, Oxford University Press, 1947. xi, 158 p.
WANG, HSI-DJIAN, 王希堅. Der gnädige Herr Wu. Roman. Berlin, Verlag Volk und Welt, 1954. 340 p.
WONG, JADE SNOW, 黃玉雪. Fifth Chinese daughter. [Autobiography] With illus. by Kathryn Uhl. New York, Harper [1950]; London, Hurst and Blackett, 1952 vii, 246 p. illus.
———. Ein chinesenmädchin in Frisco. Übers. von Doris Mühringer und Helmut Degner. Salzburg, Pallas-Verlag, 1954. 349 p. illus.

WONG, WILFRED SIEN-BING. The black hole of Shanghai (an inside story of kidnapping). Shanghai, China Critic Pub. Co., 194? 62 p. illus.

———. The mental autobiography of Bill Lee. Shanghai, China Critic Pub. Co., 1945. 55 p.

YANG, I, 楊儀, 1907- Uncle Kao, a novel about the mistakes and difficulties encountered during the formation of agricultural cooperatives in their early days. Peking, Foreign Languages Press, 1957. 297 p.

YANG, SHUO, 楊朔, 1913- A thousand miles of lovely land. [Translated by Yuan Ko-chia] Peking, Foreign Languages Press, 1957. 236 p. illus.

YEH, CHUN-CHAN, 葉君健, 1916- The ignorant and the forgotten, nine stories. Eight original lithographs by Betty Dougherty. London, Sylvan Press, 1946. 159, [1] p. incl front., plates.

———. Mountain village; a novel. New York, G. P. Putnam; London, Sylvan Press, 1947. 3-248 p.

———. tr. Three seasons and other stories. London, Staples Press, 1947. 136 p.

———. They fly south. London, Sylvan Press, 1948. 208 p.

YU, TA-FU, 郁達夫, 1897-1945. Choix de nouvelles de Yu Ta-fou par Tchang Tien-ya. Pékin, Impr. de la "Politique de Pékin," 1933. 103 p. (Collection de la "Politique de Pékin").

YUAN, CHING, 袁靜. Daughters and sons, by Kung Chueh, 孔厥, and Yuan Ching; translated from the Chinese by Sha Po-li. New York, Liberty Press, 1952. 300 p.

———. Schüsse am Bayangsee; Roman [von] Kung Djüe und Yüan Djing. [Nach einer in "Chinese literature," Peking, erschienenen englischen Übersetzung ins Deutsche übertragen von Eduard Klein] Berlin, Verlag Volk und Welt, 1954. 362 p.

Novels: Western Authors

ABBOTT, PAUL RICHARD. Within the four seas; a Shantung idyll. Shanghai, Commercial Press, 1930. [5]-279 p. front. plates.

ACTON, HAROLD MARIO MITCHELL, 1904- Peonies and ponies, a novel. London, Chatto and Windus, 1941. vii, 310 p.

[AITKEN, ANDREW] 1868- The great to be, by Wilcox Arnold [pseud.] London, Wilkinson Bros. [1930] 48 p.

[———]. Chinese folk-lore and Sequel to "The great to be" by Wilcox Arnold [pseud.] London, Wilkinson Bros., [1931] 48 p.

[———]. Mr. Ling, an incarnate deity and the moon, by Wilcox Arnold [pseud.] London, Wilkinson Bros [1933?] 132 p. plate.

ANDERSON, PAUL S., Pan Chao; a girl of old China. New York, Comet Press Books, [1954, c1953] 34 p. illus.

ANDERSON, WILLIAM ASHLEY. Yellow flood. New York, R. M. Mc Bride, 1932. 9-275 p.

ANDREWS, ROY CHAPMAN, 1884- Quest in the desert; illustrated by Kurt Wiese. New York, Viking Press, 1950. 192 p. illus.

———. Quest of the snow leopard. Illustrated by Kurt Wiese. New York, Viking Press, 1955. 190 p. illus.

APPELL, GEORGE C., 1914- The tin trumpet of China. New York, Duell, Sloan and Pearce [1950] 238 p.

APPLEGARTH, MARGARET TYSON 1886- A china shepherdess. Philadelphia, Judson Press [1924] 3-323 p. illus.

ARCHER, CHARLES STANLEY, 1902- Hankow return. Boston, Houghton Mifflin, 1941; London, Collins, 1941. 378 p.

———. China servant. London, Collins, 1946. 320 p. map.

ARNHOLD, VIRGINIA, 1909- Celestial escapade, by Stella Kirby [pseud.] New York, Viking Press, 1951. 214 p.

AYSCOUGH, FLORENCE (WHEELOCK) 1878-1942. The autobiography of a Chinese dog, edited by his missus (Florence Ayscough) with writing-brush sketches by Lucille Douglass. Boston and New York, Houghton Mifflin 1926. London, Cape, 1926. xiv, 105 p. front., illus. plates.

BABSON, NAOMI LANE. All the tomorrows; a novel. New York, Reynal and Hitchcock [c1939] 3-390 p.

BACHMANN, ROBERT. The hand of a thousand rings, and other Chinese stories. New York, Cosmopolis Press, 1924. 252 p.

BAGLEY, WILLIAM CHANDLER, 1909- To far Cathay, tales of Marco Polo, illustrated by Nils Hogner. New York, T. Nelson, 1935. vi, 7-72 p. incl. front., illus. (Our changing world).

BALL, DORIS BELL (COLLIER), 1897- China roundabout by Josephine Bell, [pseud.] London, Hodder and Stoughton, 1956. 224 p.

BARING, MAURICE, 1874-1945. Tinker's leave. Garden City, N. Y. Doubleday, 1928; London, Heinemann, 1930. vii, 368 p.

BARRETT, WILLIAM EDMUND, 1900- The left hand of God. Garden City, N. Y. Doubleday, 1951. 275 p.

BAUM, VICKI, 1888- Hotel Schanghai. Amsterdam, Querido-Verlag, 1939; Wein, Bermann-Fischer, 1939. 689 p.

———. Shanghai '37; translated by Basil Creighton. New York, Doubleday, 1939; Book League of America, 1940. viii, 619 p.

BEAUVOIR, SIMONE de, 1908- Les Mandarins. Roman. Paris, Gallimard, 1954. 579 p.

———. The mandarins, a novel. [Translated by Leonard M. Friedman] Cleveland, World Pub. Co., [1956]; London, Collins, 1957. 610 p.

BECHTEL, JOHN. The Shanghai mystery. Grand Rapids, Mich. Wm. B. Eerdmans Pub. Co., 1945. 88 p. illus.

BECK, LILY (MORESBY) ADAMS. The treasure of Ho; a romance. New York, Dodd, Mead, 1924. 303 p.

BECKER, STEPHEN D , 1927- The season of the stranger. New York, Harper [1951] 278 p.

———. Shanghai incident, by Steve Dodge [pseud.] Cover painting by Lu Kimmel. New York, Fawcett Publications [1955] 158 p. (Gold medal books, 456).

BENNETT, JAMES W. Plum blossoms and blue incense; and other stories of the East, by James W. Bennett and Soong Kwen-ling. Shanghai, Commercial Press, 1926; London, Kegan Paul, 1927. [3] -330 p. front. plates.

———. The Manchu cloud. New York, Duffield; London, J. Hamilton, 1927. 3-329, [1] p.

———. The yellow corsair. New York, Duffield, 1927; London, J. Hamilton, 1928. 3-317, [1] p.

———. Dragon shadows. New York, Duffield, 1928. 286 p.

———. Son of the typhoon, a novel. New York, Duffield, 1928; London, Skeffington, 1929. 3-292 p.

———. Chinese blake. London, Skeffington, 1930. 288 p.

BENSON, STELLA, 1892-1933. Tobit transplanted. London and Toronto, Macmillan; New York, Harper, 1931. xii, 361, [1] p.

BISHOP, CHAIRE (HUCHET). The five Chinese brothers, by Clair Huchet Bishop and Kurt Wiese. [New York] Coward McCann, [c1938] [50] p. illus.

BLAND, JOHN OTWAY PERCY, 1863-1945. Something lighter; with illustrations by Mary MacLeod. Boston, Houghton, Mifflin, 1924. 256 p. col. front., col. plates.

BLOOD, ADELE. The jade rabbit, by Adele Blood and Tam Marriott, illustrated by Charles Fouqueray (Paris) London, The Diamond Press, [1926]; New York, The Dial Press, 1927. 404 p.

BOYNTON, GRACE MORRISON, 1890- The River Garden of Pure Repose. New York, McGraw-Hill [1952] 274 p. illus.

BREDON, JULIET. Le roman d'une ville interdite. Pékin, Impr. de la "Politique de Pékin," 1930. 60 p. (Collection de la "Politique de Pékin").

———. Hundred Altars. New York, Dodd, Mead, 1934. viii, 336 p.
———. Hundert altäre, roman. "Deutsch von Richard Hoffmann." Berlin [etc.] P. Zsolnay, 1936. 462, [1] p.
BROWN, KAREN. The Shanghai lady, novelized by Karen Brown, adapted from John Colton's Drifting, illustrated with scenes from the photoplay, "a Universal picture," starring Mary Nolan. New York, Efrus and Bennett, [c1929] 238 p. front., plates.
BROWN, MARGARET H. "Heaven knows." London, Edinburgh House Press, 1939. 167, [1] p. front. plates.
BRULLER, JEAN, 1902- Les pas dans le sable: l'Amérique, la Chine et la France [par] Vercors [pseud.] Paris, A. Michel [1954] 288 p.
BRUNNGRABER, RUDOLF, 1901- Opiumkrieg; roman. Stuttgart-Berlin, Rowohlt [c1939] 326, [1] p.
———. The same. Leipzig, B. Tauchnitz, 1943. 308,[4]p. (Der Deutsche Tauchnitz, bd. 113).
BUCK, PEARL (Sydenstricker) 1892- East wind: west wind. New York, Grosset, 1930; John Day [c1930]; London, Methuen, 1931, cheap ed. 1934. 3-277, [1] p.
———. The same. [New York] American Mercury, [c1939] 126 p. [A Mercury book, 19].
———. The same. Cleveland, World Book Co.; Toronto, McClelland and Stewart, 1948. 277 p.
———. Vent d'Est, Vent d'Ouest. Traduit de l'anglais par Germaine Delamain. Paris, Édition du Dauphin, 1947; Genève, Édition de l'Echo illustré, 1949. xvi, 205 p.
———. Ostwind-Westwind; roman. "Deutsch von Richard Hoffmann." Berlin [etc.] P. Zsolnay, 1934; Zürich, Artemis Verlag, 1947. 274, [1] p.
———. The good earth. New York, John Day [c1931]; London, Methuen, 1931, cheap ed. 1934. 3-375, [1] p.
———. The same. Leipzig, B. Tauchnitz, 1932. 350 p. (Tauchnitz ed.).
———. The same, with an introduction by the author. New York, Modern Library [1934] v-xiii, 374, [1] p. (The modern library of the world's best books).
———. The same. New York, Triangle Books, 1939. 318 p.
———. The same. New York, Grosset and Dunlap. 1940. 374 p. (Madison square books).
———. The same. New York, Pocket Books, 1940. 348 p.
———. The same. Cleveland, World Pub. Co., 1944 318 p. (Tower Books).
———. The same, with illustrations by Howard Willard, introduction by Carl Van Doren. Cleveland and New York, The World Pub. Co. [1947] 292 p. 1 illus., plates. (The Living library).
———. The same. A school ed. by Jay E. Greene. New York, Globe Book Co. [1949] x, 325 p. illus.
———. The same. Standard ed., with an introd. by the author. New York, John Day [1949] xvi, 323 p.
———. La terre chinoise. Traduction de Théo Varlet. Préf. de G. Lepage. Paris, Payot, 1940. Lausanne, Payot, 1943. 375 p.
———. Die gute Erde, Roman des chinesischen Menschen. [Übertragung aus dem Englischen von Ernst Simon] München und Basel, Zimen-Verlag [1947?, c1933]; München, K. Desch, 1933. 405 p.
———. Sons. New York, John Day; London, Methuen, 1932. 3-467, [1] p.
———. The same. New York, Grosset and Dunlap, 1932. 467 p.
———. Les fils de Wang Lung. Traduit par Théo Varlet. Paris, Payot, 1933. 399 p.
———. Söhne, roman. "Deutsch von Richard Hoffmann." Berlin [etc.] P. Zsolnay, 1933; Zürich, Büchergilde Gutenberg, 1939; Artemis Verlag, 1948. 586, [1] p.
———. The young revolutionist. New York, Friendship Press [c1932]; London,

Methuen, 1932. 3-182 p.

———. Der junge Revolutionär. Aus dem Englischen übertragen von Ernst Simon. Basel, etc., Zinnen Verlag, 1934. iv, 244 p.

———. The same. München, K. Desch, 1947. 149 p.

———. The first wife and other stories. New York, John Day company; London, Methuen, 1933. 312 p.

———. La première femme de Yuan. Traduction de Germaine Delamain. Paris, Stock, 1945. 273 p.

———. Die erste Frau und andere Novellen. Berlin [etc.] P. Zsolnay, 1935. 313, [1] p.

———. The mother. New York, John Day; London, Methuen, 1934; Penguin Books, 1934; Cheap ed. 1936. 9-302 p.

———. The same. Cleveland and New York, The World Pub. Co., 1945. 302 p. (Tower Books).

———. La mère. Traduit par Germaine Delamain. Paris, Stock, 1935; Hazen, 1947; A. Brachet, 1948. 254 p. (Le cabinet cosmopolite).

———. Die Mutter, Roman. "Deutsch von Richard Hoffmann." Berlin [etc.] P. Zsolnay, 1934. 312, [1] p.

———. A house divided. New York, Reynal and Hitchcock [c1935]; London, Methuen, 1935. cheap ed. 1937. 353 p.

———. The same. New York, Grosset, 1939. 353 p. (Novels of distinction).

———. The same. Cleveland and New York, The World Pub. Co. [1948] 287 p. (Forum Books).

———. La famille dispersée. Traduit par S. Campaux. Paris, Payot, 1935. 442 p.

———. Das geteilte Haus; roman. "Deutsch von Richard Hoffmann." Berlin [etc.] P. Zsolnay, 1935; Zürich, Artemis Verlag, 1948.

———. House of earth: The good earth; Sons; A house divided. New York, Reynal and Hitchcock [1935]; London, Methuen, 1936. 3-318, 467, 353 p.

———. Das Haus der Erde; Roman-Trilogie. [Die beruchtigte übersetzung besorgten Ernst Simon (Die gute Erde), Richard Hoffman (Sohne, und Das geteilte Haus)] Wien, P. Zsolnay, 1950. 1084 p.

———. This proud heart. New York, Reynal and Hitchcock [c1938] London, Methuen, 1938; cheap ed. 1940. 371 p.

———. The same. New York, Grosset, 1940. 371 p. (Novels of distinction).

———. Un coeur fier. Traduit par Germaine Delamain. Paris, Stock, 1939; Monaco, Édition du Rocher, 1945. 350 p.

———. Stolzes Herz, roman. "Deutsch von Richard Hoffmann." Berlin [etc.] P. Zsolnay, 1938. 490, [1] p.

———. The patriot. New York, John Day [c1939]; Toronto, Longmans; London, Methuen, 1939. 372 p.

———. The same. New York, Grosset, 1940. vii, 372 p. (Novels of distinction).

———. The same. Cleveland, The World Pub. Co., 1945. 302 p. (Tower Books).

———. The same. London, Methuen, 1950. 376 p. (Uniform ed.).

———. Le patriote. Traduit par Germaine Delamain. Paris, Stock, 1940. 324 p. (Le cabinet cosmopolite).

———. Land der Hoffnung, Land der Trauer! Roman. [Übertragen von Walter Gerull-Kardas] Zürich, Scientia AG. [c1940]; Neue Schweizer Bibliothek, 1951. 391 p.

———. Today and forever, stories of China. New York, John Day [c1941]; London, Macmillan, Toronto, Longman, 1941. Uniform ed. Methuen, 1950. 3-324 p.

———. Maintenant et à jamais. Traduit par H. De Beaune. Bruxelles, Édition de la Paix, 1947. 319 p.

———. Für Heut und alle Zeit. Übers. von F. Fiedler. Zürich, Scientia A.G., 1943; Neue Schweizer Bibliothek, 1951. iv, 383 p.

———. China sky. New York, Triangle Books [1942] 272 p. 1st ed. 1941.

———. Dragon seed. New York, John Day [c1942] London, Macmillan, 1942,

(London, Macmillan, 1942) 2nd ed. ; London, Methuen, 1949. 3-378 p.
———. The same. Garden City, N. Y., Sun Dial Press [1943] 3-378 p.
———. The same. Philadelphia, Triangle Books, the Blakiston Co.; Toronto, Blue Ribbon Books, 1943. 378 p.
———. Fils de dragon; roman traduit de l'anglais par Jane Fillion. Genève, J. H. Jeheber [1943] [9]-412 p.
———. Drachensaat, roman. "Einzig autorisierte Übertragung aus dem Amerikanischen von Ernst Reinhard." [Bern] A. Scherz [c1942] 406 p.
———. The story of Dragon seed. New York, The John Day company [1944] 15 p.
———. Twenty-seven stories. Garden City, N. Y., Sun Dial Press [1943] 5-312, 327 p.
———. The promise. New York, John Day [1943] London, Methuen, 1944. Uniform ed., Methuen, 1949. 248 p.
———. Promesse. Traduction de l'anglais par Jane Fillion. Genève, J. H. Jeheber, 1945. iv, 285 p.
———. Das Gelöbnis. Übertragung von Ursula von Wiese. Bern, A. Scherz, 1945. iv, 318 p.
———. China flight. Philadelphia, Triangle books, the Blakiston company; Toronto, Blue Ribbon Books, 1945. 251 p.
———. Pavilion of women. New York, John Day [1946] London, Methuen, 1947. 316 p.
———. Die Frauen des Hauses Wu. Ins Deutsche Übertragen von Justinian Frisch. Stockholm, Bermann-Fischer Verlag, 1948; Zürich, Buch-Gemeinschaft Ex Libris, 1951. 474 p.
———. Far and near; stories of Japan, China, and America. New York, John Day [1947]; Toronto, Longmans, 1947; London, Methuen, 1949. 250 p.
———. Zurück in den Himmel; Erzählungen aus China, Japon und Amerika. Ins Deutsche Übertragen von Charlotte Kühner. Stuttgart, Victoria Verlag, 1954. 388 p.
———. Peony. New York, John Day [1948] 312 p.
———. Pivoine. Traduction de Germaine Delamain. Paris, Stock, 1949. 400 p.
———. Peony. Übertragen von Irene Mühlon. Bern. A. Scherz, 1949. 308 p.
———. Kinfolk. New York, John Day [1949]; London, Methuen, 1950. 406 p.
———. Liens de sang. Traduit par Lola Trance. Paris, Stock, 1950. 456 p.
———. Kinfolk. Übertragen aus dem Amerikanischen von Renate Hertenstein. Bern, A. Scherz, 1950. 335 p.
———. The bondmaid. London, Methuen, 1949. 320 p.
———. The child who never grew. New York, John Day [1950], London, Methuen, 1951. 62 p. "Appeared as an article in the Ladies' home journal, May, 1950."
———. L'enfant qui ne devait jamais grandir. Traduction de Lola Trance. Paris, Stock, 1950. 128 p.
———. Geliebtes unglückliches Kind. [Berechtigte Übersetzung von F. Pasternak] Wien, P. Zsolnay, 1952. 84 p.
———. My several worlds, a personal record. New York, John Day [1954] 407 p.
———. Mein Leben-Miene Welten. Eine Autobiographie. Ins Deutsche Übertragung von Hans B. Wagenseil. Wien, München, Basel, K. Desch, 1955. 514 p. port. illus.
———. Imperial woman; a novel. New York, John Day [c1956] 376 p.

Works about Pearl Buck

PARDOEN, LÉON. Pearl Buck et la Chine. Lille, Société des auxiliaires des missions, 1944. 36 p. illus.
[WALSH, RICHARD JOHN] 1886- A biographical sketch of Pearl S. Buck. New York, John Day, Reynal and Hitchcock [c1936] 28 p.
[YAUKEY, GRACE (Sydenstricker)] 1899- The exile's daughter, a biography of Pearl S. Buck, by Cornelia Spencer [psued.] New York, Coward-McCann, inc. [1944] 3-228 p. front., plates, ports.

BURGESS, STELLA FISHER. A Peking caravan. Shanghai, Printed by the Shanghai Times, 192? 32 numb. l. illus.
BURTON, MILES, 1903- Chinese puzzle. London, Collins, 1957. 254 p.
BYRNE, DONN, 1889-1928. Messer Marco Polo; illustrated by C. B. Falls. New York, Century; London, S. Low, Marston, 1921. 3-147 p., front., plates.
———. The same. New York, Modern Library [1942] 3-147 p. (The Modern Library of the world's best books. [43]).
CAHILL, HOLGER, 1893- Look south to the polar star. New York, Harcourt, Brace [1947] [3]-554 p.
CALDWELL, TAYLOR, pseud. The earth is the Lord's; a tale of the rise of Genghis Khan. New York, Scribner, 1941. 550 p.
CAMPBELL, THOMAS BOWYER. Far trouble. London W. Collins, [1931]; Philadelphis, Macrae Smith Co. [1932] 286 p.
CARDYFF, pseud. Twelve tales and one other. Shanghai, China Digest, 1937. 251 p.
CARNSON, MAXWELL. Monkeys of Hai Tu. London, Hutchinson, 1927. 288 p.
CAUSSE, FRÉDÉRIC, 1892- La gloire sous les voiles [par] Jean d'Agraives [pseud.] Paris, Berger-Levrault, 1933. vi, 206 p.
———. The same. Illus. de Henry Fournier. [Paris] Hachette [1938] 191 p. illus. (Bibliothèque de la jeunesse).
CLAIR, RENÉ, 1898- La princesse de Chine, suivi de De fil en aiguille. Paris, B. Grasset [1951] 237 p.
———. Die Prinzessin von China. Roman. Übertr. aus dem Französischen von N. O. Scarpi. Zürich, Diogenes Verlag, 1954; München, List, 1956. 132 p. (List-Bücher, 73).
CLEMOW, VALENTINE. Shanghai lullaby. London, Hurst and Blackett, [1937] ix, 13-288 p.
CLIFT, CHARMIAN. The big chariot, by Charmian Clift and George Johnston. Indianapolis, Bobbs-Merrill [1953] 342 p.
———. The same. Sydney, Angus and Robertson [1953] 320 p. illus.
CLIFT, WINIFRED LECHMERE. Seng Chang sees red, and other stories. London, Marshall Bros., 1928. 9-212 p.
COLERUS, EGMONT, 1888- Zwei Welten, ein Marco Polo Roman. Berlin [etc.] Paul Zsolnay Verlag [c1926] 707, [1] p.
CONQUEST, JOAN. Crumbling walls, frontispiece by Victor Beals. New York, Macaulay Co. [c1927] 382 p. front.
CONSTEN, HERMANN, 1878- Der Kampf um Buddhas Thron, mit 17 Bildtafeln und einem farbigen Einbandbilde. Berlin, Vossiche Buchhandlung [c1925] 233, [1] p. plates (part col.) (Pan-bücherei eines freien lesebundes, bd. IV).
CORLIEU, ROBERT. Lénine chez Confucius, roman de la Chine contemporaine. Paris, J. Tallandier [1930] 222 p. plates. (Collection du temps présent).
CRONIN, ARCHIBALD JOSEPH, 1896- The keys of the kingdom. Boston, Little, Brown, 1941. [3]-344 p.
———. The same. London, V. Gollancz, 1942. 254, [1] p.
———. The same. Berne, A. Scherz, 1942. iv, 376 p. (The Scherz-Phoenix Books, 1).
———. Les clés du royaume (The keys of the kingdom) roman. Traduit de l'anglais par G. de Tonnac-Villeneuve. Genève, Éditions du Milieu du Monde, 1942. iv, 383 p.
———. The same. Bruxelles, Éditions de la Paix [1946] 380 p.
———. Die Schlüssel zum Königreich, roman. "Einzig autorisierte Übertragung aus dem Englischen von Wilhelm du Fresne." [Bern] A. Scherz [c1942] 448 p.
CROIDYS, PIERRE, 1885- Mon ami le Fils du Ciel, roman. Paris, Fasquelle [1934] [7]-198 p.
CUTHRELL, MRS FAITH (Baldwin) 1893- American family. New York, Farrar and Rinehart, [c1935] xi, 388 p.
DAMIEN, C. L'orage dans de steppe, roman de moeurs subériennes. Pékin,

Impr. de la "Politique de Pekin," 1926. 144 p.
DANBY, HOPE. The illustrious emperor. Chicago, New York, Ziff-Davis Pub. Co. [1946] 281 p. illus.
DEKOBRA, MAURICE, 1885- Shanghai honeymoon. New York, Philosophical Library [1946] 316 p.
DÖBLIN, ALFRED. Die drei Sprünge des Wang-lun. Chinesische Roman. Baden-Baden, Keppler, 1946. 512 p.
DRAKE, BURGESS. Chinese white. London, Falcon Press, 1950. 317 p.
DRURY, WILLIAM PRICE, 1861- The flag lieutenant in China. London, Chapman and Hall, 1929. vii, 280 p.
DUFFIELD, ANNE. Miss Mayhew and Ming Yun; a story of east and west. New York, Frederick A. Stokes, 1928. 3-311 p.
EDWARD, GEORG, 1869- Die chinesische Sklavin, Roman. Berlin, Globus Verlag [1940] 159, [1] p.
[EDWARDS, FREDERICK ANTHONY] 1896- Chinese dust, by J. van Dyke [pseud.] London, Jarrolds [1933] 288 p.
———. Chinese lovesong. Garden City, N.Y., Doubleday, 1933. 3-325 p.
———. Chinese chapter, by J. Van Dyke [pseud.] London, Jarrolds [1934] vii, 11-288 p.
———. Peking madness [by] J. Van Dyke [pseud.] Garden City, N.Y., Doubleday, 1934. 300 p.
———. Passenger to Peking [by] J. Van Dyke. Garden City, N.Y., Doubleday, 1935. 300 p.
———. Chinese river. Boston, Lothrop, Lee and Shepard; London, R. Hale, 1937. 9-314 p.
———. And China lay sleeping, by J. Van Dyke, [pseud.] London, R. Hale, 1938; New York, Ryerson Press, 1939. 285 p.
———. No coffins in China, by Charman Edwards, [pseud.] London, R. Hale, 1939. vii, 11-287 p.
———. Street of the many rickshaws, by J. Van Dyke, [pseud.] London, R. Hale, New York, Ryerson Press, 1940. 288 p.
———. Chinese city [by] J. van Dyke [psued.] London, New York, T.V. Boardman [1946] 207 p.
EGGERS, KURT, 1905- Herz im Osten, der Roman Li Taipes des Dichters. Stuttgart, Deutsche Verlags-Anstalt [c1935] 307, [1] p.
EKVALL, ROBERT BRAINERD, 1898- Tents against the sky; a novel of Tibet. London, Gollancz, 1954; New York, Farrar, Straus and Yound[1955?] 264 p.
ESPEY, JOHN JENKINS, 1913- Minor heresies. New York, A.A. Knopf, 1945. 3-202 p.
———. Tales out of school. New York, A.A. Knopt, 1947. x, 204 p.
———. The other city. New York, A.A. Knopf, 1950 [c1949] 211 p.
EWES, FRITZ. Ting, der "Nur flüsternd Genannte." Roman eines chinesischen Napoleon der keinen Chronisten fand. Leipzig, Wehnert, 1938. 262 p.
FABER, JOHANNES GEORG, 1891- Die letzte Liebe des Kaisers Hüan Dsung, Roman. Dresden und Leipzig, H. Minden [c1926] 100 p. incl. col. mounted front.
FANE, LENOX. Legation street. London, T. Butterworth, [1925] 9-320 p.
FEDOROVA, NINA, 1895- The family. Boston, Little, Brown, 1940; London, Collins, 1941. 3-346 p.
———. La famille (The family) Roman traduit de l'anglais par G. de Tonnac-Villeneuve. Genève, Éditions du Rhône [1944] 7-302, [2] p.
———. The same. Paris, Édition de la Paix, 1948. 384 p.
———. Die Familie. Übertragung aus dem Amerikanischen von Lola Humm. Bern, Hallwag, 1945. lv, 312 p. illus.
———. The children. Boston, Little, Brown, 1942; London, Collins, 1942. 386 p.
———. Kie Kinder. Übertragung aus dem Amerikanischen von Lola Humm. Bern Hallwag, 1947. 347 p.

FITCH, ABIGAIL HETZEL. When the white camel rides. New York, Henkle-Yewdale House, [c1936] 305 p.

FLEISCHMAN, ALBERT S. Shanghai Flame. New York, Fawcett Publications [1955] 160 p. (Gold medal books, 514).

FLETCHER, JOSEPH SMITH, 1863- The Kuang-he vase. New York, Grosset and Dunlap [1928?] 310 p.

FORD, JULIA ELLSWORTH, 1859- Consequences, introduction by John Haynes Holmes, jacket illustration by Ellsworth Ford. New York, E. P. Dutton [1929] xv, 342 p.

FRANK, JOSEF MARIA. Kleines Fräulein aus China. Roman. Frankfurt, Wien, Forum-Verlag, 1953. 233 p. (Forum-Taschenbücher, 6).

FRASER, RONALD, 1888- Landscape with figures. London, T. F. Unwin [1925]; New York, Boni and Liveright, 1926. 285, [1] p. New York ed. 320 p.

———. Lord of the East. London, J. Cape [1956] 249 p.

FRONDAIE, PIERRE, 1884- Port-Arthur. Paris, Plon [1936] 270 p.

———. The same, a novel; authorized translation by Elisabeth Abbott. Philadelphia and New York J. B. Lippincott [c1938] 283, [1] p.

GAIDAR ARKADIĬ PETROVICH, 1904-1941. Timur and his gang [by] Arkady Gaidar, translated by Zina Voynow, illustrated by Zhenya Gay. New York, C. Scribner, 1943. vii, [2], 125 p. illus.

———. Timur and his squad; stories. [Translated from the Russian by Lucy Flaxman; edited by Leonard Stoklitsky] Moscow, Foreign Languages Pub. House, 1948. 542 p. illus.

———. Timur und sein Trupp, übers. aus dem Russischen von L. Klementinowskaja. Bearb. von Ruth Gerull-Kardas. 5 Aufl. Berlin, Kinderbuchverlag, 1955. 108 p.

GALBRAITH, WINIFRED. Men against the sky. London, J. Cape [1940] 7-285 p.

[GALLOWAY, ALFRED DOUGLAS] 1881- Sampan Smith, a tale of the China coast, by Shore Leith [pseud.] London, T. Butterworth [1938] 320 p.

GANN, ERNEST KELLOGG, 1910- Soldier of fortune. New York, W. Sloane Associates [1954] 314 p.

GARSTIN, CROSBIE, 1887-1930. China seas, a novel of the East. London, Chatto and Windus, 1930; New York, Frederick A. Stokes, 1931. 3-300 p.

GAUTIER, JUDITH, 1846-1917. The imperial dragon, translated by M. H. Bourchier. [New York] and London, Brentano's, 1928. 319 p. Translation of Le dragon impérial, Paris, 1893.

GEER, ANDREW CLARE. Canton barrier. New York, Harper [1956] 282 p.

GELFAN, LEWIS DAVID. The embroidered city. Boston, Little, Brown, 1950. 368 p.

[GERAHTY, DIGBY GEORGE] The small general, a novel by Robert Standish [pseud.] New York, Macmillan, 1945. v, 233 p.

———. The same. London, P. Davies [1945] vii, 241 p.

———. Mr. On Loong, a novel by Robert Standish [pseud.] London, P. Davies [1946] 295 p.

———. The same. New York, Macmillan, 1947. 3-326 p.

———. Gentleman of China, a novel by Robert Standish [pseud.] London, P. Davies [1949] 268 p.

———. The same. New York, Macmillan, 1953. 283 p.

———. A worthy man [by] Robert Standish [pseud.] New York, Macmillan; London, P. Davis, 1952. 278 p.

GERVAIS, ALBERT, 1892- Une fille de H'an. Paris, B. Grasset, 1928. [7]-211 p.

———. Malven auf weisser Seide. Aus dem Französischen übertragen von Albert freiherr von Bodman. Leipzig [etc.] W. Goldmann [1936]; München, Goldmann, 1954. 9-214, [1] p.

———. L'ombre du ma-koui. Paris, Gallimard [1936] [7]-274 p.

———. Im Schatten des Ma-kue; als Arzt im bɑune chinesischer Geisterwelt.

Deutsche Übertragen von Albert Freiherer von Bodman. Leipzig, W. Goldmann [1937]; München, W. Goldmann, 1952. 259 p. plates.
GILBERT, RODNEY YONKERS, 1889- The indiscretions of Lin Mang. London, J. Murray [1929] 335 p.
GILMAN, LA SELLE, 1909- Shanghai deadline. New York, Dodge [c1936] 273 p.
———. The golden horde. New York, Smith and Durrell, [1942] 3-466 p.
———. The red gate. New York, Ballantine Books, 1953 [c1952] 212 p.
———. The dragon's mouth. New York, W. Sloane Associates, 1954. 310 p.
GILSON. CHARLES JAMES LOUIS, 1878- Held by Chinese brigands. New York, Dodd, Mead, 1921; London, Oxford University Press, 1933. 302 p. col. front.
GIRAULT, YVONNE, 1896- La horde. Illustrations de Pierre Joubert. Paris, Éditions Fleurus, 1953. 126 p. illus. (Collection Jean-François).
GLAUSER, FRIEDRICH. Der Chinese. [Kriminalroman] Zürich, Büchergilde Gutenberg, 1957. 171 p.
GLICK, CARL, 1890- Three times I bow, with illustrations by Soriano. New York, London, Whittlesey House, McGraw-Hill, [1943] vii, 259 p. illus.
GMELIN, OTTO, 1886-1940. Dschinghis Khan, der Herr der Erde, roman. Jena, E. Diederichs [1930] 318 p.
———. The same. Jena, E. Diederichs [1943] 7-323, [1] p.
GODDEN, RUMER. Chinese puzzle. London, P. Davies, [1936] vii-viii, 149 p.
GOWEN, VINCENT HERBERT, 1893- Sun and moon. London, Duckworth [1927] 319 p.
———. The same. Boston, Little, Brown, 1927. [3]-340 p.
GRAHAM, DOROTHY, 1893- Lotus of the dusk; a romance of China. New York, Frederick A. Stokes, 1927. 3-310 p.
———. The China venture, a novel. New York, Frederick A. Stokes 1929. 3-328 p.
———. Wind across the world. New York, G. P. Putnam [1947] 3-278 p.
[GRANVILLE BAKER, LOLA MARIE THÉRÈSE] 1906- Yellow river, by Elena Bochkovsky [pseud.] London, T. Butterworth, [1934] 315, [1] p.
GULIK, ROBERT HANS VAN, 1910- The Chinese maze murders; a Chinese detective story suggested by three original ancient Chinese plots. With 19 plates drawn by the author in Chinese style. The Hague, W. Van Hoeve, 1956. 322 p. illus. (A Judge Dee mystery).
HAHN, EMILY, 1905- Steps of the sun. New York, Dial Press, 1940. 313 p.
———. Mr. Pan. Garden City, N.Y., Doubleday, 1942. viii, 294 p.
———. The picture story of China, with pictures by Kurt Wiese. New York, Reynal and Hitchcock [1946] [51] p. incl. front. (map) col. illus.
———. Miss Jill, a novel. Garden City, N.Y., Doubleday, 1947. 273 p.
[HALL, JOSEF WASHINGTON] Moonlady, by Upton Close [pseud.] New York, London, G.P. Putnam 1927. viii, 375 p.
HANNA, WILLARD A. 1911- Destiny has eight eyes. New York and London, Harper [c1941] 305, [1] p.
HANSON, RITA MOHLER. The desert road to Shani Lun; a romance of Mongolia. Portland, Or., Binfords and Mort [c1939] 288 p. illus.
HANSTEIN, OTFRIED von. Der Schmuggler von Hankau. Wilhelmshaven, Hera-Verlag, 1953. 169 p. illus.
HARRIMAN, MIRIAN. Ah-Ling of Peking; a romance of old China. New York, George H. Doran [c1923] 87 p.
HARVEY, MARION. The dragon of Lung Wang. New York, E.J. Clode, [c1928] vi, 9-310 p.
HEDLIN SVEN ANDERS, 1865- Tsangpo Lamas wallfahrt, die Pilger. Leipzig, F.A. Brockhaus, 1922. 346 p. illus.
HENEY, HELEN, 1907- The Chinese camellia, a novel. London, Collins [1950] 256 p.
HERSEY, JOHN RICHARD; 1914- A single pebble. New York, Knopf, 1956. 181 p.
HILTON, JAMES, 1900- 1954. Lost horizon. New York, M. Morrow, 1933, Author's ed. 1936. London, Macmillan, 1937. 3-277 p.

———. The same. New York, Pocket Books [1944] 182 p. 1st ed. 1939.
———. The same; illus. by Kurt Wiese. Cleveland, World Pub. Co. [1948] 277 p. illus. (The Living library).
———. Les horizons perdus; roman traduit de l'anglais par Hélène Godard. Genève, J. H. Jeheber [1943] 296 p.
———. Irgendwo in Tibet. Übertragen von Herberth Egon Herlitschka. Berlin, Darmstadt, Deutsche Buch-Gemeinschaft; Zürich, Die Arche, 1954. 302 p.
HOBART, ALICE TISDALE (NOURSE) 1882- Within the walls of Nanking; poem by Florence Ayscough. New York, Macmillan, 1927; London, J. Cape [1928] 243 p. front., illus. (maps) plates.
———. Oil for the lamps of China. Indianapolis, Bobbs-Merrill [c1933] 403 p.
———. Lampes de Chine. Traduit de l'anglais par Gisèle d'Assailly. [Paris] Plon et Nourrit, 1937. 395 p. (Collection La Fayette)
———. The same. Paris, Intercontinentale-costard, 194? (Marabout, 3).
———. Petroleum für die Lampen Chinas; Roman "Aus dem Amerikanischen übertragen von Wilh. Ritter." [Zürich, Büchergilde Gutenberg, 1940]. 459 p.
———. The same. [Deutsche Übersetzung von Helene Schidrowitz] München, Zinnen-Verlag [1940] 462 p.
———. The same; Neue Ausg. München, Desch, 1949. 501 p.
———. Pidgin cargo. New York and London, Century [c1929] 5-315 p.
———. River supreme. Indianapolis, Bobbs-Merrill [c1934] 5-315 p. London, Cassell, 1936.
———. The same. New York, Triangle Books [1943] 5-315 p.
———. Les eaux tumultueuses. Traduit par Jacqueline Chassang. Liége-Paris, Maréchal, 1947. 283 p. (Couleur du monde).
———. Strom, du Schicksal; Roman um den Jangtsekiang. "Deutsche Übersetzung von Martha von Wagner." München, K. Desch [1946] 371 p.
———. Yang and yin; a novel of an American doctor in China. Indianapolis, Bobbs-Merrill [c1936]; London, Cassell, 1937. 366 p.
———. Das Haus der heilenden Hände. Übers. von Georg Anton Kern. München, Zinnen-Verlag, 1946; Neu Aufl. München, Desch, 1949. 454 p.
———. Venture into darkness. New York, London, Longmans, Green [1955] 367 p.
HOLLISTER, MARY (BREWSTER), 1891- Mai-Dee of the mountains, a story of present-day China. New York, Fleming H. Revell [c1933] 153 p.
———. Back of the mountain; a tale of young China and the People's party. New York, Fleming H. Revell [c1934] 155 p.
———. Mulberry village; a story of country life in China; illustrated by Kurt Wiese. New York, Dodd, Mead, 1936. vii, 287 p. incl. front., illus.
———. Beggars of dreams, pictures by Kurt Wiese, decorations from woodblocks cut especially for the book by Chinese artists in Shanghai. New York, Dodd, Mead, 1937. 234, [1] p. incl front., illus., plates.
———. Kee-kee and company; a story of American children in China; illustrated by Kurt Wiese. New York, Dodd, Mead, 1938. 3-192 p. incl. illus., plates.
———. Pagoda anchorage; a story of tea clipper days in China; illustrated by Margaret Ayer. New York, Dodd, Mead, 1939. vii, 268 p. incl. illus. plates.
———. Bright sky tomorrow; illustrated by Esther Wood. New York, Friendship Press [c1940] 122 p. illus.
HOROSE, S. La symphonie des ombres chinoises, idylle. Paris, Éditions de la Madeleine [c1932] xix, 267, [1] p.
HUELSENBECK, RICHARD, 1892- China frisst Menschen. Zürich und Leipzig, Orell Füssli [1930] 347 p.
HUGGINS, ALICE MARGARET, 1891- The red chair waits, by Alice Margaret Huggins [in collaboration with Earl Hoit Ballou and Hugh Laughlin Robinson] With decorations by Jeanyee Wong, 黃如珍. Philadelphia, Westminster Press [1948] 256 p.
———. Day of the false dragon. Decorations by Jeanyee Wong. Philadelphia,

Westminster Press [1953] 160 p.
HUGHES, PAUL, 1916- Challenge at Changsha. New York, Macmillan 1945. 311 p.
HUNTER, BLUEBELL MATILDA, 1887- The Manchu empress. New York, Dial Press, 1945. iv, 355 p.
HURST, JOHN SHIRLEY. Then gilded dust. Indianapolis, Bobbs-Merrill [1943] 279 p.
HYDE, ROBERT, 1900- Winds of Gobi. New York, Brewer and Warren, Payson and Clarke 1930. 164 p.
JACQUES, NORBERT, 1880- Der Kaufherr von Shanghai; Roman. Berlin, Ullstein [c1925] 289, [1] p.
JEFFRIES, GRAHAM MONTAGUE, 1900- Twilight of the dragon [by] Peter Bourne [pseud.] New York, Putnam [1954] 371 p. illus.
JENSSEN, FRIEDRICH. Der chinesische Silberdollar, Kriminalroman. Berlin, Scherl [1943] 182 p.
JERNIGAN, MURIEL MOLLAND. Forbidden City. New York, Crown Publishers [1954] 346 p.
JONES, IDWAL. China Boy. Los Angeles, Primavera Press [c1936] 132 p.
JUNKERMAN, HELEN BARRETT. Leng Fei, the Firefly; a lyrical fragment of ancient China. Illustrated by Wang Chi-yuan, 王濟遠 . New York, Exposition Press [1956] 30 p. illus.
KECK, MAUD. Mrs. Blair, a comedy of indiscretions. New York and London, Harper, 1938. 3-394 p.
KENT, LOUISE (ANDREWS) 1886- He went with Marco Polo; a story of Venice and Cathay; illustrated by C. Leroy Baldridge and Paul Quinn. Boston and New York, Houghton Mifflin, 1935. [3]-223 p. col. front., illus. (incl. maps).
KEON, MICHAEL, 1918- The tiger in summer. New York, Harper [1953] 314 p.
KEYTE, JOHN CHARLES, 1875- A daughter of Cathay; a novel. London, A. Rivers, [1926] 320 p.
———. Minsan, a novel. London, A. Rivers, 1927. 284 p.
KING, VERONICA. Anglo-Chinese sketches [by] Veronica and Paul King. 3rd ed. Shanghai, Kelly and Walsh, 1927. [5]-132 p. 1st ed., 1903, under the pseudonym of William A. Rivers.
———. The chartered junk; a tale of the Yangtsze valley, [by] Veronica and Paul King... 2nd ed. Shanghai, Kelly and Walsh, 1927. 244 p. 1st ed., 1910, under the pseudonym of William A. Rivers.
———. The commissioner's dilemma: an international tale of the China of yesterday, by Veronica and Paul King. London, Heath, Cranton, 1929. 288 p.
———. Eurasia; a tale of Shanghai life, [by] Veronica and Paul King... 3rd ed. Shanghai, Kelly and Walsh, 1927. 265 p. 1st ed., 1907 under the pseudonym of William A. Rivers.
KOHLHÖFER, PAUL, 1895- Die Träne des Dschingis Chan, Kriminalroman. Berlin, Aufwärts-Verlag [c1942] 247 p. (Der Aufwärts-Kriminal-Roman, 21).
KOMROFF, MANUEL, 1890- Jade Star. New York, Sloane [c1951] 294 p.
KRAUTHOFF, BERNDT, 1907- Ich befehle; Kampf und Tragödie des Barons Ungern-Sternberg. Leipzig, B. Tauchnitz, 1944. 9-320 p. (Der Deutsche Tauchnitz, Bd. 131).
LAMBURN, JOHN BATTERSBY CROMPTON, 1893- Squeeze, a tale of China. London, J. Murray [1937] 318 p.
LANCING, GEORGE. Peking glass. London, S. Paul ltd. [1939] 11-256 p.
———. Lotus Blossom. New York, L. Furman, [c1939] xi, 362 p.
———. Imperial motherhood. London, R. Hale [1945] 192 p.
———. The mating of the dragon, by George Lancing. London, R. Hale [1946] ix, 11-207 p.
———. Dragon in chains. London, R. Hale, [1947] 368 p.
———. Phonix triumphant. London, R. Hale, 1950. 365 p.
[LANE, KENNETH WESTMACOTT] 1893- Hanging waters, a novel, by Keith

West [pseud.] New York, G. P. Putman [c1933] 256 p.
———. The same; illustrated by Noel Syers. London, L. Dickson, 1933. 256 p. front., plates.
———. Ma Wei slope, a novel of the T'ang dynasty. London, Cresset Press, 1944. 184 p.
———. Winter Cherry, a novel of the T'ang dynasty. New York, Macmillan, 1944. 217 p.
———. Peony. London, Cresset Press, 1945. 189 p.
———. The same. New York, Macmillan, 1946. 213 p.
———. The three blossoms of Chang-an [by] Keith West [pseud.] London, Cresset Press, 1942; New York, Macmillan, 1946. ix, 268 p.
———. The widows of the magistrate; a novel by Keith West [pseud] London, R. Hale, 1949. 258 p.
LANGLEY, NOEL, 1911- The rift in the lute. London, A. Barker [1952]; New York, Coward-McCann, 1953. 192 p.
LAPIERE, RICHARD TRACY, 1899- Son of Han. New York, London, Harper, 1937. 314 p.
LAUBER, CÉCILE, 1887- Chinesische Nippes, Erzählungen und Gedichte. Zürich-Leipzig, Grethlein [1931] 126 p., [Seldwyla-bücherei, 23/24].
LEARNER, FRANK DOGGETT, -1947. Tibetan journey. London, H. E. Walter [1949] xi, 71 p. illus., group ports.
LEAVELLE, ELIZABETH. Lustrous heroine. London, Hurst and Blackett, [1934] 7-285 p.
LEE, ANDRÉ. Le tireur de pousse-pousse (trois nouvelles). Pékin, Impr. de la "Politique de Pékin." 1933. 35 p. (Collection de la "Politique de Pékin").
LEWIS, ELIZABETH (FOREMAN) 1892- Young Fu of the upper Yangtze; illustrated by Kurt Wiese. Philadelphia, Chicago [etc.] John C. Winston [c1932] v, [1] 265 p. col. front., illus., col. plates
———. Jung Fu wird Kupferschmied. Leben und Abenteurer eines wackeren Chinesenjungen. Nach dem Amerikanischen. Ausg. ins Deutsche Übertragung von Karl H. Coudenhove. Zeichnungen und Buchschmuck von Kurt Wiese. 6 Aufl. Graz, Salzburg, Wien, Pustet, 1950. 237 p.
———. Ho-Ming, girl of new China; illustrated by Kurt Wiese. Philadelphia, Chicago, John C. Winston [c1934]; London, G. G. Harrap, 1935 v, [1] 266 p. col. front., illus., col. plates.
———. Ho-Ming. Eine kleine Chinesin studiert. Nach dem Amerikanischen. Ausg. ins Deutsche Übertragung von Karl H. Coudenhove. Zeichnungen und Buchschmuck von Kurt Wiese. 4. Aufl. Graz, Salzburg, Wien, Pustet, 1950. 263 p.
———. China quest, illustrations by Kurt Wiese. Toronto, Philadelphia John C. Winston [c1937]; London, G. G. Harrap, 1938. ix, 301 p. col. front., illus. col. plates.
———. When the typhocn blows, illustrated by Kurt Wiese. Philadelphia, Toronto John C. Winston [1942] xi, 273 p. incl. col. front., illus.
LÖHNDORFF, ERNST FRIEDRICH, 1899- Yangtsekiang; ein Chinaroman. Bremen, C. Schünemann [c1940] 351 p.
MCCARTNEY, JAMES LINCOLN, 1898- Frustrated martyr, a novel of a medical missionary in West China. New York, Exposition Press [1953] 349 p.
MACKAY, MARGARET (MACKPRANG) 1907- Like water flowing. New York, Reynal and Hitchcock [c1938] 3-346 p.
———. Lady with jade. New York, John Day [c1939] 3-510 p.
———. Valiant dust. New York. John Day [c1941] 3-561 p.
———. Great lady. New York. John Day [1946] 410 p.
MACLURE, JAN. Escape to Chungking. London, H. Milford, Oxford University Press, 1942. 192 p. illus.
MACWHIRTER, EDITH. Tibetan trumpet. London, Frederick Muller, 1953; Toronto, S. J. Reginald Saunders; Sydney, Shakespeare Head Press, 1953. 224 p.

MALRAUX, ANDRÉ, 1901- La condition humaine. Paris, Gallimard [1933], 402 p.
———. The same. Éd. rev. et corr. Génève, A. Skira, 1945; [Paris] Gallimard 1951(c1946). 404 p.
———. Man's fate (La condition humaine) translated by Haakon M. Chevalier. New York, H. Smith and R. Haas, 1934; Random House, 1934. vi, 360 p.
———. The same. New York, Modern Library [1936] 360 p. (The Modern Library of the world's best books).
———. Storm in Shanghai (La condition humaine); translated from the French by Alastair MacDonald. 2d ed. London, Methuen, [1935] 348 p.
———. Les conquérants. Paris, B. Grasset, [c1928]; Genève, A. Skira, 1945; Lausanne, Guild du Livre, 1948. 9-269 p.
———. The conquerors, translated by Winifred Stephens Whale. New York, Harcourt, Brace [1929] 3-270 p.
———. The same. With a new postface translated by Jacques Le Clercq. Boston, Beacon Press [1956] 193 p. (Beacon paperback, BP30).
MARGUERITTE, LUCIE PAUL, 1886- La lanterne chinoise. Paris, Éditions Bandinière, [c1930] 221 p.
———, tr. Le piège d'amour. Roman chinois moderne traduit d'un ouvrage de M. Tchao Tcheng kieng. Paris, La nouvelle revue critique, [1925] 159 p. (Les Maitres du roman, 14).
MARQUAND, JOHN PHILLIPS, 1893- Ming yellow. Boston, Little, Brown, 1935. 3-312 p.
MARSHALL, EDISON, 1894- The splendid quest. New York, H. C. Kinsey, 1934. 3-275 p.
———. Sam Campbell, gentleman. New York, H. C. Kinsey, 1935. 273 p.
———. Caravan to Xanadu, a novel of Marco Polo. New York, Farrar, Straus and Young [1953] 371 p.
MARTIN, ARCHIBALD EDWARD, 1885- Chinese red mysteries. London, Reinhardt, 1955. 206 p.
MASON, RICHARD, 1919- The world of Suzie Wong. New York, World Pub. Co. London, Collins, 1957. 344 p.
MASON, VAN WYCK, 1897- The Shanghai bund murders. Garden City, N. Y. Pub. for the Crime Club, by Doubleday, 1933. xiii, 298 p.
———. The Hongkong airbase murders. Garden City, N. Y. Pub. for the Crime Club, by Doubleday, 1937. 339 p.
———. The same. New York, Sun Dial Press, [1938?] 339 p.
MAUGHAM, WILLIAM SOMERSET, 1874- On a Chinese screen. London, W. Heinemann, 1922. viii, 11-237 p.
———. The same. New York, George H. Doran [c1922] viii, 11-237 p.
———. The same. New York, George H. Doran [1926?] viii, 11-237 p. [Murray Hill library].
———. Le paravent chinois, texte français de madame E. R. Blanchet. Paris, Les Éditions de France, c1933. 240 p.
———. The painted veil. London, Heinemann; New York, George H. Doran company [c1925] 9-289 p.
———. La passe dangereuse; texte français de Madame E. R. Blanchet. Paris, Les Éditions de France, c1926. 279 p.
MECKAUER, WALTER 1889- Die Bücher des Kaisers Wutai, Roman; Geleitwort von Oskar Loerke. Berlin, Deutsche Buch-Gemeinschaft [c1928] 282, [1] p.
———. The books of the Emperor Wu Ti, translated from the German by J. J. Saville Garner. New York, Minton, Balch and Co.; London, M. Secker, 1931. v, 215 p.
MERWIN, SAMUEL, 1874- In red and gold; illustrated by Cyrus Leroy Baldridge. Indianapolis, Bobbs-Merrill, [c1921] 352 p. front. plates.
———. Silk; a legend as narrated in the journals and correspondence of Jan Po;

illustrated by N. C. Wyeth. Boston and New York, Houghton Mifflin; London, Constable, 1923. 266, [1] p. col. front.

MILN, LOUISE (JORDAN) 1864-1933. Mr. and Mrs. Sên. New York, Frederick A. Stokes, 1923. 325 p.

———. In a Shantung garden. New York, Frederick A. Stokes, 1924. 351 p.

———. The soul of China, glimpsed in tales of today and yesterday. New York, Frederick A. Stokes, 1925. 311 p.

———. Ruben and Ivy Sên. New York, Frederick A. Stokes, 1925. 360 p.

———. It happened in Peking. New York, Frederick A. Stokes, 1926. 368 p.

———. In a Yün-nan courtyard. New York, Frederick A. Stokes, 1927. 371 p.

———. The flutes of Shanghai. New York, Frederick A. Stokes, 1928. 356 p.

———. Red lily and Chinese jade; three chapters in the Chinatown life of Donald Martin, M. D. New York, Frederick A. Stokes. London, Hodder and Stoughton, 1928. viii, 326 p.

———. By Soochow waters. New York, Frederick A. Stokes, 1929. New York, Frederick A. Stokes, 1929. 317 p.

———. Mr. Wu. Based on the play "Mr. Wu" by H. M. Vernon and Harold Owen [16th printing] New York, Frederick A. Stokes, 1929. 314 p. 1st ed. 1920.

———. Rice. New York, Frederick A. Stokes, 1930. 333 p.

———. The vintage of Yon Yee. New York, Frederick A. Stokes, 1931. 360 p.

———. Ann Zu-Zan, a Chinese love story. New York, Frederick A. Stokes, 1932. 341 p.

———. Peng Wee's harvest. New York, Frederick A. Stokes, 1933. 346 p.

———. A Chinese triangle. [London] Hodder and Stoughton [1933] 319 p.

MISSELWITZ, HENRY FRANCIS, 1900- Shanghai romance. New York, Harbinger House [1943] 127 p.

MITCHELL, DAVE. Red earth. New York, Vantage Press [1956] 295 p.

MORRIS, DONALD R. China station. [New York] Farrar, Straus, and Young [1951]; New American Library 1952; London, Hammond, Hammond, Co. 1952. 276 p. Cheaper ed. 1957, 224 p.

MORTON, JOHN BINGHAM, 1893- The Tibetan Venus; with illus. by Jean Charlot. London, New York, Sheed and Ward [1951] 230 p. illus.

MOSHER, JOHN S. Liar dice. New York, Simon and Schuster, 1939. 3-302 p.

NAGEL, SHERMAN A. Ah Sin, a factual novel of the Hakka Chinese. Grand Rapids, Mich., Wm B. Eerdmans, 1940. 272 p.

NEVILL, E. MILDRED, 1889- Ah Fu, a Chinese river boy, pictures by Elsie Anna Wood. New York, Friendship Press, c1932. 60, [1] p. col. illus. (Nursery series).

NOHARA, WILHELM KOMAKICHI, 1899- Erwin in Schanghai. Geschichte aus Chinas unruhtagen. Leipzig, Fritz Schneider, 1934. 112 p. illus.

OHTA, TAKASHI. The golden wind [by] Takashi Ohta and Margaret Sperry. New York, C. Boni, 1929. 9-269 p. (Paper books).

[O'MALLEY, MARY DOLLING (SANDERS)] Lady, 1889- Peking picnic, by Ann Bridge [pseud.] Boston, Little, Brown; London, Chatto and Windus, 1932. 3-354 [1] p.

———. Peking picnic, by Ann Bridge [pseud.] Toronto, McClelland, 1932; New York, Grosset 1935. 3-354, [1] p.

———. Pique-nique à Pékin (Peking picnic); roman. Texte français d'Henriette de Sarbois. Paris, Gallimard [c1940] 287, [1] p.

———. The Ginger griffin, by Ann Bridge [pseud.] Boston, Little Brown; London, Chatto and Windus, 1934. 3-409 p.

———. Der Gelbe Grief, Roman. "Ubersetzt von Herbert E. Herlitschka." Zürich-Leipzig, Rascher [194-?] 382, [1] p.

———. Four-part setting, by Ann Bridge [pseud.] Boston, Little, Brown 1939; London, Chatto and Windus 1939. 3-447 p.

———. Gesang in Peking, Roman [von] Ann Bridge [pseud. Übertragung von

H. E. Herlitschka] Zürich, Humanitas Verlag [1941, c1942] 501 p.

O'NEAL COTHBURN. Master of the world. New York, Crown Publishers [1952] 405 p.

OSSENDOWSKI, FERDYNAND ANTONI, 1876-1945. Derriére la muraille chinoise. Roman contemporain. Traduction de Robert Bernard. Paris, Impr. De Lagny, 1927. 249 p.

OWEN, FRANK, 1893- The wind that tramps the world; splashes of Chinese color. New York, Lantern Press, 1929. 3-118 p.

——. The purple sea, more splashes of Chinese color. New York, Lantern Press, 1930. 153 p.

——. Della-Wu, Chinese courtezan, and other oriental love tales. New York, Lantern Press, 1931. 3-313 p.

[——]. Lovers of Lo-Foh, by Roswell Williams [pseud.] docorations by Steele Savage. [New York, C. Kendall, c1936] 287 p. illus.

——. The Scarlet hill. New York, Carlyle House, 1941. 367, [1] p.

——. The porcelain magician; a collection of oriental fantasies. Illustrated by Frances E. Dunn. New York, Gnome Press [1949, c1948] 256 p. illus.

——. Soochow the marine, by Reginald Owen and Paul Lees. London, Putnam [1951] vi, 218 p.

PACKARD, FRANK LUCIUS, 1877- Shanghai Jim. Garden City, N. Y., Pub. for the Crime Club by Doubleday, 1928. vi, 374 p.

PAGE, ISAAC MARSHALL, 1885- When the donkey jumped, and other stories. Philadelphia, London, China Inland Mission [1945] 94 p. illus., plates, 2 port. (incl. front.).

[PALAMOUNTAIN, ALAN]. Shanghai nights, by Tasman Ile [pseud.] [Shanghai?] The author [1929] 278 p.

PALEN, LEWIS STANTON. The red dragon; a China story of to-day. Boston and New York, Houghton Mifflin. 1927. vi, 290 p.

PATERSON, NEIL. The China run; being the biography of a great grandmother. London, Hodder and Stoughton, 1949. 95 p. incl. front.

PAYNE, PIERRE STEPHEN ROBERT, 1911- The Chinese soldier, and other stories. London, Toronto, W. Heinemann [1945] 165 p.

——. Love and peace. London, Toronto, W. Heinemann, 1945. viii, 207 p.

——. Liebe und Frieden, Roman. Berechtigt Übersetzung von Theresse Neumann. Wien, P. Zsolnay, 1946. 352 p.

——. Torrents of spring. New York, Dodd, Mead [1946] viii, 218 p.

——. The bear coughs at the North Pole. New York, Dodd, Mead [1947] 226 p.

——. A house in Peking. Garden City, N. Y., Doubleday, 1956. 320 p.

PETER, WILLIAM WESLEY, 1882- The great east gate. New York, Cleanliness Institute, 1929, 47 p.

——. The same. Shanghai, The Commercial Press, 1933. 56 p. illus.

——. Shanghai policeman; edited by Hugh Barnes. London, Rich and Cowan [1937] vii, 222 p. front. (port.), plates.

PETTIT, CHARLES, 1875- L'homme qui mangeait ses poux, roman chinois. Paris, E. Flammarion [c1922] 283 p.

——. Les amours d'une impératrice et d'un délicieux jeune homme; roman. Paris, E. Flammarion [c1922] 287 p.

——. L'impuissance d'un puissant général, roman chinois. Paris, E. Flammarion [c1926] 249 p.

——. The impotent general; translated by Una, lady Troubridge. New York, H. Liveright [c1931] 202 p.

——. The son of the grand eunuch. New York, Boni and Liveright, 1927; Avon Book Co. 1949. vi, 9-254 p.

——. Le fils du grand eunuque, roman de la vieille Chine. [Paris] P. Dupont [1947] 283 p. 1 éd., 1920.

——. La Chinoise qui s'émancipe. Paris, Les Éditions de France, c1927. 256 p.

———. La femme qui commanda à cinq cents millions d'hommes, Tseu-hi, impératrice de Chine (1835-1908). Paris, Éditions du Laurièr [1928] 316 p. (Collection "Les grandes figures").

———. The woman who commanded 500,000,000 men, translated from the French by Una, lady Troubridge. New York, H. Liveright [c1929] 319 p.

———. Elegant infidelities of Madame Li Pei Fou. New York, H. Liveright [c1928] 192 p.

———. Petal of-the-Rose, translated by Una, lady Troubridge. New York, H. Liveright [c1930] 249, [1] p. Translation of Petale de Rose et quelques Conzes. Paris, 1909.

———. The unfaithful lady. New York, Avon Book Co. [1948] 123 p. (New Avon library, 155) "Originally titled The elegant infidelities of Madame Li Pei Fou."

PITMAN, NORMAN HINSDALE, 1876-1925. Dragon lure: a romance of Peking in the days of Yuan Shih-kai). Shanghai, Commercial Press, 1925. 318 p. front. plates.

PONCINS, GONTRAN DE MONTAIGNE, vicomte de, 1900- From a Chinese city. Translated from the French by Bernard Frechtman. Garden City, N.Y. Doubleday, 1957. 256 p. illus. French ed. in press.

POSTON, MARTHA LEE. Ching-li, pictures by Weda Yap. New York, T. Nelson [c1941] 40 p. col. illus.

———. The girl without a country, illustrated by Margaret Ayer. New York, Edinburgh T. Nelson [1944] 226 p. illus. (incl. map).

POZNER, VLADIMIR. Bloody Baron, the story of Ungern-Sternberg; translated from the French by Warre Bradley Wells. New York, Random House [c1938] 3-383 p.

PRITCHARD, WILLIAM THOMAS, 1909- The riddle of Chung Ling Soo. London, Arco, 1955. 300 p.

RIDEOUT, HENRY MILNER, 1877-1927. Tao tales. New York, Duffield, 1927. 3-382 p.

RITCHIE, ALICE, d. 1941. The treasure of Li-Po. With illus. by T. Ritchie. London, Hogarth Press [1948]; New York, Harcourt, Brace 1949. 127 p. illus.

RIVERAIN, JEAN, 1907- Marco Polo à travers l'Asie inconnue. 4 planches hors texte en couleurs et 55 compositions en noir par Néjad. Paris, Larousse [1954] 206 p. illus. (Contes et gestes historiques).

ROBERTS, C. E. Not-a-care garage; a story of China. London, Edinburgh House Press, 1947. 96 p. illus. (Faraway tales, 8).

ROGERS, LETTIE (HAMLETT) 1917- South of heaven. New York, Random House [1946] 278 p.

———. The storm cloud. New York, Random House [1951] 309 p.

ROMANIELLO, JOHN. Bird of Sorrow. New York, P. J. Kenedy [1956]; London, W. H. Allen, 1957. 221 p. illus.

RUDINGER DE RODYENKO, STEPHEN PIERO SERGIUS, 1888- Small Me; a story of Shanghai life, by S. P. R. de Rodyenko. New York, The James A. McCann, [c1922] 217 p.

SAGENDORPH, KENT. Sin-Kiang castle. New York, Cupples and Leon [c1938] vi, 208 p. front. (His Dan Perry adventure stories).

SALZMANN, ERICH VON, 1876-1941. Das Geheimnis des Nashornbechers, Roman aus dem heutigen China. München, G. Müller [c1929] 274, [2] p.

SCHEURER-FLÜCKIGER, ROSA. Unsichtbare Mauern. Auf rauhen Wesen in Chinas Bergen. (Tatsachenbericht aus den Jahren 1921 bis 1928). Basel, Basler Missionsbuchhandlung, 1941. iv, 136 p. illus.

[SCHMIDT, JAMES NORMAN] 1912- An inch in time, by James Norman, [pseud.] New York, Books Inc., W. Morrow, 1944. 249 p.

SCHNEDITZ, GILBERT. Göttin Tschang; Untergang einer Dynastie. Wien, J. Günther, [c1940] 347 p. illus.

SCHOYER, PRESTON. The foreigners. New York, Dodd, Mead, 1942. viii, 617 p.

———. The indefinite river. New York, Dodd, Mead, 1947. vii, 325 p.

———. The ringing of the glass. New York, Dodd, Mead, 1950. 343 p.

SCHREIBER, HERMANN, 1892- Opfergang in Peking; ein Buch um das Sterben des Gesandten von Ketteler. Berlin, Scherl [c1936] 266, [1] p. front., plates, ports.

[SCHULKERS, ROBERT FRANC] 1890- The Chinese coin, by Seckatary Hawkins [pseud.] illustrations by Carll B. Williams. Cincinnati, R. F. Schulkers [c1926] 3-288 p. incl. front., illus.

SHEPHERD, CHARLES R. Lim Yik Choy, the story of a Chinese orphan. New York, London [etc.] Fleming H. Revell [c1932] 252 p.

SHERIDAN, JUANITA. The Chinese chop. Garden City, N. Y., Published for the Crime Club by Doubleday, 1949. 221 p.

SHORT STORY CLUB, SHANGHAI. Shanghai stories, by members of the Short Story Club, Shanghai. Shanghai, Kelly and Walsh, 1927. 310 p.

[SIMPSON, BERTRAM LENOX] 1877-1930. Her closed hands, by Putnam Weale [pseud.] New York, Macmillan, 1927. vi, 335 p.

[———]. China's crucifixion, by Putnam Weal [pseud.] New York, Macmillan, 1928. 3-401 p.

[———]. The port of fragrance, by Putnam Weale [pseud.] New York, Dodd, Mead, 1930. 3-314 p.

SMITH, BRADFORD, 1909- The arms are fair. Indianapolis, New York, The Bobbs-Merrill, [1943] 237 p.

SMITH, DON, 1909- China coaster; a novel of suspense. New York, Holt [1953] 211 p.

[SMITH, ERNEST BRAMAH]. Kai Lung's golden hours, by Ernest Bramah [pseud.]; with a preface by Hilaire Belloc. New York, George H. Doran, [c1923]; London, Richards Press, 1936. xiii, 17-333 p.

[———]. The wallet of Kai Lung, by Ernest Bramah [pseud]; with an introduction by Grant Richards. London, G. Richards, 1923; New York, Doubleday, 1923; London, J. Cape (Traveller's library), 1926; Methuen, 1927. xi, 299 p.

[———]. The story of Wan and the remarkable shrub, and The story of Ching-Kwei and the destinies, by Ernest Bramah [pseud.] Garden City, N. Y. Doubleday, [c1927] 98 p.

[———]. Kai Lung unrolls his mat, by Ernest Bramah [pseud.] Garden City, N. Y., Doubleday, 1928. London, Richards Press, 1928. v, [1], 320 p.

[———]. The mirror of Kong Ho, by Ernest Bramah [pseud.] London, Cayme Press, 1929. New York, Doubleday, 1930. x, 252 p.

[———]. The moon of much gladness, related by Kai Lung, by Ernest Bramah [pseud.] London, Cassell, [1932] 316 p.

———. Kai Lung omnibus; containing The Wallet of Kai Lung, Kai Lung unrolls his mat, [and] Kai Lung's golden hours. London, P. Allen, Toronto, S. J. R. Saunders, 1936; Quality Press, 1938. 625 p.

[———]. The return of Kai Lung, by Ernest Bramah [pseud.] New York, Sheridan House [1937]; Toronto, George J. McLoed, 1937. 319 p.

[———]. Kai Lung beneath the mulberry-tree, by Ernest Bramah [pseud.] London, Richards Press [1940] Reprint, 1948. vi, 7-320 p.

[SOULIÉ, CHARLES GEORGES] 1878- In the claws of the dragon, by George Soulié de Morant. New York, A. A. Knopf, 1921. 7-297 p.

———. Le palais des cent fleurs, roman. Paris, E. Fasquelle, 1922. 271, [1] p.

———. Bijou-de-ceinture; ou, Le jeune homme qui porte robe, se poudre et se farde, roman. Paris, E. Flammarion [c1925] xv, [17]-249 p.

———. Ce qui ne s'avoue pas, même à Shanghaï, ville de plaisirs, roman. Paris, E. Flammarion [1927] 248 p.

———. Les lignes de la main d'après les chinois, par Soulié de Morant. Paris, Bernardin-Béchet, 1933. 1 v.

SOUPIRON, PAUL. La fille aux yeux de jade. Roman. Genève, Éditions du Rhône, 1946. iv, 239 p. (Collection Lugdunum, 5).

SOWERS, PHYLLIS (AYER). Some of the dragon. Illustrated by Margaret Ayer.

Chicago, A. Whitman 1942. 285 p. col. front., illus., col. plates.

SPERLING, ROBERT HELGI, 1912- Piratin Fu. München, W. Goldman [1952] 234 p. illus.

SPRINGER, THOMAS GRANT, 1873- The red cord; a romance of China; with an introduction by John Luther Long, illustrations by S. Y. Pang. New York, Brentano's [c1925] xvi, 302 p. illus.

STEPANOV, ALEKSANDR NIKOLAEVICH, 1890- Port Arthur, a historical narrative [tr. from the Russian by J. Fineberg] Moscow, Foreign Languages Pub. House, 1947. 784 p.

STICKELBERGER, EMANUEL, 1884- Der Reiter auf dem fahlen Pferd; ein Buch vom Mongolen Dschinggis-Khan und seinem abendländischen Gegenspieler. Stuttgart, Verlag von J. F. Steinkopf [1938] 446, [1] p. fold. map, fold. geneal. tab.

STONE, GRACE (ZARING), 1896- The bitter tea of General Yen, illustrated by Barbara Macfarlane. Indianapolis, Bobbs-Merrill, [c1930]; London, Cobden-Sanderson, 1930; New York, Grosset and Dunlap, 1932. 9-322 p.

STUART FRANK STANLEY, 1904- Caravan for China. London, S. Paul and Co., ltd. [1939]; New York, Doubleday, 1941. 11-287 p.

TEILHET, HILDEGARDE (TOLMAN). The assassins. Garden City, N. Y. Doubleday 1946. 272 p.

TOMNOVEC, IDA ALLEN. The building of the Wall of China, a novel. New York, Exposition Press [1953] 160 p.

TREICHLINGER, WILHELM MICHAEL. China bittet zu Tisch. 110 Spazierwege zu einer fremden Küche. Zürich, Sanssouci, 1956. 72 p. illus.

UHSE, BODO. Tagebuch aus China. Mit Bildern von Werner Klemke. Berlin, Aufbau-Verlag, 1956. 174 p. plates.

ULLMAN, JAMES RAMSEY, 1907- The sands of Karakorum. Philadelphia, Lippincott [1953] 254 p.

VARÈ, DANIELE, 1880-1956. The maker of heavenly trousers. Garden City, N. Y., Doubleday, 1936. vii-xii, 301 p.

———. Der Schneider himmlischer Hosen, Roman. "Deutsch von Annie Polzer." Berlin [etc.] P. Zsolnay, 1936; Wien, Erasmus-Verlag, 1951. 318, [2] p.

———. The same. Zeichnungen von Josef Hegenbarth. [Berlin-Lichterfelde, Wiking Verlag, 1944?] 128 p. illus. (Die Neue bücherei. [18/19]).

———. The gate of happy sparrows. Garden City, N. Y., Doubleday, 1937. xi-xix, 283 p.

———. Das Tor der glücklichen Sperlinge, Roman in China. "Deutsch von Viktor Polzer," Berlin [etc.] P. Zsolnay, 1938; Berlin und Darmstadt, Deutche Buch-Gemeinschaft, 1953. 345, [1] p.

———. Temple of costly experience. London, Methuen, 1939, Toronto, S. J. R. Saunders, 1941. 250 p.

———. Der Tempel der kostbaren Weisheit; Roman. "Übers. von Lotte Leber." Berlin, Wien [etc.] P. Zsolnay, 1940; Wien, Erasmus-Verlag, 1951. 345, [3] p. illus.

———. Le maison des cinq vertus, Roman. Traduit de l'anglais par Jean Muray. Paris, Plon, 1947. ii, iii, 243 p. (Collection Feux croisés, 91).

———. Novels of Yen-Ching. London, Methuen, 1954. 656 p.

VOLK, GORDON. Gold out of China. London, S. Paul, [1946] 167 p.

WALLACE, FREDERICK WILLIAM. Tea from China, and other yarns of the sea London, Hodder and Stoughton, [1927] 311 p.

WALLACE, KATHLEEN. I walk alone. London, W. Heinemann [1930] 3-337 p.

———. The same. Garden City, N. Y., Doubleday, 1931. 3-310 p.

———. Without a stair. London, W. Heinemann, [1933] 3-350 p.

———. The same. Garden City, N. Y., Doubleday, 1933. 3-303 p.

———. Pity my simplicity. London, Toronto, W. Heinemann, [1936] 3-323 p.

———. Ancestral tablet. London, Toronto, W. Heinemann [1938] 3-506 p.

———. Rice in the wind. New York, G. P. Putman, [1943] 3-294 p.

[WARD, ARTHUR SARSFIELD] 1853- Fu Manchu's bride. Garden City, N.Y., Pub. for the Crime Club, by Doubleday, 1933. v-vii, 319 p.

WARD, ROBERT SPENCER, 1906- Children of the black-haired people, by Evan King [pseud.] New York, Rinehart [1955] 435 p. illus.

WARNER, WILLIAM HENRY. The dragon's brood. New York, H.C. Kinsey, 1934. 296 p.

WATERBOER, HEINZ, 1907- Im Banne Dschingis-khans; auf den Spuren einer Forschungsreise zum Grabmal des grossen Reiters, Roman. Berlin, Volksverband der Bücherfreunde, Wegweiser-Verlag [1939] 382, [1] p.

———. Das mongolische Abenteuer, Roman. München, R. Piper [1941] 390, [1] p.

———. Hsiang Fei; eine Erzählung von Liebe und Treue. Tatsachennovelle aus der chinesischen Geschichte. Berlin-Friedenau, Spiegel Verlag [c1943] 91 p. ports.

WEBB, MARY GLADYS (MEREDITH) 1881-1927. The Chinese lion. London, B. Rota, 1937. 13 p.

WEBER, HARALD, 1881-1942. Enid, Roman einer Deutschen in China. Minden (Westf.) W. Köhler, 1943. 437 p.

WENDT, META. Tai-Sham. Eine chinesische Mutter. Breklum, Jensen, 1955. 15 p. plates.

[WESTLAKE, WILFRED]. All the tea in China, a Chinese misprint, by Wilfred Harvey [pseud.] London, S. French [1947] 28 p. illus. (French's acting edition, 969).

WIESE, KURT, 1887- The Chinese ink stick; text and drawings by Kurt Wiese. Garden City, N.Y., Doubleday, 1929. vi, 3-199 p. incl. illus., plates (part col.) col. front.

WILEY, HUGH, 1884- Manchu blood. New York, London, A.A. Knopf, 1927. [3]-306, [1] p.

WILSON, CHESLEY. Swing full circle. New York, Harcourt, Brace [1954] 312 p.

WILSON, DAVID CALDER. Chinese white; 3d. ed. London, Hutchinson [1927] 287 p.

WILSON, LOUISA. Broken journey. New York and London, Harper, 1935. 3-343 p.

WIMSATT, GENEVIEVE BLANCHE. A lady like the moon. New York, B. Ackerman, [1945] 304 p.

WINGATE, LITITIA BERYL (TUCKER). A servant of the mightiest, by Mrs. Alfred Wingate. London, C. Lockwood; New York, Brentano, 1927. 351,[1] p. front., plates.

———. Jen. London, C. Lockwood [1928] 284, [1] p. incl. illus. fold. map. geneal. tables.

———. The talisman of Kubla Khan, 1229-1298, by Mrs. Alfred Wingate. New York, R.M. McBride 1929. 284, [1] p. incl. 1 illus. geneal. tables. double front. (map).

WITTE, VIKTOR. Die Marionetten des Chang Loo. Kriminalroman. Wien, Rota-Verlag, 1954. 192 p. (Bären Reihe, 81).

WOODROOFFE, THOMAS. River of Golden Sand. London, Faber and Faber, [1936] 9-325 p.

———. Yangtze skipper. New York, Sheridan House [c1937] 306 p.

WOOLF, BELLA SIDNEY. Chips of China by Bela S. Woolf (Mrs. W.T. Southorn). Hong Kong, Kelly and Walsh, 1930. vii-ix, 82 p. illus.

WRIGHT, CONSTANCE. Their ships were broken. New York, E.P. Dutton, [c1938] 348 p.

WURM, ERNST, 1906- Yüan Schi-kai Tragödie eines Usurpators. Berlin, Zsolnay Verlag, K.H. Bischoff, 1942. 309, [1] p.

YARDLEY, HERBERT OSBORN, 1889- Crows are black everywhere, by Herbert O. Yardley and Carl Grabo. New York, G.P. Putnam [1945] 3-247 p.

[YAUKEY, GRACE (SYDENSTRICKER)] 1899- China trader. New York, John Day [1940] 3-362 p.

———. The missionary [by] Cornelia Spencer [pseud.] New York, John Day, 1947. 276 p.

ZUCKMANTL, PETER. Mongolisches Intermezzo. Darmstadt, Leske, 1953. 174 p.

Tales and Short Stories

BAYLIN, J.R., tr. Contes chinois. Pékin, La Politique de Pékin, 1922. [6] p. 66 numb. l. (Collection de la "Politique de Pékin").

BROWN, BRIAN, 1881- ed. Chinese nights entertainment; stories of old China, selected and ed. by Brian Brown; foreword by Sao-Ke Alfred Sze, 施肇基. New York, Brentano's [c1922] 222 p. front., plates

CHAN, CHIH-YI, 陳執毅. The good-luck horse, adapted from an old Chinese legend by Chih-yi and Plato Chan, 陳智誠 New York, London, Whittlesey House, McGraw-Hill [1943] [47] p. illus. (part col.).

CHI, YÜN, 紀昀, 1724-1805. Le lama rouge et autres contes, traduits par Tcheng-Loh, 陳籙, et Mme. Lucie Paul-Margueritte, illustrés par C. Hauchecorne. Paris, Éditions de l'Abeille d'or [1923?] [7]-131 p., illus.

CH'IEN, GOCHUEN, 錢歌川 Chinese fairy tales, with illustrations by the author. London, Country Life, [1939] 73 p. illus., col. plates.

CHINESE FAIRY TALES, newly gathered from many sources, with illustrations by Sonia Roetter. [Mt. Vernon, N.Y.] Peter Pauper Press [1946]; latest ed. 1953. 76 p., incl. col. illus., col. plates.

CHINESISCHE ERZÄHLUNGEN. Auswahl. Mit einem Vorwort von N. Pachomow. Berlin, Dietz-Verlag, 1953. 277 p.

CHINESISCHE VOLKAMÄRCHEN. Aus dem Russischen übers. von Manfred von Busch. Illustriert von N. Kozergin. Berlin, Holz, 1954. 37 p.

CH'U, TA-KAO, 初大告. Stories from China, put into Basic English. London, Kegan Paul, 1937. 84 p. front. (fold. tab.) (Psyche miniatures. General series, 89).

DAWN ON THE RIVER and other stories by contemporary Chinese writers. Peking, Foreign Languages Press, 1957. 170 p.

THE DRAGON KING'S DAUGHTER, ten Tang Dynasty stories. Peking, Foreign Languages Press, 1954. 100 p. illus.

DIE TOCHTER DES DRACHKÖNIGS. Zehn Geschichten aus der Zeit der Tang Dynastie. Peking, Verlag für Fremdsprachige Literatur, 1954. 100 p.

EBERHARD, WOLFRAM, 1909- ed. and tr. Chinesische Volksmärchen; ausgewählt und übertragen von W. Eberhard. Leipzig, Insel-Verlag, 1936, Neu Aufl. 1953. 89 p. (Insel-Bücherei, 484).

———. Chinese fairy tales and folk tales, collected and translated by W. Eberhard. London, Kegan Paul, N.Y. Dutton, 1937. xiv, 304 p. "Translated from the German by Desmond Parsons."

———. Typen chinesischer Volksmärchen, bearbeitet von W. Eberhard. Helsinki, Suomalainen Tiedeakatemia, Academia Scientiarum Fennica, 1937. 437 p. ([Folklore fellows] FF communications n:o 120).

———. Volksmärchen aus Südost-China (Sammlung mr. Ts'ao Sung-Yeh, 曹松葉) bearbeitet von W. Eberhard. Helsinki, Suomalainen Tiedeakatemia, Academia Scientiarum Fennica, 1941. 349 p. illus. (map) ([Folklore fellows] FF communications n:o 128).

ERDBERG, OSKAR. Tales of modern China. Moscow, Co-operative Pub. Society of Foreign Workers in the U.S.S.R., 1932. 198 p.

ERZÄHLUNGEN AUS DEM NEUEN CHINA. Peking, Verlag für fremdsprachige Literatur, 1955. 167 p.

EVERYDAY TALES OF CHINA AND JAPAN [with illustrations] London, Church Missionary Society, 1938. 57 p.

FÊNG, HSÜEH-FENG, 馮雪峯, 1903- Fables. [Translated by Gladys Yang] Peking, Foreign Languages Press, 1953. 70 p. illus.

———. Febeln. Peking, Verlag für Fremdsprachige Literatur, 1953. 56 p.

FORSTER-STREFFLEUR, SIDONIE. Was Li-Pao-ting erzählt. Chinesische

Sagen und Märchen, deutsch erzählt von S. Förster-Streffeur. Wien, A. Schroll [1924] 140 p., incl. front., plates.

HALPHEN, J. Contes chinois; traduit du chinois. Paris, Champion, 1923. 196 p.

HSIEH, TEHYI,謝德怡, 1884- ed. and tr. Chinese village folk tales. Boston, B. Humphries [1949, c1948] 74 p. illus.

KE, HERTZ C.K., 葛傳槼. Chinese stories translated. Shanghai, Chung Hua Book Co., 1937. ii, 60 p. (Students' English library, 1).

KINGOME, RUBY FABRIS. Tales of a Chinese amah. Illustrated by Fei Cheng-wu, 費成武. London, J. Nisbat [1952] viii, 178 p. col. illus.

LIM, SIAN-TEK, 林善德, 1904- Folk tales from China with illustrations by William Arthur Smith. New York, John Day [1944] 160 p. incl. front. illus.

———. More folk tales from China; with illus. by William Arthur Smith. New York, John Day [1948] 160 p. illus.

METZGER, BERTA. Picture tales from the Chinese, with drawings by Eleanor Frances Lattimore. New York, Frederick A. Stokes, 1934. xii, 106, [3] p. incl. illus., plates.

MOLE, G. E. Twenty-five Chinese stories told in simple English. Shanghai, Commercial Press, 1940. 25 p.

OLCOTT, FRANCES JENKINS. Wonder tales from China seas, illustrations (except frontispiece) by Dugald Stewart Walker. New York, Longmans, Green, 1925. xviii, 238 p. col. front., illus.

PANIKKAR, KAVALAM MADHAVA, 1896- comp. Modern Chinese stories. Translated by Huang K'un. Delhi, Ranjit Printers and Publishers [1953] 429 p. illus.

PANKING. Contes chinois, traduit par Panking et Kou Hong-ming, 辜鴻銘. Pékin, La "Politique de Pékin," 1924. [6], 41, [3], 23 p. front. illus.

PITMAN, NORMAN HINSDALE, 1876-1925. Chinese fairy tales. New York, Thomas Y. Crowell [c1924] London, G.G. Harrap, 1923, 230 p. col. front., col. plates. 1st ed. 1910.

———. The same. Illustrated by Weda Yap. New York, Thomas Y. Crowell [1945] 230 p. front., col. plates.

ROSE, FRANCIS. The white cow, and other Chinese fairy tales as told by Lao Tzu, written and illustrated by Francis Rose. London and Redhill, Lutterworth Press [1945]. 62 p. illus. (part. col.).

SNOW, EDGAR, 1905- ed. Living China, modern Chinese short stories, compiled and edited by Edgar Snow; with an introduction by the editor and an essay on modern Chinese literature by Nym Wales. New York, Reynal and Hitchcock [1937] 360 p. front. (port.).

SOONG MAYLING, 1897- Little sister Su, a Chinese folk tale. [New York, John Day Co., 1942] Cover-title, 19 l. illus.

TALES AND PARABLES of old China, translated by Lin Yutang. San Francisco, The Book Club of California, 1943. [16] p. (Book club of California. Guardians of the Pacific, 2).

TING, SIMON, 丁星. Selected short stories from Chinese classical literature. with an introduction by Roxby Lefforge. Manila, New American Press, 1946. 95 p.

WANG, I-TING, 王翼廷. Fifty famous Chinese tales. Shanghai, Commercial Press, 1934; Kwang Hsueh Pub. House, 1935. vi, 150 p., illus.

WELLS, HERBERT RICHMOND. tr. Gods, ghosts and devils; stories of Chinese life and beliefs. Translated by H.R. Wells. Hong Kong, Wing Fat and Co., 1935. 161 p.

WILHELM, RICHARD, 1873-1930, ed. and tr. Chinesische Volksmärchen; übersetzt und eingeleitet von Richard Wilhelm; Jena, E. Diederichs, 1921. 409, [1] p. front., plates. (Die Märchen der Weltliteratur, II. ser. Märchen des Orients). 1. Aufl. 1911.

———. ed. The Chinese fairy book, ed. by Dr. R. Wilhelm, tr. after original sources by Frederick H. Martens, with six illustrations in collor by George

W. Hood. New York, Frederick A. Stokes [c1921] vi, 329 p. col. front., col. plates.

———. tr. Chinesische Märchen. Aus dem Chinesischen übertragen von Richard Wilhelm. Düsseldorf, Diederichs, 1955. 393 p. (Die Märchen der Weltliteratur).

———. Die Geister des gelben Flusses. Chinesische Märchen. Rudolstadt, Greifen Verlag, 1955. 362 p. illus.

WU, HO-MING,伍鶴鳴, tr. One hundred Chinese stories retold, with grammatical notes and equivalent Chinese. Shanghai. Sin Nien Book Co., 1948. 263 p.

YANG, HSIEN-I, 楊憲益, tr. The courtesan's jewel box; Chinese stories of the xth-xviith centuries. [Translated by Yang Hsien-yi and Gladys Yang] Peking. Foreign Languages Press, 1957. 553 p. illus.

YÜAN, CHIA-HUA, 袁家驊, ed. and tr. Contemporary Chinese short stories, ed. and tr. by Yuan Chia-hua and Robert Payne. London, New York, N. Carrington, 1946. 169 p. (Modern CHinese literature, 1).

Wit and Humor

GILES, HERBERT ALLEN, 1845-1935, tr. Quips from a Chinese jest-book, translated by Herbert A. Giles. Shanghai, Kelly and Walsh, 1925. 146, iii p.

LIANG, SHIH-CH'IU, 梁實秋, 1901- The fine art of reviling, a translation from the Chinese by William B. Pettus. New York, The Typophiles, 1942. 28 p. (Typophile chap books, 6).

LIN, YU-T'ANG,林語堂 1895- The Little critic; essays, satires and sketches on China (First series: 1930-1932) Shanghai, Commercian Press, 1936. x, 299 p.

———. The same. (Second series: 1933-35) Shanghai, Commercial Press, 1935. x, 258 p.

———. L'humour chinois, ou Recueil d'essais, satires et esquisses, traduit de l'anglais. Pékin, Impr. de la "Politique de Pékin," 1936. 134 p. (Collection de la "Politique de Pékin").

———. Confucius saw Nancy, and essays about nothing. Shanghai, Commercial Press, 1937. viii, [2], 301 p., illus.

KAO, GEORGE,高克毅 1912- ed. Chinese wit and humor; introduction by Lin Yutang. New York, Coward-McCann [1946] xxxv, 347 p.

MCCORMICK, ELSIE. The unexpected diary of a Shanghai baby. 3rd ed. Shanghai, Chinese-American Pub. Co., 1923? ii, 96 p.

LA SATIRE CHINOISE, politique et sociale. Pékin, Impr. de la "Politique de Pékin," 1927-1935. 9 v. illus. (Collection de la "Politique de Pékin").

TONG, HOLLINGTON K., 董顯光, 1887- Gems of Chinese humor. Washington, 1957. 94 p.

Proverbs

[BEILENSON, PETER] 1905- tr. Chinese proverbs from olden times. Mount Vernon, N.Y., Peter Pauper Press [1956] [62] p. illus.

BROWN, BRIAN, 1881- ed. The wisdom of the Chinese: their philosophy in sayings and proverbs, edited with an introduction by Brian Brown, and a preface by Ly Hoi Sang. Garden City, N.Y., Garden City Pub. Co. [1938] 208 p. front., plates. 1st ed. 1920.

———. The wisdom of the Orient; edited, with an introduction, by Brian Brown. Two volumes in one: The wisdom of the Chinese and The wisdom of the Hindus. Garden City, N.Y., Garden City Pub. Co. [1941] 7-208 p. vii-xxvi, 293 p.

FABRE, ALFRED. Film de la vie chinoise; proverbes et locutions. Hong Kong Impr. de la Société des missions étrangères de Paris, 1937. xviii, 694 p.

HART, HENRY HERSCH, 1886- comp. and tr. Seven hundred Chinese proverbs; translated by Henry H. Hart; foreword by Patrick Pichi Sun. Stanford, Stanford University Press; London, H. Milford, Oxford University Press [c1937].

xxviii, 83 p. illus.

———. Siebenhundert chinesische Sprichwörter. Unter Benützung der englischen Übersetzung von Henry H. Hart ins Deutsche Übertragen von Margrit von Wyss-Vögtlin. Zürich, Rascher, 1945. iv, 112 p. 1. ed., 1942.

LUM, CHUNG PARK, 林松柏. Words of wisdom from Chinese sages. [New York, Walters and Mahon, c1933] 58 p.

[MORGAN, HARRY TITTERTON] 1872- Chinese proverbs. Edited for and copyrighted by Quon-Quon company. Los Angeles, Calif., c1944. 20 p. illus. [His Chinese classics in miniature].

PLOPPER, CLIFFORD HENRY, 1885- Chinese religion seen through the proverb. Shanghai, China Press, 1926. ix (i.e. xi), 381 p. front., illus., plates.

———. Chinese proverbs: the relationship of friends as brought out by the proverbs; economics as seen through the proverbs. Peiping, North China Union Language School cooperating with California College in China [1932] 47 p.

SCARBOROUGH, WILLIAM. A collection of Chinese proberbs. Revised and enlarged by the addition of some six hundred proverbs, by the Rev. C. Wilfrid Allan. Shanghai, Presbyterian Mission Press; London, Probsthain 1926. vi, 381, [2], xiv p.

SEN, YÜ-HSIU, 孫毓修, ed. Ancient Chinese parables, selected and edited by Yu Hsiu Sen. Translated by Kwei-ting Sen, 孫貴定. With a preface by H.J.C. Grierson. Shanghai, Commercial Press, 1927. xvi, 86 p.

[TREICHLINGER, WILHELM MICHAEL] Chinesische Spruchweisheit. 330 Chinesische Sprichworter. Ausgew. und aus dem Chinesischen. übers. von Wilhelm Michael Treichlinger. Zürich, Die Arche, 1956. 48 p. illus. (Die kleinen Bücher der Arche, 216).

YANG, HSIEN-YI, 楊憲益, tr. Ancient Chinese fables. [Translated by Yang Hsien-yi and Gladys Yang] Peking, Foreign Languages Press, 1957. 60 p.

New Literature

ALL-CHINA CONFERENCE of WRITERS and ARTISTS. 1st. Peking, 1949. The people's new literature; four reports. Peking, Cultural Press, 1950 [i.e. 1951] 136 p. 1st ed. 1950. 108 p.

———. Neue Volksliteratur in China. Vier Referate, die auf der "Allchinesischen Konferenz der Schriftsteller und Künstler" 1949, gehalten wurden. Berlin, Dietz, 1953. 88 p.

ANDERSON, COLENA MICHAEL, 1891- A study of two modern Chinese women authors: P'ing Hsin, 冰心, and Ting Ling, 丁玲. Claremont, Calif., 1954. ix, 252 l. Thesis-Claremont College.

BECKER, JOAN. Über die neue chinesische Literatur. Leipzig und Jena, Urania Verlag, 1955. 36 p. (Vorträge zur Verbreitg wissenschaftl. Kenntnisse, 77).

BOROWITZ, ALBERT, 1930- Fiction in communist China. Cambridge, Center for International Studies, Massachusetts Institute of Technology, 1954. 124 l.

CHAO, CHUNG, 趙聰. The Communist program for literature and art in China. Kowloon, H.K., Union Research Institute [1955] Cover title. 157 p. (Communist China problem research series, EC11).

CHOU, YANG, 周揚, 1908- China's new literature and art; essays and addresses. Peking, Foreign Languages Press, 1954. 156 p. port.

———. Die neue Volksliteratur, von Dschou Yang. Peking, Kulturelle Presse, 1950. 54 p.

DEUTSCHER SCHRIFTSTELLER KONGRESSES, Berlin. Aus der Literaturdiskussion in der Volksrepublik China. Gegen die bürgerliche Ideologie in die Literatur und Literaturkritik. Diskussionsmaterial zur Vorbereitung des 4. Deutschen Schriftstellerkongresses. Berlin, Deutscher Schriftstellerverband 1955. 59 p. (Beiträge zur deutschen Gegenwartsliteratur, Heft 8).

GÖRSCH, HORST. China erzählungen. Ein Einblick in die chinesische Literatur.

Ausgewählt und zusammengestellt von Horst Görsch. Berlin, Volk und Wissen, 1953. 208 p. illus. (Literatur der Volksdemokratien, 2).

HSIA, PEARL, 陳夏路韻 1919- The social thought of Lusin, 1881-1936. Chicago, 1953. 381 l. Thesis-Univ. of Chicago

KONG, KUG-LON, 康克倫. La littérature féminine dans la Chine d'aujourd'hui. Paris, Librairie sociale et économique, 1940. 118, [2] p. Thèse-Univ. de Paris.

KREBSOVA, BERTA. Lu Sün, sa vie et son oeuvre. Prag, 1953. 111 p. (Archiv Orientální, Supplementa, 1).

LI, T'IEN-I, 李田意, 1915- ed. Selected readings in Chinese communist literature. New Haven, Institute of Far Eastern Languages, Yale University, 1954. 39 p.; 119 p. (Mirror series C, no. 6).

MAO, TSÊ-TUNG, 毛澤東, 1893- On literature and art. Translated by Ch'en Chia-k'ang, 陳家康, and Betty Graham. Chefoo, Chefoo News, [1942] iii, 42 p.

———. Artistes et écrivains dans la Chine nouvelle; traduit du chinois par Ouang Che-liou. Paris, Pierre Seghers, [1949]. 50 p. (Poésie 49, brochure 19).

———. Problems of art and literature. New York, International Publishers [1950] 2nd ed. 1951; Bombay, People's Pub. House, 1951. 48 p.

———. Reden auf der Beratung über Literatur und Kunst zu Yenan. Peking, Kulturelle Presse, 1950. 69 p. illus.

———. Reden an die Schriftsteller und Künstler im neuen China auf der Beratung in Yenan. Mit einem Nachwort von Anna Seghers. Hrsg. von der Deutschen Akademie der Künste. Berlin, Henschelverlag, 1953. 86 p. port.

———. Talks at the Yenan forum on art and literature. Peking, Foreign Languages Press, 1956. 51 p. front. (port.).

SCHULTZ, WILLIAM RUDOLPH, 1923- Lu Hsun: the creative years. Seattle, 1955. xiii, 412 p. Thesis-Univ. of Washington.

SUNG, AI-LI, 陳沈愛麗 Interdependence of roles in transitional China: a structural analysis of attitudes in contemporary Chinese literature. Cambridge, 1953. 310 l. Thesis, Radcliffe College.

WANG, CHÊNG-JU, 王澄如. Lu Hsün. Sein Leben und Werk. Ein Beitrag zur chinesischen Revolution. Berlin, 1939. 67 p. (Mitteilungen der Ausland-Hochschule, Bd. 42).

Juvenile Literature

ANDREWS, ROY CHAPMAN, 1884- All about dinosaurs; illustrated by Thomas W. Voter. New York, Random House [1953] 146 p. illus. (Allabout books).

ARMSTRONG, JOHN P. Chinese dilemma. Experimental ed. [Chicago, Sceince Research Associates, 1956] 64 p. illus. (Foreign relations series).

AYSCOUGH, FLORENCE (WHEELOCK), 1878-1942. Firecracker land; pictures of the Chinese world for younger readers. Boston and New York, Houghton Mifflin 1932. xiii, 351 p. front., illus.

BEAVER, ROBERT PIERCE, 1906- Below the Great Wall, Chinese folk tales for children; illus. by Harold Minton. Philadelphia, Christian Education Press [1947] 63 p. illus.

BEDIER, JULIE. The long road to Lo T'ing. New York, Longmans, Green, 1941. 25 p. illus.

BOWEN, VERNON. The wonderful adventures of Ting Ling; illustrated by Kurt Wiese. New York, D. McKay, c1952. unpaged. illus.

BUCK, PEARL (SYDENSTRICKER) 1892- The Chinese children next door. Drawings by William Arthur Smith. New York, John Day [1942] London, Methuen 1943. 62, [2] p. col. illus.

———. Unsere kleinen chinesischen Freunde, übersetzung von Marianne Schön. Wien, P. Zsolnay, 1949. 57 p. illus.

———. The water-buffalo children, with drawings by William Arthur Smith. New York, John Day [1943]; London, Methuen, 1945. 59, [1] p., illus.

———. Die Kinder mit dem Wasserbüffel. [Übertragung: Inge Bauer] Linz, Pittsburgh, Ibis-Verlag [c1948] 59 p. illus.

———. The dragon fish, illustrated by Esther Brock Bird. New York, John Day [1944]; Toronto, Longmans; London, Mathuen, 1946. 63 p. illus.

———. Der Drachenfisch. Übertragen von Bettina Hausmann. Zürich, Rascher, 1953. 110 p.

———. Yu Lan, flying boy of China, drawings by Georg T. Hartmann. New York, John Day, [1945] London, Mathuen, 1947. 60 p., incl. front., illus., plates.

BUDICH, CARL. Fernes China. 2 Aufl. Frankfurt a. M., Hirschgraben Verlag, 1956. 61 p. (Hirschgraben Lesereihe. Reihe 2, Bdch. 5).

BULLA, CLYDE ROBERT. White sails to China. Illustrated by Robert G. Henneberger. New York, Crowell [1955] 84 p. illus.

———. Johnny Hong of Chinatown; illustrated by Dong Kingman, 曾景文. New York, Crowell [1952] 69 p. illus.

CARPENTER, FRANCES, 1890- Our little friends of China, Ah Hu and Ying Hwa. Illustrated by Curtiss Sprague. New York, Cincinnati, American Book Co. [c1937] 232 p. incl. col. front., illus. (part col.).

———. Tales of a Chinese grandmother; illustrated by Malthe Hasselriis. Garden City, N.Y., Doubleday, 1937; London, G.G. Harrap, 1938. xii, 261 p. col. front., illus., col. plates.

CHANDLER, ANNA CURTIS. Dragons on guard; an imaginative interpretation of old China in stories of art and history, with a foreward look by Anna Curtis Chandler; drawings by Margaret Ayer, foreword by Y.C. Yang, 楊永清. New York and Philadelphia, J.B. Lippincott, [1944] xv, 191 p. col. front., illus.

CHIANG, YEE, 蔣彝, 1903- Birds and beasts; a portfolio of drawings. London, Country Life, 1939. 12 plates.

———. Chin-pao and the giant pandas. London, Country Life [1942] 82, [2] p. col. front., illus., 3 col. plates.

———. Chinpao at the zoo. London, Methuen, 1941, New York, Transatlantic Arts, 1942. 96 p.

———. Lo Cheng: the boy who wouldn't keep still. Middlesex, Eng., Penguin Books, 1942. 32 p. illus. (Puffin picture books).

———. The men of the Burma road [illustrated by the author]. 3d ed. London, Methuen [1942]; New York, Transatlantic Arts and Studio, 1943, vii, 88 p. col. front., illus. plates.

———. Dabbitse; a story of a Chinese peasant boy and his water-buffalo. London, Transatlantic Arts, 1944. 66 p. London, J. Murray, 1955.

———. Dabbitse. Aus dem Englischen von Anita Wiegand. Zürich, Rascher, 1949. 64 p. illus. plates.

———. Yebbin, a guest from the wild. London, Methuen, 1947. 143 p.

———. Yebbin, le singe farceur; traduit par Jacqueline Des Gouttes. Neuchâtel et Paris,, Delachaux et Niestlé, 1948. 160 p. illus.

CHIN, STANLEY HONG, 陳連富. Two lands for Ming [by] Stanley Hong Chin [and] Virginie Fowler; illustrated by Stanley Chin. New York, C. Scribner, 1945. vi, [2], 248 p. illus.

CHINA WELFARE INSTITUTE. Under the sunshine of peace. Shanghai, People's Art Pub. House, 1956. 1 v. (unpaged).

CHRISMAN, ARTHUR BOWIE, 1889- The wind that wouldn't blow; stories of the merry Middle Kingdom for children, and myself, with silhouette decorations cut by Else Hasselriis. New York, E.P. Dutton, [c1927] xii, 355 p. illus.

———. Treasures long hidden; old tales and new tales of the East, illustrated by Weda Yap. New York, E.P. Dutton, 1941. 302, [1] p. illus.

CODRINGTON, FLORENCE ISABEL, 1867- Chopsticks, with 60 illustrations by

Helen Jacobs, extra illustrations by a Chinese artist and others. New York, Macmillan, 1929. 154 p. front., illus.

CONFUCIUS. Konfuzius: 50 Sprüche aus dem Chinesischen von Erika Spann-Rheinsch. Wien, Deutsche Verlag für Jugend und Volk, 1922. 16 p. (Sesam-Bücher, 38).

EASTON, FREDERICK HERBERT. Tales of a Chinese carrying pole; told by a pole. London, Religious Tract Society, 1929. 32 p.

EDWARDS, EVA D. Ling Ling, child of China, by Eva D. Edwards and Sung Sze-ai. San Francisco, Harr Wagner, 1939. vi, 217 p. illus. (incl. ports.).

ELDRIDGE, ETHEL J. Ling, grandson of Yen-foh; adapted from the Chinese by Ethel J. Eldridge; illustrated by Kurt Wiese. Chicago, A. Whitman, 1936. 29, [3] p. incl. col. front., col. illus.

———. Yen-foh, a Chinese boy, adapted from the Chinese; illustrated by Kurt Wiese. Chicago, A. Whitman, 1935. 29, [3] p. incl. col. front., col. illus.

FÊNG, TZU-K'AI. 豐子愷, 1898- From Feng Tse-kai's drawings of children; selections made by Wang Chao-wen, 王朝聞. Peking, Foreign Languages Press, 1956. 95 p. illus.

FLACK MARJORIE, 1897- The story about Ping, by Marjorie Flack and Kurt Wiese. [New York] Viking Press, c1933. [32] p. col. illus.

FÖRSTER-STREFFLEUR, SIDONIE. Die Lotosblume vom Hoangho. Eine Erzählung aus dem alten China. Illus. von Valerian Gillar. Wien, Verlag für Jugend und Volk, 1947. 87 p.

GAST, GUSTAV. Sven von Hedins abenteuerliche Reise durch Tibet: auf Sven von Hedins Werk "Abenteuer in Tibet" der Jugend und dem Volke. 28 Aufl. Stuttgart, Union, 1930. 202 p. illus. (Stuttgarter Jugendbücher, 9).

HANDFORTH, THOMAS, 1897- Mei Li. New York, Doubleday, 1938. [52] p. illus.

HEINEN, JOSEF MARIA. Die Prinzessin von Chinesen. Ein lustiges Mädchenspiel. 6 Aufl. München, Höfling, 1953. 47 p. (Spiele des bunten Wagens, 81).

HEINTZ, KARL. Zauberflug nach China. Mit Zeichn. von Julius Himpel. Ravensburg, O. Maier, 1956. 32 p.

HEKKING, JOHANNA M. Pigtails; illustrations by Molly Castle. New York, Frederick A. Stokes, 1937. xiv, 112 p. incl. illus., col. plates.

HELMER, FREDERIC FLAGLER, 1870- China chats; talks with children about things of China, compiled and arranged in story form. Philadelphia, Sunday School Times [c1925] 7-123 p. front., illus.

HERDMAN, THOMAS. Great plain of China. London, Longmans, Green, 1957. 40 p. illus. col. maps. col. diagrs. (Color geographies-unit 9).

HOLLISTER, MARY (BREWSTER), 1891- River children; a story of boat life in China; illustrated by Kurt Wiese. New York, Dodd, Mead, 1935. 246 p. incl. front. illus. plates.

HOLTON, PRISCILLA. The spirit of the street, drawings by Gertrude Herrick, Boston, Chicago, Pilgrim Press [c1927] ix, [3]-157 p. illus.

———. Chinese children of Woodcutters' lane; illustrations by Gertrude Herrick Howe. New York, Friendship Press [c1932] [3]-68 p. illus.

HSIEH, TEHYI, 謝德怡, 1884- Our little Manchurian cousin, with a foreword by Honorable Koliang Yih, 葉可樑, illustrated by Owl. Boston, L.C. Page, [c1933] x, 106 p. col. front., illus. (map) plates. [The little cousin series].

———. Chinese picked tales for children. Boston, Chinese Service Bureau [1948] 57 p. illus.

———. ed. and tr. Chinese village folk tales. Boston, B. Humphries [1949, c1948] 74 p. illus.

HSIUNG, SAI-SHENG, 熊塞聲. Mistress Clever. Adapted by Hsiung Seh-sheng and Yu Chin, 余金, drawings by Chen Yuan-tu, 陳緣圖, translated by Sidney Shapiro. Peking, Foreign Languages Press, 1955. 46 p. (chiefly illus.).

HUGGINS, ALICE MARGARET, 1891- Fragrant Jade; illus. by Marybelle Kimball. Nashville, Broadman Press [c1948] 86 p. col. illus.

JANKE, BARBARA. Der dich liebet, der dich kennt. Erlebtes aus einem Kindergarten in China. Bad Salzuflen, MBK Verlag, 1947. 88 p. illus.

JEAN, SALLY LUCAS, 1878- Spending the day in China, Japan and the Philippines, by Sally Lucas Jean and Grace T. Hallock; illustrated by Jessie Gillespie. New York and London, Harper, 1932. xvii, 210 p. incl. illus., map. col. front.

KEEN, GRACE GRAHAM. Ah-Ming, a boy in China. Harrisburg, Stackpole, [c1938] 5-178 p. incl. front. (map) illus.

KENT, JUANITA RAY. Boys and girls in China; a world friendship unit for primary children. Nashville, Tenn., Board of Christian Education and Board of Missions, Methodist Episcopal Church, South, c1937. 80 p.

KETO, EMMA, 1907- Ting-Ling and Mee-Too. New York, Grosset and Dunlap, inc., c1937. [37] p. col. illus.

KINER, GRACE. Children of China; drawings by Ruth Kellogg. Chicago, Thomas S. Rockwell, 1931. 64 p. incl. front., illus.

KNIGHT, FRANK. Clippers to China, a junior novel; illustrated by Patrick Jobson. London, Macmillan; New York, St. Martin's Press, 1955. 268 p. illus.

KNOWLES CECILIA. Hua ma. The flower pony. With drawings by Leslie Atkinson. London, Falcon Press, 1947. 178 p. plates.

LATTIMORE, ELEANOR FRANCES, 1904- Little Pear, the story of a little Chinese boy, written and illustrated by Eleanor Frances Lattimore. New York, Harcourt, Brace, [c1931] 3-144 p. incl. illus., plates. front.

———. Jerry and the Pusa, written and illustrated by Eleanor Frances Lattimore. New York, Harcourt, Brace [c1932] 3-197, [1] p. incl. illus., plates. front.

———. Little Pear and his friends, written and illustrated by Eleanor Frances Lattimore. New York, Harcourt, Brace, [c1934] 3-178, [1] p. incl. illus. plates. front.

———. The story of Lee Ling, written and illustrated by Eleanor Frances Lattimore. New York, Harcourt, Brace, [c1940] 3-114 p. incl. front., illus, plates.

———. The questions of Lifu, a story of China, written and illustrated by Eleanor Frances Lattimore. New York, Harcourt, Brace, [1942] v. 104 p. incl. col. front., col. illus., col. plates.

———. Peachblossom, written and illustrated by Eleanor Frances Lattimore. New York, Harcourt, Brace [1943] 3-96 p. incl. front., illus., plates.

———. Three little Chinese girls. New York, W. Morrow, 1948. 128 p. illus.

———. Bells for a Chinese donkey; written and illustrated by Eleanor Frances Lattimore. New York, W. Morrow, 1951. 126 p. illus. [Morrow junior books].

———. Wu, the gatekeeper's son, written and illustrated by Eleanor Frances Lattimore. New York, W. Morrow, 1953. 128 p. illus. [Morrow junior books].

———. Willow Tree Village, written and illustrated by Eleanor Frances Lattimore. New York, W. Morrow, 1955. 128 p. illus. [Morrow junior books].

LEDERER, JOE, 1907- Fafan in China, ein Roman für dei Jugend, mit Bildern von Ingrid Wasa, Hrsg. und mit Notizen versehen von I. Carvalho. Amsterdam, J. M. Meulenhoff [1940] 133 p. illus. (Meulenhoffs Sammlung deutscher schriftsteller. [No. 84]) 1. Aufl. Wien and Leipzig, W. Frick, 1938. 190 p.

———. The same. Translated by Margaret Rounds. Illustrated by William Sanderson. [New York] Holiday House [c1939] 137 p. illus.

LEE, MELICENT HUMASON. Chang Chee, by Melicent Humason Lee and Jung Ho; pictures by Laura Bannon. New York, London, Harper, 1939. 137 p. incl. front., illus., plates.

LIANG, YEN, 梁衍, 1912- Dee Dee's birthday. New York, Oxford University Press, 1942. unpaged. illus. [Oxford books for boys and girls].

———. Tommy and Dee-Dee. New York, Oxford University Press, 1953. unpaged. illus. [Oxford books for boys and girls].

———. The pot bank. Philadelphia, Lippincott [1956] unpaged. illus.

LUX, HANNS MARIA, 1900- Felix und die Gesellschaft der Roten Laternen; eine Jungengeschichte aus den Tagen des Boxeraufstandes 1900. [Zeichnungen von Kurt Tetzmann] Reutlingen, Ensslin and Laiblin [1941] 203 p. illus. maps.

[MCCRADY, ELIZABETH F.] Ching Ling and Ting Ling. [New York] Platt and Munk [1937?] [11] p. illus. (part col).

MATSON, MRS. EDLA C. Lee Ming and his sisters. Chicago, Covenant Book Concern [c1929] 85 p. illus.

MEAD, MABEL CONVERSE. Children's books on China; reading for fun, with a list for adults. New York [The New York Children's Bookshop] 1935. 31. [1] p. illus.

MEADOWCROFT, ENID (LA MONTE) 1898- China's story, illustrated by Dong Kingman, Weda Yap and Georgi Helms. New York, Thomas Y. Crowell [1946] 92 p. incl. front., illus.

MEINCK, WILLI. Die seltsamen Abenteuer des Marco Polo. Textill. von Hans Mau. 2. Aufl. Berlin, Kinderbuchverlag, 1956. 305 p.

MELCHERS, URSULA. Bim in China. Textzeichnungen von Walter Rieck. Köhn, Schaffstein, 1954. 150 p.

MÜHLENWEG, FRITZ, 1898- Tausendjähriger Bambus. Nachdichtungen aus dem Schi-King. Hamburg, Dulk, 1946. 53 p.

———. In geheimer Mission durch die Wüste Gobi; mit Geleitwort von Sven Hedin. Freiburg, Herder [1950]; 8. Aufl. 1956. xii, 359, 386 p.

———. Big Tiger and Christian; illustrated by Rafaello Busoni. [Translated by Isabel and Florence McHugh] New York, Pantheon Books [c1952] 592 p. illus.

———. Grosser-Tiger und Kompass-Berg. Mit Geleitwort von Sven Hedin. 7. Aufl. Freiburg, Herder, 1954. (c1950) xii, 359 p.

NEW JOY, a course on China for junior boys and girls. Part one: The story with background notes, by Carolyn Titcomb Sewall; part two: The course, by Charlotte Chambers Jones and others. New York, Friendship Press [c1932] vi, 154 p.

PEASE, HOWARD, 1894- Shanghai passage; being a tale of mystery and adventure on the high seas in which Stuart Ormsby is shanghaied aboard the tramp steamer "Nanking" bound for ports on the China coast, illustrated by Paul Q. Forster. Garden City, N.Y., Doubleday, 1946. viii, 301 p. front., illus. (Young moderns). 1st ed. 1929.

PERKINS, LUCY (FITCH) 1865-1937. The Chinese twins; illustrated by the author. Boston and New York, Houghton Mifflin, 1935. xvii, [3], 165, [1] p. col. front., illus.

PRICE, OLIVE M. The Valley of the Dragon; a story of the times of Kublai Khan. Illustrated by John Moment. Indianapolis, Bobbs-Merrill [1951] 250 p. illus. [Stories of children in great times].

———. The story of Marco Polo; illustrated by Federico Castellon. Enid La Monte Meadowcroft, supervising editor. New York, Grosset and Dunlap [1953] 179 p. illus. (Signature books, 22).

PRICE, OLIVIA. The Middle country; a Chinese lad's adventures in his own land; illustrated by C. Le Roy Baldridge. Yonkers-on-Hudson, N.Y., Chicago World Book Co., 1926. 176 p. incl. front., illus. (Children of the world).

REIN, ELIZABETH MARIA, 1897- Käfi, eine Dackel-und Kindergeschichte aus dem fernen China. Ravensburg, O. Maier Verlag, [1951] 126 p.

REISS, MALCOLM. China boat boy; illustrated by Jeanyee Wong, 黃如珍. Philadelphia, Lippincott [1954] 157 p. illus.

ROBERTS, CONSTANCE EVELYN. The loyalty of Rin Kong [a tale]. London, Edinburgh House Press, 1935. 30 p.

———. Vagabond Wong, illustrated by Mabel R. Peacock. London, Edinburgh House Press, 1936. 102 p.

———. Schoolboy refugee; a story of China. Illustrated by Neuville. London, Lutterworth Press, 1940. 127 p.

———. Bandy Loo, a story of China. Illustrated by Mabel R. Peacock. London,

Edinburgh House Press, 1942. 112 p.
——. Bell boy at the "Ocean"; a story of China. London, Highway Press, 1946. 63 p.
——. Not-a-care garage; a story of China. Illustrated by R. Kenneth McAll. London, Edinburgh House Press, 1947. 96 p.
——. Marriage of Min Lee; illustrated by Mabel R. Peacock. London, Edinburgh House Press, 1949. 78 p.
——. The young traveller in China. London, Phoenix House, 1951. 157 p. plates, map.
ROWE, DOROTHY, 1898- The rabbit lantern, and other stories of Chinese children; with introduction by Lucius Chapin Porter, illustrations by Ling Jui Tang. New York, Macmillan, 1925. xiii, 98 p. col. front., illus., col. plates.
——. The moon's birthday, and other stories of Chinese children, with illustrations by K'o Shuang-Shou and Ma Tzu-Yu. New York, Macmillan, 1927. 124 p. col. front., illus., col. plates.
——. Traveling shops, stories of Chinese children, pictures by Lynd Ward. New York, Macmillan 1929. 109 p. incl. illus., plates. col. front., col. plates.
SCHMIDT HEINRICH. Die Tina aus China. Illus. Wilhelm M. Busch. Heidelberg, Kemper, 1952. 190 p.
SHEELER HARRIET. An analysis of the cultural content of a selected list of children's books on China. Washington, D.C., 1952. 131 l. Thesis-Catholic University of America.
SHEN, MAO-CHÜN, 沈默君. Reconnaissance across the Yangtse, 渡江偵察記 Translated by Yu Fan-chin. Peking, Foreign Languages Press, 1956. 152 p. (chiefly illus.).
SOONG MAYLING, 1897- A letter from Madame Chiang Kai-shek to boys and girls across the ocean. Chungking, China Information Pub. Co., 1940. 26, 8 p. illus. (part col.).
SOWERS, PHYLLIS (AYER). Lin Foo and Lin Ching, a boy and girl of Chian; illustrated by Margaret Ayer. New York, Thomas Y. Crowell, [c1932] 3-121 p. incl. front., illus.
SPRIGGS, ELSIE HELENA. Wee Wong and Mary Jane Ann. London, Livingstone Press, 1932. 43 p. front. illus. (The Playmate Books, 1).
STILWELL, ALISON. Chin Ling, the Chinese cricket. New York, Macmillan 1947. [48] p. illus. (part col.).
THOMAS, LESLIE. The story on the Willow plate; adapted from the Chinese legend by Leslie Thomas, with illustrations by the author. New York, W. Morrow, 1940. 47, [1] p. incl. front., illus.
THOMPSON, PHYLLIS. They seek a city. London, Chian Inland Mission, 1940. 79 p.
——. Beaten gold: Mrs. Yen of the north suberb. London, Lutterworth Press, 1950. 176 p.
TIPPET, CHARLOTTE F. The clock man's mother and other stories. London, China Inland Mission, 1930. vii, 9-46 p. front.
——. The tin traveller. London, China Inland Mission, 1932. 47, [1] p. front. plates.
TREFFINGER, CAROLYN. Li Lun, lad of courage, illus. by Kurt Wiese. Nashville, Abingdon-Cokesbury Press [1947] 93 p. illus.
TROWBRIDGE, LYDIA JONES. Betty of the consulate; a little American girl's adventures in old China; illustrated by Louise Clasper Rumely. Garden City, N. Y., Doubleday, 1929. x, 205 p. incl. illus., plates. col. front.
TUNG, CHÜ-HSIEN, 董聚賢, comp. School-master Tungkuo, 東郭先生. Adapted by Tung Chü-hsien and Yu Chin, 余金; drawings by Liu Chi-yu, 劉繼卣. Peking, Foreign Languages Press, 1954. 82 p. (chiefly illus).
TUNG, TSE-WEI, 董子畏. Chü Yuan, 屈原: Story of Tung Tse-wei, drawings by Liu Tan-tse, 劉旦宅. Translated by Chang Su-chu. Peking, Foreign Lan-

guages Press, 1957. 103 p.

WAGNER, MRS. MABEL GARRETT. Off to China; a course for primary children; with stories by Helen Firman Sweet. New York, Friendship Press [c1932] viii, 146 p.

WALTER, ERNST. 16 Monate Banditenleben in China. Zeichnungen: Fritz Krumenacher. Zürich, Jugendschriftenwerk, 1954. 32 p. illus. (Schweizer Jugendschriftenwerk, 509).

WANG, LIU-CHIN. The little white hen, drawn and written by Wang Liu-chin. Peking, Foreign Languages Press, 1956. 57 p. illus.

WEHRLI, KLARA. Fritz reist nach China. [Erzählung] Umschlag und Innenbilder von Willy Schnabel. Zürich, Schweizer. Jugendschriftenwerk, 1947. 32 p. illus.

WHITE, MARGARET POLLY (ROSSITER), 1901- E Ming and E Ru; a story of child life in old Peking. New York, London [etc.] Fleming H. Revell [c1936] 3-91 p. incl. front.

WIESE, KURT, 1887- Liang and Lo. Garden City, N.Y., Doubleday, Doran, 1930. [56] p. col. illus.

WEISS-SONNENBURG, HEDWIG. Li, das Buch vom kleinen Chinesen, Jugendbuch. Berlin, Aufbau-Verlag, 1946. 103 p. illus.

WOOD, ESTHER, 1905- Silk and Satin lane, by Esther Wood; illustrated by Kurt Wiese. New York, Toronto, Longmans, Green, 1939. xii, 225 p. incl. front. illus.

———. Pepper Moon; pictures by Laura Bannon. New York- Toronto, Longmans, Green [c1940] 32 p. col. illus.

YANG, CHAO-LIN, 楊兆麟. Old Sun rejoins the co-op; story. Peking, Foreign Languages Press, 1955. 54 p. (chiefly illus.).

YOUNG, EVELYN, 1911- Wu and Lu and Li. New York, Oxford University Press [c1939] [31] p. col. illus.

———. The tale of Tai. London, New York, Oxford University Press [c1940] [31] p. col. illus.

XVII. ARCHAEOLOGY AND FINE ARTS

Bibliography

FREER GALLERY OF ART, Washington, D. C. Annotated outlines of the history of Chinese arts [by] Grace Dunham Guest, research associate, and Archibald G. Wenley, director. Washington, 1949. 1 v. (various pagings) illus. map. 1st ed. 1943.

ROWLAND, BENJAMIN, 1904- The Harvard outline and reading lists for Oriental art. Cambridge, Harvard University Press, 1952. 64 p.

Archaeology

ACADEMIA SINICA. Institute of History and Philology. Chêng-tzŭ-yai: a report of excavations of the proto-historic site at Chêng-tzŭ-yai, Li-chêng Hsien, Shantung, by Fu Ssŭ-nien, 傅斯年, Liang Ssŭ-yung, 梁思永, Wu Gin-ding, 吳金鼎, Li Chi, 李濟, Tung Tso-ping, 董作賓, Kuo Pao-chün, 郭寶鈞, and Liu Yu-hsia, 劉嶼霞. Summary in English by Liang Ssu-yung. Nanking, Institute of History and Philology, Academia Sinica, 1934. xxvii, 105, xi, 30 p. col. front., plates, plans. (Archaeologia sinica, 1).

———. Ch'êng-tzŭ-yai: the black pottery culture site at Lung-shan-chên in Li-ch'êng-hsien, Shantung Province [by] Li Chi, editor-in-chief [and others] Translated by Kenneth Starr. New Haven, Published for the Dept. of Anthropology, Yale University by the Yale University Press, 1956. 232 p. illus., plates, maps, diagrs. (Yale University publications in anthropology, no. 52).

ALLEN, WILLIAM DANGAIX, 1904- ed. Horses of Han; China's ancient life and legend seen in the rock carvings of the 2nd century. Ser. 1. Reproductions original size. New York, Universal Pub. Co., 1944. cover-title, [1] [14] plates.

ANDERSSON, JOHAN GUNNAR, 1874- An early Chinese culture. Peking, Geological Survey of China, 1923. 68, 46 p. illus., plates, maps. diagrs. Reprinted from the Bulletin, Geological Survey of China, No. 5.

———. Essays on the Cenozoic of northern China. Peking,Geological Survey of China, 1923. 152 p; 4, 12 p. illus., ix plates (part fold.) 3 fold. maps, 2 fold. tab. (China. Geological survey. Memoirs, ser. A, 3).

———. Preliminary report on archaological research in Kansu. With a note on the physical characters of the prehistoric Kansu race, by Davidson Black. Peking, Geological Survey of China, 1925. 56, [22] p., 2, 50, [1] p. illus., plates (incl. fold. profile) (China. Geological survey. Memoirs, ser. A, 5).

———. Children of the yellow earth; studies in prehistoric China, translated from the Swedish by E. Classen. London, Kegan Paul; New York, Macmillan, 1934. xxi, 345 p. illus. plates, double map, diagr.

———. Researches into the prehistory of the Chinese. [Stockholm] 1943. 304 p. illus. (part col.) 200 plates, maps. Reprinted from Ostasiatiska samlingarna Bulletin, 1943. No. 15.

———. The site of Chu chia chai. Stockholm, 1945. 63 p. illus., incl. maps, plans, diagrs, plates. Reprinted from Ostasiatiska samlingarna Bulletin, 1945. No. 17.

———. Prehistoric sites in Honan. Stockholm, 1947. 124 p. illus., plates, fold. maps, diagrs. Reprinted from Ostasiatiska samlingarna Bull. 1947. No. 19.

ARNE, TURE ALGOT JOHNSSON, 1879- Painted stone age pottery from the province of Honan. Peking, Pub. for the Geological Survey of China, 1925. 40,

[32] p. illus., xiii plates (part col.) (China. Geological survey. Palaeontologia sinica. Ser. D, 1, fasc. 2).

BISHOP, CARL WHITING, 1881-1942. The beginnings of civilization in eastern Asia. (In Smithsonian institution. Annual report, 1940. Washington, 1941. p. 431-445. illus. (maps) 10 plates on 5 l.).

———. Origin of the Far Eastern civilizations: a brief handbook. Washington, Smithsonian Institution, 1942. 53 p. illus. (incl. maps, plans) plates, (Smithsonian institution. War background studies, 1).

BRITTON, ROSWELL SESSOMS, 1897-1951. Yin bone photographs. New York [Printed by the Commercial Press, for the Chalfant Publication Fund] 1935. 21, [1] p. illus.

———. Yin bone rubbings. New York [Printed by Acme photo-offset corp. for the Chalfant Publication Fund] 1937. 12, [2] p. illus.

———. Fifty Shang inscriptions. Princeton, N. J., Princeton University, the Library, 1940. 77, [1] p. illus., diagrs.

CHALFANT, FRANK HERRING, 1862-1914. The Couling-Chalfant collection of inscribed oracle bone, drawn by Frank H. Chalfant, edited by Roswell S. Britton. Shanghai, Commercial Press, 1935. 132 plates., 1 l.

———. Seven collections of inscribed oracle bone, drawn by Frank H. Chalfant, edited by Roswell S. Britton. New York [Printed by General Offset Co., for the Chalfant Publication Fund] 1938. 5, [1] p. 32 plates on 16 l.

CHÊNG, TE-K'UN, 鄭德坤, 1907- Prehistoric archaeology of Szechuan. Cambridge, 1941. 294 l. plates, tables, maps. Thesis-Harvard University.

———. Archaeological studies in Szechuan. London, Cambridge University Press, 1956. 344 p. plates, maps.

CREEL, HERRLEE GLESSNER, 1905- The birth of China; a survey of the formative period of Chinese civilization. London, J. Cape [1936]; New York, Reynal and Hitchcock, 1937. 3-395, [1] p. front., illus. (plan) xv plates. fold map, diagr.

———. The birth of China; a study of the formative period of Chinese civilization. New York, F. Ungar Pub. Co. [1954, c1937] 402 p. illus., map (on lining papers).

———. La naissance de la Chine: la périod formative de la civilisation chinoise environ 1400-600 av. J-C. Traduit de l'anglais par Clerc Salles, préface de Carl Whiting Bishop. Paris, Payot, 1937. 368 p. illus. map. (Bibliothèque historique).

———. Studies in early Chinese culture, first series, by Herrlee Glessner Creel Baltimore, Waverly Press, 1937. iii-xxii, 266 p. plates. [American council of learned societies. Studies in Chinese and related civilizations, 3].

EBERHARD, WOLFRAM, 1909- Early Chinese cultures and their development: a new working-hypothesis. (In Smithsonian institution. Annual report, 1937. Washington, 1938. p. 513-530. illus. (map)).

FREER GALLERY OF ART, Washington, D. C. Excavation of a West Han dynasty site at Yen-tzŭ Ko-ta, Wan Ch'üan Hsien, 萬全縣閻子疙瘩 southwestern Shansi, conducted jointly in the autumn of 1930 by the Freer gallery of art of Washington, D. C., and the Shansi provincial library of T'ai-yüan, Shansi. Shanghai [Printed at the press of Kelly and Walsh, 1932]. 44 p. [36] p. illus., xxi plates on 11 l., maps (1 fold.) fold. plan.

GRAHAM, DAVID CROCKETT, 1884- The ancient caves of Szechwan province. (In U. S. National museum. Proceedings. Washington, 1932. v. 80, art. 16. 13 p. illus., plates).

HANSFORD, S. Howard, 1899- A visit to An Yang. London, China Society, 1951. 14 p. plates.

HOPKINS, LIONEL CHARLES, 1854-1952. The Hopkins collection of inscribed oracle bone, drawn by Frank H. Chalfant, edited by Roswell S. Britton. New York [Printed by General Offset Company, 1939. [8] p. front. (port.) 66 pl. on 33 l.

LI, CHI, 李濟, 1896- The beginnings of Chinese civilization; three lectures illustrated with finds at Anyang. Seattle, University of Washington Press [1957] xvii, 123 p. illus., plates, map.

LIANG, SSU YUNG, 梁思永, 1903-1954. New Stone age pottery from the prehistoric site at Hsi-yin Tsun, Shansi, China. Menasha, Wis., American Anthropological Association [1930] cover-title, 76, [3] p. illus. (incl. plan) 18 plates on 9 l., diagrs. (Memoirs of the American anthropological association, 37).

MASPERO, HENRI, 1883-1943. The origins of the Chinese civilizations. (In Smithsonian institution. Annual report, 1927. Washington, 1928. p. 433-452).

MENZIES, JAMES MELLON, 1885-1957. The culture of the Shang dynasty, by James M. Menzies. (In Smithsonian institution. Annual report, 1931. Washington, 1932. p. 549-558).

NOTT, STANLEY CHARLES, 1902- Voices from the Flowery Kingdom; being an illustrated descriptive record of the beginnings of Chinese cultural existence, incorporating a complete survey of the numerous emblematic forces selected from nature by the ritualistic leaders of the Chinese throughout the ages, with an introd. by Byron E. Eldred. Illus. by twenty-four full page natural color plates, one hundred and three half-tone plates, reproduced from original photographs, seventy-nine line engravings made especially for the work by Mrs. Stanley Charles Nott. New York, Chinese Culture Study Group of America, 1947. xxv, 278 p. illus., plates

SELIGMAN, CHARLES GABRIEL, 1873-1940. The Roman Orient and the Far East. (In Smithsonian institution. Annual report, 1938. Washington, 1939. p. 547-568. illus., 4 plates on 2 l. fold. map).

TCHANG, FONG, 張鳳 [CHANG FÊNG] Recherches sur les "os du Hônan." Quelques caractères de l'écriture ancienne. 甲骨刻字考異補釋. Paris, P. Geuthner, 1925. 84 p. tables, Thèse-Univ. de Paris.

WHITE, WILLIAM CHARLES, 1873- Tombs of old Lo-yang; a record of the construction and contents of a group of royal tombs at Chin-ts'un, Honan, probably dating 550 B.C. Foreword by John C. Ferguson. Shanghai, Kelly and Walsh, 1934. xvi, 177 p. 10 l. xix-xxii p. col. front., illus., plates, maps, plans.

———. Bone culture of ancient China; an archaeological study of bone material from northern Honan, dating about the twelfth century, B.C. Toronto, University of Toronto Press, 1945. x, 233 p. incl. illus., plates. front., maps. ([Royal Ontario museum of archaeology] Museum studies, 4).

YETTS, WALTER PERCEVAL, 1878-1957. An-yang: a retrospect. London, China Society, 1942. 39 p. illus., maps. (China Society occasional papers. New series, 2).

SEE ALSO. Manchuria-Archaeology, Mongolia-Archaeology, Sinkiang-Archaeology, etc.

Oriental Art

ARTS musulmans. Extrême-Orient: Inde, Indochine, Insulinde, Chine, Japon, Asie centrale, Tibet; par S. Élisséev, R. Grousset, J. Hackin, [e.a.] Paris, A. Colin, 1939. ix, [1] 496 p. illus. (incl. maps. plans) (Histoire universelle des arts, des temps primitifs jusqu'à nos jours, pub. sous la direction de Louis Réau. 4).

BALL, KATHERINE M. Decorative motives of oriental art. London, John Lane; New York, Dodd, Mead [1927] xxvi, 286 p. illus.

BERNOULLI, RUDOLF, 1880- Ausgewählte Meisterwerke ostasiatischer Graphik in der Bibliothek für Kunst und Kunstgewerbe in Berlin. Plauen im Vogtland, C.F. Schulz and Co., 1923. 110 p. illus. 40 plates, (Ostasiatische Graphik, 4).

BINYON, LAURENCE, 1869-1943. Asiatic art in the British museum (sculpture and painting). Paris and Brussels, G. van Oest, 1925. 74, [2] p. i, xiv

plates.

———. L'art asiatique au British Museum (sculpture et peinture). Paris, G. Van Oest, 1925. 75 p. plates. (Ars Asiatica, 6).

———. The spirit of man in Asian art, being the Charles Eliot Norton lectures delivered in Harvard university, 1933-34. Cambridge, Harvard University Press, 1935. xv, 217 p. 70 plates.

———. Art of the Far East; landscapes, flowers, animals; 16 plates in colour from the work of old Chinese and Japanese masters. London, New York, Batsford [1950] 8 p. col. plates. (Iris colour books).

COHN-WIENER, ERNST, 1882- 1941. Das Kunstgewerbe des Ostens, Geschichte, Stile, Technik. Berlin, Verlag für Kunstwissenschaft [1923] 256 p. col. front., illus., col. plates.

———. Asia, Einführung in die Kunstwelt des Ostens; Indien, China, Japan, Islam. Berlin, R. Mosse [1929] 159, [1] p. illus.

FENOLLOSA, ERNEST FRANCISCO, 1853-1908. Epochs of Chinese and Japanese art, an outline history of East Asiatic design. New and rev. ed., with copious notes by Professor Petrucci. New York, Frederick A. Stokes; London, W. Heinemann [1921] 2 v. col. fronts., illus. (incl. map) plates (part col., 2 double) diagr. 1st ed. 1912.

FISCHER, OTTO, 1886- 1948. Die Kunst Indiens, Chinas und Japans. 2 Aufl. Berlin, Propyläen-Verlag [c1928] 643 p. illus., plates (part col.) maps. (Propyläen-Kunstgeschichte, 4).

GROUSSET, RENÉ, 1885-1952. De la Grèce à la Chine. Monaco, Documents d'art, 1948. xxxv, 104 p. (p. 1-88 plates) 9 plates (8 col.) 3 maps (part fold.). (Orient et Extrême-Orient, 1).

HORVÁTH, TIBOR ANTAL. The art of Asia in the Francis Hopp Museum of eastern asiatic arts in Budapest. Budapest, Fine Arts Foundation, 1954. 25 p.

JAHRBUCH der asiatischen kunst. ed. by Georg Biermann. 1.-2. bd.; 1924-25. Leipzig, Klinkhardt and Biermann [1924-25] 2 v. col. front., illus., plates.

KOECHLIN, RAYMOND, 1860-1931. Oriental art; ceramics, fabrics, carpets; one hundred plates in colour, with introduction and descriptions by R. Koechlin and G. Migeon, translated by Florence Heywood. New York, Macmillan, [1928] 7-20 p. c col. pl.

KÜMMEL, OTTO, 1874-1952. Die Kunst Ostasiens. Berlin, B. Cassirer, 1921. 48 p., 168 p. illus. (Die kunst des Ostens iv).

———. L'art de l'Extrême-Orient; traduction de Charlott Marchand. Paris, G. Crès, 1923. 51, 166 p. incl. illus. plates (part double), facsims. (L'art de l'Orient).

———. Ostasiatisches Gerät, ausgewählt und geschrieben von Otto Kümmel, mit einer Einführung von Ernst Grosse. Berlin, B. Cassirer, 1925. 62 p., illus. plates.

———. Die kunst Chinas, Japans und Koreas. Wildpark-Potsdam, Akademische Verlagsgesellschaft Athenaion [c1929] 198 p. illus. (incl. maps) plates (part col.) (Handbuch der kunstwissenschaft).

MARCH, BENJAMIN, 1899-1934. China and Japan in our museums, with an introduction by Frederick P. Keppel. A preliminary report prepared for the third general session of the Institute of Pacific Relations to be held at Kyoto, October 28th to November 9th, 1929. New York, American Council, Institute of Pacific Relations [c1929]. xi, 122 p. plates.

MARTIN, HENRY MARIE RADEGONDE, 1852-1927. L'art indien, l'art chinois, l'art indochinois. 2e éd. Paris, R. Ducher, [c1926] 36 p. illus. (His: La grammaire des styles, pt. 12).

MÉLY, FERNAND de, 1851-1935. Périgueux au Fleuve jaune. Paris, Paul Geuthner, 1927. 61 p. plates, map.

NEW ORIENT SOCIETY OF AMERICA. Oriental art in America; recent accessions in American museums. Chicago, New Orient Society of America [c1937] [8] p., plates.

PARIS. MUSÉE GUIMET. Bulletin archéologique du Musée Guimet. fasc. 1-2. Paris et Bruxelles, G. van Oest et cie, 1921. 2 v. plates, port., map.

———. Études d'orientalisme, publiées par le Musée Guimet à la mémoire de Raymonde Linossier. Paris, E. Leroux, 1932. 2 v. front. (port.) illus. lxx pl. (part fold.)

———. Arts asiatiques. [Paris, Éditions des musées nationaux, 1950- v.

ROSS, sir EDWARD DENISON, 1871-1940. Eastern art and literature, with special reference to China, India, Arabia and Persia. London, E. Benn [1928] 80 p. (Benn's sixpenny library, 3]).

ROWLAND, BENJAMIN, 1904- Art in East and West; an introduction through comparisons. Cambridge, Harvard University Press, 1954. xiii, 144 p. 62 illus.

SCHUSTER, CARL, 1904- Joint-marks, a possible index of cultural contact between America, Oceania and the Far East. Amsterdam, 1951. 51 p. illus., map. (Koninklijk Instituut voor de Tropen. Mededeling no. 94. Afdeling Culturele en Physische Anthropologie. no 39.).

SELIGMEN, CHARLES GABRIEL, 1873-1940. The Seligman collection of oriental art. London, Lund Humphries, 1957- v. illus. plates, maps. v 1: Chinese, Central Asian and Luristan bronzes and Chinese jades and sculptures. Introduction by S. Howard Hansford, xiii, 135 p.

SHANGHAI. Musée Heude. The Sowerby collection of Far Eastern art by Edmund Toeg. Shanghai, 1947. 16 p. illus. (Musée Heude. Notes d'archéologie et d'ethnologie chinoise. 1 juin 1947. v. 1. fasc. 2).

SPEISER, WERNER, 1908- Kultur Ostasiens, zwei Essays. Köln, Staufenverlag [1943] 7-77 p. (Staufen-bücherei, 36).

———. Die Kunst Ostasiens. Berlin, Safari-Verlag [c1946]; 2 Aufl. 1956. 355 p. illus., plates (part col).

STUDIEN zur Kunst des Ostens. Josef Strzygowski zum sechzigsten Geburtstage von seinen Freunden und Schülern; mit 260 Seiten und 126 Abbildungen. Wien und Hellerau, Avalun-Verlag [1923] 7-257, [1] p., illus. (incl. plans) xxx plates on 15 l.

VISSER, HERMAN FLORIS EDUARD, 1890- Asiatic art in private collections of Holland and Belgium. Amsterdam, "De Spieghel" Pub. Co. [1948] 511 p. 223 plates (part col.).

WEBER, VICTOR FRÉDÉRIC, 1871- "Ko-ji hô-ten, 古事寶典"; dictionnaire à l'usage des amateurs et collectionneurs d'objets d'art japonais et chinois; on y trouvera: l'explication des noms usuels et des noms propres qui se rencontrent dans les ouvrages traitant de l'art et des religions de l'Extrême-Orient; des renseignements sur les lieux célèbres de la Chine et du Japon, ainsi que sur les nombreux personnages et héros historiques et légendaires; la description des jeux, des moeurs et coutumes, des fêtes et des pratiques religieuses ou laïques; les biographies, les signatures et autres signes particuliers des peintres, sculpteurs, ciseleurs, céramistes et autres artistes et artisans; et enfin le résumé des contes et légendes de la Chine et du Japon qui ont inspiré les artistes de ces deux pays dans l'illustration des ouvrages et l'ornementation de leurs meubles et objets usuels. Le dictionnaire est illustré de plus de 2100 gravures et dessins intercalés dans le texte et sur 75 planches dont 5 en couleurs. Paris, L'auteur, 1923. 2v. col. fronts., illus. plates (part col.).

WIENER BEITRÄGE ZUR KUNST- und Kulturgeschichte Asiens; Jahrbuch des Vereines der freunde asiatischer Kunst und Kultur. Wien, 1926-1936. 10 v. plates.

Buddhist Art (See also Sculpture)

CHÊNG, TE-K'UN, 1907- Jun-huang studies in China. Chengtu, 1947. 14 p. (West China Union University. Museum. Offprint ser., 10).

COHN, WILLIAM, 1880- Buddha in der Kunst des Ostens; mit seiben Textabbildungen und hundertdreiundzwanzig Tafeln. Leipzig, Klinkhardt und Biermann, 1925. 5 p. iii-lxiv, 253 p. illus.

DAVIDSON, J LEROY. The Lotus Sutra in Chinese art; a study in Buddhist art to the year 1000. New Haven, Yale University Press, 1954. xvi, 105 p. 41 plates. (Yale studies in the history of art [8]).

DETROIT. INSTITUTE OF ARTS. Buddhist art. Detroit Institute of Arts, twenty-fourth loan exhibition, October, 1942. [Detroit, 1942] 62 p. incl. plates. front. (map)

ECKE, GUSTAV, 1896- The twin pagodas of Zayton; a study of later Buddhist sculpture in China. Photographs and introduction by G. Ecke. Iconography and history, by P. Demiéville. Cambridge, Mass., Harvard University Press, 1935. viii, 95 p. front., 1 illus., plates (part fold.) fold, maps, fold. plan. (Harvard-Yenching institute. Monograph series, II).

ROWLAND, BENJAMIN, 1904- The wall-paintings of India, Central Asia and Ceylon; a comparative study by Benjamin Rowland, jr., with an introductory essay on the nature of Buddhist art by Ananda K. Coomaraswamy, with a foreword by A. Townshend Johnson and colour plates by F. Bailey Vanderhoef, jr. Boston, Printed at the Merrymount Press, 1938. ix-xiii, [1], 94 p. 36 plates (30 col.).

SECKEL, DIETRICH, 1910- Buddhistische Kunst Ostasiens. [Stuttgart] W. Kohlhammer, 1957. 383 p. illus., plates, maps.

WARNER, LANGDON, 1881-1955. Buddhist wall-paintings, a study of a ninth-century grotto at Wan Fo hsia. Cambridge, Harvard University Press, 1938. xv, 33 p., plates, map. (Harvard-Radcliffe fine arts series).

YAMANAKA AND CO. Exhibition of Buddhist art of Asia dating from 2nd to 16th century A. D. [April 1st to 26th 1941] New York, Yamanaka and co., 1941. 8 p. illus.

Chinese Art
General Works

ARDENNE DE TIZAC, JEAN HENRI D' , 1877-1932. Les animaux dans l'art chinois. Cinquante planches en héliogravure et en couleurs. Introduction et notices par H. d'Ardenne de Tizac. Paris, Librarie centrale des beauxarts, 1922. 7, [4] p. plates, (Les arts de l'Asie).

———. Animals in Chinese art; a collection of examples selected and described by H. d'Ardenne de Tizac. With a preface by Roger Fry. London, Benn, 1923. [6] p., plates (part col.).

———. L'art chinois classique, ouvrage illustré de 30 gravures dans le texte et 162 gravures hors texte. Paris, H. Laurens, 1926. 364 p. illus., 104 plates.

———. Les hautes époques de l'art chinois d'après les collections du Musée Cernuschi. Paris, Éditions Nilsson [1930] [11] p. 24 mount. plates.

———. L'art décoratif chinois d'après les collections du Musée Cernuschi. Paris, Éditions Nilsson [1930] [14] p. 24 mounted plates.

ART AND ART CRAFTS OF ANCIENT CHINA. Essays on Chinese art written by members of the literary department of the American Women's Club, Shanghai. Shanghai, 1921. 202 p. illus.

ASHTON, LEIGH, 1897 - Chinese art, by Leigh Ashton and Basil Gray. London, Faber and Faber [1935]; Boston, New York, Hale, Cushman and Flint, 1937. 397 p. incl. front., illus. (incl. map) plates.

———. The same. London, Faber and Faber, 1952; New York, Beechhurst Press [1953] 366 p. illus. (part col.) map.

BACHHOFER, LUDWIG, 1894- Chinesische Kunst. Breslau, F. Hirt, 1923. 80 p. incl. plates (Jedermanns bücherei, abt. : Bildende kunst).

———. A short history of Chinese art. [New York] Pantheon [1946], London, B. T. Batsford, 1947. 139 p., incl. col. front., illus. plates.

BINYON, LAURENCE, 1869-1943. The flight of the dragon; an essay on the theory and practice of art in China and Japan, based on original sources. London, J. Murray, 1944. 112 p. (Wisdom of the East) 1st ed. 1911.

BOODE, PETER. Notes for collectors of Chinese antiques (remote antiquity-end of Ming period) London, Commodore Press, 1943. 63 p. diagr.

BUHOT, JEAN, 1885-1952. Arts de la Chine. Photos. par Jacqueline Hyde. Paris, Éditions du Chêne [1951] 172 p. illus. (Arts du monde).

BURLING, JUDITH. Chinese art [by] Judith and Arthur Hart Burling. New York, Studio Publications, in association with Crowell [1953] 384 p. illus. (part col.).

CARTER, DAGNY (OLSEN). China magnificent; five thousand years of Chinese art. New York, Reynal and Hitchcock [c1935] xi, 225 p. incl. illus., plates.

———. Four thousand years of China's art. New York, Ronald Press Co. [1948]; Rev. print. 1951. xix, 358 p. illus. maps.

CHATER, SIR CATCHICK PAUL, 1846-1926. The Chater collection, pictures relating to China, Hongkong, Macao, 1655-1860; with historical and descriptive letterpress, by James Orange. London, T. Butterworth, [1924] 528 p. incl. front., plates (part col) ports., maps (part fold.).

CHAVANNES, ÉDUARD, 1865-1918. De l'expression des voeux dans l'art populaire chinois. Paris, Éditions Bossard, 1922. 43, [1] p. illus. plates.

CHÊNG, T'IEN-HSI, 鄭天錫, 1884- Civilization and art of China; lectures by F. T. Cheng with note by Arthur Machen. London, W. Clowes, [1936] 39, [1] p. plates.

CHINESE ART: Introduction [by] Laurence Binyon; Painting and calligraphy [by] Laurence Binyon; Sculpture and lacquer [by] Leigh Ashton; The potter's art [by] R. L. Hobson; Bronzes [by] A. J. Koop; Jades [by] Una Pope-Hennessy; Textiles [by] Leigh Ashton. London, Kegan Paul, 1935. xvi, 111 p. xxiv plates (incl. front.).

COHN, WILLIAM, 1880- Chinese art. London, Studio, 1930. xvi, 75 p. col. front., plates.

CRANMER-BYNG, LAUNCELOT ALFRED; 1872-1945. The vision of Asia; an interpretation of Chinese art and culture. London, J. Murray [1932]; New York, Farrar and Rinehart, 1933. xi, 306 p. col. front.

DÉCORATION CHINOISE ET LE GOÛT CHINOIS. (paravents, laques, porcelaines, kakémonos, gravures) Paris, Guérinet, 1921. 1 v.

EDMUNDS, WILLIAM, 1852- Pointers and clues to the subjects of Chinese and Japanese art, as shewn in drawings, prints, carvings and the decoration of porcelain and lacquer. With brief notices of the related subjects. London, S. Low, Marston [1934] xiii, 706 p.

THE ENCYCLOPAEDIA BRITANNICA. Chinese art; a selection of articles from the new 14th edition of the Encyclopaedia Britannica, by the following authorities: R. L. Hobson, Laurence Binyon, A. F. Kendrick [and others] with many full page plates in colour and half-tone. A brief survey of the various arts and their periods in China. New York, Encyclopaedia Britannica; London, Encyclopaedia Britannica, [c1932] cover-title, [67] p. illus., plates (part col.) diagr. (Britannica booklet 1).

———. The romance of Chinese art, by the following authorities: R. L. Hobson, Laurence Binyon, Oswald Sirén [and others] Garden City, N. Y., Garden City Publishing Co., [c1936] xv, 192 p. incl. col. front., illus., tables, diagr. plates (part col.).

FEDDERSEN, MARTIN, 1888- Chinesisches Kunstgewerbe. Berlin, Klinkhardt and Biermann [1939] 247 p. illus., fold. plates, map. fold. tab. (Bücherei des kunstsammlers, 1).

———. The same; ein Handbuch für Sammler und Liebhaber. 2. neubearbeit. Aufl. Braunschweig, Klinkhardt and Beirmann [1955] xii. 302 p. illus., map. (Bibliothek für Kunst- u. Antiquitätenfreunde, 35).

FERGUSON JOHN CALVIN, 1866-1945. Survey of Chinese art. Shanghai, Commercial Press, 1939. 153 p. illus., plates. map, plans, facsims.

FRISCH, TERESA GRACE. Scythian art and some Chinese parallels. London, Oriental Art Magazine [1949] 22 p. illus. Part of thesis-Yale University.

FRY, ROGER ELIOT, 1866-1934. Chinese art; an introductory review of painting, ceramics, textiles, bronzes, sculpture, jade, etc., by Roger Fry, Laurence Binyon, A.F. Kendrick, Bernard Rachham, W. Perceval Yetts, Osvald Sirén, W. W. Winkworth. London, For the Burlington magazine by B.T. Batsford, [1925] vii, 62, ix-xviii p., col. front., illus. (incl. maps) plates (part col). (Burlington magazine monographs).

———. The same; with an introduction by Madame Quo Tai-chi, 郭泰祺, being a new and rev. ed., largely reillustrated, of the "Burlington magazine monograph, I": with 23 plates in colour and 62 from photographs. London, B.T. Batsford, [1935] xvi, 86 p. col. front., illus. (incl. maps) plates (part col.).

———. The same. Being a new and rev. ed., largely re-illustrated, of the "Burlington magazine monograph, I." New York, E. Weyhe [1946-47] xvi, 86 p. illus., plates (part col.) maps.

GRANTHAM, ALEXANDRA ETHELDRED (VON HERDER) 1867- Porcelain pagodas and palaces of jade, musings of an old collector. New York, E.P. Dutton; London, Methuen, 1929. xii, 210 p., front., plates.

———. The same; with twenty-eight illustrations. New York, E.P. Dutton; London, Methuen, 1939. xii, 210 p., front., plates.

GROUSSET, RENÉ, 1885-1952. De la Chine au Japon. Monaco, Documents d'art [1951] xxvii, 93, [2] p. (p. 1-80 illus.) 8 col. plates. (Orient et Extrême-Orient, 3).

———. La Chine et son art. Paris, Plon [1951] ix, 252 p. illus., plates, map. (Collection Ars et historia).

GUSTAF ADOLF, Crown Prince of Sweden, 1882- Selected Chinese antiquities from the collection of Gustaf Adolf, Crown Prince of Sweden. Ed. by Nils Palmgren. Stockholm, Generalstabens litografiska anstalts förlag, 1948. xv, 146 p. illus. (part col.) map.

HÁJEK, LUBOR. Chinesische Kunst in tschechoslowakischen Museen. [Deutsche Übersetzung, A. Kučerová] Fotografien von Werner Forman. Prag, Artia, 1954. 73 p., 241 plates (part col.).

———. Chinese art [in Czechoslovak museums] Photos. by Werner Forman. London, Spring Books [1955?] 84 p., 239 plates (part col.).

HALLADE, MADELEINE. Arts de l'Asie ancienne. Thèmes et motifs. Tome 3: Chine. Paris, Presses universitaires, 1956. 96 p. (Paris, Musée Guimet [Publ.]).

HANSFORD, S. Howard, 1899- A glossary of Chinese art and archaeology. London, China Society, 1954. xi, 104 p. illus. (China Society Sinological series, 4).

———. The study of Chinese antiquities: an inaugural lecture. London, 1955. 18 p.

HOBSON, ROBERT LOCKHART, 1872-1941. Chinese art; one hundred plates in colour reproducing pottery and porcelain of all periods, jades, lacquer, paintings, bronzes, furniture, etc., etc. Introduced by an outline sketch of Chinese art. London, E. Benn; New York, Macmillan, 1927. Rev. ed. 1954 14 p., 100 col. plates.

———. Cent planches en couleurs d'art chinois, reproduisant des pièces caracteristiques de toutes les époques; poteries et porcelains, jades, laques, bronzes, meubles, etc. et précédés d'un apercu historique sur l'art chinois. Traduction de J.V. Garnet. Paris, Levy [1927] 15 p. 100 col. plates.

HSIN, KWAN-CHUE, 邢光祖. An introductory note on Chinese art. [Taipei? Ministry of Education, Republic of Chian, 1953] 30 p. illus.

HU, SHIH, 胡適, 1891- Inaugural address, November 17, 1944. [New York, The Chinese Art Society of America, 1944] [12] p.

JOURDAIN, MARGARET. [EMILY] 188?-1951. Chinese export art in the eighteenth century, by Margaret Jourdain and R. Soame Jenyns. London, Country

Life; New York, Scribner, 1950. 152 p. (p. 73-144 illus.) col. front.

KARLBECK, ORVAR, 1879- Treasure seeker in China. Translated from the Swedish by Naome Walford. London, Cresset; New York and Toronto, Ambassador Books, 1957. 216 p. plates.

KELLY, CHARLES FABENS, 1885- The Chinese exhibition in London. La Salle, Ill., Published for the New Orient Society of America by the Open Court Pub. Co. [1936] 27 p. front. illus.

LION, DAISY (GOLDSCHMIDT) L'art chinois. Paris, Garnier frères, 1931. 209 p., illus. (Collection artistique Garnier).

———. Les arts de la Chine. Paris, Plon [1937] 60, [4] p. incl. front., illus. (Éditions d'histoire et d'art).

LOO, C. T. and CO., NEW YORK. An index to the history of Chinese art: an aide-mémoire for beginners. Reprint ed. New York, 1942 Cover-title, 8 p.

MCCLELLAND, ROBERT CRAWFORD. Some aspects of the arts and sciences in early China, from prehistoric times through the T'ang dynasty, ?-906 A.D. [Norfolk] 1957. 21 l. (College of William and Mary [-V.P.I.] general publications series).

MACDONALD, JAMES STUART, 1878- The history and development of Chinese art. Canberra, Australian Institute of Anatomy, 1934. 16 p. (George Ernest Morrison lectures).

MARCUS, AAGE, 1888- Der blaue Drache. Lebenskunst und Bildkunst im alten China. Übers. von Hanna Kobylinski unter Mitwirkung von Walter Bauer. Zürich, Atlantis Verlag, 1949. 206 p. illus.

MENTEN, J F H Sammlung J.F.H. Menten, chinesische Grabfunde und Bronzen. Hrsg. vom Kunstgewerbemuseum der Stadt Zürich. [Zürich, 1948] 101 p. (p. 19-101 plates (part col.)).

MIGEON, GASTON, 1861-1930. L'art chinois. [Paris] A. Morancé [c1925] 36, [1] p., 57 (i.e. 58) plates (part col.) ([Documents d'art] Musée du Louvre).

MORGAN, HARRY TITTERTON, 1872- ed. The romance of Chinese metal art: Copper, bronze, cloisonné, brass, pewter. [Los Angeles, Distributor: Quon-Quon company] 1941. 16 p. illus. [His Chinese classics in miniature].

MUELLER, HERBERT, 1885- The Sunglin collection of Chinese art and archaeology, Peking. Catalog of exhibition, New York, May, nineteen thirty; with an introductory chapter on "Archaeology in China" and further contributions by Dr. Herbert Mueller (Peking) and 157 illustrations on 51 plates besides fifteen in the text. New York, N.Y., Herbert J. Devine Galleries [c1930] 7-107, [1] p. incl. illus., plates.

MÜNSTERBERG, OSKAR, 1865- Chinesische Kunstgeschichte. 2 unveränd. Aufl. Esslingen a.N., P. Neff, 1924. 2 v. col. fronts., illus. col. plates.

———. A short history of Chinese art. New York, Philosophical Library [1949] London, Peter Owen, 1954. xiv, 227 p. 50 plates.

NEZU ART MUSEUM, TOKYO. Seizano seisho. Illustrated catalogue of the Nezu collection. Tokyo, Kaichiro Nezu, 1939-43. 10 v. in portfolio. plates.

NOTT, STANLEY CHARLES, 1902- comp. Chinese culture in the arts, being an illustrated descriptive record of the meaning of the emblematic and symbolic designs personified in the arts of China throughout the ages, with an introduction by H. Phelps Clawson. Illustrated by sixty-six halftone plates reproduced from original photographs; a fully descriptive map of China; together with one hundred eighty-seven line engravings made especially for the work from selected world-famous specimens of Chinese art by Mrs. Stanley Charles-Nott. New York, Chinese Culture Study Group of America, 1946. xx, 134 p. incl. col. front., illus. (incl. map) plates, ports.

PARIS. MUSÉE CERNUSCHI. Les hautes époques de l'art chinois, d'après les collections du Musée Cernuschi. Paris, Nilsson, [1932] [11] p. plates.

[PARKES, KINETON] 1865- Mystery of Chinese art. A Manchester collection reviewed [Manchester] Printed by order of the Council of the Manchester

Chinese and Japanese Art Society, 1929. 44 p. incl. front., illus. (incl. port.).

PAUL-DAVID, MADELEINE, 1908- Arts et styles de la Chine. Paris, Larousse [1953] 199 p. illus., maps. (Arts, styles et techniques).

PELLIOT, PAUL, 1878-1945. Les influences européennes sur l'art chinois au XVIIe et au XVIIIe siècle. Conférence faite au Musée Guimet le 20 février, 1927. Paris, Impr. Nationale, 1948. Cover-title, 28 p. plates.

POMMERANZ-LIEDTKE, GERHARD. Chinesisches Kunstschaffen; Gegenwart und Tradition. Berlin, Henschelverlag, 1954. 159 p. illus.

PORTEUS, HUGH GORDON. Background to Chinese art. London, Faber and Faber [1935] 9-67 p. (Criterion miscellany, 42).

ROSE, SIR FRANCIS CYRIL, bart., 1909- Art seen through Chinese and western eyes; report of an address. London, China Society [1946] cover-title, 4 p.

ROSTOVTSEV, MIKHAIL IVANOVICH, 1870-1952- The animal style in South Russia and China; being the material of a course of lectures delivered in August 1925 at Princeton University under the auspices of the Harvard-Prince ton fine arts club. Princeton, Princeton University Press; London, H. Milford, Oxford University Press; 1929. xvi, 112 p., xxxiii plates (Princeton monographs in art and archaeology, xiv).

SALMONY, ALFRED, 1890-1958. Sino-Siberian art in the collection of C.T. Loo. Paris, C.T. Loo, 1933. 119 p. plates, fold. map.

———. Antler and tongue; an essay on ancient Chinese symbolism and its implications. Ascona, Artibus Asiae, 1954. 57 p. illus. (part mounted) plates. (Artubus Asiae. Supplementum 13).

SEITZ, GUSTAV. Studienblätter aus China. Mit einem Geleitwort von Anna Seghers. Berlin, Aufbau Verlag, 1953. 10 illus.

SILCOCK, ARNOLD, 1889- Introduction to Chinese art. London, Oxford University Press, H. Milford, 1935. xvii, 268 p. front., illus., plates.

———. Introduction to Chinese art and history. London, Faber and Faber, 1947; New York, Oxford Univ. Press, 1948. xvi, 256 p. illus. (part col.) map (on lining-papers).

SIRÉN, OSVALD, 1879- Documents d'art chinois de la Collection Osvald Sirén publiés avec une préface de m. Raymond Koechlin, sous la direction de m. Henri Rivière, avec la collaboration de Serge Elisséév, Gustaf Munthe, Osvald Sirén. Paris et Burxelles, G. van Oest, 1925. xiii, 88, [2] p. col. front., lx plates (Ars asiatica; études et documents pub. par Victor Goloubew vii].

———. A history of early Chinese art. London, E. Benn, 1929-1930. 4 v. illus. (incl. plans) plates.

———. Histoire des arts anciens de la Chine. Paris et Bruxelles, G. Van Oest, 1929-1930. 4 v. illus., plates. (Annales du Musée Guimet. Bibliothèque d' art. n.s. iii-iv).

SOULIÉ, CHARLES GEORGES, 1879- Histoire de l'art chinois de l'antiquité jusqu'à nos jours, par George Soulié de Morant, avec 77 illustrations dans le texte et 149 en phototypie hors texte. Paris, Payot, 1928. [7]-300, [1] p. illus., 80 plates on 40 l. (Collection l'art et le gout).

———. A history of Chinese art from ancient times to the present day, by George Soulié de Morant; translated by G.C. Wheeler. New York, J. Cape and H. Smith [1931] 295, [1] p. illus., 80 plates on 40 l.

SOWERBY, ARTHUR DE CARLE, 1885-1954. Nature in Chinese art, with two appendices on the Shang pictographs by Harry E. Gibson. New York, John Day [c1940] 203 p. incl. illus., plates. col. front., col. plates.

STRONG, HILDA ARTHURS. A sketch of Chinese arts and crafts. 2nd rev. ed. Peiping, H. Vetch, 1933. 3-329 p. front., illus., plates.

STUDIES IN CHINESE ART and some Indian influences (lectures delivered in connection with the International exhibition of Chinese art at the Royal Academy of Arts) by J. Hackin, Osvald Sirén, Langdon Warner [and] Paul Pelliot; with a foreword by Sir William Llewellyn. London, India Society [1938] vii, 63, [1] p. plates.

TENG, KU, 滕固, 1901-1941. Chinesische Malkunsttheorie in der T'ang-und-Sungzeit, Versuch einer geschichtlichen Betrachtung. Berlin, W. de Gruyter, 1935. 65 p. Diss.-Univ. Berlin.

TUPPER, EMILY HARTWELL. Birthplace: China; the life stories of some of the Chinese animals and birds in the Seattle Art Museum, gathered together by Emily Hartwell Tupper. Photos. by Earl Fields; one by C. F. Todd. [Seattle? 1950] unpaged. illus.

WARNER, WORCESTER REED, 1846-1929. Selections from Oriental objects of art collected by Worcester Reed Warner, most of which have been presented to the Cleveland museum of art. Tarrytown, N. Y., 1921. 17-135 p. incl. plates (part col.) col. front.

WEISS, RUTH. China's war art front. Chungking, China Information Committee, 1940. cover-title, 9 p.

WINGATE, LITITIA BERYL (TUCKER) The golden phoenix; essays on Chinese art and culture. London, H. Jenkins, [1930] 252 p. front., 1 illus., plates.

WITH, KARL, 1891- Chinese art. [Pasadena, Calif., Esto Pub. Co.,c1940] cover-title, [16] p. (Enjoy your museum, iiig).

Exhibition Catalogues

ARDEN GALLERY, New York. Exhibition of imperial art treasures from Peking's Forbidden city for the benefit of Mme. Chiang Kai-shek's fund for Chinese war orphans, May 16th through October 28th. New York, Arden Gallery [c1939] 24 p., front., illus.

BAHR, A. W. Rare stucco heads and figures from Honan province, important carved wood and stone, archaic jades, early pottery, bronze and iron. The collection of A. W. Bahr, sold by his order. Public sale by auction, April 28 and 29. New York, American Art Association, Anderson galleries, 1939. 38 p. illus.

BERN. KUNSTHALLE. Asiatische Kunst aus Schweizer Sammlungen; Ausstellung veranstaltet von der Kunsthalle, Bern, in Verbindung mit der Schweizerischen Gesellschaft der freunde ostasiatischer Kultur, 1. februar bis 30. märz 1941. [Bern, Druck Büchler, 1941] 123 p. incl. col. front., 40 plates on 20 l.

BOSTON. MUSEUM OF FINE ARTS. The Charles B. Hoyt collection; memorial exhibition, February 13-March 30, 1952. Boston, Museum of Fine Arts [1952] 204 p. illus. (part mounted col.).

BREUER, A. Die Sammlung A. Breuer, Berlin; Ostasiatische Kunst, eingeleitet von Otto Kümmel. Auktionsleitung: Paul Cassirer und Hugo Helbing. Berlin, 1929. 82 p. plates.

BRISTOL MUSEUM AND ART GALLERY, Bristol, Eng. The Schiller collection of Chinese ceramics, jades and bronzes. Illustrated catalogue. [Bristol] The Corporation [1948] 38 p. 14 plates. (Its Publication no. 1a).

BURCHARD, OTTO. Die Bestände der Firma Otto Burchard and Co., Berlin, in liquidation. Chinesische Kunst. 1 Teil. Beschrieben von L. Reidemeister. Versteigerung am 22 und 23 Marz 1935. Berlin, Paul Graupe, 1935. 78 p.

BURNET, H.K. Catalogue of the fine collection of important early Chinese bronzes, rare archaic jades, paintings, lacquer, textiles, rugs, sculpture, Chinese ceramics and various works of art, the property of H. K. Burnet, which will be sold by auction by Messrs Sotheby and Co... the 2nd of April 1941 and two following days [London, 1941] 101 p. front. illus. plates.

CATALOGUE OF AN EXHIBITION of Chinese art held in 1937 in the Dominion of New Zealand. Aukland, 1937. iv, 49 p. illus.

CHENGTU. West China Union University. Museum. Guide book series, No. 1-9. Chengtu, 1945-46. 9 v. illus.

CHICAGO. ART INSTITUTE. Handbook of the department of oriental art. Chicago, Lakeside Press, 1933. 62 p. illus.

CHINA. Organizing committee, International Exhibition of Chinese Art, London, 1935-1936. The London International Exhibition of Chinese Art. Catalogue of exhibits at the preliminary exhibition in Shanghai, April 8th-May 1st, 1935. Nanking, Chinese Organizing Committee [1935] 160 (i.e. 172) p.

———. Illustrated catologue of Chinese government exhibits for the International Exhibition of Chinese Art in London [Shanghai, Commercial Press, 1936] 4 v. illus., plates, ports.

CHINESE WOMEN'S RELIEF ASSOCIATION OF NEW YORK. A loan exhibition of early Chinese art treasures, for the benefit of Chinese civilian war victims; this exhibition has been assembled from private collections including those of Mrs. William H. Moore, Mrs. Christian R. Holmes, Mrs. C. Suydam Cutting [and others] none of the paintings, bronzes and and jades has ever been shown publicly. Arden Gallery February 2nd to February 26th [1938] 38 p. illus. (incl. ports.).

COX, JOHN HADLEY, 1913- An exhibition of Chinese antiquities from Ch'angsha, lent by John Hadley Cox, March 26 to May 7, 1939. The Associates in fine arts at Yale University, Gallery of fine arts, Yale University, New Haven, Conn. [Meriden, Conn., Printed by the Meriden Gravure Company, c1939] 15 p. incl 5 plates on 3 l.

DETROIT. INSTITUTE OF ARTS. Art of India, China and Japan; picture book. [Detroit] 1946 [i.e. 1947] 28 p. illus.

———. The arts of the Ming dynasty. [Detroit] 1952. 48 p. illus.

EUMORFOPOULOS, GEORGE, 1863-1939. Catalogue of the collection of Chinese ceramics, bronzes, gold ornaments, lacquer, jade, glass and works of art, formed by the late George Eumorfopoulos, esq. (Sold by order of Mrs. Eumorfopoulos and of the executors) which will be sold by auction by Messrs. Sotheby and co. at their galleries 28th May, 1940, and three following days Illustrated catalogue (53 plates) [London, Printed by Kitchen and Barratt, ltd., 1940] [5]-152 p. colfl front., plates (part col.).

FRIENDS OF THE FAR EASTERN ART. Exhibition of Chinese art, the Art gallery, Oct. 12 to Nov. 25, 1934. Mills College, Calif. [1934] ix, 13-72 p., 48 plates on 24 l.

GENÈVE. GALERIE MOTTE. Chine, objets de haute curiosité. Exposition, Juillet-Septembre, 1954. Genève, 1954? 12 p. fig.

GENÈVE. MUSÉE D'ETHNOGRAPHIE. Exposition des arts appliqués de la Chine et du Japon avec la collaboration de la Société suisse des amis de l'Extrême-Orient, 20 juin-15 septembre, 1942. [Catalogue] Genève, 1942. iv, 72 p.

GESELLSCHAFT FÜR OSTASIATISCHE KUNST, Berlin. Ausstellung chinesischer Kunst, veranstaltet von der Gesellschaft für ostasiatische Kunst und der Preussischen Akademie der Kunste, Berlin, 12 Januar bis 2. April 1929. 2. Aufl. Berlin, Würfel Verlag, 1929. 458 p. illus. (incl. plan).

———. Chinesische Kunst; Zweihundert Hauptwerke der Ausstellung der Gesellschaft für ostasiatische Kunst in der Preussischen Akademie der Künste, Berlin, 1929, hrsg. von Otto Kümmel. Berlin, B. Cassirer, 1930. 81 p., cl plates (part col. and mounted).

HUO, MING-CHIH PAUL, 霍明志. Preuves des antiquités. Pékin, 1930. 676 p. 35, [2] p. incl. illus., plates, facsims. plates, ports.

KLEIJKAMP, JAN. -1952. Early Chinese art: exhibited at the galleries of Henri Reinhardt and Sons, Inc. 1922. Catalogue with introduction by A. J. Kleijkamp [of Royal art galleries, The Hague] New York, 1922. 46 p. col. front., plates.

———. Catalogue; finest examples from the famous collections of Petrucci, Baron von der Heydt und Goloubew. Jan Kleijkamp galleries, early Chinese art, jades, bronzes, sculptures, paintings, early potteries. New York, 1925. 21 l. mounted plates (part col.).

———. The Santa Barbara Museum of Art presents an exhibition of masterpieces of Ancient China collected in China collected in China by Jan Kleijkamp during 1940-1941. October 19-November 23, 1941. New York, Kleijkamp, [c1941] 39 p. illus.

———. The Detroit Institute of Arts presents an exhibition of masterpieces of ancient China, collected in China by Jan Kleijkamp during 1940-1941. May 19th-June 28th, 1942. New York, The Hague, Kleijkamp, [1942] 45, [2] p. incl. illus., xv pl. (incl. front.)

LETH, ANDRÉ. Chinese art; a selection of the exhibits shown at the Museum of Decorative Arts, Copenhagen, 1950. Copenhagen, Nyt nordisk forlag, 1953. [129] p. illus.

LONDON. INTERNATIONAL EXHIBITION OF CHINESE ART, 1935-1936. Catalogue of the International exhibition of Chinese art, 1935-36; patrons: His Majesty the King, Her Majesty Queen Mary, the President of the Chinese republic. 4th ed. London, Royal Academy of Arts [1935?] 2 pt. in 1 v. illus. (plan) 288 plates (incl. facsims.) on 144 l., fold map.

———. The Chinese exhibition; a commemorative catalogue of the International exhibition of Chinese art, Royal Academy of Arts, November 1935-March 1936. London, Faber and Faber, [1936] xxviii, 160, [161] p. col. front., 160 plates (incl. facsims.) on 80 l.

LONDON. ROYAL ACADEMY OF ARTS. Catalogue of the International exhibition of Chinese art, 1935-36 1st ed. London, Royal Academy of Arts, [1935] xxiv, 264, xxv-xxxiii p. fold map.

LOO, C.T. and CO., NEW YORK. Exhibition of Chinese, Indian and Cambodian art formed by C.T. Loo 9th to 21st Nov. 1931. New York, Wildenstein Gallery 1931 34 p. plates.

———. Exhibition of Chinese arts. New York. Special sale, November 1, 1941 to April 30, 1942. [New York, Printed by the William Bradford Press, c1941] [163] p. illus.

———. An exhibition of figures in Chinese art in April of 1946. New York, [1946] 16 p. illus.

NEUCHÂTEL. MUSÉE D'ETHNOGRAPHIE. L'art artisanal de la Chine. [Exposition] du 13 mai au 2 septembre, 1956. Organisée par l'Association du peu peuple chinois pour les relations culturelles avec l'étranger avec la collaboration du Musée d'ethnographie. Neuchêtel, 1956. 39 p. illus. 38 p.

NEW JERSEY. STATE MUSEUM, Trenton. Chinese art, from the neolithic age through the Sung dynasty; exhibition at the New Jersey State Museum, Trenton, from December 14, 1941 to January 26, 1942. [Trenton, 1941] 24 p. front.

NOTT, STANLEY CHARLES, 1902- Chinese art of world renown, being a commemorative survey of the priceless Chinese art displayed at "Jadeholm," compiled by Stanley Charles Nott, F.C.C.S.G. Illustrated by forty-six full page half-tone plates reproduced from original photographs made during the exhibition under the auspices of the Chinese culture study group of America, covering the Chinese art exhibition of Palm Beach, Florida, 1944. [St. Augustine, The Record Press, 1944] xxi, 58 p. incl. front. (port.) plates.

PARIS. MUSÉE CERNUSCHI. La découverte de l'Asie. Hommage à René Grousset. Paris, Musée Cernuschi, 1954. 157 p. plates.

———. L'art de la Chine des Song. Paris, Musée Cernuschi, 1956. 80 p. plates.

PARIS. MUSÉE DE L'ORANGERIE. Arts de la Chine ancienne; introduction de Georges Salles. [Paris] Musêe de l'Orangerie, 1937. 237, [1] p. xxxii plates on 16 l., fold. map.

PARIS. MUSÉE GUIMET. Guide-catalogue du Musée Guimet avec introductions concernant l'histoire, les religions et les arts des différents pays, par Odette Monod-Bruhl. Paris, Musée Guimet, 1939. 217 p. plates, fold. map.

PARISH-WATSON AND CO. Exhibition of decorative arts by Parish-Watson and Co., Inc., New York City. Rare old Chinese porcelains, potteries, bronzes and sculptures, early Persian faience, carpets and miniatures, French furniture and tapestries, English portraits. Vandyck galleries, Washington, D.C. [New York, G.T. Washburn and Co., 1924] Cover title, [10] p. illus.

PENNSYLVANIA. UNIVERSITY. University museum. The Chinese collections of the University Museum; a handbook of the principal objects, by Horace H.F. Jayne. Philadelphia, The University Museum, University of Pennsylvania [c1941] 62 p. incl. front., illus. (1 col.).

PORT ARTHUR. Kwantung Government Museum. Some exhibits in the government museum, New Town, Port Arthur. Port Authur, The Government Museum of the Kwantung Government, 1932. 54 figures, with accompanying description.

ST. PAUL. Gallery and School of Art. Loan exhibition; 3,000 years of Chinese art. November third through December first, 1940. St. Paul, Minn. [c1940] [44] p. illus.

SALMONY, ALFRED, 1890-1958. Asiatische Kunst; Ausstellung Köhn, 1926. Bearbeitet von Alfred Salmony mit Anmerkungen von Paul Pelliot. München, F. Bruckmann [1929] 80 p. 100 plates.

SELIGSOHN, RICHARD. Die Sammlung Richard Seligsohn, ostasiatische Kunst. Versteigerung den 27. oktober 1926 Auktionsleitung; Paul Cassirer und Hugo Helbing. [Berlin, Gedruckt bei H. Klokow, 1926] 39 p. x plates.

SIMON, THEODOR E. Sammlung Theodor E. Simon, Berlin; chinesische Kunstgegenstände verzeichnet von L. Reidemeister; Gemälde, Möbel und europaische Porzellane de 18 Jahrhunderts verzeichnet von C.F. Foerster. Ausstellung 2-4 Nov. Auktionsleitung Paul Cassirer und Hugo Helbing. Berlin, [1929] 44 p. plates.

STANFORD UNIVERSITY. Committee for Art. The magnificent Manchus; court art of the Ch'ing dynasty. [Exhibition] sponsored by the Committee for Art at Stanford in co-operation with the Stanford Museum at Stanford University, California, November 27, 1954 to February 5, 1955. [Stanford University, 1955] 32 p. illus.

TOLEDO. Museum of Art. The art of Korea (Chosen) Manchuria (Manchukuo) Mongolia and Tibet; a selection of different phases of art from the interrelated countries of northeastern Asia. January, ninteen hundred forty-two, the Toledo Museum of Art. [Toledo? 1941] [64] p. illus.

TONG-YING AND CO. Ancient Chinese art; the rare collection assembled by C.F. Yau, 姚昌復, president of Tong-ying and Co. including family treasures of the imperial princes. American art association, Inc., Managers. [New York, Lent and Graff Co., 1926] [13]-129, [2] p. col. mounted front. illus.

TORONTO. Royal Ontario museum of archaeology. Outline guide to the East Asiatic section. [Toronto, University of Toronto press, 1935] cover-title, 22 p. illus.

VENICE. Mostra d'arte cinese. Exhibition of Chinese art. Catalogue. Venezia, Alfieri [1954] xxxviii, 273 p. illus. (part col.) 2 maps.

VEREENIGING VAN VRIEDEN DER AZIATISCHE KUNST, THE HAGUE. Tentoonstelling van chinesische Kunst; Exhibition of Chinese art. Amsterdam, 1925, Stedelijk museum; Municipal museum, 13 September-18 October. Catalogus/ Catalogue. [Amsterdam 1925] 5-99 p. plates.

———. The exhibition of Chinese Art of the Society of friends of Asiatic art, Amsterdam, 1925, edited by H.F.E. Visser. The Hague, M. Nijhoff, 1926. viii, 39 p. lxvi plates. (part col., 1 mounted).

VICTORIA AND ALBERT MUSEUM, SOUTH KENSINGTON. Chinese art, the Eumorfopoulos collection. [London] Published under the authority of the Board of Education, 1936. 23, [1] p. front. plates.

WINKWORTH, STEPHEN D. Catalogue of the well-known and extensive collections of Chinese pottery, porcelain, glass, Canton enamel, snuff bottles, cloisonne, bronzes, soapstone and fine old English furniture, the property of

Stephen D. Winkworth which will be sold by auction by Messrs. Sotheby and Co. on Tuesday, 26th of April 1938 and three following days. London, Kitchen and Barratt, 1938. [3]-129 p. front. plates, photos.

WORCH, EDGAR. Exhibition of the Edgar Worth collection of antique Chinese art at the Fifty-sixth Street galleries, Inc. New York City. New York, Flamingo Advertising Co., 1931. Cover-title, [10] p. illus.

YAMANAKA AND CO. Exhibition of Chinese art at the Fine Arts exposition, the Forum, Rockefeller center, New York City, November 1934. New York, Yamanaka and co., 1934. 52 p. illus. fold plates.

———. Collection of Chinese and other Far Eastern art, assembled by Yamanaka and co. New in process of liquidation under the supervision of the Alien property custodian of the United States of America. New York, Chicago [Printed by John B. Watkins, New York] 1943. [232] p. incl. col. front., illus. (1 col.).

Architecture and Landscape Gardening

ADAM, MAURICE, 1889-1932. Yuen ming yuen. L'oeuvre architecturale des anciens jésuites au xviiie siècle. Peip'ing, Impr. des Lazaristes, 1936. xii, 44 p., front., illus., plates, ports., plans.

BOERSCHMANN, ERNST, 1873-1949. Baukunst und Landschaft in China; eine Reise durch zwölf Provinzen. Berlin, E. Wasmuth 1923. xxv p. plates. illus. (map) (Orbis terrarum).

———. Picturesque China, architecture and landscape; a journey through twelve provinces, translated by Louis Hamilton. New York, Brentano's [1923] xxvi, 288 p., illus., map.

———. China, architecture and landscape; a journey through twelve provinces, translated by Louis Hamilton. London "The Studio" [c1925] xxii p. plates. illus. (map) (Orbis terrarum).

———. La Chine pittoresque. Texte et vues originales. Paris, A. Calavas, 1923. xxv, 16 p. plates.

———. Chinesische Architektur. Berlin, E. Wasmuth, 1925. 2v. illus. plates.

BULLING, ANNELIESE, 1900- Die chinesische Architektur von der Han-Zeit bis zum Ende der T'ang-Zeit. Lyon, Impr. Franco-Suisse, 1935. 58 p. plates, Diss.–Univ. Berlin.

CH'ÊN, HUNG-SHUN, 陳鴻舜, 1905- Prince Kung's palace and its adjoining garden in Peking [by] H.-S. Ch'ên and G. N. Kates. Peking, H. Vetch [1941?] cover-title, 80 p. incl. plates. plan, fold. geneal. tab. Reprinted from Monumenta serica v. 5. (1940).

DEXEL, THOMAS. Chinesisches Steinzeug. Darmstadt, Schneekluth, 1957. 34 p. illus., map. (Wohnkunst und Hausrat, einst und jetzt, bd. 30).

DYE, DANIEL SHEETS, 1884- A grammar of Chinese lattice. Cambridge, Harvard University Press, 1937. 2v. illus., plates. (Harvard-Yenching institute. Monograph series. vol. v-vi).

———. The yin-yang dance of life and basic patterns, as seen in west China between December 1908 and April 1949. Penfield Downs, Pa., R. L. Balderston, 1950. 26 l. illus.

ELÉMENTS DE DÉCORATION CHINOISE; motifs décoratifs relevés dans les temples et yamens. Pékin, A. Nachbaur, 1931. 60 col. plates.

FABRE, MAURICE. Pékin, ses palais, ses temples et ses environs; guide historique et descriptif, illustré par Y. Darcy. Compositions originales de J. Malval. Tien-Tsin, Librairie française [c1937] xv, [1], 347, [1] p. front. illus., plates (part col., 1 fold.) ports., fold. map, plans (part fold.).

FUGL-MEYER, H., 1894- Chinese bridges. Shanghai, Kelly and Walsh, 1937. ix, 138 p., front., illus., fold. map.

GRAHAM, DOROTHY, 1893- Chinese gardens: gardens of the contemporary scene; an account of their design and symbolism, illustrated from photographs taken by the author. New York, Dodd, Mead, 1938. xi, 3-255 p. col. front., plates.

GRANTHAM, ALEXANDRA ETHELDRED, 1867- The Ming tombs. Peking, Wu Lai-hsi, 1926. Cover-title, 21 p. illus.

HOWARD, EDWIN LACLEDE. Chinese garden architecture; a collection of photographs of minor Chinese buildings. Foreword by Everett V. Meeks. New York, Macmillan 1931. x p., col. front., plates.

HUBBARD, GILBERT ERNEST, 1885- The temples of the Western hills. Peking and Tientsin, La Librairie française, 1923. [3]-76 p. plates, photos., port., fold. map.

INN, HENRY, 1899- Chinese houses and gardens; edited by Shao Chang Lee. [李紹昌] New York, Hastings House [1950] xii, 148 p. illus. 1st ed. 1940.

ITŌ, CHŪTA, 1867-1954. Architectural decoration in China. Translated by Jiro Harada. Tokyo, Toho Bunka Gakuin, Academy of Oriental Culture, 1941- 5 v. illus., plates (part fold., part col.) col. maps (part fold.).

KELLING, RUDOLF. Das chinesische Wohnhaus. Mit einem ii. Teil über das frühchinesische Haus, unter Verwendung von Ergebnissen aus übungen von Conrady im Ostasiatischen Seminar der Universität Leipzig, von Rudolf Kelling und Bruno Schindler. Tokyo, Deutsche Gesellschaft für Natur- u. Völkerkunde Ostasiens, 1935. [1], ix, 128 p. illus., plates (1 col., 1 fold.) plans. Supplement der "Mitteilungen" der Deutschen gesellschaft für natur- und völkerkunde Ostasiens. supplementbd. xiii).

[LAUFER, BERTHOLD] 1874-1934. The Chinese gateway. Chicago, Field Museum of Natural History, 1922. cover-title, 7 p. plates. (Field museum of natural history. [Anthropology leaflet, no. 1]).

MELCHERS, BERND, 1886- China. Der tempelbau. Die Lochan von Ling-yän-sï; ein hauptwerk buddhistischer plastik. Hagen i. W., Folkwang-Verlag g.m.b.h., 1922. 11-46, [159] p. incl. [121] p. of illus., xviii plans. (Schriften-reihe Kulturen der erde; material zu kultur- und kunstgeschichte aller völker. [Bilderwerke] bd. iv u.v. China ii. bd.).

MIRAMS, DENNIS GEORGE. A brief history of Chinese architecture. Introduction by H.E. Sir Archibald Clark Kerr and forword by A.E. Richardson. Shanghai, Kelly and Walsh, 1940. xxiv, 132 p. front., plates, 2 maps (1 fold.) fold. plan, diagrs.

NAWRATH, ALFRED, 1890- Indien und China, Meisterwerke der Baukunst, und Plastik; mit 208 Abbildungen und einer Karte. Wien, A. Schroll [c1938] 64 p. plates, fold, map.

———. India and China; a photographic study. London, Cresset Press [1939] 39 p. plates.

POWELL, FLORENCE LEE. In the Chinese garden, a photographic tour of the complete Chinese garden, with text explaining its symbolism, as seen in the Liu yuan (the Liu garden) and the Shih tzu lin (the Forest of lions), two famous Chinese gardens in the city of Soochow, Kiangsu province, China. Text and photographs by Florence Lee Powell. New York, John Day [1943] 112 p. illus.

PRIP-MØLLER, JOHANNES, 1889- About Buddhist temples. Peiping, North China Union Language School cooperating with California College in China [1931] 33 p. illus.

———. Chinese Buddhist monasteries, their plan and its function as a setting for Buddhist monastic life. Copenhagen, G.E.C. Gad; London, Oxford University Press, 1937. 396 p. incl. illus. (incl. ports., map, plans (part col.) facsims.) plates (part fold., 1 col.).

SEKINO, TADASHI, 1868-1935. Summer palace and lama temples in Jehol. Tokyo, Kokusai Bunka Shinkokai (The Society for international cultural relations) 1935. 16, 2 p., mounted col. front., illus. (plan) plates. [Kokusai bunka shinkokai. Publications, series-B, no. 9].

SICKMAN, LAURENCE CHALFONT STEVENS. 1907- The art and architecture of China [by] Laurence Sickman [and] Alexander Soper. [Baltimore] Penguin Books [1956] xxvi, 334 p. illus., 190 plates, maps. (The Pelican history of art, Z10).

SIRÉN, OSVALD, 1879- The walls and gates of Peking, researches and impressions, illustrated with 109 photogravures after photographs by the author and fifty architectural drawings made by Chinese artists. London, John Lane [1924] xvii, 239 p. front., illus. (incl. plans) plates (2 col.) fold. map.

———. The imperial palaces of Peking; two hundred and seventy four plates in collotype after photographs by the author, twelve architectural drawings and two maps, with a short historical account by Osvald Sirén. Paris et Bruxelles, G. Van Oest, 1926. 3 v. plates, plans (part fold.).

———. Les palais impériaux de Pékin. Deux cent soixante-quatorze planches en héliotypie d'aprés les photographies de l'auteur, douze dessins architecturaux et deux plans evec une notice historique sommaire. Paris et Bruxelles, G. van Oest, 1926. 3 v. plates, plans (part fold.).

———. Gardens of China. New York, Ronald Press Co. [1949] xiv, 141 p. illus. [219] plates (part col.).

———. China and gardens of Europe of the eighteenth century. New York, Ronald Press Co. [1950] xiv, 223, 192 p. illus. (part col.).

SOPER, ALEXANDER COBURN, 1904- Four columns from a Chinese temple. Honolulu, Academy of Arts, 1947. 35 p. front., plates (Honolulu academy of arts. Special studies, 1).

VON ERDBERG, ELEANOR. Chinese influence on European garden structures, edited by Bremer Whidden Pond. Cambridge, Harvard University Press, 1936. [3]-221 p. front., illus., plates (Harvard landscape architecture monographs. i).

WÊN CHÊNG-MING, 文徵明, 1470-1559. An old Chinese garden; a three-fold masterpiece of peotry, calligraphy and painting, by Wen Chên Ming. studies written by Kate Kerby; translations by Mo Zung Chung. Shanghai, Chung Hwa Book Co. [1923?] 179 l. illus. (incl. facsims.).

WILSON, ERNEST HENRY, 1876-1930. China, mother of gardens, with map and sixty-one illustrations from photographs taken by the author. Boston, The Stratford [c1929] iii-x, 408 p. front., lx plates., fold. map, diagr.

WILSON, HARDY. Grecian and Chinese architecture. Melbourne, The author, 1937. 14 p., L mounted plates.

WOO, SHAO-LING, 吳紹璘. Der chinesische Hallenbau und seine Konstruktionen in der Tsing-Dynastie. Ein Vorbild für praktiksch Holzbau. Berlin, 1941. 103 l. illus. fig. Diss. -Berlin Tech. Hochs.

Bronzes: General Works

ACKERMAN, PHYLLIS, 1893- Ritual bronzes of ancient China. New York, Dryden Press, 1945. vi, 114 p. incl. front., plates.

BERLIN. Staatliche Museen. Abteilung für Ostasiatische Kunst. Chinesische Bronzen aus der Abteilung für Ostasiatische Kunst an den Staatlichen Museen, Berlin. Berlin, A. Frisch [1928] 16 p. plates (3 Jahresgabe der Gesellschaft für ostasiatische kunst, Berlin).

BISHOP, CARL WHITING, 1881-1942. The bronzes of Hsin-chêng Hsien. (In Smithsonian institution. Annual report, 1926. Washington, 1927. p. 457-468. plates. "Reprinted from the Chinese social and political science review, 8:2 April, 1924."

BOUGH, HON-CAN. The Tsung Chow bell of the Emperor Ch'eng Wang, 1109 B.C. The history of the early Chow dynasty as given by the Emperor Ch'eng Wang (1115-1079 B.C.) in the inscriptions of the Tsung Chow bell. New York, London, G.P. Putnam, 1931. 133 numb. l., col. front., illus. (incl. ports., maps, facsims.).

BURCHARD, OTTO. Chinesische Bronzegefässe. Leipzig, E.A. Seemann, 1923.

12, 20 p. plates. (Bibliothek der Kunstgeschichte, 54).

CHICAGO. ART INSTITUTE. Chinese bronzes, in the collections of the Art Institute of Chicago. [Chicago] 1940. [1], 15 p. illus. (Its A Picture book).

———. Chinese bronzes from the Buckingham collection, by Charles Fabens Kelley and Ch'en Meng-chia, 陳夢家. [Chicago] 1946. 164 p. illus., 85 plates.

CULL, A E K. The Cull Chinese bronzes, by W. Perceval Yetts. [London] University of London, Courtauld Institute of Art, 1939. x, 197 p. illus., xxxv pl.

EUMORFOPOULOS, GEORGE, 1863-1939. The George Eumorfopoulos collection; catalogue of the Chinese and Corean bronzes, sculpture, jades; jewellery and miscellaneous objects, by W. Perceval Yetts. London, E. Benn, [1929- 2 v. illus. (incl. facsims.) plates (part col., part mounted).

FERGUSON, JOHN CALVIN, 1866-1945. A bronze table, with accompanying vessels. 陶齋舊藏古酒器考 . Peking, 1924. 19, 16 p.

———. The four bronze vessels of the Marquis of Ch'i, 陶齋舊藏四器考釋 Peking, 1928. cover-title, 10, [9] p. 1 illus., plates.

———. Two bronze drums. Peiping, 1932. Cover-title, 7 p., plates.

FOSTER, KENNETH E. The Viola Minor Westergaard Foundation presents a handbook of ancient Chinese bronzes. Rev. [limited] ed. [Claremont? Calif.] 1949. 96 p. illus.

FREER GALLERY OF ART, Washington, D.C. A descriptive and illustrative catalogue of Chinese bronzes, acquired during the administration of John Ellerton Lodge. (With 50 plates) Compiled by the staff of the Freer Gallery of Art. Washington, 1946. v, 108 p. illus. (incl. maps) plates. (Smithsonian institution. Freer gallery of art. Oriental studies, 3).

HACKENBROCH, YVONNE. The Lee collection. Toronto, University of Toronto Press, 1949. [19] p. plates.

HENTZE, CARL, 1883- Frühchinesische Bronzen und Kultdarstellungen. Antwerpen, De Sikkel, 1937. 167, [1] p. and portfolio of plates (part mounted).

———. Die Sakralbronzen und ihre Bedeuting in den frühchinesischen Kulturen. Antwerpen, De Sikkel, 1941. 2 v. plates. (Studien zur frühchinesischen Kulturgeschichte, 1.).

———. Ko-und Ch'i-Waffen in China und in Amerika. Göttergestalten in der ältesten chinesischen Schrift von C. Hentze und Ch. Kim. Antwerpen, De Sikkel, 1943. 59 p. plates. (Studien zur frühchinesischen Kulturgeschichte, 2).

———. Bronzegerät, Kultbauten, Religion im ältesten China der Shang-Zeit. Antwerpen, De Sikkel, 1951. xix, 273 p. illus. and atlas (103 plates).

HEYDT, EDUARD freiherr VON DER, 1882- Sammlung Baron Eduard von der Heydt. [Katalog] Berlin, B. Cassirer, 1932. 2 v. illus. (map) plates.

———. Sammlung Baron Eduard von der Heydt, Wien; Ordosbronzen, Bronzen aus Luristan und dem Kaukasus, Werke chinesischer Kleinkunst aus verschiedenen Perioden, bearbeitet von Viktor Griessmaier. Wien, Krystall-Verlag, 1936. 110, [2] p. illus. (Wiener beiträge zur kunst- und kultur-geschichte Asiens; jahrbuch des Vereines der freunde asiatischer kunst und kultur in Wien. Sonderpublikation anläszlich des zehnjährigen bestandes des Vereins).

KARLGREN, BERNHARD, 1889- Yin and Chou in Chinese bronzes. Stockholm, 1935. cover-title, 9-156 p. plates. "Reprinted from: The Bulletin of the Museum of Far Eastern Antiquities, 8."

———. New studies on Chinese bronzes. Stockholm, 1937. Cover-title, 117 p. plates. "Reprinted from: The Bulletin of the Museum of Far Eastern Antiquities, 9."

KOOP, ALBERT JAMES, 1877- Early Chinese bronzes. London, E. Benn; New York, Scribner, 1924. viii, 84, [1] p. plates, (part col.).

———. Le bronze chinois antique; traduit de l'anglais par Alix Guillain. Paris, Éditions A. Levy, [1924] vii, 94 p. plates (part col.) (Les arts de l'Asie).

———. Frühchinesische Bronzen; übers. von Anna Simons und Maria von Faber du Faur. Berlin, E. Wasmuth, 1924. 1, 46 p. plates.

KÜMMEL, OTTO, 1874-1952, ed. Jörg Trübner zum Gedächtnis. Ergebnisse seiner letzten chinesischen Reisen, bearbeitet und herausgegeben von Otto Kümmel. Berlin, Klinkhardt und Biermann, 1930. 148 p. front. (port.) 4 mounted illus., 84 (i.e. 82) pl. (1 fold.).

LAMAITRE, SOLANGE. Les agrafes chinoises jusqu'à la fin de l'époque Han. Paris, Les Éditions d'art et d'histoire, 1939. 57 p. incl. illus. plates, maps.

LAUFER, BERTHOLD, 1874-1934. ed. Archaic Chinese bronzes of the Shang, Chou and Han periods in the collection of Parish-Watson, accompanied by notes of B. Laufer. New York, Parish Watson, 1922. vi, 22 p. plates.

LEROI-GOURHAN, ANDRÉ, 1911- Bestiaire du bronze chinois de style Tcheou, Paris, Les Éditions d'art et d'histoire, 1936. cover-title, 45 p. incl. illus. tab.

LOCHOW, HANS JUERGEN VON. Sammlung Lochow: Chinesischen Bronzen. Peking, [Fu Jen Press], 1943-44. 2 v. illus., plates, (v. 1. edited by Gustav Ecke; v. 2, edited by the collector himself).

LOEHR, MAX. Beiträge zur Chronologie der älteren Chinesischen Bronzen. Berlin und Leipzig, W. de Gruyter, 1936. 41 p. Diss.-Univ. München.

LOO, C. T., et CIE. Bronzes antiques de la Chine appartenant à C. T. Loo, 盧芹齋, et cie, par H. Tch'ou Tö-yi, 褚德彝 ; avec une préface et des notes de M. Paul Pelliot. Paris et Bruxelles, G. van Oest, 1924. 68 p. xi. pl.

———. Inlaid bronzes of the Han dynasty in the collection of C. T. Loo by Mikhail Rostovtzeff. Paris and Brussels, G. van Oest, 1927. 76 p. mounted ills. plates.

MA, CHANG-KEE, 馬長記 . The Ma Chang Kee collection, ancient Chinese bronzes, exhibited at the galleries of Ralph M. Chait, New York. [New York? 1932?] cover-title, 16 p.

MENZIES, JAMES MELLON, 1885-1957. Shang Ko; a study of the characteristic weapon of the bronze age in China in the period 1311-1039 B.C. Toronto, 1942. 2 v. plates. Thesis-Univ. of Toronto.

MINNEAPOLIS. INSTITUTE OF ARTS. A catalogue of the Chinese bronzes in the Alfred F. Pillsbury collection, by Bernhard Karlgren. Minneapolis, Published for the Minneapolis Institute of Arts by the University of Minnesota Press [1952] [16], 228 p. illus., 114 plates, port.

MÜNSTERBERG, HUGO, 1916- Buddha's bronzes of the six dynasties period. Cambridge, 1941. 183 p. Thesis-Harvard University.

PASADENA. ART INSTITUTE. Far eastern culture: small Chinese bronzes and bronze mirrors. Pasadena, Calif., Pasadena Art Institute, 1947. [16] p. illus.

PEKING. NATIONAL PALACE MUSEUM. Chinese bronze age weapons; the Werner Jannings Collection in the Chinese National Palace Museum, Peking, by Max Loehr. Ann Arbor, University of Michigan Press; London, Oxford University Press, 1956. xiii, 233 p. illus., plates.

SALMONY, ALFRED, 1890-1958. The problem of Pre-Anyang bronzes. New York, [n.p., 1952] 7 l. plates.

STOCKHOLM. HALLWYLSKA PALATSET. Catalogue of the collection of Chinese and Korean bronzes at Hallwye house, Stockholm. Stockholm, Centraltryckeriet, 1938. 96 p. illus., xxix pl. on 15 l., diagr.

———. ÖSTASIATISKA SAMLINGARNA. Yin and Chou researches; dedicated to the Royal academy of arts and the executive committee of the International exhibition of Chinese art, London, 1935-1936. Stockholm [Printed by A.-b. H. W. Tullbergs boktryckeri] 1936. 9-154, 69 p. illus., plates (part col.).

SWALLOW, ROBERT WILLIAM, 1878- Ancient Chinese bronze mirrors. Peiping, H. Vetch, 1937. xii, [2], 78 p., front., plates.

TODD, OLIVER JULIAN, 1880- Chinese bronze mirrors; a study based on the Todd collection of 1,000 bronze mirrors found in the five northern provinces of Suiyuan, Shensi, Shansi, Honan and Hopei by Milan Rupert and O. J. Todd;

with 109 illustration. Peiping, Printed by San Yu Press, 1935. iii, [2], 259 p. plates.

TRAUTMANN, OSKAR, 1877-1950. Frühe chinesische Bronzen aus der Sammlung Oskar Trautmann, hrsg. von Gustav Ecke. Peking, [Fu-jen Press] 1939. 23 l. 49 plates (in portfolio.).

TRÜBNER, JÖRG, 1901-1930. Yu und Kuang zur Typologie der chinesischen Bronzen. Leipzig, Klinkardt und Biermann, 1929. 32 p. plates.

UMEHARA, SUEJI, 1893- On the shapes of the bronze vessels of ancient China: an archaeological study. Kyoto, Institute of Oriental Culture, 1940. 13, 53 p. plates.

VAN HEUSDEN, WILLEM. Ancient Chinese bronzes of the Shang and Chou dynasties; an illustrated catalogue of the Van Heusden collection with a historical introduction by Willem Van Heusden. Tokyo, privately published, 1952. xi, 193 p. front. (col), illus. plates, map, tables.

VORETZSCH, ERNST ARTHUR, 1868- Altchinesische Bronzen; mit 169 Abbildungen und einer Landkarte. Berlin, J. Springer, 1924. xxiv, 335, [1] p. illus., fold. map.

WATERBURY, FLORENCE, 1883- Early Chinese symbols and literature: vestiges and speculations, with particular reference to the ritual bronzes of the Shang dynasty. New York, E. Weyhe, 1942. 164 p., front., plates.

WHITE, WILLIAM CHARLES, Bp., 1873- Bronze culture of ancient China; an archaeological study of bronze objects from northern Honan, dating from about 1400 B.C.-771 B.C. [Toronto] University of Toronto Press, 1956. xviii, 219 p. illus. plates (part col.) maps. (Royal Ontario Museum, Division of Archaeology. Museum studies, 5).

Exhibition Catalogues

CULL, A. E. K. Catalogue of the exhibition of ancient Chinese bronzes from the collection of A.E.K. Cull [by] W. Perceval Yetts. Durham, Durham University, School of Oriental Studies, 1953. Cover-title, 10 p. tables.

CHINESE ART SOCIETY OF AMERICA. Art of late eastern Chou; a loan exhibition [March 18 through May 7, 1952] New York, [The Society] 1952. 14 p. illus.

KARLGREN, BERNHARD, 1889- Exhibition of early Chinese bronzes. September, 1933. Stockholm, Museum of Far Eastern Antiquities, 1935. 64 p. plates.

LOO, C.T., and CO., New York. An exhibition of Chinese bronzes. Catalogue compiled by J. Leroy Davidson. New York, C.T. Loo and Co., 1939. [16] p., plates.

———. An exhibition of ancient Chinese ritual bronzes, loaned by C.T. Loo and Co. The Detroit Institute of Arts, Detroit, Michigan, October 18 to November 10, 1940. [New York, Printed by the William Bradford Press, c1940] [78]p. incl. illus., plates.

———. Ancient Chinese bronzes and Chinese jewelry. An exposition of Chinese craftsmanship in the field of metal-work, which is comparable to the best of its kind in the world. Selected from the collection of C.T. Loo of New York City and shown in the special exhibition galleries of the Museum from Feb. 9 to March 2, 1941. [Toledo, The Toledo Museum of Art, 1941]. 48 p. illus.

MICHIGAN. UNIVERSITY. Museum of Art. Chinese buddhist bronzes; a loan exhibition under the joint auspices of Department of Fine Arts, Freer Fund [and] Museum of Art. April 13-May 7, 1950. [Ann Arbor, 1950] [15] p. 23 plates.

NEW YORK. METROPOLITAN MUSEUM OF ART. Chinese bronzes of the Shang (1766-1122 B.C.) through the T'ang dynasty (A.D. 618-906); an exhibition lent by American collectors and museums and shown in gallery D6 from October 19 through November 27. New York, 1938. xxxii, 29, [1] p., illus.,

plates.

ORIENTAL CERAMIC SOCIETY, London. Early Chinese bronzes from earliest times to the end of the Chou dynasty in B.C. 249; catalogue of an exhibition held from Nov. 7th to Dec. 15th 1951. London, [1951] 10 p. plates.

PARIS. MUSÉE CERNUSCHI. L'évolution des bronzes chinois archaïques d'après l'exposition franco-suédoise du Musée Cernuschi, mai-juin 1937; avec une préface de m. René Grousset. Paris, Les Éditions d'art et d'histoire, 1937. ix, [1], 64 p., front., illus., plates.

———. MUSÉE DE L'ORANGERIE. Bronzes chinois des dynasties Tcheou, Ts'in et Han. Préface et historique par Georges Salles. Musée de l'Orangerie, mai-juin 1934. Paris, 1934. 235 p. plates.

STUTTGART. STUTTGARTER KUNSTKABINETT. Chinesische Bronzen-Versteigerung, Freitag, 27 mai, 1955. Stuttgart, Roman Norbert Ketterer, [1955]. 20 p. illus.

YAMANAKA AND CO. Exhibition of ancient Chinese bronzes and buddhist art dating from Shang dynasty, 1766 B.C., to Yuan dynasty, A.D. 1367, Oct. 1938. New York, Yamanaka and Co., 1938. 58 p. incl. plates.

Numismatics

CHANG, NAI-CHI, 張乃器. An inscribed Chinese ingot of the xii century A.D. New York, American Numismatic Society, 1944. 9, [1] p. front. plates. (Numismatic notes and monographs, 103).

COOLE, ARTHUR BRADDAN, 1900- Coins in China's history. Tientsin, Student Work Department of the Tientsin Hui-wen academy, 1936. vi, 138 p. illus. (part col.).

———. A bibliography on far eastern numismatics and an union index of the currency, charms and amulets of the Far East. Peking, California College in China, College of Chinese Studies, 1940. ii-v, 421, [1] p.

CRAIG, ALAN DAVID, 1930- The coins of Korea, and an outline of early Chinese coinages. Berkeley, Calif., c1955. 96 p. illus.

DAUDIN, PIERRE. Sigillographie sino-annamite. Saigon [Impr. de l'Union, 1937] [v]-x, 321, [1] p. illus., plates, fold. tab.

GIBBS, HOWARD D. Chinese imperial names, a finding list of era and personal names on Chinese imperial coins, published under the direction of Numismatic Review. New York, J.B. Stack, M. Stack, c1944. [56] p.

GLATHE, HARRY. The origin and development of Chinese money. Shanghai, The China Journal Pub. Co., 1939. v-vi, 48 p. illus., plates.

IMBERT, HENRI. Les grands singes connus des anciens chinois. Pékin, Impr. de la "Politique de Pékin," 1922. 15 p. (Collection de la "Politique de Pékin").

JÖRGENSEN, HOLGER. Old coins of China; a guide to their identification. Arranged chronologically on twenty plates. n.p. 192? 6 p. illus.

KANN, EDUARD, 1880- Illustrated catalogue of Chinese coins (gold, silver, nickel, and aluminum) [Los Angeles] 1954 [c1953] 476 p. 224 plates (incl. port., map).

SCHJØTH, FREDRIK, 1846- The currency of the Far East, the Schjöth collection at the Numismatic cabinet of the University of Oslo, Norway; "What the Chinese say about their coins," by Fr. Schjöth. London, Luzac; Oslo, H. Aschehoug, 1929. 88 p. 132 plates on 66 l. (Publications of the Numismatic cabinet of the University of Oslo. no. 1).

SCHLÖSSER, RICHARD. Chinas Münzen, erläutert an der Sammlung im Missionsmuseum des Franziskanerklosters zu Dorsten in Westfalen. Werl in Westfalen, Franziskus-druckerei, 1935. 114 p. front., illus., plates (incl. ports.).

SIGLER, PHARES O. Sycee silver. New York, American Numismatic Society, 1943. 37 p. plates. (Numismatic notes and monographs, 99).

TSIANG, C. C., 蔣仲川 [CHIANG CHUNG-CH'UAN] Illustrations of Chinese gold, silver and nickel coins, 中國金銀鎳幣圖說. Shanghai, Universal Stamp and Coin co. [1939] 4, 12, 3, 257 p. illus.

[WANG, SHOU-CH'IEN], 王守謙. Rare Chinese coins. [Shanghai, Universal Coins and Stamps Co., 1935] cover-title, 104; cover-title, 7 p.l., 24 p.

WANG, YÜ-CH'UAN, 王毓銓, 1911- Early Chinese coinage. New York, American Numismatic Society, 1951. viii, 254 p. plates, maps. (Numismatic notes and monographs, 122).

Jade: General Works

[ARNOLD, JULEAN HERBERT] 1875-1946. The alter of the green jade pagoda. [Shanghai Printed by the Mercury Press, 1933?] cover-title, [16] p. illus.

BRITISH MUSEUM. Dept. of Oriental Antiquites and of Ethnography. Chinese archaic jades in the British Museum, by Soame Jenyns, deputy keeper. [London] The Trustees of the British Museum, 1951. xxxviii p. 40 plates.

CHICAGO. ART INSTITUTE. Archaic Chinese jades, from the Edward and Louise B. Sonnenschein collection. [Catalogue] by Alfred Salmony. [Chicago] 1952. xiii, 279 p. 108 plates (1 col.).

DAVIS, FRANK, 1892- Chinese jade, 2d. ed. London, Commodore Press, 1944. 5-68 p. front., illus., plates. 1st ed. 1935. Pub. priv. by the author.

GOETTE, JOHN ANDREW, 1896- Jade lore. New York, Reynal and Hitchcock. 321 p. incl. col. front., illus., plates.

HANSFORD, S HOWARD, 1899- Chinese jade carving. [London] Humphries, 1950. xi, 145 p. illus., maps.

LAUFER, BERTHOLD, 1874-1934. Jade; a study in Chinese archaeology and religion. [2d ed.] South Pasadena, P.D. and I. Perkins, 1946. xiv, 370 p. illus., col. plates. 1st ed. Chicago, 1912.

LIANG, WEI-MEI, 梁慧梅. An illustrated study of ancient jades, 古玉圖說 Hsin Huei, Len Hseung Yun, 1939. 1 v. plates (part col.).

LIU, T'I-CH'ING, 劉梯青. Ancient Chinese jade; explanatory notes on Mr. T.C. Liu's unique collection of examples of Chinese art. U.S.A. representative: Mr. Henry H. Wu, 吳協壎. Shanghai, H.H. Wu [1933] 85, [1] p. incl. illus. (incl. ports.) plates.

LONG-SANG-TI CHINESE CURIOS CO., New York. Chinese jade, why called "lucky stone." New York, Long sang ti 隆盛泰 Chinese Curios Co., [c1926] 47, [1] p. illus.

LOO, C.T., ET CIE. Jades archaïques de Chine appartenant à M.C.T. Loo, publiés par M. Paul Pelliot. Paris et Bruxelles, G. van Oest, 1925. 120, [8] p. xlvi plates.

MORGAN, HARRY TITTERTON, 1872- The story of jade. Edited and copyrighted by H.T. Morgan. [Los Angeles, Broadway Press] 1941. 16 p. illus. [Chinese classics in miniature].

NOTT, STANLEY CHARLES, 1902- Chinese jade throughout the ages; a review of its characteristics, decoration, folklore and symbolism, with an introduction by Sir Cecil Harcourt-Smith illustrated by 39 plates in colour and 109 from photographs together with 73 line engravings in the text. London, B.T. Batsford, [1936] xviii, 193 p. col. front., illus., plates (part col.) diagrs.

———. A catalogue of rare Chinese jade carvings, with an introduction by Lieut.-General Sir Sydney Lawford, illustrated by forty-four plates from original photographs. [St. Augustine, Printed by the Record Co.] 1940. xxii, 185 p. incl. front., plates.

———. An analytical lecture surveying the geographical locations of Chinese jade, [St. Augustine, Fla., Printed by the Record Co. c1941] 20 p. incl. double map.

———. An expository historical résumé identifying one hundred and one famous Chinese jades, illustrated with 103 reproductions from original photographs and 21 line drawings. [St. Augustine, Fla., Printed by the Record Co. c1941]

26 p. front., plates, facsim.

———. An illustrated annotation on the working and dating of Chinese jades, illustrated with fourteen reproductions from original photographs. Recording a lecture presented at the University of Florida, the fall session, October 20th, 1941. [St. Augustine, Fla., Printed by the Record Co., c1941] xii, 50 p. incl. col. front., 13 plates.

———. An introductory lecture on the symbolic importance of Chinese jade. [St. Augustine, Fla., Printed by The Record Co., c1941] vi, 7-20 p.

———. Chinese jades in the Stanley Charles Nott collection, being an illustrated descriptive record: exhaustively reviewing the symbolic ritualistic appurtenances of Chinese jades and their various sacrificial usages. Describing fully the involved formulas underlying Chinese religious services; the altar equipment and numerous superstitious practises, as they are perpetuated in Chinese jades produced throughout the ages. With an introduction by Dr. Lin Yutang and a foreword by Dr. Chih Meng; illustrated by one hundred and eighteen full page halftone plates reproduced from original photographs: together with one hundred and twenty-three line engravings, made specially for the work by Mrs. Stanley Charles Nott from selected world famous Chinese jades. Prepared as a handbook for visitors to the Jade room of the Norton gallery and school of art, West Palm Beach, Florida. [St. Augustine, Fla., Printed by the Record Co. 1942. xvi, 536 p. incl. col. front. (port.) illus., cxviii plates.

POPE-HENNESSY, Dame UNA (BIRCH), 1876-1949. Early Chinese jades. London, E. Benn. 1923. [vii]-xx, 148, [1] p. illus., plates (part col.).

———. A jade miscellany. London, Nicholson and Watson [1946] 60 p. illus., plates.

SALMONY, ALFRED, 1890-1958. Carved jade of ancient China. Berkeley, Printed at the Gillick Press, 1938. 85, [85] p. plates.

TANNER, P de. Chinese jade, ancient and modern; descriptive catalogue, illustrating the most prominent pieces of a collection of jade articles, with special reference to sepulchral jades. Berlin, D. Reimer [etc.] 1925. 2 v. fronts., 1 illus., plates (part col., part fold.).

VASSAR COLLEGE. Art Gallery. Far eastern jades, Charles M. Pratt collection. [Poughkeepsie, N.Y. 1941] 7-62 p. front., plates.

VETLESEN, MAUDE (MONELL). Chinese jade carvings of the xvith to the xixth century, in the collection of Mrs. Georg Vetlesen; an illustrated descriptive record compiled by Stanley Charles Nott. Produced for private circulation only. [London, Printed by B.T. Batsford, 1939-40] 3 v. col. fronts., illus., plates (part col.).

WHITLOCK, HERBERT PERCY, 1868-1948. The story of jade, by Herbert P. Whitlock and Martin L. Ehrmann. New York, Sheridan House [1949] 222 p. illus., col. plates, map (on lining-papers).

Exhibition Catalogues

ARDEN GALLERY, New York. "3000 years of Chinese jade." Arden Gallery, January 10th through February 11th, 1939. New York [c1939] 5-110 p. incl. plates.

CHÊNG TÊ-K'UN, 鄭德坤, 1907- Chinese jade: an exhibition at Chengtu. Chengtu, 1945. 6 p. (West China Union University. Museum. Guidebook ser., 1).

CHINA INSTITUTE IN AMERICA. Exhibition of Chinese jade objects. Apr. 18-May 25 1946. New York, China Institute in America, 1946. [15] p. incl. illus.

———. Exhibition of Chinese jade carvings, Sung to Ch'ien Lung loaned by a private American collector. May 3 through 23, 1954. New York, 1954. 10 p. plates.

LOO, C. T. and CO., New York. An exhibition of Chinese archaic jades. Arranged for Norton gallery of art, West Palm Beach, Florida, Jan, 20 to March 1, 1950. [New York, 1950.] 4 p. 60 plates.

MANCHESTER, ENG. Art Gallery. Catalogue of the John Yates collection of Chinese jade and other hard stones. Manchester, 1931. 26 p.

MICHIGAN. UNIVERSITY. Museum of Art. Early Chinese jades. A loan exhibition presented by the Museum of Art, University of Michigan, Alumni Memorial Hall, Ann Arbor, March 22 through April 22, 1953. [Ann Arbor, 1953] [26] p. plates.

ORIENTAL CERAMIC SOCIETY, London. Exhibition of Chinese jades from April 14th to June 9th [1948. London, 1948?] 17 p. 12 plates.

PENNSYLAVANIA. UNIVERSITY. University Museum. Archaic Chinese jades; special exhibition, February, 1940. Philadelphia, University Museum [1940] 58 p. incl. front., illus.

SHANGHAI. City Museum of Greater Shanghai. Guide [to] Chinese early jade and porcelain exposition. Shanghai, 1937. 29 p.

WONG, K. C. 王克秋? The Wong collection of ancient Chinese jades. London, Bluett and Sons, [1930] ix, 35 p. col. front., plates.

Pottery and Procelain: General Works

ANDERSON, MALCOLM. The story of Chinese porcelain. Bexhill-on-sea, Eng., The author, 1952. Cover-title 52 p. plates, map.

BLUETT, EDGAR ERNEST. Ming and Ch'ing porcelains, a short treatise concerning some dated specimens together with some account of their distinguishing features; with a foreword by George Eumorfopoulos. London, Chiswick Press, 1933. 103, [1] p. plates, diagr.

BOERSCHMANN, ERNST, 1873-1949. Chinesische Baukeramik. Berlin, A. Lüdtke, 1927. 110 p. illus. (part mounted, incl. map) plates (part col.).

BONDY, WALTER, 1880- Kang-hsi, eine Blüte-Epoche der chinesischen Porzellankunst, mit 16 Abbildungen im Text, 109 Tafelbildern in Wetzätzung und 6 Tafeln im Vierfarbdruck. München, Buchenau und Reichert [1923] 214, [2] p. incl. illus., plates. col. plates.

BOODE, PETER. Old Chinese pottery and porcelain recently collected in China by Peter Boode of the Hague. London, Bluett and Sons, 1934. 36, [1] p. incl. front., plates.

BRANKSTON, ARCHIBALD DOOLEY, 1902-1941. Early Ming wares of Chingtechen. Peking, H. Vetch, 1938. xvi, 102, [2] p. col. front., illus. (incl. maps) plates.

BRITISH MUSEUM. Dept. of Oriental Antiquities and of Ethnography. A guide to the pottery and porcelain of the Far East, in the Department of ceramics and ethnography; with 14 plates and 230 illustrations. [London] Printed by order of the Trustees, 1924. xvi, 168 p. front., illus. xiii plates.

———. Handbook of the pottery and porcelain of the Far East in the Department of oriental antiquities and of ethnography, by R. L. Hobson, with 20 plates and 260 illustrations. 2d ed. [London] Printed by order of the Trustees, 1937. xvi, 180 p. illus., xx plates (incl. front.).

BULLING, A . The meaning of China's most ancient art; an interpretation of pottery patterns from Kansu (Ma Ch'ang and Panshan) and their development in the Shang, Chou, and Han periods. Leiden, E. J. Brill, 1952. xii, 150 p. illus.

BURCHARD, OTTO. Chinesische Grab-Keramik. Leipzig, E. A. Seemann [1922] 12 p. plates (Bibliothek der Kunstgeschichte, 30).

———. Chinesische Kleinplastik. Berlin, E. Wasmuth [1922] 10 p. plates. (Orbis pictus; Weltkunst-Bücherei, 12).

CARLYLE, RICHARD FREDRIC, 1905- High lights on Chinese porcelain. New Orleans, B. Manheim Galleries, 1939. 72 p. plates.

CÉRAMIQUE orientale. Paris, E. Henri [1922] 3 p. 40 col. mounted plates.

CHÊNG, TÊ-K'UN, 鄭德坤, 1907- An introduction to Szechwan pottery. Chengtu, 1945. 21 p. (West China Union University. Museum. Guidebook ser., 2).

DAVID, SIR PERCIVAL VICTOR, bart., 1892- A catalogue of Chinese pottery and porcelain in the collection of Sir Percival David, by R. L. Hobson. London, Stourton Press, 1934. xl, 189, [1] p. plates (part col.).

DEXEL, THOMAS. Die Formen chinesischer Keramik; die Entwicklung der keramischen Hauptformen vom Neolithikum bis ins 18. Jahrhundert. Tübingen, E. Wasmuth [1955] 95 p. illus.

DUNCAN, ELSE SUENSON. The collecotr's first handbook on antique Chinese ceramics. [Washington] 1942. cover-title, 54 p. plates.

EUMORFOPOULOS, GEORGE, 1863-1939. The George Eumorfopoulos collection; catalogue of the Chinese, Corean and Persian pottery and porcelain, by R.L. Hobson. London, E. Benn, [1925-28] 6 v. plates (part mounted).

FARLEY, MALCOLM F., 1896-1940. Chinese porcelain; paper read before the Anti-cobweb society on May 20th, 1932, Foochow. [Foochow, Christian Herald Industrial Mission Press, 1933] 82 p.

FEDDERSEN, MARTIN, 1888- Chinesisches Porzellan, ein Brevier. Braunschweig, Kleinkhardt und Biermann [1956] 46 p. illus. (part col.).

———. Chinese porcelain. Braunschweig, Klinkhardt and Biermann, 1956. 46 p. illus. (part. col.).

———. La porcelaine chinoise. Paris, Les Presses universitaires, 1957. 20 plates (part. col.) (Mémentos illustrés).

FERNALD, HELEN ELIZABETH, 1891- Chinese pottery figurines. Toronto, Royal Ontario Museum of Archaeology, 1950. 4 p. plates.

FREER GALLERY OF ART, Washington, D.C. Ming porcelains in the Freer Gallery of Art. [Washington] Smithsonian Institution [1953] 38 p. (chiefly illus.).

FUCHS, EDUARD, 1870- Tang-plastik; chinesische Grabkeramik des vii. bis x. Jahrhunderts. Mit 6 Farbigen und 53 Schwarzen Tafeln. München, A. Langen [1924] 62 p., plates (6 col., incl. front.) (Kultur-und Kunstdokumente, i).

———. Dachreiter und verwandte chinesische Keramik des xv. bis xviii. Jahrhunderts. Mit 6 Farbigen und 52 schwarzen Tafeln. München, A. Langen [1924] 62 p. plates (6 col., incl. front.) (Kultur-und Kunstdokumente, ii).

GARNER, SIR HARRY MASON, 1891- Oriental blue and white. London, Faber and Faber [1954] xiii, 86 p. illus. (part col.) (The Faber monographs on pottery and porcelain).

GOIDSENHOVEN, JULES PIERRE VAN, 1889- La céramique chinoise sous les Ts'ing, 1644-1851. Bruxelles, R. Simonson; 1936. [9]-312 p., illus., plates (part col.).

———. La céramique chinoise; commentaires sur son évolution. Préf. par Daisy Lion-Goldschmidt. Bruxelles, Éditions de la Connaissance [1953, c1954] 213 p. 132 plates (28 col.).

GOW, LEONARD, 1859- Catalogue of the Leonard Gow collection of Chinese porcelain, by R.L. Hobson, [London, 1931] [xiii]-xxxix, 107, [1] p. plates (part col., 1 fold.; incl. front.).

GRAY, BASIL, 1904- Early Chinese pottery and porcelain. London, Faber and Faber [1953] xvi, 48 p. plates (part col.) (The Faber monographs on pottery and porcelain).

HARVARD UNIVERSITY. William Hayes Fogg Art Museum. The use of blue on Chinese porcelain of the Ming dynasty, 1368-1644. [Boston, 1947] [11] p. front.

HENTZE, CARL, 1883- Les figurines de la céramique funéraire; matériaux pour l'étude des croyances et du folklore de la Chine ancienne. Hellerau bei Dresden, Avalun-Verlag [1928] 2 v. plates.

———. Chinese tomb figures, a study in the beliefs and folklore of ancient China. With a foreword by W. Perceval Yetts. London, E. Goldston, 1928. xii, 105,

[1] p. plates.

HETHERINGTON, ARTHUR LONSDALE, 1881- The pottery and porcelain factories of China; their geographical distribution and periods of activity. With a folding map of China. London, K. Paul; New York, E. P. Dutton, 1921. 15 p. fold. map.

———. The early ceramic wares of China, with one hundred illustrations of which twelve are in colour. New York, C. Scribner, 1922; London, E. Benn, 1922. Abridged ed., London, E. Benn, 1924. xvii, [1], 159, [1] p. col. front., plates (part col.).

———. Chinese ceramic glazes. [2d rev. ed.] South Pasadena [Calif.] P. D. and I. Perkins [1948] 114 p. illus. (part col.). 1st ed. Cambridge University Press, 1939.

HOBSON, ROBERT LOCKHART, 1872-1941. The art of the Chinese potter from the Han dynasty to the end of the Ming, illustrated in a series of 192 examples selected, described and with an introduction by R. L. Hobson and A. L. Hetherington. London, E. Benn; New York, A. Knopf, 1923. xx, 20 p., col. front., plates (part col.).

———. The wares of the Ming dynasty. With one hundred and twenty-eight illustrations of which eleven are in colour. London, Benn; New York, C. Scribner's 1923. xvi, 240 p. illus., plates (part col.; incl. front.).

———. Chinese pottery statute of a Lohan. London, British Museum, 1925. Cover-title, 7 p. col. plate.

———. The later ceramic wares of China, being the blue and white, famille verte, famille rose, monochromes, etc., of the K'ang Hsi, Yung Chêng, Ch'ien Lung and other periods of the Ch'ing dynasty. London, E. Benn, 1925. xxix, 155, [1] p. illus., plates (part col., part fold.; incl. col. front.)

———. Chinese porcelain and Wedgwood pottery, with other works of ceramic art. London, B. T. Batsford [1928] xii, 227 p. illus. plates, (Port Sunlight. Lady Lever art gallery, A record of the collections, 2).

———. Chinese ceramics in private collections, by R. L. Hobson, Bernard Rackham and William King. London, Halton and T. Smith, 1931. vii-xvi, 201, xvii-xxii p. illus., 32 col. mounted plates.

HONEY, WILLIAM BOWYER, 1889- The ceramic art of China, and other countries of the Far East. London, Faber and Faber and the Hyperion Press [1945] vii, [1], 238 p. illus. (incl. map) 192 (i.e. 195) plates (3 mounted col.)

HSIANG, YUAN-P'IEN, 項元汴, 1525-1590. Noted porcelains of successive dynasties with comments and illustrations. Revised and annotated by Kuo Pao-ch'ang, 郭葆昌, and John C. Ferguson. Peiping, Chih Chai Publ. Co., 1931. 200 l. incl. 85 col. plates, port.

HYDE, JOHN ALDEN LLOYD. Oriental Lowestoft, Chinese export porcelain. (Porcelaine de la Cie des Indes) With special reference to the trade with China and the porcelain decorated for the American market. [2d ed.] Newport, Monmouthshire, Ceramic Book Co. [1954] viii, 166 p. 36 plates (part col.) 1st ed. New York, C. Scribner, 1936.

JENYNS, SOAME, 1904- Later Chinese porcelain; the Ch'ing Dynasty, 1644-1912. London, Faber and Faber [1951] xi, 104 p. 124 plates (part col.) (The Faber monographs on pottery and porcelain).

———. Ming pottery and porcelain. London, Faber and Faber [1953] xi, 160 p. 124 plates (part col.) (The Faber monographs on pottery and porcelain).

KOYAMA, FUJIO. The story of old Chinese ceramics; translated by Jiro Harada. Tokyo, Mayuyama, 1949. 30 p. plates, map.

LAN, P'U, 藍浦, d. 1795. Ching-tê-chên t'ao-lu, 景德鎮陶錄; or, The potteries of China, being a translation with notes and an introd. by Geoffrey R. Sayer. [London] Routledge and Kegan Paul [1951] xxiv, 139 p.

LIANG, SSU YUNG, 梁思永, 1903-1954. New stone age pottery from the prehistoric site at Hsi-yin Tsun, Shansi, China. Menasha, Wis., American Anthropological Association [1930] cover-title, 76, [3] p. illus. (incl. plan) plates,

diagrs. (Memoirs of the American anthropological association, 37).
LION, DAISY (GOLDSCHMIDT) Les poteries et porcelaines chinoises. Paris, Presses universitaires, 1957. viii, 196 p. plates, (part. col.).
LOO, C. T., et Cie. Briques et objets céramiques funéraires de l'époque des Han, appartenant à C. T. Loo et cie, publiés par Olov Jansé. Paris, Les Éditions d'art et d'histoire, 1936. 39, [1] p., illus., plates.
MARCH, BENJAMIN, 1899-1934. Standards of pottery description. With an introductory essay by Carl E. Guthe. Ann Arbor, University of Michigan Press, 1934. 55 p. illus., plates (Michigan. University. Museum of anthropology. Occasional contributions, 3).
MARQUET DE VASSELOT, JEAN JOSEPH, 1871- La céramique chinoise, par J. J. Marquet de Vasselot et Mlle. M.-J. Ballot. [Paris] A. Morancé [c1922] 2 v. plates (part col.) (Documents d'art. Musée du Louvre).
———. Chinese ceramics by J. J. Marquet de Vasselot and Mlle. M.-J. Ballot, translated by G. Brosseau and P. J. Angoulvent. Paris, A. Morancé [1922] 2 v. plates, (Documents d'art. The Louvre museum).
MEDCALF, C. J. B. Introduction to Chinese pottery and porcelain. With a foreword by Alan Barlow. Published for the Oriental Ceramic Society. London, Cresset Press, 1955. 64 p. illus.
MORGAN, HARRY TITTERTON, 1872- ed. Chinese porcelain and pottery. [Los Angeles, Broadway Press] 1941. 16 p. illus. [Chinese classics in miniature].
OSGOOD, CORNELIUS, 1905- Blue-and-white Chinese porcelain; a study of form. New York, Ronald Press, [1956] xvii, 166 p. illus., 64 plates.
PALMGREN, NILS, 1890- Kansu mortuary urns of the Pan Shan and Ma Chang groups. Plates I-XLI and 228 text figures. Peiping, Geological Survey of China, 1934. ix, 204, [82] p., illus., plates (part col.) (China. Geological survey. Palaeontologia sinica, ser. D, vol. iii, fasc. 1).
PELKA, OTTO, 1875- Chinesisches Porzellan. Leipzig, Schmidt und Günther, 1921. 148 p. col. front. plates (part col.) 1st ed. 1914.
PHILLIPS, JOHN GOLDSMITH. China-trade porcelain; an account of its historical background, manufacture, and decoration, and a study of the Helena Woolworth McCann collection. Cambridge, Published for the Winfield Foundation and the Metropolitan Museum of Art [by] Harvard University Press; London, Phaidon Press, 1956. xxi, 234 p. illus. (part col.) maps.
POPE, JOHN ALEXANDER, 1906- Fourteenth-century blue-and-white; a group of Chinese porcelains in the Topkapu Sarayi Müzesi, Istanbul. Washington, 1952. iii, 85 p. 44 plates (Freer Gallery of Art occasional papers, 2:1).
———. Chinese porcelains from the Ardebil shrine. Washington, Smithsonian Insitution, Freer Gallery of Art, 1956. xv, 194 p. illus., 142 plates (incl. map, facsim., plan).
REIDEMEISTER, LEOPOLD. Ming-porzellane in schwedischen Sammlungen; mit einem Geleitwort von J. Hellner. Berlin und Leipzig, W. de Gruyter, 1935. 34 p. plates.
RIVIÈRE, HENRI, 1864- La céramique dans l'art d'Extrême-Orient; recueil de cent soixante-deux pièces reproduites en couleurs d'après les originaux choisis dans les musées et dans les collections françaises et étrangères. Préface de Charles Vignier. Paris, A. Lévy, 1923. 2 v. mounted col. illus., 100 mounted col. plates.
RÜCKER-EMBDEN, OSCAR, 1865- Chinesische Frühkeramik, eine Einführung. Leipzig, K. W. Hiersemann, 1922. xii, 174 p. illus. plates, (part col.) map.
SCHMIDT, ROBERT, 1878-1952. Chinesische Keramik von der Han-zeit bis zum xix. Jahrhundert, hrsg. unter Mitarbeit von Alfred Oppenheim und Karl Bacher. Frankfurt a. M., Frankfurter Verlags-Anstalt, 1924. 117, [1] p., plates (part col. mounted).
THIEL, ALBERT WILLEM RUDOLF. Chinese pottery and stoneware. Los Angeles, Borden Pub. Co., 1953. xiv, 204 p. illus., plates (part col.).

VICTORIA AND ALBERT MUSEUM, South Kensington. Guide to the later Chinese porcelain, periods of K'ang Hsi, Yung Chêng and Ch'ien Lung, by W. B. Honey. London, Pub. under the authority of the Board of Education, 1927. xxi, 123 p. illus., plates [Victoria and Albert museum, South Kensington. Publication, 183c].

———. Handbook to the W. G. Gulland bequest of Chinese porcelain, including some notes on the subjects of the decoration. London, H. M. Stationery Off., 1950. 57 p. 48 plates.

VOLKER, T . Porcelain and the Dutch East India Company, as recorded in the Dagh-registers of Batavia Castle, those of Hirado and Deshima, and other contemporary papers, 1602-1682. [Leiden, E. J. Brill, 1954] 243 p. plates, fold. maps, facsim. (Mededelingen van het Rijksmuseum voor Volkenkunde, Leiden, 11).

WHITE, WILLIAM CHARLES, 1873- Tomb tile pictures of ancient China; an archaeological study of pottery tiles from tombs of western Honan, dating about the third century B. C. Toronto, University of Toronto Press, 1939. xx, 69 p. front., illus., plates (1 col.) 2 maps on 1 l. (Royal Ontario museum of archaeology. Museum studies, 1).

WILLIAMSON, GEORGE CHARLES, 1858- The book of famille rose; with 19 plates in colour and 43 plates in collotype. London, Methuen, [1927] xxii, 231, [1] p. plates (part. col; incl. front.).

WU, G. D., 吳金鼎 [WU CHIN-TING]. Prehistoric pottery in China. London, Pub. on behalf of the Courtauld Institute of Art, University of London, by Kegan Paul [1938] xi, [1], 180 p. illus. (map) plates.

ZIMMERMANN, ERNST, 1866-1940. Chinesisches Porzellan und die übrigen keramischen Erzeugnisse Chinas. 2. Aufl. Leipzig, Klinkhardt und Biermann, 1923. 2 v. plates (part col.) map.

———. Altchinesische Porzellane im Alten Serai. Berlin und Leipzig, W. de Gruyter, 1930. 51 p. plates (part col.) (Meisterwerke der türkischen museen zu Konstantinopel, hrsg. von Halil Edhem. bd. ii).

Exhibition Catalogues

ALLARD, F. Collection F. Allard; catalogue de céramique de la Chine, Ming, Kanchi, Yung-ching et Kienlung. Paris, Galeries G. Petit, 1925. 35 p. plates.

ARNIM-MUSKAU, HERMANN GRAF VON. Sammlung Hermann Graf von Arnim-Muskau chinesische Keramik beschrieben von Leopold Reidemeister. Köln, Math. Lempertz Kunstauktionshaus [1951] 26 p. plates.

ART ASSOCIATION OF INDIANAPOLIS, INDIANA. John Herron Art Institute. Chinese ceramics of the Sung dynasty [by Wilbur D. Peat] Indianapolis, John Herron Art Museum [194?] 15 p. illus. (part col.) map.

BOSTON, MUSEUM OF FINE ARTS. Exhibition of Chinese ceramics lent by Mr. and Mrs. Eugene Bernat on Sept. 9 through Oct. 19, 1947. [Boston, 1947] 37 p. plates.

———. Exhibition of Chinese ceramics and of European drawings. March 12-April 26, 1953. [Portland, Me., Anthoensen Press, 1953] xii, 34 p. plates.

BROOKLYN INSTITUTE OF ARTS AND SCIENCES. Museum. Chinese ceramics, a catalogue of an anonymous loan collection. Exhibition, December 14, 1944 through February 4, 1945, the Brooklyn Museum, Brooklyn, N. Y. [Brooklyn, 1944] 34 p. front., illus.

[BUFFALO. MUSEUM OF SCIENCE] The art of the Chinese potter from prehistoric times to Kubla Khan. [Buffalo, 1943] 6, [26] p. illus.

CHINA INSTITUTE IN AMERICA. Exhibition of three-color porcelain figures of the K'ang Hsi period. May 18-June 14, 1945. New York, 1945. 15 p. 21 numb. figs.

CHINESE ART SOCIETY OF AMERICA. Art of late eastern Chou; a loan exhibition [March 18 through May 7, 1952] New York, 1952. 14 p. illus.

DAVID, SIR PERCIVAL VICTOR, bart. 1892- Illustrated catalogue of tung, ju kuan, chün, kuang-tung and glazed I-hsing wares in the Percival David Foundation of Chinese Art, by S. Yorke Hardy. London, 1953. xiv, 44 p. illus.

———. Illustrated guide to the collection by Lady David. London, Percival David Foundation of Chinese art, 1956. ii, 28 p. plates.

DE FOREST, MRS. S. K. Rare Sung and Ming porcelains and pottery, Ch'ing decorated porcelains including ku-yüeh hsüan and other imperial wares, collection of Mrs. S.K. De Forest; sold by her order; with additions; public sale January 11 [1936] [New York] American Art Association, Anderson Galleries, inc., 1936. [48] p. illus.

ECKE, GUSTAV, 1896- Hui Hsien ware in the collection of the Honolulu academy of arts. Honolulu, Academy of Arts, 1954. [11] p. front., plates, (Special studies, 2).

EDINBURGH. ROYAL SCOTTISH MUSEUM. Chinese pottery and porcelain. Edinburgh, H.M. Stationery Off., 1955. [4] p. 24 plates.

FRANKFURT A MAIN. Kunstgewerbe-Museum. Ausstellung chinesischer Keramik. Aus Frankfurter und auswärtigem Privat-und Museumbesitz vom juni bis September 1923. Franfurt a. M., Englert und Schlosser, 1923. 151 p. plates (part col.).

FRIENDS OF FAR EASTERN ART. Exhibition of Chinese tomb statuettes, San Francisco Museum of Art, July 2 to August 30, 1937. San Francisco, [c1937] ix, 13-43 p. plates.

GLASGOW. Art Gallery. The Chinese stonewares and porcelains in the Burrell collection. Glasgow, 195? 36 p. plates.

GOLDSCHMIDT, JAKOB. Catalogue of the important collection of fine Chinese enamelled porcelain of the 17th and 18th centuries, the property of Jakob Goldschmidt, Esq., which will be sold at auction by Messrs. Christie, Manson and Woods on Wednesday, June 29, 1938 and following day. London, Christie, Manson and Woods, 1938. 72 p.

HOLMES FOUNDATION, INC., New York. Chinese ceramics and jades, Persian pottery, Egyptian antiquities, Gothic and renaissance art, French furniture of the xviii century and the empire and other art property; from the collection of the late Mrs. Christian R. Holmes, now the property of Holmes Foundation, inc, sold by order of the directors. Public auction sale April 15 to 18 inclusive. New York, Parke-Bernet Galleries, 1942. 234 p. incl. front., illus., plates.

HONGKONG. UNIVERSITY. Institute of Oriental Studies. Chinese tomb pottery figures; catalogue of exhibition, 26th-28th September, 1953. [Hong Kong] Hong Kong University Press, 1953. 15, [23] p. illus. (Its Catalogue series, 1).

HUTTON, BARBARA, 1912- The Barbara Hutton Collection of Chinese porcelain; [exhibition] Honolulu Academy of Arts, November 1956-January 1957. [Honolulu, Honolulu Academy of Arts, 1957] 36 p. illus.

INSTITUTE OF ORIENTAL CERAMICS, Tokyo. Catalogue of the T'ang polychrome, compiled by the Institute of Oriental Ceramics. Tokyo, Iwanami, 1928. 36 l. 50 plates in portfolio.

———. Oriental ceramics, 1934-35. [Tokyo?] The Institute of Oriental Ceramics, 1936. 34 p. plates.

JOHNSON, A BURLINGAME. Hand book of a collection of Chinese porcelains loaned by A. Burlingame Johnson. On exhibition in the Los Angeles museum of history, science and art. [Los Angeles] 1923. 149 p. incl. plates mounted col. front. (Los Angeles museum of history, science and art. Miscellaneous publication, 3).

LOO, C. T. and CO., New York. An exhibition of figures in Chinese art in April of 1946. New York, C.T. Loo and Co. 1946. [15] p. illus.

———. An exhibition of the wares of the Sung dynasty from March 29 to April 30, 1947. New York, C.T. Loo and Co., 1947. [10] p.

LOS ANGELES COUNTY MUSEUM. Chinese ceramics, from the prehistoric period through Ch'ien Lung; a loan exhibition from collections in America and Japan. Mar. 14 to Apr. 27, 1952. [Los Angeles, 1952] 119 p. illus., map.

MANCHESTER, ENG. ART GALLERY. Catalogue of Chinese porcelain. [Manchester] 1931. 22 p. plates.

MILLS COLLEGE, Oakland, Calif. Art Gallery. Early Chinese pottery; Mills college art gallery, Portland art museum; April, May, June 1941. [Berkeley, Gillick Press, 1941] viii, [9]-45 p. 1 mounted illus., plates.

———. The potter's art in China (prehistoric through Sung), March 13-May 6, 1955, Oakland, 1955. 24 p. illus.

NEW YORK, METROPOLITAN MUSEUM OF ART. Chinese porcelains in the Altman collection. New York, 1953. 111 p. 29 col. plates. (part col.).

ORIENTAL CERAMIC SOCIETY, London. Ming blue-and-white porcelain; catalogue of an exhibition held from October 24th to December 21st, 1946. London [1948] 14 p. 4 plates.

———. Chinese ceramic figures; catalogue of an exhibition held from April 8th to June 21st, 1947. London [1948] 15 p. 5 plates.

———. Celadon wares; catalogue of an exhibition held from October 20th to December 20th, 1947. London [1948] 19 p. 8 plates.

———. Monochrome porcelain of the Ming and Manchu dynasties; catalogue of an exhibition held from October 27th to December 18th, 1948. London [1948] 22 p. plates.

———. Wares of the T'ang dynasty; catalogue of an exhibition held from April 27th to June 8th, 1949. London [1949] 15 p. 4 plates.

———. Sung dynasty wares: Ting, ying ch'ing and Tz'u Chou; catologue of an exhibition held from November 9th to December 17th, 1949. London [1949] 15 p. 4 plates.

———. Enamelled polychrome porcelain of the Manchu dynasty (1644-1912); catalogue of an exhibition from May 23 to July 21, 1951. London, 1951. 19 p. plates.

———. Sung dynasty wares: Chün and brown glazes. Catalogue of an exhibition from May 1st to 31st, 1952. London, [1952] 16 p. plates.

———. Ju and Kuan wares; imperial wares of the Sung dynasty, related wares and derivatives of later date. Catalogue of an exhibition held from Nov. 12 to Dec. 13, 1952. London, 1952. 16 p. plates.

———. Pre-T'ang wares; catalogue of an exhibition held from April 29 to June 10, 1953. London, 1953. 16 p. plates.

———. Catalogue of an exhibition of Chinese blue and white porcelain 14th to 19th centuries held from Dec. 16, 1953 to Jan. 23, 1954 at the Arts Council Gallery. London, 1953. [32] p. plates.

———. Catalogue of an exhibition of the arts of the T'ang dynasty, held from Feb. 25 to March 30, 1955 at the Arts Council Gallery. [London, 1955]. 40 p. plates.

PASADENA, CALIF. ART INSTITUTE. An exhibition of old Chinese ceramics from the Late Chou dynasty through the Sung dynasty lent by Robert Hilton Simmons, Los Angeles. Pasadena, the Institute, 1953. 15 p. illus.

STOCKHOLM. HALLWYLSKA PALATSET. Catalogue of the collection of ceramic art of China and other countries of the Far East at the Hallwyl Museum, group XLVIII. Drawn up by Orvar Karlbeck. Stockholm, 1949. 212 p. illus. plates, map.

U. S. National Gallery of Art. Works of art from the Widener collection. Washington, D. C., National Gallery of Art, 1942. 24 p.

VASSAR COLLEGE. Art Gallery. Far eastern ceramics, Charles M. Pratt collection. [Menasha, Wis., George Banta Pub. Co. 1940] 79, [1] p. incl. front., xii plates on 6 l.

WHITRIDGE, WILLIAM HALL; 1849- Orientalia collected by Mr. and Mrs.

William H. Whitridge. Baltimore, Md., mcmxii. Baltimore museum of art loan exhibition, June 1 to October 15, 1930. [Baltimore, c1930] 131 p. plates.

YAMANAKA AND CO. Exhibition of Chinese pottery horses and camels, dating from the Han dynasty to the 20th century, September, 1934. New York, Yamanaka [1934] cover-title, [28] p. illus.

Paintings: General Works

ACKER, WILLIAM REYNOLDS BEAL, 1907- ed. and tr. Some T'ang and pre-T'ang texts on Chinese painting, translated and annotated. Leiden, E. J. Brill, 1954. lxii, 414 p. (Sinica Leidensia, 8).

BAHR, A W. Early Chinese paintings from A. W. Bahr collection, by Osvald Sirén. London, Chiswick Press, 1938. 116 p. incl. xxv (i. e. 27) mounted plates. (part col.).

BALL, KATHERINE M. 1859- Bamboo, its cult and culture, paintings by Wang Tseng-tsu, 王曾祖, imperial prince painter. Interpretative text and art analysis by Katherine M. Ball. Berkeley, Gillick Press, 1945. 7-109 p. incl. plates, double facsim.

BINYON, LAURENCE, 1869-1943. Chinese paintings in English collections. Paris and Brussels, G. Van Oest, 1927. 68 p. illus. plates.

———. Les peintures chinoises dans les collections d'Angleterre. Pairs et Bruxelles, G. Van Oest, 1927. 68 p. illus., lxiv plates. (Ars Asiatica; études et documents ix).

———. Painting in the Far East; an introduction to the history of pictorial art in Asia, especially China and Japan. 4th ed., rev. throughout. London, E. Arnold, 1934. xvi, 302 p. col. front., xli plates. 1st ed. 1908.

———. Art of the Far East, paintings from China and Japan; 15 plates in colour; with an introduction by Laurence Binyon. London, B. T. Batsford, [1936] 6 p. xv col. plates (Batsford's "Art and nature in colour" series).

———. Art of the Far East; landscapes, flowers, animals; 16 plates in colour from the work of old Chinese and Japanese masters. London, New York, Batsford [1950] 8 p. col. plates (Iris colour books).

BOSTON. MUSEUM OF FINE ARTS. Portfolio of Chinese paintings in the Museum (Han to Sung periods). A descriptive text by Kojiro Tomita. Cambridge, Pub. for the Museum of Fine Arts, Boston, by the Harvard University Press, 1933, 2nd ed. 1938. ix, [1], 20, [1] p. 144 plates.

BRITISH MUSEUM. Dept. of Prints and Drawings. Six Chinese paintings, reproduced in colour. [London and Banbury, Printed by H. Stone, 19--] 6 col. plates.

———. An index of Chinese artists represented in the Sub-department of Oriental prints and drawings in the British Museum, by Arthur Waley. [London] Printed by order of the Trustees, 1922. xii, 112 p.

BRODRICK, ALAN HOUGHTON. An outline of Chinese painting. New York, Transatlantic Arts [1949] London, Avalon Press, 1949. 40 p. 50 plates (part col.).

CH'EN, ALICE T. 陳蔡佩珠. How to paint landscapes in ancient Chinese technique; assisted with English text by her pupil, Ruth Stevens. Honkong [1955?] 93 p. illus.

CH'EN, JEN-DAO, 陳仁濤. The three patriarches of the Southern school in Chinese paintings. [A lecture given in the Sino-British Club of Hong Kong, Feb. 18, 1955] Hong Kong, 1955. 8 l.

CH'ÊNG, HSI, 程曦. The original spirit and cultural background of Chinese painting. English version translated by H. P. Wu, 吳鴻碧. Hong Kong, Sun Wah Print. Co. [1957] 55 p.; 43 p.

CHIANG, YEE, 蔣彝, 1903- The Chinese eye, an interpretation of Chinese painting; with a preface by S. I. Hsiung. 2d ed. London, Methuen, [1936] xvi,

240 p. illus., xxiv plates (incl. front.).

———. The same; 4th rev. ed. London, Faber and Faber, 1956.

———. Chinese painting, with an introduction and notes. [London] Faber and Faber [1953] 24 p. mounted col. illus. (The Faber gallery of oriental art).

CHINESE ART SOCIETY OF AMERICA. Kung Hsien, 龔賢, and the Nanking school: some Chinese paintings of the 17th century. A loan exhibition. Introduction by Aschwin Lippe. New York, China House, 1955. 10 p. plates.

COHN, WILLIAM, 1880- Chinese painting. [2d rev. ed.] London, Phaidon Press [1951]; New York, Oxford Univ. Press, 1951. 112 p. 275 illus. (part mounted col.) 1st ed. 1948.

———. Peinture chinoise. London, Phaidon Press, 1948. 29 p. illus. plates.

———. Chineesche Schilderkunst. London, Phaidon Press, 1948. 29 p. illus., 177 plates.

CONTAG, VICTORIA, comp. Maler- und Sammler-stempel aus der Ming- und Ch'ing-zeit, gesammelt und bearbeitet von Victoria Contag und Wang Chi-ch'üan, 王季銓. [Shanghai] Commercial Press, 1940. lxxv, 631 p. illus.

———. Die Beiden Steine; Beitrag zum Verständnis des Wesens Chinesischer Landschaftsmalerei. Braunschweig, H. Klemm [1950] 101 p. 32 plates.

———. Zwei Meister chinesischer Landschaftsmalerei, Shih-T'ao, 石濤, und Shih-ch'i 石谿: Ein Beitrag zum Verständnis des Wesens chinesischer Landschaftsmalerei. Baden-Baden, W. Klein [1956] 101 p. plates.

DESIGNS from the Tunhuang caves. With an introd. by Wang Hsun, 王遜. Designs copied by Chou Shao-Miao and Wu Mi-Feng. Peking, Foreign Languages Press, 1956. 20 l. (in portfolio).

DIEZ, ERNST, 1878- Shan shui, dei chinesische Landschaftsmalerei. Wien, W. Andermann, 1943. 7-87 p. illus. 60 plates.

DUBOSC, JEAN PIERRE. Paintings by Chinese masters, Pao hui chi, 寶繪集. Twelve paintings reproduced in collotype from the collection of J. P. Dubosc. Peking, 1937. [5] p. plates.

DUTHUIT, GEORGES, 1891- Mystique chinoise et peinture moderne. Paris, Chroniques du jour, 1936. 172 p. illus.

———. Chinese mysticism and modern painting. Paris, Chroniques du jour; London, A. Zwemmer [c1936] 155, [16] p. incl. 60 plates.

EUMORFOPOULOS, GEORGE, 1863-1939. The George Eumorfopoulos collection; catalogue of the Chinese frescoes, by Laurence Binyon. London, E. Benn, [1927] vii, 22 p. L col. mounted plates.

———. The same; catalogue of the Chinese, Corean and Siamese paintings, by Laurence Binyon. London, E. Benn, [1928] vii, 39 p. plates (part col. mounted).

FEI, CH'ENG-WU, 費成武. Brush drawing in the Chinese manner. London, Studio Publications, 1957. 95 p. front. illus. (How to do it ser. 73).

FERGUSON, JOHN CALVIN, 1866-1945. Stories in Chinese paintings. [Shanghai, 1925] cover-title, p. [110]-133. Reprinted from the Journal of the North China branch of the Royal Asiatic society, vol. lvi. 1925.

———. Chinese painting. Chicago, University of Chicago Press [c1927] ix, 199 p. plates (part col.) port.

FINSTERBUSCH, KÄTE. Das Verhältnis des Schan-hai-djing zur bildenden Kunst. Berlin, Akademie-Verlag, 1952. 136 p. illus. (Abhandlungen der Sächsischen Akademie der Wissenschaften zu Leipzig. Phil.-Hist. Kl. Bd. 46, 1).

FISCHER, OTTO, 1886-1948. Die chinesische Malerei der Han-dynastie, mit 80 Lichtdrucktafeln und einer Farbtafel. Berlin, P. Neff, 1931. xi, 150 p. plates (part fold., 1 col.).

———. Kunst des Fernen Ostens; Landschaften, Blumen, Tiere; 15 Farbtafeln nach Bildern alter chinesischer und japanischer Meister; Einführung von Otto Fischer. Bern, Iris Verlag [c1935] 10 p. xv col. plates (Iris bücher, hrsg. von H. Zbinden).

———. Chinesische Landschaftsmalerei 3., new bearb. und bereicherte Aufl. Mit 135 Bildwiedergaben. Berlin/Wien, P. Neff, 1943. 222 p. illus., 106 plates (part fold.).

FLEURS et papillons chinois. Introduction de P.W. Meister. Traduction de Eugène Bestaux. Paris, Arts et métiers graphiques, 1956. 8 p. col. plates (Le Verger, 3).

GRANTHAM, ALEXANDRA ETHELDRED, (von Herder), 1867- Wang Wei paysagiste. Pékin, Impr. de la "Politique de Pékin," 1922. 24 p. (Collection de la "Politique de Pékin").

GROSSE, ERNST, 1862-1927. Die ostasiatische Tuschmaleriei. Mit 160 Tafeln. Berlin, B. Cassirer, 1923. 5-51 p. 160 plates (Die Kunst des Ostens, vi).

GROUSSET, RENÉ, 1885-1952. L'art de l'Extrême Orient; paysages, fleurs, animaux. 15 planches en couleurs d'après les tableaux des vieux maîtres chinois et japonais. Text de René Grousset. Paris, Plon [c1936] 10 p. 15 col. plates. (Collection "Iris").

———. Art of the Far East: landscapes, flowers, animals. 16 plates in color from the work of old Chinese and Japanese masters. Introduction by René Grousset. New York, Toronto, Oxford University Press [1945] 10 p. col. front., xv col. plates (Iris books) 1st ed. 1939.

HACKNEY, LOUISE WALLACE. Guide-posts to Chinese painting, edited by Paul Pelliot. Boston and New York, Houghton Mifflin, 1927. xii, 221 p. front., plates.

[HARADA, KINJIRO] The pageant of Chinese painting. Tokyo, The Otsuka-kogeisha, 1936. 8, [41] p. 1000 plates.

JENYNS, SOAME, 1904- A background to Chinese painting, with a preface for collectors by W. W. Winkworth. London, Sidgwick and Jackson, 1935. xxviii, 208, [1] p. plates (incl. front.).

KUO, HSI, 郭熙, b. ca. 1020. An essay on landscape painting, by Kuo Hsi; translated by Shio Sakanishi; a foreword by L. Cranmer-Byng. London, J. Murray [1935] 64 p. (The wisdom of the East series).

KUO, JO-HSU, 郭若虛, fl. 1074. Experiences in painting (T'u-hua chien-wên chih, 圖畫見聞志) An eleventh century history of Chinese painting, together with the Chinese text in facsimile; translated and annotated by Alexander Coburn Soper. Washington, American Council of Learned Societies, 1951. xiii, 216 p. facsim.: [68] p. (American Council of Learned Societies. Studies in Chinese and related civilizations, 6).

LAUFER, BERTHOLD, 1874-1934. T'ang, Sung and Yüan paintings belonging to various Chinese collectors, described by Berthold Laufer. Paris and Brussels, G. van Oest, 1924. 17 p. xxx plates.

LEE, SHERMAN E. 1918- Chinese landscape painting. Cleveland, Cleveland Museum of Art [1954] 169 p. illus.

———. Streams and mountains without end; a Northern Sung handscroll and its significance in the history of early Chinese painting, by Sherman E. Lee and Wen Fong, 方聞. Ascona, Switzerland, Artibus Asiae, 1955. 57 p. illus., 25 plates. (Artibus Asiae. Supplementum 14).

LEYDEN, JO VAN. Chinesische Landschaften. [With a commentary in German, English and French] Zürich, Verlag der Arche [1948] 13 p. 15 plates. (Die Kleinen Bücher der Arche, 57, 58).

LIN, TSIU-SEN, 林秋生 [LIN, CHIU-SHÊNG] Chinesische Legenden aus dem Chinesischen mit vier Farbenlichtdrucken nach chinesischen Gemälden aus dem 17. Jahrhundert. Berlin, A. Metzner [1938] [20] p. 4 col. mounted plates.

———. Meisterwerke chinesischer Malerei 12. bis 18. Jahrhundert, eingeleitet von Lin Tsiu-sen, mit acht Faksimile-reproduktionen in 13-farbigem Photochrom. Zürich, Amstutz, Herdeg, 1943. 12 p. 8 col. plates.

———. Masterpieces of Chinese painting; 12th to 18th centuries. With an introd. with 8 facsim. reproductions in 13-colour photochrome. [2d ed.] Zürich,

Amstutz, Herdeg, 1947. 12 p. 8 col. plates (in portfolio).
———. Meisterwerke chinesischer Tuschezeichnungen, 7. bis 13. Jahrhundert. 22 Reproduktionen. 2. Aufl. Zürich, Amstutz, Herdeg [c1948] [8] p. illus. 1 ed. 1946.
MA, YUAN, 馬遠, 1190-1224. Pécheurs chinois; un chef-d'oeuvre de la peinture Song. Pékin, Impr. de l'Ile de peupliers, c1938. 1 p. plates.
———. Chinese fishermen; a masterpiece of the Sung dynasty. Peking, The Poplar Island Press, c1938. [2] p. plates.
MARCH, BENJAMIN, 1899-1934. Some technical terms of Chinese painting. Baltimore, Waverly Press, 1935. xiii, 55, [1] p. 1 illus., plates. [American council of learned societies. Studies in Chinese and related civilization,2].
MEYER, AGNES ELIZABETH (ERNST) 1887- Chinese painting as reflected in the thought and art of Li Lung-mien李龍眠1070-1106, by Agnes E. Meyer. [2d ed.] New York, Duffield, 1923. ix-xii, [2], 251, [1] p. plates.
MOORE, ADA (SMALL) 1858-1954. A study of Chinese paintings in the collection of Ada Small Moore, by Louise Wallace Hackney and Yau Chang-foo, 姚昌復. London, New York, Oxford University Press, 1940. xvi, 279 p. plates (part col., part fold.) ports., facsims.
———. ——Supplement. [Distinguished scholars feast before parting, by Shên Chou, 沈周. London, New York, Oxford University Press, c1941] 10 p.
MÜNSTERBERG, HUGO, 1916- The landscape painting of China and Japan. Rutland, Vt., C.E. Tuttle Co. [1955] xv, 144 p. col. front., 101 plates.
NEW YORK. METROPOLITAN MUSEUM OF ART. Chinese paintings; a picture book. New York [The Museum Press] 1940. 20 plates, [Its Picture books].
———. Portraits of the court of China, by Alan Priest. [New York] Metropolitan Museum of Art, 1942. 5 p. 22 plates.
———. Ch'ing Ming Shang Ho,淸明上河圖, spring festival on the river. A scroll painting (ex. coll. A.W. Bahr) of the Ming Dynasty after a Sung Dynasty subject, reproduced in its entirety and in its original size in a portfolio of 23 collotype plates and 12 enl. details, with an introd. and notes by Alan Priest, curator of Far Eastern art. New York, 1948. [15] p. [30] plates (in portfolio).
ODIN, ULRICH. Peintures chinoises et japonaises de la collection Ulrich Odin, avec une introduction et des notices de m. Ulrich Odin, et un avant-propos de m. Sylvain Lévi. Paris et Bruxelles, Les Éditions G. van Oest, 1929. vii, 62, [2] p. plates. (Ars asiatica; études et documents xiv).
P'ANG, YUAN-CHI, 龐元濟. Masterpieces of Chinese painting by famous painters from T'ang dynasty to Ch'ing dynasty, 7th to 19th centuries A.D. Collection of P'ang Shu-chai, 龐虛齋, esq. Edited by Fan Pai-yen, 樊伯炎, Wu Yen-chen, 吳彥臣, P'and Ping-li, 龐冰履, and others. Shanghai, Mo-yuan publishers, c1940. 3 v. illus.
PAYER VON THURN, RUDOLF, ritter, 1867-1932. Chinesische Miniaturen. Leipzig-Wien, Thyrsos-Verlag, 1924- 2 p. 12 col. plates. (Erste veröffentlichung aus den schätzen der Familien-fideikommiss-bibliothek des ehem. kaisers von österreich).
PELLIOT, PAUL, 1878-1945. Notes sur quelques artistes des six dynasties et des T'ang. Leide, E.J. Brill, 1923. cover-title, 77 p. ''Extrait du T'oung pao. 2e série, vol. 22, 1923.''
POUZYNA, I V. La Chine, l'Italie et les débuts de la renaissance (xiiie-xive siècles) Paris, Les Éditions d'art et d'histoire, 1935. 102 p. plates.
PRIEST, ALAN, 1898- Aspects of Chinese painting. New York, Macmillan, 1954. 134 p. illus. (part col.).
ROSTHORN, ARTHUR VON, 1862-1945. Malerei und Kunstkritik in China. Wien, 1930. 18 p. plates. (Wiener Beitrag zur Kunst- und Kulturgeschichte Asiens,4).
ROWLEY, GEORGE, 1892- Principles of Chinese painting, with illustrations from the Du Bois Schanck Morris collection. Princeton, Princeton University Press, 1947. ix-x, [2], 111 p. illus., 48 (e.e. 50) plates (part fold., part col.) on 35 l. [Princeton monographs in art and archaeology. xxiv].

SAKANISHI, SHIO, 1899- tr. The spirit of the Brush, being the outlook of Chinese painters on nature, from eastern Chin to five dynasties, A.D. 317-960, translated by Shio Sakanishi. London, J. Murray [1939] 108 p. (The wisdom of the East series).

SCHMIED, WIELAND, 1929- Von den Chinesen zu den Kindern; Notizen zur Malerei. Mit einer Lithographie von H. Matisse. Wien, Bergland, 1957. 115 p. front. (Neue Dichtung aus Österreich, 27/28).

SHIH, T'AO, 石濤. Chinesische Landschaften. 12 Tuschbilder, eingeleitet von Victoria Contag. Baden-Baden, Klein, 1955. 11 p. plates, (Der silberne Quell. 27).

SHIMADA, S. Painting of Sung and Yuan dynasties by S. Shimada and Y. Yonezawa. Tokyo, Mayuyama, 1952. vii, 47 p. cover-illus., plates.

SIRÉN, OSVALD, 1879- Chinese paintings in American collections. Paris and Brussels, G. van Oest, 1928. 109, [2] p. 200 plates. (Annales du Musée Guimet. Bibliothèque d'art. n.s. ii).

——. Les peintres chinoises dans les collections Americaines. Paris et Bruxelles, G. van Oest, 1928. 112 p. plates. (Annales du Musée Guimet. Bibliothèque d'art. n.s. ii).

——. A history of early Chinese painting. London, Medici Society [1933] 2 v. 226 plates.

——. The Chinese on the art of painting; translations and comments. Peiping, H. Vetch, 1936. 261 p. plates (incl. front.).

——. A history of later Chinese painting. London, The Medici Society, 1938. 2 v. 242 plates.

——. Chinese painting: leading masters and principles. pt. 1: The first millennium. New York, Ronald Press, London, P. Lund Humphries, 1956. 3 v. plates.

SPEISER, WERNER, 1908- T'ang Yin, 唐寅. Berlin, Walter de Gruyter, 1935. 43 p.

——. Meisterwerke chinesischer Malerei aus der Sammlung der japanischen Reichsmarschälle Yoshimitsu und Yoshimasa. Berlin, Safari-Verlag [c1947] 50 p. 61 plates (1 col.).

——. Chinesische Gemälde der Ming- und Ch'ing-Zeit. Köln, Greven Verlag, 1950. [8] p. 12 plates (in portfolio).

SZE, MAI-MAI, 施蘊珍, tr. The Tao of painting. see Wang, Kai.

TSE, TSAN-TAI, 謝纘泰, 1872- Ancient Chinese art (illustrated); a treatise on Chinese painting. Hong Kong, South China Morning Post, 1928. 18 p. front.

VORETZSCH, ERNST ARTHUR, 1868- comp. Chinesische Gemälde. Chinese pictures. Tokio, Verlag Otsuka kogeisha, 1932. iv numb. l., v-vi p. 57 plates.

WALEY, ARTHUR, 1889- An introduction to the study of Chinese painting. London, E. Benn, 1923, N.Y. Scribner, 1923. xii, 261, [1] p. xlix plates (incl. front.; part col.).

WANAMAKER, JOHN, firm, Philadelphia. A great carved and painted twelve-fold Chinese screen of the late 17th and early 18th centuries, from the Imperial palace in Pekin. New York, Philadelphia, J. Wanamaker, 1928. 70 p. illus. (1 col.).

WANG, CHUNG-YU, 王寵佑, 1879-1958. The Chinese pictorial art: an essay on its interpretation, with illustrations from Wang's private collection. Hankow, 1924. 6 p. illus.

WANG, FANG-CH'ÜAN, 王芳荃. Chinese free-hand flower painting. [Peiping, 1937] iii, 131 p. front., plates.

WANG, KAI, 王槩, fl. 1677. The tao of painting, a study of the ritual disposition of Chinese painting; with a translation of the Chieh tzŭ yüan hua chuan, 芥子園畫傳; or, Mustard Seed Garden manual of painting, 1679-1701, by Mai-mai Sze, 施蘊珍. [New York] Pantheon Books; Toronto, McClelland and Stewart, 1956. 2 v. illus., plates (part col.) (Bollingen series, 49).

WELLS, WILFRID H. Perspective in early Chinese painting. London, E. Goldston, 1935. 63, [1] p. plates.

WHITE, WILLIAM CHARLES, bp., 1873- An album of Chinese bamboos, a study of a set of ink-bamboo drawings A. D. 1785. [Toronto] University of Toronto Press, 1939. xv, 200 p. incl. col. front., illus., plates [Royal Ontario museum of archaeology. Museum studies, 2].

———. Chinese temple frescoes; a study of three wall-paintings of the thirteenth century. [Toronto] University of Toronto Press, 1940. xvii, 230 p. incl. col. front., illus., plates (part col.) map. [Royal Ontario museum of archaeology. Museum studies, 3].

WOU, TI-FEN, 何棣芬. [HO TI-FÊN]. La peinture de paysage en Chine à de l'époque Yuan. Paris, Jouve et Cie, 1932. 204 p.

YONEZAWA, YOSHIHO. Painting in the Ming dynasty. Tokyo, Mayuyama, 1956. 118 p. plates.

Exhibition Catalogues

BIGNOU GALLERY, New York. Ancient Chinese and modern Eupopean paintings May-June, 1943, Bignou Gallery. Text by A.C. Barnes and Violette De Mazia. [New York, 1943] [35] p. illus.

BUFFALO. FINE ARTS ACADEMY. Catalogue of an exhibition of Chinese paintings owned by Mr. and Mrs. G. Del Drago and exhibited at the Albright art gallery by special invitation March 15-Apr. 15, 1931. [Buffalo, 1931] 46 p. incl. front., illus.

BURCHARD, OTTO UND CO., Berlin. Altchinesische Malerei, Verzeichnis bearbeitet und mit einem Vorwort versehen von Otto Kümmel. 111. Sonderausstellung veranstaltet von Otto Burchard und Co., Berlin. Berlin, 1928. 23, [1] p. plates.

CAMBRIDGE, ENG. Fitzwilliam Museum. Illustrated catalogue of an exhibition of Chinese paintings from the Mu-Fei collection, with an introduction by Chêng Tê-k'un, 鄭德坤. Cambridge, Eng., 1954. 19 p.

DUBOSC, JEAN PIERRE. Catalogue de l'exposition des peintures chinoises de la collection J.-P. Dubosc. Bibliothèque Nationale, Paris. Octobre, 1937. [Paris, 1937] xv, 21 p.

DÜSSELDORF. KUNSTSAMMLUNGEN DER STADT DÜSSELDORF. Ausstellung Chinesische Malerei, 15-20. Jahrhundert. Herausgeber: Werner Speiser. Einführung: Victoria Contag. Düsseldorf, 1950. 64 p. plates.

GENÈVE, MUSÉE RATH. Exposition d'art pictural chinois ancien et moderne organisée par la Bibliothèque sino-internationale, 5-27 juillet, 1947. Genève, 1947. 16 p. illus.

HAMBURG. MUSEUM FÜR KUNST UND GEWERBE. Chinesische Malerei der letzten vier Jahrhunderte; Ausstellung, 1. Oktober 1949 bis 9. Januar 1950. [Hamburg, 1950?] 56 p. 16 plates.

HARVARD UNIVERSITY. WILLIAM HAYES FOGG ART MUSEUM. Sixty Chinese and Japanese paintings, Fogg Museum of Art, Spring, 1945. [Cambridge, 1945] [8] p. front.

———. Masterpieces of Chinese bird and flower painting; a loan exhibition, October 30-December 14 1951. [Catalogue. Cambridge 1951] 29 p. illus.

KANSAS CITY, MO. WILLIAM ROCKHILL NELSON GALLERY OF ART and Mary Atkins Museum of Fine Arts. Exhibition of Chinese paintings 1948-1949. Kansas City, Mo. [1948] 37 l. Mimeographed.

LOO, C. T. and CO., New York. An exhibition of Chinese eighteenth century paintings, January 15 to Feb. 5, 1938. New York, C.T. Loo and Co. [c1938] [16] p. illus.

———. An exhibition of authorized Chinese paintings, April 1948, from the collection of Chang Ts'ung-yu, 張葱玉. New York, C.T. Loo and Co. [1948] 31 p.

———. Chinese frescos of northern Sung. New York, 1949. [30] p. illus. plates.

[OTTO, J.] Chinesische Malerei und Kalligraphie. Ausstellung vom 14.2.-25.4. 1954. Flensburg, Städtisches Museum, 1954. 8 p. illus.

PEKING. PALACE MUSEUM. Descriptive catalogue of an exhibition of calligraphies and paintings. National Palace Museum, December 1943-January 1944. Peking, 1944. 52 p.

PENNSYLVANIA. UNIVERSITY. UNIVERSITY MUSEUM. Handbook of Chinese paintings in the collection of the museum, by Helen E. Fernald. Philadelphia, 1922. 64 p. incl. plates.

PETERSON, FREDERICK, 1859- Catalogue of a collection of Chinese paintings in the possession of Dr. Frederick Peterson, by Berthold Laufer. New York, Priv. print, 1930. 51, [1] p.

PORTLAND, OR. ART MUSEUM. An exhibition of Chinese art held on the opening of the Solomon and Josephine Hirsch memorial wing. Portland, Portland Art Association [1939] 14 p. incl. plates.

THE RENAISSANCE SOCIETY, CHICAGO. A catalogue of ancient Chinese paintings from the collection of Mr. G. Del Drago. New York; the Renaissance society galleries, Goodspeed Hall, the University of Chicago, Sept. 28 to Oct. 25, 1941. [Chicago, 1941] 8 p. plates.

STOCKHOLM. NATIONAL MUSEUM. Catalogue of an exhibition of Chinese and Japanese sculptures and paintings in the National Museum in Stockholm. Stockholm, 1933. 35 p. (Nationalmusei utställningskataloger, 42).

———. An exhibition of Chinese paintings in the National museum, Stockholm. Catalogue, by Osvald Sirén. [Stockholm] Nordisk rotogravyr [1936] 72 p. 32 plates.

———. Catalogue of an exhibition of Chinese paintings from the collection of the National Museum, Stockholm, by Osvald Siren. [Stockholm] Nordisk roto-gravyr [1939] 38 p. plates.

VASSAR COLLEGE. ART GALLERY. Chinese painting, seventy-fifth anniversary exhibition, May 22 to June 10, 1940. Poughkeepsie, [1940] [13] p. plates.

VIENNA. ÖSTERREICHISCHE MUSEUM FÜR KUNST UND INDUSTRIE. Ausstellung ostasiatische Malerei aus dem Museum von der Heydt, Eysden, Holland, Chinesisches Lackgerät aus verschiedenem Besitz, frühjar 1937. Wien, Krystall-Verlag, 1937. 25 p. plates.

WILDENSTEIN AND COMPANY, INC. New York. Great Chinese painters of the Ming and Ch'ing Dynasties, xv to xviii centuries. A loan exhibition for the benefit of the Asia Institute, March 11 to April 2, 1949. New York, [1949] 71 p. illus.

YAMANAKA AND CO. Catalogue of Chinese portrait paintings of Ming dynasty (1368-1643 A.D.) New York, Yamanaka and Co. [1936?] Cover-title, 9 p. plates.

ZÜRICH. HELMHAUS. Wegleitung für die Ausstellung [4 juin au 2 juillet à Zürich]: Grosse chinesische Maler der Ming-und Tsing-Dynastien 1400-1750 und chinesische Volkskunst, Gouaches und Farbendrucke von E.H. von Tsharner und J. P. Dubosc. Zürich, 1950. 30 p. plates.

Contemporary Paintings

BERN. KUNSTHALLE. Ausstellung chinesische Malerei der Gegenwart, 26 August-23 September 1934. Katalog mit Einleitung von Liu Hai-su, 劉海粟. Bern, 1934. iv, 40 p.

CHEN, SHU-JEN, 陳樹人, 1883-1955. Les oeuvres récentes de Chen Shu-jen. Changhai, Commercial Press, [c1937]. xl p. 24 plates (part. col.) (Collection Chine-France; les maitres chinois contemporaine).

CH'I, PAI-SHIH, 齊白石, 1861-1957. Farbige Pinselzeichnungen. Leipzig, Insel Verlag [1956] 34 p. (Insel-Bücherei, 583).

CHINESE ART CLUB, New York. National Chinese children art exhibition, June

18-July 8, 1939. New York, Chinese Art Club [1939] 74 p. illus.

CHOU, LING, 周麟, 1915- La peinture chinois contemporaine de style traditionnel. Paris, Éditions Europe, 1949. 11 p. col. plates.

CONTEMPORARY CHINESE PAINTINGS. Peking, Foreign Languages Press, 1955. Cover-title, [2] p. 24 col. plates. German ed.: Chinesische Malerei von heute. [2] p. 24 col. plates.

GESELLSCHAFT FÜR OSTASIATISCHE KUNST, Berlin. Ausstellung chinesische Malerei der Gegenwart, veranstaltet unter förderung durch die regierung der Chinesischen Republik von der Gesellschaft für Ostasiatische Kunst und der Prussischen Akademie der Künste, Berlin, 20 januar bis 4 marz, 1934. Berlin, Würfel Verlag, 1934. 67, [1] p. plates.

KAO, CH'I-FENG, 高奇峯. Painting series. Vol. 1. By the late "artistic sage" Ko Kei-fung. Shanghai, Overseas-Chinese Pub. Co., 1935. 1 v. plates.

KINDERMALEREI aus dem neuen China. Peking, Verlag für fremdsprachige Literatur, 1955. 33 p.

KWOK, DAVID 郭大維, [KUO TA-WEI], 1919- Modern Chinese paintings by David Kwok. [Chicago] Art Institute of Chicago, 1955. [7] p. 20 plates.

NEW YORK. METROPOLITAN MUSEUM OF ART. An exhibition of modern Chinese paintings; introductions by Hu Shih, Kinn-wei Shaw, 壽景偉, Lin Yutang [and] Alan Priest. January 15-March 14, 1943. New York, 1943. [16] p. of illus.

———. An exhibition of paintings by Kao Wêng, 高嵡, and Chang K'un-i, 張坤儀; introductions by Hu Shih, Kao Wêng [and] Alan Priest. March 21-April 23, Metropolitan Museum of Art. New York, 1944. [18] p. of illus.

———. Contemporary Chinese paintings; a catalogue of an exhibition sponsored by the Chinese Art Research Society and the China Council for International Cultural Co-operation. With forewords by V.K. Wellington Koo and Lin Yutang and an introd. by Alan Priest. New York, 1948. [12] p. 20 plates.

PARIS. MUSÉE CERNUSCHI. Thèmes traditionnels dans l'oeuvre de Ling Su-hua, 凌淑華. Paris, 1954. 15 p.

———. Relevés de Touen-Houang et peintures anciennes de la collection Tchang Ta-ts'ien, 張大千. Paris, 1956. 25 p. plates.

PARIS. MUSÉE D'ART MODERNE. Tchang Ta-ts'ien: peintre chinois. Paris, 1956. 17 p. plates, (part. col.).

PARIS. MUSÉE NATIONAL DU JEU DU PAUME. L'oeuvre de Tchang Shan Tse, 張善子, Mars 1939. Paris, 1939. cover-title, 15, [1] p. plates.

PREZZI, WILLIAM. Exhibition of paintings of Chinese objects by William Prezzi. Knoedler Galleries. May 21-June 8, 1945. [New York, 1945] [12] p. front. plates.

TONG-YING AND CO., New York. A collection of Chinese paintings by Miss Ching-chih Yee, 余靜芝, on exhibition from Nov. 14 to Dec. 24 at the galleries of Ton-ying and Co. New York [1938] 4 p. illus.

TSENG, YU-HO, 曾幼荷, 1923- [Paintings] by Tseng Yu-ho. M.H. De Young Memorial Museum, San Francisco, Nov. 7-Dec. 27, 1947. San Francisco, 1947. Cover-title, [6] p.

———. Thèmes traditionnels dans l'oeuvre de Tseng Yu-ho. Paris, Musée Cernuschi, 1953. 8 p. illus.

———. Tseng Yu-ho; peintures récentes, 2-18 mai 1957. Paris, Éditions Euros, 1957. 16 p. illus.

WANG, CHI-YUAN, 王濟遠, 1895- Paintings by Wang Chi-yuan. New York, Gallery of Modern Art, 1943. 8 p. illus.

———. Chinese painting of the bamboo. New York, 1945. 12 p. illus. (part col.)

———. Water-ink painting. New York, School of Chinese Brushwork, 1957. [8] p. plates, facsims.

YEH, CH'IEN-YÜ, 葉淺予, 1907- illus. China today, in art drawings. Foreword by Dr. C.J. Pao, 保君健. Introduction and commentary by Dr. Amiya

Chakravarty. [Calcutta] The Book Emporium[1944] vi, [7]-51 p. illus. (part mounted).

Calligraphy

ALLEN, WILLIAM DANGAIX, 1904- "Good luck". An easy introduction to the basis of Oriental arts, the art of calligraphy or "beautiful writing." A manual by William D. Allen and S. T. Shen, 沈守澤. New York, Universal Pub. Co., 1944. 15 l. illus.

CHIANG, YEE, 蔣彝, 1903- Chinese calligraphy; an introduction to its aesthetic and technique. With a foreword by Sir Herbert Read. [2d ed.] London, Methuen, Cambridge, Harvard University Press, 1954. xvi, 230 p. illus., facsims. 1st ed. 1938.

DRISCOLL, LUCY. Chinese calligraphy [by] Lucy Driscoll and Kenji Toda. Chicago, University of Chicago Press [1935] vii, 70, [1] p. incl. illus., facsims. front. (A monograph of the New Orient society of America).

SIRÉN OSVALD, 1879- Huang T'ing-chien, 黃庭堅, [1045-1105] on the art of calligraphy. Stockholm, 1952. 7 p.

YANG, YU-HSUN, 楊毓珣. La calligraphie chinoise depuis les Han. 2e. éd. Avec 32 planches et un index chinois. Paris, P. Geuthner, 1937. [5]-6, [7]-180, xiv p. xxxii plates (incl. facsims) on 19 l. double tab. 1er éd. 1933.

Sculpture: General Works

[ARDENNE DE TIZAC, JEAN-HENRI D'] 1877-1932. Chinesische Tierplastik und Tierbilder. Eine Sammlung von Beispielen, ausgewählt und beschrieben von J. H. d'Ardenne de Tizac. Berlin, E. Wasmuth [1924] 11 p. plates.

———. La sculpture chinoise. Paris, G. van Oest, 1931. 49, [2] p. plates (1 double) (Bibliothèque d'histoire de l'art).

ASHTON, LEIGH, 1897- An introduction to the study of Chinese sculpture. London, E. Benn; New York, C. Scribner, 1924. xviii, 113, [1] p. front, plates. map.

CENTRE D'ÉTUDES SINOLOGIQUES DE PÉKIN. Corpus des pierres scultées Han (estampages), edité par Fou Si-houa, 傅惜華. Pékin, 1950-51. 2 v. plates. map.

CHICAGO. ART INSTITUTE. A Chinese Buddhist stele of the Wei dynasty in the collection of the Art Institute of Chicago. Chicago, 1927. 5 p. plates. (Oriental publications, 1).

COX, LEONARD BELL. The Buddhist cave temples of Yün-Kang and Lung-Mên. Canberra, Australian National University, 1957. 14 p. (George Ernest Morrison lecture in ethnology, 18).

FISCHER, OTTO, 1886-1948. Chinesische Plastik, München, R. Piper [1948] 200 p. 136 plates.

GLASER, CURT, 1879- Ostasiatische Plastik. Berlin, B. Cassirer, 1925. 97 p. illus., plates (Die kunst des Ostens, hrsg. von W. Cohn, xi).

Les GROTTES de Yün-kang. L'art des Wei. Pékin, A. Nachbaur, 192- 6 p. plates.

GROUSSET, RENÉ, 1885-1952. La sculpture des Indes et de la Chine. Paris, Librairie des arts décoratifs [1939] 8 p. plates.

KING, GORDON, 1900- The Buddhist cave temples at Yünkang. Peiping, Peiping Chronicle, 1935. 12, [24] p. illus. fold. maps.

LOO, C. T. and CO., New York. An exhibition of Chinese stone sculptures. New York, C. T. Loo and Co., 1940. [48] p. incl. xxxv plates.

MAHLER, JANE (GASTON). The Westerners among the figurines of the T'ang dynasty. Ann Arbor, University Microfilms, 1950. ([University Microfilms, Ann Arbor, Mich.] Publication no. 1878). 121 l. illus. maps, plan.

MIZUNO, SEIICHI, 1905- Chinese stone sculpture. Tokyo, Mayuyama, 1950. 33 p. plates (part col.) map.

———. Yün-kang, the Buddhist cave-temples of the fifth century A.D. in North China; detailed report of the archaeological survey carried out by the mission of the Tohobunka Kenkyusho 1938-45 [by] Seiichi Mizuno and Toshio Nagahiro. [Kyoto] Jimbunkagaku Kenkyusho, Kyoto University, 1951- 13 v. illus., plates, maps.

[MORGAN, HARRY TITTERTON] 1872- Chinese carvings. Edited for and copyrighted by Quon-Quon Co. Los Angeles, Calif., c1944. 16 p. illus. [His Chinese classics in miniature].

MULLIKIN, MARY AUGUSTA, 1874- Buddhist sculptures at the Yun kang caves, text and illustrations by Mary Augusta Mullikin, with additional illustrations by Anna H. Hotchkis. Peiping, H. Vetch, 1935. 66 p. incl. front., illus. (part col., mounted) plates (part col., mounted).

NEW YORK. METROPOLITAN MUSEUM OF ART. Chinese sculpture in the Metropolitan museum of art, by Alan Priest, curator of Far Eastern art. Photographs by Tet Borsig. New York, 1944. 81 p. plates.

PARIS. MUSÉE CERNUSCHI. Yun-Kang and Nara; cocuments photographiques sur l'art bouddique. Paris, Musée Cernuschi, 1952. 34 p. illus.

RUDOLPH, RICHARD C., 1909- Han tomb art of West China; a collection of first-and second-century reliefs [by] Richard C. Rudolph in collaboration with Wen Yu, 聞宥. Berkeley, University of California Press, 1951. vii, 67, [81] p. plates, map, plans.

SALMONY, ALFRED, 1890-1958. Chinesische Plastik, ein Handbuch für Sammler, mit 129 Textabbildungen. Berlin, R. C. Schmidt, 1925. xi, 172 p. illus. Bibliothek für kunst- und antiquitäten-sammler, xxvi).

SÉGALEN, VICTOR, 1878-1919. Mission archéologique en Chine (1914), par Victor Ségalen, Gilbert de Voisins et Jean Lartigue. Paris, P. Geuthner, 1923-1935. 3 v. illus. (incl. maps, plans) Atlas of plates.

SHINKAI, TAKETARŌ, 1868-1927. Rock-carvings from the Yun-kang Caves, selected by Shinkai Taketaro [and] Nakagawa Tadayori; photographs by Yamamoto Akira and Kishi Masakatsu. Tokyo, Bunkyudo, 1921. 16 p. 200 plates. (1 fold.) fold. plan.

SIREN, OSVALD, 1879- Chinese sculpture from the fifth to the fourteenth century; over 900 specimens in stone, bronze, lacquer and wood, principally from northern China. With descriptions and an introductory essay. London, E. Benn, 1925. 4 v. front., illus. (incl. plans) 623 pl.

———. La sculpture chinois du Ve au XIVe siècle; neuf cents spécimens en pierre, bronze, laque, et en bois. Paris, G. van Oest, 1925. 4 v. illus. (Annales du Musée Guimet. Bibliothèque d'art, n. s. 1.).

———. Chinese and Japanese sculptures and paintings in the National Museum, Stockholm. London, E. Goldston, [1931] 7-48 p. plates.

TORII, RYUZO, 1870- Sculptured stone tombs of the Liao dynasty. [Peking] Harvard-Yenching Institute, 1942. xiv, 134 p. illus., plates, map.

WITH, KARL, 1891- Asiatische Monumentalplastik, mit einem Vorwort. [2. Aufl.] Berlin, E. Wasmuth a. g. [1921] 16 p. 48 plates. (Orbis pictus; weltkunst-bücherei, 5).

———. Bildwerke Ost-und Südasiens aus der Sammlung Yi Yuan, mit begleitendem Text von Karl With. Basel, B. Schwabe und Co. 1924. 9-74 p. plates.

———. Chinesische Kleinbildnerei in Steatit. Oldenburg i. O., G. Stalling [c1926] 142, [1] p. illus., plates (part col. mounted). (Sacramentum artis).

Exhibition Catalogues

BERKELEY GALLERIES, London. Exhibition of Chinese sculpture at the Berkeley galleries. March-April, 1946. [London, 1946] [16] p. illus.

CHINESE ART SOCIETY OF AMERICA, INC. Small sculpture, Shang through

Sung dynasties (a (a loan exhibition). Feb. 19-Apr. 17, 1954. New York 1954. 20 p. illus.

KLEIJKAMP, JAN. -1952. The M. H. De Young memorial museum, San Francisco, presents an exhibition of Chinese sculpture, Han (206 B. C. -A. D. 220) to Sung (A. D. 960-1279) July 16 to August 15, 1944. Collection of Jan Kleijkamp and Ellis Monroe. [Fulton, N. Y., Morrill Press, 1944] 3-57 p. front., xxviii plates.

ORIENTAL FINE ARTS INC., New York. An exhibition of Chinese terra cotta sculpture from Han through T'ang dynasty. April 22-May 15, 1948. New York 1948. [14] p. illus.

PORTLAND, OR. ART MUSEUM. Exhibition of Chinese sculpture, July 15 through September 15, 1940. Portland, Or., Portland Art Museum [1940] [18] p. illus.

TOLEDO. MUSEUM OF ART. Sculptural forms in terra cotta from Chinese tombs; January, nineteen hundred thirty-nine, the Toledo Museum of Art. Toledo, Ohio. [Toledo? 1938?] [43] p. 15 plates.

Woodcuts and Color Prints

CENTRE FRANCO-CHINOIS D'ÉTUDES SINOLOGIQUES, Peking. Exposition d'iconographie populaire; images rituelles du nouvel an. Pékin, Centre frando-chinois d'études sinologiques, 1942. xi, 239, [1] p. front.

——. Exposition d'ouvrages illustrés de la dynastie Ming. Pékin, Centre franco-chinois d'études sinologiques, 1944. xvi, 167, [1] xvi plates.

CHICAGO. ART INSTITUTE. Descriptive catalogue of Japanese and Chinese illustrated books in the Ryerson library of the Art Institute of Chicago, by Kenji Toda. Chicago [Printed at the Lakeside Press, R. R. Donnelley, 1931. xxxii, 466 p. illus., plates.

CHINA in black and white, a portfolio of wartime woodcuts. [New York, 1944] [15] p. illus.

——; an album of woodcuts by contemporary Chinese artists, with commentary by Pearl S. Buck. New York, John Day, [1945] 95 p. incl. front., illus.

CHINA MONTHLY REVIEW. Chinese woodcuts [and] paper cut-outs. Shanghai, 1953. [62] p. (on double leaves, chiefly illus.).

THE CHINESE WOODCUT, a new art for the 400 million. 11 prints of life and manners in present day China, with an introd. by Agnes Smedley. New York, Touchstone Press with the cooperation of the Tribune Subway Gallery [1948] [4] p. 11 plates (in portfolio) (Touchstone portfolios: Artists of the people, no. 5).

CHINESE WOODCUTTERS' ASSOCIATION. Woodcuts of war-time China, 1937-1945. Shanghai, Kaiming Book Co., [1946] 36 p.

CHINESISCHE Holzschnitte, Bildwahl und Geleitwort von Emil Preetorius. Leipzig and Wiesbaden, Insel-Verlag, 1954. 40 p. (Insel-Bücherei, 164).

CONTEMPORARY Chinese woodcuts. With forewords by Joseph Needham, Hetta Empson and Zdenek Hrdlicka. London, Fore Publications, 1950. xiv, 101 p. plates.

FISCHER, OTTO, 1886-1948. Chinesische Farbendrucke aus den beiden Lehrbüchern Chieh-Tse-Yuan Hua Chuan, 芥子園畫傳. Shih-Chu-Chai Shu Hua Tsih, 十竹齋書畫册, Einleitung vom Emil Orlik. München, 1921. 15, iv p. plates. (Marées Gesellschaft. Drucke, 32).

——. Chinese woodcuts of seventeenth century; facsimile-reproductions, published by the Marees-society. Munich, R. Piper [192-?] 15 mounted col. plates.

GULIK, ROBERT HANS VAN, 1910- ed. Erotic colour prints of the Ming period, with an essay on Chinese sex life from the Han to the Ch'ing dynasty, B.C. 206- A.D. 1644. Tokyo, Priv. published, 1951. 3 v. in portfolio. illus. (part col.).

FOREIGN LANGUAGES PRESS. Woodcuts of new China. Peking, 1956. 40 plates (in portfolio).

[HU, CHENG-YEN], 胡正言, 1582-1672. Chinesisches Gedichtpapier vom Meister der Zehnbambushalle. 24 Faksimiles in der Originalgrösse, hrsg. von Jan Tschichold. Basel, Holbein-Verlag [1947] 22 p. col. plates.

———. Chinese poetry paper by the master of the Ten bamboo hall, with an introduction by J. Tschichold. Authorized translation by E.C. Mason. Basle, Holbein-Verlag, 1948. 22 p. col. plates.

KURTH, JULIUS, 1870-1947. Der chinesische Farbendruck. Mit 6 Farbigen, 30 schwarzen Tafeln und 12 Abbildungen im Text. Plauen im Vogtland, C.F. Schulz, 1922. 87 p. illus., 36 plates (part col. and mounted) (Ostasiatische graphik 1).

LONDON. THE ARTS COUNCIL. Catalogue of an exhibition of printed Chinese letter papers; (loaned by Jan Tschichold). London, The Arts Council, 1950. 36 p.

LOS ANGELES. COUNTY MUSEUM. Japanese and Chinese prints, lent by the collectors of southern California, selected, arranged and catalogued by Juddon D. Metzgar. Los Angeles County Museum, Feb. 5 to March 2, 1941. [Los Angeles, 1941] [16] p.

MELCHERS, BERND, 1886- ed. Blumen aus dem alten China; ausgewählt und engeleitet von Bernd Melchers. Kassel, F. Lometsch [1956] [31] p. (on double leaves) illus. (part col.).

METZGAR, JUDSON D. Chinese color prints, from the collection of the owner, Judson D. Metzgar. Los Angeles, Los Angeles County Museum, 1943. 18 p. illus.

MORI, S H. Ukiyo-é paintings, Japanese and Chinese color-prints, the S. H. Mori collection; text by Frederick W. Gookin, with an appreciation by Gardner Teall, illustrated with one hundred and three halftone reproductions. New York, American Art Association inc. [1926] [163] p. front., illus.

NACHBAUR, ALBERT. Les images populaires chinoises. Pékin, A. Nachbaur, 1931. 45 l. incl. mounted plates. 1er éd., 1926.

NEW YORK. METROPOLITAN MUSEUM OF ART. Chinese flower and fruit prints, from the Mustard seed garden and the Ten bamboo studios. Metropolitan Museum of Art. New York and London, American Studio Books [1946] [4] p. xii mounted plates (10 col.).

SCHEER, MAXIMILIAN, 1896- Der Holzschnitt im neuen China; mit einem Geleitwort von Maximilian Scheer. Dresden, Sachsenverlag, 1951. 138 p. illus. (Kunst und Welt).

TSCHICHOLD, JAN., 1902- Der frühe chinesische Farbendruck. München, Prestel Verlag; Basel, Holbein Verlag, 1940. 13 l. 31. 16 col. plates. 1953 ed. has title: Chinesische Farbendruck aus der Zehnbambus-halle.

———. L'estampe chinoise ancienne en couleurs. Traduit par Paul Roches. Bâle, Les Éditions Holbein, 1940. 3-13 numb. l., 16 col. pl.

———. Early Chinese color prints. [Authorized translation by Eudo C. Mason. New York, Beechhurst Press, 1953. 15, [2] p. (on double leaves) 16 col. plates.

———. Chinesische Farbendrucke aus dem Lehrbuch der Malerei des Senfkorngartens. Sechzehn Faksimiles in der Originalgrösse ausgewählt und eingeleitet von Jan Tschichold. Basel, Holbein-Verlag [1941]; München, Prestel Verlag, 1942. 2 aufl. 1951. 5-11, [1] p. 16 pl. (part col.).

———. Chinese color-prints from the Painting manual of the Mustard Seed Garden; with an introd., 16 facsims. in the size of the originals. [Authorized English translation by Eudo C. Mason] London, Allen and Unwin [1952, c1951] 17 p. (on double leaves) plates (part col.) (The Holbein art books).

———. Der Holzschneider und Bilddrucker, Hu Chêng-yen, von Jan Tschichold; mit sechzehn Faksimiles nach Blättern der Zehnbambushalle. Basel, Holbein-verlag [1943] 5-16 p. 16 plates (part col.) 1 l.

———. Papiergötter aus Peking. Basel, Baseler Druck und Verlags-Anstalt, 1951. 15 p. plates.

———. Hu Chêng-yen, a Chinese wood engraver and picture printer [by] Jan Tschichold; with 16 facsims from sheets in the Ten Bamboo Hall. Authorized English translation by Eudo C. Mason. London, G. Allen and Unwin, 1953. 5-16 p. plates (part. col.) (The Holbein art books).

———. Die Bildersammlung der Zehnbambushalle. Der Holzschneider und Bilddrucker Hu Chêng-yen. [2 Aufl.] Basel, Holbein-Verlag, 1953. 18 p. facs. plates (part. col.).

———. Chinesische Farbendrucke der Gegenwart, 北平箋譜. Sechzehn Faksimiles in der Originalgrösse ausgewählt und eingeleitet von Jan Tschichold. Basel, Holbein-Verlag 1953. 7-17, [1] p. 16 col. pl. 1. ed. 1945.

———. Chinese color prints of today. [Authorized translation by Eudo C. Mason. 1st American ed.] New York, Beechhurst Press, 1953. 17 p. 16 col. plates.

VIETH VON GOLSSENAU, ARNOLD FRIEDRICH, 1889- ed. 12 [i.e. Zwölf] Holzschnitte aus Volkschina. [Hrsg. von Ludwig Renn, pseud.] Erfurt, Thüringer Volksverlag, 1951. [8] p. 12 plates.

Textiles, Tapestries and Embroideries

ARDENNE DE TIZAC, JEAN HENRI D,' 1877-1932. Les étoffes de la Chine; tissues et broderies. Paris, A. Calavas, n.d. [4], 4 p. plates (part col.) in portfolio. 1er éd. 1914.

———. The stuffs of China, weavings and embroideries; fifty-two collotype plates reproducing 84 fine examples in French collections selected and described by H. d'Ardenne de Tizac. London, E. Benn, 1924. 14 p. 52 pl.

BRODERIES CHINOISES. Paris, H. Ernst [19--?] 36 col. plates (5 double) mounted on 32 l. (4 double) in portfolio.

CAMMANN, SCHUYLER, 1912- China's dragon robes. New York, Ronald Press Co., [1952] vii, 230 p. illus.

CHAI, FEI. Indigo prints of China, 中國藍印花布圖, compiled by Chai Fei [and others] Peking, Foreign Languages Press, 1956. [4] l., 48 plates.

———. Chinesische Blaumusterstoffe; zusammengestellt von Tschai Fi [et al.] Peking, Verlag für Fremdsprachige Literatur, 1956. [4] l. 48 plates.

CHINESE COSTUMES; illustrations hand painted, 中華服制考略. Foreword by Hardy Jowett. Peiping, Chinese Painting Association of Peiping, 1932. 3 l. 24 col. plates.

EBERHARD, ALIDE. Die Mode der Han- und Chin-Zeit [von] Alide und Wolfram Eberhard. Antwerpen, De Sikkel, 1946. 127 p. illus.

GEIJER, AGNES, 1898- Oriental textiles in Sweden. Copenhagen, Rosenkilde and Bagger, 1951. 139 p. illus., 104 plates (part col.)

HARADA, YOSHITO. Chinese dress and personal ornaments in the Han and six synasties. Tokyo, Toyo Bunko, 1937. 29 p. 168 p. illus., plates (The Toyo bunko ronso, series A, vol. 23).

LEE, JAMES ZEE-MIN, 李時敏 [LI SHIH-MIN] Chinese potpourri, 中國集錦 2nd ed. Hong Kong, Oriental Publishers, 1951. 329 p.

LEGGETT, WILLIAM FERGUSON, 1875- The story of silk. [New York] Lifetime Editions, 1949. xiv, 361 p.

MINNEAPOLIS. INSTITUTE OF ARTS. Catalogue of an exhibition of imperial robes and textiles of the Chinese court, with a foreword by Alan Priest. Minneapolis, Minn., the Minneapolis Institute of Arts, April 13 to June 15, 1943. [Minneapolis, 1943.] 20 p. incl. front. plates.

MOH, JAMIN, 馬則民 [MA TSÊ-MIN] Principles and stichings of Chinese embroidery. 中國刺繡術. Shanghai, Commercial Press, 1937. xviii, 46 p. illus. plates.

MUKDEN. MANCHOUKUO NATIONAL MUSEUM. Tsuan-tsu-ying-hua, 纂組英華 tapestries and embroideries of the Sung, Yüan, Ming and Ch'ing dynasties, treasured by the Manchoukuo National Museum, Mukden. Tokyo, Zauho Press, 1934-35. 2 v. in 5. 139 plates (part col., part mounted; 2 fold.).

NATIONAL costumes of China. Peking, 1957. 1 v. (unpaged) col. illus.

NEW YORK. METROPOLITAN MUSEUM OF ART. Chinese textiles; an introduction to the study of their history, sources, technique, symbolism, and use, by Alan Priest and Pauline Simmons. A new and rev. ed. New York, 1934. x, 96 p. incl. illus., plates. 1st ed. 1931-

———. Costumes from the Forbidden city, by Alan Priest, curator of Far Eastern art. New York, Metropolitan Museum of Art, 1945. 16 p. 56 plates.

PAUL, WILLIAM C. Old Chinese embroideries, a brief explanation of their symbolism; illustrations by the author. [New York, Kwong Yuen, 1929?] 15 p. illus.

SIMMONS, PAULINE. Chinese patterned silks. New York, Metropolitan Museum of Art, 1948. 40 p. illus.

SYLWAN, VIVI, 1870- Woollen textiles of the Lou Lan people; introduction by Folke Bergman. Appendix: Spinning Tools and Spinning Methods in Asia, by G. Montell. Stockholm, 1941. 127 p. illus. plates. diagrs. (Reports from the scientific expedition to the north-western provinces of China under the leadership of Dr. Sven Hedin. The Sino-Swedish expedition. Publication 15 vii: 2).

———. Investigation of silk from Edsen-gol and Lop-nor, and a survey of wool and vegetable materials. Introd. by Gösta Montell. Stockholm, 1949. x, 180 p. illus. (part col.) port., maps. (Reports from the scientific expedition to the north-western provinces of China under the leadership of Dr. Sven Hedin. The Sino-Swedish Expedition. Publication 32. vii. Archaeology, 6).

TORONTO. ROYAL ONTARIO MUSEUM OF ARCHAEOLOGY. Chinese court costumes, by Helen E. Fernald. Toronto, 1946. 51 p. illus., 37 (i.e. 41) plates (part col.).

VICTORIA AND ALBERT MUSEUM, South Kensington. Dept. of Textiles. Brief guide to the Chinese embroideries. London, Pub. under the authority of the Board of education, 1931. 12, [1] p. front., plates [Victoria and Albert museum, South Kensington. Publication, 144 T] 1st ed. 1921.

———. Brief guide to the Chinese woven fabrics. London, Pub. under the authority of the Board of Education, 1938. 34 p. front., plates, 1st ed. 1925.

VUILLEUMIER, BERNARD. The art of silk weaving in China; symbolism of Chinese imperial ritual robes; foreword by Laurence Binyon; fourteen plates. London [The China Institute] 1939. x, 11-34, xxxv-xxxvi p. plates (incl. front.)

Rugs

CHICAGO. ART INSTITUTE. An exhibition of antique oriental rugs. Feb. 6 through Mar. 16, 1947. [Chicago, 1947] [70] p. illus.

GOULD, GEORGE GLEN. Monograph on Chinese rugs, Illustrated by Corinne Duncan. 2d ed. Washington, D.C., Woodward and Lothrop [c1926] 20 p. illus. 1st ed. New York, 1921.

GROTE-HASENBALG, WERNER, 1888- Der Orientteppich, seine Geschichte und seine Kultur. Berlin, Scarabacus-Verlag, 1922. 3 v. front., illus., plates (part col.) fold. map.

———. Meisterstücke orientalischer Knüpfkunst. Newbearb. nach R. v. Oettingen und erweitert von Werner Grote-Hasenbalg. [Berlin, Scarabaeus-Verlag, 1922, c1921] 120 col. plates (in 2 portfolios).

———. Masterpieces of Oriental rugs, translated by G. Barry Gilford. New York, Brentano's [1922?] xi (i.e. ix), 121 p. front., illus. and 2 portfolios of col. plates.

———. Teppiche aus dem Orient; ein kurzer Wegweiser. 2 Aufl. Leipzig, H.

Schmidt und C. Günther [1938] 22 p. illus., 48 col. plates.
———. Carpets of the Orient; a short guide; translated by Marianne Brooke. Leipzig, Schmidt und Guenther [1939?] 23 p. front., illus., 48 col. plates.
HACKMACK, ADOLF. Der chinesische Teppich 2. Aufl. Hamburg, L. Friederichsen, 1926 (c1921) xi, 52 p. illus., plates (1 col.) map.
———. Chinese carpets and rugs. Authorized translation by Miss L. Arnold. Tientsin, La librairie française, 1924. x, 48 p. col. front., illus. plates, maps.
HAMBURG. MUSEUM FÜR KUNST UND GEWERBE. Orientalische Teppiche aus der vier Jahrhunderten. Ausstellung im Museum für Kunst und Gewerbe, Hamburg, 22 August bis 22 October, 1950. [Hamburg, 1950] [120] p. map. diags, plates.
HOSAIN, ALI. Les tapis d'Orient. Paris, Les Presses universitaires, 1956. 50 p. illus. plates (Mémentos illustrés).
———. Oriental carpets; Turkish, Persian, Chinese, etc. Braunschweg, 1956. 48 p. plates.
INDIANA. ART ASSOCIATION OF INDIANAPOLIS. Catalogue of oriental rugs in the collection of James F. Ballard. Indianapolis, Hollenbeck Press, 1924. xii, 206 p. incl. front. (ports.) illus.
LEITCH, GORDON B. Chinese rugs; with illustrations collected by the author. New York, Dodd, Mead [c1928] xii, 171 p. col. front., illus., plates.
NEW YORK. METROPOLITAN MUSEUM OF ART. A guide to an exhibition of oriental rugs and textiles, by M.S. Dimand. New York, May 13 through September 15, 1935. [New York, Metropolitan Museum of Art, 1935] xiii, 36 p. 35 plates.
RIPLEY, MARY CHURCHILL. The Chinese rug book, with seventeen half-tone illustrations. New York, Frederick A. Stokes, 1927. xviii, 66 p. front. illus. plates.
RYLANDER, GUSTAVE WILLIAM. Oriental rug lexicon. Pittsburgh, Pa., 1938. 32 p. plates.
ST. LOUIS. CITY ART MUSEUM. Inaugural exhibition of a collection of oriental rugs presented to the museum by James F. Ballard, opening November 21, 1929. St. Louis, 1929. 26 p. incl. front.
———. The Ballard collection of oriental rugs in the City Art Museum of St. Louis, by Maurice S. Dimand. St. Louis, 1935. [216] p. incl. front. (port.) plates (part mounted col.).
TAPIS anciens de la Chine. Paris, E. Henri [1932] [4] p. illus., 20 col. mounted plates.
TOLEDO. MUSEUM OF ART. A loan exhibition of oriental rugs, January 1937. Toledo, Toledo Museum of Art [1937] Cover-title, [21] p. illus. incl. map.

Furniture

CESCINSKY, HERBERT, 1875- Chinese furniture, a series of examples from collections in France, with an introduction. London, E. Benn, 1922. 20 p. plates, illus.
DUPONT, MAURICE, 1873- Les meubles de la Chine (deuxième série) Cinquante-quatre planches accompagnées d'une préface et d'une table descriptive, Paris, A. Calavas [1926] 6 p. 54 plates [Documents d'art décoratif].
———. Chinesische Möbel. Reihe 2. Stutthart, Hoffmann, 1926. 1 v. 54 plates.
ECKE, GUSTAV, 1896- Chinese domestic furniture, one hundred and sixty-one plates illustrating one hundred and twenty-two pieces of which twenty-one in measured drawings. Peking, H. Vetch, 1944. 2 v. in 1. illus., 161 plates.
KATES, GEORGE NORBERT, 1895- Chinese household furniture, from examples selected and measured by Caroline F. Bieber and Beatrice M. Kates. Text by George N. Kates; photos. by Hedda Hammer Morrison. New York, Harper [1948] xiii, 125 p. illus., plates.

KRIEG, KLAUS WERNER. Chinesische Möbel der späten Ming-Seit und der frühen Ch'ing-Zeit. Basel, 1951. iv, 135 Bl. photos. Diss.-Univ. Basel.
ROCHE, ODILON. Les meubles de la Chine; cinquante-quatre planches accompagnées d'une préface et d'une table descriptive. Paris, Librairie des arts décoratifs [1921?] 6 p. 54 plates.
———. Chinesische Möbel. Stuttgart, Julius Hoffmann, 1924. 7 p. 54 plates.
STONE, LOUISE HAWLEY. The chair in China. Toronto, University of Toronto Press, 1952. x, 49 p. illus.

Lacquer

BALLOT, MARIE JULIETTE, 1868- Les laques d'Extrême-Orient, Chine et Japon. Paris et Bruxelles, G. van Oest, 1927. 38 p. 32 plates. (Architecture et arts décoratifs).
CHINA INSTITUTE IN AMERICA. Exhibition of Chinese lacquer objects [from the collections of Fritz Low-Beer and C. T. Loo] February 16th through March 10th, 1945. New York [1945] 20 p. illus.
COUTRAIT, J P Manuel de vernissage, de laquage et de mise en couleurs laques de Chine. [Nouv. éd. rev. et augm. de formules nombreuses et de procédés nouveaux] Paris, C. Moreau [1948?] 296 p. (Les Livres utiles).
MÄNCHEN-HELFEN, OTTO, 1894- Ausstellung Ostasiatische Malerei Chinesisches Lackgerat. Wien, Krystall-Verlag, 1937. 25 p. plates.
SÉGUY, E A. Les laques du Coromandel; 50 planches publiées sous la direction et avec une introduction de E. A. Séquy. Nouv. éd. Paris, A. Lévy [1924?] 3 p. 50 plates (part col.).
STRANGE, EDWARD FAIRBROTHER, 1862-1929. Chinese lacquer. London, E. Benn, 1926. xii, 71, [1] p. col. front., illus., plates (part col.).
VICTORIA AND ALBERT MUSEUM, South Kensington. Dept. of Woodwork. Catalogue of Chinese lacquer, by Edward F. Strange. London, Printed under the authority of H. M. Stationery Off., 1925. vii, 36 p. front., illus., plates. [Victoria and Albert museum Publication 161w].
ZEE, ZAI-ZIANG, 徐善祥, 1882- The influence of concentration, temperature, and humidity on the drying of Chinese lacquer-oil varnishes. [New York] 1925. 78 p. illus., diagrs. Thesis-Columbia University.

Ivories

COX, WARREN EARLE, 1895- Chinese ivory sculpture. New York, Crown Publishers [1946] xiii, 17-112, [6] p. illus.
EASTHAM, BARRY CAULFIELD. Chinese art ivory. Tientsin, J. E. Paradissis, 1940. 86 p. 32 plates.
LAUFER, BERTHOLD, 1874-1934. Ivory in China. Chicago, Field Museum of Natural History, 1925. cover-title, 78 p. illus., plates. (Field museum of natural history. Anthropology leaflet 21).
LION, LUCIEN. Étude sur les statuettes d'ivoire de l'époque Ming. Shanghai, T'ou sé-wé Orphanage Printing Press, 1936. 13 p. plates.
———. Les ivoires religieux et médicaux chinois d'après la collection Lucien Lion. Texte de Henri Maspero, René Grousset, Lucien Lion. Summary translated into English by Lionel Hart. Paris, Les Éditions d'art et d'histoire, 1939. 96 p. front., plates.
SASSOON, SIR [ELLICE] VICTOR, 1881- The catalogue of Sassoon Chinese ivories in three volumes by S. E. Lucas. London, Country Life; New York, C. Scribner, 1950. 3 v. col. front., plates, illus.
SOWERBY, ARTHUR DE CARLE, 1885-1954. China and ivory. [n.p., 1936] 32 p. illus. "Reprinted from the China Journal, 25:3, September, 1936."

Gold, Silver and other Jewelries

CHINA INSTITUTE IN AMERICA. Exhibition of ancient Chinese silver on the occasion of the silver anniversary of China Institute in America, May 21 through June 21, 1951. New York, 1951. 8 p.

GYLLENSVÄRD, BO. T'ang gold and silver. Stockholm, 1957. 230 p. fig. plates. (Bulletin, Museum of Far Eastern Antiquities, 29: 2.).

KEMPE, CARL. Chinese gold and silver in the Carl Kempe collection; a catalogue by Bo Gyllensvärd. [Stockholm? 1953] 255 p. illus., plates.

LEMAÎTRE, SOLANGE. Les agrafes chinoises jusqu'à la fin de l'époque Han. Paris, Les Éditions d'art et d'histoire, 1939. 57, [1] p. illus. (incl. maps) ix pl.

NEW YORK. METROPOLITAN MUSEUM OF ART. Chinese jewelry, a picture book. New York, 1944. 2 p. 20 plates, [Its Picture books] 1st ed. 1940.

PARISH-WATSON AND CO. The gold treasure of the Emperor Chien Lung of China, by Berthold Laufer; exhibited by Parish-Watson and Co., New York. Chicago, A Century of Progress, 1934. 32 p. incl. col. front., illus.

PERZYINSKI, FRIEDRICH. Chinesische Goldgegenstände und Textilien aus dem Besitze von Friedrich Perzyinski, Rissen-Holstein, mit einem Vorwort von William Cohn. Auktionsleitung P. Cassirer-H. Helbing. 54 p. incl. illus. plates.

Folk Arts

CHINESE PAPER CUT-OUTS, compiles by the Art Service Dept., Union of Chinese Artists. Peking, Distributed by Guozi Shudian, 1956. 6, [3] p. 20 plates (col. and mount.) in portfolio. Text in Chinese, Russian, English, French and German.

FOLK ARTS OF NEW CHINA. Peking, Foreign Languages Press, 1954. 64 p. illus. (part col.).

HAWLEY, WILLIS MEEKER, 1896- Chinese folk design, a collection of cut-paper designs used for embroidery, together with 160 Chinese art symbols and their meanings. Hollywood, Calif., 1949. [4] p., 300 plates (part col.) [16] p. illus.

SELECTED CHINESE PAPER-CUTS, 中國民間剪紙選集。 [Peking, Guozi Shudian, 1957?] [1] l. 17 mounted illus. (part col.).

SOONG, MAYING, 宋奚美英. The art of Chinese paper folding for young and old, written and illus. by Maying Soong. New York, Harcourt, Brace [1948]; London, Thames and Hudson, [1955] xii, 132 p. illus.

Christian Art

BORNEMANN, FRITZ. Ars sacra pekinensis. Die chinesisch-christliche Malerei an der katholischen Universität (Fu Jen) in Peking. Mödling bei Wien, Missionsdruckerei St. Gabriel [c1950] 239 p. plates (part. col.).

FLEMING, DANIEL JOHNSON, 1877- Each with his own brush; contemporary Christian art in Asia and Africa. New York, Friendship Press [c1938] 85 p. incl. front., illus., plates.

LAUFER, BERTHOLD, 1874-1934. Christian art in China. Peking, Reprinted by the Licoph service, 1939. 100-118, [18] p. illus., plates. "Extract from 'Mitteilungen des Seminars für orientalische sprachen. Jahrgang xiii. Erste abteilung, Ostasiatische studien. 1910'."

Miscellaneous

CHINA INSTITUTE IN AMERICA. Exhibition of Chinese snuff bottles of the 17th and 18th centuries. December 1, 1952 through January 31, 1953. New York

1952. 30 p. illus.

L'ENCRE DE CHINE dans la calligraphie et l'art japonnais contemporains. Exposition circulaire pour l'Europe. Kyōto, Bokubi-shuppansha, 1955. 36 p. plates.

HARCOURT-SMITH, SIMON. A catalogue of various clocks, watches, automata, and other miscellaneous objects of European workmanship dating from the xviiith and the early xixth centuries, in the Palace Museum and the Wu-ying-tien, Peiping. Peiping. The Palace Museum, 1933. 32 p. plates.

HITT, HENRY C. Old Chinese snuff bottles; notes, with a catalogue of a modest collection [by] Henry C. Hitt. 2d ed. Bremerton, Wash., 1945. v, 110 p. incl. illus. 3 mounted phot., map. front. (mounted phot.).

[HSIANG, HUAI-SHU], 項懷述, 18th cent., comp. Recueil de cachets sur la Montagne jaune, traduits et annotés par Pierre Daudin. [Saigon, Imp. de l'Union NG-Yan-Cua, 1932?] 110 p. illus.

HUNG, WILLIAM, 洪業, 1893- The inkslab in Chinese literary tradition. [Peking, 1940] ii, 21 p. (Occasional papers by the scholars, fellows and their advisers in Chinese studies at Yenching University, 3).

MA, HÊNG. 馬衡, 1880-1955. The fifteen different classes of measures as given in the Lü li chih, 律曆志, of the Sui dynasty history; translated by John C. Ferguson. Peping, 1932. cover-title, 16, 16 p. plates, facsims.

MI, FU, 米芾, 1051-1107. Mi Fu on ink-stones, translated by R. H. van Gulick, with an introduction and notes. Peiping, H. Vetch, 1938. viii, 4, 70, 2 p. incl. front., (port.) illus. (incl. map, facsim.).

TOLEDO. MUSEUM OF ART. Exhibition of East asiatic glass; an exhibition of glass from regions of Asia east of the Himalaya mountains representing twenty-five hundred years of East asiatic interest in glass making. [October 3-31, Toledo, 1948] 28 p. illus.

WERNER, EDWARD THEODORE CHALMERS, 1864- Chinese weapons. Shanghai, Royal Asiatic Society North China Branch, 1932. 41 p. 59 plates. (Royal Asiatic society (North China branch) [Publications] Extra vol.).

XVIII. MUSIC AND SPORTS

Music and Musical Instruments

BECKER, BABETTE M. 1901- Music in the life of ancient China: from 1400 B.C. to 300 B.C. Chicago [Library, Dept. of Photographic Reproduction, University of Chicago] 1957. Microfilm copy (positive) of typescript. Collation of the original: 98 l. Thesis-University of Chicago.

CHAO, MEI-PA, 趙梅伯, 1907- The yellow bell, a brief sketch of the history of Chinese music. Baldwin, Md., 1934. ix-xi, 13-61 p. illus. (incl. music) 2 port. (incl. front.).

COHN, JAMES. The construction of Chinese music: a survey of origins and theory, a report for musicology seminar. New York, 1950. 18 p.

DANIÉLOU, ALAIN. The Cycle of Fifths: the musical theory of the Chinese. In: Introduction to the study of musical scales. London, India Society, 1943. pt. III.

ECKARDT, HANS. Chinesische Musik. In: Die Musik in Geschichte und Gegenwart. Kassel, Bärenreiter-Verlag, 1952. Bd. 2, p. 1195-1216.

EDELMAN LILY. Music in China and Japan; classroom material. New York, Service Bureau for Intercultural Education [c1940] [11], 20 l. ([Bureau for Intercultural Education, New York, Publications] O-23).

EDER, MATTHIAS. Das Jahr im chinesischen Volkskied. Peiping, Catholic University of Peking, 1946. 160 p.

GULIK, ROBERT HANS VAN, 1910- On three antique lutes. [Tokyo, 1938] [155]-189, xvi (i.e. 10) plates. Reprinted from the Transactions of the Asiatic society of Japan, second series, vol. xvii.

——. The lore of the Chinese lute; an essay in ch'in ideology. Tokyo, Sophia University, 1940. viii, xi-[xii], 224, 13 p. front., illus., plates, facsims., fold. tab. (Monumenta nipponica monographs).

——. Hsi K'ang, 嵇康, and his poetical essay on the lute. Tokyo, Sophia University, 1941. 90 p. col. front., (Monumenta nipponica monographs).

HOWARD, FLORENCE. Lecture recital on Chinese music, Monday evening, February 5, at the Washington Hotel. [Washington, 1934] 4 p.

JIRÁNEK, JAROSLAV. Volkschina in der Musik. [Hrsg. vom Ministerium für Kultur, Hauptabteilung künstlerische Lehranstalten. Dresden, Verlag der Kunst, 1955] 42 p. illus. (Studienmaterial für die künstlerischen Lehranstalten. Musik, Heft 1, 1955).

KAO, MING, 高明, fl. 1345. Lute song, by Kao-Tong-Kia. Adapted for Broadway presentation by Will Irwin and Sidney Howard. Misic by Raymond Scott. Lyrics by Bernard Hanighen. Chicago, Dramatic Pub. Co. [1955] 92 p. 1st ed. 1954.

KISHIBE, SHIGEO. The origin of the p'i p'a with particular reference to the five stringed p'i p'a preserved in the Shôsôin. (In Asiatic society of Japan. Transactions. Tokyo [etc.] 1940. 2d ser., v. 19, p. [259]-304. illus. (map) plates).

KORNFELD, FRITZ. Die tonale Struktur Chinesischer Musik. Mödling bei Wien, St. Gabriel Verlag, 1955. 143 p. plates, (St. Gabrieler Studien, 16).

LEPEL, FELIX VON. Die Musik im alten China. Eine Kulturgeschichtliche Studie. Berlin-Charlottenburg, Selbst-Verlag, 1954. 16 p.

LEVIS, JOHN HAZEDEL. Vocal and instrumental recitals with explanatory talks on the music of China. New York, Recital arrangement Arthur Judson, 1932. 4 p. illus. (port.).

——. John Hazedel Levis in concert lectures on "The Chinese through their music." Vocal and instrumental recitals with explanatory talks. [New York,

1934] 4 p. illus. (port.).

———. Foundations of Chinese musical art; illustrated with musical compositions, Peiping, H. Vetch, 1936. [v]-xiii, 233, [1] p. incl. mounted front., illus. music) diagrs.

MA, HIAO-TS'IUN, 馬孝駿. La musique chinoise de style européen. Paris, Jouve, 1941. 135 p. illus. (music) Thèse-Univ. de Paris.

MENG, CHIH, 孟治, 1900- Remarks on Chinese music and musical instruments. New York, China Institute in America [c1932] 14 p. illus. (incl. music) diagrs.

[MORGAN, HARRY TITTERTON] 1872- Chinese music, ed. for and copyrighted by Quon-Quon Co. Los Angeles, c1944. 16 p. illus., music. (His Chinese classics in miniature).

PICKEN, Laurence. Chinese music. In: Grove's Dictionary of Music and Musicians. 5th ed. London, Macmillan, 1954. v. 2, p. 219-248.

PISCHNER, HANS. Musik in China. Berlin, Henschelverlag, 1955. 152 p. illus. ports., fold. map.

REINHARD, KURT. Chinesische Musik. Eisenach, E. Röth [1956] 246 p. illus. (part col.) facsims., music (Das Gesicht der Völker).

RICHARD, MARY (MARTIN) "MRS: TIMOTHY RICHARD," 1843-1903. Paper on Chinese music, read before the China branch of the Royal Asiatic society, Shanghai, November, 1898. Repeated (by request) before the Shanghai literary and debating society, January 4th, 1899. [4th ed] Shanghai, Presbyterian Mission Press, 1923. 40 p. front., (port.) illus., plates.

ROGERS, MARY JAMES, sister. Music in the Maryknoll mission field; the problem and our efforts to meet it. [Maryknoll, N. Y., Sisters' Motherhouse] 1938. 75 numb. l. illus. (music) (Maryknoll teacher training school, Maryknoll, New York. Bulletin, 4).

SCHNEERSON, G. Die Musikkultur Chinas. Übers. aus dem Russischen von Renate Schubert. Leipzig, Hofmeister, 1955. 212 p. illus.

SHIAO CHAO CHINESE MUSIC RESEARCH INSTITUTE, Shanghai. The Shiao Chao Chinese music research institute in commemoration of its tenth anniversary presents its orchestra in a concert of classical Chinese music. Lyceum Theatre, Shanghai. Nov. 1, 1935. Shanghai, Mercury Press, 1935. 16, [20] p. front. illus. plate.

U. S. Library of Congress. Orientalia Division. Books on East Asiatic music in the Library of Congress printed before 1800. [Washington, Govt. Print. Off., 1945] 121-133 p. "Reprinted from the Supplement to the Catalog of early books on music, 1944."

VAN AALST, J A. Chinese music. Published by order of the Inspector General of Customs. Peiping, Re-issued by the French Bookstore, 1933. iv, 84 p. front., illus. (incl. music) plates, diagrs. (China. [Inspectorate general of customs] Imperial maritime customs. ii. - Special series, 6). 1st ed. 1884.

WERNER, EDWARD THEODORE CHALMERS, 1864- Chinese ditties. Tientsin, Tientsin Press, 1922. 56 p.

WILHELM, RICHARD, 1873-1930, ed. Chinesische Musik. [Frankfurt a. M., China-Institut, 1927] 64 p. illus., 3 plates (1 mounted) diagrs.

WONG, FLORENCE FENG-YEE, 黃奉儀, [HUANG FENG-I] 1918- Music education in modern Chinese schools. New York, 1952. 189 l. charts, music. Thesis-Teachers College. Columbia University.

Musical Compositions

ALL-CHINA FEDERATION OF DEMOCRATIC YOUTH. Songs of new China. Peking, Foreign Languages Press, 1953. 47 p.

ANSON, GEORGE, 1904- Chinese chatter; piano solo. New York, Edward B. Marks Music Corp., 1953.

BANTOCK, SIR GRANVILLE, 1868-1946. China national and patriotic songs; arranged for solo voice or chorus with pianoforte accompaniment. London, W. Paxton, 1946.

CHANSONS POPULAIRES CHINOISES. Traduites par Ting Oueng, 丁篁. Pékin, Impr. de la "Politique de Pékin," 1935. 40 p. (Collection de la "Politique de Pékin").

[CH'ÊNG, MAO-YÜN] 程懋筠. The Chinese national anthem, arranged as a song or piano solo by Granville Bantock. London, W. Paxton [1943] 3 p.

———. National anthem of the Republic of China; issued on the occasion of 40th anniversary of the founding of the Republic, October 10, 1911-1951. [Translated by Tu Ting Hsiu, 杜庭修; acc. by Chao Yüan-Jen, 趙元任] New York, Chinese News Service [1951] [4] p. col. illus., ports.

CHEREPNIN, ALEKSANDR NIKOLAEVICH, 1899- [Songs on Chinese poems, Op. 71] Seven songs on Chinese poems; English version by the composer. Bonn, M. P. Belaieff, 1956. 28 p.

———. The lost flute; for narrator and orchestra. Version for narrator, piano and percussion. Texts from Chinese poems translated by Gertrude Joerissen. Score. New York, Alec Templeton, 1956. 36 p.

CHINA RECONSTRUCTS. Folk songs from China. Shanghai, 1955. 12 p. (Supplement to China Reconstructs, No. 9).

CHOU, WEN-CHUNG, 周文中, 1923- Seven poems of the T'ang dynasty; translated by Louise Varèse. New York, New Music, 1952. Score (36 p.) (New Music 25:4).

EICHHEIM, HENRY, 1870-1942. [Oriental impressions. Chinese sketch] Oriental impressions, Chinese sketch. For flute, oboe, violin, viola, harp, and percussion instruments (bells of metal and wood) 1921. score ([8] l.).

GOULD, MORTON, 1913- New China march; based on the Chinese song "Work as one" by Shu Mo. New York, Mills Music, [c1943] 7 p. and 28 pts.

GRAVES, STELLA MARIE. Min river boat songs, by Stella Marie Graves; tunes collected by Malcolm F. Farley. New York, John Day [1946] 48 p.

HO, LÜ-T'ING, 賀綠汀. Longing for the past; piano-solo. Edited by Alexandre Tcherepnine. Peping, Commercial Press; New York, G. Schirmer [c1936] [4] p. ([Collection] Alexandre Tcherepnine, no. 9).

———. Four songs. Tokyo, Ryuginsha, c1936. 12 p. (Collection Alexandre Tcherepine, 23).

———. Evening party and "Sangidema." Peking, Foreign Languages Press, 195? 22 p.

HSI, HSING-HAI, 冼星海, --1945. Yellow River cantata, 黄河大合唱. text by Kwang Wei-yuan, 光未然, adapted for American use by Wallingford Riegger. New York, Leeds Music Corp., 1946.

HSU, ROSABEL, 徐欣. Free China; Chinese march-polka. Tsi u Chung Kao [or] Dou yeu Chung Koa. Rev. ed. Words by Dick Rogers, music by Rosabel Hsu. New York, Shapiro, Bernstein and Co., 1952.

HUNKINS, EUSEBIA SIMPSON, 1902- comp. Six old Chinese melodies; music [compiled and] transcribed by Eusebia Simpson Hunkins. [Illustrations by Ruth E. Taylor, edited for flute by Frederick Wilkins] Athens, O., Lawhead Press, 1949.

JACOBS, A GERTRUDE, comp. The Chinese-American song and game book, compiled by A. Gertrude Jacobs; illustrations by Chao Shih Chen, 趙世珍, music by Virginia and Richard Mather, text romanization by Ching Yi Hsu, 徐敬儀, Chinese characters by Yun Hsia, 夏雲. New York, A.S. Barnes, [1944] 96 p. incl. front. (port.) illus. (part col.).

K'EH, CHENG-HO, 柯政和. Chinese folk songs selected by K'eh Cheng-ho. Peiping, China Music Co., 1934. 16 p.

KOO, TS ZUNG, 顧子仁, 1887- comp. Songs of Cathay, an anthology of songs current in various parts of China among her people. 4th impression. Shanghai, The Association Press [1930] [59] p.

———. Folk songs from China. English text by Irene Gass and Arthur Waley; music arranged by Reginald Redman; edited by Maurice Jacobson. London, The Hon. Lady Cripps, J. Curwen: New York, G. Schirmer, c1943. 23 p. (Curwen edition, 906001).

KWOH, HUAN-SHOU,孟郭煥綬, 1916- Feng young flower drum song; Song: Chinese folk song. English version by Chih Meng, melody traditional, accompaniment by Kwoh Huan-shou. New York, 1952.

———. Purple bamboo; a lullaby, song: Chinese folk song, English version by Chih Meng, melody: traditional, accompaniment by Kwoh Huan-shou. New York, 1952.

———. Wong ching-long; Song: traditional, arrangement: Kwoh Huan-shou. On arrangement and piano accompaniment; Chih Meng. New York, 1952.

LEE, DAI-KEONG, 1915- A bitter love; original poem by Li Po (705-762 A.D.) translated by Witter-Bynner. New York, Sprague-Coleman, 1946. (c1942).

———. A farewell to a friend; original poem by Li Po, translated by Witter-Bynner. New York, Sprague -Coleman, 1946 (c1942).

———. In spring. [Words by Li Po, translated by Witter Bynner] New York, Sprague-Coleman, 1946 (c1942).

———. East and West; text by Hermann Hagedorn, arranged for mixed voices, S.A.T.B. With baritone and soprano solo, with piano accompaniment. New York, Mills Music, 1946.

[LEE, PAO-CHÊN]; 李抱辰, 1907- comp. China's patriots sing. [Enl. ed. Calcutta, Chinese Ministry of Information, 1944?] cover-title, 53 p. 1st ed. 1939.

[———] comp. Songs of fighting China. [New York, Chinese news service, 1944] cover-title, 53 p.

LIEBERMANN, ROLF, 1910- Chinesische Liebeslieder nach Übersetzungen von Klabund. Chinese love songs after the translation by Klabund. English version by Eric Smith. Gesang und Klavier. Wien, Zürich, London, Universal Edition, 1956. vi, 48 p.

LINEBARGER, PAUL MYRON WENTWORTH, 1871-1939. Sun Yatsen anniversary songs. Words and music by Paul M. Linebarger. Washington, 1935. 6 p.

———. Les chansons anniversaires pour Sun Yat Sen, foundateur de la République de Chine. Paroles et musique de Paul Myron Linebarger. 3e éd. [Paris, Impr. Chaffange et Cie, 1936] Cover-title, 3-42 p. [1er éd., Shanghai, 1933].

LIU, LIANG-MO, 劉良模, comp. China sings; folk-songs and fighting songs of China arranged and translated by Evelyn Modoi. New York, C. Fischer, c1945. 28 p.

———. High is the blue sky (a Chinese children's song). Author and composer unknown, arranged by Liu Liang-mo and Donna Nichols. New York, United China Relief, 1945.

LUM, MARYETTE HAWLEY. Farmer's song. Chinese work song arranged for 4-part chorus. English words by Berta Metzger and Maryette Lum. Peiping, China Music Co., 1934. 8 p.

———. Fisherman's song: ancient Chinese poems by Cheng Pan-chiao, 鄭板橋, translated and harmonized by Maryette Lum. Peiping, China Music Co., c1934. 10 p.

———. Songs of Chinese children, a collection of Chinese folk songs and songs based on Chinese folk-rhymes and folk-tunes. Illustrations by Lin Yu Ts'ang, 林雨蒼. New York, Los Angeles [etc.] Suttonhouse Publishers, [c1939] 32 p. incl. front., illus. 1st ed. Tientsin, 1936. (c1937).

MA, KO, 馬可. North Shensi suite, 陝北組曲. Peking, Foreign Languages Press, 195? 32 p.

MA, SZE-CHUNG, 馬思聰. Longing for home, 思鄉曲. Peking, Foreign Languages Press, 1952. 16 p.

———. North frontier dance,塞外舞曲. Peking, Foreign Languages Press, 1952. 25 p.

SONGS and dances of the Chinese youth. Peking, Foreign Languages Press, 1957.

1 v. (unpaged) chiefly illus. (part col).

UNITED SERVICE TO CHINA. Cheer China. New York. 194? 64 [i.e. 72] p. illus.

WANG, HSIN, 王莘. Song of the motherland, 歌唱祖國. Peking, Foreign Languages Press. 1952. 3 p.

WIANT, BLISS 1895- The pagoda; thirteen songs from China. Arranged for group singing and translated by Bliss Wiant. 3rd ed. Delaware, O., Cooperative Recreation Service, c1946. 31 p.

———. Chinese lyrics; a collection of twenty-seven compositions of ancient, classic, folk and modern songs, ed. by T. Tertius Noble. Arr. with piano accompaniment by Bliss Wiant. Text tr. by Bliss Wiant and others. New York, J. Fischer [1947] 55 p. illus.

WILSON, DON. Chinese morning song; S.S.A., lyric by Don Wilson. Arranged from a Chinese folk tune, with piano acc. New York, Bourne, 1948.

YANG, ERNEST Y. L., 楊蔭瀏, 1900- Chinese Christian hymns; by Chinese writers, with Chinese tunes, selected from the Chinese hymn book Hymns of Universal Praise. English translations by Frank W. Price. [Edited by Ernest Y. L. Yang and Bliss Wiant. Principally close score] New York, c Frank W. Price, 1953.

YAO, CHIN-HSIN, 陳姚錦新, 1914- The flower drum and other Chinese songs [by] Chin-hsin Yao Chen and Shih-hsiang Chen, 陳世驤; foreword by Pearl S. Buck, preface by Henry Cowell. New York, John Day [1943] 64 p. incl. front. illus.

Sports

ALL-CHINA ATHLETIC FEDERATION. Five national sports meets, 1953. Peking, People's Sports Pub. House, 1953. 1 v. (chiefly illus.).

———. Sport flourishes in New China. Peking, Foreign Languages Press, 1955. 32 p. (chiefly illus.).

[———]. China's sports to-day. Peking, Foreign Languages Press, 1956. 24 p. plates.

———. Sports in China. Peking, 1956. 1 v (chiefly illus.).

ALL-CHINA FEDERATION OF TRADE UNIONS. Workers' sports in China. [Peking] Workers Press [1956] 42, [4] p. of illus. (part. col.).

CH'ÊN, YEARNING K., 陳炎林, [CH'ÊN YEN-LIN] T'ai-chi ch'üan, its effects and practical applications. Shanghai [1947] vi, 184 p. illus., diagrs.

HOH, GUNSUN, 郝更生 1899- Physical education in China. Shanghai, Commercial Press, 1926. xvii, 314 p. fold. front., illus., fold. plate.

KIANG, LIANG-KWE, 江良規. Die Leibesübungen in alten China. Wurzburg, Triltsch, 1939. 59 p. (Körperliche Erziehung und Sport. Beiträge zur Sportwissenschaft, 2).

WEE, KOK ANN, 黃國安, 1897- Physical education in Protestant Christian colleges and universities of China. New York, 1937. vii, 105 p. diagrs. Issued also as thesis, Columbia-university.

Hunting

CALDWELL, HARRY R. Blue tiger; introduction by Roy Chapman Andrews. New York, Abingdon Press [c1924]; London, Duckworth, 1925. 3-261 p. front. plates.

WONG-QUINCEY, J., 王文顯, 1886- Chinese hunter; foreword by Lin Yutang. New York, The John Day; London, R. Hale, 1939. 383, [1] p. front., illus. (map) plates, ports., diagr.

———. Souvenirs d'un chasseur chinois. Avant-propos de Lin Yutang. Paris, Payot, 1941. 413 p. (Bibliothèque géographique).

Games: Chess

GRUBER, KARL. Das chinesische Schachspiel; Einführung mit Aufgaben und Partien. Peking [etc.] Siebenberg-Verlag, 1937; Wien, Krey im Komm., 1938. [4], 117 p. front.

———. Chinese chess; translated by Maria G. Ruck. Peiping, Siebenberg Verlag, [1937]. iv, 117 p. plate, front. diagr. in pocket.

PECORINI, DANIELE, conte, 1872- The game of wei-chi. With a foreword by Professor H. A. Giles. London, New York, Longmans, Green, 1929. vii, 128, [14] p. incl. diagrs.

WILKES, CHARLES FRED, 1926- A manual of Chinese chess. San Francisco, Yamato Press [1952] 33 p. illus.

Majong

AMERICAN CODE OF LAWS FOR MAH-JONG; mixed-hand one-double cleared-hand games, adapted and endorsed by Jean Bray and others. New York, J. H. Smith, 1924. 40 p.

AUCTION bridge and mah jong magazine. v. 1-2; Feb.-Sept. 1924. [New York, John H. Smith, 1924] 2 v. illus. monthly.

BABCOCK, JOSEPH PARK. Babcock's rules for mah-jongg; the red book of rules. 2d ed., rev. and enl., including full code of official laws and examples of illustrative hands. San Francisco, Mah-jongg Sales Company of America; 1923) ii-vii, 117 p. illus.

———. Babcock's Regeln für Mah Jongg. 2 Aufl. Durchgesehen und erweitert mit offizielen Regeln und Beispielen und erlauternden Partien. Frankfurt a. M., Mah-Jongg Co., 1924. vii, 118 p. illus.

———. The laws of mah-jongg, 1925 code, revised and standardized by Joseph Park Babcock and an associated committee. Containing also the new game dulo, by Mr. Babcock. Salem, Mass., Parker Brothers, [c1925] 48 p. port.

BOULON, F GEORGE. Standard rules and instructions for the Chinese game of ma chiang (sparrow) with notes on the American and one suit games. [New York, A. J. Brandt] c1924. 32 p. illus.

BRAY, JEAN. How to play mah jong, 2d ed., rev. and much enl., with an added chapter on special bonus scores and "limit hands." New York and London, G. P. Putnam, 1923. x, 162 p. illus.

BREWSTER EUGENE VALENTINE, 1869- Mah-jong simplified and one hundred winning points, all the fine points in mah-jong at a glance. New York, Brewster, [c1924] 35 p.

CAMPBELL, WINIFRED W. Mah-jong scoring combinations and conventions. [Forsyth, Mont., Times-Journal, 1924] [4] p.

CECIL, VIOLA L. New mah jongg, by Viola L. Cecil and Lenore Medinets. 2nd ed. New York, The author, 1937. 41 p. illus.

———. Maajh, the American version of an ancient Chinese game. [New York, Printed by Hallco, c1938] 53 p. illus.

———. Maajh. 5th rev. ed. New York, The author, 1943. v, 48 p. illus.

CHINESE SPARROW GAME, or, Mah jongg; the ancient game of China. Boston, Chinese Mah Jongg Co. [1923] 12 p. illus.

CHUE, JOHN ALFRED. The mastering of mah jongg. Hongkong, Yew Kee, c1925. iv, 58 p. illus.

DIRECTIONS of playing "Chinese game of four winds." Hong Kong, Man Shing Press, 1956. 22 p.

DOUGLASS, SILAS J. Instruction, suggestion and rules for playing the Chinese game. Pasadena, Calif., c1923. 16 p.

[DOYEN, CLAUDE FAY]. Rules for playing mah-jongg (the sparrow) and suggestions for play, by "Hendersonia" [pseud.] [Washington, D.C., Beresford Linotype Co., c1922] cover-title, 16 p. plates.

DWIGGINS, ELMER. White dragons wild, and how to win at ma jong; an advanced study of the world's most wonderful game as adapted to American playing. [Los Angeles, Phillips Printing Co., c1924] 61 p. illus. (port.).

FOSTER, ROBERT FREDERICK, 1853- The laws of mah jong (pung chow, etc.) for 1924, as proposed for the American game. New York, Vanity Fair [c1923] cover-title, 45 p.

———. Foster on mah jong. New York, Dodd, Mead, 1924. ix, 262 p. illus.

———. Twenty-point mah jong, with the American standard code of laws for all forms of the game. New York, Dodd, Mead, 1924. xi, 157 p. illus.

GERSTLE, RALPH J F. The green book of rules and regulations for ma-jong. 3d ed., rev. and enl., with illustrated cuts and examples, showing a comprehensive and detailed method of play. [Chicago] Ma-jong Club of Chicago [c1923] 55, [1] p. incl. illus., plates.

[HARR, LEW LYSLE] 1882- Pung-chow, the game of a hundred intelligences. Worcester, Mass., Pung-Chow Co. [c1922] [17] p. col. illus.

[———]. Pung chow in ten minutes (without a teacher) New York, Shanghai, Pung Chow Co., c1923. [27] p. illus. (part col.).

———. How to play pung chow, the game of a hundred intelligences, also known as mah-diao, mah-jong, mah-cheuk, mah-juck, and pe-ling. Rev. and enl. ed. New York and London, Harper, [c1923] 128 p. illus. 1st ed. 1922.

HARTMAN, LEE FOSTER, 1879- Standardized mah jong; a manual of tactics for mixed hands, cleared hands, one-double game, and the American code of laws for mah-jongg. New York and London, Harper, 1924. xvii, 311 p. illus. (part col.).

HIRSCHFELD, OSCAR D. Mah-jongg; eine Einführung in das altchinesische Spiel. Leipzig, Grethlein, 1924. 47 p. incl. tables. illus. plates.

HOE, SANG M., 何生文. Mah jongg, the ancient game of China. New York, Long San Ti Chinese Curio Co., 4th ed. c1923. 34 p. 1st ed. 1922.

HOW TO PLAY MAH-JONG. Shanghai, Chun Wah Trading Co., 192? 24 p.

INTERNATIONAL MA CHIANG PLAYERS' ASSOCIATION. The laws of ma chiang, as adopted by the International ma chiang players' association. New York, 1924. [54] p.

IRWIN, FLORENCE, 1869- The complete mah jong player. New York, Brentano's [1924] xii, 206 p. illus., diagr.

[ISRAEL, ARTHUR JULIUS]. How to play mah-jong, rules which govern the play in the principal American, European and Chinese clubs in Shanghai, Hongkong and Peking, as well as in the American and British fleets in the Far East. [New York, Oriental Export Co., c1923] cover-title, 24 p. illus.

KAN, ANDREW. Mah jong; a complete description of the game with authoritative rules, -liberally illustrated. Detroit, Shanghai Trading Co. [c1924] 47 p. illus.

KANAI, SHOZO. Mah jong for beginners, based on the rules and regulations of the Mah jong Association of Japan, by Shozo Kanai and Margaret Farrell. Tokyo and Rutland, Vt., Tuttle, 1952. 62 p. illus.

KRICK, LEONARD B. The blue book of mah-jong, the royal game. Chicago, Beatty Brothers [c1924] [36] p. illus., diagr.

LANE, THOMAS. Modern mah jong. Rev. ed. Chicago, Rand McNally, 1938. 64 p. illus.

LE HAIN, G. M. Mah jongg. Montreal, Renouf Pub. Co., 1924. x, 86 p.

LEE, CHIANG. Mah jong and how to play it. 3rd ed. London, T. de la Rue, 1923. 95 p.

LIM, YANG-CHOW. The original rules of the ancient Chinese game, maa-jok. Seattle, Y.C. Lim, c1923. 9-50 p. front., illus.

LY, YU-SANG, 黎曜生, 1889- Sparrow: the Chinese game called ma-ch'iau; a descriptive and explanatory story. New York, Long Sang Ti Chinese Curios Co. [c1923] xiii, 128 p. col. front., illus.

MAH-JONGG LEAGUE, London. The official standardised rules of the Mah-jongg league limited. Mah-jongg; rules for playing in the Chinese manner, with a foreword by the Hon. President, Miss Sybil Thorndike, with some "don'ts" for players; written and illustrated by Olga Racster. London, Heath, Cranton; Philadelphia, David McKay, 1924. 52 p. incl. front., illus.

MEYERSON, DOROTHY SKLAREW. "That's it," the authentic system of playing Chinese tiles. [Forest Hills, N. Y., 1937. 48 p. illus.

MORGAN, CASEY BRUCE, 1867- Ma jong scoring made easy, and notes on playing; the scoring table analysed and discussed, thereby permanently fixing it in the player's memory. New York, Brentano's [c1924] 41 p.

MORRIS WILLIAM C. The game of mahjuck; Chinese dominos - also called mah chang, moh tsiah, pung chow and mah jongg. "Old in China-new in America." Description of pieces, details of playing, manner of scoring, suggestions for discarding, percentages and penalties, comments and memoranda. [Los Angeles, Morris and Lelevier, c1922] 40 p.

[NAFTALY, PHILIP] How to play ma jong. [San Francisco, Bowles-Broad Printing Works] c1922. cover-title 8, [1] p. illus.

[———]. Rules and directions for the Chinese game of "ma cheuck" (sparrows), also known as "ma jong," "mah diao," "pung-chow," "le ping" and other translations of the different Chinese dialects. A simple and complete explanation of the original Chinese game, tr. and comp. from Chinese rule books, and aided by Chinese experts of the game. [San Francisco, Bowles-Broad Printing Works] c1923. cover-title, 23, [1] p. illus.

NANYANG BROTHERS, INC., New York. Rules for playing mah jong. New York, Nanyang Brothers, [c1923] [15] p. illus.

NEVIN, ROBERT W. Complete instructions for mah jong. New York, Hollis Press, c1924. [11] p. illus.

[RIXFORD, LORING P.] The dragon rule book for sparrow, ma ch'iau. [New York, c1924] cover-title, 16 p. illus.

[ROBERTSON, MARIAN]. Mah jong score book, with rules and definitions. This book may be used as a permanent record if desired, by dating each score page. New York, Wilmerding and Wilmerding [c1924] [124] p.

ROBERTSON, MAX. Game of mah jong. 6th ed. London, Whitcombe and Tombs, 1941. 48 p.

[ROSENBLATT, MARTIN STERN]. Majong (the game of sparrow) San Francisco, S. and G. Gump, [c1922] cover-title, 12 p. illus.

RULES and how to play mah-jongg. Lahore, India, Civil and Military Gazette, 1946. 17 p.

SCOTT, VERN E. Official rules for pe-ling as played with cards. [San Francisco, Greeley, c1923] 16 p. plates.

———. Official rules for pe-ling, the original Chinese game played by the mandarins for centuries. [San Francisco, Greeley, c1923] 15 p. illus.

SNYDER, HENRY M. The ma-jung manual, with introduction by Ezra H. Fitch. Rev. ed. Boston and New York, Houghton Mifflin, 1924. xiii, [1], 209, [1] p. front., illus., plates. 1st ed., 1923.

The STANDARD rules of Mah Jongg and how to play it. Harborne, Eng., Chad Valley Co., 1954 (c1923) 23 p.

STERLING, HAROLD. Standard rules and instructions for the Chinese game of mah chang (sparrow). 3d ed. [Albany, N. Y., Oriental Arts Co., c1923] 21p. illus.

TCHOU, KIA-KIEN, 朱家健, [CHU CHIA-CHIEN]. Le jeu de mah-jong tel qu'il est joué par les Chinois (Préface de Lucien Corpechot) Paris, Éditeurs associés, 1924. 142 p.

TOW, JULIUS SU, 屠汝涑, 1895- The outline of mah jong; how to play and how to win, the real Chinese methods. [New York, Printed by The Pacific Printing Co., c1924] 64 p. illus.

WARREN, EMILY STANLEY, "MRS. PRESCOTT WARREN." The game of ma chiang. New York, Thomas Y. Crowell [c1924] x, 402 p. incl. front., illus.

WEI, WING LOCK, 韋榮駱, 1892-1935. The theory of mah jong, its principles, psychology, tactics, strategies, and fine points, including the complete Chinese rules of play. Boston, Small, Maynard [c1925] viii, 76 p. illus.

WILCOX, CONSTANCE GRENELLE. Mah-jongg; the play of one hundred intelligences, in a prologue and one act, with music in the Chinese manner by Harvey Worthington Loomis. Boston. C.C. Birchard, [c1923] 75, [1] p. plates.

WINTERS, EDGAR S. Ma cheuk (also called "mah jong," "pung chow" and "majung") as played by the Chinese. New York, E.P. Dutton, [c1923] 161 p. incl. front., illus.

WORK, MILTON COOPER. Mah-jongg, up-to-date, including the American official laws of mah-jongg. Philadelphia, John C. Winston [c1924] 177 p. front. (5 port.) illus.

XIX. NATURAL SCIENCE

General Works

ACADEMIA SINICA. National Research Council. Science bibliography of China, 中國科學著作目錄 . Nanking, 1936. 9 pts. (various pagings).

BERNARD, HENRI. La science européenne au tribunal astronomique de Pékin (xviie-xixe siècles) Conférence faite au Palais de la découverte le 16 juin 1951. Paris [1952] 39 p. illus., port., map. facsims., diagr. (Conférences du Palais de la découverte. Sér. D, Histoire des sciences, no 9).

GLATHE, A. Die chinesischen Zahlen. Tokyo, Deutsche Gesellschaft für Natur-und Völkerkunde Ostasiens, 1932. 47 p. illus. (incl. facsims., ports.) (Tokyo. Deutsche Gesellschaft für Natur-und Völkerkunde Ostasiens. Mitteil. Bd. 26, Teil B).

HOANG, PIERRE, 黃伯祿, [HUANG PÊ-LU], 1830-1909. Catalogue des éclipses de soleil et de lune relatées dans les documents chinois et collationnées avec le canon de Th. Ritter v. Oppolzer. Changhai, Impr. de T'ou-sè-wè, 1925. vi, 169 p. (Variétés Sinologiques, 56).

KWA, TAK-MING, 柯德明 , [K'O TÊ-MING]. The fundamental operations in bead arithmetic; how to use the Chinese abacus. Manila, P.I., 1922. 52 p. illus.

LANCHESTER, GEORGE. The Yellow Emperor's south-pointing chariot. [Lecture delivered to the China Society, Feb. 3, 1947] With a note by A. C. Moule. London, China Society [1947] cover-title, 6 p. illus.

LI, SHU-HUA, 李書華, 1890- Origine de la boussole. Cambridge, 1954. 2 pts. in l. illus. plates. Reprinted from Isis, 45: 139.

MORGAN, LEONARD GEOFFREY. The teaching of science to the Chinese, with a foreword by A.H. Crook. Hong Kong, Kelly and Walsh, 1933. xxi, 150 p.

NEEDHAM, JOSEPH, 1900- Chinese science. London, Pilot Press [1945] 71, [9] p. illus.

———. Science and civilisation in China, by Joseph Needham with the reaearch assistance of Wang Ling, 王鈴. Cambridge [Eng.] University Press, 1954- v. illus., maps (2 fold.). Contents.-v. 1. Introductory orientations. - v2. History of scientific thought.

PEKING. NATIONAL UNIVERSITY. The fortieth anniversary papers of the National university of Peking. (Peiping? 1944] cover-title, 171 numb. l. plates (2 mounted) maps (part fold.) diagrs. (part mounted).

SCESNEY, F C. The Chinese abacus. [Buffalo] c1944. 68 l. illus.

SCIENCE SOCIETY OF CHINA. The Science Society of China; its history, organization and activities. In commomoration of the formal opening of the Science Society of China Library in Shanghai and the new Biological Laboratory in Nanking. Shanghai Science Press, 1931. cover-title, 31, [38] p. plates, fold. diagr. 1st ed. 1929.

SHANGHAI SCIENCE INSTITUTE. Library. List of scientific periodicals in the library of the Shanghai Science Institute. [Shanghai] 1934. cover-title, 83 p.

SINO-BRITISH SCIENCE CO-OPERATION OFFICE. Science outpost; papers, 1942-1946. Ed. by Joseph Needham and Dorothy Needham. London, Pilot Press, 1948. 313 p. illus., ports., maps.

SIU, RALPH GUN HOY, 蕭根開 [HSIAO KEN-KAI], 1917- The Tao of science; an essay on Western knowledge and Eastern wisdom. Cambridge, Technology Press, Massachusetts Institute of Technology and New York, John Wiley, 1957. 180 p.

TARANZANO, CHARLES. Vocabulaire des sciences: mathematiques, physiques et naturelles. Sien Hsien, Impr. de la Mission catholique, 1923-36. 2 v.

Supplément au vocabulaire français-chinois des sciences; classifications, tableaux synoptiques. Sien Hsien, Impr. de la Mission catholique, 1923. 120 p. illus. Supplément: Radioélectricité par Marcel Lichtenberger. Sien Hsien, Impr. de la Mission catholique, 1938.

TOKUNAGA, SHIGEYASU, 1874- Natural science research of the first Scientific Expedition to Manchoukuo. [Tokyo?] 1934. 76 p. illus. (incl. ports.) plates (1 fold.) fold. map. (Report of the first Scientific expedition to Manchoukuo, 1933. Section 1).

TWISS GEORGE RANSOM, 1863- Science and education in China; a survey of the present status and a program for progressive improvement, published under the auspices of the Chinese National Association for the Advancement of Education, Peking, China. Shanghai, Commercial Press, 1925. ix, 361 p.

U. S. Library of Congress. Science Division. Chinese scientific and technical serial publications in the collections of the Library of Congress. Washington, 1955. vii, 55 p.

WANG, LING, 王鈴. The Chiu-Chang Suan-Shu, 九章算術, and the history of Chinese mathematics during the Han dynasty. Cambridge, Eng., 1956. 300, 255 p. Thesis-University of Cambridge. 255 l.

WORLD FEDERATION OF SCIENTIFIC WORKERS. The social responsibility of scientists; report of meeting held in Peking, China, on Paril 3, 1956, to celebrate the tenth anniversary of the founding of the World Federation of Scientific Workers. Peking, All-China Federation of Scientific Societies, 1956. 67 p.

YAP, POW-MENG, 葉寶明 [YEH, PAO-MING]. The place of science in China. London, China Campaign Committee [1945?] 22, [2] p.

Astronomy

BURGAUD, MAURICE. Le pendule élastique inversé. Son spplication au nivellement des instruments astronomiques. Quelques essais. Changhai, Impr. de la Mission catholique à l'Orphelinat de T'ou-sè-wè, 1939, iv, 28 p. illus. plates, diagrs. (Annales de l'Observatoire astronomique de So-Se. T. 22, fasc. 1).

FANG, J T., 方俊. Report on stronomical determination of latitude and longitude. Nanking, Geological Survey of China, 1936. cover-title, 45 p. illus., tables (2 fold.) 2 fold, diagr. (China. Geological survey. Geological memoirs, ser. B, no. 9).

KAO, KIUN, 高平子. Conversion des dates chinoises en jours de la période julienne, 史日長編. Nanking, National Research Institute of Astronomy, 1932. 171 p. (Its monographs, 1).

KAO, LOU, 高魯, 1876-1947. The past and the future of the Peking central observatory. Peking, Central Observatory, 1925. 20, 21 p.

———. Le passé et l'avenir de l'Observatoire central de Pékin. Pékin, Publication de l'Observatoire central [1925] 21, [1] 20 p. 21, [1] p. illus. (incl. charts).

———. L'évolution des asterismes chinois, 星象統箋. Nanking, National Research Institute of Astronomy, 1933. 159, vi p. (Its Monographs, 2).

LEJAY, PIERRE. Exploration gravimétrique de l'Extrême-Orient. [Paris, Soc. gén. d'impr. et d'éd.] 1936. [5]-75 p. incl. tables, diagrs. charts (part fold.) diagr.

LÜBKE, ANTON, 1890- Der Himmel der Chinesen; mit Abbildungen im Text und 76 Abbildungen auf 39 Tafeln. Leipzig, R. Voigtländer [c1931] 141 p. illus. (incl. music) 39 plates. (incl. diagr.).

SAUSSURE, LÉOPOLD DE, 1866-1925. Les origines de l'astronomie chinoise. Paris, Librairie orientale et américaine Maisonneuve frères [1940] x, 594, [4] p. diagrs. "Réproduction photomécanique posthume d'articles parus dans le Tóung pao."

T'IEN WÊN T'U, 天文圖. The Soochow astronomical chart [by] W. Carl Rufus and Hsing-chih Tien 田興智. Ann Arbor, University of Michigan Press, 1945. v, 24 p. maps, charts.

YU, CH'ING-SUNG, 余青松, 1898- The total solar eclipse of September 21, 1941. Kunming, National Research Institute of Astronomy, 1940. 9 p. incl. tables, fold, map.

ZI-KA-WEI, Observatoire. Annales de l'Observatoire astronomique de Zô-sè (Chine) fondé et dirigé par les missionaries de la Compagnie de Jésus. Changhai, Impr. de la Mission catholique à l'orphelinat de T'ou-sè-wè, 1907-1943. 22 v. plates, diagrs.

———. Notes de sismologie. No. 1-11 (1920-1931). Zi-ka-wei, Impr. de T'ou-sè-wè, 1921-1931. v.

———. Cooperation de l' Observatoire de Zi-ka-wei à la revision internationale des longitudes. Changhai, Impr. de la Mission catholique à l'Orphelinat de T'ou-sè-wè, 1927. 1 p. iii, 156 p. plates (incl. ports. diagrs. (part col., part fold.) (Annales de l'Observatoire astronomique de Zo-Se. T. 16).

———. Fifty years of scientific work. Paris, G. Roüan, 1928. [44] p. illus. plates.

———. Cinquante ans de travail scientifique. Paris, G. Roüen, 1928. unp. illus. plates.

———. Amas et champs d'étoiles d'après des plaques photographiques prises de 1900 à 1925 par le Père S. Chevalier. Étoiles de la nebuleuse d'Orion d'après six plaques prises de 1902 a 1923. Changhai, Impr. de la Mission catholique à l'Orphelinat de T'ou-sè-wè, 1930. 61 p. (Annales de l'Observatoire astronomique de Zô-Sè. T. 18, fascicule 1).

———. Catalogue de la zone -0° 50' à -0° 50' (equin. 1920) d'après les photographies du tour de l'equateur, par le Père S. Chevalier. Changhai, Impr. de la Mission catholique à l'Orphelinat de T'ou-sè-wè, 1930. 61 p. (Annales de l'Observatoire astronomique de Zô-Sè. T. 13).

———. Cooperation de l'Observatoire de Zi-ka-wei à la revision internationale des longitudes, Octobre-Novembre 1933, par Pierre Lejay, Maurice Burgaud, E. de la Villemarque. Changhai, Impr. de la Mission catholique à l'Orphelinat de T'ou-sè-wè, 1934. 99 p. plates, tables, diagr. (Annales de l'Observatoire de Zô-Sè. T. 20).

Meteorology

ACADEMIA SINICA. Collected scientific papers, 1919-1949: meteorology. [European languages ed.] Peking, 1954- 1 v. maps, charts, diagrs., tables.

———. National Research Institute of Meteorology. The Institute of meteorology; its organization and work. Pei-chi-ko, Nanking, China, Printed at the Science Press, 1931. (c 1929) 12, 5, [2], 6-10 p. plates.

———. Bulletin of the upper air current observations, v. 1-6, 1930-1935. Nanking, 1930-1935. 6 v. illus. diagrs. tables.

———. Climatological data. Chungking, 1943-1945. 3 v. tables.

ALBRECHT, FRITZ, 1896- Ergebnisse von dr. Haudes Beobachtungen der Strahlung und des Wärmehaushaltes der Erdoberfläche an den beiden Standlagern bei Ikengüng und am Edsen-Gol, 1931-32, unter Mitwirkung von Paul Brosse. Stockholm [Leipzig, Druck von F. A. Brockhaus] 1941. 352 p. incl. illus., tables, diagrs. plates. (Reports from the Scientific expedition to the north-western provinces of China under the leadership of Dr. Sven Hedin. The Sino-Swedish expedition. Publication 14, ix. Meteorology, 2).

BERNING, WARREN W. A report on the military climatology of Chinese Turkestan and Tibet, by Warren W. Berning and John Van Vessem. Pasadena, 1942. 17 p. diagrs. (Military climatology, v. 1).

BRUZON, ÉTIENNE, 1894- Le climat de l'Indochine et les typhons de la Mer de Chine, par E. Bruzon. [et] P. Carton. Hanoi, Impr. d'Extrême-orient,

1929. 141 p. illus., plates, maps (part fold.) charts (part fold., part col.) diagrs. (part fold., part col.).

CANTON. METEOROLOGICAL OBSERVATORY. Monthly meteorological bulletin. v. 1-4, 1935-1938. Canton, 1935-1938. 4 v.

CHANG, CH'I-YUN, 張其昀, 1901- Climate and man in China. Taipei, China Culture Pub. Foundation, 1953. 23 p. illus., maps, (Pamphlet on Chinese affairs).

CH'EN, PARKER C., 陳宗器. Preliminary report on the results of geomagnetic survey in China, 1946-47; by Parker C. Chen and Liu Ching-ling, 劉慶齡. Nanking, 1948. 78-87 p. (Academia Sinica. Institute of Meteorology. Scientific Papers, Contribution No. 172).

CHÊNG, CHUEN-SHU, 程純樞. Central Weather Bureau of China: a brief survey (May 1948). Shanghai, 1948. 1 v. (various pagings), tables.

———. Chinese synoptic weather patterns. Shanghai, Shanghai Observatory, 1949. 116 p. maps, tables.

CHU, COCHING, 竺可楨, 1890- The climate of Nanking during the period 1905-1921. Nanking, National Southeastern University, 1922. 16 p. charts, (Annual report of meteorology station).

———. Climate provinces of China. Nanking, National Research Institute of Meteorology, 1929. 11 p. maps, plates, (Its Memoirs, 1).

———. Circulation of atmosphere over China. Nanking, National Research Institute of Meteorology, 1932. 15 p. plates (Its Memoirs, 4).

———. A brief survey on the climate of China. 中國氣候概論. Nanking, National Research Institute of Meteorology, 1936. 26 p. 35 p. fold. maps, tables, (Its Memoirs, 7) Reprint ed. 1944 (U.S. Army Air Forces. report, 805).

———. Circulation of atmosphere over China. Edited and reprinted by the Weather Division, Hdqrs., U.S. Army Air Forces. Washington, 1944. 27 p. illus. charts, tables. (U.S. Army Air Forces. [Translation and reports ser.]).

———. The temperature of China by Chu Coching, John Lee, 吕炯, and Chang Pao-kun, 張寶堃. Nanking, National Research Institute of Meteorology, 1947 (c1940) xxx, 934 p. tables. Appendix. 1947. (c1940) v. 16 p. 30 charts.

CONFERENCE OF DIRECTORS OF FAR EASTERN WEATHER SERVICES, Hongkong, 1930. Report of proceedings, with appendices and list of delegates. Hong Kong, Royal Observatory, 1930. 68 p. illus. tables.

DODINGTON, E A M. Weather in the China Seas and in the western part of the North Pacific Ocean. London, H. M. Stationery Off., 1945. 3 v. illus., maps (part fold. part col.) ([Gt. Brit.] Meteorological Office. [Publications, official] 404a-404c).

FROC, LOUIS 1859- Typhoon of August 5 to 23, 1924. Shanghai, T'ou-sè-wè Press, 1925. 12 p. fold. map.

———. Code de Zi-ka-wei. Historique. Rapport présenté par R. Père L. Froc à la Conférence des directeurs des services météorologiques d'extrême-orient tenue à Hong Kong, fin avril 1930. Changhai, 1930. 4 p.

GAFFNEY, THOMAS. A report on the military climatology of central and southern China, by Thomas Gaffney, Herbert Plagge and George Weber. Pasadena, 1942. 42 p. maps, tables, diagrs, (Military climatology, v. 1).

GHERZI, ERNESTO, 1886- Houie et microseismes sur la cote de Chine. Changhai, T'ou-sè-wè Orphanage Printing Press, 1927. 12 p. plates (part fold.) (Obs. de Zi-ka-wei. Notes de seis., 8).

———. Le tremblement de terre du 23 mai 1927 près de Liangchow, Kansu occidental. Shanghai, T'ou-sè-wè Orphanage Printing Press, 1927. 9 p. charts (part fold.) (Observ. de Zi-ka-wei. Notes de seis., 9).

———. Typhoons in 1926-1937. Shanghai, T'ou-sè-wè Orphanage Printing Press, 1927-1938. 6 v.

———. Étude sur la pluie en Chine. (1873-1925) Chang-Hai, Impr. de la mission catholique, à l'Orphelinat de T'ou-Sè-Wè, 1928. 2 v. illus., fold. map, col.

charts, diagrs. (part fold., part col.).
———. Étude sur les microseismes cuases par le froid. Ondes de dilatation et ondes de compression. Changhai, T'ou-sè-wè Orphanage Printing Press, 1929. 23 p. plates (fold) (Obs. de Zi-ka-wei. Notes de seis., 10).
———. Recherches radiogoniométriques sur la marche des typhoons et relévements radiogoniométri à Changhai. Paris, 192? 18 p.
———. The winds and the upper air currents along the China coast and in the Yangtse valley. Shanghai, Catholic mission press Tou-sè-wè, 1931. 240, [7] p. plates, charts, diagrs. (part col.).
———. Typhoons in 1930. Shanghai, T'ou-sè-wè Orphanage Printing Press, 932. 20 p. charts.
———. Typhoons in 1931 (some data about typhoon centres) To the members of the Shangahi general chamber of commerce. T'ou-sè-wè Orphanage Printing Press, 1933. 38 p. 4 fold. maps 2 fold. diagr.
———. Atlas de l'humidité relative en Chine. Shanghai, Impr. de T'ou-sè-wè, 1934. [31], 13 p. (chiefly maps, diagrs.) (Obs. de Zi-ka-wei).
———. Atlas thermométrique de la Chine. Shanghai, Impr. de T'ou-sè-wè, 1934. [3] p. 16 maps, (Obs. de Zi-ka-wei).
———. Typhoons in 1934 (set caused by tropical cyclones.) To the members of the Shanghai general chamber of commerce. [Shanghai] T'ou-sè-wè Orphanage Printing Press, 1936. 43 p. 4 fold. charts, fold. tab.
———. Typhoons in 1938 (the steering of typhoons) Shangahi, T'ou-sè-wè Orphanage Printing Press, 1939. 30 p. charts.
———. Climatological atlas of East Asia. Shanghai, Tou-sè-wè Press, 1944. viii, 175 p col. maps.
———. The meteorology of China. [Macau, Imprensa Nacional, 1951]- 2 v. fold. col. maps, diagrs.
GT. BRIT. Hydrographic Office. China sea pilot. 1st ed., 1937. London, Pub. for the Hydrographic Dept., Admiralty, by H. M. Stationery Off., 1937-38. 3 v. illus., plates, maps, charts, tables, diagr.
———. The same. 2nd ed. London, 1950-1951. 2 v. illus., maps (part fold. col.) diagrs., tables.
———. Meteorological Office. Meteorological report on South China south of a line Shanghai-Tsinlingshan. London, Meteorological Office, 1945. 60 p. illus. incl. tables, front (map), charts, diagrs. (Its Aviation meteorological report, 29).
———. Quarterly surface current charts of the western North Pacific Ocean, westward of longitude 160°W., with monthly chartlets of the China Seas. 2d. ed. Prepared in the Marine Branch of the Meteorological Office. London, H.M. Stationery Off., 1949. 25 p. charts. (Its [Publications, official] 485).
HAUDE, WALDEMAR. Ergebnisse der allgemeinen meteorologischen Beobachtungen und der Drachenaufstiege an den beiden Stanlagern bei Ikengüng und am Edsen-gol 1931/32. Stockholm, Bokförlags aktiebolaget Thule, 1940. 328 p. incl. facsims., tables. plates (1 double) map, fold, diagrs. (Reports from the Scientific expedition to the northwestern provinces of China under the leadership of Dr. Sven Hedin. The Sino-Swedish expedition. Publication 8. ix. Meteorology. 1).
HUANG, HSIA-CHIEN, 黄厦千. Frontogenetic regions in the Far East, 1937. Washington, Govt. Print. Off., 1944. iv, 56 p. illus., charts. On cover: U.S. navy reprint, chief of naval operations, Aerology section, Washington, D.C.
———. Air masses of North China. Chungking, National Research Institute of Meteorology, 1940. 25 p. charts, tables, (Its Memoirs, 13(3)).
JAW, JEOU-JANG, 趙九章 [CHAO CHIU-CHANG]. A preliminary analysis of the air masses over eastern China. Nanking. National Research Institute of Meteorology, 1935. 12, 24 p. maps, tables, diagrs, (Its Memoirs, 6).
JONG, PIN-CHEN, 張丙辰 [CHANG P'ING-CH'ÊN]. Chinese air mass analysis.

Nanking, Institute of Meteorology, 1948. 17 p. illus. charts, tables, (Its Memoirs 15:3).

LEE, JOHN, 吕炯 [LÜ CHIUNG]. Preliminary study on the application of polar front theory to the winter cyclones along the lower Yangtze valley. Nanking, National Research Institute of Meteorology, 1930. 51 p. figs. (Its Memoirs, 2).

———. Dynamical effect of eastern Chinese coastal winds and its influence upon the temperature. Chungking, National Research Institute of Meteorology, 1938. 48 p. illus. tables, diagrs. (Its Memoirs 12:1).

LI, SJAN-ZSI, 李憲之 [LI HSIEN-CHIH] . Die Kälteeinbrüche in Ostasien. Ohlan i Schl., Eschenhagen, 1935. 79 p. Diss. -Univ. Berlin.

LINGNAN UNIVERSITY. Freeman Meteorological Observatory. Daily meteorological record, 1919-1937. [Canton] 1919-1937.

LOA, DAVID KAI-FOO, 羅開富 [LO K'AI-FU] 1913- Climatic atlas of China proper. [n. p.] 1944. [2] 1., 3, 92 maps. Scale of maps ca. 1:14,400,000. Issued also as thesis, Clark University.

LU, ALFRED, 盧鋈, [LU WU] 1911- The monthly pressure distribution and the surface winds in the Far East. Chungking, National Research Institute of Meteorology, 1939. 25 p. illus. tables, diagrs. (Its Memoirs 12:4) Reprinted by the U.S. Army Air Forces and issued as Its report, 803.

———. The cold wave of China; edited and reprinted by the Weather division, Hdqrs. U.S. Army Air Forces. Washington, 1944. v, 31 p. illus. charts, diagrs. tables, (U.S. Army Air Forces. [Translation and reprints ser.]).

———. Climatological atlas of China. Chungking, Central Weather Bureau, 1946. 94 maps.

NATIONAL TSING HUA UNIVERSITY. Quarterly meteorological bulletin, v. 1-5 1932-1936. Peiping, 1932-1936.

NELSON, ROY W. Climate and weather of the coast of China, by Roy W. Nelson and Roger F. Wilcox. Pasadena, 1942. 19 p. diagrs. (Calif. Inst. of Tech.).

NETHERLANDS. METEOROLOGISCH INSTITUUT. Oceanographic and meteorological observations in the China seas and in the western part of the North Pacific ocean. U.S. Navy reprint. Washington, Chief of Naval Operations, Aerology section, 1945. Cover-title, 80 p. of charts. (Its Navaer 50-IR-173).

NUTTONSON, M. Y. Ecological crop geography of China and its agro-climate: analogues in North America. Washington, American Institute of Crop Ecology, 1947. 28 p. illus. map, tables (part. fold) (Its International agro-climatological ser. Study No. 7).

ORTON, ROBERT B. The utilization of 500 millibar charts in forecasting for the Chinese area-spring season. Washington, Hdqrs. Air Weather Service, 1945. 6 p. illus. charts, (Its Technical report, 105-59A).

POND, ALONZO WILLIAM, 1894- Climate and weather in the Central Gobi of Mongolia. Rev. Maxwell Air Force Base, Ala., Arctic, Desert, Tropic Information Center, Air University, 1954. 1 v. (various pagings) map (on cover) tables. ([U.S.] Arctic, Desert and Tropic Information Center. ADTIC publication D-101).

SODERGREN, A. R. Mean air currents and fronts of China. An analysis of the work of Mr. Tu Ch'ang-wang on this subject. Pasadena, 1942. 9 p. diagrs. (Calif. Inst. of Tech.).

SUNG, SHIO-WANG, 沈孝凰 [SHEN, HSIAO-HUANG]. Extratropical cyclones of eastern China and their characteristics. Nanking, National Research Institute of Meteorology, 1931. 60 p. figrs. (Its Memoirs, 3).

TAO, SHIH-YEN, 陶詩言. The mean surface air circulation over China. Nanking, Institute of Meteorology, 1948. 7 p. charts, (Its Memoirs 15:4).

TOKYO. CENTRAL METEOROLOGICAL OBSERVATORY OF JAPAN. Aerological data of Manchuria (radiosonde). Tokyo, 194-.

TSIANG, P. J., 蔣丙然, 1886- La température de Tsingtao. Tsingtao, 1929. viii, 69 p. plates.

TSINGTAO. OBSERVATORY. Results of the meteorological observations made at Tsingtao for the lustrum, 1916-1920. [Tsingtao] 1921. 40 p.

———. Code for meteorological wireless messages, issued by the Tsingtao Observatory. Tsingtao, 1924. 11 p.

———. Annular eclipse of the sun, May 9, 1948. Tsingtao, 1947. Cover-title, 20 p. fold, map. (Its Memoir, 11).

TU, CH'ANG-WANG, 涂長望 . Some regional rainfall types of China. The tabulation by Li Liang-chi, 李良騏, and the discussion by Tu Chang-wang. Nanking, National Research Institute of Meteorology, 1935. 25 p. tables, diagrs. (Its Memoirs, 5).

———. Climate provinces of China. Nanking, National Research Institute of Meteorology, 1936. 22 p. maps, (part fold.) tables, diagrs. (Its Memoirs, 8).

———. A preliminary study on the mean air currents and fronts of China. Nanking, National Research Institute of Meteorology, 1937. 12 p. illus. diagrs. (Its Memoirs 11:3).

———. China weather and world oscillation with applications to long-range forecasting of floods and droughts of China during the summer. Nanking, National Research Institute of Meteorology, 1937. 54 p. illus. tables, diagrs. (Its Memoirs, 11:4).

———. The air masses of China. Chungking, National Research Institute of Meteorology, 1938. 50 p. illus. charts, tables, diagrs. (Its Memoirs 12:2).

———. A preliminary study on the climatological conditions of the free atmosphere of China. Chungking, National Research Institute of Meteorology, 1939. 14 p. illus. charts, diagrs. tables, (Its Memoirs 13:2).

———. The frontology of North China. Kunming, U.S. AAF Weather Central, 1945. ii, 95, iii p. illus. charts, diagrs, tables. (U.S. Dept. of the Air Force. Air weather service tech. rept. 105-67).

U. S. ARMY AIR FORCES. Forecasting and related problems in China. Washington, Hdqrs. U.S. Army Air Forces, 1944. iv, 25 p. illus. map, (Its Tech. rept. 105-32).

———. Weather and climate of China. Washington, Govt. Print. Off., 1945. 2 v. illus. charts, tables, diagrs., (Its Tech. rept. 105-34).

U.S. DEPT OF THE AIR FORCE. Maxwell Air Force Base, Ala. Climate and weather in the central Gobi of Mongolia, by Alonzo W. Pond. Maxwell Air Force Base, Arctic, Desert, Tropic Information Center, Air University, 1951. 1 v. tables, (ADTIC publication D-101).

U.S. Hydrographic Office. Currents in the South China, Java, Celebes and Sulu Seas. Washington, 1945. [2] l., col. charts (Its H.O. pub. no 236).

———. Ocean currents in the vicinity of the Japanese islands and China coast. Washington, 1945. 3 l. charts. (Its H.O. pub. no. 237).

———. Sailing directions for the western shores of the China Sea, from Singapore Strait to and including Hong Kong. 4th ed. Washington, Govt. Print. Off., 1951 [i.e. 1952-] 1 v. (loose-leaf) charts (1 col. in pocket) (Its H.O. pub[lication] no. 125) First ed. published in 1915 as v. 4 of its Asiatic pilot.

———. Sailing directions for the coast of China; the Yalu River to the approach to Hong Kong, the Yangtze River, Taiwan (Formosa) and the Pescadores Islands. 5th ed. Washington, Govt. Print. Off., 1951- 1 v. (loose-leaf) charts (1 col. in pocket) (Its H.O. pub[lication] no. 124). First ed. published in 1910 as v. 3 of the Asiatic pilot.

U.S. Office of Coordinator of Information. Research and Analysis Branch. Far Eastern Section. Weather and war in the Far East. [Washington] 1941. 4 l. map (Its Memorandum no. 4).

U. S. Weather Bureau. Flying conditions between Irkutsk-Urga-Lanchow-Chungking, by C.E. Lamoureaux. Washington, 1942. 15 p. (Its Special rept. 81).

———. Flying conditions in Shantung, Tsingtao. by L.C. Miller. [Washington, 1943] 13 p. illus. (Its Special rept., 333).

———. Hainan Island: a climate report, by L. C. Miller. Washington, 1943. 10 p. (Its Special rept., 312).

WANG, TEHCHIH,王德基. Die Dauer der ariden, humiden und nivalen Zeiten des Jahres in China. Tübingen, 1941. 33 p. fig. map. Diss.-Univ. Tübingen.

WARD, WILLIAM CURTIS. Weather conditions prevailing in the interior of China. Pasadena, 1942. 10 p. tables, diagrs. (Calif. Inst. of Tech.).

YAO, CHEN-SHENG, 幺枕生. The stationary cold fronts of central China and the wave disturbances developed over the lake basin. Chungking, National Research Institute of Meteorology, 1939. 17 p. diagrs. (Its Memoirs 13:1).

ZI-KA-WEI. Observatoire. Bulletin des observations. v. 1-27. (1873-1931) Zi-ka-wei, 1877-1933.

———. Bulletin aérologique, sondages faits à Zi-ka-wei et à Hankow. Janvier 1931-juillet 1937. Shanghai, 1931-37. tables.

———. Notes de météorologie physique. fasc. 1-9. Changhai, Impr. de T'ou-sè-wè près Zi-ka-wei, 1934-1939. v. plates, tables, diagrs. (part col.).

———. Bulletin aérologique. Température, 1930. 1932-1934. Données thermométriques obtenues sur la ligne aérienne: Shanghai-Chungking. Shanghai, 1935. v. tables.

———. Supplément pour 1932. Sondages exécutés à bord du U. S. S. Houston. Shanghai, 1936? 9 p. tables.

Chemistry

CHEMICAL WORKERS' TRADE UNION OF CHINA. China's chemical workers. Peking, Foreign Languages Press, 1953. 17 p. illus.

CHIKASHIGE, MASUMI, 1870- Alchemy and other chemical achievements of the ancient Orient; the civilization of Japan and China in early times as seen from the chemical point of view, tr. by Nobuji Sasaki. Tokyo, Rokakuho Uchida, 1936. vii, 102 p. illus., plates (1 col.).

JOHNSON, OBED SIMON, 1881- A study of Chinese alchemy. Shanghai, Commercial Press, 1928. xi, 156 p. Published also as thesis: University of California.

LI, CH'IAO-P'ING, 李喬苹, 1897- The chemical arts of old China; with a foreword by Tenney L. Davis. Easton, Pa., Journal of Chemical Education [1948] viii, 215 p. illus.

RUSSIAN-Chinese-English chemical and technological dictionary, 俄中英化學化工術語, compiled by T'ao Kun, 陶坤, and Wang Sung-shan, 王松山. Peking, Chinese Academy of Sciences, Bureau of Publications, 1955. 768 p.

TSAO, HUI C., 曹惠羣. An English-Chinese vocabulary of chemical terms, compiled by Hui C. Tsao and William H. Adolph. Shanghai, Publication Committee, China Medical Missionary Association, 1922. 20 p.

WANG, CHENG-MING, 王承明. Russian-Chinese-English chemical and technical dictionary, 化工術語彙編. Shanghai, Chung-kuo-k'o-hsueh tu-shu-i-ch'i-kung ssu, 1954. iii, 279 p.

WANG, CHI CHE, 王季茝, 1894- The chemistry of Chinese preserved eggs and Chinese edible birds' nests. [Baltimore, 1921] p. 429-452. diagrs. Thesis-University of Chicago. "Reprinted from the Journal of biological chemistry, December, 1921."

ZEE, ZAI-ZIANG, 徐善祥, [HSÜ SHAN-HSIANG], 1882- A modern English-Chinese chemical lexicon, compiled by Zee Zai-ziang and Chêng Lan-hua, 鄭蘭華. Shanghai, Chung kuo k'o hsueh tu shu i ch'i kung ssu, 1951. xiv, 1625 p.

Geology

Bibliographies

CHI, YUNGSHEN SHIAOCHING, 計榮森, 1907- Bibliography of Chinese geology for the years 1934-35. Nanking, National Research Council, Academia

Sinica, 1936. 57 p.

———. Bibliography of Chinese geology for the years 1936-1940. Peipei, National Geological Survey of China, 1942. vi, 147 p.

CHINA. Geological Survey. Bibliography of Chinese geology. Bibliography of geology and allied sciences of Tibet and regions to the west of the Chinsha-chiang, by T.C. Tseng, 曾鼎乾. Nanking, National Geological Survey of China, 1946. viii, 114 p.

———. The same: bibliography of geology and geography of Sinkiang, by Hsiao-Fang Li, 李孝芳. Pub. by the National Geological Survey of China under the Ministry of Economic Affairs. Nanking, 1947. 213 p.

———. Library. List of papers in the Bulletin of the Geological Society of China 1922-1933. Peiping, The Library, National Geological Survey of China [1933] cover-title, 20 p.

WANG, CH'UNG-YU, 王寵佑, 1879-1958. Bibliography of tungsten from 1918 to 1922 and from 1922 to 1924. [Peking, 1924?] 26 p. Reprinted from the Journal of the Association of Chinese and American engineers, 5:2, 1924.

———. Bibliography of antimony from 1917 to 1924. [Peking?] 1925. 21 p. Reprinted from the "Journal of the Association of Chinese and American engineers." 6:3 1925.

———. Bibliography of the mineral wealth of China from 1918 to 1924. Peking, 1925. 17 p. Reprinted from the Journal of the Association of Chinese and American engineers. 6:5 1925. 1st ed.: Bibliography of the mineral wealth and geology of China published in London, 1912. 2d. ed: [covering the years 1912-17] published in Shanghai, 1917, followed by a supplement, 1918.

YOUNG T.I., 楊遵儀 [YANG TSUN-I]. Bibliography of Chinese geology up to 1934, with a preface by C.Y. Wang, 王寵佑. [Peiping] National Academy of Peiping, 1935. ix, 241 p.

General Works

BARBOUR, GEORGE BROWN. 1890- The loess of China. (In Smithsonian institution. Annual report, 1926. Washington, 1927. p. 279-296. illus., 6 plates) "Reprinted from the China journal of science and arts, 3:8, August, 1925 and 3:9, September, 1925."

———. The geology of the Kalgan area. Peking [Printed by the Drukkerij Holland, Amsterdam] 1929. xi, 148, 148a-f, [2] p.; 1 p. 2, 26 p. incl. illus., tables, fold. front., plates (1 fold.) 2 fold. maps. (China. Geological survey. Memoirs, ser.A, no. 6, October 1929).

BAUER, HEINRICH WILHELM, 1913- Der Bergbau in China. Leipzig, Druck von E. Gärtner, 1936. 127 p. Inaug.-Diss.-Berlin.

———. Chinas Schätze? Eine Studie über den Chinesischen Bergbau. Berlin, Jung-Verlag [1938] 126 p. fold. map.

CARLSON, ELLSWORTH C. The Kaiping mines (1877-1912) Cambridge, Chinese Economic and Political Studies, Harvard University; distributed by Harvard University Press, 1957. 174 p. (Chinese Economic and Political Studies. Special series).

CHAO, YA-TS'ENG, 趙亞曾, 1898-1929. The geology of the Tsinlingshan and Szechuan. By Y.T. Chao and T.K. Huang, 黃汲清. Peiping, Geological Survey of China and the Section of Geology of the National Academy of Peiping, 1931. v, 228 p. 4, 48 p. illus., 19 plates (incl. fold. maps) and atlas of 20 plates (17 maps, 3 diagr.) (China. Geological survey. Memoirs, ser.A, no. 9).

CHINA. GEOLOGICAL SURVEY. General statement on the mining industry. Peking and Peipei, 1921-1945. 7 v. tables (part fold.) (Its special report Nos. 1-7).

———. NATIONAL CONSTRUCTION COMMISSION. A brief description of the mining and metallurgical industries undertaken by the National Construction Commission. Nanking, 1930. 8 p. incl. tables.

COLLINS, WILLIAM FREDERICK. Mineral enterprise in China. Rev. ed. With maps and sketches. Tientsin, Tientsin Press, 1922. iii-xv, 410 p. maps (part fold.) 1st ed. London, 1918.

HEIM, ARNOLD ALBERT, 1882- Tseliutsin in Szechuan, the oldest bore field of the world. Canton, The National Sun Yatsen University, 1930. iv, 7 p.

———. Geology of Canton with general geological map 1:50, 000. By Arnold Heim, K. Krejci-Graf and Lee Cheng-San, 李承三. Canton, 1930. cover-title, 29, [20] p. [20] p. illus., 10 plates, fold. col. amp. (Kwangtung. Geological survey. Special publication no. 7).

———. Tectonical study of Omei-Shan, Szechuan; with 1 plate of coloured sketch-maps, 2 plates of sections and map, 3 plates of photographs and 8 figures in the text. Canton, 1932. 53, [48] p. [2] p. illus., vi plates (incl. 2 fold. maps, fold. diagr.) (Kwangtung. Geological survey. Special publication no. xiii).

———. Tectonical sketch of the Yangtse from Itshiang to the Red basin; with 6 plates and 7 figures in the text. Canton, 1933. cover-title, 39, [41] p. illus. vi plates (incl. fold. map. fold. diagr.) (Kwangtung. Geological survey. Special publication no. xiv).

HEINTZLEMAN, PERCIVAL STEWART, 1880- Mining and metallurgical industries in central China. Washington, Govt. Print. Off., 1922. ii, 9 p. ([U. S.] Bureau of foreign and domestic commerse (Dept. of commerce) Trade information bulletin, 26).

HO, PEI-YANG, 何丕揚. The production of tungsten in China. Tientsin, Hautes études, 1941. 26 p. (Tientsin. Institut des hautes études industrieles et commerciales. Economic studies, 16).

HSIEH, CHIA-YUNG, 謝家榮, 1896- Foreign interests in the mining industry in China, by C. Y. Hsieh and M. C. Chu, 朱懋澄. Shanghai, China Institute of Pacific Relations, 1931. 54 p. tables.

———. Geology of the iron deposits in the lower Yangtze region by C. Y. Hsieh with collaboration of C. C. Sun, 孫健初, Y. C. Cheng, 程裕祺, and K. Chern, 陳愷. Peiping, Geological Survey of China, 1935. 191, xviii p. 2, 78 p. incl. illus., tables, profiles. plates, (incl. fold. maps) (China. Geological survey. Geological memoirs, ser. A, no. 13).

———. A review of the stratigraphy, structure, and geological history of the Szechuan red basin and the occurrence of natural gas, oil, brines and rock salt contained therein with special discussions of their origin and future prospects. Nanking, 1945. 23, 2 l. tables.

HSÜ, K'O-CH'IN, 徐克勤. Geology and tungsten deposits of southern Kiangsi by K. C. Hsü and I. Ting, 丁毅. Pehpei, Chungkung, Geological Survey of China, 1943. 10, 360 p. 75 p. incl. illus., tables, diagrs. plates, fold. maps (1 in pocket) (China. Geological survey. Memoirs, ser. A, no. 17).

HUANG, T. K., 黃汲清 [HUANG CHI-CH'ING], 1904- On major tectonic forms of China. Chungking, Pub. by the National Geological Survey of China under the Ministry of Economic Affairs, 1945. iv, 165, 13 p. plates, fold. maps (in pocket) (China. Geological survey. Geological memoirs, ser. A, no. 20).

JUAN, VEI-CHOU, 阮維周, 1912- Mineral recources of China. [n.p., 1946] 399-474 p. incl. illus. (maps) tables. "Reprinted from Economic geology, 41:4 June-July, 1946."

KAO, P'ING, 高平. Geology of western Kiangsi, with 10 text fugures and 14 plates, by P. Kao and K. C. Hsü, 徐克勤. Pehpei, National Geological Survey of China, 1940. 72 p. illus., fold. maps (1 in pocket) diagr. (China. Geological Survey. Memoirs, ser. A, no. 16).

KWEICHOW. GEOLOGICAL SURVEY. On the establishment of the heavy industrial centres of Kweichow in reference to the distribution of the chief mineral resources-the geology of Lung-Tou-Shan coal field, etc. [Kweichow, 1945] [30] p. 2 fold. maps.

LEE, JONQUEI S., 李四光 [LI SSŬ-KUANG] 1889- Fusulinidoe of north China.

Peking, Geological Survey of China, 1927. vii, 172 p. 10 p. incl. illus., tables. plates, fold. chart, diagrs. (China. Geological survey. Palaeontologia sinica, ser. B., vol. iv, fasc. 1).

———. A geological guide to the Lungtan district, Nanking, by J.S. Lee and S. Chu, 朱森. With a geological map under separate cover. Nanking, National Research Institute of Geology, Academia Sinica, 1932. 25, [2] p. 13 p. 5 plates 1 fold.).

———. The geology of China. London, T. Murby, 1939. xv, 528 p incl. illus., plates, diagrs. maps (part double).

———. Quaternary glaciations in the Lushan Area, Central China. Nanking, Institute of Geology, Academia Sinica, 1947. 70, 60 p. 16 plates, fold, map (in pocket) (Academia Sinica. Monograph of the Institute of Geology, ser. B, v. 2).

LEINUNG, A. Das Pechwan-Kohlengebiet (Provinz Szechwan) Shanghai, 1937. Microfilm copy. Negative. Collation of the original; iv, 25 l. illus. maps.

LI, CHING-YUAN, 李慶遠, 1913- Potential sources of aluminum in southwestern China, by Chingyuan Y. Li and C.Y. Hsieh. (In Mining technology. v. 10, no. 1 Jan. 1946. 6 p. maps, diagrs.)

LI, KUO-CH'IN, 李國欽, 1892- Tungsten: its history, geology, ore-dressing, metallurgy, chemistry, analysis, applications, and economics, by K.C. Li and Chung-Yu Wang, 王寵佑. 3d. ed. New York, Reinhold [1955] xx, 506 p. illus. (part col.) maps. (Am[erican] C[hemical] S[ociety] Monograph series, no. 130). 1st ed. 1943.

LI YUEH-YEN, 李悅言. Salt deposits of Szechuan. Pehpei, National Geological Survey of China, 1944. cover-title, 6, 202 p. incl. tables, plates. maps, plans, diagrs. (China. Geological survey. Memoirs, ser. A, no. 18).

LIAO, Y J., 廖友仁. Report on the Shanwupoa tin field, Kianghua, Hunan (summary) by Y.J. Liao and Y.T. Hsu, 許原道. (In Hunan. China. Geological survey. Bulletin. Changsha, 1934. [no.] 17. Economic geology 11. p. 1-5, 1-30. plates. (incl. fold. col. map)).

———. Report on the geology of Yangmeishan coal field, I-Chang, by Y.J. Liao and T.Y. Liu, 劉祖彝. (In Hunan. Geological survey. Bulletin, Changsha, Hunan, 1936. no. 18 (Econ. geol. 12) p. 17-21, 57-66 incl. tab., diagr. fold. col. map).

LICENT, ÉMILE. Notes géologiques sur la région de Ki ning hien et sur les volcans de Koan ts'ounnze et de Kong Keueh t'eou. Tientsin, Mission de Sien Hsien, 1932. 11 p. (Publication du Musée Hoang ho Pei ho, 5).

———. Les collections néolithiques du Musée Hoang ho Pei ho. Tientsin, Mission de Sien Hsien, 1932. 98 p. (Publications du Musée Hoang ho Pei ho, 14).

LIU, CHI-CH'ÊN, 劉季辰. Preliminary report on the geology and mineral resources of Kiangsu, by C.C. Liu and J.C. Chao, 趙汝鈞. Peking, Commercial Press, 1924. 34, [90] p. tables (1 fold.) [Memoirs of the Geological survey of China. Ser. A, no. 4].

———. Report on the Shui Kou Shan lead and zinc mine, Hunan, by C.C. Liu, C. C. Tien, 田奇瑞, and C.Y. Ou Yang, 歐陽超遠. Changsha, Hunan, 1927. 13 p. 2, 5, 59 p. incl. illus. tables, diagrs. plates. (incl. fold. map) 3 fold. plans. (Hunan, China. Geological survey. Bulletin 1. Economic geology 1).

MATHIEU, FRANÇOIS FELIX, 1886- La stratigraphie du bassin houiller de Kaiping (Chine). La flore paléozoïque du bassin houiller de Kaiping (Chine) par F. Stockmans et F.F. Mathieu. Bruxelles, Musée royal d'histoire naturelle de Belgique, 1939. 164 p. illus.

MENG, HSIEN-MIN, 孟憲民, 1900- Geology of the Tung-chuan district, northeastern Yunnan by H.M. Meng [and others]. Nanking, National Research Institute of Geology, 1948. 68 p. maps (3 fold.) (Academia Sinica. National

Research Institute of Geology. Memoirs, 17).

OINOUYE, YOSHICHIKE. Geological survey report on the oil shales in Mao-Ming Hsien, Kao-Chou district, Kwangtung, South China. Translation prepared by Engineer Intelligence Division, Office of the Engineer, Headquarters United States Army Forces, Far East. Tokyo, 1955. 42 l. map, tables, (U.S. Army. Corps of engineers. Far East command. [Pacific surveys] report, 41).

PAN, CHUNG-HSIANG, 潘鍾祥, 1906- The geology and metallogenetic provinces of eastern Asia. Minneapolis, 1946. ix, 288 l. illus., fold, plates, Thesis- Univ. of Minnesota.

SMITH, WILFRED. A geographical study of coal and iron in China, with an introduction by Percy M. Roxby. [Liverpool] University Press of Liverpool; London, Hodder and Stoughton, 1926. 83 p. maps (2 fold. in pocket).

SUN, CHIEN-CHU, 孫健初. Geology of Suiyuan and southwest Chahar by C.C. Sun. Peiping, National Geological Survey of China, 1934. v, 80, [72] p. incl. illus. tables. plates. and Atlas of 7 col. maps, diagrs. (China. Geological survey. Geological memoirs, Ser. A, no. 12).

SURVEY REPORT on the mines of North China (second party). By B (Otsu) party of non-official staff, headquarters of the Japanese garrison in China. Tokyo, 1954. v, 227 l. maps, diagrs. tables. (U.S. Army, Corps of engineers. Far East command. [Pacific surveys]-Reports, 14).

TEGENGREN, FELIX REINHOLD. The iron ores and iron industry of China, including a summary of the iron situation of the circum-Pacific region. Peking Geological Survey of China, 1921-24. 2 v. incl. illus., plates (part fold.) tables (part fold.) and atlas of 39 plates (col. maps, diagrs) (Memoirs of the Geological survey of China, ser. A. no. 2, October, 1921, and December, 1923).

T'IEN, CH'I-CH'IUNG, 田奇㻪, 1899- Reports on the geology of Tzemenchiao, Fenghuanshan, and Huping Permian coal fields, Sianghsiang, Hunan, by C.C. Tien, H.C. Wang, 王曉青, and S.Y. Kuo, 郭紹儀. Changsha, 1928. 7, [32] p. illus., 3 maps, fold. diagr. (Hunan, China. Geological survey. Bulletin 7; economic geology 4).

———. Reports on the Pan-Hsi antimony mine, Yi-Yang, Hunan, by C.C. Tien, S.Y. Kuo and H.C. Wang. Changsha, 1928. 13, [40] p. incl. tables, diagrs. fold. map, fold. diagr. (Hunan, China. Geological survey. Bulletin 5; economic geology 3).

———. Report on the Shang-Wu-Tu manganese deposit, Central Hunan, by C.C. Tien and H.C. Wang. Report on the Siangtan gypsum and salt deposit, Central Hunan, by C.C. Tien, S.Y. Kuo and H.C. Wang. Changsha, 1928. 15 p. 52 p. incl. illus., tables, 6 plates (incl. fold. map) (Human, China. Geological survey. Bulletin 4; economic geology 2).

———. A study of the Devonian sections in Changsha and Sientang districts, Central Hunan. Changsha, 1928. 25, [14] p. illus., fold. diagr. (Hunan. Geological survey. Bulletin ii(Geology i)).

———. Report on the geology and mineral resources of Hsinhu, Hunan. By C.C. Tien, H.C. Wang and S.Y. Kuo. Changsha, 1929. 12, [50] p. incl. tables, diagrs. fold. map. (Hunan. Geological survey. Bulletin 8; economic geology 5).

———. Geological reconnaissance along the projected line between Changsha and Pingshih stations of the Canton-Hankow railway, by C.C. Tien, H.C. Wang and T.Y. Liu, 劉祖彝. Changsha, 1933. 9, [60] p., illus., iv plates (incl. front. (fold. map)) (Hunan. Geological survey. Bulletin 16, Geology 3).

———. The geology of Changsha, Hsiangtan, Hengshan, Hengyang, Hsianghsiang, and Shaoyang districts, central Hunan, by C.C. Tien, H.C. Wang, and Y.T. Hsu, 許原道. Changsha, 1933. 47, [122] p., plates, fold. map. 2 fold. diagr. (Hunan. Geological survey. Bulletin 15, Geology 2).

———. The iron ores of Hunan (no. 1), by C.C. Tien, H.C. Wang and T.Y. Liu. Changsha, 1934. 8, [108] p. incl. illus., tables. plates, maps (part fold.) (Hunan. Geological survey. Memoir, ser. A, vol. i).

———. Report on the Wuhsi antimony deposit, Yuanling, Hunan (summary), by C.C. Tien and H.C. Wang. (In Hunan, China. Geological survey. Bulletin. Changsha, 1934. [no.] 17, Economic geology 11. p. 6-7, 31-46 p. vii plates, on 4 l. (incl. diagr.)).

———. The manganese ores of Hunan, by C.C. Tien, H.C. Wang, Y.T. Hsu and T.Y. Liu. Changsha, 1935. 8, 43, 5 p. illus., plates, maps (part fold.) (Hunan. Geological survey. Memoir, ser. A, vol. ii).

———. Geology and mineral resources of n.w. Tzŭli district. (In Hunan. Geological survey. Bulletin. Changsha, Hunan, 1936. no. 18 (Econ. geol. 12) p. 1-10, 1-38 incl. tables, diagrs. plates (incl. fold. map)).

———. Report on the coal field of Wulitun, Chenhsi, by C.C. Tien and H.C. Wang. (In Hunan. Geological survey. Bulletin. Changsha, Hunan, 1936. no. 18 (Econ. geol. 12) p. 22-24, 67-71. fold. map).

———. Report on the geology of Paohotang coal field, Shaoyang, by C.C. Tien and J.L. Hsu, 徐瑞麟. (In Hunan. Geological survey. Bulletin. Changsha, Hunan, 1936. no. 18 (Econ. geol. 12) p. 11-16, 39-56 incl. tab., diagrs. plates. (incl. fold. map) fold. profile).

TING, CHEN-WEI, 丁陳威. Extraction of alumina and potash from Chinese alunite by the kalunite process. Taipei, Taiwan Fertilizer Co., 1952. 38 p. (Research bull., 8).

TING, V. K., 丁文江. 1887-1936. The Permien of China and its bearing on Permian classification, by V.K. Ting and A.W. Grabau. Washington, D.C., 1934. 14 p. illus. plate. Reprinted from Report of XVI International geological congress, Washington, 1933.

———. The Carboniferous of China and its bearing on the classification of the Mississippian and Pennsylvanian, by V.K. Ting and A.W. Grabau. Washington, D.C., 1934. 17 p. illus. plate. Reprinted from Report of XVI International geological congress, Washington, 1933.

———. Report on the geology and tin mines of Kochiu district, Yunnan. Nanking, National Geological Survey of China, 1937. 2, 2, 51 p. illus., 2 maps (1 fold.) diagrs. (China. Geological survey. Memoirs and Chinese, ser. B, no. 10).

TSEN, PAK-LIANG, 曾伯良 [TSÊNG PO-LIANG], 1891- Recherches sur quelques minerais chinois de tungstène et de molybdène. Paris, P. Geuthner, 1928. 79 p. fold. map (Université de Lyon. Bibliotheca Franco-Sinica Lugdunensis. Études et documents pub. par l'Institut franco-chinois de Lyon, t. 6).

TUNG, C., 董常. Vocabulary of mineralogical, petrological and geological terms. Peking, Geological Survey of China, 1923. cover-title, [74] p.

VILLA, EDWARD MANSO DE, 1888- The study of mines in China, Indochina and Malaya. Hong Kong, Printed by the Hong Kong Daily Press, ltd., 1935. ciii, 226 p. incl. tables. plates (1 fold., incl. front.) fold. map, fold. form.

WANG, C. F., 王正黻, 1890-1951. A syllabus of mining conditions in the three eastern provinces. [Mukden, 1929] 11 p. In vol. xxi of "Documents of the Third conference, Institute of Pacific relations, Kyoto, Japan, 1929."

WANG, CHUNG YU, 王寵佑, 1879-1958. The mineral resources of China. [Tientsin, Tientsin Press, [n.d.] 54 p. incl. tables.

———. Antimony: its geology, metallurgy, industrial uses and economics. 3d ed. rev. London, C. Griffin [1952] 170 p. illus. 1st ed. 1909.

WANG, FELIX DJAHUNG, 王家鴻, 1900- Chinas Eisenproduktion und Eiseneinfuhr. Mauen-Berlin, Freyhoff, 1933. v, 69 p. Diss.-Univ. Berlin.

WANG, HSIAO-CHING, 王曉青. Report on the Matienhsu coal field, Yunghsin, Hunan (summary), by H.C. Wang and H.C. Hsiu, 粟顯俅. (In Hunan, China. Geological survey. Bulletin. Changsha, 1934. [no.] 17. Economic geology 11, p. 10, 55-58. plates).

———. Report of the Tungchungkou gold deposit, Yuanling, Hunan (summary). (In Hunan, China. Geological survey. Bulletin. Changsha, 1934. [no.] 17. Economic geology 11. p. 8-9, 47-54. iv plates on 2 l. (incl. map, plan)).

———. The geology of Changsha-Changteh district, Hunan, by H. C. Wang and T. Y. Liu. Changsha, 1936. 21, 106, 12 p. illus., xi plates on 6 l. 2 fold. maps (1 in pocket) diagrs. (Hunan. Geological survey. Memoir, ser. B, v. 1).

———. The antimony ores of Hunan, by H. C. Wang, Y. T. Hsu and K. C. Liu, 劉國昌. Changsha, 1938. 12, 182 p. illus., plates, maps, profiles, tables, diagrs. (Hunan, China. Geological survey. Memoir, ser. A, vol. iv).

WANG, YIUCHANG TSENSHAN, 王臻善, 1889- The Shuitung coal field, Hsienschen Hsien, Anhui. [Shanghai? 1926] 20 p. illus., 2 maps (1 fold.) diagrs. Reprinted from the Far Eastern review, v. 22 January 1926.

WONG, WILLIAM A., 黃著勳. Mineral wealth of China. Shanghai, Commercial Press, 1927. 129 p. front. (fold. map).

YEH, LIEN-TSUN, 葉連俊. Geology of central and southern Kansu, by L. T. Yeh and S. C. Kwan, 關士聰. Pehpei, National Geological Survey of China, 1944. cover-title, 7, 72, 12 p. xii fold, plates, (incl. maps, profiles, diagrs.) in pocket. (China. Geological survey. Memoirs, ser. A, no. 19).

YIH, LIANG-FU, 葉良輔. The igneous geology of the Nanking hills, by Liang F. Yih and T. Y. Yü, 喻德淵. [Shanghai] 1934. 83, 137 p. illus., plates, fold. maps (in pocket) tables (part fold.) (Academia sinica. National research institute of geology. Monograph, ser. B, v. 1).

Paleontology

BIEN, M. N., 卞美年 [PIAN MEI-NIEN]. On the fossil Pisces, Amphibia and Reptilia from Chou-koutien localities 1 and 3. Peiping, Geological Survey of China, 1934. 32 p. 2 p. incl. illus., tables. plates ([China. Geological survey] Palaeontologia sinica, ser. C, vol. x, fasc. 1).

———. Preliminary observations on the Cenozoic geology of Yunnan [n. p., 194-] Microfilm copy made by Microfilms, inc. Positive. Collation of the original, as determined from the film: 180-204 p. maps, profiles. "Reprinted from the Bulletin of the Geological Society of China, vol. xx, no. 2, 1940."

———. Cave and rock-shelter deposits in Yunnan, by M. N. Bien and L. P. Chia, 賈蘭坡 [n. p., n. d.] Microfilm copy made by Microfilms, inc. Positive. Collation of the original, as determined from the film: 326-347 p. illus. map. Reprinted from the Bulletin of the Geological Society of China, v. 18, nos 3-4, 1938.

———. "Red Beds" of Yunnan, [n. p., 194-] Microfilm copy made by Microfilms, inc. Positive. Collation of the original: 158-198 p. maps (2 fold.) profiles. "Reprinted from the Bulletin of the geological Society of China, vol. xxi, nos. 2-4, 1941."

BLACK DAVIDSON, 1884-1934. The human skeletal remains from the Sha Kuo T'un cave deposit in comparison with those from Yang Shao Tsun and with recent North China skeletal material. Peking, Published by the Geological Survey of China, 1925. 148, [18] p. plates, tables. (China. Geological survey. Palaeontologia sinica. ser. D, v. 1, fasc. 3).

———. On a lower molar hominid tooth from the Chou kou tien deposit. Peking, Geological Survey of China, 1927. 28, vi, [24] p. illus. plates (China. Geological survey. Palaeontologia sinica, ser. D, v. 7, fasc. 1).

———. A study of Kansu and Honan aeneolithic skulls and specimens from later Kansu prehistoric sites in comparison with north China and other recent crania. Peking, Geological Survey of China, 1928- 1 v. tables (part fold.) diagrs. (part fold.) (China. Geological survey. Palaeontologia sinica, ser. D, vol. vi, fasc. 1).

———. On an adolescent skull of Sinanthropus pekinensis in comparison with an adult skull of the same species and with other hominid skulls, recent and fossil. Peiping (Peking) Geological Survey of China, 1930. 144 p. incl. illus. tables. plates. (China. Geological survey. Palaeontologia sinica, ser. D. v. 7, fasc. 2).

———. Fossil man in China; the Choukoutien cave deposits with a synopsis of our present knowledge of the late Cenozoic in China, by Davidson Black, Teilhard de Chardin, C.C. Young and W.C. Pei; edited by Davidson Black, with a foreword by Wong Wen Hao. Peiping, The Geological Survey of China, and the Section of Geology of the National Academy of Peiping, 1933. x, 166 p. 4 p. incl. illus., tables. 9 fold. plates (incl. maps) (China. Geological survey. Memoirs, ser. A, no. 11).

BOHLIN, BIRGER, 1898- Die familie Giraffidae mit besonderer Berücksichtigung der fossilen Formen aus China. Peking, Published by the Geological Survey of China, 1926. 178 p. 13 l. incl. illus., tables. ([China. Geological survey] Palaeontologia sinica; ser, c, vol. iv, fasc. 1).

———. Cavicornier der Hipparion-fauna nord-Chinas. Plates 1-xx and 142 figures of text. Peiping, Geological Survey of China, 1935. 166, 5 p. incl. illus. tables. xx plates (China. Geological survey. Palaeontologia sinica, ser. c. vol. ix, fasc. 4).

———. Eine tertiäre Säugetier-fauna aus Tsaidam. With plates i-ix and 215 figures of text. Peiping, Geological Survey of China, 1937. [5]-111 p. illus., ix plates (Reports from the Scientific expedition to the north-western provinces of China under leadership of Dr. Sven Hedin. The Sino-Swedish expedition. vi. Vertebrate palaeontology: 1) At head of title: Palaeontologia sinica. Ser. C, vol. xiv, fasc. 1.).

———. Oberoligozäne Säugetiere aus dem Shargaltein-tal (western Kansu). With 2 plates and 136 figures of text. Nanking, The Geological Survey of China, 1937. 66 p. illus., plates. (Reports from the Scientific expedition to the north-western provinces of China under leadership of Dr. Sven Hedin. The Sino-Swedish expedition. Publication 5. vi. Vertebrate palaeontology:2). At head of title: Palaeontologia sinica. New ser. C, no. 3. Whole ser. no. 107.

———. Einige jungtertiäre und pleistozäne Cavicornier aus Nord-China. Uppsala, Almqvist und Wiksella boktryckeri-a-b., 1938. 54 p. illus. diagrs. (Nova acta Regiae societatis scientiarum Upsaliensis. ser. iv, v. 11, No. 2).

———. The fossil mammals from the Tertiary deposit of Tabenbuluk, western Kansu. Stockholm, 1942- 2 v. illus., plates,fold. map, diagrs. (Reports from the scientific expedition ot the north-western provinces of China under leadership of Dr. Sven Hedin. The Sino-Swedish expedition. Publication 20, and 28).

———. [Tertiary mammals of China] Stockholm, Thule, 1937-1946. 4 v. in 1. illus. plates, fold. col. map, tables. (Report from the scientific expedition to the northwestern provinces of China under leadership of Dr. Sven Hedin. The Sino-Swedish expedition. Publications 17, 5, 20, 28, vi: Vertibrate Palaeontology, 1-4).

———. Some mammalian remains from Shih-ehr-ma-ch'eng, Hui-hui-p'u area, western Kansu. Stockholm, 1951. 46, [1] p. illus. (Reports from the scientific expedition to the north-western provinces of China under leadership of Dr. Sven Hedin. The Sino-Swedish Expedition. Publication 35, vi. Vertebrate palaeontology, 5).

BOULE, MARCELLIN, 1861-1942. Le paléolithique de la Chine par M. Boule, H. Breuil, E. Licent et P. Teilhard. Paris, Masson et Cie, 1928. viii, 138, [1] p. illus. plates, maps, (Archives de l'institut du paléontogie humaine, Mémoire, 4).

BREUIL, HENRI, 1877- Bone and antler industry of the Choukoutien sinanthropus site. English translation by Miss M.E. Boyle. Peiping, Geological Survey of China, 1939. iv, 92 p. plates. (China. Geological survey. Palaeontologia sinica. New ser. D, no. 6. Whole ser. no. 117).

BRUSSELS. INSTITUT ROYAL DES SCIENCES NATURELLES DE BELGIQUE.

Contribution à la connaissance de la stratigraphie et de la tectonique du Jurassique à couches de houille dans la Chine septentrionale, par F.-F. Mathieu. Contribution à l'étude de la flore jurassique de la Chine septentrionale, par F. Stockmans et F.-F. Mathieu. Bruxelles, 1941. 67 p. 7 plates.

CAMP, CHARLES LEWIS, 1893- Dinosaur remains from the province of Szechhuan, China. Berkeley, Calif., University of California Press, 1935. cover-title, 467-471 incl. illus., plates (University of California publications. Bulletin of the Department of geological sciences. v. 23, no. 15).

CHANG, HSICHIH, 張席禔 On some fossil mammals from Kwangsi, South China; with 3 plates and 5 textfigures. Canton, 1934. cover-title, 14, [11] p. illus. plates. (Kwangtung. Geological survey. Special publication, no. xv).

CHANG, MING-SHAO, 張鳴韶. Brachiopoda from the Orthis bed of the Neichia formation of central China. Peiping, Geological Survey of China, 1934. 28 p. 3 p. illus., plates. (China. Geological survey, Palaeontologia sinica, ser. B, vol. i, fasc. 3).

CHAO, YA-TS'ÊNG, 趙亞曾, 1898-1929. Fauna of the Taiyuan formation of north China, -Pelecypoda. Peking, Geological Survey of China, 1927. 64 p. 4 p. incl. tables. plates (China. Geological survey. Palaeontologica sinica, ser. B, vol. ix, fasc, iii).

———. Productidoe of China. Peking, Geological Survey of China, 1927-28. 2 v. illus., plates, tables, diagrs. ([China. Geological survey. Palaeontologia sinica, ser. B, vol. v, fasc. ii-iii).

———. Carboniferous and Permian spiriferids of China. Peiping, Geological Survey of China, 1929. 133 p; 6 p. incl. illus., tables. plates. (China. Geological survey. Palaeontologia sinica, ser. B, vol. xi, fasc. 1).

CH'ÊN, HSÜ, 陳旭. Fusulinidoe of south China. Peiping, Geological Survey of China, 1934- 1 v. plates, tables, diagrs. (China. Geological survey. Palaeontologia sinica, ser. B, vol. iv, fasc. 2).

CHI, YUNGSHEN SHIAOCHING, 計榮森, 1907- Weiningian (Middle Carboniferous) corals of China. Peiping, Geological Survey of China, 1931. 70 p. 5 p. plates, fold. tables. (China. Geological survey. Palaeontologia sinica, ser. B, vol. xii, fasc. 5).

———. Lower Carboniferous syringoporas of China. Peiping, Geological Survey of China, 1933. 48 p; 5 p. plates. (China. Geological survey. Palaeontologia sinica, ser. B, vol. xii, fasc. 4).

———. Additional fossil corals from the Weiningian limestones of Hunan, Yunnan and Kwangsi provinces, in sw. China, Peiping, Geological Survey of China, 1935. 38 p; 8 p. illus., plates, fold. table. (China. Geological survey. Palaeontologia sinica, ser. B, vol. xii, fasc. 6).

CHU, S., 朱森. Corals and Brachiopoda of the Kinling limestone, with v plates and 7 text-figures. Nanking, Published by the National Research Institute of geology, Academia sinica, 1933. 73, [4] p. (Academia sinica. National research institute of geology. Monograph, ser. A. v. 2).

COLBERT, EDWIN HARRIS, 1905- Pleistocene mammals from the limestone fissures of Szechwan, China [by] Edwin Harris Colbert [and] Dirk Albert Hooijer. New York, 1953. 134 p. illus., 40 plates, map. tables (Bulletin of the American Museum of Natural History, v. 102, article 1).

DEXEL, THOMAS. Zur Frage der spätneolithischen Kulturen Nordchinas. Göttingen, 1950. 206 l. Diss. -Univ. Göttingen.

FONTAINE, HENRI. Étude et revision des tabules et heliolitides du Devonien d'Indochine et du Yunnan. Saigon, Impr. Le Van Tan, 1954. 86 p. plates, diagrs. tables, (Vietnam. Centre national de recherches scientifiques et techniques. Archives géologiques du Vietnam, 2).

GRABAU, AMADEUS WILLIAM, 1870-1946. Ordovician fossils of north China, with plates i-ix and 20 text figures. Peking, Published by the Geological Survey of China, 1922. 127 p; [2] p. illus., 1x pl. (China. Geological survey. Palaeontologia sinica, ser. B, vol. 1, fasc. 1).

———. Palaeozoic corals of China. Peking, Geological Survey of China, 1922-1928. 2 v. illus., plates, diagrs. (China. Geological survey. Palaeontologia sinica, ser. B, v. 2, fasc. 1-2.

———. Stratigraphy of China. Peking, Published by the Geological Survey, Ministry of Agriculture and Commerce, 1923-28. 2 v. illus., plates (part fold.) maps (part fold.) profiles, tables (part fold.) diagrs.

———. Silurian faunas of eastern Yunan. Peking, Published by the Geological Survey of China, 1926. 100 p. illus., plates, tables. (China. Geological survey. Palaeontologia sinica. Ser. B., v. 3, fasc. 2).

———. Contributions to geological science by graduates of the National University; an address delivered at the celebration of the thirty-first anniversary of the founding of the university. Peiping, 1930. 16 p.

———. The Grabau anniversary volume. Peiping, 1931. xx, 352 p. illus. plates, maps (part fold.) (Bull. of Geological Soc. of China, vol. 10).

———. Devonian Brachiopoda of China. Peiping, Published by the Geological Survey of China, 1933- 1 v. illus., plates, tables (part fold.) (China. Geological survey. Palaeontologia sinica, ser. B., v. 3, fasc. 3.

———. Early Permian fossils of China. Peiping, Geological Survey of China, 1934-1936. 2 v. illus., plates, tables. (China. Geological survey. Palaeontologia sinica, ser. B, vol. viii, fasc. 3.).

———. Palaeozoic formations in the light of the pulsation theory. [Peiping] University Press, the National University of Peking, 1936- 4 v. illus., fold. maps, fold. profiles.

———. The Amadeus William Grabau memorial volume. Nanking, 1947. 408 p. front. (port.) illus. plates, maps (part fold.) (Bull. of Geological Society of China, vol. 27).

HALLE, THORE GUSTAF, 1884- Fossil plants from south-western China by T.G. Halle. With stratigraphical note, by V.K. Ting, Peking, Geological Survey of China, 1927. 26 p. 4 p. plates. (China. Geological survey. Palaeontologia sinica, ser. A, vol. i, fasc. ii).

———. Palaeozoic plants from central Shansi. Peking, Geological Survey of China, 1927. 64 l., 316 p. incl. 2 maps, tables, diagr. plates, fold. diagr. (China. Geological survey. Palaeontologia sinica, ser. A, vol. ii, fasc. i).

———. Some seed-bearing pteridosperms from the Permian of China. With 6 plates and 3 figures in the text. Communicated November 28th by O. Juel and O. Rosenberg. Stockholm, Almqvist and Wiksells boktryckeri-a.-b., 1929. 24 p. illus., plates. (Kungl. svenska vetenskapsakademiens handlingar. 3. ser., bd. 6, n:o 8).

———. On Drepanophycis, Protolepidodendron and Protopteridium, with notes on the Palaeozoic flora of Yunnan. Plates v, and 2 figures of text. Nanking, Published by the Geological Survey of China, 1936. 38, 3 p. illus., plates (China. Geological survey. Palaeontologia sinica, ser. A, v 1, fasc. 4).

HOOIJER, DIRK ALBERT. A mastodont tooth from Szechwan, China [by] Dirk A. Hooijer and Edwin H. Colbert. [Chicago] Chicago Natural History Museum, 1951. 129-134 p. illus. ([Chicago. Natural History Museum. Publication] no. 683).

HOPWOOD, ARTHUR TINDELL, 1897- Fossil Proboscidea from China. With plates I-VIII. Peiping, Geological Survey of China, 1935. 108 p; 3 p. incl. tables. viii plates. (China. Geological survey. Palaeontologia sinica, ser. C, vol. ix, fasc. 3).

HSÜ, SINGWU CHIEH, 許傑, 1901- The graptolites of the lower Yangtze valley with 7 plates and 37 text-figures. Nanking, 1934. 106, [23] p. incl. illus., tables, plates. (Academia sinica. National research institute of geology. Monograph. ser. A. vol. iv).

———. Fresh-water gastropods from Tertiary and Quaternary deposits of Kwangsi, S. China. Peiping, Geological Survey of China, 1935. 48 p.; 4 p. incl. illus., tables, diagrs. plates. (China. Geological survey. Palaeontologia si-

nica, ser. B, vol. vi, fasc. 2).
———. Gastropods from the Siashu formation. Nanking, Geological Survey of China, 1936. 50 p. 6 p. incl. tables, diagrs. plates, (China. Geological Survey . Palaeontologia sinica, ser. B, vol, vi, fasc. 3).
HU, HSEN-HSU, 胡先驌 , 1894- A Miocene flora from Shantung province, China. Part I. Introduction and systematic considerations [by] Hsen Hsu Hu and Ralph W. Chaney. Part II. Physical conditions and correlation [by] Ralph W. Chaney and Hsen Hsu Hu. Washington, D.C., 1940. vi, 147 p. incl. illus. (map) tables. 57 plates on 53 l. ([Carnegie institution of Washington] Contributions to paleontology).
HUANG, T. K., 黃汲清 [HUANG CHI-CH'ING] 1904- . Permian corals of southern China. Peiping, Geological Survey of China, 1932. 163 p; 5 p. illus., plates. (China. Geological survey. Palaeontologia sinica, ser. B, vol. viii, fasc. 2).
———. The Permian formations of southern China. Peiping, Geological Survey of China, 1932. iii, 140 p; 2, 18 p. incl. illus., tables. 6 plates (incl. fold. maps) (China. Geological survey. Memoirs, ser. A, no. 10).
———. Late Permian Brachiopoda of southwestern China. Peiping, Geological Survey of China, 1932-33. 2 v. illus., plates. (China. Geological survey. Palaeontologia sinica, ser. B, vol. ix, fasc. 1-2).
KOENIGSWALD, GUSTAV HEINRICH RALPH VON, 1902- Gigantopitheous blacki von Koenigswald, a giant fossil hominoid from the Pleistocene of southern China. New York, 1952. 295-325 p. illus., tables. (Anthropological papers of the American Museum of Natural History, v. 43, pt. 4).
LÖNNBERG, EINAR, 1865- On a new fossil porcupine from Honan with some remarks about the development of the Hystridae. Stockholm, Peking, Geological Survey of China, 1924. 15 p. plates. (China. Geological Survey. Palaeontologia sinica, ser. C, v. 1, fasc. 3).
LOUDERBACK, GEORGE DAVIS, 1874- The stratigraphic relations of the Jung Hsien fossil dinosaur in the Szechuan red beds of China. Berkeley, Calif., University of California Press, 1935. cover-title, p. 459-466 incl. tables. (University of California publications. Bulletin of the Department of geological sciences. v, 23, no. 14).
LOWE, PERCY ROYCROFT, 1870- Struthious remains from northern China and Mongolia; with descriptions of Struthio wimani, Struthio anderssoni and Struthio mongolicus, spp. nov. With a note on remains of carinate birds, by Dorothea M.A. Bate. Peiping, 1931. 47 p. illus., plates. (China. Geological survey. Palaeontologia sinica, ser. C, vol. vi, fasc. 4).
MA, T'ING-YING, H., 馬廷英 . On the seasonal growth in Palaeozoic tetracorals and the climate during the Devonian period. Nanking, Geological Survey of China, 1937. 96 p; 6 p. plates, fold. map, tables (1 fold.) ([China. Geological survey] Palaeontologia sinica, ser. B, vol. ii, fasc. 3).
———. On the growth rate of reef corals and its relation to sea water temperature. Nanking, Geological Survey of China, 1937. 226 p; 7 p. incl. tables, diagrs. and [atlas] of 2 l. [227]-426 p.,plates ([China. Geological survey] Palaeontologia sinica, ser. B, vol. xvi, fasc. 1).
———. Research on the past climate and continental drift. Yungan and Taipei, The author, 1943-1953. 6 v. plates, maps (part fold.).
———. Subaerial erosions and amounts of sliding of the rigid shell of the globe in the Pacific Basin since the end of the Cretaceous. Taipei, 1953. 6; 7 p. illus. tables, (Oceanographica Sinica, 1:1).
———. Deposition of geosynclinal formations and the origin of petroleum. Taipei, 1953. 48 p. diagr. tables (2 fold.) (Oceanographica Sinica 1:2).
ODHNER, NILS HJALMAR, 1884- Non-marine Mollusca from Pliocene deposits of Kwangsi, China. With III plates and an Appendix on recent Chinese shells in fossil occurrence. Peking, Published by the Geological Survey of China, 1930. 34 p. plates. (China. Geological survey. Palaeontologia sinica,

ser. B, v. 6, fasc. 4).

——. Shells from the San Men series. Peking, Published by the Geological Survey of China [Stockholm, Cederquists grafiska aktiebolag] 1925. 18, [2] p; vi, [6] p. illus., plates (China. Geological survey. Palaeontologia sinica, ser. B, v. 6, fasc. 1).

P'AN, CHUNG-HSIANG, 潘鐘祥, 1906- Older Mesozoic plants from north Shensi. Nanking, Geological Survey of China, 1936. 76 p; 6 p. plates (incl. map, diagr.) (China. Geological survey. Palaeontologia sinica. ser. A, vol. iv, fasc. 2).

PATTE, ÉTIENNE, 1891- Étude de quelques fossiles paléozoiques et mesozoiques recueillis en Indochine et au Yunnan. I. Fossiles recueilli au cours de la mission Jacob et Dussault au Laos (1921-1922) II. Ammonites du Trias supérieur du Tonkin. III. Fossile du Dévonien et du Trias recueillis au Yunnan par m. Fromaget. iv. Rhétien marin du Yunnan. Par Étienne Patte. Ha Hanoi, Impr. d'Extrême-Orient, 1922. 71 p. plates. ([Indo-China, French] Service géologique de l'Indo-Chine. Mémoires, v. 9; fasc. 1).

——. Fossiles paléozoiques et mésozoiques du sud-ouest de la Chine. Avec 4 planches. Peiping, Geological Survey of China, 1935. 50, 14 p. plates (China. Geological survey. Palaeontologia sinica, ser. B, vol xv, fasc. 2).

PEARSON, HELGA SHARPE, 1898- Chinese fossil Suidae. Peking, Geological Survey of China, 1928. 75 p. incl. illus., tables. plates. (China. Geological survey. Palaeontologia sinica, ser. c, v. 5, fasc. 5).

P'EI, WÊN-CHUNG, 裴文中, 1903- Mammalian remains from locality 5 at Chouk'outien. Peiping, Geological Survey of China, 1931. 18 p; 2 p. incl. illus., tables. plates. (China. Geological survey. Palaeontologia sinica, ser. C, vol. vii, fasc. 2).

——. Choukoutien excavations. Peiping, The National Geological Survey of China and Institute of Geology of the National Academy of Peiping, 1934. 4, 2, 6, 68 p., illus., plates (2 fold.) fold. map. (China. Geological survey. Memoirs, ser. B, no. 7).

——. On the Carnivora from locality 1 of Choukoutien. Peiping, The Geological Survey of China, 1934. 216 p; 5 p. incl. illus., tables, diagrs. plates. (China. Geological survey. Palaeontologia sinica, ser. C, vol. viii, fasc. 1).

——. On the mammalian remains from locality 3 at Choukoutien. Peiping, 1936. 120 p; 3 p. incl. illus., tables, plates. ([China. Geological survey] Palaeontologia sinica, ser. C, vol. vii, fasc. 5).

——. Le rôle des phénomènes naturels dans d'éclatement et le façonnement des roches dures utilisées par l'homme préhistorique. Paris, 1936. 78 p. illus. plates, diagrs. Thèse-Univ. de Paris. "Extrait de la Revue de géographie physique et de géologie dynamique. Volume ix, fascicule 4."

——. Le rôle des animaux et des causes naturelles dans la cassure des os. Peiping, Geological Survey of China, 1938. 60 p. illus., plates. (China. Geological survey. Palaeontologia sinica. New ser. D, no. 7. Whole ser. no. 118).

——. The upper cave industry of Choukoutien. Peiping, Geological Survey of China, 1939. 58 p. illus., plates, diagrs. (China. Geological survey. Palaeontologia sinica. New ser. D, no. 9. Whole ser. no. 120).

——. An attempted correlation of Quaternary geology, paleontology and prehistory in Europe and China. London, Institute of Archaeology, 1939. 16 p. 2 fold. tab. (London. University. Institute of archaeology. Geochronological table no. 1).

——. The upper cave fauna of Choukoutien. Chungking, Geological Survey of China, 1940. iv, 100 p. incl. illus., tables. plates, fold. diagr. (China, Geological survey. Palaeontologia sinica. New ser. c, no. 10. Whole ser. no. 125).

PING, CHI, 秉志, [PING CHIH], 1889- Cretaceous fossil insects of China. Peiping, Geological Survey of China, 1928. 56 p; 7 p. illus., plates, map.

(China. Geological survey. Palaeontologia sinica, ser. B, vol. xiii, fasc. 1).
———. Fossil terrestrial gastropods from north China. Peiping, Geological Survey of China, 1929. 30 p; 7 p. illus., plates (China. Geological survey. Palaeontologia sinica, ser. B, vol. vi, fasc. 5).
———. Tertiary and Quaternary non-marine gastropods of north China. Peiping, Published by the Geological Survey of China in cooperation with the Section of Geology, National Academy of Peiping, 1931. 39 p; 8 p. illus., plates. (China. Geological survey. Palaeontologia sinica; ser. B, vol. vi, fasc. 6).
REED, FREDERICK RICHARD COWPER, 1869- Palaeozoic and Mesozoic fossils from Yun-nan. Calcutta, Government of India Central Publication Branch, 1927. 331, vi p. plates. (India. Geological survey. Memoirs. Palaeontologia indica. n.s., vol. x, no. 1).
RINGSTRÖM, TORSTEN JONAS, 1895- Nashörner der hipparion-fauna Nord Chinas. Peking, Geological Survey of China, 1924. [3], 156, [30] p. illus., plates, tables. ([China. Geological survey] Palaeontologia sinica, ser. C, vol. I, fasc. 4).
———. Über Quartäre und Jungtertiäre rhinocerotiden aus China und der Mongolei. Peking, Geological Survey of China, 1927. 21, [1] p. incl. illus., tables. plates. (China. Geological survey. Palaeontologia sinica, ser. C, vol. iv, fasc. 3).
SCHAUB, SAMUEL, 1882- Über einige fossile Simplicidentaten aus China und der Mongolei. Basel, Komm. E. Birkhäuser et Cie, 1934. iv, 40 p. plates, figs. (Abhandlungen der Schweizerischen palaeontologischen Gesellschaft, Bd. 54, 2).
SCHLOSSER, MAX. Fossil primates from China. Peking, Published by the Geological Survey of China, 1924. 14, [4] p. plates. (China. Geological survey. Palaeontologia sinica, ser. C, vol. I, fasc. 2).
SEFVE, IVAR, 1886- Die Hipparionen Nord-Chinas. Peking, Published by the Geological Survey of CHina, 1927. 93 p. incl. illus., tables, diagrs. plates. (China. Geological survey. Palaeontologia sinica, ser C, vol. iv, fasc. 2).
SHÊNG, HSIN-FU, 盛莘夫. Lower Ordovician trilobite fauna of Chekiang. Peiping, Geological Survey of China, 1934. 28 p; 3 p. plates. (China. Geological survey. Palaeontologia sinica, ser. B, vol. III, fasc, 1).
SMITH, GRAFTON ELLIOT, 1871-1937. The discovery of primitive man in China. (In Smithsonian institution. Annual report, 1931. Washington, 1932. p. 531-547. illus., plates.
———. The significance of the Peking man, lecture delivered at the University of Edinburgh, Friday, 30th January 1931. [Edinburgh, London, Oliver and Boyd, 1931] 20 p. illus., plates. (The Henderson trust lectures.-no. 11).
STENSIÖ, ERIK ANDERSSON, 1891- Sinamia zdanskyi, a new amiid from the Lower Cretaceous of Shantung, China. With 17 plates and 20 figures in the text. Peiping, Published by the Geological Survey of China, 1935. 48 p; 2 p. illus., plates. ([China. Geological survey] Palaeontologia sinica, ser. C, vol. III, fasc. 1).
SUN, YÜN-CHU, 孫雲鑄, 1897- Contributions to the Cambrian faunas of north China. Peking, Geological Survey of China, 1924. 109 p; 24 p. incl. map. plates. (China. Geological survey. Palaeontologia sinica, ser. B, vol. I, fasc. IV).
———. Ordovician trilobites of central and southern China. Peiping, Geological Survey of China, 1931. 47 p; 2 p. III plates. (China. Geological survey. Palaeontologia sinica, ser. B, vol. VII, fasc. 1).
———. Ordovician and Silurian graptolites from China. Peiping, Geological Survey of China, 1933. 69, [1] p; 5 p. plates (China. Geological survey, Palaeontologia sinica, ser. B, vol. xiv, fasc. 1).
———. Lower Ordovician graptolite-faunas of north China. Peiping, Geological Survey of China, 1935. 20 p; 2 p. plates. (China. Geological survey. Palaeontologia sinica, ser. B, vol. xiv, fasc. 2).

———. Bases of the chronological classification with special reference to the Paleozoic stratigraphy of China. Kunming, National University of Peking, 1941. Cover-title, 21 p. incl. tables.

———. Preliminary notes on the stratigraphy and structure of the Paoshan region, W. Yunnan. Peiping, Yu Lien Press, 1947. 26 p. illus. plates, (Peking. National Univ. of Peking. Geological institute. Contributions, 32).

SZE, H. C., 斯行健 [SSÜ HSING-CHIEN]. Beiträge zur mesozoischen Flora von China. Peiping, Geological Survey of China, 1933. 91, [1] p; 2 p. incl. tables, plates (China. Geological survey. Palaeontologia sinica, ser A, vol. IV, fasc. 1).

———. Fossile Pflanzen aus Shensi, Szechuan und Kueichow. Peiping, Geological Survey of China, 1933. 44 p; 7 p. plates. (China. Geological survey. Palaeontologia sinica, ser. A, vol. I, fasc. 3).

———. On the occurrence of Neuropteris gigantea Sternb. in Kiangsi, by H. C. Sze and Kouta Chan, 陳國達 [n. p., 194-] Collation of the original, as determined from the film; 196-200 p. plate, map. From the Bulletin of the Geological Society of China, v. 22, nos. 3-4, Dec. 1942.

———. Die mesozoische Flora aus der Hsiangchi Kohlen Serie in Westhupeh. Nanking, National Geological Survey of China, 1949. 71 p. plates. (China. Geological Survey. Palaeontologia sinica, new ser. A, no. 2, Whole ser. no. 133).

———. Older mesozoic plants from the Yenchang formation, northern Shensi. Peking, Institute of Paleontology and Laboratory of Vertebrate Palaeontology, 1956. p. 113-217. (Palaeontologia Sinica. n. s. A, 5, whole number 139).

TEILHARD DE CHARDIN, PIERRE. Preliminary observations on the Pre-Loessic and Post-Pontian formations in western Shansi and northern Shensi, by P. Teilhard de Chardin and C. C. Young. Peiping, Geological Survey of China and the Section of Geology of the National Academy of Peiping, 1930. 54 p; 20 p. incl. illus. plates (incl. fold. map) (China. Geological survey. Memoirs, ser. A, no. 8).

———. Fossil mammals from the late Cenozoic of northern China, by P. Teilhard de Chardin and C. C. Young. Peiping, Geological Survey of China, 1931. 88 p; 5 p. illus., plates, map. (China. Geological survey. Palaeontologia sinica, ser. C, vol. ix, fasc. 1).

———. Fossil mammals from locality 9 of Choukoutien. Nanking, Published by the Geological Survey of China, 1936. [5]-70, [2] p. illus., plates. (China. Geological survey. Palaeontologia sinica, ser. C, vol. vii, fasc. 4).

———. On the mammalian remains from the archaeological site of Anyang, by P. Teilhard de Chardin and C. C. Young. Nanking, Geological Survey of China, 1936. ii, [1], [5]-78 p; 8 p. illus. plates (1 fold.) ([China. Geological survey] Palaeontologia sinica, ser. C, vol. xii, fasc. 1).

———. The proboscidians of south-eastern Shansi, by P. Teilhard de Chardin and M. Trassaert Nanking, Geological Survey of China, 1937. 84, 4 p. incl. illus., map, tables. (China. Geological survey. Palaeontologia sinica, ser. C, v. 13, fasc. 1).

———. The pliocene Camelidae, Giraffidae, and Cervidae of south-eastern Shansi, by Teilhard de Chardin and M. Trassaert. Nanking, Geological Survey of China, 1937. 68, [8] p. illus. plates, (Palaeontologia sinica, n. s. C., no. 1).

———. The fossils from locality 12 of Choukoutien. Nanking, Published by the Geological Survey of China, 1938. 50 p. illus. (incl. map) plates, diagr. ([China. Geological survey] Palaeontologia sinica, n. s. C., no. 5, whole ser. no. 114).

———. Cavicornia of south-eastern Shansi, by P. Teilhard de Chardin and M. Trassaert. [Nanking] Published by the Geological Survey of China, 1938. 106 p. incl. illus., tables. plates. ([China. Geological survey] Palaeontologia sinica, n. s. C, no. 6, whole ser. no. 115).

———. The fossils from locality 18, near Peking. Chungking, Geological Survey of China, 1940. 100 p. illus., plates. (China. Geological survey. Palaeontologia sinica. n. s. C, no. 9. whole ser. no. 124).
———. The fossil mammals from locality 13 of Choukoutien by Teilhard de Chardin and Pei Wen-chung. Pehpei, Geological Survey of China, 1941. iii, 118 p. illus. (Palaeontologia sinica, n. s. C, no. 11).
———. Réflexions sur le progrès. Peking, 1941. 27 p.
———. Early man in China, Pékin, Institut de Géobiologie, 1941. xi, 99 p. illus. map (Institut de géobiologie. [Publ.], 7).
———. Chinese fossil mammals; a complete bibliography analysed, tabulated, annotated and indexed. Pékin, Institut de Géobiologie, 1942. 142 p.
———. Fossil man, recent discoveries and present problems, a lecture given at the Catholic University of Peking. Peking, H. Vetch, 1943. 28 p. illus. diagrs.
———. Le néolithique de la Chine, par Pierre Teilhard de Chardin et Pei Wen-chung. Pékin, Institut de Géobiologie, 1944. xiv, 100 p. illus. 2 fold. maps. (Institut de géobiologie. [Publ.] 10).
———. La question de l'homme fossile; découvertes récentes et problèmes actuels. Paris, Éditions Psyché [1948] 33 p. illus. (Collection Psyché. Petites études).
T'IEN, CH'I-CH'IUNG, 田奇㻌, 1899- Crinoids from the Taiyuan series of north China. Peking, Geological Survey of China, 1926. 58 p; 6 p. incl. illus. plates, (China. Geological survey. Palaeontologia sinica, ser. B, vol. v, fasc. 1).
———. Lower Triassic Cephalopoda of south China. Peiping, Geological Survey of China, 1933. 53 p; 2 p. incl. tables. plates, (China. Geological survey. Palaeontologia sinica, ser. B, vol. xv, fasc. 1).
———. Devonian Brachiopoda of Hunan. Changsha, Geological Survey of China, 1938. iv, 192, 7 p. incl. illus., tables, diagrs. plates. (China. Geological survey. Palaeontologia sinica, n. s. B, no. 4, whole ser. no. 113).
WEIDENREICH, FRANZ, 1873-1948. Observations on the form and proportions of the endocranial casts of Sinanthropus pekinensis, other hominids and the great apes: a comparative study of brain size. Peiping, 1936. 50 p. incl. illus. (incl. diagrs.) tables. (China. Geological survey. Palaeontologia sinica, ser. D, vol. vii, fasc. 4).
———. The dentition of Sinanthropus pekinensis; a comprative odontography of the hominids. With tables I-XXVII and an atlas containing plates I-XXXVI and 49 diagrams. Peiping, 1937. v, 180 p. incl. tables. and atlas of plates, 49 diagr. ([China. Geological survey] Palaeontologia sinica, new ser. D, no. 1. Whole ser. no. 101).
———. The mandibles of Sinanthropus pekinensis: a comparative study. With text figures 1 to 100, tables I to XVII and plates I to XV. Peiping, 1938. 162, 5 p. incl. illus., tables, diagrs. plates ([China. Geological survey] Palaeontologia sinica, ser. D, vol. 7, fasc. 3).
———. Six lectures on Sinanthropus pekinensis and related problems. Pehpei, 1939. Cover-title, 110 p. plates. Reprinted from the Bull. of the Geological Society of China, v. 19, No. 1.
———. The extremity bones of Sinanthropus pekinensis. With tables I to XX, and plates I to XXIV. Peking, Geological Survey of China, 1941. 150 p. incl. tables. plates. (China. Geological survey. Palaeontologia sinica. New ser. D, no. 5. Whole ser. no. 116).
———. The skull of Sinanthropus pekinensis; a comparative study on a primitive hominid skull. With tables I-XXXVIII and plates I-XCIII. Pehpei, Geological Survey of China, 1943. xxi, 484, [2] p. incl. plates, diagrs. (China. Geological survey. Palaeontologia sinica. New ser. D, no. 10. Whole ser. no. 127).
———. Giant early man from Java and south China. New York, 1945. 134 p. illus. (incl. map) plates, tables (1 fold.) diagrs. (Anthropological papers of the American museum of natural history. v. 40: pt. 1).

———. The shorter anthropological papers of Franz Weidenreich published in the period 1939-1948; a memorial volume compiled by S. L. Washburn and David Wolffson. New York, Viking Fund, 1949. vii, 267 p. illus.

WIMAN, CARL JOHAN JOSEF ERNST, 1867-1944. Die Dreide-dinosaurier aus Shantung. Peking, Geological Survey of China, 1929. 67 p; 3 p. incl. illus., tables, diagr. plates (part fold.) (China. Geological survey. Palaeontologia sinica, ser. C, v. 6, fasc. 1).

———. Fossile Schildkröten aus China. Peiping, Geological Survey of China, 1930. 56 p; [2] p. incl. illus., tables. plates (3 fold.) (China. Geological survey. Palaeontologia sinica, ser. C, v. 6, fasc. 3).

YIN, TSAN-HSÜN, 尹贊勳, 1902- Gastropoda of the Penchi and Taiyuan series of north China. Peiping, Geological Survey of China, 1932. 53 p; 2 p. incl. tables. plates, (China. Geological survey. Palaeontologia sinica, ser. B, vol. xi, fasc. 2).

———. Upper Palaeozoic ammonoids of China. Peiping, Geological Survey of China, 1935. 44 p; 5 p. illus., plates (China. Geological survey. Palaeontologia sinica, ser. B, vol. xi, fasc. 4).

YOH, SÊN-SHING,樂森璕 , 1899- The coral fauna of the Chihsia limestone of the lower Yangtze valley, by S. S. Yoh and T. K. Huang. Peiping, Geological Survey of China, 1932. 72 p; 10 p. plates. (China. Geological survey. Palaeontologia sinica, ser. B, vol. viii, fasc. 1).

YOUNG, CHUNG-CHIEN, 楊鍾健, Fossile nagetiere aus Nord-China. Peking, Geological Survey of China, 1927. 82, [6] p; 2 p. incl. tables. plates. (China. Geological survey. Palaeontologia sinica, ser. C, vol. v, fasc. 3).

———. On the mammalian remians from Chi Ku Shan near Chou Kou Tien. Peiping, Geological Survey of China, Section of Geology, National Academy of Peiping, 1930. 24 p; 2 p. 1 illus., plates. (China. Geological survey. Palaeontologia sinica, ser. C, vol. vii, fasc. 1).

———. On the Artiodactyla from the Sinanthropus site at Chou-k'outien. Peiping, Geological Survey of China, 1932. 158 p. incl. illus., tables. plates. (China. Geological survey. Palaeontologia sinica, ser. C, vol 8, fasc. 2).

———. On the fossil vertebrate remains from localitites 2, 7 and 8 at Choukoutien. Peiping, Geological Survey of China, 1932. 24, [4] p. illus., plates. (China. Geological survey. Palaeontologia sinica, ser. C, v. 7, fasc. 3).

———. Fossil man and summary of Cenozoic geology in China. Peiping, Geological Survey of China, 1933. 4, 4, 2, 106 p. illus., plates, fold. maps, fold. diagrs. (China. Geological survey. Geological memoirs, ser. B, no. 5).

———. On the Insectivora, Chiroptera, Rodentia and primates other than Sinanthropus from locality 1 at Choukoutien. Peiping, Geological Survey of China, 1934. 160 p; 4 p. incl. illus., tables. plates. ([China. Geological survey] Palaeontologia sinica, ser. C, vol. viii, fasc. 3).

———. Fossil reptiles in China. Peiping, National Geological Survey of China and the Institute of Geology of the National Academy of Peiping, 1935. 4, 4, 56, [3] p. illus., plates, fold. map, tables (2 fold.) (China. Geological survey. Geological memoirs ser. B, no. 8).

———. On a new nodosaurid from Ninghsia. Peiping, Geological Survey of China, 1935. 34 p; 2 p. illus., plates (China. Geological survey. Palaeontologia sinica, ser. C, vol. xi, fasc. 1).

———. Miscellaneous mammalian fossils from Shansi and Honan. Peiping, Geological Survey of China, 1935. 56 p; 1 p. illus., plates. (China. Geological survey. Palaeontologia sinica, ser. C, vol. ix, fasc. 2).

———. A complete osteology of Lufengosaurus huenei Young (gen. et sp. nov.) from Lufeng, Yunnan, China. Pehpei, Geological Survey of China, 1941. 53 p. illus., plates (part fold.) (China. Geological survey. Palaeontologia sinica. New ser. C, no. 7. Whole ser. no. 121).

———. On Lufengosaurus magnus Young (sp. nov.) and additional finds of Lufengosaurus huenei Young. Nanking, Published by the Geological Survey of China, 1947. 53, 2 p. illus. (China, Geological survey. Palaeontologia sinica, n. s. C, no. 12. Whole ser. no. 132).

YÜ, CHIEN-CHANG, 俞建章. The Ordovician Cephalopoda of central China. Peiping, Geological Survey of China and Section of Geology, National Academy of Peiping, 1930. 101 p; 18 p. illus., plates. (China. Geological survey. Palaeontologia sinica; ser. B, vol. I, fasc. 2).

———. Lower Carboniferous corals of China. Peiping, Geological Survey of China, 1933. 211 p; 11 p. plates. (China. Geological survey. Palaeontologia sinica, ser B, vol xii, fasc. 3).

ZDANSKY, OTTO. Jungtertiäre carnivoren Chinas. Peking, Geological Survey of China, 1924. 149 p; 2 p. illus., plates, map, tables. (China. Geological survey. Palaeontologia sinica, ser. C, v. 2, fasc. 1).

———. Quartäre carnivoren aus Nord-China. Peking, Published by the Geological Survey of China [Stockholm, Cederquists grafiska aktiebolag] 1925. 26, [3] p. incl. illus., tables. plates. (China. Geological survey. Palaeontologia sinica, ser. C, V. 2, fasc. 2).

———. Fossile hirsche Chinas. Peking, Geological Survey of China [Stockholm, Cederquists grafiska aktiebolag] 1925. 90, [4] p., incl. illus., tables. plates, (China. Geological survey. Palaeontologia sinica, ser. C, v. 2, fasc. 3).

———. Peracamelus gigas, Schlosser. Peking, Geological Survey of China [Stockholm, Cederquists grafiska aktiebolag] 1926. 44 p., illus., plates (China. Geological survey. Palaeontologia sinica, ser. C, v. 2, fasc. 4).

———. Weitere, Bemerkungen über fossile Cerviden aus China. Peking, Published by the Geological Survey of China, 1927. 19 p. incl. illus., tables. plates (China. Geological survey. Palaeontologia sinica. ser. C, vol. v, fasc. 1).

———. Die Säugetiere der Quartärfauna von Chou-k'ou-tien. Peking, Geological Survey of China, 1928. 146 p. incl. illus., tables, diagrs. plates. (China. Geological survey. Palaeontologia sinica, ser. C, vol. v, fasc. 4).

———. Die Alttertiären Säugetiere Chinas nebst stratigraphischen Bemerkungen. Peiping, Geological Survey of China, 1930. 87 p. incl. illus., tables, plates. (China. Geological survey. Palaeontologia sinica, ser. C, vol. vi, fasc. 2).

———. Equus und andere Perissodactyla. Peiping, Geological Survey of China, 1935. 54 p. 2 p. incl. tables. plates. (China. Geological survey. Palaeontologia sinica, ser. C, vol. vi, fasc. 5).

Botany

Bibliographies

LIOU, HO, 劉厚 [LIU HOU]. Aperçu bibliographique sur les anciens traités chinois de botanique, d'agriculture, de séricuculture et de fungiculture, 中國植物學書目考, par Liou-Ho et Claudius Roux avec 2 planches hors texte. Lyon. Impr. Bosc frères et Riou, 1927. cover-title, 39 p. plates.

MERRILL, ELMER DREW, 1876-1956. A bibliography of eastern Asiatic botany, by Elmer D. Merrill and Egbert H. Walker. Sponsored by the Smithsonian Institution, Arnold Arboretum of Harvard University, New York Botanical Garden, Harvard-Yenching Institute. Jamaica Plain, Mass., Arnold Aboretum of Harvard University, 1938. xiii 719 p.

General Works

BELVAL, HENRI. Contribution à la flore du Kiang-sou, Changhai, 1931. 17 p. (Musée Heude. Notes de botanique chinoise, 1.).

BRETSHNEĬDER, ĖMĪLIĬ VASĪL'EVĪCH, 1833-1901. Botanicon Sinicum. Notes on Chinese botany from native and western sources. London, Trübner, 1882-1895 [Tokyo, Royal Asiatic Society, 1937] 3 v. Facsimile edition. Vols II and III have imprint: Shanghai [etc.] Kelly and Walsh, limited. Issued originally in the Journal of the North-China branch of the Royal Asiatic Society, new series, vols. XVI, XXV, XXIX, 1882-1895.

———. History of European botanical discoveries in China. Leipzig, Unveränderte Nachdruck von K. F. Koehlers Antiquarium, 1935. 2 v. Has also imprint of original edition: London, Sampson Low, Marston and company, limited, 1898.

CHEN, PAN-CHIEH, 陳邦傑, 1907- Studien über die ostasiatischen Arten der Pottiaceae. 1. Dresden, C. Hienrich, 1940. 76 p. illus. Diss.-Univ. Berlin.

CHEN, LUETTA, 陳秀英, [CH'ÊN HSIU-YING] 1910- A revision of the genus Sabia Colebrooke. The Chinese and Indo-Chinese species of Ormosia, by E. D. Merrill and Luetta Chen. Jamaica Plain, Mass., Arnold Arboretum of Harvard University, 1943. 120 p. illus. (Sargentia; a continuation of the Contributions from the Arnold arboretum of Harvard university. III).

CHIAO, CH'I-YÜAN, 焦啓源. Kiangsu grasses. Contribution from the Herbarium, College of Agriculture and Forestry, University of Nanking. (Chengtu, Szechuan) 1943. iii, 115 p.

CHIU, SHIN FOON, 趙善寬. Toxicity studies of insecticidal plants in southwestern China. Canton, College of Agriculture, National Sun Yatsen University, 1944. 54 p.

CHOW, HANG-FAN, 周漢藩. The familiar trees of Hopei. Peiping, Peking Natural History Bulletin, 1934. xii, 374 p. illus. ([Peking society of natural history] Handbook, 4).

CHUN, WOON-YOUNG, 陳焕鏞, [CH'ÊN HUAN-YUNG], 1895- Chinese economic trees. Illustrated with 100 plates. [Shanghai] Printed by the Commercial Press [1921] xxvii, [1] 309, ix p. front., illus.

CHUNG, HSIN HSUAN, 鍾心煊, 1892- A catalogue of trees and shrubs of China. Shanghai, 1924. 4, ii, 271 p. (Memoirs of the Science society of China. 1:1).

COURTOIS, FRÉDÉRIC, 1860-1928. Flore de la région montagneuse du Ngan-Hoei. Enumération des plantes récoltées et déterminées par le P. Courtois au cours des années 1906-1922; editées par H. Belval. Changhai, 1933. viii, [1], 169, 14 p. fold. plate, fold. map, (Musée Heude. Notes de botanique chinoise, 2.).

COWAN, JOHN MACQUEEN, ed. The journeys and plant introductions of George Forrest, v. M. H. Edited by J. Macqueen Cowan with the assistance of members of the staff of the Royal Botanic Garden, Edinburgh, and E. H. M. Cox. London, Published for the Royal Horticultural Society by Oxford University Press, 1952. xi, 252 p. illus. (part col.) port., fold. col. map.

COX, EUAN HILLHOUSE METHVEN, 1893- ed. The plant introductions of Reginald Farrer. London, New Flora and Silva, 1930. xi, 113 p. incl. front. (port.) plates. col. plates.

———. Plant-hunting in China; a history of botanical exploration in China and the Tibetan marches. London, Collins, 1945. 3-230 p. col. front., illus. (maps) plates (incl. ports.) diagr.

DE VOL, CHARLES EDWARD, 1903- Ferns and fern allies of east central China. Changhai, 1945. 154 p. plates, (Musée Heude. Notes de botanique chinoise, 7).

FANG, WÊN-P'EI, 方文培. A monograph of Chinese Aceraceae. Nanking, Science Society of China, 1939 [i. e. 1940] cover-title, ix, 346 p. illus. (Contributions from the Biological laboratory of the Science society of China. Botanical series, xi).

———. Icones plantarum omeiensium. Chengtu, National Szechuan University, 1942-1945. 2 v. illus.

———. Commemoration volume in commemoration of Dr. Fang Wen-pei's ten years service in the National Szechuan University. Chengtu, National Szechuan University, 1947. 32 p.

[FORBES, FRANCIS BLACKWELL] 1839-1908. Enumeration of all the plants known from China proper, Formosa, Hainan, the Corea, the Luchu archipelago, and the island of Hongkong; together with their distribution and synonymy. [London, Linnean Society, 1886-1905. Peking, The Licoph Service, 1939?] 3 v. plates (1 fold.) fold. map.

GARDNER, NATHANIEL LYON, 1864-1937. A new species of Entophysalis from China, and notes on other species of the genus. Berkeley, University of California Press, 1927. cover-title, p. [369]-372. 72 plates. (University of California publications in botany. 13:17).

———. On a collection of Myxophyceae from Fukien province, China. Berkeley, University of California Press, 1927. cover-title, 20 p. 5 plates. (University of California publications in botany, 14:1).

GARVEN, HUGH SHAW DUNN. Wild flowers of north China and south Manchuria. Peiping, Peking Natural History Bulletin, 1937. 117 p., [203] p. of illus. ([Peking society of natural history] Handbook, 5).

GEE, NATHANIEL GIST, 1876-1937. List of plants in Kiangsu province. Shanghai, Science Society of China, 1921. 178 p.

GROFF, GEORGE WEIDMAN, 1884-1955. The lychee and lungan with eleven appendices, including contributions by Frederick V. Coville, Walter T. Swingle, Edward Goucher, and Michael J. Hagerty, all of the United States Department of Agriculture. New York, Orange Judd, 1921. iii, 188 p. front., plates (1 col.).

———. Plants of Kwangtung province and their Chinese names. Washington, 1921. 3 pts in 9 v.

———. Plants of Lungt'aushan. Canton, Lingnan University, 1930. cover-title, 138 p. front. (map), (Lingnan University. Science Bull., 2).

HANDEL-MAZZETTI, HEINRICH RAPHAEL EDUARD, freiherr von. 1882-1940. Plantae novae sinenses; diagnosibus brevibus descriptae a Dre. Heinr. Handel-Mazzetti. 20-39 fortsetzung. [Wien] 1920-1926. 7 v. (Wien. Akademie der Wissenschaften. Math-Naturw. Kl. v. 57-63).

———. Naturbilder aus Südwest-China; Erlebnisse und Eindrücke eines österreichischen Forschers während des Weltkrieges, mit einer Karte und 148 Bildern nach Aufnahmen des Verfassers, darunter 24 Autochromen. Wien und Leipzig, Österreichischer Bundesverlag für Unterricht, Wissenschaft und Kunst, 1927. xiv, 380 p. illus., plates (part col.) fold. map (in pocket).

———. Symbolae sinicae. Botanische Ergebnisse der Expedition der Akademie der Wissenschaften in Wien nach Südwest-China 1914-1918. Unter Mitarbeit von Viktor F. Brotherus, Heinrich Handel-Mazzetti, Theodor Herzog, [u. a.] Hrsg. von Heinrich Handel-Mazzetti. Wien, J. Springer, 1929-37. 7 v. plates.

HAO, KIN-SHEN, 郝景盛. Synopsis of Chinese Salix. Dahlem bei Berlin [Buchdruckerei H. Lotze, inh. E. Sandau] 1936. iv, 123 p. plates (Repertorium specierum novarum regni vegetabilis. Hrsg. von Friedrich Fedde. Beihefte. bd. 93).

HOFFMANN, WILLIAM EDWIN, 1896- Lingnan trees, a list of trees growing on Lingnan university campus. Canton, 1942. 15 p. (Lingnan natural history survey and museum, Special publ. 11).

HU, HSEN-HSU, 胡先驌, 1894- ed. Icones plantarum sinicarum, ed. by Hsen-Hsu Hu and Woon-Young Chun, 陳煥鏞. Shanghai, Commercial Press, 1927-1935. 4 v. plates.

———. Icones filicum sinicarum, by Hsen Hsu Hu and Ren Chang Ching, 秦仁昌. Nanking, 1930-37. 4 v. plates.

HU, SHIU-YING, 胡秀英, 1910- Flora of China, family 153: Malvaceae. [Jamaica Plain, Mass.] The Arnold Arboretum of Harvard University, with the support of the China International Foundation, 1955. 80 p. illus.

HWANG, LIANG, 黃亮. A preliminary study on bacterial soft rot of Brassica pekinensis and other vegetables in China. Nanking, College of Agriculture and Forestry, University of Nanking, 1935. 26 p. illus. tables, (Its. Bull., 33).

IMBERT, HENRI. La Pivoine, reine des fleurs en Chine. Pékin, La "Politique de Pékin," 1922. 11 p. illus. (Collection de la "Politique de Pékin").

———. Le nélombo d'Orient (Lotus); fleur sacrée des bouddhistes. Pékin, La "Politique de Pékin," 1922. 13 p. illus. (Collection de la "Politique de Pékin").

JAO, CHIN-CHIH, 饒欽止, 1900- Studies on the freshwater Algae of China. I. Zygnemataceae from Szechwan. Nanking, 1935. p. 551-645 incl. illus., plates. Thesis-University of Michigan. "Papers from the Department of botany and herbarium of the University of Michigan, no. 541."

KINGDON-WARD, FRANCIS, 1885-1958. The romance of plant hunting. London, E. Arnold, 1924. xi, 275 p. front., plates.

KLAUTKE, PAUL. Nutzpflanzen und Nutztiere Chinas. Hannover, Hahnsche Buchhandlung, 1922. 159, [1] p. illus. (Weltwirtschaftliche abhandlungen, v. bd.).

KOEHN, ALFRED. Fragrance from a Chinese garden. Peking, Lotus Court, 1942. [7], 62 p. col. plates. "Poems and stories concerning 18 of China's most revered plants and trees from the enlarged edition of Wang Hsiang-chin's, 王象晉 Chün-fang p'u, 羣芳譜."

KOZLOV, I. Renonculacées. Traduit du manuscript russe par E. de Laberbis. Tientsin, Mission de Hsien-Hsien, 1933. 43 p. (Publications du Musée Hoang-ho Pai-ho, 22).

KURTÉN, BJÖRN. The Chinese Hipparion fauna; a quantitative survey with comments on the ecology of the machairodonts and hyaenids and the taxonomy of the gazelles. Helsinfors, 1952. 82 p. (Societas Scientiarum Fennicae. Commentations biologioae, xiii, 4).

LAUFER, BERTHOLD, 1874-1934. The American plant migration pt. 1. The potato. Prepared for publication by C. Martin Wilbur. [Chicago, 1938- 1 v. front. (port.) illus. (Field museum of natural history, Publication 418.

LEE, SHUN-CHING, 李順卿, 1892- Forest botany of China. Shanghai, Commercial Press, 1935. [iii]-xlvii, 991 p. illus.

LI, HUI-LIN, 李惠林, 1911- The Araliaceae of China, with fourteen text-figures. Jamaica Plain, Mass., Arnold Arboretum of Harvard University, 1942. 134 p. illus., diagr. (Sargentia; a continuation of the Contributions from the Arnold arboretum of Harvard university. II).

———. A revision of the genus Pedicularis in China. Philadelphia, Academy of Natural Sciences, 1948-1949. 2 pts. in 1 v. illus. plates, fold map. (Proceedings of the Academy of Natural Sciences of Philadelphis, v. 100-101).

———. Floristic relationships between eastern Asia and eastern North America. Philadelphia, American Philosophical Society, 1952. 371-429 p. maps. (Transactions of the American Philosophical Society, new ser., v. 42, pt. 2).

———. Chinese flower arrangement. Philadelphia, Hedera House, 1956. 122 p. illus.

LIMPRICHT, WOLFGANG. Botanische Reisen in den Hochgebirgen Chinas und Ost-Tibets. Dahlem bei Berlin, Verlag des Repertoriums, 1922. viii, 515 p. plates, fold. maps. (Repertorium specierum novarum regni vegetabilis. Beihefte. bd. xii).

LING, LEE, 凌立 1910- A contribution to the knowledge of the Ustilaginales in China. Kew, Surrey, Imperial Mycological Institute, 1945. 12 p. illus. (Mycological papers, 11).

LINGNAN UNIVERSITY, Canton. A list of plants growing in the Lingnan University campus and vicinity. Canton, 1947. 3 p. 113 numb. l.

LIOU, HO, 劉厚. Lauracées de Chine et d'Indochine; contribution à l'étude systématique et phytogéographique. Paris, Hermann, 1934. xii, 226, [2] p. illus., plates, map. diagr.

LIU, JU-CH'IANG, 劉汝強, 1895- Systematic botany of the flowering families in North China. 130 illustrations of common native plants, 170 figures on descriptive terms. (2d ed.) Peiping, H. Vetch, 1934. xvi, 218 p. illus. 1st ed. 1931.

MCCLURE, FLOYD ALONZO, 1897- New genera and species of Bambusaceae from eastern Asia. Canton, Lingnan University, 1940. cover-title 67 p. (Lingnan university science bulletin, 9).

MASAMUNE, GENKEI. Flora Kainantensis sive enumeratio plantarum sponte crescentium hucusque rite cognitarum. [Taihoku, Taihoku University] 1943. xv, 443 p.

METCALF, FRANKLIN POST, 1892-1955. Trees, shrubs, vines and herbaceous plants in the Lingnan campus and vicinity. Canton, Lingnan University, 1937. 58 p.

———. Flora of Fukien and floristic notes on southeastern China. [Canton] Lingnan University, 1942- 1 v. illus. (maps) tables.

NATIONAL ACADEMY OF PEIPING. Laboratory of Botany. Flore illustrée du nord de la Chine: Hopei (Chihli) et ses provinces voisines. Publiée sous la direction de m. Liou Tchen-Ngo, 劉慎諤, directeur du Laboratoire de botanique de l'Académie nationale de Peiping. Peiping, Académie nationale de Peiping, 1931- 2 v. plates.

P'EI, CHIEN, 裴鑑. The Verbenaceae of China. Shanghai, Science Society of China, 1932. 193 p. plates. (Memoirs of the Science society of China. 1:3).

PORTERFIELD, WILLARD MERRITT, 1893- Bamboo and its use in China. Peking, Chinese Government Bureau of Economic Information, 1926. 77 p. incl. tables, illus. (Industrial and commercail information bureau. booklet ser. 2).

———. Wayside plants and weeds of Shanghai. Shanghai, Kelly and Walsh, 1933. v-xxx, 232 p. illus.

READ, BERNARD EMMS, 1887-1949. Flora Sinensis, Series A., v. 1. Peking, Department of Pharmacology, Union Medical College, 1927. 1 v.

[SCOTTISH ROCK GARDEN CLUB] George Forrest, v.M.H., explorer and botanist, who by his discoveries and plants successfully introduced has greatly enriched our gardens. 1873-1932. [Edinburgh, Printed by Stoddart and Malcolm, 1935] 89, [1] p. incl. plates, ports. front.

TENG, S. C., 鄧叔羣. A contribution to our knowledgeof the higher fungi of China. Chungking, National Research Institute of Zoology and Botany, 1939. ix 614 p.

———. Supplement to higher fungi of China. 1940. [25] p.

THOMAS, CECIL CALVERT, 1886- The Chinese jujube. [Washington, Govt. Print. Off., 1936] 15 p. illus. (U.S. Dept. of agriculture. Department Bull. 1215).

WALKER, EGBERT HAMILTON, 1899- Fifty-one common ornamental trees of the Lingnan university campus; a guide to the more important local trees, illustrated with fifty-five plates. Canton, Lingnan University, 1930. 166 p. illus. plates. (On cover: Science bulletin, no. 1) ''Reprinted from Lingnan science journal, 6:1-2. January 24, 1930.''

———. The plants of China and their usefulness to man. (In Smithsonian institution. Annual report, 1943. Washington, 1944. p. 325-361. plates. fold. map).

WICKES, DEAN ROCKWELL, 1883- Flowers of Peitaiho. Peking, Peking, Leader Press, 1926. cover-title, 83, [4] p. illus. [Peking society of natural history. Handbook, 1].

YAMAMOTO, YOSHIMATSU. Contributiones ad floram Kainanensem. Hainan, Special affairs department of Headquarters, Japanese navy, 1942. 37 p. illus. plates, fold. col. map. (Special reports on the South Chinese and their environment, 1.).

YEH, HUI-LAN, 葉惠蘭, 1913- Studies of the proteins of the tung nut (A. fordii). Ann Arbor, Mich., 1945. Film copy of type-written manuscript. Made in 1945 by University microfilms (Publication no. 704) Positive. 196 l. tables, diagrs.

YEN, WÊN-YÜ, 閻玟玉. Recherches systématiques, biologiques et cytologiques sur les ustilaginées de Chine. Paris, 1937. p. [157]-310, illus. plates. Thèse-Univ. de Paris. Reprinted from the Contributions of the Institute of botany of the National academy of Peiping.

Zoology
Mammals

ALLEN, GLOVER MORRILL, 1879-1942. The mammals of China and Mongolia. New York, American Museum of Natural History, 1938- 1 v. illus. (incl. maps) plates. (Central Asiatic expeditions. Natural history of Central Asia. Vol. xi).

ENGELMANN, CARL HEINRICH. Grossäuger Szetschwans, Sikongs und Osttibets, nach Ernst Schäfers Tagebüchern und Trophäen bearbeitet von Carlheinrich Engelmann mit Unterstützung der Deutschen Forschungsgemeinschaft. Berlin-Hermsdorf, In Kommission bei W. Stichel, 1938. 76 p. plates (Zeitschrift für Säugetierkunde. Sonderheft. Bd. 13).

HOWELL ALFRED BRAZIER, 1886- Mammals from China in the collections of the United States National museum. (In U.S. National museum. Proceedings. Washington, 1929. v. 75, art. 1. 82 p. 10 plates (incl. map).

JAKOVLEFF, B. Collection des mammifères du Musée Hoang ho Pai ho à Tientsin. Fam. Felidae, par B. Jakovleff. Traduit du manuscript russe par E. de Laberbis. Tientsin Mission de Sien Hsien, 1932. 19 p. (Publications du Musée Hoang ho Pai ho, 9).

MELL, RUDOLF, 1878- Beiträge zur Fauna Sinica. Berlin und Leipzig, W. de Gruyter, 1922. 4 v. illus. plates, (part col.).

ORR, ROBERT THOMAS, 1908- Mammals from Sikang, China. [San Fransisco] 1938. [307]-310 p. (Proceedings of the California academy of sciences. 4th ser., 23:22, September 1, 1938).

OSGOOD, WILFRED HUDSON, 1875- Mammals of the Kelley-Roosevelts and Delacour Asiatic expeditions. Chicago, 1932. p. 193-339. front. (map) 1 illus. plates. (Feild museum of natural history. Publication 312. Zoological series. 18:10).

POPE, CLIFFORD HILLHOUSE, 1899- China's animal frontier. New York, Viking Press, 1940. 192 p. illus.

[REEVES, CORA DAISY] 1873- Manual of the vertebrate animals of northeastern and central China, exclusive of birds. Shanghai, Chung Hwa Book Co., 1933. xxxi, [1], 806 p. illus.

SOWERBY, ARTHUR DE CARLE, 1885-1954. Mammals recorded from or known to occur in the Shanghai area. Chang-hai, Univ. L'Aurore, 1943. 15 p. illus. (Musée Heude. Notes de mammalogie, no. 2).

———. A new species of shrew from the Shanghai area. [Changhai, Univ. L'Aurore] 1945. [2] p. (Musée Heude. Notes de mammalogie, no. 3).

Dogs and Horses

BECK, SALIM. The Mongolian horse, translated from the Russian. Tientsin, Société française de librairie et d'édition [c1926] xii, 163 p. incl. front., illus.

COLLIER, V W F. Dogs of China and Japan in nature and art. New York, Stokes, London, W. Heinemann, 1921. xix, 206 p. illus. (part col.).

DENLINGER, MILO GRANGE, 1890- The complete Pekingese. Silver Spring, Md. 1949. 112 p. illus., ports.

DIXEY, ANNIE COATH. The lion dog of Peking: being the astonishing history of the Pekingese dog. London, P. Davies [1931] 3-245, [1] p. front., plates.

HARMAN, IAN DENYS ANTHONY, 1911- Pekingese. London, Williams and Norgate [1949] 96 p. plates.

[JOHNS, ROWLAND] 1882- ed. Our friend the Pekingese. London, Methuen [1932]; New York, E.P. Dutton, 1933. vii, 86 p. front. (Our friend the dog series).

KOEHN, ALFRED. Royal favorites. Peiping, Lotus Court, 1948. 1 p. col. plates.

KRIEGER, GRACE A. Pet Pekingese by Grace A. Krieger. The health of your pet, by P.R. Des Rosiers. Fond du Lac, Wis., All-Pets Books, 1954. 63p. illus.

LANSDOWNE, MRS. CHARMIAN. The imperial dog of China, the Pekingese. Los Angeles, Wolfer Printing Co., c1934. 163 p. incl. front., illus., plates, ports.

MORGAN, HARRY TITTERTON; 1872- Chinese dogs. Written and edited by H.T. Morgan. [Los Angeles] c1941. 16 p. illus. [His Chinese classics in miniature].

NICHOLAS, ANNA KATHERINE. The Pekingese; a complete presentation with illustrations of the origin, development, breeding, showing, training, kenneling, care and feeding of this breed of dog. Chicago, Judy Pub. Co., 1952. x, 11-141 p. illus. 1st ed., 1939.

THE PEKINGESE; a symposium by Lydia Hopkins and a chapter on the Pekingese standard simplified, by Vinton P. Breese, together with a roster of the Pekingese clubs of America, and the directory of reliable Pekingese breeders in America and England. New York, Field and Fancy Pub. Corp., 1924. 113 p. illus. incl. ports. (Popular dogs of the day, 6).

Pandas

GOULD, ESTHER. I am a Panda. The story of the baby Giant Panda. Racine, Wis., Whitman Pub. Co., 1938. 32 p.

GREGORY WILLIAM KING, 1876- On the phylogenetic relationships of the giant panda (Ailuropoda) to other arctoid Carnivora. New York, 1936. 29 p. illus. (American Museum novitates, 878).

HARKNESS, RUTH. The lady and the panda, an adventure. New York, Carrick and Evans, [c1938] 288 p. front., plates, ports.

——. The baby giant panda. New York, Carrick and Evans, [c1938] 126, [1]p. incl. plates, ports.

RAVEN, HENRY CUSHIER, 1889-1944. Notes on the anatomy of the viscera of the giant panda (Ailuropoda melanoleuca). New York, 1936. 23 p. illus. (American Museum notvitates, 877).

ROOSEVELT, THEODORE, 1887- Trailing the giant panda, by Theodore Roosevelt and Kermit Roosevelt; with a frontispiece from a painting by Carl Rungius and illustrations from photographs by Suydam Cutting and K.R. New York, London, C. Scribner, 1929. x, 278 p. col. front., plates, ports., fold. map.

WARING, RUTH ANN. Su-lin, the real story of a baby giant panda, by Ruth Ann Waring and Helen Wills. Chicago, Rand, McNally c1937. [34] p. illus.

Birds

BANGS, OUTRAM, 1862-1932. Birds of western China obtained by the Kelley-Roosevelts expedition. Chicago, 1932. p. 343-379. (Field museum of natural history. Publication 314. Zoological series. 18:11).

CALDWELL, HARRY R. South China birds, by Harry R. Caldwell and John C. Caldwell; a complete, popular and scientific account of nearly five hundred and fifty forms of birds found in Fukien, Kwangtung, Kiangsi, Kiangsu and Chekiang provinces. Illustrated by more than seventy-five original half tones of birds in life, nests, eggs and haunts, from photographs by the authors, and Morris Caldwell. Together with six colored plates by Prof. Andrew Allison. Stories and legends by Muriel E. Caldwell. Shanghai, H.M. Vanderburgh [1931] 447 p. col. front., 1 illus., plates (part col.).

GAYOT, CHARLES, 1882-1921. Les oiseaux de Chang-Hai. Observations ornithologiques (1913-1920) Pub. par les P.P. Henry Dugout et Auguste Savio. Zi-ka-wei, Chang-Hai, Impr. de l'Orphelinat de T'ou-sè-wè, 1922. iii, 59 p. port.

GEE, NATHANIEL GIST, 1876-1937. A tentative list of Chinese birds; compiled by N. Gist Gee Lacy I. Moffett and G. D. Wilder. Peking, 1926-27. 370, 8 p. Reprinted from Peking Natural History Bull. 1:1-3.

GRESSITT, MARGARET K. A provisional bird calendar for Canton, China, by Margaret K. Gressitt and J. Linsley Gressitt. [Canton] 1942. Cover-title. 10 p. (Lingnan University, Canton, China. Natural History Survey and Museum. Special publication no. 10).

HEMMINGSEN, AXEL MARIUS, 1900- Observations on birds in north eastern China, especially the migration at Pei-tai-ho Beach. Copenhagen [I kommission hos Munksgaard] 1951. 227 p. illus., map, diagrs. (Spolia zoologica Musei Hauniensis, 11.).

HOOSE, HARNED PETTUS. Peking pigeons and pigeon-flutes, a lecture delivered at the College of Chinese Studies, Peking. Peking, College of Chinese Studies, California College in China, 1938. 28 p. plates.

KOLTHOFF, KJELL. Studies on birds in the Chinese provinces of Kiangsu and Anhwei 1921-1922. Göteborg, Elanders boktr., 1932. 190 p. illus., map. (Göteborgs kungl. vetenskaps- och vitterhets-samhälles handlingar, 5. följden, ser. B, bd. 3, n:o 1) Meddelanden från Göteborgs musei Zoologiska avdelning, 59.

LA TOUCHE, JOHN DAVID DIGUES DE. A handbook of the birds of eastern China (Chihli, Shantung, Kiangsu, Anhwei, Kiangsi, Chekiang, Fohkien, and Kwangtung provinces). London, Taylor and Francis, 1925-1934. 2 v. illus. plates, fold. maps.

LAUFER, BERTHOLD, 1874-1934. The domestication of the cormorant in China and Japan. 4 plates in photogravure. Chicago, 1931. p. 201-262. plates. (Field museum of natural history. Publication 300. Anthropological series. 18:3).

RILEY, JOSEPH HARVEY, 1873-1941. A collection of birds from the provinces of Yunnan and Szechwan, China, made for the National Geographic Society by Dr. Joseph F. Rock. (In U.S. National museum. Proceedings. Washington, 1927. v. 70, art. 5. 70 p).

———. A second collection of birds from the provinces of Yunnan and Szechwan, China, made for the National Geographic Society by Dr. Joseph F. Rock. (In U.S. National museum. Proceedings. Washington, 1932. v. 80, art. 7. 91 p.).

———. Birds collected in Inner Mongolia, Kansu, and Chihli by the National Geographic Society's Central-China expedition under the direction of F. R. Wulsin. (In U.S. National museum. Proceedings. Washington, 1931. v. 77, art. 15. 39 p.).

SHAW, TSEN-HWANG, 壽振黃. The birds of Hopei province, with 506 illustrations in the text, 25 plates, and a map. Peiping, Fan Memorial Institute of Biology, 1936. 2 v. illus., plates, fold. map, diagr. (Zoologia sinica. Series B. The vertebrates of China. 15: 1).

SOWERBY ARTHUR DE CARLE, 1885-1954. Birds recorded from or known to occur in the Shanghai area. Chang-hai, Univ. L'Aurore, 1943. 212 p. illus. (Musée Heude. Notes d'ornithologie, 1).

WILDER, GEORGE DURAND, 1869-1946. Birds of northeastern China: a practical guide on studies made chiefly in Hopei province by George D. Wilder and Hugh W. Hubbard. Peking, Peking Natural History Society, 1938. v, 700 p. illus. maps, (Peking natural history bulletin. Handbook, 6).

WILKINSON, EDWARD SHELDON, 1883- Shanghai birds; a study of bird life in Shanghai and the surrounding districts. Shanghai, North-China Daily News and Herald, 1929. xxi, 243 p. col. plates (incl. front.) plan.

———. The Shanghai bird year; a calendar of bird life in the country around Shanghai. Shanghai, North-China Daily News and Herald, 1935. 219 p. front., illus., plates.

Reptiles and Amphibians

CHANG, MANGVEN L. Y., 張孟聞. Contribution à l'étude morphologique, biologique et systématique des amphibiens de la Chine. Paris, Picart, 1936. 145 p. incl. illus., tables, plates, Thèse-Univ. de Paris.

LIU, CH'ENG-CHAO, 劉承釗, 1902- Secondary sex characters of Chinese Salientia. Ithaca, N.Y., 1934. 6 p. Abstract of thesis- Cornell university.

———. Secondary sex characters of Chinese frogs and toads. Chicago, 1936. p. 115-156. plates. (Zoological series. Field museum of natural history, 22:2 Publication 368).

———. Amphibians of western China. [Chicago] Chicago Natural History Museum, 1950. 400 p. illus. (part col.) maps. (Fieldiana: zoology memoirs, v, 2).

MASLIN, T PAUL. Snakes of the Kiukiang-Lushan area, Kiangsi, China. San Francisco, Tha Academy, 1950. 419-466 p. illus. (Proceedings of the California Academy of Sciences, 4th ser. 26:12).

MELL, RUDOLF, 1878- Grundzüge einer Ökologie der chinesischen Reptilien und einer herpetologischen Tiergeographie Chinas. Berlin, W. de Gruyter, 1929. ix, 282 p. illus., col. plates, maps (part col.) (His Beiträge zur Fauna Sinica, 4).

POPE, CLIFFORD HILLHOUSE, 1899- The reptiles of China: turtles, crocodilians, snakes, lizards, with 78 illustrations in the text, including a map, and 27 plates at end. New York, American Museum of Natural History, 1935. iii, 604 p. incl. illus., plates, fold, map, tables (1 fold.) (Central Asiatic expeditions. Natural history of Central Asia. vol.10).

SCHMIDT, KARL PATTERSON, 1890- A new toad from western China, by Karl P. Schmidt and Ch'eng-chao Liu. [Chicago, 1940] 151-154 p. illus. (Field museum of natural history. Publication no. 471. Zoological series of Field museum of natural history, 24:13).

SOWERBY, ARTHUR DE CARLE, 1885-1954. Amphibians and reptiles recorded from or known to occur in the Shanghai area. Changahi, Université l'Aurore, 1943. Cover-title, 16 p. plates. (Musée Heude. Notes d'herpétologie, 1.).

STEJNEGER, LEONHARD HESS, 1851-1943. Chinese amphibians and reptiles in the United States National museum. (In U.S. National museum. Proceedings. Washington, 1926. v. 66, art. 25, 115 p. illus., diagrs.).

———. The green pit viper, Trimeresurus gramineus, in China. (In U.S. National museum. Proceedings. Washington, 1928. v. 72, art. 19. 10 p. illus.).

———. The Chinese lizards of the genus Gekko. (In U.S. National museum. Proceedings. Washington, 1934. v. 82, art. 3. 8 p.

Fishes

CHINA. CENTRAL FISHERIES RESEARCH INSTITUTE. A general account of the fisheries industries of China-its present condition, and plans and requirements for development. Presented to the Chinese American Agricultural Collaboration Commission. Shanghai, the Institute, 1947. 22 l.

CHU, YÜAN-TING T. 朱元鼎, 1896- Index piscium sinensium. [Shanghai, Dept. of Biology, St. John's University] 1931. iv, 290 p. (Biological bulletin of St. John's university, 1).

———. Fishes of the West Lake. [Hangchow, West Lake Museum] 1932. vi, 58 p. plates.

———. Comparative studies on the scales and on the pharyngeals and their teeth in Chinese cyprinids, with particular reference to taxonomy and evolution. [Shanghai, Department of Biology, St. John's University] 1935. x, 225, [2] p. plates (Biological bulletin of St.John's university, 2).

DREWS, ROBIN ARTHUR, 1913- The cultivation of food fish in China and Japan: a study disclosing contrasting national patterns for rearing fish consistent with the differing cultural histories of China and Japan. Ann Arbor, University Microfilms [1952] (University Microfilms, Ann Arbor, Mich., Publication no. 3582) x, 263 l. illus. maps, tables.

EVERMANN, BARTON WARREN, 1853-1932. Fishes from eastern China, with descriptions of new species, by Barton Warren Evermann and Tsen-Hwang Shaw, 壽振黃. San Fransisco, The Academy, 1927. cover-title, p. [97]-122. (Proceedings of the California academy of sciences. 4th ser. 16:4 Jan. 31, 1927).

FOWLER, HENRY WEED, 1878- A small collection of fishes from Soochow, with descriptions of two new species. By Henry W. Fowler and B.rton A. Bean. (In U.S. National museum. Proceedings. Washington, 1921. v. 58, p. 307-321. illus.).

———. A synopsis of the fishes of China. Hong Kong, 1931-34. 1 v. (various pagings) illus. Reprinted from Hong Kong Naturalist, vols 2-5.

FRY, FREDERICK ERNEST JOSEPH, 1908- Lethal temperature relations for a sample of young speckled trout, Salvelinus fontinalis, by F.E.J. Fry, J.S. Hart and K.F. Walker. On the artificial propagation of Tsing-fish. Matsya sinensis (Bleeker) from Yang-tsung Lake, Yunnan Province, China, by Tchang-Si, 張璽, and Yungpin Liu, 劉永斌. [Toronto] Univ. of Toronto Press, 1946. 47 p. diagrs. (University of Toronto studies. Biological series, 54).

HERVEY, GEORGE F. F.Z.S. The goldfish of China in the XVIII century. With a foreword by A.C. Moule. London, China Society, 1950. 66 p. illus. (China Society Sinological series, 3).

HOWELL, ALFRED BRAZIER, 1886- Contribution to the anatomy of the Chinese finless porpoise, Neomeris phocaenoides. (In U.S. National museum. Proceedings. Washington, 1927. v. 70, art. 13. 43 p. illus., plates.).

HSIAO, SIDNEY C., 蕭之的. Copepods from Lake Erh Hai, China. (In U.S. National Museum. Proceedings. Washington. v. 100 (1954) p. 161-200. illus.).

HUBBS, CARL LEAVITT, 1894- Asiatic fishes (Diploprion and Laeops) having a greatly elongated dorsal ray in very large postlarvae, by Carl L. Hubbs and Yuanting T. Chu. Ann Arbor, University of Michigan Press, 1934. 7 p. plates. (University of Michigan. Occasional papers of the Museum of zoology, 299).

KIMURA, SHIGERU. Description of the fishes collected from the Yangtze-kiang, by the late K. Kishinouye and his party in 1927-1929, Shanghai, 1934. Cover-title, [11]-247 p. plates (part fold.), fold. map, Reprinted from the Journal of the Shanghai Science Institute. Section iii, vol. 1.

KUHN, FRANZ, 1889- Der kleine Goldfischteich. Kolorierte Stiche nach chinesischen Aquarellen. Leipzig, Im Insel-Verlag, n.d. 42. [1] p. incl. col. plates.

MOULE, ARTHUR CHRISTOPHER, 1873-1957. A version of the Book of Vermilion Fish. 硃砂魚譜 Leiden, E.J. Brill, 1949. 82 p. Reprinted from T'oung Pao, 39: 1-3.

NICHOLS, JOHN TREADWELL, 1883- The fresh-water fishes of China. New York, American Museum of Natural History, 1943. xxxvi, 322 p. illus. (incl. map) 10 col. plates (Central Asiatic expeditions of the American museum of natural history. Natural history of central Asia, vol. 9).

PANNING, ALBERT, 1894- The Chinese mitten crab, (with nine plates) (In Smithsonian institution. Annual report, 1938. Washington, 1939. p. 361-375. 2 illus. (maps) plates, diagr.).

PETERS, NICOLÁUS, 1900- Die chinesische Wollhandkrabbe (Eriocheir sinensis H. Milne-Edwards) in Deutschland, von Nicolaus Peters und Albert Panning mit einem Beitrag von W. Schnakenbeck. Leipzig, Akademische Verlagsgesellschaft, 1935. viii, 180 p. illus. (incl. maps) (Zoologische anzeiger. Ergänzungsband zu bd. 104).

READ, BERNARD EMMS, 1887-1949. Common food fishes of Shanghai. Shanghai, North China Branch of the Royal Asiatic Society, 1939. 52 p. illus.

SHÊN, CHIA-JUI, 沈嘉瑞. The brachyuran Crustacea of north China. Peiping, Fan Memorial Institute of Biology, 1932. x, 320 p. illus., plates, map. (Zoologica sinica, ser. A. Invertebrates of China, vol. ix, fasc. 1).

TCHANG, TCHUNG-LIN, 張春霖 [CHANG CHUN-LIN]. Cyprinidés du bassin du Yangtze. Contribution à l'étude morphologique, biologique et toxinomique. Paris, Hermann, 1931. [5]-171 p. illus., plates.

———. The study of Chinese cyprinoid fishes. Peiping, Fan Memorial Institute of Biology, 1933- 2 v. illus., plates. (Zoologia sinica. Ser. B. Chordata of China. vol. ii, fasc. 1).

WU, HSIEN-WEN, 伍獻文. Contribution à l'étude morphologique, biologique et systématique des poissons hétérosomes (Pisces heterosomata) de la Chine. Paris, Jouve et Cie, 1932. 179 p. illus.

Insects

CHAMBERLIN, RALPH VARY, 1879- Descriptions of new American and Chinese spiders, with notes on other Chinese species. (In U.S. National museum. Proceedings. Washington, 1924. v. 63, art. 13. 38 p. plates).

CH'EN, SICIEN H., 陳世驤. Recherches sur les Chrysomelinac de la Chine et du Tonkin. Paris, Société entomologique de France, 1934. 104 p. illus., maps. Thèse-Univ. de Paris.

CHÊNG, FUNG-YING, 鄭鳳瀛, 1915- Revision of the Chinese Mecoptera. Cambridge, The Museum, 1957. 118 p. illus., 23 plates. (Bulletin of the Museum of Comparative Zoology at Harvard College, v. 116, no. 1).

CHEKIANG. BUREAU OF ENTOMOLOGY. Miscellaneous publication. No. 1- Hangchow 1930- v. illus., plates, fold. maps. tables.

CHEO, MING-TSANG, 周明牂, 1907- The Gyrinidae of China. [Peiping, 1934] p. [205]-237. plates. From the Peking natural history bulletin, 8:3.

FENG, HSIAO-TANG, 馮斅棠, 1899- Classification of Chinese Dytiscidae. [Peiping, 1933] p. [81]-146. plates. Thesis-Cornell university, From Peking natural history bulletin, 8:2. Dec. 1933.

GRESSITT, J LINSLEY, 1914- The tortoise beetles of China (Chrysomelidae: Cassidinae) San Francisco, The Academy, 1952. 433-591 p. illus., maps. (Proceedings of the California Academy of Sciences, 4th ser. 27:17).

HOFFMANN WILLIAM EDWIN, 1896- An abridged catalogue of certain Scutelleroidea (Plataspidae, Scutelleridae, and Pentatomidae) of China, Chosen, Indo-China, and Taiwan. Canton, Lingnan University, 1935. iv, 294 p. illus. (maps) (Lingnan university science bulletin, 7).

———. Notes on beetles of the genus Sagra (Coleoptera, Sagridae) [Canton, 1942] 8 p. (Lingnan University, Canton, China. Natural History Survey and Museum. Special publication, 6).

HUMMEL, DAVID, 1893- Zur Arthropodenwelt Nordwest-Chinas; Sammlungen David Hummels in den Jahren 1927-30; Insecta, Myriopoda, Arachnoidea. Sammlung von Aufsätzen, erschienen im Archiv für Zoologi, hrsg. von der Königl. Schwedischen Akademie der Wissenschaften. Stockholm Bokförlags aktiebolaget Thule 1937. 3 v. illus. plates, maps. (Reports from the scientific expedition to the north-western provinces of China under leadership of dr. Sven Hedin. The Sino-Swedish expedition Xa. Zoology. 1-3).

IMBERT, HENRI. Le grillon et la cigale en Chine. Pékin, Impr. de la "Politique de Pékin," 1923. 20 p. illus. (Collection de la "Politique de Pékin").

LAUFER, BERTHOLD, 1874-1934. Insect-musicians and cricket champions of China. Chicago, Field Museum of Natural History, 1927. cover-title, 27 p. plates (incl. front.) ([Field museum of natural history] Anthropology leaflet, 22).

MELL, RUDOLF, 1878- Biologie und Systematik der südschinesischen Sphingiden, zugleich ein Versuch einer Biologie tropischer Lepidopteren überhaupt von Rudolf Mell. Berlin, R. Friedländer, 1922. xxii, 177, 331 p. and atlas of 1 p. plates, (14 col.) map, 10 diagr. (His Beiträge zur fauna sinica (II)).

———. Zur Systematik und Ökologie der Sphingiden und Saturniiden von Chekiang (Samml. Höne). (Mit einer tafel.) (In Mitteilungen aus dem Zoologischen museum in Berlin. Berlin, 1934. 20. bd., 2. hft., p. [337]-[366] plates).

———. Inventur und ökologisches Material zu einer Biologie der südchinesischen Pieriden. Stuttgart, E. Schweizerbart, 1943. 132 p. plates (part col.) tables. (His Beiträge zur Fauna Sinica, 21) Zoologica. Original-Abhandlungen aus dem Gesamtgebiete der Zoologie, 36. Bd., 6. Lfg., Heft 100.

OUCHI, YOSHIO. Bibliographical introduction to the study of Chinese insects. Shanghai [Kelly and Walsh, 1934-38. 4 pts. in 1 v. (The journal of the Shanghai science institute. Section III, vol. 2 (pp. 1-533)); vol 3 (p. 17-88, 125-220, 233- 327).

SCHENKEL, E. Chinesische Arachnoidea aus dem Museum Hoangho-Peiho in Tientsin. Rio de Janeiro, 1953. 108 p. illus. (Rio de Janeiro. Museu Nacional. Boletim, n.s. Zoologia, 119).

TOUMANOFF, CONSTANTIN, 1903- L'anophélisme en Extrême-Orient; contribution faunistique et biologique. Préface de E. Roubaud. Paris, Masson, 1936. viii, 434 p. illus., plans, tables (1 fold.) diagrs. (Collection de la Société de pathologie exotique. Monographie 4).

WU, CHENFU F., 胡經甫 [HU CHING-FU], 1896- Catalogus insectorum sinensium (Catalogue of Chinese insects) Peiping, Fan Memorial Institute of Biology, 1935- 3 v.

Flies

ALDRICH, JOHN MERTON, 1866-1934. Five new parasitic flies reared from beetles in China and India. (In U.S. National museum. Proceedings. Washington, 1929. v. 74, art. 8. 7 p.).

———. New two-winged flies of the family Calliphoridae from China. (In U.S. National museum. Proceedings. Washington, 1931. v. 78, art. 1. 5 p. illus.).

KLOTS, ELSIE BROUGHTON. Chinese dragon-flies (Odonata) in the American Museum of Natural History. New York, The Museum, 1947. 14 p. illus. (Amer. Museum Novitates, 1341, Apr. 7, 1947).

NEEDHAM, JAMES GEORGE, 1868-1957. A manual of the dragonflies of China; a monographic study of the Chinese Odonata. Peiping, Fan Memorial Institute of Biology, 1930. 344, 11 p. illus., plates (Zoologia sinica. Series A. Invertebrates of China. v. 11, fasc. 1).

WU, CHENFU F., 胡經甫 [HU CHING-FU], 1896- Plecopterorum sinensium; a monograph of the stoneflies of China. (order Plecoptera). Peking, 1938. 225 p. illus. port.

Mollusks and Worms

BARTSCH, PAUL, 1871- Schistosomophora in China, with descriptions of two new species and a note on their Philippine relative. Washington, 1946. 7 p. illus. (Smithsonian miscellaneous collections. 104:20).

GATES, GORDON ENOCH, 1897- New earthworms from China, with notes on the synonymy of some Chinese species of Drawida and Pheretima. City of Washington, Smithsonian Institution, 1935. 19 p. illus. (Smithsonian miscellaneous collections. 93:3).

———. On some species of Chinese earthworms, with special reference to specimens collected in Szechwan by Dr. D.C. Graham. (In U.S. National museum. Proceedings. Washington, 1940. v. 85, p. 405-507, incl. tables.).

GRABAU, AMADEUS WILLIAM, 1870-1946. Shells of Peitaiho, by Amadeus W. Grabau and Sohtsu G. King, 金叔初 . 2d ed. rev. and enl. Peking, Peking Laboratory of Natural History, 1928. vi, 279 p. illus. (Peking Society of Natural History. Hand-book, 2).

———. Studies of Gastropoda. Peiping, The National University of Peking, 1935.

viii, 159 p. illus. plates.

KIRK, EDWIN, 1884- Tanaodon, a new molluscan genus from the middle Devonian of China. (In U.S. National museum. Proceedings. Washington, 1927. v. 70. art. 12, 4 p. plates).

SOWERBY, ARTHUR DE CARLE, 1885-1954. Three new land snails from Shansi, North China. Changhai, Université l'Aurore, 1945. [6] p. illus. (Musée Heude. Notes de malacologie, 6).

YEN, TENG-CHIEN. 閻敦健. Notes on the gastropod fauna of Szechwan province. (In Mitteilungen aus dem Zoologischen museum in Berlin. Berlin, 1938. 23. bd., 2. hft., p. [438]-[458] plates I).

———. Die chinesischen Land-und Süsswasser-Gastropoden des Natur-museums Senckenberg. Frankfurt a M., V. Klostermann, 1939. 234 p. plates, (Senckenbergische naturforschende gesellschaft. Abhandlungen 444).

———. Notes on some unfigured type-specimens of Chinese mollusks from the North Pacific expedition. [San Franscisco] 1944. [561]-586 p. plates. (Proceedings of the California academy of sciences, 4th ser., 23:38. August 22, 1944).

———. Notes on land and fresh-water mollusks of Chekiang Province, China. [San Francisco] 1948. 69-98 p. illus. (Proceedings of the California Academy of Sciences, 4th ser. 26:4).

XX. AGRICULTURE AND FORESTRY

General Works

ATTERBURY, MARGUERITE, 1896- A study of some phases of Chinese-American co-operation in promoting China's agricultural extension. Ann Arbor, University Microfilms [1954] ([University Microfilms, Ann Arbor, Mich.] Publication no. 8600). ix, 401 l. illus. Thesis-Columbia University.

CHANG, C.C., 張心一, 1896- A proposed plan for taking China's first agricultural census. Shanghai, 1930. 9 p.

CHANG, HSIEN-CH'IU, 張憲秋. Ecological crop geography atlas of China. Compiled under the auspices of National Agricultural Research Bureau, M.O.A.F. Nanking [by] Hsien-tsiu Chang, Shouchow Wu, 吳學周 [and] Cheng Yang, 楊眞 [Nanking] Ministry of Agriculture and Forestry, 1948. 2 v. (18, 18 maps).

CHEN, YAO-TUNG, 陳耀東? Le régime agraire en Chine. Lyon, Bosc et Riou, 1933. 222 p. Thèse-Univ. de Lyon.

CHINA. MINISTRY OF AGRICULTURE AND FORESTRY. Principles for enforcing the outlines of agricultural policy for China, by the Agricultural section of the Central Planning Board, represented by members of the Ministry of Agriculture and Forestry. Translated into English by Feng Shou-yu and by Conference of agricultural attaché and officials of the Ministry of Agriculture and Forestry. Chungking, 1945. 22 l. [mimeographed].

CHINA-UNITED STATES AGRICULTURAL MISSION. Report. Washington, 1947. xiv, 265 p. maps. (U.S. Office of Foreign Agricultural Relations. Report, 2).

COMMITTEE ON AGRICULTURAL ENGINEERING IN CHINA. A report on agriculture and agricultural engineering in China. J. Brownlee Davidson, Chairman. Chicago, [International Harvestor Co.] 1949. 259 p.

FARMERS' BANK OF CHINA. An agricultural survey of Szechwan province, China; a summary and interpretation by John Lossing Buck of a full report in Chinese by the Szechwan rural economics survey commettee of the Farmer's Bank of China in cooperation with the Department of agricultural economics, University of Nanking and directed by Chi-ming Chiao, 喬啓明. Chungking, Farmer's Bank of China; New York, Distributed by International Secretariat, Institute of Pacific Relations, 1943. v, 63 numb. l. illus. (maps) diagrs.

FENG, RUI, 馮銳, 1899-1936. A program of Chinese agriculture. Ithaca, 1924. ix, 373 p. illus. Thesis-Cornell University.

FUN, TSCHAUSCH, 豐傳詩. Die Agarkrise in China. Wien, Eigen-Verlag, 1938. 32 p. Diss.-Univ. Wien.

KING, FRANKLIN HIRAM, 1848-1911. Farmers of forty centuries; or, Permanent agriculture in China, Korea and Japan. Edited by J. P. Bruce. London, J. Cape [1927] 379 p. illus. 1st ed. 1911.

LOVE, HARRY HOUSER, 1880- Application of statistical methods to agricultural research. Shanghai, Commercial Press, 1936. 501 p.

MENG, CHING-PENG, 孟慶彭, 1919- Agricultural problems in China: a study of conditioning factors. Urbana, Ill., 1951. 179 l. Thesis-University of Illinois.

NANKING. UNIVERSITY. College of Agriculture and Forestry. Dept. of Agricultural Economics. Twenty-two years of agricultural economics; a review of the work of the Department of agricultural economics, College of Agriculture and Forestry, Universtiy of Nanking (1920-42) [Nanking] 1942. cover-title, 23 p.

SCOTT, JAMES CAMERON, 1905- Health and agriculture in China; a fundamental approach to some of the problems of world hunger. London, Faber and Faber [1952] 279 p. illus., map.

SHAO, SUI-CHU, 邵雪初. La question agraire en Chine. Nancy, Impr. Grandville, 1934. 172 p. Thèse-Univ. de Nancy.

SHÊN, TSUNG-HAN, 沈宗瀚, 1895- Agricultural resources of China. Ithaca, Cornell University Press, 1951. xviii, 407 p. maps, tables.

TANG, CHI-YU, 唐啓宇 1897- An economic study of Chinese agriculture. [Ithaca, 1924?] viii, 514 p. illus. (maps) diagrs. Thesis-Cornell university.

TAWNEY, RICHARD HENRY, 1880- A memorandum on agriculture and industry in China. Honolulu, Institute of Pacific Relations, 1929. 128 p. incl. tables.

———. Land and labour in China. London, G. Allen and Unwin; New York, Harcourt, 1932. [7]-207, [1] p.

———. The condition of China. Oxford, The Claredon Press, 1933. 24 p. (Earl Grey memorial lectures).

TSOU, PIN-WEN, 鄒秉文, 1892- Proposed program of agricultural development in China. [Washington, D. C.] 1945. 26 numb. l.

UNITED NATIONS INTERIM COMMISSION OF FOOD AND AGRICULTURE. Secretariat. Division of Area Studies. Area reference series: China. First preliminary draft. Washington, 1944. 3 pts. in 1 v. [mimeographed].

UNITED NATIONS RELIEF AND REHABILITATION ADMINISTRATION. Report of the regional agricultural rehabilitation officers' conference, Shanghai, China, November 25 to 30, 1946. [Shanghai? 1946?] 119 l. illus.

VISSIÈRE, ARNOLD JACQUES ANTOINE, 1858-1930. Les chambres d'agriculture en Chine. Paris, Revue du Pacifique, 1923. 16 p.

WAGNER, WILHELM, 1886- Die chinesische Landwirtschaft. Berlin, P. Parey, 1926. xv, 668 p. incl. illus., tables, diagrs. 2 fold. maps.

WANG, P'ING-HSUN, 王炳勳. Agricultural resources of China and Japan with a comparative survey. Tientsin, Hautes études, 1938. xii, 254 p. incl. diagrs. illus. (charts), (Tientsin. Institut des hautes études industrieles et commerciales. Economic studies, 12).

WILCOX, EARLEY VERNON, 1869- Acres and people; the eternal problem of China and India. New York, Orange Judd Pub. Co., 1947. 287 p. illus.

WITTFOGEL, KARL AUGUST, 1896- Die ökonomische Bedeutung der agrikolen und industriellen produktivkräfte Chinas. Stuttgart, W. Kohlhammer, 1930. 188 p. illus. Diss.-Univ. Frankfurt a. M.

———. Wirtschaft und Gesellschaft Chinas; Versuch der wissenschaftlichen Analyse einer grossen asiatischen Agrargesellschaft, 1. teil. Produktivkräfte, Produktions- und Zirkulationsprozess. Leipzig, C.L. Hirschfeld, 1931. xxiv, 767, [1] p. illus., fold. map, diagr. (Schriften des Instituts für sozialforschung an der Universität Frankfurt a. M. 3 bd.).

WU, YUAN-LI, 吳元黎, 1920- Agriculture. London, Chinese Ministry of information, 1945, 32 p. (China. Ministry of information (London). Pamphlets, 4).

YEH, HSIA-TI, 葉霞翟, 1916- A study of the farm security administration as applicable to China's problems. Madison, 1944. ii, 171 l. Thesis-Univ. of Wisconsin.

YUEN, MING-PAO, 袁民寶, [YÜAN MIN-PAO]. Des systèmes agraires en Chine. [Changhai, Impr. Jeanne d'Arc] 1922. cover-title, 63, [1], 2, 2, 80 p. Thèse-Univ. de Changhai (l'Aurore).

Agricultural Production

CHAO, TS'AI-PIAO, 趙才標, 1903- A statistical study of crop yields in 12 provinces in China. Ithaca, 1933. xvii, 215 p. incl. map, tables, diagrs. Theses-Cornell University.

CHINA. NATIONAL AGRICULTURAL RESEARCH BUREAU. China agricultural estimates, 1931-1946. Nanking, Department of Agricultural Economics, National Agricultural Research Bureau, 1947. 93 l. [mimeographed].

NUTTONSON, MICHAEL Y 1904- Ecological crop geography of China and its agro-climatic analogues in North America. Washington, American Institute of Crop Ecology, 1947. 28 p. map, tables. (Published also as Study no. 7 of the International agro-climatological series of the American Institute of Crop Ecology).

SCHMITZ-MANCY, GUIDO. Die landwirtschaftliche Produktion Chinas und ihre Bedeutung für den chinesischen Aussenhandel. Berlin, 1943. 215 p. map, Diss. - Univ. Berlin.

TWANMO, CHONG, 端木中 , [TUAN-MU CHUNG] Production of food crops in mainland China: prewar and postwar. Santa Monica, Calif., Rand Corp. [1956] 79 p. diagrs. tables. (Rand Corp. Research memorandum, RM-1659).

Rice and Wheat

LE CLERC, JOSEPH ARTHUR, 1873- Rice trade in the Far East. Washington, Govt. Print. Off., 1927. vi, 73 p. incl. tables, diagr. ([U.S.] Bureau of foreign and domestic commerce (Dept. of commerce) Trade promotion series, 46)

PAO, HUNG-HSIANG, 鮑鴻翔 . Wheat problems in China. Tientsin, Hautes études, 1937. vii, 98 p. (Tientsin. Institut des hautes études industrieles et commerciales. Economic studies, 8).

U.S. Dept. of State. Office of Intelligence Research. The world rice situation, 1945-46, with particular reference to the Far East. Washington, 1946. 23, [38] l. tables (Its [Report] no. 3499).

Fruit and Vegetables

FABEL, L.B.A. The economic importance of fruit culture in China. Peiping, Catholic University and Chinese Catholic Agricultural Research Association, 1948. 113 p. (Agr. Extension Service Bull., 2).

HODGE, WALTER H 1912- The Chinese waterchestnut [by W.H. Hodge and David A. Bisset. Washington, Govt. Print. Off.] 1955. 16 p. illus. (U.S. Dept. of Agriculture. Circular, 956).

KAO, HSUEH-CHUNG, 高學中 , 1907- The availability of calcium from Chinese cabbage (Brassica pekinensis, Rupr.) New York, 1937 [i. e. 1938] 221-228 p. Reprinted from the Journal of biological chemistry, 123: 1 (1938).

KRAUS, JAMES ELLSWORTH, 1909- Chinese cabbage varieties, their classification, description, and culture in the central Great plains. [Washington, Govt. Print. Off., 1940] 20 p. illus. (U.S. Dept. of agriculture. Circular, 571).

LECTURES ON COMMODITIES VEGETABLE PRODUCTS. Tientsin, Hautes études, 1936. 172 p. (Tientsin. Institut des hautes études industrieles et commerciales. Economic studies, 3).

LIU, SU-YING, 劉素英 , 1916- Studies of Litchi chinensis Sonn. Ann Arbor, University Microfilms [1954] ([University Microfilms, Ann Arbor, Mich.] Publication no. 8332). ix, 261 l. illus. maps, tables. Thesis-Univ. of Michigan.

READ, BERNARD EMMS, 1877-1949. Shanghai vegetables, by Bernard E. Read and W. Wagner. Shanghai, China Journal, 1940. 31 p. illus.

Tea

CHINA. MINISTRY OF INDUSTRY. Shanghai tea exports, 1933. Shanghai, Shanghai Bureau of Inspection and Testing of Commercial Commodities, Ministry of Industry, 1933. 1 v. tables.

CHU, T H. 朱祖晦 . Tea trade in central China. Shanghai, Published for China Institute of Pacific Relations by Kelly and Walsh, 1936. 259 p. incl. fold. tables.

HARRIMAN, WILLIAM KARL. The story of tea; illustrated by Ralph D. Dunkelberger. Philadelphia, The Penn Pub. Co. [c1938] 208 p. front., illus.

HUNG FU, 洪紱, 1906- La géographie du thé. 2e éd. Canton, 1934. cover-title, 181 p. incl. illus. (maps) tables, diagrs. plates. (Bibliothèque de l'Institut de géogrpahie de l' Université de Lyon et des "Études rhodaniennes").

TSAO, JUO-CHING, 曹若清, 1903- Der chinesische Tee auf dem europäischen und Amerikanischen Markte. Engelsdorf-Leipzig, C. U. M. Vogel, 1929. 92 p. map, chart.

TORGASHEV, BORIS PAVLOVICH. China as a tea producer; areas of cultivation, methods of planting and manufacture, export trade, production and consumption, both in China and abroad, with fifty-nine statistical tables. Shanghai, Commercial Press, 1926. ix, 252 p. plates.

Soybean Products

CHANG, YET-OY, 張月愛, 1913- Soybean products as supplements to rice in Chinese diets, with special reference to their protein and calcium content. Ann Arbor, University Microfilms [1954] ([University Microfilms, Ann Arbor, Mich.] Publication no. 8626) Collation of the original: 60 l. plates, tables. Thesis-Columbia University.

CHEN, PHILIP STANLEY, 陳學勤, 1903- Soybeans for health, longevity, and economy, by Philip S. Chen with the assistance of Helen D. Chen. 陳馮媛貞. South Lancaster, Mass., Chemical Elements [1956] 241 p. illus.

CHIU, YAN-TSZ, 趙恩賜, [CHAO EN-TZ'Ŭ] 1890- Studies of the physical and chemical properties of soy bean milk. [Canton, The Shameen Printing Press, 1927] 38 p. incl. plates, diagrs. Thesis-Cornell university.

HORVATH, ARTHEMY A. The soybean as human food. Peking, Chinese Government Bureau of Economic Information, 1927. 86 p. (Booklet ser., 3).

Tung Oil

CHANG, CHIA-CHU, 張嘉鑄, 1902- China tung oil and its future. Hong Kong, China Vegetable Oil Corporation [pref. 1940] 129 p. illus. (incl. map) diagrs. (1 fold.) (Ch[hina] v[egetable] o[il] c[orporation] Leaflet, 8).

———. A general survey of China tung oil industry. Submitted to the Chinese-American Agricultural Collaboration Commission. Shanghai, 1946. 17 numb.l.

CHI, HENG, 紀蘅. The trade in tung oil of China and its prospects. Tientsin, Hautes études, 1936. 119 p. (Tientsin, Institut des hautes études industrieles et commerciales. Economic studies, 5).

HO, K'AI, 賀闓, 1902- Bibliography on tung tree and tung oil, 世界桐油文獻 compiled by K. Ho and H. Liu, 劉瑚. With a foreword by Chung-Yu Wang, 王寵佑. [Hankow] The Government Testing Bureau of Hankow, 1937. vii, 175 p.

STEVENS, GEORGE H. Stevens' China wood oil formulary, a companion book to the four volume compilation entitled Patents, technology and bibliography of China wood oil. 2nd ed. Newark, N. J., 1926 (c1924) 1, x, 457 numb. l. 24 p. plates.

———. Information on Chinese wood oil. Newark, N. J., The author, 1925. 15 p. illus.

TAYLOR, WILLIAM MYERS, 1896- China wood oil. Washington, Govt. Print. Off., 1923. iv, 21 p. incl. tables, diagrs. fold. chart ([U. S.] Bureau of foreign and domestic commerce (Dept. of commerce) Miscellaneous series, 125).

THOMSON, JAMES CLAUDE, 1889- A study of Chinese wood oils; with special reference to the isolation and the characterization of isomeric eleostearic acids. New York, 1933. 35 p. diagrs. Thesis-Columbia University.

WELZ, CHRISTOPHER JOHN. Studies in the chemistry of Chinese wood oil. [Easton, Pa., 1927] 15 p. 1 illus., diagrs. Thesis-Cornell University, 1926. "Reprinted from Industrial and engineering chemistry 19:1 January, 1927."

Sericulture

BUCHANAN, RALPH E. The Shanghai raw silk market. New York, Prepared for and published by the Silk Association of America [c1929] 3-76 p. illus.

HOWARD, CHARLES WALTER, 1882-1928. The sericulture industry of south China. [n.p.] 1923. 32 p. plates.

———. A survey of the silk industry of south China, by C.W. Howard and K.P. Buswell, Hong Kong, 1925. 208 p. plates, maps, (Lingnan agricultural bull., 12).

KEH, KINTSON, 葛敬孫. A preliminary plan for the improvement of sericulture in China. Chinkiang, 192- . 24 p. (Chinkiang station of the International Committee for Improvement of Sericulture in China).

LIEU, D. K. 劉大鈞, [LIU TA-CHÜN], 1890- The silk reeling industry in Shanghai. Shanghai, 1938. cover-title, viii, 142 p. incl. tables (part fold.) diagrs. (The China institute of economic and statistical research. [Publications] 1:2).

———. The silk industry of China. Issued under the auspices of the China Institute of Pacific Relations and the China Institute of Economic and Statistical Research. Shanghai, Kelly and Walsh, 1940. xviii, 266 p. incl. tables (part fold.) diagrs.

SHANGHAI INTERNATIONAL TESTING HOUSE. A survey of the silk industry of Central China, by the Shanghai international testing house of the United States Testing Co., Inc. Under the auspices of the Silk Association of America. Shanghai [Printed by the Shanghai Times] 1925. cover-title, 100 p. fold, map, plans, diagrs. (1 fold.).

SIAO, TSEN-TSAN, 蕭貞昌, 1900- Die chinesische Seidenindustrie. Leipzig, L.A. Klepzig, 1929. 92 p., 1 l. Diss.-Leipzig.

SILK ASSOCIATION OF AMERICA. Sericultural development in China. New York, Silk Association of America [c1928] 29 p.

TSING, TUNG-CHUN, 曾同春, [TSENG T'UNG-CH'UN] De la production et du commerce de la soie en Chine. Paris, P. Geuthner, 1928. 228 p. map. diagrs. (Université de Lyon. Bibliotheca Franco-Sinica Lugdunensis. Êtudes et documents pub. par l'Institut franco-chinois de Lyon, t. 4).

Other

FENG, CHE-FANG, 馮澤芳, 1899- Genetical and cytological studies of species of Asiatic and American cottons. [Chicago, 1935] 1 p. 485-504. illus. Thesis-Cornell university. From Botanical gazette, v. 96, March, 1935.

LEE, HSIEN-WEI, 李顯威. The tobacco in China. Tientsin, Hautes études, 1934. 59 p. (Tientsin. Institut des hautes études industrieles et commerciales. Economic studies, 1).

LIU, CHIN-T'AO, 劉錦濤. Egg industry in Tientsin. Tientsin, Hautes études, 1941. 46 p. (Tientsin. Institut des hautes études industrieles et commerciales. Economic studies, 18).

READ, BERNARD EMMS, 1877-1949. Shanghai foods. 4th ed. Shanghai, China Nutrition Aid Council, 1948. 117 p. (China Medical Association, Special report ser., 8).

U.S. Coordinating Committee on Foreign Food Facts. Food supply in the Ningpo-Wenchou area, Chekiang Province, China, prepared by the Ningpo-Wenchou Working Group of the Coordinating Committee on Foreign Food Facts. Washington, 1945. 89 p. map.

WANG, CH'I-TUNG, 王祈棟. Eggs industry in China. Tientsin, Hautes études, 1937. ii, 106 p. (Tientsin. Institut des hautes études industrielles et commerciales. Economic studies, 9).

YANG, CH'ÊNG-YÜ, 楊承裕. Groundnuts production and trade in China. Tientsin, Hautes études, 1938. 187, [3] p. illus., plates, maps, (Tientsin, Institut des Hautes Études industrielles et commerciales. Economic studies,14).

Land Tenure and Utilization: Land Ownership

ANDERSON, CHARLES ARNOLD. Chinese peasant, by Charles A. Anderson and Mary Bowman. Lexington, University of Kentucky, 1950. 287 p.

BUCK, JOHN LOSSING, 1890- Farm ownership and tenancy in China. Shanghai, National Christian Council [1927] 31 p.

CH'ÊN HAN-SENG, 陳翰笙, 1897- The present agrarian problem in China. Shanghai, China Institute of Pacific Relations, 1933. 32 p. Preliminary paper prepared for the 5th biennial conference of the Institute of Pacific Relations, Banff, 1933.

———. Agrarian problems in southernmost China. Shanghai, Published for Lingnan University, Canton by Kelly and Walsh, 1936. viii, 144 p.

———. Landlord and peasant in China; a study of the agrarian crisis in south China. With a preface by Frederick V. Field. New York, International Publishers, 1936. xvii, 144 p. incl. tables.

———. Industrial capital and Chinese peasants; a study of the livelihood of Chinese tobacco cultivators, by Chen Han-seng, assisted by Wong Yin-seng. Chang Hsi-chang and Huang Kuo-kao. With an introd. by Karl August Wittfogel. Shanghai, Kelly and Walsh, 1939 [i.e. 1940]. xxiii, 97 p. map, diagr. tables.

———. The Chinese peasant. [London, G. Cumberlege, Oxford University Press [1945] 31 p. (Oxford pamphlets on Indian affairs, no. 33).

———. Frontier land systems in southernmost China; a comparative study of agrarian problems and social organization among the Pai Yi people of Yunnan and the Kamba people of Sikang. New York, International Secretariat, Institute of Pacific Relations, 1949. vi, 156 p.

LAMB, JEFFERSON P.H., 林東海 [LIN, TUNG-HAI] 1894- The development of the agrarian movement and agrarian legislation in China. Shanghai, Commercial Press, 1934. 228 p. 1st ed. 1931.

LEE, SHU-CHING, 李樹青, 1908- Social implications of farm tenancy in China. Chicago, 1950. 268 l. Thesis-Univ. of Chicago.

Land Utilization

BUCK, JOHN LOSSING, 1890- An economic and social survey of 150 farms, Yenshan county, Chihli province, China. [Nanking], 1926. Cover-title, 110 p. (Nanking. University. College of Agriculture and Forestry. Bull. 13).

———. Chinese farm economy; a study of 2866 farms in seventeen localities and seven provinces in China. Chicago, Pub. for the University of Nanking and the China Council of the Institute of Pacific Relations by the University of Chicago Press [1930] xii, 476 p. incl. illus. (map) tables, diagrs., forms, plates, plans (1 fold.).

———. Land utilization in China, a study of 16,786 farms in 168 localities, and 32,256 farm families in twenty-two provinces in China, 1929-1933. Shanghai, Commercial Press, ltd. [1937] 3 v. illus. (maps) plates, diagrs. and atlas of xii, 146 p. incl. maps, plates.

———. The same; New York, Reproduced by the Council on Economic and Cultural Affairs, 1956. xxxii, 494 p. illus. maps.

———. Some basic agricultural problems of China. Submitted by the International Secretariat as a document for the Tenth Conference of the Institute of Pacific Relations to be held at Stratford-on-Avon, England, Sept. 1947. New York, International Secretariat, Institute of Pacific Relations [1947] 62 l. (Secretariat paper no. 1).

CHAPMAN, BENJAMIN BURGOYNE. The climate regions of China; a preliminary report of the China land utilization study, prepared by the Department of

Agricultural Economics, College of Agriculture and Forestry, University of Nanking. Nanking, 1933. 62 p. incl. tables, illus. (charts), (Its. Bull. n.s., 3).

CHANG, P'EI-KANG, 張培剛, 1913- Agriculture and industrialization; the adjustments that take place as an agricultural country is industrialized. Cambridge, Harvard Univ. Press, 1949. xii, 270 p. illus. (Harvard economic studies, v. 85).

HENSON, EDWIN RAY, 1896- Report on the agricultural rehabilitation program in China. Distributed by the International Secretariat, IPR, as a supplementary document for the Tenth Conference of the Institute of Pacific Relations, Stratford-upon-Avon, Eng., Sept. 1947. New York, Institute of Pacific Relations, 1947. 19 l.

INSTITUTE OF PACIFIC RELATIONS. Agrarian China; selected source materials from Chinese authors, compiled and translated by the Research staff of the secretariat, Institute of Pacific Relations, with an introduction by R. H. Tawney. Shanghai, Kelly and Walsh, 1938; London, G. Allen and Unwin, 1939. xviii, 257 p. (Its International research series).

KEH, CHI-YANG, 葛啓揚, 1909- Land utilization in China and in the United States. [East Lansing, Mich.,] 1944. Film copy of type-written manuscript. Made in 1944 by University microfilms (Publications no. 638) Positive. Collation of the original: vii, 104 numb. l. incl. tables. fold. maps.

TASCHDJIAN, E. Agricultural economy and farm management with reference to China. Peiping, Catholic University of Peking, 1945. 66 p. (Agricultural extension service Bull., 1).

WANG, VINCENT YU-SAN, 王育三, L'économie agricole de la Chine. Louvain, Vlaamsche Boekenhalle, 1925. 188 p. illus. (maps, 1 double) [Bibliothèque de l'École des sciences politiques et sociales de Louvain].

WILMANNS, WOLFGANG OTTO, 1893- Die Landwirtschaft Chinas. Berlin, P. Parey, 1938. 87 p. illus. (incl. map) [Gernamy] Reichs-und pr. ministerium für ernährung u. landwirtschaft. Berichte über landwirtschaft. n.f., 133. sonderheft). (At head of title: Aus dem Institut für landwirtschaftliche betriebslehre an der Universität Leipzig. Summaries in German, English, French and Spanish.

WONG, WEN-HAO, 翁文灝, 1889- The distribution of population and land utilization in China. Prepared for the 5th biennial conference of the Institute of Pacific Relations to be held at Banff, 1933. [Shanghai] China Institute of Pacific Relations, 1933. 11 p.

Rural Economy

CHEN, YIN-KWONG, 陳延光. Die landwirtschaftlichen Genossenschaften in China, und die Anwendbarkeit der Systeme des deutschen landwirtschaftlichen Genossenschaftswesens auf ihre Fortbildung. Leipzig, H. Buske, 1937. 114 p. (Beiträge zur genossenschaftskunde; schriften des Seminars für genossenschaftswesen an der Universität Halle-Wittenberg hft. 5).

CHIANG, SHANG-YI, 姜尙義. Les coopératives de crédit agricole en Chine. Nancy, Impr. centrale de l'est, 1931. 131, [1] p. Thèse-Univ. de Nancy.

CHINA. National Economic Council. Rural reconstruction in Kiangsi. Nanchang, 1935. 18 numb. l. (Its. Special bull., 1).

CHINA INSTITUTE OF ECONOMIC AND STATISTICAL RESEARCH, Shanghai. A study of the rural economy of Wuhing, Chekiang. Shanghai, China Institute of Economic and Statistical Research, 1939. v, 121 p. incl. tables, diagrs.

FEI, HSIAO-T'UNG, 費孝通, 1911- Earthbound China; a study of rural economy in Yunnan, by Hsiao-tung Fei and Chih-i Chang, 張之毅. Rev. English ed. prepared in collaboration with Paul Cooper and Margaret Park Redfield. London, Routledge and K. Paul [1949] xv, 319 p. plates, maps, tables (International library of sociology and social reconstruction).

FOOD AND AGRICULTURE ORGANIZATION OF THE UNITED NATIONS. Training rural leaders; Shantan Bailie School, Kansu Province, China. Washington, 1949. vi, 136 p. illus., maps.

———. L'École Bailie de Chantan; la formation de dirigeants de coopératives rurales. Washington, 1949. vi, 144 p. illus., map.

HAN, WEN-TON, 韓聞痌. Le crédit agricole en Chine et les amendements proposés. Nancy, Impr. G. Thomas, 1936. [5]-156 p. Thèse-Univ. de Nancy.

HO, FRANKLIN LIEN, 何廉, 1895- Rural economic reconstruction in China. Preliminary paper prepared for the sixth conference of the Institute of Pacific Relations held at Yosemite, California, August 15-29, 1936. [Shanghai] China Institute of Pacific Relations, 1936. 59 p.

HSÜ, PAUL C., 徐寶謙, 1892-1944. Rural cooperatives in China. Honolulu, Institute of Pacific Relations, 1929. 16 p. (Institute of Pacific Relations, 1st conference, Kyoto, 1929).

LI, YU-I, 李有益. Three types of rural economy in Yunnan, by Yu-i Li, Hsiao-tung Fei, 費孝通, and Tse-i Chang, 張之毅, edited by Hsiao-tung Fei. New York, Institute of Pacific Relations, 1943. 35 p. (Social change in southwest China-case study 1).

LO, WAN-SEN, 羅萬森, 1904- Probleme der Agrarkreditpolitik in China. Würzburg-Aumühle, K. Triltsch, 1941. 142 p. incl. illus. (2 maps) tables. 2 diagr.

———. Problems of agricultural credit policy in China (Probleme der agrarkreditpolitik in China) (Translated from German into English by Francis J. Weiss) Wuerzburg-Aumuehe, K. Triltsch, 1941. 151 numb. l.

MALONE, CARROLL BROWN, 1886- The study of Chinese rural economy, by C. B. Malone and J. B. Tayler. Peking, 1924. 14, 65 p. incl. tables, diagrs. (China. International famine relief commission. Publ. ser. B., 10).

MARTIN, HARRY S. Recent development in agricultural work in Tunghsien by Harry S. Martin and James A. Hunter, edited by Maxwell S. Stewart. Peiping, 1930. 14 p. (Yenching University. Dept. of Sociology and Social Work, Publ. ser. C. 24).

PEO, YU, 卜愈, [PU YU]. Associations de crédit mutuel rural et associations similaires en Chine (Ts'ing-Houei) Ouvrage honoré d'une subvention de l'Institut des hautes études chinoises de l'Université de Paris. Paris, Domat-Montchrestien, 1936. 157, [1] p. diagrs.

SCHOLZ, HARTMUT-DIETER. Die Formen der ländlichen Siedlung in China. Bonn, 1949. 184 l., plate, map. Diss.-Univ. Bonn.

SHANTUNG. Institute of Rural Reconstruction. Rural reconstruction in Tsouping. Tsinan, 1935. Cover-title, 16p. port. (Its Rural reconstruction ser., 1).

STRICKLAND, CLAUDE FRANCIS, 1881- Rural finance and cooperation. Shanghai, Chung Hwa Book Do., [1937?] ii, 459 p. fold. tables. (China. National economic council. Cooperative commission. Publications. Series D, no. 1a).

SUN, HO-SHENG, 孫和生, 1923- Cooperative farming systems and their application in China. East Lansing, 1954. x, 215 p. Thesis-Michigan State University.

TSCHANG, WEN-HSI, 常文熙, 1904- Die chinesische Pacht. Würzburg, Triltsch, 1934. 81 p. Diss.-Univ. Berlin.

YANG, CHING-KUN, 楊慶堃. A North China local market economy, a summary of a study of periodic markets in Tsouping hsien, Shantung. New York, Institute of Pacific Relations, 1944. 41 numb. l. mimeographed.

Land Reform: Nationalist China

CHANG, HSUN-YANG, 張勛祥. Das chinesische Bodenrecht. Unter besonderer Berücksichtigung des deutsche Rechts. Göttingen, 1949. vii, 264 l. Diss-Univ. Göttingen.

CH'EN, CH'ENG, 陳誠, 1896- An approach to China's land reform. Taipei, Cheng Chung Book Co., 1951. 106 p. illus.

CH'EN, LI-FU, 陳立夫, 1900- The function of the Commission on land research and planning. Nanking, International Relations Committee [1935] 36 p.

———. Report on land investigation. Translated by Chao Hsi-lin, 趙錫麟. Nanking, International Relations Committee, 1935. 83 p. incl. tables.

CHINA. Laws, statutes, etc. The Chinese land law and the law governing the enforcement of the Chinese land law. [amended and promulgated on April 29 1946 by the National government of the Republic of China] Translated by the Land division, Joint Commission on Rural Reconstruction, 1949. Taipei, 1949. 37, 9 p.

———. Code Foncier; promulgué et mis en vigueur le 29 avril 1946. Traduction française par André Bonnichon et André Song Kia-Hoai. Teintsin, Hautes études, 1946. 94 p. (Collection "Le droit chinois moderne").

———. The land-to-the-tiller act, passed by the Legislative Yuan on Jan. 20, 1953 and promulgated by the President of the Republic of China on Jan. 26, 1953. Taipei, 1953. 1 v. (various pagings).

DRAGONI, CARLO. Report on agricultural reform in China. Nanking, National Economic Council, 1933. 60 p.

FREE CHINA REVIEW. Land reform in Free China. Taipei [1953] i, 65 p.

HSIAO, CHÊNG, 蕭錚, 1905- The theory and practice of land reform in China. Taipei, Chinese Research Institute of Land Economics, 1953. 80 p.

JOINT COMMISSION ON RURAL RECONSTRUCTION IN CHINA (U.S. and China) Land-to-the-tiller program in Formosa. Taipei, 1955. 12 p.

KLEIN, SIDNEY, 1923- The pattern of land tenure reform in East Asia after world war II. New York, 1956. 398 p. Thesis-Columbia University.

SHÊN, TSUNG-HAN, 沈宗瀚, 1895- Agricultural and land programs in Free China; increase production and farmer security. Taipei, Govt. Information Bureau, 1954. cover-title, 85 p. plates, diagrs., tables.

———. Land to the tiller in Free China. Taipei, China Culture Pub. Foundation, 1954. 13 p. illus. (Pamphlets on Chinese affairs).

TANG, HUI-SUN, 湯惠蓀, 1900- Land-to-the-tiller policy and its implementation in Taiwan, by Tang Hui-sun and Chen Jen-lung, 陳人龍. Taipei, 1954. 16 p.

———. Land reform in free China. Taipei, Joint Commission on Rural Reconstruction, 1954. 336 p. illus., maps, diagrs., facsims.

Land Reform: Communist China

AGRICULTURE in new China. Peking, Foreign Languages Press [1953] 51 p. illus.

ASIAN PEOPLES' ANTI-COMMUNIST LEAGUE. The food policy of the Chinese Communists. [Taipei] 1955. 35 p.

———. The Chinese Communist agricultural collectivization. [Taipei] 1957. 40 p.

CHAO, KUO-CHÜN, 趙國鈞, 1918- A historical survey of the land policy of the Chinese communists, 1921-1950. Cambridge, Center for International Studies, Massachusetts Institute of Technology, 1954. vii, 108 l.

———. Land policy of the Chinese communist party. 1921-1953. Ithaca, N.Y., 1954. vii, 4, 375 l.

———. Agrarian policies of mainland China; a documentary study (1949-1956) Cambridge, Distributed by Harvard University Press, 1957. xiii, 276 p. (Chinese Economic and Political Studies. Special series).

CH'EN, PO-TA, 陳伯達, 1905- Notes on Mao Tse-tung's "Report of an investigation into the peasant movement in Hunan." Peking, Foreign Languages Press, 1954. 62 p.

CHINA (People's Republic of China, 1949-) Laws, statutes, etc. The Agrarian reform law of the People's Republic of China and other relevant documents. [4th ed.] Peking, Foreign Languages Press [1952] 85 p.

———. La loi sur la reforme agraire de la République populaire de Chine suivie de deux autres documents. Pékin, Éditions en langues étrangères, 1950. 64 p.

———. Model regulations for an agricultural producer's co-operative; adopted by the Standing Committee of the National People's Congress of the People's Republic of China on March 17, 1956, at its 33rd meeting. Peking, Foreign Languages Press, 1956. 51 p.

———. Model regulations for advanced agricultural producers' co-operatives, adopted on June 30, 1956, by the First National People's Congress of the People's Republic of China at its third session. Peking, Foreign Languages Press, 1956. 33 p.

COMMITTEE FOR FREE ASIA, INC. Land reform: Communist China, Nationalist China, Taiwan, India and Pakistan. [San Francisco 1953] 68 p.

COMMUNIST PARTY. CHINA. Co-operative farming in China; decisions on the development of agricultural producers' co-operatives adopted by the Central Committee of the Communist Party of China. Peking, Foreign Languages Press, 1954. 34 p.

———. Decisions on agricultural co-operation, adopted at the sixth plenary session (enlarged) of the Seventh Central Committee of the Communist Party of China, October 11, 1955. Peking, Foreign Languages Press, 1956. 54 p.

———. The draft programme for agricultural development in the People's Republic of China, 1956-1967. Peking, Foreign Languages Press, 1956. 43 p.

———. Entwurf des Programms für die Entwicklung der Landwirtschaft in der Volksrepublik China 1956-67. Unterbreitet vom Polibüro d. ZK der Kommunist Partei Chinas am 23 Jan. 1956. Peking, Verlag für fremdsprachige Literatur, 1956. 26 p.

———. Socialist upsurge in China's countryside. Peking, Foreign Languages Press, 1957. 504 p.

DUMONT, RENÉ, 1904- Révolution dans les campagnes chinoises. Paris, Éditions du Seuil [1957] 462 p. illus., maps. (Collections Esprit "Frontière ouverte").

GANGULI, BIRENDRANATH. Land reform in new China. Delhi, Ranjit Printers and Publishers, 1954. 74 p.

GOEL, SITA RAM. China is red with peasants' blood. Calcutta, Society for Defence of Freedom in Asia [1953] 92 p. (Inside Communist Slave-Empire series, 3).

HSIAO, CH'IEN, 蕭乾, 1911- How the tillers win back their land. Peking, Foreign Languages Press, 1951. 148 p. illus.

———. Befreites Land. Wie die chinesischen Bauern ihr Land wiedergewannen. Berlin, Kongress-Verlag, 1953. 144 p. illus.

MAO, TSE-TUNG, 毛澤東, 1893- Agrarian reforms in China by Mao Tse-tung and Liu Shao-chi. Hong Kong, 1948. 41 p. Reprinted from China Digest, June 1, 1948.

———. Significance of agrarian reforms in China, by Mao Tse-tung and Liu Shao-chi. [Bombay, Published by J. Bhatt for People's Pub. House, 1950] 41 p.

———. Report of an investigation into the peasant movement in Hunan. Peking, Foreign Languages Press, 1953. 64 p. port.

———. The question of agricultural co-operation. Peking, Foreign Languages Press, 1956. 39 p.

———. Fragen des genossenschaftlichen Zusammenschlusses in der Landwirtschaft. Referat auf die Beratung des Sekretäre der Provinz, Stadt-und Gebietskomitees der Kommunistischen Partei Chinas am 31. Juli 1955. Berlin, Dietz, 1956. 35 p.

MUTUAL aid and co-operation in China's agricultural production. Peking, Foreign Languages Press, 1953. 38 p.

NOT winter but spring and other stories on mutual aid and co-operation in Chinese agriculture. Peking, Foreign Languages Press, 1956. 193 p.

ONG, SHAO-ER, 翁紹耳, [WÊNG SHAO-ÊRH] 1917- Chinese farm economy after agrarian reform. Lackland Air Force Base, Tex., Air Force Personnel and Training Research Center, Air Research and Development Command,

1955. 32 p. (Human Resources Research Institute, Research Memorandum).
———. Agrarian reform in Communist China to 1952. Lackland Air Force Base, Tex., Air Force Personnel and Training Research Center, Air Research and Development Command, 1955. xviii, 61 p. illus., map. (Human Resources Research Institute. Research memorandum no. 41).

ORIENS, pseud. Land reform in China. With a foreword by David Mitrany. London, Batchworth Press [1952] 48 p. (Background books).

TÊNG, TZŬ-HUI, 鄧子恢, 1897- The outstanding success of the agrarian reform movement in China. Peking, Foreign Languages Press, 1954. 20 p.

WANG, TE-HUA, 王德華, 1922- Land reform in the People's Republic of China. Iowa City, 1952. 226 l. Thesis-State University of Iowa.

WITTFOGEL, KARL AUGUST, 1896- Mao Tse-tung, liberator or destroyer of the Chinese peasants? New York, Free Trade Union Committee, American Federation of Labor [1955] 22 p.

Livestock

CH'ÊN, CHIH-CH'ANG, 陳之長. A report to His Excellency, Governor Ma Hung Kwei, 馬鴻逵, on a short animal production reconnaissance trip in Ninghsia Province, August 23rd to September 9th 1943, under auspices of the Republic of China, Ministry of Education, Province of Ninghsia [and] the United States of America, Department of State, Division of Cultural Relations. By C.C. Chen, Y.H. Tsou, 鄒樹文 [and] Ray G. Johnson. [Chungking? 1943?] 27, 10 l. plates, ports.

THE FOREIGN TRADE ASSOCIATION OF CHINA. Goatskin. [Shanghai, Commercial Press, 1936] cover-title, 31 p. tables, diagrs. (China export commodity series, 1).

JOHNSON, RAY GEORGE, 1902- An animal production reconnaissance trip through Sikong Province of the Republic of China, May 23, 1943 to July 14, 1943. [Washington 1943?] 1 v. (various pagings) illus., ports., map.

LEVINE, CARL OSCAR. Butchering and curing meats in China. Canton, 1921. iii, [1], 41, [1] p. plates, (Canton Christian College, Bull, 27).

PHILLIPS, RALPH WESLEY, 1909- Livestock improvement in China. Chungking, Ministry of Agriculture and Forestry, 1944. cover-title 160 p. maps.
———. The livestock of China, by Ralph W. Phillips, Ray G. Johnson and Raymond T. Moyer. Washington, Govt. Print. Off., 1945. vi, 174 p. incl. illus. (incl. maps) tables. [U.S. Dept. of state. Publication 2249. Far eastern series 9].

Forestry

NATIONAL BUREAU OF INDUSTRIAL RESEARCH. Forest products laboratory, a brief account of its plan and works with abstracts of some publications (September 1939-December 1944). Kiating, Szechuan, 1946. 20, 64 p.

HSU, YUN-CHUN, 徐永椿. A preliminary study of the forest ecology of the area about Kunming. Stanford, Natural History Museum of Stanford University, 1950. 12 p. (Contributions from the Dudley Herbarium, 4:1).

HU, CHARLES Y, 虎矯如, [HU CHIAO-JU], 1910- The agricultural and forestry land-use of Szechuan basin. Chicago, 1946. ii-x, 157 (i.e. 170) p. incl. illus. (map) tables, diagrs. plates, 12 fold, maps. Thesis-Univ. of Chicago.

Flood Control and Famine Relief

ALLEY, REWI, 1897- Man against flood; a story of the 1954 flood on the Yangtse and of the reconstruction that followed it. Peking, New World Press [1956] 109 p. illus.

CHINA. National Flood Relief Commission. Compendium showing dykes and other works constructed by National Flood Relief Commission [edited by T.C. Hsi,

席德炯] [Shanghai, Printed by the China Science Corporation] 1932. 10, [28] p. plates (part fold.) maps (part fold.) tables.

———. The work of the National flood relief commission of the National Government of China, August 1931-June 1932. Shanghai, 1932. 30 p. plates, fold. map.

———. Report of the National flood relief commission, 1931-1932. Shanghai [Printed at the Comacrib Press] 1933. 304 p., 1 l., [12] p. fold. map (in pocket) tables (part fold.) diagrs. (1 fold.).

CHINA (People's Republic of China, 1949-) Ministry of Water Conservancy. Water conservancy in new China. Shanghai, People's Art Pub. House, 1956. 1v. (unpaged chiefly illus.).

CHINA INTERNATIONAL FAMINE RELIEF COMMISSION. Annual report. 1922-1936. Peking, 1923-1937. 15 v. plates, tables (China international famine relief commission. Publication[s] ser. A, no. 1-15).

———. History, organization and policy. Peking, 1923. cover-title, 10 p. (China international famine relief commission. [Publications] ser. B, no. 3).

———. The C.I.F.R.C. fifteenth anniversary book, 1921-1936. Peiping, 1936. cover-title, 38 p. incl. illus., plates, ports., maps, diagrs. (China international famine relief commission publication. ser A, no. 47)

CHINESE FOREIGN FAMINE RELIEF COMMITTEE, Shanghai. Report on specific flood relief and prevention problems in Chekiang Province. Shanghai, 1925. iii, 40 p. maps (part fold.) diagrs.

FREEMAN, JOHN RIPLEY, 1855-1932. Flood problems in China. [New York, 1922] cover-title, p. 1113-1167. illus. (kncl. maps) fold. pl. xx. Reprinted from Proceedings, Am. Soc. C.E. for May, 1922.

HUPEH FLOOD RELIEF COMMITTEE. Hankow's greatest flood catastrophe in a century. Hankow, China, Hupeh Flood Relief Committee [1931] cover-title, 8, 44 p. incl. illus., fold. plates.

KEH, CHI-YANG, 葛啓揚, 1909- TVA program and the water control program for China. Knoxville, Tenn., 1945. iii, 53 numb. l.

MACNAIR, HARLEY FARNSWORTH, 1891-1947. With the White cross in China; the journal of a famine relief worker with a preliminary essay by way of introduction. Peking, H. Vetch, 1939. viii, [3]-123 p., illus. (plans) fold. map, tables.

MALLORY, WALTER HAMPTON, 1892- China: land of famine, with a foreword by Dr. John H. Finley. New York, American Geographical Society, 1926. xvi, 190 p. incl. front., illus., maps (American geographical society. Special publication, 6).

NANKING. UNIVERSITY. College of Agriculture and Forestry. The 1931 flood in China: an economic survey by the Department of Agricultural Economics, College of Agriculture and Forestry, the University of Nanking, in cooperation with the National Flood Relief Commission. Nanking, The University of Nanking, College of Agriculture and Forestry, 1932. 74 p. incl. tables. fold. map. ([Nanking. University. College of agriculture and forestry] Bulletin no. 1 (new series) April, 1932).

PEKING UNITED INTERNATIONAL FAMINE RELIEF COMMITTEE. The North China Famine of 1920-1921, with special reference to the west Chihli area. Being the report of the Peking united international famine relief committee. Peking [Printed by the Commercial Press works] 1922. viii, 175 p. illus., fold. map.

RED CROSS. U.S. American National Red Cross. The report of the American Red cross commission to China. Washington, D.C., The American National Red Cross, 1929. 103 p. [Red cross. U.S. American national Red cross. ARC circular 270].

———. American Red cross famine relief in China, 1920-1921, from the Report of the China Famine Relief, American Red cross. [New York] Russell Sage

Foundation [1943] 25 p. ([Russell Sage foundation, New York] Administration of relief abroad, a series of occasional papers. [8]).

SHANSI. WATER CONSERVANCY COMMISSION. Regulation of the Fen Ho, for flood protection and conservancy of winter flow as an aid to irrigation. A report prepared from surveys made in 1933. Taiyuan, 1934. 27 p. plates, map.

TODD, OLIVER JULIAN, 1880- Two decades in China, comprising technical papers, magazine articles, newspaper stories and official reports connected with work under his own observation. Peking, the Association of Chinese and American Engineers, 1938. xviii, 604 p. front. plates, port., maps, fold. table.

U.S. Congress. House. Committee on Appropriations. Famine relief in China. Hearing before subcommittee of House Committee on appropriations in charge of deficiency appropriations. Sixty-sixth Congress, third session. Washington, Govt. Print. Off., 1921. 12 p.

XXI. MEDICINE AND PUBLIC HEALTH

Bibliographies

HUEBOTTER, FRANZ, 1881- A guide through the labyrinth of Chinese medical writers and medical writings, a bibliographical sketch. Kumamoto, Japan, 1924. 2-74 numb. l.

PEKING. UNION MEDICAL COLLEGE. Bibliography of the publications from the laboratories and clinics of the Peiping union medical college and hospital. v. [1/2]- 1915/25-1926-1940. Peiping, 1926-1941. 5 v.

———. Selected contributions from the Peking union medical college. v. 1-6. Peking, China [1921-1926] 6 v. illus., plates, maps, tables, diagrs.

———. Dept. of Surgery. The gist of articles by the staff of the Department of Surgery, Peking Union Medical College. No. 1- Peiping, 1930/31-

Directories and Dictionaries

CHANG, CHUNG-HSI, 張崇熙. Foreign Chinese medical terms — Medizinische Vokabulien. Hangchow, Hsin-i-shu-chü, 1953. 2, 402, 4 p.

CHEN, M. C., 陳文駐 [CH'EN WEN-CHU] 1898- A selected list of Chinese materia medica. New York, Chinese Chamber of Commerce of New York, 1948. 111 p.

The CHINESE medical directory [1st]- 1928- Shanghai, The Chinese medical association, 1928- v. plates, maps. Title varies: 1928...Medical guide, with classified list of medical suppliers (At head of title, National medical association of China) 1930...Medical directory (At head of title: National medical association of China) 1932- The Chinese medical directory [Published by the Chinese medical association].

COUSLAND, PHILIP BRUNELLESCHI, 1861- An English-Chinese lexicon of medical terms, by Philip B. Cousland. 5th ed. --with the assistance of Teh-Ching Leo, 魯德馨. Based on the new official terminology and reprinted with separate list of the latest additional terms. [Shanghai] Publication Committee, China Medical Association, 1926. 20, 254 p., 1st ed., 1908.

———. English-Chinese medical lexicon. 10th ed. rev. and enl. by Teh-ching Leo, and P. L. McAll. Shanghai, Chinese Medical Association, 1949. 449 p.

GENERAL COMMITTEE ON SCIENTIFIC TERMINOLOGY. Latin-English-German-Chinese madical terminology; edited by Teh-ching Leo and others. Shanghai, 192? 520 p.

HO, HUAI-TE, 何懷德. 俄英中醫學辭彙 Russian-English-Chinese medical dictionary by Ho Huai-te and Tien Li-chih, 田立志. Peking, Jen-min-wei-sheng-ch'u pan-she, 1954. 714 p..

JÊN, P'ING, 任平. [Latin-Chinese medical dictionary] 拉華醫學辭典 Shanghai, Hsi-nan-i-hsueh shu-shê, 1953. 2, 413, 35 p.

LIU, CH'ING. 柳青, comp. [Chinese-Latin-English-German handbook of drugs] Shanghai, Hsi-nan i-hsueh shu-shê, 1954. 15, 111 p.

SHANGHAI. Municipal Council. Register of medical practitioners, dentists, and veterinary surgeons. [Shanghai, 193-] v. annual.

SONG, KOU-PING, 宋國賓. Song Kou-ping's French-English-Chinese medical etymology. Shanghai, 1937. 402 p.

TZ'U TIEN PIEN I-WEI-YUAN HUI. 辭典編譯委員會. English-Chinese modern medical dictionary. 英漢新醫辭典. 3rd ed. Shanghai, Hsin-i shu-chü, 1953 (c1949) 836 p.

WU, CHIEN-AN, 吳建庵. comp. A pocket medical dictionary for nurses and medical students. 4th ed. Shanghai, Kuang hsieh shu-chü, 1951. 272, 86, 14 p. 1st ed. 1949.

ZIA, DA-ZUNG, 謝大任 [HSIEH TA-JEN] The etymology of medical terms for medical students. Shanghai, Lungmen Books, Inc., 1951. vi, 175 p.

Chinese Drugs

CHEN, SZE YEE, 陳思義. Illicium religiosum, Siebold, mang tsao; a phyto-chemical study. Philadelphia, Pa. [1929] 72 p. illus. Thesis-University of Wisconsin. Reprinted from the American journal of pharmacy, vol. 101, August, September and October, 1929.

CHING, LI-PIN, 經利彬. Note pour servir à l'étude des matièrs médicales de Chine. Peiping, Impr. des Lazaristes, 1936. 20 p. illus.

GRIEBLING, FRANK A. comp. Imported Chinese crude drugs. [n.p.] 1949. 55 l.

———. Imported Chinese proprietary preparations. [n.p.] 1949. 59 l.

HAYDEN, ALICE HAZEL, 1909- A chemical study of ma huang by Alice H. Hayden and C.B. Jordan. [Washington, D.C., 1933] p. [616]-625, 1 l. Abstract of thesis-Purdue university. "Reprinted from the Journal of the American pharmaceutical association, 22:7."

HUANG, YAN-KAI. Über Krebstherapie der altchinesischen Medizin und deren Verwertungsmöglichkeiten in der Nachbehandlung der heutigen Heilverfahren. München, J.F. Lehmanns Verlag, 1937. 15 p. Diss.-Univ. Erlangen.

ISHIDOYA, TSUTOMU, 1891- Chinesische Drogen, Pt. 1. Keijo, Verlag von dem Pharmakologischen Institut der Kaiserlichen Universität, 1933. 138, 7 p. illus.

LEUNG, (T.) HERB CO.; LOS ANGELES. Chinese herbal science; its principles and methods, comprising its treatment of various prevalent diseases, useful information on matters of diet and testimonials; a guide to health. [Los Angeles], Calif., 1928. 76 p. illus., ports.

LEUNG, TO-CHING, 1906- Contribution à l'étude de la radix ginseng, panacée du peuple chinois. Lyon, 1932. 84 p. Thèse-Univ. de Paris.

LOU, TZE-CHING, 樓子岑. Studies on certain Chinese drugs. London, 1950. vii, 140 p. plates, map.

MCCLURE, FLOYD ALONZO, 1897- The flora of a Canton herb shop, by F.A. McClure and Hwang Ts'ui-mae. Canton, Lingnan University, 1934. cover-title, 32 p. plate. (Lingnan university science bulletin, 6).

MONOD, HENRI DUCIMETIÈRE. La république populaire de Chine et l'industrie pharmaceutique. Paris, Chambre syndicate des fabricants de produits pharmaceutiques, 1957. 144 p. map.

MOSIG, ALFRED. Der Arzneipflanzen-und Drogenschatz Chinas und die Bedeutung des Pên-Ts'ao Kang-Mu 本草綱目 als Standardwerk des chinesischen Materia Medica, [von] Alfred Mosig [und] Gottfried Schramm. Berlin, Verlag Volk und Gesundheit, 1955. 71 p. illus. ("Pharmazie," Beih. 4).

OFFE, HANS-ALBERT, 1912- Über das krötengift Cinobufagin, einen herzwirksamen Bestandteil der chinesischen Droge Ch'an su. Bottrop i.W., Postberg 1937. v, 27 p. Diss.-Univ. Göttingen.

PRĪSHVĪN, MĪKHAĪL MĪKHAĪLOVĪCH, 1873- Jen sheng: the root of life; English version by George Walton and Philip Gibbons; foreword by Julian S. Huxley. New York, G.P. Putnam, 1936. vii, 177 p. incl. front., illus.

READ, BERNARD EMMS, 1887-1949. Botanical, chemical, and pharmacological reference list to Chinese materia medica. [Peking, Printed by Bureau of Engraving and Printing] 1923. v, 38 p.

———. Plantae medicinalis Sinensis, 2d ed. Bibliography of Chinese medicinal plants from the Pen Ts'ao Kang Mu 1596 A.D., by Bernard E. Read [and] Liu Ju-ch'iang, 劉汝強. Peking, Dept. of pharmacology, Peking Union Medical College, in collaboration with the Peking Laboratory of Natural History, 1927. xi, 106 p. (Flora Sinensis, ser. A, v. 1).

———. Materia medica tables and notes. 10th ed. Published by Council on publication, the Chinese Medical Association. Shanghai, Kwang Hsueh Pub. House, 1934. 172 p.

———. Chinese materia medica. From the Pen ts'ao kang mu by Li Shih-chen, 李時珍, A.D. 1597. Peiping, Peking Natural History Bulletin, 1931-1941. 6 v. illus., plates.

———. A compendium of minerals and stones used in Chinese medicine from the Pên ts'ao kang mu, by Li Shih-chên, 1597 A.D. Compiled by B.E. Read and C. Pak. 2nd ed. Peiping, Peking Natural History Bulletin, 1936. viii, 98 p. 1st ed., 1928.

———. Chinese medicinal plants from Pen ts'ao kang mu. A.D. 1596. 3rd edition of a Botanical, chemical and pharmacological reference list. [Peiping, China] Peking Natural History Bulletin, 1936. xvi, 389 p. Second edition published under title: Plantae medicinalis Sinensis.

———. Famine foods listed in the Chiu-huang pen-ts'ao, 救荒本草, giving their identity, nutritional values and notes on their preparation. Shanghai, Henry Lester Institute of Medical Research, 1946. 90 p. illus.

ROI, JACQUES. Plantes médicinales chinoises d'après le traite célèbre de pharmacopée, le Pen ts'ao kang mu (1590). [Peking, 1942] 142 p. illus. Reprinted from Collectanea Commissionis Syndolis, 15).

———. Atlas de plantes médicinales chinoises. Changhai, Université l'Aurore, 1946. Cover-title, 125 plates. (Musée Heude. Notes de botanique chinoise, 8).

———. Traité des plantes médicinales chinoises. Paris, P. Lechevalier, 1955. 488 p. plates.

Chinese Medicine

BARATOUX, JEAN E., 1902- Précis élémentaire d'acuponcture avec repérage anatomique des points et leurs applications thérapeutiques. Avec 26 planches. Paris, E. Le François, 1942. [7]-170 p., illus.

BUSSE, ERNST. Akupunktur-Fibel. Die Praxis der chinesischen Akupunkturlehre von Ernst und Paul Busse. München, Pflaum, 1954. 56 p. illus.

COLLE, HENRY. Outlines to a general and biographical history of pharmacy and medicine in Asia. [9 v] Vol. 4: Central Asia. Vol 6: China. San Francisco, The author, 1951. 2 v. illus. Typescrit.

FERREYROLLES, PAUL, 1881- L'acupuncture chinoise (thérapeutique énergétique) Lille, Éditions S.L.E.L. [1953] 200 p. illus.

HUANG-TI NEI-CHING SU-WEN. 黃帝內經素問. Huang Ti nei ching su wên, the Yellow Emperor's classic of internal medicine. Chapters 1-34 translated from the Chinese with an introductory study by Ilza Veith. Baltimore, Williams and Wilkins, 1949. xix, 253 p. illus., port. The translator's thesis-Johns Hopkins University.

HUEBOTTER, FRANZ, 1881- Zwei berühmte chinesische Ärzte des Altertums, Chouen-yü I, 淳于意, und Hoa T'ouo, 華陀. 2. Aufl. Tokyo, Deutsche Gesellschaft für Natur-und Völkerkunde Ostasiens, 1927. 48 p. (Mitteilungen der Deutschen gesellschaft für natur-und völkerkunde Ostasiens. bd. 21t. A).

———. Die chinesische Medizin zu Beginn des xx. Jahrhunderts und ihr historischer Entwicklungsgang. Leipzig, Verlag der "Asia major," 1929. [5]-356 p. illus. (China-bibliothek der "Asia major," bd. I).

———. Chinesisch-Tibetische Pharmakologie und Rezeptur. Ulm/Donau, Hang, 1957. 180 p. ports. illus. (Panopticum medicum, 6).

HUME, EDWARD HICKS, 1876-1957. The Chinese way in medicine. Baltimore, Johns Hopkins Press, 1940. 189 p. front. (port.) illus., plates (1 fold.) fold tables. (Publications of the Institute of the history of medicine, the Johns Hopkins university. 3d ser.: The Hideyo Noguchi lectures, vol. 6).

KERVYN, JOSEPH. Médicine chinoise. Choses vues. Bruxelles, Impr. F. Van Buggenhoudt, 1947. 15 p.

LEPRINCE, ALBERT. L'acupuncture à la portée de tous. Manuel théorique et pratique de l'acupuncture chinoise et des méthodes qui en dérivent. Paris, Dangles [1945] 174, [2] p. illus.

LEUNG, TIT-SANG, 梁鐵生. Akupunktur und Räucherung mit Moxa. Übers. von Werner Zimmermann. München, Drei Eichen Verlag, 1954. 86 p.

LUI, GARDING,吕家定, 1895- Secrets of Chinese physicians. Los Angeles, B.N. Robertson [1943] 165 p., illus.

MORSE, WILLIAM REGINALD, 1874- Chinese medicine, with 16 illustrations. New York, P.B. Hoeber, 1934. xxiii, [1] 185 p. illus., plates (Clio medica: a series of primers on the history of medicine 11).

NAKAYAMA, T. Acupuncture et medicine chinoises vérifiées au Japon. Paris, Hippocrate, 1934. 90 p. illus.

NGUYEN-VAN-QUAN. Acupuncture chinoise pratique; sur quelques recherches touchant la médicine traditionelle sino-japonaise. Paris, Picart, 1936. 126 p. illus.

NIBOYET, J. E. H. Essai sur l'acupuncture chinoise pratique. Paris, Éditions Dominique Wapler, 1951. v, 358 p. illus. fold. tables.

OTTO, JOHANN H. F. Das Dau, Tao, in der chinesischen Heilkunst. Hamburg, Anthropologisches Institut, 1954. 10 p. (Anthropologie, 62).

RIJCKEVORSEL, EDITH VAN. Le message de l'acupuncture. 2. éd. Paris, 1950. 22 p.

RAKUSEN, CHARLESWORTH PERCIVAL, 1894- History of optics in China. [Shanghai] The Committee on Medical History of the National Medical Association of China, 1937. cover-title, 1077-1107 p. "Published as a special number by the Committee on medical history of the National medical association of China."

SCHÖNEWALD, ANNELIESE. Die chinesische Medizin und ihre Berührungspunkt mit der frühen Abendländischen, vor allem der griechischhippokratischen Medizin. München, 1940. 28 l. Diss. -Univ. München.

SOULIÉ, CHARLES GEORGES, 1878- Précis de la vraie acuponcture chinoise. Doctrine, diagnostic, thérapeutique; par George Soulié de Morant. 6. éd. Paris, Mercure de France, 1936. 199 p. illus. plates. 1947 ed., 201 p.

———. L'acuponcture chinoise, 鍼灸法, par George Soulié de Morant. Paris, Mercure de France, 1939-41. 2 v. illus., plates, facsim.

———. The same. Préface du P. Mériel. Avant-propos du M. Martiny. Paris, Lafitte, 1957. 1000 p., plates (part col.) map.

VEITH, ILZA. Some philosophical concepts of early Chinese medicine. [Basavangudi, Bangalore] 1950. 15 p. (Indian Institute of Culture. Transaction, 4).

WONG, K. CHIMIN, 王吉民, [WANG, CHI-MIN] History of Chinese medicine; being a chronicle of medical happenings in China from ancient times to the present period, by K. Chimin Wong and Wu Lien-teh, 伍連德. 2d ed. Shanghai, National Quarantine Service, 1936. xxviii, 906 p. illus., plates (incl. front., ports., plan, facsims.) diagrs. 1st ed. Tientsin Press, 1932.

ZIMMERMANN, WERNER, 1893- Chinesische Weisheit und Heilkunst [von] Werner Zimmermann [und] Leung Tit-sang, 梁鐵生. München, Drei Eichen Verlag [1954] 51 p. illus. ports.

Western Medicine in China

BALME, HAROLD, 1878- China and modern medicine; a study in medical missionary development, with preface by Sir Donald MacAlister. London, United Council for Missionary Education, 1921. 224 p. front., plates, port.

BASIL, GEORGE CHESTER, 1902- Test tubes and dragon scales in collaboration with Elizabeth Foreman Lewis. Philadelphia, John C. Winston Co. [c1940] xi, [1], 316 p. illus.

BECKER, ROLF. Beitrag zur Frage der Verbreitung und Bekämpfung von Kala-Azar (Leichmaniose) in China. Halle/Saale, 1950. 35 l. tables. Diss. -Univ.

Halle.

CHANG, KWEI, 張奎, 1906- Studies on hookworm disease in Szechwan Province, West China, by K. Chang and co-workers. Baltimore, Johns Hopkins Press, 1949. x, 152 p. illus., maps. (The American journal of hygiene; monographic series, 19).

CHINA DEFENCE LEAGUE. Aid for China must go on; medical work in the northwest border region. Hong Kong, Central Committee of the China Defence League, [1940] 20 p. illus.

———. In guerrilla China; report of China Defence League. New York, China Aid Council, 1943; Sydney, Current Book Distributors, 1945. 72 p. illus.

CHINESE SOCIETY OF PATHOLOGY AND MICROBIOLOGY. Pathology and microbiology, being mainly proceedings of the Chinese Society of Pathology and Microbiology held in Canton, November 5—8, 1935. Peiping, 1936. 518 p. illus. plates, (Chinese medical journal. Suppl. 1).

———. The same; issued by the Chinese Society of Pathology and Microbiology on the occasion of the visit to Chian of Dr. Hans Zinsser. Peiping, 1938. vi, 600 p. illus. plates, (Chinese medical journal. Suppl. 2).

CONFERENCE ON THE PRESENT MEDICAL SITUATION IN CHINA, College of Physicians and Surgeons, New York, 1946. New York, American Bureau of Medical Aid to China, 1946. ii, 67 l.

CORT, WILLIAM WALTER, 1887-1942. Researches on hookworm in China, embodying the results of the work of the China hookworm commission, June, 1923 to November, 1924, by W. W. Cort, J. B. Grant, N. R. Stoll and other collaborators. Baltimore, Md., 1926. v-ix, 398 p. incl. illus., maps, tables, diagrs. plates. (The American journal of hygiene; monographic series, 7).

FAR EASTERN ASSOCIATION OF TROPICAL MEDICINE. 9th congress. Nanking, 1934. Transactions of the ninth congress held in Nanking, China, October 2-8, 1934. Edited by Wu Lien-teh and C. Y. Wu, 伍長耀. Nanking, the National Health Administration, 1935. 2 v. front. (facsim.) illus., plates (1 col.) ports., maps, tables (part fold.) diagrs.

FAUST, ERNEST CARROLL, 1890- Studies on Clonorchis sinensis (Cobbold) by Ernest Carroll Faust and Oo-Keh Khaw, 許雨階, assisted by Yao Ke-Fang, 姚克方, and Chao Yung-An, 趙永安; with a consideration of the molluscan hosts of Clonorchis sinensis (Cobbold) in Japan, China and southeastern Asia and other species of molluscs closely related to them, by Bryant Walker. Illustrated with 14 plates and 33 text figures. Baltimore, Md., 1927. vii-xi, 284 p. illus., plates (1 fold.) fold. maps, tables (1 fold.) diagrs. (1 fold.) (The American journal of hygiene; monographic series, 8).

FLOWERS, WILFRED STEPHEN. A surgeon in China; vivid personal experiences of Dr. W. S. Flowers with a British Red cross unit. London, Carey Press [1946] cover-title, 52 p. illus. (incl. ports., map) diagr.

FRAZIER, CHESTER NORTH, 1892- Racial variations in immunity to syphilis; a study of the disease in the Chinese, white, and Negro races [by] Chester North Frazier and Li Hung-chiung, 李鴻迥. Chicago, Univ. of Chicago Press [1948] xi, 122 p. diagrs.

GAJDOS, STEPHAN. Studies on typhus fever in China, by Stephan Gajdos, and Joseph Chang,張漢民. Peiping, Catholic University Press, 1933. 59, iii p. plates, diagrs. (The Catholic university of Peking science publications. Contributions from the Microbiology laboratory).

HUME, EDWARD HICKS, 1876-1957. Doctors east, doctors west; an American physician's life in China. New York, W. W. Norton [1946]; London, Allen and Unwin, 1949. 278 p. front., plates, port. French ed.: Docteur en Chine. Bruxelles et Paris, Éditions de la Paix, 1952. (Vies de medicine).

———. In ärztlicher Mission; das Leben eines Amerikanischen Arztes in China. Übers. von Suzan von Wittek. Lizenzausig, Linz, Demokratische Druck-und Verlagsgesellschaft, 1949. 302 p. illus.

———. Doctors courageous. New York, Harper [1950] xiv, 297 p. illus. ports.

JEFFERYS, WILLIAM HAMILTON, 1871- The diseases of China, including Formosa and Korea (Jefferys and Maxwell) 2d ed. by James L. Maxwell. With 176 illustrations. Shanghai [Printed by A. B. C. Press] 1929. ix, 530 p. illus., plates (1 col.) 1st ed. Philadelphia, 1910.

JEN, HUEI-CHIA, 任會嘉, 1909- Le choléra à Changhai dans ces dix dernières années (1926-1935) Paris, 1937. 48 p. Thèse-Univ. de Paris.

LI, HUAN-HSIN, 李煥新, 1901- Die Wurminfektionen des Menschen in China. Hamburg, Christiaus, 1936. 62 p. Diss.-Univ. Hamburg.

LYMAN, RICHARD SHERMAN, ed. Social and psychological studies in neuropsychiatry in China, edited by R. S. Lyman, V. Maeker and P. Liang, 梁孟娟, Peking, Published for the Division of Neuropsychiatry, Peking Union Medical College, by H. Vetch, 1939. [3]-377, [3] p. incl. tables, diagrs., forms (part fold.) plates.

MCCARTNEY, JAMES LINCOLN, 1898- Chinese military medicine. Reprinted from United States naval medical bulletin, volume 25, no. 4. Washington, Govt. Print. Off., 1927. 34 p. incl. illus., table plates.

MCCLURE, ROBERT BAIRD, 1900- The Red cross at work in China (Dr. R. B. McClure) Compiled by F. M. Osborn. [Sheffield, Eng., Sheffield newspapers, 1943?] 48 p. illus. ["China chronicle" series].

NORTH MANCHURIAN PLAGUE PREVENTION SERVICE. Reports edited by Wu Lien-teh, 伍連德. Tientsin, Teintsin Press, 1914-1922. 3 v. plates, ports., fold maps, diagrs. Imprint varies.

———. Manchurian plague prevention service memorial volume, 1912-1932. Edited by Wu-Lien-teh. Shanghai, National Quarantine Service, 1934. 469 p. col. front., illus. (incl. plan) plates, ports., diagrs.

POWELL, LYLE STEPHENSON, 1893- A surgeon in wartime China. Lawrence, Kan., University of Kansas Press, 1946. 233 p. plates, group ports.

RASMUSSEN, OTTO DURHAM, 1888- Chinese eyesight and spectacles. 4th rev. ed. Tonbridge, Tonbridge Free Press [1949] 64 p. illus.

SCHULZ, GERTRUD. Kurzer Überblick über die Krankheiten der Europäer in China. Gewonnen aus dem Krankenberichten des Tropengenesungsheims Tügingen. Tübingen, 1943. 32 l. tables. Diss.-Univ. Tübingen.

SMITH, ROBERT GILLEN, 1913- History of the attempt of the United States Army Medical Department to improve the effectiveness of the Chinese Army Medical Service, 1941-1945. Ann Arbor, University Microfilms, 1950 [i.e. 1951] ([University Microfilms, Ann Arbor, Mich.] Publication no. 2130) Microfilm copy of typescript. Positive. Collation of the original: 238 l. tables. Thesis-Columbia University.

SNAPPER, ISIDORE, 1889- Chinese lessons to western medicine. A contribution to geographical medicine from the clinics of Peiping Union Medical College, by I. Snapper. With a foreword by Geroge R. Minot. New York, Interscience Publishers, 1941. x, 380 p. incl. illus., tables, diagrs.

STURTON, STEPHEN DOUGLAS, 1896- Medical work in China. London, The China Society [1946] Cover-title, 5 p.

TS'AI, CHEOU-K'ANG, 蔡壽康. L'épidémiologie du choléra en Chine. Strassbourg, Éditions Argentoratum, 1934. 45 p. Thèse-Univ. de Strassbourg.

TSEN, EDGAR T. H., 陳宗賢 [CH'EN TSUNG-HSIEN] Notes on biologic therapeusis. Peking, Central Epidemic Prevention Bureau, 1923. 73 p. plates, (Its. Bull. 1).

UNITED SERVICE TO CHINA. Western medical assistance to China during 1943-44 in the field of medicine and health, prepared by Tania M. Cosman. [New York, 1944- 1 v.

U. S. Bureau of Medicine and Surgery. Epidemiology of kala azar in China, by Robert J. Dicke and Tsai-yu Hsiao, 蕭彩瑜. Washington, D. C., Bureau of Medicine and Surgery, Navy Dept., 1946. cover-title, ii, 83 p. illus., fold map.

———. Epidemiology of the diseases of naval importance in Manchuria, prepared by Tsai-yu Hsiao, entomologist, Division of preventive medicine. Washington, D.C., Bureau of Medicine and Surgery, Navy Dept., 1946. v, 54 p. incl. tables. Reproduced from type-written copy.

U.S. WAR DEPT. Medical and sanitary data on southeastern China. Washington, Govt. Print. Off., 1945. 94 p. tables, (War Dept. Technical Bull. TB Med. 171).

WU, LIEN-TÊ, 伍連德, 1879- Plague in the Orient with special reference to the Manchurian outbreaks. Tientsin, Tientsin Press, 1921. Cover-title, 18 p. illus.

———. A treatise on pneumonic plague. [Nancy, Paris, Strasburg, Printed by Berger-Levrault, 1926] xiv, 466 p., plates, fold. map. plan.

———. A new survey of plague in wild rodents and pneumonic plague. Shanghai, National Quarantine Service, 1933. 118 p. Reprinted from National Quarantine Serve reports. ser. 3.

———. Cholera; a manual for the medical profession in China, by Wu Lien-teh. J.W.H. Chun, 陳永漢, R. Pollitzer, C.Y. Wu, 伍長耀, Illustrated with one colour and twenty-three half-tone plates. Shanghai, National Quarantine Service, 1934. xxii, 197 p. col. front., plates.

———. Plague, a manual for medical and public health workers, by Wu Lien-teh, J.W.H. Chun, R. Pollitzer and C.Y. Wu. With one hundred and three illustrations, of which six are in colour. [Shanghai] Weishengshu National Quarantine Service, 1936. xxxiii, 547 p. illus. (incl. maps, plan) plates (incl. front., ports., facsims.; part col.) diagrs.

Hospitals and Medical Schools

CADBURY, WILLIAM WARDER, 1877- At the point of a lancet; one hundred years of the Canton hospital, 1835-1935, by William Warder Cadbury and Mary Hoxie Jones. Shanghai, Kelly and Walsh, 1935. xvii, 304 p. front., plates, ports., plan, facsim.

CANTON. CANTON HOSPITAL. Report, 1877-1941. Canton, 1878-1941. v. illus. annual (irregular).

FABER, KNUD HELGE, 1862- Report on medical schools in China. [Geneva, 1931] 47 p. (Series of League of Nations publications. iii. Health. 1931. iii. 8).

———. Report sur les écoles de médicine en Chine. Genève, Service des Publications, Société des Nations, 1931. iv, 54 p.

PEKING. UNION MEDICAL COLLEGE. Addresses and papers, dedication ceremonies and Medical conference, Peking Union Medical College, September 15-22, 1921. Peking, [Concord, N.H., Rumford Press] 1922. xiv, 416 p. front., plates (incl. ports., plans) diagrs.

———. Laboratory manual of the Department of bacteriology and immunology, Peiping Union Medical College, prepared under the direction of C.E. Lim, 林宗揚. 2d ed. Peiping, [Kwang Yuan Press] 1935. 190 p. incl. tables, 2 diagr. 1st ed. 1929.

———. Committee on the Hospital. Formulary; a list of drugs and preparations selected as official for use in the Peking Union Medical College hospital. 4th ed. Peiping, P.U.M.C. Press, 1932. ix, 69 p.

———. Dept. of Anatomy. A catalogue of the first 400 specimens of the human embryological collection in the Department of Anatomy of the Peking Union Medical College, edited by A.B. Droogleever Fortuyn. Shanghai, Printed at the Presbyterian Mission Press, 1927. Cover-title, 94 p.

———. Manual for the medical services. 5th ed. Revised by the staff of the Department of Medicine and edited by F.R. Dieuaide. Peking,. 1936. vi, 204 p. fold plates.

SNELL, JOHN A. An inquiry into the present efficiency of hospitals in China with special reference to recent grwoth. Presented at the general conference of the Chinese Medical Association, 1934. 93 p. (Chinese Medical Association.

Special report ser. 1.)

SPENCER, BARBARA. Desert hospital in China. London, Jarrolds [1954]; New York, Roy Publishers, 1955. 192 p. illus.

———. Mon hôpital dans le désert chinois. Traduit par Gabrielle Rivers. Paris, Julliard, Sequana, 1955. 225 p. illus. (photos), maps. (Collection Sciences et voyages).

TSINAN. CHEELOO UNIVERSITY. Shantung Christian University: twenty-five years in Tsinan. Tsinan, n.d. 31 p. plates.

Public Health

ASSOCIATION FOR THE ADVANCEMENT OF PUBLIC HEALTH IN CHINA. Memorandum on the need of a public health organisation in China. Presented to the British Boxer Indemnity Commission by the Association for the Advancement of Public Health in China. Peking, 1926. 108 p. diagrs.

CH'EN, CHIH-CHIEN, 陳志潛. Public health in rural reconstruction at Ting Hsien. [Ting Hsien], 1934. 50 p.

———. Development of systematic training in rural public health. Annual report. Ting Hsien, 1935. 38 p.

CHINA. CENTRAL EPIDEMIC PREVENTION BUREAU. Annual report, 1st- 1922/23- Peking, 1923- . 1919-Apr. 1922 as Central Plague Prevention Bureau; Apr. 1922-Oct. 1925 as Central Epidemic Prevention Bureau; Oct. 1925-1937 as National Epidemic Prevention Bureau.

———. Report 1919-1934; being a review of its activities from its foundation in March 1919 to June 1934. Peiping, 1934. vi, 170 p. illus. plates, photos, tables.

CHINA. CENTRAL FIELD HEALTH STATION. Report of the Central field health station. 1st Apr. 1931/Dec. 1933- Shanghai, North-China Daily News and Herald, 1934- .

CHINA. NATIONAL HEALTH ADMINISTRATION. National public health activities. a pictorial survey. Nanking, 1934. 54 l.

CHINA. National Quarantine Service. Quarantine regulations of the republic of China. [n.p., 1931?]. 53 p. incl. fold. tab., forms.

———. Reports, Ser. 1-7 (1930-1937) Shanghai, 1931-1937. 7 v. illus. map.

———. National quarantine service; memorial volume, 1934. Edited by Wu Lien-teh and C.Y. Wu. Shanghai, 1934. xii, 326 p. illus. ports.

CHINA. Public Health Administration. Preparatory papers: Report of China [for the] Intergovernmental Conference of Far-Eastern Countries on Rural Hygiene. [Geneva, 1937] 109 p. maps (1 fold.) (Series of League of Nations publications. iii Health. 1937. iii. 11).

CHINESE MEDICAL ASSOCIATION. Minimum nutritional requrement for China; report of the Committee on Nutrition of the Council of Public Health of the Chinese Medical Association. Shanghai, 1938. iii, 32 p. tables (Its Special report series, 10).

FOLTZ, EUGEN. Die Ernährung in China. Hannover-Wülfel, Horman, 1941. 37 p. Diss.-Univ. Frankfurt.

HOU, HSIANG-CH'UAN, 侯祥川. Nutritional studies in Shanghai, by H.C. Hou, P.G. Mar, T.G. Ni, 倪章祺, and B.E. Read, the Division of physiological sciences, Henry Lester Institute of Medical Research, Shanghai. A report upon the nutritional status of certain Shanghai groups 1937-39, dietary surveys and a study of the value of various food supplements. [Shanghai, 1940?] 92 p. incl. illus., plates, tables, diagrs. (Chinese medical association. Special report series, 12).

JOINT COMMISSION ON RURAL RECONSTRUCTION IN CHINA (U.S. and China). Report on rural health work. 1948/50- [n.p.] v. annual.

KING, P. Z., 金寶善 [CHIN PAO-SHAN] 1893- Selected papers by the staff of the National health administration and Central field health station, 1934. Edited by P. Z. King. With a foreword by J. Heng Liu, 劉瑞恆. Nanking, 1935. viii, 330 p. incl. illus., tables (1 fold.) diagrs. plates.

LEAGUE OF NATIONS. Health organisation. Proposals of the National Government of the Republic of China for collaboration with the League of Nations on health matters. [Geneva, 1930] 51 p. (C. 118. M. 38. 1930. iii [C. H. 842]).

———. Health organisation. Collaboration with the Ministry of Health of the National Government of the Republic of China. Completion of the survey of Chinese ports and report on the reorganisation of the port health services, in conformity with the request of the National Government of China. [Geneva, 1930] 70 p. 2 diagr. (1 fold.) At head of title: Official no.: C. H. 906. Geneva, September 16th, 1930. League of nations.

PETER, WILLIAM WESLEY, 1882- Broadcasting health in China; the field and methods of public health work in the missionary enterprise. Shanghai, Presbyterian Mission Press, 1926. 89 p. illus. (incl. ports.).

SZE, SZEMING, 施思明, 1908- China's health problems, [3rd ed.] Washington, D.C., Chinese Medical Association, 1944. 76 p. 1st ed. 1942.

UNITED NATIONS EDUCATIONAL, SCIENTIFIC AND CULTURAL ORGANIZATION. The healthy village; an experiment in visual education in West China. Paris [1951] 119 p. illus. (Its Monographs on fundamental education, 5).

———. La santé au village; une expérience d'éducation visuelle en Chine. Paris [1952] 129 p. illus. (part col.) (Its Monographies sur l'éducation de base, 5).

YUAN, I-CHIN, 袁貽瑾, 1899- The influence of heredity upon the duration of life in man based on a Chinese genealogy from 1365 to 1914. Baltimore, 1931. 81 p. Thesis-John Hopkins University.

Chinese Food and Cookery

AU, MAN SING, 歐萬勝, 1906- ed. Chinese cookery. Honolulu, Creart Publications, 1932. 46, [2] p.

———. The Chinese cook book; covering the entire field of Chinese cookery in the Chinese order of serving, from nuts to soup, compiled and edited for the American cook by Mr. M. Sing Au; with decorations by Warren G. Troutman. Reading, Pa., Culinary Arts Press, c1936. 47 p. illus.

CH'EN, JOSEPH S., 陳尚球 [CH'EN SHANG-CHIU]. Composition of Chinese foods [by] Joseph S. Ch'en and Olivia L. Li, 李彩璘. Taipei, Dept. of Biochemistry, National Defence Medical Center [195-] 38 p. tables.

CHAN, SOU, 陳壽 [CH'ÊN SHOU] The House of Chan cookbook. Drawings by Sui Lan Loh, 陸秀蘭. Garden City, N. Y., Doubleday, 1952. 190 p. illus.

CHEN, EDWARD WING-SHING, 陳華全, [CH'ÊN HUA-CHUAN] 1921- A practical encyclopaedia of Chinese cookery. [Victoria? Australia, 1954. 112 l.

CHÊNG, S. K. 鄭紹經 [CHENG SHAO-CHING] Chinese cookery book. London, The proprietors of: The Shanghai Restaurant, 1936. 102 p.

CHÊNG, T'IEN-HSI, 鄭天錫, 1884- Musings of a Chinese gourmet; food has its place in culture [by] F. T. Cheng. London, Hutchinson [1955] 155 p.

CHINESE foodstuffs and how to use them; tested recipes for foreign dishes made from Chinese products. Preface by Bernard E. Read. Shanghai, Kelly and Walsh, 1940. iii-xvi, 146 p.

The EPICURE in China; eight complete Chinese epicurean dinners. San Francisco, Colt Press [1939] [13]-63, [1] p. col. illus.

FENG, DOREEN YEN HUNG, 馮彥鴻. The joy of Chinese cooking, written and illustrated by Doreen Yen Hung Feng. New York, Greenberg, 1951?; London, Faber and Faber [1952] 227 p. illus.

FIELD, MOIRA. Easy Chinese dishes for today, by Moira Field and Chung San Chao. London, John Lane [1943] vii, 55 p.

FRANCETTA, Sister. The art of Chinese cooking, by [Sister M. Francetta and Sister Regia] the Benedictine sisters of Peking. Illus. by M. Kuwata. Tokyo, C. E. Tuttle Co. [1956]; London, Arco, 1957. 94 p. illus.

HAWCOCK, EMORY. Practical and profitable Chinese recipes. [New York, J.O. Dahl, c1933] cover-title, 32 p. (Little gold business books).

HONG, WALLACE YEE, 余鳳棠. The Chinese cook book. New York, Crown Publishers [1952] 261 p. [International cook book series].

JACKSON, LENLI. 100 simple Chinese recipes. London, New Europe Pub. Co., 1946. 35 p. [New Europe cookery series].

KAO, LOIS TERESA. Cookery book on local food. Singapore, Straits Printers [1946] xvi, 102 p.

KWON, GEORGE I. Oriental culinary art, by George I. Kwon and Pacifico Magpiong; an authentic book of recipes from China, Korea, Japan and the Philippines. Los Angeles, G.I. Kwon [c1933] 11-115 p.

LAMB, CORRINNE. The Chinese festive board; line-drawings and paper-ends by John Kirk Sewall. Peiping, H. Vetch [1935] 153 p. front., illus., plates.

LECOURT, HENRI. La cuisine chinoise. Pékin, A. Nachbaur, 1925. 141 p.(on double leaves) illus.

LEE, M. P. 李孟萍. Chinese cookery; a hundred practical recipes; with decorations by Chiang Yee, 蔣彝. London, Faber and Faber [1943]; New York, Transatlantic, [1945] 74 p. incl. front., illus.

LIAO, TSUI-FENG,林廖翠鳳. Cooking with the Chinese flavor, by Tsuifeng Lin and Hsiangju Lin, 林相如. Englewood Cliffs, N.J., Prentice-Hall [1956] 196 p. illus. English ed.: London, Heinemann, 1957. xiv, 215 p.

LIU, DOLLY,劉周渢. "Chow"; secrets of Chinese cooking, with selected recipes, illustrated by Henry Liu. Shanghai, Kelly and Walsh, 1939. vi, viii, 183 p. front. (ports.) illus. (1 col.) plates (part col.).

———. The same. Rutland, Vt., C.E. Tuttle, 1952. ix, 174 p. illus.

LOW, HENRY, 劉渠. Cook at home in Chinese. New York, Macmillan, 1938; rev. ed. 1951. 274 p.

LO, KENNETH, 羅孝建[LO HSIAO-CHIEN] Cooking the Chinese way. New York, and London, Arco Pub. Co. [1955] 154 p. illus.

MANDARIN chop suey cook book, containing authentic translations of the best recipies of leading Chinese chefs and directions for preparing various popular and healthful Chinese dishes exactly as they are prepared in the Orient. Chicago, Pacific Trading Co., 1928. 96 p. illus.

MITCHELL, ALICE MILLER, comp. Oriental cookbook. [Chicago] Chicago Oriental Council, 1950. 110 p. illus.

MOORE, ALICE. Chinese recipes, letters from Alice Moore to Ethel Moore Rook; cover design by Royal Rook. Garden City, N.Y., Doubleday, Page, 1923. xiii, 113 p. illus.

MORGAN, HARRY TITTERTON, 1872- Chinese recipes. 2d ed. Edited and copyrighted by H.T. Morgan. Los Angeles, c1942. 16 p. [His Miniature books of information on China and things Chinese].

OLIVER, FRANK. Chinese cooking. London, Deutsch, 1955. 232 p. illus. (Cookery books, ed. by Elizabeth David).

PANKING. Livre de cuisine d'un gourmet poéte. Pékin, Impr. de la "Politique de Pékin", 1924. 64 p. (Collection de la "Politique de Pékin").

SEARLE TOWNLEY. Strange newes from China: a first Chinese cookery book. with 101 rare and choice Chinese recipes and decorations by the author. London, A. Ouseley, 1932; N.Y. Dutton, 1933. 231 p. illus.

SHEN, MEI-LON, pseud. The ancestral recipes of Shen Mei Lon. [A scroll of favorite Chinese dishes adapted for American kitchens. New York, Richards Rosen Associates] c1954. 140 p. illus.

SIA, MARY (LI), 謝李靈生. Chinese chopsticks; a manual of Chinese cookery and guide to Peking restaurants, by Mary Li Sia (Mrs. Richard H.P. Sia) 2d ed. Peking, Peking International Women's Club, 1938. xvii, 144 p. front., plates.

———. Chinese cookbook. Honolulu, University of Hawaii Press, 1956. 148 p. illus.

SOU SAN, WILLIAM, 林建安, [LIN CHIEN-AN] Chinese culinary in plain English. 2nd ed. Brisbane, Austrailia, The author, 1953. 104 p.

WING FRED 傅恩永 [FU EN-JUNG] 1896- New recipes. [New York, Edelmuth Co. c1941] cover-title, [28] p.

———. Old Chinese recipes, simplified and tested by Mabel Stegner. [New York] United Service to China, [1946] cover-title, 50 p. illus.

———. New Chinese recipes, using only ingredients easily obtainable in neighborhood stores. Tested by Mabel Stegner. [9th print. New York, Edelmuth Co., 1951] 111 p. illus. 1st ed. 1941.

WONG, CHIN-CHONG, 黄軫章 [HUANG CHÊN-CHANG] Chinese American, European cook book. [San Francisco, Chong Sing Co., 1925] 5, 77, 553, [1], 52 (i. e. 54) p., illus. (port.).

WONG, GAIL KUM TING, 黄金靜, [HUANG CHIN-CHING] 1901- Authentic Chinese recipes. [Rev, 2d ed. Honolulu? c1955] 151 p. illus. 1st ed. 1954.

WONG, RICHARD. Enjoy Chinese cooking at home,中國廚書. New York, Dragon Inn, 195- 74 p. illus.

WU, WOOT-TSUEN,梁伍活泉, 1915- Composition of foods used in Far Eastern countries, by Woot-tsuen Wu Leung, R. K. Pecot, and B. K. Watt. Washington [Govt. Print. Off.] 1952. 62 p. tables. (U.S. Dept of Agriculture. Agriculture handbook, 34).

YANG, KUANG-TEH, 楊光德. Fifty Chinese recipes,中國食譜. Peking, China Reconstructs, 1957. 40 p. illus. (Supplement to China Reconstructs).

YANG, PU-WEI,趙楊步偉 1889- How to cook and eat in Chinese. Rev., enl. ed. New York, J. Day [1949] xviii, 262 p. illus.

———. The same. London, Faber and Faber, 1956. 286 p. illus.

YEP, HUNG-HEE, 葉融義, 1916- Chinese recipes for home cooking: complete recipes and methods of preparation for the most popular, famous and traditional Chinese dishes. 5th ed. Sydney, Horwitz Publications, 1955 (c1951) 144 p. illus.

YOUNG WOMEN'S CHRISTIAN ASSOCIATIONS. Honolulu. Chinese home cooking; recipes of Cantonese dishes, by the Chinese committee, International institute, Y. W. C. A., Honolulu, Hawaii. [Honolulu, T. H., Printed by Paradise of the Pacific, c1941] 86 (i. e. 88) p. col. front., illus.

XXII. NORTHEASTERN PROVINCES (MANCHURIA)

Bibliographies

[AUSTRALIA. JOINT SERVICE STAFF, Washington, D.C.] Manchuria; handbook of selected reference material. [Washington, D.C.] 12 pts.

CHINESE EASTERN RAILWAY CO. Economic Bureau. What to read about Manchuria. Harbin, Economic Bureau, Chinese Eastern Railway, 1933. 11 p. illus.

FUCHS, WALTER, 1902- Beiträge zur mandjurischen Bibliographie und Literatur. Tôkyô, Deutsche Gesellschaft für Natur- und Völkerkunde Ostasiens, 1936. 146 p; 8 p. illus. (Supplement der ''Mitteilungen'' der Deutschen gesellschaft für natur- und völkerkunde Ostasiens. supplement bd. xiv).

INTER-ALLIED RAILWAY COMMITTEE. Short list of books on the Russian Far East and northern Manchurai. [Harbin] Secretariat, Inter-Allied Railway Committee, 1922. iv, 52 p.

NEW YORK. PUBLIC LIBRARY. The Manchus; a list of references in the New York Public Library, comp. by John L. Mish. [New York, 1947. 5 p.

TAGUCHI, MINORU. Histoire de l'étude de Mandchourie en France; annexe: Bibliographie de Mandchourie en langue française. Dairen, Dairen-Bibliothèque, 1933. cover-title, 24 p. (Recherches sur les bibliographies de Mandchourie et de Mongolie, 1).

U. S. Consulate. Mukden. List of Manchukuo publications issued between August and December, 1937, inclusive. [n.p., 1938] 9 l.

U. S. Library of Congress. Reference Dept. Manchuria; a selected list of bibliographies, compiled by Peter A. Berton, consultant in Manchurian bibliography, with the assistance of Helen Dudenbostel Jones, bibliographer, General Reference and Bibliography Division. Washington, 1951. iv, 15 p.

———. Manchuria; an annotated bibliography, compiled by Peter A. Berton, consultant in Manchurian bibliography, with the assistance of members of the Orientalia Division and the General Reference and Bibliography Division. Washington, 1951. xii, 187 p. maps.

Description and Travel

AKIMOTO, SHUNKICHI. Manchuria scene. Tokyo, Taisho Eibun Sha [1933] 334 p. front. (port.).

AUGUSTIN, REINHARD. Durch Mandschukuo; abenteuerliche Erlebnisse im Lande des Opiums. Buchschmuck und Umschlagzeichnung von Friedrich Kasshofer-Kerner. Reichenberg, Sudentendeutscher Verlag Franz Kraus, 1936. 149, [1] p. illus. (incl. map).

BARBER, NOEL. Trans-Siberian. London G.G. Harrap [1942] 180 p. plates, 2 port. (incl. front.).

BERTRAND, GABRIELLE. Seule dans l'Asie troublée; Mandchoukuo-Mongolie, 1936-1937. Préface de Louis Audouin-Dubreuil. Paris, Plon [1937] 312 p. plates (1 double) port., fold. map.

CAMENZIND, JOSEF MARIA, 1904- Zwischen Amur und Sungari; Reiseerlebnisse eines Schweizers in der Mandschurei. Zürich, Verein Gute Schriften [1948] 64 p. (Gute Schriften, 8).

CHINESE EASTERN RAILWAY. Guide book and directory for the health resorts of the Chinese Eastern Railway. Harbin, 1923. 75 p.

CORDES, ERNST, 1908- Das jüngste Kaiserreich; schlafendes-wachendes Mandschukuo. Frankfurt a. M., Societäts-verlag [1936] 225 p., plates, ports.,

map.
FISCHER, EMIL SIGMUND, 1865-1945. Beobachtungen auf Reisen in Korea und der Mandschurei. Wien [1931] 20 p. (Cover1title: "Abdrücke aus den Mitteilungen der Geographischen Gesellschaft in Wien").
———. My 1932 journey around the world; particular notes on the Trans-Siberian Railway and Manchuria. Tientsin, Tientsin Press, 1932. 13 p.
———. The present outlook in Manchuria. Tientsin, Tientsin Press, 1935. 10 p.
LARROUY, MAURICE, 1882- Eaux glacées; Mandchourie-Japon-Canada-États-Unis. Paris, A. Fayard [c1934] [7]-446 p.
LINDT, AUGUST RODOLPHE. Special correspondent; with bandit and general in Manchuria. London, Cobden-Sanderson [1933] 292 p. front., plates, map.
———. Im Sattel durch Mandschukuo; als Sonderberichterstatter bei Generälen und Räubern. Leipzig, F.A. Brockhaus, 1934. 272 p. incl. front. (port.) illus., maps.
LISSNER, IVAR, 1909- Taiga. [Hamburg] Hoffmann und Campe [1951] 296 p.
MATHESON, R. O. Modern Manchuria, a series of articles written for the Chicago Tribune. Dairen, Printed by the "Manshu Nichi-Nichi-Shimbum," 1926. Cover-title, 11 p.
MELZER, FRITHJOF. Malaria, Gold und Opium, mit Stötzners Hei lung kiang-Expedition in die unerforschte Mandschurei. Mit einem Geleitwort von Georg Cleinow. 2. Aufl. durchgesehen und eingeleitet von Walther Stötzner. Leipzig, M. Möhring [1932? c1929] 246 p. illus. ports., maps.
MONCHARVILLE, MAURICE 1864- Pages africaines et asiatiques. Paris, A. Pedone, 1938. 302 p.
OSSENDOWSKĪ, FERDYNAND ANTONĪ, 1876-1944. From president to prison, in collaboration with Lewis Stanton Palen. New York, E.P. Dutton [c1925] viii, 360 p.
PLAETSCHKE, BRUNO. Das Bergland der nordwestlichen Mandschurei; Ergebnisse topographischer Erkundungen und landschaftskundlicher Untersuchungen. Gotha, J. Perthes, 1937. 101, [1] p. plates, maps (part fold.) (Ergänzungsheft nr. 232 zu "Petermanns mitteilungen").
SCHALEK, ALICE THERESE EMMA, 1874- Japan, das Land des Nebeneinander; eine Winterreise durch Japan, Korea und die Mandschurei. Breslau, F. Hirt, 1925. 403, [1] p. illus. (incl. ports., maps).
SORGE, WOLFGANG, 1891- Erlebtes Mandschukuo, die Jugend eines altneuen Kaiserreiches. Berlin, Kommodore Verlag [1938] 308 p. plates, ports., fold. map.
SOUTH MANCHURIA RAILWAY COMPANY. Illustrated guide book for travelling in Manchoukuo, with sketch map. Dairen, 1934. 83 p. illus., maps.
———. Port of Dairen. [Darien] S[outh] M[anchuria] R[ailway] 1923. cover-title, 48 p. illus., plates, maps, tables.
———. Dairen. 1939. [Tokyo] General-directorate of Railways, The South Manchurian Railway Co. [1939] 30 p. illus. fold. map.
———. Mukden. 1939. [Tokyo] General-directorate of Railways, The South Manchurian Railway Co. [1939] 28 p. illus. fold. map.
———. Ryojun. [Tokyo] General-directorate of Railways, The South Manchuria Railway Co. [1939] 19 p. illus. map.
TAMAKI, TERUNOBU. A brief guide to battle-fields in Port Arthur. [Rev. and enl. ed. Dairen] 1929. 26 p. illus.

Manchu and Tungus Languages

BENZING, JOHANNES. Lamutische Grammatik, mit Bibliographie, Sprachproben und Glossar. Wiesbaden, F. Steiner, 1955. viii, 254 p. (Akademie der Wissenschaften und der Literatur. Veröffentlichungen der Orientalischen Kommission, 6).
———. Die tungusischen Sprachen; Versuch einer vergleichen- den Grammatik.

Mainz, Verlag der Akademie der Wissenschaften und der Literatur; in Kommission bei F. Steiner, Wiesbaden [1955, i.e. 1956] 151 p. (Akademie der Wissenschaften und der Literatur. Abhandlungen der Geistes- und Sozialwissenschaftlichen Klasse, Jahrg. 1955, Nr. 11).

GRUBE, WILHELM, 1855-1908. Die Sprache und Schrift der Jučen, 女眞. Reprint ed. [Tientsin, 1941. xi, 147 p. 1. ed., Leipzig, 1896.

HAUER, ERICH, 1878-1936. Handwörterbuch der Mandchusprache, 滿獨辭典 Tokyo, Deutsche Gesellschaft für Natur- und Völkerkunde Ostasiens. Wiesbaden, Kommissionsverlag O. Harrassowitz, 1952-55. x, 1052 p.

MÖLLENDORFF, PAUL GEORG VON, 1848-1901. A Manchu grammar, with analyzed texts. Shanghai, Printed at the American Presbyterian Mission Press, 1892. [Peking, Wên tien ko shu-chuang, 1938] 52 p., Photoprinted 1934; reprinted 1938.

SHIROKOGOROV, SERGEĬ MIKHAĬLOVICH, 1887-1939. A Tungus dictionary; Tungus-Russian and Russian-Tungus. Photogravured from the mss. Tokyo, Minzokugaku Kyōkai, 1944. 258 p.

TANGGU MEYEN. Tanggu meyen and other Manchu reading lessons. Romanised text and English translation side by side. By M. Forbes A. Fraser. London, Luzac, 1924. vii, 184 p.

History

CHAN, YU LAI, 陳汝禮 [CH'EN JU-LI], 1915- A history of the alien conquests of China through the Liao area. Washington, 1951. xiii, 419 l. maps (part fold.) Thesis-Georgetown University.

CLYDE, PAUL HIBBERT, 1896- International rivalries in Manchuria, 1689-1922. (2d ed. rev.) Columbus, The Ohio State University Press, 1928. xv, 323 p. fold. front. (map).

GILBERT, LUCIEN. Dictionnaire historique et géographique de la Mandchourie; ouvrage illustré de nombreuses gravures et de plusieurs cartes. Hong Kong, Impr. de la Société des missions-étrangères, 1934. xx, 1040 p. incl. illus., tables, plates, ports., maps, facsims, geneal. tables.

LI, CHI, 李濟, 1896- Manchuria in history, a summary. Peiping, Peking Union Bookstore, 1932. cover-title, 43 p. plates (incl. facsims.) fold. maps, fold. tables.

NING, E C., 寧恩承. Historical account of the Laio-Ning province (South Manchuria) and the Manchus. Mukden, Printed by Northeastern University factory, Printing department [1929?] 27 p.

STAUFFER, ROBERT BURTON, 1920- Manchuria as a political entity: government and politics of a major region of China, including its relations to China proper. Minneapolis, 1954. 624 l. Thesis-Univ. of Minnesota.

Foreign Relations

See also Foreign Relations- China and Japan; China and Russia

AKAGI, ROY HIDEMICHI, 1892- Understanding Manchuria; a handbook of facts, (3d ed., rev.) New York, 1932. viii, 79 p. illus. (map).

[AMANO, MOTONOSUKE], 1901- comp. Brief history of Japan's rights and interests in Manchuria, compiled by M. Amano and Y. Koizumi. Dairen, Research Off., South Manchuria Railway Co., 1932. v. 67 p. (South Manchuria Railway Co. "Chosaka" Pamphlet, 2).

BALET, JEAN CYPRIEN, 1867- Le drame de l'Extrême-Orient; la Mandchourie; historique, politique, économique, son avenir; préface de François de Tessan. Paris, Payot, 1932. 222 p. illus. (map) (Bibliothèque politique et économique).

———. Das Drama des Fernen Ostens. Die Mandschurei, Geschichte, Politik, Volkswirtschaft, ihre Zukunft. Übers. von Nora Sinnreich. Wien, Österr.

Journal, 1932. 207 p. fold. map.

BATE, H. MACLEAR, 1908- Manchuria and Korea; asiatic flashpoint. London, H.G. Morris [1948] 24 p.

[BISSON. THOMAS ARTHUR] 1900- Basic treaty issues in Manchuria between Japan and China. New York, Foreign Policy Association [1931] [381]-394 p. illus. (map) (Foreign policy reports. 6:21, December 23, 1931).

BÖCHER, HERBERT. Der Vertraute des Marschalls Tschang-Hsüehliang erzählt. Ein Deutscher zwischen Chinesen, Japanern und Räubern. Erlebnisse des Sportlehrers Herbert Böcher von der chinesischen Universitat Mukden. (Ms.) Stuttgart, Dieck, 1932. 1 v. (unpaged).

———. Chinois, japonais et brigands. Récit d'un familiar du Maréchal Tchang Tsueliang. Traduction originale de l'allemand, par Maurice d'Aubigné. Paris, Éditions Montaigne, Fernand Aubier, 1932. 176 p. (Collection des documents).

BONNEAU, GEORGES, 1897- Japon et Mandchourie. Ôsaka, Ôsaka taishi keizairemmei; Paris, Vanier, 1932. 45, [1] p. illus,

CATHOLIC ASSOCIATION FOR INTERNATIONAL PEACE. Manchuria: the problem in the Far East. Study presented to the Catholic Association for International Peace by the Asia committee. Washington, D.C., Catholic Association for International Peace [1934] 69 p. [Catholic association for international peace] Pamphlet, 12).

DAIREN. CHAMBER OF COMMERCE AND INDUSTRY. What Chinese fugitive soldiers and hunghudze are capable of; into what awful condition they threw South Manchuria; long list of shocking outrages charged against them. Dairen, Manchuria, Chamber of Commerce and Industry [1933] vi, 40 p. map.

DASHIN'SKIĪ, S. Japan in Manchuria, edited by N. Fokin. New York, Workers Library Publishers [1932?] London, Modern Books, 1932. 47, [1] p. incl. 2 maps (1 double).

EDDY, GEORGE SHERWOOD, 1871- The world's danger zone. New York, Farrar and Rinehart, [c1932] vi, 3-119 p.

ETHERTON, PERCY THOMAS, 1879- Manchuria, the cockpit of Asia, by Colonel P.T. Etherton and H. Hessell Tiltman, with sixteen reproductions from photographs and a map. New York, Frederick A. Stokes, 1932. x, 327 p. front., plates, fold. map.

FANG, EDWIN LO-TIEN, 方樂天. Manchuria; a second Korea? An outline of Japan's Manchuria policy from its inception to its climax. Shanghai, Commercial Press, 1934. xi, 430 p. maps.

FOCHLER-HAUKE, GUSTAV, 1906- Die Mandschurei; eine geographisch-geopolitische Landeskunde, auf Grund eigener Reisen und des Schrifttums. Heidelberg, K. Vowinckel, 1941. xv, 448 p. front., illus., plates, fold. maps. (Schriften zur wehrgeopolitik, 3).

HSIAO, SHUN-CHING, 蕭純錦, 1894- Is Manchuria vital to Japan's existance? Shanghai, China Institute of International Relations, 1932. 26 p.

HSU, SHU-HSI, 徐淑希, 1892- Japan's rights and position in Manchuria [a review of C. Walter Young's Japan's jurisdiction and international legal position in Manchuria] Peiping, 1932. 41 p. facsim.

ITO, TAKEO, 1895- Chins's challenge in Manchuria; anti-Japanese activities in Manchuria prior to the Mukden incident. [Dairen] South Manchuria Railway Co. [1932] 117 p.

JAPAN. Consulate. Harbin. Sino-Japanese relations; improbity and corruption practiced by former military cliques in North Manchuria. Harbin, 1932. 57 p. illus., fold. map.

———. Ministry of Foreign Affairs. Relations of Japan with Manchuria and Mongolia [n.p.] 1932. x, 203, 47 p. fold. map (On cover: Document B).

———. The same. Les relations du Japon avec la Mandchourie et la Mongolie. [n.p., 1932] xii, 209 p., xi, 46 p. incl. tables. fold. map. (Document B).

JAPAN ECONOMIC FEDERATION. China's treaty violations in Manchuria. Tokyo, Japan Economic Federation, 1932. 23, 7 p. map.

THE JAPANESE expedition to Chientao. Why it was sent and what it did. Seoul, Seoul Press, 1921. 51 p.

JONES, FRANCIS CLIFFORD. Manchuria since 1931. London, Royal Institute of International Affairs [1949] vii, 256 p. fold. map.

———. Manchuria in 1945-1946. Constitutes part of a larger IPR research report which is being undertaken under the auspices of the Royal Institute of International Affairs on "Developments in Manchuria since 1931." Submitted by the Royal Institute of International Affairs as a document for the Tenth Conference of the Institute of Pacific Relations to be held at Stratford-upon-Avon, England, September 1947. London, Royal Institute of International Affairs, 1947. 11 l. (United Kingdom paper, 3).

LATTIMORE, OWEN, 1900- Manchuria, cradle of conflict. New York, Macmillan, 1932. Rev. ed. 1935. xviii, 343 p. maps (part fold.).

LEO; T. Y. Manchuria-hunger of the East Asiatic "Boches." New York, Chinese Patriotic Association, 1931. 16 p.

LIN, CHING-JÜN, 林景潤, 1898-1947. The Liaotung case. New York, Chinese Students Club, Columbia University, 1923. 8 p.

LONG, JOHNSON. La Mandchourie et la doctrine de la porte ouverte. Paris, A. Pedone, 1933. 208 p. Thèse-Univ. de Paris.

LUM, YING-WU, 林英武, ed. A brief study of the Manchurian question. Chicago, The mid-west branch of the Kuomintang, the Chinese Nationalist party in America, 1931. 31 p.

MANCHURIA YOUNG MEN'S FEDERATION. An appeal by Japanese people concerning the Manchurian problem. [Dairen?] Manchuria Young Men's Federation [1931] 34 p. plates, facsims.

MILLARD, THOMAS FRANKLIN FAIRFAX, 1868-1942. The A B C's of the Manchuria question. Shanghai, Weekly Review of the Far East, 1921. cover-title, 15 p.

MITSUO, KIMISUKE. How does an average Japanese feel about the situation in the Orient? Delivered at the Quota Club, Washington, D. C., Thursday, January 10th, 1935. [New York, 1935] cover-title, 22 p.

O'CONROY, TAID. The menace of Japan. London, Hurst and Blackett, [1933]; New York, H. C. Kinsey, 1934. 294 p. front., plates, ports., facsim.

PAN, STEPHEN C. Y., 潘朝英, 1908- American diplomacy concerning Manchuria. Washington, Catholic University of America, 1938. xvi, 385 p. Thesis-Catholic University of America.

PARLETT, SIR HAROLD GEORGE, 1869-1945. A brief account of diplomatic events in Manchuria. Published under the auspices of the Royal Institute of International Affairs, 1929. London, Oxford University Press, H. Milford [1929] viii, 93, [1] p. fold. map.

PRICE, ERNEST BATSON, 1890- The Russo-Japanese treaties of 1907-1916 concerning Manchuria and Mongolia. Baltimore, Johns Hopkins Press, 1933. xiv, 164 p. incl. map. facsims.

ROMANOV, BORIS ALEKSANDROVICH, 1889- Russia in Manchuria, 1892-1906. Translated from the Russian by Susan Wilbur Jones. Ann Arbor, Mich., Published for American Council of Learned Societies by J. W. Edwards [1952] x, 549 p. (Russian Translation Project series of the American Council of Learned Societies, 15).

ROYAMA, MASAMICHI, 1895- Japan's position in Manchuria. A paper prepared for the third biennial conference of the Institute of Pacific Relations, Kyoto, 1929. [Tokyo] The Japanese Council, Institute of Pacific Relations [1929] 1 p. l., iii (i. e. iv), ii, 103 p. fold. map.

SAKAMOTO, NAOMICHI. L'affaire de Mandchourie. Paris, Recueil Sirey, 1931. 33 p. fold. map.

SAKURAI, TADAYOSHI, 1879- Niku-dan, Menschenopfer; Tagebuch eines japanischen Offiziers während der Belagerung und Erstürmung von Port Arthur.

Übers. von A. Schinzinger. 2. Aufl. Tokyo, Nippon Sekai-Koron-sha, 1940. 206 p. plates, ports., fold map, facsims. [1. Aufl., Freiberg, J. Beilefeld, 1911. English title: Human bullets, a soldier's story of Port Arthur. Boston, Houghton, Mifflin, 1907. 269 p.].

SOKOLSKY, GEORGE EPHRAIM, 1893- The tinder box of Asia. Garden City, N.Y., Doubleday, Doran, 1933. xii, 453 p. illus. (maps).

SOUTH MANCHURIA RAILWAY COMPANY. "Present Manchuria and Mongolia." Dairen, South Manchuria Railway Co., 1924. iv, 116 p. illus., fold. map. 1st ed., 1921.

SPIELMANS, VICTOR. Russland und Japan im Fernen Osten. Berlin-Spandau, Obelisk-Verlag [c1935] 88 p. incl. tables. fold. map (in pocket).

STEWART, JOHN ROBERT, 1910- Manchuria since 1931. Prepared for the sixth conference of the Institute of Pacific Relations, held at Yosemite park, California, from August 15th to 29th, 1936. New York, Secretariat, Institute of Pacific Relations, 1936. 53 p. ([Institute of Pacific relations] Secretariat papers. no. 2).

[TAKADA, RYUICHI] A brief sketch of the Kwantung government, illustrated with photographs, diagrams and maps. Dairen, Mammo Bunka Kyokai (Manchuria Enlightening Society) 1926. ii, 79, 2 p. plates, fold. map.

U.S. Army. Far East Command. Japanese preparations for operations in Manchuria, Jan. 43-Aug. 45. Prepared by Military History Section, Headquarters, Army Forces Far East. [Tokyo?] Distributed by Office of the Chief of Military History, Dept. of the Army [1953] 1 v. (various pagings) illus., maps. (Japanese monograph, 138).

U.S. Dept. of State. Conditions in Manchuria. Message from the President of the United States transmitting, in response to Senate resolution no. 87, a report by the Secretary of State relative to the existing conditions in Manchuria. Washington, Govt. Print. Off., 1932. iii, 56 p. (72d Cong., 1st sess. Senate. Doc. 55).

U.S. and BRITAIN'S attitude toward Manchurian situation; statement and release of the U.S. State department and British protest to Soviet government with Secretary Byrnes' speech of "Seven notes." Shanghai, International Publishers, 1946. 24 p.

VESPA, AMLETO, 1888- Secret agent of Japan. Boston, Little, Brown, 1938. xiv, [3]-301 p. front., plates, ports., facsims.

YOUNG ARTHUR MORGAN, 1874- Imperial Japan, 1926-1938. London, G. Allen and Unwin, [1938] [9]-328 p.

YOUNG, CARL WALTER, 1902-1939. The international relations of Manchuria; a digest and analysis of treaties, agreements, and negotiations concerning the three eastern provinces of China, prepared for the 1929 conference of the Institute of Pacific Relations in Kyoto, Japan. Chicago, Pub. for the American Council, Insititue of Pacific Relations, by the University of Chicago Press [c1929] xxx, 307 p. incl. front. (map).

———. Japan's special position in Manchuria; its assertion, legal interpretation and present meaning. Baltimore, Johns Hopkins Press; London, H. Milford, Oxford University Press, 1931. xxxiv, 412 p. incl. double map. (His Japan's jurisdiction and international legal position in Manchuria, 1).

———. The international legal status of the Kwantung leased territory. Baltimore, Johns Hopkins Press; London, H. Milford, Oxford University Press, 1931. xxx, 249 p. incl. map. (His Japan's jurisdiction and international legal position in Manchuria, 2).

———. Japanese jurisdiction in the South Manchuria railway areas. Baltimore, Johns Hopkins Press; London, H. Milford, Oxford University Press, 1931. xxxv, 332 p. incl. double map. (His Japan's jurisdiction and international legal position in Manchuria, 3).

Japanese Occupation
General Works

[BISSON, THOMAS ARTHUR] 1900- Japan and Manchoukuo. New York, Foreign Policy Association, [1932] p. [87]-98. (Foreign policy reports. 7:8 June 22, 1932).

CHENG, HSIAO-HSÜ, 鄭孝胥, 1859-1938. Wang tao (the kingly way). [Dairen, Printed by the Manchuria daily news, 1934] 41 p. port.

CHINA. Ministry of Foreign Affairs. How ''Manchoukuo'' was created. Nanking, Waichiaopu, The Intelligence and Publicity Department, 1933. 66 p. (China. Ministry of foreign affairs. Information Bull. 7).

CHINA UNITED PRESS, Shanghai. The puppet state of ''Manchukuo.'' Shanghai, China United Press, 1935. viii, 278 p. fold. map (''China today'' series.[4]).

COLLIER, D. M. B. Manchoukuo, jewel of Asia, [by] D. M. B. Collier and Lt. Col. C. L'E. Malone. London, G. Allen and Unwin [1936] [7]-267, [1] p. illus. (map) plates. (incl. front.).

———. Le Mandchoukuo, joyau de l'Asie. Naissance d'un pays, population, moeurs, etc. du Mandchoukuo, par D. M. B. Collier et Lt. Col. C. L'E. Malone. Traduit par Robert Waldteufel. Paris, Payot, 1938. 234 p. map, (Bibliotèque géographique).

[DORFMAN, BEN DAVID] 1902- Two years of the Manchoukuo régime. New York, Foreign Policy Association [1934] p. [169-180. illus. (map) (Foreign policy reports. 10:14 September 12, 1934).

ENDO, R. Japan, China and Manchukuo; the kingly way. Tokyo, The Eastern Asiatic Society Press, 1933. 157 p.

FISCHER, JACOB. Mandschukuos Kampf und Sieg. Hamburg, O. Meissner, 1933. 3, 4, 342 p. front., plates, ports., maps (1 fold.) fold facsim., col. diagr.

[GORMAN, GEORGE WILLIAM ALOYSIUS] 1888- Manchoukuo, the world's newest nation; facing facts in Manchuria, by P. Ohara [pseud.] Moukdon [Darien, Printed by the Manchuria Daily News] 1932. ii, 5, 168 p. ports.

———. Freedom: Manchuria's plea for independence. Mukden, Manchu Hsieh-ho hui, 1935. 32 p.

HISHIDA, SEIJI GEORGE, 1874- The Manchoukuo question in its wider aspects, with special reference to John Bassett Moore's discussion of international affairs. Tokyo [Maruzen]1934. iii-ix, [2], 86 p., port.

HUSSEY, HARRY, 1882- ''Manchoukuo'' in relation to world peace. Things not told in the report of the Commission of Enquiry. [Geneva, 1932] 113 p.

ISHII, KIKUJIRO, 1866-1945. Manchoukuo and the Manchu question. Tokyo, League of Nations Association of Japan, 1932. 18 p.

JAPANESE CHAMBER OF COMMERCE OF NEW YORK. Manchukuo; the founding of the new state in Manchuria. New York, Japanese Chamber of Commerce, 1933. 44 p. front. (fold. map).

KAWAKAMI, KIYOSHI KARL, 1875- Manchoukuo, child of conflict. New York, Macmillan, 1933. viii, 311 p. plates, ports., diagr.

KWANTUNG LEASED TERRITORY. General outline of the administration of the Kwantung Government. Port Arthur, South Manchuria, 1932. 29 p. 1st ed. 1926. 62 p.

———. The Kwantung government, its functions and works, 1934. The Kwantung government, January, 1934. [Dairen, The Manchuria Daily News, 1934] vii, 210 p. plates, maps (part fold.) tables (part fold.) 1st ed. 1929.

———. Ordinance no. 17, issued by the Government of the Leased Territory of Kwangtung on April 25th, 1933, for the control of opium in the South Manchuria Railway Zone. Communicated by the representative of Japan. Geneva, 1934. 4 p. At head of title: League of Nations. Advisory Committee on Traffic in Opium and Other Dangerous Drugs.

LEWISOHN, WILLIAM. Manchoukuo revisited; a study of the political and commercial aspect of Manchoukuo made on an extensive tour of the country.

Shanghai, North China Daily News and Herald, 1935. 43 p. illus.

MANCHOUKUO, a pictorial record. Le Mandchoukouo, chronique illustrée. [Tokyo and Osaka, Asahi Shimbun Pub. Co., 1934] 329 p., incl. plates.

MANCHOUKUO, a comprehensive pictorial presentation. Tokyo, Japan, Asahi shimbun sha, 1940. [169] p. illus. (1 col.).

MANCHOUKUO. Bureau of Information. An outline of the Manchoukuo empire. 1939. Dairen, Manchuria Daily News [1939] 241 p.

MANCHURIA. Manciu-cuo vigoroso nei fotografi. Die junge Mandschurei in Bildern. Young Manchoukuo in pictures. [Hsinking? 1938] 119 plates on 50 l. 1 col. mounted illus.

MANCHURIA. Dept. of Civil Affairs. Historical significance of the establishment of Manchukuo. Compiled and published by the Department of civil affairs, the Manchukuo government, March 10, 1932. [n.p., 1932] cover-title, 24 p.

MANCHURIA. Dept. of Foreign Affairs. A general outline of Manchoukuo. Hsinking, 1932. 71 p.

———. Aperçu général sur le Mandchoukouo. Hsinking, 1932. 72 p.

———. Manchoukuo and the League of Nations. Hsinking, 1933. Cover-title, 36 p. (Department of foreign affairs. Publications. Series, 4).

———. Manchoukuo: handbook of information. Published by Bureau of information and publicity, Department of Foreign Affairs, Manchoukuo government. Hsinking [Dairen, Printed by the "Manshu nippo-sha"] 1933. vi, 161, [1] p. plates, ports., fold. map, fold, diagr.

———. The voice of the people of Manchoukuo. Compiled by Bureau of information and publicity, Department of Foreign Affairs. Hsinking [1933?] cover-title, iii, [2], 38, [178] p.

MANCHURIA. General Affairs Board. Manchoukuo, a pictorial sketch. [Hsinking? 1937] cover-title, [36] p. of illus. (incl. facsims.).

MANCHURIA. State Council. An outline of the Manchoukuo empire, 1939. Edited by the Bureau of information, Manchoukuo State council, Hsinking. Dairen, Manchuria Daily News [1939] 241 p.

THE MANCHURIA DAILY NEWS. Manchoukuo gives birth to new culture; questions and answers, 1940. Hsinking, Manchoukuo, The Manchuria Daily News [1940] 80 p. plates, ports.

———. Souvenir enthronement supplement, March 1st, 1934. Issued in celebration of the enthronement of His Majesty P'u Yi as first emperor of the Empire of Manchoukuo. [Hsinking] 1934. 102 p.

———. Manchoukuo-Soviet border issues, compiled by Noboru Hidaka. Dairen, Manchuria Daily News, 1938. 261 p. illus. (map) plates.

———. Nomonhan incident; brief account of the recent clash between the invading Soviet-Outer Mongol forces and Manchoukuo-Japanese troops along the Outer Mongolia-Manchoukuo frontier; a vivid report of a foreign correspondent from the scene of the incident. Dairen, Manchuria Daily News, 1939. 24 p. illus., plates, map.

———. The same. Manchoukuo-Outer Mongolia border clashes. 2d issue; June-July, 1939. Dairen, Manchuria Daily News [1939] 47 p. plates, map.

———. Progressing Manchoukuo. [Dairen?] The Manchuria Daily News, 1940. 61 p. illus.

MATSUI, IWANE, 1878- La question de la Mandchourie et de son indépendance; quelques reflexions sur des points fondamentaux. The question of Manchuria and its independence; some reflections on fundamental points. Genève Kundig, 1932. [3]-63, [4] p.

REA, GEORGE BRONSON, 1869-1936. Manchukuo; back to first principles ! Address delivered before an assembly in the hall of the Athénée at Geneva, on October 14, 1932. Genève, Kundig, 1932. 5-43, [1] p.

———. Le Mandchoukouo. Revenons aux principes. Conférence faite à Genève, le 14 Octobre 1932. Genève, Kundig, 1932. 44 p.

———. The independence of Manchoukuo. Paper read before the members of the

legal fraternity of Gamma eta gamma, the George Washington law school, Washington, D.C., on November 23, 1933. [Washington? D.C., 1933] 5-71p.
———. The case for Manchoukuo. New York, London, D. Appleton-Century, 1935. xi, 3-425 p. front., plates, ports., fold. map.
SAITO, HIROSI, 1886-1939. Japan and Manchuria: speech at the Fabian summer school, Rowledge, Nr. Burnham, Surrey, [Eng.] 26th August, 1932. [London] 1932. 14 p.
———. Manchukuo, the new-born state: an address at Columbia University School of Journalism, October 11, 1932. [Washington] 1932. 15 p.
———. Future prospects of Manchukuo: an address at the University of Kentucky, December 9, 1932. [Washington] 1932. 11 p.
SCHERER, JAMES AUGUSTIN BROWN, 1870- Manchukuo: a bird's-eye view. Tokyo, Hokuseido Press, 1933. 145 p., front., plates, ports., 2 maps (1 fold.) 2 facsim. (1 fold.).
SOUTH MANCHURIA RAILWAY COMPANY. Answering questions on Manchuria. [Dairen] 1939. x, 81 p. illus., col. maps (1 fold) 1st ed. 1936.
———. A pictorial outline of Manchuria. Dairen, 1939. 1 v.
U.S. ARMY. Forces in the Far East. Small wars and border problems. Prepared by Military History Section. [n.p.] Distributed by Office of the Chief of Military History, Dept. of the Army [1956- 1 v. maps, tables. (Its Japanese studies on Manchuria, v. 11).
U. S. DEPT. OF STATE. "Manchukuo" precedents. Official documents covering the period 1932-1938 concerning the American policy toward Manchuria. Washington [1938] 1 v. (Various pagings).
U. S. OFFICE OF STRATEGIC SERVICES. Research and Analysis Branch. Programs of Japan in Manchukuo, with biographies. Assemblage #53. Honolulu, 1945. 2v. (Its R and A 3117).
VÈVRE, E de. La reconnaissance de jure de la régence de Mandchourie et le Traité des neuf puissances. Paris, Rousseau, 1932. [7]-137 p.
WONG, WILLIAM. Henry Pu Yi and the Japanese, 1924-1945; a study in puppetry. Berkeley, 1951. iv, 103 l. Thesis-Univ. of California
WOODHEAD, HENRY GEORGE WANDESFORDE, 1883- A visit to Manchukuo. Shanghai, Mercury Press [1932] 112 p. front., plates, ports., fold. map.
WOU, P., 吳本中, 1904- La vérité sur la Mandchourie. Préface de m. Ch. Rousseau. Paris, A. Pedone, 1936. x, [5]-291 p. fold. map.
YANAIHARA, TADAO. Manshu mondai. Problem of Manchuria. Tokyo, Iwanami, 1936. 2, 2, 278, [4] p.

Treaties, Etc.

CARNEGIE ENDOWMENT FOR INTERNATIONAL PEACE. Division of International Law. Manchuria, treaties and agreements. Washington, The Endowment, 1921. xiv, 220 p. fold. map. (Pamphlet series of the Carnegie endowment for international peace. Division of international law, 44).
MANCHURIA. Treaties. Agreement for the cession to Manchoukuo of the rights of the Union of Soviet Socialist Republics concerning the North Manchuria Railway (Chinese Eastern Railyway). Tokyo, March 23, 1935. (In American journal of international law. Concord, N.H., 1936. v. 30. suppl., p. 85-104).
———. Freundschaftsvertrag zwisch Mandschukuo und Deutschen Reich. Tokyo, 1938. 12 p.
———. Friendship, commerce and navigation between Manchoukuo and Italy. Tokyo, 1938. 12 p.
———. Accord entre le gouvernement d'Italie, le gouvernement du Japon et le governement du Mandchoukuo pour regler les exhanges commerciaux et les paiements y afferents entre l'Italie d'une part et le Japon et le Mandchoukuo d'autre part. Tokyo, 1938. 24 p.
———. Notes exchanged between Manchoukuo and Poland relating to the question

of rendering normal, the legal status of respective consulates. Tokyo, 1938. 27 p.
——. Records of treaties, conventions, etc. between Manchoukuo and foreign states. v. 1. Hsinking, Foreign Office, 1941. 643 p. fold plates.

Laws, Statutes, etc.

KUSABA AND COMPANY. Patents, utility models, designs and trade marks in Japan, Manchukuo and China, 1935. Tokyo, 1935. 31 p. (Circular no. J. 17).
MANCHURIA. LAWS, STATUTES, etc. Proclamations, statements and communications of the Manchoukuo government. Hsinking, 1932. Cover-title, 22 p. (Department of foreign affairs. Publications. Series, 1).
——. The Chief executive's proclamation, the Organic law of Manchoukuo and other laws governing various government offices. Hsinking, [1932] cover-title, 45 p. (Department of foreign affairs. Publications. Series, 2).
——. The Patent law and the Disign law of Manchoukuo. [Hsinking?] The Patent Invention Office [1936?] cover-title, 60 p.
NAKAMATSU PATENT AND LAW OFFICE, Tokyo. Manchukuo. Patent, design and trade mark laws with regulations for their enforcement. Tokyo, Nakamatsu International Patent and Law Office [pref. 1936] ii, 124 p.
VOGT, KARL, 1878- ed. and tr. Das neue Mustergesetz fuer Manschukuo (Gebrauchsmuster- und Geschmacksmuster-gesetz) Übers. von Karl Vogt. Tokio, 1936. 14 p.
——. Das neue Patentgesetz fuer Manschukuo, übers. von Karl Vogt. Tokio, 1936. 44 p.

Year-books and Directories

The DIRECTORY of Manchukuo. 滿洲商工年鑑. Dairen, Orient Pub. Co., 1938-39. 1 v. illus.
JAPAN-MANCHOUKUO YEAR BOOK, 1934-1941. Tokyo, Japan-Manchoukuo Year Book Co., 1934-1941. 8 v. plates, maps, tables, diagrs.
ORIENT YEAR BOOK, 1942. Tokyo, Asia Statistic Co., 1942. 1364 p. plates, maps, tables, diagrs. [a continuation of Japan-Manchoukuo Year Book].

Economic Conditions
General Works

ADACHI, KINNOSUKÉ, 1871-1952. Manchuria; a survey. New York, R. M. McBride, 1925. xvii, 401 p. front. (port.) plates, maps (part fold.).
——. Tales of three cities in Manchuria. South Manchuria Railway Co., 1933. Tokyo, Herald Press, 1933. 27 p. illus.
BANK OF KOREA. Economic history of Manchuria, compiled in commemoration of the decennial of the Bank of Chosen. Seoul, 1921. x, 303 p. plates, ports., fold. map, tables.
BAYLIN, J. R. L'est chinois; historique. Contrats divers et documentation economique succincts sur la Mandchourie. Pékin, Éditions A. Nachbaur, 1929. 54 p. plates, map, (Le droit chinois moderne, 3).
CENTRAL BANK OF MANCHOU. The Central bank of Manchou and appendix of laws pertaining thereto. 1935 (revised) Hsinking, The Central Bank of Manchou [1936?] iii, 91 p.; 22p. plates (part col.) diagr. 1st ed. 1932. 35 p.
——. Semiannual report on economic conditions in Manchoukuo. 1937-1939. Hsinkiang, 1938-40. 3 v.
——. Manchoukuo's business and finance, March 1937. Hsinking, The Central Bank of Manchou, [1937] 23 p.
CHEN, CHAO-SHUNG, 陳兆熊. La vie du paysan en Mandchourie (les trois provinces de l'est de la Chine). Paris, P. Bossuet, 1937. 160 p. diagr. Thèse-Univ. de Paris.

CHIH, PIAO, 際彪, 1885- A general outline of Manchoukuo's construction programme. [Tokyo] The Foreign Affairs Association of Japan, 1933. 18 p. illus. (maps) pl.

CHINESE EASTERN RAILWAY. Economic Bureau. Statistical year book. Harbin, 1923-1935. 13 v. tables.

CHUGAI SHOGYO SHIMPO. Industrial expansion of Japan and Manchoukuo. 1936 edition. Tokyo, Chugai shogyo shimpo-sha [1935] 5-108 p. incl. illus., mounted col. plates.

DAIREN. CHAMBER OF COMMERCE AND INDUSTRY. Economic conditions in Manchuria. Dairen, Dairen Chamber of Commerce and Industry, 1934. cover-title, 60 p.

DALBANK. The Far Eastern bank "Dalbank" (Established in Harbin); a review of its activities during the first five-year period of its existence, 1923-1928. Harbin, 1928. Cover-title, 13, [1] p.

FEIS, HERBERT, 1893- The international trade of Manchuria. New York, Carnegie Endowment for International Peace, Division of Intercourse and Education [1931] 68 p. illus. (map) diagrs. (Studies in world economy, 3).

The FOREIGN trade of Manchoukuo since its inception. [Dairen] The South Manchuria Railway Co. [1939] cover-title, 55 p. incl. tables.

HOU, SHU-T'UNG, 侯樹彤. Japanese bank-notes in Manchuria. Peiping, 1931. 28 p. (Yenching Political Science Ser., 13).

HSIAO, CHÜ, 蕭蘧, 1897-1947. Manchuria; a statistical survey of its resources, industires, trade, railways, and immigration. Preliminary paper prepared for the third biennial conference of the Institute of Pacific Relations, October 28 to November 9, 1929. Tientsin, 1929. 52, [2] p. incl. tables (part fold.) 2 fold. maps.

ÎASHNOV, EVGENIĬ EVGENʹEVICH. Chinese agriculture in northern Manchuria, by E. E. Yashnov. Digest and translation by Lewis L. Lorwin. [Honolulu?] Institute of Pacific Relations, 1929. 16 numb. l.

JAPAN ECONOMIC FEDERATION. Economic and financial conditions in Japan, Manchoukuo and China; addresses by Kazuo Aoki. Toyotaro Yuki, Naoki Hoshino, Tetsusaburo Tanaka [and] Shih-ching Wang, 汪時璟. Tokyo, Japan Economic Federation, 1939 vii, 58 p. (East Asia economic intelligence series, 2).

———. The heavy industry of Manchoukuo; present conditions of the exploitation of natural resources in Manchoukuo. Tokyo, Japan Economic Federation, 1940. viii, 83 p., fold. map, tables (1 fold.) (East Asia economic intelligence series, 3.).

———. The currency and finance of Manchoukuo. Tokyo, Foreign Relations Council, Japan Economic Federation, 1940. vi, 35, [1] p., incl. tables. (East Asia economic intelligence series, no. 7).

KANAI, KIYOSHI, 1884- Economic development in Manchoukuo. Prepared for the sixth conference of the Institute of Pacific Relations to be held at Yosemite, California, August 15th to 29th, 1936. Tokyo, Japan Council, Institute of Pacific Relations, 1936. v, 3-69 p. fold. tab. (Japan council papers, 15).

KINNEY, HENRY WALSWORTH, 1879- Modern Manchuria. Rev. ed. Dairen, 1929. viii, 87 p. plates, fold, map.

———. Manchuria today. Dairen [Osaka, Printing by Hamada Printing Co.,] 1930. 100 p. plates, fold. map.

KRAMER, IRVING I. Japan in Manchuria. Tokyo, Foreign Affairs Association of Japan, 1954. 54 p.

MAIER, HANS, 1897- Die Mandschurei in Weltpolitik und Weltwirtschaft. Leipzig, Deutsche wissenschaftliche Buchhandlung, 1930. 59 p. plates (Added t.-p.: Weltwirtschaftliche vorträge und abhandlungen, 9).

MANCHURIA. Economic construction program of Manchukuo. Issued on its first anniversary by the Manchukuo government, March 1, 1933. New York office of the South Manchuria Railway Co. [New York? 1933] cover-title, 3-15 p. fold. map.

———. Dept. of Finance. Annual returns of the foreign trade of Manchoukuo, 外國貿易統計年報. 1932-1937. [Hsinking? 1933-1938. 6 v. tables.
———. Monthly returns of the foreign trade of Manchoukuo, 外國貿易統計月報. 1933-Aug, 1940. Hsinking, 1933-1940. 8 v. map, tables.
———. General survey of conditions in Manchoukuo, with special emphasis on economic development. Hsinking [Printed by Kōlokutosho Printing Works] 1936. cover-title 59 p. incl. tables.
———. Foreign Office. Economic conditions in Manchoukuo. [Hsinking?] 1940. 111 p.
MANCHURIAN AFFAIRS INFORMATION BUREAU. Industry of Manchoukuo; a rough sketch. Hsinking, 1934. 40 p.
THE MANCHURIA DAILY NEWS. Manchoukuo's natural resources and their development; questions and answers. Appendix: The five-year industrial development plan of Manchoukuo. [Dairen] The Manchuria Daily News [1939] 64 p. plates.
———. Special companies in Manchoukuo; their mission and activities. [Dairen] The Manchuria Daily News, 1940. 108 p. plates.
THE MANCHURIAN STAPLE PRODUCE YEAR-BOOK, 重要物產統計年鑑 1st-2nd, 1909/1920, 1920/1923. Dairen, Manchurian Staple Produce Merchants Association, 1921-1924. 2 v. tables, diagrs.
MANSHU TOKUSAN CHUOOKAI, Hsinking. Agricultural products in Manchouko. Hsinking, The Manchurian Agricultural Products Institute [193-] 32 p.
MATSUOKA, YOSUKE, 1880-1946. Economic co-operation of Japan and China in Manchuria and Mongolia, its motives and basic significance. [Dairen? Manchuria, 1929?] 19 p.
———. An address on Manchuria, its past and present, and Reply to Prof. Shuhsi-Hsu's, 徐淑希, criticisms and observations. Third biennial conference, Institute of Pacific Relations. Kyoto, Japan, 1929. 30 p.
———. La Mandchourie, hier et aujourd'hui; exposé de la politique japonaise, suivi de sa réponse aux critiques du professeur Shuhsi-Hsu. Traduction et préface de N. Sakamoto. [Paris, N. R. Money, imprimeur, 1931] cover-title, 5-47, [1] p.
———. Building up Manchuria. Tokyo, The Herald of Asia [1938?] 247 p. front., plates, ports.
[THE ORIENTAL ECONOMIST] Manchuria industrial development corporation. [Tokyo, The Oriental Economist of Japan, 1938] 50 p.
ROYAL INSTITUTE OF INTERNATIONAL AFFAIRS. Notes on the economic consequences of recent events in Manchuria, compiled in the Study groups department of Chatham House. Prepared for the fifth bi-annual conference of the Institute of Pacific Relations, to be held at Banff, Canada, August 14th to 28th, 1933. London, Royal Institute of International Affairs [1933] cover-title, 29 (i.e. 30) numb. l. incl. tables.
SAKATANI, YOSHIRO, baron, 1863-1941. Manchuria: a survey of its economic development based in part on material prepared under the supervision of Baron Y. Sakatani, revised by Grover Clark. Prepared for the Division of Economics and History of the Carnegie Endowment for International Peace. [New York, 1932] xv, 305 l. tables.
SCHUMPETER, ELIZABETH BOODY, ed. The industrialization of Japan and Manchuko, 1930-1940: population, raw materials and industry. Contributors: G.C. Allen, E.F. Penrose, M.S. Gordon [and] E.B. Schumpeter. New York, Macmillan, 1940. xxviii, 944 p. tables (5 on 3 fold. l. in pocket) diagr.
SIMON, PAUL. L'organisation économique et sociale du Manchoukuo. Louvain, Secrétariat de la Société scientifique, 1937. 208 p. fold. maps.
SOUTH MANCHURIA RAILWAY COMPANY. Manchuria, where east meets west. [New York] South Manchuria Railway [c1924] 20, [1] p. illus.
———. Manchuria, land of opportunities. Illustrated from photographs, with diagrams and maps. Rev. ed. New York, South Manchuria railway company,

1924. ix, 98 p. plates, fold. map. 1st ed. 1922.

———. [1st]-8th report on progress in Manchuria, 1907/28-1936. Dairen, The South Manchuria Railway Co., 1929-1937. 6 v. plates, ports., fold. maps, fold. plans, col. diagrs.

———. Agriculture of Manchuria and Mongolia. Dairen, Agriculture Office, South Manchuria Railway Co. [1928] iii, 82 p. incl. tables. plates.

———. Bean oil industry in Manchuria. Dairen, South Manchuria Railway Co., 1936. 38 numb. l. incl. tables.

———. Immigration of Japanese farmers into Manchuria. [Dairen] South Manchuria Railway Co. [1938?] cover-title, 42 p.

———. New York Office. Economic construction program of Manchukuo. New York, 1933. 15 p.

TACHI, SAKUTARŌ, 1874- The principle of the open door in China and Manchoukuo. [Tokyo? Foreign Affairs Association of Japan, 1937] 33 p.

THIEL, ERICH. Mandschukuo; Führer durch die mandschurische Wirtschaft. Hrsg. von Hiyoshi Kato; bearb. von Erich Thiel. Königsberg (Pr) Ost-Europa-Verlag [1937] vi, 79 p. fold. map.

WOLFF, OTTO, firm, Cologne. [Manchurian projects; commercial papers. n.p., 193-?] Microfilm copy. Negative. Collation of the original. 1 v. (various pagings).

YAMANARI, KYOROKU. The monetary policy of Manchoukuo. Prepared for the sixth conference of the Institute of Pacific Relations to be held at Yosemite, California, August, 1936. Tokyo, Japan Council, Institute of Pacific Relations, 1936. 24 p. (Japanese council papers, 13).

YEH, KUNG-CH'O, 葉恭綽, 1880- An industrial tour around Manchuria. Peking, Office of the High Industrial Commissioner, 1921. 126 p. illus.

1945-

CHAO, KUO-CHÜN, 趙國鈞, 1918- Northeast China (Manchuria) to-day. Cambridge, Center for International Studies, Massachusetts Institute of Technology, 1953. 131 p.

CHENG, CHO-YUAN, 鄭竹園. Anshan Steel Factory in Communist China. Kowloon, Union Research Institute [1955] 88 p. (Communist China problem research series, EC9).

CHINESE ASSOCIATION FOR THE UNITED NATIONS. A report on Russian destruction of our industries in the North-eastern Provinces. [Taipei] 1952. 27p. (Unachina publications, series 1, 7).

CLUBB, OLIVER EDMUND, 1901- Chinese communist development programs in Manchuria, with a supplement on Inner Mongolia. New York, International Secretariat, Institute of Pacific Relations, 1954. 46 p. tables. (Secretariat paper, 3).

KAO KANG, 高崗, 1902-1955. La reconstruction économique du nord-est de la Chine; titre original: Mettons-nous à l'avant du front de la reconstruction économique du Nord-Est. [Un rapport fail le 13 mars 1950 au ler Congrès des délégués du Parti communiste chinois du Nord-Est] Pékin, Éditions en langues étrangères, 1950. ii, 46 p.

PAULEY, EDWIN WENDELL, 1903- Report on Japanese assets in Manchuria to the President of the United States, July 1946. [Washington, Govt. Print. Off., 1946] 1 v. (various pagings) illus., maps (part fold.).

U.S. DEPT. OF STATE. Division of Research for the Far East. Economic significance of the Nationalist defeat in Manchuria; a short-term appraisal. Washington, 1948. 14 p. (Its OIR report No. 4821) Mimeographed.

———. The economic importance of Manchuria to the United States. Washington, 1948. 55 p. (Its. OIR report No. 4160) Mimeographed.

WATROUS, GEORGE D. Kwantung leased territory, a brief summary of its economy. Prepared for the Foreign Economic Administration. [Washington]

1945. 9 p. incl. tables. (Japanese trade studies).

South Manchuria Railway

BAYLIN, J. R. Chemins de fer de Mandchouri. Lignes parallèles au Sud-Mandchourien- le Kirin-Hoeining. Pékin, Impr. de la "Politique de Pékin," 1932. 36 p. map. (Collection de la "Politique de Pékin").

CHANG, PAO-YUAN, 張寶源, 1905- Die Eisenbahnen in der Mandschurei. Leipzig, 1930. 100 p. map. Diss.-Univ. Leipzig.

CHANG, PIN-YANG, 張炳揚. Étude sur la chemin de fer chinois de l'Est. Nancy, Impr. Grandville, 1932. 222 p. Thése-Univ. de Nancy.

HOUANG, TCHANG-SIN, 黃昌愼. Le problème du chemin de fer chinois de l'Est. Paris, Les écrivains réunis, 1927. 457 p. fold. maps. Thèse-Univ. de Paris.

KADONO, CHOKYURO, 1867- Development of railways in Manchoukuo. Prepared for the sixth conference of the Institute of Pacific Relations to be held at Yosemite, California, August 15th to 29th, 1936. Tokyo, Japan Council, Institute of Pacific Relations, 1936. 27 p. front. (fold. map) (Japanese council papers, 12).

KANAI, KIYOSHI, 1884- The South Manchuria Railway Company's part in the economic development of Manchoukuo. Prepared for the sixth conference of the Institute of Pacific Relations to be held at Yosemite, California, August 15 to 29, 1936. Tokyo, Japan Council, Institute of Pacific Relations, 1936. 31 p. (Japanese council papers, 16).

KENNAN, GEORGE, 1845-1924. Harriman's Far Eastern plans; the inside history of the American attempt to gain control of the South Manchuria Railway as a link in the Harriman round-the-world transportation system. (Extracted from "E. H. Harriman," a biography by George Kennan, published by Houghton Mifflin, Boston and New York) [n. p., n. d.] Microfilm copy (positive) Collation of the original, as determined from the film: 225-229 p. port. Detached from Far Eastern Review, April 1923.

KINGMAN, HARRY LEES, 1892- Effects of Chinese nationalism upon Manchurian railway developments, 1925-1931. Berkeley, University of California Press, 1932. cover-title xi, 97 p., fold. map. (University of California publications in international relations. 3:1).

KINNEY, HENRY WALSWORTH, 1879- Manchuria and the South Manchuria Railway Company. Dairen, The Manchuria Daily News, 1927. 57 p. plates, fold. map.

———. Modern Manchuria and the South Manchuria Railway Company. [Tokyo, Printed by the Japan Advertiser Press] 1928. viii, 91, [1] p. plates, fold. map.

———. La Mandchourie moderne et la Campagnie du Chemin de Fer Sud-Mandchourien. Paris, 1929? 89 p. plates, fold. col. map.

SOUTH MANCHURIA RAILWAY COMPANY. South Manchuria Railway. Dairen, The South Manchuria Railway Co., 1923. Cover-title, vi, 185 p. illus. fold. map. 1st ed. 1920.

———. A brief survey of the Manchoukuo state railways. 2d ed. Mukden, 1936. 2, 51 p. 1st ed. 1934.

———. South Manchuria Railway, the pioneer on the Continent. Tokyo, 193- 90 p.

———. The same; October, 1939. Dairen, South Manchuria Railway Co [1939] 5-57 p. illus. (incl. map) 1935 ed. 54 p.

TCHENG, KUI-I, 鄭揆一. La Cie du chemin de fer Sud-Mandchourien et l'emprise japonaise en Mandchourie, préface de son excellence le dr. Wellington Koo. Paris, P. Bossuet, 1939. 4, [9]-316 p. map, diagr.

Chinese Eastern Railway

CHANG, TAO-HSING, 張道行, 1908- International controversies over the Chinese Eastern Railway. Shanghai, Commercial Press, [1936] ix, 289 p. Thesis-University of Iowa, 1934.

CHINESE EASTERN RAILWAY. An abridged outline of the historical survey of the Chinese Eastern Railway. Introduction and Chapter 1, 1896-1923. Compiled by E.X. Nilus. [Harbin, 192-] 1 v. (various pagings).

———. Chinese Eastern Railway, 1920-1923. Harbin, 1924. 25 p. incl. tables, diagrs.

———. North Manchuria and the Chinese Eastern Railway. Harbin, C.E.R. Printing Office, 1924. xvii, 454 p. incl. illus., ports., diagrs. plates, maps (1 fold.) plan.

———. The Chinese Eastern Railway and its zone. Harbin, 1928. 32 l. incl. mpas, diagrs. (part col.). 1st ed. 1923.

[———]. L'Est chinois, historique. Contrats divers et documentation économique succincte sur la Mandchourie. Pékin, A. Nachbaur, 1929. 54 p. incl. tables. plates, map. (Encyclopédie des questions chinoises).

———. Germany-Lithuania-Latvia-Estonia-China-Japan. Freight through traffic in transit via U.S.S.R. (German-Far Eastern traffic). Harbin, 1932. 20 p. incl. tables, fold. map.

———. Land Dept. Transactions. Bulletin, nos. 1-2. 2 v.

FOREIGN POLICY ASSOCIATION, New York. The Chinese Eastern Railway. [New York, Foreign Policy Association, 1926] 10 numb. l. illus. (map) (Information service 2:1, February 27, 1926).

SOKOLSKY, GEORGE EPHRAIM, 1893- The story of the Chinese Eastern Railway. Shanghai, North-China Daily News and Herald, 1929. 68 p.

TONG, HOLLINGTON K., 董顯光, 1887- Facts about the Chinese Eastern Railway situation (with documents) Pub. under the auspices of the Committee for Public Enlightenment of the Northeastern Provinces. [n.p., 1929] [3]-183 p. plates, port.

TSAO, LIEN-EN, 曹勵恆. The Chinese Eastern Railway - an analytical study. Shanghai, The Bureau of Industrial and Commercial Information, Ministry of Industry, Commerce and Labor, [1930] cover-title, ii, 198 p. fold. map.

YAVDYNSKY, J A The Chinese-Eastern Railway problem in contemplation of law. Shanghai, 1934. 35 p.

YU, Y.C. FISHER, 余英傑, 1899- The Chinese Eastern Railway; its redemption by the Chinese government, and the financial involvements. Cambridge, Mass. 1925. Cover-title 19 p. illus. map.

Social Conditions

KOBAYASHI, MASATOSHI. Manners and customs in Manchoukuo, compiled by M. Kobayashi and N. Hidaka. Dairen, Manchuria Daily News, 1942. 121 p. illus.

THE MANCHURIA DAILY NEWS. Manchoukuo's policy for the eradication of opium smoking. [Dairen] Printed and published by The Manchuria Daily News, 1939. 25 p. plates.

NAGASHIMA, T. Opium administration in Manchoukuo. Tokyo, South Manchuria Railway Co. 1938. Cover-title, 27 p. Reprinted from Contemporary Manchuria, 3:1.

SHIROKOGOROV, SERGEĬ MIKHAĬLOVICH, 1887-1939. Social organization of the Manchus. A study of the Manchu clan organization. Shanghai, 1924. vi, 194 p. illus. (Royal Asiatic society. North China branch. [Publications] Extra vol. III).

U. S. OFFICE OF STRATEGIC SERVICES. Research and Analysis Branch. Social conditions, attitudes, and propaganda in Manchuria, with suggestions for American orientation toward the Manchurians. [Washington] 1942. 33 p. (Its R. and A no. 295).

Minorities

JOCHELSON, VLADIMIR IL'ICH, 1855-1937. The Yukaghir and the Yukaghirized Tungus. Leiden, E. J. Brill; New York, G. E. Stechert, 1926. xvi, 469 p. illus., xxviii pl., fold. map. (Memoir of the American museun of natural history. [vol. xiii, pt. i-iii]).

LATTIMORE, OWEN, 1900- The Gold tribe, "Fishskin Tatars" of the lower Sungari. Menasha, Wis., American Anthropological Association [1933] cover-title, 77 p. illus. (incl. plans) (Memoirs of the American anthropological association, 40).

SHIROKOGOROV, SERGEĬ MIKHAĬLOVICH. 1887-1939. Social organization of the northern Tungus, with introductory chapters concerning geographical distribution and history of these groups. Shanghai, Commercial Press, 1929. xiv, 427 p. illus., col. plates, maps (part fold.).

———. Psychomental complex of the Tungus. London, K. Paul, Trench, Trubner, 1935. xvi, 469 p. illus. (incl. music) diagrs.

Foreign Missions

ANNUAIRES DES MISSIONS CATHOLIQUE DU MANCHOUKUO. Moukden, Impr. de la mission catholique, 1935- 2v?

BECKMANN, JOHANNES, 1901- Heilungkiang; Land, Leute, Mission. Immensee (Schweiz) Verlag des Missionshauses Bethlehem, 1932. 96 p. illus. (incl. ports., map).

CHRISTIE, IZA (INGLIS) "Mrs. Dugald Christie." Jackson of Moukden. London, Hodder and Stoughton [1923] 155 p. front. (port.) plates. [Master missionary series]

———. The Chinese; a study of influences operating in China with special reference to Manchuria. Edinburgh, United Free Church of Scotland, [1926] 103 p. front. plates, maps, (The races beyond series).

———. Dugald Christie of Manchuria, pioneer and medical missionary; the story of a life with a purpose, by his wife, with foreword by Sao-ke Alfred Sze. London, J. Clarke [1932] 231, [1] p. front., plates, ports.

CONSIDINE, JOHN JOSEPH, 1897- When the sorghum was high. A narrative biography of Father Gerard A. Donovan of Pittsburgh, Pennsylvania, a Maryknoll missioner slain by bandits in Manchukuo. New York, Toronto, Longmans, Green [1941] 177 p., plates, ports.

MACKENZIE, ALEXANDER R. Church and missions in Manchuria; a survey of a strategic field. London, World Dominion Press, 1928. viii, [11]-63 p. maps (1 fold.) diagrs. [World dominion survey series].

MORTON, T Ralph. To-day in Manchuria; the young church in crisis. London, Student Christian Movement Press; New York, Friendship Press, [1939] 128 p. incl. front. (map).

WEIR, MARGARET (GRILLS). Andrew Weir of Manchuria. London, J. Clarke and Co., 1936. 255 p. front. plates, port.

Art and Archaeology

ANDERSSON, JOHAN GUNNAR, 1874- The cave-deposit at Sha Kuo T'un in Fengtien. Peking, Geological Survey of China, 1923. 58, [26] p. illus., plates (1 col.) (China. Geological survey. Palaeontologia sinica, ser. D., 1, fasc. 1).

[HAMADA, KOSAKU] P'i-tzu-wo; prehistoric sites by the river Pi-liu-ho, South Manchuria. Tokyo and Kyoto, The Toa-koko-gaku-kwai, or the Far-Eastern Archaeological Society, 1929. [164] p. illus., plates (part col., part fold. 1 mounted) maps, 2 tables. (1 fold.) (Archaeologia orientalis., i).

[———]. Hung-shan-hou, Ch'ih-fêng, prehistoric sites at Hung-shan-hou, Ch'ih-fêng, in the province of Johel. [Tokyo] The Tôa-kôkogaku-kwai, or the Far Eastern Archaeological Society, 1938. [174] p. col. mounted front., illus., plates (part col., part double) plan, maps. (Archaeologia orientalis, vi).

HARADA, YOSHITO. Lo-lang, a report on the excavation of Wang Hsü's tomb in the "Lo-lang" province, an ancient Chinese colony in Korea, with the collaboration of King Tazawa; with appendix, On human bones, teeth and hair found in Wang Hsü's tomb, by Dr. K. Kiyono, etc. By order of the Faculty of letters, Tokyo Imperial University. Tokyo, The Toko-shoin, 1930. xi, 53 p; 3, [19] p., [100] p. illus. (part mounted) plates (part fold., part col.) maps, diagrs.

[———]. Mu-yang-ch'êng; Han and pre-Han sites at the foot of mount Lao-t'ieh in south Manchuria. Tokyo and Kyoto, The Tôa-kôkogaku-kwai, or the Far-Eastern Archaeological Society, 1931. [202] p. illus. (part mounted) plates (part col., part fold.) maps, plans, fold. tab. (Archaeologia orientalis, ii).

[———]. Tung-ching-ch'êng; report on the excavation of the site of the capital of P'o-hai. [Tokyo] The Tôa-kôko-gakukwai, or the Far-Eastern Archaeological Society, 1939. [186] p. illus. (1 col. mounted) plates (part col., part fold.) fold. maps, plans (part fold.) (Archaeologia orientals, v).

KANAZEKI, T. Yang-t'eou-wa; fouille d'un site préhistorique dans la Baie de Hatowan près de Rioziun, en Mandchourie meridionale, par T. Kanazeki, S. Muzune and S. Miyake. Tokyo, La société archéologique de l'Asie orientale, 1942. ii, vii, 8, 4, 7, 162 p. illus., plates, (part. fold) (Archaeologia orientalis, B. Ser., 3).

[MORI, OSAMU] Ying-ch'êng-tzŭ, the Han brick-tomb with fresco-paintings, etc., near Chien-Mu-ch'êng-j, South Manchuria. Tokyo and Kyoto, The Tôa-kôkogaku-kwai or The Far Eastern Archaeological Society, 1934. [84] p. illus., plates (1 double) map, plans (1 double) (Archaeologia orientalis., iv).

[SHIMADA, SADAHIKO] Nan-shan-li, brick-tombs of the Han dynasty at the foot of Mt. Lao-t'ieh, South Manchuria. Tokyo and Kyoto, The Tôakôkogaku-kai, or the Far-Eastern Archaeological Society, 1933. [176] p. illus., plates (part col.) maps, plans (1 fold.) (Archaeologia orientalis, iii).

TOKUNAGA, SHIGEYASU, 1874- Report of diggings at Ho-chia-kou, Ku-hsiang-tung, Kirin, Manchoukuo. By Shigeyasu Tokunaga and Nobuo Naora. [Tokyo?] 1934. 119, 7 p., illus. (incl. plans) fold. table, plates, (Report of the first Scientific expedition to Manchoukuo 1933. Section ii. Part i).

———. Palaeolithic artifacts excavated at Ho-chia-kou in Ku-hsiang-tung, Manchoukuo, by Shigeyasu Tokunaga and Nobuo Naora. [Tokyo, University Press] 1936. 107 p., illus., plates. (Report of the first Scientific expedition to Manchoukuo 1933. Section vi. Part ii).

Natural History, Geology and Paleontology

AHNERT, ÉDUARD ÉDUARDOVICH. Mineral resources of North Manchuria. Peiping, [Geological Survey of China] 1929. 262 p.; 2, 2, 108 p. incl. tables (part fold.) plates, maps (part fold.) (China. Geological survey. Memoirs, ser. A, no. 7).

EMOTO, YOSHIKADZU. Myxomycetes of Jehol. [Tokyo, University Press] 1936. 3, [1] p. plates. (Report of the first Scientific expedition to Manchoukuo. Section iv. Part iii [no. 1]).

ENDO, RIUJI. The Canadian and Ordovician formations and fossils of South Manchuria. Washington, Govt. Print. Off., 1932. iii, 152 p. plates, 5 fold. maps (4 in pocket) (Smithsonian institution. United States National museum. Bulletin 164).

———. The Sinian and Cambrian formations and fossils of southern Manchoukuo, by Riuji Endo and Charles Elmer Resser. Mukden, Educational Institute, South Manchuria Railway Co., 1937. ix, 474 p., plates (incl. fold. map) (Manchurian science museum. Bulletin i).

ENDÔ, SEIDÔ. Fossil Juglans from Ku-hsiang-tung, Kirin, Manchoukuo. Tokyo, 1936. 8 p. plates. (Report of the First Scientific expedition to Manchoukuo. Sect. 11, pt. 3).

FLORIN, RUDOLF, 1894- Zur alttertiären Flora der südlichen Mandschurei. Mit Tafel i-iii und 3 Textfiguren. Peking, Published by the Geological Survey of China, 1922. 52, [8] p. illus., plates (China. Geological survey. Palaeontologia sinica, ser. A., vol. i, fasc. 1).

HSINKING. Hsinking Gaiji Club. Hunting in Manchuria, 1940. [Hsinking] 1940. 114 p. plates.

IHARA, KEINOSUKE. Geology of the Hsing-lung-hsien area. [Tokyo ?] 1935. 10 p. illus., fold. col. map. (Report of the first Scientific expedition to Manchoukuo. Section ii. Part ii [no. 2]).

JAPAN. ARMY. General Staff, Kwantung. Geologic columnar sections of the fluviatile deposits in east Manchuria. Translation prepared by Engineer Intelligence Division, Office of the Engineer, edited by E. Paseur. Tokyo, 1956. 128 l. fold. maps (in pocket) diagr. (U.S. Army. Corps of Engineers, Far East. [Pacific Surveys, Reports] 149).

———. The same. Topographic and geologic descriptions of North Manchuria. (Topography and geology of Manchuria, Part II, Chapter 2). Translation prepared by Engineer Intelligence Division, Office of the Engineer, Hdgrs U.S. Army Forces, Far East, Tokyo. Tokyo, 1956. vi, 91 l. illus. fold map. (U.S. Army. Corps of Engineers, Far East. [Pacific Surveys, Reports] 136).

KITAGAWA, MASAO. Lineamenta florae manshuricae; or, an enumeration of all the indigeneous vascular plants hitherto known from Manchurian empire together with their synonymy, distribution and utility. Hsinking [The Institute of Scientific Research, Manchoukuo] 1939. 487 p. illus. plates, map, (Report of the Institute of scientific research, Manchoukuo. v. 3, app. 1).

MATSUSHITA, SUSUMU. On the geology along the southern half of the Antung-Mukden line of the South Manchurian Railway. Ryojun, 1930. 1 v. (Ryojun College of Engineering. Publication, 5).

MATSUZAWA, ISAO. The geology along the route between Ku-pei-kow and Luan-ping, Je-ho province in Manchuria. [Tokyo?] 1935. 8 p. 1 illus., fold. col. map. (Report of the first Scientific expedition to Manchoukuo. Section ii. Part ii [no. 3]).

MORI, TAMEZO, 1884- A handlist of the Manchurian and eastern Mongolian vertebrata. [Keijo, Korea] 1927. 10, 2, 186, 23 p.

———. The fresh water fishes of Jehol. [Tokyo] 1934. 28, 61 p., 1 illus., plates (1 col.) (Report of the first Scientific expedition to Manchoukuo 1933. Section v. Pt. i).

———. Mammalia of Jehol and the district north of it. Tokyo, 1939. 84, 3, [1] p. incl. illus, tables, plates (part col.) (Report of the first Scientific expedition to Manchoukuo, Section V, division 2, pt. 4).

MURAKAMI, HANZÔ. Geology of the An-shan iron mine district, South Manchuria. With 26 plates and 6 text figures. [Dairen] South Manchuria Railway Co. 1921. 53 p., illus., plates, maps (1 fold.).

NAKAI, TAKENOSHIN, 1882-1952. Plantae novae jeholenses i. By Takenoshin Nakai and Masao Kitagawa. [Tokyo, University Press] 1934. 71 p. plates (part double) (Report of the first Scientific expedition to Manchoukuo 1933. Section iv. Part i).

———. Contributio ad cognitionem florae manshuricae, by Takenoshin Nakai, Masaji Honda, and Masao Kitagawa. [Tokyo, University Press] 1935. 187 p. illus., plates (part double) (Report of the first Scientific expedition to Manchoukuo 1933. Section iv. Part ii).

———. Index florae jeholensis cum appendice: Plantae novae vel minus cognitae ex Manshuria, by Takenoshin Nakai, Masaji Honda, Yoshisuke Satake, and Masao Kitagawa. [Tokyo, University Press] 1936. 108 p., plates (2double) (Report of the first Scientific expedition to Manchoukuo 1933. Section iv. Part iv).

NIINOMY, KUNITARO. The magnesite deposits of Manchuria. [Lancaster, Pa.

1925] Cover-title, p. 25-53, illus. (incl. map) Thesis-Cornell University. Reprinted from Economic geology, 20:1, Jan.-Feb. 1925.

SAITO, RINKI. General review of the geology of Manchuria. (Explanatory text to the geological map of Manchuria and adjacent areas, scale 1:3, 000, 000). Translation prepared by Engineer Intelligence Division, Office of the Engineer. Hdgrs. U. S. Army Forces, Far East, Tokyo: Tokyo, 1956. 82 p. diagrs (part. fold), tables, (U. S. Army. Corps of Engineers, Far East. [Pacific Surveys, Reports] 124).

SHIMIZU, SABURÔ. The geology of the Cheng-teh area, Je-ho province, Manchuria, by Saburô Shimizu and Isao Matsuzawa. [Tokyo?] 1935. 32 p. incl. illus., tab. profiles (1 fold.) fold. map. (Report of the first Scientific expedition to Manchoukuo. Section ii. Part ii [no. 1]).

SOUTH MANCHURIA RAILWAY COMPANY. List of plants in Manchuria and Mongolia. [Dairen, South Manchuria Railway Company, Agricultural Bureau, Dept. of Industry, 1925] 2, 379, 379-381, xxxv p.

———. Geological Institute. Explanatory text to the geological map of Manchuria. Dairen, 1925. 1 v. fold. plates (incl. maps, tables, diagrs.).

———. The geology and mineral resources of South Manchuria. Dairen, Geological Institute, South Manchuria Railway Co., 1926. 25 p. fold. map (in pocket) tables.

———. Geology and geographical description of northwestern Manchuria. Reports on studies and research. v. iii. Translation prepared by Engineer Intelligence Division, Office of the Engineer. Hdgrs. U. S. Army Forces, Far East, Tokyo. Tokyo, 1955. 233 l, maps (part fold.) diagrs (part fold.) tables, (U. S. Army. Corps of Engineers. Far East Command. [Pacific surveys. Reports] 35).

SOWERBY, ARTHUR DE CARLE, 1885-1954. On a new silurid fish from the Yalu river, South Manchuria. (In U. S. National museum. Proceedings. Washington, 1922. v. 60, art. 13. 2 p.).

———. The naturalist in Manchuria. With photographs and sketches by the author. Tientsin, Tientsin Press, 1922-23. 5 v. in 3, fronts. (v. 1, col. mounted) illus., plates (2 col. mounted, 1 fold.) fold. maps.

TEILHARD DE CHARDIN, PIERRE. Sur la découverte de couches mésozoiques. à poissons dans la région de Hailar (Barga). Tientsin, Mission de Sien-Hsien, 1934. 5 p. (Musée Huang-ho Peiho de Tientsin. Publications, 33).

TOHEIDA, BUNKICHI. Useful minerals and their distribution in South Manchuria. Dairen, Geological Institute, South Manchuria Railway Co. 1921. 11 p.

VOEIKOV, A. D. [WOEIKOFF, A. D.] Climate conditions of horticulture in Manchuria. Harbin, Chinese Eastern Railway, Land Dept., 1928. 55, 23 p. plates, map.

———. What can the Manchurian flora as well as the flora of neighbouring countries give to gardens of Manchuria itself and other countries with cold climates. With 48 photographs in 16 tables. Harbin, 1941. 134, [5] p. plates.

XXIII. MONGOLIA AND MONGOLS (INCL. TANNU TUVA)

Bibliographies

[AUSTRALIA. JOINT SERVICE STAFF, Washington, D. C.] The Mongolias; handbook of selected reference material. [n. p.] 1949- 8 pts.

CHANG, CHIH-YI, 張之毅, 1911- A bibliography of books and articles on Mongolia. [London? 1951?] 49 p. Reprinted from the Journal of the Royal Central Asian Society, London, 37:2-3, 1950.

KNOEPFMACHER, HUGO, 1890- Outer Monglia; a selection of references. New York, New York Public Library, 1944. 13 p. "Reprinted from the Bulletin of the New York public library, October 1944."

WASHINGTON (STATE) UNIVERSITY. Far Eastern and Russian Institute. Bibliography of the Monglian People's Republic. New Haven, Human Relation Area Files, 1956. v, 101 p. (Behavior science bibliographies).

Description and Travel

ALIOSHIN, DMITRI. Asian odyssey. New York, H. Holt [c1940] 322 p. front. (port.) plates, facsim.

———. The same. London, Cassell [1941] 311 p. illus. (map)

BARZINI, LUIGI GIORGIO, 1908- Mongolische Reise, aus dem italienischen übersetzt von Horst Wolf. Mit 48 Bildern. Leipzig, A. H. Payne [1940] 175, [1] p. incl. plates.

BOSSHARD, WALTER, 1892- Kühles Grasland Mongolei, Zauber und Schönheit der Steppe. Mit 71 Aufnahmen des Verfassers. Zürich, Fretz und Wasmuth [1949] 217 p. plates, ports., maps. [1. Aufl. Berlin, 1938].

———. Sous la yourte mongole, à travers les steppes de l'Asie centrale. Traduit de l'allemand par Marie Laure Rouveyre. Paris, Amiot-Dumont, 1954. 220 p. illus., plates, ports., map. (Bibliothèque des voyages).

CABLE, MILDRED, 1880-1952. The Gobi desert [by] Mildred Cable with Francesca French. London, Hodder and Stoughton [1942]; New York, Macmillan, 1944. 303 p. col. front., plates (part col.) maps (1 fold.).

———. Wall of spears: the Gobi desert by Mildred Cable and Françesca French, illustrated by Joan Kiddell-Monroe. London, Lutterworth Press, [1951] 177 p. illus.

CAMMANN, SCHUYLER, 1912- The land of the camel; tents and temples of Inner Mongolia. New York, Ronald Press Co. [1951] x, 200 p. illus., ports. mpa.

CRESSEY, GEORGE BABCOCK, 1896- The Ordos desert of Inner Mongolia. [Granville, Ohio] 1933. Cover-title, [93] p. illus. maps, tables. (Denison University Bull. vol 33, Jour. of scientific laboratories, vol 28, Art. 4).

DETTMANN, HANS EDUARD, 1891- Mit Sven Hedin durch die Wüste Gobi. Berlin, F. Schneider, 1943. 83 p. illus., ports., map.

DIGBY, GEORGE BASSETT, 1888- Tigers, gold, and witch-doctors. New York, Harcourt, Brace [c1928] 341 p. front., plates.

HARTMANN, EDGAR VON. Auf tausendjähriger Karawanenstrasse durch die Mongolei; mit 48 Bildern in Tiefdruck. Berlin, Bong [c1933] 185, [1] p., incl. plates, ports., map.

HASLUND-CHRISTENSEN, HENNING, 1896-1948. Tents in Mongolia (Yabonah) adventures and experiences among the nomads of Central Asia; translated from the Swedish by Elizabeth Sprigge and Claude Napier; with 64 plates and a map. New York, E. P. Dutton [c1934] ix-xvi, 366 p. front., illus. (incl. music) plates, ports., maps (1 double).

———. Jabonah, Abenteuer in der Mongolei; mit einem Geleitwort von Sven Hedin; mit zwei Karten. Leipzig, Insel-Verlag, 1944. 302 p., illus. (plan, music) 2 maps onfold. 1.

———. Men and gods in Mongolia (Zayagan) with 57 illustrations and a map. "Translated from the Swedish by Elizabeth Sprigge and Claude Napier." London, K. Paul, 1935. xvi, 358 p. incl. front., illus. plates (1 double; incl. music) ports., fold. map.

———. More travels and adventures in Mongolia; a youth edition of Men and gods in Mongolia; prepared by Eleanor Graham. London, K. Paul, 1936. xi, 331 p. front., 1 illus., plates, ports.

———. Zajagan; Menschen und Götten in der Mongolei. Mit einem Vowort von Sven Hedin. Stuttgart, Union Deutsche Verlag-Gesellschaft [1936] 276 p. chart. front. illus (incl. music), plates, ports.

———. Mongolian journey. [Tr. from the Danish by F.H. Lyon] London, Routledge and K. Paul [1949] x, 232 p. illus., fold. map.

HEDIN, SVEN ANDERS, 1865-1952. Auf grosser Fahrt; meine Expedition mit Schweden, Deutschen und Chinesen durch die wüste Gobi, 1927-28. Mit 110 Bunten und einfarbigen Abbildungen und einer Routenkarte. Keipzig, F.A. Brockhaus, 1929. xii, 346, [1] p. front., illus. (map) plates (part col.)

———. Across the Gobi desert; with 114 illustrations and three maps. "Translated from the German by H. J. Cant." London, G. Routledge 1931; New York York, E.P. Dutton, 1935. xxi, [1],402 p. front., plates, ports., maps (2 fold.)

———. Rätsel der Gobi, die Fortsetzung der grossen Fahrt durch Innerasien in den jahren 1928-1930. Mit 74 Abbildungen nach Aufnahmen und Feichnungen des Verfassers und seiner Mitarbeiter, sowie zwei vierfarbigen Karten. Leipzig, F.A. Brockhaus, 1931. ix, 335 p. front., plates, ports.

———. Riddles of the Gobi desert; with 24 illustrations; translated from the Swedish by Elizabeth Sprigge and Claude Napier. London, Routledge, 1933; New York, E.P. Dutton. 1933. x, 382 p. front., plates, ports.

———. Durch Asiens Wüsten. [Reprint ed.] Wiesbaden, F.A. Brockhaus, 1956. 192 p. illus. plates, ports.

HUC, ÉVARISTE RÉGIS, 1813-1860. Souvenirs d'un voyage dans la Tartarie et le Thibet pendant les années 1844, 1845 et 1846, Nouv. éd. annotée et illustrée par J.M. Planchet. Pékin, Impr. des Lazaristes, 1924. 2 v. fronts. (ports.) fold maps.

———. L'empire chinois, faisant suite à l'ouvrage institulé Souvenirs d'un voyage dans la Tartarie et le Thibet. Nouv. éd. annotée et illustrée par J. M. Planchet. Pékin, Impr. des Lazaristes, 1926. 2 v.

———. Souvenirs d'un voyage dans la Tartarie, le Thibet et la Chine. Nouv. éd. pub. et préfacée par H. d'Ardenne de Tizac. Paris, Plon-Nourrit et cie [c1925-28] 4 v. fronts. (ports.) fold. maps. [1st ed. Paris, 1850].

———. Travels in Tartary [by] Évariste-Régis Huc (Père Huc) edited by H. d'Ardenne de Tizac, translated from the French by W. Hazlitt. New York and London, A.A. Knopf, 1927. ix, 229, [1] p. front., illus. (incl. map) (Blue jade library).

———. Travels in Tartary, Thibet and China, 1844-1846, translated by William Hazlitt; now edited with an introduction by Professor Paul Pelliot. New York and London, Harper [1928] 2 v. front. (fold. map) (The Broadway travellers).

———. High road in Tartary. An abridged revision of Abbé Huc's Travels in Tartary, Tibet and China during the years 1844-5-6. Ed. by Julie Bedier [pseud.] Illus. by Joseph Notarpole. New York, C. Scribner, 1948. viii, 219 p. illus. map (on lining-papers).

KOZLOV, PETR KUZ´MICH, 1863-1935. Mongolei, Amdo und die tote Stadt Chara-Choto. Die Expedition der Russischen geographischen Gesellschaft 1907-1909. Mit einem Anhang, 4 Karten und 129 Bildern. Autorisierte Übersetzung aus dem Russischen von dr. L. Breitfuss und Paul Gerhard Zeidler;

mit einem Geleitwort von Sven v. Hedin, hrsg. von Wilhelm Filchner. Berlin, Neufeld und Henius, 1925. xiii, [1] p. 304 p., [2] p. illus. (incl. ports.) maps.

———. Die Mongolei, Amdo und die tote Stadt Chara-choto. [Übers. von Helmut Sträubig] Leipzig, F.A. Brockhaus, 1955. 424 p. illus., ports., map.

LATTIMORE, OWEN, 1900- The desert road to Turkestan. Boston, Little, Brown, 1929. xv, 373 p. front., plates.

———. Mongol journeys. New York, Doubleday, Doran; Toronto, McClelland, 1941. x, 324 p. front. (port.) 1 illus., plates.

———. The same. London, J. Cape ; Toronto, Nelson [1941] 284 p. incl. front. (port.) 1 illus., plates.

LESSING, FERDINAND, 1882- Mongolen; Hirten, Briester und Dämonen. Berlin, Klinkhardt und Biermann [c1935] 211 p. illus.

LIEBERENZ, PAUL KARL, 1893- Mit Sven Hedin durch Asiens Wüsten, nach dem Tagebuch des Filmoperateurs der Expedition, Paul Lieberenz, bearb. von dr. Arthur Berger; mit 16 Abbildungen. Berlin, Volksverband der Bücherfreunde, Wegweiser-Verlag [c1932] 383, [1] p. plates, ports.

LIGETI, LAJOS, 1902- . Rapport préliminaire d'un voyage d'exploration fait en Mongolie chinoise, 1928-1931. Publié par la Société Kõrösi-Csoma. Budapest, Envente chez Otto Harrassowitz, Leipzig, 1933. 64 p. plates (incl. facsims.) fold. map.

MONTELL, GÖSTA, 1899- Durch die Steppen der Mongolei; mit einem Vorwort von Sven Hedin und zahlreichen Abbildungen nach Aufnahmen des Verfassers. Stuttgart, Union deutsche Verlagsgesellschaft [1938] 175, [1] p., front., plates, ports.

ÖBERG, TORGNY. Im Schatten der grossen Mauer. Erlebnisse und Abenteuer in Chinas Grenzland. Aus dem Schwed. übers. von Ilse Meyer-Lüne. Zürich, Orell Fussli, 1957. 222 p. illus.

OSSENDOWSKI, FERDYNAND ANTONI, 1876-1944. Beasts, men, and gods. 32d ed.] New York, Blue Ribbon Books [1931, c1922] xii, 325 p. [1st ed. New York, Dutton, 1922].

———. Bêtes, hommes et dieux. Traduit de l'anglais par Robert Renard. Paris, Plon-Nourrit [1924] [4], iii, 275 p. fold. map.

———. Tiere, Menschen und Götter. Beasts, men and gods. Einzig berichtigte deutsche Übersetzung der amerikanischen Originalausg., hrsg. von Wolf von Dewall. Frankfurt a. Main, Frankfurter Societäts-Druckerei [c1924] 369 p. illus.

PENSEL, ERNST. Mit dem Mercedes durch Asiens Wüsten. Halb um den Äquator vom Okzident zum Orient. Stuttgart, Riegler, 1956. 194 p. illus. map.

PEVT͡SOV, MIKHAIL VASIL′EVICH, 1843-1902. Wo man mit Ziegeltee bezahlt; Bericht einer Reise durch die Mongolei und die nördlichen Provinzen des inneren China. [Aus dem Russischen übertragen von Heinz Müller] Leipzig, F.A. Brockhaus, 1953. 307 p. fold. map.

STEFFEN, ALBERT, 1884- Irrfahrten des Lebens aus Erlebnissen und Tagebuchaufzeichnungen. Anhang: Bilder aus der Mogolei, Land und Leute, Sitten und Gebräuche. Langnau, Emmenthaler Blatt, 1934. 148 p. front., plates, ports., map. facsims.

STRASSER, ROLAND, 1886- The mongolian horde; translated from the German by R.T.G. [Rachel Theodsia Gribble Knight] With an introduction by Sir Michael Sadler. London, Toronto, J. Cape; New York, J. Cape and H. Smith [1930] 346, [1] p. incl. illus., plates. front. [Academy books, 5].

———. Mongolen, Lamas und Dämonen; Reiseberichte aus Tibet und der Mongolei. Mit vielen Zeichnungen des Verfassers. Berlin, Deutsche Buch-Gemeinschaft, [c1932] 333, [3] p. incl. 1 illus., plates. map.

WALN, NORA, 1895- Sommer in der Mongolei. "Aus dem englischen manuskript übersetzt von Josephine Ewers-Bumiller und L. Günther." Berlin, W. Krüger [c1936] 278 p., front., plates.

Mongolian Language
Dictionaries

BLEICHSTEINER, ROBERT, 1891-1954. Wörterbuch der heutigen mongolischen Sprache mit kurzem Abriss der Grammatik und ausgewählten Sprachproben, unter Mitwirkung von W. A. Unkrig zusammengestellt von R. Bleichsteiner und W. Heissig. Wien-Peking, Siebenberg-Verlag, 1941. 135, [1] p.

BOBERG, FOLKE. Mongolian-English dictionary. Stockholm Förlaget Filadelfia; Copenhagen, Ejnar Munksgaard, 1954-55. 3 v.

HALTOD, MATTHEW. Mongol-English practical dictionary with English word reference list, [compiled by Matthew Haltod, and others, for the Evangelical Alliance Mission. Chicago, Evangelical Alliance Mission, 1953?] 3, xii, 679 p.

KOWALEWSKI, JÓZEF SZCZEPAN, 1800-1878. Dictionnaire mongol-russe-français par Joseph Étienne Kowalewski. Kasan, Impr. de l'Université, 1844-49. [Peiping, French bookstore, 1933] 3 v.

MOSTAERT, ANTOINE, 1881- Dictionnaire ordos. Peking, Catholic Univ., 1941-44. 3 v. (Monumenta serica; journal of oriental studies of the Catholic University of Peking. Monograph 5).

RAMSTEDT, GUSTAV JOHN, 1873-1950. Kalmückisches Wörterbuch. Helsinki, Suomalais-Ugrilainen Seura, 1935. xxx, 560 p. (Lexica Societatis Fenno-Ugricae, 3).

SMEDT, A de. Le dialecte monguor parlé par les Mongols du Kansou occidental, par A. de Smedt et A. Mostaert. Vienne et Pékin, 1929-1945. 3 v.

TREXEL, D. A. comp. Mongolian vocabulary (modern Khalkha language). Mongolian-English, English-Mongolian. Washington, Govt. Print. Off., 1953. 725 p. (On cover: U.S. Department of the Army).

Grammar and Readers

AUSTIN, WILLIAM M. 1914- A Mongol reader [by] William M. Austin, Gombojob Hangin, 杭京 [and] Urgunge Onon, 伍如恭格 Washington, American Council of Learned Societies; London, Bailey and Swinfen, 1956. 248 p. (American Council of Learned Societies. Program in Oriental Languages. Publication. Series A: Texts, 3).

BUCK, FREDERICK HOLDEN. Comparative study of postpositions in Mongolian dialects and the written language. Cambridge, Harvard University Press, 1955. xvii, 158 p. illus., map, facsims., table. (Harvard-Yenching Institute studies, 12) Thesis -Harvard University.

CHINGGALTAI, comp. A grammar of the Mongol language. Translated from the original Mongol for the Evangelical Alliance Mission at Hong Kong, 1951; revised in 1952. Hong Kong, the Evangelical Alliance Mission, 1952. 173 p.

CROWLEY, WASHINGTON IRVING, 1897- Introduction to literary Mongolian grammar; grammar and easy reading. Hollywood, Birmingham, Pangloss Publications, 1946. x, 53 p., (Pangloss Mongolian series, 1).

DÖRFER, GERHARD. Zur Syntax der geheimen Geschichte der Mongolen. Berlin, 1954. 218 l. Diss.-Univ. Berlin.

GRØNBECH, KAARE, 1901- An introduction to classical (literary) Mongolian; introduction, grammar, reader, glossary, by K. Grønbech and John R. Krueger. Wiesbaden, O. Harrassowitz, 1955. 108 p. charts.

HAMBIS, LOUIS, 1906- Grammaire de la langue mongole écrite. Paris, A. Maisonneuve, 1945 [i.e. 1946]- 108 p.

HAENISCH, ERICH, 1880- Grammatische Besonderheiten in der Sprache des Manghol un Niuca Tobca'an. Helsinki, 1950. 24, [2] p. illus. (Studia orientalia edidit Societas Orientalis Fennica, 14:3).

——— Zur japanischen Phototypie-Ausgabe des fünfsprachigen Wörterspiegels. Berlin, Akademie Verlag, 1953. 18 p. facsim. (Deutsche Akademie der Wissenschaften zu Berlin. Institut für Orientforschung. Veröfftlichung. 16).

LEWICKI, MARIAN. La langue mongole des transcriptions chinoises du XIVe siècle. Le Houa-yi-yi-yu, 華夷譯語 de 1389. Édition critique précédée des observations philologiques et accompagnée de la réproduction phototypique du texte. Wrocław, Nakł. Wrocławskiego Towarzystwa Nankowego, 1949. 228 p. (Travaux de la Société des Sciences et des Letters de Wrocław. Sér. A, nr. 29).

PELLIOT, PAUL, 1878-1945. Les systemes d'écriture en usage chez les anciens Mongols. [Lipsiae, 1925] 289 p.

POPPE, NIKOLAĬ NIKOLAEVICH, 1897- The groups *uya and *üge in Mongol languages. Helsinki, 1950. 15 p. (Studia orientalia edidit Societas Orientalis Fennica, 14:8).

———. Khalkha-Mongolische Grammatik, mit Bibliographie, Sprachproben und Glossar. Wiesbaden, F. Steiner, 1951. xii, 188 p. (Akademie der Wissenschaften und der Literatur. Veröffentlichungen der Orientalischen Kommission, Bd. 1).

———. Grammar of written Mongolian. Wiesbaden, O. Harrassowitz, 1954. xii, 195 p. (Porta linguarum orientalism, neue ser., 1).

———. Introduction to Mongolian comparative studies. Helsinki, Suomalais-ugrilainen Seura, 1955. 300 p. (Suomalais-ugrilaisen Seuran toimituksia, 110).

RUDNEV, ANDREĬ DMĪTRIEVĪCH. Lectures on the grammar of the Mongolian written language; translated by A. I. Ward from the Russian original: Lektsii po grammatike mongolskago pismennago yazyka, chitannyya v 1903-1904 akademicheskom godu. 1st ed. St. Petersburg, 1905. [Tientsin, 1933] xiv, 155 numb. l.

SHMĪDT, ĪAKOV ĪVANOVĪCH, 1779-1847. Grammaire mongole de Schmidt, traduite de l'allemand en 1845. Peiping, Impr. des Lazaristes, 1935. 2 v.

STREET, JOHN CHARLES., 1930- The language of the secret history of the Mongols. New Haven, 1955. 281 l. Thesis-Yale University.

WHYMANT, A. NEVILLE JOHN, 1894- A Mongolian grammar, outlining the Khalkha Mongolian with notes on the Buriat, Kulmuck, and Ordoss Mongolian. London, K. Paul, 1926. viii, 74 p.

Mongolian Literature
incl. Folklore and Music

FARQUHAR, D. A description of the Mongolian manuscripts and xylographs in Washington, D.C. London, 1955. 70 p. Reprinted from Central Asiatic Journal 1:3.

GESAR (Romances, etc.) Gessar Khan, told by Ida Zeitlin, illustrated by Theodore Nadejen. New York, George H. Doran [c1927] viii p., 11-203 p. col. illus.

HAENISCH, ERICH, 1880- Ein buddhistischer Druckfragment vom Jahre 1312. Berlin, Akademie Verlag, 1954. 22 p. facsims (Mongolica der Berliner Turfan-Sammlung 1: Deutsche Akademie der Wissenschaften zu Berlin. Klasse für Sprachen, Literatur und Kunst. Abhandlungen. Jahrg. 1953. nr. 3).

[HASLUND-CHRISTENSEN, HENNING] 1896-1948. comp. The music of the Mongols pt. 1. Stockholm [Tryckeri aktiebolaget Thule] 1943- 100 p. mounted col. front., illus. (incl. music) plates, port., fold. map. (Reports from the scientific expedition to the north-western provinces of China under the leadership of Dr. Sven Hedin. The Sino-Swedish expedition. Publication 21. viii. Ethnography. 4.

HECKEN, JOSEPH Van, 1905- Études mongoles. 1. la littérature mongole chrétienne. 2. Les travaux linguistiques. Schöneck, Administration: Neue Zeitschrift für Missionswissenschaft, 1947. iv, 27 p. (Les Cahiers de la Nouvelle Revue de Science Missionnaire, 4).

HEISSIG, WALTHER, 1913- Die Pekinger lamaistischen Blockdrucke in mongolischer Sprache; Materialien zur mongolischen Literaturgeschichte. Wiesbaden, O. Harrassowitz, 1954. xv, 220 p. facsims. (Göttinger asiatische

Forschungen 2).

LIGETI, LAJOS, 1902- Catalogue du Kanjur mongol imprimé. Budapest, Société Kórösi Csoma, 1942. 2v (Bibliotheca Orientalis Hungarica, 3).

———. Le Subhāsitaratnanidhi Mongol; un document du moyen Mongol. Pt. 1: Le manuscrit Tibéto-Mongol en reproduction phototypique avec une introduction. Budapest, Société Körösi Csoma, 1948. xiii, 124 p. incl. plates. (Bibliotheca Orientalis Hungarica, 6).

MOSTAERT, ANTOINE, 1881- ed. Textes oraux ordos, recueillis et publiés avec introduction, notes morphologiques, commentaires et glossaire. Pei-p'ing, Cura Universitatis catholicae Pekini edita; en vente aux Éditions H. Vetch, 1937. lxx, 768 p. (Monumenta serica; monograph series, 1).

———. Folklore ordos; traduction des Textes oraux ordos. Peip'ing, Catholic Univ., 1947. viii, 605 p. (Monumenta serica; Monograph series, 11).

NIRGIDMA, Torgot princess, comp. Dix-huit chants et poèmes mongols, recueillis par la princesse Nirgidma de Torhout et transcrits par madame Humbert-Sauvageot. Avec notations musicales, texte mongol, commentaires et traductions. Paris, P. Geuthner, 1937. 31, 28 p. incl. map. (Bibliothèque musicale du Musée Guimet, dirigée por P. Stern. [Musique orientale-musique des régions lointaines] 1. sér., t. iv).

POPPE, NICOLAI NIKOLAEVICH, 1897- Mongolische Volksdichtung; Sprüche, Lieder, Märchen und Heldensagen. Khalkhamongolische Texte mit deutscher Übersetzung, einer Einleitung und Anmerkungen. Wiesbaden, Franz Steiner, 1955. x, 287 p. (Akademie der Wissenschaften und der Literatur. Mainz. Orientalische Kommission. Veröffentlichungen, 7).

TAYLOR, ARCHER, 1890- An annotated collection of Mongolian riddles. Philadelphia, American Philosophical Society, 1954. 319-425 p. (Transactions of the American Philosophical Society, new ser., 44:3).

WELLER, FRIEDRICH, 1889- Zum Mongolischen Tanjur. Berlin, Akademie Verlag, 1949. 35 p. (Sächs. Akademie der Wissenschaften. Phil.-Hist. Kl. Bericht über die Verhandlungen. Bd. 97, Heft 2).

———. Über den Quellenbezug eines mongolischen Tanjurtextes. Berlin, Akademie-Verlag, 1950. 51, 114 p. illus. (Abhandlungen der Sächsischen Akademie der Wissenschaften zu Leipzig. Phil-Hist. Kl. Bd. 45, Heft 2).

———. Zum Blockdruckfragmente des mongolischen Bodhicaryāvatāra der Berliner Turfansammlung. Berlin, Akademie Verlag, 1955. 29 p. (Mongolica der Berliner Turfan-sammlung. la: Deutsche Akademie der Wissenschaften zu Berlin. Klasse für Sprachen, Literatur und Kunst. Abhandlungen. Jahrg. 1954, nr. 2).

History

General Works

ALTAN TOBČI. Altan tobči; a brief history of the Mongols, by bLo-bzaṅ bsTan-'jin; with a critical introduction by Antoine Mostaert and an editor's foreword by Francis Woodman Cleaves. Cambridge, Harvard University Press, 1952. xxvi, iv, 161, 193 p. (Harvard-Yenching Institute. Scripta mongolica, 1).

———. The Mongol chronicle Altan tobči. Text, translation and critical notes by Charles R. Bawden. Wiesbaden, Harassowitz, 1955. x, 205 p. (Göttingen Asiatische Forschungen, 5).

BOUVAT, LUCIEN. L'empire mongol (2ème phase). Paris, E. de Boccard, 1927. 364 p. (Histoire du monde t. viii3).

CLEAVES, FRANCIS WOODMAN, 1911- The sino-mongolian inscription of 1362 in memory of Prince Hindu, 忻都公. Cambridge, 1949. 133 p. plates. Reprinted from HJAS, 12: 1-2 June, 1949.

———. The sino-mongolian inscription of 1335 in memory of Chang Ying-jui, 張應瑞. Cambridge, 1950. 131 p. plates. Reprinted from HJAS, 13: 1-2, June 1950.

———. The sino-mongolian inscription of 1338 in memory of Jiguntei, 竹溫台.

Cambridge, 1951. 104 p. plates. Reprinted from HJAS, 14:1-2, June 1951.
———. The sino-mongolian inscription of 1346. Cambridge, 1952. 123 p. plates, Reprinted from HJAS, 15:1-2, June 1952.
———. The Mongolian documents in the Musée de Téhéran. Cambridge, 1953. 107 p. plates. Reprinted from HJAS, 16:1-2, June 1953).
———. The Bodistw-a čari-a Awatar-un Tayilbur of 1312, by Čosgi Odsir. Cambridge, 1954. 129 p. plates. Reprinted from HJAS, 17:1-2, June, 1954.
———. An early Mongolian loan contract from Qara Qoto. Cambridge, 1955. 49 p. Reprinted from HJAS 18:1-2, June 1955.
DE BECKER, JOSEPH ERNEST, 1863-1929. Notes on the Mongol invasion of Japan. Yokohama, Printed at the "Japan Gazette" Press, 192? 20 p. fold. plates.
DÖRRIE, HEINRICH, 1911- Drei Texte zur Geschichte der Ungarn und Mongolen: Die Missionsreisen des Fr. Julianus O. P. ins Uralgebiet (1234/5) und nach Russland (1237) und der Bericht des Erzbischofs Peter über die Tartaren. Göttingen, Vandenhoeck and Ruprecht, [1957] 126-202 p. (Akademie der Wissenschaften in Göttingen. Nachrichten. 1 Jg. 1954, 6).
GRIGOR, of Akanc', 13th cent. History of the nation of the archers (the Mongols) by Grigor of Akanc' hitherto ascribed to Marak'ia the monk. The Armenian text, edited with an English translation and notes, by Robert P. Blake and Richard N. Frye. The Mongolian names and terms in the History of the nation of the archers by Grigor of Akanc' [by] Francis Woodman Cleaves. Cambridge, Published for Harvard-Yenching Institute by Harvard University Press, 1954. 180 p. First published in 1870 in Armenian, and also in English under title: Relics of Armenian literature: the history of the T'at'ars. "Reprinted from HJAS, 12:3-4 December 1949. pp. 269-443."
GROUSSET, RENÉ, 1885-1952. L'empire des steppes: Attila. Gengis-Khan. Tamerlan. Avec 30 cartes et 20 figures dans le texte. Paris, Payot, 1939. [7]-639 p. illus. (incl. maps) (Bibliothèque historique).
———. L'empire mongol (1re phase). Paris, E. de Boccard, 1941. xii, 583 p., fold. maps. (Histoire du monde. t. viii3).
HAENISCH, ERICH, 1880- Steuergerechtsame der chinesischen Klöster unter der Mongolenherrschaft. Eine kulturgeschichtliche Untersuchung mit Beigabe dreier noch unveröffentlichter Phagspa-Inschriften. Leipzig, S. Hirzel, 1940. 74 p. (Bericht über die Verhandlungen der Sächs Akademie der Wissenschaften. Phil-hist. Kl., Bd. 92, Heft 2).
———. Die Kulturpolitik des mongolischen Weltreichs. Berlin, W. de Gruyter, 1943. 30 p. map. (Preussische Akademie der Wissenschaften. Vorträge und Schriften, Heft 17).
———. Die viersprachige Gründungsinschrift des Tempels An-yüan-miao in Jehol v. Jahre 1765, übersetzt und erläutert von Erich Haenisch. Wiesbaden, In Kommission bei F. Steiner [1951] 22 p. fold. facsim. (Akademie der Wissenschaften und der Literatur, Mainz. Abhandlungen der Geistes-und Sozialwissenschaftlichen Kl. Jahrg 1950, Nr. 15).
———. Sino-Mongolische dokumente vom Ende des 14 Jahrhunderts. Berlin, Akademie Verlag, 1952. 60, xxvi p. facsims. (Deutsche Akademie der Wissenschaften zu Berlin. Kl. für aprachen, literatur und kunst, Jahrg. 1950, 4).
HAMBIS, LOUIS, 1906- Le chapitre cvii du Yuan che; les généalogies impériales mongoles dans l'histoire chinoise officielle de la dynastie mongole. Avec des notes supplémentaires par Paul Pelliot. Avec 71 tableaux dont 10 hors-texte. Leiden, E. J. Brill, 1945. xii, 181 p. fold. geneal. tables. (T'oung pao; archives concernant l'histoire, les langues, la géographie, l'ethnographie et les arts de l'Asie orientale, revue dirigée par Paul Pelliot et J. J. L. Duyvendak., Suppl. au vol. xxxviii).
———. Le chapitre cviii du Yuan che; les fiefs attribués aux membres de la famille impériale et aux ministres de la cour mongole d'après l'histoire chinoise officielle de la dynastie mongole. Leiden, E. J. Brill, 1954. iv. geneal.

tables. (T'oung pao. Archives concernant l'histoire, les langues, la géographie, l'ethnographie et les arts de l'Asie orientale. Monographie 3.

HEISSIG, WALTHER, 1913- Bolur erike, "eine Kette aus Bergkristallen"; eine mongolische Chronik der Kienlung-Zeit von Rasipungsuy (1774/75) literaturhistorisch untersucht. Peiping, Fu-Jen Univ., 1946. xi, 225 p 3 facsims. (Monumenta serica; journal of oriental studies of the Catholic University of Peking. Monograph series, 10).

HOWORTH, SIR ḤENRY HOYLE, 1842-1923. History of the Mongols, from the 9th to the 19th century. London, Longmans, Green. 1876-1927. 4 v. in 5. fold. maps.

HUNG, WILLIAM, 洪業, 1893- The transmission of the book known as "The Secret History of the Mongols." Cambridge, 1951. 59 p. Reprinted from HJAS 14: 3-4, Dec., 1951.

KRAUSE, FRIEDRICH ERNST AUGUST, 1879- Die Epoche der Mongolen; ein Kapitel aus der Geschichte und Kultur Asiens. Berlin, 1924. 60 p. (Berlin. Universität. Seminar für orientalische Sprachen, Mitteil. Bd. 26, Abt. 1).

MENG KU SHIH HSI PU, 蒙古世系譜. Mongyol horǰigid oboy-un teüke von Lomi (1732). Hrsg. und mit Einleitungen versehen von Walther Heissig und Charles R. Bawden. Wiesbaden, O. Harrassowitz, 1957. 140 p. facsims. (Göttinger asiatische Forschungen, 9).

MOSTAERT, ANTOINE, 1881- Trois passages de l'Histoire secrète des Mongols. Helsinki, 1950. 5, [2] p. illus. (Studia orientalia edidit Societas Orientalis Fennica, 14:9).

———. Sur quelques passages de l'Histoire secrète des Mongols. Cambridge, 1950-1952. [76] [164] [122] p. Reprinted from HJAS, 13:3-4, December 1950, 14:3-4, December 1951, 15:3-4, December 1952.

MUNIER, PAUL. Trois grands empires de nomades d'Asie. Conférence prononcée le 28 janvier 1937 à l'Université indochinoise sous les auspices de la Société de géographie de Hanoi. Hanoi, Impr. d'Extrême-Orient, 1937. 27 p. fold. maps. (Cahiers de la Société de géographie de Hanoi. 33. cahier, 1937).

OHSSON, CONSTANTIN MOURADGEA D'OHSSON, friherre d', 1779-1851. Histoire des Mongols, depuis Tchinguiz-Khan jusqu'à Timour Bey, ou Tamerlan; par m. le baron C. D'Ohsson. La Haye et Amsterdam, Les frères Van Cleef, 1834-35. Reprint ed. Tientsin, 1940. 4 v. fold. map. fold. geneal. tables.

OLBRICHT, PETER. Das Postwesen in China unter der Mongolenherrschaft im 13. und 14. Jahrhundert. Wiesbaden, O. Harrassowitz, 1954. 110 p. (Göttinger asiatische Forschungen, 1).

OLSCHKI, LEONARDO, 1885- Guillaume Boucher; a French artist at the court of the Khans. With ten illustrations and a map of Asia. Baltimore, Johns Hopkins Press, 1946. viii, 125 p. plates, fold. map.

POKOTILOV, DMITRIĬ DMITRIEVICH, 1865-1908. History of the Eastern Mongols during the Ming dynasty from 1368 to 1631. Chengtu, Chinese Cultural Studies Research Institute, West China Union University, 1947-[49] 2 v. (Studia serica. Monog. ser. A, 1) Translation of Istorīi͡a vostochnykh mongolov v period dinastii Min, 1368-1634. Contents. -pt. 1. Translation of the Russian text, by Rudolf Löwenthal -pt. 2. Additions and corrigenda, by Wolfgang Franke.

POPPE, NIKOLAĬ NIKOLAEVICH, 1897- The Mongolian monuments in ḥP'ags-pa Script. 2d. ed. Translated and edited by John R. Krueger. Wiesbaden, Harrassowitz, 1957. xii, 147 p. illus. charts, map. (Göttinger asiatische Forschungen, 8).

POUCHA, PAVAL. Die geheime Geschichte des Mongolen als Geschichtsquelle und Literaturdenkmal. Ein Beitrag zu über Erklarung. Prag, 1956. 247 p. illus. photos, fold. map. (Archiv Orientální, Supplement 4).

SERRUYS, HENRY, 1911- The Mongols in China during the Hung-wu period (1368-1398) Ann Arbor, University Microfilms [1955] ([University Microfilms, Ann Arbor, Mich.] Publication no. 12, 321). viii, 403 l.

———. Sino-Jürčed relations during the Yung-Lo peroid, 1403-1424. Wiesbaden, O. Harrassowitz, 1955. viii, 118 p. (Göttinger asiatische Forschungen, 4).

SSANANG SSETSEN, Chungtaidschi. Geschichte der Ost-Mongolen und ihres Fürsten-hauses, verfasst von Ssanang Ssetsen Chungtaidschi der Ordus; aus dem Mongolischen übersetzt, und mit dem Originaltexte, nebst Anmerkungen, Erläuterungen und Citaten aus andern unedirten Originalwerken hrsg. von Isaac Jacob Schmidt. St. Petersburg, Gedruckt bei N. Gretsch, 1829. Reprint, ed. Peking, 1940. xxiv, 509 p.

———. Eine Urga-Handschrift des mongolischen Geschicthswerks von Secen Sagang (alias Sanang Secen) [hrsg. von] Erich Haenisch. Berlin, Akademie-Verlag, 1955. [204] p. on 102 p. facsims. (Deutsche Akademie der Wissenschaften. Institut für Orientforschung. Veröffentlichung, 25).

———. Erdeni-yin Tobči, Mongolian chronicle by Sayang Sečen. With a critical introduction by Antoine Mostaert, and an editor's foreword by Francis Woodman Cleaves. Cambridge, Harvard University Press, 1956. 4v. plates. (Harvard-Yenching Institute. Scripta Mongolica, 2).

VICHNEVSKY, LUDMILA, 1903- La Russie, l'Asie, l'Occident, dans le passé, le présent et l'avenir [par] Amir Ali [pseud.] Paris, Distributeur: Maison du Livre francais [1952] 197 p. illus.

YÜAN-CH'AO PI-SHIH, 元朝秘史. Untersuchungen über Yuan-ch'ao pi-shih. Die geheime Geschichte der Mongolen, von Erich Haenisch. Leipzig, Hirzel, 1931. 100 p. facsims. (Sächs. Akademie der Wissenschaften. Abhandlungen. Phil.-Hist. Kl. 41, 4).

———. Manghol un Niuca Tobca'an (Yüan-ch'ao pi-shi) Die geheime Geschichte der Mongolen, aus der chinesischen Transkription (ausgabe Ye Têh-hui, 葉德輝) im mongolischen Wortlaut wiederhergestellt von Erich Haenisch. Leipzig, O. Harrassowitz, 1937-1939. 2 v.

———. Onyaku-Mobun-Gencho-hishi, 音譯蒙文元朝秘史; a romanized representation of the Yuan-ch'ao pi-shih (a secret history of the Mongols) in its original mongolian sound, by Shiratori Kurakichi. Tokyo, Toyo Bunko, 1942. 13, 610, 5 p. (Toyo Bunko Publications, ser. c, 8).

———. Die geheime Geschichte der Mongolen. Aus einer mongolischen Niederschrift des Jahres 1240 von der Insel Kode'e im Keluren-Fluss. Erstmalig übers. und erläutert von Erich Haenisch. 2 verb. Aufl. Leipzig, O. Harrassowitz, 1948. xviii, 196 p. illus., maps. "Der Originaltext erschien 1937 unter dem Titel 'Manghol un niuca tobca' an.' " 1. Aufl. 1941, xxxii, 209 p.

———. Histoire secrète des Mongols. Restitution du texte mongol et traduction française des chapitres i à vi. par Paul Pelliot. Paris, Librairie d'Amérique et d'Orient, 1949. ii, 196 p. (Oeuvres posthumes de Paul Pelliot, 1).

ŽAMCARANO, CYBEN ŽACARONOVIČ, 1880- The Mongol chronicles of the seventeenth century, translated from the Russian by Rudolf Löwenthal. Wiesbaden, O. Harrassowitz, 1955. x, 95 p. (Göttinger asiatische Forschungen, 3).

Genghis Khan

BARCKHAUSEN, JOACHIM, 1906- Das gelbe Weltreich; Lebensgeschichte einer Macht. Berlin, Buch-und Tiefdruck Gesellschaft [c1935] 291 p. maps.

———. L'empire jaune de Genghis-Khan, préface et traduction du dr. George Montandon. Avec trois cartes. Paris, Payot, 1935. [7]-277, [2] p. incl. illus. (maps) geneal. tab. (Bibliothèque historique).

[CHAROL, MICHAEL] 1894- Das Erbe Tschingis-Chans. Stuttgart, Deutsche Verlags-Anstalt [1935] 294, [1] p. front., illus., plates, ports., 2 double maps, fold. geneal. table. Author's pseud., Michael Prawdin, at head of title. Berlin ed. Rutenberg, 1935, 364 p.

[———]. Tschingis-Chan; der Sturm aus Asien. Stuttgart, Deutsche Verlags-Anstalt [1937] 236, [1] p. front., illus. (maps) plates, ports., facsim.

[———]. Tschingis-Chan und sein Erbe . Ergänzte und bis auf die Gegenwart fortgefürte ausg. Stuttgart, Deutsche Verlags-Anstalt [c1938] 532, [1] p. front., illus. (incl. maps) plates, ports., facsim., fold. geneal. tab. 1957 ed. 377 p.

———. Genghis Khan [par] Michaël Prawdin [pseud.] Traduction par André Cogniet. Paris, Payot, 1951. 231 p. illus. (Bibliothèque historique).

———. The Mongol Empire, its rise and legacy, by Michael Prawdin [pseud.] Translated by Eden and Cedar Paul. [2d impression] London, Allen and Unwin [1952] 581 p. port., maps, geneal. table. 1st ed. 1940.

FOX, RALPH WINSTON, 1900- Genghis Khan; with 8 illustrations and 2 maps. New York, Harcourt, Brace [c1936] xiii, 285 p. incl. front., 1 illus. plates, maps (1 fold.).

GRENARD, FERNAND, 1866- Gengis-Khan. Paris, A. Colin, 1935. 206, [2] p. (Ames et visages).

GROUSSET, RENÉ, 1885- 1952. Le conquérant du monde (vie de Gengis-Khan) Paris, A. Michel [1944] [7]-380 p., plates,fold. maps, fold, geneal. table.

KRAUSE, FRIEDRICH ERNST AUGUST, 1879- Cingis Han; die Geschichte seines Lebens nach den chinesischen Reichsannalen. Heidelberg, Carl Winter, 1922. 111 p. tables, (Von-Portheim-Stiftung. Heidelberger Akten, 2).

LAMB, HAROLD, 1892- Genghis Khan, the emperor of all men. New York, R. M. McBride, 1928. viii, 13-279 p. incl. maps. plates (part double)) 2 port. (incl. front.).

———. The same; Philadelphia, Blakiston [1944] viii, 270 p. incl. maps. (The New home library].

———. Dschingis Khan, Beherrscher der Erde; deutsch von Dagobert von Mikusch; mit einem Titelbild und 2 Geländekarten. Leipzig, P. List [c1928] vii, 297, [2] p. incl. maps. front. (port.).

———. Boy's Genghis Khan [by] Harold Lamb, edited and adapted by James Gilman, illustrated by William Siegel. New York, R. M. McBride, 1930. xiii, 245 p. incl. front., illus., plates.

———. Genghis Khan and the Mongol horde; illustrated by Elton Fax. New York, Random House [1954] 182 p. illus. (World landmark books, W-12).

LIDDELL HART, BASIL HENRY, 1895- Great captains unveiled. Edinburgh and London, W. Blackwood, 1927. [3]-274 p. illus. (maps, plans) Jenhis Khan: p. 3-34.

MARTIN, HENRY DESMOND, 1908- The rise of Chingis Khan and his conquest of North China; introd. by Owen Lattimore. Edited by Eleanor Lattimore. Baltimore, Johns Hopkins Press, 1950. xvii, 360 p. port., maps (3 fold. in pocket).

PERCHERON, MAURICE, 1891- Les conquérants d'Asie. Paris, Payot, 1951. 253 [3] p. maps. (Bibliothèque historique).

———. Sur les pas de Gengis Khan. Paris, Del Duca, 1956. 311 p. map.

ROBERTS, MICHAEL. Orion marches; poems by Michael Roberts. London, Faber and Faber limited [1939] 7-96 p.

SHÊNG WU CH'IN CHÊNG LU, 聖武親征錄. Histoire des compagnes de Gengis Khan. Cheng-wou ts'in-tcheng lou. Traduit et annoté par Paul Pelliot et Louis Hambis. Leiden, E. J. Brill, 1951- v. 1, 513 p.

STICKELBERGER, EMANUEL. Gesammelte Werke in 12 Einzelbänden. Bd. 2: Der Reiter auf dem fahlen Pferd. Ein Buch vom Mongolen Dschinggis-Khan und seinem abendländischen Gegenspieler. Frauenfeld, Huber und Co., 1947. iv, 398 p. plate, map.

THE TARIKH-I JAHÁN--GUSHÁ OF ALÁ'U 'DIN ' ATÁ MALIK I-JUWAYNI (composed in A. H. 658-A. D. 1260) Part 1: containing the history of Chingtz Khán and his successors. Edited with an introduction, notes and indices from several old MSS by Mīrzá Muhammad Ibn 'Abdu'l Wahháb-i-Qazvíni. London and Leyden, 1952. 94 p. (Gibb Memorial Ser. xvi, 1).

VLADĪMIRTSOV, BORĪS ÎAKOVLEVĪCH, 1884-1931. The life of Chingis-Kahn.

Translated from the Russian by Prince D. S. Mirsky. Boston and New York, Houghton Mifflin; London, Routledge, 1930. vii-xii, 172 p.
——. Genghis Khan. Introduction historique de René Grousset. Traduction par Michel Carsow. Paris, Adrien Maisonneuve, 1948. xxxii, 158 p. map.
WALKER, CYRIL CHARLES, 1892- Jenghiz Khan. With seven maps in colour. London, Luzac, 1939 [i. e. 1940] 215 p. maps (part fold.).

Timur

AḤMAD IBN MUḤAMMAD, called IBN 'ARABSHĀH, d. 1450. Tamerlane, or Timur, the great amir, translated by J. H. Sanders from the Arabic life by Ahmed ibn Arabshah. London, Luzac, 1936. xviii, 341 p. front., double map.
CHAMPDOR, ALBERT. Tamerlan. Avec 6 cartes. Paris, Payot, 1942. [9]-246 p. illus. (maps) (Bibliothèque historique).
[CHAROL, MICHAEL] 1894- L'Empire mongol et Tamerlan, par Michael Prawdin. Préface et traduction de George Montadon. Paris, Payot, 1937. 296 p. illus. ports, maps, general. table, (Bibliothèque historique).
GONZÁLEZ DE CLAVIJO, RUY, d. 1412. Embassy to Tamerlane, 1403-1406; translated from the Spanish by Guy Le Strange with an introduction. London, G. Routledge [1928] xv, 375 p. maps, plans. (The Broadway travellers, ed. by Sir E. Denison Ross and Eileen Power).
IBN KHALDŪN, 1332-1406. Ibn Khaldūn and Tamerlane, their historic meeting in Damascus, 1401 A. D. (803 A. H.) A study based on Arabic manuscripts of Ibn Khaldūn's "Autobiography," with a translation into English, and a commentary by Walter J. Fischel. Berkeley, University of California Press, 1952. x, 149 p. illus. facsims.
KAMAL, AHMAD, 1914- The seven questions of Timur, translated by Ahmad Kamal from an original Turki manuscript by Ahmad, descended of Karu Yusuf ibn Kara Yakub. The month: Rabi'ul'awwal, the year: 1357. Santa Ana, Calif., Fine Arts Press, 1938. [22] p., incl. col. front. (port.) illus.
LAMB, HAROLD, 1892- Tamerlane, the earth shaker. New York, R. M. Mc Bride 1928. ix p., 15-340 p. front. (port.) plates (part double) double maps.
——. The same. Garden City, N. Y. Garden City Pub. Co. [1932] ix, 340 p. front. (port.) plates, double maps. (A star book).
——. The march of the barbarians. New York, Doubleday, Doran, 1941. xv, 389 p., 1 illus., maps, geneal. table.
——. The earth shakers. [1st ed.] Garden City, N. Y., Doubleday, 1949. ix, 689 p. illus., maps. "Originally published as separate books entitled The march of the barbarians and Tamerlane."
MELZIG, HERBERT, 1909- Timur; Verhängnis eines Erdteils. Zürich, Europa Verlag [1940] 204 p. plates.
NIẒĀM AL-DĪN, Shāmī. Histoire des conquêtes de Tamerlan, intitulée Ẓafarnāma, Niẓāmuddīn Šāmī, avec des additions empruntées au Zubdatu-t-Tawārīḫ-i Bāysunġurī de Ḥāfiẓ-i Abrū. Édition critique par Felix Tauer. Praha, Orientální ústav-Oriental institute, 1937- 1 v. (Monografie Archivu orientálního; studies, texts and translations, issued by the Czechoslovak Oriental institute, Prague; vol. 5).
SCHILTBERGER, JOHANNES, b. 1380 or 81. Reise in die Heidenschaft; was ein bayerischer Edelmann von 1394 bis 1427 als Gefangener der Türken und Mongolen in Kleinasien, Ägypten, Turkestan, der Krim und dem Kaukasus erlebte. Der alten Chronik nacherzählt von Rose Grässel. Hamburg, Classen et Goverts [1947] 135 p. illus., fold. map.
TĀG AS-SALMĀNĪ. Sams al-Husn. Eine Chronik vom Tode Timurs bis zum Jahre 1409. Persischer Text in Faks (Hs Lālā Īsma 'Īl Efendi 304) Ins deutsch übertr. und kommentiert von Hans Robert Roemer. Wiesbaden, Steiner, 1956. iv, 147 p. (German text), 177 p. (Arabian text) illus. (Akademie der Wissenschaften und der Literatur, Veröffentlichung der Oriental. Kommission, 8).

Mongols in Russia and Iran

GREHOV, BORIS DMITRIEVICH, 1882- La Horde d'Or; la domination tatare au xiiie et au xive siècle de la mer Jaune à la mer Noire [par] B. Grekov et A. Iakoubovski. Traduit du Russe par François Thuret. Paris, Payot, 1939. 251 p. plates, map, (Bibliothèque historique).

HANSTEIN, OTFRID VON, 1869- Beim Grosskhan der goldenen Horde; die Reisen und Erlebnisse des Venetianers Marco Polo in Asien und am Hofe des Mongolen-Grosskhans Chubilai in Kambalu (Peking) im 13. Jahrhundert. Leipzig, Leipziger Graphische Werke A.G. [1928] 153 p. front. (port.) illus. maps, (Sammlung Interessanter Entdeckungsreisen, 3).

PELLIOT, PAUL, 1878-1945. Notes sur l'histoire de la Horde d'Or; suivies de Quelques noms turcs d'hommes et de peuples finissant en "ar." Paris, Adrien-Maisonneuve, 1949 [cover 1950] 292 p. (His Oeuvres posthumes, 2).

PHILLIPS, G. D. R. Dawn in Siberia; the Mongols of Lake Baikal. London, Frederich Muller, 1942. 196 p.

SPULER, BERTOLD, 1911- Die Mongolen in Iran; Politik, Verwaltung und Kultur der Ilchanzeit 1220-1350. Leipzig, J.C. Hinrichs, 1939. xvi, 533 p. fold. map (in pocket) (Iranische Forschungen, Bd. 1).

———. Die goldene Horde; die Mongolen in Russland, 1223-1502. Leipzig, O. Harrassowitz, 1943. xvi, 556 p. 2 fold. maps (in pocket) 2 fold. geneal. tab. (Das Mongolische weltreich; quellen und forschungen, hrsg. v. Erich Haenisch u. H.H. Schaeder. ii).

———. Geschichte der islamischer Länder; ein Überblick. ii. Die Mongolenzeit. Berlin, Wissenschaftliche Editionsgesellschaft, 1948; Leiden, E.J. Brill, 1948. 76 p. fold. maps, fold. table, (Handbuch der Orientalistik [10]).

TAYLOR, OTIS ELLERY, 1893- Architecture of northwest Persia under the Īl-Khân Mongols. [Chicago, 1940] 122 p. incl. illus., plates, map, plans. Part of thesis-University of Chicago, 1939.

VERNADSKY, GEORGE, 1887- The Mongols and Russia. New Haven, Yale University Press; and London, G. Cumberlege, Oxford University Press, 1953. xi, 462 p. maps. geneal. tables. (Half title: a history of Russia, by George Vernadsky and Michael Karpovich, v. 3).

Inner Mongolia

CHANG, YIN-T'ANG, 張印堂, 1902- The economic development and prospects of inner Mongolia (Chahar, Suiyuan, and Ningsia). Shanghai, Commercial Press, 1933. xiv, 243 p. front., plates, maps.

HEISSIG, WALTHER, 1913- Der mongolische Kulturwandel in den Hsingan-Provinzen Mandschukuos. Wien, W. Exner, 1944. 97, [1] p. illus., plates, maps. (Asien-Schriftenreihe, 1).

———. Ostmongolische Reise. Darmstadt, C.W. Leske, 1955. 169 p. illus. map, (Reisen und Länder).

INNER MONGOLIA TODAY. [Peking] Nationalities Pub. House; distributed by Guozi Shudian, 1957. 175 p.

LARSON, FRANS AUGUST, 1870-1957. Larson, duke of Mongolia. Boston, Little, Brown, 1930. [3]-296 p. front., plates, ports.

———. Die Mongolei und mein Leben mit den Mongolen. [Aus dem Englischen übertragen von Ruth Andreas-Friedrich] Mit 14 Bildern. [Berlin] G. Kiepenheuer [193-] 232 p. plates, port.

LATTIMORE, OWEN, 1900- The Mongols of Manchuria; their tribal divisions, geographical distribution, historical relations with Manchus and Chinese, and present political problems; with maps. New York, The John Day company [c1934] 311, [1] p. maps (2 fold.).

MA, HO-T'IEN, 馬鶴天. Chinese agent in Mongolia; translated by John De Francis. Baltimore, Johns Hopkins Press, 1949. xvi, 215 p. map (on lining papers).

MONGOLIA. Laws, statutes, etc. Constitutional laws promulgated at Alashan, July-August, 1949, by the anti-communist Government [under Prince Teh] Hong Kong? 1949? Microfilm copy made in 1950 by the Library of Congress. Negative.

MONTAGU, Hon. IVOR GOLDSMID SAMUEL, 1904- Land of blue sky, a portrait of modern Mongolia. London, D. Dobson [1956] 191 p. illus.

OOST, JOSEPH VAN, 1877- Notes sur le T'oemet. Changhai, Impr. de la Mission catholique, 1922. iii, 190 p. illus. (music), map. (Variétés sinologiques, 53).

——. Au pays des Ortos (Mongolie) Paris, Dillen [1932] 135 p. illus. (incl. facsim., music) plates, fold, maps.

THE PEKING CHRONICLE. Meng Chiang (autonomous government of Inner Mongolia) as seen by foreign correspondents. [Peking, The Peking Chronicle, 1939] 70 p. illus.

WASHINGTON (STATE) UNIVERSITY. Far Eastern and Russian Institute. A regional handbook on the Inner Mongolia autonomous region. Seattle, 1956. lv, 555 l. maps, tables. (HRAF-60, Wash. -7).

Outer Mongolia (Mongolian People's Republic)

ALINGE, CURT. Mongolische Gesetze; Darstellung des geschriebenen mongolischen Rechts (Privatrecht, Strafrecht u. Prozess) Leipzig, T. Weicher, 1934. vii, 157 p. (Leipziger rechtswissenschaftliche studien, herausgegeben, von der Leipziger juristen-fakultät, 87).

BLAGOVESHCHENSKIĬ, M N. Die Mongolische Volksrepublik. Stenogramm einer im Auditorium maximum der Unionsgesellschaft zur Verbreitung wissenschaftlicher und politischer Kenntnisse in Moskau gehaltenen Vorlesung. Übers. von G. Weinhold. Red., W. Fickenscher. Berlin, Verlag Kultur und Fortschrift, 1951. 53 p. illus. (Sowjetwissenschaft).

CARNEGIE ENDOWMENT FOR INTERNATIONAL PEACE. Division of international law. Outer Mongolia, treaties and agreements. Washington, The Endowment, 1921. vii, 39 p. (Pamphlet series of the Carnegie endowment for international peace. Division of international law, 41).

DUNN, EDWARD. The truth about Outer Mongolia. Shanghai, the author, 1935. 32 p., plates, ports., diagr.

FAR EASTERN REPUBLIC. Letters captured from Baron Ungern in Mongolia. Washington, 1921. 7 p.

FRITERS, GERARD MARTIN, 1911- Outer Mongolia and its international position. Edited by Eleanor Lattimore, with an introd. by Owen Lattimore. Baltimore, Johns Hopkins Press, 1949. London, Allen and Unwin, 1951. xlvii, 358 p. maps.

GELETA, JÓZSEF. The new Mongolia, by Ladislaus Forbath, as related by Joseph Geleta; translated from the Hungarian by Lawrence Wolfe. London, Toronto, W. Heinemann [1936] 276 p. plates, ports.

HEISSIG, WALTHER, 1913- Das gelbe Vorfeld, die Mobilisierung der chinesischen Aussenländer; mit 8 Kartenskizzen und mehreren Abbildungen. Heidelberg [etc.] K. Vowinckel, 1941. 163 p. illus. (incl. maps) (Schriften zur wehrgeopolitik, bd. 2).

KERVYN, LOUIS MARIE. Ourga, 1912-1930; la politique chinoise en Mongolie. Pékin, Impr. de la "Politique de Pékin", 1932. 258 p. plates, ports.

——. L'empire chinois et les barbares. Pékin, Impr. de la "Politique de Pékin," 1933. 5 p. 5-74 numb. l. (Collection de la "Politique de Pékin"). 1st ed. 1929.

KOROSTOVET͡S, ĪVAN ÎAKOVLEVĪCH. Von Cinggis Khan zur Sowjetrepublik; eine kurze Geschichte der Mongolei unter besonderer Berücksichtigung der neuesten Zeit, unter Mitwirkung von Erich Hauer mit 38 Abbildungen, einer Übersichtskarte der Mongolei und einem Geleitwort von Otto Franke. Berlin und Leipzig, W. de Gruyter und co., 1926. x, 351 p. front., plates, ports., fold. map.

LATTIMORE, OWEN, 1900- Nationalism and revolution in Mongolia. With a translation from the Mongol of Sh. Nachukdorji's Life of Sukebatur, by Owen Lattimore and Urungge Onon. New York, Oxford University Press, 1955. x, 186 p.

———. The same. Leiden, E. J. Brill 1955. x, 186 p.

LEVIN, ISAAK OSIPOVICH, 1876- La Mongolie historique, géographique, politique. Avec une carte. Paris, Payot, 1937. [7]-252 p. illus. (double map) (Bibliothèque géographique).

MISSHIMA, YASUO. A Japanese view of Outer Mongolia; being a condensed translation of "The Outer Mongolian people's republic," by Yasuo Misshima and Tomio Goto. Translated and summarized from the Japanese by Andrew J. Grajdanzev. New York, International secretariat, Institute of Pacific tions, 1942. 1 p. 1, 1 numb. 1., 1 1., 66 numb. 1.

MONGOLIA (MONGOLIAN PEOPLE'S REPUBLIC) Constitution. Constitution (Fundamental law of the Mongolian People's Republic) Ulan-Bator [19] 97 p.

MONGOLIA, YESTERDAY AND TODAY. [Tientsin, Tientsin Press, c1924] 69 p.

DIE MONGOLISCHE VOLKSREVOLUTION und das Lebenswerk des Marschalls Tschoibalsan: Kurzer Abriss der Geschichte der mongolischen Volksrevolution [von] H. Tschoibalsan; Leben und Wirken des Marschalls Tschoibalsan [von] J. Zedenbal. [1. Aufl.] Berlin, Dietz, 1954. 127 p.

MURPHY, GEORGE, 1924- Economic development of the Outer Mongolian economy in recent times. Seattle, 1956. 385 l. Thesis-Univ. of Washington.

MURZAEV, ĖD M. Die Mongolische Volksrepublic; physisch-geographische Beschreibung. [Deutsch von F. Tutenberg. 1. Aufl.] Gotha, Geographisch-Kartographische Anstalt, 1954. 523 p. illus., port., maps (part fold. col. in pocket).

PHILLIPS, G D R. Russia, Japan and Mongolia. London, F. Muller ltd. [1942] 104 p.

PRICE, ERNEST BATSON, 1890- The Russo-Japanese treaties of 1907-1916 concerning Manchuria and Mongolia. Baltimore, the Johns Hopkins press, 1933. xiv, 164 p. incl. map, facsims.

RIAZANOVSKII, VALENTIN ALEKSANDROVICH, 1884- Customary law of the Mongol tribes (Mongols, Buriats, Kalmucks) part i-iii. Harbin, "Artistic Printing-House," 1929. 306, [2] p. (Memoirs of the Faculty of law in Harbin, vol. viii).

———. Fundamental principles of Mongol law. Tientsin, 1937. 338 p.

RUPEN, ROBERT ARTHUR, 1922- Outer Mongolian nationalism, 1900-1919. Ann Arbor, University Microfilms [1954] ([University Microfilms, Ann Arbor, Mich.] Publication no. 8363) 386 l. maps. Thesis-Univ. of Washington.

TAN, TENNYSON, 譚葆慎, 1898- Political status of Mongolia. Shanghai, Mercury Press, 1932. 144 p. map.

WASHINGTON (STATE) UNIVERSITY. Far Eastern and Russian Institute. Mongolian People's Republic (Outer Mongolia) New Haven, Printed by Human Relations Area Files [1956- 3 v. maps (1 fold. col. in pocket) diagrs. HRAF, Subcontractor's monograph, HRAF-39).

WEI, YING-PANG, 魏英邦. L'independence de facto et de jure de la Mongolie extérieure. Paris, A. Pedone, 1947. 14 p. Reprinted from Revue générale de droit international public, 1947.

ZLATKIN, I IA. Die mongolische Volksrepublik; geschichtlicher Abriss. Berlin, Dietz, 1954. 315 p. illus.

Tannu Tuva (Uriankhai)

GRANÖ, JOHANNES GABRIEL, 1882- Itinerarien und Landschaftsprofile J. G.

Granös aus Uranchai (Tannu-Tuwa) und der Nordmongolei, bearbeitet und gezeichnet von A. K. Merisuo; mit Vorwort und einleitendem Text von J. G. Granö sowie einem Verzeichnis der Gesteinsproben von Pentti Eskola. Helsinki [Druckerei-a. g. der Finnischen Literaturgesellschaft] 1938. 42 p. illus. (facsim.) fold. map, 12 fold. diagr. ([Geografiska sällskapet i Finland, Helsingfors] Acta geographica: 6, n:o 1).

———. Mongolische Landschaften und Örtlichkeiten; eine Geographie physiognomischer Typen und einheitlicher Räume nach Reisebeobachtungen und Wegeaufnahmen in Uranchai (Tuwa) und der Nordmongolei aus den jahren 1906, 1907 und 1909. Helsinki [Druckerei-a. g. der Finnischen Literaturgesellschaft] 1941- 291 p. illus. (incl. maps) tab., diagrs. ([Geografiska sällskapet i Finland, Helsingfors] Acta geographica 7, n;o2-).

HAUSEN, HANS, 1884- ed. The upper Yenissei drainage area (territory of Uriankhai). Helsingfors [A.-b. F. Tilgmanns tryckeri] 1925. 185, [1] p. illus., 3 fold. maps, diagrs. ([Geografiska sällskapet i Finland, Helsingfors] Acta geographica 1, n:o 1).

LEIMBACK, WERNER. Landeskunde von Tuva, das Gebiet des Jenissei-Oberlaufes. Gotha, J. Perthes, 1936. 124 p. plates, fold. maps. (Ergänzungsheft nr. 222 au Petermanns Mitteilungen).

MÄNCHEN-HELFEN, OTTO, 1894- Reise ins asiatische Tuwa; mit 28 Photobildern. Berlin, Der Bücherkreis, 1931. 172 p. incl. plates.

PEHRMAN, GUNNAR, 1895- Über ein Nickeleisen aus Tannuola (Mongolei). Åbo, Åbo akademi, 1923. 12 p. plates (Acta Academiae aboensis. Mathematica et physica. iii, 1).

PRINTZ, HENRIK, 1888- The vegetation of the Siberian-Mongolian frontiers (the Sayansk region) by Henrik Printz. [Trondhjem] K. Norske videnskabers selskab [1921] 458 p. illus., plates, maps. (Contributiones ad floram Asiae interioris pertinentes... iii).

Economic and Social Conditions

ABERLE, DAVID FRIEND, 1918- The kinship system of the Kalmuk Mongols. Albuquerque, University of New Mexico Press, 1953. 48 p. diagrs. (University of New Mexico publications in anthropology, no. 8).

BOYER, MARTHA HAGENSEN, 1911- Mongol jewellery; researches on the silver jewellery collected by the First and Second Danish Central Asian Expeditions under the leadership of Henning Haslund-Christensen, 1936-37 and 1938-39. København, I kommission hos Gyldendal, 1952. 223 p. illus. (part col.) port., fold. map. (Nationalmuseets skrifter. Etnografisk raekke, 5).

CONOLLY, VIOLET. Soviet economic policy in the East; Turkey, Persia, Afghanistan, Mongolia and Tanu Tuva, Sin Kiang. London, Oxford University Press, H. Milford, 1933. ix, 168 p. fold. map.

GEHRING-KIENE, MARTHA VERENA, 1899- Grüne Steppen, weisse Jurten; Erlebnisse einer Schweizer Familie in der Mongolei [von] Verena Winter [pseud.] Aarau, H. R. Sauerländer [1951] 266 p. illus.

HANSEN, HENNY HARALD. Mongol costumes; researches on the garments collected by the First and Second Danish Central Asian Expeditions under the leadership of Henning Haslund-Christensen, 1936-37 and 1938-39. København, I kommission hos Gyldendal, 1950. xx, 199 p. illus., map. (Nationalmuseets skrifter. Etnografisk raekke, 3).

KARAMYSHEV, V. Mongolia and western China; social and economic study. Tientsin, La Librairie française, 1925. xxvii, 401 p. incl. front. plates., fold. maps.

KERVYN, LOUIS MARIE. Moeurs et coutumes mongoles; oeuvre posthume. Gembloux, J. Duculot [1949?] 251 p. illus. maps.

MILLER, ROBERT J., 1923- The socio-political and economic aspects of the monastery in Inner Mongolia. Seattle, 1955. 338 l. Thesis-Univ. of Washington.

OTTO, JOSEPH ALBERT, 1901- L'évasion du monastère lama. Bruges, Oeuvre St. Charles, 1935. 111 p.

PERCHERON, MAURICE, 1891- Dieux et démons, lamas et sorciers de Mongolie. Préf. de Paul Claudel. Paris, Denoël [1953] 267 p. illus. (His Le tryptique mongol, 1).

SCHRAM, LOUIS, 1883- The Monguors of the Kansu-Tibetan frontier: their origin, history, and social organization. With an introd. by Owen Lattimore. Philadelphia, American Philosophical Society, 1954. 138 p. illus., group port., maps. (Transactions of the American Philosophical Society, new ser., v. 44, pt. 1).

———. The Monguors of the Kansu-Tibetan frontier: their religious life. Philadelphia, American Philosophical Society, 1957. 164 p. illus. (Transactions of the American Philosophical Society, new ser., v. 47, pt. 1.).

SMITH, MABEL WALN. Land of swift-running horses; a summer of adventures in Mongolia. Drawings by Imre Hofbauer. London, Harrap [1956] 216 p. illus.

VLADIMIRT͡SOV, BORIS I͡AKOVLEVICH, 1884-1931. Le régime social des Mongols; le féodalisme nomade. Préf. par René Grousset. Traduction par Michel Carsow. Paris, A. Maisonneuve, 1948. xviii, 291 p. fold. col. map. (Publications du Musée Guimet. Bibliothèque d'études, t. 52).

VREELAND, HERBERT HAROLD, 1920- Mongol community and kinship structure. 2d. ed. New Haven, Human Relations Area Files, 1957. ix 359 p. illus. maps, plans. (Behavior science monographs). 1st ed. 1953.

Foreign Missions

BROUGHTON, DOUGLAS G. Mongolian plains and Japanese prisons. London, Pickering and Inglis, 1947. 71 p. illus., ports., map (on lining-paper).

CONGREGATION OF THE IMMACULATE HEART OF MARY. Directorium seminariorum (in Sinis). Pekini, Missionariis congregationis immaculati cordis Mariae (Scheut), [1949] xxxix, 745 p.

CRISTIANI, LÉON. Les fils de Saint François et de Saint Dominique chez les Mongols. Liége, Pensée Catholique, 1932. 32 p. (Collection Études religieuses).

DIEU, LÉON. La mission belge en Chine. 2. éd. Bruxelles, Office de publicité, 1944. 118, [2] p. front. (port.) (Collection nationale 2. sér., nr. 15).

———. A l'ombre de la Grande Muraille. Charleroi, J. Depuis, 1944. 169 p.

HECKEN, JOSEPH VAN, 1905- Les missions chez les mongols aux temps modernes. Peiping, Imrp. des Lazaristes, 1949. 254 p.

———. Les réductions catholiques du pays des Ordos; une méthode d'apostolat des missionnaires de Scheut. Schoneck/Beckenried (Suisse), 1955-56. 102 p. Reprinted from Neue Zeitschrift für Missionswissenschaft. v. 11-12.

LEYSSEN, JACOBUS, 1889- Formatio cleri in Mongolia. Pekini, Ex typ. Lazaristarum, 1940. 154 p. illus. ports.

———. The Cross over China's wall. Peking, Lazarist Press, 1941. 174 p. illus. (incl. ports., map) diagr.

———. Le triomphe de la charité; ou, le contennaire de l'oeuvre de la Saint-Enfance, avec une lettre-préface de S.E. le Délégué Apostolique et de plusieurs évêques de Chine. Pékin, Impr. des Lazaristes, 1943. xxi, 236 p. illus. plates, ports.

LA MISSION BELGE EN CHINE, par un missionnaire de Scheut. Bruxelles, Office de Publicité, 1942. 123 p. ports. (Collection Nationale, 15).

NAIRNE, W P. Gilmour of the Mongols. London, Hodder and Stoughton, [1924] xi (e.e. ix), 206 p. 2 port. (incl. front.) 2 maps. [Master missionary series].

PELLIOT, PAUL, 1878-1945. Les Mongols et la papauté. Paris, A. Picard,

1923. 1 v. in 3 (222 p.) illus., facsim. "Extrait de la Revue de l'orient chrétien. 3e série, t. iii (xxiii), nos 1 et 2 (1922-23), pp. 3-30."

REASON, JOYCE, 1894- In Mongol tents. London, Livingstone Press, 1939. 16 p.

SINO-MONGOLICA. Bijdragen door de missionarissen van Oost-Mongolië; mémoires des missionnaires de la Mongolie orientale. jaarg. 1-3, aflevering 3; 1920/21-1925-26. [Louvain, W. A. Grootaers; 1939] 3 v. in 1. No nos. issued 1922/23-1924/25.

TROIS MISSIONNAIRES AUX MAINS DES BRIGANDS: Les Pères Soenen, Van Praet et De Clippele. Anvers, Impr. De Vièvre, 1926. 184 p. incl. illus. ports, map.

See also Christianity and Foreign Missions-Franciscans.

Art and Archaeology

EGAMI, NAMIO. Inner Mongolia and the region of the Great Wall, by Namio Egami and Seiichi Mizuno. Tokyo and Kyoto, Far Eastern Archaeological Society, 1935. viii, 16, [349] p. illus. plates, map. (Archaeologia orientalis. Ser. B., 1.).

HARADA, YOSHITO. Shang-Tu; the summer capital of the Yuan dynasty in Dolon Nor, Mongolia, by Yoshito Harada and Kazuchika Komai. English resumé of the Japanese text by Jiro Harada. Tokyo, The Far Eastern Archaeological Society [1941] 1 v. (various pagings) illus. plates, plans, facsim. (Archaeologia orientalis ser. B., 2).

MARINGER, JOHN. Contribution to the prehistory of Mongolia, a study of the prehistoric collections from Inner Mongolia. Together with the catalogue prepared by Folke Bergman. Stockholm, 1950. xii, 216 p. illus., maps (1 fold. col.) (Reports from the sceintific expedition to the north-western provinces of China under the leadership of Dr. Sven Hedin. The Sino-Swedish Expedition. Publication 34. vii. Archaeology, 7).

THE MONGOLIAN PLATEAU, pt. 1., 蒙古高原論. Tokyo, The East Asia Archaeological Society, 1942. 1 v. plates (part fold.) ports, fold. maps, (Archaeologia orientalis, ser. B, 4).

SOMMARSTRÖM, BO., 1923- Archaeological researches in the Edsen-gol region, Inner Mongolia. Together with the catalogue prepared by Folke Bergman. Stockholm, Statens Etnografiska Museum, 1956 [i.e. 1957]- 1958. 2 v. illus., fold. col. maps. (Reports from the scientific expedition to the northwestern provinces of China under the leadership of Dr. Sven Hedin. The Sino-Swedish Expedition. Publication 39. vii. Archeology, 8-9) Translated from Swedish ms. by Kathleen Pain.

TAMURA, JITSUZŌ, 1904- Tombs and mural paintings of Ch'ing-ling, Liao imperial mausoleums of eleventh century A. D. in Eastern Mongolia; detailed report of archaeological survey carried out in 1935 and 1939, by Jitsuzo Tamura and Yukio Kobayashi. English summary by Shinobu Iwamura and Wilma Fairbank. [Kyoto] Dept. of Literature, Kyoto University, 1952-53 [v. 1, 1953] 2 v. illus., plates (part col., part fold.) maps (part fold.).

TREVER, KAMILLA VASIL'EVNA. Excavations in Northern Mongolia, 1924-1925. Leningrad, 1932. 73, [2] p. 33 plates. (Memoirs of the Academy of History of Material Culture, 3).

Natural History, Geology and Paleontology

ANDREWS, ROY CHAPMAN, 1884- Across Mongolian plains: a naturalist's account of China's "great northwest," photographs by Yvette Borup Andrews. New York, London, D. Appleton, 1921. N. Y. Blue Ribbon Books, 1931. xxiv, 276 p. front., plates, ports., map.

———. On the trail of ancient man; a narrative of the field work of the Central

Asiatic expeditions, with an introduction and a chapter by Henry Fairfield Osborn, illustrated with photographs by J. B. Shackelford. New York, Garden City Pub. Co. [1935] (c1926) vii-xviii, 375 p. front., illus. (incl. maps) plates, ports.

———. Auf der Fährte des Urmenschen; Abenteuer und Entdeckungen dreier Expeditionen in die mongolische Wünste. Leipzig, F.A. Brockhaus, 1927. 287 p. front. (port.), illus., map, plates.

———. The new conquest of central Asia; a narrative of the explorations of the Central Asiatic expeditions in Mongolia and China, 1921-1930, with chapters by Walter Granger, Clifford H. Pope [and] Nels C. Nelson, and summary Statements by G. M. Allen, R. C. ANdrews, C. P. Berkey [and others] With 128 plates and 12 illustrations in the text and three maps at end. New York, American Museum of Natural History, 1932. l, 678 p. col. front., illus., plates, (incl. ports.) (part fold.) maps (part fold.) diagrs. (Central Asiatic expeditions, Natural history of central Asia, i).

———. This business of exploring. New York, London, G. P. Putnam, 1935. xix, 288 p. front., plates, ports., facsim.

———. Exploring with Andrews, a narrative of a life of exploration; selections for younger readers from the writings of Roy Chapman Andrews. New York, G. P. Putnam, 1938. vii, 226 p. front., plates, ports.

———. Heart of Asia; true tales of the Far East. New York, Duell, Sloan and Pearce [1951]; London, A. Barker, 1952. 224 p.

BERKEY, CHARLES PETER, 1867-1955. Geology and prehistoric archaeology of the Gobi desert, by Charles P. Berkey and N. C. Nelson. New York, 1926. 16 p. illus. (incl. map) (American Museum novitates, 222).

———. Geology of Mongolia; a reconnaissance report based on the investigations of the years 1922-1923, by Charles P. Berkey [and] Frederick K. Morris, with 44 plates and 161 illustrations in the text, six maps in pocket at end. New York, American Museum of Natural history, 1927. xxxi, 475 p. col. front., illus., plates (1 col.) maps (part fold.) diagrs. (Central Asiatic expeditions of the American museum of natural history. Natural history of Central Asia, ii).

BOHLIN, BIRGER, 1898- A contribution to our knowledge of the distribution of vegetation in Inner Mongolia, Kansu and Ching-hai. Stockholm, 1949. 95 p. illus., maps (1 fold. col.) (Reports from the scientific expedition to the northwestern provinces of China under the leadership of Dr. Sven Hedin. The Sino-Swedish Expedition. Publication 33. xi. Botany, 3).

———. Fossil reptiles from Mongolia and Kansu. Appendix: Details of a new moulding and casting method, by Eric Stahl. Stockholm, Statens Etnografiska Museum, 1953. 113 p. illus., 9 plates, map. (Reports from the scientific expedition to the north-western provinces of China under leadership of Dr. Sven Hedin. The Sino-Swedish Expedition. Publication 37. vi. Vertebrate palaeontology, 6).

CLEMENTS, JULIUS MORGAN, 1869- Gold placer area in Mongolia. Washington, Govt. Print. Off., 1922. 14 p. incl. tables. ([U. S.] Bureau of foreign and domestic commerce. Trade information bulletin, 4).

COLBERT, EDWIN HARRIS, 1905- An upper Miocene suid from the Gobi desert. New York, 1934. 7 p. illus. (American Museum novitates, 690).

———. Palaeotragus in the Tung Gur formation of Mongolia. New York, 1936. 17 p. illus. (American Museum novitates, 874).

———. Tertiary deer discovered by the American Museum Asiatic expeditions. New York, 1936. 21 p. illus. (American Museum novitates, 854).

———. A new anchitheriine horse from the Tung Gur formation of Mongolia. New York, 1939. 9 p. illus. (American Museum novitates, 1019).

———. Some cervid teeth from the Tung Gur formation of Mongolia, and additional notes on the gnera Stephanocemas and Lagomeryx. New York, 1940. 6 p. illus. (American Museum novitates, 1062).

GILMORE, CHARLES WHITNEY, 1874-1945. Two new dinosaurian reptiles from Mongolia with notes on some fragmentary specimens. New York, 1933. 20 p. illus. (American Museum novitates, 679).

GRABAU, AMADEUS WILLIAM, 1870-1946. The Permian of Mongolia; a report on the Permian fauna of the Jisu Honguer limestone of Mongolia and its relations to the Permian of other parts of the world... with a chapter on the relations of the Jisu Honguer formation to the general geology of Mongolia, by Charles P. Berkey and Frederick K. Morris, with 72 illustrations in the text and 35 plates at end of volume. New York, American Museum of Natural history, 1931. xliii, 665 p. illus., plates, maps (1 fold.) tables (1 fold.) diagrs. (Central Asiatic expeditions of the American museum of natural history. Natural history of Central Asia, iv).

GRANGER, WALTER, 1872-1941. Discovery of Cretaceous and other Tertiary strata in Mongolia, by Walter Granger and Charles B. Berkey. New York, 1922. 7 p. illus. (map.) (American Museum novitates, 42).

———. Protoceratops andrewsi, a pre-ceratopsian dinosaur from Mongolia, by Walter Granger and William K. Gregory. New York, 1923. 9 p. illus. (American Museum novitates, 72).

———. An apparently new family of amblypod mammals from Mongolia, by Walter Granger and William K. Gregory. New York, 1934. 8 p. illus. (American Museum novitates, 720).

GREEN, FITZHUGH, 1888- Roy Chapman Andrews, dragon hunter, with 31 illustrations. New York, London, G. P. Putman 1930. ix, 173 p. front., plates, ports.

GREGORY, WILLIAM KING, 1876- On Protoceratops, a primitive ceratopsian dinosaur from the lower Cretaceous of Mongolia, by William K. Gregory and Charles C. Mook. New York, 1925. 9 p. illus. (American Museum novitates, 156).

HÖRNER, NILS, 1896- Some notes and data concerning dunes and sand drift in the Gobi desert. 40 p. plates, maps., fig. (Reports from the scientific expedition to the north-western provinces of China under the leadership of dr. Sven Hedin. The Sino-Swedish expedition. iii. Geology:5).

KOHMURA, TAIJI. Die Veredelung des mongolischen Schafes; Kreuzungsversuche am mongolischen Fettschwanzschaf mit dem Rambouilletmerino in besonderer Rücksicht auf die Vererbung der Wollcharaktere und des Wollertrags. Tokyo, Maruzen, 1938. iv, 75 p., xix plates., diagrs.

MATSUZAWA, ISAO. The geological history of the Mongolian plateau and the history of the physiographic development. Translation prepared by the Engineer Intelligence Division, Office of the Engineer, Hdqrs. U.S. Army Forces, Far East, Tokyo. Tokyo, 1955. 83 p. maps, diagrs. (U.S. Army. Corps of Engineers. Far East command. Pacific surveys, Report, 23).

MILLER, GERRIT SMITH, 1869- Revised determinations of some Tertiary mammals from Mongolia. Peking, Geological Survey of China, 1927. [3]-20 p. (China. Geological survey. Palaeontologia sinica, ser. c, v. 5, fasc. 2).

MURAKAMI, HANZÔ. Mica deposits of Inner Mongolia. Translation prepared by Military Geology Branch, U.S. Geological Survey, for Intelligence Division, Office of the Engineer, Hdqrs. U.S. Army Forces, Far East, Tokyo, 1953. 6 l. (U.S. Geological Survey. Pacific geological surveys, report, 161).

NORLINDH, TYCHO, 1906- Flora of the Mongolian steppe and desert areas. pt. 1. Stockholm, 1949. 139 p. illus., maps (1 fold.) (Reports from the scientific expedition to the north-western provinces of China under the leadership of Dr. Sven Hedin. The Sino-Swedish Expedition. Publication 31. xi. Botany, 4.

SCHLOSSER, MAX. Tertiary vertebrates from Mongolia. Peking, Published by the Geological Survey of China, 1924. 132, [4] p., illus., plates, (China. Geological survey. Palaeontologia sinica, ser. c, vol. i, fasc. 1).

SOUTH MANCHURIA RAILWAY COMPANY. Investigation of the eastern part of

Inner and Outer Mongolia, by Party No. II, pt. 1-3. Dairen, Investigation Section, General Affairs Dept., South Manchurian Railway Co., 1927. 3 pts. illus. maps, (part col., 2 fold.) diagrs. tables.

———. Excerpt from Investigation of the eastern part of Inner and Outer Mongolia (by Party No. 11): Part 11. Commerce, agriculture and geology. Published by Investigation Section, General Affairs Department, 1927. Translation prepared by Engineer Intelligence Division, Office of the Engineer. Hdqrs. U. S. Army Forces, Far East, Tokyo. Tokyo, 1955. 28 l. maps. fold. table, (U.S. Army. Corps of Engineers, Far East. [Pacific Surveys. Reports] 33).

TEILHARD DE CHARDIN, PIERRE. Étude géologique sur la région du Dalai-Noor. Paris, Société géologique de France, 1926. 56 p. incl. illus. plates, 2 fold. col. maps. (Mémoires de la Société géologique de France. nouv. sér., t. 3, fasc. 3).

WALKER, EGBERT HAMILTON, 1899- Plants collected by R.C. Ching, 秦仁昌, in southern Mongolia and Kansu province, China. Washington, Govt. Print. Off., 1941. v, 563-675, vii-xiii p. 1 illus., plates. (Smithsonian institution. U.S. National museum. Contributions from the U.S. National herbarium, v. 28, pt. 4).

XXIV. TIBET

Bibliographies

[AUSTRALIA, JOINT SERVICE STAFF, Washington, D. C.] Tibet-Sinkiang-Tannu Tuva; handbook of selected reference material. [n. p.] 1949- 7 pts. mimeographed.

FAZY, ROBERT. Essai d'une bibliographie raisonnée de l'exploration tibétaine. St. Gallen, Buchdr. H. Tschudy und Co., 1940. iv, 20 p. Reprinted from the Bulletin de la Société suisse des amis de l'Extrême-Orient, décembre, 1940.

SHAFER, ROBERT, 1893- Bibliography of Sino-Tibetan languages. Wiesbaden, O. Harrassowitz, 1957. xl, 211 p.

Description and Travel

BACOT, JACQUES, 1877- Le Tibet et les Tibétains. Monaco, Impr. de Monaco, 1925. 29 p. (Société de Conférences, Monaco. [Conférences No. 17].

BAILEY, FREDERICK MARSHMAN, 1882- China-Tibet-Assam; a journey, 1911. London, J. Cape [1945] 175 p. front. (port.) 1 illus. (music) plates, maps (1 fold.).

———. No passport to Tibet. London, Hart-Davis, 1957. 294 p. illus.

BEHAGUE, JOHN C. I found Shangri-La. [Birmingham, Eng.] Eagle Publications and Publicity [1947] 46 p. illus.

BHANJA, K. C. Mystic Tibet and the Himalaya. Darjeeling, Gilbert, 1948. 306 p. plates, photos.

BYRON, ROBERT, 1905-1941. First Russia, then Tibet. [London] Macmillan, 1933. xvi, 328 p. col. front., illus., plates, ports.

CHAPMAN, FREDERICK SPENCER, 1907- Lhasa, the holy city; with an introduction by Sir Charles Bell. London, Chatto and Windus, 1938; New York, Harper, 1939. xiv, 342 p., col. front., plates (part col.) ports., maps (1 fold.).

———. Memoirs of a mountaineer: Helvellyn to Himalaya. Lhasa, the holy city. [Rev. ed.] London, Chatto and Windus, 1951. 446 p. illus.

CONNOLLY, LOUISE, 1862-1927. Tibet; the country, climate, people, customs, religion, resources. Newark, N. J., Newark Museum Association, 1921. xi, 37 p. incl. front. (map) illus.

DAVID-NEEL, ALEXANDRA, 1874- À pied et en mendiant de la Chine à l'Inde à travers le Thibet: voyage d'une Parisienne à Lhassa. Paris, Plon, [1927]. xii, 332 p. front. fold. map, plates, ports.

———. My journey to Lhasa; the personal story of the only white woman who succeeded in entering the forbidden city, illustrated with many photographs taken by the author. New York and London, Harper, 1927. xviii, 310 p. front., plates, ports.

———. Arjopa; die erste Pilgerfahrt einer weissen Frau nach der verbotenen Stadt des Dalai Lama. 2. Aufl. [Aus dem Englischen von Ada Ditzen] Leipzig, F.A. Brockhaus, 1930. 322 p. plates, ports., map.

———. Mönche und Strauchritter; eine Tibetfahrt auf Schleichwegen [aus dem Französischen von Karl Pfannkuch]. Leipzig, F.A. Brockhaus, 1933. 290 p. front., illus. (incl. map).

———. Grand Tibet; au pays des brigands gentilshommes; avec 26 gravures et une carte. Paris, Plon [1933] ii, 356 p., plates, ports., fold. map.

———. Tibetan journey. London, John Lane, [1936] x, 275 [1] p. front., plates, ports., fold. map.

———. A l'ouest barbare de la vaste Chine. Paris, Plon [1947] ii, 301 p. illus. ports., fold. map.

———. Land der Is; in Chinas wildem Westen. [Übertragen von Herbert Furreg. Wien] Ullstein [1952] 270 p. illus.

DOUGLAS, WILLIAM ORVILLE, 1898- Beyond the high Himalayas. Garden City, N.Y., Doubleday, 1952. 352 p. illus. (part col.) maps (on lining papers).

DUNCAN, MARION HERBERT, 1896- The Yangtze and the yak; adventurous trails in and out of Tibet. Alexandria, Va., Privately printed, 1952. x, 353 p. illus., ports., maps (1 on linging papers, 4 fold. in pocket).

EASTON, JOHN. An unfrequented highway through Sikkim and Tibet to Chumolaori. London, Scholartis Press, 1928. xi, [1], 132, [2] p. front., plates.

EMMERICH, FERDINAND. Asiatenwache Erlebtes in Südost-Tibet. Leipzig, Fr. Seybold, 1922. 79 p. (Seynolds Volksbücher, 12).

———. Von Birma nach Tibet. Leipzig, Staneck, 1935-1936. 241 p. illus. (His Reisebericht).

———. Auf Schleichwegen nach Tibet. Leipzig, Staneck, 1936. 247 p. (His Reisebericht).

ENDERS, GORDON BANDY. Foreign devil; an American Kim in modern Asia. New York, Simon and Schuster, 1942; London, J. Gifford [1945] 3-307 p.

FORD, ROBERT, 1923- Wind between the worlds. New York, D. McKay Co. [1957] 338 p.

———. Captured in Tibet. London, Harrap [1957] 256 p. illus. ports.

FORMAN, HARRISON, 1904- Through forbidden Tibet; an adventure into the unknown. New York, Longmans, Green, 1935. xii, 275 p. front., plates, ports., facsims. London ed. Jarrods, 1936, xii, 288 p.

GLÜCK, JULIUS F. Tibet; Ausstellung im Linden-Museum [Stuttgart, 1955] 20 p.

HAMSA, bhagwan, 1878- The Holy mountain; being the story of a pilgrimage to lake Mānas and of initiation on mount Kailās in Tibet, by Bhagwān Shri Hamsa; translated from the Marāthi by Shri Purohit. swāmi; with an introduction by W. B. Yeats. London, Faber and Faber, [1934] 7-202, [1] p. front. (port.) plates.

HANBURY-TRACY, JOHN. Black river of Tibet; foreword by Admiral Sir William Goodenough, G. C. B. With 24 illustrations and a map. London, F. Muller, [1938] xi, 305 p. front., plates, ports.

HANSTEIN, OTFRIED VON. Ins Verbotene Tibet; Abenteuer-Erzählung. Wien und Innsbruck, Hartleben, 1953. 215 p.

HARRER, HEINRICH, 1912- Sieben Jahre in Tibet; mein Leben am Hofe des Dalai Lama. [Wien] Ullstein [1952] 266 p. illus.

———. The same. [Gekürzte Ausg. Wien] Ullstein [1954] 191 p. illus. (Bunte leuchtende Welt).

———. Seven years in Tibet; translated from the German by Richard Graves. With an introd. by Peter Fleming. London, R. Hart-Davis, 1953. 288 p. illus.

———. The same. New York, Dutton, 1954 [c1953] 314 p. illus.

———. Sept ans d'aventures au Tibet; traduction de Henri Daussy. Ouvrage orné de 40 héliogravures. Paris, Arthaud [1953] 271 p. illus., ports., fold. map. (Collection "Les Clefs de l'aventure," 4).

———. Meine Tibet-Bilder. Text: Heinz Woltereck. Seebruck am Chiemsee, Heering-Verlag, 1953. 232 p. illus. (part col.) ports. (part col.) map (on lining paper).

HAYDEN, SIR HENRY HUBERT, 1869-1923. Sport and travel in the highlands of Tibet, by Sir Henry Hayden and César Cosson, with an introduction by Sir Francis Younghusband. London, R. Cobden-Sanderson [1927] xvi, 262 p. front., plates, ports., fold. map (in pocket).

HEICHEN, WALTER, 1876- Der Todesgang der Karawane; ein Tatsachenbericht über Sven Hedins reisen durch Tibet, von Walter Heichen. Mit bildern von M. Wulff. Berlin, A. Weichert [1936] 112 p. incl. front., plates., facsim.

HERRMANN, WILHELM KARL. Ein Ritt für Deutschland. Mit 1 Titelbild und 228 Abbildungen nach eigenen Aufnahmen des Verfassers, 14-Zeichnungen im Text und 6 Karten. Berlin-Leipzig, Nibelungen-verlag, 1940. 591 p. front., illus., plates (1 fold.) ports., facsims., fold. map.

HUC, ÉVARISTE RÉGIS, 1813-1860. Un français à Lhasa; voyage en Tartarie et au Thibet. Paris, Éditions Montsouris, 1942. 96 p. map, (Collection Dauphine).

———. Découverte du Thibet (1845-46). Paris, Flammarion, 1934. 96 p. illus. (Collection Bonnes Lectures).

HUGUENIN, CYRANO. Voyage au coeur du monde. Lausanne, Éditions Les Gémeaux [1946] 357 p.

ILLION, THEODORE. Rätselhaftes Tibet; in Verkleidung unter Lamas, Räubern und wahrhaft Weisen. Hamburg, Uranus-Verlag [c1936] 143 p. plates, port.

———. In secret Tibet; in disguise amongst lamas, robbers, and wise men. A key to the mysteries of Tibet. London, Rider [1937] ix-xi, 13-190 p.

ÎUSOV, B V. Tibet; kurzer geographischer Abriss. Hrsg. von W. J. Awarin und E. M. Mursajew. [Übers. von Martin Brandt] Leipzig, Bibliographisches Institut, 1953. 80 p. illus.

KAULBACK, RONALD. Tibetan trek. London, Hodder and Stoughton, 1934. iii-ix, [11]-300 p. front., plates, ports, 2 maps.

———. Salween. London, Hodder and Stoughton [1938] xi, 331 p. front., illus. plates, ports., maps.

———. The same; New York, Harcourt, Brace [c1939] 331 p. front., illus., plates, ports., maps (1 fold.).

KIDD, WALTER J. What made Tibet mysterious? Notes on Tibet's topography, history and religion. Newark, N.J., Newark Museum Association, 1921-22. 16 p. illus.

KNIGHT, G. E. O. Intimate glimpses of mysterious Tibet and neighboring countries. 4th ed. London, The Golden Vista Press, 1930. 72 p. port.

KRUPARZ, HEINZ, 1929- Shisha Pangma; Reisebilder aus Indien, Nepal und Tibet. Geleitwort von Wilhelm Filchner. 95 Schwarzweissfotos, 8 Farbbilder [und] 2 Landkarten. Wien, Kremayr und Scheriau [1954] 190 p. illus.

LAFUGIE, Au Tibet. Préf. de Alexandra David Neel. Couverture, illus. et photographies de l'auteur. Paris, J. Susse [1949] 214 p. illus., ports. (Collection Voyages et aventures).

LANDOR, ARNOLD HENRY SAVAGE, 1865-1924. Auf verbotenen Wegen. Leipzig, F.A. Brockhaus, 1923. 159 p. front. (port.) illus. (incl. map) plates. [Reisen und abenteuer, 22]. 3 aufl. 1898. 511 p.

MA, SHAO-YUN, 馬少雲, [MA YANG, 馬揚]. Tibet; a geographical, ethnological, and historical sketch, derived from Chinese sources. With 6 maps and plans. By W. Woodville Rockhill 1891. Peking, Wên tien ko shu chuang, 1939. Cover-title, 133, 185-291 p. fold. plates (part col.) fold maps. A translation of parts of the Wei Ts'ang t'u chih, 衞藏圖識.

MACDONALD, DAVID. Touring in Sikkim and Tibet. Kalimpong, 1930; Calcutta, Thacker, Spink, 1943. 2, 126 p. fold. map.

———. Tibet. [London] H. Milford, Oxford University Press [1945] 31, [1] p. (Oxford pamphlets on Indian affairs, no. 30).

———. Valley of a thousand knives. London, Grey Walls Press, 1948. 198 p. (Falcon Press Book).

MCGOVERN, WILLIAM MONTGOMERY, 1897- To Lhasa in disguise; an account of a secret expedition through mysterious Tibet. London, T. Butterworth, [1924]; New York and London, Century, c1924. 352 p. front., illus. (maps) plates, ports.

———. Als Kuli nach Lhasa, eine heimliche Reise nach Tibet. Aus dem Englischen übers. von Martin Proskauer. Berlin, A. Scherl [192] 296 p. illus., ports., maps.

MARAINI, FOSCO. Secret Tibet; translated from the Italian by Eric Mosbacher. Foreword by Bernard Berenson. Illustrated with 70 photos. by the author. New York, Viking Press, 1952. xii, 306 p. illus., ports., maps (on lining paper).

———. The same; with an introductory letter by Bernard Berenson. Illustrated with 60 double colour plates from photos, by the author. Translated from the Italian by Eric Mosbacher. London, Hutchinson [1952] 251 p. illus.

———. Tibet secret (Segreto Tibet) Préf. de Bernard Berenson; traduit de l'italien par Juliette Bertrand. Ouvrage orné de 68 héliogravures d'après des photos. de l'auteur. Paris, B. Arthaud [1952] 311 p. illus. (Collection 'Exploration,'' 4).

———. The same. Paris, Club des libraires de France, 1957. 328 p. illus. (photos). map.

———. Geheimnis Tibet, übers. von Lotte Leber. München und Wien, Andermann, 1953. 286 p. plates.

MELE, PIETRO FRANCESCO. Tibet. Photographs and text by P. F. Mele. Introduction by G. Dainelli. London, G. Allen and Unwin, 1957. 100 p. plates, photos.

MERRICK, MRS. HENRIETTA (SANDS). Spoken in Tibet. New York, London, G.P. Putnam, 1933. v-xvi, 19-198 p. front., plates, ports., map.

MIGOT, ANDRÉ, 1892- Caravane vers Bouddha; un Français à travers la Haute-Asie mystique. Préf. d'Alexandra David-Neel. Paris, Amiot-Dumont [1954] 228 p. illus. (Bibliothèque des voyages).

———. Tibetan marches; translated from the French by Peter Fleming. London, R. Hart-Davis; New York, Dutton, 1955. 288 p. illus.

———. The same; Harmondsworth, Penguin Books, 1957. 253 p. plates, map.

———. Vor den Toren Tibets. Deutsche Übertragen von Leonore Schlaich. Stuttgart, Scherz und Goverts, 1955. 288 p. plates.

O'CONNOR, SIR WILLIAM FREDERICK TRAVERS, 1870- On the frontier and beyond; a record of thirty years' service, by Lieut.-Colonel Sir Frederick O'Connor. London, J. Murray [1931] xiv, 355 p. front., illus. (map) plates, ports.

PALLIS, MARCO, 1895- Peaks and lamas, with one plate in colour, ninety-five photogravure illustrations, and three maps. London and Toronto, Cassell, 1946, ix-xx, 428 p. front., illus. (incl. maps) plates (1 col.) ports. "First edition October 1939. Third (revised) edition June 1942."

———. The same. [Rev. and completely reset] New York, A.A. Knopf, 1949. xvii, 397, xiii p. illus., ports., maps.

PATTERSON, GEORGE NEILSON, 1920- Tibetan journey. London, Faber and Faber [1954] 232 p. illus.

———. Journey with Loshay. New York, Norton [1954] 248 p. illus.

PELLIOT, PAUL, 1878-1945. Asie contrale et Tibet. Missions Pelliot et Bacot (Documents exposés au Musée Guimet). Paris et Bruxelles, G. van Oest, 1921. 38 p. plates, (Bull. archéologique du Musée Guimet, facs. 2).

———. Le voyage de mm. Gabet et Huc à Lhasa. [n.p., n.d.] [133]-178 p. On cover: T'oung-pao. Tirage à part.

QUELING, HANS, 1903- Im Land der schwarzen Gletscher; eine Forscherfahrt nach Tibet. Frankfurt a. M., Societäts-Verlag [c1937] 291 p., plates, ports., map.

REIFENBERG, JAN GEORG. Siedlung im tibetischen Hochland. Grundlagen und Erscheinungsformen, geographisch betrachtet. Freiburg, 1949. 123 l. plate, map. Diss.-Univ. Freiburg.

RIENCOURT, AMAURY DE. Roof of the world, Tibet, key to Asia. New York, Rinehart [1950] x, 322 p. illus., ports., maps.

———. Lost world: Tibet, key to Asia. London, Gollancz, 1951. 317 p. illus., maps.

———. Le toit du monde. Tibet et Asie. Traduit par René Jouan. Paris, Éditions France-Empire, 1955. 316 p. illus. (photos).
———. Tibet im wandel Asiens, übers. aus dem Amerikanischen von Lothar Tobias. Wiesbaden, F. A. Brockhaus, 1951. 286 p. illus. maps.
RIJNHART, SUSI. Unter Lama und Lumpen in Tibet. Die Tibetreise von Susi und Petrus Rijnhart. Nacherzählt von Friedemann Schaefer. Stuttgart, Evang. Missionsverlag, 1956. 15 p. (Auf den Strassen der Welt. Missionshefte d. Jungen Gemeinde, 34).
ROEDER, HEINRICH VON. Gold in Tibet. Bens Abenteuer auf dem Dach des Erde; von Heinrich von Roeder und Friedrich von Stülpnagel. Textzeichnungen: Alfred Heller. Hamberg, Bayer Verlag-Anstalt, 1952. 175 p.
ROERĪCH, NĪKOLAĪ KINSTANTĪNOVĪCH, 1874-1947. La joie de l'art. L'âge de pierre; traduit de l'anglais. A travers le Thibet. Notes de voyage; traduit du russe. Précédé d'une introduction par M. de Vaux-Phalipau et Georges Chklaver. Paris, Éditions de la Revue du vrai et du beau, 1928. xvii, 18-62 p. illus.
———. Altai-Himalaya; a travel diary; with twenty reproductions from paintings. New York, Frederick A. Stokes company, 1929. xix, 407 p. front. (port.) plates.
———. Heart of Asia. New York, Roerich Museum Press, 1930. 3-170 p. (New era library, ser. ii-"Lights of Asia," book i).
———. Shambhala, with a frontispiece in colors by Svetoslav Roerich. New York, Frederick A. Stokes, 1930. viii, 316 p. col. front. (port.).
———. Roerich, compiled and edited by the publishers. New York, Corona Mundi, inc., International Art Center [c1924] v-ix, [66] p. illus., port.
———. Nicholaĭ Konstantīnovīch Roerīch: his life and creations during the past forty years, 1889-1929; with 122 plates, of which 36 are in four colors and 86 in two colors or tinted half tones. New York, Central Book Trading Co. 1931. 47 p. incl. front. (mounted col. port.) illus. (1 mounted col.) 119 plates (part col.).
SCHÄTZ, JOSEF JULIUS, 1887- Heiliger Himalaya; Menschen und Berge, Götter, Geister und Dämonen. München, F. Bruckmann [1952] 120 p. illus.
SCHARY EDWIN GILBERT, 1893- In search of the mahatmas of Tibet; with forewords by Canon C. E. Tyndale-Biscoe and David Macdonald. London, Seeley, Service [1937] xiii, [2] p., 1 l., 19-312 p. front. 1 illus. (map) plates, port., facsims.
SÍS, VLADIMÍR. Der Weg nach Lhasa; Bilder aus Tibet, [von] Vladimír Sis [und] Josef Vaniš. [Deutsch von M. Vaničková] Prag, Artia, 1956. 54 p. 224 plates (part col.).
———. On the road through Tibet, vy Vladimír Sís and J. Vaniš. Translated by Iris Urwin. London, Spring Books, 1956. 52 p. plates.
TAFEL, ALBERT, 1877-1935. Meine Tibetreise; eine Studienfahrt durch das nordwestliche China und durch die innere Mongolei in das östliche Tibet. 2. Ausg. Stuttgart, Union Deutsche Verlagsgesellschaft [1923? c1914] iv, 499 p. illus., plates (part col.) port., fold. map.
TEICHMAN, SIR ERIC, 1884-1944. Travels of a consular officer in eastern Tibet, together with a history of the relations between China, Tibet and India, by Eric Teichman, with original maps of eastern Tibet and photographs taken by the author. Cambridge [Eng.] The University Press, 1922. xxiii, [1], 248 p. plates, maps (1 fold., in pocket).
THOMAS, LOWELL JACKSON, 1923- Out of this world; across the Himalayas to forbidden Tibet. New York, Greystone Press [1950] 320 p. illus. (part col.) ports. (part col.) col. maps (on lining papers).
———. The same. London, Macdonald [1951] 238 p. illus.
TICHY, HERBERT, 1912- Weisse Wolken über gelber Erde, eine asiatische Reise. Wien, Ullstein, 1951 [1948] 376 p. illus., map (on lining-papers).
———. Zum heiligsten Berg der Welt; auf Landstrassen und Pilgerpfaden in Af-

ghanistan, Indien und Tibet. Geleitwort von Sven Hedin. [5., durchgesehene Aufl.] Wien, Buchgemeinschaft Donauland [1953, c1937] 199 p. plates, fold. maps (part col.).

———. Tibetan adventure; travels through Afghanistan, India and Tibet; with a preface by Sven Hedin. London, Faber and Faber, [1938] 261 p. plates, 2 fold. maps. "Translated from the German by Ian F. D. Morrow and L. M. Sieveking."

———. Drei Buben im Himalaya. Wien-Mödling, St. Gabriel-Verlag; Kaldenkirchen, Steyler Verlag Buchhandlung, 1954. 32 p. (Frische Saat. 34).

TRINKLER, EMIL, 1896-1931. Tibet: sein geographisches Bild und seine Stellung im asiatischen Kontinent. München, C. Wolf und Sohn, 1922. 146 p. map, plates.

———. Das Land des Dalai Lama. Berlin, R. Hobbing, 1930. 96 p. illus. (Die Welt im Bild).

WIEDEMANN, HEINZE, ed. Tibet, Indien, Ceylon. Frankfurt a. M., Hirschgraben-Verlag, 1957. 64 p. (Hirschgraben-Lesereihe. Reihe 2, Buch. 12).

WIGNALL, SYDNEY. Prisoner in red Tibet. London, Hutchinson, 1957. 264 p. illus., plates.

WINNINGTON, ALAN. Tibet; record of a journey. London, Lawrence and Wishart, 1957. 235 p. illus.

YOUNGHUSBAND, SIR FRANCIS EDWARD, 1863-1942. Peking to Lhasa; the narrative of journeys in the Chinese empire made by the late Brigadier-General George Pereira compiled by Sir Francis Younghusband from notes and diaries supplied by Major-General Sir Cecil Pereira. London, Constable, 1925. x, 293 p. front., plates, ports., fold. maps.

———. The heart of a continent, commemorating the fiftieth anniversary of his journey from Peking to India by way of the Gobi desert and Chinese Turkestan, and across the Himalaya by the Mustagh pass. London, J. Murray [1937] vii-xvi, 246 p. front., illus., plates, port., fold. map.

ZETLAND, LAWRENCE JOHN LUMLEY DUNDAS, 2d marquis of, 1876- Lands of the thunderbolt, Sikhim, Chumbi and Bhutan, by the Earl of Ronaldshay. London Constable, 1923. xvii, 267 p. front., plates., fold. map.

Tibetan Language: Dictionaries

BHATTACHARYA, VIDHUSHEKHARA, mahamahopadhyaya. Bhota-prakāśa; a Tibetan chrestomathy. With introduction, skeleton grammar, notes, texts and vocabularies. [Calcutta] University of Calcutta, 1939. lix, 578 p. front. (facsim.).

BLO-BSAṄ MIN-'GYUR RDO-RJE, lama. A Tibetan-English primer, by Lama Lobzang mingyur dorje. Rev. ed. [Calcutta, University of Calcutta] 1938. 37 p.

———. Tibetan reader, 1-111. Tibetan-English vocabularies. Calcutta, University of Calcutta, 1951. 3 v.

CHE-RIṄ-DBAṄ-RGYAL. Dictionnaire tibétain-sanscrit, par Tse-ring-ouang-gyal (Che riṅ dbaṅ rgyal). Reproduction phototypique publiée par J. Bacot. Paris, P. Geuthner, 1930. 3 p. facsim.: 101 p. (Buddhica. Documents et travaux pour l'étude du bouddhisme. 2. sér.: Documents, t. 2).

EDGAR, JAMES HUSTON, 1871 or 72-1936. English-Giarung vocabulary. [Chengtu,] Harvard-Yenching committee of the West China Union University [1935?] 63 p. "Supplement to volume v, Journal of the West China border research society."

GIRAUDEAU, P. Dictionnaire français-tibétain, Tibet oriental [par] S. E. Mgr. Giraudeau et Francis Goré. Paris, Adrien-Maisonneuve, 1956. 310, 24 p.

GŌ, MINORU, 1904- ed. An Eastern Tibetan dictionary (revised) and a study of the Eastern Tibetan language, with special reference to the initial consonants. Edited by Minoru Gō [and others], Okayama, Minoru Gō, 1954. 303 p.

map.

GOULD, SIR BASIL JOHN, 1883- 1956. Tibetan syllables, by Sir Basil Gould and Hugh Edward Richardson. [London, H. Milford, Oxford university press, 1943. x, 119, [1] p.

———. Tibetan word book, by Sir Basil Gould and Hugh Edward Richardson with a foreword by Sir Aurel Stein [London] H. Milford, Oxford University Press, 1943. xvi, 447 p.

HACKIN, JOSEPH, 1886-1941, ed. and tr. Formulaire sanscrit-tibétain du Xe siècle, édité et traduit par Joseph Hacken. Paris, P. Geuthner, 1924. ix, 27, 130 p. (Mission Pelliot en Asie Centrale, sér. petit in-octavo, 2).

JÄSCHKE, HEINRICH AUGUST, 1817-1883. A Tibetan-English dictionary, with special reference to the prevailing dialects. To which is added an English-Tibetan vocabulary. London, K. Paul, 1934. xxii, 671 p.

———. The same. [London] Routledge and Paul, 1949. xxii, 671 p.

NISHIO, KYŌO, 1901- comp. A Tibetan index to the Mahavyutpatti, with its Sanskrit equivalents. Sakaki ed. Kyoto, Isseido Pub. Co. [1941] 305 p.

SIMON, WALTER, 1894- Tibetisch-chinesische Wortgleichungen: Ein Versuch. Berlin, W. de Gruyter, 1930. 72 p. (Berlin. Universität. Seminar für orientalische Sprachen. Mitteil. Bd. 32, Abt. 1).

Grammar and Readers

BACOT, JACQUES, 1877- Grammaire du tibétain littéraire. Paris, Librairie d'Amérique et l'Orient, 1946-48. 2 v. Vol. 2 has subtitle: Index morphologique (langue littéraire et langue parlée).

BELL, SIR CHARLES ALFRED, 1870-1945. Grammar of colloquial Tibetan. 3d ed. Alipore, Bengal, Superintendent, Govt. Print. Bengal Govt. Press, 1939. x, [2], 184 p. fold. map (in pocket) fold. facsims.

BERNARD, THEOS, 1908- A simplified grammar of the literary Tibetan language. Santa Barbara, Tibetan Text Society, 1946 [c1947] ix, 65 p. facsim.

BOUDA, KARL, 1901- Die Beziehungen des sumerischen zum baskischen, westkaukasischen und tibetischen. Leipzig, O. Harrassowitz, 1938. 23 p. (Mitteilungen der Altorientalischen gesellschaft, xii, bd., hft. 3).

DBYAṄS-CAN-GRUB-PA'I-RDO-RJE, lama. Tibetische Nationalgrammatik. i. teil: Das Sum-cu-pa und Rtags-kyi-'ajug-pa des lama Dbyaṅs-can-grub-pai-rdo-rje. Ein Kommentar zu den gleichnamigen Schriften Thon-mi Sam-bhota's. Übersetzt und erklärt, von Johannes Schubert. [Berlin, Reichsdruckerei, 1928] 59, [1] p. Inaug. - Diss. (Johannes Schubert)-Berlin.

DURR, JACQUES A. Morphologie du verbe tibétain. Heidelberg, C. Winter, 1950. 192 p. (Bibliothek der allgemeinen Sprachwissenschaft. 3. Reihe, Darstellungen und Untersuchungen aus einzelnen Sprachen).

———. ed. Deux traités grammaticaux tibétans. Commentaire développé des çlokas du Sum rTags, admirable collier de perles des savants, par Situ (çlokas 12, 13, 14, 15 et 25 du rTags'aJug) et Examen définitif ou commentaire élucidant les notions difficiles du rTags'aJug appelé Miroir de pur cristal, Dvangs Shel Me Long, par Don'aGrub. Heidelberg, C. Winter, 1950. 95 p. (Bibliothek der allgemeinen Sprachwissenschaft. 3. Reihe: Darstellungen und Untersuchungen aus Einzelnen Sprachen).

GOULD, SIR BASIL JOHN, 1883-1956. Tibetan sentences, by Sir Basil Gould and Hugh Edward Richardson. [London, H. Milford, Oxford university press, 1943. v, 137 p.

JÄSCHKE, HEINRICH AUGUST, 1817-1883. Tibetan grammar; addenda by A. H. Francke, assisted by W. Simon. 3. Aufl. Berlin, Walter de Gruyter, 1929. vi, 161 p.

———. Tibetan grammar. Supplement of readings with vocabulary, by John L. Mish. New York, F. Ungar Pub. Co. [1954] 126 p. First ed. published in 1865 under title: A short practical grammar of the Tibetan language.

KOERBER, HANS NORDEWIN VON. Morphology of the Tibetan language; a contribrution to comparative Indosinology. Los Angeles, Suttonhouse [1935] xii, 230 p.

LALOU, MARCELLE. Manuel élémentaire de tibétain classique; méthode empirique. Paris, A. Maisonneuve, 1950. v, 111 p.

MILLER, ROY ANDREW, 1924- The Tibetan system of writing. Washington, American Council of Learned Societies; London, Bailey and Swinfen, 1956. 30 p. (American Council of Learned Societies. Program in Oriental Lan guages. Publications. Series B: Aids, no. 6).

ROERICH, GEORGE NICHOLAS, 1902- Dialects of Tibet; the Tibetan dialect of Lahul. New York, Urusvati Himalayan Reaearch Institute of Roerich Museum [1933] 107 p. (Tibetica, v. 1). Issued also in Journal of Urusvati Himalayan Research Institute of Roerich Museum, v. 3 (1933) p. 83-189.

———. Text-book of colloquial Tibetan. Dialect of Central Tibet, by George N. Roerich and Tse-Trung Lopsang Phuntshok. Bengal, 1957. iv, 238 p.

ROL-PA'I-RDO-RJE, grand lama of Peking, 1736-1795. Tibetische Nationalgrammatik; das Sum cu pa und Rtags kyi 'ajug pa des Grosslamas von Peking Rol pai rdo rje. Ein Kommentar zu den gleichnamigen Schriften Thon-mi Sambhoṭa's auf Grund der Erklärung des lamas Chos-skyoṅ-bzaṅ-po, lo-tsa-ba von Johannes Schubert. Leipzig, Offizin R. Hadl, 1937. 104 p. (Artibus Asiae, curat editionem Richard Hadl. Suppl. i).

THONMI SAMBHOṬA, fl 632. Une grammaire tibétaine du tibétain classique. Les ślokas grammaticaux de Thonmi Sambhoṭa, avec leurs commentaires, traduits du tibétain et annotés par Jacques Bacot. Paris, P. Geuthner, 1928. iv, 231 p. fold. facsims. (Annales du Musée Guimet, Bibliothèque d'études-t. 37).

U. S. Work projects administration. California. Sino-Tibetan linguistics. Produced on a Work projects administration project. Sponsored by University of California through A. L. Kroeber, Dept. of anthropology. Supervised by Robert Shafer [and] Paul K. Benedict. Berkeley, Calif., 1937-41. 16 v. in 15. tables.

Other Tibetan Dialects

READ, ALFRED FRANK CHARLES, 1907- Balti grammar. London, Royal Asiatic Society, 1934. iv, 108 p. (James G. Forlong fund, vol. xv).

THOMAS, FREDERICK WILLIAM, 1867-1956. Nam, an ancient language of the Sino-Tibetan borderland; text, with introd., vocabulary and linguistic studies. London, Oxford Univ. Press, 1948. x, 469 p. fold. map, facsims. (Publications of the Philological Society, 14).

WALSH, ERNEST HERBERT COOPER, 1865- A vocabulary of the Tromowa dialect of Tibetan spoken in the Chumbi valley (so far as it differs from standard Tibetan), together with a corresponding vocabulary of Sikhimese and of Central (standard) Tibetan compiled by E. H. C. Walsh, I. c. s. (the corresponding Sikhimese words supplied by Sub-inspector S. W. Laden La, Bengal police.). Calcutta, Bengal-Secretariat Book Depot, 1905. x, 34 p.

WOLFENDEN, STUART NORRIS, 1889- Outlines of Tibeto-Burman linguistic morphology, with special reference to the prefixes, infixes and suffixes of classical Tibetan and the languages of the Kachin, Bodo, Nâgâ, Kuki-Chin and Burma groups. London, Royal Asiatic-Society, 1929. xv, 216 p. fold. tab. (Prize publication fund. vol. xii).

Tibetan Literature: Bibliographies

KAUJUR. A comparative analytical catalogue of the Kanjur division of the Tibetan Tripitaka; edited in Peking during the K'ang Hsi era, and at present kept in the library of the Otani Daigaku, Kyoto, in which the contents of each sutra are collated with their corresponding parts in the existing Sanskrit, Pali, and Chinese texts, and in which page references to the Narthang and the Derge edition of the Tripitaka are also entered. Kyoto, Otani Daigaku library, 1930-32. 14, 477 p.

LALOU, MARCELLE. Catalogue du fonds tibétains de la Bibliothèque Nationale par Marcelle Lalou. Paris, P. Geuthner, 1931- 1 v. (Buddhica. Documents et travaux pour l'étude du Bouddhisme. 2 sér. Documents, t. 4).

PARIS. BIBLIOTHÈQUE NATIONALE. Répertoire du Tanjur d'après le catalogue de Palmyr Cordier, par Marcelle Lalou avec une préface de Paul Pelliot. Paris, Durand, 1933. viii, 239 p.

———. État des manuscrits sanscrits, bengalis et tibétains de la collection Palmyr Cordier, par Jean Filliozat. Paris, Imprimerie Nationale, 1934. cover-title, 19 p. "Extrait du Journal asiatique (janvier-mars 1934)"

———. Inventaire des manuscrits tibétains de Touen-houng conservés à la Bibliothèque Nationale (Fonds Pelliot tibétain), par Marcelle Lalou. Paris, Adrien-Maisonneuve, 1939-1950. 2 v.

SENDAI, TOHOKU UNIVERSITY. A catalogue of the Tōhoku University collection of Tibetan works on Buddhism, by Yenshô Kanakura, Ryujo Yamada [and others] Sendai, Seminary of Indology, Tōhoku University [1953] 531 p.

UI, HAKUJU, 1882- A complete catalogue of the Tibetan Buddhist canons (Bkaḥ-ḥgyur and Bstan-ḥgyur) edited by Hakuju Ui, Munetada Suzuki, Yenshô Kanakura [and] Tôkan Tada. Sendai, Published by Tôhoku Imperial University aided by Saitô Gratitude Foundation, 1934. 2, 2, 701, 3 p. with catalogue-index, 124 p.

General Works

BACOT, JACQUES, 1877- ed. and tr. Représentations théâtrales dans les monastères du Tibet; trois mystères tibétains. Tchrimekundan, Djroazanmo, Nansal, traduits avec introduction, notes et index. Bois gravés d'après les dessins de V. Goloubew. Paris, Éditions Bossard, 1921. 298 p. illus. (Les Classiques de l'Orient, 3).

———. ed. Three Tibetan mysteries: Tchrimekundan, Nasal, Djroazanmo, as performed in the Tibetan monasteries; translated from the French version of Jacques Bacot (with an introduction, notes, and index) by H. I. Woolf. Illustrated from native designs by V. Goloubew. London, G. Routledge; New York, E. P. Dutton [1924] 267, [1] p. incl. front., plates. (Broadway translations).

———. Le poète tibétain Milarépa, ses crimes, ses épreuves, son Nirvāna, traduit du tibétain avec une introd. et un index. 40 bois de Jean Buhot d'après une iconographie tibétaine de la vie de Milarépa. Paris, Éditions Bossard, 1925. 302 p. illus. (Classiques de l'Orient, 11).

———. La vie de Marpa, le "traducteur," suivi d'un chapitre de l'Avadāna de l'oiseau Nīlakaṇṭha. Extraits et résumés d'après l'édition xylographique tibétaine. Paris, P. Geuthner, 1937. 115, [1] p. front. (port.) (Buddhica. Documents et travaux pour l'étude du bouddhisme. 1. sér.: Mémoires, t. vii).

BKA'GYUR. Tibetan tales: stories from the "Dsange Blun" (The Wise and the Foolish), from an ancient collection of stories on the wise and foolish actions of men, attributed to the Buddha Gautama and compiled after his death by his disciple, Ananda. Translated from the Tibetan by Anointte K. Gordon. London, Luzac, 1953. 72 p. illus.

DAVID-NEEL, ALEXANDRA, 1874- Mipam; ein Tibetischer Roman. Leipzig, F.A. Brockhaus, 1935. 335 p.

———. Textes tibétains inédits. Paris, La Colombe [1952] 199 p.

———. Unbekannte tibetische Texte. Übers. von Ursula von Mangoldt. München-Planegg, O. W. Barth, 1955. 171 p. (Weisheitsbücher der Menschheit).

DRI MED KUN IDAN. Ti-me-kun-dan, prince of Buddhist benevolence, a mystery play, translated from Tibetan text by Millicent H. Morrison. London, J. Murray, 1925. 128 p. (Wisdon of the East Series).

DUNCAN, MARION HERBERT, 1896- Harvest festival dramas of Tibet. Hong Kong, Orient Pub. Co. [1955] 275 p. illus.

EKVALL, ROBERT BRAINERD, 1898- Tibetan voices. Drawings by Jean Hammond. New York and London, Harper [1946] 63 p. illus.

FRANCKE, AUGUST HERMANN, 1870-1930. Tibetische Hochzeitslieder, übers. nach Handschriften von Tag-ma-cig. Mit einer Einleitung über die Mythologie der tibetischen Sagenwelt und Bildern, meist nach Aufnahmen des Verfassers, von A.H. Francke. Lieder in die ursprünglichen Versmasse übertragen von Anna Paalzow. Hagen i W. [etc.], 71 p. illus. plates. (Kulturen der Erde. Textwerke).

GESAR (Romances, etc). La vie surhumaine de Guésar de Ling, le héros thibétain, racontée par les bardes de son pays. Préface par Sylvain Lévi. Paris, Éditions Adyar, 1931. lxiv, 346 p., plates, ports. At head of titel: Alexandra David-Neel et le lama Yongden.

———. The superhuman life of Gesar of Ling, the legendary Tibetan hero, as sung by the bards of his country, by Alexandra David-Neel and the lama Yongden; preface by Sylvain Lévi, rendered into English with the collaboration of V. Sydney. London, Rider, 1933. 7-286 p.

———. The same. [New York, C. Kendall, c1934] vi, 390 p.

GOS LO-TSĂ-BA GŽON-NU-DPAL, 1392-1481. The Blue annals. Edited and translated by George N. Roerich. Calcutta, 1949-53. 2 v. (Asiatic Society of Bengal. Monog. 7).

JEWETT, ELEANORÉ MYERS. Wonder tales from Tibet, illustrations by Maurice Day. Boston, Little, Brown, 1922. ix, 183 p. col. front., col. plates.

JUNGBAUER, GUSTAV 1886- ed. Märchen aus Turkestan und Tibet. Jena, E. Diederichs 1923. 3-317, [2] p. incl. front., 1 illus. (Die märchen der weltliteratur [23]).

KANJUR. Tibetanische Märchen. Berlin, Junker, 1923. 224 p. Inhaltsverzeichnis.

———. Tibetan tales, derived from Indian sources, translated from the Tibetan of the Kahgyur by F. Anton von Schiefner, and from the German into English by W.R.S. Ralston, with an introduction. New ed. with a preface by C.A.F. Rhys Davids. London, G. Routledge; New York, E.P. Dutton [1926] v. [2], [vii]-ixv, 368 p. (Broadway translations).

MI-LA RAS-PA, 1038-1122. Milaraspa; tibetische Texte in Auswahl übertragen von Berthold Laufer. Hagen i. W., Folkwang-Verlag, 1922. 78 p. plates, (Kulturen der Erde. Textwerke.).

———. Chants from Shangri-la; original translation from the Tibetan by Flora Beal Shelton revised and edited by Dorris Shelton Still. Palm Springs, Calif., D.S. Still, [c1939] 93 p. illus. plates.

———. Sieben Legenden [übersetzung von sieben ausgewählten Kapiteln der "Hunderttausend Gesänge" von] Helmut Hoffmann. München, O.W. Barth, 1950. 127 p. illus.

———. Milarepa, magicien poète ermite tibétain (XIe siècle) Traduction de Jacques Bacot; eauxfortes de Georges Braque. Paris, Maeght, 1950. 1 v.

NO-RUB-CAN. Les contes de No-rub-can (contes thibétains) suivis de La légende de Na-ro-pa. Bruxelles, Les Éditions de Belgique, 1939. [7]-210, [2] p.

NOEL, SYBILLE (GRAHAM). The magic bird of Chomo-lung-ma; tales of mount Everest, the turquoise peak, by Sybille Noel, illustrated by A. Avinoff. Garden City, N.Y., Doubleday, Doran 1931. 310 p. front., illus., plates.

PELLIOT, MARIANNE. Le sorcier du Lac Vert. Paris, Adrien-Maisonneuve, 1950. 95 p.

SANGHARAKSHITA. Messengers from Tibet and other poems. Bombay, Hind Kitabs, 1954. 50 p.

SHAHIDULLAH, MUHAMMAD, ed. Les chants mystiques de Kānha et de Saraha; les Dohākoṣa (en apabhraṃśa, avec les versions tibétaines) et les Caryā (en vieux-bengali) avec introduction, vocabulaires et notes, édités et traduits par

M. Shahidullah. Paris, Adrien-Maisonneuve, 1928. [ix]-xii, 234, [2] p. (Textes pour l'étude du bouddhisme tardif). Issued also as the author's thesis, Univ. de Paris.

SHELTON, ALBERT LEROY, 1875-1922. Tibetan folk tales, translated by A. L. Shelton. (Shelton of Tibet) edited with an introduction by Flora Beal Shelton, illustrated by Mildred Bryant. New York, George H. Doran [c1925] xiv p. 17-192, [1] p. incl. plates. col. front.

SHELTON, FLORA BEAL. Folk tales of Tibet; illustrated by Mary Forrester. Dallas, Story Book Press, 1951. 38 p. illus.

SIMONSSON, NILS. Indo-tibetische Studien; die Methoden der tibetischen Ubersetzer, untersucht im Hinblick auf die Bedeutung ihrer Übersetzung für die Sanskrit philologie. Uppsala, 1957. 1 v. (290 p.) facsims. Diss.-Univ. Uppsala.

THOMAS, FREDERICK WILLIAM, 1867-1956. ed. and tr. Tibetan literary texts and documents concerning Chinese Turkestan, selected and translated by F. W. Thomas. London, Royal Asiatic Society, 1935-1955. 3 v. (Oriental translation fund. New series).

———. Ancient folk-literature from northeastern Tibet. Berlin, Akademie Verlag, 1956. x, 76, 204 p. plates, map, (Abhandlungen der deutsche Akademie des Wissenschaften zu Berlin. Kl. für Sprachen, Literatur und Kunst. Jg. 1956, H 3).

TOUSSAINT, GUSTAVE CHARLES: Le Dict de Padma (Padma thang Yig), Ms. de Lithang. Traduit du Thibétain. Paris, E. Leroux, 1933. 540 p. plates. (Bibliothèque de l'Institut des Hautes Études Chinoises, 111).

TUCCI, GIUSEPPE, 1894- ed. and tr. Tibetan folksongs from the district of Gyantse, collected and translated by Giuseppe Tucci. Ascona, Switzerland, Artibus Asiae Publishers, 1949. 89 p. mounted illus. (Artibus Asiae. Supplementun 7).

YONGDEN, LAMA. La puissance du néant, roman tibétain, adaptation française de Alex. David-Neel. Paris, Plon, 1954. 256 p.

———. Die Macht des Nichts. Ein Tibetischer Roman, übers. aus dem Französischen von Curt Meyer-Clason. Wiesbaden, F. A. Brockhaus, 1956. 200 p.

History and Foreign Relations

AOKI, BUNKYŌ, 1886- Study on early Tibetan chronicles, regarding discrepancies of dates and their adjustments; a report of study for 1954-1955 by the subsidy from the Ministry of Education, Japan. Tokyo, Nippon Gakujutsu Shinkokai (Japan Society for the Promotion of Science) 1955. 10, vi, 161 p. tables. Photolithographed from ms. copy.

BACOT, JACQUES, 1877- ed. and tr. Documents de Touen-houang relatifs à l'histoire du Tibet [par] J. Bacot, F. W. Thomas [et] Ch. Toussaint. Paris, P. Geuthner, 1940 [i.e. 1946] 204 p. facsims. (Annales du Musée Guimet. Bibliothèque d'études, t. 51).

BANERJEE, ANIL CHANDRA. The problem of Tibet. Calcutta, Uttarayan [1951] 16 p. (Uttarayan monograph on current affairs, no. 11).

BELL, SIR CHARLES ALFRED, 1870-1945. Tibet, past and present. Oxford, Clarendon Press, 1924. xiv, 326 p. col. front., plates (part col.) ports., fold. maps.

———. Tibet einst und jezt. Deutsch von E. H. Bollog. Leipzig, F. A. Brockhaus 1925. xv, 335 p. illus. map.

CAMMANN, SCHUYLER, 1912- Trade through the Himalayas; the early British attempts to open Tibet. Princeton, Princeton University Press, 1951. x, 186 p. illus., maps.

CLARK, GROVER, 1891-1938. Tibet, China and Great Britain; notes on the present status of the relation between these countries. Peking, Peking Leader Press, 1924. Cover-title, 57 p.

DAS, TARAKNATH. British expansion in Tibet. Calcutta, N. M. Raychowdhury [1927] 137 p.

DAVID-NEEL, ALEXANDRA, 1874- Le vieux Tibet face à la Chine nouvelle. Paris, Plon [1953] 244 p. illus., ports., fold. col. map.

——. Altes Tibet, neues China. Übers. von Fritz Montfort, 1955. Wiesbaden, F. A. Brockhaus, 1955. 203 p. plates, map.

DOCUMENTS AND SPEECHES ON THE PEACEFUL LIBERATION OF TIBET. Peking, People's China, 1951. 15 p.

ENDERS, GORDON BANDY. Nowhere else in the world, by Gordon B. Enders with Edward Anthony; with sixty-four photographs. New York, Farrar and Rinehart [c1935] x, 434 p. incl. illus. (map) plates, ports.

——. The same; London, Hurst and Blackett, 1936. 304 p.

FILCHNER, WILHELM, 1877-1957. Sturm über Asien, Erlebnisse eines diplomatischen Geheimagenten, mit vielen Abbildungen, Karten und Vollbildern nach Skizzen des Verfassers. Berlin, Neufeld and Henius [c1924] vii, [1], 310 p. front., plates, ports., maps (part fold.)

——. Wetterleuchten im Osten, Erlebnisse eines diplomatischen Geheimagenten. Mit einem Porträt des Verfassers, 6 Federzeichnungen von Ottokar Luke, 10 ganzseitigen Bildtafeln mit 15 Abbildungen, 3 Karten, und 2 Plänen. Berlin, P. J. Oestergaard [pref. 1927] 300 p. illus., ports., fold. maps.

GT. BRITAIN. Central Office of Information. Tibet, background to the Chinese invasion. London, Reference Division, Central Office of Information, 1950. 5 p. (No. R. 2048).

HSIN HUA News Agency. Agreement on measures for peaceful liberation of Tibet. [Peking? 1951?] 11 p. illus.

LAI, TZE-SHENG, 雷子聲. Le problème thibétain. Paris, A. Pedone, 1941. [vii]-ix 186 p. Thèse-Univ. de Paris.

LEE, WEI KUO, 李惟果, 1905- Tibet in modern world politics (1774-1922). New York, 1931. [7]-148 p. illus. (maps) Thesis-Columbia University.

LI, FANG-KUEI, 李方桂, 1902- The inscription of the Sino-Tibetan treaty of 821-822. Leiden, E. J. Brill, 1956. 99 p. Reprinted from T'oung Pao, vol. XLIV, 1-3.

LI, TIEH-TSENG, 李鐵錚, 1906- The historical status of Tibet. New York, King's Crown Press, Columbia University, 1956 [c1954] xi, 312 p. Issued also in microfilm form, as thesis, Columbia University, under title: A historical study of the status of Tibet.

——. The problem of Tibet in Sino-British relations. London, 1956. v, 460 l. Thesis-London School of Economics.

PETECH, LUCIANO. China and Tibet in the early 18th century; history of the establishment of Chinese protectorate in Tibet. Leiden, E. J. Brill, 1950. x, 286 p. 2 fold. maps. (T'oung pao: archives concernant l'histoire, les langues, la géographie, l'ethnographie et les arts de l'Asie orientale. Monographie 1).

RICHARDSON, H. E. ed. Ancient historical edicts at Lhasa and The Mu Tsung/ Khri Gtsug Lde Brtsan Treaty of A. D. 821-822 from the inscription at Lhasa. London, Royal Asiatic Society of Great Britain and Ireland, 1952. iii, 186 p. plates. (Its Prize publication fund, 19).

SHÊN, TSUNG-LIEN, 沈宗濂, 1899- Tibet and the Tibetans, by Tsung-lien Shên and Shên-chi Liu, 劉陞祺. Foreword by George E. Taylor. Stanford, University Press; London, Oxford Univ. Press, [1953]. 199 p. illus.

TCHEOU, MEI-LI, 周美鑫. Le Tibet et ses relations internationales depuis le VIIe siècle à nos jours. Paris, 1950. 171 l. Thèse-Univ. de Paris.

TUCCI, GIUSEPPE, 1894- Le Thibet et la situation asiatique. Paris, 1950. 24 p. "Relation presentée le 5 juin 1950 au Centre d'études de politique étrangère à Paris."

WILLIAMS, EDWARD THOMAS, 1854-1944. Tibet and her neighbors. Berkeley, Calif., University of California Press, 1937. cover-title, 1 p. 99-139. (University of California publications. Bureau of international relations. 3:2).

Social Conditions: General Works

BELL, SIR CHARLES ALFRED, 1870-1945. The people of Tibet. Oxford, Clarendon press, 1928. xix, 319, [1] p. front., plates (1 col.) maps (part fold.).

DUNCAN, MARION HERBERT, 1896- The Mountain of silver snow. Cincinnati, O., Powell and White [c1929] 240 p. front., plates, ports.

EKVALL, ROBERT BRAINERD, 1898- Cultural relations on the Kansu-Tibetan border. Chicago, University of Chicago Press [c1939] xiii, [2], 87 p. illus. (map) (University of Chicago publications in anthropology. Occasional papers, 1).

———. Tibetan sky lines. New York, Farrar, Straus and Young; London, Gollancz, 1952. 240 p. illus.

HERMANNS, MATTHIAS, 1899- Die A mdo pa-Grosstibeter; die sozial-wirtschaftlichen Grundlagen der Hirtenkulturen Innerasiens. [Freiburg, 1948?] xvi, 325 p. illus., 4 fold. maps.

———. The Indo-Tibetans. The Indo-Tibetan and Mongoloid problem in the Southern Himalaya and North-Northeast India. Bombay, K.L. Fernandes, 1954. xvi, 159 p. illus. map.

[ILLION, THEODORE]. Tibeter über das Abendland; Stimmen aus dem geheimnisvollen Tibet. [Von] Burang [pseud.] [3. Aufl.] Salzburg, Igonta-Verlag, 1947. 215 p.

LAUFER, BERTHOLD, 1874-1934. Use of human skulls and bones in Tibet. Chicago, Field Museum of Natural History, 1923. cover-title, 16 p. fold. pl. (Field museum of natural history. [Anthropology leaflet, 10]).

LEARNER, FRANK DOGGETT. Rusty hinges; a story of closed doors beginning to open in north-east Tibet. London and Philadelphia, The China Inland Mission, 1933. xi, 13-157 p. front., plates, ports.

MACDONALD, DAVID. The land of the lama; a description of a country of contrasts and of its cheerful, happy-go-lucky people of hardy nature and curious customs; their religion, ways of living, trade and social life, by David Macdonald. With a foreword by the Right Hon. the Earl of Ronaldshay. London, Seeley, Service, 1929. 283 p. front. (port.) illus. (incl. plan, facsims.) plates, fold. map.

———. Moeurs et coutumes des Thibétains. Traduction française par R. Bilot. Paris, Payot, 1930. 262 p. plates, (Collection d'études, documents et de temoignages pour servir à l'histoire de notre temps).

———. Twenty years in Tibet, intimate and personal experiences of the closed land among all classes of its people from the highest to the lowest [by] David Macdonald. With a foreword by the Earl of Lytton. Philadelphia, J. B. Lippincott, [1932] London, Seeley, 1932. 7-318 p. front., plates, ports., fold. map.

PEMBA, TSEWANG Y. Young days in Tibet. London, J. Cape [1957] 184 p.

RIBBACH, SAMUEL HEINRICH. Drogpa Namgyal, ein Tibeterleben. München-Planegg. O. W. Barth-Verlag gmbh. 1940. 7-263 p. front., plates.

SHERAP, PAUL, 1887- A Tibetan on Tibet; being the travels and observations of Mr. Paul Sherap (Dorje Zödba) of Tachienlu; with an introductory chapter on Buddhism and a concluding chapter on the devil dance, by G. A. Combe. London, T. F. Unwin [1926] xx, 212 p. front. (ports.) fold. map.

VIERZIG, KATHARINA. Beiträge zur Kenntnis tibetischer Pharmakologie. Jena, 1949. 79, iv, 1. Diss. -Univ. Jena.

Lamaism

ARYA MAHABALA-NAMA-MAHYANA-SUTRA. Tibétan (mss. de Touen-Houang) et chinois, by F. A. Bischoff, 1956. Paris, P. Geuthner, 1956. 126 p. plates.

(Buddhica. Documents et travaux pour l'étude du bouddhisme. 1 sér. Mémoirs, t. 10).

BARDO THÖDOL. The Tibetan Book of the dead; or, The after-death experiences on the Bardo plane, according to Lâma Kazi Dawa-Samdup's English rendering, by W. Y. Evans-Wentz. With foreword by Sir John Woodroffe. 2d ed. London, New York, Oxford Univ. Press, 1949. l, 248 p. illus., plates, port., facsim. 1st ed. 1927.

———. The same; with a psychological commentary by Dr. C. G. Jung, and introducting foreword by Lâma Anagarika Govinda, and a foreword by Sir John Woodroffe. 3rd ed. London, Oxford University Press, 1957. lxxxiv, 249 p. front., illus., plates.

———. Le livre des morts tibétain, ou Les expériences d'après la mort dans le plan du Bardo. Suivant la version anglaise du Lâma Kazi Dawa Samdup, editée par W. Y. Evans-Wentz. Traduction française de Marguerite La Fuente, precédée d'une préface de Jacques Bacot. Paris, Adrien-Maisonneuve, 1933. viii, 226 p. illus.

———. Das tibetanische Totenbuch; oder, Die nach-Tod-Erfahrungen auf der Bardo-Stufe. Nach der englischen Fassung des Lâma Kazi Dawa-Samdup hrsg. von W. Y. Evans-Wentz. Übers. und eingeleitet von Louis Göpfert-March; mit einer Einführung und einem psychologischen Kommentar von C. G. Jung und einem Vorwort von Sir John Woodroffe. 5., umgearb. und erweiterte Aufl. Zürich, Rascher Verlag, 1953. lxxiii, 265 p. illus.

BELL, SIR CHARLES ALFRED, 1870-1945. The religion of Tibet. Oxford, Clarendon Press, 1931. xv, [1] 235, [1] p. col. front., plates, ports., 3 maps (2 fold.) 2 facsim.

———. Portrait of the Dalai lama. London, Collins, 1946. 414 p. plates. (part col., 1 double; incl. front., ports., facsims.).

BERNARD, THEOS, 1908- Heaven lies within us. New York, C. Scribner, 1939. xiv, 326 p. incl. front., illus.

———. The same; London, Rider [1941] 256 p. incl. front., illus.

———. Penthouse of the gods; a pilgrimage into the heart of Tibet and the sacred city of Lhasa. New York, and London, C. Scribner, 1939. xii, 344 p. front., plates, ports.

———. Land of a thousand buddhas; a pilgrimage into the heart of Tibet and the sacred city of Lhasa. With 83 illustrations. London, Rider [1940]. 320 p. front., plates, ports.

BLEICHSTEINER, ROBERT, 1891-1954. Die gelbe Kirche; Mysterien der buddhistischen Klöster in Indien, Tibet, Mongolei und China. Wien, J. Belf [c1937] 272 p. plates, plans.

———. L'église jaune. Traduction de Jacques Marty. Paris, Payot, 1950. 292 p. (Bibliothèque historique) 1st ed. 1937.

BOUCHOT, JEAN. Le Temple des Lamas. Pékin, Impr. de la "Politique de Pékin," 1923. 68 p. illus.

BOUILLARD, GEORGES, 1862-1930. Notes divers sur les cultes en Chine: Les ornements rituels des temples lamaïques et bouddhiques. Pékin, A. Nachbaur, 1924. 10 p.

———. Le temple des lamas; temple lamaiste de Yung Ho Kung à Pékin. Description, plans, photos, cérémonies. Pékin, A. Nachbaur, 1931. 127, [1] p. illus., plates, (part. fold.) fold. plan.

BROMAGE, BERNARD. Tibetan yoga. London, Aquarian Press; Toronto, Smithers and Bonellie, 1952. 244 p. front. plates.

CLARK, WALTER EUGENE, 1881- ed. Two Lamaistic pantheons, edited with introduction and indexes by Walter Eugene Clark from materials collected by the late Baron A. von Staël-Holstein. Cambridge, Harvard University Press, 1937. 2 v. plates, facsims. (Harvard-Yenching institute. Monograph series.

vol. iii-iv).

CONTRIBUTIONS to ethnography, linguistics, and history of religion. Stockholm, Statens Etnografiska Museum, 1954. 128 p. illus., map, facsims. (Reports from the scientific expedition to the north-western provinces of China under the leadership of Dr. Sven Hedin. The Sino-Swedish Expedition. Publication 38. viii. Ethnography, 6).

DAVID-NEEL, ALEXANDRA, 1874- Heilige und Hexer; Glaube und Aberglaube im Lande des Lamaismus, nach eigenen Erlebnissen in Tibet dargestellt von Alexandra David-Neel, [aus dem Französischen von Ada Ditzen] Leipzig, F.A. Brockhaus, 1931. 295 p. front., map, plates, ports.

———. Mystiques et magiciens du Thibet. Préface de A. d'Arsonval. Avec 25 gravures hors texte. Paris, Plon [1929] vi, 306 p., plates, ports.

———. With mystics and magicians in Tibet. With an introduction by Dr. A. d'Arsonval, and 29 illustrations from the author's photographs. London, John Lane [1931]; Harmondsworth, [Eng.] Penguin Books, 1938. xiv, 320 p. front., plates, ports.

———. Magic and mystery in Tibet. With an introduction by Dr. A. d'Arsonval. [New York, C. Kendall, 1932] xii, 320 p. plates, ports.

———. Initiations lamaïques; des théories-des pratiques- des hommes; avec 36 gravures hors-texte. Paris, Adyar, 1930. Nouv. éd. 1957. 284 p. plates, ports.

———. Initiations and initiates in Tibet. Authorised translation by Fred Rothwell. London, Rider [1931] 224 p. plates, ports.

———. Meister und Schüler; die Geheimnisse der lamaistischen Weihen; auf grund eigener Erfahrungen dargestellt von Alexandra David-Neel. "Aus dem französischen von Ada Ditzen." Mit 36 Abbildungen. Leipzig, F.A. Brockhaus, 1934.

———. Magie d'amour et magie noire, scènes du Tibet inconnu. Paris, Plon [1938] iii, 246 p.

———. Liebeszauber und schwarze Magie. München-Planegg, O.W. Barth, 1952. 267 p.

ELLAM, JOHN E. Buddhism and lamaism; a study of the religion of Tibet. Calcutta, Thacker, Spink and Co., 1924. 45 p.

———. The religion of Tibet; a study of Lamaism. London, J. Murray [1927] 127 p. (Wisdom of the East).

FILCHNER, WILHELM, 1877-1957. Kumbum Dschamba Ling, das Kloster der hunderttausend Bilder Maitreyas; ein Ausschnitt aus Leben und Lehre des heutigen Lamaismus. Mit 208 Abbildungen auf Kunstdrucktafeln nach eigenen Aufnahmen, 412 Skizzen des Verfassers im Text, einer Lichtdruck-und einer Buntdrucktafel sowie einer Klosterkarte. Leipzig, In kommission bei F.A. Brockhaus, 1933. xvi, 555, [1] p. front., illus., plates (1 col.) port., diagrs.

———. Kumbum; Lamaismus in Lehre und Leben. Mit Originallegenden (tibetisch, mongolisch, chinesisch) und 7 Bildtafeln nach Originalaufnahmen des Verfassers. [1. Aufl. Zürich] Rascher 1954. 298 p. illus.

FRANCKE, AUGUST HERMANN, 1870-1930. Geistesleben in Tibet. Gütersloh, C. Bertelsmann, 1925. 80 p. facsims, front. plates (Allgemeine Missionsstudien, 2).

GOVINDA, ANAGARIKA BRAHMACARI. Grundlagen tibetischer Mystik; nach den esoterischen Lehren des Grossen Mantra Om Mani Padme Hûm, von Lâma Anagarika Govinda (Anangavajra Khamsum-Wangchuk) Aufnahmen tibetischer Plastik von Li Gotami. Zürich, Rascher Verlag, 1957. 357 p. illus.

HERMANNS, MATTHIAS, 1899- Himmelsstier und Gletscherlöwe. Tibetische Mythen, Sagen und Fabeln. Auf einer Völkerkundlichen Forschungsreise in Tibet aufgenomen. Kassel, Erich Röth, 1956. 260 p. ("Das Gesicht der Völker").

———. Mythen und Mysterien; Magie und Religion der Tibeter. Köln, B. Pick [1956] 400 p. illus.
HOFFMANN, HELMUT, 1912- Quellen zur Geschichte der tibetischen Bon-Religion. Mainz, Verlag der Akademie der Wissenschaften und der Literatur; in Kommission bei F. Steiner, Wiesbaden [1950] 319 p. illus., plates (part col.) fold. map. (Akademie der Wissenschaften und der Literatur. Abhandlungen der Geistes- und Sozialwissenschaftlichen Klasse, Jahrg. 1950, Nr. 4)
———. Die Religionen Tibets. Bon und Lamaismus in ihrer geschichtlichen Entwicklung. Freiburg, München, Alber, 1956. 214 p. illus. plates.
HUMMEL, SIEGBERT. Lamaistische Studien. Leipzig, O. Harrassowitz, 1950. 212 p. port. plates, facsims. maps, (Forschungen zur völkerdynamik zentral und ostasiens, 5).
KRASINSKI, CYRILL VON KORVIN. Die tibetische Medizinphilosophie; der Mensch als Mikrokosmos. Zürich, Origo Verlag [1953] xl, 363 p. tables. (Mainzer Studien zur Kultur- und Völkerkunde, Bd. 1).
LALOU, MARCELLE. Les religions du Tibet. Paris, Presses universitaires, 1957. 104 p. (Collection Mythes et religions).
LAUPPERT, NORBET, ed. Briefe tibetanischer Weiser. Graz, Adyar-Verlag, 1954. 164 p.
LESSING, FERDINAND, 1882- Yung-ho-kung, an iconography of the Lamaist cathedral in Peking, with notes on Lamaist mythology and cult.⌈v. 1.⌉ in collaboration with Gösta Montell. Stockholm [Göteborg, Elanders boktryckeri aktiebolag] 1942. 179 p. mounted col. front., illus., plates, fold. plan (in pocket) diagrs. (Reports from the scientific expedition to the north-western provinces of China under the leadership of Dr. Sven Hedin. The Sino-Swedish expedition. Publication 18. viii. Ethnography. 1).
LOBSANG RAMPA, T. The third eye; the autobiography of a Tibetan lama. Illustrated by Tessa Theobald. London, Secker and Warburg; New York, Doubleday, c1956. 256 p.
———. Das dritte Auge. Ein tibetanischer Lama erzählt sein Leben. Aus dem Englischen übertra. von Herbert und Waltraut Furreg. München, Piper, 1957. 315 p.
LUCAS, HEINZ. Lamaistische Masken. Das Masken-und Tanzfeste aus Tibet, Mongolei, Nepal, Bhutan und Sikkim. Kassel, Erich Töth, 1956. 160p. plates.
MARQUÈS-RIVIÈRE, JEAN. Le bouddhisme au Thibet. Paris, Éditions Baudinière [1936] [7]-250 p., illus., plan.
———. Le yoga tantrique, hindou et thibétain. Paris, Véga, [c1938]. 126, [1]p. illus. (Collection "Asie").
———. Tantrik yoga, Hindu and Tibetan. Translated by H. E. Kennedy. London, Rider [1940] ix-xiv, 15-126 p. illus.
———. A l'ombre des monastères thibétains. Préface de Maurice Magre. [Nouv. éd.] Paris et Neuchâtel, V. Attinger, 1956. (c1930) xxiii, [25]-208 p. incl. front. (Orient, 5).
MIGOT, ANDRÉ, 1892- Études tibétaines. 1. Réflexions sur l'histoire des relations sino-tibétaines. II. Le lamaïsme, petit essai d'explication et de compréhension. III. Les lamas-souvrains du Tibet (Dalai-Lama et Panchen-Lama). Saigon, France-Asie, 1955. 12, 38, 28 p.
NAGAO, GADJIN MASATO. A study of Tibetan Buddhism; being a translation into Japanese of the exposition of Vipaśyanā in Tsoń-kha-pa's lam-rim chen-mo with annotation and prefatory remarks. Tokyo, Iwanami Shoten, 1954. lxi, 446 p.
NEBESKY-WOJKOWITZ, RENÉ DE. Der Kult und die Ikonographie der tibetischen Schutzgottheiten. Wien, 1955. 623 p. plates.
———. Oracles and demons of Tibet; the cult and iconography of the Tibetan protective deities. 's-Gravenhage, Mouton, 1956. xiv, 666 p. illus., plan.
———. Wo Berge Götter sind. Drei Jahre bei unerforschten Völkern des Hima-

laya. Stuttgart, Deutsche Verlags-Anstalt, 1955. 267 p. illus. plates, fold. map.

———. Where the gods are mountains: three years among the people of the Himalayas, translated from the German by Michael Bullock. London, Weidenfeld and Nicolson, 1956. 256 p. plates.

[RAS-CHŪN] The story of a reverend saint Milarepa, the greatest of hermits, showing the way of deliverance and omniscience, as translated from the French [of Jacques Bacot] by Anna R. Arocha. n.p. 194? [2] p. 43 numb. l. Typescript.

———. Tibet's great hogī, Milarepa. A biography from the Tibetan, being the Jetsün-kahbum, or biographical history of Jetsün-Milarepa, according to the late Lāma Kazi Dawa-Samdup's English rendering, edited with introd. and annotations by W. Y. Evans-Wentz. 2d ed. London, New York, Oxford University Press, 1951. xxviii, 315 p. illus. (1 col.) 1st ed. 1928.

———. Milarepa. Tibets grosser Yogi auf dem Weg zu Wissen und Erlosung. Pfullingen, Baum, 1956. xix, 204 p.

ROCK, JOSEPH FRANCIS CHARLES, 1884- The Na-khi Nāga cult and related ceremonies. Roma, Is. M.E.O., 1952. 2 v. illus., plates (part col.)(Serie orientale Roma, v. 4, pt. 1-2).

SCHULEMANN, GUNTHER, 1889- Geschichte der Dalai-Lamas. Leipzig, O. Harrassowitz, 1957. 519 p. plates, map.

SNELLGROVE, DAVID, 1909- Buddhist Himalaya: travels and studies in quest of the origins and nature of Tibetan religion. Oxford, Bruno Cassirer, 1957. 364 p. illus.

STEIN, R. A. L'épopée tibétaine des Gésar dans sa version lamaïque de Ling. Paris, Presses universitaire, 1956. 399 p. (Paris, Musée Guimet. Annales. Bibliothèque d'études, 61).

TUCCI, GIUSEPPE, 1894- Travels of Tibetan pilgrims in the Swat valley. Calcutta, Greater India Society, 1940. 103 p. (Greater India Studies, 2).

UNTO thee I grant, rev. by Sri. Ramatherio [pseud.] A private, limited ed. San Jose, Calif., Supreme Grand Lodge of AMORC [1948] viii, 112 p. (Rosicrucian library, v. 5).

TIBETISCH-MYSTISCHE LEBENSWEISHEIT, übers. aus dem Englischen. München-Planegg. O. W. Barth, 1953. 198 p.

WADDELL, LAURENCE AUSTINE, 1854- The Buddhism of Tibet; or, Lamaism, with its mystic cults, symbolism and mythology, and in its relation to Indian Buddhism. 2d ed. Cambridge [Eng.] W. Heffer, 1934. 598 p. incl. front., illus. fold. plates. 1st ed. 1895.

WENTZ, WALTER YEELING EVANS, ed. Tibetan yoga and secret doctrines; or, Seven books of wisdom of the great path, according to the late Lāma Kazi Dawa-Samdup's English rendering; arranged and edited with introductions and annotations to serve as a commentary by W. Y. Evans-Wentz, with a foreword by Dr. R. R. Marett. London, Oxford University Press, H. Milford, 1935. xxiv, 389, [1] p. front., plates (1 col.) facsims. 2d ed. 1958. 432 p.

———. Le yoga tibétain et les doctrines secrèts; ou, Les sept livres de la sagesse ou grand sentier, suivant la traduction du Lāma Kasi Dawa-Samdup; edité par W. Y. Evans-Wentz, avec introductions et commentaires. Traduction française du Marguerite La Fuente. Paris, A. Maisonneuvre, 1948. 365 p. front. illus.

———. Yoga und Geheimlehren Tibets. [Die deutsche Bearbeitung und Übersetzung erfolgte durch Alterego] München-Planegg, O. W. Barth, 1937. 286 p.

———. The Tibetan Book of the great liberation; or, The method of realizing nirvāṇa through knowing the mind, preceded by an epitome of Padma-Sambhava's biography and followed by Guru Phadampa Sangay's teachings. According to English renderings by Sardar Bahādur S. W. Laden La and by the Lāmas Karma Sumdhon Paul. Lobsang Mingyur Dorje, and Kazi Dawa-Samdup. Introductions, annotations, and editing by W. Y. Evans-Wenta. With psychological commentary by C. G. Jung. London, New York, Oxford University Press, 1954. lxiv, 261 p. 9 plates.

———. Das tibetischei Buch der grossen Befreiung. Die autor. Übers. besorgte Alterego. Psychologische Kommentar: C. G. Jung. München, O. W. Barth, 1955. 378 p. plates.

YOSHIMURA, SHYUKI, 1908- ed. Tibetan Buddhistology. With the illustrations, an introductory note and the texts. Kyoto, Research Society for Eastern Sacred Books, Ryukoku University, 1953-54. 2 v.

Foreign Missions

BULL, GEOFFREY T 1921- When iron gates yield. London, Hodder and Stoughton [1955] 254 p. illus.

CRISLER, CLARENCE CREAGER, 1877-1936. China's borderlands and beyond. Takoma Park, Washington, D. C.; South Bend, Ind., Review and Herald Pub. Co. [c1937] 346 p. front., plates, ports.

CROIDYS, PIERRE, 1885- Du Grand-Saint Bernard au Thibet "Sur la terre des esprits", une équipe héroïque s'en va bâtir à 3, 000 mètres un nouveau Saint-Bernard. Paris, Spès, [1949] 192 p. map.

———. Ins Land der Geister. Vom Grossen Sankt Bernard nach Tibet. Übers. aus dem Französischen von Gerold Schmid. Luzern, Räber-Verlag, 1949. 192 p. maps.

DESIDERI, IPPOLITO, 1684-1733. An account of Tibet; the travels of Ippolito Desideri of Pistoia, S. J., 1712-1727. Edited by Filippo de Filippi, with an introduction by C. Wessels, S. J. Rev. ed. London, G. Routledge [1937] xviii, 477, [1] p. plates (incl. mounted col. front.) fold. map. 1st ed. 1932.

EKVALL, ROBERT BRAINERD, 1898- Gateway to Tibet; the Kansu-Tibetan border. Introduction [by] Rev. William Christie. Harrisburg, Pa., Christian Publications, [c1938] 198 p. front., plates, ports.

FAZY, ROBERT. La p. Ippolito Desideri à Lhasa, 1716-1721 et son exposé de la religion tibétaine. St. Gall, H. Tschudy et Cie, 1945. iv, 45 p. Reprinted from Bull. de la Société suisse des amis de l'Extrême-Orient, v. 6 (1944).

GORÉ, FRANCIS, 1883-1954. Trente ans aux portes du Thibet interdit, 1908-38. Hong Kong, Maison de Nazareth, Impr. de la Société des Missions étrangères de Paris, 1939. 388 p. illus. ports., maps (1 fold).

LEHMANN, ARNO, ed. Das Kreuz im Lande des Lotus. Dresden, C. L. Ungelenk, 1936. 64 p. (Die Mission der Kirche; Missionsstunden aus dem Gesamtgebiet der Deutschen Evangelischen Weltmission).

LOUP, ROBERT. Martyr au Thibet, Maurice Tornay, chanoine régulier du Grand-St.-Bernard, 1910-1949. 2. éd. Fribourg, Éditions "Grand-St.-Bernard-Thibet" [1953] 280 p. illus., ports., map. 1st ed. 1950.

———. Martyr in Tibet; the heroic life and death of Father Maurice Tornay, St. Bernard missionary to Tibet. Translated from the French by Charles Davenport. New York, D. McKay Co. [1956] 238 p. illus.

MCINTOSH, AMY. The man in the skeepskin: a tale of Tibet. London, China Inland Mission, 1950. 51 p. illus. map.

———. The story of Drolma, daughter of Tibet, London, China Inland Mission, 1951. 56 p. illus. map.

MACLAGAN, SIR EDWARD DOUGLAS, 1864- The Jesuits and the Great Mogul. London, Burns, Oates and Washbourne, 1932. xxi, 433, [1] p. incl. illus. (geneal. tables) map. front., plates, port., map.

MOULES, LEONARD C J. Three miles high. London, Christian Literature Crusade [1948] 115 p. illus., maps.

PATTERSON, GEORGE NEILSON, 1920- God's fool. London, Faber and Faber [1956] 251 p. illus.

———. The same. Garden City, N. Y., Doubleday, 1957. 251 p. illus.

SHELTON, ALBERT LEROY, 1875-1922. Pioneering in Tibet; a personal record of life and experience in mission fields. New York, Fleming H. Revell [c1921] 214 p. front. (part.) plates.

——. Shelton of Tibet; with an introduction by J. C. Ogden and The afterglow, by Edgar Dewitt Jones. New York, George H. Doran [c1923] xv, 21-319 p. front., plates, ports.

SIMONNET, CHRISTIAN. Thibet; voyage au bout de la chrétienté. Paris, Éditions du Monde nouveau [1949] 186 p. illus., maps. (Collection Hommes et cité).

VAN DYCK, HOWARD. William Christie, apostle to Tibet. Harrisburg, Pa., Christian Publications [1956] 176 p. illus.

WESSELS CORNELIUS. Early Jesuit travellers in Central Asia, 1603-1721. The Hague, M. Nijhoff, 1924. xvi, 344 p. front., plates., fold. map, facsims.

Art - General Works

BACOT, JACQUES, 1877- Kunstgewerbe in Tibet. Berlin, E. Wasmuth, [1924] [12] p. plates (part. col.).

BRYNER, EDNA. Thirteen Tibetan tankas. [Indian Hills, Colo.] Falcon's Wing Press [1957, c1956]; London, Arthur F. Bird; Toronto, Burns and MacEachern, 1956. xxv, 153 p. illus.

CHÊNG TE-K'UN, 鄭德坤, 1907- An introduction to Tibetan culture by Chêng Te-K'un and D. Michael Sullivan. Chengtu, 1945. 40 p. (West China Union University. Museum. Guidebook ser., 6).

DECORATION tibétaine; préface de Jacques Bacot. Paris, A. Calavas [1924?] [12] p. plates (part col.) Issued in portfolio.

GORDON, ANTOINETTE K. The iconography of Tibetan Lamaism. New York, Columbia University Press, 1939. xxxi, 129 p. col. front., illus., plates (part col.).

——. Tibetan religious art. New York, Columbia University Press, 1952. xvi, 104 p. illus. (part col.) ports.

HOFFMANN HELMUT, 1912- Die Gräber der tibetischen Könige im Distrikt 'P'yonsrgyas. Göttingen, Vandenhoeck und R., 1950. 14 p. (Akademie der Wissenschaften in Göttingen. Nachrichten. Phil-Hist. kl. Jg. 1950).

HUMMEL, SIEGBERT. Geheimnisse tibetischer Malereien. Leipzig, O. Harrassowitz, 1949. vii, 102 p. plates. (Forschungen zur Völkerdynamik Zentral-und Ostasiens, 2).

——. Elemente der tibetischen Kunst. Leipzig, O. Harrassowitz, 1949. 92 p. (Forschungen zur Völkerdynamik Zentral-und Ostasiens, 3).

——. Geschichte der tibetischen Kunst. Leipzig, O. Harrassowitz, 1953. 123 p. illus., plates (part col.) fold. map.

——. Tibetisches Kunsthandwerk in Metall. Mit 18 Bildtafeln nach Aufnamen von W. Gursky. Leipzig, O. Harrassowitz, 1954. 27 p. 18 plates.

——. Die lamaistiche Kunst in der Umwelt von Tibet. Leipzig, O. Harrassowitz, 1955. 149 p. illus. plates (part. col.) fold. map.

MAÑJUŚRĪ. Iconographie des étoffes peintes (paṭa) dans le Mañjuś-rīmūlakalpa, par Marcelle Lalou. Paris, P. Geuthner, 1930. 116 p. plates. (Buddhica. Documents et travaux pour l'étude du bouddhisme 1. sér.: Mémoires, t. 6).

MARCHAIS, JACQUES. Jacques Marchais. New York [1944-] 16 p. illus. (incl. port.) [Concerning the author's Tibetan art collection.]

——. Objects from the Tibetan Lamaist collection of Jacques Marchais. [Brooklyn, Printed at the Comet Press, c1941] cover-title, [31] p. illus. (incl. port.).

MEURS, W J G van. Tibetan temple paintings. Tibetaansche tempelschilderingen. English translation by May Hollander. 2d ed. with an introd. by P. H. Pott. Leiden, Brill, 1953. 21 p. illus.

MONOD-BRUHL, ODETTE. Peintures tibétaines. pt. 1. [Paris] A. Guillot [1954] cover-title, 48 p. col. plates. (Art et archéologie).

NEWARK MUSEUM ASSOCIATION, Newark, N. J. The religious art of Tibet- A bibliography. Newark, 1951. 26 p.

PANDER, EUGEN. Iconographie du Buddhisme d'après le Professeur Pander. Pékin, Albert Nachbaur, 1933. 44 col. plates on 23 l.

PARIS. MUSÉE GUIMET. La sculpture indienne et tibétaine au Musée Guimet. Paris, E. Leroux, 1931. 24 p. plates.

ROERICH, GEORGE, NICHOLAS, 1902- Tibetan paintings. Paris, P. Geuthner, 1925. 95 p. col. mounted front., plates.

———. The animal style among the nomad tribes of northern Tibet. Prague, Seminarium Kondakovianum, 1930. 41 p. illus., map, plates.

SCHMID, TONI, 1897- The cotton-clad Mila, the Tibetan poet-saint's life in pictures. Stockholm, Statens etnografiska museum, 1952. 126 p. illus., 31 plates (part col.) (Reports from the scientific expedition to the north-western provinces of China under the leadership of Dr. Sven Hedin. The Sino-Swedish Expedition. Publication 36. viii. Ethnography, 5).

TUCCI, GIUSEPPE, 1894- Shrines of a thousand Buddhas; exploring for Tibet's hidden art, by Dr. Giuseppe Tucci in collaboration with Capt. E. Ghersi, translated by Mary A. Johnstone. New York, R. M. McBride, [1936] 272 p. illus. (plans) plates, ports., double map.

———. Indo-tibetica. Roma, Reale accademia d'Italia, 1932-1941. 4 v. col. fronts. illus., plates (part col.) facsims., fold. maps, diagrs. (Reale accademia d'Italia. Studi e documenti. 1).

———. Tibetan painted scrolls. Translated from the Italian by Virginia Vacca. Roma, Libreria dello Stato, 1949. 2 v. (xv, 798 p.) illus. and portfolio (256 plates (part col.)).

———. The tombs of the Tibetan kings. Roma, Is. M.E.O., 1950. viii, 117 p. illus. (Serie orientale Roma, 1).

Exhibition Catalogues

BERKELEY GALLERIES, London. Exhibition of the art of Tibet and neighbouring countries at the Berkeley galleries, Dec. 1945-Jan. 1946. [London, 1945] [14] p. incl. map, illus.

BRITISH MUSEUM. Guide to an exhibition of Indian and Persian paintings and illuminated mss.; with specimens of the art of eastern Turkestan, Tibet, Burma and Siam. [London] Printed by order of the Trustees, 1922. 16 p.

CAMMANN, SCHUYLER, 1912- Catalogue of Tibetan objects from the collections of the Peabody Museum, Harvard University. Cambridge, 1939. 74 p. (Course report for Anthropology 20 d).

CHÊNG, TE-K'UN, 鄭德坤, 1907- Tibetan painting: an exhibition at Chengtu. Chentu, 1945. 7 p. (West China Union University. Museum. Guidebook ser., 9).

CUTTING-VERNAY EXPEDITION FOR THE AMERICAN MUSEUM OF NATURAL HISTORY, 1935. The Cutting-Vernay Tibetan exhibition, showing the collection of temple banners, embroideries, and the domestic material collected by the Cutting-Vernay expedition for the American Museum of Natural History. Lhasa and Shigatse, 1935. The collection will be placed on exhibition from Monday, May eleventh, until Saturday, May sixteenth. [New York? 1936?] [44] p. col. illus.

HANOI. MUSÉE LOUIS FINOT. La collection tibétaine par Claude Pascalis. Hanoi, École française d'Extrême-Orient, 1935, 155 p. plates.

LIVERPOOL. PUBLIC MUSEUMS. Tibetan exhibition: Catalogue of exhibits, March, 1953. Liverpool, 1953. ii, 105 p.

NEWARK MUSEUM ASSOCIATION, Newark, N. J. Tibetan objects shown by the Newark Museum Association in the Public library building, Dec. 6 to Jan. 31,

1921-1922. Catalog of objects. [Newark, 1921?] ii, [3]-24 p.
NEWARK MUSEUM ASSOCIATION, Newark, N. J. Catalogue of the Tibetan collection and other lamaist articles. Newark, 1951. 2 v. illus.
PARIS. MUSÉE GUIMET Guide-catalogue du Musée Guimet; les collections bouddhiques (exposé historique et iconographique) Inde centrale et Gandhâra, Turkestan, Chine septentrionale, Tibet, par J. Hackin, conservateur du Musée Guimet. Paris et Bruxelles, G. van Oest, 1923. 175 p. plates.
PARIS. MUSÉE CERNUSCHI. [Catalogue] Tibet, Bannières et miniatures, 22 fevr - 28 Avr. 1952. Paris, Impr. Municipal, 1952. 52 [1] p.
POTT, P. H., 1918- Introduction to the Tibetan collection of the National Museum of Ethnology, Leiden. Leiden, E. J. Brill, 1951. 184 p. illus., plates, port., map. (Mededelingen van het Rijksmuseum voor Volkenkunde, Leiden, no. 8 en 9).
ROERICH MUSEUM, New York. Exhibition of Tibetan paintings, sculpture and art objects collected by the Roerich Central Asian Expedition. New York, Roerich Museum, 1929. 14 p. incl. front. and plates.

Geological and Geographical Explorations

BURDSALL, RICHARD LLOYD. Men against the clouds; the conquest of Minya konka, by Richard L. Burdsall and Arthur B. Emmons, 3rd, with contributions by Terris Moore and Jack Theodore Young. New York, London, Harper, 1935. xiii, 292 p. incl. maps, diagrs. front., plates, ports.
BURRARD, GERALD, 1888- Big game hunting in the Himalayas and Tibet, with sections by Col. A. G. Arbuthnot, W. B. Cotton, Col. G. H. Evans, Sir Otway Wheeler-Cuffe, bart., and F. C. Lowis. London, H. Jenkins, 1925. 320 p. front., illus., plates, maps (part fold.)
BURRARD, SIR SIDNEY GERALD, 1860- A sketch of the geography and geology of the Himalaya mountains and Tibet, by Colonel S. G. Burrard and H. H. Hayden. Revised by Colonel Sir Sidney Burrard and A. M. Heron. Delhi, Manager of publications, 1933. x, 359, xxxii p. plates (part fold.) maps (part fold.) diagrs.
DAINELLI, GIOTTO, 1878- Buddhists and glaciers of western Tibet. Translated from the Italian by Augus Davidson. With 32 plates and map. London, K. Paul, 1933. xiii, 304 p. front., plates, double map.
DALLONI, MARIUS. Mission au Tibeati (1930-1931). Dirigée par M. Dalloni. Paris, Gauthier-Villars, 1934-1935. 2 v. illus. plates, fold. maps, diagrs.
FILCHNER, WILHELM, 1877-1957. Quer durch Ost-Tibet. Mit 24 Bildern und 2 Karten. Berlin, E. S. Mittler 1925. x, 195 p. plates, ports., 2 fold. maps.
———. Om mani padme hum; meine China- und Tibetexpedition, 1925-28; mit 103 Abbildungen und Skizzen, sowie einer Übersichtskarte. Leipzig, F. A. Brockhaus, 1929. ix, 352 p. front., illus. (incl. plans) plates, ports., maps (1 fold.).
———. The same. Neue, gekürzte Ausg. mit 33 Zeichnungen von Heiner Rothfuchs. 4 Aufl. Wiesbaden, E. Brockhaus, 1953 [c1950] 186 p. illus.
———. In China, auf Asiens Hochsteppen, im ewigen Eis; Rückblick auf fünfundzwanzig Jahre der Arbeit und Forschung. Mit 39 Bildern und 19 Karten. Freiburg im Breisgau, Herder, 1930. [ix]-x, 202 p. front., (port.) illus. plates, maps. (Fremdland-fremdvolk, eigenartige landschaften, länder und völker der erde).
———. Im Machtbereich des Dalai-Lama. Mit 7 Abbildungen. Leipzig, F.A. Brockhaus, 1944. 63, [1] p. plates. "Gekürzt aus: Om mani padme hum. Meine China-und Tibetexpedition 1925/28."
GREGORY, JOHN WALTER, 1864-1932. To the Alps of Chinese Tibet; an account of a journey of exploration up to and among the snow-clad mountains of the Tibetan frontier, by J. W. Gregory and C. J. Gregory. London, Seeley, Service, 1923. 17-321 p. illus. plates (incl. front.) fold. map, diagrs.
GUIBAUT, ANDRÉ. Ngolo-Setas: deuxième expédition Guibaut-Liotard au Tibet.

1940. Paris, Susse, 1947. 231 p. illus. maps. (Voyages et Aventures).
———. Tibetan venture in the country of the Ngolo-Setas; second Guibaut-Liotard expedition. Translated by Lord Sudley. London, J. Murray [1947] 206 p. plates, ports., maps.

HEDIN, SVEN ANDERS, 1865-1952. Southern Tibet; discoveries in former times compared with my own researches in 1906-1908. Stockholm, Lithographic Institute of the General Staff of the Swedish Army [1916]-22 [v. 1, '17] 11 v. in 9. illus., plates (part col., part fold.) maps (part fold.) diagrs. and atlas. 3 v.

———. Im Herzen von Asien: Zehntausend Kilometer auf unbekannten Pfaden. 6th Aufl. Leipzig, F.A. Brockhaus, 1929. 2 v. plates, port. maps.

———. A conquest of Tibet. London, Macmillan; New York, E.P. Dutton, 1934; Garden City, N.Y. Halcyon Press, 1941. viii, 11-400 p. incl. front. (port.) illus.

———. Im verbotenen Land. Mit zahlreichen Zeichnungen vom Verfasser. Aus dem Schwedischen. Übertragen von Theodor Flade. Leipzig, P. Reclam jun. [1937] 147, [3] p. illus. (incl. map) [Reclams universal-bibliothek, nr. 7370, 7371].

———. Eroberungszüge in Tibet. 4. Aufl. Leipzig, F.A. Brockhaus, 1942. 329 p. incl. front. (port.) illus. fold. map.

———. Wildes heiliges Tibet. Mit zahlreichen Zeichnungen vom Verfasser. Aus dem Schwedischen übertragen von Theodor Flade. Leipzig, P. Reclam jun. [1944] 77 p. illus. (Reclams Universal-Bibliothek, 7334).

———. The same; Stuttgart, Reclam [1952] 77 p. illus. (Reclams Universal-Bibliothek, Nr. 7334).

———. Transhimalaja; Entdeckungen und Abenteuer in Tibet. Mit 34 Abbildungen aud Tafeln nach Aufnahmen und Zeichnungen des Verfassers, 1 Karte im Text und 1 vierfarbigen Übersichtskarte. Neue [gekürzte] Ausg. [bearb. von Suse Brockhaus] Wiesbaden, E. Brockhaus, 1951. 441 p. illus. (Klassiker der Entdeckung).

———. Abenteuer in Tibet. [Reprint ed.] Wiesbaden, F. A. Brockhaus, 1956. 166 p. [16. Aufl. 1920, 404 p.].

HEIM, ARNOLD ALBERT, 1882- Minya Gongkar, Forschungsreise ins Hochgebirge von Chinesisch Tibet; Erlebnisse und Entdeckungen. Mit 3 Tafeln (karten, panoramen) 26 Zeichnungen im Text und 147 Photographien, darunter 6 farbige Tafeln. Bern-Berlin, H. Huber, 1933. 244 p. incl. maps. illus. (incl. music) plates (1 fold.; part col. mounted) fold. maps. diagrs.

KASHYAP, S R. Some geographical observations in Western Tibet. [n.p.] 1930. Cover-title [223-236 p. illus., plates. "From the Journal and proceedings, Asiatic Society of Bengal (new series) vol xxv, 1929, no. 1."

KINGDON-WARD, FRANCIS, 1885-1958. The mystery rivers of Tibet; a description of the little-known land where Asia's mightiest rivers gallop in harness through the narrow gateway of Tibet, its peoples, fauna, and flora, with many illustrations and 3 maps. London, Seeley, Service, 1923. 11-316 p. front., plates, maps (1 fold.).

———. The riddle of the Tsangpo gorges. With contributions by the Right Hon. the Earl Cawdor. London, E. Arnold, 1926. xv, 328 p. front., plates., fold. map.

———. A plant hunter in Tibet. London, J. Cape [1934] 317 p. front., plates, 2 fold. maps.

———. Assam adventure. London, J. Cape [1941] 7-304 p. front., plates, ports., maps (1 fold.).

MARGERIE, EMMANUEL DE, 1862- L'oeuvre de Sven Hedin et l'orographie du Tibet. Paris, Imprimerie Nationale, 1929. cover-tile, 139 p. illus., plates, port., maps (2 fold.). "Extrait du Bulletin de la Section de géographie du Comité des travaux historiques et scientifiques, 1928."

NORIN, ERIK, 1895- Geological explorations in western Tibet. Appendices by

F. Heritsch, K. Metz and H. Frebold. Stockholm, 1946. xi, 214 p. plates, maps (1 fold. col.) profiles. (Reports from the scientific expedition to the north-western provinces of China under the leadership of Dr. Sven Hedin. The Sino-Swedish Expedition. Publication 29. iii. Geology. 7).

PRANAVĀNANDA, Swami. Exploration in Tibet. With an introd. by Syamaprasad Mookerjee and foreword by S. P. Chatterjee. [2d ed. Calcutta] University of Calcutta, 1950. xxxii, 302 p. plates, ports. fold. maps (in pocket) [1st ed. 1939, xx, 160 p.].

REED, FREDERICK RICHARD COWPER, 1869- Upper Carboniferous fossils from Tibet. Calcutta, Government of India Central Publication Branch, 1930. 37 p. plates (India. Geological survey. Memoirs, Palaeontologia indica, n. s. vol 16).

ROERICH, GEORGE NICHOLAS, 1902- Trails to inmost Asia; five years of exploration with the Roerich central Asian expedition, with a preface by Louis Marin. New Haven, Yale University Press; London, H. Milford, Oxford University Press, 1931. xx, 504 p. front., 1 illus., plates, ports., fold. map.

———. Sur les pistes de l'Asie Centrale; texte française de M. de Vaux-Phalipan, préface de Louis Marin. Paris, P. Geuthner, 1933. viii, 296 p. plates, ports., fold. map.

SCHÄFER, ERNST, 1910- Berge, Buddhas und Bären; Forschung und Jagd in geheimnisvollem Tibet. Mit 32 Tafeln nach photographischen Aufnahmen des Verfassers und 2 Karten. Berlin, P. Parey [1933] x, 316 p. illus. (maps) plates, ports.

———. Unbekanntes Tibet; durch die Wildnisse Osttibets zum Dach der Erde. Tibetexpedition 1934/36. Berlin, P. Parey [c1937] viii, 294 p. plates, ports., maps.

———. Dach der Erde; durch das Wunderland Hochtibet. Tibetexpedition 1934/36. Mit 83 Abbildungen des Verfassers. Berlin, P. Parey [c1938] xii, 292 p. plates, ports., fold. map.

———. Ornithologische Ergebnisse zweier Forschungsreisen nach Tibet. Bernburg, 1938. 349 p. illus. plates. Diss.- Univ. Berlin.

———. Tibet ruft; Forschung und Jagd in den hochgebirgen Osttibets, Tibetexpedition 1931/32. Mit 49 Abbildungen und 2 Karten. Berlin, P. Parey [1942] 290 p. plates, maps. "Das vorliegende werk ist zugleich eine vollkommene neugestaltung von 'Berge, buddhas und bären'."

———. Geheimnis Tibet, erster Bericht der Deutschen Tibet-Expedition, Ernst Schäfer, 1938/39. München, F. Bruckmann [c1943] 183 p. illus., col. plates, map.

———. Über den Himalaja ins Land der Götter; auf Forscherfahrt von Indien nach Tibet. [Braunschweig] Vieweg-Verlag [c1950] 200 p. plates, port., map (on lining paper).

———. Fest der weissen Schleier; eine Forscherfahrt durch Tibet nach Lhasa, der heiligen Stadt des Gottkönigtums. [3. Aufl. Braunschweig] Vieweg-Verlag [1952] 199 p. illus. [Forschung und Abenteuer] [1. Aufl. 1949; 2. Aufl. 1950].

———. Unter Räubern in Tibet; Gefahren und Freuden eines Forscherlebens. [Braunschweig] Vieweg-Verlag [1952] München, Goldmann, 1954. 215 p. illus. (Goldmanns gelbe Taschenbücher, 321).

TUCCI, GIUSEPPE, 1894- Secrets of Tibet: being the chronicle of the Tucci scientific expedition to western Tibet (1933) by Dr. Giuseppe Tucci and Captain E. Ghersi. Translated from the Italian edition by Mary A. Johnstone. London, Blackie, 1935. xiv, 210 p. front., illus. (plans) plates, ports., fold. maps, facsims.

———. To Lhasa and beyond; diary of the expedition to Tibet in the year MCMXLVIII. With an appendix on Tibetan medicine and hygiene, by R. Moise. [Translated by Mario Carelli. Roma] Instituto poligrafico dello Stato [1956] 195 p. illus. map.

XXV. SINKIANG

Bibliographies

HU, HUEN-YONG, 胡焕庸, 1901- Books and articles on Sinkiang (in Western languages) compiled by Huen-yong Hu and Chen-kang Tung, 童承康. Chungking, Institute for the Promotion of Dr. Sun Yat-sen's Industrial Plan, 1943. 47 p. (National Central University. Dept. of Geography, Bull. B: 2).

Description and Travel

AMBOLT, NILS PETER, 1900- Karavan; travels in Eastern Turkestan. Translated from the Swedish by Joan Bulman. London and Glasgow, Blackie, [1939] xiii, 191 p. col. front., plates (part col.) ports., fold. map. Swedish ed.: Karavan. Stockholm, 1935.

———. Karawanen, im Auftrag Sven Hedins durch Innerasien; mit einem Geleitwort von Sven Hedin, 100 Bunten und einfarbigen Abbildungen und einer Karte. 2. aufl. Leipzig, F.A. Brockhaus, 1941. 191 p. col. front., plates (part col.) parts., map.

BATESON, WILLIAM, 1861-1926. Letters from the Steppe, written in the years 1886-1887 by William Bateson; edited, with an introduction, by Beatrice Bateson. London, Methuen [1928] xvi, 222 p. front. (port.) illus., map.

BOSSHARD, WALTER, 1892- Durch Tibet und Turkestan. Reisen im unberührten Asien. Stuttgart, Strecker and Schröder, 1930. xiv, [1], 245, [1] p. front., plates, ports. maps.

———. Hazards of Asia's highlands and deserts. London, Figurehead [1932] 138, [1] p. front., illus. (maps) plates. (Pioneer series).

CABLE, MILDRED, 1880-1952. Through Jade gate and central Asia; an account of journeys in Kansu, Turkestan and the Gobi desert, by Mildred Cable and Francesca French, with an introduction by Rev. John Stuart Holden. London, Constable [1927] xvi, 304 p. front., plates, fold. map.

———. Par la porte de jade; odysée de trois femmes missionairies dans le Kansou, le Turkestan, et le désert de Gobi, [par] Mildred Cable et Francesca French; introduction de John Stuart Holden; traduit du l'anglais par Marguerite Faguer. Paris, Plon, [1935] 332 p. fold. map. port.

DAVIDSON, BASIL, 1914- Turkestan alive; new travels in Chinese Central Asia. London, Cape [1957] 255 p. illus.

DETTMANN, HANS EDUARD, 1891- Unter Chinesen, Türken und Bolschewiken. Photos und Buchschmuck vom Verfasser. Berlin, F. Schneider [c1939] 91 p. illus., map.

ETHERTON, PERCY THOMAS, 1879- In the heart of Asia. London, Constable, 1925; Boston and New York, Houghton Mifflin, 1926. xii, 305 p. fold. map.

———. The last strongholds. London, Jarrolds, 1934. 5-297 p. front., plates, ports.

———. Across the great deserts. London, Lutterworth Press [1948]; New York, McGraw-Hill, [1948] 183 p. plates, maps (on lining-papers).

FILCHNER, WILHELM, 1877-1957. Bismillah! Vom Huang-ho zum Indus. 8. Aufl. Leipzig, F.A. Brockhaus, 1942 [c1938] 347 p. illus., ports., fold. col. map. [1. Aufl. 1938].

———. The same; mit 32 Textzeichnungen von Heiner Rothfuchs. Wiesbaden, E. Brockhaus, 1951. 191 p. illus.

———. A scientist in Tartary; from the Hoang-ho to the Indus; translated by E.O. Lorimer. London, Faber and Faber [1939] 391 p. front., illus., plates, ports., fold. map.

FLEMING, PETER, 1907- News from Tartary; a journey from Peking to Kashmir, London, J. Cape [1936] Reprint ed., 1945. 384 p. front., plates, fold. map.

———. Au coeur de la Tartarie; traduit par S. et P. Bourgeois. Paris, Nouvelle revue française, 1938. 294 p. front (map).

———. Travels in Tartary: One's company and News from Tartary. London, J. Cape [1948] 603 p. fold. maps.

GOERGER, ANDRÉ. En marge de la croisière jaune; de Moscou en Chine, de Beyrouth à Srinagar, le "tour du monde", trois mois en Chine. Avec 121 gravures et une carte hors-texte. Paris, Rieder, 1935. [vii]-viii, 310 p. plates (incl. front.) fold. map.

HEDIN, SVEN ANDERS, 1865-1952. Drei Jahre im innersten Asien. Braunschweig, G. Westermann, 1921. 157 p. illus. (Wissenschaftliche Volksbücher für Schule und Haus, 21).

———. General Prschewalskij in Innerasien. Leipzig, F.A. Brockhaus, 1922. 158, [1] p. front., illus. (incl. maps) plates, ports. (Reisen und abenteuer, 19).

———. An der schwelle Innerasiens. Leipzig, F.A. Brockhaus, 1923. 159 p. front. (port.) illus. (incl. map) plates. [Reisen und abenteuer. 23].

———. Big Horse's flight; the trail of war in Central Asia, translated by F.H. Lyon. London, Macmillan, 1936. xv, 247, [1] p. front., plates, ports., fold. map, facsims. (1 fold.).

———. The flight of "Big Horse"; the trail of war in Central Asia, translated by F.H. Lyon. New York, E.P. Dutton, 1936. v-xv, 247, [1] p. front., plates, ports., facsims. (1 double).

———. Die Flucht des Grossen Pferdes. 11. Aufl. Leipzig, F.A. Brockhaus, 1943. 299 p. illus., ports., fold. col. map.

———. The wandering lake; translated from the Swedish by F.H. Lyon; with 32 illustrations, 76 sketches and 10 maps. New York, E.P. Dutton, 1940. x p. 291 p. front., illus., plates, ports., maps (1 fold.).

———. Der wandernde See. Mit 151 Abbildungen und 10 Karten. 9. Aufl. Leipzig, F.A. Brockhaus, 1942. 295 p. front., illus., plates, ports., maps (1 fold.).

———. The Silk road, translated from the Swedish by F.H. Lyon; with 31 plates and a map. New York, E.P. Dutton, [c1938] viii, 322 p. front., plates, ports., maps (1 fold.).

———. Die Seidenstrasse. Mit 91 Abbildungen und 2 Karten. 9. Aulf. Leipzig, F.A. Brockhaus, 1942. 263, [1] p. front., illus., plates, ports., mpas (1 fold.).

KAMAL, AHMAD, 1914- Land without laughter. New York, C. Scribner, 1940. 4, 3-346 p. front. (group port.) illus. (facsims.).

KUCZYNSKI, MAX HANS, 1890- Steppe und Mensch, kirgisische Reiseeindrücke und Betrachtungen über Leben, Kultur und Krankheit in ihren Zusammenhängen. Leipzig, S. Hirzel, 1925. 187, [1] p.

LATTIMORE, ELEANOR (HOLGATE), 1895- Turkestan reunion, decorations by Eleanor Frances Lattimore. New York, John Day; Toronto, McLeod, 1934; London, Hurst and Blackett, 1935. xi, 308 p. illus.

LATTIMORE, OWEN, 1900- High Tartary. Boston, Little, Brown, 1930. xiv, 370 p. front., plates, ports., fold. map.

LE COQ, ALBERT VON, 1860-1930. Von Land und Leuten in Ostturkistan; Berichte und Abenteuer der 4. deutschen Turfanexpedition. Leipzig, J.C. Hinrichs, 1928. vii, [1], 183, [1] p. illus. (incl. maps, plans) plates (incl. ports.).

LIAS, GODFREY. Kazak exodus. London, Evans Bros. [1956] 230 p. illus.

MACARTNEY, CATHERINA THEODORA (BORLAND) lady. An English lady in Chinese Turkestan. London, E. Benn, [1931] 236 p. front., illus. (map)

plates.

MAILLART, ELLA KATHERINE, 1903- Des Monts Célestes aux Sables Rouges. Paris, B. Grasset [1934] [3]-300 p. illus. (maps) plates.

———. Turkestan solo; one woman's expedition from the Tien Shan to the Kizil Kum, translated by John Rodker. New York, G.P. Putnam [c1935] 3-307 p. front., plates, ports.

———. Turkestan Solo. Deutsch von Hans Reisiger. Stuttgart, Rowohlt, 1941. 312 p.

———. Oasis interdites de Pékin au Cachemire; illustré de 32 pages hors-texte en hélio et de cartes. Paris, B. Grasset [1937] [7]-281 p. plates, ports., maps (1 fold.).

———. Forbidden journey-from Peking to Kashmir, Translated by Thomas McGreevy. London, W. Heinemann, [1937] xvi, 312 p. front., plates, ports., facsim., maps (1 fold.).

———. Verbotene Reise von Peking nach Kaschmir. Deutsch von Hans Reisiger. Berlin, Rowohlt [1938] 302 p. front., plates, ports., fold. map.

MANNERHEIM, CARL GUSTAF EMIL; friherre, 1867-1951. Across Asia from west to east in 1906- 1908. Helsinki, 1940. 2 v. front. (port.) illus. plates, maps. (part fold.) facsims, diagrs.

NAZAROV, PAVEL STEPANOVICH. Hunted through central Asia, by P.S. Nazároff; rendered into English from the Russian of the author's manuscript by Malcolm Burr with frontispiece and map. Edinburgh and London, W. Blackwood, 1932. xi, 331, [1] p. front. (port.).

———. Moved on! From Kashgar to Kashmir, by P.S. Nazaroff, rendered into English from the Russian manuscript of the author by Malcolm Burr. London, G. Allen and Unwin, [1935] 317 p. front., plates, ports., fold. map.

OSSENDOWSKI, FERDYNAND ANTONI, 1876-1944. Man and mystery in Asia, by Ferdinand Ossendowski in collaboration with Lewis Stanton Palen. New York, E.P. Dutton [c1924] xvi, 343 p. front. (port.).

———. L'homme et le mystère en Asie; traduit de l'anglais par Robert Renard. Paris, Plon-Nourrit, [1925] 6, vii, 306, [1] p. fold. map.

———. In den Dschungeln der Wälder und Menschen. Einzig berechtigte deutsche Ausg., hrsg. von Wolf von Dewall. Frankfurt a M., Frankfurter Societäts-Druckerei [1924] 399 p. fold. map.

PHILIPE, ANNE. Caravanes d'Asie du Sinkiang su Cachemire. Paris, Julliard, Sequana, 1955. 253 p. illus. (photos), maps, (La croix du sud).

RAWICZ, SLAVOMIR. The long walk; a gamble for life as told to Ronald Downing. New York, Harper [1956] 239 p. illus.

SCHOMBERG, REGINALD CHARLES FRANCIS, 1880- Peaks and plains of central Asia, with colour photographs by Captain George Sherriff. London, M. Hopkinson, 1933. 288 p. col front., col. plates, maps (1 fold.).

SCHULTZ, ARVED VON, 1883- Kaschgar (chinesisch Turkestan), Stadt und Landschaft. Hamburg, O. Meissner, 1921. 51 p. plates, 2 maps (1 fold.) (Mitteilungen aus dem Seminar für geographie der hamburgischen Universität).

SHIPTON, DIANA. The antique land. Decorations by Jill Davis. London, T. Brun [1950] 219 p. illus., ports., maps (on lining papers).

SHIPTON, ERIC EARLE, 1907- Blank on the map; with a foreword by T.G. Longstaff. London, Hodder and Stoughton [1938] xv, 299, [1] p. front., illus. plates, ports., maps (1 fold.).

———. Mountains of Tartary. Photos. by the author. London, Hodder and Stoughton [195-] 224 p. illus.

SKREDE, WILFRED, 1921- Par-dessus le toit du monde. Traduit du norvégien par Marguerite Gay et Gerd de Mautrod. Paris, Nouvelles Éditions de Paris [1951] 249 p. illus. Norwegian ed., published in 1949, has title: Veien over verdens tak. Oslo, Gyldendal. 187 p.

———. Across the roof of the world; translated from the Norwegian by M.A. Michael. London, New York, Staples Press [1954]; New York, Norton, 1955; London, World Distributors, 1956. 255 p. illus.

SKRINE, CLARMONT PERCIVAL, 1888- Chinese Central Asia, with an introduction by Sir Francis Younghusband. With a frontispiece in colour, 5 panoramas and 2 maps, 51 other illustrations. London, Methuen [1926] xvi, 306 p. col. front., 1 illus. (music) plates (2 fold.) port., fold. map.

STRONG, ANNA LOUISE, 1885- The road to the grey Pamir. Boston, Little, Brown, 1931. 289 p. front. illus., (map) plates, ports.

TEICHMAN, SIR ERIC, 1884-1944. Journey to Turkistan. London, Hodder and Stoughton, [1937] xiv, 15-221 p. plates, ports., fold. map.

TILMAN, HAROLD WILLIAM, 1898- China to Chitral. With 69 photos. taken by the author. Cambridge [Eng.] University Press, 1951. 123 p. illus.

TRINKLER, EMIL, 1896-1931. Im Land der Stürme, mit Yak- und Kamelkarawanen durch Innerasien; mit 124 Bunten und einfarbigen Abbildungen nach Aquarellen und Aufnahmen des Verfassers und einer Karte des Reisewegs der Deutschen Zentralasien-Expedition, 1927-28. Leipzig, F.A. Brockhaus, 1930. 242, [1] p. col. front., plates (part col.) ports., fold. map.

———. The stormswept roof of Asia; by yak, camel and sheep caravan in Tibet, Chinese Turkistan and over the Kara-Koram. London, Seeley, Service, 1931. 11-312 p. front., plates. fold. map.

VASEL, GEORG. Flammen in der Wüste; Erlebnisse eines deutschen Flugpioniers in Innerasien. Mit 21 Aufnahmen und einer Karte. Berlin, Ullstein [1936] 264, [1] p., illus. (double map) plates, ports.

———. My Russian jailers in China; translated from the German by Gerald Griffin. London, Hurst and Blackett [1937] 288 p. plates, ports.

[WADDINGTON, JEAN PENDRELL] 1893- Lueurs d'Asie; de l'Himalaya aux mers de Chine. Préface du maréchal Franchet-d'Esperey. Paris, Picart, 1935. 3- [9]-191, [1] p. front. (port.) plates. fold. map.

WILSON, HELEN CALISTA. Vagabonding at fifty, from Siberia to Turkestan, by Helen Calista Wilson and Elsie Reed Mitchell. New York, Coward, McCann, 1929. v-viii p. 9-335 p. front. (map) plates.

Turki and Other Languages

BANG-KAUP, WILLY, 1869-1934. ed. Türkische Turfan-Texte in Verbindung mit A. von Gabain und G. R. Rachmati, hrsg. von W. Bang-Kaup. Berlin, Verlag der Akademie der Wissenschaften, 1930-1954. 8 pts. 30, 22, 31, 20, 102, 124, 105 p. plates.

BASKAKOV, NIKOLAI ALEKSANDROVICH. The Turkic languages of Central Asia: problems of planned culture contact. [London] Central Asian Research Centre [1952?] 52 p.

BIDWELL, CHARLES EVERETT, 1923- A structural analysis of Uzbek. [Washington, American Council of Learned Societies, 1955] 140 p. (American Council of Learned Societies [Devoted to Humanistic Studies] Program in Oriental Languages. Publications. Series B: Aids, no. 3).

FRANKLE, ELEANOR, 1913- Word formation in the Turkic languages. [New York] Columbia Univ. Press, 1948. 109 p. Thesis-Columbia Univ.

JARRING, GUNNAR, 1907- Studien zu einer osttürkischen Lautlehre, [Translated by] E. Blauert and H. Müller. Lund, Borelius; [etc., etc., 1933] xv p. 126, 53 p., illus. (map) fold. facsim., diagrs. Akademische abhandlung-Lund.

———. ed. Materials to the knowledge of Eastern Turki; tales, poetry, proverbs, riddles, ethnological and historical texts from the southern parts of Eastern Turkestan, with translation and notes. Lund, C.W. K. Gleerup [1946-51]. 4 v. (Lunds universitets ärsskrift, n.f., avd. 1, bd. 43, nr. 4, bd. 44, nr. 7.

KOERBER, HANS NORDEWIN VON. Comparative study of the Turkish, Mongol, and Japanese languages, a brief résumé. Los Angeles, the University of

Southern California Press, 1937. 19 p. (The University of Southern California. Language and literature series, 3).

LENTZ, WOLFGANG, 1900- Pamir-dialekte. 1. Materialien zur Kenntnis der Schugni-Gruppe. Göttingen, Vandenhoeck und Ruprecht, 1933- 1 v. illus. (maps) facsims. (Ergänzungshefte zur Zeitschrift für vergleichende sprachforschung auf dem gebiete der indogermanischen sprachen, nr. 12).

———. Zeitrechnung in Nuristan und am Pamir. Berlin, Akademie der Wissenschaften, in kommission bei W. de Gruyter, 1939. 211, [1] p. illus. (incl. maps) fold. tables (Abhandlungen der Preussischen akademie der wissenschaften. Jahrg. 1938. Philosophisch-historische klasse, nr. 7).

LÖWENTHAL, RUDOLF, 1904- The Turkic languages and literatures of central Asia, a bibliography. Washington [1956] xii, 173 p.

MENGES, KARL HEINRICH, 1908- Glossar zu den volkskundlichen Texten aus Ost-Türkistan II. Mainz, Verlag der Akademie der Wissenschaften und der Literatur; in Kommission bei F. Steiner. Wiesbaden [1954] 139 p. (Akademie der Wissenschaften und der Literatur. Abhandlungen der Geistes- und Sozialwissenschaftlichen Klasse. Jahrg. 1954, Nr. 14).

RAQUETTE, GUSTAF RICHARD, 1871-1945. English-Turki dictionary, based on the dialects of Kashgar and Yarkand. Lund, C. W. K. Gleerup; [etc., etc., 1927] [2]. ii, 139 p. (Lunds universitets årsskrift. n. f., avd. 1, bd. 23, nr. 4).

———. ed. Eine kaschgarische Wakf-Urkunde aus der Khodscha-Zeit Ost-Turkestans. Lund, C. W. K. Gleerup; Leipzig, O. Harrassowitz [1930] 24 p. fold. facsim. (Lunds universitets årsskrift, n. f., avd. 1, bd. 26, nr. 2).

———. ed. Täji bilä Zohra; eine osttürkische Variante der Sage von Tahir und Zohra. Lund, C. W. K. Gleerup [1930] 128 p. (Lunds universitets årsskrift. n. f., avd. 1, bd. 26, nr. 6).

ROSS, SIR EDWARD DENISON, 1871-1940, ed. Dialogues in the eastern Turki dialect on subjects of interest to travellers, collected and edited by Sir E. Denison Ross and Rachel O. Wingate. London, Royal Asiatic society, 1934. xii, 48 p. (James G. Forlong fund, vol. xi).

SAKIR, SA'ADAT, 1907- ed. Qazaqisch, bearbeitet von dr. S. Šäkir und dr. K. Menges. Berlin, Institut für Lautforschung an der Universität Berlin, in Kommission bei O. Harrassowitz, Leipzig, 1935. 19 p. (Lautbibliothek; texte zu den sprachplatten des Instituts für lautforschung an der Universität Berlin, hrsg. von D. Westermann. Nr. 148).

SIMPSON, C. G. Some features of the morphology of the Oirot (Gorno-Altai) language. iii, 68 p. (Central Asian Research Centre, Publ.).

WIENER, THOMAS GUSTAV, 1917- Kazakh oral art and literature with special emphasis on the impact of the October revolution. Ann Arbor, University Microfilm, 1950 [i.e. 1951] ([University Microfilms, Ann Arbor, Mich.] Publication no. 2137). Collation of the original: ii, 548 l. map., diagr., tables. Thesis-Columbia University.

WURM, STEFAN. Der özbekische Dialekt von Andidschan. Phonetische und morphologische Studien, Texte. Brünn, In Kommission bei R. M. Rohrer, 1945. 1 v. (Akademie der Wissenschaften in Wien. Philosophisch-historische Klasse. Sitzungsberichte, 224. Bd., 3. Abhandlung).

History

AHMAD, HAFIZ MANZOORUDDIN. Kampf um leere Räume, Turan, Turkestan, Tibet. Leipzig, W. Goldmann [1940] 153, [1] p. illus. (map) ("Weltgeschehen").

BAGCHI, PRABODH CHANDRA, 1898-1956. India and Central Asia. Calcutta, National Council of Education, Bengal, 1955. 184 p. illus.

BARTHOLD, VASILIĬ VLADIMIROVICH, 1869-1930. Turkestan down to the Mongol invasion. 2d ed., translated from the original Russian and revised by the author with the assistance of H. A. R. Gibb. Printed by the Oxford University

Press for the Trustees of the "E. J. W. Gibb memorial." London, Luzac, 1928. 2nd ed. 1956. xix, [1], 513, [1] p. fold. map. ("E. J. W. Gibb memorial" series. New series, v).

———. 12 Vorlesungen über die Geschichte der Türken Mittelasiens, Deutsche Bearbeitung von Theodor Menzel. Berlin, Deutsche Gesellschaft für Islamkunde, 1935. 278 p. (Die Welt des Islams, bd. 14-17. Beiband).

———. Histoire des Turcs d'Asie Centrale. Adaptation française par mme. M. Donskis. Paris, Adrien-Maisonneuve, 1945. [3]-202 p. incl. geneal. table. 2 fold. maps (Initiation à l'Islam. Collection pub. sous le patronage de l'Institut d'études islamiques de l'Université de Paris. iii).

———. Four studies on the history of Central Asia. Translated from the Russian by V. and T. Minorsky. v. 1: A short history of Turkestan. A history of Semirechyé. Leiden, E. J. Brill, 1956. xvi, 184 p.

———. L'Asie ancienne centrale et sud-orientale d'après Ptolémée. Avec 23 cartes en noir et 1 en couleur. Paris, Payot, 1930. 426 p. maps (part fold.) diagrs. (Bibliothèque géographique).

BUGRA, MOHAMMED EMIN, 伊敏. Eastern Turkestan's struggle for freedom and Chinese policy. Istanbul, Osmanbey Mat. 1954. 32 p.

CHAVANNES, ÉDOUARD, 1865-1918. Documents sur les Tou-Kiue (Turcs) occidentaux. Recueillis et commentés, suivi de notes additionnelles. Avec une carte. (Présenté à l'Académie impériale des sciences de St-Pétersbourg le 23 août 1900). Paris, Adrien-Maisonneuve [1942] iv, 378, 110 p. front. (fold. map).

CH'EN, TSU-YUEN, 陳宗鎣. Histoire du défrichement de la Province du Sinkiang sous la dynastie Ts'ing. Paris, Jouve et Cie, 1932. 180 p. maps. Thèse-Univ. de Paris.

CHU, CHIA-HUA, 朱家驊, 1893- Taiwan and Sinkiang (Formosa and Chinese Turkistan) Taipei, Chinese Association for the United Nations, 1954. 55 p. (Unachina publications, ser. I. 11).

CHU, WEN-DJANG, 朱文長, 1914- The policy of the Manchu government in the suppression of the Moslem rebellion in Shensi, Kansu and Sinkiang from 1862 to 1878. Seattle, 1955. 439 l. Thesis-Univ. of Washington.

FRANCKE, AUGUST HERMANN, 1870-1930. Königsnamen von Khotan (A-maca) auf tibetischen Dokumenten der Turkistan-Sammlungen von London und Berlin. Berlin, 1928. 8 p.

FUNINGGAN,富寧安, d. 1728. Zum Dsungarenkrieg im 18. Jahrhundert; Berichte des Generals Funingga, aus einer mandschurischen Handschrift übers. und an Hand der chinesischen Akten erläutert von Eva S. Kraft. Leipzig, O. Harrassowitz, 1953. viii, 191 p. map, facsim. (Das Mongolische Weltreich; Quellen und Forschungen, Bd. 4). Original ed., issued in 1949 as the editor's thesis, has title: Berichte des Generals Funinga aus dem Dsungarenkrieg i. xviii. Jrh.

HAMBIS, LOUIS, 1906- La Haute-Asie. Paris, Presses universitaires de France, 1953. 134 p. illus. ("Que sais-je?" Le point des connaissances actuelles, 573).

HAMILTON, JAMES RUSSELL, 1921- Les Ouïghours à l'époque des cinq dynasties d'après les documents chinois. Paris, Impr. nationale, 1955. 201 p. fold. map, facsims. (Bibliothèque de l'Institut des hautes études chinoises, 10).

HO, DAVID,何昌熾. L'oeuvre colonisatrice de la Chine dans le Turkestan chinois. Paris, Recueil Sirey, 1941. 128 p. Thèse-Univ. de Paris.

JACOBSON, HARALD, 1910- Rise of Turkish power in Central Asia; history of the Eastern Turks (522-745) Chicago, 1938. 56 l. Lithoprinted ed. 22 p. Thesis-University of Chicago.

LATTIMORE, OWEN, 1900- Pivot of Asia; Sinkiang and the inner Asian frontiers of China and Russia, by Owen Lattimore with the assistance of Chang Chih-yi, 張之毅 [and others.] Boston, Little, Brown, 1950. xii, 288 p.

maps.

MCGOVERN, WILLIAM MONTGOMERY, 1897- The early empires of Central Asia; a study of the Scythians and the Huns and the part they played in world history, with special reference to the Chinese sources. Chapel Hill, University of North C. roliana Press, 1939. xiii, 529 p. illus. (maps) plates.

NOBEL, JOHANNES, 1887- Central Asia: the connecting link between East and West and other lectures. Nagpur, International Academy of Indian Culture, 1952. 160 p. (Sarasvati Vihara ser. 26).

NORINS, MARTIN RICHARD. Gateway to Asia: Sinkinag, frontier of the Chinese far west; introduction by Owen Lattimore, illustrated with maps and photographs; issued in co-operation with the International Secretariat, Institute of Pacific Relations. New York, John Day [1944] 200 p. illus. (maps) plates.

PELLIOT, PAUL, 1878-1945. La Haute Asie. Paris, L'Édition artistique, J. Goudard, [n.d.] 37 p. illus. plates. Cover-title: "Explorations et voyages dans la Haute-Asie."

WU, AITCHEN K., 吳靄宸, 1892- Turkistan tumult, with 16 plates and 2 endpaper maps. London, Methuen, [1940] xiii, 278, [2] p. front., plates, ports.

Economic and Social Conditions

CLARK, MILTON J., 1920- Leadership and political allocation in Sinkiang Kazak society. Cambridge, 1955. 353 l. Thesis-Harvard University.

EGART, MARK. The ferry; sketches of the struggle for socialism in the Altai mountains. London, M. Lawrence, 1932. 151 p. plates (part double).

GOLAB, LUDWIG WAWRZYN. A study of irrigation in East Turkestan. [Translated from the German by James E. Mertz] Freiburg in der Schweiz, Druck und Kommissionsverlag: Paulusdruckerei [1951] Cover-title, 187-199 p. illus. Reprinted from Anthropos, v. 46, 1951.

HARVA, UNO, 1882- Die religiösen Vorstellungen der altaischen Völker. Helsinki, Suomalainen tiedeakatemia; [etc., etc., 1938] 634 p. illus. ([Folklore fellows] FF communications, 125).

HUDSON, ALFRED EMMONS, 1904- Kazak social structure. New Haven, Published for the Department of anthropology, Yale University, by the Yale University Press; London, H. Milford, Oxford University Press, 1938. 109 p. incl. map. (Yale university publications in anthropology, 20).

KAZAK, FUAD. Ostturkistan zwischen den Grossmächten; ein Beitrag zur wirtschaftskunde Ostturkistans. Königsberg (Pr.), Berlin, Ost-Europa Verlag, 1937. viii, 160 p. incl. tables. fold. map. (Osteuropäische forschungen. Neue folge, 23).

KRADER LAWRENCE. Kinships systems of the Altaic speaking peoples of the Asiatic Steppe. Cambridge, 1953. 660 l. charts, diagrs. Thesis-Harvard University.

———. The Kazakhs; a background study for psychological warfare, by Lawrence Krader and Ivor Wayne. [Washington] George Washington University, Human Resources Research Office, 1955. viii, 154 p. maps, diagrs., tables (George Washington University [Washington, D.C.] Human Resources Research Office. Technical report 23).

SAMOLIN, WILLIAM, 1911- The Turkisation of the Tarim Basin up to the Qara-Qytay; a preliminary survey of the problems involved. Ann Arbor, University Microfilms [1954] ([University Microfilms, Ann Arbor, Mich.] Publication no. 6696) Microfilm copy of typescript. Positive. Collation of the original: iv, 362 l. map, facsim. Thesis-Columbia University.

Foreign Missions

CABLE, MILDRED, 1880-1952. The challenge of Central Asia; a brief survey of

Tibet and its borderlands, Mongolia, north-west Kansu, Chinese Turkistan, and Russian Central Asia. By Mildred Cable, F. Houghton, R. Kilgour, A. McLeish, R. W. Sturt, and Olive Wyon. London, New York, World Dominion Press, 1929. iv, [9]-136 p. fold. maps. [World dominion survey series].

———. Something happened, by Mildred Cable and Francesca French. London, Hodder and Stoughton, 1933; New York, Frederick A. Stokes, 1934. 320 p. front., plates, port., fold. map.

———. The making of a pioneer: Percy Mather of Central Asia, by Mildred Cable and Francesca French. New York, Frederick A. Stokes, 1936. 288 p. front., plates, ports., fold. map.

———. The perpetual challenge of Central Asia. London, Central Asian Mission 1937? 7 p. double map.

———. The story of Topsy, little lonely of Central Asia, by Mildred Cable and Francesca French. London, Hodder and Stoughton, [1937] viii 9-212 p. front. illus. plates, ports.

———. George, Hunter, apostle of Turkestan, by Mildred Cable and Francesca French. London, China Inland Mission [1948] 107 p. plates, ports., map (on lining-papers).

———. Grace, child of the Gobi, by Mildred Calbe and Francesca French. Reprint ed. London, China Inland Mission, 1949. 56 p. illus. 1st ed. 1933.

THE CHALLENGE OF CENTRAL ASIA. London, World Dominion Press [192-?] cover-title, 32 p. fold. map. (World dominion survey series).

EASTERN AND CENTRAL ASIA. [London, New Mildmay Press, 1935?] 33 p. (World to-day series).

FRENCH, EVANGELINE. A desert journal; letters from central Asia, by Evangeline French, Mildred Cable [and] Francesca French. London, Constable, 1934; 2nd ed. London, Hodder and Stoughton, 1939. ix, 261 p. front., plates, ports., fold. map.

MINGANA ALPHONSE, 1881-1937. The early spread of Christianity in Central Asia and the Far East: a new document. Manchester, The University Press, 1925. 80 p. Reprinted from the Bulletin of the John Rylands Library, 9:2).

Art and Archaeology

BERGMAN, FOLKE, 1902-1946. Archaeological researches in Sinkiang, especially the Lopnor region; by Folke Bergman; descriptive lists of textiles by Vivi Sylwan, appendices by Sten Konow and Hjalmar Ljungh; with 20 half tone plates, 2 coloured plates, 36 collotype plates, and 52 illustrations and maps in the text. Stockholm, Bokförlags aktiebolaget Thule, 1939. 258 p. illus. (incl. maps) plates (2 col.) (Reports from the scientific expedition to the north-western provinces of China under the leadership of Dr. Sven Hedin. The Sino-Swedish expedition. Publication 7. vii, Archaeology. 1).

GRÜNWEDEL, ALBERT, 1856-1935. Die Teufel des Avesta und ihre Beziehungen zur Ikonographie des Buddhismus Zentral-Asiens. Berlin, O. Elsner, 1924. 448, 113 p. illus., double pl.

HACKIN, JOSEPH, 1886-1941. Recherches archéologiques en Asie Centrale (1931). Paris, Les Éditions d'art et d'histoire, 1936. 35 p. illus. map, plan. diags.

HERRMANN, ALBERT, 1886- Lou-lan; China, Indien und Rom im Lichte der Ausgrabungen am Lobnor; mit einem Vorwort von Sven Hedin. Leipzig, F. A. Brockhaus, 1931. 160 p. front., illus. (incl. maps, plans) plates (incl. facsims.).

HJORTSJÖ, CARL HERMAN, 1914- Das Schädel- und Skelettgut der archäologischen Untersuchungen in Ost-Turkistan, von Carl-Herman Hjorstjö und Anders Walander. Stockholm [Tryckeri aktiebolaget Thule] 1942. 89 p. illus. (incl. map) plates (Reports from the Scientific expedition to the north-western provinces of China under the leadership of Dr. Sven Hedin. The Sino-Swedish expedition. Publication 19. vii. Archaeology. 3).

LE COQ, ALBERT VON, 1860-1930. Die buddhistische Spätantike in Mittelasien. Berlin, D. Reimer [etc.] 1922-33. 7 v. illus. (part mounted; incl. maps, plans) plates (part col.).

———. Bilderatlas zur Kunst und Kulturgeschichte Mittel-Asiens. Mit 255 Abbildungen. Berlin, D. Reimer [etc.] 1925. [5]-107 p. illus.

———. Auf Hellas spuren in Ostturkistan; Berichte und Abenteuer der II. und III. deutschen Turfan-Expedition, mit 108 Abbildungen im Text und auf 52 Tafeln sowie 4 Karten. Leipzig, J. C. Hinrichs, 1926. xi, 166 p. illus. (incl. maps. plans) plates (incl. ports.).

———. Buried treasures of Chinese Turkestan; an account of the activities and adventures of the second and third German Turfan expeditions, translated by Anna Barwell. London, G. Allen and Unwin, [1928] [7]-180 p. illus. (incl. plans) plates (incl. ports.).

STEIN, SIR MARK AUREL, 1862-1943. Serindia; detailed report of explorations in Central Asia and westernmost China carried out and described under the orders of H. M. Indian Government by Aurel Stein. Oxford, Clarendon Press, 1921. 5 v. illus., plates (part fold., part col.) 94 (i.e. 96) fold. maps, 59 plans (part fold.) facsims. (part fold.).

———. Memoir on maps of Chinese Turkistan and Kansu from the surveys made during Sir Aurel Stein's explorations, 1900-01, 1906-08, 1913-15. With appendices by Major K. Mason and J. de Graaff Hunter, Dehra Dun, Trigonometrical Survey Office, 1923. xv, 208 p. front., plates. [India. Survey of India dept. Records of the survey of India, vol. xvii]

———. Innermost Asia; detailed report of explorations in Central Asia, Kan-su, and eastern Īrān, carried out and described under the orders of H. M. Indian Government by Sir Aurel Stein. Oxford, Clarendon Press, 1928. 4 v. plates (part col., 1 fold.) plans. facsims., fold. maps.

———. Ancient Khotan, detailed report of archaeological explorations in Chinese Turkestan, carried out and described under the orders of H. M. Indian Government by M. Aurel Stein. Reprint ed. Peking, 1940. 2 v. illus., 153 plates (part col.; incl. plans, facsims.) fold. map in pocket. [1st ed. Oxford, 1907].

———. On ancient Central-Asian tracks; brief narrative of three expeditions in innermost Asia and north-western China. With numerous illustrations, colour plates, panoramas and map from original surveys. [London, Macmillan, 1933] Reprinted ed. Peking, 1941. xxiv, 342 p. plates (part fold.) ports., fold. map.

WALDSCHMIDT, ERNST, 1897- Gandhara, Kutscha, Turfan; eine Einführung in die frühmittelalterliche Kunst Zentralasiens; mit 119 Abbildungen und Karte auf 66 Tafeln und im Text. Leipzig, Klinkhardt und Biermann [c1925] 115 p. illus. (incl. plans) plates, map.

Tunhuang Finds: General Works

ANDREWS, FREDERICK HENRY. Wall paintings from ancient shrines in Central Asia; recovered by Sir Aurel Stein; described by Fred H. Andrews. Published under the orders of the Government of India. London, Oxford University Press, 1948. xxxiv, 128 p. illus., fold. map, and portfolio (32 plates (part col.)).

DELHI. CENTRAL ASIAN ANTIQUITIES MUSEUM. Catalogue of wall-paintings from ancient shrines in Central Asia and Sīstān, recovered by Sir Aurel Stein, described by Fred H. Andrews. Delhi, Manager of Publications, 1933. [v]-xiii, 201 p. plates (incl. plans; 1 fold.) fold. map.

———. Descriptive catalogue of antiquities recovered by Sir Aurel Stein during his explorations in Central Asia, Kansu and eastern Iran, by Fred H. Andrews Delhi, Manager of Publications, 1935. [v]-x, 36, 37-445 p. 1 illus., plates, fold. map.

GILES, LIONEL, 1875-1958. Descriptive catalogue of the Chinese manuscripts from Tunhuang in the British Museum. London, Trustees of the British Museum, 1957. xxv, 334 p.

MASPERO, HENRI, 1883-1945, ed. Les documents chinois de la troisième expédition de Sir Aurel Stein en Asie centrale. London, Trustees of the British Museum, 1953. xii, 268 p. 40 plates (facsims.).

PARIS. Musée Guimet. Manuscrits et peintures de Touen-houang; Mission Pelliot 1906-09. Collections de la Bibliothèque et du Musée Guimet. [Paris] Éditions des Musées nationaux, 1947. 41, [3] p. fold. map.

PELLIOT, PAUL, 1878-1945. Les grottes de Touen-houang; peintures et sculptures bouddhiques des époques des Wei, des T'ang et des Song. Paris, P. Geuthner, 1914-24. 6 v. in 3 plates (Mission Pelliot en Asie Centrale. Série in quarto. 1.).

STEIN, SIR MARK AUREL, 1862-1943. The thousand Buddhas; ancient Buddhist paintings from the cave-temples of Tun-huang of the western frontier of China, recovered and described by Aurel Stein, with an introductory essay by Laurence Binyon. Published under the orders of H. M. Secretary of State for India and with the co-operation of the Trustees of the British Museum. London, B. Quaritch, ltd., 1921. xii, 65 p. plates and portfolio of plates.

VINCENT, IRENE (VONGEHR). The sacred oasis; caves of the thousand Buddhas, Tun Huang. With a pref. by Pearl Buck. London, Faber and Faber [1953] 114 p. illus.

WALEY, ARTHUR, 1889- A catalogue of paintings recovered from Tun-huang by Sir Aurel Stein, preserved in the Sub-department of Oriental prints and drawings in the British museum, and in the Museum of Central Asian antiquities, Delhi. London, Printed by order of the Trustees of the British Museum and of the Government of India, 1931. lii, 328 p. diagrs.

Khotanese Texts

BAILEY, HAROLD WALTER, 1899- ed. Khotanese texts. Cambridge [Eng.] The University Press, 1945-56. 3 v.

———, ed. Khotanese Buddhist texts. London, Taylor's Foreign Press, 1951. ix, 157 p. (Cambridge oriental series, 3).

BOYER, AUGUSTE M., ed. Kharoṣṭhi inscriptions discovered by Sir Aurel Stein in Chinese Turkestan, transcribed and edited by A. M. Boyer, E. J. Rapson and E. Senart. Published under the authority of His Majesty's Secretary of State for India in council. Oxford, The Clarendon Press, 1920-27. 2 v. plates.

BURROW, THOMAS. The language of the Kharoṣṭhi documents from Chinese Turkestan. Cambridge [Eng.] The University Press, 1937. ix, 134 p.

———. tr. A translation of the Kharoṣṭhi documents from Chinese Turkestan. London, Royal Asiatic Society, 1940. vi, 151 p. (James G. Forlong fund, vol. 20).

CODICES khotanenses, India office library, Ch. ii 002, Ch. ii 003, Ch. 00274, reproduced in facsimile. With an introduction by H. W. Bailey. Copenhagen, Levin and Munksgaard, 1938. xiii p., facsims.: 183 p. (Monumenta linguarum Asiae maioris, edidit K. Grønbech. II).

JĀTAKASTAVA. The Jātakastava; or, "Praise of the Buddha's former births." Indo-Scythian (Khotanese) text, English translation, grammatical notes, and glossaries. [By] Mark J. Dresden. Philadelphia, American Philosophical Society [1955] 397-508 p. (Transactions of the American Philosophical Society, new ser., v. 45, pt. 5).

KONOW, STEN, 1867-1948. Saka studies. Oslo [Glückstadt and Hamburg, Printed by J. J. Augustin] 1932. vi, 198 p. (Oslo. Etnografiske museum. Bulletin 5).

———. Ein neuer Saka-Dialekt. Mit 8 Tafeln. Berlin, Verlag der Akademie der

Wissenschaften, in Kommission bei W. de Gruyter, 1935. 54 p. 1 illus., plates (facsims.; 1 fold.).
———. Khotansakische Grammatik, mit Bibliographie, Lesestücken und Wörterverzeichnis. Mit einer Schrifttafel. Leipzig, O. Harrassowitz, 1941. vi, 130 p. fold. facsim. (Porta linguarum orientalium; sammlung von lehrbüchern für das studium der orientalischen sprachen, hrsg. von Richard Hartmann, 22).
———. A medical text in Khotanese, Ch. ii 003 of the India Office Library. With translation and vocabulary, ed. by Sten Konow. Oslo, I kommisjon hos J. Dybwad, 1941. 104 p. (Avhandlinger utg. av det Norske videnskapsakademi i Oslo. II. Hist. -filos. klasse, 1940, no. 4).

Sogdian Texts

BENVENISTE, ÉMILE, 1902- Textes sogdiens. Édités, traduits et commentés par É. Benveniste. Paris, P. Geuthner, 1940. ix, 284 p. (Mission Pelliot en Asie-centrale. Série in-quarto, 3).
———. Vessan Tara Jataka. Texte sogdien, édité, traduit et commenté par É. Benveniste. Paris, P. Geuthner, 1947. x, 137 p.
BERLINER soghdische Texte. 1: Bruckstücke einer soghdischen Version der Georgspassion (C 1). Hrsg. von Olaf Hansen. Berlin, Akademie der Wissenschaften in Kommission bei W. de Gruyter, 1941. 38 p. facsims. (Preussischen Akademie der Wissenschaften. Abhandlungen. Phil. -Hist. Kl. Jahrg. 1941, 10).
———. II. [hrsg.] von Olaf Hanson. Wiesbaden, Franz Steiner Verlag, 1955. 100 p. plate, facsims. (Mainz. Akademie der Wissenschaften und der Literatur. Abhandlungen der Geistes-und Sozialwissenschaftlichen Kl. Jahrg. 1954, 15).
CODICES sogdiani; manuscrits de la Bibliothèque nationale (Mission Pelliot) reproduits en fac-similé, avec une intoduction par E. Benveniste. Copenhague, E. Munksgaard, 1940. [ix]-xiii p., facsims.: 215 p. (Monumenta linguarum Asiæ maioris, edidit K. Grønbech. III).
GAUTHIOT, ROBERT, 1876-1916. Essai de grammaire sogdienne avec préface de A. Meillet. Paris, P. Geuthner, 1914-29. 2 v. maps, facsim. (Mission Pelliot en Asie Centrale. Série petit in octavo, 1, 3). Pt. 1. published posthumously; Pt. 2. Morphologie, syntaxe et glossaire par Émile Benveniste.
———. ed. and tr. Le sûtra des causes et des effets du bien et du mal; édité et traduit d'après les textes sogdien, chinois et tibétan par Robert Gauthiot et Paul Pelliot. Paris, P. Geuthner, 1920-28. 2 v. in 1. 52 facsims. (Mission Pelliot en Asie Centrale. Série-in-quarto, 2).
GERSHEVITCH, ILYA. A grammar of Manichean Sogdian. Oxford, B. Blackwell, 1954. xiii, 307 p. (Publications of the Philological Society, 16). Thesis-University of London.
HENNING, WALTER BRUNO HERMANN. Sogdica. London, Royal Asiatic Society, 1940. 67 p. (James G. Forlong fund, vol. 21).
MUELLER, FRIEDRICH WILHELM KARL, 1863-1930. ed. and tr. Soghdische Texts. 11. Aus dem Nachlass hrsg. von W. Lentz. Berlin, Akademie der Wissenschaften in Kommission bei W. de Gruyter, 1934. 106 p. (Preussischen Akademie der Wissenschaften. Sitzungbericht. Phil. -Hist. Kl. 21). [v. 1 appeared in 1912].
———. Reste einer soghdischen Übersetzung des Padmacintamanidharani-sûtra. Berlin, W. de Gruyter, 1926. 8 p.
REICHELT, HANS, 1877- ed. and tr. Die soghdischen Handschriftenreste des Britischen Museums, in Umschrift und mit Übersetzung. Heidelberg, C. Winter's Universitätsbuchhandlung, 1928-31. 2 v.
WELLER, FRIEDRICH, 1889- Zum soghdischen Vimalakīrtinirdeśasūtra. Leipzig, Deutsche morgenländische Gesellschaft, Kommissionsverlag F.A.

Brockhaus, 1937. 87 p. (Abhandlungen für die kunde des Morgenlandes, mit unterstützung der Deutschen forschungsgemeinschaft hrsg. von der Deutschen morgenländischen gesellschaft. 22:6).

Tokharian Texts

FILLIOZAT, JEAN, ed. and tr. Fragments de textes koutchéens de médecine et de magie. Texte, parallèles sanskrits et tibétains, traduction et glossaire. Paris, A. Maisonneuve, 1948. 155 p. map, facsims.

KRAUSE, WOLFGANG, 1895- Westtocharische Grammatik. Heidelberg, C. Winter, 1952- v. (Indogermanische Bibliothek. 1. Reihe, Lehr- und Handbücher).

LÉVI, SYLVAIN, 1863-1935. ed. and tr. Fragments de textes koutchéens, Udānavarga, Udānastotra, Udānālaṁkāra et Karmavibhaṅga; publiés et traduits, avec un vocabulaire et une introduction sur le "tokharien," par m. Sylvain Lévi. Paris, Impr. nationale, 1933. 161 p. (Cahiers de la Société asiatique. 1. sér. II).

POUCHA, PAVAL. Institutiones linguae Tocharicae. Praha, Státnf pedagogicke nakl, 1955. xiii, 466 p. (Archiv orientálnf. Monografie, v. 15).

SIEG, EMIL H., 1866- Tocharische Sprachreste. Sprache A., hrsg. von E. Sieg und W. Siegling. Berlin, W. de Gruyter, 1921. 2 v. plates (Königlich Preussische-Turfan-Expeditionen).

———. The same. Sprache B. hrsg. von E. Sieg und W. Siegling. Göttingen, Vandenhoeck und Ruprecht, 1949. 1 v. plates (Berlin. Deutsche Akademie der Wissenschaften).

———. Tocharische Grammatik, im Auftrage der Preussischen Akademie der Wissenschaften, bearb. in Gemeinschaft mit Wilhelm Schulze von Emil Sieg und Wilhelm Siegling. Göttingen, Vandenhoeck und Ruprecht, 1931. 6, 518 p. (Göttlinger sammlung indogermanischer grammatiken und wörterbücher).

———. tr. Ubersetzungen aus dem Tocharischen. Berlin, Akademie der Wissenschaften, in Kommission bei W. de Gruyter, 1944- 1 v. (Abhandlungen der Preussischen Akademie der Wissenschaften. Philosophisch-historische Klasse. Jahrg. 1943, Nr. 16).

Geological and Geographical explorations

ALAI-PAMIR EXPEDITION, 1928. Wissenschaftliche Ergebnisse der Alai-Pamir Expedition 1928, im Auftrage der Notgemeinschaft der deutschen Wissenschaft, hrsg. von H. von Ficker und W. R. Rickmers. Berlin, D. Reimer/E. Vohsen, 1932. 3 v. in 6. illus., plates (part fold.) fold. maps, diagrs. Contents. -t. 1. Geodätische, topographische und glaziologische Ergebnisse, von Richard Finsterwalder. - t. II. Geologische Untersuchungen im nordwestlichen Pamir-gebiet und mittleren Trans-Alai von Ludwig Nöth. - t. III. Beitrag zur faunistik des Pamir-gebietes, von W. F. Reinig.

AMBOLT, NILS PETER, 1900- Latitude and longitude determinations in eastern Turkistan and northern Tibet derived from astronomical observations. With 74 illustrations, in the text, two maps and one table in pocket at end. Stockholm, Bokförlags aktiebolaget Thule, 1938. 143 p. illus., fold. map, fold. plan, fold. table, diagrs. (Reports from the Scientific expedition to the north-western provinces of China under the leadership of Dr. Sven Hedin. The Sino-Swedish expedition. Publication 6. II. Geodesy. 1).

———. Relative Schwerkraftsbestimmungen mit Pendeln in Zentralasien. Stockholm, 1948. 112 p. illus., maps (2 fold.) tables. (Reports from the scientific expedition to the northwestern provinces of China under the leadership of Dr. Sven Hedin. The Sino-Swedish Expedition. Publication 30. II. Geodesy, 2).

BLEEKER, WOUTER, 1904- Meteorologischen zu den 3 holländischen Karakorum-Expeditionen. Amsterdam, 1936. 27 p. figs., tables (Kon. Akad. van Wetenschappen, Proceedings 39: 6-8, 1936).

BOHLIN, BIRGER, 1898- Notes on some late Palæozoic localities in the Nanshan se of Tun-huang. Stockholm, Bokförlags aktiebolaget Thule, 1937. 53 p. incl. front. (map) illus. plates. (Reports from the Scientific expedition to the north-western provinces of China under the leadership of Dr. Sven Hedin. The Sino-Swedish expedition. Publication 3. III. Geology. 2).

BORCHERS, PHILIPP. Berge und Gletscher im Pamir, mit Beiträgen von Eugen Allwein, Richard Finsterwalder, Wolfgang Lentz, Erwin Schneider und Karl Wien, hrsg. unter Mitwirkung des Deutschen und österreichischen Alpenvereins. Mit 8 Tafeln in Kupfertiefdruck, 103 Bildern auf Kunstdrucktafeln und 2 Karten. Stuttgart, Verlag von Strecker und Schröder [1931] xi, [1], 259, [1] p. front., plates, 2 maps.

BOSSHARD, WALTER, 1892- Botanische Ergebnisse der deutschen Zentral-Asien-Expedition 1927-28, hrsg. vom Botanischen Museum der Universität Zürich. Bearb. von E. Schmid, V. Czurda, H. Skuja, J. Thériot, A. Zahlbruckner, Zürich 1932. 76 p. plates. (Repertorium specierum novarum, Bd. 31; Zürich. Universität. Mitteil. aus dem Botanische Museum, 143).

CHEREPOV, I. A. Die Rätsel des Tienschan. [Aus dem Russischen übertragen von Alexander Böltz] Dresden, Sachsenverlag, 1954 [c1953]. 173 p. illus.

DU RIETZ, TORSTEN. Igneous rocks of Nanshan; a study in Caledonian igneous rocks. Introduction by Gerhard Bexell. Stockholm [Tryckeri aktiebolaget Thule] 1940. 117 p. incl. illus., tables, diagrs., plates, maps. (Reports from the scientific expedition to the north-western provinces of China under the leadership of Dr. Dven Hedin. The Sino-Swedish expedition. Publication 12. III. Geology. 4).

FICKELER, PAUL. Der Altai; eine Physiogeographie, mit 7 Tabellen, 1 Kurventafel, 5 Karten und 14 Abbildungen. Gotha, G. Perthes, 1925. viii, 202 p. plates, fold. maps, fold. diagr. (Ergänzungsheft nr. 187 zu "Petermanns mitteilungen").

FILCHNER, WILHELM, 1877-1957. Kartenwerk der Erdmagnetischen Forschungsexpedition nach Zentral-Asien 1926-28. Gotha, J. Perthes, 1933. 255 p. illus., fold. maps. (Ergänzungsheft nr. 215- zu "Petermanns mitteilungen").

FILIPPI, FILIPPO DE, 1869-1938. The Italian expedition to the Himalaya, Karakoram and Eastern Turkestan (1913-14), with chapters by G. Dainelli and J. A. Spranger. Illustrated with two coloured plates by R. W. Spranger, 15 panoramas, four maps in colour and over 300 illustrations in the text from photographs by C. Antilli and other members of the expedition. London, E. Arnold, 1932. xvi, 528 p. col. front., illus. (incl. plans) plates (1 col., part fold.) maps (part fold.). "Translated by H. T. Lowe-Porter from the Italian edition as revised by the author, with an additional chapter on the scientific results."

FISCHER, EMIL SIGMUND, 1865-1945. Zum Gedächtnis Jörg Trübner's und Emil Trinkler's letzte Expedition. Tientsin, 1931. 44 p.

FREBOLD, HANS, 1899- Untersuchungen über die Fauna und Stratigraphie des marinen Tertiärs von Ostturkistan. Stockholm [Aktiebolaget H. W. Tullberg] 1940. [7]-35 p. illus. (map) plates. (Reports from the scientific expedition to the north-western provinces of China under the leadership of Dr. Sven Hedin. The Sino-Swedish expedition. Publication 11. v. Invertebrate palaeontology. 2).

HEDIN, SVEN ANDERS, 1865-1952. History of the expedition in Asia, 1927-35, by Sven Hedin, in collaboration with Folke Bergman. Stockholm [Göteborg, Elanders boktryckeri aktiebolag] 1943. 4 pts. mounted front., illus. (incl. plans) plates (1 fold) ports., maps (part fold.) (Reports from the scientific expedition to the north-western provinces of China under the leadership of Dr. Sven Hedin. The Sino-Swedish expedition. Publication 23-26).

HEIM, MAURICE. Sur les pentes du Pamir. Paris, R. Chiberre, 1922. [9]-334 p., 1 l.

HUANG, T. K. 黃汲清 [Huang Chi-ch'ing] 1904- Report on geological investigation of some oil-fields in Sinkiang. By T. K. Huang, C. C. Young, 楊鍾健, Y. C. Cheng, 程裕淇, T. C. Chow, 周宗俊, M. N. Bien, 卞美, and W. P. Weng, 翁文波, Nanking, Geological Survey of China, 1947. vii, 118, 3 p. maps, profiles. (China. Geological Survey. Memoirs, ser. A. No. 21).

HYLLNINGSSKRIFT tillägnad Sven Hedin på hans 70-årsdag den 19 febr. 1935. Edited by Axel Wallén. Stockholm, I distribution: Generalstabens litografiska anstalt [1935]. xvi, 668 p. illus., plates (part col., part fold.) port., maps (part fold.) diagrs. (part fold.).

ÎAKOVLEV, ALEKSANDR EVGEN'EVICH, 1887-1938. Dessins et peintures d'Asie, exécutés au cours de l'Expédition Citroën Centre-Asie; troisième mission G. M. Haardt, L. Audouin-Dubreuil, édité sous la direction de Lucien Vogel. Paris, J. Meynial [1934]. [30] p. illus., 50 col. plates (incl. ports.).

LE FÈVRE, GEORGES, 1892- Expédition Citroën Centre-Asie; la croisière jaune; troisième mission Haardt-Audouin-Dubreuil; préface d'André Citroën; introduction de L. Audouin-Dubreuil; avec 95 gravures, 3 cartes hors texte et 3 cartes dans le text. Paris, Plon [1933]. xlvi, 368 p. front., plates, ports., maps (part fold.).

———. An Eastern odyssey; the third expedition of Haardt and Audouin-Dubreuil; preface by André Citroën; introduction by L. Audouin-Dubreuil; translated and adapted by Major-General Sir E. D. Swinton. ⟨Ole Luk-Oie⟩ London, V. Gollancz, 1935; Boston, Little, Brown, 1935. 368 p. front., plates, ports., fold. map.

LENTZ, WOLFGANG, 1900- Auf dem Dach der Welt; mit Phonograph und Kamera bei vergessenen Völkern des Pamir. Berlin, Deutsche Buchgemeinschaft. [c1931]. 353 p. illus. (maps) plates.

LÖWENECK, SIGMUND. Aus den wissenschaftlichen Ergebnissen der Merzbacher'schen Tianschan-Expeditionen; Beitrage zur Kenntnis des paläozoikums im Tienschan. München, Verlag der Bayerischen Akademie der Wissenschaften in Kommission bei der C. H. Beck'schen Verlagsbuchhandlung, 1932. 141 p. plates. (Bayerische Akademie der Wissenschaften. Math. Natur. Abteilung. Abhandlungen, n. f. 11).

MAGNUSSON, ADOLF HUGO, 1885- Lichens from Central Asia. Stockholm, 1940-44. 2 pts. illus., maps (1 fold.). (Reports from the scientific expedition to the north-western provinces of China under the leadership of Dr. Sven Hedin. The Sino-Swedish Expedition. Publication 13. xi. Botany, 1; Publication 22. xi. Botany, 2).

NORIN, ERIK, 1895- Geology of western Quruq tagh, eastern T'ien-Shan. With 43 plates and 19 illustrations in the text, three plates of sections and two maps in pocket at end. Stockholm, Bokförlags aktiebolaget Thule, 1937. xv, 194 p., incl. illus., tables, diagrs. plates, maps (part fold., 2 in pocket) 3 fold. profiles. (Report from the Scientific expedition to the northwestern provinces of China under leadership of Dr. Sven Hedin. The Sino-Swedish expedition. iii. Geology. i). [Full name: Erik Stephan Norin]

———. Geologic reconnaissances in the Chinese T'ien-shan. Appendices by F. Heritsch, F. Kahler, and B. Bohlin. With 33 illustrations in the text, 23 plates, 3 maps, and one plate of sections at end of volume. Stockholm [Tryckeri aktiebolaget Thule] 1941. xii, 229 p. illus., plates, maps (part fold. tables, diagrs., profiles (part fold.) (Reports from the scientific expedition to the north-western provinces of China under the leadership of Dr. Sven Hedin. The Sino-Swedish expedition. Publication 16. iii. Geology. 6).

———. The Tarim basin and its border regions. Leipzig, Akademische

Verlagsgesellschaft, Becker und Erler kom.-ges., 1941. cover-title, 36, [4] p. illus., maps (1 fold). (Regionale geologie der erde, hrsg, von K. Andrée, H. A. Brouwer und W. H. Bucher. Bd. 2: Palaeozoische tafeln und gebirge. Abschnitt ivb).

PFANN, HANS. Führerlose Gipfelfahrten in den Hochaplen, dem Kaukasus, dem Tian-schan und den Anden. Einbandzeichnung von Otto Brandhuber. Berlin, Röth, 1941. iv, 255 p. illus.

PRINZ, GYULA, 1882- A magas Tiensán, irta Prinz Gyula. Der hohe-Tienschan. Mit 156 Abbildungen und 11 Tafeln, alle von Verfasser gezeichnet. Hrsg. von der dem Kgl. ung. Ackerbauministerium unterstehenden Königlich ungarischen geologischen Anstalt. Budapest [etc.] Dunántúl Pécsi egyetemi könyvkiadó és nyomda r.-t., 1939. 352 p. illus., plates (part fold., incl. maps, profiles) ([Hungary. Földtani intézet] Mitteilungen aus dem jahrbuch der Kgl. ungar. geolog. anstalt, bd. 33).

PRZHEVAL'SHIĬ, NIKOLAĬ MIKHAĬLOVICH, 1839-88. Hanhai. Von Kuldscha über den Tianschan und zum Lobnor. [Hrsg. von Herbert Butze. Übers. von Alexander Böltz] Leipzig, Bibliographisches Institut, 1952. 248 p. illus., maps. (Sammlung Volk und Buch).

———. In das Land der wilden Kamels. Von Kiachta zu den Quellen des Gelben Flusses, die Erforschung des nördlichen Randgebietes von Tibet und der Weg über den Lobnor durch das Tarimbecken; übers. von Helmut Sträubig. Leipzig, F. A. Brockhaus, 1954. 339 p. illus. plates. (Sammlung Volk und Buch).

REGNÉLL, GERHARD, 1915- On the Siluro-Devonian fauna of Chöl-tagh, eastern T'ien-shan. Pt. 1. Stockholm [Esselte ab. Stockholm, Aktiebolaget H. W. Tullberg] 1941. 64 p. illus., plates. (Reports from the scientific expedition to the north-western provinces of China under the leadership of Dr. Sven Hedin. The Sino-Swedish expedition. Publication 17. v. Invertebrate palaeontology. 3).

REYMOND, ANDRÉ. Sur le peuplement entomologique de l'Asie centrale. Paris, Revue de géographie physique et de géologie dynamique, 1937. 285, [1] p. illus., xx pl., fold, maps. Thèse - Univ. de Paris.

RICKMERS, WILLY RICKMER, 1873- Alai! Alai! Arbeiten und Erlebnisse der deutsch-russischen Alai-Pamir-Expedition, mit 90 Abbildungen, 25 Diagrammen, 2 Panoramen und 1 Karte des Arbeitsgebiets der Expedition. Leipzig, F. A. Brockhaus, 1930. 299, [1] p. front., illus., plates (1 fold.) ports., maps.

ROI, JACQUES. Phytogeography of Central Asia. Peking, 1941. 35 p. illus. maps, (Peking. Institut de Géo-biologie. [Publ.] 5).

RUDENKO, SERGEĬ IVANOVICH, 1885- Der zweite Kurgan von Pasyryk. Arbeitsergebnisse der Expedition des Institutes für Geschichte der materiellen Kultur der Akademie der Wissenschaften der UdSSR v. J. 1947; vorläufiger Bericht, ins Deutsche übertragen von Ida-Maria Görner. Berlin, Verlag Kultur und Fortschritt. 1951. 96 p. illus., 29 plates. ("Sowjetwissenschaft," Beiheft 16).

SINO-SWEDISH EXPEDITION, 1927-35. Reports from the scientific expedition to the north-western provinces of China under the leadership of Dr. Sven Hedin. The Sino-Swedish expedition. Stockholm, Bokförlags aktiebolaget Thule, 1939. v. illus., plates. (works in this series are cited individually).

TRINKLER, EMIL, 1896-1931. Wissenschaftliche Ergebnisse der Trinklerschen Zentral-Asien Expedition, bearbeitet von E. Trinkler und H. de Terra. Berlin, D. Reimer, E. Vohsen, 1932. 2 v. illus., plates, maps. (part fold.) diagrs. Contents: I. Geographische Forschungen im Westlichen Zentralasien und Karakorum-Himalaya von Emil Trinkler. II. Geologische Forschungen im westlichen K'un-lun und Karakorum-Himalaya, von Hellmut de Terra.

TROEDSSON, GUSTAF TIMOTEUS, 1891- On the Cambro-Ordovician faunas of western Quruq tagh, eastern T'ien-shan. With an appendix: Report on a collection of graptolites from the Charchaq series of Chinese Turkistan, by O. M. B. Bulman. With plates i-x and 8 figures of text. Nanking, Published by the Geological Survey of China, 1937. [7]-74, 6 p. illus., plates. (Reports from the Scientific expedition to the north-western provinces of China under leadership of Dr. Sven Hedin. The Sino-Swedish expedition. Publication 4. v. Invertebrate paleontology: 1).

VISSER, PHILIPS CHRISTIAN, 1882- ed. Wissenschaftliche Ergebnisse der niederländischen Expeditionen in den Karakorum und die angrenzenden Gebiete in den Jahren 1922, 1925, und 1929-30. Hrsg. von Ph. C. Visser und Jenny Visser-Hooft. Leipzig, in Kommission bei F. A. Brockhaus, 1935. xviii, 499 p. illus. plates, fold. map, diagrs.

YOUNG, CHUNG-CHIEN, 楊鍾健, 1897- A new dinosaurian from Sinkiang, Nanking, Published by the Geological Survey of China, 1937. 28, 4 p. incl. illus., tables. plates. (China. Geological survey. Palaeontologia sinica. New series C, no. 2. Whole series, no. 105).

ZATULOVSKIĬ, D. M. Auf den Gletschern und Gipfeln Mittelasiens. Übers. von Hellmut Schöner. Leipzig, Bibliographisches Institut, 1953. 400 p. illus. (Sammlung "Volk und Buch").

XXVI. TAIWAN (FORMOSA)

Bibliographies

[AUSTRALIA. JOINT SERVICE STAFF, WASHINGTON.] Formosa; handbook of selected reference material. [n. p., 12 pts., 1949? -].

STANFORD UNIVERSITY. China Project. Bibliography of Taiwan (Formosa). New Haven, Human Relation Area Files, 1956. 37 p. (Behavior science bibliographies).

Description and Travel, 1921-45

BIGELOW, POULTNEY, 1855- Japan and her colonies; being extracts from a diary whilst visiting Formosa, Manchuria, Shantung, Korea and Saghalin in the year 1921. New York, Longmans, Green, 1923. xii, 276 p. front., plates, ports.

FOGHT, HAROLD WALDSTEIN, 1869- Unfathomed Japan; a travel tale in the highways and byways of Japan and Formosa, by Harold and Alice Foght; with maps and numerous illustrations by the authors and others. New York, Macmillan, 1928. xvii, 438 p. incl. front., illus., plates, ports., facsims. fold. map.

FORMOSA. (Government-General of Taiwan, 1895-1945). Progressive Formosa. Taihoku, 1926. 108 p. map, plates.

FRANCK, HARRY ALVERSON, 1881- Glimpses of Japan and Formosa. With some kodak snapshots by the author. New York and London, Century, [c1924]. xi, 235 p. front., plates.

GOLDSCHMIDT, RICHARD BENEDICT, 1878- Neu-Japan; Reisebilder aus Formosa, den Ryukyuinseln, Bonininseln, Korea and dem südmandschurischen Pachtgebiet. Mit 215 Abbildungen und 6 Karten. Berlin, J. Springer, 1927. vi, 303 [1] p. illus. (incl. maps).

LANDSBOROUGH, MARJORIE. In beautiful Formosa; being a personally-conducted tour of boys and girls to view the people, the scenery, and the work of the missionaries in strange and lovely places. London, R. T. S., 1922. 141 p. front., plates.

———. More stories from Formosa. London, Presbyterian Church of England, [1932]. 142 p. front. (map), plates, ports.

PSALMANAZAR, GEORGE, 1679? -1763. An historical and geographical description of Formosa. Giving an account of the religion, customs, manners etc. of the inhabitants. Together with a relation of what happen'd to the author in his travels; particularly his conferences with the Jesuits, and others, in several parts of Europe. Also the history and reasons of his conversion to Christianity, with his objections against it (in defence of paganism) and their answers. London, R. Holden, 1926. xlviii, 288 p. plates. [A fabrication. The author's real name is unknown. "Psalmanazar... wrote in Latin, and the main portion of his manuscript was translated by Mr. Oswald... What was not due to his own imagination he borrowed from Verenius's 'Descriptio regni Japoniae et Siam' (Amsterdam, 1649) or Candidius's 'Voyages'." - Dict. nat. biog.].

RUTTER, OWEN, 1889- Through Formosa; an account of Japan's island colony. London, T. F. Unwin, [1923]. 288 p. front., illus. (map), plates.

TAIWAN. A record of Taiwan's progress, 1936-37 ed. Issued by Kokusai Nippon kyokai, Tokyo, Japan. Edited, compiled and designed by Hideo Naito. Tokyo, 1937. xii, 334 p. plates, ports., facsims.

TAIWAN, A UNIQUE COLONIAL RECORD. 1937-8 ed. Issued by Kokusai Nippon kyokai, Tokyo, Japan. Edited, compiled and designed by Hideo Naito. [Tokyo, 1938]. xii, 350, 6 [2] p. plates (part col.), ports., facsims.

TAKEUCHI, SADAYOSHI. Taiwan. Rev. ed. [Taihoku, Niitakado, 1927.] 40, 8, 1470, 51 [1] p. illus. (incl. ports., maps, diagrs.), plates, fold. map, fold. table.

TERRY, THOMAS PHILIP, 1864- Terry's guide to the Japanese empire, including Korea and Formosa, with chapters on Manchuria, the Trans-Siberian railway, and the chief ocean routes to Japan; a handbook for travellers with 8 specially drawn maps and 23 plans. Rev. ed. Boston, Houghton Mifflin; London, Constable, 1928. cclxxxiv (i.e. 272), 799 (i.e. 787) p. maps (part fold., incl. front.) plans (part fold.)

TIETJENS, EUNICE (HAMMOND), 1884- Japan, Korea and Formosa, edited by Burton Holmes; text by Eunice Tietjens, illustrations by Burton Holmes. Chicago, Wheeler Pub. Co. [c1940]. xi, [1], 419 p. illus. (The Burton Holmes travel stories.)

TRAUTZ, FRIEDRICH MAX, 1877- Japan, Korea und Formosa, Landschaft, Baukunst, Volksleben. Aufgenommen von A. von Graefe, G. von Estorff, Gertrud Fellner, Herbert Ponting u.a. Mit einem Geleitwort von W. H. Solf. Berlin, Atlantis-Verlag [1930]. liv p., plates. (Orbis terrarum [reihe 3, bd. 26]).

———. Japan, Korea and Formosa; the landscape, architecture, life of the people; photographs by A. von Graefe, G. von Estorff and others. London, "The Studio," [1931?]. xxix p., plates. (Orbis terrarum).

UKERS, WILLIAM HARRISON, 1873- Japan and Formosa. New York, Tea and Coffee Trade Journal Co., c1925. 58 p. illus. (incl. ports., maps.) (Little journey series.)

U. S. NAVY. Pacific Fleet and Pacific Ocean Areas. Information bulletin. Formosa, Takao area and Koshun peninsula. [n.p.] 1944. cover-title, 73 p. illus. (incl. maps, charts.) (Its Cincpac-Cincpoa bulletin no. 119-44.)

U. S. OFFICE OF NAVAL OPERATIONS. Taiwan (Formosa). [Washington] Office of the Chief of Naval Operations, Navy Dept., 1944. xv, 198 p. incl. illus. (incl. maps), tables, diagrs. (Its Civil affairs handbook.)

———. Economic supplement. Prepared by Far eastern unit, Bureau of foreign and domestic commerce, Department of commerce for Occupied areas section, Chief of Naval Operations. [Washington] Office of the Chief of Naval Operations, Navy Dept., 1944. xiv, 127 p. incl. illus (incl. maps), tables. (Its Civil affairs handbook.)

WALTON, WILLIAM HEWARD MURRAY. Scrambles in Japan and Formosa. London, E. Arnold, [1934]. 304 p. incl. map. front., plates, maps (2 fold.).

1945-

BRISTOL, HORACE. Formosa; a report in pictures. Tokyo, East-West [1954]. unpaged. illus.

CALDWELL, JOHN COPE, 1913- Let's visit Formosa, island home of Free China. New York, J. Day [1956]. 71 p. illus.

CANADA. Dept. of Mines and Technical Surveys. Geographical Branch. Taiwan (Formosa); a geographical appreciation. Ottawa, 1952. xi, 59 p. maps. (Its Foreign geography information series, 5).

CH'EN, CHÊNG-SIANG, 陳正祥. Cities and rural towns of Taiwan. Taipei, Institute of Agricultural Geography, 1953. 8 p. 9-40 p. (Its Research report, 48).

———. Keelung. Keelung, Taiwan, Keelung Municipal Government, 1954. 44 p. illus.

———. The city of Taipei. Taipei, Fu Min Geographical Institute of Economic Development, 1956. 19 p. fold. diagrs. (Its Research report, 71).

CHINA. Ministry of Communications. Aeronautical information publication, Taiwan flight information region. Taipei, Civil Aeronautics Administration, 1952. 1 v. maps.

CHINESE NEWS SERVICE, NEW YORK. Free China's island province of Taiwan (Formosa). New York, 1953. 4 p. illus.

DUNN, GORDON T. Formosa, the island beautiful. London, China Inland Mission, 1954. 31 p. map. (Fields for reaping ser., 5).

MACMILLAN, HUGH. Then till now in Formosa. Taipei, British and Canadian Presbyterian Missions, 1953. 102 p.

TAIWAN PICTORIAL, TAIPEI. Taiwan, land of progress. Taipei, 1956. 92 p. illus.

U. S. ARMY. Far East Command. General Staff. Military Intelligence Section. Information report on facilities in Formosa. Tokyo, 1946. 123 p. illus. maps.

History, Politics and Government, 1921-1945

FORMOSA. (Government-General of Taiwan, 1895-1945.) Laws, statutes, etc. Opium ordinance of Formosa, revised in 1929 in accordance with the provisions of the International Convention concluded at Geneva in 1925. Communicated by the Japanese Government. Geneva, 1929. 20 l.

———. The Kodama report; translation of Japanese plan for aggression, 1902. New York, American Council, Institute of Pacific Relations, 1945. 32 l.

U. S. OFFICE OF NAVAL OPERATIONS. Japanese administrative organization in Taiwan (Formosa). [Washington], 1944. viii, 71 p. illus. (Its Civil affairs handbook.).

———. Taiwan (Formosa), the Pescadores Islands. [Washington], 1944. viii, 39 p. illus., maps. (Its Civil affairs handbook.).

———. Taiwan (Formosa) Taihoku province. [Washington], Office of the Chief of Naval Operations, Navy Dept., 1944. xii, 209 p. incl. illus. (incl. maps), tables. (Its Civil affairs handbook.).

———. Taiwan (Formosa) Takao Province. [Washington], Office of the Chief of Naval Operations, Navy Dept., 1944. x, 136 p. incl. illus. (incl. maps), tables. (Its Civil affairs handbook.).

———. Taiwan (Formosa) Tainan province. [Washington], Office of the Chief of Naval Operations, Navy Dept., 1944. x, 106 p. incl. illus. (incl. maps), tables. (Its Civil affairs handbook.).

———. Taiwan (Formosa) Taichu province. [Washington], Office of the Chief of Naval Operations, Navy Dept., 1944. xiii, 235 p. incl illus. (incl. maps), tables. (Its Civil affairs handbook.).

———. Taiwan (Formosa) Shinchiku province. Opnav 13-25. [Washington], Office of the Chief of Naval Operations, Navy Dept., 1944. xi, 110 p. illus., maps. (Its Civil affairs handbook.).

———. Taiwan (Formosa) Karenko and Taito provinces. Opnav 13-24. [Washington], Office of the Chief of Naval Operations, Navy Dept., 1944. x, 101 p. illus., maps. (Its Civil affairs handbook.).

1945-

BALLANTINE, JOSEPH WILLIAM, 1888- Formosa, a problem for United States foreign policy. Washington, Brookings Institution, 1952. 218 p. illus.

BATE, H. MACLEAR, 1908- Report from Formosa. New York, Dutton, 1952. 290 p. illus.

———. Report from Formosa. London, Eyre and Spottiswoode, [1952]. 210 p. illus.

CHANDRA, ROMESH. Hands off Taiwan! The "Formosa question" and its solution. Madras, All India peace council, 1955. 8 p.

CHANG, CH'I YÜN, 張其昀, 1901- An outline of history of Taiwan. Taipei, China Culture Pub. Foundation, 1953. 32 p. port., maps. (Pamphlets on Chinese affairs.) Reprinted from Free China review, April and May, 1952.

———. The spirit of Taiwan. Taipei, China Culture Pub. Foundation, 1953. 11 p. (Pamphlets on Chinese affairs.)

CHINA. (People's Republic of China, 1949-). Embassy. New Delhi. China will liberate Taiwan. New Delhi, 1955. 90 p.

DURDIN, TILLMAN, 1907- . China and the world, by Tillman Durdin. The rebirth of Formosa, by Robert Aura Smith. [New York, Foreign Policy Association] 1953. 63 p. illus., maps. (Headline series, 99.)

FITCH, GERALDINE. Formosa beachhead. Chicago, H. Regnery Co., 1953. 267 p.

GIGON, FERNAND, 1908- . Formose; ou les tentations de la guerre. Paris, Documents du Monde [1955]. 187 p. plates, maps. (Collection Documents du Monde.)

GT. BRIT. Central Office of Information. The problem of Formosa. London, H. M. Stationary Off., 1950. 4 p. (No. R. 2063.)

HAN, LIH-WU, 杭立武, 1902- Taiwan today. [Rev. ed.] Taipei, Hwa Kuo Pub. Co., 1952. 162 p. [1st ed. 1951].

HILLIS, DICK, 1913- . Shall we forfeit Formosa? Grand Rapids, Mich., Zondervan Pub. House, 1956. 32 p.

HSIEH, JAMES CHIAO-MIN, 謝覺民, 1918- Successive occupance patterns in Taiwan. Syracuse, N.Y., 1953. 417 l. illus., maps, diagrs. Thesis-Syracuse University.

IMPORTANT documents concerning the question of Taiwan. Peking, Foreign Languages Press, 1955. 183 p.

KIERMAN, FRANK ALGERTON, 1914- . The fluke that saved Formosa. Cambridge, Center for International Studies, Massachusetts Institute of Technology, 1954. 12 p. illus.

LIAO, JOSHUA, 廖文奎 [Liao Wên-kuei], 1905-1952. Formosa speaks [by] Joshua Liao. The memorandum submitted to the United Nations in Sept., 1950, in support of the petition for Formosan independence by the Formosan League for Re-emancipation. [Hongkong?] 1950; London, Bailey and Swinfen, 1954. 59 p.

RECTO, CLARO M., 1890- . Senator Claro M. Recto on the Formosa question. Foreword and epilogue by Juan Collas. [n.p., 1955] 119 p. illus.

RIGGS, FRED WARREN, 1917- . Formosa under Chinese Nationalist rule. New York, Macmillan, 1952. ix, 195 p. map.

SCHAFFER, GORDON, 1905- . Formosa; secrets behind the crisis. [London, Britain-China Friendship Association, 1955.] 11 p.

SHIEH, MILTON J. T., 謝然之 [Hsieh Jan-chih], 1912- Taiwan and democratic world. [Documents of foreign relations concerning Formosa] edited by Milton J. T. Shieh. Taipeh, Shin Sheng Pao Daily News, 1951 [i.e. 1952] 89 p.; 2, 81 p. illus., ports.

STANFORD UNIVERSITY. China Project. Taiwan (Formosa). New Haven, Printed by Human Relations Area Files [1956]. 2 v. (viii, 680 p.) maps, diagrs. (HRAF. Subcontractor's monograph, HRAF-31).

TAIWAN. Information Dept. The administrative achievements of Taiwan province in the past six years. [general report on Taiwan's provincial administration made by Governor K. C. Wu, 吳國楨, at the first session of the Provisional Provincial Assembly on December 12, 1951]. Taipei, 1952. 17 p.

———. Taiwan's provincial administration during the first half of 1952; a general report made by Governor K. C. Wu before the Provisional Provincial Assembly on June 12, 1952. Taipei, 1952. 27 p.

———. The guiding principles of Taiwan provincial administration; an administrative report made by Governor K. C. Wu before the 3rd session of the Taiwan Provisional Provincial Assembly on December 15, 1952. Taipei, 1953. 21 p.

——. Taiwan provincial administration; a general report made by O. K. Yui, 俞鴻鈞, before the Taiwan Provisional Provincial Assembly on June 22, 1953. Taipei, 1953. 34 p.

——. Taiwan provincial administration, its point of emphasis and its progress; a general report made by Governor O. K. Yui before the fifth session of the Provisional Provincial Assembly of Taiwan on December 14, 1953. Taipei, Dept. of Information, Taiwan Provincial Govt., 1953. Cover-title, 39 p.

TAIWAN. Information Office. Taiwan; ten years of progress. Taipei, 1956. 104 p. illus.

TAIWAN NEWS SERVICE. An infamous riot; story of recent mob violence in Taiwan. Taipei, 1947. 72 p.

TAYLOR, GEORGE EDWARD, 1905- . Formosa. Cambridge, Center for International Studies, Massachusetts Institute of Technology, 1954. 42 p. (Communist bloc program. China project E/54-7.)

TSONG, Y. T. Memoranda on the Formosan independence movement. Tokyo, 1949. 156 p.

UNITED NATIONS ASSOCIATION OF GREAT BRITAIN AND NORTHERN IRELAND. Formosa. London, United Nations Association, 1955. 16 p. map.

U. S. PRESIDENT, 1953- (Eisenhower). Security of the United States of America; message from the President of the United States. [Washington, Govt. Print. Off., 1955.] 4 p. (84th Cong., 1st sess. House of Representatives. Document no. 76.)

WOODMAN, DOROTHY. Facing facts in Formosa; a challenge to peace. New ed. [London, Union of Democratic Control, 1951.] 11 p.

YUI, O. K., 俞鴻鈞, 1898- Report on action taken by the government regarding the incident on May 24, 1957, in Taipei. Taipei, Govt. Information Off., 1957. 41 p. tables, plates, plan.

Economic Conditions

BANK OF TAIWAN. Economic Research Dept. Taiwan financial statistics monthly, 台灣金融統計月報. Taipei, 1952- .

CHEN, NAI-RUENN, 陳迺潤, 1926- Formosa's national income; concepts, estimation, methods and distribution. Urbana, [1955]. 59 l. tables. Thesis-University of Illinois.

CHINA. Economic Stabilization Board. A review of the economic situation of the Republic of China, July 1954-June 1955. Taipei, 1955. 116 p.

——. Directorate General of Telecommunications. Telecommunications in Taiwan, China. Taipei, 1956. 15 p. illus.

——. Industrial Development Commission. Clay deposits in northwestern Taiwan. By Pei-yuan Chen, 陳培源. Taipei, 1955. 37 p. fold. map, tables. (Its I D C survey report, 1.).

——. Inspectorate General of Customs. The trade of China 1955, 1956, 1957. (Taiwan) 中國進出口貿易統計年刊. Taipei, 1956-58. 3 v. charts.

——. Ministry of Economic Affairs. Pamphlets. Taipei, 1955. 10 v. in 1. illus. maps, diagrs. tables. Contents: Four year economic development plan of Taiwan. 8 p.; Taiwan agriculture in progress. 24 p.; Taiwan electric power in expansion. 24 p.; Fertilizer Taiwan. 12 p.; Taiwan fisheries. 16 p.; Forestry Taiwan. 12 p.; Taiwan's handicrafts. 12 p.; Petroleum in Taiwan. 12 p.; Taiwan sugar. 16 p.; Taiwan textile industry. 12 p.

——. Ministry of Finance. Dept. of Statistics. Indes numbers of the import and export trade of China (Taiwan), 台灣進出口貿易指數, 1955-date. Taipei, 1955-date.

——. National Resources Commission. Industrial enterprises of National Resources Commission in Taiwan; general information. [Taipei], 1951. 1 v. (various pagings) illus., maps (part fold.)

———. National Resources Commission. General information of Taiwan fertilizer company. Taipei, 1951. 19 p. illus.

———. National Resources Commission. General information of Chinese Petroleum Corporation. Taipei, 1951. 51 p. illus. maps, diagrs. tables.

———. National Resources Commission. N.R.C. and economy of Taiwan. Taipei, 1951. 8 l.

CHINESE ASSOCIATION FOR THE UNITED NATIONS. The Economic Cooperation Administration program in Taiwan. Taipei, Chinese Association for the United Nations, 1951. 34 p. (Unachina publications, ser. 1, 5.)

DIRECTORY OF TAIWAN. 1951-1957. [Taipeh, China News and Publication Service.] 7 v. illus.

FORMOSA (GOVERNMENT-GENERAL OF TAIWAN, 1895-1945). Annual return of the trade of Taiwan (Formosa), 1900-1938. [Taihoku], 1901-39. 39 v. col. diagrs., tables. Title varies: 1900-1917, Annual return of the foreign trade of Taiwan (Formosa).

———. Returns of the trade of Taiwan (Formosa) for the twenty five years from 1896 to 1920 inclusive. The Government of Taiwan. [Taihoku? 1921?] 51, 544 p. incl. tables.

———. Returns of the trade of Taiwan (Formosa) for the thirty years (1896-1925). The Customs, Government of Taiwan. Taihoku, 1926? 59, 641 p.

———. Returns of the trade of Taiwan for forty years, 1896-1935. [Taihoku, 1936?]. 703 p. of tables.

———. Delegation to Postal Union Congress. 9th, London, 1929. Taiwan (Formosa). Its system of communications and transportation, submitted by the Japanese delegate for Taiwan to the ninth conference of the International Postal Union, held at London, May 1929. The Government-General of Taiwan. [Taihoku? 1929.] 50 p. plates, fold. map.

GINSBURG, NORTON SYDNEY, 1921- . The economic resources and development of Formosa. New York, International Secretariat, Institute of Pacific Relations, 1953. 58 p. maps (on cover), diagrs. (on cover).

GRAD, ANDREW JONAH, 1899- . Formosa today; an analysis of the economic development and strategic importance of Japan's tropical colony. New York, International Secretariat, Institute of Pacific Relations, 1942. v, 193 p. map, tables. (I.P.R. International research series.)

HO, CH'UN-SUN, 何春蓀. Mineral resources of Taiwan. Prepared for Ministry of Economic Affairs. [Taipei?] 1953. vi, 313 p. maps (part col., part fold.) tables.

HSING, MO-HUAN, 邢慕寰. Capital formation in Taiwan 1951-1953, a preliminary finding. Taiwan, Industrial Development Commission, ESB, 1955. 22 p.

INTERNATIONAL TRADE MONTHLY, TAIPEI. Taiwan exports. Taipei, 1957. 1 v. (unpaged, chiefly illus.)

LI, LAMP, 李傑, [Li Chieh]. The structure and geographical distribution of Taiwan's industries. [Taipei?] 1954. 14 p. illus.

LI, MABEL KWAN-WAI, 李坤維, 1922- The tax system of Taiwan. New York, 1956. 2 v. (typescript) Thesis-New York University.

LING, HUNG-HSÜN, 凌鴻勛, 1894- Industrial development of Taiwan. Taipei, China Culture Pub. Foundation, 1953. 35 p. (Pamphlets on Chinese affairs).

PAO, KE YUNG, 包可永, 1908- . Report on Taiwan's industries. [Nanking], 1947. 14 numb. l. charts.

PROPERTY IN TAIWAN; a survey of references found in documents translated by Research Unit #2 prior to 1 October 1944. [n.p., 1945?] 168 l.

TEIKOKU GINKŌ KAISHA YŌROKU (Catalogue of banks and concerns in the empire) 1940, Taiwan, pp. 1-46. Translated by Military Government Translation Center, Naval School of Military Government and Administration, New York, N.Y., translator: Amino Ichirō. [New York, 1941?] 2 v.

TAIWAN. Bureau of Accounting and Statistics. Report on family living studies of wage earners and salaried employees in Taiwan, May 1954 to April 1955. v, 224, 17 p. charts, tables.

——. Custom House. Annual trade statistics, Taiwan, 1950- Keelung, 1951- v.

——. Dept. of Communications. Annual statistical data of Taiwan communications and transportations, 1946-date. 台灣交通統計彙報. Taipei, 1947-date. 10 v.

——. Dept. of Communications. Monthly statistical report on Taiwan transportaion. 台灣交通統計月報. Taipei, 1954-date.

——. Dept. of Communications. Taiwan communications. (1946-) Taipei, 1947. 1 v.

——. Provincial Government. Lists of import and export articles for Taiwan province (promulgated on 19th September 1949). Taipei, 1950. 70 p.

——. Provincial Government. Bureau of Accounting. Taiwan monthly of commodity price statistics, 台灣物價統計月報, 1949- . Taipei, 1949-date. v.

——. Railway Administration. Railways in Taiwan. Taipei, 1952. 41 p.

——. Railway Administration. Taiwan Railway. Taipei, 1955. 70 p. illus. col. map.

TAIWAN FERTILIZER COMPANY, LTD. Taiwan Fertilizer Co., Ltd. 1957. Taipei, 1957. 1 v. (unpaged.)

TAIWAN POWER COMPANY. Sun-moon Lake hydro-electric power development. Taipei, 1948. [13] p. illus.

——. Tien-leng hydro-electric project. Taipei, 1952. 24 p.

——. Electric power in Taiwan today. Taipei, 1952. 33 p. illus., map.

——. Taiwan electric power in expansion. Taipei, 1955. 24 p.

TAIWAN PULP AND PAPER CORPORATION. Report. [n.p.] v. annual.

U.S. ECONOMIC COOPERATION ADMINISTRATION IN CHINA. U.S. economic assistance to Formosa, 1 January to 31 December 1950. 46 p. maps.

U.S. MUTUAL SECURITY MISSION TO CHINA. Economic progress on Formosa. [Washington? 1952.] 20 p. illus.

——. Urban and industrial Taiwan, crowded and resourceful, by Arthur F. Raper. Taipei, 1954. vii, 370 p. illus., maps, diagrs., tables.

——. Economic development on Taiwan, 1951-1955. Taipei, 1956. 87 p. illus. (part col.) maps, diagrs.

——. Area and resources survey: Taiwan, by Willert Rhynsburger, area and resources analyst. Taipei, 1956. viii, 198 p. maps, diagrs., tables.

U.S. TARIFF COMMISSION. Annotated tabular survey of the trade of Japan proper, including that with Korea and Formosa. Prepared for the Foreign Economic Administration. [Washington], 1945. 228 p. tables. (Japanese trade studies.)

WANG, SHI-FU, 王世富. The correlation of money and price in Taiwan, 1953-1955. Taipei, 1956. 68 p. illus.

WESTINGHOUSE ENGINEERING COMPANY OF ASIA, NEW YORK. Rehabilitation and development program of the Taiwan Power Company. Pre-project engineering report authorized by CUSA-ECA Joint Committee for Reconstruction and Replacement. New York, 1949. 1 v. (various pagings.) plates, maps (1 fold.), plans.

YIN, K. Y., 尹國墉, 1903- . My views on Taiwan's economy. Taipei, China Cultural Pub. Foundation, 1953. 14 p. (Pamphlet on Chinese affairs.)

Population and Statistics

BARCLAY, GEORGE W., 1923- . Colonial development and population in

Taiwan. Princeton, Princeton University Press; London, Oxford University Press, 1954. xviii, 274 p. maps, diagrs., tables.
——. A report on Taiwan's population to the Joint Commission on Rural Reconstruction. Princeton, Office of Population Research, Princeton University, 1954. xii, 120 p. diagrs., tables.
TAIWAN. Bureau of Accounting and Statistics. Results of the 7th population census of Taiwan, 1940; including appendix with partial results of special household surveys of 1944-1945. Taipei, 1953. Cover-title, xi, 190 p. tables (1 fold.)
——. Dept. of Statistics. Life tables of Taiwan, 1936-1940. 2d issue. [n.p.] 1947. x, 176 p. diagrs.

Social Conditions

CALDWELL, JOHN COPE, 1913- . Still the rice grows green; Asia in the aftermath of Geneva and Panmunjom. Chicago, H. Regnery Co., 1955. 312 p. illus.
FREE CHINA RELIEF ASSOCIATION. FCRA relief work in Kinmen and Matsu. [Taipei, 195-] 1 v. (unpaged). illus.
——. Employment services and vocational assistance of Chinese refugees in Taiwan. [Taipei, 195-] 1 v. (unpaged). illus.
——. Our support of the anti-communist escapees fleeing to freedom. [Taipei, 1957.] 1 v. (unpaged). illus.
——. The evacuation of overseas Chinese from North Vietnam and the relief work. [Taipei, 1956.] 1 v. (unpaged). illus.
——. Resettlement of war disabled refugees; a significant project completed by FCRA in cooperation with FERP, U.S.E.P. Taipei, 1956. 40 p.
HSU, SHIH-CHÜ, 許世鉅, 1905- Public health program in Taiwan, by S. C. Hsu and James C.M. Wang, 王紀民. Taipei, 1953. 42 p. charts (JCRR. Rural health ser., 1.).
MOODY, CAMPBELL N. The king's guests, a strange Formosan fellowship. London, H.R. Allenson, [1932]. 144 p. front., plates.
TAIWAN. Provincial Health Administration. Taiwan tuberculosis control program. Annual report. Taipei, 1953. v. illus.
——. Provincial Health Administration. Annual report on trochoma control program in Taiwan province. Taipei [1953?] v.

Education

FORMOSA (GOVERNMENT-GENERAL OF TAIWAN, 1895-1945.) Annual report on education in Formosa. [Tokyo] 19 . v. plates, tables, diagrs.
FORMOSAN EDUCATION ASSOCIATION. Modern Formosa, with special reference to education. [Taihoku?] Formosan Education Association [1923?] cover-title, 32 p.
SASSANI, ABUL HASSAN K., 1911- . Education in Taiwan (Formosa). [Washington] U.S. Dept. of Health, Education, and Welfare, Office of Education [1956]. v, 34 p. illus. (U.S. Office of Education. Bulletin, 1956, 3.)
TAIWAN PROVINCIAL FARMERS ASSOCIATION. The Taiwan new rural extension education movement with thirty good examples. Taipei, 1956. 28, 38 p. illus.

Ethnology

JAPAN. Imperial Academy. Dictionnaire de termes de droit coutumier des aborigènes de Formose, 高砂族慣習法語彙. Tokyo, L'Académie impériale, 1941. vi, 200 p. col. map.
KANO, TADAO. The illustrated ethnography of Formosan aborigines: the Ya-

— mi tribe, by Tadao Kano and Kōkichi Segawa. Contribution from The Shibusawa Institute for Ethnographical Research (Nippon-Jōmin-Bunkwa-Kenkyū-sho). Tokyo, Seikatsusha, 1945. 2, 2, 6 p. 419 plates.

McGOVERN, JANET B. (MONTGOMERY). Among the head-hunters of Formosa; with a preface by R. R. Marett. Boston, Small, Maynard; London, T. F. Unwin, 1922. 220 p. front., plates, map.

———. Unter den Kopfjägern auf Formosa. [Die Übersetzung aus dem Englischen besorgte Frances Külpe.] Stuttgart, Strecker und Schröder, 1923. vii, 127 p. illus., plates, port., map.

NORBECK, EDWARD, 1915- . Folklore of the Atayal of Formosa and the mountain tribes of Luzon. Ann Arbor, University of Michigan Press, 1950. iv, 44 p. fold. map. (Anthropological papers, 5.)

RE, ARUNDELL DEL, 1892- . Creation myths of the Formosan natives. [Tokyo], Hokuseido Press, [1951]. 75 p. illus.

WHITEHORN, JOHN. He led them on; the story of the Christian movement among the Paiwan tribe of Formosa [by] John Whitehorn and Edward Band. London, British and Foreign Bible Society, [1955]. 32 p. illus.

Meteorology

T'AI-PEI (CITY) RAIN STIMULATION RESEARCH INSTITUTE. A condensed report on experiments of rain making over Sun-moon Lake. [Taipei], 1952. 4 l. fold. map, table.

TAIWAN. Weather Bureau. The list of treatises, 1946. Taipeh, [1946]. 8 p. Cover title.

Natural History and Geology

CHINESE PETROLEUM CORPORATION. Summaries of manuscripts presented at the symposium on petroleum geology of Taiwan in the celebration of the tenth anniversary, June 1, 1956. Taipei, 1956. 2, 43, [2, 18] p.

JUAN, VEI-CHOW, 阮維周, 1912- Physiography and geology of Taiwan. Taipei, China Culture Pub. Foundation, 1954. 45 p. illus. (Pamphlets on Chinese affairs).

KANEHIRA, RYŌZŌ. Anatomical characters and identification of Formosan woods with critical remarks from the climatic point of view, with 300 micrographs. Taihoku, Bureau of Productive Industries, Govt. of Formosa, 1921. 2, 317 p. illus., plates.

———. Identification of the important Japanese woods by anatomical characters. Supplement to the Anatomical characters and identification of Formosa woods, etc. Taihoku, Bureau of Productive Industries, Govt. of Formosa, 1921. 104 p. plates.

———. Identification of Philippine woods by anatomical characters. Supplement to the Anatomical characters and identification of Formosan woods, etc. Taihoku, Govt. Research Institute, 1924. 73 p. plates.

———. Formosan trees indigenous to the island. Formosa, Department of Forestry, Govt. Research Institute, 1936. [iii]-x, 574 [i.e. 754] p. plates, map.

MASAMUNE, GENKEI. ed. Short flora of Formosa, or, An enumeration of higher cryptogamic and phanerogamic plants hitherto known from the island of Formosa and its adjacent islands. Taihoku, The Editorial Department of "Kudoa," 1936. 410 p. front.

SASAKI, SHUN-ICHI, 1888- . List of plants of Formosa. Taihoku, Natural History Society of Formosa, 1928. xxvi, 8, 562 p.

SAWADA, KANEYOSHI. List of fungi found in Formosa. [Taihoku, Government-General of Formosa, 1931.] cover-title, 103 (i.e. 111) p.

SONAN, JINHAKU. Insect pests of the tea-plant in Formosa. Taihoku, Govt.

Research Institute, 1924. 1 v. illus., col plates, fold. map, diagrs. (part fold.) (Formosa. Government Research Institute. Dept. of agriculture. Report no. 12.)

TAIHOKU. Government Research Institute. A catalogue of the government herbarium by Syun'iti Sasaki. Taihoku, Department of Forestry, Govt. Research Institute, 1930. vii, 592 p. (Its Report, 9.)

——. Taihoku University. Faculty of Science and Agriculture. Memoirs. v. 1-31, no. 1; Jan. 1930- Oct. 1942. [Taihoku.] 31 v. in 25. illus. (part col.), maps. irregular.

——. Taihoku University. Faculty of Science. Memoirs. 1943-45. Series 1: Mathematics, Physics, Chemistry. Series 2: Zoology, Botany. Series 3: Geology.

——. Geological Survey. Bibliography of geology of Taiwan, by T.P. Yen, 顏昌波 , C.S. Ho, 何春蓀 , and P.Y. Chen, 陳培源 . Taipei, Geological Survey of Taiwan, 1947. 58 p.

TAKAHASHI, RYOICHI. Observations on the Coccidae of Formosa. Taihoku, Govt. Research Institute, 1929- 1 v. illus. (Formosa. Dept. of agriculture. Government Research Institute. Report 40.)

——. Aleyrodidae of Formosa. Taihoku, Govt. Research Institute, 1932- 2 v. illus. (Formosa. Dept. of agriculture. Government Research Institute. Report 59, 60.)

TSOONG, P. C., 鍾補勤 , 191--54. A preliminary survey of the vegetation of the south Cha-Tien mountains, 插天山之初步植生調查 . Taipei, 1954. 36 p. (Taiwan Forestry Research Institute. Bull. 41.).

YAMAMOTO, YOSHIMATSU. Supplementa Iconum plantarum Formosanarum, auctore Yoshimatsu Yamamoto. Taihoku, Department of Forestry, Govt. Research Institute, 1925-32. 5 v. illus. plates.

Agriculture

ANDERSON, WALFRED ALBIN, 1892- . Farmers' associations in Taiwan; a report to the Joint Commission on Rural Reconstruction, Economic Cooperation Administration Mission to China. Taipeh, 1950. 70, 2 p. tables.

CHANG, JEN-HU, 張鏡湖 , [Chang Ching-hu], 1928- Agricultural geography of Taiwan. Taipei, China Cultural Service [c1953]. ii, 86 p. maps (part fold., part col.), diagrs.

CHANG, HSIEN-TSIU, 張憲秋 . Problems of tea production in Taiwan. Taipei, 1953 28 p. illus. (JCRR. Plant Industry ser., 2.).

——. Crop variety improvement and seed multiplication work in Taiwan; a summary report by H.T. Chang, C.F. Cheng, 鄭仲孚 , and others. Taipei, 1956. 35 p. tables. (JCRR. Plant Industry ser., 7.).

——. Natural environment and crop distribution in Taiwan. Taipei, 1956. 42 p. illus. maps, tables. (JCRR. Plant industry ser., 13.)

CHANG, HSUIN-SHWEN, 張訓舜 . The rice and seed multiplication system in Taiwan. Taipei, 1956. 22 p. illus. tables. (JCRR. Plant Industry ser., 12).

CH'ÊN, CHÊNG-SIANG, 陳正祥 . Sugar industry of Taiwan. Taipei, 1955. 45 p. (Fu Min Institute of Agricultural Geography. Research report, 58.)

——. The agricultural regions of Taiwan. Taipei, 1956. 49 p. map, diagrs. (Fu Min Geographical Institute of Economic Development. Research report, 70.)

CHENG, CHUNG-FU, 鄭仲孚. Crop improvement and seed distribution of upland food crops in Taiwan. Taipei, 1956. 54 p. tables. (JCRR. Plant Industry ser., 11.).

CHINESE RESEARCH INSTITUTE OF LAND ECONOMICS. A brief description of the Chinese Research Institute of Land Economics. Taipei, 1952. 11 p.

CHU, HAI-FAN, 朱海帆 . Green manure crops in Taiwan. Taipei, 1954. 32 p. illus. (JCRR. Plant Industry ser., 3.).

FAR EAST AGRICULTURAL CREDIT WORKSHOP, Manila and Baguio, 1956. Delegation of the Republic of China. Working papers on agricultural credit in Free China. Taipei, 1956. [89] p.

FAR EAST SEED IMPROVEMENT CONFERENCE, Taiwan, 1956. Proceedings. Taipei, 1956. 216 p.

GILL, TOM, 1891- . Forest policy and program for Taiwan. Taipei, 1952. 15 p. (JCRR. Forestry ser., 2.)

HSIAO, CHENG, 蕭錚, 1905- Agricultural loans made by the Land Bank of Taiwan in 1955, inspection report. Taipei, 1955. 83 p.

HSIEH, SAN-CHUNG, 謝森中. Farm price reporting in Taiwan, compiled by S.C. Hsieh and T.S. Kuo, 郭志嵩. Taipei, 1952. 36 p. tables. (JCRR. Economic digest ser., 1.).

———. Rice and sugarcane competition on paddy land in Central Taiwan. Minneapolis, 1957. 113 l. Thesis---University of Minnesota.

HUNTER, JAMES AUSTIN, 1898- . The rinderpest epidemic of 1949-50, Taiwan (Formosa). Taipei, 1951. 8 p. illus. (JCRR. Animal industry ser., 1.)

JOINT COMMISSION ON RURAL RECONSTRUCTION IN CHINA (U.S. and China). Summary report, the JCRR assistance program. 1951-date. Taipei, 1951-

———. General report. [1st]-7th. Taipeh, 1948-date. 7 v.

———. The program of the Joint Commission on Rural Reconstruction in China; its organization, accomplishments and lessons for rural reconstruction elsewhere in Asia. [Washington], Economic Cooperation Administration, [1951?] 40 p. illus., map.

———. The Joint Commission on Rural Reconstruction in China; its policies, procedures, and program [by William H. Fippin. n.p., 1953]. 58 p. illus.

———. General agricultural statistics of Taiwan with a summary of JCRR project status. Taipei, 1952-57. 6 v.

———. Rural Taiwan, problem and promise, by Arthur F. Raper. Taipei, 1953. 296 p. illus., maps.

———. A study on the export potentiality and elasticity of agricultural products in Taiwan. Prepared by the Plant Industry and Rural Economics divisions, JCRR, in cooperation with Committee D of the Economic Stabilization Board of the Executive Yuan. Taipei, 1954. 22 p. tables. (JCRR. Economic digest ser., 5.)

———. Tachen report, compiled by Hsu Woo-ping, 絫吳斌. Taipei, 1954. 176 p. (JCRR. Food and Fertilizer ser.)

———. Plant Industry Division. On the agricultural mechanization in Taiwan. Taipei, 1956. 13 p. (Its PID-C-005.)

KUNG, PETER, 龔弼. The distribution of rice varieties and their trend of changes in the recent three decades in Taiwan. Taipei, 1956. 24 p. maps, diagrs., tables. (JCRR. Plant Industry ser., 10.).

———. Rice culture in Taiwan. Taipei, 1956. 20 p. illus. tables. (JCRR. Plant industry ser., 9.)

LEE, ROBERT C. T., 李崇道. Hog cholera control program in Taiwan. Taipei, 1953. 74 p. tables, map. (JCRR. Animal industry ser., 2.)

———. A preliminary report on the lapinized hog cholera vaccine in Taiwan. Taipei, 1954. 51 p. illus., tables. (JCRR. Animal industry ser., 5.)

LUH, CHI-LIN, 陸之琳. Citrus culture in Taiwan. Taipei, 1953. 29 p. illus. (JCRR. Plant industry ser., 1.)

———. Recent improvement on pineapple and citrus fruit production in Taiwan. Taipei, 1956. 28 p. illus. (JCRR. Plant industry ser., 8.)

———. Vegetable production in Taiwan and its problems. Prepared under the direction of H. T. Chang 張憲秋. Taipei, 1956. 32 p. illus. (JCRR. Plant industry ser., 6.)

MA, FENGCHOW C., 馬逢周. A Preliminary study of farm implements used in Taiwan province, by Fengchow C. Ma, T. Takasaka and Ching-wen Yang

楊景文. Taipei, 1955. 331 p. illus. diagrs. (JCRR. Plant industry ser., 4.)

MATSUMOTO, TAKASHI. Monograph of sugarcane diseases in Taiwan. Taipei, 1952. 61 p. col. plates. (JCRR. Monograph.)

MOYER, RAYMOND TYSON, 1899- . The JCRR program on Formosa: a summary and evaluation. Taipei, 1951. 171.

NEWSOM, ISAAC ERNEST, 1883- . Animal disease in Taiwan. Taipei, 1953. 23 p. (JCRR. Animal industry ser., 3.)

SHEN, TSUNG-HAN, 沈宗瀚, 1895- . The agricultural four-year plan at work in Taiwan. Taipei, 1954. 22 p. Reprinted from Free China Review, April, 1954.

TAIPEI. National Taiwan University. College of Agriculture. Memoirs v. 1- Taipei, 1946.

——. Special Publications No. 1. Taipei, 1955.

——. National Taiwan University. Forest Experiment Station. Technical bulletin. No. 1- Taipei, 1952.

TAIWAN. Dept. of Agriculture and Forestry. Taiwan agricultural year book, 1920- date. Taipei, 1921-date.

——. Dept. of Agriculture and Forestry. Report of investigation on ownership and operation of arable land; agricultural basic survey. Issued under the auspices of the Joint Commission on Rural Reconstruction. Taipei, 1950. ix, 173 p.

——. Dept. of Agriculture and Forestry. Report of investigation of farm economy for rice and miscellaneous cropping farm family; agricultural basic survey. Issued under the auspices of the Joint Commission on Rural Reconstruction. Taipei, 1952. 610 p. tables.

——. Dept. of Agriculture and Forestry. Series of agricultural programs. No. 1- (February, 1954) Taipei, 1954.

——. Dept. of Agriculture and Forestry. A summary report on rural reconstruction in Taiwan. Taipei, 1956. 46 p.

——. Land Bureau. Statistics on landownership classification in Taiwan, China, 1952. Taipei, 1953. xvii, 184 p. (chiefly tables).

——. Land Bureau. Land reform in Taiwan. [Taipei] 1955. 158 p.

TAIWAN Pineapple Corporation. A five-year plan for the rehabilitation of pineapple plantation and its canning industry in Taiwan, 1951-1955. [n. p.] 1950. 30 p. illus.

——. Effect of irrigation on pineapple leaves by T. Eguchi and M. Ikeda. Taipei, 1952. 20 p.

TAIWAN Provincial Agricultural College. Department of Agricultural Economics. Rice and sugarcane competition in Taiwan; report on JCRR project TW-M-17. Intra-regional competition between rice and sugarcane in the use of paddy land in Taichung district. Taipei, 1953. 98 l.

TSUI, YOUNG-CHI, 崔永楫, 1908- . Farm income of Taiwan in 1952. [compiled] by Y. C. Tsui and S. C. Hsieh, 謝森中. Taipei, 1954. 181 p. charts, tables. (JCRR. Economic digest ser., 4.)

——. A study of peanuts in Taiwan. Taipei, 1955. 118 p. tables, map. (JCRR. Economic digest ser., 6.)

UNITED NATIONS. Economic and Social Council. Economic Commission for Asia and the Far East. Digues et protection de berges sur les rivières de Taiwan. Lake Success, 1950. 56 p.

U. S. Office of Naval Operations. Agriculture in Taiwan (Formosa). [Washington] Office of the Chief of Naval Operations, Navy Dept., 1945. vi, 130 p. incl. illus. (incl. maps) plates, tables, diagrs. (Its Civil affairs guide).

WANG, I-T'AO, 王益滔, 1902- . The miracle of .375, by Yi-tao Wang and Wen-chi Tung, 董文琦. Hongkong, Newsdom Co. [c1952] 50 p. illus.

WANG, TSE-TING, 王子定. Propagation of cryptomeria by the cutting method in relation to the age of branches. [Taipei, National Taiwan University, Forest Experiment Station, 1952. 14 p. (Technical Bull. 1).

——. Root development of the dominent, the intermediate, and the suppressed trees in a cryptomeria stand. [Taipei, National Taiwan University, Forest Experiment Station, 1952. 18 p. (Technical Bull., 3).

YANG, YUEH-HENG, 楊月恆 . Yeast-feeding demonstration in selected primary schools, Taipei area, Taiwan, 1953-54. Taipei, 1955. 16 p. tables. (JCRR. Food and fertilizer ser., 1.).

YEH, SHING-MIN, 葉新明 . Rural land taxation in Taiwan, compiled by S. M. Yeh, and T. S. Kuo, 郭志嵩 . Taipei, 1952. 54 p. tables. (JCRR. Economic digest ser., 2.).

——. Rice marketing in Taiwan. Taipei, 1955. 98 p. (JCRR. Economic digest ser., 7.).

ZEHNGRAFF, PAUL [JOHANNES], 1902- . Forest conditions in Taiwan. Taipei, 1951. 59 p. (JCRR. Forestry ser., 1.).

Fisheries

CH'EN, TUNG-PAI, 陳同白, 1900- . Milkfish culture in Taiwan. Taipei, 1952. 17 p. (JCRR. Fisheries ser., 1.).

——. The culture of Tilapia in rice paddies in Taiwan. Taipei, 1954. 30 p. illus. (JCRR. Fisheries ser., 2.).

LIANG, YUN-SHANG, 梁雲生 . A check-list of the fish specimens in the Taiwan Fisheries Research Institute. Taipei, 1951. 35 p. (Its. Laboratory of Biology. Report, 3.).

RICH, WILLIS HORTON, 1885- . Fisheries statistics, research and education in Taiwan. [Washington?] Office of Industry and Natural Resources, FOA Mutual Security Mission to China, 1953. 14 p.

TANG, YUN-AN, 唐允安 . On the processes and ridges on the pectoral fin rays of the males of Hypophthalmichthys molitrix (C. and A.) and Aristichthys nobilis (Richard). [Taipei] Taiwan Fisheries Research Institute, 1954. 12 p. (Fish culture report 1).

——. Effect of soil-fertilization and water-fertilization on the production of plankton bottom organisms and goldfish in ponds. [Taipei] Taiwan Fisheries Research Institute, 1954. 10 p. tables (Fish culture report 2).

U. S. Foreign Economic Administration. The fishing industry in Taiwan (Formosa). Prepared by Supply and Resources Service, Office of Economic Programs, Foreign Economic Administration, for Military Government Section, Central Division, Chief of Naval Operations. [Washington] Office of the Chief of Naval Operations, Navy Dept., 1944. viii, 32 p. illus., fold. map. ([U. S. Office of Naval Operations] Civil affairs guide).

U. S. Office of Naval Operations. Civil affairs guide; the fishing industry in Taiwan (Formosa). Washington, D. C., 1944. 32 p. (Op. Nav. 13-29).

XXVII. HONG KONG

Description and Travel

C., S. Hong Kong, "Isle of Beauty": the new handbook and guide. Hong Kong, Commercial Press, 1928. 106 p.

CLIFT, WINIFRED LECHMERE. Looking on in Hong Kong. London, Oliphants, 1927. 65 p.

DAVIS, S. G., 1907- . Hong Kong in its geographical setting. London, Collins [1949] 226 p. illus., maps.

DE ROME, F. J. Notes on the harbour of Hong Kong, by F. J. De Rome and V. Evans. Hong Kong, Ye Olde Printers, 1932. 19 p.

——. Notes on the new territories of Hong Kong, by F. J. De Rome, V. Evans, and E. C. Thomas. Hong Kong, Ye Olde Printers, [n. d.] Cover-title, 32 p. maps.

EPPSTEIN, JOHN, 1895- . Hong Kong. London, British Society for International Understanding, 1951. 20 p. illus. maps. (British survey popular ser., 118).

FAR EAST ENTERPRISE. Faree's tourist guide to Hong Kong. 5th edition. Hong Kong, [1954] 116 p. illus.

FORSTER, LANCELOT, 1882- . Echoes of Hong Kong and beyond. Hong Kong, Ye Olde Printers, 1933. 114 p.

GOODWIN, RALPH BURTON, 1902- . Passport to eternity. London, Arthur Barker, 1956. 192 p. front. (port.) plate (map).

GT. BRIT. Central Office of Information. Free port of the East: Hong Kong. New York, British Information Services, 1953. 21 p. illus. map, diagrs.

——. Central Office of Information. Hong Kong: outpost of freedom. London, Central Office of Information, 1954. 20 p. illus. map.

HAHN, EMILY, 1905- . Hong Kong holiday. Garden City, N. Y., Doubleday, 1946. viii p., 1 l., 305 p.

HAVEN, VIOLET SWEET. Hong Kong for the week-end! Impressions of a 23,500-mile jaunt over the Pacific via the China Clipper; with a foreword by Lowell Thomas. Boston, Contemporary Features, 1939. 56 p. illus. (incl. ports.) (Around the globe with Violet Sweet Haven; a new series of travelettes, 1).

HEYWOOD, GRAHAM SCUDAMORE PERCIVAL, 1903- . Rambles in Hong Kong. Hong Kong, 1938. 59 p.

HONG KONG. Attorney General. Street index of the city of Victoria, etc., etc., Hong Kong, by John Whyatt, acting assistant attorney general. 25th issue. Hong Kong, Printed by Noronha, 1938. Microfilm copy. Collation of the original, as determined from the film: lxx, 363 p.

——. Public Relations Office. Hong Kong. 2nd ed. Hong Kong, Public Relations Office, 1955. 48 p. illus. plan.

——. A diplomatic press survey, special edition of the "Diplomatic Bulletin." London, Diplomatic Press and Pub. Co., 1953. 30 p. illus. maps.

——. A brief history and guide of Hong Kong and the new territories. Hong Kong, Kelly and Walsh, 1924. 144 p. plates, fold. maps.

HONG KONG TRAVEL ASSOCIATION. Handbook of Hong Kong, the Riviera of the Orient. [The standard guide to Hong Kong and the new territories] Hong Kong, [1936] xx, 147 p. illus., plates, ports., fold maps (part col.).

HURLEY, R. C. Picturesque Hong Kong--British crown colony--and dependencies. Hong Kong, 1925. 160 p.

INGRAMS, WILLIAM HAROLD, 1897- . Hong Kong. London, H. M. Stationery

Off., 1952. xii, 307 p. illus. (part col.) maps (The Corona Library).

JOUGLET, RENÉ, 1884- . Le capitaine de Hong Kong, couverture en couleur de Gustave Alaux. Paris, Colbert, 1944. 297 p. (Mer et outre-mer).

KESSEL, JOSEPH, 1898- . Hong Kong et Macao. 16. éd. Paris, Gallimard, 1957. 276 p. (L'Air du temps).

PEPLOW, S. H. Hong Kong, around and about, by S. H. Peplow and M. Barker. 2nd ed. Hong Kong, Ye Olde Printerie, 1931. 196 p.

RAND, CHRISTOPHER. Hong Kong, the island between. New York, Knopf, 1952. 244 p.

The SHORT cut to beauty: Hong Kong's Peak Tram. [Hong Kong? 1935]. Cover title. 16 p. illus., map.

SILENT guide to Hong Kong. Hong Kong, Tell-the-World Pub. Co., 1937. 44 p.

STERICKER, JOHN. Hong Kong in picture and story [by] John and Veronica Stericker. Hong Kong, 1953. 175 p. illus., col. maps (on lining papers).

——. Hong Kong in picture; 100 photographs and two maps from the book Hong Kong in picture and story, by John and Veronica Stericker. [Special forces ed.] Hong Kong, 1954. 118 p. (chiefly illus.).

——. The Hong Kong gift book, by John and Veronica Stericker. Hong Kong, 1954. 52 p. plates (part col., 4 in pocket) port., maps (1 fold. col.).

SWEET, S. A. A Hong Kong sketch book. Hong Kong, Ye Olde Printerie, 1931. ix, 21 p.

TRIANGULATION of Hong Kong and New Territories. Hong Kong, 1931? 35 p. fold. map, tables.

WEISS, K. Hong Kong guide, with comprehensive street index, 22 maps and 20 views of Hong Kong. Hong Kong, the author; London, Bailey and Swinfen, 1953. xiv, 304 p. plates, maps.

WEMBLEY. British Empire Exhibition. Hong Kong: a history and a description. Hong Kong, 1924. 41 p.

——. British Empire Exhibition. Hong Kong section, British Empire exhibition. The Chinese street. Hong Kong, 1924. 32 p.

——. British Empire Exhibition. Where to shop in Hong Kong. Hong Kong, British Empire Exhibition, 1924. 32 p.

History and Archaeology

CLARK, RUSSELL S. An end to tears. Sydney, P. Huston [1946] 180 p.

DAVIS, S. G. 1907- . The geology of Hong Kong from the basic work of R. W. Brock, S. G. Davis [and others. Hong Kong, Government Printer, 1952]. iv, 210 p. illus. fold. maps.

FABIAN SOCIETY, London. Strategic colonies and their future, papers prepared for the Fabian Colonial Bureau, with an introduction by A Creech Jones, and maps by J. F. Horrabin. London, Fabian Publications and V. Gollancz [1945] 36. p. illus. (map) ([Fabian society, London] Research series, 100).

HEANLEY, C. M. A contribution to the prehistory of Hong Kong and the New Territories, by C. M. Heanley and J. L. Shellshear. Hanoi, 1932. 14 p. plates.

HO, STANLEY DZU-FANG, 何祚藩, 1913- . A hundred years of Hong Kong. Ann Arbor, University Microfilms [1952] ([University Microfilms, Ann Arbor, Mich.] Publication no. 2973) Collation of the original: 1 v. (various pagings) diagrs., tables. Thesis--Princeton University.

HONG KONG, a short history of the colony and an outline of the present political situation in China. 3d ed., rev. Hong Kong, Publicity Bureau for South China [1928). 86 p. fold. plates.

——. Historical and statistical abstract of the Colony of Hong Kong, 1841-1930. 3d ed. Hong Kong, Printed by Noronha and Co., Govt. Printers, 1932. v, 105 p. tables.

[KER, WILLIAM POLLOCK] 1864- . Chinese under British rule in Malaya,

Hong Kong and Weihaiwei. [n. p., 1929?] 45 numb. 1.(typescript).

MILLS, LENNOX ALGERNON. British rule in eastern Asia; a study of contemporary government and economic development in British Malaya and Hong Kong. Issued under the auspices of the Secretariat, Institute of Pacific Relations, International research series. London, Oxford university press, H. Milford, 1942. viii, 581 p., 1 l. fold. maps.

SAYER, GEOFFREY ROBLEY, 1887- . Hong Kong: birth, adolescence, and coming of age. London, Oxford University Press, 1937. viii, 232 p. incl. plates (2 maps) col. front., plates, diagrs.

TCHEOU, CHE-LONG, 周詩農 [Chou Shih-nung] Hong Kong. Paris 1952. 117 l. Thèse--Univ. de Paris.

WOOD, WINIFRED A. A brief history of Hong Kong. Hong Kong, Printed by South China Morning Post [1940] 278, iv p.

Siege, 1941

BROWN, WENZELL. Hong Kong aftermath. New York, Smith and Durrell, 1943. 283 p.

CANADA. Commissioner on the Canadian Expeditionary Force to the Crown Colony of Hong Kong. Report on the Canadian expeditionary force to the crown colony of Hong Kong, by Right Hon. Sir Lyman P. Duff, royal commissioner, pursuant to Order in Council, P. C. 1160. Ottawa, E. Cloutier, printer to the King, 1942. 61 p.

——. Commissioner on the Canadian Expeditionary Force to the Crown Colony of Hong Kong. Rapport concernant le Corps expéditionnaire canadien envoyé dans la colonie de la couronne de Hong Kong, soumis par le très honorable Sir Lyman P. Duff... en conformité de l'arrêté en conseil C. P. 1160. Ottawa, E. Cloutier, Impr. du roi, 1942. 64 p.

DEW, GWEN, 1907- . Prisoner of the Japs. New York, A. A. Knopf, 1943; London, Hutchinson, 1944. v-viii, 309, [1] p. fold. front. (map).

DUDLEY, MARION, 1895- . Hong Kong prison camp, [New York] c1942. 10 numb. 1. (Typescript).

GOODWIN, RALPH BURTON, 1902- . Hong Kong escape. London, A. Barker [1953] 223 p. illus.

HONG KONG. Royal Hong Kong Defence Force. A record of the actions of the Hong Kong volunteer defence corps in the battle for Hong Kong, December 1941. Hong Kong, 1956. 61 p.

HARROP, PHYLLIS. Hong Kong incident. London, Eyre and Spottiswoode [1943] [3]-192 p. plates (incl. front. (group port.)).

LAN, ALICE Y, 藍如溪, [Lan Ju-hsi] We flee from Hong Kong, by Alice Y. Lan and Betty M. Hu, 胡美蓮. Grand Rapids, Mich., Zondervan Publishing House, Toronto, Evangelical Publishers, 1944. 125 p. front., plates, ports.

MARSMAN, JAN HENDRIK, 1892- . I escaped from Hong Kong. New York, Reynal and Hitchcock [1942] 3-249 p. front. (port.).

NORRIS, RONALD. The Passionists in China, a series of articles. [n. p.] 1942. 78, [2] p. illus. (incl. ports., maps).

PROULX, BENJAMIN A. Underground from Hong Kong. New York, E. P. Dutton, 1943. 214 p.

RYAN, THOMAS F, 1889- . Jesuits under fire in the siege of Hong Kong, 1941, a composite narrative. London and Dublin, Burns, Oates and Washbourne, 1944. 188 p. front., plates, group port.

SATO, YUKIJ. Hong Kong under the military administration of Japan. [Translation] Hong Kong, 1944. Microfilm copy (positive) of typescript. Collation of the original: 26, 40 1.

U. S. Bureau of Foreign and Domestic Commerce. Hong Kong under Japanese occupation; a case study in the enemy's techniques of control, prepared by

Robert S. Ward, American consul, detailed to the Far Eastern Unit, Bureau of Foreign and Domestic Commerce, Dept. of Commerce. [Washington] 1943. 6, iii, 105, 148 p. illus., ports., fold. map.
———. Office of Coordinator of Information. Research and Analysis Branch. Hong Kong. Dec. 31, 1941.[Washington, 1941]. 3, [1] 1. (Its. R and A no. 33).

Administration

ABERCROMBIE, SIR PATRICK, 1879- . Hong Kong; preliminary planning report. London, Crown Agents for the Colonies, 1949. 24 p. fold. plans.
COLLINS, SIR CHARLES HENRY, 1887- . Public administration in Hong Kong. London, Royal Institute of International Affairs [1952] ix, 189 p.
GT. BRIT. Colonial Office. Annual report on Hong Kong. 1946-date. London, H. M. Stationery Off., 1946-date. v. illus., fold. map. (Its. Colonial annual reports.
HONG KONG. Administration reports. 1908-1915, 1917-1938. [Hong Kong] 1910-1939. v. illus., fold, maps (part col.).
———. Hong Kong Blue Books, 1901-1940. Hong Kong, 1902-1941. 40 v.
———. Estimate of revenue and expenditure, 1929, 1931-33. Hong Kong, 1928-32. 4 v. tables.
———. Letters patent and royal instructions to the Governor of Hong Kong, together with standing orders of the Legislative Council of Hong Kong, amended to June, 1953. Hong Kong, Govt. Printer, 1953. 51 p.
———. Report on Hong Kong. 1946-date. Hong Kong 1947-date. v. illus., maps.
———. Audit Dept. Report by the Director of Audit. 1951/52- Hong Kong, Govt. Printer, 1952- v.
———. Census Office. Report on the census of the colony for 1921. Hong Kong, 1921. 82 p. incl. tables.
———. Census Office. Report on the census of the colony of Hong Kong taken on the night of March 7, 1931, by W. J. Carrie...Superintendent of the Census. Hong Kong, Noronha and Co., 1931. 111 p. incl. forms, tables, charts, col. plans.
———. Civil Aviation Dept. Annual departmental report by the Director of Civil Aviation. 1949/50- Hong Kong, Govt. Printer, 1950- v.
———. Co-operative and Marketing Dept. Departmental report by the registrar of co-operative societies and director of marketing. Hong Kong, Govt. Printer, 1951/52- v. annual. (Hong Kong. Annual departmental reports).
———. Custodian of Property and Custodian of Enemy Property. Departmental report. Hong Kong, Govt. Printer, 1951/52- v. (Hong Kong annual departmental reports).
———. Dept. of Statistics. Report of the Government Statistician. 1948/49- [Victoria?] v. annual.
———. Fire Brigade. [Annual departmental report by the] chief officer, Fire Brigade. Hong Kong, 1952/53. v.
———. Hong Kong Govt. Office in London. Departmental report by the Director, 1951/52- Hong Kong, Govt. Printer, 1952- v. (Hong Kong annual departmental reports).
———. Housing Authority. Report. 1954/55- Hong Kong, Govt. Printer, 1955-date. v. illus.
———. Labour Dept. Annual departmental report by the Commissioner of Labour. Hong Kong, Govt. Printer. v.
———. Land Office. Departmental report of the land officer and registrar of marriages. 1947/48- [Hong Kong] 1948- v.
———. Legislative Council. Report of the meetings of the legislative council. "Hong Kong Hansard." Session, 1892-1940. Hong Kong, 1893-1940. v.
———. Legislative Council. Sessional papers laid before the legislative council of Hong Kong, 1894-1940. 1946-date. Hong Kong, 1894-1940, 1946-date. v.

——. Marine Dept. Annual departmental report by the Director of Marine. 1951/52- Hong Kong, Govt. Printer, 1952- v.
——. Medical dept. Medical and sanitary reports. 1913-1940. Victoria, 1932-1941. v. fold map, tables, diagrs.
——. Police Dept. Annual departmental report, 1949/50- [Hong Kong] 1950- v. annual.
——. Post Office Dept. Annual departmental report by the postmaster general. 1928-date. Hong Kong, Govt. Printer, 1928-date. v.
——. Post Office Dept. The Hong Kong postal guide. 1929- Hong Kong, 1930- v.
——. Public Relations Office. Report. 1951/52- Hong Kong, Govt. Printer, 1952- v. annual. (Hong Kong. Annual departmental reports).
——. Public Services Commission. Report. 1st- 1950-52-date. Hong Kong, Govt. Printer, 1952-date. v.
——. Public Works Dept. Annual departmental report by the Director of Public Works. 1952/53- Hong Kong, Govt. Printer, 1953- v. annual.
——. Rating and Valuation Dept. Departmental report by the commissioner of rating and valuation. 1951/52- Hong Kong, Govt. Printer, 1952- v. annual. (Hong Kong. Annual departmental reports).
——. Register General's Dept. Departmental report. Hong Kong, Govt. Printer, 1951/52- v. annual. (Hong Kong. Annual departmental reports).
——. Registry of Trade Unions. Annual departmental report by the Registrar of trade unions. 1955/56. Hong Kong, Govt. Printer, 1956. 1 v.
——. Rent Control Committee. Rent control; report of a committee appointed by the Governor in February 1952. Hong Kong, [Govt. Printer] 1953. 140 p.
——. Riot Compensation Advisory Board. Report. Hong Kong [1957] 11 p.
——. Salaries Commission. Report of the Hong Kong Salaries Commission, 1953-54. Hong Kong, Govt. Printer [1954] 121 p. tables.
——. Salaries Commission. Revised scheme for salaries and allowances, Hong Kong, 1955. Hong Kong, Govt. Printer [1955] 105 p.
——. Secretariat for Chinese affairs. Report of the Secretary for Chinese affairs. Stanley, 1928-1940; 1950-date. v. tables (part. fold.).
——. Stores Dept. Departmental report by the Government stores and sand monopoly. Hong Kong, Govt. Printer, 1950/51-date. v. annual. (Hong Kong annual departmental reports).
——. Supreme Court. Annual departmental report by the registrar, Supreme Court. 1950/51- Hong Kong, Govt. Printer, 1952-date. v. (Hong Kong. Annual departmental reports).
——. Treasury. Report by the accountant general. 1950/51- Hong Kong, Govt. Printer, 1951- v. annual.
——. Urban Council. Departmental report. 1950/51- Hong Kong, 1951-date. v. annual.
MACINTOSH, DUNCAN WILLIAM, 1904- . Policing Hong Kong. [Hong Kong?] 1952. 8 p. illus.

Laws, Statutes, etc.

HONG KONG. Laws, statutes, etc. The ordinances of Hong Kong, 1844-1923 (prepared under the authority of ordinance no. 18 of 1923) Edited by Arthur Dyer Ball. Hong Kong, printed by Noronha and Co., 1924-27. 6 v.
——. Laws, statutes, etc. The ordinances of Hong Kong [1844-1914 (1937 ed.) (Prepared under authority of Ordinance no. 51 of 1936) Edited by John Alexander Fraser. Hong Kong, Printed by Noronha and Co., government printers, 1938-41. 2 v.
——. Laws, statutes, etc. (Indexes) Index to the ordinances of Hong Kong, 1924-1933, still in force at the end of 1933. Compiled for the Government of Hong Kong by Mr. H. K. Holmes. Hong Kong, Printed by Noronha and Co. [1934] xxii, 102 p.

———. Laws, statutes, etc. Hong Kong Port regulations; being an abstract of portions of the Merchant shipping ordinance, 1899, Ordinance no. 10 of 1899, as amended up to 31st May, 1922. Required to be delivered to masters of vessels pursuant to Section 44 of the said Ordinance, with certain other information, extracts and notices affecting such masters. Hong Kong, Printed by Noronha and Co. [192-] 131 p.

———. Laws, statutes, etc. The regulations of Hong Kong [1844-1931](1937 ed.) (Prepared under authority of Ordinance no. 51 of 1936) Edited by John Alexander Fraser. Stanley, Printed at the Hong Kong prison, 1938-41. 3 v. illus.

———. Laws, statutes, etc. Hong Kong war emergency legislation; being a collection of regulations made under the Emergency powers (defence) acts, 1939 and 1940, as applied to this colony by order of His Majesty in Council, and of orders, directions, etc., made under these regulations, as amended up to and including 28th February, 1941, with a list of references to other emergency legislation. Prepared by John Alexander Fraser. Hong Kong, Printed by Noronha and Co., 1941. xv, 209 p.

———. Laws, statutes, etc. The laws of Hong Kong, containing the ordinances enacted until and including the 1st day of September, 1950, and subsidiary legislation made thereunder. Prepared under the authority of the Revised edition of the laws ordinance, 1948, by J. B. Griffin [and others. Rev. ed., 1950] Hong Kong [Noronha, 1951] 11v.

———. Laws, statutes, etc. The regulations of Hong Kong, including proclamations, orders in council, etc. Hong Kong, 1951-52. 2 v. annual.

———. Laws, statutes, etc. The business regulation ordinance, 1952, passed by the Legislative Council on 14th May, 1952. Hong Kong, O. K. Print. Press, 1952. 12, 4 p.

———. Laws, statutes, etc. Prisons; ordinance no. 17 of 1954. Hong Kong, Govt. Printer, 1954. 85 p.

MELLO, ALOŸSIUS DE. A manual of the law of extradition and fugitive offenders applicable to the eastern dependencies of the British empire (the Straits settlements, Hong Kong, India, Ceylon, and the protected states of Malaya and Borneo). 2d ed. Singapore, Printed at the Govt. Print. Off., 1933. 4, xix, 637 (i. e. 649) p.

Economic Conditions

General Works

CH'EN, FRANCIS J., 陳鵬 . The Jaycee movement in Hong Kong. Hong Kong, Tong Ham, 1954. 97 p.

COMMERCIAL and industrial Hong Kong; a record of 94 years progress of the colony in commerce, trade, industry and shipping (1841-1935). Hong Kong, The Bedikton Co., 1935. 200 p. illus, ports. tables.

GT. BRIT. Hong Kong Currency Commission. Hong Kong currency. Report of a commission appointed by the Secretary of State for the Colonies. May, 1931. London, H. M. Stationery Off., 1931. 67 p. incl. tables, diagr. ([Parliament. Papers by command] Cmd. 3932).

HONG KONG. Chinese Manufacturers' Union. Record of the 14th exhibition of Hong Kong products. Hong Kong, 1956. 128 p. illus.

———. Dept. of Commerce and Industry. Hong Kong trade statistics. 1930- Hong Kong. 1930- v. Quarterly, 1920 -Apr./May/June 1930; monthly, July 1930-Apr. 1953. No statistics collected June 1925-Mar. 1930. Title varies: -2d quarter 1925, Hong Kong trade and shipping returns. -2d quarter 1930-Dec. 1953, Hong Kong trade returns.

———. Dept. of Commerce and Industry. Annual departmental report by the Director of Commerce and Industry. 1949/50- Hong Kong, Govt. Printer, 1950- v. illus.

———. Dept. of Commerce and Industry. Hong Kong imports and exports class-

ification list. [Rev. ed. Hong Kong, Govt. Printer, 1953] 113p.
———. Dept. of Commerce and Industry. Commercial guide to Hong Kong [3rd ed.] Hong Kong, Published by Beatrice Church, Advertising and Publicity Bureau for the Dept. of Commerce and Industry, 1953. 180 p. 1st. ed. 1949.
———. Dept of Commerce and Industry. Trade bulletin. September 1954-date. Hong Kong, 1954-date. 1v. illus.
———. Economic Commission. Report of the commission appointed by His Excellency the Governor of Hong Kong to inquire into the causes and effects of the present trade depression in Hong Kong and to make recommendations for the amelioration of the existing position and for the improvement of the trade of the colony, July 1934-February 1935. Hong Kong, Noronha and Co., 1935. 71 p. incl. tables.
———. General Chamber of Commerce. Report of the General Committee of the Hong Kong General Chamber of Commerce, 1920-1940, 1954-date. Hong Kong, 1921-1940, 1954-date.
———. Imports and Exports Dept. Report of the superintendent of imports and exports, 1919-1928. Hong Kong, 1920-1929. 10 v. annual.
———. Imports and Exports Dept. Annual report. Hong Kong, Govt. Printer, 1946/47-date.
———. Imports and Exports Dept. Hong Kong trade returns. [annual] [Hong Kong] v. tables.
———. Inland Revenue Dept. Annual departmental report by the Commissioner of Internal Revenue, 1950/51-date. Hong Kong, 1951-date.
———. Junior Chamber of Commerce. This is Hong Kong 1955, an economic report. [Hong Kong, 1955] 37 p.
———. Kowloon-Canton Railway. Annual departmental report by the general manager [Kowloon-Canton Railway, British Section] Hong Kong, Govt. Printer. 195- v. (Its Annual departmental reports).
———. Statistical Dept. A report on post war movements in the cost of living in Hong Kong. Hong Kong, 1950. iii, 69 p. illus.
———. Stock Exchange. Handbook of stocks and shares of the principal public companies of Hong Kong. Comparative figures 1949-1951. [Hong Kong, 1952] 44 l.
———. Wholesale Vegetable Marketing Organisation. Report. 1947/48- [Hong Kong] 1948- v. annual.
HONG KONG British Industries Fair Committee. Directory of Hong Kong Products. Hong Kong, 1954. 46 p. illus.
HONG KONG textiles annual, edited by Pong Ding Yuen, 龐鼎元. 1st- 1955- Hong Kong Cotton Merchants' Association, 1955-
KING, FRANK H. H. The monetary system of Hong Kong, with a chapter on the monetary system of Macao. Hong Kong, Weiss; London, Bailey and Swinfen, 1953. viii, 151 p. illus.
MA, RONALD A. 馬榮立, 1923- . The national income of Hong Kong, 1947-1950, by Ronald A. Ma and Edward F. Szczepanik. Hong Kong, University Press, 1955. viii, 70 p. tables, graphs.
U. S. Consulate. Hong Kong. Hong Kong. Annual economic report. 1951- Hong Kong, 1951-
WEMBLEY. British Empire Exhibition. The British colony of Hong Kong. Handbook of export trade. Hong Kong, 1924. 60 p.

Transportation

GT. BRIT. Air Ministry. Bangkok-Hong Kong civil air transport service. Note by the Secretary of State for Air on the principal provisions proposed to be embodied in an agreement with Imperial airways, ltd., for the operation by them of an improved air transport service connecting Hong Kong with the main empire air route. London, H. M. Stationery Off., 1938. 3 p. ([Parliament. Papers by command] Cmd. 5871).

HONG KONG. Report of an inter-departmental committee on a scheme for airport development at Hong Kong. Hong Kong, 1953. 1 v.

———. Colonial Secretary's Dept. Papers on the development of Kai Tak airport. [Hong Kong, 1954] 1 v. (various pagings).

Directories and Yearbooks

ANGLO-Chinese directory of Hong Kong. Rev. ed. Hong Kong, Publicity Bureau for South China, 1923. xiv, 748 p. port.

BUILDERS, engineers and manufacturers classified directory, Hong Kong. 1952- Hong Kong, International Trade Journal, 1952- 1 v.

BUSINESS directory of Hong Kong and Macao. 1953-date. [Hong Kong] Canton Business Directory Co. 1953-date. v. annual.

CANTON, Hong Kong and Macau commercial directory. Hong Kong, South China Advertising Co., 1931.

COMMERCE, industry, finance; the official guide and directory on commerce, industry and finance in the British crown colony of Hong Kong. 1949- [Hong Kong] Dept. of Commerce and Industry. v. illus. biennial.

HONG KONG. Dept. of Commerce. Directory of commerce, industry and finance, an official guide and directory, 1957. Hong Kong, Marklin Advertising, 1957. 195 p. illus., tables.

———. General Chamber of Commerce. Classified directory of members, 1957. Hong Kong, 1957. 1 v.

HONG KONG and Far East builder directory, 1956/57. Hong Kong, Hong Kong Building Service, 1956.

HONG KONG and South China business directory, 1936. Hong Kong, The Publicity and Commercial Bureau, 1936. v. illus. fold map, fold plans.

HONG KONG and South China Hong list, 1935. Hong Kong, The Publicity and Commercial Bureau, 1935. 1 v.

HONG KONG builders, engineers, decorators classified directory. 1954- Hong Kong, Terry Advertising Agency.

HONG KONG CHINESE MANUFACTURERS' UNION. Classified directory of members. English ed. Hong Kong. 1956- 1 v. illus. annual.

HONG KONG CHINESE TEXTILE MILLS ASSOCIATION. Directory of registered members. 1949. Hong Kong, 1949. 88, 134 p.

HONG KONG commercial year book, with a complete directory of firms and manufactories. Hong Kong, Chinese General Chamber of Commerce. 1951- v. illus.

HONG KONG $ (dollar) directory, 1935- Hong Kong, Local Print. Press, 1936-

The HONG KONG exporter and Far Eastern importer. 1947- Hong Kong, Standard Press, 1948-

HONG KONG trade index; Hong Kong, Manila, Japan and South Africa, compiled by M. V. Vásquez, 1950, 1951. Hong Kong, M. V. Vásquez, 1950, 1951. 2 v. illus.

LEB'S Trade and shopping guide of Hong Kong. Hong Kong, L. E. Basto, 1928. xx, 464 p.

O. K. business directory. 1952- Hong Kong, [O. K. Print. Press] 1953. 2 v. Cover title: Hong Kong, Japan business directory.

PHARMACEUTICAL, chemical and cosmetic classified directory of Hong Kong. 1952/53-date. [Hong Kong] Terry Advertising Agency, 1953-date.

Social Conditions

CATHOLIC directory and year book, 1954- Hong Kong, Catholic Truth Society.

v. Superseded Catholic directory for the diocese of Hong Kong.

FREE CHINA RELIEF ASSOCIATION. FCRA relief work in Hong Kong and Macao. [Taipei, 1956?] 1 v. (unpaged) illus.

GT. BRIT. Colonial office. Hong Kong. Papers relative to the mui-tsai question. Presented by the Secretary of State for the Colonies to Parliament by command of His Majesty, November, 1929. London, H. M. Stationery Off., 1929. 77 p. incl. form. ([Parliament. Papers by command] Cmd. 3424).

——. Mui-tsai Commission. Mui tsai in Hong Kong and Malaya. Report of commission. London, H. M. Stationery Off., 1937. viii, 314 p. incl. tables (1 fold.) (Colonial office. Colonial no. 125).

HALL, RONALD OWEN, bp., 1895- Hong Kong: what of the church? London, Edinburgh House Publications, 1952. 24 p.

HASLEWOOD, HUGH LYTTLETON, 1886- Child slavery in Hong Kong, the mui tsai system. London, Sheldon Press, 1930. ix, 130 p. front.

HONG KONG. Traffic in women and children. Annual report for 1925 from the Hong Kong government. Geneva, 1926. 2 numb. 1. At head of title: League of nations. Official no.: C. 416. M.152. 1926.iv. [C. T. F. E. 315]

——. Report of the government of Hong Kong on the traffic in opium and dangerous drugs. Hong Kong, 1930-32. 3 v. tables (part. fold.).

——. Commissioner of Prisons. Department report by the Commissioner of Prisons for the financial year 1954/55. Hong Kong, Govt. Printer, 1955. 1 v. tables (Annual departmental reports).

——. Committee on Chinese Law and Custom. Chinese law and custom in Hong Kong; report of a Committee appointed by the Governor in October, 1948. [Hong Kong, Govt. Printer, 1953] vii, 315 p. diagrs., tables.

——. Committee on Colony's Position with regrad to Obligations incurred under International Opium Convention, 1912. Report of the committee appointed by H. E. the governor to consider the colony's position with regard to the obligations incurred under the International opium convention, 1912. [Hong Kong, 1924] 6 p.

——. Governor 1930-1935 (Sir William Peel) Report by the governor of Hong Kong on the mui-tsai question. London, H. M. Stationery Off., 1930. 4 p. ([Gt. Brit. Parliament. Papers by command] Cmd. 3735).

——. Governor, 1937-1940 (Sir Geoffry Northcote) Report by the Governor of Hong Kong on the mui tsai in the colony for the half-year ended 30th November, 1938. Geneva, 1939. 80 p. (mimeographed).

——. Governor, 1956. (A. Grantham) Report on the riots in Kowloon and Tsuen Wan, October 10th-12th, 1956, together with covering dispatch dated the 23rd December, 1956, from the Governor of Hong Kong to the Secretary of State for the colonies. Hong Kong, 1956. 55 p.

——. Mui-tsai Committee. Mui-tsai in Hong Kong. Report of the committee appointed by His Excellency the Governor, Sir William Peel. London, H. M. Stationery Off., 1936. 83 p. ([Gt. Brit. Parliament. Papers by command] Cmd. 5121).

HONG KONG REFUGEES SURVEY MISSION. The problem of Chinese refugees in Hong Kong; report submitted to the United Nations High Commissioner for Refugees by Edvard Hambro, chief. Leyden, A. W. Sijthoff, 1955. x, 214 p. illus., fold. map.

LO, Sir Man Kam, 羅文錦. Comments on the Report of the Committee on Chinese law and custom in Hong Kong. [Hong Kong, Govt. Printer, 1953] 18 p.

Education

FISHER, N. G. A report on government expenditure on education in Hong Kong, 1950. Hong Kong, 1951. 59 p. (Sessional paper No. 33, 1951).

HONG KONG. Committee on Higher Education. Report of the Committee on Higher education in Hong Kong, tabled in the Legislative Council 17th September,

1952. Hong Kong, Govt. Printer, 1952. vii, 74 p. tables, diagrs.

———. Festival of the Arts. Souvenir program of the second festival of the arts, 3-25 March 1956. Hong Kong, 1956. 64, [36] p. illus.

———. Festival of the Arts. Souvenir programme, 28th September to 2nd November, 1957. Hong Kong, 1957. 73 p.

———. Technical Education Investigating Committee. A report on technical education and vocational training in Hong Kong, presented by the Technical Education Investigating Committee, 30th October, 1953. [Hong Kong] 1953. 170 p.

———. University. The University of Hong Kong; its origin and growth by W. W. Hornell. Hong Kong, 1926. 58 p. incl. tables.

———. University. Engineering Society. Hong Kong University engineering journal. v. 1- 1929- [Hong Kong] v. illus. annual. Publication suspended 1941-48.

———. University. Medical Society. The Elixir; Hong Kong University medical society magazine. No. 1- 1950- Hong Kong, 1950-

[HORNELL, SIR WILLIAM WOODWARD] 1878- The University of Hong Kong, 1912-1933. A souvenir. Hong Kong, Newspaper Enterprise Ltd., 1933. 36 p. plates, ports.

JENNINGS, WILLIAM IVOR, 1903- A report on the University of Hong Kong, September 1953, by William I. Jennings and Douglas William Logan. Hong Kong, University Press, 1954. [1] 117 p. tables.

PRIESTLEY, K. E. Mental health and education in Hong Kong, by K. E. Priestley and Peryl R. Wright. [Hong Kong] Hong Kong University Press, [1956] 97 p. (University of Hong Kong Extra-mural lecture series).

Meteorology

HONG KONG. Royal Observatory. Magnetic results. 1884-1941; 1949-date. Hong Kong, 1885-date. v. illus.

———. Royal Observatory. Annual departmental report by the Director. 1900-date. Hong Kong, Govt. Printer. 1900-date.

———. Royal Observatory. Monthly meteorological bulletin; containing detailed results of observations made at the Royal Observatory, Hong Kong, and the daily weather reports from various stations in the Far East. Jan. 1913-32. Hong Kong, 1913-1932. v. Ceased publication Dec. 1932. Superseded by its Meteorological results.

———. Royal Observatory. Monthly seismological bulletin, 1913-1940. Hong Kong, 1914-1940. v. charts, tables.

———. Royal Observatory. The winds of Hong Kong, by T. F. Claxton. Hong Kong, Noronha and Co., 1921. 105 p. incl. diagrs., tables.

———. Royal Observatory. Meteorological results. 1933-1941; 1949-date. Hong Kong. 1934-1941; 1949-date. v. annual.

———. Royal Observatory. The upper winds of Hong Kong, from observations made with pilot balloons, 1921-1932, by G. S. P. Heywood, under the direction of C. W. Jeffries, director. Hong Kong, Printed by Noronha and Co., 1933. 13 p. plates, tables.

———. Royal Observatory. Typhoon tracks, January 1947-date. Hong Kong, 1947-date.

———. Royal Observatory. Monthly weather summary; Southeast Asia and the Western Pacific. Hong Kong, 1949. 1 v. (loose-leaf).

———. Royal Observatory. A brief general history of the Royal Observatory, containing extracts from contemporary records, annual reports and memoranda, by L. Starbuck, assistant director. Hong Kong, Govt. Printer, 1951. 34 p. illus.

———. Royal Observatory. Hong Kong meteorological records and climatological notes, 60 years, 1884-1939, 1947-1950. Edited by J. E. Peacock, scientific officer. Hong Kong, Govt. Printer, 1952. ii, 45 p. illus., maps, tables, diagrs. (Its R. O. T. M., 5).

Natural History and Agriculture

GIBBS, L. Common Hon Kong ferns; illustrations and descriptions of forty-two common Hong Kong ferns. Hong Kong, Kelly and Walsh, [1927]. x. 84 p. illus.

HERKLOTS, GEOFFREY ALTON CRAIG. Flowering shrubs and trees; first twenty. Hong Kong, The University, 1937. 34 p. illus. plates.

——. Orchilds, first twenty. Hong Kong, The University, 193?. 62 p. illus. plates. (Hong Kong nature ser.).

——. Common marine food-fishes of Hong Kong, by G. A. C. Herklots and S. Y. Lin. 2nd ed. Hong Kong, 1940. 4, 89 p. illus. diag.

——. Vegetable cultivation in Hong Kong. [2nd. ed.] Hong Kong, South China Morning Post, 1947. 208 p. illus. [1st ed., 1941].

——. Hong Kong birds. Hong Kong, South China Morning Post [1953] 233 p. plates.

HONG KONG. Agricultural Dept. Report. 1948/49-49/50 [Hong Kong] 1949-51. 2 v.

——. Botanical and Forestry Dept. Report, 1893-date. Hong Kong, 1894-date. annual.

——. Dept. of Agriculture, Fisheries and Forestry. Annual departmental report by the Director of Agriculture, Fisheries and Forestry. 1950/51- Hong Kong, Govt. Printer, 1951- v. illus.

——. Dept. of Agriculture, Fisheries and Forestry. A review of forestry in Hong Kong with policy recommendations, by A. F. Robertson, forestry officer. Hong Kong, Govt. Printer, 1953. 30 p.

——. Dept. of Agriculture, Fisheries and Forestry. Report on agriculture in Hong Kong, with policy recommendations, by W. J. Blackie, Director. Hong Kong, Govt. Printer [1956] 93 p.

——. Fisheries Dept. Report of the Director of Fisheries. 1948/49-49/50. [Hong Kong] 2 v.

——. Fisheries Dept. Report of the director of fisheries on the Fish Marketing Organization. 1948/49- [Victoria?] 1949- v. diagrs.

——. Gardens Dept. Report by the Superintendent of Gardens. 1948/49-49/50. [Hong Kong] 1949-

HONG KONG HORTICULTURAL SOCIETY. Occasional notes of the Hong Kong Horticultural Society. no. 1- Feb. 1931- Hong Kong [1931- v. plates.

The HONG KONG naturalist; a quarterly illustrated journal principally for Hong Kong and South China. v. 1- Jan. 1930- Hong Kong, Newspaper Enterprise Ltd., 1930- v. illus., plates (part col.).

HONG KONG UNIVERSITY fisheries journal. no. 1- Dec. 1954- Hong Kong University Press. v. illus., maps. Supersedes Journal of the Hong Kong fisheries research station.

JOURNAL of the Hong Kong fisheries research station. v. 1-2, no. 1; Feb. 1940-Mar. 1949. Hong Kong, Printed by the South China Morning Post. 2 v. illus. Publication suspended Oct. 1940-Feb. 1949.

POPE, CLIFFORD HILLHOUSE, 1899- A new ranid frog (Staurois) from the colony of Hong Kong [by] Clifford H. Pope and J. D. Romer. [Chicago] Chicago Natural History Museum, 1951. 609-612 p. illus. ([Chicago. Natural History Museum. Publication] no. 675).

TRAGEAR, THOMAS REFOY, 1897- Land Utilization in Hong Kong, with map in 8 colors of Hong Kong and the New Territories (Sept. 1954), scale 1:80,000. Hong Kong, University Press, 1955. 8 p. map.

XXVIII. MACAO

Bibliography

BOXER, CHARLES RALPH, 1904- Algumas notas sôbre a bibliografia de Macau [por] C. R. Boxer e J. M. Braga. Macau, Escola tipográfica salesiana, 1939. 30 p.

BRAGA, JOSÉ MARIA. A biblioteca do capitão C. R. Boxer. Macau, Escola tipográfica do Orfanato, 1938. 14 p. front. (port.) illus. (facsims.) "Separata do 'Boletim eclesiástico da diocese de Macau'."

Description and Travel

BRAGA, JOSÉ MARIA. Macao fairs and exhibitions and handbooks to the charity and commercial fair, 1928; edited by Henrique Nolasco da Silva. Macao, Macao Publicity and Information Bureau, 1928. 7-54 p. illus. plates.

CORREIA, AFONSO. Macau, terra nossa; solar de Portugal no oriente. Macau, Impr. Nacional, 1951. 265 p.

MACAO. A visitor's handbook to romantic Macao. [2nd ed.] Pub. by the Publicity Office, Port Works Department, Macao. [Macao] Printed by N. T. Fernandes e filhos, 1928. 40 p., 1 l. front. (map) plates.

———. Anuário de Macau. 1921-1931? Macau [1921-1931?]Superseded by Anuário de Macau (Macao. Repartição central dos serviços economicos)?.

———. Repartição Central dos Serviços Economicos. Anuário de Macau. 1-ano; 1932- [Macau, 1932- At head of title, 1932-35: Colónia de Macau. Inspecção dos serviços económicos; 1936-: Colónia de Macau. Repartição central dos serviços económicos. Title varies: 1932-37, Directório de Macau. 1938- Anuário de Macau.

MACHADO, JOSÉ SILVEIRA. Macau, sentinela do passado. Macau, Secção de Propaganda e Turismo, 1956. 113 p.

MONTALTO DE JESUS, CARLOS A. Historic Macao; international traits in China old and new. 2d ed., rev. and enl. Macao, Salesian Print. Press, 1926. 4, 515, 6 p. plates, ports., fold. plan.

POMBAL, MARQUÊS DE, 1875- Macau. In: Grande Enciclopédia Portuguesa e Brasileira. Lisbon, Editorial Enciclopédia, 1935-45, v. 15, p. 706-716.

PORTUGAL. Ministerio do Ultramar. Anuário colonial. 1916- Lisboa, Impr. Nacional, 1916- Publication suspended 1919-25. Issued by the Ministry under its earlier name: Ministerio das Colonias.

REGO, FRANCISCO DE CARVALHO E. Macau. Macau, Impr. Nacional, 1950. 112 p. illus., ports.

TEIXEIRA, MANUEL. Camões em Macau, contribuições para o estudo do problema. Macau, Impr. Nacional, 1940. 68 p. incl. plates.

History

BOXER, CHARLES RALPH, 1904- ed. A aclamação del Rei D. João iv em Goa e em Macau; relações contemporâneas reeditadas e anotadas. Lisboa, Tip. de J. Fernandes júnior, 1932. 74 p. facsims.

———. A derrota dos Holanedses, em Macau no ano de 1622; subsidios inéditas, pontos controversos, informações novas. Macau, Escola tipografica de Orfanato, 1938. 43 p. plan.

———. Macau na época da restauração (Macau three hundred years ago) Macau,

Impr. Nacional, 1942. 5-231 p. front. (port.) illus., plates (part fold.) facsims.

——. Subsídios para a história dos capitãis gerais e governadores de Macau (1557-1770) Macau, 1944. 106 p. illus.

——. Expediçoes militares portuguêsas em auxílio dos Mings contra os Manchus, 1621-1647. Macau, Escola Tipográfica Salesiana [194-?] 23 p. plates.

——. The Portuguese padroado in East Asia and the problem of the Chinese rites, 1576-1773. Macau, Impr. Nacional, 1948. 30 p. "Separate do n. 1 do Boletim do Institvto Portvgves de Hong Kong."

——. Fidalgos in the Far East, 1550-1770; fact and fancy in the history of Macao. The Hague, M. Nijhoff, 1948. xii, 297 p. plates, ports., maps.

BRAGA, JOSÉ MARIA. O inicio da imprensa em Macau. Macau, Escola tipográfica do Orfanato, 1938. 26 p. incl front. (facsim.) "Separata do 'Boletim eclesiástico de Macau'."

——. O primeiro acordo Luso-chines. Realizado por Leonel de Sousa em 1554. [Annotated by J. M. Braga] Macau, 1939. 17 p.

——. Tamão dos pioneiros portugueses. Macau, Escola tipográfica salesniana, 1939. 27 p.

——. With the flowery banner; some comments on the Americans in Macao and South China. Macao, 1940. 56 p.

——. Macao in 1515; remarks on Dr. Armando Cortesão's edition of the "Suma oriental" of Tomé Pires. Macau, Impr. Nacionale, 1949. 10 p. (Instituto Português de Hong Kong).

——. The western pioneers and their discovery of Macao. Macau, Impr. Nacional, 1949. 248 p.

——. Les pionniers de l'Occident et la découverte de Macao. Traduit de l'anglais par Maurice Echinard. Saigon, France-Asie [1950] 59 p. Reprinted from France-Asie, Décembre, 1950.

BRAGA, JOSÉ PAULO DE OLIVEIRA, 1905- Em luta com os corsários da China. Lisboa, A. M. Teixeira, 1946. 217 p. (Aventuras d'aquém e d'além-mar, 1).

BRAZÃO, EDUARDO, 1907- A política europeia no extremo oriente no século xix e as nossas relações diplomáticas com a China. Porto, Livraria Civilização, 1938. 87 p.

——. Apontamentos para a história das relações diplomáticas de Portugal com a China, 1516-1753. Lisboa, Divisão de Publicações e Biblioteca, Agência Geral das Colónias, 1949. 210 p.

COLOMBAN, EUDORE DE, pseud. Resumo da história de Macau. Refundido e aumentado pelo editor Jacinto José do Nascimento Moura. Macau, Tip. do Orfanato da I. C., 1927. 148 p. [1] p. illus., ports., maps.

——. Histoire abrégée de Macau. Pékin, Impr. de la Politique de Pékin, 1928. 2 v. illus. plates, ports, map, facsims. (Collection de la "Politique de Pékin").

CORTESÃO, ARMANDO, 1891- Primeira embaixada europeia à China, o boticário e embaixador Tomé Pires e a sua "Suma oriental" Lisboa "Gráfica lisbonense"] 1945. 88 p. incl. map. (Cadernos da "Seara nova." Secção de estudos históricos).

EMBAIXADA de Macau ao Japão em 1640; relação contemporânea publicada e anotada por C. R. Boxer. Lisboa, Impr. da Armada, 1933. 52 p. maps, facsims. "Separata dos 'Anais do Club Militar Naval' tomo lxii, nos. 9 e 10."

FRAZÃO DE VASCONCELLOS, JOSÉ AUGUSTO DO AMARAL, 1889- A aclamação del rei d. João IV em Macau (subsídios históricos e biográficos) Lisboa, Agência geral das Colónias, 1929. 55 p. illus. (incl. facsims) "Separata do no. 53 do 'Boletim du Agência geral das Colónias'."

GOMES, ARTUR LEVY. Esboço da história de Macau, 1511 a 1859. [Macau] Repartição Provincial dos Serviços de Economia e Estatística Geral (Secção de Propaganda e Turismo) [cover 1957] 409 p. illus.

GOMES, LUIZ G., 高美士. Curiosidades de Macau antiga. Macau, 1945. 150 p. "Separata da 'Renascimento'."

INSTRUCÇÃO para o bispo de Pequim e outros documentos para a historia de Macau. Prefácio de Manuel Múrias. Lisboa, Agência geral das Colónias, 1943. 380 p.

MACAO. Arquivos de Maçau, publicação oficial. vol. 1-3, ser. 2, v. 1, junho de 1929-41. [Macau?] 1929-1941.

PIRES DE LIMA, DURVAL RUI. A embaixada de Manuel de Saldanha ao Imperador K'hang hi em 1667-1670. (Subsídios para a história de Macau) [Lisboa, Tipografia e Papelaria Carmona, 1930] 23 p. fold geneal. table.

PORTUGAL. Agencia Geral do Ultramar. Divisão de Publicações e Biblioteca. Instrução para o bispo de Pequim e outros documentos para a historia de Macau; prefácio de Manuel Múrias. [Lisboa] Divisão de publicações e biblioteca, Agência Geral das Colonias, 1943. xiv, 380 p.

———. Direcção dos Serviços Diplomaticos, Geograficos e de Marinha. Memorandum sobre a questão de Macau; documentos. Ed. reservada. Lisboa, Impr. Nacional, 1921. 532 p.

———. Ministerio do Ultramar. Arquivo das colónias. v. 1- (no. 1-); Lisboa, 1917- Monthly, July 1917-June 1919; quarterly, Apr./June 1922- Publication suspended July 1919-Mar. 1922, July 1922-1928. Issued 1917- by the Ministry under its earlier name: Ministerio das Colonias.

RODRIGUES, FRANCISCO, 1873- A aclamação de D. João IV em Macau patriotismo e traição. Lisboa, 1944. 14 p. Reprinted from Revista Brotéria, 38:6.

SERRANO, FRANCISCO. Elementos historicos e etnograficos de Mação. [Mação, Tipografia Ferreirense, 1935] 220 P.

SILVA REGO, ANTONIO DA. A presença de Portugal em Macau. Lisboa, Divisão de publicações e biblioteca, Agência Geral das Colónias, 1946. xiii, 111 p.

YIN, KUANG-JÊN, 印光任 fl. 1744. Ou- mun kei-leok 澳門記略. Monografia de Macau, por Tcheong-Ü-Lâm 張汝霖, e Ian-Kuong-Iâm 印光任. Tradução de chinês por Luís G. Gomes 高美士. Editada pela Repartição Central dos Serviços Económicos, Secção de Publicidade e Turismo. Macau, Impr. Nacional, 1950. 250 p. plates.

Biography

BOXER, CHARLES RALPH, 1904- Antonio de Albuquerque Coelho, esbôço-biográfico. [Macau, Tipografia da Imaculada Conceição, 1939] 57 p. illus., facsims.

———. Antonio Coelho Guerreiro, e as relações entre Macau e Timor, no comêço do século xviii. [Macau] Escola Tipográfica do Orfanato da Imaculada Conceição de Macau, 1940. 49 p. illus., fold, map.

———. Breve relação da vida e feitos de Lopo e Inacio Sarmento de Carvalho, grandes capitãis qve no secvlo xvii honraram Portvgal no Oriente. Macau, Impr. Nacional, 1940. 9-72 p. incl. geneal. tab. plates, facsims.

———. "Adonde hay valor hay honor." Esbôço biográfico do almirante Luis Velho (1624-1669) Lisboa, 1948. 40 p. facsim.

TEIXEIRA, MANUEL. Galeria de macaenses ilustres do século dezanove. Macau, Impr. Nacional, 1942. 17-659 p. plates, ports., facsim.

Politics and Government

ESPARTEIRO, JOAQUIM MARQUES. Alguns problemas magnos de Macau; breve memória descritiva e justificativa. Macau, Impr. Nacional, 1952. 37 p.

MACAO. Boletim oficial do govêrno da província de Macau [weekly] 1900-date. [Macau, Impr. Nacional, 1900-date.

———. Obras e melhoramentos efectuados em Macau. 1947-50. Macau, 1950- v. illus. triennial.

———. Comissão de Valorização das Ilhas da Taipa e Coloane. Resumo das actas da Comissão da Valorizaçãs das Ilhas da Taipa e Coloane e da Comissão do Plano de Fomento. Macau, Impr. Nacional, 1956. 30 p.
———. Concelho. Compilacão dos acordãos do Conselho de província publicados no boletins oficiais da província de Macau. [Annual] Macau, 194?- .
———. Conselho de Administraçao das obras públicas. Projecto de orçamento para o ano económico de 1... Macau, 192- v. tables (part fold.).
———. Conselho do Governo. Acta da sessão [em] 7 de novembro [do ano de] 1918-1941? [Macau, Impr. Nacional, 1918-4-?
———. Direcção dos Correios e Telegrafos. Relatorio e estatistica dos correios e telegrafos. 1927-- Macau, 1928- .
———. Direcção dos Correios e Telegrafos. Serviço radiotelegráfico internacional. Taxas radiotelegráficas por palavra (em francos ouro) e respectivas instrucões em vigor desde 15 de março de 1932. [Macau] Impr. Nacional, 1932. 17 p. incl. tables.
———. Governador, 1951- (Esparteiro) No primeiro biénio de governo; discursos e alocuções, brindes e mesagens [1951-1953] Macau, Édiçaõ da Repartição central dos serviços económicos (Secção de propaganda e turismo) 1953. 271 p.
———. Repartição Tecnica das Obras Publicas. Caderno geral de encargos das obras, aprovado pela p. p. no. 2:091, de 16-5-1936. [Macau, Impr. Nacional, 1936] 67 p.
———. Repartição Tecnica das Obras Publicas. Conta da gerência. [Annual] Macau. 1941-

Laws and Statutes

(Materials dealing with Portuguese colonies frequently include discussion of Macao. These titles are generally excluded from the present bibliography; they should, however, be consulted especially for laws, statutes, etc.)
MACAO. Ordem à fôrca armada da guarnição da colónia de Macau. Macau, 19? v. forms.
———. Laws, statutes, etc. Reorganização da administração civil e financeira da colónia. Macau, Impr. Nacional, 1921. Cover-title, xvii, 86 p. incl. forms.
———. Laws, statutes, etc. Tabela dos emolumentos e taxas de varias licenças, aprovadas pelos diplomas legislativos provinciais de 19 de novembro de 1924. Macau, Impr. Nacional, 1924. 30 p.
———. Laws, statutes, etc. Regimento do Tribunal administrativo, fiscal e de contas de Macau, aprovado pelo diploma legislativo provincial no. 43, de 17 de agosto de 1927. Macau, Impr. Nacional, 1927. Cover-title, 39 p.
———. Laws, statutes, etc. Compilação de legislação e mais disposições de execucao permanente, publicadas em... 1926-27. no Boletin oficial da colónia de Macau. Macau, Impr. Nacional, 1927. 2 v. illus. tables, forms.
———. Laws, statutes, etc. Regulamento para a concessão de terrenos na colonia de Macau, aprovado pelo diploma legislativo no. 268, de 21 de novembro de 1932. (Publicado no Boletim oficial no. 48, de 26 de novembro de 1932) Macau, Impr. Nacional, 1932. 19 p.
———. Laws, statutes, etc. Código de trânsito, aprovado pelo diploma legislativo no. 285, de 29 de março de 1933. Macau, Impr. Nacional, 1933. 33 p. 4 fold. plates.
———. Laws, statutes, etc. Regulamento da lotaria da Santa casa da misericórdia de Macau, alterado por deliberação da assemblea geral da Irmandade de mesma Santa casa, realizada em 17 de março de 1933. Aprovado pela portaria provincial no. 1:135, de 15 de maio de 1933 (Boletim oficial no. 23, de 10 de junho de 1933) Macau, Impr. Nacional, 1933.
———. Laws, statutes, etc. Regulamento para o serviço de abastecimento de água na cidade de Macau, aprovado pela portaria provincial no. 1:132-A, de 10 de

maio de 1933 (Boletim oficial no. 20, de 20 de maio de 1933) Macau, Impr. Nacional, 1933. 13 p.

——. Laws, statutes, etc. Regulamento da Caixa económica postal. Aprovado pela P.p.no. 1:946, de 9-11-1935 (B.o.no. 45, de 9-11-1935) Macau, Impr. Nacional, 1935. Cover-title, 116 p. incl. forms (part fold.).

——. Laws, statutes, etc. Regulamento de recrutamento privativo. Aprovado pela P.p. no. 1:905, de 7-9-1935 (B.o.no. 36, de 7-9-1935) Macau, Impr. Nacional, 1935. 138 p. incl. tables, forms (part fold.).

——. Laws, statutes, etc. Regulamento para o comércio de armas, munições e explosivos e industrias de panchões e fogos de artificios. Aprovado pelo Diploma legislativo no. 342, de 16-12-1933. Macau, Impr. Nacional, 1935. 112 p. incl. forms (1 fold.).

——. Laws, statutes, etc. Regulamento para o serviço do material de guerra aprovado pela Portaria provincial no. 2:192, de 26-9-1936 (Boletim oficial no. 39, de 26-9-1936) Macau, Impr. Nacional, 1936. 54 p. incl. forms.

——. Laws, statutes, etc. Regulamento das escolas regimentais da guarnição militar de Macau aprovado pela Portaria provincial no. 2:162, de 15 de agosto de 1936 (Boletim oficial no. 33, de 15-8-1936) Macau, Impr. Nacional, 1936. Cover-title, [3]-32 p. incl. forms (1 fold.).

——. Laws, statutes, etc. Regulamentos do Corpo da policia de segurança pública, dos Serviços das policias administrativa e de investigação criminal e da Policia maritima. Aprovados, respectivamente, pelas P.P. nos. 2:427, 2:428 e 2:429, de 31-12-1937 (Suplemento ao B.o.no. 52/1937) Macau, Impr. Nacional, 1938. Cover-title, 37, 14, 22 p.

——. Laws, statutes, etc. Regulamento para o comércio de armas, munições e explosivos e indústria de panchões e fogos de artifício, aprovado pelo Diploma legislativo no. 645 de 23 dezembro de 1939. (Publicado no Boletim oficial no. 51 de 1939) com as alterações introducidas pelo Diploma legislativo no. 688, de 26 de outubro de 1940 (publicado no Boletim oficial no. 43 de 1940) Macau, Impr. Nacional, 1939. 62 p., 58 p. incl, forms.

——. Laws, statutes, etc. Regulamento do Corpo de salvação pública, aprovado pelo P.p. no. 2:759, de 30 dezembro de 1939. Macau, Impr. Nacional, 1940. Cover-title, 23 p.

——. Laws, statutes, etc. Regulamento das instalações radioeléctricas, aprovado por Diploma legislativo no. 702, de 15 de março de 1941, publicado no Boletim oficial no. 11 de 1941. Macau, Impr. Nacional, 1941. 16 p.; 14 p.

——. Laws, statutes, etc. Regimento do Conselho do govêrno, aprovado por Diploma legislativo no. 703, de 22 de março de 1941. Publicado no Boletim oficial no. 12 de 1941. Macau, Impr. Nacional, 1941. Cover-title, 10 p.

——. Laws, statutes, etc. Remodelação dos vencimentos dos funcionários civis e militares da colónia de Macau. Autorizada pelo Decreto no. 31:344, de 26 de junho de 1941 e aprovada pelo Diploma legislativo no. 718, de julho de 1941. Macau, Impr. Nacional, 1941. Cover-title, 41 p.

——. Laws, statutes, etc. Código de trânsito, aprovado pela Portaria provincial no. 3:024, de 28 de dezembro de 1940. Macau, Impr. Nacional, 1941. Cover-title, 34 p.; 28 p., iv pl. on 2 fold. 1.

——. Laws, statutes, etc. Regulamento do imposto do sêlo, aprovado pelo Diploma legislativo no. 701, de 15 de março de 1941. Macau, Impr. Nacional, 1941. 95 p.

PORTUGAL. Laws, statutes, etc. Código de justiça militar. Aprovado pelo decreto no. 11:292, de 26 de novembro de 1925, com as alterações introduzidas pelo decreto no. 12:393, de 27 de setembro de 1926. Macau, Impr. Nacional, 1926. Cover-title, 141 p.

——. Laws, statutes, etc. Regulamento de disciplina militar colonial; aprovado por decreto no. 21:828, de 4 novembro de 1932. Macau, Impr. Nacional, 1933. 76 p. incl, fold tables, forms.

——. Laws, statutes, etc. Carta orgânica do império colonial português. Macau, Impr. Nacional, 1934. 71 p.

———. Laws, statutes, etc. Reforma administrativa ultramarina (publicada no. 2. suplemento ao no. 52 do "Boletim oficial" de 30 dezembro de 1933). Macau, Impr. Nacional, 1934. Cover-title, 325 p. incl. illus., forms.

———. Laws, statutes, etc. Leis orgânicas do império português. Luanda, Impr. Nacional, 1935. 421 p.

———. Laws, statutes, etc. Regulamento das concessões de licenças para o estabelecimento e exploração de instalações eléctricas nas colónias portuguesas aprovado por Decreto no. 24:455/1935 (Boletim oficial no. 9, de 2 de março de 1935) Macau, Impr. Nacional, 1935. 41 p.

———. Laws, statutes, etc. Regulamento de betão armado, aprovado por Decreto no. 25:948, de 16-10-1935. Publicado no B.o. da colonia de Macau, no. 52, de 28-12-1935. Macau, Impr. Nacional, 1936. Cover-title, 80 p. incl. illus., tables, diagrs.

———. Laws, statutes, etc. Carta orgânica do império colonial português (nova publicação ordenada pela portaria ministerial no. 8:699, com as rectificações constantes das leis nos. 1:948 e 1:900, dos decretos nos. 26:180 e 27:067 e da portaria ministerial no. 8:730.) (Publicada no Boletim oficial no. 26 de 1937) Macau, Impr. Nacional, 1937. 70 p.

Foreign Missions

BOXER, CHARLES RALPH, 1904- A propósito dum livrinho xilográfico dos Jesuítas de Pequim (século xviii); ensaio histórico. Macau, Impr. Nacional, 1947. 20 p. (on double leaves), facsim.: 14 double 1.

BRAGA, JOSÉ MARIA. A igreja de s. Domingos e os dominicanos em Macau. Macau, Orfanato de Imaculada Conceição, 1939. 46 p. front., plates. 'Macau, centro das nossas missões," by Jesus Gaio (p. 33-46) reprinted from Albertina, October, 1938.

———. Tomb-stones in the English cemeteries at Macao. Macao, Printed by Tipografia mercantil de N. T. Fernandes e filhos, 1940. [3]-59 p. plates.

PIMENTEL, FRANCISCO, d. 1675. Breve relação da jornada que fez à corte de Pekim o senhor Manoel de Saldanha, embaixador extraordinario del rey de Portugal ao emperador da China, e Tartaria (1667-1670), escrita pelo padre Francisco Pimentel, e documentos contemporaneos. Compilados e anotados por C. R. Boxer e J. M. Braga. Macau, Impr. Nacional, 1942. 74, xlii p.

RODRIGUES, FRANCISCO, 1873- Jesuitas portugueses astronomos na China, 1583-1805. Porto, Tipografia Porto Medico, 1925. 125 p. plates.

TEIXEIRA, MANUEL. Macau e a sua diocese. Macau, Tipografia do Orfanato salesiano, 1940- 2 v. plates, maps (1 fold.).

———. A fachada de S. Paulo, texto do padre Manuel Teixeira, ilustrações do barão de Reichenau. [Macau, Impr. Nacional, 1941] 9-57 p. illus., 4 pl. (1 fold.).

Medicine and Public Health

[BRAGA, JOSÉ MARIA]. Early medical practice in Macao, by J. A. Kollard [pseud.] Macao, Inspecção dos serviços economicos [1935] 24 p.

CAEIRO DA MATTA, JOSÉ, 1883- La colonie de Macao et la question du trafic de l'opium. Lisbonne, 1940. 95 p.

MACAO. Direcção dos Servi ços de Saude e Higiene. Boletim sanitario. Macau, 1931-38?

PEREGRINO DA COSTA, PEDRO JOAQUIM. Relatórios das epidemias de cólera de 1937 e 1938. Macau, Impr. Nacional, 1938. [3]-70 p. fold. map, fold. diagrs.

———. Medicina Portuguesa no Extremo-Oriente, Siao, Molucas, Japão, Cochin-

china, Pequim e Macau. Bastora, Tipografia Rangel, 1948. 237 p.
SOARES, JOSÉ CAETANO. Macau e a assistência (panorama médico-social) Lisboa, Agência Geral das Colónias, Divisão de Publicações e Biblioteca, 1950. 543 p. illus. port.

General and Other

GOMES, LUIS G., 高美士 . Lendas chinesas de Macau. Macau-Oriente, Noticias de Macau, 1951. 340 p. (Colecção Noticias de Macau, 5).
MACAO. Comissão Central de Assistência Publica. Assistência em Macau. [Macau, 1951] 88 p. illus.
———. Comissão Executiva da Participação de Macau na Exposição Portuguêsa em Sevilha. Catálogo geral da representação de Macau na exposição portuguêsa em Sevilha, 1929. Macau, N. T. Fernandes e Filhos, 1929. 25 p. illus.
———. Comissão Executiva da Participação de Macau na Exposição Portuguêsa em Sevilha. Monografias, atigos, mapas e gráficos estatisticos, coligidos para a Representação da Colónia de Macau na Exposição Portuguesa em Sevilha, 1929. Macau, N. T. Fernandes e Filhos, 1929. 132 p. charts, statistics.
———. Conselho Inspector de Instrução Publica. Anuário do ensino de Macau. 1939-40. Macau, Impr. Nacional. v.
———. Repartição Central dos Serviços Economicos. Movimento industrial e comercial. 1929/30-1937/38. [Macau, 1933-38].
———. Serviços económicos. Monografia da visita do Ministro do ultramar a Macau, de 18 de junho a 1 de julho, 1952. Coordenação de David Barrote [Macau, 1952] 328 p. illus. ports.
———. Serviço meteorológico. Notas cientificas. No. 1-date. Macau, 1952-date.
———. Serviço meteorológico. Resultados das observações meteorológicas de Macau. V. 1-date. Macau, Impr. Nacionale, 1952-date. v. tables. [Monthly].
———. Servico meteorológico. Resultados das observações meteorológicas de Macau, v. 1-date. Macau, 1952-date. [Monthly].
The MACAO review. v. 1-2 (December 1929-December 1930) Macao, 1929-30. 2 v.
MOSAICO. [Monthly] v. 1- Macau, 1950-
REGO, FRANCISCO DE CARVALHO E. Dialecto macaense, apresentado ao Colloquium international de Estudos Luso-Brazileiros. Macau, Impr. Nacional, 1950. 33 p.
U. S. Treaties, etc., 1923- (Coolidge) Parcel-post convention between the United States of America and the Portuguese colony of Macao. [Washington, Govt. print. Off., 1927] 12 p.

APPENDIX I: SERIAL PUBLICATIONS

General

AGENCE CHEKIAI. Bulletin. [Weekly] Berne. 193? -42?
——. Information télégraphiques, 1933-35. Shanghai, 1933-35.
AMERASIA: a Review of America and the Far East, v. 1-11, March 1937-July 1947. New York, 1937-47//.
ANNALES franco-chinoises publiées trimestriellement par l'Institut franco-chinois de l'Université de Lyon. [1.]- Mars 1927- Lyon, Institut franco-chinois [1927-1934].
ASIA; Asian Quarterly of Culture and Synthesis. v. 1- [Quarterly] (no. 1-); Mar. 1951- [Saigon] 1951- [Editor: R. de Berval].
ASIA and the Americas. v. 1- July 1898-1946. [New York, 1898-1946] Irregular, 1898-Feb. 1902; monthly, Apr. 1902- Title varies: 1898-Jan. 1917, Journal of the American Asiatic association. Mar. 1917-Oct. 1942, Asia. Nov. 1942-1946, Asia and the Americas.
ASIA Calling. v. 1- [Santa Monica, Calif., American-Oriental Friendship Association] 1947- .
ASIAN Horizons. v. 1- [London, Asian Publications], 1948-51//
ASIATICA. [Bollettino dell'Istituto italiano per il Medio ed Estremo Oriente] anno-1-9. [Roma, 1935-43? Monthly, 1935; bimonthly, 1936- Title varies: 1935, Bollettino dell'Istituto italiano per il Medio ed Estremo Oriente.
ASIEN Berichte. [1.]-5 Jahrg. (Heft 1-22); Feb. 1939- Wien, Siebenberg-Verlag, 1939-44. Title varies: 1939, Berichte des Asien Arbeitskreises. Issued 1939 by Reichsstudentenführung, Aussenamt.
ASSOCIATION amicale franco-chinoise. Bulletin, 1-11. Paris, 1907-1930.
ASSOCIATION amicale sino-française. Bulletin. v. 1- Shanghai, 1933-
AUSTRALIA-China Association, Sydney. Report. 1-3 Sydney [1944-46].
BULLETIN de l'Association française des amis de l'Orient. v. 1- Paris, 1921-38.
BULLETIN periodique de la presse chinoise. No. 1-41. Paris, 1917-1923.
CANTON. v. 1, no. 1-5; Apr.-Oct. 1939. [Monthly] [Canton, Oriental Cultural Association] 1939//?
CANTON Truth. v. 1- Aug. 19, 1933- Canton, National Publishers, 1933-1937? Supersedes China Truth.
CARAVAN; Magazine of the Far East. v. 1-4, no. 2, Jan. 1936-Apr. 1939// Peking, 1936-39.
CHINA [the official publication of the China Society of America, inc.] v. 1- Jan. 1924-33. New York, 1924-33.
CHINA. [Quarterly] Amsterdam, Nederlandsch-Chineesche Vereeniging. 1925-.
CHINA. v. 1, No. 1- Sept. 15, 1928- Shanghai, 1928- .
CHINA. Chinese New Service. China Information Bulletin v. 1-2 New York, Jan. 1948-Jan. 1949.
The CHINA Critic; the only Chinese owned and edited English weekly. v. 1- May 31, 1928-1940// Shanghai, The China Critic Pub. Co. [1928-40].
CHINA Digest. v. 1- ; Nov. 7, 1925- Shanghai, 1925-?
The CHINA Express and Telegraph. London, 1858-1931// 1860 as China express. 1861-1921 as London and China express. 1925-1931 as China express and telegraph.
CHINA Journal. v. 1-35. Shanghai, China Society of Science and Arts and the Shanghai Chemical Society, 1923-1941//.
The CHINA Monthly. v. 1-11, no. 3. [New York] 1939-1950.

CHINA Monthly Review. v. 1- [Shanghai, Millard Pub. Co.] 1917-1950. Publication suspended Dec. 13, 1941-Oct. 13, 1945. Title varies: 1917-May 28, 1921: Millard's review of the Far East. (May 17-July 5, 1919: Millard's China national review)– June 4, 1921-July 1, 1922: The Weekly review of the Far East.– July 8, 1922-June 16, 1923: The Weekly review.- June 23, 1923-1950: The China weekly review.

The CHINA Outlook. [Monthly] v. 1- Dec. 1, 1927- [Peking, 1927-1928//.

CHINA Outlook. [Weekly] v. 1-7, Jy 26, 1935-July 15, 1937. n. s. v. 1, Jan. 15-Jy 30, 1938. Shanghai, 1935-38. Superseded by Voice of New China.

CHINA Press Weekly. v. 1-3 no. 29; Feb. 25, 1933-Jy 14, 1934; [n. s.] 1-3 no. 1-75) Aug 11, 1935-Dec. 1937. Shanghai, 1933-37.

The CHINA Quarterly. v. 1- Shanghai, 1935-1941//.

CHINA Review. v. 1-6; July 1921-Sept. 1924. New York, China Trade Bureau, 1921-24.

CHINA Review. [Bi-monthly] v. 1, nos. 1-4; Feb.-Aug. 1932. New York, 1932.

CHINA Review. v. 1-5, no. 13; Oct. 1931-May 1938// London, 1931-38.

CHINA Review; a Review devoted to Anglo-Chinese Affairs. [Monthly] v. 1-2// Dec. 1947-48. [London, British United Aid to China] Formed by the union of China tomorrow and B.U.A.C. review.

CHINA Society of America. Pamphlets. no. 1-3, 1922; s2 no. 1-3, 1923. New York, 1922-1923//.

CHINA Tomorrow. v. 1-2. Nov. 1928-Je/Jy 1930// Peiping, 1928-30.

CHINA Tomorrow. [Quarterly] v. 1, no. 1-5; Apr. 1946-June 1947// [London] 1946-47. Caption title, Apr.-Sept. 1946: China tomorrow and Orient review. In Dec. 1947 united with B.U.A.C. review to from China review.

CHINA Truth, devoted to the development of China and the world affairs. v. 1-5, no. 17. April 20, 1929-Aug. 12, 1933. Canton, 1929-1933// Superseded by Canton Truth.

CHINA Weekly Review, see China Monthly Review.

Le CHINE; revue bi-mensuelle illustrée, rédigée par un comité franco-chinois. Nos. 1-73. Pékin, A. Nachbaur, 1921-1925//.

CHINE. v. 1- 1935- Paris, 1935-

Le CHINE et le monde. t. 1-3. Paris, Les Presses universitaires de France, 1925-1929//

CHINE illustrée. China illustriert. China illustrated, No. 1- Août, 1935- Genève, Bibliothèque Sino-Internationale, 1935-

Le CHINE libre, Bulletin hebdomadaire d'information. v. 1- Paris, Ambassade de la République de Chine, 1952-

CHINESE Affairs. v. [1]-6, no. 13; June 10, 1928-Dec. 15, 1934// Nanking [etc.] International Relations Committee [1928-34] 6 v. in 5. illus. Weekly, 1928-May 31, 1933; semimonthly, June 15, 1933-Dec. 15, 1934. Issues for 1928-31 (nos. 1-154/155) do not bear volume numbering but they constitute v. 1-3. Publication suspended from De. 1931 to May 1932 both inclusive. 1928-May 31 have subtitle: A weekly survey of important events relating to China (varies slighty).

CHINESE Digest. v. 1-6. San Francisco, China Cultural Society of America, 1935-1940//

The CHINESE Nation. v. 1-3, no 15. June 18, 1930-June 1932. Shanghai, [1930-32//

CHINESE Opinions on Current Events (translated from Chinese Periodicals) [Weekly] June, 1936- Shanghai, 1936-

CHINESE Press. [Weekly] v. 1-6, no. 24; Nov. 22, 1941-Oct. 29, 1943. San Francisco, Calif. [C. Leong] 1941-43.

The CHINESE Republic. [Weekly] v. 1- May 7, 1932-36// [Shanghai, 1932-36].

COUNCIL of International Affairs, Nanking. Information Bulletin. v. 1-2. Nanking, 1936-1937.

EAST and West. [Quarterly] year 1- Apr. 1950- [Rome, Istituto italiano per il

Medio ed Estremo Orient].
EAST Wind (the only magazine designed for the Chinese in America). v. 1-3, no. 2. Cleveland, East wind Printers, 1945-47//
FAR EASTERN Affairs. no. 1- New York, St. Martin's Press, 1957- (St. Antony's papers, no. 2.).
FAR Eastern Information Bureau. Bulletin. v. 1- v. 2, no. 2. Nanking, 1929-1930.
FAR Eastern monthly, Hankow. See Pan-Pacific monthly.
The FAR EASTERN Quarterly; Review of Eastern Asia and the adjacent Pacific islands. v. 1- Nov. 1941-1956. Ithaca, N. Y. [etc.] Published for the Far Eastern Association by Cornell University Press [etc.]. Superseded by the Journal of Asian Studies, Nov. 1956.
FAR EASTERN Survey. v. [1]- [New York] 1932- Biweekly, 1932-49; biweekly (monthly in summer), 1950- Title varies: Mar. 3, 1932-Dec. 21, 1934, Memorandum.
FRANCE-ASIE; revue de culture et de synthèse franco-asiatique. [Monthly] [Saigon], 1946- .
MILLARD PUBLISHING COMPANY, Shanghai. Monthly report; a monthly newsletter. v. 1- Shanghai, 1946- Issued 1946 by the China weekly review (later China monthly review).
MILLARD'S Review. See China Monthly Review.
MODERN China Monthly. 1st- issue; Taipei, 1950- .
The NEW China. [Monthly] v. 1-2. Peiping, 1930-31// Published by the Journalism club of Yenching university, (in cooperation with the New China publishing association.
The ORIENT; occidental life in the Far East, published in the interest of the U. S. Military and Naval forces. [Monthly] v. 1- Shanghai, 1924.
ORIENT et Occident.. [Monthly] [1.]-2. année (t. 1-5); Jan. 1922-juin 1923. Paris, E. Leroux, 1922=23.//
ORIENT-NACHRICHTEN. 1-5. Jahrg; [Semimonthly] Berlin, Deutscher Orient-Verein, 1935-39. Superseded by Der Nahe Osten.
OSTASIATISCHE Rundschau; die Zeitschrift für den Fernen Osten. 1- 1 Feb. 1920-44. Berlin, Deutscher Überseedienst, 1920-22; Hamburg, Wirtschaftsdienst, 1923-44.
OSTASIEN. Bd. 1-2. Berlin, Junker und Dünnhaupt, 1943-44. Issued by Deutsches Auslandswissenschaftliches Institut.
OST-West-Korrespondenz (Monthly); Hrsg. von Yunlay Hsiao. v. 1- 1947- Berlin-Charlottenburg, 1947-.
PACIFIC Affairs. -Dec. 1927; [new ser., v. 1]- Jan. 1928- Honolulu and New York, Institute of Pacific relations [1928]-
PACIFIC Data, from the Institute of Pacific relations, Honolulu, Hawaii. no. 1-30; Aug. 15, 1927-Dec. 20, 1928.// Honolulu, 1927-28. 30 l. semimonthly (Sept. -Dec. 1928, irregular) Continued in Pacific Affairs.
PACIFIC Digest. [Monthly] v. 1- Oct. 1937-38// [Kweilin, 1937-38.
PAN-Pacific Monthly. No. 1-38. Hankow, 1927-1930// 1927-Mar. 1928 as Pan-Pacific Worker; April 1928-Mar. 1929 as Far Eastern Monthly.
PEKING Magazine. v. 1- (no. 1-6); July-Dec. 1931. [Peking, Pacific Pub. Co., 1931]// 1 v. in 2. illus. monthly. Title of v. 1, no. 1-4, reads: Peking; news and views of China.
The PEOPLE'S Tribune; an organ of national revolutionary thought and opinion. v. 1-16, March, 1931-May 16, 1937. Shanghai, United China Press, 1931-37.
La POLITIQUE de Pékin; revue hebdomadaire illustrée. Pékin, 1919-194?
ROYAL Central Asian Society, London. Journal. v. 1- London, 1914-.
SINO-Indian Journal. v. 1- Santiniketan, Sino-Indian Cultural Society in India, 1947-.
The TIMES Week. v. 1-6, no. 9. Mar. 1, 1943-Aug. 1, 1945// [Shanghai] Shanghai Times, 1943-45. Weekly, Mar. 1-July 26, 1943; biweekly (irregular) Aug. 2, 1943-Aug. 1, 1945.

The SOUTH China Monthly Review. v. 1-2; Oct. 1928-May 1929. [Canton, Canton Tourist Bureau, etc., 1928-29]//.
VOICE of new China; a bi-lingual fortnightly. v. 1-7. Nanking [New China Pub. Co., 1938-41// Supersedes China outlook (Shanghai).
WEST and East Monthly. v. 1- Taipei, 1956-.

China at War

ASIANA; the Monthly News-Magazine of East Asia. Shanghai, 1941- //.
CHINA. no. 1- Apr. 1945- [New Delhi] Published under the auspices of the Office of the Commissioner of the Republic of China in India.
CHINA. Chinese New Service. [Release. Series] SA. no. [1]- Sept. 1943- New York, 1943-.
——. American press opinion, 1948-50. New York, 1948-.
CHINA. Chinese News Service. News from China; weekly summary of China news based on press reports received from China. no. -166; -Mar. 30. 1949. New York, 194-.
CHINA Air Mail; fortnightly newsletter service on Far Eastern affairs. no. 1- Hong Kong, 1939- Editor: 1939- Guenther Stein.
CHINA at War. v. 1-15. Hankow, etc. China Information Committee, 1938-1945. Suspended Jan-Apr. 1946 and superseded by China Magazine.
CHINA Campaign Committee. China Bulletin. No. 1-7 London, 1937-38//.
——.Miscellaneous publications. No. 1- London, 1938-//.
——. China Newsletter. London, 1946-//.
CHINA Correspondent. Dec. 1943-Sept. 1944. [Calcutta, 1943-44]//.
CHINA Defence League. News Letter. n. s. No. 1-36, April 1, 1939-November, 1941. Hong Kong, 1939-41.
The CHINA Fortnightly. v. 1-3. [Chungking, Central news agency, 1939-41//.
CHINA Forum; a weekly review. v. 1-6, no. 1; Feb. 19, 1938-July 20, 1940. Hankow and Chungking [etc., 1938-40]// 6 v. in 5. Published under the auspices of the Chinese League of nations union. Publication suspended from Oct. 1, 1938 to March 11, 1939.
CHINA Information Bulletin. [Weekly] no. -170; Sept. 12, 1945. Calcutta, Chinese Ministry of Information.
CHINA Information Service, Washington, D. C. [Bulletin] no. 1-61// Washington, D. C., 1938-41//.
CHINA Magazine. [New York, etc., Chinese News Service, etc.] 1946-49. Supersedes China at War.
CHINA Today. La Chine d'aujourd'hui. **Китай сегодня** [no. 1]-July 1939-40. [Hong Kong, China Branch, International Peace Campaign, 1939-40.
——. champion of China's unity, democracy and independence. v. 1-8, no. 3; 1933-Mar. 1942. [New York, American friends of the Chinese people, etc., 1934-42] 8 v. in 7. illus. (incl. ports., maps) Monthly. No numbers were issued for Dec. 1940, June and Nov. 1941. Superseded by Amerasia.
CHINESE League of Nations Union. Sino-Japanese issue series. no. 1- Sept. 1937-38// Hankow [etc., 1937-38].
CHINESE Mind; an interpretation. [Monthly] v. 1, no. 1-11/12. Ja-N/D 1943// New York, People's Foreign Relations Assn. of China, 1943.
The CHINESE Mercury; quarterly journal for world's English-reading public. v. 1- Columbia, Mo., 1937-39//.
CHINESE People's Correspondence. v. 1- San Francisco, 1951-// Editor: China News Association.
CHINESE Press Views. no. 1-32. [London] China association [1940-41] Editor: E. M. Gull. Mimeographed.
CONTEMPORARY China; a reference digest. v. 1- [Biweekly] May 25, 1941-May 13, 1946// New York, Chinese news service, [etc.] 1941-46//.

FACTS and Opinions concerning the Far East; a reference digest. no. 1- Feb. 1940- New York, 1940-.
FAR EAST Bulletin, news and views from China. Kowloon, H. K., Kuosin News Agency, 1940-41.
FAR EASTERN Affairs Pamphlets. [v. 1, no. 1- [San Francisco, D. W. Ryder] 1938- Editor: D. W. Ryder. [1939 as the Far Eastern affairs monthly].
The FAR EASTERN Digest. [Hong Kong, Far Eastern digest, 1939-.
FAR Eastern Mirror. v. 1- Feb. 15-Sept. 10, 1938-// Hong Kong, 1938. Monthly, Feb.-Mar. 1938; semimonthly (irregular) Apr. 1938- vol. 1, no. 1 was published in Hankow.
FRANCE. Services d'information en Chine. Bulletin d'information. [Weekly] Chungking, 1944-.
FRIENDS, Society of. American Friends Service Committee. Bulletin on work in China. No. 1- Jan. 10, 1942-47. Philadelphia, 1942-47// irregular.
KUO-MIN NEWS AGENCY. [Press releases] [daily] [Nanking?].
"Das NEUE China," Sektion der Kuomintang in Deutschland. Schriftenreihe zur Ostasien-Frage. Nr. 1-4. Berlin, 1937-38.
NEW China. [Weekly, irregular] ser. [1]-3, no. 20; July 7, 1939-July 21, 1942. Washington, D. C., China Information Service, 1939-42// Publication suspended from Dec. 29, 1939 to July 5, 1940 and from May 1 to Sept. 8, 1941, inclusive.
The XXth Century (monthly) v. 1-5. Shanghai, the XXth Century Pub. Co., 1939-43. Editor: Klaus Mehnert.
UNITED CHINA RELIEF, INC. News of China. V. 1-8, no. 3. Sept. 1942-49. New York, 1942-49// Supersedes its Newsletter, Sept. 1942-Dec. 1943. Suspended June 1946-May 1947.
UNITED China Relief Series. no. 1- Chungking, China, The China publishing company, 1941-.

Chinese Studies

ACADEMIA Sinica. Annals. No. 1- Taipei, 1954-.
ACTA Orientalia. v. 1- Lund, 1922-
——. t. 1- Budapest, Magyar Tudományos Akadémia, 1950-.
AMERICAN ORIENTAL SOCIETY. Journal of the American Oriental Society, v. 1- 1843/49- Boston, etc., 1849- Index v. 1-20 in v. 21; 21-40 in v. 44.
ARCHIV Orientální. v. 1- Praha, Orientální ústav, 1929-.
ASIA Major. v. 1-10, Jan. 1924-35; n. F., Bd. 1, Heft 1, 1944; New ser., v. 1- 1949- London, Taylor's Foreign Press [etc.] [Published in Leipzig, 1924-44].
ASIAN Review. v. 1-10 (no. 1-20) Jan. 1886-Oct. 1890; 2d ser., v. 1-10 (no. 1-20) Jan. 1891-Oct. 1895; 3d ser., v. 1-34 (no. 1-68) Jan. 1896-Oct. 1912; new ser., v. 1- no. 1-) Jan 1913- [London, East and West, etc.] 1886- Quarterly (every 6 weeks, 1914-17) Title varies: 1886-90, 1913, The Asiatic quarterly review. — 1891-1912, The Imperial and Asiatic quarterly review and Oriental and colonial record (varies)— 1914-52, The Asiatic review.
ASIATISCHE Studien. Études asiatiques. [Quarterly] v. 1- 1947- Bern, A. Francke, 1947- Journal of the Schweizerische Gesellschaft für Asienkunde and supersedes its Mitteilungen.
BERLIN. UNIVERSITÄT. Seminar für Orientalische Sprachen. Mittheilungen des Seminars für Orientalische Sprachen an der Königlichen Friedrich Wilhelms Universität zu Berlin. jahrg. 1-41. Berlin und Stuttgart, W. Spemann, 1898-1938.
BULLETIN of Chinese Studies. Chengtu, 1941-1948//.
CHINA SOCIETY, LONDON. Paper. No. 1-13. London, 1915-1925//.
——. Sinological Series. No. 1- London, 1940-.
CHINA SOCIETY, Singapore. Annual. Singapore. 1952-.

CHINESE Culture: a Quarterly Review. v. 1, No. 1- (July 1957-) Taipei, Chinese Cultural Research Institute, 1957-.

The CHINESE Repository. v. 1-20; May 1832-Dec. 1851. Canton [etc.] Printed for the proprietors. Reprint edition, Peking, 1940.

CLAREMONT Oriental Studies; an occasional publication of the Society for oriental studies at Claremont colleges. no. 1-5. [Claremont, Calif., 1939-43.

DEUTSCHE Gesellschaft für Natur- und Völkerkunde Ostasiens, Tokyo. Mitteilungen. bd. 1- (1873/76+) Yokohama [etc., 1873-92]; Tôkyô [etc., 1893]-date. Supplement. bd. 1- Yokohama [1889]; Tôkyô [etc., 1892]-date.

——. Nachrichten. no. 1- 20. Juli 1926-.

DEUTSCHE Morgenländische Gesellschaft. Zeitschrift. Bd. 1- Leipzig, 1847-

ÉCOLE FRANCAISE D'EXTRÊME-ORIENT, Hanoi. Bulletin de l'École francaise d'Extrême-Orient. t. 1- Hanoi et Saigon, 1901- Quarterly, 1901-11; irregular, 1912-.

HARVARD Journal of Asiatic Studies. v. 1- Apr. 1936- Cambridge, Harvard-Yenching institute, 1936-.

INSTITUT belge des hautes études chinoises, Brussels. Mélanges chinois et bouddhiques. Tome 1-19. Louvain, M. Istas, 1933-51.

——. Rapports, No. 1-6, 1929-31, 1932-33, 1933-35, 1935-36, 1936-37, 1937-38. Bruxelles, 1931-39. 6 v.

JOURNAL asiatique. t. 1- Paris, Société asiatique, 1822-.

JOURNAL of East Asiatic Studies. v. 1- Oct. 1951- Manila, University of Manila, 1951-.

JOURNAL of Oriental Literature. v. 1- Honolulu, 1947- Annual (irregular) 1947-52; semiannual 1953- Publication of the Oriental Literature Society, University of Hawaii.

JOURNAL of Oriental Studies. v. 1- [Semiannual] [Hong Kong] Hong Kong University Press, 1954-.

LONDON. UNIVERSITY. School of Oriental and African Studies. Bulletin. v. 1- London, 1917-.

MONUMENTA Serica; journal of oriental studies of the Catholic university of Peking. v. 1- 1935/36-48; 1949/55- Peiping, and Nagoya, [1936-date.

The NEW China Review. v. 1-4. Mar. 1919-Dec. 1922// Shanghai, New China Review Office [1919-22// Editor: Mar. 1919- Samuel Couling.

ORIENS. v. 1- [2 no. a year] Leiden, E. J. Brill, 1948- "Milletlerarasi Şark Tetkikleri Cemiyeti mecmuasi. Journal of the International Society for Oriental Research."

ORIENS Extremus; Zeitschrift für Sprache, Kunst and Kultur des Länder des Fernen Ostens. [Heft] 1- Weisbaden, O. Harrassowitz, 1954-.

ORIENT et Occident. 1.- année; août 1934- Genève, Bibliothèque sino-internationale [1934-36// Editor: Tienshe Hu].

PHI THETA annual; papers of the Oriental languages honor society, University of California. Berkeley, 1947-.

ROYAL ASIATIC SOCIETY OF GREAT BRITAIN AND IRELAND. London. Journal. v. 1- London, 1834-.

——. North China Branch, Shanghai. Journal. v. 1-2, 1858-60; n. s. v. 1-73, 1864-1948. Shanghai, 1858-1948.

——. North China Branch, Shanghai. Extra volumes. v. 1- 1915-.

SCHWEIZERISCHE Gesellschaft für Asienkunde. Mitteilungen. v. 1-8. St. Gallen, 1839-1946// Superseded by Asiatische Studien.

SINICA [Zeitschrift für Chinakunde und Chinaforschung] 1-17 jahrg.; 1925-42// Heidelberg, N. Kampmann, 1925-42. "Veröffentlichung des China-instituts zu Frankfurt am Main." Title varies: v. 1 (1925-27) Chinesische Blätter für Wissenschaft und Kunst. v. 2- (1927-) Sinica. Editor: Richard Wilhelm, Erwin Rouselle.

SINOLOGICA; Zeitschrift für chinesische Kultur und Wissenschaft. Review of Chinese culture and science. [Quarterly] v. 1- 1948- Basel, Verlag für

Recht und Gesellschaft, 1948-
SINOLOGISCHE Arbeiten. [Heft] 1-3. Peking, Deutschland-Institut, 1943-45.
STOCKHOLM. Östasiatiska samlingarna. Bulletin. no. 1- Stockholm, 1929-.
STUDIA Orientalia. v. 1- Helsinki, Societas Orientalis Fennica, 1925-.
T'IEN Hsia Monthly. v. 1- Aug. 1935- [Shanghai, Kelly and Walsh, ltd., 1935-41//.
TOKYO. TÔYÔ BUNKO. Memoirs of the Research department of the Toyo bunko (the Oriental library) no. 1- Tokyo, Toyo Bunko, 1926-
T'OUNG pao. Archives concernant l'histoire, les langues, la géographie, l'ethnographie et les arts de l'Asie orientale. v. 1-10, avril 1890-99; sér. 2. v. 1- Leiden, E. J. Brill, 1890-date. Index général, 1890-1944. Leiden, E. J. Brill, 1953.
WENNTI Papers. v. 1- New Haven, Sinological Seminar, Yale University, 1954-.

Communist and Anti-Communist

ALL-CHINA DEMOCRATIC WOMEN'S FEDERATION. Women of China [Quarterly] 1952-date. Peking, Foreign Languages Press, 1952-date.
ASIAN Peoples' Anti-Communist League. Bulletin. v. 1- Taipei, 1954- date.
CANADIAN Far Eastern Newsletter, 1948- Toronto, 1948- Editor: James C. Endicott.
CHINA (People's Republic of China, 1949-) Diplomatische Mission, Germany (Democratic Republic, 1949-) Presse-Bulletin, Berlin, 1952-54.
——. Embassy, Germany (Democratic Republic, 1949-) Bulletin, 1954- Berlin, 1954-.
——. Legation. Switzerland. Bulletin d'information. Berne, 1952-.
CHINA Digest. [biweekly] v. 1-5. Hong Kong, 1946-50// Superseded by People's China.
CHINA News Analysis: weekly study of Communist China, economic, political, cultural, social conditions and development. Kowloon, H. K. 1, Ag 25, 1953-.
CHINA Pictorial. [Monthly] Jan. 1951- [Peking].
CHINA Reconstructs. v. [1]- Peking, 1952-.
FAR East Spotlight. v. 1-6, no. 3. New York, Committee for A Democratic Far Eastern Policy, 1945-50// v. 1, no. 1-13 as Committee's Information Bulletin; v. 2, no. 1-v. 3, no. 4 as Spotlight on the Far East.
FREE China and Asia; a monthly report on the free Chinese struggle against communism, vol. 1, no. 1, 1954- Taipei, Asian People's Anti-communist League, 1954-.
FREE China Information. No. 1- London, 1952-.
FREE China Review. [Monthly] v. 1- [Taipeh] 1951-.
PEOPLE'S China. [Semi-monthly] v. 1- Peking [Foreign Languages Press], 1950-.
UNION Research Service. [Semiweekly] [v. 1]- Kowloon, H. K., 1955-.
U. S. Consulate. Hong Kong. Current Background. Hong Kong, 1950-.
——. Survey of China Mainland Press. Hong Kong, 1950-.
——. Survey of Hong Kong Press. Hong Kong, 1950-.
——. Chinese Communist Propaganda Review. Hong Kong, 1951-.
——. Highlights of Chinese Communist Press. Hong Kong, 1952-.
U. S. Embassy. Thailand. Translations from the Chinese Press. Bangkok, 1955-.

Economics and Foreign Trade

ANGLO-CHINESE CHAMBER OF COMMERCE. London. Journal of the Anglo-Chinese Chamber of Commerce. London, 1947-.
ASSOCIATION économique franco-chinoise. v. 1, Paris, 1921-.
AUSTRALIA-NEW ZEALAND and Far East Trade. [London, Millington Publications, etc.] see Far East Trade

BANK OF CHINA. Financial and Commercial Monthly Bulletin. v. 1-6, No. 1, January 1930-January 1939// 1930-34 as its Financial Market Statistics.
——. Fortnightly letter on economic conditions in China. No. 1-? Chungking, 1943-45//.
——. Monthly Economic Review. No. 1- Taipei, 1950-.
BRITISH Chamber of Commerce Journal. v. 1-7. Shanghai [1915-21//].
BULLETIN commercial d'Extrême-Orient. Shanghai, v. 1, 1916-39.
CENTRAL BANK OF CHINA. Bulletin. v. [1]-6. no. 3. Mar. 1935-Sept. 1940// Shanghai and Chungking, 1935-40. Quarterly. Pub. by the bank's Economic Research Dept.
——. Central Bank Monthly. n. s. v. 1-4, no. 2. Shanghai, 1946-49//.
CHINA. National Tariff Commission. Statistical Series, 1-6. Shanghai, 1930-37.
CHINA. News Service. Economic Weekly Bulletin. no. [1]- New York, 1946-48. Title varies: Oct. 7, 1946-Aug. 11, 1948, Economic bulletin.
CHINA-AMERICA COUNCIL OF COMMERCE AND INDUSTRY. Annual Report. 1944/45- [New York, 1945].
——. China Trade News. v. 1-3. [New York] 1944-47//.
CHINA Corporation Digest. [New York?] 1944-45. Continuation of William Hunt's China Letter 1-9.
The CHINA Economic Annual. 1940- Tokyo, Japan Manchoukuo Year Book Co., 1940-.
CHINA Economist. [Weekly] v. 1-5, no. 6, Apr. 5, 1948-May, 1949// [Shanghai, Millard Publishing Co.] "Economic supplement of the China weekly review" (later China monthly review).
The CHINA Exporter. [Quarterly] no. 1-3. [Shanghai, S. B. Bosack, 1939-40//.
CHINA News and Views Digest ("Economic digest") Shanghai, 1939-41//.
CHINA Trade and Economic Newsletter. v. 1- London, British Council for the Promotion of International Trade, 1955-.
CHINA Trade Monthly. v. 1- Shanghai, Foreign Trade Association of China, 1947-49//.
The CHINESE Economic and Statistical Review. v. 1-8. Jan. 1934-41. Shanghai, China Institute of Economic and Statistical Research [1934-41//].
CHINESE Economic Journal and Bulletin. v. 1-20; Jan. 1927-June 1937. [Shanghai] Bureau of Foreign Trade, Ministry of Industry; [etc., etc., 1927-37].
The CHINESE Economic Monthly. v. 1-3; Oct. 1923-Dec. 1926. Peking, Chinese Government Bureau of Economic Information, 1923-26.
CHINESE INDUSTRIAL COOPERATIVES. Gung Ho News. June 1946-March 1949. Shanghai, 1946-49//.
COOPERATIVE LEAGUE OF CHINA. Taipei. Chinese Cooperator, No. 1- Taipei, 1953-.
DEUTSCHE Handelskammer Schanghai. Jahresbericht. 1929/30. Schanghai, 1930.
EAST Asia Economic Intelligence Series. no. 1- Tokyo, 1939-.
FAR EAST Trade. [London, Millington Publications] 1947-53. Title varies: —Dec. 1947, China trade and engineering.—Jan. 1948-May, Nov. 1951, May Nov. 1952, Far East trade and engineering.—Mar. -Oct. 1953, Australia-New Zealand and Far East trade.
FAR EASTERN Economic Review. v. 1. Oct. 16, 1946+ Hong Kong, [E. E. Halpern] 1946-.
FAR EASTERN Investor's Year-Book; a chronicle of companies and trade. [1st]- 1925- Shanghai, "Capital and trade" [1925]-.
FINANCE and Commerce (Weekly), v. 1-38, No. 23, 1920-Dec. 1941. Shanghai, 1920-41// Title varies: v. 1-12, China and Far East Finance and Commerce.
FOREIGN TRADE ASSOCIATION OF CHINA. South Seas Trade Series 1-V// Shanghai, 1926-36.
INDUSCO Bulletin. v. 1-12. [New York, American Committee in Aid of Chinese Industrial Cooperatives], 1941-52//. Monthly -Aug. 1948; quarterly (irregular)

autumn 1948-52.
INSPECTION and Commerce. v. 1-8. Shanghai, [1930-37].
NANKAI Social and Economic Quarterly. v. [1]-12. [Tientsin, etc., 1928-41. Publication suspended from Aug. 1937 to Dec. 1939, inclusive. Title varies: 1928-33, Nankai weekly statistical service. 1934, Monthly bulletin on economic China. 1935- Nankai social and economic quarterly.
NATIONAL Economic Bulletin, Nos. 1-2, Aug. -Sept. 1928. New York, China National Economic Bureau, 1928.
NATIONAL Reconstruction. v. 1- New York, Committee on Wartime Planning for Chinese Students in the United States, 1942-47.
OSTASIATISCHER Verein Hamburg-Bremen. Jahresbericht. Hamburg, 1929-.
THREE-MONTHLY economic review [of] China, Hong Kong, North Korea. London, Economist Intelligence Unit, 1955- Title varies: -Dec. 1955, Quarterly economic review of China and Hong Kong.
THREE-MONTHLY economic review of Japan, Formosa, S. Korea. London, Economist Intelligence Unit, 1955- Title varies: -Nov. 1955, Quarterly economic review of Japan.
U. S. Bureau of Foreign and Domestic Commerce. Far Eastern Financial Notes. [Washington, 1925-40.
WEDNESDAY Evening Post associated with Finance and Commerce. v. 1- No. 1-20, July 18, 1928-Nov. 28, 1928// Shanghai, 1928-.

Law and International Relations

BULLETIN on China's Foreign Relations [and Public Events in the Far East] [v. 1]-3, no. 1; Oct. 1931-Jan. 1935. Nanking [1931-35]// Vol. 1, no. 1-11 published by the faculty of the University of Nanking; v. 1, no. 12-v. 3, no.1 by the Foreign relations association (v. 1, no. 12-v. 2 under its earlier name, International relations club).
CHINA. Ministry of Foreign Affairs. Information Bulletin no. 1- Nanking, [1933-34.
CHINA Institute of International Affairs. [Publications] [Shanghai] 1939-40//.
The CHINA Law Review. v. 1- Apr. 1922- Shanghai, [1922- "Published by the Comparative law school of China, law department of Soochow university."
The CHINESE Administrator. v. 1, no. 1-3; Jan./Mar.-July/Sept. 1935. Shanghai, China United Press [1935]//.
CHINESE Association for the United Nations. Newsletter. [Monthly] v. 1- (1951-) Taipei, 1951-.
The CHINESE Social and Political Science Review. v. 1-24. Peking, 1916-41//.
INSTITUTE of Social Research, Peking. Bulletin. [no.] 1-7; Dec. 1928-Dec. 1933. Peiping, 1928-33.
The POLITICAL Review. Published by the Political department of the Headquarters of the National Revolutionary Army. v. 1- June 6, 1927- Canton, 1927-//.
SHANGHAI. UNIVERSITÉ L'AURORE. Mélanges juridiques. t. 1- Paris, Recueil Sirey, 1946- .
The YENCHING Journal of Social Studies. v. 1- June 1938-49. Peking, Yenching University [1938-49] Suspended between Aug. 1941-Aug. 1948.

Religion

ANNUAIRES des missions catholiques de Chine. 1901- Changhai, Bureau sinologiqe de Zi-ka-wei, 1901-22; Sér. 1, 1901-22 "Annuaire de l'Observatoire de Zi-ka-wei." Sér. 2, 1922-32 "Missions, seminars, écoles en Chine," 1933-47 "Annuaires des missions catholiques de Chine." Sér. 3, 1948-49 "Annuaire de l'église catholique."

BULLETIN catholique de Pékin. Pékin, Impr. des Lazaristes du Pé-t'ang, 1914-194?

CATHOLIC CHURCH IN CHINA. Synodal Commission. Collectanea Commissionis Synodalis. v. 1-19. Maius 1928-47. Peking, 1928-47. Issues for 1925-28 have caption title: Dossiers de la Commission synodale. Digest of the Synodal Commission.

CHINA Bulletin. v. 1- New York, Far Eastern Joint Office, National Council of the Churches of Christ in U. S. A. 1952-.

CHINA INLAND MISSION. Miscellaneous publications. No. 1- London, 1940-.

CHINA Missionary Bulletin. v. 1-2, n. s. v. 1-4. Hong Kong, Catholic Truth Society, 1948-53. Supersedes in part Collectanea commissionis synodalis. 1948-49 as Chinese Missionary.

CHINA Sunday School Journal. v. 1- Shanghai, China Sunday School Union, 1913-34//.

CHINA'S millions. v. 1-17, 1875-92; n. s. v. 1-78, 1893-1952. London, China Inland Mission, 1875-1952//. Its North American ed. 1893- Continued as The Millions beginning with v. 78, no. 6, June. 1952.

CHINESE Christian Monitor. v. 1-2. Nov. 15, 1926-June 15, 1927. New York, First Chinese Presbyterian Church, 1926-27.

The CHINESE Recorder. [Monthly] Foochow, Printed by Rozario, Marcel and Co., 1868-72; Shanghai, American Presbyterian Mission Press [etc.] 1874-1941. Supersedes the Missionary recorder. Publication suspended from June 1872 to December 1873, inclusive. From June 1870 to January 1912 title reads: The Chinese recorder and missionary journal.

FAR EAST; a magazine devoted to the conversion of China. v. 1- Omaha, Neb. 1876-.

The MILLIONS. [Philadelphia] China Inland Mission, 1952-.

Les MISSIONS de Chine et du Japon. Année 1- Pékin, Impr. des Lazaristes, 1916- Editor: J. M. Planchat.

PROTESTANT Episcopal Church in the U. S. A. Hankow (Missionary district) Newsletter. Hankow.

VISVA-BHARATI annals. v. 1- Santiniketan, 1945-.

WEST CHINA Missionary News. [Monthly] 1899-1926? [Chengtu] West China Missions Advisory Board, 1899-1926.

Education and Psychology

ACADEMIA SINICA. National Research Institute of Psychology, Peking. Contributions. v. 1- Peiping [etc., 1932-.

——. Monographs of the National research institute of psychology, Academia sinica. no. 1- ; Mar. 1932- Peiping, National research institute of psychology [1932-.

CANTON University Forum published by the Canton University. v. 1 (no. 1-8); Jan. 10-Apr. 25, 1938. [Canton, 1938]//.

CATHOLIC University of Peking. Bulletin. No. 1-9. Peking, 1926-34.

CHINA. Board of Trustees for Administration of Boxer Indemnity Funds remitted by the British Government. Report. [Nanking? 1931-194-?

CHINA Call. v. 1- Rolla, Mo., Chinese Students Association of the South, 1941-.

CHINA Christian Educational Association. Bulletin. No. 1-20. Shanghai, 1924-28.

CHINA Foundation for the Promotion of Education and Culture. Report. 1st-1925/26- Peking, 1926-.

CHINESE Christian Student. v. 1- New York [Chinese Students' Christian Assn. in North America] 1925-47//.

CHINA INSTITUTE IN AMERICA. Occasional Bulletin. v. 1-9. New York, 1926-36//.

——. China Institute Bulletin. v. 1- New York, [1936-47//.

——. China and America; a chronicle of cultural relations. v. 1-2, no. 3; Mar. 1948-June 1949// [New York] 1948-49.

The CHINESE Journal of Psychology. v. 1; Sept. 1936-June 1937. [Peiping, 1936-37]//.
CHINESE NATIONAL ASSOCIATION FOR THE ADVANCEMENT OF EDUCATION, Peking. Bulletin on Chinese Education. v. 1-4. Shanghai, Commercial Press, 1922-26//.
CHINESE Student. v. 1-2, No. 5 (Dec. 1935-June 1938) Chicago, 1935-38//.
CHINESE Student; Far Eastern magazine. v. 1-3, no. 6; Nov. 1937-summer 1941. [New York] Chinese students association of America [etc., 1937-.
The CHINESE Students' Monthly. 1905-28. [New Haven] Chinese Students' Alliance of Eastern States, 1905-28.
COMITÉ interuniversitaire sino-belge. Bulletin annuel. Bruxelles, 1931-37.
FU Jen Magazine. [Bi-monthly] v. 1-18. Mar./Apr. 1932-June 1949. Peking, Catholic University press, 1932-34; Techny, Ill., 1935-49.
FU Jen News-letter (Catholic University of Peking) no. 1-12; Mar. 1931-Feb. 1932. Peking, Catholic University Press, 1931-32.
SHANGHAI. Université l'Aurore. Bulletin. no. 1-19, 1909-19, s2, no. 1-40, 1919-40, s3, v. 1-9, 1940-48. Shanghai, 1909-48//. no. 1-12 as its Bulletin de littérature et de droit.
UNITED BOARD FOR CHRISTIAN COLLEGES IN CHINA. Annual report. [New York] 1943-51.
U. S. Dept. of State. Division of Cultural Cooperation. News notes for Chinese Students. Nov. 1942-Apr. 1945. Washington, 1942-45.

Literature

L'AMI; revue bi-mensuelle. v. 1, Pékin, Université de Yenching, 1937-38.
CHINESE Literature. autumn 1951-date. [Peking, Foreign Languages Press] 1951-.
CONTEMPORARY Scene; a play quarterly. v. 1- New York, China Aid Council in cooperation with the Cultural Department of the American League for Peace and Democracy, 1938-.
FOLKLORE Studies. v. 1- 1942- [annual] [Peking] Catholic University, 1942-.
LEAVES from a Western Garden; a magazine devoted to the Orient. Edited by Helen B. Chapin. [Quarterly] v. 1-(no. 1-4); Jan. -Oct. 1938. [Mills College, Calif., 1938].
LECTURES chinoises. No. 1- Édités par André d'Hormon. Peking, [Centre Franco-Chinois d'Études sinologiques] 1945- Peiping 1, Jan. 1945//.

Art

AMSTERDAM. RIJKSMUSEUM. Bulletin of the Society of Friends of Asiatic Art. Amsterdam, 1953-.
ARS Orientalis; the Arts of Islam and the East. v. 1- [Washington] 1954- Issued by Freer Gallery of Art, Smithsonian Institution and Fine Arts Dept., University of Michigan.
ARTIBUS Asiae. 1925/26- Hellerau-Dresden, Avalun-Verlag [1925-.
ARTS asiatiques. t. 1- Paris, Presses univeritaires de France, 1954- Supersedes Revue des Arts Asiatiques.
BULLETIN of Eastern art. No. 1- 1940- July/Aug. 1941. Tokyo, The Society of Friends of Eastern Art, 1940-41.
CHINESE ART SOCIETY OF AMERICA. Archives. [v.]1- [New York] 1945/46-.
EASTERN Art. v. 1-3; July 1928-31. Philadelphia, College Art Association, c 1928-31//. Vol. 1, quarterly (July 1928-Apr. 1929); v. 2-3, annual (1930-31).
FAR EASTERN Ceramic Bulletin. no. 1- [Quarterly] [Ann Arbor?] Far Eastern Ceramic Group, 1948-.
JAHRBUCH der Asiatischen Kunst. 1-2. Leipzig, 1924-1925//.

ORIENT Art. v. 1-4. 1948-51; n. s. 1955- London, 1948-51; 1955- .
ORIENTAL CERAMIC SOCIETY. London. Transactions. 1921/22- London, 1922- .
OSTASIATISCHE Zeitschrift. Beiträge zur Kenntnis der Kultur und Kunst des Fernen Ostens. 1.- Jahrg.; apr. 1912-43. Berlin, Oesterheld und co., 1912-43.
PARIS. MUSÉE GUIMET. Annales. Bibliothèque d'études. t. 1- Paris, 1892-19- .
———. Bulletin archéologique. fasc. 1-2. Paris, 1921//.
REVUE des arts asiatiques. 1- 1924-39. Paris, Librairie des arts et voyages, 1924-39//.
YEAR Book of Oriental Art and Culture. 1924/25. London, E. Benn, 1925-// Editor: Arthur Waley.

Library Science and Bibliography

BULLETIN of Far Eastern Bibliography. v. 1-5; Feb. 1936-40. Washington, D. C., Committees on Far Eastern Studies, American Council of Learned Societies, 1936-40//. Continued in Far Eastern Quarterly.
PEKING. NATIONAL LIBRARY. The Metropolitan Library Record. v. 1, no. 1-4; Oct. 1928-July 1929. Peiping, Metropolitan Library, 1928-29//.
———. Annual report, 1926/27-1938/39. Peking, 1927-28; Peiping, 1929-39//.
PHILOBIBLON; a Review of Chinese Publications. v. [1]-II. Nanking, National Central Library, 1946-48//.
QUARTERLY Bulletin of Chinese Bibliography. [Combined ed.] v. 1, 1934-v. 4, 1937. Shanghai, Chinese National Committee on Intellectual Cooperation, 1934-37.
———. English ed. v. 1-4, n. s. v. 1-8. Shanghai, etc. Chinese National Committee on Intellectual Cooperation and the National Library of Peiping, 1934-37, 1940-48//.
SCRIPTA SINICA. v. 1-2. Pékin, Centre franco-chinois d'études sinologiques, 1945-46//.

General Science

ACADEMIA SINICA. Science Record. v. 1-5. Chungking, Nanking and Peking, 1942-52//.
———. Scientia Sinica. v. 1- Peking, 1952- v. 1-3, no. 2 as Acta Scientia Sinica.
ACTA Brevia Sinensia. no. 1-2. Chungking, 1943-44//.
AMOY. UNIVERSITY. Collected Papers in Science and Engineering. v. 1-2. Changting, National University of Amoy, 1943-44//.
———. Natural Science Bulletin. Amoy, Science College, University of Amoy, 1934- .
CHINA Science Service. (Monthly). Chungking, Sino-American Cultural Service, 1944-46//.
CHINESE ASSOCIATION FOR THE ADVANCEMENT OF SCIENCE. The Transactions. vol. 9-10. Shanghai, 1947-48//.
———. Bulletin. v. 1- Taipei, 1953- .
HANGCHOW. NATIONAL UNIVERSITY OF CHEKIANG. Science Reports. v. 1- Hangchow, 1933?- .
NANKING. NATIONAL CENTRAL UNIVERSITY. Science Reports. Ser. A: Physical Sciences, 1930-36? Nanking, 1930-36//.
NYSTROM INSTITUTE FOR SCIENTIFIC RESEARCH IN SHANSI. Contributions. 1-8. Peking, 1922-24//.
PEKING, NATIONAL UNIVERSITY. Science Quarterly. v. 1-5; Oct. 1929-Sept. 1935. Peiping, College of Science, National University of Peking, 1929-35//.

Superseded by its Science reports.
———. The Science Reports. v. 1- Peiping, College of Science, National University of Peking, 1936-37//. Supersedes its Science quarterly.
———. Acta Scientiarum Naturalium. Universitatis Pekinensis. v. 1- Peking, 1955- .
PEKING. NATIONAL TSING HUA UNIVERSITY. The Science Reports of National Tsing Hua University. Series A: Mathematical and physical sciences. v. 1- Apr. 1931-48. Peiping, 1931-48//.
PEKING. UNIVERSITÉ FRANCO-CHINOISE. Faculté des sciences. Bulletin. 1-3. [Peiping] 1934-36//.
SCIENCE and Technology in China. [Bi-monthly] v. 1-2. [Nanking] Natural Science Society of China, 1948-49//. Supersedes Acta brevia sinensia.
SCIENCE SOCIETY OF CHINA. The Transactions of the Science Society of China. v. 1-8. Shanghai, Science Society of China [1922-35//.
———. Memoirs. v. 1-9. Shanghai, Science Society of China, 1924-32//.
SHANGHAI. UNIVERSITÉ L'AURORE. Bulletin des sciences. v. 1-17. Zi-ka-wei, Changhai, 1920-29//.

Mathematics, Physics and Chemistry

ACADEMIA SINICA. National Research Institute of Chemistry, Shanghai. Contributions from the National Research Institute of Chemistry, Academia Sinica. Research paper no. 1- Shanghai, 1934-37//.
———. Memoirs. v. 1-10. Shanghai, 1930-33//.
ACADEMIA SINICA. National Research Institute of Physics, Shanghai. Scientific Papers. v. 1- Shanghai, 1930-37//.
ACTA CHIMICA SINICA. v. 19- Peking, Chinese Chemical Society, 1952- Supersedes the Journal of Chinese Chemical Society.
ACTA MATHEMATICA SINICA. v. 1- Peking, Chinese Mathematical Society, 1951- .
ACTA PHYSICA SINICA. v. 8- Peking, Chinese Physical Society, 1952- .
CHINESE CHEMICAL SOCIETY. Journal. v. 1-18. Peking, 1933-51//. Suspended 1937-39. Superseded by Acta Chimica Sinica.
———. Series 11, v. 1- Taipei, 1954- .
———. Chemistry. v. 1- Taipei, 1954.
CHINESE MATHEMATICAL SOCIETY. Journal. v. 1- Shanghai, 1936-37//.
CHINESE PHYSICAL SOCIETY. Chinese Journal of Physics. v. 1-7. Shanghai, 1933-49//.
NATIONAL ACADEMY OF PEIPING. Institute of Chemistry. Contributions. v. 1-2, no. 9; Jan. 1934-Oct. 1936. Peiping, 1934-36//.
SHANGHAI SCIENCE INSTITUTE. Journal. Section 1. Mathematics, astronomy, physics, geophysics, chemistry and allied sciences. v. 1- Shanghai, 1933-40// n. s. v. 1-Aug. 1941 - ?

Astronomy and Meteorology

ACADEMIA SINICA. National Research Institute of Astronomy, Nanking. Reprint series. v. 1- Nanking, 1930-36//.
ACADEMIA SINICA. National Research Institute of Meteorology, Nanking. Annual Report. v. 1-7. Nanking, 1928-34//.
———. Memoirs, v. 1-14. Nanking, 1929-46//.
ACTA ASTRONOMICA SINICA. v. 1- Nanking, Chinese Astronomical Society, 1953- .
ACTA GEOPHYSICA SINICA. v. 1- Peking, Chinese Geophysical Society, 1952- .
ACTA METEOROLOGICA SINICA. v. 21- Peking, Chinese Meteorological Society, 1950- . Supersedes the Meteorological Magazine.

CANTON. LINGNAN UNIVERSITY. Freeman Meteorological Observatory. Daily Meteorological Record. [Canton, 1919-26//.
JOURNAL of the Chinese Geophysical Society. v. 1-4. Nanking, 1948-51//.
ZI-KA-WEI. Observatoire. Revue mensuelle. v. 1-18. Zi-ka-wei, Changhai, 1913-30//.

Biology

ACADEMIA SINICA. National Institute of Zoology and Botany, Nanking. Memoirs of the National Institute of Zoology and Botany, Academia Sinica. Zoological series. no. 1- Nanking, 1937- .
ACTA Experimentali Biologica Sinica. v. 1- Shanghai, Science Press, 1952- .
ACTA Hydrobiologica Sinica. v. 1- Peking?, Institute of Marine Biology, Academia Sinica, 1956- .
ACTA Microbiologica Sinica. v. 1- Peking, Chinese Microbiological Society, 1953- .
The AMOY Marine Biological Bulletin. v. 1- Amoy, Marine Biological Station, University of Amoy, [1936-37//.
CHINESE Journal of Experimental Biology. v. 1-5. Shanghai, 1936-40//.
FOOCHOW. FUKIEN CHRISTIAN UNIVERSITY. Proceedings of the Natural History Society of Fukien Christian University, Foochow, v. 1- Shanghai, 1928-30//.
MARINE BIOLOGICAL ASSOCIATION OF CHINA. Annual Report. [Peking?] 1932-33//.
NANKING. NATIONAL CENTRAL UNIVERSITY. Science Reports. Ser. B. Biological Sciences; 1930-36? Nanking, 1930-36?//.
PEKING. FAN MEMORIAL INSTITUTE OF BIOLOGY. Annual Report. Peiping, The Institute, 1929-36//.
PEKING. NATIONAL TSING HUA UNIVERSITY. The Science Reports of National Tsing Hua University. Series B: Biological and psychological sciences. v. 1- [Peiping] 1931-48//.
PEKING. YENCHING UNIVERSITY. Bulletin of the Department of Biology of Yenching University. v. 1; Jan.-July 1930. Peping, Pub. by the Department of Biology, Yenching University [1930]. Combined in September, 1930, with the Bulletin of the Peking society of natural history to form one publication entitled Peking natural history bulletin, issued jointly by the society and the department.
PEKING Natural History Bulletin. v. 1- 1926/27- [Peiping, Published by the Peking Society of Natural History and the Department of Biology, Yenching University, 1927- Title varies: 1926/27-1929/30 (v. 1-4) Peking society of natural history bulletin. 1930/31- (v. 5-) Peking natural history bulletin.
SCIENCE SOCIETY OF CHINA. Biological Laboratory. Contributions from the Biological Laboratory of the Science Society of China. v. 1-5. Nanking, The Society, 1925-29//.
SHANGHAI. ST. JOHN'S UNIVERSITY. Biological bulletin. No. 1- Shanghai, 1931- .
SHANGHAI SCIENCE INSTITUTE. Journal. Section III. Systematic and morphological biology (systematics, ecology, anatomy, histology, embryology) and pharmacognosy. v. 1-4; May 1933-July 1940. Shanghai, 1933-48//.
———. Section IV. Experimental biology and medicine. v. 1-5; Oct. 1932-Mar. 1941. Shanghai, 1932-41//.
SINENSIA; contributions from the Metropolitan Museum of Natural History, Academia Sinica. v. 1- Nanking, Metropolitan Museum of Natural History, Academia Sinica [1929-30//.
SINENSIA; Special Bulletin of the Metropolitan Museum of Natural History, Academia Sinica. no. 1- ; Dec. 1930// Nanking, 1930//.

Botany

ACADEMIA SINICA. Institute of Botany. Botanical Bulletin of Academia Sinica. v. 1-2. [Shanghai] 1947-48//.
ACTA Botanica Sinica. v. 1- Peking, Chinese Botanical Society, 1952- .
ACTA Phytopathologica Sinica. v. 1- Peking, Chinese Society of Plant Pathology, 1955- .
ACTA Phytotaxonomia Sinica. v. 1- Peking, Institute of Botany, Academia Sinica, 1952- .
CHINESE BOTANICAL SOCIETY. Bulletin. v. 1-3. Peiping, 1935-37//.
NATIONAL ACADEMY OF PEIPING. Institut de botanique. Contributions. v. 1-6, 1931-36//.
NORTHWEST China Botanical Survey. Contributions, v. 1- Wukung, 1939- .
PEKING. FAN MEMORIAL INSTITUTE OF BIOLOGY. Bulletin. Botanical series. v. 1-10. Peiping, The Institute, 1929-41//.
SHANGHAI. MUSÉE HEUDE. Notes de botanique chinoise. No. 1-8. October 31, 1931-48. Changhai, 1931-48//.
SUNYATSENIA. v. 1-7. Canton and Hong Kong, 1930-48//. Suspended 1931-32.

Zoology

ACTA Entomologica Sinica, v. 1- Peking, Chinese Entomological Society, 1952- .
ACTA Zoologica Sinica. v. 1- Peking, Chinese Zoological Society, 1949- .
CHEKIANG. BUREAU OF ENTOMOLOGY. Miscellaneous publication. No. 1- Hangchow, 1930-?
———. Year Book. no. 1- Hangchow, 1931-?
CHINESE Journal of Zoology. v. 1-3. 1935-37. Nanking, Zoological Society of China, 1935-37//.
ENTOMOLOGIA et ars. v. 1- Wukung, Institutum entomologium Choni, 1946-
FISHERIES EXPERIMENT STATION, Canton. Contributions. no. 1-8. Canton, 1932- .
SHANGHAI. MUSÉE HEUDE. Fichier entomologique chinois. sér. 1. Changhai, 194-
———. Notes d'entomologie chinoise. fasc. 1-10. Mars 1929-Dec. 7, 1937. Changhai, 1929-37.
———. Notes d'herpétologie. no. 1- Changhai, 1943- .
———. Notes de malacologie. no. 1- Changhai, 194-
———. Notes de mammalogie. no. 1- Changhai, 1943- .
———. Notes d'ornithologie. no. 1- Changhai, 1943- .

Geography and Ethnology

ACADEMIA SINICA. Institute of Ethnology. Bulletin. v. 1- Taipei, 1955- .
ACTA Geographica Sinica, v. 18- Peking, Geographical Society of China, 1952- . Supersedes the Journal of the Geographical Society of China.
GEOGRAPHICAL SOCIETY OF CHINA. Journal. v. 1-5. Nanking, 1934-38//.
WEST CHINA BORDER RESEARCH SOCIETY. Journal of the West China Border Research Society. 1922/23- Chengtu [1923-45//.

Geology and Paleontology

ACADEMIA SINICA. National Research Institute of Geology. Shanghai. Memoirs. no. 1- Shanghai, 1928-36//.
———. Monograph[s] of the National Research Institute of Geology. Series A. v. 1-4. [Nanking] 1930-34//.
———. Contributions. no. 1- Shanghai, 1931-?

ACTA Geological Sinica. no. 29- Peking, Geological Society of China, 1951- . Supersedes the Bulletin of Geological Society of China.
ACTA Palaeontologica Sinica. v. 1- Peking, Chinese Palaeontological Society, 1953- .
CHINA. Geological Survey. Bulletin no. 1-37. July, 1919- Peking, 1919-48//.
———. Memoirs. Series A- [Peking] 1920- .
———. Memoirs. Series B. Peking, 1919- .
———. Special Report. no. 1-7. Peking [1921-45. no. 1-2 as General statement of the mining industry.
———. Cartographic records. no. 1-4. Pehpei, Chungking, The National Geological Survey of China, 1943-46//.
———. Palaeontologia Sinica. Ser. A[-D] Peking, Geological Survey of China, 1922-48//.
———. Soil bulletin. no. 1-24. Peiping [etc.] 1931-45//.
———. Special soil publication. Ser. A. No. 1- ; Ser. B. No. 1- Peiping, 1934- .
———. Chiufeng Seismic Station. Seismological Bulletin, no. 1- Peiping, 1930- .
———. Sin Yuan Fuel Laboratory. Contributions from the Sin Yuan Fuel Laboratory No. 1-23. Peiping, 1930-37//.
CHINA. National Resources Commission. Mineral Exploration Bureau. Contributions to Economic Geology. No. 1- Kueiyang, 1944- .
CHINA INSTITUTION OF MINING AND METALLURGY. Bulletin. v. 1-3. Peking, China Institution of Mining and Metallurgy [1922-24//.
GEOBIOLOGIA. [Annual] v. 1-2. Peking, Institut de géobiologie, 1943-45//.
GEOLOGICAL SOCIETY OF CHINA. Bulletin of the Geological Society of China. v. 1-28. Peking, The Society, 1922-48//.
HUNAN, Geological Survey. Bulletin 1- Changsha, 1927- .
———. Memoir. Ser. A, v. 1- Changsha, 1934- .
KIANGSI. Geological Survey. Bulletin. No. 1-7. Nanch'ang and Kanhsien, 1939-42//.
———. Geological memoirs. Ser. A. No. 1- Nanchang, 1936- . [Ser. B. in Chinese].
KWANGTUNG, Geological Survey. Annual Report of the Geological Survey of Kwangtung and Kwangsi. Hongkong, 1928- .
———. Palaeontological Memoir, v. 1- Canton, 1930- .
———. Special publication no. 1- Canton, 1929- .
———. Geological Bulletin. N. 1-3. Pingshih, 1943-45//.
PEKING. NATIONAL TSING HUA UNIVERSITY. The Science Reports of National Tsing Hua University. Series C: Geological, Geographical and Meteorological Sciences. v. 1- Peiping, 1936-37; 1947-49//.
SHANGHAI SCIENCE INSTITUTE. Journal. Section II. Geology, palaeontology, mineralogy, and petrology. v. -3, no. 2. Shanghai, 1933-40//.
VERTEBRATA PALASIATICA. v. 1- Peking, Laboratory of Vertebrate Paleontology, Academia Sinica, 1957- .

Medicine and Public Health

ACTA Anatomia Sinica. v. 1- Peking, Chinese Anatomical Society, 1956- .
ACTA Nutrimenta Sinica. v. 1- Peking, Chinese Physiological Society, 1956- .
ACTA Pharmaceutica Sinica. v. 1- Peking, Chinese Pharmaceutical Association, 1953- .
ACTA Physiologica Sinica. v. 18- Peking, Chinese Physiological Society, 1953- . Supersedes the Chinese Journal of Physiology.
BULLETIN medical franco-chinois. Peking, 1921- .
CHINA. Central Epidemic Prevention Bureau. see China. Epidemic Prevention Bureau.

CHINA. CENTRAL FIELD HEALTH STATION. Report of the Central Field Health Station. 1st- Apr. 1931/Dec. 1933- Nanking, 1934- .

CHINA. EPIDEMIC PREVENTION BUREAU. Monthly returns (by province) of the prevalence of communicable diseases in China. Peking, 1925- .

CHINA. NATIONAL DEFENCE MEDICAL CENTRE. Bulletin. Shanghai, 1947-49//.

CHINA MEDICAL BOARD OF NEW YORK. Report. 1954/55- New York, 1955- .

CHINA Medical Journal. v. 1-45. Shanghai, China Medical Missionary Association, 1887-1931//. Continued as Chinese Medical Journal. Title varies: v. 1-21, no. 3, as China Medical Missionary Journal.

CHINESE Journal of Medical History. v. 1-2. Shanghai, Chinese Medical History Society, 1947-48//.

CHINESE Journal of Nutrition. v. 1- Anshun, Kweichow, 1946-47//.

CHINESE Journal of Physiology. v. 1-17. Jan. 1927-41. [Peking] Chinese Physiological Society, 1927-41; 1948-49//. Superseded by Acta Physiologica Sinica.

———. Report series. No. 1-2, July 1928-32. Peiping, Chinese Physiological Society, 1928-32//.

CHINESE MEDICAL ASSOCIATION. Special report series. no. 1- Shanghai, 1934- .

———. Council on Christian Medical Work. News letter v. 1- Shanghai, 1950- Supersedes the English ed. of the Council's Bulletin.

———. Council on Medical Missions. Occasional leaflets, v. 1-8 (No. 1-33); December 1932-October 1940. Shanghai, 1932-40//.

CHINESE Medical Journal. v. 46- Peiping, Chinese Medical Association, 1932- . In Jan. 1932 the Chinese Medical Journal absorbed the National Medical Journal of China (English ed.) and continued under the above title.

———. Chengtu ed. v. 61A-63A, no. 5. Chengtu, Chinese Medical Association, 1942-45//.

———. Free China ed. Taipei, Chinese Medical Association, 195-

CHINESE PHYSIOLOGICAL SOCIETY. Chengtu Branch. Proceedings. v. 1-3. Chengtu, 1943-45//.

FENCHOW, SHANSI. Harwood Memorial Hospital for Men. Annual report of the Fenchow hospitals consisting of the Harwood Memorial Hospital for Men, the Kate Ford Whitman Hospital for Women, the Scudder Children's Ward, 1925- Fenchow, 1925- .

The LEPER Quarterly. v. 1- Shanghai, 1927-43//.

The NATIONAL Medical Journal of China. v. 1-17, Nov. 1915-31. Shanghai [etc.] National Medical Association of China, 1915-31//. Merged into Chinese Medical Journal.

PEKING UNION MEDICAL COLLEGE. Dept. of Pharmacology. Collected Papers, 1-6. Peking, 1920-25//. v. 1, no. 1-3 as Contributions.

———. Dept. of Physiology. Contributions. v. 1-6, n. s. v. 1-12. Peking, 1921-26, 1927-38//.

———. Hospital. Annual Report of the Superintendent. Peiping [192-1941?

RED CROSS. China. Red Cross Society of China. Report of the Shanghai International Red Cross, October, 1937-March 31, 1939. [Shanghai, Shanghai International Committee of the Red Cross Society of China, 1939]//.

ROCKEFELLER FOUNDATION. China Medical Board. Annual Report. 1st-1-12, 1914/15-1953-54. New York, 1916-54//. Continued by the Board's report 1954/55.

SHANGHAI. Henry Lester Institute of Medical Research. Annual Report, 1934- Shanghai, 1935- .

———. Public Health Dept. Report of Commissioner of Public Health. Shanghai, Kelly and Walsh, 1923-27//?

———. Université l'Aurore. Bulletin Medical. no. 1-24, oct. 1928-nov/dec

1938, t. 4-14, 1939-49. Zi-ka-wei, Changhai, 1928-49//. no. 1-3 issed as Supplement medical to Bulletin de l'Université l'Aurore, no. 16, 18-19.
TSINAN. Cheeloo University, College of Medicine. Bulletin, 1948- Tsinan, 1948 .
———. Cheeloo University, Hospital. Report. Tsinan, 1933- .
———. Leper Hospital. A report dating from July 1, 1926 to July 31, 1932. Tsinan, 1932.
TUNG-CHI medizinische Monatsschrift. [1.]- Jahrg.; [Shanghai, 1925-].
WUCHANG. Church General Hospital. Report, 1919- .

Agriculture and Forestry

ACTA Agriculturae Sinica. v. 1- Peking, Chinese Agricultural Society, 1950- .
ACTA Pedologica Sinica. v. 1- Peking, Chinese Society for the Study of Soils, 1953- .
CHINA. National Agricultural Research Bureau. Crop Reports. v. 1-7. Nanking and Chungking, 1933-39//.
———. Agricultura Serica; contributions from the National Agricultural Research Bureau. v. 1- Nanking, 1934- .
———. Miscellaneous Publication no. 1-8. Nanking [1934-38//].
———. Special Publication no. 1-20. Nanking [1934-38//].
CHINA. National Forestry Research Bureau. Technical bulletin No. 1- Nanking, 1948-49//.
CHINESE Agricultural News-Letter, v. 1-3, February 1944-February 1946. Washington, Office of the resident representative of the Ministry of Agriculture and Forestry of the Chinese Government, 1944-46//.
CHINESE Journal of Scientific Agriculture v. 1-2. Chungking, Ministry of Agriculture and Forestry, 1943-44//.
FORESTRY Science. v. 1- Peking, Chinese Forestry Society, 1957- .
LINGNAN Agricultural Journal. v. 1-2, no. 4. Canton, 1934-36//.
LINGNAN Agricultural Review see Lingnan Science Journal
LINGNAN Science Journal. v. 1-20. Canton, Lingnan University, 1922-42//. v. 1-4 as Lingnan Agricultural Review. Suspended publication with v. 20, no. 214, Aug. 1942.
NANKING. UNIVERSITY. College of Agriculture and Forestry. Economic Facts. no. 1- Sept. 1936-46//.
———. Special report. Nanking, 193-.
UNITED NATIONS. Food and Agriculture Organization. Annual progress and program report on food and agriculture for China, 1947-48. Washington, 1948-49//.

Engineering

ACADEMIA SINICA. National Research Institute of Engineering, Shanghai. Memoirs. no. 1- Shanghai, 1930- .
———. Report of the National Ceramic Laboratory, 1st- Shanghai, 1930- .
ACTA Focalia Sinica. v. 1- Shanghai, Science Press, 1956- .
ACTA Mechanica Sinica. v. 1- Peking, Chinese Dynamics Society, 1957- .
ACTA Metallurgica Sinica. v. 1- Peking, Chinese Metallurgical Society, 1956- .
ASSOCIATION OF CHINESE AND AMERICAN ENGINEERS, Peking. Journal of the Association of Chinese and American Engineers. Peking, 1920-37//. 1926-27 as Oriental Engineer.
C. N. A. C. Monthly Bulletin. v. 1, no. 1-7; May-Dec. 1948//. [n. p.].
C. I. E. journal. [Semiannual] [New York] Chinese Institute of Engineers, A-

merica Section. 1943-44//.
CHINESE Journal of Civil Engineering. v. 1- Peking, Chinese Society of Civil Engineers, 1954- .
CHINESE Journal of Mechanical Engineering. v. 1- Peking, Chinese Society of Mechanical Engineers, 1954- .
ORIENTAL Motor. v. 1-4, no. 13. Shanghai, 1919-24//.
PEKING. NATIONAL TSING HUA UNIVERSITY. The Engineering Reports of the National Tsing Hua University. v. 1-4. Peiping, 1945-50//.
QUARTERLY Review of Chinese Railways. v. 1-2, no. 1. July 1, 1936-July 1937. Nanking, Institute of Railway Economics, 1936-37//.

Manchuria

CONTEMPORARY Manchuria; a bi-monthly review of Manchuria. v. 1-5. [Dairen, Manchuria] South Manchuria Railway Company [1937-41//.
EASTERN Asia, an illustrated quarterly. v. 1- [Tokyo, South Manchuria Railway Company, 1940-
HERALD OF ASIA. Library of contemporary history. Tokyo, Herald Press [pref. 1931- 8 v.
——. Bibliothèque d'histoire contemporaine. Tokyo, Herald Press, 1931- 8 v.
HSINKING. CENTRAL NATIONAL MUSEUM OF MANCHOUKUO. Bulletin. no. 1-2. Sept. 1939-Nov. 1940. [Hsinking, 1939-40//.
HSINKING. INSTITUTE OF SCIENTIFIC RESEARCH OF MANCHOUKUO. Reports of the Institute of Scientific Research, Manchoukuo. v. 1-4. [Hshinching, Institute of Scientific Research of Manchoukuo, 1936-40//.
LIGHT of Manchuria, the monthly organ of the Manchuria Enlightening Society. No. 1-25. Dairen, 1920-23//. Superseded by Manchuria Daily News. Monthly supplement, The Manchurian Month.
MAMCHOUKUO Current Topics. no. 1-4. June 1940-Oct. 1940. [Hsinking] Manchoukuo Press [1940//.
MANCHOUKUO in 1940-41; annual publication of Manchuria Daily News. Hsinking [1940-41//.
MANCHURIA. Council Board. Intelligence Office. First report on the plots to disturb N. Manchuria. Ch'angchun, 1932. 23 p. plates.
——. Dept. of Foreign Affairs. Information bulletin no. 1-224? Hsinking, 1934?-40//.
——. Dept. of Foreign Affairs. Publications. Series no. 1-4. Hsinking, Manchuria [1932-33//.
——. Foreign Office. Manchoukuo today. no. 1-10. Hsinking, 1940//.
MANCHURIA Daily News. Manchuria; semi-monthly publication of the Manchuria Daily News. v. 1-4. Dairen, 1936-41//.
——. Manchurian Month; monthly supplement of Manchuria Daily News. no. 1-152. Dairen, 1922-36.
MANCHURIA RESEARCH SOCIETY. Review. v. 1-2. Harbin, 1926-28//.
MUKDEN. MANCHURIAN SCIENCE MUSEUM. Bulletin. [no.] 1. Mukden, Educational Institute, South Manchuria Ry. Co., 1937//.
SCIENTIFIC EXPEDITION TO MANCHOUKUO, 1st, 1933. Report of the first Scientific expedition to Manchoukuo under the leadership of Shigeyasu Tokunaga, June-October 1933. [Tokyo? 1934-

Tibet

GRAND ST. BERNARD Thibet. 1. - Fribourg, 1946- .
HIMALAYAN Journal; records of the Himalayan Club. v. 1- Oxford [etc.]

Clarendon Press, 1929- .
"URUSVATI," HIMALAYAN RESEARCH INSTITUTE. Annual report of Urusvati, Himalayan Research Institute of Roerich Museum, 1929/30- New York, Roerich Museum Press, 1931- .
———. Journal of Urusvati, Himalayan Research Institute of Roerich Museum. v. 1-3. Naggar, Kulu, Punjab. 1931-33//.

Taiwan

ACTA Geologica Taiwanica. v. 1- Taipei, National Taiwan University, 1947- .
CHINESE-AMERICAN Economic Cooperation. [Monthly] v. 1-2, no. 5; Jan. 1952-May 1953. Taipei, U. S. Mutual Security Agency Mission to China, 1952-53//.
The CHINESE Review of Tropical Medicine, v. 1- Taipei, Institute of Tropical Medicine, National Taiwan University, 1948- .
FORMOSAN Science. v. 1- Taipei, Formosan Association for the Advancement of Science, 1947- .
JOINT COMMISSION ON RURAL RECONSTRUCTION IN CHINA (U. S. and China). Economic Digest Series. no. 1- Taipeh, 1952- .
NEW Taiwan Monthly. Aug. 1946-Mar. 1947. [Taipei, Stanway Cheng].
OCEANOGRAPHICA Sinica. v. 1- February, 1953. Taipei, 1953- .
TAIWAN AGRICULTURAL AND FORESTRY CORPORATION. Statistical Year Book, 1946-51—
TAIWAN. Agricultural Research Institute. Agricultural Research v. 1- Taipei, 1950- .
———. Bulletin, 195- Taipei, 195-.
TAIWAN. Bank of Taiwan. Taiwan Financial Statistics Monthly. v. 1- Taipei, 1952- .
TAIWAN. Department of Agriculture and Forestry. Bureau of Inspection and Quarantine. Summary of Inspection and Quarantine Statistics. 1- Taipei, 1954- .
TAIWAN. Fisheries Research Institute. Fish culture report No. 1- Taipei, 1954- .
TAIWAN. Forest Research Institute. Bulletin No. 1- Taipei, 1947- .
TAIWAN. Geological Survey. Bulletin No. 1- Taipei, Dec. 1947- .
TAIWAN. Industrial Development Commission. Industry of Free China [Monthly] v. 1- Taipei, 1954- .
TAIWAN. Malaria Research Institute. Annual report. 1st- Ch'ao-chow, Taiwan, 195-.
TAIWAN. Oceanographical Institute. Bulletin. no. 1-5. Taipei, 1946-49//.
TAIWAN. Provincial Health Administration. Report on health activities in Taiwan province. Taipei, 1947/53- .
———. Maternal and child health welfare demonstration project. [Report] Taipei, 1952/54- .
———. Taiwan V-D control program. Taipei, 1953- .
———. Malaria control program in Taiwan province. annual report Taipei, 1953/54- .
———. Brief Report, 1953/54 - .
TAIWAN. Sugar Corporation. Taiwan sugar v. 1- Taipei, 1954- .
TAIWAN. Taipei Hydraulic Laboratory. Research Bulletin, 1952- Taipei, 1952- .
TAIWAN. Taiwan Museum. Quarterly Journal. v. 1- Taipei, 1948- .
TAIWAN. Tea Experiment Station. Memoirs v. 1- Taipei, 1954- .
TAIWAN Production Statistics Monthly. v. 1- Taipei, Ministry of Economic Affairs and Bank of Taiwan, 1956- .
TAIWANIA. v. 1- Taipei, Laboratory of Systematic Botany, National Taiwan University, 1948.

Other

ACTA Psychologica Sinica. v. 1- Peking, Chinese Psychological Society, 1956- .

CHINA Clipper Monthly v. 1- New York, China Stamp Society, 1936- .

CHINA INTERNATIONAL FAMINE RELIEF COMMISSION. Famine Commission Bulletin. v. 1-14. Peking, China International Famine Relief Commission [1923-36//.

CHINA Stamp Monthly. v. 1, no. 1-2. Shanghai, 1939-40//.

CHINESE PHILATELIC SOCIETY. Philatelic Bulletin. v. 1-3. Shanghai, 1923-27//.

——. Monthly. v. 1- Shanghai, 1928- .

NANKING INTERNATIONAL RELIEF COMMITTEE. Report. Nov. 1937/Apr. 1939. [Shanghai, 1939//.

NUMISMATIC SOCIETY OF CHINA. Bulletin. no. 1- [Shanghai, 1937-

OPIUM, a world problem; published quarterly by the National Anti-opium Association of China. v. 1-2. Shanghai [1927-29//.

The SHANGHAI Spectator. [Weekly] v. 1- [Shanghai, Shanghai Spectator, 1931-

APPENDIX II: ADDENDA

General

AMERICAN INSTITUTE OF PACIFIC RELATIONS. China; a selected list of references. New York, 1957. 23 l.

BOL'SHAIA SOVETSKAIA ENTSIKLOPEDIIA. China, eine Grossmacht im Wandel der Jahrtausende; Abriss der Geschichte, Wirtschaft und Kultur mit 4 mehrfarbigen und 8 einfarbigen Karten, sowie 19 Bildtafeln, 33 Bildern und einem ausführlichen Register. [Ins Deutsche übertragen von einem Übersetzerkollektiv] Berlin, Verlag Kultur und Fortschritt, 1957. 464 p. illus., ports., maps (4 fold. col.) "Китай. Aus: Grosse Sowjet-Enzyklopädie, 2. Ausg., Moskau, 1953, Bd. 21, S. 167-312; ergänzt bis Ende 1956."

BOWMAN ISAIAH, 1878-1950. Problem of China. Translated by Chang Chi-yun, 張其昀. Taipei, China Culture Pub. Foundation, 1953. 10 p. (Pamphlets on Chinese affairs).

COLUMBIA UNIVERSITY. EAST ASIATIC LIBRARY. Columbia University masters' essays and doctoral dissertations on Asia, 1875-1956. New York, 1957. 96 p. [Mimeographed].

HINTON, HAROLD C. 1924- Major topics on China and Japan; a handbook for teachers. Edited by Harold C. Hinton and Marius B. Jansen. [New York] Institute of Pacific Relations, 1957. 326 p. illus.

KYOTO. UNIVERSITY. RESEARCH INSTITUTE OF HUMANISTIC SCIENCE. Silver jubilee volume of the Zinbun-kagaku-kenkyusyo, Kyoto University. Kyoto, 1954. xv, 603 p. illus. plates.

NOACK, LUTZ. Neues China; eine empfehlende Bibliographie. Leipzig, Verlag für Buch-und Bibliothekswesen, 1957. 71 p. (Sonderbibliographien d. deutschen Bücherei, 9).

REVUE BIBLIOGRAPHIQUE DE SINOLOGIE. [annual] Edited by P. van der Loon. 1955- Paris, Mouton, 1957-

Description and Travel

BERTRAM, JAMES M. Return to China. London, Heinemann [1957] 251 p. illus.

BIDSTRUP, HERLUF. Chinareise. Eindrücke und Zeichnungen von einer Reise durch China vom Februar bis zum April 1955. Die Übersetsung aus dem Dänischen besorgte Ellen Schou. Dresden, Verlag der Kunst, 1957. 1 v. (unpaged) Danish ed.: Kina rejse. København, Forlaget Tiden, 1956.

BROWN, HOMER G. New China as we saw it by Homer G. Brown and Muriel J. Brown. St. Marys, Ontario, 1957. 27 p. illus.

CHINA PICTORIAL. China. [Edited by China Pictorial. Peking, Foreign Languages Press, 1954-55.] 2 v. (chiefly illus., part col.)

FREE CHINA REVIEW. To hell and back. Taiwan, China Cultural Service, 1956. 62 p.

GIGON, FERNAND, 1908- Chine, cette éternité. Texte et photos de Fernand Gigon. Neuchâtel, La Baconnière [1957] 149 p. illus. (Collection "Espaces").

KIESLING, GERHARD. China [von] Gerhard Kiesling [und] Bernt von Kügelgen. Berlin, Verlag Neues Leben, 1957. 62 p., 148 p. of illus. (part col.) col. fold. map (inserted).

KINMOND, WILLIAM. No dogs in China; a report on China today. New York, T. Nelson [1957] London, Oxford University Press; Toronto, University of Toronto Press, 1958. 211 p. illus.

KRAUSZ, GEORG. Kreuz und quer durch China; aus Reisetagebüchern. Berlin, Verlag Volk und Welt, 1957. 225 p. illus.

LUNDKVIST, ARTUR, 1906- Der verwandelte Drache; eine Reise durch das neue China. [Aus dem Schwedischen übertragen von Otto Schwede] Leipzig, Brockhaus, 1956. 305 p. illus.

MINNEY, RUBEIGH JAMES, 1895- Next stop--Peking; record of a 16,000 mile journey through Russia, Siberia, and China. London, G. Newnes [1957] 192 p. illus.

PEACE CONFERENCE OF THE ASIAN AND PACIFIC REGIONS. Peking, 1952. What we saw in China by 15 Americans. New York, Weekly Guardian Associates, 1952? 64 p. illus.

PEKING. [Peking, Peking Press] 1956. 1 v. (unpaged, chiefly illus.).

PIERSON-PIÉRARD, MARIANNE. La Chine à bâtons rompus. Photos de Serge Creuz. Courtrai, J. Vermaut [1957] 187 p. illus.

POLO, MARCO. 1254-1323? The travels of Marco Polo. Introd. by Thomas Yoseloff. New York, Fine Editions Press [1956] 359 p.

———. Le livre de Marco Polo, le divisement du monde. Text intégral remis en francais moderne et commenté par Albert t'Serstevens. Paris, Club des editeurs, 1957. 520 p. illus. (Hommes et faites de l'Histoire, 8).

RENOVANZ, PAUL. Tee, Seide, Porzellan. Leipzig, Brockhaus, 1957. 359 p. illus.

SCHMID, PETER, 1912- China, Reich der neuen Mitte. Frankfurt am Main, S. Fischer [1957] 205 p. illus.

———. Voyage en Chine. Traduit de l'Allemand par Henry Daussy. Paris, Horizons de France, 1957. 160 p. illus.

SEKINO, TADASHI, 1868-1935. Jehol; the most glorious and monumental relics, by Tadashi Sekino and Takuichi Takeshima. Tokyo, Zauho Press, 1937. 28, 254 p.

Atlases and Gazeteers

CHINA. General Staff. Symbols used on Chinese General Staff maps, 1:10,000; 1:25,000; 1:50,000 [translated by the Army Map Service, Corps of Engineers, U. S. Army, Washington, Army Map Service, 1943. 1v. (unpaged) illus.

CHINA. Geological Survey. Explanation to the geological map of China, scale 1: 1,000,000. Peking-Tsinan sheet, by H. C. T'an, 譚錫疇. Peking, Geological Survey of China 1924. cover-title, 46 p. 74 p., tables, 2 fold. diagr.

———. Explanation to the geological map of China. Scale 1:1,000,000. Taiyuan-Yulin sheet, by C. C. Wang, 王竹泉. Peking, Geological Survey of China, 1926. cover-title, 50, [134] p. incl. tables. 2 fold. plates.

———. Explanation to the geological map of China; scale 1:1,000,000. Nanking-Kaifeng sheet, by C. Li, 李捷. Peiping, Geological Survey of China, 1929. 27 p. 2, 2, 76 p. fold. plates.

The CHINA provincial atlas and geography; the provinces and outer territories of China (including the newly-formed provinces) with key map, contents and index. Shanghai, North-China Daily News and Herald. [1934] [5]-60 p. illus. (incl. maps).

FANG, J. T., 方俊. Map projections. Peiping, Geological Survey of China, 1934. 128 p. incl illus., tables, diagrs. (1 fold.) (China. Geological Survey. Geological memoirs, ser. B, no. 6).

GILES, LIONEL, 1875-1958. Glossary of Chinese topographical terms. [London, Geographical Section, General Staff, War Office] 1943. 29 p.

GT. BRIT. ROYAL AIR FORCE. AIR COMMAND, SOUTHEAST ASIA. China; gazetteer of place names. [Place names included taken from map sheets of the 1/million Carte Internationale series] Produced by Air Command, S. E. A., War Room. n. p., 1944. 61 l.

HUDSON, GEOFFREY FRANCIS, 1903- An explanatory atlas of the Far East, [2d ed.] by G. F. Hudson and Marthe Rajchman, with a foreword by Sir Arthur Salter. London, Faber and Faber, [1942] 143 p. illus. maps.

HUMMEL, SIEGBERT. Namenkarte von Tibet. Kopenhagen, Munksgaard, [195-] [2] p., fold. map.

JAPAN. Ministry of Foreign Affairs. Gazetteer of Chinese geographic names. Reprint ed. Washington. Military Intelligence Division, 1945. v, 663 p.

KAO, CHONG-RWEN, 高鍾潤 1914- The derivation of Chinese place names. [Bloomongton, Ill., 1952] 12 p.

NIHON CHIMEI DAI JITEN. Formosan place names. Excerpts from: Nippon chimei daijiten, by Sawada. [Tokyo, Nihon shobō, 1938] facsim.: 60 l.

PATTEN, ROBERT M, 1919- A gazetteer of China and Manchuria, arranged alphabetically. [Berkely, Calif.] c1949. ii, 102 l.

RAJCHMAN, MARTHE. A new atlas of China, land, air and sea routes; descriptive text by the staff of Asia magazine, with an introduction by H. E. Yarnell. New York, Published for Asia magazine. John Day, [1941] 24 p. illus. (maps).

SHABAD, THEODORE. China's changing map; a political and economic geography of the Chinese People's Republic. Maps by Vaughn S. Gray. New York, F. A. Praeger [1956] x, 295 p. maps.

———. Chinas neues Gesicht. Eine wirtschaftspolitische Geographie der chinesischen Volksrepublik. Aus dem Amerikanisch ins Dt. übertragen von Karl Krüger. Berlin, Safari Verlag, 1957. 290 p. maps.

TAGUCHI, MINORU. Les noms des lieux habités par les Chinois en Mandchourie. Paris, Jouve, 1931. 108 p.

U. S. Army. Far East Command. Manual of conventional symbols and glossaries on Japanese maps of northeast Asia areas; Manchuria, Eastern Siberia, Mongolia, and North China. Advance ed. [Tokyo?] Office of the Engineer, General Headquarters, Far East Command, 1947. 89 p. illus.

U. S. Army Map Service. Symbols appearing on original Chinese maps, scales, 1:10,000, 1:25,000, 1:50,000. 2d ed. AMS 2. [Washington] 1944. 22 p. illus.

———. Cartographic notes on large scale maps of China. Washington, D. C., 1945. 18 p. maps (3 fold, 2 col.) diagrs, tables.

———. Gazetteer to maps of Formosa (Taiwan) map series AMS L792, scale 1: 50,000. Washington, 1945. viii, 184 p. 2 col. maps (1 fold.).

———. Gazetteer to maps of China proper, southwest. Map series AMS L582, 1:250,000. 1st ed., July 1947. Washington, Army Map Service [1947] vi, 442 p. fold. map.

———. Gazetteer to maps of China Proper, southeast. Map series AMS L581, 1:250,000. 1st ed., June 1948. Washington [1949] v, 1113 p. fold. col. map.

———. Gazetteer to AMS 1:250,000 maps of Manchuria (AMS series L542) Washington, 1955. iv, 228 p. fold. map.

———. Gazetteer to AMS 1:50,000 and 1:250,000 maps of Taiwan (Formosa) (series L 792 and L 594) Washington, 1955. vi, 128 p. 2 fold. maps.

U. S. Board on Geographical Names. Guide to geographical names in China. Washington, 1944. cover-title, 230 p. (Its Special publication, 24).

———. Gazetteer of Chinese place names based on the index to V. K. Ting atlas. Compiled by the United States Board on geographical names. June, 1944. Washington [1944] lxxix, 229 p.

———. Place names in Manchuria. Washington, D. C., 1945. 40 p.

———. Directions for the treatment of geographical names in Manchuria. Revised, January 2, 1945. [Washington, 1945] 56 numb. l. (Its Special publication, 6).

———. Place names in Sinkiang. [Washington] 1945. 27 p. (Decision list, 4513).

———. Cumulative list of place names in Mongolia, decision list no. 4517, October 1945. Washington, D. C. 1946. 24 p.

——. Preliminary NIS gazetteer China. Official standard names prepared in the division of geography, Department of the Interior. Washington, Central Intelligence Agency, 1952. 3 v.

——. Decisions on names in China. Washington, 1952. 95 p. (Decision list, 5201).

U. S. Dept. of State. Office of Intelligence Research. Map analysis of Manchuria. Washington, Dept. of State, Office of Intelligence Coordination and Liaison, 1946. vi, 117 p. fold. col. maps. (Its [R and A] no. 3042).

U. S. Embassy. China. A gazetteer of place names in Formosa (Taiwan), compiled by Charles H. Pletcher, third secretary and vice consul. [Taipei], 1951] 115 l.

U. S. Hydrographic Office. Gazetteer to maps and charts of Formosa(Taiwan) map series AMS L593, 1:250,000 (First Edition), U. S. Hydrographic Office navigational charts and miscellaneous sources. Comp. jointly by the Hydrographic Off., U. S. Navy and Army Map Service, Corps of Engineers, U. S. Army. Washington, Army Map Service, 1944. ix, 139 p. fold. col. map.

——. Gazetteer (No. 15) China coast, December 1945. Washington, Govt. Print. Off., 1945. vi, 364 p. illus. (map) (H. O. Publ. No. 895).

U. S. Library of Congress. Map Division. A supplementary key to accompany the V. K. Ting atlas of China (edition of 1934) comp. by L. W. Wadsworth. Washington, 1949. 22 l. maps.

U. S. Navy. Pacific Fleet and Pacific Ocean Areas. Gazetteer of standard place names, China coast and the lower reaches of the Ch'ang Chiang (Yangtze) river [n. p.] 1945. cover-title, v, 125 p. illus. (map) (Its Cincpac-Cincpoa bulletin no. 74-45). —Corrections and additions to Gazetteer of standard place names, China coast and the lower reaches of the Ch'ang Chiang (Yangtze) river. Supplement to Cincpac-Cincpoa bulletin no. 74-75. [n. p.] 1945. cover-title, 14, [2] p. (Its Cincpac-Cincpoa bulletin, no. 165-45).

U. S. Office of Censorship. Vocabulary of Chinese place names. Washington, Library of Chief Cable Censor, 1943. 45 l.

U. S. Office of Coordinator of Information. Research and Analysis Branch. Far Eastern Section. Glossary of place names of Hainan Island. [Washington] 1942. 6 l. [R and A no. 647].

U. S. Office of Geography. Hong Kong, Macao, Sinkiang, Taiwan, and Tibet; official standard names approved by the United States Board on Geographic Names. Washington, Govt. Print. Off., 1955. [vi], 390 p. (U. S. Board on Geographic Names. Gazetteer, 5).

——. China; official standard names approved by the U. S. Board on Geographic Names. Washington, Govt. Print. Off., 1956. 2 v. (6, vii, 979 p.) (U. S. Board on Geographic Names. Gazetteer, 22).

U. S. War Dept. Japanese readings for Chinese place names, arranged by Japanese readings. Washington, Govt. Print. Off., 1945. xlvii, 520 p. map. (Its War Department technical manual TM 30-488).

History

BODDE, DERK, 1909- China's cultural tradition, what and whither? New York, Rinehart [1957] 90 p. illus. (Source problems in world civilization).

CHANG, CARSUN, 張嘉森, 1886- China and Gandhian India. Edited by Kalidas Nag. Allahabad, Indo-Chinese Literature Publications; Calcutta, Book Co. [1956]. 318 p.

CHANG, CH'I-YÜN, 張其昀, 1901- . The essence of Chinese culture 中國文化要義 . [Taipei, China News Press, 1957] 504 p. illus.

COMMEAUX, CHARLES. De K'ang Hi à K'ien Long; l'âge d'or des Ts'ing (1662-1796) Paris, Société d'Édition "Les Belles Lettres" 1957. 181 [3] p. (Lyons. Université. Annales. 3. série, 29).

DEBON, GÜNTHER, 1921- Chinesische Geisteswelt von Konfucius bis Mao Tse-tung. Text ausgewahlt und eingeleitet von Günther Debon und Werner Speiser. Baden-Baden, Holle [1957] 340 p. (Geist d. Morgenlandes).

FRANKE, WOLFGANG, 1912- Das Jahrhundert der Chinesischen Revolution, 1851-1949. München, R. Oldenbourg, 1957. 299 p. map.

GREGORY, JOHN STRADBROKE. British attitudes and policy toward the Taiping rebellion in China, 1850-1864. London, 1956? 547 l. Thesis--School of Oriental and African Studies, University of London.

KLEMANN, FRIEDRICH. Europäer und Ostasiaten; die Verschiedenheit ihres Intellekts. München, E. Reinhardt, 1957. 258 p.

KO, PYŎNG-IK, 高炳翊, 1924- Zur Werttheorie in der chinesischen Historiographie auf Grund des Shih-t'ung des Liu Chih-Chi (661-721) 劉知幾. [München] 1956. 223 l. Diss.--Munich Univ.

LIEBERMAN, SAMUAL. Contact between Rome and China. Ann Arbor, University Microfilms, 1953. (University Microfilms, Ann Arbor, Mich. Publication No. 6662) ix, 337 l.

LOU, KAN-JOU, 陸侃如. Histoire sociale de l'époque Tcheou. Paris, L. Rodstein, 1935. 200 p. Thèse--Univ. de Paris.

MICHAUD, PAUL M, 1927- The rebellion of the Yellow Turbans in China, A. D. 184. Chicago [Library, Dept. of Photographic Reproduction, University of Chicago] 1957. Microfilm copy (positive) of typescript. Collation of the original: 114 l. illus. Thesis--University of Chicago.

PRINCETON UNIVERSITY. Library. East and West: Europe's discovery of China and China's response to Europe, 1511-1839; a check-list of the exhibition in the Princeton University Library, February 15-April 30, 1957, compiled by Howard C. Rice, Jr., Shih-kang Tung 童世綱 [and] Frederick W. Mote. Princeton, N. J., 1957. xi, 94 l.

SCHULTE-UFFELAGE, HELMUT, 1929- Das Keng-shen wai-shih, 權衡 庚申外史, eine Quelle zur späten Mongolenzeit. [München] 1955. 200 l. maps. Typescript (carbon copy) Diss.--Munich Univ.

TSIEN, TSUEN-HSUIN, 錢存訓, 1909- The pre-printing records of China; a study of the development of early Chinese inscriptions and books. Chicago [Dept. of Photographic Reproduction, University of Chicago Library] 1957. Microfilm copy (positive) of typescript. Collation of the original: 302 l. illus. Thesis--University of Chicago.

WELCH, WINDON CHANDLER. Chinese-American calendar for the 40th through the 89th year of the Chinese Republic, February 6, 1951 to January 23, 2001. Rev. Washington, Administrative Division, Immigration and Naturalization Service, 1957. v. 50 p. (U. S. Immigration and Naturalization Service. [Publication] M-113).

Politics and Government

Free China

CHIANG, KAI-SHEK, 1886- Selected speeches and messages in 1956. [Taipei? 1957] 94 p.

———. Selected speeches and messages in 1957. Taipei, 1957. 53 p.

CHINA CULTURAL SERVICE. Free China on the march. Taipei, 1957. 118 p.

CROZIER, BRAIN. I was wrong about Free China. London, Friends of Free China Association, 1957. 14 p.

FOREIGN reviews on President Chiang's book: Soviet Russia in China. Taipei, Free China review, 1957. 76 p.

OGDEN, SIR ALWYNE, 1889- Resurgent China. London, Friends of Free China Association, 1957. 24 p.

SOONG, MAYLING, 蔣宋美齡, 1897- Selected speeches. Taipei, Govt. Information Off., 1957. 73 p.

THE WEEK, Ankara. Turkey presents Free China. [Ankara, 1955?] 1 v. (unpaged) illus.

Communist China

CHINA CULTURAL SERVICE. Red terror on the mainland. Rev. ed. Taipei, 1957. 292 p.

DUPLICITY of Mao's "bloom-contend"policy. Taipei, Free China review, 1957. 112 p. illus.

HYDE, DOUGLAS ARNOLD, 1911- The mind behind new China. London, Phoenix House [1956] 36 p. (A Background book).

LIAO, KAI-LUNG, 廖蓋隆 . Kurze Geschichte des chinesischen Volksbefreiungskrieges. [Übersetzung aus dem Chinesischen: Liselotte Pötz und Gottfried Spies] Berlin, Deutscher Verlag der Wissenschaften, 1957. 198 p. illus.

MAO, TSE-TUNG, 毛澤東 , 1893- . The People's Political Council; its past work and present talks, by Mao Tse-tung [and others] and the present internal and international situation and the achievements of the Fourth Session of the People's Political Council, a report by Wang Ming [陳紹禹] Chungking, 1940. 55 p. (New China Information Committee, Bull. 11.

———. Rectify the Party's style in work. Peking, Foreign Languages Press, 1955. 29 p.

———. Die Lehre von den Widersprüchen. Gekurzte und redigierte Fassung seiner Rede vom 27. Februar 1957. Wiesbaden, Hessische Landeszentrale f. Heimatdienst, 1957. 44 p. (Hessische Landeszentrale f. Heimatdienst. Sonderdruckreihe, 9).

———. Über die richtige Lösung von Widersprüchen im Volke [von] Mao Tse-tung. Entscheidende Siege des Sozialismus in China [von] Tschou En-lai. Berlin, Dietz, 1957. 95 p.

MIF, PAVEL ALEKSANDROVICH, 1901- Die Kommunistische Partei Chinas im Kampfe um die Befreiung des chinesischen Volkes. [Die Übertragung aus dem Russischen redigierte J. Biefang] Moskau, Verlagsgenossenschaft ausländischer Arbeiter in der UdSSR, 1937. 110 p.

O'DWYER, GREG. The truth about conditions in Communist China. London, Friends of Free China Association, 1957. 35 p. (Friend of Free China pamphlet, 6).

PEOPLE'S democracy in China; editorials from the Cominform journal and "Pravda." Bombay, People's Pub. House [1950?] 16 p.

RICKETT, ALLYN, 1921- Prisoners of liberation [by] Allyn and Adele Rickett. [1st ed.] New York, Cameron Associates, 1957. 288 p.

SCHENKE, WOLF. Neue Weltmacht China. Hamburg, Holsten-Verlag, 1957. 319 p. illus. maps.

SNOW, EDGAR, 1905- Random notes on Red China (1936-1945) Cambridge, Chinese Economic and Political Studies, Harvard University; distributed by Harvard University Press, 1957. 148 p. (Harvard University. Chinese Economic and Political Studies. Special series).

TÊNG, HSIAO-P'ING, 鄧小平, 1900- Report on the Rectification campaign, delivered at the Third Plenary Session, enlarged, of the Eighth Central Committee of the Communist Party of China on September 23, 1957. Peking, Foreign Languages Press, 1957. 58 p.

UNION RESEARCH INSTITUTE. Communist China, 1956. Kowloon, Hong Kong [1957] xl, 236 p. (Communist China problem research series, EC 18).

U. S. Joint Publications Research Service. Political theory and ideology in Communist China. NY-31/1- July 19, 1957- irregular. (Its JPRS/NY report).

———. Mass organizations in Communist China. NY-4/1- July 19, 1957- irregular. (Its JPRS/NY report).

———. Non-technical education in Communist China. NY-3/1- July 26, 1957- irregular. (Its JPRS/NY report).
———. Manpower in Communist China. NY-54/1- Oct. 7, 1957- irregular. (Its JPRS/NY report).
———. Wages in Communist China. NY-53/1- Dec. 5, 1957- (Its JPRS/NY report).
———. Domestic trade in Communist China. NY-8/1- Dec. 6, 1957- (Its JPRS/NY report).
———. Health and sanitation in Communist China. NY-33/1- Dec. 17, 1957 (Its JPRS/NY report).
———. Textile industry in Communist China. NY-51/1- Dec. 31, 1957- irregular. (Its JPRS/NY report).
WANG, LI-MING, 王力明. Communist China to-day. Kowloon, H. K., Union Press [1957] 101 p.
WEI, HENRY, 韋文趙, 1909- Courts and police in Communist China to 1952. Produced under contract no. AF 33 (038)-25075. Lackland Air Force Base, Tex., Air Force Personnel and Training Research Center, Air Research and Development Command, 1955. xi, 63 p. map. ([U. S.] Human Resources Research Institute. Research memorandum no. 44).

Foreign Relations

CHINA. (People's Republic of China, 1949-) Die Verträge der Volksrepublik China mit anderen Staaten. Frankfurt a M., A. Metzner Verlag, c1957. 105 p. (Hamburg. Institut für Asienkunde. Schriften, Bd. 1).
CHINA VIEWPOINTS. Peking's people's diplomacy. Hong Kong, China Viewpoints, 1957? 20 p.
———. Report on Hungary: the Hungarian revolution as presented to the Chinese public. Hong Kong, China Viewpoints, 1957. 69 p.
CHOU, EN-LAI, 1898- Report on foreign affairs at the 33rd session of the Central People's Government Council. [Peking, 1954] 11 p. "Supplement to 'People's China,' September 1, 1954."
DASGUPTA, DHIRENDRANATH. With Nehru in China. Calcutta, National Book Agency [1955] 148 p. illus., ports.
HENDERSON, H. W. Why Communist China should not be admitted to the United Nations; with an address by the Hon. Dr. T. F. Tsiang. London, Friends of Free China Association, 1957. 35 p.
KOHL, MICHAEL. Die Vertretung Chinas im internationalen Verkehr. Berlin, Deutscher Zentralverlag, 1957. 99 p. (Deutsches Institut für Rechtswissenschaft. Schriftenreihe Völkerrecht, Heft 3).
MEZERIK, AVRAHM A., 1901- ed. Representation of China in the United Nations. New York, International Review Service, 1957. 28 p.
THOMSON, JOHN SEABURY, 1921- The government of the International Settlement at Shanghai; a study of the politics of an international area. Ann Arbor, University Microfilms, 1953. [University Microfilms, Ann Arbor, Mich. Publication no. 6722] 413 l.
U. S. Treaties, etc., 1953- (Eisenhower) Parcel post. Agreement between the United States of America and China signed at Taipei July 30, 1957, and at Washington August 19, 1957. [Washington, Govt. Print. Off., 1957] 12 p. (Treaties and other international acts series, 3941)
WHITING, ALLEN SUESS, 1926- Contradictions in the Moscow-Peking axis. Santa Monica, Calif., Rand Corp., 1957. vii, 60 p. (Rand Corporation. Research memorandum, RM-1992).

Economic Conditions

BUILDING a new life, stories about China's reconstruction. Peking, Foreign Languages Press, 1955. 163 p. illus.

CH'EN, JACK, 陳伊範. New earth; how the peasants in one Chinese county solved the problem of poverty. Peking, New World Press [1957] 255 p. illus.

CHENG, CHO-YUAN, 鄭竹園. Income and standard of living in mainland China. v. 1. Kowloon, H. K., Union Research Institute, 1957. 166 p.

CH'IAO, SHU-FAN, 焦樹藩. The oil pressing industry in Hopei province. Peiping, Yu Lien Press, 1934. 59 p. (Yenching series on Chinese industry and trade, 3).

CHINESE FEDERATION OF LABOR. The objectives and achievement of the Chinese Federation of Labor. Taipei, 1957. 48 p.

CHU, FU-SUNG, 朱撫松 1915- Price and commodity control in wartime China. Chungking, Chinese Ministry of Information, 1943. 35 p. (China Handbook ser. 16).

FRANCE. Centre national du commerce extérieur. Démocraties populaires: Bulgarie, Hongrie, Pologne, Roumanie, Tchécoslovaquie, U.R.S.S., République populaire de Chine. Paris, 1956. 103 p. (Its Cahiers de documentation).

MISSION des économistes belges en République populaire de Chine. Rapport collectif. Bruxelles, Association Belgique-Chine, 1957. [20] p.

ONG, SHAO-ER, 翁紹耳, 1917- Agrarian reform in Communist China. [Los Angeles] University of Southern California, Dept. of Asiatic Studies, 1952. 123 l. diagr. (Studies in Chinese Communism, ser. 1, no. 2).

TAIRE, LUCIAN. Shanghai episode; the end of Western commerce in Shanghai. Hong Kong, Rainbow Press [1957] 111 p. illus.

U. S. Congress. Senate. Committee on Interior and Insular Affairs. Relationships of river and related water resource development programs of United States, Soviet Russia, and (Red) China. [Report of Michael W. Straus, committee consultant] Memorandum of the chairman to members of the Senate Committee on Interior and Insular Affairs. Washington, Govt. Print. Off., 1957. iii, 26 p. tables.

YANG, HSIEN-TONG, 楊顯東. Wartime contton industry control in Free China, a voluntary report. Chungking, 1945. Microfilm copy (negative) of typescript. Collation of the original: 30 l. diagrs., tables.

Social Conditions

AVENARIUS, G. G. The Chinese guilds; brief sketch of their history. With colour printed signs representing different lines of trade. Harbin, Manchuria Research Society [1928] 78 p.; 19 p. illus.

BODARD, LUCIEN. La Chine de la douceur. Paris, Gallimard [1957] 336 p. illus. (L'Air du temps).

COMBER, LEON. An introduction to Chinese secret societies in Malaya. [Singapore] D. Moore [1957;label: distributed by the Institute of Pacific Relations, N. Y.] 77 p. illus.

LUKER, PHILIP. Change for China. Hong Kong, China Viewpoints, 1956. 54 p. illus.

Philosophy and Religion

CHAO, P'U-CH'U, 趙樸初. Buddhism in China. Peking, Chinese Buddhist Association, 1957. 55 p. illus.

CHINESE ISLAMIC ASSOCIATION. Chinese Moslems. [Peking, Foreign Languages Press] 1955. 1 v. (chiefly col. illus.).

CHOW, P. BONAVENTURA SHAN-MOU, 周善謀, 1923- Ethica Confucii. Köhn, 1957. 136 p. Diss.--Univ. Köhn.

FA-HSIEN, 法顯 fl. 388-414. A record of the Buddhist countries, translated from the Chinese by Li Yung-hsi, 李永熙. Peking, Chinese Buddhist Association, 1957. 93 p. map.

LIEBENTHAL, WALTER, 1886- Festschrift. Edited by K. Roy. Santiniketan,

1957. xi, 294 p. plates. (Sino-Indian studies, 3-4).

SIH, PAUL K. T., 薛光前 , 1909- Chinese culture and Christianity; selected works of Paul K. T. Sih. Compiled and published by China Culture Pub. Foundation. Taipei, 1957. 194 p.

SUN TSE, 孫子 . Ssun-ds'. Traktat über die Kriegskunst.Übers aus dem Altchinesisch ins Russ. u. Anm. von Oberstlt. J. I. Sidorenko. Mit einem Einleitung von J. A. Rasin. Aus dem Russisch ins Dt übertr. von Ina Balcerowiak. Berlin, Verlag des Ministeriums für nationale Verteidigung, 1957. 154 p.

SUZUKI, DAISETZ TEITARO, 1870- Die Zen-Lehre vom Nicht-Bewusstsein (Zen doctrine of no-mind) Die Bedeutung des Sutra von Hui-neng (Wei-lang). Übers. von Emma von Pelet. München-Planegg, O. W. Barth, 1957. 147 p.

———. Der Weg zur Ehleuchtung; Die Übung des Koan als Mittel, Satori zu verwirklichen oder Erleuchtung zu erlangen. Übers. von Fritz Kraus. Baden-Baden, Holle [c1957] 232 p.

WALDSCHMIDT, ERNST, 1897- Kusum Mittal, Dogmatische Bogriffsreihen im älteren Buddhismus. 1. Fragmente des Dasottarasutra aus Zentralasiatischen Sanskrit-Handschriften. Berlin, Akademie-Verlag, 1957. 129 p. (Veröffentlichungen des Instituts für Orientforschung der Dt. Akademie der Wissenschaften zu Berlin. Fasc. 34).

YANG, I-FAN, 楊一帆 . Islam in China. Hong Kong, Union Press [1957] 83 p.

YUNG HSI, 融熙 Abbot. The commentary on Formless Gāthā 無相頌講話. Translated by Chou Hsiang Kuang 周祥光 . Allahabad, Indo-Chinese Literature Publications, 1956. 92 p.

Foreign Missions

BURGESS, ALAN. The small woman. London, Evans Bros. [1957] 221 p. illus.

———. The same; New York, E. P. Dutton, 1957. 256 p.

FOSTER, JOHN. 1898- Chinese realities. London, Edinburgh House Press, 1928. 240 p. diagr.

MCROBERTS, DUNCAN, 1912- Pleading China. Grand Rapids, Mich., Zondervan Pub. House [1946] 141 p. plates, ports.

MEISTER, HANS. Arzt in China. Bilder aus der ärztlichen Mission. Stuttgart, Evang. Missionsverlag; Basel, Basler Missionsbuchhandlung, 1957. 16 p. (Von Fernen Ufern, 47).

THOMPSON, PHYLLIS. King of the Lisu. Illustrated by Carolyn Canfield. London, China Inland Mission; agents: Lutterworth Press [1956] 63 p. illus.

WATSON, BERNARD, 1906- Olive in China. Illus. by James Moss. London, Salvationist Pub. and Supplies [1957] 105 p. illus.

Language

ELEMENTARGRAMMATIK des Neuchinesischen. Deutsche Fassung des grammatischen Lehrbuches der Universität Peking. Ju fa giau sai 語法教材. Übers. und bearb. von Martin Piasek. Leipzig, O. Harrassowitz, 1957. 287 p.

POPPE, NIKOLAĬ NIKOLAEVICH, 1897- Studia Altaica. Festschrift für Nicholas Poppe zum 60. Geburststag. Wiesbaden, O. Harrasowitz, 1957. 230 p. plates. (Ural-Altaische Bibliothek, 5).

U. S. Army Language School, Monterey, Calif. Chinese Mandarin: newspaper Chinese. Presidio of Monterey, 1957-58 [v. 1, 1958] 4 v.

WANG, LIEN-TSENG, 王聯曾 . Un dictionnaire phonologique des T'ang: "le Tsie yun corrigé et complété" de Wang jen-hiu 王仁昫刊謬補闕切韻 . Leiden, E. J. Brill, 1957. 51-150 p. Reprinted from T'oung Pao 45:1-3 1957.

Literature

CHINA VIEWPOINTS. The role of literature in Communist China. Hong Kong,

[1956] 19 p.

CHU, SU-CHÊN, 朱素臣 . Fifteen strings of cash; a Kunchü opera. Original libretto by Chu Su-chên, rev. by Chou Chuan-ying and others; final version by Chen Sze, 陳思. [Translated by Yang Hsien-yi and Gladys Yang] Peking, Foreign Languages Press, 1957. 84 p. illus.

[CHÜ YÜAN] 屈原 ca. 343-ca. 277 B.C. Die neun Gesänge 九歌. Eine Studie über Schamanismus im Alten China von Arthur Waley. Aus dem Englischen übertr. von Franziska Meister. Hamburg, Schröder, 1957. 98 p.

ERDBERG, OSKAR. Die drei Grundsätze des Mister Kung, und andere chinesische Novellen. Berechtigte Übersetzung aus dem Russischen von Anna S. Kulischer. Wien, Verlag für Literatur und Politik [1932] 188 p. Russian ed.: Kitaiekije nowelly.

HUANG, SUNG-K'ANG, 黃松康 . Lu Hsün and the new culture movement of modern China. Amsterdam, Djambatan, 1957. x, 158 p.

SHANG, CHUNG-I, 尙仲衣 , 1902- A method of selecting foreign stories for the American elementary schools: applied to the evaluation of stories translated by the author from the Chinese folk literature. New York, Teachers College, Columbia University, 1929. 46 p. (Teachers college, Columbia university. Contributions to education, 398).

THANNER, JOSEF. Liebesgeschichten aus China. Von den Liebe der schönen Er Tu Meh, 二度梅 . München, Kellermann, 1957. 238 p.

TIEN, HAN, 田漢. The white snake, a Peking opera. [Translated by Yang Hsien-yi and Gladys Yang] Peking, Foreign Languages Press, 1957. 79 p. illus.

YANG, CHIA-LO, 楊家駱 , ed. Brief synopses of the seven great series of Chinese classical writings: 73 works, 1736 volumes. [Translated by Pan Chia-lin. Taipei, World Book Co., 1956] 35 p.; 13 p. (His Presentation of Chinese classical writings, v. 1).

Novels

BAUMANN, HANS, 1914- Steppensöhne; vom Sieg über Dschingis-Khan. Reutlingen, Ensslin and Laiblin [1954] 285 p. illus.

——. Sons of the steppe, the story of how the conqueror Genghis Khan was overcome. London, Oxford University Press, 1957. 273 p. illus.

BEATON-JONES, CYNON, 1921- The adventures of So Hi; illustrated by John Ward. London, J. Barrie, 1951. 150 p. illus.

——. The same; New York, Vanguard Press [1956] 178 p. illus.

——. So Hi and the white horse. Illustrated by John Ward. New York, Vanguard Press [1957] 120 p. illus.

CHAO, SHU-LI, 趙樹理 . Sanliwan village. Peking, Foreign Languages Press, 1957. 275 p.

CONSTEN, HERMANN, 1878- Mysterien im Lande der Götter und lebenden Buddhas; mit 9 Bildtafeln und einem farbigen Einbandbilde. Berlin, Vossische Buchhandlung [c1925] 250 [1] p., 1 l. front. (port.) plates (part col.) (Panbücherei eines freien lesebundes, III).

FOLK tales from China, first series. [Translated by Chang Su-chu. Illus. by Chang Ta-yu. Peking, Foreign Languages Press, 1957. 146 p.

HOMEWARD journey and other stories, by contemporary Chinese writers. Peking, Foreign Languages Press, 1957. 234 p.

[HSI yu chi] 西遊記 Si yeou ki; ou, le voyage en Occident. Traduit de chinois par Louis Avenol. Paris, Éditions du Seuill [1957] 2 v. illus.

[HSING shih hêng yen] 醒世恆言 Das chinesische Dekameron. [Aus dem Chinesischen von Johanna Herzfeldt] Rudolstadt, Greifenverlag, 195-. 345 p.

HUELSENBECK, RICHARD, 1892- China fritzt Menschen, Roman. Frankfurt a M., Ullstein Taschenbücher-Verlag, 1957. 221 p. (Ullstein Bücher, 160) [1. Aufl. Zürich, Füssli, 1930, 347 p.].

HUNG lo mêng 紅樓夢. Le rêve dans le Pavillon Rouge. Traduit du chinois par Franz Kuhn. Version française établié par Armel Guerne. Paris, Guy Le Prat, 1957. 344 p. front. illus.

ORLOWSKI, AXEL VON. Chinas letzte Kaiserin; Sittenverfall des chinesischen Kaiserreiches, Roman. Nach zeitgenössischen Quellenwerken und Memoiren frei bearb. Berlin, Deutsche Buchvertriebs- und Verlagsgesellschaft. [1957] 350 p.

PATERSON, NEIL. Wettfahrt nach China. [The China run] Biographie einer Urgrossmutter. Ins Deutsche übertragen von N. H. Reimers. München, Langen/Müller [1957] 71 p. (Langen-Müllers kleine Geschenkbücher, 68).

SHEN, YEN-PING, 沈雁冰, 1896- Midnight [by] Mao Tun [pseud. Translation by Hsu Meng-hsiung 許孟雄] Peking, Foreign Languages Press, 1957. 524 p. illus.

SMITH, MABEL WALN. Springtime in Shanghai. London, Harrap, 1957. 216 p. illus.

SNEIDER, VERN J. A pail of oysters. New York, Putnam [1953] 311 p.

YEN, WEN-CHING, 嚴文井. A strange journey (story) adapted by Chang Tsai-hsueh, 張再學. [Translated by Yu Fan-chin.] Peking, Foreign Languages Press, 1957. 66 p. illus.

Juvenile Literature

CHIANG, YEE, 1903- The story of Ming. Middlesex, Eng., Penguin Books, 1945. 30 p. illus. (Puffin Picture books).

JUDSON, CLARA (INGRAM), 1879- Sun Yat-sen; illus. by Alexander Key. Evanston, Ill., Row, Peterson, c1953. 36 p. (Real People, 8).

MEINCK, WILLI. Die seltsamen Abenteuer des Marco Polo. Textill. von Hans Mau. 2. Aufl. Berlin, Kinderbuchverlag, 1956. 305 p.

———. Die seltsamen Reisen des Marco Polo. Textill. von Hans Mau. Berlin, Kinderbuchverlag, 1957. 417 p.

WEDDING, ALEX. Das eiserne Büffelchen; ein Jugendroman aus dem heutigen China. Mit Illustrationen von Kurt Zimmermann. [2., verb. Aufl.] Berlin, Verlag Neues Leben, 1953 [c1952] 407 p. illus.

Art

BEARDSLEY, RICHARD KING, 1918- Bibliographic materials in the Japanese language on Far Eastern archeology and ethnology [by] Richard K. Beardsley, with John B. Cornell and Edward Norbeck. Ann Arbor, University of Michigan Press, 1950. vi, 74 p. (University of Michigan. Center for Japanese Studies. Bibliographical series, 3).

CHINA VIEWPOINTS. Mei hsu; new art in China. Hong Kong, China Viewpoints, 1957. 45 p. illus.

CHRISTENSEN, ERWIN OTTOMAR, 1890- Chinese porcelains of the Widener collection. Washington, National Gallery of Art, 1947. 39 p. illus. (National gallery of art handbook. 2).

DESIGNS on Chinese opera costumes 中國戲曲服裝圖案, edited by the Research studio of the Northeast Drama Institute. Designs reproduced by Lu Hua 魯華 and Ma Chiang 馬強. Peking, People's Art Pub. House, 1957. 1 v., in portfolio (chiefly illus.) German ed.: Chinesische Theaterkostüme zusammengestellt vom Studio des Theaterinstituts nordostchinas. Kopiert von Lu Hua and Ma Tschiang. Peking, Volks Verlag für Kunst, 1957. i v. in portfolio (chiefly illus.).

DEXEL, THOMAS, 1890- Chinesisches Steinzeug. Darmstadt, F. Schneekluth [1957] 34 p. 20 plates, map. (Wohnkunst und Hausrat, einst und jetzt, Bd. 30).

PELERZI, E. Les grottes de Loung-men. Shanghai, Oriental Press, 1923. 99 p. illus.

SELECTED Chinese paper-cuts. [Peking, Guozi Shudian, 195-] [1] l., 17 mounted illus. (part col.)

SHEK, KAI-NUNG, 戚開儂. Sketches of Christ from a Chinese brush, from the brush of Shek Kai-nung (Johnny Shek) in collaboration with Olaf K. Skinsnes. [Minneapolis, Augsburg Pub. House, 1956] 79 p. illus.

VANDERSTAPPEN, HARRIE A., 1921- Investigation into the status of Chinese painters at the early Ming court and the existence of a painting academy. Chicago [Library, Dept. of Photographic Reproduction, University of Chicago] 1955. Microfilm copy (positive) of typescript. Collation of the original, iv, 100 l. Thesis--University of Chicago.

VICTORIA AND ALBERT MUSEUM, South Kensington. Chinese porcelain of the Ch'ing Dynasty. London, H. M. Stationery Off., 1957. 1 v. (unpaged, chiefly illus.).

WEDDING, ALEX. Leuchtende Schätze aus der Werkstatt Jung Pao-dsai. Berlin, Holz, 1957. 50 double pages.

YAMANAKA AND CO. Exhibition of early Chinese bronzes. New York, Yamanaka and Co., 1925. Cover-title, 14 p. photos.

Science and Technology

CHANG, CALVIN C., 張長昌 [Chang Ch'ang-ch'ang] English-Chinese automotive nomenclature, compiled and edited by Calvin C. Chang; reviewed by John K. J. Kang, 康國涇, George B Fraumann. Indianapolis, Marmon-Herrington Co. [1943] 236 [2] p.

CHINA (People's Republic of China, 1949-) Ministry of Railways. The construction of the Wu-han Yangtze river bridge. Peking, People's Railroad Press, 1957. 175 p. illus. tables.

DAVID, ARMAND, 1826-1900. Abbé David's diary: being an account of the French naturalist's journeys and observations in China in the years 1866-1869; tr. and ed. by Helen M. Fox. Cambridge, Harvard Univ. Press, 1949. xxxii, 302 p. col. illus.

GRESSITT, J. LINSLEY. The California Academy-Lingnan Dawn-Redwood Expedition. San Francisco, The Academy, 1953. 25-58 p. illus. (Proceedings of the California Academy of Sciences, 4th ser., 28:2).

[HSIA, YUNG-P'ING] 夏永平 comp. A glossary of structural engineering terms. [Tientsin, Civil engineering faculty of the School of Industry and Commerce, 1940] cover-title. 50, [2] p.

HSU, YIN-CHI, 徐蔭祺, comp. Directory of Chinese biologists. Soochow, Biological Supply Service, Soochow University, 1934. 162 p.

HU, HSEN-HSU, 胡先驌, 1894- The silva of China; a description of the trees which grow naturally in China. Peiping, Fan Memorial institute of biology and the National Forestry Research Bureau, Ministry of Agriculture and Forestry, 1948. 1 v. plates.

IKLE, FRED C. The growth of China's scientific and technical manpower. Santa Monica, Calif., Rand Corp., 1957. iii, 74 l. diagrs. (Rand Corporation. Research memorandum RM-1893).

KLAUTKE, PAUL. Nutzpflanzen und Nutztiere Chinas. Hannover, Hahnsche Buchhandlung, 1922. 159, [1] p. illus. (Weltwirtschaftliche Abhandlungen, v. bd.).

KURTÉN, BJÖRN. The Chinese hipparion fauna; a quantitative survey with comments on the ecology of the machairodonts and hyaenids and the taxonomy of the gazelles. Helsingfors, 1952. 82 p. illus., map, diagrs. (Societas Scientiarum Fennica. Commentationes biologicae, xiii, 4).

——. Age groups in fossil mammals, a preliminary report. [Helsingfors, 1953] 6 p. diagrs. (Societatis Scientiarum Fennica. Commentationes biologicae, xiii, 13).

LICENT, ÉMILE. Hoang ho--Pai ho. Comptes rendus de dix années (1914-1923) de séjour et d'exploration dans le bassin du Fleuve Jaune, du Pai ho et des autres tributaires du golfe du Pei Tcheu ly. Tientsin, La Librairie française, 1924. 4 v. illus., plates, plans. and atlas.

——. Dix années (1914-1923) de séjours et d'exploration dans le basin du Fleuve Jaune, du Pai ho et des autres tributaires du golfe du Pei tcheu ly. Album des photographies de l'atlas. (reimpression) Tientsin, Mission de Sien Hsien, 1933. 383 p. of illus.

——. Bibliographie critique du Musée Hoang ho Pai ho de Tientsin, 1914-1933. Tientsin, Mission de Sien Hsien, 1934. 27 p. (Publications du Musée Hoang ho Pai ho, 30).

——. Hoang ho—Paiho. Comptes-rendus de onze années (1923-1933) de séjour et d'exploration dans le bassin du fleuve Jaune, du Pai ho et des autres tributaires du golfe du Pei Tcheu ly. Tientsin, Mission de Sienhsien, 1935-36. 4 v. in 3. illus., plates (part fold.) and atlas (3 l., illus., maps) (Publications du Musée Hoang ho Paiho--no. 38).

——. Vingt deux années d'exploration dans le Nord de la Chine, en Mandchourie, en Mongolie et au Bas-Tibet (1914-1935). Tientsin, Musée Hoang ho Pai ho de Tientsin, 1935. 42 p. illus. ports. fold. map. (Publications du Musée Hoang ho Pai ho, 39).

MELL, RUDOLF, 1878- Ein Biolog erlebt China. Berlin-Frohnau, Condor Verlag, 1947. 237 p.

ROYAL ASIATIC SOCIETY OF GREAT BRITAIN AND IRELAND. North China Branch, Shanghai. China's natural history; a guide to the Shanghai Museum (R.A.S.) by Arthur de Carle Sowerby. Lepidoptera, by S. Josefsen-Bernier. Shanghai, Royal Asiatic Society, North China Branch, 1936. 108 p. col. front., illus (incl. plans) plates (part col.) ports.

SHANGHAI. MUSÉE HEUDE. Le 70e anniversaire du Musée Heude, 1868-1938, par O. Piel. Shanghai, 1939. 39 p.

SOWERBY, ARTHUR DE CARLE, 1885-1954. The natural history of China. (In Smithsonian institution. Annual report. 1923. Washington, 1925. p. 351-368). "Reprinted from the Journal of the North China Branch of the Royal Asiatic society, vol. liii, 1922."

——. A naturalist's note-book in China. Illustrated with numerous photographs and one hundred and eight sketches by the author. Shanghai, North-China Daily News and Herald, 1925. 17-270 p. illus., plates.

SOWERBY, RICHARD RAINE, 1886- Sowerby of China: Arthur de Carle Sowerby, F.R.G.S., F.Z.S. Kendal [Eng.] Printed by T. Wilson, 1956. 58 p. illus.

SUN, YÜN-CHU, 孫雲鑄, 1897- The upper Cambrian trilobite-faunas of North China. Peiping, Geological Survey of China, 1935. [5]-93 p.; 3 p. incl. illus., tables, plates. (China. Geological survey. Palaeontologia sinica, ser. B, vol. vii, fasc. 2).

T'ANG, P'EI-SUNG, 湯佩松, 1903- Green thraldom, essays of a Chinese biologist. With an introd. by Joseph Needham. London, G. Allen and Unwin [1949] 127 p. port.

T'IEN, CH'I-CH'IUNG, 田奇㻪, 1899- Reports on the tin and arsenic deposits of Tanshanwo, Taishunlung and Hsianghualing, Hunan, by C. C. Tien, H. C. Wang and H. C. Hsiu 粟顯倬. Changsha, 1931. 20, [52] p., 1 l. illus., x plates (incl. 4 fold. maps; 1 col.) (Hunan. Geological survey. Bulletin 11. Econ. geology 8).

WANG, KUNG-PIN, 王恭斌, 1919- Controlling factors in the future development of the Chinese coal industry. New York, King's Crown Press, 1947. 231 p. diagrs. maps.

Miscellaneous

AUDEMARD, LOUIS, 1865-1955. Les jonques chinoises. Rotterdam, 1957- v. illus., port., fold. map. (Publicaties van het Museum voor Landen Volkenkunde en het Maritiem Museum "Prins Hendrik," 5; Museum voor Land-en Volkenkunde, Publicatie 4; Maritiem Museum "Prins Hendrik," Publicatie 3).

CHOAIN, JEAN. La voie rationelle de la médecine chinoise. Lille, Société lilloise d'éditions et de librairie, 1957. 505 p. illus. (part col.).

GILES, LIONEL, 1875-1958. Six centuries at Tunhuang; a short account of the Stein collection of Chinese mss. in the British Museum. London, China Society, 1944. 50 p. facsims. (China Society Sinological series, 2).

GRANET, MARCEL, 1884-1940. Fêtes et chansons ancienne de la Chine. 2. éd. Paris, E. Leroux, 1929. 301, [1] p.

———. Festivals and songs of ancient China. Translated from the French by E.D. Edwards. New York, E.P. Dutton; London, Routledge, 1932. ix, 281 p. (The Broadway oriental library).

GULIK, ROBERT HANS VAN, 1910- Hayagrîva; the mantrayânic aspect of horse-cult in China and Japan. Leiden, E.J. Brill, 1935. 103 p., 1 l. illus., plates (Internationales archiv für ethnographie, supplement zu bd. xxxiii).

HAO, TE-YUAN, 郝德元. An analysis of certain learning difficulties of Chinese students in New York City. Ann Arbor, University Microfilms [1955] (University Microfilms, Ann Arbor, Mich. Publication no. 12218) Microfilm copy of typescript. Collation of the original: xiv, 332 l. maps, tables. Thesis-New York University.

HEWAT, ELIZABETH GLENDINNING KIRKWOOD. China: back to the wall. [Lecture] 5th February, 1944. Bombay, National War Front, 1944. 12 p. (Studies in international relationship, 4).

MÉDARD, JULES HENRI, 1883- Au pays de Si-wang-mou, Ta-ts'in 大秦西王母 province romaine en Asie. Pékin, Impr. de la Politique de Pékin, 1936. 38 p. (Collection de la "Politique de Pékin").

WEI, YUNG-CHING, 魏永清. A plan for the preparation of secondary school teachers in Hopei Province, China. New York, 1943. 150 l. (Columbia University. Teachers College Ed. D. report).

WHITAKER, URBAN GEORGE, 1924- Americans and Chinese political problems, 1912-23. Ann Arbor, University Microfilms [1954] ([University Microfilms, Ann Arbor, Mich.] Publication no. 10,018) Microfilm copy (positive) of typescript. Collation of the original: iv, 415 l. Thesis-University of Washington.